Sachs
Grundgesetz

# Grundgesetz

Kommentar

Herausgegeben
von

## Dr. Michael Sachs

Universitätsprofessor
an der Universität zu Köln

Bearbeitet von

Prof. em. Dr. Dr. h. c. Ulrich Battis, Berlin; Prof. em. Dr. Herbert Bethge, Passau; Prof. Dr. Ralf Brinktrine, Würzburg; Prof. Dr. Christian von Coelln, Köln; Prof. Dr. Christoph Degenhart, Leipzig; Prof. Dr. Steffen Detterbeck, Marburg; Prof. a. D. Dr. Dr. h. c. Dirk Ehlers, Münster; RiVG Prof. Dr. Andreas Engels, Köln; Prof. Dr. Wolfram Höfling, Köln; RiBVerfG Prof. Dr. Peter M. Huber, Karlsruhe/ München; Prof. Dr. David Hummel, Luxemburg/Leipzig; Prof. a. D. Dr. Jörn Ipsen, Osnabrück; Ass. iur., Mag. theol. Kaplan Dr. Christian Jasper, Bonn; Prof. Dr. Thorsten Koch, Osnabrück; Generalanwältin am EuGH Prof. Dr. Juliane Kokott, LL. M., S. J. D., Luxemburg/St. Gallen; Prof. i. R. Dr. Jörg-Detlef Kühne, Hannover; Prof. Dr. Siegfried Magiera, Speyer; Prof. Dr. Thomas Mann, Göttingen; Prof. em. Dr. Dietrich Murswiek, Freiburg i. Br.; Prof. Dr. Michael Nierhaus, Potsdam; Vizepräsidentin des EGMR a.D. Prof. Dr. Dr. h. c. Dr. h. c. Angelika Nußberger, M. A., Straßburg/Köln; RiBVerwG a. D. Dr. Martin Pagenkopf, Bonn; Prof. Dr. Stephan Rixen, Bayreuth; Prof. Dr. Gerhard Robbers, Trier; Prof. Dr. Michael Sachs, Köln; Privatdozent Dr. Mathias Schubert, Kiel/Rostock; Prof. Dr. Dr. h. c. Helmut Siekmann, Frankfurt a. M.; Prof. Dr. Rudolf Streinz, München; Prof. Dr. Dr. Markus Thiel, Münster; Prof. Dr. Rudolf Wendt, Saarbrücken; Prof. Dr. Dr. Martin Will, M. A., LL. M., Wiesbaden; Prof. Dr. Kay Windthorst, Bayreuth; Prof. Dr. Daniela Winkler, Stuttgart

9. Auflage 2021

C.H.BECK

Zitiervorschlag:
*Bearbeiter,* in: Sachs (Hrsg.), Grundgesetz, 9. Aufl. 2021, Art. ... Rn. ...

**www.beck.de**

ISBN 978 3 406 75503 3

© 2021 Verlag C. H. Beck oHG
Wilhelmstraße 9, 80801 München
Satz und Druck: Druckerei C. H. Beck Nördlingen
(Adresse wie Verlag)
Umschlag: Druckerei C. H. Beck Nördingen

CO₂
neutral
chbeck.de/nachhaltig

Gedruckt auf säurefreiem, alterungsbeständigem Papier
(hergestellt aus chlorfrei gebleichtem Zellstoff)

# Vorwort zur 1. Auflage

Seit der Wiederherstellung der deutschen Einheit hat das als gesamtdeutsche Verfassung fortgeltende Grundgesetz eine Vielzahl aktueller Änderungen, zuletzt durch die Umsetzung der Beratungen der Gemeinsamen Verfassungskommission im Gesetz zur Änderung des Grundgesetzes vom 27.10.1994, BGBl I 3146, erfahren. Auch wo seine Grundstrukturen nicht entscheidend umgestaltet wurden, erscheint das Grundgesetz in vielem in einem neuen Licht, nicht zuletzt wegen der veränderten Realitäten in Deutschland, aber auch in Europa – in der seit Ende 1992 in der Verfassung besonders legitimierten Europäischen Union und darüber hinaus – und in der Welt. Hier liegt die maßgebliche Legitimation für einen Neuansatz in der Kommentierung des Grundgesetzes überhaupt.

Das Verfassungsrecht hat im Staat des Grundgesetzes eine überragende, alle Rechtsbereiche durchdringende Bedeutung erlangt; es ist seit langem keine Materie nur für Spezialisten mehr, sondern geht schon wegen der dominierenden Rolle der bundesverfassungsgerichtlichen Judikatur jeden Juristen, gleich auf welchem Gebiet und in welcher Funktion er tätig ist, von Berufswegen an. Angesichts dieser Entwicklung hat das Verfassungsrecht eine Komplexität erreicht, die umfassend nur noch in vielbändigen Kommentaren und Handbüchern zu erfassen ist, deren Benutzung im Rechtsalltag meist nicht in Betracht kommt. Der Rückzug auf möglichst knappe Dokumentationen der zumal bundesverfassungsgerichtlichen Judikatur muß die für ein volles Verständnis unerläßliche (auch kritisch) erläuternde Erschließung der Vielfalt des Rechtsstoffes und seiner Hintergründe oft schuldig bleiben. Zwischen beiden genannten Polen bietet der vorgelegte Kommentar eine Darstellung des Grundgesetzes in einem einzigen Band, die bei größtmöglicher Konzentration doch auf eine breitere Fundierung nicht verzichten will.

Auf einen Blick greifbare Anhaltspunkte hierfür faßt der Block von Materialien zusammen, der jedem Artikel vorangestellt ist. Hinweise zur Entstehungsgeschichte und Fortentwicklung des Grundgesetzes tragen der praktisch erheblichen Bedeutung dieses Auslegungselements Rechnung, die Dokumentation der Vorläuferbestimmungen aus den Verfassungen Deutschlands seit 1849 den historischen Zusammenhängen, die das Verfassungsrecht oft erst recht verständlich machen. Die Rechtsvergleichung im Bundesstaat, die zumal nach der Verfassunggebung in den neuen Ländern noch verstärkt Aufmerksamkeit findet, wird durch Hinweise auf das Landesverfassungsrecht erleichtert. Die übernationale Einbindung des Grundgesetzes wird verdeutlicht durch Angabe maßgeblicher Rechtsquellen des Völker- und Europarechts, deren Bedeutung mit der immer stärkeren supra- und internationalen Verflechtung stetig steigt. Den Zusammenhängen des Verfassungsrechts mit der gesamten Rechtsordnung tragen Hinweise auf zugehörige Gesetzgebung Rechnung. Schließlich sind jedem Artikel die wichtigsten Leitentscheidungen der höchstrichterlichen Rechtsprechung vorangestellt und ein Schrifttumsverzeichnis mit weiterführenden Literaturangaben.

Die Kommentierung der einzelnen Artikel selbst orientiert sich im äußeren Aufbau nach Möglichkeit an der vom Verfassungstext vorgegebenen Gliederung. Die Erläuterungen zeigen die Bedeutung der Grundrechtsbestimmungen im Lichte der einschlägigen Rechtsprechung, insbesondere des Bundesverfassungsgerichts, aber auch ihrer literarischen Behandlung konzentriert auf die jeweils zentralen, praktisch und aktuell bedeutsamen Fragen auf und nehmen dezidiert, gegebenenfalls auch kritisch Stellung.

Um das Vorhaben dieser Neukommentierung des für ganz Deutschland gültigen Grundgesetzes nach Abschluß des Verfassungsreformprozesses rasch zu verwirklichen, haben sich mehr als dreißig Autoren zusammengefunden, zumeist Staatsrechtslehrer, von denen einige auch an den Fakultäten in den neuen Ländern tätig sind oder waren. Vielfach auf Gebieten ihrer besonderen wissenschaftlichen Interessen oder auch praktischen Erfahrungen haben sie bei wechselseitiger Information Teilkomplexe des Grundgesetzes von unterschiedlichem Umfang je selbständig und in alleiniger Verantwortung bearbeitet. Ungeachtet der Einbindung in die einheitliche Grundkonzeption des Herausgebers bietet der Kommentar damit Raum für pointierte, unter Umständen auch einmal unterschiedliche Positionen der jeweiligen Verfasser, die die Vielfalt der heutigen Staatsrechtslehre widerspiegeln.

Düsseldorf, im Oktober 1995                                                    Michael Sachs

# Vorwort zur 9. Auflage

Die Abgabe der Manuskripte war grundsätzlich zum Jahresanfang 2020 vorgesehen, als gerade die Grundgesetzänderung von November 2019 erfolgt war. Dabei stand einmal mehr die Finanzverfassung im Mittelpunkt. Im weiteren Verlauf erfolgten dann Ende September 2020 weitere Verfassungsänderungen zur finanziellen Entlastung der Kommunen, eine in punktueller Reaktion auf die aktuellen Auswirkungen der anhaltenden Pandemie. Diese wurden noch in die Kommentierung aufgenommen. Auch im Übrigen sind Entwicklungen des Jahres 2020 teilweise noch berücsichtigt.

Als neuer Autor führt David Hummel die Art. 12a, 17a, 87a und b von Juliane Kokott fort, Ralf Brinktrine zusätzlich die Art. 54–58, 60, 61, 136 von Michael Nierhaus. Thorsten Koch hat neben Jörn Ipsen die Kommentierung des Art. 21 übernommen. In Folge der Verjüngungen in der Vorauflage sind Armin Dittmann, Wilfried Erbguth und Carola Schulze nur noch unter den früher Verantwortlichen zu nennen.

Allen Aktiven habe ich für ihre wieder sehr engagierte und zuverlässige Mitwirkung an der Neuauflage zu danken, zugleich in ihrem Namen allen in vielfältiger Form beteiligten wissenschaftlich Mitwirkenden, Hilfs- und Schreibkräften. Ich danke auch meinen Wiss. Mitarbeitern Ass. Alexander Lethaus und Benjamin Schnäbelin und allen anderen, die mich an meinem ehemaligen Lehrstuhl bei der Fortführung meiner Kommentierungen und bei der Wahrnehmung der Herausgeberaufgaben unterstützt haben.

Für die stets vorbildliche Zusammenarbeit gilt mein Dank nicht zuletzt dem Lektorat des Verlages, namentlich Herrn Dr. Wolfgang Czerny und Frau Dr. Katja Haberzettl.

Köln, im Februar 2021                                                                                     Michael Sachs

# Bearbeiterverzeichnis

**Dr. Dr. h. c. Ulrich Battis**
Universitätsprofessor em. an der Humboldt-
Universität zu Berlin, Rechtsanwalt
*(Art. 33, 36, 131, 132, 143a, 143b)*

**Dr. Ralf Brinktrine**
Universitätsprofessor an der Julius-Maximilians-
Universität Würzburg
*(Art. 54–58, 60, 61, 62–69, 136)*

**Dr. Christoph Degenhart**
Universitätsprofessor an der Universität Leipzig
*(Art. 70–74, 101–104, 125a, b, 138)*

**Dr. Dr. h. c. Dirk Ehlers**
Universitätsprofessor a. D. an der Westfälischen
Wilhelms-Universität Münster
*(Art. 140)*

**Dr. Wolfram Höfling**
Universitätsprofessor an der Universität zu Köln
*(Art. 1, 8, 9)*

**Dr. David Hummel**
Referent am Gerichtshof der Europäischen
Union, Apl. Professor an der Universität Leip-
zig
*(Art. 12a, 17a, 87a, 87b)*

**Dr. Christian Jasper**
Ass. jur., Mag. theol., Kaplan im Erststudium,
Köln
*(Art. 122–125, 126–128)*

**Dr. Juliane Kokott, LL. M., S. J. D.**
Generalanwältin am Gerichtshof der Europäischen Union, Titularprofessorin an der Universität St. Gallen
*(Art. 4, 12a, 16, 17a, 87a, 87b, 116)*

**Dr. Siegfried Magiera**
Universitätsprofessor an der Deutschen Univer-
sität für Verwaltungswissenschaften Speyer
*(Art. 38–48, 121, 137)*

**Dr. Dietrich Murswiek**
Universitätsprofessor em. an der Albert-Lud-
wigs-Universität Freiburg i. Br.
*(Art. 20a)*

**Dr. Herbert Bethge**
Universitätsprofessor em. an der Universität
Passau
*(Art. 5)*

**Dr. Christian von Coelln**
Universitätsprofessor an der Universität zu Köln
*(Art. 6)*

**Dr. Steffen Detterbeck**
Universitätsprofessor an der Philipps-Universität
Marburg
*(Art. 34, 92–100)*

**Dr. Andreas Engels**
Richter am VG Köln,
Apl. Professor der Universität zu Köln
*(Art. 28)*

**Dr. Peter M. Huber**
Richter des Bundesverfassungsgerichts,
Universitätsprofessor an der Ludwig-Maximili-
ans-Universität München
*(Präambel, Art. 22, 31, 142, 144–146)*

**Dr. Jörn Ipsen**
Universitätsprofessor a. D. an der Universität
Osnabrück, Präsident des Niedersächsischen
Staatsgerichtshofs a. D.
*(Art. 21)*

**Dr. Thorsten Koch**
Rechtsanwalt, Apl. Professor an der Universität
Osnabrück
*(Art. 21, 134–135a)*

**Dr. Jörg-Detlef Kühne**
Universitätsprofessor i. R. an der Leibniz Uni-
versität Hannover
*(Art. 13)*

**Dr. Thomas Mann**
Universitätsprofessor an der Georg-August-
Universität Göttingen
*(Art. 12, 76–78, 80–82, 119)*

**Dr. Michael Nierhaus**
Professor an der Universität Potsdam
*(Art. 54–58, 60, 61, 136)*

# Bearbeiterverzeichnis

**Dr. Dr. h. c. Dr. h. c. Angelika Nußberger, M. A.**
Vizepräsidentin des Europäischen Gerichtshofs für Menschenrechte a.D., Universitätsprofessorin an der Universität zu Köln
*(Art. 3)*

**Dr. Stephan Rixen**
Universitätsprofessor an der Universität Bayreuth
*(Art. 2)*

**Dr. Michael Sachs**
Universitätsprofessor an der Universität zu Köln
*(Einführung, vor Art. 1, Art. 19, 20, 79, 86, 87, 89, 90, 117, 129, 130, 133, 139, 143e)*

**Dr. Dr. h. c. Helmut Siekmann**
Universitätsprofessor an der Johann-Wolfgang-Goethe-Universität Frankfurt am Main
*(Art. 88, 91a–91e, vor Art. 104a, Art. 104a–115, 120, 120a, 125c, 143c, d, f, g, h)*

**Dr. Dr. Markus Thiel**
Universitätsprofessor an der Deutschen Hochschule der Polizei, Münster
*(Art. 7, 141)*

**Dr. Dr. Martin Will, M. A., LL. M.**
Professor an der EBS Universität für Wirtschaft und Recht Wiesbaden
*(Art. 16a)*

**Dr. Daniela Winkler**
Universitätsprofessorin an der Universität Stuttgart
*(Art. 83–85)*

**Dr. Martin Pagenkopf**
Richter am Bundesverwaltungsgericht a. D., Rechtsanwalt, Leipzig/Bonn
*(Art. 10, 11, 17, 18)*

**Dr. Gerhard Robbers**
Universitätsprofessor an der Universität Trier, Minister für Justiz und Verbraucherschutz des Landes Rheinland-Pfalz a. D.
*(Art. 50–53a, vor Art. 115a, Art. 115a–115l)*

**Dr. Mathias Schubert**
Referent im Wissenschaftlichen Dienst des Schleswig-Holsteinischen Landtags; Privatdozent der Universität Rostock
*(Art. 27, 29, 30, 35, 37, 118, 118a)*

**Dr. Rudolf Streinz**
Universitätsprofessor an der Ludwig-Maximilians-Universität München
*(Art. 23–26, 32, 59)*

**Dr. Rudolf Wendt**
Universitätsprofessor an der Universität des Saarlandes; Vizepräsident des Verfassungsgerichtshofs des Saarlandes
*(Art. 14, 15, 143)*

**Dr. Kay Windthorst**
Universitätsprofessor an der Universität Bayreuth
*(Art. 87c–87f, 91)*

**Frühere Bearbeiter:**

**Dr. Heinz Joachim Bonk**
Richter am Bundesverwaltungsgericht a. D., Rechtsanwalt, Honorarprofessor an der Universität Potsdam
*(Art. 16a, 34)*

**Dr. Winfried Erbguth**
Universitätsprofessor an der Universität Rostock
*(Art. 27, 29, 30, 35, 37, 118, 118a)*

**Dr. Helmut Lecheler †**
Universitätsprofessor em. an der Freien Universität Berlin
(Art. 7, 141)

**Dr. Armin Dittmann**
Universitätsprofessor a. D. an der Universität Hohenheim (Stuttgart)
*(Art. 83–85)*

**Dr. Hartmut Krüger †**
Universitätsprofessor an der Universität zu Köln
*(Art. 10, 11, 17, 18, 19, 91a, 91b)*

**Dr. Jörg Lücke †, LL. M.**
Universitätsprofessor an der Johannes Gutenberg-Universität Mainz
*(Art. 76–82, 119)*

**Dr. Martin Oldiges †**
Universitätsprofessor an der Universität Leipzig
*(Art. 62–69)*

**Dr. Arnulf Schmitt-Kammler**
Universitätsprofessor an der Universität zu Köln
*(Art. 6, 7, 141)*

**Dr. Gerd Sturm**
Akademischer Direktor a. D. an der Universität
Augsburg
*(Art. 93, 94, 99, 100)*

**Dr. Lerke Osterloh**
Richterin des Bundesverfassungsgerichts a. D.,
Professorin em. an der Johann Wolfgang
Goethe-Universität Frankfurt am Main
*(Art. 3)*

**Dr. Carola Schulze**
Universitätsprofessorin an der Universität
Rostock
*(Art. 122–125, 126–128)*

**Dr. Peter J. Tettinger †**
Universitätsprofessor an der Universität zu Köln
*(Art. 12, 88)*

# Inhaltsverzeichnis

# Inhaltsverzeichnis

# Inhaltsverzeichnis

# Inhaltsverzeichnis

# Inhaltsverzeichnis

# Abkürzungsverzeichnis

# Abkürzungsverzeichnis

| | |
|---|---|
| AKG | Gesetz zur allgemeinen Regelung durch den Krieg und den Zusammenbruch des Deutschen Reiches entstandener Schäden (Allgemeines Kriegsfolgengesetz) |
| AktG | Aktiengesetz |
| AKW | Atomkraftwerk |
| allg. | allgemein |
| AL | Ad Legendum (Zeitschrift) |
| ALR | Allgemeines Landrecht für die preußischen Staaten, gültig ab 1.6.1794 |
| Alt. | Alternative |
| AltsparerG | Gesetz zur Milderung von Härten der Währungsreform (Altsparergesetz) |
| aM | anderer Meinung |
| AMbG | Allgemeines Magnetschwebebahngesetz |
| AMG | Gesetz über den Verkehr mit Arzneimitteln (Arzneimittelgesetz) |
| AMRE | Allgemeine Erklärung der Menschenrechte v. 10.12.1948 (deutsche Übersetzung in Sartorius II Nr. 19) |
| AMRK | Amerikanische Menschenrechtskonvention v. 22.11.1969 (deutsche Übersetzung in EuGRZ 1980, 435) |
| amtl. | amtlich |
| and. | andere; anders |
| Änd. | Änderung(en) |
| ÄndG | Änderungsgesetz |
| Anl. | Anlage(n) |
| Anm. | Anmerkung(en) |
| anschl. | anschließend |
| Anschütz, WRV | Anschütz, Gerhard, Die Verfassung des Deutschen Reichs vom 11. August 1919, 14. Aufl. 1933 |
| Antr. | Antrag |
| AnwBl | Anwaltsblatt |
| AO | Anordnung |
| AO (1977) | Abgabenordnung |
| AOK | Allgemeine Ortskrankenkasse |
| AöR | Archiv des öffentlichen Rechts |
| AP | Nachschlagewerk des Bundesarbeitsgerichts (seit 1954, vorher: Arbeitsrechtliche Praxis) |
| APuZ | Aus Politik und Zeitgeschichte (Beilage zu „Das Parlament") |
| ARA | Allgemeiner Redaktionsausschuss (des ParlRates) |
| ArbeitssicherstellungsG | s. ASG |
| ArbG | Arbeitsgericht |
| ArbGG | Arbeitsgerichtsgesetz |
| ArbRdG | Das Arbeitsrecht der Gegenwart |
| ArbuR | s. AuR |
| ArbZRG | Gesetz zur Vereinheitlichung und Flexibilisierung des Arbeitszeitrechts (Arbeitszeitrechtsgesetz) |
| AfkKR | Archiv für katholisches Kirchenrecht |
| ArchPF | Archiv für das Post- und Fernmeldewesen |
| ArchPT | Archiv für Post- und Telekommunikation (bis 1992: ArchPF) |
| ArchsozArb | Archiv für Wissenschaft und Praxis der sozialen Arbeit |
| ArchVölkR, AVR | Archiv des Völkerrechts |
| Arg., arg. | Argument, argumentum |
| ARSP | Archiv für Rechts- und Sozialphilosophie |
| Art. | Artikel |
| AS | Amtliche Sammlung von Entscheidungen des Oberverwaltungsgerichts Rheinland-Pfalz (ab 6. 1957; der Oberverwaltungsgerichte Rheinland-Pfalz und Saarland) |
| ASG | Gesetz zur Sicherstellung von Arbeitsleistungen für Zwecke der Verteidigung einschließlich des Schutzes der Zivilbevölkerung (Arbeitssicherstellungsgesetz) |
| AsylbLG | Asylbewerberleistungsgesetz |
| AsylVfG | Asylverfahrensgesetz |
| AT | Allgemeiner Teil |
| ATDG | Gesetz zur Errichtung einer standardisierten zentralen Antiterrordatei von Polizeibehörden und Nachrichtendiensten von Bund und Ländern (Antiterrordateigesetz) |

# Abkürzungsverzeichnis

# Abkürzungsverzeichnis

| | |
|---|---|
| BEVVG | Gesetz über die Eisenbahnverkehrsverwaltung des Bundes (BundeseisenbahnverkehrsverwaltungsG) |
| BezG | Bezirksgericht |
| Bf | Beschwerdeführer |
| BFDG | Gesetz über den Bundesfreiwilligendienst |
| BFH | Bundesfinanzhof |
| BFH/NV | Sammlung amtlich nicht veröffentlichter Entscheidungen des Bundesfinanzhofs |
| BFHE | Sammlung der Entscheidungen des Bundesfinanzhofes |
| BFStrVermG | Gesetz über die vermögensrechtlichen Verhältnisse der Bundesautobahnen und sonstigen Bundesstraßen des Fernverkehrs |
| BfV | Bundesamt für Verfassungsschutz |
| BG | Die Berufsgenossenschaft; Die BG Fachzeitschrift für Arbeitssicherheit, Gesundheitsschutz und Unfallversicherung |
| BGB | Bürgerliches Gesetzbuch |
| BGBl, B-GBl | Bundesgesetzblatt, Bundes-Gesetzblatt |
| BGE | Entscheidungen des Schweizerischen Bundesgerichts |
| BGG | BehindertengleichstellungsG |
| BGH | Bundesgerichtshof |
| BGHSt | Entscheidungen des Bundesgerichtshofes in Strafsachen |
| BGHZ | Entscheidungen des Bundesgerichtshofes in Zivilsachen |
| BGleiG | Bundesgleichstellungsgesetz |
| BGremBG | Bundesgremienbesetzungsgesetz |
| BGS | Bundesgrenzschutz |
| BGSG | Gesetz über den Bundesgrenzschutz (Bundesgrenzschutzgesetz) |
| BGSNeuRegG | Gesetz zur Neuregelung der Vorschriften über den Bundesgrenzschutz (BundesgrenzschutzneuregelungsG) |
| BHE | Bund der Heimatvertriebenen und Entrechteten |
| BHO | Bundeshaushaltsordnung |
| BiersteuerG | Biersteuergesetz |
| BImSchG | Gesetz zum Schutz vor schädlichen Umwelteinwirkungen durch Luftverunreinigungen, Geräusche, Erschütterungen und ähnliche Vorgänge (Bundes-ImmissionsschutzG) |
| BinSchAufgG | Gesetz über die Aufgaben des Bundes auf dem Gebiet der Binnenschiffahrt (BinnenschiffahrtsaufgabenG) |
| BIP | Bruttoinlandsprodukt |
| BK | Kahl, Wolfgang/Waldhoff, Christian/Walter, Christian (Hrsg.), Bonner Kommentar zum Grundgesetz, Losebl., 1950 ff., Stand: 201. Aktualisierung, November 2019 |
| BKA | Bundeskriminalamt |
| BKAG | Gesetz über das Bundeskriminalamt und die Zusammenarbeit des Bundes und der Länder in kriminalpolizeilichen Angelegenheiten (Bundeskriminalamtgesetz) |
| BKanzler | Bundeskanzler |
| BKartA | Bundeskartellamt |
| BKindGeldG, BKGG | Bundeskindergeldgesetz |
| BKK | Benda, Ernst/Klein, Eckart/Klein, Oliver, Verfassungsprozeßrecht, 3. Aufl. 2012 |
| Bleckmann, StaatsR I, II | Bleckmann, Albert, Staatsrecht I – Staatsorganisationsrecht, 1993; Staatsrecht II – Grundrechte (unter Mitarbeit von Erberich, Ingo/Schmeinck, Sabine/Suelmann, Heinz-Gerd), 4. Aufl. 1997 |
| BLG | Bundesleistungsgesetz |
| BLK | Bund-Länder-Kommission |
| BLV | Verordnung über die Laufbahnen der Bundesbeamten (Bundeslaufbahnverordnung) |
| BMAS | Bundesminister(ium) für Arbeit und Soziales |
| BMF, BMFin | Bundesminister(ium) der Finanzen |
| BMI | Bundesminister(ium) des Innern |
| BMin | Bundesminister(ium) |
| BMinG | Gesetz über die Rechtsverhältnisse der Mitglieder der Bundesregierung (Bundesministergesetz) |
| BMinister | Bundesminister |

# Abkürzungsverzeichnis

| | |
|---|---|
| BundesvertriebenenG ... | s. BVFG |
| BUrlG | Mindesturlaubsgesetz für Arbeitnehmer (Bundesurlaubsgesetz) |
| B-VG | Bundes-Verfassungsgesetz in der Fassung von 1929 (Österreich) |
| BVerfG | Bundesverfassungsgericht |
| BVerfG (K) | Bundesverfassungsgericht, Entscheidung durch Kammer |
| BVerfG-VPr, BVerfG (VPr) | Bundesverfassungsgericht, Entscheidung durch Vorprüfungsausschuss |
| BVerfGE | Entscheidungen des Bundesverfassungsgerichts |
| BVerfGG | Gesetz über das Bundesverfassungsgericht (Bundesverfassungsgerichtsgesetz) |
| BVerfGK | Kammerentscheidungen des Bundesverfassungsgerichts, hrsg. vom Verein der Richter des Bundesverfassungsgerichts, Bd. 1 ff. |
| BVerfSchG | Gesetz über die Zusammenarbeit des Bundes und der Länder in Angelegenheiten des Verfassungsschutzes und über das Bundesamt für Verfassungsschutz (Bundesverfassungsschutzgesetz) |
| BVers | Bundesversammlung |
| BVerwG | Bundesverwaltungsgericht |
| BVerwGE | Entscheidungen des Bundesverwaltungsgerichts |
| BVFG | Gesetz über die Angelegenheiten der Vertriebenen und Flüchtlinge (Bundesvertriebenengesetz) |
| BVG | Gesetz über die Versorgung der Opfer des Krieges (Bundesversorgungsgesetz) |
| BW, bw | Baden-Württemberg, baden-württembergisch |
| BWahlG, BWG | Bundeswahlgesetz |
| BWahlGV | Verordnung über den Einsatz von Wahlgeräten bei Wahlen zum Deutschen Bundestag (Bundeswahlgeräteverordnung) |
| BWahlO, BWO | Bundeswahlordnung |
| BWaldG | Gesetz zur Erhaltung des Waldes und zur Förderung der Forstwirtschaft (Bundeswaldgesetz) |
| BWStrVermRG | Gesetz über die vermögensrechtlichen Verhältnisse der Bundeswasserstraßen |
| BWV | Bundeswehrverwaltung |
| BWVerf | Verfassung des Landes Baden-Württemberg v. 11.11.1953 |
| BWVPr | Baden-Württembergische Verwaltungspraxis |
| bzgl. | bezüglich |
| bzw. | beziehungsweise |
| | |
| ca. | circa |
| Calliess/Ruffert | Calliess, Christian/Ruffert, Matthias (Hrsg.), EUV/AEUV, Das Verfassungsrecht der Europäischen Union mit Europäischer Grundrechtecharta, 5. Aufl. 2016 |
| CDU | Christlich-Demokratische Union Deutschlands |
| ChemG | Gesetz zum Schutz vor gefährlichen Stoffen (Chemikaliengesetz) |
| CMLR | Common Market Law Review |
| CR | Computer und Recht |
| CSU | Christlich-Soziale Union |
| | |
| d. | das, der, die |
| dh | das heißt |
| DAVorm | Der Amtsvormund |
| dagg. | dagegen |
| DänVerf | Verfassung des Königreiches Dänemark v. 5.6.1953 |
| DB | Der Betrieb; Deutsche Bundesbahn; Durchführungsbestimmung(en) |
| DBGrG | Gesetz über die Gründung einer Deutsche Bahn Aktiengesellschaft (Deutsche Bahn GründungsG) |
| DBK | Deutsche Bischofskonferenz |
| DDR | Deutsche Demokratische Republik |
| DDR-GrenzG | Gesetz über die Staatsgrenze der Deutschen Demokratischen Republik (Grenzgesetz) |
| DDR-Verf 1949 | Verfassung der Deutschen Demokratischen Republik v. 7.10.1949 |
| DDR-Verf 1968 | Verfassung der Deutschen Demokratischen Republik v. 6.4.1968 |
| DDR-Verf 1974 | Verfassung der Deutschen Demokratischen Republik v. 6.4.1968 i. d. F. des Gesetzes vom 7.10.1974 |

# Abkürzungsverzeichnis

| | |
|---|---|
| DVBl | Deutsches Verwaltungsblatt |
| DVO | Durchführungsverordnung |
| DVPr, DVP | Deutsche Verwaltungspraxis |
| DWS | Detterbeck, Steffen/Windthorst, Kay/Sproll, Hans-Dieter, Staatshaftungs-recht, 2000 |
| DZWir | Deutsche Zeitschrift für Wirtschaftsrecht |
| E | Entwurf, Entscheidung |
| EA, cA, EuArch | Europa-Archiv; einstweilige Anordnung |
| EAG | Europäische Atomgemeinschaft |
| EAG-VO Nr. 3 | Verordnung Nr. 3 zur Anwendung des Artikels 24 des Vertrages zur Grün-dung der Europäischen Atomgemeinschaft v. 31.7.1958 |
| EAGV | Vertrag zur Gründung der Europäischen Atomgemeinschaft (EURATOM) |
| EALG | Gesetz über die Entschädigung nach dem Gesetz zur Regelung offener Vermögensfragen und über staatliche Ausgleichsleistungen für Enteignun-gen auf besatzungsrechtlicher und besatzungshoheitlicher Grundlage (Ent-schädigungs- und Ausgleichsleistungsgesetz) |
| EAÜ | Europäisches Auslieferungsübereinkommen |
| EBA | Eisenbahn-Bundesamt |
| ebda | ebenda |
| Ecu, ECU | European Currency Unit (Europäische Währungseinheit) |
| Ed., eds. | Editor, edition, editors |
| EDV | Elektronische Datenverarbeitung |
| EEA | Einheitliche europäische Akte |
| EEAG | Gesetz über die einheitliche europäische Akte |
| EEWärmG | Erneuerbare-Energien-Wärmegesetz |
| EFG | Entscheidungen der Finanzgerichte |
| EG | Einführungsgesetz, Europäische Gemeinschaft(en) |
| EGBGB | Einführungsgesetz zum Bürgerlichen Gesetzbuche |
| EGGVG | Einführungsgesetz zum Gerichtsverfassungsgesetz |
| EGKS | Europäische Gemeinschaft für Kohle und Stahl |
| EGKS V | Vertrag über die Gründung der Europäischen Gemeinschaft für Kohle und Stahl |
| EGMR | Europäischer Gerichtshof für Menschenrechte |
| EGovG | Gesetz zur Förderung der elektronischen Verwaltung (sowie zur Änderung weiterer Vorschriften) |
| EGV | Vertrag zur Gründung der Europäischen Gemeinschaft |
| EheG | Ehegesetz (aufgehoben) |
| EheSchlRG | Gesetz zur Neuordnung des Eheschließungsrechts (Eheschließungsrechts-gesetz) |
| Ehlers, EuGR | Ehlers Dirk (Hrsg.), Europäische Grundrechte und Grundfreiheiten, 4. Aufl. 2015 |
| Ehlers/Schoch | Ehlers, Dirk/Schoch, Friedrich (Hrsg.), Rechtsschutz im Öffentlichen Recht, 2009 |
| EIBV | Verordnung über die diskriminierungsfreie Benutzung der Eisenbahninfra-struktur und über die Grundsätze zur Erhebung von Entgelt für die Benut-zung der Eisenbahninfrastruktur (aufgehoben) |
| Einf | Einführung |
| EinigungsV | Einigungsvertrag (s. EV) |
| EinigungsvertragsG | Gesetz zu dem Vertrag vom 31. August 1990 zwischen der Bundesrepublik Deutschland und der Deutschen Demokratischen Republik über die Her-stellung der Einheit Deutschlands – Einigungsvertragsgesetz – und der Ver-einbarung vom 18. September 1990 |
| Einl | Einleitung |
| einschl.. | einschließlich |
| ENeuOG, EisenbNOG | Gesetz zur Neuordnung des Eisenbahnwesens (Eisenbahnneuordnungs-gesetz) |
| EKC | Europäische Charta der kommunalen Selbstverwaltung |
| EKMR | Europäische Kommission für Menschenrechte |
| ELRev | European Law Review |
| EmbryoSchG, ESchG | Gesetz zum Schutz von Embryonen (Embryonenschutzgesetz) |
| EMRK | Konvention zum Schutze der Menschenrechte und Grundfreiheiten („Eu-ropäische Menschenrechtskonvention") |

# Abkürzungsverzeichnis

| | |
|---|---|
| EuGH | Europäischer Gerichtshof |
| EUGRCh | Charta der Grundrechte der Europäischen Union |
| EuGRZ | Europäische Grundrechte-Zeitschrift |
| EuHbG | Europäisches Haftbefehlsgesetz |
| EU-Komm. | (Europäische) Kommission |
| EuParl | Europäisches Parlament |
| EuR | Europarecht |
| EuRat | Europarat; Satzung des Europarates |
| EURATOM | Europäische Atomgemeinschaft (s. a. EAGV) |
| EuRH | Rechnungshof der EU |
| EuroAS | Europäisches Arbeits- und Sozialrecht |
| europ. | europäisch |
| EuropolG | Gesetz zu dem Übereinkommen vom 26. Juli 1995 auf Grund von K.3 des Vertrages über die Europäische Union über die Errichtung eines Europäischen Polizeiamts |
| EurUP | Zeitschrift für Europäisches Umwelt- und Planungsrecht |
| EuSozCharta, EuSC | Europäische Sozialcharta |
| EUV | Vertrag über die Europäische Union |
| EuWG | Gesetz über die Wahl der Abgeordneten des Europäischen Parlaments aus der Bundesrepublik Deutschland (EuropawahlG) |
| EuZBBG | Gesetz über die Zusammenarbeit von Bundesregierung und Deutschem Bundestag in Angelegenheiten der Europäischen Union |
| EuZBLG | Gesetz über die Zusammenarbeit von Bund und Ländern in Angelegenheiten der Europäischen Union |
| EuZW | Europäische Zeitschrift für Wirtschaftsrecht |
| EV, eV | Vertrag zwischen der Bundesrepublik Deutschland und der Deutschen Demokratischen Republik über die Herstellung der Einheit Deutschlands – Einigungsvertrag; eingetragener Verein |
| EvakuiertenG | Bundesevakuiertengesetz (aufgehoben) |
| EVerkVermG | Gesetz über die vermögensrechtlichen Verhältnisse der Deutschen Bundesbahn |
| EVerkVerwG | Gesetz über die Eisenbahnverkehrsverwaltung des Bundes |
| EVertr | s. EV |
| EVG | Ernährungsvorsorgegesetz; Europäische Verteidigungsgemeinschaft |
| EvStL | Werner Heun/Martin Honecker/Martin Morlok/Joachim Wieland (Hrsg.), Evangelisches Staatslexikon, Neuausgabe (4. Aufl.) 2006 |
| EVV | Vertrag über eine Verfassung für Europa v. 29.10.2004 |
| EWG | Europäische Wirtschaftsgemeinschaft |
| EWGV | Vertrag zur Gründung einer Europäischen Wirtschaftsgemeinschaft |
| EWI | Europäisches Währungsinstitut |
| EWiR | Entscheidungen zum Wirtschaftsrecht |
| EWS | Europäisches Wirtschafts- und Steuerrecht |
| EWU | Europäische Währungsunion |
| EzA | Entscheidungssammlung zum Arbeitsrecht |
| EzAR | Entscheidungssammlung zum Ausländer- und Asylrecht |
| EzB | Entscheidungssammlung zum Berufsbildungsrecht |
| EZB | Europäische Zentralbank |
| | |
| f. | folgende (Artikel, §§, Seiten oder Randnummern) |
| FAG | Gesetz über Fernmeldeanlagen, RGBl 1892, 467 (außer Kraft getreten); Gesetz über den Finanzausgleich zwischen Bund und Ländern (Finanzausgleichsgesetz – FAG) |
| FamFG | Gesetz über das Verfahren in Familiensachen und in Angelegenheiten der freiwilligen Gerichtsbarkeit |
| FamRefK | Familienrechtsreformkommentar |
| FamRZ | Zeitschrift für das gesamte Familienrecht |
| FAnpG | Gesetz zur Anpassung verschiedener Vorschriften über die Finanzbeziehungen zwischen dem Bund und den Ländern an die Neuregelung der Finanzverfassung (Finanzanpassungsgesetz) |
| FBA | Folgenbeseitigungsanspruch |
| FDP | Freie Demokratische Partei |
| FDÜ | Übereinkommen v. 18.12.1979 zur Beseitigung jeder Form der Diskriminierung der Frau |

# Abkürzungsverzeichnis

# Abkürzungsverzeichnis

# Abkürzungsverzeichnis

# Abkürzungsverzeichnis

# Abkürzungsverzeichnis

# Abkürzungsverzeichnis

# Abkürzungsverzeichnis

| | |
|---|---|
| GB/BHE | Gesamtdeutscher Block/Bund der Heimatvertriebenen und Entrechteten |
| GBl | Gesetzblatt |
| GBl-DDR | Gesetzblatt der Deutschen Demokratischen Republik |
| geänd. | geändert |
| GefAG | Gefahrenabwehrgesetz |
| Geiger, GG und VölkerR | Geiger, Rudolf, Grundgesetz und Völkerrecht, 7. Aufl. 2018 |
| gem. | gemäß, gemeinsam |
| GemAussch | Gemeinsamer Ausschuss |
| GemCharta d. soz. GrundR | Gemeinschaftscharta der Sozialen Grundrechte der Arbeitnehmer |
| GemFinRefG | Gesetz zur Neuordnung der Gemeindefinanzen (Gemeindefinanzreformgesetz) |
| GemVerfKom | Gemeinsame Verfassungskommission |
| GenTG | Gesetz zur Regelung der Gentechnik (Gentechnikgesetz) |
| Ger. | Gericht |
| Ges. | Gesetz |
| GeschO, GO | Geschäftsordnung |
| GeschOBRat, GeschOBR, GO BR, GOBRat | Geschäftsordnung des Bundesrates |
| GeschOBReg, GO BReg | Geschäftsordnung der Bundesregierung |
| GeschOBTag, GeschO BT, GO BT, GOBT | Geschäftsordnung des Deutschen Bundestages |
| GewArch | Gewerbearchiv |
| GewO | Gewerbeordnung |
| GewSt | Gewerbesteuer |
| GFK | Abkommen über die Rechtsstellung der Flüchtlinge (Genfer Flüchtlingskonvention) |
| GG | Grundgesetz für die Bundesrepublik Deutschland |
| ggf. | gegebenenfalls |
| GGO | Gemeinsame Geschäftsordnung der BMinisterien, Bekanntmachung der Neufassung der Gemeinsamen GO der BMinisterien |
| GHN | Grabitz, Eberhard (Begr.)/Hilf, Meinhard/Nettesheim, Martin (Hrsg.), Das Recht der Europäischen Union, Kommentar, Loseblattsammlung, Bd. I–III. EUV/AEUV, Stand: 68. Ergänzungslieferung, Oktober 2019 |
| Giese/Schunck | Giese, Friedrich/Schunck, Egon, Grundgesetz für die Bundesrepublik Deutschland vom 23. Mai 1949, 9. Aufl. 1976 |
| GIZ | Deutsche Gesellschaft für Internationale Zusammenarbeit |
| GjS | Gesetz über die Verbreitung jugendgefährdender Schriften und Medieninhalte (aufgehoben) |
| GK | Große Kammer |
| GKG | Gerichtskostengesetz |
| GKK | Geiger, Rudolf/Khan, Daniel-Erasmus/Kotzur, Markus (Hrsg.), EUV/AEUV, Vertrag über die Europäische Union/Vertrag über die Arbeitsweise der Europäischen Union, Kommentar, 6. Aufl. 2017 |
| GKL | Gröschner, Rolf/Kapust, Antje/Lembcke, Oliver W. (Hrsg.), Wörterbuch der Würde, 2013 |
| GKV | Gesetzliche Krankenversicherung |
| GLJ | German Law Journal |
| GmbH | Gesellschaft mit beschränkter Haftung |
| GmbHR | GmbH Rundschau |
| GMBl | Gemeinsames Ministerialblatt |
| GO | Gemeindeordnung; Geschäftsordnung |
| GO-BRH | Geschäftsordnung des Bundesrechnungshofes |
| GO BVerfG | Geschäftsordnung des Bundesverfassungsgerichts |
| GoA | Geschäftsführung ohne Auftrag |
| GOGA | Geschäftsordnung für den Gemeinsamen Ausschuß |
| GRC | s. EUGRCh |
| GrR | Grundrecht(e) |
| Grabenwarter/Pabel | Grabenwarter, Christoph/Pabel, Katharina, Europäische Menschenrechtskonvention, 6. Aufl. 2016 |

# Abkürzungsverzeichnis

GWC .................... Gröpl, Christoph/Windthorst, Kay/von Coelln, Christian, Grundgesetz – Studienkommentar –, 3. Aufl. 2017

GWG .................... Gemeindewahlgesetz

GYIL .................... German Yearbook of International Law

HA ...................... Hauptausschuss (des Parlamentarischen Rates)

Haager LandkriegsO .... Abkommen, betreffend die Gesetze und Gebräuche des Landkriegs v. 18.10.1907, RGBl 1910, 107

Hamann/Lenz .......... Hamann, Andreas, Das Grundgesetz für die Bundesrepublik Deutschland vom 23. Mai 1949, (fortgeführt von Hamann, Andreas jr./Lenz, Helmut) 3. Aufl. 1970

Hamb, hamb ............ Hamburg, hamburgisch

HambVerf .............. Verfassung der Freien und Hansestadt Hamburg v. 6.6.1952

HansOLG ............... Hanseatisches Oberlandesgericht

HaSiG .................. Hafensicherheitsgesetz

HaushaltsA ............. Haushaltsausschuss

HausrVO ............... Verordnung über die Behandlung der Ehewohnung und des Hausrats (aufgehoben)

HB ..................... Handelsblatt

Hbd. ................... Halbband

HCh-Bericht ........... Verfassungsausschuss der Ministerpräsidenten-Konferenz der westlichen Besatzungszonen, Bericht über den Verfassungskonvent auf Herrenchiemsee vom 10. bis 23. August 1948, o. J. (1948); abgedr. in: ParlRat 1948–1949, Bd. 2, 1981, S. 504 ff.

HChE ................... Herrenchiemseer Entwurf (= Entwurf eines Grundgesetzes, in: HCh-Bericht, S. 61 ff.)

Hdb. ................... Handbuch

HdbBVerfG ............. van Ooyen, Robert Chr./Möllers, Martin H. W. (Hrsg.), Handbuch Bundesverfassungsgericht im politischen System, 2. Aufl. 2015

HdbDStR I, II .......... Anschütz, Gerhard/Thoma, Richard (Hrsg.), Handbuch des Deutschen Staatsrechts, Bd. I, 1930, Bd. II, 1932

Hdb Föderalismus I–IV  Härtel, Ines (Hrsg.), Handbuch Föderalismus – Föderalismus als demokratische Rechtsordnung in Deutschland, Europa und der Welt, Bd. I–IV, 2012

HdbFW I–IV, HdFW

I–IV .................... Neumark, Fritz (Hrsg.), Handbuch der Finanzwissenschaft, 3. Aufl., Bd. I, 1977; Bd. II, 1980; Bd. III, 1981; Bd. IV, 1983

HdbParlR .............. Morlok, Martin/Schliesky, Utz/Wiefelspütz, Dieter (Hrsg.), Parlamentsrecht. Praxishandbuch, 2016

HdbStKirchR I, II,
HStKR I, II, HStKirchR
I, II, HdbStKR I, II ..... Listl, Joseph/Pirson, Dietrich (Hrsg.), Handbuch des Staatskirchenrechts der Bundesrepublik Deutschland, 2. Aufl. Bd. I, 1994; Bd. II, 1995

HdbVerfR .............. Benda, Ernst/Maihofer, Werner/Vogel, Hans-Jochen (Hrsg.) unter Mitwirkung von Hesse, Konrad/Heyde, Wolfgang, Handbuch des Verfassungsrechts der Bundesrepublik Deutschland, 2. Aufl. 1994

HdbWissR .............. Flämig, Christian/Kimminich, Otto/Krüger, Hartmut/Meusel, Ernst-Joachim/Rupp, Hans Heinrich/Scheven, Dieter/Schuster, Hermann Josef/Graf Stenbock-Fermor, Friedrich (Hrsg.), Handbuch des Wissenschaftsrechts, 2 Bde., 2. Aufl. 1996

HdUR I, II ............. Kimminich, Otto/Freiherr von Lersner, Heinrich/Storm, Peter-Christoph (Hrsg.), Handwörterbuch des Umweltrechts, 2 Bde., 2. Aufl. 1994

HdWW ................. Beckmann, Martin J./Menges, Günter/Selten, Reinhard (Hrsg.), Handwörterbuch der mathematischen Wirtschaftswissenschaften, 3 Bde., 1979

Hess, hess ............. Hessen, hessisch

Hesse, Grundzüge ....... Hesse, Konrad, Grundzüge des Verfassungsrechts der Bundesrepublik Deutschland, 20. Aufl. 1995

Heselhaus/Nowak ...... Heselhaus, Sebastian F./Nowak, Carsten (Hrsg.), Handbuch der Europäischen Grundrechte, 2. Aufl. 2019

HessVerf ............... Verfassung des Landes Hessen v. 1.12.1946

HFR .................... Höchstrichterliche Finanzrechtsprechung

HG NRW .............. Gesetz über die Hochschulen des Landes Nordrhein-Westfalen (Hochschulgesetz)

HGB ................... Handelsgesetzbuch

# Abkürzungsverzeichnis

HGR I–IX ............... Merten, Detlef/Papier, Hans-Jürgen (Hrsg.), Handbuch der Grundrechte in Deutschland und Europa, Bd. I, 2004; Bd. II, 2006; Bd. III, 2009; Bd. IV, 2011; Bd. V, 2013; Bd. VI/1, 2010; Bd. VI/2, 2009; Bd. VII/1, 2009; Bd. VII/2, 2007; Bd. IX, 2016; Bd. X, 2018

HGrG .................... Gesetz über die Grundsätze des Haushaltsrechts des Bundes und der Länder (Haushaltsgrundsätzegesetz)

Hillgruber/Goos ........ Hillgruber, Christian/Goos, Christoph, Verfassungsprozessrecht, 4. Aufl. 2015

Hinw. ................... Hinweis(e)

HKiEntÜ ................ Übereinkommen v. 25.10.1980 über die zivilrechtlichen Aspekte internationaler Kindesentführung

HKP .................... Haratsch, Andreas/Koenig, Christian/Pechstein, Matthias, Europarecht, 11. Aufl. 2018

HkWP I–VI ............. Mann, Thomas/Püttner, Günter in Verbindung mit den kommunalen Spitzenverbänden (Hrsg.), Handbuch der kommunalen Wissenschaft und Praxis, Bd. I, 3. Aufl. unter Mitarbeit von Elvers, Torsten, 2007; Püttner, Günter in Verbindung mit den kommunalen Spitzenverbänden (Hrsg.), Bd. II–VI, 2. Aufl.; Bd. II unter Mitarbeit von Borchmann, Michael, 1982; Bde. III u. IV, 1983; Bd. V, 1984; Bd. VI, 1985

hL ...................... herrschende Lehre

hM ...................... herrschende Meinung

HMHK ................. Hailbronner/Maaßen/Hecker/Kau, Staatsangehörigkeitsrecht, 6. Aufl. 2017

Hömig/Wolff ........... Hömig, Dieter (Begr.)/Wolff, Amadeus (Hrsg.), Grundgesetz für die Bundesrepublik Deutschland, 12. Aufl. 2018 (mitbegründet von Seifert, Karl-Heinz)

Hofmann/Henneke ..... Hofmann, Hans/Henneke, Hans-Günter (Hrsg.), Kommentar zum Grundgesetz, 14. Aufl. 2017 (begr. v. Schmidt-Bleibtreu, Bruno/Klein, Franz)

HRG .................... Hochschulrahmengesetz

HRG I–V ............... Erler, Adalbert/Kaufmann, Ekkehard (Hrsg.), Handwörterbuch zur Deutschen Rechtsgeschichte, Bd. I, 1971; Bd. II, 1978; Bd. III, 1984; Bd. IV, 1990; Bd. V, 1998

HRLJ ................... Human Rights Law Journal

HRRS ................... Online-Zeitschrift für Höchstrichterliche Rechtsprechung im Strafrecht

hrsg. .................... herausgegeben

Hrsg. ................... Herausgeber

Hs. ..................... Halbsatz

HSOG .................. Hessisches Gesetz über die öffentliche Sicherheit und Ordnung

HStR I–XIII ............ Isensee, Josef/Kirchhof, Paul (Hrsg.), Handbuch des Staatsrechts der Bundesrepublik Deutschland, 3. Aufl. Bd. I, 2003; Bd. II, 2004; Bd. III, 2005; Bd. IV, 2006; Bd. V, 2007; Bd. VI, 2008; Bd. VII, 2009; Bd. VIII, 2010; Bd. IX, 2011; Bd. X, 2012; Bd. XI, 2013; Bd. XII, 2014; Bd. XIII, 2015 (1. Aufl.: Bde. I, II, 1987; Bd. III, 1988; Bd. IV, 1990; Bd. V, 1992; Bd. VI, 1989; Bd. VII, 1992; ohne Neuauflage: Bd. VIII, 1995; Bd. IX, 1997)

Hufen, StaatsR II ........ Hufen, Friedhelm, Staatsrecht II. Grundrechte, 7. Aufl. 2018

HwO, HandwO ......... Gesetz zur Ordnung des Handwerks (Handwerksordnung)

iA ...................... im Allgemeinen

IA-BT .................. Innenausschuss des Bundestages

IAGMR ................. Inter-Amerikanischer Gerichtshof für Menschenrechte

ICJ ..................... International Court of Justice

ICJ Reports ............. International Court of Justice. Reports of Judgements, Advisory Opinions and Orders

ICLQ ................... The International and Comparative Law Quarterly

idF ..................... in der Fassung

idR ..................... in der Regel

idS ..................... in dem Sinne, in diesem Sinne, in der Sache

iE ...................... im Ergebnis, im Einzelnen

ieS ..................... im engeren Sinne

IFG .................... Gesetz zur Regelung des Zugangs zu Informationen des Bundes (InformationsfreiheitsG)

IFLA ................... Informationsdienst zum Lastenausgleich sowie zu BVG und anderem Kriegsfolgerecht; Informationsdienst für Lastenausgleich, BVFG und ande-

|  |  |
|---|---|
|  | res Kriegsfolgerecht, Vermögensrückgabe und Entschädigung nach dem Einigungsvertrag |
| IfSG | Gesetz zur Verhütung und Bekämpfung von Infektionskrankheiten beim Menschen (Infektionsschutzgesetz) |
| IGH | Internationaler Gerichtshof (s. a. ICJ) |
| IGH Statut | Statut des internationalen Gerichtshofs |
| iHv | in Höhe von |
| IHK | Industrie- und Handelskammer |
| IJCL | International Journal of Constitutional Law |
| incl. | inclusive |
| InfAuslR | Informationsbrief Ausländerrecht |
| InfrGG | Gesetz zur Errichtung einer Infrastrukturgesellschaft für Autobahnen und andere Bundesfernstraßen (InfrastrukturgesellschaftserrichtungsG) |
| inkl. | inklusive |
| insbes. | insbesondere |
| insges. | insgesamt |
| int. | international |
| integration | Vierteljahresschrift des Instituts für Europäische Politik in Zusammenarbeit mit dem Arbeitskreis Europäische Integration |
| IntVG | Gesetz über die Wahrnehmung der Integrationsverantwortung des Bundestages und des Bundesrates in Angelegenheiten der Europäischen Union (Integrationsverantwortungsgesetz) |
| InVG | Gesetz über besondere Investitionen in der Deutschen Demokratischen Republik |
| InvHG | Gesetz über die Investitionshilfe der gewerblichen Wirtschaft |
| InVorG | Gesetz über den Vorrang für Investitionen bei Rückübertragungsansprüchen nach dem Vermögensgesetz (Investitionsvorranggesetz) |
| InvZulG | Investitionszulagengesetz |
| IPA-Regeln | Entwurf eines Gesetzes über Einsetzung und Verfahren von Untersuchungsausschüssen des Bundestages (BT-Dr V/4209, erarbeitet von der Interparlamentarischen Arbeitsgemeinschaft) |
| IPBPR, IPBürgR | Internationaler Pakt über bürgerliche Rechte und politische Rechte v. 19.12.1966 |
| IPE I–VI, VIII | v. Bogdandy, Armin/Huber, Peter M. ua (Hrsg.), Handbuch Ius Publicum Europaeum, Bd. I, 2007; Bd. II, 2008; Bd. III, 2010; Bd. IV, 2011; Bd. V, 2014; Bd. VI, 2016; Bd. VIII, 2019 |
| IPrax | Praxis des Internationalen Privat- und Verfahrensrechts |
| Ipsen, PartG | Ipsen, Jörn (Hrsg.), Parteiengesetz, Kommentar, 2. Aufl. 2018 |
| Ipsen, StaatsR I, II | Ipsen, Jörn, Staatsrecht I. Staatsorganisationsrecht, 31. Aufl. 2019; Staatsrecht II. Grundrechte, 22. Aufl. 2019 |
| IPWirtR | Internationaler Pakt über wirtschaftliche, soziale und kulturelle Rechte v. 19.12.1966 |
| iR | im Rahmen |
| iRd | im Rahmen des (der) |
| iRv | im Rahmen von |
| IrVerf. | Irische Verfassung vom 1.7.1937 |
| IRG | Gesetz über die internationale Rechtshilfe in Strafsachen |
| iS | im Sinne; in Sachen |
| iSd | im Sinne des (der) |
| IStGH | Internationaler Strafgerichtshof |
| IStGM-Statutgesetz | Gesetz zum Römischen Statut des Internationalen Strafgerichtshofs |
| IStR | Internationales Steuerrecht |
| iSv | im Sinne von |
| ital. | italienisch |
| ItalVerf | Verfassung der Republik Italien v. 27.12.1947 |
| iÜ | im Übrigen |
| iVm | in Verbindung mit |
| iW | im Wesentlichen |
| IWF | Internationaler Währungsfonds |
| iwS | im weiteren Sinne |
|  |  |
| JA | Juristische Arbeitsblätter |
| JAG | Juristenausbildungsgesetz |

# Abkürzungsverzeichnis

# Abkürzungsverzeichnis

| | |
|---|---|
| LVG | Landesverwaltungsgericht |
| LWahlG | Landeswahlgesetz, Landtagswahlgesetz |
| maW | mit anderen Worten |
| mE | meines Erachtens |
| m krit Anm | mit kritischer Anmerkung |
| mN | mit Nachweisen |
| mwN | mit weiteren Nachweisen |
| mWv | mit Wirkung vom |
| v. Mangoldt/Klein | von Mangoldt, Hermann/Klein, Friedrich, Das Bonner Grundgesetz, Kommentar, 2. Aufl., 3 Bde., 1957/1964/1974 |
| Manssen, StaatsR II | Manssen, Gerrit, Staatsrecht II – Grundrechte, 16. Aufl. 2019 |
| MaßstG | Gesetz über verfassungskonkretisierende allgemeine Maßstäbe für die Verteilung des Umsatzsteueraufkommens, für den Finanzausgleich unter den Ländern sowie für die Gewährung von Bundesergänzungszuweisungen (Maßstäbegesetz) |
| Maunz/Dürig | Maunz, Theodor/Dürig, Günter (Begr.)/Herzog, Roman/Scholz, Rupert/Herdegen, Matthias/Klein, Hans H. (Hrsg.), Grundgesetz, Kommentar, Losebl., Stand: 88. Lieferung August 2019 |
| Maunz/Zippelius | Maunz, Theodor/Zippelius, Reinhold, Deutsches Staatsrecht, 30. Aufl. 1998, seit 31. Aufl.: Zippelius/Würtenberger (s. dort) |
| Maurer, StaatsR I | Maurer, Hartmut, Staatsrecht I, 6. Aufl. 2010 |
| MDR | Monatsschrift für Deutsches Recht |
| ME | Musterentwurf |
| MedR | Medizinrecht |
| Meyer, EuGRCh | Meyer, Jürgen (Hrsg.), Kommentar zur Charta der Grundrechte der Europäischen Union, 4. Aufl. 2014 |
| Meyer/Anschütz | Meyer, Georg/Anschütz, Gerhard, Lehrbuch des deutschen Staatsrechts, 7. Aufl. 1914–19 |
| Meyer/Hölscheidt | Meyer, Jürgen/Hölscheidt, Sven (Hrsg.), Kommentar zur Charta der Grundrechte der Europäischen Union, 5. Aufl. 2019 |
| MfS | Ministerium für Staatssicherheit der ehemaligen DDR |
| Michael/Morlok | Michael, Lothar/Morlok, Martin, Grundrechte, 7. Aufl. 2019 |
| MilReg. | Militärregierung |
| MinPräs | Ministerpräsident |
| Mio. | Million(en) |
| MIP | Zeitschrift für Parteienwissenschaften |
| MitbestG | Gesetz über die Mitbestimmung der Arbeitnehmer (Mitbestimmungsgesetz) |
| MKP | von Mangoldt, Hermann/Klein, Friedrich, Das Bonner Grundgesetz, 3. Aufl., Bd. VIII, 1996, von Pestalozza, Christian |
| MKS I–III | von Mangoldt, Hermann/Klein, Friedrich/Starck, Christian (Hrsg.), Kommentar zum Grundgesetz, 7. Aufl., Bd. 1 bis 3, 2018 (bis zur 4. Aufl. unter dem Titel: Das Bonner Grundgesetz, Kommentar) |
| MMR | Multimedia und Recht – Zeitschrift für Informations-, Telekommunikations- und Medienrecht |
| Moselvertrag | Vertrag vom 27.10.1956 über die Schiffbarmachung der Mosel |
| MPG | Max-Planck-Gesellschaft |
| MPräs | Ministerpräsident(in) |
| Mrd. | Milliarde(n) |
| MRG Nr. 5 | Gesetz Nr. 5 der Militärregierung, ABl d. MilReg. Deutschland Heft 3, S. 11 |
| MRRG | Melderechtsrahmengesetz |
| MSKB | Maunz, Theodor (Begr.)/Schmidt-Bleibtreu, Bruno/Klein, Franz/Bethge, Herbert ua, Bundesverfassungsgerichtsgesetz, Kommentar, Losebl. 1964 ff., Stand: 57. Ergänzungslieferung, Juni 2019 |
| MSW | Morlok, Martin/Schliesky, Utz/Wiefelspütz, Dieter (Hrsg.), Parlamentsrecht, Praxishandbuch, 2016 |
| v. Münch/Kunig I, II | von Münch, Ingo/Kunig, Philip (Hrsg.), Grundgesetz-Kommentar, 2 Bde., 6. Aufl. 2012 |
| v. Münch/Mager, StaatsR I, II | von Münch, Ingo/Mager, Ute, Staatsrecht I, 8. Aufl. 2015, Staatsrecht II, 7. Aufl. 2018 |

# Abkürzungsverzeichnis

| | |
|---|---|
| o. | oben; oder; ohne |
| ö. | öffentlich |
| oä | oder ähnlich |
| OCN | Oppermann, Thomas/Classen, Claus Dieter/Nettesheim, Martin, Europarecht, 8. Aufl. 2018 |
| OECD | Organization for Economic Cooperation and Development |
| OEG | Gesetz über die Entschädigung für Opfer von Gewalttaten (OpferentschädigungsG) |
| OFD | Oberfinanzdirektion |
| öff., öffentl. | öffentlich |
| og | oben genannt |
| OHGZ-BZ | Entscheidungen des Obersten Gerichtshofes für die Britische Zone in Zivilsachen |
| oJ | ohne Jahrgang; ohne Jahr(esangabe) |
| ÖJZ | Österreichische Juristen-Zeitung |
| OLG | Oberlandesgericht |
| OpferentschädigungsG | Gesetz über die Entschädigung für Opfer von Gewalttaten (OpferentschädigungsG) |
| ÖPNV | Öffentlicher Personennahverkehr |
| ÖPP | Öffentlich-private Partnerschaft(en) |
| ör, öR | öffentlichrechtlich, öffentliches Recht |
| ORDO | Jahrbuch für die Ordnung von Wirtschaft und Gesellschaft |
| OrgA | Organisationsausschuss (des Parlamentarischen Rates) |
| Ossenbühl/Cornils | Ossenbühl, Fritz/Cornils, Matthias, Staatshaftungsrecht, 6. Aufl. 2013 |
| österr. | österreichisch |
| ÖsterrVerfGH | Österreichischer Verfassungsgerichtshof |
| OSZE | Organisation für Sicherheit und Zusammenarbeit in Europa |
| ÖTV | Gewerkschaft Öffentliche Dienste, Transport und Verkehr |
| OVG | Oberverwaltungsgericht |
| OVGE | Entscheidungen der Oberverwaltungsgerichte für das Land Nordrhein-Westfalen in Münster – bis Band 42: sowie für die Länder Niedersachsen und Schleswig-Holstein in Lüneburg – ab Band 43: und für das Land Niedersachsen in Lüneburg – ab Band 15: mit Entscheidungen des Verfassungsgerichtshofes Nordrhein-Westfalen und des Niedersächsischen Staatsgerichtshofes |
| OWiG | Gesetz über Ordnungswidrigkeiten |
| ÖZöR | Österreichische Zeitschrift für öffentliches Recht und Völkerrecht (Austrian Journal of Public and International Law) |
| Palandt | Palandt, Otto, Bürgerliches Gesetzbuch, Kommentar, 79. Aufl. 2020 |
| parl. | parlamentarisch |
| ParlR-GSA | Grundsatzausschuss des Parlamentarischen Rates |
| ParlRat-HA | Hauptausschuss des Parlamentarischen Rates |
| ParlRat, ParlR | Parlamentarischer Rat |
| ParlRat 1948–1949 I–XIV | Der Parlamentarische Rat 1948–1949, Akten und Protokolle, Bd. 1 bis 14, 1975–2009 |
| ParlStG | Gesetz über die Rechtsverhältnisse der Parlamentarischen Staatssekretäre |
| PartG, ParteiG | Gesetz über die politischen Parteien (Parteiengesetz) |
| PassG | Paßgesetz |
| PatentG | Patentgesetz |
| PAuswG | Gesetz über Personalausweise |
| PDS | Partei des Demokratischen Sozialismus |
| PersR | Der Personalrat |
| PersV | Die Personalvertretung |
| Pestalozza, VerfProzR | Pestalozza, Christian, Verfassungsprozeßrecht, 3. Aufl. 1991 |
| Peters, Verfassung | Peters, Hans, Geschichtliche Entwicklung und Grundfragen der Verfassung, bearbeitet von Salzwedel, Jürgen/Erbel, Günther, 1969 |
| PflVersG | Gesetz über die Pflichtversicherung für Kraftfahrzeughalter (Pflichtversicherungsgesetz) |
| PJZS | Polizeiliche und Justizielle Zusammenarbeit in Strafsachen (Art. 29–42 EUV), s. a. ZBJI |

# Abkürzungsverzeichnis

| | |
|---|---|
| RelKiErzG | Gesetz über die religiöse Kindererziehung |
| 20. RentenanpassungsG | Gesetz zur Zwanzigsten Rentenanpassung und zur Verbesserung der Finanzgrundlagen der gesetzlichen Rentenversicherung |
| RentÜblG | Gesetz zur Herstellung der Rechtseinheit in der gesetzlichen Renten- und Unfallversicherung (Renten-ÜberleitungsG) |
| RepSchG | Gesetz zur Abgeltung von Reparations-, Restitutions-, Zerstörungs- und Rückerstattungsschäden (aufgehoben) |
| RepSchVO | Verordnung zum Schutze der Republik |
| Res. | Resolution |
| RettungsG | Gesetz zur Rettung von Unternehmen zur Stabilisierung des Finanzmarktes (RettungsübernahmeG) |
| Rev. Rheinschiffahrtsakte | Revidierte Rheinschiffahrtsakte v. 17.10.1868 (Mannheimer Akte) |
| RFSR | Raum der Freiheit, der Sicherheit und des Rechts |
| RGBl, R-GBl | Reichsgesetzblatt, Reichs-Gesetzblatt |
| RGRK-BGB I–VI | Das Bürgerliche Gesetzbuch mit besonderer Berücksichtigung der Rechtsprechung des Reichsgerichts und des Bundesgerichtshofes, Kommentar, hrsg. von Mitgliedern des Bundesgerichtshofes, 12. Aufl., Bd. 1–6, 1974 ff. |
| RGSt | Entscheidungen des Reichsgerichts in Strafsachen |
| RGZ | Entscheidungen des Reichsgerichts in Zivilsachen |
| RHebG | Reichshebammengesetz (aufgehoben) |
| RHG | Reichsheimstättengesetz (aufgehoben) |
| RhPf, rhpf | Rheinland-Pfalz, rheinland-pfälzisch |
| RhPfVerf | Verfassung für Rheinland-Pfalz v. 18.5.1947 |
| Ri. | Richter |
| RiA | Recht im Amt |
| Richtl. | Richtlinie |
| RiG | Richtergesetz |
| RiW | Recht der internationalen Wirtschaft |
| RiWahlA | Richterwahlausschuss |
| RiWG | Richterwahlgesetz |
| RK | Konkordat zwischen dem Heiligen Stuhl und dem deutschen Reich v. 20.7.1933 („Reichskonkordat") |
| RKanzler | Reichskanzler |
| RKEG | Gesetz über die religiöse Kindererziehung (s. RelKiErzG) |
| rkr. | rechtskräftig |
| RL | Richtlinie |
| RM | Rechtsmittel |
| RMG | Regeling, Hans-Werner/Middeke, Andreas/Gellermann, Martin (Hrsg.), Handbuch des Rechtsschutzes in der Europäischen Union, 3. Aufl. 2014 |
| RMin | Reichsminister |
| RMinG | Gesetz über die Rechtsverhältnisse des Reichskanzlers und der Reichsminister (Reichsministergesetz) |
| Rn. | Randnummer(n) |
| ROG | Raumordnungsgesetz |
| ROW | Recht in Ost und West |
| RPfl | Rechtspfleger |
| RPflG | Rechtspflegergesetz |
| RReg | Reichsregierung |
| Rs. | Rechtssache |
| RSB | Rechtsschutzbedürfnis |
| RSchr | Rundschreiben |
| RspDienst | Rechtsprechungsdienst, Beilage zu VBlBW |
| Rspr. | Rechtsprechung, rechtsprechend |
| RT, RTag | Reichstag |
| RTh | Rechtstheorie |
| RuP | Recht und Politik |
| RuStAG | Reichs- und Staatsangehörigkeitsgesetz; jetzt: Staatsangehörigkeitsgesetz |
| RV | Reichsverfassung, Rahmenvereinbarung |
| RV 1849 | Verfassung des deutschen Reiches (v. 28.3.1949, Reichs-Gesetz-Blatt, 16. Stück, ausgegeben am 28.4.1849, S. 101) |

# Abkürzungsverzeichnis

| | |
|---|---|
| SchwZBl | Schweizerisches Zentralblatt für Staats- und Verwaltungsrecht (seit 1988, vorher: Schweizerisches Zentralblatt für Staats- und Gemeindeverwaltung) |
| SCT | U.S. Supreme Court Reporter |
| SDÜ | Übereinkommen zur Durchführung des Übereinkommens von Schengen vom 14. Juni 1985 zwischen den Regierungen der Staaten der Benelux-Wirtschaftsunion, der Bundesrepublik Deutschland und der Französischen Republik betreffend den schrittweisen Abbau der Kontrollen an den gemeinsamen Grenzen v. 19.6.1990 |
| 1. SED-UnBerG | 1. Gesetz zur Bereinigung von SED-Unrecht (Erstes SED-Unrechtsbereinigungsgesetz) |
| 2. SED-UnBerG | 2. Gesetz zur Bereinigung von SED-Unrecht (Zweites SED-Unrechtsbereinigungsgesetz) |
| SeeAufgG | Gesetz über die Aufgaben des Bundes auf dem Gebiet der Seeschiffahrt (Seeaufgabengesetz) |
| SFS | Simon, Helmut/Franke, Dietrich/Sachs, Michael (Hrsg.), Handbuch der Verfassung des Landes Brandenburg, 1994 |
| SG | s. SoldG |
| SGb | Die Sozialgerichtsbarkeit |
| SGB | Sozialgesetzbuch |
| SGB I | Sozialgesetzbuch (SGB) – Allgemeiner Teil – |
| SGB II | Sozialgesetzbuch (SGB) Zweites Buch (II) – Grundsicherung für Arbeitssuchende – |
| SGB V | Sozialgesetzbuch (SGB) Fünftes Buch (V) Gesetzliche Krankenversicherung |
| SGB VI | Sozialgesetzbuch (SGB) Sechstes Buch (VI) Gesetzliche Rentenversicherung |
| SGB VIII | Sozialgesetzbuch (SGB) Achtes Buch (VIII) Kinder- und Jugendhilfe |
| SGB X | Sozialgesetzbuch (SGB) – Verwaltungsverfahren – |
| SGG | Sozialgerichtsgesetz |
| SGleiG | Gesetz zur Gleichstellung von Soldatinnen und Soldaten der Bundeswehr (Soldatinnen- und SoldatengleichstellungsG) |
| Siekmann/Duttge | Siekmann, Helmut/Duttge, Gunnar, Staatsrecht I, Grundrechte, 3. Aufl. 2000 |
| SJZ | Süddeutsche Juristen-Zeitung |
| skept. | skeptisch |
| Slg. | Sammlung |
| Sodan, GG | Sodan, Helge (Hrsg.), Grundgesetz, 4. Aufl. 2018 |
| SoforthilfeG | Gesetz zur Milderung dringender sozialer Notstände (aufgehoben) |
| sog. | so genannt |
| SoldG | Gesetz über die Rechtsstellung der Soldaten (Soldatengesetz) |
| SoldGG | Gesetz über die Gleichbehandlung der Soldatinnen und Soldaten (Soldatinnen- und Soldaten-GleichbehandlungsG) |
| SolZG | Solidaritätszuschlagsgesetz |
| Sp. | Spalte(n) |
| span. | spanisch |
| SpanVerf | Verfassung des Königreiches Spanien v. 29.12.1978 |
| SPD | Sozialdemokratische Partei Deutschlands |
| SpkG | Sparkassengesetz |
| SPNV | Schienenpersonennahverkehr |
| SpuRt | Sport und Recht |
| SRH | v. Maydell, Bernd/Ruland, Franz/Becker, Ulrich (Hrsg.), Sozialrechtshandbuch (SRH), 6. Auflage 2018 |
| SRP | Sozialistische Reichspartei |
| SSB | Schoch, Friedrich/Schneider, Jens-Peter/Bier, Wolfgang (Hrsg.), Verwaltungsgerichtsordnung, Kommentar, Losebl. 1996 ff., Stand 37. Erg. Lief., Juli 2019 |
| SSP | Schoch, Friedrich/Schmidt-Aßmann, Eberhard/Pietzner, Rainer, Verwaltungsgerichtsordnung, 1996 |
| StA | Staatsanwalt(schaft) |
| Staat | Der Staat |
| staatl. | staatlich |
| StabG | s. StWG |
| StabiRatG | Gesetz zur Errichtung eines Stabilitätsrates und zur Vermeidung von Haushaltsnotlagen |

# Abkürzungsverzeichnis

SVG ...................... Gesetz über die Versorgung für die ehemaligen Soldaten der Bundeswehr und ihre Hinterbliebenen (Soldatenversorgungsgesetz)

SVN ...................... Satzung Vereinte Nationen; s. VN-Charta

Sydow/Wittreck ........ Sydow, Gernot/Wittreck, Fabian, Deutsches und Europäisches Verfassungsrecht I, 2019.

Symposium Boldt, 1997 Deutsche und Europäische Verfassungsgeschichte. Sozial- und rechtswissenschaftliche Zugänge. Symposium zum 65. Geburtstag von Hans Boldt, 1997

SZAG ................... Gesetz zur innerstaatlichen Aufteilung von unverzinslichen Einlagen und Geldbußen gemäß Artikel 104 des Vertrages zur Gründung der Europäischen Gemeinschaft (Sanktionszahlungs-Aufteilungsgesetz)

TB ........................ Tatbestand

Tbd. ...................... Teilband, Teilbände

TDG ..................... Truppendienstgericht; Gesetz über die Nutzung von Telediensten (Teledienstegesetz) (aufgehoben)

teilw. ..................... teilweise

TelÜberwNeu-RegG .. Gesetz zur Neuregelung der Telekommunikationsüberwachung und anderer verdeckter Ermittlungsmaßnahmen sowie zur Umsetzung der RL 2006/24/EG

Tettinger/Stern ......... Tettinger, Peter J./Stern, Klaus (Hrsg.), Kölner Gemeinschaftskommentar zur Europäischen Grundrechte-Charta, 2006

TFG ...................... Gesetz zur Regelung des Transfusionswesens (Transfusionsgesetz)

THEG ................... Treibhaus-Emissionshandelsgesetz

Thür, thür .............. Thüringen, thüringisch

ThürVBl ................. Thüringer Verwaltungsblätter

ThürVerf ................ Verfassung des Freistaats Thüringen v. 25.10.1993

ThürVerfE-LL-PDS .... Entwurf einer Verfassung für das Land Thüringen der Fraktion Linke Liste/PDS, Thüringer LT-Dr 1/678 abgedr. in JöR nF 41 (1993), 287 ff.

ThUG ................... Therapieunterbringungsgesetz

THW .................... Technisches Hilfswerk

TierSchG ............... Tierschutzgesetz

TierSG .................. Tierseuchengesetz

TKG ..................... Telekommunikationsgesetz

TO ....................... Tagesordnung

TOP ..................... Tagesordnungspunkt

TPG ..................... Gesetz über die Spende, Entnahme und Übertragung von Organen (Transplantationsgesetz)

TreuhG .................. Gesetz zur Privatisierung und Reorganisation des volkseigenen Vermögens (Treuhandgesetz)

TSG ..................... Gesetz über die Änderung der Vornamen und die Feststellung der Geschlechtszugehörigkeit in besonderen Fällen (Transsexuellengesetz)

TVG, TarifvertragsG .... Tarifvertragsgesetz

TVL ...................... Tarifvertrag für den öffentlichen Dienst der Länder

TVöD .................... Tarifvertrag für den öffentlichen Dienst

TWE ..................... Tettinger, Peter J./Wank, Rolf/Ennuschat, Jörg, Gewerbeordnung, Kommentar, 8. Aufl. 2011

Tz. ....................... Textziffer

u. ......................... unten

ua ........................ und andere, unter anderem; unter anderen

UA ....................... Urteilsausfertigung

uä ........................ und ähnlich(e, es)

UAbs. .................... Unterabsatz

ÜbBestProt ............. Protokoll (Nr. 36) über die Übergangsbestimmungen (ABl EU 2010, Nr. C 83/322) (Konsolidierte Fassung des EUV und des AEUV)

übereinst. ............... übereinstimmend

ÜberlVfRSchG .......... Gesetz über den Rechtsschutz bei überlangen Gerichtsverfahren und strafrechtlichen Ermittlungsverfahren

UCD ..................... Umbach, Dieter C./Clemens, Thomas/Dollinger, Wilhelm (Hrsg.), Bundesverfassungsgerichtsgesetz, Mitarbeiterkommentar und Handbuch, 2. Aufl. 2005

UHG, UmweltHG ...... Umwelthaftungsgesetz

# Abkürzungsverzeichnis

| | |
|---|---|
| VermG | Gesetz zur Regelung offener Vermögensfragen (Vermögensgesetz) |
| VersFG | Versammlungsfreiheitsgesetz |
| VersG, VersammlG | Gesetz über Versammlungen und Aufzüge (Versammlungsgesetz) |
| VersR | Zeitschrift für Versicherungsrecht |
| VersStG | Versicherungsteuergesetz |
| vertief. | vertiefend |
| Verwaltung | Die Verwaltung |
| VerwArch | Verwaltungsarchiv |
| VerwRdsch | Verwaltungsrundschau |
| VerwRspr | Verwaltungsrechtsprechung |
| Vf. | Verfahren |
| VG | Verwaltungsgericht |
| VGH | Verwaltungsgerichtshof |
| vgl. | vergleiche |
| vH | vom Hundert |
| VIZ | Zeitschrift für Vermögens- und Investitionsrecht |
| VMBl | Amtsblatt des Preußischen Ministeriums für Volkswohlfahrt; Ministerialblatt des Bundesministers für/der Verteidigung |
| VN | Vereinte Nationen |
| VN-Charta | Charta der Vereinten Nationen v. 26.6.1945 |
| VO | (Rechts-)Verordnung |
| VOBl | Verordnungsblatt |
| VOBl BritZ | Verordnungsblatt für die Britische Zone |
| Vorb | Vorbemerkung |
| vorl. | vorläufig |
| VorlNdsVerf 1951 | Vorläufige Niedersächsische Verfassung v. 13.4.1951, außer Kraft getreten am 1.6.1993 gem. Art. 78 Abs. 2 NdsVerf |
| VorschaltG | Gesetz zur vorläufigen Regelung der Rechtsverhältnisse des Reichsvermögens und der preußischen Beteiligungen |
| vorst. | vorstehend(e) |
| Vorw. | Vorwort |
| VPr | Vorprüfungsausschuss; Vizepräsident |
| VR | Verwaltungsrundschau |
| VSG | Verfassungsschutzgesetz |
| VSSR | Vierteljahresschrift für Sozialrecht |
| VStG | Vermögensteuergesetz |
| VStGB | Völkerstrafgesetzbuch |
| VU | Verfassungsurkunde |
| VU Baden 1818 | Verfassungs-Urkunde für das Großherzogthum Baden v. 22.8.1818, Großherzoglich Badisches Staats- und Regierungsblatt 1818, 101 |
| VU Bayern 1818 | Verfassungs-Urkunde des Königreichs Baiern v. 26.5.1818, GBl für das Königreich Bayern 1818, Sp. 101 |
| VU Kurhessen 1831 | Verfassungs-Urkunde v. 5.1.1831, Sammlung von Gesetzen, Verordnungen, Ausschreiben und anderen allgemeinen Verfügungen für die kurhessischen Staaten, 6. Bd.: 1. Hälfte, Jahre 1829, 1830, 1831 und 1832, S. 1 des Jahres 1831 |
| VU Preußen 1850 | Verfassungsurkunde für den Preußischen Staat v. 31.1.1850, Gesetz-Sammlung für die Königlichen Preußischen Staaten 1850, o. J., S. 17 |
| VU Sachsen 1831 | Verfassungsurkunde des Königreichs Sachsen v. 4.9.1831, Gesetzsammlung für das Königreich Sachsen vom Jahre 1831, o. J., S. 241 |
| VU Württemberg 1819 | Verfassungs-Urkunde für das Königreich Württemberg v. 15.9.1819, Königlich-Württembergisches Staats- und Regierungsblatt vom Jahre 1819, o. J., S. 634 |
| VV | Verwaltungsvorschriften |
| VVDStRL | Veröffentlichungen der Vereinigung der Deutschen Staatsrechtslehrer |
| Vw. | Verwaltung |
| VwGO | Verwaltungsgerichtsordnung |
| VwVf | Verwaltungsverfahren |
| VwVfG | Verwaltungsverfahrensgesetz |
| VwVfR | Verwaltungsverfahrensrecht |
| VwVG | Verwaltungs-Vollstreckungsgesetz |
| VZOG | Gesetz über die Feststellung der Zuordnung von ehemals volkseigenem Vermögen |

# Abkürzungsverzeichnis

| | |
|---|---|
| ZEV | Zeitschrift für Erbrecht und Vermögensnachfolge |
| ZevKR | Zeitschrift für evangelisches Kirchenrecht |
| ZfA | Zeitschrift für Arbeitsrecht |
| ZfBR | Zeitschrift für deutsches und internationales Baurecht |
| ZfJ | Zentralblatt für Jugendrecht |
| ZfP | Zeitschrift für Politik |
| ZfRV | Zeitschrift für Rechtsvergleichung, Internationales Privatrecht und Europarecht |
| ZfS | Zeitschrift für Schadensrecht; Zentralblatt für Sozialversicherung, Sozialhilfe und Versorgung |
| ZfSch | Zeitschrift für Schadensrecht |
| ZfSH, ZfSH/SGB | Zeitschrift für Sozialhilfe/und Straffälligenhilfe/und Sozialgesetzbuch/seit 1/1997 Sozialrecht in Deutschland und Europa/seit 1/2010 Zeitschrift für die sozialrechtliche Praxis |
| ZfW | Zeitschrift für Wasserrecht |
| ZfWG | Zeitschrift für Wett- und Glücksspielrecht |
| ZG | Zeitschrift für Gesetzgebung; Zollgesetz (s. ZollG) |
| ZGB | Zivilgesetzbuch |
| ZGR | Zeitschrift für Unternehmens- und Gesellschaftsrecht |
| ZHR | Zeitschrift für das gesamte Handels- und Wirtschaftsrecht |
| Ziff. | Ziffer(n) |
| ZIP | Zeitschrift für Wirtschaftsrecht |
| Zippelius/Würtenberger | Zippelius, Reinhold/Würtenberger, Thomas, Deutsches Staatsrecht, 33. Aufl. 2018 (s. für Voraufl. Maunz/Zippelius) |
| ZIS | Zeitschrift für Internationale Strafrechtsdogmatik |
| zit. | zitiert |
| ZJJ | Zeitschrift für Jugendkriminalrecht und Jugendhilfe |
| ZJS | Zeitschrift für das Juristische Studium – www.zjs-online.com |
| ZKA | Zollkriminalamt |
| ZKJ | Zeitschrift für Kindschaftsrecht und Jugendhilfe |
| ZL | Zeitschrift für Luftrecht (ab Bd. 9: ZLW) |
| ZLW | Zeitschrift für Luft- und Weltraumrecht (Bd. 9–24: Zeitschrift für Luftrecht und Weltraumfragen) |
| ZME | Zeitschrift für medizinische Ethik |
| ZNER | Zeitschrift für Neues Energierecht |
| ZNR | Zeitschrift für Neuere Rechtsgeschichte |
| ZögU | Zeitschrift für öffentliche und gemeinwirtschaftliche Unternehmen |
| ZollG | Zollgesetz (aufgehoben) |
| ZOV | Zeitschrift für offene Vermögensfragen |
| ZÖR | Zeitschrift für öffentliches Recht |
| ZP | Zusatzprotokoll |
| ZParl | Zeitschrift für Parlamentsfragen |
| ZPO | Zivilprozessordnung |
| ZRP | Zeitschrift für Rechtspolitik |
| ZSchG, ZivilschutzG | Gesetz über den Zivilschutz |
| ZSchwR | Zeitschrift für Schweizerisches Recht |
| ZSE | Zeitschrift für Staats- und Europawissenschaften |
| ZSKG | Gesetz für den Zivilschutz und die Katastrophenhilfe des Bundes |
| ZSR | Zeitschrift für Sozialreform |
| ZStV | Zeitschrift für Stiftungs- und Vereinswesen |
| ZStW | Zeitschrift für die gesamte Staatswissenschaft; Zeitschrift für die gesamte Strafrechtswissenschaft |
| zT | zum Teil |
| ZTR | Zeitschrift für Tarifrecht |
| ZugErschwG | Gesetz zur Erschwerung des Zugangs zu kinderpornographischen Inhalten in Kommunikationsnetzen (Zugangserschwerungsgesetz) |
| Zugew/VormRÄndG | Gesetz zur Änderung des Zugewinnausgleichs- und Vormundschaftsrechts |
| ZuInvG | Gesetz zur Umsetzung von Zukunftsinvestitionen der Kommunen und Länder |
| Zul., zul. | Zulassung, zulässig; zuletzt |
| ZUM | Zeitschrift für Urheber- und Medienrecht/Film und Recht |
| ZUM-RD | Zeitschrift für Urheber- und Medienrecht-Rechtsprechungsdienst |
| ZUR | Zeitschrift für Umweltrecht |

# Abkürzungsverzeichnis

# Allgemeines Schrifttum (Auswahl)

## Kommentare zum Grundgesetz

*Dörr, Oliver/Marauhn, Thilo/Grote, Rainer* (Hrsg.), EMRK/GG, Konkordanzkommentar zum europäischen und deutschen Grundrechtsschutz, 2 Teilbände, 2. Aufl. 2013 (1. Aufl. 2006).

*Dreier, Horst* (Hrsg.): Grundgesetz, Kommentar, 3 Bde., Bd. I, 3. Aufl. 2013 (1. Aufl. 1996); Bd. II, 3. Aufl. 2015 (1. Aufl. 1998); Bd. III, 3. Aufl. 2018 (1. Aufl. 2000).

*Epping, Volker/Hillgruber, Christian* (Hrsg.): Grundgesetz, Kommentar, 2. Aufl. 2013 (1. Aufl. 2009).

*Epping, Volker/Hillgruber, Christian* (Hrsg.): BeckOK Grundgesetz, Stand: 42. Edition 1.12.2019.

*Friauf, Karl Heinrich/Höfling, Wolfram* (Hrsg.): Berliner Kommentar zum Grundgesetz, Losebl., 2000 ff., Stand: Ergänzungslieferung 04/2019, Stand: Dezember 2019.

*Gröpl, Christoph/Windthorst, Kay/von Coelln, Christian:* Grundgesetz – Studienkommentar –, 4. Aufl. 2020 (1. Aufl. 2013).

*Hofmann, Hans/Henneke, Hans-Günter* (Hrsg.): GG, Kommentar zum Grundgesetz, 14. Auflage 2018 (12. Aufl.: *Hofmann, Hans/Hopfauf, Axel:* Grundgesetz, 2010) (1. Aufl.: *Schmidt-Bleibtreu, Bruno/ Klein, Franz:* Kommentar zum Grundgesetz für die Bundesrepublik Deutschland, 1967).

*Hömig, Dieter/Wolff, Heinrich Amadeus* (Hrsg., mitbegründet von *Seifert, Karl-Heinz*): Grundgesetz für die Bundesrepublik Deutschland, 12. Aufl. 2018 (1. Aufl. 1982).

*Jarass, Hans D./Pieroth, Bodo:* Grundgesetz für die Bundesrepublik Deutschland, Kommentar, 15. Aufl. 2018 (1. Aufl. 1989).

*Kahl, Wolfgang/Waldhoff, Christian/Walter, Christian* (Hrsg.): Bonner Kommentar zum Grundgesetz, Losebl., 1950 ff. (ursprünglich: *Abraham, H. J.* ua, Kommentar zum Bonner Grundgesetz), Stand: 201. Aktualisierung (Stand: November 2019).

*Leibholz, Gerhard/Rinck, Hans-Justus* (Begr.)/*Hesselberger, Dieter/ Burghart, Axel (Bearb.):* Grundgesetz für die Bundesrepublik Deutschland, Kommentar an Hand der Rechtsprechung des Bundesverfassungsgerichts, Losebl. 1966 ff., 7. Aufl. 1993, 79. Aktualisierung 2019, Stand: November 2019.

*von Mangoldt, Hermann* (Begr.)/*Klein, Friedrich/Starck, Christian* (Fortf.): Kommentar zum Grundgesetz, Bd. 1 bis 3, 7. Aufl. 2018 (bis zur 4. Aufl. [3 Bde., 1999/2000/2001] unter dem Titel: Das Bonner Grundgesetz, Kommentar, 4. Aufl., hrsg. von *Starck, Christian;* 1. Aufl.: *von Mangoldt, Hermann,* 1953; 2. Aufl.: *Klein, Friedrich,* 3 Bde., 1957/1964/1974; 3. Aufl.: 14 Bde., *Starck, Christian* ua 1985 ff.), hrsg. von *Huber, Peter/Voßkuhle, Andreas.*

*Maunz, Theodor/Dürig, Günter* (Begr.)/*Herzog, Roman/Scholz, Rupert/Herdegen, Matthias/Klein, Hans H.* (Hrsg.): Grundgesetz, Kommentar, Losebl., 1958 ff., Stand: 88. Lieferung August 2019.

*von Münch, Ingo* (Begr.)/*Kunig, Philip* (Hrsg.): Grundgesetz, Kommentar, 2 Bde., 6. Aufl. 2012 (1. Aufl.: *von Münch, Ingo* [Hrsg.], Grundgesetz-Kommentar, 3 Bde., 1974/1976/1978).

*Sodan, Helge* (Hrsg.): Grundgesetz, 4. Aufl. 2018 (1. Aufl. 2009).

*Stern, Klaus/Becker, Florian* (Hrsg.): Grundrechte-Kommentar, 3. Aufl. 2019 (1. Aufl. 2010).

*Umbach, Dieter C./Clemens, Thomas* (Hrsg.): Grundgesetz, Mitarbeiterkommentar und Handbuch, 2 Bde., 2002.

## Ältere, nicht mehr aktualisierte Werke

*Brinkmann, Karl* (Hrsg.): Grundrechts-Kommentar zum Grundgesetz, Losebl., 1967 ff., Stand: 2. Ergänzungslieferung, Dezember 1968.

*Denninger, Erhard/Hoffmann-Riem, Wolfgang/Schneider, Hans-Peter/Stein, Ekkehart* (Hrsg.): Kommentar zum Grundgesetz für die Bundesrepublik Deutschland, 3. Aufl., Losebl., 2001, Stand: 2. Aufbaulieferung, August 2002, Reihe Alternativkommentare, Gesamthrsg.: *Wassermann, R.* (1. Aufl.: *Azzola, Axel* ua: Kommentar zum Grundgesetz für die Bundesrepublik Deutschland vom 23. Mai 1949, 2 Bde., 1984).

*Giese, Friedrich/Schunck, Egon:* Grundgesetz für die Bundesrepublik Deutschland vom 23. Mai 1949, 9. Aufl. 1976 (1. Aufl. 1949 von *Giese, Friedrich*).

*Hamann, Andreas (Begr.)/Hamann, Andreas jr./Lenz, Helmut (Fortf.):* Das Grundgesetz für die Bundesrepublik Deutschland vom 23. Mai 1949, 3. Aufl. 1970 (1. Aufl. 1956 von *Hamann, Andreas*).

*Model, Otto (Begr.)/Müller, Klaus (Fortf.),* Grundgesetz für die Bundesrepublik Deutschland, 11. Aufl. 1996 (1. Aufl. 1949 unter dem Titel: Grundgesetz und Besatzungsstatut).

## Handbücher des geltenden Staats- und Verfassungsrechts

*Härtel, Ines* (Hrsg.): Handbuch Föderalismus, Bd. I: Grundlagen des Föderalismus und der deutsche Bundesstaat, 2012; Bd. II: Probleme, Reformen, Perspektiven des deutschen Föderalismus, 2012; Bd. III: Entfaltungsbereiche des Föderalismus, 2012; Bd. IV: Föderalismus in Europa und der Welt, 2012.

# Schrifttum

*Isensee, Josef/Kirchhof, Paul* (Hrsg.): Handbuch des Staatsrechts der Bundesrepublik Deutschland, 3. Aufl. Bd. I, 2003; Bd. II, 2004; Bd. III, 2005; Bd. IV, 2006; Bd. V, 2007; Bd. VI, 2008; Bd. VII, 2009; Bd. VIII, 2010; Bd. IX, 2011; Bd. X, 2012; Bd. XI, 2013; Bd. XII, 2014; Bd. XIII, 2015 (1. Aufl.: Bde. I u. II, 1987; Bd. III, 1988; Bd. IV, 1990; Bd. V, 1992; Bd. VI, 1989; Bd. VII, 1992; ohne Neuauflage: Bd. VIII, 1995; Bd. IX, 1997).

*Merten, Detlef/Papier, Hans-Jürgen* (Hrsg.): Handbuch der Grundrechte in Deutschland und Europa, Bd. I, 2004; Bd. II, 2006; Bd. III, 2009; Bd. IV, 2011; Bd. V, 2013; Bd. VI/1, 2010; Bd. VI/2, 2009; Bd. VII/1, 2009; Bd. VII/2, 2007; Bd. IX, 2016; Bd. X, 2018.

*Morlok, Martin/Schliesky, Utz/Wiefelspütz, Dieter* (Hrsg.): Parlamentsrecht, Praxishandbuch, 2016.

*Stern, Klaus:* Das Staatsrecht der Bundesrepublik Deutschland, Bd. I, 2. Aufl. 1984 (1. Aufl. 1977); Bd. II, 1980; Bd. III/1, III/2 unter Mitwirkung von *Sachs, Michael* (§§ 63 bis 67; §§ 77 bis 81), 1988, 1994; Bd. IV/1 unter Mitwirkung von *Sachs, Michael* (§§ 98, 101–103, 105–107)/*Dietlein, Johannes* (§§ 111–113), 2006; Bd. IV/2 unter Mitwirkung von *Sachs, Michael* (§§ 120–122)/*Dietlein, Johannes* (§§ 114, 115, 123), 2011; Bd. V, 2000.

## Ältere, nicht mehr aktualisierte Werke

*Benda, Ernst/Maihofer, Werner/Vogel, Hans-Jochen* (Hrsg.) unter Mitwirkung von *Hesse, Konrad/Heyde, Wolfgang:* Handbuch des Verfassungsrechts der Bundesrepublik Deutschland, 2. Aufl. 1994 (1. Aufl.: Benda, Ernst/Maihofer, Werner/Vogel, Hans-Jochen [Hrsg.] unter Mitwirkung von Hesse, Konrad, Handbuch des Verfassungsrechts der Bundesrepublik Deutschland, 1983).

Die Grundrechte, Handbuch der Theorie und Praxis der Grundrechte, Bd. I/1, 1966, u. Bd. I/2, 1967, hrsg. von *Bettermann, Karl August/Neumann, Franz L./Nipperdey, Hans Carl;* Bd. II, 1954, hrsg. von *Neumann, Franz L./Nipperdey, Hans Carl/Scheuner, Ulrich;* Bd. III/1, 1958, Bd. III/2, 1959, Bd. IV/1, 1960 von *Bettermann, Karl August/Nipperdey, Hans Carl/Scheuner, Ulrich;* Bd. IV/2, 1962, von *Bettermann, Karl August/Nipperdey, Hans Carl* (Bde. II, III/1–IV/2: 2. unveränd. Aufl. 1968, 1972).

*Listl, Joseph/Pirson Dietrich* (Hrsg.): Handbuch des Staatskirchenrechts der Bundesrepublik Deutschland, 2. Aufl., Bd. I, 1994, Bd. II, 1995 (1. Aufl.: *Friesenhahn, Ernst/Scheuner, Ulrich* [Hrsg.] in Verbindung mit *Listl, Joseph:* Handbuch des Staatskirchenrechts der Bundesrepublik Deutschland, Bd. I, 1974; Bd. II, 1975).

## Lehrbücher, Ausbildungsliteratur

*Albrecht, Eike/Küchenhoff, Benjamin:* Staatsrecht, 3. Aufl. 2015 (1. Aufl. 2008).

*Badura, Peter:* Staatsrecht, 7. Aufl. 2018 (1. Aufl. 1986).

*Battis, Ulrich/Gusy, Christoph:* Einführung in das Staatsrecht, 6. Aufl. 2018 (1. Aufl. 1981).

*Berg, Wilfried:* Staatsrecht, 6. Aufl. 2011 (1. Aufl. 1991).

*Bethge, Herbert/von Coelln, Christian:* Grundriss Verfassungsrecht, 4. Aufl. 2011.

*Callies, Christian,* Staatsrecht III Bezüge zum Völker- und Europarecht, 2. Aufl. 2018 (1. Aufl. 2014).

*Classen, Claus Dieter:* Staatsrecht II Grundrechte, 2018.

*Degenhart, Christoph:* Staatsrecht I, Staatsorganisationsrecht (bis zur 14. Auflage unter dem Titel: Staatsrecht I, Staatszielbestimmungen, Staatsorgane, Staatsfunktionen), 35. Aufl. 2019 (1. Aufl. 1984; bis zur 14. Auflage 1998 unter dem Titel: Staatsrecht I – Staatszielbestimmungen, Staatsorgane, Staatsfunktionen).

*Detterbeck, Steffen:* Öffentliches Recht, 11. Aufl. 2018 (1. Aufl. 2000: unter dem Titel: Öffentliches Recht für Wirtschaftswissenschaftler).

*Epping, Volker:* Grundrechte, 8. Aufl. 2019 (1. Aufl. 2004).

*Geiger, Rudolf:* Grundgesetz und Völkerrecht, 7. Aufl. 2018 (1. Aufl. 1985).

*Gramm, Christof/Pieper, Stefan Ulrich:* Grundgesetz, Bürgerkommentar, 3. Aufl. 2015 (1. Aufl. 2008).

*Gröpl, Christoph:* Staatsrecht I, Staatsgrundlagen, Staatsorganisation, Verfassungsprozess 11. Aufl. 2019 (1. Aufl. 2008).

*Hufen, Friedhelm:* Staatsrecht II. Grundrechte, 7. Aufl. 2018 (1. Aufl. 2007).

*Ipsen, Jörn:* Staatsrecht I. Staatsorganisationsrecht, 31. Aufl. 2019 (1. Aufl. 1986); Staatsrecht II. Grundrechte, 22. Aufl. 2019 (1. Aufl. 1997).

*Kämmerer, Jörn Axel:* Staatsorganisationsrecht, 3. Aufl. 2016 (1. Aufl. 2008).

*Katz, Alfred/Sander, Gerald G.:* Staatsrecht, Staatsorganisation und Grundrechte, 19. Aufl. 2019 (1. Aufl. 1975: *Katz,* Grundkurs im Öffentlichen Recht I; 7. Aufl. 1985 -18. Aufl. 2010: *Katz,* Staatsrecht, Grundkurs im Öffentlichen Recht).

*Kingreen, Thorsten/Poscher, Ralf:* Grundrechte Staatsrecht II, 35. Aufl. 2019 (1. Aufl.: Schlink, Bernhard/Pieroth, Bodo, 1985).

*Kloepfer, Michael:* Verfassungsrecht, Bd. I: Grundlagen, Staatsorganisationsrecht, Bezüge zum Völker- und Europarecht, 2011; Bd. II: Grundrechte, 2010.

*Kloepfer, Michael/Greve, Holger:* Staatsrecht kompakt, 3. Aufl. 2018 (1. Aufl. 2012).

*Korioth, Stefan:* Staatsrecht I, 4. Aufl. 2018 (1. Aufl. von *Wilms, Heinrich,* 2006).

*Manssen, Gerrit:* Staatsrecht I – Grundrechtsdogmatik, 1995; Staatsrecht II – Grundrechte, 16. Aufl. 2019 (1. Aufl. 2000).

*Maurer, Hartmut:* Staatsrecht I, 7. Aufl. 2020 (1. Aufl. 1999 unter dem Titel: Staatsrecht) angekündigt.

*Michael, Lothar/Morlok, Martin:* Grundrechte, 7. Aufl. 2019 (1. Aufl. 2008).

*Morlok, Martin/Michael, Lothar:* Staatsorganisationsrecht, 4. Aufl. 2019 (1. Aufl. 2013).

*von Münch, Ingo* (Begr.)/*Mager, Ute:* Staatsrecht I, 8. Aufl. 2015 (1. Aufl.: *von Münch, Ingo,* Grundbegriffe des Staatsrechts II, 1976); Staatsrecht II, 7. Aufl. 2018 (1. Aufl.: *von Münch, Ingo,* Grundbegriffe des Staatsrechts I, 1976).

*Sachs, Michael:* Verfassungsrecht II, Grundrechte, 3. Aufl. 2016 (1. Aufl. 2000).

*Sauer, Heiko:* Staatsrecht III, Auswärtige Gewalt Bezüge des Grundgesetzes zu Völker- und Europarecht, 5. Aufl. 2018 (1. Aufl. 2011).

*Schmitt Glaeser, Walter:* Der freiheitliche Staat des Grundgesetzes, 3. Aufl. 2016 (1. Aufl. 2008).

*Schorkopf, Frank,* Staatsrecht der internationalen Beziehungen, 2017.

*Schweitzer, Michael/Dederer, Hans-Georg:* Staatsrecht III, Staatsrecht, Völkerrecht, Europarecht, 11. Aufl. 2016 (1. Aufl. 1986).

*Siekmann, Helmut/Duttge, Gunnar:* Staatsrecht I: Grundrechte, 3. Aufl. 2000 (1. Aufl. 1998).

*Stein, Ekkehart/Frank, Götz:* Staatsrecht, 21. Aufl. 2010 (1. Aufl.: *Stein, Ekkehart,* Lehrbuch des Staatsrechts, 1968).

*Sydow, Gernot/Wittreck, Fabian,* Deutsches und Europäisches Verfassungsrecht I, 2019.

*Zippelius, Reinhold/Würtenberger, Thomas:* Deutsches Staatsrecht, 33. Aufl. 2018 (1. Aufl.: Maunz, Theodor, 1951; 24.-30. Aufl. Maunz, Theodor/Zippelius, Reinhold).

## Ältere, nicht mehr aktualisierte Werke

*Bleckmann, Albert:* Staatsrecht I – Staatsorganisationsrecht, 1993; Staatsrecht II – Grundrechte, unter Mitarbeit von *Erberich, Ingo/Schmeinck, Sabine,* und *Suelmann, Heinz-Gerd,* 4. Aufl. 1997 (1. Aufl.: *Bleckmann, Albert,* Allgemeine Grundrechtslehren 1979).

*Denninger, Erhard:* Staatsrecht, 2 Bde., 1973/1979.

*Doehring, Karl:* Das Staatsrecht der Bundesrepublik Deutschland, 3. Aufl. 1984 (1. Aufl. 1976).

*Erichsen, Hans-Uwe:* Staatsrecht und Verfassungsgerichtsbarkeit I, 3. Aufl. 1982 (1. Aufl. 1972); Staatsrecht und Verfassungsgerichtsbarkeit II, 2. Aufl. 1979 (1. Aufl. 1973).

*Gallwas, Hans-Ullrich:* Grundrechte, 2. Aufl. 1995 (1. Aufl. 1985).

*Giese, Friedrich:* Staatsrecht, 1956.

*Hamel, Walter:* Deutsches Staatsrecht I. Grundbegriffe, 1971; Deutsches Staatsrecht II. Verfassungsgeschichte, Ideologie und Wirklichkeit, 1974.

*Hesse, Konrad:* Grundzüge des Verfassungsrechts der Bundesrepublik Deutschland, 20. Aufl. 1995 (Neudruck 1999; 1. Aufl. 1967).

*Koellreutter, Otto:* Deutsches Staatsrecht, 1953.

*Küchenhoff, Günther:* Staatsrecht, Allgemeiner Teil, 1951.

*Mössner, Jörg Manfred:* Staatsrecht, 2. Aufl. 1985 (1. Aufl. 1977).

*Nawiasky, Hans:* Die Grundgedanken des Grundgesetzes für die Bundesrepublik Deutschland, 1950.

*Peters, Hans:* Geschichtliche Entwicklung und Grundfragen der Verfassung, bearbeitet von *Salzwedel, Jürgen/Erbel, Günter,* 1969.

*Schunck, Egon/de Clerck, Hans/Guthardt, Harald:* Allgemeines Staatsrecht und Staatsrecht des Bundes und der Länder, 15. Aufl. 1995 (1. Aufl.: *Schunck, Egon/de Clerck, Hans,* 1964).

*Weber-Fas, Rudolf:* Das Grundgesetz, 1983.

## Gesamtdarstellungen zum Reichsverfassungsrecht (1919)

*Anschütz, Gerhard:* Die Verfassung des Deutschen Reichs vom 11. August 1919, 14. Aufl. 1933 (Neudruck 1960, jetzt 1987) (1. Aufl. 1921).

*Anschütz, Gerhard/Thoma, Richard* (Hrsg.): Handbuch des Deutschen Staatsrechts, Bd. I, 1930, Bd. II, 1932.

*Nipperdey, Hans Carl* (Hrsg.): Die Grundrechte und Grundpflichten der Reichsverfassung, Bd. I, 1929; Bde. II, III, 1930.

## Gesamtdarstellungen zum Reichsverfassungsrecht (1871)

*Laband, Paul:* Das Staatsrecht des Deutschen Reiches, 5. Aufl., Bde. 1 u. 2, 1911; Bd. III, 1913, Bd. IV, 1914 (1. Aufl.: 3 Bde., 1876–1882).

*Meyer, Georg/Gerhard Anschütz:* Lehrbuch des deutschen Staatsrechts, 7. Aufl. 1914–1919 (1. Aufl.: *Meyer, Georg* 1878).

## Darstellungen zum Verfassungsprozessrecht

*Barczak, Tristan,* BVerfGG Mitarbeiterkommentar zum Bundesverfassungsgerichtsgesetz, 2018.

*Benda, Ernst/Klein, Eckart/Klein, Oliver:* Verfassungsprozessrecht – Ein Lehr- und Handbuch, 3. Aufl. 2012 (1. Aufl. 1991 *Benda, Ernst/Klein, Eckart* unter dem Titel: Lehrbuch des Verfassungsprozeßrechts).

# Schrifttum

*Burkiczak, Christian/Dollinger, Franz-Wilhelm/Schorkopf, Frank* (Hrsg.): Bundesverfassungsgerichtsgesetz, Mitarbeiterkommentar und Handbuch, 2015.

*Ehlers, Dirk/Schoch, Friedrich* (Hrsg.): Rechtsschutz im Öffentlichen Recht, 2009.

*Fleury, Roland:* Verfassungsprozessrecht, 10. Aufl. 2015 (1. Aufl. 1993).

*Hillgruber, Christian/Goos, Christoph:* Verfassungsprozessrecht, 4. Aufl. 2015 (1. Aufl. 2004).

*Lechner, Hans/Zuck, Rüdiger (Fortf.):* Bundesverfassungsgerichtsgesetz, 8. Aufl. 2019 (1. Aufl.: *Lechner, Hans,* 1954).

*Lenz, Christofer/Hansel, Ronald:* Bundesverfassungsgerichtsgesetz. Handkommentar, 2. Aufl. 2015 (1. Aufl. 2013).

*Maunz, Theodor* (Begr.), fortgeführt von *Schmidt-Bleibtreu, Bruno/Bethge, Herbert* ua: Bundesverfassungsgerichtsgesetz, Kommentar, Losebl. 1964 ff., Stand: 57. Ergänzungslieferung, Juni 2019.

*Robbers, Gerhard:* Verfassungsprozessuale Probleme in der öffentlich-rechtlichen Arbeit, 2. Aufl. 2005 (1. Aufl. 1996).

*Sachs, Michael:* Verfassungsprozessrecht, 4. Aufl. 2016 (1. Aufl. 2004).

*Schlaich, Klaus* (Begr.)/*Korioth, Stefan (Fortf.):* Das Bundesverfassungsgericht. Stellung, Verfahren, Entscheidungen, 11. Aufl. 2018 (1. Aufl.: *Schlaich, Klaus,* 1985).

*Walter, Christian/Grünewald, Benedikt* (Hrsg.), BeckOK BVerfGG, Stand: 7. Edition 1.6.2019.

## Ältere, nicht mehr aktualisierte Werke

*Friesenhahn, Ernst,* Die Verfassungsgerichtsbarkeit in der Bundesrepublik Deutschland, 1963.

*Geiger, Willi,* Gesetz über das Bundesverfassungsgericht vom 12. März 1951, 1952.

*Pestalozza, Christian:* Verfassungsprozeßrecht, 3. Aufl. 1991 (1. Aufl. 1976 unter dem Titel: Verfassungsprozessuale Probleme in der öffentlich-rechtlichen Arbeit).

## Darstellungen zur EMRK

*Frowein, Jochen Abraham/Peukert, Wolfgang* (Hrsg.): Europäische Menschenrechtskonvention: EMRK-Kommentar, 3. Aufl. 2009 (1. Aufl. 1985).

*Grabenwarter, Christoph/Pabel, Katharina:* Europäische Menschenrechtskonvention, 6. Aufl. 2016 (1. Aufl. 2003 von *Grabenwarter*).

*Dörr, Oliver/Maraubn, Thilo/Grote, Rainer* (Hrsg.): EMRK/GG Konkordanzkommentar zum europäischen und deutschen Grundrechtsschutz, 2 Bde., 2. Aufl. 2013 (1. Aufl. hrsg. v. *Maraubn/Grote,* 2006).

*Karpenstein, Ulrich/Mayer, Franz C.* (Hrsg.): EMRK. Konvention zum Schutz der Menschenrechte und Grundfreiheiten. Kommentar, 2. Aufl. 2015 (1. Aufl. 2012).

*Meyer-Ladewig, Jens/Nettesheim, Martin/v. Raumer, Stefan* (Hrsg.): EMRK, Europäische Menschenrechtskonvention, Handkommentar, 4. Aufl. 2017 (1. Aufl. 2003).

*Pabel, Katharina/Schmahl, Stefanie* (Hrsg.): Internationaler Kommentar zur Europäischen Menschenrechtskonvention, Kommentar, Losebl. 1986 ff., Stand: 23. Lieferung Dezember 2018.

*Peters, Anne/Altwicker, Tilmann:* Europäische Menschenrechtskonvention, 2. Aufl. 2012 (1. Aufl. 2003).

## Darstellungen zur EUGRCh

*Calliess, Christian/Ruffert, Matthias* (Hrsg.): EUV/AEUV, Das Verfassungsrecht der Europäischen Union mit Europäischer Grundrechtecharta, 5. Aufl. 2016 (1. Aufl. 1999 unter dem Titel: Kommentar des Vertrages über die Europäische Union und des Vertrages zur Gründung der Europäischen Gemeinschaft – EUV und EGV).

*Dörr, Oliver/Grote, Rainer/Maraubn, Thilo* (Hrsg.): EMRK/GG, Konkordanzkommentar zum europäischen und deutschen Grundrechtsschutz, 2. Aufl. 2013 (1. Aufl.: *Grote, Rainer/Maraubn, Thilo* [Hrsg.]: 2006).

*Ehlers Dirk* (Hrsg.): Europäische Grundrechte und Grundfreiheiten, 4. Aufl. 2015 (1. Aufl. 2002).

*Frenz, Walter:* Handbuch Europarecht, Bd. 4: Europäische Grundrechte, 2009.

*von der Groeben, Hans/Schwarze, Jürgen/Hatje, Armin* (Hrsg.): Europäisches Unionsrecht, 7. Aufl. 2015 (darin: Kommentierung der EuGRCh) (1. Aufl.: *von der Groeben, Hans/von Boeck, Hans* [Hrsg.]: Kommentar zum EWG-Vertrag, 1958).

*Heselhaus, Sebastian F./Nowak, Carsten* (Hrsg.): Handbuch der Europäischen Grundrechte, 2. Aufl. 2019 (1. Aufl. 2006).

*Holoubek, Michael/Lienbacher, Georg* (Hrsg.): Charta der Grundrechte der Europäischen Union, GRC-Kommentar, 2. Aufl. 2019.

*Jarass, Hans D.:* Charta der Grundrechte der Europäischen Union unter Einbeziehung der vom EuGH entwickelten Grundrechte und der Grundrechtsregelungen der Verträge, Kommentar, 3. Aufl. 2016 (1. Aufl. 2010).

*Kahl, Arno/Raschauer, Nicolas/Storr, Stefan* (Hrsg.): Grundsatzfragen der europäischen Grundrechtecharta, 2013.

# Schrifttum

*Lenz, Carl Otto/Borchardt, Klaus-Dieter* (Hrsg.): EU-Verträge Kommentar. EUV – AEUV – GRCh, 6. Aufl. 2012 (1. Aufl.: *Lenz* [Hrsg.], 1994).

*Meyer, Jürgen/Hölscheidt, Sven* (Hrsg.): Kommentar zur Charta der Grundrechte der Europäischen Union, 5. Aufl. 2019 (1. Aufl.: *Meyer,* 2003).

*Peers, Steve/Harvey Tamara/Kenner, Jeff/Ward, Angela* (ed.): The EU Charter of Fundamental Rights, 2014.

*Rengeling, Hans-Werner/Szczekalla, Peter:* Grundrechte in der Europäischen Union. Charta der Grundrechte und Allgemeine Rechtsgrundsätze, 2004.

*Schwarze, Jürgen/Becker, Ulrich/Hatje, Armin/Schoo, Johann* (Hrsg.): Schwarze. EU-Kommentar, 4. Aufl. 2019 (darin: Kommentierung der EUGRCh) (1. Aufl. 2000).

*Stern, Klaus/Sachs, Michael* (Hrsg.): Europäische Grundrechte-Charta: GRCh, Kommentar, 2016.

*Streinz, Rudolf* (Hrsg.): EUV/AEUV. Vertrag über die Europäische Union. Vertrag über die Arbeitsweise der Europäischen Union. Charta der Grundrechte der Europäischen Union, 3. Aufl. 2018 (1. Aufl. 2003 unter dem Titel: EUV/EGV. Vertrag über die Europäische Union und Vertrag zur Gründung der Europäischen Gemeinschaft; 2. Auflage 2012 unter dem Titel: EUV/AEUV. Vertrag über die Europäische Union und Vertrag über die Arbeitsweise der Europäischen Union) unter Mitarbeit von *Michl, Walther.*

*Tettinger, Peter J./Stern, Klaus* (Hrsg.): Kölner Gemeinschaftskommentar zur Europäischen Grundrechte-Charta, 2006.

*Vedder, Christoph/Heintschel von Heinegg, Wolff* (Hrsg.): Europäisches Unionsrecht, EUV/AEUV/ Grundrechte-Charta, Handkommentar, 2. Aufl. 2018 (1. Aufl. 2012).

# Grundgesetz für die Bundesrepublik Deutschland

vom 23. Mai 1949 (BGBl S. 1)

## [Verkündungsformel]

Der Parlamentarische Rat hat am 23. Mai 1949 in Bonn am Rhein in öffentlicher Sitzung festgestellt, daß das am 8. Mai des Jahres 1949 vom Parlamentarischen Rat beschlossene Grundgesetz für die Bundesrepublik Deutschland in der Woche vom 16.–22. Mai 1949 durch die Volksvertretungen von mehr als Zweidritteln der beteiligten deutschen Länder angenommen worden ist.

Auf Grund dieser Feststellung hat der Parlamentarische Rat, vertreten durch seine Präsidenten, das Grundgesetz ausgefertigt und verkündet.

Das Grundgesetz wird hiermit gemäß Artikel 145 Absatz 3 im Bundesgesetzblatt veröffentlicht:

## Änderungen des Grundgesetzes

| Lfd. Nr. | Änderndes Gesetz | Datum | Fundstelle | Geänderte Artikel/Art der Änderung |
|---|---|---|---|---|
| 1. | Strafrechtsänderungsgesetz | 30.8.1951 | BGBl I 739 | Art. 143 außer Kraft gesetzt |
| 2. | Gesetz zur Einfügung eines Artikels 120a in das Grundgesetz | 14.8.1952 | BGBl I 445 | Art. 120a eingefügt |
| 3. | Gesetz zur Änderung des Artikels 107 des Grundgesetzes | 20.4.1953 | BGBl I 130 | Art. 107 S. 1 geändert |
| 4. | Gesetz zur Ergänzung des Grundgesetzes | 26.3.1954 | BGBl I 45 | Art. 79 I 2, 142a eingefügt; Art. 73 Nr. 1 geändert |
| 5. | Zweites Gesetz zur Änderung des Artikels 107 des Grundgesetzes | 25.12.1954 | BGBl I 517 | Art. 107 S. 1 geändert |
| 6. | Gesetz zur Änderung und Ergänzung der Finanzverfassung (Finanzverfassungsgesetz) | 23.12.1955 | BGBl I 817 | Art. 106, 107 geändert |
| 7. | Gesetz zur Ergänzung des Grundgesetzes | 19.3.1956 | BGBl I 111 | Art. 17a, 36 II, 45a, 45b, 59a, 65a, 87a, 87b, 96a, 143 eingefügt; Art. 1 III, 12, 49, 60 I, 96 III, 137 I geändert |
| 8. | Gesetz zur Änderung und Ergänzung des Artikels 106 des Grundgesetzes | 24.12.1956 | BGBl I 1077 | Art. 106 geändert |
| 9. | Gesetz zur Einfügung eines Artikels 135a in das Grundgesetz | 22.10.1957 | BGBl I 1745 | Art. 135a eingefügt |
| 10. | Gesetz zur Ergänzung des Grundgesetzes | 23.12.1959 | BGBl I 813 | Art. 74 Nr. 11a, 87c eingefügt |
| 11. | Gesetz zur Einfügung eines Artikels über die Luftverkehrsverwaltung in das Grundgesetz (11. Änderung des Grundgesetzes) | 6.2.1961 | BGBl I 65 | Art. 87d eingefügt |
| 12. | Zwölftes Gesetz zur Änderung des Grundgesetzes | 6.3.1961 | BGBl I 141 | Art. 96a geändert; Art. 96 III aufgehoben |

| Lfd. Nr. | Änderndes Gesetz | Datum | Fundstelle | Geänderte Artikel/Art der Änderung |
|---|---|---|---|---|
| 13. | Dreizehntes Gesetz zur Änderung des Grundgesetzes | 16.6.1965 | BGBl I 513 | Art. 74 Nr. 10 geändert; Art. 74 Nr. 10a eingefügt |
| 14. | Vierzehntes Gesetz zur Änderung des Grundgesetzes | 30.7.1965 | BGBl I 649 | Art. 120 I geändert |
| 15. | Fünfzehntes Gesetz zur Änderung des Grundgesetzes | 8.6.1967 | BGBl I 581 | Art. 109 II bis IV eingefügt |
| 16. | Sechzehntes Gesetz zur Änderung des Grundgesetzes | 18.6.1968 | BGBl I 657 | Art. 92, 95, 96a (dann Art. 96), 99, 100 III geändert; Art. 96 aufgehoben |
| 17. | Siebzehntes Gesetz zur Ergänzung des Grundgesetzes | 24.6.1968 | BGBl I 709 | Art. 9 III 3, 12a, 19 IV 3, 20 IV; 35 II und III, Abschnitt IV a (Art. 53a), 80a, Abschnitt X a (Art. 115a–115l) eingefügt; Art. 10, 11 II, 12 I 2, 73 Nr. 1, 87a, 91 geändert; Art. 12 II 2 bis 4 sowie III, 59a, 65a II, 142a, 143 aufgehoben |
| 18. | Achtzehntes Gesetz zur Änderung des Grundgesetzes (Artikel 76 und 77) | 15.11.1968 | BGBl I 1177 | Art. 76 II 3 eingefügt; Art. 76 II 2, 77 II 1, III geändert |
| 19. | Neunzehntes Gesetz zur Änderung des Grundgesetzes | 29.1.1969 | BGBl I 97 | Art. 93 I Nr. 4a und 4b, 94 II 2 eingefügt |
| 20. | Zwanzigstes Gesetz zur Änderung des Grundgesetzes | 12.5.1969 | BGBl I 357 | Art. 109 III, 110, 112, 113, 114, 115 geändert |
| 21. | Einundzwanzigstes Gesetz zur Änderung des Grundgesetzes (Finanzreformgesetz) | 12.5.1969 | BGBl I 359 | Abschnitt VIII a (Art. 91a, 91b), 104a, 105 II a eingefügt; Art. 105 II, 106, 107, 108, 115c III, 115k III geändert |
| 22. | Zweiundzwanzigstes Gesetz zur Änderung des Grundgesetzes | 12.5.1969 | BGBl I 363 | Art. 74 Nr. 19a, 75 I Nr. 1a sowie II und III eingefügt; Art. 74 Nr. 13 und Nr. 22, 96 IV geändert |
| 23. | Dreiundzwanzigstes Gesetz zur Änderung des Grundgesetzes | 17.7.1969 | BGBl I 817 | Art. 76 III 1 geändert |
| 24. | Vierundzwanzigstes Gesetz zur Änderung des Grundgesetzes | 28.7.1969 | BGBl I 985 | Art. 120 I 2 geändert |
| 25. | Fünfundzwanzigstes Gesetz zur Änderung des Grundgesetzes | 19.8.1969 | BGBl I 1241 | Art. 29 geändert |
| 26. | Sechsundzwanzigstes Gesetz zur Änderung des Grundgesetzes (Artikel 96) | 26.8.1969 | BGBl I 1357 | Art. 96 V eingefügt |
| 27. | Siebenundzwanzigstes Gesetz zur Änderung des Grundgesetzes | 31.7.1970 | BGBl I 1161 | Art. 38 II, 91a I Nr. 1 geändert |
| 28. | Achtundzwanzigstes Gesetz zur Änderung des Grundgesetzes (Artikel 74a GG) | 18.3.1971 | BGBl I 206 | Art. 74a eingefügt; Art. 75 Nr. 1, 98 III 2 geändert; Art. 75 II und III aufgehoben |
| 29. | Neunundzwanzigstes Gesetz zur Änderung des Grundgesetzes | 18.3.1971 | BGBl I 207 | Art. 74 Nr. 20 geändert |
| 30. | Dreißigstes Gesetz zur Änderung des Grundgesetzes (Artikel 74 GG – Umweltschutz) | 12.4.1972 | BGBl I 593 | Art. 74 Nr. 24 eingefügt; Art. 74 Nr. 23 geändert |

| Lfd. Nr. | Änderndes Gesetz | Datum | Fundstelle | Geänderte Artikel/Art der Änderung |
|---|---|---|---|---|
| 31. | Einunddreißigstes Gesetz zur Änderung des Grundgesetzes | 28.7.1972 | BGBl I 1305 | Art. 74 Nr. 4a eingefügt; Art. 35 II, 73 Nr. 10, 87 I 2 geändert |
| 32. | Zweiunddreißigstes Gesetz zur Änderung des Grundgesetzes (Artikel 45c) | 15.7.1975 | BGBl I 1901 | Art. 45c eingefügt |
| 33. | Dreiunddreißigstes Gesetz zur Änderung des Grundgesetzes (Artikel 29 und 39) | 23.8.1976 | BGBl I 2381 | Art. 29, 39 I und II geändert; Art. 45, 45a I 2, 49 aufgehoben |
| 34. | Vierunddreißigstes Gesetz zur Änderung des Grundgesetzes (Artikel 74 Nr. 4a) | 23.8.1976 | BGBl I 2383 | Art. 74 Nr. 4a geändert |
| 35. | Fünfunddreißigstes Gesetz zur Änderung des Grundgesetzes (Artikel 21 Abs. 1) | 21.12.1983 | BGBl I 1481 | Art. 21 I 4 geändert |
| 36. | Gesetz zu dem Vertrag vom 31. August 1990 zwischen der Bundesrepublik Deutschland und der Deutschen Demokratischen Republik über die Herstellung der Einheit Deutschlands – Einigungsvertragsgesetz – und der Vereinbarung vom 18. September 1990 | 23.9.1990 | BGBl II 885 | Art. 135a II, 143 eingefügt; Präambel, Art. 51 II, 146 geändert; Art. 23 aufgehoben |
| 37. | Gesetz zur Änderung des Grundgesetzes | 3.11.1995 | BGBl I 1492 | Art. 106 III, IV 1 geändert |
| 38. | Gesetz zur Änderung des Grundgesetzes | 21.12.1992 | BGBl I 2086 | Art. 23, 24 I a, 28 I 3, 45, 52 IIIa, 88 S. 2 eingefügt; Art. 50, 115e II 2 geändert |
| 39. | Gesetz zur Änderung des Grundgesetzes (Artikel 16 und 18) | 28.6.1993 | BGBl I 1002 | Art. 16a eingefügt; Art. 18 S. 1 geändert; Art. 16 II 2 aufgehoben |
| 40. | Gesetz zur Änderung des Grundgesetzes | 20.12.1993 | BGBl I 2089 | Art. 73 Nr. 6a, 87e, 106a, 143a eingefügt; Art. 73 Nr. 6, 74 Nr. 23, 80 II, 87 I 1 geändert |
| 41. | Gesetz zur Änderung des Grundgesetzes | 30.8.1994 | BGBl I 2245 | Art. 87f, 143b eingefügt; Art. 73 Nr. 7, 80 II, 87 I 1 geändert |
| 42. | Gesetz zur Änderung des Grundgesetzes (Artikel 3, 20a, 28, 29, 72, 74, 75, 76, 77, 80, 87, 93, 118a und 125a) | 27.10.1994 | BGBl I 3146 | Art. 3 II 2 und III 2, 20a, 28 II 3, 29 VIII, 74 I, Nr. 25, Nr. 26 sowie II, 75 I 1 Nr. 6, I 2 sowie II und III, 77 IIa, 80 III und IV, 87 II 2, 93 I Nr. 2a, 118a, 125a eingefügt; Art. 29 VII 1, 72, 74 I Nr. 18 und Nr. 24, 75 I 1 (Einleitungssatz, Nr. 2 und Nr. 5), 76 II und III geändert; Art. 74 I Nr. 5 und Nr. 8 aufgehoben |
| 43. | Gesetz zur Änderung des Grundgesetzes | 3.11.1995 | BGBl I 1492 | Art. 106 III, IV 1 geändert |
| 44. | Gesetz zur Änderung des Grundgesetzes (Artikel 28 und 106) | 20.10.1997 | BGBl I 2470 | Art. 28 II 3 Hs. 2 und Art. 106 Va eingefügt, Art. 106 III 1 bis 3 und 6 geändert |
| 45. | Gesetz zur Änderung des Grundgesetzes (Artikel 13) | 26.3.1998 | BGBl I 610 | Art. 13 III bis VI eingefügt, bisheriger III wird VII |

| Lfd. Nr. | Änderndes Gesetz | Datum | Fundstelle | Geänderte Artikel/Art der Änderung |
|---|---|---|---|---|
| 46. | Gesetz zur Änderung des Grundgesetzes (Artikel 39) | 16.7.1998 | BGBl I 1822 | Art. 39 I 1 und 3 geändert |
| 47. | Gesetz zur Änderung des Grundgesetztes (Art. 16) | 29.11.2000 | BGBl I 1633 | Art. 16 II 2 eingefügt |
| 48. | Gesetz zur Änderung des Grundgesetzes (Art. 12a) | 19.12.2000 | BGBl I 1755 | Art. 12a IV 2 geändert |
| 49. | Gesetz zur Änderung des Grundgesetzes (Art. 108) | 26.11.2001 | BGBl I 3219 | Art. 108 I 3 und II 3 geändert |
| 50. | Gesetz zur Änderung des Grundgesetzes (Staatsziel Tierschutz) | 26.7.2002 | BGBl I 2862 | Art. 20a geändert |
| 51. | Gesetz zur Änderung des Grundgesetzes (Artikel 96) | 26.7.2002 | BGBl I 2863 | Art. 96 V geändert |
| 52. | Gesetz zur Änderung des Grundgesetzes (Artikel 22, 23, 33, 52, 72, 73, 74, 74a, 75, 84, 85, 87c, 91a, 91b, 93, 98, 104a, 104b, 105, 107, 109, 125a, 125b, 125c, 143c) | 28.8.2006 | BGBl I 2034 | Art. 22 I (bish. Wortlaut wird II), 72 III (bish. III wird IV), 93 II (bish. II und III), 104b, 125b, 125c, 143c eingefügt; Art. 23 VI 1, 84 I, 91a II, 91b, 98 III, 104a IV, 107 I 4, 125a neugefasst; Art. 33 V, 52 IIIa, 72 II, 73 I, 74 I und II, 87c geändert; Art. 73 II (bish. Wortlaut wird I), 85 I 2, 104a III, 105 IIa 2, 105 V eingefügt; Art. 74a, 75, 91a III und V (bish. IV und III), 104a III 3 aufgehoben |
| 53. | Gesetz zur Änderung des Grundgesetzes (Artikel 23, 45 und 93) | 8.10.2008 | BGBl I 1926 | Art. 23 Ia eingefügt, Art. 45 S. 3 angefügt; Art. 93 I Nr. 2 geändert |
| 54. | Gesetz zur Änderung des Grundgesetzes (Artikel 106, 106b, 107, 108) | 19.3.2009 | BGBl I 606 | Art. 106b eingefügt; Art. 106, 107 geändert; Art. 108 I 1 neugefasst |
| 55. | Gesetz zur Änderung des Grundgesetzes (Artikel 45d) | 17.7.2009 | BGBl I 1977 | Art. 45d eingefügt |
| 56. | Gesetz zur Änderung des Grundgesetzes (Artikel 87d) | 29.7.2009 | BGBl I 2247 | Art. 87d I neugefasst |
| 57. | Gesetz zur Änderung des Grundgesetzes (Artikel 91c, 91d, 104b, 109, 109a, 115, 143d) | 29.7.2009 | BGBl I 2248 | Überschrift von Abschn. VIIIa neugefasst, Art. 91c, d, 109 III, 109a, 143d eingefügt; Art. 109 II neugefasst; Art. 109 III (bish. Wortlaut wird IV); Art. 109 IV aufgehoben; Art. 109 V geändert; Art. 104b I 2 angefügt |
| 58. | Gesetz zur Änderung des Grundgesetzes (Art. 91e) | 21.7.2010 | BGBl I 944 | Art. 91e eingefügt |
| 59. | Gesetz zur Änderung des Grundgesetzes (Art. 93) | 17.7.2012 | BGBl I 1478 | Art. 93 I Nr. 4c eingefügt |
| 60. | Gesetz zur Änderung des Grundgesetzes (Artikel 91b) | 23.12.2014 | BGBl I 2438 | Art. 91b I geändert |
| 61. | Gesetz zur Änderung des Grundgesetzes (Artikel 21) | 13.7.2017 | BGBl I 2326 | Art. 21 II 2 aufgehoben, Art. 21 III, IV eingefügt, bisheriger III wird V |

| Lfd. Nr. | Änderndes Gesetz | Datum | Fundstelle | Geänderte Artikel/Art der Änderung |
|---|---|---|---|---|
| 62. | Gesetz zur Änderung des Grundgesetzes (Artikel 90, 91c, 104b, 104c, 107, 108, 109a, 114, 125c, 143d, 143e, 143f, 143g) | 13.7.2017 | BGBl I 2347 | Art. 104c, Art. 114 II 2, 143e, 143f, 143g eingefügt; Art. 90, 104b, 107, 108, 109a, 125c II geändert; Art. 91c V, 143d IV angefügt |
| 63. | Gesetz zur Änderung des Grundgesetzes (Art. 104b, 104c, 104d, 125c, 143e) | 28.3.2019 | BGBl I 404 | Art. 104b II, 125c geändert, Art. 104c neugefasst, Art. 104d eingefügt, Art. 143e III angefügt |
| 64. | Gesetz zur Änderung des Grundgesetzes (Artikel 72, 105 und 125b) | 15.11.2019 | BGBl I 1546 | Art. 72 III 1 Nr. 7 angefügt, Art. 105 II geändert, Art. 125b III angefügt. |
| 65. | Gesetz zur Änderung des Grundgesetzes (Artikel 104a und Art. 143h) | 29.9.2020 | BGBl I 2048 | Art. 104a III 3 angefügt, Art. 143h eingefügt, außer Kraft mWv 1.1.2021 |

# Einführung

### Übersicht

## A. Verfassung und Verfassungsrecht

### I. Die Verfassung

**1. Verfassung als Gegenstand des Verfassungsrechts.** Der Begriff der Verfassung wird in Staats- **1** und Verfassungslehre in vielen Bedeutungen verwendet,[1] deren herkömmliche Gemeinsamkeit wohl

---

[1] Vgl. nur *Stern,* StaatsR I, S. 69 ff.; *Vorländer,* Die Verfassung, 3. Aufl. 2009; historisch etwa *Schmidt-Aßmann,* Der Verfassungsbegriff in der deutschen Staatslehre der Aufklärung und des Historismus, 1967; *Mohnhaupt/Grimm,* Verfassung, 2. Aufl. 2002; *Unruh,* Der Verfassungsbegriff des Grundgesetzes, 2001; ferner etwa *Haack* EuR 2004, 785 ff.; *H. Hofmann,* in: Blankenagel ua (Hrsg.), Verfassung im Diskurs der Welt, 2004, S. 157 ff.; *Depenheuer/Grabenwarter* (Hrsg.), Verfassungstheorie, 2010; *Grabenwarter* und *Grimm,* in: Leitgedanken I, § 13 bzw. § 12; für ein

nur im **Bezug auf den Staat** besteht.[2] Soweit der Terminus „Verfassung" in anderen Kontexten (etwa: „Kommunalverfassung" uÄ) verwendet wird, ist er nur begrenzt vergleichbar.

**1a**    Dies gilt auch für den „Vertrag über eine Verfassung für Europa",[3] nach dessen Scheitern sich die facettenreiche Diskussion um den Verfassungsbegriff in diesem Kontext[4] erledigt hat, auch wenn die Rolle mitgliedstaatlicher Verfassungen in der Union weiter Fragen aufwirft.[5] Die **Grundordnung der EU** findet sich weiterhin in den zuletzt durch den Vertrag von Lissabon[6] fortentwickelten Verträgen;[7] sie bleibt nicht nur begrifflich, sondern auch durch ihren Gegenstand von der idealtypischen „Verfassung" eines prinzipiell souveränen und zur Wahrung des Gemeinwohls allzuständigen Staates[8] qualitativ unterschieden, solange sich die EU nicht in einen Staat traditionellen Musters verwandelt.[9] Ob es sinnvoll ist, in Bezug auf die internationale Gemeinschaft von einer Verfassung zu sprechen,[10] ist eher fraglich.[11]

**1b**    Das Verfassungsrecht hat in der **„normativen" Verfassung** seinen spezifischen Inhalt; sie bildet die rechtliche Grundordnung des verfassten Staates,[12] die dessen „reale" Verfassung mehr oder weniger effektiv gestaltet.[13] Gegenstand der Verfassung sind die Grundfragen des staatlichen Herrschaftssystems einschließlich der Stellung des Einzelnen.[14]

**2**    Diese **„materielle" Verfassung** ist zwar abstrakt nicht trennscharf abzugrenzen; einer nur materiell bestimmten Verfassung fehlen auch wesentlich durch die Qualität des (formellen) Verfassungsrechts (→ Rn. 7 f.) begründete Eigenschaften. Die alleinige Maßgeblichkeit des Inhalts der Verfassungsurkunde im Sinne einer nur **„formellen" Verfassung** kann indes noch weniger befriedigen.[15] Qualitative Anforderungen an den Inhalt einer Verfassung, wie sie zumal der berühmte Art. 16 der französischen Menschenrechtserklärung von 1789 aufstellte,[16] sind von ihren Begriffsmerkmalen zu unterscheiden.[17]

**3**    **2. Die Verfassung als konkrete Einheit.** Von diesen abstrakten Vorstellungen von Verfassung überhaupt zu trennen sind Verfassung und Staat als je konkrete Gegebenheiten. Es ist stets ein bestimmter Staat, dem die Verfassung gilt; Verfassungsurkunden sprechen dies in der Regel schon in ihrer Überschrift aus. Aber auch die für einen Staat bestehenden **Verfassungen** stellen sich als je **konkrete Einheiten** dar, die bei Fortbestand desselben Staates[18] – wie in Deutschland 1918/19 – wechseln können.[19] Die neue Verfassung entsteht durch einen Akt verfassunggebender Gewalt (→ Prä-

---

typologisches Verfassungsverständnis *Winterhoff,* Verfassung – Verfassunggebung – Verfassungsänderung, 2007. Zu einer empirischen Verfassungsrechtswissenschaft *Petersen/Chatziathanasiou* AöR 144 (2019), 501 ff.

[2] Historisch *Grimm* HStR I, § 1 Rn. 1 ff., 87; rechtsvergleichend *Brugger* AöR 126 (2001), 337 (338); s. auch *Vesting* FS Teubner, 2009, S. 609 (624 ff.); *Isensee,* in: Depenheuer/Grabenwarter (Fn. 1), § 6.

[3] ABl 2004 Nr. C 310/01.

[4] Dazu 4. Aufl., Rn. 1a mN; s. aber noch *Habermas,* Zur Verfassung Europas, 2011, S. 39 ff.

[5] Vgl. dazu namentlich *F. C. Mayer* VVDStRL 75 (2016), 7 ff.; *Heinig* ebd., S. 65 ff.

[6] ABl 2007/C 306/01; dazu BVerfGE 123, 267 ff.; → Art. 23 Rn. 134 ff. mwN.

[7] Vgl. im historischen Überblick etwa *Streinz,* Europarecht, 11. Aufl. 2019, Rn. 37 ff.

[8] Zu Staatlichkeit und Souveränität etwa *Schliesky,* Souveränität und Legitimität von Herrschaftsgewalt, 2004, insbes. S. 482 ff.; *Seiler,* Der souveräne Verfassungsstaat zwischen demokratischer Rückbindung und überstaatlicher Einbindung, 2005; *G. Jochum ua,* Legitimationsgrundlagen einer europäischen Verfassung, 2007; *Sommermann* IPE II, § 14; *Breuer* FS E. Klein, 2013, S. 747 ff.; *Hillgruber* Staat 53 (2014), 475 ff.; *Kahl,* in: Kolloquium Merten, 2014, S. 23 ff.; *Voigt,* Staatliche Souveränität, 2016; s. auch *C. Möllers,* Staat als Argument, 2000; *Menzel,* Internationales Öffentliches Recht, 2011, S. 413 ff. Für ein völkerrechtsfreundliches Souveränitätsverständnis des Grundgesetzes BVerfGE 148, 296 Rn. 129.

[9] Vgl. *Isensee* (Fn. 2), § 6 Rn. 108 ff., 114. Zur Vereinbarkeit mit dem Grundgesetz → Art. 20 Rn. 7, → Art. 79 Rn. 60, → Art. 79 Rn. 66a; → Art. 23 Rn. 93.

[10] Vgl. dazu etwa *Biaggini* ZSchwR 2000 I, S. 445 ff.; *Uerpmann* JZ 2001, 565 ff.; *Haltern* AöR 128 (2003), 511 ff.; auch *Kadelbach/Kleinlein* GYIL 2007, 303 ff.; *Pernice/Müller/Peters* (Hrsg.), Konstitutionalisierung jenseits des Staates, 2012.

[11] So etwa *Grimm* HStR I, § 1 Rn. 101; *Vesting* VVDStRL 63 (2004), 41 (62 f.) mwN; skeptisch auch *A. Peters* ZÖR 65 (2010), 3 ff.; *Viellechner,* Transnationalisierung des Rechts, 2013, S, 61 ff.; *Tschentscher* VVDStRL 75 (2016), 407 ff.; *Krieger* ebd., S. 439 ff.

[12] Grundlegend *Kägi,* Die Verfassung als rechtliche Grundordnung des Staates, 1945; ferner etwa *Stern,* StaatsR I, S. 78; *Isensee* HStR II, § 15 Rn. 166 ff.; *Badura* HStR VII¹, § 159 Rn. 1, § 163 Rn. 1; *H. Hofmann* JöR nF 51 (2003), 1 ff.; *Lerche* FS Badura, 2004, S. 347 ff.; *Winterhoff* (Fn. 1) S. 113 ff.

[13] Zur Verwurzelung des „realen" Verfassungsverständnisses in der Antike *Isensee* HStR II, § 15 Rn. 177; moderne Verwendung insbesondere bei *Heller,* Staatslehre, 1934, S. 249 ff.; verknüpfend *Smend,* Verfassung und Verfassungsrecht, 1928, S. 80 ff.; zur Problematik auch *Haverkate,* Verfassungslehre, 1992, S. 6 ff.

[14] Grundlegend *G. Jellinek,* Allgemeine Staatslehre, 3. Aufl. 1914, S. 534; ferner *Stern,* StaatsR I, S. 72 f.; zur Einbeziehung des Individuums ebda, S. 75 f.; III/1, S. 175 ff. Zur Herrschaftskonstitution als Strukturelement des Verfassungsbegriffs s. *Unruh* (Fn. 1), S. 9 f. und öfter.

[15] Dafür aber (für das Grundgesetz) *Hesse* HdbVerfR, § 1 Rn. 3 Fn. 4.

[16] „Toute société, dans laquelle la garantie des droits n'est pas assurée ni la séparation des pouvoirs déterminée, n'a point de constitution".

[17] Vgl. *Stern,* StaatsR I, S. 72 mwN, zT anders jedoch S. 75 f.; auch *Haverkate* (Fn. 13), S. 11 f.; *Unruh* (Fn. 1), S. 9 ff. bzw. 13 ff. und öfter.

[18] Ablehnend *Haack* Staat 49 (2010), 107 (118 ff.) bei Anerkennung praktisch notwendiger Kontinuität.

[19] So der „positive Verfassungsbegriff" bei *C. Schmitt* Verfassungslehre, 1928, S. 20 ff.; s. auch *Badura* HStR VII¹, § 159 Rn. 1, 2; *Böckenförde* GS Schnur, 1997, S. 137 ff.

ambel Rn. 16 ff.; → Art. 20 Rn. 27, → Art. 79 Rn. 5) unabhängig von der durch sie ersetzten Verfassung. Von bloßen Änderungen des Verfassungsrechts bleibt die (normative) Verfassung als konkrete Einheit unberührt (→ Präambel Rn. 26, → Art. 146 Rn. 4).

**3. Funktionen der Verfassung.** Die Funktionen der (normativen) Verfassung an sich sind von den **4** inhaltlichen Zielen einer konkreten Verfassung zu unterscheiden. Die **jeder Verfassung** überhaupt beigemessenen Funktionen[20] lassen sich im Kern auf die Aufgabe zurückführen, dem verfassten **Staat eine rechtliche Grundordnung zu geben** (→ Rn. 1b).

Dazu gehört es, die zunächst allenfalls faktisch vorhandene **Staatsgewalt** rechtlich (neu) zu **5** konstituieren und zu **organisieren:** Staatsorgane sind zu schaffen und zu besetzen, Befugnisse zuzuordnen und die Bedingungen ihrer Wahrnehmung zu regeln. Als **Grundlage der staatlichen Rechtsordnung überhaupt** muss die Verfassung ferner die Geltungsvoraussetzungen für staatliche Rechtsakte festlegen,[21] ohne dass aber der Fortbestand der Verfassung selbst zur Geltungsvoraussetzung der nach ihrer Maßgabe erzeugten Rechtsfolgen würde.[22] Zugleich sowie ggf. auch in besonderen Bestimmungen (Grundrechte uÄ) ist das **Verhältnis des Einzelnen zur Staatsgewalt**[23] zu normieren.

Auf der Basis der durch die Verfassung zu legenden Grundordnung kann sich im politischen Leben **6** immer wieder neu die **Einheitsbildung (Integration)** vollziehen, die seit *Smend* zu den zentralen Verfassungsfunktionen gezählt wird,[24] aber allenfalls partiell, ja akzidentiell von ihr selbst geleistet wird.[25] Keine notwendige Verfassungsfunktion ist auch die Festlegung **materialer Ordnungs- oder Zielvorstellungen,**[26] die vielmehr (und jedenfalls flexibler)[27] durch dafür zuständige Organe erfolgen kann. Entsprechendes gilt für die **Sicherung etwa anzuerkennender überpositiver Maßstäbe** des Staatshandelns.[28]

## II. Das Verfassungsrecht

**1. Formelles Verfassungsrecht.** Formelles Verfassungsrecht sind inhaltsunabhängig die Be- **7** stimmungen, die in zumeist einer Verfassungsurkunde[29] zusammengefasst sind oder die dort genannten Anforderungen für sonstiges formelles Verfassungsrecht erfüllen. Die **Verfassungsurkunde** ist das regelmäßig durch seine **Selbstkennzeichnung** als die Grundlage der Verfassung ausgewiesene und als solches in einem Staat anerkannte Dokument;[30] eine abweichende Gesamtbezeichnung, wie beim „Grundgesetz" (→ Rn. 15; → Präambel Rn. 5), schadet nicht, wenn der Verfassungscharakter anderweitig erkennbar ist.[31]

**Erschwerte Abänderbarkeit** ist weder hinreichende (vgl. nur die Zustimmungsgesetze) noch **8** notwendige Bedingung für formelles Verfassungsrecht,[32] aber in höchstem Maße typisch und in Art. 79 auch für das GG vorgesehen. Auch der zumal in Art. 20 III (→ Art. 20 Rn. 95) ausgesprochene **Vorrang der Verfassung** ist zwar äußerst funktionsadäquat, jedoch wohl nicht allgemein zwin-

---

[20] *Stern,* StaatsR I, S. 82 ff.; *Isensee* HStR II, § 15 Rn. 185 f.; *H. Lang* HStR XII, § 266; *Sachs* ZG 1991, 1 (23 ff.); *Voßkuhle* AöR 119 (1994), 35 (46 ff.); *Schuppert* FS Badura, 2004, S. 529 (534 ff.); *Winterhoff* (Fn. 1), S. 113 ff.; *Depenheuer,* in: Depenheuer/Grabenwarter (Fn. 1), § 16.

[21] Vgl. zur Legitimationswirkung *Stolleis* FS Behrends, 2009, S. 533 ff. Ein numerus clausus der Rechtsetzungsformen muss nicht notwendig verfassungsunmittelbar vorgegeben sein, → Art. 20 Rn. 100.

[22] Zur regelmäßigen Kontinuität nicht unmittelbar verfassungsrechtlich begründeter Rechtsbeziehungen vgl. ausdr. BVerfGE 95, 267 (306 f.), näher *J. Dietlein,* Nachfolge im öffentlichen Recht, 1999, S. 442 ff.

[23] Bis heute paradigmatisch die Status bei *G. Jellinek,* System der subjektiven öffentlichen Rechte, 2. Aufl. 1905, S. 86 ff., mit den drei Berechtigungsstatus (→ vor Art. 1 Rn. 24) und der Pflichtsphäre des passiven Status (status subiectionis).

[24] *Smend* (Fn. 13), insbesondere S. 78 f.; daran anknüpfend *Isensee* HStR II, § 15 Rn. 186; auch *Vorländer* (Hrsg.), Integration durch Verfassung, 2002; *Korioth* VVDStRL 62 (2003), 117 ff.; *Obermeyer,* Integrationsfunktion der Verfassung und Verfassungsnormativität, 2008, insbes. S. 39 ff., 76 ff.; *Bühler,* Das Integrative der Verfassung, 2011; *Häberle,* in: Leitgedanken I, § 15.

[25] Vgl. *Smend* (Fn. 13), S. 78; zurückhaltend auch *Stern,* StaatsR I, S. 91 f.; *Dreier* FS H. P. Schneider, 2008, S. 70 ff.; aber auch → Art. 22 Rn. 19. Zur Integration durch Wahlen BVerfGE 146, 327 Rn. 62.

[26] Für Unverzichtbarkeit *Stern,* StaatsR I, S. 96 ff.; offen *Häberle,* Liber Amicorum J. Esser, 1995, S. 49 (74); ablehnend *J. Schaefer,* Grundlegung einer ordoliberalen Verfassungstheorie, 2007; für eine limitierende Verfassungstheorie s. *Manterfeld,* Die Grenzen der Verfassung, 2000; zum Wertdenken zum Verfassungsstaat *Bartlsperger* FS Wahl, 2011, S. 23 ff.

[27] Zum Wandel von Verfassungswerten vgl. *Leisner* JZ 2001, 313 ff.

[28] Dafür allerdings *Hesse* HdbVerfR, § 1 Rn. 9; rechtsvergl. zu Naturrecht und Verfassungswerten *Herdegen* HRLJ 1998, 37 ff.; zu Naturrecht im Verfassungsrecht *Hassemer* FS Trechsel, 2002, S. 135 ff.

[29] Vgl. *Unruh* (Fn. 1), S. 12 f. und öfter; anders etwa in Österreich. Das materielle Verfassungsrecht ausnehmend *Natus,* Verfassungsmissbrauch durch Zweidrittelmehrheit, 2017; S. 127 ff.

[30] Zustimmend *Winterhoff* (Fn. 1), S. 100.

[31] Vgl. etwa *Murswiek* BK, Überschrift (2012), Rn. 37 ff.

[32] Anders *G. Jellinek* (Fn. 14), S. 534; *Isensee* HStR II, § 15 Rn. 184; *Badura* HStR VII[1], § 160 Rn. 1, 3; wohl auch *Unruh* (Fn. 1), S. 13 und öfter; wie hier *Stern,* StaatsR I, S. 72; *Winterhoff* (Fn. 1), S. 100 ff.; für Fälle nicht erschwerter Verfassungsänderung vor 1919 s. *Meyer/Anschütz,* S. 661 f. mN.

gend.[33] Ein (Anwendungs-)Vorrang des Unionsrechts, den das Grundgesetz selbst zulässt,[34] steht mit dem Höchstrang der Verfassung nicht in Widerspruch. Zum einheitlichen Rang innerhalb des Grundgesetzes → Art. 79 Rn. 28.

9    **2. Materielles Verfassungsrecht.** Materielles Verfassungsrecht sind alle Rechtsnormen, die die Verfassung eines Staates regeln (→ Rn. 1 f.). Als **nur materielles Verfassungsrecht** werden für die BRD zumal das (gesetzliche) Wahlrecht und die GO oberster Bundesorgane genannt.[35] Außerhalb des Organisationsrechts mag man die (Grund-)Regeln des Staatsangehörigkeitsrechts, vgl. Art. 116 I, hierher zählen. Dem materiellen Verfassungsrecht ist auch der EV zuzuordnen, soweit er die Beendigung der DDR und die Erstreckung der Hoheitsgewalt der BRD auf das Beitrittsgebiet regelt.[36] Übernationales Recht kann als materielles Verfassungsrecht verstanden werden, soweit es die staatliche Verfassung sachlich mitgestaltet.[37] Bedeutung kann die materiell verfassungsrechtliche Qualität außerhalb der Verfassungsurkunde getroffener Regelungen für die Zuständigkeit des BVerfG erlangen;[38] im Hinblick auf die Verteilung der Gesetzgebungskompetenzen kann ferner die Zugehörigkeit einer Regelung zum (auch) materiellen Landesverfassungsrecht relevant sein.[39]

10    **Nur formelles Verfassungsrecht** ist eine wenig praktische Denkmöglichkeit. Eine materielle Disqualifikation kann namentlich nicht darauf gestützt werden, dass einer Regelung die durch Aufnahme in die Verfassungsurkunde ja authentisch bekundete Bedeutsamkeit fehle.[40] Doch mag man zwischen Privaten wirksame Verfassungsbestimmungen ohne jeden Bezug auf den Staat materiell nur dem Privatrecht zuordnen.[41] Die Regeln für Änderung und Wirkungen von Verfassungsrechtsnormen knüpfen allerdings unabhängig davon an deren formell verfassungsrechtlichen Charakter an.[42]

11    **3. Verfassungsgewohnheitsrecht.** Die Möglichkeit von Verfassungsgewohnheitsrecht neben dem Grundgesetz[43] ist **nicht abschließend geklärt,**[44] auch von **nur theoretischem Interesse.** Es könnte kaum ohne Anerkennung durch das BVerfG entstehen, erhielte seine maßgebliche Fassung durch dessen Entscheidungen. Diese können ohne Berufung auf Gewohnheitsrecht formuliert werden, wenn der Verfassungstext dafür Raum lässt;[45] sie finden unabhängig von der Qualifizierung als Gewohnheitsrecht ein Höchstmaß an Anerkennung. Das BVerfG würde sich durch die Erhebung zu Verfassungsgewohnheitsrecht nur die Befugnis zur späteren Änderung seiner Rechtsprechung abschneiden.[46]

12    Sofern sich lückenfüllendes Gewohnheitsrecht verfassungsrechtlichen Inhalts nachkonstitutionell bilden kann, erlaubt ein materieller Charakter noch **nicht die Gleichstellung mit Grundgesetzbestimmungen.** In der Regel wird es sich um Grundsätze der Rechtsprechung zum Grundgesetz handeln, denen schon die Eigenständigkeit als Rechtssatz fehlt (auch → Art. 20 Rn. 107, → Art. 20 Rn. 143 f.). Ob auch eine nicht durch Rspr. bestätigte Staatspraxis Gewohnheitsrecht hervorbringen könnte, ist fraglich (auch → Rn. 27, → Rn. 48).

---

[33] Anders etwa *Isensee* HStR II, § 15 Rn. 184; *Hesse* HdbVerfR, § 1 Rn. 14; *Unruh* (Fn. 1), S. 11 und öfter; wie hier *Winterhoff* (Fn. 1), S. 110 ff.; s. auch *Grimm* FS Herzog, 2009, S. 67 (73); *Grabenwarter,* in: Depenheuer/Grabenwarter (Fn. 1), § 11. Vor 1919 war die Negation des Vorrangs in Deutschland ganz hM, vgl. *Meyer/Anschütz,* S. 644, 662, 739 f., 743 f.; *C. H. Schmidt,* Vorrang der Verfassung und konstitutionelle Monarchie, 2000; zur Zeit danach etwa *Schau,* Das Verhältnis von Verfassung und einfachem Recht in der Staatsrechtslehre der Weimarer Republik, 2002.

[34] Zuletzt BVerfGE 140, 317 Rn. 38; 152, 216 Rn. 47; näher → Art. 23 Rn. 60 f.

[35] *Bryde* Verfassungsentwicklung, 1982, S. 75 ff.; für weitere Beispiele *Kotzur* HStR XII, § 260 Rn. 10.

[36] BVerfGE 94, 297 (310).

[37] Zu solchen Wirkungen eingehend *Hobe,* Der offene Verfassungsstaat zwischen Souveränität und Interdependenz, 1998.

[38] BVerfGE 94, 297 (310) für Art. 93 I Nr. 4 1. Alt.; s. iÜ → Art. 93 Rn. 69.

[39] Dazu ausf. *Sachs* FS Stern, 1997, S. 475 ff.; abl. *Menzel,* Landesverfassungsrecht, 2002, S. 165 ff.

[40] Näher *Sachs,* in: Stern, StaatsR III/1, S. 357 f.

[41] Vgl. für Art. 9 III 2 GG *Ipsen* JZ 2014, 157 f.; zum Urlaubsanspruch des Bundestags-Bewerbers gegen Private nach Art. 48 I GG *Sachs* FS Stern, 1997, 475 (484 mit Fn. 45).

[42] S. für zulässige Änderung des EV durch einfaches Bundesgesetz ungeachtet seiner Rechtsnatur BVerfGE 93, 213 (239); differenzierend *Höch,* Der Einigungsvertrag zwischen völkerrechtlichem Vertrag und nationalem Gesetz, 1995.

[43] Ablehnend für Rechte der Mitglieder der BVers BVerfGE 136, 277 Rn. 104; für das Gesetzgebungsverfahren BVerfGE 1, 144 (161); 29, 221 (234); SaarlVerfGH NVwZ-RR 2006, 665 (666); BFHE 231, 7 Rn. 78; dafür zur Wahrnehmung der Befugnisse des BPräs bei Verhinderung OVG LSA, 25.4.2007, 1 L 453/05, Rn. 67 (juris); offen OVG NW, 26.3.2010, 1 A 3049/06, Rn. 70 (juris).

[44] Vgl. *v. Hippel* und *Voigt* VVDStRL 10 (1952), 1 ff. bzw. 34 ff.; *Tomuschat* Verfassungsgewohnheitsrecht?, 1972; *Bryde* (Fn. 35), S. 446 ff.; *Stern,* StaatsR I, S. 109 ff.; *Badura* HStR XII, § 270 Rn. 10 ff.; *Blankenagel,* Tradition und Verfassung, 1987, S. 129 ff.; *H. A. Wolff,* Ungeschriebenes Verfassungsrecht unter dem Grundgesetz, 2000, S. 427 ff.; *Klose* RW 2017, 370 (398 ff.).

[45] Vgl. insgesamt *H. A. Wolff* (Fn. 44); auch *Leisner-Egensperger* DÖV 2004, 774 ff.; *Grzeszick,* in: Depenheuer/Grabenwarter (Fn. 1), § 12.

[46] Daher ablehnend SächsVerfGH, SächsVBl 2014, 83 (89); im Ergebnis konsequent ablehnend *Unruh* (Fn. 1), S. 430 ff.; anders *Klose* RW 2017, 370 (399 f.).

# B. Entstehung und Entwicklung des Grundgesetzes

## I. Entstehung des Grundgesetzes[47]

**1. Die Ausgangssituation.** Das GG verdankt seine Entstehung als **Verfassung** eines zunächst **auf** **13** **die drei Westzonen beschränkten Staates** den Ende 1947 miteinander nicht (mehr) zu vereinbarenden Vorstellungen der Siegermächte über die staatliche Reorganisation des Deutschen Reichs. Den unmittelbaren Anstoß gaben die sog. **Frankfurter Dokumente,** die die Militärgouverneure den Ministerpräsidenten der Länder der Westzonen am 1.7.1948 übergaben.[48]

Das zentral bedeutsame **Dokument I** sah die rasche Einberufung einer verfassunggebenden Versammlung vor und formulierte **inhaltliche Vorgaben,** namentlich den demokratischen Charakter der **14** Verfassung, die auch mit Blick auf eine Wiedervereinigung ausgeprägt föderalistische Natur des Staates und Garantien individueller Rechte und Freiheiten. Die Annahme der Verfassung sollte durch Volksabstimmungen in den Ländern erfolgen.

Probleme bereiteten weniger die im Kern auch der einheimischen Verfassungstradition entsprechen- **15** den Verfassungsgrundsätze als die **Sorge,** mit einer Verfassunggebung im Westen die **deutsche Teilung zu zementieren.**[49] Im Bemühen, den **provisorischen Charakter der zu erlassenden Verfassung** zu betonen, konnte erreicht werden, dass abweichend von Dok. I nur ein „Parlamentarischer Rat" ein „Grundgesetz" beschließen sollte; wegen der Billigung durch Volksabstimmung wurde eine Überprüfung zugesagt. Damit waren die Weichen für die getrennte Verfassunggebung in West und Ost gestellt. Parallel zum Erlass des Grundgesetzes entstand in der SBZ die Verfassung der DDR vom 7.10.1949.[50]

**2. Der Herrenchiemseer Konvent.** Die wichtigsten Vorarbeiten für das Grundgesetz leistete der **16** sog. Herrenchiemseer Konvent,[51] ein **Sachverständigenausschuss** aus je einem Bevollmächtigten der Ministerpräsidenten der beteiligten Länder (nebst Mitarbeitern). Der Konvent erarbeitete in drei Unterausschüssen (für Grundsatz-, Zuständigkeits- und Organisationsfragen) vom 10. bis 23.8.1948 einen Tätigkeitsbericht mit Darstellung des Meinungsstandes, ausgearbeitetem Entwurf und kommentierenden Anmerkungen. Dieser **HChE** hat die Arbeit des ParlRat sowie später die Auslegung des Grundgesetzes in vielen Punkten maßgeblich beeinflusst.

**3. Die Beratungen des Parlamentarischen Rates. a) Die Arbeit in den Gliederungen des** **17** **ParlRates.** Der ParlRat[52] bestand aus 65 nach Bevölkerungsproporz von den Landtagen der beteiligten Länder gewählten Mitgliedern und fünf beratenden Delegierten Berlins. Dieses **Plenum** führte am 8./ 9.9.1948 die Eingangsberatung und abschließend am 6. und 8.5.1949 die 2. und 3. Lesung des GG durch. Die Detailarbeit fand zunächst in sieben zehn- bis zwölfköpfigen **Fachausschüssen** (für Grundsatzfragen – einschließlich Grundrechte; für Zuständigkeitsabgrenzung, für Finanzfragen, für die Organisation des Bundes, für VerfGH und Rechtspflege, für Wahlrechtsfragen und für das Besatzungsstatut) statt. Aus deren Ergebnissen sollte der **Hauptausschuss** (HA) (21 Mitglieder) den Gesamtentwurf erarbeiten.

Vorbereitend wurde ein dreiköpfiger **Allgemeiner Redaktionsausschuss** (ARA) tätig, der über **18** redaktionelle Abstimmungen hinaus häufig gravierende Sachänderungen vornahm. In der 2. Lesung des HA offengebliebene Konfliktpunkte konnten in einem von CDU/CSU, SPD (je 2 Mitglieder) und FDP besetzten sog. **Fünferausschuss** kurzfristig bis zur 3. Lesung des HA ausgeräumt werden. Zur Behandlung alliierter Einwände wurde der „Fünferausschuss" durch Abgeordnete von DP und Zentrum (nicht: der KPD) zum sog. **Siebenerausschuss** ergänzt.

**b) Interventionen der der alliierten Machthaber.** Von den mehrfachen **Interventionen der** **19** **alliierten Machthaber** ist das Aide Mémoire vom 22.11.1948 hervorzuheben.[53] Darin wurden in einer Art authentischer Auslegung des Frankf. Dok. I Mindesterfordernisse aufgestellt, wie namentlich ein Zweikammersystem der Gesetzgebung mit starker Ländervertretung, Machtbegrenzung der Exekutive zumal im Notstand, Enumeration der Bundesgesetzgebungskompetenzen unter Ausschluss von Kultur und Polizei, Begrenzung der Bundesfinanzhoheit, eine ausgebaute (Verfassungs-)Gerichtsbar-

---

[47] Vgl. insgesamt JöR nF 1 (1951), passim; ParlRat 1948–1949 I–XIV, 1975–2009; *H.-P. Schneider/ Kramer* (Hrsg.), Das Grundgesetz. Dokumentation seiner Entstehung, 26 Bde., 1995–2010; *Stern,* StaatsR V, S. 1209 ff.; *Mußgnug* HStR I, § 8.
[48] Abgedruckt in: ParlRat 1948–1949 I, S. 30 ff.; JöR nF 1 (1951), 1 ff., 263 f. (Dok. I und II); *Blank,* Die westdeutschen Länder und die Entstehung der Bundesrepublik, 1995.
[49] Zur deutschen Teilung insgesamt *Luchterhandt* HStR I, § 10.
[50] Dazu etwa *Mampel,* Die sozialistische Verfassung der Deutschen Demokratischen Republik, 2. Aufl. 1982, S. 35 ff.; *Brunner* HStR I, § 11 Rn. 1 ff., 5 ff., sowie Akademie für Staats- und Rechtswissenschaft der DDR (Hrsg.), Staatsrecht der DDR, 2. Aufl. 1984, insbes. S. 64 ff.
[51] Zu ihm etwa *Haus der Bayerischen Geschichte* (Hrsg.), Auf dem Weg zum Grundgesetz, 1998; *März/Oberreuter* (Hrsg.), Weichenstellung für Deutschland, 1999; *Bauer-Kirsch* FS Isensee, 2002, S. 257 ff.
[52] Vgl. etwa *Feldkamp,* Der Parlamentarische Rat 1948–1949, 1998 (Neuausgabe 2019).
[53] Abgedruckt bei *Stammen* (Hrsg.), Einigkeit und Recht und Freiheit, 1965, S. 224 f.

keit, Begrenzung von Bundesbehörden, gleicher Ämterzugang, unpolitischer öffentlicher Dienst und Inkompatibilität für Bundesgesetzgebungsorgane.

20    Nachdem diese wiederholt bekräftigten Forderungen vom ParlRat nicht zur vollen Zufriedenheit der Militärgouverneure beachtet wurden, räumten diese nach **krisenhafter Zuspitzung** am 22.4.1949 in den verbliebenen Streitpunkten größere Spielräume ein. Danach wurden Lösungen gefunden, die am 25.4.1949 zur Einigung mit den Alliierten führten.[54]

21    c) **Abschließende Beratungen/Billigung durch die Militärgouverneure.** Die **abschließenden Beratungen** des Grundgesetzes im ParlRat erfolgten mit der 4. Lesung des HA am 5./6.5.1949 und mit der 2. und 3. Lesung des Plenums am 6. und 8.5.1949. Dabei wurde das GG mit 53 zu zwölf Stimmen (gegen je zwei Stimmen von DP, KPD und Zentrum und sechs der acht CSU-Stimmen) beschlossen. Die **Billigung durch die Militärgouverneure** durch das „Letter of Approval" vom 12.5.1949 erfolgte nur mit einigen Vorbehalten,[55] die aber die Annahme des Grundgesetzes, seine Ausfertigung und Verkündung und sein Inkrafttreten nicht verhinderten (näher → Art. 144 Rn. 1, → Art. 144 Rn. 9 f.).

## II. Entwicklung des Grundgesetzes

22    1. **Die Verfassungsänderungsgesetze. a) Änderungen bis zum Beitritt der DDR.** Das GG hat bis heute 65 Änderungsgesetze erlebt,[56] davon 35 – zuletzt 1983 – vor dem Beitritt der DDR.[57] Die umfangreichsten sowie am meisten umstrittenen Änderungen betrafen die für die Wiederbewaffnung notwendige Einführung der **Wehrverfassung** 1954 und 1956 und die sog. **Notstandsverfassung** von 1968; weniger spektakulär war die Reform der zuvor wiederholt punktuell geänderten **Finanzverfassung** 1969.

23    Durch viele Einzeländerungen immer wieder erweitert wurden die **Kompetenzen des Bundes,** zumal für die **Gesetzgebung.** Weniger verändert wurde das Recht der obersten Bundesorgane, am ehesten noch das Parlamentsrecht; die Grundrechte blieben außerhalb von Wehr- und Notstandsverfassung bis 1993 unberührt. Von den **nicht realisierten Vorschlägen** sind die Empfehlungen der **Enquête-Kommission Verfassungsreform** des Bundestages (1976) hervorzuheben.[58]

24    b) **Änderungen seit dem Beitritt der DDR.** Durch den unter heftigen Debatten (dazu → Art. 146 Rn. 5 f.) nach Art. 23 S. 2 GG aF vollzogenen **Beitritt der DDR** ist die Einheit Deutschlands ohne neue Verfassunggebung nach Art. 146 hergestellt worden.[59] Inzwischen sind weitere 29 Änderungsgesetze zu zahlreichen Einzelbestimmungen ergangen. Im unmittelbaren sachlichen **Zusammenhang mit der Wiedervereinigung** stehen davon die **in Art. 4 EV** selbst enthaltenen „beitrittsbedingten Änderungen" der Präambel und zu Art. 23, 51, 135a, 143 und 146.[60]

25    Durch **Art. 5 EV** angestoßen wurden die ganz überwiegend auf die Empfehlungen der **Gemeinsamen Verfassungskommission** zurückgehenden Änderungen des 42. Änderungsgesetzes.[61] Trotz der großen Zahl der berührten Artikel stellen sie einen doch recht begrenzten Ertrag einer weiter reichenden Debatte dar.[62]

25a    Das Schwergewicht der **vorgenommenen Änderungen** liegt beim Verhältnis von Bund und Ländern, insbesondere bei der Verteilung der Gesetzgebungskompetenzen und der Beteiligung des BRat an der Bundesgesetzgebung.[63] Von den zahlreichen **nicht verwirklichten** Vorschlägen sind erweiterte plebiszitäre Mitwirkungsmöglichkeiten und soziale Staatszielbestimmungen hervorzuheben (→ Art. 20 Rn. 33, → Art. 20 Rn. 52).

---

[54] S. umfassend *Wilms,* Ausländische Einwirkungen auf die Entstehung des Grundgesetzes, 1999.

[55] Bei *E. R. Huber* (Hrsg.), Quellen zum Staatsrecht der Neuzeit, Bd. 2, 1951, S. 208 f.

[56] Vgl. die Hinweise vor dieser Einführung; für einen Text mit Dokumentation der Änderungen s. *Dreier/Wittreck* (Hrsg.), Grundgesetz, 12. Aufl. 2019; für eine Dokumentation mit den einschlägigen BT-Dr *Daum,* Dokumentation des Grundgesetzes, 2017.

[57] Zur Entwicklung bis dahin *H. Hofmann* HStR I, § 9; auch *Roßnagel,* Die Änderungen des Grundgesetzes, 1981; *Schaub,* Der verfassungsändernde Gesetzgeber 1949–1980, 1984.

[58] BT-Dr 7/5924; s. auch den Zwischenbericht, BT-Dr VI/3289; *Stern,* StaatsR I, S. 155 f.

[59] Zu den vielfältigen verfassungsgeschichtl. und -rechtl. Aspekten dieser Entwicklung s. die Beiträge in: HStR VIII². 1995, und IX¹. 1997; auch *Kilian* HStR I, § 12; *Murswiek* BK, Präambel (2005) Rn. 159 ff.

[60] Zur Regelungsweise → Art. 79 Rn. 11; zum Inhalt insgesamt BT-Dr 13/2280, S. 44, auch BT-Dr 13/8450 S. 25; s. ferner *Herdegen,* Die Verfassungsänderungen im Einigungsvertrag, 1991; *Busse* DÖV 1991, 345 ff.; *Weis* AöR 116 (1991), 1 (24 ff.); *H. H. Klein* HStR VIII². § 198 Rn. 23 ff.

[61] Gesetz v. 24.10.1994, BGBl I 3146; dazu insbesondere den Bericht der GemVerfKom, BT-Dr 12/6000; auch BT-Dr 13/2280, S. 44 ff., BT-Dr. 13/8450, S. 25; zu den Beratungen etwa *Batt,* Verfassungsrecht und Verfassungswirklichkeit im vereinigten Deutschland, 2003, S. 127 ff.

[62] Zur Bewertung vgl. etwa *Berlit* JöR nF 44 (1996), 18 (34 ff., 74 ff.); *Häberle,* in: ders., Das Grundgesetz zwischen Verfassungsrecht und Verfassungspolitik, 1996, S. 237 ff.; *Isensee,* in: Einheit und Vielfalt der Rechtsordnung, 1996, S. 185 ff.; *Bremers,* Gemeinsame Verfassungskommission, 2001; *Batt* (Fn. 61), S. 187 ff.

[63] Vgl. schon die Eckpunkte der Ministerpräsidenten v. 5.7.1990, abgedruckt in ZParl 1990, 461 ff.; zum Ganzen näher *Schmalenbach,* Föderalismus und Unitarismus in der Bundesrepublik Deutschland, 1998.

Noch bedeutsamer sind die Änderungen des Grundgesetzes im Kontext der **Gründung der EU**.[64] **26** Im Übrigen wurden das **Asylgrundrecht** restriktiv neu gestaltet, teils extensive Vorkehrungen für **Privatisierungen** bei Luftverkehrsverwaltung, Bundeseisenbahnen sowie Postwesen und Telekommunikation getroffen, schließlich Aspekte der Finanzverfassung neugestaltet. 1998 ist Art. 13 mit weiteren Begrenzungen versehen worden, um den problematischen sog. **Großen Lausch- und Spähangriff** zu ermöglichen (→ Art. 13 Rn. 38 ff.).

Im Jahre 2000 hat sich die übernationale Einbindung der BRD in zwei Änderungen niedergeschla- **26a** gen: Das **Auslieferungsverbot** nach Art. 16 II ist einem (qualifizierten) Gesetzesvorbehalt unterstellt worden (→ Art. 16 Rn. 44 ff.), und Art. 12a IV 2 richtet sich nunmehr auch ausdrücklich nur noch gegen eine *Verpflichtung* **von Frauen zum Waffendienst** (→ Art. 12a Rn. 6 ff.). 2001 kam es nur zu einer kleineren Änderung zur Organisation der Finanzverwaltung (zu dieser → Art. 108 Rn. 15).

Nach erfolglosen Anläufen[65] wurde 2002 durch Einfügung der Worte „und die Tiere" in Art. 20a **26b** der **Tierschutz** in das Grundgesetz aufgenommen (näher → Art. 20a Rn. 11; → Art. 20a Rn. 31b). Gleichzeitig erhielt **Art. 96 V** eine erweiterte Neufassung (näher → Art. 96 Rn. 5, → Art. 96 Rn. 18 f.).

Auf der Grundlage der Vorarbeiten der seit 2003 bestehenden Kommission von BT und BRat zur **26c** Modernisierung der bundesstaatlichen Ordnung ist **2006** die im Konsens mit den Ländern entwickelte **Föderalismusreform I** verabschiedet worden, die zahlreiche Artikel des Grundgesetzes geändert bzw. eingefügt hat.[66]

**2008** wurde den im **Vertrag von Lissabon** (→ Rn. 1a) vorgesehenen Mitwirkungsrechten der **26d** Parlamente der Mitgliedstaaten gegenüber EU-Organen Rechnung getragen.[67] Das ÄndG zum Grundgesetz ist mit dem Vertrag (für Deutschland) am 1.12.2009 in Kraft getreten.[68]

Durch **vier Änderungen** des Grundgesetzes wurden **2009** das Aufkommen aus der Kfz-Steuer bei **26e** Kompensation für die Länder auf den Bund übertragen,[69] die parlamentarische Kontrolle der Nachrichtendienste des Bundes im Grundgesetz verankert,[70] die Luftverkehrskontrolle für abweichende Vorgaben des EU-Rechts geöffnet[71] und die **Föderalismusreform II** vor allem zu Fragen der Finanzverfassung verabschiedet.[72]

Nachdem BVerfGE 119, 331 die Arbeitsgemeinschaften gem. § 44b SGB II als unzulässige Misch- **26f** verwaltung verworfen hatte, wurde 2010 die gleichwohl für sinnvoll gehaltene **Möglichkeit des Zusammenwirkens** von Bund und Ländern bzw. Kommunen zur Wahrnehmung der Aufgaben der Grundsicherung für Arbeitsuchende im Grundgesetz **abgesichert**.[73]

2012 hat Art. 93 I Nr. 4c GG[74] für Vereinigungen die Möglichkeit geschaffen, **Beschwerde** zum **26g** BVerfG **gegen ihre Nichtanerkennung als Partei** für die Wahl zum BT zu erheben.[75] Ende 2014 wurden die Möglichkeiten des Zusammenwirkens von Bund und Ländern bei der **Wissenschaftsförderung** nach Art. 91b GG[76] erweitert.

2017 erfolgten zur Umsetzung eines Beschlusses der Regierungschefinnen und -chefs von Bund und **26h** Ländern vom 14.10.2016[77] über die **Neuordnung der Finanzbeziehungen von Bund und Ländern** einerseits, über unterschiedliche Maßnahmen zur Verbesserung der **Aufgabenerledigung im Bundesstaat** andererseits, zahlreiche Änderungen und Ergänzungen des Grundgesetzes.[78] Später zustande gekommen ist die zugleich ausgefertigte und verkündete Ergänzung des Art. 21 um die Möglichkeit, **verfassungswidrige Parteien** durch Entscheidung des BVerfG von staatlicher **Finanzierung** und steuerlicher Begünstigung **auszuschließen**.[79]

---

[64] Gesetz v. 21.12.1992, BGBl I 2086; dazu insbes. → Art. 23 Rn. 15 ff., sowie die Kommentierung der anderen betroffenen Artikel (Art. 24, 28, 45, 50, 52, 88, 115e); s. auch Fn. 132.

[65] Die Einführung eines neuen Art. 20b auf Initiative des BRat (BT-Dr 14/758) hatte zuvor die erforderliche $^2/_3$-Mehrheit nicht erreicht; zu früheren Entwürfen s. *B. Schulz* ZRP 1998, 193 (199 f.).

[66] Zur Vorgeschichte zusammenfassend BT-Dr 16/813, S. 7; insgesamt ferner → Art. 20 Rn. 58a.

[67] Vgl. BT-Dr 16/8488 und (zum begleitenden Gesetz) BT-Dr 16/8489.

[68] S. die Bekanntmachung v. 13.11.2009, BGBl II 1223.

[69] Gesetz zur Änderung des Grundgesetzes (Artikel 106, 106b, 107, 108), v. 19.3.2009, BGBl I 606.

[70] Gesetz zur Änderung des Grundgesetzes (Artikel 45d) v. 17.7.2009, BGBl I 1977.

[71] Gesetz zur Änderung des Grundgesetzes (Artikel 87d) v. 29.7.2009, BGBl I 2248.

[72] Gesetz zur Änderung des Grundgesetzes (Artikel 91c, 91d, 104b, 109, 109a, 115, 143d) v. 29.7.2009, BGBl I 2248. Zur Entwicklung der Finanzverfassung insg. *Hennecke* DVBl 2019, 657 ff.

[73] Gesetz zur Änderung des Grundgesetzes (Art. 91e) v. 21.7.2010, BGBl I 944.

[74] Gesetz zur Änderung des Grundgesetzes (Art. 93) v. 11.7.2012, BGBl I 1478, erlassen auf Empfehlung der OSZE, s. BT-Dr. 17/9293, S. 4.

[75] Zu künftigen Änderungen *Kloepfer* FS 200 Jahre Jur. Fak. Humboldt Uni, 2010, S. 1299, insbes. 1305 ff.

[76] Gesetz zur Änderung des Grundgesetzes (Art. 91b) v. 23.12.2014, BGBl I 2438.

[77] Presse- und Informationsamt der Bundesregierung, 14.10.2016, Pressemitteilung: 369.

[78] Gesetz zur Änderung des Grundgesetzes (Artikel 90, 91c, 104b, 104c, 107, 108, 109a, 114, 125c, 143d, 143e, 143f, 143g) v. 13.7.2017, BGBl I 2347, zustande gekommen mit Beschl. des BRat v. 2.6.2017, BR-Prot 958, S. 261D – 280C.

[79] Gesetz zur Änderung des Grundgesetzes (Art. 21) v. 13.7.2017, BGBl I 2346, Zustimmung des BRat am 7.7.2017, BR-Prot 959, S. 325 C – 326D.

**26i**  2019 wurden **im Interesse verschiedener politischer Ziele** zunächst Bundeskompetenzen zur (Mit-)Finanzierung und Möglichkeiten der Auftragsverwaltung der Länder im Bundesfernstraßenbau erweitert, dann noch eine konkurrierende Gesetzgebungskompetenz des Bundes für die Grundsteuer mit Abweichungsmöglichkeit der Länder aufgenommen.[80]

**26j**  Zum Ende des Sommers 2020 wurde zur **finanziellen Entlastung der Kommunen** auf Dauer vorgesehen, dass die Auftragsverwaltung des Bundes erst ausgelöst wird, wenn der Bund drei Viertel oder mehr der Ausgaben für Leistungen nach § 22 I SGB II trägt. Der nur bis zum Jahresende 2020 befristet geltende neue Art. 143h sieht als Folgewirkung der COVID-19-Pandemie im Jahr 2020 vor, dass der Bund einmalig einen pauschalen Ausgleich für Mindereinnahmen aus der Gewerbesteuer zugunsten der Gemeinden und zu gleichen Teilen mit dem jeweiligen Land gewährt.[81]

**27**  **2. „Verfassungswandel".** Verfassungsänderungen ohne Grundlage in Veränderungen des Verfassungstextes sind als sog. **Verfassungswandel**[82] von Änderungen der Verfassungsauslegung, insbes. der des BVerfG, allenfalls graduell zu unterscheiden.[83] Ein die Wortlautgrenze überschreitender Verfassungswandel soll allenfalls bei Sinnverlust einer Bestimmung infolge tatsächlicher Änderungen möglich sein.[84] Durch eine verfassungswidrige Staatspraxis kann er nicht bewirkt werden.[85] Inhaltlich entziehen sich die einschlägigen Wandlungen angesichts des Umfangs neu entwickelter und später geänderter Grundsätze der Rechtsprechung einer zusammenfassenden Darstellung.[86] Ein späteres Verständnis des Grundgesetzes kann nicht (über Jahrzehnte) zurückprojiziert werden.[87]

## C. Geltungsbereich des Grundgesetzes

**28**  Der **räumliche** Geltungsbereich des Grundgesetzes erstreckt sich seit der Wiedervereinigung auf das gesamte Staatsgebiet,[88] wie es heute endgültig in der Präambel beschrieben ist (→ Präambel Rn. 34 ff.). Bis zum Beitritt der DDR war er in Art. 23 S. 1 aF durch Aufzählung der an der Verfassunggebung beteiligten Länder ausdrücklich vorläufig beschränkt geregelt und nach dem Beitritt anderer Teile Deutschlands auf deren Gebiet auszudehnen (Art. 23 S. 2 aF). Die grds. auf **das Staatsgebiet** begrenzte Geltung der Verfassung entspricht dem Territorialitätsprinzip, das weitgehend die Handlungsmöglichkeiten der Staatsgewalt räumlich bestimmt[89] (s. auch *Sachs,* vor Art. 1 Rn. 19 ff.). Soweit Organe der in Deutschland konstituierten Staatsgewalt ausnahmsweise Handlungen im Ausland oder mit Wirkungen auf das Ausland vornehmen, sind diese aber der bindenden Wirkung des Grundgesetzes nicht entzogen;[90] doch kommen nach Maßgabe der verfassungsrechtlichen Ausgestaltung inhaltliche Abweichungen in Betracht.[91] Entsprechendes dürfte für die Mitwirkung deutscher Staatsorgane an Rechtsakten der EU gelten.[92] Ausländische Organe (wie die „National Security Agency" der USA) sind nicht an die deutsche Verfassung gebunden (→ Rn. 31; → Art. 1 Rn. 88).

---

[80] Gesetz zur Änderung des Grundgesetzes (Art. 104b, 104c, 104d, 125c, 143e) v. 28.3.2019, BGBl I 404, dazu etwa *Seiler* ZG 2018, 329 ff., sowie Gesetz zur Änderung des Grundgesetzes (Artikel 72, 105 und 125b) v. 15.11.2019, BGBl I 1546.

[81] Gesetz zur Änderung des Grundgesetzes (Artikel 104a und Art. 143h) v. 29.9.2020, BGBl I 2048.

[82] Dazu etwa *Bryde* (Fn. 35), S. 264 ff.; *H. A. Wolff* (Fn. 44), S. 79 ff.; *Voßkuhle* Staat 43 (2004), 450 ff.; *Wittinger* FS Fiedler, 2011, S. 739 ff.; *Badura* HStR XII, § 265 Rn. 13, § 270 Rn. 14 ff.; *Jestaedt,* ebd., § 264 Rn. 70; *Würtenberger* FS Kloepfer, 2013, S. 277; *Herdegen,* in: Maunz/Dürig, Art. 79 (2014) Rn. 33; *Becker/Kersten* AöR 141 (2016), 1 ff.; *Haack* JZ 2017, 213 ff.; *Kramer,* Über die Wandlungsfähigkeit des Grundgesetzes …, 2017; *Bäcker* AöR 143 (2018), 339 (358 ff.); *Schaefer,* ebd., 393 (410 ff.).

[83] In diese Richtung wohl BVerfGE 142, 25 Rn. 110; ferner etwa *Walter* AöR 125 (2000), 517 ff.; *Schulze-Fielitz,* in: Wahl (Hrsg.), Verfassungsänderung, Verfassungswandel, Verfassungsinterpretation, 2008, S. 219 ff.; *Michael* RW 2014, S. 426 ff.; *Koschmieder,* Grundrechtliche Dynamisierungsprozesse, 2016; *Stock,* Verfassungswandel in der Außenverfassung, 2017, S. 149 ff.; *Volkmann* JZ 2018, 265 ff.; *Voßkuhle* JuS 2019, 417 ff.

[84] BVerfGE 142, 25 Rn. 110. Für weitgehende Rechtsfortbildung zu Art. 101 I 2 GG BVerfGE 95, 322 (333 f.) (Plenum); für eine unzulässige Verfassungsänderung durch BVerfGE 132, 1 ff. (Plenum) abwM *Gaier,* ebd., Rn. 61 ff., 64; ähnlich zur Judikatur zu den Begriffen Ehe und Familie *Gröpl/Georg* AöR 139 (2014), 125 ff.

[85] BVerfGE 45, 1 (33); für Beachtlichkeit einer Staatspraxis für die Verfassungsauslegung und gegen einen (offenbar) als unzulässig eingestuften Verfassungswandel BVerfGE 62, 1 (49); auch → Rn. 12, → Rn. 48.

[86] Vgl. die Hinweise bei *H. Hofmann* HStR I, § 9 Rn. 63 ff., 69 ff., 90 ff.; aus methodischer Sicht *Schuppert* AöR 120 (1995), 32 (68 ff.); skeptisch *Böckenförde* FS Lerche, 1993, S. 3 ff.; zu Art. 6 I GG etwa *Germann* VVDStRL 73 (2014), 257 ff.

[87] Gegen die Beurteilung des in BVerfGE 6, 389 als verfassungsgemäß qualifizierten § 175 StGB als schon damals verfassungswidrig etwa *Rüthers* NJW 2016, 2087 ff.

[88] *E. Klein* FS Schiedermair, 2001, S. 125 ff.; *Bethge* HStR VIII², § 199.

[89] S. etwa *Isensee,* Grenzen, 2018.

[90] Vgl. auch BVerfGE 94, 315 (324 f.). Zur Geltung von Art. 25 S. 2 Hs. 2 GG zugunsten von Ausländern außerhalb des Bundesgebietes offen BVerfG (K) EuGRZ 2013, 563 Rn. 44.

[91] Vgl. *v. Coelln* HStR XI, § 239 Rn. 45 ff.; insbes. bzgl. der (verfassungs-)gerichtlichen Kontrolle *Hailbronner* VVDStRL 56 (1997), 7 (11 ff.); *Kokott* DVBl 1996, 937 (946 ff.).

[92] Vgl. BVerfGE 92, 203 (230 ff.), (wohl nicht nur) für die Wahrung von Kompetenzen der Länder; allg. etwa *P. M. Huber,* Recht der europäischen Integration, 2. Aufl. 2002, § 11 Rn. 50 ff.; vgl. auch → Art. 23 Rn. 103 ff.; für grds. Verfassungsbindung *Schilling* DVBl 1997, 458 ff.

Die **für die deutsche Staatsgewalt verbindlichen Grundrechte** gelten über das Staatsgebiet 28a
hinaus (→ vor Art. 1 Rn. 19 f.; → Art. 1 Rn. 21, → Art. 1 Rn. 88). Wenn das BVerfG Art. 2 II 2 auf
die Aufenthaltsbeschränkungen Asylsuchender im Transitbereich wegen der Bedeutung der Staatsgrenze als Vorgabe der allgemeinen Rechtsordnung nicht für anwendbar hält, folgt dies nicht aus der
räumlichen Begrenzung der Geltung des Grundgesetzes im Allgemeinen, sondern ist aus der Reichweite der speziellen Grundrechtsbestimmung abgeleitet.[93]

**Zeitlich** gilt das Grundgesetz – vorbehaltlich abw. Bestimmungen (→ Art. 117 Rn. 1 ff.) – seit 29
seinem Inkrafttreten gem. Art. 145 II.[94] Es entfaltet **keine Rückwirkung.** Staatliche Hoheitsakte oder
sonstige Rechtsfolgen, die vor Inkrafttreten des Grundgesetzes endgültig wirksam geworden sind und
trotz Wegfalls der früheren Verfassung weiterbestehen (→ Rn. 5), gelten deshalb ohne Verfassungsverstoß weiter, auch wenn sie bei späterem Erlass das Grundgesetz verletzt hätten (→ vor Art. 1
Rn. 23). Zur Fortgeltung von Rechtsnormen → Art. 123 Rn. 2 ff. Bei Erledigung ihres Gegenstandes
verlieren Bestimmungen des Grundgesetzes ihre praktische Bedeutung.[95]

Für das **Saarland** ist das Grundgesetz nach dessen Beitritt durch Eingliederungsgesetz,[96] für die 30
**neuen Länder** nach dem Beitritt der DDR durch Art. 3 EV dem Art. 23 aF entsprechend nicht
rückwirkend[97] in Kraft gesetzt worden; in beiden Fällen geschah dies mit verfassungsrechtlich problematischen Vorbehalten.[98] Fragwürdig ist vor allem die ohne genau festgelegte zeitliche Begrenzung
„vorerst" angeordnete Nichtgeltung des Art. 131 GG nach Art. 6 EV (→ Art. 131 Rn. 5). Der dauerhafte Ausschluss der Restitution für die Enteignungen in der SBZ nach Art. 143 III hat gleichfalls
erhebliche Probleme aufgeworfen.[99]

Der **persönliche** Geltungsbereich des Grundgesetzes hängt von den Adressaten der Einzelbestimmun- 31
gen ab. Insbes. sind die **Grundrechte** in ihrer berechtigenden Bedeutung grds. nicht auf Deutsche
beschränkt (→ vor Art. 1 Rn. 70 ff.); ebenso können auch Private verpflichtende (unmittelbare) Drittwirkungen[100] und Grundpflichten[101] für alle Bewohner des Bundesgebietes (vgl. Art. 25 S. 2) durchgreifen. Dagegen erfasst die Verpflichtungswirkung nach Art. 1 III grds. nur Stellen, die weit verstandene[102] deutsche öffentliche Gewalt ausüben; die vom BVerfG angenommene Bedeutung auch gegenüber
im Inland wirksamen supranationalen Hoheitsakten (BVerfGE 89, 155 [174 f.]) ist trotz erneuter Bemühungen des Gerichts[103] noch nicht abschließend geklärt (vgl. → Art. 1 Rn. 90 ff.; → vor Art. 1 Rn. 21;
→ Art. 23 Rn. 52 ff.). Hingegen werden sogar deutsche Gesetze von der Kontrolle anhand der Grundrechte des Grundgesetzes ausgenommen, soweit sie durch zwingende unionsrechtliche Vorgaben determiniert sind.[104] Zur Geltung von (sonstigen) GG-Bestimmungen für die Länder → Art. 20 Rn. 5,
→ Art. 20 Rn. 62; → Art. 28 Rn. 1 ff., → Art. 28 Rn. 7 ff., → Art. 28 Rn. 28 ff.; → Art. 31 Rn. 4, 11.

## D. Einteilung der Grundgesetzbestimmungen

Die Vielfalt der Normen des Grundgesetzes lässt sich nur **typisierend** erfassen.[105] **Nach ihrem** 32
**Gegenstand** können **organisatorische** und materielle Bestimmungen unterschieden werden. Zum
Staatsorganisationsrecht gehören die Festlegung des Staatsgebiets sowie vor allem Regelungen der
Organisation der Staatsgewalt (Befugnisse des Staates; Zuständigkeit und Verfahren ihrer Wahrnehmung; Konstituierung und Besetzung der Organe, Stellung der Organwalter), ferner Rechtsgeltungs-
normen für Staatsakte, bundesstaatliche Bestimmungen, solche für mittelbar staatliche Rechtsträger
sowie Normen staatlicher Selbstdarstellung.

---

[93] BVerfGE 94, 166 (198 f.) zu Art. 2 II 2; weitergehend BVerfGE 96, 10 (21 ff.); näher → Art. 2 Rn. 235a.

[94] Zusammenfassend auch *Heß,* Intertemporales Privatrecht, 1998, S. 308 ff.; allg. zur „Zeit der Verfassung" *Kirste*
JöR 56 (2008), 35 ff.

[95] Vgl. etwa Art. 132 I, für den BVerfGE 4, 294 (296), von einer „beschränkten Geltungsdauer" spricht; s. allgemein zum Obsoletwerden von Normen → Art. 20 Rn. 123. Für Streichung solcher Bestimmungen *Austermann*
DÖV 2012, 227 ff.

[96] G v. 23.12.1956, BGBl I 1011, § 1 I. Näher *Stern,* StaatsR III/2, S. 1705 ff.

[97] BVerfGE 97, 89 (98); auch schon BVerfGE 84, 90 (122 f.); ferner BVerfGE 101, 239 (258) sowie etwa BVerfG
(K) NJW 1998, 221; NJW 2001, 670 (672). Für Ostberlin s. OVG Berlin LKV 2001, 372.

[98] *Sachs* FS Heymanns Verlag, 1995, S. 193 ff., insbes. zu Art. 143 I und II; übergreifend ferner etwa *Hufeld,* Die
Verfassungsdurchbrechung, 1997, S. 162 ff.

[99] S. BVerfGE 84, 90 ff.; 94, 12 ff.; 112, 1 ff.; dazu näher → Art. 143 Rn. 18 ff.; für die Grundrechte → vor Art. 1
Rn. 22 f.; für das Rechtsstaatsprinzip *Isensee* HStR IX², § 202 Rn. 92.

[100] Vgl. zu solchen Drittwirkungen namentlich → Art. 9 Rn. 131 ff.; auch → Art. 48 Rn. 7.

[101] Vgl. zur Wehrpflicht zutr. → Art. 12a Rn. 9; anders *Heun,* in: Dreier I, Art. 12a Rn. 18. Zu den Grundpflichten s. allg. → vor Art. 1 Rn. 58 f.

[102] BVerfGE 128, 226 (244).

[103] BVerfGE 102, 147 (161 ff.); 140, 317 Rn. 36 ff.; BVerfG (K) NJW 2001, 2705 f.; NVwZ 2006, 1403 f.; BGHZ
102, 118 (122 f.); *Walter* AöR 129 (2004), 39 ff.

[104] BVerfGE 118, 79 (95 ff.); 121, 1 (15); 122, 1 (20 f.); 125, 260 (306 f.); 129, 78 (90 f.); 133, 277 Rn. 88 ff.; für
Kontrolle anhand der Unionsgrundrechte zuletzt BVerfGE 152, 152 ff., auch 216 ff.

[105] Vgl. *Stern,* StaatsR I, S. 117 ff.; *Häberle* FS Häfelin, 1989, S. 225 ff.; *Sachs* ZG 1991, 1 ff.; *Badura* HStR VII¹,
§ 159; *Haverkate* (Fn. 13), S. 20 ff.

33    Bei den **materiellen** Bestimmungen des Grundgesetzes handelt es sich meist um primär auf das menschliche Individuum bezogene Regelungen, also um Grundrechte im weitesten Sinne[106] (zu deren Einteilung → vor Art. 1 Rn. 24 ff.) einschließlich der Festlegungen über die Zugehörigkeit zum Staatsvolk, Art. 116; daneben stehen Bestimmungen über die Außenbeziehungen, insbes. zu anderen Staaten. Ferner zählen hierher „Staatszielbestimmungen",[107] die (nicht primär individualbezogene, daher nicht zum Grundrechtsbereich zu zählende) sachliche Zielvorgaben für die öffentliche Gewalt aufstellen, wie der um den Tierschutz ergänzte Art. 20a.[108] Die Verfassungsstrukturprinzipien des Art. 20 sind zugleich von materieller wie organisatorischer Bedeutung.[109]

34    **Nach der Wirkungsintensität** sind Bestimmungen mit strikter und abgeschwächter Verbindlichkeit zu unterscheiden. Ersteres ist im Grundgesetz der Regelfall; Letzteres kann durch entsprechende Formulierungen, etwa als Sollvorschrift (s. Art. 36 I 2; → Art. 36 Rn. 12) oder bloße Berücksichtigungspflicht (s. Art. 33 V; → Art. 33 Rn. 67), festgelegt sein oder aus der nur grundsätzlichen Anlage einer Bestimmung folgen, wie etwa beim Sozialstaatsprinzip (→ Art. 20 Rn. 46 ff.). Strikt verbindliche und nur prinzipiell wirksame Bedeutungsgehalte können auch in einer Bestimmung zusammentreffen, was zumal bei den Grundrechten angenommen wird (dazu → vor Art. 1 Rn. 27 ff.).

35    Nach dem **strukturellen Regelungsgehalt** kommen als Bestimmungen mit selbständiger Bedeutung Verpflichtungs-, Berechtigungs- und (sonstige) Rechtsgestaltungsregelungen in Betracht; unselbständigen Gehalt haben Ausnahme- und Ergänzungsvorschriften. Ferner können bedingte und (weitgehend) unbedingte Bestimmungen unterschieden werden sowie Konditional- und Finalprogramme. Schließlich sind Typisierungen nach dem Abstraktionsgrad von Regelungen möglich.

35a   Nach dem **Adressatenkreis** lassen sich Verfassungsnormen mit allseitiger Wirkung von solchen trennen, die nur die Organe der Staatsgewalt oder bestimmte von ihnen ansprechen, wie die im Grundgesetz vorgesehenen **Gesetzgebungsaufträge**.[110]

36    Einteilungen können ferner an die unterschiedlichen **Voraussetzungen von Änderungen** anknüpfen (Art. 79 III, 138) sowie an die **Aktualität von Rechtsfolgen**. Schließlich können nach ihrer **Funktion** Verfassungsbestimmungen unterschieden werden, die stabilisierende, individualschützende, sinngebende oder sonst ordnende Aufgaben haben.

# E. Auslegung des Grundgesetzes

## I. Allgemeine Auslegungsmethoden

37    Basis der Interpretation des Grund*gesetzes*[111] sind seiner rechtsnormativen Qualität entspr. die allg. jur. Auslegungsregeln. **Ziel der Auslegung** ist der auch zur Anwendung auf neuartige Fragestellungen geeignete obj. Sinngehalt der Norm, nicht der subj. Wille des (historischen) Normsetzers, der aber als Auslegungsmittel (→ Rn. 41) berücksichtigt werden kann.[112]

38    Bei den Auslegungsmitteln ist nach wie vor der **überkommene Kanon von Auslegungsgesichtspunkten** von zentraler Bedeutung,[113] zu dem sich auch das BVerfG in stRspr bekennt.[114] Die Berück-

---

[106] Vgl. *Sachs*, in: Stern, StaatsR III/1, S. 365 ff.

[107] S. ausführlich *Sommermann*, Staatsziele und Staatszielbestimmungen, 1997, S. 326 ff.; ferner etwa *Herzog* FS Scholz, 2007, S. 219 ff.; *Hahn*, Staatszielbestimmungen im integrierten Bundesstaat, 2010.

[108] Zur Änderung → Rn. 26b; zur Bedeutung näher → Art. 20a Rn. 12 ff., → Art. 20a Rn. 31b, → Art. 20a Rn. 36a, → Art. 20a Rn. 51a, → Art. 20a Rn. 72 ff.

[109] Etwas anders *Reimer* Verfassungsprinzipien, 2001.

[110] Zu den einschlägigen Bestimmungen *Sachs* ZG 1991, 1 (14); zum Auftrag zur Regelung des Finanzausgleichs BVerfGE 102, 158 (214 ff.); für Auftrag zum Schutz der freiheitl. demokr. Ordnung BVerfGE 111, 147 (158); für Art. 38 III BVerfGE 134, 141 Rn. 126; zu Art. 91e III BVerfGE 137, 108 Rn. 120; für Pflicht zum Schutz der Verfassung *Murswiek* FS Kloepfer, 2013, S. 121 ff.; zu den Pflichten des Gesetzgebers nach (zumal verfassungsgerichtlich festgestellten) Verfassungsverstößen → Art. 20 Rn. 95, → Art. 20 Rn. 98 f.

[111] Allg. zur Verfassungsauslegung etwa *P. Schneider/Ehmke* VVDStRL 20 (1963), 1 ff., 53 ff.; *Böckenförde* NJW 1976, 2089 ff.; *Roellecke* FG BVerfG II, 1976, S. 22 ff.; *Schlink* Staat 19 (1980), 73 ff.; *Starck* HStR XII, § 271; *Stern*, StaatsR I, S. 123 ff., III/2, S. 1636 ff.; *Würtenberger* FS Hollerbach, 2001, S. 223 ff.; *Herdegen* FS Hablitzel, 2005, S. 177 ff.; *Kommers*, in: Goldsworthy (Hrsg.), Interpreting Constitutions, 2006, S. 161 ff.; *F. Müller/Christensen*, Juristische Methodik, Bd. 1, 11. Aufl. 2013; *Hillgruber*, in: Depenheuer/Grabenwarter (Fn. 1), § 15; auch *Dregger*, Die Verfassungsinterpretation am US-Supreme Court, 2019.

[112] Vgl. für die st. Rspr. BVerfGE 105, 135 (157); 110, 226 (248); 116, 271 (313); 122, 248, 282 (283) abwM; 124, 25 (39); eine Vernachlässigung der objektiven Auslegung durch den Senat rügt die abwM, BVerfGE 111, 226 (274, 284). Zum Auslegungsziel auch *Stern*, StaatsR I, S. 124 f., und III/2, S. 1657 ff.; gegen verfassungsrechtliche Vorgaben *Kaltenborn* FS Schnapp, 2008, S. 779 ff.

[113] *Stern*, StaatsR I, S. 123 ff., III/2, S. 1655 ff.; *Starck* HStR VII¹, § 164 Rn. 16 ff.; *Brugger* AöR 119 (1994), 1 ff.; *Herdegen* JZ 2004, 873 ff.; im Ergebnis trotz Skepsis auch *Hesse*, Grundzüge, Rn. 53 ff., 68; *F. Müller/Christensen* (Fn. 111), Rn. 27 ff. Allgemein auch BVerfG NJW 2019, 1201 Rn. 63 mwN.

[114] Vgl. allg. schon BVerfGE 1, 299 (312); ferner etwa BVerfGE 88, 145 (166); 93, 37 (81); 131, 88 (118 f.); durchweg wird zumindest ein Teil des Kanons ausdrücklich herangezogen (→ Rn. 40 ff.); für vollständige Erwähnung s. etwa BVerfGE 15, 256 (264); 74, 102 (116); 77, 1 (44 ff.); 83, 119 (126); 95, 48 (62); 109, 190 (212); 110, 226

sichtigung zusätzlicher Aspekte, insbesondere der tatsächlichen Gegebenheiten betroffener Lebensbereiche,[115] ggf. auch solcher ökonomischer Natur,[116] oder einschlägiger Präjudizien, wird dadurch nicht ausgeschlossen.

Dass die verschiedenen Auslegungsmittel sich oft nicht klar trennen lassen und wechselseitig beein-   **39** flussen, ist im Hinblick auf das angestrebte einheitliche Auslegungsergebnis hinzunehmen. Bedenklicher ist, dass sie sich **in keine allgemeingültige Rangfolge** fügen; einer **„Beliebigkeit" der Methodenwahl** ist nur mit den Mitteln intersubjektiv vermittelbarer Überzeugungskraft der Argumentation zu begegnen.[117]

Zu den anerkannten Auslegungsgesichtspunkten gehört vor allem der anhand der Umgangs- wie der   **40** Fachsprache zu bewertende **Wortlaut**[118] (grammatische Auslegung), der eine freilich schwer fassbare äußerste Grenze der Interpretation darstellen soll.[119] In besonderen Zusammenhängen kann dem Wortlaut gesteigerte Bedeutung zukommen.[120] Die Notwendigkeit ausdrücklicher Änderungen des Wortlauts des Grundgesetzes nach Art. 79 I 1 unterstreicht auch allgemein das Gewicht, das die Verfassung selbst diesem Aspekt beimisst.

Zum Teil verbal abgewertet ist die **Entstehungsgeschichte** gleichwohl praktisch oft entschei-   **41** dend.[121] Neben den Materialien sind die geschichtlichen Rahmenbedingungen der Entstehungszeit und fortwirkende Einflüsse früherer Epochen zu berücksichtigen **(historische Auslegung)**. Rückanknüpfungen an traditionelle Bedeutungsgehalte finden sich zu den verschiedensten Elementen des Grundgesetzes;[122] besondere Bedeutung haben sie für die Verteilung der Gesetzgebungskompetenzen,[123] zumal bei „normativ-rezeptiver" Anknüpfung an vorgefundene Normbereiche,[124] wobei auch die zumal vorkonstitutionelle Staatspraxis von Bedeutung ist.[125]

Die **systematische** Auslegung sucht den Sinn einer Bestimmung aus ihren Zusammenhängen zu   **42** ermitteln, die sich im engsten Rahmen (etwa eines Artikels oder innerhalb eines Absatzes) oder aus der Gesamtheit eines Regelungswerkes, hier: des Grundgesetzes, ergeben.[126]

Die an **Sinn und Zweck** orientierte teleologische Auslegung hat keinen selbständigen originären   **43** Anknüpfungspunkt, sondern baut auf (den) anderen Aspekten auf. Gleichwohl ist sie nicht ein

---

(248 ff.); 111, 54 (91); 123, 39 (78); 124, 25 (39 f.); 133, 168 Rn. 66; 138, 261 Rn. 29; 145, 20 Rn. 98; 145, 171, 230 Rn. 33 – abwM; 147, 1 Rn. 58 ff. Zu den Anfängen etwa *Darnstädt* NJW 2019, 1580 ff.

[115] Dafür etwa *Wrase*, Zwischen Norm und sozialer Wirklichkeit, 2016, S. 404 ff.; abl. *Hillgruber* VVDStRL 67 (2008), 7 (15 f.); rechtsvergl. für eine mögliche größere Bedeutung der „öffentlichen Meinung" *M. Hailbronner* Staat 53 (2014), 425 ff.

[116] Für das VerfassungsR etwa *Grzeszick* JZ 2003, 647 ff.; *Kirchgässner*, Ökonomische Theorie der Verfassung, 2004; zum öff. Recht *Lindner* JZ 2008, 957 ff.; für eine über die Auslegung hinausgehende moderne jur. Methodenlehre *T. M. J. Möllers*, Juristische Methodenlehre, 2017.

[117] S. etwa *A. Schmitt Glaeser*, Vorverständnis als Methode, 2004, insbes. S. 261 ff.; *Helleberg*, Leitbildorientierte Verfassungsauslegung, 2016, S. 225 ff.

[118] Vgl. für die Berücksichtigung bei der Auslegung des Verfassungsrechts etwa BVerfGE 139, 245 Rn. 69; 147, 185 Rn. 54; 148, 69 Rn. 79; relativierend etwa BVerfGE 147, 50 Rn. 266.

[119] Dies gilt zumal für das Strafrecht, vgl. BVerfGE 110, 226 (248); 130, 1 (43 ff.); → Art. 103 Rn. 69 f.; näher *Depenheuer*, Der Wortlaut als Grenze, 1988; zur Beachtung der Grenze beim BVerfG *ders.* FS Kriele, 1997, S. 485 ff.; s. auch *Mertens*, Strafprozessuale Grundrechtseingriffe und die Bindung an den Wortsinn der Norm, 1996; *Klatt*, Theorie der Wortlautgrenze, 2004; zur Rechtsfortbildung → Art. 20 Rn. 120 f.

[120] Vgl. für die Begrenzung der Reichweite von Rahmenvorschriften auf den vom Wortlaut zwingend geforderten Umfang BVerfGE 93, 319 (341).

[121] Entscheidendes Gewicht für die Verfassungsauslegung insbes. in BVerfGE 121, 266 (296); 129, 356 (366 f.); sonst hervorgehobene Bedeutung zumal für Kompetenznormen, BVerfGE 107, 339 (361 f.); 134, 33 Rn. 55 mN; 138, 261 Rn. 29; grds. gleichberechtigte Beachtung in BVerfGE 140, 65 Rn. 67 f.; 142, 25 Rn. 116 ff.; 147, 185 Rn. 55; 148, 69 Rn. 78, 80; für (bloß) bestätigende Bedeutung BVerfGE 83, 341 (354); 111, 54 (91); auch BVerfGE 96, 139 (149); 103, 111 (126 f.) (zur HessVerf); 114, 121 (153 f.); zur Beschränkung auf ähnlich uneinheitlichen älteren Judikatur *Sachs* DVBl 1984, 73 ff.; näher auch *Blankenagel* (Fn. 44), S. 122 ff.; *H.-P. Schneider* FS Stern, 1997, S. 903 ff.; allgemein etwa *Fleischer* (Hrsg.), Mysterium „Gesetzesmaterialien", 2013, *Baldus ua* (Hrsg.), „Gesetzgeber" und Rechtsanwendung, 2013; *Wischmeyer* JZ 2015, 957 ff.; *Frieling*, Gesetzesmaterialien und Wille des Gesetzgebers, 2017; *Sehl*, Was will der Gesetzgeber?, 2019. Zur Bedeutung als Grenze verfassungskonformer Auslegung → Rn. 54.

[122] Aus der neueren Rspr. etwa BVerfGE 90, 286 (383 f.); 99, 1 (13 f.); 103, 111 (136 f.); 107, 395 (404 f.); 109, 190 (213 ff.); 129, 356 (366); 134, 242 Rn. 252; 136, 277 Rn. 79; 138, 1 Rn. 64, 70, 81 f.; zur Bedeutung historischer Argumente etwa *H.-P. Schneider* FS Stern, 1997, S. 903 ff.; vgl. auch *Eichenhofer* (Hrsg.), 80 Jahre Weimarer Reichsverfassung – Was ist geblieben?, 1999; *W. Leisner* DÖV 2013, 503 ff.; skeptisch zu „Lehren aus Weimar" etwa *Wiegand* FS Podlech, 1994, S. 157 ff. Zu Verfassungstraditionen in Deutschland *Pieroth* FS Jaeger, 2011, S. 297 ff.

[123] Vgl. allgemein etwa BVerfGE 3, 407 (414 f.); 61, 149 (174 f.); 68, 319 (328) mwN; 97, 198 (218 ff.); 102, 26 (37 ff.); 106, 62 (105); 109, 190 (213); BVerfGE 134, 33 Rn. 55.

[124] BVerfGE 109, 190 (218) im Anschluss an *Degenhart* (in diesem Kommentar); BVerfGE 134, 33 Rn. 55, 58; 138, 261 Rn. 29; 145, 20 Rn. 99 mwN.

[125] Auch zur Staatspraxis unter dem GG etwa BVerfGE 68, 319 (329 f.); 145, 171, 230 Rn. 22 – abwM.

[126] Vgl. zum Verfassungsrecht etwa BVerfGE 137, 108 Rn. 77, 79; 138, 261 Rn. 28; 139, 194 Rn. 105; 139, 245 Rn. 69; 148, 69 Rn. 83 ff.; 148, 296 Rn. 139; ferner → Rn. 50.

Synonym für die Auslegung überhaupt,[127] sondern meint die weitergehende, verfeinernde Berücksichtigung eines anderweitig festgestellten Regelungszieles in den jeweiligen Spezialzusammenhängen.[128]

**44**     Die früher gelegentlich vernachlässigte **Rechtsvergleichung**[129] erlangt im Rahmen sich verstärkender supra- und internationaler Verflechtungen erhöhte Bedeutung, da die Regelungsmaterien wie die Normsetzer zunehmend in grenzüberschreitende Zusammenhänge eingebunden sind.[130] Hieraus kann sich die Notwendigkeit unionsrechtskonformer[131] und -freundlicher Auslegung des Grundgesetzes ergeben;[132] zumal die Auslegung der Grundrechte hat auch im Lichte der EUGrundRCh zu erfolgen.[133] Die völkerrechtsfreundliche Ausrichtung des Grundgesetzes kann in Grenzen[134] die Berücksichtigung völkerrechtlicher Vorgaben, namentlich der EMRK, gebieten,[135] insbesondere um Konventionsverstöße schon als grundgesetzwidrig zu erfassen und so zu vermeiden.[136] Daneben bleibt im Bundesstaat der Vergleich mit den Landesverfassungen relevant.[137]

**45**     Die jenseits der eigentlichen Auslegung anerkannte Möglichkeit insbes. lückenschließender **richterlicher Rechtsfortbildung** zumal durch Analogie und teleologische Reduktion (→ Art. 20 Rn. 120 f.) ist auch für das Grundgesetz bei Beachtung seiner Besonderheiten (→ Rn. 46 ff.) nicht von vornherein auszuschließen (auch → Rn. 27).[138] Doch mahnt auch hier Art. 79 I 1 zur Zurückhaltung, ebenso das Erfordernis qualifizierter Mehrheiten für Verfassungsänderungen.

---

[127] So offenbar *E. Stein* AK GG, Einl. II Rn. 11.

[128] Aus der neueren Rspr. zum Grundgesetz BVerfGE 133, 168 Rn. 66; 139, 194 Rn. 105; 139, 245 Rn. 68; 148, 69 Rn. 81 f.; 148, 296 Rn. 139; gegen „teleologische Reduktion" bei Grundrechten BVerfGE 51, 97 (110); s. auch *Stern*, StaatsR III/2, S. 1662 f.

[129] Die Judikatur hat stets völkerrechtliche Regelungen, vgl. BVerfGE 14, 174 (186); ferner etwa BVerfGE 146, 71 Rn. 206 ff. mwN; 148, 296 Rn. 126 ff.; 149, 126 Rn. 64; 149, 293 Rn. 86 ff.; 152, 152 Rn. 61 f., und ausländisches Verfassungsrecht, vgl. BVerfGE 1, 97 (102); 1, 144 (151, 156); 1, 208 (253); 1, 372 (382), sowie etwa 123, 267 (431); 131, 152 (198), 140, 317 Rn. 47; mitberücksichtigt; vgl. auch *Häberle,* Rechtsvergleichung im Kraftfeld des Verfassungsstaates, 1992; *Cárdenas Paulsen,* Über die Rechtsvergleichung in der Rechtsprechung des Bundesverfassungsgerichts, 2009; *S. Martini,* Vergleichende Verfassungsrechtsprechung, 2018; allgemein ferner *Wieser,* Vergleichendes Verfassungsrecht, 2005; *Tschentscher* JZ 2007, 807 ff.; *Classen,* Nationales Verfassungsrecht in der Europäischen Union, 2013; *Kischel,* Rechtsvergleichung, 2015, S. 74 ff.; *Kotzur, Hillgruber, Baer,* JöR nF 63 (2015), 355, 367, 389 ff.; *v. Busse,* Die Methoden der Rechtsvergleichung im öffentlichen Recht [...], 2015; *Frankenberg,* Comparative Constitutional Studies, 2018.

[130] So auch *Grimm* FS 200 Jahre Jur. Fak. Humboldt-Uni, 2010, S. 1283 (1295 f.); s. auch → vor Art. 1 Rn. 60.

[131] S. etwa (teils auch zu den Grenzen) BVerfGE 129, 78 (96); auch BVerfG (K) NJW 2012, 669 Rn. 46 f.; 2016, 1436 Rn. 10 f.; BVerwGE 122, 244 (249); 146, 294 Rn. 29 f.; NVwZ 2017, 1531 Rn. 72; BVerwGE 161, 201 Rn. 46; BVerwG NJW 2018, 2074 Rn. 34, 43; BVerwGE 163, 79 Rn. 32 ff.; BVerwG NVwZ 2019, 410 Rn. 33; zur Erstreckung auf Rechtsfortbildung BGHZ 179, 27 Rn. 19 ff.; 201, 101 Rn. 20; BGH NJW 2015, 1023 Rn. 21 ff.; BVerwGE 150, 74 Rn. 54; dazu *Michael* Staat 54 (2015), 349 ff.; *ders./Payandeh* NJW 2015, 2392 ff.; allg. ferner *Streinz,* in: Streinz, EUV/AEUV, Art. 4 EUV Rn. 64; *W. Schroeder,* ebda, Art. 288 AEUV Rn. 125; *Krieger,* Die gemeinschaftsrechtskonforme Auslegung des deutschen Rechts, 2005; *M. Weber,* Grenzen EU-rechtskonformer Auslegung und Rechtsfortbildung, 2010; *Brenncke* EuR 2015, 440 ff.; *Reimer* JZ 2015, 910 ff. Für Mitberücksichtigung von Unionsrecht iÜ etwa BVerfGE 139, 19 Rn. 61.

[132] S. BVerfGE 123, 267 (347, 354, 401); 143, 246 Rn. 196 ff. Zur „Europäisierung" des Verfassungsrechts etwa *E. Klein* FS Stern, 1997, S. 1301 ff.; *Hain* DVBl 2002, 148 ff.; *M. Schröder* Verwaltung 35 (2002), 138 ff.; *Tietje* DVBl 2003, 1081 ff.; *Sommermann* FS Steiner, 2009, S. 797 ff.; *P. M. Huber* DVBl 2009, 574 ff.; *H. A. Wolff* FS E. Klein, 2013, S. 385 ff.; *Knop,* Völker- und Europarechtsfreundlichkeit als Verfassungsgrundsätze, 2013, S. 275 ff.

[133] Zuletzt eingehend BVerfGE 152, 152 Rn. 60 ff.

[134] Diese betonend zum Streikverbot für Beamte BVerfGE 148, 296 Rn. 133; ausführlich gegen eine Verletzung der Anforderungen durch Art. 21 II BVerfGE 144, 20 Rn. 607 ff.

[135] Teils auch für Berücksichtigung der Entscheidungen des EGMR BVerfGE 111, 307 (317, 323 ff.); 120, 180 (200 f.); 124, 300 (319); 128, 326 (366 ff.); 130, 1 (30); 131, 268 (295 f.); 133, 30 Rn. 27 f., 41 f.; 133, 100 Rn. 30; 134, 33 Rn. 69; 134, 242 Rn. 266; 136, 9 Rn. 44; 137, 273 Rn. 127 ff.; 138, 296 Rn. 148 ff.; 142, 313 Rn. 88 ff. (auch zur BRK); 145, 376 Rn. 29; 148, 296 Rn. 128; BVerfG NJW 2019, 1201 Rn. 62 ff.; allgemeiner BVerfGE 146, 71 Rn. 206; eingrenzend (zum Völkerrecht allg.) BVerfGE 141, 1 Rn. 64 ff.; ferner etwa BVerwGE 146, 98 Rn. 48 f.; 149, 117 Rn. 52 ff.; BAG NJW 2016, 1034 Rn. 12 ff.; SchwBG EuGRZ 2013, 68 (72 f.); aus der neueren Literatur *Nußberger* HStR X, § 209 Rn. 10 ff.; *Battis,* Streikverbot für Beamte, 2013; *Sachs* FS E. Klein, 2013, S. 321 ff.; *T. Hofmann* Jura 2013, 326 ff.; *Knop* (Fn. 132), *S.* 209 ff.; *Kees* Staat 54 (2015), 63 ff.; *Funke* DÖV 2016, 833 ff.; *Haug* AfP 2016, 223 ff.; *Henrich* NVwZ 2016, 668 ff.; *Payandeh* NJW 2016, 1279 ff.; *Cammareri* JuS 2016, 791 ff.; *Daiber* DÖV 2018, 957 ff.; *Ernst,* Das Streikverbot für Beamte, 2018; *Schorkopf* GS Heun, 2019, S. 89 ff.; *Spitzlei/Schneider* JA 2019, 9 ff. Auch für IPBürgR und BRK als Auslegungshilfe BVerfG NJW 2019, 1201 Rn. 61 ff.

[136] Vgl. deutlich BVerfGE 147, 364 Rn. 30; 148, 296 Rn. 131; auch BVerfG NJW 2019, 1201 Rn. 64.

[137] Vgl. BVerfGE 1, 14 (37); 1, 141 (151); 1, 184 (195); 1, 208 (241, 250); 1, 396 (403); 6, 309 (357 ff.); 9, 268 (283); 74, 51 (61); 78, 344 (348); 83, 37 (57 f.); 130, 76 (112); 136, 9 Rn. 50; 136, 277 Rn. 79; 147, 50 Rn. 220; 148, 69 Rn. 35; 148, 296 Rn. 3; zu vorkonstitutionellen Landesverfassungen BVerfGE 122, 89 (109); 142, 160 Rn. 100; ferner etwa *Sachs* DVBl 1987, 857 (864); *Graf Vitzthum* VVDStRL 46 (1988), 7 (12 f.); *Häberle* JöR nF 42 (1994), 149 (195 f.).

[138] Grds. etwa *Hornung,* Grundrechtsinnovationen, 2015, S. 410 ff.

## II. Besonderheiten der Verfassungsauslegung

Besonderheiten der Auslegung des Grundgesetzes, die wegen der Normstruktur, des Regelungs- **46** gegenstands, der Funktion(en) der Verfassung und der Anwendungsbedingungen postuliert werden, sind eher nur **Akzentuierungen der allgemeinen Interpretationsmethoden.**[139] Eine als auslegungsleitendes Gesamtverständnis maßgebliche Verfassungstheorie ist nicht erkennbar.[140]

Die vielbeschworene **Offenheit** der Grundgesetzbestimmungen, also ihre oft knappe und hoch **47** abstrakte Fassung bei großer Anwendungsbreite,[141] gilt weder nur für das Verfassungsrecht noch für alle Verfassungsnormen, insbesondere des organisatorischen Bereichs. Wo das Grundgesetz sprachlich „offene" Regelungen trifft, muss im Wege der Auslegung (!) zunächst über den Sinn der „Offenheit" entschieden werden; namentlich können **Spielräume für die Staatsorgane** und den politischen Prozess „offen" gelassen sein, die auch normativ „offen" bleiben sollen. Das „judicial self restraint" in politischen Fragen hat hier eine normativ verpflichtende Grundlage.[142]

Nur wenn trotz „offener" Formulierung keine Spielräume bleiben sollen, muss die Norm **im** **48** **Anwendungsprozess detaillierte Konturen** gewinnen. Die insoweit gern, aber uneinheitlich verwendete Bezeichnung als **„Konkretisierung"**[143] mag die besondere Schwierigkeit der notwendigen Auslegung einschließlich rechtsfortbildender Elemente betonen, führt aber iÜ kaum weiter. Insbesondere kann die verfassungsgebundene Staatspraxis den Inhalt des Grundgesetzes nicht bindend vorprägen (auch → Rn. 12, → Rn. 27),[144] sofern das Grundgesetz die nähere Bestimmung einzelner Begriffe nicht dem Gesetzgeber überlässt.[145]

Durch Auslegung verifizierte **Wertüberzeugungen** des Grundgesetzes sind im Rahmen teleologi- **49** scher Interpretation fruchtbar zu machen; sie dürfen aber **nicht** in extensiver Verfassungsrechtsfortbildung **in konkrete Folgerungen umgemünzt** werden, die das Grundgesetz selbst nicht zieht.[146] Hierfür steht nur der Weg der Verfassungsänderung zur Verfügung, der Verfassungs-Rechtssicherheit und Entwicklungsfähigkeit des Grundgesetzes zugleich gewährleistet.

Eine extensive Umsetzung von Wertvorstellungen des Grundgesetzes führt zu Notwendigkeiten der **50** **Harmonisierung gegenläufig scheinender Verfassungsgehalte.** Der hierfür bemühte Grundsatz der „Einheit der Verfassung" ist als Ausdruck systematischer Auslegung[147] legitim. Die dabei vorgenommenen „Abwägungen" können auf Grund der erheblichen Bewertungsspielräume allerdings kaum hinreichend normativ diszipliniert werden, zumal wenn die Herstellung „praktischer Konkordanz" (nur) im Einzelfall angestrebt wird.[148] Auch sonst können Verfassungsgrundsätze die Auslegung

---

[139] Vgl. auch *Maurer,* StaatsR I, § 1 Rn. 66; *Kloepfer,* VerfRecht I, § 1 Rn. 162; *Nowrot,* Das Republikprinzip in der Rechtsordnungengemeinschaft, 2014, S. 184 ff.

[140] In diese Richtung wohl *Volkmann* Staat 54 (2015), 35 ff.

[141] Vgl. ausdrücklich BVerfGE 62, 1 (38, 45); 74, 244 (252 f.). Zur Entwicklungsoffenheit auch BVerfGE 74, 297 (350); zur „lapidaren Sprachgestalt" der Bestimmungen BVerfGE 74, 51 (57, 63); iÜ *Höfling,* Offene Grundrechtsinterpretation, 1987, S. 76 ff., 92 ff.; *Isensee* HStR VII¹, § 162 Rn. 48; *Stern,* StaatsR III/2, S. 1696; *Jestaedt* HStR XII, § 264 (im Kontrast zu „Selbstand"); s. auch *Koutnatzis,* Kompromisshafte Verfassungsnormen, 2010; zu Rigidität und Flexibilität des Verfassungsrechts *Schuppert* AöR 120 (1995), 32 ff.

[142] Näher *Stern,* StaatsR III/2, S. 1705 ff.; für offenere Dogmatik des Verfassungsorganisationsrechts *Aust* AöR 141 (2016), 415 ff.; für mehr „Offenheit" der Grundrechtsinterpretation *H.-P. Schneider* NJW 1996, 2630 (2632); *Scherzberg* DVBl 1999, 356 ff.; auch *Raabe,* Grundrechte und Erkenntnis, 1998; *Manterfeld* (Fn. 26); *Riecken,* Verfassungsgerichtsbarkeit in der Demokratie, 2003; *Burchardt,* Grenzen verfassungsgerichtlicher Erkenntnis, 2004; gegen den vorherrschenden Materialisierungsansatz *Hwang,* Verfassungsordnung als Rahmenordnung, 2018.

[143] Vgl. zumal *Hesse,* Grundzüge, Rn. 45 f., 60 ff., 305; *Höfling* (Fn. 141), S. 38 ff.; *Stern,* StaatsR III/2, S. 1716 ff. (für die Grundrechte; zuletzt wieder *Wrase* (Fn. 115), S. 214 ff.; zur Vermengung mit der (Grundrechts-) „Ausgestaltung" *Sachs,* in: Stern, StaatsR III/1, S. 595 f.; s. ferner etwa *Lerche,* in: Koller ua (Hrsg.), Einheit und Folgerichtigkeit im Juristischen Denken, 1998, S. 7 ff.

[144] BVerfGE 91, 148 (171 f.), gegen BVerwGE 89, 121 (126 f.); schon früher also BVerfGE 26, 338 (398 f.); vgl. auch BVerfGE 119, 96 (143 f., 154); 139, 321 Rn. 110 ff.; nicht unproblematisch dagegen 106, 62 (105); 121, 30 (47 ff.); 130, 318 (351 f., 359); offen BVerfGE 136, 277 Rn. 104; Bezugnahme etwa in BVerfGE 147, 50 Rn. 205; s. auch Rn. 41; ferner *Bryde* (Fn. 35), S. 431 ff.; *Isensee* HStR VII¹, § 162 Rn. 62 ff.; *Müller-Franken* FS Isensee, 2007, S. 229 ff.; *Rahe,* Begriff und Bedeutung der Staatspraxis in der Rechtsprechung des Bundesverfassungsgerichts, 2010; weniger bedenklich die Orientierung an der Staatspraxis vor dem Grundgesetz, s. etwa BVerfGE 26, 281 (299); 109, 190 (213 f.); 134, 33 Rn. 55; 148, 296 Rn. 147; 150, 1 Rn. 160. Zu durch Änderung des Grundgesetzes in Art. 120 I 3 aufgegriffener Staatspraxis → Art. 120 Rn. 20 ff.; BVerwG NVwZ-RR 2007, 75 Rn. 10 ff.; NVwZ-RR 2012, 787 Rn. 25 ff.

[145] Dazu zuletzt etwa *Jarass,* DÖV 2019, 457 ff.

[146] Vgl. für die Grundrechtsbegrenzungen → vor Art. 1 Rn. 121, zu den objektiven Grundrechtsgehalten dort Rn. 27 ff.; gegen eine Übersteigerung verfassungsrechtlicher Prinzipien *Lerche* FS Stern, 1997, S. 197 ff.; für eine „wehrhafte Verfassungsinterpretation" zu einseitig *Hillgruber* JZ 2007, 209 ff.

[147] St. Rspr. seit BVerfGE 1, 14 (32 f.); etwa BVerfGE 148, 296 Rn. 139; dazu *F. Müller,* Die Einheit der Verfassung, 1979; *Stern,* StaatsR I, S. 131 ff.; insbes. zu den Grundsätzen des Art. 79 III → Art. 79 Rn. 18, → Art. 79 Rn. 84; zur Grundrechtsbegrenzung → vor Art. 1 Rn. 123 f. Zur Widerspruchsfreiheit der Rechtsordnung insgesamt → Art. 20 Rn. 62. Für die Schweiz vgl. SchwBG EuGRZ 2013, 68 (70 f.).

[148] Zu Recht kritisch etwa *Ossenbühl,* in: Erbguth ua (Hrsg.), Abwägung im Recht, 1996, S. 25 ff.; *Leisner* NJW 1997, 636 ff.; *Ladeur* Staat 48 (2009), 163 (169 ff.); zur Problematik von Abwägungsurteilen allg. *Schlink,* Abwägung im Verfassungsrecht, 1976, insbes. S. 127 ff.; *Sieckmann* Rechtstheorie 1995, 45 ff.; *Uerpmann,* Das öffentliche

einzelner Elemente des Grundgesetzes maßgeblich beeinflussen,[149] sind diese im Blick auf das „Verfassungsgefüge"[150] und „verfassungsrechtliche[n] Grundentscheidungen"[151] zu verstehen.

**51**    **Funktionelle Auslegung** ist gleichfalls ein Sonderfall systematischer Interpretation, die den Gewaltenteilungsgrundsatz und seine Ausprägungen im Grundgesetz berücksichtigt. Sie kann namentlich die **Grenze verfassungsgerichtlicher Ingerenzen** mitbestimmen.[152] Für eine Trennung zwischen „Kontrollnormen" – als Maßstäben des BVerfG – und „Funktionsnormen" als Grundlage weitergehender Bindungen anderer Staatsorgane fehlt aber jede Grundlage.[153] Dagegen kann die Offenheit einzelner Verfassungsbegriffe (→ Rn. 47) Anlass sein, die Reichweite ihrer Bindungskraft und damit zugleich die verfassungsgerichtliche Kontrolldichte zurückzunehmen.[154]

# F. Verfassungskonforme Auslegung

**52**    Gesetzesauslegung hat im Rahmen der Einheit der Rechtsordnung allgemein Rücksicht auf Zusammenhänge mit Bestimmungen des Grundgesetzes zu nehmen („verfassungsorientierte Auslegung").[155] Im **Sonderfall** verfassungskonformer Auslegung erlangt die Verfassung eine gegenüber anderen Auslegungselementen vorrangige Bedeutung;[156] dabei erhält eine **andernfalls verfassungswidrig** erscheinende Norm einen (noch) mit dem Grundgesetz in Einklang stehenden Aussagegehalt.[157] Auch eine die Kollision von Landes- mit Bundesrecht vermeidende Auslegung wird hierher gezählt.[158] Mangelnde Bestimmtheit oder Klarheit kann durch verfassungskonforme Auslegung nicht behoben werden.[159]

**53**    Die verfassungskonforme Auslegung ist **kein Sonderinstrument der Verfassungsgerichte,** sondern Sache jeder Rechtsanwendung.[160] Besonders in die Pflicht genommen werden die **Fachgerichte,**[161] die nach Art. 100 I nur vorlegen können, wenn sie die nahe liegende Möglichkeit verfassungskonformer Auslegung vertretbar ausschließen (→ Art. 100 Rn. 13).[162] Sie dürfen sich andererseits der Pflicht zur Vorlage nach Art. 100 I GG nicht durch eine unvertretbare verfassungskonforme Auslegung entziehen.[163]

**54**    Der alle Arten von Rechtsnormen[164] umfassende **Anwendungsbereich** verfassungskonformer Auslegung wird vom BVerfG nicht einheitlich begrenzt. Vielfach wird gefordert, dass die so gefundene Normbedeutung nach den anerkannten Kriterien möglich sein müsse.[165] Teils begnügt sich das BVerfG

Interesse, 1999, S. 269 ff.; *Alexy* GS Sonnenschein, 2003, S. 772 ff.; *E. Hofmann,* Abwägung im Recht, 2007; *Hwang* AöR 133 (2008), 606 ff.; *Rückert* JZ 2011, 913 ff.; die Beiträge in *Klatt* (Hrsg.), Prinzipientheorie und Theorie der Abwägung, 2013.

[149] Für die Gewaltenteilung mit Blick auf parlamentarische Kontrollrechte BVerfGE 147, 50 Rn. 196.

[150] BVerfGE 146, 1 Rn. 95; 147, 50 Rn. 247.

[151] BVerfGE 144, 20 Rn. 523.

[152] Vgl. insbes. *Schuppert,* Funktionell-rechtliche Grenzen der Verfassungsgerichtsbarkeit, 1980; *ders.* DVBl 1988, 1191 ff.; *Heun,* Funktionell-rechtliche Schranken der Verfassungsgerichtsbarkeit, 1992; mit Recht zurückhaltend *Stern,* StaatsR III/2, S. 1346 f.; wohl auch *Schulze-Fielitz* AöR 122 (1997), 1 (9 ff.). Vgl. ferner etwa *Siedler,* Gesetzgeber und Bundesverfassungsgericht, 1999; *Simons,* Grundrechte und Gestaltungsspielraum, 1999; *Riecken* (Fn. 142), S. 273 ff.

[153] Dafür etwa *Isensee* HStR VII[1,] § 162 Rn. 63; wie hier *Starck* ebda, § 164 Rn. 14.

[154] Vgl. etwa BVerfGE 72, 330 (399); 95, 115 (163) abwM.

[155] Zum Ganzen *Stern,* StaatsR I, S. 135 ff.; *Wendt* FS Würtenberger, 2013, S. 123 ff.; *Möllers* (Fn. 116), § 7 Rn. 36 ff. Zu einem solchen Fall zuletzt etwa BVerfGE 145, 365 Rn. 33; von verfassungs*konformer* Auslegung sprechen auch dabei etwa BVerfGE 101, 361 (387 f.) (für „grundrechtskonforme Auslegung"); BVerfGE 127, 263 (286 ff., 290 f.); 147, 185 Rn. 49, 66 aE; nicht klar trennend auch BVerwGE 132, 166 Rn. 46 f. S. auch zur Ausstrahlungswirkung der Grundrechte → vor Art. 1 Rn. 32.

[156] Problematisch kann dies werden, wenn zugleich eine gegenteilige europarechtskonforme Auslegung (→ Rn. 44) geboten ist; übergreifend dazu *Höpfner,* Die systemkonforme Auslegung, 2008.

[157] StRspr seit BVerfGE 2, 266 (282); ferner etwa 130, 151 (200 ff.); 132, 195 Rn. 137, 150 ff.; 134, 33 Rn. 77; 146, 71 Rn. 140, 194; 149, 126 Rn. 44 ff.; 150, 244 Rn. 107 ff.; auch *Starck* HStR VII[1,] § 164 Rn. 31 f.; *Stern,* StaatsR I, S. 135 ff.; III/2, S. 1147 ff.; *Lüdemann* JuS 2004, 27 ff.; *Canaris* FS Kramer, 2004, S. 141 ff.; *Götz* StudZR 2010, 21 ff.; krit. *Lembke,* Einheit aus Erkenntnis?, 2009; rechtsvergleichend *Schefold* FS H. P. Schneider, 2008, S. 380 ff.

[158] BVerfGE 121, 317 (349); 147, 253 Rn. 232.

[159] BVerfGE 132, 334 Rn. 62; 133, 112 Rn. 69; 144, 369 Rn. 86; anders für „Randunbestimmtheit" BVerfG (K) NJW 2007, 425 Rn. 29; BVerwGE 162, 17 Rn. 42.

[160] Ausdrücklich *Stern,* StaatsR III/2, S. 1148; anders wohl noch *ders.,* StaatsR I, S. 136.

[161] S. etwa BVerfGE 110, 226 (267); 146, 71 Rn. 140; zur Handhabung durch das BVerwG *Bumke* Verwaltung 51 (2018), 71 (87 ff.).

[162] BVerfGE 121, 108 (117); 131, 88 (118); 145, 249 Rn. 37; restriktiv *Voßkuhle* AöR 125 (2000), 177 ff.

[163] BVerfGE 138, 64 Rn. 71 ff.; dazu etwa *Berkemann* DÖV 2015, 393 ff.

[164] Für untergesetzliche Normen BVerwG, 24.1.2019 – 10 BN 2/18 –, juris, Rn. 4; gegen eine (vom Senat, BVerfGE 109, 279 [316 ff.] allerdings nicht so bezeichnete) verfassungskonforme Auslegung von Änderungen des Grundgesetzes die abwM, ebda, 382, 389 f.

[165] BVerfGE 10, 59 (80); ferner etwa 112, 164 (182 f.); 122, 38 (60 f.); 148, 69 Rn. 150; BVerwGE 149, 211 Rn. 21; BVerwG, NVwZ 2018, 1570 Rn. 20; auch BVerwG, 30.10.2018 – 2 C 34/17 –, juris, Rn. 44 (auslegungs-

damit, dass der (eindeutig erkennbare) **Wille des Gesetzgebers** nicht in sein Gegenteil verkehrt werden, es keinen Widerspruch dazu geben dürfe;[166] doch übergeht es die Entstehungsgeschichte auch neuer Normen, wenn der Anwendungsbereich der Norm nur verkürzt wird.[167] Als Hinderungsgrund wird – oft in Verbindung mit dem Regelungswillen – insbesondere der **Wortlaut** des Gesetzes angesprochen,[168] daneben vor allem (Sinn und) (Gesetzes-)Zweck,[169] aber auch Entstehungsgeschichte,[170] Systematik[171] und eine eindeutige historische Vorprägung.[172]

Wegen der Folgen der Methode (→ Rn. 56) ist eine **restriktive Verwendung geboten;** keinesfalls **55** darf von Verfassungswegen einer Norm eine Bedeutung zugemessen werden, für die sie selbst keine tragfähige Grundlage bietet.[173] Sonst würde der vom BVerfG betonte Sinn der verfassungskonformen Auslegung, aus Respekt vor der gesetzgebenden Gewalt in den Grenzen des Grundgesetzes das Maximum dessen aufrechtzuerhalten, was der Gesetzgeber gewollt hat,[174] in sein Gegenteil verkehrt. Auch muss das verfassungskonform ausgelegte Gesetz seinerseits allen Anforderungen des Grundgesetzes genügen, insbesondere solchen der Bestimmtheit und Klarheit.[175]

Die **Wirkung** verfassungskonformer Auslegung besteht primär darin, dass die Norm in der ver- **56** fassungskonformen Bedeutung nicht verfassungswidrig ist. Daher kann sie weder für nichtig erklärt noch nach Art. 100 I vorgelegt oder von den Fachgerichten als ungültig außer Anwendung gelassen werden. Zugleich hindert die Pflicht zur verfassungskonformen Auslegung daran, die Norm abweichend (in verfassungswidrigem Sinn) zu verstehen.[176] § 79 I BVerfGG spricht in diesem Kontext – dem normbestätigenden Entscheidungsinhalt und Tenor zuwider – von einer vom BVerfG für mit dem Grundgesetz unvereinbar erklärten Auslegung; das BVerfG hat dies analog auf § 79 II 2, 3 BVerfGG erstreckt.[177]

---

fähige Regelung). S. auch BVerfGE 101, 106 (131); 119, 247 (274); 121, 69 (105); 128, 326 (400); 138, 64 Rn. 86. Möglich sein dürften auch teleologische Reduktion, geradezu identifizierend *Schulze-Fielitz,* in: Dreier II, Art. 20 (Rechtsstaat) Rn. 87, und (verfassungskonforme) Analogie, s. etwa *Canaris* FS Kramer, 2004, S. 141 (155 ff.); auch → Fn. 167 am Ende und allg. → Rn. 45.

[166] BVerfGE 8, 28 (33 f.); entspr. ferner etwa BVerfGE 121, 30 (68); 122, 39 (61); 124, 25 (39); 124, 251 (263); 126, 331 (355 f.); 134, 33 Rn. 77; 136, 338 Rn. 69; 138, 64 Rn. 86, 93; 142, 313 Rn. 97; 147, 253 Rn. 151; BVerfG (K) NJW 2015, 2949 Rn. 46. Auf Fehlen ausdrücklichen Regelungswillens rekurriert BVerfGE 98, 1 (16 f.).

[167] BVerfGE 138, 296 Rn. 117; BVerfG (K) NJW 2017, 381 Rn. 71.

[168] BVerfGE 8, 28 (34); 8, 38 (41); ferner etwa BVerfGE 118, 212 (234); 121, 30 (68); 122, 39 (61); 124, 25 (39); 126, 29 (46 f.); 128, 157 (178 f.); 130, 372 (398); 134, 33 Rn. 77; 138, 64 Rn. 86, 93; 145, 106 Rn. 152; BVerfG (K) NJW 2019, 2949 Rn. 110; für beide Aspekte auch BVerwGE 149, 211 Rn. 21; 158, 142 Rn. 38; 160, 54 Rn. 33; BVerwG NVwZ-RR 2019, 420 Rn. 41; NVwZ 2019, 890 Rn. 24; BGH FamRZ 2020, 519 Rn. 27; gegen alleinige Maßgeblichkeit etwa BVerfGE 138, 64 Rn. 93; für Grenzen wie bei der Rechtsfortbildung *Bumke* Verwaltung 45 (2012), 81 (89). S. auch → Fn. 164 am Ende; → Art. 20 Rn. 120 f.

[169] BVerfGE 8, 38 (41); 9, 194 (200); 122, 39 (619, ferner etwa BVerfGE 101, 54 (87); 108, 82 (115); 112, 164 (183); 122, 39 (61); 124, 25 (39); 126, 29 (46 f.); 130, 372 (398); 138, 64 Rn. 93; nach BVerfGE 101, 312 (329) muss das verfassungskonform ausgelegte Gesetz sinnvoll bleiben.

[170] BVerfGE 108, 82 (115, 120 f.); 110, 226 (267 f.); 112, 164 (183); 121, 266 (309 f.); 122, 39 (61); 124, 25 (41); 126, 29 (47); 130, 372 (398 f.); 138, 64 Rn. 93; NdsStGH DVBl 2005, 1515 LS 3.

[171] So in BVerfGE 83, 130 (144); 90, 263 (275); 92, 158 (182); 121, 266 (310).

[172] So – im konkreten Fall verneinend – offenbar BVerfGE 97, 169 (184 f.).

[173] Zumindest Anhaltspunkte fordern BVerfGE 120, 378 (424); 123, 39 (84); allgemein zur Kritik *Schlaich/Korioth,* Rn. 450; *Stern,* StaatsR III/2, S. 1148 („akrobatisch"); *Bettermann,* Die verfassungskonforme Auslegung – Grenzen und Gefahren, 1986.

[174] Vgl. etwa BVerfGE 86, 288 (320); 110, 226 (267); BGHZ 186, 314 Rn. 33.

[175] BVerfGE 100, 313 (386) (speziell zu Art. 10); 107, 104 (128 f.); 120, 378 (407 ff.); 133, 277 Rn. 157 f. (nicht tragende Meinung); zur Normverständlichkeit BVerfGE 135, 38 Rn. 66.

[176] Zur Bindungsproblematik insoweit BVerfGE 40, 88 (94); 72, 119 (121); vgl. auch BVerfGE 65, 132 (139); 121, 69 (105 f.); *Sachs* NJW 1979, 344 ff.; *Stern* BK, Art. 93 (1982) Rn. 322; *Löwer* HStR III, § 70 Rn. 111, 127; *Pestalozza* VerfProzR, § 20 Rn. 92, 98; *E. Klein* BKK, Rn. 1284 ff.; *Heusch* UCD, § 31 Rn. 85.

[177] BVerfGE 115, 51 (66 f.), aus Gleichheitsgründen erneut erweiternd im Hinblick auf die Beachtung von Ausstrahlungswirkungen (→ vor Art. 1 Rn. 32); krit. *Lindner* NVwZ 2008, 170 ff.; vgl. auch BVerfGE 122, 39 (60 ff.).

# Präambel

Im Bewußtsein seiner Verantwortung vor Gott und den Menschen, von dem Willen beseelt, als gleichberechtigtes Glied in einem vereinten Europa dem Frieden der Welt zu dienen, hat sich das Deutsche Volk kraft seiner verfassungsgebenden Gewalt dieses Grundgesetz gegeben.

Die Deutschen in den Ländern Baden-Württemberg, Bayern, Berlin, Brandenburg, Bremen, Hamburg, Hessen, Mecklenburg-Vorpommern, Niedersachsen, Nordrhein-Westfalen, Rheinland-Pfalz, Saarland, Sachsen, Sachsen-Anhalt, Schleswig-Holstein und Thüringen haben in freier Selbstbestimmung die Einheit und Freiheit Deutschlands vollendet. Damit gilt dieses Grundgesetz für das gesamte Deutsche Volk.

**Entstehungsgeschichte: Erstfassung:** JöR nF 1 (1951), 20. – **Änderung:** EV v. 31.8.1990/EinigungsvertragsG v. 23.9.1990 (BGBl II 885, 890), Art. 4 Nr. 1 EV (dazu Denkschrift zum EV = BT-Dr. 11/7760, 11/7780, 11/7920; BT-Prot. 11/17 483, 17 801; BR-Dr. 635/90; BR-Prot. 90/438, 491).

**Historische Verfassungstexte: RV 1871: Präambel** Seine Majestät der König von Preußen im Namen des Norddeutschen Bundes, Seine Majestät der König von Bayern, Seine Majestät der König von Württemberg, Seine Königliche Hoheit der Großherzog von Baden und Seine Königliche Hoheit der Großherzog von Hessen und bei Rhein für die südlich vom Main belegenen Theile des Großherzogthums Hessen schließen einen ewigen Bund zum Schutze des Bundesgebietes und des innerhalb desselben gültigen Rechtes, sowie zur Pflege des Wohlfahrt des Deutschen Volkes. Dieser Bund wird den Namen Deutsches Reich führen und wird nachstehende **Verfassung** haben. – **WRV: Präambel** Das Deutsche Volk, einig in seinen Stämmen und von dem Willen beseelt, sein Reich in Freiheit und Gerechtigkeit zu erneuern und zu festigen, dem inneren und dem äußeren Frieden zu dienen und den gesellschaftlichen Fortschritt zu fördern, hat sich diese Verfassung gegeben. – **GG 1949:** Im Bewußtsein seiner Verantwortung vor Gott und den Menschen, von dem Willen beseelt, seine nationale und staatliche Einheit zu wahren und als gleichberechtigtes Glied in einem vereinten Europa dem Frieden der Welt zu dienen, hat das Deutsche Volk in den Ländern Baden, Bayern, Bremen, Hamburg, Hessen, Niedersachsen, Nordrhein-Westfalen, Rheinland-Pfalz, Schleswig-Holstein, Württemberg-Baden und Württemberg-Hohenzollern, um dem staatlichen Leben für eine Übergangszeit eine neue Ordnung zu geben, kraft seiner verfassungsgebenden Gewalt dieses Grundgesetz der Bundesrepublik Deutschland beschlossen. Es hat auch für jene Deutschen gehandelt, denen mitzuwirken versagt war. Das gesamte Deutsche Volk bleibt aufgefordert, in freier Selbstbestimmung die Einheit und Freiheit Deutschlands zu vollenden.

**Leitentscheidungen:** BVerfGE 5, 85 (KPD-Verbot); BVerfGE 36, 1 (Grundlagenvertrag); BVerfGE 77, 137 (Teso); BVerfGE 123, 267 (Lissabon).

**Schrifttum:** *E. W. Böckenförde,* Die verfassunggebende Gewalt des Volkes – ein Grenzbegriff des Verfassungsrechts, in: *ders.,* Staat, Verfassung, Demokratie, 1991, S. 90; *K. Doehring,* Die Wiedervereinigung Deutschlands und die europäische Integration als Inhalte der Präambel des Grundgesetzes, DVBl 1979, 633; *H. Dreier,* Kontexte des Grundgesetzes, DVBl 1999, 667; *J. A. Frowein,* Die Verfassungslage Deutschlands im Rahmen des Völkerrechts, VVDStRL 49 (1990), 7; *W. Geiger,* Zur Genesis der Präambel des Grundgesetzes, EuGRZ 1986, 121; *P. Häberle,* Präambeln im Text und Kontext von Verfassungen, FS Broermann, 1982, S. 211; *ders.,* „Gott" im Verfassungsstaat?, FS Zeidler I, 1987, S. 3; *T. Herbst,* Legitimation durch Verfassungsgebung. Ein Prinzipienmodell der Legitimität staatlicher und supranationaler Herrschaft, 2003; *M. Herdegen,* Die Verfassungsänderungen im Einigungsvertrag, 1991; *P. M. Huber,* Maastricht – ein Staatsstreich?, 1993; *J. Isensee,* Staatseinheit und Verfassungskontinuität, VVDStRL 49 (1990), 39; *E. Klein,* Der Einigungsvertrag, DÖV 1991, 569; *H. Kreß,* Gott in der Verfassung?, ZRP 2015, 152; *U. Lehmann-Brauns,* Die staatsrechtliche Bedeutung der Präambel des Grundgesetzes, Diss. Berlin 1964; *E. G. Mahrenholz,* „Verantwortung vor Gott und den Menschen, JöR nF 57 (2009), 61; *H. Möller,* Die verfassunggebende Gewalt des Volkes und die Schranken der Verfassungsrevision, 2004; *D. Murswiek,* Die verfassunggebende Gewalt nach dem Grundgesetz für die Bundesrepublik Deutschland, 1978; *ders.,* Das Staatsziel der Einheit Deutschlands nach 40 Jahren Grundgesetz, 1989; *ders.,* Was vom Wiedervereinigungsgebot übrig blieb, FS Rauschning, 2001, S. 57; *H. Nawiasky,* Die Grundgedanken des Grundgesetzes für die Bundesrepublik Deutschland, 1950; *E. Renan,* Qu'est-ce qu'une nation?, 1882; *R. Smend,* Verfassung und Verfassungsrecht, in: *ders.,* Staatsrechtliche Abhandlungen, 2. Aufl. 1968, S. 119; *U. Schliesky,* Souveränität und Legitimität von Herrschaftsgewalt, 2004; *K. Vogel,* Die Verfassungsentscheidung des Grundgesetzes für eine internationale Zusammenarbeit, 1964; *C. Waldhoff,* Die verfassunggebende Gewalt als Bindeglied zwischen historischer Realität und Geltung des Grundgesetzes, FS Stern, 2012, S. 257; *B. Wiegand,* Das Prinzip Verantwortung und die Präambel des Grundgesetzes, JöR nF 43 (1995), 31; *Th. Würtenberger,* Zur Legitimität des Grundgesetzes in historischer Perspektive, in: Brugger (Hrsg.), Legitimation des Grundgesetzes aus Sicht von Rechtsphilosophie und Gesellschaftstheorie, 1996, S. 21.

## Übersicht

## A. Allgemeines

## I. Entstehungs- und Entwicklungsgeschichte

**1** **1. Vorgeschichte.** Die für Selbstverständnis und Identität der Bundesrepublik Deutschland wichtigste Frage hat den Müttern und Vätern des Grundgesetzes bei der Formulierung der Präambel naturgemäß auch die größten Schwierigkeiten bereitet: die Frage nach dem Verfassungsgeber. Der Parlamentarische Rat konnte bei seinen Beratungen insoweit auf zwei alternative Vorschläge des HChE[1] zurückgreifen. Deren entscheidender Unterschied bestand darin, dass im Mehrheitsvorschlag „das deutsche Volk in den Ländern Baden, Bayern, etc." als Verfassungsgeber benannt wurde, während nach dem Minderheitenvorschlag den Ländern diese Funktion zukommen sollte. Darüber hinaus haben der Einfluss der Besatzungsmächte und die Dichotomie zwischen Provisorium und Vollverfassung die **Positionsbestimmung des Verfassungsgebers** erschwert.[2]

**2** Freilich musste (zumindest) in der Präambel zu den schwierigen **Grundfragen deutscher Staatlichkeit** in den Jahren 1948/49 Stellung genommen werden: zum Träger der verfassunggebenden Gewalt, zur Rechtslage Deutschlands und – da das Wesen jeder Verfassung darin liegt, „ein ordnungsstiftender und programmatischer Gründungs- und Gestaltungsakt (zu sein), der dem Gemeinwesen in einer konkreten geschichtlichen Lage eine rechtliche Grundlage geben will"[3] – auch zum Woher und Wohin des deutschen Staates.

**3** Nach einer kontroversen Debatte setzte sich im Wesentlichen die vom ARA erstmals am 13.12.1948 empfohlene Fassung durch. Geringfügig abgeändert, wurde sie vom **HA auf seiner 57. Sitzung vom 5.5.1949** in vierter Lesung ohne weitere Erörterung angenommen. Das Plenum des ParlRates stimmte ihr in zweiter und dritter Lesung zu.

**4** **2. Ursprungsfassung.** In der ursprünglichen **Fassung von 1949** hatte die Präambel folgenden Wortlaut:

Im Bewußtsein seiner Verantwortung vor Gott und den Menschen, von dem Willen beseelt, seine nationale und staatliche Einheit zu wahren und als gleichberechtigtes Glied in einem vereinten Europa dem Frieden der Welt zu dienen, hat das Deutsche Volk in den Ländern Baden, Bayern, Bremen, Hamburg, Hessen, Niedersachsen, Nordrhein-Westfalen, Rheinland-Pfalz, Schleswig-Holstein, Württemberg-Baden und Württemberg-Hohenzollern, um dem staatlichen Leben für eine Übergangszeit eine neue Ordnung zu geben, kraft seiner verfassunggebenden Gewalt dieses Grundgesetz der Bundesrepublik Deutschland beschlossen. Es hat auch für jene Deutschen gehandelt, denen

---

[1] HChE S. 61.
[2] JöR nF 1 (1951), 20 ff.
[3] *Badura* Staatsrecht, A Rn. 7.

mitzuwirken versagt war. Das gesamte Deutsche Volk bleibt aufgefordert, in freier Selbstbestimmung die Einheit und Freiheit Deutschlands zu vollenden.

Wie keine andere Bestimmung brachte die Ursprungsfassung der Präambel den **provisorischen** 5 **Charakter des GG** und des mit ihm begründeten Staates zum Ausdruck: mit der Aufzählung der deutschen Länder, die die räumliche Torsohaftigkeit des neuen Staates beschrieb, mit der Beschränkung der Verfassungsgebung auf eine Übergangszeit, nach deren Ende eine Verfassungsneuschöpfung stehen sollte („Grundgesetz", Art. 146 aF), sowie mit der an alle Deutschen gerichteten Aufforderung, die Einheit und Freiheit Deutschlands zu vollenden **(Wiedervereinigungsgebot).**[4]

Das Provisorische der neuen Verfassungsordnung blieb allerdings auf die nationale Frage beschränkt.[5] 6 Im Übrigen erhielt die Bundesrepublik Deutschland mit dem GG eine **funktionsfähige Vollverfassung,** die sich auch als Angebot an die damals außerhalb ihrer Grenzen lebenden Deutschen verstand. Das wurde in der Bezugnahme der Präambel auf das Deutsche Volk als Träger der verfassungsgebenden Gewalt ebenso deutlich wie in S. 2 aF, der ihre treuhänderische Ausübung durch die in den aufgeführten Ländern lebenden Deutschen für alle anderen proklamierte. Nicht zuletzt an den vielfältigen Vorkehrungen zur Sicherung der grundgesetzlichen Ordnung (Art. 5 III 2, 9 II, 18, 20, 21 II, 79 III, 91) lässt sich ablesen, dass das GG in diesem Sinne von Anfang an durchaus als Vollverfassung intendiert war.

**3. Änderung.** Die am 3.10.1990 vollzogene **Wiedervereinigung Deutschlands** hat eine Änderung 7 der Präambel erforderlich gemacht. Mit der durch Art. 4 Nr. 1 EV vorgenommenen Neufassung wurden namentlich alle auf ein Provisorium hindeutenden Passagen entfernt und das Wiedervereinigungsgebot gestrichen. Beibehalten wurde jedoch die Bezeichnung **„Grundgesetz",** die damit einen (endgültigen) Bedeutungswandel erfahren hat. Nicht länger Ausdruck einer sich (theoretisch) als nur provisorisch begreifenden Verfassungsordnung,[6] erscheint sie heute als bewusstes Bekenntnis zu mittlerweile 68 Jahren verfassungsrechtlicher Kontinuität.[7]

## II. Die Präambel als bindendes Verfassungsrecht

**1. Bestandteil des Grundgesetzes.** Die Präambel ist Bestandteil des GG.[8] Das folgt sowohl aus 8 dem Wortlaut, der in S. 1 und 3 von „diesem" und nicht etwa von „folgendem" GG spricht,[9] als auch aus ihrer Entstehungsgeschichte.[10] Hier hat namentlich *Carlo Schmid* deutlich gemacht, dass sie nicht nur rhetorischer Vorspruch sein sollte, der aus Gründen der Dekoration oder Feierlichkeit dem eigentlichen Verfassungstext vorangestellt wurde, sondern ein „wesentliches Element des Grundgesetzes", von dem aus der ganze Verfassungstext erst seine eigentliche politische und juristische Qualifikation erhält.[11]

Dass die Präambel integraler Bestandteil des GG ist, hat Konsequenzen für ihre **Abänderbarkeit.** 9 Eine solche ist – wie auch die Staatspraxis zeigt – grundsätzlich zulässig[12] und unterliegt wie jede andere Norm des Grundgesetzes den Anforderungen des Art. 79 GG. Am Schutz von Art. 79 III GG hat sie unmittelbar nicht teil; soweit sie allerdings die Auslegung der in Art. 1 und 20 niedergelegten Grundsätze mit bestimmt, kann sie zumindest mittelbar auch dem Schutz der sog. Ewigkeitsgarantie unterfallen. Das gilt insbesondere für die in Art. 20 GG enthaltenen verfassungsrechtlichen Grundentscheidungen, für die Einheit der Nation (→ Rn. 41 ff.),[13] die verfassungsrechtliche Konzeption der Bundesrepublik Deutschland als Nationalstaat (→ Rn. 17) sowie, damit zusammenhängend, für die Zuweisung der verfassungsgebenden Gewalt in die Souveränität des Deutschen Volkes (→ Rn. 25 ff.).[14] Die Absicherung dieser in Art. 20 verbürgten, in der Präambel jedoch mit besonderer Klarheit aufscheinenden Grundentscheidungen auch und vor allem gegenüber dem

---

[4] BVerfGE 5, 85 (127 f.); 36, 1 (17 f.); *Badura* Staatsrecht, A Rn. 39; *Murswiek,* Das Staatsziel der Einheit Deutschlands nach 40 Jahren Grundgesetz, 1989.

[5] ParlRat, Stenographische Berichte über die Plenarsitzungen, 1. Bd., 1969, 3. Sitzung am 9.9.1948, S. 41; ebda, 6. Sitzung am 20.10.1948, S. 75; *Murswiek* BK, Überschrift (2012) Rn. 1 ff., 37 ff.; stärker auf das Fehlen eines Volksentscheides abhebend *H. P. Schneider* NJW 1999, 1497.

[6] Zur aF *Murswiek* BK, Überschrift (2012) Rn. 9, 40.

[7] *Murswiek* BK, Überschrift (2012) Rn. 46. Den Begriff „Grundgesetz" verwenden auch andere Staaten für ihre Verfassung: Finnland: Finnlands Grundgesetz v. 1919; Niederlande: „Grondwet van het Koninkrijk der Nederlanden" v. 1814/1983, dazu *Besselink* IPE I, § 6.

[8] BVerfGE 5, 85 (126); *Jarass,* in: Jarass/Pieroth, Präambel Rn. 1; *Murswiek,* Die verfassunggebende Gewalt nach dem Grundgesetz für die Bundesrepublik Deutschland, 1978, S. 97; *Herdegen,* in: Maunz/Dürig, Präambel (2015) Rn. 9.

[9] *Kunig,* in: v. Münch/Kunig I, Präambel Rn. 8.

[10] JöR nF 1 (1951), 25.

[11] JöR nF 1 (1951), 28 f.

[12] Die früher zT vertretene Auffassung, dass die Präambel überhaupt nicht abänderbar sei, hat sich mit dem Erlass des die Präambel ändernden Art. 4 Nr. 1 EV erledigt, *Klein* DÖV 1991, 569 (572); *Stern,* in: Stern/Schmidt-Bleibtreu (Hrsg.), Einigungsvertrag und Wahlvertrag, 1990, S. 41.

[13] Zum Schutz der Zentralgewalt durch das Bundesstaatsprinzip des Art. 20 I siehe *Huber,* Maastricht – ein Staatsstreich?, 1993, S. 17 f.; *ders.,* Deutschland in der Föderalismusfalle?, 2003, S. 23.

[14] *Dreier,* in: Dreier I, Präambel Rn. 30 Fn. 74; *Murswiek* BK, Präambel (2005) Rn. 182.

verfassungsändernden Gesetzgeber kann durch eine Änderung oder Streichung der Präambel nicht unterlaufen werden.[15]

10  In materiell-rechtlicher Hinsicht ist die Präambel somit nicht nur pathetische politische Erklärung,[16] sondern eine **Rechtsvorschrift** mit spezifischem Regelungsgehalt.[17]

11  **2. Bindungswirkung.** Der rechtliche Gehalt der in der Präambel enthaltenen Regelungen ist allerdings nicht einheitlich.[18] **Verfassungsgrundsätze** und **Staatszielbestimmungen** stehen hier neben eher **deklaratorischen Bekundungen** zur historischen, politischen und verfassungsrechtlichen Lage.

12  Soweit sie Verfassungsgrundsätze und Staatszielbestimmungen normiert, steckt die Präambel einen **äußersten Rahmen politischen Handelns** ab, dessen Überschreitung der verfassungsgerichtlichen Kontrolle unterliegt;[19] diese Kontrolle beschränkt sich allerdings auf eine Evidenzkontrolle.[20] Die Bindung aller öffentlichen Gewalt an die Präambel und ihre Regelungen kommt darüber hinaus bei der **Auslegung** anderer Verfassungsvorschriften und bei der Anwendung einfachen Rechts zum Tragen.[21]

13  So sind bestimmte Regelungen der Präambel grundsätzlich geeignet, Abweichungen von der verfassungsrechtlichen Normallage sowie **grundrechtsbeschränkendes** und **-ausgestaltendes**[22] **Staatshandeln zu legitimieren.**[23] Das Wiedervereinigungsgebot in der aF bot etwa eine hinreichende Rechtfertigung für die mit Art. 143 III GG, 41 EV verbundenen Differenzierungen zu Lasten der Bodenreformbetroffenen (→ Art. 3 Rn. 218 ff.),[24] und es wäre – was wegen der aA des BVerfG keine praktische Bedeutung erlangt hat – auch geeignet gewesen, bei den von der DDR aus operierenden Spionen des MfS/ANS die Entstehung schutzwürdigen Vertrauens in den Fortbestand der DDR zu verhindern[25] und deren strafrechtliche Ahndung wegen Landesverrats etc. auch nach dem 3.10.1990 zu rechtfertigen.[26]

14  Die Rechtssätze der Präambel sind **objektiv-rechtlicher Natur.** Ihre Adressaten sind primär die Träger öffentlicher Gewalt.

15  Subjektive öffentliche Rechte werden durch die Präambel nicht vermittelt.[27] Für die **Bürger** besitzt sie daher vor allem Appellcharakter.[28] Ihr bescheidenes Pathos kann darüber hinaus aber auch integrativ wirken.[29]

## B. Die verfassungsgebende Gewalt

## I. Das Volk als Träger der verfassungsgebenden Gewalt

16  **1. Das GG als Verfassung des deutschen Nationalstaates.** Die Präambel bezeichnet das „Deutsche Volk" in S. 1 ausdrücklich als den Träger der verfassungsgebenden Gewalt und unterstreicht dies in S. 2 durch die Feststellung, dass die Deutschen in freier Selbstbestimmung die Einheit und Freiheit Deutschlands vollendet haben. Sie dokumentiert auf diese Weise nach außen, dass die Bundesrepublik Deutschland auf einem **Akt der Selbstbestimmung** (Art. 1 Ziff. 2 VN-Charta) des deutschen Volkes beruht und nicht auf einem Oktroi der (westlichen) Besatzungsmächte.[30]

---

[15] *Dreier,* in: Dreier I, Präambel Rn. 30; *Häberle* FS Broermann, 1982, S. 245; *Kunig,* in: v. Münch/Kunig I, Präambel Rn. 49; *Vogel,* Die Verfassungsentscheidung des Grundgesetzes für eine internationale Zusammenarbeit, 1964, S. 43.

[16] Zur politischen Bedeutung BVerfGE 5, 85 (127).

[17] BVerfGE 5, 85 (127); 12, 45 (51); 36, 1 (17); 77, 137 (149 ff.); *Doehring* DVBl 1979, 633; *Geiger* EuGRZ 1986, 121 (124); *Schwind,* Zukunftsgestaltende Elemente im deutschen und europäischen Staats- und Verfassungsrecht, 2008, S. 476.

[18] *Anker,* Wiedervereinigungsgebot, Europaintegrationsgebot, 1991, S. 5 ff.; *Badura* Staatsrecht, B Rn. 2; *Murswiek* (Fn. 8), S. 97.

[19] BVerfGE 4, 157 (174); 5, 85 (128); 12, 45 (51 f.); 36, 1 (17 ff.); 77, 137 (149); 84, 90 (127); 94, 12 (35 f., 40) – Wiedervereinigungsgebot.

[20] Grundlegend zur Abstufung der gerichtlichen Kontrolldichte insoweit BVerfGE 50, 290 (332 f.).

[21] BVerfGE 63, 343 (370); BVerwGE 11, 9 (13); zurückhaltend *Kunig,* in: v. Münch/Kunig I, Präambel Rn. 11.

[22] Wenn man zwischen beiden Typen grundrechtsrelevanter Regelungen denn einen strukturellen Unterschied anerkennen will; zur Parallelität der grundrechtsrelevanten Funktionen eines Gesetzes *Huber,* Konkurrenzschutz im Verwaltungsrecht, 1991, S. 189 ff.

[23] Siehe Zusammenstellung bei *Michael* AöR 124 (1999), 583 (597 ff.).

[24] BVerfGE 94, 12/34 ff., 45 – Bodenreform II.

[25] Gegen die Senatsmehrheit Sondervoten der Richter *Klein, Kirchhof, Winter,* BVerfGE 92, 277 (357) – MfS-Spione; *Huber* Jura 1996, 301 (307).

[26] AA BVerfGE 92, 277 (328 ff.), das auf das Wiedervereinigungsgebot insoweit gar nicht eingeht.

[27] BVerfGE 43, 203 (211); BVerfG EuGRZ 1987, 387; *Herdegen,* in: Maunz/Dürig, Präambel (2015), Rn. 15; *Stern* StaatsR I, S. 520.

[28] *Häberle* FS Broermann, 1982, S. 248.

[29] *Smend,* Verfassung und Verfassungsrecht, 1928, S. 189; zu Recht zwiespältig *Kunig,* in: v. Münch/Kunig I, Präambel Rn. 5.

[30] *Jarass,* in: Jarass/Pieroth, Präambel Rn. 3; *Herdegen,* in: Maunz/Dürig, Präambel (2015) Rn. 50; *Kunig,* in: v. Münch/Kunig I, Präambel Rn. 31; *Starck* MKS I, Präambel Rn. 18; aA *H. P. Ipsen,* Über das Grundgesetz, 1950,

Nach innen knüpft sie mit dieser Formulierung an das deutsche Volk als politische Schicksals- **17** und Handlungsgemeinschaft (Nation) an und qualifiziert die Bundesrepublik Deutschland so als den letztverbindlich handelnden, souveränen[31] bzw. souveränitätsbefähigten[32] **deutschen National-staat.**[33]

**2. Die Rolle des Volkes im Prozess der Verfassungsgebung.** Das Verfahren, in dem der **18** Verfassungsgeber des GG tätig wurde, mag zwar nicht den der Staatslehre geläufigen Idealtypen demokratisch-westlicher Verfassungsgebung entsprechen;[34] verfassungsrechtliche Konsequenzen sind damit jedoch nicht verbunden. Da allgemeine und bindende Regeln des Völkerrechts nicht existieren, die ein bestimmtes Verfahren der Verfassungsgebung vorschreiben würden,[35] war auch der Verfassungsgeber des GG frei, angesichts der Besetzung und Teilung Deutschlands ein **atypisches, „gestuftes" Verfahren für die Inkraftsetzung des GG** zu wählen (vgl. *Huber,* Art. 144 Rn. 3 ff.).[36]

Dass es nicht zu einem einheitlichen Volksentscheid über das GG gekommen ist, begründet vor **19** diesem Hintergrund **keinen „demokratischen Makel".** Die nur mittelbare demokratische Legitimation des ParlRates wie auch das Ratifikationsverfahren nach Art. 144 I begegnen weder unter Legalitäts- noch Legitimitätsaspekten Einwänden. Alle an der Verfassungsgebung beteiligten westdeutschen Länder haben sich auch nach dem 8.5.1945 geradezu selbstverständlich als Glieder des handlungsunfähig gewordenen deutschen Staates verstanden, den es gleichsam von unten nach oben wiederherzustellen bzw. funktionsfähig zu machen galt. Die älteren, vor 1949 erlassenen Landesverfassungen, sprechen insoweit denn auch eine unmissverständliche Sprache.[37] Auch wird es der verfassungsrechtlichen wie -politischen Lage der Jahre nach 1945 durchaus gerecht, wenn man in den Wahlergebnissen der ersten Landtagswahlen nach dem II. Weltkrieg zugleich den politischen Auftrag erkennt, die Funktionsfähigkeit des Gesamtstaates wiederherzustellen.[38] Das in diesem Zusammenhang vielfach apostrophierte „tägliche Plebiszit",[39] manifestiert in der Annahme der grundgesetzlichen Institutionen durch die Bevölkerung nach dem 23.5.1949, hat die Richtigkeit dieser Einschätzung nachträglich nachhaltig bestätigt.

Der **Beitritt des Saarlandes** zum 1.1.1957 und die damit einhergehende Erstreckung des GG[40] **20** waren durch die Volksabstimmung vom 23.10.1955 ausdrücklich legitimiert. Gleiches gilt für den **Beitritt der DDR** zum 3.10.1990:[41] Von der Volkskammer mit mehr als 70%iger Zustimmung beschlossen, hatte er seine demokratische Legitimation durch die freien Volkskammerwahlen vom 18.3.1990 erhalten.[42]

**3. Das Grundgesetz als Verfassung auf Dauer.** Der in S. 1 und 3 der Präambel erhobene **21** Anspruch des GG, Verfassung auf Dauer zu sein,[43] ist sowohl verfassungsrechtlich als auch -politisch wohl begründet. Auslegung und Anwendung des Art. 146 stehen dem nicht entgegen[44] (vgl. *Huber,* Art. 146 Rn. 7 ff.).

---

S. 25 f.; *Krauss* DÖV 1954, 581; *Murswiek* (Fn. 8), S. 95 ff.; ParlRat, Stenographische Berichte über die Plenarsitzungen, 1. Bd., 1969, 2. Sitzung am 8.9.1948, S. 11; ebda, 9. Sitzung am 6.5.1949, S. 171, 174.

[31] BVerfGE 89, 155 (190); 123, 267 (343); *Hillgruber* HStR II, § 32 Rn. 40; *Hopfauf* SHH, Präambel Rn. 26.

[32] Zur Souveränität im Staaten- und Verfassungsverbund der EU BVerfGE 75, 223 (242); 89, 155 (190); 123, 267 (343); *Hillgruber* HStR II, § 32 Rn. 75 ff.; *Huber* VVDStRL 60 (2001), 194 (222).

[33] *Hillgruber* HStR II, § 32 Rn. 12 ff.; *Isensee* VVDStRL 48 (1990), 136 ff.; *ders.* VVDStRL 49 (1990), 39 ff.; *Murswiek* BK, Präambel (2005) Rn. 218; vgl. ferner *Böckenförde,* Die verfassunggebende Gewalt des Volkes – ein Grenzbegriff des Verfassungsrechts, in: Staat, Verfassung, Demokratie, 1991, S. 90 (96).

[34] Vgl. dazu *Schmitt,* Verfassungslehre, 1928, 8. Aufl. 1993, S. 82 ff.

[35] *Starck,* in: MKS I, Präambel Rn. 16.

[36] *Isensee* VVDStRL 49 (1990), 39 (51); *Herdegen,* in: Maunz/Dürig, Präambel (2015), Rn. 17. Das verkennt *Dreier,* in: Dreier I, Präambel Rn. 58 ff., wenn er die verfassungsgebende Gewalt allein auf die 1949 in den drei westlichen Besatzungszonen lebenden Deutschen zurückführt.

[37] Art. 8, 178 BayVerf; Art. 64 BremVerf; Art. 64 HessVerf; Art. 74 I RhPfVerf; Art. 1 SchlHVerf; soweit etwa Art. 178 S. 1 BayVerf eine Ermächtigung zum Beitritt zu einem neu zu schaffenden Bundesstaat enthält, dürfte dem – argumentum a maiore – auch die Ermächtigung innegewohnt haben, den fortexistierenden Staat durch eine neue Verfassungsgebung wieder funktionsfähig zu machen.

[38] AA Nawiasky, GG, S. 79.

[39] Zum Begriff *Renan,* Qu'est-ce qu'une nation?, 1882 – deutsch: Was ist eine Nation?, 1995; im Übrigen siehe *Smend* (Fn. 29), S. 136; *Würtenberger,* Zur Legitimität des Grundgesetzes in historischer Perspektive, in: Brugger (Hrsg.), Legitimation des Grundgesetzes aus Sicht von Rechtsphilosophie und Gesellschaftstheorie, 1996, S. 43 f.

[40] BGBl 1956, 1011; Saar-Vertrag vom 27.10.1956, BGBl II 1587.

[41] GBl DDR I 1990, 1324; BGBl II 1990, 2058.

[42] *Tomuschat* VVDStRL 49 (1990), 70 (93).

[43] *Herdegen,* Die Verfassungsänderungen im Einigungsvertrag, 1991, S. 7; *Isensee* VVDStRL 49 (1990), 39 (52).

[44] *Kunig,* in: v. Münch/Kunig I, Präambel Rn. 34; *Murswiek* BK, Präambel (2005) Rn. 171; zu fundamentalistisch dagegen *Meyer* KritV 76 (1993), 399 (424 f.).

## II. Die Rolle der Länder

22 Mit der Bezugnahme auf das Deutsche Volk als Träger der verfassungsgebenden Gewalt stellt die Präambel klar, dass die Bundesrepublik Deutschland – anders als das Reich von 1867/71 – nicht durch einen Zusammenschluss der in ihr zusammengefassten Länder entstanden ist.[45] Vielmehr sind die (ursprünglichen) Länder im Verfahren der Verfassungsgebung 1948/49 **lediglich als organisatorische Einheiten** in Erscheinung getreten, deren sich das Deutsche Volk bei der Ausübung seiner verfassungsgebenden Gewalt bedient hat (→ Art. 144 Rn. 7). Vergleichbares gilt für die später beigetretenen Teile – das Saarland und die DDR.

23 Die Qualifikation der Bundesrepublik Deutschland als auf der Entscheidung des Volkes beruhender Nationalstaat bedingt, dass die **Länder nicht die „Herren des Grundgesetzes"** sind.[46] Sie hängen in ihrer Existenz vielmehr von der durch das (Bundes-)Volk erlassenen föderativen Ordnung des GG ab und sind dem Bund – ungeachtet ihrer eigenen, gegenständlich beschränkten Hoheitsmacht[47] – grundsätzlich untergeordnet.[48] Dem verleiht das GG an zahlreichen Stellen (Art. 28 I–III, 29, 31, 37, 79, 84, 85, 87) Ausdruck. Für eine von den Ländern auch einvernehmlich beschlossene Umgestaltung des Bundes in einen konföderativen „Bund deutscher Länder" ist unter dem Grundgesetz deshalb ebenso wenig Raum wie für Sezessionsbestrebungen einzelner Länder.[49]

24 Innerhalb der Verfassungsordnung ist dieser grundlegenden Zuordnung von Bund und Ländern insbesondere bei der Interpretation des Bundesstaatsprinzips (Art. 20) und seines verfassungsänderungsfesten Kerns (Art. 79 III) Rechnung zu tragen. Das hat etwa zur Folge, dass die originären Kompetenzen des Bundes in der **Außen-, Verteidigungs- und Integrationspolitik,**[50] nicht substantiell beschnitten werden dürfen (→ Art. 23 Rn. 5). Bei der Ausgestaltung der **Finanzverfassung** muss sichergestellt bleiben, dass der Bund nicht zum Kostgänger der Länder wird.[51] Umgekehrt kann er das Budgetrecht der Länder nachhaltig beschränken und hat dies mit der Einführung der sog. *Schuldenbremse* (Art. 109 III 1 und 5) auch getan.[52]

## III. Die Bedeutung der verfassungsgebenden Gewalt in der Verfassungsordnung

25 Der Träger der verfassungsgebenden Gewalt, der pouvoir constituant, ist zunächst **historischer und politischer Bezugspunkt** der Verfassungsordnung. Die Rückführung auf ihn verleiht dem Grundgesetz Legitimität,[53] wobei mit zunehmendem Zeitablauf der punktuell dezisionistische Charakter der Verfassungsgebung zugunsten einer täglichen Entfaltung, der Verfassungs*weiter*gabe,[54] in den Hintergrund tritt. Mit der Verabschiedung des Grundgesetzes ist die verfassungsgebende Gewalt ihrer politisch-rechtlichen Rolle weitgehend verlustig gegangen, sind die von ihr geschaffenen Verfassungsorgane (pouvoirs constitués) grundsätzlich an ihre Stelle getreten.

26 Dessen ungeachtet bleibt sie als „Grenzbegriff des Verfassungsrechts"[55] auch im Rahmen der Verfassungsordnung des GG eine **rechtliche Größe.**[56] Wie sich aus dem Wortlaut von Art. 146 ergibt (→ Art. 146 Rn. 11), ist es – wie in Österreich (Art. 44 Abs. 3 ÖstB-VG), der Schweiz (Art. 193 SchweizerVerf.) oder Spanien (Art. 168 CE) – dem Träger der verfassungsgebenden Gewalt vorbehalten, die Verfassungsordnung zu beenden bzw. in der sog. Ewigkeitsgarantie des Art. 79 III einzugreifen.[57]

27 Dem **Deutschen Volk** ist es deshalb vorbehalten, die Staatlichkeit der Bundesrepublik Deutschland und das ihre Identität prägende Nationalstaatsprinzip aufzugeben,[58] sie ggf. in einen Europäischen

[45] *Badura* Staatsrecht, B Rn. 3; *Geiger* EuGRZ 1986, 121 (124); *Jarass,* in: Jarass/Pieroth, Präambel Rn. 3; *Herdegen,* in: Maunz/Dürig, Präambel (2015) Rn. 30; *Kunig,* in: v. Münch/Kunig I, Präambel Rn. 33.

[46] BVerfG (K), Beschl. v. 16.12.2016 – 2 BvR 349/16 (juris); BayVerfGH BayVBl 1991, 561.

[47] BVerfGE 1, 14 (34); 139, 321 (352, Rn. 97); die Formel von den grundsätzlich selbständigen Verfassungsräumen von Bund und Ländern verwendet das Bundesverfassungsgericht dagegen nicht mehr, vgl. dazu BVerfGE 99, 1 (7); BVerfG (K), Beschl. v. 8.7.2008, – 2 BvR 1223/08 (juris). Verfassungsbeschwerde gegen Entscheidung des BremStGH.

[48] BVerfGE 13, 54 (78); *Jestaedt* HStR II, § 29 Rn. 21; differenzierend *Isensee* HStR VI, § 126 Rn. 88 ff.; *Jestaedt* HStR II, § 29 Rn. 68; für Bayern *Lindner,* in: Lindner/Möstl/Wolff, BV, 2009, Art. 178 Rn. 7, 12 ff.

[49] BVerfG, Beschl. v. 16.12.2016 – 2 BvR 349/16 (juris); *Herdegen,* in: Maunz/Dürig, Präambel (2015) Rn. 54.

[50] Vgl. auch BVerfGE 131, 152 (195 f.).

[51] *Huber* MKS III, Art. 107 Rn. 29.

[52] Zur Vereinbarkeit mit Art. 109 III siehe *Häde,* Öffentliche Anhörung im Rechtsausschuss v. 4.5.2009, S. 4 ff.; *Huber,* ebda, S. 5 f.; *Meyer,* ebda, S. 5 f.; *G. Kirchhof* MKS III, Art. 109 III Rn. 110 ff. mwN.

[53] *Waldhoff* FS Stern, 2012, 257 (263).

[54] *P. Kirchhof,* in: Depenheuer/Grabenwarter, Verfassungstheorie, 2010, § 3 Rn. 64; *Waldhoff* FS Stern, 2012, 257 (271).

[55] *Böckenförde* (Fn. 33), S. 90 ff.

[56] *Böckenförde* (Fn. 33), S. 99; *Murswiek* (Fn. 8), S. 98 ff.; *Stern* StaatsR I, S. 115; aA Nawiasky, GG, S. 78 f.

[57] BVerfGE 123, 267 (331 ff.); anders noch 89, 155 (180); *Huber* ThürVBl 1994, 1 (2 f., 7 f.); *Herdegen,* in: Maunz/Dürig, Präambel (2015) Rn. 52 f.; *Murswiek* BK, Präambel (2005) Rn. 146 ff.; *Dreier* IPE I, § 1 Rn. 62; zur Verfassung in Österreich siehe *Wiederin* ebda § 7; zur Schweiz *Biaggini* ebda, § 10; zu Spanien *Guerrero* ebda, § 11; *Michael,* Rechtsetzende Gewalt im kooperierenden Verfassungsstaat, 2002, S. 301 f.

[58] BVerfGE 123, 267 (331 ff.); *Hillgruber* HStR II, § 32 Rn. 3 f., 5 ff.

Bundesstaat einzugliedern[59] oder in einen Einheitsstaat umzuwandeln, wenn die bundesstaatliche Ordnung dauerhaft an Akzeptanz einbüßen sollte (dazu *Huber*, Art. 146 Rn. 20). Nur das Volk kann in seiner Eigenschaft als pouvoir constituant die Ausgestaltung der in Art. 20 niedergelegten Prinzipien von Demokratie, Rechts- und Sozialstaat grundlegend ändern, einzelne Grundrechte abschaffen oder evtl. Separationsbestrebungen Rechnung tragen.[60]

## C. Die Bundesrepublik Deutschland

### I. Die Rechtslage Deutschlands

Unter verfassungsrechtlichem Blickwinkel ist die Bundesrepublik Deutschland der deutsche Na- **28** tionalstaat, wie er sich im 19. Jahrhundert im Gefolge der Freiheitskriege, der Paulskirche (1848/49) und der Bismarck'schen Einigungspolitik herausgebildet hat. Ihre **staatliche Kontinuität** reicht bis zur Gründung des Norddeutschen Bundes im Jahre 1867 bzw. des Deutschen Reiches im Jahre 1871 zurück.[61]

Von Anfang an hat das BVerfG daher die Auffassung vertreten, dass die Bundesrepublik Deutschland **29** mit dem Deutschen Reich rechtlich identisch, räumlich hingegen nur teilidentisch sei[62] **(Kernstaats-theorie).** Im Gefolge des Grundlagenvertrages (1973) hat es sich unter weitgehender Zustimmung des Schrifttums allerdings auch der *„Dachstaatstheorie"* geöffnet,[63] nach der unter dem „Dach" des 1945 handlungsunfähig gewordenen Deutschen Reiches zwei gleichberechtigte (teil-)souveräne[64] deutsche Staaten entstanden sein sollten; von Seiten der DDR und einzelnen Stimmen im zeitgenössischen Schrifttum wurde dagegen der *Untergang* des Deutschen Reichs im Jahre 1945 vertreten.[65] Der 1990 vollzogene Beitritt der DDR zum Grundgesetz nach Art. 23 S. 2 aF hat – jedenfalls bei einer ex post-Betrachtung – die Richtigkeit der Kernstaatstheorie bestätigt. Aus der Retrospektive stellt sich die Teilung Deutschlands damit als letztlich gescheiterter Versuch der DDR-Führung dar, die Sezession vom deutschen Staatsverband zu erreichen.[66]

**Der Beitritt der DDR zum Grundgesetz am 3.10.1990** hat die staatliche Identität der Bundes- **30** republik Deutschland konsequenterweise nicht berührt; die DDR hingegen ist untergegangen.[67]

### II. Das Deutsche Volk als Staatsvolk

Staatsvolk der Bundesrepublik Deutschland ist das **Deutsche Volk.** Dessen Zusammensetzung **31** bemisst sich nach Art. 116 und dem einfach-gesetzlich ausgestalteten Staatsangehörigkeitsrecht.[68]

Diesem durch ein *rechtliches* Band verbundenen Personenkreis sind bestimmte **Funktionen und** **32** **Rechte in der Verfassungsordnung vorbehalten,** die die nationalstaatliche Grundkonzeption des GG konkretisieren. Neben den politischen, für das sog. „nation-building" wichtigen Bürgerrechten (Art. 8, 9, 11, 12) sowie den aus der Zugehörigkeit zum „pouvoir constituant" fließenden Befugnissen (Art. 20 IV, 146) zählt dazu insbesondere das Wahlrecht zu den demokratischen Repräsentativkörper-schaften auf der Ebene von Bund, Ländern und Kommunen (Art. 20 I, II, 28 I 2, 33 I,[69] 38 I) sowie auf Ebene der EU (Art. 14 EUV, Art. 223 Abs. 1 AEUV).

Der Fortschritt der europäischen Integration, insbesondere die Entfaltung der Freizügigkeitsgaran- **33** tie von Art. 21 AEUV,[70] hat zu einer weitgehenden **Einebnung der Unterschiede zwischen Deutschen und Unionsbürgern anderer Mitgliedstaaten** geführt.[71] Vor allem beim Wahlrecht duldet die durch Art. 79 III geschützte Identität der Verfassung solche Relativierungen allerdings

---

[59] *Murswiek* BK, Präambel (2005) Rn. 240 mwN; aA *Zuleeg* AK I, Präambel Rn. 24, der den Bezug zwischen verfassungsgebender Gewalt und Demokratieprinzip verkennt.

[60] *Huber*, Maastricht (Fn. 13), S. 16.

[61] BT-Dr. I/3500 Anl. 4, S. 6; BVerfGE 2, 266 (277); 5, 85 (126); 6, 309 (336/363 f.); 77, 137 (156); *Geiger* EuGRZ 1986, 121 (124); *Kempen*, Potsdam und die deutsch-polnische Grenzregelung, in: Meissner ua (Hrsg.), Das Potsdamer Abkommen, III: Rückblick nach 50 Jahren, 1996, S. 74 f.; *Murswiek* BK, Präambel (2005) Rn. 130.

[62] BVerfGE 3, 288 (319 f.); 6, 309 (338, 363); 36, 1 (16); 77, 137 (154 ff.) – nicht frei von Widersprüchen; eindeutig *Bernhardt* HStR I, 2. Aufl. 1995, § 8 Rn. 34 ff.; *Zuleeg* AK I, 2. Aufl. 1989, Präambel Rn. 5: „Schrumpf-staatsmodell".

[63] BVerfGE 36, 1 (16 ff.); relativiert in BVerfGE 77, 137 (160); vgl. ferner *Badura* Staatsrecht, A Rn. 38; *Bernhardt* HStR I, 2. Aufl. 1995, § 8 Rn. 32 f.; *Jarass*, in: Jarass/Pieroth, Präambel Rn. 7; zur Viermächte-Verantwortung *Schweitzer* HStR X, § 224 Rn. 2 ff.

[64] Vgl. Art. 2 S. 1 DeutschlV; zu dessen Qualifikation als „Vorbehalt" oder „Vertrag" *Doehring* NJW 1971, 449 (451 f.); *Zuleeg* AK I, Präambel Rn. 5.

[65] Uneinheitlich Nawiasky, GG, S. 9 f.; *Ridder* GS Friedrich Klein, 1977, S. 437, 444 ff.; *Zuleeg* AK I, 2. Aufl. 1989, Präambel Rn. 32.

[66] *Badura* AöR 115 (1990), 314; *Frowein* VVDStRL 49 (1990), 7 (32); *Isensee* VVDStRL 49 (1990), 39 (47).

[67] BVerfGE 92, 277 (348); 96, 68 (94); *Jarass*, in: Jarass/Pieroth, Präambel Rn. 5.

[68] StAG vom 15.7.1999 (BGBl. I 1999, 1618; zul. geänd. d. G v. 28.8.2013, BGBl. I, 3458).

[69] *Huber* FS Leisner, 1999, 937 (947 f.) – str.

[70] *Wollenschläger*, Grundfreiheit ohne Markt, 2007 mwN.

[71] *Huber* ZaöRV 68 (2008), 1; *ders.* EuR 48 (2013), 637.

nur in engem Umfang,[72] etwa beim Kommunalwahlrecht für Unionsbürger anderer Mitgliedstaaten (Art. 28 I 3 GG, Art. 22 I AEUV; RiL 94/80/EG), deren Mitwirkung an kommunalen Bürgerbegehren und Bürgerentscheiden[73] oder ihre Beteiligung an der Wahl der deutschen Europaabgeordneten (Art. 22 II AEUV). Eine Beteiligung von Unionsbürgern anderer Mitgliedstaaten, sonstigen Ausländern oder Staatenlosen an den Wahlen zu Bundestag oder Landtagen berührte hingegen den – nationalstaatlich konzipierten[74] – Grundsatz der Demokratie in Art. 20 und verstieße gegen Art. 79 III.[75]

### III. Staatsgebiet und Geltungsbereich des Grundgesetzes

34    **1. Das deutsche Staatsgebiet.** Die Präambel legt das deutsche Staatsgebiet konstitutiv fest und hat insoweit Art. 23 S. 1 in der bis 1990 geltenden Fassung ersetzt. Die Bundesrepublik Deutschland besteht danach aus dem **Gebiet der 16 in der Präambel aufgeführten Länder.** Ihr Hoheitsgebiet erstreckt sich im Rahmen des geltenden Völkerrechts auch auf die deutschen Hoheitsgewässer, den Luftraum über Deutschland sowie das Erdinnere. Bundesfreie und bundesunmittelbare Gebiete kennt das GG nicht.

35    Mit der Wiedervereinigung hat Deutschland seine **endgültige territoriale Form** gefunden. Dieser im sog. Zwei-plus-Vier-Vertrag getroffenen völkerrechtlichen Festlegung (Art. 1 I u. III)[76] hat der verfassungsändernde Gesetzgeber nach innen durch die Streichung von Art. 23 aF sowie durch die Änderung der Präambel Rechnung getragen. Durch die Feststellungen, dass die Einheit Deutschlands vollendet sei (S. 2), und dass das GG nunmehr für das gesamte Deutsche Volk gelte (S. 3), wird deutlich gemacht, dass die frühere sog. deutsche Frage in jeder Hinsicht gelöst ist.[77]

36    **Grenzkorrekturen** werden dadurch nicht ausgeschlossen. Zu diesem Zweck sind geringfügige Gebietsänderungen auf Grund eines völkerrechtlichen Vertrages iVm einem Zustimmungsgesetz nach Art. 59 II 1 zulässig.[78]

37    **2. Der Geltungsbereich des Grundgesetzes im Übrigen.** Das Grundgesetz bindet die **deutsche öffentliche Gewalt** nicht nur in Deutschland. Es gilt vielmehr auch für die Fälle, in denen deutsche Staatsgewalt im Ausland ausgeübt wird oder Wirkungen zeigt. Auf die Tätigkeit deutscher Auslandsvertretungen erstreckt es sich ebenso[79] wie auf die Wahrnehmung deutscher Mitgliedschaftsrechte im Rat der EU[80] oder auf die weltweiten Einsätze der Bundeswehr.[81] Insoweit gelten – vorbehaltlich völker- und unionsrechtlicher Anforderungen – auch die Grundrechte der Art. 1 bis 19 überall dort, wo eine Beeinträchtigung grundrechtlich geschützter Interessen im Ausland der deutschen Staatsgewalt zuzurechnen ist.[82]

### D. Einzelne Festlegungen

### I. Grundlagen des Staates

38    **1. „Verantwortung vor Gott und den Menschen".** Die Präambel enthält an prominenter Stelle ua eine Berufung auf die Verantwortung vor Gott **(sog. invocatio oder nominatio dei).**[83] Diese ist – aus entgegengesetzten Gründen – immer wieder der Kritik ausgesetzt, sei es, dass man eine dermaßen „unspezifische Rede von Gott" ablehnt, sei es, dass man befürchtet, sie könne nicht nur für Atheisten

---

[72] BVerfGE 83, 37 (59).

[73] BVerfG (K) NVwZ-RR 2016, 521 ff.; BayVerfGH, BayVBl 2014, 17.

[74] *Huber* VVDStRL 60 (2001), 194 (223) mwN; zur parallelen Konstruktion in anderen Mitgliedstaaten der EU *Huber* IPE II, § 26 Rn. 42 f.

[75] *Huber*, Maastricht (Fn. 13), S. 31 f.; *Nierhaus*, Art. 28 Rn. 13; *Schwarz* AöR 138 (2013), 411.

[76] BGBl II 1990, 1318; vgl. auch den Vertrag zwischen der Bundesrepublik Deutschland und der Republik Polen vom 14.11.1990 (BGBl II 1991, 1328 ff.; 1992, 118). Zu deren völkerrechtlicher Deutung als Streitbeteiligungsregelung BVerfG NJW 1992, 3222 (3223); *Kempen*, Die deutsch-polnische Grenze nach der Friedensregelung des Zwei-plus-Vier-Vertrages, 1997, S. 309 ff.; *ders.*, Potsdam und die deutsch-polnische Grenzregelung, in: Meissner ua (Hrsg.), Das Potsdamer Abkommen, III: Rückblick nach 50 Jahren, 1996, S. 88 f.; *Kilian* HStR I, § 12 Rn. 82 ff.

[77] BT-Dr 11/7760, S. 355 (358); *Herdegen*, in: Maunz/Dürig, Präambel (2015) Rn. 26 f.; *Herdegen* (Fn. 43), S. 8 f.; str., zum genauen Zeitpunkt vgl. *Klein* DÖV 1991, 569 (572 f.); *Kunig*, in: v. Münch/Kunig I, Präambel Rn. 39.

[78] *Engel* AöR 114 (1989), 46 ff.; *Jarass*, in: Jarass/Pieroth, Präambel Rn. 10; zur Staatspraxis siehe *Schweitzer* HStR X, § 224 Rn. 6.

[79] *Jarass*, in: Jarass/Pieroth, Präambel Rn. 9.

[80] BVerfGE 92, 203 (230 ff.) – Fernsehrichtlinie; zur Bindung an die haushaltspolitische Gesamtverantwortung vgl. auch BVerfGE 129, 124 (179 f.); 132, 195 (239 f.); *Huber*, Recht der Europäischen Integration, 2. Aufl. 2002, § 11 Rn. 50 ff.; *ders./Fröhlich* FS v. Arnim, 2004, S. 577.

[81] Vorausgesetzt in BVerfG (K), EuGRZ 2013, 563 – Brücke von Varvina; EuGRZ 2015, 429 ff. – Kunduz.

[82] BVerfGE 6, 290 (295) – völkerrechtlicher Vertrag, der in der Schweiz vollzogen werden musste; BVerfGE 57, 9 (23 f.) – Auslieferungsersuchen; BVerfGE 100, 313 (362 ff.) – Abhören durch BND im Ausland.

[83] Für ein strengeres Begriffsverständnis *Dreier*, in: Dreier I, Präambel Rn. 32 f., das angesichts der fehlenden rechtlichen Konsequenzen nur semantischer Natur ist.

desintegrierend wirken.[84] Die Kritik an der Formel ist jedoch nicht berechtigt. Der Verfassungsgeber hat mit ihr lediglich zum Ausdruck gebracht, dass er sich ungeachtet seiner weitgehenden Ungebundenheit an bestimmte allgemein gültige Werte gebunden gefühlt hat,[85] die – je nach Anschauung des Betrachters – als sittlich, moralisch oder religiös eingestuft werden können.[86] Dass dieses Bekenntnis in die „invocatio/nominatio dei" gekleidet wurde, ist eine Reverenz an die christlich-abendländische Tradition Deutschlands – nicht mehr und nicht weniger.[87]

Die „invocatio/nominatio dei" unterscheidet sich daher inhaltlich nicht von der im gleichen Atem- **39** zug beteuerten **„Verantwortung vor den Menschen",** einer Verantwortung vor der Allgemeinheit oder einer solchen vor künftigen Generationen.[88] Mit all diesen Wendungen wird jeder Form totalitärer Ideologien sowie einem relativistischen Gesetzespositivismus eine Absage erteilt,[89] ohne dass die religiöse und weltanschauliche Neutralität des Staates[90] dadurch in Frage gestellt würde.

Entsprechend **gering ist ihre Direktionskraft.**[91] Allerdings steht sie einer die Freiheit der Religion  **40** und des weltanschaulichen Bekenntnisses negierenden Staatsideologie entgegen und ist insoweit auch bei der Auslegung von Art. 4, 19 II, 79 III und 140 iVm Art. 137 I WRV zu beachten.[92] In jüngerer Zeit wird zudem versucht, sie für einen generationenübergreifenden Umweltschutz fruchtbar zu machen und die Staatszielbestimmung von Art. 20a GG entsprechend anzureichern.[93]

**2. Nationale und staatliche Einheit.** Der Neufassung der Präambel im Zuge der Wiederver- **41** einigung ist die Formulierung zum Opfer gefallen, dass das deutsche Volk beim Erlass des GG von dem Willen beseelt gewesen sei, seine nationale und staatliche Einheit zu wahren. Das bedeutet freilich nicht, dass die nationale und staatliche Einheit damit verfassungsrechtlich gegenstandslos geworden wäre.[94] Im Gegenteil: Wenn S. 2 nunmehr die Feststellung enthält, dass die Deutschen die Einheit und Freiheit Deutschlands vollendet haben, so ist dies nicht nur als retrospektive „Vollzugsmeldung an die Geschichte" zu verstehen, sondern auch als aktuelle und zukunftsgerichtete Festlegung. Die Verpflichtung auf die nationale und staatliche Einheit gebot den Staatsorganen in der Gestalt des **Wahrungsgebotes** bis 1990 ihre bestmögliche Verwirklichung und enthielt selbstverständlich auch das Verbot, die Einheit, soweit sie bereits erreicht war, wieder aufzugeben. Daran hat die Neufassung der Präambel nichts geändert. Sie betraf ausschließlich das Wiedervereinigungsgebot und seine „äußeren" Aspekte,[95] hatte jedoch nicht den Sinn, die unter dem Grundgesetz erreichte nationale und staatliche Einheit zur Disposition zu stellen. Systematische, teleologische und historische Gründe sprechen deshalb dafür, in dem – zugegebenermaßen unglücklich formulierten – S. 3, wonach das Grundgesetz nach der Wiedervereinigung „für das gesamte Deutsche Volk" gilt, eine Festschreibung des die staatliche Integrität Deutschlands betreffenden Wahrungsgebotes zu sehen.

Die Wahrung und Sicherung der nationalen und staatlichen Einheit im Sinne einer **„Staatsvoraus- 41a setzungspflege"** ist vor diesem Hintergrund als staatliche Daueraufgabe legitimiert und aufgegeben, und zwar über die Vollendung der „inneren Einheit"[96] von West- und Ostdeutschland hinaus.[97] Die Einheit der Nation hat nicht nur eine territoriale, sondern auch eine wirtschaftliche, soziale und kulturelle Dimension. Als solche bindet sie alle staatlichen Organe als uneingeschränkt justitiable Rechtspflicht und gibt zugleich Leitlinien für die Auslegung und Anwendung anderer Verfassungsbestimmungen (Art. 9 II, 18, 20 I, IV, 21 II 1, 23 I, 79 III) vor.[98]

---

[84] GemVerfKom-Drs. 37, 72, BT-Dr 12/6000 S. 107 ff.; Bericht GemVerfKom, BR-Drs. 800/93, S. 217 ff.; *Bachof* AöR 115 (1990), 514 (516). In Schleswig-Holstein wurde die Aufnahme eines Gottesbezugs in die Präambel der Landesverfassung zwar diskutiert, die Aufnahme ist aber gescheitert, vgl. SchlH LT, LT-Dr. 18/4412, S. 10479 ff.; LT-Dr. 18/4107 (neu), S. 9889 ff.; *Kreß* ZRP 2015, 152.

[85] Zur Bindung an das Völkerrecht *Murswiek* BK, Präambel (2005) Rn. 106.

[86] Auf den Punkt gebracht im Begriff der „Demutsformel", *Dreier,* in: Dreier I, Präambel Rn. 35; *Herdegen,* in: Maunz/Dürig, Präambel (2015), Rn. 33 ff.; vgl. auch BVerfGE 33, 23 (27 f.).

[87] BVerfGE 41, 29 (52) – bad. Simultanschule; 41, 65 (84); 52, 223 (237); 93, 1 (23) – Kruzifixbeschluss, mit Betonung auf dem Kultur- und Bildungsgehalt des Christentums; *Häberle* FS Zeidler I, 1987, S. 3 (9 ff.); *Zuleeg* AK I, Präambel Rn. 10: „im Grunde überflüssig".

[88] Treffend insoweit der übergreifende Begriff des „Verantwortungsprinzips" bei *Wiegand* JöR nF 43 (1995), 31 (49); *Mahrenholz* JöR nF 57 (2009), 61 (70 mit Fn. 16).

[89] Bericht GemVerfKom., BR-Drs. 800/13, S. 211.

[90] BVerfGE 33, 23 (28); 41, 29 (50).

[91] *Jarass,* in: Jarass/Pieroth, Präambel Rn. 1; für keinerlei rechtlichen Gehalt: *Zuleeg* AK I, Präambel Rn. 10.

[92] BVerfGE 19, 206 (216); *Mückl* HStR VII, § 159 Rn. 61 ff.; *Kunig,* in: v. Münch/Kunig I, Präambel Rn. 14 ff.; *Häberle* FS Zeidler I, 1987, S. 14 f.

[93] *Dreier,* in: Dreier I, Präambel Rn. 42; *Wiegand* JöR nF 43 (1995), 31 (53 f.); *Zuleeg* AK I, Präambel Rn. 11.

[94] *Starck* MKS I, Präambel Rn. 48; aA und insoweit zu Recht kritisch *Dreier,* in: Dreier I, Präambel Rn. 55 ff.

[95] BT-Dr. 11/7760, 355 (358); *Kunig,* in: v. Münch/Kunig I, Präambel Rn. 43.

[96] Dazu *Würtenberger,* Zur Legitimität des Grundgesetzes in historischer Perspektive, S. 21 (34 f.).

[97] *Hillgruber* HStR II, § 32 Rn. 15; *Murswiek* BK, Präambel (2005) Rn. 194 f., 213 ff., 302 f.; krit. *Dreier,* in: Dreier I, Präambel Rn. 56 mit zu starker Betonung des in der Tat missglückten Wortlautes.

[98] *Murswiek* BK, Präambel (2005) Rn. 303. Krit. *Kunig,* in: v. Münch/Kunig I, Präambel Rn. 44.

42    Bestrebungen, die sich gegen die nationale und staatliche Einheit Deutschlands wenden, verstoßen **gegen die verfassungsmäßige Ordnung.**[99]

## II. Staatszielbestimmungen

43    **1. Europäische Integration.** Als Ausdruck „offener Staatlichkeit"[100] enthält die Präambel die Verpflichtung Deutschlands auf die europäische Integration als **Staatszielbestimmung.**[101]

44    Diese Staatszielbestimmung für das vereinte Europa wird seit 1992 **durch Art. 23 konkretisiert.** Besaßen die zuständigen Verfassungsorgane zuvor einen weiten politischen Gestaltungsspielraum hinsichtlich der Frage, wie das „vereinte Europa" auszusehen hat und auf welche Weise es erreicht werden soll,[102] so legt Art. 23 Deutschland nunmehr auf die Mitgliedschaft in der EU fest.[103] Er hat damit nicht nur den ursprünglichen Spielraum der Verfassungsorgane bei der Verwirklichung des vereinten Europas deutlich reduziert, sondern die Europapolitik auch in größerem Umfang als zuvor der verfassungsgerichtlichen Kontrolle unterworfen. Eine evident integrationsfeindliche Politik, die die Europäische Union ohne ausreichenden Grund substantiell gefährden würde, verstieße daher gegen Art. 23, den Grundsatz der **Europarechtsfreundlichkeit**[104] und die Staatszielbestimmung der Präambel für das vereinte Europa. Sie könnte allenfalls zur Sicherung elementarer Verfassungswerte gerechtfertigt sein.

45    Der Präambel kommt vor diesem Hintergrund nur mehr eine unterstützende (Auffang-) Funktion zu. Sie ist bei der Auslegung von Art. 23 GG mit heranzuziehen; ihre spezifische **Direktionskraft ist jedoch gering.**[105] Namentlich ist mit ihr keine bundesstaatliche Finalität des europäischen Integrationsprozesses vorgegeben oder auch nur zugelassen.[106] Die Zielsetzung, dass Deutschland ein „gleichberechtigtes Glied in einem vereinten Europa" sein solle, ist insoweit zu vage. Sie sagt weder etwas darüber aus, welche Gestalt das vereinte Europa aufweisen soll, noch, welche Anforderungen an die „Gleichberechtigung" Deutschlands zu stellen sind – etwa mit Blick auf die Vertretung der Deutschen in den EU-Organen, insbesondere im Europäischen Parlament und im EZB-Rat. Die genauere Konturierung des vereinten Europas ist eine Aufgabe des politischen Prozesses, des Interessenausgleichs, der Gewichtung von Vor- und Nachteilen, von Mehrheit und Minderheit. Es verbietet sich daher, die spezifischen Anforderungen des Grundgesetzes an die Weiterentwicklung der EU, wie sie sich insbesondere aus Art. 23, 1, 20 und 79 III ergeben, unter Rückgriff auf die Präambel zu überspielen. Daran ändert auch der Umstand nichts, dass sich die Verfassungsmütter und -väter keine Gedanken über mögliche Grenzen der Integration gemacht haben und dass demokratische Selbstbestimmung bis zur Erfahrung der friedlichen Revolution in der DDR in der deutschen Politik ebenso wenig ein Thema war wie in der Staatsrechtslehre.[107] Abgesehen davon, dass man der Entstehungsgeschichte des GG keine validen Aussagen des Verfassungsgebers über die Gestalt des angestrebten vereinten Europas entnehmen kann, wären diese angesichts der Nachrangigkeit der historischen Auslegungsmethode und dem Verständnis der Verfassung als „living instrument" auch nicht geeignet, die grammatische, systematische und teleologische Auslegung der Verfassung zu konterkarieren. Für alle konkreten Schritte im Rahmen der Europäischen Integration gelten vielmehr die spezifischen Handlungsermächtigungen.

46    **2. „… dem Frieden der Welt zu dienen".** In engem Zusammenhang mit der europäischen Integration erhebt die Präambel auch den Dienst am internationalen Frieden zum Staatsziel **(Friedensgebot).** Dieses wird durch Art. 1 II, 9 II, 24, 25, 26 und 87a konkretisiert,[108] bei deren Auslegung die Präambel zu beachten ist. Mit dem Friedensgebot ist freilich keine pazifistische, etwa gegen die Landesverteidigung gerichtete Politik intendiert; auch den Einsatz militärischer Gewalt zur Friedensschaffung lässt das Friedensgebot zu, insbesondere dann, wenn er in Erfüllung internationaler Verpflichtungen erfolgt.[109]

---

[99] BVerfG (K), Beschl. v. 16.12.2016 – 2 BvR 349/16 (juris).

[100] *Vogel* (Fn. 15), S. 42 ff.

[101] BVerfGE 73, 339 (386); 89, 155 (183); *Anker* (Fn. 18), S. 76; *Badura* AöR 115 (1990), 314 (324); *Steiner* BB Beilage 2008 Nr. 4; eine Rechtspflicht verneinend *Geiger,* in: Blumenwitz/Zieger (Hrsg.), 40 Jahre Bundesrepublik Deutschland, 1989, S. 53 (60 f.).

[102] BVerfGE 36, 1 (18) – zum Wiedervereinigungsgebot; *Randelzhofer* VVDStRL 49 (1990), 101 (104).

[103] Siehe dazu *Huber* (Fn. 80), § 4 Rn. 8; *Schorkopf,* Grundgesetz und Überstaatlichkeit, 2007, S. 247; BVerfGE 123, 267 (346).

[104] BVerfGE 123, 267 (354); 126, 286 (303); 129, 124 (172).

[105] *Randelzhofer* VVDStRL 49 (1990), 101 (118), spricht von einem lediglich erwünschten, nicht jedoch verpflichtenden Verfassungsziel.

[106] BVerfGE 123, 267 (347 f.); *Dreier,* in: Dreier I, Präambel Rn. 45; *Huber,* Maastricht (Fn. 13), S. 27 f.; aA *Ipsen* Staat 24 (1985), 325 (344); *Kunig,* in: v. Münch/Kunig, Präambel Rn. 24; *Zuleeg* AK I, Präambel Rn. 24.

[107] *Huber,* Verfassungsstaat und Finanzkrise, 2014, S. 11, 41 ff.

[108] *Starck* MKS I, Präambel Rn. 44.

[109] BVerfGE 90, 286 (345 ff.); 140, 160 (187 ff., Rn. 67 ff.); *Kunig,* in: v. Münch/Kunig I, Präambel Rn. 28; *Starck* MKS I, Präambel Rn. 44; *Tomuschat* HStR VII, 2. Aufl. 1992, § 172 Rn. 4.

# I. Die Grundrechte

## Vorbemerkungen zu Abschnitt I

**Entstehungsgeschichte: Erstfassung**: JöR nF 1 (1951), 41.
**Historische Verfassungstexte: RV 1849: Abschnitt VI:** Die Grundrechte des deutschen Volkes. – **WRV: Zweiter Hauptteil:** Grundrechte und Grundpflichten der Deutschen.
**Geltende Landesverfassungen:** *BW*Verf Erster Hauptteil; *Bay*Verf Zweiter–Vierter Hauptteil; *Bln*Verf Abschnitt II; *Bbg*Verf 2. Hauptteil; *Brem*Verf Erster und Zweiter Hauptteil; *Hess*Verf Erster Hauptteil; *MV*Verf 1. Abschnitt, II; *Nds*Verf Erster Abschnitt; *NRW*Verf Zweiter Teil; *RhPf*Verf Erster Hauptteil; *Saar*Verf I. Hauptteil; *Sachs*Verf 1. und 2. Abschnitt; *LSA*Verf 2. Hauptteil, Erster und Zweiter Abschnitt; *SchlH*Verf Art. 3; *Thür*Verf Erster Teil.
**Supra- und internationale Texte:** EUGRCh; AMRE; IPBürgR; IPWirtR; EMRK und 1., 4., 6., 7. und 13. Prot.
**Leitentscheidungen:** BVerfGE 6, 32 (Elfes); BVerfGE 7, 198 (Lüth); BVerfGE 28, 243 (Kriegsdienstverweigernde Soldaten); BVerfGE 30, 173 (Mephisto); BVerfGE 33, 1 (Strafgefangene); BVerfGE 33, 125 (Facharzt); BVerfGE 33, 303 (numerus clausus); BVerfGE 35, 79 (Gruppen-Universität); BVerfGE 39, 1 (Schwangerschaftsabbruch I); BVerfGE 53, 30 (Mülheim-Kärlich); BVerfGE 89, 155 (Maastricht); BVerfGE 105, 252 (Glykol); BVerfGE 105, 279 (Osho); BVerfGE 128, 282 (Zwangsbehandlung); BVerfGE 129, 78 (Cassina).

**Schrifttum:** Vgl. die im Vorspann beim Allgemeinen Schrifttum aufgeführten Werke (auch) zu den Grundrechten sowie *R. Alexy,* Theorie der Grundrechte, 1985; *H. Bethge,* Aktuelle Probleme der Grundrechtsdogmatik, Staat 24 (1985), 351; *C. Bumke,* Die Entwicklung der Grundrechtsdogmatik in der deutschen Staatsrechtslehre unter dem Grundgesetz, AöR 144 (2019), S. 1 ff.; *W. Cremer,* Freiheitsgrundrechte, 2003; *P. Häberle,* Die Wesensgehaltgarantie des Artikel 19 Abs. 2 Grundgesetz, 3. Aufl. 1983; *W. Höfling,* Offene Grundrechtsinterpretation, 1987; *H. D. Jarass,* Die Grundrechte: Abwehrrechte und objektive Grundsatznormen, in: FS 50 Jahre BVerfG II, 2001, S. 35; *G. Lübbe-Wolff,* Die Grundrechte als Eingriffsabwehrrechte, 1988; *S. Graf von Kielmansegg,* Grundfälle zu den allgemeinen Grundrechtslehren, JuS 2009, 19 ff., 118 ff., 216 ff.; *D. Merten/H.-J. Papier* (Hrsg.), Grundsatzfragen der Grundrechtsdogmatik, 2007; *F. Müller,* Die Positivität der Grundrechte, 2. Aufl. 1990; *R. Poscher,* Grundrechte als Abwehrrechte, 2003; *A. Scheidler,* Einführung in die allgemeine Grundrechtslehre, Jura 2012, 256 ff.; *J. Schwabe,* Probleme der Grundrechtsdogmatik, 1977; *K. Stern,* Die Grundrechte und ihre Schranken, in: FS 50 Jahre BVerfG II, 2001, S. 1.

### Übersicht

## A. Allgemeines

### I. Entstehung

**1**    **1. Vorgeschichte. a) Ideengeschichtliche Ursprünge.** Die **Wurzeln** der heutigen Grundrechte[1] reichen **ideengeschichtlich** bis in die antike Philosophie und zur frühchristlichen Vorstellung der Gottesebenbildlichkeit des Menschen zurück.[2] Das zunächst theologische, dann säkularisierte Naturrecht gelangte von diesen Ansätzen in ganz Europa zur Annahme gewisser Bindungen des Herrschers mit Rücksicht auf zentrale Persönlichkeitsgüter des Einzelnen. Die Sanktionierung dieser Herrscherpflichten blieb freilich auf ein Widerstandsrecht in extremen Fällen oder ein Auswanderungsrecht beschränkt.

**2**    Grundlage der Bindungen der Herrschaftsgewalt bildete oft die Vorstellung eines Herrschafts- oder Gesellschaftsvertrags. Hervorzuheben ist die Fassung, die *John Locke* dieser Lehre in seinen „Two Treatises of Government" von 1690 gab, die die **philosophische Grundlegung** für die weitere Entwicklung in den brit. Kolonien Nordamerikas darstellt. Die Beiträge der deutschen Naturrechtslehre blieben stärker auf die im absoluten Staat bestehenden Verhältnisse orientiert.

**3**    **b) Entwicklung grundrechtlicher Gewährleistungen.** Im geschriebenen Recht finden sich erste **Vorläufer der Grundrechte** in den ständischen und städtischen Rechts- und Freiheitsgarantien des europäischen Mittelalters, wie zumal in der berühmten englischen Magna Charta von 1215.[3] Über solche personell beschränkten und inhaltlich historisch-zufälligen Gewährleistungen führten schon Dokumente des 17. Jh. in England (Petition of Right 1628; Agreement of the People 1647; Habeas Corpus-Akte 1679; Bill of Rights 1689) und seinen amerikanischen Kolonien (sehr ausführlich das Massachusetts Body of Liberties 1641) hinaus.

**4**    Der Durchbruch zu Grundrechten im modernen Sinne, die auf Freiheit und Gleichheit aller Menschen aufbauen, gelang mit der Verfassunggebung anlässlich der Unabhängigkeit der amerikanischen Kolonien Englands, zunächst mit der **Virginia Bill of Rights von 1776,**[4] der anwachsende

---

[1] Zur Grundrechtsgeschichte allgemein etwa *Planitz,* in: Nipperdey (Hrsg.), Die Grundrechte und Grundpflichten der Reichsverfassung, Bd. 3, 1930, S. 597 ff.; *Oestreich,* Geschichte der Menschenrechte und Grundfreiheiten im Umriß, 2. Aufl. 1978, S. 15 ff.; *Kleinheyer,* Grundrechte – zur Geschichte eines Begriffs, 1977; *Birtsch* (Hrsg.), Grund- und Freiheitsrechte von der ständischen zur spätbürgerlichen Gesellschaft, 1981; *ders.* (Hrsg.), Grund- und Freiheitsrechte im Wandel von Gesellschaft und Geschichte, 1987; *Stern,* StaatsR III/1, S. 47 ff.; *H. Maier* FS Lerche, 1993, S. 43 ff.; *Maurer* JZ 1999, 689 ff.

[2] Vgl. zu den ideengeschichtlichen Hintergründen *Oestreich* (Fn. 1), S. 15 ff.; *H. Hofmann* JuS 1988, 841 (842 ff.); *Stern,* StaatsR III/1, S. 57 ff.; auch *König,* Zur Begründung der Menschenrechte: Hobbes – Locke – Kant, 1994; *Hofer,* Die ideengeschichtlichen Quellen der Grundrechte des Grundgesetzes, 2005.

[3] *v. Keller,* Freiheitsgarantien für Person und Eigentum im Mittelalter, 1933.

[4] *Salander,* Vom Werden der Menschenrechte, 1926; *Stourzh* JZ 1976, 397 ff.

Rechtekataloge in den anderen neuen nordamerikanischen Staaten folgten.[5] In Europa brachte 1789 die Französische Revolution die **Déclaration des droits de l'homme et du citoyen** hervor,[6] die mit höherem theoretischen Anspruch inhaltlich vergleichbare Rechtspositionen proklamierte. Unabhängig von der müßigen Frage der Priorität sind diese Rechtekataloge des ausgehenden 18. Jahrhunderts bis heute für das Grundrechtsdenken weltweit von zentraler Bedeutung geblieben.[7]

**Im deutschen Raum**[8] sind die Bestimmungen über Rechte der Einzelnen in den großen Kodifika- **5** tionen des ausgehenden Absolutismus (dem prALR von 1794[9] und dem österreichischen ABGB von 1811) damit noch kaum vergleichbar. Nach der Niederlage Napoleons sparte die Deutsche Bundesakte von 1815 das Thema weitgehend aus.[10] Immerhin enthielten die in den einzelnen Staaten des Deutschen Bundes seit 1818 erlassenen Verfassungen Kataloge von Rechten (und Pflichten) der Untertanen, die bereits einen nach und nach immer mehr anwachsenden Grundbestand der bis heute bekannten Grundrechte formulierten,[11] die aber aus verschiedenen Gründen keine große Bedeutung erlangten.

Auf gesamtdeutscher Ebene sollten die **1849** in die **Paulskirchenverfassung** aufgenommenen **6** **„Grundrechte des deutschen Volkes"** über diesen Stand hinausführen; sie waren aber mit der gesamten Verfassung zum Scheitern verurteilt.[12] Immerhin lebte manches vom Ideengut der Paulskirche in neuen oder ergänzten Verfassungen der Einzelstaaten weiter.[13] Bei der Bildung des Norddeutschen Bundes 1867 und seiner Fortentwicklung zum Deutschen Reich 1871 blieben die Grundrechte grds. aus dem Verfassungsrecht ausgegrenzt; stattdessen wurden die meisten Grundrechtsfelder reichsgesetzlich näher ausgestaltet.[14]

So blieb es der **WRV von 1919** vorbehalten, als ihren Zweiten Hauptteil den ersten verfassungs- **7** rechtlichen Grundrechtskatalog von gewisser Dauer auf gesamtstaatlicher Ebene zu verwirklichen.[15] Dieser schloss die traditionellen Gewährleistungen zugunsten der Einzelperson (Art. 109 ff. WRV) ebenso ein wie zahlreiche Neuerungen, insbes. im Abschnitt über „Das Wirtschaftsleben" (Art. 151 ff. WRV). Der Katalog versuchte mit seinen weiteren Abschnitten über „Das Gemeinschaftsleben" (Art. 119 ff. WRV), „Religion und Religionsgesellschaften" (Art. 135 ff. WRV, s. heute Art. 140 GG) sowie „Bildung und Schule" (Art. 142 ff. WRV) die wichtigsten Lebensbereiche umfassend abzudecken.

Im **NS-Staat** wurden diese Grundrechte teilweise sehr bald ausdrücklich außer Kraft gesetzt, im **8** Übrigen aber jedenfalls der Sache nach jeder Bedeutung beraubt.[16]

Die Grundrechte in den **Landesverfassungen vor dem GG** knüpften weitgehend an das Vorbild **9** der WRV an[17] und versuchten, die für die Menschen wichtigsten Lebensbereiche durch ihnen gewidmete Abschnitte mit grundrechtlichen Gewährleistungen zu gestalten.

**2. Der Grundrechtsabschnitt des Grundgesetzes. a) Ursprungsfassung.** Mit dem **Frankfur-** **10** **ter Dokument I** (→ Einf Rn. 14) verlangten die Militärgouverneure der Westmächte, dass die zu beschließende Verfassung „Garantien der individuellen Rechte und Freiheiten enthält". Dies entsprach den demokratischen Verfassungstraditionen in Deutschland (1849/1919) und der aktuellen Entwicklung auf der Landesebene. Gleichwohl stieß die Aufnahme von Grundrechten in das Grundgesetz aus Gründen des Föderalismus und des provisorischen Charakters der Verfassung zunächst auf Bedenken.

Trotzdem übertrug der für die Grundrechtsproblematik zuständige Unterausschuss I des **Herren-** **11** **chiemseer Konvents** einer Unterkomm. die Aufgabe, einen Katalog von individuellen (Freiheits-) Grundrechten zu formulieren. Der unter maßgeblicher Beteiligung von *Nawiasky* entstandene Vorschlag ging kaum verändert in den HChE ein. Dieser rückte die Grundrechte an den Anfang,

---

[5] Zum Inhalt der Kataloge vgl. *Sachs,* in: Stern, StaatsR III/1, S. 320 ff.

[6] *Samwer,* Die französische Erklärung der Menschen- und Bürgerrechte von 1789/91, 1970; *H. Hofmann* NJW 1989, 3177 (3179 ff.).

[7] *Stern,* StaatsR III/1, S. 217 ff., auch zur Frage der Universalität der Menschenrechte.

[8] Vgl. *Würtenberger, Kühne* und *Dreier* HGR I, §§ 2 bis 4; *Pieroth* HGR II, § 25; *Lotzenburger,* Die Grundrechte in den deutschen Verfassungen des 19. Jahrhunderts, 2015; *Eckhardt,* Die Grundrechte vom Wiener Kongreß bis zur Gegenwart, 1913; *Scheuner* FS E. R. Huber, 1973, S. 139 ff.; *Wahl* Staat 18 (1979), 312 ff.; *Suppé,* Die Grund- und Menschenrechte in der deutschen Staatslehre des 19. Jahrhunderts, 2004.

[9] Dazu etwa *Klippel/Pahlow,* in: Birtsch/Willoweit (Hrsg.), Reformabsolutismus und ständische Gesellschaft, 1998.

[10] Zu den Rechten des Art. XVIII etwa *Wadle* FS Ress, 2005, S. 1333 ff.

[11] Vgl. zu diesen Rechten *Stern,* StaatsR III/1, S. 106 ff.; *Sachs* ebda, S. 322 ff.; *Wahl* Staat 18 (1979), 321 ff.; *Hilker,* Grundrechte im deutschen Frühkonstitutionalismus, 2005.

[12] Hierzu ausführlich *Kühne,* Die Reichsverfassung der Paulskirche, 2. Aufl. 1998, S. 157 ff.

[13] *Stern,* StaatsR III/1, S. 115 f.; *Sachs* ebda, S. 333 f.; eingehend *Kühne* (Fn. 12), passim.

[14] Vgl. die Aufzählung bei *E. R. Huber* FS Scheuner, 1973, S. 163 (169); auch *Sachs,* in: Stern, StaatsR III/1, S. 334 Fn. 124; zur Bewertung zurückhaltend *Kühne* (Fn. 12), S. 157 ff.

[15] Dazu umfassend *Nipperdey* (Hrsg) (Fn. 1), Bd. 1, 1929, Bd. 2, 3, 1930; ferner etwa *Pieroth* Jura 1984, 568 (576 f.); *Gusy* ZNR 1993, 163 ff.; *Stern,* StaatsR III/1, S. 121 ff.; zum Bestand an Grundrechten im Einzelnen *Sachs* ebda, S. 335 ff.

[16] Näher hierzu etwa *Terwiesche* JR 1997, 227 (231 ff.).

[17] Hierzu ausführlich *Beutler,* Das Staatsbild in den Länderverfassungen nach 1945, 1973, S. 55 ff., 197 ff.; s. auch *Sachs,* in: Stern, StaatsR III/1, S. 339 ff.; ähnlich auch die Verfassungen der DDR.

konzentrierte sich unter prinzipiellem Verzicht auf Regelungen zu(r) Lebens- und Gemeinschafts-ordnung(en) auf die überkommenen liberalen Garantien, erklärte sie ausdrücklich für rechtlich ver-bindlich gegenüber allen Teilen der Staatsgewalt und unterwarf sie einheitlichen Begrenzungsbestim-mungen.

12 Die Beratungen im **Parlamentarischen Rat** fanden vor allem im GSA statt; daneben hatte der ARA nicht unerheblichen Einfluss auf das Beratungsergebnis. Dieses entsprach grds. weitgehend dem HChE. Allerdings wurden jetzt doch einzelne, heftig umstrittene Bestimmungen zu „Lebensordnun-gen" aufgenommen, namentlich mit Art. 6 und 7 zu Familie und Schule. Die wichtigste Abweichung betrifft den Verzicht auf die einheitl. Begrenzungsbestimmungen der Art. 21 III, IV HChE; man glaubte, durch je spezielle Begrenzungsbestimmungen, ergänzt durch die Anforderungen des Art. 19 I, II, die Wirksamkeit der Einzelgrundrechte besser sichern zu können.[18]

13 **b) Änderungen.** Der Grundrechtsabschnitt hat insgesamt **relativ wenige** Änderungen erfahren.[19] Bei Begründung einer Wehrverfassung wurden Art. 1 III und 12 geändert, Art. 17a neu eingefügt. Die Notstandsverfassung führte zu Änderungen der Art. 9 III, 10, 11, 12 und 19 IV, neu aufgenom-men wurde Art. 12 a. 1993 wurde die umgestaltete Regelung des Asylrechts in den neuen Art. 16a verlagert, dabei Art. 18 angepasst. 1998 wurde Art. 13 um eine neue Begrenzungsbestimmung ergänzt (dazu → Art. 13 Rn. 38 ff.). Im Jahre 2000 erhielten Art. 16 II einen qualifizierten Gesetzesvorbehalt (→ Art. 16 Rn. 40 ff.) und Art. 12a IV 2 eine unmissverständliche Fassung (→ Art. 12a Rn. 6 ff.).

14 Die beim Beitritt der DDR geführte Verfassungsdiskussion hat zu vielfältigen **Vorschlägen** von Erweiterungen auch zum Grundrechtskatalog geführt, wie sie in den Verfassungen der neuen Länder zum Teil realisiert wurden.[20] Vor allem ging es dabei um insbesondere sozialstaatlich inspirierte Ergän-zungen, während die überkommene Grundrechtssubstanz unberührt blieb.

15 Die **Gemeinsame Verfassungskommission** hat einige grundrechtsbezogene Vorschläge dis-kutiert, in ihre Empfehlungen aber nur die Förderung der Gleichberechtigung der Geschlechter (Art. 3 II 2) aufgenommen.[21] Daneben wurde das Verbot der Benachteiligung wegen Behinderung, Art. 3 III 2, eingefügt. Als grundrechtsnahe Neuerung ist ferner der Umweltschutzauftrag des Art. 20a zu erwähnen. Weitergehende Vorstellungen blieben ohne Erfolg.[22] Die ausdrücklich nicht empfohlene Aufnahme der „sexuellen Identität" in Art. 3 III GG ist weitgehend über Art. 3 I GG von der Rechtsprechung nachgeholt worden.[23]

## II. Grundsätzliche Bedeutung

16 **1. Die Grundrechte als Teil des Verfassungsrechts.** Seit den ersten modernen Verfassungs-urkunden (→ Rn. 4) enthalten (Voll-)Verfassungen neben den grundlegenden organisatorischen Be-stimmungen, dem Modell des Gesellschaftsvertrages entsprechend, als ihren materiellen Kern grund-rechtliche Gehalte, die die grds. Stellung des Einzelnen in dem verfassten Staat betreffen. Die Grund-rechte sind damit Teil der das konkrete Staatswesen konstit. Gesamtentscheidung, seiner **Verfassung.**[24] Wie der Rest der Verfassung sind auch die Grundrechte im GG als der maßgeblichen Verfassungsurkunde der BRD enthalten; als Teil des **Verfassungsrechts** haben die Grundrechts-bestimmungen an dessen wesentlichen Eigenschaften (→ Einf Rn. 8) teil.

17 Für das Grundgesetz lässt sich an der verschiedenen Stellen (namentlich: Art. 1 III, 17a I, II, 18, 19 I –III, 28 III, 45b, 93 I Nr. 4a und 142, auch 23 I 1) in nicht stets einheitlicher Bedeutung verwendete Begriff[25] **„Grundrechte"** formell auf den Abschnitt „I. Die Grundrechte" beziehen, der freilich nicht nur Grundrechte,[26] sondern auch ergänzende und begrenzende Bestimmungen umfasst. Sachlich gehören auch die in Art. 93 I Nr. 4a als Gegenstand der Verfassungsbeschwerde aufgezählten Art. 20 IV, 33, 38, 101, 103, 104, soweit sie Rechte des Einzelnen begründen,[27] als **grundrechtsgleiche**

---

[18] Zur Entstehungsgeschichte der Grundrechte allgemein *Stern,* StaatsR III/1, S. 127 ff.; für die Begrenzungsrege-lungen näher *Sachs,* in: Stern, StaatsR III/2, S. 267 ff.

[19] Zur Entwicklung etwa *Hufen* NJW 1999, 1504 ff.; *Grawert* Staat 49 (2010), 507 ff.; ferner *Hornung,* Grundrechts-innovationen, 2015.

[20] Dazu im Überblick die Beiträge in: Stern (Hrsg.), Deutsche Wiedervereinigung, Bd. III, 1992.

[21] BT-Dr 12/6000, S. 15.

[22] So zB die der SPD-Fraktion (BT-Dr 12/6323), die ua die gescheiterten Vorschläge der GemVerfKom weiter-verfolgte; ferner die Entwürfe der PDS/Linke Liste (BT-Dr 12/6570), der Gruppe Bündnis 90/Grüne (BT-Dr 12/6686) und der interfraktionelle Entwurf des Abg. Dr. Elmer ua (BT-Dr 12/6708).

[23] Vgl. gegenüber BT-Dr 12/6000, S. 54, etwa BVerfGE 133, 377 Rn. 77; auch *Nußberger,* Art. 3 Rn. 290 ff.; seither auch BT-Dr 17/4775, S. 5 und dazu BVerfGE 147, 1 Rn. 62.

[24] Ausführlich zur Grundrechtsprägung des Verfassungsstaates *Stern,* StaatsR III/1, S. 173 ff.

[25] Zu Begriff und Abgrenzung der Grundrechte *Merten* HGR II, § 35.

[26] Nicht unbedenklich ist die verfassungsgerichtl. Formulierung „neuer" Grundrechte, s. etwa BVerfGE 120, 274 LS 1; krit. *Sachs/Krings* JuS 2008, 481 ff.; zu zusammengesetzten Grundrechten → Rn. 136.

[27] Bedenklich BVerfGE 108, 251 (266 f.); 134, 141 Rn. 83 ff., für Einbeziehung der Statusrechte der Abg. aus Art. 38 I 2, sogar iVm Art. 28 I für LT-Abg.; BVerfG (K) NJW 2014, 3085 Rn. 24; s. auch → Art. 93 Rn. 88; ausführlich *Gausing,* Das Abgeordnetenmandat zwischen Staat und Gesellschaft, 2018.

**Rechte** hierher. Als **grundrechtsähnliche Bestimmungen** sind sonstige materiell vergleichbare Bestimmungen (wie Art. 21 I 2, 48 I, II, 102, 140) anzusprechen.[28]

Gewährleistungen grundrechtlicher Art sind nicht auf das Grundgesetz beschränkt. Innerstaatlich **18** finden sie sich mit Abweichungen auch in den **Landesverfassungen,** die allerdings teils (auch) durch Verweisung die Grundrechte des GG übernehmen.[29] Supranational hat der EuGH ein neben den Grundfreiheiten bestehendes,[30] vom BVerfG als dem grundrechtlichen Gewährleistungsniveau des Grundgesetzes grundsätzlich gleichwertig eingestuftes Arsenal von **Grundrechten des Unionsrechts** entwickelt, die in der durch Art. 6 I EUV als den Verträgen gleichrangig anerkannten EUGRCh kodifiziert worden sind (→ Art. 23 Rn. 41 ff.). und nunmehr auch Maßstab für Entscheidungen des BVerfG sein sollen.[31] Hinzu kommen die seit der AMRE in weltweiten (zumal in IPBürgR und IPWirtR) und regionalen (namentlich in der EMRK[32]) Vertragswerken, denen auch Deutschland zugestimmt hat, im Völkerrecht zunehmend verbindlich festgeschriebenen **internationalen Menschenrechte.**[33] Das Zusammenspiel der Garantien der verschiedenen Ebenen und der jeweiligen Gerichte wirft noch vielfältige Fragen auf.[34]

### 2. Räumlicher und zeitlicher Geltungsbereich. a) Räumlicher Geltungsbereich. Die Gel- **19**
tung der Grundrechte unterliegt grundsätzlich **keinen räumlichen Begrenzungen.** Insbesondere gelten die Grundrechte für deutsches Staatshandeln mit Wirkungen außerhalb deutscher Hoheitsgebiets.[35] Aber auch wenn deutsche Staatsgewalt außerhalb des eigenen Staatsgebiets ausgeübt wird (→ Einf Rn. 28 f.), greift – unabhängig von der Vereinbarkeit mit Völkerrecht[36] – die Grundrechtsbindung durch,[37] auch für Einsätze der Bundeswehr[38] oder Spionage.[39] Die Intensität der Grundrechts-

---

[28] Ausführliche Zusammenstellung bei *Sachs,* in: Stern, StaatsR III/1, S. 372 ff.

[29] Vgl. Art. 2 I BWVerf; Art. 5 III MVVerf; Art. 3 II NdsVerf; Art. 4 I NRWVerf; Art. 3 SHVerf.; s. insgesamt *Maurer* HGR III, § 82; *Lange* ebda, § 83; *Lindner* JuS 2018, 233 ff.; → Art. 142 Rn. 6 f.

[30] Zu deren Zusammenwirken mit den Grundrechten *Kahl/Schwind* EuR 2014, 170 ff.

[31] BVerfGE 153, 152 Rn. 63 ff. und 216 Rn. 32 ff.; dazu etwa E. *Klein* DÖV 2020, 341 ff.; *Edenharter* DÖV 2020, 349 ff.; H. *Wendt* DVBl 2020, 549 ff.; *Hofmann/Heger/Gharibyan* KritV 2019, 277 ff.; *Kämmerer/Kotzur* NVwZ 2020, 177 ff.; *Wendel* JZ 2020, 157 ff.; *Michl* Jura 2020, 479 ff.; *Neumann/Eichberger* JuS 2020, 502 ff.

[32] Dazu etwa *Grabenwarter/Pabel;* zum Verhältnis zu den Grundrechten etwa *Herdegen* FS Wildhaber, 2007, S. 323 ff.; *Wahl* ebda, S. 865 ff.; auch → Art. 1 Rn. 77.

[33] Vgl. zusammenfassend *Seidel,* Handbuch der Grund- und Menschenrechte auf staatlicher, europäischer und universeller Ebene, 1996; auch → Art. 1 Rn. 77 ff.; → Art. 25 Rn. 68 ff. Zur verfassungsrechtl. Bindung an grundrechtsrelevantes VölkerR s. BVerfGE 112, 1 (24 ff.); zur Bedeutung für die Grundrechtsauslegung → Einf Rn. 44. Gegen eine allgemeine Bindung der Gesetzgebung an Völkerrecht BVerfGE 141, 1 Rn. 49 ff.

[34] Vgl. etwa BVerfGE 121, 1 (15 f.); 122, 1 (20 f.); 123, 267 (334 f.); 124, 300 (319); 126, 286 (302); 129, 78 (99 f.); 133, 277 Rn. 88 ff.; 134, 366 Rn. 22 ff.; 137, 273 Rn. 127 ff.; 140, 317 Rn. 36 ff.; 142, 74 Rn. 124; 142, 313 Rn. 87 ff.; 143, 38 Rn. 31 ff.; 143, 246 Rn. 196 ff.; 144, 20 Rn. 607 ff.; 147, 364 Rn. 34 ff.; 152, 152 Rn. 41 ff. und 152, 216 Rn. 42 ff.; *BVerwG* NVwZ 2017, 65 ff.; F. *Kirchhof* NVwZ 2014, 1537 ff.; *Geiß* DÖV 2014, 265 ff.; *Lange* NVwZ 2014, 169 ff.; *Ludwigs* EuGRZ 2014, 273 ff.; *Masing* JZ 2015, 477 ff.; *Scholz* DVBl 2014, 197 ff.; *Stern* FS Schwarze, 2014, 244 ff.; *Uerpmann-Wittzack* Jura 2014, 916 ff.; *Voßkuhle* EuGRZ 2014, 165 ff.; *Bäcker* EuR 2015, 389 ff.; *Classen* FS Müller-Graff, 2015, 1378 ff.; *ders.* EuR 2017, 347 ff.; *Franzius* EuGRZ 2015, 139 ff.; *Frenz* DVBl 2015, 741 ff.; *Britz* EuGRZ 2015, 275 ff.; *Lepsius,* in: Masing ua (Hrsg.), Strukturfragen des Grundrechtsschutzes in Europa, 2015, S. 45 ff.; *Thym* JZ 2015, 53 ff.; *Klatt* (Hrsg.), Jurisdiktionskonflikte, 2015; *Volkmann* FS Hufen, 2015, S. 127 ff.; *Hömig* NdsVBl 2016, 108 ff.; *Poli* Staat 55 (2016), 373 ff.; *Reinbacher/Wendel* EuGRZ 2016, 333 ff.; *Edenharter,* Grundrechtsschutz im föderalen Mehrebenensystem, 2018; *Hwang,* EuR 2017, 512 ff.; *Ludwigs/Sikora* JuS 2017, 385 ff.; M. *Klein* DÖV 2018, 605 ff.; *Pirker,* Grundrechtsschutz im Unionsrecht zwischen Subsidiarität und Integration, 2018; *Paulus* FS Fastenrath, 2019, S. 79 ff.; *Wolff,* Der Einzelne in der offenen Staatlichkeit, 2020.

[35] BVerfGE 6, 290 (295); 57, 9 (23); BVerfGK 17, 246 (251); aA *Heintzen* HGR II, § 50 Rn. 33.

[36] EGMR (GK) NJW 2012, 283 Rn. 138, zur Geltung der EMRK bei (un)rechtmäßiger Gebietskontrolle; dazu auch *Krieger* ZaöRV 2002, 669 ff.; *Erberich,* Auslandseinsätze der Bundeswehr und Europäische Menschenrechtskonvention, 2004; *Isensee,* Grenzen, 2018, S. 107 f. Zur Grundrechtsbeschränkung durch Völkervertragsrecht nach Art. 59 II *Schwander,* Extraterritoriale Wirkungen von Grundrechten im Mehrebenensystem. 2019, S. 255 ff.

[37] Dahin BVerfGE 94, 315 (324 f.); offen BVerfGE 100, 313 (363 f.); übergreifend *Lorenz,* Der territoriale Anwendungsbereich der Grund- und Menschenrechte, 2005; *Schorkopf,* Grundgesetz und Überstaatlichkeit, 2007, S. 118 ff.; *Röben,* Außenverfassungsrecht, 2007, S. 382 ff., 405 ff.; *Poscher* VVDStRL 67 (2008), 160 (191 ff.); zur Gesamtproblematik *Stern,* StaatsR III/1, S. 1224 ff.; *Sachs* ebda, Bd. III/2, S. 196 ff.; *Badura* HGR II, § 47; *Merten* HGR III, § 56 Rn. 106; *Becker* HStR XI, § 240; *Nettesheim* ebda, § 241 Rn. 57 ff.; *Yousif,* Die extraterritoriale Geltung der Grundrechte bei der Ausübung deutscher Staatsgewalt im Ausland, 2007; *Graf Vitzthum* FS Bothe, 2008, S. 1213 ff.; *Kloepfer,* VerfR II, § 48 Rn. 21 ff.; *Menzel,* Internationales Öffentliches Recht, 2011, S. 563 ff.; *Schulte-Bunert,* Grundrechtsschutz und Verteidigungsauftrag, 2013, S. 43 ff.; *Gärditz* Verwaltung 48 (2015), 463 ff.; *Neubert,* Der Einsatz tödlicher Waffengewalt durch die deutsche auswärtige Gewalt, 2016, S. 135 ff.; → Art. 1 Rn. 20, → Art. 1 Rn. 88 ff.; *Kahl* BK Art. 1 Abs. 3 (2014) Rn. 222 ff.

[38] Speziell dazu *Werner,* Die Grundrechtsbindung der Bundeswehr bei Auslandseinsätzen, 2006; *Zimmermann/Geiß* Staat 46 (2007), 377 (383 ff.); *Beck,* Auslandseinsätze deutscher Streitkräfte, 2008, S. 49 ff.; *Schmahl* AöR 136 (2011), 44 (86 f.); *Walter/Ungern-Sternberg* DÖV 2012, 861 (864 f.); *Zimmermann* ZRP 2012, 116 ff.; *Hobe* FS E. Klein, 2013, S. 95 ff.; *Walter* ebda, S. 351 ff.; *Schulte-Bunert* (Fn. 37), S. 87 ff., mit Ausnahmen bei Verteidigungsfall, S. 149 ff.; *Neubert,* Der Einsatz tödlicher Waffengewalt durch die deutsche auswärtige Gewalt, 2016; *Sax,* Soldaten gegen Piraten, 2018, S. 201 ff.; *Waak,* Pikateriebekämpfung durch deutsche staatliche Stellen, 2018, S. 242 ff.; diff. *Thym* DÖV 2010, 621 (628 ff.); *Fassbender* HStR XI, § 244 Rn. 148 ff.; *Koops,* Seeräubereibekämpfung durch die Bundes-

bindung (schon) bei Regelungen in einem von der deutschen Rechtsordnung nicht mit alleinigem Geltungsanspruch beherrschten Rechtsraum als reduziert anzusehen,[40] überzeugt nicht, ebenso wenig, trotz uneingeschränkter objektiver Grundrechtsbindung im Ausland subjektive Grundrechte nur bei regelmäßiger Ausübung von Hoheitsgewalt anzunehmen.[41] Die Grundrechtsgeltung hängt zudem auch bei Ausländern nicht vom vorherigen Kontakt zum deutschen Staatsgebiet ab.[42]

20 **Eingeengt** sind infolge der durch das Territorialitätsprinzip begrenzten Möglichkeiten Ansprüche auf Handeln der deutschen Staatsgewalt im Ausland.[43] Ebenso wenig können sozialstaatliche Grundrechtsgehalte gegenüber Nichtdeutschen weltweit anspruchsbegründend durchgreifen. Soweit deutsche Staatsgewalt auf fremdem Territorium an Stelle dort fehlender eigener Staatsgewalt tätig werden sollte, ist im Rahmen der so begründeten Verantwortung auch an grundrechtliche Schutzansprüche zu denken.[44] Zur Grundrechtsgeltung für die Verursachung des Verhaltens ausländischer Staatsgewalt durch deutsche Stellen → Rn. 91 f.

21 Keine Abweichung vom Territorialitätsprinzip bedeutet die vom BVerfG[45] angenommene Geltung der Grundrechte des GG „gegenüber der Hoheitsgewalt der Gemeinschaft"; da sie nur für „die Einwohner Deutschlands" gelten, „den Grundrechtsschutz in Deutschland" betreffen soll, bleibt sie offenbar territorial auf **im Inland eintretende Wirkungen supranationaler Akte** beschränkt (→ Einf Rn. 31; → Art. 1 Rn. 90 ff.). Die weitere Wendung, „der räumliche Anwendungsbereich der Freiheitsrechte" habe sich (wohl: „auf das gesamte Geltungsgebiet" der Grundrechtseingriffe europäischer Organe) erweitert, ist allein auf die Garantien auf der Unionsebene zu beziehen; jedenfalls findet sich keinerlei Andeutung dafür, dass deutsche Grundrechte Akten europäischer Organe entgegenstehen, soweit sie sich im außerdeutschen Unionsgebiet auswirken. Auch Rechtsakte des Europäischen Patentamts sollen mit der Verfassungsbeschewerde (nur) angreifbar sein, soweit sie im Inland wirksam werden.[46]

22 **b) Zeitlicher Geltungsbereich.** Die Grundrechte des GG[47] **gelten nicht rückwirkend** (s. auch → Einf Rn. 29). **Rechtsnormen** sind nicht wegen Widerspruchs zu ihnen für die Zeit vor dem Inkrafttreten des GG ungültig;[48] ihre Fortgeltung setzt allerdings nach Art. 123 I inhaltliche Vereinbarkeit mit dem GG voraus (→ Art. 123 Rn. 10), soweit nicht Sonderbestimmungen, wie Art. 117, Ausnahmen vorsehen. Für die Fortgeltung von DDR-Recht enthält Art. 9 EV eine vergleichbare Regelung (→ Art. 123 Rn. 18 ff.).[49]

23 Vorkonstitutionell erfolgte **Einzelvorgänge** mit statusbegründender Wirkung sollen unberührt bleiben.[50] Gestaltet der Gesetzgeber solche Rechtsverhältnisse später aus, sind auch nur aufrecht-

---

wehr im Einklang mit dem Grundgesetz, 2013, S. 153 ff.; *Siemsen,* Der Schutz personenbezogener Daten bei der Auslandsaufklärung durch Bundeswehrsoldaten, 2018, S. 69 ff.; *Sauer* DÖV 2019, 714 ff.; anders etwa *Wagner,* Grund- und Menschenrechte in Auslandseinsätzen von Streitkräften, 2009, S. 72 ff. S. auch → Rn. 132 und Fn. 129 (zur Haftung).

[39] Vgl. für völkerrechtliche Zulässigkeit allgemein BVerfGE 92, 277 (328 f.); zur Grundrechtsbindung insbes. im Ausland s. etwa *Brissa* DÖV 2011, 391 (394), zum MAD; für den BND BVerfG NJW 2020, 2235 Rn. 87 ff.; *Hölscheidt* Jura 2017, 148 (150 ff.); restriktiv *Gärditz* Verwaltung 48 (2015), 463 ff.

[40] So BVerfGE 92, 26 (41 f.); streng für Übergabe von Piraten an Kenia OVG NRW DVBl 2015, 375 (378); großzügiger *Kreß,* in: Weingärtner (Hrsg.), Die Streitkräfte im Einsatz, 2010, S. 95 (108); auch *Fournier,* Der Einsatz der Streitkräfte gegen Piraterie auf See, 2014, S. 213 ff.; gegen abwehrrechtlichen Schutz gegenüber Fernmeldeaufklärung im Ausland *Proelß/Daum* AöR 141 (2016), 373 ff.

[41] So *Krieger,* in: Fleck (Hrsg.), Rechtsfragen der Terrorismusbekämpfung durch Streitkräfte, 2004, S. 223 (237 f.), in Anlehnung an die allerdings anders gelagerte Reichweite nach Art. 1 EMRK.

[42] Vgl. ausführlich *Sachs,* in: Stern, StaatsR IV/1, S. 749 ff.; *Weizsäcker,* Grundrechte und freiwillige Migration, 2007, S. 70 ff.; *Neubert* (Fn. 37), S. 141 f.; skeptisch zur aA auch *Becker* HStR XI, § 240 Rn. 17 ff.; dagegen *J. Isensee* VVDStRL 32 (1974), 49 (58 ff.); dem folgend *Heintzen* HGR II, § 50 Rn. 34, diff. nach Grundrechten *Zilkens,* Einreisefreiheit aus Grundrechten des Grundgesetzes, 2014, S. 46 ff., 120 ff.

[43] Zu begrenzt möglichen Schutzansprüchen Deutscher vgl. *Stern,* StaatsR III/1, S. 1246 f.; *Becker* HStR XI, § 240 Rn. 108 ff.; allgemein restriktiv *Hailbronner* VVDStRL 56 (1997), 7 (16 f.). Für Pflichten zur Rückholung Deutscher aus IS-Gebiet VG Berlin NVwZ 2019, 1302 Rn. 9 ff.; *Schwander* NVwZ 2019, 1260 ff. Zu Schutzpflichten gegenüber Drohnenflügen ausländischer Truppen ins Ausland von deutschem Territorium vgl. Fn. 106; Fn. 116; dazu auch *Deiseroth* DVBl 2017, 985 ff.

[44] Vgl. für die EMRK ähnlich EGMR (GK) NJW 2005, 1849 (1851 f.); für Verfahrenspflichten auch EGMR (GK) NJW 2012, 283 Rn. 161 ff.; weitergehend VG Köln NWVBl 2016, 39 (40).

[45] BVerfGE 89, 155 (174 f.); bestätigt in BVerfGE 102, 147 (161 ff.); BVerfG (K) NVwZ 2006, 1403; NVwZ 2010, 641 (642); näher → Art. 1 Rn. 90 ff.

[46] BVerfG (K) NJW 2001, 2705; NVwZ 2010, 641 (642); gegen Grundrechtsschutz gegenüber nur faktisch wirksamen Maßnahmen des IWF BVerfG (K) NJW 2006, 2908 f.

[47] Zu Parallelen in der Judikatur des RG zur WRV *Hensel* FG 50 Jahre RG I, 1929, S. 1 (11 ff.).

[48] Zur bereits vorkonstitutionell eingetretenen Ungültigkeit wegen Verletzung überpositiven Rechts vgl. BVerfGE 23, 98 (106); 54, 53 (67 ff.); allgemeiner → Art. 20 Rn. 103 ff.

[49] Zur Behandlung abgeschlossener Altfälle BGHZ 123, 65 (68 f.); 126, 87 (91 f.); 127, 195 (204); allgemeiner *Isensee* HStR IX¹, § 202 Rn. 112, 118 ff.; ausführlich *Brunner* ebda, § 210 Rn. 35 ff.

[50] BVerfGE 29, 166 (175 f.) für Eheschließung; s. weitergehend iRd Art. 117 I BVerfGE 37, 217 (262 f.) für den Erwerb der Staatsangehörigkeit; dazu wieder BVerfG (K) NVwZ-RR 1999, 403; OVG NRW NWVBl 2005, 354 ff.; für die Bestimmung des Ehenamens BVerfGE 17, 99 (105 ff.); 48, 327 (340 f.).

erhaltene Belastungen an den Grundrechten zu messen.[51] Auch **behördliche Einzelakte,** die vor Inkrafttreten des GG endgültig wirksam geworden sind, sind nicht an seinen Grundrechten zu messen,[52] obwohl es an einer ausdrücklichen Regelung wie in Art. 178 III WRV, Art. 186 III BayVerf, fehlt. Für Einzelakte der DDR ermöglichen Art. 18, 19 EV, als Voraussetzung fortdauernder Wirksamkeit die Beachtung der Grundrechte zu prüfen.[53]

**3. Einteilung der Grundrechtsbestimmungen.** Eine Einteilung seiner Grundrechte (s. auch  **24** → Einf Rn. 32 ff.) nimmt das GG nicht vor. Die rechtswiss. Einteilung der **Grundrechtsbestimmungen**[54] stößt heute auf Probleme, weil diese **vielfach Grundlage ganz unterschiedlicher Rechtsfolgen** sind. So beliebte Kategorien wie Abwehr-, Freiheits-, Gleichheits-, Leistungs-, Mitwirkungs-, Schutz- oder Teilhaberechte sind allenfalls als strukturelle Kategorien für die subj. Rechte aus Grundrechtsbestimmungen (→ Rn. 42 ff.) berechtigt oder als Bezeichnungen für übergreifend mögliche Grundrechtsfunktionen.[55] Ähnliches gilt für den Rückgriff auf die von *G. Jellinek* für die subj. öff. Rechte überhaupt entwickelte Statuslehre mit den Rechten des **status negativus, status positivus** und des **status activus**[56] und wenig überzeugende spätere Erweiterungen.[57]

Anhand der Grundrechtsberechtigten kann vor allem zwischen **Deutschen- und Jedermann-** **25** **Grundrechten** differenziert werden (→ Rn. 71 ff.). Gleichbedeutend findet sich vielfach die an die französische Déclaration von 1789 (→ Rn. 4)[58] anschließende Unterscheidung zwischen Menschen- und Bürgerrechten, die aber terminologisch zu Verwechslungen Anlass gibt. Schon das Grundgesetz selbst verwendet sowohl den Begriff der Menschenrechte (in Art. 1 II) als auch den der bürgerlichen (gegenüber dem der staatsbürgerlichen) Rechte[59] (Art. 33 III 1) in abweichender Bedeutung.

In **inhaltlicher** Hinsicht lassen sich eher **typisierend** prozessuale und materielle sowie – bei  **26** Orientierung an der überkommenen Begriffsbildung trennscharf – bürgerliche und auf die Mitwirkung nach Art. 20 II 2 bezogene staatsbürgerliche Grundrechte unterscheiden;[60] ferner kann man versuchen, Grundrechte schwerpunktmäßig bestimmten Lebenskreisen zuzuordnen, etwa dem (höchst-)persönlichen, dem religiösen, dem politischen, dem kulturellen, dem familiären oder dem wirtschaftlichen Lebenskreis.

## B. Die Grundrechte als objektive Rechtsnormen

### I. Objektive Rechtsverbindlichkeit der Grundrechte und „objektive Grundrechtsgehalte"

Die Grundrechte sind als Bestimmungen des Verfassungsrechts Rechtsnormen, erheben damit  **27** Anspruch auf Beachtung durch ihre Adressaten; soweit ihr Regelungsgehalt nicht ausnahmsweise entgegensteht, bedeutet das die **strikte normative Verbindlichkeit** der jeweiligen Rechtsfolgenanordnungen. Art. 1 III stellt dies gegenüber der noch für die WRV[61] fortwirkenden Tradition der Einstufung als bloße „Programmsätze"[62] heute ausdrücklich klar, indem er die Grundrechte als (insbes. auch für die Gesetzgebung) unmittelbar geltendes Recht qualifiziert (→ Art. 1 Rn. 82 ff.).

Neben diesen primären, vor allem abwehrrechtlichen Rechtsgehalten (→ Rn. 42, → Rn. 64)  **28** werden den Grundrechtsbestimmungen so bezeichnete „objektive" Grundrechtsgehalte entnommen, was terminologisch doppelt unzutreffend ist. Die objektiven normativen Aussagen der Grundrechtsbestimmungen bilden **keinen Gegensatz zu subjektiven Grundrechtsberechtigungen;** diese ergeben sich vielmehr – wie alle subjektiven Rechte – notwendig aus objektiven normativen Anordnungen, hier: der Grundrechtsbestimmungen (→ Rn. 40). Zudem ist auch bei den „objektiven" Grundrechtsgehalten die Begründung korrespond. Grundrechtsberechtigungen nicht ausgeschlossen (→ Rn. 41).

---

[51] BVerfGE 95, 267 (305).
[52] BVerfGE 17, 38 (50 f.); 19, 76 (86); aus neuerer Zeit ferner BVerfG (K) NJW 2004, 3257 (3258); auch BVerfGE 112, 1 (20 ff.); für Enteignungsmaßnahmen in der SBZ BVerfGE 84, 90 (123); 94, 12 (34 ff.); auch BVerwG NJW 1998, 2620; → Art. 143 Rn. 26 ff.; für Gerichtsentscheidungen von 1943 BayObLG NJW 2005, 608 ff.
[53] *Sachs* SBS, VwVfG, § 43 Rn. 255 ff.
[54] Näher *Sachs,* in: Stern, StaatsR III/1, S. 388 ff. mit historischem Überblick, S. 451 ff. zur Gegenwart; *H. H. Rupp* HGR II, § 36; für die Schweiz *Jaag* FS Aubert, 1996, S. 355 ff.
[55] Vgl. in diesem Sinne etwa *Jarass* AöR 120 (1995), 345 (347 ff.); ähnlich zu „Bedeutungsschichten" der Grundrechte *Schmidt-Aßmann* FS Redeker, 1993, S. 225 (228 ff.).
[56] *G. Jellinek,* System der subjektiven öffentlichen Rechte, 2. Aufl. 1905, S. 86 ff.; zur Bedeutung für die Grundrechtseinteilung *Sachs,* in: Stern, StaatsR III/1, S. 426 ff., auch S. 456 mit Fn. 326.
[57] Dazu und insgesamt (zu) kritisch *Fischer-Lescano* KJ 50 (2017), 475 (479).
[58] Zur ungeklärten Bedeutung der Einteilung dort *Sachs,* in: Stern, StaatsR III/1, S. 389 ff.; vereinfachend *H. Dreier,* in: Dreier I, vor Art. 1 Rn. 71.
[59] Zur traditionellen Bedeutung dieser Unterscheidung *Sachs,* in: Stern, StaatsR III/1, S. 399 ff.
[60] Näher *Sachs,* in: Stern, StaatsR III/1, S. 466 ff.
[61] Für deren Kompromisscharakter zur Verbindlichkeit *Kühne* FS Wendt, 2015, S. 237 ff.
[62] Näher *Sachs,* in: Stern, StaatsR III/1, S. 482 ff.

29 Vielmehr knüpft die Formulierung an das frühere Verständnis der Grundrechtsbestimmungen als bloßer, zur Begründung subjektiver Rechte untauglicher und daher (nur) „objektiver" Programmsätze an. Diese Sicht der Grundrechte schlechthin ist heute schon wegen Art. 1 III unhaltbar.[63] Doch können sie neben ihren strikt verbindlichen Normanordnungen zusätzliche Gehalte von abgeschwächter, **nur grundsätzlicher (prinzipieller) Geltungskraft** haben; für diese ist die (irreführende) Bezeichnung **„objektive" Grundrechtsgehalte** heute so weit verbreitet,[64] dass sie auch hier Verwendung finden soll.

## II. Die Einrichtungsgarantien

30 Bereits in der Weimarer Zeit wurde die (nicht auf Grundrechte beschränkte) Figur der Einrichtungsgarantien entwickelt, die auf die Sicherung des Fortbestandes überkommener Normkomplexe und durch sie geregelter Lebensverhältnisse in ihren wesensbestimmenden Kernelementen abzielen.[65] Die **institutionellen Garantien** (des öffentlichen Rechts) umfassen bei den Grundrechten Elemente der Art. 5 III (zur Wissenschaft), 7, 16 I, 116, 33 V und 140 GG iVm Art. 136 ff. WRV. **Institutsgarantien** (des Privatrechts) sind enthalten in Art. 6 I, II und 14. Vor dem Hintergrund eines institutionellen Grundrechtsverständnisses (→ Rn. 65) **diskutierte Erweiterungen** im Hinblick auf Presse, Rundfunk, Film, Kunst, Vereinigungen und Koalitionen haben sich nicht durchsetzen können.[66] Anlass, die Kategorie der Einrichtungsgarantien auch in den überkommenen Anwendungsbereichen aufzugeben,[67] besteht nicht.

## III. Die „objektiv-rechtlichen" Grundrechtsgehalte

31 Unter der aus den (→ Rn. 28 f.) genannten Gründen ebenfalls wenig glücklichen Bezeichnung der „objektiv-rechtlichen" Gehalte werden hier sonstige zu den „objektiven" Grundrechtsgehalten gehörende Wirkungen der Grundrechte zusammengefasst, die nur **grundsätzlich beachtliche Rechtsbindungen** verschiedener Art auslösen. Eine einheitliche Terminologie besteht für den Gesamtbereich der objektiven Grundrechtsgehalte bislang nicht.[68] Dagegen sind die Einzelformen „objektiv-rechtlicher" Gehalte auch hinsichtlich der verwendeten Begrifflichkeit weitgehend akzeptiert. Sie sind allerdings nicht scharf voneinander zu trennen, können auch durchaus zusammentreffen.[69]

32 **1. Ausstrahlungswirkung.** Ausstrahlungswirkung bezeichnet vor allem[70] den Einfluss, den Grundrechtsbestimmungen[71] auf die Bedeutung gesetzlicher Vorschriften aller Rechtsbereiche ausüben;[72] ihm ist durch – im Extremfall: verfassungskonforme (→ Einf Rn. 52 ff.) – **Auslegung** seitens aller Rechtsanwendungsorgane Rechnung zu tragen (zur Kontrolle des BVerfG → Art. 93 Rn. 17 ff.; zu den Entscheidungswirkungen auch → Einf Rn. 56).[73] Dies kann insbesondere bei grundrechtsbeschränkenden Gesetzen wichtig werden, die im Licht der wertsetzenden Bedeutung des betroffenen

---

[63] Probl. ist daher ein Gesamtverständnis der Grundrechte als (bloßer) Prinzipien; vgl. zu *Alexys* (Theorie der Grundrechte, 1985) Ansatz näher *Stern,* StaatsR III/1, S. 501 f.; zum Prinzipiencharakter der Grundrechte ferner *Borowski,* Grundrechte als Prinzipien, 3. Aufl. 2018; krit. etwa *Poscher,* Grundrechte als Abwehrrechte, 2003, S. 73 ff.; *Jestaedt* FS Isensee, 2007, S. 253 (260 ff.); *Klement* JZ 2008, 756 ff.; Gegenkritik bei *Sieckmann* JZ 2009, 557 ff.; diff. *Couzinet* JuS 2009, 603 ff.; *Hong,* Abwägungsfeste Rechte, 2019; s. auch die Beiträge in Borowski ua (Hrsg.), Rechtsphilosophie und Grundrechtstheorie, 2017, S. 347 ff.

[64] Vgl. *Sachs,* in: Stern, StaatsR III/1, S. 491 ff.; *Stern* ebda, S. 754, 890 ff.; *Scherzberg* DVBl 1989, 1128 ff.; *Böckenförde* Staat 29 (1990), 1 ff.; *Alexy* ebda, S. 49 ff.; *Jeand'Heur* JZ 1995, 161 ff.; *Dolderer,* Objektive Grundrechtsgehalte, 2000.

[65] *C. Schmitt,* Freiheitsrechte und institutionelle Garantien der Reichsverfassung, 1931; *F. Klein,* Institutionelle Garantien und Rechtsinstitutsgarantien, 1934; *Stern,* StaatsR III/1, S. 756 ff.; *Kloepfer* HGR II, § 43 Rn. 3 ff.; ausführlich *Mager,* Einrichtungsgarantien, 2003.

[66] Zusammenfassend *Stern,* StaatsR III/1, S. 795 ff., 832 ff.; *Kloepfer* HGR II, § 43 Rn. 20 ff.

[67] Dafür aber wohl *H. Dreier,* in: Dreier I, vor Art. 1 Rn. 108; *Waechter* Verwaltung 29 (1996), 47 ff.; *Obermeyer* KritV 2003, 142 ff.

[68] Terminologie hier wie bei *Stern,* StaatsR III/1, S. 751 ff.; abweichend bei Unterschieden im Einzelnen etwa *H. Dreier,* in: Dreier I, vor Art. 1 Rn. 94 f.; *Jarass,* in: Jarass/Pieroth, vor Art. 1 Rn. 6 f.; *Enders,* in: Friauf/Höfling, vor Art. 1 (2000) Rn. 62 ff.; *Tian,* Objektive Grundrechtsfunktionen im Vergleich, 2012; zu Verbindungen mit der „Werttheorie" (→ Rn. 66) etwa *Rennert* Staat 53 (2014), 31 ff.

[69] Vereinheitlichend etwa *Hain* JZ 2002, 1036 ff.; undifferenziert *Ladeur* DÖV 2007, 1 ff.

[70] Für Ausstrahlung des Art. 1 I innerhalb des GG BVerfG (K) NJW 2015, 2100 Rn. 32.

[71] Für die EUGRCh BVerfGE 140, 317 Rn. 91.

[72] Schon BVerfGE 7, 198 (205, 207) und seither stRspr; *Stern,* StaatsR III/1, S. 923 ff.; vgl. in der Sache etwa für das Strafrecht *H. C. Schmidt* ZStW 121 (2009), 645 ff.; zum Arbeitsrecht BVerfGE 89, 276 (285 ff.); zum Verwaltungsrecht BVerfGE 90, 1 (18 ff.) (zum GjS); zum Vollstreckungsrecht kritisch *Fischer,* Vollstreckungszugriff als Grundrechtseingriff, 2006; zu § 45 I EnWG BGHZ 204, 274 Rn. 27.

[73] Vgl. auch *Kulick* NJW 2016, 2236 ff.; zur Gesamtproblematik *Schuppert/Bumke,* Die Konstitutionalisierung der Rechtsordnung, 2000; *Alexy, Hermes, Heun* und *Kunig* VVDStRL 61 (2002), 7 ff., 34 ff., 80 ff., 119 ff.; *Jestaedt* DVBl 2001, 1309 ff.

GrundR restriktiv zu verstehen und anzuwenden sind;[74] umgekehrt kann aber auch der Schutzpflichtengehalt (→ Rn. 35 ff.) zu erweiternder Auslegung von Leistungsvorschriften Anlass geben.[75] Die so gefundene Auslegung gilt, wenn sie nicht auf besonders betroffene Grundrechtsberechtigte zu begrenzen ist, für alle Normadressaten.[76] Durch Auslegung zivilrechtlicher Normen nach Maßgabe der Ausstrahlungswirkung[77] erlangen die Grundrechte mittelbar auch für Rechtsverhältnisse zwischen Privaten Bedeutung.[78] Diese vor allem früher[79] sog. „mittelbare Drittwirkung" der Grundrechte wird heute meist[80] mit den Schutzpflichten zu erfassen gesucht.[81] Diese beeinflussen durch ihre Ausstrahlungswirkung den durch Auslegung bestimmten Inhalt bestehender Rechtsvorschriften und deren Anwendung durch die Gerichte.

Erfasst ist ferner die Tätigkeit der **vollziehenden Gewalt** in normativ nicht abschließend determinierten Freiräumen (Ermessen, Beurteilungsspielräume uÄ), die mit Rücksicht auf die grundsätzlichen Gehalte der Grundrechte zu erfolgen hat.[82] Schließlich soll auch die **Gesetzgebung** entsprechenden grundrechtlichen Impulsen unterworfen sein.[83] Damit schließt sich der Bogen zum früher allein anerkannten Programmcharakter der Grundrechte.[84] Soweit es um den Schutz der Grundrechtsgüter vor nicht vom Staat selbst ausgehenden Gefahren geht, fällt dieser grundrechtliche Einfluss auf das nicht normativ determinierte Staatshandeln mit den Schutzpflichten zusammen.   **33**

**2. Wirkungen für Organisation und Verfahren.** Eine Variante der Ausstrahlungswirkung sind   **34** die **Grundrechtswirkungen für Organisation und Verfahren.** Diese können angesichts ihrer Bedeutung für die materiellen Ergebnisse des Staatshandelns von den umfassenden Einflüssen der Grundrechte auf die gesamte Rechtsordnung nicht ausgespart bleiben. Auch außerhalb der spezifischen Verfahrensgrundrechte (wie Art. 19 IV, 101 oder 103 I) und speziell auf staatliche Organisationsregelungen angelegter Grundrechte (vgl. insbes. → Art. 5 Rn. 95 ff., → Art. 5 Rn. 202 f.) ergeben sich oft Konsequenzen aus den betroffenen materiellen Grundrechtsbestimmungen, vor allem für Auslegung und Anwendung, aber auch für die Gestaltung des Verfahrens- und Organisationsrechts;[85] teils wird auch auf die Verhältnismäßigkeit rekurriert.[86] Prozedurale Anforderungen können auch die Gesetzgebung

---

[74] StRspr, seit BVerfGE 7, 198 (208 f.), zunächst als Wechselwirkungstheorie zu Art. 5 II (→ Art. 5 Rn. 145 ff.), später als Ausdruck des Verhältnismäßigkeitsgrundsatzes, vgl. etwa BVerfGE 107, 299 (315 f.).

[75] BVerfGE 115, 25 (44 f.), für Pflicht des Staates, „schützend und fördernd" zu handeln.

[76] Nicht Grundrechtsberechtigte können dies allerdings nicht vor dem BVerfG einfordern.

[77] Dafür die stRspr, vgl. BVerfGE 7, 198 (205 f.), sowie zumindest der Sache nach etwa BVerfGE 114, 339 (348); 115, 51 (66 f.); 129, 78 (101 f.); 137, 273 Rn. 109 ff.; 138, 377 Rn. 26 ff.; 142, 74 Rn. 82 f.; 148, 267 Rn. 30 ff.; BGHZ 157, 322 (327); *Stern,* StaatsR III/2, S. 1730 ff.; kritisch etwa *Müller-Franken* FS Bethge, 2009, S. 223 ff.

[78] Dazu allgemein etwa *T. Koch,* Der Grundrechtsschutz des Drittbetroffenen, 2000, insbes. S. 435 ff.; *Ruffert,* Vorrang der Verfassung und Eigenständigkeit des Privatrechts, 2001; *Starck* FS Stürner I, 2013, S. 61 ff.; *Wielsch,* in: Vesting ua (Hrsg.), Grundrechte als Phänomene kollektiver Ordnung, 2014, S. 119 ff.; *J. Ipsen* FS Ahrens, 2016, S. 599 ff.; *Barczak,* in: Leitentscheidungen BVerfG IV, 2016, S. 91 ff.; *Ruffert* JuS 2020, 1 ff. (auch zum EuGH); → Art. 1 Rn. 117 ff.; zu Einwilligung und Selbstbestimmung im Privatrecht *Ohly,* „Volenti non fit iniuria" – Die Einwilligung im Privatrecht, 2002, S. 81 ff., 89 ff.; s. ferner *Neuner* (Hrsg.), Grundrechte und Privatrecht aus rechtsvergleichender Sicht, 2007; *Graf v. Kielmansegg* FS Riedel, 2013, S. 521 (524 ff.).

[79] S. aber wieder BVerfGE 128, 226 (248, 249, 252); 137, 273 Rn. 180; 148, 267 Rn. 31 ff.; 152, 152 Rn. 75 ff.; BVerfG (K) NJW 2019, 1935 Rn. 15; BGH NJW 2013, 1519 Rn. 16; ferner etwa *Papier* HGR II, § 55; *Di Fabio* FS Herzog, 2009, S. 35 ff.; *Kloepfer,* VerfR II, § 50 Rn. 57 ff.; *P. M. Huber* FS Schröder, 2012, 335 ff.; *Kingreen* JöR nF 65 (2017), 1 ff.; *Michl* JA 2017, 1062 ff.; *Hellgardt* JZ 2018, 901 ff.; *Mayen* ZHR 182 (2018), 1 ff.; dezidiert ablehnend *Ipsen,* StaatsR II, Rn. 70; *Schwabe* DÖV 2016, 1041 ff.; kritisch auch *Michl* JZ 2018, 910 ff.; *Smets* NVwZ 2019, 34 ff.

[80] Auch dazu ablehnend *J. Ipsen* JZ 2014, 157 ff.

[81] Vgl. etwa BVerfGE 97, 169 (175 f.); 134, 204 Rn. 70; 137, 273 Rn. 108 ff.; 138, 261 Rn. 60; 138, 377 Rn. 52; auch 149, 293 Rn. 74; 151, 202 Rn. 142; offen zu Art. 17 BVerfGE 104, 65 (73). Ausführlich insges. *Stern,* StaatsR III/ 1, S. 1511 ff., 1543 ff., 1572 ff.; auch → Art. 1 Rn. 49, → Art. 1 Rn. 102, → Art. 1 Rn. 118; *Kahl* BK, Art. 1 Abs. 3 (2014) Rn. 328 ff.; *Ruffert* (Fn. 78), insbes. S. 252 f.; *ders.,* in: Vesting ua (Fn. 78), S. 173 ff.; *Cremer,* Freiheitsgrundrechte, 2003, S. 413 ff.; *Müller-Franken* FS Bethge, 2009, S. 223 ff.; *Voßkuhle* FS Stürner I, 2013, S. 79 ff.; *Burkiczak,* in: Leitlinien der Rechtsprechung III, S. 115 ff.; *Linke* Ad Legendum 2016, 332 ff.; rechtsvergleichend *Giegerich,* Privatwirkung der Grundrechte in den USA, 1992; *Egli,* Drittwirkung von Grundrechten, 2002; Neuner (Hrsg.), Grundrechte und Privatrecht aus rechtsvergleichender Sicht, 2007; *Tian* (Fn. 68), S. 174 ff.; *Knebel,* Die Drittwirkung der Grundrechte und -freiheiten gegenüber Privaten, 2018. Zum Völkerrecht *Koenen,* Wirtschaft und Menschenrechte, 2012.

[82] Vgl. hierzu nur *Stern,* StaatsR III/1, S. 926, 1353 ff.; *Sachs* ebda, S. 493 f.; *ders.* SBS, VwVfG, § 40 Rn. 85 ff., 165 ff., 223 ff. Zur Gerichtskontrolle → Art. 19 Rn. 132, → Art. 19 Rn. 145.

[83] BVerfGE 81, 242 (255); 87, 1 (42); *Nierhaus* AöR 116 (1991), 72 (101 ff.); *Stern,* StaatsR III/1, S. 927 f.

[84] Dazu *Sachs,* in: Stern, StaatsR III/1, S. 491 ff.; auch *Bryde* HGR I, § 17; im Übrigen näher → Art. 1 Rn. 101 f.

[85] Vgl. schon BVerfGE 17, 108 (117 f.); ferner etwa 120, 274 (326, 331 ff.); 120, 378 (429); 122, 120 (143 f.); 129, 208 (246 ff.); BVerfG (K) NJW 2018, 3504 Rn. 13; s. auch BVerwGE 107, 363 (373 f.); *Stern,* StaatsR III/1, S. 953 ff.; *Denninger* HStR IX, § 193; *Schmidt-Aßmann* HGR II, § 45; *Dolderer* (Fn. 64), 2000, S. 232 ff.; *Schmidt-Aßmann,* Liber amicorum Erichsen, 2004, S. 207 ff.; *Heidebach,* Grundrechtsschutz durch Verfahren …, 2014, S. 90 ff.; *Ruffert* FS Hufen, 2015, S. 511 ff.; rechtsvergleichend *Bergner,* Grundrechtsschutz durch Verfahren, 1998; *Tian* (Fn. 68), S. 158 ff.; *Schmidt-Aßmann,* AöR 142 (2017), 325 ff.; auch zum EU-Recht *Kahl* VerwArch 95 (2004), 1 ff. Zum Verhältnis zu Art. 19 IV → Art. 19 Rn. 11; zu rechtsstaatl. Verfahrensanforderungen → Art. 20 Rn. 163, 165.

[86] Vgl. etwa BVerfGE 117, 71 (102 ff.); 120, 274 (318 ff.); 124, 43 (61 ff.); 125, 260 (337 ff.); 128, 282 (308, 311 ff.); 129, 269 (282 ff.); 133, 112 Rn. 64 ff.; 141, 220 Rn. 117 f., 134 ff.; für beides BVerfGE 149, 293 Rn. 81;

betreffen,[87] doch begründen Grundrechte grundsätzlich keine Sonderbeteiligungsrechte Betroffener.[88] Auch bei Fällen sog. Drittwirkung (→ Rn. 32) werden Verfahrensanforderungen aufgestellt.[89]

**35** **3. Schutzpflichten.** Klarer abgegrenzt sind schließlich die über einzelne Spezialfälle (wie Art. 1 I 2, Art. 6 I oder IV) hinaus grundsätzlich bei allen Abwehrrechten in Betracht kommenden staatlichen **Schutzpflichten,** die die Integrität der jeweiligen Schutzgegenstände (→ Rn. 42 ff.) über die (primäre)[90] abwehrrechtliche Dimension[91] hinaus zur Geltung bringen.[92] Für die Intensität dieser vor allem für Art. 2 II 1,[93] aber auch andere Grundrechte in nicht immer überzeugender Weise anerkannten Schutzpflichten[94] hat es allerdings mit der Grundsatzbindung der jeweils verantwortlichen Staatsorgane[95] sein Bewenden, die sich – im Rahmen des verfassungsrechtlich Zulässigen[96] – allenfalls in Ausnahmefällen zu speziellen Handlungspflichten verdichten kann, regelmäßig aber den verpflichteten Organen, zumal dem Gesetzgeber, aber auch Gerichten[97] und Verwaltungsbehörden,[98] erhebliche Spielräume lässt.[99]

**36** Hieran ändert auch das **sog. Untermaßverbot**[100] als nur terminologische Neuerung nichts; danach müssten die Vorkehrungen des Gesetzgebers für einen – unter Berücksichtigung entgegenstehender Rechtsgüter – angemessenen und wirksamen Schutz ausreichen sein und auf sorgfältigen Tatsachenermittlungen und vertretbaren Einschätzungen beruhen. Bezogen auf den Schwangerschaftsabbruch hält es das BVerfG – wie schon früher ohne Rückgriff auf ein „Untermaßverbot" – für unzulässig, für den Schutz des Lebens auf den Einsatz des Strafrechts zu verzichten.[101] Unabhängig vom „Untermaßverbot" wird auch eine Pflicht zum Schutz vor bestimmten Straftaten durch eine effektive Straf-

dazu → Art. 20 Rn. 149, oder zugleich auf das Rechtsstaatsprinzip, s. für Strafverfahren BVerfGE 133, 168 Rn. 53 ff.; auch → Fn. 319.

[87] Für Art. 33 V BVerfGE 130, 263 (301); wN dazu → Art. 20 Rn. 94.

[88] BVerfGE 139, 148 Rn. 54 ff. zur Gesetzgebung; für VwVf offen SächsOVG LKV 2019, 376 (377 f.).

[89] BVerfGE 148, 267 Rn. 46 ff.

[90] In diesem Kontext betont von BVerfGE 115, 320 (358 f.); BVerwGE 158, 142 Rn. 27, prüft die Schutzpflicht nur mangels Eingriffs; für einen Primat der Achtungspflicht *Clausen,* Das Verhältnis von Achtungs- und Schutzpflichten in Ausnahmesituationen, 2018, S. 80 ff.

[91] Für eine Rekonstruktion aus abwehrrechtlicher Perspektive bei maßgeblicher Orientierung an auferlegten Duldungspflichten *Poscher* (Fn. 63), insbes. S. 192 ff., 285 ff., 380 ff.

[92] S. etwa *Isensee* HStR IX, § 191 Rn. 217 ff.; *Stern,* StaatsR III/1, S. 931 ff.; *Sachs* ebda, S. 728 ff.; *Dietlein,* Die Lehre von den grundrechtlichen Schutzpflichten, 2. Aufl. 2005, S. 51 ff.; *Unruh,* Zur Dogmatik der grundrechtlichen Schutzpflichten, 1996; *Dolderer* (Fn. 64), S. 177 ff.; *Möstl,* Die staatliche Garantie für die öffentliche Sicherheit und Ordnung, 2002, S. 84 ff.; *Cremer* (Fn. 81), S. 228 ff.; *Callies* HGR II, § 44; *Rottenwallner* ZÖR 72 (2017), 469 ff.

[93] Vgl. BVerfGE 39, 1 (41) sowie etwa 120, 274 (319); 121, 317 (356); 130, 372 (389); 142, 313 Rn. 69; 149, 293 Rn. 74 mwN; BVerfG (K) NVwZ 2018, 1555 Rn. 39; BVerwGE 158, 142 Rn. 27; BVerwG NJW 2019, 2789 Rn. 22; näher *Sachs,* in: Stern, StaatsR IV/1, S. 163 ff.; → Art. 2 Rn. 24 ff., → Art. 2 Rn. 188 ff.

[94] Vgl. für Art. 2 I BVerfGE 91, 335 (339); 102, 370 (393); für Art. 2 I iVm Art. 1 I BVerfGE 97, 125 (148 f.); 117, 202 (227 ff.); BVerfG (K) NJW 2013, 3086 Rn. 18 ff.; BVerwGE 158, 142 Rn. 27; für Art. 2 II 2 BVerfGE 49, 304 (320); 115, 320 (346 f.); BVerfG (K) NJW-RR 2016, 193 Rn. 16; für Art. 3 II BVerfGE 89, 276 (286 f.); 109, 64 (89); für Art. 3 III 2 BVerfGE 96, 288 (304); 124, 199 Rn. 57 ff.; NVwZ 2016, 1250 Rn. 29; für Art. 3 III 2 BVerfGE 96, 288 (304); BVerfG (K) NZA 2015, 1248 Rn. 4; für Art. 4 I (und II) BVerfGE 93, 1 (16); 102, 370 (393); 125, 39 (77 ff.); 137, 273 Rn. 108 ff.; BVerfG (K) NVwZ 2001, 908 (explizit schon Art. 135 Satz 2 WRV); für Art. 6 II BVerfGE 138, 261 Rn. 60; für Art. 7 IV BVerfGE 75, 40 (66); 90, 107 (114 ff.); offen für Art. 8 BVerfGE 69, 315 (355); für Art. 10 BVerfGE 106, 28 (37); für Art. 12 I BVerfGE 128, 157 (177); 137, 273 Rn. 111; 149, 126 Rn. 47; zu Art. 14 BVerfGE 114, 1 (33 ff.); 114, 73 (89 f.); BVerfG (K) NJW 2018, 2312 Rn. 31; für alle Freiheitsrechte BVerfGE 92, 26 (46); verallgemeinernd auch BVerfGE 102, 370 (393); 109, 133 (186); 109, 190 (236). Zu Art. 3 III 1 *Sachs,* in: Stern, StaatsR IV/2, S. 1766; ablehnend *Lehner,* Zivilrechtlicher Diskriminierungsschutz und Grundrechte, 2013, S. 125 ff.

[95] Gegen grundrechtliche Begründung von Kompetenzen BVerfGE 81, 310 (334); 104, 238 (246); gegen die Notwendigkeit der Zustimmung des BRat zu RVO wegen Schutzpflichten BVerfGE 136, 69 Rn. 84.

[96] S. schon vorstehend zur Kompetenzordnung; zu unübersteigbaren Grenzen aus der Menschenwürde von Schutzmaßnahmen Betroffener BVerfGE 115, 118 (160); 115, 320 (358 f.); dazu kontrovers etwa *v. Bernstorff* und *Palm* Staat 47 (2008), 21 ff. bzw. 41 ff.; auch → Rn. 129; zur Unverzichtbarkeit von Eignung und Erforderlichkeit eingesetzter Mittel BVerfGE 115, 320 (358 f.).

[97] Für grundlegende Verfehlung des grundrechtlichen Schutzzwecks BVerfG (K) NZA 2015, 1248 Rn. 4; für strengere (Bindung und) Kontrolle beim Schutz von Kindern (im Bereich von Art. 6 II 2 GG) BVerfG (K) NJW 2017, 1295 Rn. 50 ff.

[98] Etwa BVerfG (K) NJW 2016, 1081 Rn. 16; EGMR NVwZ 2013, 415 Rn. 105 ff.; auch *Ullrich* VerwArch 102 (2011), 383 ff.

[99] BVerfGE 115, 118 (159 f.); 117, 202 (227); 121, 317 (356 f.); 133, 59 Rn. 45; BVerfG (K) NJW 2016, 1716 Rn. 19.

[100] Dafür BVerfGE 88, 203 (254 f., 262, 304); sonst wohl nur in abwM, s. BVerfGE 98, 265, 329 (355 ff.); 109, 190, 244 (247 f.); 121, 317, 378 (380), und Kammerbeschlüssen, BVerfG (K) NVwZ 2009, 1489 Rn. 30; 2009, 1494 (1495); NJW 2010, 1943 Rn. 26; NVwZ 2011, 991 Rn. 38 f. Den Begriff hat wohl zuerst *Schuppert,* Funktionellrechtliche Grenzen der Verfassungsinterpretation, 1980, S. 15, verwendet; dann *Canaris* AcP 184 (1984), 201 (228); ausführlich *Störring,* Das Untermaßverbot in der Diskussion, 2009; positiv *Callies* FS Starck, 2007, S. 201 ff.; *Borowski* (Fn. 63), S. 300 ff.; wie hier *Stern,* StaatsR III/2, S. 813 f., 1805 f.; *Sommermann* MKS II, Art. 20 Rn. 319 f.; skeptisch auch *Schlink* FS 50 Jahre BVerfG II, 2001, S. 445 (462 ff.); *Lee* FS Starck, 2007, S. 297 ff.; *Cremer* DÖV 2008, 102 ff.

[101] BVerfGE 88, 203 (254, 257 f.) nach BVerfGE 39, 1 (45 ff.); dazu → Art. 2 Rn. 220 ff.

verfolgung anerkannt.[102] Grundsätzlich bleibt es gleichwohl dabei, dass Schutzpflichten nur verletzt sind, wenn die öffentliche Gewalt keine oder nur offensichtlich ganz ungeeignete oder völlig unzulängliche Maßnahmen zur Erreichung des Schutzziels trifft;[103] allerdings sollen sich weitergehende Anforderungen im Zusammenhang mit anderen Bestimmungen des GG ergeben können.[104]

Die **abzuwehrenden Gefahren**[105] ergeben sich – von fremder Staatsgewalt abgesehen[106] – primär aus **37** dem Verhalten Dritter (auch → Rn. 48); insoweit entsprechen die grundrechtlichen Schutzpflichten der schon nach dem Staatsvertragsdenken zentralen Sicherheitsaufgabe,[107] die in Folge der Privatisierung von Staatsaufgaben, die die abwehrrechtliche Grundrechtswirkung leerlaufen lässt, gerade heute an Bedeutung gewinnt.[108] Eine Privatisierung ist auch im Sicherheitsbereich wegen der Schutzpflichten nicht schlechthin ausgeschlossen,[109] sondern nur, wenn die Grundrechte nicht mehr hinreichend gesichert sind.

Aus den Grundrechten abgeleitete Schutzpflichten können aber nicht einseitig auf die Ausrichtung **38** gegen Übergriffe anderer festgelegt werden; der Schutz der grundrechtlichen Schutzgegenstände vor Gefahren[110] ist vielmehr **umfassend,** daher – zumal im Sozialstaat – auch gegen solche natürlichen Ursprungs sicherzustellen.[111] So wird etwa für die Regelung von Gesundheitsleistungen auf Schutzpflichten zurückgegriffen.[112] Selbstgefährdungen, auch durch Vertragsschluss,[113] können ebenfalls Schutzpflichten auslösen.[114] Für grundrechtsgefährdendes Verhalten fremder Staaten gilt prinzipiell nichts anderes,[115] obgleich hier die Möglichkeiten der Schutzgewährleistung auf besondere, völkerrechtliche Grenzen stoßen; dies gilt auch für Ausländer im Ausland, wenn das fremde Staatshandeln von deutschem Boden ausgeht.[116] Gefährdendes Verhalten der **deutschen Staatsgewalt selbst** wird schon von der primären, abwehrrechtlichen Wirkung der Grundrechte erfasst, kommt daher als Bezugspunkt der Schutzpflichten **nicht** in Betracht.[117]

---

[102] BVerfG (K) NJW 2015, 3500 Rn. 17 ff.; BeckRS 2018, 19015 Rn. 38 mwN.

[103] Vgl. etwa BVerfGE 56, 54 (80 ff.); 77, 170 (214 f.); 79, 174 (202); 92, 26 (46); 125, 39 (78 f.); 142, 313 Rn. 70; ferner etwa BVerfG (K) NVwZ 2000, 309 (310); 2011, 991 Rn. 38 f.; NJW 2016, 1716 Rn. 19; NVwZ 2018, 1555 Rn. 41; ferner etwa BVerwGE 109, 29 (39 f.); 142, 234 Rn. 149; BVerwG NVwZ 2015, 220 Rn. 20; *M. Mayer,* Untermaß, Übermaß und Wesensgehaltgarantie, 2005; *O. Klein* JuS 2006, 960 f.; für eine spezielle Verhältnismäßigkeitsprüfung *Cremer* DÖV 2008, 102 ff.; zur geringen praktischen Bedeutung in Umweltfragen *Voßkuhle* NVwZ 2013, 1 ff.

[104] BVerfGE 125, 39 (80 ff.) zu Art. 4 I, II und Art. 140 GG/Art. 139 WRV.

[105] Zur Abgrenzung zu nur theoretischen Restrisiken BVerfGK 17, 57 (61 ff.); gegen Grundrechtsschutz gegenüber Gefährdungen späterer Generationen BVerfGK 16, 370 (383 ff.); positiver *Kleiber,* Der grundrechtliche Schutz zukünftiger Generationen, 2014; auch *Kahl* EurUP 2016, 300, 304 ff.

[106] Dazu explizit Art. 112 II WRV; zu militärischen Angriffen BVerfGE 48, 127 (161); allgemein *Isensee* HStR IX, § 191 Rn. 18 f., 208 ff.; zur geheimdienstlichen Ausspähung *Ullrich* DVBl 2015, 204 (207 ff.); gegenüber US-Drohnenflügen von deutschem Boden OVG NRW BeckRS 2019, 5666.

[107] Zu deren verfassungsrechtlicher Bedeutung *Möstl* (Fn. 92); *Cremer* (Fn. 81), S. 228 ff.; *Brugger* und *Gusy* VVDStRL 63 (2004), 101 ff., 151 ff.; *Wolff* DVBl 2015, 1076 ff.; zur Bedeutung der Verfassung für das Sicherheitsrecht *Wegener* VVDStRL 75 (2016), 293 ff. Zum Kampf gegen den Terror *Roellecke* JZ 2006, 265 ff.; *Enders* DÖV 2007, 1039 ff.; *Schwetzel,* Freiheit, Sicherheit, Terror, 2007; *F. Arndt* u a (Hrsg.), Freiheit – Sicherheit – Öffentlichkeit, 2009; *Pötters/Werkmeister* Jura 2013, 5 ff.; *F. Becker* NVwZ 2015, 1335 ff. S. aber auch *Moritz,* Staatliche Schutzpflichten gegenüber pflegebedürftigen Menschen, 2013.

[108] Vgl. dazu etwa *Kämmerer* Privatisierung, 2001, S. 449 ff.; *Masing* FS Bryde, 2013, S. 409 ff.

[109] Vgl. *Bauer* VVDStRL 54 (1995), 243 (255, 266); *Schmidt-Preuß* VVDStRL 56 (1997), 160 (172 ff.); *Di Fabio* ebda, 235 (255 ff., 262 f.); ferner *Gusy* VerwArch 92 (2001), 344 ff.; auch → Art. 20 Rn. 39.

[110] Bei der von BVerfGE 125, 39 (77 ff.) angenommenen „Schutzpflicht" für Sonn- und Feiertage ist eine abzuwehrende Gefahr für die Religionsfreiheit der Kirchen nicht erkennbar.

[111] Näher *Sachs,* in: Stern, StaatsR III/1, S. 729 ff., 733 ff.; anders insbesondere *Murswiek,* Die staatliche Verantwortung für die Risiken der Technik, 1985, S. 123 ff.; *Isensee* HStR IX, § 191 Rn. 225 ff., 243; *Borowski* (Fn. 63), S. 371 mit Fn. 12; wohl auch *H. Dreier,* in: Dreier I, vor Art. 1 Rn. 101; wie hier etwa *Robbers,* Sicherheit als Menschenrecht, 1987, S. 124, 127; *Dietlein* (Fn. 92), S. 130; *Lorenz* FS Scholz, 2007, S. 325 (331); *Kloepfer,* VerfR II, § 48 Rn. 57.

[112] Für verfassungsunmittelbare Leistungsansprüche (nur) bei Lebensgefahr BVerfGE 115, 25 (44 f.); 140, 229 Rn. 18; s. auch BVerfG (K) NJW 2017, 545 Rn. 17; *Zwermann-Milstein,* Grund und Grenzen einer verfassungsrechtlich gebotenen gesundheitlichen Mindestversorgung, 2015.

[113] Zur Begründung arbeitsrechtlichen Kündigungsschutzes BVerfGE 149, 126 Rn. 47 mwN.

[114] BVerfGE 142, 313 Rn. 79; 149, 293 Rn. 74 zum Schutz nicht Einsichtsfähiger durch Zwangsbehandlung; allgemein näher *Sachs,* in: Stern, StaatsR III/1, S. 736; zum Grundrechtsschutz gegen sich selbst → Rn. 57 mit Fn. 171; RhPfVerfGH NVwZ 2005, 1420 f. (Einbau von Rauchwarnmeldern); s. auch Fn. 319, zur Suizidverhinderung.

[115] Für eine Schutzpflicht gegenüber fremden Staaten ausdrücklich BVerfGE 66, 39 (61); dem folgend BVerwGE 154, 328 Rn. 23 f.; s. aber auch → Rn. 92; wie hier *Jarass,* in: Jarass/Pieroth, vor Art. 1 Rn. 8, Art. 16 Rn. 7; *Blumenwitz* HStR IX[1], § 211 Rn. 15 ff.; offen *H. Dreier,* in: Dreier I, vor Art. 1 Rn. 101; für die Landesverteidigung vgl. *Fröhler,* Grenzen legislativer Gestaltungsfreiheit in zentralen Fragen des Wehrverfassungsrechts, 1995, S. 31 ff.; gegenüber ausländischen Geheimdiensten *Neubert* AöR 140 (2015), 267 ff. Zu Gefährdungen durch internationale Einrichtungen (CERN) BVerfG (K) NVwZ 2010, 702; *Jaeckel* DVBl 2011, 13 ff.

[116] Vgl. OVG NRW BeckRS 2019, 5666.

[117] Anders BVerfGE 114, 1 (LS 3, 33 ff.); 114, 73 (89 f.); dazu kritisch *Sachs* FS R. Schmidt, 2006, S. 405 ff.; wieder BVerfG (K) NJW 2017, 1593 Rn. 22 ff.; nicht unproblematisch auch BVerfGE 117, 202 (225 ff.); s. auch → Rn. 95.

## C. Die Grundrechte als subjektive Rechte

### I. Die Begründung subjektiver Grundrechte aus den Grundrechtsbestimmungen als Schutznormen

39 Nach der unmissverständlichen Absicht des ParlRat stellen die Grundrechte gerichtlich durchsetzbare subjektive Rechte des Individuums dar.[118] Ob und ggf. für wen eine Grundrechtsbestimmung solche Rechte begründet, bedarf gleichwohl der Prüfung anhand der für das gesamte öffentliche Recht schon 1914 von *Bühler* formulierten **Schutznormlehre.**[119] Grundlage jeden subjektiven öffentlichen Rechts ist danach eine objektive, die Staatsorgane verpflichtende Rechtsnorm. Hinzukommen muss zur Begründung subjektiver öffentlicher Rechte zweierlei: Die Norm muss zumindest auch den Zweck verfolgen, Individualinteressen zu schützen, und sie muss dazu bestimmt sein, dass sich der Begünstigte auf sie berufen kann.

40 Für die **Grundrechtsbestimmungen** des GG ist **regelmäßig** davon auszugehen, dass sie diese Anforderungen erfüllen und deshalb **Grundlage subjektiver Rechte** sind. Im Einzelnen kann es aber auch bei Grundrechtsbestimmungen an den Voraussetzungen subj. Rechte ganz oder doch für einen Teil der betroffenen Personen fehlen. Subj. Rechte werden jedenfalls dann nicht begründet, wenn eine Grundrechtsbestimmung keinen verpflichtenden Gehalt hat.[120] Auch kann die Ausrichtung auf eine individuelle Begünstigung überhaupt oder für einzelne von mehreren Adressaten fehlen;[121] in Einzelfällen kann auch trotz des Zwecks der Individualbegünstigung die Intention der Durchsetzungsmöglichkeit nicht gegeben sein.[122] Warum der Gleichheitssatz kein subjektives Recht begründen sollte, ist nicht erkennbar.[123]

41 Nach der Schutznormlehre können sich **subjektive Rechte auch aus „objektiven" Grundrechtsgehalten** ergeben.[124] Solche Berechtigungen sind allerdings **inhaltlich** auf den Anspruch **beschränkt,** dass die Staatsorgane die ihnen aufgrund der „objektiven" Grundrechtsgehalte, etwa der Schutzpflichten (→ Rn. 35 ff.) oder bei Anforderungen an Organisation und Verfahren (→ Rn. 34), zur Verfügung stehenden **Spielräume** einhalten.[125]

### II. Arten subjektiver Grundrechte

42 **1. Die Abwehrrechte.** Die im Grundgesetz dominierenden grundrechtl. Abwehrrechte sichern – als Gegenstück zu den „absoluten" (oder Beherrschungs-)Rechten der allgemeinen Rechtslehre – dem Berechtigten die **Integrität der Schutzgegenstände** seiner Grundrechte in ihrer jeweiligen Eigenart. Diese Sicherung ist in ihrer Ausrichtung allerdings nicht allseitig („absolut") wirksam, sondern durch die Bindungsklausel des Art. 1 III bestimmt ausgerichtet (näher → Art. 1 Rn. 82 ff.). Für den Fall von Störungen durch grundrechtsverpflichtete Stellen sind mit den selbst statischen Abwehrrechten verfassungsunmittelbar durchgreifende flankierende Hilfsrechte **wesensmäßig verbunden,** nämlich **negatorische Ansprüche**[126] auf **Unterlassung** bevorstehender und **Beseitigung** eingetretener[127] **Störungen** einschließlich nur der „unmittelbaren" Folgen,[128] während weitergehende Rechtsfolgen wie Ersatz- oder Entschädigungsansprüche durch ein (grundsätzlich ver-

---

[118] Zur Entstehungsgeschichte insoweit etwa *Sachs,* in: Stern, StaatsR III/1, S. 530 f.

[119] *Bühler,* Die subjektiven öffentlichen Rechte …, 1914; zur Diskussion heute etwa *Sachs,* in: Stern, StaatsR III/1, S. 508 ff.; *Sommermann,* Staatsziele und Staatszielbestimmungen, 1997, S. 327 ff.; *Reiling,* Zu individuellen Rechten im deutschen und im Gemeinschaftsrecht, 2004; zur Bedeutung für die Grundrechte *Dolderer* (Fn. 64), S. 354 ff.; für Menschenrechte im Ergebnis *Cremer* FS Riedel, 2013, S. 33 ff.

[120] Etwa bei Art. 15 S. 1 als reiner Ermächtigungsnorm, → Art. 15 Rn. 3 f.

[121] Wie einerseits bei Art. 7 I, andererseits bei Art. 7 III 1, vgl. auch → Art. 7 Rn. 17, → Art. 7 Rn. 44. Zu Art. 6 II, III für die nur objektiv begünstigten Großeltern BVerfGE 136, 382 Rn. 19; wohl gegen ein Recht des Kindes auf Achtung des elterlichen Erziehungs(pflicht)rechts BVerfG (K) NVwZ 2017, 227 Rn. 24.

[122] Wie etwa bei der Rundfunkfreiheit für die Empfänger, dazu → Art. 5 Rn. 114.

[123] Gegenüber den Zweifeln in BVerwGE 65, 167 (173 f.), ausführlich *Sachs* FS Friauf, 1996, S. 309 ff.; im Übrigen nur → Art. 3 Rn. 38.

[124] Vgl. für die Einrichtungsgarantien *de Wall* Staat 38 (1999), 377 ff.

[125] Näher *Stern,* StaatsR III/1, S. 978 ff.; auch *Sachs* ebda, S. 544 ff.; insbesondere für die Schutzpflichten *Krings,* Grund und Grenzen grundrechtlicher Schutzansprüche, 2003; *ders.* FS Stern, 2012, S. 425 ff.; auch für Organisationspflichten BVerfGE 95, 193 (209 f.); 127, 87 (114 f.) (zum Wissenschaftsbereich).

[126] Zur Struktur der Abwehrrechte *Sachs,* in: Stern, StaatsR III/1, S. 558 ff., 620 ff. und 671 ff. (zu den Hilfsrechten); *Sachs* HGR II, § 39; grds. auch *Isensee* HStR IX, § 191 Rn. 47 ff., 144 f.; *Hain* VerwArch 95 (2004), 498 (512 f.); von Unterlassungspflichten ausgehend wieder *Poscher* (Fn. 63), insbes. S. 156 ff.

[127] Die Pflicht zur rückwirkenden Beseitigung eingetretener Rechtsfolgen grundrechtsverletzender Gesetze soll allerdings einschränkende Lösungen zulassen, vgl. für Verletzungen der Gleichberechtigung zum Ehenamensrecht BVerfGE 48, 327 (340); zum Staatsangehörigkeitsrecht (der Kinder) BVerfGE 37, 217 (263 f. gegenüber 239). S. auch § 79 BVerfGG und allgemeiner → Art. 20 Rn. 111.

[128] Zur grundrechtlichen Fundierung des zumal (Folgen-)Beseitigungsanspruchs unter Einschluss (nur) der Restitution etwa *Ossenbühl/Cornils,* Staatshaftungsrecht, 6. Aufl. 2013, S. 360 ff.

fassungsrechtlich gebotenes[129]) Gesetz begründet werden müssen.[130] Während der Sinn der Abwehrrechte am besten bei Abwesenheit jeder Störung verwirklicht ist, ist ihre Dogmatik weitestgehend
auf die (Problem-)Fälle von Störungen im Genuss oder Gebrauch der jeweiligen Schutzgegenstände
ausgerichtet.

Die Wirkungsrichtung der Abwehrrechte, die Art der ausgeschlossenen Störungen, hängt – un- **43**
abhängig von den allgemeinen Kriterien für relevante Beeinträchtigungen (→ Rn. 78 ff.) – vor allem
von der Eigenart der Schutzgegenstände ab, von denen eine abwehrrechtliche Bestimmung häufig
mehrere unterschiedlicher Struktur schützt. Unter den **Schutzgegenständen** der Abwehrrechtsbestimmungen[131] kommt den (Verhaltens-)**Freiheiten** zentrale Bedeutung zu. Sie bedeuten die
Möglichkeiten des Einzelnen, auf den verschiedensten Bereichen zu tun[132] und zu lassen,[133] was er will;
Freiheit muss gegen Verhaltenshindernisse geschützt werden.[134] Außerhalb der Verhaltensmöglichkeiten ist die **Selbstbestimmung** über die eigenen Angelegenheiten gegen Fremdbestimmung **zu
sichern.**

Eigenschaften und Situationen als **Elemente der natürlichen Persönlichkeit** reichen von der **44**
körperlichen Existenz des Menschen über besondere Persönlichkeitsrechte, wie Geheimsphären, bis
zum allgemeinen Persönlichkeitsrecht. Sie sind ebenso wie erst durch die Rechtsordnung[135] in ihrem
Bestand begründete und inhaltlich bestimmte (vgl. Art. 14 I 2) bzw. ausgestaltete (→ Rn. 78,
→ Rn. 102) **Rechtspositionen** verschiedener Art in ihrem Bestand gegen vernichtende oder sonst
beeinträchtigende Einwirkungen zu bewahren. Für die oft als nur modale Gewährleistungen verstandenen **Gleichheitssätze** lässt sich ein persönlichkeitsrechtlicher Schutzgegenstand des Gleichheits-
interesses annehmen, der grds. keiner Beeinträchtigung (durch gleichheitswidrige Behandlung) ausgesetzt werden darf.[136]

**Zurückhaltung** ist angezeigt gegenüber Tendenzen, Grundrechten neben den ausdrücklich ge- **44a**
nannten Schutzgegenständen, etwa einer Freiheit, **zusätzliche Schutzgegenstände** zuzuordnen
(etwa: Redaktionsgeheimnis der Pressefreiheit, Betriebsgeheimnisse der Berufsfreiheit, An- oder Einreise zur Grundrechtsausübung[137]); damit können Einwirkungen auf solche Zusatzelemente des geschützten Grundrechts unabhängig davon als rechtfertigungsbedürftige Eingriffe erfasst werden, ob sie
überhaupt für den eigentlichen Schutzgegenstand relevante Beeinträchtigungen bewirken.

Für eine **Einengung** des abwehrrechtlichen Grundrechtsschutzes auf einen **Kernbereich** des **45**
Schutzgegenstandes ist auf der Ebene des grundrechtlichen Tatbestandes **kein Raum.** Dahingehende
Tendenzen, die besonders, aber nicht nur für die Koalitionsfreiheit festzustellen waren, dürften nach
der dezidierten Klar- bzw. Richtigstellung seiner (älteren) Judikatur durch das BVerfG[138] allgemein
überholt sein.[139] Die Relevanz unterschiedlicher Schichten der Grundrechtsgarantien auf anderer
Ebene, zumal für die Wesensgehaltgarantie des Art. 19 II (dazu → Art. 19 Rn. 33 ff.) und sonstige
Anforderungen,[140] bleibt davon unberührt.

**2. Die Leistungsrechte.** Grundrechtliche Leistungsrechte[141] beinhalten ihrer Struktur nach **An- 46**
**sprüche auf staatliches Handeln.** Die zu verlangenden Leistungen sind beliebiger Art;[142] auszuklam-
mern sind nur die den Abwehrrechten zugeordneten negatorischen Beseitigungsansprüche (→ Rn. 42).

---

[129] Restriktiv aber BVerfGK 7, 120; BVerfG (K) BayVBl 2010, 303 f.; weitergehend BVerfGK 16, 389 (394 f.);
dafür etwa *Blankenagel,* in: ders. (Hrsg.), Den Verfassungsstaat nachdenken, 2014, S. 11 ff. Zur Haftung bei (Grund-
und) Völkerrechtsverletzungen BGHZ 212, 173 Rn. 18 ff.; dazu etwa *Sauer* DÖV 2019, 714 (720 ff.).

[130] Weitergehend allgemein *Höfling* VVDStRL 61 (2002), 260 (263 ff., 281 ff.); ähnlich *Schoch* Verwaltung 34
(2001), 261 ff.; *Grzeszick,* Rechte und Ansprüche, 2002, S. 403 ff.; *Röder,* Die Haftungsfunktion der Grundrechte,
2002; *Ossenbühl* FS Stern, 2012, S. 535 ff.; *Unterreitmeier* NVwZ 2018, 383 (384 f.); *Limanowski,* Die Haftung des
Staates für Verletzungen der Berufsfreiheit, 2019; zu Art. 33 II BVerwGE 136, 140 (142 ff.); gegen grundrechtsunmittelbare Ansprüche etwa *Gromitsaris* DÖV 2006, 288 ff.; *Hartmann,* Öffentliches Haftungsrecht, 2013, S. 334 ff.

[131] Dazu im Überblick *Sachs,* in: Stern, StaatsR III/1, S. 622 ff.

[132] Für Erstreckung auf die Wirkungen des Handelns wohl BVerfGE 115, 205 (230 f.) (für Erfolg der Berufsausübung).

[133] S. etwa BVerfGE 122, 89 (119); BVerwGE 144, 171 Rn. 18; auch → Rn. 54 und → Fn. 288; näher *Hel-
lermann,* Die sogenannte negative Seite der Freiheitsrechte, 1993; *Sachs,* in: Stern, StaatsR III/1, S. 629; *Merten* HGR
II, § 42; *Bethge* HStR IX, § 203 Rn. 132 ff.; ablehnend zur Gewährleistung auch der „negativen" Seite der Freiheit
*Ipsen,* StaatsR II, Rn. 381 ff., 592 ff., 703 ff.

[134] Kritisch *Enderlein,* Der Begriff der Freiheit als Tatbestandsmerkmal der Grundrechte, 1995, S. 96 ff.

[135] Vgl. allgemein zu rechtserzeugten Schutzgegenständen *Nierhaus* AöR 116 (1991), 72 ff.

[136] Für Gleichheitsrechte als substantielle Abwehrrechte *Sachs,* in: Stern, StaatsR IV/2, S. 1484 ff.; *Sachs/Jasper* JuS
2016, 769 f.; terminologisch auch *Huster,* in: Friauf/Höfling, Art. 3 (2016) Rn. 42, aber Rn. 79 f.; wohl auch *Borowski*
(Fn. 63), S. 471 ff.; auch → Art. 3 Rn. 38 ff.

[137] Zu letzterem etwa *Sachs,* in: Stern, StaatsR IV/1, S. 778 ff.; *Zilkens* (Fn. 42), S. 120 ff.

[138] BVerfGE 93, 352 (358 ff.); zuletzt BVerfGE 148, 296 Rn. 115 mwN; näher → Art. 9 Rn. 74 ff.

[139] Dazu allgemein *Sachs,* in: Stern, StaatsR III/2, S. 35 ff.

[140] Vgl. zum „Kernbereich privater Lebensgestaltung" beim Persönlichkeitsgrundrecht BVerfGE 129, 208 (245 ff.);
näher → Art. 2 Rn. 106; zur Sicherung des Kernbereichs der Wissenschaftsfreiheit BVerfGE 127, 87 (115).

[141] Dazu allgemein *Rüfner* HGR II, § 40.

[142] Vgl. *Borowski* (Fn. 63), S. 283 ff., 369 ff.; *Streuer,* Die positiven Verpflichtungen des Staates, 2003.

Im Einzelnen kommen – abhängig von entsprechenden Gehalten der jeweiligen Grundrechtsbestimmungen – primär drei nach der Art der zu erbringenden Leistung unterschiedene Kategorien in
Betracht.

**47**     Vor allem sind Rechte auf sozialstaatlich unterstützende oder sonst fördernde Leistungen zu nennen.
Im Grundgesetz finden sich nur vereinzelt Grundrechtsbestimmungen, die primär auf solche Leistungen ausgerichtet sind, wie zumal Art. 6 IV.[143] Dagegen sind die klassischen **„sozialen Grundrechte",**[144] wie Rechte auf Arbeit, Wohnung, Bildung und Existenzsicherung, weder ursprünglich
noch nach dem Beitritt der DDR in das GG aufgenommen worden; sie finden sich aber teils zumal in
neuen LVerf, vor allem in Form von Staatszielbestimmungen.[145] Das BVerfG hat aber Art. 1 I iVm
Art. 20 GG ein Grundrecht auf Gewährleistung eines menschenwürdigen Existenzminimums entnommen.[146] Mangels besonderer Festlegung sind soziale Leistungsansprüche nur als Ansprüche auf „Reali-
sierungshilfe" möglich, die im Wege am Sozialstaatsprinzip orientierter Auslegung den primär abwehrrechtlichen Grundrechtsbestimmungen als Nebenelemente entnommen werden müssten (→ Rn. 49,
→ Rn. 68).

**48**     Nicht stets in den Kontext der Leistungsgrundrechte einbezogen werden Ansprüche auf die
**Gewährleistung staatlichen Schutzes** vor Beeinträchtigungen zumal durch Dritte, die den grundrechtlich abgeleiteten staatlichen Schutzpflichten (→ Rn. 35 ff.) entsprechen können,[147] sowie Rechte
auf **Verfahrenshandlungen** verschiedenster Art, die von speziellen Festlegungen abgesehen mit
Grundrechtswirkungen auf Organisation und Verfahren korrespondieren. Die zugrundeliegenden
Leistungspflichten sind ihrer Ableitung aus objektiv-rechtlichen Grundrechtsgehalten entsprechend
meist nur grundsätzlicher Natur, legen weder die Voraussetzungen noch den Inhalt der Leistungen
abschließend fest, insbes., wenn es um Pflichten zur Gesetzgebung geht (→ Rn. 32 ff.);[148] sie können
aber aufgrund entsprechender Einzelbestimmungen auch auf abschließend festgelegte Handlungen
abzielen, die bei Erfüllung der Voraussetzungen strikt verbindlich vorgeschrieben sind (wie etwa bei
Art. 104 IV; dazu → Art. 104 Rn. 25 ff.). Auch kann es grundrechtliche Ansprüche auf gesetzlich
vorgesehene Schutzmaßnahmen geben.[149]

**49**     Ausdrücklich auf verschiedenste Leistungen gerichtete Bestimmungen (wie Art. 1 I 2, 6 IV oder V,
7 IV 3, 103 I, 104 II bis IV, 116 II 1, Art. 140 GG/Art. 137 V 2 WRV) sind im Grundgesetz eher
selten; immerhin lassen sich auch bei Art. 6 I, 12 I 1 Var. 3, 17, 19 IV, 33 II und 101 I 2 staatliche
Leistungspflichten noch als primäre Rechtsfolge annehmen. Speziell Schutzleistungen kann man in
Art. 6 II 2, aber auch in Art. 4 II angesprochen sehen.[150] Im Mittelpunkt der Diskussion um Leistungsgrundrechte stehen allerdings Versuche, (primär) abwehrrechtlichen Grundrechtsbestimmungen im
Rahmen „objektiver" Gehalte im Sinne einer Gewährleistung auch realer Freiheit leistungsrechtliche
Zusatzelemente abzugewinnen. Postulate **„originärer"** staatlicher Leistungspflichten und korrespon-
dierende Rechte der Empfänger haben sich aber allenfalls punktuell durchsetzen können;[151] ggf. stehen
sie unter dem Vorbehalt des Möglichen „im Sinne dessen, was der Einzelne vernünftigerweise von der
Gesellschaft beanspruchen kann".[152] Dagegen finden jedenfalls primär im Gleichheitssatz (→ Art. 3
Rn. 53 ff.) verankerte **derivative Leistungs- oder Teilhaberechte** inzwischen auch jenseits von
Art. 12 I 3. Alt. (→ Art. 12 Rn. 18 f., → Art. 12 Rn. 160 ff.) Anerkennung.[153]

---

[143] BVerfGE 115, 259 (272); → Art. 6 Rn. 90.

[144] Vgl. zur Figur „sozialer Grundrechte" *Murswiek* HStR IX, § 192 Rn. 43 ff.; *Hesse* HdbVerfR, § 5 Rn. 31 f.;
*Stern,* StaatsR I, S. 933 ff.; *Sachs* ebda, Bd. III/1, S. 692 ff.; zur Justiziabilität *Lübbe-Wolff* JöR nF 53 (2005), 1 ff.; zur
EU-Ebene *Frenz* HdbEuR IV, 2009, Kap. 11; *Dorßmann,* Der Schutz der sozialen Grundrechte, 2006.

[145] S. dazu nur *Kilian,* Staatsziele in den Verfassungen der neuen Bundesländer – Idee und Wirklichkeit, 1997;
*Starck* HStR IX[1]. § 208 Rn. 80 ff.; s. allgemeiner auch → Art. 20 Rn. 52, auch → Art. 20 Rn. 48, und ausführlich
*Sommermann* (Fn. 119), S. 224 ff.

[146] BVerfGE 125, 175 (222 ff.); 132, 134 Rn. 62 ff.; 137, 34 Rn. 74 ff.; 142, 353 Rn. 33 ff.; näher → Art. 1
Rn. 30 ff.; auch → Art. 20 Rn. 46, 48. Für Krankenkassenleistungen bei lebensbedrohlichen Krankheiten BVerfGE
115, 25 (49); restriktiv BVerfGE 140, 229 Rn. 18; s. auch → Art. 2 Rn. 225; *Rixen* DVBl 2018, 906 (911 ff.).

[147] Wie hier etwa *Borowski* (Fn. 63), S. 369 ff.

[148] Vgl. für alle in Betracht kommenden Förderungshandlungen *Borowski* (Fn. 63), S. 266 ff., 389 ff.

[149] Zu Ansprüchen auf Strafverfolgung → Fn. 102; BVerfG (K) NJW 2015, 150 Rn. 9 ff.; NJW 2015, 3500
Rn. 17 ff.; NJW 2020, 675 Rn. 34 ff.

[150] *Sachs,* in: Stern, StaatsR III/1, S. 706 f.; zur Bedeutung des Sozialstaatsprinzips für die Grundrechte *ders.,*
Art. 20 Rn. 54; ausführlich *V. Neumann* DVBl 1997, 92 ff.

[151] Für grundrechtsunmittelbaren Auskunftsanspruch der Presse BVerwGE 146, 56 Rn. 29 f.; 151, 348 Rn. 24;
BVerwG NVwZ 2015, 1383 Rn. 6; BVerfGE 154, 222 Rn. 13; BVerwG NVwZ 2016, 1023 Rn. 12; 2019, 978
Rn. 12; krit. etwa *Blome* NVwZ 2016, 1211 ff.; *Cornils,* AfP 2016, 205 ff. Allgemein *Sachs,* in: Stern, StaatsR III/1,
S. 707 ff., 745 ff.; *Murswiek* HStR IX, § 192 Rn. 91 ff.; *P. Kirchhof* HStR IX[1]. § 221 Rn. 139 ff.; ablehnend
BVerfGE 102, 142 (145 ff.); ferner BSG NJW 2001, 2197 (2198); OVG Bremen NVwZ-RR 2009, 424 f.

[152] BVerfGE 33, 303 (333); zu Art. 6 I BVerfGE 97, 332 (349); zur Rechtsfigur ausf. *Depenheuer* HStR XII, § 269.
Zur Haushaltswirksamkeit auch der Freiheitsrechte *Wischmeyer,* Die Kosten der Freiheit, 2015.

[153] Dazu *Sachs,* in: Stern, StaatsR III/1, S. 700 ff., 749 f.; *H. Dreier,* in: Dreier I, vor Art. 1 Rn. 93; erweiternd
*Murswiek* HStR IX, § 192 Rn. 73 ff.; keine Bedenken gegen nicht prohibitive Studiengebühren bei BVerfGE 134, 1
Rn. 35 ff.

**3. Sonstige Grundrechtsberechtigungen. a) Bewirkungsrechte.** Bewirkungsrechte sind **50** grundrechtliche Befugnisse, nach dem Muster zivilrechtlicher Gestaltungsrechte Rechtsfolgen herbeizuführen.[154] Nur im Verfassungsrecht begründete Bewirkungsrechte sind im Grundgesetz selten, zB Art. 7 II, 116 II 2; häufiger finden sie sich, wie für die Testierfreiheit, in gesetzlich vermittelter Form. Als Sonderkategorie hervorzuheben sind die gemeinsam mit anderen auszuübenden **Mitwirkungsrechte,**[155] wie insbes. Wahl- und Stimmrechte (Art. 38, 29 II–IV). Als individuelle Rechtspositionen genießen sie zugleich abwehrrechtlichen Schutz.[156]

**b) Grundrechtliche Rechtsstellungen.** Solche sind Berechtigungen an präjudiziell übergreifend **51** bedeutsamen, rechtlich konstituierten Eigenschaften oder Verhältnissen von Personen.[157] Dazu gehören namentlich **Mitgliedschaften,** wie die in einem Verein, aber auch die Staatsangehörigkeit, sowie rechtliche Fähigkeiten, wie **Rechts- und Geschäftsfähigkeit, Wählbarkeit und Ämterfähigkeit.** Die Rechtsstellungen sind zugleich Gegenstand von Abwehrrechten und entsprechend geschützt.

### III. Der sogenannte Grundrechtsverzicht

Ein **echter Verzicht** als einseitige Willenserklärung, die nach zivilrechtlichem Vorbild das sub- **52** jektive (Grund-)Recht als solches zum Erlöschen bringt, ist im GG **nicht** geregelt; eine derartige Möglichkeit ist auch mit der Aufgabe der Grundrechte, allgemeingültige Bindungen der Staatsgewalt festzulegen, nicht vereinbar. Freiheit und Autonomie des Einzelnen als Kernelemente des Grundrechtsschutzes sprechen andererseits dagegen, dass dem Individuum grundrechtliche Rechtspositionen gegen seinen Willen aufgezwungen sein sollen.

Daher werden in der sehr differenzierte Diskussion,[158] zu der das BVerfG nicht allgemein Stellung **53** bezogen hat, durchweg Möglichkeiten des Einzelnen anerkannt, bei **prinzipiellem Fortbestand seiner Grundrechtsberechtigung** aus den (einzelnen) Grundrechtsbestimmungen **konkrete Einzelelemente** des Grundrechtsschutzes in begrenztem Umfang **aufzugeben.**[159] Die Verwandtschaft mit einem „Verzicht" im rechtstechnischen Sinn besteht meist nur darin, dass überhaupt der Wille des Grundrechtsberechtigten für den Ausschluss des Grundrechtsschutzes maßgeblich ist. Im Übrigen ist wegen der Verschiedenartigkeit der geschützten Grundrechtspositionen und ihrer Gefährdungen ein hohes Maß an Differenzierung geboten.

Soweit Grundrechte Verhaltensmöglichkeiten schützen (bei Freiheiten, Wahlrecht, Rechtsbehelfen), **54** kommt ein **Ausübungsverzicht** in Betracht. Ein solcher liegt nicht schon im bloßen Nichtgebrauch grundrechtsgeschützter Handlungsmöglichkeiten; dieser kann vielmehr selbst als „negative Freiheit" Grundrechtsschutz genießen (→ Rn. 43). Vielmehr setzt ein relevanter Verzicht insoweit bindende Selbstverpflichtungen zum Nichtgebrauch der Verhaltensmöglichkeiten voraus, die (nur) nach Maßgabe gesetzlicher Bestimmungen wirksam sind.

Ansonsten geht es um zumindest konkludent[160] zu erklären **Einwilligungen,** die die Verfassungs- **55** widrigkeit einseitiger staatlicher Einwirkungen auf grundrechtliche Schutzgegenstände[161] ebenso ausschließen können wie die Verletzung staatlicher Schutzpflichten gegenüber dem konsentierten Einwirken Dritter. Ob dies möglich ist, muss mangels ausdrücklicher Regelung (wie bei Art. 7 III 3) durch Auslegung der jeweiligen Grundrechtsbestimmung festgestellt werden.[162] Dies gilt auch für die Frage, ob die Einwilligung eines Vertreters oder bestellten Betreuers ausreicht.[163] Der bloße Verzicht

---

[154] S. insgesamt *Sachs,* in: Stern, StaatsR III/1, S. 571 ff.; auch *Stern* HStR IX, § 185 Rn. 64 ff.

[155] Zu „Teilnahmerechten" weitergehend *Starck* HGR II, § 41; auch *W. Schmitt Glaeser* HStR III, § 38 Rn. 11 ff.; zur Abgrenzung des status activus von organschaftlichen Rechten BVerfGE 96, 231 (239).

[156] *Sachs* HGR II, § 39 Rn. 25; auch → Rn. 44; vgl. für Art. 38 I BVerfGE 129, 124 (170) (bei inhaltlicher Überdehnung, dazu → Art. 79 Rn. 66a; anders etwa noch BVerfGE 19, 93 (96).

[157] *Sachs,* in: Stern, StaatsR III/1, S. 584 ff.

[158] Vgl. ausführlich *Stern,* StaatsR III/2, S. 887 ff.; *Merten* HGR III, § 73; *Kloepfer* VerfR II, § 49 Rn. 69 ff.; *Bethge* HStR IX, § 203 Rn. 3 f., 91 ff.; ferner *Spieß,* Der Grundrechtsverzicht, 1997; *Fischinger* JuS 2007, 808 ff.; *N. Bethge,* Die verfassungsrechtliche Zulässigkeit des Grundrechtsverzichts, 2014; *Ahammer,* Der Grundrechtsverzicht als dogmatische Kategorie, 2017; auch *Ohly* (Fn. 78), insbes. S. 81 ff.

[159] Zur Zulässigkeit des „Verzichts" auf gerichtlichen Schutz BVerfGE 9, 194 (199); 22, 49 (447); für Unbeachtlichkeit des Einverständnisses mit Lügendetektortests BVerfG (K) NJW 1982, 375; dazu *Schwabe* NJW 1982, 367; *Amelung* NStZ 1982, 38; auch *H. Dreier,* in: Dreier I, vor Art. 1 Rn. 131; offen BVerfG (K) NJW 1998, 1938.

[160] Vgl. etwa BVerfGE 106, 28 (44 f.); BVerfG (K) NJW 2003, 2375.

[161] Ob der Eingriff ausgeschlossen oder gerechtfertigt wird, ist im Verfassungsrecht ohne Bedeutung, s. *Sachs,* VerfR II, Kap. 8 Rn. 37. Für fehlenden Eingriff *Bethge* HStR IX, § 203 Rn. 144; s. auch → Fn. 164.

[162] BVerfGE 124, 43 (58): „jede Kenntnisnahme … ohne Einwilligung des Betroffenen (ist) ein Grundrechtseingriff." Vgl. zu Art. 10 auch *Tanneberger,* Die Sicherheitsverfassung, 2014, S. 231 f.

[163] Gegen wirksame Einwilligung des Betreuers in Zwangsbehandlungen BVerfGE 128, 282 (301 f.); 133, 112 Rn. 51. Zur Problematik beim TFG *Bender* ZRP 1997, 353 (355); beim TPG *Höfling/Rixen,* Verfassungsfragen der Transplantationsmedizin, 1996, S. 100 ff. Zur Reichweite von Vorsorgevollmachten bei Freiheitsentziehungen BVerfG (K) NJW 2009, 1803 (1804). Zur Einwilligung der Eltern bei Körperverletzungen (Art. 6 II GG) *Rixen,* Art. 2 Rn. 206; → Art. 6 Rn. 72.

auf physischen Widerstand gegen eine Maßnahme ist keine Einwilligung.[164] Die Einwilligung greift grundsätzlich (nur) solange durch, bis sie erkennbar entfallen, insbes. **widerrufen** worden ist. Die Widerruflichkeit kann auf gesetzlicher Grundlage durch rechtsgeschäftliche Selbstbindung ausgeschlossen werden, wenn das Grundrecht dem nicht entgegensteht.[165]

56      Die Wirksamkeit des „Verzichts" setzt bei der „bloßen" Einwilligung Einsichtsfähigkeit[166] und **Freiwilligkeit** voraus.[167] Diese fehlt jedenfalls bei Täuschung, Drohung[168] oder Zwang; auch in Aussicht gestellte Vorteile sollen sie ausschließen können, nicht dagegen wohl bloße Irrtümer. Bei rechtsgeschäftlichen Bindungen sind die Voraussetzungen bzgl. der Person (Geschäftsfähigkeit) und des vertraglichen oder einseitigen Rechtsgeschäfts (Willensmängel, einschließlich Irrtum) zu beachten. Jedenfalls bei besonders gravierenden Grundrechtsbeeinträchtigungen kann es nötig sein, durch verfahrensrechtliche Vorkehrungen (wie Aufklärungspflichten oÄ) sicherzustellen, dass eine Einwilligung nicht leichtfertig erfolgt.[169]

57      Der Grundsatz der Selbstbestimmung spricht im Übrigen generell für die **Dispositionsbefugnis** des Grundrechtsberechtigten über sein Recht; sie kann aber ausnahmsweise zugunsten selbständig bedeutsamer Gemeinwohlanliegen (etwa beim Wahlgeheimnis; dazu → Art. 38 Rn. 102 f.) fehlen.[170] Belange voll verantwortungsfähiger Betroffener selbst können es nicht rechtfertigen, ihnen einen Grundrechtsschutz wider Willen aufzunötigen.[171] Zur Problematik der Vertragsfreiheit bei struktureller Unterlegenheit eines Teils uÄ → Art. 2 Rn. 37a, → Art. 2 Rn. 55a ff.

# D. Grundpflichten

58      Im Gegensatz zu vielen, dem staatsvertraglichen Denken verpflichteten historischen Vorbildern hat das GG nach der **völkischen Totalinpflichtnahme im NS-Staat** weitgehend darauf verzichtet, Grundpflichten vorzusehen. Abgesehen von einzelnen spezielleren Verpflichtungsnormen waren die traditionell dominierenden Grundpflichten, wie Wehrpflicht, Steuerpflicht, Friedenspflicht, (allgemeine) Treuepflicht oder die alle anderen Pflichten umfassende Gesetzesgehorsamspflicht, im GG ursprünglich nicht (ausdrücklich) geregelt. Es gab nur einzelne speziellere Verpflichtungsnormen, wie Art. 6 II, 12 II, 14 II oder 5 III 2; auch in Art. 33 I klang der Pflichtengedanke an, kaum in Art. 7 (zur Schulpflicht → Art. 7 Rn. 12).

59      An der **grundsätzlichen Reserve des GG gegenüber Grundpflichten** hat auch die spätere Einführung der Möglichkeit der **Wehrpflicht und anderer Dienstpflichten für den Verteidigungsfall**, heute Art. 12a, nichts geändert.[172] Für das Grundgesetz liegt – trotz einer gewissen Renaissance des Grundpflichtendenkens – die Priorität bei den individuellen Grund*rechten*. Verpflichtungen des Einzelnen, die im Interesse der verschiedensten Aspekte des Gemeinwohls (→ Rn. 97) gesetzlich aufgestellt werden können, erscheinen als **legitimationsbedürftige Einschränkungen der Grundrechte**. Die stärkere Akzentuierung der Grundpflichten in der DDR-

---

[164] Vgl. BVerfGE 128, 282 (300 f.); 129, 269 (280); 133, 112 Rn. 50.

[165] Nur vermeintlich abweichend insoweit *Enders,* in: Friauf/Höfling, vor Art. 1 (2000) Rn. 103.

[166] Vgl. für Zwangsbehandlungen Untergebrachter BVerfGE 128, 282 (300 f.); bei vor Wegfall der Einsichtsfähigkeit erklärter Einwilligung (oder Bevollmächtigung anderer) können zusätzliche Schutzvorkehrungen, etwa die Einschaltung eines Richters, geboten sein, vgl. BVerfG (K) NJW-RR 2016, 193 Rn. 17.

[167] Allgemein *Gutmann,* Freiwilligkeit als Rechtsbegriff, 2001; *Hombert,* Der freiwillige genetische Massentest, 2003, S. 116 ff., 160 ff.; für unzulässigen Druck bei unberechtigten Aufforderungen durch Anstaltspersonal BVerfG (K) NStZ-RR 2012, 60 (61); zur Selbstbestimmung im Kontext der Privatautonomie → Art. 2 Rn. 37a, → Art. 2 Rn. 55a ff.

[168] Für in Aussicht gestellte Nachteile als unzulässigen Druck BVerfGE 128, 282 (301).

[169] Für Zwangsbehandlungen BVerfGE 128, 282 (300 f., 308 ff.); 129, 269 (282 ff.); 133, 112 Rn. 55 ff.; 142, 313 Rn. 74 ff.; weitergehend *Böse* JZ 2015, 653 ff.; vgl. zur Belehrung bei Rücknahme der Beschwerde gegen Freiheitsentziehung auch BGH NVwZ 2019, 1694 f.

[170] Vgl. *Sternberg-Lieben,* Die objektiven Schranken der Einwilligung im Strafrecht, 1997, S. 33 ff. Gegen Zulässigkeit konsentierter Auslieferung Deutscher schon *Pohl,* in: Nipperdey (Fn. 1), Bd. 1, 1929, S. 267; *W. Jellinek,* Verwaltungsrecht, 3. Aufl. 1931, S. 215 (auch für Bestrafung, wenn Tat bei Begehung nicht strafbar). Gegen Verzicht auf richterliche Entscheidung bei Art. 104 II BVerfG (K) NVwZ 2017, 1198 Rn. 21.

[171] BVerfGE 142, 313 Rn. 75, schließt jede Zwangsbehandlung gegen den freien Willen aus; im Übrigen ist die Rspr. uneinheitlich, vgl. BVerfGE 22, 180 (219); 30, 47 (53 f.); 32, 98 (110); 58, 208 (224 ff.); 59, 172 (213); 59, 275 (278 f.); 60, 123 (133); 121, 317 (359); 128, 282 (304 ff.); 129, 269 (280); 130, 131 (145); 133, 122 Rn. 50 ff.; 146, 294 Rn. 26 ff. vgl. auch BVerwGE 64, 274 (279 f.); 113, 340 (341 f.); *v. Münch* FS H. P. Ipsen, 1977, S. 113 ff.; *Sachs,* in: Stern, StaatsR III/2, S. 361 ff.; *Isensee* HStR IX, § 191 Rn. 244 ff., 115; *Bethge* HStR IX, § 203 Rn. 149 ff.; *Enders* VVDStRL 64 (2005), 7 (41 ff.); *Möller,* Paternalismus und Persönlichkeitsrecht, 2005; *Suchomel,* Partielle Disponibilität der Würde des Menschen, 2010, S. 129 ff.; *Rigopoulou,* Grenzen des Paternalismus im Strafrecht, 2013, S. 47 ff.; *Hufen,* in: Ackermann (Hrsg.), Freiheitsindex Deutschland 2013, 2014, S. 49 ff.; *Sandfuchs,* Privatheit wider Willen?, 2015, S. 165 ff.; *Krönke* Staat 55 (2016), 319 ff.; *Kuch* DÖV 2019, 723 ff. S. auch zur Verhinderung der Selbsttötung BVerwGE 158, 142 Rn. 22 ff.; *Sachs* GS Tröndle, 2019, S. 641 (644 ff.) mwN.

[172] Allgemein etwa *H. H. Klein* Staat 14 (1975), 153 ff.; *Götz* und *H. Hofmann* VVDStRL 41 (1983), 7 ff. bzw. 42 ff.; *ders.* HStR IX, § 195; *Luchterhandt,* Grundpflichten als Verfassungsproblem in Deutschland, 1988; *Stern,* StaatsR III/2, S. 985 ff.; *T. I. Schmidt,* Grundpflichten, 1999; *Wehr,* Rechtspflichten im Verfassungsstaat, 2005, S. 173 ff.; *Randelzhofer* HGR II, § 37.

Tradition[173] gibt keinen Anlass, hiervon abzuweichen. Für eine Abstützung auf den Verantwortungsgedanken[174] fehlt die grundgesetzliche Basis.

## E. Grundrechtsinterpretation und Grundrechtstheorien

### I. Grundrechtsinterpretation

Für die Interpretation der Grundrechte[175] als Rechtsnormen bilden die auf das Ziel, den objektiven **60** Normsinn festzustellen, gerichteten **klassischen Auslegungsgrundsätze** einschließlich der Rechtsvergleichung[176] den Ausgangspunkt, der im Sinne der allgemeinen Prinzipien der Verfassungsinterpretation zu modifizieren ist (→ Einf Rn. 37 ff.). Systematisch können die Grundrechtsbegrenzungen Bedeutung für die Reichweite des Grundrechtstatbestands gewinnen.[177] Zudem hat die Judikatur früh einen Grundsatz **größtmöglicher Effektivität** der Grundrechte als Auslegungsmaxime anerkannt,[178] der die einzigartige Reichweite und Vielfalt ihrer inzwischen entfalteten Wirkungen (s. auch → Rn. 69) erklärt.

Grundrechtsauslegung muss daher offen sein für **außerrechtliche Einflüsse**, um die Ziele der **61** Grundrechte zur Geltung zu bringen.[179] Allerdings darf die eigenständige Substanz der Grundrechtsgarantien in der Vielfalt der wandelbaren Lebensbedingungen nicht verloren gehen. Der entscheidende Fixpunkt hierfür kann nur der von allen gesellschaftlichen Wandlungen in seiner Grundbefindlichkeit unveränderte einzelne Mensch sein; im Zentrum der Grundrechtsauslegung steht daher das allerdings unterschiedlichen Ausdeutungen zugängliche **„Menschenbild" des GG**.[180]

Dieses darf nicht auf Grund anthropologischer Vorverständnisse unterlegt werden,[181] sondern ist aus **62** den zumal **grundrechtlichen Bestimmungen des GG** selbst zu gewinnen. Von zentraler Bedeutung ist dabei die Würde des Menschen nach Art. 1 I; im Ürigen zeigen die einzelnen Grundrechtsbestimmungen die als für Menschen potentiell besonders wichtig anerkannten Interessen auf. Dazu gehören die Belange der körperlichen Existenz wie die der geistig-seelischen Persönlichkeit, der Anspruch auf gleiche Achtung sowie Freiheit und Selbstbestimmung allgemein und in wichtigen Einzelbereichen des persönlichen, kulturellen, politischen und wirtschaftlichen Lebens, die Möglichkeit demokratischer Mitbestimmung wie die der Angewiesenheit auf sozialstaatliche Unterstützung. Zumal in den Grundrechtsbegrenzungen wird zugleich deutlich, dass der Mensch verpflichtet sein kann, eigene Interessen auf Grund von Notwendigkeiten des Zusammenlebens zurückzustellen. Diese Bestimmungen sind nicht zugunsten größerer Effektivität der Grundrechtsgewährleistungen restriktiv auszulegen, weil beide den gleichen Verfassungsrang besitzen (→ Rn. 123 f.). In dieser **Vielfalt und Offenheit** wirkt das „Menschenbild" des Grundgesetzes jeder verengenden Fixierung bei der Grundrechtsinterpretation entgegen; es hält freilich auch selbst meist keine fertigen Antworten in einzelnen Auslegungsfragen bereit.[182]

### II. Grundrechtstheorien

Die Diskussion um „Grundrechtstheorien" im Sinne **interpretationsleitender Grundverständ- 63** **nisse** hat eine Zeit lang die Probleme der Grundrechtsinterpretation überlagert, wenn nicht domi-

---

[173] *Luchterhandt,* Der verstaatlichte Mensch. Die Grundpflichten des Bürgers in der DDR, 1985.

[174] Vgl. *Waechter* Staat 38 (1999), 279 ff.; s. auch *Isensee* FS Heckel, 1999, S. 739 ff.; allgemeiner dazu VVDStRL 55 (1996), 7 ff.; *Sachs* DVBl 1995, 873 ff.; *Klement,* Verantwortung, 2006.

[175] Speziell hierzu neben den Stimmen zu „Grundrechtstheorien" (→ Rn. 63 ff.) *Höfling,* Offene Grundrechtsinterpretation, 1987; *Kriele* HStR IX, § 188; *Starck* HStR VII¹·, § 164 Rn. 33 ff.; *Stern,* StaatsR III/2, S. 1633 ff.; *Cremer* (Fn. 81), S. 13 ff.; *Böckenförde* EuGRZ 2004, 598 ff.; *Ossenbühl* HGR I, § 15; *Roellecke* FS Stober, 2008, S. 3 ff.

[176] Vgl. → Einf Rn. 44, auch zur Bedeutung der EMRK und der EUGrundRCh für die Grundrechtsauslegung; ferner insbesondere *Sommermann* HGR I, § 16; *Zolotas,* Gerichtliche Heranziehung der Grundrechtsvergleichung, 2012.

[177] So BVerfGE 6, 32 (36); 73, 206 (248); 134, 242 Rn. 262; BVerfG (K) NJW 2001, 2459 (2460); anders aber BVerfGE 32, 54 (72); näher *Sachs,* in: Stern, StaatsR III/2, S. 57 ff.; *ders.* HGR II, § 39 Rn. 37; auch *Merten* HGR III, § 56 Rn. 22, 80.

[178] S. zur Judikatur seit BVerfGE 6, 55 (72), etwa *Stern,* StaatsR III/2, S. 1652 f.; ferner BVerfGE 103, 142 (153); 139, 245 Rn. 69; auch BVerfGE 136, 152, 184 Rn. 1 (abwM).

[179] Vgl. etwa *Wrase,* Zwischen Norm und Wirklichkeit, 2016, S. 457 ff.

[180] Vgl. hierzu BVerfGE 4, 7 (15) und öfter; aus der nicht undifferenzierten Judikatur etwa BVerfGE 115, 118 (158 f.); 121, 69 (92 f.); 128, 326 (376); 138, 296 Rn. 109; ähnlich 140, 317 Rn. 54; *Stern,* StaatsR III/1, S. 31 ff.; auch → Art. 1 Rn. 38 f.; ferner etwa *U. Becker,* Das ‚Menschenbild des Grundgesetzes' …, 1996, insbesondere S. 101 ff.; *W. Schmitt Glaeser* FS Maurer, 2001, S. 1213 ff.; *Ziekow* FS v. Arnim, 2004, S. 189 ff.; *P. Kirchhof* FS Starck, 2007, S. 275 ff.

[181] Zur Problematik *Morlok,* Selbstverständnis als Rechtskriterium, 1993, S. 251 f.; zur Bedeutung von Hirnforschungsergebnissen zur Willensfreiheit für das Menschenbild *Wolff* JZ 2006, 925 ff.

[182] Vgl. → Art. 1 Rn. 38 f.; näher *Höfling* (Fn. 175), insbesondere S. 104 ff.

niert.[183] Nach der grundlegenden Darstellung von *Böckenförde,*[184] der – konzentriert auf die freiheits-rechtlichen Grundrechtsbestimmungen – die vielfach diffusen Vorstellungen von der Gesamtbedeutung der Grundrechte in typisierender Vereinfachung zusammengefasst hat, sind folgende Grundrechtstheorien[185] zu unterscheiden:

64    **Die liberale (bürgerlich-rechtsstaatliche) Grundrechtstheorie** sieht die Grundrechte als Sphären natürlicher Freiheit des Einzelnen, die als negative Kompetenznormen staatlichen Ingerenzen entgegenstehen und Räume individueller Beliebigkeit sichern. Dieses Verständnis gibt im Grundansatz bis heute die Bedeutung der meisten Freiheits-Grundrechte im Kern zutreffend wieder.[186] Dies schließt ergänzende Ansätze nicht aus.

65    **Die institutionelle Grundrechtstheorie** setzt auch jenseits der Einrichtungsgarantien (→ Rn. 30) bei den Freiheitsrechten traditionelle und rechtliche Vorprägung wesentlicher Elemente von Lebensbereichen an die Stelle autonomer Selbstbestimmung;[187] damit wird das Wesen der Freiheit verkannt. Zudem verliert das Grundrecht den Vorrang gegenüber dem im institutionellen Rahmen nur noch ausgestaltenden Gesetzesrecht.[188]

66    Nach der **Wert(e)theorie der Grundrechte**[189] wird in den Grundrechten ein „Wertsystem" festgelegt; auch dadurch wird die Offenheit für selbstbestimmtes Verhalten durch inhaltliche Vorgaben für wertgerechte Betätigung ersetzt. Das BVerfG beruft sich vielfach auf (nicht auf Grundrechte beschränkte) „Wertentscheidungen"[190] oder auch eine (häufig das Grundgesetz insgesamt einbeziehende) „Wertordnung".[191] Letztere hat es jedenfalls nicht im Sinne einer Wert*rang*ordnung nachzuweisen vermocht.[192] Ob mit dieser Redeweise ein grundrechtstheoretischer Anspruch verbunden ist, wird wohl mit Recht bezweifelt.[193]

67    **Die demokratisch-funktionale Grundrechtstheorie** versteht die Grundrechte vor allem des politischen Lebens als im Interesse des demokratischen Prozesses auszuübende Kompetenzen; die individuelle Freiheit wird als Mittel dazu funktionalisiert. Diese Reduktion der Freiheit ist nicht gerechtfertigt, weil sie die unabhängige Bedeutung der Grundrechte für andere Lebensbereiche, wie etwa Wirtschaft oder Kultur oder den engeren Bereich der Persönlichkeit vernachlässigt;[194] dies hindert nicht, die besondere Bedeutung der einschlägigen Grundrechte[195] (s. etwa → Art. 5 Rn. 17 ff.; → Art. 8 Rn. 8 ff.) *auch* für das demokratische System anzuerkennen (→ Art. 20 Rn. 17 ff.).

---

[183] Dazu neben den zu → Rn. 60 und nachstehend Genannten etwa *Willke,* Stand und Kritik der neueren Grundrechtstheorie, 1975; *Kröger,* Grundrechtstheorie als Verfassungsproblem, 1978; *Steinbeiß-Winkelmann,* Grundrechtliche Freiheit und staatliche Freiheitsordnung, 1986; *Brugger* JZ 1987, 633 ff. Zuletzt wieder *Muckel* und *S. Schönberger,* VVDStRL 79 (2020), 245 ff. bzw. 291 ff.

[184] NJW 1974, 1529 ff.; zur Bedeutung dieser „Theorien" in der Judikatur des BVerfG ausführlich *Stern,* StaatsR III/2, S. 1682 ff.; für nur zwei Theorien *Enders,* in: Friauf/Höfling, vor Art. 1 (2000) Rn. 43 ff. Für weitere Ansätze etwa *Augsberg/Unger* (Hrsg.), Basistexte: Grundrechtstheorie, 2012.

[185] Für anders angelegte „Grundrechtstheorien" vgl. *Alexy,* Theorie der Grundrechte, 1985; ferner etwa *Lindner,* Theorie der Grundrechtsdogmatik, 2005; *Mahlmann,* Elemente einer ethischen Grundrechtstheorie, 2008; *Schaefer* Staat 48 (2009), 215 ff.; *Kahl,* in: Depenheuer/Grabenwarter (Hrsg.), Verfassungstheorie, 2010, § 24; *Vesting/Korioth/Augsberg* (Hrsg.), Grundrechte als Phänomene kollektiver Ordnung, 2014; zu geistesgeschichtlichen Zusammenhängen s. §§ 8–14 in HGR I.

[186] So auch stRspr seit BVerfGE 7, 198 (204 f.); ferner etwa BVerfGE 115, 320 (358); *Bethge* VVDStRL 57 (1998), 7 (13 ff.); auch *Weber-Dürler* ebda, S. 57 (77 ff.); *Sachs* HGR II, § 39 Rn. 1 ff.; für ein besonderes liberales Grundrechtsverständnis *Ladeur* Staat 50 (2011), 493 ff.

[187] S. vor allem *Häberle,* Die Wesensgehaltgarantie des Artikel 19 Abs. 2 Grundgesetz, 3. Aufl. 1983.

[188] Dazu etwa *Leisner,* Von der Verfassungsmäßigkeit der Gesetze zur Gesetzmäßigkeit der Verfassung, 1964; *Majewski,* Auslegung der Grundrechte durch einfaches Gesetzesrecht?, 1971; *Sachs,* Grenzen des Diskriminierungsverbots, 1987, S. 54 f.; kritisch auch *Cremer* (Fn. 81), S. 180 ff.

[189] Diese wird auf die Integrationslehre *Smends* (Verfassung und Verfassungsrecht, 1928) zurückgeführt, vgl. *Böckenförde* NJW 1974, 1533. Dazu etwa rückblickend *Rennert* Staat 53 (2014), 31 ff.

[190] Zuletzt etwa BVerfGE 133, 377 Rn. 83; 138, 1 Rn. 71; 140, 240 Rn. 108; 148, 267 Rn. 33, 37 f.

[191] Etwa BVerfGE 7, 320 (323) bzw. 7, 198 (205), und seither stRspr; s. aus neuerer Zeit etwa BVerfGE 120, 224 (256 f.) (abwM); 126, 112 (140); BVerfG (K) ZfSch 2016, 414 Rn. 11; für eine „Werteordnung" BVerfGE 110, 141 (163); 121, 317 (353, 356, 358); 145, 249 Rn. 55. Dem Ansatz zust. etwa *Schapp* JZ 1998, 913 ff.; auch *Dolderer* (Fn. 64), S. 117 ff.; *Di Fabio* HGR II, § 46; eingehend *Rensmann,* Wertordnung und Verfassung, 2007; nur für verfassungsimmanente Werte *Reese,* Die Verfassung des Grundgesetzes, 2013, S. 250 ff.; auch → Rn. 123. Zur Verbindung mit den objektiv-rechtlichen Grundrechtsgehalten → Rn. 31.

[192] Kritisch insbesondere *Goerlich,* Wertordnung und Grundgesetz, 1973; *Cremer* (Fn. 81), S. 195 ff.; *Habermas,* Faktizität und Geltung, 1992, S. 309 ff.; auch → Rn. 123.

[193] *Stern,* StaatsR III/2, S. 1685; skeptisch auch *Uerpmann,* Das öffentliche Interesse, 1999, S. 197 ff.; anders *Di Fabio* HGR II, § 46.

[194] Abzulehnen ist namentlich der verengte Versammlungsbegriff in BVerfGE 104, 92 (LS 2, 104); 111, 147 (154 f.); 128, 226 (250); näher *Sachs,* in: Stern, StaatsR IV/1, S. 1196 ff., 1206 ff.; → Art. 8 Rn. 18 ff.; allgemein kritisch *Flitsch,* Die Funktionalisierung der Kommunikationsgrundrechte, 1998; *Rupp* JZ 2001, 271 ff.; *Cremer* (Fn. 81), S. 190 f.; ähnlich aber wieder (für Art. 8 GG) *Helleberg,* Leitbildorientierte Verfassungsauslegung, 2016.

[195] Deren Kreis ist nicht auf Rechte der politischen Betätigung beschränkt; BVerfGE 65, 1 (43); 115, 166 (188) beziehen namentlich das Recht auf informationelle Selbstbestimmung ein.

**Die sozialstaatliche Grundrechtstheorie** zielt darauf ab sicherzustellen, dass von grundrecht- 68
lichen Freiheiten wirklich Gebrauch gemacht werden kann[196] oder dass vorgeschriebene Gleichheit
auch realisiert wird. Doch scheidet eine Umdeutung von Abwehrrechten in (originäre) Leistungsrechte
grds. aus. Ihre strikte Verbindlichkeit darf nicht zugunsten nur prinzipiell bindender Leistungspflichten
in Frage gestellt werden.

Keine dieser „Theorien" hat sich als alleinige Auslegungsleitlinie durchsetzen können; vielmehr 69
wird weithin eine für Ergänzungen offene **„Multifunktionalität"** der Grundrechte anerkannt.[197] Die
Zusammenhänge der Grundrechte mit Prinzipien des Art. 20 (Rechtsstaat, Demokratie und Sozialstaat) schließen sich nicht gegenseitig aus, sondern können im Rahmen systematischer Interpretation
durchaus nebeneinander Beachtung finden. Dagegen hilft die Wertetheorie kaum bei der Grundrechtsinterpretation, da die maßgeblichen Werte erst selbst im Wege der Auslegung festgestellt werden
müssten. Die institutionelle Sichtweise kann allenfalls bei einzelnen Grundrechten Auslegungsergebnisse strukturell vorzeichnen.

# F. Die Grundrechtsberechtigten

## I. Die Grundrechtsfähigkeit

Grundrechtsberechtigt oder Grundrechtsträger ist derjenige, dem eine bestimmte grundrechtliche 70
Berechtigung zusteht. Personelle Voraussetzung jeder Grundrechtsberechtigung ist die **Grundrechtsfähigkeit;** sie kommt den menschenrechtlichen Wurzeln der Grundrechte entsprechend natürlichen
Personen regelmäßig zu[198] (zu juristischen Personen → Art. 19 Rn. 48 ff.). Die der Aufklärung zu
verdankende prinzipielle Anerkennung jedes Menschen als Person und Rechtssubjekt durch die
Rechtsordnung wird auch im Grundgesetz als Selbstverständlichkeit vorausgesetzt. Bei Zweifeln, zumal
für die Zeit vor der Geburt und nach dem Tode, kann sie nicht durch Gesetz konstitutiv ausgestaltet
werden, vielmehr sind die Voraussetzungen von **Beginn und Ende** der Grundrechtsfähigkeit[199] durch
letztlich dem BVerfG überantwortete Auslegung der jeweiligen Grundrechtsbestimmung zu klären
(vgl. auch → Art. 1 Rn. 56 ff., → Art. 1 Rn. 62 ff.; → Art. 2 Rn. 141 ff.). Nicht (grund)rechtsfähig
sind noch nicht lebende (als menschliches Leben existierende) Menschen,[200] Tiere[201] und Roboter
bzw. KI.[202] Zu erwägen wäre gegebenenfalls eine Ausdehnung auf Menschen weitgehend gleichende
andere Lebewesen.[203]

**Grundrechtsberechtigt** ist eine grundrechtsfähige Person bei Abwehrrechten (→ Rn. 42 ff.) dann, 70a
wenn ihr das Schutzgegenstand zusteht. Dies ist für Elemente der eigenen Person (das Leben, die
Unversehrtheit des Körpers, die Verhaltensfreiheit) ohne Weiteres der Fall; bei Interessen an Objekten
außerhalb der eigenen Person kann die Grundrechtsberechtigung von einer je nach Grundrecht
unterschiedlichen Zuordnung (Eigentum an Vermögenswerten; Inhaberschaft bei Wohnungen) abhängig sein. Nicht unter den Grundrechtsschutz fällt die Ausübung amtlicher Funktionen als solche, wohl
aber das private Verhalten der Funktionsträger.[204] Ein Ausschluss der Grundrechtsberechtigung für
fremde Soldaten im Krieg überzeugt nicht.[205]

Die meisten Grundrechte stehen ihrer menschenrechtlichen Verwurzelung (→ Art. 1 Rn. 1 f.) ent- 71
sprechend als **Jedermann-Grundrechte** jedem Menschen zu,[206] auch wenn sie die Berechtigten nicht
bezeichnen.[207] Die Rechte aus den Art. 8 I, 9 I, 11 I, 12 I, 16 II, 20 IV, 33 I und II sind ausdrücklich
nur für in Art. 116 I definierte (näher → Art. 116 Rn. 1) **Deutsche** garantiert,[208] denen grundsätzlich

---

[196] Dazu allgemein auch *Krisor-Wietfeld,* Rahmenbedingungen der Grundrechtsausübung, 2016.
[197] *Sachs,* in: Stern, StaatsR III/1, S. 455 f.; *Stern* ebda, Bd. III/2, S. 1689 ff.; *Jarass* HGR II, § 38; vgl. wieder
*Wrase* (Fn. 179), S. 311 ff.
[198] S. allgemein *Stern,* StaatsR III/1, S. 997 ff.; *Rüfner* HStR IX, § 196 Rn. 1 ff.; *P. M. Huber* HGR II, § 49;
*Kloepfer,* VerfR II, § 49 Rn. 2 ff.; *Tonikidis* Jura 2013, 38 ff.
[199] Dazu nur *Stern,* StaatsR III/1, S. 1045 ff.; *Huber* HGR II, § 49 Rn. 9 ff., 22 ff.; *Rüfner* HStR IX, § 196
Rn. 3 ff., 33.
[200] Anders für schon heute bestehende Kollektivberechtigungen von Menschen in der Zukunft *Kleiber* (Fn. 105);
ablehnend insoweit *Kahl* EurUP 2016, 300, 302 ff.
[201] Vgl. VG Hamburg NVwZ 1988, 1058 f. Aus philosophischer Sicht *Huang,* Haben Tiere Rechte?, Diss.
Göttingen 2013; *Raspé,* Die tierliche Person, 2013 (zur Grundrechtsträgerschaft: S. 319); auch *Augsberg* VVDStRL 78
(2019), 7 (42 ff.).
[202] Vgl. auch zur Rechtsfähigkeit überhaupt etwa *Schirmer* JZ 2016, 660 ff.; *ders.* JZ 2019, 711 ff.; *Augsberg*
VVDStRL 78 (2019), 7 (40 f.); *Teubner* Ancilla iuris 2018, 35 ff.
[203] Dafür *Lackermair,* Hybride und Chimären, 2017, S. 138 ff.
[204] Vgl. umgekehrt zu Äußerungen von Funktionsträgern BVerfGE 138, 102 Rn. 38 ff.; auch *Disci,* Der Grundsatz
politischer Neutralität, 2019; für Bürgermeister *zu Hohenlohe* VerwArch 107 (2016), 62 ff.
[205] Dafür *Brunner,* in: Frau (Hrsg.), Drohnen und das Recht, 2014, S. 163 (168); dazu noch → Rn. 132.
[206] Ausdrücklich Art. 3 I; für personell umfassende Geltung ferner Art. 2 I, II 1, 5 I 1, 17, 103 I, 104 I 2; negativ
Art. 3 III, 4 III, 12 II, 33 III 1, 101 I, 103 III.
[207] Wie Art. 1 I, 2 II 2, 4 I, II, 5 I 2, III, 6 I, 7 IV, 10 I, 12 III, 13 I, 14 I, 33 III 1, V, 103 II, 104 I 1, II.
[208] Vgl. allgemein *Siehr,* Die Deutschenrechte des Grundgesetzes, 2001; auch zu Gründen der Begrenzung auf
Deutsche *P. M. Huber* HGR II, § 49 Rn. 34 ff.; *Heintzen* HGR II, § 50 Rn. 38 ff.

auch das Wahlrecht nach Art. 38, 28 I 1 vorbehalten ist (→ Art. 38 Rn. 105; → Art. 28 Rn. 24 ff.). Grundrechte für Personen mit besonderen Eigenschaften (→ Rn. 74) sind grundsätzlich nicht den Deutschen vorbehalten.

**72** Für **Ausländer** kann in diesen Bereichen Grundrechtsschutz nur nach allgemeineren Bestimmungen, zumal Art. 2 I[209] oder Art. 3 I,[210] bestehen. Ob Art. 16a nur für Ausländer gilt oder (neben Art. 11) auch für Deutsche eingreifen könnte,[211] ist wohl ohne praktische Bedeutung.

**73** Die Deutschengrundrechte als solche gelten auch für **nichtdeutsche EU-Bürger nicht.**[212] Eine dahin erweiternde Auslegung ist gegenüber ihrem klaren Wortlaut nicht möglich.[213] Unionsrechtlich ist allerdings durch die Grundfreiheiten und Art. 18 AEUV im Anwendungsbereich der Verträge[214] Gleichbehandlung in Bezug auf das sachliche Ergebnis gleicher Reichweite der freien Betätigungsmöglichkeiten und sonstigen Schutzpositionen geboten.[215] Sie wird unmittelbar durch den Anwendungsvorrang des Unionsrechts selbst sichergestellt, durch den die Rechtsfolgen zwischen Deutschen und sonstigen Unionsbürgern differenzierender Normen, hier also: die der Deutschengrundrechte, angeglichen werden.[216] Insoweit kann man mit dem BVerfG[217] von einer **Anwendungserweiterung der Deutschengrundrechte** sprechen. Deren Nichtgeltung als solche stellt keine unionsrechtlich relevante Diskriminierung dar; es genügt, dass die Gleichbehandlung hinsichtlich der grundrechtlichen Schutzgegenstände (auch [verfassungs]prozessual)[218] sichergestellt ist.[219] Einer unionsrechtskonformen Auslegung des Art. 2 I bedarf es dazu nicht.[220] Soweit im Umfang der gebotenen Gleichbehandlung eine unionsrechtliche Pflicht zur Klarstellung der Anwendbarkeit der Deutschengrundrechte auf EU-Ausländer bestehen sollte, muss diese nicht notwendig durch Verfassungsänderung[221] erfolgen.[222]

**74** **Andere Sonderanforderungen** personeller Art finden sich in Art. 16 I mit der deutschen Staatsangehörigkeit, in Art. 6 II–V, 7 II, III 3 für Eltern, Erziehungsberechtigte, Kinder, Mütter, Lehrer, ferner in Art. 104 I 2, III, IV; für das Asylrecht → Rn. 72. Gegenüber nicht personenbezogenen Merkmalen des Grundrechtstatbestandes haben diese Voraussetzungen keine strukturelle Sonderbedeutung, die Grundrechte gelten für jeden, der die Voraussetzungen erfüllt (→ Rn. 71); daher kommt es auf die Unterscheidung von persönlichen und sachlichen Tatbestandsmerkmalen nicht an.[223]

---

[209] Vgl. BVerfGE 35, 382 (399); 38, 52 (57); 49, 168 (180 f.); 50, 166 (173); 78, 179 (196 f.); 96, 10 (21); 104, 337 (346); BVerfG (K) NVwZ 2011, 486 (488 f.); NVwZ 2017, 229 Rn. 18; iÜ allgemein → Art. 2 Rn. 39, → Art. 2 Rn. 139 f., sowie je speziell → Art. 8 Rn. 50, → Art. 9 Rn. 33; → Art. 11 Rn. 11; → Art. 12 Rn. 33 f.; auch *Heintzen* HGR II, § 50 Rn. 49; *Rüfner* HStR IX, § 196 Rn. 46 f.; *Gundel* ebda, § 198 Rn. 5 f.

[210] Vgl. zuletzt BVerfGE 130, 240 (252 ff.), wo allerdings kein Deutschengrundrecht berührt war; im Übrigen *Sachs*, in: Stern, StaatsR IV/2, S. 1493 f.

[211] Dafür zu Art. 16 II 2 aF etwa *Sachs* NJW 1981, 2608 (2610 f.); *ders.* JuS 1989, 537 (538 f.); neuerdings zu Art. 16a *Wittreck*, in: Dreier I, Art. 16a Rn. 53; anders die überwiegende Auffassung, s. zu Art. 16a etwa *v. Arnauld*, in: v. Münch/Kunig I, Art. 16a Rn. 9; *Lübbe-Wolff*, in: Dreier I, 1. Aufl. 1996, Art. 16a Rn. 46; *Becker* MKS I, Art. 16a Rn. 105.

[212] BVerfG (K) NJW 2016, 1436 Rn. 10; (nur) für juristische Personen schon BVerfGE 129, 78 (96); dazu → Art. 19 Rn. 55.

[213] Vgl. BVerfG (K) NJW 2016, 1436 Rn. 10 mN; anders (für die Deutschenrechte) etwa *E. Klein* FS Stern, 1997, S. 1301 (1309 f.); insbesondere für Art. 12 I *Breuer* HStR VII, § 170 Rn. 43; *Lücke* EuR 2001, 112 (116 ff.).

[214] Nicht erfasst ist etwa der Auslieferungsverkehr mit Drittstaaten, damit Art. 16 II GG, vgl. BVerfGK 14, 113 Rn. 14; BVerfG (K) NJW 2014, 1945 Rn. 21. Zur Reichweite des Kriteriums nur *v. Bogdandy* GHN, Art. 18 AEUV (2010) Rn. 48; *Khan* GKK, Art. 18 AEUV Rn. 11 ff.

[215] Wie hier *Störmer* AöR 123 (1998), 541 ff., insbes. 557 ff.; *Di Fabio*, in: Maunz/Dürig, Art. 2 Abs. 1 (2001) Rn. 35; *Bauer* FS Maurer, 2001, S. 13 ff., 19; *Weinzierl*, Europäisierung des deutschen Grundrechtsschutzes?, 2006; entsprechend *Epiney*, Umgekehrte Diskriminierungen, 1995, S. 361 ff.; tendenziell auch *v. Münch/Kunig*, in: v. Münch/Kunig I, Vorb Art. 1–19 Rn. 61; *Siehr*, Die Deutschenrechte des Grundgesetzes, 2001, S. 479 ff.; gegen ein Gleichbehandlungsgebot *Hillgruber/Goos*, Rn. 115.

[216] Vgl. *Stern*, StaatsR III/1, S. 1044 (auch zu anderweitig privilegiertem Status); *Gundel* HStR IX, § 198 Rn. 28 ff.; *Ipsen*, StaatsR II, Rn. 633; *Kingreen/Poscher*, Rn. 177; *Jarass*, in: Jarass/Pieroth, Art. 19 Rn. 12; *Rossi* EuR 2000, 147 (215 f.); auch → Art. 8 Rn. 51,→ Art. 9 Rn. 33.

[217] BVerfGE 129, 78 (LS 1, 94) für inländische juristische Personen.

[218] S. für juristische Personen → Art. 19 Rn. 55; im Ergebnis wie hier etwa *Spranger* AöR 127 (2002), 27 (44 f.); auch *Rüfner* HStR IX, § 196 Rn. 49; *Bethge* MSKB, § 90 (2018) Rn. 131; *Lechner/Zuck*, § 90 Rn. 35; nur vermeintlich abweichend BVerfG (K) NJW 2016, 1436 Rn. 11; tendenziell anders *Störmer* AöR 123 (1998), 541 (570).

[219] Für entsprechende Geltung des Art. 12 I GG aufgrund Art. 6, 9 EUV iVm Art. 15 EUGRCh BVerwGE 148, 344 Rn. 11; entsprechend EuGH C-172/98, Rn. 12 f., der nur eine speziell Belgier begünstigende vereinsrechtliche Regelung beanstandet, nicht aber die auf Belgier begrenzte Garantie der Vereinigungsfreiheit.

[220] Dafür aber BVerfG (K) NJW 2016, 1436 Rn. 11; *Ludwigs* JZ 2013, 434 (439); wie hier *Di Fabio*, in: Maunz/Dürig, Art. 2 Abs. 1 (2001) Rn. 35; offen BVerfG (K) NJOZ 2016, 869 Rn. 22.

[221] So allerdings Art. 19a RhPfVerf.

[222] Dafür aber *Wernsmann* Jura 2000, 657 (662 f.); ausdrücklich anders *Bauer* FS Maurer, 2001, S. 13 ff., 18 f.; mit Recht zurückhaltender auch *Mann*, Art. 12 Rn. 34 f.; *Maurer*, StaatsR I, § 9 Rn. 30; *P. M. Huber* HGR II, § 49 Rn. 52; ferner → Art. 19 Rn. 55.

[223] Näher hierzu *Stern*, StaatsR III/1, S. 1011 ff.; *Sachs* ebda, Bd. III/2, S. 26 ff.

## II. Die Grundrechtsmündigkeit

Für eine **Grundrechtsmündigkeit** als die – dem Vorbild der Geschäftsfähigkeit des BGB nach-  75
empfundene – Fähigkeit, eine grundrechtliche Berechtigung persönlich wahrzunehmen,[224] findet sich
im Grundgesetz keine Basis.[225] Ohnehin scheidet eine solche Voraussetzung beim Schutz bestehender
Lebensgüter oder Rechtspositionen oder auch beim Gleichheitssatz aus, weil die Geltung dieses
Schutzes von der Ausübung des Rechts durch seinen Inhaber unabhängig ist; in diesen Fällen stellt sich
immerhin beim Grundrechtsverzicht die Frage der Einsichtsfähigkeit (→ Rn. 56). Grundrechte, die
natürliche Verhaltensfreiheiten, die (zu betätigende) Selbstbestimmung[226] oder auch das aktive Wahlrecht[227] schützen, kann aber in der Tat nur selbst verantwortlich wahrnehmen, wer faktisch dazu in der
Lage ist.

Wenn die selbständige grundrechtliche Betätigung durch **Altersgrenzen oder andere standardi-**  76
**sierte Anforderungen** an die Person trotz in concreto bestehender Fähigkeit zur Grundrechtsausübung[228] ausgeschlossen wird, handelt es sich um **Grundrechtseinschränkungen,** die im Rahmen
der Grundrechtsbegrenzungen (→ Rn. 96 ff.) legitimiert werden müssen.[229] Dies gilt bei der grundrechtsgeschützten Selbstbestimmung[230] auch, wenn persönliche Voraussetzungen für rechtsgeschäftliche Betätigungen aufgestellt sind, wie zumal die Geschäftsfähigkeit nach Maßgabe der §§ 104 ff. BGB
(auch → Art. 14 Rn. 20). Dabei ist neben speziellen Begrenzungsbestimmungen das **Erziehungsrecht**
**der Eltern** nach Art. 6 II 1 von Bedeutung[231] (→ Art. 6 Rn. 52 f., → Art. 6 Rn. 61, → Art. 6
Rn. 69 ff.; zur „Religionsmündigkeit" auch → Art. 4 Rn. 9).

## G. Der Grundrechtstatbestand

Der Grundrechtstatbestand[232] umfasst in personeller Hinsicht die Voraussetzungen der **Grund-**  77
**rechtsberechtigung** (→ Rn. 70 ff.), in sachlicher Hinsicht den **Gewährleistungsgehalt** des Grundrechts;[233] diesen bildet **bei den Abwehrrechten** der inhaltlich vielfältige (→ Rn. 43) **Schutzgegen-**
**stand,** oft metaphorisch als „Schutzbereich"[234] bezeichnet. Er kann verfassungsunmittelbar definiert
oder gesetzlich festgelegt sein.[235] Der grundrechtliche Tatbestand bezeichnet die im Gewährleistungs-
satz der Grundrechtsbestimmung enthaltenen subjektiven und objektiven, positiven oder negativen[236]
Voraussetzungen, die für den Eintritt der grundrechtlichen Rechtsfolgen gegeben sein müssen.[237] Für
die Abwehrrechte umfasst der Grundrechtstatbestand nur die Voraussetzungen der Existenz der
geschützten Grundrechtsposition;[238] die Unterlassungs- und Beseitigungsansprüche, die den Schutz des
Abwehrrechts sichern, setzen zudem einen Eingriff oder eine sonst relevante Beeinträchtigung des

---

[224] Die Prozessfähigkeit im Verfahren der Vb, dazu → Art. 93 Rn. 84, ist nicht mit Grundrechtsmündigkeit
gleichzusetzen, vgl. *Sachs,* VerfR II, Kap. 6 Rn. 38 ff.; *ders., VerfProzR,* Rn. 523 ff.; *Walter* FamRZ 2001, 1 (2 f.).
Gerade insoweit für Grundrechtsmündigkeit als *Kingreen/Poscher,* Rn. 192; *H. Dreier,* in: Dreier I, vor Art. 1
Rn. 114; „vornehmlich" hierfür *Kloepfer,* VerfR II, § 49 Rn. 31 ff.

[225] Vgl. zur Diskussion *Stern,* StaatsR III/1, S. 1064 ff.; *Rüfner* HStR IX, § 196 Rn. 9 ff., 18 ff.; *P. M. Huber* HGR
II, § 49 Rn. 14 ff.; gegen die Kategorie *Ipsen,* StaatsR II, Rn. 80; *ders.* Staat 52 (2013), 266 (277); *Siekmann,* in:
Siekmann/Duttge, Rn. 1006 f.; *Pernice,* in: Dreier I, 2. Aufl. 2004, Art. 5 III (Kunst) Rn. 27; differenzierend
*W. Roth,* Die Grundrechte Minderjähriger, 2003; dafür *Schulze-Fielitz,* in: Dreier I, Art. 8 Rn. 56; *Wittreck* ebda,
Art. 5 III (Kunst) Rn. 50; zweifelnd *Bauer* ebda, Art. 9 Rn. 32; eher kritisch auch *Brüser,* Die Bedeutung der
Grundrechte im Kindesalter für das Elternrecht, 2010, S. 70.

[226] Vgl. BVerwGE 158, 142 Rn. 24, zur Entscheidung über das eigene Sterben.

[227] Anders anscheinend BVerfGE 151, 1 Rn. 32 f. mit kritischer Anm. *Sachs* JuS 2019, 506; auch SächsVerfGH
NVwZ-RR 2019, 710 Rn. 26 ff.

[228] Zur Notwendigkeit einer Vertretung bei deren Fehlen *VG Leipzig* SächsVBl 2017, 134 (135).

[229] Zustimmend *P. M. Huber* HGR II, § 49 Rn. 17; *Kloepfer,* VerfR II, § 49 Rn. 27.

[230] Dazu näher *Sachs,* in: Stern, StaatsR III/1, S. 641 ff.

[231] Näher *Brüser,* Die Bedeutung der Grundrechte im Kindesalter für das „Elternrecht", 2010, S. 65 ff.

[232] Dazu *Isensee* HStR IX, § 191 Rn. 47 ff.; *Hillgruber* ebda, § 200 Rn. 1 ff.; *Merten* HGR III, § 56 Rn. 81 ff.; sehr
klar *Höfling* FG Batliner, 1993, S. 341 ff.; *ders.* Jura 1994, 169; ausführlich *Sachs,* in: Stern, StaatsR III/2, S. 3 ff.;
*Meister,* Das System des Freiheitsschutzes im Grundgesetz, 2011, S. 28 ff.

[233] Näher *Sachs,* in: Stern, StaatsR III/2, S. 31 ff.

[234] Dieser Begriff wird teils „funktional" auch auf die abzuwehrenden Einwirkungen bezogen; vgl. etwa BVerfGE
106, 275 (298 ff.); 113, 63 (76 f.); 116, 135 (151 f.); entsprechend für einen „Gewährleistungsbereich" (oder
„-gehalt") BVerfGE 105, 252 (265 f.); 105, 279 (299 f.); 107, 299 (329 f.); wohl auch BVerfGE 106, 28 (37); 134,
366 Rn. 51 f.; 142, 123 Rn. 126; 146, 216 Rn. 46; teils auch die → Rn. 77a aufgezeigte Diskussion; dazu *Kühn,*
Bürgerbeeinflussung durch Berichterstattung staatlicher Stellen, 2018, S. 301 ff. Der begrifflichen Klarheit dient dies
nicht; näher *Sachs* HGR II, § 39 Rn. 15 f.; *Murswiek* Staat 45 (2006), 473 (487 ff.); für klare Trennung auch *S. Meyer*
AöR 136 (2011), 428 (445 f.); zur Begriffsvielfalt auch *Merten* HGR III, § 56 Rn. 24, auch 32 ff.; *U. J. Schröder* JA
2016, 641 ff.

[235] *Sachs,* in: Stern, StaatsR III/1, S. 594 ff.; auch → Rn. 102.

[236] Wie das „ohne Waffen" in Art. 8; vgl. näher *Sachs,* in: Stern, StaatsR III/1, S. 20 ff.

[237] Entsprechend *Merten* HGR III, § 56 Rn. 23.

[238] Vgl. dazu auch *Löffler,* Rechtsgut als Verfassungsbegriff, 2017, S. 101 ff.

Schutzgegenstandes (dazu → Rn. 78 ff.)[239] sowie fehlende Rechtfertigung durch Grundrechtsbegrenzungen (dazu → Rn. 96 ff.) voraus.

**77a**   Die Versuche, die insoweit zumal bei den vorbehaltlos garantierten Grundrechten bestehenden Schwierigkeiten (→ Rn. 118 ff.) durch ein **verengendes Tatbestandsverständnis** zu lösen,[240] **überzeugen** trotz aller berechtigten Kritik an der gegenwärtig praktizierten Grundrechtsbegrenzungsdogmatik mit ihren terminologischen wie sachlichen Unklarheiten und allgegenwärtigen Abwägungsnotwendigkeiten **nicht**.[241] Ein Neuansatz wäre eher durch die Rückbesinnung darauf möglich, dass Grundrechtsausübung im Rahmen der allgemeinen Rechtsordnung stattzufinden hat,[242] wobei die weitergehende Grundrechtsbindung nur Gesetze betreffen würde, die gerade auf die Einschränkung bestimmter Grundrechte gerichtet sind.[243] Angesichts der Möglichkeit, das seit 1970 grds. praktizierte Modell des BVerfG methodisch zu disziplinieren (→ Rn. 120 ff.), ist aber wohl derzeit an diesem Weg festzuhalten.

## H. Grundrechtseingriff und sonstige Grundrechtsbeeinträchtigungen

### I. Der „klassische" Grundrechtseingriff

**78**   Der „klassische" Grundrechtseingriff[244] ist Teil der Dogmatik der Abwehrrechte. In diesem Kontext bezeichnet er den **Grundfall rechtfertigungsbedürftiger, aber auch rechtfertigungsfähiger Grundrechtseinwirkungen;**[245] er bedarf der Rechtfertigung, weil er im Gegensatz zu bloßen Ausgestaltungen (→ Rn. 44, → Rn. 102) den grundrechtlichen Schutzgegenstand[246] in seiner Integrität beeinträchtigt.[247] Zugleich bezeichnet er die staatlichen Handlungsformen, die grundsätzlich allein für potentiell zulässige Verkürzungen der (Grund-)Rechtssphäre des Einzelnen im Rahmen der Rechtsordnung zur Verfügung stehen. Der „klassische" Eingriff wird rechtsstaatlichen Mindesterfordernissen

---

[239] Vgl. für die Differenzierung zwischen „Schutzgut-Tatbestand" und „Schutzgut/Eingriff-Tatbestand" *Alexy* (Fn. 185), S. 275 ff.; auch *Preu,* Subjektivrechtliche Grundlagen des öffentlichrechtlichen Drittschutzes, 1992, S. 41 ff.; zum uneinheitlichen Sprachgebrauch bei der Abgrenzung des abwehrrechtlichen Tatbestands näher *Sachs,* in: Stern, StaatsR III/1, S. 38 ff.

[240] Vgl. *Muckel,* Religiöse Freiheit und staatliche Letztentscheidung, 1997, S. 51 ff.; *Enders,* in: Friauf/Höfling, vor Art. 1 (2000) Rn. 98; *Murswiek* Staat 45 (2006), 473 (474 ff.); ausführlich *T. Stemmler,* Das „Neminem-laedere-Gebot", 2005; *B. Rusteberg,* Der grundrechtliche Gewährleistungsgehalt, 2008; *Hellermann* FS Wahl 2011, S. 323 ff.; *Bruch,* Umweltpflichtigkeit der grundrechtlichen Schutzbereiche, 2012, S. 76 ff.; bei Absage an pauschale Einengungen *Camilo de Oliveira,* Zur Kritik der Abwägung in der Grundrechtsdogmatik, 2013, S. 288, 292 ff.; differenzierend *Merten* HGR I, § 56 Rn. 58 ff.; nicht eindeutig *Wehr* GS Blumenwitz, 2008, S. 73 ff.; auch → Rn. 100, → Rn. 118 f., → Rn. 125.

[241] Ablehnend überzeugend *v. Arnauld,* Die Freiheitsrechte und ihre Schranken, 1999, S. 48 ff.; *Kahl* AöR 131 (2006), 579 (605 ff.); *Hellmann,* in: Linien der Rechtsprechung II, S. 151 ff.; auch *Schwabe* FS v. Zezschwitz, 2005, S. 29 ff.; *Kingreen* Verwaltung 42 (2009), 339 (368 ff.); *Meister* (Fn. 232), S. 58 ff.; *Arnold,* Die grundrechtliche Schutzbereichsbegrenzung, 2011, S. 47 ff.; *U. J. Schröder* JA 2016, 641 ff.; *Kühn* (Fn. 234), S. 301 f.

[242] S. zur Informationsfreiheit nur aus „allgemein zugänglichen Quellen" Art. 5 I 1 und BVerfGE 103, 44 (49 ff.); aus Art. 2 II 2 folgt keine „Befugnis, sich unbegrenzt überall aufhalten ... zu dürfen", BVerfGE 84, 166 (198); aus Art. 8 „kein Zutrittsrecht zu beliebigen Orten", BVerfGE 128, 226 (251, 252 aber für Versammlungsfreiheit bei einem public forum"; BVerfGE 128, 265 für die Meinungsäußerungsfreiheit, Art. 5 I 1; BVerfG (K) NJW 2015, 2485 Rn. 5, bezogen auf allgemein zugängliches Privatgelände; vgl. auch BGH NJW 2015, 2892 Rn. 11, 16; gegen ein Zutrittsrecht auch BVerwGE 141, 223 Rn. 22 ff. (auch zu Art. 4); aus Art. 11 kein Recht zum Aufenthalt, wo dem allgemeine Regelungen der Bodennutzung entgegenstehen, BVerfGE 134, 242 Rn. 256 ff.; s. auch *Sachs,* in: Stern, StaatsR IV/1, S. 1090 f., 1224 ff. So noch deutlich Art. 136 I (und 135 S. 3) WRV, klarer als Art. 5 II GG Art. 118 I 1 WRV.

[243] Vgl. zum allgemeinen Rechtsordnungsvorbehalt in der von *Bettermann* JZ 1964, 601 (603 f.); *ders.,* Grenzen der Grundrechte, 1968, S. 26 f., entwickelten Variante bei verbleibender Skepsis schon *Sachs,* in: Stern, StaatsR III/2, S. 532 ff.; s. auch *Enders,* in: Friauf/Höfling, vor Art. 1 (2000) Rn. 114; *Hoffmann-Riem* FS Selmer, 2004, S. 93 (100 ff.); *Volkmann* JZ 2005, 261 (270); ähnlich *Rusteberg* (Fn. 240); ablehnend *Kingreen* NJW 2008, 1431 (1432). In diesen Kontext gehören auch die teilweise für Eingriffe bei Art. 12 I verlangte „berufsregelnde Tendenz" (dazu → Rn. 253) sowie die Begrenzung des Berufsbegriffs auf nicht allgemein verbotene Tätigkeiten, vgl. *Sachs* FS Jarass, 2015, 235 ff.; für ein Recht aus Art. 2 I GG zur Nutzung fremden Eigentums im Rahmen der jeweiligen Rechtsordnung aber BVerwGE 159, 337 Rn. 39 (auch → Fn. 415). Das Verbot des Erwerbs von Betäubungsmitteln bewertet BVerwGE 158, 142 Rn. 26, (eher) nicht als klassischen Eingriff in das Lebensgrundrecht, weil es sich nicht gerade gegen den Erwerb zur Selbsttötung richtet; zur Problematik etwa *Sachs* GS Tröndle, 2019, S. 641 (648 ff.) mwN.

[244] Zum Begriff vgl. BVerwGE 87, 37 (43); 90, 112 (121); OVG NRW NVwZ 1991, 174 (176); auch BVerfGE 79, 174 (201), sowie ausführlich *Sachs,* in: Stern, StaatsR III/2, S. 82 ff.; *Peine* HGR III, § 57 Rn. 19 ff.; *W. Roth,* Faktische Eingriffe in Freiheit und Eigentum, 1994, S. 7 ff.; *Bethge* und *Weber-Dürler* VVDStRL 57 (1998), 7 (38 ff.) bzw. 57 (60 ff.); *v. Arnauld* (Fn. 241), S. 90 ff.; *T. Koch* (Fn. 78), insbesondere S. 17 ff.; *Cremer* (Fn. 81), S. 147 ff.

[245] Für „Einwirkungen" als Oberbegriff aller Formen des vor den Grundrechten rechtfertigungsbedürftigen Staatshandelns *Ipsen,* StaatsR II, Rn. 136 ff.

[246] Dessen jeweilige Eigenart ist maßgeblich dafür, wie er überhaupt beeinträchtigt werden kann; vgl. etwa zum vielgestaltigen „Informationseingriff" *Tanneberger* (Fn. 162), S. 222 ff.

[247] Vgl. prononciert *Bethge* VVDStRL 57 (1998), 7 (19, 29).

gerecht, ohne die die Legitimation von Grundrechtsbeeinträchtigungen zumindest erschwert ist; andere verkürzende Einwirkungen auf grundrechtliche Schutzgegenstände begegnen durchweg verstärkten Bedenken. Die Anforderungen an einen „klassischen" Eingriff sind somit **keineswegs notwendige Voraussetzungen der abwehrrechtlichen Grundrechtsrelevanz,** sind auch in der Zeit vor dem Grundgesetz nie so aufgefasst worden.

Andererseits ist der „klassische" Eingriff **hinreichende Bedingung** dafür, dass Einwirkungen auf 79 grundrechtlichen Schutzgüter den **Zwang zur Rechtfertigung** anhand der Grundrechtsbegrenzungen auslösen. Wegen dieser heuristischen Bedeutung sollte der klassische Eingriffsbegriff als allgemeine Grundkategorie der Abwehrrechtsdogmatik auch heute nicht aufgegeben werden;[248] die durch die Verschiedenartigkeit der Schutzgegenstände implizierten unterschiedlichen Einwirkungsweisen (→ Rn. 43 f.) können gleichwohl die nötige Beachtung finden.

Die **Abgrenzung** des „klassischen" Grundrechtseingriffs wird durchweg anhand der **Kriterien** der 80 Imperativität, Finalität, Unmittelbarkeit, Qualität als Rechtsakt, vereinzelt auch als Einzelakt, vorgenommen.[249] Allein entscheidend ist die die andere Kriterien einschließende **Imperativität.**[250] Sie zielt vor allem auf **Befehle** (Gebote und Verbote) als einseitig verbindliche Verhaltensanordnungen gegenüber dem Adressaten (zur Einwilligung → Rn. 55). Der wirksame Befehl bewirkt durch die begründete Verhaltenspflicht eo ipso eine Freiheitsverkürzung; bei Unwirksamkeit des Befehls besteht in der Regel doch ein entsprechender Rechtsschein. Hierher gehören (neben nicht nur zur Sicherung der Befehlsbefolgung angedrohtem **Zwang**) auch **rechtsgestaltende Regelungen,** durch die die Staatsgewalt selbst Veränderungen in der Grundrechtssphäre des Betroffenen herbeiführt.[251]

Die **Finalität** oder Zielgerichtetheit des Staatshandelns[252] ist demgegenüber keine zusätzliche Anforde- 81 rung für den Grundrechtseingriff im Allgemeinen. Einzelne Grundrechtsbestimmungen können freilich in ihrer Schutzwirkung nur gegen Aktionen mit bestimmter Zielrichtung ausgerichtet sein;[253] doch lässt sich dies nicht auf alle Freiheitsrechte ausdehnen. Sie schließen vielmehr grundsätzlich unabhängig von der Motivation des Staatshandelns jeden Befehl aus, der ein zum Schutzgegenstand zählendes Verhalten betrifft. Die **Unmittelbarkeit** hat ebenfalls neben der Imperativität keine selbständige Bedeutung, sie ist vielmehr im Umfang der persönlichen wie sachlichen Regelungsidentität stets gegeben.[254]

Imperative (Befehle oder Rechtsgestaltungen) sind auf Rechtswirkungen gerichtet, also auch stets 82 **Rechtsakte.** Dagegen stellen rein tatsächliche Zwangseinwirkungen auf grundrechtlich geschützte Güter keine „klassischen" Grundrechtseingriffe dar; gleichwohl waren sie immer vom Grundrechtsschutz erfasst und sind als rechtsstaatlich prinzipiell fragwürdige Ausnahmeerscheinungen auch heute besonders auf eine Rechtfertigung angewiesen, vor allem, wenn sie auch noch heimlich vorgenommen werden.[255] Eine Begrenzung des „klassischen" Grundrechtseingriffs auf **Einzelakte,**[256] die sich historisch aus der Orientierung am Bild des Verwaltungsakts, zumal der gerichtlich anfechtbaren Verfügung und der „klassischen" Enteignung erklärt, ist gegenüber der in Art. 1 III ausgesprochenen, unangefochtenen Bindung auch der (generellen) Gesetzgebung für das Grundgesetz von vornherein nicht adäquat.

## II. Sonstige Grundrechtsbeeinträchtigungen

**1. Grundsätze.** Der Grundrechtsschutz ist nicht auf „klassische" Grundrechtseingriffe beschränkt, 83 sondern erfasst heute unbestritten auch Fälle **sonstiger Beeinträchtigungen.** Diese werden teils als „faktisch" und/oder „mittelbar" bezeichnet,[257] ohne dass damit präzise Bedeutungsgehalte verbunden

---

[248] Für einen spezifischeren Eingriffsbegriff *Ipsen,* StaatsR II, Rn. 141 ff.

[249] Vgl. etwa *Kingreen/Poscher,* Rn. 292; *Bleckmann,* StaatsR II, § 12 Rn. 34 ff.; *Isensee* HStR IX, § 191 Rn. 111.

[250] So explizit BVerfG (K) NJW 2018, 2312 Rn. 29; wohl auch bereits BVerfGE 105, 279 (300); näher *Gallwas,* Faktische Beeinträchtigungen im Bereich der Grundrechte, 1970, S. 10 ff.; *Lübbe-Wolff,* Die Grundrechte als Eingriffsabwehrrechte, 1988, S. 43 ff.; *Sachs,* in: Stern, StaatsR III/2, S. 104 ff., dann folgend *Peine* HGR III; § 57 Rn. 23 ff.

[251] Vgl. für Folgen der Nichterfüllung von Obliegenheiten BVerfG (K) NJW 2003, 125 (126), die allerdings bzgl. der zu vermeidenden Nachteile Selbstbeeinträchtigungen darstellen können, → Rn. 93.

[252] BVerwGE 160, 169 Rn. 31, (miss)versteht Finalität offenbar iSv Imperativität.

[253] ZB Durchsuchungen nach Art. 13 II, Trennung des Kindes von den Eltern nach Art. 6 II, Bestrafung nach Art. 103 II; vgl. auch die Judikatur des BVerfG zu Art. 12 I, die für nicht gezielt gerade die Berufsfreiheit treffende Eingriffe seit BVerfGE 13, 181 (185 f.), stRspr, teils auf eine „berufsregelnde Tendenz" abstellt, vgl. → Art. 12 Rn. 93 ff., und hier → Fn. 243; ähnlich zu Art. 8 etwa LVerfG LSA DVBl 2015, 38.

[254] *Scherzberg* DVBl 1989, 1128; *Eckhoff,* Der Grundrechtseingriff, 1992, S. 197 ff., 212 f.; *Sachs,* in: Stern, StaatsR III/2, S. 124.

[255] Entsprechendes gilt für auf nicht bekannt gegebenen Anordnungen beruhende faktische Einwirkungen, dazu *Sachs* SBS VwVfG, § 43 Rn. 175; für Maßnahmen nach dem G 10 BVerfGE 100, 313 (355); 115, 320 (343 f.); für Kontodatenabfragen BVerfGE 118, 168 (197 f.); für Online-Durchsuchungen BVerfGE 120, 274 (314 f.); für heimliche Überwachungsmaßnahmen BVerfGE 141, 220 Rn. 94, 104 ff.; auch BGHSt 51, 211 ff. Vgl. ferner *Son,* Heimliche polizeiliche Eingriffe in das informationelle Selbstbestimmungsrecht, 2006; *Schwabenbauer,* Heimliche Grundrechtseingriffe, 2013.

[256] Dafür *Grimm,* in: Grundrechte und soziale Wirklichkeit, 1982, S. 39 (52).

[257] Ausdrücklich etwa BVerfGE 105, 279 (300 f.); 110, 177 (191); 113, 63 (76); 116, 202 (222); 123, 90 (110); 148, 40 Rn. 28; BVerfG (K) NJW 2018, 1224 Rn. 29; für faktischen Eingriff BVerfGE 131, 66 (81).

wären.[258] Dies hängt schon damit zusammen, dass die „Beeinträchtigung" sowohl die Auswirkung auf den Grundrechtsträger als auch das auslösende Staatshandeln selbst meinen kann. „Faktisch" kann man Realakte (→ Rn. 88) nennen, aber auch alle Auswirkungen des Staatshandelns jenseits imperativer Verkürzungen der Grundrechtsgüter. „Mittelbare", besser: vermittelte Beeinträchtigungen können Auswirkungen des Staatshandelns genannt werden, deren Eintritt die Vermittlung durch weitere Akteure voraussetzt, bzw. solches Staatshandeln selbst (→ Rn. 89 ff.). Sonstige Beeinträchtigungen können auch Nebenelemente „klassischer" Eingriffe sein[259] oder deren Auswirkungen auf weitere Grundrechte[260] oder andere Grundrechtsträger (→ Rn. 89). Über die **Kriterien für die Relevanz** sonstiger Beeinträchtigungen, also zumal die staatliche Verantwortlichkeit,[261] bestehen noch viele Unklarheiten.[262] Als notwendige **Mindestvoraussetzung** staatlicher Verantwortlichkeit steht nur die **Kausalität des Staatshandelns** fest,[263] die allein aber nicht stets ausreicht.[264] Welche zusätzlichen Kriterien die Verantwortung der Staatsgewalt für von ihr verursachte Beeinträchtigungserfolge erfordert, ist weithin unklar.[265]

84 Generell **ungeeignet** ist hier die **Lehre vom Handlungsunrecht,**[266] die dem zentralen Ziel der Abwehrrechte, der Integrität der Schutzgegenstände, nicht gerecht wird. Deren Beeinträchtigung ist immer relevant, grundsätzlich stets rückgängig zu machen und zu vermeiden, ohne dass zusätzlich irgendwelche Verhaltensanforderungen verletzt sein müssten.[267] Beschränkungen der Verantwortlichkeit auf Fälle vorhersehbarer Beeinträchtigungen sind nicht angezeigt. Eine Lähmung des Staatshandelns ist nicht zu befürchten, da Unterlassungspflichten für (noch) unvorhersehbare Konsequenzen mangels hinreichender Aktualisierung der drohenden Beeinträchtigung nicht durchgreifen (→ Rn. 95) und der Beseitigungsanspruch auf die Wiederherstellung des status quo ante begrenzt ist (→ Rn. 42). Ebenso scheiden generelle Einschränkungen der Staatsverantwortung im Hinblick auf einen allgemein begrenzten **Schutzzweck der Norm** aus.[268]

85 Mit Recht betont wird gelegentlich die der Beeinträchtigungsproblematik vorgelagerte **Bedeutung des Schutzgegenstandes;** doch ist die Forderung einer kontextbezogenen Beschreibung von „Gewährleistungsgehalten", die die verschiedenen Gefährdungssituationen der Grundrechte in die Tatbestandsbildung einbeziehet,[269] fragwürdig. Vielmehr ist im Interesse eines Minimums an tatbestandlicher Klarheit geboten, den Schutzgegenstand der einzelnen Grundrechtsgarantien ohne Rücksicht auf immer wieder andere Problemlagen **einheitlich zu bestimmen** und den Grundrechtsschutz gegenüber den verschiedensten Bedrohungen über die Berücksichtigung sonstiger Beeinträchtigungen in jeweils funktional adäquater Weise sicherzustellen.[270]

86 Auch aus entsprechend modifizierten **Merkmalen des „klassischen" Eingriffs** lassen sich **keine einheitlichen Kriterien für die Verantwortlichkeit des Staates** für von ihm verursachte Abwehrrechtsbeeinträchtigungen ableiten, wie dies die Judikatur des BVerfG teils mit Begriffen wie „funk-

---

[258] Unpassend jedenfalls die Bezeichnung „faktisch" für die bei sog. mittelbaren Diskriminierungen durch Gesetz (*Nußberger,* Art. 3 Rn. 248 ff.) angeordneten Rechtswirkungen in BVerfGE 138, 296 Rn. 143 ff.

[259] Vgl. (restriktiv) für Aussagen in den Gründen von Gerichtsentscheidungen (zu Vb) BVerfGE 140, 42 Rn. 49 ff., 68 f.; BVerfG (K) NJW 2019, 755 Rn. 11.

[260] Dazu für die Besteuerung *Rodi,* Die Rechtfertigung von Steuern als Verfassungsproblem, 1994, S. 77 ff., 82 ff.; *Hohmann* DÖV 2000, 406 ff.; *P. Kirchhof* AöR 128 (2003), 1 (25 f.); zu Regelungen mit nur „berufsregelnder Tendenz" → Fn. 253; zu Selbstgefährdungspflichten *Sachs* BayVBl 1983, 460 ff., 489 ff. Zur mit der Schulpflicht verbundenen Konfrontationen mit religiösen Symbolen → zu Fn. 288.

[261] Zu teilweise hier einbezogenen, aber allgemein, dh auch für „klassische" Eingriffe, bedeutsamen Aspekten auf der Seite der Betroffenen → Rn. 94 f.

[262] Vgl. *Sachs,* in: Stern, StaatsR III/2, S. 128 ff.; *W. Roth* (Fn. 244); *Bethge* und *Weber-Dürler* VVDStRL 57 (1998), 7 (37 ff.) bzw. 57 (66 ff., 85 ff.); *Cremer* (Fn. 81), S. 150 ff.; *Kahl* AöR 131 (2006), 579 (598 f.); *Voßkuhle/Kaiser* JuS 2009, 313 ff.; *Peine* HGR III, § 57 Rn. 29 ff.; *Bethge* HGR III, § 58; *Petersen* ZÖR 67 (2012), 459 ff.; *Hobusch* JA 2019, 278 ff.; aus der Perspektive des Beseitigungsanspruchs *Ellerbrok* JA 2016, 125 ff.

[263] Ausdrücklich BVerfGE 66, 39 (60 ff.); ferner etwa *Gallwas* (Fn. 250), S. 11; *Ramsauer* VerwArch 72 (1981), 89 (99); *Eckhoff* (Fn. 254), S. 278 ff.; *W. Roth* (Fn. 244), S. 129 ff.; *Elles,* Die Grundrechtsbindung des Haushaltsgesetzgebers, 1996, S. 174 ff.; *Meister* (Fn. 232), S. 178, 226 ff.

[264] Dafür wohl bei Freiheitsrechten *Bäumerich* DÖV 2015, 374 ff.

[265] Vgl. zu notwendigen Restriktionen eines „weiten" oder „modernen" Eingriffsbegriffs etwa *Kloepfer,* VerfR II, § 51 Rn. 31 und ff.; *Peine* HGR III, § 57 Rn. 31 und ff.; *Kingreen/Poscher,* Rn. 293 ff.; *Michael/Morlok,* Rn. 493 ff.; dagegen grds. etwa *Starke,* DVBl 2018, 1469 (1472 f.).

[266] Dafür etwa *P. Kirchhof,* Verwalten durch „mittelbares" Einwirken, 1977, S. 77 ff., 88 f.; *Olivet,* Erfolgsunrechtslehre und Handlungsunrechtslehre aus der Sicht des öffentlichen Rechts, 1989; kritisch etwa *A. Roth,* Verwaltungshandeln mit Drittbetroffenheit und Gesetzesvorbehalt, 1991, S. 296 ff.; *Eckhoff* (Fn. 254), S. 266; *Sachs,* in: Stern, StaatsR III/2, S. 149 ff.; *Klement* DÖV 2005, 507 ff.

[267] Vgl. gegen ein Erfordernis der Vorwerfbarkeit (bei Urteilen) BVerfGE 128, 326 (408); 129, 37 (48).

[268] S. aber BVerfGE 71, 183 (192); *Ramsauer* AöR 111 (1986), 501 (515 ff.); *Sass,* Art. 14 und das Entschädigungserfordernis, 1992, S. 230 ff.; vgl. auch *Alexy* (Fn. 185), S. 277 f.; kritisch *A. Roth* (Fn. 266), S. 312 ff.; *Eckhoff* (Fn. 254), S. 265 ff.; *Sachs,* in: Stern, StaatsR III/2, S. 155 f.

[269] Dafür *Albers* DVBl 1996, 233 (237 ff.). Vgl. ähnlich zu Art. 2 II 2 BVerfGE 94, 166 (198 f.); erweiternd BVerfGE 96, 10 ff.

[270] Näher *Sachs,* in: Stern, StaatsR III/2, S. 48 ff., 52 ff.

tionales Äquivalent"[271] und „eingriffsgleiche" Beeinträchtigung (bzw. Maßnahme, Regelung, Wirkung) suggeriert.[272] Die **Finalität** des Staatshandelns ist keine notwendige Bedingung staatlicher Verantwortung;[273] es gibt keinen Grund für die Annahme, dass der Staat nur von ihm gezielt herbeigeführte Grundrechtsbeeinträchtigungen zu verantworten hätte. Für die allein in Rede stehenden negatorischen Ansprüche kann – anders als möglicherweise für Schadensersatz oder Entschädigung (→ Rn. 42) – grundsätzlich nicht einmal die Vorhersehbarkeit des Eintritts der Beeinträchtigung verlangt werden (auch schon → Rn. 84).[274] Umgekehrt muss allerdings selbst die sichere Kenntnis der Folgen des Staatshandelns nicht ausnahmslos[275] staatliche Verantwortlichkeit begründen (näher → Rn. 90, → Rn. 92 f.). Die Finalität des Staatshandelns ist danach für die staatliche Verantwortlichkeit nur begrenzt von Bedeutung; eine andere Bedeutung des Kriteriums liegt aber darin, dass grundsätzlich nur vom Staat final herbeigeführte oder doch final legitimierte Beeinträchtigungen grundrechtlicher Schutzgegenstände überhaupt gerechtfertigt sein *können*.

Die (immer leerformelverdächtige) **Unmittelbarkeit** der grundrechtsbeeinträchtigenden Wirkung **87** des Staatshandelns trifft in einem stringenten Sinn nur die Fälle der Imperativität, da hier die angeordnete und die eingetretene Rechtswirkung übereinstimmen. Im Übrigen kann Unmittelbarkeit nur einen besonders engen Kausalzusammenhang ohne (maßgebliche) Ursachenbeiträge anderer und bei einfacher real-mechanischer Auslösung der Beeinträchtigungsfolge meinen. Ein Grund, die staatliche Verantwortung bei größerer Komplexität des Kausalnexus allgemein auszuschließen, ist jedoch nicht ersichtlich;[276] die für die Störung kausale Staatsgewalt steht ihr immer noch näher als der gestörte Grundrechtsträger.

Die Frage der staatlichen Verantwortlichkeit für vom Staat (anders als durch „klassischen" Eingriff) **88** verursachte Grundrechtsbeeinträchtigungen ist vielmehr für die unterschiedlichen Konstellationen der insgesamt ursächlichen Bedingungen differenziert zu lösen. Nur für den (einfachsten) Fall der **staatlichen Alleinverursachung** ist **bloße Kausalität des Staatshandelns** für die Auswirkungen auf die verschiedenartigen Schutzgegenstände der Grundrechte stets als ausreichend anzusehen.[277] Hierher gehören namentlich Realakte, die physisch auf Schutzgegenstände wie den Körper[278] oder Eigentumsobjekte einwirken oder etwa Kommunikationsverbindungen unterbrechen;[279] als Einwirkungen, die immaterielle Elemente grundrechtlicher Schutzgegenstände beeinträchtigen, sind vor allem (herabsetzende) Äußerungen staatlicher Stellen zu nennen,[280] ferner die (heimliche) Beobachtung[281] oder das Fotografieren[282] einer Person oder ihr zuzuordnender Sachen,[283] die Infiltration informationstechnischer Systeme,[284] die Weitergabe,[285] Verbreitung[286] oder Verwertung von Informationen über

---

[271] So BVerfGE 105, 252 (273); 105, 279 (303); 116, 202 (222); 120, 378 (406); 125, 39 (78); 134, 242 Rn. 277; 148, 40 Rn. 28; BVerwGE 159, 327 Rn. 21;

[272] So BVerfGE 113, 63 (76); 116, 135 (153); 118, 1 (20); 123, 90 (103, 110); BVerfG (K) NJW 2007, 2537 (2538); NVwZ 2009, 1486 (1487); NZS 2011, 580 Rn. 12; inhaltlich entspr. auch BVerfGE 110, 177 (191); 140, 225 Rn. 11 f.; ähnlich BVerwG NJW 2006, 1303 (1304); BVerwGE 158, 142 Rn. 26; auch *Hoffmann-Riem* AöR 130 (2005), 5 (43 f.); kritisch *Cornils* FS Bethge, 2009, S. 137 ff.

[273] Vgl. BVerfGE 47, 1 (21); 66, 39 (59 f.); 80, 109 (121); BVerwGE 89, 281 (283); näher *Sachs*, in: Stern, StaatsR III/2, S. 139 ff.; skeptisch gegenüber der Finalität *Albers* DVBl 1996, 233 (235 f.); *Cornils* FS Bethge, 2009, S. 137 ff.

[274] Enger *Weber-Dürler* VVDStRL 57 (1998), 57 (90 ff.); weiter etwa *Klement* DÖV 2005, 507 f.

[275] Allerdings wird Finalität idR für Relevanz einer Beeinträchtigung genügen, näher *Sachs*, in: Stern, StaatsR III/2, S. 189 f., sowie etwa BVerfGE 148, 40 Rn. 28; anders iE BVerwGE 159, 327 Rn. 22, das bewusst gegen eine Demonstration gerichtete Aufforderungen als nicht „objektiv zielgerichtet" einstuft.

[276] Ausdrücklich ablehnend etwa BVerfGE 13, 181 (185 f.); 46, 120 (137); 52, 283 (296); 66, 39 (60); 82, 209 (223); BVerwGE 71, 183 (191 f.); 87, 37 (42 ff.); enger zuletzt BVerwGE 154, 328 Rn. 19 ff.; *Sachs*, in: Stern, StaatsR III/2, S. 145 f.; *Weber-Dürler* VVDStRL 57 (1998), 57 (88 ff.); zur Geltung des Vorbehalts des Gesetzes → Rn. 105.

[277] Hierzu näher *Sachs*, in: Stern, StaatsR III/2, S. 164 ff., 181 ff.; auch *ders.* JuS 1995, 303 (305 ff.); vgl. ferner *Weber-Dürler* VVDStRL 57 (1998), 57 (91 f.); *W. Roth* (Fn. 244), S. 225 ff., 280 ff.

[278] Zu psychisch traumatisierenden Auswirkungen VGH BW NVwZ 2001 Beilage I, 107 ff.

[279] Etwa LVerfG LSA DVBl 2015, 38 (41).

[280] Etwa zu Schmähkritik durch die Regierung, BVerfGE 138, 102 Rn. 42; zur abschätzigen Kommentierung eines Aufsatzes BVerfG (K) NJW 2011, 511 Rn. 21.; zur relativen Bewertung wissenschaftlicher Arbeit BVerwGE 102, 304 (312 ff.); wohl auch für nur bei wissenschaftsadäquater Gestaltung gebilligte Evaluationen wissenschaftlichen Handelns BVerfGE 111, 333 (359); auch → Art. 5 Rn. 207; zur Erwähnung in Verfassungsschutzberichten BVerfGE 113, 63 (76 f.); BVerwGE 131, 171 Rn. 15; zu Berichten des BRH BVerwG NVwZ 2020, 387 ff.; zu einer Belehrung nach § 73 II Nr. 1 BRAO BVerfG (K) NJW 2002, 503 f.

[281] BVerwGE 110, 126 (138 f.); 137, 275 Rn. 13 (zur Beobachtung polit. Parteien durch den Verfassungsschutz).

[282] BVerwGE 113, 158 (162) (bei Versammlungen); auch → Art. 8 Rn. 57; ferner etwa *Enders* FS Würtenberger, 2013, S. 655 ff.

[283] BVerfGE 120, 378 (Autokennzeichen).

[284] BVerfGE 120, 274 (Online-Durchsuchung).

[285] Etwa in Beantwortung parlamentarischer Anfragen durch die Regierung, BVerfGE 137, 185 Rn. 183, oder auch durch Gerichte an andere öffentliche Stellen, BVerfGE 138, 33 Rn. 19 f.

[286] Zu Internetveröffentlichungen OVG Bln-Bbg NVwZ-RR 2014, 843 f.; 2014, 846; OVG NRW NVwZ 2015, 996.

Grundrechtsträger[287] oder die Konfrontation mit religiösen Symbolen.[288] Auch durch den Vollzug klassischer Eingriffe bedingte Beeinträchtigungen weiterer grundrechtlicher Schutzgegenstände sind hier zu erfassen.[289] Zu erwägen ist dies zudem für die Veranlassung hoheitlicher Grundrechtsbeeinträchtigungen durch andere Hoheitsträger.[290]

**89**     **2. Vermittelte Beeinträchtigungen. a) Drittbeeinträchtigungen.** Für Drittbeeinträchtigungen, also Beeinträchtigungen grundrechtlicher Schutzgegenstände, die durch das Verhalten anderer Menschen[291] eintreten, ist **der Staat** jedenfalls dann verantwortlich, wenn er das Drittverhalten imperativ anordnet.[292] Dasselbe gilt, wenn er es gezielt (bewusst und gewollt) mit anderen Mitteln steuert;[293] dies betrifft an Einwirkungsmodalitäten auf die Dritten insbesondere finanzielle Anreize[294] oder Unterstützung[295] ebenso wie zumal warnendes[296] Informationshandeln[297] oder etwa Boykottaufrufe.[298] Hierher lässt sich auch die staatliche Teilnahme am Wettbewerb mit ihren über das Verhalten der Kunden vermittelten Auswirkungen auf die Konkurrenten zählen.[299]

---

[287] Zum „hypothetischen Ersatzeingriff" bei Änderung des Verwendungszwecks BVerfGE 130, 1 (34, 38).

[288] So unter dem unpassenden Etikett negativer (Religions-)Freiheit (dazu → Rn. 43, → Rn. 54) BVerfGE 93, 1 (20, 22); 108, 282 (301 ff.) 138, 296 Rn. 104; näher → Art. 4 Rn. 39 ff., → Art. 4 Rn. 62 f.; *Röhrig,* Religiöse Symbole in staatlichen Einrichtungen als Grundrechtseingriffe, 2017; allgemeiner *Tellenbröker,* Konfrontationsschutz, Diss. Bielefeld 2015.

[289] Etwa Gesundheitsbeeinträchtigungen abgeschobener Personen, vgl. BVerwGE 127, 33 (35 ff.); zu aufenthaltsrechtlichen Vorwirkungen der Grundrechte zugunsten des nasciturus bei Risikoschwangerschaft SächsOVG NVwZ 2006, 613 f.

[290] Vgl. für fehlende gesetzliche Ermächtigung für einen bei Verbeamtung eines älteren Hochschullehrers von der Hochschule abzuführenden Versorgungsabschlag OVG NRW NWVBl 2013, 287 ff.

[291] Dazu und zur Abgrenzung vom Organwalterhandeln *Sachs,* in: Stern, StaatsR III/2, S. 164 ff., 171 f. Ausführlich zum Ganzen *T. Koch* (Fn. 78), insbes. S. 211 ff.; auch *Calliess,* Rechtsstaat und Umweltstaat, 2001, S. 307 ff., 410 ff.

[292] *Murswiek* (Fn. 111), S. 59 f.; *Sachs,* in: Stern, StaatsR III/2, S. 187 ff., 192 f.; *S. Meyer* AöR 136 (2011), 428 (459 f.); vgl. auch BVerfGE 13, 230 (232 f.); 107, 299 (313 f.); 109, 64 (89 ff.); 125, 260 (310 f.); 130, 151 (183, 184 f.); BVerwGE 152, 122 Rn. 17 ff.; 152, 355 Rn. 12, 14 mN. Nicht unproblematisch BVerfGE 106, 275 (298 f.); irreführend für einen „unmittelbaren Eingriff" BVerfGE 121, 317 (345 f.).

[293] Übereinstimmend *Weber-Dürler* VVDStRL 57 (1998), 57 (71 f., 88); ähnlich *W. Roth* (Fn. 244), S. 298 ff.; wohl auch *Bleckmann/Eckhoff* DVBl 1988, 373 (377); *Preu* (Fn. 239), S. 59 ff.

[294] Zu Lenkungssubventionen etwa *B. Klein,* Konkurrenz auf dem Markt der geistigen Freiheiten, 1990, S. 217; *P. M. Huber,* Konkurrenzschutz im Verwaltungsrecht, 1991, S. 384; *M. Bäcker,* Wettbewerbsfreiheit als normgeprägtes Grundrecht, 2007; zur Lenkungsabgabe etwa BVerfGE 16, 147 (159); 47, 1 (21); 70, 35 (53); 72, 200 (244 f.); 85, 238 (247); 98, 83 (98); 98, 106 (118 ff.); BVerwG NVwZ 1994, 900 (901). Zur lenkenden Auftragsvergabe etwa *Kaelble,* Vergabeentscheidung und Verfahrensgerechtigkeit, 2008, S. 60 ff., zu BVerfGE 116, 135 (151 ff.), einerseits und BVerfGE 116, 202 (222 f.), andererseits.

[295] Vgl. zur Förderung einer Seite im religionsbezogenen Meinungskampf BVerwGE 90, 112 (118 ff.); OVG NRW NVwZ 1991, 174 ff. und 176 f.; OVG Berlin NVwZ 1991, 798 f.; dazu etwa *Heintschel/v. Heinegg/Schäfer* DVBl 1991, 1341 ff.; *Discher* JuS 1993, 463 ff.

[296] Vgl. zum Teil mit unterschiedlichen Anforderungen BVerfGE 105, 252 ff. (Glykol) und 279 ff. (Osho); BVerfG (K) NJW 2002, 3458 (3459); strenger BVerfGE 113, 63 (76 ff.), zur Pressefreiheit; restriktiv BVerfGE 106, 275 (302 ff.); auch BVerfG (K) NVwZ 2006, 924 f.; ferner etwa BVerwGE 71, 183 (192 ff.); 82, 76 (78 ff.); 87, 37 (41 ff.); 90, 281 (283); BVerwG NVwZ 1994, 162 f.; NJW 1996, 3161 f.; NJW 2006, 1303 (1304 f.); NVwZ-RR 2015, 425 Rn. 14 ff.; BayVGH NVwZ-RR 2003, 121 (122); OVG NRW NVwZ 2012, 767 f.; 2013, 192 f., und 1562 (1563 f.); EGMR NVwZ 2010, 177 (180); näher *Sachs,* in: Stern, StaatsR III/2, S. 132 f., 194; ferner etwa *Bethge* Jura 2003, 327 ff.; *Cremer* JuS 2003, 747 ff.; *Dreier* Verwaltung 36 (2003), 105 (129 ff.); *P. M. Huber* JZ 2003, 290 ff.; *Murswiek* NVwZ 2003, 1 ff.; ders. NVwZ 2006, 219 ff.; *Sachs* FS Selmer, 2004, S. 209 ff.; *Bumke* Verwaltung 37 (2004), 3 ff.; *Faßbender* NJW 2004, 816 ff.; *Klement* DÖV 2005, 507 ff.; *Papier* FS Mußgnug, 2005, S. 45 ff.; *Schink* DVBl 2011, 253 ff.; *Schoch* NVwZ 2011, 193 ff.; *Martini/Kühl* DÖV 2013, 573 ff.; *dies.* JA 2014, 1221 ff.; *Dannecker* JZ 2013, 924 (925 f.); *Voßkuhle/Kaiser* JuS 2018, 343 ff.; *Wollenschläger* JZ 2018, 980 ff. Zur Notwendigkeit eines Gesetzes → Fn. 348. Vgl. auch *Ingold,* Desinformationsrecht: Verfassungsrechtliche Vorgaben für staatliche Desinformationstätigkeit, 2011, S. 41 ff.

[297] Allgemein für die Grundrechtsbindung der insbesondere informierenden Regierungstätigkeit BVerfGE 138, 102 Rn. 41, 49; für Äußerungen des BPräs BVerfGE 136, 323 Rn. 27; für Suchmeldungen wegen Raubkunst BVerwGE 151, 228 Rn. 34 ff.; auch zu administrativen Informationen BVerfGE 148, 40 Rn. 25 ff.; *Wegner,* Die staathaftungsrechtliche Relevanz..., 2016, S. 99 ff.; *Kühn* (Fn. 234), S. 299 ff.; *Spitzlei* JuS 2018, 856 ff.; *Abbé,* Verbraucherschutz durch Transparenz?, 2017; *Monsees,* Behördliches Informationshandeln im Lebensmittelbereich, 2018, S. 58 ff.; *Landwers,* Behördliche Öffentlichkeitsarbeit im Recht, 2019, S. 101 ff. und öfter; *Merschmann,* Staatliche Informationen über lebensmittelrechtliche Beanstandungen ..., 2019; *Cremer* NVwZ 2019, 505 (509 ff.).

[298] Für die Möglichkeit eingriffsgleicher Intensität BVerfGE 140, 225 Rn. 11 f.; zu amtlichen Aufrufen gegen Demonstrationsteilnahme BVerwGE 159, 327 Rn. 22; allgemeiner etwa *Nellesen,* Äußerungsrechte staatlicher Funktionsträger, 2019.

[299] Vgl. aus der den Grundrechtsschutz auf Extremfälle beschränkenden Rspr. BVerwG NJW 1995, 2938 (2939); OVG NRW NVwZ-RR 2005, 738; ferner *P. M. Huber* (Fn. 294), S. 74 ff., 127 ff., 316 ff.; *Schliesky,* Öffentliches Wettbewerbsrecht, 1997, S. 202 ff.; *Storr,* Der Staat als Unternehmer, 2001, S. 167 ff.; *Bäumerich,* Güterichter und Mediatoren im Wettbewerb, 2015, S. 190 ff.; *Löwer* VVDStRL 60 (2001), 416 (444 ff.); *Jarass* DÖV 2002, 489 ff.; *Wieland* Verwaltung 36 (2003), 225 ff.; *Faßbender* DÖV 2005, 89 (97 ff.); *Suerbaum* Verwaltung 40 (2007), 45 ff.; *Brüning* JZ 2009, 29 ff.

Bei **dem Dritten verbliebener Entscheidungsfreiheit** mag dessen Vorgehen als privatautonomes **90** Verhalten gegenüber dem Grundrechtsträger unbedenklich sein oder bei Übergriffen in den davor geschützten fremden Rechtskreis die eigene (zivilrechtliche) Verantwortlichkeit des Dritten begründen, befreit aber den Staat nicht von seiner Verantwortung.[300] Diese besteht auch für ungewollt ausgelöstes Drittverhalten,[301] ist nur ausgeschlossen, wenn es sich um ganz ungewöhnliche Reaktionen handelt.[302] Straftaten Dritter allerdings sind dem Staat, der sie durch sein (sonst) rechtmäßiges Verhalten ungewollt auslöst, selbst bei Vorhersehbarkeit grundsätzlich[303] nicht zuzurechnen;[304] hier hat es prinzipiell bei den Schutzpflichten sein Bewenden.[305]

**b) Fremdbeeinträchtigungen.** Für Fremdbeeinträchtigungen, also Beeinträchtigungen grund- **91** rechtlicher Schutzgegenstände durch von der deutschen Staatsgewalt verursachtes Verhalten fremder Staatsgewalt,[306] gilt Ähnliches wie für die Drittbeeinträchtigungen. Namentlich wird die Grundrechtsverantwortung durch die fremde Souveränität nicht umfassend aufgehoben.[307] Sie kann allerdings die Kausalität des Verhaltens deutscher Staatsorgane mangels effektiver Möglichkeiten der Einwirkung in vielen Fällen in Frage stellen, macht sie aber nicht von vornherein unmöglich. Vielmehr ist die Grundrechtsverantwortung der deutschen Staatsgewalt jedenfalls anzunehmen, wenn der Fremdstaat ihr vertraglich zu den Grundrechtsbeeinträchtigungen verpflichtet ist; es genügt aber auch, wenn die deutsche Staatsgewalt sonst gezielt tatsächlich bestimmenden Einfluss ausübt. Zur Grundrechtsbindung bei Mitwirkung an unionsrechtlichen Organakten → Art. 1 Rn. 94. Bei Übertragung von Hoheitsrechten nach Art. 24 I GG muss sichergestellt werden, dass der vom Grundgesetz nach Art. 19 II verlangte Mindeststandard an Grundrechtsschutz gewahrt wird (→ Art. 19 Rn. 39; allgemeiner → Art. 24 Rn. 29).[308]

**Mangels finaler Steuerung** durch deutsche Stellen müssen jedenfalls ganz ungewöhnliche Reaktio- **92** nen der fremden Staatsorgane außer Betracht bleiben. Auch vorhersehbare Reaktionen sind nicht zu verantworten, wenn die Pflicht, sie zu vermeiden, die legitimen völkerrechtsgemäßen Handlungsmöglichkeiten der BRD beeinträchtigen würde; hier ist allein die Schutzpflicht der geeignete Maßstab (→ Rn. 38). Setzt die deutsche Staatsgewalt allerdings den Grundrechtsträger erst dem Zugriff der ausländischen Organe aus, wie zumal bei Auslieferung,[309] aber auch bei Ausweisung oder Abschiebung[310] sowie bei Übermittlung personenbezogener Daten,[311] hat sie alle vorhersehbaren Beeinträchtigungen durch den Fremdstaat zu verantworten.[312] Die Möglichkeit, eingetretene Beeinträchtigungen zu beseitigen, kann allerdings durch die fremde Souveränität ausgeschlossen sein; im Übrigen bleibt die Rechtfertigung so bewirkter Grundrechtsbeeinträchtigungen über kollidierendes Verfassungsrecht (→ Rn. 120 ff.) möglich.[313]

---

[300] Dies gilt erst recht, wenn der Staat dem Dritten (auch: an sich unbedenklich) Machtbefugnisse verliehen hat; vgl. für die Bestellung zum Betreuer sehr vorsichtig BVerfG (K) NJW 2002, 206 f.

[301] Zu Steuerungswirkungen von Schutzvorschriften zum Nachteil der geschützten Frauen BVerfGE 109, 64 (90 ff.); auch 138, 261 Rn. 60. Zu wohl nicht ganz ungewollten eigentumsbeeinträchtigenden Reaktionen auf die Zulassung eines Rahmenbetriebsplans nach BBergG BVerfGE 134, 242 Rn. 277.

[302] *Sachs,* in: Stern, StaatsR III/2, S. 191, 195 f. BVerfGE 118, 1 (18 f.), sieht durch die Leitbildfunktion der gesetzlichen Anwaltsgebühren die Vertragsfreiheit der Rechtsanwälte nicht beeinträchtigt; kritisch abwM, ebd., S. 29 (32 ff.). Für Grundrechtseingriff bei durch Dritte verursachten Biss eines Polizeihundes OLG Ffm NVwZ-RR 2014, 142.

[303] Für mögliche Ausnahmen, wenn der Staat Steuerdaten aufkauft und dadurch die strafbare Beschaffung solcher Daten auslöst, VerfGH RhPf NJW 2014, 1434 Rn. 60.

[304] BVerfG (K) NJW 2018, 2312 Rn. 44, zu Terroranschlägen auf US-Militäreinrichtungen.

[305] *Sachs,* in: Stern, StaatsR III/2, S. 196; im Ergebnis auch BVerfGE 46, 160 (164 f.).

[306] Dazu *Sachs,* in: Stern, StaatsR III/2, S. 172 ff., 196 ff.; *Weber-Dürler* VVDStRL 57 (1998), 57 (73); hierher ließen sich auch Grundrechtsbeeinträchtigungen durch supranationale Stellen aufgrund übertragener Hoheitsrechte rechnen, die allerdings wegen Art. 23, 24 GG besondere Fragen aufwerfen; s. immerhin BVerfGE 149, 346 Rn. 31 ff.

[307] Vgl. allerdings recht restriktiv insbesondere BVerfGE 66, 39 (57 ff.); offener BVerfGE 140, 317 Rn. 62 mwN; BVerfG (K) NVwZ 2018, 1224 Rn. 29; auch BVerwGE 154, 328 Rn. 19 ff.; OVG NRW BeckRS 2019, 5666 Rn. 81 ff.; ferner etwa *Scheller,* Ermächtigungsgrundlagen für die internationale Rechts- und Amtshilfe zur Verbrechensbekämpfung, 1997; *Ruthig* FS Hilger, 2003, S. 183 ff.; auch *Ohler,* Die Kollisionsordnung des allgemeinen Verwaltungsrechts, 2005, S. 171 ff.; offen BVerfGE 91, 335 ff., zum Eingriff durch Zustellung einer im Ausland erhobenen Klage (auf punitive damages).

[308] BVerfGE 149, 346 Rn. 30, bezogen auf Art. 19 II, Rn. 33 ff. aber weiter zu Art. 19 IV GG.

[309] Dazu BVerfGE 59, 280 (282 ff.); 63, 332 (337 f.); 75, 1 (16); zurückhaltender BVerfGE 108, 129 (137); 109, 13 (35 f.); 112, 1 (27 ff.); 113, 154 (161 ff.); 140, 317 Rn. 59 f.; auch BVerfGK 16, 491; *Graßhof/Backhaus* EuGRZ 1996, 445 ff.; *Lubenow* FG Graßhof, 1998, S. 325 ff.; *Ziegenhahn,* Der Schutz der Menschenrechte bei der grenzüberschreitenden Zusammenarbeit in Strafsachen, 2002.

[310] Vgl. BVerwGE 78, 285 ff.; 99, 324 (328); 105, 187 (193 f.); 111, 223 (227 ff.) (zur EMRK); BVerfG (K) NVwZ 2018, 1390 Rn. 44 ff.; zur EMRK auch EGMR NVwZ 2011, 413 ff.; NVwZ 2013, 487 ff.

[311] Für Grundrechtsgeltung bei reduzierten Anforderungen BVerfGE 141, 220 Rn. 324 ff.

[312] Zur Problematik insgesamt *Sachs,* in: Stern, StaatsR III/2, S. 199 ff.; etwas enger *Cremer,* Der Schutz vor den Auslandsfolgen aufenthaltsbeendender Maßnahmen, 1994. Zur Todesstrafe im Ausland s. → Art. 102 Rn. 3 ff.; im Zusammenhang des Art. 16a III 1 BVerfGE 94, 115 (137 f., 152).

[313] Dies und nicht eine Ausnahme von der Grundrechtsgeltung, so aber wohl BVerfGE 113, 154 (162 f.), mag die Hinnahme weniger gravierender Grundrechtsverkürzungen im Auslieferungsverkehr rechtfertigen; für „eigene verfassungsrechtliche Bedingungen" unter Berufung auf Vorgaben des Grundgesetzes BVerfGE 141, 220 Rn. 324 ff.

**93**    **c)** Stärker eingeschränkt ist die staatliche Verantwortlichkeit für **Selbstbeeinträchtigungen,**[314] die Grundrechtsträger sich iR ihrer Dispositionsbefugnis auf Grund freier Willensentschließung (→ Rn. 56 f.) selbst zufügen. Ihr Selbstbestimmungsrecht überlagert den auslösenden staatlichen Kausalbeitrag sogar dann, wenn das Staatshandeln auf die Selbstbeeinträchtigung abzielt, solange es nicht zwangsgleichen Charakter annimmt.[315] Dies kann bei Obliegenheiten geschehen, wenn die zu vermeidenden Nachteile unzumutbar sind.[316] Dies gilt auch für Selbstbeeinträchtigungen durch Vertragsschluss mit durch Staatshandeln beeinflussten Dritten.[317] Die Grundrechtsverantwortung für staatlich verursachte Selbstbeeinträchtigungen, die nicht auf freier Entschließung der Grundrechtsträger beruhen[318] oder deren Dispositionsbefugnis überschreiten, ist bei finalem Staatshandeln, insbesondere bei Begründung entsprechender Rechtspflichten, durchweg anzunehmen; andernfalls findet sie jedenfalls bei ganz ungewöhnlichen und fernliegenden Reaktionen des Betroffenen, die die Staatsorgane nicht voraussehen können,[319] ihre Grenze.

### III. Geringfügigkeit und Gefährdung

**94**    Für alle Beeinträchtigungsformen von Bedeutung ist die Behandlung **geringfügiger Einwirkungen** und bloßer Gefährdungen. Eine Einwirkung auf grundrechtliche Schutzgegenstände kann nicht mit pauschalen Bagatellformeln für irrelevant erklärt werden.[320] Vielmehr ist vor allem die **Abgrenzung des Schutzgegenstandes der einzelnen Grundrechtsbestimmung,** zumal auf Grund teleologisch restriktiver Auslegung, so vorzunehmen, dass nicht gemeinte Bagatellfälle von vornherein tatbestandlich ausscheiden.[321] Staatliche Einwirkungen auf die Motivation der Grundrechtsträger sind gegenüber deren Selbstbestimmung nur maßgeblich, wenn sie zwangsgleiche Intensität besitzen (→ Rn. 93).

**95**    **Grundrechtsgefährdungen** sind für die Grundrechte als Abwehrrechte schon deshalb bedeutsam, weil deren Ausrichtung auf die Integrität der Schutzgegenstände Störungen von vornherein ausschließen soll; daher steht es außer Frage, dass Unterlassungsansprüche schon gegen Staatshandeln durchgreifen, als dessen Folge Grundrechtsbeeinträchtigungen drohen (→ Rn. 42). Entscheidend ist, dass sich die Möglichkeit des Eintritts der Störung bereits in einem der Bedeutung des bedrohten Schutzgegenstandes und dem Gewicht der Störung entsprechenden Maße verdichtet hat.[322] Unter diesen Voraussetzungen können insbesondere gesetzlich auferlegte Selbstgefährdungspflichten (auch → Rn. 93) – abgesehen von der Verhaltensfreiheit – auch an den Grundrechten zu messen sein, die an den zu gefährdenden Schutzgütern bestehen;[323] dasselbe gilt für Verbote eines die Grundrechte Dritter bewahrenden Verhaltens.[324]

---

[314] Zu diesen allgemein *Sachs,* in: Stern, StaatsR III/2, S. 169 ff.

[315] Näher zu den vielfältigen Fallkonstellationen *Sachs,* in: Stern, StaatsR III/2, S. 203 f.; s. noch bei unterschiedlichen Ergebnissen zu Verhaltensbeeinflussungen durch Überwachungssysteme BVerfGE 120, 378 (402); 122, 342 (369); kritisch *Schwarz* FS Knemeyer, 2012, 407 ff.; zu Vorteilen einer Koalitionsmitgliedschaft BVerfGE 31, 297 (302); bei Art. 9 III 2 GG BVerfG (K) NZA 2019, 112 Rn. 4; zur Wirkung von Gerichtsentscheidungen auf anderweitige künstlerische Betätigung BVerfGE 83, 130 (146) mwN; zu zwingender Verhaltenssteuerung durch Urteilsgründe BVerfG (K) NJW 2019, 755 Rn. 10; zur Versagung von Sozialhilfeleistungen bei Wohnortwechsel BVerfGE 110, 177 (191); zur Abhängigkeit von Rentenansprüchen von der Hofabgabe BVerfGE 149, 86 Rn. 75 f.; zu verhaltenssteuernden Staatsleistungen *Heusch* FS Papier, 2013, S. 251 (262 ff.); gegen faktischen Impfzwang durch Schulbetretungsverbot BVerwGE 124, 205 Rn. 28; für „eine mittelbare Pflicht zur Akkreditierung von Studiengängen" und „faktisch[en]" Zwang dazu BVerfGE 141, 143 Rn. 16 ff.; zur negativen Bewertung individueller Forschungstätigkeit (durch Fakultätskommissionen) BVerwGE 102, 304 (311 ff.); zur Versagung des Aussiedlerstatus bei sofortiger Einreise BVerwGE 110, 92 (97 f.); zu einschüchternden Tornadoüberflügen BVerwGE 160, 169 Rn. 30 ff.; zu Gefährderansprachen etwa VGH BW, VBlBW 2018, 316 (317); *Kreuter-Kirchhof* AöR 139 (2014), 257 (265 ff.).

[316] Auch → Fn. 251.

[317] Vgl. gegen Rechtsverletzung durch abgewälzte Abgabe BVerwG NVwZ-RR 2013, 1014 Rn. 5 ff.

[318] Vgl. zu Online-Ermittlungen *Oermann/Staben* Staat 52 (2013), 630 ff.; allgemeiner *Staben,* Der Abschreckungseffekt auf die Grundrechtsausübung, 2016; zu Einschüchterungen *Zanger,* Freiheit von Furcht, 2017, S. 143 ff.; zum „nudging" etwa *Weber/Schäfer* Staat 56 (2017), 561 ff.; *Smeddinck/Bornemann* DÖV 2018, 533 ff.; *Hufen* FS Schmidt-Preuß, 2018, S. 99 (105 f.); *Gerg,* Nudging, 2019; *Honer* DÖV 2019, 940 ff.; ferner → Fn. 315.

[319] Der als Folge staatlicher Maßnahmen vorhersehbar drohende Suizid ist dem Staat zurechenbar, vgl. etwa für das (Räumungs-)Zwangsvollstreckungsverfahren BVerfGE 52, 214 (219 ff.); BVerfG (K) NJW 2016, 3090 Rn. 11 f.; NJW 2019, 2012 Rn. 19, 20; 2995 f. mwN (jeweils nicht klar in Abgrenzung zur Schutzpflicht, → Rn. 38); für Schutzpflicht etwa BVerfG (K) Beschl. v. 26.10.2017 – 2 BvQ 69/17 –, juris, Rn. 4; unspezifisch BVerfG (K), BeckRS 2019, 2691; s. auch BGH NJW 2007, 3719 Rn. 4; → Art. 2 Rn. 187, → Art. 2 Rn. 214a; → Rn. 38 mit Fn. 114.

[320] Zustimmend *Hoffmann-Riem* AöR 123 (1998), 513 (530); im Ergebnis auch *Lerche* HGR III, § 62 Rn. 62; anders zur EMRK *Matscher* GS Mayer-Maly, 2011, S. 333 (337 ff.).

[321] Vgl. *Sachs,* in: Stern, StaatsR III/2, S. 157 f., 205 ff.; aA *Isensee* HStR IX, § 191 Rn. 119; *Eckhoff* (Fn. 254), S. 255 ff.; *Kloepfer,* VerfR II, § 51 Rn. 36; nicht eindeutig *Bethge* HStR IX, § 203 Rn. 146 ff.

[322] Vgl. zunächst unter Rückgriff auf die Schutzpflichtjudikatur BVerfGE 51, 324 (346 f.); 52, 214 (220); 66, 39 (58); 77, 170 (220); BVerfG (K) NJW 1991, 3207; NJW 2002, 51 (52); bei Vermengung mit der Schutzpflicht (→ Rn. 35 f.) BVerfG (K) NJW 1998, 979 (976); im Übrigen *Sachs,* in: Stern, StaatsR III/2, S. 210 ff.; weitergehend *Murswiek* (Fn. 111), S. 13, 127 ff.; s. ferner *Ossenbühl* FS Kriele, 1997, S. 147 ff.

[323] Vgl. für Leben und Gesundheit *Sachs* BayVBl 1983, 460 ff., 489 ff.; insbes. für Soldaten *Fröhler,* Grenzen legislativer Gestaltungsfreiheit in zentralen Fragen des Wehrverfassungsrechts, 1995, S. 168 ff.

[324] Für Forschungsverbote als Gefährdung von Patienten *S. Meyer* AöR 136 (2011), 428 ff.

# I. Grundrechtsbegrenzungen

## I. Allgemeine Bedeutung

Den Begriff **Grundrechtsbegrenzungen** kennt das Grundgesetz nicht. Mit ihm lassen sich Ver- **96** fassungsbestimmungen bezeichnen, die die grundrechtlichen Gewährleistungen, die den Grundrechtsschutz tatbestandlich weiter fassen, als er im Ergebnis reichen soll, auf der **Ebene der grundrechtlichen Maßstabsbildung** in unterschiedlichen Formen (→ Rn. 98 ff.) auf das letztlich gewollte Maß zurückführen.[325] Dagegen ist der Begriff der **Grundrechtseinschränkungen** durch Art. 19 I und einige Gesetzesvorbehalte[326] durch das Grundgesetz dahin festgelegt, dass es sich um Akte der grundrechtsgebundenen Staatsgewalt, namentlich der Gesetzgebung, handelt, die als Grundrechtseingriffe (→ Rn. 78 ff.) **an den Maßstäben der Grundrechte zu messen** sind; als Abweichungen von dem grundrechtlich Gebotenen sind sie ggf. auf der verfassungsrechtlichen Grundlage der Grundrechtsbegrenzungen zu rechtfertigen. Die nach ihrem Wortsinn vergleichbaren Begriffe (Begrenzungen, Beeinträchtigungen) sollten daher nicht verwechselt oder gleichgestellt werden. Dem genügt die in Rspr. und Lit. äußerst uneinheitliche Terminologie oft nicht;[327] dies führt allzu oft auch zu einer Vermengung in der Sache, die dann die ohnehin schwierige Problematik vollends undurchschaubar macht.

Materiell liegt die Bedeutung der Grundrechtsbegrenzungen vor allem darin, gegenüber den grund- **97** rechtlich geschützten Individualinteressen **Belange des Gemeinwohls zur Geltung zu bringen.** Diese umfassen zumal die Rechte anderer sowie Erhalt und Funktionsfähigkeit des Staates als Schutzeinrichtung der Gesellschaft, können aber auch andere menschliche Interessen einschließen, auch solche nicht zum Gemeinwesen gehörender Personen (vgl. Art. 9 II, 26, auch Art. 1 II) und die künftiger Generationen, Art. 20a.[328] Das Gemeinwohl kann nach Maßgabe des Grundgesetzes auch vom Menschen völlig unabhängige Belange, wie den Tierschutz, Art. 20a GG, einschließen,[329] ist damit aber nicht abschließend vorgezeichnet; es kann vielmehr von den zuständigen Staatsorganen, insbesondere der Gesetzgebung, innerhalb der verfassungsrechtlichen Grenzen erweitert werden (auch → Art. 20 Rn. 149).[330]

## II. Formen der Grundrechtsbegrenzungen

**1. Vorbehaltsbestimmungen.** Vorbehaltsbestimmungen eröffnen Teilen der **Staatsgewalt Ver-** **98** **haltensmöglichkeiten,** die ihr durch den (in aller Regel abwehrrechtlichen) Grundrechtsgewährleistungssatz **ansonsten verboten** sind. Als Begrenzungsform bewahren sie grundrechtliche Substanz, soweit von den Vorbehalten nicht Gebrauch gemacht wird; sie schaffen zugleich die Möglichkeit, auf Einschränkungsbedarf flexibel zu reagieren.

**Adressaten der Vorbehalte** sind ohne Zwischenschaltung der regelmäßig berufenen Gesetz- **99** gebung (→ Rn. 101 ff.) vereinzelt unmittelbar von Verfassungs wegen auch **Exekutive,**[331] **Judikative,**[332] **Behörden** dieser beiden Gewalten[333] sowie **Verfassungsorgane.**[334] Nicht hierher gehören die irreführend sog. Richtervorbehalte (→ Rn. 116). Auch Vorbehaltsbestimmungen ohne Benennung der ermächtigten Organe[335] sind mit Rücksicht auf den Vorbehalt des Gesetzes (→ Art. 20 Rn. 113) grundsätzlich als Gesetzesvorbehalte zu verstehen.

---

[325] Vgl. allgemein etwa *Sachs,* in: Stern, StaatsR III/2, S. 225 ff.; *Kokott* HGR I, § 22 Rn. 1 ff.
[326] Zumal Art. 11 II, 12a VI 2, 17a I, II; synonym für *Beschränkungen* Art. 8 II, 10 II, 13 VII 2. Alt., 104 I 1, 137 I.
[327] Nach BVerfGE 138, 296 Rn. 98, müssen sich Einschränkungen der Glaubensfreiheit „aus der Verfassung selbst ergeben", BVerfGE 122, 89 (107) lässt richtig (gesetzl.) Beschränkungen „aufgrund von kollidierendem Verfassungsrecht" zu; andererseits spricht BVerfGE 134, 204 Rn. 68, von der Begrenzung der Berufsfreiheit durch Gesetz. Zur uneinheitlichen Begrifflichkeit allgemein auch *v. Mangoldt/Klein* I, Vorb. B XV 1, sowie etwa *Alexy* (Fn. 185), S. 249; *Höfling* FG Batliner, 1993, S. 341 (348); *Sachs,* in: Stern, StaatsR III/2, S. 225 ff.; zum Ganzen auch *Hillgruber* HStR IX, § 201; *Merten* HGR III, § 60.
[328] Zur inhaltlichen Legitimation von Grundrechtsgrenzen ausführlich *Sachs,* in: Stern, StaatsR III/2, S. 301 ff.; s. ferner *Lagodny,* Strafrecht vor den Schranken der Grundrechte, 1996, S. 138 ff. bzw. 275 ff.; *Anderheiden,* Gemeinwohl in Republik und Union, 2006; *Ruch* FS Wildhaber, 2007, S. 671 ff.
[329] Zur problemat. Einbeziehung eines ökozentrischen Umweltschutzes → Art. 20a Rn. 22 ff.
[330] Vgl. BVerfGE 13, 97 (107); 30, 292 (323 f.); allgemeiner *Isensee* HStR IX, § 191 Rn. 134; *Sachs,* in: Stern, StaatsR III/2, S. 350 ff.; auch *Kingreen/Poscher,* Rn. 331; aA *Starck,* MKS I, Art. 1 Rn. 272. Zur Problematik von Gemeinwohldefinitionen *Engel* Rechtstheorie 32 (2001), 23 ff.; *Schuppert* GewArch 2004, 441 ff.; s. auch *Löffler* (Fn. 238), S. 132 ff.
[331] Vgl. Art. 13 III Hs. 1, 132 I 1, 2.
[332] Vgl. Art. 18 S. 2. Abweichend von der Einstufung in Vorauflagen und bei *Sachs,* in: Stern, StaatsR III/2, S. 511, gehört Art. 16a IV 1 nicht hierher; vielmehr enthält Hs. 1 eine grundgesetzliche Einschränkungsnorm (→ Rn. 100), Hs. 2 einen qualifizierten Gesetzesvorbehalt.
[333] S. Art. 140 GG iVm Art. 136 III 2 1. Alt. WRV; zumindest gegenüber Art. 33 I auch Art. 36 I 1, 2.
[334] Vgl. Art. 42 I 2, 44 I 2, 52 III 4 gegenüber grundrechtsähnlichen Garantien der Öffentlichkeit.
[335] Vgl. Art. 6 II 2, 12 II, III, 12a I, 11 I 1, 13 II, 34 S. 1 und 2.

**100**   **2. Quasi-tatbestandliche Begrenzungen.** Quasi-tatbestandliche Begrenzungen sind außerhalb des Grundrechtsgewährleistungssatzes aufgestellte **zwingende negative Voraussetzungen** für den Eintritt der Rechtsfolgen der so begrenzten Grundrechtsgarantie. Sie wirken damit wie zusätzliche Tatbestandsmerkmale,[336] mit denen sie bis auf den Regelungsstandort gleichbedeutend sind; es handelt sich insoweit um **Nichtgeltungsanordnungen**[337] (s. noch → Rn. 125). Eine gesteigerte Form quasi-tatbestandlicher Begrenzungen sind die **grundgesetzlichen Einschränkungsnormen;** sie negieren nicht nur (implizit) den Grundrechtsschutz, sondern machen von seiner Nichtgeltung zugleich Gebrauch, indem sie selbst Beschränkungen der grundrechtlichen Schutzgegenstände anordnen[338] oder entgegen Art. 19 IV den Rechtsweg ausschließen,[339] was in der Regel Sache der einfachen Gesetzgebung ist.

## III. Gesetzesvorbehalte und vergleichbare Begrenzungen

**101**   **1. Allgemeine Grundlagen.** **Gesetzesvorbehalte** sind die wichtigste Form der Grundrechtsbegrenzungen; es sind Vorbehaltsbestimmungen (→ Rn. 98), die gesetzlich vorgesehene **Abweichungen von bestimmten Grundrechtsgewährleistungssätzen** zulassen.[340] Sie können auf einzelne Grundrechte bezogen sein, wie Art. 8 II, oder mehrere ansprechen, wie Art. 2 II 3, Art. 5 II, oder – über die Texteinheit des einzelnen Artikels hinausgreifend – Art. 17 a. Vom Vorbehalt des Gesetzes, soweit er als Verbotsnorm Einwirkungen der Staatsgewalt auf den Einzelnen ausschließt, sind die Gesetzesvorbehalte durch ihre konträre, sonst verbotene Einwirkungen eröffnende Wirkungsrichtung klar zu trennen (s. auch → Art. 20 Rn. 113). Weitgehend wirkungsgleich mit den Gesetzesvorbehalten sind vorbehaltsähnliche Einschränkungsermächtigungen, die sich anders als die Gesetzesvorbehalte nicht auf bestimmte Grundrechte beziehen, sondern prinzipiell gegenüber jedem Grundrecht wirksam werden können, wie zB Art. 139 oder 143 I 1.[341]

**102**   **Vorbehalte der Regelung des Näheren**[342] betreffen nur Gesetze ohne beschränkende Wirkung,[343] die auch ohne Vorbehalt mögliche Ausgestaltungen (Konkretisierungen)[344] im Grundrechtsbereich (auch → Rn. 44, → Rn. 78) vornehmen. Vorbehalte der Regelung des Näheren sind daher keine Grundrechtsbegrenzungen, sie gehören nicht zu den Gesetzesvorbehalten als einer Form der Grundrechtsbegrenzung und sollten deshalb auch terminologisch streng von ihnen unterschieden werden.[345]

**103**   Dagegen sind Schrankenvorbehalte (→ Art. 5 Rn. 136 ff.), der Vorbehalt der Schrankenbestimmung (→ Art. 14 Rn. 54 ff.), der Regelungsvorbehalt (→ Art. 12 Rn. 105 ff.) oder die Schrankentrias des Art. 2 Abs. 1 (→ Art. 2 Rn. 89 ff.) jedenfalls auch als **Sonderformen** des (grundrechtsbegrenzenden) Gesetzesvorbehalts anzusehen, da sie alle nach dem Grundrechtstatbestand verbotene Einwirkungen zulassen – etwaige besondere Anforderungen an die danach möglichen Gesetze sind dafür ohne entscheidende Bedeutung.[346]

---

[336] Die Verallgemeinerung tatbestandlicher Einengungen einzelner Grundrechte, dafür *Schwarz* JZ 2000, 126 ff., kann gegenüber der in Art. 2 I umfassend erfolgten Subjektivierung des Vorbehalts des Gesetzes nicht überzeugen, vgl. gegen einen „Friedlichkeitsvorbehalt" aus Art. 8 *Sachs,* in: Stern, StaatsR III/2, S. 537 ff.; auch *Hain,* in: Alexy (Hrsg.), Juristische Grundlagenforschung, 2005, S. 157 ff.; anders *Schwarz* BayVBl 2003, 326 ff.; *Merten* FS Herzog, 2009, S. 281 ff.; *Bethge* HStR IX, § 203 Rn. 75; auch → Rn. 77a, → Rn. 125.

[337] Vgl. Art. 16a II 1, 42 I 3, 45a III, 141; in besonderer Weise auch Art. 2 I Hs. 2 (Sittengesetz); als systematische Nichtgeltungsanordnungen, die die begrenzte Gewährleistung nicht ausdrücklich bezeichnen, lassen sich Art. 16a II 3 und Art. 46 I 1 auffassen. S. im Einzelnen *Sachs,* in: Stern, StaatsR III/2, S. 503 ff.

[338] Art. 5 II 3. Alt., III 2, 6 II 1, 9 III 2, 26 I 1, II 1 (dazu BVerfGE 137, 185 Rn. 182); 48 I, II 1, II 2, 55 II, 66. Auch Art. 9 II ist nach seinem Wortlaut so zu lesen, näher *Sachs,* in: Stern, StaatsR IV/1, S. 1343 ff.; BVerfGE 149, 160 Rn. 101, sieht jetzt immerhin eine strikte Verbotspflicht.

[339] Art. 41 I, 44 IV 1, 131 S. 3; zu Art. 16a II 3, IV 1 Hs. 1, vgl. → Art. 19 Rn. 152.

[340] Zu den Gesetzesvorbehalten der Grundrechte allgemein etwa *Bettermann,* Grenzen der Grundrechte, 1968; *Krebs,* Vorbehalt des Gesetzes und Grundrechte, 1975; *Wülfing,* Grundrechtliche Gesetzesvorbehalte und Grundrechtsschranken, 1981; *Bumke,* Der Grundrechtsvorbehalt, 1998; *Hermes* HGR III, § 63; ausführlich *Sachs,* in: Stern, StaatsR III/2, S. 369 ff.; *ders.* JuS 1995, 693 ff.; zur europäischen Ebene → Rn. 118.

[341] Hierher zählen ferner Art. 12a I–V, 134 IV, 135a, 143 III, näher *Sachs,* in: Stern, StaatsR III/2, S. 488 ff.

[342] Vgl. im grundrechtsbezogenen Kontext Art. 4 II 2, 12a II 3, 16a IV 2, 38 III, 104 II 4, 21 III, 29 VI 2, 45b S. 2, 96 II 3, 132 IV; gleichwertig auch Art. 140 GG iVm Art. 137 VIII WRV; zu diesen und anderen nicht zu Einschränkungen ermächtigenden Vorbehalten näher *Sachs,* in: Stern, StaatsR III/2, S. 421 ff.

[343] Vgl. zu Art. 4 III 2 BVerfGE 12, 45 (53); 28, 243 (269 f.); 48, 127 (163); 69, 1 (12); bei Art. 38 III soll der weite Gestaltungsraum des Gesetzgebers auch Raum für Relativierungen einzelner Wahlrechtsgrundsätze lassen, s. *Magiera,* Art. 38 Rn. 80; insgesamt *Sachs,* in: Stern, StaatsR III/2, S. 417 ff.

[344] Zu diesen problematisch unscharfen Kategorien vgl. *Sachs,* in: Stern, StaatsR III/1, S. 595 f.; ferner *Bumke* (Fn. 340); *Jestaedt,* Grundrechtsentfaltung im Gesetz, 1999; *Morgenthaler,* Freiheit durch Gesetz, 1999; *Gellermann,* Grundrechte im einfachgesetzlichen Gewande, 2000; *Cornils,* Die Ausgestaltung der Grundrechte, 2005; *Rixen,* Sozialrecht als öffentliches Wirtschaftsrecht, 2005, S. 244 ff.; *Kahl* AöR 131 (2006), 579 (602 ff.); *Bumke,* Ausgestaltung von Grundrechten, 2009; *Degenhart* HGR III, § 61; *Aulehner,* Grundrechte und Gesetzgebung, 2011, S. 411 ff.

[345] *Sachs,* in: Stern, StaatsR III/2, S. 372, 421.

[346] Vgl. insgesamt *Sachs,* in: Stern, StaatsR III/2, S. 399 ff.

Den **Anwendungsbereich** der Gesetzesvorbehalte bilden im Wesentlichen die **Abwehrrechte;** auf 104
andere Grundrechte, aber auch auf Schutzpflichtgehalte der Abwehrrechtsbestimmungen
(→ Rn. 35 ff.), passt die Vorbehaltswirkung wegen der zumal für die Gesetzgebung ohnehin bestehenden Spielräume kaum.[347]

Im Rahmen der Abwehrrechte betreffen die Gesetzesvorbehalte vor allem **„klassische" Grund-** 105
**rechtseingriffe,** gelten aber auch für **sonstige Beeinträchtigungen.** Es besteht jedenfalls grundsätzlich[348] kein Anlass, diese besonders problematischen Grundrechtsverkürzungen entgegen dem
Vorbehalt des Gesetzes (→ Art. 20 Rn. 114) ohne Gesetz zuzulassen,[349] andererseits können sie,
wenn dem nicht besondere Anforderungen eines einzelnen Gesetzesvorbehaltes entgegenstehen,[350] auf
gesetzlicher Grundlage gerechtfertigt sein.[351] Dies gilt zumal für **finale** Einwirkungen sowohl faktischer (gezielter polizeilicher Todesschuss) als auch mittelbarer Natur (Bezahlung von Störern); bei
**ungezielten Beeinträchtigungen** ist vor allem an eine vorbeugende Rechtfertigung im Hinblick auf
erkannte Risiken zu denken.[352] Für das Handeln privatrechtsförmlicher Verwaltungsträger kommen
auch Bestimmungen des BGB, wie §§ 903, 1004, als gesetzliche Grundlagen in Betracht.[353]

**2. Das vorbehaltene Gesetz.** Für die Gesetzesvorbehalte des Grundgesetzes[354] ist **der Entste-** 106
**hungszeitpunkt des Gesetzes** grundsätzlich ohne Bedeutung. Sie ermächtigen einerseits für die
Zukunft zum Erlass neuer Gesetze, durchbrechen andererseits die Derogationswirkung der Grundrechte zugunsten der Fortgeltung von Alt-Gesetzen.[355] Später in das Grundgesetz aufgenommene
Gesetzesvorbehalte, wie Art. 17a, 10 II 2, ferner Art. 12a, beseitigen die Verfassungswidrigkeit eines
schon zuvor erlassenen Gesetzes jedenfalls grundsätzlich nicht.[356]

Gesetzesvorbehalte sind zwar primär, aber **nicht nur auf förmliche Gesetzgebung** zu beziehen (arg. 107
Art. 104 I 1[357]), sondern lassen grds. auch nur materielle Rechtsnormen als Mittel der Grundrechtsbein-
trächtigung zu,[358] wenn sie den allg. Gültigkeitserfordernissen des GG (→ Rn. 110 f.) entsprechen.[359] Die
unterschiedl. Formulierung von Gesetzesvorbehalten, die Einschränkungen „durch Gesetz" und/oder
„auf Grund eines Gesetzes" vorsehen (auch → Rn. 117), hat dafür keine Bedeutung.[360] Vielmehr sind
grundsätzlich alle Gesetzesvorbehalte als Rechtssatz- oder Rechtsordnungsvorbehalte anzusprechen;[361]
bloße Verwaltungsvorschriften ohne Rechtssatzqualität (→ Art. 20 Rn. 107) genügen nicht.[362]

---

[347] Zu den Leistungsrechten vgl. BVerfGE 8, 240 (246 f.) 13, 132 (151); 21, 1 (6); 31, 33 (39 f.); 32, 273 (277 f.);
zur Bedeutung eines Gesetzesvorbehalts für den Umfang von Schutzpflichten s. BVerfGE 39, 1 (65); 88, 209 (253 f.);
insgesamt näher *Sachs,* in: Stern, StaatsR III/2, S. 385 ff.

[348] Anders für Informationshandeln (Rn. 89) insbesondere der Regierung bei der Staatsleitung BVerfGE 105, 279
(301 ff.); BVerfG (K) NJW 2002, 3458 (3459); NJW 2011, 512 Rn. 23; demgegenüber etwa *Cremer* JuS 2003, 747 ff.;
*P. M. Huber* JZ 2003, 290 ff.; *Murswiek* NVwZ 2003, 1 ff.; *Sachs* FS Selmer, 2004, S. 209 ff.; *Bumke,* Verwaltung 37
(2004), 3 ff.; *Bethge* HGR III, § 58 Rn. 102 ff.; *Burkiczak,* in: Leitlinien der Rechtsprechung II, S. 129 (141 ff.);
*Gärditz,* in: Friauf/Höfling, Art. 20 (6. Teil) (2011) Rn. 157 ff.; *Schoch* NVwZ 2011, 193 ff.; *Martini/Kühl* DÖV
2013, 573 ff. Mit Recht restriktiv etwa BVerwG NJW 2006, 1303 (1304); NVwZ-RR 2015, 425 Rn. 19 f.; auch
VGH BW NJW 2013, 2614 (2615 f.); OVG Nds NVwZ 2013, 831; OVG NRW DVBl 2013, 1460 f.; OVG Berl-
Bbg NVwZ-RR 2014, 846 f.; *Wegmer* (Fn. 297), S. 115 ff.; auch *Ingold* (Fn. 296), S. 90 ff.; *Heyers* AfP 2017, 118 ff.

[349] *P. M. Huber* (Fn. 294), S. 483 ff.; *Murswiek* (Fn. 111), S. 134 ff.; *Eckhoff* (Fn. 254), S. 40 ff.; *Lübbe-Wolff*
(Fn. 250), S. 25 ff.; *Sachs,* in: Stern, StaatsR III/2, S. 391 ff.; auch *W. Roth* (Fn. 244), S. 596 ff.; *Führ,* Eigen-Ver-
antwortung im Rechtsstaat, 2003, S. 353 ff.; *Schoch* FS Kloepfer, 2013, S. 201 (210 f.); jetzt wohl auch *Isensee* HStR
IX, § 191 Rn. 117; differenzierend *A. Roth* (Fn. 266), S. 169 ff.; *Weber-Dürler* VVDStRL 57 (1998), 57 (93); aA
*Gallwas* (Fn. 250), S. 94 ff.; *Krebs* FS Menger, 1985, S. 191 (206 f.).

[350] So verlangt Art. 13 II für die Durchsuchung eine „Anordnung", lässt damit für nur faktisches Durchsuchen
wohl keinen Raum; ähnlich auch Art. 104 I 1 für die formgebundene Freiheitsbeschränkung.

[351] Vgl. z B BVerfGE 113, 63 (78); BVerwG NVwZ 1994, 900 (901); zu zumal rechtsstaatlichen Grenzen dafür
*Sachs,* in: Stern, StaatsR III/2, S. 393 ff.; vgl. auch *Storr,* Der Staat als Unternehmer, 2001, S. 416 ff.

[352] Näher *Sachs,* in: Stern, StaatsR III/2, S. 392 f.

[353] BVerfGE 128, 226 (257); OVG Hmb NVwZ 2014, 1069 (1071 f.).

[354] Vergleichend *Weiß,* Das Gesetz im Sinne der Europäischen Menschenrechtskonvention, 1996, S. 57 ff.

[355] So ganz selbstverständlich BVerfGE 2, 121 (122); 6, 389 (432 ff.); 9, 63 (70); 10, 354 (363).

[356] BVerfGE 84, 90 (120), hat zu Art. 143 III offengelassen, ob es zulässig wäre, eine Regelung des an das GG
gebundenen Gesetzgebers nachträglich von der verfassungsrechtlichen Bindung freizustellen.

[357] Für eine „Verschärfung des Gesetzesvorbehalts" BVerfGE 109, 190 (244, 252 f.) (abwM).

[358] Vgl. zum Streit um die Notwendigkeit förmlicher Gesetze bei Gesetzesvorbehalten etwa *Krebs,* Vorbehalt des
Gesetzes und Grundrechte, 1975, S. 110 ff.; *Wülfing,* Grundrechtliche Gesetzesvorbehalte und Grundrechtsschranken,
1981, S. 36 ff.; *J. Staupe,* Parlamentsvorbehalt und Delegationsbefugnis, 1986, 193 ff.; *R. Hermes,* Der Bereich des
Parlamentsgesetzes, 1988, S. 95 ff. Zu weitergehenden Anforderungen bei einzelnen Bestimmungen → Art. 103
Rn. 63 ff., → Art. 104 Rn. 9 ff.

[359] Vgl. für RVO und Art. 80 I 2 GG BVerfGE 136, 69 Rn. 107; BVerfGE 109, 190 (235 f.), hält sogar bei
Art. 104 I 1 eine Fortgeltungsanordnung des BVerfG für ausreichend, kritisch dazu mit Recht die abwM, ebda,
S. 244 ff.

[360] *Sachs,* in: Stern, StaatsR III/2, S. 430, 435, 445 f.

[361] Zu diesem Begriff und seinem missverständlichen Gebrauch *Sachs,* in: Stern, StaatsR III/2, S. 427 f. In der
Sache wie hier *Axer,* Normsetzung der Exekutive in der Sozialversicherung, 2000, S. 350 ff.

[362] BVerfG (K) NVwZ 2007, 804.

108 Andererseits entsprechen den Gesetzesvorbehalten, soweit dies in Frage kommt, auch **nur formelle Gesetze.** So sind Einzelfallgesetze bei Legalenteignung und Sozialisierung gemäß Art. 14 III bzw. Art. 15 S. 1 von diesen Gesetzesvorbehalten gedeckt. Zustimmungsgesetze zu völkerrechtlichen Verträgen, durch die Grundrechtsbeeinträchtigungen vorgesehen sind, genügen dem Gesetzeserfordernis des Gesetzesvorbehalts ebenso wie ein innerstaatliches Gesetz (vertrags-)gleichen Inhalts.[363] Haushaltsgesetze dürften unmittelbar mangels Außenwirkung kaum zu rechtfertigungsbedürftigen Grundrechtsbeeinträchtigungen führen;[364] ob sie gegebenenfalls ausreichen, um für mittelbar ausgelöste Beeinträchtigungen dem Vorbehalt des Gesetzes zu genügen, ist fraglich.[365]

109 Der **Begriff der förmlichen Gesetzgebung** wird oft pauschal mit den **Parlamentsgesetzen** – im Rahmen der jeweiligen Gesetzgebungskompetenzen: des Bundes (Art. 76 ff.) und der Länder[366] – gleichgesetzt.[367] Als förmliche Gesetze sind aber außerdem, auch für die Gesetzesvorbehalte, in anderen Rechtsetzungsverfahren entstandene Rechtsnormen zu qualifizieren, die das Grundgesetz als **den Parlamentsgesetzen gleichwertig** ansieht. Für die Bundesebene sind dies Gesetze nach Art. 81 und Art. 115e, auf Landesebene zumal volksbeschlossene Gesetze.[368]

110 Für die **sonstige Rechtsetzung** der deutschen Staatsorgane muss – vorbehaltlich fortgeltender andersartiger Ermächtigungen (→ Art. 129 Rn. 3 ff.) – schon unabhängig von grundrechtsbeschränkender Wirkung stets eine Grundlage in einem förmlichen Gesetz gegeben sein. Für **Rechtsverordnungen** auf Grund von Bundesgesetzen entspricht dem Art. 80 I; den Bestimmtheitsanforderungen des Art. 80 I 2 kommt bei grundrechtsbeschränkenden Rechtsverordnungen gesteigerte Bedeutung zu.[369]

111 Auch **Satzungen** sind als grds. akzeptierter Teil des Rechtsquellensystems des GG (→ Art. 20 Rn. 44, → Art. 20 Rn. 107) prinzipiell zur Grundrechtsbeschränkung insbesondere gegenüber mitwirkungsberechtigten Mitgliedern des Autonomieträgers[370] fähig. Doch genügt die Autonomieverleihung als solche nicht, um Grundrechtsbeschränkungen zu legitimieren. Vielmehr bedarf es hinreichend bestimmter spezieller gesetzlicher Ermächtigungen, die zumindest in den Grundzügen die möglichen Grundrechtsbeschränkungen abgrenzen.[371]

112 Nicht um eine eigenständige Rechtsquelle handelt es sich beim sog. **Richterrecht** (→ Art. 20 Rn. 107). Soweit richterliche Rechtsfortbildung gegenüber den Anforderungen des Vorbehalts des Gesetzes und denen hinreichender Bestimmtheit (dazu → Art. 20 Rn. 120 f., → Art. 20 Rn. 128) generell möglich ist, wie zumal auf Grund einer Analogie,[372] ist damit eine ausreichende Rückführung auf das „Gesetz" gegeben.[373] Anderes gilt, soweit bei einzelnen Grundrechtsbestimmungen weitergehende Anforderungen bestehen.[374]

113 **Vorkonstitutionell erlassene Rechtsnormen** genügen grundsätzlich als „Gesetze", wenn sie nach den bei ihrer Entstehung maßgeblichen Normerzeugungsregeln zustande gekommen sind.[375] Entsprechend genügen auch vorkonstitutionell gültig entstandene Gewohnheitsrechtssätze.[376] Dagegen kann sich nachkonstitutionelles **Gewohnheitsrecht,** das den Grundrechtsgewährleistungssätzen wi-

---

[363] S. etwa BVerfGE 6, 290 (298); 91, 335 (338); 97, 350 (372 f.); 120, 180 (200), für Art. 8 EMRK; insbes. dazu kritisch *Payandeh* JuS 2009, 212 ff.

[364] Vgl. BVerfGE 55, 349 (362); für mittelbare Außenwirkungen *Elles* (Fn. 263), S. 152 ff., 174 ff.

[365] Dazu allgemein *P. M. Huber* (Fn. 294), S. 497 ff., 501 f.; für jüdische Gemeinden OVG Bln-Bbg LKV 2006, 39 ff.

[366] Zu Landesgesetzen BVerfGE 30, 256 (262).

[367] So etwa *Ossenbühl* HStR V, § 100 Rn. 9; *Janssen,* Über die Grenzen des legislativen Zugriffsrechts, 1990, S. 45; *Zippelius / Würtenberger,* § 45 Rn. 1.

[368] Näher *Sachs,* in: Stern, StaatsR III/2, S. 428 f., 431 ff. Vgl. auch *Hartmann,* Volksgesetzgebung und Grundrechte, 2005, insbes. S. 88 f.

[369] Vgl. → Art. 80 Rn. 23 ff.; → Art. 20 Rn. 127 f.; iÜ näher zu Rechtsverordnungen im Vorbehaltsbereich *ders.,* in: Stern, StaatsR III/2, S. 450 ff.

[370] Speziell hierzu näher *Papenfuß,* Die personellen Grenzen der Autonomie öffentlich-rechtlicher Körperschaften, 1991; auch *Axer,* Normsetzung der Exekutive in der Sozialversicherung, 2000, S. 199 ff. Zu besonderen Anforderungen für Regelungen mit weitergehenden Wirkungen BVerfGE 101, 312 (323 f.).

[371] Grundlegend BVerfGE 33, 125 (158 f.); ferner BVerfGE 94, 372 (390); 98, 49 (60); 101, 312 (322 f., 328 f.); 111, 191 (214 ff.); BVerfG NJW 2015, 394 Rn. 15; BVerwGE 148, 133 Rn. 26 f.; 148, 344 Rn. 14; *Ossenbühl* HStR V, § 105 Rn. 28 ff.; *Sachs,* in: Stern, StaatsR III/2, S. 453 ff. Zu weiteren Anforderungen an grundrechtsbeschränkende Satzungen BVerfG (K) NJW 2003, 344.

[372] Zu streng insoweit BVerfG (K) NJW 1996, 3146 mit kritischer Anm. *Schwabe* DVBl 1997, 352 f.

[373] Vgl. BVerfGE 82, 6 (11 f.); vgl. auch BVerfGE 87, 273 (279 f.); 98, 49 (59 f.); 108, 150 (160); 111, 147 (158 f.); 122, 248 (282 ff.) (abwM); offenlassend BVerfGE 116, 69 (82 ff.); näher *Sachs,* in: Stern, StaatsR III/2, S. 435 f. Ablehnend nur für Art. 104 I 1 BVerfGE 109, 190 (244, 253) (abwM).

[374] Vgl. zu Einweisungen in die Psychiatrie etwa BVerfG (K) DtZ 1995, 436 f.; für den Jugendstrafvollzug BVerfGE 116, 69 (82 ff.), zu den diesbezüglichen Sonderanforderungen allgemein → Art. 104 Rn. 10, auch → Art. 103 Rn. 63 f. für das Strafrecht.

[375] *Sachs,* in: Stern, StaatsR III/2, S. 437 ff.; partiell auflockernd allerdings BVerfGE 78, 179 (198 f.); dazu *Sachs* JuS 1989, 225 f.; grundsätzlich anders *Lerche* FS Helmrich, 1994, S. 57 (62 ff.); ferner → Art. 123 Rn. 11.

[376] Vgl. BVerfGE 9, 338 (343 f.); 15, 226 (233 f.); 22, 114 (121 f.); 28, 21 (28); 34, 293 (303); 36, 212 (216); 60, 215 (229 f.); allgemein für Gewohnheitsrecht BVerwG NJW 2011, 2530 Rn. 8; *Sachs,* in: Stern, StaatsR III/2, S. 442 f.;

derspricht, contra constitutionem nicht bilden; die Gesetzesvorbehalte können weder den ursprünglichen Verfassungsverstoß ausschließen, noch die zunächst verfassungswidrige Praxis später zu Recht erstarken lassen.[377]

**Außerdeutsche Rechtsnormen,** die in die innerstaatliche Rechtsordnung hineinwirken, sind **114** grds. auch als „Gesetze" für die Gesetzesvorbehalte ausreichend. Das gilt für unmittelbar verpflichtende allg. Regeln des Völkerrechts gem. Art. 25[378] ebenso wie für supranationale Normen gem. Art. 23, 24 I.[379] Zu beachten sind aber Qualifizierungen, wie in Art. 103 II, Art. 104 I 1.[380] Auch fremde Sachrechtsnormen, die auf Grund gesetzlicher Kollisionsregeln im Inland angewendet werden und insoweit den Grundrechten unterworfen sind, genügen in dieser Verbindung grundsätzlich, um einen Gesetzesvorbehalt auszufüllen.[381] Während an die Entstehung solcher ausländischen Normen nicht die Maßstäbe des GG anzulegen sind, müssen elementarste Minimalanforderungen einer demokratischen Gesetzgebung erfüllt sein.[382]

**3. Schlichte und qualifizierte Gesetzesvorbehalte. Schlichte Gesetzesvorbehalte** ermächti- **115** gen zu gesetzlichen Grundrechtsbeschränkungen ohne näher bestimmte Voraussetzungen. Ein Leerlauf der Grundrechte mit schlichten Gesetzesvorbehalten gegenüber dem Gesetzgeber wird (nur) durch die allgemeinen Anforderungen an Grundrechtsbeschränkungsregelungen (→ Rn. 134 f.) verhindert. Schlichte Gesetzesvorbehalte finden sich namentlich in Art. 2 I, 2 II 3, 10 II 1, 12 I 2, 14 I 2; hierher gehören der Sache nach ferner Art. 34 S. 1 („grundsätzlich"; dazu → Art. 34 Rn. 56) und gegenüber dem Altrecht befristet Art. 117 I.

**Qualifizierte Gesetzesvorbehalte** stellen an die zugelassenen Gesetze spezielle Anforderungen **116** unterschiedlicher Art. Sie können für den Inhalt des Gesetzes formelle (wie die sog. Richtervorbehalte[383] der Art. 2 II 3 iVm Art. 104 II 1, 2, III 1; Art. 13 II Hs. 1, III 1, 3, 4, IV 1, V 2) oder materielle Bedingungen (in personenbezogener, Art. 17a I, 137 I, oder in sachlicher Beziehung, zB Art. 11 II Hs. 1, Art. 13 III 2) vorsehen; sie können bestimmte Regelungssituationen (zB Art. 8 II) bzw. die Verfolgung bestimmter Zwecke (zB Art. 5 II 2. Alt., Art. 11 II Hs. 2) voraussetzen oder auch mehrere Anforderungen zugleich aufstellen (Art. 10 II 2 gegenüber Art. 19 IV). Selten ist die Anforderung der formellen Qualität des Gesetzes, wie vor allem in Art. 104 I 1.[384]

Die Gesetzesvorbehalte sehen zum Teil Einschränkungen (nur) unmittelbar **„durch Gesetz"** (heute **117** noch in Art. 14 I 2, 15 S. 1) oder (nur) mittelbar durch **„auf Grund eines Gesetzes"** erlassene Einzelakte der Verwaltungsbehörden oder Gerichte vor (so Art. 2 II 3, 6 III, 10 II 1, 13 III, 104 I 1); in anderen Fällen sind beide Möglichkeiten zugleich angesprochen (Art. 8 II, 14 III 1; nach dahin gehender Grundgesetzänderung auch Art. 11 II, 12 I 2). Aber auch bei einseitigen Formulierungen ist zu prüfen, ob wirklich eine (qualifizierende) Einengung der Einschränkungsmöglichkeiten anzunehmen ist.[385] Ein besonderes Verständnis ist bei Art. 16 I 2 („Verlust... auf Grund eines Gesetzes") erforderlich.[386]

---

ferner → Art. 123 Rn. 5; anders *Pieroth* Jura 2013, 248 (254); nicht eindeutig *Jarass,* in: Jarass/Pieroth, Art. 123 Rn. 9. Gegen jedes Gewohnheitsrecht bei Art. 104 I 1 zutreffend BVerfGE 109, 190 (244, 253) (abwM).

[377] Ausdrücklich ablehnend BVerfGE 22, 114 (212); 34, 293 (303); 76, 171 (188); ferner *Sachs,* in: Stern, StaatsR III/2, S. 443 f.; anders *Witthohn,* Gewohnheitsrecht als Eingriffsermächtigung, 1997; s. auch *Klose* RW 2017, 370 (400).

[378] Anders wohl → Art. 25 Rn. 46, aber auch enger → Art. 25 Rn. 49.

[379] Für durch deutsches Gesetz sanktionierte EG-Normen BVerfG (K) NJW 1983, 1258. S. ferner → Art. 23 Rn. 61, zum Vorrang des Unionsrechts im Allgemeinen.

[380] Vgl. insbesondere zu Art. 25 *Sachs,* in: Stern, StaatsR III/2, S. 439 f., 449 f.; allgemein → Art. 103 Rn. 63 ff., → Art. 104 Rn. 9.

[381] Vgl. insgesamt BVerfGE 31, 58 (72 ff.); auch 92, 26 (49 f.); *Damm,* Die Einwirkung der Grundrechte des Grundgesetzes auf das nach deutschem Internationalen Privatrecht anwendbare ausländische Sach- und Kollisionsrecht, 1993, S. 175 f. Zur Bedeutung der Grundrechte für die Anwendung ausländ. Rechts im Inland R. *Hofmann,* Grundrechte und grenzüberschreitende Sachverhalte, 1994, insbes. S. 115 ff.; auch *Ruthig,* in: Wolter/Riedel/Taupitz (Hrsg.), Einwirkungen der Grundrechte auf das Zivilrecht, Öffentliche Recht und Strafrecht, 1999, S. 271 (280 ff.).

[382] *Sachs,* in: Stern, StaatsR III/2, S. 442; für qualitative Anforderungen an menschenrechtsbeschränkende Gesetze im Sinne der EMRK auch EGMR (GK) NJW 2001, 1995 Nr. 36 ff.; *T. Schilling* AVR 44 (2006), 57 ff.

[383] Dazu (für Art. 13 II) ausführlich BVerfGE 139, 245 Rn. 55 ff.; (für Art. 13 III) BVerfGE 109, 279 (357 f.); von verfassungsrechtlich ausdrücklich vorgeschriebenen Richtervorbehalten sind solche zu unterscheiden, die unabhängig davon – zur Sicherung effektiven Grundrechtsschutzes bzw. der Verhältnismäßigkeit – gesetzlich begründet (und ggf. zu begründen) sind, vgl. etwa BVerfGE 120, 274 (331 ff.); 125, 260 (337 f.); 141, 220 Rn. 172 ff., 235; → Art. 19 Rn. 120a, → Art. 19 Rn. 140; → Art. 20 Rn. 162; vgl. auch *Schmidt-Aßmann* FS Schmidt-Jortzig, 2011, S. 433 ff.; *Voßkuhle* HGR V, § 131; *Weisser* DÖV 2014, 831 ff.; *Gusy* FS Paeffgen, 2015, 407 ff.

[384] Ausführlich zum Ganzen *Sachs,* in: Stern, StaatsR III/2, S. 460 ff.

[385] S. allgemein näher *Sachs,* in: Stern, StaatsR III/2, S. 479 ff.; zur fehlenden Bedeutung des Formulierungsunterschieds für die Frage der Notwendigkeit förmlicher Gesetzgebung → Rn. 107.

[386] Dazu *Sachs,* in: Stern, StaatsR III/2, S. 487 f.

### IV. Grundrechtsbegrenzungen außerhalb spezifischer Begrenzungsregelungen

118    **1. Die Frage ungeschriebener Grundrechtsgrenzen.** Durch den Verzicht auf allgemeine Begrenzungsklauseln, wie sie nach dem Vorbild älterer Landesverfassungen[387] der HChE vorgesehen hatte und jetzt Art. 52 EUGRCh festlegt,[388] entsteht das Problem, dass fehlende oder (zu eng) qualifizierte Gesetzesvorbehalte nicht die Rechtfertigung doch unumgänglicher Einschränkungen ermöglichen.[389] Dies lässt sich durch **einengende Bestimmung des Schutzgegenstandes** (→ Rn. 77a) nicht stets vermeiden. Auch können nur bei einzelnen Gewährleistungen institutioneller Prägung **integrierte Beschränkungsbefugnisse** angenommen werden;[390] Ausnahmen von der Grundrechtsgeltung sind mit Gegebenheiten der Entstehungszeit nicht überzeugend zu begründen.[391]

119    Von den frühen, primär nur an Freiheitsrechten orientierten **allgemeinen Lösungsmodellen** zu dieser Problematik konnte lange **keines recht befriedigen.**[392] Dies gilt für immanente Gemeinschaftsvorbehalte ebenso wie für die Berufung auf ein Notrecht des Staates, für den Ausschluss des Grundrechtsmissbrauchs wie für die Geltung der Schrankentrias des Art. 2 I GG für andere Grundrechtsbestimmungen.[393] Sie alle laufen auf eine Nivellierung der verschiedenen Beschränkungsmöglichkeiten hinaus, bei der die bewusst differenzierende Lösung des Grundgesetzes unberücksichtigt bliebe.[394] Dies ist unzulässig, auch wenn die unterschiedliche Gestaltung der Grundrechtsbegrenzungen systematisch nicht überzeugend gelungen ist.

120    **2. Grundrechtsbegrenzungen aus dem Verfassungsrecht im Übrigen.** Abweichungen von den Grundrechtsgewährleistungssätzen können wegen des Vorrangs der Verfassung (→ Art. 20 Rn. 95) nur auf Grund von ebenfalls der Verfassungsebene zugehörigen Begrenzungen gerechtfertigt werden. Das BVerfG nimmt deshalb (seit 1970) mit Recht an, dass **Grundrechtsbegrenzungen nur durch kollidierendes Verfassungsrecht** möglich sind.[395] Dieser Ansatz hat in Judikatur[396] und Schrifttum[397] weithin Zustimmung erfahren, bedarf aber gegenüber der Gefahr einer Auflösung der Grundrechtsgeltung durch unbegrenzte Abwägungspflichtigkeiten präzisierender Strukturierung.[398]

---

[387] Hervorzuheben ist Art. 98 S. 2 BayVerf: „Einschränkungen durch Gesetz sind nur zulässig, wenn die öffentliche Sicherheit, Sittlichkeit, Gesundheit und Wohlfahrt es zwingend erfordern"; s. im Übrigen *Sachs,* in: Stern, StaatsR III/2, S. 259 ff.

[388] Vgl. *Bühler,* Einschränkung von Grundrechten nach der Europäischen Grundrechtecharta, 2005; S. 223 ff.; *Eisner,* Die Schrankenregelung der Grundrechtecharta der Europäischen Union, 2005, S. 64 ff.; *Pietsch,* Das Schrankenregime der EU-Grundrechtecharta, 2005, S. 105 ff.; *Ibing,* Die Einschränkung der europäischen Grundrechte durch Gemeinschaftsrecht, 2006, S. 337 ff.; *Röder,* Der Gesetzesvorbehalt der Charta der Grundrechte der Union …, 2007; *Faßbender* NVwZ 2010, 1049 ff.; *Krämer,* in: Stern/Sachs, Art. 52 Rn. 30 ff.

[389] Näher *Sachs,* in: Stern, StaatsR III/2, S. 515 ff., insgesamt S. 225 ff., 493 ff.; *Papier* HGR III, § 64.

[390] Vgl. für Art. 6 I BVerfGE 31, 58 (70); 36, 146 (161 ff.); 62, 323 (330); 81, 1 (6); dazu → Art. 6 Rn. 23, → Art. 6 Rn. 31 ff.; allgemein *Sachs,* in: Stern, StaatsR III/2, S. 527 f.

[391] So aber zu Art. 5 I BVerfGE 124, 300 (327 ff.); kritisch etwa *Höfling/Augsberg* JZ 2010, 1088 ff.; s. auch → Art. 5 Rn. 143; → Art. 139 Rn. 5.

[392] Sehr weitgehende Postulate wieder bei *Merten* HGR III, § 60 Rn. 9 ff.

[393] Vgl. näher *Sachs,* in: Stern, StaatsR III/2, S. 528 ff.; *Stern* ebda, S. 661 ff.

[394] Ausdrücklich ablehnend deshalb BVerfGE 28, 243 (260 f.); 30, 173 (193).

[395] StRspr seit BVerfGE 28, 243 (260 f.); 30, 173 (193); s. etwa BVerfGE 100, 214 (223 f.); 103, 293 (306); 108, 282 (297); 124, 25 (36); 126, 1 (24 f.); 128, 1 (41); 135, 48 Rn. 95; 139, 19 Rn. 59, 53; 142, 74 Rn. 84; ferner BVerfG (K) NJW 2015, 542 Rn. 10; für die Grundsätze nach Art. 33 V BVerfGE 139, 64 Rn. 125; 140, 240 Rn. 108. Für die Unterscheidungsverbote nach frühen Ansätzen in BVerfGE 10, 59 (76, 80 ff.), definitiv BVerfGE 92, 91 (111 ff.), wo auch BVerfGE 74, 163 (180); 85, 191 (207), in die Kontinuität dieser Rechtsprechung einbezogen werden; bestätigend BVerfGE 114, 357 (368, 370 f.); vgl. auch BVerfGE 138, 296 Rn. 145. Zur Berücksichtigung kollidierenden Verfassungsrechts bei Gesetzesvorbehalten BVerfGE 134, 204 Rn. 68.

[396] S. etwa BVerwGE 37, 265 (267 ff.); 49, 202 (209); 83, 358 (365); 105, 73 (78 f.); 136, 54 Rn. 50; 141, 223 Rn. 26 ff.; 144, 195 Rn. 25, 33; 147, 362 Rn. 11 ff.; 147, 292 Rn. 27; auch 149, 194 Rn. 22; zu Art. 3 II BVerwG NVwZ 2003, 92 (93); BVerwGE 149, 1 Rn. 66, 71; BSGE 61, 159 (165); BGHSt 37, 55 (62); BGHZ 84, 237 (238); OVG NRW NWVBl 1994, 144 (146).

[397] Mit Nuancierungen im Detail *Zippelius/Würtenberger,* § 19 Rn. 48 ff.; *Hesse,* Grundzüge, Rn. 312; *Badura,* StaatsR, C Rn. 25; *Gallwas,* Grundrechte, Rn. 178 ff.; *Jarass,* in: Jarass/Pieroth, vor Art. 1 Rn. 38 f., 48 ff.; *v. Münch/ Kunig,* in: Münch/Kunig I, Vorb Art. 1–19 Rn. 41; *Hillgruber* HStR IX, § 201 Rn. 15 ff.; *Stern* ebda, § 109 Rn. 82; *H. Dreier,* in: Dreier I, vor Art. 1 Rn. 139 ff.; *Bethge* HGR III, § 72 Rn. 45 ff.; *Kloepfer,* VerfR II, § 51 Rn. 58 ff.; *Papier* HGR III, § 64 Rn. 17 ff.; *Michael/Morlok,* Rn. 711 ff.; *v. Arnauld* (Fn. 241), S. 114 ff.; skeptisch *Isensee* HStR II, § 15 Rn. 190; ebda, Bd. III¹, § 57 Rn. 125 ff.; *Kriele* ebda, Bd. V², § 110 Rn. 69 ff.; *Kingreen/ Poscher,* Rn. 380 ff.; *Hase* FS Isensee, 2007, S. 549 ff.; *Enders* FS Wahl, 2011, S. 283 ff.

[398] Ausführlich *Sachs,* in: Stern, StaatsR III/2, S. 550 ff., 571 ff.; auch *ders.* JuS 1995, 984 ff.; ferner etwa *Bamberger,* Verfassungswerte als Schranken vorbehaltloser Freiheitsgrundrechte, 1999; *Misera-Lang,* Dogmatische Grundlagen der Einschränkbarkeit vorbehaltloser Freiheitsrechte, 1999; *Terwiesche,* Die Begrenzung der Grundrechte durch objektives Verfassungsrecht, 1999; *M. Winkler,* Kollisionen verfassungsrechtlicher Schutznormen, 2000; restriktiv auch *Lenz,* Vorbehaltlose Freiheitsrechte, 2006.

**Bedenklich** ist es vor allem, als kollidierendes Verfassungsrecht formelhaft mit **Verfassungsrang**  **121** **ausgestattete Rechtswerte,** Gemeinschaftsgüter oÄ heranzuziehen, die auf Grund pauschaler Betrachtungen postuliert werden.[399] Vielmehr ist der Rückgriff auf konkrete normative Aussagen des GG geboten. Dies hat auch das BVerfG nach der Kritik eines Sondervotums gelegentlich ausdrücklich betont, aber kaum hinreichend beherzigt.[400]

Der für die grundrechtsbegrenzende Wirkung erforderliche **Normkonflikt** setzt voraus, dass  **122** Grundrechtsgewährleistungssatz und begrenzende Verfassungsnorm dieselbe Materie so regeln, dass beide nicht zugleich gelten können.[401] Der Normwiderspruch muss ferner **unvermeidlich** sein. Das ist zumal dann der Fall, wenn es unmöglich ist, beiden Verfassungsnormen gleichzeitig zu genügen,[402] wobei der Widerspruch bei **realistischer Einschätzung der Tatumstände** bestehen muss.[403] Für einen Normwiderspruch reicht es auch, wenn eine Verfassungsnorm die Abweichung von einer anderen zulässt.[404]

Als **Grundlagen der Konfliktlösung** zieht das BVerfG – oft nebeneinander – die „**Einheit der**  **123** **Verfassung**"[405] (→ Einf Rn. 50) und die „Wertordnung" des GG[406] heran. Erstere bezeichnet indes nur die Aufgabe, rechtslogisch nicht hinnehmbare Normwidersprüche auszuräumen, Maßstäbe liefert sie nicht.[407] Die „**Wertordnung**" des GG ist bis heute nicht zu einer „Wertrangordnung" entwickelt worden, nach der Vorrangrelationen zwischen Verfassungsnormen zu definieren wären;[408] allenfalls für Art. 1 I scheint das BVerfG einen absoluten Vorrang annehmen zu wollen,[409] nicht aber für den nicht abschließend bestimmten Kreis sonstiger „Höchstwerte".[410]

Im Übrigen trifft das BVerfG seine Vorrangentscheidungen nicht für das Verhältnis von Ver-  **124** fassungsgehalten im Allgemeinen, sondern nur für die jeweilige Problematik. Das **Mittel der Konfliktlösung** soll die – in ihrer strukturellen Offenheit für kaum vorhersehbare Ergebnisse problematische (→ Einf Rn. 50; auch → Rn. 135) – **Abwägung**,[411] ihr **Ziel** die (auch im Rahmen von Gesetzesvorbehalten anzustrebende)[412] Herstellung **praktischer Konkordanz**[413] sein. Diese sucht den „verhältnismäßige(n) Ausgleich der gegenläufigen, gleichermaßen verfassungsrechtlich geschützten Interessen mit dem Ziele ihrer Optimierung …".[414] Ähnliches bestimmte schon § 97 Einl prALR, wonach bei Kollision gleich starker Rechte „jeder der Berechtigten von dem seinen so viel nachgeben (muss), als erforderlich ist, damit die Ausübung beyder zugleich bestehen könne".

[399] So etwa BVerfGE 28, 243 (261); 33, 23 (32); 33, 52 (71); 47, 327 (369); 49, 24 (55 f.); 57, 70 (99); 83, 130 (139). Wie hier kritisch etwa *Enders,* in: Friauf/Höfling, vor Art. 1 (2000) Rn. 116; *Camilo de Oliveira* (Fn. 240), S. 173 ff., 186 ff.

[400] S. nach BVerfGE 69, 1, 57 (60 ff.) (abwM), namentlich BVerfGE 77, 240 (255); 81, 278 (293); BVerfG (K) NJW 2008, 2568 (2569); näher *Sachs,* in: Stern, StaatsR III/2, S. 552 ff.; sehr extensiv die Begrenzung der Kunstfreiheit gegenüber Staatssymbolen aufgrund von Art. 22 in BVerfGE 81, 278 (293 f.); 81, 298 (308); bedenklich auch BVerfGE 124, 25 (37), zur Begrenzung des Art. 9 I durch das Sozialstaatsprinzip; ganz vage BVerfGE 135, 48 Rn. 95, für aufenthaltsrechtliche Steuerungszwecke gegenüber Art. 6 II.

[401] Näher *Fohmann* EuGRZ 1985, 49 (59 f.); *Sachs,* in: Stern, StaatsR III/2, S. 556 ff.

[402] So wohl auch BVerfGE 79, 69 (76); vgl. auch *Brugger* AöR 119 (1994), 1 (25).

[403] BVerfGE 77, 240 (255); 81, 278 (293); bedenklich BVerfGE 28, 243 (261).

[404] *Sachs,* in: Stern, StaatsR IV/2, S. 1679 f. (ablehnend für Art. 3 II 2 gegenüber Art. 3 III 1); aA *Camilo de Oliveira* (Fn. 240), S. 316.

[405] BVerfGE 19, 206 (220); 28, 243 (261); 33, 23 (29); 44, 37 (49 f.); 52, 223 (246 f.); 107, 104 (118); 148, 296 Rn. 139.

[406] BVerfGE 30, 173 (193); 32, 98 (108); 33, 23 (29); 47, 327 (369); 107, 104 (118); auch → Rn. 66; gegen den Rückgriff auf die Wertordnung hier *Rensmann* (Fn. 191), S. 138 ff.

[407] So auch BVerfGE 69, 1, 57 (62 f.) (abwM).

[408] Vgl. aber die Ansätze in BVerfGE 7, 198 (215); kritisch *Sachs,* in: Stern, StaatsR III/2, S. 562 f.; auch → Rn. 66; *E. Klein* FS Benda, 1995, S. 135 (139 ff., 147 f.); für Gleichwertigkeit aller Grundrechte auch *P. Kirchhof* HStR IX¹, § 221 Rn. 102 ff.

[409] BVerfGE 107, 275 (283 f.); BVerfG (K) NJW 2009, 3503 (3504); für „den höchsten Rechtswert" BVerfGE 140, 317 Rn. 49; s. auch → Fn. 426; näher → Art. 1 Rn. 11 f.

[410] So soll das Leben „einen Höchstwert" des GG darstellen, s. BVerfGE 115, 25 (45); 115, 118 (139); BVerfG (K) NJW 2014, 2176 Rn. 11 (Hervorhebung zugefügt), jedoch nicht zwingend den Vorrang vor anderen Grundrechten haben, vgl. ausdrücklich BVerfGE 88, 203 (253 f.); *Sachs,* in: Stern, StaatsR IV/1, S. 156 ff., 163 f.

[411] BVerfGE 28, 243 (261); 30, 173 (195); 47, 327 (369 f.); 49, 24 (56); 81, 278 (293); 119, 1 (26 ff.); BVerfG (K) NJW 2009, 3151 und die folgenden Fn.; zur Abwägung von Grundrechten ferner *Jansen* Staat 36 (1997), 27 ff.; *Berka* GS Walter, 2013, S. 35 ff.; für die Verhältnismäßigkeit → Art. 20 Rn. 155; kritisch zur Abwägungslehre etwa *Jestaedt* FS Isensee, 2007, S. 253 ff.; *Camilo de Oliveira* (Fn. 240).

[412] Vgl. etwa BVerfGE 115, 205 (240); 129, 78 (101 f.); 134, 204 Rn. 68.

[413] BVerfGE 41, 29 (51); 122, 89 (107); 136, 338 Rn. 65; 137, 185 Rn. 185; 137, 273 Rn. 124; 139, 64 Rn. 125; 142, 74 Rn. 82; 148, 296 Rn. 139; s. auch BVerwGE 120, 73 (77 ff., 83 ff.); grundlegend *Hesse,* Grundzüge, Rn. 72, 317 f.; ablehnend etwa *Cremer* FS Jarass, 2015, 175 ff.; zur Anwendung *Kalenborn* JA 2016, 6 ff.; befürwortend *Schladebach* Staat 53 (2014), 263 ff.; *Lübbe-Wolff* FS Kirchberg, 2017, S. 143 ff.

[414] So zB BVerfGE 81, 278 (292); BVerfG (K) NJW 2008, 2568 (2569); zum Ganzen ausführlich *Stern,* StaatsR III/2, S. 625 ff., 656 f.; *Hillgruber* HStR IX, § 201 Rn. 3 ff.

**125**    Die aus dem Verfassungsrecht abgeleiteten **Begrenzungen** werden in aller Regel[415] nicht quasi-tatbestandlich (→ Rn. 77a, → Rn. 100),[416] sondern – zur Bewahrung grundrechtlicher Substanz (→ Rn. 98) – **wie Gesetzesvorbehalte wirksam,**[417] die dadurch qualifiziert sind, dass Beschränkungen nur zur Wahrung des kollidierenden Verfassungsrechts zulässig sind. Eine gesetzliche Grundlage ist für Grundrechtsbeschränkungen schon auf Grund des Vorbehalts des Gesetzes (dazu → Art. 20 Rn. 113 ff.) auch dann unerlässlich, wenn kein Gesetzesvorbehalt eingreift.[418]

**126**    In der **Judikatur des BVerfG,** das ohne ausdrückliche Differenzierung verschiedene Modelle für die Abwägung verwendet,[419] wird diese Struktur der Begrenzungswirkung nicht immer deutlich,[420] weil offenbar die Anerkennung (so) ungeschriebener Gesetzesvorbehalte, auf die das Modell der Sache nach hinausläuft, ungern ausgesprochen wird.[421] Vor allem wird nicht konsequent **zwischen der Begrenzung** des grundrechtlichen Geltungsanspruchs auf der Maßstabsebene des Verfassungsrechts **und der Einschränkung** der grundrechtlichen Schutzgegenstände durch die grundrechtsgebundene Staatsgewalt **unterschieden** (dazu → Rn. 96).

**127**    Aus dieser Unklarheit ergeben sich zusätzliche Zweifel über die **Zuordnung der Abwägungskompetenzen** und die Ebene der Abwägung. Bei der Feststellung grundrechtsbegrenzender Wirkungen anderer Verfassungsbestimmungen auf der Maßstabsebene und der dazu erforderlichen Abwägung geht es allein um die Klärung der Bedeutung der Bestimmungen des Verfassungsrechts; diese ist letztverbindlich dem **BVerfG** aufgegeben.

**128**    Soweit die Verfassung für einschränkende Rechtsetzung gegenüber vorbehaltlosen Grundrechtsgarantien Raum lässt, hat der **Gesetzgeber** – wie bei Gesetzesvorbehalten – die Aufgabe, die von seiner Regelung berührten Belange unter Verhältnismäßigkeitsaspekten generell abzuwägen (→ Rn. 135);[422] er unterliegt dabei allerdings der Kontrolle des BVerfG auf Einhaltung der Maßstäbe des Grundgesetzes. Lassen sich auf Gesetzesebene keine abschließenden Abwägungsergebnisse formulieren, kann und muss der Gesetzgeber die Abwägung auf die Einzelfallentscheidung verlagern, die dann (nur) insoweit Aufgabe der gleichfalls verfassungsgerichtlich kontrollierten **Behörden und Gerichte** ist.[423]

**129**    Als **Grundlage der Begrenzungswirkung** spielen Grundrechtsbestimmungen eine herausgehobene Rolle. Sonst im Rahmen der Gesetzesvorbehalte aufzuhebende,[424] bei deren Fehlen in spezifischer Weise problematische **Grundrechtskollisionen**[425] können sich nur ergeben, wenn Grundrechtsbestimmungen normative Gehalte besitzen, die strukturell in Gegensatz zu den abwehrrechtlichen Eingriffsverboten treten, wie zumal bei Schutzpflichten (→ Rn. 35 ff.). Als nur objektiv-rechtliche Gehalte sind sie freilich nur in Ausnahmefällen verdichteter normativer Wirkungen geeignet, die strikt verbindlichen Abwehrrechtsgehalte des zu begrenzenden Grundrechts zurückzudrängen.[426] Auch dann bleiben für in Erfüllung der Schutzpflicht vorzunehmende Einschränkungen Dritter gesetzliche Grundlagen unerlässlich (→ Rn. 125). Das BVerfG lässt gesetzliche Einschränkungen auch über das durch Schutzpflichten zwingend gebotene Maß hinaus zu,[427] solange (ggf. auch bei der

---

[415] So BVerfGE 148, 296 Rn. 139 (anders nur, wenn „zweifelsfrei"); anders etwa BVerfGE 108, 370 (388 f.), wonach Art. 12 I im Anwendungsbereich des Art. 143b II „verdrängt" ist und „nicht gilt", so dass die dort zugelassenen Gesetze die Berufsfreiheit nicht berühren. Gegen eine entsprechende Wirkung von Art. 14 I GG gegenüber Art. 2 I GG BVerwGE 159, 337 Rn. 39, im Anschluss an BVerfGE 80, 137 (152). S. aus anderem Blickwinkel auch → Fn. 243.

[416] Dafür in erheblichem Umfang *Muckel* FS Schiedermair, 2001, S. 347 ff.; enger *T. Stemmler* (Fn. 240); für Dienstpflichten von Beamten BVerfGE 108, 282 (314, 336 f.) (abwM); für die Landesverteidigung *Schulte-Bunert* (Fn. 37), S. 149 ff.; für den Umweltschutz *Bruch* (o. Fn. 233).

[417] Vgl. in diesem Sinne *Badura*, StaatsR, C Rn. 25; *Kloepfer*, VerfR II, § 51 Rn. 68; näher *Sachs*, in: Stern, StaatsR III/2, S. 570 f.; ferner etwa *Bumke* (Fn. 340), insbesondere S. 148 ff., 171 ff.; *Schaefer*, Grundlegung einer ordoliberalen Verfassungstheorie, 2007, insbes. S. 130 ff.

[418] BVerfGE 108, 282 (297); 128, 1 (41); 139, 19 Rn. 59 f.; BVerfG (K) NVwZ 2019, 1760 Rn. 18; BVerwGE 141, 223 Rn. 26 ff.

[419] S. näher *Sachs*, in: Stern, StaatsR III/2, S. 563 ff.

[420] Für Entbehrlichkeit einer legislatoris interpositio sogar *Böckenförde* Staat 42 (2003), 165 (169).

[421] Klar dafür etwa BVerfGE 83, 130 (142); 107, 104 (120); 111, 147 (157 f.); „grundsätzlich" BVerfGE 122, 89 (107 f.); 126, 1 (24); 128, 1 (41).

[422] Für die ganz parallele Behandlung von Grundrechten mit und ohne Gesetzesvorbehalt etwa BVerfGE 128, 1 (41 f., 57 f., 67 f., im Ergebnis auch 85 f.). Für grundrechtsrelevante Organisationsregelungen, allgemein → Rn. 34, bei kollidierendem Verfassungsrecht etwa BVerfG (K) NVwZ 2003, 600 f.; BVerwGE 149, 194 Rn. 21 ff.

[423] Vgl. etwa BVerfGE 119, 1 (22 f.); 134, 204 Rn. 69; 142, 74 Rn. 65 ff.

[424] Vgl. allgemein *Stern*, StaatsR III/2, S. 603 ff., 618 f.

[425] Hierzu *Rüfner* FG BVerfG II, 1976, S. 453 ff.; *Bethge,* Zur Problematik von Grundrechtskollisionen, 1977, S. 263 ff.; *ders.* HGR III, § 72; *Stern*, StaatsR III/2, S. 602 ff.; ferner etwa *Britz* Staat 42 (2003), 33 ff.; zum Schweizer Recht *Martin,* Grundrechtskollisionen, 2007; zu Österreich *Heißl,* Grundrechtskollisionen, 2016.

[426] Für eine absolute Grenze an der Menschenwürde von Schutzmaßnahmen Betroffener BVerfGE 115, 118 (159 f.); dagegen *Vosgerau* AöR 133 (2008), 346 ff.; s. auch → Rn. 35, → Rn. 123; → Art. 1 Rn. 22; → Art. 2 Rn. 182a; zur Unzulässigkeit schwerwiegender Beeinträchtigungen des Persönlichkeitsrechts durch künstlerische Betätigung BVerfGE 119, 1 (26 f.); kritisch etwa *Vosgerau* Staat 48 (2009) 107 ff. Wohl allgemein ablehnend *Camilo de Oliveira* (Fn. 240), S. 192 ff.

[427] Ausdrücklich etwa BVerfGE 134, 204 Rn. 70; 138, 377 Rn. 52.

Gesetzesanwendung) ein angemessener Ausgleich der gegenläufigen Grundrechtsinteressen möglich ist.[428]

Bei **anderen Verfassungsbestimmungen** kann die **Eignung zur Grundrechtsbegrenzung** von 130 vornherein fraglich sein. So kommen die **Verfassungsstrukturprinzipien** des Art. 20 I–III hierfür angesichts ihrer hohen Abstraktionsstufe nur ausnahmsweise in Betracht.[429] Auch beim Rückgriff auf den Schutz der **freiheitlichen demokratischen Grundordnung**[430] ist angesichts der sorgsam begrenzten Einzelbefugnisse, die das GG dafür ausdrücklich vorsieht, größte Zurückhaltung geboten.[431]

Bei entsprechender Grundlegung im Grundgesetz kann auch den (früher:) **sog. besonderen Ge-** 131 **waltverhältnissen,**[432] allerdings nur unter den allgemein maßgeblichen Bedingungen (→ Rn. 120 ff.), heute noch grundrechtsbegrenzende Bedeutung zugunsten gesetzlicher Regelungsmöglichkeiten zukommen.[433] Aus der Verankerung eines Dienstverhältnisses im Grundgesetz mit dessen impliziter Funktionstauglichkeit ist nicht zu schließen, dass dafür notwendige Einschränkungen kein besonderes Gesetz erfordern.[434]

Strittig ist die Begrenzungstauglichkeit **bundesstaatlicher Kompetenzbestimmungen.**[435] Diese 132 sind in ihrer primären Rechtswirkung in der Tat nicht auf Grundrechtsbegrenzung ausgerichtet; ob Bund oder Länder die Kompetenz für bestimmte Staatsaufgaben besitzen sollen, bedeutet für die Bindung an die Grundrechte, die ja beide gleichermaßen trifft, an sich gar nichts. Doch können auf Grundrechtsbegrenzung ausgerichtete Zusatzgehalte einzelner Kompetenzbestimmungen bei Vorliegen besonderer Anhaltspunkte (und nur dann) nicht ausgeschlossen werden, wie bei einem zusätzlichen Auftragsgehalt der Kompetenznorm oder bei dem erkennbaren Ziel der Legitimation von Grundrechtsbeeinträchtigungen. So mag man aufgrund von Art. 24 II, 25, 26, 115a ff. sogar an einen Ausschluss der Grundrechtsbindung völkerrechtskonformer Kriegshandlungen denken können.[436]

Auch anderen Kategorien von **Verfassungsbestimmungen** ist nicht von vornherein allgemein die 133 **Eignung zur Grundrechtsbegrenzung** abzusprechen; Maßstab ist vielmehr, ob ein solcher zusätzlicher Normgehalt bei einzelnen Bestimmungen hinreichend zum Ausdruck kommt.[437] Entsprechende Wirkungen kommen namentlich in Betracht bei Staatsaufgabenbestimmungen[438] und Festlegungen sog. Staatsziele.[439] Vereinzelt sind sie für Bestimmungen zur Verteilung der Organkompetenzen[440] und

---

[428] BVerfGE 142, 74 Rn. 65 ff.

[429] Allgemein ablehnend auch *Wendt* AöR 104 (1979), 414 (435); *Waechter* Staat 30 (1991), 19 (31); ausführlich *Sachs,* in: Stern, StaatsR III/2, S. 574 ff.; etwa BAGE 113, 230 (234 f.).

[430] Vgl. BVerfGE 33, 52 (71); 46, 43 (52) (zu Art. 12 I); später aber einschränkend BVerfGE 77, 240 (255); 81, 278 (293); 81, 298 (307 f.).

[431] *Sachs,* in: Stern, StaatsR III/2, S. 575 f.; s. auch BVerfGE 111, 147 (158).

[432] Dazu allgemein *Loschelder,* Vom besonderen Gewaltverhältnis zur öffentlich-rechtlichen Sonderbindung, 1982; *Wenninger,* Geschichte der Lehre vom besonderen Gewaltverhältnis, 1982; *Merten* (Hrsg.), Das besondere Gewaltverhältnis, 1985; auch *Schwabe* FS Quaritsch, 2000, S. 333 ff.; *Graf v. Kielmansegg* JA 2012, 881 ff. Zur Grundrechtsbegrenzung durch Art. 33 V etwa BVerfG (K) NJW 2008, 2568 (2569).

[433] *Stern,* StaatsR III/1, S. 1376 ff.; *Loschelder* HStR IX, § 202; *Sachs,* in: Stern, StaatsR III/2, S. 588 ff.; *Merten* HGR III, § 60 Rn. 86; ausführlich *Peine* HGR III, § 65; mit Differenzierungen *Graf v. Kielmansegg,* Grundrechte im Näheverhältnis, 2012, S. 289 ff., 487 ff. Die Notwendigkeit einer gesetzl. Grundlage jeder Einschränkung ist seit BVerfGE 33, 1 (9 f.), weithin anerkannt; zum Jugendstrafvollzug wieder BVerfGE 116, 69 (80 f.); zum Kopftuchverbot für Lehrerinnen BVerfGE 108, 282 (306 ff.), mit kritischer abwM; demgegenüber *Sachs* NWVBl 2004, 209 ff.; zum Schulverhältnis *Wißmann* RdJB 2003, 179 ff.; für Soldaten TDG Süd NVwZ-RR 2006, 126 (127 f.); bedenklich zu Art. 87a BVerwG NVwZ 1996, 474.

[434] Für die Notwendigkeit gesetzlicher Regelungen im Beamtenverhältnis BVerfGE 139, 19 Rn. 57.

[435] Dafür etwa BVerfGE 28, 243 (261); 32, 40 (46); 53, 30 (56); 77, 170 (221); für eine dahingehende hM *Heun* JZ 2002, 517 (523); krit. BVerfGE 69, 1, 57 (59, 60) (abwM); *Pieroth* AöR 114 (1989), 422 (445 ff.); *Selk* JuS 1990, 895 ff.; *Sachs,* in: Stern, StaatsR III/2, S. 582 ff.; *Stern* ebda, S. 683 ff.; *Kloepfer,* VerfR II, § 51 Rn. 65 f.

[436] Die Grundrechtsbindung im Krieg (jedenfalls gegenüber feindlichen Soldaten) ganz zu leugnen, so *Isensee* HStR V², § 115 Rn. 90 Fn. 201, überzeugt nicht, eher ist an eine Begrenzung (als verfassungsunmittelbare Zulassung kriegsvölkerrechtskonformen Handelns) zu denken. S. auch BVerfGE 115, 118 (153, 157) zur Grundrechtsbindung von Streitkräfteeinsätzen (nur?) nichtkriegerischer Art.

[437] S. im Überblick *Sachs,* in: Stern, StaatsR III/2, S. 593 ff. Restriktiv zur Begrenzungswirkung des Wehrverfassungsrechts gegenüber der Gewissensfreiheit BVerwGE 127, 302 (362 ff.).

[438] ZB aus Art. 7 I gegenüber Art. 6 II, BVerfGE 34, 165 (183); 41, 29 (44); 47, 46 (74 ff.); 53, 185 (195 ff.); 93, 1 (21) (primär gegenüber Art. 4 I, dazu auch BVerfGE 138, 296 Rn. 98, 108), sowie gegenüber Art. 7 IV, BVerfGE 27, 195 (201); zur Aufgabe der Sicherung des Rechtsfriedens durch Strafrecht BVerfGE 107, 104 (118 f.); vgl. auch BVerfGE 37, 314 (319); 75, 40 (61 ff.); dazu → Art. 6 Rn. 76; → Art. 7 Rn. 35 ff. Zur (wohl quasitatbestandlich wirksamen) Begrenzung der Berufsfreiheit durch die staatl. Ämterorganisation s. etwa BVerfGE 7, 377 (397 f.); 11, 30 (39); 39, 334 (369); 73, 301 (315); kritisch *Scholz,* in: Maunz/Dürig, Art. 12 (2006) Rn. 217 ff.; dazu → Art. 12 Rn. 55 ff.

[439] Allgemein *Sommermann* (Fn. 119), S. 421 ff.; zu Umwelt- und Tierschutz → Art. 20a Rn. 72.

[440] Zu Art. 60 II gegenüber Art. 19 IV insbesondere BVerfGE 25, 352 (361 ff.); dazu → Art. 60 Rn. 15; auch → Art. 19 Rn. 119.

für solche über die Stellung der Verfassungsorgane[441] angenommen worden. Als Grundrechtsbegrenzung stellt sich auch die Verleihung von Befugnissen zur Grundrechtseinschränkung an nicht-staatliche Stellen im Grundgesetz dar.[442] Schließlich können spezielle Grundrechtsbegrenzungsbestimmungen zusätzliche Begrenzungsgehalte beinhalten.[443]

## J. Anforderungen an Grundrechtsbeschränkungen

134   Unabhängig von speziellen Anforderungen für einzelne Grundrechte, wie vor allem[444] bei den qualifizierten Gesetzesvorbehalten (→ Rn. 116), kennt das GG[445] **allgemeine Anforderungen,** die für alle **Grundrechtseinschränkungen** oder doch für solche auf Grund von Gesetzesvorbehalten gelten[446] (oft sog. „Schranken-Schranken").[447] Ausdrücklich sind in **Art. 19 I und II** Einzelfallgesetzverbot, Zitiergebot und die Garantie des Wesensgehalts (→ Art. 19 Rn. 8 f., → Art. 19 Rn. 13 ff., → Art. 19 Rn. 33 ff.) vorgesehen. Weitere Anforderungen ergeben sich zumal **aus dem Rechtsstaatsprinzip.**

135   Überragende Bedeutung hat neben dem Vorbehalt des Gesetzes (→ Rn. 125) insoweit der Grundsatz der **Verhältnismäßigkeit** (→ Art. 20 Rn. 145 ff.), der die zentrale materielle Hürde[448] für grundsätzlich[449] alle Grundrechtseinschränkungen darstellt[450] und auch die Verringerung schützender Absicherungen erfasst.[451] Die bei Anwendung des Grundsatzes notwendig werdenden, strukturell nicht hinreichend festzulegenden Abwägungen (→ Einf Rn. 50; → Rn. 124 ff.) bedingen freilich erhebliche Unsicherheiten der Beurteilung.[452] Dies gilt umso mehr, als bei Grundrechtskollisionen die Verhältnismäßigkeitsprüfung nicht allein aus der Perspektive des eingeschränkten Grundrechts erfolgen, sondern sich auf den Ausgleich zwischen gleichberechtigten Grundrechtsträgern beziehen soll.[453] Besonders wichtig sind ferner der **Bestimmtheitsgrundsatz** und der **Vertrauensschutz** (→ Art. 20 Rn. 126 ff., → Art. 20 Rn. 131 ff.). Überhaupt verletzen grundrechtsbeschränkende Gesetze (→ Rn. 106 ff.) das betroffene Grundrecht nur dann nicht, wenn sie **in jeder Hinsicht** formell und materiell **der Verfassung entsprechen,**[454] also auch keine Grundrechte Dritter verletzen.[455] Durch oder aufgrund unionsrechtswidrige(r) deutsche(r) Gesetze werden Grundrechte nicht wirksam eingeschränkt.[456]

---

[441] Vgl. zur Regierung BVerfG (K) NJW 1989, 3269; BVerwGE 82, 76 (83); 90, 112 (123 ff.); BVerwG NVwZ 1994, 162; zur Funktionsfähigkeit des Parlaments s. BVerfGE 1, 208 (248 f.); 82, 322 (338) zur Rechtfertigung der 5 %-Klausel; dazu → Art. 38 Rn. 99.

[442] Zur Kirchensteuer etwa BVerfGE 44, 59 (67 f.); dazu → Art. 140 GG/Art. 137 WRV Rn. 32 ff.

[443] Zu einem allgemeinen Friedensgebot zumal aus Art. 26 BVerfGE 47, 327 (366, 382 f.); kritisch *Doehring* HStR VII¹, § 178 Rn. 41 f.; dem folgend → Art. 26 Rn. 7.

[444] Vgl. unabhängig davon etwa zu Art. 10 BVerfGE 100, 313 (359), wobei allerdings spezifische Ausprägungen der allgemeinen Anforderungen oder zusätzliche Wirkungsdimensionen neben dem Abwehrrecht vorliegen können, so deutlicher in BVerfGE 65, 1 (44 ff.).

[445] S. rechtsvergleichend *Weiß* (Fn. 354), S. 113 ff.; *Bühler* (Fn. 388).

[446] Dazu insgesamt etwa *Stern*, StaatsR III/2, S. 691 ff.; *Kokott* HGR I, § 22 Rn. 70 ff.

[447] Der unschöne, aber prägnante Begriff geht wohl zurück auf *Bettermann* (Fn. 340), S. 5; dazu auch *Stern*, StaatsR III/2, S. 711; *Kingreen/Poscher*, Rn. 326 ff.

[448] Zur Behandlung von Verfahrensanforderungen → Art. 20 Rn. 149 und hier → Rn. 34.

[449] Abweichend zur Wehrpflicht BVerfGE 12, 45 (52); 105, 61 (71); für eine (restriktive) Verhältnismäßigkeitsprüfung etwa *Tetzlaff*, Vom (un)möglichen Zustand des Wehrpflichtrechts, 2009, S. 239 ff.

[450] Dazu *Stern*, StaatsR III/2, S. 762 ff., insbes. 785 ff.; *Huster*, Rechte und Ziele, 1993, S. 67 ff.; für notwendige Verbindung *Alexy* FS Schmidt-Jortzig, 2011, S. 3 ff.; dagegen zur Angemessenheit für Grundrechte mit Gesetzesvorbehalt *Raue* AöR 131 (2006), 79 ff. Ausdrücklich für Verhältnismäßigkeit von Grundrechtseingriffen namentlich Art. 5 II 1 BbgVerf, Art. 20 II 1 LSAVerf, Art. 42 IV 1 ThürVerf, ebenso Art. 52 I 2 EUGRCh.

[451] BVerfGE 130, 76 (117), zu Ausnahmen vom Funktionsvorbehalt des Art. 33 IV GG.

[452] Vgl. zur Bewertung etwa *Sieckmann* Staat 41 (2002), 385 ff.; *Ladeur*, Kritik der Abwägung in der Grundrechtsdogmatik, 2004, S. 12 ff., 19 ff.; *Hwang* AöR 133 (2008), 606 ff.; *Klatt* (Hrsg.), Prinzipientheorie und Theorie der Abwägung, 2013; *Tschentscher*, in: Pünder/Waldhoff (Hrsg.), Debates in German Public Law, 2014, S. 43 ff.; international etwa *Barak*, Proportionality, 2012; *Smet*, Resolving Conflicts between Human Rights, 2017.

[453] BVerfGE 142, 74 Rn. 65 ff.; auch schon → Rn. 124; trotz entsprechenden Ansatzes für eine ganz am Verbraucherschutz orientierte Verhältnismäßigkeitsprüfung BVerfGE 142, 268 Rn. 63 ff.

[454] Vgl. zunächst für Art. 2 I BVerfGE 6, 32 (37 f., 41), dann auch für die speziellen Grundrechte; näher hierzu *Alexy* (Fn. 185), S. 346 ff.; *Bethge* FS Isensee, 2007, S. 613 ff.; für eine Behandlung bei Art. 2 I auch bei Beschränkung anderer Grundrechte noch *Stern*, StaatsR IV/1, S. 921 f.; wohl offen *Russel Varga*, Strukturanalyse der „Elfes-Konstruktion", 2018. Restriktiv *Frotz*, Die Reichweite des grundrechtlichen Abwehranspruchs, 2006.

[455] So etwa BVerfGE 85, 191 (206); 109, 64 (89 ff.); auch BVerfGE 61, 82 (112 f.); jedenfalls für Art. 1 I BVerfGE 96, 375 (398); für Defizite bei der Gewährleistung der Rundfunkfreiheit BVerfGE 114, 371 (394); nicht eindeutig BVerfGE 116, 24 (59); wie hier etwa *Breckwoldt*, Grundrechtskombinationen, 2015, S. 191 ff.; anders *Alexy* (Fn. 185), S. 349 ff.; *Kube* DVBl 2005, 721 ff.; *Frotz* (Fn. 454), S. 191 ff.; für Ausländer bei Deutschengrundrechten *Lenz* RW 2016, 149 (168 f.); zurückhaltend *Löwer* HStR III, § 79 Rn. 190; *Bethge* HStR IX, § 203 Rn. 15. Wie im Text bei Verletzung des Vertrauensschutzes anderer BVerwGE 136, 126 Rn. 21.

[456] Zumindest irreführend BVerfG (K) NJW 2016, 2401 Rn. 23; dazu → Art. 20 Rn. 108.

## K. Grundrechtskonkurrenzen

Bei Grundrechtskonkurrenzen[457] sind für einen Sachverhalt mehrere Grundrechtsbestimmungen **136** zugunsten desselben Berechtigten[458] einschlägig. Setzt eine der passenden Grundrechtsbestimmungen neben sonstigen Kriterien stets auch alle Tatbestandsmerkmale der anderen voraus, verdrängt sie diese grundsätzlich als **lex specialis**.[459] Sonst sind mehrere tatbestandlich passende Grundrechte regelmäßig **nebeneinander anwendbar**.[460] Das Zusammentreffen mehrerer Grundrechtsbeeinträchtigungen kann zu erhöhten Anforderungen, insbesondere an die Verhältnismäßigkeit, führen.[461] Nicht abschließend geklärt ist die Behandlung von Grundrechtsverbindungen (wie beim allgemeinen Persönlichkeitsrecht, → Art. 2 Rn. 60 ff.), wie sie in meist nicht unbedenklicher Weise verbreitet angenommen werden.[462]

Probleme ergeben sich bei **Verschiedenheit** der jeweils zugehörigen **Begrenzungsbestimmun-** **137** **gen.** Grundsätzlich ist für jede Grundrechtsbestimmung die Rechtfertigung anhand ihrer spezifischen Begrenzungen vorzunehmen; damit kommt es insgesamt schon dann zu einer Grundrechtsverletzung, wenn bei dem Grundrecht mit den engsten Begrenzungen die Beeinträchtigung nicht zu rechtfertigen ist. Doch kann im Einzelfall die Auslegung der Begrenzungsbestimmungen eines Grundrechts ergeben, dass sie im Interesse ihrer Schutzgüter für bestimmte Fälle auch auf konkurrierende Grundrechtsbestimmungen zu übertragen sind.[463]

---

[457] Dazu *Berg,* Konkurrenzen schrankendivergenter Freiheitsrechte im Grundrechtsabschnitt des Grundgesetzes, 1968; *Rüfner* FG BVerfG II, 1976, S. 453 ff.; *Schwabe,* Probleme der Grundrechtsdogmatik, 1977, S. 324 ff.; *Stern,* StaatsR III/2, S. 1365 ff.; *Heß,* Grundrechtskonkurrenzen, 2000; *Spielmann,* Konkurrenz von Grundrechtsnormen, 2008; *Berg* HGR III, § 71; *Reßing,* Die Grundrechtskonkurrenz, 2016; auch *Kahl,* Die Schutzergänzungsfunktion von Art. 2 Abs. 1 Grundgesetz, 2000; *v. Coelln,* Zur Medienöffentlichkeit der Dritten Gewalt, 2005, S. 237 ff.; *Schenke* FS Jarass, 2015, S. 247 ff.

[458] Zu mehreren Berechtigten o. Rn. 129, 135 für Grundrechtskollisionen; zu „Grundrechtskonzertierungen" *Kloepfer* FS Stern, 2012, S. 405 ff.; für ein umfassendes „Denken in Grundrechtssituationen" *Aulehner,* JöR nF 62 (2014), S. 211 ff.

[459] *Stern,* StaatsR III/2, S. 1386, 1388, 1392 f., 1400 ff.; für eine entsprechende Vermutung bei den Gleichheitsrechten *Sachs* HStR VIII, § 182 Rn. 17; für die Notwendigkeit der Auslegung im Einzelfall demgegenüber BVerfGE 99, 1 (10 f.); für eine Sonderlösung beim allgemeinen Persönlichkeitsrecht BVerfGE 115, 166 (187); sauch → Art. 2 Rn. 138.

[460] Zur probl. Figur der „Verstärkung" mehrerer anwendbarer Grundrechte, wie sie etwa in BVerfGE 101, 361 (386); 104, 337 (346), angenommen wird, s. *Sandner,* Verstärkungswirkungen unter Grundrechten, 2019; *Spielmann* JuS 2004, 371 ff.; *Merten* HGR III, § 56 Rn. 114 ff.; *H. Dreier,* in: Dreier I, vor Art. 1 Rn. 157 f. Für regelmäßigen Vorrang des sachnäheren Grundrechts jüngst BGH NJW 2017, 2018 Rn. 31 ff.

[461] Zum sog. „additiven" Grundrechtseingriff, *Lücke* DVBl 2001, 1469 ff.; *Ruschemeier,* Der additive Grundrechtseingriff, 2019; *Brache,* Additive Grundrechtseingriffe, 2020; auch BVerfGE 112, 304 (319 f.); 114, 196 (247 f.); 123, 186 (265 f.); 130, 372 (392, 399); 141, 220 Rn. 130; *E. Hofmann* AöR 133 (2008), 523 (540 ff.); *D. Winkler* JA 2014, 881 ff.; zur „Kumulation von Grundrechtseingriffen" auch *Klement* AöR 134 (2009) 35 ff.; *Lee,* Umweltrechtlicher Instrumentenmix und kumulative Grundrechtseinwirkungen, 2013; *Heu,* Kulminierende Grundrechtseingriffe, 2018; *Kromrey,* Belastungskumulation, 2018; *Kreuter-Kirchhof* NVwZ 2019, 1791 ff.; zur parallelen Betroffenheit mehrerer Personen *Brade* DÖV 2019, 852 ff.

[462] *Kahl* AöR 131 (2006), 579 (601); eingehend *Meinke,* In Verbindung mit, 2006; dies. JA 2009, 6 ff.; *Augsberg/ Augsberg* AöR 132 (2007), 539 ff.; *Spielmann* (Fn. 457), S. 173 ff., 229 f.; 279 f.; 311 ff.; 339 ff.; *Breckwoldt* (Fn. 455), S. 47 ff.; skeptisch bei Beteiligung von Gleichheitsrechten *Sachs,* in: Kempny/Reimer (Hrsg.), Gleichheitssatzdogmatik heute, 2017, S. 107 ff.

[463] S. im Einzelnen *Stern,* StaatsR III/2, S. 1390 ff., 1405 ff.; zurückhaltend *Berg* HGR III, § 71 Rn. 47; zu „Abwägungskombinationen" ausführlich *Breckwoldt* (Fn. 455), S. 132 ff.

## Art. 1 [Schutz der Menschenwürde, Menschenrechte, Grundrechtsbindung]

(1) Die Würde des Menschen ist unantastbar. Sie zu achten und zu schützen ist Verpflichtung aller staatlichen Gewalt.

(2) Das Deutsche Volk bekennt sich darum zu unverletzlichen und unveräußerlichen Menschenrechten als Grundlage jeder menschlichen Gemeinschaft, des Friedens und der Gerechtigkeit in der Welt.

(3) Die nachfolgenden Grundrechte binden Gesetzgebung, vollziehende Gewalt und Rechtsprechung als unmittelbar geltendes Recht.

**Entstehungsgeschichte: Erstfassung:** Der Parlamentarische Rat 1948/1949, Bd. 5/I, 52, 62 ff., 334, 363, 374, 378; Bd. 5/II, 584 ff., 784, 802, 870, 910 ff., 954. – **Änderung:** G zur Erg. des GG v. 19.3.1956 (BGBl I 111), Art. I Nr. 1 (dazu: BT-Dr II/2150; BT-Prot II/243, 6819, 6856; BR-Dr 89/56; BR-Prot 56/76; s. auch zum G zur Änd. des GG v. 26.3.1954, BGBl I 45, u. bei Art. 79 GG).
**Historische Verfassungstexte: RV 1849:** § 130 Dem deutschen Volke sollen die nachstehenden Grundrechte gewährleistet sein. Sie sollen den Verfassungen der deutschen Einzelstaaten zur Norm dienen, und keine Verfassung oder Gesetzgebung eines deutschen Einzelstaates soll dieselben je aufheben oder beschränken können. – **WRV: Art. 151** (1) Die Ordnung des Wirtschaftslebens muss den Grundsätzen der Gerechtigkeit mit dem Ziel der Gewährleistung eines menschenwürdigen Daseins für alle entsprechen. In diesen Grenzen ist die wirtschaftliche Freiheit des Einzelnen zu sichern. – **GG 1949:** (1) und (2) wie geltende Fassung. (3) Die nachfolgenden Grundrechte binden Gesetzgebung, Verwaltung und Rechtsprechung als unmittelbar geltendes Recht.
**Geltende Landesverfassungen:** *BW*Verf Vorspruch; *Bay*Verf Art. 100; *Bln*Verf Art. 6; *Bbg*Verf Art. 7; *Brem*Verf Art. 5 I; *Hess*Verf Art. 3 (vgl. auch Art. 27); *MV*Verf Art. 5 II; *RhPf*Verf Vorspruch; *Saarl*Verf Art. 1; *Sachs*Verf Art. 7, 14; *LSA*Verf Art. 4; *Thür*Verf Präambel, Art. 1.
**Supra- und internationale Texte:** EUGRCh Art. 1; GrundR EurParl. Art. 1; AMRE Präambel Art. 1; IPBürgR Präambel, Art. 7, 8, 10, 17, 29; EMRK Art. 3, 4 I, 8.
**Leitentscheidungen: Zu Abs. 1:** BVerfGE 30, 1 (Abhörurteil); BVerfGE 45, 187 (Lebenslange Freiheitsstrafe); BVerfGE 49, 286 (Transsexuellentscheidung I); BVerfGE 87, 209 (Zombies); BVerfGE 88, 203 (Schwangerschaftsabbruch II); BVerfGE 94, 49 (Sichere Drittstaaten); BVerfGE 107, 275 (Benetton-Werbung II); BVerfGE 109, 133 (Unbefristete Sicherungsverwahrung); BVerfGE 109, 279 (Großer Lauschangriff); BVerfGE 115, 118 (Luftsicherheitsgesetz); BVerfGE 125, 175 (Hartz-IV-Bedarfsermittlung); BVerfG, NJW 2019, 3703 (Hartz IV-Sanktionen). – **Zu Abs. 2:** BVerfGE 31, 58 (Spanierbeschluss); BVerfGE 74, 358 (Unschuldsvermutung); BVerfGE 84, 90 (SBZ-Enteignungen I). – **Zu Abs. 3:** BVerfGE 6, 386 (Besteuerung); BVerfGE 33, 1 (Strafgefangene); BVerfGE 37, 271 (Solange I); BVerfGE 73, 339 (Solange II); BVerfGE 89, 155 (Maastricht); BVerfGE 123, 267 (Lissabon); BVerfGE 128, 226 (Fraport).

**Schrifttum:** *R. Alexy,* Die Institutionalisierung der Menschenrechte im demokratischen Verfassungsstaat, in: St. Gosepath/G. Lohmann (Hrsg.), Philosophie der Menschenrechte, 1998, S. 244; *dens.,* Menschenwürde und Verhältnismäßigkeit, AöR 140 (2015), 497; *St. Augsberg,* Die Würde des Menschen als Gattungswesen – Zur Verrechtlichung des Gattungsarguments, in: P. Dabrock/R. Denkhaus/St. Schaede, Gattung Mensch, 2010, S. 385; *P. Badura,* Generalprävention und Würde des Menschen, JZ 1964, 337; *M. Baldus,* Menschenwürde und Absolutheitsthese, AöR 136 (2011), 529; *ders.,* Kämpfe um die Menschenwürde, 2016; *F. Becker,* Grenzüberschreitende Reichweite deutscher Grundrechte, in: J. Isensee/P. Kirchhof (Hrsg.), HdStR XI, § 240; *J. v. Bernstorff,* Pflichtenkollision und Menschenwürdegarantie, in: Der Staat 47 (2008), 21; *ders.,* Der Streit um die Menschenwürde im Grund- und Verfassungsrechtsschutz: Eine Verteidigung des Absoluten als Grenze und Auftrag, JZ 2013, 905; *E.-W. Böckenförde,* Bleibt die Menschenwürde unantastbar?, Blätter für deutsche und internationale Politik 49 (2004), 1216; *W. Brugger,* Menschenwürde, Menschenrechte, Grundrechte, 1997; *Ch. Callies,* Die Menschenwürde im Recht der EU, in: Gröschner/Lembcke (Hrsg.), Das Dogma der Unantastbarkeit, 2009, S. 133 ff.; *C. D. Classen,* Die Menschenwürde ist – und bleibt – unantastbar, DÖV 2009, 689; *H.-G. Dederer,* Die Garantie der Menschenwürde (Art. 1 Abs. 1 GG), JöR NF 57 (2009), 89; *E. Denninger,* Menschenrechte zwischen Universalitätsanspruch und staatlicher Souveränität, in: *ders.,* Menschenrechte und Grundgesetz, 1994, S. 73; *C. Enders,* Die Menschenwürde in der Verfassungsordnung, 1997; *J. A. Frowein,* Das Bundesverfassungsgericht und die Europäische Menschenrechtskonvention, FS Zeidler II, 1987, S. 1763; *T. Geddert-Steinacher,* Menschenwürde als Verfassungsbegriff, 1990; *B. Giese,* Das Würde-Konzept – Die normfunktionale Explikation des Begriffs Würde in Art. 1 Abs. 1 GG, 1975; *Ch. Goos,* Innere Freiheit, 2011; *R. Gröschner/A. Wiehart-Howald,* Menschenwürde und Sepulkralkultur in der grundgesetzlichen Ordnung, 1995; *R. Gröschner/A. Kapust/O. W. Lembcke* (Hrsg.), Wörterbuch der Würde, 2013; *P. Häberle,* Die Menschenwürde als Grundlage der staatlichen Gemeinschaft HStR I, § 20; *J. Habermas* Die Zukunft der menschlichen Natur. Auf dem Weg zu einer liberalen Eugenik?, 2001; *M. Herdegen,* Die Menschenwürde im Fluss des bioethischen Diskurses, JZ 2001, S. 773; *ders.,* Der Würdeanspruch des Embryo in vitro – zur bilanzierenden Gesamtbetrachtung bei Art. 1 Abs. 1 GG, GS Heinze, 2005, S. 357; *E. Hilgendorf,* Menschenwürde und Demütigung, 2013; *Ch. Hillgruber,* Der internationale Menschenrechtsstandard – geltendes Verfassungsrecht? Kritik einer Neuinterpretation des Art. 1 Abs. 2 GG, in: G. H. Gornig/B. Schöbener/W. Bausback/T. H. Irmscher (Hrsg.), FS Blumenwitz, 2008, S. 123; *W. Höfling,* Offene Grundrechtsinterpretation, 1987; *ders.,* Von Menschen und Personen, FS Schiedermair, 2001, S. 363; *ders.,* Reprogenetik und Verfassungsrecht, 2001; *ders./S. Augsberg,* Luftsicherheit, Grundrechtsregime und Ausnahmezustand, JZ 2005, 1080; *ders.* Wer definiert des Menschen Leben und Würde?, *ders.,* Menschenwürde am Lebensanfang und Lebensende, in: Essener Gespräche zum Thema Staat und Kirche …?; FS Isensee, 2007, S. 525; *T. Hörnle,* Menschenwürde und Lebensschutz, ARSP 89 (2003), 318; *dies.,* Criminalizing Behaviour to Protect Human Dignity, Crim Law and Philos (2012) 6, 307; *H. Hofmann,* Die versprochene Menschenwürde, AöR 118 (1993), 353; *M. Hong,* Der Menschenwürdegehalt der Grundrechte, 2019; *ders.,* Todesstrafen- und Folterverbot, 2019; *F. Hufen,* Die Menschenwürde, Art. 1 I GG, JuS 2010, 1; *J. Isensee,* Würde des Menschen, in: Merten/Papier (Hrsg.) HGR, Bd. IV/2, 2011, § 87; *ders.,* Menschenwürde: die säkulare Gesellschaft auf der Suche nach dem Absoluten, AöR 131

(2006), 173; *G. Jerouschek,* Leben und Würde des Menschen, FS 50 Jahre BVerfG I, 2001, S. 77; *J. Kater,* Grundrechtsbindung und Grundrechtsfähigkeit gemischtwirtschaftlicher Aktiengesellschaften, 2016; *W. Kluth,* Menschenwürde zwischen Naturrecht und Tabu, FS Isensee, 2007, S. 535; *K.-H. Ladeur/I. Augsberg,* Die Funktion der Menschenwürde im Verfassungsstaat, 2008; *R. A. Lorz,* Modernes Grund- und Menschenrechtsverständnis und die Philosophie der Freiheit Kants, 1993; *M. Mahlmann,* Elemente einer ethischen Grundrechtstheorie, 2008; *P. Mastronardi,* Menschenwürde als materielle „Grundnorm" des Rechtsstaates?, in: Thürer/Aubert/Müller (Hrsg.), Verfassungsrecht der Schweiz, 2001, S. 233; *Mayen,* Das Grundrecht auf Gewährleistung eines menschenwürdigen Existenzminimums. Gewährleistungsrecht als leistungsrechtliche Grundrechtsdimension, FS Stern, 2012, S. 1451; *M. Nettesheim,* Die Garantie der Menschenwürde zwischen metaphysischer Überhöhung und bloßem Abwägungstopos, AöR 130 (2005), 71; *ders.,* „Leben in Würde": Art. 1 Abs. 1 GG als Grundrecht hinter den Grundrechten, JZ 2019, 1; *V. Neumann,* Menschenwürde und psychische Krankheit, KritV 1993, 277; *H. C. Nipperdey,* Die Würde des Menschen, in: Die Grundrechte II, S. 1; *H.-J. Papier,* Die Würde des Menschen ist unantastbar, FS Starck, S. 371; *E. Picker,* Menschenwürde und Menschenleben, 2002; *B. Pieroth/B. Schlink,* Menschenwürde und Rechtsschutz bei der verfassungsrechtlichen Gewährleistung von Asyl – Art. 16a Abs. 2 und Art. 79 Abs. 3 GG, FS Mahrenholz, 1994, S. 669; *M. Quante,* Menschenwürde und personale Autonomie, 2010; *St. Rixen,* Menschenwürde oder „Biomasse"? ... in: W. Beer/P. Markus/K. Platzer (Hrsg.), Was wissen wir vom Leben?, 2003, S. 264; *W. Rüfner,* Grundrechtsadressaten HStR V, § 117; *P. Schaber,* Instrumentalisierung und Würde, 2010; *E. Schmidt-Jortzig,.,* Zum Streit um die korrekte dogmatische Einordnung und Anwendung von Art. 1 Abs. 1 GG, FS Isensee, 2007, S. 491; *W. Schmitt Glaeser,* Folter als Mittel staatlicher Schutzpflicht?, FS Isensee, 2007, S. 507; *L. von Schwichow,* Die Menschenwürde in der EMRK, 2016; *K. Seelmann* (Hrsg.), Menschenwürde als Rechtsbegriff, ARSP Beiheft 110 (2004); *K.-P. Sommermann,* Völkerrechtlich garantierte Menschenrechte als Maßstab der Verfassungskonkretisierung – Die Menschenrechtsfreundlichkeit des Grundgesetzes –, AöR 114 (1989), 391; *R. Spaemann,* Über den Begriff der Menschenwürde, Scheidewege 15 (1985/86), 21; *W. Spellbrink,* Zur Bedeutung der Menschenwürde für das Recht der Sozialleistungen, DVBl 2011, 661; *Stern* Idee der Menschenrechte und Positivität der Grundrechte HStR V, § 108; *ders.,* Menschenwürde, in: FS P. Kirchhof I, 2013, S. 169; *J.-U. Suchanel,* Partielle Disponibilität der Würde des Menschen, 2010; *S. Tornow,* Art. 1 Abs. 1 GG als Grundrecht, 2007; *N. Teifke,* Das Prinzip Menschenwürde, 2011; *J. Valentin,* Grundlagen und Prinzipien des Art. 1 II des Grundgesetzes, 1991; *C. Waldhoff,* Die innerstaatlichen Grundrechte als Maßstab der Außenpolitik?, in: Isensee (Hrsg.), Menschenrechte als Weltmission, 2008, S. 43; *R. Waltermann,* Zur Grundrechtsbindung der tarifvertraglichen Rechtsetzung, FS 50 Jahre BAG, 2004, S. 913; *F. Witteck,* Menschenwürde und Folterverbot, DÖV 2003, 873 ff.

## Übersicht

## A. Systematik des Art. 1

**1**     Betrachtet man die Eingangsvorschrift des GG in ihrer Systematik, so wird eine ambivalente Konzeption offenkundig: Der Verfassungsgesetzgeber wollte gleichsam eine positivierte Naturrechtsordnung mit unmittelbarer Verbindlichkeit schaffen.[1] Die Vorschrift realisiert dies in einem **Doppelschritt wechselbezüglicher Geltungsverstärkung** – zunächst innerhalb des Abs. 1, sodann zwischen Abs. 2 und Abs. 3. Art. 1 I 1 rückt eine metarechtliche Idee[2] an den Anfang und damit materiell in das Zentrum der neuen Verfassung; zugleich aber wird hieran in S. 2 die rigide Rechtsfolge der Achtungs- und Schutzpflicht geknüpft. Dieselbe „Stufenarchitektur" *(Denninger)* liegt dem Verhältnis der beiden folgenden Absätze zu Grunde. Auf die verfassungsstaatliche Grundnorm des Menschenwürdesatzes als Grund und Motiv („darum") verweisend, formuliert Art. 1 II das emphatische Bekenntnis zu unverletzlichen und unveräußerlichen Menschenrechten, an das Art. 1 III mit seinem Gebot strikter Positivität der Grundrechte als unmittelbar geltender Rechte anschließt.[3]

**2**     Gleich zweimal schlägt also Art. 1 den Bogen von der metapositiven Menschenrechtsphilosophie zur positiven Grundrechtsverfassung, von der Annahme unantastbarer Eigenwerte des Menschen zu deren rechtlicher Institutionalisierung. Damit kombiniert der Eingangsartikel des GG die Erfahrungen der französischen und der amerikanischen Rechteerklärungen; **Menschenrechtsidee und Verfassungsidee** fließen ineinander.[4] Die Positivierung der – als a priori „vorstaatlich" gedachten – Menschenrechte verändert freilich die Perspektive, denn sie transformiert deren philosophisch-moralischen Ursprungskontext: Erst durch die konkrete Ausformung im Rahmen eines Rechts-Staates, den Art. 1 III in seinen unterschiedlichen Emanationen als Pflichtenobjekt benennt, werden die Menschenrechte als Grundrechte wirksam.[5]

## B. Die Menschenwürdegarantie (Abs. 1)

### I. Internationale Textstufenentwicklung

**3**     Auch wenn der zweieinhalbtausendjährigen Ideengeschichte der Menschenwürde[6] nur eine relativ kurze verfassungsgeschichtliche Phase gegenübersteht,[7] weisen inzwischen etliche internationale Menschenrechtsdokumente, supranationale Rechtstexte und ausländische Verfassungstexte entsprechende Gewährleistungen auf.[8] Hinzu treten bereichsspezifische Regelungswerke wie die Antifolter- und Antisklavereikonventionen[9] oder die sog. Biomedizinkonvention des Europarates.[10] Eine genaue Analyse der internationalen Textstufenentwicklung macht dabei die jeweilige historische und ideologische

---

[1] S. auch *Denninger* AK GG, Art. 1 Abs. 2, 3 Rn. 3; *Höfling* JuS 1995, 857 ff.; *Isensee* AöR 131 (2006), 173 (175): „positiviertes überpositives Recht"; krit. *Nettesheim*, JZ 2019, 1 (2 f.).

[2] Vgl. hierzu *Stern*, StaatsR IV/1, S. 9 ff.; *Isensee* AöR 131 (2006), 173 (173 ff.); das bedeutet aber nicht, dass das positivierte Schutzgut von „metaphysischer Qualität" ist; dazu krit. *Nettesheim* AöR 130 (2005), 71 (89 f.); *Herdegen*, in: Maunz/Dürig, Art. 1 Abs. 1 (2009) Rn. 19.

[3] Vgl. auch *Stern*, StaatsR III/1, S. 34 f. und S. 37 f.; *Denninger* AK GG, Art. 1 Abs. 2, 3 Rn. 4; s. auch *ders.* JZ 1982, 225 ff.; *Dürig* AöR 81 (1956), 117 (119 f.); zum Verhältnis der Absätze des Art. 1 zueinander ferner *Brugger*, Menschenwürde, Menschenrechte, Grundrechte, 1997, S. 12 ff., S. 17 ff.; ferner auch *v. Bernstorff* JZ 2013, 905 (909).

[4] Zur Entwicklung s. etwa *Kriele* FS Scupin, 1973, S. 187 (190 f.); *Stern*, StaatsR III/1, S. 83 ff.; *Enders,* in: Friauf/Höfling, Art. 1 Rn. 1 ff.; *Mahlmann*, Elemente einer ethischen Grundrechtstheorie, 2008, S. 97 ff.

[5] S. auch *Isensee* HStR V, § 115 Rn. 54 ff.; *Alexy*, Institutionalisierung der Menschenrechte im demokratischen Verfassungsstaat, in: Gosepath/Lohmann (Hrsg.), Philosophie der Menschenrechte, 1998, S. 254 ff.

[6] S. etwa die einschlägigen Artikel in Kapitel A in GKL; *Dreier*, in: Dreier I, Art. 1 I Rn. 2 ff.; *Gröschner/Wiehart-Howaldt*, Menschenwürde und Sepulkralkultur in der grundgesetzlichen Ordnung, 1995, S. 29 ff.; *Enders*, Die Menschenwürde in der Verfassungsordnung, 1997, S. 163 ff.; *ders.*, in: Friauf/Höfling, Art. 1 Rn. 3 ff.; *Mahlmann* (Fn. 4), S. 104 ff.; *Isensee* HGR IV/2, § 87 Rn. 10 ff.; *Dreier*, Säkularisierung und Sakralität, 2013 (Ndr. 2014), S. 79 ff.; *Ilkilic*, ZEE 2016, 88; *von der Pfordten*, Menschenwürde, 2016.

[7] S. *Geddert/Steinacher*, Menschenwürde als Verfassungsbegriff, 1990, S. 38; *Dreier*, in: Dreier I, Art. 1 I Rn. 19; *Stern*, StaatsR IV/1, S. 12.

[8] S. etwa die Zusammenstellung bei *Häberle*, Europäische Verfassungslehre, 7. Aufl. 2011, S. 291 ff.; ferner *Gutiérrez* KritV 2006, 384 ff.

[9] S. dazu mN *Höfling/Kempny*, in: Stern/Sachs, GRCh, 2016, Art. 4 Rn. 1 ff., Art. 5 Rn. 1 ff.

[10] S. auch mwN. *Dreier*, in: Dreier I, Art. 1 I Rn. 31 f.

Einbettung der verfassungsgeberischen Entscheidung für eine Positivierung des Menschenwürdesatzes deutlich.[11]

Auch die EU-Rechtsordnung findet in der Gewährleistung der Menschenwürde ihr Fundament.[12] **4** Nachdem der EuGH sich bislang nur eher punktuell und zurückhaltend zur Menschenwürde geäußert hat,[13] formuliert Art. 1 EUGRCh in offenkundiger Anlehnung an das deutsche Vorbild: „Die Würde des Menschen ist unantastbar, sie ist zu achten und zu schützen".[14] Für den Anwendungsbereich der EMRK hat der EGMR inzwischen eine relativ reichhaltige Judikatur zu würdeverletzenden Sachverhalten entwickelt.[15]

## II. Der Grundrechtscharakter des Menschenwürdesatzes

Nicht zuletzt die ambivalente Struktur des gesamten Eingangsartikels der Verfassung hat kritischen **5** Stimmen in der Verfassungsrechtslehre immer wieder Anlass geboten, den **Grundrechtscharakter** der Menschenwürdegarantie in Zweifel zu ziehen. Die heute wohl herrschende Auffassung nimmt dagegen an, dass Art. 1 I eine echte Grundrechtsgewährleistung enthält.[16] Auch das BVerfG ist explizit[17] oder – häufiger – implizit im Verfassungsbeschwerdeverfahren vom Grundrechtscharakter des Menschenwürdesatzes ausgegangen.[18] In jüngerer Zeit lassen sich indes gelegentlich auch andere Akzentuierungen ausmachen.[19]

Für die Grundrechtsqualität sprechen überzeugende Argumente: Ergänzt man Art. 1 I 1, indem man **6** ihn mit S. 2 verknüpft, gewinnt man einen aussagekräftigen Rechtssatz. Danach ist aller staatlichen Gewalt als Verpflichtung auferlegt, die Menschenwürde zu achten und zu schützen. An die Staatsgewalt als Verpflichtungsadressaten ergeht damit zugleich das kategorische Verbot, die Würde des Menschen anzutasten. Der insoweit mit normativer Eindeutigkeit verfassungstextlich zum Ausdruck gekommenen **Verpflichtung der staatlichen Gewalt** korrespondiert auch eine **Berechtigung des einzelnen Menschen.** In der im Grundrechtsteil verankerten Vorschrift des Art. 1 I manifestiert sich nämlich die normative Basisvorstellung, dass von Verfassungs wegen der Mensch nicht des Staates wegen existiert, sondern der Staat um des Menschen willen konstituiert wird.[20] Angesichts einer verfassungsimmanentanspruchsfreundlichen Tendenz des GG[21] wäre es geradezu systemwidrig, die strukturgebende Fundamentalnorm der Menschenwürde allein als objektiven Rechtssatz zu interpretieren.[22] Für den Grundrechtscharakter lässt sich ferner die Entstehungsgeschichte anführen.[23] Gegenüber diesem Resultat der verfassungsrechtlichen Exegese einzuwenden, Art. 1 III verweise auf die „nachfolgenden Grundrechte", erweist sich als unschlüssiger und zugleich „spitzfindiger Formalismus";[24] denn Art. 1 I

---

[11] Dazu *Schulze-Fielitz,* in: Blankenagel (Hrsg.), Verfassung im Diskurs der Welt, 2004, S. 355 ff.; *Höfling/Kempny,* in: Stern/Sachs, GRCh, 2016, Art. 1 Rn. 1 ff. mwN; *Häberle,* Europäische Verfassungslehre, 3. Aufl. 2005, S. 286 ff.; zur „Menschenwürde in der Weltgesellschaft" *Ladeur/Augsberg,* Die Funktion der Menschenwürde im Verfassungsstaat, 2008, S. 105 f.

[12] Eingehend *Schwarzburg,* Die Menschenwürde im Recht der EU, 2012.

[13] *Rixen,* in: Heselhaus/Nowak (Hrsg.), Handbuch der Europäischen Grundrechte, 2006, § 9 Rn. 3; s. näher *Callies,* in: Gröschner/Lembcke (Hrsg.), Das Dogma der Unantastbarkeit, 2009, S. 133 (149 ff.).

[14] Hierzu s. näher die Kommentierungen von *Borowsky,* in: Meyer (Hrsg.), Kommentar zur Charta der Grundrechte der Europäischen Union, 3. Aufl. 2011; *Höfling/Kempny* (Fn. 9); *Jarass,* EU-Grundrechte, 2005, S. 115 ff.; *Rixen* (Fn. 13).

[15] Eingehend dazu *von Schwichow,* Die Menschenwürde in der EMRK, 2016.

[16] *Höfling,* Offene Grundrechtsinterpretation, 1987, S. 106 mit Fn. 14 f.; ferner etwa *Häberle* HStR I, § 20 Rn. 74; *Sodan,* in: Sodan, Art. 1 Rn. 1; *Kunig,* in: v. Münch/Kunig I, Art. 1 Rn. 3; *Jarass,* in: Jarass/Pieroth, Art. 1 Rn. 3; *Hofmann,* in: Hofmann/Hopfauf, Art. 1 Rn. 8; *Ipsen* Grundrechte, Rn. 234; eingehend auch *Kloepfer,* FS 50 Jahre BVerfG I, 2001, S. 77 (86); *Stern,* StaatsR IV/1, S. 61; *Dederer,* JöR NF 57 (2009), 89 ff.; Art. 1 I als „mehrdimensionale Verfassungsbestimmung" charakterisierend: *Nettesheim* AöR 130 (2005), 71 (98 ff.); zur Gegenauffassung vor allem *Dürig,* in: Maunz/Dürig, Art. 1 (1958) Rn. 4; ferner Nachw. in Fn. 26, S. 351 ff.; eingehend zur Problematik *Cremer,* Freiheitsgrundrechte, 2004, S. 236 ff. – Zur schweizerischen Diskussion s. *Rütsche* FS Richli, 2011, S. 3 ff.

[17] S. BVerfGE 15, 283 (286); 28, 151 (163); 28, 243 (263), 61, 126 (137); eindeutig auch BerlVerfGH, NJW 1993, 515 (517).

[18] Z. B. BVerfGE 1, 332 (333, 343, 348); 12, 113 (122 f.); 13, 132 (152); 27, 1 (5 ff.); 45, 187 (227 f.); 52, 256 (261); 65, 1 (3, 41); 71, 183 (190, 201); 75, 369 (380); deutlich BVerfGE 109, 133 (151): „Grundrecht aus Art. 1 Abs. 1 GG"; BVerfG NJW 2010, 505 (507); ebenso BGH JZ 2009, 212 (213).

[19] S. z. B. BVerfGE 93, 266 (293): Menschenwürde „als Wurzel aller Grundrechte"; BVerfGE 109, 279 (311): „tragendes Konstitutionsprinzip und oberster Verfassungswert"; fragwürdig die verobjektivierende Kombination des Menschenwürdesatzes mit dem Lebensgrundrecht in der Entscheidung zum Luftsicherheitsgesetz BVerfGE 115, 118 (137 ff.); dazu → Rn. 22.

[20] Vgl. auch Art. 1 I HChE; zu diesem Aspekt auch *Cremer* (Fn. 16), S. 251 f.; *Lindner,* Theorie der Grundrechtsdogmatik, 2005, S. 180 ff.

[21] Zu dieser „Subjektivierungsthese" s. etwa *Alexy,* Theorie der Grundrechte, 1985, S. 414 f., 432 ff. 447 ff.

[22] Zur Argumentation *Krawietz* GS Friedr. Klein, 1977, S. 245 (267–280); ferner *Höfling* (Fn. 16), S. 107 f.; *Starck* MKS I, Art. 1 Rn. 28; zur Kritik *Enders* (Fn. 6), S. 377 ff.

[23] *M. Hong,* Menschenwürdegehalt, 2019, S. 269 ff., S. 404 f.

[24] So zu Recht *Nipperdey,* in: Die Grundrechte II, S. 1 (13); BVerfGE 61, 126 (137).

bringt selbst die Verbindlichkeit des Menschenwürdesatzes für alle Emanationen der Staatsgewalt unmissverständlich zum Ausdruck.[25] Auch Art. 142 setzt den Grundrechtscharakter des Menschenwürdesatzes voraus.[26]

7     Die Gegenauffassung stellt von unterschiedlichen dogmatischen Begründungsansätzen her die (subjektiv-rechtliche) **Grundrechtsqualität des Art. 1 I GG** in Frage.[27] Der Menschenwürdegarantie, die inhaltlich durch eine besondere normative Offenheit und eine spezif. Normstruktur gekennzeichnet sei, wird lediglich zugebilligt, wertausfüllender Interpretationsmaßstab und „Recht auf Rechte" *(Enders)*, „Grund der Grundrechte" *(Isensee)*, objektives Grundprinzip *(Dreier)*, oberstes Verfassungsprinzip *(Brugger)* oder Fundamentalsatz *(Gröschner)* zu sein, nicht aber eine individuelle Rechtspositionen vermittelnde Grundrechtsbestimmung. Aus den (o. Rn. 6) dargelegten Gründen ist indes an der Gegenauffassung festzuhalten.[28]

## III. Konkretisierungsleitende Besonderheiten des Menschenwürdesatzes

8     Die Schwierigkeiten, mit denen sich die verfassungsrechtliche Konkretisierungsarbeit an der Menschenwürdegarantie konfrontiert sieht, findet eine wichtige Ursache in der strukturellen und normativen Singularität der rechtstechnischen Gewährleistung des Menschenwürdeschutzes.[29] Diese Einzigartigkeit hat ihren Grund in einer zweifachen Besonderheit. Art. 1 I zeichnet sich zum einen durch eine spezifische Normstruktur als **modal ausgerichtete Generalklausel** aus. Art. 1 I formuliert zum anderen mit der **Unantastbarkeitsklausel** seines ersten Satzes einen absoluten Geltungsanspruch, der die Menschenwürde dem gängigen Abwägungsmodell des grundrechtlichen Argumentationsprozesses entzieht.

9     **1. Zur spezifischen Normstruktur des Art. 1 I.** Während Grundrechtsnormen in der Regel Schutzräume für bestimmte Ausschnitte der Lebenswirklichkeit (Kunst, Familie, Beruf usw.) hervorheben, verfügt Art. 1 – vergleichbar den Generalklauseln des Art. 2 I (in seiner Deutung als allgemeine Handlungsfreiheit) und des Art. 3 I – nicht über einen sachlich eigengeprägten Normbereich. Wie die allgemeinen Rechtsgrundsätze der Freiheit und Gleichheit verweist auch das „Prinzip Menschenwürde"[30] auf ein umfassendes Spektrum menschlichen Handelns. Das GG schafft damit einen **Verfassungsrechtssatz von „umfassender Allgemeinheit".**[31] Während man aber den Schutzbereich der allgemeinen Handlungsfreiheit wenigstens als „Restgröße" dessen fassen kann, was nicht durch besondere Freiheitsgewährleistungen geregelt wird,[32] versagt diese „Subtraktionsmethode" sowohl bei Art. 3 I als auch bei Art. 1 I.[33] Weder Gleichheit noch Würde beziehen sich auf ein besonderes Verhalten des Grundrechtsträgers, sondern auf den Modus einer Handlung; sie erfassen Relationen bzw. Handlungsumfelder in Beziehung zum jeweiligen Grundrechtsträger.[34] Als **modal ausgerichtete Generalklausel** zeichnet sich die Menschenwürdegarantie dementsprechend durch eine besondere normative Offenheit aus.[35]

10     **2. Die Unantastbarkeitsformel.** Die normative Offenheit unterscheidet die Menschenwürdegarantie allerdings nicht fundamental von etlichen anderen Bestimmungen der Verfassung (→ Rn. 9). Das, was den Versuch einer interpretatorischen Erschließung der Verfassungsbestimmung so schwierig macht, ist die Kombination der Generalklauselstruktur mit der strikten und unmissverständlichen Formulierung des Art. 1 I 1, der die Menschenwürde für „unantastbar" erklärt. Diese Formel führt in ein gewisses **Konkretisierungsdilemma:** Entweder man nimmt den Normtext ernst, erkauft dies aber mit einem relativ weitgehenden Verzicht auf praktische Relevanz des Verfassungssatzes, oder man

---

[25] S. auch BVerfGE 61, 126 (137).

[26] Darauf weist hin *Sachs,* in: Stern, StaatsR III/1, S. 352.

[27] S. insbesondere: *Brugger,* Menschenwürde, Menschenrechte, Grundrechte, 1997; *Dreier,* in: Dreier I, Art. 1 I Rn. 124 ff.; *Enders* (Fn. 6); *ders.,* in: Friauf/Höfling, Art. 1 Rn. 60 ff., 68 ff.; *Isensee* AöR 131 (2006), 173 (191), S. 209 f. und S. 211 f.; *Gröschner/Wiehart-Howaldt* (Fn. 6); Kritik an den Positionen von *Dreier, Enders* und *Isensee* bei *Baldus,* AöR 136 (2011), 529 (542 f.).

[28] Für die subjektiv-rechtliche Grundrechtsqualität aus neuerer Zeit etwa *Papier,* FS Starck, 2007, S. 371 (373); *Müller-Terpitz,* Der Schutz des pränatalen Lebens, 2007, S. 356 ff.; *Schmidt-Jortzig* FS Isensee, 2007, S. 491 (503 ff.); *Cremer* (Fn. 16), S. 243 ff.; *Mahlmann* (Fn. 4), S. 219; *Robbers,* in: Umbach/Clemens, Art. 1 Rn. 33; *Hofmann,* in: Hofmann/Hopfauf, Art. 1 Rn. 8; *Ipsen* DVBl 2004, 1381 (1383); *Hong* (Fn 23), S. 404 ff. und S. 614 ff.; darstellend *Tornow,* Art. 1 Abs. 1 GG als Grundrecht, 2008; in gewisser Weise ambivalent *Nettesheim* JZ 2019, 1 ff. „Grundrecht hinter den Grundrechten".

[29] Zum Folgenden *Höfling* JuS 1995, 858 ff.; aus dieser Spezifität des Art. 1 I folgert etwa *Dreier,* in: Dreier I, Art. 1 I Rn. 124, dass es sich nicht um ein Grundrecht handelte; ähnlich *Neumann* KritV 1993, 277 (288); zu Recht kritisch *Cremer* (Fn. 16), S. 248 ff.

[30] Eine prinzipientheoretische Deutung (im Anschluss an *Alexy*) bei *Teifke,* Das Prinzip Menschenwürde, 2011, S. 101 ff.

[31] So schon *Badura* JZ 1964, 337 (342); *Hassemer* EuGRZ 2005, 300 (302).

[32] So auch in st. Rspr. das BVerfG, s. etwa BVerfGE 1, 264 (273 f.); 6, 32 (37); 21, 227 (234).

[33] Dazu s. auch *Geddert-Steinacher* (Fn. 7), S. 22 und 24–26.

[34] Ähnlich für Art. 1 I *Blankenagel* KJ 1987, 379 (386).

[35] Dazu schon *Höfling* (Fn. 16), S. 104 ff.; ferner etwa *Geddert-Steinacher* (Fn. 7), S. 22 ff.

setzt die Menschenwürdegarantie für die alltägliche Rechtsarbeit in „kleine Münze" um,[36] vermag dies jedoch nur um den Preis einer unzulässigen Aufweichung und Relativierung des Normbefehls. Beides zusammen – also: große praktische Relevanz und absoluter Unbedingtheitsanspruch – ist nicht zu haben.[37]

Mit der Unantastbarkeitsformel entzieht die Verfassung die Menschenwürdegarantie dem grund- **11** rechtlichen Abwägungsprozess. Abweichend von seiner älteren Judikatur[38] bringt auch das BVerfG dieses Spezifikum in neueren Entscheidungen deutlich zum Ausdruck: „Soweit das allgemeine Persönlichkeitsrecht allerdings unmittelbar Ausdruck der Menschenwürde ist, wirken die Schranken **absolut ohne die Möglichkeit eines Güterausgleichs".**[39] Die Garantie der Menschenwürde unterliegt also **keinerlei Beschränkungsmöglichkeiten;** die sachliche Reichweite des Tatbestandes markiert zugleich die Verletzungsgrenze.[40] Zurückzuweisen sind deshalb auch Relativierungsmodelle,[41] die zwischen absolut unantastbarem Begriff, dh Würdekern, und einem weiteren Schutzbereich (Begriffshof) unterscheiden, der für Zweck-Mittel-Erwägungen und fallbezogene Abwägungen offen ist,[42] oder die Menschenwürde „prozesshaft" deuten.[43]

Dies gilt auch für die gelegentlich geltend gemachte **„Würde gegen Würde"-Kollision.**[44] Die **12** wohl tragischste Konstellation betrifft jene Fälle, die in den zurückliegenden Jahren unter dem Stichwort „Rettungsfolter" diskutiert worden sind. Hier wird man in der Tat eine dilemmatische Struktur (an)erkennen müssen.[45] Doch dürfte sich letztlich der abwehrrechtliche Achtungsanspruch gegen eine etwaige staatliche Schutzpflicht durchsetzen.[46]

**3. Folgerungen für die Konkretisierung.** Der damit verbundenen Herausforderung für die **13** Konkretisierungsarbeit werden theoretische Großformeln – wie sie namentlich in Gestalt sog. Wert-/ Mitgifttheorien, Leistungstheorien oder Kommunikationstheorien begegnen[47] – allein nicht gerecht: Weder der Rückgriff auf christlich oder naturrechtlich geprägte „Wesensbestimmungen" des Menschen[48] noch das Postulat gelingender Identitätsbildung und Selbstdarstellung[49] noch die Bestimmung der Menschenwürde als mitmenschliche Solidarität[50] sind als solche allein taugliche Subsumtionskonzeptionen für die konkrete Fallentscheidung. Doch auch der nicht selten propagierte (wenn auch nicht immer wirklich praktizierte) Verzicht auf eine positive Begriffsbestimmung von Menschenwürde[51] weist keinen Ausweg.

---

[36] S. die Warnung bei *Dürig,* in: Maunz/Dürig, Art. 1 (1958) Rn. 29; Beispiele für unangemessene Marginalisierung des Menschenwürdearguments bei *Dreier,* in: Dreier I, Art. 1 I Rn. 47 ff.

[37] Wie hier auch *Hofmann* AöR 118 (1993), 353 (374 Fn. 106). S. auch schon *Kloepfer,* FG BVerfG II, 1976, S. 405 (411). – Zu einer das Dilemma (angeblich) aufhebenden Konzeption der „Doppelstruktur" der Art. 1 I GG, wonach relativ das Menschenwürdeprinzip, absolut aber die Unantastbarkeitsklausel sei: *C. Bäcker,* Der Staat 55 (2016), 433 ff.; ähnlich *Goos,* Innere Freiheit, S. 164 ff.; vgl. ferner *Alexy,* AöR 140 (2015), 497 ff. – ferner *Baldus,* Kämpfe um die Menschenwürde, S. 257 ff.

[38] Vgl. dazu *Kloepfer,* FG BVerfG II, 1976, S. 411.

[39] BVerfGE 75, 369 (380) – Hervorhebung hinzugefügt; 93, 266 (293): „Menschenwürde [...] ist mit keinem Einzelgrundrecht abwägungsfähig"; ferner BVerfGE 107, 275 (284); 109, 279 (313, 314 und 315); auch AG Grünstadt, NJW 1995, 889 (889); vgl. den Überblick bei *Hömig* EuGRZ 2007, 633 (640); *Gutmann,* Jahrbuch für Wissenschaft und Ethik 15 (2010), S. 5 (25).

[40] Eingehend *Höfling,* in: Gröschner/Lembcke (Fn. 13), S. 111 ff.; so auch *Jarass,* in: Jarass/Pieroth, Art. 1 Rn. 16; *Sachs,* in: Stern, StaatsR III/1, S. 352; *Podlech* AK GG, Art. 1 Abs. 1 Rn. 73; *Kunig,* in: v. Münch/Kunig I, Art. 1 Rn. 26; *Geddert-Steinacher* (Fn. 7), S. 83; anders *Kloepfer,* FG BVerfG II, 1976, S. 412 f. und *ders.,* FS 50 Jahre BVerfG I, 2001, S. 77 ff., der die Schrankenklausel des Art. 2 II 3 auf Art. 1 I übertragen will.

[41] Nachdrücklich auch *Stern* FS P. Kirchhof, 2013, S. 169 (179): „Menschenwürde muß uneinschränkbar sein und bleiben"; für eine Deutung der Menschenwürdegarantie als abwägungszugängliches Recht dagegen *Baldus* AöR 136 (2011), 529 (548 ff.).

[42] So namentlich *Herdegen,* in: Maunz/Dürig, Art. 1 Abs. 1 (2009) Rn. 43 ff., 47 ff. unter Bezug auf die Rspr. zur Angemessenheit der lebenslangen Freiheitsstrafe (dazu s. noch u. Rn. 41); vgl. auch die Konzeption bei *Lege,* in: Schulte (Hrsg.), Handbuch des Technikrechts, 2003, S. 669 (752 ff.) und bei *Alexy,* AöR 140 (2015), 497 (500 ff.); ferner *Dederer* JöR NF 57 (2009), 89 (112 ff.); ablehnend zu Recht *Dreier,* in: Dreier I, Art. 1 I Rn. 136.

[43] Zur Diskussion s. die Bestandsaufnahme bei GKL; (zT schneidiges) Plädoyer gegen die „Absolutheitsthese": *Baldus,* AöR 136 (2011), 529 ff.; Antikritik bei *v. Bernstorff* JZ 2013, 905 (911 ff.); Zusammenstellung unterschiedlicher Relativierungsmodelle bei *Isensee* AöR 131 (2006), 173 (195 ff.); deutliche Gegenposition: *Classen* DÖV 2009, 689 ff.; instruktiv *W. Lübbe,* in: Lenzen (Hrsg.), Ist Folter erlaubt?, 2006, S. 67 (73 ff.).

[44] S. dazu etwa *Starck* MKS I, Art. 1 Rn. 31; *Dreier,* in: Dreier I, Art. 1 Rn. 133; ähnlich *Hufen* JZ 2004, 313 (317); eingehend *Wittreck* DÖV 2003, 873 (879 ff.); kritisch dazu *Kluth* FS Isensee, 2007, S. 535 (546).

[45] Siehe dazu *Dreier,* in: Dreier I, Art. 1 Abs. 1 Rn. 133 mit weit. Nachw.

[46] Näher *v. Bernstorff,* DSt 47 (2008), 21 ff.; ferner *Goos,* Innere Freiheit, 2011, S. 220; *Hilgendorf* FS Puppe, 2011, S. 1653 (1667 f.); kritisch *Vosgerau* AöR 133 (2008), 346 (373 ff.).

[47] Zu dieser inzwischen verbreiteten Einteilung s. etwa *Stern,* StaatsR IV/1, S. 22; *Dreier,* in: Dreier I, Art. 1 I Rn. 56 ff. mwN; *Sodan,* in: Sodan, Art. 1 Rn. 4 ff.

[48] Etwa die imago-dei-Vorstellung; eingehend *Isensee* HGR IV/2, § 87 Rn. 58 ff.

[49] Grundlegend *Luhmann,* Grundrechte als Institution, 1975, S. 53 ff.; hierzu noch u. Rn. 35 ff.

[50] So prägend *Hofmann* AöR 118 (1993), 353 (364); daran anknüpfend *Hörnle* ARSP 89 (2003), 318 (323 ff.); auch dazu → Rn. 52 und Fn. 90.

[51] Vgl. auch Schweizer BG EuGRZ 2001, 235 (237 f.): „das letztlich nicht fassbare Eigentliche des Menschen".

14      Gleichwohl erscheint es in einem **ersten Konkretisierungsschritt** sinnvoll, das Schutzgut des Art. 1 Abs. 1 **vom Verletzungsvorgang her**[52] zu erschließen.[53] Die Rspr. bedient sich insoweit vielfach einer additiven Beispielstechnik[54] derart, dass „Diffamierung, Diskriminierung, Erniedrigung, Brandmarkung, Verfolgung, Ächtung, Entrechtung und grausame Bestrafung"[55] verboten seien.[56] Dieser – wenn man so will: negative – Interpretationsansatz ermöglicht jedenfalls für wirkliche Exzesse gegen Menschen (z. B. Menschenhandel, Folter, systematische Vergewaltigungen durch militärische Kräfte) die Vergewisserung eines Grundkonsenses.[57] Zugleich reflektiert ein derartiges Vorgehen die bleibend wichtige Funktion des Art. 1 I GG, verfassungstextliche Reaktion auf die nationalsozialistische Gewalt- und Willkürherrschaft zu sein.[58]

15      Zur Umschreibung der Würdeverletzungshandlung wird bis heute vielfach und namentlich in der bundesverfassungsgerichtlichen Judikatur[59] auf die **sog. Objektformel** zurückgegriffen,[60] wie sie *Günter Dürig* in Anknüpfung an Kants **Instrumentalisierungsverbot**[61] wegweisend formuliert hat: „Die Menschenwürde ist betroffen, wenn der konkrete Mensch zum Objekt, zu einem bloßen Mittel, zur vertretbaren Größe herabgewürdigt wird".[62] Die Objektformel ist vielfach kritisiert worden: als zu vage,[63] als passepartout für subjektive Wertungen und Leerformeln.[64] In der Tat ist die Gefahr einer entsprechenden Verwendung der Argumentationsfigur mit der Folge gefährlicher Trivialisierungstendenzen[65] nicht zu bestreiten. Auch sind mancherlei Inkonsistenzen und Widersprüchlichkeiten der Judikatur (der beiden Senate) des BVerfG[66] nicht zu übersehen. Doch lässt sich diese Rspr. sinnvoll rekonstruieren in einer **Objekt-Subjekt-Formel:**[67] In vielen gesellschaftlichen Verhältnissen und der Abhängigkeitsbeziehung zum Staat ist der Mensch oft genug Gegenstand und „Objekt" des Handelns Anderer. Dies allein ist aber noch kein Thema des Art. 1 I GG. Erst wenn er zum „bloßen Objekt"[68] wird bzw. zu werden droht, greift die Menschenwürdegarantie.

16      Der Mensch wird als „bloßes Objekt" behandelt, wenn seine Subjektsqualität prinzipiell in Frage gestellt wird[69] – oder anders formuliert: „wenn die Behandlung durch die öffentliche Gewalt die Achtung des Wertes vermissen lässt, der jedem Menschen um seiner selbst willen zukommt".[70] Mit der

---

[52] Grundrechtsdogmatisch damit unter Zugrundelegung eines Schutzgut/Eingriff/Tatbestand-Modells; allgemein hierzu *Alexy,* (Fn. 21), S. 272 ff.; für den vorliegenden Kontext *Kingreen/Poscher* Rn. 373b; vgl. *Huber,* Eintrag „Menschenrechte/Menschenwürde", in: Theologische Realenzyklopädie, Bd. XXII, 1992, S. 577 (578).

[53] S. auch BVerfGE 30, 1 (25); 109, 279 (312); *Kunig,* in: v. Münch/Kunig I, Art. 1 Rn. 22; vgl. ferner *Di Fabio* JZ 2004, 1 (5): Menschenwürde als „verbindlich gemachte Erinnerung an grundlegende Verletzungshandlungen".

[54] Dazu *Häberle* HStR I, § 20 Rn. 10.

[55] So z. B. Bayerischer Verfassungsgerichtshof BayVBl 1982, 47 (50).

[56] Ähnlich auch die Aufzählung BVerfGE 1, 332 (347 f.); s. ferner BVerfGE 1, 97 (104); 102, 347 (367); BVerfG (K), NJW 2010, 2193 (2195); vgl. EGMR NJW 2015, 3423. – Zum Würdekonzept Margalits (Schutz vor Demütigung) s. *Hilgendorf* (Hrsg.), Menschenwürde und Demütigung, 2013.

[57] S. auch *Dreier,* in: Dreier I, Art. 1 I Rn. 60 ff.; zur neuen Diskussion zur Folter noch → Rn. 20.

[58] S. dazu aus der Entstehungsgeschichte etwa die Bemerkung des Berichterstatters für die Erste Lesung im ParlR-GSA, *Bergsträsser,* Vierte Sitzung vom 23.9.1948, Sten. Ber., S. 2; s. auch *Robbers,* in: Umbach/Clemens I, Art. 1 Rn. 13, der konstatiert, die Rspr. des BVerfG „lebt nicht zuletzt in der Abkehr vom Nationalsozialismus".

[59] S. etwa BVerfGE 9, 89 (95); 27, 1 (6); 28, 386 (391); 41, 187 (228); 50, 166 (175); 50, 205 (215); 57, 250 (275); 72, 105 (116); 87, 209 (228); 96, 375 (399); 109, 133 (150); 109, 279 (311 f.); 115, 118 (153); 117, 71 (89); 131, 268 (286 f.). Sorgfältige und instruktive Analyse dieser Judikatur bei *Kersten,* Das Klonen von Menschen, 2004, S. 444 ff.

[60] Zur Genealogie der Objektformel z. B. *Hong* (Fn 23), S. 662 ff.

[61] Hierzu und zur Weiterentwicklung durch *Dürig* s. vor allem *Kersten* (Fn. 59), S. 408 ff. und S. 425 ff. m. zahlr. Nachw.; s. ferner etwa *Enders,* in: Stern/Becker, Art. 1 Rn. 31 ff.; auch *Lortz,* Modernes Grund- und Menschenrechtsverständnis und die Philosophie der Freiheit Kants, 1993, S. 71 ff., 125 ff. und 271 ff.; ferner *Schaber* Instrumentalisierung und Würde, 2010; kritisch *Hilgendorf* FS Puppe, 2011, S. 1653 (1671).

[62] *Dürig* AöR 81 (1956), 117 (127); *ders.,* in: Maunz/Dürig, Art. 1 I (1958) Rn. 28, 34; zu seinem Einfluss auf die Deutung des Art. 1 I *Goos,* in: McCrudden (Hrsg.), Understanding Human Dignity, 2013, S. 79 (81 ff.).

[63] Insofern wird gerne Schopenhauers Kritik an Kant zitiert; s. etwa *Dreier,* in: Dreier I, Art. 1 I Rn. 55.

[64] Z. B. *Hörster* JuS 1983, 93 (94); *Hilgendorf* Jb für Recht und Ethik 7 (1999), 137 (146 f.); *Herdegen* JZ 2001, 773 (775); *Dreier,* in: Dreier I, Art. 1 I Rn. 55; krit. auch *Nettesheim* AöR 130 (2005), 71 (79 ff.).

[65] *Dürigs* „kleine Münze".

[66] Z. B. einerseits der Mikrozensus-Beschluss des Ersten Senats und seiner Formel „nicht bloßes Objekt" (BVerfGE 27, 1 [6]; ebenso die Entscheidung zur lebenslangen Freiheitsstrafe [E 45, 187, 227 f.]), andererseits das Mehrheitsvotum im Abhörurteil des Zweiten Senats (BVerfGE 30, 1 [25 f.]), wo sich die viel kritisierte Formulierung findet, der Mensch sei „nicht selten bloßes Objekt" (so auch wieder der Erste Senat im Urteil zum sog. Großen Lauschangriff [BVerfGE 109, 279, 312] und in einer Art „dialektischer Gegenschlag" (so *Graf Vitzthum* JZ 1985, 201 [204]) noch ein subjektives Wertungselement eingeführt wird („willkürliche Missachtung der Würde des Menschen").

[67] Dazu und zum Folgenden überzeugend *Kersten* (Fn. 59), S. 444 ff.

[68] S. z. B. BVerfGE 27, 1 (6); 45, 187 (227 f.); 96, 375 (399); 109, 133 (150); 109, 279 (312) s. auch *Hörnle* ARSP 89 (2003), 318 (325).

[69] So zutreffend das Mehrheitsvotum im Abhörurteil, BVerfGE 30, 1 (25 f.); übereinstimmend BVerfGE 109, 133 (150); vgl. BVerfG (K) NJW 2016, 2070 (2071).

[70] BVerfGE 109, 279 (312 f.); BVerfGE 115, 118 (153).

Objekt-Subjekt-Formel ist deshalb immer für die je konkrete Entscheidungssituation[71] zu fragen, ob der **Subjektstatus** eines Menschen **trotz seiner Verobjektivierung** in spezifischen Unterordnungs- und Abhängigkeitsverhältnissen durch Kompensationsmechanismen noch hinreichend gesichert ist.[72] Die Antwort hierauf setzt stets auch eine sorgfältige Analyse des je betroffenen Lebensbereichs voraus. Vor diesem Hintergrund ist auch eine Strukturierung besonders problemträchtiger Konstellationen sinnvoll, um den schwierigen Konkretisierungsprozess zu steuern.[73]

Darüber hinaus ist auch der Absolutheitsanspruch der Unantastbarkeitsklausel des Art. 1 I 1 bei der **17** Konkretisierungsarbeit zu beachten. Wenn der Verfassungsgeber jedwede Beeinträchtigung der Menschenwürde als ausnahmslos unzulässig eingestuft und damit zugleich jede Abwägung mit noch so gewichtigen Staatsinteressen[74] oder elementaren Drittinteressen ausgeschlossen hat, spricht dies dafür, **dass allein der Kernbereich menschlicher Existenz** von Art. 1 I vor schwereren Beeinträchtigungen **geschützt** wird.[75] In eher soziologischem Sinn kann man insoweit von der Funktion der Menschenwürdegarantie als Tabugrenze sprechen.[76]

Das **restriktive Verständnis des Art. 1 I GG** wird schließlich durch ein systematisches Argument **18** gestützt: Unabhängig von der Frage, ob die strikte Unantastbarkeitsklausel des Art. 1 I 1 eine deckungsgleiche Auslegung des Menschenwürdegehaltes und der durch Art. 79 III gesicherten Grundsätze des Art. 1 I verlangt,[77] ist Zurückhaltung geboten bei der Konkretisierung von Verfassungsrecht, das auch den verfassungsändernden Gesetzgeber bindet.[78] Allerdings bedeutet die skizzierte Position **nicht** die **Leugnung der Normativität** des Art. 1 I GG.

## IV. Gewährleistungsinhalt

Nach diesen Annäherungen an den Verfassungssatz von der Menschenwürde bedarf es nunmehr **19** einer genaueren Bestimmung jener Kernzonen und elementaren Bedingungen, die Art. 1 I gegen schwere Verletzungen schützen soll. Dabei lassen sich im Wesentlichen **vier Problemdimensionen** unterscheiden:[79]

– Achtung und Schutz der körperlichen Integrität;

– Sicherung menschengerechter Lebensgrundlagen;

– Gewährleistung elementarer Rechtsgleichheit;

– Wahrung der personalen Identität und Integrität.

Diese Skizzierung des Gewährleistungsinhalts der Menschenwürde und die im Folgenden unternommene nähere Entfaltung wird allerdings „relativiert" durch den problemabschichtenden Umstand der partiellen Spezialität und Subsidiarität der Menschenwürde gegenüber den anderen Grundrechtsgewährleistungen (u. Rn. 67 ff.).

**1. Achtung und Schutz der körperlichen Integrität.** Außer Zweifel steht zunächst, dass **Folte-** **20** **rungen, archaische Strafsanktionen und staatlicher Mord** Verstöße gegen die Menschenwürde darstellen.[80] Daran ist gegenüber neueren Relativierungsversuchen – insbesondere im Zusammenhang mit dem sog. Fall *Daschner* –,[81] die für bestimmte Ausnahmekonstellationen („ticking bomb"-Szena-

---

[71] S. auch BVerfGE 109, 279 (311); BVerfG (K) NJW 1993, 3315.

[72] S. auch *Kersten* (Fn. 59), S. 464, 478 f.; dies aufgreifend *Höfling/Augsberg* JZ 2005, 1080 (1083); *Sodan,* in: Sodan, Art. 1 Rn. 12; ebenso BVerfGE 115, 118 (154 f.).

[73] S. auch BVerfGE 109, 279 (311 f.); ferner u. Rn. 23 ff.

[74] Auch Gründe des Staatsnotstandes und der Staatsnotwehr können eine Menschenwürdeverletzung nicht rechtfertigen; aA *Nipperdey,* in: Die Grundrechte II, S. 22; auch *Brugger,* Menschenwürde, Menschenrechte, Grundrechte, 1997, S. 23 f.; dagegen zu Recht *Podlech* AK GG, Art. 1 Abs. 1 Rn. 73; s. noch u. Rn. 20, 22.

[75] S. *Zippelius* BK, Art. 1 Abs. 1 u. 2 (1989) Rn. 16; auch *Stern,* StaatsR IV/1, S. 21: „rocher de bronze", auf den nur hinsichtlich „existentielle[r] Fragen des Menschen" zu rekurrieren sei; vgl. auch *Dammann,* Der Kernbereich der privaten Lebensgestaltung, 2011, S. 141 ff.

[76] So *Poscher* JZ 2004, 756 (758 ff.); vgl. auch *Kluth* FS Isensee, 2007, S. 535 ff.

[77] Dafür spricht in der Tat einiges; in diesem Sinne wohl auch BVerfGE 30, 1 (25 f.) s. ferner *Geddert-Steinacher* (Fn. 7), S. 174; kritisch aber *Bryde,* in: v. Münch/Kunig II, Art. 79 Rn. 34.

[78] Zur „Ewigkeitsgarantie" des Art. 1 I etwa BVerfGE 109, 279 (310); ausführlich zur Gesamtproblematik: *Hain,* Die Grundsätze des Grundgesetzes, 1999, S. 211 ff.

[79] Ähnlich *Stern,* StaatsR IV/1, S. 23; *Podlech* AK GG, Art. 1 Abs. 1 Rn. 17 ff. unter Bezugnahme auf *Maihofer,* Menschenwürde im Rechtsstaat, 1967, S. 56 ff.; *Häberle* HStR I, § 20 Rn. 45; s. ferner *Hufen* JuS 2010, 1 (2). – Zu einer „Ensembletheorie" der Menschenwürde vgl. auch *Hilgendorf* FS Pugge, 2011, S. 1653 ff.

[80] *Kingreen/Poscher* Rn. 378 f.; *Podlech* AK GG, Art. 1 Abs. 1 Rn. 44 ff.; vgl. auch Art. 3 EMRK; dazu EMRK, EuGRZ 2010, 417 (425 ff.); anders für den Einsatz sog. Letaler Autonomer Waffensysteme: Dederer, RW 2018, 380 (408 ff.).

[81] Dazu (und zum Grundsatzproblem) etwa *Hilgendorf* JZ 2004, 331 ff.; *Schmitt Glaeser* FS Isensee, 2007, S. 507 ff.; *Herzberg* JZ 2005, 321 ff.; BVerfG (K) NJW 2005, 656 ff. und 2007, 1060 ff.; EGMR NJW 2007, 2461 ff.; EGMR (GK) EuGRZ 2010, 417 ff.

rien) die Folter für legitim erachten,[82] nachdrücklich festzuhalten.[83] Das BVerfG hat in einer Kammerentscheidung (zum sog. Fall Daschner) deshalb zu Recht formuliert: Die „Anwendung von Folter macht die Vernehmungsperson zum bloßen Objekt der Verbrechensbekämpfung unter Verletzung ihres verfassungsrechtlich geschützten sozialen Wert- und Achtungsanspruchs und zerstört grundlegende Voraussetzungen der individuellen und sozialen Existenz des Menschen".[84] Die deutsche Staatsgewalt darf auch nicht an Folterhandlungen oder anderen Menschenwürdeverletzungen außerhalb des eigenen Hoheitsgebiets mitwirken.[85] Ob und inwieweit die **Todesstrafe** mit Art. 1 GG (bzw. dem Menschenwürdegehalt des Lebensgrundrechts) kollidiert, ist strittig.[86]

21     Droht im **Ausland** die Gefahr menschenunwürdiger Behandlung, so gebietet die Verpflichtung der deutschen Hoheitsträger zur Achtung der Menschenwürde, von einer Abschiebung abzusehen.[87] Unter Hinweis auf Art. 1 I und Art. 2 I zählt das BVerfG „zu den unabdingbaren Grundsätzen der deutschen verfassungsrechtlichen Ordnung, dass eine angedrohte oder verhängte Strafe nicht grausam, unmenschlich oder erniedrigend sein darf; die zuständigen Organe der Bundesrepublik Deutschland sind deshalb gehindert, an der Auslieferung eines Verfolgten mitzuwirken, wenn dieser eine solche Strafe zu gewärtigen oder zu verbüßen hat".[88] Andererseits verstößt die Berücksichtigung generalpräventiver Gründe bei der Entscheidung über die Ausweisung eines Ausländers nicht gegen Art. 1 I GG.[89] Nicht zum Gewährleistungsinhalt von Art. 1 I GG gehört nach Auffassung des BVerfG ferner das Asylgrundrecht als solches.[90] Droht im ausländischen Staat die Todesstrafe, so ist vorrangig Art. 2 II 1 einschlägig.[91]

22     In seiner – teilweise durchaus mit „überschießender" Signalwirkung formulierten[92] – Grundsatzentscheidung zum durch das verabschiedete Luftsicherheitsgesetz erlaubten Abschuss von zivilen Luftfahrzeugen hat das BVerfG zu Recht die damit ermöglichte **Tötungshandlung als menschenwürdewidrig** qualifiziert.[93] Unschuldige Passagiere und Besatzungsmitglieder von entführten Flugzeugen befänden sich – so das BVerfG – in einer für sie ausweglosen Situation; sie könnten ihre Lebensumstände nicht mehr unabhängig von anderen selbstbestimmt beeinflussen. Das Gericht fährt fort:

> „Dies macht sie zum Objekt nicht nur der Täter. Auch der Staat, der in einer solchen Situation zur Abwehrmaßnahme des § 14 Abs. 3 LuftSiG greift, behandelt sie als bloße Objekte seiner Rettungsaktion zum Schutze anderer. Die Ausweglosigkeit und Unentrinnbarkeit, welche die Lage der als Opfer betroffenen Flugzeuginsassen kennzeichnet, besteht auch gegenüber denen, die den Abschuss des Luftfahrzeugs anordnen und durchführen. [...] Eine solche Behandlung mißachtet die Betroffenen als Subjekte mit Würde und unveräußerlichen Rechten. Sie werden dadurch, dass ihre Tötung als Mittel zur Rettung anderer benutzt wird, verdinglicht und zugleich entrechtlicht; indem über ihr Leben von Staats wegen einseitig verfügt wird, wird den als Opfern selbst schutzbedürftigen Flugzeuginsassen der Wert abgesprochen, der dem Menschen um seiner selbst willen zukommt".[94]

23     Zahlreiche schwierige Fragen werden durch die rasante **biowissenschaftliche Entwicklung** aufgeworfen.[95] Die „Verständigungsversuche über die Würde des Menschen"[96] sind hier noch keineswegs

---

[82] Schon relativ früh in diesem Sinne im Anschluss an *Luhmann,* Gibt es in unserer Gesellschaft noch unverzichtbare Normen?, 1993; *Brugger* DSt 35 (1996), 67 ff.; *ders.* JZ 2000, 165 ff.; *Wittreck* DÖV 2003, 873 (879 ff.); gegen eine „Tabuisierung" des Folterverbots *Isensee,* Tabu im freiheitlichen Staat, 2003, S. 57 ff. – Zynische Verharmlosung bei *Trapp,* Folter oder selbstverschuldete Rettungsbefragung?, 2006; s. aber auch *Eser* FS Hassemer, 2010, S. 713 ff.

[83] Ebenso EGMR, EuGRZ 2010, 417 (428 Ziff. 107); nunmehr gegen jede Ausnahme auch *Herdegen,* in: Maunz/Dürig, Art. 1 Abs. 1 (2009) Rn. 51 und Rn. 95; *Papier* FS Starck, 2007, S. 371 (378); *Enders,* in: Friauf/Höfling, Art. 1 Rn. 99 ff.; *Jarass,* in: Jarass/Pieroth, Art. 1 Rn. 19; *J. Merten,* JR 2003, 404 ff.; *Roxin* FS Eser, 2005, S. 461 (464); aus schweizerischer Sicht: *Keller,* in: Kirchschläger (Hrsg.), Menschenrechte und Terrorismusbekämpfung, 2004, S. 175 ff.

[84] BVerfG (K) NJW 2005, 656 (657). Nur ein striktes Folterverbot wahrt im Übrigen die Kompatibilität mit den international-menschenrechtlichen Vorgaben (vgl. Art. 5 AEMR; Art. 7 IPBR, Art. 3 EMRK); (hierzu und) zum Folterverbot des Art. 4 EUGRCh: *Höfling/Kempny,* in: Stern/Sachs, GRCh, 2016, Art. 4 Rn. 1 ff. mwN.

[85] Näher *Pieroth/Schlink* FS Mahrenholz, 1994, S. 669 (672 ff.).

[86] Hong, Todesstrafenverbot und Folterverbot, 2019, S. 11 ff.

[87] So BVerfG (K), NVwZ 1992, 660 (662); s. auch z. B. EGMR (GK), NVwZ 2008, 1330 ff. und NVwZ 2011, 413 ff. (Verstoß gegen Art. 3 EMRK durch Abschiebung nach Griechenland); OVG NRW DVBl. 2015, 375 (378 f.); *Dreier,* in: Dreier I, Art. 1 I Rn. 144; vgl. ferner *Ulmer,* Asylrecht und Menschenwürde, 1996.

[88] BVerfGE 75, 1 (16 f.); s. auch BVerfGE 113, 154.; vgl. (zu Art. 3 EMRK) *Cremer,* in: Dörr/Grote/Marauhn (Hrsg.), EMRK/GG I Kap. 4 Rn. 62.

[89] BVerfGE 50, 166 (175).

[90] BVerfGE 94, 49 (103); zur Rspr. des BVerwG zum Kontext von Asylgrundrecht und Menschenwürde s. *Dreier,* FG 50 Jahre BVerwG, 2003, S. 201 (210 ff.).

[91] S. auch BVerfGE 60, 348 (354); andere Akzentuierung in BVerfGE 18, 112 (116); zum Problem auch *Vogler* NJW 1994, 1433 ff.

[92] Siehe auch *Burkiczak* NZWehr 2006, 89 (97).

[93] BVerfGE 115, 118 ff.; zuvor ebenso schon *Höfling/Augsberg* JZ 2005, 1080 ff. mwN; scharf-polemische, gleichwohl nicht überzeugende Kritik am BVerfG bei *Isensee* AöR 131 (2006), 173 (181 f.); aA auch *Frenz* DÖV 2015, 305 (306).

[94] BVerfGE 115, 118 (154). – Zur Problematik und zur Entscheidung des BVerfG s. etwa *Pawlik* JZ 2004, 1045 ff.; *Palm* DSt 47 (2008), 41 ff.

[95] Dazu eingehend (mit durchweg anderer Akzentuierung als hier) *Dreier,* in: Dreier I, Art. 1 Rn. 79 ff.; Gegenposition bei *Hillgruber,* in: Epping/Hillgruber, Art. 1 Rn. 21 ff.

[96] *Benda* NJW 2001, 2147.

abgeschlossen. Auf der Grundlage der hier entwickelten Menschenwürdekonzeption (→ Rn. 9 ff.) lassen sich aber folgende Aussagen formulieren:

– Die vielfältigen Aspekte der **Reproduktionsmedizin** werfen zwar durchaus zum Teil schwierige 24 (verfassungs-)rechtliche Probleme auf – dies gilt etwa für Kindeswohlfragen **(Recht des Kindes auf Kenntnis der eigenen Abstammung)** in Fällen der heterologen Insemination und der Leihmutterschaft sowie hinsichtlich der Anzahl der erzeugten Embryonen.[97] Doch wird der Gewährleistungsgehalt des Art. 1 I GG hiervon grundsätzlich nicht herausgefordert. Dies gilt auch für die seit kurzem auch in Deutschland praktizierte Embryospende.[98]

– Anders verhält es sich indes hinsichtlich der **Forschung an und mit humanen embryonalen** 25 **Stammzellen.**[99] Auf der Grundlage der hier vertretenen Deutung wird Art. 1 I GG in jener Konstellation verletzt, wo Embryonen allein zwecks embryonenverbrauchender Gewinnung von Stammzellen erzeugt werden. Die funktionalistisch reduzierte Erzeugung von Menschen als bloße „Rohstofflager" bedeutet eine prinzipielle Leugnung des Subjektstatus. Wegen der normativen Äquivalenz gilt dies auch für im Wege des Zellkerntransfers **(sog. therapeutisches Klonen)** erzeugte Embryonen. Die auf diese Weise realisierte Gewinnung von embryonalen Stammzellen als „Akt der Selbsthilfe" zu qualifizieren, weil der Zellkernspender ja mit dem „Produkt" der Zellkerntransplantation (weitestgehend) genetisch identisch sei,[100] verfehlt den normativen Konflikt.[101] Schwieriger – und besonders umstritten – ist die Frage, wie die Verwendung sog. überzähliger Embryonen zu beurteilen ist.[102] Zum Teil wird mit dem Argument der fehlenden Entwicklungschance der sog. überzähligen Embryonen ein Würdeverstoß verneint.[103]

Die **Präimplantationsdiagnostik** (PID)[104] bleibt auch nach ihrer einfachrechtlichen Regulierung 26 (§ 3a ESchG) verfassungsrechtlich umstritten.[105] Ob Art. 1 I GG ein ausnahmsloses Verbot zwingend gebietet, erscheint aber zweifelhaft. **Kein Argument** für die Zulässigkeit der PID ergibt sich indes aus dem geltenden **Abtreibungsrecht.** Die Exzeptionalität der Konfliktkonstellation einer (ungewollten) Schwangerschaft verbietet eine entsprechende Parallelisierung.[106] Der Schwangerschaftskonflikt ist ein Konflikt „im Körper der Frau", den der Staat nicht zwangsweise zu deren Lasten entscheiden darf.[107]

Eine dogmatisch noch relativ unbewältigte Problematik tut sich auf, wo nicht konkrete Grund- 27 rechtssubjekte „Gegenstand" biowissenschaftlicher bzw. biotechnischer Zugriffe sind, sondern das Humanum schlechthin. Die Koinzidenz von Natur- und Subjektbeherrschung führt hier zum direkten **Durchgriff auf die Subjektivität.**[108] Das ist etwa beim sog. **reproduktiven Klonen** oder bei der **Interspezies-Hybridisierung** der Fall.[109] Insoweit dürfte im Blick auf die objektiv-rechtliche Di-

---

[97] S. auch *Herdegen,* in: Maunz/Dürig, Art. 1 Abs. 1 (2009) Rn. 97 mwN; zum Kindeswohl *Kersten* (Fn. 59), S. 336 ff.

[98] Dazu und allgemein zur normativen Relevanz des Menschenwürdearguments am Lebensanfang, Höfling, in: Essener Gespräche 51 (2019), S. 61 ff. ferner Deutscher Ethikrat, Embryospende, Embryoadaption und elterliche Verantwortung. Stellungnahme 2016; kritisch zur Reproduktionsmedizin unter Rückgriff auf Art. 1 I GG etwa *Kluth* ZfP 36 (1989), 115 (122 f.); *Hillgruber,* FS Link, 2003, S. 637 ff.

[99] Dazu näher *Höfling,* Reprogenetik und Verfassungsrecht, 2001; *Kersten* (Fn. 59); *Merkel,* Forschungsobjekt Embryo, 2002; *Müller-Terpitz* (Fn. 28); *Dederer* AöR 127 (2002), 1 (22 ff.); *Gounalakis,* Embryonenforschung und Menschenwürde, 2006.

[100] So *Schwarz* KritV 2001, 182 (208).

[101] Näher *Höfling,* Bitburger Gespräche, Jb 2002/II, S. 99 (111).

[102] S. dazu etwa *Herdegen,* in: Maunz/Dürig, Art. 1 Abs. 1 (2009) Rn. 114; *Isensee,* in: Höffe/Honnefelder/Isensee/Kirchhof (Hrsg.), Gentechnik und Menschenwürde, 2002, S. 72 ff.; *Kirchhof* ebda, S. 27 ff.; *Höfling* (Fn. 98), S. 44 f.; *Hofmann,* in: Hofmann/Hopfauf, Art. 1 Rn. 28, 36; *Dederer* AöR 127 (2002), 1 (24); *Fechner* JZ 1986, 653 (659).

[103] So etwa *Dederer* AöR 127 (2002), 1 (9 ff., 14 ff.); *Herdegen,* in: Maunz/Dürig, Art. 1 Abs. 1 (2009) Rn. 114; *Ipsen* NJW 2004, 268 (269); iE auch *Schreiber* NStZ 2003, 367 (371).

[104] Dazu etwa *Giwer,* Rechtsfragen der Präimplantationsdiagnostik, 2001; *Böckenförde-Wunderlich,* Präimplantationsdiagnostik als Rechtsproblem, 2002; *Müller-Terpitz* (Fn. 28), S. 538 ff.; *Gethmann-Siefert/Huster* (Hrsg.), Recht und Ethik in der Präimplantationsdiagnostik, 2005; Deutscher Ethikrat, Präimplantationsdiagnostik, 2011.

[105] Dazu näher *Höfling,* Verfassungsrechtliche Aspekte der Verfügung über menschliche Embryonen und „humanbiologisches Material, 2001, S. 200 ff.; *Giwer,* Rechtsfragen der Präimplantationsdiagnostik, 2001, S. 141; *Rixen,* in: Beer/Markus/Platzer (Hrsg.), Was wissen wir vom Leben?, 2003, S. 264 ff.; *Hufen,* MedR 2001, 440 ff.

[106] S. schon zutreffend BVerfGE 88, 203 (256); näher *Höfling,* Bitburger Gespräche, Jahrbuch 2002/II, S. 99 (112 f.).

[107] Dazu instruktiv *Kersten* (Fn. 59), S. 565 ff. – Selbst wenn man insoweit einen Konflikt „Würde gegen Würde" annehmen wollte, verwehrt die Asymmetrie von abwehrrechtlichen Unterlassungspflichten und Schutzpflichten den staatlichen Eingriff; dazu → Rn. 12.

[108] Dazu *Beck,* Risikogesellschaft, 1986, S. 335; In-vitro-Fertilisation, Genomanalyse und Gentherapie, Bericht der gemeinsamen Arbeitsgruppe des Bundesministers für Forschung und Technologie und des Bundesministers der Justiz (sog. *Benda-Kommission*), 1985, S. 33 f.; auch *Bayertz* ARSP 81 (1995), 465 (477): Die menschliche Subjektivität wird zum Objekt der Kontrolle; vgl. ferner *Enders* (Fn. 6), S. 496 ff.

[109] Zum Problem *Höfling,* in: Prütting (Hrsg.), Medizinrecht, 2. Aufl. 2012, § 7 ESchG, Rn. 1 ff. mwN; *Müller-Terpitz,* in: Spickhoff (Hrsg.), Medizinrecht, 2011, § 7 ESchG, Rn. 1 f.; Deutscher Ethikrat, Mensch-Tier-Mischwesen in der Forschung, 2011.

mension der Menschenwürdegarantie (→ Rn. 52) das grundsätzliche Verdikt über derartige Interventionen naheliegen.[110]

28 **Gentechnik/Gentherapie:**[111] Der grundlegenden Unterscheidung von – primär an Art. 2 Abs. 2 zu messenden – konkreten Gefährdungen individueller Grundrechtsträger einerseits und Gefährdungen des „Menschseins" schlechthin kommt auch in diesem Kontext Bedeutung zu. Die **somatische Gentherapie,** die in ihrer Auswirkung auf die betroffenen Individuen begrenzt ist, wirft in grundrechtsdogmatischer Hinsicht keine besonderen Bewertungsprobleme auf.[112] Schwierige Fragen wirft indes die sog. **Keimbahntherapie** mit ihren intergenerativen Implikationen auf. Sie ist derzeit durch § 5 ESchG verboten. Das neue Instrument der „Genschere" bzw. die Methode „CrisprCas9" stellen Ethik und Recht nunmehr aber vor große Herausforderungen.[113] Aus der Perspektive des Art. 1 Abs. 1 GG lässt sich ein verfassungsrechtliches Verdikt allenfalls unter Rückgriff auf die objektiv-rechtliche Funktion (→ Rn. 52 ff.) herleiten.[114] Allerdings dürfte man eine kontrollierte wirksame Manipulation der Erbsubstanz aus kurativen oder präventiven Gründen kaum als menschenwürdeverletzend einstufen können.[115]

29 **Sterbehilfe:** Die Würdegarantie gilt selbstverständlich auch für den sterbenden Menschen.[116] Gleichwohl sind Interpretationsansätze zurückzuweisen, die aus einem **„Recht auf ein würdiges Sterben"** weitreichende Konsequenzen für eine Liberalisierung des sog. Sterbehilferechts ziehen.[117] Insbesondere steht keinem Dritten die Befugnis zu, das Lebensrecht eines Kranken dessen „objektiv" bestimmter Würde zu opfern.[118] Andererseits darf Art. 1 I GG auch nicht gegen eine eigenverantwortliche Selbsttötung oder eine entsprechende Suizidassistenz ausgespielt werden.[119]

30 **2. Sicherung menschengerechter Lebensgrundlagen. a) Allgemeines.** Seit den ersten Judikaten vom BVerfG[120] und BVerwG[121] ist die Frage problematisiert worden, ob und inwieweit Art. 1 Abs. 1 GG ein Gewährleistungsgehalt zur Sicherung eines menschenwürdigen Daseins entnommen werden kann.[122] Das BVerfG hatte zunächst noch kategorisch ausgeschlossen, dass Art. 1 Abs. 1 GG eine leistungsrechtliche Dimension (→ Rn. 50 f.) enthalte: Wenn in Art. 1 Abs. 1 S. 2 von der Pflicht des Staates zum „Schützen" die Rede sei, sei „dabei nicht Schutz vor materieller Not, sondern Schutz gegen Angriffe auf die Menschenwürde durch Andere, wie Erniedrigung, Brandmarkung, Verfolgung, Ächtung usw. gemeint".[123] Später hat es dann – ohne Bezug auf den Menschenwürdesatz – die staatliche Gemeinschaft für verpflichtet gehalten, „jedenfalls die Mindestvoraussetzungen für ein menschenwürdiges Dasein" zu sichern.[124]

31 In der Folgezeit hat es dann zunächst die Frage ausdrücklich offengelassen, ob Art. 1 I GG ein Grundrecht des Einzelnen auf gesetzliche Regelung von Ansprüchen auf angemessene Versorgung begründen könne,[125] um dann aber insbesondere in seinem vieldiskutierten Hartz-IV-Urteil[126] ein aus Art. 1 I GG iVm dem Sozialstaatsprinzip des Art. 20 I GG folgendes Gebot zur Schaffung der Mindestvoraussetzungen für ein menschenwürdiges Dasein anzuerkennen. Dieser Leistungsanspruch erstreckt sich – so das BVerfG – auf die unbedingt erforderlichen Mittel als einheitliche Gewährleistung zur Sicherung eines Mindestmaßes an Teilhabe am gesellschaftlichen, kulturellen und politischen Leben.[127]

---

[110] Vgl. *von der Pfordten,* Klonierung als Manipulation, S. 213 ff.; *Habermas,* Genetische Sklavenherrschaft?, S. 243 ff.; aA *Hilgendorf,* FS Maurer, 2001, S. 1147 (1152 ff.). – Eingehend *Kersten* (Fn. 59).

[111] Dazu etwa *Lege* (Fn. 42), S. 669 (v. a. 743 ff.); *Ladeur/Augsberg* (Fn. 11), S. 43; *Kaiser* GTK, S. 23 ff.; *Wagner,* Der gentechnische Eingriff in die menschliche Keimbahn, 2007; *Schulte/Apel,* in: Schulte (Hrsg.), Handbuch des Technikrechts, 2. Aufl. 2011, S. 505 ff.

[112] S. auch *Wagner/Morsery* NJW 1996, 1565 ff.; *Vestrup* NJW 1997, 1605 ff.; *Herdegen,* in: Maunz/Dürig, Art. 1 Abs. 1 (2009) Rn. 101; ebenso etwa *Dreier,* in: ders., Art. 1 Abs. 1 Rn. 103.

[113] S. die Stellungnahme der Deutschen Akademie der Naturforscher Leopoldina eV ua: Chancen und Grenzen des genome editing, 2015; auch *Eberbach,* MedR 2016, 758 ff.

[114] Vgl. etwa *Spranger,* Recht und Bioethik, 2010, S. 168.

[115] S. auch *Herdegen,* in: Maunz/Dürig, Art. 1 Abs. 1 (2009) Rn. 109; *Dreier,* in: ders., Art. 1 Abs. 1 Rn. 104.

[116] Explizit: Art. 8 I 1 BbgVerf; Art. 1 I 2 ThürVerf.

[117] Zum Problem z. B. *Hufen* NJW 2001, 849 ff.; *Hillgruber,* in: Epping/Hillgruber, Art. 1 Rn. 20; *Herdegen,* in: Maunz/Dürig, Art. 1 Abs. 1 (2009) Rn. 85; näher zu einem Recht zu sterben *Höfling,* in: Friauf/Höfling, Art. 2 II Rn. 187 ff. mwN; *ders.,* in: FS Jarass, 2015, S. 195 ff.

[118] Dazu (mN aus Judikatur und Literatur): *Höfling,* in: ders. (Hrsg.), Das sog. Wachkoma, 2. Aufl. 2007, S. 1 (5 ff.); auch *Isensee,* in: HGR IV/2, § 87 Rn. 215.

[119] So aber *Hillgruber,* ZFL 2015, 86 (92); näher zur Problematik *Höfling* (Fn. 117), S. 195 ff.

[120] BVerfGE 1, 97 (104).

[121] BVerwGE 1, 159 (161 f.).

[122] Aus der Literatur s. etwa *Bachhof* VVDStRL 12 (1954), 37 (42); *Poscher* Grundrechte als Abwehrrechte, 2003, S. 384 ff.; *W. G. Leisner* Existenzsicherung im öffentlichen Recht, 2007, S. 107 ff.; *Enders* VVDStRL 64 (2005), 7 (39 f.); *Heinig* in: Bahr/Heinig (Hrsg.), Menschenwürde in der säkularen Verfassungsordnung, 2006, S. 251 ff.; *Axer,* GS Brugger, 2013, S. 335 ff.

[123] BVerfGE 1, 96 (104).

[124] BVerfGE 40, 121 (133).

[125] BVerfGE 75, 348 (360).

[126] BVerfGE 125, 175 ff.

[127] So zuletzt BVerfG, NJW 2019, 3703 Rn. 119 unter Bezugnahme auf BVerfGE 125, 175 (223); 132, 134 (172 Rn. 94); 137, 34 (72 Rn. 75); 142, 353 (370 Rn. 37).

Dieses Grundrecht ist lediglich dem Grunde nach unverfügbar, bedarf aber im Einzelnen der **32** Konkretisierung und stetigen Aktualisierung durch den Gesetzgeber, dem dabei ein Gestaltungsspielraum zusteht.[128] Der konstruktive Zugriff des BVerfG hat in der Literatur ganz unterschiedliche grundrechtsdogmatische Deutungen erfahren.[129]

**b) Einzelfälle.** In der verwaltungsgerichtlichen Rspr. ist eine menschenwürdige Unterbringung **33** hilfsbedürftiger Personen als durch Art. 1 I GG geboten eingestuft worden.[130] Auch der ernährungsbedingte Mehrbedarf eines leukämiekranken Sozialhilfeempfängers ist zum Schutz der Menschenwürde zu befriedigen.[131] Die gesetzlichen Pfändungsfreigrenzen sichern die Menschenwürde ebenfalls ab.[132] Erwogen wird auch, in der Vorenthaltung eines angemessenen Arbeitslohns unter Ausnutzung wirtschaftlicher Notlagen als einen privaten Übergriff in die Menschenwürde zu qualifizieren.[133] **Sanktionierende Leistungskürzungen,** wie sie im Regelungskonzept des Förderns und Forderns vorgesehen sind, sind sind grundsätzlich mit der Menschenwürdegarantie vereinbar.[134] Sie stellen den Subjektstatus der – zu Eigenaktivitäten fähigen – Betroffenen nicht prinzipiell in Frage (→ Rn. 15 f.). Nach Auffassung des BVerfG ist es verfassungsrechtlich nicht zu beanstanden, wenn staatliche Leistungen zur Sicherung einer menschenwürdigen Existenz nun nachrangig gewährt und an Mitwirkungspflichten gebunden werden, die darauf abzielen, die Hilfsbedürftigkeit zu überwinden, sofern sie gemessen an dieser Zielsetzung verhältnismäßig sind.[135]

Auch für die **Besteuerung** ist anerkannt, dass Art. 1 I iVm dem Sozialstaatsprinzip der staatlichen **34** Steuerungsgewalt insoweit Grenzen zieht, als dem Steuerpflichtigen ein steuerfreies Einkommen in dem Umfang verbleiben muss, wie dieses zur Schaffung der Mindestvoraussetzungen für ein menschenwürdiges Dasein benötigt wird.[136] In dieser Höhe ist das Familieneinkommen – unabhängig vom sozialen Status der Familie – nicht disponibel und kann daher auch nicht zur Ermittlung der steuerlichen Leistungsfähigkeit herangezogen werden.[137] Das „Prinzip der Steuerfreiheit des Existenzminimums"[138] betrifft allerdings – anders als das sog. Hartz-IV-Urteil – die abwehrrechtliche Dimension des Menschenwürdesatzes.[139]

**3. Achtung elementarer Rechtsgleichheit.** Art. 1 I gewährleistet ferner eine **elementare Basis-** **35** **gleichheit.**[140] Zur Würde eines Menschen in einem Gemeinwesen gehört, dass ihm nicht ein rechtlich abgewerteter Status zugewiesen wird.[141] Verboten sind danach nicht nur Sklaverei und rassische Diskriminierungen, sondern auch andere, ähnlich demütigende Ungleichbehandlungen.[142] Ein Verstoß gegen Art. 1 I liegt auch vor, wenn der Staat den Einzelnen (oder ganze Gruppen) rechtlos stellt und damit das zwischen dem Einzelnen und dem Staat bestehende Rechtsverhältnis als Verhältnis wechselseitiger Rechte und Pflichten auflöst.[143] Diese Position hat jüngst das BVerfG in seinem NPD-Urteil[144] nachdrücklich bekräftigt: Die Garantie der Menschenwürde umfasse auch die elementare Rechtsgleichheit. Menschenwürde sei egalitär und gründe ausschließlich in der Zugehörigkeit zur mensch-

---

[128] BVerfGE 125, 175 (222); ebenso BVerfG EuGRZ 2012, 473 (Abs. Nr. 88); siehe auch BVerfG 82, 60 (85); näher zur Entwicklung etwa *Mayen* FS Stern, 2012, S. 1451 (1453 ff.); s. ferner etwa *Rixen* Sozialrecht aktuell 2010, 81 ff. Zur EU-rechtlichen Dimension *Wallrabenstein* JZ 2016, 109.

[129] S. hier nur einerseits („kein neues Grundrecht") *Ruland* JuS 2010, 844 (848), andererseits („Urteil [aus der] Reihe der neuen Grundrechtskreationen") *Kingreen* NVwZ 2010, 558 (558), abwägend *Rixen* Sozialrecht aktuell 2010, 81 (81 f.).

[130] S. etwa OVG Berlin NJW 1980, 2684; OVG NRW NVwZ 1993, 202; BayVGH BayVBl. 1993, 569; VGH BW NVwZ 1993, 1220 ff. (1220); dazu näher *Ruder* NVwZ 2012, 1283 ff.

[131] S. VG Hamburg NVwZ 1989, 2968 (2969). – Zur Bedeutung der Menschenwürde für das Recht der Sozialleistungen s. *Spellbrink* DVBl 2011, 661 ff.

[132] S. etwa BFH NJW 1990, 1871; OLG Hamburg ZMR 1984, 154 (156).

[133] S. *Lobinger* GS Brugger, 2013, S. 355 (384); vgl. ferner *Rixen* SGb 2005, 509 ff.

[134] BVerfG NJW 2019, 3703 LS 2 und Rd. 116 ff.

[135] BVerfG (Fn. 134) Rn. 117, 123 ff.; dazu *Nettersheim,* Anm., JZ 2020, 152 ff.; *Rixen,* SGb 2020, 1 ff.

[136] S. BVerfGE 82, 60 (85, 87); ferner etwa BVerfGE 120, 125 (154 f.); dazu auch *Hofmann,* in: Hofmann/Hopfauf, Art. 1 Rn. 40; *Kempny,* StuW 2015, 185 (192).

[137] S. BVerfGE 85, 346 (353); ferner etwa BVerfGE 99, 216 (233); grds. zum Verfassungsrecht des sozialen Steuerstaates *Lehner* Einkommensteuerrecht und Sozialhilferecht, 1993; zu möglichen Friktionen zwischen steuerlicher Verschonung und sozialrechtlicher Gewährung *Kempny/Krüger* SGb 2013, 384 (390 f.).

[138] Dazu zusammenfassend BVerfGE 120, 125 (154 f.).

[139] Darauf zu Recht hinweisend *Enders,* in: Stern/Becker, Art. 1 Rn. 47 Fn. 147.

[140] Dazu *P. Kirchhof* HStR V, § 124 Rn. 99 ff.; zustimmend *Jarass,* in: Jarass/Pieroth, Art. 1 Rn. 6; *Isensee,* in: HGR IV/2, § 87 Rn. 168; s. a. *Schaefer,* AöR 135 (2010), 404 (429). Zu Auswirkungen der elementaren Gleichheit auf Rettungskonfliktsituationen *Rücker,* Die Allokation von Lebenschancen, 2014, S. 162 ff.

[141] Vgl. *Podlech* AK GG, Art. 1 Abs. 1 Rn. 29, 33; vgl. näher zum Verhältnis von Menschenwürde und Gleichheit *Damm,* Menschenwürde, Freiheit, komplexe Gleichheit, 2006, S. 379 ff.

[142] *Podlech* AK GG, Art. 1 Abs. 1 Rn. 30 ff.

[143] *Enders,* in: Stern/Becker, Art. 1 Rn. 63, unter Bezugnahme auf das NS-Regime, aber auch auf die „Sonder-Behandlung" „feindlicher Kämpfer", soweit diese im „Krieg gegen den Terror[ismus]" weder dem Kriegsvölkerrecht noch der nationalen Rechtsordnung unterstellt werden.

[144] BVerfG, Urt. v. 17.12.2017 – 2 BvB 1/13.

lichen Gattung, unabhängig von Merkmalen wie Herkunft, Rasse, Lebensalter oder Geschlecht. Dem Achtungsanspruch des Einzelnen als Person sei die Anerkennung als gleichberechtigtes Mitglied in der rechtlich verfaßten Gemeinschaft immanent. Mit dieser Garantie sei ein rechtlich abgewerteter Status oder demütigende Ungleichbehandlungen nicht vereinbar.[145]

36      Zu Recht hat das BVerfG im Übrigen betont, dass menschliches Leben und menschliche Würde „ohne Rücksicht auf die Dauer der physischen Existenz des einzelnen Menschen gleichen verfassungsrechtlichen Schutz" genießen. Wer dies leugne, verwehre den Betroffenen „gerade die Achtung, die ihnen um ihrer menschlichen Würde willen gebührt".[146] Zu einem offenen Dissens zwischen den Senaten des BVerfG ist es in der Frage gekommen, ob die (haftungs-)rechtliche **Qualifikation des Daseins eines Kindes als Schadensquelle** gegen Art. 1 I GG verstößt. Während der Zweite Senat dies bejaht, vermag der Erste Senat hierin keinen Verfassungsverstoß zu erkennen.[147] Auch wenn die Konzeption des Ersten Senats durchaus auf Bedenken stößt,[148] liegt hierin doch kein Verstoß gegen die Menschenwürde der je betroffenen Kinder.[149]

37      **4. Wahrung der personalen Identität und Integrität.** Die Verfassungsbestimmung des Art. 1 I sichert auch den Schutz einer heute besonders bedrohten Bedingung für die Realisierung von Menschenwürde: die **Wahrung personaler Identität** bzw. psychischer, seelischer, intellektueller Integrität.[150] Identität und Integrität[151] bezeichnen dabei einen **Prozess möglichst autonomer Selbstdarstellung.**[152] Er wird z. B. durch die selbstgewählte Teilnahme an TV-Sendungen („Big Brother") oder „Tötungsspielen" (z. B. „Paintball")[153] grundsätzlich nicht gefährdet.[154]

38      **a) Allgemeines.** Identität[155] umfasst im vorliegenden Problemkontext sowohl den Innen- wie den Außenbezug, das Ich und das Wir, das ambivalente Spannungsverhältnis der zwei Zonen des freien Menschen, nämlich der des einsamen und der des gemeinsamen Menschen.[156] Selbstdarstellung und Entfaltung lassen sich auch – und nicht zuletzt – durch andere bzw. mit Hilfe anderer realisieren.[157] Nur soweit dieser soziologische Grundtatbestand der Sozialität des Menschen, seine Mit-Menschlichkeit,[158] gemeint ist, kann die vom BVerfG entwickelte **Menschenbildformel**[159] Zustimmung beanspruchen. Untauglich ist die Argumentationsfigur aber, wenn sie die Menschenwürde über eine Pflichtendimension[160] gleichsam einer Grundrechtsschranke unterwerfen will.[161] Es ist deshalb z. B. auch nicht möglich, über eine entsprechende Verantwortungsdimension des Menschenwürdesatzes dem Gebot des Tierschutzes verfassungsrechtliche Dignität zu verleihen.[162] Stattdessen gilt: Dass die Menschenwürde unantastbar „ist", beschreibt die Unverfügbarkeit, die Nichtmachbarkeit des Menschen. Er ist das freie, undefinierbare und offene Wesen **(offenes Menschenbild des GG)**,[163] so dass es von Verfassungs wegen illegitim ist, „das Wesen des Menschen [...] zu definieren".[164]

---

[145] AaO, Rn. 539 und 541.

[146] So BVerfGE 115, 118 (158) im Kontext des Luftsicherheitsgesetzes; ebenso schon *Höfling/Augsberg* JZ 2005, 1080 (1083); vgl. auch für einen anderen, nämlich medizinischen Kontext *Höfling,* in: ders. (Hrsg.), Das sog. Wachkoma, 2. Aufl. 2007, S. 1 (5 f.).

[147] S. BVerfGE 88, 203 (296) einerseits und BVerfGE 96, 375 ff. andererseits.

[148] Scharfe Kritik hieran insb. bei *Picker,* Schadensersatz für das unerwünschte eigene Leben, 1995; *ders.* AcP 195 (1995), 483 ff.

[149] Wie hier etwa *Siekmann/Duttge* Rn. 200; *Robbers,* in: Umbach/Clemens I, Art. 1 Rn. 39.

[150] Dazu etwa *Graf Vitzthum* MedR 1985, 249 (252); *Podlech* AK GG, Art. 1 Abs. 1 Rn. 34 ff.; *Höfling* (Fn. 16), S. 118; *Morlok,* Selbstverständnis als Rechtskriterium, 1993, S. 69 ff.

[151] Letztere hier jenseits der körperlichen Kontingenz (dazu → Rn. 20 ff.) verstanden.

[152] Dazu und zum folgenden *Höfling* (Fn. 16) 1987, S. 118 ff. mwN; die Konzeptualisierung der Menschenwürde als Recht auf Selbstdarstellung aufgreifend: *Morlok* (Fn. 150); *Suchomel,* Partielle Disponibilität der Würde des Menschen, 2010, S. 174 f..

[153] S. etwa BayVGH GewArch 2013, 218 ff.; zu „Freefight" *Jacob* SpuRt 2012, 2 ff.

[154] Dazu z. B. *Ladeur/Augsberg* (Fn. 11), S. 92 ff.; *Dörr,* „Big Brother" und die Menschenwürde, 2000; Diskussion auch anderer Konstellationen bei *Suchomel* (Fn. 152), S. 20 ff.

[155] Zur Bedeutung von Identitätskonzepten für die Menschenwürdediskussion s. *Häberle* HStR I, § 20 Rn. 48 ff.; s. a. *Enders,* in: Friauf/Höfling, Art. 1 Rn. 95 ff.

[156] Instruktiv zu dieser Doppelfrage nach Identität *Kellenberger* FG Batliner, 1993, S. 157 ff.

[157] Vor allem *Suhr,* Entfaltung der Menschen durch die Menschen, 1976; *ders.* EuGRZ 1984, 529 ff.

[158] Dazu plastisch *Simmel,* Grundfragen der Soziologie, 1920, S. 13 f.

[159] Grundlegend BVerfGE 4, 7 (15 f.); ähnlich BVerfGE 109, 133 (151) – Ein „Menschenbild der Menschenrechte" entwickelt *Brugger* Jahrbuch für Recht und Ethik 3 (1995), 121 ff.

[160] Vgl. auch *Häberle* Rechtstheorie 11 (1980), 389 (412 ff.).

[161] Bedenkliches Beispiel: BVerfG (K) NJW 1993, 3315 f. (3315); fragwürdig auch *Hufen* JZ 2004, 313 (317); zur Kritik dieses Ansatzes s. etwa *Höfling* (Fn. 16) 1987, S. 114 mN.

[162] Dazu treffend mit zahlreichen Nachw. VG Berlin NVwZ-RR 1994, 506 (507 f.); ferner etwa *Huster* ZRP 1993, 326 (327 f.); *Jarass,* in: Jarass/Pieroth, Art. 1 Rn. 25: „Tierschutz hat mit Menschenwürde nichts zu tun".

[163] *Baruzzi,* Europäisches „Menschenbild" und das Grundgesetz für die Bundesrepublik Deutschland, 1979, S. 106 ff.; zum offenen Menschenbild des GG *Höfling* (Fn. 16), S. 116 ff.

[164] *Schmid,* 4. Sitzung des Grundsatzausschusses am 23.9.1948 in: Deutscher Bundestag/Bundesarchiv, Der Parlamentarische Rat 1948–1949, Bd. 5, 1993, S. 64.

Dieser Unabgeschlossenheit des Menschen als des realen Bezugspunktes des Art. 1 I entspricht **39** dessen normative Offenheit. Die Objektformel (o. Rn. 15) zielt demnach durchaus in den Kern der Menschenwürdegarantie: Der Mensch darf nicht zum bloßen Gegenstand gemacht werden, er hat vielmehr das Recht zum Gegen-Stand: gegen fremdbestimmende Menschenprägung, gegen funktionalistische Konditionierung, gegen uniformierende Wesensbestimmung.[165] In diesem Sinne garantiert Art. 1 I auch das **Recht auf das je eigene Menschenbild.**[166]

Das vorstehend entwickelte Verständnis des Art. 1 I weist Parallelen zu einem **leistungsbezogenen** **40** **Würdemodell** auf, wie es insbesondere von *Luhmann* entworfen worden ist.[167] Hieraus resultiert ein gewisser Klarstellungsbedarf. Auch derjenige, dessen würderealisierende Versuche misslingen, genießt den Schutz des Art. 1 I. Er ist nicht etwa würdelos in dem Sinne, dass er als Grundrechtsträger aus dem Normbereich „ausscheidet"[168] oder unter Berufung auf die Menschenwürde vor sich selbst zu schützen wäre.[169] Auch die „verrückte Selbstdarstellung" ist zu achten.[170] Art. 1 I schützt die Würde des Menschen, „wie er sich in seiner Individualität selbst begreift und seiner selbst bewusst wird".[171]

Ganz allgemein schützt Art. 1 I damit vor staatlichen Ingerenzen, die die **Aufrechterhaltung der** **41** **Identität,** aber auch den Versuch ihrer Neukonstituierung vereiteln wollen. Als besonders schutzbedürftig erweisen sich dabei „stigmatisierte" Minderheiten.[172] Gefährdungen für die Menschenwürde gehen vor allem von sog. totalen Institutionen wie Gefängnissen oder psychiatrischen Kliniken aus.[173] Weder Strafvollzugs- noch therapeutische Maßnahmen dürfen die Identität von Menschen brechen.[174] Der Menschenwürdesatz will auch die „Freiheit von Erniedrigung" gewährleisten.[175]

**b) Einzelfälle.** Die notwendig vage bleibenden Umschreibungen des normativen Gewährleistungs- **42** inhalts des Menschenwürdesatzes als Garantie personaler Identität gewinnen an Konkretheit im Blick auf spezifische Lebenssachverhalte und konkrete Einzelfälle:

**Strafvollzug:**[176] Das Verfassungsgebot menschenwürdiger **Haftbedingungen** kann z. B. verletzt **43** werden, wenn hygienische Minimalstandards in der Haftzelle unterschritten werden.[177] Auch in der Strafhaft müssen die „grundlegenden Voraussetzungen individueller und sozialer Existenz des Menschen … erhalten bleiben".[178] Aus Art. 1 I GG lässt sich dagegen kein Anspruch darauf herleiten, dass der Aufenthalt in einer Untersuchungshaftanstalt niemandem bekannt werden darf.[179] Auch das Rechtsinstitut der Führungsaufsicht im Allgemeinen und im Rahmen dessen mögliche strafbewehrte Abstinenzweisungen im Besonderen sind mit Art. 1 I vereinbar.[180] Eine **lebenslange Freiheitsstrafe** ist nur dann mit Art. 1 I vereinbar, „wenn der Verurteilte eine konkrete und grundsätzlich auch realisierbare Chance hat, zu einem späteren Zeitpunkt die Freiheit auch wiedergewinnen zu können;

---

[165] *Höfling* (Fn. 16), 1987, S. 117. – Zu Recht gerade diese Funktion der „Formalität der Interpretamente" der Kategorien „Selbstzwecklichkeit und Instrumentalisierungsverbot" hervorhebend: *W. Huber* Menschenwürde, Zs. für Evangelische Ethik 2013, 62 (64).

[166] Geschützt ist damit in Extremkonstellationen auch das „Recht, ein ,Anderer' zu sein" (*Blankenagel* DÖV 1985, 953 ff.), wie das BVerfG in seiner ersten Transsexuellenentscheidung klargemacht hat; s. BVerfGE 49, 286 (298); einen Verzicht auf exklusive Erklärungsansätze fordert *Rixen* JZ 2016, 585 (590).

[167] *Luhmann,* Grundrechte als Institution, 1975, S. 53 ff.; dazu → Rn. 13.

[168] Zur Kritik an der zumindest missverständlichen Konzeption *Luhmanns* s. etwa *Starck* MKS I, Art. 1 Rn. 9; *Willke,* Stand und Kritik der neueren Grundrechtstheorie, 1975, S. 166 f.

[169] Negativbeispiel insoweit die Peep-Show-Entscheidung des BVerwG (BVerfGE 64, 274 ff.); zur Kritik etwa *Höfling* NJW 1983, 1582 ff.; *Hillgruber,* Schutz des Menschen vor sich selbst, 1992, S. 104 ff.; *Enders* (Fn. 6), S. 368 f.; s. auch *Mahlmann,* in: Rosenfeld/Sajó (Hrsg.), Comparative Constitutional Law, 2012, S. 370 (391).

[170] *Neumann* KritV 1993, 277 (284).

[171] BVerfGE 49, 286 (298).

[172] Dazu *Podlech* AK GG, Art. 1 Abs. 1 Rn. 38; ferner schon *Badura* JZ 1964, 337 (341).

[173] Vgl. dazu *Neumann* KritV 1993, 277; *Podlech* AK GG, Art. 1 Abs. 1 Rn. 36; s. auch AG Meißen, NJZ 2008, 3214 (3215); kein Verstoß gegen Art. 1 I GG durch Anbringung eines Funkortungschips an Kleidung einer dementen Person. Zu Betreuungsanordnungen BVerfG (K), NJW 2015, 1666.

[174] BVerfGE 45, 187 (228 f.); s. ferner z. B. BVerfGE 57, 250 (275); 72, 105 (116); 80, 244 (255); 86, 288 (312, 321); vgl. auch *Kingreen/Poscher* Rn. 378.

[175] Dazu *Hörnle,* ZPh 2008, 41 ff.; *dies.,* Crim Law and Philos. 6 (2012), 307 ff.; s. a. schon o. Fn. 52 f.; eher kritisch *Isensee,* in: HGR IV/2, § 87 Rn. 178 f.; problematische Verknüpfung von Erniedrigung und Selbstachtungsfähigkeit bei *Nida-Rümelin,* Philosophie und Lebensform, 2009, S. 238 ff.

[176] Grundsätzlich dazu *Müller-Dietz,* Strafvollzug und Menschenwürde, 1994; s. auch BVerfGE 89, 314 ff.; BVerfG (K) NJW 1996, 2643 f. (2643); BVerfGE 96, 100 (115); *Hillgruber,* in: Epping/Hillgruber, Art. 1 Rn. 31 ff.; *Kruis/ Cassardt* NStZ 1995, 521 ff.; *Hofmann,* in: Hofmann/Hopfauf, Art. 1 Rn. 44 ff.; *Robbers,* in: Umbach/Clemens, Art. 1 Rn. 52 f.; zur Einzelhaft und Folter aus der Perspektive des EGMR s. *Irmscher* EuGRZ 2007, 135 ff.; *v. Schwichow* (Fn. 15), S. 160 ff. u. ö.

[177] S. BVerfGE 34, 422 ff. und 417 ff.; BVerfG (K) EuGRZ 2015, 618; BVerfG (K) NJW 2016, 1872 (1874); wegweisend OLG Hamm JZ 1969, 237 ff. mit Anm. *Würtenberger;* s. auch etwa OLG Hamm DÖV 2009, 508; näher *Kretschmer* NJW 2009, 2406 ff.; zur Unterbringung im Haftraum mit rassistischen Schmiereien: BVerfG (K) NJW 2011, 137 ff.; zu Art. 3 EMRK vgl. insoweit EGMR EuGRZ 2016, 104 (105 f.).

[178] BVerfGE 131, 268 (287); BVerfG (K) NJW 2015, 2100.

[179] BVerfGE 34, 369 (382).

[180] BVerfG (K) NJW 2016, 2170 (2171).

denn der Kern der Menschenwürde wird getroffen, wenn der Verurteilte ungeachtet der Entwicklung seiner Persönlichkeit jegliche Hoffnung, seine Freiheit wieder zu erlangen, aufgeben muss".[181] Für die Strafrechtspflege allgemein hat das BVerfG in seiner Grundsatzentscheidung **zur Sicherungsverwahrung**[182] das in Art. 1 I enthaltene Verbot grausamer, unmenschlicher und erniedrigender Strafen hervorgehoben und hinzugefügt: „Der Täter darf nicht zum bloßen Objekt der Verbrechensbekämpfung unter Verletzung seines verfassungsrechtlich geschützten sozialen Wert- und Achtungsanspruchs gemacht werden".[183] Das Institut der vorbehaltenen Sicherungsverwahrung verletzt aber die Menschenwürdegarantie nicht.[184]

**44**     **Strafverfahren:** Jede **strafgerichtliche Verurteilung** enthält ein sozialethisches Unwerturteil, das den in der Menschenwürde wurzelnden sozialen Wert- und Achtungsanspruch des Verurteilten „berührt",[185] ohne ihn aber dadurch schon zu verletzen. Aus dem Menschenwürdesatz folgt weder eine absolute **Altersgrenze** für die Durchführung eines Strafverfahrens[186] noch der Grundsatz, dass ein Beschuldigter das Ende seines Verfahrens mit hinreichender Wahrscheinlichkeit erleben können muss.[187] Sind unter Verstoß gegen Art. 1 I **Beweise erhoben** worden, so kann ihre prozessuale Verwertung ebenfalls menschenwürdeverletzend sein.[188] Die **zwangsweise Verabreichung von Brechmitteln** zur Beweisgewinnung im Strafverfahren soll nicht gegen Art. 1 I und Art. 2 I,[189] kann aber wegen Unverhältnismäßigkeit gegen Art. 2 II GG verstoßen.[190] Den „Kerngehalt der Selbstbelastungsfreiheit" sieht das BVerfG als auch durch Art. 1 I GG geschützt an.[191]

**45**     In seiner Entscheidung zum sog. **Großen Lauschangriff** hat das BVerfG zwar klargestellt, dass das „heimliche Vorgehen des Staates" gegen jemanden „nicht zwingend eine Missachtung seines Wertes als Mensch" sei.[192] Allerdings sei bei solchen Beobachtungen ein „unantastbarer Kernbereich privater Lebensgestaltung zu wahren",[193] der auch „nicht durch Abwägung mit den Strafverfolgungsinteressen nach Maßgabe des Verhältnismäßigkeitsgrundsatzes relativiert" werden dürfe:[194]

„Zur Entfaltung der Persönlichkeit im Kernbereich privater Lebensgestaltung gehört die Möglichkeit, innere Vorgänge wie Empfindungen und Gefühle sowie Überlegungen, Ansichten und Erlebnisse höchstpersönlicher Art zum Ausdruck zu bringen, und zwar ohne Angst, dass staatliche Stellen dies überwachen. Vom Schutz umfasst sind auch Gefühlsäußerungen, Äußerungen des unbewussten Erlebens sowie Ausdrucksformen der Sexualität. Die Möglichkeit entsprechender Entfaltung setzt voraus, dass der Einzelne über einen dafür geeigneten Freiraum verfügt. […] Die Privatwohnung ist als ‚letztes Refugium' ein Mittel zur Wahrung der Menschenwürde. Dies verlangt zwar nicht einen absoluten Schutz der Räume der Privatwohnung, wohl aber absoluten Schutz des Verhaltens in diesen Räumen, sowie es sich als individuelle Entfaltung im Kernbereich privater Lebensgestaltung darstellt".[195]

Dem ist im Wesentlichen zuzustimmen, auch wenn die Darlegungen zu den für erforderlich erklärten einfachgesetzlichen Vorschriften zum Schutz der Menschenwürde in der konkreten Überwachungspraxis[196] durchaus Fragen aufwerfen.[197]

**46**     **Wehrdienst:** Zwar verstößt die allgemeine Wehrpflicht als solche nicht gegen die Menschenwürde,[198] doch birgt die besondere Ausgestaltung des militärischen Dienstes die erhöhte Gefahr von

---

[181] BVerfGE 45, 187 (245); s. ferner BVerfGE 64, 261 (272); 72, 105 (115–117); 86, 288 (312 f.); vgl. ferner 109, 133 (150) zur Sicherungsverwahrung.

[182] Zu den schwierigen Fragen auch im Spannungsfeld von Judikatur des BVerfG (s. a. BVerfG [K] NJW 2010, 250 f.) und des EGMR (s. Kammerurt. des EGMR EuGRZ 2010, 25 ff.): *Grabenwarter* JZ 2010, 857 ff.; ferner BGH NJW 2011, 240 ff.; BGH NStZ 2010, 515 ff.; OLG Rostock BeckRS 2011, 01675. – Dazu BVerfG EuGRZ 2011, 297.

[183] BVerfGE 109, 133 (150).

[184] BVerfG, EuGRZ 2012, 448 (Abs. Nr. 69 ff.).

[185] BVerfGE 96, 245 (249); BVerfGE 101, 275 (287).

[186] BerlVerfGH NJW 1994, 436 ff.

[187] AA BerlVerfGH NJW 1993, 515 (517).

[188] Dazu eingehend *Kühne*, Strafprozessuale Beweisverbote und Art. 1 GG, 1970; zur Verwertung von Tagebuchaufzeichnungen BVerfGE 80, 367 ff.

[189] So BVerfG (K) NStZ 2000, 96 mit krit. Anm. *Rixen* NStZ 2000, 381 f., der bezweifelt, ob die Argumentation mit der bisherigen Rspr. zu Art. 1 vereinbar ist; wie dia BVerfG *Herdegen*, in: Maunz/Dürig, Art. 1 Abs. 1 (2009) Rn. 85; s. auch *Enders*, in: Friauf/Höfling, Art. 1 I (2005) Rn. 98; s. aber auch EGMR NJW 2006, 3117 ff.; dazu etwa *Schuhr* NJW 2006, 3538 ff.

[190] Offen BVerfG (K) NStZ 2000, 96; zum Problem auch *Wolter* FS Küper, 2007, S. 707 (708 ff.). – Zur Bedeutung von Art. 1 I GG für die polizeiliche Praxis s. auch *P. Basten*, Die Menschenwürde des Grundgesetzes auf dem Prüfstand, 2016, S. 147 ff.

[191] BVerfG (K) JZ 2016, 1113 (Tz. 36).

[192] BVerfGE 109, 279 (311).

[193] BVerfGE 109, 279 (313).

[194] BVerfGE 109, 279 (314).

[195] BVerfGE 109, 279 (313 f.); ebenso zur Telekommunikationsüberwachung: BVerfGE 113, 348 (351); ferner BVerfGE 115, 320 (358 f.); 120, 274 (335 ff.).

[196] BVerfGE 109, 279 (318 ff.).

[197] Zur Entscheidung s. etwa *Denninger* ZRP 2004, 101 ff.; *Lepsius* Jura 2005, 433 ff., 586 ff.; *Hofmann*, in: Hofmann/Hopfauf, Art. 1 Rn. 50; kritisch zur Kernbereichskonzeption des BVerfG *Baldus* JZ 2008, 218 ff.

[198] BVerfGE 12, 45 (50).

Würdeverletzungen. Art. 1 I verbietet jedenfalls schikanöses und persönlichkeitsbrechendes Verhalten.[199] Entwürdigend ist z.B. die Schein-,,Erhängung" eines Untergebenen,[200] die Ankettung eines Soldaten an ein Gitter im Eingangsbereich der Kaserne,[201] der Befehl, Regenwürmer zu essen,[202] nicht dagegen die militärische Grußpflicht.[203]

**Gendiagnostik; Big Data:** Die neueren Entwicklungen der Gendiagnostik, geprägt durch eine 47 rapide wachsende Menge an erhebbaren genetischen Informationen über einzelne Menschen und Personengruppen durch Exom- und Gesamtgenomsequenzierung einerseits und einen zunehmend niedrigschwelligen Zugang zu diesen Informationen andererseits, werfen auch neuartige Fragestellungen im Blick auf identitätsbildende Selbstverständnisse und eigenverantwortliche Selbstgefährdungen auf.[204] Doch die Herausforderungen von **Big Data** gehen weit über den Gesundheitsbereich hinaus. Nahezu unbegrenzte Möglichkeiten der Rekontextualisierung und Deanonymisierung auf der Grundlage riesiger Datenmengen stellen die klassischen Instrumente und Schutzkonzeptionen des Datenschutzrechts in Frage.[205] Dabei stehen allerdings eher bereichsspezifische Grundrechtsgewährleistungen wie das allgemeine Persönlichkeitsrecht im Mittelpunkt.

## V. Gewährleistungsdimensionen

**1. Subjektiv-rechtliche Gehalte.** Art. 1 I bringt in seinem S. 2 als einzige Grundrechtsnorm der 48 Verfassung explizit die doppelte Wirkdimension der Grundrechte zum Ausdruck: „zu achten und zu schützen".[206] Einerseits muss der Staat durch Eingriffsverzicht die Menschenwürde schonen und respektieren, andererseits hat er zugunsten der Menschenwürde gegenüber privaten Übergriffen zu intervenieren.[207] Nicht nur die **abwehrrechtliche Funktion** der Menschenwürdegarantie, sondern auch ihre **Schutzdimension** ist dabei als subjektiv-rechtliche Gewährleistung zu verstehen.[208]

Bereits in einer seiner ersten Entscheidungen hat das BVerfG hervorgehoben, die Menschenwürde 49 sei auch vor Beeinträchtigungen „von anderer Seite" zu bewahren,[209] dh gegen private Übergriffe zu schützen. In einer neueren Entscheidung heißt es: „Art. 1 I GG verpflichtet die staatliche Gewalt, alle Menschen gegen Angriffe auf die Menschenwürde zu schützen. Solche Angriffe können in Erniedrigung, Brandmarkung, Verfolgung, Ächtung und anderen Verhaltensweisen bestehen, die dem Betroffenen seinen Achtungsanspruch als Mensch absprechen".[210] Nachdem heute die **schutzrechtliche Dimension** der Grundrechte als deren „genuiner Teil"[211] weitgehend anerkannt ist,[212] bedarf es des Rückgriffs auf problematische Drittwirkungslehren nicht mehr. Bei einer (drohenden) Verletzung der Menschenwürde durch einen Privaten aktualisiert sich die Pflicht des Staates, die Gefahr abzuwehren bzw. die Störung zu beseitigen.[213] Dieser objektiven Pflicht korrespondiert der subjektive Schutzanspruch des Beeinträchtigten. Der Staat muss die Menschenwürde auch positiv schützen.[214] Zu einer denkbaren Kollision mit dem Achtungsanspruch → bei Rn. 12.

Neben der schutzrechtlichen Dimension enthält die Menschenwürdegewährleistung eine weitere 50 leistungsrechtliche Bedeutungsschicht: einen **soziokulturellen Teilhabeanspruch**.[215] Dieser kommt zur Geltung, wenn der Grundrechtsträger das materielle bzw. ideelle Existenzminimum für sich und

---

[199] *Dürig* AöR 81 (1956), 117 (155); eindringlich auch BVerwG NJW 1992, 587 f. und NVwZ-RR 1992, 33 f.; ferner BGH NJW 2009, 1360 ff.; eingehend *Schwandt* FS Fürst, 2002, S. 289 ff.

[200] BVerwGE 83, 384 (390 f.).

[201] BVerwGE 113, 187 (192 f.).

[202] BVerwG 93, 108 (112).

[203] BVerwGE 43, 312 (314); s. ferner BVerfGE 43, 185 (186); s. auch die Analyse der bundesverwaltungsgerichtlichen Judikatur bei *Dreier* FG 50 Jahre BVerwG, 2003, S. 201 (205 ff.).

[204] Siehe etwa Deutscher Ethikrat, Die Zukunft der genetischen Diagnostik, Stellungnahme, 2013 (S. 29 ff., 112 ff.).

[205] Siehe etwa Grube, Bioinformationsrecht, 2015, S. 216; Hermstrüwer, Informationelle Selbstgefährdung, 2016, S. 100 f.

[206] Wegweisend *Dürig*, in: Maunz/Dürig, Art. 1 (1958) Rn. 316.

[207] Grundsätzlich zu dieser Doppelfunktion *Isensee* HStR V, § 111; im Blick auf Art. 1 I z.B. *Hofmann*, in: Hofmann/Hopfauf, Art. 1 Rn. 15; *Kingreen/Poscher* Rn. 366.

[208] Zur Subjektivierung s. etwa *Alexy* (Fn. 21), S. 414 f.; *Isensee* HStR V, § 111 Rn. 184; *Höfling*, in: Thomas/Kluth (Hrsg.), Das zumutbare Kind, 1993, S. 119 (128); speziell zu Art. 1 I GG ebenso etwa *Ipsen*, StaatsR II, Rn. 237.

[209] BVerfGE 1, 97 (104).

[210] So BVerfGE 107, 275 (284) unter Bezugnahme auf BVerfGE 1, 97 (104).

[211] So *Haverkate*, Verfassungslehre, 1992, S. 216.

[212] Zum „Siegeszug" seit dem ersten Abtreibungsurteil (BVerfGE 39, 1) s. etwa *Isensee* HStR V, § 111 Rn. 77 ff.; ausführlich *Dietlein*, Die Lehre von den grundrechtlichen Schutzpflichten, 1992; *Krings*, Grund und Grenzen grundrechtlicher Schutzansprüche, 2003.

[213] So BVerfG, NJW 2010, 505 (507); ferner BVerfGE 107, 275 (284); 109, 279 (310).

[214] S. BVerfGE 125, 175 (222).

[215] S. *Jarass*, in: Jarass/Pieroth, Art. 1 Rn. 15; *Zippelius* BK, Art. 1 Abs. 1 u. 2 (1989) Rn. 102, ordnet diese Grundrechtsfunktion der staatl. Schutzpflicht zu; eingehend *Poscher*, Grundrechte als Abwehrrechte, 2003, S. 384 ff.; BVerfGE 125, 175 (228).

seine Familie[216] aus von ihm nicht zu vertretenden Gründen selber nicht sicherstellen kann (→ Rn. 30 ff.). Dabei kommt es nicht darauf an, dass die Notlage Folge der Behandlung als Objekt durch den Staat oder durch Dritte ist.[217]

51    Die Umsetzung sowohl des Schutzprogramms als auch des sozialen Leistungsprogramms obliegt primär dem **Gesetzgeber**,[218] der **zu einer menschenwürdegerechten Ordnung** auch der Privatrechtsbeziehungen **aufgerufen** ist.

52    **2. Objektiv-rechtliche Gehalte.** Ein wichtiger objektiv-rechtlicher Gehalt des Art. 1 I ist die verfassungsnormative Anerkennung des **Unverwechselbaren des Menschen als Gattung**.[219] Art. 1 I schützt – in einer zugegeben vagen Formulierung – das **„gattungsethische Selbstverständnis".**[220] Insoweit steht der Verfassungsinterpret indes durchaus in der Gefahr, anhand partikularer Moralkonzeptionen ein (angeblich) unverwechselbares Humanum zu bestimmen. Dagegen wirkt das **offene Menschenbild des GG**[221] als kritisches Regulativ. Ein mittels bestimmter Moralauffassungen generierter objektiv-rechtlicher Gehalt der Menschenwürde darf sich nicht gegen konkrete Würdeträger wenden.[222] Die objektiv-rechtliche Seite des (gattungsbezogenen) Würdeschutzes lässt sich angemessen von einem Verständnis der **Menschenwürde als eines wechselbezüglichen Relations- oder Kommunikationsbegriffs** her entwickeln,[223] der auf **Inklusion** angelegt ist (u. Rn. 54 ff.). Vor diesem Hintergrund ist Versuchen zu begegnen, die es einem entstehenden oder geborenen Individuum unmöglich machen, sich als unfestgestelltes, offenes Wesen „Mensch" zu verstehen. Das setzt insbesondere voraus, dass dem Individuum die Kontingenz, die „natürliche" Unfestgestelltheit seiner Körperlichkeit als Moment seiner Individualität nicht genommen wird.[224] Dies ist vor allem mit Blick auf die Entwicklung der Biowissenschaften bedeutsam (→ Rn. 23 ff.).

53    Als „archimedischer Punkt des Verfassungsstaates"[225] ist der Menschenwürdesatz die **Staatslegitimationsnorm** des grundgesetzlichen Gemeinwesens: „Der Staat ist um des Menschen willen da, nicht der Mensch um des Staates willen" – wie es in Art. 1 HChE hieß. Die Verfassungsgarantie der Menschenwürde wirkt dementsprechend richtungweisend für die gesamte Staatstätigkeit.[226] Das BVerfG hat bereits in seiner ersten Stellungnahme zu Art. 1 von einem „tragenden Konstitutionsprinzip" der Verfassung[227] und später von einer „Grundnorm" gesprochen.[228] Im (zweiten) NPD-Urteil formuliert das BVerfG „Ihren Ausgangspunkt findet die freiheitliche demokratische Grundordnung in der Würde des Menschen".[229] Art. 1 I GG zählt auch zu den durch Art. 23 I 3 iVm Art. 79 III für unberührbar erklärten Grundsätzen der Verfassung.[230]

54    Darüber hinausgehend bezieht sich die Menschenwürde als Relations- oder Kommunikationsbegriff (→ Rn. 52) auf den Akt der **Staats- bzw. Gemeinwesenfundamentierung:** Die in der Präambel berufenen Subjekte der verfassungsgebenden Gewalt gründen den Staat um der Würde des Menschen willen auf die gegenseitige Anerkennung als prinzipiell in gleicher Weise freie und in gleicher Weise würdige Mitglieder des Gemeinwesens. Menschenwürde meint in dieser Solidargemeinschaft nicht nur gegenseitige Achtung des Lebens, der Unverletzlichkeit und der Freiheit, sondern wechselbezügliche Anerkennung des anderen in seiner individuellen Eigenart.[231] Die Menschenwürdegarantie ist auf diese Weise „Strukturnorm für Staat und Gesellschaft".[232] Die doppelte Stoßrichtung der objektiv-recht-

---

[216] S. auch BVerfGE 89, 346 (353).

[217] So aber *Jarass,* in: Jarass/Pieroth, Art. 1 Rn. 10 noch in der 7. Aufl. 2004.

[218] S. etwa BVerfGE 87, 209 (228); 125, 175 (222).

[219] S. auch BVerfGE 87, 209 (228); ähnlich *Graf Vitzthum* JZ 1985, 201 (207 f.); *Isensee* in: HGR IV/2, § 87 Rn. 196 f.; *Weilert,* Zeitschrift für Ev. Ethik 57 (2013), 48 (57); näher *St. Augsberg,* in: Dabrock/Denkhaus/Schaede (Hrsg.), Gattung Mensch, 2010, S. 385 ff.; kritisch *Nettesheim* AöR 130 (2005), 71 (107 ff.).

[220] *Habermas,* Die Zukunft der menschlichen Natur, 2001, S. 121; zur „Gattungsethik" s. *Gutmann,* in: v. d. Daele (Hrsg.), Biopolitik, 2005, S. 235 ff.

[221] Zustimmend etwa *Suchomel* (Fn. 152), S. 175; ferner *Morlok* (Fn. 150), S. 283.

[222] S. auch die kritischen Einwände bei *Enders* EuGRZ 1986, 241 (250 ff.); *St. Augsberg,* in: Dabrock/Denkhaus/Schaede (Hrsg.), Gattung Mensch, 2010, S. 399 f.

[223] Vgl. *Hofmann* AöR 118 (1993), 352 (364), der freilich die „konkrete Anerkennungsgemeinschaft" (S. 364) enger fasst; s. auch *Hörnle* ARSP 89 (2003), 318 (323 ff.); *Giese,* Das Würde-Konzept, 1975, S. 73 (77); *Häberle* HStR I, § 20 Rn. 54, 80.

[224] Vgl. *Hofmann* JZ 1986, 253 (260).

[225] *Haverkate,* Verfassungslehre, 1992, S. 142; s. auch *Di Fabio* JZ 2004, 1 (5): „Höchstwert des Weltrechts".

[226] S. auch *Stern,* StaatsR III/1, S. 27; näher *Maihofer,* Menschenwürde im Rechtsstaat, 1967, S. 56 f.; ferner *Kimminich* FS Klecatsky I, 1980, S. 399 f.

[227] BVerfGE 6, 32 (36, 40 f.); s. a. *Mahlmann* (Fn. 4), S. 321 ff.

[228] BVerfGE 25, 344 (351); s. ferner die Nachw. in Fn. 15; s. aus schweizerischer Perspektive *Mastronardi,* in: Thürer/Aubert/Müller (Hrsg.), Verfassungsrecht der Schweiz, 2001, S. 233 ff.

[229] Siehe BVerfG, Urteil vom 17.1.2017 – 2 BvB 1/13.

[230] Zu einer auf die Menschenwürde gestützten Identitätskontrolle siehe BVerfG (K) JZ 2016, 1113 ff. mit Anm. *Gärditz;* siehe auch *Schönberger* JZ 2016, 422 (424) und *F. Meyer* JZ 2016, 621 (624).

[231] Dazu *Hofmann* AöR 118 (1993), 353 (369 f.); *Hörnle* ARSP 89 (2003), 318 (323 f.).

[232] S. auch *Häberle* HStR I, § 20 Rn. 59; *ders.* Rechtstheorie 11 (1980), S. 389 (410 ff.); *Hofmann* JZ 1992, 165 (170 f.); vgl. ferner Art. 7 I BbgVerf.

lichen Funktion des Menschenwürdesatzes entspricht so der zweifachen subjektiv-rechtlichen Bedeutung: dem Achtungs- und dem Schutzanspruch (→ Rn. 48).

Eine in der Rechtsprechungspraxis bedeutsame objektiv-rechtliche Wirkung der Menschenwürde-  55 garantie entfaltet sich schließlich in ihrer **instrumentalen Funktion für die Interpretation der übrigen Grundrechte.**[233] In ganz unterschiedlichen Konstellationen bringt das BVerfG dabei die Menschenwürde „ins Spiel".[234] Insoweit ist jedoch zu beachten, dass die Menschenwürdegarantie zwar eine gewisse Leitlinienfunktion zu übernehmen vermag, nicht aber selbst den Gegenstand einer Prüfung der Verletzung des Schutzgutes abgibt.[235] Im Übrigen haftet solchen Zuordnungen nicht selten eine gewisse Beliebigkeit an,[236] die in der konkret zu entscheidenden grundrechtlichen Konkurrenzsituation (→ Rn. 67 ff.) keine Hilfe bietet.[237]

## VI. Grundrechtsberechtigte

**1. Natürliche Personen.** Der Normtext des Art. 1 I benennt als Träger der verfassungsrechtlich  56 geschützten Würde schlicht den Menschen. Nach einem vielzitierten Diktum des Verfassungsgerichts aus der ersten Abtreibungsentscheidung soll insoweit allein die biologische Grundtatsache der Existenz menschlichen Lebens ausreichen, um in personeller Hinsicht den Gewährleistungsbereich des Art. 1 I zu eröffnen: „Wo menschliches Leben existiert, kommt ihm Würde zu".[238] Dieser **Konzeption** ist nachdrücklich zuzustimmen.[239] Sie synchronisiert zutreffend die Gewährleistungsbereiche des Art. 1 I und Art. 2 II 1 GG im Blick auf die maßgebliche Bezugsgröße, den lebenden Menschen,[240] ohne sie in ihrem Schutzprogramm zu parallelisieren.[241] Sie ermöglicht die durch Art. 2 II 3 GG eindeutig indizierte Unterscheidung von Lebensbeeinträchtigung und Würdeverletzung (→ Rn. 69), **vermeidet** aber die normativitätsrelativierende **Entkoppelung von Würde- und Lebensschutz.**[242] Sie bedeutet eine klare **Absage an materiale Würdeverständnisse** im Sinne, dass erst ab einem bestimmten physischen, psychischen oder moralischen Entwicklungsstadium bzw. Reifegrad jemand den Achtungs- und Schutzanspruch des Art. 1 I für sich zu reklamieren vermag. Die **Menschenwürdegarantie** entfaltet so normative Direktionskraft **als Differenzierungsverbot.**

Diese Position ist indes nur begründbar in der **Rückbeziehung der individuellen Würde auf die**  57 **menschliche Gattung** selbst.[243] Indem die zentralen Elemente von Würde, Freiheit und Vernünftigkeit, generalisiert werden, reicht die Speziezugehörigkeit aus, um auch die Menschenwürde solcher Individuen anzunehmen, denen die genannten Eigenschaften nicht zukommen.[244] In dieser Deutung, die möglich wird durch die Anerkennung einer objektiv-rechtlichen Dimension der Menschenwürdegarantie (→ Rn. 52 ff.), ist Art. 1 I geradezu verfassungsnormativer Ausdruck des „Speziezismus".[245] Art. 1 I GG meint auch „die Würde des Menschen als Gattungswesen".[246] Das GG bietet keinen Raum für **Nicht-Äquivalenz-Theorien** mit einer normativen Dissoziation von „Menschen" und „Personen",[247] erteilt vielmehr allen Versuchen, „Personenwürde" gegen „Menschenwürde" aus-

---

[233] Dazu der Überblick bei *Geddert-Steinacher* (Fn. 7), S. 136 ff., S. 190 ff.

[234] Zum allgemeinen Persönlichkeitsrecht etwa BVerfGE 27, 347 (350 f.); 35, 202 (220); 54, 148 (155); 65, 1 (52 f.); zu Art. 2 II: BVerfGE 39, 1 (42 f.); 56, 54 (74); 88, 203 (251 ff.); zu Art. 4 I: BVerfGE 32, 98 (109); zu Art. 4 III: BVerfGE 12, 54 (53); zu Art. 6 I: BVerfGE 24, 119 (144); zu Art. 7 IV: BVerfGE 75, 40 (62); zu Art. 12 II 2: BVerfGE 74, 102 (120); zu Art. 13 I: BVerfGE 51, 97 (110); zu Art. 16 II 2 aF: BVerfGE 54, 341 (357); 56, 216 (235); zu Art. 103 I: BVerfGE 7, 275 (279); 26, 66 (71); 30, 1 (27).

[235] S. auch *Geddert-Steinacher* (Fn. 7), S. 153.

[236] Kritisch zu Recht *Kunig,* in: v. Münch/Kunig I, Art. 1 Rn. 68.

[237] Die zunehmende Tendenz zu „Kombinationsgrundrechten" schwächt sogar die spezifische Maßstabskraft der Grundrechte; dazu *Höfling* FS Rüfner, 2003, S. 329 (335 f.); s. auch noch → Rn. 67.

[238] BVerfGE 39, 1 (41); bestätigt durch BVerfGE 88, 203 (252); ebenso *Isensee* AöR 131 (2006), 173 (215); dazu, dass darin *kein naturalistischer Fehlschluss* liegt, wie immer wieder behauptet, *Kersten* (Fn. 59), S. 477 f.

[239] Ebenso *Isensee* HGR IV/2, § 87 Rn. 198 ff., 200.

[240] Von einer „Schnittmenge" spricht *Hörnle* ARSP 89 (2003), 318 (320 f.).

[241] Dazu näher *Höfling,* Bitburger Gespräche, Jahrbuch 2002/II, S. 99 (102 f.); *ders.* FS Isensee, S. 525 ff.

[242] Vgl. z. B. *Dreier,* in: Dreier I, Art. 1 I Rn. 69 mwN; *Herdegen,* in: Maunz/Dürig, Art. 1 Abs. 1 (2009) Rn. 61; *Schmidt-Jortzig* DÖV 2001, 925 ff.; pointierte Kritik (neue „Kategorie des *menschenwürdelosen Menschenlebens*") bei *Isensee* AöR 131 (2006), 173 (198); gegen eine Entkoppelung auch *Müller-Terpitz* (Fn. 28), S. 333 ff., S. 365.

[243] Eingehend *St. Augsberg* (Fn. 219), S. 385 ff.

[244] Zu diesem Problem aus philosophischer Sicht instruktiv *Spaemann* Scheidewege 15 (1985/86), 20 (28 f.); ferner *Neumann* ARSP Beiheft 33, 139 (144); vgl. *Höffe,* EuGRZ 2016, 1 (5).

[245] Dies gegen Vertreter einer (utilitaristischen) Interessenethik, die zwischen Personen und Menschen unterscheidet, vgl. *Höfling,* FS Schiedermair, 2000, S. 363 ff.; der hier vertretenen Konzeption ausdrücklich zustimmend etwa *Stern,* FS Badura, 2004, S. 571 (586); *Müller-Terpitz* (Fn. 28), S. 344; Zur Art. 1 I widersprechenden „utilitaristischen Verrechnung von Menschenleben" ausführlich *Hörnle* ARSP 89 (2003), 318 (324 ff.). – S. aber auch Art. 120 II Schweizer BV, der die „Würde der Kreatur" gesondert schützt; zur (angeblichen) „Nähe zwischen der Würde der Kreatur und der Menschenwürde" s. BG EuGRZ 2010, 749 (754).

[246] BVerfGE 87, 209 (228); zustimmend BVerwG GewArch 2007, 247 (248).

[247] Näher hierzu mwN *Höfling* FS Schiedermair, 2000, S. 363 ff.; zustimmend etwa *Schwarz* KritV 2001, 182 (195 f.); *Kersten* (Fn. 59), S. 476; ferner *Rixen,* in: Beer/Markus/Platzer (Hrsg.), Was wissen wir vom Leben?, 2003, S. 268 f.; *Lindner,* Theorie der Grundrechtsdogmatik, 2005, S. 190 ff.

zuspielen, eine klare Absage. Es gilt vielmehr auch im Blick auf Art. 1 I: „Person ist der Mensch selbst, nicht ein bestimmter Zustand des Menschen".[248]

58      Unbestritten kommt damit (auch anenzephalen) Neugeborenen und Kleinkindern Menschenwürde ebenso zu[249] wie alten und behinderten bzw. kranken Menschen.[250] Dabei ist ohne Bedeutung, ob der Betreffende jemals fähig war oder sein wird zu „sittlicher Selbstbestimmung".[251] Art. 1 I ist auch Ausdruck der uneingeschränkten wechselseitigen Anerkennung als in gleicher Weise würdige Mitglieder des Gemeinwesens (→ Rn. 54), was zugleich ausschließt, dass jemand über die Aberkennung dieses Status zu befinden befugt ist.[252] Der **Mensch** als in irgendeiner Hinsicht **immer defizitäres Wesen**[253] wird also nicht erst durch eine bestimmte Würdeleistung oder ein entsprechendes Leistungspotential zum Grundrechtsträger.

59      Das BVerfG hat die vorstehend skizzierte Konzeption wie folgt zusammengefasst: „Menschenwürde [...] ist nicht nur die individuelle Würde der jeweiligen Person, sondern die Würde des Menschen als Gattungswesen. Jeder besitzt sie, ohne Rücksicht auf seine Eigenschaften, seine Leistungen und seinen sozialen Status. Sie ist auch dem eigen, der auf Grund seines körperlichen oder geistigen Zustandes nicht sinnhaft handeln kann. Selbst durch ‚unwürdiges' Verhalten geht sie nicht verloren. Sie kann keinem Menschen genommen werden. Verletzbar ist aber der Achtungsanspruch, der sich aus ihr ergibt."[254]

60      Jenseits der skizzierten Grundfragen verbleiben auch im Konkreten zT heftig umstrittene Problemaspekte. Diese beziehen sich namentlich auf **pränatale und postmortale Schutzzonen** der Menschenwürdegarantie. Im Zentrum des Diskurses der letzten Jahre steht dabei der **Status des Embryo**[255] in vivo und in vitro. Wenn es richtig ist, dass das Menschsein einzige Bedingung des Würdeschutzes ist (→ Rn. 56 ff.), hängt die Beantwortung der aufgeworfenen Frage davon ab, ob der Embryo ein Mensch ist. Dieses Problem ist deckungsgleich mit der strittigen Bestimmung des sachlichen Gewährleistungsbereichs des Art. 2 II hinsichtlich des Tatbestandselements „Leben" (→ Rn. 56).

61      Dazu ist an dieser Stelle (näher → Art. 2 Rn. 141 ff.)[256] nur so viel anzumerken: Der Tatbestand des Art. 2 II 1 verweist mit dem **Begriff „Leben"** auf eine natürliche Eigenschaft als Schutzgegenstand; es handelt sich damit um einen ausschließlich sachgeprägten Normbereich. Der in Bezug genommene Sachbereich der Norm zeichnet sich durch eine besonders hohe Dynamik aus. Dies gilt insbesondere im Blick auf die vielfältigen Gefährdungspotentiale, welche vor allem die rasante biowissenschaftliche Entwicklung begleiten. Damit handelt es sich bei Art. 1 I um eine Grundrechtsnorm von hoher normativer Offenheit (→ Rn. 7). Der Begriff des Lebens ist dementsprechend weit und umfassend zu verstehen, damit er die nötigen normativen Antworten auf aktuelle und potentielle Gefährdungen menschlicher Existenz zu geben vermag.[257] Menschliches Leben iSv Art. 2 II 1 und damit die Existenz eines Menschen iSv Art. 1 I[258] ist ab dem Zeitpunkt der Kernverschmelzung von Ei- und Samenzelle zu bejahen.[259] Auch im Wege des – irreführend – so genannten therapeutischen Klonens, also des Zellkerntransfers, entstandene Embryonen unterfallen dem Gewährleistungsbereich,[260] ferner auch

---

[248] So zutreffend *Spaemann*, in: Stößel (Hrsg.), Tüchtig oder tot, 1991, S. 133 ff.; ferner *Brugger*, Menschenwürde, Menschenrechte, Grundrechte, 1997, S. 33: „Personcharakter aller Menschen"; s. auch BVerfGE 115, 118 (152): „Jeder Mensch besitzt als Person Würde".

[249] BVerfGE 24, 119 (124); 57, 361 (382); 74, 102 (124 f.); *Lamprecht* FS Zeidler I, 1987, S. 857 ff.; *Zippelius* BK, Art. 1 Abs. 1 u. 2 (1989) Rn. 50; *Podlech* AK GG, Art. 1 Abs. 1 Rn. 56.

[250] Zu Bewohnern von Pflegeheimen vgl. insoweit OLG Hamm MedR 2016, 198 (199).

[251] Dazu *Dürig*, in: Maunz/Dürig, Art. 1 (1958) Rn. 20; *Kunig*, in: v. Münch/Kunig I, Art. 1 Rn. 11; *Zippelius* BK, Art. 1 Abs. 1 u. 2 (1989) Rn. 6 f., 49 f.; *Dreier*, in: Dreier I, Art. 1 I Rn. 66.

[252] *Hofmann* AöR 118 (1993), 353 (376).

[253] S. auch *Geddert-Steinacher* (Fn. 7), S. 60.

[254] BVerfGE 87, 209 (228); 109, 133 (150); dies nur als ein obiter dictum einstufend: *Hong* (Fn 23), S. 576 ff.; ferner BVerfG (Fn. 132), Rd. 123.zustimmend etwa *Höfling* (Fn. 56), S. 14; *Kloepfer* FS 50 Jahre BVerfG I 2001, S. 77 (83); irrig *Zippelius* BK, Art. 1 Abs. 1 u. 2 (1995) Rn. 41: „So kann es etwa für geistig Behinderte nur einen ihrem Geisteszustand angemessenen Würdeschutz geben."; ebenso *Starck* MKS I, Art. 1 I, Rn. 25; anders *Dreier*, Art. 1 Rn. 67. Gegen die Annahme einer Unverträglichkeit von Menschenwürde und Lebensqualitätsbewertung: *Quante*, Menschenwürde und personale Autonomie, 2010, S. 27 ff.

[255] Zum Embryonenbegriff im Kontext der sog. Biopatentrichtlinie 98/44/EG EuGH JZ 2012, 142; zum primärrechtlichen Menschenwürdebegriff insoweit *Gärditz*, ZfL 2011, 135 (139).

[256] Eingehend dazu *Höfling*, in: Friauf/Höfling, Art. 2 II, Rn. 19 ff. – Zu den insoweit viel erörterten Argumentationstopoi, nämlich den sog. Spezies-, Kontinuitäts-, Identitäts- und Potentialitätsargumenten, vgl. vor allem den instruktiven Sammelband: *Damschen/Schönecke* (Hrsg.), Der moralische Status menschlicher Embryonen, 2003.

[257] Näher *Höfling* (Fn. 245), Art. 2 II Rn. 27 ff.; BVerfGE 125, 175 (222); 132, 134 (159).

[258] Zu diesem „synchronisierten Verständnis von Lebensbeginn, Menschenwürde und Lebensrecht" (so zutreffend *Kersten* (Fn. 59), S. 564) bereits o. Rn. 25, 54.

[259] Näher hierzu *Höfling* (Fn. 117), Art. 2 II Rn. 59; übereinstimmend etwa *Robbers*, in: Umbach/Clemens I, Art. 1 Rn. 21; *Hofmann*, in: Hofmann/Hopfauf, Art. 1 Rn. 11; grds. auch *Herdegen*, in: Maunz/Dürig, Art. 1 Abs. 1 (2009) Rn. 65; aA etwa *Dreier*, in: Dreier I, Art. 1 I Rn. 73; *Hofmann* AöR 118 (1993), 353 (371); offen gelassen von *Sachs*, in: Stern, StaatsR IV/1, S. 142 ff.

[260] Für eine diesbezügliche normative Äquivalenz etwa *Höfling*, Bitburger Gespräche, Jahrbuch 2002/II, S. 99 (111 mwN); *Kersten* (Fn. 59), S. 542 ff.; aA etwa *Herdegen*, in: Maunz/Dürig, Art. 1 Abs. 1 (2009) Rn. 106.

totipotente Zellen.[261] Doch ist der Zentralbegriff der Totipotenz (s. § 8 I ESchG) durch die biowissenschaftliche Entwicklung in gewisser Weise einem Auflösungsprozeß unterworfen worden. So gelang es im Tierversuch bereits 2009 mit der Methode der tetrapluiden Komplementierung, aus indizierten pluripotenten Stammzellen (iPS-Zellen) einen entwicklungsfähigen Embryo heranreifen zu lassen. Inzwischen ist es auch möglich, aus iPS-Zellen Keimbahnzellen zu entwickeln und diese nach Verpflanzung in die Keimdrüsen von Tieren zu voll funktionsfähigen Keimdrüsen reifen zu lassen. Im Tierversuch konnten aus derartigen von iPS-Zellen abstammenden artifiziell erzeugten Samen- und Eizellen durch Befruchtung lebensfähige Individuen erzeugt werden. Die Komplexität dieser Prozesse nötigt zu terminologischen Differenzierungsprozessen,[262] deren Kompatibilität mit der überkommenen Textexegese grundrechtlicher Schutzbereiche immer stärker in Frage gestellt wird.[263]

Auch im **pränatalen Stadium** – ob in vivo oder in vitro – ist der Mensch **Grundrechtssubjekt** 62 und Träger der Menschenwürde. Das BVerfG hat diese Frage zwar offengelassen,[264] doch besteht dazu kein Grund. Ist der Mensch in seiner Würde Schutzobjekt des Art. 1 I, so ist er auch Träger dieses seine Existenz konstituierenden Grundrechts.[265] Dies liegt in der Konsequenz eines dominant subjektiven Verständnisses aller Grundrechte. – Der problematischen Konzeption von Grundrechtsvorwirkungen bedarf es deshalb nicht.[266]

Zum Teil erhebliche Zweifelsfragen ergeben sich auch im Blick auf den **postmortalen Würde-** 63 **schutz.** Schon früh hat das BVerfG relativ lapidar festgestellt, daß „die in Art. 1 Abs. 1 aller staatlichen Gewalt auferlegte Verpflichtung, dem Einzelnen Schutz gegen Angriffe auf seine Menschenwürde zu gewähren, nicht mit dem Tode" ende.[267] Jüngst hat die 2. Kammer des Ersten Senats des BVerfG dies noch einmal bekräftigt. Danach genießen postmortalen Schutz „der allgemeine Achtungsanspruch, der dem Menschen Kraft seines Personseins zusteht, aber auch der sittliche, personale und soziale Geltungswert, den die Personen über ihre eigene Lebensleistung erworben" habe.[268] Dies solle den Menschen über seinen Tod hinaus vor Erniedrigung, Brandmarkung, Verfolgung oder Ächtung bewahren.[269] Darüber hinaus sieht das BVerfG auch die Totenruhe durch Art. 1 I GG geschützt.[270]

Es ist fraglich, ob diese postmortalen Schutzdimensionen nicht als Element des allg. Persönlichkeits- 64 rechts zutreffender erfaßt werden.[271] Das Pietätsempfinden der Hinterbliebenen oder der Allgemeinheit wird jedenfalls nicht durch Art. 1 I GG geschützt.[272] Umstritten ist ferner, ob der Tote selbst Grundrechtssubjekt ist[273] oder ob insoweit nur postmortale Reflexwirkungen der Würde bzw. des persönlichkeitsprägenden Lebensbildes des Verstorbenen in Betracht kommen.[274] Unstrittig dürfte jedenfalls sein, daß eine Leichenöffnung zur Klärung der Todesursache keine Verletzung der Menschenwürde darstellt.[275]

Von der vorstehend behandelten Frage nach einem postmortalen Würdeschutz ist strikt zu trennen 65 das Problem, ab wann der Mensch als tot angesehen werden kann. Die insbesondere im Blick auf die Entwicklung der Intensivmedizin und die Bedürfnisse der Transplantationsmedizin vorgenommene **Neudefinition des Todes** des Menschen **als sog. Hirntod** stößt auf durchgreifende Bedenken. „Hirntote" Menschen sind sterbende Menschen, nicht aber Leichname.[276]

---

[261] Ausführlich *Müller-Terpitz* (Fn. 28); s. a. *Mahlmann* (Fn. 4), S. 329 ff.

[262] So wird etwa unterschieden zwischen transienter Totipotenz und totipotenter Transienz; dazu näher *Kersten,* in: Heinemann/Dederer/Cantz (Hrsg.), Entwicklungsbiologische Totipotenz in Ethik und Recht, 2015, S. 137 ff.

[263] Siehe *Höfling,* in: EssGespr 51 (2017), sub III. 4.

[264] BVerfGE 39, 1 (41); 88, 203 (251 f.); nach *Papier* FS Starck, 2007, S. 371 (381) drückt das Gericht aber eine bejahende Neigung aus.

[265] Zutreffend *Stern,* StaatsR III/1, S. 1063; s. auch *Heuermann* NJW 1996, 3063 f.; *Hörnle* ARSP 89 (2003), 318 (332 f.); *Hofmann,* in: Hofmann/Hopfauf, Art. 1 Rn. 11; *Terpitz* ZfL 2006, 34 ff.; aA etwa *Ipsen* DVBl 2004, 1381 (1384) und JZ 2001, 989 (991 f.); *Dederer* AöR 127 (2002), 1 (14 ff. für den Embryo in vitro); dem eingeschränkt folgend *Herdegen,* in: Maunz/Dürig, Art. 1 Abs. 1 (2009) Rn. 64; eingehend *Dreier,* in: Dreier I, Art. 1 I Rn. 68 ff.

[266] Eingehend *Müller-Terpitz* (Fn. 28).

[267] BVerfGE 30, 173 (194); BVerfG (K) NJW 1994, 783 (784); NJW 2001, 594 und 2957 (2958 f.); EuGRZ 2008, 335 ff.; s. auch *Dreier,* in: Dreier I, Art. 1 I Rn. 74 ff. mwN; zum Problem ferner *Geddert-Steinacher* (Fn. 7), S. 70 ff.

[268] BVerfG (K) NVwZ 2016, 1804 Rn. 56, unter Hinweis auf BVerfGK 9, 93 (96).

[269] Ebda.

[270] BVerfG (K) NVwZ 2016, 1804 Rn. 60.

[271] Krit. auch *Isensee* HGR IV/2, § 87 Rn. 217; *Herdegen,* in: Maunz/Dürig, Art. 1 Abs. 1 (2009) Rn. 57.

[272] Siehe BVerfG (K) NVwZ 2016, 1804 Rn. 61 f.; vgl. ferner *Dreier,* in: ders., Art. 1 Abs. 1 Rn. 74 ff. mwN.

[273] *Kunig,* in: v. Münch/Kunig I, Art. 1 Rn. 15: „Grundrechtssubjekt auf Zeit"; zusammenfassend *Bender* VersR 2001, 815 ff.

[274] So *Robbers,* Sicherheit als Menschenrecht, 1987, S. 219 f.

[275] BVerfG (K), NJW 1994, 783 und 784; zum Schutz des postmortalen Persönlichkeitsrechts im politischen Meinungskampf vgl. BVerfG (K), NJW 2001, 2957 ff.; zur Ausstellung plastinierter Leichen („Körperwelten"-Ausstellung) s. *Wetz/Tag* (Hrsg.), Schöne neue Körperwelten, 2001; instruktiv *Bergdolt* ZME 48 (2002), 295 ff.

[276] Näher hierzu *Höfling* JZ 1995, 26 ff.; *Höfling/Rixen,* Verfassungsfragen der Transplantationsmedizin, 1996; *Rixen* (Fn. 247); zur neueren Diskussion mwN (auch zur Gegenauffassung) s. *Höfling* FS Stern, 2012, S. 1403 ff.; eingehende Analyse: *Deutscher Ethikrat,* Hirntod und Entscheidung zur Organspende. Stellungnahme 2015.

66   **2. Personenvereinigungen und juristische Personen.** Gruppen bzw. Personenvereinigungen sind nicht Träger des Menschenwürdegrundrechts. Entsprechendes gilt für juristische Personen.[277] Das schließt nicht aus, dass ein Angriff auf eine bestimmte Gruppe zugleich eine Würdeverletzung einzelner Gruppenangehöriger beinhalten kann.[278] **Grundrechtsträger** bleibt aber der **Einzelne**.[279]

## VII. Verhältnis zu anderen Grundrechtsgewährleistungen

67   **1. Partielle Spezialität und Subsidiarität.** Für die nähere Bestimmung des Konkurrenzverhältnisses, zu dessen Klärung das BVerfG wenig beiträgt,[280] erweist sich die besondere Struktur des Menschenwürdesatzes (o. Rn. 8 f.) erneut als bedeutsam. Unter dem dogmatischen Aspekt der Grundrechtskonkurrenz kann dieser Lösungsansatz als **Grundsatz der partiellen Spezialität und Subsidiarität** umschrieben werden.[281] Er beinhaltet folgende Aussagen: (1) Wegen ihrer durch den Zuschnitt auf spezifische Wirklichkeitsausschnitte bedingten größeren Konkretisierungsdichte sind die besonderen Freiheitsrechte bei der verfassungsrechtlichen Beurteilung vorrangig heranzuziehen.[282] Für die Grundrechtsgewährleistung des Art. 2 I gilt Entsprechendes. Dies ist vor allem für die zutreffende Einordnung des allgemeinen Persönlichkeitsrechts von Bedeutung (→ Rn. 68 f.). Soweit der Normbereich darüber hinaus auch die allgemeine Handlungsfreiheit schützt,[283] kommt allerdings eine Konkurrenzsituation aus anderen Gründen kaum in Betracht. (2) Als vorrangige Maßstabsnormen fungieren auch die Gleichheitsgarantien. (3) „Vorrangigkeit" im vorgenannten Verständnis bedeutet indes nicht Subsidiarität im strengen Sinne. Art. 1 I steht zu den anderen Grundrechten nicht in demselben Konkurrenzverhältnis wie Art. 2 I (in seinem weiten Verständnis) zu den speziellen Freiheitsrechten.[284] Vielmehr kann in der Verletzung einer nachfolgenden Grundrechtsnorm zugleich ein gesondert festzustellender Verstoß gegen Art. 1 I liegen.[285] Die tabuverletzende bzw. schwere Beeinträchtigung eines anderweitig geschützten Grundrechtsgutes, die dem Menschen zugleich eine der elementaren Existenz- oder Entfaltungsbedingungen verwehrt oder streitig macht, ist jedenfalls immer auch ein unzulässiges Antasten der Menschenwürde. (4) Schließlich bietet Art. 1 I gleichsam als „last refuge" bzw. „letzte Verteidigungslinie"[286] einen Auffangschutz gegenüber solchen schweren Beeinträchtigungen, die von keiner anderen Grundrechtsbestimmung erfasst werden.[287]

68   **2. Einzelfälle.** Namentlich die von der Judikatur des BVerfG geprägte Diskussion um die grundrechtliche Verortung des **allgemeinen Persönlichkeitsrechts**[288] hat viel zur Verunklarung der ohnehin schwierigen Grundrechtskonkurrenzlage beigetragen. Hier erscheint der Menschenwürdesatz oftmals nur als verfassungsrechtlicher Zierrat; die dogmatische Konstruktion als Kombinationsrecht aus Art. 2 I iVm Art. 1 I wirft jedenfalls mehr Fragen auf, als sie Lösungen auch nur anzudeuten vermag.[289] In der Tendenz birgt die Konzeption die **Gefahr einer Relativierung des Art. 1 I.**[290] Demgegenüber ist auf der Eigenständigkeit der grundrechtlichen Gewährleistung sowohl des Art. 1 I als auch des Art. 2 I zu beharren. Zwar umfasst Art. 2 I mit dem Schutz des Persönlichkeitsrechts auch Elemente der Menschenwürde; soweit diese aber greift, gibt es wegen der Unantastbarkeitsformel keine Einschränkungsmöglichkeit.[291] Dies gilt vor allem für den Kernbereich privater Lebensgestaltung.[292]

---

[277] S. *Jarass*, in: Jarass/Pieroth, Art. 1 Rn. 7; *Hofmann*, in: Hofmann/Hopfauf, Art. 1 Rn. 10; *Zippelius* BK, Art. 1 Abs. 1 u. 2 (1989) Rn. 51.

[278] Vgl. auch § 130 StGB.

[279] S. auch *Kunig*, in: v. Münch/Kunig I, Art. 1 Rn. 17.

[280] Vgl. BVerfGE 53, 257 (260); 56, 363 (393); BVerfGE 115, 118 (153 f.).

[281] Ausdrücklich zustimmend etwa *Hofmann*, in: Hofmann/Hopfauf, Art. 1 Rn. 77; *Hong* (Fn. 23), S. 617 f.

[282] Zustimmend *Müller-Terpitz* (Fn. 28), S. 363; *Sodan*, in: Sodan, Art. 1 Rn. 28; im Ergebnis übereinstimmend *Jarass*, in: Jarass/Pieroth, Art. 1 Rn. 5; *Kunig*, in: v. Münch/Kunig I, Art. 1 Rn. 69; s. auch BVerfGE 28, 243 (263 f.). – anders *Dreier*, in: Dreier I, Art. 1 I Rn. 160: rechtsgrundsätzliches Verhältnis der Fundamentalität zu den einzelnen Freiheits- und Gleichheitsrechten.

[283] Wie die ganz h. M. annimmt; dazu *Murswiek*, Art. 2 Rn. 42 ff.

[284] S. auch *Kunig*, in: v. Münch/Kunig I, Art. 1 Rn. 69.

[285] S. *Höfling* (Fn. 200), S. 126; *Kunig*, in: v. Münch/Kunig I, Art. 1 Rn. 69; (implizit) auch BVerfG (K) JZ 2016, 1113 (Tz. 36).

[286] Formulierungen bei *Graf Vitzthum* JZ 1985, 201 (203) bzw. *Zippelius* BK, Art. 1 Abs. 1 u. 2 (1995) Rn. 28.

[287] Zu dieser Funktion insbes. im schweizerischen und liechtensteinischen Verfassungsrecht *Höfling* FS Wille, 2014, S. 223 ff.

[288] Vgl. dazu nur *Di Fabio*, in: Maunz/Dürig, Art. 2 Abs. 1 (2001) Rn. 127 ff.; *Schmitt Glaeser* HStR VI, § 129 Rn. 7 ff. mwN; ferner *Küchenhoff* FS Geiger, 1974, S. 45 ff.

[289] Kritisch auch *Lerche* FS Mahrenholz, 1994, S. 515 (529); grundsätzlich *Höfling* FS Rüfner, 2003, S. 329 (330 ff.) mwN.

[290] Kritisch *Geis* JZ 1991, 112 (114) im Blick auf die Tagebuchentscheidung (BVerfGE 80, 367 ff.); auch *Hofmann*, in: Hofmann/Hopfauf, Art. 1 Rn. 77.

[291] Zutreffend auch BVerfGE 75, 369 (380).

[292] S. a. BVerfGE 109, 279 (LS 4); näher *Desoi/Knierim* DÖV 2011, 398 (403).

**Eingriffe in das Leben** oder die körperliche Unversehrtheit sind vorrangig an **Art. 2 II** zu messen. **69** Dies gilt für die Abtreibungsproblematik ebenso[293] wie für viele Problemkonstellationen im Zusammenhang mit der humangenetischen oder reproduktionsmedizinischen Entwicklung (o. Rn. 23 ff.). Nur besondere Eigenschaften bzw. Begleitumstände der Eingriffshandlung können ausnahmsweise dazu führen, dass neben Art. 2 II auch Art. 1 I als verfassungsrechtlicher Kontrollmaßstab heranzuziehen ist.[294] Ein Beispiel hierfür ist die Herstellung von Embryonen allein zum Zwecke der **Gewinnung embryonaler Stammzellen.**[295] Das Konkurrenzverhältnis zwischen Art. 1 I und Art. 2 II GG darf indes **nicht** im Sinne einer völligen Entkoppelung aufgelöst werden.[296]

## C. Das Menschenrechtsbekenntnis des Abs. 2

### I. Allgemeines

Die ambivalente Gesamtkonzeption des Art. 1 (o. Rn. 1) offenbart die Grundaporie der Menschen- **70** und Grundrechtsdiskussion: Den überpositiven, „vorstaatlichen" Charakter dieser Rechte kann man im erkenntnistheoretischen Sinne nicht erkennen, man kann sich dazu allenfalls bekennen. Folgerichtig formuliert denn auch Art. 1 II ein solches Bekenntnis. Der Verfassungsrechtsinterpretation als praktischer Rechtsarbeit stellt sich damit aber zugleich die **Frage nach dem greifbaren normativen Gehalt** der Vorschrift. Dessen nähere Konkretisierung ist nicht zuletzt vor dem Hintergrund der Unabänderlichkeitsklausel des Art. 79 III unabweisbar.

Mit dem Bekenntnis zu unverletzlichen und unveräußerlichen Menschenrechten stellt das GG den **71** geschlossenen Kreis positivierter Grundrechte unter einen **Öffnungsvorbehalt.** Die Verfassung enthält in Art. 1 II ein menschenrechtliches Minimum, eine überpositive „Normreserve"[297] für den denkbaren Fall, dass das geltende Verfassungsrecht sich als lückenhaft erweist oder als Folge von Eingriffen des verfassungsändernden Gesetzgebers dazu wird. Bleibt der Grundrechtskatalog hinter dem Menschenrechtsstandard zurück, lässt die Verweigerungshaltung die „Geltung"[298] der Menschenrechte unberührt. Der Verfassungsgeber kann nämlich die Menschenrechte nicht begründen, sondern nur als „seine" verfassungsmäßig gewährleisteten Rechte rezipieren und konkretisieren. Im Falle eines am Maßstab der Menschenrechte gemessenen Grundrechtsdefizits der positiven Rechtsordnung leben jene wieder auf.[299] Nach Auffassung des BVerfG weist Art. 1 II „einem Kernbestand an internationalen Menschenrechten einen besonderen Schutz zu".[300]

Allerdings bedeutet dies nicht, dass die positivrechtlich unterminierten Menschenrechtsgehalte in **72** einem solchen Fall als unmittelbar geltende Normen die rechtsanwendenden Organe verpflichten könnten. Der **diffuse Charakter der Menschenrechte** steht dem entgegen. Art. 1 II aktualisiert sich bei Unterschreitung des Gewährleistungsminimums als zwingende Direktive an den Verfassungsgesetzgeber zur (Re-)Konstitutionalisierung eines grundrechtlichen Mindeststandards.

Da Art. 1 II an der so genannten **Ewigkeitsgarantie** des Art. 79 III **partizipiert,**[301] ist eine **73** Situation wie die soeben skizzierte nur denkbar als Folge eines Verstoßes gegen diese Unabänderlichkeitsklausel. Die Verfassung will jedenfalls einen Grundbestand an Menschenrechten garantieren.[302] Das bedeutet zugleich, dass auch die einzelnen Grundrechtsbestimmungen, die in Art. 79 III nicht explizit in Bezug genommen sind, in dem Maße an der Bestandsgarantie teilhaben, wie dies zur Aufrechterhaltung des menschenrechtlichen Mindeststandards erforderlich ist.[303] Das BVerfG hat diese Einsicht dahingehend umschrieben: Die Garantie des Art. 79 III habe auch Bedeutung für das in Art. 1 II enthaltene Menschenrechtsbekenntnis als Grundlage der menschlichen Gemeinschaft, des Friedens

---

[293] Dazu *Höfling* (Fn. 208), S. 119 (125 f.); *Blankenagel* KJ 1987, 379 (386 ff.); *Hermes,* Das Grundrecht auf Schutz von Leben und Gesundheit, 1987, S. 140 ff.; *Dreier* DÖV 1995, 1036 (1037 f.); *ders.,* in: Dreier I, Art. 1 I Rn. 53; *Schmidt-Jortzig* DÖV 2001, 925 ff.

[294] MwN *Steiner,* Der Schutz des Lebens durch das Grundgesetz, 1992, S. 11 ff.; so auch – wenngleich durch die „Kombinationsmethode" dogmatisch fragwürdig (s. o. Fn. 261) BVerfGE 115, 118 (139 ff.).

[295] Dazu mwN *Höfling* (Fn. 56), 2001; *ders.,* in: Friauf/Höfling (Hrsg.), Berliner Kommentar, Art. 2 II Rn. 122; o. Rn. 25.

[296] Dazu → Rn. 56.

[297] Begriff bei *Isensee* HStR V, § 115 Rn. 36.

[298] Zur Mehrdeutigkeit des Geltungsbegriffs s. *Zippelius* BK, Art. 1 Abs. 1 u. 2 (1995) Rn. 105.

[299] S. auch *Stern,* StaatsR III/1, S. 38; *Isensee* HStR V, § 115 Rn. 36; wesentlich restriktiver *Kunig,* in: v. Münch/ Kunig I, Art. 1 Rn. 37 ff.; vgl. ferner *Dreier,* in: Dreier I, Art. 1 II Rn. 13 ff. (mit Kritik an der hier vertretenen Auffassung in Rn. 16); *Enders,* in: Friauf/Höfling, Art. 1 Rn. 141 ff.; *Hillgruber* FS Blumenwitz, 2008, S. 123 ff.

[300] BVerfGE 111, 307 (329); 128, 326 (369 f.); kritisch hierzu etwa *Hillgruber,* in: Epping/Hillgruber, Art. 1 Rn. 54; *Dreier,* in: ders., Art. 1 II Rn. 19 mit Fn. 79.

[301] Dazu BVerfGE 84, 90 (120 f.); s. ferner etwa *Enders,* in: Friauf/Höfling, Art. 1 Rn. 151; *Robbers,* in: Umbach/ Clemens, Art. 1 Rn. 79.

[302] So auch *Zippelius* BK, Art. 1 Abs. 1 u. 2 (1995) Rn. 115; monographische Darstellung: *v. Hodenberg,* Das Bekenntnis des deutschen Volkes zu den Menschenrechten in Art. 1 Abs. 2 GG, 1997.

[303] S. auch *Herdegen,* in: Maunz/Dürig, Art. 1 Abs. 2 (2004) Rn. 9; *Denninger* AK GG, Art. 1 Abs. 2, 3 Rn. 10; *Stern* JuS 1985, 329 (336 f.).

und der Gerechtigkeit; „in Verbindung mit der in Art. 1 III enthaltenen Verweisung auf die nachfolgenden Grundrechte sind deren Verbürgungen insoweit einer Einschränkung grundsätzlich entzogen, als sie zur Aufrechterhaltung einer dem Art. 1 I und II entsprechenden Ordnung unverzichtbar sind. Ebenso wie der originäre Verfassungsgeber darf auch der verfassungsändernde Gesetzgeber danach grundlegende Gerechtigkeitspostulate nicht außer acht lassen. Dazu gehören der Grundsatz der Rechtsgleichheit und das so genannte Willkürverbot".[304]

## II. Normative Aussagehalte

74     Erblickt man in Art. 1 II mehr als einen unverbindlichen Programmsatz, so stellt sich verschärft die Frage, auf was das GG mit der Formulierung von den unverletzlichen und unveräußerlichen Menschenrechten Bezug nimmt. Die Konkretisierungsaufgabe wird dadurch erschwert, dass es keinen allgemein gültigen Kanon der Menschenrechte gibt und angesichts sich permanent wandelnder Herausforderungen auch nicht geben kann.[305] Der Expansionsdrang des Menschenrechtsgedankens hat längst zu einem **Mehrgenerationen-Modell der Menschenrechte** geführt. Den im ausgehenden 18. Jahrhundert propagierten liberalen und demokratischen Rechten der ersten Generation folgten im 19. Jahrhundert die sozialen Rechte der zweiten Generation, die nach dem Ende des Zweiten Weltkrieges durch die Drittgenerationsrechte auf Entwicklung, Frieden und Umweltschutz[306] ergänzt wurden.[307]

75     Der Versuch, den Klassifikationsbegriff der Menschenrechte näher zu konturieren, findet einen ersten Ansatzpunkt in der **systematischen Verknüpfung** der Menschenwürdegewährleistung **des ersten Absatzes** und des „darum" erfolgenden Bekenntnisses **des zweiten Absatzes**.[308] Hierin liegt ein deutlicher Hinweis auf die aufklärerische Grundkonzeption der Menschenrechte als individueller Rechte der Individuen. Art. 1 II GG enthält also keine dynamische Verweisung auf den evolutionären Entwicklungsprozess der Menschenrechtsdiskussion. Ebenfalls umfasst Art. 1 II GG nicht mehr die neuartigen – den sog. völkerrechtlichen Grundrechten der Staaten vergleichbaren – Rechtspositionen, die mit den sog. Menschenrechten der dritten Generation verknüpft sind.[309]

76     Der **Normtext** des Art. 1 II gibt weiteren Aufschluss über das verfassungsimmanente Verständnis des Menschenrechtsbegriffs. Mit der Formulierung von den „unverletzlichen und unveräußerlichen" Menschenrechten knüpft das GG an Vorstellungen der naturrechtlichen Vertragstheorie und die Sprachkultur der Menschenrechtsdokumente des ausgehenden 18. Jahrhunderts an.[310] Auch die Allgemeine Erklärung der Menschenrechte vom 10. Dezember 1948 spricht in ihrer Präambel von „Unveräußerlichkeit". Zwar bedeutet die entstehungsgeschichtlich bedingte Anknüpfung an einen bestimmten Entwicklungsstandard der Menschenrechtsdoktrin kein „Einfrieren" des grundgesetzlichen Menschenrechtsbekenntnisses auf dem Stand von 1948,[311] doch verlangt die Einbeziehung neuerer Menschenrechtspositionen in das verfassungsrechtlich geforderte Menschenrechtsminimum (→ Rn. 71) eine thematische Verfestigung auf der Grundlage eines breiten Konsenses.

77     Eine Rezeptionsautomatik in dem Sinne, dass jedes neue internationale Rechtsabkommen integrativer Bestandteil des Art. 1 II wird, kann der Verfassung nicht entnommen werden. Dementsprechend sind beispielsweise die in den beiden **Internationalen Pakten** über bürgerliche und politische Rechte bzw. wirtschaftliche, soziale und kulturelle Rechte **vom 19. Dezember 1966** enthaltenen Garantien[312] keineswegs deckungsgleich mit dem grundgesetzlich geforderten Menschenrechtskanon.[313]

78     Über seine Funktion hinaus, den Bestand eines Mindestkanons elementarer Rechtspositionen zu sichern, können zusätzliche strikte Normgehalte des Art. 1 II nicht anerkannt werden.[314] Zwar sind die Menschenrechtskonventionen, namentlich die EMRK, in ihrer Konkretisierung durch die zuständigen

---

[304] So BVerfGE 84, 90 (121) mwN; ferner BVerfGE 94, 49 (103).

[305] S. auch *Isensee,* in: Schwardtländer (Hrsg.), Modernes Freiheitsethos und christlicher Glaube, 1981, S. 70 (72 f.); allgemein zu den internationalen Bemühungen, universell geltende Menschenrechte zu begründen, *Denninger,* in: ders., Menschenrechte und Grundgesetz, 1994, S. 77 ff., 89 ff.

[306] Hierbei handelt es sich keineswegs um eine einfache Fortentwicklung der klassischen Menschenrechte; s. auch *Hofmann* JZ 1992, 165 ff.

[307] Dazu etwa *Kühnhardt,* Die Universalität der Menschenrechte, 1987, S. 248 ff.; s. a. *Buergenthal/Thürer,* Menschenrechte, 2010.

[308] S. auch *Herdegen,* in: Maunz/Dürig, Art. 1 Abs. 2 (2004) Rn. 34; *Kunig,* in: v. Münch/Kunig I, Art. 1 Rn. 42; *Starck* MKS I, Art. 1 Rn. 131 ff.; vgl. auch *Rensmann,* Wertordnung und Verfassung, 2007, S. 13 ff.

[309] S. etwa *Isensee* HStR V, § 115 Rn. 42; im Ergebnis wohl übereinstimmend *Sommermann* AöR 114 (1989), 391 (419 f.); weitergehend *Herdegen,* in Maunz/Dürig, Art. 1 Abs. 2 (2006) Rn. 42. Kritisch zur „zurückhaltenden Internationalisierung des deutschen Verfassungsrechts" *Bryde* Der Staat 42 (2003), 61 (71 ff.).

[310] S. etwa *Denninger* AK GG, Art. 1 Abs. 2, 3 Rn. 7 f.; *Herdegen,* in: Maunz/Dürig, Art. 1 Abs. 2 (2004) Rn. 17 ff.; *Zippelius* BK, Art. 1 Abs. 1 u. 2 (1989) Rn. 104; *Stern* JuS 1985, 329 (335).

[311] S. auch *Denninger* AK GG, Art. 1 Abs. 2, 3 Rn. 11.

[312] Die in den genannten Pakten selbst im Übrigen deutlich von den Menschenrechten unterschieden werden; s. Art. 5 II IPBürgR; Art. 2 III IPWirtR.

[313] So auch *Denninger* AK GG, Art. 1 Abs. 2, 3 Rn. 11.

[314] Abwegig etwa *Stöcker* Der Staat 31 (1992), 495 ff.; zum leitmotivischen Charakter des Menschenrechtsbekenntnisses s. *Enders,* in: Friauf/Höfling, Art. 1 Rn. 152.

Gerichtshöfe durchaus „Auslegungshilfe[n]" für die Bestimmung von Inhalt und Reichweite von Grundrechten und rechtsstaatlichen Grundsätzen des Grundgesetzes".[315] **Menschenrechtsfreundliche Berücksichtigung** internationaler Standards entspricht auch der st. Rspr. des BVerfG.[316] Nachdrücklich hat hierauf das BVerfG in seinen Entscheidungen zur Sicherungsverwahrung hingewiesen.[317]

Indes kann aus Art. 1 II kein verbindliches Gebot der menschenrechtskonformen Verfassungsinterpretation[318] bzw. **kein (verfassungsbeschwerdefähiges) Recht auf Grundrechtsauslegung im Lichte der EMRK**[319] abgeleitet werden. Ausgeschlossen ist es ferner, auf dem Umweg über Art. 1 II den Menschenrechtsabkommen Verfassungsrang beizumessen.[320] Es ist heute unbestrittene Ansicht, dass der Rechtssatzcharakter des Art. 1 II nicht in der unmittelbaren Konstitutionalisierung zusätzlicher Rechte gesehen werden kann.[321] Der verbindliche Normgehalt des Art. 1 II beschränkt sich somit auf das Verbot, den Grundrechtsbestand in einer Weise abzusenken, dass der menschenrechtliche Mindestgehalt unterschritten wird.[322] In gleichsam gegenläufiger Stoßrichtung hat das BVerfG darüber hinausgehend formuliert, das Bekenntnis des Art. 1 II sei unvereinbar mit der Vorstellung, „die mit den Grundrechten aufgerichtete Wertordnung [...] könne oder müsse allgemein außer Funktion treten, um der Rechtsordnung anderer Staaten den Vorrang zu lassen.[323]

### III. Unverletzliche und unveräußerliche Menschenrechte

Mit der Formulierung von den „unverletzlichen und unveräußerlichen Menschenrechten" knüpft 80 das GG an historische Traditionslinien an. Es gibt damit Hinweise auf das ihm zugrundeliegende Menschenrechtsverständnis (o. Rn. 74 f.); darüber hinausgehende Schlussfolgerungen für die Grundrechtsdogmatik können hieraus nicht abgeleitet werden. Zum einen: Auch **unverletzliche Grundrechte** unterliegen den verfassungsrechtlich statuierten Schrankenregelungen oder finden ihre Grenzen in kollidierenden Verfassungsrechtsgütern.[324] Zum anderen: Der Topos von der **Unveräußerlichkeit** verweist lediglich auf den Umstand, dass niemand von vornherein außerhalb der Menschenrechtsordnung gestellt werden darf, dass jeder – unabhängig von Status und Verhalten – prinzipiell Zuordnungssubjekt elementarer Gewährleistungen ist und bleibt.[325]

Über die **Zulässigkeit eines** (freiwilligen) **Grundrechtsverzichts** ist damit nichts ausgesagt.[326] Die 81 Befugnis des einzelnen Grundrechtsträgers, in einer konkreten Situation selbst über das Maß der Inanspruchnahme der ihm zustehenden Rechtspositionen zu entscheiden, ist ihrerseits Element der verfassungsrechtlichen Gewährleistung von Menschen- und Grundrechten.[327] Ohne normative Aussagekraft ist die Formel schließlich für die Frage nach einer möglichen Drittwirkung bzw. schutzrechtlichen Dimension der Grundrechte.[328]

---

[315] So BVerfGE 74, 358 (370); s. auch BVerfGE 82, 106 (115); 83, 119 (128); BVerfGE 96, 152 (161).

[316] S. BVerfGE 128, 326 (369) = EuGRZ 2011, 297 (308); vgl. auch *Frowein* FS Zeidler II, 1987, S. 1763 ff.; *Landau* DVBl 2008, 1669 ff.

[317] S. dazu BVerfGE 109, 133; 128, 326; dazu auch *Volkmann* JZ 2011, 835; *Windoffer*, DÖV 2011, 590 ff.; ausführliche Rechtsprechungsanalyse bei *Schilling,* Deutscher Grundrechtsschutz zwischen staatlicher Souveränität und menschenrechtlicher Europäisierung, 2010, S. 40 ff.

[318] Wie hier *Dreier,* in: Dreier I, Art. 1 II Rn. 21. Anders *Herdegen,* in: Maunz/Dürig, Art. 1 Abs. 2 (2006) Rn. 47, *Sommermann* AöR 114 (1989), 391 (417 f.); eingehend *Ruffert* EuGRZ 2007, 245 ff.

[319] *Hoffmeister* Der Staat 40 (2001), 349 (367 ff., 380); zu Abweichungen zwischen GG und EMRK *Frowein* DÖV 1998, 806 ff.; zuletzt bereichsspezifisch etwa *Lenski* NVwZ 2005, 50 ff.

[320] S. BVerfG EuGRZ 2011, 297 (309): „kein Einfallstor für einen unmittelbaren Verfassungsrang".

[321] S. nur *Herdegen,* in: Maunz/Dürig, Art. 1 Abs. 2 (2006) Rn. 41; *Kunig,* in: v. Münch/Kunig I, Art. 1 Rn. 47; *Sommermann* AöR 114 (1989), 391 (406 f.). Zum Problem der Beachtung der als einfaches Bundesgesetz geltenden Konvention bei der Auslegung von Bundesgesetzen s. einerseits EGMR EuGRZ 2004, 700 ff.; EGMR EuGRZ 2005, 693 ff. und andererseits BVerfGE 111, 307 (328 f.), wo ein Vorbehalt zugunsten „ausbalancierter Teilsysteme des innerstaatlichen Rechts" reklamiert wird. S. dazu auch *Grupp/Stelkens* DVBl 2005, 133 ff.; *Bergmann* EuGRZ 2004, 620 ff.; *Cremer* EuGRZ 2004, 683 ff. sowie *Wildhaber* EuGRZ 2005, 743 f.

[322] Von einer nur „mittelbare[n], rechtliche[n] Wirkung" des Art. 1 II GG geht aus *Brugger,* Menschenwürde, Menschenrechte, Grundrechte, 1997, S. 14, der auch von einem „Staatsziel" spricht (S. 15).

[323] So BVerfGE 31, 58 (76); Zum „Grundrechtsschutz im Dreieck von EU, EMRK und nationalem Verfassungsrecht" s. den Aufsatz von *Schmahl* EuR Beiheft 1, 2008, 7 ff.

[324] S. auch *Denninger* AK GG, Art. 1 Abs. 2, 3 Rn. 7; *Starck* MKS I, Art. 1 Rn. 134 f.

[325] In diesem Sinne auch *Kunig,* in: v. Münch/Kunig, Art. 1 Rn. 43; *Denninger* AK GG, Art. 1 Abs. 2, 3 Rn. 14; ähnl. *Herdegen,* in: Maunz/Dürig, Art. 1 Abs. 2 (2004) Rn. 2.

[326] S. auch *Robbers* JuS 1985, 925 (929); *Kunig,* in: v. Münch/Kunig, Art. 1 Rn. 43; *Dreier,* in: Dreier I, Art. 1 II Rn. 22.

[327] Näher *Höfling* (Fn. 16), S. 125 ff.; ferner → vor Art. 1 Rn. 52 ff.; s. auch BGHSt 44, 308 (317) – Lügendetektor.

[328] AA *Zippelius* Art. 1 Abs. 1 u. 2 (1989) Rn. 119 und 121; weniger weitgehend *Starck* MKS I, Art. 1 Rn. 117.

## D. Die Grundrechtsbindung der Staatsgewalt (Abs. 3)

### I. Grundsätzliche Bedeutung

82     Nach Art. 1 III binden die nachfolgenden Grundrechte „Gesetzgebung, vollziehende Gewalt und Rechtsprechung als unmittelbar geltendes Recht". Diese **„Schlüsselnorm"**[329] **des Grundgesetzes** markiert einen entscheidenden verfassungsgeschichtlichen Fortschritt der Grundrechtsentwicklung in Deutschland. Anders als in Amerika blieb bis zur Mitte des 20. Jahrhunderts die rechtliche Geltungskraft, Verbindlichkeit und Bindungswirkung der Grundrechtsgewährleistungen in Deutschland umstritten.[330] Die Paulskirchenverfassung hatte sie zwar (umfassend) gekannt,[331] daran war nach deren Scheitern aber nicht mehr angeknüpft worden. Soweit die Grundrechtsbestimmungen überhaupt als unmittelbar anwendbares Recht qualifiziert wurden, entfalteten sie Bindungskraft im Wesentlichen nur gegenüber den gesetzesanwendenden Staatsorganen, dh Verwaltung und Rechtsprechung. Der Gesetzgeber war dagegen nur in dem vagen Sinne gebunden, dass die Grundrechte für ihn als bloße Direktiven galten.[332] Nach der Zeit der nationalsozialistischen Willkürherrschaft war es dann für den Verfassunggeber eine der wichtigsten Aufgaben, die **Normativität**, dh rechtliche Verbindlichkeit **der Grundrechte** entscheidend zu **stärken**.[333]

83     Der verfassungsgeschichtlichen Bedeutung Rechnung tragend hat das BVerfG schon früh die zentrale Bedeutung des Art. 1 III für die neue Staatsordnung hervorgehoben.[334] Die Vorschrift betont speziell im Blick auf die Grundrechte[335] nochmals, was Art. 20 III für die Verfassungs- und Rechtsbindung der Staatsgewalten allgemein anordnet. Indem Art. 79 III beide Aussagen wieder aufgreift, sind sie der Dispositionsbefugnis des verfassungsändernden Gesetzgebers entzogen.

84     Die unmittelbare Geltungs- und Bindungsanordnung der Art. 1 III verbindet sich darüber hinaus mit der Rechtsschutzgarantie des Art. 19 IV und der grundrechtsschützenden Kompetenzzuweisung des Art. 93 I Nr. 4a (Verfassungsbeschwerdeverfahren) zu der prinzipiellen Festlegung, dass den Grundrechten die **Qualität subjektiver Rechte** zukommt. Nur über die Verpflichtetheit der Staatsgewalt und die korrespondierende Berechtigung der Grundrechtsträger kann sich der Leitnormcharakter des Art. 1 III realisieren.[336] Die Vorschrift ist dementsprechend vom BVerfG schon früh dahingehend interpretiert worden, dass sie auch „den Willen des Verfassungsgebers zum Ausdruck [bringt], dass der Einzelne sich der öffentlichen Gewalt gegenüber auf diese Normen als auf Grundrechte im Zweifel soll berufen können".[337] Z. T. wird als wichtigste Konsequenz des Art. 1 III GG die Garantie des Verhältnismäßigkeitsgrundsatzes hervorgehoben.[338]

### II. Die Grundrechtsbindung aller staatlichen Gewalt

85     **1. Allgemeine Normaussage. a) Lückenlosigkeit der staatlichen Grundrechtsbindung.** Wenn Art. 1 III „Gesetzgebung, vollziehende Gewalt und Rechtsprechung" in einer Trias der Grundrechtsverpflichteten aufzählt, so gliedert die Formel nur noch einmal auf, was Art. 1 I 2 für die Menschenwürde im Begriff „alle staatliche Gewalt" zusammenfasst. In gleichbedeutendem Sinne spricht Art. 93 I Nr. 4a von der „öffentliche[n] Gewalt".[339] Allerdings lässt die Fassung des Art. 1 III hinsichtlich der Reichweite der angeordneten Bindungswirkung **zwei Deutungen** zu, nämlich **eine formell-institutionelle** und **eine materiell-funktionelle:**[340] Im ersteren Falle sind grundrechtsverpflichtet die formell verstandenen Träger der Staatsgewalt, dh „die besonderen Organe der Gesetzgebung, der vollziehenden Gewalt und der Rechtsprechung" (s. Art. 20 II 2). Im zweiten Fall sind grundrechts-

---

[329] *Stern*, StaatsR III/1, S. 1178.

[330] S. auch *Stern*, StaatsR III/1, S. 1179 f.

[331] *Kempny*, Die Staatsfinanzierung nach der Paulskirchenverfassung, 2011, S. 35 ff.; *Kühne*, Die Reichsverfassung der Paulskirche, 2. Aufl. 1998, S. 184 ff., 202.

[332] *Krüger* DVBl 1950, 626: „Grundrechte nur im Rahmen der Gesetze"; eingehender zum Problemkreis etwa *Gusy* ZNR 1993, 163 (167 ff.); zu *Kelsens* Sicht auf die Rechtslage unter der WRV *Hwang*, Der Staat 54 (2015), 213 (221 ff.).

[333] Dazu s. etwa JöR nF 1 (1951), 48 ff.; zur Entstehungsgeschichte des Art. 1 III ferner *Stern*, StaatsR III/1, S. 1191 ff.; zum ideen- und verfassungsgeschichtlichen Kontext s. *Dreier*, in: Dreier I, Art. 1 III Rn. 1 ff.

[334] BVerfGE 6, 386 (387); zur Bedeutung auch *Enders*, in: Friauf/Höfling, Art. 1 Rn. 156 f.

[335] Der Begriff umfasst alle Grundrechte und grundrechtsgleichen Rechte des GG; s. etwa *Jarass*, in: Jarass/Pieroth, Art. 1 Rn. 30 mwN.

[336] S. etwa *Herdegen*, in: Maunz/Dürig, Art. 1 Abs. 3 (2019) Rn. 3; *Stern*, StaatsR III/1, S. 1200 f.; *Jarass*, in: Jarass/Pieroth, Art. 1 Rn. 31.

[337] So BVerfGE 6, 386 (387).

[338] So *Enders*, in: Friauf/Höfling, Art. 1 Rn. 157.

[339] S. auch *Kingreen/Poscher* Rn. 181; *Stern*, StaatsR III/1, S. 1202; *Herdegen*, in: Maunz/Dürig, Art. 1 Abs. 3 (2019) Rn. 11.

[340] Dazu *Höfling* JA 1995, 431 (432 f.).

verpflichtet die materiell verstandenen Staatsfunktionen der Gesetzgebung, vollziehenden Gewalt und Rechtsprechung.[341]

Der Wortlaut des Art. 1 III nennt zwar keine verpflichteten Grundrechtsadressaten, sondern nur **86** grundrechtsgebundene Staatsfunktionen; doch zielt die Bestimmung ihrer entstehungsgeschichtlichen Intention wie ihrem Sinne nach auf eine **lückenlose Bindung aller Staatsgewalt.**[342] MaW: Für die Annahme der Bindungswirkung des Art. 1 III reicht es aus, dass entweder das formell–institutionelle Kriterium oder das materiell–funktionelle Kriterium erfüllt ist.[343] Diese Auslegung sichert die Geltungskraft der Grundrechte nach zwei Richtungen hin: Zum einen unterwirft sie die Verwaltungsorgane auch bei sogenannten fiskalischen Hilfsgeschäften und der erwerbswirtschaftlichen Betätigung (→ Rn. 106 ff.) der Grundrechtsbindung des Art. 1 III. Zum anderen ist jede Ausübung von Staatsgewalt grundrechtsgebunden, unabhängig davon, ob das handelnde Rechtssubjekt öffentlich-rechtlich oder privatrechtlich verfasst ist.

Neben Bund, Ländern und Gemeinden sowie sonstigen Gebietskörperschaften sind **alle juristi-** **87** **schen Personen des öffentlichen Rechts,** die Träger vom Staat abgeleiteter öffentlicher Gewalt sind, Grundrechtsverpflichtete im Sinne von Art. 1 III. Ferner gilt dies auch für sog. Beliehene. Ausreichend für die Grundrechtsbindung nach Maßgabe des Art. 1 III ist insoweit, dass der Staat in „Reserve" steht.[344]

**b) Die Grundrechtsbindung der deutschen Staatsgewalt.** Die Staaten als Gebietskörperschaften **88** sind in der Wahrnehmung ihrer Staatsgewalt gemäß dem Territorialprinzip auf ihr Staatsgebiet als den maßgeblichen Herrschaftsbereich beschränkt. Die Staatsgewalt der Bundesrepublik Deutschland wird dementsprechend nur in dem Gebiet wahrgenommen, das der Gebietshoheit des Staates unterliegt; dies ist der Geltungsbereich des GG. Dementsprechend erfasst nach allgemeiner Auffassung die **Bindungsklausel des Art. 1 III nur** die **deutsche Staatsgewalt.**[345] „Ein Organ, das außerhalb des Gefüges der deutschen Staatsorganisation steht, übt keine deutsche öffentliche Gewalt aus."[346] Allerdings ist die gesamte deutsche Staatsgewalt – so eine frühe Entscheidung des BVerfG – grundsätzlich überall dort gebunden, wo sie tätig wird oder sich auswirkt.[347] Das gilt grundsätzlich auch für den **Streitkräfteeinsatz.** Allerdings werden insoweit verbreitet Relativierungen der Geltungsintensität angenommen.[348]

Allerdings wird das vom BVerfG genannte „Wirkungskriterium" als zu unterkomplex eingestuft, **89** um definitive Antworten auf die Frage nach der **grenzüberschreitenden Reichweite deutscher Grundrechte** zu geben. Grundrechte könnten, so wird formuliert, nur dann ‚wirken', wenn sie anwendbar seien. Insoweit ergebe sich die Gefahr eines Zirkelschlusses von der Wirkung auf die Anwendung.[349] Weitergehend wird deshalb zT ein Subordinationsverhältnis als Grundrechtsvoraussetzung verlangt.[350] Allerdings vermag auch dieser Ansatz keine restlos befriedigende Lösung anzubieten.[351] Im übrigen lehnt auch das BVerfG es ab, aus Art. 1 III GG eine „abschließende Festlegung der räumlichen Geltungsreichweite der Grundrechte" abzuleiten.[352] Die Grundrechtsbestimmungen binden, „soweit Wirkungen ihrer Betätigung außerhalb des Hoheitsbereichs der Bundesrepublik Deutschland eintreten", die Staatsgewalt (lediglich) „in ihrem sachlichen Geltungsumfang".[353]

Probleme ergeben sich bei der Einordnung von **Maßnahmen der Organe der EU.** Das BVerfG **90** hat sich zunächst in seinen beiden „Solange-Entscheidungen"[354] mit der Problematik befasst. Während der Solange-I-Beschluss noch die Kompetenz beansprucht hat, sekundäres Gemeinschaftsrecht auf seine Vereinbarkeit mit den deutschen Grundrechten zu überprüfen und es auf Vorlage eines deutschen Gerichts nach Art. 100 I für unanwendbar (nicht: für ungültig) zu erklären, soweit auf dieses

---

[341] *Herdegen,* in: Maunz/Dürig, Art. 1 Abs. 3 (2019) Rn. 92; ferner *Kingreen/Poscher* Rn. 181; *Stern,* StaatsR III/1, S. 1204.

[342] So auch *Rüfner* HStR V, § 117 Rn. 1; *Stern,* StaatsR III/1, S. 1204; *Enders,* in: Stern/Becker, Art. 1 Rn. 105.

[343] So ferner auch *Kingreen/Poscher* Rn. 181.

[344] So *Stern,* StaatsR III/1, S. 1205, unter Bezugnahme auf BVerfGE 10, 302 (327); *Rüfner* HStR V, § 117 Rn. 2; s. ferner *Starck* MKS I, Art. 1 Rn. 222 ff.

[345] S. BVerfG (K), NVwZ 2009, 1156 (1157); ferner mit zahlr. Nachw. *Stern,* StaatsR III/1, S. 1229; grundsätzlich zu einem Grundrechtskollisionsrecht *Heintzen,* Auswärtige Beziehungen privater Verbände, 1988, S. 96 ff.

[346] BVerfGE 22, 293 (297); ferner BVerfGE 58, 1 (26 f.) im Blick auf Art. 19 IV.

[347] S. BVerfGE 6, 290 (295); 57, 9 (23); *Kunig,* in: v. Münch/Kunig I, Art. 1 Rn. 53; *Stern,* StaatsR III/1, S. 1230; eingehend zur Grundrechtsbindung der auswärtigen Gewalt: *Röben,* Außenverfassungsrecht, 2007, S. 378 ff. mwN; *Waldhoff,* in: Isensee (Hrsg.), Menschenrechte als Weltmission, 2008, S. 43 ff.

[348] Dazu *Enders,* in: Friauf/Höfling, Art. 1 Rn. 166 ff.; s. a. *Poscher* VVDStRL 67 (2008), 160 (190 ff.); *Sauer* DÖV 2019, 714 (715 ff.); zum Einsatz von US-Drohnen und einer etwaigen Beteiligung der Bundesrepublik: OVG NRW, NVwZ 2019, 1624; dazu *Heinemann* NVwZ 2019, 1580 ff.

[349] S. *Isensee* HStR V, § 115 Rn. 83; *Becker* HStR XI, § 240 Rn. 16.

[350] S. namentlich *Isensee* HStR V, § 115 Rn. 78 ff.

[351] S. auch näher *Becker* HStR XI, § 240 Rn. 17 ff., 28 ff.

[352] BVerfGE 100, 313 (361).

[353] BVerfGE 57, 9 (22); ferner *Becker* HStR XI, § 240 Rn. 31.

[354] BVerfGE 37, 271 und 73, 339.

Recht gestützte Akte deutscher Behörden angefochten waren,[355] hat es im Solange-II-Beschluss auf eine solche Überprüfung verzichtet.[356] Mittlerweile sei in den Europäischen Gemeinschaften ein dem deutschen Standard generell entsprechendes Grundrechtsniveau erreicht worden und werde vom EuGH auch hinreichend geschützt.[357]

91    Die Organe der Europäischen Gemeinschaften wurden danach als Grundrechtsverpflichtete durch das BVerfG nicht mehr in Anspruch genommen. In der Eurocontrol-Entscheidung hat das BVerfG insoweit klargestellt: „Ein Organ, das außerhalb des Gefüges der deutschen Staatsorganisation steht, nimmt grundsätzlich nicht deutsche Staatsgewalt wahr".[358] Hiervon ist das BVerfG in seinem **Maastricht-Urteil** ausdrücklich abgewichen:[359] Allerdings übe das Gericht seine Gerichtsbarkeit über die Anwendbarkeit von abgeleitetem Gemeinschaftsrecht in Deutschland in einem „Kooperationsverhältnis" zum EuGH aus, „in dem der Europäische Gerichtshof den Grundrechtsschutz in jedem Einzelfall für das gesamte Gebiet der Europäischen Gemeinschaften garantiert, das BVerfG sich deshalb auf eine generelle Gewährleistung der unabdingbaren Grundrechtsstandards [...] beschränken kann".[360]

92    Dieser Problemzugriff war insoweit neu, als für den Geltungsanspruch der deutschen Grundrechte und die Gerichtsbarkeit des BVerfG nicht mehr an die Anwendung von Gemeinschaftsrecht durch deutsche Stellen angeknüpft wird, sondern über eine solche Anknüpfung hinaus ein direkter Geltungsanspruch gegenüber der in Deutschland ausgeübten Gemeinschaftsgewalt angenommen wird.[361] Damit ist „das Ruder sehr spürbar herumgeworfen" worden.[362] Die dogmatische Begründung hierfür fiel allerdings eher dürftig aus. Offensichtlich steht dahinter die Vorstellung, **der deutsche Staat** müsse auf seinem Hoheitsgebiet immer als **Garant der Grundrechte** zur Verfügung stehen.[363]

93    In einer späteren Entscheidung hat das BVerfG aber klargestellt, dass die Anerkennung, Umsetzung und Anwendung von EU-Akten im Blick auf Art. 23 I GG nicht von deren Grundrechtskompatibilität abhängt, „solange die Europäischen Gemeinschaften [...] einen wirksamen Schutz der Grundrechte gegenüber der Hoheitsgewalt der Gemeinschaften generell gewährleisten, der dem vom Grundgesetz jeweils als unabdingbar gebotenen Grundrechtsschutz im Wesentlichen gleich zu achten ist".[364] In dieser Voraussetzung eines flächendeckenden Grundrechtsausfalls liegt eine kaum überwindbare Hürde.[365] Allerdings beansprucht das BVerfG eine Identitätskontrolle, in deren Rahmen zu prüfen ist, ob die durch Art. 79 III GG für unantastbar erklärten Grundsätze durch eine unionale Maßnahme berührt werden.[366]

94    Von der vorstehend erörterten Problematik zu unterscheiden ist die Frage, ob **deutsche Verfassungsorgane bei Mitwirkung an europäischen Organakten gem. Art. 1 III an die Grundrechte gebunden** sind. Angesichts des unbedingten und umfassenden Geltungsanspruchs des Art. 1 III ist diese Frage zu bejahen. Die Mitwirkungshandlungen sind Akte deutscher öffentlicher Gewalt, die nicht grundsätzlich von der Grundrechtsbindung ausgenommen sind.[367] Exemplarisch zeigt dies die Entscheidung zum Europäischen Haftbefehlsgesetz: Statt sich vertieft mit den verfassungsrechtlichen Grenzen der europäischen Integration auseinanderzusetzen, beschränkte das BVerfG seine Kritik auf die unzureichende Umsetzung durch den verfassungsgebenden nationalen Gesetzgeber.[368]

95    **2. Die Grundrechtsbindung der Gesetzgebung. a) Begriff der Gesetzgebung.** Außer Zweifel steht zunächst, dass die parlamentarische Gesetzgebung durch den Bund und die Länder, dh Gesetze im formellen Sinne – einschließlich der im Verfahren des Gesetzgebungsnotstandes (Art. 81) oder der Notstandsgesetzgebung (Art. 115e iVm Art. 53a) zustande gekommenen Gesetze – der Bindungs-

---

[355] BVerfGE 37, 281 (285).

[356] Bestätigend BVerfGE 102, 147 (161 ff.) – Bananenmarkt – (dazu *Nicolaysen/Nowak* NJW 2001, 1233 ff.); BVerfG (K) DVBl 2001, 720.

[357] BVerfGE 73, 339 (383 ff.).

[358] BVerfGE 58, 1 (27).

[359] Ebda; vgl. auch → Art. 23 Rn. 41 ff.

[360] Ebda; vgl. auch → Art. 23 Rn. 41 ff.

[361] S. auch *Götz* JZ 1993, 1081 (1083); *E. Klein,* GS Grabitz, 1995, S. 271 (276 ff.).

[362] So die kritische Wertung von *Tomuschat* EuGRZ 1993, 389 (490); ähnlich *E. Klein* GS F. Klein, 1977, S. 271 (277): „evidente Kursänderung"; vgl. ferner z. B. *Frenz* Der Staat 34 (1995), 586 ff.

[363] In diesem Sinne deutlich *P. Kirchhof* HStR VII, § 183 Rn. 30 ff.; dazu etwa *E. Klein,* GS F. Klein, 1977, S. 271 (277).

[364] BVerfGE 118, 79 (95); s. a. 102, 147 (162 ff.).

[365] S. a. *Jarass,* in: Jarass/Pieroth, Art. 1 Rn. 46 unter Bezugnahme auf *Streinz,* in: Sachs, Art. 23 Rn. 41; *Dreier,* in: ders., Art. 1 III Rn. 21–23 mwN.

[366] BVerfGE 140, 317 Rn. 41 ff.

[367] S. dazu schon eingehend *Friauf,* Die Bindung deutscher Verfassungsorgane an das Grundgesetz bei Mitwirkung an europäischen Organakten, in: Friauf/Scholz, Europarecht und Grundgesetz, 1990, S. 11 (29 ff.); ausführlich: *Funke,* Umsetzungsrecht, 2010, S. 212 ff.; ferner *St. Augsberg* DÖV 2010, 153 ff.

[368] BVerfGE 113, 273 ff. (s. aber das abw. Votum des Richters *Broß,* S. 319 ff.); zu dieser Entscheidung s. etwa *Böhm* NJW 2005, 2588 ff.; *von Unger* NVwZ 2005, 1266 ff.

klausel unterfallen.[369] Auch die völkerrechtliche Verträge in innerstaatliches Recht transformierenden sog. Vertrags- oder Zustimmungsgesetze müssen die Grundrechte beachten.[370]

Deutungsschwierigkeiten des Begriffs „Gesetzgebung" i. S. d. Art. 1 III ergeben sich allerdings außer- **96** halb der förmlichen Gesetzgebung der Parlamente bei der **Rechtsetzung anderer Institutionen.** Solange diese rechtsetzenden Institutionen zumindest mittelbar in den Kreis der staatlichen Gewaltträger einzuordnen sind, ist die Grundrechtsbindung im Ergebnis unproblematisch. Zwar kann zweifelhaft sein, ob Rechtsverordnungen oder Satzungen von Autonomieträgern (z. B. Gemeinden, Universitäten, Rundfunkanstalten, berufsständischen Kammern) dem Begriff der Gesetzgebung oder dem der vollziehenden Gewalt i. S. d. Art. 1 III zuzurechnen sind.[371] Unabhängig aber von einer konkreten Zuordnung zu einer der in der Bindungsklausel genannten Funktionen ist die Grundrechtsbindung als solche jedenfalls unbestritten.[372] Im Blick auf die Ärztekammern, aber insoweit durchaus verallgemeinerungsfähig hat das BVerfG dazu ausgeführt: „Selbstverständlich ist, dass das vom Verband gesetzte Recht seinem materiellen Inhalt nach mit höherrangigem Recht, vor allem mit dem Grundgesetz, voll in Übereinstimmung stehen muss."[373] Dasselbe gilt für alle Geschäftsordnungen von juristischen Personen des öffentlichen Rechts mit Ausnahme der Kirchen (→ Rn. 114 f.). Schließlich ist auch die **Grundrechtsbindung des Gewohnheitsrechts** auf allen Stufen der Staatlichkeit unzweifelhaft.[374]

Stellt somit im Ergebnis die Rechtsetzung (im weiteren Sinne) staatlicher Institutionen kein Problem **97** dar, so ergeben sich größere Schwierigkeiten im Blick auf die **Grundrechtsgebundenheit von Privatrechtssubjekten,** die zur Rechtsetzung befugt sind.[375] Fragen werden zunächst aufgeworfen durch den Umstand, dass namentlich das **Umwelt- und technische Sicherheitsrecht,** aber auch z. B. das **Arznei- und Lebensmittelrecht** wegen der häufigen Verwendung unbestimmter Gesetzesbegriffe (z. B. „allgemein anerkannte Regeln der Technik"; „Stand der Wissenschaft und Technik" u. Ä.) in starkem Maße durch Regulierungswerke überwiegend privater Normungsverbände geprägt werden.[376]

So wenig die Grundrechtsrelevanz der einschlägigen Grenz-, Dosis- und Messwerte geleugnet **98** werden kann, so deutlich ergibt sich aus der Normaussage des Art. 1 III jedoch die Erkenntnis, dass eine **unmittelbare Grundrechtsbindung insoweit ausscheidet.** Die Grundrechtswirkung entfaltet sich hier vielmehr auf andere Weise. Zum einen aktualisiert sich die Grundrechtsbindung auf der Ebene der Rechtsanwendung durch Exekutive und Judikative. Zum anderen ist es denkbar, dass der Gesetzgeber verpflichtet ist, in bestimmten Konstellationen zum Schutze der betroffenen Grundrechte einzuschreiten.[377]

Besonders umstritten ist die Frage der Grundrechtsbindung der **Tarifvertragsparteien,** die durch **99** Vereinbarung nach Maßgabe des Tarifvertragsgesetzes Rechtsnormen schaffen können (→ Art. 9 Rn. 90 ff.). Das BAG und mit ihm die herrschende Meinung in der Arbeitsrechtslehre sind traditionell der Auffassung gewesen, dass die Tarifvertragsparteien unmittelbar an die Grundrechte gebunden seien,[378] während die Staatsrechtslehre ganz überwiegend eine abweichende Position einnahm.[379] Das BVerfG hat sich bislang noch nicht ausdrücklich zur Frage der Grundrechtsbindung der Tarifvertragsparteien geäußert,[380] sondern diese Frage offen gelassen,[381] wenngleich die Tendenz seiner einschlägigen Ausführungen doch eine gewisse Distanz zum Problemlösungszugriff des BAG erkennen lässt.[382] Mittlerweile wird die Frage von verschiedenen Senaten des BAG uneinheitlich beurteilt.[383] Teils wird eine Bindung der Tarifvertragsparteien an die Grundrechte abgelehnt und lediglich auf die Schutzpflichtendimension rekurriert;[384] teils wird die Auffassung vertreten, dass die Frage der Grundrechts-

---

[369] S. etwa *Starck* MKS I, Art. 1 Rn. 224; *Herdegen,* in: Maunz/Dürig, Art. 1 Abs. 3 (2019) Rn. 93; *Stern,* StaatsR III/1, S. 1269.

[370] S. nur *Rüfner* HStR V, § 117 Rn. 14.

[371] Beispiele für entsprechende Rechtsetzungstätigkeit etwa bei *Schneider,* Gesetzgebung, 1982, S. 160 ff.

[372] S. nur *Kunig,* in: v. Münch/Kunig, Art. 1 Rn. 58; *Starck* MKS I, Art. 1 Rn. 224; *Stern,* StaatsR III/1, S. 1270 f.; *Denninger* AK GG, Art. 1 Abs. 2, 3 Rn. 21 f.

[373] BVerfGE 33, 125 (160 f.).

[374] S. dazu etwa *Rüfner* HStR V, § 117 Rn. 16 f.; *Stern,* StaatsR III/1, S. 1273.

[375] Zum Problemkreis s. *F. Kirchhof,* Private Rechtsetzung, 1987.

[376] Näher *Höfling,* Professionelle Standards und Gesetz, in: Trute ua (Hrsg.), Allgemeines Verwaltungsrecht – zur Tragfähigkeit eines Konzepts, 2008, S. 45 ff.

[377] Zum Problemkreis vgl. mN etwa *Stern,* StaatsR III/1, S. 1279 ff. – Zur positiven Gebotsrichtung der Bindungsklausel s. noch u. Rn. 97.

[378] Grundlegend BAGE 1, 258 (262); ferner etwa BAGE 4, 240 (250 ff.); 11, 135 (138); (GS) 20, 175 (224); 69, 257 (263 f.); 79, 236 (242); aus der Literatur etwa *Schaub,* in: ders./Koch/Linck, Arbeitsrechts-Handbuch, 11. Aufl. 2005, § 201 Rn. 16.

[379] S. die Nachweise bei *Höfling/Burkiczak* RdA 2005, 263 (264 f.).

[380] Darauf weist im Kontext des Art. 3 I ausdrücklich BVerfG (K) NZA 1999, 878 f., hin; s. auch *Steiner* FS Schwerdtner, 2003, S. 355 (358).

[381] BVerfGE 82, 126 (154); 90, 46 (58); BVerfG (K) EuGRZ 2004, 803 (804).

[382] S. BVerfGE 34, 307 (317) mit weiteren Bezugnahmen auf die eigene Rechtsprechung.

[383] S. zur Diskussion auch *Boemke* FS 50 Jahre BAG, 2004, S. 613 ff.; *Waltermann,* ebda, S. 913 ff.

[384] BAGE 88, 118 (123 f.); ferner BAGE 102, 65 (69); BAG NZA 2004, 1399 (1402).

bindung der Tarifvertragsparteien nicht für alle Fallgestaltungen und alle Grundrechte gleichermaßen beantwortet werden könne.[385] Diese Differenzierungen können freilich schon deswegen nicht überzeugen, weil Art. 1 III hinsichtlich aller Grundrechte die Grundrechtsbindung einheitlich regelt und nicht zwischen Freiheits- und Gleichheitsrechten unterscheidet.

100     Die **unmittelbare Grundrechtsbindung der Tarifvertragsparteien** lässt sich mit der die Rechtsnormqualität des normativen Teils von Tarifverträgen **nicht** begründen. Art. 1 III umfasst nur solche Rechtssätze, die aus staatlicher Macht abgeleitet werden können. Dies trifft für die grundrechtlich gewährleistete Tarifautonomie nicht zu.[386] Die Grundrechte kommen insoweit auf der Kollisionsebene ins Spiel, nämlich dort, wo die Inanspruchnahme der Tarifautonomie gem. Art. 9 III mit Grundrechten Dritter in Konflikt gerät.[387] Hier wird die Schutzdimension der Grundrechte aktualisiert. Im Übrigen kommt Art. 1 III im vorliegenden Problemzusammenhang nur dort unmittelbar zur Anwendung, wo Staatsorgane Tarifverträge nach § 5 TVG für **allgemeinverbindlich** erklären. Insoweit handelt es sich zweifelsohne um einen Rechtsetzungsakt, der der Bindungsklausel des Art. 1 III unterfällt.[388] Was vorstehend zu den Tarifverträgen angemerkt worden ist, gilt entsprechend für die zwischen Betriebsrat und Arbeitgeber ausgehandelten **Betriebsvereinbarungen** und **Sozialpläne.**[389]

101     **b) Verbots- und Gebotsrichtung der Bindungsklausel.** Art. 1 III untersagt kategorisch das grundrechtswidrige Gesetz. Nicht nur der Akt des Normerlasses, sondern auch und vor allem das Ergebnis der Normgebung hat sich am Vorrang der Verfassung messen zu lassen.[390] Die Bindungsklausel des Art. 1 III entfaltet ihre **Direktionskraft** somit **in zwei Richtungen:** Sie enthält in negativer Hinsicht eine Verbotsaussage und in positiver Hinsicht eine Gebotsaussage. Mit anderen Worten: Der Gesetzgeber darf die in den Grundrechten enthaltenen Eingriffsschranken nicht missachten; er ist auf der anderen Seite aber auch zur Herstellung eines grundrechtsgemäßen Zustandes verpflichtet.[391] Während das BVerfG im Blick auf legislative Passivität ursprünglich eine richterliche Kontrollkompetenz abgelehnt hatte,[392] wurde diese Rechtsauffassung 1957 revidiert: „Ist der Gesetzgeber verfassungsmäßig verpflichtet, [...] ein Gesetz zu erlassen, so kann er durch einen Verstoß gegen seine Handlungspflicht, also durch Unterlassen, ebenfalls Grundrechte verletzen.“[393]

102     Heute ist allgemein anerkannt, dass **Grundrechte** auch **durch Unterlassen des Gesetzgebers verletzt** werden können, wenn ein grundrechtswidriger Zustand nicht beseitigt wird.[394] Indes bewirkt ein gesetzgeberisches Unterlassen nur unter bestimmten Voraussetzungen einen Grundrechtsverstoß. Dies gilt zum einen für die Nichterfüllung von Gesetzgebungsaufträgen,[395] zum anderen aber auch bei Gleichheitsverstößen, die nur durch eine Tätigkeit des Gesetzgebers beseitigt werden können.[396] Ferner sind grundrechtswidrige Unterlassungen des Gesetzgebers dort denkbar, wo eine staatliche Schutzpflicht zugunsten der Grundrechte bzw. eine Pflicht zu grundrechtsfördernder Ausgestaltung der Rechtsordnung missachtet wird.[397]

103     **3. Die Grundrechtsbindung der vollziehenden Gewalt.** Als zweiten Bindungsadressaten benennt Art. 1 III die vollziehende Gewalt. Mit diesem auf die Wehrverfassungsnovelle vom 19.3.1956[398] zurückgehenden **Begriff,** der an die Stelle des Ausdrucks „Verwaltung“ gesetzt wurde, sollte die Grundrechtsbindung auch der Streitkräfte zweifelsfrei klargestellt und zugleich eine Anpassung an den Wortlaut des Art. 20 II und III bewirkt werden.[399]

104     **a) Öffentlich-rechtliches Verwaltungshandeln.** Unzweifelhaft ist zunächst die Grundrechtsbindung der vollziehenden Gewalt insoweit, als es um öffentlich-rechtliches Handeln geht. Die Bindungsklausel des Art. 1 III erfasst dabei sowohl die Tätigkeit der Regierung als auch die nachgeordneter staatlicher Verwaltungsbehörden sowie aller autonomen Träger mittelbarer Staatsverwaltung bis hin zu

---

[385] BAGE 95, 277 (282): Bindung an den Gleichheitssatz, nicht aber an die Freiheitsrechte.

[386] Ebenso etwa *Denninger* AK GG, Art. 1 Abs. 2, 3 Rn. 25; *Herdegen,* in: Maunz/Dürig, Art. 1 Abs. 3 (2019) Rn. 100; *Starck* MKS I, Art. 1 Rn. 255; *Stern,* StaatsR III/1, S. 1277; *Rüfner* HStR V, § 117 Rn. 18.

[387] S. auch *Scholz,* in: Maunz/Dürig, Art. 9 (2016) Rn. 357; *Steiner,* FS Schwerdtner, 2003, S. 355 (359 f.); *Stern,* StaatsR III/1, S. 1277 f.

[388] S. *Dreier,* in: Dreier I, Art. 1 III Rn. 41; *Stern,* StaatsR III/1, S. 1278 f.; *Starck* MKS I, Art. 1 Rn. 255; *Steiner,* FS Schwerdtner, 2003, S. 355 (358).

[389] S. hierzu *F. Kirchhof,* Private Rechtsetzung, 1987, S. 212 ff.; *Stern,* StaatsR III/1, S. 1278.

[390] S. *Stern,* StaatsR III/1 S. 1257; *Rüfner* HStR V, § 117 Rn. 15.

[391] S. *Rüfner* HStR V, § 117 Rn. 15; *Stern,* StaatsR III/1, S. 1257.

[392] S. BVerfGE 1, 97 (100 f.).

[393] BVerfGE 6, 257 (264); vgl. aus der späteren Rechtsprechung etwa BVerfGE 12, 139 (142); 17, 148 (155); 25, 167 (172 ff.); 47, 1 (17); 59, 360 (375).

[394] S. etwa *Gusy,* Parlamentarische Gesetzgebung und BVerfG, 1985, S. 40 f.; *Berkemann* EuGRZ 1985, 137 ff.; *Stern,* StaatsR III/1, S. 1285 ff.

[395] S. BVerfGE 8, 210 (216) zu Art. 6 V.

[396] Dazu etwa BVerfGE 22, 349 (361 f.); 39, 169 (185); 45, 104 (141); 75, 166 (182); s. a. *Kempny/Reimer,* Die Gleichheitssätze, 2012, S. 162.

[397] Vgl. eingehender *Stern,* StaatsR III/1, S. 1298 ff.; ferner auch *Rüfner* HStR V, § 117 Rn. 15.

[398] BGBl I S. 111.

[399] S. nur BT-Dr. II/2150, S. 2; *Starck* MKS I, Art. 1 Rn. 227.

den sog. Beliehenen. Sie erstreckt sich nicht nur auf die eingreifende Verwaltung, sondern auch auf die nicht-eingreifende, insbesondere leistende Verwaltungstätigkeit. Auch **Regierungsakte** unterliegen der prinzipiellen Grundrechtsbindung des Art. 1 III GG.[400] Entsprechendes gilt entgegen der Rspr. des BVerfG[401] auch für **Gnadenakte.**[402]

Auch die **sog. Sonderstatusverhältnisse** werden von der Grundrechtsbindung nicht ausgenom- **105** men.[403] Die Grundrechtsgebundenheit der vollziehenden Gewalt erfasst auch außenwirksame **Parlamentsakte,** die nicht zur Legislativfunktion gerechnet werden können. Dementsprechend sind etwa Maßnahmen von Enquête-Kommissionen, Untersuchungs- und Petitionsausschüssen usw. an die Grundrechte gebunden.[404] Auch die im **Bereich der Justiz** ausgeübte vollziehende Gewalt (Justiz- und Gerichtsverwaltung) wird über die Bindungsklausel des Art. 1 III erfasst.[405]

**b) Privatrechtliches Verwaltungshandeln.** Bis heute umstritten ist die Frage nach der Grund- **106** rechtsgebundenheit des privatrechtlichen Verwaltungshandelns.[406] Dabei werden herkömmlich **drei Bereiche** unterschieden: (1) privatrechtliche Hilfsgeschäfte der Verwaltung: z. B. Beschaffung der für die Verwaltungstätigkeit erforderlichen Sachgüter; (2) erwerbswirtschaftliche Betätigung der Verwaltung: z. B. Beteiligung des Staates an einem Industrieunternehmen; (3) Wahrnehmung von öffentlichen Aufgaben in der Form des Privatrechts (sog. Verwaltungsprivatrecht): z. B. Subventionsverwaltung oder Erbringung von Leistungen der Daseinsvorsorge (z. B. Energieversorgung, Wasserversorgung).[407] Für das so genannte **Verwaltungsprivatrecht** steht die **Grundrechtsbindung** außer Zweifel.[408]

Für die **Bedarfsdeckungsgeschäfte** der Verwaltung wird dagegen namentlich von der Rspr. des **107** BGH eine Grundrechtsbindung abgelehnt.[409] Aber auch insoweit ist die „Fiskalgeltung der Grundrechte"[410] zu bejahen. Art. 1 III liefert für die von der Zivilrechtsprechung vorgenommene Differenzierung keine Anhaltspunkte. Die Grundrechte konstituieren und binden den Staat in allen seinen Ausprägungen und Aktivitäten.[411] Auch **bei der Auftragsvergabe**[412] **und der Bedarfsdeckung**[413] handelt der **Staat** nicht als grundrechtsgeschützter Privater,[414] sondern ist **Sachwalter der Allgemeinheit.** Grundmotivation allen staatlichen Handelns ist das öffentliche Interesse, nicht die Privatnützigkeit. Es gibt keine „verfassungsexemten Räume".[415] Art. 1 III erfasst damit auch diesen Bereich des privatrechtsförmigen Verwaltungshandelns.[416]

Nichts anders kann im Ergebnis für die **Teilnahme des Staates am Wirtschaftswettbewerb** **108** **(wettbewerbsrelevante Staatstätigkeit)** gelten.[417] Besondere Probleme ergeben sich, wenn der Staat sich an juristischen Personen des Privatrechts beteiligt. Bei solchen gemischt-wirtschaftlichen

---

[400] S. dazu etwa *Schröder* HStR III, § 67 Rn. 14 und 17; *Dreier,* in: Dreier I, Art. 1 III Rn. 63 mwN; zur (fehlenden) Grundrechtsbindung der Außenpolitik: *Waldhoff,* in: Isensee (Hrsg.), Menschenrechte als Weltmission, 2009, S. 43 ff.

[401] BVerfGE 25, 352 (361 [anders das Sondervotum S. 365]); 30, 108 (11); 45, 187 (242 ff.); 66, 337 (363); BVerfG (K) NStZ 2001, 669.

[402] So die inzwischen wohl h. M., s. etwa *Stern,* StaatsR III/I, S. 1371 ff.; *Schmidt-Aßmann* SSP, Einl. Rn. 13; *Herdegen,* in: Maunz/Dürig Art. 1 Abs. 3 (2019) Rn. 11; *Dreier,* in: Dreier I, Art. 1 III, Rn. 64 mwN.; *Hömig* DVBl 2007, 1328 ff.

[403] Vgl. nur *Rüfner* HStR V, § 117 Rn. 19; *Denninger* AK GG, Art. 1 Abs. 2, 3 Rn. 28; ausführl. *Stern,* StaatsR III/1, S. 1234 ff.; für den Strafvollzug: BVerfGE 33, 1 (11).

[404] S. BVerfGE 67, 100 (142); 74, 7 ff.; *Rüfner* HStR V, § 117 Rn. 24; *Stern,* StaatsR III/1, S. 1288 f.; für den Strafvollzug: BVerfGE 33, 1 (11).

[405] Vgl. nur *Rüfner* HStR V, § 117 Rn. 25.

[406] Umfangreiche Darstellung der unterschiedlichen Auffassungen bei *Ehlers,* Verwaltung in Privatrechtsform, 1984, S. 121 ff.

[407] Vgl. etwa den Überblick bei *Maurer,* Allgemeines Verwaltungsrecht, 18. Aufl. 2011, § 3 Rn. 7 ff.

[408] *Rüfner* HStR V, § 117 Rn. 43; aus der zivilrechtlichen Rechtsprechung s. etwa BGHZ 29, 76 (80); 37, 1 (27); 52, 325 (327); 91, 4 (96 f.); zur Geltung der Grundrechte in privatisierten öffentlichen Räumen s. *Kersten/Meinel* JZ 2007, 1127 ff.; s. a. *Fischer-Lescano/Maurer* NJW 2006, 1393 ff. (zu BGH NJW 2006, 1054 ff.).

[409] S. etwa BGHZ 36, 91 (95 ff.).

[410] Begriff bei *Löw* DÖV 1957, 879.

[411] In diesem Sinne auch *Jarass,* in: Jarass/Pieroth, Art. 1 Rn. 35; *Hesse* Grundzüge, Rn. 347 f.; *Starck* MKS I, Art. 1 Rn. 221; ferner *Robbers,* in: Umbach/Clemens I, Art. 1 Rn. 86; BVerfG (K), Beschl. v. 19.7.2016, 2 BvR 470/08, Rn. 26 f.

[412] Dazu *Pietzcker,* Der Staatsauftrag als Instrument des Verwaltungshandelns, 1978.

[413] Aus neuerer Zeit umfassend *Wallerath,* Öffentliche Bedarfsdeckung und Verfassungsrecht, 1988, insb. S. 301 ff.

[414] In diesem Sinne aber *Forsthoff,* Der Staat als Auftraggeber, 1963, S. 14: „Weil der Fiskus grundrechtsgeschützt ist, kann er nicht zugleich grundrechtsgebunden sein".

[415] *Stern,* StaatsR III/1, S. 1411.

[416] In diesem Sinne etwa *Denninger* AK GG, Art. 1 Abs. 2, 3 Rn. 30; *Jarass,* in: Jarass/Pieroth, Art. 1 Rn. 35; *Starck* MKS I, Art. 1 Rn. 221; *Dreier,* in: Dreier I, Art. 1 III Rn. 53.

[417] Dazu *Selmer,* in: Stober/Vogel, Wirtschaftliche Betätigung der öffentlichen Hand, 2000, S. 75 ff.; *Löwer* VVDStRL 60 (2001), 416 ff.; *Schliesky,* Öffentliches Wirtschaftsrecht, 2000, S. 142 ff. Anders *Emmerich,* Das Wirtschaftsrecht der öffentlichen Unternehmen, 1969, S. 128 ff.; Überblick über die Auffassungen im Schrifttum bei *Ehlers,* Verwaltung in Privatrechtsform, 1984, S. 213 f.; *Dreier,* in: Dreier I, Art. 1 III Rn. 66 ff.

Gesellschaften, deren Anteile zT in öffentlicher, zT in privater Hand liegen, ist allein der öffentliche Anteilseigner grundrechtsverpflichtet. Seine Beteiligung kann nicht dazu führen, dass die ihrerseits grundrechtlich geschützte Tätigkeit der privaten Anteilseigner unterminiert wird. Deshalb erfasst die Bindungsklausel des Art. 1 III nicht das gemischt-wirtschaftliche Unternehmen als solches; dies gilt auch bei einer Majoritätsbeteiligung des Staates.[418] Vielmehr ist der öffentliche Anteilseigner verpflichtet, seine Beteiligungsrechte grundrechtskonform zur Geltung zu bringen.[419] Stehen die juristischen Personen des Privatrechts allerdings im Alleinbesitz von Hoheitsträgern, so sind die Eigengesellschaften bzw. gemischt-öffentlichen Gesellschaften selbst der Bindungsklausel des Art. 1 III unterworfen.[420]

109     Allerdings hat das BVerfG in der sog. **Fraport-Entscheidung**[421] die Grundrechtsbindung **von der öffentlichen Hand beherrschter Unternehmen** nachdrücklich betont, indem es hervorgehoben hat, dass die Nutzung zivilrechtlicher Formen die staatliche Gewalt nicht ihrer Grundrechtsbindung enthebe, was sowohl für die Verwendung zivilrechtlicher Handlungsformen als auch für den Einsatz privatrechtlicher Organisations- und Gesellschaftsformen gelte. Von der öffentlichen Hand beherrschte gemischt-wirtschaftliche Unternehmen unterlägen ebenso wie im Alleineigentum des Staates stehende öffentliche, aber in den Formen des Privatrechts organisierte Unternehmen einer unmittelbaren Grundrechtsbindung.[422] Man mag dem Gericht zugute halten, dass es damit „Konsequenzen aus dem beachtlichen Erfindungsreichtum der öffentlichen Hand, politisch beeinflussbarer Verwaltungstrabanten unter Nutzung privatrechtlicher Organisationsformen und privaten Kapitals zu schaffen", zieht. Doch muss andererseits die Bedrohung grundrechtlicher Freiheit ernst genommen werden, die aus der grundrechtlichen Pflichtenbindung des Unternehmens im Außenverhältnis resultieren kann, an der die privaten Aktionäre „unfreiwillig teilhaben".[423]

110     **4. Die Grundrechtsbindung der Rechtsprechung.** Die staatliche Gerichtsbarkeit[424] steht in gewisser Weise in einem bipolaren Verhältnis zu den Grundrechten: Die sog. Dritte Gewalt ist zum einen die grundrechtsschützende Gewalt schlechthin; zum anderen gehört sie selbst zu den gem. Art. 1 III grundrechtsverpflichteten Staatsfunktionen. Die Grundrechtsbindung der Judikative besteht dabei in doppelter Weise: für das Verfahren und für das inhaltliche Ergebnis. Mit anderen Worten: Die Rspr. ist zum einen in ihrem eigenen Bereich des prozessualen Verfahrens auf die Beachtung der Grundrechte verpflichtet und zum anderen grundrechtsgebunden in ihrer Aufgabe, durch den Inhalt ihrer Entscheidungen die Einhaltung der Grundrechte durch Gesetzgebung und vollziehende Gewalt sowie durch verfassungskonforme Rechtsanwendung zu sichern.[425]

111     Für den erstgenannten Bereich, das zur gerichtlichen Entscheidung führende **Verfahren,** hat das BVerfG die Grundrechtsgebundenheit der Rspr. wie folgt umschrieben: „Im gerichtlichen Verfahren tritt der Richter den Verfahrensbeteiligten formell und in unmittelbarer Ausübung staatlicher Hoheitsgewalt gegenüber. Er ist daher nach Art. 1 Abs. 3 GG bei der Urteilsfindung an die insoweit maßgeblichen Grundrechte gebunden und zu einer rechtsstaatlichen Verfahrensgestaltung verpflichtet".[426] Insoweit kommen namentlich **die prozessualen** grundrechtsähnlichen bzw. **grundrechtsgleichen Rechte** der Art. 101, 103 und Art. 104 zur Geltung.[427] Aber auch **die materiell-rechtlichen Grundrechtsgewährleistungen** bleiben nicht ohne Einfluss auf das gerichtliche Verfahren. Dabei sind allerdings die Fälle unmittelbarer Verfahrensdetermination seltener als die einer mittelbaren Beeinflussung des Prozesses.[428]

112     Auf einer anderen Ebene entfaltet sich die Bindungswirkung der Rspr. im Blick auf den **Inhalt** ihrer Akte. Zum Teil wird angenommen, die Gerichte seien in diesem Bereich schon deshalb an die Grundrechte gebunden, weil sie insoweit hoheitlich tätig werden.[429] Man kann die Grundrechtsbindung der Rspr. aber auch aus der Bindung von Gesetzgebung und vollziehender Gewalt folgern. Das gesamte Recht steht unter dem Vorrang der Verfassung, ist an ihr zu messen und ihren Grund-

---

[418] Anders BVerfGE 128, 226 ff. (244 ff.).

[419] Wie hier *Rüfner* HStR V, § 117 Rn. 49; *Dreier,* in: Dreier I, Art. 1 III Rn. 71; wohl auch *Stern,* StaatsR III/1, S. 1421 f.

[420] S. auch *Starck* MKS I, Art. 1 Rn. 228 ff.; *Jarass,* in: Jarass/Pieroth, Art. 1 Rn. 39; BGHZ 52, 325 (328 f.); 91, 84 (98); wohl auch *Rüfner* HStR V, § 117 Rn. 48; aA *Püttner,* Die öffentlichen Unternehmen, 2. Aufl. 1985, S. 119.

[421] BVerfGE 128, 226 ff.; eingehend jetzt dazu *Kater,* Grundrechtsbindung, 2016.

[422] S. BVerfGE 128, 226 (244 ff.); zur Entscheidung etwa *Enders,* JZ 2011, 577; *Gurlit* NZG 2012, 249 ff.; eingehend *Kater,* Grundrechtsbindung und Grundrechtsfähigkeit gemischtwirtschaftlicher Aktiengesellschaften, 2016.

[423] So zu Recht *Gurlit* NZG 2012, 249 (255).

[424] Zur näheren Umgrenzung der Rechtsprechung i. S. d. Art. 1 III s. ausführlich *Stern,* StaatsR III/1, S. 1431 ff.

[425] Zu dieser Unterscheidung in der Erstbearbeitung schon *Dürig,* in: Maunz/Dürig, Art. 19 IV Rn. 119 f.; ferner etwa *Stern,* StaatsR III/1, S. 1429; *Kunig,* in: v. Münch/Kunig I, Art. 1 Rn. 62.

[426] BVerfGE 52, 203 (207).

[427] Dazu s. ausführlich *Stern,* StaatsR III/1, S. 1460 ff.; ferner etwa *Dreier,* in: Dreier I, Art. 1 III Rn. 82.

[428] Zu dieser Unterscheidung vgl. *Lorenz* NJW 1977, 865 (869); vgl. auch *Dreier,* in: Dreier I, Art. 1 I Rn. 139, Art. 1 III Rn. 82; ausführlich *Stern,* StaatsR III/1, S. 1437 ff.; zur Bedeutung des Art. 3 I für die Anwendung der sitzungspolizeilichen Bestimmungen *Kempny/Reimer,* Die Gleichheitssätze, 2012, S. 194.

[429] In diesem Sinne *Schwabe,* Die sogenannte Drittwirkung der Grundrechte, 1971, S. 105 f.

sätzen gemäß, also verfassungskonform auszulegen. Aus diesen Grundsätzen folgt zugleich die Grundrechtsbindung der Gerichte, was den Inhalt ihrer Entscheidung angeht.[430]

Insoweit ist es aber dann unerheblich, ob es sich um die Zivil-, Straf- oder Verwaltungsjustiz handelt, **113** mag auch die tatsächliche Bedeutung der Grundrechte in den einzelnen Bereichen unterschiedlich sein und der unmittelbare Rückgriff auf grundrechtliche Bewertungsmaßstäbe mangels spezialgesetzlicher Regelungen unterschiedlich häufig notwendig werden.[431] Missachtet ein Gericht bei seiner Tätigkeit die Grundrechte, so ist seine Entscheidung mit der Verfassungsbeschwerde gem. Art. 93 I Nr. 4a anfechtbar. Hieraus ergeben sich schwierige Probleme der **Abgrenzung von sog. Fachgerichtsbarkeit und BVerfG,**[432] das keine zusätzliche Revisionsinstanz darstellt (dazu → Art. 93 Rn. 16 ff.). Dieses funktionell-rechtliche Problem ist allerdings kein Thema der Bindungsklausel des Art. 1 III.

**5. Grundrechtsbindung der Kirchen?** Soweit die Kirchen und sonstigen Religionsgemeinschaf- **114** ten Körperschaften des öffentlichen Rechts sind und damit die Möglichkeit öffentlich-rechtlichen Handelns haben, stellt sich ebenfalls die Frage nach der Grundrechtsbindung. Dabei ist aber zu beachten, dass der Begriff der Körperschaften des öffentlichen Rechts iSv Art. 137 V WRV[433] ein spezifisch verfassungsrechtlicher Begriff ist, der vom entsprechenden verwaltungsrechtlichen Begriff klar abzuheben ist. Die Kirchen sind keine Institutionen der mittelbaren Staatsverwaltung.[434] **Die Kirchen und sonstigen Religionsgemeinschaften** sind vielmehr grundsätzlich **Träger der** in der Verfassung gewährleisteten **Grundrechte, nicht deren Bindungsadressaten.**[435]

Allerdings enthält die Schrankenklausel des **Art. 137 III 1 WRV** das „**Einfallstor der Grund-** **115** **rechte** in das kirchliche Wirken“.[436] Insoweit können sich schwierige Probleme in der Abwägung mit dem kirchlichen Selbstbestimmungsrecht ergeben.[437] **Soweit** den Kirchen **staatliche Hoheitsgewalt** übertragen ist, üben sie jedoch grundrechtsgebundene Staatsgewalt i. S. d. Art. 1 III aus. Insoweit ist die **Geltung der Bindungsklausel** unbestritten. Hauptanwendungsfälle sind die Wahrnehmung von Befugnissen im Steuerrecht[438] sowie im Bestattungswesen bei der Verwaltung öffentlicher Friedhöfe.[439]

## III. Grundrechtsbindung Privater kein Thema des Art. 1 III

Indem Art. 1 III als Grundrechtsverpflichtete Gesetzgebung, vollziehende Gewalt und Rspr. be- **116** nennt und insoweit eine lückenlose Bindung postuliert, enthält die Verfassungsbestimmung zugleich auch eine negativ-ausgrenzende Aussage: In der **Bürger–Bürger-**Relation, die privatrechtlich geordneten Beziehungen der Privatrechtssubjekte untereinander, **entfalten die Grundrechte keine Wirkung als unmittelbar bindende Anordnung.**

An dieser Feststellung ist nachdrücklich festzuhalten, auch angesichts von Relativierungstendenzen in **117** der neusten Judikatur des BVerfG. Bereits in der sog. Fraport-Entscheidung (s. Rn. 109) hatte das BVerfG angedeutet, unter Umständen könnten auch Privatrechtssubjekte in gleicher Weise wie der Staat der Grundrechtsbindung unterworfen sein.[440] In weiteren Kammerbeschlüssen ist es über diese Aussage noch hinausgegangen.[441] Eine staatsgleiche Grundrechtsbindung Privater ist indes abzulehnen.[442]

Das bedeutet allerdings keineswegs, dass die Grundrechte in der Privatrechtsordnung normativ **118** irrelevant wären.[443] Die damit aufgeworfenen Fragen wurden jahrzehntelang als Streit um die richtige Drittwirkungslehre thematisiert. Eine andere Konzeption setzt demgegenüber auf die **staatliche Schutzpflicht** als wiederentdeckte Grundrechtsfunktion.[444]

Mit der Anerkennung der Schutzdimension und nach Maßgabe ihrer normativen Reichweite rückt **119** allerdings wiederum die Staatsgewalt unmittelbar ins Blickfeld, und zwar in ihrer Beziehung zu einer

---

[430] Vgl. *Rüfner* HStR V, § 117 Rn. 30; *Stern*, StaatsR III/1, S. 1445.

[431] *Rüfner* HStR V, § 117 Rn. 30.

[432] Dazu die Referate von *Alexy, Kunig, Heun* und *Hermes* VVDStRL 61 (2002), 7 ff., 34 ff., 80 ff., 119 ff.

[433] Der über Art. 140 in die bundesdeutsche Verfassung inkorporiert ist.

[434] Dazu nur BVerfGE 18, 385 (386 f.); *Hollerbach* HStR VI, § 138 Rn. 132; ferner *P. Kirchhof*, HStKirchR I, S. 651 ff.

[435] S. auch *Rüfner* HStR V, § 117 Rn. 50; *Dreier*, in: Dreier I, Art. 1 III Rn. 74 ff. mwN; unzutreffend deshalb die Annahme einer Amtspflichtsverletzung durch Äußerung eines kirchlichen Sektenbeauftragten durch BGHZ 154, 54 (57 f.); dagegen *Ehlers* JZ 2004, 196 (197 f.); aA *Wilms* NJW 2003, 2070 ff.

[436] In diesem Sinne *Stern*, StaatsR III/1, S. 1220 – Hervorhebung im Original.

[437] Dazu etwa *Hesse*, HStKirchR I, S. 521 ff.; *Hollerbach* HStR VI, § 138 Rn. 114 ff.

[438] Vgl. dazu BVerfGE 19, 206 (215 ff.); 30, 415 (422); BVerfG (K) NVwZ 2002, 1496.

[439] Vgl. dazu *Rüfner* HStR V, § 117 Rn. 52; *Stern*, StaatsR III/1, S. 1221; *Kästner* JuS 1977, 715 (718).

[440] BVerfGE 128, 226 (251 f.).

[441] BVerfG(K), NJW 2015, 2485 Rn,. 5 f. – Bierdosen-Flashmob; BVerfG(K), NJW 2018, 1667 ff. – Stadionverbot.

[442] Kritisch etwa auch *Smets* NVwZ 2016, 35 ff.; *ders.* NVwZ 2019, 34 (37).

[443] Umfangreiche Bestandsaufnahme der kaum noch überschaubaren Diskussion bei *Stern*, StaatsR III/1, S. 1509 ff.; aus neuerer Zeit etwa *Müller-Franken* FS Bethge, 2009, S. 223 ff. mN.

[444] Für einen Überblick am Beispiel der Vertragsfreiheit s. *Höfling* Vertragsfreiheit, 1991, S. 48 ff. mwN; ausführlich *Stern*, StaatsR III/1, S. 1572 ff.; *Isensee* HStR V, § 111 Rn. 77 ff.; *Dietlein*, Die Lehre von den grundrechtlichen Schutzpflichten, 1992; *Krings*, Grund und Grenzen grundrechtlicher Schutzansprüche, 2003.

Bürger-Bürger-Relation. Die Grundrechtswirkung auf die Privatrechtsverhältnisse ist damit und insoweit Konsequenz der Bindung des Staates an die Grundrechte[445] als unmittelbar geltendes Recht gem. Art. 1 III.

## Art. 2 [Freie Entfaltung der Persönlichkeit, Recht auf Leben, körperliche Unversehrtheit, Freiheit der Person]

(1) **Jeder hat das Recht auf die freie Entfaltung seiner Persönlichkeit, soweit er nicht die Rechte anderer verletzt und nicht gegen die verfassungsmäßige Ordnung oder das Sittengesetz verstößt.**

(2) **Jeder hat das Recht auf Leben und körperliche Unversehrtheit. Die Freiheit der Person ist unverletzlich. In diese Rechte darf nur auf Grund eines Gesetzes eingegriffen werden.**

**Entstehungsgeschichte:** Erstfassung: JöR nF 1 (1951), 54.

**Historische Verfassungstexte: Zu Abs. 2:** RV 1849: § 138 (1) Die Freiheit der Person ist unverletzlich. – **WRV:** Art. 114 (1) Die Freiheit der Person ist unverletzlich. Eine Beeinträchtigung oder Entziehung der persönlichen Freiheit durch die öffentliche Gewalt ist nur auf Grund von Gesetzen zulässig.

**Geltende Landesverfassungen: Zu Abs. 1:** *Bay*Verf Art. 101; *Bln*Verf Art. 7, 9; *Bbg*Verf Art. 10, 11; *Brem*Verf Art. 3; *Hess*Verf Art. 2; *MV*Verf Art. 6 I, II; *NRW*Verf Art. 4 II; *RhPf*Verf Art. 1, 2, 4; *Saarl*Verf Art. 2; *Sachs*Verf Art. 15, 33; *LSA*Verf Art. 5 I, 6 I; *Thür*Verf Art. 3 II, 6. – **Zu Abs. 2:** *Bay*Verf Art. 102; *Bln*Verf Art. 8; *Bbg*Verf Art. 8, 9; *Brem*Verf Art. 5; *Hess*Verf Art. 3, 5; *RhPf*Verf Art. 3, 5; *Saarl*Verf Art. 3; *Sachs*Verf Art. 16, 17; *LSA*Verf Art. 5 II; *Thür*Verf Art. 3 I.

**Supra- und internationale Texte: Zu Abs. 1:** AMRE Art. 1, 12; IPBürgR Art. 17; EMRK Art. 5, 6, 8; EUGRCh Art. 2, 3, 4, 6, 7, 8; GrundREurParl Art. 6. – **Zu Abs. 2:** AMRE Art. 3, 4, 5, 9; IPBürgR Art. 6, 7, 8, 9; EMRK Art. 2, 3, 4, 5; EUGRCh Art. 3, 6; GrundREurParl Art. 2.

**Leitentscheidungen: Zu Abs. 1:** BVerfGE 6, 32 (Elfes); BVerfGE 35, 202 (Lebach); BVerfGE 54, 148 (Eppler); BVerfGE 65, 1 (Volkszählungsurteil); BVerfGE 80, 137 m. abwM (Reiten im Walde). – **Zu Abs. 2 S. 1:** BVerfGE 39, 1 m. abwM (Schwangerschaftsabbruch I); BVerfGE 49, 89 (Kalkar I); BVerfGE 53, 30 m. abwM (Mülheim-Kärlich); BVerfGE 56, 54 (Fluglärm); BVerfGE 88, 203 m. abwM (Schwangerschaftsabbruch II). – **Zu Abs. 2 S. 2:** BVerfGE 45, 187 (Lebenslange Freiheitsstrafe).

**Schrifttum: Zu Abs. 1 (allgemeine Handlungsfreiheit):** *O. Daum,* Anforderungen an Ausreisebeschränkungen von Islamisten, DöV 2014, 526; *O. Depenheuer,* Vertragsfreiheit und grundrechtliche Schutzpflichten, ThürVBl 1996, 270; *H.-P. Götting ua* (Hrsg.), Hdb. des Persönlichkeitsrechts, 2019; *J. Isensee,* Privatautonomie HStR VII, § 150; *W. Kahl,* Die Schutzergänzungsfunktion des Art. 2 Abs. 1 GG, 2000; *S. Kirste,* Harter und weicher Rechtspaternalismus, JZ 2011, 805; *A. Kukk,* Verfassungsgeschichtliche Aspekte zum Grundrecht der allgemeinen Handlungsfreiheit (Art. 2 Abs. 1 GG), 2000; *B. Pieroth,* Der Wert der Auffangfunktion des Art. 2 I GG, AöR 115 (1990), 33; *C. Starck,* Das „Sittengesetz" als Schranke der freien Entfaltung der Persönlichkeit, FS Geiger, 1974, S. 259; *D. Suhr,* Entfaltung der Menschen durch die Menschen, 1976. – **Zu Abs. 1 (allgemeines Persönlichkeitsrecht):** *G. Britz,* Freie Entfaltung durch Selbstdarstellung. Eine Rekonstruktion des allgemeinen Persönlichkeitsrechts aus Art. 2 I GG, 2007; *G. Duttge,* Recht auf Datenschutz? Ein Beitrag zur Interpretation der grundrechtlichen Schutzbereiche, Der Staat 36 (1997), 281; *H.-D. Horn,* Schutz der Privatsphäre HStR VII, § 149; *F. Hufen,* Schutz der Persönlichkeit und Recht auf informationelle Selbstbestimmung, FS 50 Jahre BVerfG II, 2001, S. 105 ff.; *J. Isensee,* Grundrecht auf Ehre, FS Kriele, 1997, 5; *B. Kastner,* Verdachtsunabhängige Personenkontrollen im Lichte des Verfassungsrechts, VerwArch 92 (2001), 216 ff.; *M. Kiesel,* Die Liquidierung des Ehrenschutzes durch das BVerfG, NVwZ 1992, 1129; *M. Kriele,* Ehrenschutz und Meinungsfreiheit, NJW 1994, 1897; *H. Kube,* Persönlichkeitsrecht HStR VII, § 148; *H. Lindenberg,* Das Recht auf Fortpflanzung 2.0 – Das Recht auf das bestmögliche Kind?, NZFam 2019, 941; *L. O. Michaelis,* Tattoos als Einstellungshindernis für (Polizei-)Vollzugsbeamte, JA 2005, 370; *R. Stark,* Ehrenschutz in Deutschland, 1996; *P. Tettinger,* Die Ehre – ein ungeschütztes Verfassungsgut?, 1995; *K. Vogelsang,* Grundrecht auf informationelle Selbstbestimmung?, 1987. – **Zu Abs. 2 Satz 1 (Leben und körperliche Unversehrtheit):** *M. Anderheiden,* „Leben" im Grundgesetz, KritV 84 (2001), 353; *W. Brugger,* Abtreibung – ein Grundrecht oder ein Verbrechen? Ein Vergleich der Urteile des United States Supreme Court und des BVerfG, NJW 1986, 896; *K. Doehring,* Zum „Recht auf Leben" aus nationaler und internationaler Sicht, FS Mosler, 1983, S. 145; *G. Hermes,* Das Grundrecht auf Schutz von Leben und Gesundheit, 1987; *W. Höfling,* Reprogenetik und Verfassungsrecht, 2001; *H. Hofmann,* Rechtsfragen der atomaren Entsorgung, 1981; *ders.,* Die Pflicht des Staates zum Schutz des menschlichen Lebens, FS Krause, 1990, S. 115; *F. Hufen,* Die Widerspruchslösung bei der Organtransplantation, NVwZ 2019, 1325; *J. Isensee,* Leben gegen Leben. Das grundrechtliche Dilemma des Terrorangriffs mit gekapertem Passagierflugzeug, FS Jakobs, 2007, 205; *J. Kersten/S. Rixen,* Der Verfassungsstaat in der Corona-Krise, 2020; *M. Kloepfer,* Zum Grundrecht auf Umweltschutz, 1982; *W. Leisner/H. Goerlich,* Das Recht auf Leben, 1976; *S. Muckel,* Anm. zu BVerfG: Medizinische Zwangsbehandlung eines im Maßregelvollzug Untergebrachten, JA 2013, 953; *D. Müller,* Gibt es eine staatliche Schutzpflicht für Leben und körperliche Unversehrtheit im Normgefüge des Verkehrsrechts?, NZV 2019, 161; *R. Müller-Terpitz,* Recht auf Leben und körperliche Unversehrtheit HStR VII, § 147; *H. Reis,* Das Lebensrecht des ungeborenen Kindes als Verfassungsproblem, 1984; *N. Schaks/S. Krahnert,* Die Einführung einer Impfpflicht zur Bekämpfung der Masern. Eine zulässige staatliche Handlungsoption, MedR 2015, 860; *A. Schmidt-Didczuhn,* Transplantationsmedizin in Ost und West im Spiegel des Grundgesetzes, ZRP 1991, 264; *O. Seewald,* Zum Verfassungsrecht auf Gesundheit, 1981; *ders.,* Gesundheit als Grundrecht – Grundrecht als Grundlage von Ansprüchen auf gesundheitsschützende staatliche Leistungen, 1982; *U. Steiner,* Der Schutz des Lebens durch das GG, 1992; *R. Wulf-*

---

[445] S. auch *Alexy* (Fn. 21), S. 482; ferner *Schwabe,* Die sogenannte Drittwirkung der Grundrechte, 1971, S. 141 ff.; andere Akzentuierung bei *Enders,* in: Friauf/Höfling, Art. 1 Rn. 169 ff.

*horst,* Der Schutz „überdurchschnittlich empfindlicher" Rechtsgüter im Polizei- und Umweltrecht, 1994. – **Zu Abs. 2 Satz 2 (Freiheit der Person):** *A. Bleckmann,* Zur Verfassungsbeschwerde gegen Untersuchungshaftbeschlüsse, NJW 1995, 2192; *M. Gehrlein,* Die Rechtsprechung des Bundesverfassungsgerichts zur Untersuchungshaft, in: FS Karlheinz Boujong, 1996; *C. Gusy,* Freiheitsentziehung und Grundgesetz, NJW 1992, 457; *H. Müller-Dietz,* Unterbringung im psychiatrischen Krankenhaus und Verfassung, JR 1987, 45; *H. Satzger,* Sicherungsverwahrung – Europarechtliche Vorgaben und Grundgesetz, StV 2013, 243; *F. Wittreck,* Freiheit der Person HStR VII, § 151.

## Übersicht

# A. Allgemeines

## I. Entstehung

1 **1. Art. 2 I.** Der Schutz der freien Entfaltung der Persönlichkeit bzw. die allgemeine Gewährleistung der Handlungsfreiheit haben – abgesehen von einigen kurz zuvor erlassenen Landesverfassungen – **kein Vorbild in der deutschen Verfassungsgeschichte.** Eine wesentliche Funktion des grundrechtlichen Freiheitsschutzes war jedoch schon unabhängig von grundrechtlichen Verbürgungen mit dem rechtsstaatlichen Prinzip des Vorbehalts des Gesetzes für Eingriffe in Freiheit und Eigentum[1] vorweggenommen. Ausdr. garantiert ist die allgemeine Handlungsfreiheit bereits in Art. 4 der französischen Erklärung der Menschen- und Bürgerrechte von 1789: „Die Freiheit besteht darin, alles tun zu können, was anderen nicht schadet." Ihre Grenzen können nach Art. 4 S. 3 und Art. 5 der Deklaration nur durch Gesetz festgelegt werden.

2 Art. 2 I geht zurück auf folgende Formulierung des Art. 2 HChE:[2] „(1) Alle Menschen sind frei. (2) Jedermann hat die Freiheit, innerhalb der Schranken der Rechtsordnung und der guten Sitten **alles zu tun, was anderen nicht schadet.**" Während der Beratungen im ParlRat wurde auf Vorschlag *v. Mangoldts* die Formulierung eines Rechts jedes Einzelnen „auf die freie Entfaltung seiner Persönlichkeit"[3] der Garantie der **„Freiheit, zu tun und zu lassen, was die Rechte anderer nicht verletzt** und nicht gegen die verfassungsmäßige Ordnung oder das Sittengesetz verstößt",[4] vorgezogen. Eine inhaltliche Änd. sollte damit nicht verbunden sein; allein sprachliche Gründe haben zu der Neuformulierung geführt.[5] Die Abgeordneten wollten die Freiheit umfassend gewährleisten: „Freie Entfaltung umfasst alles", wie es in einem Diskussionsbeitrag hieß.[6]

3 Hinsichtlich der **Schranken** ist zum Ausschluss von Zweifeln der vom Herrenchiemseer Konvent verwendete Begriff der Rechtsordnung durch den aus der hessischen Verfassung entlehnten Begriff der **verfassungsmäßigen Ordnung** ersetzt worden.[7] Zu dieser Formulierung hatte der ARA bemerkt, dass sie einem „allgemeinen Gesetzesvorbehalt im weitesten Sinne" entspreche, so dass ein zusätzlicher Gesetzesvorbehalt nicht nötig sei.[8] Das Plenum ist dieser Auffassung gefolgt.[9]

4 **2. Art. 2 II.** Von den Rechten des Abs. 2 hat das **Recht auf Freiheit der Person** die längste verfassungsgeschichtliche Tradition. Die Bedrohung der Freiheit durch organisierte Herrschaft hat zu den frühesten verfassungsrechtlichen Freiheitsverbürgungen geführt, etwa zu Art. 39 der Magna Charta libertatum (1215), zu Art. 3 und 4 der Petition of Rights (1627) und vor allem zur **Habeas-Corpus-Akte** (1679). Die „Habeas-Corpus-Rechte" sind in allen klassischen Grundrechtskatalogen und in nahezu allen modernen Verfassungen sowie in Art. 9 AMRE, in Art. 5 und 6 EMRK sowie in Art. 6

---

[1] Dazu z. B. *Meyer/Anschütz,* S. 29; *Anschütz,* WRV, S. 511; *Pietzcker* JuS 1979, 710 (711 f.).

[2] JöR nF 1 (1951), 54; ausf. zur Entstehungsgeschichte *H. Dreier,* in: Dreier I, Art. 2 I Rn. 8 ff.

[3] JöR nF 1 (1951), 54 (57); aufgenommen von den Entw. des GSA und des HA, ebda, S. 58 ff.

[4] So die Fassung des ARA, JöR nF 1 (1951), 54 (59).

[5] Vgl. *v. Mangoldt* JöR nF 1 (1951), 54 (61); *Kahl* HGR V, § 124 Rn. 12.

[6] JöR nF 1 (1951), 54 (57).

[7] JöR nF 1 (1951), 54 (55). Andere Entw. hatten den Begriff der verfassungsmäßigen Ordnung neben dem Rechtsordnung verwendet: „(1) Jeder hat das Recht auf die freie Entfaltung seiner Persönlichkeit, soweit er nicht die Rechte anderer verletzt und nicht gegen die verfassungsmäßige Ordnung oder das Sittengesetz verstößt. (2) In diese Freiheit darf nur im Rahmen der Rechtsordnung eingegriffen werden.", Entw. des Grundsatzausschusses v. 19.11.1948 (vgl. Fn. 9), ebda, S. 58; ähnl. Entw. *v. Mangoldt/Bergsträßer/Zinn* ebda, S. 55, und spätere Fassungen des GSA und des HA, ebda S. 58 ff.

[8] Zit. in BVerfGE 6, 32 (39 f.). – Gewohnheitsrecht sollte wohl einbezogen sein, da der zuvor verwendete Begriff der Rechtsordnung dies implizierte, vgl. JöR nF 1 (1951), 55.

[9] Es hat in der 2. Lesung am 6.5.1949 hinsichtlich des Gesetzesvorbehalts die Fassung des ARA angenommen, Sten. Ber. S. 175 = JöR nF 1 (1951), 54 (62).

EUGRCh enthalten. Der heutige Art. 2 II 2 war bereits wortgleich Inhalt von § 138 I der Pauls-kirchenverfassung und Art. 114 I 1 WRV.

Demgegenüber ist die grundrechtliche Verbürgung des Rechts auf **Leben** und **körperliche Unver- 5 sehrtheit** neu. Die willkürliche Tötung von Menschen durch die Staatsgewalt gehörte nicht zu den typischen Gefahren, die Einwohnern neuzeitlicher Staaten (im Unterschied zu den von ihnen koloni-sierten Völkern) drohten. Erst die Erfahrungen mit den totalitären Systemen des 20. Jahrhunderts haben das Bedürfnis nach einer speziellen grundrechtlichen Garantie des Rechts auf Leben entstehen lassen. Abgesehen von der Gewährleistung in der Verfassung Irlands von 1937 und dem anders akzentuierten enjoyment of life in der Virginia Bill of Rights wurde es erst nach dem 2. Weltkrieg Gegenstand von Verfassungsverbürgungen, erstmals in Art. 3 AMRE.

Der **Herrenchiemseer Entwurf** enthielt in Art. 3 die Habeas-Corpus-Rechte, aus denen Art. 104 6 GG hervorging, aber noch kein Recht auf Leben und körperliche Unversehrtheit. In die Diskussion des ParlRats wurden diese Rechte erstmals in der 23. Sitzung des Grundsatzausschusses am 19.11.1948 eingeführt.[10] Ob das Recht auf Leben auch das „keimende Leben" umfasst, blieb im HA umstritten.[11] Die geltende Fassung wurde erst während der 3. Lesung im Plenum ohne eingehende Debatte formuliert.[12]

## II. Grundsätzliche Bedeutung

Alle in Art. 2 normierten Grundrechte sind als **Freiheitsrechte** – im Unterschied zu Gleichheits- 7 rechten, staatsbürgerlichen Aktivrechten oder Teilhaberechten – formuliert. Bei ihrer Auslegung sind sowohl die einschlägigen Bestimmungen der EMRK (insb. Art, 2, 8) als auch jene der EUGRCh (insb. Art. 2, 3, 7, 8) als Auslegungshilfe zu berücksichtigen (BVerfG, Urt. v. 6.11.2019 – 1 BvR 16/13, „Recht auf Vergessen I", Rn. 61).

**1. Art. 2 II.** Art. 2 garantiert in Abs. 2 drei personale Freiheitsrechte, die sich auf die individuelle 8 **Körperlichkeit** des Menschen beziehen, nämlich die körperliche Integrität (Leben und körperliche Unversehrtheit) sowie die körperliche Fortbewegungsfreiheit. Die Rechte des Abs. 2 sind von **fundamentaler Bedeutung:** Das Leben ist **Voraussetzung für die Ausübung aller Freiheitsrechte,** körperliche Unversehrtheit und Freiheit der körperlichen Fortbewegung sind faktische Voraussetzungen vieler Arten möglicher Freiheitsbetätigungen. Der durch Art. 2 II gewährleistete Schutz dieser Voraussetzungen steht somit nicht nur in sachlichem Zusammenhang mit der Achtung der Integrität der menschlichen Persönlichkeit, zu der Art. 1 I umfassend verpflichtet, sondern dient indirekt auch dem Schutz der Freiheit schlechthin.

**2. Art. 2 I.** Art. 2 II schützt die engere Persönlichkeitssphäre in Bezug auf die körperliche Integrität 9 und Bewegungsfreiheit des Menschen (→ Rn. 141 ff.). Dem würde sich das Recht auf die freie Entfaltung der Persönlichkeit des Abs. 1 systematisch hinzugesellen, wenn es lediglich als Persönlichkeitsschutzrecht verstanden werden könnte, das den durch Abs. 2 gewährleisteten Schutz der Körperlichkeit durch den Schutz der **geistig-sittlichen Persönlichkeit** (Ehre, Recht am eigenen Wort usw.) ergänzt. Das Wort von der „Entfaltung" der Persönlichkeit weist jedoch über einen bloßen Schutzgutcharakter dieser Vorschrift hinaus auf den Schutz der **Freiheitsbetätigung.**

Daher hat Abs. 1 einen ganz anderen Charakter als Abs. 2. Er schützt nicht nur die Integrität der 10 Persönlichkeit, sondern auch ihre **Selbstverwirklichung** in der sozialen Umwelt. Nach der Rechtsprechung des BVerfG und der ganz herrschenden Literaturmeinung wird sogar die umfassende Freiheit, zu tun und zu lassen, was man will – die „allgemeine Handlungsfreiheit" – gewährleistet (→ Rn. 42 ff.). Art. 2 I fungiert daher als **allgemeines Freiheitsrecht,** das gegen jeden staatl. Freiheitsbeschränkung Schutz bietet, welche nicht in den Schutzbereich eines Spezialfreiheitsrechts fällt. Die Garantie der allgemeinen Handlungsfreiheit in Art. 2 I hat eine **„Auffangfunktion":** Sie gewährleistet die Lückenlosigkeit des Grundrechtsschutzes. Jeder staatl. Freiheitseingriff muss sich an einem Grundrecht messen lassen – wenn nicht an einem speziellen Freiheitsrecht, dann an Art. 2 I.[13]

Dieser umfassende Freiheitsschutz wird vom GG um der **Menschenwürde** willen gewährleistet.[14] 11 **Umfassender Freiheitsschutz** bedeutet jedoch **nicht** die **Garantie grenzenloser Freiheit.** Gerade in der modernen, hochkomplexen Gesellschaft, in der die Menschen auf dichtem Raum miteinander leben, sich in vielfältiger Weise gegenseitig beeinträchtigen können und in vielerlei Abhängigkeits- und Einwirkungsverhältnissen sozial verbunden sind, bedarf die Handlungsfreiheit der Begrenzung, um die Gemeinverträglichkeit menschlichen Handelns herzustellen. Das durch die Menschenwürde geprägte Menschenbild des GG, das Bild eines der Selbstbestimmung fähigen und zugleich sozial verantwort-

---

[10] ParlRat 1948–1949, Bd. 5/II, 1993, S. 604 f.
[11] 2. Lesung am 18.1.1949, HA-Sten. Ber., S. 534.
[12] Eingehender zur Entstehung und den historischen Bedingungen *Correll*, AK GG, Art. 2 II Rn. 1–7.
[13] Dazu ausführlicher *Murswiek* Der Staat 45 (2006), 473 (486 f.); aA *Kahl* HGRV, § 124 Rn. 33 mwN.
[14] BVerfGE 5, 85 (204); vgl. auch BVerfGE 27, 1 (6); 45, 187 (228); so schon die klassische Kommentierung *Dürig* in: Maunz/Dürig, Art. 2 Abs. I (1958) Rn. 1 ff., ebenso *Di Fabio* ebda (2001), Rn. 1 f.

lichen Menschen,[15] macht solche Begrenzungen geradezu notwendig, und die „Schrankentrias" des Art. 2 I bringt dies zum Ausdruck. Die notwendigen Grenzen und sozialen Bindungen der Freiheit[16] sind jedoch nicht dem Grundrechtstatbestand des Art. 2 I zu entnehmen, sondern ergeben sich aus den Gesetzen, welche die Freiheit auf der Basis der Ermächtigung einschränken, die Art. 2 I mit der „Schrankentrias" der Rechte anderer, der verfassungsmäßigen Ordnung und des Sittengesetzes bereitstellt.

**12**     In der Lit. ist Art. 2 I verschiedentlich als **„Hauptfreiheitsrecht"** bezeichnet worden.[17] Das ist insofern berechtigt, als das GG nicht verschiedene, begrenzte Einzelfreiheiten schützt, sondern *die* menschliche Freiheit schlechthin. Was die Spezialfreiheitsrechte schützen, ist die Ausübung derselben Freiheit, die Art. 2 I schützt, in besonderen Lebensbereichen oder Betätigungsformen. Dennoch ist mit Charakterisierungen wie „Hauptfreiheitsrecht" dogmatisch nichts gewonnen. Richtig ist zwar, dass der umfassende Schutz der Freiheit schon allein durch Art. 2 I unabhängig von der Existenz der Spezialfreiheitsrechte gewährleistet ist. Richtig ist auch, dass der grundrechtliche Schutz der Freiheit. einem einheitlichen Prinzip folgt, nämlich dass die Freiheit systematisch vorgegeben und ihre Einschränkung rechtfertigungsbedürftig ist. Dieses Prinzip aber ergibt sich nicht nur aus Art. 2 I, sondern liegt jedem Einzelfreiheitsrecht unmittelbar zugrunde.

**13**     Umgekehrt lassen sich auch die Schranken der Freiheit aus Art. 2 I nicht verallgemeinernd auf alle Freiheitsrechte übertragen. Zwar bringen sie einen allgemeinen Grundgedanken zum Ausdruck, doch die Funktion der Spezialfreiheitsrechte besteht großenteils darin, den Schutz der Freiheit in besonderen Bereichen zu verstärken; dies wird insb. durch qualifizierte Anforderungen an die gesetzliche Freiheitseinschränkung bewirkt. Die früher vertretene **„Schrankenübertragungslehre"**[18] ist daher abzulehnen.[19]

## III. Grundrechtsfunktionen und Grundrechtsgewährleistung

**14**     Die Freiheitsrechte berechtigen den Einzelnen und verpflichten den Staat in mehrfacher Hinsicht: Der Staat ist verpflichtet, die grundrechtlich geschützte Freiheit, nämlich die Selbstbestimmung des Grundrechtsträgers, zu **achten** und sie gegen Eingriffe Dritter zu **schützen**. Der Einzelne hat gegen den Staat entspr. Ansprüche, nämlich den Anspruch auf Unterlassung verfassungsrechtlich nicht gerechtfertigter staatl. Eingriffe und den Anspruch auf effektiven Schutz gegen Eingriffe Dritter.

**15**     Die Freiheitsrechte schützen die Autonomie des Individuums. **Schutzgutbeeinträchtigungen,** die **mit Zustimmung** des betroffenen Grundrechtssubjekts vorgenommen werden, sind daher keine Eingriffe.[20]

**16**     Unzutreffend, aber allg. üblich[21] ist es, eine besondere **„objektive Funktion"** der Grundrechte von der Abwehrfunktion zu unterscheiden.[22] Die Grundrechte sind in allen ihren Funktionen einschl. ihrer Abwehrfunktion objektives, alle Staatsorgane verpflichtendes Recht und zugleich subjektive Rechte des Einzelnen. Ausschl. subjektive Rechte sind nicht denkbar, und ausschl. objektive Normen sind keine Grundrechte. Dies schließt nicht aus, dass einzelne Grundrechte zusätzlich eine objektive Funktion haben, der keine subjektive Funktion entspricht; sie sind dann nicht nur Grundrechte, sondern außerdem z. B. Institutsgarantien. Für die Rechte des Art. 2 trifft dies nicht zu.

**17**     Ob sich zusätzlich zur Abwehr- und der Schutzfunktion **weitere Funktionen,** etwa Leistungsansprüche, aus den Freiheitsrechten ableiten lassen, kann nur für jedes einzelne Grundrecht gesondert beurteilt werden.

**18**     **1. Abwehrrecht gegen staatliche Eingriffe.** Wie alle anderen Freiheitsrechte sind die in Art. 2 garantierten Grundrechte in erster Linie Abwehrrechte gegen staatl. Eingriffe. Die Freiheit des Einzelnen ist unter diesem Aspekt gegeben, wenn und soweit der Staat sie nicht beschränkt **(status negativus)**. Freiheitsbeschränkungen dürfen von den Staatsorganen nur in prinzipiell begrenztem Umfang vorgenommen werden und sind stets rechtfertigungsbedürftig.

**19**     **a) Formelle und materielle Gewährleistungsfunktion.** Die grundrechtliche Freiheitsgewährleistung hat formelle und materielle Komponenten. Das wichtigste formelle Gewährleistungsmittel ist der Vorbehalt des Gesetzes: Die Exekutive – ebenso die Judikative – darf in die grundrechtlich

---

[15] Vgl. BVerfGE 4, 7 (15 f.); 50, 290 (353 f.); *W. Geiger* FS Faller, 1984, S. 3 (8, 14); *Dürig* JZ 1952, 259.

[16] Dazu z. B. *Suhr,* Entfaltung der Menschen durch die Menschen, 1976.

[17] Vgl. *Dürig,* in: Maunz/Dürig, Art. 2 Abs. I (1958) Rn. 6.

[18] Z. B. *v. Mangoldt/Klein* I, Art. 5 Anm. X 6f–i; Übersicht bei *v. Mutius* VerwArch. 63 (1972), 75 (76 f.).

[19] So die ganz h. M., z. B. BVerfGE 30, 173 (192); 32, 98 (107 f.); 67, 213 (228); *Dürig,* in: Maunz/Dürig, Art. 2 Abs. I (1958) Rn. 8; *Di Fabio,* in: Maunz/Dürig (2001) Rn. 47; *Merten* JuS 1976, 345 (347).

[20] Anders nur, soweit sich aus der Verfassung ergibt, dass das Individuum nicht berechtigt ist, über einen grundrechtlichen (Unterlassungs- oder Schutz-)Anspruch im konkreten Fall zu verfügen, näher dazu *Kingreen/Poscher,* Rn. 197, 193 ff.; *Stern,* StaatsR III/1, S. 887 ff. mwN.

[21] Vgl. z. B. *Böckenförde* Der Staat 29 (1990), 1 ff.; *Stern,* StaatsR III/1, S. 931 mwN.

[22] Richtig *Sachs,* vor Art. 1 Rn. 28 f.

geschützte Freiheit nur eingreifen auf der Grundlage einer gesetzlichen Ermächtigung, die hinreichend bestimmt gefasst sein muss. Der Rahmen dieser Ermächtigung darf nicht überschritten werden.

**Materiell** wird die Freiheit durch die Grundrechte dadurch gewährleistet, dass der Gesetzgeber **20** nicht jede beliebige Freiheitseinschränkung vornehmen darf, sondern dass seine Freiheitsbeschränkungsbefugnis durch die Grundrechte begrenzt wird, wie dies der (nicht problematische) Ausdruck, die Grundrechte seien „**negative Kompetenznormen**",[23] zum Ausdruck bringen soll. Die **Grenzen der gesetzgeberischen Beschränkungsbefugnis** („Schranken-Schranken") ergeben sich aus dem Verhältnismäßigkeitsgrundsatz und der Wesensgehaltsgarantie (Art. 19 II), bei einigen Grundrechten auch aus besonderen Einschränkungsvoraussetzungen in Form qualifizierter Gesetzesvorbehalte. Alle Grundrechte des Art. 2 stehen aber nur unter **einfachem Gesetzesvorbehalt.** Zusätzliche Grenzen der Einschränkungsbefugnis können für einzelne Grundrechte aus besonderen Grundgesetzartikeln folgen (→ Rn. 165 f., → Rn. 242). – Soweit das Gesetz der Exekutive für Freiheitseingriffe Ermessen einräumt, ist auch diese an den Verhältnismäßigkeitsgrundsatz gebunden.

Die materielle Freiheitsgewährleistung gegenüber staatl. Eingriffen ergibt sich also vor allem daraus, **21** dass die Freiheitsrechte die Freiheitsbeschränkung rechtfertigungsbedürftig machen und ihre Zulässigkeit anhand materieller Rechtfertigungsanforderungen begrenzen, die aus dem **Verhältnismäßigkeitsprinzip** (→ Art. 20 Rn. 145 ff.) folgen: Jeder Eingriff muss einem „legitimen" (dh nicht durch das GG verbotenen) Gemeinwohlziel dienen und zur Erreichung dieses Ziels geeignet und erforderlich sein; die Intensität der Freiheitseinschränkung darf nicht in einem unvernünftigen Verhältnis zur Förderung des Gemeinwohlzwecks stehen, die damit erreicht wird.

**b) Der materielle Gewährleistungsumfang.** Der materielle Gewährleistungsumfang ergibt sich **22** somit nicht allein aus dem Schutzbereich des Grundrechts, sondern aus dem Zusammenspiel von Schutzbereich und Grundrechtsbegrenzungen (Schranken). Während jeder Eingriff in den Schutzbereich die formelle Gewährleistungsfunktion auslöst, ist die Freiheit materiell nur insoweit gewährleistet, als sich der Eingriff nicht anhand der Grundrechtsbegrenzungen rechtfertigen lässt. **Materiell ist die Freiheit garantiert, soweit** sie aufgrund der verfassungsrechtlichen Rechtfertigungskriterien **gegenüber dem Gesetzgeber resistent** ist. Es wäre also verfehlt zu sagen, dass es ein „Recht auf" die verschiedenen Freiheitsausübungen gebe, die in den Schutzbereich eines Freiheitsrechts fallen; ein verfassungsrechtlich garantiertes Recht auf bestimmte Tätigkeiten besteht nur dann, wenn der Gesetzgeber diese Tätigkeiten nicht verbieten darf. Wenn beispielsweise das Autofahren in den Schutzbereich von Art. 2 I fällt, heißt dies noch längst nicht, dass es ein „Grundrecht auf Autofahren" gibt, welches etwa Rückbau oder Entwidmung von Straßen oder andere Maßnahmen einer restriktiven Straßenverkehrspolitik verfassungswidrig macht.

**c) Die dogmatische Struktur.** Die dogmatische Struktur der Freiheitsrechte in ihrer Abwehrfunk- **23** tion ergibt sich aus der Unterscheidung von Schutzbereich und Schranken: Zunächst muss festgestellt werden, ob ein Eingriff in den Schutzbereich vorliegt, sodann, ob dieser gerechtfertigt ist, nämlich ob er sämtliche verfassungsrechtlichen Rechtfertigungskriterien erfüllt. Zu diesen gehört auch, dass das freiheitseinschränkende Gesetz in formeller Hinsicht verfassungsmäßig ist und in materieller Hinsicht nicht gegen andere Verfassungsnormen verstößt: Denn nur ein gültiges Gesetz vermag die Freiheit einzuschränken bzw. eine Ermächtigungsgrundlage für Eingriffe zu geben. Nur ein nicht gerechtfertigter Eingriff ist eine Grundrechtsverletzung.

Neue grundrechtsdogmatische Konzeptionen,[24] die den Begriff des „Schutzbereichs" durch den des **23a** „Gewährleistungsgehalts" bzw. „Gewährleistungsinhalts" ersetzen wollen und die auch in der Rechtsprechung des BVerfG anklingen,[25] stellen diese dogmatische Struktur nicht grundsätzlich in Frage.[26] Sie bieten die Chance, die Schutzbereiche der besonderen Freiheitsrechte schärfer zu konturieren, ihren differenzierenden Schrankenregelungen zu neuer Geltung zu verhelfen und den Umfang dessen, was durch normativ nicht vorstrukturierte Abwägung entschieden werden muss, zu verringern.[27] Eine Einbuße an materieller Freiheit muss damit nicht verbunden sein (auch → Rn. 51).[28]

**2. Anspruch auf Schutz gegen Eingriffe Dritter.** Die Schutzgüter der Grundrechte bedürfen **24** nicht nur des Schutzes gegenüber Eingriffen des Staates. Auch seitens Privater können diese Güter beeinträchtigt werden, und im Hinblick auf manche Schutzgüter sind die Gefahren, die dem Einzelnen seitens privater Dritter drohen, erheblich größer als die Gefahr von Schutzgutverletzungen durch den

---

[23] Vgl. z. B. *Hesse,* Grundzüge, Rn. 291; *Kingreen/Poscher,* Rn. 108.

[24] *Böckenförde* Der Staat 42 (2003), 165 ff.; *Hoffmann-Riem,* in: Bäuerle ua, Haben wir wirklich Recht?, 2004, S. 53 ff.; *ders.* Der Staat 43 (2004), 203 ff.; *Rusteberg,* Der grundrechtliche Gewährleistungsgehalt, 2009, S. 169 ff. und passim.

[25] BVerfGE 104, 92 (105) – Grenzblockade; BVerfGE 105, 252 (265 ff.) – Glykol; BVerfGE 105, 279 (295 ff.) – Osho; BVerfG (VPr), NJW 1984, 1293 (1294) – Sprayer von Zürich; BVerfG (K) NJW 2001, 2459 (2460 f.) – Love Parade.

[26] *Murswiek* Der Staat 45 (2006), 473 (482 f.); *Volkmann* JZ 2005, 261 (266, 270).

[27] Näher *Murswiek* Der Staat 45 (2006), 473 (474 ff.).

[28] Überzogen und zu pauschal deshalb die Kritik von *Kahl* Der Staat 43 (2004), 167 ff.

rechtsstaatlich verfassten Staat. Während die Grundrechte in ihrer Abwehrfunktion die Staatsgewalt bändigen sollen, setzt die rechtsstaatliche Verfassung als selbstverständlich voraus, dass der Staat den Einzelnen gegen Eingriffe Dritter schützt. Vor diesem Hintergrund hat das BVerfG aus den Grundrechten als „objektiven Wertentscheidungen" abgeleitet, dass der **Staat verpflichtet** ist, **den Einzelnen gegen Eingriffe Dritter** in die grundrechtlichen Schutzgüter **zu schützen.**[29] Dieser objektivrechtlichen **Schutzpflicht** entspricht ein **subjektiver Schutzanspruch.** Verletzt der Staat seine Schutzpflicht, so verletzt er grundsätzlich auch das betr. subjektive Grundrecht.[30]

25      Das BVerfG hat seine Schutzpflicht-Rechtsprechung anhand von Fällen zum Schutz von Leben und Gesundheit entwickelt.[31] Die dort entwickelten Grundsätze lassen sich jedoch auf alle anderen Freiheitsrechte übertragen.[32] Deshalb ist der Staat **auch zum Schutz der Schutzgüter des Art. 2 I und des Art. 2 II verpflichtet.** Dies gilt vor allem für die Güter, die unter dem Begriff des allgemeinen Persönlichkeitsrechts (→ Rn. 59 ff.) zusammengefasst werden,[33] insb. für die Ehre, ebenso z. B. für das Recht am eigenen Wort, die Wahrung der Intimsphäre oder den Datenschutz. Aber auch die allgemeine Handlungsfreiheit und die Freiheit der Person sind des Schutzes gegen Dritte bedürftig. Die gesetzlichen Verbote von Nötigung, Erpressung, Freiheitsberaubung oder sonstiger gegen die freie Willensbetätigung oder die Bewegungsfreiheit gerichteter Gewaltsamkeit dürfen nicht ersatzlos aufgehoben werden.

26      **a) Formelle und materielle Gewährleistungsfunktion.** Die **formellen Vorkehrungen,** die das GG **zur Freiheitssicherung** trifft – Gesetzesvorbehalt, Bestimmtheitsgebot, Zitiergebot –, sind auf staatl. Eingriffe zugeschnitten; **auf die Schutzpflicht** lassen sie sich **nicht übertragen.**[34] Die Pflicht zum Schutz gegen Eingriffe Dritter ist eine rein materielle Pflicht.[35] Einen **Gesetzesvorbehalt für Eingriffe Dritter gibt es nicht.**[36] Die Grundrechte haben keine unmittelbare Drittwirkung, so dass die Freiheit Dritter, Eingriffe in grundrechtliche Schutzgüter vorzunehmen, so lange besteht, wie sie nicht gesetzlich beschränkt worden ist. Allerdings ist wirksamer Schutz ohne Beschränkung der Freiheit Dritter nicht möglich. Hierfür ist eine gesetzliche Grundlage nötig. Dabei hat nach der „Wesentlichkeitstheorie" (Parlamentsvorbehalt) der Gesetzgeber die wesentlichen Entscheidungen über den Umfang der Freiheitseinschränkung auf der einen und damit auch über den Umfang der Schutzgewährleistung auf der anderen Seite selbst zu treffen.[37]

27      **Materiell** ist der Staat nicht nur verpflichtet, Eingriffe Dritter in grundrechtliche Schutzgüter, die sich nicht verfassungsrechtlich rechtfertigen lassen, gesetzlich zu verbieten **(primäre Schutzpflicht),** sondern auch dazu, die gesetzlichen Eingriffsverbote effektiv durchzusetzen **(sekundäre Schutzpflicht).**[38] Die Anforderungen an die Rechtfertigung von Eingriffen Dritter – genauer: von Unterlassungen des Gesetzgebers, diese zu verbieten – entsprechen den materiellen Anforderungen an die Rechtfertigung staatl. Eingriffe. Insb. ist der Verhältnismäßigkeitsgrundsatz zu beachten.[39]

28      Eine Besonderheit besteht nur darin, dass auch die **Gewährleistung der Freiheitlichkeit des Gemeinwesens** ein Zweck ist, der **Eingriffe Dritter rechtfertigen** kann,[40] so dass es scheint, als könne nicht nur das Gemeinwohl, sondern auch die private Freiheit Eingriffe rechtfertigen. Der rechtfertigende Grund dafür, den einen gesetzlich zu verpflichten, sich Eingriffe des anderen gefallen zu lassen, liegt jedoch nicht in der subjektiven Willkür, der privaten Beliebigkeit des Einzelnen, sondern in der Herstellung allg. Bedingungen, unter denen alle ihre Freiheit in gemeinverträglicher Weise ausüben können. Dies impliziert die Notwendigkeit, allerlei Belästigungen durch Dritte hinzunehmen, kann jedoch prinzipiell **nur nichtfinale Beeinträchtigungen** oder Risiken rechtfertigen, nicht hingegen finale Eingriffe (Ausnahme: Notwehr und notwehrähnliche Lagen), also nicht die absichtliche Schädigung fremder Schutzgüter oder Anwendung von Gewalt oder Drohung mit Gewalt.

---

[29] BVerfGE 39, 1 (41 f.); 49, 89 (141 f.); 53, 30 (57); 56, 54 (73); 77, 170 (214); 79, 174 (201 f.).

[30] BVerfGE 77, 170 (214) – C-Waffen; *H. H. Klein* DVBl 1994, 489 (493); *Isensee* HStR IX, § 191 Rn. 321 ff.; diff. *Murswiek,* Die staatliche Verantwortung für die Risiken der Technik, 1985, S. 216 ff.; vgl. auch BVerfGE 79, 174 (202).

[31] Ausnahmen: BVerfGE 81, 242 (255 f.) zu Art. 12; BVerfGE 89, 276 (286) zu Art. 3 II.

[32] *H. H. Klein* DVBl 1994, 489 (491); *Isensee* HStR IX, § 191 Rn. 146 ff., 149; *Stern,* StaatsR III/1, S. 944. Restriktiv könnte allerdings BVerfGE 88, 203 (251) verstanden werden, insofern die Schutzpflicht dem Grunde nach nur auf Art. 1 I, lediglich hinsichtlich Gegenstand und Maß auf Art. 2 II gestützt wird; dgg. aber z. B. BVerfGE 84, 133 (147); BVerfG DtZ 1994, 67; DtZ 1994, 313 (314).

[33] Vgl. BVerfG DtZ 1994, 67 zur Gegendarstellung.

[34] Hinsichtlich des Zitiergebots vgl. *Hermes,* Das Grundrecht auf Schutz von Leben und Gesundheit, 1987, S. 260.

[35] Sekundär kann sich aus ihr auch die Pflicht zur Statuierung besonderer Verfahrensvorkehrungen ergeben, s. u. Rn. 192 ff.

[36] Entgegen HessVGH NJW 1990, 336 (338) – Genehmigung gentechnischer Anlagen nur aufgrund einer ausdr. gesetzlichen Regelung; zutr. Kritik z. B. bei *Preu* JZ 1991, 265 (268).

[37] Vgl. z. B. *Rauschning* VVDStRL 38 (1980), 167 (189); *Enders* AöR 115 (1990), 610 (630 ff.).

[38] *Murswiek* (Fn. 30), S. 108 ff.

[39] *Murswiek* (Fn. 30), S. 109 f.; *Hermes* (Fn. 34), S. 253 ff. – Anders oder unklar insoweit die Rspr. und ein Großteil der Lit., → Rn. 32 und die Nachw. → Fn. 44, 45.

[40] *Murswiek* (Fn. 30), S. 139 ff., 195 f., 199.

Dies wäre mit dem Freiwilligkeitscharakter der Rechtsbeziehungen zwischen Privaten, der zu den fundamentalen Prinzipien des Rechtsstaats zählt, unvereinbar.

**b) Der materielle Gewährleistungsumfang.** Der materielle Gewährleistungsumfang lässt sich **für 29 die primäre Schutzpflicht** präziser bestimmen als für die sekundäre: Die Pflicht, Eingriffe Dritter zu verbieten, die sich nicht verfassungsrechtlich rechtfertigen lassen, ist das Äquivalent der Pflicht, staatl. Eingriffe zu unterlassen. Jene lässt sich nicht weniger genau bestimmen als diese. Für einen *besonderen* gesetzgeberischen Gestaltungsspielraum gibt es hier keinen Grund, auch wenn die primäre Schutzpflicht eine Handlungspflicht des Gesetzgebers und dementsprechend einen subjektiven Anspruch auf Gesetzgebung begründen kann.

Anders ist dies bei der **sekundären Schutzpflicht:** Die Verpflichtung, bestehende Eingriffsverbote 30 effektiv durchzusetzen oder zusätzlich zu Eingriffsverboten Regelungen zu erlassen und Maßnahmen zu ergreifen, die die Integrität der Schutzgüter sicherstellen sollen, wenn diese sich auf der Basis von Eingriffsverboten nicht ausr. sichern lässt, ist eine verfassungsrechtliche Zielbestimmung. Ziel ist die Integrität der Schutzgüter. Die Wahl der Mittel ist überwiegend verfassungsrechtlich nicht vorgegeben und insoweit dem Gesetzgeber überlassen. Der **Gestaltungsspielraum des Gesetzgebers** findet seine Grenze dort, wo sich ganz bestimmte Mittel als erforderlich zum Schutz des Schutzguts erweisen oder wo die Verfassung bestimmte Mittel des Schutzes vorschreibt (etwa gerichtlicher Rechtsschutz gegen Eingriffe Dritter als Gebot des Rechtsstaatsprinzips), iÜ dort, wo der Gesetzgeber völlig untätig bleibt oder eindeutig zu wenig zum Schutz unternimmt.[41]

Hinsichtlich der sekundären Schutzpflicht ist die materielle Gewährleistung somit **weniger intensiv 31** als in Bezug auf die primäre Schutzpflicht. Teilw. wird auch angenommen, dass die objektive Schutzverpflichtung weitergehend sei als der subjektive Schutzanspruch[42] oder die verfassungsgerichtliche Kontrollnorm (im Unterschied zur Handlungs-/Funktionsnorm) in der beschriebenen Weise reduziert sei.[43]

Die h. M. unterscheidet allerdings nicht zwischen primärer und sekundärer Schutzpflicht und 32 behauptet generell, dass die Schutzpflicht nur von grundsätzlicher, angesichts gesetzgeberischer Gestaltungsspielräume verminderter Geltungskraft sei.[44] Außerdem hat das BVerfG den Gestaltungsspielraum in einer Reihe von Entscheidungen weiter gefasst als dies aufgrund der finalen Programmierung der sekundären Schutzpflicht notwendig ist, wenn es z. B. formuliert, der mit der Schutzpflicht verbundene grundrechtliche Anspruch könne nur darauf gerichtet sein, dass die öffentl. Gewalt Vorkehrungen zum Schutze des Grundrechts trifft, die „nicht gänzlich ungeeignet oder völlig unzulänglich sind".[45] Dem ist entgegenzuhalten, dass Regelungs-, Einschätzungs- oder **Gestaltungsspielräume** des Gesetzgebers **allein von der normativen Dichte** seiner Verpflichtung **abhängen können,** nicht hingegen davon, ob die Verpflichtung auf Achtung oder auf Schutz der Freiheit gerichtet ist.[46]

Zutr. stellt das BVerfG jetzt auf die **Effektivität des Schutzes**[47] ab: Die Reichweite der Schutzpflicht sei „im Blick 33 auf die Bedeutung und Schutzbedürftigkeit des zu schützenden Rechtsguts ... einerseits und mit ihm kollidierender Rechtsgüter andererseits zu bestimmen".[48] Art und Umfang des Schutzes zu bestimmen, sei Aufgabe des Gesetzgebers. Dieser habe bei der Ausgestaltung des Schutzes das **Untermaßverbot** zu beachten.[49] Notwendig sei ein – unter Berücksichtigung entgegenstehender Rechtsgüter – „angemessener Schutz; entscheidend ist, dass er als solcher wirksam ist. Die Vorkehrungen, die der Gesetzgeber trifft, müssen für einen angemessenen und wirksamen Schutz ausreichend sein und zudem auf sorgfältigen Tatsachenermittlungen und vertretbaren Einschätzungen beruhen".[50]

**c) Die dogmatische Struktur.** Die dogmatische Struktur der Schutzpflichten ist dadurch gekenn- 34 zeichnet, dass sich nicht zwischen Schutzbereich und Schranken, Freiheitseingriff und Grundrechtsverletzung unterscheiden lässt, sondern dass die Unterlassung des Schutzes entweder die Schutzpflicht verletzt oder die Pflicht insoweit nicht besteht. Dies ist bei der sekundären Schutzpflicht schon eine Folge ihrer finalen Programmierung. Bei der primären Schutzpflicht ergibt es sich aus dem Umstand,

---

[41] Vgl. etwa BVerfGE 46, 160 (164 f.) – Schleyer; *Alexy,* Theorie der Grundrechte, S. 420 ff.

[42] Vgl. BVerfGE 77, 170 (215) – C-Waffen.

[43] Vgl. *Isensee* HStR IX, § 191 Rn. 293; *Hesse* FS Mahrenholz, 1994, S. 541 (557).

[44] Vgl. *Sachs,* vor Art. 1 Rn. 35 ff.; *Stern,* StaatsR III/1, S. 943 ff. mN; *Isensee* HStR IX, § 191 Rn. 219. – Auch das BVerfG formuliert seine Thesen zum Gestaltungsspielraum allgemein. Inhaltlich wird die Unterscheidung zwischen primärer und sekundärer Schutzpflicht aber durch das zweite Urteil zum Schwangerschaftsabbruch bestätigt: Der Gesetzgeber ist grundsätzlich verpflichtet, den Schwangerschaftsabbruch zu verbieten (primäre Ebene); Gestaltungsspielraum hat er nur auf der sekundären Ebene: Sanktionen, Schutz durch Förderung usw., BVerfGE 88, 203 (253 ff.).

[45] BVerfGE 77, 170 (214 f.) – C-Waffen; ähnl. bereits BVerfGE 56, 54 (81 f.) – Fluglärm; krit. dazu *Murswiek* WiVerw 1986, 179 (190 ff.); *H. H. Klein* DVBl 1994, 489 (495 f.); *Steinberg* NJW 1996, 1985 (1987 ff.).

[46] Vgl. BVerfGE 53, 30 (57 f.); *H. H. Klein* DVBl 1994, 489 (496).

[47] So bereits *Murswiek* (Fn. 30), S. 111 ff. mit Differenzierung; *Isensee* HStR IX, § 191 Rn. 303.

[48] Vgl. *Hermes* (Fn. 34), 1987, S. 253 ff.

[49] M. Hinweis auf *Isensee* HStR IX, § 191 Rn. 303 – Dieser eher missverständliche Ausdruck bedeutet nichts anderes als die Anwendung des Verhältnismäßigkeitsprinzips auf die Schutzpflichten; dazu z. B. *Hain* DVBl 1993, 982 (983).

[50] BVerfGE 88, 203 (254) – Schwangerschaftsabbruch II.

dass das Unterlassen des Gesetzgebers erst relevant wird, wenn eine rechtliche Handlungspflicht besteht. Die **Prüfung** einer Schutzpflichtverletzung ist somit **einstufig** im Unterschied zur zweistufigen Prüfung staatl. Freiheitseingriffe. Die Konkretisierung der primären Schutzpflicht muss sich aber implizit am Schema Eingriff – Eingriffsrechtfertigung orientieren (→ Rn. 27).

35      Demgegenüber spielt die umstrittene Frage, ob die **Verletzung der primären Schutzpflicht auch als** staatl. **Freiheitseingriff** verstanden werden kann, weil und soweit sie mit der Auferlegung einer gesetzlichen Pflicht zur Duldung privater Eingriffe einhergeht,[51] im praktischen Ergebnis keine Rolle. Entscheidend ist, ob sie – wie hier vertreten – inhaltlich dieselbe Stringenz hat wie die Abwehrfunktion der Grundrechte, oder ihr – wie die h. M. annimmt – nur verminderte Geltungskraft zukommt.

36      **3. Sonstige Funktionen. a) Verfahrensgarantien.** Verfahrensgarantien können sich aus Freiheitsrechten ergeben, wenn dies zum effektiven Schutz des grundrechtlichen Schutzgutes – sowohl gegen staatl. Eingriffe als auch gegen Eingriffe Dritter – erforderlich ist (→ Rn. 192 ff.).

37      **b) „Ausstrahlungswirkung" in das Privatrecht.** „Ausstrahlungswirkung" in das Privatrecht kommt allen Freiheitsrechten zu: Unbestimmte Rechtsbegriffe und Generalklauseln des Zivilrechts sind „im Lichte der Grundrechte" auszulegen. Dieser vom BVerfG aus den Grundrechten als „objektiven Wertentscheidungen" abgeleitete Grundsatz,[52] der auf eine verfassungskonforme Auslegung zivilrechtlicher Normen hinausläuft,[53] kann heute der grundrechtlichen Schutzpflicht (→ Rn. 24 ff.) zugeordnet werden,[54] soweit sich zwingende Zivilrechtsnormen nicht als staatl. Freiheitseinschränkungen verstehen lassen.[55]

37a     Problematisch ist es dagegen, zivilrechtliche **Verträge** an Grundrechten zu messen. Verträge sind Ausdruck der Privatautonomie (dazu näher Rn. 54, 55a ff.). Die durch sie erzeugten Bindungen sind Folge der Freiheitsausübung der Vertragspartner, können also prinzipiell nicht gegen Grundrechte verstoßen. Deshalb kann auch der Schutzpflichtgedanke, verstanden als die Pflicht des Staates, gegen Eingriffe Dritter zu schützen, hier nicht weiter helfen. Denn wenn jemand eine vertragliche Verpflichtung eingeht, die ihm lästig ist, ist das nicht die Folge eines „Eingriffs" seines Vertragspartners, nicht die Folge zwischen Privaten unzulässigen Zwangs, sondern die Folge der auf freiwilliger Entscheidung beruhenden Zustimmung zu dem Vertrag.[56] Wenn allerdings der Gesetzgeber dem einen Vertragspartner das Recht gibt, einseitig den Inhalt des Vertragsverhältnisses zu verändern, liegt darin eine Einschränkung der Privatautonomie des anderen Vertragspartners, die sich nur rechtfertigen lässt, wenn die rechtlichen Interessen des betroffenen Vertragspartners durch kompensatorische gesetzliche Schutzregelungen gewahrt werden.[57]

38      **c) Leistungsansprüche und sonstige Teilhaberechte.** Leistungsansprüche und sonstige Teilhaberechte sind durch Freiheitsrechte grundsätzlich nicht garantiert. Für staatl. Leistungen, die zur Freiheitsausübung im Schutzbereich eines Freiheitsrechts gewährt werden, können aus dem betr. Grundrecht iVm Art. 3 aber **derivative** Leistungsansprüche abgeleitet werden. Originäre Leistungsansprüche lassen sich dagegen nur unter besonderen Voraussetzungen begründen (→ Rn. 224 ff.).[58]

38a     **d) Entschädigungsansprüche.** Zur effektiven Gewährleistung der grundrechtlichen Schutzgüter gehört, dass bei ihrer Verletzung ein Anspruch auf Wiedergutmachung bzw. Entschädigung besteht. Dies gilt auch für die Verletzung eines immateriellen Rechtsguts wie des allgemeinen Persönlichkeitsrechts.[59] Bei einer Grundrechtsverletzung kann daher unmittelbar aus dem Grundrecht ein Anspruch auf Geldentschädigung folgen.[60]

## IV. Grundrechtsberechtigte und -verpflichtete

39      **1. Die Rechte des Art. 2 als Menschenrechte.** Alle in Art. 2 gewährleisteten Grundrechte sind Menschenrechte. Sie stehen also nicht nur deutschen Staatsangehörigen, sondern auch Ausländern und

---

[51] So gegen die ganz h. M. *Schwabe,* Probleme der Grundrechtsdogmatik, 1977, S. 213 ff.; *Murswiek* (Fn. 30), S. 63 ff., 91 ff.; *Szczekalla,* Die sogenannten grundrechtlichen Schutzpflichten im deutschen und europäischen Recht, 2002, S. 390 ff., 1125 ff.

[52] BVerfGE 7, 198 (205 f.) – Lüth; 34, 269 (280); 81, 242 (254 f.) – Handelsvertreter (st. Rspr.); *Hesse* Grundzüge, Rn. 353; sehr krit. dazu *Diederichsen* Jura 1997, 57 ff.; auch *Di Fabio* FS Herzog, 2009, S. 35 (41 ff.); *Müller-Franken* FS Bethge, 2009, S. 223 (233 ff.).

[53] Vgl. *Kingreen/Poscher,* Rn. 113.

[54] *Stern,* StaatsR III/1, S. 1560 mN; *Jarass* AöR 120 (1995), 345 (352 f.).

[55] Vgl. *Pietzcker,* FS Dürig, 1990, S. 345 (350); eingehender hierzu *H. Dreier,* in: Dreier I, Art. 2 I Rn. 63 f.; *Müller-Franken* FS Bethge, 2009, S. 223 (245 ff.) mwN.

[56] Zur grundrechtlichen Problematik der sozialen Schutzbedürfnisse, die sich ergeben können, wenn der sozial schwächere Vertragspartner auf den Vertragsabschluss angewiesen ist, → Rn. 55a ff.

[57] Vgl. BVerfGE 114, 73 (89 ff.) in Bezug auf den Ausschluss des § 415 BGB durch § 14 I 4 VAG.

[58] Zum Ganzen ausf. *Murswiek* HStR IX, § 192 insb. Rn. 71 ff., 91 ff.

[59] Vgl. BVerfG (K) NJW 2010, 433 Rn. 17 ff. mwN.

[60] BGHZ 199, 237 Rn. 40, BAG, NJW 2015, 2749 Rn. 30.

Staatenlosen zu. – **Jurist. Personen** mit Sitz im Inland sind Träger der allgemeinen Handlungsfreiheit (Art. 2 I)[61] sowie derjenigen Persönlichkeitsrechte (Art. 2 I), die ihrem Wesen nach nicht lediglich auf Individuen anwendbar sind, nicht dagegen der Rechte des Abs. 2.[62]

**2. Die Staatsorgane als Grundrechtsverpflichtete.** Wie fast alle anderen Grundrechte verpflich- **40** ten die Grundrechte des Art. 2 ausschl. Träger öffentl. Gewalt, also alle Staatsorgane und mit Hoheitsgewalt Beliehenen (Art. 1 III). „**Mittelbare Drittwirkung**" entfalten sämtliche Rechte des Art. 2 aber über die Schutzpflicht (o. Rn. 24 ff.) bzw. die „Ausstrahlungswirkung in das Privatrecht" (→ Rn. 37).

## B. Die freie Entfaltung der Persönlichkeit (Abs. 1)

### I. Der Grundrechtstatbestand

Der Grundrechtstatbestand (Schutzbereich) des Art. 2 I umfasst nach Rechtsprechung des BVerfG **41** neben der allgemeinen Handlungsfreiheit (1.) spezielle unbenannte Freiheitsrechte, die unter der Bezeichnung „allgemeines Persönlichkeitsrecht" zusammengefasst werden können (2.).

**1. Die allgemeine Handlungsfreiheit. a) Enges oder weites Schutzbereichsverständnis?** **42** Nach ständiger Rechtsprechung des BVerfG seit dem Elfes-Urteil[63] gewährleistet Art. 2 I die allgemeine Handlungsfreiheit im umfassenden Sinne. Diese Auffassung hat sich auch in der Lit. gegen ein enges Tatbestandsverständnis durchgesetzt.

**aa) Das weite Schutzbereichsverständnis** kann auf die Entstehungsgeschichte (o. Rn. 2) gestützt **43** werden. Die Formulierung, jeder habe die „Freiheit, zu tun und zu lassen, was die Rechte anderer nicht verletzt …", war nur eines würdevollen Klanges wegen zugunsten der jetzigen Formulierung aufgegeben worden. Rechtlich sollte mit dem Recht auf freie Entfaltung der Persönlichkeit nichts anderes als mit dieser urspr. Formulierung ausgedrückt werden.[64] Geschützt ist somit die **allgemeine Handlungsfreiheit,** nämlich die Freiheit zu jedem beliebigen Tun und Unterlassen (näher → Rn. 52 ff.).[65]

Das entstehungsgeschichtliche Argument für die allgemeine Handlungsfreiheit wird in der Ent- **44** scheidung „Reiten im Walde" ergänzt durch ein **„funktionales Argument":** Der umfassende Schutz menschlicher Handlungsfreiheit erfülle neben den benannten Freiheitsrechten eine wertvolle Funktion in der Freiheitssicherung, denn trotz der weiten Beschränkungsmöglichkeiten gewährleiste das Grundrecht einen Schutz von substantiellem Gewicht (BVerfGE 80, 137 [154]). Damit, dass diese Funktion wertvoll ist, lässt sich aber nicht beweisen, dass Art. 2 I sie normiert.

Für ein weites Schutzbereichsverständnis spricht aber, dass der Begriff der Persönlichkeitsentfaltung **45** gar nicht geeignet ist, einen inhaltlich abgrenzbaren Schutzbereich zu bestimmen.[66] Dem lässt sich nicht entgegenhalten, dass auch die Bestimmung der Schutzbereiche spezieller Freiheitsrechte zu Abgrenzungsschwierigkeiten führe und trotz solcher Schwierigkeiten die Grenze bestimmt werden müsse.[67] Denn der Begriff der „Entfaltung" verweist auf die **individuelle Autonomie,** auf die Selbstbestimmung anstelle von (staatl.) Fremdbestimmung des Einzelnen.

**bb) Das enge Schutzbereichsverständnis** beruft sich daher zu Unrecht auf die Formulierung **46** „freie Entfaltung der Persönlichkeit". Die „Persönlichkeitskerntheorie" wollte durch Art. 2 I nur den „Kernbezirk des Persönlichen" geschützt wissen, der das Wesen des Menschen als geistig-sittliche Person ausmacht.[68] Sie verstand unter der Schranke der „verfassungsmäßigen Ordnung" nur das Verfassungsrecht und sah sich genötigt, von diesem engen Schrankenverständnis auf einen engen Schutzbereich zurückzuschließen, um zu einem gemeinverträglichen Ergebnis zu kommen. Dem konnte das BVerfG umgekehrt entgegenhalten, es wäre nicht verständlich, wie die Entfaltung innerhalb dieses Kernbereichs gegen das Sittengesetz, die Rechte anderer oder sogar gegen die verfassungsmäßige Ordnung einer freiheitlichen Demokratie verstoßen könne. Gerade diese dem Individuum auferlegten Beschränkungen zeigten vielmehr, dass das GG in Art. 2 I die Handlungsfreiheit im umfassenden Sinne meint (BVerfGE 6, 32 [36]).

Das BVerfG muss konsequenterweise auch die Schranke der verfassungsmäßigen Ordnung in einem **47** weiten Sinne verstehen, nämlich als Inbegriff aller verfassungsmäßigen Rechtssätze. Dem hält *Hesse* entgegen, dass der Schluss von den Schranken auf den Inhalt und vom Inhalt wieder zurück auf die

---

[61] Vgl. z. B. BVerfGE 20, 323 (336); 70, 1 (25); *Kunig,* in: v. Münch/Kunig I, Art. 2 Rn. 7.

[62] Vgl. z. B. *Kingreen/Poscher,* Rn. 212 ff.; *Kunig,* in: v. Münch/Kunig I, Art. 2 Rn. 45, 73.

[63] BVerfGE 6, 32 (36 ff.); seither z. B. BVerfGE 54, 143 (146); 74, 129 (151 f.); 80, 137 (152 ff.); jüngst BVerfG, NJW 2013, 990 (990 Rn. 11).

[64] Vgl. BVerfGE 6, 32 (36 f.); aA *Grimm,* abwM BVerfGE 80, 137, 164 (165).

[65] Skept. gegenüber dem entstehungsgeschichtlichen Argument *H. Dreier,* in: Dreier I, Art. 2 I Rn. 9, 27.

[66] Vgl. BVerfGE 80, 137 (154) („in der Praxis kaum befriedigend lösbare Abgrenzungsprobleme"); *Starck* MKS I, Art. 2 Rn. 10.

[67] AA *Grimm,* abwM BVerfGE 80, 137, 164 (169).

[68] *Peters* FS Laun, 1953, S. 669; *ders.,* Das Recht auf freie Entfaltung der Persönlichkeit in der höchstrichterlichen Rechtsprechung, 1963, S. 49.

Schranken nicht folgerichtig sei. Er vertritt eine restriktive Interpretation, die der Eigenart der Grundrechte als punktueller Gewährleistungen der Freiheit bes. wichtiger oder gefährdeter Lebensbereiche entspreche, und sieht den Inhalt der freien Entfaltung der Persönlichkeit in der nur durch die Verfassung selbst begrenzten **Gewährleistung der engeren persönlichen, freilich nicht auf rein geistige und sittliche Entfaltung beschränkten, Lebenssphäre.** Ein solches Verständnis mache die Schranken des Art. 2 I nicht überflüssig.[69]

48     Ähnl. argumentiert *Grimm,*[70] die Grundrechte unterschieden sich von sonstigen Rechten dadurch, dass sie Integrität, Autonomie und Kommunikation des Einzelnen in ihren grundlegenden Bezügen schützten. Es sei weder historisch noch funktional der Sinn der Grundrechte, jedes erdenkliche menschliche Verhalten unter ihren besonderen Schutz zu stellen. Art. 2 I schütze **nur solches Verhalten, das eine gesteigerte,** dem Schutzgut der übrigen Grundrechte vergleichbare **Relevanz für die Persönlichkeitsentfaltung besitze.** Im Kern werde es sich dabei stets um Lebensbereiche handeln, deren beliebige Regulierbarkeit durch den Staat die Autonomie des Einzelnen gefährdete und damit einem System Vorschub leistete, das nicht mehr beanspruchen könnte, auf die Achtung der Menschenwürde gegründet zu sein.

49     Dem lässt sich aber entgegenhalten, dass die Autonomie des Einzelnen gerade dadurch gefährdet werden kann, dass der Staat verbindlich definiert, was für die Persönlichkeitsentfaltung relevant ist und was nicht. Geht es wirklich um die Entfaltung des Individuums, dann wird man dieses nicht auf genormte Persönlichkeitsmuster – etwa bildungsbürgerlicher Provenienz – verpflichten können, sondern ihm die **Selbstbestimmung über das zur eigenen Selbstverwirklichung Relevante** überlassen müssen. Das führt dann notwendig zum umfassenden Schutz der individuellen Autonomie, auch wenn auf diese Weise vieles mitgeschützt wird, was in aller Regel auch nach dem Selbstverständnis des Betreffenden mit seiner Persönlichkeitsentwicklung nichts zu tun hat.[71]

50     Einer **Banalisierung der Grundrechte,** wie sie von den Vertretern des engen als Folge des weiten Tatbestandsverständnisses moniert wird,[72] weil alle allgemeine Handlungsfreiheit alle Belanglosigkeiten umfasse und beispielsweise auch wegen eines Verbots des Taubenfütterns auf Straßen und Anlagen das BVerfG[73] angerufen werden könne, lässt sich auch auf andere Weise begegnen als durch Ausgrenzung aus dem Schutzbereich: Man muss nur Klarheit darüber schaffen, dass es noch längst kein „Grundrecht auf Taubenfüttern im Park" gibt, wenn dieses in den Schutzbereich von Art. 2 I fällt (→ Rn. 22), und darf auf die Abweisung – wegen evident gegebener Eingriffsrechtfertigung – offenkundig unbegründeter Verfassungsbeschwerden oder Klagen nicht viele Worte verwenden.

51     Auch das Argument, alle anderen Freiheitsrechte gewährleisteten die Freiheit in besonderen, tatbestandlich umschriebenen, typischerweise bes. gefährdeten oder bes. schutzwürdigen Bereichen, lässt keinen Rückschluss darauf zu, dass auch Art. 2 I eng und gegenständlich beschränkt gefasst sein müsse.[74] Es gibt kein systematisches und auch kein historisches[75] Argument, das zu der Annahme zwingt, Art. 2 I könne nicht den sachbereichsspezifischen Freiheitsschutz, den die Spezialgrundrechte bieten, durch eine Generalklausel ergänzen, welche die Freiheit schlechthin schützt und somit die **Lückenlosigkeit des Freiheitsschutzes** sicherstellt. Diese **„Auffangfunktion"** von Art. 2 I (Rn. 10) gewinnt zusätzliche Bedeutung, wenn man die „Gewährleistungsgehalte" der Spezialgrundrechte enger als bisher interpretiert (→ Rn. 23a).[76] Somit verdient die Ansicht des BVerfG Zustimmung.

52     **b) Der Umfang des Schutzbereichs.** Der Schutzbereich der allgemeinen Handlungsfreiheit ist gegenständlich nicht beschränkt. In den Schutzbereich fällt **jedes menschliche Verhalten** ohne Rücksicht darauf, welches Gewicht ihm für die Persönlichkeitsentfaltung zukommt (BVerfGE 80, 137 [152]). Nicht nur das Handeln ist geschützt, ebenso **auch das Nichthandeln.** In den Beratungen des ParlRates war ausdr. nicht nur das Tun, sondern auch das Lassen als mögliche Freiheitsbetätigung ins Auge gefasst worden (→ Rn. 2). Zweck der allgemeinen Freiheitsgewährleistung durch Art. 2 I ist der Schutz der menschlichen Entschließungsfreiheit, gleichgültig, worauf die Entschließung abzielt. Neben der „positiven" Freiheit zum Handeln ist somit auch die „negative" Freiheit zum Unterlassen vom Schutzbereich umfasst.[77]

53     Dass **jedes beliebige Verhalten** in den Schutzbereich von Art. 2 I fällt, wird von manchen für unerträglich gehalten, weil dann auch sozialschädliche Verhaltensweisen, sogar Diebstahl und Mord, grundrechtlich geschützt seien. Deshalb sollen Handlungen **vom Tatbestand** des Art. 2 I **nicht erfasst werden,** denen unter keinem iR unserer Verfassungsordnung rechtlich denkbaren Gesichts-

---

[69] *Hesse,* Grundzüge, Rn. 426 ff. mwN.

[70] Abw. M. zu BVerfGE 80, 137 (164 ff.) – Reiten im Walde.

[71] Ebenso *Kahl HGRV,* § 124 Rn. 54.

[72] Vgl. *Grimm,* abwM BVerfGE 80, 137, 164 (168).

[73] Vgl. BVerfGE 54, 143 (146).

[74] So aber *Hesse,* Grundzüge, Rn. 428; *Grimm,* abwM BVerfGE 80, 137, 164.

[75] Vgl. *Starck* MKS I, Art. 2 Rn. 11 ff., entgegen *Grimm,* abwM BVerfGE 80, 137, 164; aA *Duttge,* Der Begriff der Zwangsmaßnahme, S. 158 f.

[76] *Murswiek* Der Staat 45 (2006), 473 (484 f.); aA *Volkmann* JZ 2005, 261 (268).

[77] Vgl. *Merten* JuS 1976, 345 (346) mwN.

punkt eine grundrechtlich geschützte Vorrangstellung gegenüber Rechten anderer oder Gemeinschaftsbelangen zukommt; dies seien im Wesentlichen **die strafbaren Handlungen.**[78] Für diese Ausnahme gibt es **aber keinen überzeugenden Grund.** Im Unterschied zu speziellen Freiheitsgarantien[79] ist bei dem allgemeinen Freiheitsrecht des Art. 2 I damit, dass eine Handlung in seinen Schutzbereich fällt, keine – positive – Wertung verbunden; die **Tatbestandsmäßigkeit** ist hier wegen der Unbegrenztheit des Tatbestands notwendig **wertneutral.** Die Schranken des Art. 2 I, insb. die Schranke der „Rechte anderer", machen deutlich, dass die Freiheit in verschiedener Hinsicht begrenzt sein *muss,* um gemeinverträglich zu sein, und nur iR dieser Schranken ist sie gewährleistet. Die Beschränkung der Freiheit findet aber erst auf der Ebene der die Schranken konkretisierenden Gesetze statt, nicht auf der Ebene des Tatbestands. Dass sich dort das Verbot sozialschädlicher Verhaltensweisen anders und leichter rechtfertigen lässt als die Einschränkung einer an sich sozialverträglichen Freiheitsausübung, liegt auf der Hand (→ Rn. 102).

**c) Bsp. für vom Schutzbereich umfasste Verhaltensweisen** sind nach der Rechtsprechung **54**

– die **Ausreisefreiheit** (BVerfGE 6, 32 [41 f.]),

– die **Privatautonomie,** insb. die Freiheit, Verträge zu schließen (oder auch nicht zu schließen),[80]

– die wirtschaftliche **Wettbewerbsfreiheit**[81] sowie die **wirtschaftliche Dispositionsfreiheit des Unternehmers** oder allgemeiner die **Handlungsfreiheit auf wirtschaftlichem Gebiet;**[82] für die wirtschaftlichen Freiheiten wird jedoch regelmäßig Art. 12 als lex specialis anzusehen sein,[83]

– die Freiheit, öffentlichrechtlichen Zwangsverbänden fernzubleiben,[84]

– der **Gemeingebrauch** an öffentl. Sachen, insb. das **Autofahren** auf öffentl. Straßen,[85]

– das Betreiben von **Mitfahrzentralen** (BVerfGE 17, 306 [313 ff.]),

– die **Nebentätigkeit** des Beamten (BVerwG DÖV 1977, 134 [135]),

– die **Verwendung ungekörter Bullen** zur Zucht (BVerfGE 10, 55 [57 ff.]),

– **Reiten im Walde** (BVerfGE 80, 137 [154 ff.]),

– die Freiheit, in einer **eheähnlichen Lebensgemeinschaft** zu leben,[86]

– die Freiheit des **Patienten,** im Zusammenwirken mit dem Arzt über Behandlungsmethoden, Arzneimittel, Heil- und Hilfsmittel zu bestimmen, auch iR der gesetzlichen Krankenversicherung.[87]

Da der Tatbestand jedes beliebige Verhalten umfasst, ist die **Beispielauswahl** notwendig äußerst **55** **unvollständig** und willkürlich. Der praktisch wichtigste Aspekt der nicht spezialgrundrechtlich geschützten Verhaltensfreiheit ist sicherlich die Privatautonomie, für die Art. 2 I die verfassungsrechtliche Basis zur Verfügung stellt.

Jede gesetzliche oder richterliche Einschränkung der Vertragsfreiheit ist ein Eingriff in die durch **55a** Art. 2 I geschützte **Privatautonomie.** Diese setzt freilich „voraus, dass die Bedingungen der Selbstbestimmung des Einzelnen auch tatsächlich gegeben sind."[88] Diese Bedingungen hat der Gesetzgeber zu wahren, wenn er die Privatautonomie gesetzlich ausgestaltet (vgl. bereits Rn. 37a).

Das BVerfG nimmt außerdem an, eine mit der Privatautonomie nicht zu vereinbarende Fremd- **55b** bestimmung könne auch daraus resultieren, dass ein Vertragspartner im Verhältnis zu dem anderen in einer sozial oder ökonomisch übermächtigen Position ist und den Vertragsinhalt faktisch einseitig bestimmen kann.[89] Der Gesetzgeber sei verpflichtet, die Privatautonomie auszugestalten; er müsse dabei der Selbstbestimmung des Einzelnen im Rechtsleben einen angemessenen Betätigungsraum eröffnen. Da alle Beteiligten den Schutz des Art. 2 I genössen, dürfe nicht nur das Recht des Stärkeren gelten. Die kollidierenden Grundrechtspositionen seien in ihrer Wechselwirkung zu sehen und so zu begrenzen, dass sie für alle Beteiligten möglichst weitgehend wirksam würden. Allerdings könne die

---

[78] *Starck* MKS I, Art. 2 Rn. 13.

[79] Hier wirken iÜ das allgemeine Gewaltverbot und die von der Verfassung vorausgesetzte Güterordnung (schon auf Ebene des Schutzbereichs) als Gewährleistungsgrenzen, näher *Murswiek* Der Staat 45 (2006), 473 (495 ff.).

[80] BVerfGE 8, 274 (328); 65, 196 (210); 70, 115 (123); 74, 129 (151 f.).

[81] BVerfGE 32, 311 (316); BVerwGE 17, 306 (309); 60, 154 (159); 65, 167 (174).

[82] BVerfGE 12, 341 (347); 27, 375 (384); 29, 260 (266 f.); 50, 290 (366); 65, 196 (210 f.).

[83] *Cornils* HStR VII, § 168 Rn. 35 mwN.

[84] Z. B. BVerfGE 10, 89 (102); 59, 231 (233).

[85] Vgl. BVerwGE 30, 235 (238); BVerwG NJW 1988, 432 f.

[86] BVerfGE 82, 6 (16); 87, 234 (267).

[87] *Wigge* MedR 1996, 51 (58 f.).

[88] BVerfGE 103, 89 (100) – Unterhaltsverzicht mwN; BVerfGE 114, 1 (33 ff.); 114, 73 (89 ff.) – Lebensversicherung; BVerfG (K) NJW 2006, 596 (598) – Künstlervertrag.

[89] BVerfGE 81, 242 (255) – Handelsvertreter; BVerfGE 89, 214 (232) – Bürgschaft; BVerfGE 103, 89 (101) – Ehevertrag.

Rechtsordnung nicht für alle Situationen Vorsorge treffen, in denen das Verhandlungsgleichgewicht mehr oder weniger beeinträchtigt sei. Handele es sich jedoch um eine typisierbare Fallgestaltung, die eine **strukturelle Unterlegenheit** des einen Vertragsteils erkennen lasse, und seien die Folgen des Vertrages für den unterlegenen Vertragsteil ungewöhnlich belastend, so müsse die Zivilrechtsordnung Korrekturen ermöglichen;[90] der Zivilrichter müsse der „gestörten Vertragsparität"[91] entgegenwirken. Das BVerfG erkennt wohl, dass in die Freiheit des schwächeren Vertragspartners, dem nichts anderes übrig bleibt, als die ihn belastende Vertragsklausel zu akzeptieren, nicht „eingegriffen" wird. Er ist ja rechtlich nicht gezwungen, den Vertrag abzuschließen. Aber faktisch ist er doch gezwungen, weil er auf die Güter oder Dienstleistungen, um die es geht, angewiesen ist. Er ist daher schutzbedürftig, und es ist Aufgabe des sozialstaatlichen Gesetzgebers, sozial schwächere Vertragspartner gegen ungerechte Vertragsklauseln zu schützen. Fraglich ist nur, inwieweit aus der sozialstaatlichen Gestaltungsaufgabe, die dem Gesetzgeber einen weiten Gestaltungsspielraum lässt, konkrete grundrechtliche Ansprüche folgen können. Für die og Konstellation wird dies vom BVerfG bejaht: Aus der Gewährleistung der Privatautonomie (Art. 2 I) und dem Sozialstaatsprinzip (Art. 20 I, 28 I) folge ein Anspruch auf Korrektur des Vertrages. Hier wird also aus Art. 2 I iVm dem Sozialstaatsprinzip ein Anspruch auf eine bestimmte Gestaltung der Privatrechtsordnung abgeleitet. Dabei geht es weder um die Abwehr staatl. noch privater Eingriffe, sondern um soziale Gerechtigkeit.

**55c**    Diese Rechtsprechung ist in der **Lit.** auf **herbe Kritik** gestoßen. Der Begriff der „strukturellen Ungleichheit" erleichtere die Einbeziehung ideologischer Wertungen und ein Überspielen der bürgerlichrechtlichen Wertungen des Gesetzgebers. Es drohe in Vergessenheit zu geraten, dass die Privatautonomie auf dem Gedanken freier Selbstverantwortung aufgebaut sei.[92] Art. 2 I könne nicht seinerseits der Vertragsfreiheit Grenzen setzen.[93] Das BVerfG begebe sich auf den Weg zum fürsorglich bevormundenden Staat.[94]

**56**    **d) Folgen des weiten Schutzbereichsverständnisses für die verfassungsgerichtliche Kontrolle.** Da jedes beliebige menschliche Verhalten, das nicht in den Schutzbereich eines Spezialfreiheitsrechts fällt, vom Tatbestand des Art. 2 I umfasst ist, stellt Art. 2 I nicht nur die Lückenlosigkeit des grundrechtlichen Freiheitsschutzes sicher, sondern auch die **Lückenlosigkeit der verfassungsgerichtlichen Kontrolle freiheitseinschränkender staatl. Maßnahmen:** Gegen jedes freiheitseinschränkende Gesetz und gegen jede sonstige belastende staatl. Maßnahme ist der Rechtsbehelf der Verfassungsbeschwerde gegeben. Entsprechendes gilt für die Geltendmachung der Versagung grundrechtlich gebotenen Schutzes gegen Eingriffe Dritter.

**57**    Keine Besonderheit des Tatbestands von Art. 2 I ist es demgegenüber, dass der Beschwerdeführer mit der Verfassungsbeschwerde geltend machen kann, ein freiheitseinschränkendes oder zu Freiheitseinschränkungen ermächtigendes **Gesetz verstoße gegen objektivrechtliche Verfassungsnormen,** etwa gegen Kompetenzvorschriften, **und gehöre deshalb nicht zur „verfassungsmäßigen Ordnung"** i. S. von Art. 2 I.[95] Selbstverständlich muss jedes freiheitseinschränkende Gesetz in jeder Hinsicht verfassungsmäßig sein; wenn es wegen Verstoßes gegen objektives Verfassungsrecht nichtig ist, kann es nicht Grundlage von Freiheitseinschränkungen sein. Dies gilt für die Spezialfreiheitsrechte genauso wie für die allgemeine Handlungsfreiheit.[96]

**58**    Auch jeder freiheitsbeschränkende Einzelakt, insb. jedes belastende Gerichtsurteil, verletzt materiell betrachtet das betroffene Grundrecht, wenn er gegen einfaches Recht verstößt, weil er dann ohne gesetzliche Grundlage ergeht bzw. nicht gerechtfertigt werden kann. Die Funktion des BVerfG besteht jedoch nicht darin, eine umfassende Rechtmäßigkeitskontrolle zu gewähren; sein Prüfungsumfang beschränkt sich auf die Frage der Verletzung **„spezifischen Verfassungsrechts".**[97] Überschreitet allerdings ein Gericht bei **Auslegung und Anwendung freiheitseinschränkender Gesetze** die **Grenzen** vertretbarer Auslegung und zulässiger **richterlicher Rechtsfortbildung,** verstößt dies gegen Art. 2 I iVm dem Rechtsstaatsprinzip (BVerfGE 128, 193 [209 ff.]).

**59**    **2. Das allgemeine Persönlichkeitsrecht. a) Allgemeines.** Art. 2 I schützt nicht nur die Freiheit, sich iR der Schranken so zu verhalten, wie man will, sondern auch die **Integrität der Persönlichkeit** selbst (das Sein der Person im Unterschied zum Tun)[98] wird in umfassender Weise geschützt, soweit

---

[90] BVerfGE 89, 214 (232); BVerfG (K) NJW 1996, 2021; vgl. auch BVerfGE 114, 73 (97 ff.): Schutzpflicht bei Fehlen effektiver Möglichkeiten des Einzelnen zur Durchsetzung rechtlich geschützter Interessen iR privatautonomer Entscheidungen.

[91] BVerfGE 81, 242 (256); BVerfG (K) NJW 2006, 596 (598).

[92] *Germelmann* NZA 1997, 236 (237); *Hillgruber* ZRP 1995, 6 (9); *Tettinger* DVBl 1999, 679 (684).

[93] *Zöllner* AcP 1996, 1 (36); grds. der Rspr. zustimmend, aber zu Zurückhaltung mahnend *Di Fabio,* in: Maunz/Dürig, Art. 2 Abs. 1 (2001) Rn. 107 ff., insb. 115; vermittelnd *Kahl* HGRV, § 124 Rn. 45.

[94] *Depenheuer* ThürVBl 1996, 270 (272 f.); *Stern,* StaatsR IV/1, § 99, S. 246; ähnl. *Zöllner* AcP 1996, 1 (3).

[95] Vgl. BVerfGE 6, 32 (41); 9, 83 (88); 19, 206 (215); 29, 402 (408); 80, 137 (153).

[96] Vgl. z. B. *Schlaich/Korioth,* Rn. 221.

[97] St. Rspr. seit BVerfGE 18, 84 (92–96); vgl. auch 62, 338 (343); 65, 317 (322); jüngst BVerfG, BeckRS 2013, 49761.

[98] Hierauf hebt bereits ab *Dürig* JR 1952, 259 (261).

dieser Schutz sich nicht bereits aus Spezialgrundrechten ergibt.[99] Art. 2 I dient insoweit der **Abwehr von Persönlichkeitsverletzungen durch Staatsorgane,** aber auch dem **Schutz gegen Beeinträchtigungen der persönlichen Integrität durch Private,** den der Staat zu gewährleisten hat. Diese „mittelbare Drittwirkung" ist in der Praxis von bes. großer Bedeutung.

**aa)** Von dem „aktiven" Element der Persönlichkeitsentfaltung, der allgemeinen Handlungsfreiheit, **60** hebt das BVerfG das **Recht auf Respektierung der Privatsphäre und des sozialen Geltungsanspruchs** des Einzelnen ab, das im Anschluss an die zivilrechtliche Rechtsprechung[100] als **„allgemeines Persönlichkeitsrecht"** bezeichnet[101] und aus Art. 2 I iVm Art. 1 I abgeleitet[102] wird. Das „Wertsystem der Grundrechte" finde seinen Mittelpunkt in der innerhalb der sozialen Gemeinschaft sich frei entfaltenden menschlichen Persönlichkeit und ihrer Würde.[103] Ihr gebühre gem. Art. 1 I und 2 I Achtung und Schutz von seiten aller staatl. Gewalt. Solchen Schutz dürfe vor allem die **private Sphäre** des Menschen beanspruchen, der Bereich, in dem er allein zu bleiben, seine Entscheidungen in eigener Verantwortung zu treffen und von Eingriffen jeder Art nicht behelligt zu werden wünscht (BVerfGE 27, 1 [6]; 34, 269 [282]). Aufgabe des allgemeinen Persönlichkeitsrechts sei es „die **engere persönliche Lebenssphäre** und die Erhaltung ihrer Grundbedingungen zu gewährleisten, die sich durch die traditionellen konkreten Freiheitsgarantien nicht abschließend erfassen lassen" (BVerfGE 54, 148 [153]).

Während die körperliche Integrität in Art. 2 II 1 geschützt wird, findet somit die **Integrität** der **61** menschlichen Persönlichkeit **in geistig-seelischer Beziehung** in Art. 2 I iVm Art. 1 I ihren Schutz. Das BVerfG konstruiert den Schutz der Persönlichkeit unter ausdr. Bezugnahme auf die Grundsätze, die es zum Schutz der körperlichen Integrität entwickelt hat.[104] Und während der Tatbestand der allgemeinen Handlungsfreiheit offen ist, nämlich zwar einen Schutzgegenstand – menschliches Verhalten – hat, der aber seinerseits beliebige Inhalte annehmen kann, ist das allgemeine Persönlichkeitsrecht tatbestandlich **materiell bestimmt und enger umrissen** (BVerfGE 54, 148 [153]), auch wenn die Rechtsprechung den Umfang des Tatbestands nicht abschließend umschrieben hat.[105]

Die **inhaltliche Bestimmung** erfährt das allgemeine Persönlichkeitsrecht von der Garantie der **62** **Menschenwürde** (Art. 1 I) her. Zugleich ergibt sich aus der Verbindung von Art. 2 I mit Art. 1 I eine **Verstärkung des Schutzes:** Da es um die Achtung der Menschenwürde geht, da das Sein und nicht nur das Verhalten des Menschen betroffen ist, lassen sich Eingriffe nicht so leicht rechtfertigen wie solche Eingriffe in die allgemeine Handlungsfreiheit, die die Menschenwürde völlig unberührt lassen (u. Rn. 103 ff.).

Die Verbindung von Art. 2 I und 1 I bedeutet **nicht,** dass hier **zwei Grundrechte kumulativ** zur **63** Anwendung kämen. Das allgemeine Persönlichkeitsrecht als subjektives Recht ergibt sich aus Art. 2 I; bei der Bestimmung von Inhalt und Gewährleistungsumfang dieses Grundrechts ist Art. 1 I als Interpretationsrichtlinie zu beachten.[106]

**bb)** Das allgemeine Persönlichkeitsrecht ist ein **unbenanntes Freiheitsrecht**[107] in dem Sinne, dass **64** es wie die Spezialfreiheitsrechte einen bes. schutzwürdigen Lebensbereich gegen Eingriffe absichert (BVerfGE 54, 148 [153]). Zu dem **allgemeinen Freiheitsrecht** der allgemeinen Handlungsfreiheit verhält es sich daher wie ein **Spezialgrundrecht.**[108] Obwohl es in derselben Grundgesetzbestimmung normiert ist, hat dies nicht nur theoretische Bedeutung: Zum einen führt ja die Verbindung mit Art. 1 I zu einem tendenziell stärkeren Schutz. Zum anderen können sich für unbenannte – also von der Rechtsprechung entwickelte – Freiheitsrechte dogmatische Standards, etwa zur Konkretisierung des Verhältnismäßigkeitsprinzips, herausbilden, die der Rechtsanwendung festere Konturen geben und sie besser voraussehbar machen.[109]

Das BVerfG hat im Laufe seiner Rechtsprechung den Persönlichkeitsschutz in eine Reihe von **65** besonderen Rechten aufgefächert. Diese Rechte – etwa das Recht der persönlichen Ehre oder das Recht am eigenen Bild (näher → Rn. 68 ff.) – sind besondere Ausprägungen des allgemeinen Persönlichkeitsrechts. Sie lassen sich ihrerseits als **spezielle unbenannte Freiheitsrechte** verstehen, sofern sie nach Inhalt und spezifischen Anforderungen an die Rechtfertigung von Eingriffen eigene Strukturen gewonnen haben. Die unbenannten Freiheitsrechte stehen aber nicht neben Art. 2 I, sondern haben dort ihre normative Grundlage.

---

[99] Vgl. z. B. *Horn* HStR VII, § 149 Rn. 27 f.

[100] BGHZ 13, 334 (337 f.); 24, 72 (81); 27, 284 (287).

[101] Seit BVerfGE 54, 148 (153).

[102] Z. B. BVerfGE 27, 1 (6); 35, 202 (220); 54, 148 (153); 147, 1 (38).

[103] BVerfGE 6, 32 (41); 7, 198 (205); 34, 269 (281).

[104] BVerfGE 16, 194 (201 f.); 17, 108 (117); 19, 179 (184 ff.); 27, 344 (351).

[105] Vgl. z. B. *Brander* JZ 1983, 689 (690); *Starck* MKS I, Art. 2 Rn. 15.

[106] Vgl. BVerfGE 27, 344 (351); *Starck* MKS I, Art. 2 Rn. 15. Die Inbezugnahme von Art. 1 I abl. *Lorenz* JZ 2005, 1121 (1125); *ders.* BK (2008), Art. 2 I Rn. 33.

[107] Zur Lehre von den unbenannten Freiheitsrechten grundl. *W. Schmidt* AöR 91 (1966), 42 (73 ff.).

[108] Vgl. *W. Schmidt* AöR 91 (1966), 42 (80); *Starck,* MKS I, Art. 2 Rn. 17; anders *Lorenz* BK, Art. 2 I (2008) Rn. 16, 27, 43: abgestufte Schutzgehalte ein und desselben Grundrechts.

[109] *Starck* MKS I, Art. 2 Rn. 17.

66      Auch das allgemeine Persönlichkeitsrecht ist insoweit ein „**Auffanggrundrecht**", als es für „konstituierende Elemente der Persönlichkeit" (BVerfGE 54, 148 [153]) Schutz bietet, die nicht spezialgrundrechtlichen Schutz gefunden haben. Indem das BVerfG zur Begr. neuer unbenannter Persönlichkeitsrechte auf ihre Relevanz für die Persönlichkeitsentfaltung abgestellt hat,[110] ist es ihm gelungen, mit neuartigen Gefährdungen der Persönlichkeitsentfaltung Schritt zu halten, wie sie insb. vom wissenschaftlich-technischen Fortschritt ausgehen. In seiner unspezifischen Formulierung erweist sich Art. 2 I als Grundrecht, das für die Anpassung des Persönlichkeitsschutzes an wechselnde Bedingungen bes. offen ist.[111]

67      **cc) Im Zivilrecht** ist das allgemeine Persönlichkeitsrecht nur in Einzelaspekten ausdr. geregelt.[112] Die Rechtsprechung erkennt es als absolutes Recht i. S. von § 823 I BGB an[113] und gewährt bei seiner Verletzung entgegen § 253 BGB einen Anspruch auf Geldentschädigung.[114] Dieser gehe unmittelbar auf den Schutzauftrag aus Art. 1 und 2 I zurück.[115] Das Grundrecht muss aber von der zivilrechtlichen Ausgestaltung nach Funktion und Inhalt unterschieden werden. Ob das GG gebietet, bei Verletzung des Persönlichkeitsrechts hinsichtlich des nichtvermögensrechtlichen Schadens Entschädigung in Geld zu gewähren, könnte als fraglich erscheinen. Aus der grundrechtlichen Schutzpflicht des Gesetzgebers folgt allerdings, dass dieser eine entspr. Regelung treffen muss, soweit anders kein wirksamer Schutz möglich ist. Eine entgegenstehende einfachgesetzliche Regelung (§ 253 BGB) unter Berufung auf Art. 2 I zu überspielen, ist jedoch mit Art. 20 III unvereinbar.[116]

68      **b) Einzelne Ausprägungen des allgemeinen Persönlichkeitsrechts.** Das BVerfG hat folgende spezielle Rechte bzw. Fallgruppen als Ausprägungen des allgemeinen Persönlichkeitsrechts anerkannt:

69      **aa) Schutz der Privatsphäre** als der „**engeren persönlichen Lebenssphäre**" (BVerfGE 54, 148 [153]): Dem Einzelnen soll ein abgeschirmter Bereich persönlicher Entfaltung zur Verfügung stehen, in dem er Intimität wahren, sich dem Einblick des Staates und Dritter entziehen kann und sich nicht öffentl. Kontrolle unterwerfen muss und den er selbst gestalten kann.[117] **Thematisch** umfasst dieser – auch durch Art. 13 I und 10 I geschützte – Bereich Angelegenheiten, die typischerweise als „privat" eingestuft werden, insb. weil ihre öffentl. Erörterung oder Zurschaustellung als unschicklich gilt, das Bekanntwerden als peinlich empfunden wird oder nachteilige Reaktionen der Umwelt auslöst.[118] Bsp. sind

– die Verwertung privater Tagebuchaufzeichnungen im Strafprozess (BVerfGE 80, 367 [373 ff.]),

– die Gestaltung des Geschlechtslebens (BVerfGE 47, 46 [73]),

– das Recht auf einen Personenstand, dem der Einzelne „nach seiner psychischen und physischen Konstitution zugehört" (BVerfGE 49, 286 [298]); hierzu rechnet die Führung eines dem empfundenen Geschlecht entspr. Vornamens.[119]

     **Räumlich** erstreckt sich der Schutz auf einen Bereich, in dem der Einzelne zu sich kommen, sich entspannen oder auch gehen lassen kann.[120] Dies beschränkt sich nicht auf den häuslichen Bereich, sondern umfasst auch andere Örtlichkeiten, an denen der Einzelne eine Situation vorfindet oder schafft, in der er erkennbar davon ausgehen darf, den Blicken der Öffentlichkeit nicht ausgesetzt zu sein.[121] – Im Bereich des Umgangs der Eltern mit ihren Kindern kann der Privatsphärenschutz eine Verstärkung durch Art. 6 I und II erfahren.[122]

70      Der Einzelne hat generell das grundsätzliche Recht, in seiner Privatsphäre **in Ruhe gelassen zu werden**. Als Ausprägung davon lässt sich das Recht verstehen, nicht gegen den ausdr. erklärten Willen Werbematerial aufgedrängt zu bekommen.[123]

71      **bb) Die Selbstdarstellung des Einzelnen in der Öffentlichkeit** ist dadurch geschützt, dass Informationen, die sich auf die Privatsphäre beziehen, grundsätzlich nicht ohne weiteres der Öffentlichkeit oder staatl. Zugriff preisgegeben werden dürfen.[124] Das BVerfG hat einige einfachrechtliche

---

[110] Vgl. zusammenfassend *Scholz* AöR 100 (1975), 80 ff., 265 ff.

[111] *Grimm*, abwM BVerfGE 80, 137, 164 (167).

[112] Zum Namensrecht (§ 12 BGB) vgl. Rn. 133; zum Recht am eigenen Bild (§§ 22 f. KUG) Rn. 71.

[113] BGHZ 13, 334 (338); 20, 345 (351); 24, 72 (76 f.); 27, 284 (286).

[114] BGHZ 26, 349 (357); 35, 363 (366 f.); 39, 124 (131 ff.); 128, 1; BGH NJW 1996, 984.

[115] BGHZ 143, 214 (218 f.) – Marlene Dietrich; BGH NJW 1996, 984 (985) mwN – Caroline von Monaco, mit Berufung auf BVerfGE 34, 269 (292) – Soraya; vgl. auch BVerfG (K) NJW 2006, 595 f.

[116] Krit. z. B. *Merten* DVBl 1975, 677 (678); *Hillgruber* JZ 1996, 118 (121 ff.); billigend aber BVerfGE 34, 269 (280 ff.).

[117] Vgl. z. B. *Kunig*, in: v. Münch/Kunig I, Art. 2 Rn. 32 f.

[118] BVerfGE 101, 361 (382) – „Caroline"; jüngst BVerfGE 138, 377 Rn. 29.

[119] BVerfGE 115, 1 (15); 116, 243 (263).

[120] BVerfGE 101, 361 (382 f.).

[121] BVerfGE 101, 361 (384).

[122] BVerfGE 101, 361 (385 f.).

[123] Vgl. BVerfG NJW 1991, 910 (911); BGH NJW 2018, 3640 (3644); OLG Bremen NJW 1990, 2140.

[124] Vgl. BVerfGE 27, 344 (350 f.) für Scheidungs-; 32, 373 (374 f.) für Patientenakten.

Ausprägungen dieses Grundsatzes vorgefunden und verfassungsrechtlich überwölbt, andere selbständig entwickelt. Zu den besonderen rechtlichen Ausprägungen zählen

– das Recht am **eigenen Bild**[125] einschl. des Verfügungsrechts über öffentl. Darstellungen der eigenen Person (BVerfGE 35, 202 [220]),

– das Recht am **eigenen Wort** (BVerfGE 54, 148 [155]) mit Schutz gegen heimliche Tonbandaufnahmen (BVerfGE 34, 238 [246]), gegen Abhören von Dienstgesprächen durch den Arbeitgeber (BVerfG [K] NJW 1992, 815) oder gegen Unterschieben von nicht gemachten Äußerungen (BVerfGE 54, 208 [217 f.]),

– das Recht auf **Gegendarstellung** des von einer Darstellung in den Medien Betroffenen, der die rechtlich gesicherte Möglichkeit haben muss, dem mit seiner eigenen Darstellung entgegenzutreten,[126]

– das Recht, in **Straf- oder ähnlichen Verfahren** nicht zur Selbstbezichtigung gezwungen zu werden (BVerfGE 38, 105 [114 f.]; → Rn. 136a), sowie das Recht des Strafgefangenen auf **Resozialisierung**.[127]

**cc) Das Recht auf informationelle Selbstbestimmung** wurde vom BVerfG in Auseinander- **72** setzung mit den Gefahren der automatischen Datenverarbeitung im Volkszählungsurteil aus Art. 2 I iVm 1 I abgeleitet.[128] Freie Entfaltung der Persönlichkeit setze unter den modernen Bedingungen der EDV den **Schutz** des Einzelnen gegen unbegrenzte Erhebung, Speicherung, Verwendung und Weitergabe **seiner persönlichen Daten** voraus. Das GG gewährleiste insoweit die Befugnis des Einzelnen, grundsätzlich selbst über die Preisgabe und Verwendung seiner persönlichen Daten zu bestimmen. Bei der gebotenen[129] EU-rechtskonformen Auslegung (vgl. Art. 8 EUGrRCh iVm Art. 15 DSGVO) wird man auch dem Recht auf informationelle Selbstbestimmung einen Auskunftsanspruch entnehmen können.[130]

Grund und Ursachen der Schutzbedürftigkeit liegen jedoch nicht allein in den Möglichkeiten der **73** EDV. Das Recht auf informationelle Selbstbestimmung schützt vielmehr generell vor staatl. Erhebung und Verarbeitung personenbezogener Daten (BVerfGE 78, 77 [84]). Das folgt schon daraus, dass das BVerfG dieses Recht als eine besondere Ausprägung des allgemeinen Persönlichkeitsrechts entwickelt und in Fortführung der bisherigen Konkretisierungen dieses Rechts – Schutz der Privatsphäre, Recht auf Gegendarstellung, auf Resozialisierung oder Schutz vor Selbstbezichtigung – ganz allg. definiert als die aus dem „Gedanken der Selbstbestimmung folgende Befugnis des Einzelnen, grundsätzlich **selbst zu entscheiden, wann und innerhalb welcher Grenzen persönliche Lebenssachverhalte offenbart werden**".[131] Man kann daher heute das informationelle Selbstbestimmungsrecht als Zusammenfassung aller auf Informationen über die Persönlichkeit und insb. über die Privatsphäre des Einzelnen bezogenen Aspekte des Persönlichkeitsschutzes verstehen[132] mit der Konsequenz, dass bei allen unterschiedlichen Arten von Informationseingriffen im Prinzip einheitliche Grundsätze für die Prüfung von Grundrechtsbeschränkungen zur Anwendung kommen.[133] – Das BVerfG spricht dem Recht auf informationelle Selbstbestimmung (wie auch vergleichbaren Positionen, etwa den Rechten aus Art. 10) „einen über das Individualinteresse hinausgehenden Gemeinwohlbezug zu (...)": Wenn nämlich Ungewissheit darüber bestünde, welche Informationen von welcher Stelle gesammelt, ausgewertet und übermittelt würden, könne dies zu schwerwiegenden Beeinträchtigungen der individuellen Selbstbestimmung, insb. zu Befangenheit in der Kommunikation oder zu Verhaltensanpassungen bis hin zum Verzicht auf die Ausübung von Grundrechten führen. Die individuelle Selbstbestimmung aber sei „eine elementare Funktionsbedingung eines auf Handlungs- und Mitwirkungsfähigkeit seiner Bürger begründeten freiheitlichen demokratischen Gemeinwesens."[134]

Das informelle Selbstbestimmungsrecht kann auch verletzt sein, wenn dem Einzelnen der Zugang zu **73a** ihn betr. Informationen versagt wird, beispielsweise zu Eintragungen in das Bundeszentralregister

---

[125] Seit 2004 auch strafrechtlich geschützt durch § 201a StGB.

[126] BVerfGE 63, 131 (142 f.); ausf. → Art. 5 Rn. 164 ff.; davon nicht umfasst ist ein Anspruch, nur so dargestellt zu werden, wie es einem genehm ist: BVerfG (K) NJW 2011, 511 Rn. 21; NJW (K) 2012, 756 Rn. 20.

[127] BVerfGE 35, 202 (235 ff.) – Lebach; vgl. auch 64, 261 (276 f.).

[128] BVerfGE 65, 1 (41 ff.); seither st. Rspr., vgl. z. B. BVerfGE 100, 313 (358 f.); dazu z. B. *Simitis* NJW 1984, 394 ff.; *Schlink* Der Staat 25 (1986), 233 ff.; zur in der Lit. an Einzelaspekten geäußerten Kritik und zur neueren Rspr. diff. *Gusy* KritV 2000, 52; krit.-diff. *Ladeur* DÖV 2009, 45 ff.; Überblick bei *Schoch* Jura 2008, 352 ff.

[129] Vgl. BVerfG 6.11.2019 – 1 BvR 16/13, „Recht auf Vergessen I", Rn. 61 (zur EUGRCh als „Auslegungshilfe").

[130] Vgl. allg. OLG Köln DuD 2019, 797; dazu *Riemer*, Datenschutz-Berater 2019, 223 ff.

[131] BVerfGE 65, 1 (41 f.) mit Bezugnahme auf die einschlägigen früheren Entscheidungen; BVerfGE 80, 367 (373).

[132] Vgl. *Horn* HStR VII, § 149 Rn. 47 ff.

[133] *Kunig*, in: v. Münch/Kunig I, Art. 2 Rn. 38.

[134] Erstes Zitat BVerfGE 100, 313 (381); zweites Zitat 65, 1 (43).

(BVerfG [K] 17.7.1991 – 2 BvR 1570/89 – juris) oder zu Patientenakten (BVerfG [K] NJW 2006, 1116 Rn. 24).

**73b**   Aus dem Recht auf informationelle Selbstbestimmung leitet das BVerfG auch ein „**informationelles Trennungsprinzip**" ab: Wegen der unterschiedlichen Aufgaben von Polizeibehörden und Nachrichtendiensten sei der Datenaustausch nur ausnahmsweise zulässig.[135]

**73c**   **dd)** Als weitere Ausprägung des allgemeinen Persönlichkeitsrechts hat das BVerfG das **Recht auf Gewährleistung der Vertraulichkeit und Integrität informationstechnischer Systeme** („**Computergrundrecht**") entwickelt.[136] Die Nutzung von Informationstechnik (insb. Personalcomputer, elektronische Kommunikationsgeräte) habe für die Persönlichkeitsentfaltung des Einzelnen eine früher nicht absehbare Bedeutung erlangt. Mit dieser Entwicklung gingen aber auch neuartige Gefährdungen der Persönlichkeit einher. Die bei der Nutzung eines informationstechnischen Systems – bewusst oder automatisch – erzeugten und gespeicherten Daten erlaubten Rückschlüsse auf Eigenschaften und Verhalten des Nutzers bis hin zur Erstellung eines Persönlichkeitsprofils. Die Vernetzung der Systeme eröffne Dritten technische Zugriffsmöglichkeiten, mit deren Hilfe Daten ausgespäht oder manipuliert werden könnten, ohne dass der Nutzer derartige Zugriffe stets wahrnehmen oder abwehren könne. Das BVerfG sieht daher ein neuartiges Schutzbedürfnis, zu dessen Gunsten es das allgemeine Persönlichkeitsrecht in seiner Funktion als Auffanggrundrecht (→ Rn. 66) mobilisiert.[137] Vom **Schutzbereich** umfasst seien Systeme, die allein oder in ihren technischen Vernetzungen personenbezogene Daten des Betroffenen in einem Umfang enthalten können, dass ein Zugriff auf das System einen Einblick in wesentliche Teile seiner Lebensgestaltung oder gar ein aussagekräftiges Persönlichkeitsbild ermöglicht. Gewährleistet sei die Vertraulichkeit der von einem solchen System erzeugten, verarbeiteten und gespeicherten Daten sowie die Integrität des Systems als solche.

**73d**   Soweit es um den Schutz der Vertraulichkeit von Daten geht, erscheint die Notwendigkeit eines eigenständigen „Computer-Grundrechts" neben dem informationellen Selbstbestimmungsrecht zweifelhaft.[138] Die eigentliche Bedeutung dieser besonderen Ausprägung des allgemeinen Persönlichkeitsrechts dürfte im Integritätsschutz informationstechnischer Systeme zu sehen sein, in die grundrechtlicher „Schutzzaun" gegen Maßnahmen errichtet wird, die eine Ausspähung, Überwachung oder Manipulation des Systems ermöglichen, also einen späteren Informationseingriff nur vorbereiten.[139] Art. 2 I iVm 1 I ergänzen insoweit den insb. von Art. 13 I geschützten real-räumlichen um einen virtuell-informationstechnischen Bereich freier Persönlichkeitsentfaltung.

**74**   **ee) Der soziale Geltungsanspruch** des Einzelnen ist unter dem Aspekt der **sozialen Identität** gegen **unwahre Behauptungen** zu schützen. Unter dem Aspekt der Integrität der **personalen Identität** gegen herabsetzende Äußerungen und Verhaltensweisen wird das Recht auf Achtung und Schutz der **persönlichen Ehre**[140] gewährleistet. Beide Aspekte gehen ineinander über. Terminologisch werden sie gelegentlich als „Identitätsschutz" und „Ehrenschutz" unterschieden;[141] häufig wird der Begriff des Ehrenschutzes als Oberbegriff für beide Aspekte verwendet.[142] So wird der soziale Geltungsanspruch, der sich auf das Ansehen der Person in den Augen anderer bezieht, auch als „äußere Ehre" bezeichnet (BVerfG [K] NJW 1989, 3269).

**75**   Auch der **Geburtsname** genießt Persönlichkeitsschutz.[143]

**75a**   **ff)** Zur Identität des Individuums gehört auch die **Kenntnis der eigenen Abstammung**.[144] Der Staat ist verpflichtet, volljährigen Kindern einen gerichtlich durchsetzbaren Anspruch auf die entspr., ihnen vorenthaltenen Informationen zu gewährleisten, wenn das Persönlichkeitsrecht des Kindes in der Abwägung mit dem Recht auf Ehe und Familie der Mutter (BVerfGE 79, 256 [268 ff.]) oder mit einem anderen wichtigen Gemeinschaftsgut (BVerfGE 90, 263 [270 ff.]) Vorrang hat. Hierbei hat das Recht des Kindes auf Kenntnis seiner Abstammung regelmäßig Vorrang vor der Totenruhe.[145] Das Recht eines Kindes auf Kenntnis der eigenen Abstammung kann nach dem zivilrechtlichen Grundsatz

---

[135] BVerfG NJW 2013, 1499 Rn. 123; dazu *Gärditz* JZ 2013, 633 (634).

[136] BVerfGE 120, 274 ff.; dazu z. B. *Britz* DÖV 2008, 411 ff.; *W. Leisner* NJW 2008, 2903 ff.; *Sachs/Krings* JuS 2008, 481 ff.; *Hoffmann-Riem* JZ 2008, 1009 ff.; zu Schutz- und Förderpflichten *Heckmann* FS Käfer, 2009, S. 129 ff.; Auswirkungen auf das Privatrecht *Roßnagel/Schnabel* NJW 2008, 3534 ff.

[137] Zu den identifizierten Schutzlücken im Einzelnen BVerfGE 120, 274 (306 ff.).

[138] Krit. auch *Eifert* NVwZ 2008, 521 (521 f.); *Volkmann* JZ 2006, 590 (591). Nicht überzeugend BVerfGE 120, 274 (312): Durch den Zugriff auf ein informationstechnisches System könne sich ein Dritter potenziell einen äußerst großen und aussagekräftigen Datenbestand verschaffen, das informationelle Selbstbestimmungsrecht schütze aber nur vor einzelnen Datenerhebungen. Letzteres ist unzutr. Je nach Qualität, Quantität und Dauer der Datenerhebung variiert lediglich die Intensität des Eingriffs in das informationelle Selbstbestimmungsrecht.

[139] Ein besonderes Schutzbedürfnis hinsichtlich der Integrität von Systemen verneinend *Eifert* NVwZ 2008, 521 (522).

[140] Z. B. BVerfGE 54, 148 (154) – Eppler; 54, 208 (217) – Böll; dazu z. B. *Mackeprang*, Ehrenschutz im Verfassungsstaat, 1990, insb. S. 27 ff.; *Isensee* FS Kriele, 1997, S. 5 (10), spricht von einem „Grundrecht auf Ehre".

[141] Vgl. z. B. *Stürner* JZ 1994, 865 (867 f.).

[142] Vgl. z. B. *Kriele* NJW 1994, 1897 ff.

[143] BVerfGE 78, 38 (49); dazu *Dethloff/Walter* FamRZ 1988, 808.

[144] BVerfGE 38, 241 (251, 253); 79, 256 (268 ff.); 90, 263 (270 ff.); *Enders* NJW 1989, 881 ff. mwN.

[145] BGH, NJW 2014, 3786.

von Treu und Glauben auch einen Anspruch gegen den Reproduktionsmediziner auf Auskunft über die Identität des Samenspenders begründen.[146] – Auch ein Mann hat konsequenterweise ein grundsätzliches Recht auf Kenntnis darüber, ob ein Kind von ihm abstammt (BVerfGE 117, 202 [226]). Diese Kenntnis darf er sich nicht im Wege der Selbsthilfe gegen den Willen des Kindes bzw. der sorgeberechtigten Mutter durch einen heimlichen DNA-Vaterschaftstest verschaffen (BVerfGE 117, 202 [228 f.]). Den Konflikt zwischen Persönlichkeitsrecht des Mannes einerseits und informationellem Selbstbestimmungsrecht des Kindes sowie Sorgerecht (Art. 6 II) und Persönlichkeitsrecht der Mutter andererseits hat das BVerfG dadurch – zugunsten des Mannes – aufgelöst, dass es den Gesetzgeber verpflichtet hat, ein Verfahren bereitzustellen, um die Möglichkeit (nur) der Feststellung der Vaterschaft zu eröffnen.[147] Verfassungsrechtlich nicht zulässig ist jedoch ein auf Rechtsfortbildung gestützter Auskunftsanspruch des Scheinvaters gegen die Kindsmutter über den leiblichen Vater zur Durchsetzung von Regressansprüchen.[148]

**c) Der personelle Geltungsbereich.** Ob der **personelle Geltungsbereich** des allgemeinen Per- **76** sönlichkeitsrechts sich auch auf **jurist. Personen** erstreckt, ist umstritten. Der BGH hat dies mit Bezugnahme auf Art. 19 III bejaht, soweit sie in ihrem sozialen Geltungsanspruch (als Arbeitgeber oder als Wirtschaftsunternehmen) betroffen werden.[149] Das BVerfG hatte diese Frage zunächst nicht ausdr. entschieden, den Anspruch eines Unternehmens auf informationelle Selbstbestimmung aber auf Art. 14 gestützt (BVerfGE 67, 100 [142 f.]).

Seinem Wesen nach anwendbar (Art. 19 III) ist das allgemeine Persönlichkeitsrecht auf jurist. **77** Personen teilw. dann, wenn man allein auf seine Inhalte abstellt, von denen sich einige (sozialer Achtungsanspruch, informationelle Selbstbestimmung, Recht am eigenen Wort) sinnvoll auf jurist. Personen übertragen lassen. Die Verankerung des Persönlichkeitsrechts in der Menschenwürde (Art. 1 I), die ja dieses Recht als besonderes Grundrecht begründet, kann aber nur Individuen zukommen (vgl. BVerfGE 95, 220 [242]). In manchen Fällen kann durch Eingriffe in den Achtungsanspruch einer jurist. Person zugleich der Achtungsanspruch der in ihr organisierten Menschen berührt werden. Ansonsten spricht aber nichts dagegen, den **Persönlichkeitsschutz jurist. Personen allein in Art. 2 I** – ohne die Verstärkung des Art. 1 I – gewährleistet zu sehen.[150] Dieser Linie folgt nunmehr auch das BVerfG (vgl. BVerfGE 106, 28 [42 ff.]).

Die Frage, ob es ein **postmortales Persönlichkeitsrecht** gibt, wurde von der zivilrechtlichen **78** Judikatur bejaht.[151] Diese stützt nun aber wie das BVerfG und die hL den unstreitig über den Tod hinausreichenden Achtungsanspruch allein auf Art. 1 I.[152] – Zum **Suizid** → Rn. 211 f.

## II. Eingriffe/Beeinträchtigungen

**1. Die Problematik des Eingriffsbegriffs in Art. 2.** Versteht man unter Eingriffen nicht nur Ge- **79** und Verbote oder andere finale Beeinträchtigungen, sondern auch nichtfinale faktische Beeinträchtigungen (→ vor Art. 1 Rn. 78 ff.), dann könnte **jede beliebige Belastung** des Einzelnen durch eine staatl. Maßnahme **als Eingriff in Art. 2 I** zu verstehen sein, auch wenn es sich lediglich um eine mittelbare Auswirkung auf ganz andere Ziele gerichteter staatl. Entscheidungen handelte. In diesem Verständnis wäre Art. 2 I ein Grundrecht, das sich im Ansatz auf Unterlassung alles staatl. Verhaltens richtet, welches den Einzelnen in irgendeiner Weise belastet.

**Bsp.:** Importbeschränkungen gegenüber China werden gelockert; die Konkurrenzsituation einheimischer Pro- **80** duzenten verschlechtert sich. – A wird Zeuge, wie B von einem Polizisten verprügelt wird; A leidet mit. – An einem Berghang wird durch den staatl. Forstbetrieb ein bisheriges Wiesengrundstück aufgeforstet; nach einigen Jahren versperren die Bäume die früher gegebene schöne Aussicht ins Tal.

Art. 2 I soll aber nur die Selbstbestimmung, die **Entscheidungsfreiheit** des Einzelnen schützen. **81** Damit ist nicht gemeint, dass er vor jedem beliebigen Nachteil geschützt wird. Um diese **Uferlosigkeit** von Art. 2 I zu vermeiden, wird deshalb in der Lit. vorgeschlagen, hier nicht den weiten, sondern den **klassischen Eingriffsbegriff** zu verwenden. Die allgemeine Handlungsfreiheit solle nur gegen

---

[146] BGH, NZFam 2015, 254.
[147] BVerfGE 117, 202 (229 ff.). Siehe dazu jetzt § 1598a BGB. Kritik an dieser Vorschrift, weil sie nur dem rechtlichen, nicht aber auch dem (potenziellen) leiblichen Vater einen Anspruch verleiht, bei *Wellenhofer* NJW 2008, 1185 (1188 f.).
[148] BVerfGE 138, 377.
[149] BGH NJW 1986, 2951; vgl. auch BGHZ 81, 75 (78); BVerfGE 82, 76 (78); OVG Lüneburg NJW 1992, 192 (193); OLG München NJW 1996, 2515 f. (für politische Parteien).
[150] Vgl. *Stern,* StaatsR III/1, S. 1128; *Jarass* NJW 1989, 857 (859 f.); ebenso *Kube* HStR VII, § 148 Rn. 75, sofern Schutz nicht durch spezielle Freiheitsrechte möglich; dazu auch *Kau,* Vom Persönlichkeitsschutz zum Funktionsschutz, 1989, S. 95 ff., 102 ff.
[151] Vgl. BGHZ 50, 133 (136); 143, 214 (218); OLG Hamburg NJW 1990, 1985.
[152] Vgl. BVerfGE 30, 173 (194 ff.); BVerfG (K) NJW 1993, 1462; (K) NJW 2001, 2957 (2958 f.); (K) NJW 2001, 594 (594 f.); (K) NJW 2006, 3409 (3410); BGH, NJW 2014, 3786 Rn. 31; *Jarass* NJW 1989, 857 (859 f.); *Podlech* AK GG, Art. 2 I Rn. 60; *Kunig,* in: v. Münch/Kunig I, Art. 2 Rn. 39; aA *Stern,* StaatsR III/1, S. 1052 f. mwN; *Dreier,* in: Dreier I, Art. 2 I Rn. 85 iVm Art. 1 I Rn. 76 mwN.

rechtliche (im Unterschied zu faktischen) und nur gegen finale Maßnahmen schützen. Dafür spreche auch, dass nur gezielte und adressierte Maßnahmen Gegenstand der BVerfG-Judikatur zur allgemeinen Handlungsfreiheit gewesen seien.[153]

82 Man kann das Grundrecht aber bereits **von seinem Tatbestand her** sinnvoll **eingrenzen:** Ist die Entscheidungsfreiheit geschützt, dann heißt das noch längst nicht, dass jeder einen Anspruch darauf hat, dass die politischen, sozialen und sonstigen Verhältnisse der realen Welt, in der der Einzelne lebt, unverändert bleiben oder dass sie so sind, wie er es sich vorstellt.[154] Vom Einzelnen als nachteilig empfundene Veränderungen seiner Lebenswelt fallen also als solche nicht in den Schutzbereich von Art. 2 I.

83 Ein Eingriff in die Entscheidungsfreiheit setzt nicht voraus, dass dieser unmittelbar und rechtlich (im Unterschied zu faktisch), wohl aber, dass er **final** erfolgt.[155] Anders als final lässt sich nämlich die Entscheidungsfreiheit des Einzelnen gar nicht begrenzen, wenn man nicht auf die faktischen Grenzen der Entscheidungsfreiheit abstellt, die sich aus der natürlichen und sozialen Umwelt ergeben (die Wand eines Hauses, die einen am Weitergehen hindert usw.); diese sind aber vom Schutzzweck des Tatbestands nicht mitumfasst.

84 Das **allgemeine Persönlichkeitsrecht** dagegen dient der **Integrität** eines konkreten Schutzgegenstandes. Hier gibt es gegen die Anwendung des weiten Eingriffsbegriffs keine Bedenken.

85 **2. Eingriff und Teilhabe.** Die **Versagung des Zugangs** zu Veranstaltungen oder zur Benutzung öffentl. oder privater Sachen oder Einrichtungen schließt den Betroffenen von der Teilhabe aus. Darin liegt jedenfalls dann **keine Freiheitseinschränkung,** wenn die Versagung sich auf positive Leistungen gegenüber dem Betroffenen bezieht oder wenn ihr eine allg. Güterzuordnungsregelung zugrunde liegt, die ihrerseits die Handlungsfreiheit bereits beschränkt hat, sei es in Form von Privateigentum oder in Form eines öffentlichrechtlichen Nutzungsregimes. Wird nicht die Verfassungswidrigkeit dieser Basisregelung geltend gemacht, sondern werden die Verweigerung der Benutzung im Einzelfall oder die Nutzungskriterien oder -bedingungen beanstandet, dann geht es nicht um einen Eingriff in Art. 2 I, sondern um Fragen der Verteilungsgerechtigkeit, die am Maßstab von Art. 3 zu beurteilen sind.[156]

86 Möglich ist auch, dass iR von Teilhabeverhältnissen die Handlungsfreiheit – generell oder im Einzelfall – eröffnet wird, so dass dann einschränkende Regelungen wiederum am Maßstab von Art. 2 I zu messen sind, sofern nicht Spezialgrundrechte eingreifen (Freiheit auf der Basis von Teilhabe).[157] Die **Beschränkung der gemeingebräuchlichen Benutzung** öffentl. Sachen im Gemeingebrauch beispielsweise ist als Eingriff in Art. 2 I anzusehen.[158]

87 **3. Beispiele für Eingriffe in Art. 2 I.** Neben allen Ge- und Verboten kann auch schlichthoheitliches Verwaltungshandeln in die allgemeine Handlungsfreiheit eingreifen, etwa **Überwachungsmaßnahmen** oder **Warnungen,**[159] regelmäßig jedoch nicht bloße **Information** oder **Aufklärung.**[160] Ob die **Subventionierung eines Konkurrenten** oder die **Erteilung einer Ausnahmegenehmigung** an einen Dritten in die allgemeine Handlungsfreiheit desjenigen eingreifen, der dadurch beeinträchtigt wird,[161] erscheint fraglich. Näher liegt es, hier einen Eingriff in Art. 3 I[162] anzunehmen.

87a Die Auferlegung von **Abgaben** greift nach der Rechtsprechung in Art. 2 I ein, da Art. 14 nicht das Vermögen als solches schütze und somit bei der Auferlegung von Geldleistungspflichten grundsätzlich nicht zur Anwendung komme.[163] Dabei ziehen einige neuere Entscheidungen Art. 14 I und 12 I als zusätzliche Maßstäbe heran („persönliche Entfaltung im vermögensrechtlichen und beruflichen Bereich").[164] Der Zweite Senat des BVerfG hatte für die Einkommen- und Gewerbesteuer aber entschieden, dass Art. 14 I und nicht Art. 2 I Entscheidungsmaßstab sei (BVerfGE 115, 97 [110 ff.]). – Auch die Auferlegung von **Unterhaltspflichten** ist ein Eingriff in Art. 2 I.[165]

---

[153] *Pietzcker,* FS Bachof, 1984, S. 131 (145 f.); *Kingreen/Poscher,* Rn. 454 f.

[154] Ebenso *Lorenz* BK, Art. 2 I (2008) Rn. 109.

[155] Anders z. B. VGH BW GewArch. 1997, 113 (114).

[156] H. M., vgl. z. B. *Krebs* VerwArch. 67 (1976), 329 (332 f.); *Murswiek* HStR IX § 192 Rn. 71 mwN; aA *Schwabe* (Fn. 51), 1977, S. 244 ff.; *Sachs,* in: Stern, StaatsR III/1, S. 701 ff.

[157] *Murswiek,* FS Doehring, 1989, S. 647 (661 f.); zustimmend *Lorenz* BK, Art. 2 I (2008) Rn. 51.

[158] Vgl. z. B. BVerwGE 39, 235 (238 f.); BVerwG NJW 1988, 432 f.; *Sachs,* in: Stern, StaatsR III/1, S. 702 mwN – Anders für die Sondernutzung dieser Sachen BVerwGE 47, 280 (288); *Steinberg* NJW 1978, 1898 (1899) mwN.

[159] Vgl. z. B. *Phillipp,* Staatliche Verbraucherinformation im Umwelt- und Gesundheitsrecht, 1989, S. 153 ff.; *Kingreen/Poscher,* Rn. 299; *Murswiek* DVBl 1997, 1021 (1023 ff.).

[160] Vgl. z. B. *Kunig,* in: v. Münch/Kunig I, Art. 2 Rn. 18 mwN.

[161] So z. B. BVerwGE 60, 154 (159); *Kunig,* in: v. Münch/Kunig I, Art. 2 Rn. 18.

[162] Zum Gleichheitssatz als „Eingriffsrecht" vgl. *Huster* JZ 1994, 541 ff.

[163] BVerfGE 4, 7 (17) und z. B. 75, 108 (154); 77, 308 (339); 78, 214 (230); 91, 207 (220); krit. dgg. ein großer Teil der Lit., z. B. *Papier,* in: Maunz/Dürig, Art. 14 (2010) Rn. 165 ff. mwN; krit. *gegen* die st. Rspr. auch die *obiter dicta* der Senatsmehrheit in BVerfGE 93, 121; *für* die st. Rspr. *Wieland,* in: Dreier I, Art. 14 Rn. 65 ff.; zum Streitstand *Bryde,* in: v. Münch/Kunig, Art. 14 Rn. 23 alle mwN.

[164] BVerfGE 87, 153 (169); 93, 121 (137).

[165] BVerfGE 113, 88 (102 f.); BVerfG (K) NJW 2002, 2701 f.; FamRZ 2003, 661 f.

In das **informationelle Selbstbestimmungsrecht** greift jeder persönlichen Lebenssachverhalten 88 geltende Akt staatl. Informations- und Datenerhebung und -verarbeitung ein, z. B. bei einer Volkszählung oder bei polizeilichen Vernehmungen.[166] Auch die Weitergabe von Informationen, die der Betroffene selbst – z. B. als Presseartikel – zuvor an die Öffentlichkeit gebracht hat, kann ein Eingriff in das Recht auf informationelle Selbstbestimmung sein, wenn die Behörde durch die Zusammenfassung der Informationen oder durch den Zeitpunkt und den Hintergrund der Weitergabe und eine damit zum Ausdruck gebrachte amtliche Perspektive ein bestimmtes Bild des Betroffenen erzeugt.[167] Das Gleiche gilt, wenn allg. zugängliche Informationen gezielt zusammengetragen, gespeichert und ggf. unter Heranziehung weiterer Daten ausgewertet werden und sich daraus eine besondere Gefahrenlage für die Persönlichkeit des Betroffenen ergibt.[168]

**Videoüberwachung** öffentl. oder zwar privater, jedoch der Öffentlichkeit zugänglicher Orte und Räume,[169] kann 88a unter verschiedenen Aspekten in das informationelle Selbstbestimmungsrecht eingreifen. Sie greift jedenfalls dann ein, wenn sie nicht nur – in sog. Übersichtsaufnahmen – etwa dem Verkehrsfluss oder unidentifizierbaren Passanten gilt, sondern wenn sie Persönlichkeitsmerkmale der Beobachteten überträgt und die Bilder aufzeichnet (BVerfG [K] NVwZ 2007, 688 [690]). Ein solcher Eingriff liegt auch vor, wenn aus Übersichtsaufnahmen durch Nachbearbeitung identifikationstaugliche Einzelheiten herausvergrößert werden *können,* denn die Daten sind bereits gesammelt. Ob eine – ohne Aufzeichnung erfolgende – bloße Beobachtung per Videokamera einen Eingriff darstellt, ist umstritten; auch insoweit ist das jedenfalls dann zu bejahen, wenn eine Individualisierung der Beobachteten möglich ist.[170] Daneben legt der Schutzzweck des Grundrechts, das Entstehen von Überwachungsdruck zu verhüten,[171] eine Erweiterung nahe. Ein Eingriff könnte u. U. schon dann zu bejahen sein, wenn die Kamera unerkennbar abgeschaltet ist oder wenn sie zwar nicht auf individualisierbare Merkmale des Beschwerten fokussiert ist, er dies jedoch für möglich halten kann (Einschüchterungseingriff).[172] Eine auf die Videoüberwachung hinweisende Beschilderung lässt die Eingriffswirkung nicht entfallen, weil auch in diesem Fall nicht generell von einer Einwilligung der Betroffenen ausgegangen werden kann (BVerfG [K] NVwZ 2007, 688 [690]). – Eine automatisierte Kraftfahrzeugkennzeichenkontrolle greift in das Grundrecht auf informationelle Selbstbestimmung der Personen ein, deren Kennzeichen in die Kontrolle einbezogen werden, und zwar auch dann, wenn das Ergebnis zu einem „Nichttreffer" führt und die Daten sogleich gelöscht werden.[173]

In das allgemeine Persönlichkeitsrecht wird auch durch den Einsatz von **V–Leuten** bzw. **verdeck-** 88b **ten Ermittlern** eingegriffen.[174] – Eine staatl. **Rechtschreibreform,** die neue Regeln für Schulen und Behörden festlegt, greift nach verbreiteter Auffassung ua in das allgemeine Persönlichkeitsrecht ein.[175]

Von einem Eingriff in das **Recht auf Gewährleistung der Vertraulichkeit und Integrität** 88c **informationstechnischer Systeme** geht das BVerfG zum einen dann aus, wenn von dritter Seite auf die von einem solchen System erzeugten, verarbeiteten und gespeicherten Daten zugegriffen wird. Zum anderen sei ein Eingriff dann anzunehmen, wenn die Integrität eines solchen Systems angetastet wird, indem auf das System so zugegriffen wird, dass seine Leistungen, Funktionen und Speicherinhalte durch Dritte genutzt werden können (BVerfGE 120, 274 [314]).

## III. Grundrechtsbegrenzungen – Die Schrankentrias

**1. Die verfassungsmäßige Ordnung.** Verfassungsmäßige Ordnung i. S. von Art. 2 I ist der 89 Inbegriff aller formell und materiell verfassungsmäßigen Rechtssätze, kurz: die **verfassungsmäßige Rechtsordnung.**[176] Der weite Tatbestand der allgemeinen Handlungsfreiheit macht dieses weite Verständnis der Schranke nötig, die aus dem Normzusammenhang heraus ausgelegt werden muss und deshalb eine andere Bedeutung hat als der gleiche Begriff in Art. 20 III oder in Art. 9 II, der in Art. 2 I also nicht etwa i. S. von Verfassung oder gar nur i. S. der freiheitlich-demokratischen Grundordnung verstanden werden darf.[177] Zur verfassungsmäßigen Ordnung zählen auch das primäre und das sekundäre EU-Recht, soweit es im Verhältnis zum Einzelnen unmittelbar anwendbar ist[178] und nicht gegen

---

[166] Vgl. *z. B. Kingreen/Poscher,* Rn. 449.

[167] So zur Übermittlung von Informationen durch das Bundesamt für Verfassungsschutz an eine Parlamentarierin OVG NW CR 1995, 115 ff.

[168] So BVerfGE 120, 274 (345) für die heimliche Aufklärung des Internets.

[169] Dazu eingehend *Roggan* NVwZ 2001, 134 ff. (krit.), und *Waechter* NdsVBl 2001, 77 (82).

[170] *Collin* JuS 2006, 494 (494); *Saurer* DÖV 2008 17 (20), jew. mwN.

[171] Vgl. BVerfGE 65, 1 (43).

[172] Auf das subjektive Gefühl, beobachtet zu sein und aufgezeichnet zu werden, kann es dagegen nicht ankommen, *Maske* NVwZ 2001, 1248 (1249). Zum Streit um die Eingriffskonzepte *Lang* BayVBl 2006, 522 ff.; *Robrecht* NJ 2000, 348 (insb. 349 f.).

[173] BVerfGE 150, 244, Rn. 45 = NJW 2019, 827 (829 f.); ausdr. Abweichung von BVerfGE 120, 378 (399); s. zur früheren Sichtweise auch BVerwG, NJW 2015, 906.

[174] BVerfGE 120, 274 (345); *Lagodny* StV 1996, 167 (170 ff.); *Duttge* JZ 1996, 556 (562 f.).

[175] Vgl. *z. B. Kopke* NJW 1996, 1081 (1082 f.). Anders BVerfGE 98, 218 (261 f.); vgl. dazu *Wißmann* DÖV 1999, 152 ff.; *Wagner* NJW 1998, 2638 ff.

[176] St. Rspr. seit BVerfGE 6, 32 (38 f.); z. B. 55, 159 (165); 63, 88 (108 f.); 74, 129 (152); 80, 137 (153).

[177] BVerfGE 6, 32 (38 ff.) mN auch auf die Entstehungsgeschichte.

[178] *Lorenz,* in: BK, Art. 2 I (2008) Rn. 121 f.

den Kernbestand der grundgesetzlichen Ordnung verstößt oder das in den Gemeinschaftsverträgen festgelegte Integrationsprogramm überschreitet.

90      Der Sache nach kommt die Schranke der verfassungsmäßigen Ordnung einem **einfachen Gesetzesvorbehalt** gleich. Ein Parlamentsgesetz ist nur erforderlich, falls der demokratische Parlamentsvorbehalt dies verlangt. Im Übrigen reichen untergesetzliche Rechtsnormen aus.[179]

91      **2. Die Rechte anderer.** Dass die Freiheit nur soweit gewährleistet ist, wie die Rechte anderer nicht verletzt werden, entspricht dem allg. Rechtsgrundsatz des **neminem laedere.** Rechte anderer sind alle **subjektiven Rechte des Privatrechts,** nicht dagegen – wie häufig angenommen wird[180] – die Grundrechte. Diese haben keine Drittwirkung, können also von Privaten gar nicht verletzt werden und sind nicht geeignet, die Freiheit unmittelbar zu begrenzen. Dennoch spielen sie in der Praxis des Art. 2 I eine große Rolle: Da der Staat verpflichtet ist, den Einzelnen gegen Eingriffe Dritter in seine grundrechtlichen Schutzgüter zu schützen, müssen die einschlägigen Privatrechtsnormen, insb. soweit sie Unterlassungsansprüche generalklauselartig begründen, unter Berücksichtigung der Grundrechte verfassungskonform ausgelegt werden.

92      **Allgemeininteressen** sind nicht „Rechte anderer". Den Schutz des Gemeinwohls ermöglicht die Schranke der verfassungsmäßigen Ordnung.[181]

93      Da alle „Rechte anderer" Bestandteile der verfassungsmäßigen Ordnung sind, könnte die besondere Normierung dieser Schranke als überflüssig erscheinen.[182] Jedoch weist sie auf eine **besondere Rechtfertigungsstruktur** hin (→ Rn. 102).

94      **3. Das Sittengesetz.** Umstritten ist, was man unter dem „Sittengesetz" zu verstehen hat, gegen das die Freiheitsausübung nicht verstoßen darf. Manche setzen diesen Begriff mit **überlieferten Moralvorstellungen** gleich.[183] Angesichts des schnellen Wandels moralischer Anschauungen – insb. hinsichtlich des sexuellen Verhaltens[184] – ist dies mit der freiheitlichen Konzeption des Grundrechtsschutzes im GG nicht vereinbar.[185]

95      Andere schlagen vor, das Sittengesetz i. S. d. „altbewährten und praktikablen Rechtsbegriffe" **gute Sitten, Treu und Glauben** (z. B. §§ 138, 242, 826 BGB) zu verstehen.[186] Diese sind aber ihrerseits im Lichte des GG auszulegen, so dass dem Sittengesetz insoweit keine Bedeutung als Grundrechtsschranke zukommen kann.[187]

96      Der Begriff des Sitten-„Gesetzes" macht deutlich, dass nicht die zufällig gerade herrschenden Moralvorstellungen gemeint sein können, sondern dass ethische Normen von solcher Fundamentalität angesprochen sind, dass sie dem staatl. Recht als **unverfügbare überpositive Normen** vorgegeben sind. Die Funktion der Schranke des Sittengesetzes besteht ihrer Konzeption nach darin, die Freiheit verfassungsunmittelbar durch Verweis auf die naturrechtlichen Minimalia gesitteten menschlichen Umgangs zu begrenzen. Eine solche Schranke muss dann notwendig nicht nur für Art. 2 I, sondern für alle Grundrechte gelten.[188] Erkennt die Verfassung überpositive Normen als verbindlich an, unterwirft sie sich deren Logik; sie gelten – wenn sie gelten – absolut.

97      Dieser Ansatz enthält jedoch nicht von vorn dem Problem, das Sittengesetz zu konkretisieren. Auch die Überzeugungen davon, was naturrechtlich gilt, sind dem Wandel unterworfen und verweben sich nicht selten mit vordergründigen Vorstellungen der herrschenden Gegenwartsmoral. Angesichts der **weltanschaulichen Offenheit und Neutralität** des GG kommt für die Konkretisierung nicht die Identifikation mit den ethischen Vorstellungen einer bestimmten Weltanschauung, Religion oder Kirche in Betracht.[189]

98      Will man stattdessen nicht doch auf die empirische – allerdings ebenfalls schwer konkretisierbare – Sozialmoral zurückgreifen,[190] bleibt nur die Möglichkeit, die Fundamentalethik des GG selbst zugrun-

---

[179] Gewohnheitsrecht gehört zwar auch zur verfassungsmäßigen Rechtsordnung, doch kann es wegen des rechtsstaatlich-demokratischen Vorbehalts des Gesetzes *neue* Freiheitseinschränkungen nicht begründen; ähnl. *Cornils* HStR VII, § 168 Rn. 35; aA *Dürig* AöR 79 (1953/54), 57 (74 f.); *Kunig,* in: v. Münch/Kunig I, Art. 2 Rn. 23; vgl. auch Nds OVG NdsVBl 1994, 40 f. Zur Entstehungsgeschichte → Fn. 8.

[180] Vgl. z. B. *Kunig,* in: v. Münch/Kunig I, Art. 2 Rn. 20; *Stern,* StaatsR IV/1, S. 267.

[181] Vgl. z. B. *Kunig,* in: v. Münch/Kunig I, Art. 2 Rn. 21.

[182] So z. B. *Kunig,* in: v. Münch/Kunig I, Art. 2 Rn. 19 mwN.

[183] Vgl. z. B. *Starck,* FS Geiger, 1974, S. 259 (276).

[184] Noch 1957 hat das BVerfG festgestellt: „Gleichgeschlechtliche Betätigung verstößt eindeutig gegen das Sittengesetz", BVerfGE 6, 389 (434). Weitere Bsp. bei *Kingreen/Poscher,* Rn. 464; *Kunig,* in: v. Münch/Kunig I, Art. 2 Rn. 27.

[185] Ebenso z. B. *Kunig,* in: v. Münch/Kunig I, Art. 2 Rn. 27; *Kingreen/Poscher,* Rn. 463.

[186] *Dürig,* in: Maunz/Dürig, Art. 2 Abs. I (1958) Rn. 16; *Kingreen/Poscher,* Rn. 465.

[187] *Kingreen/Poscher,* Rn. 465; unentschieden *Di Fabio,* in: Maunz/Dürig, Art. 2 Abs. 1 (2001) Rn. 45 f.

[188] Vgl. *Scholz* AöR 100 (1975), 284.

[189] Vgl. *Schlaich,* Neutralität als verfassungsrechtliches Prinzip, 1972, S. 172, 187, 236 ff.; *Ott* BayVBl 1966, 186 (189); *Erichsen* HStR VI², 2001, § 152 Rn. 41.

[190] So z. B. *Erichsen* HStR VI², 2001, § 152 Rn. 41 mwN; unter Heranziehung des polizeirechtlichen Begriffs der „öffentlichen Ordnung" auch *Hochhuth* JZ 2002, 743 (751); *Lorenz* BK, Art. 2 I (2008) Rn. 136.

de zu legen, nämlich die **Orientierung an der Menschenwürde.** Diese darf auch durch den Gebrauch der Freiheit nicht verletzt werden.[191]

**Praktische Bedeutung** hat die Schranke des Sittengesetzes somit im funktionierenden Rechtstaat **99 nicht,** da das geltende Recht Verstöße gegen die Menschenwürde nicht zulässt und jeder Verstoß gegen das Sittengesetz somit die Grenze der verfassungsmäßigen Ordnung überschreitet. Sie würde nur dann relevant, wenn der Gesetzgeber unter Missachtung seiner Pflicht, die Menschenwürde zu schützen, entspr. Schutznormen aufhöbe.

**4. Die Rechtfertigung von Eingriffen.** Abgesehen von dem für die Praxis nicht bedeutsamen **100** Sittengesetz sind die Schranken des Art. 2 I **keine verfassungsunmittelbaren Freiheitseinschränkungen,**[192] sondern sie ermächtigen den Gesetzgeber, Freiheitseinschränkungen vorzunehmen. Der Verweis auf die verfassungsmäßige Rechtsordnung und auf die Rechte anderer macht zugleich deutlich, dass der Verfassungsgeber eine die Freiheitsausübung gemeinverträglich regelnde und begrenzende Rechtsordnung bereits vorgefunden hat.

Erste Rechtfertigungsvoraussetzung für Eingriffe in die Rechte des Art. 2 I ist somit, dass sie auf **101** einer **gesetzlichen Grundlage** beruhen.[193] Wäre allerdings jeder Eingriff gerechtfertigt, der auf gesetzlicher Grundlage beruht, dann liefe das Grundrecht gegenüber dem Gesetzgeber leer. Daher vermag nur ein solches **Gesetz** die Freiheit zu beschränken, das in jeder Hinsicht **formell und materiell verfassungsmäßig** ist.[194] Das Gesetz bzw. die untergesetzliche Norm dürfen z.B. nicht gegen die bundesstaatliche Kompetenzordnung, das Verbot des Einzelfallgesetzes (Art. 19 I 1) oder das Bestimmtheitsgebot verstoßen. Das Zitiergebot (Art. 19 I 2) gilt hier jedoch nicht (BVerfGE 10, 89 [99]; 28, 36 [46]). In materieller Hinsicht sind Verstöße gegen Verfassungsprinzipien wie das Demokratiegebot denkbar. Wichtigstes materielles Rechtfertigungskriterium ist der **Verhältnismäßigkeitsgrundsatz** (→ Rn. 21).

Die Grundrechtsbegrenzung durch die **Rechte anderer** ist in besonderer Weise verfassungsrechtlich **102** gerechtfertigt. Die Schutzgüter, die nicht verletzt werden dürfen, werden als „Rechte" durch die freiheitseinschränkenden Gesetze erst begründet. Die Formulierung des Art. 2 I bringt zum Ausdruck, dass diese Rechte vom GG als gegeben vorausgesetzt werden und dass daher die sie verbürgenden gesetzlichen Normen keiner anderen Rechtfertigung bedürfen, als dass sie den allg. Rechtsgrundsatz des **neminem laedere** konkret normieren. Diese Rechte tragen ihre **Rechtfertigung** jedenfalls dann **in sich selbst,** wenn der Gesetzgeber sie nicht „erfunden", sondern die Verfassung sie als rechtsstaatliche Essentialia gesetzt oder vorgefunden hat. Die grundrechtlich geschützte Freiheit kann prinzipiell nicht dazu berechtigen, andere Menschen zu töten, sie ihrer Freiheit zu berauben, ihre körperliche Integrität, ihre Ehre oder ihr Eigentum zu verletzen. In Bezug auf das Verbot, Güter Dritter zu schädigen, kehrt sich daher die Argumentationslast um: Nur für bes. zu rechtfertigende Ausnahmesituationen wie Notwehr kann diese Einschränkung der Handlungsfreiheit unverhältnismäßig sein.

**5. Besonderheiten beim allgemeinen Persönlichkeitsrecht.** Auch das allgemeine Persönlich- **103** keitsrecht ist zwar nur iR der Schrankentrias gewährleistet, doch sind wegen des Inhalts dieses Rechts Verstöße gegen das Sittengesetz und wohl auch gegen Rechte Dritter von vornherein ausgeschlossen. Es bleibt der einfache Gesetzesvorbehalt der verfassungsmäßigen Ordnung. Insoweit könnte zunächst **fraglich** sein, **ob** das allgemeine Persönlichkeitsrecht **überhaupt irgendeiner Einschränkung zugänglich** ist, da es ja auch auf Art. 1 I gestützt wird und die Menschenwürde unantastbar ist. Jedoch ist der Schutzbereich des allgemeinen Persönlichkeitsrechts weiter gefasst als derjenige des Art. 1 I. Nicht nur solche Maßnahmen sind Eingriffe in Art. 2 I iVm 1 I, die gegen die Menschenwürde verstoßen, sondern die Verbindung mit der Menschenwürde dient nur als Interpretationsdirektive und Schutzverstärkung für Art. 2 I. Somit sind auch hier gesetzliche Einschränkungen möglich, die allerdings in der Verhältnismäßigkeitsprüfung **verstärkten Rechtfertigungsanforderungen** unterliegen.

Um der unterschiedlichen Schutzbedürftigkeit der verschiedenen Lebenssachverhalte Rechnung zu **104** tragen, hat das BVerfG die **Sphärentheorie** entwickelt, die verschiedene Sphären der Persönlichkeitsentfaltung mit verschieden starker Eingriffsresistenz zu unterscheiden sucht. Die innerste Sphäre **(Intimsphäre)** als letzter, unantastbarer Bereich privater Lebensgestaltung soll der Einwirkung der gesamten öffentl. Gewalt vollständig entzogen sein.[195] In eine um diesen Kernbereich gelagerte **Privat- oder Geheimsphäre** soll zwar eingegriffen werden können, jedoch nur unter bes. strenger Wahrung des Verhältnismäßigkeitsgrundsatzes,[196] während sich Eingriffe in eine äußere Sphäre – die

---

[191] Vgl. *Kunig,* in: v. Münch/Kunig I, Art. 2 Rn. 28.

[192] Ebenso *Di Fabio,* in: Maunz/Dürig, Art. 2 Abs. I (2001) Rn. 37 f.

[193] Grundl. und umf. *Dürig,* in: Maunz/Dürig, Art. 2 Abs. I (1958) Rn. 26 f.: subj. Recht auf Gesetzmäßigkeit des Eingriffs; ebenso *Di Fabio,* in: Maunz/Dürig (2001) Rn. 12, 64 ff. – Zum GewohnheitsR s.o. Fn. 177.

[194] Vgl. BVerfGE 6, 32 (40 f.) und z. B. BVerfGE 70, 1 (25).

[195] Vgl. BVerfGE 6, 32 (41); 27, 1 (6); 34, 238 (245 f.); 38, 316 (320). Nach BGH NJW 2012, 945 Rn. 14 gehört hierzu auch das nichtöffentliche Selbstgespräch im Auto.

[196] BVerfGE 27, 344 (350); 34, 238 (245).

**Sozialsphäre** – anhand der „normalen" Kriterien für Eingriffe in die Handlungsfreiheit rechtfertigen lassen.[197]

105    Diese Theorie ist in der Lit. oft **kritisiert** worden, weil sich die Sphären praktisch nicht voneinander abgrenzen ließen und zudem für verschiedene Menschen von unterschiedlichem Inhalt sein könnten.[198] Das BVerfG hat selbst ein privates Tagebuch nicht uneingeschränkt der Intimsphäre zugerechnet und seine Verwertung im Strafprozess zugelassen.[199] Dies spricht dafür, unabhängig von der Konstruktion unterschiedlicher Sphären iR der Verhältnismäßigkeitsprüfung die Rechtfertigungsanforderungen an Eingriffe mit der Intensität der Belastung der geistig-sittlichen Integrität der Person zu steigern.[200] Der absolut geschützte Wesensgehalt ist jedenfalls dann berührt, wenn der Eingriff mit der Menschenwürde unvereinbar ist.

106    Gerade die Menschenwürde kann es aber gebieten, dass dem Einzelnen ein letzter **unantastbarer Kernbereich privater Lebensgestaltung** verbleibt.[201] Eingriffe in den Kernbereich (etwa durch Abhören) sind möglichst zu vermeiden. Bestehen konkrete Anhaltspunkte dafür, dass eine staatl. Maßnahme in den Kernbereich vordringt, hat sie zu unterbleiben.[202] Soweit das aus praktischen oder technischen Gründen nicht möglich ist, sind die Folgen eines Kernbereichseingriffs zu beseitigen, etwa indem erhobene Daten mit kernbereichsrelevanten Inhalten sofort gelöscht werden.[203] Insofern ist der Kernbereichsschutz also erst auf sekundärer Ebene ein „absoluter". – Für den Datenschutz hat das BVerfG im Volkszählungsurteil von der Sphärentheorie insofern Abstand genommen, als es darlegte, dass es wegen der durch die EDV ermöglichten Verknüpfung einzelner Daten „**kein ‚belangloses' Datum**" mehr gebe (BVerfGE 65, 1 [45]). Es kommt somit nicht darauf an, ob Daten einer „äußeren" oder „inneren Sphäre" zuzurechnen sind, sondern allein darauf, ob unter Berücksichtigung aller in Betracht kommenden Wirkungen des Eingriffs und der vorgesehenen Schutzvorkehrungen gegen Missbrauch die mögliche Belastung des Einzelnen mit dem Verhältnismäßigkeitsprinzip vereinbar ist.

107    Eingriffe in das allgemeine Persönlichkeitsrecht bedürfen der Grundlage in einer gesetzlichen Regelung, die der Bedeutung des Rechts entspr. hinreichend bestimmt gefasst sein muss (BVerfGE 65, 1 [44, 46]). Ob der Parlamentsvorbehalt verlangt, dass die Regelung in allen Fällen nur in einem förmlichen Gesetz getroffen werden darf,[204] erscheint fraglich. – Die gesetzliche **Aufgabenbestimmung** einer Behörde ist grundsätzlich keine Ermächtigungsgrundlage.[205] Sofern man freilich in jeder Meinungsäußerung, die sich – kritisch – mit bestimmten Personen oder Personengruppen befasst, einen Eingriff in deren Recht auf Selbstdarstellung erblickt, wird man hierfür keine besondere Ermächtigungsgrundlage fordern können; es muss ausreichen, dass die Meinungsäußerung erstens den sachlichen Rahmen der Aufgabenbestimmung des Staatsorgans nicht verlässt und dass zweitens gerade auch die Information der Öffentlichkeit über die eigene Aufgabenwahrnehmung zu den – gesetzlich bestimmten – Aufgaben des Staatsorgans gehört.[206]

## IV. Einzelfälle zum materiellen Gewährleistungsumfang

108    **1. Zur allgemeinen Handlungsfreiheit. a)** Art. 2 I gewährleistet die **Freiheit von gesetzlosem Zwang.**[207] Dazu wird das Recht gerechnet, nicht zu Unrecht Straf- und Bußgeldverfahren ausgesetzt bzw. nicht unschuldig verfolgt zu werden.[208] Vereinbar damit ist hingegen die Bindung des Beamten auch an rechtswidrige Weisungen gem. § 63 II BBG nF (BVerfG [K] DVBl 1995, 192 [193], zu § 56 II BBG aF).

108a    **b)** Aus der **Privatautonomie** wird von einigen Autoren abgeleitet, das **arbeitsrechtliche Günstigkeitsprinzip** müsse auch außerhalb seines gesetzlich geregelten Anwendungsbereichs von Ver-

---

[197] Vgl. BVerfGE 35, 35 (39); 35, 202 (220) mwN; 80, 367 (373); *Kunig,* in: v. Münch/Kunig I, Art. 2 Rn. 41; *Degenhart* JuS 1992, 361 (363 f.).

[198] Vgl. z.B. *Kunig,* in: v. Münch/Kunig I, Art. 2 Rn. 41; *Podlech* AK GG, Art. 2 I Rn. 35 ff. mwN.

[199] BVerfGE 80, 367 (374 ff.), allerdings bei Stimmengleichheit.

[200] Vgl. BVerfGE 119, 1 (30): keine schematische Stufenordnung, wohl aber Anhaltspunkte für die Intensität der Beeinträchtigung.

[201] BVerfGE 80, 367 (373 f.); 109, 279 (313); 113, 348 (390); BVerfGE 120, 274 (335). Zum Begriff des Kernbereichs *Baldus* JZ 2008, 218 (222 ff.) mwN.

[202] BVerfGE 109, 279 (319 f.); 113, 348 (391 f.); 120, 274 (337 ff.).

[203] BVerfGE 109, 279 (324); 113, 348 (392); 120, 274 (338 f.).

[204] So – mit Berufung auf BVerfGE 32, 373 (379); 34, 238 (246) – *Kunig,* in: v. Münch/Kunig I, Art. 2 Rn. 42.

[205] Unzutr. BVerwGE 84, 375 (382) zu § 3 I BVerfSchG. An der Rspr., die für behördl. Warnungen die Aufgabenbestimmung genügen lässt – BVerfG (K) NJW 1989, 3269 (3270); BVerwGE 82, 76 (77 ff.); 87, 37 (47 f.); 90, 112 (119 f.); BVerwG NJW 1991, 1770 –, wird zutr. Kritik geübt, z.B. von *Meyn* JuS 1990, 630 ff.; *Discher* JuS 1993, 463 ff.

[206] Vgl. etwa VGH BW NJW 1986, 340; OVG RhPf NJW 1991, 2659 (Presseerklärung einer StA; dort wird zwar von „Ermächtigung" gesprochen, aber auf eine Aufgabenbestimmung Bezug genommen.); OVG SchlH NJW 1993, 807.

[207] BVerfG (K) DVBl 1995, 192 (193); RDV 1995, 238.

[208] *Peter M. Huber* JZ 1996, 893 (897).

fassungs wegen gelten. Sowohl im Verhältnis Individualarbeitsvertrag – Betriebsvereinbarung als auch im Verhältnis Betriebsvereinbarung – Tarifvertrag müsse die für den einzelnen Arbeitnehmer günstigere Regelung gelten.[209]

Das BVerfG hat einen Vertrag, durch den sich eine 21-jährige, geschäftlich unerfahrene Frau zur **108b** Sicherung von Bankkrediten ihres Vaters zur Übernahme einer selbstschuldnerischen **Bürgschaft** unter Verzicht auf die Einrede der Vorausklage und auf weitere mögliche Einreden iHv DM 100 000,– verpflichtete, angesichts der strukturellen Überlegenheit der Bank und der besonderen Verhandlungssituation im konkreten Fall für unvereinbar mit der Privatautonomie und dem Sozialstaatsprinzip angesehen.[210]

Unter Berufung auf diese Rechtsprechung meint das BAG, wegen der strukturellen Ungleichge- **108c** wichtigkeit von Arbeitgebern und Arbeitnehmern müssten die bisher nur bei gefahrgeneigter Arbeit angewandten Grundsätze über die **Beschränkung der Arbeitnehmerhaftung** von Verfassungs wegen für alle betrieblich veranlassten Arbeiten gelten.[211]

Die im AGG normierten **privatrechtlichen Diskriminierungsverbote** beschränken die Privat- **108d** autonomie. Soweit sie und die an ihre Missachtung geknüpften Rechtsfolgen unionsrechtlich determiniert sind, scheidet Art. 2 I als Prüfungsmaßstab aus (vgl. *Streinz*, Art. 23 Rn. 41). Im Rahmen verbleibender Umsetzungsspielräume[212] wird insb. diskutiert, ob § 21 I 1 AGG in verfassungskonformer Weise ein Kontrahierungszwang entnommen werden kann.[213]

**c) Anschnallpflicht** für Autofahrer[214] sowie **Schutzhelmpflicht** für Motorradfahrer (BVerfGE **109** 59, 275 [278]) sind gerechtfertigt, wobei religiöse Gründe nachrangig sind (BVerwG, NJW 2019, 3466). Die Rechtfertigung kann sich nicht allein aus der Selbstgefährdung ergeben, sondern nur aus Aspekten der Gefährdung Dritter oder sozialer Folgekosten.

**d)** Der **Aufenthalt von Ausländern** in Deutschland fällt zwar in den Schutzbereich von Art. 2 I – **110** so stellen beispielsweise Wohnsitz- oder Ausreisebeschränkungen gegenüber Ausländern einen Eingriff in Art. 2 I GG dar.[215] Art. 2 I gewährleistet aber kein Aufenthaltsrecht gegenüber dem Gesetzgeber: Dieser kann Aufenthaltsberechtigung und Ausweisungsvoraussetzungen iR der völkerrechtlichen Vorgaben frei regeln.[216] Generalpräventive Ausweisungsgründe verletzen nicht das Persönlichkeitsrecht (BVerfGE 50, 166 [175 f.]). Die Ausweisung wegen einer Straftat setzt keine Wiederholungsgefahr voraus (BVerfGE 60, 75 [77 ff.]).

**e)** Ein **Recht auf Bildung** kann nicht auf Art. 2 I gestützt werden.[217] Ein derivatives Teilhaberecht **111** an vorhandenen Bildungseinrichtungen kann nur aus Art. 3 folgen, aus Art. 2 I nicht iVm Art. 7.[218] Aber die **Nichtversetzung** in der Schule oder das Nichtbestehen staatl. Examina oder von Universitätsabschlussprüfungen greifen nach h. M. – soweit nicht in Art. 12 – in Art. 2 I ein.[219] Es spricht jedoch einiges dafür, auch dies als ein Problem der Teilhabe oder der Gleichberechtigung zu sehen,[220] also des Art. 3.

**f) Friedhofszwang,** sofern für Urnen eine Ausnahme für besondere Fälle vorgesehen ist (BVerfGE **112** 50, 256 [262]), ist verfassungsgemäß (so auch BVerwG 19.6.2019 – 6 CN 1/18, Rn. 30).

**g)** Die **Pflichtversicherung in einem System der sozialen Sicherheit** lässt sich prinzipiell **113** mit sozialstaatlichen Gesichtspunkten rechtfertigen, doch dürfen Beitrag und Leistung nicht in einem unangemessenen Verhältnis stehen. Leistungsausschlüsse und Leistungsbegrenzungen müssen wie Eingriffe gerechtfertigt werden. Dabei ist das Sozialstaatsprinzip (dh insb. die Leistungsfähigkeit des Versicherten) zu berücksichtigen (BVerfGE 115, 25 [42 ff.]). Mit Art. 2 I iVm dem Sozialstaatsprinzip ist es unvereinbar, einem gesetzlich Krankenversicherten bei lebensbedrohlicher Erkrankung Leistungen für eine nicht völlig aussichtslose Behandlung mit der Begr. vorzuenthalten, die Behandlungsmethode sei schulmedizinisch nicht anerkannt.[221] Ferner besteht in der Pflichtversicherung ein Anspruch auf „verfassungsmäßige Ausgestaltung des Verfahrens der Leistungsgewährung".[222]

---

[209] Vgl. *Ehmann/Lambrich* NZA 1996, 346 (354); *Blomeyer* NZA 1996, 337 (338 ff.).

[210] BVerfGE 89, 214 (232 ff.); vgl. auch BVerfG (K) NJW 1996, 2021.

[211] BAG, 27.9.1995, ArbuR 1995, 70; krit., insb. weil das BAG die Grenzen richterlicher Rechtsfortbildung überschreite: *Otto* ArbuR 1995, 72 (73); *Schauder* JuS 1995, 594 (597).

[212] Zu diesen *Jestaedt* VVDStRL 64 (2005), 298 (328 f.).

[213] Vgl. *Armbrüster* NJW 2007, 1494 (1495 ff.); *Thüsing/v. Hoff* NJW 2007, 21 (25), jew. mwN.

[214] BVerfG (K) NJW 1987, 180; dazu z. B. *v. Münch* FS H. P. Ipsen, 1977, S. 113 (115); *Dehner/Jahn* JuS 1988, 30 ff.

[215] Hierzu BVerwGE 145, 305 Rn. 18; *Daum*, DöV 2014, 526 ff.

[216] Vgl. BVerfGE 35, 382 (399); *Starck* MKS I, Art. 2 Rn. 159.

[217] AA BVerwGE 47, 201 (206); HessStGH NJW 1982, 1381 (1385) mwN.

[218] Entgegen *Jarass* DÖV 1995, 674 (677 f.).

[219] BVerfGE 58, 257 (274): Schulentlassung Art. 12, Nichtversetzung Art. 2 I; dazu z. B. *Bryde* DÖV 1982, 243 f.

[220] Vgl. *Jarass* DÖV 1995, 674 (676); NdsStGH NVwZ 1997, 267 (270).

[221] BVerfGE 115, 25 (49), wo außerdem noch auf die Schutzpflicht aus Art. 2 II 1 GG verwiesen wird. Abl. *Huster* JZ 2006, 466 (467 f.).

[222] BVerfGE 140, 229 = NZS 2016, 20 Rn. 20; *Jarass*, in Jarass/Pieroth, Art. 2 Rn. 29.

**114**    **h)** Die Grundrechte, und hierbei insb. Art. 2 I in seiner Auffangfunktion, erweisen sich – neben den spezifisch strafrechtlichen Verfassungsgarantien[223] – als **Grenzen** der Zulässigkeit **staatl. Strafens.**[224] Was die durch eine staatl. Strafe berührten Grundrechte angeht, ist zwischen (strafbewehrter) Verhaltensnorm und strafrechtlicher Sanktionsnorm zu unterscheiden.[225] Die Verhaltensnorm ist strafrechtsneutral und wie jedes andere, dh nicht strafbewehrte Verbot oder Gebot, am Maßstab des jeweils einschlägigen speziellen Freiheitsrechts bzw. der allgemeinen Handlungsfreiheit zu messen. Die an den Bruch der Verhaltensnorm anknüpfende strafrechtliche Sanktionsnorm ist demgegenüber als Eingriff entweder in Art. 2 I (Geldstrafe) oder in Art. 2 II 2 (Freiheitsstrafe) und (jeweils) auch in Art. 2 I iVm 1 I[226] zu qualifizieren, welcher seine Rechtfertigung in der Durchsetzung der (verfassungsgemäßen) Verhaltensnorm findet. Die Beurteilung der Frage nach der Erforderlichkeit des Einsatzes gerade des Strafrechts unterliegt dabei grundsätzlich der Einschätzungsfreiheit des Gesetzgebers.[227] Als Grenzen („Schranken-Schranken") der Sanktionsnorm fungieren der allg. Verhältnismäßigkeitsgrundsatz sowie die verfassungsrechtlichen Strafgarantien.[228] Zu Letzteren zählt namentlich der vom BVerfG[229] auf die Menschenwürde (Art. 1 I), die Freiheit der Persönlichkeitsentfaltung und das Rechtsstaatsprinzip (Art. 2 I iVm 20 III) gestützte **Schuldgrundsatz,** welcher verlangt, dass die Kriminalstrafe Schuld (Strafbegründungsschuld) voraussetzt und in einem angemessenen Verhältnis zur Schuld (Strafzumessungsschuld) des Täters steht. Dies impliziert, dass das Vorliegen eines strafrechtlichen Tatbestandsmerkmals nicht aufgrund einer Vermutungsregel zulasten des Angeklagten unterstellt werden darf (BVerfG [K] NJW 2005, 3202 [3203]).

**115**    **i)** Aus Art. 2 I iVm dem Rechtsstaatsprinzip (Art. 20 III) leitet das BVerfG einen Anspruch auf ein **faires** gerichtliches **Verfahren** ab, das rechtsstaatlichen Anforderungen genügen muss.[230] Daraus ergibt sich für den **Strafprozess** insb. das Recht des Angeklagten, einen Verteidiger beizuziehen (BVerfGE 38, 105 [111]), das Recht des Zeugen im Straf- oder Disziplinarverfahren, einen Rechtsbeistand hinzuzuziehen,[231] oder das – von bestimmten Voraussetzungen abhängige – Recht des Beschuldigten auf einen Pflichtverteidiger (BVerfGE 39, 238 [243]), nicht jedoch ein Recht auf Beiordnung eines bestimmten Rechtsanwalts als Pflichtverteidiger (BVerfGE 39, 238 [245]) oder auf eine unbegrenzte Zahl von Wahlverteidigern (BVerfGE 39, 156 [163]). Die Ersetzung der Zeugenvernehmung durch Verlesung eines Protokolls über eine frühere richterliche Vernehmung oder durch die Vernehmung eines „Zeugen vom Hörensagen" verstößt bei Beachtung der verminderten Beweisqualität auch dann nicht gegen das Recht auf faires Verfahren, wenn die Behörde sich geweigert hatte, die Identität des unmittelbaren Zeugen – eines Observanten – preiszugeben, dies zur Wahrung verfassungsrechtlich geschützter Belange unumgänglich war und nicht missbräuchlich oder willkürlich geschehen ist (BVerfGE 57, 250 [283 ff.]).[232] Das Strafverfahren muss in angemessener Zeit durchgeführt werden. Eine überlange Verfahrensdauer verstößt nicht nur gegen Art. 6 I 1 EMRK,[233] sondern auch gegen Art. 2 I iVm 20 III. Ein Verstoß kann auch im Entzug von Daten und Arbeitsmitteln Bevollmächtigter oder im Aufdecken der Prozessstrategien liegen.[234] Die Rechtsfolgen sind einzelfallbezogen zu bestimmen. I. d. R. reicht die Berücksichtigung im Strafmaß aus. Es kommen aber auch z. B. Absehen von Strafe, Verwarnung mit Strafvorbehalt, Einstellung des Verfahrens[235] oder ein Beweisverwertungsverbot[236] in Betracht.

---

[223] Insb. Schuldgrundsatz, Art. 102, 103 II, III, Richtervorbehalt, Unschuldsvermutung.

[224] Zu den verfassungsrechtlichen Grenzen staatl. Strafens *Appel*, Verfassung und Strafe, 1998, S. 514 ff. und passim.

[225] *Appel* (Fn. 224) S. 431 ff., 449 ff., 558 ff.; Die Rechtsprechung des BVerfG lässt diese klare Unterscheidung demgegenüber vermissen, vgl. *Appel* (Fn. 224), S. 167 ff. mN.

[226] Beeinträchtigung des durch das allgemeine Persönlichkeitsrecht geschützten sozialen Achtungsanspruchs.

[227] BVerfGE 90, 145 (183); *Appel* (Fn. 224) S. 581.

[228] Die h. M. versteht demgegenüber insb. Art. 103 II und III als grundrechtsgleiche Rechte und unterzieht sie einer selbstständigen Prüfung, vgl. etwa *Pieroth*, in: Jarass/Pieroth, Art. 103 Rn. 60 ff., 98 ff. Für die Einordnung als „Schranken-Schranken" spricht indes die strukturelle Vergleichbarkeit mit den allgemeinen rechtsstaatlichen Garantien, das Fehlen der Garantie eines (gegenüber den grundrechtlichen Garantien) eigenständigen Freiheitsbereichs sowie die weitgehende Identität von Eingriff und Verletzung, vgl. zum Ganzen *Appel* (Fn. 224), S. 560 ff.

[229] BVerfGE 6, 389 (439); 9, 167 (169); 20, 323 (331); 25, 269 (285); 28, 386 (391) und z. B. 50, 125 (133); 58, 159 (162); 95, 96 (140).

[230] Z. B. BVerfGE 39, 156 (163); 41, 246 (249); 57, 250 (274 f.); 63, 45 (60). Dazu im Einzelnen *Dörr*, Faires Verfahren, 1984; *Tettinger*, Fairneß und Waffengleichheit, 1984; *Kunig*, Das Rechtsstaatsprinzip, 1986, S. 378 ff.; krit. *Stern*, StaatsR IV/1, § 104, S. 937 f.

[231] BVerfGE 38, 105 (112 ff.), mit Berufung auf das allgemeine Persönlichkeitsrecht.

[232] Weitere Bsp. aus der Rspr. sind BVerfGE 52, 203 (206 f.) – Zugang fristgebundener Schriftstücke bei Gericht; BVerfGE 63, 45 (60) – Spurenakten; BVerfGE 68, 237 (255) – Auslagenerstattung; BVerfGE 69, 381 (385 f.) – Fristsetzung durch Fernschreiben.

[233] Dazu z. B. EGMR EuGRZ 1983, 378 (381 f.).

[234] BVerfG NJW 2001, 2957 – Mahler.

[235] Kriterien in BVerfG (VPr), NJW 1984, 967; vgl. auch BVerfG (K) NJW 1995, 1277.

[236] BGH NJW 2009, 2463 (Rn. 32 ff.).

Die Übertragung dieses zunächst für den Strafprozess entwickelten Rechts auf den **Zivilprozess** 116 wurde abgelehnt, weil es hier an einem staatl. Freiheitseingriff fehle (BVerfGE 52, 131 [154 ff.]). Diese Begr. vermag nicht zu überzeugen. Die Verurteilung zu einer Leistung ist immer ein staatl. Eingriff. Soweit der gerichtliche Rechtsschutz unter dem Aspekt grundrechtlicher Schutzpflichten geboten ist, besteht – dies ist für klageabweisende Urteile relevant – auch ein grundrechtlicher Anspruch auf Beachtung des objektiven Verfassungsrechts iR der Schutzgewährung.[237]

Das BVerfG sieht jetzt für zivilrechtliche Streitigkeiten ein **Grundrecht auf Gewährung wir-** 117 **kungsvollen Rechtsschutzes** in Art. 2 I (oder in speziellen Grundrechten) iVm dem Rechtsstaatsprinzip verankert **(allgemeiner Justizgewährungsanspruch).**[238] Dieses Grundrecht garantiere nicht nur, dass überhaupt ein Rechtsweg zu den Gerichten offen steht, sondern auch die Effektivität des Rechtsschutzes (BVerfGE 88, 118 [123]) und die rechtsstaatliche Ausgestaltung des Verfahrens. Dazu gehört, dass der Zugang zum Gericht nicht in unzumutbarer Weise durch formale Hindernisse erschwert wird.[239] Das gilt auch für die Wiedereinsetzung in den vorigen Stand.[240] – Sachverständigengutachten müssen die zugrunde gelegten Tatsachenfeststellungen grundsätzlich in nachprüfbarer Weise offen legen.[241] – Hat ein Gericht einen rechtlichen Hinweis gegeben, darf es nicht entgegengesetzt entscheiden, ohne die Verfahrensbeteiligten zuvor zu informieren und ihnen Gelegenheit zur Stellungnahme zu geben (BVerfG [K] NJW 1996, 3202). – Dagegen folgt aus Art. 2 I kein Anspruch auf Rechtsmittelbelehrung im Zivilprozess (BVerfGE 93, 99 [107 f.] m. abwM). – Die Streitwertfestsetzung verstößt gegen die Garantie effektiven Rechtsschutzes, wenn das Kostenrisiko die wirtschaftliche Leistungsfähigkeit des Einzelnen übersteigt oder wenn es zu dem mit dem Verfahren angestrebten Erfolg in einem derartigen Missverhältnis steht, dass die Anrufung der Gerichte nicht mehr sinnvoll erscheint (BVerfG [K] NJW 1997, 311 [312]). – Rechtsschutz muss **in angemessener Zeit** gewährt werden.[242] Dafür gibt es freilich keine festen Regeln.[243]

Aus Art. 2 I iVm dem Rechtsstaatsprinzip entnimmt das BVerfG auch einen Anspruch, **keine** 117a **Nachteile** (z. B. Schadensersatz, Kündigung eines Arbeitsverhältnisses) **für** eine in gutem Glauben erstattete **Strafanzeige** oder Zeugenaussage gegenüber der Staatsanwaltschaft erleiden zu müssen.[244]

Ist der Grundsatz des fairen Verfahrens Ausprägung des Rechtsstaatsprinzips (→ Art. 20 Rn. 74 ff., 118 → Art. 20 Rn. 162 f.), dann liegt es nahe, einen grundrechtlichen Anspruch **nicht ausschl. in Art. 2 I** verbürgt zu sehen, **sondern in dem** durch eine gerichtliche Entscheidung **jeweils betroffenen Grundrecht** iVm dem Rechtsstaatsprinzip.[245]

**j)** Die Pflichtmitgliedschaft in einem öffentlich-rechtlichen **Zwangsverband** greift nach der 119 Rechtsprechung nicht in Art. 9 I, sondern in Art. 2 I ein.[246] Die Erforderlichkeit der bestehenden Zwangsverbände zur Verwirklichung eines Gemeinwohlziels wurde von der Rechtsprechung aber durchgehend bejaht.[247] Jedoch haben die Zwangsmitglieder gegen ihre Verbände einen Anspruch darauf, dass diese die rechtlichen Grenzen ihres Aufgabenbereichs nicht überschreiten.[248]

**k)** Ein **Recht auf Umweltverschmutzung** gewährleistet Art. 2 I nicht. Die Belastung öffentl. 120 Umweltgüter (Luft und Wasser) mit Schadstoffen ist zwar Freiheitsausübung, so dass ihre Unterbindung in den Schutzbereich von Art. 2 I eingreift. Umweltverschmutzungsverbote sind m. E. aber bereits dadurch gerechtfertigt, dass sie den faktischen Teilhabecharakter der Nutzung der öffentl. Umweltgüter verrechtlichen. Daher ist der Nachweis der Erforderlichkeit zur Verwirklichung eines sonstigen Gemeinwohlzwecks – insb. der Nachweis der Gesundheitsschädlichkeit von Immissionen – zur Rechtfertigung solcher Regelungen nicht nötig. Diese scheitert nur insoweit, als sich Verschmutzerinteressen auf verfassungsrechtliche Teilhabeansprüche stützen lassen.[249]

---

[237] Vgl. *Dörr* (Fn. 230), S. 160 ff.

[238] BVerfGE 88, 118 (123 f.) mwN und z. B. BVerfGE 107, 395 (396).

[239] BVerfGE 69, 381 (385) mwN; BVerfG (K) NJW 1995, 711.

[240] BVerfGE 40, 88 (91); 67, 208 (212 f.); BVerfG (K) NJW 1995, 249 f.; (K) NJW 2001, 3473.

[241] BVerfGE 91, 176 (180 f.); BVerfG (K) NJW 1997, 1909.

[242] Vgl. z. B. BVerfGE 88, 118 (124); 117, 71 (123 f.); BVerfG (K) FamRZ 1997, 871 (872); (K) NJW 1999, 2582 (2583); (K) NJW 2008, 503.

[243] Sieben Jahre für einen schwierigen Zivilprozess können hinnehmbar sein (BVerfG [K] NJW 1999, 2582 [2583]), allerdings nicht 15 (BVerfG [K] NJW 2000, 797; [K] NJW 2001, 214 [215]).

[244] Vgl. BVerfGE 74, 257 (259 ff.); BVerfG (K) NJW 2001, 3474 (3475).

[245] Vgl. *Dörr* (Fn. 230), S. 143 f.

[246] Krit. z. B. *v. Mutius* VerwArch. 64 (1973), 81 (82 f.); *Murswiek* JuS 1992, 116 (118 f.) mwN.

[247] Vgl. z. B. BVerfGE 10, 89 (103 f.) – Erftverband; BVerfGE 38, 281 (299 f.) – Arbeitnehmerkammer; BVerfG (K) NVwZ 2001, 190 (191) – Semesterticket; BVerwGE 42, 210 (217) – Wasserverband; BVerwGE 59, 231 (233) – Studentenschaft; BVerwGE 64, 115 (117 f.) – Steuerberaterkammer; BVerwGE 87, 324 (325) – Versorgungswerk für Rechtsanwälte; BVerfG (K) NVwZ 2002, 335 (336 f.) – IHK.

[248] Vgl. BVerwGE 34, 69 (74); BVerwG NJW 1987, 337; OVG NW WissR 28 (1995), 267, sowie die Entscheidungen in Fn. 245; *Laubinger* VerwArch 74 (1983), 175 (183 ff.); *Meßerschmidt* VerwArch 81 (1990), 55 (74 f.); *Murswiek* JuS 1992, 116 (119); *Kunig,* in: v. Münch/Kunig I, Art. 2 Rn. 29 mwN – Enger BVerfGE 78, 320 (330 f.); dazu *Pietzcker* NJW 1987, 305 (306); Zum Anspruch eines Kammermitglieds auf Austritt seiner Kammer aus einem Dachverband bei Kompetenzüberschreitungen BVerwG, Urt. v. 23.3.2016, BeckRS 2016, 57516.

[249] Ausf. dazu *Murswiek* DVBl 1994, 77 (79 ff.); aA zB *Kluth* NuR 1997, 105 (107).

120a **l)** Das Recht zu **betteln** bestünde bei materieller Not so zweifellos wie das Recht, um Hilfe zu rufen. Sozialhilfe und Sozialunterkünfte machen diese Art von Not derzeit jedoch zur seltenen Ausnahme. Daher sind Verbote jedenfalls des aggressiven Bettelns grundsätzlich verfassungsmäßig.[250]

120b **m)** Aus Art. 2 I iVm Art. 6 II 1 leitet das BVerfG ein **Recht des Kindes auf staatl. Gewährleistung elterlicher Pflege und Erziehung,** das „ein auf die tatsächliche Pflichtenwahrnehmung durch Eltern gerichtetes subjektives Gewährleistungsrecht des Kindes gegen über dem Staat" umfasse, ab.[251]

120c **n)** Der Rundfunkbeitrag nach §§ 2 RBStV greift zwar in die durch Art. 2 I GG geschützte Handlungsfreiheit der Beitragsschuldner ein; er ist jedoch im Hinblick auf die Sicherung der funktionsgerechten Finanzausstattung des öffentlich-rechtlichen Rundfunks gerechtfertigt.[252]

121 **2. Zum allgemeinen Persönlichkeitsrecht. a) Informationelles Selbstbestimmungsrecht.** Das informationelle Selbstbestimmungsrecht kann zwar zugunsten öffentl. Zwecke eingeschränkt werden, sofern die Datenerfassung, -verarbeitung usw. zur Erreichung dieser Zwecke geeignet, erforderlich und i. e. S. verhältnismäßig sind. Jedoch müssen Zwecke und Anlässe durch bereichsspezifische Regelungen spezifiziert sein. So bleibt etwa die **verdachtsunabhängige Identitätsfeststellung** eine begründungsbedürftige Ausnahme.[253] Die Daten dürfen nur zu den gesetzlich bestimmten Zwecken verwendet – also auch nicht im Wege der Amtshilfe weitergegeben – und nicht auf Vorrat gesammelt werden, sofern sie nicht in anonymisierter Form zu statistischen Zwecken erhoben werden. Dabei sind zur Vermeidung des Missbrauchs besondere Vorkehrungen für Durchführung und Organisation der Datenerhebung und -verarbeitung nötig (BVerfGE 65, 1 [46 ff.]). Je tiefer die Daten in den Persönlichkeitsbereich hineinreichen und je umfassender sie benutzt werden sollen, desto strengere Anforderungen sind an den gesetzlichen Zweck und seine Bestimmtheit zu stellen.[254]

121a Die Abgrenzung rechtsstaatlichen Freiheitsschutzes von missbräuchlicher Auskunftsverweigerung kann schwierig sein. So müssen Energieversorger dem Finanzamt Kundenkonten nennen (BVerfG [K] NJW 2001, 811); ein Politiker muss hinnehmen, dass seine Anwaltsschriftsätze aus DDR-Zeiten veröffentlicht werden (BVerfG [K] NJW 2000, 2417). Unter Verletzung der Privatsphäre gewonnene Geheimdienstinformationen (insb. Stasi-Unterlagen) dürfen nicht an die Presse gegeben werden.[255]

121b Die Feststellung, Speicherung und Verwendung des DNS-Identifizierungsmusters (**„genetischer Fingerabdruck")** zur Aufklärung künftiger Straftaten berühren nicht den absolut geschützten Kernbereich der Persönlichkeit,[256] greifen aber in das Recht auf informationelle Selbstbestimmung ein. Sie lassen sich rechtfertigen, sind aber unverhältnismäßig sind, insb. wenn wegen Art oder Ausführung einer bereits abgeurteilten Straftat, der Persönlichkeit des Verurteilten oder anderer Umstände Grund zu der Annahme besteht, dass er erneut Straftaten von erheblicher Bedeutung begehen wird.[257]

121c Die präventive polizeiliche **„Rasterfahndung"** (elektronischer Abgleich großer Datenmengen im Hinblick auf die Schnittmenge der für die Fahndung als bedeutsam angesehenen personenbezogenen Merkmale) lässt sich nach Auffassung des BVerfG nur unter der Voraussetzung rechtfertigen, dass eine konkrete Gefahr für hochrangige Rechtsgüter gegeben ist (BVerfGE 115, 320 [344 ff., insb. 360]). Die dazu angestellten Verhältnismäßigkeitserwägungen sind freilich höchst problematisch.[258] Insb. erscheint fraglich, ob angesichts der Eigenart neuartiger (terroristischer) Bedrohungslagen der klassische Gefahrenbegriff geeignet ist, die rechtsstaatliche Grenze präventiver polizeilicher Informationseingriffe zutr. zu beschreiben.[259] Im Urteil zur **„Online-Durchsuchung"** (heimliche Infiltration eines informationstechnischen Systems, mittels derer die Nutzung des Systems überwacht und seine Speichermedien ausgelesen werden können) knüpft das BVerfG zwar gleichfalls an diesen Begriff an. Ein solcher Eingriff sei nur zulässig, wenn bestimmte Tatsachen auf eine im Einzelfall drohende Gefahr für ein überragend wichtiges Rechtsgut hinwiesen.[260] Allerdings müsse sich nicht mit hinreichender Wahrscheinlichkeit feststellen lassen, dass eine derartige Gefahr schon in näherer Zukunft eintrete.[261] Es ist nicht zu verkennen, dass durch diese Lockerung der Anforderun-

---

[250] Zum aggressiven Betteln *Holzkämper* NVwZ 1994, 146 ff.; *Götz* NVwZ 1998, 679 (686); Aufhebung zu pauschal gefasster Bettelverbots-Verordnungen: VGH BW VBlBW 1999, 102 und NVwZ 1999, 560.
[251] BVerfG NJW 2013, 847 Rn. 41, 43; krit. dazu *Reimer/Jestaedt*, JZ 2013, 468 (471).
[252] BVerwGE 154, 275 = NVwZ 2016, 1081.
[253] LVerfG MV DÖV 2000, 71 f.: Nichtigkeit eines Gesetzes, das ua zur verdachts- und anlasslosen Identitätsfeststellung aller Benutzer von Durchgangsstraßen ermächtigte. Vgl. hierzu auch *Kastner* VerwArch 2001, 216 ff. mwN.
[254] Zu den Anforderungen an Datenerhebungen usw. näher *Scholz/Pitschas*, Informationelle Selbstbestimmung und staatliche Informationsverantwortung, 1984; *Simitis* NJW 1984, 398; *Schlink* Der Staat 25 (1986), 233 ff.; *Vogelsang*, Grundrecht auf informationelle Selbstbestimmung?, 1987; *Starck* MKS I, Art. 2 Rn. 116 mwN; *Poppenhäger* NVwZ 1992, 149 ff.; *Gurlit* NJW 2010, 1035 ff.
[255] BVerwGE 121, 115 (133 ff.) – Fall Kohl; krit. dazu *Heintschel von Heinegg* AfP 2004, 505 ff.
[256] Jedenfalls soweit nicht Rückschlüsse auf persönlichkeitsrelevante Merkmale wie Erbanlagen, Charaktereigenschaften oder Krankheiten ermöglicht werden, BVerfG (K) E 103, 21 (31 f.).
[257] Vgl. BVerfG (K) 21 (33 f.); BVerfG (K) EuGRZ 2001, 249 ff. (252 ff.).
[258] Vgl. das kritische Sondervotum *Haas* BVerfGE 115, 371 ff.; *Bausback* NJW 2006, 1922 (1923 f.); *Hillgruber* JZ 2007, 209 (212 f.); *Horn* DÖV 2003, 746 ff.
[259] Vgl. *Schoch* Der Staat 43 (2004), 347 ff.; *Hillgruber* JZ 2007, 209 (213); *Volkmann* JZ 2006, 918 (919 f.); *ders.* Jura 2007, 132 (136 f.).
[260] BVerfGE 120, 274 (326, 328). Aufgrund der Heimlichkeit des Zugriffs verlangt das BVerfG zudem einen Richtervorbehalt; außerdem seien Vorkehrungen zum Schutz des Kernbereichs privater Lebensgestaltung zu treffen, ebda S. 325.
[261] BVerfGE 120, 274 (326, 328 f.).

gen an die zeitliche Nähe, wie auch dadurch, dass bereits auf eine konkrete Gefahr hinweisende tatsächliche Anhaltspunkte – also ein Gefahrenverdacht – als ausr. erachtet werden, der klassische Gefahrenbegriff nicht mehr unmittelbar selbst die Eingriffsschwelle beschreibt, sondern „nur" noch als Referenzpunkt für die Bestimmung der Zulässigkeit von Maßnahmen im Gefahrenvorfeld dient. Die Ermächtigung des BKA zum **Einsatz von heimlichen Überwachungsmaßnahmen zur Terrorismusabwehr** ist nur verfassungsgemäß, sofern diese **den sehr strengen materiellen und prozeduralen Anforderungen des Verhältnismäßigkeitsgrundsatzes** genügt.[262]

**Datenverarbeitung durch Private** fällt in deren grundrechtlich geschützten Freiheitsbereich (z. B.   **122** Informations-, Wissenschaftsfreiheit). Daher unterliegt sie nicht den gleichen verfassungsrechtlichen Anforderungen wie die staatl. Datenverarbeitung. Jedoch ist der Staat verpflichtet, auch insoweit das Persönlichkeitsrecht durch geeignete Regelungen zu schützen.[263]

**b) Ehrenschutz.** Der Gesetzgeber ist seiner Pflicht zum Schutz des sozialen Geltungsanspruchs des   **123** Einzelnen durch die Straftatbestände der Beleidigung, der üblen Nachrede, der Verleumdung sowie durch zivilrechtliche Unterlassungs-, Widerrufs- und Schadensersatztatbestände sowie den presserechtlichen Gegendarstellungsanspruch nachgekommen. Diese Vorschriften sind im Lichte des Persönlichkeitsrechts, aber zugleich im Lichte der Meinungs- und Pressefreiheit sowie der Kunstfreiheit auszulegen.

Eine bewusste Verletzung der Ehre ist mit Art. 2 I iVm 1 I nicht vereinbar und durch andere   **124** Grundrechte nicht gedeckt. Verletzungen der Ehre sind Kränkungen, Herabwürdigungen, Missachtungen des berechtigten persönlichen Geltungsanspruchs,[264] die die Würde des Betroffenen berühren; dagegen muss der Staat Schutz bieten. Eine Rechtfertigung – auch unter dem Aspekt konfligierender Grundrechte – kommt nicht in Betracht. Welches Verhalten anderer die Ehre verletzt, lässt sich allerdings nur **situationsbezogen beurteilen** und hängt ganz entscheidend auch von dem Vorverhalten des Betroffenen ab. Wer sich mit scharfen Äußerungen in den politischen Meinungskampf begibt, muss mit einem harten Gegenschlag rechnen.[265] Aber auch unabhängig davon, ob der Einzelne selber andere attackiert, setzt er sich kritischen Meinungsäußerungen (auch in Form von Karikaturen oder Satiren) aus, wenn er sich – etwa als Politiker, Künstler, Wissenschaftler – in der Öffentlichkeit exponiert.[266] So kann beispielsweise – abhängig vom Kontext – die Bezeichnung als „durchgeknallte Frau" eine ehrverletzende Äußerung sein, die nicht mehr vom Grundrecht auf Meinungsfreiheit gedeckt ist.[267]

Der **soziale Geltungsanspruch** des Einzelnen kann nicht von diesem allein definiert werden.   **125** Wenn dieser soziale Beziehungen eingegangen in Kommunikation mit anderen getreten ist, bemisst sich der konkrete Inhalt des Geltungsanspruchs nach einem in gewissem Umfang verselbständigten sozialen Abbild, das dem Betroffenen ungeachtet etwa abweichender eigener Vorstellungen zugerechnet wird. Eine Ehrverletzung kann umso weniger festgestellt werden, je mehr die beanstandeten Äußerungen ein Bild des Betroffenen zeigen, das sein tatsächliches Auftreten objektiv zutr. wiedergibt (BVerfG [K] NJW 1989, 3269).

Die **soziale Identität** einer Person wird gegen falsche Behauptungen uneingeschränkt geschützt,   **126** wenn deren Unwahrheit erwiesen ist.[268] Ein effektiver Schutz der Ehre ist das nicht: Gerade bei frei erfundenen rufschädigenden Behauptungen wird es dem Betroffenen oft nicht möglich sein, den Beweis dafür zu führen, dass er nicht getan hat, was ihm vorgeworfen wird. Dennoch hat das BVerfG die Beweislastregel des § 186 StGB, wonach eine ehrenrührige Tatsachenbehauptung strafbar ist, wenn sie nicht erweislich wahr ist, zu Lasten des Betroffenen nahezu umgedreht: Eine „Übersteigerung der Wahrheitspflicht" und die daran anknüpfenden Sanktionen könnten zu einer Einschränkung und Lähmung der Meinungsfreiheit, namentlich der Medien führen (BVerfGE 54, 208 [219 f.]); die Anforderungen an die Wahrheitspflicht dürften nicht so bemessen werden, dass darunter die Funktion der Meinungsfreiheit leidet.[269] Dies führt dazu, dass auch in der zivilrechtlichen Rechtsprechung der Schutz gegen rufschädigende Äußerungen auf ein Minimum reduziert ist.[270]

Werden dem guten Ruf abträgliche Tatsachenbehauptungen mit wertenden Stellungnahmen ver-   **127** bunden, sind sie nach der Rechtsprechung als Meinungsäußerungen anzusehen und verstärkt geschützt: In Bezug auf Werturteile im öffentl. Meinungskampf spreche im Interesse des öffentl. Meinungsbildungsprozesses eine **Vermutung für die Zulässigkeit der freien Rede.**[271]

---

[262] BVerfGE 141, 220 = NJW 2016, 1781.

[263] Vgl. BVerfGE 117, 202 (229); BVerfG (K) DVBl 2007, 111 (112); *Starck* MKS I, Art. 2 Rn. 177. Kritik am nach seiner Auffassung unzureichenden Datenschutz gegenüber Privaten übt *Hassemer*, Private sind schneller, schlauer und billiger als der Staat/Der Datenschutz braucht deshalb ein neues Konzept, Frankfurter Rundschau v. 19.4.1999, S. 11. S. auch *Grimm* JZ 2013, 585 (587 ff.).

[264] Dazu vgl. z. B. BVerfGE 90, 241 (248).

[265] BVerfGE 12, 113 (131); 24, 278 (286); 54, 129 (138); 60, 234 (241); 89, 272 (282).

[266] Vgl. BVerfGE 54, 129 (138); 61, 1 (13); *Mackeprang*, Ehrenschutz im Verfassungsstaat, 1990, S. 150 f. mwN.

[267] BVerfG NJW 2014, 764.

[268] Die Meinungsfreiheit deckt solche Tatsachenbehauptungen nicht, BVerfGE 54, 208 (219 f.); 61, 1 (8); 85, 1 (22); 90, 241 (247 ff.).

[269] BVerfGE 61, 1 (8); 85, 1 (15).

[270] *Stürner* JZ 1994, 865 (867) mN.

[271] BVerfGE 7, 198 (212); st. Rspr., z. B. noch BVerfGE 85, 1 (16).

128    Diese Vermutung führt dazu, dass abwertende Meinungsäußerungen und damit verbundene Tatsachenbehauptungen in Fragen von Bedeutung für die öffentl. Meinungsbildung praktisch bis zur Grenze der **Schmähkritik** rechtmäßig sind; diese liegt nur vor, wenn nicht die Auseinandersetzung in der Sache, sondern die Diffamierung der Person im Vordergrund steht.[272] Zugunsten der Meinungsfreiheit wird so der **Schutz der Ehre auf ein Minimum reduziert.**[273]

129    Dies ist in der Lit. auf entschiedene **Kritik** gestoßen: Das BVerfG betone zwar zutr. die konstituierende Bedeutung der Meinungsfreiheit für die Demokratie, verkenne aber, dass auch der Schutz der persönlichen Ehre nicht nur für die Würde des Menschen grundlegende Bedeutung habe, sondern auch unerlässliche Voraussetzung für einen offenen demokratischen Meinungsbildungsprozess sei. Einen verfassungsrechtlichen Vorrang der Meinungsfreiheit vor dem Recht der Ehre gebe es nicht; dieses habe ebenfalls Verfassungsrang. Deshalb sei es verfehlt, die dem Schutz der Ehre dienenden Gesetze einseitig im Lichte der Meinungsfreiheit restriktiv zu interpretieren, wie dies bei „allgemeinen Gesetzen" i. S. von Art. 5 II zutr. sei. Vielmehr müssten Ehrenschutz und Meinungsfreiheit so gegeneinander abgewogen werden, dass beiden Grundrechten soweit wie möglich Rechnung getragen und ein möglichst schonender Ausgleich zwischen ihnen gefunden werde.[274] Wenn die Inhaltskontrolle von Meinungsäußerungen zugunsten eines offenen Meinungsbildungsprozesses zurückgenommen werde, dann sei es notwendig, kompensatorische Maßnahmen zur Wahrung des sozialen Geltungsanspruchs zu treffen, z. B. ein erweitertes Gegendarstellungsrecht einzuführen.[275] – Entschieden abzulehnen ist die Ansicht,[276] im Interesse des demokratischen Meinungskampfes müssten auch unbewiesene ehrenrührige Tatsachenbehauptungen grundsätzlich hingenommen werden, wenn sie in ein Werturteil eingebettet sind und ein wahrer „Tatsachenkern" vorhanden ist. Im Streitfall muss das Gericht zumindest dem Kritisierten Gelegenheit geben, die Tatsachenannahmen auszuräumen.[277] Lässt deren Wahrheit sich nicht klären, darf die ehrenrührige Tatsache auch nicht iVm persönlichen Wertungen als sicherer hingestellt werden, als sie ist. Der Aufklärungsfunktion der Meinungsfreiheit genügt dann der Bericht über jene Tatsachen, die den Verdacht stützen. Was weitergeht, schadet auch ihr.[278] Dies hat das BVerfG jetzt in Bezug auf Unterlassungsansprüche gegen **künftige Tatsachenbehauptungen** anerkannt (BVerfGE 114, 339 [350 ff.]).

129a    Die persönliche Ehre kann auch durch ein **Kunstwerk** beeinträchtigt werden, beispielsweise durch einen Roman, dessen Protagonisten erkennbar lebende (Fall Esra)[279] oder verstorbene (Mephisto)[280] Personen darstellen. Die Rechtsprechung entscheidet hier aufgrund einer Abwägung zwischen Persönlichkeitsrecht und Kunstfreiheit.[281] Ein Recht, nicht zum Vorbild einer Romanfigur zu werden, gibt es nicht (BVerfGE 119, 1 [28]).

130    **Hoheitsträger** können sich für **herabsetzende Äußerungen** nicht auf die Meinungsfreiheit berufen. Sie unterliegen bei kritischen Stellungnahmen der Pflicht zur Mäßigung, Zurückhaltung sowie zur Sachlichkeit und zur Vermeidung unnötiger Abwertungen, zumal öffentl. Äußerungen des Staates nicht zuletzt wegen der mit ihnen in Anspruch genommenen Staatsautorität für die betroffenen Bürger schwerwiegende Folgen haben können. Die Kritik darf weder willkürlich noch bes. aggressiv sein.[282] – Art. 2 I iVm 1 I ist insoweit auch Grundlage eines verwaltungsgerichtlich durchsetzbaren Unterlassungsanspruchs.[283]

130a    Wenn die Staatsanwaltschaft im **Ermittlungsverfahren** die Vorwürfe gegen den Beschuldigten unter Nennung seines Namens veröffentlicht, liegt darin ein Eingriff in das Persönlichkeitsrecht, der sich nicht schon dann rechtfertigen lässt, dass ein Anfangsverdacht besteht.[284]

131    **c) Massenmedien, Internet.** Berichterstattung und Kommentierung in den **Massenmedien** können wegen ihrer Verbreitung und der Intensität ihrer Beeinflussung das Persönlichkeitsrecht bes.

---

[272] Vgl. BVerfGE 82, 272 (284); 85, 1 (16); 93, 266 (294); BGH NJW 1984, 124 (126); *Stürner* JZ 1994, 865 (868).

[273] Vgl. *Stürner* JZ 1994, 865 (867 f.); zur neueren Rspr. insb. des BGH: *Schertz* NJW 2013, 721 ff.

[274] *Kriele* NJW 1994, 1897 ff.; krit. auch: *Kiesel* NVwZ 1992, 1129 ff.; *Isensee* AfP 1993, 619 ff.; *ders.* FS Kriele, 1997, S. 5 (27 ff.); *Sendler* NJW 1994, 2157 f.; *ders.* ZRP 1994, 343 ff.; *Ossenbühl* JZ 1995, 633 ff.; *Starck* JZ 1996, 1036 f.; *Ehmann* JuS 1997, 194 (198); *Tettinger* JZ 1997, 769 ff.

[275] *Stürner* JZ 1994, 865 (876).

[276] Vgl. etwa BVerfG (K) NJW 1989, 3269; BGHZ 139, 95 (100 ff., insb. 105 ff.) – Stolpe.

[277] BVerfGE 99, 185 – Helnwein, mit einem umf. Rückblick auf die Rechtsprechung zur Wahrheit belastender Äußerungen S. 193 ff.

[278] Selbst solche „Verdachtsberichterstattung" nach hinreichender Recherche belastet das Persönlichkeitsrecht noch empfindlich, vgl. BGHZ 143, 199 („korruptes" Bauamt).

[279] BVerfGE 119, 1 ff.; dazu z. B. *Wittreck* Jura 2009, 128 ff.; *Vosgerau* Der Staat 48 (2009), 107 ff.

[280] BVerfGE 30, 173 ff.; dazu z. B. *Wittreck* Jura 2009, 128 ff.

[281] Sehr krit. dazu *Vosgerau* Der Staat 48 (2009), 107 ff.; vgl. auch *Enders* JZ 2008, 581 (582); *Ujica/Loef* ZUM 2010, 670 ff.

[282] Vgl. VGH BW NJW 1986, 340; OVG SchlH NJW 1993, 807 mwN.

[283] Vgl. VGH BW NJW 1986, 340; OVG SchlH NJW 1993, 807 mwN.

[284] Vgl. *Trüg* NJW 2011, 1040 ff.

intensiv verletzen,[285] und zwar nicht nur bei falscher Berichterstattung[286] oder Beleidigung, die unter dem Aspekt des Ehrenschutzes unzulässig sind, sondern auch unter dem Aspekt des Schutzes der **Privatsphäre.** Insoweit muss die Presse- bzw. Rundfunk- und Informationsfreiheit mit dem Persönlichkeitsrecht abgewogen werden. Je größer das öffentl. Informationsinteresse, desto intensiver der Eingriff in die Persönlichkeitssphäre, der sich rechtfertigen lässt.[287] Dies schließt nicht aus, dass sich das allgemeine Persönlichkeitsrecht sogar gegen *inhaltlich zutr.* massenmediale Berichterstattung durchsetzt.[288] Vor übermäßiger Beeinträchtigung schützt es in manchen Fällen sogar Personen der Zeitgeschichte, denen das verfassungsrechtlich unbedenkliche KUG weniger Privatheit lässt;[289] sie geben diesen Schutz jedoch preis, soweit sie ihre Prominenz selbst vermarkten. Der EGMR hat den Schutz der Privatsphäre gegen die **Bildberichterstattung** verstärkt: Prominente Privatpersonen, die keine öffentl. Ämter bekleideten, dürften nicht als „absolute Personen der Zeitgeschichte" eingestuft werden; der Staat sei verpflichtet, sie gegen die Veröffentlichung von Fotos zu schützen, sofern diese keinen Beitrag zu einer öffentl. Debatte leisteten.[290] – Kriminelle bewahrt auch eine verbüßte Strafe nicht generell davor, „in der Öffentlichkeit ... mit der Tat konfrontiert zu werden."[291]

Eine neue Dimension der Beeinträchtigung des Persönlichkeitsrechts eröffnet das **Internet** unter 131a drei Aspekten: Die Digitalisierung ermöglicht die gezielte Recherche nach Daten über eine bestimmte Person. Diese Daten sind weltweit abrufbar (während eine Meldung in einer Lokalzeitung oder eine Schmähschrift in einer kleinen Gazette nur einen sehr begrenzten Leserkreis erreicht). Und vor allem vergisst das Internet nichts, sondern hält Informationen über Jahrzehnte zurückliegende Ereignisse präsent, die in klassischen Zeitungsarchiven vor sich hingeschlummert wären. Dies wirft die Frage auf, ob hier neue Schutzmöglichkeiten (etwa Löschungsansprüche) zum Persönlichkeitsschutz geschaffen werden müssen.[292] Bewertungsportalbetreibern kommt in diesem Zusammenhang die Pflicht zu, Beanstandungen eingehend zu prüfen.[293]

**d) Recht auf eigenverantwortliche Gestaltung des äußeren Erscheinungsbildes.** Das Persönlichkeitsrecht umfasst grundsätzlich das Recht auf eigenverantwortliche Gestaltung des äußeren Erscheinungsbildes, z. B. der Haar- und Barttracht (→ Fn. 274) oder des Ohrschmucks (BVerfG [K] NJW 1991, 1477). Einschränkungen für Bundeswehrsoldaten sind aus Gründen der Hygiene oder der Funktionsfähigkeit anerkannt worden.[294] 132

**e) Name und akademischer Titel.** Der **Name** ist Bestandteil des Persönlichkeitsrechts (BVerfGE 133 78, 38 [49]) und genießt erheblichen Schutz (BVerfG [K] StAZ 2001, 207 ff.). Die Einschränkung der freien Namensänderung verletzt Art. 2 I nicht (BVerwG NVwZ 1982, 111), auch nicht der Ausschluss des Familiendoppelnamens für Kinder, deren Eltern keinen gemeinsamen Ehenamen führen (BVerfGE 104, 373 [391 ff.]). Dagegen soll eine Regelung, die ausschließt, dass Ehegatten zum Ehenamen einen durch frühere Eheschließung erworbenen Familiennamen bestimmen können, mit Art. 2 I iVm 1 I unvereinbar sein (BVerfGE 109, 256 [265 ff.]).

Das Recht zur Führung ordnungsgemäß erworbener **akademischer Titel** ist durch Art. 2 I 134 geschützt. Jedoch besteht kein Anspruch auf Eintragung in die Namensspalte des Personalausweises (BVerwGE 57, 203 [206 f.]).

**f) Sexuelle Identität und Selbstbestimmung** gehören zur geschützten Persönlichkeitssphäre. So 134a ist auch das Recht eines Transsexuellen auf Anerkennung seiner selbstbestimmten geschlechtlichen

---

[285] Instruktiv *Gounalakis,* Persönlichkeitsschutz und Geldersatz, AfP 1998, 10 ff.; Neujustierungen in BVerfG NJW 2020, 2622, 2629, 2631, 2636.

[286] Vgl. z. B. BVerfGE 97, 125 (147 ff.) (Gegendarstellung auf der Titelseite).

[287] Vgl. BVerfGE 35, 202 (225 f.); 63, 131 (144); krit. *Starck* MKS I, Art. 2 Rn. 182 f. – Zum privatrechtl. Persönlichkeitsschutz gegenüber den Medien z. B. *Prinz* NJW 1995, 817 ff. mwN; *Prinz/Peters,* Medienrecht. Die zivilrechtlichen Ansprüche, 1999.

[288] Vgl. z. B. BVerfGE 35, 202 (225 f.); 63, 131 (144); 101, 361 (393 f., 396) – „Caroline"; BVerfG 103, 44 (64 ff.) – Fernsehaufnahmen in Gerichtsverhandlungen. Vgl. demgegenüber aber o. Fn. 261.

[289] Vgl. etwa die diff. Beschlüsse des BVerfG (K) NJW 2000, 2189 ff., sowie BVerfGE 35, 202 (225 f.) – Lebach; 63, 131 (144); 101, 361 (insb. 391 ff.).

[290] EGMR NJW 2004, 2647 Abs.-Nr. 60, 72 ff. – Caroline; dazu z. B. *Stürner* JZ 2004, 1018 ff.; *Grabenwarter* AfP 2004, 309 ff.

[291] Fernsehfilm nahezu 30 Jahre nach einem Mord: BVerfG (K) NJW 2000, 1859 – Lebach II; vgl. BVerfGE 97, 391 (397 ff., insb. 403 ff.): Selbstdarstellung des Opfers darf den Täter u. U. soweit nötig individualisierbar machen.

[292] Dazu eingehend *Th. Dreier* FS Löwenheim, 2009, S. 67 ff.; *Wilms,* in: Hochhuth (Hg.), Nachdenken über Staat und Recht, 2010, S. 23 ff.; vgl. auch *A. Diedrichsen* FS Gerda Müller, 2009, S. 507 ff. – BGH NJW 2010, 757, sieht Online-Archive von Massenmedien als unbedenklich an; vgl. auch BGH NJW 2010, 2432 ff.; BGH NJW 2013, 229; krit. dazu *Diesterhöft* ZJS 2010, 251 ff.; *Reich* K&R 2013, 44 ff. – Zu Bewertungsportalen BGH NJW 2009, 2888; dazu *Kaiser* NVwZ 2009, 1474 ff. – Zum Schutz gegen behördliche Verbraucherinformationen über (angebliche) Verstöße gegen lebensmittelrechtliche Vorschriften („Internet-Pranger") BayVGH, Beschl. v. 18.3.2013 – 9 CE 12 2755, Rn. 19, 22 – juris; VGH BW NVwZ 2013, 1022 (1023); *Dannecker* JZ 2013, 924 ff. (932). – Allg. zu Persönlichkeitsrecht und Internet *Pfeifer* JZ 2013, 853 ff.

[293] BGH BeckRS 2016, 06437.

[294] Vgl. BVerwGE 46, 1 (2 f.); 76, 66 (67); BVerwGE 76, 60 (62); jüngst BVerwG, NVwZ-RR-2014, 767; für Schüler: OLG Stuttgart NJW 1971, 2075 (2076). Ferner hierzu *Michaelis,* Tattoos als Einstellungshindernis für (Polizei-)Vollzugsbeamte, JA 2015, 370.

Identität geschützt (BVerfGE 121, 175 [190 f.]; vgl. auch 128, 109 [124]). Das gilt auch für intersexuelle Menschen (BVerfGE 147, 1).[295]

135   **g) Schulunterricht.** Staatl. Schulunterricht kann – obwohl er eine Leistung darstellt – in das Persönlichkeitsrecht der Schüler unzulässig eingreifen, wenn er mit den gesetzlich bestimmten Erziehungszielen nicht in Einklang steht,[296] politisch, ideologisch oder weltanschaulich indoktriniert oder die Persönlichkeitsentwicklung sozialtechnologisch verplant.[297] Schulische Sexualerziehung darf Jugendliche psychisch nicht verletzen und muss auf den geistig-seelischen Aspekt der Sexualität Rücksicht nehmen.[298]

136   **h) Menschenwürde.** Sieht man die Menschenwürdegarantie (Art. 1 I) nicht als selbstständiges Grundrecht an,[299] sondern (nur) als objektivrechtliche Verpflichtung[300] – dafür spricht die Formulierung von Art. 1 I und III –, dann ist **jede Verletzung** der Menschenwürde, jede menschenunwürdige Behandlung (→ Art. 1 Rn. 13 ff.), zugleich eine Verletzung des allgemeinen Persönlichkeitsrechts.[301]

136a   **i) Strafprozess und -vollzug.** Aus Art. 2 I iVm 1 I folgt das Recht, sich **nicht selbst** einer Straftat **bezichtigen** zu müssen (→ Rn. 71, 73). Dieses Recht ist auf **jurist. Personen nicht anwendbar** (BVerfGE 95, 220 [242]). Der Schutz gegen Selbstbelastungen (Selbstbelastungsfreiheit) wird hierbei (neuerdings) (BVerfGE 133, 168 Rn. 60; BVerfG NJW 2014, 3506) (auch) auf das Rechtsstaatsprinzip gestützt (Art. 2 I iVm Art. 20 III).[302] Im Strafvollzug darf eine Inspektion von Körperöffnungen Strafgefangener nicht routinemäßig vorgenommen werden (BVerfG NJW 2013, 3291 Rn. 15 f.); ebenfalls unzulässig ist die Unterbringung in einem Raum mit Videoüberwachung bei vollständiger Entkleidung (BVerfG, NJW 2015, 2100 Rn. 30).[303] **Sterbende Strafgefangene** (und andere in behördlichem Gewahrsam befindliche Personen) haben einen aus Art. 2 I iVm Art. 1 I GG folgenden Anspruch darauf, dass ein dem eigenen (ggfs. religiösen, insofern iVm Art. 4 I, II) Selbstverständnis (Rn. 59 ff.) entspr. Sterben auch in Gegenwart Angehöriger (insofern iVm Art. 6 I, II) ermöglicht wird.[304] Ein Entlassungsanspruch resultiert daraus in aller Regel aber nicht.[305]

136b   **j) Technische Ermittlungseingriffe.** Eingriffe in das allgemeine Persönlichkeitsrecht durch die Verwendung von Instrumenten technischer Observation erreichen in Ausmaß und Intensität typischerweise nicht den unantastbaren Kernbereich privater Lebensgestaltung.[306] Beim Einsatz moderner Ermittlungsmethoden ist aber durch die Verfahrensgestaltung sicherzustellen, dass „additive Eingriffe" – also parallel durchgeführte unterschiedliche Überwachungsmaßnahmen – nicht das mit dem Verhältnismäßigkeitsgrundsatz noch zu vereinbarende Ausmaß überschreiten (BVerfGE 112, 304 [319 f.]). Zu „Rasterfahndung" und „Online-Durchsuchung" → Rn. 121 c.

136c   **k)** Anordnung der Betreuung. Die Anordnung der Betreuung stellt einen Eingriff in das allgemeine Persönlichkeitsrecht dar und setzt eine belegbare, gravierende Gefährdung des Betroffenen oder anderer voraus.[307] Die Verlängerung einer Betreuung bedarf zu ihrer Rechtmäßigkeit einer Anhörung des Betroffenen.[308]

## V. Verhältnis zu anderen Grundrechten

137   **1. Allgemeines Freiheitsrecht und Spezialgrundrechte. a) Die allgemeine Handlungsfreiheit** als „Auffanggrundrecht" ist **subsidiär gegenüber allen Spezialfreiheitsrechten,** kommt also nicht zur Anwendung, wenn ein Eingriff in den Schutzbereich eines besonderen Freiheitsrechts gegeben ist,[309] und zwar auch dann, wenn dieser gerechtfertigt und der Betreffende in dem speziellen Grundrecht nicht verletzt ist. Dies gilt auch im Verhältnis zum allgemeinen Persönlichkeitsrecht.[310] Keine Subsidiarität besteht dagegen im Verhältnis zu den Gleichheitsrechten. Art. 2 I und z. B. Art. 3 I können – unter verschiedenen sachlichen Gesichtspunkten – durch dieselbe Maßnahme nebeneinander

---

[295] Diff. hierzu *Rixen,* JZ 2018, 317 ff.

[296] *Starck* MKS I, Art. 2 Rn. 150 mit Hinweis auf *Evers,* Die Befugnis des Staates zur Festlegung von Erziehungszielen in der pluralistischen Gesellschaft, 1979, S. 134 ff.

[297] *Starck* MKS I, Art. 2 Rn. 151 mwN.

[298] BVerfGE 47, 46 (74 ff.); *Oppermann* JZ 1978, 289 ff.

[299] So aber z. B. BVerfGE 61, 126 (137); *Enders,* in: Friauf/Höfling, Art. 1 Rn. 5 ff. mwN.

[300] So z. B. *Dürig,* in: Maunz/Dürig, Art. 1 (1958) Rn. 4 mwN; *Enders,* in: Friauf/Höfling, Art. 1 Rn. 47 ff., 60 ff.

[301] In diese Richtung bereits *Dürig,* in: Maunz/Dürig, Art. 2 Abs. I (1958) Rn. 1 ff., 34 ff. Vgl. auch *Di Fabio,* ebda (2001), Rn. 130.

[302] *Jarass,* in: Jarass/Pieroth, Art. 2 Rn. 68a.

[303] *Jarass,* in: Jarass/Pieroth, Art. 2 Rn. 72a.

[304] Vgl, allg. zu einem „endlichkeitssensiblen" Grundrechtsschutz *Rixen,* VVDStRL 74 (2015), 293 (336 f.); zum Praxisproblem s. die Beiträge im „Informationsdienst Straffälligenhilfe" H. 1/2017 (hrsg. v. der Bundesarbeitsgemeinschaft Straffälligenhilfe BAG-S).

[305] Vgl. EGMR, GesR 2017, 364 (zu Art. 2 EMRK).

[306] BVerfGE 112, 304 (318) – GPS, m. Hinw. auf BVerfGE 80, 367 (375); 109, 279 (319).

[307] BVerfG, NJW 2010, 3360; BVerfG, NJW 2015, 1666 Rn. 26 f.

[308] BVerfG, FamRZ 2016, 1041.

[309] BVerfGE 30, 292 (336); 58, 358 (363).

[310] Vgl. *Kunig,* in: v. Münch/Kunig I, Art. 2 Rn. 91.

verletzt sein.[311] Besteht jedoch die Verfassungswidrigkeit des Freiheitseingriffs in nichts anderem als darin, dass die Ermächtigungsgrundlage wegen Verstoßes gegen Art. 3 nichtig ist, dann ist *insoweit* Art. 3 als speziell anzusehen.[312]

**b) Das allgemeine Persönlichkeitsrecht** als unbenanntes Freiheitsrecht steht selbstständig neben **138** anderen speziellen Freiheitsrechten. Es kann gegenüber solchen Grundrechten, die ebenfalls den Schutz des Persönlichen bezwecken – insb. Art. 10, 13 oder 6 I – das speziellere sein, wie auch umgekehrt.[313] Nach der neueren Rechtsprechung verdrängen aber Art. 10 und 13 in ihrem Anwendungsbereich das informationelle Selbstbestimmungsrecht bzw. das allgemeine Persönlichkeitsrecht,[314] sofern nicht aus Art. 2 I iVm Art. 1 I „ein eigenständiger Freiheitsbereich mit festen Konturen erwachsen ist".[315] Das Recht auf Gewährleistung der Vertraulichkeit und Integrität informationstechnischer Systeme ist gegenüber dem informationellen Selbstbestimmungsrecht subsidiär (BVerfGE 120, 274 [302 f.]). Sieht man Art. 1 I als selbstständiges Grundrecht an (→ Fn. 285), so ist er im Verhältnis zu Art. 2 I spezieller.

**2. Art. 2 I als Auffangrecht für Ausländer.** Einige Grundrechte (insb. Art. 8, 9 I, 11, 12 I) gelten **139** nur für Deutsche. Freiheitseingriffe, die zwar in den sachlichen, nicht jedoch in den personellen Schutzbereich dieser Grundrechte fallen – z. B. die Beschränkung der Freiheit der Berufsausübung für einen Türken –, berühren den Schutzbereich der allgemeinen Handlungsfreiheit, die eine **Auffangfunktion** auch **in personeller Hinsicht** – für Ausländer und Staatenlose – hat.[316]

Dies darf aber nicht so verstanden werden, dass Nichtdeutsche denselben Schutz, der deutschen **140** Staatsangehörigen über die Spezialgrundrechte gewährleistet ist, über Art. 2 I erhalten. Dies würde die Entscheidung des GG, bestimmte Grundrechtsgarantien Deutschen vorzubehalten, unterlaufen. Schutz bietet Art. 2 I daher nur vor solchen Eingriffen, die von *seinen* Schranken nicht gedeckt sind.[317] Dies bedeutet, dass sich Art. 2 I in Bezug auf Einschränkungen z. B. der Berufs- oder Versammlungsfreiheit für Ausländer im Wesentlichen nur dahingehend auswirkt, dass diese einen **Anspruch auf Beachtung des Vorbehalts des Gesetzes** und der anderen rechtsstaatlichen Garantien haben.[318] Bei der Anwendung des Verhältnismäßigkeitsgrundsatzes (wie auch des Willkürverbots) ist aber zu beachten, dass die Verfassung im speziellen Regelungsbereich des sachlich einschlägigen Deutschengrundrechts den Ausländer nicht schützen will. Dieser Umstand erleichtert zumindest die Rechtfertigung des Eingriffs. Ob sich weitergehende Folgerungen daraus ergeben, wird in der Rechtsprechung des BVerfG nicht ganz klar: In einer Entscheidung sagt das Gericht, ein Gesetz, welches Ausländern den Zugang zu einem Beruf verwehrt, sei mit Art. 12 I vereinbaren und gehöre „demnach" zur verfassungsmäßigen Ordnung i. S. von Art. 2 I (BVerfGE 78, 179 [197]). Das könnte bedeuten, dass ein gesetzliches Verbot der Betätigung eines Ausländers im Schutzbereich eines Deutschengrundrechts aufgrund der speziellen Entscheidung dieses Grundrechts von vornherein gerechtfertigt ist, so dass iR von Art. 2 I nur formale Aspekte der Rechtsstaatlichkeit (z. B. Bestimmtheitsgebot) zu prüfen blieben. Für den Gesetzgeber ergäben sich materiellrechtliche Grenzen seiner Einschränkungsbefugnis dann nur aus der Menschenwürdegarantie (Art. 1 I)[319] und aus den allg. Regeln des Völkerrechts (Art. 25). In anderen Entscheidungen hat das BVerfG aber eine auch materiell uneingeschränkte Prüfung von Gesetzen am Maßstab des Art. 2 I vorgenommen.[320]

---

[311] Vgl. BVerfGE 13, 21 (26, 30); 19, 206 (225) und z. B. *Kunig*, in: v. Münch/Kunig I, Art. 2 Rn. 88.

[312] Vgl. BVerfGE 59, 128 (163); so ist wohl auch BVerfGE 19, 206 (225) zu verstehen.

[313] Vgl. etwa BVerfGE 35, 35 (39); 57, 170 (177 f.); krit. *Cornils* HStR VII § 168 Rn. 35.

[314] Vgl. BVerfGE 107, 299 (312) mwN; 109, 279 (325 f.); 115, 166 (186 f.); 124, 43 (53 ff.).

[315] So BVerfGE 115, 166 (187): Wohnungsdurchsuchung (Art. 13 I) zwecks Sicherstellung von Datenträgern oder Mobiltelefonen, auf denen Telekommunikationsverbindungsdaten gespeichert sind (Art. 2 I iVm Art. 1 I).

[316] BVerfGE 35, 382 (399 ff.); 49, 168 (180 ff.); 78, 179 (196 f.); 104, 337 (345 f.); *Di Fabio*, in: Maunz/Dürig, Art. 2 Abs. 1 (2001) Rn. 30 ff., insb. 32–34 mwN; *Gundel* HStR IX, § 198 Rn. 5 f. (h. M.); aA z. B. *Dürig*, in: Maunz/Dürig, Art. 2 Abs. 1 (1958) Rn. 66; *Schwabe* NJW 1974, 1044 f.; *Scholz* AöR 100 (1975), 112 (118 ff.); *Hailbronner* NJW 1983, 2105 (2110 ff.); *Stern*, StaatsR IV/1, § 104, S. 943 ff., 985; krit. auch *Quaritsch* HStR V², 2000, § 120 Rn. 130 f.

[317] BVerfGE 35, 382 (399); 78, 179 (197).

[318] Vgl. z. B. BVerfGE 35, 382 (400); 78, 179 (197).

[319] Vgl. *Isensee* VVDStRL 32 (1974), 49 (80); *Starck* MKS I, Art. 2 Rn. 46; *Quaritsch* HStR V², § 120 Rn. 134, der sich zutr. gegen die Bezugnahme auf „Menschenwürde-Kerne" in Deutschengrundrechten wendet und die Bedeutung der Menschenwürde im gegebenen Zusammenhang konkretisiert. – Gegen die weitergehende Annahme, dass Ausländer auch in dem Deutschenrechten innewohnenden „Menschenrechtsgehalt" geschützt seien (z. B. *Starck* MKS I, Art. 2 Rn. 46), zutr. *Quaritsch* HStR V², § 120 Rn. 133.

[320] Vgl. z. B. BVerfGE 96, 10 (21 ff.); BVerfG (K) DVBl 2001, 892 (893 f.). – Für EU-Bürger ist dies im Hinblick auf Art. 23 geboten, soweit das EU-Recht diskriminierungsfreien Rechtsschutz verlangt und sofern nicht der personale Schutzbereich der Deutschenrechte EU-konform erweiternd ausgelegt wird, wie dies z. B. *Breuer* HStR VIII, § 170 Rn. 43, für Art. 12 fordert. Diff. *Jarass*, in: Jarass/Pieroth, Art. 12 Rn. 12 und Art. 19 Rn. 12 mwN.

# C. Der Schutz von Leben und körperlicher Unversehrtheit (Abs. 2 S. 1)

## I. Der Grundrechtstatbestand

141    **1. Das Recht auf Leben. a) Der sachliche Schutzbereich.** Art. 2 II schützt das Leben jedes Menschen, **verbietet** also grundsätzlich die gezielte **Tötung** von Menschen, aber auch solche Verhaltensweisen, die unbeabsichtigt den Tod eines Menschen herbeiführen. – Zur Konkretisierung des Schutzbereichs bedarf es der Klärung der Begriffe „Mensch" und „Leben". Was ein Mensch im Unterschied zu anderen Lebewesen ist, war bislang – im Kontext des Art. 2 II – noch nicht erläuterungsbedürftig, könnte jedoch angesichts der Möglichkeiten moderner Biotechnologie problematisch werden, wenn etwa menschlich-tierische Chimären erzeugt würden. Problematisch ist dagegen heute schon, von welchem Entwicklungsstadium ab ein menschliches Lebewesen als Mensch zu betrachten ist (→ Rn. 143 ff.). Der Begriff des Lebens[321] ist im Zusammenhang mit seinem Ende problematisch geworden. Er kann nicht von vornherein mit naturwissenschaftlichen Begriffsbestimmungen gleichgesetzt werden, schon deshalb nicht, weil diese im Hinblick auf die Bestimmung der Grenzen keineswegs „objektiv" sind, sondern wertende Elemente enthalten.[322] Mit dem Leben des Menschen ist in Art. 2 II die physische Existenz des Menschen zwischen Beginn und Tod gemeint.[323] Die Kriterien hierfür müssen normativ entwickelt werden.

142    Das menschliche Leben endet mit dem **Tod,** den die Medizin als **Hirntod,** nämlich als den vollständigen und irreversiblen Zusammenbruch der Gesamtfunktion des Gehirns, definiert.[324] Der Zeitpunkt spielt vor allem für Organentnahmen eine Rolle. Indem das Transplantationsgesetz auf das Hirntodkriterium abstellt, erleichtert es die Organentnahme zugunsten der von diesem Zeitpunkt an bereits geltenden „erweiterten Zustimmungslösung" (Zustimmung durch den nächsten Angehörigen ausr.). Das vom Transplantationsgesetz aufgenommene Hirntodkonzept sieht sich in neuerer Zeit vermehrter Kritik ausgesetzt:[325] Der Hirntote sei ein sterbender, aber noch lebender Mensch. Das Hirntodkriterium sei pragmatisch begründet. Indem es anstelle der bei Lebenden rechtlich gebotenen „engen Zustimmungslösung"[326] (Zustimmung durch den Organspender selbst) die Anwendung der bei Verstorbenen zulässigen „erweiterten Zustimmungslösung" ermögliche, solle die Zahl der verfügbaren Transplantate erhöht werden.[327] Der verfassungsrechtliche Schutz des Lebens dürfe aber nicht von Zweckmäßigkeitserwägungen abhängen. Dem wird entgegengehalten, dass mit dem Hirntod der unumkehrbare Verlust der Wahrnehmungs-, Empfindungs-, Denk- und Entscheidungsfähigkeit einhergehe. Deshalb sei der betroffene Mensch nicht mehr ein Lebewesen in körperlich-geistiger oder leiblich-seelischer Einheit.[328] Ob es gerade hierauf verfassungsrechtlich ankommt, ist aber fraglich. Dass die Unumkehrbarkeit des Sterbeprozesses mit dem Tod gleichzusetzen sei, ist noch nicht zwingend begründet worden. Gerade beim Leben als der natürlichen Basis jeder Grundrechtsausübung wird man im Zweifel die das Schutzgut effektiver schützende Auslegungsmöglichkeit wählen müssen[329] und daher den Tod erst bei völligem Zusammenbruch des gesamten Organismus annehmen können.[330]

143    Das Leben im verfassungsrechtlichen Sinne **beginnt** nicht erst mit der Geburt, sondern nach noch überwiegender Ansicht schon mit der **Befruchtung der Eizelle.** Denn damit wird ein Prozess kontinuierlicher biologischer Entwicklung in Gang gesetzt, in dem das von Anfang an in seiner genetischen Identität vorhandene menschliche Leben durch ständige Modifikation allmählich mensch-

---

[321] Dazu ausf. *Anderheiden* KritV 84 (2001), 353 (356 f.).

[322] Zutr. *Anderheiden* KritV 84 (2001), 353 (356 f.).

[323] Damit wird der Mensch nicht auf seine Körperlichkeit reduziert. Er ist physisch-psychisch-geistige Einheit. Gegenstand der ersten Alt. des Art. 2 II 1 ist aber die nur physische Existenz als notwendiges Element dieser Einheit, vgl. *Dürig*, in: Maunz/Dürig, Art. 2 Abs. II (1958) Rn. 9; aA *Anderheiden* KritV 84 (2001), 353 (362 f.).

[324] Wiss. Beirat der Bundesärztekammer, Dt. Ärzteblatt 1982, 35 ff., fortgeschrieben Dt. Ärzteblatt 1986, 2940 ff.; 1991, 2855 ff.; 1993, 1975 ff.; jurist. zustimmend z. B. *Eser/Sternberg-Lieben*, in: Schönke/Schröder, StGB, 30. Aufl. 2019, vor §§ 211 ff. Rn. 19 ff. m. umfangr. Nachw.; *Anderheiden* KritV 84 (2001), 353 (367 ff.); *Müller-Terpitz* HStR VII, § 147 Rn. 32; krit. *Sachs*, in Stern: StaatsR IV/1, § 98, S. 146 ff.; für Herztod *Herdegen*, in: Maunz/Dürig, Art 1 Abs. 1 (2009) Rn. 56.

[325] *Höfling* JZ 1995, 26 (32 f.); *ders.* JZ 1996, 615 ff., MedR 1996, 6 ff. und Art. 1 Rn. 63; *Grewel* ZRP 1995, 217 ff.; *Rixen*, Lebensschutz am Lebensende, 1999, S. 23 ff., 288 ff. und 390 ff.; *ders.* ZRP 1995, 461 ff.; *Beckmann* ZRP 1996, 219 ff.; *Tröndle*, FS H. J. Hirsch, 1999, S. 779 ff. 790 f.; *Esser*, Verfassungsrechtliche Aspekte der Lebendspende von Organen zu Transplantationszwecken, 2000, S. 17 ff. und 25.

[326] *Höfling* JZ 1995, 26 (31); *Tröndle* ZfL 1997, 3; *Schachtschneider/Siebold* DÖV 2000, 129 (131, 134).

[327] Vgl. *Tröndle*, FS H. J. Hirsch, 1999, S. 781, 784, 785, 786, 790; *Schachtschneider/Siebold* DÖV 2000, 129 (137); *Ugowski*, Rechtsfragen der Lebendspende von Organen, 1998, S. 16.

[328] Erklärung Deutscher Wissenschaftlicher Gesellschaften zum Tod durch völligen und endgültigen Hirnausfall, FAZ v. 28.9.1994, S. N 3, zit. bei *Beckmann* ZRP 1996, 221; jurist. Verteidigung des Hirntodkonzepts: *Heun* JZ 1996, 213 ff.; *Lang* ZRP 1995, 457 ff.; *Kluth/Sander* DVBl 1996, 1285 (1287 ff.); *Seewald* VerwArch. 1997, 199 (209 ff.); *Anderheiden* KritV 84 (2001), 353 (367 ff.).

[329] Vgl. *Rixen* (Fn. 325), S. 310 f.; *Höfling* MedR 1996, 6 (7 f.); *Esser* (Fn. 325), S. 25 mwN.

[330] *Höfling* JZ 1996, 615 (617); *Rixen* (Fn. 325), S. 389 f.; vgl. auch *Schulze-Fielitz*, in: Dreier I, Art. 2 II Rn. 30 f.

liche Gestalt gewinnt.[331] Jedenfalls ab Einnistung des befruchteten Eies in die Gebärmutter (Nidation) handelt es sich um nicht mehr teilbares Leben, das sich in dem Prozess des Wachsens und Sich-Entfaltens nach Ansicht des Bundesverfassungsgerichts nicht erst zum Menschen, sondern als Mensch entwickelt (BVerfGE 88, 203 [251 f.]). Ob die Unterscheidungen, die das BVerfG vor längerer Zeit und ausschl. mit Blick auf die Problematik des Schwangerschaftsabbruchs entwickelt hat, in jeder Hinsicht plausibel auf neuere biomedizinische Fragestellungen übertragen werden können, erscheint zweifelhaft. Denkbare Differenzierungen, die dem objektivrechtlich fundierten Schutzauftrag zugunsten des menschlichen Lebens gerecht werden, bedürfen sorgfältiger Prüfung (→ Rn. 223a ff.).

Da Art. 2 II mit dem Begriff des Lebens auf natürliche Zusammenhänge verweist, liegt es nahe, den **144** **normativen** mit dem deskriptiven **Begriff des Lebens** zu identifizieren. Zwingend ist das zwar nicht, doch müsste eine Abweichung durch den – nur aus dem Regelungszusammenhang erfassbaren – Normzweck begründet werden. Das BVerfG sieht Art. 2 II im normativen Zusammenhang mit der Menschenwürde und vertritt die Auffassung, dass jedem menschlichen Leben, das biologisch existiert, also **auch dem ungeborenen menschlichen Leben, Menschenwürde** zukommt.[332] Somit erstreckt sich der Schutz des Art. 2 II auch auf das ungeborene Leben.[333]

Offengelassen hat das BVerfG die Frage, ob der grundrechtliche Schutz erst mit der Einnistung des **145** befruchteten Eies in der Gebärmutter (**Nidation**) beginnt **oder** bereits mit der **Verschmelzung von Ei- und Samenzelle.**[334] Diese Frage bedarf vor allem im Hinblick auf die extrakorporale Befruchtung einer Antwort. Stellt man auf die Nidation ab,[335] genießt extrakorporal erzeugtes und sich entwickelndes Leben keinen Schutz. Mag es auch gute Gründe dafür geben, dass der strafrechtliche Schutz der Leibesfrucht erst mit der Nidation beginnt,[336] so wird man auch ohne oder vor der Einnistung in die Gebärmutter menschlichem Leben den Schutz des Art. 2 II nicht absprechen können, wenn man die Auffassung des BVerfG teilt, dass *jedes* menschliche Leben Menschenwürde besitzt. Nach überwiegender Auffassung[337] setzt daher der verfassungsrechtliche Schutz des Lebens bereits mit erfolgter Konzeption ein.

Unproblematisch ist das nicht (→ Rn. 143). Zwar beginnt das menschliche Leben mit der Befruch- **145a** tung. Doch schützt Art. 2 II 1, wie das BVerfG annimmt, **das menschliche Leben oder** – wie der Wortlaut nahe legt – **das Leben des Menschen?** Und besteht insoweit ein sachlicher Unterschied? Die Vorschrift sagt, „jeder" habe das Recht auf Leben. „Jeder" heißt im Grundgesetz immer „jeder Mensch". Ist also der Embryo bereits ein Mensch iS dieser Vorschrift? Das BVerfG hat diese Frage – gegen den allg. und auch den sonstigen jurist. Sprachgebrauch[338] – mit Blick auf die Entstehungsgeschichte[339] und auf Sinn und Zweck des Grundrechts bejaht. „Jeder" bedeute „jeder Lebende", „jedes Leben besitzende menschliche Individuum" (BVerfGE 39, 1 [37]).

Dies wird weithin für überzeugend gehalten, weil zu diesem Zeitpunkt die das Menschsein kon- **145b** kretisierenden Kriterien (Spezieskriterium – „ich gehöre zur Gattung Mensch", Potentialitätskriterium – „ich habe schon potentiell alle Fähigkeiten eines Menschen", Kontinuitätskriterium – „zwischen mir gibt es nur graduelle Unterschiede", Identitätskriterium – „das war schon immer ich") bereits vorhanden sind[340] (auch → Rn. 215 ff., → Rn. 223a ff.). Dass diese Kriterien dem rechtlichen Lebensbegriff des Art. 2 II 1 GG immanent sein sollen, versteht sich nicht von selbst, sondern ist begründungsbedürftig.

**b)** Von dieser Bestimmung des geschützten Rechtsguts ist die Frage nach dem **personellen** **146** **Schutzbereich** zu unterscheiden. Das BVerfG hat bislang nicht entschieden, ob die Grundrechtsfähigkeit erst mit der Geburt beginnt oder ob auch der Nasciturus Träger der subjektiven Rechte auf Leben und körperliche Unversehrtheit ist. Dagegen könnte sprechen, dass es sich beim werdenden Leben noch nicht um einen voll ausgebildeten Menschen handelt. Andererseits ist der Embryo nach überwiegender Ansicht bereits das unverwechselbare und mit dem später geborenen Menschen identische Individuum, dem schon Menschenwürde zusteht. Der Zeitpunkt der Geburt ist keine für

---

[331] *Müller-Terpitz* HStR VII, § 147 Rn. 16 mwN; krit. dazu *Hilgendorf* NJW 1996, 758 ff.

[332] BVerfGE 39, 1 (41); 88, 203 (251 f.). Zur Diskussion in der Lit. um Ver- oder Entkoppelung von Menschenwürdegarantie und Lebensgrundrecht vgl. *Enders,* in: Friauf/Höfling, Art. 1 Rn. 54 mwN.

[333] H. M.; aA *Hoerster* JR 1995, 51 ff.; vgl. auch *ders.* JuS 1995, 192 ff.; NJW 1997, 773 ff.; JuS 2003, 529.

[334] BVerfGE 39, 1 (37); 88, 203 (251).

[335] So z. B. *H. Hofmann* JZ 1986, 253 (258 f.); *Anderheiden* KritV 84 (2001), 353 (378 ff.); *Di Fabio,* in: Maunz/Dürig, Art. 2 II (2004) Rn. 25; *Jarass,* in: Jarass/Pieroth, Art. 2 Rn. 82.

[336] Vgl. z. B. *Mersson,* Fortpflanzungsmedizin und Strafrecht, 1984, S. 143 ff. – Der extrakorporal erzeugte Embryo ist strafrechtlich nach dem EmbryonenschutzG (BGBl 1990 I 2746) geschützt.

[337] Vgl. *Starck,* Verh. des 56. DJT, 1986, Bd. I, S. A 1 (16 f.); *ders.* MKS I, Art. 2 Rn. 192; *Fechner* JZ 1986, 653 (660); *Laufs* JZ 1986, 769 (774); *Graf Vitzthum* MedR 1985, 249 (252); *Herzog* JR 1969, 441 (442); *Lorenz* HStR VI², 1989, § 128 Rn. 12; *Müller-Terpitz* HStR VII, § 147 Rn. 25, 16; *Stern,* StaatsR III/1, S. 1057 f.; *Kunig,* in: v. Münch/Kunig I, Art. 2 Rn. 49; *Schulze-Fielitz,* in: Dreier I, Art. 2 II Rn. 29; *Steiner,* Der Schutz des Lebens durch das Grundgesetz, 1992, S. 11; *Morsey,* in: Wagner, Rechtliche Rahmenbedingungen für Wissenschaft und Forschung I, 2000, S. 293, 301 f. mwN; *Höfling,* Reprogenetik und Verfassungsrecht, 2001, S. 20 ff.

[338] Vgl. dazu *Lübbe* ZfP 1989, 138 (142).

[339] BVerfGE 39, 1 (38 ff.). Krit. dgg. z. B. *Lübbe* ZfP 1989, 138 (143 f.).

[340] *Lang,* in: Epping/Hillgruber BeckOK GG, Art. 2 GG Rn. 59. AA *Murswiek* in Voraufl.

die Rechtssubjektivität notwendige Schranke. Da der Nasciturus Gegenstand des objektiven Schutzes von Art. 2 II ist, spricht der Gesichtspunkt möglichst effektiven Grundrechtsschutzes dafür, ihm diesbezüglich auch die Grundrechtssubjektivität zuzusprechen.[341]

147 **2. Das Recht auf körperliche Unversehrtheit.** Objektiv und subjektiv sind **alle lebenden Menschen** in ihrer körperlichen Integrität geschützt;[342] für das ungeborene Leben gilt dies ebenso wie hinsichtlich Art. 2 II 1 1. Alt. (→ Rn. 144 ff.).[343]

148 Das Recht auf körperliche Unversehrtheit schützt die konkrete Körperlichkeit des Menschen und ergänzt damit den Schutz der Integrität der geistig-sittlichen Persönlichkeit (Art. 2 I iVm 1 I) und der körperlichen Existenz (Recht auf Leben) um den Schutz der vom **Willen**[344] des Rechtsträgers umfassten **Integrität der Körpersphäre,** deren äußere biologisch-physiologische Grenze den Schutzbereich objektiv festlegt.[345] Vom Schutzbereich umfasst ist auch **Selbstbestimmungsrecht** über den eigenen Körper.[346]

149 Die **psychische Integrität** ist durch Art. 2 II (nur) insoweit geschützt, als durch Einwirkungen auf die Psyche körperliche Effekte hervorgerufen werden (können).[347] Dass der Mensch eine Einheit von Leib, Seele und Geist ist (BVerfGE 56, 54 [74 f.]), spricht nicht notwendig dafür, dass diese Einheit umfassend durch Art. 2 II geschützt ist. Der Wortlaut deutet eher darauf hin, dass nur der körperliche Aspekt hier, die übrigen Aspekte durch andere Grundrechte geschützt werden sollen.[348] Psychische Krankheiten lassen sich praktisch nie von physischen Bedingungen völlig ablösen. Schon deshalb dürfte der Auffassung zuzustimmen sein, dass „körperliche Unversehrtheit" ganz allg. auch das **Freisein von** „pathologischen Zuständen" und somit auch von **psychischen Krankheiten** (im Unterschied zu bloßen Beeinträchtigungen der psychischen Befindlichkeit) umfasst.[349] Das BVerfG nimmt darüber hinausgehend an, dass Art. 2 II auch vor **nichtkörperlichen Einwirkungen** schützt, die ihrer Wirkung nach körperlichen Eingriffen gleichzusetzen sind (BVerfGE 56, 54 [75]).

150 Als **Recht auf Gesundheit**[350] wäre Art. 2 II 1 2. Alt. nicht zutr. charakterisiert. Dieses Grundrecht enthält Elemente eines Rechts auf Gesundheit, garantiert ein solches Recht aber nicht umfassend und geht andererseits über ein solches Recht hinaus. Die Weltgesundheitsorganisation (WHO) definiert Gesundheit als einen „Zustand des vollständigen körperlichen, geistigen und sozialen Wohlbefindens". Dies geht über den Schutzbereich von Art. 2 II weit hinaus.[351] Andererseits ist der physiologische Gesundheitsbegriff (Gesundheit als Freisein von Krankheit und Gebrechen) zu eng: Art. 2 II schützt nicht nur vor Gesundheitsschäden i. S. von somatischen Funktionsstörungen, Körperschäden oder psychopathischen Störungen, sondern auch vor sonstigen Beeinträchtigungen der körperlichen Integrität,[352] beispielsweise vor Zufügung von Schmerzen (BVerfGE 56, 54 [73]).

## II. Eingriffe/Beeinträchtigungen

151 **1. Gezielte Eingriffe und ungewollte Beeinträchtigungen.** Für das Recht auf Leben und körperliche Unversehrtheit, das gegenständliche Schutzgüter schützt, gilt der **weite Eingriffsbegriff.**[353] Auch nichtfinale, „faktische" und mittelbare Beeinträchtigungen der Schutzgüter sind danach Eingriffe.

152 a) Ein **Eingriff in das Leben** ist somit jede gewollte oder auch ungewollte Tötung eines Menschen. Dazu gehört auch der Schwangerschaftsabbruch[354] oder die Vernichtung von extrakorporal erzeugten Embryonen.[355] Dies heißt freilich nicht, dass die Tötung ungeborenen Lebens verfassungsrechtlich in gleicher Weise wie die Tötung geborener Menschen zu bewerten ist. Das ist aber nicht eine Frage des Schutzbereichs oder des Eingriffs, sondern der Eingriffsrechtfertigung bzw. des Gewährleistungsumfangs (→ Rn. 215 ff.).

---

[341] So die h. M., vgl. *Di Fabio,* in: Maunz/Dürig, Art. 2 II (2004) Rn. 24 ff.; *Starck* MKS I, Art. 2 Rn. 203; *Jarass,* in: Jarass/Pieroth, Art. 2 Rn. 85; *Müller-Terpitz* HStR VII, § 147 Rn. 31 mwN; *Kunig,* in: v. Münch/Kunig I, Art. 2 Rn. 47; *Schulze-Fielitz,* in: Dreier I, Art. 2 II Rn. 40 f.; aA *Ipsen* JZ 2001, 989 (994 f.); *ders.* DVBl 2004, 1381 (1385).

[342] Vgl. z. B. *Schulze-Fielitz,* in: Dreier I, Art. 2 II Rn. 39; aA (Schutz der körperlichen Integrität auch nach dem Tod): *Schachtschneider/Siebert* DÖV 1999, 129 (133 f.).

[343] *Müller-Terpitz* HStR VII, § 147 Rn. 34; *Kunig,* in: v. Münch/Kunig I, Art. 2 Rn. 61.

[344] Vgl. BVerfGE 128, 282 (300, 312 f.); 129, 269 (280).

[345] Vgl. BVerfGE 56, 54 (73); *Müller-Terpitz* HStR VII, § 147 Rn. 41.

[346] BVerfGE 128, 282 [300]; E 129, 269 [280]; *Lorenz* BK, Art. 2 II (2012) Rn. 449 mwN.

[347] *Müller-Terpitz* HStR VII, § 147 Rn. 44.

[348] Vgl. *Müller-Terpitz* HStR VII, § 147 Rn. 44; *Lorenz* HStR VI², 1989, § 128 Rn. 18, 3.

[349] Vgl. *Hermes* (Fn. 34), 1987, S. 223.

[350] Dazu umf. *Jung,* Das Recht auf Gesundheit, 1982; *Seewald,* Zum Verfassungsrecht auf Gesundheit, 1981.

[351] *Starck* MKS I, Art. 2 Rn. 193; *Rauschning* VVDStRL 38 (1980), 179; *Kunig,* in: v. Münch/Kunig I, Art. 2 Rn. 62; *Müller-Terpitz* HStR VII, § 147 Rn. 44.

[352] *Müller-Terpitz* HStR VII, § 147 Rn. 42; *Kunig,* in: v. Münch/Kunig I, Art. 2 Rn. 62.

[353] Vgl. BVerfGE 66, 39 (60); *Müller-Terpitz* HStR VII, § 147 Rn. 45; *Sachs,* vor Art. 1 Rn. 83 ff.

[354] BVerfGE 39, 1 (42 f.); 88, 203 (251 f.).

[355] *Müller-Terpitz* HStR VII, § 147 Rn. 47.

Ungewollte Eingriffe in das Leben sind vor allem **Unfälle** mit Todesfolge oder z. B. **Umwelt-** 153 **verschmutzungen,** die über die Schadstoffbelastung von Luft, Wasser und Lebensmitteln tödliche Krankheiten (Krebs) verursachen.

**b) Eingriffe in die körperliche Unversehrtheit** sind alle beeinträchtigenden Einwirkungen auf den 154 Körper. Ein Eingriff liegt immer dann vor, wenn die **Beschaffenheit der Körpersubstanz verändert** wird.[356] Dazu gehört nicht nur die Zufügung von Gesundheitsschäden, Schmerzen[357] oder Körperverletzungen ieS, sondern auch z. B. die Blutentnahme, das Haareschneiden,[358] Operationen und sonstige Heileingriffe (aber → Rn. 206), die Zuführung von Stoffen, z. B. Injektionen, Zigarettenrauch (Passivrauchen – BVerfG 20.3.2013, NJW 2013, 1943 mwN) Narkotisierung, Zwangsernährung.[359]

**Lärm** ist ebenfalls eine Einwirkung auf den Körper, ein Eingriff aber nur dann, wenn er zu 155 Gesundheitsgefahren führt oder ein Ausmaß erreicht, das als körperlicher Schmerz empfunden wird bzw. das körperliche Befinden negativ verändert.[360]

Keine Eingriffe sind dagegen **bloße Berührungen** des Körpers ohne Beeinträchtigung der Substanz 156 wie z. B. bei rein äußerlichen, schmerzlosen diagnostischen Maßnahmen (Hirnstrommessung)[361] oder äußeren strafprozessualen Maßnahmen (§§ 81a–81c StPO).

Ein staatl. Eingriff ist nicht nur die unmittelbare Beeinträchtigung der körperlichen Integrität, sondern 157 auch die **Auferlegung von Nachteilen** bei Verweigerung der Einwilligung in die Vornahme von Eingriffen, z. B. Verweigerung der Immatrikulation bei Ablehnung einer Röntgenuntersuchung, der Verlust des Kita-Platzes bei Nichtbeachtung einer gesetzlich vorgeschriebenen Impfpflicht (§ 20 VIII IfSchG, auch → Rn. 186), die Einstellung von Sozialleistungen bei Ablehnung einer Heilbehandlung.[362]

Psychische Folter oder **Psychoterror** haben regelmäßig körperliche Auswirkungen und sind inso- 158 weit Eingriffe in Art. 2 II.[363] Dies kann u. U. auch für einschüchternden Schulunterricht gelten.[364]

**Ungewollte Eingriffe** (vor allem seitens Dritter, im Hinblick auf welche die Schutzpflicht zur 159 Geltung kommt) sind beispielsweise Unfallfolgen, Infizierung mit Krankheiten, Beeinträchtigung durch Umweltschadstoffe, z. B. Luftverunreinigungen, Rückstände von Pflanzenschutzmitteln in der Nahrung, giftige Ausgasungen aus Möbeln und Baustoffen.

Wird einem kranken Menschen aufgrund eines an Dritte gerichteten staatl. Verbots eine nach dem 159a Stand der medizinischen Forschung prinzipiell zugängliche **Therapie vorenthalten** (Bsp.: Verbot der Organspende durch mit dem Empfänger nicht verwandte oder sonst nahestehende Personen, § 8 I 2 TPG), liegt darin ein mittelbarer Eingriff.[365]

**2. Risiken/Gefährdungen. Effektiver Schutz** von Leben und körperlicher Unversehrtheit ist nur 160 möglich, wenn nicht nur solche Verhaltensweisen, die darauf abzielen, das Schutzgut zu beeinträchtigen, bzw. die diese Wirkung mit Sicherheit zur Folge haben, als Eingriffe angesehen werden, sondern wenn auch die Verursachung des Risikos einer Schutzgutbeeinträchtigung als Eingriff zu qualifizieren ist. Unbeabsichtigte Schutzgutverletzungen – und darum geht es idR – lassen sich nämlich nur dann vermeiden, wenn auch solche Verhaltensweisen verboten werden, von denen man nicht sicher weiß, dass sie den Verletzungserfolg herbeiführen werden, der sich andererseits nicht sicher ausschließen lässt (Risiken).[366]

Der Schutzbereich von Art. 2 II 1 umfasst somit auch das Freisein von Risiken für Leben und 161 Gesundheit, und die Verursachung solcher **Risiken** ist ein Eingriff in dieses Grundrecht.[367] Das bedeutet natürlich nicht, dass die Verursachung jedes noch so kleinen Risikos eine Grundrechts*verletzung* darstellt bzw. aufgrund der Schutzpflicht verboten werden muss. Dies ist aber eine Frage der Eingriffsrechtfertigung[368] (→ Rn. 175 ff.). Das BVerfG hat dies in ständiger Rechtsprechung der Sache nach bestätigt, ohne allerdings dogmatisch klar zwischen Eingriff und Eingriffsrechtfertigung zu unterscheiden.[369]

---

[356] Vgl. *Dürig,* in: Maunz/Dürig, Art. 2 Abs. II (1958) Rn. 30; *Hamann jr.,* in: Hamann/Lenz, Art. 2 Anm. 9; Correll, AK GG, Art. 2 II Rn. 94, 116; *Müller-Terpitz* HStR VII, § 147 Rn. 41.

[357] Vgl. BVerfGE 56, 54 (73); *Di Fabio,* in: Maunz/Dürig, Art. 2 Abs. 2 (2004) Rn. 60; *Müller-Terpitz* HStR VII, § 147 Rn. 48.

[358] BVerfGE 47, 239 (248); aA BVerwGE 46, 1 (6 f.); BVerwGE 125, 85 (88): Nur Eingriff in Art. 2 I.

[359] *Müller-Terpitz* HStR VII, § 147 Rn. 42, 48 mwN.

[360] Vgl. BVerfGE 56, 54 (75 ff.) – Fluglärm; BVerwGE 101, 1 (9 f.); BVerwG UPR 1996, 346 (348 f.); *Lorenz* HStR VI², 1989, § 128 Rn. 18; *Kunig,* in: v. Münch/Kunig I, Art. 2 Rn. 63.

[361] Offengelassen in BVerfGE 17, 108 (114 f.).

[362] *Müller-Terpitz* HStR VII, § 147 Rn. 48.

[363] Vgl. BVerfGE 56, 54 (75); *Kunig,* in: v. Münch/Kunig I, Art. 2 Rn. 63.

[364] OVG NRW DVBl 1995, 1370.

[365] BVerfG (K) NJW 1999, 3399 (3401); BVerwGE 123, 352 (355).

[366] Zum Begriff des Risikos *Murswiek* (Fn. 30), S. 80 ff.

[367] Dazu ausf. *Murswiek* (Fn. 30), S. 127 ff., insb. 131 ff.

[368] Eingriff und Rechtfertigung werden in Bezug auf Risiken in der Lit. manchmal nicht unterschieden, vgl. *Degenhart,* Kernenergierecht, 2. Aufl. 1982, S. 147 ff. Dazu krit. *Murswiek* (Fn. 30), S. 133.

[369] Vgl. BVerfGE 49, 89 (141 f.); 51, 324 (346 f.); 52, 214 (220); 53, 30 (51, 57); 56, 54 (76); 66, 39 (57 f.).

162    **3. Bagatelleingriffe.** Eingriffe in die körperliche Integrität können von sehr **unterschiedlicher Intensität** sein, von der Zufügung schwerster und irreparabler Krankheiten und Gebrechen (Krebs, Querschnittslähmung) bis zu nur leichten und vorübergehenden Gesundheitsbeeinträchtigungen oder leichten Einwirkungen auf den Körper ohne feststellbare negative Folgen für die Gesundheit.

163    Zum Teil wird die Auffassung vertreten, dass **geringfügige,** als „unerheblich" zu qualifizierende **Schutzgutbeeinträchtigungen keine Eingriffe** seien.[370] Dazu sollen insb. Luftverunreinigungen und Lärm von geringer Intensität gehören. Dem ist entgegenzuhalten, dass sich gerade im Bereich von Umweltbeeinträchtigungen viele, kaum merkliche Bagatellbeeinträchtigungen zu schwerwiegenden, chronische Krankheiten auslösenden Belastungen summieren können. Zu entscheiden, welche Beeinträchtigungen so geringfügig sind, dass sie vom Einzelnen als „sozial adäquat" hingenommen werden müssen, ist Sache des Gesetzgebers. Die Geringfügigkeit schließt den Eingriff nicht aus, erleichtert aber seine Rechtfertigung.[371]

## III. Grundrechtsbegrenzungen

164    **1. Der Gesetzesvorbehalt.** Die Rechte auf Leben und körperliche Unversehrtheit stehen nur unter **einfachem Gesetzesvorbehalt,** Art. 2 II 3. Dies sagt aber über die Intensität des grundrechtlichen Schutzes nichts aus; die Rechtfertigungsanforderungen ergeben sich aus dem Verhältnismäßigkeitsgrundsatz (o. Rn. 21).

165    Im Hinblick auf das Recht auf Leben ist das Verbot der **Todesstrafe** gem. Art. 102 zu beachten, die somit nicht durch Gesetz eingeführt werden dürfte.[372]

166    In Bezug auf die körperliche Unversehrtheit ergibt sich eine spezielle „Schranken-Schranke" aus **Art. 104 I 2.**

167    Die gezielte Tötung von Menschen oder gezielt vorgenommene schwerwiegende Körperverletzungen oder Gesundheitsbeeinträchtigungen bedürfen gemäß der **„Wesentlichkeitstheorie"**[373] angesichts der Fundamentalität der betroffenen Rechtsgüter immer einer Grundlage in einem **Parlamentsgesetz.** Im Hinblick auf die Verursachung von Gefahren für Leib und Leben ist das BVerfG dagegen mit der Anwendung des Parlamentsvorbehalts sehr zurückhaltend gewesen: Der Anforderung, dass der Gesetzgeber in wesentlichen Fragen das Wesentliche selber regeln müsse, sei schon dann Genüge getan, wenn der Gesetzgeber implizit zu erkennen gegeben habe, dass die Zulassung des fraglichen Typus eines Lebensrisikos (Brütertechnologie) von seinem Willen umfasst sei (BVerfGE 49, 89 [129 ff.] – Kalkar I).

168    Eng damit zusammen hängt das Problem, ob eine derart unbestimmt gefasste Festlegung eines technischen Sicherheitsstandards wie die Regelung, dass Atomkraftwerke dem „Stand von Wissenschaft und Technik" genügen müssen (§ 7 II Nr. 3 AtG), dem rechtsstaatlichen **Bestimmtheitsgebot** entspricht. Verneint hat das BVerfG die hochgradige Konkretisierungsbedürftigkeit damit gerechtfertigt, dass die „in die Zukunft offene Fassung" der Vorschrift einem **„dynamischen Grundrechtsschutz"** diene, indem sie den nach dem jeweils neuesten Stand der Wissenschaft und Technik bestmöglichen Grundrechtsschutz zu verwirklichen helfe, was bei einer genauen gesetzlichen Festschreibung von Sicherheitsanforderungen nicht möglich sei (BVerfGE 49, 89 [134 ff.]).

169    Die **Wesensgehaltsgarantie** (Art. 19 II) steht Eingriffen in das Leben nicht entgegen. Da sich hier nicht Eingriffe in den Wesensgehalt von weniger intensiven Eingriffen unterscheiden lassen und trotzdem Art. 2 II 3 zu Eingriffen ermächtigt, lässt sich Art. 19 II in Bezug auf das Leben nur in einem generellen, institutionellen Sinne verstehen.[374]

170    Eingriffe in Leben oder körperliche Unversehrtheit sind in jedem Fall verfassungswidrig, wenn sie die **Menschenwürde** verletzen. Dass das Leben die „vitale Basis der Menschenwürde" ist (BVerfGE 39, 1 [42]), bedeutet aber nicht, dass jede Tötungshandlung die Menschenwürde berührt oder gar verletzt; vielmehr kann sich ein Verstoß gegen die Menschenwürdegarantie nur aus den konkreten Umständen der Eingriffshandlung ergeben.[375]

171    **2. Die Verhältnismäßigkeit von Eingriffen. a) Gezielte Eingriffe in das Leben.** Das menschliche Leben stellt, wie das BVerfG formuliert hat, einen **Höchstwert** dar. Es ist die vitale Basis der Menschenwürde und die Voraussetzung aller anderen Grundrechte (BVerfGE 39, 1 [42]). Diese Fundamentalität des Lebens schließt es grundsätzlich aus, die gezielte Tötung von Menschen anhand von Zwecken zu rechtfertigen, die nicht in der Abwehr eines rechtswidrigen Angriffs liegen (Notwehr,

---

[370] Vgl. z. B. BVerwGE 46, 1 (7); 54, 211 (223); VGH BW DVBl 1976, 538 (543); *Kloepfer,* FG BVerfG II, 1976, S. 405 (409); *Sendler* UPR 1981, 1 (2); *Schenke* NuR 1983, 81 (89) mwN; *Isensee* HStR IX, § 191 Rn. 114 mwN; *Lorenz* BK, Art. 2 II (2012) Rn. 458; diff. → vor Art. 1 Rn. 94.

[371] Ausf. *Murswiek* (Fn. 30), S. 193 ff.

[372] Zur Problematik der Todesstrafe iR der Kriegsführung *Doehring,* StaatsR, S. 291 mwN.

[373] BVerfGE 34, 165 (192 f.); 40, 237 (249); 49, 89 (126 f.) mwN; 57, 295 (320 f.); 61, 260 (275); 88, 103 (116).

[374] Vgl. z. B. *Kingreen/Poscher,* Rn. 484 f.; *Enders,* in: Möllinghoff/Trute (Hrsg.), Die Leistungsfähigkeit des Rechts, 1988, S. 157 (169).

[375] *Kunig,* in: v. Münch/Kunig I, Art. 2 Rn. 61 f.

Nothilfe). Der Verhältnismäßigkeitsgrundsatz verlangt nicht notwendig, dass die Notwehrhandlung zur Rettung eines Menschenlebens vorgenommen wird; auch zur Bewahrung anderer hochwertiger Rechtsgüter (etwa gegen Folter, Vergewaltigung, andere schwere Eingriffe in die körperliche Integrität oder auch gegen einen die Verfassungsordnung bedrohenden Putsch) kann die Tötung gerechtfertigt sein (vgl. Art. 2 EMRK), wenn in der konkreten Situation kein anderes Abwehrmittel gegeben ist.[376]

Die prinzipielle Zulässigkeit der Führung eines (Verteidigungs-)**Krieges** – Angriffskriege sind nach **172** Art. 25 und 26 verboten – wird vom GG vorausgesetzt (Art. 12a, 24 II, 65a, 73 Nr. 1, 87a, b, 115a ff.). Dies impliziert die Befugnis, Tötungshandlungen vorzunehmen, die nicht gegen geltendes Kriegsvölkerrecht verstoßen. Solche Eingriffe in das Recht auf Leben sind gerechtfertigt.

Der **Schwangerschaftsabbruch** ist anders zu beurteilen als alle anderen Tötungshandlungen. **173** Während sich die Tötung des Embryos gegen den Willen der schwangeren Frau in keinem Fall wird rechtfertigen lassen, muss die Beurteilung des von der schwangeren Frau gewollten Schwangerschaftsabbruchs die unvergleichliche Situation der Schwangerschaft berücksichtigen, in der sich Frau und Nasciturus nicht nur als mögliche Täterin und mögliches Opfer gegenüberstehen, sondern in der in der Person der Schwangeren eine einzigartige Einheit bilden.[377] Dies wirkt sich auf Art und Umfang der staatl. Schutzpflicht aus (→ Rn. 215 ff.).

**b) Gezielte Eingriffe in die körperliche Unversehrtheit.** Gezielte Eingriffe in die körperliche **174** Unversehrtheit lassen sich nur zur Verwirklichung übergeordneter Zwecke rechtfertigen. Außer zur Notwehr kommen angesichts der fundamentalen Bedeutung und des Menschenwürdebezugs der körperlichen Integrität grundsätzlich nur wenig belastende Eingriffe in Betracht, die keine dauerhaften Gesundheitsschäden zurücklassen.

**c) Ungezielte Eingriffe.** Die Verursachung jedes noch so kleinen Risikos für Leben und kör- **175** perliche Unversehrtheit zu verbieten, würde menschliches Zusammenleben im sozialen Miteinander ebenso wie die Erfüllung vielfältiger staatl. Aufgaben unmöglich machen. Während **Grundrechte Dritter** gezielte Eingriffe in Leib und Leben – außer in Notwehrsituationen – niemals rechtfertigen können, ist im Hinblick auf die Vermeidung ungewollter Eingriffe, die unbeabsichtigte Folgen auf andere Ziele gerichteten Verhaltens sind, die – grundrechtlich geschützte – Freiheit der Risikoverursacher (bzw. die Aufgaben der risikoverursachenden Staatsorgane) zu berücksichtigen. Die Belastung mit Risiken lässt sich bis zu einem gewissen Maße mit diesen Erwägungen rechtfertigen.

Andererseits muss effektiver Schutz gegen Risiken gewährleistet sein. Welches **Maß an Sicherheit 176** ist also verfassungsrechtlich geboten? Das BVerfG hat sich hierzu dogmatisch unklar geäußert: Zwar lägen „bloße Grundrechtsgefährdungen im allgemeinen noch im Vorfeld verfassungsrechtlich relevanter Grundrechtsbeeinträchtigungen". Sie könnten jedoch „unter besonderen Voraussetzungen Grundrechts*verletzungen* gleichzuachten sein".[378] Welches diese besonderen Voraussetzungen sind, hat das BVerfG nicht klar dargelegt. Die zit. Formulierungen erwecken den Anschein, als könnten Grundrechtsgefährdungen nur in besonderen Ausnahmelagen als Grundrechtsverletzungen anzusehen sein. Aus dem Kontext der zit. Judikative ergibt sich jedoch, dass etwas anderes gemeint ist: dass nämlich die Belastung mit *Risiken* – nicht mit Gefahren im öffentlich-rechtlichen Sinne – normalerweise „im Vorfeld relevanter Grundrechtsbeeinträchtigung" bleibt und dass erst solche Risiken, die so groß sind, dass sie als **Gefahr** qualifiziert werden müssen, regelmäßig nicht gerechtfertigt werden können und daher das Grundrecht verletzen.[379]

Unter **Gefahr** ist ein Risiko zu verstehen, das dem Betroffenen unter dem Aspekt der Freiheitsaus- **177** übung des Risikoverursachers (→ Rn. 175) nicht mehr zugemutet werden kann. Die „Gefahrenschwelle" gibt somit das verfassungsrechtliche **Mindestmaß an Sicherheit** an, das grundsätzlich gewährleistet sein muss: Risiken unterhalb der Gefahrenschwelle lassen sich rechtfertigen, Gefahren sind zu vermeiden.[380] Daher ist nicht nur die Abwehr bereits eingetretener Gefahren, sondern auch die **Gefahrenvorsorge** verfassungsrechtlich geboten.

Die Auferlegung von **Gefahrtragungspflichten** kommt für Leib und Leben nur dann in Betracht, **178** wenn sie verfassungsrechtlich bes. vorgesehen ist (Wehrpflicht Art. 12a), wenn die Voraussetzungen für gezielte Eingriffe gegeben sind (→ Rn. 171 ff.) oder in Notstandslagen (Bsp.: Gefährdung von Passanten durch Schusswaffengebrauch bei Geiselbefreiung).[381]

Ein Risiko ist dann als Gefahr zu qualifizieren, wenn der Schadenseintritt **hinreichend wahr- 179 scheinlich** ist. Wann die Wahrscheinlichkeit hinreichend ist, hängt von der Größe des potentiellen

---

[376] Vgl. *Kunig*, in: v. Münch/Kunig I, Art. 2 Rn. 64, unter Einbeziehung auch des Schutzes von Sachwerten vor Beeinträchtigungen von erheblichem Gewicht.

[377] Vgl. BVerfGE 88, 203 (abwM 341); vgl. auch BVerfGE 88, 203 (256, 266).

[378] BVerfGE 51, 324 (346 f.); 52, 214 (220); 66, 39 (57 f.); vgl. auch 49, 89 (141 f.); 53, 30 (51, 57); 56, 54 (76); BVerfG (K) NJW 1997, 2509; dazu krit. *Murswiek* Die Verwaltung 33 (2000), S. 241 (251 f.).

[379] *Murswiek* (Fn. 30), S. 127 ff.; *ders.* WiVerw. 1986, 179 (187).

[380] Ausf. *Murswiek* (Fn. 30), S. 139 ff.

[381] Anders zu beurteilen ist die Pflicht zum Einsatz von Leben und Gesundheit in öffentlich-rechtlichen Dienstverhältnissen, in denen dies zum Berufsbild gehört (z.B. Polizei, Feuerwehr), vgl. dazu *Sachs* BayVBl 1983, 460 ff., 489 ff.

Schadens ab: je größer der potentielle Schaden, desto geringer die erforderliche Eintrittswahrscheinlichkeit.[382] Bei Risiken für menschliches Leben oder für schwerwiegende und bleibende Körperschäden reicht angesichts der Fundamentalität dieser Rechtsgüter schon eine sehr geringe („entfernte") Wahrscheinlichkeit aus, um eine Gefahr zu begründen.[383] In Bezug auf geringfügige, vorübergehende Körperschäden kann die Wahrscheinlichkeit größer sein.

180      Aufgrund seiner **Schutzpflicht** ist der Gesetzgeber grundsätzlich verpflichtet, die Verursachung von Gefahren für Leib und Leben zu verbieten und hinreichende Vorkehrungen dafür zu treffen, dass das verfassungsrechtlich gebotene Maß an Sicherheit auch effektiv erreicht wird. Hinsichtlich der Art und Weise der Verwirklichung dieses Ziels – Vorschriften über Genehmigungsvorbehalte und -verfahren für gefährliche Tätigkeiten, Überwachung, technische Sicherheitsanforderungen usw. – hat er einen Gestaltungsspielraum (→ Rn. 30 ff.). Die daraus resultierende Einschränkung der verfassungsrechtlichen Kontrolldichte wird vom BVerfG noch dadurch hervorgehoben, dass es von „nicht unerheblichen" Grundrechtsgefährdungen spricht, die Art. 2 II verletzen können.[384]

181      Andererseits muss der Gesetzgeber sich zum Schutz von Leben und Gesundheit nicht auf Gefahrenabwehr beschränken. Die „Gefahrenschwelle" kennzeichnet i. d. R. nicht zugleich die grundrechtliche Mindestposition des Risikoverursachers; dessen Freiheit *darf* auch durch weitergehende Regelungen, die der „**Risikovorsorge** unterhalb der Gefahrenschwelle" dienen, bis zu der aus dem Verhältnismäßigkeitsprinzip folgenden Grenze eingeschränkt werden.[385] Risikovorsorge kann sogar durch Art. 2 II *geboten* sein, nämlich dann, wenn über neuartige Risiken noch keine hinreichenden Erkenntnisse vorliegen und der effektive Schutz von Leben und Gesundheit die Verbreiterung der Informationsbasis erfordert. Schäden außerordentlich großen Ausmaßes müssen nach dem Stand von Wissenschaft und Technik praktisch ausgeschlossen sein. Bloß hypothetische Annahmen über mögliche Kausalverläufe begründen aber keine verfassungsrechtliche Handlungspflicht.[386]

## IV. Einzelfälle zum Gewährleistungsumfang

182      **1. Staatliche Eingriffe. a) Der polizeiliche Todesschuss („finaler Rettungsschuss").** Der polizeiliche Todesschuss lässt sich nur als ultima ratio rechtfertigen, wenn zur Rettung vor einem Angriff auf Leben, körperliche Unversehrtheit oder ein vergleichbar hochwertiges Rechtsgut[387] kein anderes Mittel zur Verfügung steht. Ob zunächst der Einsatz anderer Mittel vergeblich probiert worden oder ob eine Warnung erfolgt sein muss, kann nur situationsbezogen entschieden werden. – Liegen die genannten Voraussetzungen nicht vor, kommt die gezielte **Tötung von Terroristen** als Maßnahme der Terrorbekämpfung prinzipiell nicht in Betracht; sie ließe sich nur als Mittel der Selbstverteidigung gegen einen vom Territorium eines anderen Staates ausgehenden Angriff rechtfertigen.[388]

182a      **b) Der Abschuss eines Passagierflugzeuges,** das von Terroristen in ein Gebäude gelenkt zu werden und dabei viele Menschen zu töten droht, führt nicht nur zum Tod der Terroristen, sondern auch zum unbeteiligten Passagiere herbei. Das BVerfG hat den hierzu ermächtigenden § 14 III LuftSiG[389] wegen Verstoßes gegen Art. 2 II 1 iVm 1 I GG für verfassungswidrig erklärt. Zwar lasse sich die Tötung der Terroristen, nicht jedoch der Passagiere rechtfertigen. Diese befänden sich in einer ausweglosen Lage und würden durch den Abschuss des Flugzeugs zum bloßen Objekt staatl. Handelns gemacht.[390] Es liegt eine unzulässige Abwägung von Leben gegen Leben vor.[391] Die vorsätzliche Tötung unschuldiger Menschen in einem entführten Verkehrsflugzeug durch dessen Abschuss ist daher ausgeschlossen.[392]

182b      **c) Die Anwendung oder Androhung von Gewalt zur Herbeiführung einer Aussage,** die zur Rettung von Menschenleben erforderlich erscheint („Rettungsfolter"), verstößt gegen Art. 104 I 2.[393] Inwieweit dieses Verbot zugleich auch in Art. 1 I verankert und deshalb verfassungsänderungsfest (Art. 79 III) ist, wird kontrovers beurteilt.[394]

---

[382] BVerwGE 45, 51 (61); BayVGH DVBl 1979, 673 (675); OVG Lüneburg DVBl 1977, 347 (351) mwN; VGH BW ESVGH 32, 161 (191). – Zum Begriff der Gefahr und seinem Verhältnis zum Begriff des Risikos näher *Murswiek* (Fn. 30), S. 83 ff.; *ders.*, HdUR I, 2. Aufl. 1994, Sp. 803 ff.

[383] Vgl. z. B. BVerfGE 49, 89 (142); BVerwG NJW 1970, 1890 (1892). Zu befürchteten Schäden mit katastrophalen Ausmaßen BVerfG (K) NVwZ 2010, 225.

[384] Vgl. BVerfGE 49, 89 (141); zur Bedeutung dieser Formulierung *Murswiek* (Fn. 30), S. 145 f.

[385] Dazu näher *Murswiek* (Fn. 30), S. 236 ff., insb. 242 ff.

[386] Vgl. BVerfG (K) 18.2.2010 – 2 BvR 2502/08, Rn. 11 ff.; dazu *Murswiek* JuS 2010, 1038 ff.

[387] Z. T. wird die Zulässigkeit nur für Lebens- oder schwerwiegende Körperverletzungsbedrohungen bejaht, vgl. *Kunig*, in: v. Münch/Kunig I, Art. 2 Rn. 85; *Starck* MKS I, Art. 2 Rn. 205 iVm Art. 1 Rn. 78.

[388] Vgl. *Bausback* NVwZ 2005, 418 (419 f.).

[389] Luftsicherheitsgesetz vom 11.1.2005, BGBl I S. 78.

[390] BVerfGE 115, 118 (160 ff., 151 ff.); ebenso z. B. *Baumann* DÖV 2004, 853 (858); *Kersten* NVwZ 2005, 661 (662 f.); *Höfling/Augsberg* JZ 2005, 1080 (1082 f.).

[391] Vgl. z. B. *Höfling/Augsberg* JZ 2005, 1080 (1083); *Lindner* DÖV 2006, 577 (586); AA z. B. *Hillgruber* JZ 2007, 209 (216 f.); *Hochhuth* NZWehrR 2002, 154 (165 f.).

[392] AA noch *Murswiek* in Voraufl.

[393] *Enders* DÖV 2007, 1039 (1041); *Lindner* DÖV 2006, 577 (587).

[394] Hierzu, jew. mwN, etwa *Enders*, in: Friauf/Höfling, Art. 1 Rn. 20; *Lindner* DÖV 2006, 577 (578 f., 586 f.).

**d) Ausweisung, Abschiebung oder Auslieferung.** Die Ausweisung von Ausländern, denen in **183** ihrem Heimatland die Todesstrafe, Folter oder andere körperliche Misshandlungen drohen, greift nicht in das Recht auf Leben und körperliche Unversehrtheit ein, doch ist bei der behördlichen Ermessensentscheidung dieser Umstand zu berücksichtigen.[395] **Abschiebung oder Auslieferung** in ein Land, wo Folter oder unmenschliche oder erniedrigende Behandlung oder Vollstreckung der Todesstrafe drohen, sind nach der einfachgesetzlichen Rechtslage nicht zulässig.[396] Das gilt idR auch bei sonstigen erheblichen konkreten Gefahren für Leib und Leben.[397] Ob insoweit auch eine grundrechtliche Verantwortung des Staates besteht, ist fraglich.[398] Die Rechtsprechung will § 60 VII 3 AufenthG (Gefahren, denen die Bevölkerung oder Bevölkerungsgruppe in dem betr. Land allg. ausgesetzt sind, werden nur aufgrund eines Abschiebestopps nach § 60a I AufenthG berücksichtigt) für Extremsituationen verfassungskonform auslegen.[399] Bei einem behaupteten medizinischen Abschiebungshindernis gelten Substantiierungsanforderungen, dh es müssen geeignete Nachweise vorlegt werden, aus denen ersichtlich ist, welche Art von Medikation oder sonstige Behandlung angezeigt und erforderlich wäre.[400]

**e) Strafprozessuale Eingriffe.** Strafprozessuale Eingriffe in die körperliche Integrität gem. § 81a **184** StPO sind nur zulässig, wenn unerlässlich, in angemessenem Verhältnis zur Tat stehend und durch die Stärke des bestehenden Tatverdachts gerechtfertigt.[401] Zum Einsatz von Brechmitteln vgl. *Höfling,* Art. 1 Rn. 42.

**f) Blutentnahme.** Blutentnahme zur Vaterschaftsbestimmung nach § 372a ZPO oder zu strafpro- **185** zessualen Zwecken nach § 81a StPO greift in die körperliche Integrität auf zulässige Weise ein. Gegen die generelle Verwertung von Blutentnahmen unter Verstoß gegen den Richtervorbehalt des § 81a StPO bestehen aber grundrechtliche wie rechtsstaatliche Bedenken.[402]

**g) Impfzwang, Röntgenuntersuchung.** Impfzwang (BVerwGE 9, 78 [79], s. auch Rn. 157) **186** oder Pflicht zur **Röntgenuntersuchung** lassen sich als Eingriffe in die körperliche Integrität nur rechtfertigen, wenn bei Abwägung mit den Risiken das öffentl. Interesse an der Seuchenbekämpfung deutlich überwiegt.[403]

**h) Verfahren bei Zwangsmaßnahmen.** Bei staatl. Zwangsmaßnahmen ist nach der Rechtspre- **187** chung das Verfahren so zu gestalten, dass Gefährdungen für Leib und Leben vermieden werden, wenn sie im konkreten Fall unverhältnismäßig wären. So darf im Strafprozess die Hauptverhandlung nicht durchgeführt werden, wenn die ernsthafte Befürchtung besteht, dass sie zu einem schwerwiegenden, irreparablen Gesundheitsschaden des Angeklagten führen würde (BVerfGE 51, 324 [346 f.]). Auch die Abschiebung eines Ausländers[404] kann wegen schwerwiegender Gesundheitsgefahren für den Schuldner oder wegen Suizidgefahr – vorübergehend – unzulässig sein. **Medizinische Zwangsbehandlung** im Straf-[405] oder Maßregelvollzug (BVerfGE 128, 282 [300 ff.]; 129, 269 [280 ff.]; 133, 112)[406] oder iR einer betreuungsrechtlichen Unterbringung (BGH, NJW 2012, 2967; BVerfGE 142, 313) erfordert eine hinreichend bestimmte gesetzliche Grundlage, die sowohl die materiellen als auch die formellen Eingriffsvoraussetzungen regelt.

**i) Transplantationsmedizin.** Die Beschränkung des Spenderkreises in § 8 I 2 TPG auf besondere **187a** verwandtschaftliche und sonstige Näheverhältnisse hat das BVerfG als verfassungsrechtlich unbedenklich angesehen.[407]

---

[395] Vgl. bereits zu einer früheren Fassung des AuslG BVerwGE 78, 285 (291); s. auch EGMR NVwZ 2017, 1187.

[396] AufenthG §§ 60 II, III sowie V iVm EMRK Art. 3; IRG § 8.

[397] AufenthG § 60 VII.

[398] Abl. BVerfGE 18, 112 (116 ff.); OVG Münster DVBl 1983, 37 (38); *Hailbronner* JZ 1995, 127 (137); wohl auch BVerwGE 78, 285 (291); vgl. auch BVerfGE 66, 39 (60, 62); BVerfG (K) InfAuslR 1987, 37 (38); bejahend *Frowein/Kühner* ZaöRV 43 (1983), 537 (562 f., 565); *Lorenz* HStR VI², 1989, § 128 Rn. 27 mwN; *Kunig,* in: v. Münch/Kunig I, Art. 1 Rn. 54; *Albert,* Das Grundrecht auf Leben als Schranke für aufenthaltsbeendende Maßnahmen, 1990, S. 98, 148 ff., 157 ff.; vgl. auch EGMR NJW 1990, 2183 (2184); dazu *Gusy* ZAR 1993, 63 (66); ausf. zur Gesamtproblematik *Cremer,* Der Schutz vor den Auslandsfolgen aufenthaltsbeendender Maßnahmen, 1994, insb. S. 194 ff.

[399] Vgl., noch zu § 53 VI 2 AuslG, BVerfG (K) NVwZ 1995, 781 (782 f.); BVerwGE 99, 324 (328); 99, 331 ff.; 102, 249 (259); BVerwG NVwZ-Beil. 1996, 58 f.; NVwZ-Beil. 1996, 89 (90); zustimmend z. B. *Bethäuser* ZAR 1996, 12 (17 f.); *Niewerth* NVwZ 1997, 228 ff.; abl. *Hailbronner* JZ 1995, 127 (136 f.).

[400] BVerfG, Beschl. v. 18.4.2016, BeckRS 2016, 44896.

[401] BVerfGE 17, 108 (117) (Hirnkammerlüftung); BVerfG 16, 194 (198 ff.) (Liquorentnahme).

[402] BVerfG, Beschl. v. 28.6.2014, BeckRS 2015, 41122.

[403] Vgl. hierzu auch *Schaks/Krahnert,* MedR 2015, 860; s. auch BVerfG NJW 2020, 1946; *Kersten/Rixen,* S. 83 ff.

[404] OVG Saarl, Beschl. v. 14.9.2010 – 2 B 2010/10, Rn. 13 (juris); OVG Brem, 13.7.2009 – 1 B 211/09 – Rn. 29 ff.; vgl. auch BVerfG (K) InfAuslR 1998, 241 f.; zu beachten aber u. Rn. 211.

[405] BayObLG 4.12.2019 – 203 StObWs 1159/19; s. auch *Brettel,* GesR 2017, 477 ff.

[406] Hierzu auch *Muckel,* JA 2013, 953; ferner BVerfG, Beschl. v. 19.7.2017, 2 BvR 2003/14.

[407] BVerfG (K) NJW 1999, 3399 (3401 f.); nach aA fehlt es hingegen an der Geeignetheit bzw. Erforderlichkeit der Regelung zur Sicherstellung der Freiwilligkeit des Spendeentschlusses sowie zur Verhinderung des Organhandels und besteht kein Raum für einen Grundrechtsschutz gegen sich selbst, vgl. *Gutmann* NJW 1999, 3387 (3388); *Esser* (Fn. 325), S. 145 ff., insbes. S. 183 ff., und S. 89 ff.; *Ugowski* (Fn. 327), S. 61 ff., insbes. S. 63 f., 67 f. und 72 ff.; *Schroth* JZ 1997, 1149 (1153).

188    **2. Schutzpflicht.** Die staatl. Schutzpflicht für das Leben ist „umfassend": Sie „gebietet dem Staat, sich schützend und fördernd vor (das) Leben zu stellen; dh vor allem, es auch **vor rechtswidrigen Eingriffen vonseiten anderer zu bewahren.** Da das menschliche Leben einen Höchstwert darstellt, muss diese Schutzverpflichtung besonders ernst genommen werden" (BVerfGE 46, 160 [164]). Vor allem – diese ungenaue Formulierung impliziert auch dies – ist der Gesetzgeber **primär** verpflichtet, verfassungsrechtlich nicht zu rechtfertigende **Eingriffe Dritter zu verbieten** und so erst zu rechtswidrigen Eingriffen zu machen.

189    Dieselben Gesichtspunkte gelten für die körperliche Unversehrtheit, nur dass die Intensität des Schutzes in Relation zur Intensität des Eingriffs geringer sein kann.

190    Die Schutzpflicht für Leib und Leben hat ihren Grund in Art. 2 II, nicht lediglich in Art. 1 I.[408] Diese Bestimmung tritt hinzu, soweit die Bedrohung der Schutzgüter zugleich die Menschenwürde berührt.

191    **a) Mittel des Schutzes.** Mittel des Schutzes sind primär der Erlass von Rechtsnormen, die die Verletzung und Gefährdung von Leben und körperlicher Integrität verbieten und entspr. gerichtlich durchsetzbare Unterlassungsansprüche begründen. Außerdem ist der Gesetzgeber grundsätzlich verpflichtet, Verletzungen von Leben oder körperlicher Unversehrtheit mit **Strafsanktionen** zu bedrohen; nur so ist effektiver Schutz gegen Übergriffe Dritter möglich.[409] Auch **Schadensersatz**regelungen für nicht gerechtfertigte Schutzgutverletzungen sind durch die Schutzpflicht geboten.

192    **Grundrechtsschutz durch Verfahren**[410] spielt dort eine besondere Rolle, wo hochkomplexe technische Anlagen (Atomkraftwerke, Chemieanlagen oder andere Industrieanlagen) errichtet oder Fachplanungsentscheidungen mit komplexen Umweltauswirkungen (über Straßen oder z. B. Flughäfen) getroffen werden sollen. Die Genehmigungs- bzw. Planfeststellungsbedürftigkeit solcher Vorhaben hat nicht nur eine Grundlage im jeweiligen Fachgesetz, sondern eine derartige präventive Kontrolle der möglichen Auswirkungen des Projekts ist auch aus Gründen des Lebens- und Gesundheitsschutzes verfassungsrechtlich geboten,[411] weil nur auf diese Weise mit hinreichender Sicherheit die Schädigung dieser Rechtsgüter vermieden werden kann.

193    Dabei muss das Zulassungsverfahren so ausgestaltet sein, dass es diese Aufgabe effektiv erfüllt, und die Verfahrensvorschriften müssen im Zweifel im Lichte des Art. 2 II iS einer Schutzeffektivierung ausgelegt werden. Die **Verfahrensbeteiligung** Betroffener ist insoweit verfassungsrechtlich geboten, als ihre Rechte anders nicht wirksam geschützt werden können. Eine Grundrechtsverletzung kommt dann in Betracht, wenn die Behörde solche Verfahrensvorschriften außer Acht lässt, die in Erfüllung der Pflicht zum Schutz der in Art. 2 II genannten Rechtsgüter erlassen worden sind (BVerfGE 53, 30 [65 f.]).

194    Schutz durch Verfahren kann den Schutz durch materielle Sicherheitsanforderungen und ihre effektive Durchsetzung **ergänzen und optimieren,** darf ihn aber nicht ersetzen.

195    **b) Anwendungsgebiete und materielle Anforderungen.** Da die Schutzpflicht sich auf jede beliebige Verletzung oder Gefährdung von Leib und Leben bezieht, können im Folgenden nur einige praktisch bes. wichtige Bsp. herausgehoben werden.

196    **aa)** Die **Bekämpfung der Gewaltkriminalität** gehört nicht nur zu den fundamentalen Staatsaufgaben, sondern ist auch durch Art. 2 II als grundrechtliche Schutzpflicht geboten. Der Staat hat ein hinreichendes Maß an Sicherheit gegenüber Gewalttätern zu gewährleisten und ist im Einzelfall verpflichtet, alle ihm zu Gebote stehenden Mittel zu ergreifen, um die Verletzung von Leib und Leben abzuwehren. Ein Entschließungsermessen hinsichtlich polizeilichen Einschreitens schrumpft angesichts des hohen Ranges der auf dem Spiel stehenden Rechtsgüter praktisch immer auf Null (sofern es nicht nur um leichte Körperverletzungen wie bei einer Prügelei unter Kindern geht). Steht nur ein einziges Mittel zur Abwehr des Angriffs zu Gebote, so muss dieses eingesetzt werden, wenn es sich gegen den Angreifer richtet, nicht unverhältnismäßig ist (bei Lebensgefahren und schweren Körperverletzungen ausgeschlossen) und nicht die Gefährdung Unbeteiligter entgegensteht. Ein Anspruch Dritter auf Strafverfolgung besteht grundsätzlich nicht, außer bei Gewaltverbrechen und anderen Sonderfällen.[412]

197    Dagegen ist der Staat **nicht** verpflichtet, zur Rettung von Menschenleben **erpresserischen Forderungen nachzugeben,** auch wenn die Weigerung höchstwahrscheinlich den Tod eines Menschen zur Folge hat; andernfalls könnten Geiselnehmer und andere Gewaltverbrecher geradezu zur Nachahmung ermuntert werden. Die wirksame Wahrnehmung der Schutzaufgabe, die der Staat auch für das Leben

---

[408] Ebenso *H. H. Klein* DVBl 1994, 489 (492 f.); vgl. BVerfGE 77, 170 (214). Anders dgg. anscheinend das 2. Abtreibungsurteil, BVerfGE 88, 203 (251). Meistens zit. das BVerfG Art. 2 II iVm 1 I, vgl. BVerfGE 39, 1 (41); 46, 160 (164); 49, 89 (142).

[409] Vgl. *Murswiek* (Fn. 30), S. 119 f. Zur atypischen Ausnahme in Bezug auf den Schwangerschaftsabbruch s. Rn. 218 ff.

[410] Dazu näher *Laubinger* VerwArch. 73 (1982), 68 ff. mwN; *Alexy* (Fn. 41), S. 428 ff.

[411] Offen gelassen in BVerfGE 53, 30 (61), aber vgl. ebda, S. 65 f.; auch in BVerfG (K) DVBl 2000, 479 (480) nicht abschließend entschieden.

[412] BVerfG, Beschl. v. 6.10.2014, NJW 2015, 150; BVerfG, Beschl. v. 23.3.2015, DVBl. 2015, 700.

der Gesamtheit aller Bürger hat, setzt voraus, dass die staatl. Organe in der Lage sind, auf die jeweiligen Umstände des Einzelfalles angemessen zu reagieren. Dies schließt die Festlegung auf ein bestimmtes Mittel aus (BVerfGE 46, 160 [165] – Schleyer).

**bb) Umweltschutz.** Risiken für Leben und Gesundheit drohen dem Einzelnen durch vielfältige **198** Umweltbelastungen, seien es radioaktive Strahlen, Luftverunreinigungen, Schadstoffe, die ins Trinkwasser und in Lebensmittel gelangen, oder seien es gesundheitsschädliche Lärmeinwirkungen. Der Staat ist auch hier verpflichtet, hinreichende Sicherheit zu gewährleisten, dh dafür zu sorgen, dass die Entstehung von Gefahren für Leben und Gesundheit vermieden wird (**Gefahrenvorsorge** im Unterschied zur Gefahrenabwehr i. e. S.) und dennoch eingetretene Gefahren bekämpft werden.[413] Dazu gehört auch die **Nachbesserung** von Vorschriften, die sich aufgrund neuerer Erkenntnisse als unzureichend erweisen.[414]

Darüber hinausgehende **Risikovorsorge** ist im Hinblick auf umweltbelastende Aktivitäten oft sinn- **199** voll, aber nicht durch Art. 2 II geboten. **Vorsorge** zum Zwecke des sparsamen Umgangs mit Ressourcen kann durch Art. 2 II geboten sein, wenn es sich um lebensnotwendige, nicht erneuerbare Ressourcen handelt. Damit wäre aber nicht die Schutz-, sondern die Leistungsfunktion von Art. 2 II (→ Rn. 227) angesprochen. Vorsorge zur Freihaltung von Umweltbelastungskapazität für künftige belastende Umweltnutzungen (Industrieansiedlungen) kann durch Art. 3 I, nicht aber durch Art. 2 II geboten sein.[415]

**Erkenntnisdefizite** können die Unterlassung von Schutz nicht rechtfertigen, wenn das Risiko als **200** solches erkannt ist. Die Gesundheitsschädlichkeit z. B. eines Luftschadstoffes muss nicht bewiesen sein, damit die Schutzpflicht eingreift. Gesetz- und Verordnungsgeber haben einen großen Gestaltungsspielraum, solange wiss. nicht geklärt ist, welche Maßnahmen zum effektiven Schutz erforderlich sind (z. B. BVerfG [K] NJW 2002, 1638 [1639] – Elektrosmog II). Das ist aber keine Freiheit zum Nichtstun. Ungewissheiten muss auf geeignete Weise – z. B. durch hinreichend vorsichtige Sicherheitsmargen bei der Festsetzung von Grenzwerten – Rechnung getragen werden.[416]

Da **Luftverunreinigungen** nicht nur zu Risiken für die Gesundheit führen, sondern wegen der **201** Aufnahme der Schadstoffe in den Körper mit der Atemluft auf jeden Fall die körperliche Unversehrtheit beeinträchtigen, muss die **Emissionsminimierung** nach Maßgabe des technisch und ökonomisch Möglichen gesetzlich vorgeschrieben und müssen bestehende Regelungen verfassungskonform entspr. ausgelegt werden. Dazu gehört, dass derartigen Vorschriften **drittschützender Charakter** zuzuerkennen ist.[417]

Die Pflicht zum Schutz vor lebens- und gesundheitsgefährdenden Umweltbeeinträchtigungen gilt **202** nicht nur im Hinblick auf die heute lebenden Menschen, sondern auch in Bezug auf **künftige Generationen.**[418]

Effektiven Schutz der Gesundheit können prinzipiell auch **besonders empfindliche Personen,** **202a** insb. auch Risikogruppen wie Kleinkinder oder Schwangere, beanspruchen.[419]

**cc) Risiken der Technik.** Für sonstige Risiken der Technik gilt die Schutzpflicht in gleicher **203** Weise. Praktisch bedeutsam sind z. B. die Bereiche der Sicherheit von technischen Geräten und Arbeitsmitteln von Arbeitsstoffen und insb. der Schutz der Arbeitnehmer vor Lebens- und Gesundheitsgefahren. Als Verfassungsproblem kaum diskutiert wird die **Verkehrssicherheit,** obwohl die immer noch große Zahl von Verkehrstoten und von dauerhaft schwerbeschädigten Unfallopfern dazu allen Anlass gäbe. Kann man den motorisierten Teilnehmern am Straßenverkehr noch unterstellen, dass sie als Mitverursacher der Unfallrisiken auch selber bereit sind, ein erhöhtes Risiko zu tragen, lässt sich dieser das gemäß Art. 2 II gebotene Sicherheitsniveau mindernde Umstand nicht beispielsweise auf Radfahrer und noch weniger auf am Straßenverkehr nicht beteiligte Fußgänger beziehen. Einen Anspruch auf Einführung eines **allgemeinen Tempolimits** hat das BVerfG abgelehnt (BVerfG [K], NJW 1996, 651 f.).

**dd) Lebensmittel.** Das Inverkehrbringen von Lebensmitteln, die mit chemischen Zusatzstoffen **204** versehen, radioaktiv bestrahlt oder gentechnisch verändert sind, greift nicht nur dann in die körperliche Integrität ein, wenn die Lebensmittel gesundheitsgefährdend sind, sondern bereits dann, wenn sie nicht

---

[413] Näheres zur Konkretisierung dieser Verpflichtung z. B. bei *Hermes* (Fn. 34), 1987, S. 240 ff.; *Murswiek* (Fn. 30), S. 127 ff., 188 ff.; zu Sonderproblemen des Schutzes gegen summierte Immissionen *ders.* WiVerw 1986, 179 (195 ff.).

[414] BVerfGE 49, 89 (130); BVerwG ZUR 1996, 315 (319); DVBl 1997, 719 (723); vgl. auch aus anderen Rechtsbereichen BVerfGE 50, 290 (335, 377 f.); 73, 40 (94); 77, 308 (334).

[415] AA *Kunig,* in: v. Münch/Kunig I, Art. 2 Rn. 68.

[416] Vgl. z. B. *Murswiek* VVDStRL 48 (1989), 207 (212 ff.). AA offenbar – mit völlig unhaltbarer Begr. – BVerfG (K) NJW 1997, 2509 (2510) – Elektrosmog I; dazu ausf. Kritik bei *Murswiek* Die Verwaltung 33 (2000), 241 (250, 253).

[417] Vgl. *Murswiek* WiVerw 1986, 179 (201); anders die h. M., die nur auf eine Gesundheitsbeeinträchtigung abstellt und damit das Problem ignoriert, z. B. BVerwG NVwZ 1998, 1181 (1182): kein Minimierungsgebot für krebserregende Stoffe.

[418] *H. Hofmann,* Rechtsfragen der atomaren Entsorgung, 1981, S. 258 ff.; *Murswiek* (Fn. 30), S. 206 ff.

[419] Eingehend *Wulfhorst,* Der Schutz „überdurchschnittlich empfindlicher" Rechtsgüter im Polizei- und Umweltrecht, 1994; *ders.* NuR 1995, 221 ff.

entspr. gekennzeichnet sind. Die Ingestion von chemischen Substanzen beeinträchtigt nämlich schon immer dann die körperliche Integrität, wenn sie nicht freiwillig erfolgt. Zum Recht auf körperliche Integrität gehört insofern auch das Recht auf Selbstbestimmung über die Ernährung. Der Gesetzgeber muss entspr. **Kennzeichnungspflichten** normieren. Ausnahmen können nur für solche Stoffe zugelassen werden, die traditionell in bestimmten Lebensmitteln immer vorhanden sind und mit deren Vorhandensein der Verbraucher daher rechnen muss (z. B. Schwefel im Wein).

**205** Ob Kennzeichnungspflichten auch im Hinblick auf Rückstände von **Pflanzenschutzmitteln** geboten sind, ist angesichts der allg. Üblichkeit ihrer Verwendung und ihres ubiquitären Vorkommens fraglich. Jedenfalls muss der Gesetzgeber im Hinblick auf Pestizidrückstände durch Grenzwerte und eine effektive Kontrolle ihrer Beachtung dafür sorgen, dass Gesundheitsgefahren ausgeschlossen sind.

**206** **ee) Ärztliche Heilbehandlung.**[420] Diagnostische und therapeutische Eingriffe, auch Operationen, beeinträchtigen zwar die körperliche Unversehrtheit, sind aber nur dann Grundrechtseingriffe, wenn sie ohne Zustimmung des Patienten erfolgen. Ein wirksames Einverständnis setzt hinreichende Aufklärung über die Risiken und Folgen des Eingriffs voraus.[421] Eingriffe ohne Zustimmung lassen sich grundsätzlich nicht rechtfertigen,[422] es sei denn, der Patient ist – etwa bei Bewusstlosigkeit – nicht entscheidungsfähig und seine mutmaßliche Zustimmung kann unterstellt werden[423] oder eine Zwangsbehandlung ist gesetzlich vorgesehen (→ Rn. 187) und zur Seuchenbekämpfung geboten.

**207** **ff) Transplantationsmedizin.** Organentnahmen beim lebenden Spender sind nur mit dessen Zustimmung zulässig.[424] Organentnahmen beim Verstorbenen greifen nicht in Art. 2 II ein, verletzen jedoch das über den Tod hinauswirkende Recht auf Achtung der Persönlichkeit und ihrer Selbstbestimmung (Art. 1 I), wenn sie ohne bei Lebzeiten erklärte Einwilligung erfolgen.[425]

**208** **gg) Elterlich veranlasste Eingriffe.** Elterliche **Züchtigungsmaßnahmen** nicht generell zu verbieten (anders als in § 1631 II BGB), ließe sich durch das Erziehungsrecht (Art. 6 II) rechtfertigen, sofern kein Missbrauch geübt wird; gegen Misshandlungen hat der Staat zu schützen.[426] Ein Züchtigungsrecht von Lehrern gibt es nicht mehr.[427] – Religiös motivierte **Knabenbeschneidung** ist ein Eingriff, der aber unter dem Aspekt von Art. 6 II iVm 4 I, II gerechtfertigt sein kann.[428]

**209** **hh) Schutz des Einzelnen vor sich selbst?, Sterbehilfe.** Da die Freiheitsrechte die Autonomie des Einzelnen schützen, kann die staatl. Schutzpflicht sich prinzipiell nicht gegen den Grundrechtsträger richten, der seine eigenen Rechtsgüter schädigen will, es sei denn, es ginge gerade darum, die Selbstbestimmung des Einzelnen bzw. ihre Voraussetzungen zu wahren.[429] Das BVerfG hält Freiheitseinschränkungen zum Schutz vor Selbstgefährdungen freilich „in besonders gravierenden Fällen" für berechtigt.[430]

**210** Beim Versuch der **Selbsttötung** wird der Betreffende meist in einer verzweifelten, depressiven oder sonst seine selbstbestimmte Entscheidungsfähigkeit beeinträchtigenden Gemütsverfassung sein, so dass etwa ein Polizist, der die Möglichkeit hat, ihn daran zu hindern, dazu nicht nur berechtigt, sondern auch verpflichtet ist.

**211** Wenn dagegen der Betreffende den Entschluss, sich zu töten (einschl. des **assistierten Suizids**), bei völlig klarem Bewusstsein gefasst hat, gibt es nicht nur keine Schutzpflicht, sondern im Prinzip auch keine Berechtigung, ihn daran zu hindern. Ein Eingreifen bedürfte einer gesetzlichen Grundlage und müsste sich anhand von anderen Gesichtspunkten als dem des Schutzes des Lebens des Betreffenden

---

[420] Zum Grundrechtsschutz im Arzt-Patienten-Verhältnis allgemein sowie zur Einbindung der ärztlichen Standesvertretungen in die Schutzpflichterfüllung, *Hollenbach,* Grundrechtsschutz im Arzt-Patienten-Verhältnis, 2003, S. 101 ff.

[421] Vgl. BVerfGE 52, 131 (168 f.); ausf. *Jung* (Fn. 350), S. 136 ff. mwN – Der Patient kann aber auf Aufklärung verzichten, vgl. *Harmann* NJOZ 2010, 819 m. w. N; § 630e III BGB.

[422] Bei Minderjährigen rechtfertigt das elterliche Erziehungsrecht (Art. 6 II), dass die Entscheidung des Patienten durch die des Erziehungsberechtigten ersetzt wird, vgl. z. B. *Starck* MKS I, Art. 2 Rn. 237. Nach *Lorenz* HStR VI², 1989, § 128 Rn. 64 mwN, ist die Entscheidung Minderjähriger je nach Einsichtsfähigkeit mit dem Erziehungsrecht abzuwägen. Zu Ausnahmen im Maßregelvollzug und Rahmen betreuungsrechtlicher Unterbringung s. die in Rn. 187 zit. Entscheidungen.

[423] Vgl. z. B. *Starck* MKS I, Art. 2 Rn. 237.

[424] Der Verkauf eigener Organe ist als mit Art. 1 I unvereinbar zu unterbinden. – Zum zentralen Problem der richtigen Bestimmung des Todeszeitpunkts Rn. 142.

[425] AA die Verfechter der „Widerspruchslösung", z. B. *Heun* JZ 1996, 213 (218); *Seewald* VerwArch. 1997, 199 (226 f.); *Sengler/Schmidt* DÖV 1997, 718 (725); BVerfG (K) NJW 1999, 3403 (3403 f.). – Zum postmortalen Persönlichkeitsschutz in Bezug auf Organentnahmen vgl. iU z. B. *Kramer,* Rechtsfragen der Organtransplantation, 1987, S. 62 ff.; *Weber/Lejeune* NJW 1994, 2392 (2395). Näher auch *Murswiek,* in: Sachs, GG, 6. Aufl. 2011, Art. 2 Rn. 207.

[426] *Starck* MKS I, Art. 2 Rn. 239; vgl. auch *Di Fabio,* in: Maunz/Dürig, Art. 2 Abs. 2 (2004) Rn. 72.

[427] Vgl. *Di Fabio,* in: Maunz/Dürig, Art. 2 Abs. 2 (2004) Rn. 75 mwN.

[428] Vgl. § 1631d BGB. Vor Erl. dieser Vorschrift hatte das LG Köln mit seinem die Strafbarkeit der Beschneidung bejahenden Urt., NJW 2012, 2128, eine heftige politische und wiss. Diskussion ausgelöst, vgl. dazu z. B. *Wiater* NVwZ 2012, 1379 ff. mwN; *Rox* JZ 2012, 806 ff.; *Isensee* JZ 2012, 317 ff.; *Stumpf* DVBl 2013, 141 ff.

[429] So auch *Fink,* Selbstbestimmung und Selbsttötung, 1992, S. 72 ff. (94 ff., 126 ff., 137, 147), 154 f. und 198 f.; zu dieser Thematik umf. *Hillgruber,* Der Schutz des Menschen vor sich selbst, 1992; *Kirste* JZ 2011, 805 ff.

[430] BVerfG NJW 2012, 1062 Rn. 33 mwN; für den Schutz Jugendlicher gelten weniger strenge Voraussetzungen (ebd. Rn. 34).

rechtfertigen lassen. Der „objektive Wertgehalt" des Grundrechts darf nicht gegen die subjektive **Selbstbestimmung des Grundrechtsträgers** ausgespielt werden.[431] Scheitert die Rechtfertigung, liegt jedenfalls ein Verstoß gegen Art. 2 I[432] bzw. Art. 2 I iVm Art. 1 I GG vor,[433] ggfs. auch gegen 2 II[434] vor.[435]

Das **Recht auf einen menschenwürdigen Tod** ist in dem Sinne grundrechtlich gewährleistet, **212** dass es keinen legitimen Grund gibt, der es rechtfertigen könnte, den Einzelnen gegen seinen Willen durch medizinische Maßnahmen am Leben zu halten.[436] Dies gilt auch für die zur Organtransplantation notwendige künstliche Lebensverlängerung.[437] Anders als bei der zielgerichteten Lebensvernichtung kann die Schutzpflicht hier nach allg. Auffassung nicht eingreifen. Der ernsthafte, ggf. auch antizipiert erklärte Patientenwille ist unbedingt zu respektieren.[438] Diese Freiheit des Sterbens wird mit der Begr., der Tod sei Teil der natürlichen Existenz des Menschen, auf den Autonomiegehalt von Art. 2 II 1 gestützt (→ Rn. 211);[439] lehnt man dies ab, folgt ihre Gewährleistung aus Art. 2 I (→ Rn. 211).[440]

Hieraus und aus der Garantie der körperlichen Unversehrtheit, welche durch jede ärztliche Heilbe- **212a** handlung beeinträchtigt wird (→ Rn. 206), ergibt sich auch, dass die **passive Sterbehilfe** (Behandlungsbegrenzung, -abbruch) nicht nur erlaubt, sondern auch geboten ist, wenn der Patient eine Weiterbehandlung (mutmaßlich) nicht wünscht.[441] Das Verbot **aktiver Sterbehilfe** (§ 216 StGB) findet seine Rechtfertigung in der Aufrechterhaltung des gesellschaftlichen Tötungstabus, der Vorbeugung gegen Missbrauchsgefahren und der Verhinderung von (sozialem) Druck auf Patienten und Ärzte, den die Zulassung der aktiven Sterbehilfe voraussichtlich mit sich brächte.[442] Verfassungsrechtlich geboten ist die Untersagung aktiver Sterbehilfe hingegen nicht, wenn der Patient sie bei vollem Bewusstsein verlangt.[443]

Es besteht auch eine Pflicht des Staates, für nicht einsichtsfähige Betreute bei drohenden erheblichen gesundheitlichen Beeinträchtigungen unter strengen Voraussetzungen eine ärztliche Behandlung als letztes Mittel auch gegen ihren natürlichen Willen vorzusehen:[444] Mit dieser Schutzpflicht ist es unvereinbar, dass für Betreute, denen schwerwiegende gesundheitliche Beeinträchtigungen drohen und die die Notwendigkeit der erforderlichen ärztlichen Maßnahme nicht erkennen oder nicht nach dieser Einsicht handeln können, eine ärztliche Behandlung gegen ihren natürlichen Willen unter keinen Umständen möglich ist, sofern sie zwar stationär behandelt werden, aber nicht geschlossen untergebracht werden können, weil sie sich der Behandlung räumlich nicht entziehen wollen oder hierzu körperlich nicht in der Lage sind; der Gesetzgeber ist daher verpflichtet, eine Regelung auch für diese Fallgruppe zu erlassen.[445]

**ii) Schutz vor Naturkatastrophen.** Eine Pflicht des Staates zum Schutz von Leben und kör- **213** perlicher Unversehrtheit vor Naturkatastrophen lässt sich freiheitsrechtlich nicht begründen.[446] Die Freiheitsrechte schützen die individuelle Autonomie gegen die Überwältigung durch den Staat oder durch Dritte. Sie wird durch Naturgewalten nicht berührt.[447]

---

[431] Ebenso *Fink* (Fn. 430), S. 115 ff., 130 ff., 137; *Müller-Terpitz* HStR VII, § 147 Rn. 104; aA iE die h. M., vgl. z. B. *Lorenz* HStR VI², 1989, § 128, Rn. 62 mwN; *Kunig*, in: v. Münch/Kunig I, Art. 2 Rn. 50.

[432] AA *Lorenz* BK, Art. 2 II (2012) Rn. 420; *Starck* MKS I, Art. 2, Rn. 192.

[433] Vgl. hierzu BVerfG NJW 2020, 905, 2394, krit. *Rixen,* BayVBl 2020, 397; BVerwGE 158, 142 (152); s. auch EGMR, NJW 2015, 2715, § 142, zu Art. 8 I EMRK.

[434] So etwa *Fink* (Fn. 430), S. 58 mwN, 115, 117, 123, 133 ff., 198; das entspricht dem Ansatz des 2. Senats des BVerfG, der – ohne das bislang auf die Selbsttötung bezogen zu haben – Art. 2 II 1 auch als spezielles Selbstbestimmungsrecht versteht, BVerfGE 89, 120 (130); 128, 282 (302); 129, 269 (280); 133, 112 (131); 146, 294 (310). Nach überkommener Auffassung enthält Art. 2 II 1 keine negative Komponente und garantiert daher auch kein Recht auf Selbsttötung, *Lorenz* BK, Art. 2 II (2012) Rn. 420; *Di Fabio,* in: Maunz/Dürig, Art. 2 Abs. 2 (2004) Rn. 47; *Müller-Terpitz* HStR VII, § 147 Rn. 104; *Kunig,* in: v. Münch/Kunig I, Art. 2 Rn. 50.

[435] Vgl. *Knemeyer* VVDStRL 35 (1977), 221 (254 ff.); *Uhlenbruck* ZRP 1986, 209 (214); *Wassermann* DRiZ 1986, 291 (293); vgl. auch *Zippelius/Würtenberger,* § 24 Rn. 2.

[436] Vgl. z. B. *Schulze-Fielitz,* in: Dreier I, Art. 2 II Rn. 63; *Hufen* NJW 2001, 849 (851).

[437] *Höfling* MedR 1996, 6 (8).

[438] Zu hiermit zusammenhängenden strafrechtlichen Fragen BGH NJW 1995, 204.

[439] Vgl. *Müller-Terpitz* HStR VII, § 147 Rn. 100 mwN; *Fink* (Fn. 430), S. 72 ff. bzw. 115, 117, 133 ff., 198, 123: angereichert durch Art. 1 I; *Lorenz* BK, Art. 2 II (2012) Rn. 646; vgl. auch BVerfGE 52, 131 (173 f.).

[440] Vgl. *Hufen* NJW 2001, 849 (851) mwN.

[441] *Schulze-Fielitz,* in: Dreier I, Art. 2 II Rn. 63; *Müller-Terpitz* HStR VII, § 147 Rn. 101 f.; *Hufen* NJW 2001, 849 (854 ff.).

[442] Insoweit zutr. *Hufen* NJW 2001, 849 (855); aA *Kubiciel* JZ 2009, 600 ff.

[443] *Schulze-Fielitz,* in: Dreier I, Art. 2 II Rn. 85; *Jarass,* in: Jarass/Pieroth, Art. 2 Rn. 100; aA *Starck* MKS I, Art. 2 Rn. 207, 215; *Kunig,* in: v. Münch/Kunig I, Art. 1 Rn. 36. – *Lindner* NJW 2013, 136, hält ein ausnahmsloses Verbot ärztlicher Suizidassistenz für verfassungswidrig; auch VG Berlin MedR 2013, 58 Rn. 58.

[444] BVerfGE 142, 313, Rn. 67.

[445] BVerfGE 142, 313, Tenor zu 1. und 2.

[446] Vgl. z. B. *Hermes* (Fn. 34), 1987, S. 119; *Isensee* HStR IX, § 191 Rn. 243, 206; aA z. B. *Robbers,* Sicherheit als Menschenrecht, 1987, S. 124, 127; *Sachs,* in: Stern, StaatsR III/1, S. 734 f.; *Dietlein,* Die Lehre von den grundrechtlichen Schutzpflichten, 1992, S. 102 ff.; *H. H. Klein* DVBl 1994, 489 (490).

[447] Die „objektive Funktion" des Grundrechts, auf die sich die Gegenauffassung (Fn. 440) stützt, ändert daran nichts.

214      Dass die Schutzgüter des Art. 2 II 1 auch durch diese bedroht werden können und insoweit staatl. Schutz vonnöten sein kann, ist eine andere Frage. Hier ist die Solidarität der staatl. organisierten Gemeinschaft zur Bewältigung von Aufgaben gefordert, die der Einzelne nicht alleine lösen kann. Eine verfassungsrechtliche Verpflichtung des Staates ließe sich **nur als sozialstaatliche Leistungspflicht** aus Art. 20 I begründen; dem steht aber regelmäßig die weite gesetzgeberische Gestaltungsfreiheit zur Verwirklichung des Sozialstaats entgegen (vgl. *Sachs,* Art. 20 Rn. 47). Anders, wenn im Einzelfall bei einer Naturkatastrophe konkrete Lebensgefahr eingetreten ist. Dann können Rettungsmaßnahmen nicht nur polizeirechtlich, sondern auch verfassungsrechtlich geboten sein. Ein subjektiver Anspruch darauf könnte als sozialer Leistungsanspruch aus Art. 2 II iVm 20 I konstruiert werden.

214a      **jj) Vollstreckungsschutz.** Die Vollstreckungsgerichte sind verpflichtet, bei der Prüfung der Voraussetzungen des § 765a ZPO dem Grundrecht des Vollstreckungsschuldners aus Art. 2 II 1 Rechnung zu tragen.[448] (Gesundheitsgefahr, Suizidgefahr vgl. auch o. Rn. 187). Der Sache nach geht es regelmäßig um eine unter materiell Privaten relevante Schutzpflichtkonstellation, weil ein (unverhältnismäßiges) Übermächtigwerden des Berechtigten (etwa des Vermieters) unter Zuhilfenahme staatl. Zwangsgewalt vermieden werden soll; rückt man die staatl. gesteuerte Anwendung von Zwangsgewalt durch das Nutzen der Instrumente des sog. staatl. Gewaltmonopols, die der Berechtigte (insb. Vermieter) sich zunutze macht, in den Mittelpunkt der Betrachtung, handelt es sich um eine abwehrrechtliche Konstellation. Die notwendige Abwägung mit den Gläubigerinteressen kann in bes. gelagerten Einzelfällen dazu führen, dass die Vollstreckung für einen längeren Zeitraum und – in absoluten Ausnahmefällen – auf unbestimmte Zeit einzustellen ist.[449]

214b      **kk) Notwehr.** Körperverletzung oder Tötung in Ausübung gesetzlich erlaubter Notwehr sind private Eingriffe, die auf einer staatl. Ermächtigung beruhen und denen eine gesetzliche Duldungspflicht korrespondiert.[450] Sie sind verfassungsmäßig, soweit sie zur Verteidigung eines Rechtsguts erforderlich und nicht unverhältnismäßig sind.[451]

215      **c) Sonderproblem Schwangerschaftsabbruch.** Der Nasciturus bildet mit der Schwangeren eine unlösliche Einheit (→ Rn. 173). Die Pflicht des Staates, die Tötung ungeborenen Lebens zu verbieten, endet deshalb dort, wo eine Ausnahmelage besteht, die es der Schwangeren unzumutbar macht, das Kind auszutragen. Die **Unzumutbarkeit** kann sich aus einer ernsten Gefahr für das Leben der Frau oder einer schwerwiegenden Beeinträchtigung ihrer Gesundheit (medizinische Indikation), aus der kriminologischen Indikation (Schwangerschaft als Folge einer Vergewaltigung) oder aus der sog. embryopathischen Indikation ergeben, wobei der Gesetzgeber mit Blick auf die objektive Wertentscheidung des Art. 3 III 2 GG verpflichtet ist, für eine gesetzliche Regelung (und deren korrekte Umsetzung) zu sorgen, die einer „normalisierenden" Abwertung des Lebensrechts von Menschen mit Behinderungen entgegenwirkt. Andere Notlagen können die Abtreibung nur dann rechtfertigen, wenn der Konflikt für die Schwangere vergleichbar schwerwiegend ist.[452]

216      Umstände, „die im Rahmen der Normalsituation einer Schwangerschaft verbleiben", können die Unzumutbarkeit nicht begründen (BVerfGE 88, 203 [257]). Soweit keine Unzumutbarkeit gegeben ist, muss der Gesetzgeber die **Abtreibung** verbieten und darf sie **nicht** als **rechtmäßig** qualifizieren.[453] Grundrechte der Frau – insb. ihr Selbstbestimmungsrecht – greifen insoweit gegenüber dem Verbot des Schwangerschaftsabbruchs nicht durch.[454]

217      Nach der **Gegenauffassung** ist es Sache des Gesetzgebers, seine Schutzpflicht gegenüber dem Nasciturus und die Grundrechtsposition der Frau einander verhältnismäßig zuzuordnen. Dabei habe der Gesetzgeber einen Abwägungs- und Gestaltungsspielraum, der es ihm erlaube, von dem Verbot des Schwangerschaftsabbruchs und der Rechtspflicht zum Austragen in der Frühphase der Schwangerschaft abzusehen (BVerfGE 88, 203, 338 [340 f.] – abwM).

218      Ob der Schwangerschaftsabbruch in den nicht durch die o. g. Indikationen gerechtfertigten Fällen mit **Strafsanktionen** bedroht werden muss, ist differenziert zu beantworten. Schon in den **Indikationsfällen** ist zu berücksichtigen, dass das werdende Leben sich ständig weiterentwickelt und im Laufe der Zeit Zumutbarkeitsgesichtspunkte zurückdrängt, so dass – außer bei Lebens- oder schwerwiegender Gesundheitsgefährdung der Frau – der Schwangerschaftsabbruch nach Ablauf einer gewissen Frist nicht mehr gerechtfertigt werden kann. Es kann der Frau zugemutet werden, ihre Entscheidung für den Abbruch vor Ablauf dieser Frist (die der Gesetzgeber konkretisieren muss und mit zwölf Wochen in vertretbarer Weise festgesetzt hat) zu treffen.[455]

---

[448] BVerfGE 52, 214 (220 f.); BVerfG (K) NJW 2004, 49; NZM 2005, 657 (658); BVerfG, NJW 2013, 290; BVerfG, Beschl. v. 25.2.2014, NJW-RR 2014, 584; BGH NJW 2006, 505 (506). Dazu *Schuschke* NJW 2006, 874 ff.

[449] BVerfG (K) NJW 1998, 295 (296) mwN; dabei ist eine psychische oder sonstige Erkrankung nicht Voraussetzung: BVerfG (K) NJW-RR 2001, 1523 (1523 f.); jüngst BVerfG NJW 2013, 290.

[450] *Schwabe* NJW 1974, 670; vgl. auch *ders.* RW 2011, 218 ff.

[451] Konkretisierend ist dabei Art. 2 EMRK zu beachten.

[452] BVerfGE 39, 1 (48 ff.); 88, 203 (256 f.).

[453] Vgl. BVerfGE 39, 1 (44); 88, 203 (252 ff., insb. 255, 273 f.).

[454] BVerfGE 39, 1 (43); 88, 203 (255).

[455] Vgl. z. B. *Kunig,* in: v. Münch/Kunig I, Art. 2 Rn. 58 ff.

**Fraglich** kann daher nur sein, **ob** die Abtreibung **in der ersten Phase** der Schwangerschaft 219 **strafbar** sein muss, **wenn keine Indikation** vorliegt. Schon im ersten Abtreibungsurteil von 1975 hatte das BVerfG gesagt, dass der Schutz des ungeborenen Lebens durch Strafsanktionen nicht geboten sei, wenn der Lebensschutz auf andere Weise effektiv bewirkt werden könne (BVerfGE 39, 1 [46 f.]). Doch sah das Gericht die Fristenregelung, nach der der Schwangerschaftsabbruch innerhalb der ersten zwölf Wochen straflos sein sollte, als verfassungswidrig an, weil die Einschränkung der Strafbarkeit nicht durch ausr. Maßnahmen positiver Beratung und Förderung kompensiert worden sei (ebda, S. 51 ff., 65).

Im **zweiten Abtreibungsurteil** von 1993 nimmt das BVerfG diesen Ansatz auf, verarbeitet aber 220 die Erfahrung, dass sich das Strafrecht als Mittel des Lebensschutzes für die Frühphase der Schwangerschaft als unwirksam erwiesen hat, und betont, dass die Strafandrohung grundsätzlich durch ein der Erhaltung des Lebens dienendes Beratungskonzept ersetzt werden könne. Ein solches Beratungskonzept erfordere allerdings Rahmenbedingungen, die positive Voraussetzungen für ein Handeln der Frau zugunsten des ungeborenen Lebens schaffen (BVerfGE 88, 203 [263 ff.]).

Dazu gehöre, dass die **Beratung** für die Frau zur Pflicht gemacht werde und darauf ausgerichtet sei, 221 die Frau zum Austragen des Kindes zu ermutigen (S. 270, 282 ff.). Für Inhalt, Organisation und Überwachung der Beratung stellt das BVerfG nähere Kriterien auf (S. 282 ff.), ebenso für die Pflichten des Arztes (S. 289 ff.). Das Kind bzw. die Unterhaltpflicht für das Kind dürften wegen Art. 1 I rechtlich nicht als Schaden qualifiziert werden (S. 296). Das familiäre Umfeld sei in das Schutzkonzept einzubeziehen (S. 296 ff.). Auch sei es notwendig, auf die Herstellung solcher **sozialen Bedingungen** hinzuwirken, die keinen Anlass böten, eine Schwangerschaft wegen drohender materieller Not, fehlenden Wohnraums oder etwa Nachteilen für Ausbildung und Beruf abzubrechen (S. 258 f.).

Das Untermaßverbot lasse es nicht zu, auf den Einsatz des Strafrechts zum Schutz des ungeborenen 222 Lebens frei zu verzichten (S. 257 f.). Auch iR eines Beratungskonzepts könne auf **Strafsanktionen gegenüber dem Arzt** zur Durchsetzung seiner Beratungs- und Aufklärungspflicht (S. 293) sowie **gegenüber Personen des familiären Umfelds,** die die Frau zum Schwangerschaftsabbruch drängen oder ihr den gebotenen Beistand verweigern (S. 298), nicht verzichtet werden.

Verfassungswidrig sei es, für Schwangerschaftsabbrüche, für die eine Indikation (Rn. 215) nicht in 223 einem rechtsstaatlichen Anforderungen entspr. Verfahren festgestellt worden sei (dazu S. 274 ff.), **Leistungen der gesetzlichen Krankenversicherung** zu gewähren (S. 312 ff.). Dabei müsse iR eines Beratungskonzepts die allg. Notlagenindikation außer Betracht bleiben, weil diese iR dieses Konzepts nicht festgestellt werden könne (S. 271 f., 316). Dagegen soll es kein Widerspruch zur Schutzpflicht sein, wenn der Staat bei Bedürftigkeit der Frau für die Kosten des Schwangerschaftsabbruchs **Sozialhilfe** zahlt oder keine Ausnahme von der Lohnfortzahlungspflicht vorsieht (S. 321 f.).[456]

**d) Sonderproblem Schutz des Embryos in vitro.** Ob der durch künstliche Befruchtung (In- 223a vitro-Fertilisation) entstandene **Embryo vor dem Transfer in die Gebärmutter,** im Reagenzglas (in vitro), **unter dem Schutz von Art. 2 II 1 steht, ist umstritten.** Geht man davon aus, dass der Schutz des Embryos erst mit der Nidation beginnt (→ Rn. 145, 145a), ergeben sich insoweit aus Art. 2 II 1 keinerlei Verpflichtungen, obwohl menschliches Leben gegeben ist. Jedoch kann der Embryo in vitro durch Art. 1 I geschützt sein, wenn man annimmt, dass die Menschenwürdegarantie objektive Verpflichtungen in Bezug auf den Umgang mit dem menschlichen Leben schlechthin, nicht nur mit einem dem Schutz von Art. 2 II 1 stehenden Individuen, begründet. Auf jeden Fall entfaltet die Menschenwürdegarantie Vorwirkungen zugunsten des sich aus der befruchteten Eizelle entwickelnden Menschen. Dies begrenzt die Zulässigkeit gentechnischer Eingriffe in die befruchtete Eizelle.[457]

Geht man dagegen davon aus, dass der Schutz des Art. 2 II 1 bereits mit der Befruchtung einsetzt 223b (→ Rn. 145, 145a), ist die **Verwendung von Embryonen zu medizinischen Zwecken** (verbrauchende Embryonenforschung, Gewinnung embryonaler Stammzellen, therapeutisches Klonen) ein **Eingriff** in das Grundrecht auf Leben. Ob dieser sich rechtfertigen lässt, ist umstritten (→ Rn. 143). Die Lösung hängt — jedenfalls in der Begr. — davon ab, ob die Verwendung von Embryonen für Zwecke der Forschung oder der Therapie zugleich die Menschenwürde berührt oder ausschl. am Maßstab von Art. 2 II 1 zu messen ist. Kommt dem Embryo in vitro bereits

---

[456] Zur Auseinandersetzung mit diesem Urteil *Hermes/Walter* NJW 1993, 2337 ff.; *Thomas/Kluth* (Hrsg.), Das zumutbare Kind, 1993; *Starck* JZ 1993, 816 ff.; *Geiger/Lampe* Jura 1994, 20 ff.; *Hoerster* JuS 1995, 192 ff.; zur verfassungsrechtlichen und rechtspolitischen Problematik des Schwangerschaftsabbruchs allgemein näher z. B. *Stürner* JZ 1990, 709 ff.; *Roellecke* JZ 1991, 1045 ff.; *F.-C. Schroeder* JuS 1991, 362 ff.; *A. Kaufmann* JZ 1992, 981 ff.; *Kriele* DVBl 1992, 1457 ff.; rechtsvergleichend *Brugger* NJW 1986, 896 ff.; zu den rechtsphilosophischen Implikationen des Lebensschutzes z. B. *Hoerster,* Abtreibung im säkularen Staat, 1991; *ders.* JuS 1989, 172 ff.; *ders.* JZ 1991, 190 ff.; *ders.* JuS 1991, 503 ff.; *Stürner* JZ 1991, 505 ff.; *Hruschka* JZ 1991, 507 ff.; ein auf umfangreiche rechtsvergleichende Untersuchungen gestützter Vorschlag zur Neuregelung des Rechts des Schwangerschaftsabbruchs findet sich bei *Eser,* in: Eser/Koch, Schwangerschaftsabbruch im internationalen Vergleich, Teil 3, 1999, S. 513 ff., insb. S. 609 ff.

[457] Vgl. z. B. *Hartleb* DVBl 2006, 672 ff.; *H. Hofmann* JZ 1986, 253 (260).

Menschenwürde zu,[458] dann ist der Verbrauch von Embryonen zweifelsfrei eine Beeinträchtigung der Menschenwürde – eine monströse Instrumentalisierung[459] –, die sich unter keinen Umständen rechtfertigen lässt. Eine Abwägung mit anderen Gütern oder Zwecken kommt dann nicht in Betracht (→ Art. 1 Rn. 11, 25). Auch der Eingriff in Art. 2 II 1 ist dann verfassungswidrig.

**223c**  Nimmt man dagegen an, dass die Menschenwürde nicht berührt sei, weil sich die Menschenwürde-garantie jedenfalls noch nicht auf den Embryo in vitro erstrecke,[460] kommt es allein darauf an, ob die **Rechtfertigungsvoraussetzungen des Art. 2 II** erfüllt sind. Da dieses Grundrecht im Unterschied zu Art. 1 I unter (einfachem) Gesetzesvorbehalt steht, meinen manche, hier sei eine Abwägung mit anderen Zwecken und insb. mit anderen Verfassungsgütern möglich. So wird argumentiert, die For-schungsfreiheit (Art. 5 III) könne Vorrang vor dem Recht auf Leben des Embryos in vitro haben. Da embryonale Stammzellen dazu gewonnen werden sollen, Gewebe zu züchten, das später zur Heilung von Krankheiten eingesetzt werden soll, wird auch das Recht auf Leben und Gesundheit von Patienten gegen das Recht auf Leben des Embryos abgewogen – mit der Folge, dass jene Rechte (unter bestimmten Voraussetzungen) Vorrang vor diesem haben sollen.[461] Diese Ansicht beruht auf der Annahme, das Recht auf Leben lasse sich ebenso einschränken wie jedes andere unter einfachem Gesetzesvorbehalt stehende Grundrecht. Diese Annahme ist falsch. Wegen der Fundamentalität des Rechts auf Leben lässt sich die gezielte Tötung nur zur Verteidigung gegen einen Angriff rechtfertigen (→ Rn. 171). Im Übrigen kommen Einschränkungen nur im Hinblick auf nicht gezielte Beeinträchti-gungen in Betracht, dh die Auferlegung von Risiken. Die Instrumentalisierung des Menschen in Form der gezielten Tötung von Individuen, die beispielsweise zu medizinischen Präparaten verarbeitet werden sollen, lässt sich auch zur Verwirklichung noch so hochwertiger Zwecke mit Art. 2 II nicht vereinbaren. Die verfassungsrechtliche Zulässigkeit der Gewinnung **embryonaler Stammzellen** unter Vernichtung der Blastozyste hängt somit davon ab, ob diese bereits unter dem Schutz von Art. 2 II steht (→ Rn. 145a).[462]

**224**  **3. Leistungsansprüche.** Aus Art. 2 II 1 wird ein Anspruch auf **Leistung der zum Leben unerlässlichen Güter** entnommen, sofern der Einzelne darauf angewiesen ist. Dabei geht es um die unerlässlichen Lebensvoraussetzungen, die „nackte Existenz".[463] Art. 2 II konkretisiert insoweit Pflich-ten bzw. Ansprüche, die sich aus dem Sozialstaatsprinzip (Art. 20 I) ergeben. Vorrangig ist Art. 1 I GG iVm Art. 20 I GG (Sozialstaatsprinzip) anwendbar.[464]

**225**  Die objektive Wertentscheidung, die in Art. 2 II zum Ausdruck kommt, leitet iVm dem Sozialstaats-prinzip auch dazu an, ein funktionsfähiges **Gesundheitssystem** zu errichten. Hier hat der Gesetzgeber aber einen so weiten Gestaltungsspielraum, dass sich originäre Leistungsansprüche auf ärzt. medizi-nische Versorgung aus Art. 2 II schwerlich ableiten lassen.[465] – Es besteht grundsätzlich kein Anspruch auf konkrete Leistungen der gesetzlichen Krankenversicherung (BVerfGE 115, 25 [44]), auch nicht auf einen nach SGB V nicht vorgesehenen Leistungserbringer (BVerfG [K] NJW 1998, 1775f. – Heil-praktiker) oder auf Kostenerstattung eines nicht zugelassenen Arzneimittels (BVerfG [K] NJW 1997, 3085). Gibt es allerdings für eine lebensbedrohliche Erkrankung keine allg. anerkannte, medizinischem Standard entspr. Behandlung, so verstößt es gegen Art. 2 II GG, wenn einem gesetzlich Kranken-versicherten die Leistung für eine ärztlich angewandte und völlig aussichtslose Behand-lungsmethode versagt wird.[466] Mit der Statuierung der Pflichtversicherung übernimmt nämlich der Staat Verantwortung für die Schutzgüter des Art. 2 II 1 GG.[467] Art. 2 II 1 GG ist also bei der Entscheidung über die Kostenübernahme für ein lebensrettendes Medikament relevant.[468]

**226**  Gewisse, im Einzelnen konkretisierungsbedürftige Leistungsansprüche muss der Gesetzgeber be-gründen, um der schwangeren Frau die **Entscheidung für das Kind zu erleichtern** (→ Rn. 221).

---

[458] Diese Annahme liegt auf der Linie der Rspr. des BVerfG (vgl. Rn. 144, 145), s. auch → Art. 1 Rn. 58–60; *ders.* (Fn. 337), S. 23f. Explizit idS z. B. *Böckenförde*, Süddeutsche Zeitung v. 16.5.2001, S. 11; *Starck*, FAZ v. 30.5.2001, S. 55; *ders.* JZ 2006, 417 (419).

[459] Vgl. *Höfling* FAZ v. 10.7.2001, S. 8; *ders.* (Fn. 337), S. 43. Siehe auch *Starck* JZ 2006, 417 (419).

[460] So ein Teil der Lit., vgl. z. B. *Dreier*, in: Dreier I, Art. 1 I Rn. 68–78, 82ff. mwN; *Ronellenfitsch* UTR 54 (2000), S. 91 (103 f.).

[461] Vgl. z. B. *Spiekerkötter*, Verfassungsfragen der Humangenetik, 1989, S. 54f.; *Iliadou*, Forschungsfreiheit und Embryonenschutz, 1999, S. 170 f., und insb. die Empfehlungen der DFG zur Forschung mit menschlichen Stamm-zellen, FAZ v. 11.5.2001, S. 53.

[462] Anders diejenigen, die „Abstufungen des Lebensschutzes" postulieren, z. B. *Schulze-Fielitz*, in: Dreier I, Art. 2 II Rn. 61 ff. mwN; dies scharf abl. *Hoerster* Jura 2011, 241 (242 f.).

[463] Vgl. *Di Fabio*, in: Maunz/Dürig, Art. 2 Abs. 2 (2004) Rn. 35, 45 f.; *Starck* MKS I,, Art. 2 Rn. 212; *Kunig*, in: v. Münch/Kunig I, Art. 2 Rn. 60; BSGE 100, 221, Rn. 31.

[464] BVerfG NJW 2019, 3703, Rn. 118 ff., s. ferner Rn. 135 (ua unter Verweis auf „Art. 2 II GG").

[465] Vgl. BSG, 15.6.2005 – B 1 KR 111/04 B, juris; 19.10.2004 – B 1 KR 9/04 R, juris; BSGE 93, 252.

[466] BVerfGE 115, 25 (49); s. nunmehr auch § 2 Ia 1 SGB V. Abl. z. B. *Huster* JZ 2006, 466 (467 f.). Für den „off-label use" von Arzneimitteln außerhalb ihres zugelassenen Anwendungsbereichs vgl. BVerfG (K) NJW 2003, 1236 (1237).

[467] Vgl. BVerfG ebd. m. Hinw. auf Lit.

[468] BVerfG NJW 2013, 1664; BVerfG, NJW 2014, 2176; BVerfG NJW 2016, 1505.

Zusätzlich zu der Schutzpflicht gegen die Verursachung von Gesundheitsschäden durch Umwelt- **227** beeinträchtigungen (Eingriffe Dritter über den „Umweltpfad", → Rn. 198 ff.) hat der Staat (objektiv-rechtlich auch nach Art. 20a GG) – soweit ihm das möglich ist – für ein **ökologisches Existenz-minimum** einzustehen, nämlich dafür zu sorgen, dass diejenigen Umweltbedingungen erhalten bleiben, die für das menschliche Leben und die menschliche Gesundheit notwendige Voraussetzung sind und deren Existenz daher auch von der Verfassung vorausgesetzt wird (z. B. Ozonschicht).

## D. Die Freiheit der Person (Abs. 2 S. 2)

### I. Der Grundrechtstatbestand und sein Zusammenhang mit Art. 104

Art. 2 II 2 schützt mit der Freiheit der Person die **körperliche Bewegungsfreiheit.** Ihrem Schutz **228** dient auch Art. 104. Die Garantie des Art. 2 II 2 wird in Art. 104 I 1 nicht etwa wiederholt, sondern Art. 104 stellt besondere Voraussetzungen für die Einschränkung der in Art. 2 II 2 garantierten Freiheit („Schranken-Schranken") auf.[469] Grund für die Trennung in zwei Artikel: Die sehr detaillierte Regelung der Justizgarantien gegen Freiheitsentziehung passt nicht in den Zusammenhang mit den sehr lapidar formulierten Grundrechten und ist deshalb in den organisatorischen Teil aufgenommen worden.

Der **Umfang des Schutzbereichs** ist umstritten. Unstreitig ist jedenfalls ein Kernbereich, nämlich **229** der Schutz vor willkürlicher Freiheitsentziehung, wie dies dem klassischen Habeas-Corpus-Recht entspricht. Art. 104 unterscheidet aber zwischen Beschränkung der Freiheit der Person im Allgemeinen (Abs. 1 S. 1) und Freiheitsentziehungen im Besonderen (Abs. 2). Freiheitsbeschränkung ist der Oberbegriff. Schon daraus folgt, dass der Schutz sich nicht nur gegen Freiheitsentziehung richtet. Dies spricht dafür, dass – wie auch der Wortlaut nahe legt – die Freiheit, sich an beliebige Orte zu bewegen, geschützt ist, also die Freiheit, den Ort, an dem man sich befindet, zu verlassen und jeden beliebigen anderen Ort aufzusuchen **(positive Bewegungsfreiheit).**[470]

Strittig ist aber, ob auch die Freiheit geschützt ist, an dem Ort zu bleiben, an dem man sich befindet, **230** und jeden Ort zu meiden, den man meiden will **(negative Bewegungsfreiheit).** Dies wird von der h. M. entweder vollständig verneint[471] oder nur insoweit bejaht, als zur Durchsetzung einer diese Freiheit beschränkenden Verpflichtung unmittelbarer Zwang eingesetzt wird.[472] So sollen hoheitliche Gebote zum Erscheinen einer Person vor einer Behörde, einem Gericht usw. – z. B. die Vorladung eines Zeugen oder die Verpflichtung zur Teilnahme am Verkehrsunterricht (BVerfGE 22, 21 [26]) – nicht in die Freiheit der Person eingreifen,[473] während z. B. die zwangsweise Vorführung eines Zeugen als Eingriff zu qualifizieren sei.

Diese Auffassung ist inkonsequent. Sie bestreitet nicht, dass das Verbot, sich zu einem bestimmten **231** Zeitpunkt an einem bestimmten Ort aufzuhalten, in die Freiheit der Person eingreift.[474] Das Gebot, sich zu einem bestimmten Zeitpunkt an einem bestimmten Ort aufzuhalten, ist aber logisch ein Bündel unendlich vieler Verbote, zum selben Zeitpunkt einen anderen Ort aufzusuchen.[475] Die Beschränkung des Schutzes auf die Abwehr physischen Zwanges wäre nur überzeugend, wenn sie sich – wie dies teilw. vertreten wird[476] – auch für die positive Bewegungsfreiheit begründen ließe. Die h. M. sieht in Art. 2 II 2 aber gerade den Schutz der **Bewegungsfreiheit als solcher** verbürgt, nicht lediglich einen modalen Schutz gegen eine bestimmte Art und Weise der Beeinträchtigung dieser Freiheit.

Der Anwendungsbereich von Art. 2 II 2 droht jedoch **auszuufern** und die Vorschrift ihren spezi- **232** fischen Schutzzweck zu verfehlen, wenn auch solche Einschränkungen der Bewegungsfreiheit, die mit dem Habeas-Corpus-Recht nicht mehr das Entfernteste zu tun haben – beispielsweise die Schulpflicht, die ja (wenn man von der jedenfalls für Grundschüler nicht geltenden Freiheit der Schulwahl absieht) impliziert, dass der Schüler zu einer bestimmten Zeit an einem bestimmten Ort zu sein hat –, am Maßstab dieser Norm zu messen sind.

Besser als durch den – teilw. – Ausschluss der negativen Bewegungsfreiheit lässt sich die auch von **233** der Praxis für erforderlich gehaltene Einschränkung des Gewährleistungsumfangs dadurch erreichen,

---

[469] Vgl. BVerfGE 10, 302 (322 f.); BVerfG (K) NJW 1995, 3047; NJW 2001, 2247; *Gusy* NJW 1992, 457.

[470] Vgl. z. B. *Dürig,* in: Maunz/Dürig, Art. 2 Abs. II (1958) Rn. 50; *Manssen,* Staatsrecht II, Rn. 308; aA *Grabitz* HStR V², 2001, § 130 Rn. 5, der nur Freiheitsbeschränkungen durch physischen Zwang als tatbestandsmäßig ansieht; für ein restriktives Verständnis i. S. der Habeas-Corpus-Rechte auch *Deger* VBlBW 1996, 90 (93); *Wollenschläger,* in: Dreier I, Art. 11 Rn. 27; für eine Begrenzung des Schutzbereichs auf die bloße Fortbewegungsfreiheit *Ipsen,* Staatsrecht II, Rn. 265.

[471] Vgl. *Dürig,* in: Maunz/Dürig, Art. 2 Abs. II (1958) Rn. 50; *Manssen,* Staatsrecht II, Rn. 308.

[472] Vgl. z. B. BVerfGE 22, 21 (26); *Jarass,* in: Jarass/Pieroth, Art. 2 Rn. 114; *Kunig,* in: v. Münch/Kunig I, Art. 2 Rn. 76; *Braun,* Freizügigkeit und Platzverweis, 2000, S. 59 ff. – AA z. B. *Correll* AK GG, Art. 2 II Rn. 153.

[473] Dabei läuft es auf dasselbe hinaus, ob man die Tatbestandsmäßigkeit verneint, oder aber – wie *Kunig,* ebda – den Schutzbereich zwar für „berührt" hält, aber einen Eingriff ablehnt.

[474] Anders *Grabitz* HStR V², 2001, § 130 Rn. 7.

[475] *Podlech* AK GG, 2. Aufl., Art. 2 II Rn. 45 f. und *Correll* AK GG, Art. 2 II Rn. 158.

[476] *Grabitz* HStR V², 2001, § 130 Rn. 5.

dass man auf den **Zweck des Eingriffs** abstellt und so Art. 2 II 2 von anderen Grundrechten abgrenzt: Nur solche Maßnahmen sind als Eingriffe in die Freiheit der körperlichen Fortbewegung zu qualifizieren, die die Beschränkung dieser Freiheit bezwecken und nicht lediglich (notwendige oder in Kauf genommene) Folge der Verfolgung eines anderen Primärzwecks sind.[477] So stellt die Schulpflicht einen Eingriff in die allgemeine Handlungsfreiheit dar; die mit der Anwesenheitspflicht der Schüler verbundene Einschränkung der Fortbewegungsfreiheit ist lediglich eine notwendige Folge davon.

234 Nach der wohl überwiegenden Ansicht ist aber die **Zwangsanwendung** zur Durchsetzung solcher Pflichten immer als Eingriff in Art. 2 II 2 anzusehen, weil sie als selbstständiger – von dem Primärzweck abgelöster – Eingriff betrachtet wird.[478]

235 Das unterschiedliche Schutzbereichsverständnis hat vor allem **formelle Konsequenzen:** Gegen Maßnahmen, die – bei engem Verständnis – nicht unter Art. 2 II 2 fallen, schützt Art. 2 I. Dafür gelten nicht die besonderen Einschränkungsvoraussetzungen des Art. 104 und auch nicht das Zitiergebot des Art. 19 I 2.

235a Nach Ansicht des BVerfG ist der Schutzbereich des Art. 2 II 2 „von vornherein" nur dann eröffnet, wenn „jemand durch die öffentl. Gewalt daran gehindert wird, einen **Ort** aufzusuchen oder sich dort aufzuhalten, **der ihm an sich** (tatsächlich und **rechtlich**) **zugänglich ist**".[479] Dem ist im Ansatz zuzustimmen. Es würde den Schutzzweck des Rechts auf Freiheit der Person völlig verfehlen, wollte man jede Einschränkung der Bewegungsfreiheit, die sich aus den **allgemeinen Gesetzen** ergibt, als Eingriff in den Schutzbereich dieses Grundrechts ansehen. Mit „allgemeinen Gesetzen" sind in diesem Zusammenhang solche gemeint, die sich nicht spezifisch gegen die Fortbewegungsfreiheit bestimmter Personen oder Personengruppen richten, z. B. die sich aus dem Eigentum oder anderen bürgerlich-rechtlichen Positionen ergebenden Beschränkungen wie das Verbot, fremde Wohnungen ohne Erlaubnis des Wohnungsinhabers zu betreten, straßenverkehrsrechtliche Beschränkungen (etwa das Verbot, auf Autobahnen spazieren zu gehen), naturschutzrechtliche Betretungsverbote. Die in der Lit. geäußerte Kritik, bei dieser Konzeption werde dem einfachen Recht die Bestimmung des Schutzbereichs überlassen,[480] träfe nur dann zu, wenn man auch die Bewegungsfreiheit spezifisch zulasten bestimmter Individuen oder Gruppen beschränkende Gesetze ausklammern wollte. Dies ist auch bei der asylrechtlichen Flughafenregelung nicht der Fall. Art. 2 II 2 gewährleistet nicht die Einreisefreiheit. Die Staatsgrenze ist als Hindernis der freien Bewegung nach der allg. Rechtsordnung vorgegeben. Der Staat kann die Kriterien des Zutritts zu seinem Gebiet festlegen, ohne in Art. 2 II 2 einzugreifen.[481]

## II. Eingriffe/Beeinträchtigungen

236 Eingriffe in die körperliche Bewegungsfreiheit sind vor allem **Freiheitsentziehungen.**[482] Dazu gehören insb. der Vollzug einer Freiheitsstrafe, Untersuchungshaft, Sicherungsverwahrung, vorläufige Festnahme, Beugehaft, Polizeigewahrsam, Abschiebehaft, Unterbringung in einer geschlossenen Anstalt, Hausarrest, ferner auch Fixierungen z. B. von psychisch kranken Menschen.[483]

237 Schon die strafrechtliche **Verurteilung zu einer Freiheitsstrafe** ist ein Eingriff in die Freiheit der Person.[484] Auch die **Durchsuchung** einer Person oder ihre Mitnahme zur Dienststelle **(Sistierung)** werden als Eingriffe in Art. 2 II 2 qualifiziert.[485]

238 Ein Eingriff in die Bewegungsfreiheit soll es auch sein, wenn jemand sich nicht mehr „vor die Haustür traut", weil er körperliche **Angriffe** oder dauernde Beschattung **fürchten** muss.[486] M. E. hängt es vom – aus den Umständen „objektiv" zu ermittelnden – Zweck ab, ob zusätzlich zu den Eingriffen in Art. 2 II 1 bzw. 2 I iVm 1 1 ein Eingriff in Art. 2 II 2 vorliegt.

239 **Kein Eingriff** ist die **Auferlegung einer Verhaltenspflicht,** die mit körperlicher Bewegung verbunden ist, einschl. der Pflicht, an einem bestimmten Ort zu erscheinen (Ladung zur amtsärztlichen Untersuchung), falls die Auswahl des Zeitpunkts, zu dem die Pflicht erfüllt wird, nicht genau festgelegt ist;[487] nach hier vertretener Auffassung liegt auch in letzterem Fall kein Eingriff vor (→ Rn. 233). Auch

---

[477] So auch *Gusy* NJW 1992, 457 (459 f.); aA *Schulze-Fielitz,* in: Dreier I, Art. 2 II Rn. 104 f.; *Correll* AK GG, Art. 2 II Rn. 154; *Kunig,* in: v. Münch/Kunig I, Art 2 Rn. 75.

[478] Vgl. BVerfGE 22, 21 (26); *Kunig,* in: v. Münch/Kunig I, Art. 2 Rn. 76; aA *Gusy* NJW 1992, 457 (459 f.).

[479] BVerfGE 94, 166 (198); bestätigend BVerfGE 96, 10 (21); zustimmend z. B. *Hailbronner* NVwZ 1996, 625 (630); *Frowein/Zimmermann* JZ 1996, 753 (762); *De Wyhl* ZAR 1997, 82 (86); *Lehnguth/Maaßen* DÖV 1997, 316 (318); krit. *Jarass,* in: Jarass/Pieroth, Art. 2 Rn. 112.

[480] *Lübbe-Wolff* DVBl 1996, 825 (837).

[481] BVerfGE 94, 166 (198 f.); aA *Corell,* AK GG, Art. 2 II Rn. 160 ff. (insbes. 164); *Wittreck* HStR VII, § 151 Rn. 24.

[482] Zu diesem Begriff und seiner Abgrenzung gegenüber sonstigen Beschränkungen der Bewegungsfreiheit → Art. 104 Rn. 5 f., und z. B. *Gusy* NJW 1992, 457 (458 ff.).

[483] BVerfGE 149, 293 = NJW 2018, 2619 (zu nicht kurzfristigen [mehr als etwa eine halbe Stunde andauernden] 5- bzw. 7-Punkt-Fixierungen).

[484] Vgl. BVerfGE 14, 174 (186); *Kingreen/Poscher,* Rn. 500.

[485] *Kunig,* in: v. Münch/Kunig I, Art. 2 Rn. 78.

[486] *Starck* MKS I, Art. 2 Rn. 197; *Kunig,* in: v. Münch/Kunig I, Art. 2 Rn. 75.

[487] *Kingreen/Poscher,* Rn. 498; *Kunig,* in: v. Münch/Kunig I, Art. 2 Rn. 76.

die Auferlegung von Verhaltenspflichten, die den Aufenthalt an einem bestimmten Ort zu einer bestimmten Zeit notwendig implizieren (Schulpflicht, Wehrpflicht; Verpflichtung, an der Unfallstelle zu bleiben oder Hilfe zu leisten), greift nicht in die Freiheit der Person ein (→ Rn. 233).[488] Nachsitzen in der Schule wäre dann als Eingriff in Art. 2 II 2 zu qualifizieren, wenn es den Zweck einer „Freiheitsstrafe" („Arrest") verfolgte, nicht dagegen, wenn sein Zweck als besondere pädagogische Maßnahme (Sonderlernstunde) zu bewerten wäre.[489]

Ein bloß **kurzfristiges Festhalten** (Verkehrskontrolle, Personalienfeststellung durch die Polizei) **240** greift nach h. M. – wegen Geringfügigkeit der Beeinträchtigung – nicht in Art. 2 II 2 ein.[490] Dass indes auch der – definitionsgemäß ebenfalls lediglich vorübergehende – **Platzverweis** vom Schutzbereich des Art. 2 II 2 ausgenommen sein soll, ist im Hinblick auf seine unmittelbare Zweckrichtung, sein äußeres Erscheinungsbild und seine Wirkung für den betroffenen Bürger zweifelhaft.[491]

Nicht geschützt durch Art. 2 II 2 ist es, bei der Fortbewegung **Rechte Dritter** oder **allgemeine 241 Verhaltensregeln** zu verletzen, die nicht die Fortbewegung als solche betreffen, sondern nur ihre Art und Weise, z. B. Betreten fremder Grundstücke, Missachtung von Verkehrsregeln (rote Ampel, Stoppschild). Die diesbezüglichen Verbotsnormen greifen wegen ihrer anderen Zwecksetzung in Art. 2 II 2 nicht ein. Nach der Gegenauffassung sind sie jedenfalls gerechtfertigt, sofern sie in einem förmlichen Gesetz (Art. 104 I 1) enthalten sind.

## III. Grundrechtsbegrenzungen

Das Recht auf Freiheit der Person steht gem. Art. 2 II 3 unter einfachem **Gesetzesvorbehalt. 242** Dieser wird **überlagert durch Art. 104 I 1.** Danach ist jede Beschränkung der Freiheit der Person nur aufgrund eines förmlichen Gesetzes zulässig.[492] Für Freiheitsentziehungen sind die besonderen Verfahrensgarantien von Art. 104 II–IV zu beachten.

Materiell muss sich die Beschränkung der Freiheit der Person, wie jede andere Freiheitseinschrän- **243** kung, am **Verhältnismäßigkeitsgrundsatz** rechtfertigen lassen. Dabei ist der fundamentalen Bedeutung der Bewegungsfreiheit für den Einzelnen Rechnung zu tragen.[493] Das BVerfG hat von einem „hohen Rechtsgut" gesprochen, das nur „aus besonders wichtigen Gründen" eingeschränkt werden dürfe (BVerfGE 22, 180 [219]), und das „besondere Gewicht" dieses Grundrechts hervorgehoben (BVerfGE 65, 317 [322]).

## IV. Einzelfragen zum Gewährleistungsumfang

Vor rechtskräftiger Aburteilung einer Straftat kommt Freiheitsentzug (in Form einer Unter- **244** suchungshaft) nur als ultima ratio zur Aufklärung und Ahndung von Straftaten in Betracht. Dies folgt aus der Unschuldsvermutung, die ihre Grundlage im Rechtsstaatsprinzip hat.[494] Verhältnismäßig sind Anordnung und Vollzug der **Untersuchungshaft,** wenn sie zur Klärung der Schuld des Verdächtigen bzw. zur Sicherung der Durchführung des Strafverfahrens geeignet und erforderlich sind und nicht außer Verhältnis zur Schwere der vermuteten Tat stehen. Diese Anforderungen werden durch § 112 StPO konkretisiert.

Aus Art. 2 II 2 folgt, dass in Haftsachen das Verfahren mit größtmöglicher **Beschleunigung 245** betrieben werden muss.[495] Der **Dauer** der Untersuchungshaft werden durch den Verhältnismäßigkeitsgrundsatz Grenzen gesetzt, und zwar auch unabhängig von der zu erwartenden Strafe.[496] Das Gewicht des Freiheitsanspruchs verstärkt sich gegenüber dem staatl. Strafverfolgungsinteresse mit zunehmender

---

[488] H. M., vgl. z. B. *Starck* MKS I, Art. 2 Rn. 196; *Grabitz* HStR V². 2001, § 130 Rn. 6; aA *Kingreen/Poscher,* Rn. 498.

[489] In letzterem Sinne VGH BW NVwZ 1984, 808 f.; aA diejenigen, die schon die Schulpflicht als Eingriff ansehen, z. B. *Kingreen/Poscher,* Rn. 499.

[490] *Drews/Wacke/Vogel/Martens,* Gefahrenabwehr, 9. Aufl. 1986, S. 187; *Kunig,* in: v. Münch/Kunig I, Art. 2 Rn. 78; aA *Barczak* NZV 2010, 598 ff.

[491] Für einen Rückgriff auf Art 2 II 2 bei Platzverweisen auch *Graulich,* in: Lisken/Denninger, Handbuch des Polizeirechts, 6. Aufl. 2018, E Rn. 416; *Wagner,* Polizeigesetz NRW, 1987, § 12 Rn. 4 ff.; für Eingriff in Art. 11 *Hetzer* NdsVBl 1997, 241 (249).

[492] Nach OLG Stuttgart MDR 1996, 91 (92), dürfen freiheitsentziehende Maßnahmen daher nicht auf eine Analogie gestützt werden.

[493] So schließt es bspw. der bei staatl. Eingriffen in die Freiheit der Person bes. strenge Verhältnismäßigkeitsgrundsatz zwar nicht von vornherein aus, psychisch Kranke zu ihrem eigenen Wohl in einer geschlossen Anstalt unterzubringen; doch muss bei weniger gravierenden Fällen mit Rücksicht auf die Verhältnismäßigkeit eine derart einschneidende Maßnahme unterbleiben und mithin auch dem psychisch Kranken in bestimmten Grenzen die „Freiheit zur Krankheit" belassen werden, BVerfG (K) NJW 1998, 1774 (1775).

[494] BVerfGE 74, 358 (370); 82, 106 (144 f.); *Starck* MKS I, Art. 2 Rn. 240; vgl. auch Art. 6 II EMRK.

[495] BVerfGE 19, 342 (347 f.); 46, 194 (195); 53, 152 (158 f.); BVerfG (K) NJW 2001, 2707; NJW 2006, 1336 (1337 Abs.-Nr. 26); *Pieroth/Hartmann* StV 2008, 276 ff. mwN.

[496] BVerfGE 20, 45 (49 f.); 20, 144 (148); 53, 152 (158 f.); BVerfG (K) StV 1998, 557 (558); NStZ 2002, 82 f.; vgl. auch § 121 I StPO.

Dauer der Untersuchungshaft.[497] In verfahrensrechtlicher Hinsicht folgen aus Art. 2 II 2 erhöhte Anforderungen an die Begründungstiefe von Haftfortdauerentscheidungen (BVerfG [K] NJW 2006, 1336 ([1338 Abs.-Nr. 32]). Kommt es zu von den Beschuldigten nicht zu vertretenden, sachlich nicht zu rechtfertigenden und vermeidbaren Verfahrensverzögerungen, steht dies regelmäßig einer weiteren Aufrechterhaltung der Untersuchungshaft entgegen (BVerfG [K] NJW 2006, 1336 [1338 Abs.-Nr. 27]; BVerfG [K] JR 2014, 488). Ein Haftbefehl ist ggf. auch dann aufzuheben, wenn die überlange Verfahrensdauer auf mangelnder Personalausstattung des Gerichts beruht (BVerfG [K] NJW 2006, 668 [671]; BVerfG [K] JR 2014, 488). – Eine überlange Verfahrensdauer muss bei der Festsetzung einer Freiheitsstrafe mildernd berücksichtigt werden (BVerfG [K] NJW 2003, 2225 [2227]).

246 Der Haftgrund der **Wiederholungsgefahr** (§§ 112 III, 112a StPO) verfolgt einen präventivpolizeilichen Zweck. Das BVerfG hat ihn zunächst nur in bezug auf Verbrechen gegen das Leben und Sittlichkeitsverbrechen damit gerechtfertigt, dass es um die Bewahrung eines bes. schutzbedürftigen Kreises der Bevölkerung vor mit hoher Wahrscheinlichkeit drohenden schweren Straftaten gehe (BVerfGE 19, 342 [350]). Später wurde er auch in Bezug auf Vermögensdelikte als verhältnismäßig angesehen, wenn es sich um Straftaten von erheblichem Gewicht handele.[498]

247 **Freiheitsstrafen** müssen zu dem begangenen Unrecht und dem Ausmaß der Schuld in angemessenem Verhältnis stehen.[499] Bes. problematisch ist die **lebenslange Freiheitsstrafe**. Das BVerfG hält sie im Hinblick auf schwerste Delikte für höchste Rechtsgüter für gerechtfertigt (BVerfGE 45, 187 [223 ff.]), sieht aber den Kern der Menschenwürde nur dann gewahrt, wenn der Verurteilte die Möglichkeit hat, die Freiheit wiederzuerlangen. Dazu reiche es nicht aus, dass er auf die gesetzlich nicht geregelte Begnadigung hoffen kann; die Voraussetzungen, unter denen die Vollstreckung der lebenslangen Freiheitsstrafe ausgesetzt werden kann, und das dabei anzuwendende Verfahren müssten gesetzlich geregelt sein.[500] Ein Widerruf einer Gnadenentscheidung ist nur in den gesetzlich geregelten Fällen zulässig.[501] Mit der Begrenzung der lebenslangen Freiheitsstrafe untrennbar verbunden[502] ist die aus Art. 2 I iVm 1 I abgeleitete Verpflichtung der staatl. Gemeinschaft, bereits vor der Entlassung auf die **Resozialisierung** des Verurteilten hinzuwirken, so dass er nach langem Freiheitsentzug zumindest ansatzweise Orientierung für ein normales Leben suchen und finden kann.[503]

247a Die **Sicherungsverwahrung** ist ein schwerwiegender Eingriff in Art. 2 II 2 GG. Daher sind die Anforderungen der Verhältnismäßigkeit bes. strikt.[504] Die Sicherungsverwahrung kann nur gerechtfertigt werden, wenn das Schutzinteresse der Allgemeinheit das Freiheitsinteresse des Untergebrachten überwiegt. Sie setzt daher idR die Gefahr schwerer Gewalt- oder Sexualstraftaten voraus (BVerfG 133, 40 Rn. 26).[505] Sie ist damit kategorial von der Freiheitsstrafe zu unterscheiden, die im Wesentlichen dem Schuldausgleich einer schon begangenen Straftat dient. Anordnung, Dauer und Vollzug der Sicherungsverwahrung müssen sich an dem Ziel orientieren, künftige Straftaten zu verhindern (BVerfGE 128, 326 [374, 377]). Die Sicherungsverwahrung muss vom Strafvollzug getrennt sein („Abstandsgebot") und ein freiheitsorientiertes und therapiegerichtetes Gesamtkonzept aufweisen.[506] Unter Berücksichtigung von Vertrauensschutz ist die **nachträgliche Sicherungsverwahrung** nur zulässig, „wenn der gebotene Abstand zur Strafe gewahrt wird, eine hochgradige Gefahr schwerster Gewalt oder Sexualstraftaten aus konkreten Umständen in der Person oder dem Verhalten des Untergebrachten abzuleiten ist und die Voraussetzungen des Art. 5 I 2 EMRK erfüllt sind" (BVerfGE 128, 326 [388 f.]). – Die **Therapieunterbringung** nach dem Therapieunterbringungsgesetz (**ThuG**) als nachträgliche freiheitsentziehende Maßnahme entspricht der Eingriffsintensität der Sicherungsverwahrung. Auf sie sind die zur Sicherungsverwahrung entwickelten Maßstäbe anzuwenden (BVerfG, 11.7.2013 – 2 BvR 2302/11 ua).[507]

247b Art. 2 II 1 stellt besondere **Anforderungen an die richterliche Sachverhaltsaufklärung** als Voraussetzung für die Freiheitsentziehung (z. B. BVerfG [K] NJW 2000, 502 [503]; BVerfG [K] NJW 2013, 3228). Im Verfahren über die Unterbringung in einem psychiatrischen Krankenhaus kann

---

[497] Vgl. BVerfGE 19, 342 (347); 36, 264 (270); 53, 152 (158 f.); BVerfG (K) NJW 2006, 1336 (1337 f. Rn. 26, 29).

[498] BVerfGE 35, 185 (192 f.); ebenso die hL, z. B. *Starck* MKS I, Art. 2 Rn. 248; aA *Müller/Pieroth*, in: Sozialwissenschaften im Öffentlichen Recht, 1981, S. 228 ff.

[499] BVerfGE 20, 323 (331); 25, 269 (286); 27, 18 (29); 50, 5 (10 ff.).

[500] BVerfGE 45, 187 (242 ff.). Zu diesem *leading case* auch *Correll*, Freiheit und Individuum, 1998, S. 45 f. u. 161 f.; ferner BVerfGE 72, 105 (113); 117, 71 (94 ff.). AA *Erichsen* NJW 1976, 1721 ff.: verfassungswidrig.

[501] BVerfG (K), NJW 2013, 2416.

[502] So BVerfG (K) NStZ 1998, 373 (374).

[503] Vgl. BVerfGE 64, 272 (281); 117, 71 (91); *Correll* AK GG, Art. 2 II Rn. 169.

[504] BVerfGE 128, 326 (372 ff.) im Anschluss an EGMR NJW 2010, 2495.

[505] *Jarass*, in: Jarass/Pieroth, Art. 2 Rn. 125.

[506] Zu den verfassungsrechtlichen Mindestanforderungen an die Ausgestaltung der Sicherungsverwahrung BVerfGE 128, 326 (374 ff.). Mit dem „Gesetz zur bundesrechtlichen Umsetzung des Abstandsgebots im Recht der Sicherungsverwahrung" vom 5.12.2012, BGBl I S. 2425, hat der Gesetzgeber das Recht der Sicherungsverwahrung neu geregelt; dazu *Renzikowski* NJW 2013, 1638 ff.; *Peglau* JR 2013, 249 ff.; Satzger StV 2013, 243 ff.

[507] Zu den der Sicherungsverwahrung entspr. bes. strikten Anforderungen an die Verhältnismäßigkeit, insb. auch dem Abstandsgebot, siehe beispielsweise BVerfGE 134, 33 Rn. 68 f., 79.

deshalb eine früher einmal ohne konkreten Bezug zu diesem Verfahren erfolgte Untersuchung auf den geistig-seelischen Zustand nicht als Grundlage der Entscheidung dienen.[508] Ein Gericht darf nicht ohne weitere Sachverhaltsprüfung von einer neuen Straftat als Voraussetzung für den Widerruf der Strafaussetzung zur Bewährung ausgehen, weil der Verurteilte mit seiner Zustimmung zu einer Verfahrenseinstellung nach § 153a II StPO seine Schuld eingeräumt habe (BVerfG [K] StV 1996, 163 f.). – Durch Art. 2 II 2 verfassungsrechtlich fundiert ist auch das **Beweisantragsrecht** des Beschuldigten[509] sowie sein **Anspruch auf materielle Beweisteilhabe,** also auf Zugang zu den Quellen der Sachverhaltsfeststellung (BVerfG [K] NJW 2001, 2245 [2246]).

Das BVerfG hat aus Art. 2 II 2 verfassungsrechtliche Vorgaben für eine Regelung des **kumulativen 247c Vollzugs der Freiheitsstrafe und** einer Maßregel der **Unterbringung in einer Entziehungsanstalt** abgeleitet und insb. gefolgert: Voraussetzung für die Unterbringung sei eine hinreichend konkrete Aussicht auf Behandlungserfolg. Eine gesetzlich festgelegte Mindestvollzugsdauer von einem Jahr sei verfassungswidrig. Mit der Verfassung vereinbar sei es, den Maßregelvollzug nur zu $^2/_3$ auf die Freiheitsstrafe anzurechnen.[510] Eine Regelung, die eine Anrechnung von Zeiten des Maßregelvollzugs auf verfahrensfremde Freiheitsstrafen ausnahmslos ausschließt, ist aber verfassungswidrig (BVerfGE 130, 372).

Aus Art. 2 II 2 iVm dem Rechtsstaatsprinzip folgt nach Auffassung des BVerfG, dass der Verurteilte, 247d dessen Freiheitsstrafe zur **Bewährung** ausgesetzt ist, sich darauf verlassen kann, dass die mit abgeschlossenen Tatbeständen verknüpfte Rechtsfolge anerkannt bleibt. Dieser **Vertrauensschutz** werde aber nicht verletzt, wenn die Bewährungszeit rückwirkend verlängert werde, sofern für den Widerruf der Strafaussetzung nicht Taten herangezogen würden, die während eines Zeitraums begangen wurden, in dem der Täter von dem rückwirkenden Beschluss über die sich an die abgelaufene nahtlos anschl. verlängerte Bewährungszeit noch nichts wusste.[511]

Zur Sicherung der Abschiebung ist der Ausländer, insb., wenn er sich dieser entzogen hat oder absehbar entziehen wird, auf richterliche Anordnung in **Abschiebehaft** in Form der Sicherungshaft zu nehmen; hierbei ist das im Wesensunterschied zum Strafvollzug begründete Trennungsgebot zu beachten (BGH, NVwZ 2014, 166; NVwZ 2014, 167; EuGH, Urt. v. 17.7.2014, C-473/13 (juris)).[512]

**Polizeiliche Gewahrsamnahmen** erfordern eine strikte Beachtung des Verhältnismäßigkeitsgrundsatzes, da diese präventive Eingriffe in die Freiheit der Person darstellen und nicht dem Schuldausgleich dienen: als zulässig angesehen wurden diese zur Durchsetzung spezifischer und konkreter Verpflichtungen einer Person, welche diese nicht nachgekommen war; nicht ausr. ist hierbei aber die allg. Verpflichtung, sich an Gesetze zu halten.[513]

## V. Verhältnis zu anderen Grundrechten

Die **Versammlungsfreiheit (Art. 8)** gewährleistet die Bewegungsfreiheit zu einem bestimmten 248 Zweck und ist insofern gegenüber Art. 2 II 2 speziell. Ob Art. 2 II 2 vorrangig ist, wenn die Bewegungsfreiheit eingeschränkt wird, um die Teilnahme an einer Versammlung zu verhindern,[514] scheint zweifelhaft. Hier dürften beide Grundrechte in Idealkonkurrenz stehen.[515]

Schwierig ist das Verhältnis zur **Freizügigkeit (Art. 11).** Jede Freiheitsentziehung wie Haft oder 249 Anstaltsunterbringung nimmt dem Betroffenen zwangsläufig auch seine Freizügigkeit. In solchen Fällen sind Art. 2 II 2, 104 lex specialis gegenüber Art. 11, sofern man nicht schon wegen der Zweckrichtung einen Eingriff in die Freizügigkeit verneint. Umgekehrt schränkt jede Regelung, welche die Freizügigkeit einschränken soll, notwendig auch die Fortbewegungsfreiheit ein, sofern man hinsichtlich des Eingriffs nur auf die Wirkung und nicht auf die Zweckrichtung abstellt. Bei einem weiten Schutzbereichsverständnis sind also beide Grundrechte tangiert. Während zT die Auffassung vertreten wird, dass beide Grundrechte in Idealkonkurrenz stünden, also nebeneinander anzuwenden seien,[516] sieht die Gegenansicht Art. 11 als eine spezielle Ausprägung der Bewegungsfreiheit an, die Art. 2 II 2 vorgeht.[517]

Zum Verhältnis zu **Art. 104** und zu anderen Grundrechten → Rn. 228 und Rn. 233. 250

---

[508] Sie ist keine „maßnahmespezifische" Untersuchung, wie sie § 246a StPO bei verfassungskonformer Auslegung fordert, BVerfG (K) NJW 1995, 3047.

[509] Dazu näher *Perron,* Das Beweisantragsrecht des Beschuldigten im deutschen Strafprozess, 1995, S. 37 ff.; *ders.* ZStW 108 (1996), 128 (129 ff.).

[510] BVerfGE 91, 1 (26 f.); dazu eingehend *Müller-Dietz* JR 1995, 353 ff. – Zu den Anforderungen an die Fortdauer der Unterbringung in einem psychiatrischen Krankenhaus BVerfG (K) NJW 1995, 3048 f.

[511] BVerfG (K) StV 1996, 160 f.; dazu krit *Lammer* StV 1996, 161 ff.

[512] *Lorenz* BK, Art. 2 II 2 (2015) Rn. 883, 885.

[513] Vgl. hierzu EGMR, NVwZ 2014, 43; BVerfG, EuGRZ 2016, 311.

[514] In diese Richtung freilich noch BVerwGE 45, 51 ff.

[515] So nunmehr auch *Starck* MKS I, Art. 2 Rn. 253.

[516] Vgl. *Kunig,* in: v. Münch/Kunig I, Art. 2 Rn. 92; auch *Braun* (Fn. 474), S. 62 f.

[517] Vgl. *Starck* MKS I, Art. 2 Rn. 253; *Sachs,* VerfR II, B 2 Rn. 136; *Schulze-Fielitz,* in: Dreier I, Art. 2 II Rn. 120: grds. Art. 11 speziell, wenn überdies Zwangsanwendung, Idealkonkurrenz.

## Art. 3 [Gleichheit vor dem Gesetz]

(1) Alle Menschen sind vor dem Gesetz gleich.

(2) Männer und Frauen sind gleichberechtigt. Der Staat fördert die tatsächliche Durchsetzung der Gleichberechtigung von Frauen und Männern und wirkt auf die Beseitigung bestehender Nachteile hin.

(3) Niemand darf wegen seines Geschlechtes, seiner Abstammung, seiner Rasse, seiner Sprache, seiner Heimat und Herkunft, seines Glaubens, seiner religiösen oder politischen Anschauungen benachteiligt oder bevorzugt werden. Niemand darf wegen seiner Behinderung benachteiligt werden.

**Entstehungsgeschichte: Erstfassung:** JöR nF Bd. 1 (1951), 66. – **Änderung:** 42. G zur Änd. des GG v. 27.10.1994 (BGBl I 3146), Art. 1 Nr. 1 (dazu: BT-Dr 12/6000 [Ber. GemVerfKom], 12/6633 [Entw.], 12/8165, 8423; BR-Dr 360/92 [Ber. KomVerfRBRat], 886/93 [Entw.], 742/94, 834/94; BR-Prot. 93/623, 94/462, 505.
**Historische Verfassungstexte: RV 1849:** § 134 Kein deutscher Staat darf zwischen seinen Angehörigen und andern Deutschen einen Unterschied im bürgerlichen, peinlichen oder Prozeß-Rechte machen, welcher die letzteren als Ausländer zurücksetzt. § 137 (1) Vor dem Gesetze gilt kein Unterschied der Stände. Der Adel als Stand ist aufgehoben. (2) Alle Standesvorrechte sind abgeschafft. (3) Die Deutschen sind vor dem Gesetze gleich. (4) Alle Titel, insoweit sie nicht mit einem Amte verbunden sind, sind aufgehoben und dürfen nie wieder eingeführt werden. (5) Kein Staatsangehöriger darf vor einem auswärtigen Staate einen Orden annehmen. (6) Die öffentlichen Aemter sind für alle Befähigten gleich zugänglich. (7) Die Wehrpflicht ist für Alle gleich; Stellvertretung bei derselben findet nicht Statt. § 146 Durch das religiöse Bekenntniß wird der Genuß der bürgerlichen und staatsbürgerlichen Rechte weder bedingt noch beschränkt. Den staatsbürgerlichen Pflichten darf dasselbe keinen Abbruch thun. § 188 Den nicht deutsch redenden Volksstämmen Deutschlands ist ihre volksthümliche Entwicklung gewährleistet, namentlich die Gleichberechtigung ihrer Sprachen, so weit deren Gebiete reichen, in dem Kirchenwesen, dem Unterrichte, der innern Verwaltung und der Rechtspflege. – **RV 1871: Art. 3** (1) Für ganz Deutschland besteht ein gemeinsames Indigenat mit der Wirkung, daß der Angehörige (Unterthan, Staatsbürger) eines jeden Bundesstaates in jedem anderen Bundesstaate als Inländer zu behandeln und demgemäß zum festen Wohnsitz, zum Gewerbebetriebe, zu öffentlichen Aemtern, zur Erwerbung von Grundstücken, zur Erlangung des Staatsbürgerrechtes und zum Genusse aller sonstigen bürgerlichen Rechte unter denselben Voraussetzungen wie der Einheimische zuzulassen, auch in Betreff der Rechtsverfolgung und des Rechtsschutzes demselben gleich zu behandeln ist. (2) Kein Deutscher darf in der Ausübung dieser Befugniß durch die Obrigkeit seiner Heimath, oder durch die Obrigkeit eines anderen Bundesstaates beschränkt werden. (3) Diejenigen Bestimmungen, welche die Armenversorgung und die Aufnahme in den lokalen Gemeindeverband betreffen, werden durch den im ersten Absatz ausgesprochenen Grundsatz nicht berührt. (4) Ebenso bleiben bis auf Weiteres die Verträge in Kraft, welche zwischen den einzelnen Bundesstaaten in Beziehung auf die Uebernahme von Auszuweisenden, die Verpflegung erkrankter und die Beerdigung verstorbener Staatsangehöriger bestehen. (5) Hinsichtlich der Erfüllung der Militairpflicht im Verhältniß zu dem Heimathslande wird im Wege der Reichsgesetzgebung das Nöthige geordnet werden. (6) Dem Auslande gegenüber haben alle Deutschen gleichmäßig Anspruch auf den Schutz des Reiches. – **WRV: Art. 109** (1) Alle Deutschen sind vor dem Gesetze gleich. (2) Männer und Frauen haben grundsätzlich dieselben staatsbürgerlichen Rechte und Pflichten. (3) Öffentlich-rechtliche Vorrechte oder Nachteile der Geburt oder des Standes sind aufzuheben. Adelsbezeichnungen gelten nur als Teil des Namens und dürfen nicht mehr verliehen werden. (4) Titel dürfen nur verliehen werden, wenn sie ein Amt oder einen Beruf bezeichnen; akademische Grade sind hierdurch nicht betroffen. (5) Orden und Ehrenzeichen dürfen vom Staat nicht verliehen werden. (6) Kein Deutscher darf von einer ausländischen Regierung Titel oder Orden annehmen. **Art. 110** (2) Jeder Deutsche hat in jedem Lande des Reichs die gleichen Rechte und Pflichten wie die Angehörigen des Landes selbst. **Art. 113** Die fremdsprachigen Volksteile des Reichs dürfen durch die Gesetzgebung und Verwaltung nicht in ihrer freien, volkstümlichen Entwicklung, besonders nicht im Gebrauch ihrer Muttersprache beim Unterricht, sowie bei der inneren Verwaltung und der Rechtspflege beeinträchtigt werden. **Art. 134** Alle Staatsbürger ohne Unterschied tragen im Verhältnis ihrer Mittel zu allen öffentlichen Lasten nach Maßgabe der Gesetze bei. **Art. 136** ist Bestandteil dieses GG, s. bei *Ehlers,* Art. 140. – **GG 1949:** (1) wie geltende Fassung (2) bis auf S. 2 wie geltende Fassung (3) bis auf S. 2 wie geltende Fassung.
**Geltende Landesverfassungen:** *BW*Verf Art. 2a, 2b; *Bay*Verf Art. 118, 118a; *Bln*Verf Art. 10, 11; *Bbg*Verf Art. 12; *Brem*Verf Art. 2; *Hmb*Verf Art. 3 II; *Hess*Verf Art. 1; *MV*Verf Art. 13; *Nds*Verf Art. 3; *RhPf*Verf Art. 17; *Saarl*Verf Art. 12; *Sachs*Verf Art. 7 II, 18; *LSA*Verf Art. 7, 38; *Schlh*Verf Art. 6; *Thür*Verf Art. 2.
**Supra- und internationale Texte:** GrundREurParl Art. 3; AMRE Präambel Abs. 1 und 5, Art. 1 S. 1, Art. 2, 7, 16, 23 II; AEUV Art. 18, 19, 157; EMRK Art. 14; 12. Zusatzprotokoll zur EMRK; IPBürgR Präambel Abs. 1, Art. 2 I, 3, 14 I 1, 24 I, 26; IPWirtR Präambel Abs. 1, Art. 2 II, 3, 7c) 10 Nr. 3 S. 1, Art. 13 II c); EUGRCh Präambel Abs. 2, Art. 20, 21, 22, 23, 26; RDÜ; FDÜ; BRK.
**Gesetzgebung: Zu Abs. 1–3:** AGG; SoldGG; SGleiG; LPartDiskrBEndG; LPartG. – **Zu Abs. 2:** BGleiG; und entspr. Gleichstellungs- oder FrauenförderungsG der Länder; FührposGleichbergG ua Änderungen bei § 4 BGremBG; §§ 76, 96, 111 AktG; Entwurf zum EntgTranspG (BR-Dr 8/17) – **Zu Abs. 3 S. 1:** PStG – **Zu Abs. 3 S. 2:** BGG und entspr. GleichstellungsG der Länder.
**Leitentscheidungen: Zu Abs. 1:** BVerfGE 1, 14 (Südweststaat); BVerfGE 3, 58 (Willkürverbot und NS-Zeit); BVerfGE 55, 72 („Neue Formel"); BVerfGE 82, 60 (Familienexistenzminimum I); BVerfGE 84, 239 (Zinsbesteuerung); BVerfGE 88, 87 (Transsexuelle); BVerfGE 105, 73 (Besteuerung von Renten und Pensionen); BVerfGE 117, 1 (Erbschaftsteuer/Bewertung); BVerfGE 124, 199 (Hinterbliebenenrente für Lebenspartner); BVerfGE 138, 136 (Erbschaftsteuer/Betriebsvermögen); BVerfGE 148, 267 (Stadionverbot) – **Zu Abs. 2 und 3:** BVerfGE 74, 163 (Rentenalter); BVerfGE 85, 191 (Nachtarbeitsverbot); BVerfGE 96, 288 (Sonderschulzuweisung); BVerfGE 147, 1 (Geschlechtliche Identität)

**Schrifttum: Zu Abs. 1:** *H. Aldag,* Die Gleichheit vor dem Gesetz in der Reichsverfassung, 1925; *T. Altwicker,* Menschenrechtlicher Gleichheitsschutz, 2010; *S. Augsberg,* Gleichheit angesichts von Vielfalt als Gegenstand des philosophischen und des juristischen Diskurses, VVDStRL 78 (2019), 7; *W. Böckenförde,* Der allgemeine Gleichheitssatz und die Aufgabe des Richters, 1957; *G. Britz,* Einzelfallgerechtigkeit versus Generalisierung, 2008; *dies.,* Der allgemeine Gleichheitssatz in der Rechtsprechung des BVerfG, NJW 2014, 346; *W. Cremer,* Rechtsanwendungsgleichheit in Mehrebenensystemen, VVDStRL 78 (2019), 117; *O. Dann,* Gleichheit und Gleichberechtigung, 1980; *A. Dittmann,* Gleichheitssatz und Gesetzesvollzug im Bundesstaat, FS Dürig, 1990, S. 221; *R. Dworkin,* Was ist Gleichheit, 2011; *A. Epiney,* Umgekehrte Diskriminierungen, 1995; *M. Grünberger,* Personale Gleichheit, 2013; *H. Heller,* Die Verrechnung von Vor- und Nachteilen im Rahmen des Art. 3 I GG, 2007; *K. Hesse,* Der Grundsatz der Gleichheit vor dem Gesetz im deutschen Staatsrecht …, Diss. Göttingen 1950; *ders.,* Der Gleichheitssatz in der neueren deutschen Verfassungsentwicklung, AöR 109 (1984), 174; *W. Hill,* Gleichheit und Artgleichheit, 1966; *F. Hufen,* Gleichheitssatz und Bildungsplanung, 1975; *S. Huster,* Rechte und Ziele – Zur Dogmatik des allgemeinen Gleichheitssatzes, 1993; *ders.,* Gleichheit und Verhältnismäßigkeit, JZ 1994, 541; *ders.,* Gleichheit als philosophisches und juristisches Konzept, ZöR 2019, 845; *H.–P. Ipsen,* Gleichheit, in: Die Grundrechte, II, S. 111; *J. Isensee,* Die typisierende Verwaltung, 1976; *M. Jestaedt,* Diskriminierungsschutz und Privatautonomie, VVDStRL 64 (2005), 298; *Kempny,* Steuerrecht und Verfassungsrecht, StuW 2014, 185; *ders.,* Steuerverfassungsrechtliche Sonderdogmatik zwischen Verallgemeinerung und Zurückführung, JöR 2016, 477; *S. Kempny/P. Reimer,* Die Gleichheitssätze, 2012; *dies.* (Hrsg.), Gleichheitssatzdogmatik heute, 2017; *F. Kirchhof,* Das Leistungsfähigkeitsprinzip nach dem Grundgesetz – Zustand und Zukunft, BB 2017, 662; *P. Kirchhof,* Gleichheit vor dem Grundgesetz, NJW 1987, 2354; *ders.,* Steuergleichheit, StuW 1984, 297; *ders.,* Objektivität und Willkür, FS Geiger, 1989, S. 82; *ders.,* Der allgemeine Gleichheitssatz HStR V, § 124; *ders.,* Gleichheit in der Funktionenordnung, HStR V, § 125; *ders.,* Gleichmaß und Übermaß, FS Lerche, 1993, S. 133; *ders.,* Die Verschiedenheit der Menschen und die Gleichheit vor dem Gesetz, 1996; *U. Kischel,* Zur Dogmatik des Gleichheitssatzes in der Europäischen Union, EuGRZ 1997, 1; *ders.,* Systembindung des Gesetzgebers und Gleichheitssatz, AöR 1999, 174; *F. Klein,* Gleichheitssatz und Steuerrecht, 1966; *M. Kloepfer,* Gleichheit als Verfassungsfrage, 1980; *Ch. Kölbel,* Gleichheit im Unrecht, 1998; *M. Kriele,* Freiheit und Gleichheit, HdbVerfR, 1. Aufl., 1983, S. 129; *R. Lehner,* Zivilrechtlicher Diskriminierungsschutz und Grundrechte, 2013; *G. Leibholz,* Die Gleichheit vor dem Gesetz, 1925, 2. Aufl. 1959; *W. Leisner,* Der Gleichheitsstaat: Macht durch Nivellierung, 1980; *ders.,* Gleichheit als Grundrecht, FS Wendt, 2015, S. 274; *C. Linck* (Hrsg.), Der Gleichheitssatz im modernen Verfassungsstaat, 1982; *N. Luhmann,* Grundrechte als Institution, 1965; *C. A. MacKinnon,* Auf dem Weg zu einer neuen Theorie der Gleichheit, KritV 1995, 363; *G. D. L. Machado,* Verhältnismäßigkeitsprinzip vs. Willkürverbot …, 2015; *P. Martini,* Art. 3 I GG als Prinzip absoluter Rechtsgleichheit, 1997; *R. Mellinghoff/U. Palm* (Hrsg.), Gleichheit im Verfassungsstaat, 2008; *H.-J. Mertens,* Die Selbstbindung der Verwaltung auf Grund des Gleichheitssatzes, 1963; *G. Müller,* Der Gleichheitssatz, VVDStRL 47 (1989), 37; *R. Nickel,* Gleichheit und Differenz in der vielfältigen Republik, 1998; *L. Osterloh,* Gesetzesbindung und Typisierungsspielräume bei der Anwendung der Steuergesetze, 1992; *dies.,* Der verfassungsrechtliche Gleichheitssatz …, EuGRZ 2002, 309; *dies.,* Gleichheit, in: Leitgedanken I, 2013, 217; *dies.,* Der Gleichheitssatz zwischen Willkürverbot und Grundsatz der Verhältnismäßigkeit, FS Kloepfer 2013, S. 139; *H.-J. Papier,* Freiheit und Gleichheit – Was hat Vorrang?, FS Wendt, 2015, S. 331; *J. Pietzcker,* Rechtsvergleichende Aspekte des allgemeinen Gleichheitssatzes, FS Götz, 2005, S. 301 ff.; *ders.,* Der allgemeine Gleichheitssatz, HGR V, 2013; *A. Podlech,* Gehalt und Funktionen des allgemeinen verfassungsrechtlichen Gleichheitssatzes, 1971; *G. Robbers,* Gerechtigkeit als Rechtsprinzip, 1980; *G. Roellecke,* Gleichheit in der Industriegesellschaft, 1980; *M. Rümelin,* Die Gleichheit vor dem Gesetze, 1928; *M. Sachs,* Zur dogmatischen Struktur der Gleichheitsrechte als Abwehrrechte, DÖV 1984, 411; *ders.,* Grenzen des Diskriminierungsverbots, 1987; *ders.,* Die Auswirkungen des allgemeinen Gleichheitssatzes auf die Teilrechtsordnungen, HStR V, § 127; *ders.,* Der Gleichheitssatz als eigenständiges subjektives Grundrecht, FS Friauf, 1996, S. 309; *ders.,* Allgemeine und besondere Gleichheitsrechte, in: Stern, Staatsrecht IV/2, 1444; *M. Sachs/C. Jasper,* Der allgemeine Gleichheitssatz, JUS 2016, 769; *F. Schoch,* Der Gleichheitssatz, DVBl 1988, 863; *H. Schoeck,* Das Recht auf Ungleichheit, 3. Aufl. 1988; *H. Scholler,* Die Interpretation des Gleichheitssatzes als Willkürverbot oder als Gebot der Chancengleichheit, 1969; *A. Somek,* Rationalität und Diskriminierung. Zur Bindung des Gesetzgebers an das Gleichheitsrecht, 2001; *C. Starck,* Die Anwendung des Gleichheitssatzes, in: Linck, Der Gleichheitssatz im modernen Verfassungsstaat, S. 58; *K. Stern,* Das Gebot zur Ungleichbehandlung, FS Dürig, 1990, S. 207; *U. Steiner,* Gleichheitsfragen im Sozialrecht, FS Wendt, 2015, S. 457; *D. Suhr,* Gleiche Freiheit, 1988; *I. Sundbohm,* Über das Gleichheitsprinzip als politisches und ökonomisches Problem, 1962; *F. Wapler,* Gleichheit angesichts von Vielfalt als Gegenstand des philosophischen und des juristischen Diskurses, VVDStRL 78 (2019), 53; *R. Zippelius,* Der Gleichheitssatz, VVDStRL 47 (1989), 7. – **Zu Abs. 2 und 3:** *S. Baer,* Würde oder Gleichheit, 1995; *G. Beaucamp,* Das Behindertengrundrecht (Art. 3 Abs. 3 S. 2) im System der Grundrechtsdogmatik, DVBl 2002, 997; *E. Benda,* Notwendigkeit und Möglichkeit positiver Aktionen zugunsten von Frauen im öffentlichen Dienst, 1986; *K.-J. Bieback,* Die mittelbare Diskriminierung wegen des Geschlechts, 1997; *A. Epiney/M. F. Abt,* Das Recht der Gleichstellung von Mann und Frau in der EU, 2003; *U. di Fabio,* Die Gleichberechtigung von Mann und Frau, AöR 122 (1997), 404; *M. Döring,* Frauenquoten und Verfassungsrecht, 1996; *K.-H. Friauf,* Gleichberechtigung der Frau als Verfassungsauftrag, 1981; *M. Heckel,* Art. 3 III GG – Aspekte des besonderen Gleichheitssatzes, FS Dürig 1990, S. 241; *G. Jürgens,* Die verfassungsrechtliche Stellung Behinderter nach Änderung des Grundgesetzes, ZfSH/SGB 1995, 353; *A. Jürgens,* Der Diskriminierungsschutz im Grundgesetz, DVBl 1997, 410; *D. König,* Das Verbot der Altersdiskriminierung – ein Diskriminierungsverbot zweiter Klasse?, FS Zuleeg, 2005, S. 341; *T. Leder,* Das Diskriminierungsverbot wegen einer Behinderung, 2006; *U. Maidowski,* Umgekehrte Diskriminierung …, 1989; *H. C. Nipperdey,* Gleicher Lohn der Frau für gleiche Leistung, 1951; *H.-J. Papier/M. Heidebach,* Frauenquoten im öffentlichen Dienst, 2016; *H. Pfarr,* Quoten und Grundgesetz, 1988; *J. Rädler,* Das dritte Geschlecht, 2019; *P. Reichenbach,* Der Anspruch behinderter Schülerinnen und Schüler auf Unterricht in der Regelschule, 2001; *D. Richter,* Gleichberechtigung von Mann und Frau, HGRV, 2013, 943; *S. Rixen,* Geschlechtertheorie als Problem der Verfassungsauslegung, JZ 2018, 317; *M. Sachs,* Die Merkmale verfassungsrechtlicher Unterscheidungsverbote in Deutschland vom Ende des alten Reiches bis zum Grundgesetz, Der Staat 23 (1984), 549; *ders.,* Grenzen des Diskriminierungsverbots, 1987; *ders.,* Gleichberechtigung und Frauenquoten, NJW 1989, 533; *ders.,* Das Grundrecht der Behinderten aus Art. 3 Abs. 3 Satz 2 GG, RdJB 1996, 154; *ders.,* Besondere Gleichheitsgarantien, HStR VIII, § 126; *ders.,* Quotenregelungen für Frauen im staatlichen und im gesellschaftlichen Bereich …, ZG 2012, 52; *U. Sacksofsky,* Das Grundrecht auf Gleichberechtigung, Eine rechtsdogmatische Untersuchung zu Art. 3 Abs. 2 GG, 2. erw.

Aufl. 1996; *dies.,* Positive Maßnahmen und Verfassungsrecht, in: D. König ua (Hrsg.), Gleiches Recht – gleiche Realität, 2004, S. 155; *dies.,* Geschlechterforschung im Öffentlichen Recht, JöR 2019, 377; *E. Scheffler,* Die Gleichberechtigung der Frau, 1951; *D. Schiek,* Differenzierte Gerechtigkeit, 2000; *B. Schubert,* Affirmative Action und Reverse Discrimination, 2003; *C. Starck,* Gleichberechtigung und Gleichstellung von Männern und Frauen, in: ders., Woher kommt das Recht, 2015, S. 173; *S. M. Straßmair,* Der besondere Gleichheitssatz aus Art. 3 Abs. 3 Satz 2 GG, 2002; *H.-G. Suelmann,* Die Horizontalwirkung des Art. 3 II GG, 1994; *R. Uerpmann-Wittzack,* Strikte Privilegierungs- und Diskriminierungsverbote, HGR V, 2013, 1957; *F. Welti,* Behinderung und Rehabilitation im sozialen Rechtsstaat, 2005; *R. Wendt,* Spezielle Gleichheitsrechte, HGR V 2013, 1015; *R. Wolfrum,* Das Verbot der Diskriminierung gemäß den internationalen Menschenrechtsabkommen, FS Zuleeg, 2005, S. 385.

## Übersicht

# A. Der allgemeine Gleichheitssatz (Abs. 1)

## I. Gleichheit als Gerechtigkeitsidee und als Rechtsnorm

**1. Die Wertungsoffenheit des allgemeinen Gleichheitssatzes.** Nicht mehr auf alle Deutschen **1** beschränkt, sondern auf alle Menschen erweitert, i. Ü. aber mit Art. 109 I WRV genau übereinstimmend formuliert Art. 3 I in seiner lapidaren Kürze[1] einen der vielleicht schwierigsten Rechtssätze des Grundrechtskatalogs. „Gleichheit ist immer nur Abstraktion von gegebener Ungleichheit":[2] Es gibt weder zwei identische Menschen noch zwei identische Sachverhalte, sondern immer nur verschiedene Menschen und Sachverhalte, die unter einem oder mehreren bestimmten Gesichtspunkten („tertium comparationis") vergleichbar sind. Jede generell abstrakte Norm behandelt deshalb **immer gleich und auch ungleich:**

Der Gesetzestatbestand führt zur Ungleichbehandlung der gesetzl. erfassten Fälle gegenüber den **2** nicht tatbestandsmäßigen Sachverhalten – insoweit ist **alles Recht Differenzierung.**[3] Zugleich ordnet aber das Gesetz die gleiche Rechtsfolge für die erfassten Fälle an, obwohl diese jenseits der tatbestandl. benannten Gemeinsamkeiten unterschiedl. sind. Das „allg." Gesetz behandelt also immer **auch ungleiche Fälle gleich.**

Diese Ausgangsüberlegungen werden vom allg. Gleichheitssatz des Art. 3 I vorausgesetzt, und sie **3** prägen seinen spezifischen normativen Gehalt: Geboten ist nicht die blinde, „formale" Gleichbehandlung aller Menschen, die schon gedankl. innerhalb einer soz. und rechtl. geordneten Gesellschaft ausgeschlossen ist. Geboten ist auch nicht nur die „tatbestandsmäßige" Gleichbehandlung nach Maßgabe des allg. Gesetzes, also die Gesetzesanwendungsgleichheit, wie Art. 1 III klarstellt.[4] Geboten ist vielmehr Gleichbehandlung und Ungleichbehandlung aller Menschen durch Bildung und konsequente Anwendung **gerechter**[5] **Vergleichsmaßstäbe:** Alle Menschen sind in ihren

---

[1] *Stern,* StaatsR III/2, S. 1828 f., 1839 f., mit entstehungsgeschichtl. Hinw. auch zur Ausgliederung polit. MitwirkungsR insges. aus dem Grundrechtskatalog.

[2] *Radbruch,* Rechtsphilosophie, 8. Aufl. 1973, S. 122.

[3] *E. Stein* AK GG, Art. 3 I Rn. 38; *Rüfner* BK, Art. 3 I (1992) Rn. 90; *P. Kirchhof,* in: Maunz/Dürig, Art. 3 I (2015) Rn. 5.

[4] Die wichtigsten Vertreter der Forderung nach Gleichheitsbindung auch des Gesetzgebers schon unter der WRV: *Triepel,* Goldbilanzenverordnung und Vorzugsaktien, 1924, S. 26 ff.; *Kaufmann* VVDStRL 3 (1927), 2 ff.; *Leibholz,* Die Gleichheit vor dem Gesetz, 1925, 2. Aufl. 1959, S. 30 ff.; knapper Überblick zur Verfassungsentwicklung etwa bei *Hesse* AöR 109 (1984), 174 ff.; *Sauer,* Der allgemeine Gleichheitssatz: Weimarer Einflüsse auf das Grundgesetz, in: Schröder/v. Ungern-Sternberg (Hrsg.), Zur Aktualität der Weimarer Staatsrechtslehre, 2011, S. 101 ff.; die Gesetzesanwendungsgleichheit ist probl. bei einer Mehrzahl von Rechtsanwendern im Mehrebenensystem, vgl. *Cremer* VVDStRL 78 (2019), 117; *Schindler* VVDStRL 78 (2019), 167.

[5] Zum Gleichheitssatz als Gerechtigkeitssatz die klass. Formulierung in BVerfGE 3, 58 (135): „Dieser bedeutet für den Gesetzgeber die allg. Weisung mit steter Orientierung am Gerechtigkeitsgedanken, ,Gleiches gleich, Ungleiches seiner Eigenart entspr. verschieden' zu behandeln"; zur stRspr und hM *Stern,* StaatsR III/2, S. 1828; krit. für viele

Gemeinsamkeiten und in ihrer Einzigartigkeit vor dem Gesetz gleich; sie sind „als Gleiche" zu behandeln.[6]

4    Daraus folgt die zentrale Problematik des **Gleichheitssatzes als Rechtsnorm:** Er fordert einerseits menschengerechte Gleichbehandlung, gilt als Fundamentalnorm der Gerechtigkeit,[7] formuliert andererseits selbst keinen Gerechtigkeitsmaßstab, sondern bezeichnet nur Bezugspunkt und Perspektive gebotener Gerechtigkeit: den Menschen im Vergleich zu anderen.

5    I. d. S. ist der allg. Gleichheitssatz, als isolierter Satz gelesen, **semantisch „leer":**[8] Sein normativer Gehalt wird durch den jew. Kontext bestimmt.[9] Ob Gleichbehandlung oder Ungleichbehandlung verschiedener Menschen geboten, erlaubt oder verboten ist, wieweit generalisierende Gleichbehandlung trotz Verschiedenheit oder individualisierende Diff. trotz Vergleichbarkeit i. Ü. „menschengerecht" ist, kann nur mit Hilfe von Wertungen außerhalb des allg. Gleichheitssatzes entschieden werden und ist dem gesellschaftl. Wandel unterworfen.[10] Gleichheit ist nicht etwas „Vorgegebenes", sondern etwas „Aufgegebenes".[11]

6    Je nach dem konkreten Inhalt solcher Wertungen kann dann Gleichbehandlung **„allen das Gleiche",** aber auch das Gegenteil, nämlich **„jedem das Seine"** bedeuten, und weder die eine noch die andere Formel enthält eine substantiierte Leitlinie für die Suche nach der gerechten Entscheidung: „Suum cuique"[12] ist als Element der Rechtsidee fester Bestandteil abendländischen Rechtsdenkens, war Wahlspruch des preußischen Königs Friedrich I. und stand über dem Eingang des Konzentrationslagers Buchenwald.

7    Die **Offenheit** des allg. Gleichheitssatzes einerseits, seine durch Art. 1 III unmissverständl. angeordnete rechtl. **Verbindlichkeit** andererseits bilden den Hintergrund unterschiedl. dogmatischer Konzeptionen[13] sowie der bemerkenswerten Entwicklung der Rechtsprechung zur Bestimmung des Rechtsgehalts des Gleichheitssatzes, nicht zuletzt auch seiner „entgrenzenden Wirkung".[14] Es geht um die Transformation einer entwicklungsoffenen Rechtsidee in **justitiable Obersätze.** Diese müssen dem für die inhaltl. Bedeutung maßgeblichen verfassungsrechtl. Kontext[15] sowie den verfassungsgerichtl. Kontrollfunktionen gerecht werden.

8    **2. Vom Willkürverbot zum Gebot verhältnismäßiger Gleichheit – alte und neue Formeln. a) Die Willkürformel.** Bis 1980 hat das BVerfG die Voraussetzungen einer Verletzung des Gleichheitssatzes kontinuierl. mit der **Willkürformel** umschrieben. Der Gleichheitssatz ist danach – erst – dann verletzt, „wenn sich ein vernünftiger, sich aus der Natur der Sache ergebender oder sonstwie sachl. einleuchtender Grund für die gesetzl. Differenzierung oder Gleichbehandlung nicht finden läßt".[16]

---

Rüfner BK, Art. 3 I (1992) Rn. 2 ff. mwN; *Huster,* in: Friauf/Höfling, Art. 3 (2002) Rn. 32 ff.; *Kischel,* in: BeckOK GG, Art. 3 Abs. 1 Rn. 15 ff.; diff. die Analyse von *Robbers,* Gerechtigkeit als Rechtsprinzip, 1980, zusammenf. S. 163, mit Liste aller E. bis Bd. 48, die sich auf Gerechtigkeit berufen; auch in der akt. Rspr. beider Senate taucht die unmittelbar „am Gerechtigkeitsgedanken orientierte Betrachtungsweise" als Maßstab häufig auf, vgl. mwN zB BVerfGE 86, 81 (87) im Anschluss an BVerfGE 1, 264 (275 f.); BVerfGE 107, 218 (244); 107, 257 (270); 118, 1 (27 f.); 120, 1 (31); 123, 1 (26); 137, 350 Rn. 51.

[6] *R. Dworkin,* Was ist Gleichheit, 2011, S. 7; *Huster* ZöR 2019, 845, 846; *Wapler* VVDStRL 78 (2019), 53 (58) spricht von einem „reziproken(n) Anspruch auf Achtung"; dies kann in Ausnahmefällen auch die Nivellierung tats. Unterschiede und damit das Streben nach fakt. Gleichheit erfordern; vgl. *Brosius-Gersdorf,* Freiheit und Gleichheit – Freiheit durch Gleichheit, in: Wittreck (Hg.), Grundlagen des Grundgesetzes, 2018, 93 ff.; → Rn. 66, Fn. 144.

[7] Häufig daher auch als überpos. Rechtssatz qualifiziert, repräsent. zur WRV *Kaufmann* VVDStRL 3 (1927), 2 ff.; anschl. (nur in der Anfangszeit, dazu *Robbers* [Fn. 5], S. 72 ff., 159 mwN) BVerfGE 1, 208 (233); 6, 84 (91); allg. zu den ideengeschichtl. Grundl. *P. Kirchhof* HStR V, § 124 Rn. 44 ff.; *ders.* HStR VIII, § 181 Rn. 16 ff.; krit. zur Vorstellung v. Gerechtigkeit als Gleichheit *Luhmann,* Kontingenz und Recht, 2013, 161 ff.

[8] *Wapler* VVDStRL 78 (2019), 53 (62); *Podlech,* Gehalt und Funktionen des allgemeinen verfassungsrechtlichen Gleichheitssatzes, 1971, S. 77 ff.; zur klass. Diskussion über „Leere" oder eigenständigen normativen Gehalt des Gleichheitssatzes zB *Henkel,* Einführung in die Rechtsphilosophie, 2. Aufl. 1977, S. 395 ff., mit vermittelnder Position zwischen Positivismus und Naturrechtslehre.

[9] So grds. auch *P. Kirchhof* HStR VIII, § 181 Rn. 23.

[10] Vgl. die Rspr. zur Gleichstellung der eingetragenen Lebenspartnerschaft mit Ehe u. Familie, die nach Feststellung des BVerfG außerhalb des Vorstellungshorizonts zum Zeitpunkt der Entstehung des Grundgesetzes lag, BVerfGE 133, 59 Rn. 55; näher *U. Sacksofsky,* Streit 2011, 32 ff.

[11] *Augsberg* VVDStRL 78 (2019), 7, 13.

[12] *Cicero,* De legibus 1, 6, 19; *ders.,* De officiis 1, 5, 15; *Ulpian,* Digesten 1, 1, 10; zu den platonischen Quellen etwa *Coing,* Grundzüge der Rechtsphilosophie, 2. Aufl. 1969, S. 12 f., 190 ff.

[13] Dazu die Darstellungen anlässl. der Staatsrechtslehrertagung 1988: *Zippelius* und *G. Müller* VVDStRL 47 (1989), 7 ff., 37 ff.

[14] *Eifert,* in: Hoffmann-Riem, Innovationen im Recht, 2016, S. 35 (57 ff.).

[15] Dies war nur in den Konsequenzen, nie im Ansatz umstr., s. aus der Rspr. bereits BVerfGE 3, 225 (240); 6, 55 (71); aus der frühen Lit. insb. *H.-P. Ipsen,* in: Die Grundrechte II, S. 111 (162 ff.), allerdings beschränkt auf den positiven Verfassungstext, der zur Zeit der Veröffentlichung, 1954, noch nichts über die kommende Grundrechtsjudikatur verraten konnte; vgl. auch *Wollenschläger* MKS I, Art. 3 Abs. 1 Rn. 46, 86; *P. Kirchhof,* in: Maunz/Dürig, Art. 3 I (2015) Rn. 138; *ders.* HStR VIII, § 181 Rn. 21 ff.

[16] BVerfGE 1, 14 (52); nachf. zB BVerfGE 61, 138 (147); 68, 237 (250); 83, 1 (23); 89, 132 (141).

Nach der Willkürformel kommt es, mit anderen Worten, darauf an, ob eine gesetzl. Regelung **9** **evident unsachl.** gleich oder ungleich behandelt.[17] Neben die evidente Unsachlichkeit tritt gleichbedeutend die **evidente Ungerechtigkeit,** wenn es heißt, der Spielraum des Gesetzgebers ende erst dort, wo die Ungleichbehandlung nicht mehr „mit einer am Gerechtigkeitsgedanken orientierten Betrachtungsweise"[18] vereinbar sei oder „die fundierten allg. Gerechtigkeitsvorstellungen der Gemeinschaft"[19] missachte.

Die Reduktion des Gleichheitssatzes auf ein Willkürverbot enthält eine primär **kompetenzrecht-** **10** **lich (funktionellrechtlich)** Antwort auf das Problem der Wertungsoffenheit des Art. 3 I: Dem Parlament wird hiernach die Kompetenz zur Konkretisierung der für die Anwendung des Gleichheitssatzes notwendigen Gerechtigkeitsmaßstäbe zugewiesen, dem Gericht nur die Kontrolle des „evident" Ungerechten.

Eine solche Rollenverteilung, unter der WRV eine umstrittene Beschränkung gesetzgeberischer **11** Kompetenzen,[20] bedurfte unter dem GG einer **Begründung,** die die Willkürformel[21] selbst gerade nicht liefert.[22] Der unmittelbare argumentative Durchgriff auf Gerechtigkeit einerseits und als dessen Korrelat andererseits der Rückzug auf Evidenz verdeutlicht jdf. nicht hinreichend den Zusammenhang des Gleichheitssatzes mit dessen inhaltsbestimmendem Kontext, dem geltenden Verfassungsrecht.[23]

Die **formelhafte**[24] Selbstbeschränkung des BVerfG stand zunehmend in einem merkwürdigen **12** Kontrast zur dynamisch ausdifferenzierten Grundrechtsjudikatur i. Ü.[25] Als dogmatischer Brückenschlag zwischen verfassungsgerichtl. Freiheits- und Gleichheitsschutz wurde die Mobilisierung der Grundsätze der Verhältnismäßigkeit bzw. des Übermaßverbots (dazu u. Rn. 18 ff.) auch für den Schutz des Gleichheitsgrundrechts gefordert.[26]

**b) Die „neue" Formel.** Dem entsprach die Ergänzung des Willkürverbots durch die sog. neue **13** Formel des Ersten Senats[27] seit 1980. Danach ist das Gleichheitsgrundrecht „vor allem dann verletzt, wenn eine Gruppe von Normadressaten im Vergleich zu anderen Normadressaten anders behandelt wird, obwohl zwischen beiden Gruppen keine Unterschiede von solcher Art und solchem Gewicht bestehen, daß sie die ungleiche Behandlung rechtfertigen könnten".

Der Verstoß gegen den Gleichheitssatz war so nicht mehr als Problem der Evidenz, sondern als **14** **Problem verfassungsgerichtlicher Abwägung** formuliert – ein Signal für eine Aufwertung und Effektivierung dieses Grundrechts gegenüber dem Gesetzgeber[28] durch „strenge"[29] Prüfung der **Verhältnismäßigkeit** einer Ungleichbehandlung von Personengruppen.

Weder der Gedanke „verhältnismäßiger" Gleichheit[30] noch die damit verbundene – in der Folge- **15** Rspr. zunehmend akzentuierte – bes. Bedeutung der **Freiheitsgrundrechte**[31] auch für die **gleichheitsrechtl. Abwägung** sind neu. Gleichwohl ist umstr., ob mit der neuen Formel tatsächl. die allg. Grundsätze des Übermaßverbots (dazu → Art. 20 Rn. 145 ff.) auf die Prüfung des hinreichenden Grundes für eine Ungleichbehandlung übertragen worden sind bzw. bruchlos übertragen werden

---

[17] BVerfGE 12, 326 (333); 14, 142 (150); 19, 101 (115); 23, 135 (143); 52, 277 (281); 55, 72 (90); 89, 132 (142); 117, 330 (353); 118, 79 (102); eingehende Darstellung und Kritik zur „Evidenz" bei *M. Krugmann,* Evidenzfunktionen, 1996; *ders.* JuS 1998, 7 ff.

[18] Nachw. in Fn. 5.

[19] ZB BVerfGE 42, 64 (72).

[20] Dazu die Nachw. in Fn. 4.

[21] Kritik auch schon in frühen Sondervoten des Gerichts: für strengere Prüfung bei Fragen soz. Sicherung *Rupp-v. Brünneck* BVerfGE 36, 237 (247 ff.); dem folgend *Katzenstein* BVerfGE 62, 249 (289 f.); inhaltl. konträr mit Warnung vor einer zu weitgeh. Verselbstständ. d. Willkürbegriffs *Geiger* BVerfGE 42, 64 (79 ff.).

[22] Zur Kritik etwa *Hesse* AöR 109 (1984), 174 (186 ff. mwN in Fn. 53); w. N. bei *Stern,* StaatsR III/2, S. 1829.

[23] Nachw. in Fn. 15.

[24] Dass die einheitl. Formeln schon immer mit unterschiedl. konkreten Konsequenzen verbunden waren, bedarf keiner näheren Darlegung.

[25] *Herzog,* in: Maunz/Dürig, Art. 3 Anh. (1994) Rn. 6.

[26] So namentl. *Kloepfer,* Gleichheit als Verfassungsfrage, 1980, insb. S. 54 ff.; späterer bemerkenswerter Versuch eines umfassenden dogm., aber diffusen Ausbaus dieses Ansatzes bei *Huster,* Rechte und Ziele – Zur Dogmatik des allgemeinen Gleichheitssatzes, 1993, insb. S. 164 ff., 225 ff.; dessen zentrale begriffl. Unterscheidung zwischen externen u. internen Zwecken hat sich jedoch – angesichts der naheliegenden Gefahr begriffl. Verdeckung notwendiger Wertungen mit Recht – bisher nicht allg. durchgesetzt; vgl. dazu *Kempny/Reimer,* in: dies., Gleichheitssatzdogmatik heute, 2017, S. 169 ff.

[27] BVerfGE 55, 72 (88); seither stRspr des Ersten Senats, vgl. nur BVerfGE 124, 199 (219 f.); mit gewisser Verzögerung zunehmend übereinst. stRspr des Zweiten Senats, BVerfGE 71, 39 (58 f.); 120, 125 (144) mwN.

[28] Zu unterschiedl. „Erfolgsquoten" der Rüge v. Gleichheitsverstößen nach alter und neuer Formel bereits *Maaß* NVwZ 1988, 14 ff.

[29] So ausdr. mit dem vorsichtigen Zusatz „regelmäßig" BVerfGE 88, 87 (96); 89, 15 (22); 89, 365 (375); 90, 46 (56); 121, 317 (369); 126, 400 (417); 129, 208 (262); 131, 239 (256); 133, 377 Rn. 75.

[30] Vgl. bereits *Triepel* (Fn. 4), S. 29 f.; näher *P. Kirchhof* HStR VIII, § 181 Rn. 60 ff., 74 ff.; aus der früheren Rspr. etwa BVerfGE 37, 38 (52) mwN.

[31] BVerfGE 74, 9 (24); 82, 126 (146); 88, 5 (12); w. N. zur stRspr u. Fn. 63; aus der älteren Rspr. zB BVerfGE 30, 292 (326 ff.) – Mineralölbevorratung; BVerfGE 37, 342 (352 ff.) – Prüfungsrecht.

können.[32] Entspr. seiner polizeirechtl. Herkunft scheint das Übermaßverbot spezifisch auf die Begrenzung von Freiheitsbeschränkungen zugeschnitten[33] und entweder der Relativität und Wertungsoffenheit des allg. Gleichheitssatzes zu widersprechen oder aber die zweifelhafte Konstruktion eines beschränkbaren Schutzbereichs zu erfordern.[34]

**16**  Die unmittelbaren **Verbindungslinien** zwischen **freiheits-** und **gleichheitsrechtlichem** Abwehrschutz veranschaulicht beispielhaft das marktwirtschaftl. Bild vom freien Spiel der Kräfte. Staatl. Wirtschaftslenkung beeinflusst immer zugleich die Freiheit des Spiels wie auch die Kräfteverhältnisse der Beteiligten untereinander. Freiheitsrechtl. Abwehrschutz richtet sich insoweit gegen die übermäßige Beschränkung der Freiheit der Beteiligten, die gegenseitigen Relationen autonom und eigennützig selbst zu gestalten, gleichheitsrechtl. Abwehrschutz gegen die inhaltl. unangemessene staatl. Gestaltung dieser Relationen bzw. Kräfteverhältnisse.[35]

**17**  Im Anspruch auf Legitimität der Zielsetzung sowie objektiv sachgerechte und abgewogene Wirkung und Begründung der staatl. Einwirkung **treffen** und **überschneiden** sich freiheits- und gleichheitsrechtl. Abwehrschutz: Für das zulässige Maß der Freiheitsbeschränkung kommt es entscheidend auch auf Art und Maß der veränderten Kräfteverhältnisse von Konkurrenten in der Vergleichsperspektive an, und die Angemessenheit unterschiedl. Verteilung von Handicaps an Konkurrenten setzt Verhältnismäßigkeit des freiheitsbeschränkenden Gewichts dieser Handicaps voraus.[36]

**18**  Die wechselseitige **Verschränkung von Gleichheits- und Freiheitsschutz** erklärt, weshalb in der verfassungsgerichtl. Praxis auch in anderem Zusammenhang statt einer eigenständigen Prüfung des Gleichheitssatzes auf die Gründe zur Vereinbarkeit mit Freiheitsrechten verwiesen wird und umgekehrt.[37] „Objektivität, Sachgerechtigkeit, Systemtreue und Folgerichtigkeit des gesetzgeberischen Handelns im Grundsätzlichen"[38] sind nicht nur gleichheits-, sondern auch freiheitsrechtl. Anforderungen der Verfassung,[39] und ein hinreichendes Maß an Rationalität und Abgewogenheit ist nicht nur freiheits-, sondern auch gleichheitsrechtl. geboten.[40] Diesem engen Zusammenhang entspricht die Anwendung der Grundsätze des Übermaßverbots auch in der gleichheitsrechtl. Perspektive mit folgenden Modifikationen:

**19**  Das Gebot der **Eignung** eines Mittels zur Förderung eines legitimen Gemeinwohlziels[41] enthält Mindestanforderungen an Zweckrationalität und damit Begründungsrationalität jeden staatl. Handelns.[42] Sein normativer Gehalt geht im Erg. über ein Willkürverbot nicht hinaus.

**20**  Wo nicht konkrete, etwa gefahrenabwehrende oder wirtschaftslenkende Sachzwecke verfolgt werden, sondern wo es, wie in den großen Umverteilungssystemen des Steuer- und Sozialrechts (neben anderen Zielen), um die gesetzgeberische Konkretisierung verfassungsrechtl. legitimer Prinzipien gerechter Verteilung geht, liegt es näher, allgemeiner von **Wertungsrationalität** zu sprechen. Der Grundgedanke hinreichender Begründungsrationalität bleibt aber erhalten (näher zur Systemgerechtigkeit → Rn. 98 ff.).

**21**  Die wesentl. gleichheitsrechtl. Besonderheiten der Prüfung betreffen das Gebot der **Erforderlichkeit** bzw. des schonendsten Mittels.[43] Dieses setzt allerdings immer schon eine positive Bewertung betroffener Rechte oder Interessen als schonungsbedürftig voraus, an der es beim relativen Gebot verhältnismäßiger Gleich- oder Ungleichbehandlung im Ausgangspunkt fehlt. Die Rspr. zu Problemen

---

[32] Darstellung der Diskussion bei *Huster,* Rechte und Ziele (Fn. 26), S. 61 ff., 176 ff.; für die aktuellere Kritik insb. *Heun,* in: Dreier I, Art. 3 Rn. 26 ff.; *Kischel,* in: BeckOK GG, Art. 3 Abs. 1 Rn. 34 ff.

[33] So grdl. *Lerche,* Übermaß und Verfassungsrecht, 1961, insb. S. 22 f.; mit vermittelnden Differenzierungen *ders.* HStR V, § 122 Rn. 3 ff.

[34] Nachw. in Fn. 26; dazu u. Rn. 43.

[35] Ausführlich *P. Kirchhof,* in: Maunz/Dürig, Art. 3 I (2015) Rn. 296; *P.-M. Huber,* Konkurrenzschutz im Verwaltungsrecht, 1991, S. 507 ff.; eingehend auch zum Folgenden *Wollenschläger,* Verteilungsverfahren, 2010, insb. S. 34 ff.

[36] Bei insges. „eingreifenden" Regeln wird das in der Rspr. auch so gesehen, vgl. grdl. BVerfGE 4, 7 (19 ff.) – InvHG; BVerfGE 30, 292 (326 ff.) – Mineralölbevorratung; BVerfGE 85, 238 (244 ff.) – Taxen/Mietwagen; BVerfGE 87, 363 (387 ff.) – Nachtbackverbot; BVerfGE 99, 367 (391 f.) – Montan-Mitbestimmung, Mannesmann; s. a. BGHZ 134, 1 (16 ff., 26 f.) – Stromeinspeisung II; zust. BGHZ 155, 141 (148 ff.); dagegen wird bei „nur" begünstigenden Maßnahmen die Gleichheitsperspektive noch oft vernachlässigt, krit. für viele *Huber* (Fn. 35), S. 512 ff.; vgl. auch BVerfGE 118, 79 (102) zur unmittelbaren Wechselwirkung von Begünstigung u. Belastung bei der Verteilung knapper Ressourcen (Emissionszertifikate) unter Wettbewerbern, allerdings ohne Konsequenzen beim Prüfungsmaßstab; krit. *Frenz* DVBl 2010, 223 ff.

[37] ZB BVerfGE 84, 133 (158); 85, 238 (247); 109, 96 (123 f.); 111, 10 (48 f., 54); 116, 202 (227); 118, 1 (27 f.).

[38] *Stern,* StaatsR III/2, S. 1830, im Anschluss an *P. Kirchhof* HStR V, 2. Aufl. 2000, § 124 Rn. 205 ff.

[39] In diesem Sinn BVerfGE 121, 317 (359 ff., 369 ff.), auch 130, 131 (142 ff.); zum Rauchverbot in Gaststätten zu Art. 12 I für eine weitgehende Bindung des Gesetzgebers an das eigene Schutzkonzept.

[40] BVerfGE 115, 97 (113); 123, 111 (123).

[41] Vgl. zB BVerfGE 132, 72 Rn. 24 ff.: Förderung einer nachhaltigen Bevölkerungsentwicklung in Deutschland; BVerfGE 138, 136 Rn. 133: Schutz von Unternehmen vor Liquiditätsproblemen.

[42] Das Mittel darf nur nicht evident bzw. „schlechthin" ungeeignet sein, stRspr, zB BVerfGE 7, 377 (412); 65, 116 (126); 81, 156 (193); die bloße Möglichkeit der Zweckerreichung reicht aus, zB BVerfGE 103, 293 (297); 121, 317 (354); 113, 167 (231 ff., 234 ff.); eine vollständige Zielerreichung wird nicht gefordert; vgl. BVerfGE 138, 136 Rn. 139.

[43] Zu dessen Bedeutung als zentrales Element des „klassischen" Übermaßverbots *Lerche* HStR V, 2. Aufl. 2000, § 122 Rn. 16 f.; allerdings hat dieses Element gerade für die verfassungsgerichtl. Konkretisierung der Freiheitsgrundrechte nie die dominierende Rolle gespielt; vgl. aber BVerfGE 125, 1 (23).

der Typisierung (u. Rn. 104 ff.) zeigt gleichwohl, dass auch hier der Gedanke der Erforderlichkeit im Zusammenhang einer schon gleichsam fortgeschrittenen Abwägung[44] wirksam werden kann. Allerdings ist dies dann wohl regelmäßig schon Bestandteil des letzten und schwierigsten Teils der Prüfung:

Die **Verhältnismäßigkeit i. e. S.** fordert ganz allg. eine **Gesamtabwägung** zur Angemessenheit **22** des Verhältnisses zwischen Zielen, Gründen und Wirkungen. Hier, bei der eigentl. Domäne einer strengen gleichheitsrechtl. Abwägung,[45] geht es nicht mehr um Zweckrationalität, sondern um relativierende Gewichtung u. Bewertung v. allg. u. individuellen Interessen, in der Vergleichsperspektive um Gewichtung und Bewertung von Gründen u. Zielen gesetzl. Differenzierungsmerkmale einerseits, Differenzierungswirkungen für die Betroffenen andererseits.[46]

Die ökonomisch formulierte krit. Qualifikation dieser Abwägung als notwendig dezisionistischer **23** „interpersoneller Nutzen–Vergleich"[47] kennzeichnet zutr., dass diese Abwägung nicht nur Instrument zur Begrenzung von Freiheitsbeschränkungen sein kann, sondern ein ganz **allgemeiner Verfahren zur Ermittlung der Vorzugswürdigkeit** alternativer Entscheidungen ist.

Auch theoretisch fundierte Differenzierungen zwischen vergleichender und eingriffsbegrenzender **24** Abwägung haben insoweit im praktischen Ergebnis nur geringes Gewicht:[48] Das zentrale Problem jeder „Gesamtabwägung" bleibt immer die stets zweifelhafte Frage nach hinreichend deutlichen verfassungsrechtl. **Abwägungsmaßstäben und Vorrangentscheidungen,** die es erlauben, eine bestimmte einfachgesetzl. Vorrangentscheidung als nicht hinreichend abgewogen und deshalb verfassungswidrig zu bewerten.

**c) Das Verhältnis von Willkürverbot und Gebot verhältnismäßiger Gleichheit.** Mit der **25** „neuen Formel" ist die Interpretation des Gleichheitssatzes als **Willkürverbot nicht verabschiedet,** sondern nur ergänzt worden.[49] Damit scheint für die praktische Rechtsanwendung die weichenstellende **Vorfrage** entscheidend, unter welchen Voraussetzungen jeweils nur eine **Willkürkontrolle oder** aber eine strengere **Verhältnismäßigkeitsprüfung** zu erwarten ist.[50]

Zwei **widersprüchliche Ansätze** einer gegenseitigen Zuordnung von Willkürverbot und Gebot **26** verhältnismäßiger Gleichheit kennzeichnen die neuere Entwicklung, nämlich einerseits Trennung zwischen zwei tatbestandl. zu unterscheidenden Normen, andererseits Integration auf einer gleitenden Skala abgestufter Anforderungen an verfassungsgerechte Abwägungen.[51] Im Gegensatz zur Rspr. des Zweiten Senats,[52] tendierte der Erste Senat des BVerfG (oft unmittelbar neben integrierenden Ansätzen, → Rn. 30) anfangs zu einer **tatbestandliche Trennung** zwischen Willkürverbot einerseits und Gebot verhältnismäßiger Gleichheit andererseits.[53]

Die Versuche, eine solche Trennung mit Hilfe des **Begriffs der Personengruppe**[54] in die Tat **27** umzusetzen, überzeugen jedoch nicht.[55] Abgesehen von zw. Ergebnissen der „Subsumtion"[56] und

---

[44] Ein interessantes Sonderbeispiel liefert insofern BVerfGE 125, 1 (16 ff., insb. 23 ff.), wo Regelungen zur Umstellung der KSt auf das Halbeinkünfteverfahren – gemessen an den Zielen des Gesetzes – an fehlender Erforderlichkeit scheitern.

[45] Diese Verbindung ist schon deutlich sichtbar in BVerfGE 50, 217 (226 f.).

[46] Beispielhaft BVerfGE 138, 136 Rn. 155 ff., 219 ff.

[47] *Schlink,* Abwägung im Verfassungsrecht, 1976, zusammenf. S. 190, 214 ff.

[48] So wohl auch *Huster,* Rechte und Ziele (Fn. 26), S. 462.

[49] *P. Kirchhof,* in: Maunz/Dürig, Art. 3 I (2015) Rn. 296 spricht von kontinuitätsbewusster Erneuerung des Gleichheitsgedankens.

[50] Vgl. aus der neueren Literatur *Osterloh* FS Kloepfer, 2013, S. 138 ff.; *Britz* NJW 2014, 346 ff., *S. Huster,* in: *Kempny/Reimer* (Fn. 26), S. 91 ff.; mit ausf. historischer Herleitung *Machado,* Verhältnismäßigkeitsprinzip vs. Willkürverbot: der Streit um den allgemeinen Gleichheitssatz, 2015.

[51] Zu (wohl nur) methodisch vergleichbaren Problemen der gleichheitsrechtlichen Rechtsprechung des US-amerikanischen Supreme Court („rational basis test", „strict scrutiny test", „intermediate level of scrutinity") eingehend *A. Winkler,* Fatal in Theory and Strict in Fact: An Empirical Analysis of Strict Scrutiny in the Federal Courts, Vanderbilt Law Review 2006, 793; dazu und zum Folgenden auch *Sachs* JuS 1997, 124 ff.

[52] So wurde die neue Formel zunächst sogar als Beispielsfall des Willkürverbots deklariert, BVerfGE 71, 39 (58 f.); 93, 386 (397); anders die nachfolgende stRspr, BVerfGE 105, 73 (110); 107, 27 (46); 110, 412 (432); 113, 167 (214 f.); 120, 125 (144).

[53] BVerfGE 55, 72 (89): „Außerhalb des Verbots einer ungerechtfertigten Verschiedenbehandlung mehrerer Personengruppen ..."; desgl. BVerfGE 60, 329 (346); vgl. auch zB BVerfGE 88, 87 (97); 89, 15 (23); 90, 46 (56); 91, 389 (401); besonders weitgehend BVerfGE 91, 118 (122 f.): Unterscheidung innerhalb des Art. 3 I zwischen Gleichbehandlungsgebot u. Willkürverbot; s. a. BVerfGE 95, 267 (317) mit diff. Einordnung jur. Personen (LPG); noch weitergeh f. Maßstab zwischen Willkürverbot u. Verhältnismäßigkeitsanforderungen BVerfGE 99, 367 (389 f.) – Montan-Mitbestimmung, Mannesmann; s. auch BVerfGE 118, 1 (26 ff.) – Rechtsanwaltsgebühren; 118, 79 (100 f.) – Treibhausgasemissionen.

[54] Zur Subsumtion zB BVerfGE 84, 348 (361) – Lohnsteuerpflichtige/andere Einkommensteuerpflichtige; BVerfGE 90, 46 (57) – Arbeiter/Angestellte; wohl auch BVerfGE 88, 5 (12) – Arbeitnehmer, Arbeitgeber/andere Rechtsschutzsuchende; BVerfGE 91, 389 (401 f.) – geschiedene/verheiratete, dauernd getrennt lebende Auszubildende; BVerfGE 118, 1 (26) – Rechtsanwälte, Mandate unter/über 30 Mio. €; BVerfGE 121, 317 (369) – Nichtraucherschutz, Raucherräume in Diskotheken/Gaststätten; BVerfGE 129, 49 (67 f.) – Humanmedizinstudenten in den neuen Ländern/alten Ländern/anderer Fachrichtungen; BVerfGE 133, 377 Rn. 75 – Verheiratete/eingetragene Lebenspartner.

[55] Ebenso *Eichberger* DStJG 39 (2016), 97 ff. (112); *Osterloh* FS Kloepfer, 2013, S. 139 ff. (144).

recht unvermittelten Übergängen von einleitender Formel zu einer herkömml. Prüfung des sachl. Grundes[57] gibt es inzwischen die zwar unmittelbar sachverhaltsbezogene Differenzierung, die jedoch mittelbar eine Ungleichbehandlung von Personen bewirkt,[58] und umgekehrt die Ungleichbehandlung von Personengruppen, der aber die personenbezogenen Kriterien fehlen.[59] Bei dem hier verwendeten unklaren Begriff der Personengruppe müssen zumindest zwei verschiedene Aspekte deutl. getrennt werden:

28      Der Begriff der Personengruppe verweist zum einen auf die **Zulässigkeit gesetzlicher Generalisierung**[60] (→ Rn. 105): Grds. ist nicht der atypische Einzelfall, sondern nur eine relevante, ins Gewicht fallende Gruppe Betroffener für die Verfassungsmäßigkeit eines Gesetzes von Bedeutung. Insoweit handelt es sich nicht um ein Spezifikum einer strengeren Prüfung.

29      Zum anderen bezieht sich die Verwendung des Begriffs der Personengruppe auf den schon vom Normtext vorgegebenen **personalen Schutzzweck**[61] **des Art. 3 I.** Daraus ergibt sich die enge Verbindung des Bildes der Personengruppe mit der Unterscheidung zwischen personenbezogenen und sachbezogenen Merkmalen bzw. zwischen „persönl. und sachl. Rechtsgleichheit".[62] Gerade der personale bzw. personenrechtl. Schutzzweck des Gleichheitssatzes als überzeugender Leitgedanke der verfassungsgerichtl. Kontrolle sollte jedoch vordergründige begriffl. formulierte Vorentscheidungen über den ergebnisbestimmenden Prüfungsmaßstab ausschließen. Eine neue „Stufentheorie" bei der Anwendung des Art. 3 I verspricht keinen Ertrag (zu Problem und Entwicklung bei Art. 12 → Art. 12 Rn. 125 ff.).

30      Dieser Forderung entsprechen in der neueren Rspr. beider Senate zunehmend deutl. Tendenzen zu einer **Integration von Willkürverbot und Gebot verhältnismäßiger Gleichheit auf einer gleitenden Skala unterschiedlich strenger Anforderungen** an verfassungsgerechte Abwägungen sowie an die korrespondierende verfassungsgerichtl. Kontrolle.[63] Insoweit repräsentativ ist die Formulierung einleitender Obersätze wie etwa:

31      „Differenzierungen bedürfen jedoch stets der Rechtfertigung durch Sachgründe, die dem Differenzierungsziel und dem Ausmaß der Ungleichbehandlung angemessen sind. Dabei gilt ein stufenloser, am Grundsatz der Verhältnismäßigkeit orientierter verfassungsrechtl. Prüfungsmaßstab, dessen Inhalt und Grenzen sich nicht abstrakt, sondern nur nach den jeweils betroffenen unterschiedl. Sach- und Regelungsbereichen bestimmen lassen."[64]

32      Diese allg. Aussagen werden – inhaltl. und in der Reihenfolge variierend[65] – ergänzt durch ein ganzes Ensemble von Kriterien zur Bestimmung der Maßstabsstrenge (u. Rn. 90 ff.), innerhalb derer die Personengruppe zwar auftaucht, doch mit zunehmend relativiertem Gewicht als einer von verschiedenen mögl. Gründen für strengere Kontrollmaßstäbe.[66] In den Vordergrund treten dabei im Wesentlichen drei Kriterien[67] oder „Orientierungshilfen",[68] die zu einem „Mehr" oder „Weniger" an strengen Maßstäben statt zu einem „Entweder – Oder" (von Willkürverbot oder strenger Verhältnismäßigkeit) führen. Zunächst geschieht dies durch die **Verbindung des Gleichheitssatzes** mit den **Freiheitsgrundrechten,** wenn es heißt: Dem Gesetzgeber sind umso engere Grenzen gesetzt,

---

[56] Krit. bereits *Hesse* FS Lerche, 1993, S. 121 (124 f.) zu BVerfGE 64, 229 (239) – Sparkassen/priv. Banken, Grundbucheinsicht; BVerfGE 65, 277 (384) – Adressaten eines Strafbefehls/eines Urteils; weiterhin etwa BVerfGE 92, 53 (69) – Versicherte mit Arbeitsentgelt unterhalb/oberhalb der Beitragsbemessungsgrenze; f. Arbeitgeber, die den Tatbestand des § 128 AFG erfüllen, lässt BVerfGE 81, 156 (205 f.) die Qualifikation als bes. Personengruppe ausdr. offen.

[57] BVerfGE 60, 123 (133 f.); 78, 232 (247 f.); 79, 87 (98); 87, 234 (255).

[58] BVerfGE 88, 87 (96); 89, 15 (22); 92, 53 (69); 99, 129 (139); 99, 367 (388); 101, 54 (101); 108, 52 (68); 118, 1 (26); 121, 317 (369 f.); 131, 239 (256 ff.); 133, 377 Rn. 79; BVerfG (K) NVwZ 2016, 135; krit. dazu *Sachs* JuS 2016, 376.

[59] BVerfGE 89, 365 (375 f.) – unterschiedl. Kassenzugehörigkeit.

[60] Deutlich etwa BVerfGE 85, 238 (245): „ganze Gruppe" von Steuerpflichtigen.

[61] Für die ständige Rspr. zur neuen Formel nur BVerfGE 90, 46 (56); s. a. BVerfGE 96, 1 (6): „Der Gleichheitssatz ist umso strikter, je mehr eine Regelung den Einzelnen als Person betrifft."

[62] ZB BVerfGE 78, 104 (121); zum Problem der Unterscheidbarkeit bereits *Triepel* VVDStRL 3 (1927), 51 f.

[63] BVerfGE 126, 400 (416); 127, 263 (280); 129, 49 (68 f.); 130, 131 (142); 138, 136 Rn. 121; 139, 285 Rn. 70; vgl. *P. Kirchhof*, in: Maunz/Dürig, Art. 3 I (2015) Rn. 433, der von einem sich „stufenlos verdichtenden Verallgemeinerungsmaßstab" spricht.

[64] BVerfGE 138, 136 Rn. 121.

[65] *P. Kirchhof*, in: Maunz/Dürig, Art. 3 I (2015) Rn. 296.

[66] BVerfGE 88, 5 (12); 88, 87 (96 f.); 89, 15 (22 f.); 89, 69 (89); 90, 46 (56); 91, 346 (362 f.); 101, 54 (101); 102, 68 (87); 110, 274 (291); mit wieder gegenläufiger Tendenz zwar BVerfGE 118, 1 (26 ff.); 118, 79 (100 f.); 131, 239 (256 ff.); 133, 377 Rn. 74 ff.; die integrierenden Ansätze zusammenf. mwN BVerfGE 122, 39 (52 f.); 124, 199 (219 f.); neuerdings gibt es hier eine unterschiedl. Rspr. der beiden Senate; vgl. Erster Senat BVerfGE 129, 49 (68 f.): Aufgabe der Differenzierung zwischen Personengruppen; anders: Zweiter Senat BVerfGE 141, 1 Rn. 94; dazu vgl. *Eichberger* DStJG 39 (2016), 97 (112).

[67] Im Steuerrecht sind darüber hinaus noch Umfang und Ausmaß einer strukturellen Ungleichbehandlung relevant; vgl. BVerfGE 138, 136 Rn. 123; → Rn. 134 ff.

[68] *P. Kirchhof*, in: Maunz/Dürig, Art. 3 I (2015) Rn. 296.

„je stärker sich die Ungleichbehandlung von Personen oder Sachverhalten auf die Ausübung grundrechtl. geschützter Freiheiten nachteilig auswirken kann".[69] Weiter soll das Maß der Bindung auch davon abhängen, inwieweit die Differenzierungskriterien für den Einzelnen verfügbar sind.[70] Und schließl. geht es dabei – mit Blick auf die speziellen Diskriminierungsverbote des Art. 3 III – um den Gedanken des Minderheitenschutzes: „Die Anforderungen bei einer Ungleichbehandlung von Personengruppen sind umso strenger, je größer die Gefahr ist, dass eine Anknüpfung an Persönlichkeitsmerkmale, die mit denen des Art. 3 Abs. 3 GG vergleichbar sind, zur Diskriminierung einer Minderheit führt."[71] Mit diesem Ansatz wird auch ein Gleichklang mit europarechtl. Entwicklungen befördert.[72]

Bedenkt man, dass auch innerhalb der Verhältnismäßigkeitsabwägung die Kontrolldichte sach- und **33** regelungsbereichsspezifisch sehr variabel[73] bis zur Evidenzprüfung zurückgeschraubt werden kann,[74] so markiert das Willkürverbot das untere Ende der gleitenden Skala, stellt aber keine eigenständige Kategorie mehr da.[75] Bei der mit der Stadionverbotsentsch. eingeführten Anw. des Gleichheitssatzes auf Privatrechtsverh. wird das Willkürprinzip „reanimiert",[76] allerdings mit Verfahrenspflichten ergänzt; diese Rspr. ist noch entwicklungsoffen.[77] (→ Rn. 238).

Insoweit zu unterscheiden ist jedoch die Geltung des unmittelbar **rechtsstaatlich** begründeten **34–36** **Willkürverbots** im Verhältnis zwischen verschiedenen Hoheitsträgern (→ Rn. 74). Auch ein unabhängig von einem Vergleich bei der Kontrolle der Gerichte angewendetes Willkürverbot lässt sich wohl zwangloser aus dem Rechtsstaatsprinzip ableiten.[78]

Insges. erweist sich die Anwendung des allg. Gleichheitssatzes in der Rspr. beider Senate des BVerfG **37** als Problem sach- und regelungsbereichsspezifischer **Abwägungen mit sehr variablen Differenzierungen** der jeweiligen Kontrollmaßstäbe und der korrespondierenden Kontrolldichte.[79] Bei tendenziell zunehmender Kontrolldichte zeigt die Konkretisierung gleichheitsrechtl. Anforderungen in den verschiedenen Rechtsgebieten sehr unterschiedl. Konturen und Bedeutung.

## II. Der Gleichheitssatz als Grundrecht

**1. Abwehrrecht.** Art. 3 I als Norm des obj. Rechts ist Grundlage eines **subj. Rechts auf** **38** **Gleichbehandlung,**[80] das wie die Freiheitsgrundrechte in erster Linie als ein **gerichtl. durchsetzbares Abwehrrecht**[81] gegen Rechtsverletzungen geschützt ist (zu den Rechtsfolgen im Einzelnen → Rn. 54, → Rn. 130 ff.).

Die in der Lit. diskutierten Fragen, ob dieses Recht nur „modal" wirkt[82] (nur das „Wie", nicht das **39** „Ob" staatl. Handelns betreffend) oder ob es einen **materiellen Schutzgegenstand** besitzt[83] und ob dieser entspr. der freiheitsgrundrechtl. Dogmatik in den Kategorien „Schutzbereich" und (zul. oder unzul.) „Beeinträchtigung" zu beschreiben ist,[84] betreffen verschiedene Aspekte der speziellen Struktur des Gleichheitsschutzes:

---

[69] BVerfGE 88, 87 (96); aus der stRspr etwa BVerfGE 95, 267 (316 f.); 105, 73 (110 f.); 110, 141 (167); 110, 412 (432); 122, 39 (52); 122, 210 (230); 129, 208 (262); 130, 131 (142 f.); 132, 179 Rn. 31; BVerfG NJW 2019, 1793 Rn. 64; vgl. dazu *M. Sachs*, in: Kempny/Reimer (Fn. 26), S. 107 ff., 122.

[70] BVerfGE 88, 87 (96); 126, 400 (418); 129, 49 (69); 132, 179 Rn. 31; 133, 1 Rn. 45; 138, 136 Rn. 122, 132.

[71] BVerfGE 124, 199 (220); 124, 199 (220); 129, 49 (69); 130, 240 (254); 132, 179 Rn. 31.

[72] BVerfGE 124, 199 (220) mit expliziter Bezugnahme auf die EUGRCh sowie auch die EGMR-Rspr. zum Schutz sex. Minderheiten; vgl. *Jarass*, EUGRCh, Art. 20 Rn. 15.

[73] Dazu bereits Sondervotum *Katzenstein* BVerfGE 74, 9 (28 ff.).

[74] Vgl. die Reduktion der Prüfung auf das Willkürverbot in BVerfGE 133, 1 Rn. 66.

[75] Ebenso *Jarass*, in: Jarass/Pieroth, Art. 3 Rn. 23; *Herzog*, in: Maunz/Dürig, Art. 3 Anh. (1994) Rn. 8; dagegen zur Qualif. des Willkürverbots als eigenständige rechtsstaatl. Auffangtatbestand im Anwendungsbereich des Gleichheitssatzes *P. Kirchhof* HStR VIII, § 181 Rn. 232 ff.; *ders.*, in: Maunz/Dürig, Art. 3 I (2015) Rn. 266.

[76] BVerfGE 148, 267 Rn. 45.

[77] *Sachs* JuS 2019, 89 (91).

[78] So insb. *G. Müller* VVDStRL 47 (1989), 37 (43 f.); *K. Vogel* HStR IV, § 87 Rn. 93 mwN.

[79] Zutr. *Rodi* DÖV 1989, 750 ff.

[80] Heute unbestr., statt aller *Wollenschläger* MKS I, Art. 3 Abs. 1 Rn. 40; offenlassend allerdings BVerwGE 65, 167 (173).

[81] *P. Kirchhof*, in: Maunz/Dürig, Art. 3 I (2015) Rn. 292; *Sachs*, VerfassungsR II, 3. Aufl. 2017, S. 279; *Sachs/Jasper* JuS 2016, 769 ff., aA *Jarass*, in: Jarass/Pieroth, Art. 3 Rn. 2; *Boysen*, in: v. Münch/Kunig I, Rn. 60; *Kischel*, in: BeckOK GG, Art. 3 Abs. 1 Rn. 14.2.

[82] *Schwabe*, Probleme der Grundrechtsdogmatik, 1977, S. 23; *Sachs*, Grenzen des Diskriminierungsverbots, 1987, S. 27 ff.; anders dann *ders.*, in: Stern, StaatsR III/1, S. 652; *ders.*, in: Stern, StaatsR IV/2, S. 1484 mwN.

[83] Eingehend (zu Statusgleichheit und gleicher Freiheit) *P. Kirchhof* HStR VIII, § 181 Rn. 51 ff., 60 ff.

[84] Zur Notwendigkeit von „Gleichheitsschranken" namentlich *Kloepfer* (Fn. 26), S. 54 ff.; eingehend *Huster*, Rechte und Ziele (Fn. 26), S. 225 ff.; *ders.* JZ 1994, 541 ff. mN zur überwieg. Gegenansicht; *ders.*, in: Friauf/Höfling, Art. 3 (2002) Rn. 78 ff.; für ein gestuftes Eingriffsmodell auch *Sachs*, in: Stern, StaatsR IV/2, S. 1486 mit zahlr. N. zum Streitstand; ebenso zunächst *Jarass* AöR 120 (1995), 345 (358 ff.); *ders.* NJW 1997, 2545 ff.; anders *ders.*, in: Jarass/Pieroth, Art. 3 Rn. 7 iVm Vorb. vor Art. 1 Rn. 15.

**40**     Seinen **Schutzgegenstand** hat das Abwehrrecht im Anspruch des Berechtigten auf Berücksichtigung und Achtung seiner Position in der Gesellschaft. Geschützt sind alle Menschen in ihren rechtl., wirtschaftl. und soz. differenzierten **Relationen** zueinander.[85]

**41**     Freiheitsrechtl. Abwehrschutz richtet sich gegen übermäßige Beschränkung der Freiheit der Beteiligten, diese Relationen autonom und eigennützig selbst zu gestalten, **gleichheitsrechtlicher Abwehrschutz** gegen die inhaltl. unangemessene Einwirkung auf diese Relationen durch Rechtsetzung und Rechtsanwendung (dazu bereits → Rn. 16 ff.).

**42**     Im Gegensatz zu spezielleren Gleichheitsgeboten ist das allg. Gebot verhältnismäßiger Gleichheit insofern allerdings **ergebnisoffen,**[86] sagt selbst nichts über Schutzwürdigkeit von Erhaltung oder Veränderung des status quo, begründet aber auch nicht nur „modale", sondern im Zusammenspiel mit anderen Verfassungsnormen, insb. mit anderen Grundrechten, substanziell inhaltl., wenn auch variable Anforderungen an staatl. Einwirkungen. Erst die Konkretisierung dieser Anforderungen bestimmt dann den jeweils materiell geschützten Gegenstand des Abwehrrechts.[87]

**43**     Die Kategorien des Schutzes gegen gesetzl. **Beschränkungen eines „Schutzbereichs"** führen demgegenüber nicht weiter: Für die praktisch relevante Bestimmung der sachl. Voraussetzungen des Gleichheitssatzes (→ Rn. 77 ff.) liefern sie keine Hilfe; zur Begründung einer Verhältnismäßigkeitskontrolle des Gesetzgebers sind sie entbehrl. (→ Rn. 18 ff.).

**44**     Für die inhaltl. Beschreibung des abwehrrechtl. geschützten Anspruchs auf Gleichbehandlung unergiebig ist auch die strikte Unterscheidung zwischen **tatsächl.** und **rechtl.** Gleichheit.[88] Soweit mit dieser Unterscheidung mehr gemeint ist als die überzeugende Ablehnung einseitiger Egalisierungsprioritäten,[89] betrifft sie unterschiedl. Fragen verfassungsgerechter gegenseitiger Zuordnung von Gleichheit und Freiheit,[90] die sich einer abstrakt begriffl. einheitl. Antwort entziehen.[91]

**45**     Es geht um das Gewicht des Sozialstaatsprinzips für die gleichheitsrechtl. Abwägung,[92] insb. auch um die Begründung von Leistungs- und Schutzansprüchen (u. Rn. 53 ff., 65 ff., 96) und um die Zurechnung nicht nur imperativer, sondern auch faktischer Auswirkungen staatl. Handelns (dazu allg. → vor Art. 1 Rn. 83 ff.). Nicht die rechtl. **Erheblichkeit der sozialen Realität** ist für alle diese Fragen zweifelhaften, sondern nur Art und Maß gleichheitsgerechter Reaktion der Rechtsordnung auf diese Realität.[93]

**46**     Sieht man die Beziehungen der Menschen untereinander als eigenständigen Schutzgegenstand des Grundrechts auf verhältnismäßige Gleichbehandlung, so bleibt es zwar konsequent, von **Gleichheit als Rechtsgleichheit** zu sprechen, solange damit auch die realitätsgerechte Gleichbehandlung durch Recht gemeint ist. Zugleich wird aber deutl., dass sich aus diesem Begriff unmittelbar Rechtsfolgen nicht ableiten lassen. Das gilt auch für den umstr. Grunds. **„keine Gleichheit im Unrecht":**[94]

**47**     Nach diesem **Grundsatz** soll Art. 3 I einem Straftäter nicht den Einwand eröffnen, dass and. Straftäter nicht verfolgt worden sind[95] oder dass Taten mit gleichem oder höherem Unrechtsgehalt nicht unter Strafe gestellt werden.[96] Ein ehrl. Steuerzahler soll sich nicht darauf berufen können, dass Steuerhinterzieher unbehelligt bleiben,[97] u. der Adressat einer naturschutzrechtl. Untersagungsverfügung nicht darauf, dass diese in Vergleichsfällen gesetzwidrig unterbleibt.[98]

---

[85] Dies schließt m. E. auch eine wesentl. enger verstandene Statusgleichheit mit ein, die einen persönlichkeitsrechtl. Kernbereich bes. schutzwürdiger Relationen umfasst und kaum unterscheidbar mit dem Schutz der Menschenwürde u. dem Kern freiheitsrechtl. Persönlichkeitsschutzes zusammentrifft; ähnl. *Sachs/Jaspers* JuS 2016, S. 770: „Schutz eines auf das Gleichbehandlungsrecht bezogenen immateriellen Persönlichkeitsrechts"; anders wohl *P. Kirchhof* HStR VIII, § 181 Rn. 51 ff., 170 ff.; einen Schutzgegenstand verneinend *Gröpl* GWC, Art. 3 Rn. 26.

[86] *P. Kirchhof* HStR V, 2. Auflage 2000, § 124 Rn. 276; *Sachs,* in: Stern, StaatsR IV/2, S. 1483.

[87] *Lübbe-Wolff,* Grundrechte als Eingriffsabwehrrechte, 1988, insb. S. 18, 258, spricht von „präformiertem" Grundrechtsschutz, bei dem Schutzbereich und konkreter, nicht mehr einschränkbarer Gewährleistungsgehalt im Verbot ungerechtfertigter Differenzierung zusammenfallen.

[88] Insb. *Wollenschläger* MKS I, Art. 3 Abs. 1 Rn. 173 ff.; vgl. auch *Kempny/Reimer,* Die Gleichheitssätze, 2012, S. 1 mwN.

[89] Dazu ein düsteres Bild bei *Leisner,* Der Gleichheitsstaat, 1980.

[90] Für viele *Zippelius* VVDStRL 47 (1989), 7 (16 f.).

[91] *Kischel,* in: BeckOK GG, Art. 3 Abs. 1 Rn. 98 ff.

[92] Vgl. dazu Sondervotum *Gaier, Masing, Baer* BVerfGE 138, 136, 252 Rn. 6, die die sozialstaatl. Dimension des in Abhängigkeit von dem Maß der Ungleichheit zunehmenden Rechtfertigungsbedarfs gesetzl. Regelungen (hier zum Erbrecht) betonen.

[93] Aus der stRspr mit unterschiedlichen Akzenten zB BVerfGE 3, 58 (158); 6, 55 (71); 8, 51 (64, 67); 45, 376 (387); 50, 217 (231); 67, 245 (248); 84, 239 (268 ff.); 86, 81 (87); 110, 141 (167); 118, 1 (27 f.).

[94] Für viele *Jarass,* in: Jarass/Pieroth, Art. 3 Rn. 46; *Wollenschläger* MKS I, Art. 3 Abs. 1 Rn. 218 f.; *Götz,* FG BVerwG, 1978, S. 245 ff.; eingehend *P. Kirchhof* HStR V, 2. Aufl. 2000, § 125 Rn. 65 ff.; krit. diff. zum Folgenden *Sachs* FS Friauf, 1996, S. 309 (320 ff.); *ders.,* in: Stern, StaatsR IV/2, S. 1591 ff. mwN; *Englisch,* in: Stern/Becker, Art. 3 Rn. 45 f.

[95] BVerfGE 9, 213 (223); vgl. auch BVerfGE 105, 252 (279) betr. Warnungen (Glykol).

[96] BVerfGE 50, 142 (166); bezugnehmend BVerfG (K) wistra 1997, 297 – zu §§ 370, 378, 379 AO.

[97] BFH BStBl II 1989, 836 (840) m. zahlr. N.; dagegen BVerfGE 84, 239 (268 ff.), → Rn. 49.

[98] Anders insb. die umstr. Rspr. des HessVGH ESVGH 35, 287; 59, 193; dazu *Sachs* JuS 1987, 903 f.; *Rechenbach* NVwZ 1987, 383 ff.

In allen Fällen ist die Belastung der Betroffenen für sich genommen gerechtfertigt, nicht aber die **48** relative Schlechterstellung gegenüber dem Vergleichsfall. Ist Schutzgegenstand des Gleichheitssatzes die „Relation an sich", so muss Versagung oder Gewährung gleichheitsrechtl. Abwehrschutzes durch Abwägung begründet sein. Der Meinungsstreit um den Vorrang rechtsstaatl. Geltungskraft des Gesetzes vor schutzwürdigen Gleichbehandlungsinteressen ist daher auch durch zunehmend **differenzierte Stellungnahmen** gekennzeichnet:

Bereits BVerfGE 50, 142 (166) sieht einen **Grenzfall** für die Möglichkeit gleichheitsverletzender **49** Strafnormen jedenfalls dort, „wo willkürlich nur eine Minderheit des strafwürdigen Verhaltens herausgegriffen und mit Strafe bedroht wird". Seit BVerfGE 84, 239 (271 ff.), folgt aus „strukturellen Erhebungsmängeln" beim tatsächlichen Vollzug von Steuergesetzen zwar kein Anspruch auf „Gleichstellung" im Unrecht, wohl aber in Extremfällen die Verfassungsw. des materiellen Gesetzes selbst (→ Rn. 143).

Für den **Gesetzesvollzug** ist jedenfalls bei Ermessensentscheidungen anerkannt, dass der Adressat **50** gegen planloses Vorgehen der Verwaltung geschützt ist[99] (→ Rn. 117), also **ermessensfehlerhafte** Bevorzugung anderer als eigene Rechtsverletzung geltend machen kann.[100]

Zentraler Streitpunkt ist Ungleichbehandlung durch **gesetzwidrige Bevorzugung** anderer geblie- **51** ben:[101] Entscheidendes Gewicht hat hier der rechtsstaatl. Grunds., dass eine gesetzwidrige Verwaltungspraxis durch Folgeansprüche auf „Fehlerwiederholung" den Geltungsvorrang des Gesetzes nicht beseitigen darf. Dies schließt aber dann, wenn Gesetzesgeltung als Garant der Rechtsanwendungsgleichheit versagt, differenzierte Lösungen auch unterhalb der Schwelle der Verfassungswidrigkeit des Gesetzes selbst nicht aus:[102]

Soweit einerseits das Gleichbehandlungsinteresse unter zusätzl. Aspekten wie Vertrauens- oder Kon- **52** kurrenzschutz als schutzwürdig zu bewerten ist, andererseits eine „systematisch" gesetzwidrige Praxis besonders gravierende Ausmaße erreicht, ist Abwehrschutz geboten, in der Konsequenz **notfalls** auch durch **Gewährung gesetzwidriger Vorteile.**

**2. Ansprüche auf Teilhabe und Leistung. a) Gegen den Staat.** Sog. „**derivative**" Teilhabe- **53** **oder Leistungsrechte**[103] wie der Anspruch auf gleichen Zugang zum Hochschulstudium der eigenen Wahl (→ Art. 12 Rn. 18, → Art. 12 Rn. 160 ff.) ergeben sich unmittelbar aus Art. 3 I, weil und soweit[104] sie dem „Wenn-Dann-Schema" folgen:[105] *Wenn* der Staat öff. Ausbildungsstätten, sonstige öff. Einrichtungen,[106] soz. Leistungen im engeren Sinne oder Subventionen gewährt, *dann* besteht auch ein Anspruch auf gleichheitsgerechte Entsch. über Zugang oder sonstige Leistungsgewährung. Der Gleichheitssatz verstärkt einfachgesetzl. Rechtspositionen, wie etwa die kommunalrechtl. Zugangsansprüche[107] oder allg. sog. formelle Ansprüche gegen die Verwaltung auf fehlerfreie Ermessensbetätigung.[108]

Wieweit in diesem Zusammenhang unmittelbar auch **konkrete Zugangs- und Leistungsansprü-** **54** **che** begründet sind, hängt generell von den Kapazitätsgrenzen[109] und im Einzelnen v. a. davon ab, ob Anspruchserfüllung die einzige Möglichkeit zur Abwehr eines Gleichheitsverstoßes ist:[110] Der Gleichheitssatz für sich allein schränkt insb. die Gestaltungsfreiheit des **Gesetzgebers** bei der Wahl zwischen Beseitigung, Ausdehnung oder neuer Abgrenzung von Leistungstatbeständen grds.[111] nicht ein.[112] Gegenüber der **Verwaltung** führen die Grundsätze der Selbstbindung (→ Rn. 118) eher zu konkreten Leistungsansprüchen.

---

[99] StRspr etwa zur baurechtl. Abrissverfügung, zB Nds OVG NVwZ-RR 1994, 249.

[100] Dazu auch BVerfGE 116, 1 (12 f.) – Auswahl des Insolvenzverwalters.

[101] Mit zahlr. N. *Sachs,* in: Stern, StaatsR IV/2, S. 1591 ff.; vgl. auch BVerwGE 92, 153 (157) – Einberufung zum Wehrdienst; dazu diff. BVerwGE 122, 331 ff.

[102] Dazu und zum Folgenden mit unterschiedl. Akzenten insb. *Götz,* FG BVerwG, 1978, S. 245 ff.; *ders.* NJW 1979, 1478 ff.; *Wollenschläger* MKS I, Art. 3 Abs. 1 Rn. 218; *P. Kirchhof* HStR V, 2. Aufl. 2000, § 125 Rn. 65 ff. mit N. zur entspr. schweizerischen Gerichtspraxis.

[103] Allg. m. zahlr. N. *Sachs,* in: Stern, StaatsR III/1, S. 700 ff.; zu verschiedenen Problemfeldern *Badura* FS Friauf, 1996, S. 529 ff.

[104] Neben terminolog. Fragen iE sehr umstr. ist nur, wieweit bes. freiheitsgrundrechtl. Schutzgehalte weitergehende Ansprüche begründen; zu Art. 12 I näher *Breuer* HStR VI, § 147 Rn. 82 ff.

[105] Für viele *Martens* VVDStRL 30 (1972), 8 (21); eingehend *N. Malaviya,* Verteilungsentscheidungen und Verteilungsverfahren, 2009, insb. S. 186 ff.; umfassend *F. Wollenschläger* (Fn. 35), 2010.

[106] ZB Stadthallen, BVerwG NVwZ 1990, 134 – speziell zu Parteien; 1991, 59 – Rechtswegfragen; Marktplätze etc., VGH BW NVwZ-RR 1992, 132; 2004, 63 f.; zum Gemeingebrauch an öff. Wegen und Plätzen grds. BVerwGE 30, 235; zu dessen primär freiheitsrechtl. Problemen BVerfG (K) NVwZ 1992, 53 f. m. zahlr. N.

[107] *Röhl,* in: Schoch (Hrsg.), Besonderes Verwaltungsrecht, 1. Aufl. 2018, 2. Kap. Rn. 175 f.

[108] BVerwGE 39, 235 (237 f.).

[109] *W. Martens* VVDStRL 30 (1972), 7 (25).

[110] *Sachs,* in: Stern, StaatsR III/1, S. 749 f.

[111] Zu speziellen Ausnahmefällen BVerfGE 21, 329 (337 f.) – Beamtenrecht, Beschränkung eines Anspruchs auf „Witwergeld"; zum Sozialrecht BVerfGE 22, 163 (174 f.); 29, 283 (303); 55, 100 (113 f.).

[112] StRspr., etwa BVerfGE 49, 192 (208); 50, 177 (191); 63, 255 (265); 67, 231 (238); krit., soweit dort schon die Möglichkeit eines Gleichheitsverstoßes verneint wird, *Sachs* DÖV 1984, 411 ff.; *Rüfner* BK, Art. 3 (1992) Rn. 127.

55     Verfassungsunmittelbare sog. **originäre Leistungsansprüche,** als seltene Ausnahme gem. Art. 7 IV 1 vom BVerfG für Privatschulen bejaht,[113] lassen sich dagegen aus Art. 3 I (auch m. dem Sozialstaatsprinzip) schon mangels vorgegebener Verteilungsmaßstäbe nicht ableiten.[114]

56     Auch als Konkretisierung des Gebots soz. Gerechtigkeit[115] verstanden, kann der Gleichheitssatz ledigl. ungerechtfertigter Bevorzugung bestimmter Gruppeninteressen Grenzen setzen, dagegen **nicht als justitiables Optimierungsgebot** die Kompetenz des Gesetzgebers zur verbindl. Entsch. über leistungsstaatl. Prioritäten[116] beschränken; Korrekturen mit Blick auf die Sachgerechtigkeit der Kriterien zur gleichheitsgerechten Verteilung sind aber mögl.; bei der Hochschulzulassung hat die Eignung im Vordergrund zu stehen.[117]

56a     **b) Gegen Private.** Nach der zutr., aber restriktiv zu interpretierenden[118] Rspr. des BVerfG können sich Teilhabeansprüche „für spezifische Konstellationen" auch gegen Private richten, wenn diese für die Teilnahme am gesellschaftl. Leben bedeutende Veranstaltungen aufgr. eigener Entscheidungen einem großen Publikum ohne Ansehen der Person öffnen.[119] Der Anspruch ist mit Verfahrensrechten (Aufklärung, Anhörung, Begründung) verbunden; den Zivilgerichten obliegt die Entsch. in Abwägung mit Eigentumsansprüchen.[120] Trotz der dogmatischen Verortung als Fall der mittelbaren Drittwirkung durch das BVerfG[121] ist der Literaturmeinung von einer „situativ staatsgleichen Grundrechtsbindung Privater" aufgrund ihrer Monopolstellung als entscheidendem Kriterium zuzustimmen.[122] (→ Rn. 75).

57     **3. Ansprüche auf Chancengleichheit.** Art. 3 I wird zur Begründung verschiedener Ansprüche auf Chancengleichheit herangezogen, deren gemeinsames Kennzeichen ist, dass der Gleichheitssatz speziellere Gewährleistungen ergänzt; neben Ausprägungen der sog. Rechtsschutzgleichheit (u. Rn. 204 ff.) geht es dabei vor allem um folgende Bereiche:

58     **a) Chancengleichheit im Prüfungsrecht, Art. 3 I, 12 I.** Da der Erfolg in berufsbezogenen Prüfungen freiheitsbeschränkende Zugangsvoraussetzung für best. Berufstätigkeiten ist und weitere Entwicklungsmöglichkeiten wesentl. beeinflusst, gelten die strengeren verfassungsrechtl. Anford. an Berufszugangsbeschränkungen auch in der gleichheitsrechtl. Perspektive.[123] Chancengleichheit im Prüfungsverfahren bedeutet deshalb strikte („formale") Gleichbehandlung der Prüfungskandidaten hinsichtl. ihrer Position als Konkurrenten untereinander.

59     Auch Art. 3 I begründet danach **besonders strenge Anforderungen** an prüfungsrechtl. Stichtags- und Übergangsregelungen sowie deren Ergänzung durch Härteklauseln[124] (dazu allg. → Rn. 111). Insges. sind „soweit wie mögl. vergleichbare Prüfungsbedingungen und Bewertungskriterien" verfassungsrechtl. geboten.[125] Prüfungsrechtl. Bewertungsspielräume sind zwar gerade zum Schutz der Chancengleichheit nötig, jedoch auch durch diesen Schutzzweck begrenzt auf das unbedingt Erforderliche.[126]

60     **b) Chancengleichheit der politischen Parteien, Art. 3 I, 21.** Das BVerfG hat den allg. Gleichheitssatz auch zur Begründung der Chancengleichheit der Parteien herangezogen.[127] Da hier jedoch – spätestens in der Zusammenschau der Art. 21 und 38[128] – der verfassungsrechtl. Status wesentl. gerade durch die Konkurrenz zwischen verschiedenen Parteien geprägt ist, fügt Art. 3 I diesen spezielleren

---

[113] BVerfGE 75, 40 (61 ff.); zul. 90, 107 (114 ff.); 90, 128 (138 ff.).
[114] Dies betont BVerfGE 60, 16 (42 f.), auch noch im spez. Zusammenhang der Kontrolle einer einfachgesetzl. Härteklausel; dazu Rn. 111; vgl. zum Ganzen etwa *Martens* VVDStRL 30 (1972), 7 (31 f.); *Leisner* FS Wendt, 2015, 273 ff.; allg. zur Relativität soz. Gleichheit auch *Zacher* HStR II, § 28 Rn. 39 ff.; zum bewussten Verzicht d. GG auf d. Normierung soz. Grundrechte u. zur rechtspolit. Disk. *Murswiek* HStR V, 2. Aufl. 2000, § 112 Rn. 44 ff.
[115] So formuliert BVerfGE 33, 303 (334 f.) – numerus clausus.
[116] BVerfG ebda.
[117] BVerfGE 147, 253 Rn. 103 ff. – numerus clausus; vgl. dazu *Klafki* JZ 2019, 541.
[118] Sinnvoll ist eine Übertragung auf Betreiber soz. Netzwerke (BVerfG (K) NJW 2019, 1935), nicht aber auf Hoteliers (BVerfG (K) NJW 2019, 3769); zu den Art. 3 III 1 betreffenden Aspekten s. u. Rn. 238.
[119] BVerfGE 148, 267 Rn. 41; kritisch *C. Smets* NVwZ 2019, 34; *M. Staake* SpuRt 2018, 138.
[120] BVerfGE 148, 267 Rn. 44 ff.; kritisch *Kischel,* in: BeckOK GG, Art. 3 Abs. 1 Rn. 93 c.
[121] BVerfGE 148, 267 Rn. 30 ff.
[122] *Michl* JZ 2018, 910; ähnlich *Dröge* npoR 2018, 241; *Hellgardt* JZ 2018, 901; *Jobst* NJW 2020, 11; *Englisch,* in: Stern/Becker, 2019, Rn. 106.
[123] BVerfGE 37, 342 (352 ff.); 79, 212 (218 ff.); 84, 34 (50 ff.); zur Rspr. des BVerwG vgl. die Nachweise bei *Jarass,* in: Jarass/Pieroth, Art. 3 Rn. 92.
[124] BVerfG ebda.
[125] BVerfGE 84, 34 (52); vgl. zB auch BVerwGE 69, 46 (49); 85, 323 (325); 87, 258 (261 f.); 94, 64 (66 ff.); BVerwG NJW 2003, 1063; NVwZ 2004, 1375; NVwZ-RR 2015, 858; NJW 2017, 2137.
[126] BVerfGE 84, 34 (54); BVerwGE 94, 64.
[127] Die Rspr. ist uneinheitl., zB zieht BVerfGE 85, 264 (312 ff.) auch Art. 3 I heran; ebenso BVerfGE 111, 54 (104); 111, 382 (398); 138, 102 Rn. 22; 140, 1 Rn. 61; dagegen überzeugend nur zu Art. 21 BVerfGE 91, 262 (269); 136, 323 Rn. 28; 140, 225 Rn. 5; dagegen BVerfGE 146, 327 Rn. 42; faktische Chancengleichheit auf der Grundlage von Art. 3 I fordernd *Morlok/Jürgensen* JZ 2018, 695; näher → Art. 21 Rn. 33 ff.
[128] So BVerfGE 82, 322 (337).

verfassungsrechtl. Gewährleistungen nichts hinzu; anders ist dies beim Wettbewerb der Parteien auf europäischer Ebene[129] (s. u. Rn. 63).

Inhaltl. ist auch die Chancengleichheit der Parteien durch Anforderungen an **besonders strenge, 61 formale Gleichbehandlung** gekennzeichnet (dazu → *J. Ipsen,* Art. 21 Rn. 33 ff.), die dem bes. Schutzzweck der Verfassungsgarantie des Art. 21 I dienen.

   **c) Wahlrechtliche Chancengleichheit.** Soweit wahlrechtl. Chancengleichheit der Wahlbewerber 62 durch Art. 38 gewährleistet ist, gilt nach zutr. hM[130] das zur Spezialität des Art. 21 Gesagte entspr. Zwar hat das BVerfG die Wahlrechtsgleichheit lange Zeit als Anwendungsfall des allg. Gleichheitssatzes bezeichnet, dies jedoch inzwischen ausdr. verabschiedet.[131]

   Art. 3 I hat jedoch rechtsbegründende Wirkung für wahlrechtl. Chancengleichheit außerhalb der 63 Anwendungsbereiche der Art. 38 und Art. 28 I 2.[132] Dies hat nach der Rspr. praktische Bedeutung v. a.[133] für Wahlen der sozialversicherungsrechtl. Selbstverwaltung,[134] der Personalvertretung und der Arbeitnehmerkammern[135] sowie der Arbeitnehmervertreter zum Aufsichtsrat[136] und auch für die **Wahl der deutschen Abgeordneten des Europäischen Parlaments.**[137] Auch hier wird Chancengleichheit durch **strengere Anforderungen** an „formale" Wahlgleichheit geschützt. Mit Blick auf Funktionen und potentielle Funktionsbeeinträchtigungen der jeweiligen Vertretungsorgane können Einschränkungen von Wahlrechtsgleichheit sowie Chancengleichheit politischer Parteien insbes. durch Sperrklauseln – aufbauend auf entspr. realitätsnahen Einschätzungen und Prognosen – auf nat. und europ. Ebene verfassungsrechtl. unterschiedl. zu bewerten sein.[138] Nicht von Art. 3 I erfasst werden die unionsrechtl. vorgegebenen Unterschiede im Stimmgewicht der Wähler aus verschiedenen Mitgliedstaaten.[139]

   Das gemeinsame Charakteristikum der bes. Ansprüche auf Chancengleichheit ist ihr konkreter 64 Bezug zu jeweils **besonderen Gewährleistungen** außerhalb des allg. Gleichheitssatzes. Das bestätigt im Erg. die ganz herrschende Ablehnung[140] eines generellen, unmittelbar aus Art. 3 I folgenden Grunds. der Chancengleichheit: Auch hier geht es stets um speziellere Wertungen, die der allg. Gleichheitssatz selbst nicht begründen kann.

   **4. Objektiv-rechtliche Schutzfunktionen.** Art. 3 I wirkt wie alle Normen des Grundrechts- 65 abschnitts nicht nur als Grundlage einklagbarer subj. Rechte, sondern entfaltet im Zusammenwirken mit den Freiheitsgrundrechten und den allg. Verfassungsprinzipien der Art. 20, 28, insb. mit dem Sozialstaatsprinzip, weitergehende obj.-rechtl. Funktionen (allg. → vor Art. 1 Rn. 31 ff.). Als **Grundentscheidung der grundgesetzlichen Ordnung** gilt er für alle Bereiche des Rechts, auch für das Zivilrecht.[141]

   Soz. Gleichheit im Sinne soz. Gerechtigkeit folgt deshalb als Ziel und Wert nicht erst und nur aus 66 dem Sozialstaatsprinzip, vielmehr fundiert gerade auch Art. 3 I den **verteilungsgerechten Sozialstaat.**[142] Entspr. gilt für staatl. Einwirkungen auf die soz. Realität, insbes. die Aufdeckung und

---

   [129] BVerfGE 129, 300 (316); 135, 259 Rn. 63.

   [130] *Wollenschläger* MKS I, Art. 3 Abs. 1 Rn. 310 ff.; *Pieroth,* in: Jarass/Pieroth, Art. 38 Rn. 7 mwN. Von der Spezialität der Wahlrechtsgleichheit, Art. 38 I 1, zu unterscheiden ist das Verhältnis zu den organschaftl., nicht grundrechtl. Gewährleistungen des Status der Abgeordneten des BT, Art. 38 I 2, dazu etwa BVerfGE 118, 277 (320, 354 f.); BVerwGE 135, 77 (85).

   [131] BVerfGE 99, 1 (8 ff.) m. zahlr. N.; BVerfG NJW 2019, 1201, Rn. 42; vgl. auch BVerfGE 121, 108 (120 ff.); 136, 323 Rn. 28; BVerwG NVwZ 2009, 644 ff.; vgl. *H. Mann/C. Pohl,* Die wahlrechtlichen Gleichheitssätze in der neuen Rechtsprechung des Bundesverfassungsgerichts, in: Becker/Lange, Linien der Rechtsprechung des Bundesverfassungsgerichts, 2014, S. 435, 438.

   [132] Das gilt jedoch nicht für die Wahl zur hamb. Bezirksversammlung, BVerfG (K) DVBl 2008, 236.

   [133] Anders insb. für den Hochschulbereich BVerfGE 39, 247 (254 ff.); 54, 363 (388 f.); f. Richterwahlen BVerfGE 41, 1 (12); nach OVG NRW NVwZ 2003, 376 (377) soll f. d. Mittelzuwendung an (kommunale) Ratsfraktionen nur ein weniger strenger Grunds. der Chancengleichheit gelten; zur Anw. des Gleichheitssatzes als Willkürverbot (nach Landesverfassungsrecht) auf (überhöhte) Aufwandspauschalen f. LT-Abgeordnete ThürVerfGH NVwZ-RR 2003, 793.

   [134] BVerfGE 30, 227 (246).

   [135] BVerfGE 60, 162 (169 ff.) und BVerfGE 71, 81 (94 f.).

   [136] BVerfGE 111, 289 (300 ff.).

   [137] BVerfGE 51, 222 (234 f.); BVerfGE 129, 300 (317 f.); BVerfGE 135, 259 Rn. 38 ff.; BVerfG NVwZ-RR 2019, 705 – Wahlrechtsausschluss.

   [138] BVerfGE 129, 300 (316 ff., 321; 346 ff. mit Sondervotum *di Fabio, Mellinghoff*) – Feststellung der Verfassungsw. der Fünf-Prozent-Sperrklausel abweichend von BVerfGE 51, 222; zur Verfassungsw. der Drei-Prozent-Sperrklausel BVerfGE 135, 259; zu Recht krit. *Grzeszick* NVwZ 2014, 537 ff.; aA *Will* NJW 2014, 1421 ff.; *Hoffmann/Tappert* NVwZ 2014, 630 ff.; dazu → Art. 21 Rn. 40.

   [139] BVerfGE 129, 300 (318 f., 326).

   [140] *Wollenschläger* MKS I, Art. 3 Abs. 1 Rn. 175 ff.; *E. Stein* AK GG, Art. 3 Rn. 74.

   [141] Allg. für die stRspr zu den im Grundrechtsabschnitt zum Ausdruck kommenden Prinzipien – im Anschluss an BVerfGE 7, 198 (205 f.) – BVerfGE 81, 242 (254).

   [142] Darüberhinausgehend i. S. einer „Ausstrahlungswirkung" des Sozialstaatsprinzips auf den Gleichheitssatz mit dem Ziel, einen Ausgleich zu in der freiheitl. Eigentumsordnung angelegten u. zu materieller Ungleichheit führenden Dynamiken zu schaffen, vgl. Sondervotum *Gaier, Masing, Baer* BVerfGE 138, 136, (252, Rn. 1 ff.); ähnlich *Böckenförde*

Beseitigung von gesellschaftl. über lange Zeit tolerierten Diskriminierungen[143] mit dem Ziel, die tatsächl. Bedingungen dafür zu schaffen, dass gleiche Würde, gleicher Wert und gleiche Freiheit in der Gesellschaft tatsächl. erlebt werden können.[144]

**67**   Wie weitgehend obj.-rechtl. Grundrechtsgehalte solche Zielsetzungen trotz normativer Konturenarmut nicht nur innerhalb des Entscheidungsraums staatspolitischer Willensbildung legitimieren,[145] sondern normative Anforderungen bis hin zu konkreten Schutzpflichten insb. auch des Zivilgesetzgebers begründen, ist Gegenstand kontroverser Diskussion.[146] Dem Gleichheitssatz kommt jdf. auch in diesem Zusammenhang neben den spezielleren Grundrechtsgewährleistungen, insb. den Freiheitsgrundrechten, nur eine **flankierende Schutzfunktion** zu: Wo Freiheit geschützt werden muss oder geschützt wird, muss sie gleichheitsgerecht geschützt werden[147] (zur Aufnahme zusätzl. Regelungen d. Minderheitenschutzes in das GG vgl. u. Rn. 229 f.).

**68**   Aus diesem Grund ist auch trotz der Grundsatzdiskussion um den Gegensatz von Freiheit und Gleichheit[148] die (mittelbare) **Privatrechtswirkung** des allg. Gleichheitssatzes außerhalb des verselbstständigten arbeitsrechtl. Gleichbehandlungsgrundsatzes (→ Rn. 191) noch immer von eher geringer praktischer Bedeutung geblieben (anderes gilt für die europarechtl. Diskriminierungsverbote, → Rn. 75).[149] Insbes. der Ausgleich gestörter Vertragsparität ist primär ein Problem ausgleichenden Freiheitsschutzes;[150] allenfalls greift das Willkürverbot.[151] Innovativ ist der Ansatz, auch im Verhältnis zu Privaten jede Ungleichbehandlung als rechtfertigungsbedürftig anzusehen und ein „Rechtfertigungskontinuum" zu konstruieren, das „von dem einfachen Verweis auf die Ausübung von Freiheitsrechten einerseits bis hin zum strikten Ausschluss jeder Differenzierungsmöglichkeit andererseits reicht."[152] Damit würde allerdings die Privatautonomie von der Regel zur Ausnahme gemacht.

### III. Persönliche Anwendungsvoraussetzungen

**69**   **1. Grundrechtsberechtigte. a) Natürliche Personen.** Seinem Wortlaut entspr. ist der Gleichheitssatz allg. Menschenrecht und berechtigt alle natürl. Personen, unabhängig von dt. Staatsangehörigkeit[153] oder Wohnsitz im Inland.[154]

**70**   Die **Staatsangehörigkeit** wird einerseits nicht unmittelbar von Art. 3 III 1 erfasst (u. Rn. 299), andererseits ist der verfassungsrechtl. Sonderstatus von Ausländern (Rn. 303) durch speziellere Verfassungsnormen geprägt.[155] Auf die Diskussion zu zahlreichen ungelösten Problemen faktischer und rechtl. Benachteiligung kann hier nur verwiesen werden.[156] Für den Anwendungsbereich des Art. 3 I bleibt v. a. das umstr. Problem, wieweit das völkerrechtl. Gegenseitigkeitsprinzip Benachteiligungen rechtfertigt.[157]

**71**   Für Staatsangehörige **innerhalb der EU** gilt das vorrangige Diskriminierungsverbot des Art. 18 AEUV. Als Folge der spezielleren Diskriminierungsverbote und Grundfreiheiten, insb. der Art. 34, 49, 56 AEUV, hat sich hier das bes. Problem der sog. umgekehrten Diskriminierung von Inländern durch nat. Recht ergeben. Insoweit kann grds. eine Verletzung des Art. 3 I geltend gemacht werden.[158]

---

zur Vermögenssteuer BVerfGE 93, 149 (162); krit. *Sachs* NJW 2015, 601 ff.; zur Thematik struktureller Ungleichheit vgl. auch *Piketty*, Ökonomie der Ungleichheit, 2016; *Osterloh*, Leitgedanken I, 2013, 217 ff. Rn. 15.

[143] Vgl. BVerfGE 133, 59 Rn. 54 ff. zum gesellschaftl. Wandel bei der Gleichstellung homo- u. heterosex. Menschen.

[144] Zu diesem Grundgedanken der stRspr zu den obj. Grundrechtsgehalten *Böckenförde* Der Staat 29 (1990), 1 (3 ff.); *Eichenhofer* FS Pfarr 2010, S. 81 ff.; *Brosius-Gersdorf* (Fn. 6), S. 93 ff.

[145] *Hesse*, Grundzüge, Rn. 298.

[146] *Isensee* HStR V, 2. Aufl. 2000, § 111, insb. Rn. 86 ff.; *Dreier*, Dimensionen der Grundrechte, 1993, S. 41 ff.; grds. abl. *Boysen*, in: v. Münch/Kunig I, Art. 3 Rn. 48 f.; *Heun*, in: Dreier I, Art. 3 Rn. 69; in Einzelbereichen bejahend *Krieger*, in: Hofmann/Henneke, Art. 3 Rn. 11 f.

[147] Dazu etwa BVerfGE 84, 197 (199 ff.). – Kündigungsschutz bei gewerblicher Zwischenvermietung.

[148] Vgl. *Kloepfer* (Fn. 26), S. 46 ff.; *Schoch*, DVBl 1988, 863 (871 f.); *Papier* FS Wendt 2015, S. 331 ff.; *Leisner* FS Wendt 2015, S. 273 ff.

[149] *Kischel*, in: BeckOK GG, Art. 3 Abs. 1 Rn. 93.

[150] Dazu mwN insb. BVerfGE 81, 242 (254 ff.) – Handelsvertreter, Wettbewerbsverbot; BVerfGE 89, 214 (230 ff.) – Bankbürgschaft.

[151] Nach BGH NJW 2013, 1519 Rn. 27 f. gilt dies nur, wenn ein soz. Machtverhältnis nachzuweisen ist; vgl. *Jarass*, in: Jarass/Pieroth, Art. 3 Rn. 13.

[152] *Grünberger*, in: Kempny/Reimer (Fn. 26), S. 7; grundlegend *ders.*, Personale Gleichheit, 2013.

[153] BVerfGE 30, 409 (412); 51, 1 (22); 130, 240 (253 f.).

[154] BVerfGE 43, 1 (6); BVerfG(K) NJW 2016, 3153.

[155] Dazu etwa *Robbers* HdbVerfR, § 11.

[156] ZB *H. Alexy* FS F. Franz und G. Müller, 1994, S. 181 ff.; *Wollenschläger* ebda, S. 299 ff.; s. a. BVerwGE 136, 231 (257 ff.); s. u. Rn. 303.

[157] Zur Anwendung von Verhältnismäßigkeitsgrundsätzen insb. BVerfGE 51, 1 (22 ff.) – Sozialversicherung, zsmf. mwN BVerfGE 81, 208 (224) – Urheberrecht; näher *Wollenschläger* MKS I, Art. 3 Abs. 1 Rn. 159 f.; eingehend auch BSGE 78, 51 – OEG.

[158] BVerwGE 126, 149 (165); *Heun*, in: Dreier I, Art. 3 Rn. 11; *Rieger* DÖV 2006, 685 ff.; *Riese/Noll* NVwZ 2007, 516 mwN; *Spiekermann*, in: Barwig/Beichel-Benedetti/Brinkmann, Gleichheit, 2012, S. 154 ff., 158 ff.; einge-

**b) Juristische Personen und Personenvereinigungen des Privatrechts.** Grds. sind auch **inlän-** **72** **dische** (dazu → Art. 19 Rn. 51 ff.) jurist. Personen **des Privatrechts** Träger des Gleichheitsgrund-rechts.[159] Für Personengesellschaften ist zu prüfen, wieweit diese gerade in ihrer gesellschaftsrechtl. (gesamthänderischen) Verbundenheit, insb. hinsichtl. des gemeinsamen Vermögens, betroffen sind[160] oder aber die einzelnen Gesellschafter nur (oder auch) in ihren eigenen Rechten. Entspr. gilt für sonstige (auch nichtrechtsfähige) Personenvereinigungen[161] (näher → Art. 19 Rn. 57 ff.). Jurist. Personen mit Sitz im EU-Ausland sind, soweit der Anwendungsbereich des EU-Rechts eröffnet ist, prozessual wie inländ. jurist. Personen zu behandeln.[162] (dazu → Art. 19 Rn. 55).

**c) Jurist. Personen des öff. Rechts.** Dagegen können inländische jurist. Personen des **öff.** **73** **Rechts**[163] und sonstige Hoheitsträger[164] den Gleichheitssatz als subj. Grundrecht grds.[165] nicht geltend machen. Nach der jüngsten Rspr. des BVerfG sollen sich aber jurist. Personen des Privatrechts, auch wenn ihre Anteile teilweise oder vollständig von einem ausl. Staat gehalten werden, zumindest gegen Ungleichbehandlungen bei eigentumsgestaltenden Belastungen mit einer Vb. zur Wehr setzen kön-nen.[166] (→ Art. 19 Rn. 112b).

Hiervon zu unterscheiden ist jedoch ein **zwischen Hoheitsträgern,**[167] insb. auch im Bund- **74** Länder-Verhältnis,[168] geltendes **obj. Willkürverbot,** das in älteren Entscheidungen zwar aus Art. 3 I,[169] inzwischen jedoch zutr. (auch) unmittelbar aus dem Rechtsstaatsprinzip,[170] Art. 20 III, 28, abge-leitet wird. Die Verletzung dieses Verbots berechtigt zwar nicht zur Vb, kann jedoch bei fehlender sonstiger Antragsbefugnis für ein verfassungsgerichtl. Verf. als Rechtsverletzung vor den Fachgerichten geltend gemacht werden und zur Vorlage gem. Art. 100 I führen.

**2. Grundrechtsverpflichtete.** Der **Adressatenkreis** der Grundrechtsverpflichteten richtet sich **75** auch für Art. 3 I grds. nach den allg. Regeln des Art. 1 III (dazu → Art. 1 Rn. 83 ff.). Nach BVerfGE 148, 267 können – mittelbar oder unmittelbar [171] – Grundrechtsverpflichtete nach Art. 3 aber auch Private sein. Bei der Auslegung der dafür erforderl. „spezifischen Konstellationen" wird auf ihre staatsgleiche (Monopol)Stellung bei der Zurverfügungstellung von für die Inklusion des Einzelnen bedeutsamen Leistungen abzustellen sein. [172] (s. o. Rn. 56a). Im Arbeitsrecht bestimmen seit der Umsetzung der GleichbehandlungsRL[173]mit dem seit 2006 geltenden AGG unionsrechtl. Vorgaben und deren Auslegung durch den EuGH weitgehend die Reichweite gleichheitsrechtl.

---

hend *Epiney,* Umgekehrte Diskriminierung, 1995; aA *Albers* JZ 2008, 708 (712 f.); *Kischel,* in: BeckOK GG, Art. 3 Abs. 1 Rn. 138; für flexible Lösungen i. R. freiheitsgrundrechtl. Parallelwertung *Gundel* DVBl 2007, 269 ff. Von der Inländerdiskriminierung zu unterscheiden ist die Frage, wieweit die unterschiedl. Behandlung inländ. Sachverhalte, von denen nur eine Teilmenge gemeinschaftsrechtl. geregelt ist (Vergabe öff. Aufträge unter- und oberhalb best. Schwellenwerte), vor Art. 3 I rechtfertigungsbedürftig ist – insoweit offengelassen v. BVerfGE 116, 135 (159 f.), da in concreto jdf. sachl. begründet.

[159] BVerfGE 19, 206 (215); 23, 153 (163); 41, 126 (149); BVerfGE 35, 348 (357), betr. Armenrechtsbewilligung, verneint dagegen eine „entspr." Anwendung des Gleichheitssatzes als Grundl. eines Anspruchs jurist. Personen auf Gleichheit im soz. Bereich. Diese Aussage betrifft jedoch erst die Frage zul. Differenzierung, so auch deutl. BVerfGE 41, 126 (149, 183 ff.), betr. Lastenausgleich und ReparationsschädenG; zur Notwendigkeit diff. Maßstabbildung näher BVerfGE 95, 267 (317) – LPG, Altschulden; 99, 367 (389) – Montan-Mitbestimmung, Mannesmann; BVerfGE 143, 246 Rn. 182; Gleichstellung mit Blick auf ethische Gesinnung fragl.; offengelassen BVerfG (K) BeckRS 2018, 10293 (s. u. Rn. 238).

[160] Von BVerfGE 42, 374 (383), bejaht für Festsetzung des Gewerbesteuermessbetrags einer KG, von BVerfGE 13, 318 (323), verneint für einheitl. und gesonderte Gewinnfeststellung.

[161] Grdl. bereits BVerfGE 3, 383 (391 f.) – DRP, Landesverband NRW.

[162] Vgl. BVerfGE 129, 78 (97); nach aA sind sie unmittelbar Grundrechtsträger; vgl. *Englisch,* in: Stern/Becker, Art. 3 Rn. 103; *Jarass,* in: Jarass/Pieroth, Art. 3 Rn. 7.

[163] BVerfGE 21, 362 (372); 75, 192 (194 ff.); 89, 132 (141); BVerfG (K) NVwZ 2007, 1420; BGH GRUR 2019, 741 für ör Sparkassen.

[164] BVerfGE 11, 192 (203): kein Grundrechtsschutz des Notars gegenüber Gebührenregelung für hoheitl. Tätig-keiten.

[165] Zu Religionsgesellschaften als wesentl. Ausnahmen, BVerfGE 19, 1 (5); 21, 362 (374).

[166] BVerfGE 143, 246 Rn. 184 ff., 348 ff.

[167] N. in Fn. 163 sowie etwa BVerfGE 83, 363 (393).

[168] BVerfGE 86, 148 (250 f.) – Finanzausgleich, vgl. auch folgende Fn.

[169] Insb. BVerfGE 1, 14 (52 f.) – „Südweststaat"; BVerfGE 1, 117 (140 f.).

[170] Bes. deutl. zum Verhältnis zwischen Bund und Ländern BVerfGE 86, 148 (250 f.) mwN; zurückhaltender („jedenfalls") BVerfGE 89, 132 (141) hinsichtl. einer Handelskammer; vgl. aber auch zur Ableitung des Gebots föderativer Gleichbehandlung aus dem Bundesstaatsprinzip und dem allg. Gleichheitssatz BVerfGE 72, 330 (404); 119, 394 (410 f.).

[171] Zu dem Auslegungsstreit oben Fn. 122.

[172] Nicht ausreichend dafür ist die Zurverfügungstellung eines Hotelzimmers (BVerfG (K) NJW 2019, 3769); vgl. *Droege* npoR 2018, 241 (244) zur „Wiederentdeckung des Öffentlichen zwischen Privat und Staat".

[173] 2000/43/EG (Rasse und ethnische Herkunft); 2000/78/EG (RahmenRL); 2002/73/EG (Zugang zur Beschäf-tigung etc. von Männern und Frauen), neugefasst durch RL 2006/54/EG sowie 2004/113/EG (Zugang zu und bei der Versorgung mit Gütern und Dienstleistungen).

Beschränkungen der privatautonomen Gestaltungsmacht; idR ist hier aber Art. 3 III 1 einschlägig (s. u. Rn. 262 f.).[174]

76    Art. 3 I gilt auch dann für die Verwaltung, wenn sie privatrechtl. handelt (sog. **Fiskalgeltung**).[175] Zur **öffentlichen Auftragsvergabe** hat das BVerfG[176] in einem Grundsatzbeschluss die rechts(schutz) begründende Bindung der Vergabestellen an Art. 3 I als Willkürverbot bejaht, da jede staatl. Stelle stets dem Gemeinwohl verpflichtet sei. Zugleich hat das Gericht aber auch die ungleiche Ausgestaltung des Rechtsschutzes bei Aufträgen ober- und unterhalb bestimmter Schwellenwerte – einerseits Primärrechtsschutz nach GWB, andererseits regelmäßig nur schadensersatzrechtl. Sekundärrechtsschutz – als verfassungsgemäß bewertet.

## IV. Sachliche Anwendungsvoraussetzungen

77    **1. Vorrang spezieller Gleichheitssätze.** Wieweit die Anwendbarkeit des Art. 3 I nach dem Grundsatz der **Spezialität** im engeren Sinne ausgeschlossen ist, lässt sich der Rspr. kaum eindeutig entnehmen. Der Satz, es bleibe „für eine Prüfung am Maßstab des allg. Gleichheitssatzes kein Raum mehr, wenn die zu prüfende einfache Gesetzesnorm einer speziellen Grundrechtsnorm zuwiderläuft",[177] benennt einen zweckmäßigen Prüfungsvorrang, der Zusatz: „Soweit dies nicht der Fall sein sollte, ist auch Art. 3 I Prüfungsmaßstab", ist irreführend: Es kommt darauf an, ob ein speziellerer Gleichheitssatz die fragl. „Behandlung" im Sinne eines Differenzierungsgebots, -verbots oder einer Differenzierungserlaubnis abschließend regelt, was jeweils durch Auslegung zu ermitteln ist.[178]

78    Die speziellen Differenzierungsverbote gem. Art. 3 II, III schließen deshalb die Anwendung des Art. 3 I **bezogen auf die geregelten Differenzierungskriterien** aus, nicht aber die Anwendung des Art. 3 I auf denselben Sachverhalt, soweit es auch um andere Vergleichsfälle geht.[179] Weiterhin kann eine gem. Art. 3 III GG unzulässige Differenzierung, von der Rechtspositionen Dritter abhängen, von diesen als Verstoß gegen Art. 3 I geltend gemacht werden.[180]

79    Zur ebf. spezielleren **Wahlgleichheit**, Art. 38, und zur **Chancengleichheit der Parteien**, Art. 21, ebenso wie zur sog. Rechtsschutzgleichheit (u. Rn. 204) zog bzw. zieht das BVerfG Art. 3 I gleichwohl mit heran (→ Rn. 60). Entspr. galt und gilt noch teilweise für Art. 6 I[181] (→ Rn. 138 f.) und Art. 6 V.[182] Für die Frage von Begünstigungsausschlüssen von Lebenspartnern im Vergl. zu Ehepartnern ist nach BVerfGE 126, 400 (421) ausschließl. Art. 3 I und nicht Art. 6 I anwendbar: Die Schutzpflicht nach Art. 6 I kein Abstandsgebot beinhaltet[183] (→ Rn. 290). I. Ü. wird **im Zweifel** davon auszugehen sein, dass **keine Spezialität** im technischen Sinne vorliegt, sondern nur Wertungsvorrang der jeweils spezielleren Regelung;[184] das gilt insb. für das Verhältnis zu den Freiheitsrechten.[185]

80    **2. Ungleichbehandlung und Gleichbehandlung.** Die thematische Einschlägigkeit des Gleichheitsgrundrechts setzt außer in den Fällen willkürl. Rechtsanwendung durch die Gerichte (→ Rn. 125) zunächst voraus, dass **verfassungsrechtlich relevante Vergleichsfälle** herangezogen werden.[186]

81    Dazu sind entscheidende **kompetenzrechtl. Grenzen** zu beachten: Jeder Träger öff. Gewalt hat den Gleichheitssatz nur innerhalb seines **eigenen Zuständigkeitsbereichs** zu beachten.[187] Das gilt

---

[174] M. *Jestaedt* VVDStRL 64 (2005), 298, 305 ff.; T. *Lobinger*, Entwicklung, Stand und Perspektiven des europäischen Antidiskriminierungsrechts, 2015.

[175] Vgl. BVerfG(K) NJW 2016, 3153 Rn. 24 ff. zur diskriminierenden Preisgestaltung durch ein kommunales Freibad; zur unmittelbaren Anwendung des Art. 3 I auf die als privatrechtl. zu qualifizierende Satzung der VBL (Anstalt des öff. Rechts) BVerfGE 124, 199 (218); Bindung – auch – einer erwerbswirtschaftl. tätigen privaten Gesellschaft in unmittelbarem oder mittelbarem Staatsbesitz BGH NJW 2004, 1031 – Postbank/Republikaner.

[176] BVerfGE 116, 135 (153 ff.).

[177] BVerfGE 59, 128 (156) mwN; desgl. BVerfGE 118, 45 (77).

[178] Ebenso BVerfGE 99, 1 (11); iE, die allerdings ohne praktisch wesentl. Folgen sind, *Wollenschläger* MKS I, Art. 3 Abs. 1 Rn. 328; *Sachs* HStR VIII, § 182 Rn. 18 ff.

[179] ZB BVerfGE 78, 38 (53) – Prüfung des Namensrechts (aF) bei gemischt-nationaler Ehe; BVerfGE 109, 96 (123 f.) – Alterssicherung der Landwirtsehegatten.

[180] BVerfGE 114, 357 (366) – Aufenthaltserlaubnis eines Kindes allein nach Status der Mutter.

[181] BVerfGE 112, 50 (67) mwN; 128, 193 (207); bei Fragen, die nicht-ehel. Lebensgemeinschaften oder Geschiedene betreffen, ist Prüfungsmaßstab idR Art. 3 I, wird aber Art. 6 I, II als Wertungsmaßstab mit herangezogen: BVerfGE 117, 316 (327); BVerfGE 127, 263 (281).

[182] BVerfGK 20, 234 (244).

[183] BVerfGE 105, 313 (348–351); aA Sondervoten *Papier, Haas; Scholz/Uhle* NJW 2001, 393 (398 ff.); J. *Ipsen* HStR VII, § 154 Rn. 55 ff.; *Krings* NVwZ 2011, 26; *Benedict* JZ 2013, 477 (485 f.).

[184] BVerfGE 127, 263 (281) – Haftungsprivilegierung v. in häusl. Gemeinschaft Lebenden; BVerfGK 20, 234 (244) – erbrechtl. Gleichstellung nichtehel. Kinder.

[185] ZB BVerfGE 82, 60 (86); 87, 1 (36); 124, 300 (338); vgl. auch o. Rn. 18.

[186] In der Lit. werden drei Ansätze zur Tatbestandsstruktur diskutiert: ein weiter Ansatz, der jede Verschiedenbehandlung zweier Fälle erfasst, ein engerer Ansatz, der zusätzl. Qualifizierungen erfordert und schließl. ein sehr enger Ansatz, der nur nicht rechtfertigbare Ungleichbehandlungen einschließt; vgl. dazu *Kempny/Reimer*, in: dies. (Fn. 26), S. 201.

[187] BVerfGE 21, 54 (68); 79, 127 (158); aber auch wenn unterschiedl. Regelungen in den Ländern nicht nur mögl., sondern um der Vielfalt willen gewollt sind (vgl. BVerfGE 138, 261 Rn. 61 – Thüringer LadenöffnungsG), so

aus bundesstaatl. zwingenden Gründen föderaler Kompetenzabgrenzung im Verhältnis zwischen Bund, Ländern und Gemeinden,[188] aus justizverfassungsrechtl. Gründen für die Praxis unterschiedl. Gerichte[189] und schließl. auch für die jeweiligen Zuständigkeitsbereiche der Träger öff. Verwaltung. Allerdings sind die Konsequenzen, die sich aus dieser Rechtslage beim Landesvollzug bundeseinheitl. Gesetze ergeben, mit nicht unerhebl. rechtsstaatl. Problemen verbunden.[190]

Weitere Beschränkungen der Vergleichsperspektive, etwa auf den Binnenbereich eines spezifischen **82** gesetzl. „**Ordnungsbereichs**" (näher → Rn. 101 ff.) gehören schon zur abwägenden **Bewertung;**[191] dasselbe gilt für die Frage des formelhaften Merkmals der „**wesentlichen**" Gleichheit oder Ungleichheit:[192] Die Standardformel, es sei Sache des Gesetzgebers, die Sachverhalte auszuwählen, die er „im Rechtssinn als gleich ansehen will",[193] wird stets ergänzt durch das Erfordernis hinreichender Sachgerechtigkeit der Auswahl. Als unzul. Verlagerung von Wertungsfragen in begriffl. Abgrenzungen abzulehnen ist es schließl. auch, wenn im Rahmen der hier abgelehnten Eingriffskonzeption (→ Rn. 43) schon der Tatbestand der Ungleichbehandlung beschränkt werden soll auf solche Differenzierungen, „die sich durch die Verschiedenheit der unterschiedl. behandelten Fälle nicht zufriedenstellend als gleichheitsgerecht erklären (oder begründen) lassen".[194]

Als Rechtsverletzung kommen die Ungleichbehandlung trotz übereinstimmender Merkmale, also **83** insb. unterschiedl. Rechtsfolgenanordnung für vergleichbare Sachverhalte, wie auch die Gleichbehandlung trotz unterschiedl. Sachverhalte in Betracht.[195] Allerdings pflegt das BVerfG bei Rügen mangelnder gesetzlicher Differenzierung einschränkend den Grundsatz zu betonen, der Gesetzgeber müsse nicht alle tatsächl. Verschiedenheiten rechtl. unterschiedl. behandeln.[196]

Nach hM ist erforderlich, dass die Ungleichbehandlung einen **Nachteil** für den Betroffenen **84** bewirkt,[197] der auch in einem Begünstigungsausschluss bestehen kann.[198] Auch „geringe" Nachteile

sind der Auseinanderentwicklung der finanz. Verhältnisse in den Ländern doch Grenzen gesetzt (vgl. BVerfGE 140, 240 Rn. 98 – amtsangemessene Alimentierung v. Beamten; erhebl. Gehaltsdifferenzen können insoweit Indiz für verfassungsw. Unteralimentation sein); vgl. auch BVerfGE 134, 1 Rn. 62 ff. – Landeskinderklausel bei Studiengebühren.

[188] MN zur stRspr BVerfGE 106, 225 (241); 114, 371 (383); eingehend dazu *Boysen,* Gleichheit im Bundesstaat, 2005, S. 100 ff., 171 ff.

[189] BVerfGE 87, 273 (278), im Anschluss an BVerfGE 78, 123 (126); aA *Sachs/Jasper* JuS 2016, 771: Anwendbarkeit v. Art. 3 I zumindest, soweit eine Vereinheitlichung der Entscheidungspraxis mögl. ist; *P. Kirchhof,* in: Maunz/Dürig, Art. 3 I (2015) Rn. 162.

[190] *Dittmann* FS Dürig, 1990, S. 221 ff.; *Eckhoff* StuW 1996, 107 ff.; s. a. BVerfGE (K) HFR 1995, 223 mwN; eingehend H. *Vogel,* Ungleichheiten beim Vollzug von Steuergesetzen im Bundesstaat, 2000; mit gegenläufiger Tendenz *Boysen* (Fn. 188), S. 128 ff.; vgl. auch die Beiträge in *Widmann* (Hrsg.), Steuervollzug im Rechtsstaat, DStJG Bd. 31 (2008).

[191] Offengelassen bei der Mietpreisbremse aufgr. untersch. örtl. Gegebenheiten, zutr. auf Rechtfertigungsebene gelöst; vgl. BVerfGE (K) NJW 2019, 3054; krit. *Sachs* JuS 2020, 89, 91.

[192] Zur Wesentlichkeit als relevantes Kriterium vgl. *Sachs/Jasper* JuS 2016, 771; wie hier *Kischel,* in: BeckOK GG, Art. 3 Abs. 1 Rn. 17; *Huster,* in: Friauf/Höfling, Art. 3 (2002) Rn. 56 f.; *Kempny/Reimer,* Die Gleichheitssätze, 2012, S. 42 mwN; *Osterloh* FS Kloepfer 2013, S. 139 ff. (146).

[193] ZB BVerfGE 90, 145 (196); zur Paradoxie oder Zirkularität des Gleichheitssatzes, der einerseits vom Gesetzgeber auszugestalten ist, andererseits aber zu seiner Kontrolle dient vgl. *S. Boysen,* in: Kempny/Reimer (Fn. 26), S. 35 ff., S. 49 ff.

[194] *Sachs,* in: Stern, StaatsR IV/2, S. 1487 f. mwN.

[195] Vgl. BVerfGE 98, 365 (385) – Gleichbehandlung v. Arbeitnehmern mit unterschiedl. Versorgungszusagen; BVerfGE 103, 310 (318) – Gleichbehandlung v. Dienstzeiten beim MfS mit and. Dienstzeiten; BVerfGE 112, 268 (279 f.); 116, 164 (180) – Gleichbehandlung v. Personen mit und ohne Unterhaltsverpflichtungen; BVerfG 126, 400 (430) – Gleichbehandlung v. Partnern einer eingetragenen Lebensgemeinschaft mit entfernten Verwandten u. Dritten beim persönl. Freibetrag u. bei Steuersätzen; BVerfG (K) NJW 2019, 3954, Rn. 101- Gleichbehandlung v. gewerbl. und priv. Vermietern bei der Mietpreisbremse.

[196] ZB BVerfGE 6, 55 (71); 60, 16 (42); 86, 81 (87); 90, 226 (239); wiederholt heißt es hier auch, die tatsächl. Ungleichheiten müssten so bedeutsam sein, dass sie bei einer am Gerechtigkeitsgedanken orientierten Betrachtungsweise beachtet werden müssten, BVerfGE 110, 141 (167), od. es wird auf ein bloßes Erfordernis eines vernünftigen, einleuchtenden Grundes abgestellt, zB BVerfGE 123, 1 (19); 123, 186 (225); gegen die Anerk. der verbotenen Gleichbehandlung als eigenst. Kategorie *Kempny* JZ 2015, 1086 ff.

[197] BVerfGE 67, 239 (244); 125, 175 (219); 131, 66 (82 f.) zum Nachw. einer nachteiligen Ungleichbehandlung bei komplexen Regelungen; *Jarass,* in: Jarass/Pieroth, Art. 3 Rn. 14 f. mwN; umstr.: einerseits wird die Beeinträchtigung eines weiteren subj. (Grund-)Rechts gefordert, *Rüfner* BK, Art. 3 I (1992), Rn. 158; *Bäcker,* Wettbewerbsfreiheit als normgeprägtes Grundrecht, 2007, S. 322 ff.; andererseits soll jede (auch die begünstigende) Ungleichbehandlung ausreichen, so, mit Diff. iE, namentl. *Sachs* DÖV 1984, 411 (417); *ders.,* in: Stern, StaatsR III/2, S. 652 f.; *ders.* FS Friauf, 1996, S. 309 ff.; *ders.,* in: Stern, StaatsR IV/2, S. 1492 m. zahlr. N.; ähnl. *Kischel,* in: BeckOK GG, Art. 3 Abs. 1 Rn. 19 ff.; gegen das Erfordernis einer mögl. Besserstellung des Beschwerten *Desens* AöR 133 (2008) 404 (425 ff.); eingehend zum Ganzen bereits *P.-M. Huber* (Fn. 35), S. 512 ff., 523.

[198] BVerfGE 121, 108 (119); 121, 317 (370); 126, 400 (416); 127, 263 (280); 132, 179 Rn. 30; 135, 238 Rn. 19; 138, 136 Rn. 121; im Steuerrecht ist auch dann ein gleichheitswidriger Begünstigungsausschluss anzunehmen, wenn davon zwar das eigene Steuerverhältnis nicht betroffen, die gleichheitsgerechte Steuer aber insgesamt in Frage gestellt wird, vgl. BVerfGE 138, 136 Rn. 97 ff.

können erhebl. sein.[199] Dafür, ob ein solcher Nachteil vorliegt, kommt es darauf an, wie sich die Regelung oder Maßnahme materiell auf die tatsächl. Lebenssachverhalte auswirkt.[200] Mögliche kompensierende Vorteile sind erst im Rahmen der Rechtfertigung zu berücksichtigen (→ Rn. 99).

85    Das Nachteilserfordernis ist zum einen **prozessual** begründet durch das allg. Erfordernis einer Beschwer und der Möglichkeit, diese zu beseitigen oder zu mindern, als Voraussetzung eines Rechtsschutzbedürfnisses,[201] andererseits aber auch **materiell** von Bedeutung, da es für die Frage der Verhältnismäßigkeit entscheidend auch auf eine Gesamtbetrachtung unter Berücksichtigung möglicher Kompensationen ankommt.[202]

86    Das Erfordernis eines Nachteils bei insges. **belastenden Regelungen** ist unproblematisch. Ähnliches gilt für Leistungsgesetze des Sozialrechts, deren verfassungsgerichtl. Korrektur jedenfalls die Chance eröffnet, dass **Leistungstatbestände** erweitert werden (vgl. u. Rn. 130 ff.). Letzteres gilt für sozialrechtl. Förderleistungen,[203] aber auch für besoldungsrechtl. Begünstigungen.[204]

87    **Probleme** bereiten dagegen die wettbewerbsrelevanten **Wirtschaftssubventionen,** soweit nicht schon die „Selbstbindung" der Verwaltung (→ Rn. 118) zu Ansprüchen führt. Hier wird das Erfordernis eines Nachteils zwar praktisch im Wesentl. mit einer auch freiheitsrechtl. relevanten Beeinträchtigung zusammenfallen. Konsequent wäre es jedoch jedenfalls im Hinblick auf den Gleichheitssatz, Nachteile im weitesten Sinne ausreichen zu lassen.[205]

88    **3. Unterlassen.** Mit dem Problem des gleichheitsrechtl. relevanten Nachteils eng verbunden ist die Frage, ob die Gleich-/Ungleichbehandlung stets in einem pos. Tun bestehen muss, oder ob auch **Unterlassen** als potentielle Verletzung des Gleichheitsgrundrechts in Betracht kommt. Letzteres wird in Rspr.[206] und Lit.[207] vielfach für ein sog. **Teilunterlassen** des Gesetzgebers bejaht, was allerdings missverständl. ist: Es geht dabei näml. um die Fälle (potentiell) gleichheitswidriger **Abgrenzung gesetzlicher Begünstigungstatbestände**, also um benachteiligendes pos. Tun des Leistungsgesetzgebers.[208] Mit Recht werden hier nicht die sachl. Anwendungsvoraussetzungen des Gleichheitssatzes in Frage gestellt: Die Probleme des Rechtsschutzes gleichheitswidrig von der Begünstigung Ausgeschlossener ergeben sich erst bei den Folgen eines Verstoßes gegen den Gleichheitssatz (→ Rn. 130 ff.).

89    I. Ü. folgt jedoch aus der Ablehnung originärer Leistungsansprüche unmittelbar aufgr. des Art. 3 I, dass **gesetzgeberisches Unterlassen** das Gleichheitsgrundrecht grds. nicht tangiert, sondern nur dann, wenn aus anderen Verfassungsnormen **Handlungspflichten** des Gesetzgebers begründet sind.[209]

## V. Anforderungen an gleichheitsgerechte Gesetzgebung

90    **1. Allgemeine Abwägungsdirektiven.** Trotz verschiedener Bemühungen, **allg. Grundsätze** für die Auswahl unterschiedl. strenger Maßstäbe formelhaft zusammenzufassen,[210] zeigt näheres Hinsehen, dass sich allgemeingültige verfassungsrechtl. Abwägungsregeln für spezifisch gleichheitsrechtl. Angemessenheit nicht formulieren lassen. Die gesamte Verfassung als Wertungsvorgabe für Art. 3 I lässt sich nicht in kurze und gleichzeitig aussagekräftige Sätze fassen.

91    Der Erste Senat hatte bei der Einführung der **neuen Formel** (→ Rn. 13 ff.) diese unmittelbar mit dem Gedanken der **Systemgerechtigkeit** verknüpft,[211] also zwangsläufig mit dem einer Ausdifferenzierung der Abwägung je nach unterschiedl. Sach- und Regelungsbereich. Hier ist deshalb vorab nur auf die wenigen folgenden Aspekte hinzuweisen:

92    Entscheidend für die Bestimmung hinreichend „gewichtiger" Gründe für „Art und Maß" der Ungleichbehandlung[212] ist die Bewertung des Gewichts der Benachteiligung. Insoweit konzentriert sich die neueste Rspr. insb. des Ersten Senats auf die inzident betroffenen Freiheitsgrundrechte, die Verfügbarkeit der Merkmale für den Einzelnen sowie den Vergleich der gesetzl. Unterscheidungs-

---

[199] BVerfGE 71, 39 (50).

[200] ZB BVerfGE 8, 51 (64, 67); 36, 321 (334); 49, 148 (165); 50, 217 (231); 85, 238 (245).

[201] MwN zur stRspr BVerfGE 121, 108 (115 f.); BVerfG (K) NVwZ 2010, 1429 (Abgeordnetenpauschale).

[202] Nachw. Fn. 221; vgl. auch zum Erfordernis „schutzwürdiger Belange" BVerfGE 85, 238 (245) mwN – Wettbewerb zwischen Taxen und Mietwagen.

[203] BVerfGE 130, 240 (252 ff.).

[204] BVerfGE 93, 386 (395 f.).

[205] Im Gegensatz zur Rspr., BVerwGE 30, 191 (197 f.); 65, 163 (173); zum Streitstand Nachw. in Fn. 197.

[206] Insoweit grundl. BVerfGE 6, 257 (264 ff.); 15, 46 (59 ff.).

[207] *Starck* MKS I, Art. 3 (2010) Rn. 250 ff.

[208] Aus der neueren Rspr. etwa BVerfGE 93, 386 (395 f.); auch BVerfGE 105, 73 (133); 110, 412 (431); 116, 164 (180); 121, 108 (119); 121, 317 (370); 124, 199 (218); 124, 251 (265); 126, 29 (43).

[209] Allg. etwa *Stern*, StaatsR III/2, S. 1316 f. m. zahlr. N.

[210] Aus neuerer Zeit etwa BVerfGE 88, 87 (96 f.); 91, 346 (362 f.); 126, 400 (417 f.); 129, 208 (261 f.); 131, 239 (255 f.); 133, 377 Rn. 74; 138, 136 Rn. 122.

[211] BVerfGE 55, 72 (88).

[212] BVerfGE 124, 199 (220).

merkmale mit den speziellen gem. Art. 3 III verbotenen Merkmalen[213] (→ Rn. 32). Sieht man, wie hier vertreten (→ Rn. 236), eine wesentl. Bedeutung auch der speziellen Diskriminierungsverbote in einem flankierenden Freiheitsschutz, so erweist sich diese Orientierung der gleichheitsrechtl. Abwägungen im dogmatischen Ansatz als überzeugend.

Die Mobilisierung der spez. Diskriminierungsverbote des **Art. 3 III als Modell** für bes. gefährdete **93** und deshalb schutzbedürftige Eigenschaften und Verhaltensweisen **mit Vorbildfunktion** auch für die Bestimmung bes. schutzbedürftiger Merkmale außerhalb des Geltungsbereichs des Art. 3 III kann zudem, wie die aktuelle Rspr. zeigt, als ein flexibles Verbindungsscharnier im Verhältnis zwischen nat. Verfassungsrecht und Europarecht, insb. Unionsrecht, fungieren.[214] Solche nach Art. 21 EUGRCh gegen Diskriminierung bes. geschützten Merkmale, die nicht auch vom Katalog des Art. 3 III erfasst sind wie das Alter oder die sexuelle Orientierung, fallen bei der verfassungsrechtl. Würdigung nicht in den Anwendungsbereich des Art. 3 III, sondern des Art. 3 I.[215] Die Formel, wonach die Anforderungen an eine Ungleichbehandlung umso strenger sind, „je größer die Gefahr ist, dass eine Anknüpfung an Persönlichkeitsmerkmale, die mit denen des Art. 3 Abs. 3 GG vergleichbar sind, zur Diskriminierung einer Minderheit führt",[216] bedeutet jedoch, gerade auch bzgl. der Merkmale der unionsrechtl. Diskriminierungsverbote eine mögl. Vergleichbarkeit bzw. Nähe zu prüfen und dabei auch die unionsrechtl. und -gerichtl. Wertungen aufzunehmen. Hierfür liefern die Entsch. des BVerfG zur Gleichbehandlung von Ehen und Lebenspartnerschaften anschaul. Beispiele (→ Rn. 290 ff.).[217]

Es handelt sich bei der Orientierung an Freiheitsgrundrechten und Vergleichbarkeit der Differenzie- **94** rungsmerkmale mit denen des Art. 3 III bei der gleichheitsrechtl. Bewertung nachteiliger Wirkungen nicht um bereits konkretisierte Abwägungsmaßstäbe, sondern um einen sehr **offenen Abwägungsrahmen** für die Berücksichtigung ganz unterschiedl. Regelungs- und Sachzusammenhänge. Das veranschaulicht etwa ein Blick auf das Straf- und das Strafvollzugsrecht, in dem der allg. Gleichheitssatz kaum eine Rolle spielt, während in anderen Bereichen die Würdigung freiheitsbeschränkender Differenzierungswirkungen zu strengen Anford. an gesetzgeberische Folgerichtigkeit zugunsten persönlichkeitsrechtl. Rechtsschutzes führen kann.[218]

Im Übrigen betont das Gericht durchgehend, dass der Gleichheitssatz **kein justitiables Optimie- 95 rungsgebot** enthalte: Art. 3 I verlange nicht „die zweckmäßigste und gerechteste" Lösung vom Gesetzgeber, sondern setze seiner Gestaltungsfreiheit nur nach den in Rn. 92 beschriebenen Kriterien zu bestimmende Grenzen.[219]

Bes. ambivalent sind die Äußerungen zur Bedeutung des **Sozialstaatsprinzips** als Maßstab der **96** Abwägung und der Kontrolldichte. Einerseits wird als allg. Grundsatz immer wieder die **Gestaltungsfreiheit** des Gesetzgebers **„auf dem Gebiet der Arbeitsmarkt-, Sozial- und Wirtschaftsordnung"**[220] und insb. auch „auf dem Gebiet des Sozialrechts"[221] hervorgehoben. Andererseits finden sich auch deutl. Tendenzen, zu Fragen der soz. Sicherheit aus dem Sozialstaatsprinzip gerade **strengere Kontrollmaßstäbe** zur Begrenzung der gesetzgeberischen Freiheit abzuleiten.[222] Als Gegenpol sozialpolitischer Zurückhaltung des Gerichts ist auch der Schutz der Freiheitsgrundrechte von Bedeutung.[223]

Korrespondierend gilt auch für die **Gewichtung finanzieller Erwägungen** des Gesetzgebers ein **97** „Einerseits – Andererseits": Finanzielle Erwägungen sind „gerade bei LeistungsG" zulässig[224] (vgl. aber zum SteuerR u. Rn. 145). Es gilt „kein Gießkannenprinzip".[225] Andererseits muss sich der Gleichheitssatz „gerade bei der Verwaltung von Mangel bewähren".[226] Fiskalische Zwecke reichen für sich genommen in aller Regel nicht aus, „um eine differenzierende Behandlung verschiedener Personen-

---

[213] *Boysen* (Fn. 188), S. 57, spricht insoweit zutr. von der „Schaffung bereichsspezifischer Diskriminierungsverbote" durch „Fallgruppenbildung menschenrechtl. unerwünschter Differenzierungen".

[214] Ebenso *Boysen* (Fn. 188), S. 58.

[215] HM, vgl. *Sachs*, in: Stern, StaatsR IV/2, S. 1470 f. mwN.

[216] BVerfGE 124, 199 (220); w. N. o. mit Rn. 32.

[217] Explizite Bezugnahme auf Europarecht: BVerfGE 124, 199 (220); vgl. auch BVerfGE 126, 400 (419); 131, 239 (256); 132, 179 Rn. 31.

[218] Dazu die Transsexuellenentscheidungen BVerfGE 60, 123 (133 ff.); 88, 87 (96 ff.); 116, 243 (259 ff.); demgegenüber zum Strafrecht (Inzestverbot) BVerfGE 120, 224 (253): nur „äußerste Grenzen".

[219] BVerfGE 55, 72 (90); 81, 108 (117 f.); 117, 1 (36); 118, 79 (110).

[220] BVerfGE 77, 84 (106) mwN; insb. zu direkten und indirekten Subventionen BVerfGE 110, 274 (293) – Ökosteuer; BVerfG (K), NVwZ 2007, 1168 (1171 f.); BVerwGE 126, 33.

[221] BVerfGE 81, 204 (205 f.); BVerfG 126, 369 (398): „besonders weite Gestaltungsfreiheit"; zu Sozialleistungen, die an die Bedürftigkeit des Empfängers anknüpfen, BVerfGE 100, 195 (205); anschl. BSGE 103, 181 (187); gleichwohl zum Erfordernis der Angemessenheit BVerfGE 111, 160 (171); vgl. auch mwN zum Recht der Wiedergutmachung BVerfGE 102, 254 (298 f.); 106, 201 (206).

[222] Sondervotum *Rupp-v. Brünneck* BVerfGE 36, 237 (248); anschl. etwa BVerfGE 38, 187 (197 f.); 39, 316 (327); 45, 376 (387); dagegen dann Sondervotum *Katzenstein* BVerfGE 62, 256 (290); vgl. dazu auch das Sondervotum *Gaier, Masing, Baer* BVerfGE 138, 136, 252 Rn. 6.

[223] BVerfGE 89, 365 (376).

[224] BVerfGE 87, 1 (45) – „Trümmerfrauen"; dazu auch BVerfGE 97, 103 (114 ff.). Eine spezielle Rolle spielen finanzielle Erwägungen i. R. der gesetzl. Krankenversicherung, vgl. u. Fn. 497.

[225] BVerfGE 87, 1 (46).

[226] BVerfGE 60, 16 (43); vgl. auch BVerfGE 61, 43 (63).

gruppen zu rechtfertigen".[227] Zu den problemspezifischen Aspekten, die durchgehend zur Begründung weiter Gestaltungsspielräume herangezogen werden, gehört insb. die **Komplexität** von Regelungsmaterien, für deren Bewältigung dem Gesetzgeber **Anpassungszeit** zuzubilligen ist.[228]

98     **2. Systemgerechtigkeit, Folgerichtigkeit, Sachgerechtigkeit.** Hinter dem Begriff der Systemgerechtigkeit steht ein die aktuelle Rspr. des BVerfG zum Gleichheitssatz vielleicht am stärksten prägender Grundgedanke: Vom Gesetzgeber wird ein hinreichendes Maß an **Folgerichtigkeit einfachgesetzliche Wertungen** verlangt.[229] Trotz umstr. Probleme[230] notwendiger, aber unsicherer Auswahl und Abgrenzung des jeweils für die verfassungsrechtl. Prüfung relevanten „Systems" und ebenso notwendiger Unterscheidung und Gewichtung von Grund- und Folgewertung entspricht dies im Ansatz einer zwingenden Forderung nach hinreichender Wertungs- und Begründungsrationalität, ohne die sich über verfassungsrechtl. ausreichende Gründe für Gleich- oder Ungleichbehandlung kaum reden lässt.

99     Die Rspr. **trennt** nachdrückl. zwischen **Systemwidrigkeit** und **Gleichheitsverstoß:** Sog. Systemwidrigkeit ist nur oder „allenfalls"[231] „Indiz" für einen Gleichheitsverstoß.[232] Der Gesetzgeber wird an die eigenen Grundentscheidungen nur idS gebunden, dass gegensätzl. Regelungen eines folgerichtigen Grundes[233] bedürfen. Verfassungsrechtl. relevant ist nicht Konsistenz oder Inkonsistenz der Gesetzessystematik für sich genommen, sondern ausschließl. das **Ergebnis** einer Regelung für die Betroffenen.[234]

100     Zu den Anforderungen an **hinreichende Folgerichtigkeit** formuliert das BVerfG wiederum recht unterschiedl. Oft wurde eine strengere Verhältnismäßigkeitsformel verwendet, nach der „das Gewicht der für die Abweichung sprechenden Gründe der Intensität der getroffenen Ausnahmeregelung" entsprechen müsse.[235] Repräsentativ sind jedoch zurückhaltendere Formulierungen wie „plausible"[236] oder „hinreichende"[237] Gründe (vgl. aber auch speziell zum SteuerR → Rn. 142).

101     Während die ältere Rspr. eher dazu neigte, Wertungsrationalität nur innerhalb eines jeweiligen „Ordnungssystems" oder „Ordnungsbereichs" zu fordern bzw. schon die Zugehörigkeit vergleichbarer Fälle zu **verschiedenen Ordnungssystemen** zur Rechtfertigung unterschiedl. Behandlung ausreichen zu lassen,[238] hat das Gericht später rein „systematische" im Gegensatz zu sachl. Gründen einer Ungleichbehandlung ausdr. für unerhebl. erklärt[239] und zunehmend deutlich sachl. Gründe benannt, wenn unterschiedl. Regelungen in verschiedenen Ordnungsbereichen gebilligt wurden.[240] Kennzeich-

---

[227] BVerfGE 87, 1 (46); 93, 386 (402); vgl. auch BVerfGE 122, 210 (233).

[228] BVerfGE 89, 365 (379 f.); 125, 1 (18, 23) mwN; speziell im Zusammenhang mit d. Einigungsvertrag u. Rn. 216 ff.

[229] Aus der neueren Rspr. zB BVerfGE 117, 1 (30); 120, 1 (29, 45); 120, 125 (155); 123, 111 (121); 124, 282 (295); 138, 136 Rn. 123 ff.; dazu grundl. *Dieterich,* Systemgerechtigkeit und Kohärenz, 2014; *P. Kirchhof* HStR VIII, § 181 Rn. 209 ff.; *ders.,* StuW 2017, 3, 7 ff.; krit. mit Blick auf die damit verbundene grds. affirmative Ausrichtung *Boysen* (Fn. 188), S. 57.

[230] Zum Ganzen eingehend *Degenhart,* Systemgerechtigkeit und Selbstbindung des Gesetzgebers als Verfassungspostulat, 1976; durchgehend sehr krit. schon zum Grundansatz *Peine,* Systemgerechtigkeit, 1986; *Kischel* AöR 124 (1999), 174 ff.; s. a. BVerfGE 121, 317 (380 f.) – Sondervotum *Bryde.*

[231] BVerfGE 81, 156 (207); 97, 271 (291).

[232] Insb. seit BVerfGE 59, 36 (49) stRspr: BVerfGE 61, 138 (149); 75, 382 (395 f.); 76, 130 (139 f.); 78, 104 (123); 85, 238 (247); 104, 74 (87); 122, 1 (36); 124, 199 (223).

[233] BVerfGE 84, 239 (271); *P. Kirchhof* HStR VIII, § 181 Rn. 209 f.

[234] BVerfGE 83, 395 (401 f.) – Steuerfreiheit f. Beihilfeleistungen aus öff. Mitteln; deshalb sind auch etwaige kompensierende Vorteile abwägend mit zu berücksichtigen, wobei deren Berücksichtigungsfähigkeit ein hinr. Maß gegenseitiger Abstimmung ausgleichsbedürftiger Nachteile u. begünstigender Ausgleichswirkungen voraussetzt, vgl. zum SteuerR BVerfGE 105, 73 (112 ff.); 116, 164 (187); vgl. mN zur stRspr auch BVerfG (K) NJW 2010, 1943 (1946) – Conterganstiftungs G; zum BeamtenR (Stundenermäßigung, Altersteilzeit) BVerwG NVwZ-RR 2008, 177 (178); mwN *Jarass,* in: Jarass/Pieroth, Art. 3 Rn. 15; zu generalisierend und eng *Hey* AöR 128 (2003), S. 226 (241 ff.); eingehend insges. *Haller,* Die Verrechnung von Vor- und Nachteilen i. R. von Art. 3 I GG, 2007, S. 303 ff.

[235] Jew. mN zur stRspr BVerfGE 18, 366 (372 f.); 59, 36 (49); distanzierter bereits 61, 138 (148); 67, 70 (84 f.); wieder strenger, jedoch wohl nur bezogen auf formale Wahlgleichheit BVerfGE 71, 81 (96); bes. strikt (zu Art. 12 I ohne und mit Verbindung zu Art. 3 I) zum Rauchverbot in Gaststätten BVerfGE 121, 317 (359 ff., 369 ff.); anders insoweit Sondervotum *Bryde,* S. 378 ff.

[236] BVerfGE 81, 156 (207), 124, 199 (223).

[237] BVerfGE 85, 238 (247); vgl. auch die Nachw. in Fn. 219, 222.

[238] Vgl. etwa, im Anschluss an BVerfGE 9, 338 (349 ff.) – Altersgrenze f. Hebammen, BVerfGE 11, 283 (293) – pfändungsrechtl. Privilegierung, Angestelltenrenten/Beamtenruhegelder und Renten aus privatrechtl. Versicherungsverträgen; BVerfGE 13, 225 (228) – Ladenschluss, Apotheken/Einzelhandel; BVerfGE 34, 118 (131) – Schmerzensgeldausschluss, RVO/BGB; BVerfGE 43, 13 (20 f.) – Waisenrenten, RVO/BVG/ BBG/BRRG; relativ lapidar auch noch BVerfGE 75, 78 (107) – Verfall Anwartschaften, RVO/Betriebsrenten; offenlassend BVerfGE 85, 176 (186) – Schmerzensgeldausschluss, BeamtVG/RVO.

[239] BVerfGE 84, 348 (363 f.) – unterschiedl. Zeitpunkt der Berücksichtigung v. AfA in verschied. Einkunftsarten; vgl. auch BVerwGE 131, 234 (240) mwN zur sachl. Rechtfertigung v. Unterschieden zwischen Leistungsgewährung nach Beihilferecht u. in der gesetzl. Krankenversicherung.

[240] BVerfGE 125, 175 (232) – Hartz IV, Existenzminimum Sozialrecht/Steuerrecht; nachfolgend BVerfG (K) NJW 2010, 1803; s. a. BVerfG (K) NJW 2010, 1943 (1946) – Leistungen nach ContStifG/nach anderen Gesetzen;

nend ist gegenwärtig eher ein **„systemübergreifendes"** Denken,[241] insb. im Rahmen der Rspr. zum Schutz des Existenzminimums im Steuer- und SozialR[242] (→ Rn. 151 ff., → Rn. 176 ff.). Typisch ist hierfür die Verwendung des Begriffs „Normengeflecht"[243] als Gegenstand verfassungsgerichtl. Kontrolle (→ Rn. 147 f. zur „Einheit der Rechtsordnung").

Durch die Vorstellung von **„Gesetzlichkeiten, die in der Sache selbst liegen"**[244] mit dem  **102** Begriff Systemgerechtigkeit eng verbunden ist derjenige der „Sachgerechtigkeit".[245] Der dabei die stRspr. durchziehende Argumentationstopos der „Natur der Sache" ist zu Recht vielfach kritisiert worden, hat er doch mit Begründungsrationalität nichts zu tun, soweit er dazu dient, subj. Wertungen als von Natur und Sache vorgegebene Regel zu dekorieren.

Als legitime und praktisch entscheidende Bedeutung von Sachgerechtigkeit bleibt dagegen die vom  **103** BVerfG betonte Notwendigkeit einer jeweils auf den betroff. **Sachbereich bezogenen Begründung** für Gleich- und Ungleichbehandlung. Dem entspricht die durchgehende Praxis des Gerichts, der rechtl. Würdigung zum Teil sehr sorgfältige Darlegungen zu Stand und Entwicklung bisheriger normativer und sozialer Strukturen im Sinne von Normbereichsanalysen voranzustellen: Sachgerechtigkeit bedeutet präzise Wahrnehmung und gerecht differenzierende Würdigung der Wirklichkeit.

**3. Typisierung, Härteklauseln, Stichtagsregelungen.** Grund und Grenzen der Zulässigkeit  **104** typisierender **gesetzl.** Regelungen spielen für die gleichheitsrechtl. Abwägung eine zentrale Rolle,[246] vor allem auch in den Bereichen der Massenverwaltung des Steuerrechts und des Sozialrechts. Mit dem Begriff der Typisierung sind allerdings recht unterschiedl. Phänomene verbunden.

Im weitesten Sinn verstanden als **Generalisierung** im Gegensatz zur Individualisierung gesetzl.  **105** Regeln gehört Typisierung zum Wesen des generell-abstrakten allg. Gesetzes im Gegensatz zum EinzelfallG iSd Art. 19 I. In diesem Sinn darf der Gesetzgeber nicht nur typisieren, sondern muss dies auch in den allg. Grenzen des Gleichheitssatzes[247] (dazu → Art. 19 Rn. 20 ff.).

Zu einem spezifischeren Gleichbehandlungsthema wird Typisierung bei einem etwas engeren Ver-  **106** ständnis als **„vereinfachende",** insb. an Zielen der **Praktikabilität des Gesetzesvollzugs** orientierte Normierung, die zu Konflikten mit anderen abwägungserhebl. Zielen und Wertungen führen kann. Auch hierbei kann es um Grundentscheidungen (→ Rn. 98, → Rn. 135) im Spannungsfeld zwischen generalisierender und individualisierender Gerechtigkeit[248] gehen, die zweifellos in weitestem Umfang gesetzgeberischer Freiheit anvertraut sind, wie ein Blick auf unterschiedl. Steuerarten zeigt.

So sind die Umsatz- und Verbrauchsteuern im Gegensatz zur Einkommensteuer für alle Beteiligten  **107** relativ „einfach" und praktikabel, erfassen aber die unterschiedl. wirtschaftl. Leistungsfähigkeit der belasteten Endverbraucher nur nach **äußerst grob typisierenden Maßstäben,** ohne insoweit verfassungsrechtl. Bedenken auszulösen.

Aber auch iÜ, wenn es um einzelne Detailfragen eines Gesetzes geht, betonen zahlreiche Ent-  **108** scheidungen mit Recht den Grundsatz weitgehender Freiheit des Gesetzgebers zu generalisierenden, typisierenden und pauschalierenden (quantifizierenden)[249] Regelungen:[250] Praktikabilität und „Einfachheit" des Rechts[251] gehören gerade bei der Ordnung von Massenerscheinungen zu den notwendigen Voraussetzungen eines gleichheitsgerechten Gesetzesvollzugs,[252] denen auch innerhalb gleichheitsrechtl. Abwägungen erhebl. Gewicht zukommt. Der Gesetzgeber muss lediglich sachgerecht[253] und **realitätsgerecht typisieren,** also die Regelung nicht am atypischen, sondern am tatsächl. typischen

---

vgl. auch bereits BVerfGE 34, 118 (128 ff.) und daran anschl. BGH NJW 2009, 2956 – Schmerzensgeldausschluss nach SGB VII.

[241] Dazu *P. Kirchhof* HStR VIII, § 181 Rn. 209 f.; krit. zu einer kleinräumigen „Binnenkritik" der älteren Rspr. namentl. *Zacher* AöR 93 (1968), 341 (357 f.); vgl. auch *Peine* (Fn. 230), S. 58 ff.; deutl. diff. zum Ganzen *Rüfner* BK, Art. 3 I (1992), Rn. 40 ff. m. zahlr. N.

[242] Bemerkenswert insb. auch BVerfGE 89, 365 (376 ff.) – Strukturreform der Krankenvers., s. Rn. 190.

[243] BVerfGE 82, 60 (84); 89, 329 (337); 120, 169 (170); auch BVerwGE 95, 252 (266).

[244] BVerfGE 9, 338 (349); vgl. auch Fn. 228 mwN.

[245] Dazu und zum Folgenden *P. Kirchhof* HStR VIII, § 181 Rn. 191 ff.

[246] Die stRspr zusammenf. etwa BVerfGE 84, 348 (359 f.); 113, 167 (236); 133, 377 Rn. 87 mwN; zum Ganzen mit umf. Rspr.-Übersicht *Pernice,* Billigkeit und Härteklauseln im öffentlichen Recht, 1991, S. 244 ff.

[247] Dazu etwa BVerfGE 11, 245 (254); *P. Kirchhof* HStR VIII, § 181 Rn. 126 ff., 129 ff.

[248] *Engisch,* Die Idee der Konkretisierung in Recht und Rechtswissenschaft unserer Zeit, 2. Aufl. 1968, S. 1, 234; sehr interessante neue Ansätze hierzu bei *Britz,* Einzelfallgerechtigkeit versus Generalisierung, 2008, mit eingehenden Darlegungen zu Phänomen und verfassungsrechtl. Grenzen „statistischer Diskriminierung"; dort, S. 36 ff., auch zur Abgrenzung gegenüber der Typisierung.

[249] Zur Arbeitnehmerpauschale gem. § 9a EStG BVerfGE 96, 1.

[250] Etwa BVerfGE 21, 12 (27 f.); 65, 325 (354 f.); 72, 302 (329); 78, 214 (226 f.); 82, 126 (151 f.); 84, 348 (359); 87, 234 (255); 89, 15 (24); 96, 1 (6 f.); 101, 297 (309); 103, 310 (319); 116, 164 (182 f.).

[251] Zum SteuerR f. viele *Walz,* Steuergerechtigkeit und Rechtsanwendung, 1980, S. 170 ff.; *Isensee* StuW 1994, 3 ff.

[252] BVerfGE 96, 1 (6 f.); 99, 280 (290); 105, 73 (127); 117, 1 (31); 120, 1 (30); vgl. auch *Arndt,* Praktikabilität und Effizienz, 1983, insb. S. 81 ff.

[253] Bsp. für einen nicht sachgerechten u. nicht aufgr. v. Typisierung u. Generalisierung rechtfertigbaren Begünstigungsausschluss BVerfGE 126, 29 (52).

Fall orientieren;[254] dabei ist ihm ein Prognosespielraum zuzubilligen.[255] Auch bei der Regelung von Einzelfällen kann, etwa bei ungewissen Umständen und Geschehnissen, eine Typisierung zu Rechtssicherheit beitragen.[256] Bei der Neuregelung schwer überschaubarer **komplexer Sachverhalte** übt das Gericht auch hier Zurückhaltung und räumt dem Reformgesetzgeber einen weiten Gestaltungsspielraum ein.[257]

109 Bei der Typisierung müssen die Vorteile „im rechten Verhältnis" zu der Ungleichbehandlung stehen, also angemessen sein.[258] Zu den **Grenzen zulässiger Typisierung** formuliert das BVerfG häufig sehr eng: „Die Typisierung setzt allerdings voraus, dass die durch sie eintretenden Härten und Ungerechtigkeiten nur eine verhältnismäßig kleine Zahl von Personen betreffen und der Verstoß gegen den Gleichheitssatz nicht sehr intensiv ist. Wesentlich ist ferner, ob die Härten nur unter Schwierigkeiten vermeidbar wären; hierfür sind auch praktische Erfordernisse der Verwaltung von Gewicht".[259] Keine Typisierungsmöglichkeit wird dem Gesetzgeber dann eingeräumt, wenn die speziellen Diskriminierungsverbote von Art. 3 II und III wie auch vergleichbare Kriterien wie die sexuelle Orientierung betroffen sind.[260] (→ Rn. 291).

110 Die engere Formel verbindet mit dem Begriff Typisierung bereits den Makel einer eigentlich gleichheitswidrigen, insb. systemwidrigen (→ Rn. 98 ff.) Tatbestandsgestaltung, für deren Rechtfertigung mangels anderer Sachgründe als ultima ratio nur noch verwaltungsökonomische Interessen übrigbleiben. Für diese Fälle nimmt das BVerfG bei belastenden wie begünstigenden[261] Typisierungen konsequent eine **vergleichsweise strenge Kontrolle** der Eignung, Erforderlichkeit und Angemessenheit vor.[262] Dabei wird auch dem speziellen Ziel, Verwaltungsaufwand für eine Kontrolle missbrauchsverdächtiger Konstellationen zu ersparen, regelmäßig nur geringes Gewicht zugemessen.[263]

111 Zuweilen genannte Prozentsätze tolerabler Grenzfälle[264] lassen sich nicht verallgemeinern, da es auch hier immer um umfassende, sachbereichs- und situationsspezifische Abwägungen geht. Auch wenn **einzelne Härtefälle** in gewissen Grenzen grds. hinzunehmen sind,[265] kann es doch geboten sein, mit Hilfe gesetzl. **Härteklauseln** bzw. **Billigkeitsregelungen**[266] Vorsorge zur Vermeidung von Extrem-

---

[254] Seit BVerfGE 27, 142 (150) stRspr: mwN BVerfGE 120, 1 (30); 122, 39 (59); 123, 1 (19); 137, 350 Rn. 66; 139, 285 Rn. 7; BVerfGE 148, 147 Rn. 137 – Verfassungsw. der Einheitsbewertung des Grundvermögens, da sie am untypischen Fall anknüpft.

[255] BVerfGE zu 133, 1 Rn. 42 ff. zu unterschiedl. Regelungen bei der Verzinsung von kartellbehördl. Geldbußen bei Privaten und juristischen Personen.

[256] Grds. anerkannt für Adoptionsentscheidungen, aber nur unter engen Vorauss. BVerfG NJW 2019, 1793, Rn. 114.

[257] Dies galt insbes. im Zusammenhang der Rechtsangleichung in der Folge der Wiedervereinigung (u. Rn. 216 ff.) wie auch bei der Gestaltung des Atomausstiegs (vgl. BVerfGE 143, 246 Rn. 389).

[258] So, im Anschluss an BVerfGE 21, 12 (27), BVerfGE 110, 274 (292); 117, 1 (31); 120, 1 (30); 123, 1 (19); 125, 1 (37); 133, 377 Rn. 88; 139, 285 Rn. 77.

[259] BVerfGE 84, 348 (360), im Anschluss an BVerfGE 9, 20 (31 ff.); 26, 265 (275 f.); 45, 376 (390); 63, 119 (129); desgl. BVerfGE 91, 93 (115); vgl. auch BVerfGE 100, 59 (90); 100, 138 (174); vielleicht etwas großzügiger BVerfGE 111, 115 (137); 112, 368 (404); 126, 233 (263 f.); nach BVerfGE 129, 49 (73 f.) nicht zu rechtfertigen ist bei der Ordnung von Massenerscheinungen, die relevanten Regelungen nicht aufeinander abzustimmen; vgl. zu den Besonderheiten im Steuerrecht BVerfGE 138, 136 Rn. 227; → Rn. 134.

[260] BVerfGE 133, 377 Rn. 88 f.; vgl. dagegen das Sondervotum *Landau, Kessal-Wulf* (Rn. 126) zur Möglichkeit der Typisierung aufgr. der „wirtschaftliche[n] Realität der überwiegenden Anzahl der Ehen, die im Einklang mit dem gesetzlichen Leitbild stehen" und typisierend als Leitbild für die steuerrechtl. Vorschriften hätten herangezogen werden können.

[261] Nach früherer Rspr. unterliegen Begünstigungen deutl. geringeren Rechtfertigungsanforderungen, BVerfGE 17, 1 (23) mwN; gerade für den Bereich sozialer Leistungen ausdr. anders aber BVerfGE 60, 68 (78) mwN; auch die Verschonung von Belastungen wird strenger kontrolliert, BVerfGE 65, 325 (355 ff.) – Zweitwohnungsteuer; BVerfGE 75, 108 (161 f.) – Künstlersozialversicherung; BVerfGE 78, 249 (286 ff.) – Fehlbelegungsabgabe; BVerfGE 138, 136 Rn. 126.

[262] Beispiele für danach unzulässige Typisierungen: BVerfGE 42, 176 (184 ff.) – generelle Anrechnung v. Abfindungen auf Arbeitslosengeld gem. § 117 II AFG aF; BVerfGE 65, 325 (355 ff.) – generelle Verschonung Einheimischer v. der Zweitwohnungsteuer; BVerfGE 71, 146 (157) – Anrechnung u. Vermögen des getrennt lebenden Ehegatten ohne Rücksicht auf titulierte Unterhaltsforderung; BVerfGE 79, 87 (100) – Krankengeld-Spitzenbetrag; BVerfGE 82, 126 (151 f.) – unterschiedl. Kündigungsfristen f. Arbeiter u. Angestellte; BVerfGE 84, 348 (364 f.) – keine Eintragung v. AfA gem. § 7 V EStG aF auf Lohnsteuerkarte; BVerfGE 112, 268 (282 f.) – Abzugsbeschränkung bei Kinderbetreuungskosten; BVerfGE 117, 1 (32 ff.) – Bilanzwert f. ErbSt; BVerfGE 122, 39 (59) – Ausschluss v. Beratungshilfe im Steuerrecht; BVerfGE 123, 1 (32 ff.) – Stückzahlmaßstab f. Spielgerätesteuer; BVerfGE 125, 1 (37 f.) – Umgliederungsverluste bei Umstellung KSt auf Halbeinkünfteverf.; BVerfGE 139, 313 Rn. 77 – Bewertung v. Grundstücken.

[263] Von den vorgenannten Entsch. BVerfGE 42, 176 (185); 71, 146 (157); s. auch BVerfGE 74, 9 (27).

[264] Zu begünstigenden Typisierungen nennt BVerfGE 17, 1 (25) einen Prozentsatz von 7,5; darauf bezugnehmend u. – zur probl. Beschränkung der Erhebung einer Fehlbelegungsabgabe – diff. abwägend BVerfGE 90, 249 (288 f.); zu Belastungen durch verbrauchsabhängige Wassergebühren und -beiträge arbeitet das BVerwG mit einer 10 %-Grenze, BVerwGE 68, 36 (38 ff.); BVerwG NVwZ 2009, 256 f.

[265] Nachw. in Fn. 248.

[266] Näher *Pernice* (Fn. 246), insb. S. 266 ff.

---

fällen zu treffen.[267] Dementspr. fallen bestehende Billigkeitsregelungen, wie für das Steuerrecht die §§ 163, 227 AO, und auch eingeräumte Wahlrechte[268] für die Beurteilung der Zulässigkeit typisierender Normen ins Gewicht.[269]

Nicht nur der Gesetzgeber, auch **Gerichte** und **Verwaltung** sind im Rahmen und nach Maßgabe 112 gesetzl. Ermächtigung grds., insb. zum Zweck rechtssicherer, praktikabler und gleichmäßiger Anwendung unbestimmter Rechtsbegriffe, zum typisierenden und pauschalierenden Gesetzesvollzug berechtigt[270] (zu Bindungswirkungen → Rn. 119 ff.).

Als Sonderform einer Typisierung „in der Zeit"[271] wirken **Stichtagsregelungen** als Instrument klar 113 bestimmter zeitl. Begrenzung etwa von finanz. Leistungen,[272] Übergangsregelungen,[273] Anwendbarkeit neuer Prüfungsordnungen[274] oder von Amnestiegewährungen.[275] Die mit der formellen Starrheit eines Stichtages verbundene zwangsläufige Härte ist grds. hinzunehmen,[276] es sei denn, damit wäre eine Ungleichbehandlung nach einem der verpönten oder ihnen gleichgestellten Kriterien des Art. 3 III verbunden.[277] Die Wahl des Zeitpunkts darf nicht willkürlich sein, sondern muss sich „am gegebenen Sachverhalt orientieren"[278] und auch[279] im Hinblick auf „das System der Gesamtregelung" gerechtfertigt sein.[280]

Mangels Erforderlichkeit einer starren zeitl. Abgrenzung kann sich hiernach auf eine Pflicht zur 114 Schaffung angemessener **Übergangsregeln** ergeben,[281] wobei auf diesem Problemfeld regelmäßig freiheitsgrundrechtl. geschützte Bestands- und Vertrauensinteressen entscheidend sind.[282] Das gilt gerade auch für die angemessene Ausgestaltung der Änd. von Prüfungsordnungen, dabei dort auch zusätzl. die strikte Wahrung der Chancengleichheit zu berücksichtigen ist.[283]

## VI. Besonderheiten für die Verwaltung

Für die exekutive **Normsetzung** durch **RVO** oder **Satzung** gelten prinzipiell die Grundsätze zur 115 Bindung des Gesetzgebers an den Gleichheitssatz entspr., jedoch wird die Gestaltungsfreiheit der Exekutive durch die primäre Bindung an Inhalt und Zweck des gesetzl. (gem. Art. 80 I 2)[284] bestimmten Regelungsprogramms begrenzt.[285]

Beim **Gesetzesvollzug** iÜ erhält die Bindung an Art. 3 I immer dann eigenständiges Gewicht, 116 wenn der Vorrang des Gesetzes nicht nur die gesetzmäßige Entsch. verlangt,[286] sondern wenn das

---

[267] Ansatzweise bereits BVerfGE 16, 137 (177); 21, 54 (71); 38, 61 (95); 43, 1, (12); deutl. dann – gestützt auf Art. 2 I – BVerfGE 48, 102 (116) – Vermögensteuer, im Anschluss an *Isensee,* Die typisierende Verwaltung, 1976, S. 130; zu Art. 3 I: BVerfGE 60, 16 (39 f., 50 ff.).

[268] BVerfGE 84, 348 (360 f.).

[269] BVerfGE 48, 102 (114) mwN; BVerfG (K) NVwZ 1995, 989; BVerfGE 93, 165 (171).

[270] BVerfGE 78, 214 (227 ff., 230 ff.) – Ländergruppeneinteilung zu § 33a I EStG; restriktiv BFH BStBl II 2011, 28; vgl. auch *Osterloh,* Gesetzesbindung und Typisierungsspielräume bei der Anwendung der Steuergesetze, 1992, zmsf. S. 24 f.; zum Ganzen grdl. u. weitgehend abl. noch *Isensee* (Fn. 267).

[271] Zur „Gleichheit in der Zeit" *Wollenschläger* MKS I, Art. 3 Abs. 1 Rn. 213 ff.; *P. Kirchhof* HStR V², § 125 Rn. 46 ff.; *P. Kirchhof,* in: Maunz/Dürig, Art. 3 I (2015) Rn. 333 ff.

[272] BVerfGE 87, 1 (43, 47) – Anrechnung von Kindererziehungszeiten; auch BVerfGE 97, 103 (114 ff.).

[273] BVerfGE 29, 245 (258) – Befreiungsmöglichkeit anlässl. der Aufhebung der Jahresarbeitsverdienstgrenze in der Rentenversicherung; BVerfGE 101, 239 (270 f.) – Restitutionsausschluss wegen redl. Erwerbs; BVerfGE 145, 20 Rn 176 – Einschränkungen für Spielhallen.

[274] BVerfGE 79, 212 (219 f.).

[275] BVerfGE 10, 340 (353 f.); vgl. auch BVerfGE 36, 174 (191 f.).

[276] BVerfGE 3, 58 (148); 71, 364 (397 ff.); 77, 308 (338); 79, 212 (219 f.); 80, 297 (311); 87, 1 (43, 47); 101, 239 (270); 117, 272 (301); 122, 151 (178 f.); 123, 111 (128).

[277] Vgl. zum Erbrecht nicht-ehel. Kinder einerseits BVerfGK 20, 234; andererseits EGMR, Wolter, Sarfert v. Deutschland 23.3.2017, Nr. 59752/13, 66277/13: Konventionswidrigkeit einer Stichtagsregelung aufgr. nicht zu rechtfertigender Diskriminierung; vgl. auch EGMR (GK), Fabris v. Frankreich 28.6.2013, Nr. 1657/08.

[278] Formel der stRspr seit BVerfGE 13, 31 (38); zB BVerfGE 58, 81 (126); 79, 212 (219); 117, 272 (301); vgl. auch – zu Höchstaltersgrenzen – BVerfG (K) NVwZ 1997, 1207 f.; NJW 1998, 1776 f.; BVerfGE 103, 172 (193 f.); Nachw. zu aktuellen Fragen der Altersdiskriminierung u. Rn. 191, 309.

[279] BVerfGE 44, 1 (21 f.); 80, 297 (311); 87, 1 (47).

[280] Zu einer danach ausnahmsweise unzul. zeitl. Abgrenzung BVerfGE 29, 283 (296 ff.) – Benachteiligung freiwillig Versicherter durch Neuregelung trotz bereits begonnener Halbbelegung.

[281] BVerfGE 71, 364 (397 ff.) – Versorgungsausgleich; vgl. auch Sondervotum *Steinberger, Böckenförde* BVerfGE 67, 1 (24 f.) – Herabsetzung des Emeritierungsalters.

[282] *P. Kirchhof* HStR V², § 124 Rn. 50 ff.

[283] Dazu BVerfGE 79, 212 (219 ff.).

[284] Zur entspr. Anwendung auf Satzungen BVerfGE 33, 125 (159 f.) – Facharztbeschl.; speziell zum grundrechtl. Erfordernis gesetzl. Ermächtigung bei „eingreifenden" kommunalen Satzungen BVerwGE 90, 359 (362); näher zum Ganzen *Ossenbühl* HStR V, § 105 Rn. 28 ff.

[285] StRspr, BVerfGE 13, 248 (255); 58, 68 (79); 69, 150 (159 f.).

[286] Vgl. aber zur gleichheitsgerechten Interpretation einer Anspruchsnorm (§ 1 IFG) BVerfGE 145, 365, Rn. 30; grds. gilt bei strikter Gesetzesgebundenheit für die zweifelhafte Schwelle zur Verfassungsw. der Gesetzesauslegung dasselbe wie für die Gerichte, → Rn. 123 ff.

Gesetz selbst gerichtl. nur begrenzt kontrollierbare Entscheidungsspielräume für die Wahl zwischen mehreren mögl. Entscheidungen eröffnet.[287] Hierher gehören die Fälle des herkömml. Rechtsfolgeermessens und der sog. Beurteilungsspielräume bei der Konkretisierung unbestimmter Gesetzesbegriffe („Tatbestandsermessen").

117 Vergleichbar den Grundsätzen zur Systemgerechtigkeit bei Gesetzen (o. Rn. 98 ff.) ist die Verwaltung allg. verpflichtet, nach sachgerecht begründeten Kriterien folgerichtig zu handeln. Dies gilt insb. auch für **ordnungsbehördliches Einschreiten** gegen eine Vielzahl vergleichb. Tatbestände, führt allerdings nicht zu einem Gebot „flächendeckenden" Vorgehens.[288]

118 Allg. gelten danach die Grundsätze der **Selbstbindung** der Verwaltung,[289] die eine sachlich unbegründete Abweichung von einer bisher geübten **Praxis** im Einzelfall verbieten, nicht jedoch deren generelle Änderung für die Zukunft.[290] Dies gilt auch, wenn die Verwaltung in den Formen des Privatrechts handelt.[291]

119 Da **Verwaltungsvorschriften** wesentl. Instrument einer gleichheitsgerechten Vollzugspraxis sind, folgt daraus konsequenterweise eine – flexible[292] – Bindung an solche Vorschriften,[293] deren Verletzung als Gleichheitsverstoß gerügt werden kann. Eine allg. Pflicht zur Veröffentlichung solcher VVen, die schon wegen der (zumindest mittelbaren) außenwirksamen Bindungswirkungen rechtsstaatl. konsequent wäre, hat das BVerwG bisher jedoch nicht anerkannt.[294]

120 Eine Übertragung der vorgenannten Grundsätze zur (mittelbaren) Außenverbindlichkeit auch auf **norminterpretierende VVen** hat das BVerfG[295] für typisierende und pauschalierende VVen zwar abgelehnt, soweit es um eine Bindung auch der kontrollierenden Gerichte geht.

121 Ausdr. **offengelassen** wurde jedoch, ob und unter welchen Voraussetzungen der Bürger gleichwohl einen **Anspruch** auf Anwendung der VVen hat. Jedenfalls für gesetzmäßige VVen ist dies als Konsequenz des Anspruchs auf Rechtsanwendungsgleichheit zu bejahen.[296]

122 Speziell im **Subventionsrecht** erhält die (mittelbar) anspruchsbegründende Wirkung von SubventionsRL,[297] die aufgr. haushaltsgesetzl. Ermächtigung erlassen worden sind, bes. praktisches Gewicht.

## VII. Besonderheiten für die Rechtsprechung

123 Auch für den Gleichheitssatz gilt zunächst die eigentl. selbstverständl. **allg. Regel,** dass Gesetzesauslegung und -fortbildung jdf. nur innerhalb der verfassungsrechtl. Grenzen (hypothetischer) gesetzl. Normen zul. ist.[298]

124 Da iÜ Art. 3 I für die Gerichte primär Rechtsanwendungsgleichheit[299] bedeutet, stellt sich hier das Problem der Unterscheidung zwischen nur revisibler Verletzung des einfachen Rechts und der **Verletzung „spezifischen" Verfassungsrechts**[300] mit bes. Schärfe.[301] Nur ausnahmsweise taucht deshalb die speziellere Formel auf, nach der eine „falsche" Auslegung des einfachen Rechts zugleich verfassungswidrig ist, soweit sie auf einer „grds. unrichtigen Anschauung von der Bedeutung und Reichweite eines Grundrechts" beruht.[302]

---

[287] BVerwGE 34, 269 (281); 62, 230 (241); vgl. hierzu und zum Folgenden auch *Seibert* FG 50 Jahre BVerwG, 2005, S. 535 ff.

[288] ZB BVerwG NVwZ-RR 1992, 360; Nds OVG NVwZ-RR 1994, 249.

[289] BVerfGE 73, 280 (299 f.); 116, 135 (153 f.); BVerwGE 104, 220 (223); 118, 379 (383).

[290] ZB BVerwGE 44, 72 (74 f.); BVerwG NJW 1988, 2907 ff.; BVerwGE 104, 220 ff.; 126, 33 (51 ff.).

[291] *Krieger*, in: Hofmann/Henneke, Art. 3 Rn. 19.

[292] Zu zuläss. und ggfs. gebotenen Abweichungen bei wesentl. Besonderheiten des Einzelfalls BVerwGE 70, 127 (142); 85, 163 (167).

[293] BVerwG ebda; ferner etwa BVerwGE 44, 72 (74 f.); 71, 342; 100, 335 (339 f.); 104, 220 (223); anders jedoch – nur Bindung an die Praxis – BVerwG NVwZ 2003, 1384; BVerwGE 118, 379 (382 f.); BVerfGE 116, 135 (153 f.) spricht im vergaberechtl. Zusammenhang von einer mittelbaren Außenwirkung „verwaltungsinterner Regelungen über Verf. u. Kriterien" aufgr. der Selbstbindung an eine Verwaltungspraxis u. zugleich von einer mögl. Verletzung des Gleichheitssatzes durch „Abweichung v. solchen Vorgaben".

[294] BVerwGE 61, 15; 61, 40; 69, 278; BVerwG NJW 1985, 1234; BVerwGE 104, 220 (224); anders jedoch bei Verwaltungsvorschriften mit unmittelbarerer Außenwirkung gegenüber Dritten, vgl. BVerwGE 122, 264; zur Kritik mN nur *Maurer*, Allgemeines Verwaltungsrecht, 19. Aufl. 2019, § 24 Rn. 53.

[295] BVerfGE 78, 214; dazu mwN → Rn. 112.

[296] *Osterloh*, Gesetzesbindung (Fn. 270), S. 511 ff.

[297] Vgl. nur BVerwGE 58, 45 (51 f.); 104, 220 (223).

[298] StRspr, etwa BVerfGE 58, 369 (374); 70, 230 (239 f.); 79, 106 (120 ff.); 84, 197 (199); 99, 129 (139); 101, 331 (359); 115, 51 (61 ff.); BVerfGE 128, 193 (206 ff.); allg. dazu *P. Kirchhof* FS 75 Jahre RFH–BFH, 1993, S. 285 (289 ff., 298 ff.).

[299] BVerfGE 66, 331 (335 f.); 71, 354 (362).

[300] BVerfGE 18, 85 (92 f.) – sog. Heck'sche Formel.

[301] *Rennert* NJW 1991, 12 ff.

[302] BVerfGE 56, 139 (144); 81, 347 (357 f.) – beide Entscheidungen zur speziellen Rechtsschutzgleichheit im Zusammenhang mit der Prozesskostenhilfe (→ Rn. 205).

Dagegen fungiert der Gleichheitssatz nach stRspr. vor allem als auch unmittelbar rechtsstaatl. gem.  **125**
Art. 20 III, 19 IV begründbares (→ Rn. 34–36) **Verbot objektiver**[303] **Willkür,** das vom BVerfG als
ultima ratio zur Korrektur solcher Entscheidungen herangezogen wird, die in Erg. und Begründung[304]
aus verfassungsgerichtl. Sicht nicht mehr nachvollziehbar[305] sind, weil eine offensichtl. einschlägige
Norm oder auch eine Entsch. des EuGH nicht berücksichtigt oder in krasser Weise missdeutet wird.[306]

Nachdem vielfach auch in diesem Kontext die sprachl. „weichere" Formulierung „tatsächl. und  **126**
eindeutige Unangemessenheit" verwendet wurde,[307] hat der Erste Senat[308] ausdr. betont, es gehe
**ausschließl.** um eine **Willkürkontrolle** (also nicht um eine Übertragung der neuen Formel auch auf
die Kontrolle der Gerichte):[309] „Die Grenze zur Willkür ist erst überschritten, wenn die Auslegung
und die Anwendung einfachen Rechts unter keinem denkbaren Gesichtspunkt mehr verständlich ist,
es sich also um eine krasse Fehlentscheidung handelt".[310]

Wenn danach zur verfassungsgerichtl. Korrektur einzelner Gerichtsentscheid. auf verschiedenen  **127**
Gebieten[311] überhaupt eine allg. Aussage mögl. ist, dann die, dass es wohl darauf ankommt, ob dem
Gericht bzw. der Kammer der Betroffene im **extremen Einzelfall evident schutzbedürftig** er-
scheint.[312] Anders die **Nicht-Vorlage an den EuGH,** die nicht nur eine Verletzung des gesetzl.
Richters, sondern auch des Willkürverbots bedeuten kann.[313]

Ein bes. Problem stellt allerdings die Kontrolle von **Rechtsprechungsänderungen** am Maßstab  **128**
des Art. 3 I dar. Während praktisch unangefochten eine Bindungswirkung auch an die ständige höchstrichterl. Rspr. innerhalb der Instanzenzüge und auch sonst im Verhältnis zwischen den verschiedenen
Gerichten schon mit Blick auf die Unabhängigkeit des Richters gem. Art. 97 I ausscheidet,[314] wird
eine gewisse „Selbstbindung" an vorangegangene Entscheidungen[315] lebhaft diskutiert.[316]

Nach früheren, sehr ambivalenten Äußerungen zu einem Grundsatz „organischer" Fortentwicklung  **129**
der Rspr.[317] betont das BVerfG inzwischen überzeugend, dass es für die **Willkürfreiheit** grds. auf eine
hinreichende, auf den konkreten Entscheidungsfall bezogene Begründung ankommt, nicht aber auf
einen Vergleich mit früheren Entscheidungen.[318]

---

[303] Etwa BVerfGE 57, 39 (42); 71, 202 (205); 87, 273 (279).

[304] Der Schwerpunkt einer unmittelbar auf Art. 20 III gestützten Kontrolle betrifft dagegen (auch) die Fälle, in
denen es zwar nicht an einer hinreichend rationalen Begründung fehlt, das Erg. aber von sachl. Erwägungen getragen
ist, „die eindeutig einer normsetzenden Instanz" vorbehalten sind, vgl. etwa BVerfGE 87, 273 (279 f.).

[305] „Schlechthin unhaltbar", BVerfGE 57, 39 (42); 59, 52 (59); „bei verständiger Würdigung der das Grundgesetz
beherrschenden Gedanken nicht mehr verständlich", so dass sich der Schluss „auf sachfremde Erwägungen" aufdrängt,
stRspr seit BVerfGE 4, 1 (7); vgl. etwa BVerfGE 80, 48 (51); 81, 132 (137); 108, 129 (137 f.); 112, 185 (215 f.).

[306] BVerfGE 87, 273 (279) mwN; vgl. auch BVerfGE 89, 1 (14); 96, 189 (203); BVerfG (K) JAmt 2012, 664 zur
nicht nachvollziehbaren Abweichung von einem Sachverständigengutachten; BVerfG (K) BeckRS 2019, 24570 zu
einem Asylverfahren unter Missachtung der Rspr des EuGH; zum Ganzen eingehend *v. Lindeiner,* Willkür im
Rechtsstaat?, 2002.

[307] Etwa BVerfGE 62, 189 (192); 66, 199 (206); 70, 93 (97); insb. auch zu mietrechtl. Fällen: BVerfGE 80, 48 (51);
83, 82 (84); 86, 59 (63).

[308] BVerfGE 89, 1 (14).

[309] Zur Diskussion *Rüfner* BK, Art. 3 I (1992), Rn. 21; zw. noch *Herzog,* in: Maunz/Dürig, Art. 3 Anh. (1994)
Rn. 18; einen interessanten Grenzfall bildet insoweit wohl die analoge Anwendung des § 79 II 3 BVerfGG, BVerfGE
115, 51 (62 ff.).

[310] Ebda; in der Sache stRspr, BVerfGE 4, 1 (7).

[311] Vgl. aus der neueren Rspr.: BVerfG (K) NJW 2013, 3774 f. – Willkürl. Anw. des Grunds. „Kauf bricht nicht
Miete"; BVerfG (K) NJW 2014, 3147 f. – Nichtberücksichtigung v. offensichtl. einschlägiger Norm; BVerfG (K)
NJW 2016, 1081 f. – Amtspflichtverletzung wg. Schädigung eines Häftlings; BVerfG (K) NJW 2016, 3153 f. –
Kommunales Freizeitbad; BVerfG (K) NZV 2016, 48 f. – Tagessatzhöhe „ins Blaue hinein" bestimmt; BVerfG
NVwZ 2016, 1242 – Nichtberücks. wichtiger Stellungnahmen bei der Abschiebung v. Asylbewerbern.

[312] Dies wird etwa auch beim Unterlassen einfachgesetzl. gebotener und für den Betroffenen der Geltendmachung v. Rechten unerlässl. verfahrensrechtl. Hinweise bejaht (BVerfGK 19, 174). Die überlange Dauer eines
Gerichtsverf. wird dagegen nicht von Art. 3 I erfasst, sondern stellt vielmehr einen Verstoß gegen das Grundrecht auf
effektiven Rechtsschutz dar (BVerfG NZG 2012, 345).

[313] So das BVerfG in einer Kammerentscheidung (BVerfG (K) NJW 2016, 3153 Rn. 50).

[314] Die Rechtspflege ist „konstitutionell uneinheitlich", *P. Kirchhof,* in: Maunz/Dürig, Art. 3 I (2015) Rn. 162;
ebenso BVerfGE 78, 123 (126); 87, 273 (278).

[315] Dafür *Dürig,* in: Maunz/Dürig, Art. 3 I (1973), Rn. 402 ff.; eingehend *Riggert,* Die Selbstbindung der Rechtsprechung durch den allgemeinen Gleichheitssatz (Art. 3 I GG), Diss. Freiburg i. Br. 1992, insb. S. 42 ff.; *A. Leisner,*
Kontinuität als Verfassungsprinzip, 2002, S. 199 ff., 615 ff.

[316] Zur praktischen Bedeutung der unitarisierenden Wirkung der Bundesgerichte *P. Kirchhof,* in: Maunz/Dürig,
Art. 3 I (2015) Rn. 162.

[317] BVerfGE 18, 224 (240); vgl. auch BVerfGE 19, 38 (47).

[318] BVerfG (K) NJW 1990, 3140 – Änderung der Rspr. zur „Promille-Grenze"; BVerfG (K) NVwZ 2005, 81 f. –
Rspr. zur Einbez. in Zusatzversorgungssysteme der DDR; zu Art. 20 III auch BVerfGE 84, 212 (227).

## VIII. Folgen einer Verletzung des Gleichheitssatzes

130    Speziell die Rechtsfolgen gleichheitswidriger Gesetze werfen bes. Probleme auf:[319] Die Feststellung der **Nichtigkeit eines Gesetzes** wegen Verfassungsw. (§§ 78 S. 1, 82 I, 95 III BVerfGG) als die einfachgesetzl. vorgesehene Regelfolge kommt nach gefestigter Rspr. des BVerfG bei Verstößen (ausschließl.) gegen den Gleichheitssatz **nur ausnahmsweise** in Betracht und wird dann auch jeweils bes. begründet.[320] Regelmäßig wird dagegen in der neueren Rspr. bei begünstigenden wie belastenden Gesetzen nur deren Unvereinbarkeit mit Art. 3 I festgestellt.[321]

131    Die (vorläufige) Fortgeltung trotz Verfassungsw. wird vom BVerfG v. a. mit der **Gestaltungsfreiheit des Gesetzgebers,**[322] aber auch der Rechtssicherheit[323] begründet. Von einer Nichtigerkl. sei abzusehen, wenn mehrere Möglichkeiten zur Beseitigung der Verfassungsw. bleiben: „Dies ist regelmäßig bei Verstößen gegen Art. 3 GG der Fall". Mögl. ist auch eine Fortgeltensanordnung bei einer inhaltl. Vorgabe.[324] Die Feststellung der Nichtigkeit kommt dagegen nur in Betracht, „wenn mit Sicherheit anzunehmen ist, dass der Gesetzgeber bei Beachtung des Art. 3 GG die nach der Nichtigerklärung verbleibende Fassung der Norm wählen ... würde".

132    Der Gesetzgeber ist danach grundsätzl. **verpflichtet,** rückwirkend, bezogen auf den in der Unvereinbarkeitsfeststellung genannten Zeitpunkt, **die Rechtslage umzugestalten.**[325] Ein Ausschluss der Rückwirkung kommt bei Gefährdung der geordneten Finanz- und Haushaltsplanung und bei zuvor ungeklärter Verfassungslage in Betracht.[326] Relevanter Anknüpfungszeitpunkt kann der Erlass eines Gesetzes mit gleichheitswidrigen Begünstigungsausschlüssen sein.[327] Als Folge der Unvereinbarerkl. dürfen Gerichte und Verwaltung das bemängelte Gesetz grundsätzl. nicht anwenden und **laufende Verfahren sind auszusetzen,**[328] es sei denn, die Rechtssicherheit geböte eine begrenzte Fortgeltung.[329] U. U. muss der Gesetzgeber eine Übergangsregelung bis zur endgültigen Neuregelung schaffen.[330]

133    Speziell bei gleichheitswidriger Abgrenzung von Begünstigungstatbeständen, auf die sich die frühere Praxis der Unvereinbarerklärung v. a. bezog,[331] ist durch (Teil-)Nichtigerkl. in wenigen Fällen die **gesetzliche Begünstigung** durch das BVerfG[332] selbst **ausgedehnt** worden.

## IX. Der Gleichheitssatz in ausgewählten Rechtsgebieten

134    **1. Steuerrecht. a) Allgemeines.** Auf dem Gebiet des Steuerrechts[333] soll aus dem Gleichheitssatz ein verbindl. Grunds. der **Steuergerechtigkeit**[334] folgen, dem jedoch bestimmte Rechtsfolgen unmittelbar nicht zu entnehmen sind. Als konkrete Erscheinungsform gilt in der Tradition des Art. 134 WRV das **Prinzip der wirtschaftlichen Leistungsfähigkeit**[335] als Maßstab steuerrechtl. **Lastengleichheit.**[336] Dieses Prinzip hat zunächst speziell für das Einkommensteuerrecht deutlichere Kon-

---

[319] Ausführlich *Desens,* in: Kempny/Reimer (Fn. 26), S. 133 ff.

[320] ZB BVerfGE 88, 87 (101 ff.) – Namensänd. v. Transsexuellen; BVerfGE 92, 91 (121) – Feuerwehrabgabe; BVerfGE 99, 69 (83) – Kommunale Wählervereinigung; BVerfGE 110, 94 (138 ff.) – Spekulationsgewinne; BVerfGE 132, 72 (98) – Gewährung v. Bundeserziehungsgeld für ausl. Staatsangehörige.

[321] BVerfGE 85, 191 (211 f.) mwN; 105, 73 (133); 117, 1 (69); 122, 210 (245 f.); 126, 400 (431); 135, 238 Rn. 24 f.

[322] BVerfGE 85, 191 (211 f.); 125, 1 (38) mwN; krit. *Moes* StuW 2008, 27 ff.

[323] BVerfGE 138, 136 Rn. 288 ff.

[324] BVerfGE 133, 377 Rn. 133.

[325] Dies kann auch bei bereits außer Kraft getretenem Recht gelten, wenn dieses erhebl. Vermögensfolgen für die Zukunft hat, BVerfGE 126, 400 (432).

[326] BVerfGE 84, 239 (284); 132, 179 (193 f.); BVerfG (K) NJW 2013, 2103 (2105); BVerfGE, 132, 179 Rn. 47 f.; 135, 238 Rn. 27 ff.

[327] BVerfGE 126, 400 (431): Forderung nach einer Regelung f. Altfälle ab Inkrafttreten des LebenspartnerschaftsG 2001; ebenso BVerfGE 131, 239 (266); 132, 179 (194); BVerfGE 133, 377 Rn. 107; krit. Sondervotum *Landau, Kessal-Wulf* BVerfGE 133, 377 Rn. 137.

[328] BVerfGE 73, 40 (101); 87, 234 (262 f.); 91, 389 (404 f.); 94, 241 (266); 100, 104 (136 f.); 122, 210 (246); 125, 1 (39); – dagegen ausnahmsweise keine Rückwirkung, sondern Fortgeltung bei haushaltswirtschaftl. bedeutsamen steuerrechtl. Normen, BVerfGE 87, 153 (178 ff.); 93, 121 (148 f.); 105, 73 (134); 117, 1 (70).

[329] BVerfGE 132, 372 (394 ff.); krit. *C. D. Hermanns* BKR 2013, 381 ff.

[330] BVerfGE 73, 40 (101 f.); 87, 153 (181); vgl. auch BVerfGE 122, 210 (247).

[331] Dazu näher *Rüfner* BK, Art. 3 I (1992) Rn. 125 f. m. zahlr. Nachw. der krit. Diskussion.

[332] BVerfGE 55, 100 – Ausschluss v. Kindergeld, Art. 3 iVm dem Sozialstaatsprinzip; BVerfGE 121, 108 (109) – steuerfreie Zuwendungen an Parteien; dagegen zum Regelfall BVerfGE 115, 81 (93).

[333] Str. ist, inwieweit es für das SteuerR eine Sonderdogmatik gibt; bejahend, aber negativ wertend *Kischel,* in: BeckOK GG, Art. 3 Abs. 1 Rn. 141 f.; zu den neuesten, mit der Entscheidung zum ErbR/Betriebsvermögen (BVerfGE 138, 136) eingel. Entwickl. einer Reintegration in d. allg. Dogmatik vgl. *Kempny* JöR 2016, 477 ff.

[334] StRspr seit BVerfGE 6, 55 (70).

[335] Etwa BVerfGE 8, 51 (68 f.); 43, 108 (123); 81, 228 (236); 82, 60 (86 f.); 89, 346 (352); 127, 61 (81); 135, 126 Rn. 55; vgl. grundlegend *D. Birk,* Das Leistungsfähigkeitsprinzip als Maßstab der Steuernormen, 1983, insb. S. 155 ff.; *Kirchhof* BB 2017, 662.

[336] Vgl. BVerfGE 84, 239 (269 ff.); 117, 1 (30); 121, 108 (119 f.); 126, 400 (417); 137, 350 (366); 138, 136 (181); 139, 285 (309 f.) mwN; 148, 147 (184 f.).

turen erhalten (→ Rn. 151 ff.), ist dann aber auch für andere Steuerarten vom BVerfG weiter entwickelt worden.[337] Da Steuergesetze Massenvorgänge des Wirtschaftslebens betreffen, ist **Typisierung** erforderl.,[338] muss aber im rechten Verhältnis zu der damit verbundenen Ungleichheit der steuerl. Belastung stehen[339] und darf insbes. nicht dazu führen, dass die vom Gesetzgeber getroffene Entlastungsentscheidung in ihrem Regel-Ausnahme-Verhältnis in ihr Gegenteil verkehrt wird[340] (allg. zur Typisierung → Rn. 104 ff.).

**aa) Grundentscheidungen.** Die **weitestgehende Freiheit** hat der Steuergesetzgeber aufgr. seiner **135** demokratischen Legitimation für die Steuerpolitik bei Grundentscheidungen über die **Erschließung einer Steuerquelle,**[341] die Höhe des Steuersatzes,[342] die Bemessungsgrundlage und die Ausgestaltung realitätsnaher Bewertungsregeln.[343] Dies gilt auch für die Orientierung an „finanzpolit., volkswirtschaftl., sozialpolit. oder steuertechnischen Erwägungen", auch wenn dennoch das jeweils erreichte Maß der Ungleichheit zu einer über das Willkürverbot hinausgehenden Prüfung führen kann; wie weit diese geht, ist zw.[344] Die Forderung nach einer Beschränkung legitimer Belastungsgründe nach Maßgabe herkömml. Kriterien wirtschaftl. Leistungsfähigkeit könnte zu problemat. Schranken für ökologisch konzipierte Tatbestände (Konsum v. Umweltgütern) neuartiger **Öko-Steuern** führen,[345] wobei hier, soweit es sich um Nichtertragssteuern handelt, die Geltung des Leistungsfähigkeitsprinzips ohnehin zw. ist.

Das BVerfG hat auf der Grundl. von Art. 3 I eine Vielzahl von Korrekturen an Steuergesetzen **136** vorgenommen,[346] bisher aber keine kompetenzrechtl. zul. Steuer an Art. 3 I völlig scheitern lassen[347] und auch **problematische Kumulationswirkungen** verschiedener Steuerarten gebilligt[348] (auch → Rn. 150). Darüber hinaus tauchten die genannten Formeln zum bes. weiten Spielraum bei Entscheidungen über Erschließung oder Verschonung einer potentiellen Steuerquelle in früheren Entscheidungen ohne klar erkennbare Abgrenzung auch bei der Würdigung einzelner steuerbegründender oder -erhöhender Tatbestände auf[349] und wurden auch auf **den Abbau von Steuervergünstigungen** übertragen, „bes. wenn dieser im Rahmen eines Gesamtprogramms erfolgt, dessen Ziel die Herstellung eines ausgeglichenen Haushalts ist".[350] In der neuen Entscheidung zur Erbschaftssteuer wird dagegen darauf hingewiesen, dass der weite Spielraum bei der Auswahl der Verschonungsziele eine u. U. strenge Gleichheitsprüfung nicht per se ausschließe; auch insoweit seien die allg. Kriterien (→ Rn. 92) relevant.[351] Zur Vermeidung eines bes. hohen Verwaltungsaufwandes steht dem Gesetzgeber ein erhebl. Gestaltungsspielraum zu; die Grenze ist allerdings die Dysfunktionalität des Bewertungssystems.[352]

**bb) Einzelregelungen – steuerartenübergreifende Aspekte.** Bes. gleichheitskonkretisierende **137** **verfassungsrechtl. Benachteiligungsverbote und Schutzgebote** können Differenzierungen grds. rechtfertigen:

---

[337] Vgl. BVerfGE 135, 126 zur Verfassungsw. eines degressiven Zweitwohnungssteuertarifs, der zu einer nicht gerechtfertigten stärkeren Belastung der wirtschaftl. weniger Leistungsfähigen führt; die Anwendbarkeit des Leistungsfähigkeitsprinzips offengelassen in BVerfGE 139, 1 Rn. 51 bei der Grunderwerbssteuer.

[338] Vgl. BVerfGE 96, 1 (7); 99, 280 (290).

[339] Vgl. BVerfGE 133, 377 Rn. 88.

[340] BVerfGE 138, 136 Rn. 227.

[341] BVerfGE 49, 343 (360); 65, 325 (354); 81, 108 (117); 84, 239 (271); 123, 1 (19); 123, 111 (120); 117, 1, (130); 123, 111 (120); 137, 350 Rn. 40 ff.; 138, 136 Rn. 123; 139, 285 Rn. 72.

[342] BVerfGE 27, 58 (66); 29, 327 (335); 84, 239 (271); 85, 238 (244); die Tarifgestaltung iE unterliegt strengeren Konsequenzgeboten, BVerfGE 84, 239 (271); 87, 153 (170, 177); 89, 346 (353).

[343] BVerfGE 148, 147 Rn. 92.

[344] BVerfGE 16, 147 (161 f.); 50, 386 (392); 65, 325 (354); 81, 108 (117); vgl. auch BVerfGE 110, 274 (292 f.); 116, 164 (182, 192 ff.), 195 f.].

[345] Vgl. einerseits *P. Kirchhof,* DStJG 15 (1993), S. 22 f.; *Trzaskalik* StuW 1992, 135 (140); andererseits *Osterloh* NVwZ 1991, 823 (826 f.); unschädl. bleiben aber jdf. ökologische Lenkungsziele bes. Verbrauchsteuern auf Strom u. Mineralöl (sog. Ökosteuern), BVerfGE 110, 274 (295 ff.) sowie auf den Luftverkehr (BVerfGE 137, 350 Rn. 45).

[346] Vgl. nur aus jüngster Zeit BVerfGE 138, 136; 139, 285.

[347] Vgl. zB BVerfGE 13, 181 (202 ff.) – Schankerlaubnissteuer BVerfGE 26, 1 (11 ff.) – Gewerbesteuer einschl. Lohnsummensteuer; BVerfGE 110, 274 (291 ff.) – Ökosteuer; zur Unterscheidung zwischen kompetenzrechtl. maßgebl. Steuertypus u. materiellrechtl. Anforderungen an die Ausgestaltung (der Spielautomatensteuer) jetzt deutl. BVerfGE 123, 1 (14 ff.).

[348] Zum Zusammentreffen von Einkommen- und Gewerbesteuer BVerfGE 13, 331 (348); 120, 1 (25 ff.) mwN; zu Einkommen- und Vermögensteuer BVerfGE 43, 1 (7 ff.); anders aber zur Doppelbelastung durch Erbschaft- und Grunderwerbsteuer BVerfGE 67, 70 (88 ff.) – verfassungskonforme Auslegung geboten.

[349] Etwa BVerfGE 26, 302 (310 ff.) – Spekulationsgeschäfte; BVerfGE 27, 111 (127 ff.) – Veräußerung wesentl. Beteiligungen; BVerfGE 27, 58 (66) – Kürzung v. Kilometerpauschalen; BVerfGE 29, 327 (335) – Verdoppelung der Schankerlaubnissteuer; BVerfGE 31, 8 (25 ff.) – Erhöhung des Pauschsatzes der Vergnügungsteuer auf Spielautomaten; BVerfGE 50, 57 (77) – Zinsbesteuerung.

[350] BVerfGE 81, 108 (117); zur beschränkten Legitimationskraft fiskal. Zwecke → Rn. 97 sowie → Rn. 145.

[351] BVerfGE 138, 136 Rn. 126.

[352] BVerfGE 148, 147 Rn. 129 ff.

138    Von Bedeutung ist insoweit grds. noch immer der Schutz von **Ehe und Familie** durch Art. 6 I.[353] Die neuere Rspr. des BVerfG zieht dabei die Grenzlinie zwischen der Ehe und den durch ein geringeres Maß an wechselseitiger Pflichtenbindung geprägten Lebensgemeinschaften,[354] ließ dagegen schon vor der neuen gesetzl. Regelung die Privilegierung der Ehegatten gegenüber gleichgeschlechtl. Lebenspartnern nicht allg. mit Verweis auf den staatl. Schutzauftrag aus Art. 6 I zu;[355] gefordert wurde vielmehr ein hinreichend gewichtiger Sachgrund, der gemessen am jew. Regelungsgegenstand und -ziel die Benachteiligung der anderen Lebensformen rechtfertigt.[356] Mit seinen Entscheidungen hat das BVerfG schon vor Inkrafttreten des Gesetzes zur Einführung des Rechts auf Eheschließung für Personen gleichen Geschlechts aufgr. des der Ehegemeinschaft entspr. Verständnisses der Lebenspartnerschaft als auf Dauer angelegter und rechtl. verfestigter Verantwortungsbeziehung die vom allg. Gleichheitssatz geforderten Konsequenzen für die steuerrechtl. Behandlung gezogen (→ Rn. 291).

139    Eine gem. Art. 3 I, 6 I verfassungskonforme Auslegung der Steuertatbestände gebietet auch die grds. „Anerkennung" gesellschaftsrechtl., arbeitsrechtl. und sonstiger **vertragliche Gestaltungen zwischen nahen Angehörigen**.[357] Das Ziel der Missbrauchsabwehr legitimiert lediglich angemessene besondere Beweisanforderungen.[358]

140    Gem. Art. 3 I, 21 I unterliegen auch steuergesetzl. Begünstigungen von Zuwendungen an **politische Parteien**[359] dem Grundsatz streng formaler politischer Gleichheit.[360] Vergünstigungen, die Bezieher höherer und niedrigerer Einkommen unterschiedl. behandeln, verletzen deshalb sowohl das Grundrecht der Parteien auf Chancengleichheit als auch das Gleichheitsgrundrecht der Spender.[361] Dasselbe gilt, wenn die Abzugsbeträge (in voller Höhe) nur von einem Teil der Steuerpflichtigen ausgenutzt werden können.[362]

141    Der Zusammenhang zwischen Gleichheitssatz und anderen Grundrechten spielte dagegen im Steuerrecht lange Zeit (aber → Rn. 150) keine bes. Rolle:[363] Die freiheitsbeeinträchtigenden Wirkungen namentl. **lenkender Steuern**[364] sind an den je einschlägigen Freiheitsgrundrechten, insb. an Art. 2 I, 12 oder 14 zu messen (→ Art. 12 Rn. 94 ff.; → Art. 14 Rn. 143 ff.). Soweit danach Beeinträchtigungen durch überwiegende öff. Interessen gerechtfertigt sind, ergibt sich in aller Regel entspr. ein hinreichender sachl. Grund für eine Ungleichbehandlung.[365]

142    **Eigenständige,** markante und folgenreiche **Begrenzungsfunktionen des allg. Gleichheitssatzes** hat das BVerfG in deutl. Kontrast zu seiner zu Beginn sehr zurückhaltenden Grundposition[366] v. a. in Entscheidungen zum Einkommen- und Erbschaftssteuerrecht (u. Rn. 151 ff.) entwickelt. Der übergreifende methodische Ansatz hierzu ist das Gebot der **Folgerichtigkeit** (→ Rn. 98). Danach bedürfen Abweichungen von einer gesetzgeberischen Grundentscheidung, für die ein weitreichender Ent-

---

[353] Krit. zum Bedeutungswandel des Schutzkonzepts der Ehe *J. Benedict* JZ 2013, 477 (481), der Art. 6 I als „Denkmal" sieht, „das an längst vergessene Zeiten erinnert"; ebenso *Hillgruber* JZ 2010, 41 ff.; *Krings* NVwZ 2011, 26; *Gade/Thiele* DÖV 2013, 142 (149 ff.); zum Schutz der Familie vgl. BVerfGE 126, 400 (426 ff.): hier wird das Prinzip der Erhaltung von Vermögen in der Generationenfolge u. damit die langfristige Sicherung der Familie als Differenzierungsgrund grds. anerkannt.

[354] Zur älteren Rspr. vgl. zB BVerfGE 6, 55 (71 ff.) – Unzulässigkeit der benachteiligenden obligatorischen Zusammenveranlagung von Ehegatten; zur neueren Rspr. mit Abgrenzung gegen ungebundene Partnerbeziehungen vgl. BVerfGE 117, 316 (327); 133, 377 Rn. 85; BVerfG v. 31.10.2016 – 1 BvR 871/13, Rn. 40 ff.

[355] BVerfGE 124, 199 (226); 126, 400 (420); mit der Öffnung der Ehe auch für homosex. Paare durch das Gesetz zur Einführung des Rechts auf Eheschließung für Personen gleichen Geschlechts v. 20.7.2017 (BGBl I S. 2787) ist diese Unterscheidung hinfällig.

[356] BVerfGE 124, 199 (226); kein hinreichend gewichtiger Sachgrund bei persönl. Freibeträgen und Versorgungsfreibeträgen im Erbschaftssteuerrecht BVerfGE 126, 400, ebenso wenig bei der Grunderwerbssteuer BVerfGE 132, 179 und beim Ehegattensplitting BVerfGE 133, 377.

[357] BVerfGE 13, 318 ff.; 16, 241 (243) – Arbeitsverträge; BVerfGE 29, 104 (112 ff.) – Pensionsrückstellungen; BVerfGE 69, 188 (205 ff.) – Betriebsaufspaltung.

[358] Eingehend zum Ganzen *Osterloh*, Gesetzesbindung (Fn. 270), S. 335 ff.

[359] Zur gem. Art. 3 I iVm Art. 9, 28 I verfassungswidrigen Ungleichbehandlung kommunaler Wählervereinigungen in diesem Kontext BVerfGE 78, 350 (357 ff.); 99, 69 (77 ff.); 121, 108 (118 ff.); dagegen zur Zulässigkeit der Ungleichbehandlung von Zuwendungen an andere Institutionen BVerfGE 52, 63 (93 f.).

[360] In der Sache bereits BVerfGE 6, 273 (274, 280 f.); stRspr, BVerfGE 85, 264 (315); zum Ganzen näher *J. Ipsen*, Art. 21 Rn. 96 ff., 105 f.

[361] BVerfGE 8, 51, (63 ff., 68 ff.); vgl. auch BVerfGE 52, 63 (81, 87 ff.); 69, 92 (107 ff.).

[362] BVerfGE 85, 264 (314 ff.), im Anschl. an das Sondervotum *Böckenförde,* BVerfGE 73, 40 (103 ff.).

[363] Zur Bedeutung des Art. 5 III BVerfGE 36, 321 (330 f.); 81, 108 (118, 121).

[364] Vgl. BVerfGE 93, 121 (147); 99, 280 (296); 105, 73 (112); 110, 274 (292); 138, 136 Rn. 124; grdl. *P. Kirchhof* VVDStRL 39 (1981), 213 ff.; vgl. auch u. Rn. 150.

[365] Leitentscheidungen: BVerfGE 16, 147 (184 ff.) – Werkfernverkehr; BVerfGE 38, 61 (97 ff.) – Güter- und Werkfernverkehr; dazu etwa *Selmer* AöR 101 (1976), 399 (447) mwN; eingehend *ders.,* Steuerinterventionismus und Verfassungsrecht, 1972, insb. S. 361 ff.; krit. *D. Birk* (Fn. 335), insb. S. 153 ff.; *Wernsmann,* Verhaltenslenkung in einem rationalen Steuersystem, 2005; vgl. auch BVerfGE 110, 274 (292); 116, 164 (182).

[366] Repräsentativ BVerfGE 43, 108 – erfolglose Vb gegen unzureichenden Familienlastenausgleich im Einkommensteuerrecht.

scheidungsspielraum gegeben ist, eines bes. Grundes; die Rechtfertigungsanforderungen sind somit zweistufig.[367]

In jüngster Zeit hat das Gebot der Folgerichtigkeit allerdings gewisse Modifikationen erfahren.[368] **142a** Unter der Überschrift „Gebot der folgerichtigen Ausgestaltung des steuerl. Ausgangstatbestands" firmierend[369] hat der Erste Senat nunmehr die erhöhten Begründungsanforderungen einer Ausgestaltungsentscheidung im Vergl. zu einer Grundentscheidung zu Recht[370] zurückgenommen. Auch die Ausgestaltungsentscheidung ist in gleicher Weise wie die Grundentscheidung am Gleichheitssatz zu messen, wobei allerdings die Anforderungen an den Rechtfertigungsgrund mit Umfang und Ausmaß der Abweichung steigen.[371] Damit wird zusätzl. zur freiheitl. Relevanz, Verfügbarkeit und Nähe des Differenzierungsgrundes zu Art. 3 III (→ Rn. 90 ff.) ein **weiteres Abwägungskriterium** eingeführt – auch das Ausmaß der Differenzierung kann so zu einer intensiveren Nachprüfung durch das BVerfG führen.[372] Ins Verhältnis zu setzen sind insoweit Förderzweck und Ungleichbehandlung;[373] gefordert wird eine klassische Prüfung von Geeignetheit, Erforderlichkeit und Verhältnismäßigkeit im engeren Sinn.[374]

Eine bes. Rolle spielt seit dem sog. Zinsurteil[375] das Gebot **tatsächlich gleichen Gesetzesvoll-** **143** **zugs.** Über das Gebot der Gesetzesanwendungsgleichheit hinaus hat das BVerfG hier dem Gesetzgeber die Verantwortung für bes. spektakuläre „strukturelle Erhebungsmängel" bei der Besteuerung von Einkünften aus Kapitalvermögen zugerechnet. Danach ergibt sich eine **nicht durch gesamtwirt-** **schaftliche Erwägungen relativierbare Pflicht,** zur Vermeidung der Verfassungsw. des materiellen SteuerG dieses in ein „normatives Umfeld" einzubetten, das die tatsächl. Lastengleichheit der Steuerpflichtigen gewährleistet – mit dem Instrument des Quellenabzugs oder einer Ergänzung des Deklarationsprinzips durch das Verifikationsprinzip im Veranlagungsverf.[376]

Lässt ein Steuergesetz **Gestaltungen** zu, die zu **nicht bezweckten und gleichheitsrechtlich** **143a** **nicht zu rechtfertigenden Steuerentlastungen** führen, ist die Gesetzestechnik als verfehlt anzusehen und laut BVerfG auch dann verfassungswidrig, wenn dies nicht vorhersehbar war.[377]

Die Freiheit des Gesetzgebers bei der Verfolgung nichtfiskalischer Zwecke (→ Rn. 135) schließt ein **144** allg. Gebot der **Wettbewerbsneutralität** der Besteuerung aus[378] (→ Rn. 170). Auch Rechtsformneutralität ist nicht geboten.[379] Der Schutz der Chancengleichheit im **grenzüberschreitenden Wett-** **bewerb** (auch auf dem Arbeitsmarkt) durch die Diskriminierungsverbote und Grundfreiheiten des Rechts der EU entfaltet dagegen auch für den dt. Steuergesetzgeber Begrenzungswirkungen von erhebl. Bedeutung.[380]

---

[367] BVerfGE 84, 239 (271); 93, 121 (136); 116, 164 (180 f.); 117, 1 (32); 122, 210 (231); 127, 1 (28); 127, 224 (245); 132, 179 Rn. 32; 137, 350 Rn. 41; vgl. dazu ausführl. *Thiemann,* in: Emmenegger/Wiedmann (Hg.), Linien der Rechtsprechung des Bundesverfassungsgerichts – erörtert von den wissenschaftlichen Mitarbeitern, Bd. 2, 2011, S. 179 ff.

[368] Vgl. dazu *Kempny* JöR 2016, 477 f.; wegweisend ist die Entscheidung zur Erbschaftssteuer (BVerfGE 138, 136 Rn. 123); nachfolgend BVerfGE 139, 1 Rn. 40; 139, 285 Rn. 72; BVerfG (K) ZEV 2015, 426 (428).

[369] Vgl. LS 3, BVerfGE 138, 136.

[370] Problemat. am bisherigen Ansatz war v. a. die systemwidrige Bindung des Gesetzgebers an ein nicht hierarchisch höherstehendes Gesetz; vgl. dazu aus der Lit. für viele *Birk* DStR 2009, 877 (881 f.); *Kischel,* in: Mellinghoff/Palm (Hrsg.), Gleichheit im Verfassungsstaat, 2008, S. 175 (183 ff.); *Lepsius* JZ 2009, 260 f.; *Kempny* StuW 2014, 185 (198 f.); *Boysen* (Fn. 188), S. 65 ff.

[371] BVerfGE 138, 136, Rn. 123; 139, 1 Rn. 40.

[372] BVerfGE 138, 136 Rn. 122 f.; iE führt das Maß der Ungleichbehandlung des nicht-betriebl. Vermögens im Vergl. zum betriebl. Vermögen zur Verfassungswidrigerkl.; vgl. auch die Neuf. durch das Gesetz zur Anpassung des Erbschaft- und SchenkungsteuerG an die Rspr. des BVerfG v. 4.11.2016 (BGBl I S. 2464).

[373] BVerfGE 138, 136 Rn. 133 ff.

[374] BVerfGE 138, 136 Rn. 139 ff.; die Entscheidung zum ErbR/Betriebsvermögen mit exemplarischer Verhältnismäßigkeitsprüfung stellt eine Weiterentwicklung der Dogmatik des Gleichheitssatzes dar; vgl. *Huster,* Rechte und Ziele (Fn. 26) S. 109 (124).

[375] BVerfGE 84, 239 (271 ff.); bestätigend BVerfGE 96, 1 (6 f.); fortführend BVerfGE 110, 94 (111 ff.) – Spekulationsgewinne; dazu *Birk* StuW 2004, 277 f.; vgl. auch BVerfGE 112, 284 (293); zur Übertragbarkeit dieser Grundsätze auf Sozialversicherungsbeiträge zw. BVerfG (K) NVwZ-RR 2007, 683; NJW 2008, 3698; OVG NRW NWVBl 2009, 61: keine Übertragbarkeit auf KiTa-Beiträge.

[376] Zu wesentl. Konsequenzen f. allg. Ermittlungsgrds. BFH BStBl II 1992, 220; 1993, 146; zur Verfassungsmäßigkeit des sog. ZinsabschlagG BFH BStBl II 1997, 499; dazu NichtannahmeB BVerfG (K) StEd 1997, 799.

[377] BVerfGE 138, 136 Rn. 253 ff.

[378] BVerfGE 4, 7 (17 f.); 13, 331 (345 f.); 19, 101 (114 f.); 21, 12 (27); 21, 160 (169); 43, 58 (70 f.); 85, 238 (244); *Osterloh* FS Selmer, 2004, S. 875 ff.; *Musil/Leibohm* FR 2008, 807 ff.; dagegen zumindest missverständl. BFH BStBl II 2006, 141 (142); BFH BStBl II 2017, 650, 650 (651).

[379] BVerfGE 116, 164 (197); BVerfG (K) NJW 2010, 2116 mwN.

[380] Aus der Rspr. etwa EuGH, Rs. C-279/93, Slg. 1995, I-0225 – Schumacker; Rs. C-107/94, Slg. 1996, I-3089 – Asscher; 1999, Rs. C-294/97, Slg. I-07 447 – Eurowings; vgl. auch Rs. C-87/99, Slg. 2000, I-3337 – Zurstrassen; Rs. C-397/98 u. C-410/98, Slg 2001, I-01727 – Metallgesellschaft und Hoechst; dazu näher zB die Beiträge in: *Krutthoffer-Röwekamp* (Hrsg.), Die Rechtsprechung des EuGH in ihrer Bedeutung für das nationale und internationale Recht der direkten Steuern, 2010.

145 Der rein **fiskalische Zweck** der Besteuerung, insb. auch das dringl. Ziel der Haushaltssanierung, liefert für sich genommen – unbeschadet der Freiheit beim Abbau von Steuervergünstigungen (→ Rn. 136) – noch **keinen sachlichen Grund für Ungleichbehandlungen.** Auch bei notwendigen Einsparungsmaßnahmen ist gerechte Verteilung der Lasten geboten.[381]

146 Der Gleichheitssatz begründet keine Bindung steuergesetzl. Tatbestandsbildung an das **Zivilrecht** und an die zivilrechtl. **Rechtsformen.**[382]

147 Umstr. sind die gleichheitsrechtl. Anforderungen an die Einheit der Rechtsordnung im Verhältnis **zum Straf- und Ordnungswidrigkeitenrecht.** Das BVerfG[383] fordert mit überzeugender Zurückhaltung nur folgerichtige, an den jeweils unterschiedl. Grundprinzipien der verschiedenen Rechtsgebiete (einerseits schuldangemessene Strafe, andererseits Leistungsfähigkeit) orientierte Entscheidungen.

148 Daraus folgt gleichwohl ein gewisses **Kongruenzgebot:** Gewinne aus ordnungswid. Verhalten dürfen nicht sowohl unter ordnungs- als auch unter steuerrechtl. Aspekten doppelt abgeschöpft bzw. belastet werden. Sie dürfen aber im Erg. auch nicht in vollem Umfang dem Täter verbleiben.

149 Steuerrechtl. **Wahlrechte** werden zutr. als geeignetes Instrument zur Abfederung insb. typisierungsbedingter Ungleichheiten betrachtet: Die angebotenen Alternativen müssen ledigl. in sich verfassungsgemäß, iÜ aber nicht „in jeder Hinsicht", sondern nur – bei generalisierender Betrachtung – „annähernd" gleichwertig sein.[384]

150 Ein zentrales Problem speziell der **bewertungsgesetzabhängigen Steuern** (frühere Vermögens- und Gewerbekapitalsteuer sowie die Grund-, Erbschaft- und Schenkungsteuer) wurde durch die älteren **Einheitswertbeschlüsse des BVerfG**[385] zur Unvereinbarkeit des § 10 Nr. 1 VStG (i. d. F. bis einschließl. 1996) und des § 12 I, II ErbStG (aF) mit Art. 3 I nur zT bereinigt, obwohl der Zweite Senat bereits herausstellte, dass bei einheitl. Steuersätzen eine gleichmäßige Besteuerung die korrespondierend gleichheitsgerechte Ausgestaltung der Bemessungsgrundlage verlangt, insbes. auch durch gleichermaßen sachgerechte und realitätsnahe Bewertung unterschiedl. Werteinheiten. Dies hat der Erste Senat mit seinem Erbschaftsteuerbeschl. (BVerfGE 117, 1) sowie mit seiner Entscheidung zur Grunderwerbsteuer (BVerfGE 139, 285)[386] zur Gleichheitswidrigkeit der Ersatzbemessungsgrundlage nachhaltig bekräftigt.

150a Die in der Neuregelung vom 1.1.2009 enthaltenen erbschaftsteuerl. Verschonungsregelungen speziell für Betriebsvermögen bei Fortführung des Betriebs in personaler Verantwortung hat das BVerfG für legitim, geeignet und erforderl., nicht aber für verhältnismäßig im engeren Sinn erachtet, soweit damit auch große Unternehmensvermögen begünstigt werden, ohne dass für sie die Verschonungsbedürftigkeit konkret festgestellt werden müsste.[387]

151 **b) Einkommen- und Körperschaftsteuerrecht.** Die wohl wichtigsten verfassungsrechtl. Beanstandungen einkommensteuerrechtl. Normen ergeben sich aus dem Gebot der **Steuerfreiheit des sog. Existenzminimums** (→ Rn. 153) der Steuerpflichtigen und ihrer unterhaltsberechtigten Familie[388] und betreffen damit das in der Lit. geforderte sog. **subjektive Nettoprinzip** als Ausformung der Individualbesteuerung nach dem Leistungsfähigkeitsprinzip.[389]

152 Zunächst hatte das Gericht nur sehr vage die Berücksichtigung zwangsläufiger privater Unterhaltsaufwendungen dem Grunde nach gefordert,[390] sodann ein schon einschneidendes **Verbot realitätsfremder Grenzen** der Bemessung außergewöhnl. Belastungen durch Unterhaltsverpflichtungen gem. § 33a EStG aufgestellt.[391] Dies beschränkte sich allerdings im praktischen Erg. noch auf ein Gebot der Konsequenz durch zeitgemäße Anpassung des positiven gesetzl. Entlastungtatbestands an gestiegene Kosten.

---

[381] BVerfGE 82, 60 (89); unter Hinweis auf BVerfGE 6, 55 (80); 87, 153 (172).

[382] Tendenziell anders noch BVerfGE 13, 331 (339 ff.); zunehmend davon abrückend dann BVerfGE 15, 313 (318 ff.); 18, 224 (232 ff.); 24, 112 (117 ff.); 25, 309 (313); 26, 327 (334 f.); allg. dazu *Osterloh* JuS 1994, 993 ff.; s. a. zur zul. Abweichung vom bilanzrechtl. Maßgeblichkeitsprinzip BVerfGE 123, 111 – Jubiläumsrückstellungen; krit. *Hey* DStR 2009, 2561 ff.

[383] BVerfGE 81, 228 (236 ff.); dazu auch BVerfG (K) NJW 1996, 2086.

[384] BVerfGE 84, 348 (360 f.); zu gesellschaftsrechtl. Gestaltungsmögl. BVerfGE 120, 1 (52 ff.).

[385] BVerfGE 93, 121 – VStG; BVerfGE 93, 165 – ErbStG; zum Ganzen *Osterloh* DStJG 22 (1999), 177 ff.; zu Konsequenzen auch bei der Bedarfsberechnung nach BAföG BVerfGE 100, 195 (205 ff.).

[386] Zur gesetzl. Neureg. vgl. *Wischott/Keller/Uterhark* DStR 2016, 1191 ff.; *Schade/Rapp* DStR 2015, 2166.

[387] BVerfGE 138, 136, 179 ff.; zudem wurde in der Entscheidung auch die Freistellung v. Betrieben mit bis zu 20 Arbeitnehmern v. der Lohnsummenpflicht u. die Regelung zum Umfang des begünstigungsschädlichen Verwaltungsvermögens für gleichheitswidrig erklärt.

[388] BVerfGE 82, 60 – Kindergeld; BVerfGE 82, 198 – Kinderfreibetrag; BVerfGE 87, 153 – Grundfreibetrag; BVerfGE 89, 346 – Ausbildungsfreibetrag; BVerfGE 91, 93 (109 ff.); BVerfGE 99, 246; 99, 268; 99, 273 – Kinderexistenzmin. I–III; BVerfGE 120, 125 – priv. Kranken- und Pflegevers.; grds. anders noch BVerfGE 43, 108.

[389] Statt aller mit umfass. Nachw. *J. Lang,* in: Tipke/Lang, Steuerrecht, 23. Aufl. 2018, § 8 S. 307 ff.

[390] BVerfGE 43, 108 (120); vgl. auch BVerfGE 47, 1 (31 ff.); 61, 319 (344).

[391] BVerfGE 66, 214 (223); dazu *K. Vogel* StuW 1984, 197; BVerfGE 68, 143 (153); vgl. auch BVerfGE 82, 60 (88); 89, 346 (353).

Die neuere Rspr. geht über diese Ansätze weit hinaus. Zu unterscheiden ist danach zwischen dem **153** notw. Unterhaltsbedarf des Steuerpflichtigen selbst einerseits und dem der unterhaltsberechtigten Familienmitglieder, insb. der Kinder, andererseits: Ein Verfassungsgebot der Steuerfreiheit des **eigenen Existenzminimums** des Steuerpflichtigen leitet das Gericht **nicht** aus dem **Gleichheitssatz** ab, sondern aus Art. 1 I iVm Art. 20 I[392] (→ Rn. 141, → Rn. 150; → Art. 14 Rn. 144).

Zutr. hält es der Zweite Senat innerhalb dieses Ableitungszusammenhangs für ausreichend, wenn **154** dem Steuerpflichtigen das eigene Einkommen i. H. d. existenznotwendigen **eigenen Unterhaltsbedarfs nach Steuern** verbleibt.[393] Wählt der Gesetzgeber eine Lösung über einen einheitl. Grundfreibetrag beim Tarif, so bleibt eine Tarifgestaltung zul., nach der bei höheren Einkommen die Grundentlastung „schrittweise kompensiert" wird. Der Gleichheitssatz verbiete dann ledigl. einen „Progressionssprung", der die vertikale Gleichheit (→ Rn. 156) im Verhältnis geringerer und höherer Einkommen außer acht lasse.[394]

Die Steuerfreiheit des **notwendigen Lebensunterhalts von Kindern** des Steuerpflichtigen leitet **155** dagegen der Erste Senat als Verfassungsgebot auch unmittelbar aus Art. 3 I ab.[395] Art. 1 I, 6 I werden nur zusätzl. unterstützend herangezogen.[396] Hier wird die gleichmäßige Verschonung des „Familienexistenzminimums" bereits **vor der Erfüllung der Steuerschuld**[397] gefordert. Kompensationen des Steuerausfalls sind deshalb nur zul. durch allg. höhere Besteuerung aller (ggf. entspr. gekürzten) Nettoeinkommen.

Die zentrale Begründung für dieses seit je sozialpolitisch umstr. Erg. liefert die prononcierte **156** Unterscheidung[398] zwischen **vertikaler** Steuergerechtigkeit (unterschiedl. Besteuerung höherer und niedrigerer Einkommen) und **horizontaler** Steuergerechtigkeit (gleiche Besteuerung gleich hoher Einkommen).[399] Das Familienexistenzminimum mindere als nicht disponibles Einkommen die Leistungsfähigkeit, so dass horizontale Gleichheit im Verhältnis zwischen Steuerpflichtigen mit und ohne unterhaltsberechtigte Kinder auch bei höheren Einkommen die Berücksichtigung entspr. Unterhaltsaufwendungen fordere.

In der Konsequenz dieses Gedankens liegt es, dass zwar solche staatl. **Zuwendungen** bei der **157** Bemessung angemessener Freibeträge oder sonstiger Abzugstatbestände im Einkommensteuerrecht **angerechnet** werden dürfen, die allen Unterhaltsverpflichteten gleich gewährt werden, nicht aber sonstige Leistungen oder Vergünstigungen, die einen speziellen Bedarf berücksichtigen und einkommensabhängig geleistet werden.[400]

Die Steuerfreiheit des **Existenzminimums** als strikte Vorgabe für das EinkommensteuerR be- **158** schränkt sich auf den für ein menschenwürdiges Dasein erforderlichen Aufwand, der nach **sozialhilferechtliche Maßstäben** zu bestimmen ist.[401] Weitergehende Unterhaltsverpflichtungen sind schon deshalb nicht ebenso zu berücksichtigen, weil der Staat auch berechtigt wäre, entspr. den Grundbedarf übersteigende Zuwendungen beim Empfänger zu besteuern.[402]

Gleichwohl bleibt auch hier zu beachten, dass der Unterhalt für Kinder, anders als beliebiger **159** Privataufwand, als Sonderbelastung die Leistungsfähigkeit mindert und deshalb grds. angemessen zu berücksichtigen ist. Danach müssen auch „Investitionen in die Zukunft" der Kinder in Gestalt von **Ausbildungskosten** durch direkte staatl. Zuwendungen oder steuerl. Entlastung zumindest anteilig berücksichtigt werden,[403] und auch iÜ sind zwangsläufige private Aufwendungen für den Gesetzgeber nicht ohne weiteres disponibel, sondern im Lichte betroffener Grundrechte differenziert zu würdigen.[404]

Seit der systemat. Verknüpfung von Kinderfreibeträgen und Kindergeld (§§ 62 ff. EStG) durch **160** das JahressteuerG 1996 dient das Kindergeld der steuerl. Verschonung des Familienexistenzminimums und, soweit das Kindergeld dafür nicht erforderl. ist, der Förderung der Familie (§ 31 S. 2 EStG). Trotz tendenziell unterschiedl. strenger verfassungsrechtl. Anforderungen an die Verscho-

---

[392] BVerfGE 82, 60 (85); 99, 216 (233); 99, 246 (259); anders noch BVerfGE 87, 153 (169): Art. 2 I unter Berücksichtigung der Art. 12, 14.

[393] BVerfGE 87, 153 (170); anders, jedenfalls ohne Differenzierung BVerfGE 82, 60 (86).

[394] BVerfGE 87, 153 (170, 177).

[395] BVerfGE 82, 60 (86 f.); 89, 346 (353); dagegen mit freiheitsrechtl. Ansatz BVerfGE 87, 153 (169); beide Ansätze zsmf. BVerfGE 99, 216 (232 f.); 99, 246 (259 f.); 120, 125 (154 f.).

[396] BVerfGE 82, 60 (87); mit umgekehrter Reihenfolge BVerfGE 99, 246 (259 f.).

[397] BVerfGE 82, 60 (86, 90); wohl zust. BVerfGE 87, 153 (170); 99, 246 (260).

[398] Im Anschluss an *Birk* (Fn. 335), insb. S. 165 ff.; BVerfGE 82, 60 (89 f.); 87, 153 (170).

[399] Vgl. BVerfGE 105, 73 (126); 107, 27 (46 f.); 112, 268 (279 f.); 116, 164 (180); 122, 210 (231); 126, 268 (278).

[400] BVerfGE 82, 60 (88 f., 92); 87, 153 (175 ff.); 99, 246 (260).

[401] BVerfGE 66, 214 (224); 82, 60 (94 ff.); 87, 153 (170 ff.); 99, 246 (260 ff.); eingehend *M. Lehner*, Einkommensteuerrecht und Sozialhilferecht, 1993; zur weitergehenden generellen Einbeziehung eines „Betreuungsbedarfs" unabhängig v. Familien- od. Fremdbetreuung BVerfGE 99, 216 (232 ff.); zur Einbeziehung notw. Vorsorgeaufwendungen (Krankenversicherung) auch jenseits der Grenzen des § 10 EStG (1997) BVerfGE 120, 125.

[402] BVerfGE 82, 60 (91).

[403] BVerfGE 89, 346 (355 f.).

[404] BVerfGE 107, 27 (49); 112, 268 (280).

nung des Existenzminimums und an die sozialrechtl. Familienförderung bleibt auch für die Würdigung der Kindergeldregelungen in ihrer sozialrechtl. Funktion von Bedeutung, dass der Gesetzgeber diese Regelungen in ein abgestimmtes System von Steuerentlastung und Sozialleistung eingefügt hat und dass es in jedem Fall auch um den verfassungsrechtl. Schutzauftrag des Art. 6 I geht mit der Zielsetzung, die im Vergleich mit Kinderlosen verminderte finanzielle Leistungsfähigkeit auszugleichen.[405]

**161** Das **objektive Nettoprinzip** (Abzug von Betriebsausgaben und Werbungskosten) erkennt das BVerfG als das Einkommenssteuerrecht prägend an,[406] auch wenn es offenlässt, ob ihm Verfassungsrang zuzuerkennen ist.[407] Typisierende und pauschalierende Regelungen sind mögl.,[408] so dass dem Gesetzgeber ein erhebl. Gestaltungsspielraum verbleibt. Gleichwohl hat das BVerfG eine Reihe von steuerrechtl. Regelungen wegen eines Verstoßes gegen das **Gebot einer hinreichend realitätsgerechten Typisierung**[409] oder auch mangels hinreichender **Folgerichtigkeit**[410] für gleichheitswidrig erklärt.

**162** Erhebl. Zurückhaltung gegenüber Ausdifferenzierungen **einkommensteuerrechtl. Einzelprinzipien** entspricht der Grundsatz, dass es dem Gesetzgeber im Einzelnen freistehe, darüber zu entscheiden, ob ein bestimmtes für das Leistungsfähigkeitsprinzip entscheidendes **finanzielles Ergebnis** durch Anordnung der Steuerfreiheit oder der Absetzbarkeit als Werbungskosten, Betriebsausgaben, Sonderausgaben außergewöhnl. Belastungen[411] oder auch ganz außerhalb des Steuerrechts durch sozialrechtl. Regeln[412] erreicht werden soll.

**163** Die rückwirkende Absenkung der Wesentlichkeitsgrenze bei der Besteuerung privater Veräußerungen von Kapitaleinnahmen ist nach Ansicht des Zweiten Senats ein Verstoß gegen das Prinzip der Ausrichtung der Steuerlast am **Prinzip der finanziellen Leistungsfähigkeit.**[413]

**164–166** Bzgl. der zahlreichen gravierenden Ungleichbehandlungen im Verhältnis der **verschiedenen Einkunftsarten** zueinander hat das BVerfG das Grundprinzip des Dualismus von Gewinn- und Überschusseinkünften mit der Konsequenz unterschiedl. Besteuerung von Veräußerungsgewinnen stets akzeptiert.[414] Dem entsprach auch konsequent die grds. Zulässigkeit der Nominalwertbesteuerung von privaten Kapitalerträgen ohne Rücksicht auf einkommensteuerrechtl. unerhebl. (inflationsbedingte) Entwertung des Vermögensstammes.[415] Im Einzelnen sind die Bewertungsmaßstäbe beim Vergl. der Einkunftsarten allerdings wenig klar.[416]

**167** Die verfassungsrechtl. Bedenken gegen die **Senkung des Spitzensteuersatzes speziell für gewerbl. Einkünfte** gem. § 32c EStG aF[417] wertete das BVerfG iE nicht als durchschlagend:[418] Neben dem Zweck der Kompensation zusätzl. Belastung mit GewerbeSt rechtfertigen auch die gesamtwirtschaftl. Aspekte der internat. Konkurrenzfähigkeit des Standortes Deutschland die vorübergehende Privilegierung hinreichend kapitalkräftiger und daher internat. bewegl. Steuerpflichtiger[419] gegenüber anderen personenbezogenen[420] Einkunftsarten.

---

[405] BVerfGE 110, 412 (436) – Teilkindergeld bei Beschäftigungsort im Ausland; BVerfGE 111, 160 (172 f.) – Nichtgewährung v. Kindergeld an Ausl. ohne Aufenthaltserlaubnis oder -berechtigung; dazu auch EGMR NVwZ 2006, 917 f.; vgl. auch BVerfGE 111, 176 – Erziehungsgeld; BVerfGE 112, 164 (175 f.) – Einbeziehung v. Sozialversicherungsbeiträgen in den Grenzbetrag eigener Einkünfte des unterhaltsberechtigten Kindes.

[406] BVerfGE 126, 268 (280).

[407] BVerfGE 127, 224 (248 f.).

[408] BVerfGE 81, 228 (237); f. weitgehende Pauschalierungen BVerfGE 96, 1; etwas einschränkend aber BVerfGE 99, 88 (96 ff.) – Verlustverrechnung bei Vermietung bewegl. Gegenstände; 99, 280 (290 f.) – „Buschzulage"; 101, 297 (310) – häusl. Arbeitszimmer; BVerfGE 127, 224 (247 ff.) – pauschalisierte Hinzurechnung v. Betriebsausgaben; 135, 126 Rn. 71 – Zweitwohnungssteuer; krit. zur Typisierungsrspr. *Lammers* DStZ 2011, 483 ff.

[409] BVerfGE 126, 268 (280) – häusl. Arbeitszimmer; BVerfGE 145, 106 Rn. 127 ff. – Verlustabzug bei Kapitalgesellschaften: kein typischer Missbrauchsfall als Ausgangspunkt f. eine generalisierende Regelung; *Kessler/Egelhof/Probst* DStR 2017, 1289 ff.; *G. Kirchhof* DStR 2018, 2661.

[410] BVerfGE 107, 27 (49 ff.) – beschränkte Abzugsfähigkeit v. Kosten für doppelte Haushaltsführung; BVerfGE 122, 210 – Pendlerpauschale; BVerfGE 125, 1 (1 ff.) – Verlust v. Körperschaftsteuerminderungspotential beim Übergang auf Halbeinkünfteverfahren.

[411] BVerfGE 83, 395 (402); mit dem Vorbehalt verfassungsmäßiger Folgerichtigkeit auch BVerfGE 112, 268 (281 f.) – keine Kürzung erwerbsbedingter Kinderbetreuungskosten um „zumutbare Belastung".

[412] BVerfGE 61, 319 (354 f.).

[413] BVerfGE 127, 61 (81).

[414] BVerfGE 26, 302 (310 ff.); 27, 111 (127 ff.); insb. auch 28, 227 (236 ff.) – Verfassungsw. der Privilegierung landwirtschaftl. Veräußerungsgewinne; zum Ganzen krit. *J. Lang*, in: Tipke/Lang (Fn. 389), § 8 S. 335 ff.

[415] BVerfGE 50, 57 (80 ff.), 127, 1 (31).

[416] Vgl. BVerfGE 84, 348 (362 f.) – Arbeitnehmerfreibeträge v. selbständigen u. nichtselbständigen Steuerpflichtigen; BVerfGE 96, 1 (8) – Lohneinkünfte v. sonstige Einkunftsarten; BVerfGE 127, 1 (29) – Wertsteigerungen im Vermögen bei Grundstücken und anderen Vermögenswerten.

[417] Aufhebung der Norm im Jahr 2000 (BGBl. I S. 1433).

[418] BVerfGE 116, 164.

[419] Zur hinreichenden Gleichbehandlung der „Kleinsparer" im Zusammenhang mögl. Lösungen bei der Zinsbesteuerung BVerfGE 84, 239 (283).

[420] Dies ist vom „Finanzkapital" als Erwerbsgrundlage zu unterscheiden, BVerfGE 84, 239 (282).

Eine Verpflichtung des Gesetzgebers zur Korrektur der unterschiedl. Besteuerung von **Beamten-** **168** **pensionen und Renten** gem. §§ 19 I Nr. 2, 22 Nr. 1 EStG aF hatte das BVerfG bereits 1980 und noch einmal 1992 ausgesprochen.[421] Erst 2002 stellte das Gericht jedoch auch die Verfassungswidrigkeit (ab 1996) fest.[422] Zumindest in Höhe der durch Arbeitgeberanteile und Bundeszuschuss finanzierten Rentenbezüge fehle es an hinreichenden Gründen für eine Besteuerung nur geringer hypothetischer Ertragsanteile.

**c) Sonstige Steuerarten.** Auch außerhalb der Einkommensbesteuerung ist es v. a. in der jüngeren **169** Rspr. verschiedentl. zu Korrekturen des Steuerrechts gekommen, so dass die generelle rechtl. Bedeutung des Prinzips der Besteuerung nach der Leistungsfähigkeit gestärkt wurde. Von weichenstellender Bedeutung ist die Entscheidung zur Verschonung des Betriebsvermögens im **Erbschaftssteuerrecht**[423] (o. Rn. 142a). Neuansätze enthielten auch bereits die umstr. Einheitswert-Entscheidungen (o. Rn. 150). Die Entscheidung zur Unzul. erbschaftsteuerl. Befreiung von Zuwendungen nur an politische Parteien, nicht auch an kommunale Wählervereinigungen,[424] betrifft dagegen einen wahlrechtl. geprägten Sonderfall. Wichtige Entscheidungen betreffen **Aufwandssteuern** wie die Automaten-[425] und die Zweitwohnungssteuer.[426] Nicht gerechtfertigt war bei ersterer die Bemessung nach der Automatenstückzahl als pauschalierendem Ersatzmaßstab, bei letzterer der ohne hinreichende sachl. Gründe degressiv ausgestaltete Tarif. Nicht beanstandet wurde dagegen die vorrangig auf Umweltschutzerwägungen beruhende Luftverkehrssteuer.[427]

Die systembedingten Wettbewerbsnachteile für einstufige Unternehmen nach dem bis 1966 gelten- **170** den **Umsatzsteuerrecht** durch die Allphasenbruttobesteuerung hielt das Gericht allerdings für änderungsbedürftig,[428] wies aber sonst bis auf wenige Ausnahmen[429] alle Rügen zu einzelnen Abgrenzungen zurück.[430]

Die als ertragsorientierte Objektsteuer akzept. **Gewerbesteuer**[431] wurde, abgesehen von den Fragen **171** der Ehegattendiskriminierung,[432] trotz etl. Verfahren[433] kaum beanstandet. Die Grundsatzentscheidung zur Unzul. eines Durchgriffs auf Gesellschaftervergütungen bei personenbezogenen Kapitalgesellschaften[434] ist jdf. in der zivilrechtsorientierten Begründung überholt.[435] Es bleiben zwei Entscheidungen zur Verfassungsw. der Zweigstellensteuer.[436]

Bei der **Grunderwerbsteuer** wurde die Regelung zur Ersatzbemessungsgrdl. bei Grundstücksüber- **171a** gängen ohne Kaufpreiszahlung für gleichheitswidrig erachtet.[437] Unbeanstandet geblieben ist dagegen die Ausnahme zur Besteuerung bei amtl. Umlegungsverfahren im Gegensatz zur freiwilligen Umle-

---

[421] BVerfGE 54, 11 (34 ff.); 86, 369 (379 ff.).

[422] BVerfGE 105, 73 ff. – mit Fristsetzung f. den Gesetzgeber bis 1.1.2005, der mit dem sog. AlterseinkünfteG v. 5.7.2004, BGBl I S. 1427, reagierte; die danach beschränkte Abziehbarkeit v. Beiträgen zur gesetzl. Rentenvers. hat der BFH wiederholt für verfassungsmäßig erklärt, BFH BStBl II 2010, 282 mwN auch zum Streitstand in der Lit.

[423] BVerfGE 138, 136; krit. dazu *Piltz* ZEV 2018, 170.

[424] BVerfGE 121, 108.

[425] BVerfGE 135, 238.

[426] BVerfGE 135, 126.

[427] BVerfGE 137, 350; krit. zur Anw. des Gebots der Folgerichtigkeit *Hubbertz* LKRZ 2015, 49 ff.; vgl. o. Rn. 142a.

[428] BVerfGE 21, 12 (26 ff.).

[429] BVerfGE 43, 58 (70 ff.). – ärztliche Laborgemeinschaften, gewerbl. Analyseunternehmen; zu verfassungskonf. Auslegung BVerfGE 101, 132 (139 f.) – Heileurythmist; 101, 151 (155 ff.) – keine Unterscheidung allein nach der Rechtsform.

[430] Etwa BVerfGE 19, 129 (134 f.) – Religionsgemeinschaften mit und ohne Status als Körperschaft des öff. Rechts; BVerfGE 19, 64 (68 ff.) – Röstkaffee, Pulverkaffee; BVerfGE 36, 321 (330 ff.) – Schallplatten, and. kulturelle Leistungen; BVerfGE 37, 38 (46 ff.) – Gleichbehandl. v. Dienstleistungen u. Warenlieferungen; zul. BVerfGE 85, 238 (244 ff.) – unterschiedl. Behandl. v. Kraftdroschken- u. Mietwagenunternehmen; s. a. BVerfG (K) NJW 1997, 3368: Berücks. des Existenzmin. im UmsatzsteuerR „allenfalls" beim Endverbraucher.

[431] BVerfGE 21, 54 (63 ff.); zur Unterscheidung gegenüber selbstständiger Arbeit sowie Land- u. Forstwirtschaft BVerfGE 26, 1 (11).

[432] BVerfGE 13, 290 ff. – Nichtigkeit der Hinzurechnung v. Arbeitsvergütungen des Ehegatten; BVerfGE 69, 188 (205 ff.) – verfassungskonf. Auslegung der Betriebsaufspaltung; vgl. auch o. Rn. 118.

[433] Ohne Erfolg etwa BVerfGE 24, 112 (117 ff.) – Durchgriff auf Kommanditisten; BVerfGE 25, 28 (35 ff.) u. 69, 188 (202 ff.) – Betriebsaufspaltung, soweit ohne Ehegattendiskriminierung; BVerfGE 40, 109 (115 ff.) – Schachtelprivileg; BVerfGE 42, 374 (388 ff.) – Pfandleihgewerbe; BVerfGE 46, 224 (233 ff.) – Handelsvertreter; der Vorlagebeschl. FG Nds EFG 1998, 1428 scheiterte an „gesteigerten" Begründungsanford., BVerfG (K) NJW 1999, 2581; ein neuerlicher Vorlagebeschl. führte zur Feststellung der Verfassungsm., BVerfGE 120, 1 – Abfärberegelung; anschl. BVerfG (K) NJW 2010, 2116; BVerfGE 148, 217 – Gewerbesteuerpflicht f. Gewinne aus Veräußerung v. Anteilen an einer Mitunternehmerschaft; vgl. dazu krit. *Burwitz* NZG 2018, 729; *Siebert/Sommer/Grün* DStR 2019, 367.

[434] BVerfGE 13, 331 (339 ff.).

[435] Bereits BVerfGE 18, 224 (232 ff.) – zur Zul. des Durchgriffs bei Pensionszusagen; → Rn. 146 mwN.

[436] BVerfGE 19, 101 (111 ff.) – Wareneinzelhandelsunternehmen; BVerfGE 21, 160 (167 ff.) – Bank- u. Kreditunternehmen; vgl. auch zur Bestät. der bisherigen Grundsätze des Gewerbesteuerrechts BVerfG NVwZ-RR 2016, 841.

[437] BVerfGE 139, 285.

gung.[438] Bei der **Grundsteuer** muss eine realitätsnahe Bewertung erfolgen, die auch Wertveränderungen in der Zeit angemessen berücksichtigt.[439]

172 **d) Nichtsteuerliche Abgaben (ohne Sozialversicherung).** Für nichtsteuerl. Abgaben folgen die gleichheitskonkretisierenden Maßstäbe dem jeweils kompetenzrechtl. erforderl. bes. **Legitimationsgrund.**[440] **Gebühren**[441] dienen als Gegenleistungsabgaben der vollen oder anteiligen[442] Finanzierung individuell zurechenbarer staatl. Leistungen. Sie müssen deshalb gem. Art. 3 I iVm dem Übermaßverbot dem Äquivalenzprinzip folgen[443] und insges. kosten-, im Einzelnen vorteilsorientiert sein,[444] unterliegen aber verfassungsrechtl. weder einem strengen Äquivalenzgebot noch dem Kostendeckungsprinzip.[445]

173 Die Rspr.[446] gewährt vielmehr dem Gebührengesetzgeber wie dem Satzungsgeber im Rahmen sachgerechter Abwägung erhebl. Spielräume für vereinfachende Typisierungen und Pauschalierungen und für die Berücksichtigung weiterer, insb. verhaltenslenkender Ziele.[447] Auch **soziale Differenzierungen** nach Einkommens- und Vermögensverhältnissen, wie die gem. § 90 I 2 KJHG/SGB VIII ermöglichte Staffelung von Kindertagesstättengebühren, sind grds. zulässig.[448]

174 **Beiträge,** die sich von Gebühren – in der Abgrenzung oft zweifelhaft – nur insoweit unterscheiden, als für die Gegenleistungsbeziehung bereits ein potentieller Vorteil ausreicht, werden weitgehend analog zu den Gebühren gewürdigt.[449] Auch hier müssen die Vorteile der Typisierung im rechten Verhältnis zu der damit notgedrungen verbundenen Ungleichheit stehen.[450] Mit Blick auf den Grundsatz der Belastungsgleichheit bedürfen sie eines bes. sachl. Rechtfertigungsgrundes[451] und müssen sich von Steuern deutl. unterscheiden.[452] Danach ist die Rundfunkbeitragspflicht auch von Personen, die bewusst auf eine Rundfunkempfangsmöglichkeit verzichten, zulässig, sofern ihnen ein Vorteil individuell-konkret zugerechnet werden kann und dessen Nutzung realistischerweise möglich erscheint.[453]

175 Die umfangreiche Rspr.[454] zu **Sonderabgaben** und **sonstigen Abgaben** hat (auch) gleichheitsrechtlich, unterschiedl. strenge Bindungen[455] im Wesentl. schon dem kompetenzrechtl. Anforderungen an solche Abgaben entnommen, so dass sich eine eigenständige Bedeutung des Art. 3 I praktisch auf Probleme sachgerechter Abgrenzung der Abgabepflichtigen und der Bemessung im Einzelnen beschränkt.[456] Zu (wegen Verstoßes gegen Art. 3 III nichtigen, → Rn. 279) landesrechtl. **Feuerwehrabgaben** hat das Gericht für eine etwa geplante, auch auf Frauen ausgedehnte Abgabe die vorsorgl. festgestellte Verfassungsw. zusätzl. auch auf Art. 3 I gestützt.[457]

---

[438] BVerfGE 139, 1.

[439] BVerfGE 148, 147.

[440] Grdl. *Wilke,* Gebührenrecht und Grundgesetz, 1973; *K. Vogel,* FS Geiger, 1989, S. 518 ff.

[441] BVerfGE 78, 249 (269); 108, 1 (16); BVerfG (K) NJW 2008, 2770; BVerwGE 118, 128 (132 f.).

[442] Zur Pflicht, bei Leistungen, die auch dem Allgemeininteresse dienen, Gebühren in angemessener Höhe anteilig zu begrenzen, BVerwGE 69, 242 (245 ff.); 81, 371 (373 ff.).

[443] BVerfGE 83, 363 (392); BVerwGE 80, 36 (39); 118, 123 (125 ff.).

[444] Näher *Wollenschläger* MKS I, Art. 3 Abs. 1 Rn. 226.

[445] Grds. BVerfGE 50, 217 (226 ff.): Verfassungswidrige Widerspruchsgebühren ohne hinreichende Kostenorientierung; zu Gerichtskosten BVerfGE 80, 103 (106); 85, 337 (345 ff. – ohne Bezugnahme auf Art. 3 I); 115, 381 (389 f.); zu Kindergartengebühren BVerfGE 97, 332 (345); zur bes. gelagerten Rundfunkgebühr BVerfGE 90, 60 (106); anschl. – ohne Bezug zu Art. 3 I – BVerfGE 119, 181 (214 ff.).

[446] BVerfGE 50, 217 (226 f.); 132, 334 Rn. 51; 144, 369, Rn. 66; aus der stRspr des BVerwG etwa BVerwG NVwZ 1982, 622 ff.; NVwZ 1987, 503; BVerwGE 80, 36 (41 f.); 104, 60 (63 f.); BVerwG NVwZ 2009, 185; BVerwGE 135, 352 (353 f., 361 ff.).

[447] Grdl. *Kloepfer* AöR 97 (1972), 232 ff.; eingehend *Wendt,* Die Gebühr als Lenkungsmittel, 1975; im kompetenzrechtl. Zusammenhang BVerfGE 108, 1 (18 ff.); BVerfG (K) NVwZ 2010, 831.

[448] Umstr., bejahend BVerwG NVwZ 1995, 173 ff., jdf. solange auch der Höchstbetrag unterhalb der Verwaltungskosten bleibt; ebenso BVerfGE 97, 332 (344 ff.); so wohl auch *P. Kirchhof* HStR IV, § 88 Rn. 203; zu sozialstaatl. begründeten Befreiungen v. Rundfunkgebühr OVG Berlin NVwZ-RR 2005, 332 f.; vgl. auch o. Fn. 442 mwN; ferner bereits BVerfGE 80, 103 (106 ff.); aA *K. Vogel* HStR IV, § 87 Rn. 100; *Brohm* FS Knöpfle, 1996, S. 57 ff. mwN.

[449] Etwa BVerwGE 68, 36 (38 ff.), und BVerwG NVwZ 1987, 231 f., zu Wasserbeitrag und -gebühr; zur Abwasserabgabe BVerwGE 79, 54 (60); zu Kammerbeiträgen BVerwGE 125, 384; zu Studienabgaben BVerwGE 134, 1 (5); zu wiederkehrenden Straßenbaubeiträgen BVerfGE 137, 1 Rn. 49 ff.; krit. *Niemeier/Gramlich* KommJur 2015, 441; BVerfGE 146, 164 Rn. 71.

[450] BVerfGE 137, 1 Rn. 50.

[451] BVerfGE 108, 1 (16); 124, 235 (243); 132, 334 Rn. 47; 137, 1 Rn. 49; 144, 369 Rn. 62.

[452] BVerfGE 93, 319 (342 f.); 108, 1 (16); 123, 132 (141); 124, 235 (243); 124, 348 (364).

[453] BVerfGE 149, 222 Rn. 66 ff.; verfassungswidrig dagegen die Mehrfachbelastung v. Zweitwohnungsinhabern, ebd. Rn. 106 ff.

[454] MwN BVerfGE 110, 370 – Klärschlamm-Entschädigungsfonds; BVerfGE 122, 316 – AbsFondsG; BVerfGE 124, 235 – BAFin-Umlage; BVerfGE 124, 348 – Anlegerentschädigung.

[455] *Osterloh* NVwZ 1991, 823 (825).

[456] BVerfGE 78, 249 (286 ff.) – Fehlbelegungsabgabe; BVerfGE 93, 319 (348 ff.) – Wasserpfennig; BVerfGE 124, 235 (249 ff.) – BaFin-Umlage; BVerwGE 133, 165 (179 ff.; BVerfG (K) NVwZ 2018, 972 – Kürzung v. Emmissionsberechtigungen.

[457] BVerfGE 92, 91 (120 f.), unter Hinweis auf BVerfGE 9, 291 (301).

**2. Sozialrecht.** Auch im Sozialrecht spielt die neuere Rspr. zur Verschärfung der Gleichheitskon- 176
trolle eine sichtbare, wenn auch im Vergl. mit dem Steuerrecht weniger spektakuläre Rolle.[458] Sieht
man von dem primär steuerrechtl. konturierten Problemfeld des Familienleistungsausgleichs ab,[459] so
haben die Grundbekenntnisse des BVerfG zur weitgehenden **sozialpolitischen Gestaltungsfreiheit
des Gesetzgebers**[460] aber nach wie vor zentrale Bedeutung. Die Rspr. zu den nicht aus Art. 3 I,
sondern aus Art. 1 I iVm Art. 20 I abgeleiteten Anforderungen an ein folgerichtiges Verfahren der
Bedarfsermittlung zur Gewährleistung eines Existenzminimums hat die verfassungsrechtl., nicht aber
die gleichheitsrechtl. Kontrolle intensiviert.[461]

**a) Leistungen außerhalb des Arbeitsförderungs- und Sozialversicherungsrechts.** In der 177
älteren Rspr. waren dort, wo weder spezielle Diskriminierungsverbote oder Schutzgebote, insb. Art. 6
I,[462] noch beitragsrechtl. Zusammenhänge den Handlungsspielraum des leistungsgewährenden Staates
einschränken, also namentl. im (früheren) **Sozialhilfe-**[463] und im **Versorgungsrecht**[464] wie auch
beim **Wohngeld,**[465] verfassungsgerichtl. Korrekturen des Gesetzgebers marginal geblieben.[466] Dies hat
sich mit der neuen Rspr. zur nicht rechtfertigbaren Ungleichbehandlung aufgr. von Kriterien wie
sexueller Orientierung[467] und Staatsangehörigkeit[468] geändert.

Für das frühere **Kindergeldrecht** hat die Leitentscheidung zum Familienlastenausgleich[469] einen 178
tiefgreifenden Wandel gebracht. Indes beziehen sich die Gründe der Entscheidung auf verfassungsrechtl. Anforderungen an das Steuerrecht. Dessen Defizite schlagen systemübergreifend nur insoweit
auf das Sozialrecht durch, als es mit dem Kindergeld als Ausgleich für gemindete steuerl. Leistungsfähigkeit „obj. erkennbar dem Regelungsziel dient, das in verfassungswidriger Weise verfehlt worden
ist".[470] – Im Übrigen kam es jedoch auch hier selten zur Feststellung eines Gleichheitsverstoßes.[471] Zur
Rechtslage nach der Integration des Kindergeldes in das Einkommensteuerrecht o. Rn. 160.

Strengere Anforderungen an sachgerechte Gründe für Ungleichbehandlungen im **Ausbildungs-** 179
**förderungsrecht**[472] bei der Leistungsausgestaltung im Einzelnen[473] beziehen ihre Legitimation aus

---

[458] *Steiner* FS Wendt, 2015, S. 457 ff.; *Kirchhof* NZS 2015, 1 ff.; *Papier* SRH, S. 145 ff.

[459] Siehe → Rn. 151 ff.

[460] BVerfGE 89, 365 (376) mwN; BVerfGK 17, 375 zur Anrechnung v. BAföG-Leistungen auf Leistungen nach
dem SGB II; BVerfGK 15, 152 zur nur beschränkten Finanz. künstl. Befruchtung; vgl. auch BVerfGE 103, 197
(221 ff.) zur Grundentscheidung für die Pflegeversicherungspflicht; zu den Einwirkungen des GemeinschaftsR iVm
dem AGG auf das SozialR vgl. m. zahlr. N. *Welti* VSSR 2008, 55 ff., mit einem Plädoyer für den Abschied v.
„Abwehrschlachten und Umsetzungsdebatten" u. die Rückbesinnung auf die mitgliedstaatl. Gestaltungsmacht u.
-verantwortung (aaO S. 81).

[461] BVerfGE 125, 175 (238 ff.); 137, 34 Rn. 73 ff.; nach *Kirchhof* NZS 2015, S. 1 (5) hat die Rspr. bei der
Bestimmung des Existenzmin. bewusst auf einen Rückgriff auf Art. 3 I verzichtet, da es um den nicht in Relation zu
anderen, sondern individuell zu bestimmenden Bedarf des jeweiligen Leistungsempfängers gehe.

[462] ZB BVerfGE 112, 50 (67); näher → Art. 6 Rn. 43 ff.

[463] Keine Beanstandungen: BVerfGE 37, 154 (164 ff.) – Blindenhilfe, Unterscheidung nach verschied. Gründen
gleichstarker Behinderung; zurückhaltender („noch" kein Verstoß) BVerfGE 39, 148 (152 ff.), zum entspr. Problem
bei unentgeltl. Beförd. Behinderter im Nahverkehr, geändert gem. §§ 59 ff. SchwbG; dagegen Beanstandungen:
BVerfGE 116, 229 (238 ff.) – Ungleichbehandlung v. Asylbewerbern ggü. Sozialhilfeempfängern betr. vorrangigen
Einsatz v. Schmerzensgeld vor Leistungsansprüchen.

[464] Beanstandungen: BVerfGE 38, 187 (197 ff.) – kein Wiederaufleben der Witwenversorgung nach schuldhafter
Scheidung; BVerfGE 60, 16 (38 ff.) – Beschränkung des Härteausgleichs gem. § 89 III BVG auf Zeitraum nach
bindendem Abschluss des Bewilligungsverf.

[465] BVerfGE 27, 220 (227 ff.) – über die Vermeidung v. Doppelleistungen an Sozialhilfeempfänger
hinausgehender Ausschluss vom Wohngeld.

[466] Vgl. zB BVerfGE 96, 330 (342 ff.) – grds. Ausschluss der BAföG-Empfänger vom Wohngeld; zur Notwendigkeit verfassungskonf. Auslegung bei berufsbegleitendem Studium aber BVerfGE 96, 315 (325 ff.); vgl. *Sachs* VSSR
1994, 33 (41 ff.); *ders.* HStR VIII, § 183 Rn. 66 ff.

[467] BVerfGE 131, 239 – Familienzuschlag.

[468] BVerfGE 132, 72 – Bundeserziehungs- und -elterngeld; BVerfGE 131, 239 – Landeserziehungsgeld.

[469] BVerfGE 82, 60 ff., näher o. Rn. 153 ff.

[470] BVerfGE 82, 60 (85); zur Verfassungsm. des § 10 II BKGG für die Jahre 1986 u. 1987 anschl. BVerfGE 91, 93
(109 ff.).

[471] BVerfGE 106, 166 (175) – Recht zur Bestimmung des Kindergeldberechtigten nur für zusammenlebende
verheiratete Eltern; BVerfGE 111, 160 (170 ff.) – aufenthaltsrechtl. begründeter Anspruchsausschluss gehört der Sache
nach schon zur aktuellen Rechtslage, → Rn. 160; vgl. auch BVerfGE 111, 178 (184 ff.) – Ausschluss vom Erziehungsgeld; dazu auch Vorlagebeschl. BSG v. 3.12.2009 – B10 EG 6/08 R; zum Erfordernis verfassungskonformer
Auslegung auch BVerfGE 22, 28 (34 ff.) – Ausschluss vom Kindergeld bei mittelb. Arbeitnehmern des öff. Dienstes,
Art. 3 I iVm Art. 6 I.

[472] Vgl. BVerfGE 70, 230 (239 ff.) – verfassungskonf. Auslegung des § 7 III BAföG (wichtiger Grund für Aus-
bildungsabbruch od. Wechsel der Fachrichtung); BVerfGE 99, 165 (183 f.) – Unzul. spezieller Benachteiligungen
v. Auszubildenden mit berufsqualifiziertem Abschluss; BVerfGE 100, 195 (205 ff.) – Unzul. der Anrechnung nur
des Einheitswerts eigener Grundstücke bei der Bedarfsberechnung des Auszubildenden; BVerfGE 129, 49 (69) –
Verfassungsw. des Ausschlusses eines sog. großen Teilerlasses für Studierende der Medizin in den Neuen Ländern.

[473] Zur notw. polit. Gestaltungsfreiheit bei den konzeptionellen Grundentscheidungen BVerfGE 96, 330 (339 ff.);
BVerwGE 95, 252 (260 ff.); speziell zu Überleitungsvorschriften auch BVerfGE 44, 290 (294 ff.).

dem vom BVerfG hierzu jedoch nicht herangezogenen Aspekt erhöhter Grundrechtssensibilität[474] dieser speziellen berufsfördernden Leistungen. Gleiches gilt für das **Landeserziehungsgeld** mit Blick auf das von Art. 6 II geschützte Elternrecht; einer Unterscheidung aufgr. der Staatsangehörigkeit fehlt bereits der legitime Zweck.[475]

180      **b) Arbeitsförderung und Sozialversicherung.** Bei der Arbeitsförderung, ursprüngl. im AFG, später im SGB III[476] geregelt, wurden auf der Grdl. v. Art. 3 I, zT auch zusammen mit Art. 6 I, zahlr. Korrekturen vorgenommen,[477] wobei schon vergleichsw. früh ein strenger Maßstab an die Rechtfertigung ungleich wirkender Typisierung gestellt[478] und dieser nach der neuen Formel mit Blick auf den Eigentumsschutz sozialversicherungsrechtl. Ansprüche noch verschärft wurde.[479] Rechtfertigbar sind allerdings vorübergehende Ungleichbehandlungen im Rahmen von Systemumstellungen.[480]

181, 182     *(nicht belegt)*

183      Umgekehrt ist der Beitrags- und Versicherungsgedanke konsequent auch zur Rechtfertigung einer vom nicht als Verfassungsprinzip angesehenen Lebensstandardprinzip abweichenden Gleichbehandlung mobilisiert worden.[481]

184      Im **Sozialversicherungsrecht** besteht – innerhalb des schon kompetenzrechtl. vorgegebenen Rahmens der Strukturmerkmale des verfassungsrechtl. Gattungsbegriffs Sozialversicherung[482] – die weitestgehende **Entscheidungsfreiheit** des Gesetzgebers bei den **Grundentscheidungen** über Leistungsberechtigung und Leistungsverpflichtung. Danach ist die gesetzl. Begründung von Solidargemeinschaften zum Zweck der „Deckung eines mögl., in seiner Gesamtheit schätzbaren Bedarfs durch Verteilung auf eine organisierte Vielheit"[483] zwar nicht völlig beliebig mögl. Der Gesetzgeber muss vielmehr an vorhandene Strukturen soz. Solidaritäts- und Verantwortlichkeitsbeziehungen anknüpfen.

185      Zul. sind jedoch insb. auch **fremdnützige Sozialversicherungsabgaben,** wobei, anders als bei Sonderabgaben, die Zugehörigkeit zu einer „homogenen" Gruppe (wie derjenigen der abgabepflichtigen Arbeitgeber) nicht erforderl. ist.[484] Auch wirtschafts- und arbeitsmarktpolitische Gründe dürfen bei der Abgrenzung der Abgabepflichten berücksichtigt werden.[485]

186      Im Übrigen darf der Gesetzgeber den **Kreis der Versicherungspflichtigen** nach den Erfordernissen der Leistungsfähigkeit der Solidargemeinschaft abgrenzen[486] und muss (nur) spez. Diskriminierungen wie Willkür bei der Ausgestaltung von Zugangs- und Befreiungsmöglichkeiten im Einzelnen vermeiden.

187      Hins. der Ausgestaltung von **Beitragspflichten** und **Leistungsrechten** bestimmen die spezifisch sozialversicherungsrechtl. Grundprinzipien den gleichheitsrechtl. Abwägungsrahmen.[487] Im Mittelpunkt stehen hier einerseits das **Solidarprinzip** bzw. das Prinzip des soz. Ausgleichs, das die Anknüpfung der Beitragsbemessung an die unterschiedl. Leistungsfähigkeit und[488] die Ausrichtung der Leistung am Bedarf[489] rechtfertigt. Andererseits gilt das Versicherungs- oder **Beitragsprinzip**, insb. das **Äquivalenzprinzip**, in unterschiedl. Ausprägung in den verschiedenen Versicherungssparten. Beide sich gegenseitig ergänzenden und beschränkenden Prinzipien mobilisiert die BVerfG als Bewertungsmaßstäbe sachl. hinreichend begründeter Ungleichbehandlung, in strenger Form beim Vergleich verschiedener Versichertengruppen. Hinzugetreten ist in jüngerer Zeit ein bes. familienpolitischer Akzent. Konkret bezogen auf die Pflegeversicherung, soll ein aus Art. 3 I iVm Art. 6 I abgeleitetes

---

[474] Dazu → Rn. 32, 93 f.

[475] BVerfGE 130, 240 (256 ff.); vgl. dazu *Britz* ZAR 2014, 56 ff.

[476] Sozialgesetzbuch III – Arbeitsförderung – G. v. 24.3.1997 (BGBl I, S. 594), zul. geänd. durch Art. 4 G. v. 12.12.2019 (BGBl I, 2522) u. Art. 30 G. v. 12.12.2019 (BGBl I, 2652); vgl. auch die Gesetze für moderne Dienstleistungen am Arbeitsmarkt („Hartz I–IV"), I–II G. v. 23.12.2002 (BGBl I, 4607; 4621), III G. v. 23.12.2003 (BGBl I, 2848), IV G. v. 24.12.2003 (BGBl I, 2954).

[477] BVerfGE 67, 186 (195 ff.) – unzul. Benachteiligung v. Verheirateten ggü. nichtehel. Gemeinschaften; BVerfGE 74, 9 (24, 27) – Unzul. des Ausschlusses v. Studenten vom Arbeitslosengeld; BVerfGE 87, 234 (257 ff.) – Anrechnung des Einkommens v. Ehegatten bei Arbeitslosenhilfe; BVerfGE 90, 226 (239 f.) – Beitragsäquivalenz beim Arbeitslosengeld (Kirchensteuerhebesatz).

[478] BVerfGE 42, 176 (182 ff.) – unzul. generelle Vollanrechnung vergleichsw. erhaltener Abfindung; BVerfGK NJW 2018, 3169 – Ungleichbehandlung einer Lebensversicherung der Pensionskasse im Verhältnis zu Leistungen einer priv. Lebensversicherung

[479] BVerfGE 74, 9 (24 ff.), m. abwM des Richters *Katzenstein*, S. 28 ff.; zum Kurzarbeitergeld Eigentumsschutz offenlassend BVerfGE 92, 365 (405 f.).

[480] BVerfGK NVwZ 2018, 1630.

[481] BVerfGE 90, 226 (239).

[482] BVerfGE 75, 108 (146) – Künstlersozialversicherung.

[483] BVerfGE ebda., im Anschluss an BSGE 6, 213 (218, 227 f.).

[484] BVerfGE 75, 108 (157 f.), gegen *P. Selmer*, Steuerinterventionismus und Verfassungsrecht, 1972, S. 63 ff.; *J. Isensee*, Umverteilung durch Sozialversicherungsbeiträge, 1973, S. 63; *W. Leisner*, Sozialversicherung und Privatversicherung, 1974, S. 96.

[485] BVerfGE 75, 108 (160) unter Hinweis auf BVerfGE 14, 312 (319) – unerwünschte Anreize zur Beschäftigung v. „Altersrentnern"; vgl. auch BVerfGE 44, 70 (91) – Rücksichtnahme auf priv. Versicherungswesen.

[486] BVerfGE 113, 167 (220) mN zur stRspr.

[487] Dazu insb. BVerfGE 79, 223 (236 f.).

[488] BVerfGE 79, 223 (236 f.); BVerfGE 92, 53 (70 f.).

[489] BVerfGE 89, 365 (378) – Krankenversicherung; BVerfGE 92, 53 (71 f.) – Lohnersatzleistung.

Gebot gelten, Kinderbetreuung und -erziehung als „**generativen Beitrag** zur Funktionsfähigkeit eines umlagefinanzierten Sozialversicherungssystems" relativ beitragsmindernd zu berücksichtigen.[490] Im Einzelnen fallen die verfassungsgerichtl. Abwägungen unterschiedl. aus:

Es ist in allen Versicherungssparten verfassungswidrig, **Einmalzahlungen** des Arbeitgebers in die **188** Beitragsbemessung einzubeziehen, nicht aber bei der Berechnung von **Lohnersatzleistungen** zu berücksichtigen.[491]

Speziell in der **Rentenversicherung** hat das BVerfG beitrags- und leistungsrechtl. Beanstandungen nur **189** in seltenen Ausnahmefällen ausgesprochen. Allerdings hatte es den Gesetzgeber verpflichtet, auch speziell versicherungsrechtl. Verbesserungen des gem. Art. 3 I iVm Art. 6 I gebotenen Familienlastenausgleichs schrittweise zu realisieren.[492] Dem folgend hat es die bisherigen Lösungen zur Anrechnung von Kindererziehungszeiten für unvereinbar mit Art. 3 I erklärt, soweit sich danach die Kindererziehungszeiten bei solchen Personen, die versicherungspflichtig beschäftigt sind oder die freiwillige Beiträge entrichtet haben, nicht oder nur deutl. geringer auswirkten.[493] I. Ü. wird jedoch der allg. Grundsatz notwendiger Gestaltungsfreiheit gerade in der bes. komplexen und finanziell folgenreichen Materie „Rentenversicherung" bestätigt.[494] Dem entspricht eine Fülle erfolgloser Rügen von Gleichheitsverstößen.[495]

Zur **Krankenversicherung**[496] ist, nach einzelnen weniger bedeutsamen früheren Beanstandun- **190** gen,[497] eine Grundsatzentscheidung[498] zum Problem unterschiedl. Beitragslasten der verschiedenen Krankenkassen trotz weitgehend angeglichener Leistungen von Interesse, in der dem Gesetzgeber die weitere Angleichung der Beitragssätze bei fehlender Wahlmöglichkeit der Pflichtversicherten aufgegeben wurde. Die vor diesem Hintergrund konzipierte Strukturreform mit ihrer Verbindung von bundesweitem kassenübergreifenden Risikostrukturausgleich und dem Recht der freien Kassenwahl war auch nach einem strengen Maßstab verhältnismäßiger Gleichbehandlung mit Blick auf die den Risikostrukturausgleich dominierenden Ziele der Solidarität und des Wettbewerbs nicht zu beanstanden.[499] Sparmaßnahmen können mit Blick auf die finanz. Stabilität der gesetzl. Krankenversicherung und der Wirtschaftlichkeit der vertragsärztl. Versorgung gerechtfertigt werden.[500] Verfassungswidrig war dagegen die Zugangsbeschränkung zur Pflichtversicherung in der Krankenversicherung der Rentner nach Maßgabe der „⁹/₁₀-Regel".[501] Zum **PflegeversicherungsG**[502] von 1994 musste der Gesetzgeber zwar die Beitragsbemessung mit Blick auf Kinderbetreuung und -erziehung korrigieren (o. Rn. 187). Auch der generelle Zugangsausschluss einer relativ kleinen jedoch schutzbedürftigen Gruppe nicht krankenversicherter Personen wurde beanstandet.[503] Dagegen folgert das BVerfG i. Ü. aber aus der freiheitsrechtl. Unbedenklichkeit der gesetzgeberischen Entscheidung für eine „Volksversicherung"[504] mit Einbeziehung privat Krankenversicherter nach dem Grundsatz „Pflegeversicherung folgt Krankenversicherung" ohne Wahlrecht zugunsten der soz. Pflegeversicherung, dass die Prämie der Privatversicherten im Einzelfall höher sein könne als bei der soz. Pflegeversicherung.[505]

---

[490] BVerfGE 103, 242 (263 ff.); krit. zum erhöhten Beitrag von aus mediz. Gründen kinderlosen Menschen *Baer* NZS 2014, 1 (4).

[491] BVerfGE 92, 53; 102, 127.

[492] BVerfGE 87, 1 (36 ff.).

[493] BVerfGE 94, 241 (264 f.).

[494] BVerfGE 87, 1 (40 ff.); 94, 241 (264 f.).

[495] Vgl. etwa zu extremen atypischen Einzelfällen, in denen Beitragszahlungen sich sogar leistungsmindernd auswirkten, BVerfGE 59, 287 (297 ff.); 66, 234 (242 ff.); zu den Grenzen zul. Typisierung in diesem Kontext auch BVerfGE 63, 119 (126 ff.); vgl. BVerfG DÖV 2018, 203, Rn. 36 – die Kürzung v. Zusatz- und Sonderversorgungsrenten ist neu zugeschnittenen Gruppen auch ohne Einzelfallprüfung mögl.

[496] Obgleich für die Zulassung von Zuzahlungen im Rahmen der Ausgestaltung des Leistungskatalogs wohl v. a. Art. 2 I, II 1 iVm dem Sozialstaatsprinzip als Maßstab heranzuziehen ist, BVerfG 115, 25 (46), begründet das BSG dies – inhaltl. zur Bedeutung v. Effektivität, Effizienz, Qualität u. Finanzierbarkeit der Leistungen der GKV mit dem BVerfG übereinstimmend – auf der Grundlage des Art. 3 I, BSGE 103, 275 (282 ff.) – Praxisgebühr.

[497] BVerfGE 38, 213 (219 ff.) – Ausschluss v. Mutterschaftsgeld; BVerfGE 79, 87 (98) – „Krankengeld-Spitzenbetrag", ferner BVerfGE 40, 65 (81 f.). – Benachteiligung selbst pflichtversicherter berufstätiger Ehefrauen v. knappschaftlich Versicherten, verfassungskonforme Auslegung.

[498] BVerfGE 89, 365 (375 ff.).

[499] BVerfGE 113, 167 (insb. 227 ff.); zur Zul. der bes. Mindestbemessungsgrenze hauptberufl. selbstständig Tätiger, die freiwillig versichert sind, wegen der Orientierung dieser bes. Grenze nicht am Brutto –, sondern am Nettoeinkommen BVerfGE 103, 392 (397 ff.).

[500] BVerfGE 114, 196 (244); BVerfGK BeckRS 2017, 136497 – Abrechnungsausschluss; BVerfGK NJW 2018, 3299 – Qualitätssicherung.

[501] BVerfGE 102, 68 (86 ff.); dagegen zur Unbedenklichkeit des § 10 III SGB V BVerfGE 107, 205 (215 ff.); krit. *Felix* NZS 2003, 624 ff.; *Baumeister* SGb 2004, 398 ff.; zu § 248 S. 1 SGB V BVerfG (K) NZS 2009, 91; zu § 27a SGB V BVerfGE 117, 316 (325 ff.); BVerfG (K) NJW 2009, 1733; krit. *Huster* NJW 2009, 1713 ff.; zur zul. Typisierung nach § 5 I Nr. 11 SGB V BSGE 103, 235 (241 ff.).

[502] Pflege-Versicherungsgesetz v. 26.5.1994 (BGBl I, S. 1014, 2797), zul. geänd. durch Art. 57 Abs. 33 Gesetz v. 12.12.2019 (BGBl I, S. 2652).

[503] BVerfGE 103, 225 (235 ff.).

[504] BVerfGE 103, 197 (221).

[505] BVerfGE 103, 271 (289 ff.).

**191**   **3. Arbeitsrecht.** Im Arbeitsrecht spielt der **allgemeine arbeitsrechtliche Gleichbehandlungs-grundsatz**[506] eine dominierende Rolle. Dieser Grundsatz hat sich – nach schwankender Rspr. des BAG zur unmittelbaren oder mittelbaren Drittwirkung – in seiner vielfältigen Ausdifferenzierung als ein **Rechtsprinzip des Privatrechts** verselbstständigt und ist vom verfassungsrechtl. Gleichheitssatz zu unterscheiden.[507] Dieser einfachrechtl. Gleichbehandlungsgrundsatz beschränkt nach der Rspr. des BAG[508] den Grundsatz der Vertragsfreiheit, soweit der Arbeitgeber nicht nur mit einzelnen Arbeitnehmern individuelle Vereinbarungen trifft, sondern „Leistungen nach einem erkennbaren Prinzip in Gestalt abstrakter Regelungen gewährt". Das in Umsetzung von EG-RL[509] seit 2006 geltende AGG mit seinen weitergehenden arbeitsrechtl. Diskriminierungsverboten war und ist von erhebl. Kontroversen begleitet,[510] was insb. auch für das Thema der Altersdiskriminierung[511] gilt (→ Rn. 309).

**192**   Auf **Tarifverträge** wendet das BAG den **verfassungsrechtlichen Gleichheitssatz** an, auf der Grdl. zunächst unmittelbarer,[512] später mittelbarer Grundrechtsbindung.[513] Das BVerfG[514] hat bisher die unmittelbare Geltung des Art. 3 I gem. Art. 1 III nur hinsichtl. der für allgemeinverbindl. erklärten Tarifverträge anerkannt wegen deren Qualität als „Gesetzgebung im materiellen Sinne", dagegen für Tarifverträge generell ausdr. unentschieden gelassen.[515] Mit Blick auf die Richtigkeitsvermutung frei ausgehandelter Tarifverträge[516] sind Korrekturen auf der Grundlage von Art. 3 I problematisch, es sei denn, es wäre auch ein Verstoß gegen den Grundsatz der Parität nachzuweisen (→ Art. 1 Rn. 99 f. mwN).

**193–194**   Zu den **normativen Grundlagen** des Arbeitsrechts hat das BVerfG selten Gleichheitsverstöße festgestellt. Für verfassungswidrig erklärt wurden etwa die traditionelle kündigungsschutzrechtl. Ungleichbehandlung von **Arbeitern und Angestellten** gem. § 622 II BGB (aF),[517] die entspr. Unterscheidung beim Nachtarbeitsverbot für Frauen (→ Rn. 268)[518] sowie Sonderregelungen für Arbeitnehmer des öff. Dienstes bei vorzeitigem Ausscheiden.[519] I. Ü. war die Rspr. über lange Zeit vergleichsweise zurückhaltend,[520] so auch bei der Unterscheidung zw. Wanderarbeitnehmern und Inländern.[521]

**195**   Bei den **Konsequenzen für Tarifverträge** differenziert das BAG[522] im Anschluss an einen Hinweis des BVerfG.[523] Kein Verstoß gegen Art. 3 I liege vor, soweit unterschiedl. Regelungen nicht auf pauschaler Differenzierung zwischen zwei Gruppen beruhen, sondern auf einer „gruppenspezifisch ausgestalteten unterschiedl. Regelung der jew. Arbeitsbedingungen". Gleichheitsverstöße wurden in der neueren Rspr. immer wieder bzgl. Teilzeitbeschäftigten festgestellt.[524]

---

[506] Überblick m. zahlr. N. für die Praxis bei *Linck*, in: Schaub, Arbeitsrechtshandbuch, 18. Aufl. 2019, § 112 sowie *Ahrendt*, in: ebd. § 36 zum AGG.

[507] Zsmf. BAGE 71, 29 (34 f.) – Zusatzversorgung für Teilzeitbeschäftigte: Der allg. arbeitsrechtl. Gleichbehandlungsgrunds. ist dem Privatrecht zuzuordnen und wird inhaltl. bestimmt durch Art. 3 I; stRspr, zB BAGE 118, 1 (14 f.); für die hM *Sachs* HStR VIII, § 183 Rn. 180 m. zahlr. N.

[508] BAGE 71, 29 (37, 45); stRspr, BAGE 118, 268 (273) mwN.

[509] O. Fn. 173.

[510] Nachw. o. mit Rn. 75.

[511] Das Thema war bisher v. a. Gegenstand der Rspr. des EuGH: zur eingeschränkten Zul. des Abschlusses befristeter Arbeitsverträge in diesem Zusammenhang EuGH, Rs. C-144/04, Slg. 2005, I-09981 ff. – Mangold; anschl. BAGE 118, 76; BVerfGE 89, 281 (286); zur Zulassung der Zwangsversetzung in den Ruhestand wg. Erreichung der Altersgrenze EuGH, Rs. C-411/04, Slg. 2007, I-8531 – Palacios; zur betriebl. Altersversorgung EuGH, Rs. C-427/06, Slg. 2008, I-7245 – Bartsch; zul. zu Kündigungsfristen m. zahlr. N. EuGH, Rs. C-555/07, NJW 2010, 427 – Kücükdeveci; zur automat. Beendigung des Arbeitsverh. mit 67 EuGH, Rs. C-141/11 NZA 2012, 785.

[512] Etwa BAGE 54, 210 (213); wohl auch BAGE 71, 68 (73); näher zum Ganzen etwa *Wiedemann/Peters* RdA 1997, 100 ff.; *Schlachter* FS Schaub, 1998, S. 651 ff.

[513] BAGE 111, 8 (13 ff.); 119, 41 (45); 124, 284 (292); BAG NZA 2019, 622; krit. *Kleinebrink* NZA 2019, 1458; Gleichheitskontrolle für Willkür bejahend *Bayreuther* NZA 2019, 1684.

[514] BVerfGE 55, 7 (21, 24 ff.), im Anschluss an BVerfGE 44, 322 (341).

[515] BVerfGE 82, 126 (154); 90, 46 (58).

[516] BVerfGE 146, 71 (142).

[517] Beschränkt auf S. 2 Hs. 2 bereits BVerfGE 62, 256 (274 ff.), m. abwM *Katzenstein*, S. 289 ff.; weitergehend BVerfGE 82, 126 (146 ff.) mN der Lit.

[518] BVerfGE 85, 191 (210 f.).

[519] BVerfGE 98, 365.

[520] Keine Beanstandungen: BVerfGE 90, 46 (55 ff.) – unterschiedl. Beteiligung des Personalrats gem. § 79 III BPersVG (aF); BVerfGE 97, 169 (180 ff.) und 186 (193 ff.) – Beschränkung des Kündigungsschutzes mit Kleinbetriebsklausel gem. § 23 I 2 u. 3 KSchG (verfassungskonf. Auslegung); BVerfGE 95, 39 (45) – personalvertretungsrechtl. Benachteiligung der zivilen Beschäftigten ggü. den Bundeswehrangehörigen (mit Rücksicht auf außenpolit. Handlungsbeschränkungen „hinzunehmen").

[521] BAG AP Nr. 88 zu § 611 BGB Kirchendienst, Rn. 53 ff.

[522] ZB BAG AP Nr. 1 zu § 2 BAT SK 2e II; näher zu dieser Rspr. *Hromadka* BB 1993, 2372 (2376 ff.); *Hergenröder*, Anm. zu BAG AP Nr. 40 zu § 622 BGB.

[523] BVerfGE 82, 126 (154).

[524] BAGE 71, 29 – betriebl. Altersversorgung; BAGE 79, 236 – Zusatzversorgung; BAG NZA 1996, 992 – Zusatzversorgung; BAG NZA 1997, 842 – Unkündbarkeit; BAGE 98, 368 – Überstundenvergütung v. Lehrern; dazu anders für beamtete Lehrer BVerwGE 122, 65; Nachw. zur Rspr. des EuGH → Rn. 262.

Speziell im **Arbeitskampfrecht** spielte Art. 3 I auch zu umstr. Paritätsfragen in der verfassungs-  **196**
gerichtl. Judikatur bisher keine nennenswerte Rolle, sondern trat ganz hinter den spezielleren Art. 9 III
zurück.[525]

**4. Beamten- und Richterrecht.** Im Beamten- und RichterR wird der allg. Gleichheitssatz für  **197**
den Gesamtbereich des Zugangs zu einem öff. Amt durch den **spezielleren Gleichheitssatz des
Art. 33 II** verdrängt. Dagegen ist Art. 3 I i.Ü. neben den hergebrachten Grundsätzen des Berufsbeamtentums gem. Art. 33 V anwendbar.[526]

Sind allerdings die bes. Maßstäbe verfassungs- und sachgerechter Ausgestaltung des Dienstverhält-  **198**
nisses gem. Art. 33 V (dazu → Art. 33 Rn. 70 ff.) hinreichend berücksichtigt bzw. beachtet[527] worden,
so wird damit häufig[528] auch die hinreichende Sachgerechtigkeit einer Regelung am Maßstab des
Art. 3 I begründet sein.[529] Angesichts der vielfältigen Inhalte und Zwecke der zahlreichen **zu Art. 33
V anerkannten Grundsätze** sind jedoch generelle Aussagen zum Verhältnis zu Art. 3 I kaum
möglich.

Anders als in der frühen Rspr. angedeutet[530] ist die Verfassungsmäßigkeit der Regelungen zur  **199**
Besoldung von Richtern und Staatsanwälten[531] sowie von Beamten[532] nach der neuesten Rspr. des
BVerfG, soweit es um die **amtsangemessene Besoldung** geht, ausschließl. an Art. 33 V zu messen;
ein Rückgriff auf Art. 3 I zur Konkretisierung des Maßstabes ist nicht erforderl.[533] (→ Art. 33
Rn. 70 ff.).

I.Ü. ist Art. 3 I aber auf Fragen der Gleichbehandlung bei **besoldungs- und versorgungsrechtl.**  **200**
Fragen anwendbar.[534] Stets betonter allg. Grunds. ist hier die weitgehende **Gestaltungsfreiheit des
Gesetzgebers**[535] sowie die Finanzierbarkeit und Funktionsfähigkeit der Versorgungssysteme,[536] was
allerdings nichts daran ändert, dass die einschlägigen Entscheidungen jeweils durch gründlich diff.
Analysen und Abwägungen zum Sach- und Regelungsbereich gekennzeichnet sind, und zwar auch
dort, wo die geprüften Normen gebilligt wurden.[537]

Nach anfängl. Zurückhaltung[538] hat das Gericht schon früh ehemalige **Unterschiede der Rich-**  **201**
**terbesoldung** bei den verschiedenen Gerichtszweigen gerügt.[539] Auch in vertikaler Sicht wurde
Art. 3 I unter Berücksichtigung des Art. 96 zur Begründung einer statusrechtl. angemessenen
Besoldung bemüht mit der Konsequenz, dass Rückstufungen von Richtern[540] und sogar mangelnde
Erhöhung von Amtszulagen[541] im Rahmen besoldungsrechtl. Neuordnung für gleichheitsw. erklärt

---

[525] So wird trotz ausdr. Geltendmachung einer Verletzung Art. 3 I in den Entscheidungsbegründungen nicht
einmal erwähnt: BVerfGE 84, 212 (220, 223 ff.) – suspendierende Aussperrung; BVerfGE 88, 103 (106, 108, 112 ff.)
– Einsatz v. Beamten auf bestreikten Arbeitsplätzen; auch BVerfGE 92, 365 (407 ff.) prüft zwar zu § 116 III AFG
auch Art. 3 I, stellt die Weichen jedoch bereits gem. Art. 9 III, 14 I.
[526] StRspr, zB BVerfGE 61, 43 (62); 117, 330 (352 f.).
[527] Näher → Art. 33 Rn. 67.
[528] Anders etwa zu als willkürl. bewerteten Differenzierungen bei der versorgungsrechtl. Berücksichtigung einer
Beförderung in den letzten zwei Jahren vor der Pensionierung BVerfGE 61, 43 (56 ff., 62 ff.); vgl. auch BVerfGE 107,
218 (243): „nicht ohne weiteres" Schluss auf Vereinbarkeit mit Art. 3 I.
[529] So etwa BVerfGE 76, 256 (330 ff.) – Anrechnung v. Renten gem. § 55 BeamtVG; BVerfGE 83, 89 (108) –
beihilferechtl. 100 %-Grenze, Anrechnung privater Zusatzversicherung; BVerfGE 114, 258 (299) – Übertragung der
Rentenreform 2001 auf die Beamtenversorgung; vgl. auch BVerfGE 85, 176 (185, 188); BVerwGE 133, 25 (30 f.) –
Anrechnung v. Erwerbseinkommen auf Versorgungsbezüge.
[530] Vgl. BVerfGE 44, 249 (267, 273 ff., 279); 81, 363 (376 ff., 383) – offengelassen, ob neben Art. 33 V auch Art. 3
I verletzt sein könnte BVerfGE 56, 146 (161 ff.) und BVerfGE 56, 175 (182 ff.) – zur Verfassungsw. besoldungsrechtl.
Überleitungsregelungen durchgehend auf einen unmittelbaren Wertungszusammenhang von Art. 3 I und 33 V
abstellend; anders dagegen BVerfGE 64, 323 – Art. 3 I nicht erwähnt.
[531] BVerfGE 139, 64.
[532] BVerfGE 140, 240.
[533] Anders bei der verzögerten Anpassung an die amtsangemessene Besoldung (BVerfGE 145, 304).
[534] BVerfGE 145, 1 Rn. 39 ff.
[535] BVerfGE 107, 218 (244); 145, 249 stRspr.
[536] BVerfG (K) v. 16.1.2017 FamRZ 2017, 669 (670) – Höchstaltersgrenzen für Altersversorgung.
[537] Zu jew. unterschiedl. Besoldung etwa BVerfGE 26, 72 (76 ff.) – bay. Senatspräs. am OLG u. OLG-Räte;
BVerfGE 26, 141 (158 ff.) – OLG-Räte und Oberstaatsanwälte, LG-Direktoren, Senatspräs., Gerichtspräs.; BVerfGE
56, 87 (95 ff.) – Leiter v. ArbGen mit höchstens 30 oder mit mehr Richterplanstellen; BVerfGE 103, 310 (321 ff.) –
Tätigkeit für das MfS/AfNS, Festsetzung des Besoldungsdienstalters; BVerfGE 107, 218 (243 ff.) – niedrigere
Besoldung in den neuen Ländern; BVerfGE 107, 257 (269 ff.) – Zuschussgewährung; daran anschl. BVerfG (K)
NVwZ 2004, 337 f. – verfassungskonf. Auslegung (gegen vorangehend BVerwG); BVerfGE 130, 52 (71 ff.) –
Kürzung einer Sonderzahlung f. ehemalige Beamte der Bundespost nach der Privatisierung; BVerwGE 149, 244 –
Besoldung begrenzt dienstfähiger Beamten im Vergleich zu teilzeitbeschäftigten Beamten.
[538] BVerfGE 12, 326 (333 ff.).
[539] BVerfGE 26, 100 (110 ff.) – gleiche Besoldung im Verhältnis von OLG, OVG und LSG; BVerfGE 26, 163
(164, 169 ff.) – Gleichstellung LAG-Direktoren mit Senatspräs. am OLG und LSG.
[540] BVerfGE 56, 146 (168).
[541] BVerfGE 56, 353 (358 ff.).

wurden.[542] Gleichheitsw. war nach BVerfGE 93, 386 ff. auch die Gewährung eines erhöhten Auslandszuschlags nur für **Soldaten,** nicht aber für **Beamte** in sog. militär. Stäben gem. § 55 V BBesG aF. Nicht rechtfertigbar ist auch die Ungleichbehandlung zwischen in eingetragener Lebensgemeinschaft Lebenden und Ehepartnern bei der Gewährung eines Familienzuschlags für Beamte.[543]

202      Die **Anrechnung öffentlich-rechtlicher Renten** auf Versorgungsbezüge hat das BVerfG[544] akzeptiert, in diesem Kontext insb. auch die verschiedene Behandlung im **Vergleich mit Abgeordneten und Mitgliedern der Bundesregierung** gebilligt. Im Gegensatz zu früheren Entsch. des BVerwG[545] hielt das BVerfG[546] auch die beihilferechtl. Anrechnung von Leistungen aus **privater Zusatzversicherung** für sachl. gerechtfertigt, da mit der nur auf Ergänzung zumutbarer Eigenvorsorge angelegten Beihilferegelung die Verhinderung von Überversorgung angestrebt werden dürfe.

203      Die unterschiedl. **Anrechnung von Nebeneinkünften,** die innerhalb bzw. außerhalb des öff. Dienstes erzielt wurden, akzeptierte das Gericht,[547] nicht aber die Unterscheidung danach, ob ein privates Unternehmen sich in öff. oder (zT) in privater Hand befindet.[548]

204      **5. Prozessrecht, Verfahrensrecht.** Für alle Rechtsschutzverfahren ergibt sich aus Art. 3 I iVm dem Rechtsstaatsprinzip, Art. 20 III, und spezieller, für den Rechtsschutz gegen Akte der öff. Gewalt, iVm Art. 19 IV ein Anspruch auf **Rechtsschutzgleichheit.**[549] Dieser hat allerdings nichts zu tun mit einer Vereinheitlichung der sehr unterschiedl. Prozessrechtsordnungen.[550] Aus ihm folgt vielmehr insb. das in stRspr. anerkannte, lange der Verbindung des Gleichheitssatzes ausschließl. mit dem Sozialstaatsprinzip[551] entnommene Gebot einer „weitgehenden" **Angleichung der Situation von Bemittelten und Unbemittelten** bei der Verwirklichung des Rechtsschutzes.[552]

205      Das ist v. a. bei Entscheidungen über die **Beiordnung eines Anwalts**[553] und über Gewährung von **Prozesskostenhilfe**[554] zu beachten. Maßgebl. für die Begrenzung des Gleichstellungsanspruchs ist der gedachte Fall eines Bemittelten, „der seine Prozessaussichten vernünftig abwägt und dabei auch das Kostenrisiko berücksichtigt", was die Frage einschließt, ob das Rechtsschutzziel „hinreichende Aussicht auf Erfolg hat und nicht mutwillig erscheint".[555]

206      **Gerichtsgebühren** sind zwar grds. unbedenkl., dürfen sich aber nicht so auswirken, dass der Rechtsschutz von der wirtschaftl. Leistungsfähigkeit abhängt[556] oder das Existenzminimum des Rechtsuchenden gefährdet wird.[557]

207      Ob die vorgenannten Grundsätze für den **außergerichtlichen Rechtsschutz** Geltung beanspruchen, was nicht bezweifelt werden sollte, hatte BVerfGE 88, 5 (12 ff., 16) allerdings ausdr. offengelassen und unabhängig davon den Ausschluss der Beratungshilfe speziell in arbeitsrechtl. Angelegenheiten gem. § 2 II 1 BeratungshilfeG für unvereinbar mit Art. 3 I erklärt. Dagegen hat BVerfGE 122, 39 (48 ff.) die Unvereinbarkeit auch des Ausschlusses von Beratungshilfe im Steuerrecht ausdr. auf die entspr. Anw. der Grundsätze der Rechtsschutzgleichheit gestützt.[558]

---

[542] Vgl. dagegen auch die Nachw. in Fn. 530.

[543] BVerfGE 131, 239 (254 ff.).

[544] BVerfGE 76, 256 (330 ff.); zur Zul. unterschiedl. Einkommensanrechnung bei der Beamtenversorgung und der gesetzl. Rentenvers. BVerfGE 97, 271 (295); anders zur Anrechnung bei der betriebl. Altersversorgung wegen deren Entgeltcharakter BGHZ 169, 122.

[545] BVerwGE 77, 331 (335 ff.); 77, 345 (349 f.).

[546] BVerfGE 76, 256 (330 ff.).

[547] BVerfGE 33, 44 (51 f.) – Assistentenstelle eines Referendars an der Universität; BVerfG (K) NVwZ 2007, 571 (572 f.) – Vortragstätigkeit von Hochschullehrern; dazu krit. *Gärditz* JZ 2007, 521 ff.

[548] BVerfGE 27, 364 (371 ff.) – Ruhestandsbeamter als Wachmann einer AG in mittelbarem Bundesbesitz.

[549] So ausdr. BVerfGE 81, 347 (356 f.), im Anschluss an BVerfGE 50, 217 (231); ebenso in der Sache BVerfGE 85, 337 (347); zum Begriff bereits *Dürig,* in: Maunz/Dürig, Art. 3 I (1973) Rn. 42 ff.; zur problematischen Reichweite der Rechtsschutzgleichheit aber auch u. Rn. 208.

[550] Aus der stRspr zur Zul. verschiedener Sonderregelungen BVerfGE 31, 297 (302 ff.); 31, 306 (308 ff.); 35, 41 (50); 74, 78 (91 f.). Auch iÜ sind prozessuale Normen nur ausnahmsw. an Art. 3 I gescheitert: BVerfGE 14, 42 (50 ff.), sowie BVerfGE 16, 231 (234) – Ausschluss der Kostenerstattung gem. § 27 IV KgfEG; sowie BVerfGE 27, 391 (395 ff.) – Ausschluss der Kostenerstattung gem. § 316 II 1 RAO; BVerfGE 40, 1 (4 f.) – keine notwendige Verteidigung gem. § 140 I Nr. 5 StPO aF.

[551] BVerfGE 9, 124 (129 ff.); 10, 264 (270); 22, 83 (87); 51, 295 (302); 56, 139 (143); 63, 380 (394); ausdr. erweiternd auf Sozial- und Rechtsstaat BVerfGE 78, 104 (117 f.).

[552] Guter Überblick bei *Bergner/Pernice,* in: Emmenegger/Wiedmann (Hg.), (Fn. 367), S. 242 ff.

[553] BVerfGE 9, 124; 63, 380; BVerfG (K) NJW 1997, 2103.

[554] BVerfGE 22, 83; 51, 295; 56, 139; 67, 245; Verbot, im PKH-Verf. schwierige, noch nicht geklärte Rechtsfragen (BVerfGE 81, 347) oder die Erfolgsaussichten abweichend v. der höchstrichterl. Rspr. zu entscheiden (BVerfG (K) NJW-RR 2016, 1266); mit Einschränkungen zum Vb-Verf. BVerfGE 92, 122 (124 f.).

[555] BVerfGE 81, 347 (357); 122, 39 (49).

[556] BVerfGE 50, 217 (231); 85, 337 (346 f.); vgl. auch zur Unbedenklichkeit der soz. diff. Gebührenregelung der §§ 12 II 1 GKG, 8 I 1 BRAGO BVerfGE 80, 103 (106).

[557] BVerfGE 78, 104 (118 f.).

[558] Ebenso zum sozialrechtl. Vorverfahren BVerfG (K) NJW 2009, 3417.

Die Ableitung des Grundsatzes der **prozessualen Waffengleichheit**[559] im Zivilprozess[560] und im   **208**
Verwaltungsverf.[561] aus dem Gleichheitssatz stößt auf berechtigte Kritik,[562] soweit Waffengleichheit der
Streitparteien (im Zivilprozess) mehr sein soll als „Gleichwertigkeit der prozessualen Stellung der
Parteien *vor* dem Richter"[563] iSv Gesetzesanwendungsgleichheit innerhalb eines rechtsstaatlich fairen[564]
Verf.

Soweit die weitergehende Forderung nach „gleichmäßiger Verteilung des Risikos am Verfahrens-   **209**
ausgang"[565] die in BVerfGE 52, 131 behandelte Verfassungsmäßigkeit **beweisrechtl. Risikovertei-
lung** betrifft, geht es um wesentl. differenzierter abzuarbeitende Probleme des jeweils betroffenen
materiellen Rechts.[566]

Dagegen lässt sich das in BVerfGE 74, 78 (83 ff.) für das kartellrechtl. Beschwerdeverf. ausgesproche-   **210**
ne Verbot genereller Versagung der **Kostenerstattung**[567] des obsiegenden Bf zwangloser als Gebot
wirksamen, „ausgewogenen"[568] Rechtsschutzes iSd Art. 19 IV begründen.

Speziell für das **Strafverf.** wird denn auch das Prinzip der Waffengleichheit zwischen Staatsanwalt-   **211**
schaft und Beschuldigtem als Konsequenz eines fairen Verf. aus dem Rechtsstaatsprinzip und Art. 2 I
abgeleitet.[569]

Eine wohl nicht verallgemeinerungsfähige, aber bemerkenswerte Anwendung des Gleichheitssatzes   **212**
im Strafverfahren enthält BVerfGE 65, 377 (384 ff.), wonach die Gerichte verpflichtet sind, hinsichtl.
solcher Umstände, die nach Verfahrensabschluss eintreten, die **Rechtskraftwirkungen des Straf-
befehls** denjenigen des Urteils anzugleichen.

**6. Strafrecht, Strafvollzug.** Im **materiellen Strafrecht** ist die gleichheitsrechtl. Rspr. durch   **213**
äußerste Zurückhaltung geprägt[570] und hat weder im Allg.[571] noch im Bes. Teil des StGB[572] nennenswerte Spuren[573] hinterlassen. Grds. fällt ins Gewicht, dass hier ein Anspruch auf „Gleichbehandlung im
Unrecht" (o. Rn. 46 ff.) und danach der Vergleich mit anderen nicht oder geringer sanktionierten
Verhaltensweisen abgelehnt wird.[574]

Demgemäß gelten auch für **Amnestiegesetze** nur äußerste Willkürgrenzen.[575]   **214**

---

[559] Insb. bereits *Bötticher*, Gleichbehandlung und Waffengleichheit, 1979, S. 9 ff. (Nachdruck des 1954 erschiene-
nen Vortrags „Gleichheit vor dem Richter"); eingehend *Tettinger*, Fairneß und Waffengleichheit, 1984; mwN *Sachs*
HStR VIII, § 183 Rn. 111.

[560] Insb. BVerfGE 52, 131 (143 ff., 153 ff.) – Arzthaftung, Beweislastverteilung; BVerfGE 69, 248 (254) –
Anwendung von Präklusionsnormen.

[561] Insb. BVerfGE 74, 78 (92, 94 ff.) – verfassungskonf. Ausl. des § 77 S. 1 GWB.

[562] *Sachs* HStR VIII, § 183 Rn. 111; *Degenhart* HStR III, 2. Aufl. 1996, § 76 Rn. 45; vgl. auch EGMR NJW
1995, 1413 (1414) – abwM mit insoweit klarstellendem Hinweis.

[563] So noch die entscheidungstragende Begründung in BVerfGE 52, 131 (156); ferner 54, 117 (124 f.); 69, 248
(254); BAG NJW 2008, 2362 (2363).

[564] Aus der stRspr zur rechtsstaatl. Begründung BVerfGE 51, 150 (156) – Zwangsversteigerung; 60, 253 (295 ff.) –
Asylverfahren; 70, 297 (308) – Strafprozess, Sicherungsverwahrung; zusammenf. mwN BVerfGE 78, 123 (126) –
Zivilprozess; zum Recht auf faire Anhörung gem. Art. 6 I EMRK als Grdl. des Prinzips der Waffengleichheit im
Zivilprozess EGMR NJW 1995, 1413 ff.

[565] So im Anschluss an *Dürig*, in: Maunz/Dürig, Art. 3 I (1973) Rn. 50, die nicht entscheidungstragende Ansicht
in BVerfGE 52, 131 (144); anschl. BVerfGE 74, 78 (94).

[566] Dazu etwa *Nierhaus*, Beweismaß und Beweislast, 1989, insb. S. 449 ff., 462 ff. m. zahlr. N.; *Osterloh*, Gesetzesbindung (Fn. 270), S. 273 ff.

[567] Zur Zul. des Ausschlusses der Kostenerstattung im isolierten Vorverf. BVerfGE 27, 175 (178 ff.); desgl. zur
RAO BVerfGE 35, 283 (289 ff.); zur Zul. der unabhängig von Rechtsverletzung und Schuld gem. § 25a StVG
subsidiär begründeten Kostentragungspflicht des Kfz-Halters im Bußgeldverf. BVerfGE 80, 109 (118 f.).

[568] *Schmidt-Aßmann*, in: Maunz/Dürig, Art. 19 IV (2014) Rn. 4 f.

[569] BVerfGE 38, 105 (111); 63, 45 (61).

[570] Repräsentativ insoweit BVerfGE 90, 145 (195 ff.) – Cannabis; dagegen zu erhebl. Bedenken gegenüber der
(gem. Art. 2 I, 1 I unzulässigen) Verschärfung von Verwaltungsverboten nach StVZO bei Cannabis – im Verh. zu
Alkoholkonsum BVerfGE 89, 69 (89 f.) – mediz.-psycholog. Gutachten; lapidar auch zur Strafbarkeit der Spionage
im Dienst der ehemaligen DDR im Gegensatz zu derjenigen f. einen Geheimdienst der Bundesrep. BVerfGE 92, 277
(318 f.); zur bloßen Willkürkontrolle auch im Ordnungswidrigkeitenrecht BVerfG (K) NJW 1996, 1809 (1810) –
Fahrverbote.

[571] Zu Fragen der Verjährung BVerfGE 1, 418 (426); 25, 269 (292 ff.); 29, 148 (153); zu Schuld- und Vorsatz-
theorie BVerfGE 41, 121 (124 f.); zur Regelung (nicht) als Antragsdelikt BVerfGE 11, 234 (239).

[572] BVerfGE 4, 352 (355 f.) – § 187a; BVerfGE 28, 191 (198 f.) – § 353b; BVerfGE 50, 142 (152 ff.) – § 170b;
BVerfGE 57, 250 (271 f.) – § 99 I Nr. 1; BVerfGE 71, 206 (221 f.) – § 353d Nr. 3; BVerfGE 75, 329 (347) – § 327
II Nr. 1 StGB.

[573] Zur verfassungskonf., dem Verhältnismäßigkeitsprinzip entspr. Auslegung des § 211 StGB, die auch mögl.
Bedenken gem. Art. 3 I zerstreut, BVerfGE 45, 187 (259 f., 267 ff.); bestätigend 117, 71 (114).

[574] Für den Gesetzesvollzug bereits BVerfGE 9, 213 (222 f.); ausdr. und generell BVerfGE 50, 142 (166);
bezugnehmend BVerfG (K) wistra 1997, 297 – Beschränkung der Straffreiheit bei Selbstanzeige gem. §§ 371, 378,
379 AO.

[575] BVerfGE 10, 234 (246) – Platow-Komplex; BVerfGE 10, 340 (353 f.); vgl. auch BVerfGE 36, 174 (190 ff.); zur
sog. Zinssteueramnestie BVerfGE 84, 233 (237 f.); BVerfG (K) DVBl 2008, 652 ff.

**215** Strenger ist die Kontrolle bei einzelnen Maßnahmen des **Strafvollzugs.**[576] Auch hier dominiert jedoch die freiheitsrechtl. Perspektive.[577]

## X. Wiedervereinigung, einheitliche Lebensverhältnisse in den Ländern

**216** Der Gleichheitssatz begründet unstr. weder einen grundrechtl. Anspruch auf Herstellung **„einheitliche Lebensverhältnisse"** im Bundesgebiet, noch schließt er generell die Geltung unterschiedl. Rechts zum Zweck der Angleichung der Lebensverhältnisse aus.[578] Die Schwierigkeiten der Rechtsangleichung rechtfertigen Unterschiede gegenüber sonst einheitl. Recht jedoch nur vorübergehend.[579] **„Gleichwertige Lebensverhältnisse"** iSd Art. 72 II für alle Bürger zu eröffnen, soll als **Ziel** sogar gem. Art. 3 I iVm Art. 20 I geboten sein.[580]

**217–221** Die Rspr. zu Problemen im Zusammenhang mit der **Wiedervereinigung** hat neben der Prüfung nach Art. 2, 12 und 14 auch bemerkenswerte gleichheitsrechtl. Akzente gesetzt. Dies gilt für die Überführung von Ansprüchen aus Zusatz- und Sonderversorgungssystemen der DDR in die gesetzl. Rentenvers.,[581] für die personelle Abwicklung öff. Institutionen,[582] für die Überleitung der sog. Altschulden auf die ehemaligen landwirtschaftl. Produktionsgenossenschaften[583] und auch für die Bodenreformurteile.[584]

## B. Die besonderen Gleichheitssätze (Abs. 2 und 3)

## I. Allgemeines

**222** **1. Überblick.** Die bes. Gleichheitssätze des Art. 3 enthalten **vier** verschiedene **Regelungskomplexe:** Erstens das Gebot der Gleichberechtigung von Männern und Frauen einschließl. des Förderungsgebots des Abs. 2 S. 2 und des Diskriminierungsverbots des Abs. 3 S. 1, zweitens die übrigen „einfachen" Diskriminierungsverbote des Abs. 3 S. 1 und drittens das Benachteiligungsverbot wegen einer Behinderung nach Abs. 3 S. 2. Mit der Entscheidung des BVerfG zur bes. Vulnerabilität der in einer „überwiegend nach binärem Geschlechtsmuster agierenden Gesellschaft" lebenden Personen, deren „geschlechtliche Identität weder Frau noch Mann ist",[585] wird Abs. 3 S. 1 neu[586] interpretiert

---

[576] BVerfGE 66, 199 (205 ff.) – Anw. und Auslegung des § 42 I StVollzG, unzul. Versagung der Freistellung v. der Arbeit wegen kurzer Säumnis, BVerfGE 69, 161 (168 ff.) – willkürl. Verzögerung der Entsch. über Urlaubsantrag; vgl. auch BVerfGE 64, 261 (274 ff., 280 ff., mit abwM *Mahrenholz,* 284 ff.) – Berücksichtigung der Schwere der Tatschuld bei Entscheidung über Urlaubsgewährung; BVerfGK 3, 101 (103 f.) – keine Bedenken gegen ungleiche Entlohnung der Arbeit v. Untersuchungsgefangenen im Vergl. mit Strafgefangenen; BVerfG (K) BeckRS 2017, 130794 – Verweis auf Allgemeinkosten keine ausreichende Begründung für Versagung der Kostenerstattung für Schreibpapier u. Schreibmaschinenfarbbänder im Strafvollzug.

[577] ZB BVerfGE 91, 1 (27 ff.) zu §§ 64, 67, 67d StGB.

[578] Zum Ganzen nur die Referate von *Selmer* und *F. Kirchhof* VVDStRL 52 (1993), 11 (19 ff.) und 71 (83 ff.); vgl. auch *Selmer,* Einheit der Rechtsordnung und Einheitlichkeit der Lebensverhältnisse nach Wiederherstellung der deutschen Einheit, in: Vielfalt des Rechts und Einheit der Rechtsordnung, 1994, S. 199 ff.; speziell auch zu den tarifvertragsrechtlichen Unterscheidungen zwischen „Ost" und „West" etwa BAGE 71, 68; zu unterschiedl. Kündigungsfristen BAGE 71, 213; zur Unzul. unterschiedl. Gebühren v. Rechtsanwälten trotz Wegfalls der rechtfertigenden Gründe, insbes. des Lokalisationsprinzips, BVerfGE 107, 133 (141 ff.); dagegen zur „noch" fortbestehenden Zulässigkeit unterschiedl. Besoldung der Beamten u. Richter BVerfGE 107, 218 (247 ff.).

[579] BVerfGE 92, 262 (275 f.) – InsolvenzR; BVerfGE 95, 143 (157 ff.) – RentenversicherungsR; BVerfGE 100, 104 (134 ff.) – Zusatz- und Sonderversorgungssysteme, Neuberechnung v. Bestandsrenten; BVerfGE 102, 41 (59 ff.) – Beschädigtengrundrente v. Kriegsopfern; daran anschl. BSGE 91, 134 ff.; dagegen BSGE 102, 36 (50 ff.) abgrenzend zur Rente aus gesetzl. Unfallvers. (abgesenkter Freibetrag Ost bei Anrechnung auf Rente aus GRV); vgl. auch BVerfGE 107, 218 (255 f.) und 107, 257 (274) Beamtenbesoldung Ost I und II.

[580] BVerfGE 102, 254 (312).

[581] Vgl. BVerfGE 100, 1 (44 ff.); 100, 104 (132); 100, 59 (91 ff.); daran anschl. BVerfGE 111, 115 (136 ff.) – das BVerfG zieht trotz der weiten Gestaltungs- u. Typisierungsspielräume des Gesetzgebers bei der Bewältigung schwieriger Übergangsprobleme wesentl. Grenzen; insbes. sei das vom Rentengesetzgeber nicht verfolgte Ziel, die bes. „Staats- und Systemnähe" bestimmter Personengruppen zu ahnden, vom Ziel des Abbaus überhöhter Leistungen zu unterscheiden; BVerfGE 112, 368 (401 f.).

[582] BVerfGE 84, 133 (157 f.) – öff. Verwaltung; BVerfGE 85, 360 (383) – Akad. der Wiss.; BVerfGE 86, 81 (87 f.) – Bauakad. und Akad. der Landwirtschaftswiss.; s. a. BVerfGE 92, 140 und 96, 189 (203) – Sonderkündigungstatbestände im öff. Dienst; BVerfGE 95, 193 (209 ff.) – Schutz der mitgliedschaftl., nicht auch der dienstrechtl. Stellung pos. evaluierter Hochschullehrer durch das Homogenitätsprinzip gem. Art. 3 I iVm Art. 5 III; dazu auch BVerwGE 100, 346 (351 f.); im Vordergrund steht in diesen Entsch. die Prüfung nach Art. 12, nicht nach Art. 3.

[583] BVerfGE 95, 267 (316).

[584] Die grundl. Urteile sind BVerfGE 84, 90 und 94, 12; für Art und Umfang der Wiedergutmachungsleistungen „von Unrecht einer nicht an das GG gebundenen Staatsgewalt" eröffnen nach Ansicht des BVerfG sowohl das Sozialstaatsprinzip als auch der Gleichheitssatz einen bes. weiten Regelungs- und Gestaltungsspielraum; str. war dennoch, inwieweit bei der degressiven Abstufung der Entschädigungsansprüche das Willkürverbot überschritten ist; vgl. die Vier-zu-Vier-Entscheidung BVerfGE 102, 254 (310 ff.; 314 ff.).

[585] BVerfGE 147,1, Rn. 50; irreführend das Stichwort vom „Dritten Geschlecht".

[586] Weiterentwicklung der in den Transsexuellen-Entsch. angelegten Idee vom Geschlecht als nicht nur v. der biolog., sondern auch der psych. Konstitution bestimmt (BVerfGE 115, 1 (15)) u. v. der gesellschaftl. Konstruktion

und damit ein vierter Regelungskomplex hinzugefügt.[587] Die in Art. 3 II explizit angelegte Dichotomie zwischen „Männern" und „Frauen" wird aber nicht allg. aufgehoben – dazu bedürfte es einer Verfassungsänderung –, sondern vielmehr durch eine unter „Geschlecht" subsumierte und damit in den Katalog des Art. 3 III 1 aufgenommene Form der Diskriminierung ergänzt.[588] Die Typisierung des Abs. 2[589] wird als nicht für alle Fälle sachgerecht zurückgenommen und differenziert.[590]

Während in der **Rechtspraxis** über lange Zeit die **Gleichberechtigung** von Männern und Frauen **223** ganz im **Vordergrund** stand und die übrigen Diskriminierungsverbote des Abs. 3 S. 1 eher ein Schattendasein führten, werden nunmehr neben dem Benachteiligungsverbot wegen einer Behinderung[591] auch weitere, neu ins Bewusstsein gerückte Formen von Ungleichbehandlungen, etwa aufgr. von sexueller Orientierung, auf der Grdl. von Art. 3 III 1 diskutiert. Mit dieser Erweiterung werden „gesellschaftl. Anerkennungs- und Interessenkonflikte ausgetragen und politische Lernprozesse realisiert."[592]

Der in Art. 3 II normierte Komplex der Gleichberechtigung überschneidet sich nach neuerer Rspr. **223a** nicht mehr vollständig mit dem Regelungsgehalt der Benachteiligung oder Bevorzugung wegen des Geschlechts, steht dazu zugleich aber in einem neuen Spannungsverhältnis, soweit Maßnahmen, die die Gleichberechtigung von Mann und Frau fördern, uU alternative Formen von Geschlechtlichkeit ausschließen (s. u. Rn. 388 f.).

Die **Gliederung der Kommentierung** zieht aus den nicht einfachen historischen, systematischen **224** und praktischen Beziehungen der speziellen Gleichheitssätze untereinander und deren Verhältnis zum allg. Gleichheitssatz des Abs. 1 folgende **Konsequenzen:** Nach einem Blick auf die Entstehungsgeschichte werden zunächst übergreifende Fragen zu den Diskriminierungsverboten des Art. 3 III 1 behandelt, sodann zu Art. 3 III 1 der Komplex der Gleichberechtigung von Mann und Frau gem. Art. 3 II, III 1, anschl. die speziellen Diskriminierungstatbestände einschl. der im Katalog nicht enthaltenen Kriterien sexuelle Orientierung, Staatsangehörigkeit und Alter und schließl. gesondert das Benachteiligungsverbot des Art. 3 III 2.

**2. Entstehungsgeschichte.** Die jetzige Fassung des Art. 3 II, III beruht auf dem ÄndG v. **225** 27.10.1994 (allg. → Einf. Rn. 24 ff.), das der bis dahin unveränd. Erstfassung jeweils den zweiten Satz hinzufügte. Damit werden die Merkmale „Geschlecht" und „Behinderung" ggü. den anderen Kriterien aufgewertet.[593]

In den Beratungen zur **Erstfassung** des Verbotstatbestandes des **Abs. 3** gab es, abgesehen vom **226** Merkmal des Geschlechts, keine substantiellen Kontroversen. Die dort angeführten Merkmale als unzul. Anknüpfungspunkte für Bevorzugung oder Benachteiligung hatten überwiegend Vorbilder auch in der dt. Verfassungstradition,[594] trafen sich mit internat.-rechtl. Entwicklungen,[595] waren in der konkreten Beratungssituation aber wohl v. a. unter dem Eindruck der menschenverachtenden und mörderischen Diskriminierungspraxis des NS-Staates „jenseits der Diskussion".[596] So schien es nur wichtig, in ausdr. Abkehr von vergangenem Unrecht, durch bes. Diskriminierungsverbote „noch einmal hervorzuheben",[597] was unwidersprochen auch schon nach dem allg. Gleichheitssatz als verboten gelten sollte.

---

binärer Geschlechtlichkeit („geht unsere Rechtsordnung und unser soziales Leben v. dem Prinzip aus, daß jeder Mensch entweder ‚männl. oder ‚weibl. Geschlechts ist" (BVerfGE 49, 286 (298)); vgl. BVerfGE 147, 1, Rn. 50): krit. *Rixen* JZ 2018, 317, 324 ff, der darin einen „intransparente[n] Umgang" mit „geschlechtstheoretische[n] Argumente[n]" sieht (326).

[587] Zum Eindringen der Geschlechterforschung in die Interpretation von Art. 3 III vgl. *Sacksofsky,* JöR 2019, 377, 383 ff.

[588] *Kischel,* in: BeckOK GG, Art. 3 Abs. 2 Rn. 183 spricht insoweit v. einer (abzulehnenden) Ausnahme; die in der älteren Kommentarlit. (z. B. *Heun,* in Dreier, GG, Bd. 1, 2. Aufl. 2013, Art. 3 Rn. 127, *Starck,* GG, Bd. 1, 6. Aufl. 2010, Art. 3 Abs. 3 Rn. 383) angenommene fast vollständige Inhaltsgleichheit v. Art. 3 II 1 und Art. 3 III 1 ist damit widerlegt.

[589] Gleichheitsrechtl. problemat. Typisierungen finden sich so nicht nur im einfachen Recht (dazu Rn. 104 ff), sondern auch im GG selbst.

[590] Nach aA wird in BVerfGE 147, 1 die Binarität der Geschlechterordnung selbst für verfassungsw. erklärt; vgl. *Froese* DÖV 2018, 315 (zust.); *Rixen* JZ 2018, 317 (abl.).

[591] Vgl. den konzeptionell neuen Interpretationsansatz in BVerfGE 96, 288.

[592] *Huster* ZöR 2019, 845, 849.

[593] *Augsberg* VVDStRL 78 (2019), 7, 33.

[594] Eingehend *Sachs,* Der Staat 23 (1984), 549 ff.

[595] Insb. Art. 1 III der UN-Charta v. 26.6.1945: „... Achtung vor den Menschenrechten und Grundfreiheiten für alle ohne Unterschied der Rasse, des Geschlechts, der Sprache oder der Religion..."; Art. 2 I AEMR v. 10.12.1948: „Jeder Mensch hat Anspruch auf die in dieser Erklärung verkündeten Rechte und Freiheiten, ohne irgendwelche Unterscheidung, wie etwa nach Rasse, Farbe, Geschlecht, Sprache, Religion, politischer und sonstiger Überzeugung, nationaler oder sozialer Herkunft, nach Eigentum, Geburt oder sonstigen Umständen"; knapper rechtsvergleichender Überblick m. zahlr. N. bei *Sachs,* Grenzen (Fn. 82), S. 151 ff. In neueren Dokumenten (zB EUGRCh, Verfassung von Finnland [2000], Verfassung der Schweiz [1999]) wurden weitere unzul. Anknüpfungspunkte wie Alter und sex. Orientierung aufgenommen.

[596] *Sachs,* Grenzen (Fn. 82), S. 325, mit näherer Darstellung S. 313 ff.

[597] Zit. nach JöR nF 1 (1951), 1 (87).

227    Dagegen wurde das **Merkmal des Geschlechts** nur zögernd in den Katalog der Diskriminierungsverbote aufgenommen, da keine Einigkeit herrschte über das erforderl. Ausmaß notwendiger Beseitigung insb. zahlreicher geschlechtsspezifischer Rechtsbeschränkungen des bürgerl. Rechts, nicht zuletzt des insges. patriarchalisch strukturierten Ehe- und Familienrechts.[598] Nur gegen deutl. Widerstände kam es deshalb auch zu der zusätzl. Gewährleistung der Gleichberechtigung von Männern und Frauen gem. Art. 3 II (1) mit dem erklärten Ziel einer Präzisierung und Klarstellung der mehrdeutigen Begriffe Bevorzugung und Benachteiligung:[599] Rechtsbeschränkungen von Frauen sollten nicht durch Auslegung aus dem Benachteiligungsbegriff herausgenommen werden können, sondern am konkreteren Gebot der Rechtsgleichheit gemessen werden. Letztlich blieben aber die Ansichten zur rechtl. Tragweite dieses „dynamischen, streitbaren Gehalts"[600] der Gleichberechtigung als Gebot fristgerechter (Art. 117) Gesetzesanpassung offensichtl. geteilt.[601]

228    Als Erg. der **Reform von 1994** erweitert **Art. 3 III 2** die speziellen Diskriminierungsverbote in Gestalt eines Verbots – nur – der Benachteiligung wegen einer **Behinderung**[602] und folgt insoweit internat. Rechtsentwicklungen; seit 2009 ist Deutschland auch an die Behindertenkonvention gebunden.[603] Nach systematischer Stellung und Entstehungsgeschichte von Art. 3 III 2 handelt es sich auch hierbei um ein subj. Grundrecht, dessen rechtl. Substanz allerdings besonders zweifelhaft ist. – Weitergehende Vorschläge zur Änderung auch des Abs. 3 S. 1, insb. hin zum Schutz sexueller Identität,[604] fanden dagegen keine Mehrheit.[605] Der in der Lit. daraus abgeleiteten Folgerung, die Annahme gesteigerter Rechtfertigungsanforderungen an Diskriminierungen stehe im Widerspruch zum Willen des verfassungsändernden Gesetzgebers,[606] widerspricht das BVerfG mit Hinweis auf die der Verfassungsänderungsdiskussion vorausl. gefestigte Rspr. zu Art. 3 I.[607]

229    Eine allg. Verstärkung des **Minderheitenschutzes,** die sich in den Entwicklungsrahmen der Verfassungstradition wie auch internat.- und europarechtl. Entwicklungen[608] eingefügt hätte, enthielt der Entw. der GemVerfKom[609] zwar nicht als Ergänzung des Art. 3, wohl aber im systemat. Zusammenhang der **Staatszielbestimmungen** in einem **Art. 20b** mit dem Satz: „Der Staat achtet die Identität der ethnischen, kulturellen und sprachl. Minderheiten."[610]

230    Neben Auseinandersetzungen über eine zusätzl. Schutz- und Förderungsklausel speziell zugunsten nationaler und ethnischer Minderheiten (Dänen, Sorben, Friesen) dt. Staatsangehörigkeit[611] war jedoch schon zur Formulierung des Entw. des Art. 20b dessen v. a. auch innenpolitisch wichtiger programm. Gehalt („multikulturelle Gesellschaft") **äußerst umstr.**[612] Die Aufnahme dieser Bestimmung scheiterte in der Schlussabstimmung des BT.

231    Die Ergänzung des **Art. 3 II 2** war schließl. wieder Gegenstand erhebl. Streits.[613] Die verabschiedete Formulierung ist eng an die neueste Rspr. des BVerfG zur früheren Fassung des Gleichberechtigungsgebots angelehnt,[614] sie gilt vor dem Hintergrund weitergehender Forderungen nach verfassungsrechtl. Absicherung effektiver Maßnahmen zur Gleichstellung von Frauen insb. auch durch Quotenregelungen als Kompromisslösung,[615] über deren rechtl. Tragweite die Meinun-

---

[598] Dazu u. zum langen u. hürdenreichen Weg des notw. „Umbaus der Rechtsordnung" (*Sachs,* StR VIII, § 182 Rn. 99 ff., mit kurzem Überblick) näher *J. Hofmann,* Das Gleichberechtigungsgebot des Art. 3 II GG in Rspr. u. Lehre, 1986, S. 20 ff.; *Slupik,* Die Entscheidung des Grundgesetzes für Parität im Geschlechterverhältnis, 1988, S. 45 ff.

[599] JöR nF 1 (1951), 1 (70 ff.); eingehend *Böttger,* Das Recht auf Gleichheit und Differenz. Elisabeth Selbert und der Kampf der Frauen um Art. 3 II GG, 1990, S. 160 ff.

[600] *H. P. Ipsen,* in: Die Grundrechte II, S. 111 (138).

[601] Dies erwies sich nicht zul. für die Folgezeit, als in weitgehendem Umfang fach- und verfassungsgerichtl. Interventionen überlassen blieb, das einfache Recht dem geltenden Verfassungsrecht anzupassen, vgl. die Nachw. in Fn. 599.

[602] Im der GemVerfKom war dieses Vorhaben zunächst am Erfordernis der Zweidrittelmehrheit gescheitert, BT-Dr 12/6000, S. 52 ff.; erst im RA wurde der entspr. Antrag der SPD-Fraktion, BT-Dr 12/6323, mehrheitlich befürwortet, BT-Dr 12/8165, S. 28 f.

[603] Übereink. ü. d. Rechte v. Menschen mit Behinderungen v. 13.12.2006; BGBl 2008 II, 1419; iK 26.3.2009.

[604] Dazu BT-Dr 12/6000, S. 54; vgl. auch Entw. der SPD-Fraktion, BT-Dr 12/6323, S. 11, und dazu Empfehlung u. Bericht des Rechtsausschusses, BT-Dr 12/8165, S. 39.

[605] Anders zT im LVerfR: Art. 12 II BbgVerf; Art. 2 II ThürVerf: sex. Orientierung.

[606] *Krings* NVwZ 2011, 28; *Kischel,* in: BeckOK GG, Art. 3 Abs. 1 Rn. 42.1 f.

[607] BVerfGE 131, 239 (257).

[608] Dazu etwa *Franke/Hofmann* EuGRZ 1992, 401 ff.; *R. Hofmann* ZaöRV 52 (1992), 1 ff.; FHO,; *Nickel,* Gleichheit und Differenz in der vielfältigen Republik, 1998; *von Arnauld* AVR 2004, 111 ff.

[609] BT-Dr 12/6000, S. 71 ff.

[610] So noch die Beschlussempf. des VermA, BT-Dr 12/8423, Anl. S. 7.

[611] Dazu auch noch Bericht des RA, BT-Dr 12/8165, S. 41.

[612] Vgl. BT-Dr 12/6000, S. 74 f.; *Jahn* DVBl 1994, 177 (185).

[613] Ausführl. dokumentiert bei *Limbach/Eckertz-Höfer* (Hrsg.), Frauenrechte im Grundgesetz des geeinten Deutschland, 1993; m. zahlr. N. auch *H.-J. Vogel* FS Benda, 1995, S. 395 ff.

[614] Ausdr. Bezugnahme auf BVerfGE 74, 163 (179 f.), und 85, 191 (207), im Bericht der GemVerfKom., BT-Dr 12/6000, S. 49.

[615] *Limbach,* in: Limbach/Eckertz-Höfer (Fn. 613), S. 299; *H.-J. Vogel* FS Benda, 1995, S. 409 ff.

gen der am Gesetzgebungsverf. Beteiligten wohl ebenso weit auseinander gehen[616] wie seinerzeit zur Erstfassung.

Nach der **Begründung**[617] formuliert der neue S. 2 kein subj. Grundrecht, sondern nur einen **obj.**, **232** nicht unmittelbar anspruchsbegründenden **„verbindlichen Förderauftrag"** des Staates. Dadurch „soll auf Bundes-, Landes- und kommunaler Ebene eine sachgerechte Förderungspolitik zur Erreichung der tatsächl. Gleichberechtigung bewirkt und klargestellt werden, dass es darum geht, eine faktische Gleichberechtigung zwischen Frauen und Männern zu erreichen". Der zweite Halbsatz „beschreibt die Aufgabe des Staates, auf die Beseitigung geschlechtsbedingter gesellschaftl. Nachteile hinzuwirken. Mit dem Auftrag zur Nachteilsbeseitigung wird der Auftrag aus dem ersten Halbsatz weiter verstärkt. Das Ziel des staatl. Handelns besteht in der Beseitigung eines bestehenden Nachteils selbst."

## II. Die Diskriminierungsverbote des Abs. 3 S. 1 – übergreifende Fragen

**1. Gemeinsamkeiten mit dem allg. Gleichheitssatz. a) Grundrechtliche Schutzfunktionen.** Die speziellen Diskriminierungsverbote begründen, wie der allg. Gleichheitssatz (o. Rn. 38 ff.), **233** **grundrechtl. Abwehrrechte** und enthalten zugleich **obj. Wertentscheidungen** mit Ausstrahlungswirkung auf die gesamte Rechtsordnung.[618]

Bei unbestr. Bindung auch des Zivilgesetzgebers entfalten sie ebf. über die zwingenden Normen **234** und Generalklauseln des Privatrechts sog. **mittelbare Drittwirkung** (→ Rn. 68, 75).

Dort, wo der allg. Gleichheitssatz, insb. im Zusammenspiel mit den Freiheitsrechten, **derivative** **235** **Teilhabe- und Leistungsansprüche** begründet (o. Rn. 53 ff.), kommt den Diskriminierungsverboten gleichsam eine Bestätigungsfunktion hinsichtl. der angeführten Unterscheidungsmerkmale zu. Während völkerrechtl. Verträge teilweise Pflichten zum **Abbau tatsächl. Nachteile oder zu sonstiger Förderung** begründen,[619] lehnt das BVerfG außerhalb des zusätzl. Gleichberechtigungsgebots[620] die Ableitung entspr. staatl. Pflichten unmittelbar aus den Diskriminierungsverboten ab.[621] Diesem auch unter dem Stichwort **„positive Diskriminierung"** diskutierten Ansatz ist mit folgender Modifikation zuzustimmen:

Als Konkretisierungen des allg. Gleichheitssatzes teilen die Diskriminierungsverbote dessen allg. **236** **Schutzzweck** (→ Rn. 16 ff., → Rn. 29 ff., → Rn. 40 f.): Zwar wird in der Lit. zutr. auch der bes. enge Zusammenhang des Art. 3 III 1 mit dem Schutz der Menschenwürde betont.[622] Das konkreter greifbare Mittel der Würdeverletzung, das zur weltweiten Anerkennung der Diskriminierungsverbote geführt hat, war und ist jedoch stets Freiheitsgefährdung und -verletzung. Ebenso wie der allg. Gleichheitssatz wirken deshalb auch diese Verbote v. a. als **flankierender Freiheitsschutz** hinsichtl. bes. gefährdeter persönl. Eigenschaften und Verhaltensweisen. Der verbindende Zweck des Verfassungsschutzes gleicher Freiheit muss deshalb auch die Interpretation der Diskriminierungsverbote leiten:

**Obj.-rechtliche Schutzfunktionen** (→ Rn. 65 ff.) sind die verfassungsrechtl. Antwort auf tatsächl. **237** Abhängigkeiten und Gefährdungen des Freiheitsgebrauchs. Dieser Grundgedanke muss gerade auch den Schutz gefährdeter Minderheiten einschließen. Nicht erst und nur das Sozialstaatsprinzip tritt dann zu den Diskriminierungsverboten hinzu, sondern diese fordern selbst schon wirksamen Freiheitsschutz auch in horizontaler Perspektive. I. Ü. sind Maßnahmen einer allg. Förderpolitik, die die Rechtsstellung des Einzelnen nicht berühren, unproblematisch.[623]

**b) Grundrechtsberechtigte und -verpflichtete.** Auch die Diskriminierungsverbote begründen, **238** mit dem Wort „niemand" formuliert, allg. **Menschenrechte,** stehen also allen **natürl. Personen** zu. Entspr. den angeführten, zT höchstpersönl. Merkmalen sind sie überwiegend nicht auf Personenvereinigungen anwendbar.[624] Soweit dagegen die genannten Merkmale wie Glaube, religiöse und polit. Anschauungen unmittelbar grundrechtl. geschütztes Verhalten (→ Rn. 305) benennen, sind die insoweit freiheitsgrundrechtl. geschützten Vereinigungen auch Träger des Grundrechts aus Art. 3 III 1.[625] Dass

---

[616] *Vogel,* ebda.

[617] Zum Entw. der Fraktionen der CDU/CSU, SPD und F. D. P., BT-Dr 12/6633, S. 6; vgl. auch Bericht GemVerfKom, BT-Dr 12/6000, S. 50.

[618] BVerfGE 17, 1 (27); vgl. zB BVerfGE 128, 193 (207) zum grds. Anspruch der Ehepartner auf gleiche Teilhabe am Erwirtschafteten aus Art. 6 I iVm 3 II als Wertentscheidung des GG.

[619] Ausführl. zum Antidiskriminierungsschutz in den UN-Pakten und in der EMRK *Langenfeld,* in: Maunz/Dürig, Art. 3 III (2015) Rn. 32 f.

[620] Zum Sonderfall des Art. 3 III 2 u. Rn. 310.

[621] BVerfGE 64, 135 (156) – kein Anspruch auf Übers. eines Revisionsurt. in and. Sprache, vgl. dazu auch Rn. 257; wohl auch BVerfGE 85, 191 (206 f.) – Abgrenz. Diskriminierungsverbot, Gleichberechtigungsgebot.

[622] Namentl. *Langenfeld,* in: Maunz/Dürig, Art. 3 III (2015) Rn. 1; zust. *Baer/Markard* MKS I, Art. 3 Abs. 3 Rn. 407; *Sacksofsky,* in: Kempny/Reimer (Fn. 26), S. 67.

[623] *Langenfeld,* in: Maunz/Dürig, Art. 3 III (2015) Rn. 30.

[624] *Jarass,* in: Jarass/Pieroth, Art. 3 Rn. 117.

[625] So auch *Baer/Markard* MKS I, Art. 3 Abs. 3 Rn. 413; *Jarass,* in: Jarass/Pieroth, Art. 3 Rn. 135; offengelassen in BVerfGE 149, 160, Rn. 94.

auch Private **Grundrechtsverpflichtete** sind, ist aufgr. europarechtl. Vorgaben grds. anerkannt[626] und hat im AGG seinen Niederschlag gefunden.[627] Soweit darüber hinaus nach der neueren Rspr. des BVerfG Private an den Gleichheitssatz gebunden sein können (→ Rn. 75), unterliegen Diskriminierungen nach Art. 3 III 1 einem strengeren Maßstab als nach Art. 3 I,[628] wobei allerdings auch bei einer Monopolstellung Privater die Freiheitsrechte der Verpflichteten als kollidierendes Verfassungsrecht zu berücksichtigen sind.[629]

238a      **2. Das Verbot der Benachteiligung oder Bevorzugung „wegen". a) Differenzierungs- oder Dominierungsverbot?** Im Gegensatz zur Wertoffenheit des allg. Gleichheitssatzes spezifiziert Art. 3 III 1 – auf der historischen Erfahrung beruhend – bestimmte Kriterien als Anküpfungsverbote für Ungleichbehandlungen. Ihre Interpretation als „Differenzierungsverbote"[630] wird mit Blick darauf, dass die Rechtsordnung auf die verpönten Merkmale nicht mehr explizit Bezug nehme und sich damit ihre Funktion erledigt habe, in Frage gestellt und anstatt dessen die Ableitung eines „Dominierungsverbots" aus Art. 3 III 1 gefordert, da dies ermögliche, Diskriminierung als „häufig unbewusste, tief verinnerlichte, gewissermaßen automatische Reaktion auf bestimmte Gruppenzugehörigkeiten" auszugleichen.[631] Die Einforderung eines entspr. materiellen Gleichheitsverständisses würde aber gerade die grds. verbotene Anknüpfung an die verpönten Kriterien von der Ausnahme zur Regel machen und den demokratischen Gesetzgeber über den Sozialstaatsgrundsatz hinaus programmatisch determinieren. Für einen adäquaten Schutz ist eine Umdeutung der Grundstruktur nicht erforderlich.

239      **b) „Absolute" oder „relative" Gleichheitssätze?** Die in Art. 3 III 1 enthaltenen Differenzierungsverbote können als „absolut" und damit als strikte Unterscheidungsverbote[632] oder als „relativ" und damit als (begrenzt) wertungsoffene Gleichbehandlungsgebote, die Raum für sach- und regelungsbereichsspezifisch differenzierte Abwägungen unter Berücksichtigung des Schutzzwecks der Verbote lassen, verstanden werden.[633]

240      Für ein rigoroses Verständnis als **strikte Anknüpfungs-** bzw. **Unterscheidungsverbote** wird zumal im Interesse größtmöglicher Effektivität der speziellen Gleichheitssätze des Art. 3 III plädiert.[634] Zwar gehe es dort einerseits um die Abwehr typischer Willkürakte der Vergangenheit, andererseits aber auch darum, die genannten Unterscheidungsmerkmale gerade relativierender Abwägung zugunsten im Grunde beliebiger (auch nur vorgeschobener) Sachgründe zu entziehen und einen Mindeststandard unzulässiger Differenzierung zu fixieren.

241      Die historisch bedingte **Heterogenität der einzelnen** geschriebenen und ungeschriebenen Tatbestandsmerkmale[635] der speziellen Diskriminierungsverbote spricht allerdings gegen eine kategorische Einheitslösung. Vielmehr sind die verpönten Anknüpfungspunkte teleologisch differenziert auszulegen.

242      Auch nach der Rspr. des BVerfG enthalten die Diskriminierungsverbote ein **„grundsätzl."** **Anknüpfungsverbot,**[636] dessen rechtl. Tragweite nur vor dem Hintergrund unterschiedl. dogmatischer **Ansätze für mögliche differenzierende Interpretationen**[637] dieser Verbote gewürdigt werden kann.

243      Eine einschränkende Auslegung der Begriffe **„Benachteiligung"** oder **„Bevorzugung"** wird mit Recht überwiegend abgelehnt. Der Nachteilsbegriff ist, ebenso wie beim allg. Gleichheitssatz (o. Rn. 84 ff.), weit auszulegen.[638] Dem entspricht die Verwendung des Begriffs der „Ungleichbehandlung" in der Rspr. des BVerfG.[639]

---

[626] *Jestaedt* VVDStRL 64 (2005), 298.

[627] Die Kataloge von AGG und Art. 3 III 1 sind allerdings nicht identisch; vgl. *R. Lehner*, Zivilrechtlicher Diskriminierungsschutz und Grundrechte, 2013, *ders.* JuS 2013, 410 ff., zur Geschichte des europ. Diskriminierungsschutzes *C. Becker*, Vom Gleichheitssatz zum arbeitsrechtlichen Diskriminierungsverbot, 2015, S. 82 ff.

[628] Offengelassen in BVerfGE 148, 267 Rn. 40; in BVerfG (K) NJW 2019, 1104, 1106 gleichf. nicht entschieden, da Voraussetzungen für Anw. von Art. 3 auf Private verneint (Rn. 8); in einem obiter dictum allerdings ein abs. Unterscheidungsverbot abgelehnt (Rn. 11) und eine hypothetische Abwägung vorgenommen (Rn 12).

[629] Ebenso *Muckel* JA 2019, 956; *Grünberger/Washington* JZ 2019, 3769: Lösung auf der Rechtfertigungsebene.

[630] Dazu *Sacksofsky* JöR 2019, 377, 385.

[631] *Sacksofsky,* JöR 2019, 377, 387.

[632] Namentl. *Sachs* HStR VIII, § 182 Rn. 55 ff., 68 ff.; grdl. *ders.,* Grenzen (Fn. 82), S. 244 ff., 390 ff. Dessen diff. Konzept der Grundrechtsbegrenzungen (zsmf. HStR VIII, § 182 Rn. 150 ff.; eingehend *ders.,* in: Stern, StaatsR IV/2, S. 1668 ff., 1762 ff.) betrifft gerade nicht eine diff. wertende Auslegung, sondern weitgehend nur Geltungsbeschränkungen bei eng als Widerspruch verstandener Normenkollision.

[633] So nachdrückl. etwa – für die religiösen Anschauungen – *Heckel* FS Dürig, 1990, S. 241 ff.

[634] So zusammenf. *Sachs* HStR VIII, § 182 Rn. 77; *Kischel*, in: BeckOK GG Art. 3 Abs. 3 Rn. 212.

[635] *Starck* MKS I, Art. 3 (2010) Rn. 423.

[636] BVerfGE 85, 191 (206); entspr. dann BVerfGE 97, 35 (43); 114, 357 (364); 121, 241 (254, 257); vgl. auch BVerfGE 113, 1 (20): „... kann in Ausnahmefällen gerechtfertigt sein".

[637] Näher mit scharfer Kritik *Sachs* HStR VIII, § 182 Rn. 55 ff. m. zahlr. N.

[638] *Jarass*, in: Jarass/Pieroth, Art. 3 Rn. 148; *Langenfeld*, in: Maunz/Dürig, Art. 3 III (2015) Rn. 27; nach BVerfGE 105, 313 (351 f.) liegt in der Anknüpfung an die Geschlechtskombination f. Ehe und eingetragene Lebenspartnerschaft keine Benachteiligung wegen des Geschlechts, anders Sondervotum *Haas*, S. 362 f.

[639] BVerfGE 85, 191 (206).

Auch am **Wortlaut** des Tatbestandsmerkmals **„wegen"** ansetzende Differenzierungen sind für sich  **244** genommen zu vordergründig. Lässt man Regelungen, die zwar tatbestandl. an ein Merkmal der Verbote des Art. 3 III 1 anknüpfen, schon deshalb unbeanstandet, weil sie nicht **final** auf eine Diskriminierung hinsichtl. dieses Merkmals angelegt sind, sondern **andere Ziele** verfolgen,[640] so wird die entscheidende Frage nach der Vereinbarkeit des für andere Ziele eingesetzten Regelungsmittels mit dem Schutzzweck der Diskriminierungsverbote allzu leicht begriffl. verdeckt. Auch dies hat das BVerfG in seiner Entsch. zum Nachtarbeitsverbot von Frauen[641] im Erg. ausdr. klargestellt.[642] Entspr. kann auch Kausalität im Sinne von Gründen für eine Ungleichbehandlung nicht schon begriffl. als tatbestandl. Begrenzungsmerkmal fungieren.[643] Zwecke und Gründe einer Regelung oder Maßnahme sind insoweit austauschbar.

Von **begrifflichen** Eingrenzungsversuchen zu **unterscheiden** ist jedoch die Frage, wieweit die  **245** Diskriminierungsverbote Raum lassen für eine **abwägende Bewertung** von Gründen, Zielen und Wirkungen einer Ungleichbehandlung.

Insoweit ist die Interpretation des Art. 3 III 1 an allg. Grundrechtslehren anzulehnen: Die Dis-  **246** kriminierungsverbote entsprechen anderen vorbehaltlos gewährleisteten Grundrechten. Das bedeutet, dass ihre abwehrrechtl. geschützten Verbotsgehalte[644] (nur) nach Maßgabe **verfassungsimmanenter Grenzen** im Rahmen einer „strengen" Verhältnismäßigkeitsprüfung[645] zu konkretisieren sind. Einer beliebigen Relativierung sind mit Blick auf den Schutzzweck der speziellen Verbote deutl. Grenzen gesetzt.

Rechtsfolge ist, wie bei Verstößen gegen den allg. Gleichheitssatz (→ Rn. 130), grds. nur die  **247** Verfassungswidrig-, nicht die Nichtigerklärung.[646]

**c) Unmittelbare und mittelbare Diskriminierung.** Umstr. ist, ob Art. 3 III 1 sich erschöpft in  **248** einem Verbot der unmittelbaren Anknüpfung an die verpönten Merkmale (unmittelbare Diskriminierung),[647] oder auch dann anwendbar ist, wenn eine Regelung oder Maßnahme an andere Merkmale anknüpft, die aber überwiegend bzw. typischerweise zu einer unterschiedl. Behandlung der in Art. 3 III 1 genannten Merkmalsträger führen (mittelbare Diskriminierung)[648] (zu Art. 3 II → Rn. 255). Das BVerfG hat sich inzwischen für die Einbeziehung auch der mittelbaren Diskriminierung in den Anwendungsbereich des Art. 3 III 1 im Anschluss an die EuGH- u. BAG-Rspr. ausgesprochen.[649] Dem ist zuzustimmen:

Für die Anwendung des allg. Gleichheitssatzes kommt es nach stRspr. grds. auf die materiellen  **249** Wirkungen einer Regelung in der Realität an (→ Rn. 45). Danach unterliegen mittelbare Ungleichbehandlungen, die sich nicht schon am Tatbestand einer Regelung ablesen lassen, gleichsam automatisch den allg. Rechtfertigungsanforderungen des Art. 3 I. Einem materiellen Verständnis auch des abwehrrechtl. Schutzgehalts der speziellen Gleichheitssätze entspricht es daher eher, auch hier typische mittelbare Unterscheidungswirkungen mit einzubeziehen.[650] Dies gilt nach der Rspr. auch für Ungleichbe-

---

[640] So aber noch BVerfGE 75, 40 (70) – bevorzugte Subventionierung konfessioneller Privatschulen; zur schwankenden vorangegangenen Rspr. m. zahlr. N. *Sachs* HStR VIII, § 182 Rn. 68 ff.; vgl. auch noch BVerwG NJW 1994, 2632 – Haartracht bei männlichen Soldaten.

[641] BVerfGE 85, 191 (206).

[642] Seither stRspr, mwN BVerfGE 114, 357 (364); 121, 241 (254).

[643] AA BVerwGE 136, 231 (255) mwN; *Starck* MKS Art. 3 (2010) Rn. 379; mit Diff. (Art. 3 III als „Begründungsverbot") auch *Heun*, in: Dreier I, Art. 3 Rn. 125; dagegen ist die erforderl. obj. Kausalität durch die „Anknüpfung" impliziert, nicht aber ein zusätzl. Merkmal, vgl. *Rüfner* BK, Art. 3 II und III (1996) Rn. 560 f.

[644] Auch hier ist die Figur des „Schutzbereichs" dogmatisch nicht erforderl. (allg. o. Rn. 15 ff., 43).

[645] IE wohl überwiegende Ansicht in der Lit.: *Jarass*, in: Jarass/Pieroth, Art. 3 Rn. 153; *Ehsen* HdbVerfR, § 8 Rn. 23 ff.; *Huster* AöR 118 (1993), 109 (111); *Rüfner* BK, Art. 3 II und III (1996) Rn. 574 f.; ähnl. BVerfGE 114, 357 (364): „Abwägung mit kollidierendem Verfassungsrecht".

[646] BVerfGE 113, 1 (25 f.); 126, 29 (55); *Jarass*, in: Jarass/Pieroth, Art. 3 Rn. 103; aA *Langenfeld*, in: Maunz/Dürig, Art. 3 II (2015) Rn. 128; zu einem anschaulichen Bsp. zum im europ. Menschenrechtsschutz bestehenden grundl. Dilemma einer faktisch unvermeidbaren Schlechterstellung aller bei Konventionswidrigerklärung einer Frauen bevorzugenden Regelung vgl. EGMR – Khamtokhu v. Aksenchik v. Russland (GK), 24.1.2017, Nr. 60367/08 961/11, Sondervotum *Nußberger* – lebenslange Strafe nur für Männer.

[647] *Kischel*, in: BeckOK GG, Art. 3 Abs. 3 Rn. 215; *Sachs* HStR VIII, § 182 Rn. 95 f.; *ders.*, in: Stern, StaatsR IV/2, S. 1758 f.; *Ehsen* HdbVerfR, § 8 Rn. 19 ff. m. w. N; *Rüfner* BK, Art. 3 II und III (1996) Rn. 566 ff. mwN.

[648] *Jarass*, in: Jarass/Pieroth, Art. 3 Rn. 137; *Boysen*, in: v. Münch/Kunig I, Art. 3 Rn. 143 ff., 103; *Langenfeld*, in: Maunz/Dürig, Art. 3 II (2015) Rn. 34 ff; *Spangenberg*, Mittelbare Diskriminierung im Einkommensteuerrecht, 2013, S. 95 ff. Für das Europarecht bieten die AntidiskriminierungsRL (o. Fn. 173) Legaldef.

[649] BVerfGE 97, 35 (43 f.) – Ausschluss Unterhalbzeitbeschäftigter v. der Zusatzversorgung nach dem hamburgischen RuhegeldG; BVerfGE 104, 373 (393) – Familiendoppelnamen; dem folgend BVerwGE 117, 219 (227 f.); auf Art. 3 II und III gestützt auch BGH NVwZ 2008, 452 (454 f.); BSGE 103, 291 (299) mwN; BVerfGE 126, 29 (53 f.); BVerfGE 121, 241 (254 ff.) – Versorgungsabschlag für Teilzeitbeamte; f. die gegenläufige Tendenz der vorangegangenen Judikatur BVerfGE 64, 135 (156 f.).

[650] Ob man davon einer nur entspr. Anwendung des Art. 3 III 1 sprechen sollte, ist eher eine dogmatische, nicht ergebnisrelevante Frage. Auch die Gegenansicht will Art. 3 III 1 i. R. der Prüfung des Art. 3 I berücksichtigen, *Sachs* HStR VIII, § 182 Rn. 96; *Rüfner* BK, Art. 3 II und III (1996) Rn. 563 ff; allg. abl. *Langenfeld*, in: Maunz/

handlungen auf der Grdl. von nicht im Katalog von Art. 3 III 1 enthaltenen, diesen aber nahestehenden Kriterien wie der Diskriminierung aufgr. von sexueller Orientierung.[651] I. Ü. entspricht es der Rspr. des EGMR.[652]

250    Bei gleichzeitiger Betroffenheit eines Freiheitsgrundrechts oder etwa der spez. Rechtsschutzgleichheit (→ Rn. 204 ff.), ebenso wie bei der Diskriminierung aufgr. von sexueller Orientierung[653] (→ Rn. 290 ff.), sind auch bei mittelbarer Diskriminierung hohe **Rechtfertigungsanforderungen** zu stellen.

251    Benachteiligungen und Bevorzugungen sind auch mögl., wenn eine Ungleichbehandlung nicht an ein bei der betreffenden, sondern bei einer ihr nahestehenden Person vorhandenes Kriterium wie Behinderung oder Religion anknüpft (assoziierte Diskriminierung). Auch hier sind bes. Gründe zur Rechtfertigung zu fordern.[654]

252    Bei der Anwendung von Algorithmen, die vorhandene Statistiken auswerten und damit in der Vergangenheit liegende Ungleichbehandlungen fortschreiben, kann, je nach Programmcode, eine unmittelbare oder eine mittelbare Diskriminierung vorliegen.[655]

## III. Die Gleichberechtigung von Männern und Frauen (Abs. 2 und 3 S. 1)

253    **1. Bedeutungsgehalte und Systematik. a) Die neuere Rspr. des BVerfG.** Speziell zur Gleichberechtigung von Männern und Frauen hat das BVerfG in seiner vom verfassungsändernden Gesetzgeber dem Grunde nach bestätigten Rspr. einige **Grundsätze** zu Inhalt und Systematik der Abs. 2 und 3 entwickelt und für die **Praxis** entscheidende Weichen gestellt. Danach ist zunächst von folgenden Unterscheidungen auszugehen:

254    **Art. 3 III 1** wirkt als Grdl. eines grundrechtl. **Abwehrrechts** gegen **unmittelbare rechtl. Diskriminierungen** von Männern und Frauen[656] und ist jdf. immer dann einschlägig, wenn staatl. Regelungen oder Maßnahmen direkt an das jeweilige Geschlecht anknüpfen.[657] Insoweit, also als strenges Anknüpfungsverbot, soll der Regelungsgehalt des Abs. 3 aF sich überschneiden mit dem des Abs. 2 aF.[658] Dies gilt – unbeschadet der erweiternden Interpretation von Art. 3 III 1 (s. o. Rn. 239 ff.) – auch für die Neufassung Art. 3 II und Art. 3 III 1.

255    Auch ein **allgemeineres Verbot,** tradierte Rollenzuweisungen zu Lasten von Frauen durch **mittelbare rechtliche Einwirkungen** zu verfestigen, lässt sich auf eine Zusammenschau von Abs. 2 und 3 stützen.[659] Aus Art. 3 II 1 lässt sich auch ein Schutz gegen **mittelbare Diskriminierungen** begründen.[660] Denn klassische Fälle wie die Verfestigung herkömml. Rollenzuweisungen durch die obligatorische Zusammenveranlagung von Ehegatten[661] zeichnen sich gerade dadurch aus, dass auch

Dürig, Art. 3 II (2015) Rn. 21, Art. 3 Abs. 3 Rn. 37, die unabsehbaren Folgen einer Erstreckung des Verbots der mittelbaren Diskriminierung auf alle Merkmale des Art. 3 III 1 befürchtet.

[651] Während der Zweite Senat das Anknüpfen an den Familienstand (Ehe oder Lebenspartnerschaft) als „mittelbare Ungleichbehandlung wegen der sexuellen Orientierung" bezeichnet (BVerfGE 131, 239 (258); BVerfGE 133, 377 Rn. 79), spricht der Erste Senat v. Bestimmungen, die „typischerweise" homosexuelle bzw. heterosexuelle Menschen erfassen (BVerfGE 124, 199 (221); 126, 400 (419); 132, 179 Rn. 34).

[652] Vgl. insbesondere EGMR D. H. ua v. Tschechien 13.11.2007, Nr. 57325/00; EGMR Orsus ua v. Kroatien 16.3.2010, Nr. 15766/03; krit. dazu und zu Folgeproblemen für die Situation in Deutschland *Langenfeld,* in: Maunz/Dürig, Art. 3 III (2015) Rn. 49 f.

[653] BVerfGE 126, 400 (416): „strenger Gleichheitsmaßstab"; BVerfGE 131, 239 (255 ff.); 132, 179 Rn. 34: „strenge Verhältnismäßigkeitsprüfung"; BVerfGE 133, 59 Rn. 73: „ein gegenüber dem bloßen Willkürverbot deutl. strengerer Prüfungsmaßstab."

[654] Vgl. dazu EGMR Molla Sali v. Griechenland (GK), 19.12.2018, Nr. 20452/14, §§ 134, 142 ff.; EGMR Guberina v. Kroatien 22.3.2016, Nr. 23682/13, §§ 78, 88 ff.; EuGH Rs. C-303/06, Slg. 2008, I-5603–5640, § 56 – Coleman; vgl. dazu *Sutschet* EuZA 2009, 245; ähnlich BVerfG (K) NJW 2000, 2658 (2659).

[655] H. *Steege* MMR 2019, 715; vgl. ausführlich *Kischel,* in: BeckOK GG, Art. 3 Abs. 3 Rn. 218 c.

[656] *Sachs,* in: Stern, StaatsR IV/2, S. 1627.

[657] BVerfGE 85, 191 (206) – Nachtarbeitsverbot; BVerfGE 89, 276 (285) – § 611a BGB; BVerfGE 92, 91 (109) – Feuerwehrabgabe; BVerfGE 114, 357 (364) – Aufenthaltsrecht eines Kindes, auch o. Rn. 78, 233.

[658] Vgl. neben den zuvor genannten Entscheidungen auch BVerfGE 84, 9 (17 ff.) – Ehename, wo die rechtl. Ungleichbehandlung gem. § 1355 II 2 BGB aF an Art. 3 II gemessen wird.

[659] Insb. bereits BVerfGE 6, 55 (80 ff.) zur Verfassungsw. eines „Edukationseffekts" der oblig. gemeins. Veranlagung; ebenso die neuere Rspr. BVerfG (K) NZA 2016, 939 Rn. 22 zum Elternschutz bei Massenentlassung; BVerfG NZA 2019, 1270 zur Altershöchstgrenze für betriebl. Altersvorsorgesysteme; offengelassen in BVerfGE 132, 72 Rn. 57; auf Abs. 2 gestützt: BVerfGE 85, 191 (207); 87, 1 (42); 87, 234 (258); 113, 1 (15); 114, 357 (370 f.); 126, 29 (53); 128, 193 (207); nach *Langenfeld,* in: Maunz/Dürig, Art. 3 II (2015), Rn. 16 sind Art. 3 II 1 und Art. 3 III 1 ein einheitl. Regelungskomplex; ebenso *Kischel,* in: BeckOK GG, Art. 3 Rn. 183.

[660] BVerfGE 85, 191 (207); 97, 35 (43); 104, 373 (393); 121, 241 (254 f.); 126, 29 (53); BVerfG (K) NZA 2016, 939, Rn. 22; BVerfGE 126, 29: Ungleichbehandlung v. in Reinigungsunternehmen ausgegliederten Reinigungskräften ggü. übrigen Beschäftigten bzgl. Rückkehrrecht in den öff. Dienst."; vgl. dazu *Langenfeld,* in: Maunz/Dürig, Art. 3 II, Rn. 40 mwN; *Kischel,* in: BeckOK GG, Art. 3 Abs. 2 Rn. 189; keine mittelbare Diskriminierung dagegen bei Altergrenze von 50 Jahren f. Aufnahme in betriebl. Altersvorsorgesystem BVerfG (K) NZA 2019, 1270; ebenso wenig bei Ablehnung der Übernahme der Kosten f. Folgebehandlung v. Schönheitsoperation BSG NZS 2020, 58.

[661] S. o. Fn. 659; entspr. zur „Doppelverdienerehe" BVerfGE 87, 234 (258).

ohne direkte Anknüpfung an das Geschlecht eine materiell benachteiligende Wirkung eintritt: durch „mittelbare" Beschränkung der Freiheit zu selbstbestimmter Wahl und Ausgestaltung unterschiedl. Rollen.[662] Eine mit Art. 3 II 1 nicht zu vereinbarende geschlechtsspezifisch benachteiligende Wirkung können auch Regelungen haben, die eine vorwiegend nur aus Männern oder nur aus Frauen zusammengesetzte Berufsgruppe betreffen. Dies gilt auch für das Kopftuchverbot, soweit damit für muslimische Frauen ein bestimmter Beruf ausgeschlossen wird.[663] Nach der Rspr. des BVerfG sind entspr. Einschränkungen bei Rechtsreferendarinnen aber gerechtfertigt.[664] Auch wenn es bei mittelb. Diskr. grds. sachgerecht ist, abgeschwächte Rechtfertigungsanforderungen ausreichen zu lassen,[665] sollten an das Kopftuchverbot aufgrund seiner Wirkungen dieselben Anforderungen wie bei unmittel. Diskr. gestellt werden.[666]

Schließl. hat das Gericht trotz des in eine andere Richtung deutenden Wortlauts bereits aus dem **256** **Gleichberechtigungsgebot aF** nicht nur einen allg. (auch sozialstaatl.) Auftrag,[667] sondern auch eine weitergehende **staatliche Schutzpflicht**[668] hinsichtl. der tatsächl. Durchsetzung der Gleichberechtigung abgeleitet: „Der über das Diskriminierungsverbot des Art. 3 III hinausreichende Regelungsgehalt von Art. 3 II besteht darin, dass er ein Gleichberechtigungsgebot aufstellt und dieses auch auf die Wirklichkeit erstreckt".[669] Daraus folgt eine **Legitimationsgrundlage** zum einen für den **Ausgleich tatsächl. Nachteile,**[670] zum anderen für eine zivilgesetzl. Verstärkung der **Privatrechtswirkung** des Gleichberechtigungsgebots.[671]

Vor diesem Hintergrund hat **S. 2 des Art. 3 II** ledigl. eine die Rspr. **bestätigende** und ver- **257** stärkende Funktion.[672] Der Satz: „Der Staat fördert die tatsächl. Durchsetzung der Gleichberechtigung von Frauen und Männern und wirkt auf die Beseitigung bestehender Nachteile hin", umschreibt die vom BVerfG zuvor konkretisierten **obj.-rechtl. Schutzfunktionen** des Gleichberechtigungsgebots.[673] Diese umschreiben ein Staatsziel und begründen grds. **keine konkreten subj. Rechte,** insb. **keine originären Teilhabe-** bzw. **Leistungsansprüche** gegen den Staat (→ Rn. 53 ff., → Rn. 232).[674] Auch hinsichtl. des Privatrechts bleibt es bei einer **mittelbaren,** durch zwingende zivilgesetzl. Normen oder allg. Generalklauseln vermittelten **Drittwirkung.**[675]

Der Streit darüber, ob das, was heute in Art. 3 II 2 steht, bereits im Gleichberechtigungsgebot des **258** S. 1 enthalten ist,[676] hat eine neue Dimension bekommen mit Blick auf über Gleichstellung hinaus-

---

[662] Ob auch die fehlende Möglichkeit v. Eltern, ihrem Kind einen aus beiden Elternnamen zusammengesetzten Doppelnamen zu geben, angesichts der realen Dominanz der Wahl des Vaternamens als eine solche mittelbare Einwirkung zu werten ist, lässt BVerfGE 104, 373 (395) letztlich offen. Mit der Bemerkung, die Auswirkung sei „allenfalls" geringfügig, vernachlässigt das Gericht den Symbolgehalt v. Namensgebung u. Namensfortführung; krit. auch *Sacksofsky* FPR 2004, 371 ff.

[663] Vgl. BVerfGE 138, 296 Rn. 96, 143 f.

[664] BVerfG (K) NJW 2017, 2333, Rn. 41 ff. (einstw. Anordn); bestätigt: BVerfG EuGRZ 2020, 95, Rn. 113; abw. Meinung von Maidowski (aber nicht zu Art. 3).

[665] BVerfGE 126, 29 (54) spricht von „hinreichend sachl. Gründen", die nichts mit der geschlechtsbezogenen Benachteiligung zu tun haben"; bejahend mit Verweis auf das „Kontrollkriterium der Veränderung des Normzwecks" *Langenfeld,* in: Maunz/Dürig Art. 3 II Rn. 46 ff.

[666] Den konkreten Maßstab offenlassend BVerfGE 138, 296 Rn. 144.

[667] So bereits vorher *Friauf,* Gleichberechtigung der Frau als Verfassungsauftrag, 1981, S. 25, 28 ff.; vgl. auch *Benda,* Notwendigkeit und Möglichkeit positiver Aktionen zugunsten von Frauen im öffentlichen Dienst, 1986, S. 31 ff.; wesentl. zurückhaltender („Aufgabe") *Schmitt-Glaeser,* Abbau des tatsächl. Gleichheitsdefizits der Frauen durch gesetzliche Quotenregelungen, 1982, S. 21 ff., 57 ff.; eine grds. Pflicht noch offenlassend BVerfGE 74, 163 (179 f.) – Rentenalter.

[668] So ausdr. BVerfGE 89, 276 (286) im Anschl. an BVerfGE 85, 191 (207); auch BVerfGE 92, 91 (109); 97, 332 (347 f.); 109, 64 (89 f.).

[669] Ebda.; die Frage, ob diese Schutzpflicht zur Begrenzungen des Religionsunterrichts an öff. Schulen führen kann, weitestgehend verneinend *Sachs,* in: Oebbecke/Kalisch/Towfigh (Hrsg.), Die Stellung der Frau im islamischen Religionsunterricht, 2007, S. 35 (45 ff.); entgegen *Sachs* ist jedoch zu bezweifeln, dass die Einflussnahme auf Fremd- u. Selbstbilder der Schüler generell „außerhalb der Reichweite" des Art. 3 II liegt.

[670] BVerfG ebda.; iE bereits BVerfGE 74, 163 (179 f.); vgl. auch BVerwG NVwZ 2003, 92.

[671] Vgl. BVerfGE 89, 276 (286) zu dem in § 611a BGB enthaltenen Verbot geschlechtsbezogener Benachteiligungen, mittlerweile durch das G zur Umsetzung europ. RL zur Verwirklichung des Grundsatzes der Gleichbehandlung vom 14.8.2006 (BGBl I, S. 1897) aufgehoben und in das AGG aufgenommen.

[672] BVerfGE 92, 91 (109); 104, 373 (393); 109, 64 (89); 113, 1 (15); das Verhältnis zwischen Hs. 1 – „Förderklausel" – und Hs. 2 – „Nachteilsausgleichsklausel" – ist wenig geklärt, dazu etwa *H. Hofmann* FamRZ 1995, 257 (261 ff.); gegen eine generell trennscharfe gegenseitige Abgrenzung spricht die grds. normative Vagheit dieser Klauseln; deshalb ist deren Tragweite jew. nur für konkrete Förderungs- bzw. Ausgleichsmaßnahmen zu prüfen.

[673] Abl. zur Schutzpflicht *Langenfeld,* in: Maunz/Dürig, Art. 3 II (2015) Rn. 124.

[674] *H. Gersdorf* FS Schmidt-Preuß, 2018, 585, 593.

[675] Hier wie auch sonst umstr., s. a. o. Rn. 75, 191 f.; gerade auch für das ArbeitsR mit seinen EG-rechtl. Überlagerungen (u. Rn. 262) betrifft der Meinungsstreit weniger die Ergebnisse als die dogm. Konstruktion, vgl. mwN *Ebsen* HdbVerfR, § 8 Rn. 22.

[676] Verneinend insb. *Baer/Markard* MKS I Art. 3 Abs. 2 Rn. 364; diff. *Ebsen* HdbVerfR, § 8 Rn. 37 ff., der den Förderauftrag „in den größeren Zusammenhang des dem Sozialstaatsprinzip zuzuordnenden Staatsziels" (Rn. 38) stellt.

gehende Veränderungen einer traditionell männlich dominierten Wirklichkeit, etwa bei der Forderung nach einer geschlechtergerechten Sprache[677] oder nach einer Neuorientierung im Strafrecht. Letztere wäre bei geschlechtsspez. Gefährdungen im Gegensatz zu Ersterer aus einer umfassend verstandenen Schutzpflicht abzuleiten.[678]

**259**    **b) Das Problem: Ungleichbehandlung und Förderungsgebot.** Nach wie vor zw. ist jedoch die entscheidende Folgefrage nach dem **Verhältnis** zwischen dem **Förderungsgebot** und dem abwehrrechtl. **Diskriminierungsverbot.**[679] Dabei geht es nicht nur um die engere „Quotenfrage" (→ Rn. 281 ff.), sondern allgemeiner darum, ob und wieweit die Schutzpflicht des Staates als bes. Legitimationsgrund für Ungleichbehandlungen iSd abwehrrechtl. geschützten Diskriminierungsverbots anzuerkennen ist.

**260**    Die **Antwort des BVerfG** ist insoweit bisher (nur) **im Ansatz** klar: Der spezielle Schutzzweck des objektiven Gleichberechtigungsgebots kann als Rechtfertigungsgrund für eine Ungleichbehandlung iSd Diskriminierungsverbots fungieren.[680] Dem ist grds. zuzustimmen, denn das Förderungsgebot, obwohl unmissverständl. nicht exklusiv für Frauen geltend, ist die verfassungsrechtl. Antwort auf das Phänomen, dass auch nach Fortfall der rechtl. Fundierung freiheitsbeschränkender Hierarchien im Verhältnis zwischen Männern und Frauen solche Hierarchien aufgr. soz. Fundierung fortbestehen, die Gewährung geschlechtl. Rechtsgleichheit also als Garantin tatsächl. gleicher Freiheit nur begrenzt zwecktauglich ist.[681] Dieser implizit jetzt verfassungsrechtl. und zuvor schon gemeinschaftsrechtl. anerkannte[682] Ausgangspunkt rechtfertigt es, geschlechtsneutrale Rechtsgleichheit auch am Ziel eines realitätsgerechten, tatsächl. wirksamen Schutzes gleicher Freiheit zu messen und notfalls durch geschlechtsspezifisch erforderl. Ausgleichsregeln zu relativieren.

**261**    **Dogmatisch** kann dies wohl − trotz verfassungsgerichtl. Ableitung beider Grundrechtsgehalte (auch) aus demselben Verfassungssatz des Art. 3 II 1 − als Problem der Normenkollision formuliert werden,[683] gehört aber jdf. zu einer Prüfung der **Verhältnismäßigkeit** einer Ungleichbehandlung als bes. rechtfertigungsbedürftige Ausnahme. Eine solche strenge Prüfung der Legitimation des konkreten Ziels einer fördernden Maßnahme sowie der Eignung, Erforderlichkeit und Verhältnismäßigkeit der eingesetzten Mittel[684] ermöglicht die gebotene Disziplinierung notwendiger konkreter Abwägungen. Es geht darum, jenseits generalisierender Vorrangentscheidungen oder gar definitorischer Leugnung eines Konflikts mit dem Diskriminierungsverbot,[685] dem verfassungsrechtl. Schutz der Durchsetzung der Gleichberechtigung in der Realität Wirksamkeit zu verschaffen (zur Abwägung näher → Rn. 275 ff.).[686]

**262**    **2. Europarechtliche Einwirkungen.** Das Recht der EU enthält außer und neben dem primärrechtl. Grundsatz des gleichen Entgelts für gleiche Arbeit gem. Art. 157 AEUV (ex-Art. 141 EGV) zahlreiche sekundärrechtl. **Verbote der unmittelbaren und mittelbaren Diskriminierung** von

---

[677] Als Ziel in Gesetzgebung und Verwaltung anerkannt; vgl. z. B. § 4 Abs. 3 BGleiG; § 42 Abs. 5, § 62 Abs. 2 GGO; aber nach BGHZ 218, 96 keine aus Art. 3 II 2 folgende allg. Pflicht zur Vermeidung des generischen Maskulinum bei (bisher) entgegenstehendem allg. Sprachgebrauch; krit. dazu *Grünberger* JZ 2018, 719.

[678] Vgl. EGMR Volodina v. Russland 9.7.2019, Nr. 41261/17, § 132; vgl. auch das Übereink. des Europarats zur Verhütung u. Bekämpfung v. Gewalt gegen Frauen u. häusl. Gewalt (Istanbul-Konvention); zu Schutz gegen sex. Gewalt und Sexismus vgl. *Baer/Markand*, in: v. Mangold/Klein/Starck I, Art. 3 II Rn. 347.

[679] Für generellen Nachrang der obj.-rechtl. Gehalte *Sachs* HStR VIII, § 182 Rn. 149 ff.; *ders.* ZBR 1994, 133 (137 ff.); *Starck*, in: *ders.* Woher kommt das Recht? 2015, S. 173 (176 ff.).

[680] BVerfGE 74, 163 (180) − Arbeitsförderung; 85, 191 (207) − Nachtarbeit; 89, 276 (285) − geschlechtsbezogene Diskriminierung; 92, 91 (112) − Feuerwehrabgabe; 114, 357 (370) Aufenthaltserlaubnis des Kindes; vgl. auch BVerfGE 149, 1 − Haartracht von Soldaten.

[681] Die Erg. des Zweiten Gleichstellungsberichts der BReg, BT-Dr 18/12840, insb. zur Erwerbsarbeit (S. 94 ff.), etwa zu einem (unbereinigten) „gender pay gap" von 21 % und einem gender care gap von 52,4 %, sprechen für sich; zum allg. Ansatz der Interpretation der „Gleichheit als Hierarchisierungsverbot" im Anschluss an die grdl. Arbeiten von *C. MacKinnon* näher *S. Baer*, Würde oder Gleichheit?, 1995, insb. S. 221 ff., mit iE zw. Konsequenzen zur rechtl. Bewältigung des Schutzes vor sex. Belästigung am Arbeitsplatz; vgl. auch *Sacksofsky*, in: Kempny/Reimer (Fn. 26), 68 ff.

[682] Im GemeinschaftsR ist die ursprüngl. explizit auf Frauen bezogene Bestimmung (Art. 6 III EUV- Prot. Nr. 14) mittlerweile geschlechtsneutral formuliert worden: „Im Hinblick auf die effektive Gewährleistung der vollen Gleichstellung v. Männern u. Frauen im Arbeitsleben hindert der Grundsatz der Gleichbehandlung die Mitgliedstaaten nicht daran, zur Erleichterung der Berufstätigkeit des unterrepräsentierten Geschlechts oder zur Verhinderung bzw. zum Ausgleich von Benachteiligungen in der berufl. Laufbahn spezifische Vergünstigungen beizubehalten oder zu beschließen." (Art. 157 IV AEUV).

[683] BVerfGE 92, 91 (111 f.); vgl. auch BVerfGE 114, 357 (364).

[684] Vorerst dazu *Ebsen* HdbVerfR, § 8 Rn. 42 ff.

[685] So tendenziell aber noch zur kompensatorischen Begünstigung beim Rentenalter BVerfGE 74, 163 (180): „Darin liegt keine Ungleichbehandlung wegen des Geschlechts", vgl. bereits → Rn. 244 f.

[686] Vgl. BVerfGK 19, 186 zu Partner- oder Vätermonaten; BVerwGE 149, 1 zu einer strengeren Regelung zur Haartracht für männl. im Vergl. zu weibl. Militärangehörigen, die als Fördermaßnahme zugunsten von Frauen gerechtfertigt wird.

Männern und Frauen für praktisch alle Bereiche des Erwerbslebens und der soz. Sicherheit,[687] so v. a. auch die gem. Art. 13 EGV (jetzt Art. 19 AEUV) erlassene GleichbehandlungsRL[688] mit einer umfangreichen Rspr. des EuGH[689] und der nat. Fachgerichte[690] sowie die RL zur Vereinbarkeit von Beruf und Privatleben.[691] Die engen inhaltl. Überschneidungen mit dem Verfassungsrecht[692] zeigen sich beispielhaft in der Quotenfrage (u. Rn. 281 ff.) wie bei zahlreichen mit der Teilzeitbeschäftigung[693] sowie mit dem Zugang zu und mit der Berechnung von Renten[694] verbundenen Problemen.

Eine Antwort auf die **weitgehende unionsrechtliche Überlagerung des einfachen Rechts**[695]  263 hat das BVerfG zunächst mit einer am EuGH orientierten Auslegung des GG[696] und schließlich mit der Akzeptanz der EUGRCh als verfassungsrechtl. Kontrollmaßstab gegeben.[697]

**3. Persönliche und sachliche Anwendungsvoraussetzungen. Nur natürl. Personen** können  264 Träger des Merkmals „Geschlecht" und deshalb Grundrechtsträger sein. Bei Personenvereinigungen, die als solche wegen des Geschlechts ihrer Mitglieder benachteiligt werden, kommt aber wohl im Rahmen des Art. 3 I eine Berücksichtigung der obj.-rechtl. Gehalte des speziellen Diskriminierungsverbots in Betracht.[698]

In **sachl.** Hinsicht wird die Anwendbarkeit des Art. 3 II, III generell nur durch **Art. 12a** ausgeschlossen.[699] Danach ist eine Dienstverpflichtung von Frauen in Bundeswehr, Bundesgrenzschutz  265 und Zivilschutzverbänden außerhalb des Verteidigungsfalles, Art. 12a IV 1, ausgeschlossen, nicht aber ein freiwilliger Dienst. Der frühere Streit um ein Verbot jeden Dienstes mit der Waffe ist mit der Neufassung des Abs. 4 S. 2 erledigt (→ Art. 12a Rn. 6 ff.).

Zu Normenkonkurrenzen i. Ü. s. → Rn. 77 ff., → Rn. 272 ff., → Rn. 282 ff., zu den Merkmalen  266 „Benachteiligung", „Bevorzugung" „wegen" → Rn. 243 ff., zur unmittelbaren und mittelbaren Diskriminierung → Rn. 248 ff., → Rn. 254 ff.

**4. Rechtmäßigkeitsanforderungen an Ungleichbehandlungen. a) Biologische und funktio-**  267 **nale (arbeitsteilige) Unterschiede.** Dieser Rechtfertigungsansatz beherrschte lange Zeit die Rspr.;

---

[687] Vgl. *Langenfeld*, in: Maunz/Dürig, Art. 3 II Rn. 49 f.; *Klein*, Geschlechterverhältnisse u. Gleichstellungspolitik in der Europäischen Union, 2013; *Epiney* NVwZ 2006, 407 ff.; *ders.*, Gleichstellungsrecht in der EU: Grundlagen, Meilensteine u. neuere Entwicklungen, in: Epiney/von Danckelmann (Hrsg.), Gleichstellung von Frauen und Männern in der Schweiz und der EU, 2004, S. 53.

[688] RL 2006/54/EG des Europ. Parlaments u. des Rates v. 5.7.2006 zur Verwirklichung des Grundsatzes der Chancengleichheit u. Gleichbehandlung v. Männern u. Frauen in Arbeits- u. Beschäftigungsfragen.

[689] Vgl. EuGH Rs. C-236/09 Slg. 2011, I-773 – Association Belge des Consommateurs Test Achats: Gebot grds. geschlechtsneutraler Versicherungsprämien und -leistungen; EuGH Rs. C-415/12 NZA 2013, 775 – Brandes: Anspruch auf bezahlten Jahresurlaub bei Wechsel v. Voll- zu Teilzeitarbeit; EuGH Rs. C 409/17 NVwZ 2017, 1686 – Kalliri: Mindestkörpergröße der Bewerber für den Polizeidienst; EuGH Rs. C-104/09 Slg. 201, I-8661 – Álvarez: Stillurlaub; EuGH Rs. C-222/14 NVwZ 2015, 1197 – Maïstrellis: Elternurlaub bei Beamten; EuGH Rs. C-192/18 EuGRZ 2019, 591 (598 § 74) – Kommission/Polen: Ruhestandsalter v. Richtern/Richterinnen; EuGH Rs. C-404/18 Abl. C 270 v. 12.8.2019, S. 12–13 – Hakelbracht ua: Viktimisierung, Zeugenschutz im Diskriminierungsfall; Rs. C-171/18 Abl. C 423 v. 16.12.2019, S. 7–8 – Safeway: Weiterbeschäftigung nach Erreichen der Altersgrenze.

[690] Vgl. *Langenfeld*, in: Maunz/Dürig, Art. 3 II Rn. 52 f; bejaht wird eine geschlechtsspezif. Diskriminierung in BAGE 137, 136–144 – Erlöschen des Anspruchs auf Vorruhestandsleistungen im Zeitpunkt des frühestmöglichen Renteneintritts; BayVGH DÖV 2019, 967 – Unionsrechtsw. Anknüpfung an unterschiedl. Lebenserwartung v. Männern u. Frauen bei Verrentung des Kapitalbetrags; verneint dagegen in BAGE 137, 80–105 – Hemmung der Stufenlaufzeit durch Elternzeit; BVerwG NVwZ 2019, 1291–1295 – Haartrachtregeln der Bundeswehr.

[691] RL (EU) 2019/1158 des Europ. Parlaments u. des Rates v. 20.6.2019 zur Vereinbark. v. Beruf u. Privatleben für Eltern u. pflegende Angeh. u. zur Aufhebung der RL 2010/18/EU des Rates, Abl. L 188 v. 12.7.2019, S. 79–93; dazu *Dahm* EuZA 2020, 19–34; *Kramer* Recht u. Politik 2019, 323–325; *Melle* SPA 2019, S. 141–143.

[692] Vgl. *Calliess* Journal für Rechtspolitik 2015, 17–34; *Lenaerts* EuR 2015, 3–28; *Ludwigs* EuGRZ 2014, 273–285.

[693] EuGH Rs. C-187/00 Slg. 2003, I-2741 – Kutz-Bauer: Altersteilzeit; EuGH Rs. C-354/16 NZA 2017, 1047 – Kleinsteuber: Zul. der untersch. Behandlung v. Voll- u. Teilzeitbeschäftigung bei Bemessung der Höhe der betriebl. Altersvorsorge.

[694] EuGH Rs. C-356/09 Slg. 2010, I-11939 – Kleist: Kündigung bei Erlangung des Pensionsanspruchs; EuGH Rs. C-123/10, Slg. 2011, I-10003 – Brachner: Pensionanpassung zur Erhaltung der Kaufkraft; EuGH Rs. C-401/11 BeckEuRS 2013, 728857 – Blanka Soukupová: Festsetzung des Ruhestandalters.

[695] *M. Jestaedt* VVDStRL 64 (2005), 298, 327 ff.

[696] Insb. BVerfGE 85, 191 im Anschluss an EuGH Rs. C-345/89 Slg. 1991, I-04 047 – Stoeckel; ferner BVerfGE 89, 276 (290 f.), zur strengen Kontrolle nachträgl. vorgebrachter Sachgründe für eine Einstellungsentscheidung (längere Berufserfahrung in tradit. Männerberuf); BVerfGE 97, 35 (43 f.); 104, 373 (393); 121, 241 (254 ff.) – mittelbare geschlechtl. Diskriminierung;

[697] BVerfG NJW 2020, 314 (318 Rn. 50 ff.) – Recht auf Vergessen II.

[698] So auch *Baer/Markard* MKS I, Art. 3 Abs. 2 Rn. 360; aA *Eckertz-Höfer*, in: AK GG, Art. 3 Abs. 2, 3, Rn. 49: Art. 3 III 1 ist anwendbar, soweit die gleichstellungsbezogene Tätigkeit v. Personenvereinigungen betroffen ist; zur Ablehnung eines kollektiven Fördergebots aufgr. der individualrechtl. Ausrichtung des Grundrechts vgl. *Langenfeld*, in: Maunz/Dürig, Art. 3 II Rn. 79.

[699] Ein allg. Vorrang des Art. 3 gegenüber Art. 12a ist abzulehnen, BVerfGE 12, 45 (52 f.); vgl. auch zur Beschränkung der Wehrpflicht nur auf Männer BVerwGE 110, 40 (52 f.); BVerwG NJW 2006, 2871 ff.; EuGH, Rs. C-186/01, Slg. 2003, I-2479 – Dory.

in frühen Entsch. wurden danach in sehr pauschaler Weise Mutterschutz- und Arbeitsschutzbestimmungen[700] sowie die einseitige Verpflichtung der Ehefrau zur Haushaltsführung,[701] aber auch die Strafbarkeit homosex. Betätigung (frühere §§ 175 f. StGB) nur von Männern gerechtfertigt.[702] Das Gericht formulierte allerdings ebf. schon sehr früh einschränkend, „obj." biologische und funktionale Unterschiede müssten „das zu ordnende Lebensverhältnis so entscheidend prägen, dass etwa vergleichbare Elemente daneben vollkommen zurücktreten".[703] Daran scheiterten die geprüften rechtl. Ungleichbehandlungen ganz überwiegend.[704]

268      Für **unmittelbare Diskriminierungen iSd Art. 3 III 1** (→ Rn. 254) kann die rechtfertigende Bedeutung sog. **funktionaler Unterschiede** heute grds. als **überholt** gelten: In der Entsch. zur Verfassungswidrigkeit des männl. **Namensprivilegs** nach dem früheren § 1355 II BGB hatte der Zweite Senat[705] bereits Zweifel an der Relevanz solcher traditionsverhafteten Unterschiede angemeldet. Der Erste Senat[706] hat in der Entscheidung zur Verfassungswidrigkeit des **Nachtarbeitsverbots** für Arbeiterinnen auch insoweit einen neuen Ansatz entwickelt: „Differenzierende Regeln können zulässig sein, soweit sie zur Lösung von Problemen, die ihrer Natur nach nur entweder bei Männern oder bei Frauen auftreten können, zwingend erforderlich sind".

269      Diese Formel **verbindet biologische Unterschiede mit einer strengen Verhältnismäßigkeitsprüfung** der auf solche Unterschiede bezogenen **Rechtsfolgen** unter Berücksichtigung auch mittelbarer Auswirkungen[707] für die Betroffenen. Konsequenterweise ist danach für alle frauenspezifischen Arbeitsschutzbestimmungen die zwingende Erforderlichkeit zu prüfen. Das gilt auch für spezifische Mutterschutzvorschriften,[708] bei denen allerdings zusätzl. die Legitimationswirkung des Art. 6 IV zu prüfen bleibt (→ Rn. 273).

270      Abzulehnen ist dagegen die Neigung in Lit. und älteren Judikaten,[709] rechtl. Regelungen, die an biologische Unterschiede anknüpfen, mangels vergleichbarer Sachverhalte schon **definitorisch** aus dem Anwendungsbereich des Diskriminierungsverbots herauszunehmen. Insb. auch Mutterschutz bedeutet für betroffene Frauen Vorteil und Nachteil zugleich in ihrer Rolle als (potentielle) Arbeitnehmerinnen: Nachteil als Bewerberin bei berufl. Einstieg und Aufstieg.[710] Das alte Prinzip des Schutzes speziell von Frauen durch Freiheitsbeschränkung muss als Diskriminierungsproblem verfassungsgerecht wertend, nicht definitorisch gelöst werden. Im Erg. sind auch zwingende freiheitsbeschränkende Normen des Mutterschutzes nur gerechtfertigt, soweit es um den Schutz der Gesundheit des werdenden und des neugeborenen Lebens geht.

271      Nach den neuen Rechtsprechungsgrundsätzen lässt sich die Verfassungsmäßigkeit des erst 1998 aufgehobenen **§ 1300 BGB** nicht mehr behaupten,[711] ebensowenig die nur für Frauen nach Auflösung der Ehe maßgebl. **Wartezeit gem. § 8 EheG.**[712] Nach der Rspr. des EuGH lassen sich selbst auf versicherungsmathematischen Erkenntnissen beruhende Ungleichbehandlungen in der priv. Versicherungswirtschaft nicht rechtfertigen,[713] wobei dies, zumindest soweit Krankenversicherungsschutz betroffen ist, der auch Behandlungen bei Schwangerschaft und Geburt umfasst, verfassungsrechtl. als Aspekt des Förderungsgebots nach Art. 3 II 2 anzusehen ist.[714] Anders kann dagegen der Kostenersatz für Behandlungen von nur bei einem Geschlecht auftretenden Krankhei-

---

[700] Grdl. BVerfGE 3, 225 (242); vgl. auch 5, 9 (12); 6, 389 (423).

[701] BVerfGE 3, 225 (242); 10, 59 (74 f.); vgl. auch zu weiteren Konsequenzen BVerfGE 11, 277 (281) u. 26, 265 (274 ff.). – Unterhalt für nichtehel. Kind; BVerfGE 22, 93 (96) – Unterhalt nach Scheidung; BVerfGE 17, 38 (53 ff.), und 39, 169 (182 f.) – erschwerende Voraussetzungen für Witwerrente.

[702] BVerfGE 6, 389 (423 f.).

[703] BVerfGE 10, 59 (74), im Anschluss an 6, 389 (422 f.).

[704] Insb. BVerfGE 15, 337 (343) – Höfeordnung, Erbenprivileg; BVerfGE 21, 329 (343 f.) – Beamtinnenversorgung; BVerfGE 31, 1 (4 f.) – Witwerrente, vgl. dazu aber auch die Nachw. o. Fn. 701; BVerfGE 37, 217 (249 f.) – Staatsangehörigkeit des Kindes; BVerfGE 48, 327 (337) – Mannesname als obligator. Ehename; BVerfGE 52, 369 (374) – Hausarbeitstag; BVerfGE 63, 181 (194) – kollisionsrechtl. anwendbares GüterR; BVerfGE 68, 384 (390) – kollisionsrechtl. anwendbares ScheidungsR; im Anschluss daran auch BVerfGE 71, 224, zu § 606b ZPO aF; vgl. auch zu den speziell gelagerten Fällen der Tabellenwerte zur Rentenberechnung BVerfGE 57, 335 (344) mwN.

[705] BVerfGE 84, 9 (18 f.); nur zw. noch BVerfGE 78, 38 (53).

[706] BVerfGE 85, 191 (207); desgl. BVerfGE 92, 91 (109).

[707] So BVerfGE 85, 191 (209 f.), allerdings erst unter dem Aspekt einer Rechtfertigung durch das Schutzgebot; zum Problem mittelbarer Auswirkungen auch *Sachs* HStR VIII, § 182 Rn. 98.

[708] Zu der entspr. Judikatur des EuGH vgl. zust. *Kokott* NJW 1995, 1049 (1055 f.).

[709] *Ebsen* HdbVerfR, § 8 Rn. 19; insb. zur Strafbarkeit homosex. Betätigung: BVerfGE 6, 389 (422 ff.); 36, 41 (45); krit. *Sachs* HStR VIII, § 182 Rn. 34.

[710] BVerfGE 85, 191 (209); 109, 64 (90 ff.); vgl. zum Diskriminierungsschutz gegen Schutzvorschriften auch EuGH, Rs. 203/03, Slg. 2005, I-00935 – Komm./Österreich.

[711] Anders noch BGHZ 62, 282; zutr. dagegen AG Münster NJW 1993, 1720; dazu Nichtannahmebeschluss BVerfG (K) FamRZ 1993, 662.

[712] AA *Starck* MKS I, Art. 3 (2010) Rn. 325.

[713] EuGH, Rs. C-236/09, Slg. 2011, I-773 – Association Belge des Consommateurs Test Achats; vgl. den Schlussantrag der GA *Kokott*; krit. *Looschelders* JZ 2012, 105 (109); *Karpenstein* EuZW 2010, 885 (886 ff).

[714] Nach *Langenfeld*, in: Maunz/Dürig, Art. 3 II Rn. 121 f. ist diese europarechtl. krit. zu sehende Auslegung weder nach Art. 3 II noch nach Art. 3 III 1 vorgeschrieben.

ten zu beurteilen sein.[715] Die Anknüpfung an die Körpergröße beim Ausschluss vom Zugang zu best. Berufen ist eine mittelbare Diskr., die gleichfalls einer bes. Rechtfertigung bedarf.[716]

**b) Wertungen aus anderen Verfassungsnormen.** Soweit keine Spezialität entgegenstehender 272 Normen wie bei Art. 12a (→ Rn. 265) anzunehmen ist, verläuft die Suche nach verfassungsunmittelbaren Gründen für die Rechtfertigung **unmittelbarer** Diskriminierungen überwiegend ergebnislos: Eine **Sonderrolle** spielt insoweit Art. 6. Bei **Art. 6 I** bestand zunächst Anlass, die Vereinbarkeit 273 von Ehe und Familie mit der Gleichberechtigung ausdr. verfassungsgerichtl. festzustellen.[717] Die Tragweite des grundrechtl. Mutterschutzes gem. **Art. 6 IV** als Differenzierungserlaubnis ist im Einzelnen umstr.[718] Soweit der verfassungsrechtl. gem. Art. 6 IV gebotene Schutz über den speziellen Bereich der Schwangerschaft, Geburt und Stillzeit hinausgeht,[719] ist es gem. Art. 3 III 1 erforderl., alle nur rollenspezifischen Sondervorschriften zu Kinderbetreuung und Haushaltsführung geschlechtsneutral zu fassen bzw. verfassungskonform auszulegen.[720] Zu **Art. 6 V** hatte BVerfGE 56, 363 (388 ff.)[721] die Zuordnung des nichtehel. Kindes zur Mutter gem. § 1705 BGB aF noch mit den Interessen des Kindes begründet; inzwischen sind auch hier, eingeleitet durch die Feststellung einer Konventionsverletzung durch den EGMR[722] die entspr. Regelungen neu gefasst.[723] Die Rspr. des BVerfG stützt sich dabei aber nicht auf Art. 3 II oder III 1, sondern auf Art. 6 II.[724]

Die Frage, ob auch das **Sozialstaatsprinzip** zur Rechtfertigung einer Diskriminierung ausreicht,[725] 274 hat sich in der Sache durch die schon gem. Art. 3 II 2 begründete speziellere Schutzpflicht erledigt.

**c) Schutzpflicht gem. Abs. 2 S. 2. Leitlinie** für die gebotene Prüfung der Verhältnismäßigkeit 275 (→ Rn. 259 ff.) unmittelbarer rechtl. Diskriminierung muss auch hier die Abstufung nach jeweils zugleich betroffenen **freiheitsgrundrechtlichen Schutzgegenständen** sein. Mit Art. 6 I unvereinbar wäre der auch nur ökonomisch begründete Zwang zu einer bestimmten Ausgestaltung des Partnerschafts- und Familienmodells.[726] Heftig umstr. sind in diesem Zusammenhang die verhaltenssteuernden Wirkungen des Ehegattensplitting u. damit die Vereinbarkeit mit Art. 3 II, 6 I.[727]

Freiheitsrechtl. eingriffsneutrale, speziell frauenadressierte Informations- und Bildungsangebote auf 276 dem Feld „klassischer" handwerklich-technischer „Männerberufe" unterliegen geringem Rechtfertigungsbedarf.[728] Dasselbe gilt für die Gründung monoedukativer Privatschulen, soweit ein gleichwertiges Bildungsangebot für alle vorhanden ist.[729] Ebenso wenig führt der zum Ausgleich der mittel-

---

[715] Vgl. BSG, NZS 2015, 662 (665) – keine Perücken für ältere Männer zu Lasten der ges. Krankenvers., da Haarausfall nur bei Frauen krankheitswertig sei.

[716] Vgl. einerseits EuGH Rs. C 409/17 NVwZ 2017, 1686 – Kalliri: Mindestkörpergröße der Bewerber f. den Polizeidienst nicht rechtfertigbar; aA OVG NRW DVBl 2017, 1582, OVG NRW DÖD 2018, 258, OVG LSA NVwZ-RR 2018, 196; vgl. dazu *T. Spitzlei* NVwZ 2018, 614.

[717] BVerfGE 3, 225 (241 f.) – Verfassungsm. des Art. 117, Güterstand der Verwaltung u. Nutznießung, Prozesskostenvorschusspflicht; vgl. auch BVerfGE 6, 55 (82) – obligator. Zusammenveranlagung; BVerfGE 10, 59 (67) – Stichentscheid, Vertretungsrecht des Vaters; BVerfGE 35, 382 (408) – Gefährdung der Ehe (auch) durch sofortige Vollziehung der Abschiebung des Ehemanns; BVerfGE 53, 257 (296) u. 136, 152 – Versorgungsausgleich; BVerfGE 76, 1 (45) – Zuzug des ausl. Ehepartners; Überblick zur Rspr. zum Gleichberechtigungsgebot iVm Art. 6 I in BVerfGE 105, 1 (10 ff.) – Gleichwertigkeit familiärer Unterhaltsbeiträge u. nachehel. Unterhalt; näher insges. *von Coelln*, Art. 6 Rn. 12, 30 ff.

[718] Einschränkend etwa *Sachs* HStR VIII, § 182 Rn. 155 m. zahlr. N. in Fn. 562; ähnl. → Art. 6 Rn. 90, 94 – Beschränkung des Schutzgebots auf den „biologischen Kerntatbestand".

[719] So etwa *Brosius-Gersdorf*, in: Dreier I, Art. 6, Rn. 210 f.

[720] So insb. *Sachs* HStR VIII, § 182 Rn. 155.

[721] Bestätigend BVerfGE 107, 150 (169 ff., 184), zu § 1626a BGB i. d. F. v. 16.12.1997 (BGBl I S. 2942), jedoch ohne Erwähnung des Art. 3 II oder III GG; vgl. zuvor auch BVerfGE 84, 168 (181).

[722] EGMR Zaunegger v. Deutschland, NJW 2010, 501; vgl. auch die nachfolgenden Entsch. EGMR Anayo v. Deutschland, NJW 2011, 3565; EGMR Schneider v. Deutschland, NJW 2012, 2781.

[723] Gesetz zur Reform der elterl. Sorge nicht miteinander verheirateter Eltern, v. 16.4.2013 (BGBl I, S. 795); die Ungleichbehandlung von nicht-ehel. Müttern u. nicht-ehel. Vätern wurde nicht vollständig beseitigt, wohl aber die Rechte der nicht-ehel. Väter auf Umgang u. Sorgerecht gestärkt und insb. eine gerichtl. Überprüfung ermöglicht.

[724] BVerfGE 127, 132 (162); eine Verletzung von Art. 3 I und II wurde offengelassen.

[725] *Jarass*, in: Jarass/Pieroth, Art. 3 Rn. 121.

[726] Vgl. dazu detailliert *Langenfeld* FS Stein, 2015, S. 988 ff. (993); problematisch kann daher, je nach Ausgestaltung, das Betreuungsgeld sein, wenn es ausschließl. das Doppel- oder das Alleinverdienermodell bevorzugt; vgl. dazu *Brosius-Gersdorf* RdJB 2011, 440 ff.

[727] Vgl. zum urspr. Ansatz BVerfGE 6, 55 (77); 61, 319 (345 f.); zur Disk.: *Sacksofsky* NJW 2000, 1896 ff, die das konsequente Festhalten am Prinzip der Individualbesteuerung zur tatsächl. Durchsetzung d. Gleichberechtigung fordert; ebenso *Becker/Englisch* DStR 2016, 1005 ff.; *Haupt/Becker*, DStR 2015, 1529 ff. (auch zum Verfahrensstand anhängiger Verf.); *Bareis/Siegel* DStR 2015, 456 ff.; aA *Sandweg* DStR 2014, 2097 ff.

[728] *Ebsen* HdbVerfR, § 8 Rn. 42; vgl. auch BVerfGE 89, 276 (290 f.); BVerwG NVwZ 2003, 92 – Förderung v. Betriebsgründungen.

[729] Vgl. BVerwGE 145, 333 Rn. 35: Eine monoedukative Privatschule (hier eine Jungenschule) beeinträchtigt weder den Anspruch auf gleichwertige Schulbildung der Angehörigen des anderen Geschlechts noch die „Verinnerlichung der Gleichberechtigung der Geschlechter".

baren Entgeltbenachteiligung von Frauen[730] eingeführte individuelle Auskunftsanspruch zu Lohnzahlungen für Beschäftigte in Betrieben mit mehr als 200 Beschäftigten zu unmittelbaren Diskriminierungen.[731] Das Gegenteil ist für Regelungen zum berufl. Einstieg und Aufstieg der Fall. Für diesen vor allem umstr. Bereich lassen sich beispielhaft folgende Leitaspekte formulieren:

277 Im „Nullsummenspiel"[732] konkurrierender berufl. Chancen (potentieller) Arbeitnehmer beschränkt sich die zulässige Förderung zunächst streng auf das Ziel der Förderung von **Chancengleichheit**.[733] Pflicht und Legitimation unmittelbar konkurrenzwirksamer staatl. Förderung sind insoweit begründungsimmanent begrenzt auf Schutz vor tatsächl. Beeinträchtigung oder Gefährdung gleicher Freiheit. Insoweit sind die allgegenwärtig vagen Begriffe „faktische Gleichheit", „Gleichstellung", aber auch das missverständl. Ziel der „Angleichung der Lebensverhältnisse"[734] durch den Begriff tatsächl. Chancengleichheit zu konkretisieren.

278 Die weitergehende **generelle** Zielsetzung **paritätischer**[735] **Repräsentanz** von Frauen und Männern in allen gesellschaftl. Bereichen findet im geltenden Verfassungsrecht wie im Gemeinschaftsrecht[736] keine eingriffslegitimierende Grdl.[737] Im Gegensatz dazu hat das Modell des Schutzes von Chancengleichheit durch Ausgleich faktischer Nachteile anerkannte Vorbilder in den Grundsätzen zur Rechtsschutzgleichheit (→ Rn. 204 ff.) und zur Chancengleichheit der Parteien (→ Rn. 60 ff.).

279 Als wesentl. Problem unmittelbar konkurrenzwirksamer Förderung berufl. Chancengleichheit bleiben deshalb die **Feststellung tatsächl. geschlechtsspezifischer Beeinträchtigung** sowie die Auswahl wirksamer, möglichst schonender und zumutbarer Mittel des Schutzes. – Wenn der Gesetzgeber im Einklang mit dem entstehungsgeschichtl. Sinn des neuen Art. 3 II 2 angesichts der statist. Befunde zur berufl. Situation von Frauen[738] einen bes. Schutzbedarf diagnostiziert, der durch die bloße Normierung v. Diskriminierungsverboten nicht ausreichend erfüllt wird, so liegt das jdf. im Bereich **verfassungsrechtlich vertretbarer Einschätzung** der Realität.[739]

280 Wäre faktische Diskriminierung[740] individualrechtl. effektiv greifbar,[741] bedürfte es keiner bes. Förderklauseln. Deren Sinn liegt darin, wirksamen Schutz gegen ein (weitgehend nur) strukturell feststellbares Phänomen mit ebf. strukturell ansetzenden Maßnahmen in ihrer zwangsläufig auch individuell differenzierenden Wirkung zu legitimieren.[742] Verfassungsrechtl. Leitgedanke ist **nicht ein abzulehnendes kollektivrechtliches Grundrechtsverständnis,**[743] sondern ausschließl. der eines wirksamen Grundrechtsschutzes auch gegen („nur") an Kollektiven deutl. erkennbarer und greifbarer tatsächl. Benachteiligung.

281 Auch sog. **Quotenregelungen**[744] für den öff. Dienst, in Rspr. und Lit. teils strikt abgelehnt,[745] teils für zulässig gehalten,[746] sind danach als **ultima ratio** wirksamen Schutzes in Betracht zu ziehen.

---

[730] Laut Begründung des G-Entwurfs der BReg (BR-Dr 8/17) beträgt 2016 die statist. Entgeltlücke zwischen Frauen u. Männern bez. auf das durchschnittl. Bruttoentgelt 21 %, die bereinigte Entgeltlücke 7 %.

[731] Vgl. Entwurf zum EntgTranspG (BR-Dr 8/17).

[732] *Ebsen* HdbVerfR, § 8 Rn. 41.

[733] Für die h. M. nur *Huster* AöR 118 (1993), 109 (117 ff.); aA Baer/Markand, in: v. Mangold/Klein/Starck I, Art. 3 II, Rn. 367; auch für die h. M. folgt daraus jedoch nicht ohne weiteres eine strikte Trennung zwischen Förderklausel und Nachteilsausgleichsklausel (1. und 2. Alt. des S. 2): Zu unterscheiden ist vielmehr zwischen nur retrospektiver Ausgleichswirkung u. zukunftsgerichteter Förderungswirkung; zutr. *Bumke* Der Staat 32 (1993), 115 (129); *Huster* aA O., S. 118 ff.

[734] BVerfGE 85, 191 (207).

[735] Etwa *Slupik* (Fn. 598), S. 134 ff.

[736] *Maidowski*, Umgekehrte Diskriminierung, 1989, S. 90 ff.

[737] Das schließt die Legitimität solcher rechtspol. Ziele nicht aus und deshalb auch nicht die Legitimität entspr. programmatisch orientierter Selbstdarstellungsinteressen polit. Parteien, zutr. *Ebsen,* Quotenregelungen, 1988, insb. S. 18 f.

[738] S. → Fn. 673; vgl. auch *Langenfeld* DVBl 2010, 1019 ff.

[739] Zur Einschätzungsprärogative des Gesetzgebers in diesem spez. Kontext BVerfGE 74, 163 (180).

[740] Zu einem engen Begriff v. „faktischer Diskriminierung" als indirekt entstehende Nachteile, „die sich infolge eines rational, idR ökonomisch begründeten Verhaltens Dritter ergeben" vgl. *Langenfeld,* in: Maunz/Dürig, Art. 3 II Rn. 38.

[741] Einen innovativen Ansatz stellen faktisch „geschlechtsblinde" personelle Auswahlentscheidungen dar, die gegenwärtig in Pilotprojekten erprobt werden; dazu bereits vor 30 Jahren *Sachs,* in: Jahrbuch der Universität Augsburg, 1984, S. 201 (207 ff.).

[742] Str., zum Problem *Ebsen* HdbVerfR, § 8 Rn. 12 ff.; *Huster* AöR 118 (1993), 109 (114 ff.).

[743] Anders insb. *Slupik* (Fn. 598), zB S. 85 ff.

[744] Zusammenstellung der unterschiedl. Bundes- und Landesgesetze bei *Langenfeld,* Maunz/Dürig, Art. 3 II Rn. 94 in Fn. 425 f.; *Papier/Heidebach,* Frauenquoten im öffentlichen Dienst, 2016, S. 38; aus der weitgehend an die amerik. Disk. anschl. monographische Lit. zur Legitimation von Quotenregelungen namentl. *Pfarr,* Quoten und Grundgesetz, 1988, insb. S. 81 ff., 201 ff.; *Maidowski* (Fn. 736), insb. S. 107 ff.; grds. abl. mit eingehender Begründung *B. Schubert,* Affirmative Action und Reverse Discrimination, 2003, insb. S. 51 ff.; s. auch → Art. 33 Rn. 37; krit. zur Neuf. des BGleiG von 2015 *Schmalhofer* Streit 2016, 28 ff.

[745] Mit unterschiedl. Begründungsakzenten iE: OVG NRW NVwZ 1996, 494 f.; HessVGH NVwZ 1994, 1229; Nds OVG NVwZ 1996, 497; aus der Lit. etwa *Sachs* ZBR 1994, 133 (139 ff.); *Rüfner* BK, Art. 3 II und III (1996) Rn. 763 ff.; *Laubinger* VerwArch 87 (1996), 305 ff., 474 (523 ff.).

[746] *Kokott* NJW 1995, 1049 (1051 f.); *Kunig,* in: v. Münch/Kunig I, Art. 33 Rn. 34, „Frauenförderung"; *Papier/Heidebach* (Fn. 744), S. 14 ff. unter der Vorauss., dass tatsächl. Unterpräsentation besteht und diese nachteilig wirkt.

Allerdings hat der EuGH[747] festgestellt, dass Art. 2 I und IV RL 76/207 EWG starren Entscheidungsquoten entgegenstehen, die bei gleicher Qualifikation Frauen „automatisch", nämlich „absolut und unbedingt" den Vorrang einräumen, solange jeweils in der Vergütungsgruppe oder auf der Funktionsebene nicht ein Frauenanteil von mindestens 50 % erreicht ist. Anschl.[748] hat er jedoch (klarstellend?) Quotenregelungen mit „Öffnungsklausel" („sofern nicht in der Person eines männl. Bewerbers liegende Gründe überwiegen") grds. gebilligt. Dem ist nach Maßgabe folgender Überlegungen auch für das nat. Verfassungsrecht zuzustimmen:

Nach hM[749] lässt die speziellere Regelung des Art. 33 II Spielraum für zusätzl., auch an Art. 3 II, III   **282** zu messende Hilfskriterien einer Auswahlentscheidung, soweit das Prinzip der Bestenauslese keine eindeutige Entscheidung ermöglicht, also hinsichtl. **gleichermaßen qualifizierter Bewerber.**[750] Nur mit diesen engen Bereich, also nur um sog. leistungsabhängige Quotierung konkreter Einstellungsentscheidungen, kann überhaupt verfassungsrechtl. ernsthaft gestritten werden,[751] und zwar nicht erst wegen Spezialität des Art. 33 II, sondern auch schon deshalb, weil berufl. Chancengleichheit stets Gleichheit nach dem Maßstab gleicher berufl. Qualifikation bedeuten muss.

Gleichwohl sprengen auch leistungsabhängige 50%-Quoten den Rahmen zul. Förderung der Chan-   **283** cengleichheit, soweit sie erkennbar das Ziel paritätischer Repräsentanz (→ Rn. 278), nicht aber das des Schutzes vor Diskriminierung verfolgen. Verfassungs- und auch gemeinschaftsrechtl. legitim bleiben Quoten als quantifizierter **Hilfsmaßstab** für die Bemessung des Anteils von Frauen, der sich bei diskriminierungsfreier Auswahl unter dem qualifizierten Bewerberpotential ergeben würde. Dieser Funktion entsprechen diff. bemessene und formulierte Entscheidungs- oder Zielquoten, die für die konkrete Einstellungs- oder Beförderungsentsch. einen adäquaten Abwägungsspielraum offenhalten. Sieht man einerseits die großen Problemfelder der soz. und rechtl. infrastrukturellen Bedingungen einer auch familiengerechten Ausbildung und Erwerbstätigkeit von Frauen und auch Männern[752] wie auch des diskriminierungsfreien Erwerbs und der Bewertung berufl. Qualifikation, und andererseits den engen Anwendungsbereich leistungsabhängiger Quotierung, so liegt der Verdacht eines v. a. in den 90er Jahren ausgefochtenen symbolischen Stellvertreterkriegs nicht fern.[753]

Während die RL der EU für Quoten bei Führungspositionen in der Wirtschaft bisher nur im   **284** Entwurf vorliegt,[754] ist in Deutschland ein entspr. Gesetz, mit dem **Quoten für Aufsichtsräte** vorgegeben werden, in Kraft getreten.[755] Soweit damit konkreten, anders nicht ausgleichbaren und mit statistischen Befunden nachgewiesenen Nachteilen entgegenzuwirken versucht wird,[756] kann ein Art. 3 II 1 und Art. 3 III 1 widersprechender Eingriff in Eigentums-, Berufs- und Vereinigungsfreiheit nach Art. 3 II 2 durch koll. Verfassungsrecht gerechtfertigt werden. Allerdings wäre das über die Herstellung von Chancengleichheit hinausgehende Ziel der Geschlechterparität davon nicht gedeckt, ebenso wenig wie entspr. Quotenregelungen für Vorstände.[757]

---

[747] EuGH, Rs. C-450/93, Slg. 1995, I-3051 (3069) – Kalanke.

[748] EuGH, Rs. C-409/95, Slg. 1997, I-6363 (6383) – Marschall; EuGH, Rs. C-158/97, Slg. 2000, I-01875 – Badeck; EuGH, Rs. C-407/98, Slg. 2000, I-5539 – Abrahamsson; EuGH, Rs. C-476/99, Slg. 2002, I-2891 – Lommers; vgl. zum Unionsrecht *Langenfeld,* in: Grabitz/Hilf/Nettesheim, Art. 157 Rn. 118 ff.; aus der kontroversen Diskussion zust. *Pape* ArbuR 1998, 14 ff.; *Abele* EuZW 1997, 758 f.; krit. *Starck* JZ 1998, 140 f.; *ders.* JZ 2000, 670 ff.; *Sachs* DVBl 1998, 184 f.; *ders.* JuS 1998, 552 f.; *ders.* RdA 1998, 130 ff.

[749] *Kunig,* in: v. Münch/Kunig I, Art. 33 Rn. 30, 34 mwN; allg. zu Hilfskrit. BVerwGE 80, 123 (126).

[750] In der Regelung des § 19 VI 2 LBG NRW, nach der von einer im Wesentl. gleichen Qualifikation bereits dann auszugehen ist, wenn die aktuelle dienstl. Beurteilung der Frau u. des Mannes ein gleichwertiges Gesamturteil aufweist, wurde ein Verstoß gegen den Grundsatz der Bestenauslese gesehen; vgl. OVG NRW NVwZ 2017, 807 m. Anm. *Trienweiler u. Baumanns;* vgl. dazu *Sachs* JuS 2017, 1036.

[751] Krit. zu derartigen Quoten, da sie ihren Zweck in der Realität nicht erfüllt hätten *Schmalhofer,* Streit 2016, 28, 31.

[752] Vgl. *Statistisches Bundesamt (Destatis)/Wissenschaftszentrum Berlin für Sozialforschung (WZB),* (Hrsg.), Datenreport 2018; *Rolfs,* NZA-Beilage 2014, 53; *Fuchsloch,* NZA-Beilage 2014, 59; *Stüben/v. Schwanenflügel,* NJW 2015, 577; *Barkow von Creytz,* DStR 2015, 128; *Keck,* NZFam 2016, 196; *Brose* NZS 2017, 36.1

[753] Das BVerfG hat unter Eignungsgesichtspunkten eine Quote bes. Art wohl implizit gebilligt (BVerfGE 91, 228 [245]): Frauen kämen „erfahrungsgemäß" für das (durchgehend gesetzlich nur für Frauen vorgesehene) Amt der Gleichstellungsbeauftragten eher in Betracht als Männer; vgl. auch LVerfG Mecklenburg-Vorpommern Urt. v. 10.10.2017 LVerfGE 28, 199 zur Beschränkung des aktiven u. passiven Rechts zur Wahl der Gleichstellungsbeauftragten auf weibl. Beschäftigte.

[754] Vorschlag für eine RL des Europ. Parlaments u. des Rates zur Gewährleistung einer ausgewogeneren Vertretung v. Frauen u. Männern unter den nicht geschäftsführenden Direktoren/Aufsichtsratsmitgliedern börsennotierter Gesellschaften und damit zsmhängende Maßnahmen v. 14.11.2012, COM (2012) 614 final.

[755] G f. die gleichberechtigte Teilhabe v. Frauen u. Männern an Führungspositionen in der Privatwirtschaft und im öff. Dienst v. 24.4.2015, BGBl I, S. 642.

[756] Ähnlich auch mit konkreten Hinweisen zur Nachweisführung einer tatsächl. bestehenden Unterrepräsentanz *Papier/Heidebach* ZGR 2011, 305 (318 ff.).

[757] Ebenso wie hier mit ausführl. Analyse des Gesetzes *Langenfeld,* in: Maunz/Dürig, Art. 3 III Rn. 104 ff.; vgl. zu der Disk. im Vorfeld einerseits krit. *Sachs* ZG 2012, 52 ff.; ebenso *Kempter/Koch* BB 2012, 3009 ff., 3011; *Francois-Poncet/Deilmann/Otte* NZG 2011, 450 (454); *Bachmann* ZIP 2011, 1131 (1134 f.); *Schladebach/ Stefanopoulou* BB 2010, 1042 (1045 f.); andererseits positiv *Körner* FS Pfarr 2010, 218, 227; *Hohmann-Dennhardt,* ebda. 235, 238 f., 248; *Langenbucher* JZ 2011, 1038 ff.; *Grünberger* NZA-Beilage 2012, 139.

285    Dies gilt auch für verpflichtende Quotenregelungen bei Listenwahlen. Soweit sie nicht faktisch bestehende geringere Chancen ausgleichen, sondern eine paritätische Repräsentation bewirken sollen, fallen sie nicht unter Art. 3 II 2 und würden i. Ü. auch eine unzulässige Beschneidung der freien Wahlentscheidung bedeuten.[758] Quotenregelungen, die auf einer binären Geschlechterstruktur aufbauen, würden zudem in unzulässiger Weise all jene ausschließen, die sich weder der geschlechtl. Identität „weiblich" noch „männlich" zuordnen.[759]

286    In **formeller** Hinsicht sind geschlechtsspezifisch differenzierende Einstellungs- und Beförderungsentsch. jdf. „grundrechtswesentl." und bedürfen deshalb einer speziellen gesetzl. Grdl.[760]

## IV. Die speziellen Diskriminierungstatbestände (Abs. 3 S. 1)

287    **1. Kein numerus clausus von Diskriminierungstatbeständen.** Zweck des Art. 3 III 1 GG ist es, Angehörige strukturell diskriminierungsgefährdeter Gruppen vor Benachteiligung zu schützen. Dies gilt nicht nur aufgr. der in Art. 3 III 1 genannten Kriterien; vielmehr ist der Katalog offen zu interpretieren und – als Teil einer „Identitätspolitik"[761] – an neue Realitäten anzupassen.[762] Die Gleichstellung zusätzl. Kriterien mit den in Art. 3 III Normierten ist in der Rspr. untersch. konsequent, insb. mit Blick auf ein absolutes oder relatives Anknüpfungsverbot und, bei letzterem, die jeweiligen Rechtfertigungsanforderungen an Ungleichbehandlungen.

288    **2. Geschlecht.** Soweit Art. 3 III 1 vor Ungleichbehandlung wegen des weiblichen Geschlechts schützt, fällt der Regelungsgehalt mit Art. 3 II zusammen (→ Rn. 223a). Die Nennung des **Geschlechts** als Unterscheidungsmerkmal in Abs. 3 S. 1 ist aber offener gefasst als in Abs. 2, der auf einem binären Konzept der Geschlechtlichkeit aufbaut. In der neueren Rspr. wird „Geschlecht" nicht nur – biologisch-anatomisch – iSv „sex", sondern auch – identitätsstiftend – iSv „gender" verstanden und auf die sexuelle Identität bezogen.[763] Geschützt werden insb. auch Menschen, die sich weder der geschlechtl. Identität „weiblich" noch „männlich" zuordnen lassen;[764] die Bestimmung dessen ist weitgehend subjektiviert.[765] Der Kennzeichnung des Geschlechts wird eine identitätsstiftende und -ausdrückende Wirkung zuerkannt.[766] Nach BVerfGE 147, 1 handelt es sich aber nicht um ein absol. Anknüpfungsverbot; vielmehr seien für die personenstandsrechtl. Behandlung als „Nullum" keine „tragfähigen Gründe" ersichtlich.[767]

289    Knüpft man an die fehlende Zuordnung zum weibl. oder männl. Geschlecht an, so kann allerdings auch darin selbst eine nach Art. 3 III 1 grds. verbotene Ungleichbehandlung liegen, etwa, wenn der Gruppe der Intersexuellen mehr Alternativen zur personenstandsrechtl. Registrierung zur Verfügung stehen als Männern und Frauen.[768] Ob, entgegen dem Wortlaut, auch insoweit lange Zeit vorbestehende Diskriminierungen auszugleichen sind und Art. 3 II 2 in seinem Anwendungsbereich zu erweitern ist, ist aufgr. der expliziten Formulierung eine primär vom Gesetzgeber zu klärende Frage.[769] Potentielle Diskriminierungen können sich iÜ auch zwischen sonstigen alternativen Formen der Geschlechtsidentität, etwa zw. Trans- und Intersexuellen, ergeben.[770] Treffen Transsexualität und Elternschaft

---

[758] Ebenso *Kischel,* in: BeckOK GG, Art. 3 Abs. 2, Rn. 208a; *Rixen,* Demokratieprinzip und Gleichberechtigungsgebot: Verfassungsrechtl. Relationen, in: Schuler-Harms/Eckertz-Höfer, Gleichberechtigung und Demokratie – Gleichberechtigung in der Demokratie: (Rechts)Wissenschaftliche Annäherungen, 2019, 59; aA *Meyer* NVwZ 2019, 1245; vgl. auch BayVerfGH, Entsch. v. 26.3.2018 (Verneinung einer Verpflichtung des Gesetzgebers zum Erlass geschlechtsparitätischer Wahlvorschlagsregelungen).

[759] *Morlok/Hobusch* DÖV 2019, 14, 20.

[760] Für die hM *Kunig,* in: v. Münch/Kunig I, Art. 33 Rn. 34, Stichw. „Frauenförderung" mwN; anders steht es mit Subventionen zugunsten v. Betriebsgründungen, BVerwG NVwZ 2003, 92 (94).

[761] *Huster* ZöR 2019, 845, 857.

[762] Krit. *Thiele* DVBl 2018, 1112, 1119, soweit bloße Interessen damit „normativ geadelt werden".

[763] Die Begriffe finden sich nicht explizit in BVerfGE 147, 1; vgl. dazu aber *Rixen* JZ 2018, 317, 319; anders *Märker* NZFam 2018, 1, 3 der „Geschlecht" als identisch mit biologischem Geschlecht interpretiert.

[764] BVerfGE 147, 1 Rn. 59, 60; vgl. *Langenfeld,* in: Maunz/Dürig, Art. 3 II Rn. 24 sowie Art. 3 III (2016) Rn. 42; *Krieger,* in: Schmidt-Bleibtreu/Hofmann/Henneke, 13. Aufl. 2014, GG, Art. 3 Rn. 77; *Jarass,* in: Jarass/Pieroth, Art. 3 Rn. 120; *Sachs,* in: Isensee/Kirchhof HStR VIII, 3. Aufl. 2010, § 182 Rn. 42; *Froese* AöR 2015, S. 598, 611.

[765] BVerfGE 147, 1 Rn. 42; krit. dazu *Rixen* JZ 2018, 317, 320 („Empfindungssubjektivismus ohne objektivierbare Grenzen"); nach § 45b III 1 PStG wird allerdings ein ärztl. Attest für die personenstandsrechtl. Eintragung v. Personen mit Varianten der Geschlechtsentwicklung verlangt; dies ist mit Blick auf das öff. Interesse an dauerhaft validen Eintragungen rechtfertigbar; vgl. BT Drs 19/9886.

[766] BVerfGE 147, 1 Rn. 45.

[767] BVerGE 141, 1 Rn. 64; zu hist. und rvgl. Aspekten *Holzleithner* JöR 2019, 456.

[768] *Froese* DÖV 2018, 315, 319.

[769] Ebenso *Kischel,* in: BeckOK GG, Art. 3 Abs. 2 Rn. 183.

[770] Vgl. dazu die Kleine Anfrage v. 7.5.2019 (BT Drs 19/9886) sowie BVerfG NJW 2018, 222, wonach Gerichtsverf. und Sachverständigengutachten für Änd. der Geschlechtseintragung für transsex. Menschen verlangt werden darf.

zusammen, ist der Konflikt zw. Abstammungsrecht und Diskriminierungsverbot nach dem strengen Verhältnismäßigkeitsmaßstab aufzulösen.[771]

**3. Sexuelle Orientierung.** Soweit das bei der Reform von 1994 nicht in den Katalog von Art. 3 **290** III aufgenommene Kriterium der sexuellen Orientierung den speziellen Diskriminierungsverboten interpretatorisch gleichgestellt wird,[772] wird die Abgrenzung zw. Art. 3 I und Art. 3 III 1 weitgehend relativiert.

Für eine Unterscheidung aufgr. der **sexuellen Orientierung** ebenso wie für die mittelbar darauf **291** bezogene Anknüpfung an Ehe oder eingetragene Partnerschaft wird auf der Grdl. von Art. 3 I ein „gegenüber dem bloßen Willkürverbot deutl. strengerer Prüfungsmaßstab"[773] gefordert. Genügen damit sachl. Rechtfertigungsgründe,[774] insbes. ein allg. Verweis auf den verfassungsrechtl. intendierten Schutz von Ehe und Familie, nicht zur Rechtfertigung von Ungleichbehandlungen,[775] bedeutet dies die Festlegung eines Mindeststandards unzul. Differenzierung, der gerade für die in Art. 3 III 1 genannten Kriterien charakteristisch ist.[776] In der am weitesten gehenden Entscheidung zum Ehegattensplitting modifiziert das BVerfG mit der Forderung, typischerweise bestehende Unterschiede nicht zu berücksichtigen[777] und sich am atypischen Fall zu orientieren,[778] seine Rspr. zur Möglichkeit von Typisierungen aufgr. des weiten Gestaltungsspielraums im Steuerrecht (→ Rn. 109) um des verfassungsrechtl. gebotenen „Schutzes von Minderheiten" willen.[779] Zum Ausgleich von in der Vergangenheit liegenden Diskriminierungen kann eine an „Partnerschaft" im Gegensatz zu „Ehe" anknüpfende Ungleichbehandlung erforderl. sein.[780] Letztl. werden so die dogm. Unterschiede nicht nur zwischen dem allg. Gleichheitssatz des Art. 3 I und den spez. Diskriminierungskriterien des Art. 3 III 1, sondern auch die Abgrenzung zu den spez. Förder- und Schutzgeboten der Art. 6 I, 3 II 2 und 3 III 3 verwischt.[781] Aufgr. der allenfalls bezogen auf Art. 6, nicht aber auf Art. 3 umstr. Einführung der „Ehe für alle" (→ Rn. 138) ist die dogm. problematische, inhaltlich aber auf Konsens stoßende Rspr. des BVerfG nur mehr als Übergangsphänomen bedeutend. Rechtsvergl.[782] und im Recht der EMRK[783] finden sich zur Gebotenheit der vollständigen Angleichung zw. den Formen des Zusammenlebens von Homo- und Heteroxuellen unterschiedl. Positionen.

**4. Abstammung.** Die beiläufig in BVerfGE 9, 124 (128) genannte und allg. zit.[784] Def. dieses **292** Merkmals ist praktisch eindeutig: „Abstammung" bezeichnet „vornehml." die „natürl. biologische

---

[771] Danach müsste eine Frau-zu-Mann Transsexuelle als Vater eingetragen werden, obwohl er/sie bei der Geburt biolog. Frau war; aA BGHZ 215, 318.

[772] *Kischel,* in: BeckOK GG, Art. 3 Abs. 1 Rn. 129 spricht v. „Quasi-Diskriminierungsverboten", die „formal dem allg. Gleichheitssatz zugeordnet, aber strukturell wie echte Diskriminierungsverbote behandelt" werden; zur Entwicklung der Rspr. vgl. *Berning,* Leitentscheidungen BVerfG III, 167 ff.; *Gärditz,* Verfassungsgebot Gleichstellung?, in: Uhle (Hrsg.), Zur Disposition gestellt? Der besondere Schutz von Ehe und Familie zwischen Verfassungsanspruch und Verfassungswirklichkeit, 2014, 86 ff.

[773] BVerfGE 133, 59 Rn. 73.

[774] Vgl. dazu die ältere Rspr. der obersten Bundesgerichte u. einzelner Kammern des BVerfG, BVerfG (K) NJW 2005, 1828 – Hinterbliebenenrente; BVerwGE 125, 79 – Familienzuschlag eingetragene Lebenspartnerschaft, bestätigend BVerfG (K) 12, 169; BVerwGE 129, 129 – Hinterbliebenenversorgung; BVerfGK 13, 501– Familienzuschlag für Beamte; BFH BSTBl II 2006, 515 u. 2006, 883 – Splittingtarif; BFH BStBl II 2007, 649 – Erbschaftssteuer.

[775] Ebenso die Rspr. des EuGH, Rs. C-267/06, Slg 2008, I – 1757 ff. – Maruko; krit. *Hillgruber* JZ 2010, 41 ff.; *Krings* NVwZ 2011, 26 ff.

[776] Für das SteuerR BVerfGE 126, 400 – Erbschaftssteuer; BVerfGE 133, 377 – Ehegattensplitting; zur Hinterbliebenenversorgung BVerfGE 124, 199; für das BesoldungsR BVerfGE 131, 239 – Familienzuschlag; für Sukzessivadoptionen BVerfGE 133, 59; vgl. dazu *Reimer/Jestaedt* JZ 2013, 468 ff.

[777] Konkret die Tatsache, dass der Kinderanteil bei eingetragenen Lebenspartnerschaften weit unter dem v. Ehepaaren liegt – BVerfGE 133, 377 Rn. 103.

[778] Konkret die Tatsache, dass auch in Lebenspartnerschaften Kinder aufwachsen („denkbar u. nicht völlig unübl.") – BVerfGE 133, 377 Rn. 100.

[779] BVerfGE 133, 377 Rn. 103.

[780] Vgl. BVerfG (K) NZA 2020, 37 zum Absehen vom Antragserfordernis für die Neuberechnung einer Rente bei Verpartnerung.

[781] Krit. zum methodischen Ansatz, bei dem „jurist. Ableitung u. gesellschaftspolit. Agenda" verschwömme, *Gärditz* (Fn. 772), 127; krit. zur rechtspolit. Dimension der Rspr. *Krings* NVwZ 2011, 26 ff.; *Hillgruber* JZ 2010, 41 ff.; *Benedict* JZ 2013, 477 ff.; *Kischel* in: BeckOK GG, Art. 3 Abs. 1 Rn. 130 ff.; zust. *Putzer,* Recht und Politik 2011, 88 ff.; *Sacksofsky,* Streit 2011, 32 ff.; krit. zum rückwirkenden Korrekturansatz des BVerfG Sondervotum *Landau, Kessal-Wulf* BVerfGE 133, 377 Rn. 137; dem mit diff. Argumentation zust. *A. Sanders,* NJW 2013, 2236.

[782] Vgl. *Beck/Tometten* DÖV 2016, 581 ff.; krit. differenzierend *Baer,* Gleichberechtigung revisited, NJW 2013, 3145.

[783] Die Rspr. des EGMR fordert (bisher) nur eine grds. Gleichbehandlung zwischen homo- u. heterosex. Lebensgemeinschaften, lässt die Sonderstellung der Ehe zw. Mann u. Frau aber unangetastet, EGMR Schalk u. Kopf v. Österreich 24.6.2010, Nr. 30141/04 (Rn. 49–64, 101, 108); EGMR Gas et Dubois v. Frankreich 15.3.2012, Nr. 25951/07 (Rd. 66); EGMR X. v. Österreich 17.2.2013, Nr. 19010/07 (Rn. 106); EGMR Vallianatos ua v. Griechenland 7.11.2013 Nr. 29381/09 and 32684/09 (Rn. 75); EGMR Ratzenböck u. Seydl v. Österreich 26.10.2017, Nr. 28475/12; ist Eheschließung nicht mögl., können zum Ausgleich v. Nachteilen (zB beim Aufenthaltsrecht) aber bes. Maßnahmen erforderl. sein, vgl. EGMR Taddeucci u. McCall v. Italien 30.6.2016, Nr. 51362/09, para. 81 ff.

[784] *Baer/Markand* MKS I, Art. 3 Abs. 3 Rn. 468; *Jarass,* in: Jarass/Pieroth, Art. 3 Rn. 139.

Beziehung eines Menschen zu seinen Vorfahren".[785] Die erste Entscheidung des BVerfG,[786] in der es auf dieses Merkmal ankam, stellte sogleich die Weichen für dessen **praktische Bedeutungslosigkeit:** Da der Anspruch auf Waisenrente seinem Wesen nach auf der Abstammung beruhe, könne Art. 3 III ihn nicht treffen. Ein Bsp. legitimer teleologisch[787] einschränkender Auslegung,[788] das in seiner Konsequenz bedeutet, dass Art. 3 III 1 insoweit nicht als striktes Anknüpfungsverbot, sondern eher als Verbot sachwidriger Ungleichbehandlung zu verstehen ist.

293      Andernfalls könnte man zB das gesetzl. Erbrecht der Abkömmlinge wohl erst wegen Spezialität des Art. 14 I rechtfertigen,[789] und die unzweifelhafte Verfassungsmäßigkeit klassischer verfahrensrechtl. Befangenheitsregeln, zB § 20 VwVfG, wäre entgegen dem insoweit offenkundigen Sinn des Art. 3 III 1 in Frage gestellt. Beispiele für den **Anwendungsbereich** dieses Diskriminierungsverbots, wie unzul. „Sippenhaft"[790] oder Zugangsprivilegien zu Schulen[791] oder zum öff. Dienst, bestätigen, dass dessen Regelungsgehalt über den des Art. 3 I wohl kaum hinausgeht.[792] Auch Unterscheidungen zwischen ehel. und unehel. Kindern ließen sich als Anknüpfungen an die Abstammung erfassen, werden aber an Art. 6 V als lex specialis gemessen.[793]

294      **5. Rasse, Heimat, Herkunft und Sprache.** Spezifischen (individualrechtl.) Minderheitenschutz bezwecken die Merkmale Rasse, Sprache, Heimat und Herkunft, denn gerade auch sie bilden erfahrungsgemäß eine Quelle bes. Gefährdung, soweit sie ihre Träger als „fremd" gegenüber der jeweiligen Mehrheit auszeichnen. Einem **freiheitswahrenden Integrations- und Identitätsschutz**[794] würde eine differenzierungsblinde ausschließl. Gewährung von Rechtsgleichheit nicht gerecht; dies ist bei der Interpretation allg. zu berücksichtigen.

295      Der Begriff „Rasse"[795] ist in der ihm historisch eigenen unklaren und missbrauchten Verwendung[796] sowohl im Sinne gruppenspezifisch tatsächl. als auch nur behaupteter **biologisch vererbbarer Merkmale** zu verstehen.[797]

296      Wegen dieses Merkmals dürfen die früheren Ausbürgerungen von Juden nicht als rechtswirksam anerkannt werden.[798] Bei **verdachtsunabhängigen Polizeikontrollen** kann nicht auf „Rasse" als Unterscheidungskriterium abgestellt werden.[799] Str. ist, inwieweit sonstige, auf phänotypische Merkmale zurückgreifende polizeiliche Maßnahmen als mittelbare Diskriminierungen einer bes. Rechtfertigung bedürfen. Aufgr. des Bezugs zur Menschenwürde ist die Forderung nach einem strengen Kontrollmaßstab und einer erhöhten Darlegungslast der Behörden richtig.[800] Als kollidierendes Gut mit Verfassungsrang kommt die staatl. Schutzpflicht von Leib, Leben und Eigentum in Betracht. Diskriminierungen im Zivilrechtsverkehr werden unmittelbar vom AGG erfasst.[801]

---

[785] Darunter soll nach wohl hA auch die fam.-rechtl. Abstammung fallen, *Sachs* HStR VIII, § 182 Rn. 43 mwN.

[786] BVerfGE 9, 201 (205).

[787] Entstehungsgeschichtl. verbindet sich mit dem Merkmal der Abstammung neben dessen Nähe zur Rasse wohl auch eine Bestätigung der Abschaffung v. Adelsprivilegien.

[788] Zust., aber deshalb, weil insoweit das Diskriminierungsverbot im Privatrechtsverkehr nicht gelte, *Starck* MKS I, Art. 3 (2010) Rn. 386; aA *Sachs*, Grenzen (Fn. 82), S. 264.

[789] *Sachs*, Grenzen (Fn. 82), S. 235, m. w. Beispielen des oft nach Abstammung diff. einfachen Rechts, S. 264.

[790] *Baer/Markand* MKS I, Art. 3 Abs. 3 Rn. 468.

[791] Art. 146 I 3 WRV, dazu *Sachs*, Grenzen (Fn. 82), S. 96, 98.

[792] Dem entspricht die lapidare Bezugnahme auf die Vereinbarkeit mit dem Grundsatz der Verhältnismäßigkeit zur (hypothetischen) Rechtfertigung des strafrechtl. Inzestverbots in BVerfGE 120, 224 (253).

[793] *Langenfeld,* in: Maunz/Dürig, Art. 3 III (2019) Rn. 102; *Boysen,* in: v. Münch/Kunig I, Art. 3 Rn. 175; s. o. Rn. 278.

[794] *Bothe* VVDStRL 54 (1995), 7 (36 f.).

[795] Vgl. dazu auch das Internat. Übereinkommen zur Beseitigung jeder Form v. Rassendiskriminierung v. 17.3.1966, BGBl 1969 II, S. 961; zur berechtigten Kritik am Begriff „Rasse" *Krieger,* in: Hofmann/Henneke, Art. 3 Rn. 80; das Dt. Institut für Menschenrechte hat sich explizit für eine entspr. Grundgesetzänderung ausgesprochen, vgl. *Cremer,* in: Deutsches Institut für Menschenrechte, Ein Grundgesetz ohne Rasse, 2010 (Policy Paper 16). Dies ist probl. mit Blick auf int. Abk. u. eine potentielle Verminderung des Schutzes; notwendig wäre der Ersatz durch ein Konzept, das in gleicher Weise schützt und die hist. Dimension nicht ausklammert; vgl. *Kutting/Amin* DÖV 2020, 612 ff.

[796] Nachw. zur Lit. bei *Sachs,* Grenzen (Fn. 82), S. 383.

[797] Unbestr., *Starck* MKS Art. 3 (2010) Rn. 387; *Boysen,* in: v. Münch/Kunig I, Art. 3 Rn. 175; *Langenfeld,* in: Maunz/Dürig, Art. 3 III (2019) Rn. 45; *Jarass,* in: Jarass/Pieroth, Art. 3 Rn. 140; *Sachs* HStR VIII, § 182 Rn. 44.

[798] BVerfGE 23, 98 (106 f.).

[799] Vgl. OVG RhPf NJW 2016, 2820; vgl. zur Problematik des sog. „Racial profiling" *Drohla* ZAR 2012, 411 ff.; *Cremer* AnwBl. 2013, 896 ff.; *Wagner* DÖV 2013, 113 ff.; *Froese* DVBl 2017, 293; *Liebscher* NJW 2016, 2779, *Alter* NvWZ 2015, 1569; *V. M. Apfl,* Racial Profiling in Deutschland? Eine Untersuchung u § 22 Abs. 1a BundespolizeiG aus der Perspektive der Gleichheitsdogmatik und Kognitionswissenschaft, 2018.

[800] Vgl. OVG NRW NVwZ, 2018, 1497; ebenso *Krieger,* in: Hofmann/Henneke, Art. 3 Rn. 62, 63; *Tischbirek/Wihl* JZ 2013, 119 (223); diff. noch OVG RhPf NJW 2016, 2820, 2828; aA *Kischel,* in: BeckOK GG, Art. 3 Abs. 3 Rn. 223e: Verhältnismäßigkeitsprüfung ausreichend.

[801] Beispielgebend OLG Stuttgart NJW 2012, 1085 – Geldentschädigung nach verweigertem Diskobesuch wegen Hautfarbe; LAG Hamm NZA-RR 2014, 412 ff.

Bei der Normierung der Merkmale **Heimat und Herkunft** wurde an die „soz. Herkunft u. bes. an **297** die Vertriebenen" gedacht.[802] Entspr. versteht das BVerfG unter Herkunft die „ständisch soz. Abstammung u. Verwurzelung",[803] unter Heimat die „örtl. Herkunft nach Geburt oder Ansässigkeit".[804] Entscheidender **Regelungsgrund** dürfte die persönlichkeitsprägende Bedeutung der örtl. Umgebung während Kindheit und Jugend sein,[805] die zur diskriminierungsgefährdeten „Fremdheit" in and. Umgebung führt. Der **Regelungstatbestand** ist jedoch entgegen der Rspr. des BVerfG[806] nicht durch den Zusatz einer „emotionalen Bindung" anzureichern. Das schließt teleologisch begründete Anwendungsbeschränkungen, etwa bei Besoldungsdifferenzen, i. Ü. jedoch nicht aus.[807]

Beide Merkmale sind deshalb **nicht** identisch mit dem jeweils **aktuellen Wohnsitz oder gewöhnl.** **298** **Aufenthalt,** so dass zB nach letzterem diff. Leistungstatbestände nicht erfasst werden.[808] Als Konsequenz fallen danach auch sog. Landeskinderklauseln etwa im Prüfungs-[809] sowie Schul- und Hochschulrecht[810] nicht unter Art. 3 III 1,[811] sondern sind im Spannungsverhältnis von föderalem Prinzip, Sozialstaatsprinzip und grundrechtl. Chancengleichheit gem. Art. 3 I, 12 I sowie 33 I[812] zu würdigen.[813]

Die **Staatsangehörigkeit** als solche wird von den Begriffen „Heimat" und „Herkunft" nicht **299** erfasst[814] (auch → Rn. 70). Dies ändert allerdings nichts daran, dass die fremde Staatsangehörigkeit typischerw. mit der fremden Heimat zusammenfällt, so dass ggf. mittelbare Diskriminierung vorliegt. Unzulässig sind auch Binnendifferenzierungen zw. dt. Staatsangehörigen je nach dem Grund für den Erwerb der Staatsangehörigkeit[815]

Typischerw. unmittelbar mit Heimat und Herkunft zusammenhängend, jedoch auch unabhängig **300** davon, gehört die **Sprache** zu den identitätsprägenden Merkmalen eines Menschen und ist in dieser Eigenschaft im Verhältnis von Minderheiten zu Mehrheiten erfahrungsgemäß bes. schutzbedürftig. Deshalb wird hierunter allg. die „Muttersprache" verstanden, zu der auch Dialekte zu zählen sind.[816] Die in diesem Zusammenhang lösungsbedürftigen Probleme haben den engeren Bereich der hier ua betroffenen dänischen und sorbischen Minderheiten, aber auch den der „Gastarbeiter" seit langem hinter sich gelassen und sind auch in der verfassungsrechtl. Rspr. und Lit. noch nicht hinreichend verarbeitet.

Ob mangelnde **Sprachkenntnisse** vom Diskriminierungsverbot grds. erfasst werden, ist umstr.[817] **301** Das BVerfG hat in einer früheren Entsch. beiläufig Sprachkenntnisse (eines im Ausl. aufgewachsenen Deutschen) als selbstverständl. zulässige Eignungsvoraussetzung für Beamte (ohne Bezugnahme auf Art. 33 II) bezeichnet[818] und dann die Regelungen zur dt. Gerichtssprache aus dem Anwendungsbereich des Art. 3 III 1 mangels staatl. Pflicht zum Ausgleich fakt. Nachteile generell ausgeschlossen.[819]

---

[802] JöR nF Bd. 1 (1951), 67; diskutiert wird eine Übertragung des Kriteriums auf Diskriminierungen v. „Ossis" auf dem Arbeitsmarkt, *S. Lörler* NJ 2010, 278 ff.
[803] BVerfGE 5, 17 (22); 48, 281 (287 f.).
[804] BVerfGE 5, 17 (22); 17, 199 (203); 23, 258 (262); ebenso BVerwGE 136, 231 (256).
[805] Vgl. *Jarass,* in: Jarass/Pieroth, Art. 3 Rn. 142.
[806] BVerfGE 102, 41 (53 f.); wie hier abw. Meinung, ebda. S. 63 ff.
[807] Vgl. BVerfGE 107, 257 (269 f.): kein Schutz gegen Besoldungsdifferenzen je nach Berufsausbildung in Ost oder West; entspr. zu Differenzierungen nach dem FremdrentenG BVerfGE 116, 96 (130).
[808] BVerfGE 38, 128 (135) – Kindergeld; 48, 281 (287 f.) – Kriegsopferversorgung der internat. Brigaden; BVerfGE 53, 164 (178) – sozialversicherungsrechtl. Benachteiligung v. Deutschen in den Oder-Neiße-Gebieten; entspr. zu belastenden Regelungen BVerfG (K) EuGRZ 1998, 36 – Zuordnung v. Sanden u. Kiesen zu den bergfreien Bodenschätzen in den neuen Bundesländern; s. a. BVerfGE 92, 26 (50) – Seeleute auf Zweitregisterschiffen, IPR, ArbeitsR.
[809] BVerwG NVwZ 1983, 223 (224).
[810] BVerfGE 33, 303 (352 f.); zu Privatschulsubventionen BVerfGE 112, 74 (86 ff.).
[811] AA *Starck* MKS I, Art. 3 (2010) Rn. 399; *Bethge* AöR 110 (1985), 169 (208 f.) mwN; BVerfGE 33, 303 (356), lässt dies zwar offen, löst das Problem aber über Art. 12 I, 3 I; wie hier BVerwG NVwZ 1983, 223 (224).
[812] BVerfGE 134, 1: kein hinreichender Sachgrund f. die Bevorzugung v. Landeskindern bei der Auferlegung v. Studiengebühren; zur Probl. eingehend *Kunig,* in: v. Münch/Kunig II, Art. 33 Rn. 4 ff.
[813] Sinngemäß entspr. gilt für die Bevorzugung Ortsansässiger durch Gemeinden, vgl. (undeutl. zu „Art. 3") BVerwGE 92, 56 (63 ff.) – baurechtl. Förderprogramm f. Ortsansässige („Weinheimer Modell"); dazu *Grziwotz* NJW 1993, 2665 ff.; vgl. auch BayVGH NVwZ 1990, 979 (981), wo allerdings die Zulassung über die Einschränkung des Merkmals „wegen" begründet wird; zu Gebührenermäßigung für Ortsansässige BVerwG DVBl 1997, 1062 ff.
[814] BVerfGE 51, 1 (30); BVerfG (K) NJW 1997, 2168; BVerfGE 130, 240 (255); für die hM *Sachs* HStR VIII, § 182 Rn. 53 mwN; *Boysen,* in: v. Münch/Kunig I, Art. 3 Rn. 182.
[815] Zum Problem *Kießling* Staat 54 (2015), 1, 31 ff.
[816] *Baer/Markand* MKS I, Art. 3 Abs. 3 Rn. 485; *Jarass,* in: Jarass/Pieroth, Art. 3 Rn. 141; *Sachs* HStR VIII, § 182 Rn. 45.
[817] Abl. BVerwGE 136, 231 (255) – Deutschkenntnisse bei Ehegattennachzug; *Sachs* HStR VIII, § 182 Rn. 45; *Langenfeld,* in: Maunz/Dürig, Art. 3 III (2015) Rn. 51; dafür *Baer/Markand* MKS I, Art. 3 Abs. 3 Rn. 491 f.; ausf. und diff. BVerfG (K) NJW 2004, 1095: Dolmetscherkosten für Telefonüberwachung und Briefkontrolle eines Untersuchungshäftlings.
[818] BVerfGE 39, 334 (368).
[819] BVerfGE 64, 135 (156 f.); bereits → Rn. 248.

Ein mat. Verständnis wirksamen Grundrechtsschutzes erfordert aber einen sachl. Grund für das Anknüpfen an mangelnde Sprachkenntnisse.

302   Soweit spezielle grundrechtl. Gewährleistungen wie insbes. das **Recht auf Leben,** etwa bei der Verweigerung der Aufnahme auf eine Warteliste für eine Organtransplantation,[820] oder die **Rechtsschutzgleichheit** betroffen sind, sind sprachl. Verständigungsschwierigkeiten als Sachgründe mit Blick auf die Möglichkeit der Hinzuziehung eines Dolmetschers zweifelhaft. Bei allg. **freiheitsbeschränkenden Pflichten,** die wie die allg. Schulpflicht mit Anforderungen an Sprachkenntnisse zwingend verbunden sind, ist auch der Zweck des Minderheitenschutzes abwägend zu berücksichtigen: Allg. Schulpflicht ohne fachgerecht differenzierte qualifizierte Lehrangebote für relevante Gruppen fremdsprachiger Schüler ist mit dem speziellen Diskriminierungsverbot schwerl. zu vereinbaren.[821] Umgekehrt können sachgerecht auf fremdsprachige Gruppen abgestimmte zusätzl. staatl. Lehrangebote dem Diskriminierungsverbot des Art. 3 III bei zweckgerecht wertender Auslegung nicht widersprechen.[822] Nach der Rspr. des EGMR kann aber auch die Einweisung in Sonderschulen ohne adäquate Fördermaßnahmen eine mittelbare Diskriminierung darstellen.[823] Für im Rahmen des Arbeitsverhältnisses geforderte Sprachkenntnisse können je nach Tätigkeit Sachgründe sprechen.[824]

303   **6. Staatsangehörigkeit.** Staatsangehörigkeit wird nicht mit „Heimat" gleichgesetzt, sondern eigenständig neben die and. verpönten Kriterien gestellt.[825] Auch hier werden strenge verfassungsrechtl. Anforderungen an die Rechtfertigung gestellt, so dass die vom BVerfG offengelassene Möglichkeit einer Subsumtion unter Art. 3 III 1[826] im prakt. Erg. dasselbe bedeuten würde;[827] allerdings können so Wertungswidersprüche auf Verfassungsebene mit den Deutschengrundrechten vermieden werden.[828] Beim Ausschluss ausl. Staatsangehöriger vom Landeserziehungsgeld sieht das BVerfG bereits keinen legitimen Zweck.[829] Ähnl. gilt für den Ausschluss ausl. Staatsangehöriger mit humanitären Aufenthaltstiteln vom Bundeserziehungs- und Bundeselterngeld; hier bejaht das BVerfG zwar einen legitimen Zweck in der Unterstützung der sich dauerhaft in Deutschland Aufhaltenden, sieht aber die vom Gesetzgeber gewählten Kriterien als zur Zielerreichung ungeeignet an.[830]

304   Nach vorrangigem **Unionsrecht** sind Diskriminierungen aufgrund der Staatsangehörigkeit dann, wenn Unionsrecht zur Anwendung kommt, verboten.[831]

305   **7. Glaube, religiöse und politische Anschauungen.** Spezifische Gemeinsamkeit dieser im Normtext sprachl. miteinander verbundenen Merkmale ist deren unmittelbare **Überschneidung mit speziellen gleichheits- und freiheitsrechtl. Schutznormen,** insb. Art. 4, 5, 33 III und 140 GG iVm Art. 136 ff. WRV,[832] deren Verhältnis zu Art. 3 III 1 wenig geklärt ist.[833] Das gilt in bes. Maße für umstr. Fragen des Staatskirchenrechts.[834] Eine Privilegierung religiöser Bekundungen, die sich auf christl.-abendländische Kulturwerte und Traditionen zurückführen lassen, ist als unmittelbare Un-

---

[820] BVerfG (K) NJW 2013, 1727 (1729).

[821] So namentl. auch *Baer/Markand* MKS I, Art. 3 Abs. 3 Rn. 494; aA *Kischel,* in: BeckOK GG, Art. 3 Abs. 3 Rn. 229.

[822] *Baer/Markard* MKS I, Art. 3 Abs. 3 Rn. 423.

[823] Vgl. EGMR Orsus v. Kroatien (GK) 16.3.2010, 15766/03; s. o. Rn. 249.

[824] Vgl. BAG NJW 2012, 171 (174).

[825] Zur Entwickl. der Rspr., die urspr., jdf. bei Gewähr freiw. Leistungen, die Diff. nach der Staatsangeh. für per se gerechtfertigt hielt, nunmehr aber strenge Rechtfertigungsanf. stellt, vgl. *Britz* ZAR 2014, 56 ff.

[826] BVerfGE 130, 240 (255); so auch schon BVerfGE 90,27 (37), ausführl. zu den rechtsvergleichenden Bezügen *Milej* NVwZ 2013, 687 ff.

[827] Hier geht die Rspr. des EGMR weiter, der „bes. wichtige Gründe" f. eine Unterscheid. fordert u. damit Staatsangeh. als „and. Status" iSv Art. 14 EMRK ansieht; grundl. EGMR Gaygusuz v. Österreich 16.9.1996 Nr. 17371/90, Rn. 47 ff.

[828] Vgl. *Kischel,* in: BeckOK GG, Art. 3 Abs. 1 Rn. 132, der argumentiert, trotz Verschärfung des Rechtfertigungsmaßstabes werde ein Abstand zu den in Art. 3 III 1 enthaltenen Kriterien gewahrt.

[829] BVerfGE 130, 240 (256).

[830] BVerfGE 132, 72, Rn. 48 ff.

[831] Vgl. Art. 18 AEUV; Art. 21 II EUGRCh.

[832] IdR wird eine Zusammenschau der Artikel zur Begründung der weltanschaul.-religiösen Neutralität des Staates herangezogen; vgl. BVerfGE 19, 206 (216) – Kirchensteuer; BVerfGE 33, 23 (32) – Eidespflicht; BVerfGE 47, 46 (76 f.) – Sexualkundeunterricht; BVerfGE 53, 366 (419) – abwM *Rottmann,* konfessionelle Krankenhäuser; BVerfG NJW 2017, 2333 (2335 Rn. 47) – Referendarin.

[833] *Jarass,* in: Jarass/Pieroth, Art. 3 Rn. 147; dies belegt der Streit über die Pflicht zur Teilnahme am Ethikunterricht, dazu mwN VGH BW NVwZ 1998, 309; BVerwGE 107, 75 (92): Vorrang des Art. 7 III; *Bader* DÖV 1999, 452 ff.; *Mückl* JZ 1999, 358 ff.; *Goerlich* NVwZ 2000, 898 ff.

[834] BVerfGE 19, 1 (6 ff., 11) begründete die Unzul. einer Gebührenbefreiung nur der gr. Kirchen mit Art. 3 I u. zog Abs. 3 nur beil. mit heran; die Zul. v. Sonderregelungen f. Kirchen mit verfassungsrechtl. Status als öff.-rechtl. Körperschaft wurde o. Prüfung des Art. 3 III begründet; BVerfGE 19, 129 (134 f.) – Umsatzsteuer; BVerfGE 66, 1 (25) – Konkursunfähigkeit; BVerfGE 123, 148 (177 ff.) – Finanz. Förd. v. Religionsgesellschaften; näher mwN zum Streitstand in der Lit. *Sachs* HStR VIII, § 182 Rn. 64, 80, 159; eingehend *Waldhoff,* Gutachten D zum 68. DJT, 2010.

gleichbehandlung nicht rechtfertigbar.[835] Die Untersagung äußerer religiöser Symbole hat grds. unterschiedslos zu geschehen.[836] Mit Blick auf die Verweigerung der Eintragung der muslimischen Glaubenszugehörigkeit in die Geburtsurkunde verneinte das BVerfG dagegen eine Verletzung von Art. 3 III 1, da Grund dafür nicht die Glaubenszugehörigkeit, sondern das Fehlen des öff.-rechtl. Verfasstheitsstatus der Religionsgemeinschaft sei.[837] Ob Art. 3 III 1 beim Kopftuchverbot ein eigener Stellenwert zukommt, ist str.[838]

Die Begriffe „Glaube" und „religiöse Anschauungen" sind, wie die pos. und neg. Religionsfreiheit **306** (dazu → Art. 4 Rn. 16 ff., 27 ff.), in einem weiten Sinn zu verstehen, der, wie ausdrückl. auch Art. 4 I, 7 V, 33 III 2, die (areligiöse) Weltanschauung mit umfasst.[839] Wegen des engen Zusammenhangs mit (potentiellen) Inhalten religiöser Gebote sollten insoweit auch Gewissensentscheidungen mit einbezogen werden.[840] – Auch der Tatbestand der **politischen Anschauungen** ist unbestr. in einem weiten Sinn zu verstehen.

Nach überzeugender hM erfasst das Diskriminierungsverbot, um überhaupt wirksam sein zu kön- **307** nen, nicht nur die **innerliche** Einstellung, sondern gerade auch deren **Äußerung,**[841] etwa in Gestalt engagierter Mitgliedschaft in entspr. Gruppierungen.

Bei Diskriminierungen aufgr. von politischen Anschauungen und Religion steht idR das jeweilige **308** Freiheitsrecht im Vordergrund;[842] eine eigenständige Bedeutung kann Art. 3 III 1 aber beim Leistungsausschluss durch Private unter den vom BVerfG vorgezeichneten „spezifischen Konstellationen" (→ Rn. 238) erlangen.[843] Bei Privatunternehmen kann der Verweis auf das Unbehagen anderer Kunden nicht allein einen Ausschluss von einer Leistung begründen; i. Ü. ist ein Ausgleich mit entgegenstehenden Freiheitsrechten zu finden.

**8. Alter.** Das Problem der **Diskriminierung aufgrund des Alters** ist bisher v. a. in der Rspr. des **309** EuGH virulent geworden.[844] Eine interpretatorische Gleichstellung des Kriteriums „Alter" mit den in Art. 3 III 1 enthaltenen Kriterien ist sowohl aufgr. der Bedeutung für die Verwirklichung von Persönlichkeitsrechten und der Unverfügbarkeit[845] als auch aufgr. der europarechtl. Dynamik der Thematik[846] naheliegend,[847] sollte allerdings die Anforderungen an die Rechtfertigung von Unterscheidungen nicht überspannen[848] (→ Rn. 191). Für die Zukunft relevant werden mag auch eine Diskriminierung aufgr. genetischer Merkmale;[849] Übergewicht wäre eher als Diskriminierung wegen Behinderung zu fassen (→ Rn. 314).[850]

## V. Das Verbot der Benachteiligung wegen einer Behinderung (Abs. 3 S. 2)

**1. Grundrechtliche Schutzfunktionen.** Das Verbot der Benachteiligung wegen einer Behin- **310** derung begründet nach Wortlaut, Systematik und erklärtem Zweck ein subj. grundrechtl. **Abwehrrecht.**[851] Dessen praktische Bedeutung ua im Bereich der allg. Schulpflicht ist jedoch wesentl. geprägt durch seine inhaltl. **Verbindung zum Sozialstaatsprinzip,** als dessen Konkretisierung[852] das Be-

---

[835] BVerfGE 138, 296 Rn. 124 ff.; BVerfG EuGRZ 2020, 95, Rn. 114 ff. zur insofern notw. verfassungskonformen Auslegung von § 45 S. 3 HBG.

[836] BVerfGE 138, 296 Rn. 128.

[837] BVerfG (K) NVwZ 2016, 135; krit. dazu *Sachs* JuS 2016, 376.

[838] In BVerfGE 138, 296 Rn. 125 ff. wird Art. 3 III 1 als Art. 3 I und 4 I, II „verstärkend" angesehen; vgl. dazu das erste Kopftuchurteil BVerfG 108, 282 (299 ff.) sowie abw. Meinung S. 323 ff.; keine bes. Erwähnung in BVerfG NJW 2017, 2333 Rn. 47 – Referendarin.

[839] Für die ganz hM mwN etwa *Sachs* HStR VIII, § 126 Rn. 50; *Jarass,* in: Jarass/Pieroth, Art. 3 Rn. 145.

[840] Str., abl. *Sachs* HStR VIII, § 126 Rn. 50 mwN; aus der Rspr. (insoweit repräsentativ ohne Prüfung des Art. 3 III) etwa BVerwGE 94, 82 – Anspruch einer Schülerin islamischen Glaubens gem. Art. 4 I, II auf Befreiung vom koedukativen Sportunterricht wegen eines „Gewissenskonflikts".

[841] Anders BVerfGE 39, 334 (368) zu den Anforderungen an die polit. Treuepflicht eines Beamten; ebenso die Anwendb. von Art. 3 III ausschließend BVerfGE 124, 300 (338).

[842] Vgl. BVerfGE 149, 160 Rn. 94 zum Vorrang von Art. 9 II bei Vereinsverboten.

[843] BVerfG (K) NJW 2019, 3769 Rn. 8 ff., insb. Rn. 10 zu Recht das Vorliegen der spez. Konstellationen verneinend.

[844] Nachweise s. o. Fn. 511.

[845] *Nußberger* JZ 2002, 524 ff.

[846] Vgl. *Huster* EuR 2010, 325 ff., der sich aber gegen die Interpretation v. Alter als „verpöntes Kriterium" ausspricht; *Peters/König,* in: Dörr/Grothe/Marauhn, Kap. 21, Rd. 246 sprechen allg. v. einer „transnat. Konvergenz".

[847] AA *Kischel,* in: BeckOK GG, Art. 3 Abs. 1 Rn. 140.

[848] Zur Annahme, Unterscheidungen aufgr. des Alters seien idR sachgerecht, *Mager* FS Säcker 2011, 1075 ff; aA *Krieger,* in: Hofmann/Henneke, Art. 3 Rn. 44.

[849] Vgl. zB *C. D. Classen,* in: Classen/Lukenda/Richter (Hrsg.), Diskriminierung aufgrund der Gesundheit in alternden Gesellschaften, 2015, S. 139.

[850] AA *D. Richter,* in: Classen/Lukenda/Richter (Hrsg.), Diskriminierung aufgrund der Gesundheit in alternden Gesellschaften, 2015, S. 167, die für die Einführung eines neuen Kriteriums plädiert.

[851] Vgl. *Beaucamp* DVBl 2002, 997, 999 mwN.

[852] *Jarass,* in: Jarass/Pieroth, Art. 3 Rn. 162; *Scholz,* in: Maunz/Dürig, Art. 3 III (1996) Rn. 174: „spezielle Facette sozialgrundrechtl. Schutzgewährung"; *Boysen,* in: v. Münch/Kunig I, Art. 3 Rn. 197.

nachteiligungsverbot immer dann deutl. sichtbar wird, wenn Nachteilsvermeidung bes. staatl. Leistungen voraussetzt und so zum Verteilungsproblem wird. Vor diesem Hintergrund hat BVerfGE 96, 288 die Inhalte des Benachteiligungsverbots weitgehend analog den allg. Grundsätzen zu (derivativen) Teilhabe- und Leistungsrechten (→ Rn. 53 ff.) interpretiert. – Ob auch **originäre subj. Leistungsansprüche** begründet sind, hat das BVerfG[853] ausdr. offengelassen; die hM[854] lehnt jdf. unmittelbare verfassungsrechtl. (nicht einfach-gesetzl. begründete) Ansprüche bestimmten Inhalts ab. Eine Privilegierung gegenüber Nicht-Behinderten kann zur Erreichung gleichberechtigter Teilhabe am ges. Leben aber geboten sein.[855]

311    Hinsichtl. sog. **derivativer Teilhabe- und Leistungsrechte** (→ Rn. 53 ff.), etwa beim Zugang zu öff. Einrichtungen, verstärkt die neue Regelung die Rechtsposition der Grundrechtsträger. Das Erfordernis hinreichend behindertengerechter Ausgestaltung des Leistungsangebots, zB einer hinreichenden Zahl an geeigneten Teilnehmerplätzen für Körperbehinderte in Veranstaltungsräumen,[856] bildet allerdings bereits einen schwierigen Grenzfall einklagbarer diskriminierungsfreier Verfügung über vorhandene Kapazitäten.[857] Zurückhaltend bezeichnet BVerfGE 96, 288 (303) die Verweigerung des „tatsächl. mögl." Zugangs zu öff. Einrichtungen wegen einer Behinderung wie auch die Verweigerung von Leistungen, die „jedermann zustehen", als unzul. Benachteiligung.[858]

312    Die **obj.-rechtl. Schutzfunktionen,** zumal die Ausstrahlungswirkungen auch auf privatrechtl. Rechtsbeziehungen, spielten eine wesentl., allerdings nicht unumstr. Rolle in den Entwurfsberatungen[859] und finden in der Rspr., etwa zu den Verkehrssicherungspflichten und zum Mitverschulden, einen deutl. Niederschlag.[860] Mangels einer (Art. 3 II 2 oder Art. 6 V) entspr. Formulierung ist eine generelle obj.-rechtl. Schutzpflicht des (Zivil)Gesetzgebers im engeren Sinne[861] dagegen wohl nicht begründet. Insoweit soll die vom Verfassungsgeber bezweckte Stärkung der Behinderten in der Gesellschaft ledigl. Gegenstand einer Staatszielbestimmung sein,[862] bei deren Durchsetzung auch entgegengesetzte verfassungrechtl. geschützte Belange zu berücksichtigen sind.[863] Jdf. ist aber das Maß auch zivilrechtl. gebotener gegenseitiger Rücksichtnahme und Toleranz mit Blick auch auf Art. 3 III 2 jetzt grds. neu und anders zu bestimmen.[864] Als schadensersatzfähige Beeinträchtigung des Reisegenusses wird man deshalb die Nähe von Menschen mit Behinderungen[865] grds. nicht mehr qualifizieren dürfen, und auch die schwierige Abwägung zum beidseitig zumutbaren nachbarschaftl. Interessenausgleich gem. § 906 BGB hat zu berücksichtigen, dass etwa „unharmonische" Geräusche der Kommunikation geistig Schwerbehinderter nicht den gewohnten Kategorien des Immissionsschutzrechts („Lästigkeitsfaktor") zuzuordnen sind.[866]

[853] BVerfGE 96, 288 (304); s. aber BVerfG NichtannahmeB v. 1.2.2018, 1 BvR 1379/14, Rn. 11 ff., der einen autom. Leistungsanspr f. nicht v. Staat verursachte Nachteile (konkr. Landesblindengeld) ausschließt.

[854] *Scholz,* in: Maunz/Dürig, Art. 3 III (1996) Rn. 174; *Kischel,* in: BeckOK GG, Art. 3 Abs. 3 Rn. 237; *Sachs* HStR VIII, § 182 Rn. 124 mwN; *Boysen,* in: v. Münch/Kunig I, Art. 3 Rn. 198; aA *Beaucamp* DVBl 2002, 997 (1001); aus der Rspr. BVerwG Buchholz 11 Art. 3 GG Nr. 434 – Schülerfahrkosten; BFH BStBl II 2007, 880 (884) – durch Zöliakie bedingte Diätkosten keine außergewöhnl. Belastung; BSGE 91, 60 (64 f.) – keine weitergeh. Leistungsanspr. aufgr. Benachteil. bei der Hilfsmittelversorgung aufgr. Benachteiligungsverbot; OVG Lüneburg NVwZ-RR 2009, 68 f. – Gewährung v. Nachteilsausgleich f. Schüler mit Legasthenie; BVerwGE 125, 370 (383 f.) – kein konkr. Anspruch auf barrierefreien Zugang zu Bahnsteigen ohne ges. Grundlage; BFH FR 2017, 777 (781) – kein Anspruch auf best. Vergünstigungen im Vergl. zu Nichtbehinderten.

[855] So BVerwGE 161, 224 Rn. 34: Kompensation schwerw. Nachteile; so ebf. BVerwGE 152, 330 Rn. 27.

[856] Dazu etwa der Fall BVerwG NVwZ 1991, 59; OVG Bln NVwZ-RR 1993, 319.

[857] Diff. *Herdegen,* Der neue Diskriminierungsschutz für Behinderte im Grundgesetz, 1995, S. 30 ff.

[858] Vgl. zum bisher Erreichten den Zweiten Teilhabebericht der BReg aus dem Jahr 2016 (BT-Dr 18/10940).

[859] Bericht der GVK, BT-Dr 12/6000, S. 52 ff.; Entw. der Fraktion der SPD, BT-Dr 12/6323, S. 11 f.; Beschlussempfehlung und Bericht des Rechtsausschusses, BT-Dr 12/8165, S. 28 f.

[860] BVerfG (K) NJW 2000, 2658 (2659); BVerfG (K) NJW 2016, 3013; BVerfG (K) NJW 2016, 3014; BVerfG BeckRS 2017, 101709; BVerfG (K) BeckRS 2020, 1436, Rn. 37.

[861] Zur (zw.) Abgrenzung i. d. Zusammenhang *Herdegen* VSSR 1992, 245 (259 ff.); *Rädler* NJW 1998, 1621 ff.; dagegen sollte die auch v. BVerfGE 99, 341 (356) f. erbrechtl. Formvorschriften bejahte Maßgeblichkeit des Benachteiligungsverbots f. zwingende zivilr. Normen selbstverständlich sein.

[862] BVerwGE 161, 224 Rn. 34; *Jarass,* in: Jarass/Pieroth, Art. 3 Rn. 160; *Rüfner* BK, Art. 3 II und III (1996) Rn. 869, 884; *Scholz,* in: Maunz/Dürig, Art. 3 III (1996) Rn. 174.

[863] Zum Spannungsverhältnis zw. Vorteilsgerechtigkeit bei der Erhebung von Beiträgen (Art. 3 I) u. der Minderung v. Beiträgen f. Behinderte um der ges. Inklusion willen BVerwGE 161, 224 Rn. 35.

[864] *Herdegen* VSSR 1992, 245 (257); *Jürgens* NVwZ 1995, 452 (453); *ders.* ZfSH/SGB 1995, 353 (359 f.); so im Ansatz auch OLG Köln NJW 1998, 763 f.; dagegen aber zum fortbestehenden FrageR des Arbeitgebers nach dem Status als Schwerbehinderter BAGE 81, 120: einfachgesetzl. Regelung erforderl.; dazu Anm. *Kreitner* EWiR 1996, 441 f.; *Rudolph* WiB 1996, 639 f.; *Schmidt* AiB 1996, 743.

[865] LG Frankfurt/M. NJW 1980, 1980; AG Frankfurt/M. NJW 1980, 1965 (bereits einschränkend); dazu *Brox* NJW 1980, 1939; AG Flensburg NJW 1993, 272.

[866] So aber OLG Köln NJW 1998, 763 (765); iE zust. *Wassermann* NJW 1998, 730 f.; *Schneider* MDR 1998, 278 f.; abl. *Lachwitz* NJW 1998, 881 ff.; ohne Äußerung zur Sache Nichtannahmebeschl. BVerfG (K) NJW 1998, 2636; eingehend mwN LG Münster NJW 2009, 3730 ff. – Autistisches Kind in der Wohnungsnachbarschaft kein Mangel der verkauften EW.

**2. Persönliche und sachliche Anwendungsvoraussetzungen.** Nach Wortlaut und Zweck des 313 Verbots kommen **nur natürl. Personen** als Träger des Grundrechts in Betracht,[867] da das Merkmal der Behinderung individuelle Eigenschaften bezeichnet und das Verbot gerade die dadurch betroff. Menschen schützen soll.[868] I. Ü. ist jedoch der entscheidende **Verfassungsbegriff der Behinderung** noch nicht abschließend geklärt.[869]

Mit dem BVerfG[870] ist grds. an der auf einem Teilhabekonzept[871] aufbauenden Def. der BRK 314 anzuknüpfen,[872] auch wenn damit der entstehungsgeschichtl. relevante Begriff des § 3 I 1 SchwbG modifiziert wird. Danach zählen zu den Menschen mit Behinderungen „Menschen, die langfristige körperl., seelische, geistige oder Sinnesbeeinträchtigungen haben, welche sie in Wechselwirkung mit verschiedenen Barrieren an der vollen, wirksamen und gleichberechtigten Teilhabe an der Gesellschaft hindern können."[873] Der Begriff der Behinderung ist nicht im Hinblick auf das Lebensalter zu relativieren;[874] Gründe, die für die Begrenzung einfachgesetzl. Leistungstatbestände überzeugend sein mögen, sind für die Begrenzung eines verfassungsrechtl. Benachteiligungsverbots nicht ohne weiteres taugl. Auch aus der Begriffsbildung gem. Art. 1 der EG-RL 2000/78, wonach „Behinderung" und „Alter" als unterschiedl. Gegenstände verbotener Diskriminierung normiert sind, ergibt sich nichts gegen einen umfassenderen verfassungsrechtl. Begriff der Behinderung. Auch Übergewichtigkeit kann je nach mediz. Befund einzubeziehen sein.[875]

Eine Benachteiligung **wegen** einer **Behinderung** liegt nicht nur dann vor, wenn eine benach- 315 teiligende Regelung oder Maßnahme „abstrakt" an eine „Behinderung schlechthin" anknüpft, also alle Behinderten einheitl. erfasst.[876] Im Interesse eines wirks. indiv. Grundrechtsschutzes muss es ausreichen, wenn konkret nur wegen einer best. (zB geistigen) Behinderung benachteiligt wird, wobei allerdings die maßgebl. Vergleichsgruppe immer die der nicht Behinderten ist.[877] Auch die **mittelbare** Benachteiligung lässt BVerfGE 96, 288 (312 f.) ausreichen: Art. 3 III 2 sei auch dann „berührt", wenn, wie bei einer Maßnahme wegen eines sonderpädagogischen Förderungsbedarfs, zwar eine „Behinderung" nicht zwingend vorliegen müsse, der Förderungsbedarf tatsächl. aber durch die Folgen einer körperl., geistigen oder seelischen Beeinträchtigung ausgelöst sei. Dem ist zuzustimmen[878] (allg. zur mittelb. Diskriminierung → Rn. 248 ff.).

**Sachliche Anwendungsvoraussetzung** des Verbotstatbestands ist nach dem Normtext **aus-** 316 **schließlich** die **Benachteiligung,**[879] nicht auch die Bevorzugung gegenüber Menschen ohne Behinderung. Auf diese Weise ist sichergestellt, dass unbestr. verfassungsrechtl. legitime begünstigende

---

[867] So auch *Jarass,* in: Jarass/Pieroth, Art. 3 Rn. 163; *Rüfner* BK, Art. 3 II und III (1996) Rn. 882 mit zutr. Hinweis darauf, dass auch die Benachteiligung einer Personenvereinigung wegen der Behinderung ihrer Mitgl. oder Funktionsträger verboten ist. – Abzulehnen ist jedoch eine unbesehene Geltungserstreckung auch auf ungeborenes Leben, denn weder die Gleichheitsperspektive noch der bes. Schutzzweck der Integrationsförderung Behinderter lassen sich ohne Zynismus auf die schwierige Situation insb. schwerer vorgeburtl. Schäden beziehen; f. die in der Lit. überwiegende Gegenansicht *Sachs,* in: Stern, StaatsR IV/2, S. 1773 mwN.

[868] Dagegen bezieht der EuGH auch Eltern, die wegen der Behinderung ihres Kindes benachteiligt werden, in den Schutz des Diskriminierungsverbots der RL 20 000/78/EG ein, Rs. C-303/06, Slg. 2008 I-05603 – S. Coleman (anders in aufenthaltsrechtl. Zusammenhang BVerwG NVwZ 2009, 246); dies gilt auch f. die Rspr. des EGMR; vgl. EGMR Guberina v. Kroatien, 22.3.2016, 23682/13 – Verletzung v. Art. 14 EMRK iVm Art. 1 Protokoll 1 zur EMRK, da dem Vater eines behinderten Kindes keine Steuervorteile beim Erwerb v. behindertengerechtem Wohnraum gewährt werden.

[869] BVerfGE 96, 288 (301), eine abschließende Bestimmung ausdr. offenlassend; vgl. auch BVerfGE 99, 341 (356 f.); BVerfGE 128, 138 (156); zum Ganzen mit grds. Kritik u. alternativen Ansätzen *Degener* KJ 2000, 425 ff.; eingehend *Reichenbach,* Der Anspruch behinderter Schülerinnen und Schüler auf Unterricht in der Regelschule, 2001, S. 109 ff.; *Welti,* Behinderung und Rehabilitation im sozialen Rechtsstaat, 2005, insb. S. 437 ff.; *Zinsmeister,* Mehrdimensionale Diskriminierung, 2007, S. 70 ff.

[870] So explizit BVerfGE 128, 138 (156); BVerfG NJW 2019, 1201, Rn. 109 – Wahlrechtsausschluss; vgl. auch BVerfG (K) NJW 2014, 3567 f. zur Zugänglichmachung v. Prozessunterlagen in Blindenschrift.

[871] Vgl. dazu *Wapler* VVDStRL 78 (2019), 53, 69 ff.

[872] Für eine weite Auslegung *Baer/Markard* MKS I, Art. 3 Abs. 3 Rn. 531 f.

[873] Art. 1 Abs. 2 BHK; vgl. auch § 2 I 1 SGB X geänd. durch G. v. 23.12.2016, BGBl. I S. 3234; vgl. dazu *Kainz* NZS 2018 297.

[874] Strittig; wie hier auch *Langenfeld,* in: Maunz/Dürig, Art. 3 III Rn. 111 mwN.

[875] Abl. Nds OVG RiA 2012, 213; vgl. dazu *Richter* (Fn. 850), S. 167; bejahend für bes. schwere Fälle EuGH Rs. C-354/13 NJW 2015, 391 (393).

[876] So implizit § 13 Nr. 2 BWahlG, der an die Bestellung eines „Betreuers in allen Angelegenheiten" u. damit an das Vorliegen einer „psychischen Krankheit od. einer körperl., einer geistigen oder seelischen Behinderung" anknüpft (§ 1896 Abs. 1 Satz 1 BGB); vgl. dazu BVerfGE NJW 2019, 120 Rn 109.

[877] Ebenso *Boysen,* in: v. Münch/Kunig I, Art. 3 Rn. 195. Deshalb wird das Benachteiligungsverbot zB durch bedarfsorientierte Differenzierung v. Leistungstatbeständen wohl nicht tangiert; vgl. zur Unterscheidung zw. Eingliederungs- u. Sozialhilfe *Scholz,* in: Maunz/Dürig, Art. 3 III (1996) Rn. 174 mit Fn. 1; anders dagegen BSGE 119, 224; hier sind Vergleichsgruppen Blinde und cerebral schwerst geschädigte Blinde, wobei letztere nicht benachteiligt werden dürfen.

[878] Ebenso *Fehling* FS Würtenberger 2013, 669 ff., 681.

[879] Diese kann auch in einer rechtl. Gleichbehandlung gegenüber Menschen ohne Behinderungen bestehen; vgl. BVerfGE 128, 138 (156).

Sonderregeln und -maßnahmen nicht erst im Rahmen relativierender Interpretation eines weitergehenden Differenzierungsverbots[880] gerechtfertigt werden müssen. Zw. ist jedoch der **Begriff des Nachteils.** Mit der bisher in der Lit. überwiegend vertretenen Ansicht[881] ist von einem weiten Nachteilsbegriff nach allg. Grundsätzen (→ Rn. 84, → Rn. 243) auszugehen mit der Konsequenz, dass jedes spezielle staatl. Gebot oder Verbot, wie insb. etwa die obligatorische Zuweisung in eine Sonderschule im Rahmen der allg. Schulpflicht, auf einer ersten Stufe der Prüfung des Art. 3 III 2 als Nachteil zu bewerten ist.[882] Erst auf einer zweiten Stufe sind danach die Voraussetzungen einer (ausnahmsweisen) Rechtfertigung zu prüfen.

317      Nachdem auch das **BVerfG**[883] zunächst einen entspr. weiten Begriff des Nachteils vorauszusetzen schien, hat der **Erste Senat**[884] einen **deutl. modifizierten Weg** eingeschlagen: Danach soll der sachl. Anwendungsbereich des Benachteiligungsverbots nicht nur dann eröffnet sein, wenn die Situation des Behinderten verschlechtert werde, „indem ihm etwa der tatsächl. mögl. Zutritt zu öff. Einrichtungen verwehrt oder Leistungen, die grds. jedermann zustehen, verweigert werden." Ausreichend sei vielmehr auch eine „rechtl. Ausgrenzung", ein „Ausschluss von Entfaltungs- und Betätigungsmöglichkeiten durch die öff. Gewalt".[885] Das Gericht vermeidet jedoch hierzu den Begriff „Nachteil" und spricht von einer (verbotenen) Benachteiligung iSd Art. 3 III 2 erst in Fällen, in denen der „Ausschluss" nicht „durch eine auf die Behinderung bezogene Förderungsmaßnahme hinlängl. kompensiert wird". Danach bleibt es zwar – nicht terminologisch, wohl aber in der Sache – bei einem weiten Begriff des Nachteils, soweit es um die Voraussetzungen der Anwendung des Benachteiligungsverbots als einschlägigem Maßstab staatl. Handelns geht. Zugleich aber, das ist materiell entscheidend, wird der Tatbestand der **verbotenen Benachteiligung** durch das Element der **unzulänglichen Kompensation** charakterisiert und so die Perspektive der weiteren Rechtmäßigkeitsprüfung auf Anforderungen an pos. staatl. Leistungen eingestellt. Eine Kompensation soll nach der Rspr. auch dann unzuläng. sein, wenn sie mehr als nötig ein selbstbestimmtes und selbständiges Leben einschränkt. Indem der Maßstab die höchstmögliche individuelle Autonomie ist, wird Autonomie gegenüber Solidarität verabsolutiert.[886]

318      Was danach als Benachteiligung zu werten sei, werde „regelmäßig von Wertungen, wissenschaftl. Erkenntnissen und prognostischen Entscheidungen abhängen", so dass sich erst nach einer Gesamtwürdigung des Einzelfalls ergeben könne, ob eine (verbotene) Benachteiligung vorliege.

319      **3. Rechtmäßigkeitsanforderungen an Benachteiligungen.** Im Einklang mit Wortlaut und systematischer Stellung des Benachteiligungsverbots fordert die bisher in der Lit. überw. Ansicht analog zu den spez. Diskriminierungsverboten des Abs. 3 S. 1 **zwingende Gründe** für die Rechtfertigung eines Nachteils wegen einer Behinderung.[887] Das bedeutet nach hier (→ Rn. 246) vertretener Ansicht, dass auch die abwehrrechtl. geschützten Gehalte des Benachteiligungsverbots nach Maßgabe verbots- und verfassungsimmanenter Grenzen im Rahmen einer strengen Verhältnismäßigkeitsprüfung zu bestimmen sind. Ein Wahlrechtsausschluss Behinderter könnte zur Sicherung des Integrationscharakters der Wahl grds. zul. sein, müsste dann aber die entspr. zur Teilnahme am demokrat. Kommunikationsprozess fähige Personengruppe korrekt erfassen.[888] Unbillige oder unverhältnismäßige Belastungen für die Allg. sind, anders als kollidierende Grundrechte[889] als Rechtfertigung probl.[890] Angewendet auf konkrete Fragen der verfassungsmäßigen öff.-rechtl. Pflichten wie der allg. Schulpflicht erweist sich ein zentrales Merkmal der Behinderung, nämlich die „Funktionsbeeinträchtigung", als das entscheidende Sachproblem bei der Suche nach Art und Umfang der Mittel, die für „behinderungsgerechte" Lösungen vom Staat bereitzustellen sind: Nicht nur die zwangsweise Zuweisung in eine Sonderschule, auch die antragsgemäße Aufnahme eines behinderten schulpflichtigen Kindes in eine allg. Schule wirkt

---

[880] Krit. insoweit zu Art. 12 II BrandVerf *Sachs* SFS, § 5 Rn. 32; *Rüfner* BK, Art. 3 II und III (1996) Rn. 872.

[881] *Jarass,* in: Jarass/Pieroth, Art. 3 Rn. 166; *Heun,* in: Dreier I, Art. 3 Rn. 138; *Sachs* RdJB 1996, 154 (167 ff.) mwN; s. a. BayVGH BayVBl 1997, 431.

[882] AA *Kischel,* in: BeckOK GG, Art. 3 Abs. 3 Rn. 234.1., der dies nur dann als Benachteiligung ansieht, wenn die Überweisungsverfügung den Verhältnissen des konkreten Einzelfalls ersichtl. nicht gerecht wird.

[883] BVerfG (K) NJW 1997, 1062 – Sonderschulzuweisung nach NdsSchulG, erfolgreiche Vb gegen Versagung einstw. Rechtsschutzes; dazu *Jus* 1997, 748 f.; *Dietze* JZ 1996, 1074; *A. Jürgens* DVBl 1997, 410 f.; *A. Jürgens/ G. Jürgens* NJW 1997, 1052 f.; *Engelken* DVBl 1997, 762 ff.; *Dirneicher* BayVBl 1997, 545 ff.; s. a. BVerfG (K) NJW 1997, 1844 – Erlass einer einstw. Anordnung.

[884] BVerfGE 96, 288 (301 ff.) – Sonderschulzuweisung nach NdsSchulG, erfolglose Vb gegen erneute Versagung einstw. Rechtsschutzes durch Nds OVG NJW 1997, 1087; dazu *Sachs* JuS 1998, 553 ff.; BVerfG (K) NVwZ 2006, 679 – Aufnahme in einen integrativen Regelkindergarten.

[885] BVerfGE 96, 288 (303); 99, 341 (357); 128, 138 (156).

[886] BVerfG (K) BeckRS 2020, 1436, Rn. 42, 47 – Blindenhund in der Arztpraxis.

[887] BVerfGE 99, 341 (357); *Herdegen,* Der neue Diskriminierungsschutz für Behinderte im Grundgesetz, 1995, S. 25 f.; *Jarass,* in: Jarass/Pieroth, Art. 3 Rn. 169; *Rüfner* BK, Art. 3 II und III (1996) Rn. 876; BVerfG (K) NJW 2004, 2150 f.; dazu krit. *Reichenbach* NJW 2004, 3160; s. a. BVerfG (K) NVwZ 2009, 389 zur Polizeidienstfähigkeit.

[888] Vgl. BVerfG NJW 2019, 1201 Rn. 111, 116 rügt gleichheitsw. Typisierung. Dasselbe Ergebnis wäre auch über Art. 38 I 1 allein zu erreichen, *Hillgruber* JA 2019, 476, 479.

[889] BVerfG (K) BeckRS 2020, 1436, Rn. 47.

[890] Vgl. aber BSGE 110, 194 Rn. 33 Leistungsausschluss zur Behandlung einer erektilen Dysfunktion.

in den Konsequenzen benachteiligend, soweit kein spez. „behinderungsgerechter" Unterricht angeboten wird.[891] Da Art. 7 I dem Staat (den Ländern) aber zugleich die Gewährleistung eines insges. „begabungsgerechten" Schulsystems aufgibt,[892] können die spez. Anforderungen des Benachteiligungsverbots nicht isoliert formuliert werden, sondern nur im Verbund mit den komplexen Anforderungen an die organisatorische, personelle, sachl. und inhaltl. Ausgestaltung eines leistungsfähigen Schulwesens. Ein strikt verstandenes Benachteiligungsverbot wird deshalb im Bereich der allg. Schulpflicht verfassungsimmanent begrenzt und relativiert durch die staatl. Gesamtverantwortung gem. Art. 7 I. Eine strenge Verhältnismäßigkeitsprüfung muss sich dann beschränken auf die Sekundärebene der konkr. Umsetzung der Grundkonzeption des Schulgesetzgebers.

Auch bei der Bewertung von Prüfungsleistungen kann die Anwendung eines behindertengerechten **320** Maßstabs geboten sein, muss aber mit der Chancengleichheit der anderen Prüflinge abgewogen werden; insoweit ist ein Ermessensspielraum einzuräumen.[893]

Die für die **Praxis** maßgebl. **Leitentscheidung des Ersten Senats,** BVerfGE 96, 288 (303 ff.)[894], **321** tendiert zu einer Interpretation des Benachteiligungsverbots als eines **Anspruchs** auf **sachgerechte Abwägung** und **Abwägungsbegründung** im Rahmen eines ebf. sachgerechten **Entscheidungsverfahrens.**

Für den Schulbereich begründet danach das Benachteiligungsverbot – iVm Art. 2 I, 7 I und 6 II – **322** zunächst auf der **Ebene der gesetzgeberischen Grundkonzepte** (Sonder- und Förderschulen, verschiedene Formen integrativer Beschulung) **„eine besondere Verantwortung"** für behinderte Schüler, die auch bei der Wahrnehmung der Kompetenzen des Art. 7 I bindend und begrenzend wirke. Daraus leitet das Gericht als entscheidende Konsequenz ab, dass „nach dem gegenwärtigen pädagogischen Erkenntnisstand" ein genereller Ausschluss der Möglichkeit integrativer Erziehung und Ausbildung derzeit verfassungswidrig sei. I. Ü. aber unterlägen Umfang, Art und nähere Ausgestaltung integrativer Formen des Unterrichts der weitestgehenden Einschätzungsprärogative des (Landes)Gesetzgebers, der für seine Entscheidungen den „Vorbehalt des tatsächl. Machbaren und finanziell Vertretbaren" in Anspruch nehmen könne.

Auch auf der **Ebene der Auslegung und Anwendung** des einfachen SchulR betont der Senat **323** zwar einerseits die Bindung „an die Vorgaben des Benachteiligungsverbots", andererseits aber auch die Geltung eines Grundsatzes, dass „staatl. Maßnahmen zum Ausgleich einer Behinderung nur nach Maßgabe des finanziell, personell, sachl. und organisator. Möglichen verlangt und gewährt werden können". Als wesentl. **praktische Konsequenzen** der Bindung an das grundrechtl. Benachteiligungsverbot bleiben danach bes. – gerichtl. kontrollierbare – **Anforderungen an eine sorgfältige Prüfung, Abwägung und Begründung** einer „ausgrenzenden" Entsch. der zust. Behörde sowie eine **adäquate organisatorische und verfahrensmäßige Gestaltung der Entscheidungsfindung,** bei der auch die Betroffenen angemessen zu hören sind.[895]

## Art. 4 [Glaubens-, Gewissens- und Bekenntnisfreiheit, Kriegsdienstverweigerung]

(1) **Die Freiheit des Glaubens, des Gewissens und die Freiheit des religiösen und weltanschaulichen Bekenntnisses sind unverletzlich.**

(2) **Die ungestörte Religionsausübung wird gewährleistet.**

(3) **Niemand darf gegen sein Gewissen zum Kriegsdienst mit der Waffe gezwungen werden. Das Nähere regelt ein Bundesgesetz.**

**Entstehungsgeschichte: Erstfassung:** JöR nF 1 (1951), 73.
**Historische Verfassungstexte: RV 1849:** § 144 (1) Jeder Deutsche hat volle Glaubens- und Gewissensfreiheit. (2) Niemand ist verpflichtet, seine religiöse Überzeugung zu offenbaren. § 145 (1) Jeder Deutsche ist unbeschränkt in der gemeinsamen häuslichen und öffentlichen Übung seiner Religion. (2) Verbrechen und Vergehen, welche bei Ausübung dieser Freiheit begangen werden, sind nach dem Gesetze zu bestrafen. § 148 Niemand soll zu einer kirchlichen Handlung oder Feierlichkeit gezwungen werden. – **WRV: Art. 135** Alle Bewohner des Reichs genießen volle Glaubens- und Gewissensfreiheit. Die ungestörte Religionsausübung wird durch die Verfassung gewährleistet und steht unter staatlichem Schutz. Die allgemeinen Staatsgesetze bleiben hiervon unberührt. **Art. 136** (Bestandteil des GG); abgedruckt bei *Ehlers*, Art. 140.

---

[891] Im Ansatz aA *Sachs* RdJB 1996, 154 (167); VGH BW VBlBW RspDienst 1996, Beilage 11, B 1.
[892] BVerfGE 34, 165 (182 ff.); 53, 185 (196); 96, 288 (303, 306).
[893] BVerwGE 152, 330 Rn. 18 ff; ausführl. zum Sonderfall der Legasthenie/Dyskalkulie *Kischel*, in: BeckOK GG, Art. 3 Abs. 3 Rn. 241 ff.; zur Problematik auch *Cremer/Kolok* DVBl. 2014, 33 ff.
[894] Nachfolgend BVerfG (K) NVwZ 2006, 680 – Regelkindergarten; BVerwG Buchholz 421 Kultur- u. Schulwesen Nr. 123 – Zurückweisung der Nichtzulassungsbeschwerde gegen BayVGH DVBl 1997, 627, betr. Verweigerung d. Zulassung zur örtl. Volksschule; BVerwGE 123, 316 und 130, 1 – Anspruch auf Übernahme d. Kosten eines Integrationshelfers bei schulrechtl. zul. Besuch einer integrativ unterrichtenden Grundschule.
[895] Abl. dazu *Kischel*, in: BeckOK GG, Art. 3 Abs. 3 Rn. 240, der darin eine Ersetzung materieller durch formelle Grundrechtspositionen sieht.

**Geltende Landesverfassungen:** *BW*Verf Art. 4–10, 12, 16, 18; *Bay*Verf Art. 107, 142, 144; *Bln*Verf Art. 29, 30 II; *Bbg*Verf Art. 13, 36; *Brem*Verf Art. 4, 60; *Hess*Verf Art. 9, 48; *MV*Verf Art. 9; *NRW*Verf Art. 14, 19; *RhPf*Verf Art. 8, 41; *Saarl*Verf Art. 4, 35 I; *Sachs*Verf Art. 19; *LSA*Verf Art. 9; *Thür*Verf Art. 25 II, III, 39.

**Supra- und internationale Texte:** AEUV Art. 13, 17; EUGRCh Art. 10; GrundREurParl Art. 4; AfrCharta Art. 8; AMRE Art. 18; IPBürgR Art. 18; EMRK Art. 9; AMRK Art 12; AmErkl Art. III; Übereinkommen über die Rechte des Kindes Art. 14.

**Gesetzgebung: Zu Abs. 1 und 2:** AGG §§ 1, 9; BBG § 9; BGB §§ 1779 II, 1801, 1901a II; BPersVG § 112; PassV § 5; PStG §§ 15, 21, 31, 65 II; StGB §§ 139 II, 166, 167; StPO §§ 53 I Nr. 1; TierSchG § 4a II Nr. 2; VersammlG § 17; ZPO §§ 480, 481; vgl. ferner den International Religious Freedom Act der USA, ILM 1999, 176. – **Zu Abs. 3:** ZDG, KDVG, KDVV.

**Leitentscheidungen: Zu Abs. 1 und 2:** BVerfGE 24, 236 (Aktion Rumpelkammer); BVerfGE 32, 98 (Gesundbeter); BVerfGE 33, 23 (Eideszwang); BVerfGE 52, 223 (Schulgebet); BVerfGE 83, 341 (Bahá'í); BVerfGE 93, 1; EGMR 30814/06, BeckRS 2011, 8242; BVerwGE 109, 40 (alle: Kreuz im Klassenzimmer); BVerfGE 104, 337 (Schächten); BVerfGE 105, 279 (Osho); BVerfGE 108, 282; BAG Urt. v. 27.8.2020 – 8 AZR 62/19; BVerwGE 116, 359; BVerwGE 121, 140 (alle: Kopftuch der Lehrerin); BVerfGE 125, 39 (Adventssonntage); BVerwGE 147, 362 (Burkini); BVerfGE 138, 296 (Kopftuch der Lehrerin II); BVerfG (K) NJW 2017, 381 (Kopftuch der Erzieherin); BVerfGE 143, 161 (Karfreitag); EuGH, C-157/15 mit Schlussantrag *Kokott* und C-188/15 mit Schlussantrag *Sharpston* (Kopftuch); EuGH, C-414/16 (Egenberger); EuGH, C-68/17 (Chefarzt); EGMR 43835/11, NJW 2014, 2925 (Burkaverbot); EuGH 193/17 (Karfreitag); EGMR, 29086/12, NVwZ-RR 2018, 505 (Schwimmunterricht); EGMR, 37798/13, NVwZ 2018, 1037 (Burka), EuGH, C-341/19 (Kopftuch, Drogeriemarkt Müller – anhängig); EuGH 336/19 (anhängig), SA Hagen v. 10.9.2020. – **Zu Abs. 3:** BVerfGE 12, 45 (Situationsunabhängige Kriegsdienstverweigerung); BVerfGE 48, 127 (Grundsätzliche Wehrdienstpflicht) und BVerfGE 69, 1 (Kriegsdienstverweigerungs-Neuordnungsgesetz); BVerwGE 127, 302 (Gewissensfreiheit bei Soldaten).

**Schrifttum: Zu Abs. 1 u. 2:** *I. Augsberg,* Noli me tangere, Funktionale Aspekte der Religionsfreiheit, Der Staat 2009, 239; *W. Bausback,* Niqab im Kindergarten, Burka vor Gericht? Die Religionsfreiheit neu denken, FAZ v. 24.11.2016, Nr. 275, S. 8; *H. Bethge,* Gewissensfreiheit HStR VI, § 137; *W. Bock,* Ist die Regelung in §§ 2, 3 des Gesetzes zu Art. 29 der Verfassung von Berlin vom 27. Januar 2005 (GVBl. S. 92 ) – Neutralitätsgesetz – mit dem Grundrecht auf Glaubensfreiheit aus Art. 4 GG sowie mit dem Benachteiligungsverbot nach Maßgabe von §§ 7 ff. AGG vereinbar? Rechtsgutachten im Auftrag der Senatsverwaltung für Bildung, Jugend und Familie Berlin 2019; *M. Borowski,* Die Glaubens- und Gewissensfreiheit des Grundgesetzes, 2006; *A. Frhr. v. Campenhausen,* Religionsfreiheit HStR VI, § 136; *G. Czermak/Hilgendorf,* Religions- und Weltanschauungsrecht, 2018; *U. Di Fabio,* Glaube, Freiheit, Religion. Wandelt sich die Religionsfreiheit?, 2009; *W. Fiedler/G. Robbers/M. Brenner,* Staat und Religion, VVDStRL 59 (2000), S. 199–365; *C. Franzius,* Vom Kopftuch I zum Kopftuch II, Der Staat 2015, 435; *U. Fülbier,* Die Religionsfreiheit in der Bundesrepublik Deutschland und den Vereinigten Staaten von Amerika unter spezieller Berücksichtigung der jeweiligen Methodik der Verfassungsinterpretation, 2003; *W. Hassemer,* Religiöse Toleranz im Rechtsstaat, 2004; *C. Hillgruber,* Staat und Religion, 2007; *K.-S. Kadelbach/P. Parhisi* (Hrsg.), Die Freiheit der Religion im europäischen Verfassungsrecht, 2007; *M. Kloepfer,* Der Islam in Deutschland als Verfassungsfrage, DÖV 2006, 45; *J. Kokott,* Laizismus und Religionsfreiheit im öffentlichen Bereich, Der Staat 44 (2005), 343; *J. Kokott/ U. Mager,* Religionsfreiheit und Gleichberechtigung der Geschlechter, 2014; *H. Ladeur,* Das islamische Kopftuch in der christlichen Gemeinschaftsschule, JZ 2015, 633; *K.-H. Ladeur/I. Augsberg,* Toleranz – Religion – Recht, 2007; *dies.,* Der Mythos vom neutralen Staat, JZ 2007, 12; *C. Langenfeld,* Fängt der Streit um das Kopftuch jetzt erst an?, ZevKR 2015, 420; *P. Mikat,* Staat, Kirchen und Religionsgemeinschaften HdbVerfR, § 29; *C. Möllers,* Religiöse Freiheit als Gefahr?, VVDStRL 68 (2009), S. 47–93; *S. Muckel,* Religiöse Freiheit und staatliche Letztentscheidung – Die verfassungsrechtlichen Garantien religiöser Freiheit unter verändertem gesellschaftlichen Verhältnissen 1997; *ders.,* Religions- und Weltanschauungsfreiheit im Europarecht, 2002; *H. Munsonius,* Quo vadis „Staatskirchenrecht"?, DÖV 2013, 93; *C. Rathke,* Öffentliches Schulwesen und religiöse Vielfalt, 2005; *M. Nettesheim,* Grundgesetz und Verbot eines „Kinderkopftuchs", Gutachten im Auftrag von TERRE DES FEMMES Menschenrechte für die Frau e. V., 2019; *M. Ogorek,* Religionsfreiheit eine absolute Größe?, Kirche und Recht (KuR) 2017, 117 ff.; *B. Rudolf,* Religionsfreiheit zwischen Diskriminierungsverbot und Toleranzgebot, in: M. Mahlmann/H. Rottleuthner (Hrsg.), Ein neuer Kampf der Religionen?, 2006, S. 209 ff.; *U. Sacksofsky,* Religiöse Freiheit als Gefahr?, VVDStRL 68 (2009), S. 7–46; *L. Siering,* Die negative Religionsfreiheit, 2011; *R. Steinberg,* Kopftuch und Burka: Laizität, Toleranz und religiöse Homogenität in Deutschland und Frankreich, 2015; *C.-A. Stumpf,* Verfassungsordnung und Wirtschaftsrecht im Spannungsfeld zwischen Religion und Recht, FS R. Schmidt, 2006, S. 403; *G. Thüsing/R. Mathy,* Diskriminierungsschutz von Stellenbewerbern und Auswahlermessen von Einrichtungen mit kirchlichem Auftrag, RIW 2018, 559 ff.; *A. von Ungern-Sternberg,* Religionsfreiheit in Europa. Die Freiheit individueller Religionsausübung in Großbritannien, Frankreich und Deutschland – ein Vergleich, 2008; *P. Unruh,* Religionsverfassungsrecht, 2018; *A. Vellmer,* Religiöse Kindererziehung und religiös begründete Konflikte in der Familie, 2010; *U. Vosgerau,* Freiheit des Glaubens und Systematik des Grundgesetzes, 2007; *S. Wagner,* Kopftuch in Beschäftigungsverhältnissen, EuR 2018, 724 ff.; *C. Waldhoff,* Neue Religionskonflikte und staatliche Neutralität – Erfordern weltanschauliche Konflikte und religiöse Entwicklungen Antworten des Staates, Verhandlungen des 68. Deutschen Juristentages, 2010, S. D 1–176; *C. Walter,* Religionsverfassungsrecht, 2006; *H. Weber,* Die Religionsfreiheit im nationalen und internationalen Verständnis, ZevKR 2000, 109; *J. Weiler,* Ein christliches Europa, 2004; *R. Wiedemann* Der Streit um das Schulkreuz in Deutschland und Italien, 2012; *D. Zacharias,* Schutz vor religiösen Symbolen durch Art. 4 GG?, FS Rüfner, 2003, S. 987. – **Zu Abs. 3:** *W. Daleki,* Das Kriegsdienstverweigerungsrecht im Spannungsfall, DÖV 1988, 370; *K. Doehring,* Kriegsdienstverweigerung als Menschenrecht?, FS Schlochauer, 1981, S. 45; *R. Eckertz,* Die Kriegsdienstverweigerung aus Gewissensgründen als Grenzproblem des Rechts, 1986.

## A. Allgemeines

### I. Entstehung

Erste Ansätze der Glaubensfreiheit finden sich im **Westfälischen Frieden (1648).**[1] Wesentlich für **1** die Religionsfreiheit im modernen Sinne war ihr Verständnis als Recht des Individuums auch außerhalb der großen Konfessionen im PrALR (1794).[2] Allerdings wurde die indiv. Religionsfreiheit durch ein hoheitlich geprägtes StaatskirchenR relativiert. Die VU Preußen 1850 fügte die Freiheit der Vereinigung zu Religionsgesellschaften und der gemeinsamen häusl. und öff. Religionsausübung für alle Religionsgemeinschaften hinzu.[3] Dieses Vorbild beeinflusste die Garantien der **RV 1849 und der WRV.** Art. 135 S. 2 WRV gewährleistete erstmalig die ungestörte Religionsausübung für jedermann. Die Religionsfreiheit gehörte zu den sieben Grundrechten, die der RPräs auch nach Art. 48 II WRV (Diktaturbefugnisse) nicht außer Kraft setzen konnte.[4]

Nach der Religionsfeindlichkeit des Nationalsozialismus wollte der **ParlRat 1948/1949** die Religi- **2** onsfreiheit besonders extensiv garantieren und strich uU deshalb die zunächst für Art. 4 vorgesehene Begrenzungsklausel, wonach die Religionsausübung in Anlehnung an die WRV nur iRd allg. Gesetze garantiert sein sollte.[5] Ein Novum in der Verfassungsgeschichte ist das Recht zur Kriegsdienstverweigerung aus Gewissensgründen. Obwohl im ParlRat die allg. Wehrpflicht als Kind der Demokratie gesehen wurde, fand dieses neue GrundR eine überwältigende Mehrheit.[6]

### II. Grundsätzliche Bedeutung

**1. Hoher Rang der Glaubens- und Gewissensfreiheit.** Die Glaubens- und Gewissensfreiheit **3** gehört zum menschenrechtl. Grundbestand der neuzeitlichen Grundrechtserklärungen.[7] Die diesbzgl. Garantien sind in bes. Maße Ausprägungen des Persönlichkeitsrechts und der **Menschenwürde.**[8] Das GG erkennt den hohen Rang der Glaubens- und Gewissensfreiheit an, indem es Art. 4 als vorbehaltloses Grundrecht ausgestaltet.[9]

**2. Die weltanschaulich-religiöse Neutralität des Staates.** Die Rechte des Art. 4 stehen in **4** engem thematischen **Zusammenhang** mit den durch **Art. 140** inkorporierten Artikeln der

---

[1] Vgl. *Mückl* BK, Art. 4 (2008) Rn. 15; zur geschichtlichen Entwicklung *Frhr. v. Campenhausen* HStR VII, § 157 Rn. 6 ff.

[2] II. Teil, 11. Titel, § 2 PrALR: „Jedem Einwohner im Staate muss eine vollkommene Glaubens- und Gewissensfreyheit gestattet werden". Dazu *Frhr. v. Campenhausen,* ebda. Rn. 21 ff.; *Mückl* ebda. Rn. 20. Zur geistesgeschichtlichen Entwicklung vgl. a. Art. 16 der Virginia Declaration of Rights vom 12.6.1776 und Art. X der Französischen Menschenrechtserklärung vom 26.8.1789 sowie allg. zur internationalen Entwicklung *Kippenberg,* Regulierung der Religionsfreiheit, 2019.

[3] Art. 12 der Verfassungsurkunde Preußen 1850, s. *Frhr. v. Campenhausen* HStR VII, § 157 Rn. 21 f.; *Mückl* BK, Art. 4 (2008) Rn. 26 f.

[4] Dazu *Mückl* BK, Art. 4 (2008) Rn. 29.

[5] Vgl. JöR nF 1 (1951), 74 f.

[6] Ebda. S. 77 f.

[7] Vgl. *Starck* MKS, Art. 4 Rn. 6; *Hofmann,* in: Hofmann/Henneke, Art. 4 Rn. 2.

[8] So schon BVerfGE 12, 45 (53 f.); 33, 23 (28 f.); 35, 366 (376). Vgl. auch *Herzog,* in: Maunz/Dürig, Art. 4 (2009) Rn. 11 ff.; *Badura,* Der Schutz von Religionen und Weltanschauungen durch das Grundgesetz, 1989, S. 33.

[9] Dazu → Rn. 130 ff.

WRV.[10] So ist die in Art. 140 GG iVm Art. 137 II und III WRV gewährleistete kollektive Glaubensfreiheit eine Konkretisierung von Art. 4 I und II. Denn „zur Religionsfreiheit im Sinne des Art. 4 Abs. 1 und 2 GG gehört auch die religiöse Vereinigungsfreiheit, wie sie sich aus dieser Bestimmung in Verbindung mit den einschlägigen, durch Art. 140 GG einbezogenen Weimarer Kirchenartikeln ergibt".[11] Daraus folgt zum Beispiel, dass Eingriffe in den unter Art. 4 I und II fallenden Kernbereich der Gründungsfreiheit und der Selbstbestimmung von Religionsgesellschaften nur verfassungsimm. Schranken unterliegen. Die in Art. 137 III WRV genannten Schranken der allg. Gesetze vermögen die Betätigungsfreiheit von Religionsgesellschaften nur im nicht unter Art. 4 I und II fallenden Randbereich zu beschränken.[12]

5     „Das Grundgesetz legt durch Art. 4 Abs. 1, Art. 3 Abs. 3, Art. 33 Abs. 3 GG sowie durch Art. 136 Abs. 1 und 4 und Art. 137 Abs. 1 WRV in Verbindung mit Art. 140 GG dem Staat **weltanschaulich-religiöse Neutralität** auf. Es verwehrt die Einführung staatskirchlicher Rechtsformen und untersagt auch die Privilegierung bestimmter Bekenntnisse.[13] Es ist dem relig.-weltanschaulichen neutralen Staat verwehrt,[14] Glauben und Lehre einer Religionsgemeinschaft als solche zu bewerten. Maßgeblich ist vielmehr deren tatsächl. Verhalten.

6     Dagegen enthalten viele **Landesverfassungen** wesentlich stärkere christl. Referenzen.[15] Jedoch spielen diese Referenzen aufgrund der starken Betonung der negativen Religionsfreiheit durch die Rspr. des BVerfG und der damit einhergehenden Unitarisierungswirkung des GG kaum mehr eine Rolle.[16]

7     Die weltanschaulich-religiöse Neutralität darf allerdings nicht als strikte Trennung von Staat und Kirche missverstanden werden;[17] bei ihr handelt es sich vielmehr um „eine offene und übergreifende, die Glaubensfreiheit für alle Bekenntnisse gleichermaßen fördernde Haltung".[18] Im Gegensatz etwa zum laizistischen Frankreich liegt dem GG kein Trennungs-, sondern ein **Kooperationsmodell** zu Grunde, das das Verhältnis zwischen Staat und Religionsgemeinschaften kennzeichnet.[19] In einer relig. zunehmend inhomogenen Gesellschaft sieht sich das Kooperationsmodell allerdings einer Belastungsprobe ausgesetzt.[20] Die Frage, ob und inwieweit die christliche Prägung des deutschen Kultur und des deutschen Staatswesens iRd Kooperationsmodells berücksichtigt werden darf, gewinnt dabei an Gewicht.[21] Jedenfalls sind bei der Allokation von Ressourcen und der Einräumung von Partizipationsrechten Mitgliederzahl, Stärke und Repräsentativität einer Religionsgemeinschaft von Bedeutung. Keinesfalls steht die Pflicht des Staates zu weltanschaulich-relig. Neutralität der Konkretisierung des Schutzgehaltes von Art. 4 I, II durch Art. 140 iVm Art. 139 WRV entgegen. Die Verfassung selbst unterstellt die Sonn- und Feiertage einem besonderen staatlichen Schutz und trifft damit eine Wertung zu Gunsten der christlich-abendländischen Tradition.[22]

## III. Grundrechtsträger

8     Die Religions- und Gewissensfreiheit ist **Menschenrecht**.[23] Träger der Grundrechte aus Art. 4 ist also jedermann, Ausländer und Kinder eingeschlossen. Soweit Rechte des Art. 4 I und II ihrem Wesen nach auch von jur. Personen wahrgenommen werden können, sind gemäß Art. 19 III auch diese Grundrechtsträger.

---

[10] Diesen Zusammenhang zeigen z. B. BVerfGE 99, 100 (119 f.) (St. Salvator Kirche); 83, 341 (Bahá'í); 125, 39 (79 ff.).

[11] BVerfGE 83, 341 (LS 2.a) (Bahá'í).

[12] Vgl. *Lücke* EuGRZ 1995, 651; s. aber → Art. 140 Rn. 4.

[13] BVerfGE 19, 206 (216) (Hervorhebung hinzugefügt). Zum Neutralitätsgebot *Herzog,* in: Maunz/Dürig, Art. 4 (2009) Rn. 19 ff. und BVerwGE 109, 40 (45 ff.); vgl. aber zum Religionsunterricht Art. 7 III, zur christlichen Gemeinschaftsschule BVerfGE 41, 29 (50); unbeanstandet auch die Privilegierung einzelner Kirchen in RundfunkG, vgl. § 15 III WDRG und zur Vorgängernorm (§ 55 III WDRG aF) BVerfGE 83, 238 (270).

[14] Gegen den Begriff der „Neutralität" *Holzke* NVwZ 2002, 903; dagegen wiederum *Czermak* NVwZ 2003, 949 und allg. *Czermak/Hilgendorf,* Religions- und Weltanschauungsrecht, 2018, Rn. 166 ff.

[15] Vgl. *Dürig,* Die negative Religionsfreiheit und christlich geprägte Gehalte des Landesverfassungsrechts, 2018, S. 26 ff, 195 ff.

[16] Vgl. *Dürig* (Fn. 16), S. 228 ff, 328 f.

[17] BVerfGE 108, 282 (300). S. allg. *Kokott* Der Staat 44 (2005), 343 (346 f.).

[18] BVerfGE 108, 282 (300).

[19] Vgl. *Kokott* Staat 44 (2005), 343 (347 ff.); s. a. *Brugger* AöR 132 (2007), 4 (20 f.); *Munsonius* DÖV 2013, 93 (99); *Classen,* Religionsrecht, 2015, Rn. 118 ff.; *Holterhus/Aghazadeh* JuS 2016, 19 (22); aA *Czermak/Hilgendorf* (Fn. 15), Rn. 153 ff.

[20] Vgl. in diesem Kontext *Heinig,* FAZ v. 22.9.2016, Nr. 222, S. 6; *Schulte* ZAR 2013, 24; *Waldhoff,* 68. DJT, 2010, D 42 ff.; *Munsonius* DÖV 2013, 93 (99).

[21] Vgl. *Hillgruber,* Staat und Religion, 2007, S. 47 ff.; *ders.,* FS Merten, 2007, S. 23 ff.; *Classen* (Fn. 20), Rn. 132 ff.; *Kokott* Staat 44 (2005), 343; *Schwarz* FS Starck, 2007, S. 419 (429 ff.); umfass. *Uhle,* Freiheitlicher Verfassungsstaat und kulturelle Identität, 2004.

[22] BVerfGE 125, 39 (79 ff.) (Adventssonntage), *Munsonius* DÖV 2013, 93 (102); BVerfGE 143, 161 (Karfreitag) Rn. 88 ff., demgegenüber aber EuGH 193/17 (ebenfalls Karfreitag).

[23] Vgl. bspw. Art 18 AMRE oder Art. 9 EMRK.

**Kinder** werden bis zu ihrer Religionsmündigkeit durch ihre Eltern vertreten, die zugleich ein 9 eigenes Recht zur relig. Erziehung ihrer Kinder aus Art. 4 I iVm Art. 6 I, II innehaben.[24] Staatl. Eingriffe in die Religionsfreiheit des Kindes können daher zugleich das Grundrecht des Kindes und das der Eltern verletzen.[25] Die Religionsmündigkeit des Kindes ist im Gesetz über die relig. Kindererziehung (RelKErzG) von 1921[26] näher geregelt. Nach dessen § 5 S. 1 kann das Kind ab dem 14. Lebensjahr selbst entscheiden, in welchem Bekenntnis es erzogen wird. Schon vom 12. Lebensjahr an darf das Kind nicht gegen seinen Willen in einem anderen Bekenntnis als zuvor erzogen werden.[27] Die Religionsmündigkeit Minderj. wird jedoch bis zum Eintritt der Volljährigkeit vom Sorgerecht der Eltern überlagert.[28] Insofern ist das religionsmündige Kind in Glaubensfragen, die sich von der allg. Erziehung kaum trennen lassen, nicht etwa der Einflussnahme der Eltern entzogen. So lässt sich aus der Religionsmündigkeit schwerlich das Recht der Kinder ableiten, in relig. Wohngemeinschaften einzutreten, allein nach Indien zu fahren, der Schule fernzubleiben oder Ähnliches.[29]

Der Schutz der Glaubens- und Gewissensfreiheit wirkt auch über das Lebensende hinaus. So hat der 10 Staat zentrale relig. Entscheidungen auch **post mortem** zu respektieren.[30] Dieser Schutz ähnelt dem postmortalen Ehrenschutz, wie er infolge der Mephisto-Entscheidung[31] des BVerfG anerkannt wurde. Ebenso wie dieser verblasst er mit der Zeit, sodass bspw. eine Einebnung von Grabstätten nach Ablauf der übl. Fristen zulässig ist.[32]

Die Grundrechte des Art. 4 sind ihrem Wesen nach (Art. 19 III) nur zT auf **juristische Personen** 11 anwendbar. Die Gewissensfreiheit gilt für sie jedenfalls nicht, sofern das forum internum betroffen ist. Nach hM kann jur. Personen auch nicht Träger der Gewissensfreiheit, soweit diese Rede- und Handlungsfreiheit ist.[33] Auch die Glaubensfreiheit kann jur. Personen nicht zustehen, wenn und sofern sie als reine Denkfreiheit verstanden wird.[34] Ihre mehr rede- und handlungsorientierten Ausprägungen greifen dagegen ein.[35] Jedenfalls können jur. Personen durch die Freiheit des relig. und weltanschaulichen Bekenntnisses und die Freiheit der Religionsausübung geschützt sein.[36] Voraussetzung ist stets, dass der Zweck der Vereinigung auf die Pflege des religiösen oder weltanschaulichen Lebens ihrer Mitglieder abzielt. Dafür kann das Ausmaß ihrer institutionellen Verbindung mit einer Religionsgemeinschaft oder die Art der von ihr verfolgten Ziele Maßstab sein.[37] Die Rechtsform der Vereinigung ist hierfür unerheblich.[38] Auch Weltanschauungsgemeinschaften genießen den Schutz des Art. 4 I, II GG.[39]

Auch die **Kirchen** und sonstigen **Religionsgemeinschaften**,[40] die Personen des **öffentlichen** 12 **Rechts** sind, können sich nach dieser Maßgabe auf Art. 4 berufen, „weil sie nicht vom Staat geschaffen sind, sondern im außerstaatl. Bereich wurzeln und in ihrem Eigenbereich weder staatl. Aufgaben wahrnehmen noch staatl. Gewalt ausüben".[41] Als Grundrechtsträger können sie neben ihren Mitgliedern Vb erheben. Art. 4 wird so zum Vehikel für die Durchsetzung der Garantien auch des Art. 140 GG iVm Art. 136 ff. WRV.[42] Dies hat das BVerfG in seinem Urteil zu den Ladenöffnungszeiten an den vier Adventssonntagen bestätigt.[43] Damit hat es den Sonn- und Feiertagsschutz aus Art. 139 WRV zum subj. Recht erhoben, auf welches sich die ör Religionsgemeinschaften berufen können.[44] Auch Welt-

---

[24] Vgl. BVerfG (K) BayVBl 2006, 633; NVwZ 2008, 72. Hierzu eingehend *A. Vellmer,* Religiöse Kindererziehung und religiös begründete Konflikte in der Familie, 2010, S. 44 ff. und S. 68.

[25] BVerfGE 41, 29 (47 f.); *Frhr. v. Campenhausen* HStR VII, § 157 Rn. 101.

[26] RGBl I S. 939.

[27] So § 5 S. 2 RelKErzG. Kritisch dazu *Würtenberger* FS Obermayer, 1986, S. 113 (117 ff.); für Religionsmündigkeit erst mit 18 Jahren: Art. 137 I BayVerf; Art. 29 II SaarlVerf.

[28] BVerwGE 15, 134 (138 f.); 68, 16 (18 f.).

[29] Vgl. *Starck* MSK I, Art. 4 Rn. 73.

[30] Dazu: *Borowski* Die Glaubens- und Gewissensfreiheit des Grundgesetzes, 2006, S. 362 f.

[31] BVerfGE 30, 173 (194).

[32] Bsp. bei *Borowski* (Fn. 31), S. 363.

[33] *Bethge* HStR VII, § 158 Rn. 13; *Böckenförde* VVDStRL 8 (1970), S. 33, 65; *Mückl* BK, Art. 4 (2008) Rn. 63; *Preuß* AK GG, Art. 4 Rn. 39; BVerfG (K) NJW 1990, 241, für eine jur. Person mit wirtschaftl. Zielsetzung; BVerwGE 64, 196, für eine „Kapitalgesellschaft, die ihrem Wesen nach bekenntnisfremd ist". AA *Franke* AöR 114 (1989), 7 (18).

[34] *Herzog,* in: Maunz/Dürig, Art. 4 (2009) Rn. 35; *Starck* MSK I, Art. 4 Rn. 74.

[35] *Mückl* BK, Art. 4 (2008) Rn. 64; *Herzog,* in: Maunz/Dürig, Art. 4 (2009) Rn. 35; aA *Frhr. v. Campenhausen* HStR VII, § 157 Rn. 78.

[36] Vgl. BVerfGE 24, 236; 42, 312 (323); 83, 341.

[37] BVerfGE 24, 236 (246 f.).

[38] Vgl. *Hofmann,* in: Hofmann/Henneke, Art 4 Rn. 26 mwN.

[39] BVerfGE 143, 161 (Karfreitag) Rn. 98 f.

[40] Hierzu *Towfigh,* Die rechtliche Verfassung von Religionsgemeinschaften, 2006, S. 123 ff.

[41] BVerfGE 21, 362 (374); 42, 312 (321 f.); vgl. auch BVerfGE 61, 82 (102). Zum kirchlichen Arbeitsrecht → Rn. 92 f.

[42] *Steiner* JuS 1982, 157 (160); *Ehlers,* → Art. 140 Rn. 3.

[43] BVerfGE 125, 39 (74 f.); dazu ua *Kühn* NJW 2010, 2094; *Mosbacher* NVwZ 2010, 537.

[44] BVerfGE 125, 39 (75); s. a. *Mosbacher* NVwZ 2010, 537; abw. hierzu → Art. 140/Art. 139 WRV Rn. 1 mwN.

anschauungsgemeinschaften genießen den Schutz der Art. 4 Abs. 1 und 2 GG.[45] Auf europ. Ebene hat der Vertrag von Lissabon die Position der Kirchen und Religionsgemeinschaften gestärkt.[46]

## B. Inhalt des Grundrechtsschutzes

### I. Zur Struktur des Art. 4

13    Ob die in Art. 4 I und II genannten Freiheiten verschiedene Grundrechte beinhalten oder aber nur Ausprägungen ein und desselben Grundrechts sind, ist nicht vollkommen geklärt. Für das Verhältnis zwischen Art. 4 I – Glaubens- und Bekenntnisfreiheit – und Art. 4 II – Religionsausübung – hat das BVerfG entschieden, dass es sich insoweit um ein **einheitliches Grundrecht** handele und Art. 4 II daher nur deklaratorische Bedeutung habe.[47]

14    Das BVerfG hat ausgeführt, dass das GrundR der ungestörten Religionsausübung (Art. 4 II) an sich im Begriff der Glaubens- und Bekenntnisfreiheit (Art. 4 I) enthalten sei. Dieser Begriff umfasse – gleich, ob es sich um ein relig. Bekenntnis oder eine religionsfremde oder religionsfreie Weltanschauung handele – nicht nur die innere Freiheit, zu glauben oder nicht zu glauben, dh einen Glauben zu bekennen, zu verschweigen, sich von dem bish. Glauben loszusagen und einem anderen Glauben zuzuwenden, sondern ebenso die Freiheit des kult. Handelns, des Werbens, der Propaganda. Insofern sei die ungestörte **Religionsausübung** nur **Bestandteil der** dem Einzelnen wie der relig. oder weltanschaulichen Vereinigung zustehenden **Glaubens- und Bekenntnisfreiheit.** „Mindestens seit der Weimarer Verfassung geht die Freiheit der Religionsausübung inhaltlich in der Bekenntnisfreiheit auf."[48]

15    Art. 4 II hat danach also **keinen** gegenüber Art. 4 I – Bekenntnisfreiheit – **eigenständigen Schutzbereich.** In der Lehre ist das str.[49] Einwenden lässt sich gegen diese Interpretation der Grundsatz, dass Normen generell möglichst so auszulegen sind, dass sie eine eigenständige Bedeutung haben und nicht überflüssig sind.[50]

16    Hinsichtlich der Frage, ob Art. 4 I mehrere Grundrechte oder nur Ausprägungen des Schutzbereichs eines **einheitlichen Grundrechts** garantiert, sind die Meinungen ebenfalls geteilt.[51] Für ein einheitliches Verständnis des Art. 4 I lassen sich praktische Abgrenzungsschwierigkeiten sowie die Rspr. des BVerfG, das sich insoweit nicht auf terminologische Abgrenzungsbemühungen einlässt, ins Feld führen.[52]

17    Art. 4 I und II garantieren sowohl die Glaubens- und Gewissensfreiheit als auch deren Ausübungsfreiheit **ohne gesetzliche Schranken;** hinsichtlich des Wehrdienstes beinhaltet Art. 4 III eine abschließende Sonderregel.[53]

18    Auch bei Annahme eines einheitlichen Schutzbereichs muss sich die **Schutzintensität** aber **abgestuft** gestalten. Es liegt auf der Hand, dass der Schutz des forum internums der Glaubensfreiheit am intensivsten, absolut sein kann, nicht aber derjenige der Religionsausübungsfreiheit.

### II. Ausprägungen des Schutzbereichs

19    **1. Religions- und Weltanschauungsfreiheit. a)** Die Begriffe Glauben, Religion und Weltanschauung werfen wie diejenigen der Würde (Art. 1 I), des Gewissens (Art. 4 I) und auch der Kunst

---

[45] BVerfGE 143, 161 (Karfreitag) Rn. 98 f.

[46] Art. 17 AEUV; s. aber EuGH, C-414/16 und BAG NZA 2019, 455 (kirchliches Arbeitsrecht). Zu den unionsrechtlichen und internationalen Aspekten *Muckel,* in: Friauf/Höfling, Art. 4 (2009) Rn. 2 ff. u. 61; *Kotzur* GS Blumenwitz, 2008, S. 150; *Muckel* DÖV 2005, S. 191; *Söbbeke-Krajewski,* Der religionsrechtliche Acquis Communautaire der Europäischen Union, 2006, S. 260 ff.; für eine Übersicht über europ. Rechtsakte zur Religionsfreiheit, s. *Robbers,* Religionsrechtliche Bestimmungen in der Europäischen Union, www.uni-trier.de/index.php?id=7526 (7.9.2020); für mehr Religionsbezug in der EU/den Gründungsverträgen *Weiler,* Ein christliches Europa, 2004.

[47] St. Rspr., vgl. BVerfGE 24, 236 (245 f.), zuletzt BVerfGE 108, 282 (297).

[48] BVerfGE 24, 236 (245 f.).

[49] Einheitliches Grundrecht: *Sacksofsky,* VVDStRL 68 (2009), S. 7, 15 ff. und 42, These (5); *Frhr. v. Campenhausen* HStR VII, § 157 Rn. 51; *Heckel* AöR 134 (2009), 309, 381 ff.; *Borowski* (Fn. 31), S. 355 ff.; für Art. 4 I und II als Abwehrrecht *Starck* MKS I, Art. 4 Rn. 12; aA *Herzog,* in: Maunz/Dürig, Art. 4 (1988) Rn. 99; *Kästner/Droege,* in: Stern/Becker, Art. 4 Rn. 49 f.; *Mückl* Staat 50 (2001), 96 (106 ff.); *Muckel,* in: Friauf/Höfling, Art. 4 (2009) Rn. 5 ff.; *Siering,* Die negative Religionsfreiheit, 2011, S. 88.

[50] Vgl. hierzu insbes. *Herzog,* in: Maunz/Dürig, Art. 4 (2009) Rn. 99, der ein einheitliches Grundrecht ausschließt, „da Abs. II (…) nun einmal im Verfassungstext vorhanden ist (…)".

[51] Mehrere Grundrechte: *Morlok,* in: Dreier I, Art. 4 Rn. 58; mit guten Gründen *Mückl* BK, Art. 4 (2008) Rn. 51 ff.; *Muckel,* in: Friauf/Höfling, Art. 4 (2009) Rn. 62; Gewissensfreiheit als eigenständiges Grundrecht: *Kästner/Droege,* in: Stern/Becker, Art. 4 Rn. 110; *Mager,* in: Münch/Kunig I, Art. 4 Rn. 10 f.; letztlich auch BVerfGE 19, 135 (138); 23, 127 (132); kritisch Bausback, FAZ v. 24.11.2016, Nr. 275, S. 8. Umfassendes Grundrecht der Religionsfreiheit: *Mikat* HdbVerfR, § 29 Rn. 7.

[52] BVerfGE 32, 98 (106); s. a. *Borowski* (Fn. 31), S. 373 f.; *Frhr. v. Campenhausen* HStR VII, § 157 Rn. 51 mit Fn. 107; *Holterhus/Aghazadeh* JuS 2016, 117.

[53] Vgl. dazu ausführlich → Rn. 114 ff.

und Wissenschaft (Art. 5 III) erhebliche Definitionsprobleme auf. Einerseits kann insbes. eine enge Definition dieser Begriffe zur weitgehenden Schutzlosigkeit der entspr. GrundR führen. Andererseits gibt das Recht seinen Regelungsanspruch auf, wenn es dem Einzelnen überlässt, zu definieren, ob er sich erfolgreich auf die Glaubens-, Gewissens- oder Weltanschauungsfreiheit berufen kann oder nicht.[54] Letztlich liefe eine ausschließlich auf das **Selbstverständnis** der Betroffenen abstellende Anwendung des Art. 4 darauf hinaus, die Religionsfreiheit in ein auch alle menschlichen Handlungen umfassendes GrundR zu verwandeln.[55] Dies würde zu einer Nivellierung der Schrankensystematik des GG führen.[56]

Allein die Behauptung und das Selbstverständnis, eine Gemeinschaft bekenne sich zu einer Religion **20** und sei eine Religionsgemeinschaft, können für diese und ihre Mitglieder die Berufung auf die Freiheitsgewährleistung der Art. 4 I und II deshalb nicht begründen.[57] Vielmehr muss es sich auch tatsächlich, nach **geistigem Gehalt** und **äußerem Erscheinungsbild**, um eine Religion, Weltanschauung oder entspr. Gemeinschaft handeln, wobei jedoch das Selbstverständnis des Betroffenen[58] bzw. der Religions- und Weltanschauungsgemeinschaft[59] nicht außer Betracht bleiben darf. Entscheidend ist dessen hinreichende Plausibilität.[60] „Dies im Streitfall zu prüfen und zu entscheiden, obliegt – als Anwendung einer Regelung der staatlichen Rechtsordnung – den staatlichen Organen, letztlich den Gerichten."[61]

Die Glaubensfreiheit umfasst im Rahmen des einheitlich zu verstehenden Grundrechts aus Art. 4 I **21** und II den relig. **Glauben** im posit. und negat. (Atheismus) Sinne sowie den auf Weltanschauungen bezogenen Glauben.[62] Zudem ergibt sich aus Art. 4 I und II eine **Schutzverpflichtung** des Gesetzgebers, die durch Art. 139 WRV iVm Art. 140 GG (Sonn- und Feiertagsschutz) konkretisiert wird.[63]

Kennzeichnend für den relig. Glauben ist der **transzendente Bezug**, die subj. Gewissheit von der **22** Eingliederung des Einzelnen in einen jenseitigen, nicht mit von den Menschen gesetzten Maßstäben zu beurteilenden und durch wiss. Erkenntnisquellen nicht erschöpfend zu erklärenden Zusammenhang. Bezugspunkt ist dabei „überweltliche Macht, die in einer persönlichen oder unpersönlichen Gottheit oder in der Wirksamkeit einer überweltlichen Kausalität bestehen kann."[64] Mit dieser Macht ist der einzelne Gläubige durch seinen Glauben verbunden und kann sie durch Gebet, Meditation oder relig. Übungen erkennen und an ihr teilhaben.

Bei **Sekten**, die sich in großem Maße wirtschaftlich betätigen oder nur Anleitungen zu einem **23** besseren irdischen Leben geben, oder bei Vereinigungen, die sich sehr stark politisch engagieren, insbes. bei einigen islamistischen Gruppierungen, kann der transzendente Bezug zweifelhaft sein.[65] Er ist jedenfalls zu verneinen, wenn der relig. Bezug nur als Vorwand zur Erreichung wirtschaftl. oder polit. Ziele dient.[66] Die Anerkennung eines e. V. als Religionsgemeinschaft steht dabei dem Entzug der Rechtsfähigkeit wegen wirtschaftl. Tätigkeit nach § 43 BGB nicht entgegen.[67] Freilich bleibt im Einzelfall die Frage, ob ein wirtschaftl. Geschäftsbetrieb zu bejahen ist.[68] Auch für die Frage, ob ein anmeldepflichtiges Gewerbe im Sinne des § 14 GewO vorliegt, kommt es auf die Qualifizierung als Religions- oder Weltanschauungsgemeinschaft nicht an.[69]

Str. ist insb., ob Untergliederungen der **„Scientology-Kirche"** der Schutz der Religionsfreiheit **24** zukommt.[70] Vereinzelt haben Gerichte dies angenommen,[71] nach Möglichkeit wurde die Frage

---

[54] Vgl. *K.-A. Schwarz* FS Starck, 2007, S. 419 (420); vgl. a. *Waldhof,* 68. DJT, 2010, D 69 f.

[55] Aus diesem Grund wird auch der sog. subj. Kunstbegriff i. S. d. Art. 5 III 1 abgelehnt; hierzu *Bethge* → Art. 5 Rn. 184 und *Scholz,* in: Maunz/Dürig, Art. 5 III (1977 – aussortiert) Rn. 26 jew. mN.

[56] Vgl. *Fleischer,* Der Religionsbegriff des Grundgesetzes, 1989, S. 24 ff.; aA *Badura* (Fn. 9), S. 59 f.

[57] BVerfGE 83, 341 (353) (Bahá'í).

[58] BVerfGE 33, 23.

[59] BVerfGE 24, 236 (247) (Rumpelkammer); 83, 341 (353) (Bahá'í); OVG Berlin NVwZ 1999, 786 (Islamischer Religionsunterricht); BVerfGE 143, 161 (Karfreitag) Rn. 102 ff.

[60] Vgl. BVerfGE 108, 282 (299); *Mückl* BK, Art. 4 (2008) Rn. 84 ff., 89.

[61] BVerfGE 83, 341 LS 1; aber BVerfGE 143, 161 (Karfreitag) Rn. 94.

[62] *Jarass,* in: Jarass/Pieroth, Art. 4 Rn. 7, 13 mN; *Hofmann,* in: Hofmann/Henneke, Art. 4 Rn. 5; *Mager,* in: v. Münch/Kunig, Art. 4 Rn. 16, 18.

[63] BVerfGE 125, 39 (77, 79 ff.); aber BVerfGE 143, 161 (Karfreitag).

[64] *Preuß* AK GG, Art. 4 Rn. 14.

[65] Vgl. *Badura* (Fn. 8); ferner *Frhr. v. Campenhausen* NJW 1990, 887; *Kopp* NJW 1990, 2669 und *Diringer* BayVBl 2005, 97 (103 f.), der sich allg. mit sog. Jugendreligionen befasst.

[66] Vgl. BVerfGE 105, 279 (293); *Czermak/Hilgendorf* (Fn. 15), Rn. 122; *Morlok,* in: Dreier I, Art. 4 Rn. 75; *Mückl* BK Art. 4 (2008) Rn. 75.

[67] BVerwGE 105, 313 (321); *Segna* NVwZ 2004, 1446 (1447).

[68] Vgl. *Abel* NJW 2001, 410 (413); *Segna* NVwZ 2004, 1446 (1447 f.) mN.

[69] BVerwG NVwZ 1995, 473; *Abel* NJW 1996, 91 (93 f.).

[70] Zum Meinungsstand in Rspr. und Lit. *Planker* DÖV 1997, 101 (108 f.); allg. zu Scientology *Diringer,* Scientology, 2003. Zur Frage, ob der Verfassungsschutz Scientology ausspähen darf: Abl.: VG Berlin NVwZ 2002, 1018; bejahend: OVG Münster, Urteil v. 12.2.2008 – 5 A 130/05.

[71] BGHZ 78, 274 (278); OVG Hamb. NVwZ 1995, 498; SchwBG, EuGRZ 2000, 59 mit zahlreichen rechtsvergleichenden Nachw. Zust. etwa *Diringer,* Scientology, 2003, S. 194 f., 202; *Groh,* Selbstschutz der Verfassung gegen Religionsgemeinschaften, 2004, S. 461 f.

offengelassen.[72] Das BAG[73] hat entschieden, dass eine Untergliederung der „Scientology-Kirche" sich nicht auf die Religionsfreiheit berufen kann. Die relig. oder weltanschaulichen Lehren dienten hier nur als Vorwand zur Verfolgung wirtschaftl. Zwecke, was auch in der Lehre zunehmend so beurteilt wird.[74]

**25**     Unter **Weltanschauungen** sind gedankl. Systeme zu verstehen, die eine wertende Stellungnahme zum Sinn des Weltgeschehens bieten, ohne dabei auf Gott/Götter, das Jenseits oder die Idee der Transzendenz zurückzugreifen.[75] Darunter fallen idR auch die Modelle der Philosophie und der Wissenschaft zur Erklärung des Weltgeschehens, die jedoch gleichzeitig von der Freiheit der Wissenschaft geschützt sein können.[76] Im Einzelnen kann die Abgrenzung zum relig. Bekenntnis schwierig sein. Da aber der Schutz der relig. und der weltanschaulichen Bekenntnisfreiheit unter dem GG gleich weit reicht (o. Rn. 14), kann eine genauere Abgrenzung unterbleiben.[77]

**26**     **b)** Die **Glaubensfreiheit** bildet den Kern der umfass. zu verstehenden[78] Religionsfreiheit. Sie garantiert das Recht, zu glauben oder nicht zu glauben, ohne dass der Staat hieran Vor- oder Nachteile knüpfen oder Einfluss auch nur im Vorstadium der Glaubensbildung nehmen dürfte.

**27**     Mit dem Recht, nicht zu glauben, ist auch die **negative Religionsfreiheit** geschützt.[79] Insofern verbietet Art. 4 I ua, als Grundlage für die **Kirchensteuerpflicht** eine kirchl. Mitgliedschaftsregelung heranzuziehen, die eine Person einseitig und ohne Rücksicht auf ihren Willen der Kirchengewalt unterwirft. Eine allein an die Abstammung/Geburt und Wohnsitznahme anknüpfende Mitgliedschaft kann iRd staatlichen KirchensteuerG nicht anerkannt werden. Stattdessen bedarf es einer dem Kirchenmitglied selbst oder seinen Sorgeberechtigten zuzurechnenden Willensäußerung,[80] wie sie z. B. bei den großen christl. Kirchen durch die Taufe indiziert wird.[81] Die Möglichkeit des **Kirchenaustritts** allein genügt den verfassungsrechtl. Anforderungen der negativen Glaubens- und Bekenntnisfreiheit nicht.[82] Teilbereiche der negativen relig. Bekenntnisfreiheit, die in engem Zusammenhang zur staatl. Neutralitätspflicht steht, werden durch Art. 140 GG iVm Art. 136 III und IV WRV – deklaratorisch[83] – geschützt. Über die negative Religionsfreiheit kann also mit der Vb auch die staatl. Pflicht zur Neutralität durchgesetzt werden.

**28**     Mögliche Konflikte zwischen der positiven Religionsfreiheit der Mehrheit und der negativen Religionsfreiheit der Minderheit können weder einseitig zugunsten der positiven noch einseitig zugunsten der negativen Religionsfreiheit entschieden werden. Vielmehr ist es Aufgabe des demokrat. Gesetzgebers, unvermeidliche Spannungsverhältnisse zwischen **„negativer"** und **„positiver" Religionsfreiheit** nach dem Prinzip der **„Konkordanz"** zwischen den verschiedenen verfassungsrechtlich geschützten Rechtsgütern zu lösen.[84] Von überragender Bedeutung ist hierbei die Beachtung des Toleranzgebotes. Der umstr. Beschl. des BVerfG v. 16.5.1995[85] deutete allerdings eine Trendwende zu Lasten der positiven Religionsfreiheit der – jedenfalls herkömmlichen – Mehrheit und zugunsten der Trennung von Staat und Kirche an.[86] Das geht aber nicht so weit, dem Einzelnen ein Recht auf eine „religionsfreie" Öffentlichkeit zuzubilligen.[87] Er kann nicht verlangen, im öff. Raum von christlich geprägten Feiern wie dem Weihnachtsfest und dessen Ausprägungen verschont zu bleiben.[88]

---

[72] BVerwGE 105, 313; BVerwGE 61, 152 (162); OLG Stuttgart NJW 1999, 3640 (3641); HmbOVG, Urt. v. 19.1.2012 – 4 Bf 269/10, Rn. 39; zuletzt wieder VG Berlin, Urt. v. 31.5.2016 – VG 4 K 295.14.

[73] BAG NJW 1996, 143.

[74] BAG NJW 1996, 143 (147); *Huber*, in: Eichenhofer (Hrsg.), 80 Jahre Weimarer Reichsverfassung – was ist geblieben?, 1999, S. 117 (131); *Masuch*, StWissStPrax 1998, 623; *Muckel*, in: Friauf/Höfling, Art. 4 (2009) Rn. 14.

[75] Zu Abgrenzungsschwierigkeiten beim Begriff der Weltanschauung *Frhr. v. Campenhausen* HStR VII, § 157 Rn. 59 f.

[76] Vgl. *Bleckmann*, Staatsrecht II, S. 749.

[77] BVerwGE 90, 112 (115), hinsichtlich der Osho-Bewegung („Bhagwan"); BVerfGE 143, 161 (Karfreitag) Rn. 102 ff.

[78] Vgl. *Badura* (Fn. 9), S. 24.

[79] *Mikat* HdbVerfR, § 29 Rn. 15: Die negative Religionsfreiheit sei eigentlicher Ausgangspunkt und Kern der Religionsfreiheit; *Zacharias* FS Rüfner, 2003, S. 987 (992 ff.); BVerwGE 109, 40 (52).

[80] BVerfG (K) NVwZ 2015, 517 Rn. 42.

[81] BVerfGE 30, 415 (424).

[82] BFH NVwZ 1999, 1149.

[83] *Anschütz*, Verfassung des Deutschen Reiches, 1933, § 133 Anm. 4.

[84] BVerfGE 41, 29. S. a. *Mikat HdbVerfR*, § 39 Rn. 16 f. Im Sinne strikter Neutralität aber der HessStGH NJW 1966, 31 ff. – Verbot des Schulgebets auf Grund der negativen Religionsfreiheit eines Schülers, dazu kritisch *Bethge* HStR VII § 157 Rn. 132 f.; *Starck* MKS I, Art. 4 Rn. 26 f.

[85] BVerfGE 93, 1 ff.; näher → Rn. 39 ff.

[86] S. dagegen EGMR (Große Kammer), Urt. v. 3.11.2009, 30 814/06.

[87] Vgl. BVerfGE 93, 1 (16); BayVerfGH BayVBl 2007, 235 (237); *Starck* MKS I, Art. 4 Rn. 24 f.

[88] Vgl. *Zacharias* NVwZ 2006, 1329 (1331).

Str. ist, ob die Religionsfreiheit auch bloße **Gleichgültigkeit** in relig. und weltanschau. Fragen 29 schützt. Dafür spricht, dass es nicht auf die mitunter schwer zu ermittelnden Motive für einen Nichtglauben – Desinteresse oder weltanschauliche Motivation – ankommen sollte.[89]

Zum Inhalt des Glaubens hat das BVerfG betont, dass Art. 4 nicht nur die Mitglieder anerkann- 30 ter Kirchen und Religionsgemeinschaften, sondern auch die Angehörigen anderer relig. Vereinigungen, unabhängig von ihrer zahlenmäßigen Stärke, schützt. Vereinzelt wird dagegen ein europazentrierter und christlich geprägter Religions- und Glaubensbegriff vertreten,[90] auch um gegenüber missliebigen Praktiken von Sekten oder fremdartigen Religions- oder Weltanschauungsgemeinschaften differenzieren zu können.[91] Das BVerfG geht jedoch von einem **weiten Religionsbegriff** aus.[92] Das ergibt sich aus dem Gebot weltanschaulich-religiöser Neutralität des Staats und dem Grundsatz der Parität der Kirchen und Bekenntnisse.[93] Die Religionsfreiheit schützt eben nicht nur die herkömmlichen, im Abendland bekannten und verbreiteten Religionen und Weltanschauungen,[94] sondern als spezifischen Ausdruck der in Art. 1 I garantierten Menschenwürde gerade auch vereinzelt auftretende Glaubensüberzeugungen, die von den Lehren der großen Kirchen und Religionsgemeinschaften abweichen.[95] Je weiter der Religionsbegriff, desto mehr verlagern sich allerdings gewisse Probleme auf die Bestimmung potentiellen Begrenzungen des Art. 4, da freilich nicht jede Tätigkeit, die in dessen Schutzbereich fällt, letztlich grundrechtl. Schutz erhalten kann.[96]

Eine sich aus dem Konzept der freundschaftlichen **Kooperation zwischen Kirche,** Religions- 31 gemeinschaften **und Staat** ergebende Bevorzugung der großen den hiesigen Kulturraum prägenden Konfessionen verletzt nach überwiegender Auffassung jedoch nicht das Gebot der gleichen Achtung der verschiedenen relig. Positionen der Einzelnen.[97] Insoweit soll also der Staat die zahlenmäßige Stärke und soziale Relevanz der Religionsgemeinschaft berücksichtigen können.[98] Das BVerfG[99] und die überw. Meinung erkennen die christl. Prägung des GG an, weshalb es keine Auswirkungsneutralität staatl. Maßnahmen auf sämtl. Religionen geben kann.[100] „[D]ie Verfassung selbst … nimmt … eine Wertung vor, die auch in der christlich abendländischen Tradition wurzelt und kalendarisch an diese anknüpft";[101] einen „Kulturvorbehalt" zulasten „kulturfremder" Religionen bedeutet dies freilich nicht.[102]

**c) Bekenntnisfreiheit** i. S. des Art. 4 ist die Freiheit, relig. und weltanschau. Überzeugungen 32 kundzutun.[103] Die Bekenntnisfreiheit ist eine grundrechtlich verselbstständigte, besonders privileg. Form der Kommunikation; nach überwieg. Auffassung handelt es sich um einen Spezialfall der Meinungsfreiheit.[104]

Die **Kundgabe** der Überzeugungen kann in den verschiedensten Formen erfolgen; in Betracht 33 kommen alle durch Art. 5 geschützten Kommunikationsformen, verbal, durch Tragen von Symbolen oder einer bestimmten, den Grundsätzen einer Religionsgemeinschaft entspr. Kleidung, z. B. islamischer Kopftücher ua. Die Bekenntnisfreiheit umfasst die Freiheit, seinen Glauben zu verbreiten, für seinen Glauben zu werben und andere von ihrem Glauben abzuwerben,[105] auch mittels

---

[89] *Frhr. v. Campenhausen* HStR VII, § 157 Rn. 61; *Herzog,* in: Maunz/Dürig, Art. 4 (2009) Rn. 79; *Mager,* in: v. Münch/Kunig I, Art. 4 Rn. 18; *Muckel,* in: Friauf/Höfling, Art. 4 (2009) Rn. 21; aA *Zippelius* BK, Art. 4 (1989) Rn. 31; vgl. ferner BVerwGE 109, 40 (54 f.).

[90] *Isensee* EssGespr 19 (1985), 144; *Hamel,* in: Die Grundrechte IV 1, S. 79; differenziert fragend *W. Weiß,* VVDStRL 68 (2009), S. 98 f.

[91] Vgl. *Isensee* ebda.

[92] BVerfGE 108, 282 (299 ff.); 138, 296, Rn. 83 ff.; BVerfGE 143, 161 (Karfreitag) Rn. 102 ff.

[93] BVerfGE 32, 98 (106).

[94] Eher restriktiv *Isensee* EssGespr 19 (1985), S. 142. Nach den bei *Waldhof,* 68. DJT, D 16 f. abgedruckten Statistiken stellen die beiden großen christl. Konfessionen mit zusammen über 60 % weiterhin die größte Glaubensgemeinschaft dar. Die zweitgrößte Gruppe bilden die durch die Wiedervereinigung schlagartig angestiegenen Konfessionslosen mit 28 %; erst dann folgt der Islam mit nur 5 %.

[95] BVerfGE 33, 23 (28 f.).

[96] Kritisch *Waldhof,* 68. DJT, D 70 ff., der eine engere Interpretation des Schutzbereiches empfiehlt statt „nur bedingt rationalisierbarer Abwägungen" auf der Rechtfertigungsebene; dagegen *Heckel* AöR 134 (2009), 309, 377 ff. mit Fn. insbes. seine Fn. 161 und 163; vgl. auch *Siering* (Fn. 50) S. 114 ff., die auf die Menschenwürde als verfassungsimmanente Grenze verweist.

[97] Vgl. *Heckel,* FS Dürig, 1990, S. 241 (247); *Huber* (Fn. 75), S. 117 (138 f.).

[98] In diesem Sinne auch *Kotzur* GS Blumenwitz 2008, S. 155 f.

[99] BVerfGE 125, 39 (84). S. aber *Sacksofsky,* VVDStRL 68 (2009), S. 7, 20 ff. sowie 45, These 18b); ähnlich *Grimm,* Multikulturalität und Grundrechte, in: Wahl/Wieland (Hrsg.) Das Recht des Menschen in der Welt, 2002, S. 135, 140.

[100] Vgl. *Waldhof,* 68. DJT, D 47, 51 und D 170, These 2; *Hofmann,* in Hofmann/Henneke, Art. 4 Rn. 45 sowie die Nachw. → Fn. 85; aA *Czermak* KJ 2000, 229 (241).

[101] BVerfGE 125, 39 (84).

[102] *Waldhof,* 68. DJT, D 42 ff., 48 ff., 170, Thesen 2–4; *Möllers,* VVDStRL 68 (2009), S. 116 f.

[103] Vgl. *Starck* MKS I, Art. 4 Rn. 36.

[104] So *Preuß* AK GG, Art. 4 Rn. 17; *Herzog,* in: Maunz/Dürig, Art. 4 (2009) Rn. 83; *Mückl* BK, Art. 4 (2008) Rn. 91; vgl. a. *Mager,* in: v. Münch/Kunig I, Art. 4 Rn. 22 f.

[105] BVerfGE 12, 1 (4); 24, 236 (245).

des Rundfunks.[106] Nicht in den Schutzbereich des Art. 4 fallen Gewalt, List oder Drohung im Rahmen der Glaubenspropaganda, da es sich hier nicht um Mittel geistiger Kommunikation und Überzeugung handelt.[107] Das BVerfG fasst auch den Kirchenaustritt unter die Bekenntnisfreiheit.[108]

34    Unter dem Gesichtspunkt der negativen Bekenntnisfreiheit der nicht- oder andersgläubigen Schüler ist das **Schulgebet** in öff. Schulen zu beurteilen.[109] Nach BVerfG[110] und BVerwG[111] bestehen gegen ein freiwilliges Schulgebet grds. keine verfassungsrechtlichen Bedenken, und zwar auch dann nicht, wenn ein Schüler oder dessen Eltern der Abhaltung des Gebets widersprechen. Deren Grundrechte auf negative Bekenntnisfreiheit werden nicht verletzt, wenn sie frei und ohne Zwänge über die Teilnahme am Gebet entscheiden können.[112] Ein verfassungsrechtliches Verbot des Schulgebets in öff. Schulen entspricht weder dem spezifisch deutschen Konzept einer freundlichen Kooperation zwischen Staat und Kirche, noch berücksichtigt es hinreichend die positive Religionsfreiheit der Mehrheit. Die gleichen Grundsätze gelten für ein Tischgebet in einem kommunalen Kindergarten.[113] Hier ist es allerdings wegen des Alters des Betroffenen noch stärker geboten, auf die an dem Tischgebet teilnehmenden Kinder dahin gehend einzuwirken, dem nicht teilnehmenden Kind respektvoll zu begegnen und sein Verhalten zu tolerieren.[114]

35    Bzgl. eines **rituellen islamischen Mittagsgebets** in der Schule musste das BVerwG einen schonenden Ausgleich herstellen zwischen der positiven Religionsausübungsfreiheit eines praktizierenden muslimischen Schülers einerseits und andererseits der negativen Glaubensfreiheit der nicht oder andersgläubigen Schüler und Schülerinnen, dem entspr. Erziehungsrecht (Art. 6 II 1) jedenfalls der Eltern derjenigen Schüler, die das 14. Lebensjahr noch nicht vollendet hatten sowie dem aus Art. 7 I folgenden staatlichen Unterrichts- und Erziehungsauftrag.[115] Nach dem Urteil des BVerwG fallen rituelle Gebete in der Schule grds. in den Schutzbereich der Religionsfreiheit.[116] Dieses Recht finde seine Schranke auch nicht in der negativen Glaubensfreiheit anderer Schüler und Lehrer, dem elterlichen Erziehungsrecht oder dem staatlichen Neutralitätsgebot.[117] Das bedeutet aber keinesfalls, dass ein rituelles Gebet in der Schule generell gestattet ist. Kollidierendes Verfassungsrecht ist in diesen Fällen der Schulfrieden, zu dessen Wahrung der Staat ebenfalls verpflichtet ist.[118] Im zu entscheidenden Falle bestätigte das BVerwG das Urteil des OVG Berlin, das das Verbot des Gebets für rechtmäßig befand. Dabei spielten die Verhältnisse an der betroffenen Schule eine erhebliche Rolle. Deren Schülerschaft umfasste 29 Herkunftsnationalitäten und sämtliche Weltreligionen, unter den Muslimen allein drei Glaubensrichtungen. Das beklagte Land Berlin hatte die konfliktgeneigte Situation anhand von Beispielen dargelegt und plausibel gemacht, dass das auf kollektive Ausübung ausgerichtete und damit appellative Ritualgebet den Schulfrieden weiter gefährden würde. Allerdings ist die Schule vor Erlass eines Verbotes verpflichtet, mildere Maßnahmen, z. B. die Bereitstellung eines Raumes zum Gebet, zu prüfen. Das würde im Berliner Fall „gerade bei der Vielzahl der an der Schule vertretenen Religionen und Glaubensrichtungen angesichts begrenzter personeller und sächlicher Ressourcen der Schule jedoch die organisatorischen Möglichkeiten sprengen".[119]

36    Die **christliche Gemeinschaftsschule** badischer Überlieferung hatte das BVerfG auf der Linie der Schulgebetsentscheidungen für verfassungsgemäß erklärt. Eine Schulform, die weltanschaulich-relig. Zwänge soweit wie irgend möglich ausschalte sowie Raum für eine sachl. Auseinandersetzung mit allen relig. und weltanschaul. Auffassungen – wenn auch von einer christlich bestimmten Orientierungsbasis her – biete und dabei das Toleranzgebot beachte, führe Eltern und Kinder, die eine relig. Erziehung ablehnen, nicht in einen verfassungsrechtlich unzumutbaren Glaubens- und Gewissenskonflikt.[120] Auch die stärker christlich geprägten Gemeinschaftsschulen bay. Überlieferung erklärte das

[106] Zu religiösen Sendungen und Sendern *Grabenwarter,* FS Isensee, 2007, S. 1059 (1063 ff.).

[107] Vgl. BVerfGE 12, 1 (4 f.); BVerwGE 61, 152 (161); *Preuß* AK GG, Art. 4 Rn. 17.

[108] Vgl. BVerfGE 55, 32 (36); 44, 59 (66 f.). AA *Preuß* AK GG, Art. 4 Rn. 19: Bestandteil der religiösen Vereinigungsfreiheit, die als gegenüber Art. 4 spezielle Regelung durch Art. 140 GG iVm Art. 137 II WRV gewährleistet sei.

[109] HessStGH NJW 1966, 31. Zur Rechtslage in den USA: US Supreme Court, Santa Fe Independent School District v. Doe, Case No. 99-62, Urteil v. 19.6.2000; Wallace v. Jaffree, 105 S. Ct. 2479 (1985); Engel v. Vitale, 82 S. Ct. 1261 (1962); School District v. Schempp, 83 S. Ct. 1560 (1963); s. a. *Brugger,* Einführung in das öffentliche Recht der USA, 2001, S. 188.

[110] BVerfGE 52, 223.

[111] BVerwGE 44, 196.

[112] BVerfGE 52, 223 und die h. L.; aA *Starck* MKS I, Art. 4 Rn. 26.

[113] HessVGH NJW 2003, 2846; *Starck* MKS I, Art. 4 Rn. 27; zu Weihnachtsliedern vgl. *Zacharias* NVwZ 2006, 1329 (1331).

[114] Vgl. BVerfG (K) NJW 2003, 3468 (3469 f.).

[115] BVerwG EuGRZ 2012, 124 ff.

[116] BVerwG EuGRZ 2012, 124 (125 f.).

[117] BVerwG EuGRZ 2012, 124 (126 f.).

[118] BVerwG EuGRZ 2012, 124 (126 f.); zust. *Hufen,* JuS 2012, 663 (664 f.).

[119] BVerwG EuGRZ 2012, 124 (130), der Vorinstanz insoweit zustimmend.

[120] BVerfGE 41, 29.

BVerfG bei verfassungskonf. Auslegung der zu Grunde liegenden Rechtsnormen für grundgesetzkonform. Die nach Art. 135 S. 2 BayVerf maßgebl. „Grundsätze der christlichen Bekenntnisse" seien dahin zu verstehen, dass sie nur die Werte und Normen meinen, „die, vom Christentum maßgeblich geprägt, auch weitgehend zum Gemeingut des abendländischen Kulturkreises geworden sind".[121]

**Art. 4 I und II iVm Art. 6 II 1** gewährleisten den Eltern das Recht, ihre Kinder in relig. und **37** weltanschaul. Hinsicht zu erziehen.[122] Es ist Sache der Eltern, ihren Kindern die Überzeugungen in Glaubens- und Weltanschauungsfragen zu vermitteln, die sie für richtig halten, und von ihren Kindern Glaubensüberzeugungen fernzuhalten, die ihnen falsch oder schädlich erscheinen.[123] Hieraus folgt jedoch kein Anspruch auf Gleichstellung des Unterrichtsfachs Religion mit anderen Schulfächern.[124] Ferner haben die Eltern keinen Anspruch darauf, dass von ihren Kindern fremde Glaubensrichtungen ferngehalten werden.[125] Wenn sie ihr Kind freiwillig an einer christl. Bekenntnisschule anmelden, ist ihnen auch zuzumuten, dass sie sich dazu verpflichten, dass ihr Kind am Religionsunterricht teilnimmt.[126]

Die gesetzl. Einführung und Ausgestaltung eines **Ethikunterrichts** berührt den Schutzbereich des **38** Art. 4 I und II erst dann, wenn er von vornherein nicht bekenntnis- und weltanschauungsneutral angelegt ist.[127] IÜ gilt auch für den Ethikunterricht, dass der Staat von Verfassungs wegen nicht gehalten ist, auf jegliche christl. Bezüge in der Schule zu verzichten. „Die überragende Prägekraft des christlichen Glaubens und der christlichen Kirchen als Quelle und Überlieferung muss er nicht distanziert verschweigen. Untersagt ist ihm dagegen eine ‚missionarische' und die Verbindlichkeit christlicher Glaubensinhalte beanspruchende Schule."[128] Einen Anspruch gegen die Schule, neben einem christl. Religionsunterricht auch einen Ethikunterricht anzubieten, ergibt sich nicht aus Art. 4 I, II.[129]

Die Thematik der **Kruzifixe in Schulen** indiziert Grenzen einer „freundlichen Kooperation **39** zwischen Staat und Kirche". Aufgrund einer Vb erklärte das BVerfG eine Vorschrift der Schulordnung für die Volksschulen in Bayern für nichtig, wonach in jedem Klassenzimmer ein Kruzifix anzubringen ist.[130]

Das BVerfG unterstellt, dass der **Schutzbereich** der Religionsfreiheit tangiert ist und dass bereits **40** die bloße „Konfrontation" mit einem relig. Symbol einen erhebl. Eingriff in die Glaubensfreiheit darstelle.[131] Die Eingriffsqualität begründet das BVerfG damit, dass zusammen mit der allg. Schulpflicht Kreuze in Unterrichtsräumen dazu führen, „dass die Schüler während des Unterrichts von Staats wegen und ohne Ausweichmöglichkeit mit diesem Symbol konfrontiert sind und **gezwungen** werden, **,unter dem Kreuz'** zu lernen".[132] Die Große Kammer des EGMR entschied am 18.3.2011 konträr zum Ansatz des BVerfG und revidierte die Kammer-Entscheidung im Fall Lautsi.[133]

In Betracht kommt nur ein **mittelbarer Eingriff**, da das Kreuz als solches gerade keinen Zwang **41** ausübt. Eine Beeinflussung erfolgt nur mittelbar, wenn und soweit sich dem Schulkindern dessen Symbolgehalt und Botschaft in einer bestimmten Weise erschließt. Zwischengeschaltet sind also – jedenfalls unter Einbeziehung der erziehungsberechtigten Eltern – eigenverantwortliche Individuen. Die Glaubensfreiheit schützt nach dem BVerfG vor „mentaler Beeinflussung" durch den „appellativen Charakter" des Kreuzes.[134] Dies betont das BVerfG, obwohl bildliche Symbole als solche nur für denjenigen Appell sein können, der sie nicht etwa ignoriert, sondern bereit ist, sich ihnen zu öffnen und sie in einer bestimmten Weise zu deuten.[135] „Das bloße Vorhandensein eines Kreuzes verlangt

---

[121] Ebda. (65).
[122] BVerfGE 41, 29 (44, 47 f.); 93, 1 (17).
[123] BVerfGE 93, 1 (17); BVerfG (K) NVwZ 2008, 72 (73).
[124] BVerfG (K) NVwZ 2008, 72 (73).
[125] Ebda. (74).
[126] BVerfG (K) NVwZ 2018, 156.
[127] BVerwG JZ 1999, 353 (354).
[128] BVerwG JZ 1999, 353 (354) m. Anm. *Mückl,* S. 358 ff.; VGH BW DVBl 1997, 1186.
[129] BVerwG NVwZ 2014, 1163; VGH BW DVBl 2013, 519 (522).
[130] BVerfGE 93, 1; dazu ua *Ipsen* FS Kriele, 1997, S. 301; *Badura* BayVBl 1996, 33 und 71; *Brugger* JuS 1996, 233; *Geis* RdJB 1995, 373; *Gut,* Kreuz und Kruzifix in öffentlichen Räumen, 1997; *Renck* ZRP 1996, 16; zum schweizerischen Kruzifix-Urteil *Maurer* FS Listl, 1999, S. 299. Dies soll wohl aber nicht für christliche Bekenntnisschulen gelten, s. BVerfG (K) NVwZ 2018, 156.
[131] Kritisch *Ipsen* FS Kriele, 1997, S. 301 (307 ff.); *Kästner* AöR 123 (1998), 408 (421 ff.); *Kästner/Droege,* in: Stern/Becker, Art. 4 Rn. 190 ff.; *Muckel,* in: Friauf/Höfling, Art. 4 (2009) Rn. 50; *Starck* MKS I, Art. 4 Rn. 28 ff.; *Müller-Volbehr* FS Frotscher, 2007, S. 285 (286 f.); *Preuß* AK GG, Art. 4 Rn. 23b; *Zacharias* FS Rüfner, 2003, S. 987 (998 f.); ausf. zur Eingriffs-Problematik bei Symbolen *Borowski* (Fn. 31), S. 461 ff. und *Röhrig,* Religiöse Symbole in staatlichen Einrichtungen als Grundrechtseingriffe, 2017; zust. hingegen *Czermak/Hilgendorf* (Fn. 15), Rn. 185 f., 304.
[132] BVerfGE 93, 1 (16, 18); in ähnl. Richtung der EGMR, Urt. v. 3.11.2009, 30 814/06, Rn. 48, 50, 55; dazu auch *Augsberg/Engelbrecht* JZ 2010, 450 (453).
[133] EGMR Lautsi ua gg. Italien, EuGRZ 2011, 677; die Entscheidung erging mit 15:2 Stimmen. Kammerentscheidung: EGMR, Urt. v. 3.11.2009, 30 814/06, dazu *Augsberg/Engelbrecht, JZ* 2010, 450.
[134] BVerfGE 93, 1 (20, 24); s. a. *Ipsen* FS Kriele, 1997, S. 301 (314).
[135] Vgl. *Isensee* ZRP 1996, 10 (14); *Ladeur/Augsberg,* Toleranz – Religion – Recht, 2007, S. 114 f.; krit. auch *Mückl* BK, Art. 4 (2008) Rn. 123; s. a. *Huber* (Fn. 75), S. 117 (131), OVG NRW NVwZ 1994, 597.

von... [den Einzelnen jedoch] weder eine eigene Identifizierung mit den darin symbolhaft verkörperten Ideen oder Institutionen noch irgendwie geartetes aktives Verhalten."[136]

**42**    Beim mittelbaren Grundrechtseingriff ist außerdem auf die **Finalität und Schwere** abzustellen.[137]
Beide Voraussetzungen sind hier zu verneinen. Weder bezweckt der Staat durch die Anbringung von
Kreuzen, Andersgläubige zu missionieren, noch beeinträchtigt das bloße Anbringen eines Kreuzes in
Unterrichtsräumen Andersgläubige ohne weiteres erheblich in ihrer Glaubensfreiheit. Im Gegenteil, das
schulische Umfeld bietet zugleich auch Raum für andere Religionen.[138] So ist es Schüler/innen bspw.
ohne weiteres gestattet, das muslim. Kopftuch oder andere glaubensspezifische Kleidungsstücke zu tragen.
Auch verhält sich die Schule neutral gegenüber Schüler/innen die keiner Religion angehören.

**43**    Zugunsten des Beschlusses des BVerfG ließe sich anführen, dass eine striktere Beachtung des Prinzips
der Trennung von Kirche und Staat die Religionsfreiheit der Einzelnen besser schützen könnte.[139] In
diesem Sinne betont das BVerfG, dass der Staat, in dem Anhänger unterschiedl. Überzeugungen
zusammenleben, die friedl. Koexistenz nur gewährleisten könne, wenn er selbst in Glaubensfragen
**Neutralität** bewahre. „Er darf daher den relig. Frieden in einer Gesellschaft nicht von sich aus
gefährden."[140]

**44**    Die **„positive Religionsfreiheit"** verpflichtet den Staat zwar einen Betätigungsraum für die
Religionsfreiheit zu schaffen, [141] sie gewährt aber keinen Anspruch darauf, durch Aufhängen eines
Kreuzes die eigene Glaubensüberzeugung mit staatl. Unterstützung Ausdruck zu verleihen.[142]

**45**    Weiter ist fraglich, wie der Kruzifix-Beschluss mit der Entscheidung zur Zulässigkeit eines Schul-
gebetes[143] zu vereinbaren ist. Zwar kann kein Schüler zur Teilnahme am **Schulgebet** gezwungen
werden, wohingegen die Konfrontation mit dem christl. Symbol des Kreuzes im Klassenzimmer
unausweichlich ist. Die bloße visuelle Konfrontation mit einem relig. Symbol zwingt jedoch nicht zur
Auseinandersetzung mit seiner Bedeutung; im Gegensatz zum Schulgebet wird dem Schüler keine
Entscheidung dafür oder dagegen abverlangt. Angesichts des Konformitätsdrucks in Schulklassen kann
die Entscheidung gegen ein Schulgebet den Einzelnen oder eine Mehrheit von Schülern also durchaus
mehr belasten als das bloße Vorhandensein eines Kreuzes im Klassenraum.

**46**    Zweifel ergeben sich auch bzgl. der Vereinbarkeit des Beschlusses zu Kruzifixen in Unterrichtsräumen mit dem Beschluss über die Zulässigkeit der **christlichen Gemeinschaftsschule**.[144] Die
„Grundsätze der christlichen Bekenntnisse", die nach Art. 135 S. 2 BayVerf die Vorgaben für den
Unterricht und die Erziehung in der bay. Pflichtschule sind, sollen mit der Religionsfreiheit des GG
vereinbar sein, nicht jedoch das bildhafte Zeichen, das – auch – diese verbindlichen Grundsätze
repräsentiert.

**47**    Außerdem steht dem Landesgesetzgeber bei der Zuordnung des staatl. Erziehungsauftrags (Art. 7 I)
und dem aus der Religionsfreiheit abgeleiteten Recht auf Freiheit vor Konfrontation mit relig. Symbolen ein **föderaler Einschätzungsspielraum** zu.[145] In seinem Beschluss zur Verfassungsmäßigkeit
der christl. Gemeinschaftsschule hatte das BVerfG föderalen Einschätzungsspielraum noch betont. Es
sei Aufgabe des demokrat. Landesgesetzgebers, das im Schulwesen unvermeidliche Spannungsverhältnis
zwischen negativer und positiver Religionsfreiheit nach dem Prinzip der Konkordanz zwischen den
verschiedenen verfassungsrechtl. geschützten Rechtsgütern zu lösen.[146]

**48**    Da das BVerfG die Unausweichlichkeit der Konfrontation mit dem christl. Symbol des Kreuzes zum
wesentl. Kriterium gemacht hatte,[147] folgte die Frage nach der Verfassungsmäßigkeit eines LandesG,
welches die Anbringung eines Kreuzes in jedem Klassenraum der Volksschule vorschreibt, aber gleichzeitig eine Konfliktlösung für den Fall vorsieht, dass dem aus ernsthaften und einsehbaren Gründen des
Glaubens oder der Weltanschauung widersprochen wird **(Widerspruchslösung).** Nach dem Bay-
VerfGH und dem BVerwG verstößt eine solche Regelung nicht gegen das GG, insb. nicht gegen das
Neutralitätsgebot und die negative Glaubensfreiheit.[148] Der Gesetzgeber habe mit dieser Konfliktlösung
einen schonenden Ausgleich eröffnet, der den widersprechenden Grundrechtspositionen der Glau-

---

[136] BVerfGE 35, 366 (375).
[137] *Kingreen/Poscher* Rn. 294 ff. mN.
[138] So auch EGMR EuGRZ 2011, 677 (686).
[139] Vgl. *Classen* (Fn. 20) Rn. 511; vgl. in diesem Sinne → Rn. 34.
[140] BVerfGE 93, 1 (16 f.).
[141] BVerfGE 93, 1 (16 f.).
[142] BVerfGE 93, 1 (16 f.); BVerfG (K), Beschl. v. 9.8.2018 – 1 BvR 1981/16.
[143] BVerfGE 52, 223.
[144] BVerfGE 41, 29, Unvereinbarkeit nehmen z. B. an die diss. Richter *Seidl* und *Söllner* und die diss. Richterin
*Haas*, BVerfGE 93, 25 (28); *Hillgruber* DVBl 1999, 1155 (1175); *Isensee* ZRP 1996, 10 (14); *Schmitt-Kammler* FS
Friauf, 1996, S. 343 (350 f.); ebenso *Wiedemann*, Der Streit um das Schulkreuz in Deutschland und Italien (2012)
S. 280 f.
[145] Vgl. BVerfGE 52, 223 und abwM *Seidl, Söllner* und *Haas*, BVerfGE 93, 1 (28); kaum föderaler Einschätzungsspielraum auch bzgl. der Zuordnung des Feiertagsschutzes iSd Art. 140 GG iVm Art 139 WRV und Art. 8, 4 I und II
GG nach BVerfGE 142, 161 (Karfreitag).
[146] BVerfGE 41, 29; vgl. demgegenüber aber BVerfGE 93, 1 (24); dazu *Zacharias* FS Rüfner, 2003, S. 987 (998 f.).
[147] BVerfGE 93, 1 (16, 18 und 24).
[148] BVerwGE 109, 40 (40 f.) (1. LS); BayVerfGH NJW 1997, 3157 (5. LS).

bensfreiheit gerecht werde. Sie erfordere eine Abwägung, bei der dem Willen der Mehrheit keine ausschlaggebende Bedeutung zukomme.

Einer solchen Widerspruchsregelung steht ein sog. Normwiederholungsverbot (vgl. § 31 BVerfGG) **49** [149] nicht entgegen, da sich der Beschluss des BVerfG auf eine Lage bezieht, „in der der Einzelne ohne Ausweichmöglichkeit dem Einfluss" des Kreuzes ausgesetzt ist, wohingegen das bayerische Gesetz, wie dargelegt, eine Widerspruchsmöglichkeit gegen die Anbringung eines Kreuzes im Klassenraum vorsieht. Es hält sich deshalb im Rahmen des Beschlusses des BVerfG zum Anbringen eines Kreuzes oder Kruzifixes in den Unterrichtsräumen einer staatlichen Pflichtschule.[150]

Erst recht ist das Anbringen eines Kreuzes oder Kruzifixes in den Unterrichtsräumen staatlicher **50** Pflichtschulen zulässig, wenn alle Schüler und Eltern einverstanden sind. Also können **Eltern und Schüler einvernehmlich** in staatlichen Pflichtschulen Kreuze selbst aufhängen. LS 1 des Beschlusses des BVerfG ist insofern missverständlich.[151]

Auch bei einem **Lehrer,** der nicht „unter dem Kreuz" lehren will, liegt, wenn überhaupt, ein **51** mittelbarer Eingriff vor.[152] Bezüglich der Schwere und Finalität des Eingriffs sind bei einem Lehrer auf Grund dessen stärker ausgeprägter Fähigkeit, Symbole in deren Abstraktheit zu deuten, die Bedenken gegen einen Eingriff (→ Rn. 41 f.) umso größer.[153] Jedenfalls ist im Rahmen der Rechtfertigung eines Eingriffs die beamtenrechtliche Loyalitätspflicht des Art. 33 V zu berücksichtigen, die sich wegen der Eigenschaft des Lehrers als Amtsperson idR durchsetzen dürfte.[154] Der Lehrer hat sich in die ör Sphäre begeben und muss daher verstärkt Einschränkungen seiner GrundR hinnehmen (s. aber Rn. 63 ff. – Kopftuch der Lehrerin).[155]

Der HessVGH hat einem Kreistagsmitglied den Anspruch auf Entfernung des **Kreuzes in einem** **52** **Sitzungssaal** zugesprochen, da die Anbringung des Kreuzes gegen seinen Willen mit dem Neutralitätsgebot des Staates nicht zu vereinbaren sei. Das Kreuz sei nicht nur traditionelles und überkonfessionelles Symbol abendländ. Kultur, sondern gehöre nach wie vor zu den spezif. Symbolen des Christentums.[156] Zwar trifft es zu, dass sich das Kreistagsmitglied wegen seiner Anwesenheitspflicht nicht dem Anblick des Kreuzes entziehen kann, aber hier gelten erst recht die Bedenken, die gegen die Kruzifix-Entscheidung des BVerfG aufkommen, da eine vermeintlich missionarische Wirkung bei einem politisch engagierten Erwachsenen noch weniger überzeugt, als bei Grundschülern und auch Lehrern.

Gleiches gilt auch für die Anbringung eines **Kreuzes im Eingangsbereich einer Behörde,**[157] wie **53** sie in Bayern durch Verwaltungsvorschrift angeordnet wurde.[158] Es werden stark überwiegend Erwachsene mit dem Kreuz konfrontiert. Zusätzlich ist die Zeitspanne der Einwirkung sehr gering, da der Eingangsbereich idR nur passiert wird.

In der allerdings besonderen Konstellation eines Wiedergutmachungsverfahrens mit Ausgleichcha- **54** rakter, in dem ein Rechtsanwalt mit früher deutscher, jetzt israelischer Staatsangehörigkeit eine ebenfalls früher deutsche, jetzt in den USA lebende Jüdin vertrat, entschied das BVerfG 1973, dass der „Zwang, entgegen der eigenen religiösen oder weltanschaulichen Überzeugung in einem **mit einem Kreuz ausgestatteten Gerichtssaal** verhandeln zu müssen, [...] das Grundrecht eines Prozessbeteiligten aus Art. 4 Abs. 1 GG verletzen"[159] kann.[160]

---

[149] Ausf. hierzu BVerfGE 77, 84 (103 f.); s. a. *Stern,* StaatsR II, S. 1038 f.; *Badura* BayVBl 1996, 33 (37); *Detterbeck* NJW 1996, 426. Für ein grds. Wiederholungsverbot unter Bezugnahme auf *Kriele* und mit zahlreichen Nachw. *Sachs* FS Kriele, 1997, S. 431.

[150] AA *Czermak* NJW 1995, 3348 (3353); zurückhaltend *Detterbeck* NJW 1996, 426 (432).

[151] BVerfGE 93, 1 LS 1 lautet: „Die Anbringung eines Kreuzes oder Kruzifixes in den Unterrichtsräumen einer staatlichen Pflichtschule, die keine Bekenntnisschule ist, verstößt gegen Art. 4 Abs. 1 GG." Der Verfassungsrichter *Henschel* „stellte" später „klar", dass nur die **staatlich angeordnete** Anbringung eines Kreuzes oder Kruzifixes in Unterrichtsräumen einer staatlichen Pflichtschule gegen Art. 4 I verstoße.

[152] BayVGH NVwZ 2002, 1000, der unter extensiver Auslegung des Schutzbereichs einen Eingriff in Art. 4 I, II annimmt, der aber gem. Art. 33 V gerechtfertigt ist; dazu *Renck* NVwZ 2002, 955; siehe rechtsvergleichend zur Thematik: Urteil des Walliser Kantonsgerichts v. 15.11.2012 (https://www.nzz.ch/schweiz/gericht-gibt-lehrer-im-kruzifix-streit-recht-1.17805160) (7.9.2020).

[153] AA *Morlok,* in: Dreier I, Art. 4 Rn. 136.

[154] BayVGH NVwZ 2002, 1000 (1006 ff.); s. a. BVerfGE 108, 282 (314) abwM Jentsch, Di Fabio, Mellinghoff.

[155] Vgl. *Battis/Bultmann* JZ 2004, 581 (582 f., 584); *Isensee* FAZ Nr. 131 v. 8.6.2004, S. 11; weitergehend BVerfGE abwM 108, 314 (315 ff.); *Detterbeck* FS Bethge, 2009, S. 161 (169 ff.); dagegen *Sachs* NWVBl 2004, 209 (211 ff.) – alle zum Kopftuch.

[156] HessVGH NJW 2006, 1227; NJW 2003, 2471 (2473) (e. A.); zurückhaltend zustimmend *Starck* MKS I, Art. 4 Rn. 25.

[157] AA *Ipsen,* RuP 2018, 265.

[158] Durch § 28 der Allgemeinen Geschäftsordnung für die Behörden des Freistaats Bayern (AGO) nach der Änderung v. 24.4.2018, GVBl 2018, S. 281.

[159] BVerfGE 35, 366 (375 f.); ebenso *Jarass,* in: Jarass/Pieroth (2018), Art. 4 Rn. 23; *Morlok,* in: Dreier I, Art. 4 Rn. 120, 136; wie hier *Starck* MKS, Art. 4 Rn. 25.

[160] Vgl. a. rechtsvergleichend US Supreme Court, McCreary County, Kentucky vs. American Civil Liberties Union of Kentucky, 125 S. Ct. 2722 (2005): Danach dürfen die Zehn Gebote nicht in amerikanischen Gerichtssälen zur Schau gestellt werden, wenn damit eine religiöse Botschaft verbunden ist, weil dann der Grundsatz staatlicher

**55**  Das Recht der **Auskunftsverweigerung zu Glaubens- und Bekenntnisfragen** unterfällt als Ausprägung der negativen Bekenntnisfreiheit dem Schutzbereich des Art. 4,[161] wird allerdings durch Art. 140 GG iVm Art. 136 III WRV dahin eingeschränkt, dass den Behörden ein Fragerecht zugestanden wird, wenn von der Zugehörigkeit zu einer Religionsgemeinschaft Rechte und Pflichten abhängen oder eine gesetzlich angeordnete Statistik es erfordert.[162]

**56**  **d) Ausübungsfreiheit.** Nach seinem Wortlaut und nach teils vertretener Auffassung schützt Art. 4 II nur die Religionsausübung und entfaltet keine Schutzwirkung zugunsten anderer weltanschaulicher Riten.[163] Dies muss sich aber nicht notwendigerweise auf die Schutzintensität auswirken. **Weltanschauliche Riten** und Aktionen fallen nämlich nach einem Teil der Art. 4 II restriktiv auslegenden Auffassung unter die Bekenntnisfreiheit (Art. 4 I).[164] Auch eine „Heidenspaß-Party" am Karfreitag in Bayern hat das BVerfG als Ausübung der Weltanschauungsfreiheit beurteilt, nämlich als „provokative Gegenveranstaltung zum christlich verwurzelten, stillen Karfreitag".[165] Das BVerfG schließt aus dem für ihn Staat verbindl. Gebot weltanschaulich-relig. Neutralität und dem Grundsatz der Parität der Kirchen und Bekenntnisse auf die Gleichstellung der Weltanschauungsgemeinschaften und anderer Religionsgemeinschaften.[166] Der Begriff „Religionsausübung" müsse gegenüber seinem historischen Inhalt extensiv ausgelegt werden,[167] was seine obj.-tatbestandl. Umgrenzung erschwert.[168]

**57**  Zur **Religionsausübung** gehören nicht nur „kultische Handlungen und Ausübung sowie Beachtung religiöser Gebräuche wie Gottesdienst, kirchliche Kollekten, Gebete, Empfang der Sakramente, Prozession, Zeigen von Kirchenfahnen, Glockengeläute, sondern auch religiöse Erziehung, freireligiöse und atheistische Feiern[169] sowie andere Äußerungen des religiösen und weltanschaulichen Lebens".[170] Weiterhin zählt zu ihr die Tätigkeit der Beratungsstellen für Schwangerschaftsfragen.[171] Inwiefern das gemeinsame Rauchen von Haschisch Religionsausübung sein kann, hat das BVerwG offen gelassen.[172] Regelmäßig dürfte die Einnahme schon leichter Rauschmittel nicht durch die Religionsfreiheit geschützt sein, da hier die Bedeutung des Gesundheits- und Lebensschutzes überwiegt. Der Bau von Kirchen und vergleichb. Gebäuden fällt unter die Religionsfreiheit. Dem ist bei der Auslegung bauordnungsrechtl. Normen Rechnung zu tragen.[173] Unerheblich ist dabei, ob eine Glaubensgemeinschaft den Status einer ör Körperschaft hat oder nicht.[174] Ernährungs- und Bekleidungsvorschriften gehören u. U. zur Religionsausübung, auch die Veranstaltung von Sammlungen aus religiös-karitativen Motiven.[175] Der Besuch eines ausländ. Religionsstifters unterfällt ebenfalls der Religionsfreiheit, wenn er zumindest auch der Religionsausübung der entspr. relig. Vereinigung dient;[176] die Verweigerung der Einreise bedarf dann der Besorgnis erheblicher Sicherheitsrisiken.[177] Die Glaubensfreiheit kann sich somit im **gesamten Verhalten** manifestieren.[178]

**58**  Auch die Gewährung von **Kirchenasyl**[179] kann bei weitem Verständnis des Schutzbereichs als Ausdruck tätiger Nächstenliebe und christl. Caritas unter die Freiheit der ebenfalls durch Art. 4 I und II gedeckten kollektiven Religionsausübung fallen. Da es hierbei jedoch nicht um den Kernbereich der Selbstbestimmung der Religionsgesellschaften geht, greift jedenfalls die Schranke der allg. Gesetze iSd Art. 140 GG iVm Art. 137 III WRV.[180] Eingriffe sind regelmäßig durch den Grundsatz der Rechts-

---

Neutralität verletzt wird; werden die Zehn Gebote allerdings mit einer analytischen oder historischen Erklärung verknüpft dargestellt, sind die Einwände nicht berechtigt.

[161] BVerfGE 12, 1 (4); 46, 267.

[162] Vgl. *Starck* MKS I, Art. 4 Rn. 24.

[163] So *Mager,* in: v. Münch/Kunig I, Art. 4 Rn. 41; aA *Mückl* BK, Art. 4 (2008) Rn. 99.

[164] So *Mager,* in: v. Münch/Kunig I, Art. 4 Rn. 41.

[165] BVerfGE 143, 161 (Karfreitag) Rn. 103 ff., 105; s. a. EuGH, C-193/17 (Karfreitag für alle).

[166] BVerfG ebda., Rn. 101; s. a. BVerfGE 24, 236 (246).

[167] Ebda.

[168] Vgl. *Starck* MKS I, Art. 4 Rn. 57 ff.

[169] Vgl. z. B. BVerfGE 143, 161 (Karfreitag): „Freigeister-Tanz" und „Heidenspaß-Party".

[170] BVerfGE 24, 236 (246); BVerfG (K) NJW 2007, 1865 (1867); *Frhr. v. Campenhausen* HStR VII, § 157 Rn. 92.

[171] Vgl. BayVerfGH NJW 2006, 1050 (1052).

[172] BVerwGE 112, 314; ablehnend dazu der US Supreme Court in Employment Division v. Smith, 494 U. S. 872 (1990): Eine Befreiung von der Geltung allg. Gesetze wurde für den Fall des religiös motivierten Rauchens von Peyote abgelehnt.

[173] Vgl. etwa OVG Bln-Bbg DVBl 2007, 645.

[174] BayVGH NVwZ 1997, 1016 (1017 f.) (Minarettbau). Zum umstrittenen Bauverbot für Minarette gem. Art. 72 III der Schweizer Bundesverfassung – angenommen in und in Kraft seit der Volksabstimmung vom 29.11.2009 – s. R. *Zimmermann* ZaöRV 2009, 829.

[175] BVerfGE 24, 236 (247).

[176] BVerfG (K) 9, 371; DVBl 2007, 119 (120).

[177] Ebda.

[178] *Heckel* AöR 134 (2009), 309 (384).

[179] Dazu Wissenschaftlicher Dienst des BT, Ausarbeitung, Fragen zum Kirchenasyl, WD 3 – 3000 – 284/18 v. 29.8.2018.

[180] Zum Verhältnis zwischen Art. 4 und 140 → Rn. 4 f. Näher zur Gewährung von Kirchenasyl, auch durch Einzelpersonen, *Görisch,* Kirchenasyl und staatliches Recht (2000), S. 245 ff.; *Müller,* Rechtsprobleme beim Kirchen-

sicherheit gerechtfertigt.[181] Da das Kirchenasyl kein in der staatl. Ordnung anerkanntes Rechtsinstitut ist, führt es nicht zum Wegfall der Strafbarkeit wegen unerlaubten Aufenthalts.[182] Mittlerweile gibt es auch Strafverfahren gegen Pfarrer, die Kirchenasyl gewähren.[183] Im Wege des Kirchenasyls kann die Sechsmonatsfrist für die Überstellung in den nach dem Dublin-Abkommen zuständ. Mitgliedstaat umgangen werden. Diese Frist kann nach dem Dublin-Abkommen auf 18 Monate verlängert werden, wenn der Betreffende flüchtig ist.[184] Wenn das zuständige Gericht bei Kirchenasyl annimmt, dass der Betreffende „flüchtig" ist[185], verlängert sich die Überstellungsfrist von sechs auf 18 Monate, wenn nicht, geht die Zuständigkeit schon nach Ablauf von 6 Monaten auf Deutschland über.[186] Gegen Flüchtigkeit spricht, dass die Behörden bei Kirchenasyl idR wissen, wo sich der Antragsteller befindet und obj. gesehen zugreifen könnten.[187] Dafür spricht aber, dass sich der Betreffende wie bei einer Flucht bewusst entzieht.

Ebenso wie Glockengeläute[188] fällt auch der islamische **Muezzin-Ruf**[189] grds. unter die Freiheit der **59** Religionsausübung. Die Religionsausübungsfreiheit ist mit dem Ruhebedürfnis der Anlieger abzuwägen, die, insbes. wenn sie Nichtmuslime sind, u. U. eine niedrigere Toleranzgrenze gegenüber den mit dem Ruf verbundenen Immissionen haben als streng Gläubige.[190] Dabei sind dieselben Grundsätze wie bei liturgischem Geläute zugrunde zu legen.[191]

Werben relig. und weltanschauliche Organisationen auf öff. **Straßen** und Wegen, fließt das GrundR **60** der Religionsausübung in die Beurteilung ein, ob es sich um genehmigungsfreien Allgemeingebrauch oder eine genehmigungspflichtige Sondernutzung handelt. Bei genehmigungspflichtiger Sondernutzung ist die Freiheit der Religionsausübung iRd Entscheidung über die Erteilung einer Genehmigung gebührend zu berücksichtigen.[192]

Die Anordnung des Tragens einer **Schuluniform** kann mit der Religionsfreiheit nach Art. 4 **61** kollidieren, da mit ihr notwendig das Tragen religiöser Kleidung untersagt wird.[193]

Das **islamische Kopftuch**[194] hat bereits zu vielen höchstrichterl. Gerichtsentscheidungen im In- **62** und Ausland geführt.[195] Die deutsche frühe Diskussion betonte stark die Religionsfreiheit der Kopf-

---

asyl (1999); zur mangelnden Einschlägigkeit der Gewissensfreiheit *Muckel,* in: Friauf/Höfling, Art. 4 (2009) Rn. 64; *ders.* NJW 2000, 689; *Mückl* BK, Art. 4 (2008) Rn. 113; *Starck* MKS I, Art. 4 Rn. 97.

[181] *Botta,* ZAR 2017, 434 (439).

[182] OLG München, Urt. v. 3.5.2018 – 4 OLG 13 Ss 54/18. Jedoch stellt sich unabhängig davon die Frage, ob nach einer Rückkehrentscheidung eine Strafbarkeit des illegalen Aufenthalts im Regelfall unionsrechtswidrig ist, weil sie die Abschiebung behindert und damit gegen die Rückführungsrichtlinie verstößt, s. EuGH, Urt. v. 6.12.2011 – C-329/11 und *Wu* InfAuslR 2018, 249 (251 ff.).

[183] Durch das Verfahren ging das Verfahren gegen Pfarrer Ulrich Gampert, der ua einem jungen Afghanen Kirchenasyl gewährte. Vgl. zB Zeit online v. 4.8.2019. Dagegen LG Bad Kreuznach, Beschl. v. 5.4.2019 – 2 Qs 42/19. Die Staatsanwaltschaft Bad Kreuznach stellte die Ermittlungsverfahren gegen fünf evangelische Pfarrer und Pfarrerinnen wegen zu geringer Schuld ein, vgl. Domradio.de v. 13.6.2019.

[184] Art. 29 Abs. 2 Verordnung (EU) Nr. 604/2013 v. 26.6.2013 zur Festlegung der Kriterien und Verfahren zur Bestimmung des Mitgliedstaats, der für die Prüfung eines von einem Drittstaatsangehörigen oder Staatenlosen in einem Mitgliedstaat gestellten Antrags auf internationalen Schutz zuständig ist lautet: „Wird die Überstellung nicht innerhalb der Frist von sechs Monaten durchgeführt, ist der zuständige Mitgliedstaat nicht mehr zur Aufnahme oder Wiederaufnahme der betreffenden Person verpflichtet und die Zuständigkeit geht auf den ersuchenden Mitgliedstaat über. Diese Frist kann höchstens auf ein Jahr verlängert werden, wenn die Überstellung aufgrund der Inhaftierung der betreffenden Person nicht erfolgen konnte, oder höchstens auf achtzehn Monate, wenn die betreffende Person flüchtig ist."

[185] So z. B. OVG Brem, Beschl. v. 18.8.2018 – 1 LA 125/19; HessVGH, Beschl. v. 12.9.2019 – 6 A 1495/19.Z. A.; NdsOVG, Beschl. v. 25.7.2019 – 10 LA 155/19; VGH BW, Urt. v. 29.7.2019 – A 4 S 749/19; OVG NRW, Beschl. v. 29.8.2019 – 11 A 2874/19 A; VG Köln, Beschl. v. 2.5.2019 – 16 L 848/19.A.

[186] So z. B. OLG München, Urt. v. 3.5.2018 – 4 OLG 13 Ss 54/18, Rn. 48 f.; HmbOVG, Beschl. v. 16.9.2019 – 4 Bf 430/19.AZ, 9 A 4612/18.

[187] VGH BW, Urt. v. 29.7.2019 – A 4 S 749/19. S. a. EuGH, C-163/17, Rn. 70.

[188] Hierzu *Hense,* Glockenläuten und Uhrenschlag, 1998.

[189] Hierzu *Sarcevic* DVBl 2000, 519.

[190] Vgl. auch *Muckel* NVwBl 1998, 1; s. ferner *Schmehl* JA 1997, 866.

[191] VG Gelsenkirchen, Urt. v. 01.02.18 – 8 K 2964/15.

[192] Vgl. BVerwG NJW 1997, 406 (407); NJW 1997, 408 (408); s. aber SchwBG BGE 125 I, 369. Zur Koran-Verteilung durch die verbotene Vereinigung „LIES!", BVerwG, Beschl. V. 4.5.2017, 1 VR 6.16.

[193] Vgl. zur Problematik allg. *Ennuschat/Siegel* NWVBl 2007, 125.

[194] Generell zur Religionsfreiheit für Muslime *Bock* NVwZ 2007, 1250; *Kloepfer* DÖV 2006, 45; *Muckel* FS Listl, 1999, S. 239; rechtsvergl. *H. Weber* ZevKR 52 (2007), 354; zu Fragen der Integration *Mahrenholz,* in: Kadelbach/Parhisi (Hrsg.), Die Freiheit der Religion im europäischen Verfassungsrecht, 2007, S. 87 ff.; *Röper* ZRP 2007, 187. Zum „islamischen Kopftuch" als Symbol *Oebbecke* FS Rüfner, 2003, S. 593.

[195] Einen Überblick über die Rechtslagen in Europa, einschl. EMRK bei *Bribosia/Rorive* RTDH 60 (2004), 951 sowie bei *Hofmann* NVwZ 2009, 74. Zur türkischen Rechtslage s. Türkisches VerfG EuGRZ 1990, 146 und Urteil v. 5.6.2008, sowie *Öztürk* DÖV 2007, 993 (995 ff.). Diese Rechtslage hat der EGMR, EuGRZ 2005, 31 (Anm. von *Pabel,* ebda, 12) und EuGRZ 2006, 28, für mit der EMRK vereinbar erachtet. Zur französ. Rechtslage, s. Conseil d'État, La Semaine Juridique Nr. 12–13, 19.3.1997 II 22 808, S. 137 mit Anm. *Seiller,* ebda, S. 138; *Rädler* ZaöRV 1996, 353; bestätigt durch EGMR, NJOZ 2010, 1193; zur Laizität als staatskirchenrechtliches Leitprinzip Frankreichs, s. *Franzke* DÖV 2004, 383.

tuchträgerinnen.[196] Ein an ältere Schülerinnen gerichtetes Kopftuchverbot dürfte idR unzulässig sein.[197] Anderes gilt jedoch für ein Verbot für jüngere Schülerinnen, bei denen eine verantwortliche und selbstbestimmte Ausübung der Religionsfreiheit noch nicht möglich ist.[198] Eine Zuhörerin in einem Gerichtssaal darf aus relig. Gründen eine Kopfbedeckung tragen, wenn auszuschließen ist, dass damit zugleich Missachtung gegenüber den Richtern oder anderen Anwesenden ausgedrückt werden soll und solange sie als Person identifizierbar ist.[199]

63      Die Zulässigkeit eines **Kopftuches bei Lehrerinnen** ist hingegen hoch umstr. In seiner **ersten Kopftuchentscheidung** hat das BVerfG (2. Senat) die Frage nicht explizit beantwortet.[200] Es hat vielmehr für die verfassungsrechtl. Zulässigkeit des Verbots für Lehrkräfte, ein Kopftuch zu tragen, eine hinreichend bestimmte **gesetzliche Grundlage** gefordert.[201] Daraus ließ sich ableiten, dass einerseits ein solches Verbot nicht an sich verfassungswidrig ist und dass andererseits ein Verbot durchaus unterbleiben darf.[202] BW, Bay, Berl,[203] Brem, Hess, Nds, NRW[204] und das Saarl hatten entspr. gesetzliche Regelungen erlassen.[205] Der BWVGH,[206] der BayVerfGH,[207] der HessStGH[208] und das BVerwG[209] hatten auf dieser Grundlage Differenzierungen zugelassen. So hatte das BVerwG unter Berufung auf die Neutralitätspflicht der Beamten und die im Kruzifix-Beschluss des BVerfG betonte negative Religionsfreiheit der Schüler die Nichteinstellung einer Grundschullehrerin bestätigt, weil sie nur im relig. motivierten Kopftuch unterrichten wollte.[210] Auch das Tragen einer anderen Kopfbedeckung, die erkennbar als islam. Kopftuch ersetzt, wurde als eine relig. Bekundung einer Lehrkraft gesehen, die die negat. Religionsfreiheit der Schülerinnen beeinträchtigt.[211]

64      Die verschiedenen Urteile waren allerdings kontrovers und ließen Raum für weitere verfassungsgerichtl. Klarstellung.[212] Diese hat nun vorerst das BVerfG (1. Senat) vorgenommen. In seiner **zweiten Kopftuchentscheidung** hatte es mittelbar über die Verfassungsmäßigkeit des SchulG NRW zu beschließen.[213] Dieses verbot Bekundungen „die geeignet sind, die Neutralität des Landes gegenüber Schülerinnen und Schülern sowie Eltern oder den politischen, religiösen oder weltanschaulichen Schulfrieden zu gefährden oder zu stören.“[214] Hieraus folgerte das BAG, dass eine abstrakte Gefahr für

---

[196] Vgl. zB *Böckenförde* NJW 2001, 723, zust. Anm. zu VG Lüneburg NJW 2001, 767; *Mahrenholz* (Fn. 195), S. 193 ff.

[197] So *Starck* MKS I, Art. 4 Rn. 112; restriktiv aber *Preuß* AK GG, Art. 4 Rn. 31; aA *Öztürk* DÖV 2007, 993 (1000 f.).

[198] *Nettesheim*, „Erziehung zur Freiheit" – Kopftuchverbote für Schülerinnen unter dem Grundgesetz, Gutachten v. 29.8.2019, https://frauenrechte.de/Images/downloads/presse/Kinderkopftuch/Nettesheim-Gutachten-Kinderkopftuch-Endfassung.pdf (7.9.2020).

[199] BVerfG (K) NJW 2007, 56 (57). So auch EGMR NVwZ 2018, 965 für die religiöse Kopfbedeckung eines muslimischen Mannes.

[200] BVerfGE 108, 282 (299 ff.); dazu *Bader* NJW 2004, 3092; *Kästner* JZ 2003, 1178; *Pofalla* NJW 2004, 1218; *Rudolf*, Religionsfreiheit zwischen Diskriminierungsverbot und Toleranzgebot in: Mahlmann/Rottleuthner (Hrsg.), Ein neuer Kampf der Religionen?, 2006, S. 209 (224 ff.); *Wißmann* ZevKR 52 (2007), 51 (53 ff.). Kritisch *Ladeur/Augsberg*, Toleranz – Religion – Recht, 2007, S. 124 ff.; *Mückl* BK, Art. 4 (2008) Rn. 98.

[201] BVerfGE 108, 282 (302 f., 306 ff., 309 ff.); dagegen BVerfG abwM 108, 314 (335 ff.); *Ipsen* NVwZ 2003, 1210 (1212).

[202] Vgl. *Morlok*, in: Dreier I), Art. 4 Rn. 147.

[203] Dazu LArbG Berlin-Brandenburg, Urt. v. 9.2.2017 – 14 Sa 1038/16; Urt. v. 27.11.2018 – 7 Sa 963/18 sowie *Bock*, Rechtsgutachten im Auftrag der Senatsverwaltung für Bildung, Jugend und Familie Berlin, www.berlin.de/sen/bjf/aktuelles/gutachten-berliner-neutralitaetsgesetz.pdf (7.9.2020).

[204] Hierzu *Walter/Ungern-Sternberg* DÖV 2008, 488. Zur Rechtmäßigkeit des § 57 IV NRW SchG s. BAG NZA 2010, 227 und NZA-RR 2010, 383.

[205] BW GBl 2004, S. 178; Bay. GVBl 2004, S. 443; Berl. GVBl 2005 I, S. 95; Brem. GBl 2005, S. 245; Hess. GVBl 2004 I S. 306; Nds. GVBl 2004, S. 140 f.; NRW GVBl 2006, S. 270; Saarl ABl 2004, S. 1510. Dazu *Bader* NVwZ 2006, 1333 (1334 ff.); *Battis/Bultmann* JZ 2004, 581; *Henkes/Kneip*, in: Berghahn/Rostock (Hrsg.), Der Stoff aus dem Konflikte sind, 2009, 249 ff.; *Hufen* NVwZ 2004, 575; *Wiese* ZBR 2007, 294 (295 f.); *Wißmann* ZevKR 52 (2007), 51 (61 ff.).

[206] VGH BW VBlBW 2008, 437 (438), bestätigt durch BVerwG NJW 2009, 1289.

[207] BayVerfGH BayVBl 2007, 235 (238 f.).

[208] HessStGH NVwZ 2008, 199 (203 f.), kritisch die abwM von *Giani, v. Plottnitz* bzw. *M. Lange*, NVwZ 2008, 208 ff.

[209] BVerwGE 121, 140 (147 ff.); krit. *Sacksofsky*, VVDStRL 68 (2009), S. 35 und 45, Thesen 21, 22.

[210] BVerwGE 116, 359; dazu z. B. *Britz* NJ 2003, 95; *Michael* JZ 2002, 256; *Morlok/Krüper* NJW 2003, 1020; *Neureither* JuS 2003, 541; *Zacharias* KuR 2002, 115 (128 ff.); ähnlich SchwBG BGE 123 I 296 (Kopftuchverbot bei Grundschullehrerin); dazu rechtsvergleichend *Sahlfeld*, Aspekte der Religionsfreiheit, S. 353 ff.; EGMR NJW 2001, 2871.

[211] BAG NZA 2010, 227 (229).

[212] Zur Diskussion *Bader* NVwZ 2006, 1333 (1334 f.); *Bock* (Fn. 194); *Czermak/Hilgendorf* (Fn. 15), Rn. 345 ff.; *Frenz* DÖV 2007, 690 (694); *Kokott* Staat 44 (2005), 343 (354 ff.); *Hufen* NVwZ 2004, 575 (578); *Öztürk* DÖV 2007, 993 (1001); *Sicko*, Das Kopftuchurteil und seine Umsetzung durch die Landesgesetzgeber, 2008, S. 93 ff.; *Waldhoff*, 68. DJT, 2010, D 118 f.; *Walter/Ungern-Sternberg* DÖV 2008, 488 (492 ff.).

[213] BVerfGE 138, 296; siehe auch die angegriff. Entsch. des BAG NZA 2010, 227, NZA-RR 2010, 383.

[214] § 57 IV 1 SchulG NRW.

den Schulfrieden genüge, um das Kopftuch einer Lehrerin zu verbieten.[215] Das BVerfG hingegen verlangt eine von der Verfassung gebotene einschränkende Auslegung mit dem Erfordernis einer **konkreten Gefahr** für verfassungsrechtl. Schutzgüter,[216] was Unruhe im Schulleben zur Folge haben kann.[217]

Dieses Erfordernis ist daher kritisch zu sehen. Der Gesetzgeber hat einen **Einschätzungsspiel- 65 raum,** wie er widerstreitende verfassungsrechtl. geschützte Interessen in Ausgleich bringen will.[218] Das gilt umso mehr bei gesellschaftl. kontroversen Fragen.[219] Zwar ist zuzugeben, dass der Eingriff in Art. 4 I, II durch ein Kopftuchverbot ins Gewicht fällt.[220] Allerdings sind auch die entgegenstehenden Rechtspositionen von hohem verfassungsrechtl. Rang. Der Staat muss die negative Religionsfreiheit der Schüler, das Elternrecht aus Art. 4 I, II iVm Art. 6 II 1 sowie den staatl. Erziehungsauftrag mit der individ. Religionsfreiheit der Pädagoginnen in Einklang bringen.[221] Zudem begegnet das Tragen eines Kopftuchs im Unterricht Bedenken, da es im Sinne symbolischer Inhalte verstanden werden kann, die mit dem Gleichberechtigungsgebot von Art. 3 II, III nicht zu vereinbaren sind.[222] So betrachten einschlägige Kreise das islamische Kopftuch als für alle „ehrbaren" Mädchen und Frauen gebotene Verhüllung; nach diesen Maßstäben „nicht ehrbare" Mädchen werden und Pöbeleien und einem Konformitätsdruck ausgesetzt. Zudem sind die Schüler der religiösen Bekleidung der Klassenlehrerin iSd Kruzifix-Beschlusses unausweichlich ausgesetzt.[223] Erst recht gilt dies für das Kopftuch einer Erzieherin in einem staatl. Kindergarten. Die Erzieherin ist eine wesentl. Bezugsperson. Die Kinder sind altersbedingt für Beeinflussungen besonders empfänglich, zumal der Lernprozess in jungen Jahren stark auf Nachahmung beruht.[224] Der Erste Senat des BVerfG räumt jedoch der Religionsfreiheit der Erzieherin mangels konkreter Gefahr ohne Weiteres den Vorrang ein.[225]

Bei beamteten Kräften, wie oft Lehrerinnen, ist jedenfalls mit der abwM in BVerfGE 108, 282, 314 **66** das Mäßigungsgebot des **Art. 33 V** zu beachten. Daraus folgt eine abgeschwächte Geltung der Grundrechte bei der Amtsführung, da der **Beamte** in diesem Fall nicht nur grundrechtsberechtigt, sondern vor allem grundrechtsverpflichtet ist.[226] Dieses Argument greift allerdings nicht für das Referendariat, das eine allg. Zugangsvoraussetzung für den Lehrerberuf – auch außerhalb des öff. Dienstes – darstellt.[227] Verfassungsrechtlich zwingend geboten erscheint die vom BVerfG vorgegebene einschränkende Auslegung aber nach alldem nicht, sodass die Entscheidung zumindest einen unnötigen Eingriff in den gesetzgeb. Gestaltungsspielraum darstellt.[228]

---

[215] BAG NZA 2010, 227 und NZA-RR 2010, 383.

[216] BVerfGE 138, 296 (335 ff.) mit abwM *Schluckebier, Herrmans,* S. 359, Rn. 5 ff.

[217] Vgl. BVerfGE 138, 296 (359), abwM *Schluckebier, Herrmans,* Rn. 15 ff.

[218] BVerfGE 108, 202, 308 f.; *Isensee* HStR IV, § 71 Rn. 71.

[219] Überzeugend *Langenfeld* ZevKR 2015, 420 (433); *Franzius* Staat 54 (2015), 435.

[220] BVerfGE 138, 296 (332).

[221] BVerfGE 138, 296 (359), abwM *Schluckebier, Herrmans,* Rn. 5.

[222] Vgl. BVerfGE 108, 282, 314 (331 ff.) abwM *Jentsch, Di Fabio, Mellinghoff; Battis/Bultmann* JZ 2004, 581 (582); *Kokott* Staat 44 (2005), 343 (355 f.); BVerfGE 108, 282 (304 f.); *Baer/Wrase* JuS 2003, 1162 (1165 f.); *Britz* KJ 2003, 95 (97 ff.); *Krüper* JöR 53 (2005), 79 (91 ff.); *Wiese* ZBR 2007, 294 (299); wie hier EGMR NJW 2001, 2871 (2873) allg. zur Gleichberechtigung der Geschlechter.

[223] Vgl. ua BVerfGE abwM 108, 314 (325 ff.); BayVerfGH NVwZ 2008, 199 (200 ff.); *Kokott,* in: Grote/Marauhn (Hrsg.), Religionsfreiheit zwischen individueller Selbstbestimmung, Minderheitenschutz und Staatskirchenrecht – Völker- und verfassungsrechtliche Perspektiven, 2001, S. 607; *dies.* VVDStRL 59 (2000), S. 356; *Hufen* NVwZ 2004, 575; *Mager,* in: v. Münch/Kunig I, Art. 4 Rn. 50; *Mückl* Der Staat 50 (2001), 96 (121 ff.); *A. Weber* ZAR 2004, 53 (58 f.); aA ua HessStGH (abwM) NVwZ 2008, 199 (206 ff.); *Ekardt* ZRP 2005, 225; *Langenfeld,* in: Grote/Marauhn, aaO, S. 311 (339 ff.); *Mahrenholz,* FS Badura, 2004, S. 749; *Wiese* ZBR 2007, 294 (297 ff.); tendenziell *Walter,* Religionsverfassungsrecht, 2006, S. 523 ff. *Kögl,* Religionsgeprägte Kleidung des Lehrers, 2006; *Lanzerath,* Religiöse Kleidung und öffentlicher Dienst, 2003; *Rademacher,* Das Kreuz mit dem Kopftuch, 2005; *Schleder,* Die Religionsfreiheit im Sonderstatusverhältnis, 2007.

[224] BVerfGE 138, 296 (359), abwM *Schluckebier, Herrmans,* Rn. 11; vgl. aber *Haupt,* Verfassungsfragen zum muslimischen Kopftuch von Erzieherinnen im Kindergarten, 2010, S. 239 ff., die ein landesgesetzliches Verbot nur bei Betrachtung des konkreten Einzelfalles für zulässig erachtet. In Frankreich hat der Cour de cassation im Fall „Baby-Loup" (Arrêt n° 612 du 25 juin 2014) die Kündigung einer Erzieherin wegen der Weigerung ihr Kopftuch abzulegen bestätigt.

[225] BVerfG (K) NJW 2017, 381 (Kopftuch der Erzieherin) Rn. 69.

[226] Vgl. HessStGH NVwZ 2008, 199 (200); BayVerfGH NVwZ 2008, 420; *Hofmann,* in: Hofmann/Henneke, Art. 4 Rn. 34; *Morlok,* in: Dreier I, Art. 4 Rn. 147; *Detterbeck* FS Bethge, 2009, S. 161 (169 ff.); angedeutet BVerfGE 108, 282 (296); weitergehend BVerfGE 108, 282, 314 (315 ff.), abwM *Jentsch, Di Fabio, Mellinghoff;* BVerfGE 138, 296 (359), abwM *Schluckebier, Herrmans,* Rn. 14; *Rux* DVBl 2001, 1542 (1543); dagegen *Sachs* NWVBl 2004, 209 (213); vgl. a. *Schwabe* DVBl 2004, 616; ausf. *Krüper* JöR 53 (2005), 79 (98 ff.). Im vom BVerfG entschiedenen Fall waren die Bf. jedoch keine Beamtinnen.

[227] BVerwGE 131, 242. Vgl. dazu VG Augsburg, Urt. v. 30.6.2016, Az. Au 2 K 15.457, Rn. 2, 45 ff.: Kopftuchverbot f. Rechtsreferendarin mangels Rechtsgrundlage rechtswidrig. Wegen fehlendem Fortsetzungsfeststellungsinteresse aufgehoben durch BayVGH, Urt. v. 7.3.2018 – 3 BV 16.2040, Revision durch BVerwG, Beschl. v. 24.4.2019 – 2 B 47/18 zugelassen.

[228] BVerfGE 138, 296 (359), abwM *Schluckebier, Herrmans,* Rn. 18; *Enzensperger* NVwZ 2015, 871 (872); *Langenfeld* ZevKR 2015, 420 (433); *Ladeur* JZ 2015, 633 (638); *Schönenbroicher* VBlBW 2015, 329 (330 f.); *Franzius* Staat 54

67   Erst recht ist ein Kopftuchverbot für **Richterinnen** zulässig.[229] Richter sind aufgrund von Art. 97 I GG zu „unbedingte[r] Neutralität"[230] verpflichtet. Als Zeichen dieser Neutralität tragen Richter eine Amtstracht, es kommt gerade nicht auf die individ. Person des Richters an.[231] Zudem ist der Bürger einem bestimmten Richter durch vorgegebene GVP in bes. Weise ausgesetzt. Daher sind sichtbare relig. oder polit. Bekenntnisse bei Richtern besonders problematisch.[232] Ihr freiwillig angenommenes Amt gebietet ihnen, sich zurückzunehmen. Diese Erwägungen sind weitgehend auch auf Schöffinnen übertragbar.[233] Gleiches gilt für Rechtsreferendarinnen, wenn sie als Repräsentantinnen staatl. Gewalt auftreten.[234]

68   Ein weiterer Aspekt der zweiten Entscheidung des BVerfG ist die im SchulG NRW angelegte **Privilegierung** der **christlich-abendländischen Kultur**.[235] Diese hat das BVerfG für mit dem GG für unvereinbar erklärt und verworfen.[236] Allerdings gehen die oben dargestellten Wirkungen des musl. Kopftuchs zB nicht von der kath. Nonnentracht aus.[237]

69   Die Weigerung, ein islamisches **Kopftuch** etwa zur Anfertigung eines **Passfotos** abzulegen, kann Ausdruck der negativen Religionsausübungsfreiheit sein, die allerdings ebenfalls nicht unumschränkt gilt.[238] Nach Einführung der sog. biometrischen Pässe schreibt die Passverordnung als Regel vor, dass keine Kopfbedeckung und daher auch kein Kopftuch zu tragen ist.[239] Hiervon kann die Passbehörde, insb. aus relig. Gründen abweichen,[240] solange das Gesicht „von der unteren Kinnkante bis zur Stirn erkennbar"[241] ist; Verschleierungen, die darüber hinausgehen, sind unzulässig. In ihrem Ermessen ist die Passbehörde jedoch nicht völlig frei, sondern hat idR ein Passbild mit Kopftuch zu akzeptieren und darf dies bspw. nicht an eine Bescheinigung über die Religionszugehörigkeit knüpfen.[242]

70   Einige europ. Länder haben mittlerweile die **Ganzkörperverschleierung,** das Tragen einer Burka oder Nikab – also Kleidung, die auch das Gesicht bedeckt – in der Öffentlichkeit verboten oder sind dabei ein solches Verbot einzuführen.[243] Der EGMR hat das in Bezug auf Frankreich und Belgien für

---

(2015), 435 (441 ff.); *Heinig* Kurswechsel in der Kopftuchfrage: Nachvollziehbar, aber mit negativen Folgewirkungen, VerfBlog, 2015/3/13, http://verfassungsblog.de/kurswechsel-in-der-kopftuchfrage-nachvollziehbar-aber-mit-negativen-folgewirkungen (4.10.2017); aA *Sacksofsky* DVBl 2015, 801 (808); *Traub* NJW 2015, 1338 (1339 f.); *Rusteberg* JZ 2015, 637 (640); *Klein* DÖV 2015, 464 (468 ff.).

[229] Ein solches besteht zB in Bayern: Gesetz über Verbote der Gesichtsverhüllung v. 12.7.2017; in Hessen: VGH Hessen, Beschl. v. 23.5.2017 – 1 B 1056/17; Baden-Württemberg: Gesetz zur Neutralität bei Gerichten und Staatsanwaltschaften des Landes v. 11.5.2017.

[230] BVerfG (K) NJW 2017, 2333.

[231] So auch *Weidemann* ZJS 2016, 286, 295 f.

[232] Ebenso *Weidemann* ZJS 2016, 286, 295 f.: „Dass dies de facto einem Berufsverbot für Richterinnen muslimischen Glaubens, die ein Kopftuch für sich als verbindlich erachten, gleichkommt, muss in Anbetracht der hohen Bedeutung des äußeren Anscheins der richterlichen Neutralität und Distanz zum Geschehen sowie des Vertrauens des Bürgers auf eine unvoreingenommene Justiz hingenommen werden"; so vermutlich auch BVerfG (K) NJW 2017, 2333; aA *Payandeh*, DÖV 2018, 482; *Wißmann* DRiZ 2016, 224, 227.

[233] AG Hamburg-St. Georg, Beschl. v. 28.12.2018 – ID 847; AG Fürth (Bayern), Beschl. v. 7.12.2018 – 441 AR 31/18; aA *Eckertz-Höfer*, DVBl 2018, 537, 545. Siehe auch § 21 III 2 AGGVG BW, der religiöse Bekleidung und Symbole erlaubt.

[234] In BVerfG (K) NJW 2017, 2333 wurde der Erlass einer einstweiligen Anordnung gegen das hessische Kopftuchverbot für Referendarinnen aufgrund der Folgenabwägung abgelehnt; zust. Anm. *Muckel* NVwZ 2017, 1132 f. Der Justizsenator von Berlin hat allerdings im Anschluss an das BAG Urteil zum Kopftuch bei Lehrerinnen (BAG, Urt. v. 27.8.2020 – AZR 62/19) jüngst angeordnet, dass Rechtsreferendarinnen abweichend vom Berliner Neutralitätsgesetz in gewissem Umfang nunmehr Kopftuch tragen dürfen, https://www.lto.de/recht/justiz/j/berliner-senat-kopftuch-referendarinnen-justiz-lehrerinnen-schule-neutralitaetsgesetz/ (8.9.2020).

[235] § 57 IV 3 SchulG NRW: „Die Wahrnehmung des Erziehungsauftrags nach Artikel 7 und 12 Abs. 6 der Verfassung des Landes Nordrhein-Westfalen und die entsprechende Darstellung christlicher und abendländischer Bildungs- und Kulturwerte oder Traditionen widerspricht nicht dem Verhaltensgebot nach Satz 1." Ähnlich auch Art. 59 II S. 3 BayEUG; § 86 III 3 HessSchG; § 1 IIa 1 SaarlSchulG.

[236] BVerfGE 138, 296, Rn. 138; gl. A. *Steinberg*, Kopftuch und Burka, 2015, S. 51.

[237] Schon BVerwGE 121, 140 (147); so auch BVerfGE 138, 296, 359, abwM *Schluckebier, Herrmans,* Rn. 20 ff.; vgl. ähnlich *Frenz* DÖV 2007, 690 (694): Nonnentracht ist apolitisch.

[238] Vgl. *M. Breuer* NVwZ 2002, 950 (951); *Häußler* BayVBl 2002, 619 (620 f.); *Heinig/Morlok* JZ 2003, 777 (783 f.); *Janz/Rademacher* JuS 2001, 440; *Schütz* JuS 2002, 208; anders BayVGH NVwZ 2000, 952.

[239] § 5 S. 2 und § 5 iVm Anlage 8 PassV unter „Kopfbedeckung", BGBl 2007 I, 2386.

[240] So ausdrücklich § 5 S. 4 PassV.

[241] § 5 iVm Anlage 8 PassV unter „Kopfbedeckung".

[242] Vgl. VG Kassel, Beschl. v. 4.2.2004, Az: 3 G 1916/03, HessVGH, Beschl. v. 20.1.2004, Az: 7 TG 448/04, sowie BVerwG Buchholz 402.02 PAuswG Nr. 3.

[243] Frankreich: Gesetz Nr. 2010-1192 v. 11.10.2010, abgedruckt in JORF v. 12.10.2010, S. 18 344 („LOI interdisant la dissimulation du visage dans l'espace public"). Vgl. hierzu auch Conseil d'État, Etude relative aux possibilités juridiques d'interdiction du port du voile intégral v. 25.3.2010. Dieses Gesetz wurde vom EGMR für mit der EMRK vereinbar erklärt: EGMR NJW 2014, 2925. Das am 23.7.2011 in Belgien in Kraft getretene Burka-Verbot wurde am 6.12.2012 vom belgischen Verfassungsgericht für verfassungskonform erklärt (Urteil abrufbar unter http://www.const-court.be/public/f/2012/2012-145 f.pdf) (7.9.2020). Österreich: Bundesgesetz über das Verbot der Ver-

zulässig erklärt.[244] Auch in Deutschland hat sich die Debatte um ein Verbot im Zuge der Flüchtlings-krise intensiviert.[245] Fraglich ist, ob Art. 4 den deutschen Gesetzgeber am Erlass eines derartigen VerbotsG hindern würde. Beamten, Richtern und Soldaten ist das Tragen einer Vollverschleierung im Dienst bundesweit untersagt.[246] Nach dem BayVGH kann eine Schülerin mit Burka vom Unterricht an einer staatl. Berufsoberschule ausgeschlossen werden.[247] Ganzkörperschleier sind auch nach musl. Verständnis herkömmlicherweise tendenziell Attribute der ländlichen, unaufgeklärten Bevölkerung.[248] Insb. seit Ausrufung des Gottesstaates im Iran werden sie aber auch prononciert für den politisierten Islam in Anspruch genommen.[249] Führende islamische Quellen werten zwar die Verschleierung nicht als Religionsausübung.[250] Im Westen stellt man aber auf das subj. Selbstverständnis des Individuums ab. Danach kann Religionsausübung angenommen werden, folglich bedarf es nach dem Ansatz des BVerfG (vorbehaltloses Grundrecht) koll. Verfassungsgüter zur Rechtfertigung eines Verbots. Die negative Religionsfreiheit der Nichtmuslime kann nicht vorgebracht werden, weil der Einzelne in der modernen, plural. Gesellschaft kein Recht darauf hat, von den Glaubensbekundungen anderer ver-schont zu bleiben.[251]

Frauen allerdings **entindividualisiert** die Ganzkörperverschleierung und schneidet sie von der 71 Kommunikation ab.[252] Die relig.-polit. motivierte Ganzkörperverschleierung wirft daher gravierende Probleme bzgl. des Menschenbilds des GG, der Würde von Männern und Frauen und der Gleichbe-rechtigung der Geschlechter auf. Nach der Objekt-Formel des BVerfG darf ein Mensch nicht zum bloßen Objekt degradiert werden.[253] Inwieweit eine vollverschleierte Frau allerdings von ihrer Umwelt noch als Individuum wahrgenommen wird, ist zumindest fraglich.

Vollverschleierung ist auch nicht vereinbar mit der für ein demokr. Gemeinwesen grundlegenden 72 Kultur eines **offenen Dialogs**. Entwürdigend kann insbes. der Zwang sein, dem z. B. Behördenmit-arbeiter unterliegen, sich vollverschleierten Frauen beratend und unterstützend zuzuwenden, ohne dass diese ihrerseits bereit sind, ihr Gesicht zu zeigen und sich auf ihr Gegenüber einzulassen.[254] Der Gesetzgeber hat die angespr. Verfassungsrechtsgüter mit der Religionsausübungsfreiheit in schonenden Ausgleich zu bringen. Im Rahmen seiner Einschätzungsprärogative könnte m. E. daher auch der deutsche Gesetzgeber ein Verbot der Ganzkörperverschleierung erlassen, falls er dies zum Schutze der

---

hüllung des Gesichts in der Öffentlichkeit, das am 1.10.2017 in Kraft trat. Niederlande: Eingeschränktes Verbot der Vollverschleierung in der Öffentlichkeit (abrufbar unter https://zoek.officielebekendmakingen.nl/kst-34349-2.html) (7.9.2020). Auch in Bulgarien, Dänemark und Lettland wurde ein Burkaverbot verabschiedet, während in Italien bereits seit längerem ein generelles Vermummungsverbot besteht, das aber wohl nicht für religiöse Verhüllungen gilt. Siehe hierzu Wissenschaftliche Dienste des Bundestags, Verbot der Vollverschleierung in der EU, WD 2–3000-094/ 17, S. 10 ff. und FAZ v. 1.6.2018, S. 4. In Marokko ist sogar der Verkauf, die Produktion und die Einfuhr von Burkas und Nikabs verboten; vgl. Zeit Online v. 11.1.2017.

[244] EGMR Urt. v. 11.7.2017, Belgacemi u. Oussar/Frankreich, Beschw. Nr. 37798/13; NJW 2014, 2925; kritisch *Grabenwarter,* Das Urteil des EGMR zum französischen Verbot der Burka, in: Hinghofer-Szalkay/Kalb, Islam, Recht und Diversität, 2018, S. 523 ff.; ablehnend *Edenharter,* JZ 2018, 771 (773).

[245] Zur Debatte siehe nur: https://www.tagesschau.de/inland/burka-verbot-101.html (7.9.2020).

[246] Nach §§ 61 I 4 BBG, 34 4 BeamtStG, 17 II 2 SG, eingeführt durch das Gesetz zu bereichsspezifischen Regelungen der Gesichtsverhüllung v. 8.6.2017, BGBl I 2017, S. 1570. Über § 46 DRiG gilt die Regelung im BBG auch für Richter. Es enthält auch Regelungen zum Verbot der Gesichtsverhüllung für Situationen, in denen eine Person identifiziert werden muss. Dazu *Greve/Kortländer/Schwarz* NVwZ 2017, 992.

[247] BayVGH NVwZ 2014, 1109.

[248] Vgl. *Schwarzer,* FAZ v. 20.7.2010, S. 27; religionswissenschaftliche Quellen zu den sozioökonomischen Prägun-gen „neuer Religionskonflikte" bei *Waldhoff,* 68. DJT, D 36 ff.

[249] Vgl. a. FAZ v. 29.7.2010, S. 5: Einer der Anführer von Al Qaida, Ajman al Sawahiri, hat die in Europa lebenden Musliminnen zur Gegenwehr gegen mögliche Verschleierungsverbote aufgerufen. Durch das Tragen des Schleiers würden die Frauen zu Heiligen Kriegerinnen im Kampf gegen den säkularen Kreuzzug des Westens.

[250] So betonte Großscheich *Mohammed Sajjid Tantawi,* dass der Nikab eine bloße Tradition ohne religiösen Bezug sei FAZ v. 13.10.2009, S. 3. An der Al-Azhar Universität, einer der angesehensten Bildungsinstitutionen der arabischen Welt, ist das Schleiertragen verboten, FAZ, ebda. Ebenso *Murad Mustafa Dagles,* Die Kompatibilität islamischer Staatsauffassungen mit der freiheitlich demokratischen Grundordnung, 2010, S. 150; *Mückl* BK, Art. 4 (2008) Rn. 97 unter Verweis auf ua N. *Göle,* Republik und Schleier, 1995, 104 ff. und *Spuler-Stegemann,* Muslime in Deutschland, 2003, 200 ff. In der Bibel und entspr. in der jüdisch-christl. Theologie spielt das Zeigen des Angesichts (hebräisch: *panim;* griechisch: *prosopon*), die achtungsvolle Kommunikation von „Angesicht zu Angesicht" einerseits und das Verbergen des Angesichts als Ausdruck von Missachtung andererseits eine wichtige Rolle in den Beziehun-gen zwischen Gott und den Menschen sowie zwischen den Menschen. Vgl. Art. *prosopon,* in: THWNT Bd. VI, Stuttgart 1959, S. 769–781. „Erhebt Gott sein Angesicht über den Menschen, so erbarmt er sich seiner und spendet Frieden ... (Nu 6,25) ... Verhüllt dagegen Gott sein Angesicht, so entzieht er seine Gnade (Dt 32,20; vgl. Mi 3,4)" (aaO, S. 773). Entspr. ist auch das Angesicht des Menschen Zeichen der persönl. Gegenwart und Zugewandtheit (vgl. aaO, S. 777).

[251] Vgl. BVerfGE 108, 282 (302); *Barczak* DÖV 2011, 54 (57 f.).

[252] S. a. BayVGH NVwZ 2014, 1109, Rn. 21, 25: Offene Kommunikation als schulisches Funktionserfordernis gestört.

[253] BVerfGE 27, 1, 6, st. Rspr.

[254] Im solothurnischen (Schweiz) Grenchen werden deshalb auf Weisung des Stadtpräsidenten seit Dezember 2009 vollständig verschleierte Personen von den Behörden nicht bedient.

genannten Rechtsgüter für geeignet, erforderlich und verhältnismäßig i. e. S. hielte.[255] Diese Entscheidung wäre also politisch, im demokr. Prozess zu treffen und lässt sich nicht zwingend aus dem GG ableiten.[256] Genauso sieht es der EGMR.[257] Gegen Art. 9 der EMRK verstieße ein solches als allg. Verhüllungsverbot in der Öffentlichkeit ausgestaltetes Gesetz also nicht. Zulässig ist insbes. die Untersagung des Tragens eines gesichtsverhüllenden Schleiers im Unterricht, der die schulische Kommunikation und Interaktion unmöglich macht, und zwar bei Lehrerinnen und Schülerinnen.[258] So ist die Rechtslage seit Längerem im Vereinigten Königreich, nachdem der High Court entschieden hatte, dass Schülerinnen nicht im talarähnlichen Dschilbab zum Unterricht erscheinen dürfen.[259] Auch in anderen Bereichen des öff. Lebens, die auf offene Kommunikation besonders angewiesen sind, wie etwa im Gerichtssaal oder im Straßenverkehr, ist ein Burkaverbot leichter durchzusetzen.

73      Das BVerwG gestand muslim. Schülerinnen ab Eintreten der Pubertät,[260] die in ihrer relig. bedingten Verschleierung nicht am gemischtgeschlechtl. **Sport- und Schwimmunterricht** teilnehmen wollen, das Recht auf eine Befreiung zu.[261] Eine Befreiung vor der Pubertät, also insb. im Grundschulalter, wird schon seit mehreren Jahren zu Recht abgelehnt.[262] Ein Urteil des BVerwG verpflichtet nun auch eine muslim. Schülerin der 5. Jahrgangsstufe eines Gymnasiums zur Teilnahme am koedukat. Schwimmunterricht.[263] Begründet wird dies mit der Möglichkeit, einen sog. „Burkini" zu tragen.[264] Diese Schwimmbekleidung entspricht den muslim. Bekleidungsvorschriften und bedeckt nur Gesicht, Hände und Füße nicht.[265] Der Integrationsauftrag des GG „gebiete es [...] Schülerinnen und Schüler auf ein Dasein in der säkularen und pluralist. Gesellschaft in Deutschland vorzubereiten, in der sie einer Vielzahl von Wertvorstellungen, Überzeugungen und Verhaltensweisen begegnen werden, die sie für sich selbst ablehnen"[266] und überwiegt die Bekenntnisfreiheit der einzelnen Schülerin.[267] Ebenso wenig kommt eine Befreiung vom getrenntgeschlechtl. Sportunterricht in Betracht.[268] Ähnlich ist im Hinblick auf mögl. Weiterungen[269] dahingehend zu verfahren, dass Kinder aus anderen Kulturkreisen religiös motivierte Befreiungen auch von Klassenfahrten, Projektwochen, dem Biologieunterricht (insbes. Sexualkunde),[270] Theaterbesuchen, Koch- und Nähunterricht usw. geltend machen könnten.[271] Die jüngere Rspr. ist zu Recht zurückhaltend mit Befreiungen,[272] da der staatl. Erziehungsauftrag aus Art. 7 I gerade auch im Hinblick auf eine erfolgreiche Integration nicht vernachlässigt werden darf.[273] Er schließt das Erlernen der Tolerierung andersartiger, für sich selbst abgelehnter Verhaltensweisen ein.[274] Das gilt auch für Anhänger strengerer christl. Glaubensrichtun-

---

[255] Anders *Steinberg*, Kopftuch und Burka, 2015, S. 99 ff.; Wiss. Dienst d. BT. v. 22.12.2014, Az. WD 3 – 3000 – 302/14. *Edenharter* JZ 2018, 771 (774 ff.) hält sogar eine Einführung durch Verfassungsänderung für unzulässig.

[256] So überzeugend für das Kopftuch *Langenfeld* ZevKR 2015, 420, 433; aA apodiktisch *Waldhof*, 68. DJT, 2010, D 116.

[257] EMGR, NJW 2014, 2925, Rn. 154 ff.

[258] BayVGH NVwZ 2014, 1109; VG Osnabrück, Beschl. v. 22.8.2016, Az. 1 B 81/16. Ebenso bei gesetzlicher Grundlage *Coumont*, Islam und Schule, in: Muckel (Hrsg.), Der Islam im öffentlichen Recht des säkularen Verfassungsstaates S. 518 ff.; *Anger*, Islam in der Schule, 2003, S. 197 ff.; s. a. *Isensee* JZ 2010, 317 (324); vgl. auch den Erlass der hessischen Landesregierung vom 2.2.2011, der Angestellten im öff. Dienst das Tragen der Burka bei der Arbeit untersagt.

[259] High Court, R (Begum) vs. Headteacher and Governors of Debigh High School (2005) 2 All ELR 396.

[260] Vgl. BVerwGE 94, 82 (83); s. a. OVG NRW NVwZ-RR 2009, 923.

[261] BVerwGE 94, 82 (LS und S. 89 ff.); *Anger* (Fn. 259), S. 205 ff.; *Coumont*, Muslimische Schüler und Schülerinnen in der öffentlichen Schule, 2008, S. 220 ff.; krit. *Kokott*, VVDStRL 59 (2000), S. 356.

[262] OVG NRW NVwZ-RR 2009, 923 (924) unter Hinweis auf die Möglichkeit des Schwimmens im „Burkini"; vgl. SchwBG, EuGRZ 2009, 121 ff. unter Rückgriff auf das Integrationserfordernis.

[263] BVerwGE 147, 362; Vorinstanz: Hess VGH NVwZ 2013, 159 ff. Die Vb gegen das Urteil des BVerwG wurde nicht zur Entscheidung angenommen, s. BVerfG (K) NVwZ 2017, 227; zust. *Muckel*, JA 2017, 238. Die Entscheidung des BVerwG verstößt auch nicht gegen Art. 9 EMRK, vgl. EGMR, NVwZ-RR 2018, 505.

[264] In der Folge des Terroranschlags in Nizza versuchten französische Gemeinden weitergehend Burkinis zu verbieten. Das lässt der französische Conseil d' Etat nicht zu, Beschl. v. 26.8.2016, Nos. 402742, 402777. Zu Burkiniverboten auch OVG RhPf Beschl. v. 12.6.2019 – 10 B 10515/19, wonach jedenfalls eine Verletzung von Art. 3 I GG vorliege, wenn herkömmliche Neoprenanzüge erlaubt bleiben.

[265] BVerwGE 147, 362, Rn. 3, 25 f.; zum „Burkini" vgl. „Der schwimmende Hijab" in Islamic Tourism Magazin, 2006.

[266] HessVGH NVwZ 2013, 159 (160).

[267] BVerwGE 147, 362, Rn. 30.

[268] BVerwGE 94, 82 (LS aE und S. 89).

[269] Die Befreiungsanträge beziehen sich nicht mehr nur auf Mädchen, sondern auch auf Jungen, vgl. VG Düsseldorf NWVBl 2006, 68; hierzu *Ladeur/Augsberg*, Toleranz – Religion – Recht, 2007, S. 107 f.

[270] Hierzu ausführlich *Anger* (Fn. 259), S. 230 ff.

[271] Ausf. und mit zahlr. Nachw. *Langenfeld* AöR 123 (1998), 375 (388); s. a. *Britz* KJ 2003, 95 (100).

[272] BVerwG NJW 2014, 804 (keine Befreiung von einer Vorführung des Films „Krabat" für Zeugen Jehovas); BVerfG (K) NJW 2009, 3151; OVG NRW NWVBl 2008, 154; s. a. *Uhle* NVwZ 2014, 541; *Bock* NVwZ 2007, 1250 (1252); den Schutzbereich bereits verneinend *Mückl* BK, Art. 4 (2008) Rn. 129 f.

[273] *Uhle* NVwZ 2014, 541; *Hufen*, VVDStRL 68 (2009), S. 114; *Waldhof*, 68. DJT, 2010, D 108 ff.; offener *Ladeur/Augsberg*, Toleranz – Religion – Recht, 2007, S. 106.

[274] Vgl. BVerfG (K) BayVBl 2006, 633 (634).

gen, die z. B. relig. Bedenken gegen Aufklärung und Sexualkundeunterricht ihrer Kinder in der Schule haben.[275]

**„Homeschooling"**[276] konnte bislang nicht unter Berufung auf Art. 4 I iVm Art. 6 I und II **74** durchgesetzt werden.[277] Vielmehr kann es der Gesetzgeber sogar unter Strafe stellen.[278] In Deutschland erfüllt die Schule herkömmlicherweise eine besondere Integrationsfunktion. Die „Allgemeinheit hat ein berechtigtes Interesse daran, der Entstehung von religiös oder weltanschaulich motivierten ‚Parallelgesellschaften' entgegenzuwirken und Minderheiten zu integrieren. Selbst ein mit erfolgreichen Ergebnissen einhergehender Hausunterricht verhindert nicht, dass sich die Kinder vor einem Dialog mit Andersdenkenden und -gläubigen verschließen, und ist deshalb nicht geeignet, die insb. in einer Klassengemeinschaft gelebte Toleranz gegenüber einem breiten Meinungsspektrum nachhaltig zu fördern."[279] In den USA sowie zahlreichen europ. Ländern, wie zB Dänemark, Frankreich, Großbritannien, Italien, Österreich, Schweiz und Ungarn ist der Heimunterricht hingegen zulässig.[280] Die irische Verfassung garantiert den Eltern sogar das Recht auf „Homeschooling".[281] Einen Asylantrag einer deutschen Familie wegen „religiöser Verfolgung" durch das Verbot von „Homeschooling" hat ein US-Amerikanisches Bundesgericht allerdings abgelehnt.[282]

Eine **Befreiung vom Schulunterricht an Feiertagen** der jew. Religionsgemeinschaft muss nur **75** dann und nur insoweit gewährt werden, als an diesem Tag zwingend vorzunehmende relig. Handlungen die Teilnahme am Unterricht ausschließen.[283]

Eine **Befreiung von der Motorradhelmpflicht** für Turban tragende Sikhs kommt nur in Frage, **76** wenn ein Verzicht auf das Motorradfahren aus bes. individ. Gründen nicht zugemutet werden kann.[284] Ansonsten ist die Verpflichtung zum Tragen eines Helms durch die staatl. Schutzpflicht aus Art. 2 II 1 GG den anderen Verkehrsteilnehmern gegenüber gerechtfertigt. Es besteht ua die Gefahr, dass Dritte durch den Anblick schwerer Kopfverletzungen traumatisiert werden.

Zur Glaubensfreiheit, in der auch die Freiheit der Religionsausübung enthalten ist,[285] gehört **77** „auch das Recht des Einzelnen, sein gesamtes Verhalten an den Lehren seines Glaubens auszurichten und seiner inneren Glaubensüberzeugung gemäß zu handeln".[286] In diesem Bereich kann es vor allem bei extensiver, maßgebend auch auf das Selbstverständnis der Religionsgemeinschaft oder des einzelnen Gläubigen abstellenden Auslegung[287] zu Konflikten mit der Rechtsordnung kommen. Hier muss von staatl. Seite der Religionsfreiheit bei der Anwendung des Rechts Rechnung getragen werden. Die Ausstrahlungswirkung der Glaubensfreiheit ist zwar auch im Bereich des **Strafrechts** zu beachten. Sie wirkt sich dort aber allenfalls auf der Ebene von Schuld und Strafzumessung,[288] als „Wohlwollensgebot" aus.[289] „Der bewusste Verstoß gegen Strafnormen ist jedoch auch im Lichte von Art. 4 I nicht als Mittel der Wahl, sondern nur als letzter Ausweg aus einem ansonsten unauflöslichen Konflikt zwischen staatlichen und religiösen Verhaltensanforderungen hinzunehmen."[290] Hilfreich ist die Anknüpfung an die strafrechtl. Konzepte der Strafbarkeit wegen Tuns oder Unterlassens. Im ersteren Falle dürfte idR schon der Schutzbereich nicht betroffen sein, da die Glaubens- und Gewissensfreiheit auf die eigene Verantwortungssphäre bezogen ist und grds. nicht zur aktiven Beeinträchtigung der Rechtsgüter Dritter berechtigt. Das gilt zB für sog. Ehrenmorde

---

[275] S. BVerfG (K) BayVBl 2006, 633; OVG NRW NWVBl 2008, 152.

[276] Dazu allg. *Tangermann* ZevKR 2006, 393, 395 ff. und *A. Vellmer,* Religiöse Kindererziehung und religiös begründete Konflikte in der Familie, 2010, S. 213 ff.; zur Entwicklung der Schulpflicht *Bolde,* Die staatliche Veranstaltung Schule, 2009.

[277] Vgl. zB BVerfG BayVBl 2006, 633; BVerfG (K) NVwZ 2003, 1113; OVG Brem NordÖR 2009, 158; BayVGH BayVBl 2009, 19 (20) und NVwZ-RR 2010, 606; s. a. EGMR, Urt. v. 11.9.2006, 35504/03. Heimunterricht ablehnend: *Hebeler/Schmidt* NVwZ 2005, 1368. Eher positiv gegenüber einer Option des Heimunterrichts *Thurn/Reimer* NVwZ 2008, 718.

[278] BVerfG (K) NJW 2015, 44.

[279] BVerfG (K) NJW 2015, 44 (47); vgl. a. zu dieser Funktion schon *Waldhoff,* 68. DJT, 2010, D 114 m. zahlr. Nachw.; *Jestaedt* HStR VII, § 156, Rn. 94. AA *Heinz* FuR 2016, 328 und *Reimer* FAZ 12.11.2014.

[280] Vgl. *Spiegler,* Home Education in Deutschland, 2008, S. 13 f. mwN.

[281] Art. 42 Abs. 2 der Irischen Verfassung lautet: „Parents shall be free to provide this education in their homes or in private schools or in schools recognised or established by the State."; „Es steht den Eltern frei, für eine Erziehung in ihrer Privatwohnung, in Privatschulen oder in staatlich anerkannten oder vom Staat eingerichteten Schulen zu sorgen".

[282] U. S. Court of Appeals for the Sixth Circuit: Romeike v. Holder, Case No.12–3641, 14.5.2013, http://www.ca6.uscourts.gov/opinions.pdf/13a0137p-06.pdf (8.9.2020).

[283] VG Aachen, Beschl. v. 26.9.2018 – 9 L 1443/18; VG Berlin, Beschl. v. 26.4.2019 – 3 L 273.19.

[284] BVerwG, Urt. v. 4.7.2019 – 3 C 24/17.

[285] BVerfGE 24, 236 (245).

[286] BVerfGE 32, 98 (106); 41, 29 (49).

[287] In diese Richtung aber BVerfGE 24, 236 (247 f.); *Sacksofsky* VVDStRL 68 (2009), S. 7, 17 u. 43, These (6); aA *Herzog,* in: Maunz/Dürig, Art. 4 (2009) Rn. 103 ff.

[288] Vgl. *Sünner,* Staatsgesetz vor Religionsgebot?, 2010, S. 16 ff., 105 ff.; zurückhaltend auch *Frhr. v. Campenhausen* HStR VII, § 157 Rn. 79 f.; *Starck* MKS I, Art. 4 Rn. 44, 98 f.

[289] *Bethge* HStR VII, § 158 Rn. 50; *Leibholz/Rinck,* Art. 4 (2016) Rn. 166.

[290] BVerfG (K) BayVBl 2006, 633 (634).

und terroristische Handlungen. Eine andere Bewertung kann in bes. Konstellationen des Unterlassens angezeigt sein.[291]

**78**    So kann nach höchstrichterl. Rspr. einem religiös motivierten Ehepartner nicht vorgeworfen werden, dass er es unterlassen habe, den anderen entgegen seiner Glaubensüberzeugung zur Aufgabe seiner damit übereinstimmenden Glaubensüberzeugung zu überreden und sich zur Durchführung einer uU lebensrettenden Bluttransfusion in ein Krankenhaus zu begeben.[292] Anderes ergibt sich, wenn Eltern aus relig. oder weltanschaulichen Gründen **notwendige medizinische Maßnahmen** zugunsten ihrer minderjährigen Kinder nicht veranlassen. Auch wenn minderj. Kinder den Glauben ihrer Eltern teilen und die moderne mediz. Maßnahmen ablehnen, fällt die Abwägung zwischen der Religionsfreiheit der Eltern und Leben und Gesundheit des Kindes zugunsten von letzterem aus. Das dürfte, jedenfalls bei eindeutiger Erforderlichkeit der mediz. Maßnahmen, sogar für bereits religionsmündige Kinder gelten.[293] Ein genereller Entzug des „medizinischen Sorgerechts" allein wegen Mitgliedschaft bei den Zeugen Jehovas kommt allerdings nicht in Betracht.[294] Die Bestellung des Ehemannes als Betreuer für seine bewusstlose Frau und Mutter des gemeinsamen Sohnes und die darauf folgende Bluttransfusion ist kein Verstoß gegen Art. 4, wenn Zweifel an der früheren Willensäußerung der Patientin bestehen, dass sie Bluttransfusionen auch bei Lebensgefahr ablehne.[295] Im Rahmen der Abwägung fallen die koll. Rechtsgüter i. S. d. Art. 6 I und II – Schutz der Familie und des Kindeswohls ins Gewicht.[296]

**79**    Ob religiös motivierte **Genitalbeschneidungen** bzw. -verstümmelungen an **Mädchen** mit ihren irreversiblen, die körperl. Unversehrtheit des Kindes beeinträchtigenden Folgen und Risiken (bzgl. Unfruchtbarkeit, Entbindungskomplikationen und Sexualempfinden) überhaupt dem Schutzbereich des Art. 4 unterfallen, ist schon zw., keinesfalls können derartige Eingriffe in die körperl. Unversehrtheit unter Rückgriff auf Art. 4 gerechtfertigt werden.[297] Vielmehr sind sie gem. § 226a StGB strafbar.[298]

**80**    Von der weibl. Genitalverstümmelung zu unterscheiden ist die Zirkumzision bei Männern. Während die Beschneidung von Frauen gesundheitsschädlich ist, hat die Zirkumzision von Männern gesundheitl. Vorteile. Sie mindert die Verbreitung von Viren, z. B. der krebsauslösenden Papillomaviren.[299] Die WHO empfiehlt die männl. Zirkumzision sogar zur Aids-Prävention.[300] Unter bestimmten Umständen kann sie auch als mediz. Eingriff bei Phimose (Vorhautverengung) geboten sein, für die weibl. Genitalverstümmelung sind jedoch in keinem Falle mediz. Gründe ersichtlich. IdR ist zudem die weibl. Genitalverstümmelung ein weit schwererer und gefährlicherer Eingriff als die Zirkumzision. Rechtlich umstr. war allerdings die **Zirkumzision minderjähriger Jungen.** Im Anschluss an ein Urteil des LG Köln, das feststellte, dass die religiös motivierte Beschneidung eines nicht einwilligungsfähigen Kindes grds. eine Strafbarkeit nach § 223 I StGB (Körperverletzung) begründe,[301] verabschiedete der BT jedoch ein Gesetz, dass es Eltern erlaubt, in die Beschneidung des männl., nicht einwilligungsfähigen Kindes einzuwilligen. Die Frage der Strafbarkeit ist durch das neue Gesetz geklärt.[302] Die verfassungsrechtl. Bewertung des neu geschaffenen § 1631d BGB wurde in der jüngsten Lit. diskutiert.[303] Weitgehende Einigkeit besteht darin, dass das Gesetz eine zulässige Einschränkung des Grundrechts auf körperl. Unversehrtheit ist, die sich an die Direktiven des Übermaßverbots hält.[304]

**81**    An religiös begründeter **Arbeitsverweigerung** an bestimmten Tagen oder – was bei den Zeugen Jehovas in Frage kommt – Arbeitsverweigerung in der Rüstungsindustrie dürfen dann keine Nachteile geknüpft werden, wenn der Gläubige sich nicht vermeidbarerweise der Konfliktsituation ausgesetzt hat und dem Arbeitgeber zumutbare Ausweichmöglichkeiten zur Verfügung stehen.[305] Verlieren solche Personen ihre Arbeit, darf ihnen nicht unter Hinweis auf ihre religiös begründete Arbeitsverweigerung die Arbeitslosenhilfe gestrichen werden. Aus Art. 4 I, II allein folgt hingegen kein Anspruch des Einzelnen gegen den Staat, diverse Wochentage ganztägig als Tage der Arbeitsruhe auszuweisen und Arbeitnehmer von einer in einem Arbeitsvertrag eingegangenen Arbeitsverpflichtung freizustellen.[306]

---

[291] *Mückl* BK, Art. 4 (2008) Rn. 144; mit ausf. Begründung auch *Sünner* (Fn. 289), S. 108 ff. u. 279.

[292] BVerfGE 32, 98.

[293] Literarische Bearbeitung der Problematik bei *McEwan,* The Children Act (2014).

[294] Vgl. AG Meschede NJW 1997, 2962.

[295] BVerfG (K) NJW 2002, 206 (207); dazu *Ohler/Weiß* NJW 2002, 194.

[296] Vgl. *Ohler/Weiß* NJW 2002, 194 (195).

[297] Gegen Einbeziehung in den Schutzbereich *Zähle* AöR 134 (2009), 433, 444 u. 454.

[298] S. auch *Wissenschaftliche Dienste, Deutscher Bundestag,* Strafbarkeit der Beschneidung von Mädchen, insbesondere in Fällen mit Auslandsbezug, 2018.

[299] *Wawer et. al.* „Effect of circumcision of HIV-negative men on transmission of human papillomavirus to HIV-negative women: a randomised trial in Rakai, Uganda" in „The Lancet", Volume 377, Issue 9761, S. 209–218.

[300] Seit 2007 listet die WHO die Zirkumzision als Präventionsmaßnahme auf.

[301] LG Köln NJW 2012, 2128 f.

[302] IE auch *Rixen,* NJW 2013, 257; *Isensee* JZ 2013, 317 (324 f.); *Steinbach* NVwZ-Extra 9/2013, 1 (8).

[303] Vgl. bspw. *Rixen,* NJW 2013, 257; *Isensee* JZ 2013, 317; *Herzberg,* ZIS 2012, 486 (505 f.); *Mandla* FPR 2013, 244; *Spickhoff* FamRZ 2013, 337; *Walter* JZ 2012, 1110.

[304] Zweifelnd nur *Herzberg,* ZIS 2012, 486 (505 f.) damals noch zum (wortgleichen) Gesetzentwurf.

[305] Vgl. *Mager,* in: v. Münch/Kunig I, Art. 4 Rn. 50 u. 65; *Starck* MKS I, Art. 4 Rn. 137 f.

[306] BVerfG (K) NJW 1995, 3378; *Ehlers* → Art. 140 GG/Art. 139 WRV; zu den Möglichkeiten und Grenzen islamischer Feiertage *Stollmann* NVwZ 2005, 1394.

Jedoch ist die **Sonn- und Feiertagsgarantie** gem. Art. 140 GG iVm Art. 139 WRV funktional 82
auch auf die Inanspruchnahme und Verwirklichung der Religionsfreiheit angelegt und konkretisiert
sie.[307] Folglich konnten Einzelne aufgrund Art. 4 I, II iVm Art. 140 GG und Art. 139 WRV den
Sonn- und Feiertagsschutz im Advent im Wege von Vb durchsetzen.[308]

Die bloße Mitgliedschaft in einer Sekte kann nicht allein dafür ausschlaggebend sein, welchem Eltern- 83
teil bei einer Trennung ein alleiniges **Sorgerecht** übertragen werden kann.[309] Ausschlaggebend ist das
Kindeswohl, so dass es auf die Umstände des einzelnen Falles ankommt.[310] Gegen das Sorgerecht spricht,
wenn die Sektenangehörigkeit des betreff. Elternteils der Schulausbildung des Kindes im Wege steht.[311]

Nach überw. Meinung handelt es sich auch um Religionsausübung, wenn gläubige Juden oder 84
Moslems Wirbeltiere rituell betäubungslos durch Ausblutenlassen töten **(Schächten).**[312] Nur mittelbar
faktisch sind allerdings Gläubige, die aus religi. Gründen nur geschächtetes Fleisch essen, durch ein
Schächtverbot in ihrer Religionsfreiheit betroffen.[313]

Das TierschutzG sieht eine Ausnahme vom grds. Verbot des Schächtens zugunsten Angehöriger 85
bestimmter Religionsgemeinschaften vor, denen zwingende Vorschriften ihrer Religionsgemeinschaft
das Schächten vorschreiben oder den Genuss von Fleisch nicht geschächteter Tiere untersagen.[314]
Art. 4 schützt jedoch auch den individuellen Glauben, die Glaubensfreiheit beschränkt sich nicht auf
**zwingende Glaubenssätze.**[315] Vielmehr schützt Art. 4 I, II plausible, vertretbare Glaubenspositionen, auch wenn sie umstritten sind. An das Merkmal der „zwingenden Vorschriften" der Religionsgemeinschaften i. S. d. § 4a II Nr. 2 TierSchG dürfen jedenfalls keine zu hohen Anforderungen gestellt
werden.[316] Das BVerfG gebot in seinem Urteil vom 15.1.2002 eine verfassungskonforme Auslegung
des § 4a I iVm II Nr. 2 TierSchG im Lichte der Art. 2 I, 4 I und 4 II dahingehend, dass muslimische
Metzger eine Ausnahmegenehmigung für Schächten erhalten können.[317] Jedoch ist durch „Nebenbestimmungen und die Überwachung ihrer Einhaltung ebenso wie bei der Prüfung der Sachkunde
und der persönlichen Eignung des Antragstellers auch in Bezug auf die besonderen Fertigkeiten des
Schächtens sicherzustellen, dass die Belange des Tierschutzes so weit wie möglich gewahrt werden".[318]

Die Einfügung des **Tierschutzes als Staatsziel (Art. 20a)** im Jahr 2002 hat das verfassungsrecht- 86
liche Gewicht des Tierschutzes verstärkt,[319] berührt jedoch die Verfassungsmäßigkeit des § 4 Abs. 2
Nr. 2 TierSchG nicht. Ausnahmen vom Schächtverbot dürfen restriktiver gehandhabt werden, sofern
dies Leid der Tiere beim Sterben vermindert.[320] Teils wird sogar verlangt, dass der Grundrechtsträger
zwingende relig. Gründe nachweist. Bloße Substantiierung und Nachvollziehbarkeit reichen nach
dieser Auffassung nicht aus.[321]

---

[307] BVerfGE 125, 39 (79 ff.).

[308] BVerfGE 125, 39 (73 ff.).

[309] EGMR EuGRZ 1996, 648; *Fahrenhorst* EuGRZ 1996, 633.

[310] Vgl. OLG Oldenburg NJW 1997, 2962; dazu *Hessler* NJW 1997, 2930; OLG Frankfurt/Main FamRZ 1994,
920; OLG Düsseldorf FamRZ 1995, 1511.

[311] S. aber auch die Entscheidung Wisconsin v. Yoder des US Supreme Court, wonach eine Schulpflicht bis zum
Alter von 16 Jahren verfassungswidrig ist, soweit sie Angehörige der Amish-Sekte betrifft, 406 U. S. 206 (1972).

[312] VerfGH Wien EuGRZ 1999, 601; *Hain/Unruh* DÖV 2003, 147 (151); *Mückl* BK, Art. 4 (2008) Rn. 109;
*Oebbecke* NVwZ 2002, 302; *Pabel* EuGRZ 2002, 220 (227); *K.-A. Schwarz*, Das Spannungsverhältnis von Religionsfreiheit und Tierschutz am Beispiel des „rituellen Schächtens", 2003, S. 23 ff.; *Starck* MKS I, Art. 4 Rn. 39; aA *Preuß*
AK GG, Art. 4 Rn. 26. Nach dem HessVGH NVwZ 2004, 893 ist der Verkauf geschächteten Fleisches am ersten
Tag des islamischen Opferfestes Religionsausübung und muss deshalb zu einer Ausnahmeerteilung nach dem LadenschlussG führen, wenn das Fest auf einen Sonntag fällt. Rechtsvgl. *v. Ungern-Steinberg*, Religionsfreiheit in Europa,
2008, S. 305 f.

[313] Vgl. *Mager*, in: v. Münch/Kunig I, Art. 4 Rn. 50.

[314] § 4a II Nr. 2 TierSchG. § 4b S. 1 Nr. 1 lit. c erlaubt es dem Bundesministerium für Ernährung, Landwirtschaft
und Verbraucherschutz die notwendigen Voraussetzungen für solch eine Ausnahmegenehmigung festzulegen. S. a.
BVerwGE 99, 1.

[315] BVerfGE 32, 98 (106 f.); *M. Mayer* NVwZ 1997, 561 (562); *Müller-Volbehr* JuS 1997, 223 (224); vgl. aber
BVerwGE 112, 227 (234).

[316] BVerwGE 127, 183 (185).

[317] BVerfGE 104, 337 (353 ff.); dagegen *Kästner* JZ 2002, 491 (494 f.); *Tillmanns* NuR 2002, 578 (583 ff.);
zustimmend im Ergebnis *Müller-Volbehr* FS Frotscher, 2007, S. 285 (293). Zur Entscheidung etwa *Hain/Unruh* DÖV
2003, 147; *Langenfeld* IJCL 1 (2003), 141; *Oebbecke* NVwZ 2002, 302; *Pabel* EuGRZ 2002, 220; *K.-A. Schwarz*, Das
Spannungsverhältnis von Religionsfreiheit und Tierschutz am Beispiel der „rituellen Schächtens", 2003, S. 33 ff.;
*Wittreck* Staat 42 (2003), 519; s. a. *Morlok*, in: Dreier I, Art. 4 Rn. 131 sowie VerfGH Wien EuGRZ 1999, 601.

[318] BVerfGE 104, 337 (355); EuGH, C-426/16.

[319] So HessVGH, ESVGH 55, 129; tendenziell BVerwG 127, 183 (186); ebenso *Dietz* DÖV 2007, 489 (493);
*Kluge* NVwZ 2006, 650 (653).

[320] Vgl. *Starck* MKS I, Art. 4 Rn. 39; *Bock* NVwZ 2007, 1250 (1254 f.) mN zur Rspr. Doch ist im Einzelnen str.,
inwieweit Schächten qualvoller ist als manche „übliche" Tötungsart.

[321] HessVGH ESVGH 55, 129 (137 ff.); zustimmend *Dietz* DÖV 2007, 489 (493); *Kluge* NVwZ 2006, 650 (651);
aA *Hain/Unruh* DÖV 2003, 147 (154); *Pabel* EuGRZ 2002, 220 (233); *Walter* (Fn. 224), S. 533 f. Einen generellen
Vorrang des Tierschutzes bei der Abwägung mit der Religionsfreiheit bedeutet die Änderung hingegen nicht, s.
BVerwGE 127, 183 (186); *Jarass*, in: Jarass/Pieroth (2018), Art. 20a Rn. 15, 17; *K.-A. Schwarz*, Das Spannungs-

87     Seit dem 1.1.2013 darf aufgrund europ. Rechts Schächten nur noch in Schlachthöfen erfolgen, wodurch ein besserer Schutz von Tieren zum Zeitpunkt der Tötung gewährleistet werden soll.[322] Dadurch kam es in Belgien am islam. Opferfest dazu, dass eine Versorgung mit ausreichend geschächtetem Fleisch nicht mehr sichergestellt werden konnte. Der EuGH erachtet die Regelung nicht als Eingriff in Art. 10 EuGRCh, weil sie das Schächten nur indirekt erschwert und der Mangel an Schlachthöfen auf Einzelfälle beschränkt sei.[323]

88     Art. 4 I und II GG enthält nicht nur ein individ. AbwehrR, das dem Staat die Einmischung in den höchstpersönl. Bereich des Einzelnen verbietet, sondern er gebietet auch in positivem Sinn, **Raum für die aktive Betätigung der Glaubensüberzeugung** und die Verwirklichung der autonomen Persönlichkeit auf weltanschaulich-relig. Gebiet zu sichern.[324] Art. 140 GG iVm Art. 138 II WRV konkretisiert Art. 4 II dahingehend, dass die staatl. Gewalt dem Grundrechtsträger vorhandene und notwendige materielle Voraussetzungen für die Ausübung dieses Grundrechts nicht entziehen darf.[325] Art. 4 ist jedoch nicht als positives Grundrecht idS zu verstehen, dass er dem Einzelnen oder den Religionsgemeinschaften Ansprüche auf bestimmte staatl. Leistungen garantiert.[326] Es besteht keine staatl. Pflicht, einem Schüler vegane Mittagsverpflegung anzubieten, wenn er eine andere Ernährung aus relig. Gründen ablehnt.[327] Auch besteht kein Anspruch auf steuerl. Privilegien wie die Körperschaftsteuerfreiheit.[328]

89     Art. 140 GG iVm Art. 136 V und VI, Art. 138 I und Art. 141 WRV verpflichten allerdings den Staat in gewissem Maße, den Religionsgesellschaften auch faktisch ihr Wirken zu ermöglichen. Außerdem hat nach Art. 7 III der Staat die Kosten für den Religionsunterricht an den öff. Schulen zu tragen.[329] Schließlich kann sich aus dem Gleichheitssatz ein positiver Förderungsanspruch ergeben (Art. 3 III, 140 GG iVm Art. 136 II WRV). Der Staat darf grds. **keine Religionen** oder Weltanschauungen **bevorzugen.** Wenn er sich also iR seines Ermessens entschlossen hat, einzelne Angehörige einer Religion, einzelne Religionsgemeinschaften oder Kirchen zu fördern, so muss er diese Förderung auf alle vergleichbaren Einzelnen und Vereinigungen erstrecken.[330] Nach dem BVerwG steht daher islamischen Religionsgemeinschaften ein Anspruch auf Erteilung von Bekenntnisunterricht zu.[331] Einige Länder bieten ihn an[332] und führen ihn zT in Kooperation mit der Türkisch-Islamischen Union (DITIB) durch. Jedenfalls müssen Religionsgemeinschaften, die beim Religionsunterricht mitwirken, die Gewähr dafür bieten, dass das Verbot einer Staatskirche, die Prinzipien von Neutralität und Parität, sowie die Grundwerte der Verfassung einschließlich der Gleichberechtigung von Mann und Frau, unangetastet bleiben.[333] Wo das nicht mehr gewährleistet ist, ist der Staat verpflichtet, solchen Religionsunterricht zu unterlassen bzw. zu unterbinden.[334] Jedenfalls wenn kein geeigneter Kooperationspartner zur Verfügung steht, ist es zulässig, dass ein nicht bekenntnisorientierter, rein religionskundlichen Islamunterricht eingeführt wird.[335] So verfährt das Bundesland Hessen seit 2020 nach Beendigung der Kooperation mit DITIB.[336]

---

verhältnis von Religionsfreiheit und Tierschutz am Beispiel des „rituellen Schächtens", 2003, S. 47 ff.; gegenteilig sogar *Kloepfer* BK, Art. 20a (2005) Rn. 90.

[322] Verordnung (EG) Nr. 1099/2009 des Rates vom 24. September 2009 über den Schutz von Tieren zum Zeitpunkt der Tötung, ABl L 303, 1–30, insb. Art. 4 IV iVm Art. 2 lit. g sowie der 18. Erwägungsgrund. Die Verordnung gilt nach Art. 30 seit dem 1.1.2013.

[323] EuGH, Urt. v. 29.5.2018 – C-426/16, Rn. 62 ff. S. a. EuGH, Urt. v. 26.2.2019, C-497/17, nachdem geschächtetes Fleisch kein EU-Bio-Siegel erhält sowie das anhängige Verfahren C-336/19 m. SA Hogan v. 10.9.2020 zu der Frage, ob Art. 26 II EG-TierschlachtungsVO ein absolutes Schächtverbot durch mitgliedstaatliches Gesetz zulässt.

[324] BVerfGE 41, 29 (49); s. a. BVerfGE 125, 39 (78 ff.).

[325] BVerfG (K) NVwZ 1997, 782 (783). → Art. 140 GG/Art. 138 WRV Rn. 6 ff.

[326] BVerfG, Beschl. v. 9.8.2018 – 1 BvR 1981/16; *Herzog*, in: Maunz/Dürig, Art. 4 (2009) Rn. 108; *Jarass*, in: Jarass/Pieroth, Art. 4 Rn. 43a; *Kästner/Droege*, in: Stern/Becker, Art. 4 Rn. 165; *Starck* MKS I, Art. 4 Rn. 18. AA aber *Rixen* DVBl 2018, 906 (913 ff.) im Hinblick auf ein „Grundrecht auf glaubenskonforme Gewährung von Sozialleistungen".

[327] BVerfG, Beschl. v. 9.8.2018 – 1 BvR 1981/16.

[328] BFH, BStBl II 2018, 218; BFH, BStBl II 2018, 422.

[329] *Badura*, in: Maunz/Dürig, Art. 7 (2015) Rn. 75.

[330] *Herzog*, in: Maunz/Dürig, Art. 4 (2009) Rn. 110.

[331] Vgl. BVerwG NVwZ 2019, 236; BVerwGE 123, 49; gegen einen solchen Anspruch *Doehring*, FAZ v. 12.2.2011.

[332] Z. B. Hessen und Niedersachsen.

[333] BVerwGE 123, 49 (74); näher *Muckel*, Religionsfreiheit gestern, heute und morgen, 2017, S. 36 ff.; *Schmitt-Kammler*, Art. 7 Rn. 44; *Stock* NVwZ 2004, 1399; *Waldhoff*, 68. DJT, 2010, D 89 ff.; *Zacharias* German Law Journal 6 (2005), 1319; s. a. *Deutsche Islamkonferenz/de Wall*, Verfassungsrechtliche Rahmenbedingungen eines islamischen Religionsunterrichts, 2008, https://www.bmi.bund.de/SharedDocs/downloads/DE/veroeffentlichungen/themen/heimat-integration/dik/verfass_rahmenbedingungen.pdf.jsessionid=CCoCC36A5D3FFCC27F232E0FB3A8EDE.1_cid364?_blob=publicationFile&v=1 (8.9.2020). So nun auch ausdrücklich in § 132a III SchulG NRW verankert.

[334] *Sachs* in: Oebbecke/Kalisch/Towfigh: Die Stellung der Frau im islamischen Religionsunterricht, 2007, S. 35 (47 f.).

[335] VG Wiesbaden, Beschl. v. 6.9.2019 – 6 L 1363/19.WI.

[336] Hessisches Kultusministerium, Presseerklärung v. 28.4.2020.

Art. 4 ist bei der Schaffung von Anti-Diskriminierungsregelungen hinreichend zu beachten[337] und **90** entfaltet mittelbare **Drittwirkung insbes. im Arbeitsrecht,**[338] aber auch in anderen Rechtsbereichen.[339] Bei der Auslegung der Pflichten des Arbeitnehmers nach „Treu und Glauben" (§ 242 BGB) und der Ausübung des Direktionsrechts des Arbeitgebers (§ 315 BGB, §§ 106 iVm 6 II GewO) ist die Glaubens-, Gewissens- und Bekenntnisfreiheit zu berücksichtigen.[340] Stehen dem Arbeitgeber nicht belastende Ausweichmöglichkeiten zur Verfügung, so hat er den sich auf Art. 4 berufenden Arbeitnehmer nach Möglichkeit so zu beschäftigen, dass er seine Arbeit im Einklang mit seiner Glaubens-, Gewissens- und Bekenntnisfreiheit verrichten kann;[341] geht das nicht, ist dem Arbeitnehmer u. U. eine Lösung vom Arbeitsverhältnis zuzumuten.[342] Insb. kann derjenige, der ein Arbeitsverhältnis eingeht, sich nicht anschließend einseitig zu Lasten des Arbeitgebers seinen daraus erwachsenden Pflichten entziehen. Vorhersehbare Schwierigkeiten sind möglichst schon bei Vertragsabschluss anzusprechen. Generell ist ein Ausgleich unter Beachtung der Ausstrahlungswirkung der Religionsfreiheit zu finden.[343] Ein Kopftuchverbot kann bei Wahrung der Verhältnismäßigkeit zB gerechtfertigt sein, um eine vom Arbeitgeber verfolgte Politik der relig. und weltanschaul. Neutralität durchzusetzen, zumal nur ein Fall der indirekten (mittelbaren) Diskriminierung vorliegt.[344] Dabei stellt sich die Frage, ob trotz der unionsrechtl. Überlagerung Wertungen des Art. 4 GG dennoch als „günstigere Regelung" iSv Art. 8 AntidiskriminierungsRL in die Abwägung einbezogen werden dürfen.[345] Des Weiteren ist die Gleichbehandlung von Arbeitnehmern bzgl. der Gewährung von Urlaub an Feiertagen bzw. hinsichtlich der Zahlung von Feiertagszuschlägen geboten.[346]

Die personenbedingte Kündigung eines muslim. Arbeitnehmers, der sich unter Berufung auf seinen **91** Glauben weigert, **alkoholische Getränke** zu verkaufen, kann rechtswidrig sein, wenn dieser anderweitig eingesetzt werden kann.[347]

Besondere Probleme bestehen im **kirchlichen Arbeitsrecht,** wenn Bewerber oder Arbeitnehmer **92** unter Verweis auf das kirchl. Selbstbestimmungsrecht diskriminiert werden, weil sie ein Verhalten an den Tag legen, das der Arbeitgeber aus relig. Gründen ablehnt.

Nach dem BVerfG haben die staatl. Gerichte iR einer Plausibilitätskontrolle auf der Grundlage des **93** glaubensdefinierten Selbstverständnisses der verfassten Kirche zu überprüfen, ob eine bestimmte Loyalitätsobliegenheit Ausdruck eines kirchl. Glaubenssatzes ist und welches Gewicht dieser Loyalitätsobliegenheit und einem Verstoß hiergegen nach dem kirchl. Selbstverständnis zukommt.[348] Aufgrund des kirchl. SelbstbestimmungsR hätten die Kirchen und Religionsgemeinschaften hierbei eine Beurteilungsspielraum.[349] Der EuGH legt demgegenüber eine funktionelle Betrachtungsweise des Arbeitnehmers an den Tag. Danach darf es **bei kirchlichen Arbeitnehmern nicht auf die Religion oder Weltanschauung ankommen, sofern** dies aus Sicht der staatl. Gerichte **für ihre Funktionen nicht wesentlich** ist.[350] Nach dem auf der Grundlage des EuGH-Urteils ergangenen Urteil des BAG werden die verfassungsrechtl. Wertungen aufgrund des Anwendungsvorrangs des UnionsR verdrängt.[351] Im

---

[337] Vgl. *Thüsing* JZ 2004, 172 und *Rudolf* (Fn. 201), S. 209 (231 ff.).

[338] Ausführlich *Wege,* Religion im Arbeitsverhältnis, 2007. S. insbes. Vorlage des BAG an den EuGH v. 30.1.2019 – 10 AZR 299/18 (A). C-341/19.

[339] Vgl. *Heckel* AöR 134 (2009), 309, 331 f. m. zahlr. Nachw.; zum FamR: *Preuß* AK GG, Art. 4 Rn. 32 mwN; *Starck* MKS I, Art. 4 Rn. 142; *Vellmer* Religiöse Kindererziehung und religiös begründete Konflikte in der Familie, 2010; *Waldhoff,* 68. DJT, 2010, D 124 ff.; zur Anwendung islamischer Normen iRd IPR *Rohe* JZ 2007, 801 (802 ff.), zum IPR auch *Waldhoff* id.; zur Anerkennung von durch ein relig. Gericht durchgeführten Scheidungen bzw. zu Privatscheidungen *Elmaliah/Thomas,* FamRZ 2018, 739 und EuGH C-372/16; zum Mietrecht: Art. 4 könnte eine Duldungspflicht des Vermieters auslösen, wenn der Mieter nur mittels einer Parabolantenne relig. Informationen durch ausländ. Fernsehsender empfangen kann, offen lassend BGH (217 f.) vgl. a. → Rn. 148.

[340] S. etwa BAG NJW 2003, 1685 (1686 f.).

[341] Vgl. → Rn. 81.

[342] Vgl. *Muckel,* in: Friauf/Höfling, Art. 4 (2009) Rn. 68.

[343] Vgl. *Morlok,* in: Dreier I, Art. 4 Rn. 147 f.

[344] Zur Antidiskriminierungsrichtlinie (RL 2000/78/EG), auf der auch die deutsche Anti-Diskriminierungsgesetzgebung weitgehend beruht: *Kokott,* Schlussantrag in Rs. C-157/15; ähnlich, aber für evangelisches Krankenhaus („Tendenz-Betrieb"), BAG, Urt. v. 24.9.2014 – 5 AZR 611/12; krit. *Steinbach* Staat 56 (2017), 621 (637 ff.). Zu den unterschiedl. Konstellationen s. a. BVerfG (K) NJW 2003, 2815. Hierzu *Hoevels* NZA 2003, 701; *Preis/Greiner* RdA 2003, 244; *Thüsing* NJW 2003, 405; *ders./Wege* ZEuP 2004, 399.

[345] Dies ist einer der Gegenstände der Vorlage des BAG v. 30.1.2019 – 10 AZR 299/18 (A), anhängig unter C-341/19 sowie der Vorlage des ArbG Hamburg v. 21.11.2018 – 8 Ca 123/18, anhängig unter C-804/18. Dafür *Klein* NVwZ 2017, 920 (921 f.); *Stein* SR 2018, 107 (114); dagegen *Wagner* EuR 2018, 724 (741 ff.).

[346] EuGH, Urt. v. 22.1.2019 – C-193/17.

[347] BAG BB 2011, 3004, (3005 f.). Allerdings muss der Arbeitgeber nur naheliegende, ohne erhebliche Schwierigkeiten durchsetzbare Maßnahmen zur Konfliktvermeidung ergreifen.

[348] BVerfGE 137, 273 (LS 3; Chefarzt).

[349] BVerfGE 137, 273 (314 ff.; Chefarzt).

[350] EuGH, Urt. v. 17.4.2018 – C-414/16 (Rn. 59 – Chefarzt); Urt. v. 11.9.2018 – C-68/17 (Rn. 61 – Egenberger).

[351] BAGE 164, 117 (156 ff.); BAG, Urt. v. 20.2.2019 – 2 AZR 746/14 (jeweils nachgehend zu den beiden Entscheidungen des EuGH).

Fall Egenberger hat die Diakonie jedoch Vb eingelegt, in der vermutlich der Vorwurf eines ultra-vires-Akts bzw. der Verletzung der Verfassungsidentität des GG erhoben werden wird.[352]

94      Entscheidungen über die **elterliche Sorge** oder in Adoptionsverfahren dürfen grds. nicht vom Glauben der Eltern oder Adoptionswilligen abhängig gemacht werden.[353] Erst wenn aufgrund der streng relig. Lebensweise der Eltern die Entwicklungsmöglichkeiten des Kindes stark eingeschränkt werden, ist die Erziehungsfähigkeit der Eltern in Frage gestellt.[354]

95      Darüber hinaus ist ein aus Art. 4 abzuleitender Anspruch gegen den Staat auf **Schutz vor Störungen der Religionsausübung** anerkannt, wie ihn Art. 135 II WRV ausdrücklich vorsah. Dieser Schutz wird über die §§ 166 ff. StGB[355] gewährt und wirkt auch zu Gunsten von Weltanschauungsgemeinschaften. Die Schutzpflicht reicht jedoch nicht so weit, dass ein Recht auf Schutz vor nicht ehrverletzender Kritik gegen den eigenen Glauben bestehen würde, weshalb die Strafbarkeit des Beschimpfens eines Bekenntnisses nach § 166 StGB fragwürdig erscheint,[356] zumindest aber der Tatbestand eng ausgelegt werden muss. Des Weiteren sind Religion und Weltanschauung als Elemente des Persönlichkeitsrechts über die §§ 823, 1004 BGB geschützt.[357] So durften Aufnahmen des Kölner Doms nicht zur Werbung für politische Veranstaltungen genutzt werden, die im Konflikt mit den Glaubensüberzeugungen der katholischen Kirche stehen.[358]

96      Die **Freiheit zur religiösen Vereinigung,** die Art. 137 II WRV ausdr. gewährleistet, ist Attribut der in Art. 4 garantierten Freiheit des relig. Bekenntnisses[359] und der Religionsausübung,[360] so dass Art. 140 GG iVm Art. 137 II WRV nur deklaratorische Wirkung zukommt.[361] Verletzungen der relig. Vereinigungsfreiheit können daher mit der Vb abgewehrt werden.[362]

97      Die relig. Vereinigungsfreiheit ist individ. und korporatives Recht. Sie umfasst das Recht, sich gemäß den Grundsätzen des Glaubens zusammenzuschließen und zu organisieren. Sie gewährt keinen **Anspruch auf** eine bestimmte Rechtsform, wohl aber auf eine irgendwie geartete **rechtliche Existenz,** einschließl. der Teilnahme am allg. Rechtsverkehr.[363] Unter Umständen steht einer Vereinigung die Rechtsform der Körperschaft des öR mangels Erfüllung der Voraussetzungen des Art. 137 V WRV nicht zur Verfügung. Dann sind die Vorschriften des bürgerl. Rechts über die Vereinsautonomie im Lichte der Religionsfreiheit so auszulegen, dass auch für eine Teilgliederung einer hierarchisch strukturierten Religionsgemeinschaft die Rechtsform des Vereins in Betracht kommt.[364] Wenn eine Vereinigung im Sinne des Art. 137 V WRV „durch ihre Verfassung und die Zahl ihrer Mitglieder die Gewähr der Dauer biete[t]", rechtstreu ist und die Einhaltung der fundamentalen Verfassungsprinzipien gewährleistet, hat sie Anspruch auf Anerkennung als Körperschaft des öR.[365] Eine darüber hinausgehende Loyalität zum Staat verlangt das GG nicht.[366]

98      Im Jahre 2001 strich der Gesetzgeber das sog. Religionsprivileg aus dem VereinsG, um besser gegen extremistische und gewaltbereite Vereinigungen vorgehen zu können, die sich auf relig. Schutz berufen.[367] **Weltanschauungs- oder Religionsgemeinschaften** können seither aufgrund regulären

---

[352] Vgl. FAZ v. 2.5.2019, S. 8. Einen ultra-vires-Akt bejahend *Thüsing/Mathy,* RIW 2018, 559 (561 f.); ablehnend *Classen* EuR 2018, 752 (765 f.); *Stein* AuR 2019, 157 (161); kritisch gegenüber dem Egenberger-Urteil *Herboldsheimer,* Arbeitsrecht in kirchlicher Selbstbestimmung, 2019, S. 139 ff.; s. a. *J. Isensee,* Staat und Religion, Abhandlungen aus den Jahren 1974–2017, 2019, S. 747 ff.

[353] Vgl. *Starck* MKS I, Art. 4 Rn. 142.

[354] OLG Hamm, Beschl. v. 12.5.2017 – II-4 UF 94/16.

[355] *Mückl,* in: Kadelbach/Parhisi (Fn. 195), S. 97 (102 ff.); *Waldhoff,* 68. DJT, 2010, D 159 ff.

[356] *Stankewitz,* Strafbarkeit religionsfeindlicher Äußerungen in Deutschland und Frankreich, 2017, S. 96 ff., 219 ff.

[357] Vgl. *Starck* MKS I, Art. 4 Rn. 143.

[358] LG Köln, Urt. v. 20.9.2017 – 28 O 23/17.

[359] BVerfGE 42, 312 (323).

[360] *Zippelius* BK, Art. 4 (1989) Rn. 112.

[361] *Zippelius* ebda. Dagegen aber wohl die Entstehungsgeschichte: Art. 4 I enthielt ursprünglich eine ausdrückliche Garantie der religiösen Vereinigungsfreiheit, die erst in der vierten Lesung im HA des ParlRates am 4.5.1949 – nach Übernahme des Weimarer Kirchenkompromisses in das GG – gestrichen wurde. Die Streichung wurde damit begründet, dass jetzt, nachdem Art. 137 II WRV Bestandteil des GG geworden sei, eine Garantie der religiösen Vereinigungsfreiheit in Art. 4 überflüssig geworden sei. Zur Entstehungsgeschichte BVerfGE 83, 341 (354). S. a. *Preuß* AK GG, Art. 4 Rn. 6 f. und 18, der die religiöse Vereinigungsfreiheit in Art. 140 GG iVm Art. 137 II WRV verortet.

[362] Vgl. *Mückl* BK, Art. 4 (2008) Rn. 93; s. a. BVerfGE 83, 341.

[363] BVerfGE 83, 341.

[364] Ebda. (356 ff.).

[365] Vgl. zu den Gründungsvoraussetzungen im Einzelnen *Towfigh* (Fn. 41), S. 163 ff.

[366] BVerfGE 102, 370 (Verbot der Wahlteilnahme bei Zeugen Jehovas); anders BVerwGE 105, 117.

[367] Vgl. daraufhin Verbot des Kalifatsstaats BVerwG NVwZ 2003, 986; dazu *Sachs* JuS 2004, 12; seither mehrere Verbote islamistischer Organisationen in Abwägung mit der Religionsfreiheit, ua Hizb-ut-Tahrir (bestätigt durch BVerwG NVwZ 2006, 694), Al-Aqsa e. V. (bestätigt durch BVerwG JuS 2006, 260), DawaFFM (bestätigt durch BVerwG NVwZ 2014, 1573), sowie Waisenkinderprojekt Libanon (bestätigt durch BVerwG NVwZ-RR 2016, 454 und BVerfG, Beschl. v. 2.7.2019 – 1 BvR 385/16). Siehe zudem zum Verbot des salafistischen Vereins „Die wahre Religion", der vor allem durch Koranverteilungen aufgefallen war: http://www.zeit.de/gesellschaft/zeitgeschehen/2016-11/die-wahre-religion-islam-salafisten-faq (8.9.2020).

VereinsR verboten werden. Dabei sind allerdings die verfassungsrechtl. Grenzen zu beachten. Sicherlich ist ein zum Schutz höherrangiger oder gleichrangiger Verfassungsrechtsgüter erforderliches **Verbot** zulässig. Nach dem BVerwG reicht jedoch nicht aus, dass sich ein Verein mit religiös begründeten, in Widerspruch zu grundlegenden Verfassungsprinzipien stehenden Lehren als Glaubensinhalt befasst und für sie wirbt. Vielmehr ist erforderlich, dass er „die konkrete Umsetzung dieser Lehren oder aus ihnen hergeleiteter Verhaltenspflichten in Deutschland propagiert bzw. fördert".[368] Ob die Schranken des Art. 9 II anwendbar sind, ist str.[369]

Art. 4 garantiert auch die negative relig. Vereinigungsfreiheit, also die Freiheit des Nichtbeitritts **99** oder des Ausscheidens aus einer relig. Vereinigung.[370] Eine gesetzl. Frist („Überlegensfrist"), auf Grund derer ein Kirchenaustritt erst einen Monat nach Eingang der Austrittserklärung rechtlich wirksam wird, ist deshalb mit dem GG unvereinbar.[371] Hingegen ist die Erhebung einer die Verwaltungskosten deckenden Gebühr für den Kirchenaustritt gerechtfertigt.[372] Ebenso zulässig sind LandesG, die einen Verzicht auf Bedingungen oder Zusätze zur Austrittserklärung fordern.[373] Der Vermerk „Körperschaft des öffentlichen Rechts" hinter der Bezeichnung der Kirche, aus der ausgetreten wird, verhindert jedoch trotz eines solchen Gesetzes nicht den wirksamen Austritt aus der Kirche. Eine separate Beendigung der Mitgliedschaft in der Körperschaft, an die die Steuerpflicht anknüpft, bei weiterem steuerfreien Verbleib in der Kirche scheidet damit aus.[374] Dagegen darf von wirksam ausgetretenen Personen keine Kirchensteuer mehr erhoben werden, auch wenn der Ehegatte noch Mitglied ist. Es wird jedoch vom BVerfG hingenommen, dass in diesen Fällen zusätzlich ein sog. „besonderes Kirchgeld" von dem kirchenangehörigen Ehegatten erhoben wird, welches zwar an den Lebensführungsaufwand des kirchenangehörigen Ehegatten anknüpft, der aber wiederum nach dem gemeinsamen Einkommen der Ehegatten bemessen wird.[375]

**2. Gewissensfreiheit.** Die **Gewissensfreiheit** ist wohl die am meisten subj. bestimmte Grund- **100** rechtsnorm.[376] Die Rspr. definiert „Gewissen" als ein (wie immer begründbares, jedenfalls aber) real erfahrbares seelisches Phänomen, dessen Forderungen, Mahnungen und Warnungen für den Menschen unmittelbar evidente Gebote unbedingten Sollens sind.[377] Die Gewissensentscheidung ist wesenhaft und immer „situationsbezogen".[378] Eine Gewissensentscheidung kann auf bewussten oder unbewussten Bindungen beruhen, auf undogmatischer indiv. Überzeugung oder aber auch auf weltanschaulichen oder relig. Grundsätzen.[379]

Im letztgenannten Falle ist sie zugleich „normbezogen", indem es um die Bewährung einer grds. **101** weltanschaulichen Überzeugung oder Glaubenshaltung geht. Hier ergeben sich **Überschneidungen** mit der Freiheit der Religion und der Weltanschauung. Nicht notwendigerweise zum Wesen der Gewissensentscheidung gehört es, dass der Betroffene sie rational nach Maßgabe vernünftiger Kriterien inhaltlich begründen kann.[380] Er muss jedoch die Ernsthaftigkeit, Tiefe und absolute Verbindlichkeit seiner Gewissensentscheidung nachvollziehbar darlegen.[381] „Als eine Gewissensentscheidung ist somit jede ernste sittliche, dh an den Kategorien von ‚Gut' und ‚Böse' orientierte Entscheidung anzusehen, die der Einzelne in einer bestimmten Lage als für sich bindend und unbedingt verpflichtend innerlich erfährt, so dass er gegen sie nicht ohne ernste Gewissensnot handeln könnte."[382]

---

[368] BVerwG NVwZ 2014, 1573 (1577).

[369] Vgl. BVerfG (K) NJW 2004, 47 (48); BVerwG NVwZ 2003, 986 (987); BVerwGE 37, 344 (364 f.); 105, 117 (121); BVerwG NVwZ 2006, 694; *Stuhlfauth* DVBl 2009, 416; zum Verbot von Religions- oder Weltanschauungsgemeinschaften; s. a. *Diringer,* Scientology, 2003, S. 250 ff.; *Groh* (Fn. 71); *Michael* JZ 2007, 146 (147); *Radtke* ZevKR 50 (2005), 95 (104 ff.); *Sachs* JuS 2004, 12 (16); *Waldhoff,* 68. DJT, 2010, D 87; für Anwendbarkeit des Art. 9 II *von Campenhausen* HStR VII, § 157 Rn. 98 m. Fn. 241, Rn. 122; *Holterhus/Aghazadeh* JuS 2016, 117 (120); dagegen *Unruh,* Religionsverfassungsrecht, 2018, S. 168 ff.

[370] Zur kirchenrechtlichen (katholischen) Betrachtung des Kirchenaustritts s. *Muckel* JZ 2009, 174. Zur Abkehr vom islamischen Glauben s. *Knüppel,* Religionsfreiheit und Apostasie in islamisch geprägten Staaten, 2010, S. 205 ff.

[371] BVerfGE 44, 37.

[372] BVerfG (K) NJW 2008, 2978; *Stuhlfauth* DÖV 2009, 225.

[373] BVerwG NVwZ 2013, 64 (67) zu § 26 KiStG BW; zust. *Gehm* NVwZ 2013, 69 f.; *Muckel* NVwZ 2013, 260 f.

[374] BVerwG NVwZ 2013, 64 (68 f.); zust. *Muckel* ebda; *Reimer* JZ 2013, 136 (139); krit.: *Löhnig/Preisner* NVwZ 2013, 39 (40); → Art. 140 Rn. 1 ff. Vgl. dazu auch BayVGH NVwZ-RR 2014, 618. Der Zusatz „im meldeamtlichen Sinn" führt zur Unwirksamkeit des Kirchenaustritts.

[375] BVerfGE 19, 268, 282; BVerfG (K) NJW 2011, 365. Es liege auch kein Verstoß gegen Art. 9 EMRK vor, EGMR NJW 2018, 3295.

[376] Vgl. a. *Muckel* NJW 2000, 689.

[377] BVerfGE 12, 45 (54).

[378] Ebda. (55).

[379] Vgl. BVerfGE 7, 242 (245 f.).

[380] Vgl. BVerfGE 12, 270 (272 f.).

[381] BVerfGE 79, 24; *Rupp* NVwZ 1991, 1033 (1034).

[382] BVerfGE 12, 45 (55).

102    Zw. ist, ob der Gewissensbegriff in Art. 4 identisch mit dem des **Art. 38** ist.[383] Danach sind die Abg. des BT nur ihrem Gewissen unterworfen. Dies darf jedenfalls nicht dahin missverstanden werden, dass die Abg. nur in sog. Gewissensfragen frei wären, ihrer eigenen Überzeugung zu folgen.[384]

103    Der Schutzbereich der Gewissensfreiheit umfasst zunächst das **forum internum.** Obgleich es im Bereich der Bildung und des Innehabens eines Gewissens schwerlich zu Konflikten mit anderen Rechtsgütern kommen kann, ist der Schutz dieses inneren Bereichs durchaus nicht überflüssig. So begnügen sich totalitäre Regime idR nicht damit, das Handeln der Menschen zu überwachen, sondern suchen vielmehr auch den Zugriff auf Denken und Glauben der Menschen.[385] In der deutschen Geschichte steht das Lied „Die Gedanken sind frei" für den Widerstand gegen solche Bestrebungen. Im Bereich des forum internum verbietet die Gewissensfreiheit den staatl. Zugriff durch Gehirnwäsche, Hypnose, Drogen u. Ä.[386] Insoweit deckt sich die Gewissensfreiheit mit der Menschenwürde und dem allg. Persönlichkeitsrecht. Allerdings ist nicht jede Einflussnahme auf die Gewissensbildung verboten. Im Rahmen der Erziehung an staatl. Schulen sollen vielmehr gerade auch Werte vermittelt werden, die für die Bildung eines Gewissens von Bedeutung sind.

104    Darüber hinaus erstreckt sich nach herrschender, wenn auch immer wieder in Frage gestellter[387] Meinung die Gewissensfreiheit auf das **forum externum,** mithin die Freiheit, nach den als bindend und unbedingt verpflichtend innerlich erfahrenen Geboten des Gewissens handeln zu dürfen.[388] Dafür spricht, dass Art. 4 – nur auf das forum internum bezogen, das bereits durch Art. 1 und 2 geschützt wird – keinen effet utile haben würde. Allerdings drängen sich auf Grund einer derart extensiven Auslegung der Gewissensfreiheit Konflikte der so geschützten Gewissensbetätigung mit der allg. Rechtsordnung auf, die durch den stark subj. Einschlag der Gewissensentscheidung, die selbst nicht vernunftgeprägt zu sein braucht, hier noch viel weiter gehen als bei der Religionsfreiheit. Macht der Einzelne Gewissensgründe gegen die Erfüllung von Rechtspflichten geltend, ist in erster Linie wo immer möglich nach einer Lösung zu suchen, die zugleich dem Recht und dem Gewissen des Einzelnen Rechnung trägt. Dem Einzelnen kann auch zugemutet werden, für sein Gewissen Nachteile in Kauf zu nehmen. Auch hier gilt, dass das forum internum der Gewissensfreiheit intensiver geschützt ist als die Betätigung der Gewissensfreiheit.

105    Die **negative** Komponente der **Gewissensfreiheit** wird ebenso geschützt wie die der Glaubensfreiheit.[389] Gründe für eine andersartige Behandlung des Gewissens im Vergleich zum Glauben oder der Weltanschauung sind nicht ersichtlich.[390] Bezüglich des forum internum wird der Einzelne daher vor einer Manipulation des Gewissens, gleich in welche Richtung, geschützt.

106    Der **allgemeinen Steuerpflicht** können keine Gewissensbedenken entgegengehalten werden. Steuern werden gerade nicht für einen bestimmten gewissenswidrigen Zweck, sondern allg. zur Deckung der Staatsausgaben erhoben. Insofern fehlt bereits der Ansatzpunkt für eine Gewissensentscheidung.[391] Zudem leistet der Abgabenschuldner durch Zahlung der Steuern oder Abgaben nur einen mittelbaren Beitrag zu der gewissenswidrigen Verwendung. Dem Einzelnen wäre solch ein mittelbarer Beitrag zu einer gewissenswidrigen Handlung weitaus eher zuzumuten als eine Verpflichtung, selbst die gewissenswidrige Handlung vorzunehmen.[392]

107    Folglich gilt für die **Abgabenverweigerung** einzelner Bürger, die eine bestimmte Art der Verwendung öff. Mittel für unvereinbar mit ihrem Gewissen halten, dass sie aus ihren GrundR keinen Anspruch auf Unterlassung der beanstandeten Verwendung herleiten können. Sie können nicht verlangen, dass ihre Überzeugung zum Maßstab der Gültigkeit genereller Rechtsnormen oder ihrer Anwendung gemacht wird.[393] So dürfen bspw. nicht anteilig **Krankenkassenbeiträge** einbehalten werden, um zu verhindern, dass damit auch Schwangerschaftsabbrüche finanziert werden.[394]

---

[383] *Bethge* HStR VII, § 157 Rn. 19; *Morlok,* in: Dreier I, Art. 4 Rn. 96; *Kästner/Droege,* in: Stern/Becker, Art. 4 Rn. 112; *Starck* MKS I, Art. 4 Rn. 64: Verschiedene Gewissensbegriffe; aA *H.-P. Schneider* AK GG, Art. 38 Rn. 40: gleicher Gewissensbegriff.

[384] *H. H. Klein* HStR III, § 51 Rn. 4.

[385] Vgl. *Doehring* Staatsrecht, S. 301 ff.

[386] *Bethge* HStR VII, § 158 Rn. 24.

[387] Vgl. *Doehring* Staatsrecht, S. 301 ff.; *Zippelius* VVDStRL 28 (1970), 90 f.; *Mückl* BK, Art. 4 (2008) Rn. 110 ff.; *Eiselstein* DÖV 1984, 794.

[388] BVerfGE 48, 127 (163); *Bethge* HStR VII, § 158 Rn. 25; *Bäumlin* VVDStRL 28 (1970), S. 3 (30); *Starck* MKS I, Art. 4 Rn. 68; s. aber BVerfG (K) EuGRZ 1990, 195 (196); vgl. dazu *Geiger* EuGRZ 1990, 173 (174 f.).

[389] So auch *Herzog,* in: Maunz/Dürig, Art. 4 (2009) Rn. 158; *Morlok,* in: Dreier I, Art. 4 Rn. 98; iE auch *Borowski* (Fn. 31), S. 567 f.; aA *Mückl,* BK, Art. 4 (2008) Rn. 120; *Bethge* HStR VII, § 158 Rn. 29.

[390] Zu den konzeptionellen Unterschieden jedoch *Herzog,* in: Maunz/Dürig, Art. 4 (2009) Rn. 122 ff.

[391] So BVerfG (K) NJW 2003, 2600; NVwZ-RR 2007, 505; BFHE 166, 303; *Frhr. v. Campenhausen* HStR VII, § 157 Rn. 82; *Preuß* AK GG, Art. 4 Rn. 46; *Starck* MKS I, Art. 4 Rn. 123.

[392] *Franke* AöR 114 (1989), 7 (33); *Muckel* NJW 2000, 689 (690).

[393] BVerfGE 67, 26 (37).

[394] Es kann auch keine Befreiung von der Versicherungspflicht verlangt werden, BSG, Beschl. v. 21.9.2017 – B 12 KR 40/16 B.

Beim **zivilen Ungehorsam** und bei pazifistischen Sitzblockaden können sich Abgrenzungspro- **108** bleme zu nur von Art. 5 und Art. 8 und damit weniger intensiv geschützten polit. Agitationen ergeben.[395] Jedenfalls bietet die Gewissensfreiheit keine Handhabe, seine Überzeugungen zu verallgemeinern und als Programm durchzusetzen oder gar aktiv in die Rechtsgüter Dritter überzugreifen – „der Schutzbereich der Gewissensfreiheit ist auf den Verantwortungsbereich des Grundrechtsträgers bezogen wie beschränkt".[396] Weiter berechtigt die Gewissensfreiheit nicht zum Einsatz physischer Gewalt.[397]

Ebenso wie zur Glaubensfreiheit ausgeführt[398] gilt auch für die Gewissensfreiheit: Sofern eine **109** Gewissensentscheidung vorliegt, ist sie bei der Auslegung und Anwendung des einfachen Rechts, namentlich des **Strafrechts,** zu beachten. „Das Grundrecht der Gewissensfreiheit gewährt nicht nur subjektive Rechte, sondern ist zugleich eine wertentscheidende Grundsatznorm, und zwar höchsten verfassungsrechtlichen Ranges, die bei Staatstätigkeit jeder Art – auch bei der Strafzumessung im Strafverfahren – Wertmaßstäbe setzende Kraft entfaltet und Beachtung verlangt."[399] Jedoch kann niemand verlangen, dass seine Überzeugung zum Maßstab der Gültigkeit genereller Rechtsnormen oder ihrer Anwendung gemacht wird.[400]

Das Grundrecht aus Art. 4 kann auch zugunsten[401] des Tierschutzes wirken, wenn sich Angestellte **110** oder Studierende unter Berufung auf ihre Gewissensfreiheit weigern, an Tieren, die zu Forschungszwecken getötet wurden, zu arbeiten oder an **Tierversuchen** mitzuwirken. Indiz für die Ernsthaftigkeit der Gewissensentscheidung kann sein, dass die Betroffenen bereit sind, um ihres Gewissens willen Nachteile in Kauf zu nehmen.[402] Dem hohen Rang der Gewissensfreiheit, verstärkt durch den Tierschutz (Art. 20a GG), muss iR einer Abwägung mit der Lehr- und Forschungsfreiheit Rechnung getragen werden.[403] Beantragt eine Studentin, die erforder. Leistungsnachweise ohne Teilnahme an Tierversuchen oder Übungen an zuvor eigens dazu getöteten Tieren erbringen zu dürfen, so ist zwischen dem durch Art. 4 I geschützten Grundrecht der Gewissensfreiheit und dem durch Art. 5 III 1 garantierten Grundrecht der Lehrfreiheit der Hochschullehrer nach dem Grundsatz der prakt. Konkordanz ein schonender Ausgleich zu suchen. Wer sich auf die Gewissensfreiheit beruft, muss allerdings substantiiert darlegen, dass gleichwertige alternative Lehrmethoden zur Verfügung stehen, welche dies sind und wo sie bereits gehandhabt werden. Ggf. muss der Betreffende der Hochschule alternative, tierversuchsfreie, gleichwertige Leistungsnachweise rechtzeitig und in konkreter Form anbieten.[404]

Wegen der Ausstrahlung des Grundrechts der Gewissensfreiheit in das **Privatrecht** kommen auch **111** hier Konflikte mit Rechtspflichten in Betracht. So zahlten Stromabnehmer unter Berufung auf ihr Gewissen Stromabrechnungen nicht, da der Strom aus Kernkraftwerken stamme. Widersprüchlich ist, wenn der Strom verbraucht und nur die Bezahlung anteilig verweigert wird. Allein der Verbrauch von uU aus Kernkraftwerken stammendem Strom, nicht aber die Bezahlung einer geschuldeten Leistung, kann in diesem Falle gewissenswidrig sein.[405] Bei Möglichkeit des Abschlusses von Ökostromverträgen, wie sie die Stromkonzerne seit etl. Jahren anbieten, können derartige Gewissenskonflikte von vornherein vermieden werden. Generell gilt, dass sich der Einzelne idR nicht unter Berufung auf sein Gewissen von freiwillig eingegangenen, vorhersehbaren Leistungspflichten lösen kann. Es ist ihm vielmehr grds. zumutbar, vorhersehbare Schwierigkeiten bereits beim Vertragsschluss und bei der Vertragsgestaltung einzubringen.[406]

Anders kann die Lage sein, wenn sich iR eines Dauerschuldverhältnisses gewissensbedingt nicht **112** vorhersehbare Schwierigkeiten ergeben.[407] Das **Arbeitsrecht** eröffnet hier der Ausstrahlungswirkung der Gewissensfreiheit weite Bereiche.[408] In Betracht kommt, dass Arbeitnehmer jede Arbeit verweigern, die in irgendeinem Zusammenhang mit Rüstung oder Verteidigung steht, dass bestimmte

---

[395] Vgl. *Franke* AöR 114 (1989), 7 (40 ff.) mwN; *Bethge* HStR VII, § 158 Rn. 62 ff.; gegen eine Anwendung des Art. 4: *Muckel,* in: Friauf/Höfling, Art. 4 (2009) Rn. 67 f.; *Preuß* AK GG, Art. 4 Rn. 46; *Starck* MKS I, Art. 4 Rn. 70; vgl. auch *Mager,* in: v. Münch/Kunig I, Art. 4 Rn. 56.

[396] *Mückl* BK, Art. 4 (2008) Rn. 113.

[397] *Bethge* HStR VII, § 158 Rn. 27.

[398] Vgl. → Rn. 78 mN.

[399] BVerfGE 23, 127 (134).

[400] BVerfGE 67, 26 (37); BVerwGE 105, 73.

[401] Zu Art. 4 zu Lasten des Tierschutzes → Rn. 84 ff.

[402] Vgl. BVerwGE 105, 73; aA *Muckel,* in: Friauf/Höfling (2009), Art. 4 Rn. 65: Schutzbereich der Gewissensfreiheit nicht berührt.

[403] Zugunsten der Lehr- und Forschungsfreiheit: vgl. BVerwGE 105, 73; VGH BW VBlBW 1996, 356; BayVGH DVBl 1989, 111; zugunsten der Gewissensfreiheit: VG Frankfurt NJW 1991, 768; zum Tierschutz vgl. *Caspar/ Geissen* NVwZ 2002, 913 (916); *Kloepfer* BK, Art. 20a (2005) Rn. 85.

[404] BVerwG NVwZ 1998, 858; BVerfG (K) NVwZ 2000, 909.

[405] Vgl. auch *Frhr. v. Campenhausen* HStR VII, § 157 Rn. 81.

[406] Zum Begriff der Gewissensnot in privatrechtlichen Verträgen LG Heidelberg NJW 1966, 1922.

[407] Hierzu *Borowski* (Fn. 30), S. 570 ff.

[408] Ausführlich *S. Bauer,* Gewissensschutz im Arbeitsverhältnis, 2004.

Druckwerke nicht vertrieben werden oder dass Angestellte sich weigern, an Tierversuchen teilzunehmen.[409] Hier ist, wie bei sonstigen Fällen der mittelb. Drittwirkung, eine Abwägung zwischen der Gewissensfreiheit einerseits und der Rechtssicherheit, der Privatautonomie und der Integrität der Verträge andererseits zu treffen.

113 Die Achtung der **Privatautonomie** und damit der Menschenwürde fordert, dass die Rechtsordnung den Einzelnen in seiner Fähigkeit, Verbindlichkeiten einzugehen, ernst nimmt und ihn deshalb grds. daran festhält.[410] Im Hinblick darauf, dass das Hinnehmen von Nachteilen Indiz für eine wahre Gewissensentscheidung sein kann, ist demjenigen, der sich im Konfliktfall auf sein Gewissen beruft, unter Umständen eine Lösung aus dem Arbeitsverhältnis zuzumuten. Nur in extremen Ausnahmefällen kann also in Betracht kommen, dass der Richter vertragl. Pflichten aus Gewissensgründen modifiziert.

114 Das GrundR der Gewissensfreiheit nach Art. 4 I gilt auch innerhalb der **Streitkräfte**,[411] da Art. 4 III nur die Gewissensentscheidung über die Verweigerung des Kriegsdienstes mit der Waffe und nicht die sonstigen Gewissensentscheidungen regelt.[412] Das BVerwG hat einen Soldaten vom Vorwurf des Verstoßes gegen die Gehorsamspflicht trotz **Befehlsverweigerung** freigesprochen, der sich glaubhaft auf seine ernsthafte Gewissensentscheidung berief.[413] Diese ermögliche es ihm nicht, den nach seiner Ansicht völkerrechtswidrigen und daher unethischen Irak-Krieg mittelbar, durch Entwicklung von Software, zu unterstützen.[414] Die Gefahr, dass das Urteil von Soldaten missbraucht werden könnte, um eine andere Verwendung in den Streitkräften zu erhalten, ist eher gering,[415] wenn ähnlich hohe Hürden an die Ernsthaftigkeit und Plausibilität der Gewissensentscheidung gestellt werden wie in dem Urteil,[416] zumal der Soldat das Risiko eines gerichtl. Verfahrens trägt.[417]

115 Die **Funktionsfähigkeit der Streitkräfte** kann durchaus eine Einschränkung der Gewissensfreiheit rechtfertigen.[418] Diese Sicht führt keineswegs zu einer Aufhebung der Grundrechtsbindung der Streitkräfte,[419] sondern zur gebotenen Berücksichtigung der Funktionsfähigkeit bei der Lösung eventueller Kollisionen mit der Gewissensfreiheit. In Verbindung mit dem bes. Pflichtenverhältnis des Soldaten zu seinem Dienstherrn ergibt die Abwägung mit der Gewissensfreiheit, dass der Soldat seine Gewissensentscheidung dem Vorgesetzten frühzeitig, also nicht erst in oder unmittelbar vor einem Einsatz, mitteilen muss.[420] Jedenfalls im milit. Einsatz geht die Funktionsfähigkeit wegen der Verteidigungs- und Bündnisfähigkeit Deutschlands und der spezif. Gefahren für die Soldaten vor.

116 **3. Kriegsdienstverweigerung.**[421] Mit der Entscheidung des Gesetzgebers, die Wehrpflicht sowie den Zivildienst ab dem 1. Juli 2011 nur noch für den **Spannungs- und Verteidigungsfall** vorzusehen,[422] haben sich eine Reihe brisanter rechtlicher und tatsächlicher Schwierigkeiten erübrigt, die erst wieder im Spannungs- und Verteidigungsfall erneut auftreten könnten.

117 Die Kriegsdienstverweigerung als Form der Gewissensbetätigung ist in Art. 4 III ausdrücklich garantiert. Diese verfassungsrechtliche Garantie zeigt, dass der Staat des GG auch in äußersten Konfliktlagen, in denen er auf seine Bürger besonders angewiesen ist, dem freien Gewissen des Einzelnen den Vorrang vor dem Staatsganzen einräumt.[423] Dies ist umso bemerkenswerter, als es sich wegen Art. 26 nur um den Beitrag des Einzelnen iR eines **Verteidigungskrieges** handeln kann.[424]

118 Die Kriegsdienstverweigerung ist als **Menschenrecht** gewährt. Das ist insofern sinnvoll, als die Heranziehung von Staatenlosen zum Wehrdienst völkerrechtlich zulässig ist, die Heranziehung von Ausländern zwar idR völkerrechtswidrig ist, aber nicht immer und unter allen Umständen ausgeschlossen werden kann.[425] Im Übrigen gibt es Tendenzen, insb. iR des Europarates, die

---

[409] Vgl. *Konzen/Rupp*, Gewissenskonflikte im Arbeitsverhältnis, 1990.

[410] *Mückl* BK, Art. 4 (2008) Rn. 147; s. aber BVerfGE 89, 214 (231 ff.).

[411] BVerwGE 127, 302 (321 ff.); implizit BVerfGE 83, 358 (360 f.); 93, 323 (329); *Jarass,* in: Jarass/Pieroth, Art. 4 Rn. 47, 52; *Morlok,* in: Dreier I, Art. 4 Rn. 95; einschränkend *Herdegen,* Gewissensfreiheit und positives Recht (kein Verweis nach unten), S. 297 ff.; krit. *Mückl* BK, Art. 4 (2008) Rn. 141.

[412] BVerwGE 127, 302 (332 ff.).

[413] Ebda. (302); *Battis* DVBl 2005, 1462; *Droege/Fischer-Lescano* NVwZ 2006, 171; *Kotzur* JZ 2006, 25; *Ladiges* NJW 2006, 956; *Sachs* JuS 2006, 168.

[414] Vgl. BVerwGE 127, 302 (342).

[415] *Kotzur* JZ 2006, 25 (30); *Schafranek* NZWehrR 2005, 234 (246); aA *Ladiges* NJW 2006, 956 (958).

[416] Vgl. auszugsweise BVerwGE 127, 302 (357 f.) und ausführlich BVerwG NJW 2006, 77 (100 ff.); hierzu *Hebeler* KJ 2006, 209 (215).

[417] Vgl. BVerwGE 127, 302 (358); *Dau* NZWehrR 2005, 255 (257).

[418] Vgl. aber BVerwGE 127, 302 (362 ff.); *Droege/Fischer-Lescano* NVwZ 2006, 171 (173); *Geiß* AVR 44 (2006), 217 (231); anders hingegen zutreffend *Schafranek* NZWehrR 2005, 234 (243 ff.).

[419] Vgl. aber BVerwGE 127, 302 (363 ff.).

[420] Vgl. insoweit ebda. (368): Nicht zur „Unzeit"; *Dau* NZWehrR 2005, 255 (256 f.).

[421] Für weitere Details zu Art. 4 III siehe die 7. Aufl. Rn. 103 ff.

[422] Vgl. §§ 2, 54 ff. WPflG, BGBl I 2011, 678; s. a. § 1 Abs. 2 KDVG, § 1a ZDG; BFDG.

[423] Vgl. BVerfGE 69, 1 (22).

[424] S. a. *Bethge* HStR VII, § 158 Rn. 68.

[425] Vgl. *Doehring* EPIL I, S. 109 (114).

Kriegsdienstverweigerung aus Gewissensgründen als allg. Menschenrecht iSd VölkerR anzuerkennen.[426]

Art. 4 III schützt nicht nur Wehrpflichtige und Reservisten, sondern auch **Zeit- und Berufssol-** 119 **daten,** sofern sie nicht ihr Dienstverhältnis anderweitig beenden können.[427] Daraus folgt, dass sich auch Frauen auf Art. 4 III berufen können,[428] wenn sie freiwillig Dienst in den Streitkräften leisten.[429] Es darf die Erstattung von Ausbildungskosten verlangt werden, sofern dem Verweigerer ein Vorteil aus der Ausbildung verbleibt.[430]

Die Gewissensentscheidung muss gegen den Kriegsdienst mit der Waffe gerichtet sein. Das BVerfG 120 unterscheidet zwischen der prinzipiellen Verweigerung jeden Kriegsdienstes mit der Waffe, die von einer grds. gegen das Töten ausgerichteten Gewissenshaltung getragen wird und der sog. situationsbedingten Gewissensentscheidung, die sich nur gegen die Teilnahme an bestimmten Kriegen, gegen bestimmte Gegner, unter bestimmten Umständen richtet.[431] Nur die **prinzipielle Entscheidung gegen den Kriegsdienst mit der Waffe** ist nach dem BVerfG von Art. 4 III gedeckt.[432]

Die nunmehr suspendierte **Ersatzdienstverweigerung** aus Gewissensgründen richtet sich nicht 121 gegen den Kriegsdienst mit der Waffe und könnte deshalb allenfalls durch **Art. 4 I** geschützt sein. Zweifelhaft ist jedoch, ob im Bereich der Wehrpflicht ein Rückgriff auf Art. 4 I überhaupt möglich ist; das BVerfG jedenfalls geht davon aus, dass Art. 4 III für diesen Bereich eine abschließende Regelung enthält.[433]

Auch nach der Rspr. des BVerfG hat Art. 4 I jedoch im Bereich der Ersatzdienstverweigerung 122 zumindest partielle Auswirkungen. Er modifiziert den **strafrechtlichen Handlungsbegriff** dahingehend, dass ein Ersatzdienstverweigerer nicht mehrfach wegen seiner von einer grds. Gewissensentscheidung getragenen Verweigerung bestraft werden darf.[434]

## C. Eingriffe

Bereits die Frage, ob ein **Eingriff** in den Schutzbereich vorliegt, kann zweifelhaft sein.[435] So haben sich 123 die Gerichte wiederholt mit der Frage beschäftigt, ob die BReg in den Schutzbereich des Art. 4 eingreift, wenn sie vor sog. Jugendsekten warnt oder Vereine unterstützt, die dies tun.[436] Eine bloße Warnung erfüllt nicht die Voraussetzungen des klass. Eingriffsbegriffs, der durch Finalität, Unmittelbarkeit, Rechtscharakter und zwangsweise Durchsetzung gekennzeichnet ist.[437] Insb. wirkt die Warnung nur mittelbar auf die Religionsgemeinschaften ein, indem sich Einzelne entschließen, nicht beizutreten oder auszuscheiden. Zwischengeschaltet sind also eigenverantwortl. Entscheidungen der Grundrechtsträger.

Die Einordnung staatlicher **Warnungen** als (mittelbare) Grundrechtseingriffe setzt also voraus, dass 124 dem Staat das Handeln der Einzelnen, die den Warnungen Folge leisten, zugerechnet werden kann. Eine solche Zurechnung setzt eine gewisse Intensität der Warnung voraus. Appelliert der Staat iRd Öffentlichkeitsarbeit hingegen nur an das eigenverantwortl. Individuum, dem er durch Aufzeigen differenziert dargestellter uU drohender Gefahren Entscheidungshilfen geben will, so bleibt eine auf dieser Grundlage erfolgende Entscheidung über eine Bewertung und eventuelle Meidung der entspr. Sekte oder Psychogruppe eine Entscheidung des selbstbestimmten Individuums, die dem Staat auch nicht als (mittelbarer) Grundrechtseingriff zuzurechnen ist.[438]

---

[426] Resolution 337 (1967) der Parl. Versammlung des Europarates und Resolution 1042 (1994) bezogen auf das ehem. Jugoslawien, sowie Empfehlungen 478 (1967) und 816 (1977) der Parl. Versammlung, 1518 (2001) des ständigen Ausschusses der Parl. Versammlung sowie R(87)8 des Ministerkomitees. Vgl. auch Europäisches Parlament, Entschließung v. 19.1.1994, ABl C 44, 103 bzw. EuGRZ 1994, 194; restriktiver *Doehring* FS Schlochauer, 1981, S. 45.

[427] *Herzog,* in: Maunz/Dürig, Art. 4 (2009) Rn. 189; *Morlok,* in: Dreier I, Art. 4 Rn. 184; *Bethge* HStR VII, § 158 Rn. 82; *Starck* MKS I, Art. 4 Rn. 173.

[428] *Jarass,* in: Jarass/Pieroth, Art. 4 Rn. 55; *O.-E. Kempen* AK GG, Art. 4 III Rn. 27; s. aber ebda Rn. 12; *Walz* NZWehrR 2002, 246 (247 ff.). Zu Einschränkungen des Sanitätsdienstes durch die Rechtsprechung des BVerwG s. BVerwG 72, 241; BVerwG NVwZ-RR 2010, 156 und *Walz* NZWehrR 2002, 246 (251 f.).

[429] Hierzu *Kokott/Hummel* → Art. 12a Rn. 6 ff.

[430] BVerwG, Urt. v. 30.3.2006 – 2 C 18/05; Urt. v. 28.10.2015 – 2 C 40/13.

[431] BVerfGE 12, 45.

[432] Zustimmend *Herdegen* HStKR I, S. 505 (515); *Jarass,* in: Jarass/Pieroth, Art. 4 Rn. 54; *Starck* MKS I, Art. 4 Rn. 170; dagegen *Brunn,* in: Umbach/Clemens I, Art. 4 Rn. 139 f., 149; *Morlok,* in: Dreier I, Art. 4 Rn. 181; krit. *Herzog,* in: Maunz/Dürig, Art. 4 (2009) Rn. 198; *Böckenförde* VVDStRL 28 (1970), S. 33 (75). S. a. 7. Aufl. Rn. 107 –115.

[433] BVerfGE 23, 127 (132); 19, 135 (138).

[434] BVerfGE 23, 191 (205).

[435] Eingehend *Borowski* (Fn. 31), S. 445 ff.

[436] BVerwGE 82, 76; 90, 112; BVerwG NJW 1991, 1770; BVerfG (K) NJW 1989, 3269 und dazu *Discher* JuS 1993, 463. Zur Beantwortung einer Kleinen Anfrage im Bundestag zum Thema Jugendsekten BVerfG (K) NJW 1996, 2085.

[437] Vgl. BVerfGE 105, 279 (299 f.); *Kingreen/Poscher,* Rn. 292, 299 f.; *Lübbe-Wolff,* Die Grundrechte als Eingriffsabwehrrechte, 1988, S. 42 ff.

[438] So auch BVerfGE 105, 279 (294 f.); *Jarass,* in: Jarass/Pieroth, Art. 4 Rn. 24; aA *Morlok,* in: Dreier I, Art. 4 Rn. 120; *Walter* (Fn. 224), S. 268; krit. *Murswiek* NVwZ 2003, 1 (3).

125    Die moderne Grundrechtstheorie hat zwar den klass. Eingriffsbegriff bzgl. aller zuvor genannter Kriterien erweitert. So ist anerkannt, dass grds. auch **faktische Maßnahmen ohne Rechtscharakter sowie mittelbar wirkende Maßnahmen** Grundrechtseingriffe darstellen können;[439] damit aber der Staat nicht handlungsunfähig bleibt, ist nicht jede noch so entfernte mittelbare Folge staatl. Maßnahmen als Grundrechtseingriff zu werten. Abgrenzungskriterien können die Finalität und die Schwere der Maßnahme sein.

126    Die Verwaltungsrspr. bejaht die **Eingriffsqualität von Warnungen.**[440] Die Folgen derartiger öff. Äußerungen des Staates seien für die Ausbreitung der angesprochenen Religions- oder Weltanschauungsgemeinschaft und ihre Rolle in der religiös-weltanschaulichen Auseinandersetzung, mithin für den von Art. 4 I geschützten Freiheitsraum, schwerwiegend. „Diese Folgen sind, soweit sie das Verhalten der gewarnten Öffentlichkeit betreffen, beabsichtigt und im Übrigen vorhergesehen und in Kauf genommen. Sie müssen daher mit ihrem vollen Gewicht dem Staat zugerechnet und wegen ihrer freiheitsmindernden Bedeutung als Grundrechtseingriffe behandelt werden."[441] Zurückhaltender geht das BVerfG erst von einer Eingriffsqualität aus, wenn es sich um diffamierende, diskriminierende oder verfälschende Darstellungen einer relig. oder weltanschaulichen Gemeinschaft handelt.[442]

127    **Finalität und Schwere** sind zwar wichtige Indikatoren,[443] generell ist aber die Finalität keine notw. Voraussetzung des fakt. Grundrechtseingriffs. Nicht nur staatl. Warnungen, sondern sogar die staatl. Subventionierung von Vereinen, die vor Religionen oder Weltanschauungen warnen, können demnach uU Grundrechtseingriffe sein. Damit stellt sich die Frage, ob und inwieweit der Vorbehalt des Gesetzes greift.[444] Nach dem BVerfG lassen sich die mittelbar-faktischen Grundrechtsbeeinträchtigungen nicht sinnvoll regeln, sodass eine gesetzl. Regelung nicht geboten ist.[445]

128    Jedenfalls sind die Anforderungen an die gesetzl. Grundlage bei den hier in Frage stehenden tatsächl. („informalen") Grundrechtseingriffen geringer als bei sonstigen Eingriffen.[446] Nach der Rspr. stellen Schutzpflichten des Staates aus Art. 2 II 1, 6 I, das Leben und die körperl. Unversehrtheit seiner Bürger zu schützen, iVm der verfassungsmäß. **Befugnis der Bundesregierung zur Öffentlichkeitsarbeit** eine hinreichende Rechtsgrundlage für die staatl. Warnungen dar. Im Rahmen ihrer vom GG vorausgesetzten Aufgabenstellung ist die BReg zur Beobachtung, Vorsorge und Lenkung in bes. gesellschaftl. Teilbereichen verpflichtet. Das umfasst die Befugnis, ohne besondere gesetzl. Grundlage gegenüber der Öffentlichkeit Stellung zu beziehen sowie Empfehlungen oder Warnungen auszusprechen.[447] Diese in der allg. Aufgabe der Staatsleitung wurzelnde Befugnis zur Öffentlichkeitsarbeit deckt allerdings nicht ohne weiteres die staatl. Herausgabe vorformulierter Erklärungen zur Verwendung im Geschäftsverkehr, wonach die Geschäftspartner ihre Beziehungen zu Scientology offenlegen sollen („Schutzerklärungen"). Dafür bedarf es nach dem BVerfG einer gesetzl. Ermächtigung.[448]

129    Bei der Abgabe von Warnungen muss sich die BReg oder ggf. auch eine LReg iRd an allg. verfassungsrechtl. Schranken wie den **Grundsatz der Verhältnismäßigkeit** und das **Willkürverbot** halten.[449] Das heißt insb., dass hinreichende tatsächl. Anhaltspunkte für die Gefährlichkeit der entspr. Sekte oder Psychogruppe bestehen müssen. Gemäß dem Verhältnismäßigkeitsgrundsatz bestimmt sich das von der BReg einzuhaltende Maß der Sachaufklärung nach dem Gewicht der Gefahr sowie nach dem Inhalt und der Funktion der Warnung.[450] Des Weiteren müssen Öffentlichkeitsarbeit oder Warnungen der Regierung frei von unsachlichen bzw. sachfremden Wertungen sein.[451] Sie dürfen keinen diffamierenden, diskriminierenden oder verfälschenden Charakter aufweisen.[452] Unter diesen Umständen sind sie nicht zu rechtfertigen.[453]

---

[439] Vgl. BVerfGE 105, 279 (300 f., 303); *Kingreen/Poscher*, Rn. 294.

[440] BVerwGE 82, 76; 90, 112; BVerwG NJW 1991, 1770; OVG NW NVwZ 1997, 302; s. ferner BVerfG (K) NJW 1989, 3269; *Kästner* AöR 123 (1998), 408 (431 ff.).

[441] BVerwGE 82, 76 (79).

[442] BVerfGE 105, 279 (294); dagegen *Morlok*, in: Dreier I, Art. 4 Rn. 120; *Murswiek* Staat 45 (2006), 473 (491 f.); s. a. *Borowski* (Fn. 30), S. 453 ff.; *Sachs* JuS 2003, 186 (187).

[443] Vgl. a. BVerwGE 82, 76; zur (fehlenden) Finalität s. a. VGH BW NJW 1997, 754 (755).

[444] Dafür BVerwGE 90, 112.

[445] BVerfGE 105, 279 (304); dem folgend BayVGH NVwZ 2003, 998 (998 f.); *Starck* MKS I, Art. 4 Rn. 114; dagegen *Morlok*, in: Dreier I, Art. 4 Rn. 130; kritisch *Murswiek* NVwZ 2003, 1 (6 f.).

[446] Vgl. *Cremer* JuS 2003, 747 (750); strenger *Morlok*, in: Dreier I, Art. 4 Rn. 130.

[447] BVerwGE 82, 76 (81); BVerwG NJW 1991, 1770; BVerfG (K) NJW 1989, 3269 (3270). Zur entspr. Kompetenz einer LReg VGH BW NJW 1997, 754 (756). Krit. *Gröschner* DVBl 1990, 619 (620, 628); *Heintzen* VerwArch 81 (1990), 532 (551 f.).

[448] BVerwG DVBl 2006, 387 (388 f.); *Mückl* BK, Art. 4 (2008) Rn. 128.

[449] Vgl. BVerfGE 105, 279 (301); *Cremer* JuS 2003, 747 (749); zust. *Murswiek* NVwZ 2003, 1 (7); OVG Brem NJW 2016, 823, (824 f.).

[450] BVerwG NJW 1991, 1770 (1771); OVG NRW NJW 1996, 3355 (3356).

[451] BVerwGE 82, 77 (81); OVG NRW NVwZ 1997, 302; VGH BW NJW 1997, 754 (756).

[452] BVerfGE 105, 279 (294); BayVGH NVwZ 2003, 998; *Starck* MKS I, Art. 4 Rn. 114.

[453] *Murswiek* NVwZ 2003, 1 (7); *Sachs* JuS 2003, 186 (187); insofern ist BVerfGE 105, 279 (294, 309 f.) missverständlich, als der Eindruck erweckt wird, diffamierende oder verfälschende Äußerungen könnten verfassungsrechtlich gerechtfertigt werden, s. *Cremer* JuS 2003, 747 (751).

Warnungen vor Sekten und Psychogruppen können als Maßnahmen der Gefahrenabwehr oder 130
Gefahrenvorsorge betrachtet werden, was die Frage nach der Verbandskompetenz des Bundes aufwirft. Eine Verbandskompetenz des Bundes zur Öffentlichkeitsarbeit und zur Abgabe von Warnungen
**setzt keine *Verwaltungs*kompetenz des Bundes voraus.** Warnungen und Öffentlichkeitsarbeit
stellen nämlich keine Verwaltungstätigkeit dar, die unmittelbar an den diesbezgl. Kompetenzvorschriften des GG zu messen wäre. Vielmehr handelt es sich dabei um das Ergebnis der Beobachtung
einer gesamtgesellschaftl. Entwicklung, mithin um Regierungstätigkeit.[454] Diese Regierungstätigkeit
schafft keine Rechtsbindungen, hindert also die Länder nicht daran, für ihren Herrschaftsbereich
ebenfalls Beobachtungen anzustellen und die Ergebnisse zu veröffentlichen. Anders als bei der Verteilung der Gesetzgebungs- und Verwaltungskompetenzen im GG besteht bzgl. derartigen schlicht
hoheitl. Handelns kein Bedürfnis nach einer klaren Abgrenzung, um Konflikte zu verhindern;
vielmehr können insoweit die Kompetenzen der LReg und die der BReg nebeneinander und
überlappend existieren.[455]

Unterstützt hingegen die BReg nur private Vereine, die ihrerseits vor Religionsgemeinschaften 131
warnen, bedarf es einer anderen Rechtsgrundlage. Denn die Öffentlichkeitsarbeit ist Ausfluss der
Funktion der BReg als Organ der Staatsleitung, während es sich bei der **Förderung Privater** aus
Mitteln des Bundeshaushaltes nur um eine Verwaltungstätigkeit des Bundes handelt.[456] Auch die
Bereitstellung der nötigen Mittel im Haushaltsplan reicht als Grundlage für diese Art mittelbarer
tatsächl. Grundrechtseingriffe nicht aus.[457]

## D. Beschränkungsmöglichkeiten

### I. Vorbehaltlosigkeit

Eingriffe in den Schutzbereich der Religionsfreiheit können gerechtfertigt sein, wenn und soweit 132
diese beschränkt werden kann.

Art. 4 enthält **keinen** – Eingriffe u. U. rechtfertigenden – **Gesetzesvorbehalt.**[458] Dies gilt auch für 133
die Kriegsdienstverweigerung aus Gewissensgründen. Art. 4 III 2, wonach ein BundesG das Nähere
regelt, ist nur als Ermächtigung zur Ausgestaltung des Rechts der Kriegsdienstverweigerung, namentlich des Verfahrens zur Feststellung von Gewissensgründen zu verstehen.[459]

Allerdings kann Art. 4 nicht isoliert von den ihn konkretisierenden staatskirchenrechtl. Normen des 134
GG iVm der WRV gesehen werden;[460] diese sind „funktional auch auf die Inanspruchnahme und
Verwirklichung des Grundrechts der Religionsfreiheit angelegt".[461] Nach **Art. 136 I WRV** werden
die bürgerl. und staatsbürgerl. Rechte und Pflichten durch die Ausübung der Religionsfreiheit „weder
bedingt noch beschränkt". Diese spez. Bestimmung bietet sich zunächst als Schranke einer umfass. zu
verstehenden Freiheit der Religionsausübung an.[462] Die inkorporierten Bestimmungen der WRV
bilden nach der Rspr. des BVerfG mit dem GG ein organisches Ganzes[463] und sind vollgültiges
VerfassungsR der BRD geworden.

Nach zunehmend vertretener Auffassung, der sich das BVerwG angeschlossen hat,[464] ist dementspr. 135
der **Vorrang der staatsbürgerlichen Pflichten** vor der Religionsausübung weiterhin anzuerkennen.[465] Dies wird auch damit begründet, dass nur die Fortgeltung des Art. 136 I WRV verständlich

[454] *Starck* MKS I, Art. 4 Rn. 114. Dem hat sich BVerfGE 105, 279 (301 ff.) angeschlossen, krit. demgegenüber
*Murswiek* NVwZ 2003, 1 (7).
[455] Vgl. BVerfGE 88, 203 (329 f.); BVerwGE 82, 76 (82); *Degenhart* → Art. 74 Rn. 32; aA (sorgfältige Kompetenzabgrenzung zwischen Bund und Ländern) *Kästner* AöR 123 (1998), 408 (437).
[456] BVerwGE 90, 112 (123).
[457] Ebda. (LS 4).
[458] AA *Borowski* (Fn. 31), S. 526 ff., 541 ff.: ungeschriebener einfacher Gesetzesvorbehalt.
[459] Vgl. *Bethge* HStR VII, § 158 Rn. 73.
[460] Vgl. *Frhr. v. Campenhausen* HStR VII, § 157 Rn. 138; *Starck* MKS I, Art. 4 Rn. 144 ff.
[461] BVerfGE 125, 39 (9 f.).
[462] Vgl. *Herdegen* (Fn. 410) 1989, S. 287 ff.; *Schoch* FS Hollerbach, 2001, S. 149 (163 ff.).
[463] BVerfGE 19, 226 (236); 53, 366 (400).
[464] BVerwGE 112, 227 (232); s. allerdings BVerwGE 112, 314 (318).
[465] *Bock* AöR 123 (1998), 444 (462 ff., 474 f.); *Czermak/Hilgendorf* (Fn. 15), Rn. 136; *Ehlers*, Der Bedeutungswandel im Staatskirchenrecht, in: Pieroth (Hrsg.), Verfassungsrecht und soziale Wirklichkeit in Wechselwirkung,
2000, S. 85 (110); instruktiv insbes. *Heckel* AöR 134 (2009), 309, 377 ff. m. Fn.; *Mager*, in: v. Münch/Kunig I, Art. 4
Rn. 36 f.; *Muckel*, in: Friauf/Höfling, Art. 4 (2009) Rn. 52, aber zur Gewissensfreiheit Rn. 71 ff.; *ders.*, Religiöse
Freiheit und staatliche Letztentscheidung, 1997, S. 224 ff.; *ders.*, Religionsfreiheit gestern, heute und morgen, 2017,
S. 23 f.; s. a. *Kästner/Droege*, in: Stern/Becker, Art. 4 Rn. 213 ff.; *Pauly/Pagel* NVwZ 2002, 441 (443); *Schoch* FS
Hollerbach, 2001, S. 149 (163 ff.); *Thaysen*, Schrankenlose Toleranz oder Toleranz gegenüber Schranken?, 2008,
S. 134 ff.; aA BVerfGE 33, 23 (30 f.); 93, 1 (21); 108, 282 (297) (implizit); *Borowski* (Fn. 31), S. 483 ff.; *Frhr. v. Cam-
penhausen* HStR VII, § 157 Rn. 111; *Germann*, in: Epping/Hillgruber, Art. 4 Rn. 48; *Korioth*, in: Maunz/Dürig,
Art. 140 GG/Art. 136 WRV (2003) Rn. 54; *Fischer/Groß* DÖV 2003, 932 (934 ff.); *Walter* (Fn. 223), S. 515 ff.; diff.
*Classen* (Fn. 20), Rn. 197 f.

mache, dass Art. 4 I und II keine Schrankenregelung enthalte.[466] Außerdem ist eine Beschränkung der Religionsfreiheit nach speziellen, im GG vorgegebenen Bestimmungen wegen ihres größeren Objektivitätsgehalts der allg. Abwägung von Verfassungsrechtsgütern vorzuziehen, die das BVerfG bei vorbehaltlos garantierten Grundrechten einschließl. Art. 4 I und II vornimmt.[467] Schließlich spricht auch der enge Zusammenhang und die Komplementarität zwischen Art. 4 GG und den inkorporierten Artikeln der WRV für eine Übertragung der Schranke des Art. 140 I GG iVm Art. 136 I WRV auf Art. 4 GG.

**136**      Gegen eine Heranziehung des Art. 136 I WRV als Schranke der Religionsfreiheit könnte andererseits eine vom Wortlaut der Vorschrift ausgehende Interpretation sprechen. Art. 136 I WRV ordnet an, dass die bürgerl. und staatsbürgerl. Rechte und Pflichten durch die Ausübung der Religionsfreiheit weder bedingt noch beschränkt werden, also unabhängig von ihr bestehen sollen. Niemand darf insoweit gerade wegen der Ausübung der Religionsfreiheit bevorzugt oder benachteiligt werden. Die Religion wird insofern bzgl. der bürgerl. und staatsbürgerl. Rechte und Pflichten zum **unzulässigen Differenzierungskriterium** erklärt.[468] Damit weist Art. 136 I WRV eine enge Verwandtschaft mit den bes. Gleichheitssätzen der Art. 3 III und 33 III GG auf.[469] In Bezug auf die bürgerl. und staatsbürgerl. Pflichten spricht dies jedoch nicht zwingend gegen seinen Schrankencharakter.[470] Betrachtet man demgemäß Art. 136 I WRV iVm Art. 140 GG als Gesetzesvorbehalt für die Religions(ausübungs)freiheit,[471] so sollte die Anwendung beschränkender Gesetze den Anforderungen der Sonderrechts- und Wechselwirkungslehren standhalten.[472]

**137**      Das **BVerfG** lehnt jedoch eine Begrenzung des Art. 4 unter Rückgriff auf Art. 140 GG iVm Art. 136 I WRV ab: Angesichts des hohen Ranges der Religionsfreiheit, die auch die Religionsausübung umfasst, werde **Art. 136 WRV von Art. 4 GG überlagert.**[473] Deshalb müssen alle unentbehrlichen Regelungen, z. B. des Straßenverkehrs und der Schulpflicht, „zum zeitlosen Inhalt der Verfassung hochstilisiert und ihre Anwendung als unmittelbarer Verfassungsvollzug ausgegeben werden".[474] Folgt man dennoch dem etablierten Ansatz des BVerfG,[475] so ist Art. 140 GG iVm Art. 136 I WRV für die Einschränkung der Religionsfreiheit bedeutungslos. Auch die Freiheit der Religionsausübung wird vielmehr prinzipiell vorbehaltlos und nicht nur iRd staatsbürgerl. Pflichten geschützt.

**138**      Der Weg einer Begrenzung der Freiheit der Religionsausübung über den Weg der **Schrankenleihe** (Art. 2 I), der schon in den Beratungen des ParlRates anklang,[476] wurde von Teilen der Lehre nach 1949 aufgenommen.[477] Er birgt jedoch die Gefahr einer Nivellierung der Schrankensystematik des GG und kommt deshalb nicht in Betracht.[478]

## II. Begrenzungen durch kollidierendes Verfassungsrecht

**139**      **1. Begrenzungen von Abs. 1 und 2.** Geht man mit dem BVerfG von der Unanwendbarkeit der Schranken des Art. 136 I WRV auf die Religionsfreiheit aus, stellt sich insoweit – sowie ohnehin für die Gewissensfreiheit – das allg. und insb. auch von der Kunstfreiheit her bekannte Problem der Beschränkbarkeit vorbehaltlos gewährleisteter Grundrechte. Anerkannt ist, dass auch vorbehaltlose Grundrechte Schranken unterliegen. Im Bereich des forum internum der Religionsfreiheit sind solche Schranken entbehrlich, da es dort per definitionem keine Kollision mit anderen Rechtsgütern geben kann. Das Konfliktpotential steigt jedoch, je mehr dieser Bereich verlassen und der des **forum externum erreicht** wird.

**140**      Im Bereich der Religionsausübung einschl. des Rechts des Einzelnen, sein gesamtes Verhalten an seinem Glauben, seiner Weltanschauung oder seinem Gewissen auszurichten, sind **Konflikte** etwa mit

---

[466] *Heckel* AöR 134 (2009), 309, 377 f., Fn. 161 unter Hinweis auf den ParlRat; *Mückl* BK, Art. 4 (2008) Rn. 162 kommt unter Berufung ebenfalls auf den ParlRat allerdings zum gegenteiligen Ergebnis wie Heckel; *Starck* MKS I, Art. 4 Rn. 88.

[467] *Starck* MKS I, Art. 4 Rn. 84 ff.; *Kästner* JZ 1998, 974 (981).

[468] *Fleischer* (Fn. 57), S. 37.

[469] Vgl. *Preuß* AK GG, Art. 140 Rn. 37; *Starck* MKS I, Art. 3 Rn. 428; *Hesse* Grundzüge, Rn. 437; *Korioth*, in: Maunz/Dürig, Art. 140 GG/Art. 136 WRV (2003) Rn. 6 f.

[470] Vgl. *Preuß* AK GG, Art. 140 Rn. 37 f.

[471] Zur Frage einer analogen Anwendung der Schranke des Art. 136 WRV auf die Gewissensfreiheit *Bock* AöR 122 (1997), 444, 469 f. mit Fn. 91 und wN; gegen Anwendung auf die Gewissensfreiheit *Muckel*, in: Friauf/Höfling, Art. 4 (2009) Rn. 71 f.

[472] Ebenso *Bock* AöR 122 (1997), 444 (472 f.).

[473] Vgl. BVerfGE 33, 23 (30 f.); 93, 1 (21); ebenso *Borowski* (Fn. 31), S. 483 ff.; *Korioth*, in: Maunz/Dürig, Art. 140 GG/Art. 136 WRV (2003) Rn. 54; *Mückl* BK, Art. 4 (2008) Rn. 160 ff.; *Walter* (Fn. 224), S. 515 ff.; *Sacksofsky*, VVDStRL 68 (2009), S. 7, 19 und 43, These (6), aber: „Gesetzesvorbehalt in der Sache angebracht"; *Waldhoff*, 68. DJT 2010, D 74.

[474] *Heckel* AöR 134 (2009), 309, 378 Fn. 61.

[475] Dagegen mit guten Gründen *Heckel* AöR 134 (2009), 309, 377 ff.

[476] Vgl. JöR nF 1 (1951), 74 f.

[477] *Herzog*, in: Maunz/Dürig, Art. 4 (2009) Rn. 114 ff.

[478] Vgl. *Doehring*, Staatsrecht, S. 285.

der Menschenwürde (Art. 1 I), dem allg. PersönlichkeitsR (Art. 2 I iVm Art. 1 I),[479] der Gleichberechtigung der Geschlechter (Art. 3),[480] der Meinungs- und Pressefreiheit (Art. 5 I),[481] der Lehrfreiheit (Art. 5 III), zwischen der negativen und positiven Religionsfreiheit, dem staatl. Erziehungsauftrag (Art. 7 I),[482] mit dem Recht auf Leben anderer (s. o. Rn. 78), dem Tierschutz (Art. 20a) und dem Schutz der öff. Gesundheit[483] vorstellbar. Geht es um die Betätigung von Religion und Weltanschauung, sind also Schranken unerlässlich, die sich auf die vom GG anerkannte Gemeinschaftsbindung des Individuums stützen können.

Die **Grenzen der Glaubensfreiheit** dürfen jedoch nur **von der Verfassung selbst bestimmt** 141 werden. Da die Glaubensfreiheit keinen Vorbehalt für den einfachen Gesetzgeber enthält, „darf sie weder durch die allgemeine Rechtsordnung noch durch eine unbestimmte Klausel relativiert werden, welche ohne verfassungsrechtlichen Ansatzpunkt und ohne ausreichende rechtsstaatliche Sicherung eine Gefährdung der für den Bestand der staatlichen Gemeinschaft notwendigen Güter genügen lässt. Vielmehr ist ein iRd Garantie der Glaubensfreiheit zu berücksichtigender Konflikt nach Maßgabe der Wertordnung des GG und unter Berücksichtigung der Einheit dieses grundlegenden Wertsystems zu lösen. Als Teil des grundrechtlichen Wertsystems ist die Glaubensfreiheit dem Gebot der Toleranz zugeordnet, insb. auf die in Art. 1 I GG garantierte Würde des Menschen bezogen, die als oberster Wert das ganze grundrechtl. Wertsystem beherrscht."[484] Demnach ist die Glaubensfreiheit insbes. durch die Menschenwürde begrenzt.

Kommt es zu Konflikten zwischen der Religionsfreiheit und anderen **Verfassungsrechtsgütern,** 142 ist eine **Abwägung** vorzunehmen.[485] Zunächst muss jedoch festgestellt werden, ob sich die geltend gemachte Beschränkung aus dem GG selbst ergibt. Der Hinweis auf den Rahmen „gewisser übereinstimmender sittlicher Grundanschauungen der heutigen Kulturvölker"[486] reicht nicht aus.

Das Erfordernis eines spezif. Verfassungsrechtsguts scheint unproblematisch bei Konflikten der 143 Religionsfreiheit mit der in Art. 1 garantierten **Menschenwürde.** Schwierigkeiten können sich jedoch bei der Frage ergeben, was konkret unter die Menschenwürde fällt.[487]

Die Freiheit der Religionsausübung kann zudem durch den **Tierschutz** beschränkt werden, den 144 Art. 20a im Jahr 2002 zum Staatsziel aufgewertet hat.[488] Das Grundrecht aus Art. 4 ist in Wechselwirkung mit Art. 20a zu sehen,[489] ohne dass ein genereller Vorrang eines der beiden Rechtsgüter bestünde.[490]

**2. Begrenzungen des Rechts auf Kriegsdienstverweigerung.** Wesentliche Grundsätze zur Be- 145 grenzung vorbehaltloser Grundrechte hat das BVerfG in seiner Rspr. zur Kriegsdienstverweigerung aus Gewissensgründen[491] entwickelt. Art. 4 III ist vorbehaltlos. Die Ermächtigung zur näheren Regelung rechtfertigt nur ein **Anerkennungsverfahren** als solches, keine Einschränkung des Grundrechts in seinem sachlichen Gehalt.[492]

Hinsichtlich einer möglichen verfassungsrechtlichen Pflicht zur sofortigen Freistellung auch gedien- 146 ter Soldaten hat das BVerfG festgestellt: „Nur kollidierende Grundrechte Dritter und andere mit Verfassungsrang ausgestattete Rechtswerte sind mit Rücksicht auf die Einheit der Verfassung und die von ihr geschützte gesamte Wertordnung ausnahmsweise imstande, auch uneinschränkbare Grundrechte in einzelnen Beziehungen zu begrenzen".[493] Zweifelhaft ist, ob der Verfassung ein solches mit Art. 4 III kollidierendes Rechtsgut zu entnehmen ist. Das BVerfG leitet aus Art. 12a Abs. 1, Art. 73 Nr. 1 und Art. 87a Abs. 1 Satz 1 GG das Rechtsgut einer **funktionsfähigen Landesverteidigung**

---

[479] BVerwG NVwZ 2011, 1278 (1279) zu unwahren Tatsachenbehauptungen in einer Predigt: „Die Annahme, die religiöse Äußerungsfreiheit […] genieße absoluten Vorrang vor den Belangen des Persönlichkeits- und Ehrenschutzes ist […] verfehlt".

[480] OVG RP, Beschl. v. 8.10.2019 – 10 A 11109/19: Die Weigerung eines Soldaten, Frauen die Hand zu geben, rechtfertige seine fristlose Entlassung. Dazu auch OVG NRW, Beschl. v. 2.12.2016 – 1 B 1194/16. Zust. *Günther*, ZBR 2018, 109.

[481] *Frenz*, ZUM 2007, 815; *Heller/Goldbeck*, ZUM 2007, 628; *Kotzur* GS Blumenwitz 2008, S. 158 f.

[482] Vgl. OVG Nds NVwZ 1992, 79; *Spies* NVwZ 1993, 637 (638 ff.).

[483] BVerwGE 112, 314 (317 ff.).

[484] BVerfGE 32, 98 (108); s. a. *Herzog*, in: Maunz/Dürig, Art. 4 (2009) Rn. 112.

[485] Vgl. BVerwGE 112, 314 (318).

[486] BVerfGE 24, 236 (246).

[487] Vgl. → Rn. 71.

[488] Vgl. → Rn. 86; *Murswiek* → Art. 20a Rn. 11, 31b; *Braun* DÖV 2003, 488; *Caspar/Geissen* NVwZ 2002, 913; *Kloepfer* BK, Art. 20a (2005) Rn. 66; *Obergfell* NJW 2002, 2296; *Scholz*, in: Maunz/Dürig, Art. 20a (2002) Rn. 59 ff.; zurückhaltend BVerwGE 127, 183 (186 f.). Zu vorherigen Versuchen, den Tierschutz als Verfassungsgut zu charakterisieren, vgl. 3. Aufl., Art. 4 Rn. 120 ff.

[489] *Jarass*, in: Jarass/Pieroth, Art. 20a Rn. 17.

[490] *Braun* DÖV 2003, 488 (492); *Kloepfer* BK, Art. 20a (2005) Rn. 80 ff.; *Scholz*, in: Maunz/Dürig, Art. 20a (2002) Rn. 41 f.

[491] Vgl. BVerfGE 28, 243.

[492] Ebda. (259).

[493] Ebda. (244, LS 2).

her.[494] Das Rechtsgut der wirksame Landesverteidigung lässt sich jedoch auch ohne diese Bestimmungen bereits aus dem Sinn und Wesen des Staates ableiten, da die Schutzgewährung nach innen (Gewaltmonopol) und nach außen **primäre Staatszwecke** sind. Die Einzelnen unterwerfen sich der Staatsgewalt, um beschützt zu werden (subjectio et protectio).

## E. Konkurrenzen

147    Gegenüber Art. 2 I ist die **Glaubensfreiheit** lex specialis.[495] Art. 3 III, 33 III bzw. Art. 140 GG iVm Art. 136 II WRV werden in Verbindung mit Art. 4 angewandt.[496]

148    Die Freiheit des relig. oder weltanschaul. Bekenntnisses kann mit der Freiheit der **Meinungsäußerung** konkurrieren.[497] Art. 4 ist das spezielle[498] und vorrangig zu prüfende GrundR. Insb. dürfen die Schranken des Art. 5 II nicht auf das stärkere GrundR der Gewissensfreiheit übertragen werden.[499] Allerdings kann es u. U. schwierig sein zu entscheiden, welches der beiden GrundR einschlägig ist. Allg. Äußerungen zu Themen des Glaubens, Bekenntnisses und der Kriegsdienstverweigerung fallen durchaus unter Art. 5 I; Äußerungen in Kirchenblättern dienen nicht notwendigerweise dem relig. oder weltanschaulichen Bekenntnis.[500] Ähnl. Abgrenzungsschwierigkeiten ergeben sich zwischen dem InformationsR nach Art. 5 I 1 Hs. 2 und Art. 4.[501] Bei der Gewinnung relig. oder weltanschaul. Informationen, die unerlässl. Voraussetzung zur Religionsausübung sind, dürfte Art. 4 vorrangig sein.[502]

149    Auf die **religiöse Erziehung der Kinder** wendet das BVerfG Art. 6 II 1 und Art. 4 parallel an.[503] Die Grundrechte aus Art. 7 II, III 2 und 3 gehen Art. 4 als Spezialregelungen vor.[504]

150    Zur Frage, ob bei **religiösen Versammlungen,** Gottesdiensten, Aufzügen, Prozessionen und weltanschaul. Parties[505] Art. 4 dem Art. 8 in jeder Hinsicht als Spezialvorschrift vorgeht, wird zT vertreten, nur bzgl. spezifisch gegen die Religion gerichteter Eingriffe sei Art. 4 Spezialvorschrift.[506] Folgt man dem, könnten z. B. relig. Prozessionen wie andere Versammlungen unter freiem Himmel durch oder auf Grund eines Gesetzes beschränkt werden, sofern die Eingriffe auf „spezifisch versammlungsrechtliche Gesichtspunkte (befürchtete Ausschreitungen, Seuchengefahr, Verkehrsprobleme usw.)"[507] gestützt werden. Dem hohen Rang der Religionsfreiheit, die nach dem BVerfG Religionsbetätigung in vollem Umfang umfasst, entspricht jedoch die Annahme einer Idealkonkurrenz.[508]

151    Die relig. Vereinigungsfreiheit ergibt sich aus Art. 4 I und II iVm Art. 140 GG und 137 II WRV.[509] Diese Vorschriften sind gegenüber **Art. 9 I** speziell.[510] Dennoch ist nach überw. Meinung[511] die Schranke des Art. 9 II anwendbar, mit dem plausiblen Ergebnis, dass verfassungswidrige relig. Vereinigungen verboten sind. Das wird damit begründet, dass die Religionsgemeinschaften nach den inkorporierten Artikeln der WRV zusätzl. Schranken unterliegen. Nach Art. 137 III 1 WRV ordnen sie ihre Angelegenheiten selbstständig innerhalb der Schranken der für alle geltenden Gesetze, wozu auch Art. 9 II gehört.

---

[494] Ebda. (261 ff.); s. a. BVerfGE 48, 127 (159 ff.); 69, 1 (21). Ausführlich insbes. zur Funktionsfähigkeit der Streitkräfte, die ein Bestandteil der wirksamen Landesverteidigung ist, *Spranger,* Wehrverfassung im Wandel, 2003, S. 97 ff.

[495] BVerfGE 17, 302 (306); *Jarass,* in: Jarass/Pieroth, Art. 4 Rn. 6a.

[496] BVerfGE 79, 69 (75); *Jarass,* in: Jarass/Pieroth, Art. 4 Rn. 6; *Heckel* FS Dürig, 1990, S. 241 (243).

[497] BVerfGE 32, 98 (107): „Eine Meinungsäußerung ist jede Kundgabe von beliebigen subjektiven Äußerungen und Werturteilen, also eine subjektiv wertende Betrachtung von Tatsachen, Verhaltensweisen oder Verhältnissen. Demgegenüber hat die Glaubensfreiheit eine mit der Person des Menschen verknüpfte Gewissheit über den Bestand und den Inhalt bestimmter Wahrheiten zum Gegenstand."; BVerfGE 12, 1 (4).

[498] BVerfGE 32, 98 (107); *Herzog,* in: Maunz/Dürig, Art. 4 (1988) Rn. 18; *Schmidt-Jortzig* HStR VII, § 162 Rn. 45.

[499] BVerfGE 32, 98 (107).

[500] Vgl. *Starck* MKS I, Art. 4 Rn. 153 ff.; *Wendt,* in: v. Münch/Kunig I, Art. 5 Rn. 115.

[501] Vgl. offenlassend BGH NJW 2008, 216 (217 f.).

[502] Ebenso im Ergebnis *Herzog,* in: Maunz/Dürig, Art. 4 (1988) Rn. 18.

[503] BVerfGE 52, 223 (235 f.).

[504] *Jarass,* in: Jarass/Pieroth, Art. 4 Rn. 6, Art. 7 Rn. 10.

[505] Vgl. BVerfGE 143, 161 (Karfreitag).

[506] *Herzog,* in: Maunz/Dürig, Art. 4 (1988) Rn. 96; *Hofmann,* in: Hofmann/Henneke, Art. 4 Rn. 70; *Kästner/ Droege,* in: Stern/Becker, Art. 4 Rn. 240.

[507] *Herzog,* in: Maunz/Dürig, Art. 4 (2009) Rn. 96.

[508] BVerfGE 143, 161 (Karfreitag), Rn. 121; weitergehend – Art. 4 als lex specialis: *Frhr. v. Campenhausen* HStR VII, § 157 Rn. 122; *Jarass,* in: Jarass/Pieroth, Art. 4 Rn. 6 a.

[509] BVerfGE 83, 341 (354 f.).

[510] AA *Herzog,* in: Maunz/Dürig, Art. 4 (1988) Rn. 97.

[511] Vgl. BVerwGE 37, 344 (361 ff.); *Frhr. v. Campenhausen* HStR VII, § 157 Rn. 122; *Kästner/Droege,* in: Stern/ Becker, Art. 4 Rn. 241; *Starck* MKS I, Art. 4 Rn. 49; aA jedoch *Alberts* ZRP 1996, 60. S. → Rn. 97.

**Art. 5**

## Art. 5 [Meinungs-, Pressefreiheit, Rundfunk, Freiheit der Kunst und Wissenschaft]

(1) **Jeder hat das Recht, seine Meinung in Wort, Schrift und Bild frei zu äußern und zu verbreiten und sich aus allgemein zugänglichen Quellen ungehindert zu unterrichten. Die Pressefreiheit und die Freiheit der Berichterstattung durch Rundfunk und Film werden gewährleistet. Eine Zensur findet nicht statt.**

(2) **Diese Rechte finden ihre Schranken in den Vorschriften der allgemeinen Gesetze, den gesetzlichen Bestimmungen zum Schutze der Jugend und in dem Recht der persönlichen Ehre.**

(3) **Kunst und Wissenschaft, Forschung und Lehre sind frei. Die Freiheit der Lehre entbindet nicht von der Treue zur Verfassung.**

**Entstehungsgeschichte: Erstfassung:** JöR nF 1 (1951), 79.
**Historische Verfassungstexte: RV 1849: § 143** (1) Jeder Deutsche hat das Recht, durch Wort, Schrift, Druck und bildliche Darstellung seine Meinung zu äußern. (2) Die Preßfreiheit darf unter keinen Umständen und in keiner Weise durch vorbeugende Maßregeln, namentlich Censur, Concessionen, Sicherheitsbestellungen, Staatsauflagen, Beschränkungen der Druckereien oder des Buchhandels, Postverbote oder andere Hemmungen des freien Verkehrs beschränkt, suspendiert oder aufgehoben werden. (3) Ueber Preßvergehen, welche von Amts wegen verfolgt werden, wird durch Schwurgerichte geurtheilt. (4) Ein Preßgesetz wird vom Reiche erlassen werden. **§ 152** Die Wissenschaft und ihre Lehre ist frei. – **WRV: Art. 118** (1) Jeder Deutsche hat das Recht, innerhalb der Schranken der allgemeinen Gesetze seine Meinung durch Wort, Schrift, Druck, Bild oder in sonstiger Weise frei zu äußern. An diesem Rechte darf ihn kein Arbeits- oder Anstellungsverhältnis hindern, und niemand darf ihn benachteiligen, wenn er von diesem Rechte Gebrauch macht. (2) Eine Zensur findet nicht statt. Doch können für Lichtspiele durch Gesetz abweichende Bestimmungen getroffen werden. Auch sind zur Bekämpfung der Schund- und Schmutzliteratur zum Schutze der Jugend bei öffentlichen Schaustellungen und Darbietungen gesetzliche Maßnahmen zulässig. **Art. 142** Die Kunst, die Wissenschaft und ihre Lehre sind frei. Der Staat gewährt ihnen Schutz und nimmt an ihrer Pflege teil.
**Geltende Landesverfassungen:** *BW*Verf Art. 20; *Bay*Verf Art. 108, 110, 111, 111a; *Bln*Verf Art. 14, 21; *Bbg*Verf Art. 20, 31, 34; *Brem*Verf Art. 11, 15; *Hess*Verf Art. 10, 11, 13; [Art. 18 Gesetzesvorbehalt]; *MV*Verf Art. 7 [Art. 6 III: Informationszugang betr. Umwelt]; *NRW*Verf Art. 16: Hochschulselbstverwaltung; Art. 18: Förderungspflicht Kultur, Kunst, Wissenschaft; *RhPf*Verf Art. 9, 10; *Saar*Verf Art. 5; *Sachs*Verf Art. 20, 21; *LSA*Verf Art. 10; *Schlh*Verf Art. 9; *Thür*Verf Art. 11, 27; [Art. 12: Rundfunkversorgung].
**Staatsverträge der Länder:** Rundfunkstaatsvertrag, Mediendienstestaatsvertrag.
**Bundesgesetze:** TMG, TKG.
**Supra- und internationale Texte:** Art. 49, 56, 107 AEUV; Art. 11, 13 EUGRCh; Art. 8, 10 EMRK; EG-Fernsehrichtlinie; Übereinkommen des Europarats über das grenzüberschreitende Fernsehen.
**Leitentscheidungen: Meinungsfreiheit:** BVerfGE 7, 198 (Lüth); BVerfGE 25, 256 (Boykott); BVerfGE 30, 336 (Jugendschutz); BVerfGE 93, 266 („Soldaten sind Mörder"); BVerfGE 114, 339 (Mehrdeutige Meinungsäußerung); BVerfGE 124, 300 (Antinationalsozialistisches Sonderrecht); BVerfGE 152, 116 (Recht auf Vergessen II). – **Informationsfreiheit:** BVerfGE 27, 71 (Einfuhrverbot); BVerfGE 90, 27 (Parabolantenne); BVerfGE 103, 44 (Gerichtsöffentlichkeit); BVerfGE 145, 365 (Informationsbeschaffungspflicht bei amtlichen Dokumenten in Privatbesitz).–
**Pressefreiheit:** BVerfGE 10, 118 (Verwirkungsmonopol des BVerfG); BVerfGE 20, 162 (Spiegel); BVerfGE 66, 116 (Redaktionsgeheimnis); BVerfGE 80, 124 (Staatliche Presseförderung); BVerfGE 95, 28 (Werkszeitungen); BVerfGE 97, 125 (Gegendarstellung); BVerfGE 101, 361 (Persönlichkeitsrecht); BVerfGE 102, 347 (Benetton-Werbung I); BVerfGE 107, 275 (Benetton-Werbung II); BVerfGE 113, 63 (Verfassungsschutz); BVerfGE 117, 244 (Durchsuchung und Beschlagnahme in Redaktionsräumen). – **Rundfunkfreiheit:** BVerfGE 12, 205 (Deutschland-Fernsehen); BVerfGE 35, 202 (Lebach); BVerfGE 73, 118 (Privatfunk); BVerfGE 83, 238 (Duale Rundfunkordnung); BVerfGE 90, 60 (Rundfunkgebührenstaatsvertrag); BVerfGE 95, 220 (Landesmedienanstalt); BVerfGE 97, 228 (Kurzberichterstattung); BVerfGE 121, 30 (Privatrundfunk politischer Parteien); BVerfGE 136,9 (Vielfaltssicherung und Staatsferne beim ZDF); BVerfGE 149, 222 (Rundfunkbeitrag). – **Filmfreiheit:** BVerfGE 87, 209 (Zombies); – **Kunstfreiheit:** BVerfGE 30, 173 (Mephisto); BVerfGE 83, 130 (Josefine Mutzenbacher); BVerfGE 119, 1 (Esra; fiktive Biographie); BVerfGE 142, 74 (Sampling); BVerwG NVwZ 2020, 233 (kein Beurteilsspielraum der Bundesprüfstelle). – **Wissenschaftsfreiheit:** BVerfGE 35, 79 (Gruppen-Universität); BVerfGE 90, 1 („Wahrheit für Deutschland"); BVerfGE 94, 268 (wissenschaftliches Personal); BVerfGE 111, 333 (Evaluation; Hochschulrat); BVerfGE 122, 89 (Theologische Fakultäten); BVerfGE 126, 1 (Fachhochschullehrer); BVerfGE 139, 148 (Hochschulfusion); BVerfGE 149, 1 (Hochschulkanzler). – **Zensurverbot:** BVerfGE 87, 209 (Zombies).

**Schrifttum:** *A. von Arnauld,* Freiheit der Kunst HStR VII, § 167; *A. Arndt,* Die Rolle der Massenmedien in der Demokratie, in: Löffler, Die Rolle der Massenmedien in der Demokratie, 1966, 1; *C. Bäcker,* Wissenschaft als Amt, AöR 135 (2010), 78; *H. Bethge,* Zur Problematik von Grundrechtskollisionen, 1977; *ders.,* Freiheit und Gebundenheit der Massenmedien, DVBl 1983, 369; *ders.,* Grundrechtsschutz für die Medienpolizei?, NJW 1995, 557; *ders.,* Der Grundrechtsstatus privater Rundfunkveranstalter, NVwZ 1997, 1; *ders.,* Der Grundrechtseingriff, VVDStRL 57 (1998), 7; *ders.,* Meinungsfreiheit, FS Paul Kirchhof, 2013, Leitgedanken I, S. 535; *ders.,* Eine Zensur findet nicht statt, FS Wendt, 2015, 31; *ders.,* Artikel Rundfunkrecht, Bd. 4 des Staatslexikons der Görres-Gesellschaft, 2020; *E.-W. Böckenförde,* Zur Lage der Grundrechtsdogmatik nach 40 Jahren Grundgesetz, 1990; *M. Borowski,* Subjekte der Verfassungsinterpretation HStR XII, § 274; *T. Brand,* Rundfunk im Sinne des Artikel 5 Abs. 1 Satz 2 GG, 2002; *W. Brugger,* Schutz oder Verbot aggressiver Rede, JöR nF 52 (2004), 513; *M. Bullinger,* Freiheit von Presse, Rundfunk, Film HStR VII, § 167; *C. Bumke,* Die Entwicklung der Grundrechtsdogmatik in der deutschen Staatsrechtslehre unter dem GG, AöR 144 (219), S. 1; *C. v. Coelln,* Zur Medienöffentlichkeit der Dritten Gewalt, 2005; *ders.,* Zwischen Gütegarantie und Professorenpranger, FS Bethge, 2009, S. 271; *M. Cornils,* Die Ausgestaltung der Grundrechte, 2005; *ders.,* Der medienrechtliche Auskunftsanspruch in der Kompetenzordnung des Grundgesetzes, DÖV 2013, 657; *D. Dörr,* Der Einfluss der Judikatur des Bundesverfassungsgerichts auf das Medienrecht, VerwArch 2001, 149; *S. Engels,* Kinder- und Jugendschutz in der Verfassung, AöR 122 (1997), 212; *T. Fohrbeck,* Wunsiedel: Billigung, Verherrlichung, Rechtfertigung. Das Verbot nazistischer Meinungen in Deutschland und den USA, 2015; *A.-M. Frey,* Die Romanfigur wider Willen, 2008; *B. Frye,* Die Staatsaufsicht über den öffentlich-rechtlichen Rundfunk, 2001; *C. F. Germelmann,* Die Zukunft des presserechtlichen Auskunftsanspruchs gegenüber Bundesbehörden, DÖV 2013, 667; *H. Gersdorf,* Legitimation und Limitierung von Onlineangeboten des öffentlich-rechtlichen Rundfunks, 2009; *A. Glaser,* Die Studierfreiheit, Staat 47 (2008), 213; *G. Greitemann,* Das Forschungsgeheimnis, 2001; *C. Gucht,* Das Zensurverbot im Gefüge der grundrechtlichen Eingriffskautelen, 2000; *A. Hamacher,* Der Rundfunkbegriff im Wandel des deutschen und europäischen Rechts, 2015; *J. Helle,* Grundlagen des Persönlichkeitsschutzes, 2006; *R. Hendler,* Die Universität im Zeichen der Ökonomisierung und Internationalisierung, VVDStRL 65 (2006), 238; *S. Hepach,* Der Grundrechtsstatus der Landesmedienanstalten, 1997; *A. Hesse,* Rundfunkrecht: Die Organisation des Rundfunks in der Bundesrepublik Deutschland, 3. Auflage, 2003; *W. Hoffmann-Riem,* Nachvollziehende Grundrechtskontrolle – Zum Verhältnis von Fach- und Verfassungsgerichtsbarkeit am Beispiel von Konflikten zwischen Medienfreiheit und Persönlichkeitsrecht, AöR 128 (2003), 173; *P. M. Huber,* Die Staatsfreiheit des Rundfunks – Erosion und Neujustierung, FS Bethge, 2009, S. 497; *U. Hufeld,* Rechtsfragen zur Schließung von Studiengängen und Fakultäten, DÖV 1997, 1025; *F. Hufen,* Kunstfreiheit HGR IV, 2011, § 101; *S. Huster,* Kultur im Verfassungsstaat, VVDStRL 65 (2006), 51; *J. Isensee,* Grundrecht auf Ehre, FS Kriele, 1997, S. 5; *ders.,* Kunstfreiheit im Streit mit Persönlichkeitsschutz, AfP 1993, 619; *ders.,* Der Selbstand der Verfassung in ihren Verweisungen und Öffnungen, AöR 138 (2013), 325; *M. Jestaedt,* Meinungsfreiheit HGR IV, 2011, § 162; *ders.,* Selbstand und Offenheit der Verfassung gegenüber nationalem, supranationalem und internationalem Recht HStR XII, 2014, § 264; *S. Kadelbach,* Kommunaler Kulturbetrieb, Freiheit der Kunst und Privatrechtsform, NJW 1997, 1114; *W. Kahl,* Die Staatsaufsicht, 2000; *ders.,* Hochschule und Staat, 2004; *ders.,* Sprache als Kultur- und Rechtsgut, VVDStRL 65 (2006), 386; *A.-K. Kaufhold,* Die Lehrfreiheit – ein verlorenes Grundrecht?, 2006; *B. Kempen,* Die Universität im Zeichen der Ökonomisierung und Internationalisierung, DVBl 2005, 1082; *V. Clausmann,* Meinungsfreiheit und Rechtsextremismus, 2019; *M. Kloepfer,* „Innere Pressefreiheit" und Tendenzschutz im Lichte des Art. 10 der Europäischen Konvention zum Schutz der Menschenrechte und Grundfreiheiten, 1996; *V. Klausmann,* Meinungsfreiheit und Rechtsextremismus, 2019; *W. Knies,* Schranken der Kunstfreiheit als verfassungsrechtliches Problem, 1967; *J.-D. Kühne,* Die Landesverfassungsgarantien hochschulpolitischer Selbstverwaltung – ein unentfaltetes Autonomiepotential, DÖV 1997, 1; *D. Kugelmann,* Informationsfreiheit als Element moderner Staatlichkeit, DÖV 2005, 851; *S.-Ch. Lenski,* Öffentliches Kulturrecht, 2013; *P. Lerche,* Verfassungsrechtliche Aspekte der „inneren Pressefreiheit", 1974; *M. Louis,* Die KEF und die Rundfunkfreiheit, 2014; *U. Mager,* Die Universität im Zeichen von Ökonomisierung und Internationalisierung, VVDStRL 65 (2006), 274; *dies.,* Freiheit von Forschung und Lehre HStR VII, § 166; *S. Mißling,* Art. 5 Abs. 3 Satz 1 GG als ein Grundrecht der Kunst, 2012; *S. Mückl,* Die Konvergenz der Medien im Lichte des neuen Telemediengesetzes, JZ 2007, 1077; *G. Müller,* „Die Satire darf viel, aber sie darf nicht lügen", ZRP 2006, 101; *S. Müller-Franken,* Meinungsfreiheit im freiheitlichen Staat, 2013; *ders.,* Die Verfassungsgarantie der Freiheit der Presse und presseähnliche Betätigungen von Gemeinden, AfP 2019, 103; *I. v.Münch,* Meinungsfreiheit gegen Political Correctness, 2017; *S. Nellessen,* Äußerungsrechte staatlicher Funktionsträger, 2019; *T. Nessel,* Das grundgesetzliche Zensurverbot, 2004; *M. Nettesheim,* Grund und Grenzen der Wissenschaftsfreiheit, DVBl 2005, 1072; *F. Niewöhner,* Elektronische Benutzerführungssysteme und chancengerechter Zugang zum digitalen Fernsehen, 2004; *M. Penz,* Pressetätigkeit von Studierendenschaften: Voraussetzungen und Grenzen, DÖV 2016, S. 905; *S. Radlsbeck,* Online-Magazine – rechtliche Würdigung von journalistisch-redaktionell gestalteten Abrufdiensten, 2004; *A. Rauchhaus,* Rundfunk und Staat, 2014; *H. Reffken,* Politische Parteien und ihre Beteiligungen an Medienunternehmen. Eine Untersuchung aus verfassungsrechtlicher Sicht, 2007; *C. Reupert,* Die Filmfreiheit, NVwZ 1994, 1155; *F. Rhein,* Der Anwendungsbereich presserechtlicher Auskunftsansprüche auf Bundesebene, DÖV 2019, 395; *S. Röß,* Die Neuordnung der Finanzierung des Rundfunks durch den Rundfunkbeitragsstaatsvertrag, 2015; *K. Rothenbücher,* Das Recht der freien Meinungsäußerung, VVDStRL 4 (1928), 6; *M. Ruffert,* Grund und Grenzen der Wissenschaftsfreiheit, VVDStRL 65 (2006), 146; *E. Schmidt-Jortzig,* Meinungs- und Informationsfreiheit HStR VII, § 162; *W. Schmitt Glaeser,* Der freiheitliche Staat des Grundgesetzes, 3. Aufl., 2012; *F. Schoch,* Konvergenz der Medien – Sollte das Recht der Medien harmonisiert werden?, JZ 2002, 798; *ders.,* Das Recht auf Zugang zu staatlichen Informationen, DÖV 2006, 1; *F. Schürmann,* Öffentlichkeitsarbeit der Bundesregierung. Strukturen, Medien, Auftrag und Grenzen eines informalen Instruments der Staatsleitung, 1992; *M. Schulte,* Grund und Grenzen der Wissenschaftsfreiheit, VVDStRL 65 (2006), 110; *A. Schwetzler,* Persönlichkeitsschutz durch Presseselbstkontrolle, 2004; *R. Smend,* Das Recht der freien Meinungsäußerung, VVDStRL 4 (1928), 44; *K.-P. Sommermann,* Kultur im Verfassungsstaat, VVDStRL 65 (2006), 7; *C. Starck,* Das Caroline-Urteil des Europäischen Gerichtshofs für Menschenrechte und seine rechtlichen Konsequenzen, JZ 2006, 76; *R. Steinberg,* Charlie Hebdo: Ist Blasphemie schützenswert? – Meinungsfreiheit und der Schutz religiöser Gefühle in westlichen Verfassungsstaaten –, DVBl. 2016, 1281; *U. Steiner,* Kulturauftrag im staatlichen Gemeinwesen, VVDStRL 42 (1984), 7; *K. Stern,* Die Freiheit der Lehre – ein Grundrecht im Schattendasein, FS Herzog, 2009, S. 507; *H. H. Trute,* Die Forschung zwischen grundrechtlicher Freiheit und staatlicher Institutionalisierung, 1994; *ders.,* Ungleichzeitigkeiten in der Dogmatik: Das Wissenschaftsrecht, Die Verwaltung 27 (1994), 301; *T. Vesting,* Soziale Geltungsansprüche in fragmentierten Öffentlichkeiten, AöR 122 (1997), 337; *H. W. Waldeyer,* Die Professoren der Fachhochschulen als Träger des Grundrechts der Wissenschaftsfreiheit, NVwZ 2010, 1285; *M. Winter,* Medienbeteiligungen politischer Parteien, 2014; *H. Wolter,* Meinung – Tatsache – Einstufung – Deutung. Zur bundesverfassungsgerichtlichen Kontrolle fachgerichtlicher Entscheidungen am Maßstab des Art. 5 GG, Staat 36 (1997), 426; *R. Zimmermann,* Hochschulrundfunk, 2013; *R. Zuck,* Das Recht der Verfassungsbeschwerde, 5. Aufl., 2017; *ders.,* Das verfassungsprozessuale Instrument der prozessualen Waffengleichheit, EuGRZ 2020, 1.

## Übersicht

## A. Allgemeines

## I. Die Entstehung und die Geltungsweite

**1. Die innerstaatlichen Gewährleistungen.** Mit Art. 5 knüpft das GG **zum Teil** an eine **lange** **1** **Grundrechtstradition** an (Meinungs- und Pressefreiheit, Zensurverbot, Freiheit von Kunst, Wissenschaft und Lehre). Zum Teil treten Grundrechte ergänzend zu diesen Gewährleistungen hinzu (Film- und Forschungsfreiheit sowie die Kommunikationsfreiheiten). Einige Grundrechte werden erstmalig verbürgt (Rundfunk und Informationsfreiheit). Namentlich die am Beispiel der Meinungsfreiheit entwickelten Grundrechtslehren lassen auch die weiteren Gewährleistungen des Art. 5 GG als Gradmesser der mittlerweile erreichten „Grundrechtskultur" erscheinen[1].

Schon in der **Paulskirchenverfassung von 1849** (§ 143) waren etliche Grundrechte ähnlichen **2** Zuschnitts statuiert. Dabei kamen in einer Epoche, in der sich der alte Polizei- und Wohlfahrtsstaat in einen freiheitlichen Rechtsstaat zu wandeln begann, der Meinungs- und Pressefreiheit mitsamt dem Zensurverbot überragende Bedeutung zu.[2] Ziel eines umfassenden, **liberalen Grundrechtskonzeptes,** das geprägt war durch den Gegensatz von Staat und Gesellschaft, sollte es sein, gerade im Bereich der öffentlichen Meinung anstelle staatlicher oder polizeilicher Bevormundung ein Abwehrrecht gegen den Staat treten zu lassen. Im Bereich der Kultur wurde diese Freiheitsidee dadurch verwirklicht, dass gem. § 152 RV 1849 Wissenschaft und Lehre frei von jeglicher obrigkeitlicher Direktive und vorbehaltlos gewährleistet werden sollten.

Diese Tradition setzte sich nach dem fast halben Jahrhundert des Organisationsstatuts der RV[3] von **3** 1871 in dem Grundrechtskatalog der **WRV von 1919** fort. Man verstand die Meinungsfreiheit als eine der wichtigsten Voraussetzungen der Funktionsfähigkeit der Demokratie und der politischen Gemein-

---

[1] *Jestaedt* HGR IV § 102 Rn. 1 ff., im Anschluss an *Bethge,* → Rn. 10; siehe auch *Grabenwarter,* in: Maunz/Dürig, Art. 5 I, II (2013) Rn. 1 ff.
[2] *E. R. Huber,* Deutsche Verfassungsgeschichte seit 1789, Bd. II, 1988, S. 774.
[3] Zu einfachrechtlichen Gewährleistungen der Reichsgesetzgebung *Stern* HStR IX, § 164 Rn. 36.

schaft überhaupt.[4] Sie umfasste bereits alle Formen der Meinungsbildung und Meinungsäußerung. Dem Einzelnen wurde im Ringen um die Wahrheit ein Recht auf Irrtum eingeräumt,[5] weil nur so das Grundrecht der Meinungsfreiheit verwirklicht werden könne.

4 Die **Grundrechtsinterpretation,** die schon immer im Spannungsverhältnis zwischen individueller und gesellschaftlicher Orientierung verlief, wies seinerzeit freilich eine **eher restriktive Tendenz** auf (so auch zu Art. 118 II 2, 3 WRV). Da die Auslegung der Meinungsfreiheit eine starke soziale Gebundenheit erkennen ließ, konnte zur Sicherung gegen missbräuchliche Ausnutzung der Freiheit das Grundrecht zum Wohle und zum Schutz der Allgemeinheit fast nach Belieben eingeschränkt werden.[6]

5 Das GG selbst knüpft an diese klassischen Gewährleistungen an, unternimmt es aber, sie vor jedem **Leerlaufen** zu schützen. An der Aktualität der Grundrechte im Sinne eines Schutzes vor der Disposition des einfachen Gesetzgebers (Art. 1 III) nehmen die Grundrechtsverbürgungen des Art. 5 teil.

5a **Neu** an den grundgesetzlichen Gewährleistungen sind die **Informationsfreiheit** des Art. 5 I 1 sowie die Berücksichtigung der **Rundfunkfreiheit.** Beide fanden – nach einigen Nachkriegslandesverfassungen – zum ersten Mal Aufnahme in einen gesamtstaatlichen Grundrechtskatalog.[7] Auch insoweit erweist sich die Grundrechtsformulierung des ParlRates als Reaktion auf die negativen Erfahrungen der nationalsozialistischen Zeit. Sie bestätigt den Befund, dass Freiheitsverbürgungen nicht selten Antworten auf historische Gefährdungslagen sind.

6 **2. Die völkerrechtlichen Bezüge.** Die **Europäische Menschenrechtskonvention** gewährleistet in Art. 10 I Kommunikationsfreiheiten, die der Sache nach im Wesentlichen deckungsgleich mit den Verbürgungen des Art. 5 I GG sind,[8] mitunter aber auch darüber hinausgehen. So stuft der Europäische Gerichtshof für Menschenrechte (EGMR) wegen Art. 10 I EMRK **öffentlich-rechtliche Rundfunkmonopole** als **konventionswidrig** ein;[9] dies widerspricht der Ansicht des BVerfG, die Einführung von Privatfunk sei in das Belieben des Gesetzgebers gestellt (dazu → Rn. 102). Überdies wendet der EGMR Art. 10 I EMRK auch auf das Verhältnis zwischen Arbeitgeber und Arbeitnehmer an;[10] er anerkennt daher eine gewisse „innere" **Medienfreiheit.** Deutschen Grundrechten sind derartige grundrechtliche Drittwirkungen zwischen Privaten prinzipiell eher fremd.

6a Die EMRK gilt als völkerrechtlicher Vertrag nur im Range eines einfachen Bundesgesetzes.[11] Sie stellt kein Völkergewohnheitsrecht dar.[12] Doch dient die Rechtsprechung des EGMR dem BVerfG als **„Auslegungshilfe"** für die Bestimmung von Inhalt und Reichweite der Grundrechte und der rechtsstaatlichen Grundsätze des Grundgesetzes.[13] Insofern kommt der EMRK große Bedeutung für die Konkretisierung der verfassungsrechtlichen Standards zu.[14]

6b Daher kann zwar eine Verfassungsbeschwerde nach Art. 93 I Nr. 4a nicht unmittelbar auf die Verletzung der EMRK gestützt werden.[15] Allerdings spricht eine Vermutung dafür, dass der Gesetzgeber sich mit späteren Regelungen nicht in Widerspruch zu völkerrechtlichen Verpflichtungen begeben wollte; daraus resultiert das Gebot einer möglichst weitgehend **völkerrechtskonformen Auslegung.**[16] Bei einem unauflösbaren Konflikt zwischen nationalem Verfassungsrecht und der EMRK müsste jedoch gleichwohl aus normenhierarchischen Gründen die Verfassungsidentität des GG den Vorrang haben.[17]

6c Als völkerrechtlicher Vertrag existiert **das Übereinkommen des Europarates über das grenzüberschreitende Fernsehen (ERÜ),** das ebenfalls durch Bundesgesetz transformiert wurde. Sinn dieses Vertrages ist es im Wesentlichen, die EG-Fernsehrichtlinie (dazu unter Rn. 7i sowie 115b) zu ergänzen, indem ähnliche Regelungen auch im Verhältnis zu denjenigen europäischen Ländern gelten, die nicht Mitglied der EU sind.

7 **3. Die Bezüge zum Recht der EU. a) Die Grundfreiheiten.** Im Unionsrecht übernehmen die Grundfreiheiten den Schutz der primärrechtlich garantierten Marktfreiheiten. Dazu rechnen wirt-

---

[4] *E. R. Huber* ebda, Bd. VI, 1981, S. 109.

[5] *Hellwig,* in: Nipperdey (Hrsg.), Die Grundrechte und Grundpflichten der Reichsverfassung, Bd. II, 1930, Art. 118, S. 1 (3).

[6] *Hellwig* (Fn. 5), Art. 118, S. 10.

[7] *Dörr* HGR IV, § 103 Rn. 6.

[8] *Starck* MKS I, 6. Aufl., 2010, Art. 5 I, II Rn. 14 f.; *Gersdorf* AfP 2010, 422; *Jarass,* in: Jarass/Pieroth, Art. 5 Rn. 2. Zur Judikatur des EGMR zu Fragen der Begrenzung der Medienfreiheit durch das Persönlichkeitsrecht *Stürner* NJW 2004, 2647 ff.; *Starck* JZ 2006, 76 ff.; BVerfGE 120, 180 (199 ff.).

[9] EGMR, Nr. 36/1992/381/455–459, Informationsverein Lentia ua/Österreich, EuGRZ 1994, 549 (550 f.). Zur Vielfaltsicherung der EMRK BVerfGE 136, 9 (Rn. 44).

[10] Urt. v. 29.2.2000 (Rs. 39293/98, Fuentes Bobo/Spanien), dazu *Dörr/Zorn* NJW 2001, 2837 (2846).

[11] BVerfGE 74, 358 (370); 111, 307 (316 f.); 128, 326 (367). 148, 296 (351 Rn. 127).

[12] *Isensee* FS Graßhof, 1998, S. 311; BVerfGE 128, 326 (366): Vertragsvölkerrecht.

[13] BVerfGE 74, 358 (370); 83, 119 (128); 111, 307 (323 f.); 120, 180 (199 ff.); 124, 300 (319); 128, 326 (366 ff.); 137, 273 (Rn. 128). Zur prinzipiellen „Beachtenspflicht" BVerfGE 128, 296 (Rn. 149); 148, 296 (351 Rn. 128); 149, 160 (201 Rn. 115). Keine Pflicht zur „schematischen Parallelisierung" BVerfGE 131, 268 (295 f.).

[14] Skeptisch zur Methode *Isensee* AöR 138 (2013), 348 ff.; *Jestaedt* HStR XII, § 264 Rn. 81 ff.

[15] Vgl. *Bethge* MSKB BVerfGG § 90 Rn. 66 ff.

[16] BVerfGE 128, 326 (367 f.); 148, 296 (351 Rn. 129 ff.).

[17] *Detterbeck,* Art. 93 Rn. 30; BVerfGE 148, 296 (352 Rn. 129).

schaftlichen Betätigungen, die sich zugleich im Schutzbereich des Art. 5 GG bewegen. So wird die Ausstrahlung von Fernsehsendungen – einschließlich jener zu Werbezwecken – vom Europäischen Gerichtshof (EuGH) als **Dienstleistung** im Sinne des Art. 56 AEUV qualifiziert.[18] Gleiches gilt für die Weiterverbreitung von Rundfunksendungen in Kabelnetzen[19] sowie das Zurverfügungstellen von Anzeigenraum in Druckerzeugnissen.[20] Der Handel mit Materialien, die für die Ausstrahlung von Fernsehsendungen benutzt werden, fällt hingegen unter die **Warenverkehrsfreiheit** des Art. 34 AEUV.[21] Auch der Vertrieb von Presseerzeugnissen wird von der Warenverkehrsfreiheit umfasst,[22] dgl. der Verkauf von (un-)bespielten Videokassetten.[23] Daneben kommt die **Niederlassungsfreiheit** gem. Art. 49 AEUV in Betracht, sofern durch das Verbot privater Rundfunktätigkeit die Gründung eines entsprechenden Unternehmens unmöglich gemacht wird.[24]

Die **Grundfreiheiten gehen** – wie jede Norm des EU-Rechts[25] – aus unionsrechtlicher Perspekti- **7a** ve allem nationalen Recht[26] **vor.** Gebunden werden von den Grundfreiheiten jedenfalls die EU-Organe sowie die Mitgliedstaaten einschließlich sämtlicher Gebietskörperschaften und sonstiger hoheitlich handelnder Rechtssubjekte,[27] sofern sie **im Anwendungsbereich des EU-Vertrages** tätig sind. Ungeklärt ist bislang die Frage, ob die Dienstleistungsfreiheit, die Niederlassungsfreiheit und die Warenverkehrsfreiheit auch **im Verhältnis der Bürger** untereinander Anwendung finden; die jüngere Judikatur des EuGH deutet in diese Richtung. So bejaht er die **horizontale Wirkung der Arbeitnehmerfreizügigkeit** des Art. 45 AEUV[28] mit Argumenten, die unter dem Gesichtspunkt des **Parallelismus der Grundfreiheiten**[29] auch für Art. 34, 49, 56 AEUV nutzbar gemacht werden könnten.

Berufen können sich auf die Dienstleistungs- und Niederlassungsfreiheit jeder **Unionsbürger** sowie **7b** **jede juristische Person des Privat- und des öffentlichen Rechts** mit **Sitz in der EU,** die einen Erwerbszweck verfolgt (Art. 54 iVm Art. 62 AEUV); die Warenverkehrsfreiheit kann sogar von **jedermann** geltend gemacht werden.

Verboten werden durch die Grundfreiheiten zum einen **Diskriminierungen auf Grund der** **7c** **Staatsangehörigkeit,** sofern sie nicht durch Art. 52 I AEUV (Niederlassungsfreiheit), Art. 62 iVm Art. 52 I AEUV (Dienstleistungsfreiheit) respektive Art. 36 AEUV (Warenverkehrsfreiheit), gerechtfertigt sind; dies gilt auch für Maßnahmen, die nicht unmittelbar an die Staatsangehörigkeit anknüpfen, aber **faktisch EU-Ausländer stärker belasten** und sich daher wie offene Diskriminierungen auswirken.[30] Da Art. 52 I AEUV bzw. Art. 36 AEUV als Ausnahmevorschrift von den Grundfreiheiten eng auszulegen ist,[31] scheitert die Rechtfertigung von Diskriminierungen in der Regel jedenfalls an der **Verhältnismäßigkeit,** denn normalerweise dürfte eine Beschränkung der Grundfreiheit – also eine In- und Ausländer gleichermaßen treffende Regelung – den gesetzgeberischen Zweck ebenfalls erreichen.

Derartige **Beschränkungen** werden ebenfalls von den Grundfreiheiten erfasst; sie können jedoch durch **zwingende Gründe des Allgemeininteresses**[32] rsp. zwingende Erfordernisse des Allgemeininteresses[33] gerechtfertigt werden. In Betracht kommen dabei auch kultur- und medienpolitische

---

[18] St. Rspr. seit EuGH Rs. 155/73, Sacchi, Slg. 1974, 409, 428 Rn. 6.

[19] EuGH Rs. 352/85, Bond van Adverteerders ua/Niederländischer Staat, Slg. 1988, 2085, 2131 Rn. 14.

[20] EuGH Rs. C-405/98, Konsumentombudsmannen (KO)/Gourmet International Products AB (GIP), Slg. 2001, I-1795, 1828 Rn. 36–39.

[21] EuGH Rs. 155/73, Sacchi, Slg. 1974, 409, 428 Rn. 7 f.

[22] Vgl. EuGH Rs. C-368/95, Vereinigte Familiapress Zeitungsverlags- und -vertriebs GmbH/Heinrich Bauer Verlag, Slg. 1997, I-3689, 3714, Rn. 12.

[23] EuGH Rs. 60 u. 61/84, Cinéthèque SA ua/Fédération nationale des cinémas français, Slg. 1985, 2605, 2623 Rn. 10 f.

[24] EuG Rs T-266/97, Vlaams Televisie Maatschappij NV/Kommission der Europäischen Gemeinschaften, Slg. 1999, II-2329, 2368 Rn. 113.

[25] Sog. Anwendungsvorrang des Gemeinschaftsrechts; st. Rspr. seit EuGH Rs. 6/64, Costa/ENEL, Slg. 1964, 1141. Zu Anwendungsvorrang des Unionsrechts BVerfGE 123, 267 (402); 129, 78 (94); 140, 317 (334 Rn. 36); *H. A. Wolff* FS E. Klein, 2013, S. 392 ff.; *H. Dreier,* in: ders., GG I, 3. Aufl., Vorb Rn. 40.

[26] Vgl. dazu EuGH Rs. 11/70, Internationale Handelsgesellschaft mbH/Einfuhr- und Vorratsstelle für Getreide und Futtermittel, Slg. 1970, 1125.

[27] *Haratsch* HStR X, § 210 Rn. 22.

[28] EuGH Rs. C-281/98, Roman Angonese/Cassa di Risparmio di Bolzano SpA, Slg. 2000, I-4139.

[29] Zu diesem Problemkreis s. *Deckert/Schroeder* JZ 2001, 88 (89 ff.).

[30] Sogenannte verdeckte oder mittelbare Diskriminierungen; vgl. EuGH Rs. C-350/96, Clean Car Autoservice Ges. m. b. H./Landeshauptmann von Wien, Slg. 1998, I-2521, 2546 Rn. 27.

[31] Vgl. etwa EuGH Rs. C-260/89, Elliniki Radiophonia Tileorassi AE/Dimotiki Etairia Pliroforisis und Sotirios Kouvelas, Slg. 1991, I-2925, 2396 Rn. 24, zur Dienstleistungsfreiheit.

[32] So die ständige Formel des EuGH bei der Niederlassungs- und der Dienstleistungsfreiheit; vgl. EuGH Rs. C-288/89, Stichting Collectieve Antennevoorziening Gouda ua/Commissariaat voor de Media, Slg. 1991, I-4007, 4040 Rn. 13 f.

[33] Dies gilt für die Warenverkehrsfreiheit; vgl. EuGH Rs. 120/78, Rewe-Zentral-AG/Bundesmonopolverwaltung für Branntwein, Slg. 1979, 649, 662 ff. Rn. 8, 14 – sogenannte „Cassis"-Entscheidung.

Erwägungen, etwa die „Aufrechterhaltung eines **pluralistischen Rundfunkwesens**"[34] oder die „Aufrechterhaltung der **Medienvielfalt**",[35] da dies zur Wahrung des Rechts der freien Meinungsäußerung im Sinne des Art. 10 EMRK beiträgt, das zu den von der Gemeinschaftsrechtsordnung geschützten EU-Grundrechten zählt.

7d      Allerdings müssen die Beschränkungen in einem angemessenen Verhältnis zum verfolgten Zweck stehen; sie sind also nur zulässig, wenn dieser Zweck nicht durch Maßnahmen erreicht werden kann, die den innergemeinschaftlichen Handelsverkehr weniger beschränken (**Verhältnismäßigkeitsgrundsatz**).[36] Da der EuGH die Rechtfertigung der Beschränkungen überdies „im Lichte der allgemeinen Rechtsgrundsätze und insbesondere der [EG-]Grundrechte" auslegt,[37] wird also schlussendlich abgewogen zwischen dem Nutzen der Maßnahme für das Beschränkungsziel (Aufrechterhaltung der Medienvielfalt) und der dadurch bewirkten Einschränkung der individuellen Meinungsfreiheit im Sinne des Art. 10 EMRK.[38] Dogmatisch kommt dies der **Wechselwirkungslehre** des Bundesverfassungsgerichts zur Handhabung der allgemeinen Gesetze gemäß Art. 5 II GG im Lichte des beschränkten Grundrechts (dazu → Rn. 145 ff.) sehr nahe.

7e      **b) Die Unionsgrundrechte.** Der EuGH leitete seit langem aus den gemeinsamen Verfassungstraditionen der Mitgliedstaaten sowie denjenigen völkerrechtlichen Verträgen zum Schutz der Menschenrechte, denen sämtliche Mitgliedstaaten beigetreten sind, **ungeschriebene gemeinschaftsrechtliche Grundrechte** her, die als allgemeine Grundsätze bei der Anwendung von Gemeinschaftsrecht beachtet werden müssen; dabei hat die **EMRK** eine „besondere Bedeutung".[39] Auch die **Meinungsfreiheit** gemäß Art. 10 EMRK rechnet daher zu den Unionsgrundrechten.[40] Geschützt werden auch die Verbreitung und der Empfang von Informationen wirtschaftlicher Natur (**Commercial speech**).[41] Nunmehr erklärt Art. 6 III EUV die Grundrechte der EMRK auch als Rechtserkenntnisquelle der Unionsgrundrechte.[42]

7f      **Parlament, Rat und Kommission** haben sich unter Bezugnahme auf diese im Jahr 1969 begründete Rechtsprechung[43] in einer **Interorgan-Vereinbarung** 1977 verpflichtet, die EG-Grundrechte „bei der Ausübung ihrer Befugnisse" zu beachten.[44] Die Mitgliedstaaten schlossen sich auf dem Europäischen Rat vom 8. April 1978 dieser **Grundrechte-Erklärung** an;[45] überdies bestätigten sie durch die Schaffung von Art. 6 II EUV die EuGH-Rechtsprechung ausdrücklich. Nunmehr gilt Art. 6 EUV, der am 1.12.2009 in Kraft getreten ist.

7g      **c) Die EU-Grundrechte-Charta.** Seit dem 7. Dezember 2000 sind die **gemeinschaftsrechtlichen Grundrechte sichtbar** in der „Charta der Grundrechte der Europäischen Union", die von Parlament, Rat und Kommission als **Interorgan-Vereinbarung** feierlich verkündet[46] und von den Staats- und Regierungschefs der Union gebilligt worden ist.[47] Die Charta vom 12.12.2007 wurde mit der Ratifizierung des Vertrages von Lissabon zum 1.12.2009 rechtsverbindlich.

     In Art. 11 EUGRCh (Art. II-71 EVV) wird – angelehnt an Art. 10 EMRK[48] – die „Freiheit der Meinungsäußerung und Informationsfreiheit" geschützt.

7h      Wie auch die Grundfreiheiten und andere unionsrechtliche Verbürgungen sind die Gewährleistungen der EMRK und der EUGRCh nicht zum BVerfG verfassungsbeschwerdefähig.[49]

---

[34] EuGH Rs. C-288/89, Stichting Collectieve Antennevoorziening Gouda ua/Commissariaat voor de Media, Slg. 1991, I-4007, 4043 Rn. 23, zur Dienstleistungsfreiheit.

[35] EuGH Rs. C-368/95, Vereinigte Familiapress Zeitungsverlags- und vertriebs GmbH/Heinrich Bauer Verlag, Slg. 1997, I-3689, 3715 Rn. 18, zur Warenverkehrsfreiheit.

[36] St. Rspr.; s. etwa EuGH Rs. C-368/95, Vereinigte Familiapress Zeitungsverlags- und vertriebs GmbH/Heinrich Bauer Verlag, Slg. 1997, I-3689, 3715 Rn. 19.

[37] EuGH Rs. C-368/95, Vereinigte Familiapress Zeitungsverlags- und vertriebs GmbH/Heinrich Bauer Verlag, Slg. 1997, I-3689, 3717 Rn. 24.

[38] EuGH Rs. C-368/95, Vereinigte Familiapress Zeitungsverlags- und vertriebs GmbH/Heinrich Bauer Verlag, Slg. 1997, I-3689, 3717 Rn. 27.

[39] S. EuGH Rs. C-260/89, Elliniki Radiophonia Tileorassi AE/Dimotiki Etairia Pliroforisis und Sotirios Kouvelas, Slg. 1991, I-2925, 2943 Rn. 41.

[40] EuGH Rs. C-368/95, Vereinigte Familiapress Zeitungsverlags- und vertriebs GmbH/Heinrich Bauer Verlag, Slg. 1997, I-3689, 3717 Rn. 24.

[41] GA Fennelly, Rs. C-376/98, Bundesrepublik Deutschland/Europäisches Parlament und Rat der Europäischen Union, Slg. 2000, 8419, 8487 Rn. 152 ff.; vom EuGH wurde diese Frage im entsprechenden Judikat offengelassen.

[42] *Jarass*, 3. Aufl., Einl. Rn. 3.

[43] EuGH Rs. 29/69, Erich Stauder/Stadt Ulm, Slg. 1969, 419.

[44] *Parlament/Rat/Kommission*, Gemeinsame Erklärung, ABlEG 1977, Nr. C 103/1.

[45] *Europäischer Rat*, Erklärung zur Demokratie, Bull EG 3–1978, S. 5.

[46] *Parlament/Rat/Kommission*, Charta der Grundrechte der EU, ABlEG 2000, Nr. C 364/1.

[47] Und zwar beim Europäischen Rat von Biarritz am 13. und 14.10.2000.

[48] Zur Problematik, ob Art. 11 EUGrundRCharta aufgrund des Wortlauts „geachtet" einen geringeren Schutzbereich als Art. 10 EMRK hat, vgl. *Selmer* Europarecht, Beiheft 3/2002, 29.

[49] BVerfGE 115, 276 (299); *Jarass* GRCh Art. 11 Rn. 1. Zur erweiterten Prüfungskompetenz des BVerfG am Maßstab des Unionsrechts siehe BVerfGE 152, 216 (260 f. Rn. 111).

**d) Die sekundärrechtlichen Vorschriften.** Für den Rundfunk hat schon die EG durch die **7i**
„Fernseh-Richtlinie"[50] wichtige Regelungen getroffen (Weiterverbreitung von ausländischen Fern-
seh-Programmen, maximal zulässige Werbedauer, Jugendschutz, Programmquoten, Gegendarstellungsrecht). Die Kommission veranlasste eine Änderung der Richtlinie, die auch nicht-linear erbrachte
audiovisuelle Mediendienste in den Anwendungsbereich der Richtlinie mit einbeziehen soll.[51] In
diesem Zusammenhang wurde das „Product Placement" erleichtert.

## II. Die grundsätzliche Bedeutung

**1. Die Stellung im Gesamtgefüge der Verfassung.** Art. 5 gehört zu den **umfangreichsten** **8**
**und aufwändigsten Regelungen des Grundrechtskatalogs.** Anders als die Mehrzahl der übrigen
Bestimmungen, die sich auf die Gewährleistung meist nur eines, jeweils thematisch näher eingegrenzten Freiheitsrechts beschränken, enthält er – neben anderen Anordnungen – eine Reihe von
Einzelgrundrechten. Je nach Betrachtungsweise und rechtsdogmatischer Klassifizierung sind es sieben
bis neun Freiheitsverbürgungen. Diese lassen sich sachlich sowohl nach der systematischen Anordnung als auch nach dem Aufbau der Vorschrift in zwei größere Normengruppen aufteilen. Abs. 1
befasst sich hauptsächlich mit den verschiedenen Ausprägungen der Kommunikationsfreiheit mitsamt
den Mediengrundrechten, deren Handhabung angesichts der viel zitierten **Konvergenz der Me-**
**dien**[52] Schwierigkeiten bereitet. Abs. 3 bezieht sich auf Kunst und Wissenschaft. Zwischen ihnen
liegt gleichsam das Gebirge des Schrankenvorbehalts des Abs. 2, namentlich in der Formation der
allgemeinen Gesetze.

Beide Schwerpunktgebiete hätten zwar problemlos Platz in zwei formal getrennten Artikeln finden **9**
können,[53] wie es noch in der Weimarer Reichsverfassung von 1919 (Art. 118, 142) der Fall war. Doch
ist eine gewisse gleichförmige **„grundrechtsdogmatische Binnenarchitektur"** *(Günter Dürig)* unverkennbar. Daher kommt es auch angesichts etlicher weiterer Querverbindungen nicht von ungefähr,
dass verfassungsrechtliche Heimstatt aller Teile eine diese überwölbende gemeinsame Vorschrift ist. So
gesehen, erweist sich Art. 5 als die zentrale Grundrechtsnorm geistiger Freiheitsentfaltung vornehmlich
in der Kommunikation. Er wird in diesem Anliegen gestützt und ergänzt durch ihrerseits partiell
verwandte Nachbargrundrechte (Art. 4, 8, 9, 10).[54] Schon von daher ist Art. 5 keine isolierte Bestimmung. Er ist ein Eckpfeiler der grundgesetzlichen Grundrechtsordnung und nicht nur in einzelnen
Partikeln, sondern in seiner Gesamtheit von fundamentalem Gewicht für die demokratische Verfassungsordnung.[55]

Die Handhabung des Art. 5 durch die **Wissenschaft** und durch die Praxis, hier in erster Linie durch **10**
das **BVerfG,** hat maßstabsetzende Impulse für die Herausbildung des gegenwärtigen Bewusstseins-
standes und des erreichten Niveaus einer allgemeinen Grundrechtskultur geliefert. Umgekehrt spiegeln
sich in der Konkretisierung der einzelnen Bestandteile die Befindlichkeiten, dh die Grundlagen und
Probleme, der allgemeinen Grundrechtsdogmatik wider.

Die Grundfreiheiten des Art. 5 stellen **keine bloßen „Ausgrenzungen"** *(Ernst Forsthoff)*[56] mehr **11**
dar. Die staatsabgewandte negatorische Abwehrhaltung dominiert also keineswegs, auch wenn der an
die Adresse des Staates gerichteten Eingriffsabwehr – nicht nur bei Kunst und Wissenschaft – weiterhin
Relevanz zukommt.[57] Die Regelung statuiert nicht allein objektive Prinzipien der Gesamtrechtsordnung unter Einschluss des Privatrechts[58] Die Bestimmung hat zugleich staatsintegrierende Bedeutung
für die parlamentarische Demokratie und den für diese unabdingbaren, freien und unreglementierten
Meinungsbildungsprozess.[59] Sie stellt darüber hinaus Bezugnahmen zu weiteren verfassungsgestalten-
den Grundentscheidungen – Rechtsstaatsprinzip, Bundesstaatlichkeit – her. Der moderne Kulturstaat
ist in Pflicht genommen.[60] Auch sozialstaatliche Einwirkungen gibt es.[61]

---

[50] Richtlinie 89/552/EWG (ABlEG 1989, Nr. L 298/23), geändert durch Richtlinie 97/36/EG (ABlEG 1997,
Nr. L 202/60) zur Koordinierung bestimmter Rechts- und Verwaltungsvorschriften der Mitgliedstaaten über die
Ausübung der Fernsehtätigkeit.

[51] *Kleist/Scheuer* MMR 2006, 127.

[52] *Mückl* JZ 2007, 1077 ff.; *Hain* JZ 2008, 128; *Jarass,* in: Jarass/Pieroth, Art. 5 Rn. 2.

[53] *Bethge* AfP 1984, 23.

[54] Zum Komplementärcharakter des Art. 10 BVerfGE 100, 313 (365); 113, 348 (364 f.); 118, 168 (184); zu Art. 8
GG BVerfGE 140, 325 (228).

[55] BVerfGE 27, 71 (81 f.); 90, 27 (32 f.); 107, 299 (329); *Jestaedt* HGR IV, § 102 Rn. 102 ff.

[56] Kritisch zur Ausgrenzungsfunktion der Grundrechte schon *Hesse* VVDStRL 17 (1959), 43 Fn. 92.

[57] Zur Eingriffsabwehr als primärer Funktion der Freiheitsrechte *Bethge* VVDStRL 57 (1998), 10 ff.; s. auch
BVerfGE 7, 198 (204 f.); 68, 193 (205); 130, 372 (391); *Schlink* EuGRZ 1984, 457 ff.

[58] BVerfGE 7, 198 (204 f.); 129, 78 (101 f.); 142, 74 (101 Rn. 82); 148, 267 (280 Rn. 32).

[59] BVerfGE 20, 56 (97 f.); 31, 314 (322); 44, 125 (145); 83, 238 (295 f.); 128, 226 (266).

[60] BVerfGE 111, 333 (353). Zur Kultur im Verfassungsstaat *Sommermann* und *Huster* VVDStRL 65 (2006), 7 ff.
und 51 ff. Siehe auch *Lenski,* Öffentliches Kulturrecht, S. 55 ff.

[61] Zu Teilhaberechten aus Art. 12 I GG BVerfGE 33, 303 ff.; 147, 253 (305 f. Rn. 105 f.).

**12**   **2. Die Interpretationsprobleme.** Angesichts dieser Vielschichtigkeit lässt sich Art. 5 nicht auf der Grundlage nur einer Grundrechtstheorie und einer von dieser bestimmten Auslegungsmethode erschließen. Ähnlich den anderen Teilen der Grundrechtsordnung ist ihm interpretatorisch nur mit Hilfe einer **mehr-dimensionalen und multifunktionalen Grundrechtsdogmatik**[62] beizukommen. Dieser Methodenpluralismus[63] begünstigt eine inhaltliche Variationsbreite der Grundrechtsinterpretation,[64] die indes nicht zur methodenlosen Beliebigkeit geraten darf. Das macht die eigentliche Schwierigkeit der juristischen „Operationalisierung" auch des Art. 5 aus. Im Einzelnen tritt neben die liberale, eher individualistische Grundrechtssicht das schon ältere institutionelle Grundrechtsdenken, das durch die organisations- und verfahrensrechtlich orientierte Grundrechtsformation und durch die Deutung der Grundrechte als Grundlage staatlicher Schutzpflichten[65] ergänzt wird.[66] Eine demokratisch-funktionale Betrachtungsweise sowie Ansätze einer sozialen Teilhaberechtslehre kommen hinzu.[67]

**13**   Ambivalent, wenn nicht janusköpfig, fällt auch das Rollenspiel des Staates, namentlich das des **Gesetzgebers,** aus.[68] Dessen **Funktion** lässt sich nicht allein von der Grundrechtsbindung (Art. 1 III) sowie von der Grundrechtsbeschränkung her bestimmen, die in der komplizierten Schrankenformel des Art. 5 II zum Tragen kommt. Der demokratisch legitimierte Gesetzgeber ist auch zur positiven Ausgestaltung der Grundrechtsordnung aufgerufen. Anknüpfungspunkte sind der Parlamentsvorbehalt[69] und das freiheitssichernde Organisationsgesetz,[70] die als Figuren der Grundrechtsdogmatik auch unter dem Einfluss des Art. 5 entwickelt worden sind.[71]

**13a**   Die einzelnen Freiheitsverbürgungen unterliegen keinem einheitlichen legislatorischen Regelungsprogramm. Einige – Meinungsfreiheit, Kunstfreiheit – sind natürliche Freiheiten,[72] dh sacherzeugt. Andere – namentlich die Rundfunkfreiheit – sind auf Normprägung angewiesen;[73] sie sind rechtserzeugt bzw. gesetzesakzessorisch. Die Freiheit von Forschung und Lehre ist zum Teil sacherzeugt, zum Teil rechtserzeugt.[74] Diese Einordnungen sind nicht nur von akademischem Interesse, sondern haben **praktische Konsequenzen:** Die zulässige Grundrechtsausgestaltung ist kein Grundrechtseingriff.[75] Die besonderen rechtsstaatlichen Sicherungen des Grundrechtseingriffs sind anderer Natur als die Bindungen des ausgestaltenden Gesetzgebers.[76] Bei **normgeprägten** Schutzbereichen eines ausgestaltungsbedürftigen Grundrechts steht gesetzgeberisch vermittelte, also letztlich staatlich konstituierte Freiheit in Rede.[77]

**14**   Die **Konkretisierung** des Art. 5, dessen Wortfassung sich durch eine kaum zu übertreffende lapidare Bündigkeit[78] auszeichnet, ist entscheidend von der Rechtsprechung des BVerfG bestimmt. Der Hüter der Verfassung hat in den letzten sechs Jahrzehnten eine Fülle von Prinzipien, Positionen und Postulaten herausgearbeitet. Daran kann keine Kommentierung vorbeigehen. Diese Ausrichtung erfolgt unbeeinflusst von der Auffassung, die die maßgeblichen Schlussfolgerungen des BVerfG schon als Richterverfassungsrecht[79] begreift. Sie hat sich vielmehr der Risiken eines Bundesverfassungsgerichtspositivismus[80] bewusst zu sein. Doch muss eine Orientierung an den Rechtsprechungsdaten

---

[62] Vgl. dazu *Böckenförde,* Zur Lage der Grundrechtsdogmatik nach 40 Jahren Grundgesetz, 1990.
[63] S. schon *Friesenhahn,* Der Wandel des Grundrechtsverständnisses, 1974, G 11; *Kriele,* Theorie der Rechtsgewinnung, 1967, S. 145.
[64] *Böckenförde* NJW 1974, 1530; *Ossenbühl* HGR I, 2004, § 15.
[65] Dazu allgemein *Isensee* HStR V, 2. Aufl., § 111 Rn. 86 ff.; BVerfGE 39, 1 (42); 46, 160 (164); 88, 203 (251); 97, 125 (146); 109, 190 (247); 125, 39 (78). Speziell zu Art. 5 BVerfGE 95, 193 (209).
[66] *Bumke* AöR 144 (2019), S. 57.
[67] Zu den Aspekten der modernen Grundrechtsinterpretation vgl. *Sachs,* vor Art. 1; *Dreier,* in: Dreier I, vor Art. 1; ferner die Darlegungen im HStR, vor allem von *Isensee* (HStR V, 2. Aufl., §§ 111, 115) und *Lerche* (HStR V, 2. Aufl., §§ 121, 122) sowie die Darlegungen in Merten/Papier HGR I; s. ferner *Bethge* Staat 24 (1985), 351 ff.; *Borowski* HStR XII, 3. Aufl., § 274; *Bumke* AöR 144 (2019), 3 ff.
[68] *Ossenbühl* Staat 10 (1971), 73; *Bethge* FS Rudolf, 2001, S. 407.
[69] Dazu *Butzer* AöR 119 (1994), 82.
[70] Dazu *Bethge* DVBl 1983, 375 mwN in Fn. 84, 85.
[71] BVerfGE 57, 295 (320 f.); 121, 30 (50). S. *Bethge* VVDStRL Heft 57 (1998), 30 f.
[72] Vgl. BVerfGE 95, 220 (237), im Anschluss an Fischer 69, 315 (349); 77, 65 (78).
[73] BVerfGE 95, 220 (237); 119, 181 (214). Zur Normgeprägtheit der Informationsfreiheit *Schoch* DÖV 2006, 3 mit Fn. 25; vgl. auch BVerfGE 103, 44 (60 f.).
[74] Zur allgemeinen Unterscheidung der einzelnen Grundrechtstypen *Nierhaus* AöR 116 (1991), 82 ff.; *Isensee* HStR V, 2. Aufl., § 111 Rn. 51.
[75] BVerfGE 73, 118 (166); 95, 220 (235 f.); *Hoffmann-Riem* AöR 130 (2005), 53; *Ladeur* AöR 131 (2006) 650 f.; a. M. *Engel* AfP 1994, 185 ff. Kritisch *Cornils,* Die Ausgestaltung der Grundrechte, 2005.
[76] BVerfGE 57, 295 (321); *Dreier,* in: Dreier I, vor Art. 1 Rn. 138; *Lerche* HStR V, 2. Aufl., § 121 Rn. 40; *Bethge* HGR III, § 58 Rn. 91 ff. – Zu Gemengelagen BVerfGE 95, 220 (234 ff.); *Starck* FS Stern, 1997, S. 795; *Knöpfle* ebda, S. 643 Fn. 64.
[77] *Bäcker,* Wettbewerbsfreiheit als normgeprägtes Grundrecht, 2007, S. 158; *Bethge* HGR III, § 58 Rn. 91.
[78] Zu Grundrechten als Lapidarformeln *Böckenförde* NJW 1976, 2091; *Ossenbühl* HGR I, § 15 Rn. 4.
[79] Vgl. schon *H. P. Ipsen,* Mitbestimmung im Rundfunk, 1972, S. 33; *Walter Schmidt* Rundfunkvielfalt, 1984, S. 21; *Bethge* ZG 10 (1995), 110 mwN; *Löwer* HStR III, 3. Aufl., § 70 Rn. 1 f.
[80] *Schlink* NJW 1989, 16; *Badura* Staat Beiheft 11 (1996), 154 f.

des BVerfG eine eigenverantwortliche und kritische Erläuterung und Auswertung der einschlägigen Grundrechtsnormen nicht ausschließen.

**3. Die demokratische Kommunikations- und Medienordnung.** Die Verbürgungen des Art. 5 **15** haben einen unverkennbaren **Öffentlichkeits- und Demokratiebezug.**

**a) Art. 5 I** ist Sitz der Meinungs- und Informationsfreiheit sowie der Medienfreiheiten der Presse, **16** des Rundfunks und des Films. Die Kommunikationsgrundrechte werden ergänzt durch das Zensurverbot. Grundrechtsschutz der Kommunikation findet auch in Art. 10 GG statt.[81]

Für den demokratischen Verfassungsstaat des Grundgesetzes stellt die **Kommunikations- und 17 Medienverfassung** ein Kernproblem von existentieller Bedeutung dar.[82] Die enge Verflechtung mit dem Demokratieprinzip hebt auch das BVerfG ständig hervor. Es begreift nicht nur das durch Art. 5 gewährleistete Grundrecht der freien Meinungsäußerung, der Presse-, Rundfunk- und Filmfreiheit als für die freiheitliche Demokratie **schlechthin konstituierend.**[83] Vor allem Presse und Rundfunk gehören zu den unentbehrlichen modernen Massenkommunikationsmitteln, die Medium und eminenter Faktor der öffentlichen und individuellen Meinungsbildung sind.[84] Das im Zentrum der Gewährleistungen des Art. 5 I stehende und von den Massenmedien maßgeblich zu realisierende Grundrecht der freien Meinungsäußerung ist als unmittelbarer Ausdruck der menschlichen Persönlichkeit, als Lebenselement der freiheitlich-demokratischen Staatsordnung und als Grundlage jeder Freiheit überhaupt einzuordnen.[85] Die für die freiheitliche Demokratie schlechthin konstitutive Meinungsvielfalt[86] ist zu wahren. Demokratiewidrig sind multimediale Meinungsmacht[87] und Informationsmonopole.[88]

Kardinaler Bezugspunkt der Garantien des Art. 5 I ist die **Gewährleistung freier und öffentlicher 18 Meinungsbildung:** Diese vollzieht sich in einem Prozess der Kommunikation. Sie setzt auf der einen Seite die Freiheit voraus, Meinungen zu äußern und zu verbreiten, auf der anderen Seite die Freiheit, geäußerte Meinungen zur Kenntnis zu nehmen, sich zu informieren. Indem Art. 5 I Meinungsäußerungs-, Meinungsverbreitungs- und Informationsfreiheit als Menschenrechte gewährleistet, sucht er zugleich diesen Prozess verfassungsrechtlich zu schützen. Er begründet insoweit subjektive Rechte; im Zusammenhang damit normiert er die Meinungsfreiheit als objektives Prinzip der Gesamtrechtsordnung, wobei subjektiv- und objektivrechtliche Elemente einander bedingen und stützen. Die Medien vermitteln und verstärken diesen verfassungsrechtlich geschützten Prozess freier Meinungsbildung.[89] Sie haben Anteil am Strukturprinzip der Staatsfreiheit oder Staatsferne als einem generellen medienrechtlichen Grundsatz.[90]

**b)** Doch würde eine einseitige Indienststellung aller Gewährleistungen des Art. 5 I für den demo- **19** kratischen Meinungsbildungsprozess dem Anliegen der Norm nicht gerecht. Der einzelne **Grundrechtsträger ist nicht Funktionär der demokratischen Staatsordnung.** Weder besteht eine naturrechtliche Einheit zwischen Grundrechten und Demokratie, zwischen Liberalismus und Volkssouveränität also,[91] noch gehen gar die Freiheitsrechte im Demokratiegrundsatz auf,[92] zu dessen Stabilisierung sie zweifellos beitragen. Eine vorwiegend oder gar ausnahmslos demokratisch-funktionale[93] Sicht würde den Sinn des Art. 5 I verfehlen. Zudem: Grundrechte schützen Minderheiten[94] auch gegenüber demokratisch legitimierten Mehrheitsentscheidungen.

Art. 5 I gewährleistet neben der öffentlichen auch die **individuelle Meinungsbildung.**[95] Verbürgt **20** ist neben der politisch-demokratischen auch die bürgerlich-individuelle Freiheit. Beide sind unverzichtbare und komplementäre Elemente einer freiheitlichen Demokratie.[96] Nicht nur der citoyen, auch der bourgeois (in der illiberalen Begrifflichkeit *Rudolf Smends*)[97] sind von der Verfassung angesprochen. Das GG unterscheidet zwischen der demokratischen Selbstbestimmung des Volkes und der grund-

---

[81] BVerfGE 106, 28 (35 ff.); 113, 348 (364 f.); 118, 168 (184); 133, 277 (372 ff.).

[82] Vgl. *A. Arndt,* Gesammelte juristische Schriften, 1976, S. 406; *Schmitt Glaeser* HStR III, § 38 Rn. 13 ff.; *Jestaedt* HGR IV, § 102 Rn. 102 ff.

[83] BVerfGE 20, 56 (97), im Anschluss an BVerfGE 5, 85 (134 f., 205); 7, 198 (208).

[84] BVerfGE 12, 205 (260); 35, 202 (222); 83, 238 (296); 107, 299 (329); 121, 30 (50 ff.); 136, 9 (Rn. 29).

[85] BVerfGE 7, 198 (208); 62, 230 (247); s. a. BVerfGE 44, 125 (139); 138, 102 (109 Rn. 27).

[86] BVerfGE 57, 295 (323); s. a. BVerfGE 119, 181 (217); 136, 9 (29 Rn. 31); 149, 222 (260 Rn. 77).

[87] BVerfGE 73, 118 (177); 83, 238 (324); 114, 371 (389); 121, 30 (52); s. a. BVerwGE 108, 108 (121): Verhinderung von Meinungsvormacht einzelner Träger.

[88] BVerfGE 97, 228 (257 f.).

[89] BVerfGE 57, 295 (319 f.); vgl. auch BVerfGE 90, 60 (87 ff.); 101, 361 (389); 107, 299 (329).

[90] BVerfGE 80, 124 (134); 121, 30 (51 ff.); 136, 9 (Rn. 38). *Eckart Klein* DÖV 1999, 758.

[91] *Böckenförde* VVDStRL 28 (1970), 53 Fn. 73.

[92] So zutreffend schon *Rupp,* in: Hoppmann (Hrsg.), Konzertierte Aktion, 1971, S. 9.

[93] Kritisch *H. H. Klein* Staat 10 (1971), 159 ff.; vgl. auch *Starck* HStR III, § 33 Rn. 39; *Kloepfer* HStR III, § 42 Rn. 65; *Rupp* HStR II, § 31 Rn. 18; *Isensee* HStR V, 2. Aufl., § 115 Rn. 217 f.

[94] *Murswiek* HStR XII, § 184 Rn. 48.

[95] BVerfGE 57, 295 (319); 87, 181 (197).

[96] Vgl. schon *Böckenförde,* Die verfassungstheoretische Bedeutung der Unterscheidung von Staat und Gesellschaft als Bedingung der individuellen Freiheit, 1973, S. 35 f.

[97] Kritisch *Isensee* FS Kriele, 1997, S. 38, gegenüber *Smends* polemischer Differenzierung (Staatsrechtliche Abhandlungen, 1968, S. 311 ff.); vgl. auch *Wendt,* v. Münch/Kunig I, Art. 5 Rn. 2.

rechtlichen Selbstbestimmung des Individuums,[98] die allein gewährleistet, dass der Mensch nicht im Bürger aufgeht.[99] Die Demokratie ist ebenso privilegienfeindlich wie die Grundrechte. Das betrifft nicht nur die natürliche Person und die Verbände als Inhaber der Meinungsfreiheit. Entsprechendes gilt – trotz ihrer öffentlichen Aufgabe[100] – für die Presse und – hier freilich mit Abstrichen – für den Rundfunk.[101]

**21**    c) Noch weniger lassen sich die Freiheit der **Kunst** sowie der **Forschung und Lehre** ausschließlich vom Demokratie- und Öffentlichkeitsbezug hier begreifen oder gar auf eine „dienende" Freiheit reduzieren, wie es das BVerfG vor allem für die Rundfunkfreiheit annimmt.[102] Sie sind **auch höchstpersönliche Grundrechte** der Privatheit, die im Gefährdungsfall machtgeschützte Innerlichkeit garantieren. Doch lassen sie sich andererseits ebenfalls als Elemente der demokratischen Kommunikations- und Medienverfassung ausmachen. Auch insoweit ist das Freiheitskonzept des gesamten Art. 5 eher ambivalent, wenn nicht gar multivalent.

## B. Die Freiheitsrechte des Abs. 1 und die Schranken des Abs. 2

### I. Die Gewährleistungen des Abs. 1

**22**    1. Die Meinungsfreiheit. a) Die Meinungsfreiheit ist eine der bedeutsamsten besonderen **Entfaltungsformen der Persönlichkeit.**[103] Nach *Rudolf Smend* ist die Freiheit der Meinungsäußerung „zunächst ein Stück sittlich notwendiger Lebensluft für den Einzelnen, die Wahrheit sagen zu dürfen".[104] In diesem auch für andere Freiheiten in Anspruch genommenen Pathos[105] schwingt freilich manches von den Grundrechtsvoraussetzungen mit, die immer schon die Ambivalenz und den nicht unbedenklichen Pflichtenüberhang der Integrationslehre ausmachten.[106] Die Meinungsfreiheit ist Kernstück politischer und geistiger Freiheit.[107] In der Rechtsprechung wird sie seit langem zu den unentbehrlichen und grundlegenden Funktionselementen eines demokratischen Gemeinwesens gezählt. Sie gilt als unmittelbarster Ausdruck der menschlichen Persönlichkeit und als eines der vornehmsten Menschenrechte überhaupt, welches für eine freiheitliche demokratische Staatsordnung konstituierend ist; denn sie erst ermöglicht die ständige geistige Auseinandersetzung und den Kampf der Meinungen als Lebenselement dieser Staatsform.[108]

**23**    In diesem Anliegen findet die Gewährleistung ihre Ergänzung in Art. 10, der die Privatheit der Kommunikation schützt,[109] aber auch in Art. 8, dem Grundrecht der Versammlungsfreiheit, das die Demonstrationsfreiheit einschließt.[110] Doch ist auch für die Meinungsfreiheit bedeutsam, dass sie **im öffentlichen wie im privaten Bereich** gleichermaßen wirkt. Jede einseitige Bevorzugung des Öffentlichen gegenüber dem Privaten verfehlt das Anliegen der Gewährleistung, die auch die negative Meinungsfreiheit, das Recht zum Sichversagen und Schweigen also, einschließt.

**24**    b) Geschützt wird die Freiheit der Meinungsäußerung und der Meinungsverbreitung **jeder natürlichen Person**, nicht nur deutscher Staatsbürger. Dies setzt die Freiheit der Meinungsbildung voraus, die daher gleichfalls von dem umfassenden Grundrecht der Meinungsfreiheit erfasst wird.[111] Der **Meinungsbildungsfreiheit** dient zusätzlich das Grundrecht auf Information aus allgemein zugänglichen Quellen, das zwar ein eigenständiges Freiheitsrecht darstellt, aber im Interaktionsmodell der Kommunikationsverfassung gesehen werden muss. Geschützt wird darüber hinaus die juristische Person (Art. 19 III): Der Korporation kommt Meinungsfreiheit zu.[112] Dies gilt auch für juristische Personen des EU-Auslands.[113] Nach Art. 1 Abs. 3 GG gebunden ist die staatliche Gewalt in allen Erscheinungsformen.[114]

---

[98] BVerfGE 49, 15 (23); 99, 1 (8).

[99] *Isensee,* in: Schwartländer (Hrsg.), Modernes Freiheitsethos und christlicher Glaube, 1981, S. 89.

[100] Kritisch dazu mwN *Bethge,* Zur Problematik von Grundrechtskollisionen, 1977, S. 167.

[101] BVerfGE 87, 181 (197).

[102] BVerfGE 57, 295 (319); 87, 181 (197). Siehe auch BVerfGE 136, 9 (Rn. 38 ff.).

[103] BVerfGE 7, 198 (208); *Jarass,* in: Jarass/Pieroth, Art. 5 Rn. 3; *Bethge* Leitgedanken I, § 49; *Martin Hochhuth,* Die Meinungsfreiheit im System des Grundgesetzes, 2007.

[104] VVDStRL 4 (1928), 50.

[105] Vgl. *Häberle,* Der kooperative Verfassungsstaat – aus Kultur und als Kultur, 2013, z. B. S. 349 ff.; *P. Kirchhof* HStR IX, 1. Aufl. § 221 Rn. 115.

[106] Kritisch zu Recht *Isensee* HStR V, 2. Aufl., § 115 Rn. 219.

[107] BVerfGE 12, 113 (125); *Brugger* JöR nF 52 (2004), 513; *Müller-Franken,* Meinungsfreiheit im freiheitlichen Staat, 2013; *Schmidt-Jortzig* HStR VII, § 162 Rn. 8 ff.

[108] BVerfGE 69, 315 (344 f.); 102, 347 (366); *Schulze-Fielitz,* in: Dreier I, Art. 5 I, II Rn. 1 ff.

[109] Zur Komplementärfunktion des Art. 10 BVerfGE 67, 157 (161); 85, 386 (395 f.); 100, 313 (365); s. auch BVerfGE 107, 299 (309 ff.); 118, 168 (184).

[110] BVerfGE 69, 315 (345 f.); 111, 147 (154 f.); 124, 300 (319); 143, 163 (190 Rn. 57).

[111] BVerfGE 54, 208 (219); 61, 1 (8); 85, 1 (15).

[112] *Isensee* HStR V, 2. Aufl., § 118 Rn. 55; zum Grundrechtsschutz juristischer Personen des Privatrechts BVerfGE 21, 271 (277); 80, 124 (131); 129, 78 (94 f.). Für politische Parteien BVerfGE 121, 30 (97).

[113] Zum generellen Grundrechtsschutz BVerfGE 129, 78 ff.; s. a. BVerfGE 143, 246 (187 ff.).

[114] BVerfGE 128, 226 (243 ff.).

**c)** Zum **sachlichen Gewährleistungsbereich** gehört die „**Meinung**". Wichtig für die Bestim- 25
mung dessen, was als Äußerung einer Meinung vom Schutze des Grundrechts erfasst wird, ist das
**Element der Stellungnahme,**[115] des Dafürhaltens, des Meinens im Rahmen einer geistigen Auseinandersetzung; auf den Wert, die Richtigkeit, die Vernünftigkeit der Äußerung kommt es nicht
an.[116] Unerheblich ist, ob die Äußerung wertvoll oder wertlos, richtig oder falsch, emotional oder
rational begründet ist.[117] Die Meinungsfreiheit (bzw. Pressefreiheit) deckt das Recht, auf eigene
Verantwortung und Kosten Abstrusitäten zu äußern, Torheiten von sich zu geben und sich ggf. zu
blamieren: Der Buchautor darf schriftlich oder mündlich naturwissenschaftlich fragwürdige Thesen mit
als rassistisch, sexistisch, blasphemisch, nazistisch oder fremdenfeindlich empfundener Tendenz vertreten, muss sich freilich der Schranken aus Art. 5 II GG bewusst sein, die wiederum ihrerseits im
Lichte der Bedeutung der Meinungsfreiheit ausgelegt werden müssen.[118] Sprachtabus aus Anlass einer
political correctness tragen die Gefahr von Meinungsverboten in sich.[119]

**Wirtschaftswerbung** kann meinungsbildenden Charakter haben.[120] Die Grundrechtskonkordanz 25a
von Werbeverboten (für Apotheker) prüft das BVerfG freilich allein am Maßstab des Art. 12 I.[121]

Das BVerfG hat **Standards** und Argumentationsformeln entwickelt, die namentlich die Streitkultur 26
des politischen Meinungskampfes betreffen:[122] Handelt es sich im Einzelfall um einen Beitrag zum
geistigen Meinungskampf in einer die Öffentlichkeit wesentlich berührenden Frage, dann spricht die
Vermutung für die Zulässigkeit der freien Rede. Auch scharfe und übersteigerte Äußerungen fallen
grundsätzlich in den Schutzbereich des Art. 5 I 1. Insoweit kann nur die Frage sein, ob und wie sich
aus Art. 5 II im Einzelfall Schranken ergeben.[123]

Geschützt sind die Meinungskundgabe in Wort, Bild und Schrift,[124] ferner die Wahl des Ortes und 26a
der Zeit der Äußerung. Der sich Äußernde hat nicht nur das Recht, überhaupt seine Meinung
kundzutun. Er darf dafür auch diejenigen **Umstände wählen,** von denen er sich die größte Verbreitung oder die stärkste Wirkung seiner Meinungskundgabe verspricht.[125] Ein Anspruch auf einen
Kommunikationspartner oder gar auf ein Auditorium besteht nicht.

Vom wertenden, einschätzenden und subjektiv dafürhaltenden Charakter des eigentlichen „Mei- 27
nens" zu unterscheiden sind **Tatsachenbehauptungen.** Die Mitteilung einer Tatsache ist im strengen
Sinne keine Äußerung einer Meinung, weil ihr die für eine Meinungsäußerung charakteristischen
Merkmale (→ Rn. 25) fehlen. Das bedeutet freilich nicht, dass Tatsachenbehauptungen von vornherein
aus dem Schutzbereich herausfallen. Sie sind durch das Grundrecht der Meinungsäußerungsfreiheit
geschützt, weil und wenn sie Voraussetzung der Bildung von Meinungen sind, welche Art. 5 I
gewährleistet.[126]

Ausschlaggebendes Kriterium für die Eröffnung des sachlichen Gewährleistungsbereichs ist die 28
**Wahrheit der Tatsachenbehauptung.** Der Schutz der Meinungsfreiheit für Tatsachenbehauptungen
endet dort, wo sie zu der verfassungsrechtlich vorausgesetzten Meinungsbildung nichts beitragen
können. Die erwiesen oder bewusst unwahre Tatsachenbehauptung fällt aus dem Schutzbereich des
Art. 5 I heraus.[127] Unrichtige Information ist kein schützenswertes Gut.[128] Die Meinungsfreiheit
verpönt die Lüge.[129] Gleiches betrifft das unrichtige Zitat.[130] Anders als bei der eigentlichen Äußerung
einer Meinung kann es für den verfassungsrechtlichen Schutz einer Tatsachenmitteilung also auf die
Richtigkeit der Mitteilung ankommen. Alle übrigen Tatsachenbehauptungen mit Meinungsbezug
genießen den Grundrechtsschutz, auch wenn sie sich später als unwahr herausstellen.[131] Erst recht sind
Äußerungen geschützt, die wahre Tatsachen zum Gegenstand haben; Persönlichkeitsinteressen haben
regelmäßig zurückzustehen.[132] Probleme wird die Zuordnung von **fake news** (Falschnachrichten)

---

[115] Vgl. BVerfGE 124, 300 (320); *Vesting* AöR 122 (1997), 339 f.

[116] BVerfGE 61, 1 (8); 85, 1 (14); 124, 300 (320, 332).

[117] BVerfGE 61, 1 (7); 65, 1 (41); 93, 266 (289).

[118] BVerfGE 124, 300 (331 f., 342); 128, 226 (265 f.).

[119] *Bethge* FS Wendt, 2015, S. 35 mwN; kritisch *I. v. Münch,* Meinungsfreiheit gegen Political Correctness, 2017;
*Karpen* DÖV 2019, 402 f.

[120] BVerfGE 95, 173 (182); 102, 347 (365 f.); 107, 275 ff.; *Di Fabio* NJW 1997, 2873 f.; *Brand,* Rundfunk im Sinne
des Artikel 5 Abs. 1 Satz 2 GG, 2002, S. 201 ff.; s. *Papier* HGR II, § 55 Rn. 55 f.

[121] BVerfGE 94, 372 ff.

[122] Vgl. BVerfGE 61, 1 (7 ff.); 85, 1 (14 ff.).

[123] BVerfGE 93, 266 (289).

[124] Vgl. dazu *Wendt,* in: Münch/Kunig, Art. 5 Rn. 15; *Starck* MKS I, 6. Aufl. 2010, Art. 5 Rn. 28 ff.; *Schulze-
Fielitz,* in: Dreier I, 2. Aufl., Art. 5 I, II Rn. 67.

[125] BVerfGE 128, 226 (264).

[126] BVerfGE 54, 208 (219); 61, 1 (8); 85, 1 (15); 114, 339 (352 f.).

[127] BVerfGE 61, 1 (8); 99, 185 (197).

[128] BVerfGE 85, 1 (15); 90, 1 (15); 99, 185 (197).

[129] *Isensee* FS Kriele, 1997, S. 5; differenzierend *Vesting* AöR 122 (1997), 339 ff.; vgl. weiter *Starck* MKS I, 6. Aufl.,
2010, Art. 5 Rn. 27.

[130] BVerfGE 54, 148 (219); *Trute* HGR IV, § 104 Rn. 18; *Schmidt-Jortzig* HStR VII, § 162 Rn. 22.

[131] BVerfGE 90, 241 (254); 99, 185 (197).

[132] BVerfGE 97, 391 (403).

bereiten. Die Komplikationen erledigen sich nicht dadurch, dass in beschönigender Amerikanisierung von „alternativen Fakten" gehandelt wird.

**29**     Die **Abgrenzung zwischen Werturteilen und Tatsachenbehauptungen** kann im Einzelfall schwierig sein. Die Einordnung einer Äußerung als Werturteil oder als Tatsachenbehauptung ist für die rechtliche Beurteilung von Eingriffen in das Grundrecht auf Meinungsfreiheit von weichenstellender Bedeutung.[133] Die beiden Äußerungsformen werden nicht selten miteinander verbunden; erst gemeinsam können sie den Sinn einer Äußerung ausmachen. Dies macht ein weites Verständnis der Meinung im Interesse eines wirksamen Grundrechtsschutzes erforderlich. Das BVerfG erklärt dazu: Sofern eine Äußerung, in der Tatsachen und Meinungen sich vermengen, durch die Elemente der Stellungnahme, des Dafürhaltens oder Meinens geprägt ist, wird sie als Meinung von dem Grundrecht geschützt. Das gilt insbesondere dann, wenn eine Trennung des wertenden und der tatsächlichen Gehalte den Sinn der Äußerung aufhöbe oder verfälschte. Würde in einem solchen Fall das tatsächliche Element als ausschlaggebend angesehen, so könnte der grundrechtliche Schutz der Meinungsfreiheit wesentlich verkürzt werden (BVerfGE 85, 1 [15 f.]).

**30**     Neben Werturteilen und Tatsachenbehauptungen sind auch **Fragen** von Art. 5 I geschützt.[134] Das ist nicht selbstverständlich, aber unumgänglich, um den von Art. 5 I intendierten Kommunikationsprozess abzusichern. Fragen spielen für den Meinungsbildungsprozess eine wichtige Rolle.[135] Sie unterscheiden sich von Werturteilen und Tatsachenbehauptungen dadurch, dass sie keine Aussage machen, sondern eine Aussage erst herbeiführen wollen. Fragen lassen sich keinem der beiden Begriffe zuordnen. Sie bilden eine eigene semantische Kategorie; es sei denn, es handelt sich nur um rhetorische, dh von vornherein eine Meinungskundgabe enthaltende Fragen. Auch echte Fragen unterfallen dem Schutzbereich des Grundrechts.

**30a**     **d)** Anders als die Weimarer Reichsverfassung (Art. 118 I 2) enthält Art. 5 I keine Bestimmung über die **Drittwirkung** des Grundrechts der freien Meinungsäußerung im privaten Arbeitsrecht;[136] noch weniger im gesamten Zivilrecht. Doch bedeutet das Schweigen des GG keinen beredten Rückschritt gegenüber Weimarer Erfahrungswerten und Errungenschaften.[137] So nimmt es denn nicht wunder, dass die generelle mittelbare Drittwirkungsdoktrin des Bundesverfassungsgerichts gerade in einem Fall des Art. 5 I 1 ihren prominenten Ausgangspunkt fand (BVerfGE 7, 198 ff. – Lüth).[138] Sie ist in mannigfacher Hinsicht ausgebaut, terminologisch nuanciert und in Fallgruppen durch Standards verfeinert worden.[139] Anfangs war es die Ausstrahlungswirkung der Grundrechte im Privatrecht, die mit Hilfe der bürgerlichrechtlichen Generalklauseln vermittelt wurde. Neuere Argumentationsformeln bzw. Begründungselemente operieren mit der objektiven Wertordnung, mit der Privatrechtswirkung der Grundrechte, mit grundrechtlichen Schutzpflichten[140] und kollidierenden Grundrechten Dritter.[141] Von der mittelbaren Grundrechtsbindung privater Bürger und Institutionen zu unterscheiden ist die unmittelbare Grundrechtsbindung (auch gemischtwirtschaftlicher) Unternehmen der öffentlichen Hand in Privatrechtsform.[142]

**31**     Meinungsfreiheit stößt namentlich im politischen Meinungskampf auf **Grundrechtspositionen anderer Betroffener,** die sich ihrerseits auf ihr Persönlichkeitsrecht berufen können. Das ist sicherlich in erster Linie eine Frage der Begrenzungsschicht der allgemeinen Gesetze bzw. des Rechts der persönlichen Ehre (→ Rn. 142 ff.; → Rn. 162 ff.). Doch ist schon hier der Blick für die damit verbundenen Schwierigkeiten freizumachen: In Rede stehen nicht selten zivilrechtliche Konflikte mit grundrechtlicher Prägung, die über grundrechtsgestützte Urteilsverfassungsbeschwerden nach Erschöpfung des fachgerichtlichen Rechtsweges zum BVerfG gelangen.[143]

**32**     Das führt in der Regel zu einer fallbezogenen Abwägung zwischen dem Grundrecht der Meinungsfreiheit und dem vom grundrechtsbeschränkenden Gesetz geschützten Rechtsgut. Eben wegen des Fallbezuges können die Abwägungskriterien nicht generell und abstrakt bestimmt werden. Das BVerfG hat auch insoweit für **Regeln und Vermutungen** gesorgt: Auf der einen Seite machen scharfe und überspitzte Formulierungen für sich genommen eine schädigende Äußerung noch nicht unzulässig. Vielmehr spricht gerade, wenn es um Beiträge zum Meinungskampf in einer die Öffent-

---

[133] BVerfGE 61, 1 (17 f.); 99, 185 (196 f.); 114, 339 (352).
[134] BVerfGE 85, 23 (32).
[135] BVerfGE 85, 23 (31).
[136] Dazu *Rothenbücher* VVDStRL 4 (1928), 26 f.
[137] Vgl. BVerfGE 86, 122 (127 ff.). – Zur allgemeinen Drittwirkungskonzeption des BAG im Arbeitsrecht vgl. früher BAGE 1, 185 (191 ff.); später BAGE 52, 88 (97 f.).
[138] *Bethge* HGR III, § 72 Rn. 40; *Jestaedt* HGR IV, § 102 Rn. 1 ff.
[139] Zur Ausstrahlungswirkung des Art. 5 I 1 im Privatrecht vgl. BVerfGE 102, 347 (362) mwN; s. a. BVerfGE 137, 273 (313 Rn. 109); 148, 267 (280 Rn. 32); 152, 216 (254 Rn. 97); *Jarass,* in: Jarass/Pieroth, Art. 5 Rn. 19.
[140] *Ruffert,* JZ 2009, 389 ff.; *Oliver Klein,* Fremdnützige Freiheitsrechte, 2003, S. 44; *Bethge* HGR III, § 72 Rn. 13; *Starck* HStR XII, 3. Aufl., § 271 Rn. 63 ff.; *Bumke* AöR 144 (2019), S. 59.
[141] BVerfGE 142, 74 (101 Rn. 82); *Classen* AöR 122 (1997), 65 ff.; *Starck* HStR XII, § 271 Rn. 64; s. a. BVerfGE 143, 246 (315 Rn. 192).
[142] BVerfGE 128, 226 (244 ff.) mwN; s. a. BVerfGE 143, 246 (315 Rn. 192).
[143] Vgl. auch BVerfGE 101, 361 (386 ff.); 114, 339 ff.

lichkeit wesentlich berührenden Frage geht, die Vermutung für die Zulässigkeit der freien Rede.[144] Auf der anderen Seite muss bei einer Äußerung die Auseinandersetzung in der Sache im Vordergrund stehen.

Ist hingegen die Äußerung auf die Herabsetzung der Person angelegt, hat eine solche Meinungs- **33** kundgabe als Schmähung regelmäßig hinter dem Persönlichkeitsrecht des Betroffenen zurückzutreten.[145] Begriffe wie (unzulässige) **Schmähkritik**[146] und **publizistischer Gegenschlag**[147] sind nur einige terminologische Aufhänger für das Mühen um das Auffinden von Kriterien, um den schonendsten Ausgleich zwischen Meinungsfreiheit (auch der Medienfreiheiten) und Persönlichkeitsschutz zu bewerkstelligen. Das Thema ist nach wie vor von großer Aktualität.[148]

Die – auch außerhalb der juristischen Fachkreise – auffallendste Fokussierung gewann die Pro- **33a** blematik durch die Frage, ob der Satz „Soldaten sind Mörder" vor dem Hintergrund des Art. 5 I 1, aber auch der Schranken des Art. 5 II, als Ehrverletzung (§ 185 StGB) bestraft werden darf. Der schon monographische Aufriss des BVerfG erweist sich als sorgfältige, ja akribische Darstellung des Wechselspiels zwischen Freiheit und Schranke, dessen Ergebnis ohne jeden Abstrich dem liberalen Verfassungsverständnis entspricht.[149]

**e)** Schwierigkeiten bereitet der **Einsatz von Druck und Gewalt.** Die Meinungsfreiheit in ihren **34** vielfältigen Darstellungsweisen ist ein Element der **geistigen**[150] Auseinandersetzung. Sie rechtfertigt nicht den Einsatz von körperlicher Gewalt;[151] noch ist sie gar darauf angewiesen. Meinungskampf setzt auf den herrschaftsfreien Diskurs.[152] Meinungsäußerungs- und Meinungsverbreitungsfreiheit sind Kommunikationsgrundrechte. Die Anwendung von Gewalt schafft keine Kommunikation; sie verhindert Kommunikation. Dies spricht ein grundlegendes Strukturmerkmal jedweder Grundrechtsausübung an.

Friedlichkeit und Waffenlosigkeit (als Synonym für Gewaltlosigkeit) sind nicht nur verfassungs- **35** unmittelbare Gewährleistungsgrenzen des Grundrechts der Versammlungsfreiheit (Art. 8 I), das nicht von ungefähr ein Schwesterfreiheitsrecht der Meinungsfreiheit ist.[153] **Friedlichkeit und Gewaltlosigkeit** sind Tatbestandsvoraussetzungen jeglicher Grundrechtsbetätigung,[154] auch derjenigen, zu der Art. 5 I legitimiert. Diese Erfordernisse bewegen sich wohlweislich bereits auf der Tatbestandsebene; es handelt sich nicht erst um ein Problem des Schrankenvorbehalts des Art. 5 II. Auch der Rückgriff auf die lückenschließende Funktion des Auffanggrundrechts des Art. 2 I hilft nicht weiter; insofern besteht ein Regressverbot:[155] Verhaltensweisen, die durch Spezialgrundrechte – hier Art. 5 I 1 (Meinungsfreiheit) – mit einem Unwerturteil versehen werden, erlangen keine Schutzwürdigkeit mit Hilfe der allgemeinen Handlungsfreiheit.[156]

Doch ist beim harschen Schnitt von Tatbestandsexklusionen Vorsicht geboten. Meinungsäußerun- **35a** gen dürfen geistig provozieren. Sogar die Hassrede **(hate speech)** fällt nicht automatisch wegen ihrer menschenverachtenden (rassistischen) Tendenzen aus dem Gewährleistungsbereich des Art. 5 I 2. Sie findet ihre (auch pönalisierenden) Schranken in Art. 5 II.[157] Hingegen ist die bewusste Unwahrheit (Lüge) schon nicht vom Tatbestand erfasst[158] (→ Rn. 28). Skepsis ist gegenüber dem unreflektierten Import von Amerikanismen – „microaggression" – am Platze. Dasselbe gilt für die Umdeutung von Hass auf „verbale" Gewalt. Verbalradikalismus ist mit Vorsicht zu begegnen, aber nicht als solcher peiorativ besetzt; verbale Aggressionen aber eher[159]; Rassenhetze auf jeden Fall[160]. Blasphemie ist nicht per definitionem schon vom Gewährleistungsbereich exkludiert. Islamophobie ist nicht zwangsläufig

---

[144] BVerfGE 85, 1 (16); 90, 241 (249); 93, 266 (294 f.); BGH NJW 2006, 840.

[145] BVerfGE 82, 272 (283 f.); 85, 1 (16).

[146] BVerfGE 82, 272 (283 f.); 93, 266 (293 f.); BVerfG K NJW 2012, 1643; DVBl 2013, 1382 f.

[147] Dazu BVerfGE 86, 1 (12); vgl. mwN *Degenhart* BK, Art. 5 I, II (2006) Rn. 568 ff.

[148] BVerfGE 93, 246 ff.; 101, 361 ff.; 114, 339 ff.; 120, 180 ff.; *Isensee* FS Kriele, 1997, S. 5 ff.; *Knies* FS Stern, 1997, S. 1174 ff.; zum Konflikt zwischen Medienfreiheiten und Persönlichkeitsrecht *Hoffmann-Riem* AöR 128 (2003), 173 ff.; *Starck* JZ 2006, 76 ff.; *Jarass*, in: Jarass/Pieroth, Art. 5 Rn. 76, 82 ff. mwN. S. a. BVerfGE 148, 11 (30 f. Rn. 60): „Ein Recht auf Gegenschlag" dergestalt, dass staatliche Organe auf unsachliche oder diffamierende Angriffe in gleicher Weise regieren dürfen, besteht nicht.

[149] BVerfGE 93, 246 (292 ff.).

[150] BVerfGE 25, 256 (264 f.).

[151] BVerfGE 104, 92 (105 f.).

[152] *Bethge* HStR VII, § 158 Rn. 61; *Isensee* HStR V, 2. Aufl., § 111 Rn. 177.

[153] BVerfGE 69, 315 (345); vgl. *E. Klein* HGR I, § 5 Rn. 92; BVerfGE 84, 203 (209).

[154] *Bethge* ZBR 1988, 209; *Isensee* HStR IX, § 191 Rn. 102. Ausnahme die grundrechtsgeschützte Notwehr; dazu *Bethge* HStR IX, § 203 Rn. 76; *Isensee*, ebda, § 191 Rn. 230.

[155] *Schmitt Glaeser* FS Dürig, 1990, S. 91 (101 Fn. 52).

[156] *Bethge* VVDStRL 57 (1998), 24 f.; aM *Jarass*, in: Jarass/Pieroth Art. 5 Rn. 7.

[157] Rechtsvergleichend zum amerikanischen Recht *Brugger* AöR 128 (2003), 372 ff. Zum Thema Netzwerkdurchsetzung und Meinungsfreiheit zur Regulierung privater Internet-Intermediäre bei der Bekämpfung von Hassrede s. *A. Lang* AöR 143, 220 ff.

[158] BVerfGE 99, 185 (197).

[159] *Mager*, VVDStRL 77 (2018), 81.

[160] *Kübler* AöR 125, 126 f.

(zwanghaft?) negativ konnotiert, sondern hat sich den Kriterien der Freiheit (Art. 5 I) und ihrer Schranken (Art. 5 II) zu stellen.[161]

36      Komplexer liegt es beim Einsatz **psychischer Mittel.** Eine gewisse, auch eine nachhaltige Suggestivität gehört zu jedem Diskurs, der nicht immer ein herrschaftsfreier Disput sein kann. Unzulässig ist die Mobilisierung psychischen Drucks, der dem Kommunikationspartner die eigene Freiheit nimmt oder ihn in soziale und wirtschaftliche Abhängigkeit bringt.[162]

37      Nach diesen Kriterien sind auch **wirtschaftliche Pressionsversuche,** namentlich Boykottaufrufe, grundrechtsdogmatisch einzuordnen: Ein Boykottaufruf, dem eine bestimmte Meinungskundgabe zugrunde liegt, fällt in vollem Umfang in den sachlichen Schutzbereich, wenn er als Mittel des geistigen Meinungskampfes eingesetzt wird.[163] Selbst die Ausnutzung wirtschaftlicher Machtstellungen nimmt der Meinungsäußerung nicht ihre grundrechtliche Relevanz. Auch der wirtschaftlich Stärkere hat teil am geistigen Meinungskampf; allein schon die wirtschaftliche Ungleichheit und/oder Überlegenheit ist weder Anlass, den Stärkeren in eine grundrechtlich schwächere Position zu versetzen, noch führt sie ohne weiteres Zutun zur Missbilligung einer Boykottaufforderung.

37a      **Entscheidend sind die Mittel,** deren sich der zum Boykott Aufrufende bedient. Unzulässig sind die Inaussichtstellung schwerwiegender Nachteile oder die Ausnutzung sozialer bzw. wirtschaftlicher Machtpositionen, wenn damit dem Boykottaufruf Nachdruck verliehen werden soll.[164] Geschieht es dennoch, wird die Chancengleichheit beim Prozess der Meinungsbildung zu Lasten des Schwächeren verletzt.

38      Nicht einfach zu bestimmen ist die **grundrechtssystematische Einordnung** des nach diesen Kriterien unzulässigen Boykottaufrufs. Richtigerweise handelt es sich nicht schon um ein Tatbestandsproblem; eine thematisch vom sachlichen Schutzbereich der Grundrechtsnorm erfasste Meinungsäußerung liegt also vor. Vielmehr geht es um eine Beschränkung, bei der weniger die prinzipielle Zulässigkeit, sondern ihre exakte dogmatische Ableitung Schwierigkeiten bereitet.[165]

38a      **f)** Geschützt ist auch die **negative** Meinungsfreiheit.[166] Wie nahezu jedes andere Freiheitsrecht[167] umschließt auch Art. 5 I 1 die Befugnis, von der Freiheit keinen Gebrauch zu machen. Es handelt sich nicht um einen Fall von Grundrechtsabstinenz,[168] sondern von Grundrechtspräsenz. Doch muss diese negative Komponente des Gewährleistungsbereichs in einer dichteren Beziehung zum staatlichen Handeln als nur in der bloßen Ablehnung desselben stehen. Geben Organe von Zwangskörperschaften des öffentlichen Rechts Erklärungen ab, die ihren begrenzten Aufgabenbereich übersteigen, ist nicht die negative Meinungsfreiheit des Pflichtmitglieds berührt. Es fehlt für die thematische Eröffnung des Gewährleistungsbereichs an der Zuordnung und Identifikation,[169] so dass gar nicht mehr ein Eingriff in Art. 5 I geprüft werden muss[170] (vgl. näher → Rn. 41a).

38b      Von aktueller Bedeutung für die (auch negative Seite der) Meinungsfreiheit ist die Qualifikation **hoheitlicher Warnhinweise auf Produkten** (Warnung des Staates vor den Gefahren des Rauchens). Das BVerfG führt dazu aus:

„Das Grundrecht der Meinungsfreiheit (Art. 5 Abs. 1 GG) kann für eine Wirtschaftswerbung allenfalls in Anspruch genommen werden, wenn die Werbung einen wertenden, meinungsbildenden Inhalt hat oder Angaben enthält, die der Meinungsbildung dienen (vgl. BVerfGE 71, 162 [175]). Daran fehlt es hier. Soweit die Hersteller von Tabakerzeugnissen auf ihren Packungen zu staatliche Warnungen verbreiten müssen, nimmt der Staat diese Packungen in Anspruch, ohne damit die Werbung im Übrigen zu beeinträchtigen. Insoweit ist nicht die Meinungsbildung und Meinungsäußerung der Unternehmen, sondern ausschließlich deren Berufsausübung berührt. Etwas anderes würde gelten, wenn die Warnhinweise nicht deutlich erkennbar Äußerung einer fremden Meinung wären, sondern dem Produzenten der Tabakerzeugnisse zugerechnet werden könnten.“[171]

39      **g)** Dagegen fallen aus dem sachlichen und persönlichen Gewährleistungsbereich der Meinungsfreiheit **amtliche Verlautbarungen** und Wertungen wie überhaupt Meinungskundgaben öffentlichrechtlicher Funktionsträger in amtlicher Eigenschaft heraus. Das ist nicht nur allein ein Problem der Grundrechtsträgerschaft juristischer Personen des öffentlichen Rechts und sonstiger staatlicher Instan-

---

[161] Dazu *Steinberg* DVBl. 2016, 1281 ff.; *Isensee* AfP 2013, 189 ff.

[162] BVerfGE 25, 256 (265); 62, 230 (244); *Jestaedt* HGR IV, § 102 Rn. 41.

[163] *Jarass* in: Jarass/Pieroth Art. 5 Rn. 10; *Wendt,* in: v. Münch/Kunig I, Art. 5 Rn. 14.

[164] BVerfGE 25, 256 (265).

[165] Die einfachrechtlichen Normen zB des § 3 UWG bzw. des § 21 GWB stellen sich von daher als Schranken des Grundrechts dar, die von Art. 5 II gedeckt sind.

[166] BVerfGE 95, 173 (182); 65, 1 (40); *Merten* HGR II, § 42 Rn. 108.

[167] *Bethge* NJW 1982, 2147 mwN; *Hellermann,* Die sogenannte negative Seite der Grundrechte, 1993, S. 73 f.; zurückhaltend *Jestaedt* HGR IV, § 102 Rn. 42; s. a. *Rhein,* DÖV 2018, 365 Fn. 58.

[168] So aber *H. Dreier,* Der freiheitliche Verfassungsstaat als riskante Ordnung im Rechtsstaat, in: Rechtswissenschaft 2010, S. 23; aM *Bethge* HStR IX, § 203 Rn. 132.

[169] Zur Zurechnung fremder Meinung insoweit instruktiv BVerfGE 95, 173 (182).

[170] Grundlage für den Abwehranspruch ist Art. 2 I; vgl. BVerwGE 34, 69 (73 f.); *Bethge,* Die Grundrechtsberechtigung juristischer Personen nach Art. 19 Abs. 3 GG, 1985, S. 121; umfassend *Detterbeck,* Zum präventiven Rechtsschutz gegen ultra-vires-Handlungen öffentlich-rechtlicher Zwangsverbände, 1990.

[171] BVerfGE 95, 173 (182); kritisch zT *Di Fabio* NJW 1997, 2863 f.

zen.[172] Es ist auch und vor allem ein Problem der funktionellen Unterscheidung zwischen Grundfreiheiten und staatlicher Kompetenz.[173]

Zwar gibt es eine **Meinungsfreiheit der Bundesregierung.** Sie ist sogar deren ureigenstes **40** Recht.[174] Doch wurzelt sie nicht in der grundrechtlichen Beliebigkeit des Art. 5 I 1, sondern im organschaftlich und/oder kompetenziell ausgerichteten Pflichtenstatus des öffentlich-rechtlichen Funktionsträgers.[175] Diese verfassungsrechtssystematische Einordnung gilt auch für die (regierungsamtliche) Öffentlichkeitsarbeit des Staates. Sie ist nicht grundrechtlichen Ursprungs, sondern organschaftlicher bzw. **kompetenzrechtlicher Herkunft.**[176] Sie unterliegt infolgedessen den Regeln der Verbands- und Organkompetenz.[177] Auch unter den Prämissen des informalen Staates ist die „Teilhabe des Staates an öffentlicher Kommunikation"[178] Wahrnehmung von Staatsgewalt, wenn auch ohne formalisierten Rechtsakt, jedenfalls aber keine Grundrechtsausübung.[179] Ähnlich verhält es sich bei der „Äußerungsbefugnis" des Bundespräsidenten, die grundrechtsgebundene Ausübung von Staatsgewalt ist.[180]

Folglich sind auch ihre Schranken nicht solche der (allgemeinen) Gesetze des Art. 5 II. Die **41** **Grenzen** ergeben sich vielmehr aus den **Staatsstrukturbestimmungen,** aber auch aus den **Grundrechten.**[181] Das informelle Handeln der Regierung in Gestalt von amtlichen Verlautbarungen und Warnungen lässt sich zwar auch auf den Auftrag des Staates zur Grundrechtssicherung stützen.[182] Doch ändert dies nichts daran, dass die Kommunikationsgrundrechte selbst für diese Art von Staatstätigkeit nicht kompetenzbegründend und kompetenzbezogen, sondern kompetenzbegrenzend sind. Auch insoweit ist maßgebend, dass Art. 5 I nicht Kompetenznorm, sondern Kompetenzbindungsnorm ist.[183] Komplizierte Gemengelagen zwischen Organkompetenz und Grundrechtsstatus existieren nicht nur bei Äußerungen *kommunaler* Amtswalter.[184] Die Meinungsfreiheit gilt auch in besonderen Statusverhältnissen (frühere besondere Gewaltverhältnisse). Doch haben Beamte das dienstrechtliche Mäßigungs- wie Zurückhaltungsgebot zu beachten.[185]

Um keine Frage der Geltung des Grundrechts der Meinungsfreiheit handelt es sich beim „all- **41a** gemeinen politischen Mandat" von Zwangskörperschaften des öffentlichen Rechts (berufsständische Kammern, verfasste Studentenschaften). Diese Institutionen dürfen vom zuständigen Gesetzgeber wegen der damit verbundenen Pflichtmitgliedschaft des betroffenen Personenkreises (vgl. o. Rn. 38a) nur zu begrenzten öffentlichen Zwecken mit einer beschränkten Kompetenzzuweisung geschaffen werden. Ein allgemeines politisches Mandat darf ihnen nicht zuerkannt werden.[186] Nehmen sie es dennoch in Anspruch, handeln sie ultra vires, dh kompetenzwidrig, und verletzen u. U. Grundrechte der zwangskorporierten Mitglieder; diesen stehen folgerichtig Unterlassungsansprüche aus Art. 2 I gegen die Zwangskörperschaft zu (→ Rn. 38a). Der Kompetenzverstoß der Zwangskörperschaft darf nicht durch eine „Flucht in die Grundrechte", namentlich das Grundrecht aus Art. 5 I 1, geheilt werden.[187] Noch weniger kommt ein Grundrechtsschutz der Zwangskörperschaft gegen ihre Mitglieder in Betracht.[188]

Nur graduell anders verhält es sich beim freien **Rederecht des Abgeordneten,** das organschaftlich **42** über Art. 38 I 2, nicht grundrechtlich über Art. 5 geschützt ist.[189] Es sichert dessen Teilhabe an der parlamentarischen Willensbildung,[190] nicht an der allgemeinen gesellschaftlichen öffentlichen Meinungsbildung.

---

[172] Dazu BVerfGE 21, 362 ff.; 75, 192 ff.; 138, 64 (Rn. 55).

[173] *Bethge* HGR III, § 72 Rn. 35 f.; *Löwer* HStR III, § 70 Rn. 9 f.; *S. Nellessen,* Äußerungsrechte staatlicher Funktionsträger, 2019; *Grabenwarter,* in: Maunz/Dürig, GG, Art. 5 I, II (2012) Rn. 153. Zur Grundrechtsbindung BVerfGE 148, 11 (28 f. Rn. 54); 148, 40 (51 Rn. 28).

[174] BVerwG NJW 1984, 2591.

[175] *Bethge* NJW 1985, 721; BVerfGE 105, 252 ff.; 105, 279 ff.

[176] So schon *Bethge* (Fn. 100), S. 61 ff.; *Schürmann,* Öffentlichkeitsarbeit der Bundesregierung, 1992; *Jestaedt* AöR 126 (2001), 234 Fn. 116; *Gersdorf* AfP 2016, 295; *Vitzthum* HGR II, § 48 Rn. 58.

[177] *Isensee* HStR IV, § 98 Rn. 195; *ders.* FS Battis, 2014, S. 557 ff.; *Bethge* AfP – Sonderheft 2007, 18 f., 21; *Müller-Franken* AfP 2019, 105.

[178] BVerfGE 105, 252 (268); 105, 279 (301 f.); siehe auch BVerfGE 113, 63 (77); 120, 274 Ls. 5.

[179] *Bethge* HGR III, § 58 Rn. 107; *Schoch* HStR III, § 37 Rn. 56.

[180] BVerfGE 136, 323 (Rn. 27); siehe auch BVerfGE 138, 102 (Rn. 40): Kompetenz der Bundesregierung zur Staatsleitung; ferner BVerfGE 140, 225 (Rn. 9); 148, 11 (27 Rn. 51).

[181] Vgl. BVerfGE 44, 125 (147 ff.); 63, 230 (243 f.); 136, 323 (Rn. 29); 138, 102 (Rn. 114).

[182] BVerwGE 90, 112 (122).

[183] BVerfGE 12, 205 (242). – Zu Recht hat daher das BVerfG der ihrerseits nicht grundrechtsgeschützten Bundeszentrale für politische Bildung die Befugnis abgesprochen, individuelle Meinungen von Bürgern amtlich zu diskreditieren; siehe BVerfG (K), DVBl 2010, 1368 ff.

[184] BVerwGE 104, 323 (326 ff.); BVerwG DVBl 2001, 1278; dazu *Lerche* FG BVerwG, 2003, S. 981.

[185] *Lecheler* HStR V, § 110 Rn. 78.

[186] *Isensee* Staat 20 (1981), 169; *Bethge* VVDStRL 57 (1998), 26 mit Fn. 121.

[187] BVerwGE 59, 231 (240).

[188] *Müller-Franken,* Die Befugnis zu Eingriffen in die Rechtsstellung des Einzelnen durch Betriebsvereinbarungen, 1997, S. 214.

[189] BVerfGE 60, 374 (380); 80, 188 (218); 130, 318 (342); 146, 1 (40 Rn. 89 ff.).

[190] BVerfGE 88, 188 (218); vgl. auch BVerwGE 85, 283 (286).

**42a**  Erklärt sich eine **Gemeinde** zur atomwaffenfreien Zone, ist dies ebenfalls kein Fall der Ausübung grundrechtsgeschützter kommunaler Meinungsfreiheit.[191] In Rede steht vielmehr die Verletzung der Verbandskompetenz des Bundes, die weder durch eine Berufung der Gemeinde auf die institutionelle Garantie der kommunalen Selbstverwaltung[192] noch durch eine Flucht der Gemeinde in die Grundrechte[193] geheilt werden kann.

**43**  Anders liegen die Dinge, wenn eine **juristische Person des öffentlichen Rechts** ausnahmsweise **Grundrechtsträgerin** ist, wie dies bei öffentlich-rechtlichen Religionsgesellschaften, Rundfunkanstalten und Universitäten der Fall ist.[194] Diese genießen zwar auch grundrechtliche Meinungsfreiheit, aber nicht aus Art. 5 I 1, sondern vermöge des Spezialgrundrechts, das ihnen die Grundrechtsträgerschaft eröffnet (Religionsausübung, Rundfunkfreiheit, Wissenschaftsfreiheit). Bei den öffentlich-rechtlich verfassten Religionsgesellschaften ist dies wegen deren umfassender Grundrechtsträgerschaft freilich nur von sekundärer Bedeutung.[195]

**44**  **h)** Die verfassungsrechtlich geschützte Meinungskundgabe bezieht sich auf das **Äußern** und **Verbreiten,** mithin auf jede Art (friedlicher) Artikulation und Transportierung, mit Hilfe deren eine Auffassung ausgedrückt und übermittelt wird.

Die Verfassung nennt Wort, Schrift und Bild als beispielhafte Ausdrucksformen. Die Aufzählung ist also nicht abschließend. Andere Modalitäten (Uniform, Symbole, Anzeigen,[196] Tätowierung, Musik, Tanz, Gesten) sind vorstellbar.[197] Insbesondere können auch neue technische Artikulations- und Transportmittel in den sachlichen Gewährleistungsbereich gleichsam hineinwachsen. Das Grundrecht ist auch insofern „entwicklungsoffen".[198] Doch ergibt sich ein Anschlussproblem:

**45**  Vor allem mit Blick auf die sog. **Neuen Medien** stellt sich die Frage, ob und inwieweit sie – ausschließlich – der klassischen Medientrias von Presse, Rundfunk und Film zuzuordnen sind oder ob sie (auch) dem Grundrecht der freien Meinungsäußerung unterfallen. Eine mögliche Antwort liegt in der Unterscheidung zwischen Massenkommunikation und Individualkommunikation: Ist eine neuartige technische Modalität nicht auf Massenkommunikation angelegt, erweist sich das auf Individualkommunikation zugeschnittene Grundrecht der freien Meinungsäußerung als Auffanggrundrecht.[199] Eines Rückgriffs auf Art. 2 I bedarf es nicht.

**46**  **i)** Über ihre individualgrundrechtliche Bedeutung hinaus erweist sich die Meinungsfreiheit auch als ein **Prinzip der objektiven Verfassungsrechtsordnung** (→ Rn. 11). Ob diese Freiheit ein Institut ist, kann dahinstehen. Jedenfalls können Gefährdungen der Meinungsfreiheit einschließlich der Meinungsbildungsfreiheit (Informationsfreiheit) den Gesetzgeber zum Handeln verpflichten (→ Rn. 73).[200]

**46a**  In ihrer Qualität als objektives Prinzip der Verfassungsrechtsordnung steht die Meinungsfreiheit in **engem Konnex zum Demokratiegrundsatz** und den diesen prägenden Elementen. Das BVerwG fasste schon 1997 zusammen: Nach dem verfassungsrechtlichen Grundsatz der freien Wahl (Art. 38 I 1, 28 I 2) muss der Wähler in einem freien und offenen Prozess der Meinungsbildung ohne jede unzulässige Beeinflussung von staatlicher oder nichtstaatlicher Seite zu seiner Wahlentscheidung finden können (BVerfGE 66, 369 [380 mwN]; 73, 40 [85]). Das Gebot der freien Wahl untersagt es staatlichen und gemeindlichen Organen, sich in amtlicher Funktion vor Wahlen mit politischen Parteien oder Wahlbewerbern zu identifizieren und sie als Amtsträger zu unterstützen oder zu bekämpfen (vgl. BVerfGE 44, 125 [141, 145]; 63, 230 [243]). Nur Wahlen, die ohne Verstoß gegen das Gebot strikter staatlicher und gemeindlicher Neutralität und ohne Verletzung der Integrität der Willensbildung des Volkes und der Wahlbürger erfolgt sind, können demokratische Legitimation verleihen (BVerfGE 44, 125 [139]).“[201]

**46b**  Wahlempfehlungen zugunsten einer Partei oder eines Wahlbewerbers, die ein staatlicher oder kommunaler Funktionsträger in amtlicher Eigenschaft abgibt, werden nicht durch das Grundrecht auf

---

[191] Vgl. auch *Degenhart* BK, Art. 5 I, II (2006) Rn. 170.

[192] Die Verbandskompetenz der Gemeinde ist auf den örtlichen Wirkungskreis beschränkt (Art. 28 II 1). Die institutionelle Garantie der kommunalen Selbstverwaltung ist als Kompetenzverteilungsgarantie gegenüber den Zuständigkeiten anderer Kompetenzträger abzugrenzen; *Bethge* FS v. Unruh, 1983, S. 158 ff.

[193] Zur prinzipiellen Grundrechtsunfähigkeit der Gemeinde nach Bundesverfassungsrecht vgl. BVerfGE 61, 82 ff.; 137, 108 (Rn. 107). – Dass Kompetenzverstöße öffentlich-rechtlicher Funktionsträger nicht durch Inanspruchnahme von Grundrechten, auch nicht die ihrer Bürger, geheilt werden, ist h. M. Vgl. BVerwGE 59, 231 (240); BVerfGE 81, 310 (334); *Bethge* HStR IX, § 203 Rn. 55.

[194] BVerfGE 75, 192 (196). Zur klassischen Ausnahmetrias *Bethge* FS Schnapp, 2008, S. 4.

[195] BVerfGE 102, 370 (387); *Löwer* HStR III, § 70 Rn. 181; *Jarass,* in: Jarass/Pieroth, Art. 19 Rn. 29.

[196] BVerfGE 107, 275 (280).

[197] *Degenhart* BK, Art. 5 I, II (2006) Rn. 142 ff.; *Mückl* Staat 40 (2001), 120; BVerfGE 128, 226 (266 ff.) (Flugblätter).

[198] *Voßkuhle* AöR 119 (1994), 53. – Wie verhält es sich mit „whistleblower", „flash-mob", „Schwarmverhalten"? Dazu *J. Kersten,* in: Rechtswissenschaft 2012, S. 249 ff.

[199] Zur Problematik einer Internetdienstefreiheit *Hain* K & R 2012, 98; *Holznagel/Schuhmacher,* in: Kleinwächter (Hrsg.), Grundrecht Internetfreiheit, 2011.

[200] Vgl. auch BVerfGE 20, 162 (175).

[201] BVerwG DVBl 1997, 1277.

freie Meinungsäußerung gedeckt;[202] genauerhin: sie fallen erst gar nicht in den Schutzbereich des Art. 5 I.

**j)** Fragen der **Grundrechtskonkurrenz** ergeben sich in erster Linie mit Blick auf die Medien- **47** freiheiten. Zwar sind Presse-, Rundfunk- und Filmfreiheit mehr als nur ein Unterfall des Grundrechts der Meinungsfreiheit.[203] Soweit indessen die Betätigung der jeweiligen Medienfreiheit sich als eine medienspezifische Meinungsäußerung darstellt, geht die Meinungsfreiheit in jener auf, zumal die Schranken (Art. 5 II) identisch sind.[204] Meinungsäußerungen Dritter im Medium (Leserbrief) werden dagegen nicht diesem zugeordnet. In Werbeanzeigen von Printmedien enthaltene Meinungsäußerungen werden dem Schutzbereich der Pressefreiheit zugeordnet.[205]

Die Gewährleistung der freien Meinungsäußerung aus Art. 5 tritt zurück, soweit der Eingriff des **47a** Staates in der staatlichen Wahrnehmung und ggf. Verarbeitung der mit Mitteln der Telekommunikation geäußerten Meinungen liegt.[206]

Soweit Kunst- und Wissenschaftsfreiheit (Art. 5 III) auf Meinungskundgaben hinauslaufen, ist das **48** Grundrecht der Meinungsfreiheit durch jene thematisch verbraucht[207]. **Konsumtionswirkung** dieser Art zeitigt auch die Glaubens- und Bekenntnisfreiheit (Art. 4). Zwangsläufig ist das indessen nicht: „Eine Meinungsäußerung ist jede Kundgabe von beliebigen subjektiven Äußerungen und Werturteilen, also eine subjektiv wertende Betrachtung von Tatsachen, Verhaltensweisen oder Verhältnissen. Demgegenüber hat die Glaubensfreiheit eine mit der Person des Menschen verknüpfte Gewissheit über den Bestand und den Inhalt bestimmter Wahrheiten zum Gegenstand."[208] Mit der Versammlungsfreiheit (Art. 8), die Elemente einer „kollektiven Meinungsfreiheit" enthält,[209] kann **Idealkonkurrenz** bestehen;[210] die Einmann-Demonstration freilich ist allein ein Fall des Grundrechts der freien Meinungsäußerung.

Das Grundrecht der allgemeinen Handlungsfreiheit (Art. 2 I) ist nach allgemeinen Maßstäben **48a** subsidiär. Eine Aktivierung des Art. 2 I als Auffangtatbestand kommt namentlich dann nicht in Betracht, wenn Art. 5 bestimmte Verhaltensweisen – als evident sozial diskreditiert – vom grundrechtlichen Schutzbereich ausnimmt (Stichwort: Ausschluss von Lüge und Gewalt).[211]

Bis zu einem gewissen Grade als **Korrespondenzgrundrecht** des Rechts der freien Meinungs- **48b** äußerung (Art. 5 I 1), zugleich mit datenschutzrechtlichem Einschlag, erweist sich zunehmend das Brief-, Post- und Fernmeldegeheimnis (Art. 10 I). Art. 10 I gehört zu den Grundrechten, die die Privatsphäre schützen.[212] Das BVerfG hebt hervor:

„Gegenstand des Schutzes sind Kommunikationen, die wegen der räumlichen Distanz zwischen den Beteiligten auf Übermittlung durch Dritte, typischerweise die Post, angewiesen sind. Das Grundrecht soll jener Gefahr für die Vertraulichkeit der Mitteilung begegnen, die sich gerade aus der Einschaltung eines Übermittlers ergibt. Seine besondere Bedeutung gewinnt es aus der Erfahrung, dass der Staat unter Berufung auf seine eigene Sicherheit sowie die Sicherheit seiner Bürger häufig zum Mittel der Überwachung privater Kommunikation gegriffen hat ...

Den grundrechtlichen Schutz genießt in erster Linie der Kommunikations*inhalt*. Es ist Sache der am Kommunikationsvorgang Beteiligten, darüber zu bestimmen, wer von dem Inhalt Kenntnis erlangen soll. Der Schutz erstreckt sich aber auch auf den Kommunikations*vorgang*. Geschützt sind hier die näheren Umstände des Fernmeldeverhältnisses. Dazu zählt insbesondere die Tatsache, ob und wann zwischen welchen Personen und Fernmeldeanschlüssen Fernmeldeverkehr stattgefunden hat oder versucht worden

Da Art. 10 Abs. 1 GG die Vertraulichkeit der Kommunikation schützen will, ist jede Kenntnisnahme, Aufzeichnung und Verwertung von kommunikativen Daten durch ... staatliche Stellen ein Grundrechtseingriff.[213] Am Eingriff kann es nur dort fehlen, wo die Beteiligten selber den Kommunikationsvorgang offengelegt oder in dessen Erfassung durch die öffentliche Gewalt eingewilligt haben.[214]

Ähnlicher **Korrespondenz- oder Komplementärcharakter** kommt dem Grundrecht der Unver- **49** letzlichkeit der Wohnung (Art. 13 I) zu. Als klassisches liberales Abwehrrecht sichert Art. 13 I die

---

[202] BVerwG DVBl 1997, 1277.
[203] BVerfGE 10, 118 (121).
[204] A. M. BVerfGE 85, 1 (11 f.); 86, 122 (128); s. aber BVerfGE 102, 347 (359).
[205] BVerfGE 107, 275 (280).
[206] BVerfGE 113, 348 (364).
[207] *Kau* AöR 140 (2015), S. 48 mwN.
[208] BVerfGE 32, 98 (107).
[209] BVerfGE 69, 315 (345); vgl. auch BVerfGE 82, 236 (258); 104, 92 (105 f.); 124, 300 (319); 128, 226 (243). Der Faktor der nach anderen Grundrechten eigentlich zulässigen „kollektiven Grundrechtsausübung" spielt auch für Art. 9 I GG und die Zulässigkeit von Vereinsverboten eine Rolle; BVerfGE 149,160 (190 f. Rn. 93).
[210] BVerfGE 82, 236 (258); s. aber auch BVerfGE 90, 241 (246).
[211] Vgl. zu diesem Regressverbot *Bethge* VVDStRL 57 (1998), 25; s. a. kritisch *Jarass,* in: Jarass/Pieroth, Art. 5 Rn. 7, für den Fall der Lüge.
[212] BVerfGE 67, 157 (171); 85, 386 (396); 100, 313 (365); 106, 28 (35 ff.); 110, 33 (68 f.); 118, 168 (184); 130, 1 (36).
[213] Zur Informationserhebung des Staates als Grundrechtseingriff BVerfGE 120, 378 (398 ff.); s. a. BVerfGE 120, 274 (340; 150, 244 (264 Rn. 38).
[214] Zur Rolle der Einwilligung Betroffener bzw. zur Offenlegung der Privatsphäre bei datenschutzrelevanten Vorgängen durch den Grundrechtsträger vgl. BVerfGE 85, 386 (398); 120, 274 (341).

räumliche Flanke des Rechts, in Ruhe gelassen zu werden.[215] Die Unverletzlichkeit der Wohnung schützt auch die Privatheit der Kommunikation. „Lauschangriffe" sind Grundrechtseingriffe. Verfassungsänderungen geraten schon in die Nähe der besonderen Legitimationslast des Art. 79 III iVm Art. 1 I.[216]

50    **k)** Die Meinungsfreiheit wird auch durch supranationales Recht sowie durch das Völkerrecht geschützt. Ausgangsbasis ist **Art. 10 EMRK,** der als **Völkervertragsrecht** jedoch nur im Range eines einfachen Bundesgesetzes gilt,[217] aber Art. 5 I GG interpretationsleitend beeinflusst.[218] Die in Art. 10 EMRK geschützte Meinungsfreiheit ist Teil des Unionsrechts.[219] Art. 11 EUGRCh schützt ebenfalls die Meinungsfreiheit (Art. 6 I EUV).

51    **2. Die Informationsfreiheit. a)** Die **schlechthin konstituierende**[220] **Bedeutung** des Grundrechts der Informationsfreiheit als Essentiale des öffentlichen Meinungsbildungsprozesses[221] und als Menschenrecht beschreibt das BVerfG in einer frühen Grundsatzentscheidung (BVerfGE 27, 71 [81 f.] – Hervorhebungen nicht im Original):

„Die Informationsfreiheit steht in der grundgesetzlichen Ordnung **gleichwertig** neben der Meinungs- und Pressefreiheit. Sie ist kein bloßer Bestandteil des Rechts der freien Meinungsäußerung und -verbreitung. Dieses Recht hat zwar den Schutz des Empfangs der Meinung durch andere mit zum Inhalt; der Schutz wird aber allein den Äußernden um ihrer Meinungsfreiheit willen gewährt. Der Empfänger spielt dabei insoweit nur eine passive Rolle. Demgegenüber ist die Informationsfreiheit gerade das Recht, sich selbst zu informieren. Andererseits ist dieses Freiheitsrecht die Voraussetzung der der Meinungsäußerung vorausgehenden Meinungsbildung. Denn nur umfassende Informationen, für die durch ausreichende Informationsquellen Sorge getragen wird, ermöglichen eine freie Meinungsbildung und -äußerung für den Einzelnen wie für die Gemeinschaft. Schließlich trägt eine freie Presse dazu bei, durch umfassende Informationen den Bürgern die Aufgabe zu erleichtern, sich Meinungen zu bilden und politische Entscheidungen zu treffen (BVerfGE 20, 162 [174]).
Für die in Art. 5 Abs. 1 Satz 1 GG gewährleistete Informationsfreiheit sind danach **zwei Komponenten wesensbestimmend.** Einmal ist es der Bezug zum demokratischen Prinzip des Art. 20 Abs. 1 GG: Ein demokratischer Staat kann nicht ohne freie und möglichst gut informierte öffentliche Meinung bestehen. Daneben weist die Informationsfreiheit eine individualrechtliche, aus Art. 1, Art. 2 Abs. 1 GG hergeleitete Komponente auf. Es gehört zu den elementaren Bedürfnissen des Menschen, sich aus möglichst vielen Quellen zu unterrichten, das eigene Wissen zu erweitern und sich so als Persönlichkeit zu entfalten. Zudem ist in der modernen Industriegesellschaft der Besitz von Informationen von wesentlicher Bedeutung für die soziale Stellung des Einzelnen. Das Grundrecht der Informationsfreiheit ist wie das Grundrecht der freien Meinungsäußerung eine der **wichtigsten Voraussetzungen der freiheitlichen Demokratie** (vgl. BVerfGE 7, 198 [208]).

52    Für die Persönlichkeitsentfaltung des Einzelnen und die Aufrechterhaltung der demokratischen Ordnung ist das Grundrecht der Informationsfreiheit nicht weniger wichtig als die Freiheit der Meinungsäußerung und der Medienberichterstattung. Es ergänzt diese aus der **Empfängerperspektive.** Der Kommunikationsprozess, den Art. 5 I im Interesse der freien individuellen und öffentlichen Meinungsbildung schützen will, wäre nur unvollkommen erfasst, wenn die **Informationsaufnahme** von dem Schutz ausgenommen bliebe.[222] Die unkörperliche **Übermittlung** von Informationen an individuelle Empfänger mit Hilfe des Telekommunikationsverkehrs wird durch das Fernmeldegeheimnis (Art. 10 I) geschützt.[223] Die körperliche Übermittlung kann unter das Briefgeheimnis (Art. 10 I) fallen.

53    **b)** Die Unterrichtung aus den allgemein zugänglichen Quellen ist **nicht nur auf aktives Handeln** (Hören, Lesen, Fotografieren) und umsichtiges Engagement zur Informationsbeschaffung zugeschnitten. Auch die schlichte Entgegennahme von Informationen zählt dazu. Sogar die Chance des ungehinderten Empfangs unbestellter Informationen wird vom Gewährleistungsbereich erfasst. Nur der Besitz von Informationen ermöglicht eine selbstständige Auswahl, die Grundtatbestand jeder Information ist. Wäre durch die Informationsfreiheit nicht garantiert, dass Informationsquellen überhaupt an den Einzelnen gelangen, dann wäre er auch daran gehindert, durch aktive Tätigkeit unter ihnen auszuwählen.[224] Eine Einschränkung auf bestimmte Arten von Informationen lässt sich der Vorschrift nicht entnehmen.[225] Auch die unbestellte Druck- und Flugschrift ist ein Akt der Unterrichtung. Dass sich der Unterrichtungswille selbst unter Umständen erst nach Erhalt der Postsendung aktualisiert, liegt in der Natur dieses Rechts.[226]

---

[215] So BVerfGE 109, 279 (309). S. a. BVerfGE 120, 180 (199); *Horn* HStR VII, § 149 Rn. 95,
[216] BVerfGE 109, 279 (305 f.); 118, 168 (184).
[217] BVerfGE 74, 358 (370); 111, 307 (316 f.); 128, 326 (367); 138, 296 (355 f. Rn. 149); 148, 296 (350 f. Rn. 127).
[218] BVerfGE 120, 180 (199); 148, 296 (351 Rn. 128).
[219] Art. 6 II, III EUV.
[220] BVerfGE 7, 198 (208); vgl. auch BVerfGE 103, 44 (59 f.); 145, 365 (372 Rn. 20); 149, 222 (283 Rn. 135).
[221] *Schmitt Glaeser* HStR III, § 38 Rn. 13 ff.
[222] BVerfGE 90, 27 (31 f.), im Anschluss an BVerfGE 57, 295 (319).
[223] BVerfGE 67, 157 (172); 106, 28 (35 f.); 115, 166 (182).
[224] BVerfGE 27, 71 (83).
[225] BVerfGE 90, 27 (32).
[226] BVerfGE 27, 71 (83).

Geschützt ist auch die negative Informationsfreiheit[227] (→ Rn. 57a).

**c)** Als **Informationsquelle** kommt nach der notwendigen weiten Begriffsbestimmung jeder Träger **54** von Informationen beliebiger Art in Betracht. Die Definition ist nicht auf herkömmliche **Informationsträger** begrenzt, für die auch schon ein umfassendes Verständnis notwendig war (vom Schriftstück bis zum gesprochenen Wort).[228] Auch neue Kommunikationstechniken – etwa das Internet oder digitales Fernsehen – fallen darunter.[229] Massenkommunikationsmittel gehören zu den Informationsquellen, die grundrechtlich geschützt sind; namentlich Hörfunk- und Fernsehsendungen,[230] auch solche ausländischer Herkunft. „Soweit der Empfang von technischen Anlagen abhängt, die eine an die Allgemeinheit gerichtete Information erst individuell erschließen, erstreckt sich der Grundrechtsschutz auch auf die Beschaffung und Nutzung solcher Anlagen. Andernfalls wäre das Grundrecht in Bereichen, in denen der Informationszugang technische Hilfsmittel voraussetzt, praktisch wertlos. Die Einrichtung einer Parabolantenne, die den Empfang von Rundfunkprogrammen ermöglicht, welche über Satellit ausgestrahlt werden, ist daher ebenfalls von dem Grundrecht bestimmt" (BVerfGE 90, 27 [32]).

**d)** Die Informationsquelle muss **allgemein zugänglich** sein.[231] In der Regel ist dies der Fall, wenn **55** die Informationsquelle technisch geeignet und bestimmt ist, der Allgemeinheit, dh einem individuell nicht bestimmbaren Personenkreis, Informationen zu verschaffen. Fehlt es an dieser Bestimmung, ist die Informationsbeschaffung in der Regel nicht vom Grundrecht der Informationsfreiheit geschützt[232]. Zeitungen und andere Massenkommunikationsmittel sind von Natur aus allgemein zugängliche Informationsquellen. Sie verlieren die Eigenschaft als allgemein zugängliche Quelle auch dann nicht, wenn die Möglichkeit des allgemeinen Zugangs durch staatliche Maßnahmen beeinträchtigt wird. Beschränkungen, die dem ungehinderten Zugang zur Informationsquelle entgegenstehen, beseitigen nicht die Allgemeinzugänglichkeit. Erschlichene Informationen werden wegen der fehlenden allgemeinen Zugänglichkeit der Quelle nicht geschützt.[233]

Entscheidend ist allein die **tatsächliche Art der Abgabe der Information,** nicht die staatliche **56** Bestimmung oder Verfügung.

„Die Ansicht, die Allgemeinzugänglichkeit werde maßgebend von Hoheitsakten beeinflusst, widerspricht dem Zweck der verfassungsrechtlichen Verbürgung der Informationsfreiheit. Dem Einzelnen soll ermöglicht werden, sich seine Meinung auf Grund eines weitgestreuten Informationsmaterials zu bilden. Er soll bei der Auswahl des Materials keiner Beeinflussung durch den Staat unterliegen. Da die Informationsfreiheit infolge ihrer Verbindung mit dem demokratischen Prinzip gerade auch dazu bestimmt ist, ein Urteil über die Politik der eigenen Staatsorgane vorzubereiten, muss das Grundrecht vor Eingriffen durch diese Staatsorgane weitgehend bewahrt werden" (BVerfGE 27, 71 [84]). Eine allgemein zugängliche Informationsquelle stellt nach Maßgabe der Bedingtheiten des Prozessrechts auch das Gerichtsverfahren dar.[234]

Wenn bzw. soweit der Verfügungsberechtigte eine Informationsquelle verschließt, endet deren **56a** allgemeine Zugänglichkeit. Das hat zur Folge, dass staatliche Einschränkungen des Zugangs zu dieser Quelle nicht mehr an der allgemeinen Informationsfreiheit zu messen sind, da bereits deren Schutzbereich nicht eröffnet ist. Fraglich erscheint aber, ob diese Konstruktion auch dann herangezogen werden kann, wenn sich eine Quelle in staatlicher Hand befindet. Beschränkungen des Zugangs zu seinen eigenen Quellen wären dann ebenfalls nicht mehr an der allgemeinen Informationsfreiheit zu messen. Als denkbare Alternative kommt in Betracht, eine Informationsquelle als allgemein zugänglich anzusehen, wenn und weil sie sich in der Hand des Staates befindet. Zugangsrestriktionen wären nach dieser Sichtweise rechtfertigungsbedürftige Eingriffe in das Grundrecht der allgemeinen Informationsfreiheit. Auf einfach-gesetzlicher Ebene wird diese Auffassung möglicherweise durch die neuen Informationsfreiheitsgesetze befördert, die die Verweigerung des Informationszuganges zum gesondert rechtfertigungsbedürftigen Ausnahmefall machen.

Auch die Gesetzessystematik des Art. 5 führt zu dem Ergebnis, dass die Allgemeinzugänglichkeit **57** **nicht zur beliebigen Disposition des Staates** steht, dass vielmehr solche Dispositionen ihrerseits am Grundrecht der Informationsfreiheit zu messen sind.[235] Die Schranke der „allgemeinen Gesetze" in Art. 5 II bezieht sich auf alle in Abs. 1 normierten Grundrechte. Für die Informationsfreiheit wäre die Schranke des Art. 5 II weitgehend gegenstandslos, wenn der Staat bindungsfrei die Allgemeinzugänglichkeit bestimmen und auf diese Weise den Umfang des Grundrechts beliebig begrenzen könnte.[236]

---

[227] Zutreffend *Wendt,* in: v. Münch/Kunig I, Art. 5 Rn. 26.
[228] Vgl. *Starck* MKS I, 6. Aufl., 2010, Art. 5 Rn. 42 ff.
[229] *Kube* HStR IV, § 91 Rn. 12.
[230] BVerfGE 27, 71 (83 f.); 35, 307 (309); 90, 27 (32).
[231] BVerfGE 103, 44 (60); 145, 365 (372 Rn. 20). *v. Coelln,* Zur Medienöffentlichkeit der Dritten Gewalt, 2005, S. 142 ff.
[232] BVerfGE 103, 44 (60); 145, 365 (372 f.).
[233] BVerfGE 66, 116 (137); *Jarass,* in: Jarass/Pieroth, Art. 5 Rn. 25.
[234] BVerfGE 103, 44 (59 ff.); vgl. *Hain* DÖV 2001, 589 ff.; *v. Coelln* (Fn. 231), S. 141 ff.
[235] *Gurlit* DVBl 2003, 1121.
[236] BVerfGE 27, 71 (84 f.); *Finger* JA 2005, 718.

Die Allgemeinzugänglichkeit wird nicht dadurch beeinträchtigt, dass der Bezug der Information **von einer Leistung des Interessierten abhängig** gemacht wird. Von daher ist die Erhebung eines maßvollen (sozialadäquaten) Rundfunkbeitrags z. B. auch mit Art. 5 I 1 vereinbar.

**57a**    Neben seiner positiven Komponente schützt Art. 5 I auch die **negative** Informationsfreiheit als das Grundrecht, sich Informationen zu verschließen.[237] Verfassungsrechtlich untersagt ist insbesondere der Zwang zur Informationsaufnahme in Gestalt von Handlungsgeboten und -befehlen. Faktische Einwirkungen stehen einem Eingriff gleich, sofern sie nicht bloße Belästigungen darstellen oder keine Ausweichmöglichkeiten offen lassen. Nicht in diesen Zusammenhang gehört der **Informationseingriff**[238] des Staates, bei dem es sich um einen Eingriff der öffentlichen Hand durch informales Handeln in wirtschaftliche oder ideelle Grundrechte handelt (Warnungen vor Produkten und Sekten).[239]

**57b**    **e)** Mit dem Begriff „ungehindert" (zu unterrichten) ist der tatsächliche Zustand der Allgemeinzugänglichkeit der Informationsquelle geschützt. Insoweit kommt der vorwiegend abwehrrechtliche Gehalt der Gewährleistung zur Geltung.[240] Der Staat darf nicht beliebig über die Allgemeinzugänglichkeit disponieren. Schranken sind nur gemäß Art. 5 II zulässig.[241]

**58**    **f)** Die Informationsfreiheit ist ein **Individualgrundrecht,** das in erster Linie allen natürlichen Personen, Deutschen und Ausländern, eingeräumt ist, aber über Art. 19 III auch inländischen und EU-ausländischen Personengemeinschaften[242] zusteht. Der informationsinteressierte Staat selbst ist nicht Grundrechtsträger.[243] Sein berechtigtes Beschaffungsanliegen speist sich aus anderen Quellen. Die Informationsfreiheit enthält auch eine **objektiv-rechtliche Komponente,** die den Staat im Gehalt einer Verfassungsdirektive in Pflicht nimmt. Wegen des Stellenwerts des Grundrechts im Gefüge der Kommunikationsverfassung hat der Staat für die Staatsfreiheit, wie überhaupt für die Freiheit des Kommunikationsprozesses Sorge zu tragen. Das schließt auch Maßnahmen gegen eine übermäßige Pressekonzentration ein;[244] Informationsmonopole stören die freiheitliche Kommunikationsverfassung; unzulässig wären allerdings staatlich verfügte Auflagenbegrenzungen, weil sie die Informationsfreiheit verkürzen, nicht fördern.[245] Erwogen wird zum Teil auch die Pflicht des Staates zur Informationsvorsorge in Gestalt der Schaffung allgemeiner (auch technischer) Voraussetzungen für den freien Informationsaustausch.[246]

**59**    **g)** Die Informationsfreiheit ist staatsgerichtet. **Drittwirkung** kommt ihr **nicht** zu.[247] Doch muss das Grundrecht beispielsweise, soweit es um technische Anlagen geht, die das Recht realisieren helfen, auch in zivilgerichtlichen Verfahren über die Anbringung von Antennen an Mietwohnungen Beachtung finden. Das BVerfG führt aus:

„Zwar findet die Informationsfreiheit nach Art. 5 Abs. 2 GG ihre Schranken unter anderem in den allgemeinen Gesetzen. Dazu gehören auch die miet- und eigentumsrechtlichen Bestimmungen des Bürgerlichen Gesetzbuchs, die die Rechte und Pflichten von Mietern und Vermietern festlegen. Die Verfassung verlangt aber, dass bei deren Auslegung und namentlich bei der Konkretisierung der Generalklauseln die betroffenen Grundrechte berücksichtigt werden, damit ihr wertsetzender Gehalt für die Rechtsordnung auch auf der Rechtsanwendungsebene zur Geltung kommt (vgl. BVerfGE 7, 198 [205 ff.]; st. Rspr.).
Vorschriften, die sich ausdrücklich auf die Anbringung von Antennen an Mietwohnungen beziehen, finden sich im BGB nicht. Die Zivilgerichte stützen sich bei der Entscheidung von Konflikten über die Errichtung von Empfangsanlagen

---

[237] *Fenchel,* Negative Informationsfreiheit, 1997, S. 137 ff.; *Merten* HGR II, § 42 Rn. 114; zurückhaltend BVerfGE 149, 222 (283 Rn. 135).

[238] BVerfGE 148, 40 (5 f. Rn. 28); *Di Fabio* JuS 1997, 1 ff.; BVerwGE 90, 112 (125): Informaler Grundrechtseingriff.

[239] Diese rechtsdogmatische Qualifikation der Informationstätigkeit und/oder Öffentlichkeitsarbeit des Staates ist von praktischer Relevanz. Soweit Informationsakte des Staates gegenüber betroffenen Warenproduzenten (Art. 12) oder Sekten (Art. 4) Eingriffscharakter haben, bedürfen sie einer Eingriffsermächtigung des einfachen Gesetzgebers (BVerfGE 95, 173 [183]). Bloße Generalklauseln reichen nicht aus. Verfassungsrechtliche Ansatzpunkte wie die Kompetenz der Regierung zur obersten Staatsleitung sind Aufgabennormen, keine Befugnisnormen a. M. BVerfGE 105, 252 ff.; 105, 279 ff.). Vom Eingriff durch Information zu unterscheiden ist der informationsbezogene Grundrechtseingriff als Mittel des Staates zur Informationsbeschaffung (Datenerhebung). Dazu BVerfGE 115, 320 (351); 118, 168 (203); 120, 378 (398); *Bethge* HGR III, § 58 Rn. 20. Siehe ferner *A. Ingold,* Desinformationsrecht: Verfassungsrechtliche Vorgaben für staatliche Desinformationsarbeit, 2011. – Mit dem Grundrecht auf informationelle Selbstbestimmung (Art. 2 i. V. mit Art. 1 GG) werden Gefährdungen und Verletzungen abgewehrt, die sich für den einzelnen, insbesondere unter den Bedingungen moderner Datenverarbeitung aus informationsbezogenen Maßnahmen ergeben; BVerfGE 150, 244 f. (263 f. Rn. 37).

[240] *Sodan,* in: Sodan, Art. 5 Rn. 14.

[241] *Starck* MKS I, 6. Aufl., 2010, Art. 5 Rn. 51 ff.

[242] Zur Erweiterung des Grundrechtsschutzes auf nichtdeutsche aber unionszugehörige juristische Personen BVerfGE 129, 78 (94 ff.); kritisch *Isensee* AöR 138 (2013), S. 359 f.

[243] *Dörr* HGR IV, § 103 Rn. 21.

[244] BVerfGE 20, 162 (176).

[245] So schon *Forsthoff,* Der Verfassungsschutz der Zeitungspresse, 1969, S. 35, 63; s. a. *Starck* MKS I, 6. Aufl., 2010, Art. 5 Rn. 51 ff.; *Bethge* (Fn. 100), S. 175 Fn. 144.

[246] *Jarass,* in: Jarass/Pieroth, Art. 5 Rn. 25.

[247] Vgl. auch BVerwGE 70, 310 (316). Das Kurzberichterstattungsrecht der Medien ist keine Emanation der allgemeinen Informationsfreiheit; vgl. BVerfGE 97, 228 ff.

vielmehr regelmäßig auf die allgemeinen Vorschriften der §§ 535, 536, 242 BGB. Soweit unter Berufung auf diese Vorschriften ein Anspruch auf Errichtung einer Empfangsanlage geltend gemacht wird, ist bei ihrer Auslegung und Anwendung dem Grundrecht der Informationsfreiheit Rechnung zu tragen. Andererseits ist zu berücksichtigen, dass das Grundrecht des Eigentümers aus Art. 14 Abs. 1 Satz 1 GG berührt ist, wenn er unter Berufung auf die genannten Bestimmungen verurteilt wird, eine Empfangsanlage an seinem Eigentum zu dulden" (BVerfGE 90, 27 [33]).

Das Grundrecht ist ein staatsgerichtetes **Abwehrrecht.** Einen Anspruch auf Erschließung neuer **59a** Informationsquellen verbrieft es grundsätzlich nicht.[248]

Das Grundrecht umfasst ein Recht auf Zugang in Fällen, in denen eine im staatlichen Verant- **59b** wortungsbereich liegende Informationsquelle auf Grund rechtlicher Vorgaben zur öffentlichen Zugänglichkeit bestimmt ist, der Staat den Zugang aber verweigert.[249]

Von der allgemeinen Staatsrichtung des Grundrechts im Gehalt eines Unterlassungsanspruchs gegen **60** den Staat zu unterscheiden, ist die Frage eines **Anspruchs auf Information durch den Staat** über dessen Befindlichkeiten und Aktivitäten. Einen solchen allgemeinen verfassungsunmittelbaren Anspruch gibt es nicht.[250] Der Staat als solcher ist keine allgemein zugängliche Informationsquelle.[251] Selbst die vermeintlich vorzugswürdigen Medien wie die Presse können grundsätzlich nur nach Maßgabe der einfachgesetzlichen Vorschriften (und Beschränkungen) Auskunftsansprüche gegen den Staat geltend machen, der äußerstenfalls auch Nachrichtensperren verhängen darf. Die Informationszugangsgesetze der Länder und des Bundes sind nicht so sehr eine Konkretisierung des Bürgergrundrechts aus Art. 5 I 1; sie sind Funktionserfordernisse einer auf Transparenz und Kontrollierbarkeit gerichteten rechtsstaatlichen Demokratie.[252] Im Unterschied dazu wird das zum 1.1.2006 in Kraft getretene Informationsfreiheitsgesetz des Bundes (IFG) als faktische Erweiterung des Anwendungsbereichs des Grundrechts der Informationsfreiheit qualifiziert.[253] Im Unterschied dazu resultiert aus dem Grundrecht auf informationelle Selbstbestimmung ein Anspruch gegen den Staat auf Auskunft, was über die Person gesammelt wurde.[254]

Verfassungsunmittelbare Informationsansprüche der Presse gegenüber einer öffentlich-rechtlichen **60a** Rundfunkanstalt scheitern (auch) daran, dass der öffentlich-rechtliche Rundfunk wegen seiner staatsfreien Struktur nicht zur mittelbaren Staatsverwaltung ressortiert.[255] Infolgedessen stehen sich die privatrechtliche Presse und der öffentlich-rechtliche Rundfunk einander als **konkurrierende Grundrechtsträger** gegenüber.[256]

Vom Informationsgrundrecht aus Art. 5 I 1 zu unterscheiden sind staatsgerichtete verfassungsunmit- **60b** telbare Informationsansprüche, die sich aus anderen Grundrechten ergeben. Von juristisch zweifelhafter Prominenz ist der spezifisch presserechtliche verfassungsunmittelbare Auskunftsanspruch der Presse gegen Behörden des Bundes, den das Bundesverwaltungsgericht in Ermangelung einer einfachgesetzlichen Regelung des Bundesgesetzgebers auf Art. 5 Abs. 1 Satz 2 GG stützt[257]. Bedenken bestehen sowohl unter dem Gesichtspunkt der Gesetzgebungskompetenz als auch wegen des Fehlens einer gesetzlichen Grundlage. Von grundrechtsinspirierten Informationsansprüchen betroffen sind nicht nur medienspezifische Informationsansprüche, die aus der Pressefreiheit und der Rundfunkfreiheit resultieren.[258] Auch die Wirtschaftsgrundrechte[259] sowie das Prozessgrundrecht des Art. 19 IV[260] können staatsgerichtete Auskunfts- und Informationsansprüche schon für den Zeitraum eines Vor-Verwaltungsverfahrens begründen (auch → Rn. 60 aE).

Soweit sich aus den Vorschriften des GG über parlamentarische **Zitier- und Interpellationsrechte 61** (Art. 43 I) Informationsbefugnisse von Parlamentsorganen ableiten lassen, sind diese nicht grundrechtlichen Ursprungs, sondern organschaftlicher Natur.[261] Die aktive Informationstätigkeit des Staates[262]

---

[248] BVerfGE 103, 44 (59 f.); *Jarass,* in: Jarass/Pieroth, Art. 5 Rn. 28; *Schmidt-Jortzig* HStR VII, § 162 Rn. 37.

[249] BVerfGE 103, 44 (60); 145, 365 (372 f. Rn. 20).

[250] Zur Frage der Mediatisierung durch den einfachen Gesetzgeber in Anschluss an BVerwGE 146, 56 ff. siehe *v. Coelln* FS Hufen, 2015, S. 429 ff.; *Cornils* DÖV 2013, 665 f.

[251] Vgl. BVerfGE 103, 44 (60); *Jarass,* in: Jarass/Pieroth, Art. 5 Rn. 24.

[252] Zum Recht auf Zugang zu staatlichen Informationen *Schoch* DÖV 2006, 1 ff.

[253] *Kloepfer/von Lewinski* DVBl 2005, 1277 ff.

[254] BVerfGE 65, 1 (70); 120, 351 (362); 118, 168 (184); 130, 151 (183 f.); *Gurlit* DVBl 2003, 1121; *Gucklberger* Verw 97 (2006), 70.

[255] Nachweise bei *Bethge,* Die verfassungsrechtliche Position des öffentlich-rechtlichen Rundfunks in der dualen Rundfunkordnung, 1996, S. 53 f.; unrichtig *Schmidt-Preuß* VVDStRL 56 (1997), 165 Fn. 6.

[256] BVerwGE 70, 310 (316); *Bethge,* Der verfassungsrechtliche Standort des öffentlich-rechtlichen Rundfunks, 1987, S. 51; *Klaus Lange* VVDStRL 44 (1986), 197.

[257] BVerwGE 154, 222 Rn. 13; BVerwG DÖV 2019, 403 ff.; kritisch *Cornils* DÖV 2013, 657 ff.; *Rhein* DÖV 2019, 394 ff.

[258] Dazu *v. Coelln* (Fn. 231), S. 397, 502.

[259] Zu Art. 12 I GG BVerwG NVwZ 2003, 1115.

[260] BVerfGE 120, 351 (360 f.).

[261] BVerfGE 137, 185 (Rn. 130 ff.); 146, 1 (38 Rn. 85); das gilt auch bei prozessstandschaftlichem Auftreten, BVerfGE 142, 25 (52); s. a. BVerfGE 147, 50 (119 Rn. 167 f.). *H. H. Klein* HStR III, § 51 Rn. 32.

[262] Zur Staatsaufgabe Information *Schulze-Fielitz* VVDStRL 55 (1996), 266 f.; *Schoch* HStR III, § 37 Rn. 53 ff. Zum informierenden Staat als Katalysator der Meinungsbildung im digitalen Zeitalter siehe *Martini/Kühl,* DÖV 2013, 573 ff.; s. a. BVerfGE 105, 252 ff.; 105, 279 ff.; 113, 63 ff.

selbst gehört zur Öffentlichkeits- und Aufklärungsarbeit der öffentlichen Hand und erlangt von daher ihre grundrechtsgebundene, kompetenzrechtliche Legitimation (→ Rn. 39 f., Rn. 57a).

62    **h)** Der Stellenwert des Grundrechts bestimmt sein spezifisches **Verhältnis zu anderen Freiheitsrechten.** Die Beziehung zu den übrigen Kommunikationsfreiheiten ist von einem „entsprechungsrechtlichen"[263] **Korrespondenz- und Interaktionscharakter** geprägt. Die Informationsfreiheit steht zur Meinungsfreiheit und zu den Medienfreiheiten in einem Verhältnis „sozialer Interdependenz". Die Freiheiten sind als Stabilisierungselemente aufeinander angewiesen. Wird diese Normallage durch Fehlentwicklungen gestört, die die Informationsfreiheit beeinträchtigen, hat der Staat notfalls korrigierend einzugreifen.[264] Doch bewegt sich diese Interaktion mehr im objektiv-institutionellen denn im subjektiv-individuellen Bereich.

63    Auf **individualrechtlicher Ebene** kann es zur Gesetzeskonkurrenz mit der Presse- und Rundfunkfreiheit kommen, sofern man aus diesen – dann speziellen – Freiheitsrechten auch Informationsrechte ableitet.[265] Im Verhältnis zu Art. 2 I ist dessen übliche Subsidiarität zu beachten. Anreicherungen durch den allgemeinen (akzessorischen) Gleichheitssatz (Art. 3 I) sind denkbar. Den Schutz der Übermittlung von Informationen an individuelle Empfänger als Element der Fernkommunikation übernimmt Art. 10 (vgl. oben Rn. 52).[266] Innerhalb des häuslichen Bereichs kommt Art. 13 GG zum Tragen; ebenso kann das Grundrecht auf informationelle Selbstbestimmung einschlägig sein.[267] Art. 2 Abs. 1 GG i. V. mit Art. 1 GG umfasst das Grundrecht auf Gewährleistung der Vertraulichkeit und Integrität informationstechnischer Systeme (sog. Computer-Grundrecht).[268]

64    **i)** Wegen des grenzüberschreitenden Charakters vieler Medien weist die Informationsfreiheit häufig einen **transnationalen Bezug** auf. Der Schutzstandard des Grundgesetzes wird durch **Art. 10 I 2 EMRK** verstärkt, demzufolge auch die „Freiheit zum Empfang und zur Mitteilung von Nachrichten und Ideen" gewährleistet wird.[269] Darunter fällt auch der Gebrauch von Übertragungs- und Empfangsmitteln.[270]

64a    Das **Unionsrecht** schützte die Informationsfreiheit in zweierlei Hinsicht: Zum einen durch ein **ungeschriebenes, Art. 10 EMRK entsprechendes Unionsgrundrecht,** das Maßnahmen der EU-Organe und der Mitgliedstaaten Schranken setzt. Zum anderen erfasst die **Dienstleistungsfreiheit** (Art. 56 AEUV) auch den **behinderungsfreien Gebrauch von Empfangsgeräten,** da deren Beschränkung geeignet ist, die Erbringung der Dienstleistung Rundfunk zu erschweren.[271] Sofern die Anwendung der Dienstleistungsfreiheit auch im Verhältnis zwischen den Bürgern bejaht wird, käme Art. 56 AEUV auch dann zur Anwendung, wenn Mieter und Vermieter über die Anbringung einer **Parabolantenne** streiten. Mittlerweile gewährleistet Art. 11 I 2 EUGRCh die Informationsfreiheit.

65    **3. Die Pressefreiheit. a)** Sie ist liberales Urgestein und Grundstock des demokratischen Verfassungsstaates. Das BVerfG beschreibt den **herausragenden Stellenwert der Pressefreiheit** so:

„Eine freie, nicht von der öffentlichen Gewalt gelenkte, keiner Zensur unterworfene Presse ist ein Wesenselement des freiheitlichen Staates; insbesondere ist eine freie, regelmäßig erscheinende politische Presse für die moderne Demokratie unentbehrlich. Soll der Bürger politische Entscheidungen treffen, muss er umfassend informiert sein, aber auch die Meinungen kennen und gegeneinander abwägen können, die andere sich gebildet haben. Die Presse hält diese ständige Diskussion in Gange... In der repräsentativen Demokratie steht die Presse zugleich als ständiges Verbindungs- und Kontrollorgan zwischen dem Volk und seinen gewählten Vertretern in Parlament und Regierung" (BVerfGE 20, 162 [174 f.]).

66    Die Pressefreiheit ist **schlechthin konstituierend** für die freiheitliche demokratische Grundordnung.[272] Die Presse ist unentbehrliches Medium und essentieller Faktor der öffentlichen Meinungsbildung.[273] Die in den Landesgesetzen durchweg der Presse zuerkannte öffentliche Aufgabe muss freilich mit Vorsicht gehandhabt werden.[274] Noch größere Vorbehalte bestehen gegenüber Vorstellungen in Richtung einer vierten Gewalt;[275] so unausrottbar diese und ähnliche „soziologische Wichtigkeitsattribute" *(Rupert Scholz)* auch sind. Der Presse- und Medienfreiheit kommt kein absoluter Vorrang vor anderen wichtigen Rechtsgütern zu.[276]

---

[263] Vgl. schon *Kloepfer,* Grundrechte als Entstehenssicherung und Bestandsschutz, 1970, S. 58 ff.

[264] *Bethge* (Fn. 100),, S. 324 f.

[265] Vgl. *Bethge* AfP 1999, 314; s. auch BVerfGE 97, 228 (267); *Hain* DÖV 2001, 590. Umfassend dazu *v. Coelln* (Fn. 231), S. 233 ff.

[266] BVerfGE 115, 166 (182); 124, 43 (54).

[267] BVerfGE 115, 166 (187).

[268] BVerfGE 120, 274 (302 ff.).

[269] Zum Schutzumfang *Blanke* HGR VI/1, § 142 Rn. 27.

[270] EGMR, Nr. 15/1989/175/231 – Autronic AG/Schweiz EuGRZ 1990, 261.

[271] S. EuGH Rs. C-17/00, François de Coster/Collège des bourgmestre et échevins de Watermael-Boitsfort.

[272] BVerfGE 35, 202 (221 f.); 117, 244 (258).

[273] BVerfGE 12, 205 (260).

[274] Kritisch schon *H. H. Klein* DÖV 1965, 755; s. auch *Starck* MKS I, 6. Aufl., 2010, Art. 5 Rn. 74 ff.; *Bullinger* HStR VII, § 163 Rn. 62; *von der Decken,* in: Hofmann/Henneke, Art. 5 Rn. 16.

[275] In dieser Richtung *Böckenförde* HStR III, § 34 Rn. 41.

[276] BVerfGE 129, 208 (266).

„So wichtig die der Presse zufallende öffentliche Aufgabe ist, so wenig kann diese von der **67** organisierten staatlichen Gewalt erfüllt werden. Presseunternehmen müssen sich im gesellschaftlichen Raum frei bilden können. Sie arbeiten nach privatwirtschaftlichen Grundsätzen und in privatrechtlichen Organisationsformen. Sie stehen miteinander in geistiger und wirtschaftlicher Konkurrenz, in die die öffentliche Gewalt grundsätzlich nicht eingreifen darf" (BVerfGE 20, 162 [175]). Die einfachrechtlich der Presse attestierte öffentliche Aufgabe ist kein normativer Begriff, der zum Ausgangspunkt juristischer Ableitungen und Konsequenzen – Privilegierungen oder Restriktionen – gemacht werden könnte. Er bündelt lediglich in heuristischer Weise die Bedeutung der Presse. Freiheitsnorm ist ausschließlich Art. 5 I 2. Bindungsnorm ist allein Art. 5 II. Noch gefährlicher ist die Einvernahme der Presse als vierte Gewalt. Staatsfunktionen – und das sind die drei klassischen Gewalten – sind grundrechtsgebunden (Art. 1 III) und bedürfen der demokratischen Legitimation[277] (Art. 20 I). Mit der freiheitsrechtlichen Beliebigkeit und Autonomie sowie dem Tendenzschutz der Presse haben solche – nach *Adolf Arndt* – für die Presse lebensgefährlichen Bilder nichts gemein.

Die mediale Funktion der Presse ist die massenkommunikative Vermittlungsleistung[278]. die Existenz **67a** einer relativ großen Zahl selbstständiger, vom Staat unabhängiger und nach ihrer Tendenz, politischen Färbung oder weltanschaulichen Grundhaltung miteinander **konkurrierender Presseerzeugnisse** voraus.[279]

b) Der **Begriff der Presse** ist **weit und formal**[280] aufzufassen; er ist entwicklungsoffen.[281] Er **68** bezieht sich nicht nur auf Zeitungen, Zeitschriften und Bücher, sondern auf **alle zur Verbreitung geeigneten Druckerzeugnisse.** Entscheidend ist das Kriterium des gedruckten Wortes im Unterschied zu den technischen Modalitäten, die unter den Rundfunk- und Filmbegriff fallen.[282] Von daher erfasst der Pressebegriff auch Schallplatten, Videokassetten, CD-ROMs, Disketten uä;[283] dgl. Bilder.[284] Jede andere – restriktive – Handhabung würde das Gebot des lückenlosen Grundrechtsschutzes verfehlen, das nicht erst für die Funktion des Auffangtatbestandes (Art. 2 I) akut wird, sondern auch schon für die Spezialfreiheiten – hier Art. 5 I – relevant ist.[285]

Zur Presse im Sinne von Art. 5 Abs. 1 Satz 2 GG gehören auch Werkszeitungen.[286] **68a**

**Kein taugliches Abgrenzungskriterium** oder gar entscheidend für die verfassungsrechtliche **69** Schutzwürdigkeit sind dagegen die **Seriosität**, Wertigkeit und Vernünftigkeit des Presseprodukts. Unterscheidungen dieser Art dürfen wegen des verfassungsrechtlichen Differenzierungs- und Diskriminierungsverbots[287] nicht getroffen werden. Sie erlangen allenfalls auf der Schrankenseite Relevanz. Geschützt sind die „Qualitätszeitung"[288] wie das Boulevard-Blatt (yellow-press), die Vertriebenen-Postille, die Migranten-Zeitschrift, die Obdachlosen-Rundschau, das AktMagazin wie der Schwulen-Report. Der Journalismus mag informativ, intensiv oder investigativ sein.

Die durch Art. 5 I 2 gesicherte **Eigenständigkeit** der Presse reicht von der Beschaffung der **70** Information bis zur Verbreitung der Nachrichten und Meinungen mitsamt dem Vertrieb.[289] Besonderes Gewicht gebührt der **publizistischen Vorbereitungstätigkeit.**[290] Erst der prinzipiell ungehinderte Zugang zur Information versetzt die Presse in den Stand, die ihr in der freiheitlichen Demokratie zukommende Funktion wirklich wahrzunehmen. Das gilt auch für gerichtliche Verfahren. Die Pressefreiheit umschließt das Recht der im Pressewesen tätigen Personen, sich über Vorgänge in einer öffentlichen Gerichtsverhandlung zu informieren und hierüber zu berichten.[291]

c) Die Pressefreiheit hat eine **individualrechtliche** und eine objektive **(institutionelle)** Komponente.[292] Seiner klassischen Ausrichtung nach ist Art. 5 I 2 ein individuelles staatsgerichtetes **Abwehrrecht.** Die negatorische Funktion dominiert. Doch sind auch positive Ansprüche nicht von vornherein undenkbar.[293]

---

[277] BVerfGE 93, 37 (66 ff.).

[278] *Jarass*, in: Jarass/Pieroth, Art. 5 Rn. 1; *Jestaedt* HGR IV, § 102 Rn. 104.

[279] BVerfGE 52, 283 (296).

[280] BVerfGE 34, 269 (283); 66, 116 (134); *Starck/Paulus* MKS I, Art. 5 Rn. 129 f.; *Grabenwarter*, in: Maunz/Dürig, Art. 5 I, II (2018) Rn. 240 f. Zu einem funktionalen Verständnis der Presse unter dem Merkmal der überindividuellen Meinungsbildung siehe *St. Michel*, NVwZ 2019, 1657 ff.; ebenso *A. Hofmann*, NVwZ 2019, 1289 ff.

[281] *Schulze-Fielitz*, in: Dreier I, 2. Aufl., Art. 5 I, II Rn. 89 ff.; *Gersdorf* AfP 2010, 423.

[282] *Sodan* in: Sodan, Art. 5 Rn. 16.

[283] Zum Pressebegriff *Brand* (Fn. 120), S. 51 ff.

[284] BVerfGE 101, 361 (389 ff.). Zur Zeitungsanzeige als sprechendes Bild BVerfGE 107, 275 (280).

[285] *Bethge* VVDStRL 57 (1998), 20; s. auch *Dürig* JZ 1957, 170; *Pieroth* AöR 115 (1990), 33 ff.

[286] BVerfGE 95, 28 (35); dazu *Dörr* JuS 1997, 1036.

[287] *Starck* MKS I, 6. Aufl., 2010, Art. 5 Rn. 60.

[288] Begriff bei *Gersdorf* AfP 2010, 421. Zum Schutz der Unterhaltsamkeit BVerfGE 120, 180 (204).

[289] BVerfGE 10, 118 (121); *Isensee* HStR IX, § 199 Rn. 26.

[290] BVerfGE 50, 234 (240) mwN; 91, 125 (134); 107, 299 (329 f.); 117, 244 (258 f.).

[291] BVerfGE 91, 125 (134); 103, 44 (61 f.).

[292] BVerfGE 10, 118 (121); 114, 244 (258 f.).

[293] Zurückhaltend BVerfGE 80, 124 (133 f.).

**72**    Art. 5 I 2 gewährleistet auch das **Institut** der freien Presse.[294] Mit der objektiven Einrichtungsgarantie ist eine Reihe von Strukturprinzipien verbürgt. Neben der privatrechtlichen und privatwirtschaftlichen Ausrichtung der Presse,[295] die eine Überführung in öffentlich-rechtliche Organisationsformen verbietet,[296] ist es vor allem die Staatsfreiheit auch der Presse als genereller medienrechtlicher
Grundsatz.[297] Das Prinzip der Staatsfreiheit schließt die Einvernahme der Presseangehörigen (Verleger,
Journalisten) in berufsständischen Zwangskörperschaften des öffentlichen Rechts aus.[298] Weiter zählen
dazu der Tendenzschutz,[299] der eine Pflicht zur Ausgewogenheit ausschließt, und das Redaktionsgeheimnis;[300] des Weiteren die Geheimhaltung der Informationsquellen und das Vertrauensverhältnis
zu Informanten[301] (→ Rn. 84).

**73**    In der Eigenschaft als **objektive Grundsatznorm** für die Freiheitlichkeit des Pressewesens erlegt
das Grundrecht dem Staat eine Schutzpflicht für die Presse auf.[302] Sie richtet sich namentlich an die
Adresse des Gesetzgebers, der für die Funktionsbedingungen eines freien Pressewesens zu sorgen hat.
Anders als bei der Rundfunkfreiheit, die eine dienende Freiheit[303] ist, gilt für den Gesetzgeber bei der
Pressefreiheit zwar nicht die Last des Parlamentsvorbehalts, auf Grund dessen er gehalten wäre, alle
wesentlichen grundrechtsrelevanten Fragen in einer „positiven Ordnung" zu regeln.[304] Die Pressefreiheit ist kein normgeprägtes Grundrecht, das auf die Ausgestaltung durch den Gesetzgeber angewiesen
wäre und ohne diese leer liefe. Legislatorische Maßnahmen erweisen sich in der Regel als Eingriffe, die
an Art. 5 II zu messen sind. Doch folgt aus der objektiven Einrichtungsgarantie die Pflicht, die Freiheit
des Kommunikationsprozesses zu gewährleisten und zu sichern. Das kann auch Maßnahmen gegen die
Pressekonzentration und multimediale Meinungsmacht einschließen.[305] Art. 5 I 2 vermittelt allerdings
entgegen dem BVerwG keinen verfassungsunmittelbaren Auskunftsanspruch der Presse gegen Behörden des Bundes (s. oben Rn. 60b).

**73a**    **d)** Schwierige Fragen ergeben sich, wenn und soweit der Gesetzgeber im Bereich **neuer Massen-
kommunikationstechniken** den sachlichen Schutzbereich der einzelnen massenmedialen Freiheiten
des Art. 5 I 2 zu konturieren versucht. Zu recht weist das BVerfG darauf hin, dass der Versuch des
Gesetzgebers, Tatbestandsmerkmale eines Grundrechts in eigenen Worten zu verdeutlichen, Gefahr
läuft, mit der Verfassung in Widerspruch zu geraten.[306] Die zu beobachtenden medialen Phänomene
sind letztlich danach zu kategorisieren, ob sie **material verfestigt bzw. verkörpert** sind (dann
Pressefreiheit) oder **gegenstandslos** Informationen übermitteln; sollten Inhalte trotz elektro-magneti-
scher (also gegenstandsloser) Übermittlung beim Empfänger in papierener Form rezipiert werden, sind
sie dennoch nicht zur Presse, sondern zum Rundfunk zu rechnen, weil anderenfalls gleichartige
Verbreitungsvorgänge nur auf Grund unterschiedlicher Rezeptionsweisen zu anderen Medien rech-
neten und folglich auch verschiedenen Schutzbereichen des Art. 5 I 2 zuzuordnen wären.[307] Die
**Faksimile-Zeitung** unterfiele daher ebenso wenig dem Pressebegriff wie ein ausgedruckter **Newsletter.**[308]

**74**    **e)** Die persönliche **Grundrechtsträgerschaft** ist wesentlich von der Eigenart der Pressefreiheit als
eines staatsgerichteten Grundrechts beeinflusst, das sich auf verschiedene presserechtlich relevante
Tätigkeiten bezieht und dem unmittelbare Drittwirkungsdimensionen fehlen.

**75**    Grundrechtsträger in der staatsgerichteten Relation sind zuvörderst alle natürlichen Personen (also
nicht nur deutsche Staatsangehörige), die in **nicht nur beiläufiger Weise** an der Erzeugung und
Verbreitung von gedruckten Worten **beteiligt** sind.[309] Das sind sowohl die Verleger, Produzenten,
Journalisten, Redakteure, Drucker als auch Vertriebsunternehmer, Grossisten uä, weil deren **presseexterne Tätigkeit** in enger organisatorischer Anbindung an die Presse erfolgt und für das Funktionieren

---

[294] BVerfGE 20, 162 (175); 66, 116 (133); 80, 124 (133); 117, 244 (258 f.); *Kloepfer* HGR II, § 43 Rn. 85; s. a.
*Grabenwarter,* in: Maunz/Dürig, Art. 5 Abs. 1, 2 (2018), Rn. 346.
[295] BVerfGE 20, 162 (175); 66, 116 (133); s. auch *Lerche,* Verfassungsrechtliche Fragen zur Pressekonzentration,
1971, S. 45; *H. H. Klein* AfP 1973, 494; *Eckart Klein* DÖV 1999, 759.
[296] Verfassungswidrig wäre deshalb die strukturelle Überführung der Presse in öffentlich-rechtliche Zeitungs-
anstalten nach der Art öffentlich-rechtlicher Rundfunkanstalten. Befürwortend *Ehmke* FS Adolf Arndt, 1969,
S. 115 ff. Ablehnend *Starck* MKS I, 6. Aufl., 2010, Art. 5 Rn. 89.
[297] BVerfGE 80, 124 (134). S. a. BVerfGE 121, 30 (51 ff.).
[298] *Starck* MKS I, 6. Aufl., 2010, Art. 5 Rn. 184; aM *M. Dietlein* FS Kriele, 1997, S. 1182.
[299] BVerfGE 52, 283 (296).
[300] BVerfGE 20, 162 (176); 66, 116 (134); 107, 299 (331).
[301] BVerfGE 107, 299 (329 f.); 117, 244 (258 f.); *Kugelmann* ZRP 2005, 260.
[302] BVerfGE 80, 124 (133); *Jarass,* in: Jarass/Pieroth, GG, Art. 5 Rn. 41; zu den Grenzen z. B. BVerfGE 129, 208
(266).
[303] BVerfGE 57, 295 (320); 87, 181 (197).
[304] BVerfGE 57, 295 (321); 83, 238 (296).
[305] Vgl. BVerfGE 20, 162 (174); 52, 283 (296), unter Verweisung auf BVerfGE 12, 205 (261).
[306] BVerfGE 12, 45 (53).
[307] *Trute* HGR IV, § 104 Rn. 15.
[308] So *Brand* (Fn. 120), S. 154 ff., entgegen der h. M.
[309] BVerfGE 77, 346 (354); 117, 244 (259); *Herzog,* in: Maunz/Dürig, Art. 5 I, II (1992) Rn. 135.

einer freien Presse notwendig ist.[310] Für sonstige presseexterne Hilfstätigkeiten bleibt es beim Schutz anderer Grundrechte, namentlich des Art. 12 I.

Da die Pressefreiheit **kein normgeprägtes,** dh auf gesetzliche Ausgestaltung angewiesenes Grund- 75a recht darstellt, ist auch die Tätigkeit des Journalisten auf eine legislatorische Berufsbildfixierung weder angewiesen noch einer solchen Prägung zugänglich. Es handelt sich um einen **offenen Begabungsberuf,** der auch darum nicht in Zwangskörperschaften des öffentlichen Rechts organisierbar ist (Verbot der Verkammerung).

Trotz der gebotenen extensiven Interpretation zählen dazu **nicht die Leser** wie überhaupt die 76 Konsumenten, die insoweit von ihrem Grundrecht der Informationsfreiheit Gebrauch machen. Entscheidend ist die sachliche Nähe zum Presseerzeugnis: Der Leserbriefschreiber, dessen Stellungnahme in der Zeitung abgedruckt wird, kann sich selbst nicht auf das Grundrecht der Pressefreiheit, sondern auf das der freien Meinungsäußerung berufen.[311] Anders liegt es beim Verleger und/oder Redakteur, dessen persönliches Pressefreiheitsrecht auch die Befugnis zur Publikation des Leserbriefs einschließt.

Die Pressefreiheit steht auch dem Redakteur der **Schülerzeitung** zu; Besonderheiten können sich 77 nur unter dem Aspekt der Grundrechtsmündigkeit bzw. aus der Einbindung in das spezifische Schulstatusverhältnis ergeben. Bei anderen **besonderen Pflichtenverhältnissen** (Gefangenenzeitung) gilt letzteres entsprechend.

Grundrechtsträgerin ist darüber hinaus über Art. 19 III die **inländische** (und als Folge des unions- 78 rechtlichen Diskriminierungsverbots gem. Art. 18 und 54 AEUV auch die **EU-ausländische**[312]) **juristische Person des Privatrechts.**[313] Das ist nicht nur diejenige, die ein Presseunternehmen betreibt. Die Herausgabe im Rahmen eines anderen Unternehmenszwecks reicht aus (Werkszeitungen): „Art. 19 Abs. 3 GG stellt hinsichtlich der Grundrechtsträgerschaft nicht auf den Zweck der juristischen Person, die das Grundrecht in Anspruch nimmt, sondern auf die Eigenart des Grundrechts ab. Dieses knüpft den Schutz aber nicht an die berufsmäßige oder vorwiegende Betätigung im Pressewesen, sondern allein an das Medium Presse an" (BVerfGE 95, 28 [35]). Entsprechend der teleologischen Auslegung, die Art. 19 III verlangt, ist Grundrechtsträgerin nicht nur die vollrechtsfähige juristische Person im strengen bürgerlich- bzw. handelsrechtlichen Sinne.[314] Auch Personalhandelsgesellschaften kommen in Frage.[315] **Politische Parteien** sind ebenfalls Träger des Grundrechts.[316]

Soweit es sich um **juristische Personen des öffentlichen Rechts** handelt, scheitert deren Grund- 79 rechtsträgerschaft in der Regel schon an ihrer **generellen** Grundrechtsunfähigkeit, die die öffentliche Hand vom Genuss der materiellen Grundrechte und damit auch vom Genuss des Grundrechts der Pressefreiheit ausschließt.[317] Hinzu kommt, dass für die Pressefreiheit der allgemeine medienspezifische Grundsatz der Staatsfreiheit verbindlich ist.[318] Staatliche Informationstätigkeit ist **grundrechtsverpflichtet.**[319] Sind öffentlich-rechtliche Rechtsträger dennoch ausnahmsweise grundrechtsfähig (Universitäten, Rundfunkanstalten), bleibt ihre partielle Grundrechtsfähigkeit auf das jeweilige Spezialgrundrecht beschränkt (Wissenschaftsfreiheit, Rundfunkfreiheit).[320] Allerdings umfasst die Rundfunkfreiheit öffentlich-rechtlicher Anstalten auch die Herausgabe programmbegleitender Presseerzeugnisse (Rn. 108). Nur die Kirchenpresse öffentlich-rechtlicher Religionsgesellschaften genießt (neben dem Schutz des Art. 4 I, II) auch das Recht aus Art. 5 I 2 GG.[321]

Nach diesen Grundsätzen bemisst sich auch der Schutz der „**Staatspresse**", also vom Staat 80 unmittelbar verantworteter Publikationen. Solche Staatspublikationen liegen auch dann vor, wenn die öffentliche Hand sich privatrechtlicher Organisationsformen (Fiskalate) bedient.[322] Sie erschließen dem Staat nicht den Schutzbereich des Grundrechts der Pressefreiheit, sondern sind allenfalls unter dem

---

[310] BVerfGE 77, 346 (354 f.); 91, 125 (134); 100, 313 (365); 117, 244 (259); *Trute* HGR IV, § 104 Rn. 11 f.

[311] BVerfGE 113, 63 (75); *Jarass,* in: Jarass/Pieroth, GG, Art. 5 Rn. 32, 35, auch zum Folgenden. Zu Fremdbeiträgen von Studierenden in einer Zeitschrift der Studierendenschaft *Penz,* DÖV 2016, 909 f.

[312] *P. M. Huber* VVDStRL 60 (2001), 201; *Jarass,* in: Jarass/Pieroth, Art. 5 Rn. 26; *Rüfner* FS 50 Jahre BVerfG II, 2001, S. 71 f. Siehe nunmehr BVerfGE 129, 78 (94 ff.); kritisch *Isensee* AöR 138 (2013), S. 358 ff. mwN pro et contra.

[313] BVerfGE 21, 271 (277); 95, 28 (34 f.); 113, 63 (75) mit Anm. *Bertram* NJW 2005, 2890 ff.

[314] BVerfGE 66, 116 (130): AG. S. a. BVerfGE 113, 63 (75): GmbH & Co.

[315] BVerfGE 20, 162 (171).

[316] *H. H. Klein* FS Maurer 2001, S. 196; *P. M. Huber* FS 50 Jahre BVerfG II, 2001, S. 617; s. a. BVerfGE 121, 30 (46 ff., 50 ff.); umfassend *Reffken,* Politische Parteien und ihre Beteiligungen an Medienunternehmen, 2007, bes. S. 323 ff.; *M. Winter,* Medienbeteiligung politischer Parteien, 2014.

[317] BVerfGE 68, 193 (207 f.); 75, 192 (197); 132, 372 (394); 143, 246 (313 Rn. 187); 147, 50 (143 Rn. 239). *Trute* HGR IV § 104 Rn. 13.

[318] BVerfGE 80, 124 (134).

[319] BVerfGE 113, 63 (76); 133, 100 (108).

[320] BVerfGE 59, 231 (254); 83, 238 (312 f.); siehe aber BVerfGE 107, 299 ff.

[321] *Bethge* (Fn. 170), S. 61 ff.; s. a. *Grabenwarter,* in: Maunz/Dürig, Art. 5 I, II (2018) Rn. 236.

[322] Zum fehlenden Grundrechtsschutz kommunaler Fiskalate BVerfGE 45, 63 ff.

Gesichtspunkt der Öffentlichkeits- und Aufklärungsarbeit kompetenzrechtlich legitimiert[323] und pressegrundrechtlich (Schutz des Instituts Freie Presse) limitiert.

81    **f)** Anders stellt sich die Frage der Grundrechtsinhaberschaft unter dem Thema der **inneren Pressefreiheit,**[324] das genau besehen ein Teilaspekt der Privatrechtswirkung (früher der mittelbaren Drittwirkung) der Grundrechte ist. Redakteure und Journalisten können sich gegenüber dem Verleger (in aller Regel also dem Eigentümer des Presseunternehmens und dem Arbeitgeber der Unternehmensangehörigen) **nicht** auf das Grundrecht der Pressefreiheit berufen.[325] Dieser Ausschluss gilt jedenfalls in der Weise, als die Redakteure und Journalisten gegen den Verleger keinerlei Mitwirkungsrechte am Presseunternehmen oder gar Tendenzbestimmungsrechte geltend machen können, die über betriebsverfassungsgesetzlich (also grundgesetzlich allenfalls sozialstaatlich) vermittelte Rechtspositionen hinausgehen.

82    Die fehlende Horizontalwirkung des Grundrechts der Pressefreiheit schließt nicht aus, dass den Betriebsangehörigen gegenüber dem Verleger andere Grundrechte zustehen: Es ist dies das Grundrecht der **negativen Meinungsfreiheit,**[326] auf Grund dessen kein Presseangehöriger gezwungen werden kann, eine andere als seine eigene Meinung publizistisch zu vertreten. In Frage kommen kann auch das Grundrecht der Gewissensfreiheit.[327] Ob darüber hinaus auch ein Grundrecht auf Anerkennung der Eigengesetzlichkeit geistigen Schaffens[328] existiert, ist bestritten. Keine dieser Grundrechtspositionen ermöglicht jedenfalls den Zugriff der angestellten Journalisten und Redakteure auf die Unternehmensführung. Rechte der Mitarbeiter auf der Basis von Redaktionsstatuten beruhen auf freiwillig ausgehandelten Vereinbarungen; sie haben aus sich heraus noch keinen Verfassungsrang.

83    **g)** Der **sachliche Gewährleistungsbereich** der Pressefreiheit ist durch eine Reihe von Einzelaussagen gekennzeichnet, die den notwendigen umfassenden Grundrechtsschutz in individueller und institutioneller Hinsicht effektiv und komplementär **abrunden.**

84    Die Pressefreiheit erfasst einschließlich der Informationsbeschaffung und Informationsverbreitung[329] zuvörderst den **redaktionellen Teil.** Dazu rechnen nicht nur Redaktionsgeheimnis[330] und Informantenschutz.[331] Dem Informantenschutz dient das Zeugnisverweigerungsrecht von Angehörigen der periodischen Presse. In seinem Mittelpunkt steht die Integrität des Vertrauensverhältnisses zwischen Printmedium und Informanten.[332] Aus Art. 5 I 2 GG kann kein generelles Verbot der Beschlagnahme selbstrecherchierten Materials abgeleitet werden.[333] Allerdings besteht aufgrund des neu gefassten § 97 V 1 StPO ein solches Beschlagnahmeverbot. § 97 V 1 StPO bestimmt, dass dieses sich nach der Reichweite eines Zeugnisverweigerungsrechts richtet. Ein Zeugnisverweigerungsrecht für Medienvertreter ergibt sich aus § 53 I 1 Nr. 5 StPO. Nach § 53 I 2 StPO fällt auch der Inhalt selbst recherchierter Materialien darunter, diese unterliegen daher wegen § 97 V 1 StPO ebenfalls nicht der Beschlagnahme. Eine Ausnahme besteht gem. § 53 II 2 StPO bei der Aufklärung von Verbrechen oder der dort genannten Straftaten. Ein generelles Verbot der Telefonüberwachung (§ 100a StPO) oder eines Auskunftsersuchen über Telekommunikationsdaten (§ 100g StPO) bei Journalisten lässt sich nicht aus Art. 5 I 2 GG ableiten;[334] ebenso wenig Beschlagnahme- und Durchsuchungsverbote.[335]

Bedeutsam ist vor allem das Recht der Tendenzfestlegung. Dem Staat sind insoweit nicht nur unmittelbare Eingriffe in Gestalt eigener Einflussnahme auf die Tendenz von Zeitungen verwehrt; er darf auch nicht durch rechtliche Regelungen die Presse fremden – nichtstaatlichen – Einflüssen unterwerfen oder öffnen. Dies gilt auch für Regelungen des Tendenzschutzes, die das Verhältnis zwischen dem Verleger und dem Betriebsrat eines Tendenzbetriebes zum Gegenstand haben.[336] Die Pressefreiheit erfasst Hilfstätigkeiten, die den redaktionellen Bereich ergänzen.[337]

85    Sie erfasst den **Anzeigenteil,** der sich nicht in seiner finanziellen Sicherungsfunktion erschöpft, sondern eine pressespezifische Aussage darstellt.[338] Das gilt auch für kommerzielle Aufmerksamkeits-

---

[323] Zum informalen Staatshandeln BVerfGE 105, 252 ff.; 105, 279 ff.; 113, 63 ff.; 148, 40 ff. *Bethge* Jura 2003, 327 ff.; *Schoch* HStR III, § 37.

[324] *Lerche,* Verfassungsrechtliche Aspekte der „inneren Pressefreiheit", 1974; *Starck* MKS I, Art. 5 Rn. 90; *Kloepfer,* „Innere Pressefreiheit" und Tendenzschutz im Lichte des Art. 10 EMRK, 1996.

[325] *H. H. Klein* VVDStRL 30 (1972), 169.

[326] *W. Weber,* Innere Pressefreiheit als Verfassungsproblem, 1973, S. 33.

[327] *Bethge* (Fn. 100), S. 153; *ders.* HStR VII, § 158 Rn. 31.

[328] *Lerche,* Verfassungsrechtliche Aspekte der „inneren Pressefreiheit", 1974, S. 70 ff.

[329] BVerfGE 10, 118 (121); 91, 125 (134).

[330] BVerfGE 100, 313 (365); *Dunkhase,* Das Pressegeheimnis, 1998.

[331] BVerfGE 64, 108 (114 f.); 66, 116 (133 f.); 77, 65 (74); 107, 299 (329 f.); 117, 244 (259).

[332] Vgl. BVerfGE 64, 108 (116); 77, 65 (74 ff., 81 ff.); s. auch BVerfGE 100, 315 (365).

[333] BVerfGE 77, 65 (82); zum Problem *Wendt,* in: v. Münch/Kunig I, Art. 5 Rn. 35; *Starck* MKS I, 6. Aufl., 2010, Art. 5 Rn. 80 ff.

[334] BVerfGE 107, 299 (331).

[335] BVerfGE 117, 244 (258 ff.); *Grabenwarter,* in: Maunz/Dürig, Art. 5 Abs. 1, 2 (2018) Rn. 351.

[336] BVerfGE 52, 283 (296).

[337] BVerfGE 100, 313 (365); 107, 299 (329 f.); 117, 244 (258 f.).

[338] BVerfGE 21, 271 (278 f.); 102, 347 (359); 107, 275 (280); *Bethge* FS Rudolf, 2001, S. 409 ff.; *Wendt,* in: v. Münch/Kunig I, Art. 5 Rn. 11; *Trute* HGR IV, § 104 Rn. 18.

werbung.[339] Für **reine Anzeigenblätter,** die keinen erkennbaren redaktionellen Teil aufweisen, mag sich eine andere Beurteilung ergeben; für sie wäre jedenfalls Art. 12 I die näher liegende Schutznorm. Schülerzeitungen fallen unter den Schutz der Pressefreiheit.[340]

Art. 5 I 2 lässt eine **Unterscheidung zwischen geschützten und nicht geschützten Teilen** 85a **einer Zeitung** nicht erkennen. Das BVerfG führt aus: Das Grundrecht schützt den gesamten Inhalt eines Presseorgans (vgl. BVerfGE 21, 271 [278 f.]). Das folgt schon daraus, dass zur Pressefreiheit nicht nur die Bestimmung des Inhalts einer einzelnen Ausgabe oder des Themas eines einzelnen Artikels, sondern erst recht die Grundentscheidung über Ausrichtung und Gestaltung des Publikationsorgans insgesamt gehört. Darin ist auch die Entscheidung eingeschlossen, ob Zuschriften von Dritten in die Publikation aufgenommen werden. Geschützt sind daher nicht nur eigene Beiträge der Herausgeber oder redaktionellen Mitarbeiter. Der Schutz der Pressefreiheit umfasst auch die Wiedergabe von Beiträgen Außenstehender, die sich nicht beruflich im Pressewesen betätigen... Das Grundrecht der Pressefreiheit schützt schließlich auch die Entscheidung, Zuschriften Dritter anonym zu veröffentlichen. Damit wird dem Grundsatz Rechnung getragen, dass sich die Freiheitsgarantie nicht nur auf den Inhalt, sondern auch auf die Form der Publikation bezieht (vgl. BVerfGE 60, 234 [239 f.]). Zur Form gehört es auch, ob die Veröffentlichung eines Beitrags mit oder ohne Autorenangabe erfolgt. Soweit die Anonymität den Zweck hat, Autoren vor Nachteilen zu bewahren und der Zeitung den Informationsfluss zu erhalten, fällt ins Gewicht, dass sich die Pressefreiheit auch auf das Redaktionsgeheimnis sowie das Vertrauensverhältnis zwischen Presse und Informant erstreckt (vgl. BVerfGE 20, 162 [176]). Ob es besondere arbeitsrechtliche Gründe geben kann, die Publikation anonymer Zuschriften in Werkszeitungen zu unterbinden, ist keine Frage des Schutzbereichs der Pressefreiheit, sondern ihrer Schranken (BVerfGE 95, 28 [35 f.]).

Die Presse ist nicht auf die allgemein zugänglichen Quellen angewiesen; anders wäre das Zeug- 86 nisverweigerungsrecht nicht verständlich.[341] Eine differenzierende Bewertung ist bei der Handhabung rechtswidrig erlangter Informationen notwendig. Was die rechtswidrige **Beschaffung** von Informationen angeht, wird dies weder vom Grundrecht der Freiheit der Meinungsäußerung noch von der Pressefreiheit geschützt.[342] Demgegenüber fällt die **Verbreitung** rechtswidrig erlangter Informationen in den Schutzbereich des Art. 5 I. Anderenfalls würde die Kontrollaufgabe der Presse empfindlich gestört, zu der gehört, auf Missstände von öffentlicher Bedeutung hinzuweisen. Gravierenden Rechtsverstößen bei der Informationserlangung, namentlich vorsätzlichem Rechtsbruch, ist im Rahmen der Schranken Rechnung zu tragen.[343]

Bei **Förderungsmaßnahmen** seitens des Staates ist den Prinzipien der Staatsfreiheit in Gestalt einer 87 strikten Neutralitätspflicht zu entsprechen; der Staat hat sich jeglicher inhaltlichen Qualifikation und Differenzierung zu enthalten (→ Rn. 125, → 190).

h) Mit Blick auf die **Neuen Medien** fallen die neuartigen gegenständlichen Verbreitungsformen 88 der Printmedien wie **Print-on-Demand**[344] zwanglos in den sachlichen Gewährleistungsbereich der Freiheitsnorm. Die Presse kann sich auch im elektronischen Bereich – dann freilich nach Maßgabe der dafür einschlägigen Freiräume und Grenzen – engagieren; allerdings sind solchermaßen **elektromagnetisch verbreitete massenmediale Produkte von Printmedien** dann dem Rundfunk zuzurechnen.[345] Weder gibt es dabei ein Prinzip der publizistischen Gewaltenteilung,[346] das Verflechtungen zwischen den Medien von vornherein ausschlösse **(cross-ownership).** Noch hat die Presse eine Art Vorzugsrecht für die Nutzung bestimmter Informationstechniken.

i) Die **Konkurrenzfragen** sind vielschichtig. Die Pressefreiheit ist zwar mehr als nur ein Unterfall 89 des Grundrechts der freien Meinungsäußerung.[347] Doch wird umgekehrt dieses Grundrecht regelmäßig von der Pressefreiheit konsumiert, wenn Meinungsäußerungen pressespezifisch in Erscheinung treten. Das BVerfG akzentuiert freilich anders: Auch die gedruckte Meinungsäußerung ist bereits von Art. 5 I 1 geschützt. Bei der besonderen Garantie der Pressefreiheit geht es demgegenüber um die Bedeutung der Presse für die freie und öffentliche Meinungsbildung. Das Grundrecht schützt vor allem die Voraussetzungen, die gegeben sein müssen, damit die Presse ihre Aufgabe im Kommunikationsprozess erfüllen kann. Der Schutzbereich der Pressefreiheit ist daher berührt, wenn es um die im Pressewesen tätigen Personen in Ausübung ihrer Funktion, um ein Presseerzeugnis selbst, um seine institutionell-organisatorischen Voraussetzungen und Rahmenbedingungen sowie um die Institution einer freien Presse geht. Handelt es sich dagegen um die Zulässigkeit einer bestimmten Äußerung, so

---

[339] BVerfGE 107, 275 (280); s. auch *Hatje/Terhechte* JuS 2007, 52.
[340] Vgl. BVerfGE 86, 122 ff.
[341] *Kübler,* in: Simon/Weiss (Hrsg.), Zur Autonomie des Individuums, 2000, S. 219; *Hain* DÖV 2001, 591.
[342] BVerfGE 66, 116 (137); 101, 361 (394), auch zum Folgenden.
[343] BVerfGE 66, 116 (137 f.).
[344] Dazu *Brand* (Fn. 120), S. 89. Zur Gesamtproblematik differenziert *Gersdorf* AfP 2010, 421 ff.; *Trute* HGR IV, § 104 Rn. 15.
[345] Zur Irrelevanz einer derartigen Presseakzessorietät etwa von Angeboten des World Wide Web s. *Brand* (Fn. 120), S. 242 ff.
[346] BVerfGE 83, 238 (313).
[347] BVerfGE 10, 118 (121).

ist ungeachtet ihres Verbreitungsmediums Art. 5 I 1 maßgeblich (BVerfGE 86, 122 [128] im Anschluss an BVerfGE 85, 1 [11 ff.]). Ob dieses feinsinnige Filigran des BVerfG trägt und angesichts der Identität der Schranken (Art. 5 II) notwendig ist, steht zu bezweifeln. Leserbriefschreiber und Werbeinserenten machen von ihrem Grundrecht auf Meinungsfreiheit Gebrauch. Für den Verleger sind diese Meinungen Dritter in seine Pressefreiheit eingeschlossen.[348]

**89a**   Presseverleger können sich zusätzlich auf Art. 14 I berufen, wenn Eingriffe in die Pressefreiheit zugleich die wirtschaftliche Betriebsgrundlage als das „Erworbene" tangieren. Geht es hingegen um den professionellen „Erwerb", ist Art. 12 I neben Art. 5 I 2 einschlägig. Ähnlich kann es zur **Idealkonkurrenz** mit Art. 13 I (Geschäftsräume) kommen. Überlagerungen mit und/oder durch Art. 4 I und II ergeben sich für die Kirchenpresse. Der Schutz der Parteipresse[349] auch durch Art. 21 führt genau genommen zu keinem Fall der Grundrechtskonkurrenz mit Art. 5 I 2, weil Art. 21 selbst kein Grundrecht, auch kein grundrechtsgleiches und/oder grundrechtsähnliches Recht ist (vgl. Art. 93 I Nr. 4a).[350]

**89b**   Als Komplementärnorm des Art. 5 I erweist sich Art. 10. Das Fernmeldegeheimnis schützt die unkörperliche Übermittlung von Informationen an individuelle Empfänger mit Hilfe des Telekommunikationsverkehrs.[351] Art. 10 ist auf die prinzipielle Geheimnisqualität der Kommunikation, auch der pressespezifischen, bezogen.[352]

**89c**   **k)** Die Pressefreiheit ist **Medienfreiheit.** Diesen Begriff kennt das deutsche Verfassungsrecht nicht; es kann ihn trotz der Konvergenz der Medien angesichts der **Medientrias** des Art. 5 I 2 – Presse, Rundfunk, Film – nicht als Universalbegriff akzeptieren.[353] Ein einheitliches, also uniformes Mediengrundrecht, das alle Medien unterschiedslos erfasst, existiert nicht[354]. Daran kann auch eine überbordende wissenschaftliche Diskussion, die mit hohem intellektuellen Aufwand und auf engagiertem technischen Niveau stattfindet, nichts ändern. Die dadurch vorgegebene differenzierende Vorgehensweise unterscheidet das nationale Recht von Art. 11 II EUGRCh, der unterschiedslos nur von Medienfreiheiten spricht, und von Art. 10 EMRK, der unter der Gewährleistung eines einheitlichen Kommunikationsgrundrechts der Meinungsfreiheit sowohl das Individualgrundrecht der Meinungsfreiheit als auch die Massenkommunikationsgrundrechte der Presse- und Rundfunkfreiheit erfasst.[355]

**90**   **4. Die Freiheit der Berichterstattung durch den Rundfunk. a)** Für diese mediale Ausdrucksform hat sich mittlerweile die Bezeichnung **Rundfunkfreiheit**[356] durchgesetzt. Sie schließt Hörfunk und Fernsehfunk ein. Eine ein für allemal gültige verfassungsrechtliche **Definition des Rundfunks** oder der rundfunkähnlichen Kommunikationsdienste gibt es nicht.[357] Exakte Abgrenzungen sind schwierig.

**90a**   Der **Rundfunkstaatsvertrag** in seiner letzten Fassung, in Kraft seit dem 1.5.2019, beschreibt den Rundfunk in § 2 I recht akribisch. Diese **einfachgesetzliche Begriffsdeutung** gibt zwar einen gewissen Anhaltspunkt für den verfassungsrechtlichen Rundfunkbegriff; eine authentische Definition ist ihr aber nicht zu entnehmen.[358] Insofern stand es dem Gesetzgeber frei, durch den Mediendienste-Staatsvertrag und das Teledienstegesetz gewisse mediale Erscheinungsformen einem anderen Rechtsregime zu unterstellen; über die verfassungsrechtliche (Nicht-)Rundfunkeigenschaft von Tele- und Mediendiensten ist damit aber noch nichts ausgesagt.

Rundfunk wird durch die **elektronische Verbreitungsform** geprägt, die ihn von den gegenständlichen Medien Presse und Film unterscheidet. Mittels dieser Verbreitungsform muss eine **räumliche und/oder zeitliche Distanz zwischen Kommunikator und Rezipient** überwunden werden. Dabei können **Inhalte jeglicher Art** übermittelt werden; ausreichend ist, dass der Kommunikator aus dem unendlichen Fundus möglicher Informationseinheiten eine Auswahl getroffen hat. Auf von manchen Autoren weiterhin geforderte inhaltliche Kriterien – etwa eine **publizistische Relevanz,** das **Fehlen besonderer zeitlicher oder inhaltlicher Rezeptionsoptionen,** die Abwesenheit von **Interaktivität,** die **Periodizität** oder die **Universalität kommt es** für den verfassungsrechtlichen Rundfunkbegriff **nicht an.**

Das Angebot muss in technischer Hinsicht **allgemeinzugänglich,** also prinzipiell für jedermann empfangbar sein und sich zugleich an die Allgemeinheit (Massenpublikation[359]) wenden, also vom

---

[348] BVerfGE 102, 347 (359); *Schulze-Fielitz* JZ 2001, 302; vgl. auch BVerfGE 107, 275 (280).

[349] Vgl. schon *Dagtoglou,* Die Parteipresse, 1967; ferner BVerfGE 121, 30 ff.; *Cornils* ZIS 2009, 465 f.

[350] So auch *H. H. Klein* FS Maurer, 2001, S. 196 f.

[351] BVerfGE 115, 166 (182); 120, 274 (306 f.); 124, 43 (54); 125, 260 (309); 133, 277 (310 f. Rn. 81).

[352] BVerfGE 100, 313 (365); s. auch BVerfGE 107, 299 ff.; 124, 43 (55).

[353] Vgl. dazu *Jarass,* in: Jarass/Pieroth, Art. 5 Rn. 1; *Korte,* AöR 139 (2014), 388.

[354] *Jarass,* in: Jarass/Pieroth, GG, Art. 5 Rn. 2; *Bethge,* Staatslexikon der Görres-Gesellschaft, Bd. 3 2019, Sps. 1504; letztlich auch *Grabenwarter,* in: Maunz/Dürig, Art. 5 Abs. 1, 2 (2018) Rn. 257.

[355] *Gersdorf* AfP 2010, 422; BGH AfP 2011, 251.

[356] Statt aller BVerfGE 35, 202 (221); s. auch BVerfGE 107, 299 (331); 136, 9 (28 Rn. 29).

[357] BVerfGE 74, 297 (350 f.). Zur Schubkraft wissenschaftlichen Fortschritts BVerfGE 101, 361 (380).

[358] Das BVerfG bemerkt, dass der Versuch des Gesetzgebers, Tatbestandsmerkmale eines Grundrechts zu verdeutlichen, Gefahr läuft, mit der Verfassung in Widerspruch zu geraten; BVerfGE 12, 45 (53).

[359] BVerfGE 149, 222 (260 f. Rn. 78); *Jarass,* in: Jarass/Pieroth, Art. 5 Rn. 47.

Veranstalter an eine beliebige, unbestimmte Personengruppe im Sinne einer (auch Teil-)Öffentlichkeit adressiert sein.[360]

**b)** Wendet man diese Kriterien auf die **neuen Medien** an, so werden folgende Ergebnisse angeboten:[361] **90b**

Zum **Rundfunk** rechnen:

– Faksimile-Zeitung,

– Newsletter,

– Videotext,

– Bewegtbilder-Dienste auf Abruf (Video on Demand),

– Ton- und Textdienste auf Abruf,

– Bewegtbilder-Dienste auf Zugriff (Near Video on Demand),

– Ton- und Textdienste auf Zugriff,

– PayTV (Pay per View und Pay per Channel),

– Teleshopping,

– Mediendienste,

– Telemedien gemäß § 1 I, IV TMG

– das World Wide Web,

– Newsgroups,

– Chats (sofern nicht „privat"),

– Digitales Fernsehen (DVB),

– Digitales Radio (DAB),

– Elektronische Programmführer (EPG).

**Nicht** dem **Rundfunk** gemäß Art. 5 I 2 GG zuzuordnen sind:

– E-Mails,

– „private" Chats,

– Online-Banking

Internetdienste, Verteildienste und Multimedia-Dienste können auf Grund ihrer **begrifflichen Unschärfe** nicht pauschal kategorisiert werden. Die medialen Internetdienste lassen – partiell – eine Zuordnung zur Rundfunkfreiheit und/oder zur Pressefreiheit zu[362]. Die übergreifende Charakterisierung des Kommunikationsmediums Internet als Medium sui generis und dessen Zuordnung zum Grundrecht der Meinungsfreiheit sind verständlich. Dem Terminus **rundfunkähnliche Dienste** kommt mittlerweile nur noch **rechtshistorische Bedeutung** zu, da er durch die Begriffe Medien- und Teledienste ersetzt worden ist.

Die Herausarbeitung der maßgeblichen verfassungsrechtlichen Aussagen gehört zu den prätorischen **91** Leistungen des BVerfG, die freilich nicht unbestritten geblieben sind. Anders als bei Presse und Film, die privatrechtlich und privatwirtschaftlich strukturiert sind, fallen unter den Schirm der Rundfunkfreiheit sowohl öffentlich-rechtliche als auch privatrechtliche Veranstalter(formen), die in der **dualen Rundfunkordnung**[363] in einem eigentümlichen Interdependenzverhältnis zu sehen sind. Die Voraussetzungen dieses dualen Systems sind keine bloße einfachgesetzliche Zufälligkeit, sondern verfassungsrechtlich determiniert.

**c)** Die dem elektronischen Massenkommunikationsmittel vom BVerfG zugedachten Funktionen sind **92** imposant: Die Rundfunkfreiheit ist von **schlechthin konstituierender Bedeutung** für die freiheitlich-demokratische Grundordnung.[364] Der Rundfunk ist Medium und Faktor der öffentlichen Mei-

---

[360] *Brand* (Fn. 120); *Hamacher,* Der Rundfunkbegriff im Wandel des deutschen und europäischen Rechts, 2015; *Radlsbeck,* Online-Magazine – rechtliche Würdigung von journalistisch-redaktionell gestalteten Abrufdiensten, 2004; s. auch *v. Coelln,* BLM-Schriftenreihe, Bd. 96, 2011, S. 28 ff. Differenzierend *Trute* HGR IV, § 104 Rn. 30.

[361] So die Kategorisierung nach *Brand* (Fn. 120), S. 266 f.; überaus intensive und differenzierte Kategorisierung auch bei Hamacher (Fn. 360), S. 255 ff.; 279 ff.

[362] *Jarass,* in: Jarass/Pieroth, Art. 5 Rn. 111a; *Starck/Paulus* MKS I, Art. 5 Rn. 252; auch zum Folgenden *Hamacher* (Fn. 360), S. 275 ff. Kritisch BVerfGE 152, 152 (194 Rn. 95).

[363] BVerfGE 83, 238 (296 f.); 121, 30 (51 f.). Zur Entstehung des Begriffs duale Ordnung siehe *Zimmermann* SächsVBl. 2014, 274 Fn. 13; *Hamacher* (Fn. 360), S. 27 Fn. 21; *Bethge* DVBl 1986, 859.

[364] BVerfGE 35, 202 (219); 117, 244 (258); s. a. *Degenhart* HGR IV, § 105 Rn. 1.

nungsbildung.[365] Er erfüllt eine öffentliche Aufgabe; ihm eignet öffentliche Verantwortung; er nimmt integrierende Funktionen für das Staatsganze wahr.[366] Zumindest in Teilen ist er Sache der Allgemeinheit. Von daher erschließt sich auch die für die Rundfunkfreiheit typische **dienende Funktion.**[367]

93   d) Im Unterschied zu anderen Freiheitsrechten des GG handelt es sich bei der Rundfunkfreiheit nicht um ein Grundrecht, das seinem Träger vorwiegend zum Zweck der Persönlichkeitsentfaltung oder Interessenverfolgung eingeräumt ist.[368] Die Rundfunkfreiheit ist insbesondere **dienender Natur.** „Die Rundfunkfreiheit dient der gleichen Aufgabe wie alle Garantien des Art. 5 Abs. 1: der Gewährleistung freier individueller und öffentlicher Meinungsbildung … Indem Art. 5 Abs. 1 Meinungsäußerungs-, Meinungsverbreitungs- und Informationsfreiheit als Menschenrechte gewährleistet, sucht er zugleich diesen Prozess verfassungsrechtlich zu schützen. Er begründet insoweit subjektive Rechte; im Zusammenhang damit normiert er die Meinungsfreiheit als objektives Prinzip der Gesamtrechtsordnung, wobei subjektiv- und objektivrechtliche Elemente einander bedingen und stützen" (BVerfGE 57, 295 [319 f.]).

94   Die mit der dienenden Rolle der Rundfunkfreiheit eröffnete **demokratisch-funktionale** Sicht[369] des Grundrechts bringt es mit sich, dass die subjektiv-individualrechtliche und objektiv-institutionelle Komponente nicht in der üblichen komplementären Weise voneinander abzuschichten sind.

94a   Im Zentrum des elektronischen Mediums steht die Information, die freilich nicht nur auf das hehre Ziel der integrierenden Funktion für das Staatsganze gerichtet zu sein braucht. Der Bundesgerichtshof resümiert wie folgt:[370]

> Die Informationsfunktion des Rundfunks beschränkt sich dabei nicht auf politische Informationen im engeren Sinn. Die Meinungsbildung erhält ebenso von anderen Gegenständen des öffentlichen Interesses Nahrung, ohne dass objektive Kriterien für Relevanz oder Irrelevanz vorgegeben werden könnten. Deswegen gehört zur Information im Sinne des klassischen Rundfunkauftrags die gegenständlich uneingeschränkte Information über alle Lebensbereiche unter Zugrundelegung publizistischer Kriterien (vgl. BVerfGE 12, 205, 260; 35, 202, 222 f.; 57, 295, 319 f.; 73, 118, 157 f.; 74, 297, 325; 101, 361, 390). Dazu zählen auch Berichte über herausragende Sportveranstaltungen.

95   e) Die Rundfunkfreiheit stellt keine natürliche Freiheit dar.[371] Sie ist normgeprägt.[372] Als Veranstalterfreiheit[373] existiert sie nicht urwüchsig und beliebig;[374] sie bedarf wegen der **Breitenwirkung, Aktualität und Suggestivkraft des Mediums** der Ausgestaltung durch den Gesetzgeber.[375] Die Rundfunkfreiheit ist von einer Reihe von **Strukturprinzipien** geprägt, die der Gesetzgeber kraft Parlamentsvorbehalts zu realisieren hat.

96   In erster Linie ist es der Grundsatz der **Staatsfreiheit** (synonym: Staatsferne) des Rundfunks,[376] dessen Adressat neben der Verwaltung auch der Gesetzgeber ist und der auch im Verhältnis zu den politischen Parteien zu beachten ist.[377] Im Zentrum der Rundfunkfreiheit, die eine Rundfunkveranstalterfreiheit ist,[378] steht die Programmautonomie des Veranstalters.[379] Der Rundfunk darf nicht dem freien Spiel der Kräfte überlassen werden.[380] Pluralistische Sicherungselemente sind erforderlich, die sich auch auf programminhaltliche Ausgewogenheitskriterien und ein Mindestmaß von Neutralitätspflichten auswirken. Diese treffen freilich die Akteure der dualen Rundfunkordnung in unterschiedlicher Intensität (→ Rn. 99 ff.).

97   Bedeutsam ist der **Parlamentsvorbehalt.** Dem dienenden Charakter der Rundfunkfreiheit würde ein Verständnis, das sich in der Abwehr staatlicher Einflussnahme erschöpfte und den Rundfunk im Übrigen den gesellschaftlichen Kräften überließe, nicht gerecht. Zwar entfaltet das Grundrecht seinen Schutz auch und zuerst gegenüber dem Staat. Doch bedeutet bloße Staatsfreiheit noch nicht, dass freie und umfassende Meinungsbildung durch den Rundfunk möglich wird. Dieser Aufgabe lässt sich durch eine lediglich negatorische Gestaltung nicht genügen. Daneben bedarf es einer **positiven Ordnung,** die sicherstellt, dass der Rundfunk organisatorisch wie programminhaltlich pluralistischen Anforderungen gerecht wird. Zu diesem Zweck sind materielle, organisatorische und prozedurale Regelungen notwendig, die an der Aufgabe der Rundfunkfreiheit orientiert sind.[381]

---

[365] BVerfGE 12, 205 (260).
[366] BVerfGE 31, 314 (322, 329); 47, 198 (225).
[367] Vgl. BVerfGE 95, 220 (236); 119, 181 (214); 136, 9 (Rn. 29); kritisch *Hillgruber* HStR IX, § 200 Rn. 15; *Hartmann* JZ 2016, 18 ff.; s. auch *Bethge* HStR IX, § 203 Rn. 90; *Korte* AöR 139 (2014), 384 ff.; *Starck/Paulus* MKS I, Art. 5 Rn. 72, 192.
[368] BVerfGE 87, 181 (197).
[369] Kritisch *Rupp* HStR II, § 31 Rn. 36 Fn. 94; *Schoch* JZ 2002, 803 *Hillgruber* HStR IX, § 200 Rn. 15.
[370] BGH NJW 2006, 379 f. S. a. BVerfGE 117, 244 (258 f.).
[371] BVerfGE 95, 220 (237); a. M. wohl *Degenhart* HGR IV, § 105 Rn. 15.
[372] *Bethge* FS Rudolf, 2001, S. 407; *H. H. Klein* FS Maurer, 2001, S. 199.
[373] Dazu *Bethge* NJW 1995, 559; *ders.* NVwZ 1997, 1 ff., jeweils mwN.
[374] BVerfGE 83, 238 (315); kritisch *Depenheuer* AfP 1997, 673 mwN.
[375] BVerfGE 57, 295 (320 f.); 73, 118 (166); 95, 220 (237); 119, 181 (214); 121, 30 (50); 136, 9 (Rn. 29).
[376] BVerfGE 83, 238 (322); 121, 30 (51); 136, 9 ff.; *P. M. Huber* FS Bethge, S. 497 ff.
[377] BVerfGE 121, 30 (53 f.).
[378] BayVerfGH DÖV 1994, 692; *Bethge* Verwaltung 27 (1994), 440.
[379] BVerfGE 87, 181 (201); 95, 220 (237); 97, 298 (312 f.).
[380] BVerfGE 12, 205 (262 f.); 90, 60 (88); 121, 30 (52); 136, 9 (Rn. 42).
[381] BVerfGE 57, 295 (320); 83, 238 (296); 95, 220 (236); 114, 371 (387); 119, 181 (218); 121, 30 (50).

Dieser Vorbehalt des Gesetzes ist ein **(Landes-)Parlamentsvorbehalt.**[382] Das zur Gewährleistung **98** der Rundfunkfreiheit Wesentliche muss das Parlament bestimmen. Die Rundfunkfreiheit ist mithin gesetzesakzessorisch. Eine gesetzesunabhängige freiwüchsige Rundfunkfreiheit existiert nicht.[383] Notwendig ist ein freiheitssicherndes **Organisationsgesetz.**[384] Allerdings gestattet die Ausgestaltungsbedürftigkeit der Rundfunkfreiheit keine ausnahmslos strikte „Durchnormierung" aller rundfunkrelevanten Bereiche. Die Programmgestaltung z. B., die unter dem Schutz der Programmautonomie steht, entzieht sich – von den generalklauselartigen Programmbindungsnormen abgesehen – weitgehend einer gesetzlichen Determinierung.[385]

f) Art. 5 I 2 ist **verfassungsrechtliche Basisnorm** für den öffentlich-rechtlichen Anstaltsfunk.      **99**

Der **öffentlich-rechtliche Rundfunk** ist in besonderem Maße verfassungsrechtlich geprägt, zu- **100** mindest aber der dienenden und fiduziarischen Funktion der Rundfunkfreiheit verhaftet. Eine Reihe von Schwerpunkten lässt sich ausmachen:

– Der Typus der vollrechtsfähigen Anstalt mit korporationsrechtlichem Einschlag, der die folgenden **101** Charakteristika aufweist: **Staatsferne** bei beschränkter staatlicher Rechtsaufsicht;[386] **Parteiferne** bei anteiliger Berücksichtigung der (staatsnahen[387]) politischen Parteien in den Gremien; binnenpluralistisch umgesetzter Legaleinsatz der gesellschaftlich relevanten Gruppen als **Treuhänder der Allgemeinheit;**[388] Programmautonomie mit der Pflicht zur Grundversorgung, Ausgewogenheit und Vielfaltssicherung; **Wirtschaftsferne** gekoppelt mit dem **Verbot der Selbstkommerzialisierung.**[389]

– Die Grundlagen einer funktionsgerechten[390] **Mischfinanzierung:**[391] Vorrang der Eigenfinanzierung durch Gebühren[392] oder andere öffentliche Abgaben (Beitrag)[393]; zeitlich begrenzte Wirtschaftswerbung, die bei Kompensation durch andere Finanzquellen zur Disposition des Gesetzgebers steht.[394]

– Die anstaltsinterne organisatorische **Binnenverfassung:** monokratische Intendantenverantwortlichkeit; Kontrolle durch pluralistisch besetzte, verbandsrekrutierte[395] Kollegialorgane.

– Die **föderative** Komponente: Unitarisch-kooperative Verfassung eines länderübergreifenden Informations- und Programmverbundes.[396] Eine Anzahl von Staatsverträgen der Länder (ARD, ZDF, Finanzierung, Jugendschutz) steht exemplarisch für den kooperativen Föderalismus auf dem Rundfunksektor. Das gilt auch für die duale Rundfunkordnung. Eine Spielart stellt die von mehreren (NDR, MDR) oder allen Ländern (ZDF) getragene Anstalt dar.[397]

g) **Privatfunk** ist ebenfalls von Art. 5 I 2 gedeckt. Seine Einführung ist Sache des Gesetzgebers, der **102** in dieser Frage über Gestaltungsmöglichkeiten verfügt.[398] Der staatliche Gesetzgeber schafft einen ordnungspolitischen Rahmen zur Wahrnehmung privater Freiheit,[399] für die Privatautonomie und Privatnützigkeit maßgeblich sind.[400] Eine gesetzesungebundene Privatfunkfreiheit besteht nicht. Der Landesgesetzgeber kann angesichts unionsrechtlicher Vorgaben nicht mehr voraussetzungslos am **öffentlich-rechtlichen Trägerschaftsvorbehalt** festhalten, wie dies im Freistaat Bayern (Art. 111a II 1 BayVerf) der Fall ist.[401]

---

[382] BVerfGE 57, 295 (321).

[383] *W. Schmidt,* Rundfunkvielfalt, 1984, S. 39.

[384] *Bethge* DVBl 1983, 375 mwN in Fn. 84, 85.

[385] *Bethge,* Der verfassungsrechtliche Standort des öffentlich-rechtlichen Rundfunks, 1987, S. 33 f.

[386] BVerfGE 12, 205 (259); 136, 9 (Rn. 39). Daher sind die Rundfunkanstalten nicht Teil der mittelbaren Staatsverwaltung (Rn. 60a, 134); *Kahl,* Die Staatsaufsicht, 2000, S. 500 f. mit Fn. 178.

[387] BVerfGE 136, 9 (41 Rn. 56).

[388] Vgl. *Ossenbühl* DÖV 1977, 381.

[389] *Oppermann/Kilian,* Rechtsgrundsätze der Finanzierung öffentlich-rechtlichen Rundfunks in der dualen Rundfunkverfassung der Bundesrepublik Deutschland, 1989, S. 61, 83.

[390] BVerfGE 119, 181 (218); 137, 1 (19 Rn. 44); 149, 222 (251 Rn. 59).

[391] BVerfGE 83, 238 (310); 119, 181 (219 f.); 136, 9 (34 Rn. 39).

[392] Dazu BVerfGE 90, 60 ff.; 119, 181 (219 ff.).

[393] Dazu BVerfGE 149, 222 ff. *M. Louis,* Die KEF und die Rundfunkfreiheit, 2014; *S. Röß,* Die Neuordnung der Finanzierung des öffentlich-rechtlichen Rndfunks durch den Rundfunkbeitragsstaatsvertrag, 2015.

[394] BVerfGE 74, 297 (342); 83, 238 (310); 90, 60 ff.

[395] BVerfGE 83, 238 (334 f.); 136, 9 (45 Rn. 65): Gruppenpluralität.

[396] *Badura,* Rundfunkfreiheit und Finanzautonomie, 1986, S. 62.

[397] BGH NJW 2006, 379 f. S. a. BVerfGE 117, 244 (258 f.); 136, 9 ff.

[398] BVerfGE 57, 295 (324); 89, 144 (152). Kritisch *Kratmann* DÖV 2015, 745.

[399] BVerfGE 136, 9 (Rn. 39).

[400] BVerfGE 121, 30 (Rn. 50 f.).

[401] BayVerfGHE 39, 96; 40, 69. Vgl. auch BVerfGE 97, 298 (311 f.); 114, 371 (389 f.). Bedenken bei *Herdegen* HStR IV, § 97 Rn. 59. Zur früheren Argumentation noch *Bethge,* Der verfassungsrechtliche Status der Bayerischen Landeszentrale für neue Medien (BLM), 2. Aufl., 2011.

102a    **h)** In der Tat würde die Eliminierung des Privatfunks in Deutschland **völker- und unionsrecht-lichen Bedenken** begegnen. So hat der EGMR 1993 im Urteil Lentia festgestellt, dass das damalige Monopol des ORF zur Veranstaltung von Rundfunksendungen gegen **Art. 10 EMRK** verstößt: Zwar seien derartige **Monopole** nicht per se EMRK-widrig, allerdings stehe dieser schwerwiegendste Eingriff in die Meinungsäußerungsfreiheit des Art. 10 I EMRK auf Grund des technischen Fortschritts und der damit einhergehenden Vermehrung der Sendefrequenzen und Kanäle **nicht mehr in einem angemessenen Verhältnis zu** den damit verfolgten **pluralitätssichernden Zwecken.**[402]

102b    Zu einem ähnlichen Ergebnis kommt das EuG sub specie der **Niederlassungsfreiheit:** Durch das Verbot privater Rundfunktätigkeit in Flandern wurde Art. 49 AEUV unverhältnismäßig beschränkt; die mit der staatlichen Regelung verfolgten kulturpolitischen Zwecke können auch durch weniger gravierende Maßnahmen (öffentliche Zuschüsse) erreicht werden.[403] Zwar könnte das BVerfG bei seiner Auslegung des Art. 5 I 2 die bloße EMRK-Widrigkeit noch ignorieren. Das entsprechende EG-Grundrecht (dazu → Rn. 7e) sowie die Niederlassungsfreiheit des AUEV verdrängen jedoch im Konfliktfalle das Grundgesetz.[404] **Die Freiheit des deutschen Gesetzgebers zur Disponierung über das Privatfunksystem scheint unionsrechtlich aufgehoben.**

103     Soll Privatfunk realisiert werden, sind die **Bedingtheiten des Parlamentsvorbehalts** zu beobachten, der die Regelung der wesentlichen grundrechtsrelevanten Fragen in Gestalt einer positiven Ordnung erfordert.[405] Der Gesetzgeber hat namentlich für den Inhalt des Gesamtprogramms Leitgrundsätze verbindlich zu machen, die ein Mindestmaß von inhaltlicher Vielfalt, Ausgewogenheit, Sachlichkeit und gegenseitiger Achtung gewährleisten.[406] Der Privatfunk darf freilich nicht um jegliche privatnützige Entfaltungsmöglichkeiten gebracht werden.[407] Zu den gebotenen gesetzlichen Regelungen privaten Rundfunks zählt die Normierung einer begrenzten (Rechts-)Aufsicht, die die Einhaltung der gesetzlichen Bestimmungen gewährleistet[408]; nicht dagegen wird eine binnenpluralistische Organisation verlangt[409].

104     Die gegenwärtige **duale Rundfunkordnung** ist von einem eigentümlichen Entsprechungsverhältnis zwischen öffentlich-rechtlichem und privatem Rundfunk gekennzeichnet. Das Aufkommen neuer Technologien hat zwar die Einführung des Privatfunks begünstigt. Doch ist damit nicht die Legitimationsgrundlage für den öffentlich-rechtlichen Anstaltsfunk entfallen. Vielmehr obliegt diesem abgabenfinanzierten, binnenpluralistisch strukturierten, zur Ausgewogenheit und Vielfalt verpflichteten Akteur die **unerlässliche Grundversorgung,**[410] die dem Privatfunk größere Freiräume ermöglicht und ihn im System der dualen Rundfunkordnung hält.[411] Der Privatfunk ist deshalb (nur) zu einem **Grundstandard gleichgewichtiger Vielfalt** verpflichtet.[412] Der Gesetzgeber ist gehalten, die Grundversorgung der Bevölkerung durch die Gewährleistung der erforderlichen technischen, organisatorischen, personellen und finanziellen Voraussetzungen für den öffentlich-rechtlichen Rundfunk zu sichern.[413]

105     Der klassische Funktionsauftrag[414] des öffentlich-rechtlichen Rundfunks schließt die finanzielle Komponente ein.[415] Von daher erschließt sich auch die Unbedenklichkeit, ja verfassungsrechtliche Notwendigkeit einer gesetzlichen **Bestands- und Entwicklungsgarantie** für den öffentlich-rechtlichen Rundfunk,[416] die auch den Einsatz neuer und zeitgemäßer Kommunikationswege umfasst. Dies schließt die Nutzung des Internets zu grundversorgungsspezifischen Zwecken ein.[417] Zur Gewährleistung der Rundfunkfreiheit in der dualen Rundfunkordnung gehört die Sicherung der Funktionsfähigkeit des öffentlich-rechtlichen Rundfunks unter Einschluss seiner funktionsgerechten Finanzie-

---

[402] EGMR, Nr. 36/1992/381/455–459, Informationsverein Lentia ua/Österreich, EuGRZ 1994, 549 (550 f.). Zur Vielfaltssicherung der EMRK BVerfGE 136, 9 (Rn. 44).

[403] EuG Rs T-266/97, Vlaams Televisie Maatschappij NV/Kommission der Europäischen Gemeinschaften, Slg. 1999, II-2329, 2371 Rn. 122.

[404] Zum prinzipiellen Anwendungsvorrang des Unionsrechts BVerfGE 123, 267 (402); 129, 78 (94 ff.); 140, 317 (334 Rn. 36).

[405] BVerfGE 73, 118 (159).

[406] BVerfGE 12, 205 (263); 57, 295 (325 f.); 136, 9 (Rn. 31).

[407] BVerfGE 73, 118 (157, 171); 83, 238 (297); 121, 30 (50 f.).

[408] BVerfGE 57, 295 (326); 95, 220 (236).

[409] BVerfGE 121, 30 (50 f.).

[410] BVerfGE 74, 297 (325 f.); 83, 238 (297 f.); 121, 30 (50 f.); s. a. BVerfGE 149, 222 (251 Rn. 60): mediale Grundversorgung oder informationelle Daseinsvorsorge im Anschluss an *Waldhoff*, AfP 2011, 2. Siehe auch schon BVerwGE 22, 299 (306).

[411] Vgl. *Bethge* ZUM 1995, 514 ff.; kritisch *Depenheuer* AfP 1997, 673.

[412] BVerfGE 83, 238 (316). Zum Instrumentalisierungsverbot BVerfGE 136, 9 (Rn. 42).

[413] BVerfGE 73, 118 (158); 83, 238 (298).

[414] BVerfGE 136, 9 (Rn. 31); 149, 222 (260 Rn. 77).

[415] BVerfGE 87, 181 (198).

[416] BVerfGE 74, 297 (324 f., 342); 90, 60 (91); 119, 181 (218).

[417] *Gersdorf*, Legitimation und Limitierung von Onlineangeboten des öffentlich-rechtlichen Rundfunks, 2009.

rung.[418] Zwischen Grundversorgung, Bestandsgarantie und staatlicher Finanzierungspflicht[419] besteht Interdependenz.[420] Bei der Festsetzung des Rundfunkbeitrags hat der Staat dem Grundsatz der Programmneutralität Rechnung zu tragen. Diese Grundsätze gelten auch für die Ersetzung der Gebührenfinanzierung durch die Finanzierung mittels haushaltsbezogener Beiträge seit dem Jahre 2013. Die Abgabe darf nicht zu Zwecken der Programmlenkung oder der Medienpolitik eingesetzt werden.[421] Die notwendigerweise dynamisch[422] zu verstehende Grundversorgung selbst ist nicht „privatisierbar".[423] Die Bestands- und Entwicklungsgarantie hindert allerdings den zuständigen Landesgesetzgeber nicht daran, eine bestimmte Landesrundfunkanstalt aufzulösen.[424] Die den öffentlich-rechtlichen Rundfunk via Grundversorgung treffende Bestands- und Entwicklungsgarantie ist eine institutionelle Funktionsgarantie, keine individuelle Existenzgarantie konkreter Rechtsträger.

i) Die Eigenart der Rundfunkfreiheit als einer **dienenden Freiheit** und ihre Zentrierung auf eine  **106** Rundfunk**veranstalter**freiheit wirken sich auch auf die **Grundrechtsinhaberschaft** aus. Der Kreis der Grundrechtsträger ist eng. Nicht jedwedes rundfunkrelevante Interesse verdichtet sich schon zu einer Grundrechtsposition aus Art. 5 I 2. Nicht für alle medienaffinen Grundrechtsträger fällt der sachliche Gewährleistungsbereich umfangmäßig gleich aus.

Im Ausgang ist festzuhalten, dass das Individualgrundrecht der Rundfunkfreiheit die **Freiheit des**  **107** **Rundfunkveranstalters** ist, die dessen Programmautonomie schützt[425]. Die seinerzeitigen technischen und finanziellen Sachzwänge, die die Konzentration der Rundfunkaufgaben bei **öffentlich-** **rechtlichen Anstalten** notwendig machten (sog. Frequenz- und Finanzvorbehalt), brachten es mit sich, dass ursprünglich die Rundfunkfreiheit allein diesen juristischen Personen des öffentlichen Rechts grundrechtlich zugeordnet wurde.[426] Grundrechtsdogmatisch ist dagegen trotz des Hinzukommens ebenfalls grundrechtsberechtigter privater Veranstalter nach wie vor nichts einzuwenden.[427] Die Rundfunkanstalten genießen Programmautonomie und Selbstverwaltung; als weitere Ordnungsmuster kommen Staatsferne und Binnenpluralismus hinzu. Das rechtfertigt ihre Grundrechtsträgerschaft. Ob man zusätzlich eine **Treuhandfunktion**[428] bemühen sollte, ist bestritten.[429] Jedenfalls drückt sich bei der Rundfunkfreiheit öffentlich-rechtlicher Funktionsträger die Fremdnützigkeit bzw. Instrumentalität des Grundrechts in besonderem Maße aus. Das Grundrecht ist den betreffenden Institutionen (Anstalten bzw. Körperschaften)[430] nicht zu eigenem Belieben,[431] sondern zu altruistischen Zwecken eingeräumt: Negativer Freiheitsgebrauch und Grundrechtsverzicht sind ihnen untersagt.[432] Die Grundrechtsträgerschaft der öffentlich-rechtlichen Anstalt schließt eine beschränkte staatliche Rechtsaufsicht nicht aus.[433] Präventive Aufsichtsmittel des Staates sind wegen des Verbots einer staatlichen Vorzensur (Art. 5 I 3) unzulässig.[434] Ein Anspruch Privater auf Einschreiten der staatlichen Rechtsaufsicht besteht nach allgemeinen verwaltungsrechtlichen Grundsätzen nicht.[435]

**Inhaltlich** reicht der **Grundrechtsschutz des öffentlich-rechtlichen Veranstalters** von der  **108** Beschaffung der Information bis zur Verbreitung der Sendung.[436] Die Rundfunkfreiheit ist im Kern Programmfreiheit.[437] Sie erstreckt sich ebenso auf programmbezogene Hilfsfunktionen wie die Verwertung der Programme oder begleitende Tätigkeiten wie etwa die Herausgabe von Programm-

---

[418] BVerfGE 119, 181 (218 ff.); 149, 222 (251 f. Rn. 59 f.); *Hain* JZ 2008, 128; *Kurt Fassbender* NVwZ 2007, 1265; *Dörr* JuS 2008, 544 mwN; *Kloepfer* HGR II, § 43 Rn. 88.

[419] Die auf Art. 5 I 2 beruhende staatliche Pflicht zur Finanzgewährleistung schließt ein Konkursverfahren über das Vermögen öffentlich-rechtlicher Rundfunkanstalten aus; BVerfGE 89, 144 ff.

[420] *W. Schmidt,* Die Rundfunkgebühr in der dualen Rundfunkordnung, 1989, S. 27 f.; *Bethge* AöR 116 (1991), 521 ff.

[421] BVerfGE 90, 60 ff.; 119, 181 (220); 149, 222 (251 f. Rn. 59 f.).

[422] BVerfGE 83, 238 (299); *A. Hesse* JZ 1997, 1085.

[423] Vgl. *Bethge* AöR 116 (1991), 527 mit Fn. 37.

[424] BVerfGE 89, 144 (153).

[425] BVerfGE 119, 181 (218 f.); *Bethge,* Staatslexikon der Görres-Gesellschaft, 8. Aufl., 2020; Bd. 4, 2020 Sp. 1494; *Jarass,* in: Jarass/Pieroth, Art. 5 Rn. 50.

[426] BVerfGE 31, 314 (322).

[427] BVerfGE 75, 192 (196); 78, 101 (102 f.); 119, 181 (211); 143, 246 (Rn. 189); 147, 50 (Rn. 239 f.); *Huber* MKS I, Art. 19 Rn. 263; *Starck/Paulus,* ebda, Art. 5 Rn. 205; *Schulze-Fielitz,* in: Dreier I, Art. 5 I, II, Rn. 120; *Badura,* Staatsrecht, S. 262.

[428] Dazu umfassend *Jestaedt,* Demokratieprinzip und Kondominialverwaltung, 1993, S. 572 ff. Differenzierend *Bethge* HStR IX, § 203 Rn. 58.

[429] *Bethge* NJW 1995, 557 (559).

[430] Zur Grundrechtsinhaberschaft des DLR (Deutschlandradio) als Körperschaft öffentlichen Rechts *Bethge* ZUM 1996, 456 ff.

[431] Vgl. auch BVerfGE 87, 181 (197).

[432] *Bethge* NJW 1982, 2148.

[433] *Bethge* Die Verwaltung 7 (1974), 438 ff.; *Berendes,* Die Staatsaufsicht über den Rundfunk, 1973.

[434] A. M. *Frye,* Die Staatsaufsicht über die öffentlich-rechtlichen Rundfunkanstalten, 2001, S. 161 f.

[435] *Maurer/Waldhoff,* Allgemeines Verwaltungsrecht, § 23 Rn. 28.

[436] BVerfGE 78, 101 (102 f.); 91, 125 (134 f.); s. a. BVerfGE 117, 244 (258 f.); 119, 309 (318).

[437] BVerfGE 59, 231 (258); 90, 60 (87); 95, 220 (224); 114, 371 (389); 119, 181 (218).

zeitschriften.[438] Geschützt ist auch das Recht auf Zutritt zu einer im staatlichen Verantwortungsbereich liegenden Informationsquelle (Gerichtsverhandlung)[439] Zur umfassend gewährleisteten Programmfreiheit zählt auch das Recht der Personalauswahl.[440] Von Art. 5 I 2 geschützt ist ebenfalls die nicht zur genuinen Programmfunktion rechnende **Wirtschaftswerbung,** wenn sie gesendet wird.[441] Davon zu unterscheiden ist der Befund, dass die Wirtschaftswerbung den Anstalten als Finanzierungsinstrument vom Staat untersagt werden kann,[442] also keinen absoluten Bestandsschutz genießt. Die Befugnis zu limitierter Wirtschaftswerbung schließt nicht das Recht zu verdeckter (Schleich-)Werbung (product placement) ein.[443] Auf andere Grundrechte als Art. 5 I 2 kann sich die Rundfunkanstalt grundsätzlich nicht berufen.[444] Das bedingt eine extensive inhaltliche Handhabung des Art. 5 I 2[445] (siehe etwa die Unterstellung von Programmzeitschriften unter die Rundfunkfreiheit). Zu Recht räumt das BVerfG mittlerweile den Anstalten zum Schutz der Informationsbeschaffung und der Redaktionsarbeit das Grundrecht aus Art. 10 und zu dessen Absicherung die Rechtsschutzgarantie des Art. 19 IV ein.[446]

**109** Grundrechtsinhaber sind neben der Anstalt auch die **Rundfunkmitarbeiter.**[447] Doch kann es sich nur um eine parallel zum Anstaltsauftrag und Anstaltsgrundrecht gelegene Rechtsposition **gegenüber dem Staat** handeln. Ausgeschlossen ist es, die Rundfunkfreiheit als Grundrecht gegen die Anstalt selbst zu mobilisieren. Diese **innere Rundfunkfreiheit** existiert nicht.[448]

**110** Grundrechtsträger gegenüber dem Staat sind auch die **privaten Veranstalter** von Rundfunksendungen. Doch ist zu berücksichtigen, dass private Veranstalter – für die öffentlich-rechtlichen Anstalten gilt das ohnehin – nur nach Maßgabe gesetzlicher Vorschriften als Veranstalter agieren dürfen.[449] Vor diesem Hintergrund müssen die unterschiedlichen Intensitätsgrade grundrechtlicher Verdichtung für Privatveranstalter auseinander gehalten werden: Ein **Grundrecht auf Einführung des Privatfunks,** dh auf Schaffung der gesetzlichen Voraussetzungen zur Tätigkeit von Privatfunkveranstaltern, gewährleistet Art. 5 I 2 selbst **nicht** (zu völker- und unionsrechtlichen Implikationen → Rn. 102a).

**111** Liegen die notwendigen gesetzlichen Grundlagen vor, genießt der **zugelassene Privatveranstalter** in vollem Umfang den **Schutz des Art. 5 I 2** gegenüber dem Staat.[450] Inhaltlich reicht der Schutz noch weiter als die Rundfunkfreiheit öffentlich-rechtlicher Veranstalter (dazu Rn. 108), weil für Private weniger strenge Ausgewogenheitskriterien für die Programmgestaltung verbindlich sein dürfen[451] und weil die grundrechtsgeschützte Tätigkeit nicht um das Element der Privatnützigkeit gebracht werden darf.[452] Der kommerzielle Veranstalter verfügt über Programmautonomie und einen begrenzten Tendenzschutz. Zur Rundfunkfreiheit privater Hörfunkveranstalter gehört auch das Recht, zeitgleich (live) von (Sport-)Veranstaltungen zu berichten.[453] Der werbungsfinanzierte und einnahmenfixierte Programmbeitrag ist geschützt. Quotendenken ist zulässig. Geschmacks- und Niveaukontrollen sind dem Staat versagt.[454]

An der Rundfunkfreiheit des privaten Veranstalters partizipieren auch dessen Mitarbeiter, denen aber eine innere Rundfunkfreiheit gegenüber dem Veranstalter selbst nicht zusteht.[455] Ob sich der Rundfunkveranstalter neben Art. 5 I 2 noch auf andere Grundrechte berufen kann, ist bislang wenig erforscht. Die für die öffentlich-rechtlichen Rundfunkanstalten spezifische Grundrechtssperre existiert hier jedenfalls nicht. Richtigerweise wird man neben dem Mediengrundrecht der Pressefreiheit, das allerdings kaum parallel, sondern eher alternativ gilt wegen der privatwirtschaftlichen Struktur vor allem Art. 12,[456] 14 wie 9 III in Erwägung zu ziehen haben,[457] u. U. auch den nicht immer zwangsläufig subsidiären Art. 2 I.[458] Abgrenzungsfragen stellen sich mit Art. 5 III (Kunst-

---

[438] SächsVerfGH NJW 1997, 3015, im Anschluss an BVerfGE 83, 238 (303 ff., 312 ff.).

[439] BVerfGE 91, 125 (134 f.); 103, 44 (59 f.); 119, 309 (319); *Gundel* ZUM 2011, 884.

[440] BVerfGE 59, 231 (258 ff.).

[441] Vom BVerfG ausdrücklich offengelassen in BVerfGE 74, 297 (341 f.).

[442] *Bethge,* Die Zulässigkeit der zeitlichen Beschränkung der Hörfunkwerbung im NDR, 1992, S. 59.

[443] Zur Unterscheidung von Placements, Schleichwerbung oder Sponsoring *Castendyk* ZUM 2005, 857 ff.

[444] BVerfGE 59, 231 (255); 78, 101 (102); 83, 238 (312).

[445] Vgl. *Bethge* FS v. Unruh, 1983, S. 157 f.

[446] BVerfGE 107, 299 ff.; zustimmend *Löwer* HStR III, § 70, Rn. 181 mit Fn. 1458.

[447] BVerfGE 117, 244 (258).

[448] *Bethge* (Fn. 100), S. 176 ff.; *Degenhart* HGR IV, § 105 Rn. 35.

[449] BVerfGE 57, 295 (326 f.); 83, 238 (322); 121, 30 (55); *Degenhart* HGR IV, § 105 Rn. 35.

[450] BVerfGE 73, 118 (183); 87, 334 (339); 90, 277 (284); 95, 220 (234); *Badura* BayVBl 1989, 1 f.; *Bethge* NVwZ 1997, 1 ff. mwN in Fn. 17. Vgl. auch für Bayern BVerfGE 114, 371 (389).

[451] Vgl. BVerfGE 73, 118 (159): Grundstandard gleichgewichtiger Vielfalt.

[452] BVerfGE 73, 118 (171); 83, 238 (318, 329); 121, 30 (50 f.).

[453] BGH NJW 2006, 380.

[454] *Bethge* FS Rudolf, 2001, S. 413 ff.

[455] Vgl. *Bethge* (Fn. 100), S. 176 ff.

[456] So auch BVerfGE 97, 228 (252 f.).

[457] Zur Trennung zwischen Rundfunk- und Unternehmerfreiheit *Badura* FS Knöpfle, 1996, S. 8 Fn. 22.

[458] Private Rundfunkveranstalter, die die Regelform einer juristischen Person innehaben, können sich allerdings nicht auf das aus Art. 2 I in Verbindung mit Art. 1 I folgende Recht berufen, sich nicht einer Straftat bezichtigen zu müssen; vgl. BVerfGE 95, 220 (242).

freiheit).[459] Keine Grundrechtsträger aus Art. 5 Abs. 1 Satz 2 GG sind bloße Programmproduzenten und Programmlieferanten.[460]

Schwierig verhält es sich bei **noch nicht zugelassenen Bewerbern,** die sich auf die Voraus- **112** setzungen und Möglichkeiten eines existenten Privatfunkgesetzes berufen. Die Schutzwirkung des Art. 5 I 2 ausschließlich von der letztlich allein einfachgesetzlich geregelten Zulassung abhängig zu machen, würde zu kurz greifen. Es spricht vieles, vor allem das Gebot effektiven prozessualen Schutzes, dafür, den Bewerber an der **Vorwirkung** des Grundrechtsschutzes aus Art. 5 I 2 teilhaben zu lassen.[461] Das Grundrecht der Gleichbehandlung (Art. 3 I), u. U. das der Berufsfreiheit (Art. 12 I) treten hinzu.

Für öffentlich-rechtliche wie für private Rundfunkveranstalter sowie für Presseunternehmen fasst **112a** das BVerfG Emanationen der jeweiligen Medienfreiheiten zusammen, die vor allem **Auskunftsver-weigerungsrechte** betreffen (BVerfGE 95, 220 [238]):

„Das Bundesverfassungsgericht hat Zeugnisverweigerungsrechte dieser Art wiederholt als von Art. 5 Abs. 1 Satz 2 GG geboten erachtet. Ihr Zweck liegt weniger im Schutz der Personen, denen sie zugute kommen, als im Schutz einer freien Presse und eines freien Rundfunks (vgl. BVerfGE 36, 193 [204]). Beide Medien tragen durch Information und Kritik zur freien individuellen und öffentlichen Meinungsbildung bei. Sie sind dafür auf möglichst ungehinderte Beschaffung von Wissen angewiesen. Art. 5 Abs. 1 Satz 2 GG schützt deshalb im Interesse eines breiten Informationsflusses die Vertraulichkeit zwischen ihnen und ihren Informanten (vgl. BVerfGE 77, 65 [74 f.]). Überdies umfasst der Schutz des Art. 5 Abs. 1 Satz 2 GG die Vertraulichkeit der Redaktionsarbeit. Es ist staatlichen Stellen grundsätzlich verwehrt, sich Einblick in die Vorgänge zu verschaffen, die zur Entstehung einer Sendung führen (vgl. BVerfGE 77, 65 [75]) unter Hinweis auf BVerfGE 66, 116 [133 f.]). In besonderen Ausnahmefällen können sogar weitergehende Begrenzungen des Aussagezwangs und der Beschlagnahme von Unterlagen unmittelbar aus Art. 5 Abs. 1 Satz 2 GG abgeleitet werden (vgl. BVerfGE 64, 108 [116]; 77, 65 [81 f.]).“

Den staatlichen Zugriff auf selbstrecherchiertes Material lässt das BVerfG zu.[462]

**Keine Grundrechtsberechtigung** kommt den als Anstalten des öffentlichen Rechts strukturierten **113** **Landesmedienanstalten** zu. Anders als die öffentlich-rechtlichen Rundfunkanstalten, mit denen sie nicht selten vorschnell gleichgestellt werden,[463] sind die Landesmedienanstalten keine Rundfunkveranstalter, die Programmautonomie genießen.[464] Sie fungieren mit Blick auf die privaten Rundfunkveranstalter als Lizenzgeber, Frequenzverleiher und Kontrollinstanzen (Wächter der Meinungsvielfalt im privaten Rundfunk). Das macht sie zwar nicht zwangsläufig der mittelbaren Staatsverwaltung zugehörig.[465] Doch stellen sie hoheitsrechtlich handelnde Verwaltungsinstanzen dar, die ungeachtet der ihnen eingeräumten Selbstverwaltung öffentliche Verwaltungsaufgaben wahrnehmen. Damit entsprechen sie jenen Voraussetzungen, bei deren Vorliegen das Bundesverfassungsgericht juristischen Personen des öffentlichen Rechts die Grundrechtsträgerschaft bislang gerade abgesprochen hat.[466] Das Anliegen bzw. die Aufgabe der Grundrechtssicherung allein vermag der Landesmedienanstalt keine Grundrechtsträgerschaft zu vermitteln.[467] Auch ihre auf staatsvertraglicher Basis etablierten Kommissionen, z. B. die KEF, sind keine Grundrechtsträger[468]. Ebenso wenig sind Inhaber der Rundfunkfreiheit die publizistischen Intermediäre (Facebook, Google). Sie vermitteln im Internet Informationen, veranstalten aber selbst keinen Rundfunk (→ Rn. 115a). Auch im übrigen figuriert nicht jeder medienstaatsvertraglich relevante Akteur als Inhaber der – schließlich auf eigene Rundfunkveranstaltung bezogenen – Rundfunkfreiheit.

Die Verneinung der Grundrechtsfähigkeit nach Art. 5 I 2 schließt einfachrechtliche Positionen der **113a** Landesmedienanstalten klagbarer Natur nicht aus.[469] Ebenso steht auf einem anderen Blatt, dass Landesmedienanstalten die **landesverfassungsrechtliche** Rundfunkfreiheit genießen (können), wenn und weil sie kraft besonderer landesrechtlicher Organisationsform selbst als Rundfunkveranstalter

---

[459] *Bethge* FS Scharf, 2000, S. 16 ff.

[460] A. M. *Eifert/Hoffmann-Riem,* in: Schulte/Schröder (Hrsg.), Handbuch des Technikrechts, 2. Aufl., S. 681; s. a. BVerfGE 117, 244 (259). Wie hier *Gundel,* ZUM 2011, 881 ff.

[461] *Bethge* NVwZ 1997, 5; zum „Grundrechtsbeachtungsanspruch" BVerfG 97, 298 (312 f.); *P. M. Huber* FS 50 Jahre BVerfG II, 2001, S. 618 Fn. 55; *H. H. Klein* FS Maurer, 2001, S. 203 f.; *Degenhart* HGR IV, § 105 Rn. 16.

[462] BVerfGE 77, 65 ff.

[463] *Hoffmann-Riem,* Personalrecht der Rundfunkaufsicht, 1991, S. 88 ff.; s. auch *Bumke,* Die öffentliche Aufgabe der Landesmedienanstalten, 1995, S. 233.

[464] *Bethge* Die Verwaltung 27 (1994), 444 f.; *Löwer* HStR III, § 70 Rn. 181; *Starck* MKS I, 6. Aufl., 2010, Art. 5 I, II Rn. 186; *Dreier,* in: Dreier I, Art. 19 III Rn. 61; s. auch *Huber* MKS I, Art. 19 Rn. 266; BVerfGE 149, 222 (263 Rn. 83).

[465] *Zum* Gebot der Staatsferne der Landesmedienanstalten SächsVerfGH DVBl 1997, 1244.

[466] BVerfGE 75, 192 (208). S. a. BVerfGE 132, 374 (392); 138, 64 (Rn. 53 ff.).

[467] *Bethge* NJW 1995, 557; *Hepach,* Der Grundrechtsstatus der Landesmedienanstalten, 1997; so auch SächsVerfGH NJW 1997, 3015 f.; a. M. *Stettner* ZUM 1997, 673 ff.; *Jarass,* in: Jarass/Pieroth, Art. 5 Rn. 53; *von der Decken,* in: Hofmann/Henneke, Art. 5 Rn. 28.

[468] A. M. *Louis,* Die KEF und die Rundfunkfreiheit, 2014.

[469] Vgl. *Bethge* NJW 1995, 557 ff.; BVerwG NJW 1997, 3040 f.

fungieren.[470] Für Art. 5 I 2, dh für Bundesverfassungsrecht, bindend ist dies freilich nicht. Auch steht fest, dass die exzeptionelle Grundrechtsinhaberschaft einer Landesmedienanstalt nicht dazu führen kann, dass privaten Veranstaltern, die unter der Verantwortung der Anstalt agieren, jedwede Grundrechtsberechtigung abgeht[471].

114     Der **einzelne Bürger,** sofern er sich nicht selbst als Rundfunkveranstalter betätigt, ist indessen **nicht Träger** eines Grundrechts der Rundfunkfreiheit. Soweit es um sein Recht geht, sich des Rundfunks als einer allgemein zugänglichen Quelle zu bedienen, ist thematisch das Grundrecht der Informationsfreiheit angesprochen.[472] Auch ansonsten ist mit einer weiteren „Subjektivierung" der Rundfunkfreiheit behutsam umzugehen.[473] Für erwägenswert wird die Überlegung gehalten, den Kreis der Grundrechtsberechtigten über den Begriff des Rundfunkveranstalters hinaus zu ziehen.[474] Problematisch ist der weitgehende Ausschluss politischer Parteien von der Veranstaltung privaten[475] Rundfunks.

115     **j)** Die Rundfunkfreiheit ist Orientierungsdatum für die Vergabe der **Kabelfernseh-Kanalbelegung** durch die Mediengesetze und die Landesrundfunkanstalten[476].Die pluralistische Medienordnung liefe ins Leere, wenn die Kabelnetz-Betreiber nach rein wirtschaftlichen Aspekten eine Auswahl für die begrenzten Sende-Kapazitäten vornehmen könnten; lediglich für den **digitalen Netzbereich,** in dem diese Mangelsituation nur abgeschwächt besteht, ist eine gewisse Freigabe der Belegung im Lichte des Art. 5 I 2 vertretbar.

115a     **k)** Ähnliches gilt für einen **diskriminierungsfreien Zugang zum digitalen Fernsehen.**[477] So hat der Gesetzgeber im Rahmen der positiven Rundfunk-Ordnung sicherzustellen, dass durch **Verwendung offener technischer Standards** gleiche Chancen auf dem digitalen TV-Markt herrschen; insbesondere muss verhindert werden, dass wenige Unternehmen **durch den Einsatz eigener Dekoder** den Zugang zum digitalen Fernsehen kontrollieren und so unliebsame Wettbewerber aussperren sowie die Medienvielfalt gefährden. Damit einher geht die diskriminierungsfreie Ausgestaltung von **Elektronischen Programmführern (EPG):** Dem Zuschauer ist auch eine faire Chance zu eröffnen, sämtliche offerierten Angebote – auch die der Konkurrenz! – aufzuspüren.[478]

115b     **l)** Da die entsprechenden Regelungen in Rundfunkstaatsverträgen zu einem Gutteil auf **Richtlinien der EG** zurückgehen, sind hierbei gemeinschaftsrechtliche Besonderheiten zu beachten. Darum sind Streitigkeiten über die Auslegung dieser nationalen Vorschriften durch **Rückgriff auf das unionsrechtliche Sekundärrecht** zu entscheiden; letztverantwortlich für dessen autoritative Interpretation ist somit der EuGH, der nötigenfalls von dem erkennenden deutschen Gericht im Wege der **Vorabentscheidung gem. Art. 267 AEUV** anzurufen ist.[479]

115c     **m)** Inzwischen stand auch die **Ausgestaltung des öffentlich-rechtlichen Rundfunksystems** in Deutschland auf dem gemeinschaftsrechtlichen Prüfstand. Zwar wird in dem **Protokoll Nr. 32 zum Vertrag von Amsterdam,** dem gem. Art. 51 AEUV Primärrechtsrang zukommt, die Befugnis der Mitgliedstaaten anerkannt, ein öffentlich-rechtliches Rundfunksystem zu schaffen. Allerdings hat dieses ausdrücklich als **„auslegende Bestimmung"** bezeichnete Protokoll zugleich darauf hingewiesen, dass der öffentlich-rechtliche Rundfunk prinzipiell den Wettbewerbsregeln der Gemeinschaft unterliegt.[480]

115d     Damit sind auch die **Beihilfe-Regelungen der EU** grundsätzlich auf ARD und ZDF anwendbar, sofern man die bisherige Rundfunk-Gebühr (jetzt Beitrag) als Beihilfe im Sinne des Art. 107 AEUV ansieht.[481] Nach bisheriger Kommissionsauffassung ist die Beihilfe gem. Art. 107 II AEUV gerechtfertigt.

---

[470] So die Konstruktion bezüglich der Bayerischen Landeszentrale für Neue Medien; dazu *Starck* MKS I, 6. Aufl., 2010, Art. 5 I, II Rn. 186; *Bethge,* Der verfassungsrechtliche Status der Bayerischen Landeszentrale für neue Medien (BLM), 2. Aufl., 2011, S. 32 ff.

[471] Dazu *Bethge* ZUM 1994, 1 ff.; s. auch BVerfGE 90, 277 (284); wie hier auch BVerfGE 97, 298 ff.; kritisch dazu *Stettner* ZUM 1998, 312 ff.; vgl. auch *ders.* ZUM 2001, 914 ff.

[472] BVerfG JZ 1989, 339 mit Anm. *Bethge.*

[473] A. M. *Goerlich/Radeck* NJW 1990, 302.

[474] *Lerche* FS Vogel, 2000, S. 469 f.

[475] Differenziert BVerfGE 121, 30 (64 ff.); *Haratsch,* Sodan, GG, Art. 5 Rn. 25; siehe auch *M. Winter,* Medienbeteiligung politischer Parteien, 2014.

[476] *Dörr/Zorn* NJW 2001, 2837 (2849 f.).

[477] Vgl. dazu *Gersdorf,* Chancengleicher Zugang zum digitalen Fernsehen, 1998; *Schulz/Kühlers,* Konzepte der Zugangsregulierung für digitales Fernsehen, 2000.

[478] Vgl. dazu *Leopoldt,* Navigatoren, 2001; *Niewöhner,* Elektronische Benutzerführungssysteme und chancengerechter Zugang zum digitalen Fernsehen, 2004.

[479] BVerfGE 126, 286 (316 f.); 129, 78 (103); 149, 222 (284 ff. Rn. 138 ff.); s. a. BVerfGE 152, 216 (245 f. Rn. 72 ff.).

[480] Zum Protokoll Nr. 32 vgl. *Eberle* AfP 2001, 477; *Schwarze* ZUM 2000, 779 (796 f.); *Badura,* in: Classen ua (Hrsg.), Liber amicorum Thomas Oppermann, 2001, S. 582; *Stulz-Herrnstadt,* Nationale Rundfunkfinanzierung und europäische Beihilfenaufsicht im Lichte des Amsterdamer Rundfunkprotokolls, 2004.

[481] Strittig. Zum Streitstand *Schwarze* ZUM 2000, 779, (788), mwN in Fn. 77; *Ruttig,* Der Einfluss des EG-Beihilferechts auf die Gebührenfinanzierung der öffentlich-rechtlichen Rundfunkanstalten, 2001. Für die Qualifizierung als Beihilfe mit plausibler Argumentation *Hain* MMR 2001, 219 (221).

**n)** Dies bedeutet also nicht, dass die damaligen Rundfunkgebühren per se EU-rechtswidrig gewesen  **115e** wären. Allerdings kann die Kommission prinzipiell überprüfen, ob die Finanzierung in einer angemessenen Relation zum öffentlich-rechtlichen Programmauftrag steht oder darüber hinausgeht. Sollte die **Transparenz-Richtlinie**[482] mittlerweile auch die öffentlich-rechtlichen Rundfunkanstalten zur Trennung der Buchführung des grundversorgenden Programmbereiches von anderen Geschäftsbereichen (etwa Merchandising, Werbeagenturen, Freizeitparks, wirtschaftliche Verwertung von Rundfunkproduktionen) verpflichten,[483] so sähe sich der deutsche Gesetzgeber letztlich wohl gezwungen, den **Grundversorgungsauftrag von ARD und ZDF positiv zu konturieren**, um eine beihilfenrechtliche Rechtfertigung der Rundfunkabgaben zu ermöglichen. Für die Rechtfertigung aller neuen oder veränderten Onlineangebote des öffentlich-rechtlichen Rundfunks gilt ein Drei-Stufen-Test, der dem Public-Value-Test nachgebildet ist und den Ausgleich zwischen Verfassungs- und Europarecht herstellt.[484]

**o)** Die Rundfunkfreiheit des GG erfährt Stabilisierungen aus **Art. 10 EMRK,** der den EuGH zur  **115f** Herleitung des **Gemeinschaftsgrundrechts der Meinungsfreiheit** inspiriert hat. Entsprechend verhält es sich mit der unionsrechtlichen Medienfreiheit (Art. 11 II EUGRCh).

**5. Die Freiheit der Berichterstattung durch den Film. a)** Die Freiheit der Berichterstattung  **116** durch den Film – kurz: die **Filmfreiheit** – ist die medienspezifische Gewährleistung, die immer schon etwas im Windschatten der beiden anderen Massenkommunikationsmittel stand. Auch heute dominieren eindeutig das Printmedium (die Presse) und das elektronische Medium (der Rundfunk). Dies schlägt sich ua in der recht dürftigen Bilanz der wissenschaftlichen, jedenfalls der literarischen Aufbereitung nieder.[485] Höchstrichterliche Grundsatzentscheidungen etwa nach Maßgabe der imponierenden Phalanx der Rundfunkerkenntnisse des BVerfG existieren kaum.[486]

Die Filmfreiheit partizipiert in Teilen an den **Sicherungselementen,** die für die beiden anderen  **117** Medienfreiheiten entwickelt worden sind.[487] Namentlich mit dem Fernsehen gibt es Parallelen, die aus der Austauschbarkeit der Produkte resultieren. Doch wird die Filmfreiheit nicht von den beiden anderen Medienfreiheiten völlig vereinnahmt. Vor allen Dingen kommt es schon wegen gewichtiger struktureller Unterschiede zwischen Presse und Rundfunk einerseits, aber auch gegenüber diesen andererseits darauf an, neben den Übereinstimmungen auch die medienspezifischen Eigenheiten des filmischen Kommunikationsmittels herauszuarbeiten.

**b)** Vorrangiges verfassungsrechtliches Problem ist die **Definition** und Qualifikation **des Begriffs  118 Film.**[488] Der Filmbegriff wird geprägt durch die Verwendung eines chemisch-optischen oder digitalen Bild- und Tonträgers, der durch Vorführung in Filmtheatern uä verbreitet wird.[489] Auf diese Qualifizierung kann nicht verzichtet werden. Es gibt kein einheitliches Mediengrundrecht, mit Hilfe dessen alle Massenkommunikationsmittel über einen Leisten geschlagen werden können. Das GG geht von der Funktionsteilung der drei Medien aus, die auch deshalb interpretatorisch durchgehalten werden muss, weil die Strukturen und Bedingtheiten unterschiedlich sind. Damit ist ein generelles Problem des Medienrechts umschrieben, das auch die Neuen Medien betrifft. Die technischen Neuerungen sind dahin zu klassifizieren, welchem der verfassungsrechtlich ins Auge gefassten Medien sie zuzuordnen sind. Die Definitionsfrage gerät so zu einem Kompetenzproblem, das die bundesstaatliche Funktionsabgrenzung, aber auch das Verhältnis zwischen Gesetzgebung und BVerfG berührt.

**c)** Die Filmfreiheit ist ein **staatsgerichtetes Freiheitsrecht** (Art. 1 III), das auch inländischen und  **119** EU-ausländischen[490] juristischen Personen des Privatrechts (Art. 19 III) zugute kommt. Die Dimension der Staatsabwehr schließt auch das Verbot der präventiven Zensur ein (Art. 5 I 3).[491] Davon zu unterscheiden ist die **freiwillige Selbstkontrolle** der Filmwirtschaft (FSK). Sie ist staatsentlastende Eigenhilfemaßnahme des privaten bzw. gesellschaftlichen Bereichs.[492] Setzt eine staatliche Sanktion Entscheidungen der FSK voraus, liegt mit Blick auf die Staatssanktion selbst ein normaler Fall der

---

[482] Zur Änderungsrichtlinie 2000/52/EG vom 26.7.2000, ABlEG 2000 Nr. L 193/75.

[483] Dazu *Hain* MMR 2001, 219; *Kübler* FS Immenga, 2004, S. 231 ff.

[484] *Dörr* FS Bethge, 2009, S. 461 ff.; *Müller-Terpitz* AfP 2008, 335 ff.; *Gersdorf,* Legitimation und Limitierung von Onlineangeboten des öffentlich-rechtlichen Rundfunks, 2009; *v. Coelln,* Zum Umfang der Rechtsaufsicht über die Bayerische Landeszentrale für neue Medien, BLM-Schriftenreihe, Bd. 95, 2010, S. 73.

[485] *Schmidt-Jortzig* HStR VI, 2. Aufl., § 142 Rn. 82 ff.; *Starck* MKS I, 6. Aufl. 2010, Art. 5 Rn. 166 ff.; *Starck/Paulus* MKS I, Art. 5 Rn. 254 ff.; kurz und informativ *Bullinger* HStR VII, § 163 Rn. 80 ff.; *Trute* HGR IV, § 104 Rn. 72 ff.; *Schemmer,* in: Epping/Hillgruber, Art. 5 Rn. 88.

[486] *Kau* AöR 140 (2015), S. 49. Vgl. allerdings BVerfGE 87, 209 ff. Ohne materiellen Grundrechtsbezug BVerfGE 135, 155.

[487] Vgl. *Merten* HGR II, § 42 Rn. 131.

[488] *Reupert* NVwZ 1994, 1155 f.

[489] *Jarass,* in: Jarass/Pieroth, Art. 5 Rn. 61.

[490] Dazu BVerfGE 129, 78 (94 ff.); *Stern* HStR IX, § 185 Rn. 25.

[491] BVerfGE 87, 209 (230).

[492] Zur staatsentlastenden Selbstregulierung der Gesellschaft allgemein *Schmid-Preuß* und *Di Fabio,* VVDStRL 56 (1997), 160 ff. und 235 ff. Zur FSK *Schmid-Preuß,* ebda, S. 182 mit Fn. 80.

Staatsrichtung vor.[493] Ebenso verhält es sich bei den Prädikaten der staatlichen Filmbewertungsstelle, die zwar der **Filmförderung** dienen, aber die Frage der Zulässigkeit inhaltlicher Einflussnahme des Staates auf Filmwerke aufwerfen.[494]

**119a**    **d)** Geschützt sind – als Emanationen der Freiheit der Berichterstattung durch den Film – in erster Linie die Herstellung und Verbreitung des Filmwerks einschließlich der damit verbundenen Tatsachenmitteilungen[495] und Meinungsäußerungen. Die Verwertung des Filmwerks kommt hinzu; sie wird nicht allein von den Wirtschaftsgrundrechten (Art. 12, 14) besetzt. Grundrechtsträger sind die „Filmschaffenden", nicht die Zuschauer. Künstlerische Aspekte werden – insofern ein Problem der Grundrechtskonkurrenz – zusätzlich von Art. 5 III erfasst.[496]

**120**    **e)** Neben die individualgrundrechtliche Komponente der Filmfreiheit tritt eine objektive **Einrichtungsgarantie,** deren Dimensionen freilich wenig ausgelotet sind. Sie ist keine institutionelle Garantie, durch die eine typisch öffentlich-rechtliche Einrichtung und/oder ein öffentlich-rechtlicher Normenkomplex verbürgt wird.

**121**    In Rede steht eine **Institutsgarantie,** die als **objektive Grundsatznorm** die Freiheitlichkeit des Filmschaffens insgesamt verbrieft. Deren Substrat ist das technische Phänomen Film als Gegenstand des Privatrechts und der Privatwirtschaft. Insofern ist die Parallele zur Pressefreiheit augenscheinlich. Ob auch eine öffentliche Aufgabe prägend für die Institutsgarantie ist, steht zu bezweifeln. Eher kann die schlechthin konstituierende Bedeutung, die allen Massenmedien zukommt, auch für die Filmfreiheit in Anspruch genommen werden.

**122**    Bei der Entwicklung weiterer materieller Strukturmerkmale, die Bestandteile der Institutsgarantie sind, ist Zurückhaltung angezeigt. Einmütigkeit dürfte bestehen, was den Grundsatz der **Staatsfreiheit**[497] auch des Mediums Film anbelangt. Tendenzschutz ist gleichfalls geboten; die den öffentlich-rechtlichen Rundfunk auszeichnende (oder belastende?) Tendenzfreiheit[498] ist nicht einschlägig. Die Übernahme außen- oder binnenpluralistischer Organisationsmodelle ist nicht ratsam. Die Einrichtungsgarantie des Films nimmt den Staat in Pflicht. Er hat dafür Sorge zu tragen, dass es die Institution Film neben den Einrichtungen Presse und Rundfunk gibt. Das betrifft auch die Möglichkeit der Nutzung technischer Fazilitäten. Insofern lässt sich an eine staatliche Schutzpflicht denken.

**123**    Ob der Staat gehalten ist, die materiellen, finanziellen, organisatorischen und prozeduralen Funktionsbedingungen des Films normativ zu regeln, ist noch nicht ausgemacht. Solche durch den **Parlamentsvorbehalt** abgesicherten grundrechtlichen Vorkehrungen dürften allein für den in seiner Breitenwirkung,[499] Aktualität und Suggestivkraft ungleich eindrucksvolleren Rundfunk relevant sein. Der Film ist nicht in diesem Maße Sache der Allgemeinheit.

**124**    **f)** Griffigere Aussagen lassen sich für die Maßstäbe **staatlicher Filmförderung** machen.[500] Das Grundrecht in seiner objektiv-rechtlichen Dimension erlegt dem Staat eine **Schutzpflicht für den Film** auf. Es bindet den Staat bei allen Maßnahmen, die er zur Förderung des Films ergreift. Daraus folgt allerdings für den einzelnen Träger der Filmfreiheit noch kein grundrechtlicher Anspruch auf staatliche Förderung[501]. Der Charakter eines originären Teilhaberechts kommt dem Grundrecht der Filmfreiheit also nicht zu.

**125**    Wenn sich der Staat jedoch, ohne verfassungsrechtlich dazu verpflichtet zu sein, zu **Förderungsmaßnahmen** für den Film entschließt, verlangt Art. 5 I 2, dass jede Einflussnahme auf Inhalt und Gestaltung einzelner Filmerzeugnisse sowie Verzerrungen des publizistischen Wettbewerbs insgesamt vermieden werden. Staatliche Förderung darf bestimmte Meinungen oder Tendenzen weder begünstigen noch benachteiligen. Art. 5 I 2 begründet im Förderungsbereich für den Staat vielmehr eine **inhaltliche Neutralitätspflicht,** die jede Differenzierung nach Meinungsinhalten verbietet. Dieser Neutralitätspflicht des Staates entspricht aufseiten des Trägers der Filmfreiheit ein subjektives Abwehrrecht gegen die mit staatlichen Förderungsmaßnahmen etwa verbundenen inhaltslenkenden Wirkungen sowie ein (derivativer) Anspruch auf Gleichbehandlung im publizistischen Wettbewerb.

**126**    Wie bei der Pressefreiheit liegt ein Verstoß gegen die aus Art. 5 I 2 folgende Neutralitätspflicht freilich nicht schon dann vor, wenn der Staat Förderungsmaßnahmen nicht unterschiedslos auf sämtliche unter die Filmfreiheit fallende Erzeugnisse erstreckt. Der Staat genießt im Bereich der Grundrechtsförderung vielmehr einen **weiteren Handlungsspielraum** als im Bereich der Grundrechtseinschränkung. Art. 5 I 2 verbietet ihm nur, dass er den Inhalt der Meinungen oder die Tendenz von Filmerzeugnissen zum Förderungskriterium macht und sich auf diese Weise Einfluss auf den gesellschaftlichen Meinungs- und Willensbildungsprozess verschafft, der nach dem Willen des GG im

---

[493] Vgl. BVerfGE 87, 209 ff.
[494] *Trute* HGR IV, § 104 Rn. 75 f., auch zum Folgenden.
[495] *Starck/Paulus* MKS I, Art. 5 Rn. 254 f.; Zum Schutzbereich der Filmfreiheit gehört auch die wörtliche Mitteilung des Inhalts von Anklageschriften oder anderer amtlicher Schriftstücke; vgl. BVerfGE 71, 206 (213).
[496] BVerfGE 87, 209 (233).
[497] BVerfGE 80, 124 (133 f.).
[498] BVerfGE 59, 231 (258). Zur „Vielfalt" und „Pluralität" des Programms BVerfGE 136, 9 (Rn. 28 ff.).
[499] BVerfGE 35, 202 (226); 114, 371 (387); 119, 181 (214 f.).
[500] Vgl. BVerfGE 80, 124 (133 ff.).
[501] *Starck/Paulus* MKS I, Art. 5 Rn. 258.

Interesse der personalen Autonomie und des demokratischen Systems staatsfrei zu bleiben hat. Dagegen ist es ihm nicht verwehrt, die Förderung an meinungsneutralen Kriterien auszurichten (BVerfGE 80, 124 [134]).

**g) Grundrechtskonkurrenzen** können angesichts der technischen Kongruenz mit der Rundfunk-  127 freiheit auftreten. Meinungsäußerungen durch den Film, die sich als Veranstalteraussagen darstellen, gehen in der Filmfreiheit auf. Idealkonkurrenz mit der Kunstfreiheit ist nicht auszuschließen,[502] was vor allem darum von Bedeutung ist, weil die Kunstfreiheit keinem verfassungstextlichen Schrankenvorbehalt unterliegt. Bei privatwirtschaftlicher Ausrichtung des Films liegt auf der Veranstalterseite Idealkonkurrenz mit Art. 12 I nahe. Die Schutzwirkung des Art. 14 ist zu berücksichtigen. Art. 2 I ist regelmäßig subsidiär.

**h) Unionsrechtlich** gilt Ähnliches wie bei den beiden anderen Medienfreiheiten. Art. 11 II  128 GRCH schützt die Filmfreiheit als Variante der Medienfreiheit.[503]

**6. Das Zensurverbot. a)** Das Zensurverbot des Art. 5 I 3 ist kein selbständiges Freiheitsrecht. Es  129 gilt als **zusätzliche Schranken-Schranke**[504] (Eingriffskautele)[505] für alle Kommunikations- und Medienfreiheiten des Art. 5 I 1 und 2. Es muss auch für Art. 5 III (Kunst und Wissenschaft) gelten und sollte auf das Grundrecht aus Art. 8 I ausgedehnt werden.[506] Die Verfassung setzt der Schrankenziehung eine absolute Grenze in Gestalt des Verbots, eine Zensur stattfinden zu lassen.[507] Die Kategorisierung der Vorschrift als zusätzliches Grundrecht, das neben die anderen Gewährleistungen des Art. 5 I tritt, ist demgegenüber aus systematischen Gründen weder möglich noch notwendig.

Gleichwohl hat der Verfassungsgeber richtig gehandelt, das Zensurverbot nicht erst im Zusammen-  130 hang mit dem Schrankeninstrumentarium des Art. 5 II zu regeln. Die eher technizistische Bedeutung, die z. B. das Zitiergebot des Art. 19 I 2 hat, ist dem Zensurverbot unangemessen.[508] Als **Proklamation der Freiheit des Geistes** musste es seinen Platz im Kanon der Gewährleistungen des Art. 5 I finden.[509]

**b)** Die fundamentale Bedeutung dieses besonderen Instruments der Grundrechtssicherung kann nur  131 dann voll erschlossen werden, wenn man von Anfang an auf das damit beabsichtigte Verbot der formellen **Vor- oder Präventivzensur**[510] des Staates abstellt.

„Als Vor- oder Präventivzensur werden einschränkende Maßnahmen vor der Herstellung oder Verbreitung eines Geisteswerkes, insbesondere das Abhängigmachen von behördlicher Vorprüfung und Genehmigung seines Inhalts (Verbot mit Erlaubnisvorbehalt) bezeichnet. Bezogen auf Filmwerke bedeutet danach Zensur das generelle Verbot, ungeprüfte Filme der Öffentlichkeit zugänglich zu machen, verbunden mit dem Gebot, Filme, die öffentlich vorgeführt werden sollen, *zuvor* der zuständigen Behörde vorzulegen, die sie anhand von Zensurgrundsätzen prüft und je nach dem Ergebnis ihrer Prüfung die öffentliche Vorführung erlaubt oder verbietet (sog. formeller Zensurbegriff...). Schon die Existenz eines derartigen Kontroll- und Genehmigungsverfahrens lähmt das Geistesleben. Das Zensurverbot soll die typischen Gefahren einer solchen Präventivkontrolle bannen. Deswegen darf es keine Ausnahme vom Zensurverbot geben, auch nicht durch ‚allgemeine Gesetze' nach Art. 5 Abs. 2 GG" (BVerfGE 33, 52 [72]).

**c)** Das Zensurverbot des Art. 5 I 3 ändert dagegen nichts daran, dass die Kommunikations- und  132 Medienfreiheiten des Art. 5 I 1 und 2 in die allgemeine Rechtsordnung eingebunden sind. Eine Art **„Nachzensur"**, sofern man darunter die Bindung an die Schranken des Art. 5 II und deren Realisierung versteht, ist daher zulässig.[511] Die Verfassung kann mit ihrem „kategorischen Verbot jeder Zensur nur die Vorzensur gemeint haben. Ist das Geisteswerk erst einmal an die Öffentlichkeit gelangt und vermag es Wirkung auszuüben, so gelten die allgemeinen Regeln über die Meinungs- und Pressefreiheit und ihrer Schranken, wie sie sich aus Art. 5 I 1 und 2 sowie Abs. 2 ergeben. Diese würden gegenstandslos, wenn das Zensurverbot auch die Nachzensur erfasste, dh Kontroll- und Repressivmaßnahmen, die erst nach der Veröffentlichung eines Geisteswerkes einsetzen" (BVerfGE 33, 52 [72]).

**d)** Adressat des Verbotes einer Vorzensur ist der **Staat**.[512] Auf andere als staatliche Machtfaktoren ist  133 der Ausschluss nicht ohne weiteres übertragbar. Namentlich ist Vorsicht gegenüber unmittelbaren oder mittelbaren Drittwirkungsvorstellungen geboten[513]. Die Weigerung von (streikenden) Druckern, be-

---

[502] BVerfGE 87, 209 (233); *Starck/Paulus* MKS I, Art. 5 Rn. 255; aM *Kau*, AöR 140 (2015), S. 49.

[503] *Jarass* (Fn. 49), Art. 11 Rn. 17.

[504] *Jarass*, in: Jarass/Pieroth, Art. 5 Rn. 77 mwN; *Schulze-Fielitz*, in: Dreier I, 2. Aufl., Art. 5 I, II Rn. 170; *Jestaedt* HGR IV, § 102 Rn. 69.

[505] Dazu *Gucht*, Das Zensurverbot im Gefüge der grundrechtlichen Eingriffskautelen, 2000; *Nessel*, Das grundgesetzliche Zensurverbot, 2004; *Bethge* FS Wendt, 2015, S. 31 ff.

[506] Gegen die Anwendung bei Art. 8 GG *Schulze-Fielitz*, in: Dreier I, 2. Aufl., Art. 5 I, II Rn. 173.

[507] BVerfGE 33, 52 (71 f.); *Schmidt-Jortzig* HStR VI, 2. Aufl., § 141 Rn. 44 ff. mit Fn. 111.

[508] Zum Vergleich mit Art. 19 II *Schmidt-Jortzig* ebda, Rn. 44.

[509] S. auch *Ossenbühl* FS Kriele, 1997, S. 160 f.; vgl. weiter *Seitz* NJW 1997, 3217.

[510] BVerfGE 83, 130 (155); 87, 209 (230); *Enders* Jura 2003, 106; *Bullinger* HStR VII, § 163 Rn. 23; zur (ua zeitlichen) Reichweite des Zensurverbots *Nessel*, Das grundgesetzliche Zensurverbot, S. 50 ff.

[511] *Degenhart* BK, Art. 5 I, II (2006) Rn. 923 f.

[512] *Jestaedt* HGR IV, § 102 Rn. 95.

[513] *Grabenwarter*, in: Maunz/Dürig, Art. 5 Abs. 1, 2 (2013) Rn. 115 mwN.

stimmte Artikel zu setzen, ist sicherlich arbeitsrechtlich, auch arbeitskampfrechtlich relevant. Eine Verletzung des Zensurverbots kann darin nicht gesehen werden. Die Untersagung bestimmter Sendeinhalte durch die Geschäftsleitung eines privaten Rundfunkveranstalters hat ebenfalls nichts mit dem verfassungsrechtlichen Ausschluss jeglicher Zensur zu tun. Ähnlich unbedenklich sind Kontrollmaßnahmen eines Landesrundfunkausschusses gegenüber Privatfunkveranstaltern.[514]

134    Im Ergebnis nicht anders verhält es sich bei anstaltsinternen Kontrollmechanismen im **öffentlich-rechtlichen Rundfunk**. Die Herausnahme bzw. Nichtabnahme von geplanten Sendungen durch den Intendanten ist kein Fall des Art. 5 I 3. Da auch der öffentlich-rechtliche Rundfunk dem Prinzip der Staatsfreiheit[515] unterliegt und daher nicht zur mittelbaren Staatsverwaltung gehört,[516] sind entsprechende Maßnahmen des Intendanten von dessen Programmverantwortung und Leitungsgewalt legitimiert.[517] Falsch ist es, die präventive Programmkontrolle im öffentlich-rechtlichen Rundfunk durch den Intendanten vor dem Hintergrund des Art. 5 I 3 mit dem Hinweis zu rechtfertigen, diese Aufsicht sei zwar der Staatsgewalt zuzuordnen, sie diene aber der Sicherung der Ausgewogenheit. Das zwingende Verbot der staatlichen Vorzensur kann nicht durch einen – angeblich – höherrangigen Verfassungswert außer Kraft gesetzt werden. Weder Gemeinwohl noch Staatsraison vermögen dieses Fundamentalprinzip zu relativieren. Es ist nicht abwägungsfähig, sondern abwägungsresistent. Es wirkt absolut. Ein polizeilich verfügtes präventives Aufführungsverbot des Films „Jud Süß" bleibt eine verbotene Staatszensur, auch wenn es dem Schutz der Juden vor antisemitischen Zuschauereffekten dient.

134a   Sofern die binnenpluralistisch strukturierten Kollegialorgane der Rundfunkanstalten ein **generelles präventives Kontrollrecht** mit Blick auf geplante Sendungen beanspruchten, wäre dies zwar verfassungswidrig. Dies aber nicht deshalb, weil das Zensurverbot des Art. 5 I 3 einschlägig wäre, sondern darum, weil Prozeduren dieser Art die Effizienz des Mediums im Kern treffen würden.[518] Angesprochen ist die objektivrechtliche Komponente der Rundfunkfreiheit.

134b   Präventive Aufsichtsmaßnahmen der Landesmedienanstalten gegenüber Privatveranstaltern sind kein Fall des Art. 5 I 3; die Anstalten gehören nicht zur mittelbaren Staatsverwaltung.[519]

135    Repressionen **öffentlich-rechtlicher Religionsgesellschaften** gegenüber ihren Bediensteten, z. B. die Verweigerung der Imprimatur durch Vorenthaltung des nihil obstat, unterfallen gleichfalls nicht dem Verbot des Art. 5 I 3. Als Körperschaften öffentlichen Rechts sind die Religionsgemeinschaften nicht in die Staatsorganisation eingebunden[520]. In Anbetracht der Trennung von Staat und Kirche sind innerkirchlichen Reaktionen nicht Ausdruck staatlicher Kuratel, sondern nichtstaatlich verantworteter Verbandsgewalt.

135a   Das Handeln nichtstaatlicher Rechtsträger kann allenfalls über eine staatliche Sanktion zu einem Verhalten des Staates geraten, das die Korrekturfunktion des Art. 5 I 3 auslöst. Aber auch insoweit ist von vorschnellen Parallelen zur Drittwirkungsfigur der Grundrechte abzuraten. Verurteilt ein Zivilgericht einen privaten Rechtsträger zur Unterlassung bestimmter Äußerungen, liegt zwar ein staatlicher Rechtsprechungsakt vor, der auch gezielte präventive Wirkung hat. Doch ist sub specie des Art. 5 I 3 entscheidend, dass in diesem Fall der Staat ausschließlich zur **justitiellen Sicherung nichtstaatlicher Rechte** tätig wird.[521]

135b   **e)** Ein verbotener Fall staatlicher Vorzensur setzt nicht zwingend finales, dh zielgerichtetes Handeln des Staates voraus. Auch **faktische** Maßnahmen bzw. Konsequenzen können genügen. Stellt der Staat, wie es für die Kennzeichnung von Filmen nach dem Jugendschutzgesetz (§ 6) zutrifft, ein Verfahren zur Verfügung, das in seiner tatsächlichen Auswirkung zu einer „Vorprüfung der Strafbarkeit" führt, so darf er es nicht dazu benutzen, bereits in diesem Stadium die Verbreitung des Films zu verhindern.[522] Demgegenüber handelt es sich bei einer gegen die Medien eingesetzten **Erdrosselungssteuer** um keinen Fall des Art. 5 I 3: So ist die übermäßige Besteuerung der Presse z. B. an der objektiven Einrichtungsgarantie der Presse (Institut Freie Presse)[523] zu messen. Auch die gesetzliche Verschärfung des **Gegendarstellungsrechts** zu Lasten der Presse kann gegen die individual- bzw. objektivrechtliche Komponente der Pressefreiheit verstoßen. Eine Vorzensur des Staates liegt trotz der dadurch bei den Pressemitarbeitern ausgelösten „Schere im Kopf" nicht vor.[524] Anders würde sich die Sache darstellen, wenn der Gesetzgeber einen mit Staatsvertretern besetzten Medienrat installiert(e), der politische

---

[514] BVerfGE 73, 118 (166).

[515] Seit BVerfGE 31, 314 (329) st. Rspr.; s. BVerfGE 136, 9 (Rn. 35): Staatsferne.

[516] AllgM. S. BVerwGE 70, 310 (316); verfehlt BGHSt NJW 2010, 787.

[517] *Schulze-Fielitz*, in: Dreier I, 2. Aufl., Art. 5 I, II Rn. 174; *Bethge* FS Wendt, 2015, S. 37.

[518] *Jarass*, in: Jarass/Pieroth, Art. 5 Rn. 77.

[519] Anders *Nessel*, Das grundgesetzliche Zensurverbot, 2004, S. 210.

[520] BVerfGE 139, 121 (Rn. 91); 147, 50 (143 f. Rn. 240); *Stefan Mückl* HStR VII, § 159 Rn. 21 ff.; § 160 Rn. 23.

[521] Vgl. auch *Schulze-Fielitz*, in: Dreier I, Art. 5 I, II Rn. 175. S. a. BVerfGE 119, 1 (23): Auf private Klagen hin erfolgende Eingriffe in die Kunstfreiheit stellen sich nicht als staatliche „Kunstzensur" dar.

[522] BVerfGE 87, 209 (232 f.).

[523] BVerfGE 20, 162 (175 f.); 84, 212 (232).

[524] Vgl. eine mittlerweile wieder korrigierte Verschärfung des Gegendarstellungsrechts im saarländischen Pressegesetz; dazu ohne Sachentscheidung BVerfGE 97, 157 ff.

Ausgewogenheitsdefizite der Medien[525] zu sanktionieren hätte. Hier läge ein Verstoß gegen den Grundsatz der Staatsfreiheit oder Staatsferne der Medien sowie gegen das Grundrecht der Pressefreiheit vor, deren Tendenzschutz staatlich verfügte Ausgewogenheitspostulate verbietet.

Nicht jede staatlich verantwortete präventive Fernwirkung auf die Meinungsfreiheit löst das Verbot **135c** des Art. 5 I 3 aus. Versammlungen dürfen verboten werden, wenn strafbare Meinungsäußerungen drohen.[526]

**f)** Als grundrechtsstützende Vorkehrung ist das Zensurverbot des Art. 5 I 3 akzessorisch. Es ist **135d** funktional auf prinzipiell grundrechtlich geschützte Bereiche, vornehmlich des Art. 5 I 1 und 2, aber auch des Art. 5 III bezogen. Das Zensurverbot greift dann nicht Platz, wenn sich eine präventive staatliche Reglementierung auf eine von vornherein **nicht** grundrechtlich geschützte bzw. schützenswerte Aktivität bezieht. Beispiel: Die bildliche Darstellung und die Verbreitung von Kinderpornographie (im Internet) ist nicht nur ein schweres Vergehen des materiellen Strafrechts. Einschlägige Aktivitäten fallen als extrem sozialschädliches und die Menschenwürde im Kern verletzendes Verhalten **a priori** unter keinen Schutzbereich eines Freiheitsrechts, auch nicht des Art. 2 I GG[527] (siehe unten Rn. 198c). Auf die Poenalisierung solcher Umtriebe kommt es daher im Grunde nicht mehr an. Das Verhalten ist aus sich heraus keines Grundrechtsschutzes würdig. Fehlt es aber von vornherein schon am Tatbestand eines Freiheitsrechts, sind vorsorglich präventive staatliche Repressionen (durch Sperren im Internet) kein Fall des Art. 5 I 3.[528]

## II. Die Schranken des Abs. 2

**1. Die generelle Problematik.** Keine der Gewährleistungen des Art. 5 I ist schrankenlos.[529] Die **136** notwendige Einbindung in die **allgemeine Rechtsordnung**[530] besorgt Art. 5 II. Danach finden diese Rechte ihre Schranken in den Vorschriften der allgemeinen Gesetze, den Bestimmungen zum Schutz der Jugend und in dem Recht der persönlichen Ehre. Die **Schrankentrias** des Art. 5 II ist alles andere als leicht handhabbar. Namentlich ihr dominierendes Element, die **allgemeinen Gesetze,** hat sich als eine schwer zu bewältigende Barriere der Grundrechtsdogmatik erwiesen. Die Komplikationen reichen nicht von ungefähr bis in die WRV zurück (Art. 118 I 1 WRV), die auch an anderer Stelle das GG um vergleichbare Regelungen ähnlichen Schwierigkeitsgrades bereichert hat (Art. 137 III 1 WRV iVm Art. 140 GG).

Die Problematik der Gesetzes-, Schranken-, Regelungs- und Verfassungsvorbehalte ist nicht auf die **137** Kontroversen um Art. 5 II beschränkt. Sie ist übergreifender Natur. Gleichwohl ist es weder angezeigt, dem Grundrechtskatalog einen **Schrankenwirrwarr** *(Karl August Bettermann)* zu bescheinigen, noch besteht Veranlassung, zu Verfalltheorien oder Grenzenlosigkeitsschlüssen *(Carl Schmitt)* zu greifen. Allenfalls scheinbar apolitische Kodifikationen lassen sich mit Hilfe ausgefeilter Systemtechniken erschließen. Verfassungen, die nicht selten dilatorische Formelkompromisse[531] enthalten und deren Grundrechtsgewährleistungen punktuelle Reaktionen auf historische Gefährdungslagen darstellen, vertragen solche Perfektionsansprüche nicht.

Unterhalb vermessener Vollständigkeitspostulate können für die Dogmatik des Grundrechtsteils **138** **systematische Ordnungsmuster,** materielle Grundsätze und formale Prüfungskriterien ausgemacht werden, die eine transparente und plausible Subsumtion ermöglichen. Der Vorrat von Einzelinstituten und verallgemeinerungsfähigen Argumentationsfiguren einer gewachsenen Grundrechtskultur ist immens. Das gilt auch für die juristische Operationalisierung des Art. 5 II. Ungeachtet mancher Meinungsverschiedenheiten lassen sich auch hier fundamentale Gegensätze der Verfassungsdogmatik in identischen grundrechtlichen Einzelfall-Lösungen versöhnen, möglicherweise weil sie in ihrer breiten Grundsätzlichkeit keine Einzelfallrelevanz mehr haben.[532]

Art. 5 II ist nicht die versteinerte Wiedergabe Weimarer Befindlichkeiten. Er ist im **Kontext des** **139** **aktuellen GG** zu sehen. Methodisch schlägt sich diese Gesamtschau in Schlagworten nach der Art der „Einheit der Verfassung"[533] und der „praktischen Konkordanz" *(Konrad Hesse)* nieder. Verfehlt wäre es, die Schrankenfrage ausschließlich nach liberalem Grundrechtsverständnis als Eingriff in und/oder Grenze von Grundrechte(n) zu problematisieren. Die Abwehrfunktion der Freiheitsrechte ist zwar immer noch die Sinnmitte, die aber durch andere institutionelle, objektiv-prinzipielle, demokratisch-

---

[525] BVerfGE 136, 9 (Rn. 38).

[526] BVerfGE 90, 241 (251); dazu *Kübler* AöR 125 (2000), 114 f.; *Enders* Jura 2003, 106.

[527] BVerfGE 115, 276 (301); 117, 176 (137); *Merten* HGR III, § 60 Rn. 26; *Isensee* HStR V, 2. Aufl., § 111 Rn. 127 ff.; *Hillgruber* FS Isensee, 2007, S. 561 f.; zweifelnd *Cornils* HStR VII, § 168 Rn. 46.

[528] *Bethge* HStR IX, § 203 Rn. 203.

[529] BVerfGE 107, 299 (331); 129, 208 (266).

[530] BVerfGE 35, 202 (222 f.).

[531] *Voßkuhle* AöR 119 (1994), 39.

[532] So schon *Kloepfer,* BVerfG und GG II, 1976, S. 406; *Lerche,* in: Klaus Vogel (Hrsg.), Grundrechtsverständnis und Normenkontrolle, 1979, S. 28 Fn. 16.

[533] BVerfGE 28, 243 (261); *Scheuner* FS Forsthoff, 1972, S. 339; *Roellecke,* BVerfG und GG II, 1976, S. 260; *Felix,* Einheit der Rechtsordnung, 1998. S. auch schon *Bethge* (Fn. 100), S. 264.

funktionale und soziale Sichtweisen der Grundrechte angereichert wird. Sie werfen namentlich die Frage nach der **Rolle des Gesetzgebers** auf. Dessen Grundrechtsbindung (Art. 1 III) ist nicht nur auf Eingriffsabwehr angelegt; sie trifft ihn auch als Motor freiheitssichernder Organisationsgesetzgebung, wie überhaupt in seiner Funktion der Medialisierung grundrechtlicher Schutzpflichten *(Josef Isensee)*.

140    Mit dem auch in Art. 5 II angesprochenen **Ehrenschutz** tritt – weniger als Aspekt der Dritt-wirkung, sondern mehr als Phänomen der Grundrechtskollision – zumal mit Blick auf die Meinungs-freiheit der Konflikt zwischen verfassungsrangigen Rechtspositionen auf den Plan.[534] Die Einbettung solcher Konflikte zunächst ins Zivilrecht und ihre formale Überleitung ins Verfassungsrecht über Urteilsverfassungsbeschwerden eröffnen formationsreiche Anschlussprobleme, die eher von der Norm wegzuführen scheinen, aber genau besehen in ihr Zentrum zielen.

141    Die drei in Art. 5 II aufgeführten **Schranken** haben **nebeneinander** Bestand.[535] Sie lassen sich nicht mikroskopisch genau voneinander trennen; eher kann von überschneidenden Kreisen gesprochen werden, ohne dass ein Teil den anderen genau erfassen würde.[536]

141a    Die Schrankentrias des Art. 5 II GG bezieht sich auf staatliche bzw. staatlich verantwortete Limitie-rungen. Davon zu unterscheiden sind Maßnahmen der medieninternen Selbstregulierung namentlich im Bereich der Privatmedien.[537] Keine der (Medien-)Freiheiten des Absatz 1 hat absoluten Vorrang vor anderen wichtigen Rechtsgütern.[538]

142    **2. Die Vorschriften der allgemeinen Gesetze. a)** Diese die Schrankentrias zweifellos beherr-schende Begrenzungsschicht war bereits Bestandteil der Reichsverfassung vom 11. August 1919 (Art. 118 I 1 WRV). Schon damals lieferte ihre Handhabung die „größte von den vielen Schwierig-keiten", die der gesamte Artikel der Auslegung bot.[539] Daran hat sich für die Nachfolgebestimmung nichts geändert.[540] Sie ist die „jahrzehntealte crux des deutschen Staatsrechts"[541] geblieben. Die **All-gemeinheit** ist schwer zu bestimmen. Die Ursache liegt im eigentümlichen Arrangement der Schran-kentrias, das es – angeblich – nicht gestattet, die allgemeinen Gesetze ohne weiteres mit der all-gemeinen Rechtsordnung gleichzusetzen;[542] für diesen Fall wären die beiden anderen Schrankenele-mente – Jugendschutz und Ehrenschutz – überflüssig. Zwingend ist diese Sicht aber nicht. Ebenso wenig besteht Veranlassung, die Vorschriften über Jugend- und Ehrenschutz zum Unterfall der all-gemeinen Gesetze zu erklären. Man wird der endlosen Geschichte am ehesten gerecht, wenn der Kanon von Grundrechtsstandards herangezogen wird, den Rechtsprechung und Wissenschaft jenseits mancher Theoriebildung herausgearbeitet haben.

143    Unter allgemeinen Gesetzen sind nach der Rechtsprechung des BVerfG Gesetze zu verstehen, die sich nicht gegen eine bestimmte Meinung richten, sondern dem Schutz eines schlechthin ohne Rück-sicht auf eine bestimmte Meinung zu schützenden Rechtsgutes dienen.[543] Mit dem Erfordernis der Allgemeinheit soll **Sonderrecht** gegen den Prozess freier Meinungsbildung ausgeschlossen werden, das die geistige Wirkung von Meinungsäußerungen zu unterbinden sucht.[544] Eine Ausnahme vom Verbot des Sonderrechts gegen bestimmte Meinungen soll gelten im Falle der propagandistischen Gutheißung der NS-Willkür- und Gewaltherrschaft;[545] dies mit der Konsequenz, dass § 130 Abs. 4 StGB auch als nicht allgemeines Gesetz mit Art. 5 Abs. 1 und 2 GG vereinbar ist. Weitere Schranken kommen nicht in Betracht. Namentlich die Pressefreiheit ist **polizeifest.**[546] Die polizeiliche General-klausel scheidet als Eingriffsgrundlage aus.[547] Die öffentliche Ordnung allein ist keine Grundrechts-schranke.[548]

143a    Allgemeine Gesetze können auch **Gesetze im materiellen Sinne** (Rechtsverordnungen, Satzun-gen) sein, sofern sie – wegen ihrer Eingriffsrelevanz – eine formelle Ermächtigungsgrundlage auf-

---

[534] *Enders* HGR IV, § 89 Rn. 47 f.; *Jestaedt*, ebda, § 102 Rn. 84.

[535] *Herzog*, in: Maunz/Dürig, Art. 5 I, II (1992) Rn. 242.

[536] *Wendt*, v. Münch/Kunig I, Art. 5 Rn. 67.

[537] Zur Presseselbstkontrolle umfassend *Schwetzler*, Persönlichkeitsschutz durch Presseselbstkontrolle, 2004. Zur Freiwilligen Selbstkontrolle der Filmwirtschaft (FSK) oben Rn. 119.

[538] BVerfGE 77, 65 (75); 107, 299 (332 f.); 129, 208 (266).

[539] *Smend* VVDStRL 4 (1928), 51.

[540] *Lerche* HStR V, 2. Aufl., § 122 Rn. 4, 21.

[541] *Bethge* AfP 1980, 13 ff.; *Frowein* AöR 105 (1980), 180; s. a. *Jestaedt* HGR IV, § 102 Rn. 54 f.; *Klausmann*, Meinungsfreiheit und Nationalsozialismus, 2019, S. 106; siehe auch *Schulze-Fielitz*, in: Dreier I, Art. 5 I, II Rn. 136; *Schremmer* in: Epping/Hillgruber, Art. 5 Rn. 99.1 ff.; Starck/Paulus MKS I Art. 5 Rn. 275 ff.

[542] So aber BVerfGE 35, 202 (222 f.).

[543] BVerfGE 7, 198 (209 f.); 85, 248 (263); 102, 347 (360) zu § 1 UWG aF; s. auch BVerfGE 111, 147 (155) resümierend BVerfGE 113, 63 (78); 117, 244 (260); s. auch BVerfGE 124, 300 (332); 152, 152 (193 Rn. 94).

[544] BVerfGE 71, 206 (214); 95, 220 (236 f.).

[545] BVerfGE 124, 300 (321 ff.) mit Anm. von *Degenhart* JZ 2010, 306 ff., und *Hörnle* JZ 2010, 310 ff. S. a. *Milosz Matuschek*, Erinnerungsstrafrecht, 2012; *Fohrbeck*, Wunsiedel: Billigung, Verherrlichung, Rechtfertigung, 2015; s. a. *Klausmann*, Meinungsfreiheit und Rechtsextremismus, 2019; ferner BVerfGE 136, 323 (336 f. Rn. 36); 149, 160 (214 Rn. 147).

[546] Zur Polizeifestigkeit der Rundfunkfreiheit *Gundel* ZUM 2010, 770 ff.

[547] *Gornig* JuS 1999, 1167 ff.

[548] BVerfGE 111, 147 (157).

weisen. Umgekehrt genügt nicht jedes formelle Gesetz; die polizeirechtlichen Generalklauseln scheitern wegen ihres pauschalen, medienindifferenten Charakters.

Daran anknüpfend erklärt das Schrifttum ein Gesetz nur dann für allgemein, wenn es nicht gegen **144** eine bestimmte Meinung als solche gerichtet ist, wenn es nicht eine Meinung wegen ihres Inhalts verbietet, wenn es kein Sonderrecht gegen Presse oder Rundfunk enthält.[549] Aber auch diese Kriterien sind so unproblematisch nicht, weil z. B. das Gegendarstellungsrecht medienspezifisches Sonderrecht par excellence ist, das sich zudem gegen eine bestimmte tatsachengestützte Meinungsäußerung richtet.[550] Letzten Endes gerät die Handhabung der allgemeinen Gesetze zum **generellen Abwägungsproblem.**[551]

Drei Beispiele zur Begrenzungsfunktion und zur Reichweite der allgemeinen Gesetze: **144a**

– Zu den allgemeinen Gesetzen gehört auch das aus §§ 858 ff., 1004 BGB abzuleitende Hausrecht. Das Hausrecht ermöglicht seinem Inhaber, grundsätzlich frei darüber zu entscheiden, wem er den Zutritt zu der Örtlichkeit gestattet und wem er ihn verweigert.[552] Das schließt das Recht ein, den Zutritt von der Zahlung eines Entgelts abhängig zu machen.[553] Doch bildet dieses Recht keine ausreichende Grundlage dafür, den Zutritt von Hörfunkveranstaltern für die Hörfunkberichterstattung aus dem Fußballstadion von der Entrichtung eines Entgelts, das das Zuschauerentgelt übersteigt, abhängig zu machen.[554]

– Der Hinweis im Verfassungsschutzbericht eines Landes auf den Verdacht verfassungsfeindlicher Bestrebungen eines Presseverlages kommt einem Eingriff in die Pressefreiheit gleich und bedarf deshalb der Rechtfertigung durch ein allgemeines Gesetz im Sinne des Art. 5 II GG.[555]

– Die Strafrechtsnorm des § 353b StGB (unbefugte Offenbarung von Dienstgeheimnissen) ist ein allgemeines Gesetz.[556]

**b)** Für die Implementierung der allgemeinen Gesetze ist die **Wechselwirkungstheorie** prägend: **145** Die sich aus allgemeinen Gesetzen ergebenden Schranken der Grundrechte des Art. 5 Abs. 1 müssen ihrerseits im Lichte dieser Grundrechte gesehen werden; die allgemeinen Gesetze sind aus der Erkenntnis der Bedeutung der Kommunikationsgrundrechte im freiheitlichen demokratischen Staat auszulegen und so in ihrer diese Grundrechte beschränkenden Wirkung selbst wieder einzuschränken (vgl. BVerfGE 7, 198 [208 f.]; st. Rspr.). Es bedarf mithin einer verfassungsmäßigen Zuordnung der durch Art. 5 I geschützten Freiheiten und der durch das einschränkende allgemeine Gesetz (z. B. eine Strafnorm) geschützten Rechtsgüter; die Einschränkung jener Freiheiten muss geeignet und erforderlich sein, den Schutz zu bewirken, den die Vorschrift sichern soll; das, was mit ihr erreicht wird, muss in angemessenem Verhältnis zu den Einbußen stehen, welche die Beschränkung für die Freiheiten des Art. 5 I bedeutet.[557]

Die Wechselwirkungslehre ist eine – mittlerweile bei anderen Freiheitsrechten nutzbar gemachte[558] **146** – Variante des **Übermaßverbots** (Verhältnismäßigkeitsgrundsatz i. w. S.).[559]

Die Handhabung der Wechselwirkungslehre nötigt zu einem – sprachlich auch durch die etwas **147** abschätzige Bezeichnung **Schaukeltheorie** signalisierten – Abwägungsvorgang, der noch dazu von Bedingtheiten des Einzelfalles bestimmt wird.[560] In Rede steht ein kompliziertes System von Ausnahmen und Gegenausnahmen. Die verfassungsrechtliche Rechtsgüterzuordnung gerät dadurch zu einem unendlichen Strudel von Abwägungsprozessen. Handelt es sich zudem um einen Konflikt zwischen Grundrechtsträgern, der nach der Maxime der praktischen Konkordanz zu schlichten ist[561], kann aus jedem Zivilrechtsfall ein Verfassungsrechtsfall werden, der linear von der Fachgerichtsbarkeit zum Verfassungsgericht führt. Auch das BVerfG, das per Urteilsverfassungsbeschwerde angerufen wird, läuft Gefahr, zur Superrevisionsinstanz denaturiert zu werden[562], weil das für das Zivilverfahren einschlägige einfache Fachrecht nicht völlig ausgeblendet werden kann Es ist richtungsweisend auf die

---

[549] *Sodan,* in: Sachs, Art. 5 Rn. 28 ff.

[550] Vgl. *Groß* AfP 1994, 266.

[551] Dazu *Leisner,* Der Abwägungsstaat. Verhältnismäßigkeit als Gerechtigkeit?, 1997, S. 152 ff.

[552] BGHZ 36, 171 (177); 124, 39 (42 f.); BVerfGE 128, 226 (266 f.).

[553] BGHZ 110, 371 (383 f.).

[554] A. M. BGH NJW 2006, 377 ff. Dazu *Brinkmann* ZUM 2006, 802 ff.; *Kersten/Meinel* JZ 2007, 1127 ff.

[555] BVerfGE 113, 63 (79).

[556] BVerfGE 117, 244 (260 f.).

[557] BVerfGE 59, 231 (265); s. a. BVerfGE 111, 147 (155); 117, 244 (260); 124, 300 (331 f., 342); 128, 226 (265 f.); 142, 74 (Rn. 70).

[558] BVerfGE 69, 315 (348 f.); 77, 240 (253); 79, 292 (303); 81, 278 (294); 83, 130 (143).

[559] BVerfGE 67, 157 (173); 128, 226 (266). *Jarass,* in: Jarass/Pieroth, vor Art. 1 Rn. 46; *Häberle* JöR nF 45 (1997), 114 f.; eher kritisch *Lerche,* Übermaß und Verfassungsrecht, 2. Aufl., 1999, Einl. XXIII. Mehr originell als dogmatisch richtig, aber allemal eindrucksvoll *Seitz* NJW 1997, 3216: Die Wechselwirkungslehre als das zweite Grundrecht der Presse.

[560] Kritisch *Knies* FS Stern, 1997, S. 1155 ff.; *Isensee* FS Kriele, 1997, S. 43 mit Fn. 110.

[561] BVerfGE 142, 74 (96 f. Rn 70); 148, 267 (280 Rn 32).

[562] Vgl. *Bethge* (Fn. 100), S. 387 ff.; s. a. BVerfGE 7, 198 (207); 18, 85 (92); 53, 30 (53); 122, 248 (255 f.); 142, 74 (101 Rn. 82 f.); *Voßkuhle* NJW 1995, 1378; *Kenntner* NJW 2005, 785 ff.

Prüfung der Verletzung „spezifischen Verfassungsrechts" beschränkt, auch wenn die Figur ihre bekannten Tücken hat[563]. Doch lässt sich ein diametraler Kurswechsel nicht bewerkstelligen; allenfalls Randkorrekturen sind machbar. Abstrakte Großformeln sind unmöglich.[564]

**147a**   Verfahrensrechtlich figuriert jede Entscheidung der Zivilgerichtsbarkeit, die auf der Rechtsanwendungsebene die interpretationsleitende Ausstrahlungswirkung der Grundrechte auf das Zivilrecht[565] verkennt, als **verfassungsbeschwerdefähiger Grundrechtseingriff.**[566] Art. 93 I Nr. 4a ist Komplementärnorm des Art. 1 III. Der Bindung der dritten Gewalt auch an die materiellen Freiheitsrechte entspricht es, dass als beschwerdefähiger Akt öffentlicher Gewalt auch der Richterspruch gilt.[567] Das Problem sind die Authentizität und Intensität des gerichtlichen Kontrollmaßstabs.[568] Die notwendige grundrechtliche Erschließung des Zivilrechts,[569] die auch der Exploration des Bundesverfassungsgerichts unterliegt,[570] lässt sich nicht allein mit dem für die Einheit der Rechtsordnung maßgeblichen universalen Wertedenken operationalisieren.[571] Entsprechend verhält es sich beim Strafrecht. Die Auslegung und Anwendung der Strafgesetze sind zwar grundsätzlich Aufgabe der Fachgerichte. Doch müssen Gesetze, die in die Meinungsfreiheit eingreifen, so interpretiert werden, dass der prinzipielle Gehalt des Grundrechts, namentlich im öffentlichen Leben, gewahrt bleibt (Wechselwirkung).[572] Die Einzelheiten des Problemhaushalts um die „mittelbare Drittwirkung" der Grundrechte im Zivilrecht und die daraus resultierende Abgrenzung zwischen Verfassungsmittelbarkeit und Fachgerichtsbarkeit (namentlich der Zivilgerichtsbarkeit) hat das BVerfG in zwei jüngeren grundlegenden Entscheidungen bekräftigt, aktualisiert und präzisiert[573]. Der Beginn der Kontinuitätskette im Lüth-Urteil (BVerfGE 7, 198 ff.) ist unverkennbar.

**147b**   Auch die **Einzelfallabwägung** ist nicht ersetzbar; schon weil das Ergebnisdieser Abwägung wegen ihres Fallbezuges nicht generell und abstrakt vorweggenommen werden kann.[574] Darum stellt auch die Empfehlung keinen Ausweg dar, die einschlägigen Ergebnisse der Judikate des Bundesverfassungsgerichts dahin zu überprüfen, ob sie verallgemeinerungsfähig sind.[575] Der Fallbezug der Abwägung ist zudem die unvermeidbare Begleiterscheinung der Individualverfassungsbeschwerde, deren typisches Normziel die **Einzelfallgerechtigkeit** ist. Rechtsprechung, die sich der Einzelfallgerechtigkeit annimmt, ist immer **Situationsjurisprudenz.**[576] Der individuell-konkrete Bezug wird nur bei prinzipalen Normenkontroll-Entscheidungen mit ihrer Gesetzeskraft (§ 31 II BVerfGG) verlassen, die aber gerade nicht die Typizität der Tätigkeit der dritten Gewalt ausmachen.

**147c**   Die primären Entscheidungskompetenzen der **Fachgerichtsbarkeit,** die sich von Anfang an auch den grundrechtlichen Implikationen des (Zivil- oder Straf-)Rechtsstreits zu widmen hat, werden durch das Gebot der Rechtswegerschöpfung (§ 90 II 1 BVerfGG) und durch den Grundsatz der Subsidiarität der Verfassungsbeschwerde[577] gewahrt. Der Verfassungsbeschwerdeführer selbst ist durch das Gebot der Erschöpfung des Rechtsweges nicht gehalten, von Beginn des fachgerichtlichen Verfahrens verfassungsrechtliche Erwägungen vorzutragen (Schlagwort: Keine „Konstitutionalisierung des fachgerichtlichen Verfahrens").[578] Ab wann die für das BVerfG maßgebliche Ebene des **spezifischen Verfassungsrechts** beginnt, wird nie zu lösen sein[579]. Verzichtbar ist das Korrektiv nicht, weil keine adäquaten, geschweige denn bessere Surrogate verfügbar sind.

**147d**   Ein Grundrechtsverstoß liegt nur dann vor, „wenn übersehen worden ist, dass bei Auslegung und Anwendung der verfassungsmäßigen Vorschriften des Privatrechts Grundrechte zu beachten waren, wenn der Schutzbereich der zu beachtenden Grundrechte unrichtig oder unvollkommen bestimmt oder ihr Gewicht unrichtig eingeschätzt worden ist, so dass darunter die Abwägung der beiderseitigen Rechtspositionen im Rahmen der privatrechtlichen Regelung leidet (vgl. BVerfGE 95, 28 [37], 97, 391 [401]), und die Entscheidung auf diesem Fehler beruht".[580]

---

[563] *Zuck,* Das Recht der Verfassungsbeschwerde, 5. Aufl., 2017, Rn 580: Leerformel.

[564] *Papier* HGR III, § 82 Rn. 32.

[565] BVerfGE 99, 185 (196); 114, 339 (348); 120, 180 (199); 129, 78 (101 f.); 142, 74 (101 Rn. 82); 148, 267 (280 f. Rn. 32–34).

[566] *Wolfgang Roth* AöR 121 (1996), 546 f.; *Bethge* AfP 1999, 316 f.; *ders.,* VVDStRL 57 (1998), S. 18; s. auch BVerfGE 95, 220 (234); 101, 361 (388); 107, 275 (280 ff.); 140, 42 (Rn. 48); *Voßkuhle* MKS III, Art. 93 Rn. 54.

[567] BVerfGE 84, 192 (195); ferner BVerfGE 124, 300 (301); siehe auch schon *Canaris* JuS 1989, 162.

[568] *Lerche* FS Odersky, 1996, S. 231; *Eckart Klein* FS Benda, 1995, S. 144 ff.

[569] Dazu K. *Hesse,* Verfassungsrecht und Privatrecht, 1988; *Ruffert* JZ 2009, 398.

[570] Vgl. dazu *Wolter,* Staat 36 (1997), 429 ff.

[571] Kritisch *Lerche* FS Odersky, 1996, S. 216 ff.; *Störmer* Verwaltung 30 (1997), 250 f. mwN.

[572] BVerfGE 124, 300 (342); 129, 78 (101 f.) 134, 204 Rn. 68; 142, 74 Rn. 82; 148, 267 Rn. 32.

[573] BVerfGE 142, 74 (101 f. Rn. 82–85); 148, 267 Rn. 32–34.

[574] BVerfGE 93, 266 (293); 97, 125 (150); 114, 339 (348).

[575] So *Isensee* FS Kriele, 1997, S. 5 ff.

[576] Kritisch *Ossenbühl* JZ 1995, 640, im Anschluss an *Schnur* VVDStRL 22 (1965), 128 mit Fn. 67.

[577] Zur Geltung des Grundsatzes auch bei Urteilsverfassungsbeschwerden BVerfGE 95, 163 (171); bei Rechtssatzverfassungsbeschwerden BVerfGE 150, 309 (326 Rn. 42).

[578] BVerfGE 112, 50 (61); 129, 78 (93); 140, 229 (Rn. 9 ff.).

[579] *Borowski* HStR XII, 3. Aufl., § 274 Rn. 41.

[580] Vgl. BVerfGE 101, 361 (388); 129, 78 (102 f.); 134, 204 (Rn. 103); 142, 74 (101 Rn. 83); 148, 267 (281 Rn. 34).

**c)** Die Einschränkung der Freiheitsrechte durch die allgemeinen Gesetze hat sich auch **im Übrigen** 148
an den Bindungen zu orientieren, die das Grundgesetz dem grundrechtseinschränkenden Gesetzgeber
auferlegt (sog. **Schranken-Schranken**). Doch sind die Instrumentarien nicht nur des Art. 19 in dieser
Hinsicht begrenzt.

Das Verbot des **grundrechtseinschränkenden Individualgesetzes** (Art. 19 I 1) greift schon des- 149
halb nicht, weil zu dessen Ausschluss ausreicht, dass die Norm nach ihrem objektiven Erklärungswert
die Fähigkeit hat, unbestimmt viele weitere Sachverhalte zu erfassen.[581]

Das **Zitiergebot** (Art. 19 I 2) wendet sich nur an den nachkonstitutionellen Gesetzgeber, der neue 150
Grundrechtseinschränkungen vornimmt.[582] Auch im Übrigen bedarf die Regelung als Formvorschrift
enger Auslegung, wenn sie nicht zu einer leeren Förmlichkeit erstarren und den die verfassungsmäßige
Ordnung konkretisierenden Gesetzgeber in seiner Arbeit unnötig behindern soll.[583] Die allgemeinen
Gesetze, die z. B. der Meinungsfreiheit generell Schranken setzen und „von vornherein den Inhalt des
Grundrechts bestimmen", werden nach diesen Kriterien nicht zu den zitierpflichtigen grundrechts-
einschränkenden Normen gerechnet.[584]

Dagegen kommt die **Wesensgehaltsgarantie** (Art. 19 II) der Sache nach zum Zuge. Ihre Bedeu- 151
tung beschränkt sich darauf, das Gebot der Verhältnismäßigkeit deklaratorisch zu positivieren.[585]
Elemente des Verhältnismäßigkeitsgrundsatzes (oder des Übermaßverbots) spielen gerade im Bereich
des Art. 5 II eine – doppelte – Rolle. Wer die Funktion der allgemeinen Gesetze mit Hilfe der
Abwägungslehre zu erschließen versucht, wird ohnehin zwangsläufig mit dem „Proportionalitätsprin-
zip" konfrontiert. Vor allem aber ist es die – bereichsspezifisch zur Sicherung der Rechte des Art. 5 I
entwickelte – „Wechselwirkungslehre", die die Schrankentrias des Art. 5 II zu disziplinieren sucht
(vgl. o. Rn. 145).

Die Figur des **Untermaßverbots,** die Eingang in die Judikatur gefunden hat,[586] findet Berück- 152
sichtigung bei der Frage, ob mit den Freiheiten des Art. 5 I kollidierende Verfassungspositionen Dritter
im Rahmen der Abwägung angemessen Rücksicht finden.[587]

Allgemeine Gesetze müssen, um wirksam die Freiheitsrechte einschränken zu können, mit den 153
**anderen Bestimmungen der Verfassung** übereinstimmen. Verstoßen sie gegen andere Verfassungsnormen, organisations- und kompetenzrechtliche Grundsätze z. B., verletzen sie auch Art. 5 I.[588]
Wegen dieser auch anderswo[589] nutzbar gemachten besonderen Variante der Elfes-Konstruktion[590] ist
ein Rückgriff auf Art. 2 I selbst idR entbehrlich.

**d)** Vom Schrankenvorbehalt des Art. 5 II zu unterscheiden ist ein schon in der Gewährleistung des 154
Art. 5 I angelegter **Ausgestaltungsvorbehalt.** Dieser **organisationsrechtliche Regelungsvor-
behalt** wird namentlich bei der Rundfunkfreiheit relevant,[591] die sich nicht in einer negatorischen
Abwehrhaltung erschöpft, sondern eine positive Ordnung verlangt. Ansatzpunkt ist die **dienende**
Rolle der Rundfunkfreiheit, die materielle, organisatorische und verfahrensrechtliche Regelungen
notwendig macht.[592] Adressat ist der Gesetzgeber, für den ein Parlamentsvorbehalt gilt. Elemente der
Normprägung sind auch für die Informationsfreiheit typisch.[593]

Entsprechend einem materiellen, auf Grund einer Zusammenschau von Grundrechts- und Kom- 154a
petenzverfassung gewonnenen Kompetenzverständnis[594] ist die Ausgestaltung des Rundfunks Sache des
Landesgesetzgebers (Art. 30, 70).[595] Die allgemeinen Gesetze des Art. 5 II hingegen sind **verbands-
indifferent;**[596] für sie kommen – natürlich bei Beachtung der Gesetzgebungskompetenzen – Bund
oder Land in Frage.

---

[581] BVerfGE 10, 234 (244); vgl. auch BVerfGE 95, 1 (17).
[582] BVerfGE 113, 348 (366 f.). Dazu *Axer* HGR III, § 67 Rn. 25; s. a. BVerfGE 121, 30 (49); 129, 208 (236 f.);
130, 1 (39); 150, 309 (Rn. 61); *Huber* MKS I, Art. 19 Rn. 81.
[583] BVerfGE 28, 36 (46); 35, 185 (188).
[584] BVerfGE 28, 282 (289); 64, 72 (80); kritisch *Lerche* HStR V, 2. Aufl., § 122 Rn. 41 mit Fn. 146; *Hillgruber*
HStR IX, § 201 Rn. 44. Zur Warn- und Besinnungsfunktion BVerfGE 120, 274 (343).
[585] Zu den Deutungsmöglichkeiten *Lerche* HStR V 2. Aufl., § 122 Rn. 25 ff.
[586] BVerfGE 88, 203 (254); s. weiter BVerfGE 109, 190 (247). Die Primogenitur darf wohl *Schuppert,* Funktionell-
rechtliche Grenzen der Verfassungsinterpretation, 1980, S. 15, beanspruchen; siehe *Dreier,* in: ders., GG I, 3. Aufl.,
2013, Vorb Rn. 163; *Isensee* HStR IX, 3. Aufl., § 191 Rn. 304.
[587] Vgl. *Isensee* FS Kriele, 1997, S. 5 ff.
[588] Vgl. BVerfGE 10, 118 (122); dazu *Bethge/Rozek* JuS 1994, 777. Ferner BVerfGE 113, 63 (79).
[589] BVerfGE 24, 367 (384 f.); 93, 85 (94); 111, 366 (373); 135, 155 (Rn. 98); 150, 309 (333 Rn. 63).
[590] BVerfGE 6, 32 ff.; vgl. auch BVerfGE 112, 1 (21).
[591] BVerfGE 57, 295 (321); 83, 238 (296); 90, 60 (88); 97, 228 (266); 121, 30 (58 f.); 136, 9 (Rn. 29, 45); kritisch
generell *Cornils,* Die Ausgestaltung der Grundrechte, 2005.
[592] BVerfGE 57, 295 (321); 121, 30 (50); 136, 9 (Rn. 29 f.).
[593] BVerfGE 103, 44 (60 f.); *Schoch* DVBl 2006, 3 mit Fn. 25.
[594] Vgl. *Scholz,* Audiovisuelle Medien und bundesstaatliche Gesetzgebungskompetenz, 1976, S. 26; *Lerche* JZ 1972,
468 ff.; *Bethge,* Landesrundfunkordnung und Bundeskartellrecht, 1991, S. 70.
[595] BVerfGE 57, 295 (320 f.); *Gersdorf* FS Engelschall, 1996, S. 167.
[596] BVerfGE 12, 205 (252); 139, 321 (Rn. 105).

**155**     Der Ausgestaltungsvorbehalt kommt zum Tragen, **bevor** noch die nachgeordnete Begrenzungsschicht der **allgemeinen Gesetze** des Art. 5 II in Erscheinung tritt, die (nur) die Einbindung der Träger der Kommunikationsrechte in die allgemeine Rechtsordnung sicherstellt,[597] aber nichts darüber besagt, dass schon die objektivrechtliche („institutionelle") Grundrechtsschicht der Rundfunkfreiheit „grundrechtsimmanent" den Erlass von Organisations- und Verfahrensgesetzen erforderlich macht.[598] Die Normenschicht, die die organisatorische Ausgestaltung des Grundrechts nach Art. 5 I 2 erfordert, ist scharf abzuheben von jener, die von den allgemeinen Gesetzen nach Art. 5 II repräsentiert wird.[599]

**156**     Dass der spezifische (rundfunkrechtliche) **Organisationsvorbehalt** aus Art. 5 I 2 nicht identisch ist mit dem Schrankenvorbehalt des Art. 5 II, entspricht der – freilich umstrittenen[600] – Konzeption des BVerfG.[601] Wichtig ist, dass die aus Art. 5 I folgende Aufgabe des Gesetzgebers, Rundfunkfreiheit rechtlich auszugestalten, nicht zu einer Beschränkung des Grundrechts berechtigt, die nur gem. Art. 5 II zulässig ist. Damit ist die Gefahr angezeigt, dass das freiheitssichernde, die Medienfreiheit nach Art. 5 I 2 begünstigende Gesetz in ein freiheitsbeschränkendes Sondergesetz nach Art. 5 II umschlagen kann. Die genauen Grenzen zwischen „Ausgestaltung" und „Beschränkung" des Grundrechts stellen denn auch das eigentliche Problem dar.[602]

**157**     Terminologisch **nicht förderlich** ist es, den organisationsrechtlich geprägten Gesetzesvorbehalt als **„institutionellen" Gesetzesvorbehalt** zu bezeichnen. Der letztere Begriff ist noch besetzt von dem Problem der Reichweite des Gesetzesvorbehalts im grundrechtsfernen Bereich der internen Staatsorganisation[603] (→ Rn. 158b).

**158**     Für die rundfunkrelevante Gesetzgebung ist es wichtig, zwischen den **ausgestaltenden** und **einschränkenden Normen** zu unterscheiden. Nur letztere stehen unter dem Regime des Art. 5 II[604]. Zu ihnen zählen die Bestimmungen, die Rundfunkveranstalter zur Zulassung von Wahlwerbung für politische Parteien verpflichten;[605] denn sie sichern nicht die Programmautonomie; sie heben sie zum Teil auf. Anders liegt es beim **Kurzberichterstattungsrecht,** das die Rundfunkfreiheit unberührt lässt und nur Exklusivitätsrechte anderer Veranstalter beschränkt;[606] insofern liegen ausgestaltende Normen vor. Schwierig fällt die Qualifikation von Programmquoten[607] wie überhaupt von Programmbindungsnormen[608] aus, die sich – auch wegen des Grundsatzes der Staatsfreiheit des Mediums[609] – einer strikten **Durchnormierung** entziehen.

**158a**     Das BVerfG hat seine differenzierende Sicht auch für das Verhältnis zwischen privaten Rundfunkveranstaltern und gesetzlich geregelten Aufsichtsmöglichkeiten der **Landesmedienanstalten** nutzbar gemacht. Die Vorlagepflicht der Veranstalter für bereits ausgestrahlte Sendungen wird zu Recht am Maßstab des Art. 5 I 2 – umfassende, auch nachwirkende Programmfreiheit – gemessen.[610] Die über die Rundfunkaufsicht der Landesmedienanstalt (im folgenden Zitat LfK) zu aktualisierende Aufzeichnungs- und Vorlagepflicht wird im **Doppelcharakter** als ausgestaltende und beschränkende Regelung gewertet[611].

**158b**     **e)** Der **Parlamentsvorbehalt** ist als grundrechtsdogmatische[612] Begrenzungskautele im Bereich der **Schranken-Schranken** des Art. 5 II ohne Aussage. Das liegt letztlich an der oszillierenden Figur des Parlamentsvorbehalts selbst.[613] Der Parlamentsvorbehalt wäre nur dann Schranken-Schranke, wenn er einen erweiterten Eingriffsvorbehalt darstellte[614] und wenn es sich bei der dem Gesetzgeber aufgegebenen Regelung aller wesentlichen grundrechtsrelevanten Fragen[615] um eine verschärfte Voraussetzung der Zulässigkeit der Grundrechts**beschränkung** handelte. So liegen die Dinge indessen nicht. Der Parlamentsvorbehalt und die ihm eigene Wesentlichkeitstheorie[616] sind nicht eingriffsfixiert, sondern

---

[597] BVerfGE 35, 202 (222 f.).

[598] *Bethge* DVBl 1983, 376 mwN.

[599] *Lerche* NJW 1982, 1681 Fn. 43; s. auch *Wieland* ZUM 1994, 450; *Gersdorf* AöR 119 (1994), 415.

[600] Vgl. *Degenhart*, BK, Art. 5 I, II (2004) Rn. 643 ff.; *Engel* AfP 1994, 186.

[601] BVerfGE 57, 295 (321); 73, 118 (166); 95, 220 (235 f.). 121, 30 (58 f.). *Bethge* DÖV 2002, 680.

[602] Vgl. *Lerche* HStR V, 2. Aufl., § 121 Rn. 4 mit Fn. 7; s. auch BVerfGE 95, 220 (235 ff.). 121, 30 (59).

[603] *Köttgen* VVDStRL 16 (1958), 161 ff.; *Böckenförde*, Die Organisationsgewalt im Bereich der Regierung, 1964, S. 95 ff.; *Krebs* HStR III, § 69 Rn. 58; BVerfGE 121, 135 (161).

[604] *Jarass*, in: Jarass/Pieroth, Art. 5 Rn. 55..

[605] *Wieland* ZUM 1994, 450.

[606] Vgl. *Bethge*, in: Jahrbuch der Landesmedienanstalten 1993/94, S. 121 (125); BVerfGE 97, 266 ff.

[607] Vgl. z. B. *Dörr* ZUM 1995, 264 ff.

[608] *Bethge* VVDStRL 57 (1998), 33 f.; *Ossenbühl* HStR III, 2. Aufl., § 62 Rn. 66 mit Fn. 77.

[609] BVerfGE 88, 25 (36); 121, 30 (51). Zur „Staatsferne" BVerfGE 136, 9 (Rn. 39).

[610] BVerfGE 95, 220 (234), im Anschluss an BVerfGE 91, 125 (134).

[611] BVerfGE 95, 235 f.

[612] Davon zu unterscheiden ist der wehrverfassungsrechtliche Parlamentsvorbehalt; BVerfGE 121, 135 (152); 140, 160 (Rn. 70). Siehe auch oben Rn. 157.

[613] Kritisch zu Recht *Lerche* HStR V, 2. Aufl., § 121 Rn. 46; *Cremer* AöR 122 (1997), 252 Fn. 17; *H. H. Klein* HStR II, 2. Aufl., § 40 Rn. 20.

[614] So *Badura* FS Odersky, 1996, S. 163; ähnlich *Hillgruber* HStR IX, § 201 Rn. 31.

[615] BVerfGE 40, 237 (248 ff.); 77, 170 (230 f.); 123, 39 (78).

[616] Vgl. BVerfGE 49, 89 (126); 84, 212 (226); 137, 350 (363 f. Rn. 33); 149, 407 (415 f. Rn. 24).

eingriffsindifferent.[617] Die Anliegen von Eingriffs- bzw. Schrankenvorbehalt einerseits und Parlaments-vorbehalt andererseits decken sich nicht.[618] Der Parlamentsvorbehalt absorbiert nicht den Eingriffs-vorbehalt.[619] Die Ziele des Parlamentsvorbehalts werden bereits vor der Schrankenproblematik und den für sie maßgeblichen Eingriffskautelen relevant. Das gilt auch im Bereich des Art. 5 I, II: Zumal auf dem Terrain der Rundfunkfreiheit bilden die Elemente der Normprägung, der positiven Ordnung, der Organisationsgesetzgebung und des Parlamentsvorbehalts eine symbiotische Einheit. Sie sind von der Beschränkung zu trennen[620] (→ Rn. 97 f., → Rn. 154 ff.).

**f)** Auch informales Staatshandeln, das mittelbaren Eingriffscharakter hat (z. B. Nennung einer Grup- **158c** pierung im Verfassungsschutzbericht als verfassungsfeindlich),[621] unteröiegt der Legitimationsfunktion des Gesetzesvorbehalts[622].

**3. Die gesetzlichen Bestimmungen zum Schutz der Jugend.** Die gesetzlichen Bestimmungen **159** zum Schutz der Jugend stellen eine **selbstständige Grundrechtsschranke** dar, die neben die all-gemeinen Gesetze tritt. Ihre Besonderheit liegt darin, dass Jugendschutzregelungen im Gegensatz zu den allgemeinen Gesetzen auch gegen bestimmte inhaltliche Meinungen gerichtet sein dürfen, also Sonderrecht gegen die Grundrechtserscheinungen des Art. 5 I zulassen. Sieht man freilich die Rele-vanz der allgemeinen Gesetze im Schutz eines gegenüber den Freiheiten des Art. 5 I schlechthin zu wahrenden Rechtsgutes (Abwägungslehre), dürften sich solche feinsinnigen Unterschiede verflüchti-gen.

Die ausdrückliche Anerkennung des Jugendschutzes als Schranke der (Grund-)Rechte aus Art. 5 I **159a** ist zu trennen von der Frage, ob der Jugendschutz eine der verfassungsimmanenten Schranken bei **vorbehaltlosen Grundrechten** ist.[623] Unter dem Dach des Art. 5 wird dieses Problem bei Art. 5 III – Freiheit der Kunst – relevant[624] (→ Rn. 195 ff.).

Die wesentliche Zielrichtung des Jugendschutzes liegt im Schutz der ungestörten Entwicklung der **160** Jugend. Es handelt sich nicht nur um ein verfassungsrechtlich bedeutsames Interesse und um ein wichtiges Gemeinschaftsanliegen.[625] Der Jugendschutz genießt vor allem auf Grund des in Art. 6 II 1 verbrieften elterlichen Erziehungsrechtes **Verfassungsrang.**[626] Dieser kommt dem Kinder- und Jugendschutz daneben aus Art. 1 I iVm Art. 2 I zu.[627] Insofern greift Art. 5 II ein seinerseits ver-fassungsrangiges Rechtsgut auf (→ Rn. 163). Der jüngere grundrechtstheoretische Denkansatz von den Grundrechten als Grundlage (mediatisierungsbedürftiger) staatlicher Schutzpflichten[628] dürfte die Anreicherung des Jugendschutzes als Schrankenelement des Art. 5 II mit anderen grundrechtlichen Gehalten eher befördern.[629]

Es ist Sache des Gesetzgebers, den Jugendschutz normativ zu ordnen. Der Jugendschutz ist nicht **161** zuvörderst oder gar allein verfassungsrangiges Gegenrecht, das in Abwägung den Grundrechten des Art. 5 I tritt. Maßgebend sind in erster Linie die vom Gesetzgeber zu besorgenden Bestimmungen des einfachen Rechts.[630] Der Gesetzgeber, der für sich in Teilen eine gewisse **Einschätzungsprärogative** beanspruchen darf, hat sich an grundlegenden Entscheidungen der Verfassung wie Menschenwürde, Persönlichkeitsrecht, Friedensgebot und Völkerverständigung[631] zu orientieren. Ein allgemeines Sitten-wächteramt ist ihm ebenso untersagt wie eine Außerachtlassung des Gebots der weltanschaulichen Neutralität.

Die gesetzlichen Bestimmungen zum Schutz der Jugend sind nicht nur ihrerseits im Lichte der **161a** Grundrechte des Art. 5 I zu sehen. Beim Erlass solcher Vorschriften muss der Gesetzgeber der Bedeutung der in Art. 5 I verbürgten Grundrechte Rechnung tragen.[632] Indizierungstatbestände des Gesetzgebers können auf Generalklauseln zurückgreifen. Auch kann das Ziel eines **effektiven Ju-gendschutzes** präventiv-generalisierende Regelungen rechtfertigen.[633] Der Jugendschutz bedarf in erster Linie wirkungsvoller Präventivmaßnahmen, um erkannte Gefahrenquellen rechtzeitig aus-

---

[617] *Bethge* VVDStRL 57 (1998), 32; s. a. *Brenner* HStR III, § 44 Rn. 27.
[618] *Ossenbühl* HStR III, 2. Aufl., § 62 Rn. 46; *Müller-Franken* (Fn. 188), S. 177.
[619] Anders wohl die Konzeption von *J. Ipsen* JZ 1997, 473 ff., der von einem umfassenden Einwirkungsbegriff ausgeht, durch den Eingriff und Ausgestaltung gleichermaßen erfasst werden.
[620] BVerfGE 57, 295 (320 f.); 95, 220 (235 f.); 119, 181 (214).
[621] BVerfGE 113, 63 (78 ff.); 134, 141 (Rn. 108).
[622] BVerfGE 148, 40 (51 Rn. 28).
[623] *Engels* AöR 122 (1997), 217 ff.
[624] BVerfGE 83, 130 (139 f.).
[625] Vgl. BVerfGE 30, 336 (347 f.); 77, 346 (356); *Isensee/Axer,* Jugendschutz im Fernsehen, 1998.
[626] BVerfGE 83, 130 (139); 138, 261 (Rn. 60); *Schmidt-Jortzig* HStR VII, § 162 Rn. 59 f.; *Starck* MKS I, 6. Aufl. 2010, Art. 5 Rn. 204; *Dörr* HGR IV, § 103 Rn. 104.
[627] BVerfGE 83, 130 (140).
[628] *Isensee* HStR V, 2. Aufl. § 111; BVerfGE 88, 203 (251 ff.); 97, 125 (146); 125, 39 (78).
[629] Vgl. *Engels* AöR 122 (1997), 212 ff.
[630] *Isensee* FS Leisner, 1999, S. 387; *Bethge* HStR IX, § 203 Rn. 51.
[631] So zutreffend *Degenhart* BK, Art. 5 I, II **(???)** Rn. 81.
[632] BVerfGE 90, 1 (16).
[633] BVerfGE 30, 336 (349).

zuschalten; diese können ihrerseits durch repressive Maßnahmen ergänzt und verstärkt werden.[634] Doch wachsen den normkonkretisierenden rechtsanwendenden Staatsbehörden bzw. Gerichten besondere Verantwortlichkeiten zu. Beispiel: Die Indizierung eines Buches als jugendgefährdend mit der Begründung, es enthalte zur Schuldfrage des Zweiten Weltkrieges eine falsche geschichtliche Darstellung, verstößt gegen Art. 5 I 1.[635]

162     **4. Das Recht der persönlichen Ehre. a)** Das Recht der **persönlichen Ehre** drückt sich vor allem in den Vorschriften des **bürgerlichen Rechts** und des **Strafrechts** aus.[636] Von daher stellen die maßgeblichen Bestimmungen idR zugleich allgemeine Gesetze dar. Das Verhältnis zwischen Kommunikationsfreiheiten und Ehrenschutz, namentlich der Konflikt zwischen Meinungsfreiheit und Ehrenschutz, ist darum ein Problem der Abschichtung zwischen den Rechten des Abs. 1 und den allgemeinen Gesetzen mitsamt der dazu entwickelten Argumentationsformeln.

163     **b)** Nicht außer Acht gelassen werden darf allerdings, dass der Ehrenschutz als Emanation des allgemeinen Persönlichkeitsrechts (Art. 2 I iVm Art. 1 I) auch in dessen Variante als Recht auf informationelle Selbstbestimmung zugleich **Verfassungsrang** hat[637] und sozusagen zu den vier klassischen Grundfreiheiten gehört.[638] Vor diesem Hintergrund steht nicht mehr nur der Konflikt zwischen verfassungskräftiger Kommunikationsfreiheit und einfachgesetzlichen Normen in Rede, sondern eine Kollision von verfassungsrangigen Rechtspositionen. Übermaßverbot und Wechselwirkungslehre greifen nicht in jedem Fall der Kollision gleichrangiger Verfassungsrechtsgüter.[639] Ob der auf Grund einer – angeblich? – einseitigen, die Meinungs-, Medien- und Kunstfreiheit (zu) stark betonenden Rechtsprechung des BVerfG **leerläuft**, ist bestritten.[640] Der Konflikt zwischen Kommunikationsfreiheit und Persönlichkeitsrecht, das weiter reicht als der Ehrenschutz, ist auch unter dem Signalwert Recht auf Vergessen (BVerfGE 152, 152ff.; 152, 216ff.) ein Zentralthema des Medienrechts.[641]

163a     Nicht außer Betracht bleiben darf jedenfalls, dass – auch dies inspiriert durch das Verfassungsrecht und die rechtsfortbildende[642] Anerkennung des Persönlichkeitsrechts als wehrfähiges Rechtsgut – das einfache Recht eine Reihe von **Reaktionsmöglichkeiten** bereithält.[643] Bei der Bemessung der Höhe der Geldentschädigung wegen Verletzung des allgemeinen Persönlichkeitsrechts wird auch der Gedanke der Präventivfunktion mitberücksichtigt.[644]

164     **c)** Eine besondere **medienspezifische Schranke** im Sinne des Art. 5 II stellt das **Gegendarstellungsrecht** dar, das sowohl von den allgemeinen Gesetzen als auch vom Persönlichkeitsrecht[645] gedeckt ist.

165     Zum **allgemeinen Stellenwert** führt das BVerfG (BVerfGE 63, 131 [142]) aus:

„Das Gegendarstellungsrecht ist heute als ein den Gegebenheiten der modernen Massenkommunikationsmittel angepasstes, für das Sondergebiet des Medienrechts näher ausgestaltetes Mittel zum Schutz des Einzelnen gegen Einwirkungen der Medien auf seine Individualsphäre anerkannt (vgl. BGHZ 66, 182 [195] mwN): Demjenigen, dessen Angelegenheiten in den Medien öffentlich erörtert werden, wird ein Anspruch darauf eingeräumt, an gleicher Stelle, mit derselben Publizität und vor demselben Forum mit einer eigenen Darstellung zu Wort zu kommen; er kann sich alsbald und damit besonders wirksam verteidigen, während etwaige daneben bestehende zivil- und strafrechtliche Mittel des Persönlichkeitsschutzes bei Durchführung des Hauptverfahrens regelmäßig erst in einem Zeitpunkt zum Erfolg führen, in dem der zugrundeliegende Vorgang in der Öffentlichkeit bereits wieder vergessen ist."

166     Die **verfassungsrechtliche Relevanz** des Gegendarstellungsrechts ist unbestritten. Seine normenhierarchische Einordnung ist nicht immer klar. Nach dem BVerfG ist der Anspruch zwar selbst nicht unmittelbar verfassungsrechtlich gewährleistet:

„Jedoch dient er dem Schutz der Selbstbestimmung des Einzelnen über die Darstellung der eigenen Person, die von der verfassungsrechtlichen Gewährleistung des allgemeinen Persönlichkeitsrechts in Art. 2 I i. V. mit Art. 1 I umfasst

---

[634] BVerfGE 30, 336 (350); vgl. auch *Grzeszick* AöR 123 (1998), 192ff.; *Hopf* ZUM 2000, 739ff.

[635] BVerfGE 90, 1 (19ff.).

[636] BVerfGE 90, 241 (251); 114, 339 (346ff.); *Putzke* NJ 2016, 177; siehe auch *Enders* HGR IV, § 89 Rn. 74.

[637] BVerfGE 146, 1 (46 Rn. 102); 152, 152 (188 Rn. 83); *Jestaedt* HGR IV, § 102 Rn. 61; *Mackeprang*, Ehrenschutz im Verfassungsstaat, 1990, S. 198; *Kriele* HStR IX, § 188 Rn. 103; *Schemmer*, in: Epping/Hillgruber, Art. 5 Rn. 118.

[638] Vgl. *P. Kirchhof* HStR IX, 1. Aufl., § 221 Rn. 129.

[639] BVerfGE 75, 369 (380).

[640] Umfassende Nachw. in der Abhandlung von *Isensee* FS Kriele, 1997, S. 5ff.; s. auch *Knies* FS Stern, 1997, S. 1176; *Schmitt Glaeser*, ebda, S. 1198; *H. H. Klein*, ebda, S. 1141; BVerfGE 103, 44 (68); 119, 309 (322).

[641] BVerfGE 35, 202 (230ff.); 114, 339 (346); 119, 1 (24); 152, 152 (194 Rn. 97); 152, 216 (267 Rn. 124); *Kriele* HStR IX, § 188 Rn. 92; *Kube* HStR VII, § 148 Rn. 60ff.; *Hoffmann-Riem* AöR 128 (2003), 173ff.; *Starck* JZ 2006, 76ff.; *Helle*, Grundlagen des Persönlichkeitsschutzes, 2006; *Beuthin* FS Medicus, 2009, S. 1ff.; *Jarass*, in: Jarass/Pieroth, Art. 5 Rn. 74.

[642] Vgl. BVerfGE 34, 269ff.

[643] Vgl. dazu *Seitz* NJW 1997, 3216f.

[644] BGHZ 128, 1ff.; dazu *Gounalakis* AfP 1998, 10ff.; s. auch *Stürner* AfP 1998, 1ff.; s. weiter BGHZ 143, 214ff. zum postmortalen Persönlichkeitsschutz; vgl. dazu auch BGH ZUM 2006, 211ff.

[645] BVerfGE 97, 125 (146).

wird (vgl. BVerfGE 54, 148 [153] mwN). Der Einzelne soll selbst darüber befinden dürfen, wie er sich gegenüber Dritten oder der Öffentlichkeit darstellen will, was seinen sozialen Geltungsanspruch ausmachen soll und ob oder inwieweit Dritte über seine Persönlichkeit verfügen können, indem sie diese zum Gegenstand öffentlicher Erörterung machen (BVerfGE 35, 202 [220] – Lebach; BVerfGE 54, 148 [155 f.]). Dem entspricht es, dass der von einer Darstellung in den Medien Betroffene die rechtlich gesicherte Möglichkeit haben muss, dieser mit *seiner* Darstellung entgegenzutreten; im anderen Fall wäre er zum bloßen Objekt öffentlicher Erörterung herabgewürdigt." (BVerfGE 63, 131 [142 f.]).

Auch wenn der Gegendarstellungsanspruch selbst zwar nicht unmittelbar verfassungsrechtlich ge- **167** währleistet ist, ist er doch letztlich **grundrechtlich „angeseilt"** und darum verfassungsrechtlich verwurzelt.[646] Mit der Aktualisierung des Gegendarstellungsrechts entspricht der Gesetzgeber einer aus dem allgemeinen Persönlichkeitsrecht folgenden Schutzpflicht, den Einzelnen wirksam gegen Einwirkungen der Medien auf seine Individualsphäre zu schützen.[647] Der BGH begreift das Institut der Gegendarstellung als notwendiges Korrelat der verfassungsrechtlichen Gewährleistung von Presse- und Rundfunkfreiheit, das einerseits der Persönlichkeit des Bürgers im Konflikt mit jeder Freiheitsgewährung (besser wohl: Freiheitsgewährleistung) Möglichkeiten zur Behauptung gibt, andererseits diesen Gewährleistungen Rechnung trägt.[648] Das Gegendarstellungsrecht ist aktualisiertes allgemeines Persönlichkeitsrecht, das ebenso wie die Freiheit der Medien essentieller Bestandteil der Verfassungsordnung des GG ist.[649]

Das Gegendarstellungsrecht ist ein Aspekt **medienspezifischer Verfahrensgesetzgebung.** Eben- **168** so wie es inhaltlich der Sicherung des allgemeinen Persönlichkeitsrechts dient, ist auch das Verfahrensrecht für einen effektiven Grundrechtsschutz von Bedeutung. Erfüllt das vom Gesetzgeber geschaffene Verfahrensrecht seine Aufgabe nicht oder setzt es der Rechtsausübung so hohe Hindernisse entgegen, dass die Gefahr einer Entwertung der materiellen Grundrechtsposition entsteht, dann ist es mit dem Grundrecht, dessen Schutz es bewirken soll, unvereinbar. Auch die verfahrensrechtliche Ausgestaltung des Gegendarstellungsrechts muss sich mithin vom GG gewährleisteten Allgemeinen Persönlichkeitsrecht messen lassen.

Das Gegendarstellungsrecht ist **Gegenrecht der Medienfreiheiten.** Bei seiner Ausgestaltung des **169** Gegendarstellungsrechts im Bereich von Presse und Rundfunk hat der Gesetzgeber daher nicht nur das allgemeine Persönlichkeitsrecht des Betroffenen, sondern auch das Grundrecht der Presse- und Rundfunkfreiheit zu beachten. Dieses gewährleistet das Recht, Art und Inhalt eines Beitrags zu bestimmen.[650]

Keines der Verfassungsgüter kann einen grundsätzlichen Vorrang beanspruchen. Eine absolute **170** Grundrechtsrangordnung auf einer generell-abstrakten Ebene kennt das GG nicht.[651] Den verfassungsrechtlichen Maßstab, nach dem die zu wahrenden Belange einander sachgemäß zuzuordnen sind, enthält der **Grundsatz der Verhältnismäßigkeit** (i. w. S.),[652] nach dem eine Grundrechtsbeschränkung geeignet und erforderlich sein muss, ihren Zweck zu erreichen, und die Betroffenen nicht übermäßig belasten darf, diesen also zumutbar sein muss.

**Verschärfungen** der Gegendarstellungspflicht, z. B. durch das Verbot des sog. Redaktionsschwan- **171** zes oder durch die Beschränkung eines möglichen Redaktionskommentars auf bloße Tatsachen, können die Pressefreiheit verletzen.[653]

Die **grundrechtssystematische Verortung** des Gegendarstellungsrechts ist **ambivalent.** Soweit **172** es als Konkretisierung des Persönlichkeitsrechts in den einfachgesetzlichen Bestimmungen geregelt ist, erfüllt es die Voraussetzungen zugleich der allgemeinen Gesetze in Art. 5 II. Ebenso lässt es sich dem durch Art. 5 II beabsichtigten Ehrenschutz zuordnen.[654]

**5. Die Zulässigkeit weiterer Schranken. a)** Die Grenzen der Freiheiten des Art. 5 I werden **173** systematisch **ausschließlich** von den einzelnen Teilen der **Schrankentrias** des Art. 5 II bestimmt. Eine weitere, gar darüber hinausgehende Beschränkung nach Maßgabe anderer geschriebener oder ungeschriebener Vorbehalte mit oder ohne verfassungsrechtliche(r) Anbindung scheidet aus.[655] Die vom BVerfG neuerdings angedeutete Ausnahme vom Sonderrechtsverbot (→ Rn. 143) muss sich gegenüber dem Vorhalt einer unzulässigen Spezialschranke rechtfertigen.[656]

---

[646] *Bethge* DÖV 1987, 310.

[647] BVerfGE 73, 118 (201); 97, 125 (146).

[648] BGHZ 66, 182 (195).

[649] BVerfGE 35, 202 (225); 63, 131 (144).

[650] BVerfGE 35, 202 (223); 59, 231 (258); 63, 131 (143). S. a. *Trute* HGR IV, § 104 Rn. 67.

[651] BVerfGE 35, 202 (225); *P. Kirchhof* HStR IX, 1. Aufl., § 221 Rn. 102 ff.; *Bethge* HGR III, § 72 Rn. 82; *Merten* HGR II, § 27 Rn. 7. S. a. BVerfGE 129, 208 (266); *Bethge* Leitgedanken I, § 49 Rn. 3.

[652] BVerfGE 44, 353 (373); 63, 131 (144).

[653] Dazu kontrovers *Seitz* NJW 1994, 2926; *Stürner* JZ 1994, 865; *Isensee* FS Kriele, 1997, S. 47; siehe auch BVerfGE 97, 157 ff., zum Glossierverbot (Redaktionsschwanz).

[654] Vgl. *Schmidt-Jortzig* HStR VII, § 162 Rn. 61 Fn. 120.

[655] A. M. *Reffken,* Politische Parteien und ihre Beteiligung an Medienunternehmen, 2007, S. 372.

[656] BVerfGE 124, 300 (321 ff.); 136, 323 (337 Rn. 36); dazu *Bethge* HStR IX, § 203 Rn. 172. Siehe nunmehr BVerfGE 149, 160 (214 Rn. 147).

**173a**    Beschränkungen des Inhalts und der Form einer Meinungsäußerung finden ihre Rechtfertigung ausschließlich in den durch Art. 5 II aufgeführten Schranken auch dann, wenn die Äußerung in einer oder durch eine Versammlung erfolgt.[657]

**174**    Was die einfachgesetzliche, nicht schon durch die allgemeinen Gesetze des Art. 5 II legitimierte Rechtsordnung angeht, kommt sie als zulässige Schranke nicht in Frage: Verfassungsrangige Grundrechte zumal mit ausdrücklichem Schrankenvorbehalt stehen nicht zur Disposition des einfachen Gesetzgebers. Sie dürfen auch sonst **nicht** durch eine pauschale Berufung auf die **allgemeine Rechtsordnung** oder durch **Gemeinwohlklauseln relativiert werden**. Das Gemeinwohl ist Schranken-Schranke, nicht Gesetzesvorbehalt oder gar Eingriffsermächtigung.[658]

**175**    Auch sonstige verfassungsrechtlich vermittelte Schranken dürfen **nicht** herangezogen werden: Ein Rückgriff auf die **Schrankentrias** des „Muttergrundrechts" des **Art. 2 I**, namentlich die verfassungsmäßige Ordnung, verbietet sich aus systematischen Gründen. Die Spezialität des Art. 5 I und II gilt sowohl auf der Gewährleistungs- wie auf der Schrankenseite.[659] Der Auffangtatbestand des Art. 2 I ist insoweit thematisch verbraucht. Es besteht auch keinerlei Bedürfnis für einen solchen Regress. Da mit den allgemeinen Gesetzen des Art. 5 II ua auch die Einbindung der Grundrechtsträger in die allgemeine Rechtsordnung[660] gemeint ist, besteht weitgehend Deckungsgleichheit mit der verfassungsmäßigen Ordnung in Art. 2 I; diese ist identisch mit der Gesamtheit aller formell und materiell mit dem sonstigen Verfassungsrecht übereinstimmenden Rechtsnormen.[661] Auch die anderen Teile der Schrankentrias des Art. 2 I dürfen nicht zur Begrenzung der Rechte aus Art. 5 I herangezogen werden. Das betrifft auch das Sittengesetz.[662]

**176**    Vor diesem Hintergrund ist es ausgeschlossen, dass neben Art. 5 II zusätzlich **kollidierende Grundrechte Dritter** oder andere mit Verfassungsrang ausgestattete Rechtswerte zur Begrenzung der Rechte des Art. 5 I herangezogen werden.[663] Diese Argumentationsformel verwendet das BVerfG, um bei textlich vorbehaltlosen Grundrechten die aus Gründen der Einheit der Verfassung dennoch unumgängliche Schrankenbedürftigkeit verfassungsrechtlich zu belegen[664] und um derart die Einbindung dieser Gewährleistungen in die Rechtsordnung zu sichern, die eine Gemeinschaftsordnung ist.[665] Bei schrankenbewehrten Freiheitsrechten ist das Argument fehl am Platze,[666] weil die expressis verbis statuierten Vorbehalte zugunsten der staatlichen Gemeinschaftsordnung abschließend und ausreichend sind. Der den Grundrechten attestierte „Schrankenwirrwarr"[667] besteht – zumal in Anbetracht des gegenwärtig erreichten Differenzierungsniveaus einer ausgefeilten Grundrechtsdogmatik – eher in der Optik leichthändiger Kritiker.

**177**    Der **Ausschluss** der für vorbehaltlose Grundrechte entwickelten **Schrankenformel der kollidierenden Grundrechte** Dritter gilt umso mehr, als Art. 5 II in Gestalt des Rechts der persönlichen Ehre ein derartiges kollisionsfähiges Grundrecht ausdrücklich benennt[668] (vgl. auch o. Rn. 31). Auch wenn dieses Grundrecht der persönlichen Ehre, um es den Rechten aus Art. 5 I wirksam entgegenzusetzen, in der Regel noch der einfachgesetzlichen Konkretisierung bedarf,[669] folgt aus seiner singulären Erwähnung doch, dass sonstige Verfassungsrechtspositionen eben nicht zur Beschränkung herangezogen werden dürfen. Über die mediatisierende Wirkung von einfachrechtlichen Generalklauseln (z. B. § 3 UWG) setzt auch die Menschenwürde (Art. 1 GG) den Kommunikationsfreiheiten eine absolute Grenze.[670]

**177a**    Die Grundrechte gelten im Wege der mittelbaren Drittwirkung auch im Verhältnis zwischen Privaten. Hier kommt es bei Verfassungsbeschwerden zu kollidierenden Grundrechtspositionen, die auch Kommunikationsgrundrechte betreffen (BVerfGE 152, 152 [184 ff. Rn. 75 ff.]; 152, 216 [254 Rn. 97]; siehe auch BVerfGE 148, 267 [280 f. Rn. 32 f.]).

**177b**    **Bedenklich** ist es, aus Grundrechtsbestimmungen, die sich anderer Rechtsgüter annehmen, Schutzpflichten abzuleiten und diese öffentlich-rechtlichen und privaten Rundfunkveranstaltern als Schranke aufzuerlegen. Die Pflicht, werdendes Leben zu schützen, ist ohne Frage eine Schutzpflicht des

---

[657] BVerfGE 90, 241 (246); 111, 147 (154 f.); s. auch *Enders* Jura 2003, 105.

[658] *Bethge* VVDStRL 57 (1998), 23; *ders.* HStR IX, § 203 Rn. 172.

[659] Seit BVerfGE 6, 32 ff. st. Rspr.

[660] Vgl. BVerfGE 35, 202 (222 f.).

[661] BVerfGE 6, 32 (38).

[662] So aber *Bettermann* NJW 1981, 1065 ff.

[663] So aber BVerfGE 66, 116 (136); 111, 147 (157 f.); siehe auch BVerfGE 120, 180 (201); ferner BVerwGE 87, 37 (45 f.); *Lerche* HStR V, 2. Aufl., § 122 Rn. 47 mit Fn. 166; *Schulze-Fielitz,* in: Dreier, 2. Aufl., Art. 5 I, II Rn. 152; *Schmidt-Jortzig* HStR VII, 3. Aufl., § 162 Rn. 57 f.; wie hier *Enders* FS Wahl, 2011, S. 296.

[664] BVerfGE 28, 243 (261); 30, 173 (193); siehe auch BVerfGE 134, 141 (Rn. 111 ff.).

[665] Vgl. zum Parallelfall des Art. 4 I GG *Bethge* HStR VII, § 158 Rn. 37 ff.

[666] Vgl. dazu *Isensee* HStR IX, § 191 Rn. 138 ff.

[667] Der Begriff geht auf *Bettermann,* Grenzen der Grundrechte, 1968, S. 3, zurück; dazu differenziert *Horst Dreier,* in: ders., GGI, 3. Aufl., 2013, Vorb Rn. 134.

[668] *Mackeprang,* Ehrenschutz im Verfassungsstaat, 1990, S. 198; siehe auch *Kriele* HStR IX, § 188 Rn. 103.

[669] So jedenfalls BVerfGE 33, 1 (16 f.).

[670] BVerfGE 107, 275 (281) mwN.

Staates,[671] die diesen auch zu positiven Maßnahmen anhält.[672] Sie kann aber nicht ohne weiteres – auch nicht über die Bindung an Art. 1 (Würde des Menschen) – anderen Grundrechtsträgern verordnet werden. Sie stellt noch weniger eine verfassungsunmittelbare Eingriffsermächtigung dar.[673] Schutzpflichten wirken nicht self-executing. Sie bedürfen der Gesetzesmediatisierung.[674] Die gelegentlich gegenteilige Konzeption des Bundesverfassungsgerichts[675] ist eher dezisionistisch und zugleich Beleg für die Gefahren, die aus einer alle Rechtsrelationen überwölbenden, absolut wirkenden Rundum-Schutzpflichten-Schau resultieren. Sie ist nichts anderes als die Fortführung der Argumentationsformel von der objektiven Werteordnung, die angeblich alle Bereiche des Rechts durchzieht.[676]

**b)** Eine eindeutige verfassungsimmanente Gewährleistungsschranke, die sich den Grundrechten des **178** Art. 5 I wie allen anderen Grundrechten mitteilt, sind das Gewaltverbot und das **Friedlichkeitsgebot,**[677] die in Art. 8 I eine beispielhafte Ausformung erfahren haben und bei den anderen Freiheitsrechten als ungeschriebenes Tatbestandsmerkmal mitzulesen sind (→ Rn. 35). Ob das Verbot der Gutheißung der Untaten des NS-Regimes als Sonderrecht eine weitere verfassungsimmanente Schranke darstellt, wird kontrovers beurteilt (→ Rn. 143, → Rn. 173 sowie zustimmend BVerfGE 124, 300 ff.).

In **Sonderstatusverhältnissen** (den früheren besonderen Gewaltverhältnissen) sind zusätzliche Ein- **179** schränkungen nach Maßgabe der für sie typischen Eigenart zulässig.[678]

Eine besondere Ausprägung der **Missbrauchsabwehr**[679] in der streitbaren Demokratie des Grund- **180** gesetzes[680] zumindest bezüglich des Teils der in Art. 5 I genannten Freiheitsrechte regelt Art. 18. Danach können die Freiheit der Meinungsäußerung, insbesondere die Pressefreiheit, verwirkt werden.[681] Bezüglich der **Verwirkung** hat das Bundesverfassungsgericht ein Entscheidungsmonopol, das zu einer Sperrwirkung im Strafrecht und im materiellen Polizeirecht führt. Sie hat zur Konsequenz, dass bundes- oder landesrechtliche Vorschriften, die andere Funktionsträger zu verwirkungsähnlichen Entscheidungen ermächtigen, wegen Verstoßes gegen die exklusive Organkompetenz des Bundesverfassungsgerichts verfassungswidrig sind.[682] Art. 18 sowie die Art. 9 II und Art. 21 II entfalten Sperrwirkung. Sie steht einer Berufung auf ungeschriebene verfassungsimmanente Schranken als Rechtfertigung für sonstige Maßnahmen zum Schutz der freiheitlich demokratischen Grundordnung entgegen.[683] Nicht zulässig ist es, öffentlich-rechtlichen oder gar privaten Rundfunkveranstaltern eine besondere Verfassungstreuepflicht aufzuerlegen,[684] die die für jedermann verbindliche allgemeine Rechtsgehorsamspflicht[685] übersteigt.

**c)** Art. 5 II bezieht sich auf Einschränkungen der Rechte des Art. 5 I durch den – meist einfachen – **181** Gesetzgeber, der seinerseits Schranken (Art. 19 bzw. Wechselwirkungsgrundsatz und/oder Übermaßverbot) unterliegt. Für **Verfassungsänderungen** gilt allein Art. 79. Die Grundrechte selbst sind nicht vor jedweder Verfassungsänderung geschützt. Der Schirm der **Ewigkeitsgarantie** (Art. 79 III) könnte beim Demokratiegrundsatz (Art. 20 I und II) und der Würde des Menschen (Art. 1) ansetzen.[686] Die Wesensgehaltsgarantie des Art. 19 II bindet nur den einfachen, nicht den verfassungsändernden Gesetzgeber.[687]

---

[671] BVerfGE 39, 1 ff.; 88, 203 ff.; 138, 201 (Rn. 60).
[672] Zur Mediatisierung von Schutzpflichten durch den Gesetzgeber siehe *Isensee* HStR IX, § 191 Rn. 281 ff.; *Bethge* FS Isensee, S. 622 ff.
[673] *Isensee* FS Leisner, S. 387 f.
[674] *Merten* FS Leisner, S. 619 ff.; *Dreier*, in: Dreier I, vor Art. 1 Rn. 101 ff.; *Bethge* GS Tettinger, S. 383 mwN.
[675] BVerfGE 88, 203 (261). Siehe aber auch BVerfGE 114, 1 (33 f.); ferner BVerfGE 115, 118 (152 f.).
[676] Vgl. *Bethge* VVDStRL 57 (1998), 16 ff.; *Schmitt Glaeser* FS Dürig, 1990, S. 98 Fn. 33.
[677] So dezidiert *P. Kirchhof* HStR IX, 1. Aufl., § 221 Rn. 129; s. a. *Depenheuer* HStR IX, § 194 Rn. 44.
[678] Vgl. *Loschelder* HStR V, 2. Aufl., § 123 Rn. 37 ff.; BVerwGE 86, 321 (325 f.); 93, 287 (291 f.); 93, 323 (325 ff.). BVerfGE 90, 255 ff.: Eine vom Schutz der Privatsphäre (Art. 2 I iVm Art. 1 I GG) umfasste vertrauliche Äußerung verliert diesen Charakter nicht dadurch, dass sie der Briefüberwachung nach §§ 29 III, 31 des Strafvollzugsgesetzes unterliegt. Eine Verurteilung wegen Beleidigung, die auf der gegenteiligen Annahme beruht, verstößt gegen das Grundrecht der Meinungsfreiheit (Art. 5 I 1 GG). Generell zurückhaltend gegenüber zusätzlichen Bindungen in Sonderstatusverhältnissen *Jarass*, Jarass/Pieroth, Art. 5 Rn. 81.
[679] *Lerche* HStR V, 2. Aufl., § 122 Rn. 44; *Schmitt Glaeser*, HGR III, § 74.
[680] Dazu BVerfGE 5, 85 (139); 39, 334 (349).
[681] BVerfGE 10, 118 ff.; 111, 147 (158); *Bethge* HStR IX, 3. Aufl., § 203 Rn. 156 ff.
[682] BVerfGE 10, 118 ff.; vgl. *Bethge* Jura 1997, 592.
[683] BVerfGE 111, 147 (158 f.).
[684] *Bethge* NJW 1987, 2982; *v. Arnauld* HStR VII, § 167 Rn. 1 ff., 7 ff.; vgl. auch BVerfGE 73, 118 (151).
[685] Dazu *Bethge* NJW 1982, 2145 ff.
[686] Zum Schutz des Art. 5 I 1 über Art. 79 III vgl. *Murswiek* HGR II, § 28 Rn. 110.
[687] *Lerche* HStR V, 2. Aufl., § 122 Rn. 30; *Huber* MKS I, Art. 19 Rn. 158.

## C. Die Gewährleistungen des Abs. 3

### I. Die Kunstfreiheit

182 **1. Der Inhalt der Freiheit. a)** Der sachliche Gewährleistungsbereich ist äußerst schwierig zu bestimmen. Mit anderen **nicht rechtserzeugten** Schutzbereichen wie „Glaube", „Gewissen" oder „Wissenschaft" teilt die **Kunst** das eigentümliche Dilemma einer nur unvollkommenen verfassungs-**rechtlichen** Umsetzbarkeit.[688] Das ist kein Defizit des GG, sondern die zwangsläufige Konsequenz des unbehelflichen, aber unentbehrlichen Versuchs, das rechtsexogene und einem außerstaatlichen Frei-heitsbereich zuzurechnende[689] Phänomen Kunst um seines Schutzes willen in rechtlichen Koordinaten zu erfassen. Der Versuch läuft um so mehr auf eine Quadratur des Kreises hinaus, als und wenn die Kunstfreiheit einerseits von der Verfassung vorbehaltlos gewährleistet wird, also nicht unter einen geschriebenen Schrankenvorbehalt gestellt ist, andererseits aber nur in einer Rechtsordnung denkbar ist, die Schutz **und** Schranke ist. Die Kunstfreiheit ist zwar nicht rechtsgeprägt und gesetzesakzesso-risch, aber doch ohne normative Umhegung nur schwer handhabbar.

183 **b)** Die Kunst, die Art. 5 III 1 für frei erklärt, kann nicht generell definiert werden.[690] Die De-finitionsfrage gerät wie nicht selten in der Rechtsordnung zur **Kompetenzfrage**.[691] Sie lässt sich ebenfalls nicht eindimensional beantworten. Authentische Definitionsmacht kann keiner einzelnen Instanz und/oder Institution zuerkannt werden. Der **Staat selbst** kommt **allein** schon darum nicht in Frage, weil auch für die Kunst das vorwiegend medienspezifische, aber nicht ausschließlich dort angesiedelte Gebot der Staatsfreiheit[692] gilt und weil den Staat – angeblich – ein Definitionsverbot trifft (vgl. allerdings u. Rn. 190). Doch ist der Staat keinesfalls von der inhaltlichen Bemessung der Kunst-freiheit (und ihrer Schranken) ausgeschlossen. Ungeachtet der Unmöglichkeit, Kunst generell zu definieren, gebietet die verfassungsrechtliche Verbürgung dieser Freiheit, ihren Schutzbereich bei der konkreten Rechtsanwendung zu bestimmen.[693] Die Grundanforderungen an künstlerische Tätigkeit festzulegen, ist durch Art. 5 III 1 nicht verboten, sondern verfassungsrechtlich gefordert.[694]

183a Eine Nichtjustiziabilität (von Aspekten) der Materie Kunst kommt nicht in Frage; Einschätzungs-prärogativen kommen nicht in Betracht. Die Fachgerichtsbarkeit ist in Pflicht genommen; ebenso das BVerfG, das die Einhaltung des „spezifischen Verfassungsrecht" zu kontrollieren hat und das die den Fachgerichten aufgegebene „kunstspezifische Betrachtung" überprüft.[695] Die Komplexität der Prü-fungsprozedur(en) der rechtsanwendenden Funktionsträger in Fragen des sog. Sampling ist enorm. Lediglich der Gesetzgeber hat bei der Schlichtung kollidierender Grundrechtspositionen einen weiten Beurteilungs- und Gestaltungsspielraum[696] (→ Rn. 187b, → Rn. 190a).

184 Kunstbegriff eines Joseph Beuys gilt schon von daher nicht. Auch wenn der wahre Sinn der Freiheit im Allgemeinen und der Kunstfreiheit im Besonderen im Schutz von **Willkür und Beliebigkeit** des Grundrechtsinhabers liegt,[697] wäre es eine kopernikanische Wende *(Josef Isensee)* in der Grundrechts-dogmatik, dem Grundrechtsträger selbst allein die verbindliche Bestimmung des Freiheitsumfangs zu überantworten.[698] Indizierende Bedeutung kommt dem Selbstverständnis des „Autors" aber durchaus zu. Es muss ergänzt werden durch die Einbeziehung gesellschaftlicher Wertungen, durch Auffassungen der Kunstszene (des Establishments wie der Avantgarde) und durch andere Implikationen einer pluralistischen, offenen Werteordnung.[699]

185 **Mehrheitsauffassungen** einer opinio communis reichen **nicht** aus, noch taugen sie auch nur als Richtschnur. Kunst kann trotz der Privilegienfeindlichkeit der Demokratie im Einzelfall extrem elitär und minoritär sein. Eine Art Anstandsgefühl aller billig und gerecht Denkenden hat ebenso wenig Aussagekraft wie die Durchschnittlichkeit von Lieschen Müller und Otto Normalverbraucher oder gar ein „gesundes Volksempfinden"; genauso wenig der Zeitgeist, (neudeutsch: mainstream) vorauseilen-der Gehorsam oder der Tugendterror einer *political correctness.*[700] Zudem: Kunstfreiheit ist wie jede echte Freiheit immer auch Minderheitenfreiheit (Außenseiter-Kunst).

---

[688] *Denninger* HStR VI, 2. Aufl., § 146 Rn. 9; *v. Arnauld* HStR VII, § 167 Rn. 7.

[689] *Ossenbühl* HGR I, § 15 Rn. 26; *Dederer,* JöR 57 (2009), 99.

[690] BVerfG 30, 173 (188 f.); 67, 213 (224 ff.); 119, 1 (20 ff.); *Wendt,* v. Münch/Kunig, GG I, Art. 5 Rn. 8; *Starck* MKS I, 6. Aufl., 2010, Art. 5 Rn. 298; *Pernice,* in: Dreier I, Art. 5 III (Kunst), Rn. 17 ff.

[691] BVerfGE 67, 213 (225); *Bethge* ZUM 1989, 493 ff.

[692] Vgl. BVerfGE 80, 124 (131 ff.).

[693] BVerfGE 67, 213 (225); 75, 369 (377).

[694] BVerfGE 75, 369 (377).

[695] BVerfGE 142, 74 (101 ff. Rn. 81 f.), auch zum Folgenden.

[696] BVerfGE 134, 204 (223 f. Rn. 70); 142, 74 (97 Rn. 72).

[697] *Bethge* DVBl 1983, 371.

[698] *Isensee,* Wer definiert die Freiheitsrechte?, 1980; *Hufen* HGR IV, § 101 Rn. 28.

[699] Vgl. *v. Arnauld* HStR VII, § 167 Rn. 11 f.

[700] *Schmitt Glaeser* HStR III, § 38 Rn. 57; *Bethge* HStR IX, § 203 Rn. 87; *ders.* FS Wendt, S. 35; *Müller-Franken* (Fn. 107), S. 60 f.

Das BVerfG, dem ein **formaler weiter Kunstbegriff** attestiert wird, müht sich um eine zumindest **186** sprachlich geglückte Annäherungsdefinition: „Das Wesentliche der künstlerischen Betätigung ist die freie schöpferische Gestaltung, in der Eindrücke, Erfahrungen, Erlebnisse des Künstlers durch das Medium einer bestimmten Formensprache zu unmittelbarer Anschauung gebracht werden. Alle künstlerische Tätigkeit ist ein Ineinander von bewussten und unbewussten Vorgängen, die rational nicht aufzulösen sind. Beim künstlerischen Schaffen wirken Intuition, Phantasie und Kunstverstand zusammen; es ist primär nicht Mitteilung, sondern Ausdruck und zwar unmittelbarster Ausdruck der individuellen Persönlichkeit des Künstlers".[701]

Als Unterscheidungskriterien scheiden „gut" oder „schlecht", „wertvoll" oder „wertlos", „schön" **187** oder „hässlich", „richtig" oder „falsch" und ähnliche Bewertungsmuster aus.[702] Eine Niveaukontrolle liefe auf eine verfassungsrechtlich unstatthafte Inhaltskontrolle hinaus.[703] Pauschalbegriffe wie „staatszersetzend", „entartet", „blasphemisch" dürfen nicht als negative Tatbestandsmerkmale in den Schutzbereich projiziert werden. Kunst schließt Parodie und Persiflage ein; desgleichen die artverwandte Satire und Karikatur.[704] Polemik, Provokation, ja Impertinenz und Intoleranz sind nicht per se kunstkonträr. Kunst darf provozieren, darf respektlos sein. Pornographische Elemente stehen ebenso wie Vulgär- und Fäkalsprache einer Zuerkennung der Kunsteigenschaft nicht von vornherein entgegen.[705] Umgekehrt macht Esoterik allein Kunst nicht aus. Auch Kunstkritik kann Kunst sein[706] (Rezension als Sekundärliteratur). Die Anerkennung der Kunsteigenschaft darf nicht von einer staatlichen **Stil-, Niveau- und Inhaltskontrolle** oder von einer Beurteilung der Wirkungen des Kunstwerks abhängig gemacht werden.[707] Solche Gesichtspunkte können allenfalls bei der Prüfung der Frage eine Rolle spielen, ob die Kunstfreiheit kollidierenden Rechtsgütern von Verfassungsrang zu weichen hat.[708] Andererseits: Das Plagiat ist (in doppeltem Sinne) keine Kunst; das Autoplagiat (Selbstzitat) kann es aber sehr wohl sein. Das Fremdzitat (die Einbeziehung des Kunstwerks eines anderen Autors) kann zum eigenen Kunstwerk gehören (BVerfGK ZUM 2000, 867).

Im Einzelnen sehen sich die Gerichte mit mühseligen **Abgrenzungsfragen** konfrontiert, die das Ganze **187a** – auch wegen der nicht selten gezwungenermaßen pompösen sprachlichen Umsetzung – unfreiwillig ins Ridiküle abgleiten lassen, aber eben die Kompliziertheit der Materie belegen. Einerseits: Straßenkunst[709] und/oder Spontankunst umfasst auch das Silhouettenschneiden (das sind Profilschattenbilder oder kürzer: Scherenschnitte).[710] Andererseits: Das bloße Präsentieren des nackten Körpers ist weder eine klassische Form des Straßentheaters noch eine avantgardistische Form künstlerischer Installation oder Aktion.[711] Oder: Das Kochrezept kann ein Kunstwerk sein; kulinarische bzw. gastronomische Produkte hingegen nicht, es sei denn in der perpetuierten Form eines Stilllebens (Andy Warhols Campbell-Konserve?).

Das „Sampling" als musikalisches Gestaltungsmittel der Verarbeitung von Klängen aus unterschied- **187b** lichen (fremden) Tonquellen führt zu einem eigenständigen **Kunstwerk** des Musikschaffenden. Dem kann nicht entgegengehalten werden, dass sich die Reichweite der Kunstfreiheit von vornherein nicht auf die eigenmächtige Inanspruchnahme oder Beeinträchtigung fremden geistigen Eigentums zum Zwecke der künstlerischen Entfaltung erstrecke.[712]

**c)** Die Kunst ist nie allein nur machtgeschützte Innerlichkeit. Die Kunst ist (auch) Kommunikati- **188** on.[713] Die Kunst braucht Rezeption. Die Kunst benötigt Kontakt nach außen. Die Kunstfreiheit darf nicht auf den bloßen Kreationsvorgang reduziert werden. Die Gewährleistung der Norm umgreift nicht nur den **Werkbereich,** sondern auch den **Wirkbereich,**[714] zu dem auch die Werbung für ein Kunstwerk gehört.[715] Die Vorbehaltlosigkeit des Grundrechts ist keine Rechtfertigung für eine Beschränkung des Schutzbereichs auf den bloßen Kreationsakt, den Werkbereich also. Trotz des funktionalen Zusammenhangs zwischen Gewährleistungsbereich und Schranken darf jener nicht nach den vermeintlichen Eingriffsnotwendigkeiten zurechtgeschnitten[716] werden. Denn was aus dem Schutz-

---

[701] Vgl. BVerfGE 30, 173 (189); 67, 213 (226); 81, 278 (291 f.); 83, 130 (138).

[702] BVerfGE 75, 369 (377); vgl. auch *Burgi* ZG 1994, 358.

[703] BVerfGE 75, 369 (377); *Scholz,* in: Maunz/Dürig, Art. 5 III (1977) Rn. 39.

[704] BVerfGE 75, 369 (377); 86, 1 (9). Siehe auch BVerfGE 119, 1 (21): Künstlerisch gestaltete Autobiographie; Reportage, Satire, Doku-Drama, Faction.

[705] BVerfGE 83, 130 (138).

[706] *Mißling,* Art. 5 Abs. 3 Satz 1 GG als ein Grundrecht der Kunst, 2012, S. 206 ff.

[707] BVerfGE 75, 369 (377); 81, 278 (291).

[708] BVerfGE 83, 130 (139).

[709] *Kempen,* Epping/Hillgruber, GG, Art. 5 III Rn. 171.

[710] BVerwGE 84, 71 ff.

[711] OVG Münster DÖV 1996, 1051 f.

[712] BVerfGE 142, 74 Rn. 90, in Abkehr von BVerfG (VPr) NJW 1984, 1293 f.: Sprayer von Zürich.

[713] *Schmitt Glaeser* HStR III, § 38 Rn. 24.

[714] BVerfGE 30, 173 (189); 81, 278 (292); 119, 1 (21 f.); 142, 74 (96 Rn. 68); *Wittreck,* in: Dreier I, Art. 5 III (Kunst) Rn. 188; *Kempen,* in: Epping/Hillgruber, Art. 5 Rn. 168.

[715] BVerfGE 77, 240 (253 f.); *Starck/Paulus* MKS I, Art. 5 Rn. 432; *S. Wolf* DÖV 2017, 827.

[716] BVerfGE 85, 386 (397); *Kahl* Staat 43 (2004), 167 ff.; vgl. auch BVerfGE 32, 54 (72); *Isensee* HStR V, 2. Aufl., § 111 Rn. 45; s. auch *Lerche,* ebda, § 121 Rn. 52.

bereich eines Grundrechts herausfällt, kann nicht mehr Gegenstand eines rechtfertigungsbedürftigen Grundrechtseingriffs, geschweige denn einer Grundrechtsverletzung sein.[717] Bei vorbehaltlosen Grundrechten darf zur Erhaltung des Axioms der Unbeschränkbarkeit nicht der sachliche Gewährleistungsbereich verkürzt werden. Freilich hat diese Anreicherung des Tatbestandes um den Sozialkontakt ihren Preis auf der Bindungsseite: die verfassungsimmanenten Schranken[718] und den Verlust an Eingriffsresistenz.[719]

189     **d)** Die Kunstfreiheit ist in erster Linie staatsgerichtetes **Abwehrrecht**.[720] Rechtssubjekte des Privatrechts können allenfalls über auf diesem Gebiet besonders „fragwürdige" Drittwirkungsvorstellungen grundrechtsverpflichtet werden.[721] **Kunstförderung** wie überhaupt Kulturförderung ist Sache (auch) des Staates[722] (vgl. auch unten Rn. 199a). Ob dieser Sachkompetenz **derivative Teilhabeansprüche** aus Art. 5 III 1 korrespondieren, ist zweifelhaft.[723] Sie sind bislang nur auf dem Gebiet des Zugangsanspruchs zur universitären Ausbildungsstätte (Art. 12 I) anerkannt worden, der ich durch die besonderen Umstände eines Zusammenspiels von staatlichem Ausbildungsmonopol, von staatsbürgerlicher und sozialstaatlicher Chancengleichheit und von kooperativer Verwirklichung ds Grundrechtsschutzes durch Bund und Länder auszeichnet[724].

190     **e)** Den Staat treffen verschiedene weitere Pflichten. Entsprechend dem Gebot der **Nichtidentifikation** *(Herbert Krüger)*[725] darf er sich nicht mit **einer** Kunstrichtung identifizieren. Er ist zur Neutralität gehalten. Zu undifferenziert ist es hingegen, dem Staat ein generelles **Definitionsverbot** zu attestieren. Da die Kunst Anknüpfungspunkt in einer Reihe von Sekundärnormen ist (Steuerrecht, Baurecht), kommt der Staat gar nicht umhin, zumindest über seine Rechtsprechung die Kunst zu definieren. Seine Schutzpflicht ändert daran nichts. Man kann nur schützen, was man zu definieren vermag.[726] Richtigerweise trifft den Staat nur ein Diskriminierungs- und Differenzierungsverbot.[727]

190a    Von den staatlichen Einwirkungsbefugnissen und Grenzen zu unterscheiden ist die Frage der Kontrollintensität des Bundesverfassungsgerichts bei Entscheidungen der Fachgerichte über Aspekte der Kunstfreiheit. Die fachgerichtlichen Judikate können bei einer unrichtigen Anwendung der Kunstfreiheit – im Zivilrecht wie im Strafrecht – auf einen **Grundrechtseingriff** hinauslaufen. Dieser kann als Akt öffentlicher Gewalt im Rahmen einer (Urteils-)Verfassungsbeschwerde angefochten werden.[728]

„Auch in Verfahren, in denen die Verletzung der Kunstfreiheit gerügt wird, ist es nicht Aufgabe des Bundesverfassungsgerichts, fachgerichtliche Entscheidungen daraufhin zu überprüfen, ob sie einfachrechtlich „richtig" sind (BVerfGE 30, 173 [196]; 67, 213 [222 f.]). Die Grenzen seiner Eingriffsbefugnisse hat das Gericht allerdings stets daran ausgerichtet, mit welcher Intensität die fachgerichtliche Entscheidung die Sphäre des Verurteilten trifft. Deshalb hat es strafrechtliche Sanktionen für Handlungen, für die der Betroffene die Freiheit der Meinungsäußerung oder der Kunst beanspruchte, regelmäßig einer strengen Kontrolle unterworfen. Es hat sich nicht mit der sonst üblichen Prüfung (BVerfGE 18, 85 [93]) begnügt, ob die angegriffenen Entscheidungen auf einer grundsätzlich unrichtigen Auffassung von Bedeutung und Tragweite des in Anspruch genommenen Grundrechts beruhten, sondern die Auslegung des einfachen Rechts auch in ihren Einzelheiten auf ihre Vereinbarkeit mit den Grundrechten untersucht (BVerfGE 67, 213 [223] mwN).
Zu prüfen ist... deshalb nicht nur, ob die Handlungen des Beschwerdeführers in den Schutzbereich des Art. 5 Abs. 3 Satz 1 GG fallen und – wenn das zu bejahen ist – das Oberlandesgericht den Schutzbereich dieses Grundrechts bei seiner Entscheidung grundsätzlich richtig abgesteckt hat; untersucht werden muss auch, ob das Gericht die Darstellungen anhand der der Kunst eigenen Strukturmerkmale beurteilt (BVerfGE 30, 173 [188]), also „werkgerechte" Maßstäbe angelegt (BGH NJW 1983, S. 1194 [1195]), und auf dieser Grundlage die der Kunst gesetzten Grenzen im Einzelnen zutreffend gezogen hat" (BVerfGE 75, 369 [375]).

191     **f) Grundrechtsträger** aus Art. 5 III 1 ist zuerst die natürliche Person. Doch ist die Kunstfreiheit kein höchstpersönliches Grundrecht. Sie kann ebenso „juristischen Personen" im Sinne des Art. 19 III – also wegen des Diskriminierungsverbots aus Art. 18 iVm Art. 54 AEUV auch EU-ausländischen juristischen Personen[729] – zugute kommen;[730] ein Begriff, der bei teleologischer Interpretation durch-

---

[717] BVerfGE 85, 386 (397).

[718] BVerfGE 30, 173 (189); 32, 98 (107); 83, 130 (142); 84, 212 (228).

[719] *Bethge* VVDStRL 57 (1998), 20. – Von der Vorbehaltlosigkeit des Grundrechts auf dessen Eingriffsresistenz schließt *Isensee* HStRV, 2. Aufl., § 111 Rn. 76; s. a. *Hillgruber* HStR IX, § 200 Rn. 21.

[720] BVerfGE 119, 1 (21).

[721] Siehe allerdings BVerfGE 142, 74 (Rn. 70), wo die entscheidungserhebliche Grundrechtskollision zwischen Art. 5 GG (Sampling) und Art. 14 I (Urheberrecht als geistiges Eigentum) mit den Mitteln des Privatrechts zum Ausgleich gebracht wird.

[722] *Steiner* VVDStRL 42 (1984), 7. Die EU hat eine kulturelle Förderkompetenz (Art. 167 AEUV).

[723] Hinsichtlich der Kunstförderung ablehnend BVerwG NJW 1980, 718; BVerfGE 36, 321 (332).

[724] BVerfGE 33, 303 (356).

[725] Vgl. BayVerfGH BayVBl 1997, 687.

[726] *Starck* MKS I, 6. Aufl., 2010, Art. 5 Rn. 298; *Kobor* JuS 2006, 594.

[727] *Bethge* ZUM 1989, 498 f.; *Mückl* Staat 40 (2001), 112 Fn. 105; *v. Arnauld* HStR VII, § 167 Rn. 8 Fn. 26.

[728] Vgl. BVerfGE 84, 192 (195), im Anschluss an BVerfGE 7, 198 (206 f.); ferner BVerfGE 119, 1 ff.; 142, 74 (93 f.); *W. Roth* AöR 121 (1996), 544 ff.; *Classen* AöR 122 (1997), 65 ff.; *Wolter* Staat 36 (1997), 426 ff.

[729] BVerfGE 129, 78 (94 f.).

[730] BVerfGE 30, 173 (191); 119, 1 (22); 142, 74 (94 Rn. 59); *Wittreck,* in: Dreier I, Art. 5 III (Kunst) Rn. 50.

aus unterschiedlich strukturierte Personengemeinschaften einzuschließen vermag.[731] Das betrifft Autorenteams, Ensembles, Orchester, professionelle Gruppen sowie Laienspieler. Fördervereine und Freundeskreise kommen hinzu.

Die Kunstfreiheit streitet nicht nur für den Schöpfer des jeweiligen Werks. In den Grundrechtsschutz **191a** sind alle Personen einbezogen, die eine unentbehrliche Mittlerfunktion zwischen Künstler und Publikum ausüben. Dazu rechnen Personen, die – wie der Verleger[732] – das Kunstwerk geschäftsmäßig vertreiben.[733]

Grundrechtsträger können auch **Organisationseinheiten des öffentlichen Rechts** sein. Damit ist **192** nicht die Kunst- und Kulturpflege des Staates (Bund und Länder) sowie der mittelbaren Staatsverwaltung (Gemeinden) gemeint, die sich aus Staatszielbestimmungen und Kompetenzvorschriften sowie aus den Grundrechten als Emanationen staatlicher Schutzpflichten rechtfertigt. Doch unterhält die öffentliche Hand eine Vielzahl von recht unterschiedlichen Institutionen, die sich der Kunst annehmen (Museen, Galerien, Orchester, Theater). Sie befinden sich in der nämlichen **grundrechtstypischen Gefährdungslage** wie die natürliche Person. Ihre Freiräume sind durch das Grundrecht der Kunstfreiheit abgesichert. Sie sind **kunstvermittelnde Medien,**[734] deren Grundrecht Wirkkraft auch gegenüber dem kommunalen bzw. staatlichen Träger entfaltet.[735] Der Spielplan des kommunalen Theaters ebenso wie des „Staatstheaters" oder der „Staatsoper" wird vom Intendanten verantwortet, nicht von der Gemeinde und/oder dem Staat.

Das ändert freilich nichts an der **Finanzierungs- und der Organisationshoheit der öffentlichen** **193** **Hand** selbst. Finanzierungsansprüche bestehen in aller Regel nur nach Maßgabe der Haushaltszuweisungen. Vor allen Dingen behält der staatliche Träger die Gewalt über den Bestand der kunstgeschützten Organisationshoheit. Art. 5 III vermittelt den von der öffentlichen Hand organisierten kunstvermittelnden Medien keinen Existenzgewährleistungsanspruch. Die Kunstfreiheit schützt den Betrieb, nicht den Bestand,[736] dh die Funktion, nicht die Existenz.

g) Die **Konkurrenzfrage** ist schwierig. Idealkonkurrenz zwischen Art. 5 III 1 mit dem Grundrecht **194** der Meinungsfreiheit (Art. 5 I 1) kommt in Betracht bei satirischen Äußerungen.[737] Ansonsten tritt Art. 5 I regelmäßig zurück.[738] Zu Art. 14 I 1[739] und Art. 12 I[740] besteht Idealkonkurrenz, womit jedoch noch nichts über die Schrankenfrage gesagt ist. Normenkonkurrenz kann auch zu Art. 8 auftreten.[741] Art. 14 I kann freilich auch kollidierendes Gegengrundrecht sein.[742]

h) **Supranationales Recht:** Die Kunstfreiheit wird durch die EMRK nicht ausdrücklich geschützt. **194a** Künstlerische Äußerungen unterfallen dem Art. 10.[743] Das Unionsrecht schützt die Kunstfreiheit in Art. 13 Satz 1 GRCh.[744]

**2. Die Schranken der Freiheit. a)** Komplikationen bereitet die Bestimmung der Schranken der **195** Freiheit der Kunst.[745] Art. 5 III 1 gehört zu jenen Grundrechten, die **vorbehaltlos gewährleistet** sind. Schrankenlose Grundrechte kann es freilich nicht geben. In dem Maße, in dem ein Freiheitsrecht in die staatliche Rechtsordnung eingebunden ist und seine Ausübung Sozialkontakt auslöst, stellt sich die Frage seiner Beschränkung.[746] Kunst ist weder alles noch darf sie – auch nicht als Satire (Kurt Tucholsky) – alles.[747] Das wird denn auch nicht ernsthaft bestritten, auch nicht für die Kunstfreiheit. Sie ist zwar vorbehaltlos, aber nicht schrankenlos gewährleistet[748]. Kompliziert ist die dogmatische Begründung. Es darf nicht außer acht gelassen werden, dass die vorbehaltlose Gewährleistung eine beredte Aussage der Verfassung über den besonderen Rang der Freiheitsnorm ist.

**b)** Das Problem ist nicht dadurch zu lösen, dass als sachlicher Gewährleistungsbereich des Grund- **196** rechts von vornherein nur der künstlerische Kreationsakt, nicht hingegen die Wirkung auf Dritte

---

[731] Allgemein und differenzierend zur juristischen Person als potentiell grundrechtsfähigem „Zweckgebilde der Rechtsordnung" BVerfGE 95, 220 (242); 95, 267 (317); 106, 28 (41); 118, 168 (203).

[732] BVerfGE 30, 173 (191) mwN; BVerfGE 119, 1 (22); BGH NJW 2005, 2846.

[733] BVerfGE 81, 278 (292); zu Tonträgerunternehmen BVerfG (K) AfP 2005, 461. Siehe auch *v. Arnauld* HStR VII, § 167 Rn. 48.

[734] Vgl. *Kadelbach* NJW 1997, 1115 f. mwN in Fn. 12; *Huber* MKS I, Art. 19 Rn. 268.

[735] *Bethge* (Fn. 170), S. 104 ff.

[736] Vgl. auch BVerfGE 85, 360 (384 f.); *Bethge/Rozek* JuS 1997, 832 mwN in Fn. 9.

[737] BVerfGE 68, 226 (233); 75, 369 (377); 86, 1 (9); umfassend *Kübler* FS Mahrenholz, 1994, S. 303.

[738] BVerfGE 30, 173 (200); 75, 369 (377).

[739] Vgl. BVerfGE 134, 204 (224 f. Rn. 72); 142, 74 (96 Rn. 69). Zum „Geistigen Eigentum im Verfassungsstaat" der gleichnamige Band, hrsg. Von Michel Goldhammer ua, 2016.

[740] Vgl. BVerfGE 96, 205 (210 f.). Siehe auch *Paulus* HStR XI, § 247 Rn. 12; *Wittreck,* in: Dreier, GG I, Art. 5 III Rn. 76; *Jarass,* in: Jarass/Pieroth, GG, Art. 5 Rn. 117.

[741] *Butzer* VerwArch 93 (2002), 514 f. mit Fn. 32; *Hufen* HGR IV, § 101 Rn. 67.

[742] BVerfGE 142, 74 (Rn. 90).

[743] *Karpenstein/Mayer,* EMRK, Art. 10 Rn. 22.

[744] *Jarass* (Fn. 49), Art. 13 Rn. 1 ff.

[745] Vgl. dazu BVerfGE 30, 173 (193); 83, 130 (139).

[746] Vgl. *Bethge* HStR VII, § 158 Rn. 37 ff., für Art. 4 GG.

[747] *Isensee* AfP 2013, 190 mwN.

[748] So die Standardformel BVerfGE 142, 74 (Rn. 84).

ausgegeben wird. Art. 5 III 1 schützt notwendigerweise **Werkbereich und Wirkbereich** der Kunst[749] (→ Rn. 188, → Rn. 198a).

**197**     c) Der **Schrankenvorbehalt der allgemeinen Gesetze** (Art. 5 II) scheidet aus systematischen Gründen aus. Er bezieht sich allein auf die (diese!) Rechte aus Art. 5 I. Ein Rückgriff auf die Schrankentrias des Art. 2 I verbietet sich, weil das Auffanggrundrecht der allgemeinen Handlungsfreiheit auf der Tatbestands- wie auf der Schrankenseite subsidiär ist.[750]

**198**     d) Das BVerfG hat darum einen – gelegentlich auch als immanenten Schrankenvorbehalt bezeichneten – **Verfassungsvorbehalt** statuiert: (Nur) Kollidierende Grundrechte Dritter und andere mit Verfassungsrang ausstaffierte Rechtsgüter können vorbehaltlose Grundrechte wirksam begrenzen.[751] Ein prominentes Gegenrecht der Kunstfreiheit ist das (auch das postmortale) Persönlichkeitsrecht.[752] Die Akzentuierung der Verfassungsrangigkeit der kollidierenden Rechtsposition verhindert, dass die Kunstfreiheit durch die einfachgesetzliche Rechtsordnung relativiert wird. Freilich darf der Blick auf gewisse Risiken nicht verstellt werden. Letztlich kann für jede Art von Gegenrecht ein verfassungsrechtlicher Aufhänger in Gestalt weitmaschiger und daher in besonderem Maße auf die Ausfüllung durch den konkretisierenden Gesetzgeber angewiesener Verfassungsprinzipien (Rechtsstaatsprinzip, Sozialstaatsprinzip) gefunden werden. Die Argumentationsfigur von der Verfassung als einem „Konzentrat des einfachen Rechts" *(Peter Lerche)* wäre hier wenig hilfreich, wenn nicht gar gefährlich. Auch muss darauf Bedacht genommen werden, dass die Einschränkung der vorbehaltlos gewährleisteten Kunstfreiheit nicht formelhaft beispielsweise mit dem „Schutz der Verfassung" oder mit der „Funktionstüchtigkeit der Strafrechtspflege" gerechtfertigt wird.[753] Ob solche „Schleusenbegriffe" überhaupt je Ansatzpunkt einer Grundrechtsbeschränkung sein können – die h. M. ist eher ablehnend eingestellt[754] –, mag hier dahingestellt bleiben. Jedenfalls für diese Konstellationen muss auf die moderierende Wirkung des Übermaßverbots und der Wechselwirkungsdoktrin zurückgegriffen werden. Auch hier kommt es auf die Rechtsgüterabwägung und die Einzelfallgerechtigkeit an, die zwar durch typisierende Vorgaben des Gesetzgebers standardisiert und determiniert, aber nicht bis ins Einzelne dekretiert werden können.[755]

**198a**     Die Schrankenfrage lässt sich auch **nicht** dadurch – differenzierend – entschärfen, dass man den – wiewohl dem Grunde nach mitgewährleisteten – Wirkbereich minder starken Schutz einräumt und stärkeren Beschränkungen unterwirft. Das BVerfG führt zu Recht aus:

„Da die Kunstfreiheit um des künstlerischen Schaffens willen gewährleistet wird, demgegenüber die Vermittlung des Kunstwerks dienende Funktion hat, entspricht es allerdings den Wertvorstellungen des Verfassungsgebers, den Werkbereich, die eigentliche Kunstschöpfung, grundsätzlich für weniger einschränkbar zu halten als die ebenfalls notwendige Kommunikation zwischen dem Künstler und der Außenwelt. Die eigentliche Kunstschöpfung ist zudem von der Natur der Sache her regelmäßig weniger geeignet, die Rechte Dritter oder andere bedeutende Rechtsgüter zu beeinträchtigen als die Vermittlung des Kunstwerks, die zwangsläufig Außenwirkung beansprucht. Daraus lässt sich allerdings nicht eine nach Werk- und Wirkbereich trennende Stufentheorie für die Einschränkung der Kunstfreiheit in dem Sinne entwickeln, dass für den Werkbereich ausschließlich die verfassungsrechtlich geschützten Rechtsgüter als Schranken heranzuziehen sind, für den Wirkbereich dagegen die allgemeine Rechtsordnung maßgeblich ist, die nicht auf grundgesetzlich geschützte Rechtsgüter zurückgeführt werden muss, sondern sich mit der Privilegienfeindlichkeit der demokratischen Rechtsordnung begründen lässt (vgl. dazu *Starck* in: v. Mangoldt/Klein/Starck, 3. Aufl., Rn. 207 f. zu Art. 5 Abs. 3 GG). Gegen eine solche Abstufung spricht nicht nur, dass, wie das Beispiel des Anachronistischen Zuges zeigt (BVerfGE 67, 213 ff.), bei bestimmten Kunstäußerungen Werk- und Wirkbereich zusammenfallen, die Übergänge zwischen beiden Bereichen vielfach fließend sind, dem Wirkbereich eine je nach Art der Kunstgattung höchst unterschiedliche Bedeutung zukommt und die kunstvermittelnden Handlungen selbst mehr oder weniger Bezug zum Kunstwerk haben können. Eine so abgestufte Schrankenlösung scheitert auch daran, dass die Kunstfreiheit vorbehaltlos gewährleistet ist und dass dies auch für den Wirkbereich gilt, wenn dieser – wie dargelegt – von der Freiheitsgarantie erfasst wird" (BVerfGE 77, 240 [253 f.]).

**198b**     Im Konflikt mit anderen Grundrechtspositionen kommt der Kunstfreiheit **kein absoluter Vorrang** zu. Eine Rechtsvermutung „in dubio pro arte" existiert nicht.[756] Umgekehrt genießt auch der Schutz des allgemeinen Persönlichkeitsrechts keinen generellen Vorrang gegenüber dem Recht aus Art. 5 III 1;[757] es muss ebenfalls in praktische Konkordanz zu diesem Grundrecht gebracht werden.[758] Soweit das allgemeine Persönlichkeitsrecht allerdings unmittelbarer Ausfluss der Menschen-

---

[749] BVerfGE 30, 173 (189); 77, 240 (254). 119, 1 (21 f.); 142, 74 (96 Rn. 68).

[750] BVerfGE 30, 173 (192 f.); 83, 130 (139); zur Nichtanwendbarkeit des Art. 5 II bei den Grundrechten aus Art. 5 III 1 BVerfGE 90, 1 (12 f.); *Wittreck*, in: Dreier I, Art. 5 III (Kunst), Rn. 53.

[751] Seit BVerfGE 28, 243 (261) st. Rspr. Für Art. 5 III 1 speziell BVerfGE 30, 173 (193); 67, 213 (228); 81, 278 (292 f.); 83, 130 (139); 119, 1 (23); 128, 1 (41); 142, 74 (Rn. 84); *Bamberger*, Verfassungswerte als Schranken vorbehaltloser Freiheitsgrundrechte, 1999.

[752] BVerfGE 30, 173 ff.; *Lücke* DÖV 2002, 93 ff.; *Kobor* JuS 2006, 596.

[753] BVerfGE 77, 240 (255); vgl. auch BVerfGE 81, 278 (293).

[754] Vgl. *Sachs*, in: Stern, Staatsrecht III/2, S. 579; *Waechter* Staat 30 (1991), 28 f.

[755] Dazu *Bethge* HGR III, § 72 Rn. 87.

[756] *Ipsen*, Staatsrecht II, Rn. 517; zweifelnd *Kau* AöR 140 (2015), 58; s. a. BVerfGE 142, 74 (Rn. 90).

[757] BGH NJW 2005, 2847 mwN.

[758] BVerfGE 67, 213 (228); 83, 130 (143); 119, 1 (23 ff.); *Jarass,* in: Jarass/Pieroth, GG, Art. 5 Rn. 127, 132.

würde ist, wirkt diese Schranke absolut ohne die Möglichkeit eines Güterausgleichs. Das BVerfG bemerkt: Bei Eingriffen in diesen durch Art. 1 I geschützten Kern menschlicher Ehre liegt immer eine schwerwiegende Beeinträchtigung des Persönlichkeitsrechts vor, die nach der Rechtsprechung (BVerfGE 67, 213 [228]) durch die Freiheit künstlerischer Betätigung nicht mehr gedeckt ist (BVerfGE 75, 369 [380]).[759]

Die Kunstfreiheit deckt keine Gewaltanwendung; brachiale und/oder unfriedliche „Kunst" fällt von   198c vornherein aus dem Gewährleistungsbereich des Art. 5 III 1 heraus (→ Rn. 35, → Rn. 178). Der **Friedlichkeits- bzw. Gewaltlosigkeitsvorbehalt** des Art. 8 I ist verfassungsimmanente Gewährleistungsschranke jedweder Freiheitsbetätigung.[760] Noch weniger sind Straftaten gegen existentielle Grundrechtsgüter vom Tatbestand der Kunstfreiheit erfasst. Genaugenommen ist dies nicht erst ein Aspekt der Schranke, sondern schon der Begrenzung des Gewährleistungsbereichs. Es gibt Tätigkeiten, die auf Grund ihrer Sozial- und Gemeinschaftsschädlichkeit schlechthin nicht am Schutz der Freiheitsrechte – und zwar schon auf der Gewährleistungsebene, nicht erst auf Grund der Poenalisierung – teilhaben können[761] (→ Rn. 135d). Extrem perverses „Sozialverhalten" (Kindesmissbrauch; Kinderpornographie im Internet) unterfällt schon gar nicht dem Tatbestand der Kunstfreiheit; auch nicht des Auffanggrundrechts der allgemeinen Handlungsfreiheit (Art. 2 I GG). Man muss differenzieren: Die Kunstfreiheit schützt zwar den „Mord im Dom" als Wiedergabe eines Theaterstücks, niemals die „inszenierte" reale Tötung. Die Kunstfreiheit deckt auch nicht ohne weiteres die eigenmächtige Inanspruchnahme oder Beeinträchtigung fremden Eigentums zum Zwecke künstlerischer Entfaltung.[762] Problematisch ist es allerdings, generell schon den Schutzbereich der Kunstfreiheit zu leugnen, wenn eigenmächtig fremde Rechte beeinträchtigt werden (so BVerfG NJW 1984, 1293 ff., zum Sprayer von Zürich).[763] Ist die geniale Fälschung nicht auch Kunst?

Schwierigkeiten bereiten die Abwägungen im Bereich des **geistigen Meinungskampfes,** bei dem   198d auch die Kunstfreiheit eine Rolle spielen kann. Die Ehrenschutzvorschriften des StGB (§§ 185 ff.) sind nicht von vornherein so strukturiert, dass bereits die vermeintlich tatbestandliche Erfüllung ihrer Voraussetzungen den Gewährleistungsbereich des Art. 5 III 1 ausschließt. Ihre Voraussetzungen müssen ihrerseits im Lichte des Art. 5 III 1 interpretiert werden. Das macht das eigentliche Abwägungsdilemma des Einzelfalls aus.

Komplikationen prägen die Abwägungen zwischen Kunstfreiheit und Vorschriften des Verwaltungs-   198e rechts (Wegerecht, Baurecht).

Die Praktizierung von **Straßenkunst** stellt nicht ohne weiteres erlaubnisfreien Gemeingebrauch   198f dar; auch dann nicht, wenn die Kunstausübung grundrechtlich geschützte Positionen Dritter nicht konkret beeinträchtigt. In einem solchen Fall besteht aber regelmäßig ein Rechtsanspruch auf eine Sondernutzungserlaubnis.[764]

In den Wirkbereich der Kunstfreiheit kann schon die bloße Aufstellung von Kunstwerken bzw. die   198g Errichtung sog. **Baukunst** fallen.[765] Soweit dies auf Grund von Normen des Bauordnungs- und Bauplanungsrechts (Veranstaltungsverbot, Bauverbot im Außenbereich) baurechtlich unzulässig ist, kann der hierin liegende Eingriff gerechtfertigt sein, falls die beschränkenden Normen der Verwirklichung des Staatsziels Umweltschutz (Art. 20a) dienen.[766]

Der **Jugendschutz** genießt Verfassungsrang über Art. 6 II 1,[767] Umwelt- und Tierschutz durch   198h Art. 20a (→ Rn. 233).

e) Vom Schrankenvorbehalt zu unterscheiden sind die Bedingtheiten des **Parlamentsvorbehalts,**   199 die namentlich bei Indizierungsentscheidungen der Bundesprüfstelle für jugendgefährdende Schriften zu beobachten sind. Art. 5 III 1 erfordert insoweit eine vom Gesetzgeber zu besorgende Verfahrensordnung, die die aufeinanderprallenden Grundrechtsinteressen sichert (Grundrechtsschutz durch Verfahren).[768] An den Erfordernissen des Art. 5 III 1 hat sich auch die Beantwortung der Frage zu

---

[759] Vgl. auch BVerfGE 93, 266 (293); 119, 1 ff.; zum Konflikt zwischen Kunstfreiheit und allgemeinem Persönlichkeitsrecht siehe auch *Lenski,* Personenbezogene Massenkommunikation als verfassungsrechtliches Problem, 2007; *Frey,* Die Romanfigur wider Willen, 2008; *K. S. Bülow,* Persönlichkeitsrechtsverletzungen durch künstlerische Werke, 2013; *Wittreck,* in: Dreier I, Art. 5 III (Kunst) Rn. 64 ff. Zur hohen Bedeutung auch des postmortalen Persönlichkeitsschutzes BVerfGE 146, 1 (46 f. Rn. 103).

[760] *Bethge* VVDStRL 57 (1998), 25 mwN in Fn. 109; *Merten* FS Herzog, 2009, S. 281 ff.

[761] BVerfGE 115, 276 (300 f.); 117, 126 (137); *Merten* HGR III, § 60 Rn. 26; *Hillgruber* FS Isensee, 2007, S. 568; bestr.; vgl. *Cornils* HStR VII, § 168 Rn. 46.

[762] *Isensee* HStR V, 2. Aufl., § 111 Rn. 177.

[763] Kritisch *Kahl* Staat 43 (2004), 178 mwN; siehe nunmehr BVerfGE 142, 74 (Sampling).

[764] BVerfGE 84, 71 (75 ff.).

[765] BVerwG NVwZ 1991, 983 f. Zur Abgrenzung zwischen „gebauter Kunst" und „Kunst am Bau" *Koenig/Zeiss* Jura 1997, 225. Zur Abgrenzung von Kunst und Handwerk *Bernhard Schneider,* Die Freiheit der Baukunst, 2002, S. 142 Fn. 110.

[766] BVerwG NJW 1995, 2648; vgl. dazu auch *Voßkuhle* BayVBl 1995, 613; *Schütz* JuS 1996, 498; skeptisch gegenüber Staatszielbestimmungen als Grundrechtsschranken *Waechter* Staat 30 (1991), 31; zurückhaltend *v. Arnauld* HStR VII, § 167 Rn. 78.

[767] BVerfGE 83, 130 (139 f.).

[768] BVerfGE 83, 130 (152).

orientieren, ob der Bundesprüfstelle ein nur eingeschränkt gerichtlich nachprüfbarer Beurteilungs-spielraum eingeräumt werden darf.[769] Die Bundesprüfstelle trifft eine Pflicht zur umfassenden Ermitt-lung der für den Jugendschutz und der für die Kunstfreiheit sprechenden Belange.[770]

199a **3. Kunst und Kulturauftrag der öffentlichen Hand.** Die Kunstfreiheit gehört zwar zu den äußerst[771] individualisierten Freiheitsgarantien. Ihr eignet gleichwohl eine **objektive Komponente.** Dies nicht so sehr im Gehalt einer Einrichtungsgarantie. Ein Institut der Freiheit der Kunst ist so wenig konstruierbar wie die Freiheit selbst als Institut. Art. 5 III enthält indes eine objektive, das Verhältnis des Bereichs Kunst zum Staat regelnde, wertentscheidende Grundsatznorm.[772] Das BVerfG formuliert: Die Verfassungsnorm hat nicht nur die negative Bedeutung eines Schutzes vor Eingriffen der öffentlichen Gewalt in den künstlerischen Bereich. Als objektive Wertentscheidung für die Freiheit der Kunst stellt sie dem modernen Staat, der sich auch als Kulturstaat versteht, zugleich die Aufgabe, ein freiheitliches Kunstleben zu erhalten und zu fördern.[773] Kultur ist auto-nom, aber nicht autark *(Udo Steiner).* Kunstpflege ist primär Sache der Länder.[774] Das GG belässt dem Staat einen breiten Gestaltungsraum.[775] Der Auftrag nimmt nicht nur den Gesetzgeber und die Verwaltung in Pflicht. Auch die kommunalen Gebietskörperschaften als Träger mittelbarer Staats-verwaltung sind angesprochen. Die Landesverfassungen enthalten zum Teil entsprechende Aufträge. Auch die EU verfügt über eine ergänzende Kompetenz zur Förderung der Kultur (Art. 167 AEUV.[776]

## II. Die Freiheit der Wissenschaft, Forschung und Lehre

200 **1. Der Inhalt der Freiheit. a)** Die Wissenschaftsfreiheit, ist ein Freiheitsrecht[777] als Oberbegriff Forschung[778] und Lehre[779] einschließt[780]. Sie ist von **fundamentaler Bedeutung** und von **ver-fassungsnormativer Multivalenz.**

201 Die im historischen Kontext schon klassische, wenn auch nicht zum traditionellen Bestand der liberalen Freiheitsrechte rechnende[781] Bestimmung ist mehrschichtig. Sie weist einmal die Dimension eines staatsgerichteten (negatorischen) individuellen **Freiheitsrechts** der im Wissenschaftsbereich tätigen Personen auf.[782] Sie ist zum anderen das ebenfalls vorwiegend staatsabwehrend gedachte „Grundrecht der deutschen Universität" *(Rudolf Smend*[783]) selbst. Sie verkörpert eine **objektive Wert-ordnung,** in der eine prinzipielle Verstärkung der Geltungskraft der Grundrechte zum Ausdruck kommt.[784] Diese ist Ausgangspunkt staatlicher Schutzpflichten und Handlungsaufträge.

202 Konsequenterweise enthält Art. 5 III 1 als eminent **verfahrensabhängiges und organisations-bedürftiges**[785] **Grundrecht** auch den Auftrag zur näheren Ausformung und Ausgestaltung[786] des staatlich verantworteten und regelungsfähigen Wissenschaftsbereichs durch den einfachen Gesetzgeber des Bundes und der Länder einschließlich des Schutzes der in der Universität tätigen Wissenschaftler.

---

[769] BVerfGE 83, 130 (148).

[770] BVerwG NJW 1999, 75 ff.; dazu *Hufen* JuS 1999, 1016. Zur Indizierung jugendgefährdender Schriften steht wegen Art. 19 Abs. 4 GG der Bundesprüfstelle kein Beurteilungsspielraum zu; BVerwG NVwZ 2020, 233.

[771] BVerwG 84, 71 (74): Das künstlerische Schaffen, bei dem Intuition, Phantasie und Kunstverstand zusammen-wirken, ist „unmittelbarster" Ausdruck der individuellen Persönlichkeit des Künstlers.

[772] BVerfGE 30, 173 (188).

[773] BVerfGE 36, 321 (331); 81, 108 (116); 127, 87 (114). Zum Kulturstaatsauftrag vgl. die Referate von *Steiner* und *Grimm* VVDStRL 42 (1984), 7 ff. und 46 ff. Zur „Kultur im Verfassungsstaat" vgl. die Referate von *Sommermann* und *Huster* in VVDStRL 65 (2006); ferner *Volkmann* DVBl 2005, 1061 ff.; *Geis,* Die Verwaltung 48 (2015), S. 144 ff. mwN Zum kulturstaatlichen Staatsziel sub specie Wissenschaftsfreiheit *Badura,* Staatsrecht, S. 286.

[774] BVerfGE 135, 155 (Rn. 103 f.).

[775] BVerfGE 81, 108 (116).

[776] Zur EU als Kultur- und Bildungsunion *Kahl* VVDStRL 65 (2006), 440 f.; *Lenski,* Öffentliches Kulturrecht, 2013, S. 139 ff.

[777] BVerfGE 149, 1 (22 Rn. 46).

[778] BVerfGE 149, 1 (37 Rn. 71).

[779] *Kaufhold,* Die Lehrfreiheit – ein verlorenes Grundrecht, 2006; *Stern* FS Herzog, 2009, S. 507.

[780] BVerfGE 35, 79 (113); 85, 360 (370).; 149, 1 (27 Rn. 57); *Schulte* VVDStRL 65 (2006), 110 ff.; *Ruffert,* ebda, 146 ff.; s. a. *Mager* HStR VII, § 166 Rn. 7; *Sodan,* Art. 5 Rn. 45.

[781] *Nettesheim* DVBl 2005, 1075; zur Entstehungsgeschichte *Ruffert* VVDStRL 65 (2006), 148 ff.; *Schulte* VVDStRL 65 (2006), 114 ff.; *Fehling* BK, Art. 5 III (2004) Rn. 1 ff.; *Kahl,* Hochschule und Staat, 2004.

[782] BVerfGE 111, 333 (353 f.); 122, 89 (105 f.); 126, 1 (19).

[783] VVDStRL 4 (1928), 57, im Anschluss an *Paulsen,* Gesammelte pädagogische Abhandlungen, 1912, S. 199.

[784] BVerfGE 35, 79 (114); 88, 129 (136 f.); 90, 1 (11); 93, 85 (94 f.); 127, 87 (114). 136, 338 (Rn. 55); 149, 1 (22 f. Rn. 45 f.; *Oppermann* HStR VI, 2. Aufl., § 145 Rn. 20; *Mager* HStR VII, § 166 Rn. 28.

[785] *Ossenbühl* FS Eichenberger, 1982, S. 183; *Bethge* NJW 1982, 1 ff.; BVerfGE 111, 226 (258); 111, 333 (351); 127, 87 (114 ff.); 139, 148 (Rn. 44); vgl. auch *Hendler* VVDStRL 65 (2006), 249; *Ruffert* VVDStRL 65 (2006), 173: „Organisationsgrundrecht"; *Merten* HGR II, 2006, § 42 Rn. 143. Zum Parlamentsvorbehalt BVerfGE 141, 143 (Rn. 59).

[786] Zur Ausgestaltung mwN *Ladeur,* DÖV 2005, 753 f.

Gleichzeitig stellt sich die Bestimmung als **institutionelle Garantie**[787] sowie als Garantie der akademischen Selbstverwaltung dar.

Art. 5 III 1 rechnet zu den **organisationsrechtlichen Institutionsgarantien.** Ihre Eigenart ist, **202a** dass eine materiell staatsfreie,[788] dem grundrechtlichen Bereich zuzuordnende Sphäre bzw. ein entsprechend zu regelnder Lebenssachverhalt zwar in öffentlich-rechtlicher Organisation formiert ist. Der staatliche Organisationszugriff erfolgt aber nicht, um die Freiräume zu verstaatlichen, sondern ausschließlich zu dem Zweck, bedrohte, gefährdete oder anderswie nicht effektiv gewährleistete Freiheit zu sichern bzw. erst real werden zu lassen[789] (vgl. auch Rn. 210 f.).

Die Garantien des Grundgesetzes werden ergänzt durch das Autonomiepotential der **Landesver- 202b fassungsgarantien hochschulischer Selbstverwaltung.**[790] Unionsrechtlich sind Art. 13 und 14 EUGRCh einschlägig.[791]

Wichtig sind die **Komplementärnormen** der Wissenschaftsfreiheit. Das Grundrecht auf freie Wahl **203** der Ausbildungsstätte (Art. 12 I) beeinflusst als relativ neuartige Regelung das Grundrecht der Wissenschaftsfreiheit in entscheidendem Maße.[792] Im Verein mit der an Art. 5 III gekoppelten, weil der Lehrfreiheit korrespondierenden Lernfreiheit der Studierwilligen[793] (Rn. 208) ist es zusammen mit Art. 3 I und 20 I (Sozialstaatsprinzip)[794] die **Magna Charta der Studierfreiheit,** die dem numerus clausus enge Grenzen setzt, die weiter normative Regelungen zu dessen grundrechtskonformer, diskriminierungsfreier und rechtsstaatlicher Bewältigung erheischt und schließlich Bund und Länder bei der **Verwaltung des Mangels** zum **kooperativen Handeln** zwingt.[795]

Zum Teil spielt für die Universitätsbediensteten die institutionelle Garantie des **Berufsbeamten- 204 tums** (Art. 33 V GG) eine Rolle.[796] Sie modifiziert das Grundrecht aus Art. 12 I. Im Vorfeld ist Art. 33 II relevant.[797] Für nichtbeamtete Dienstnehmer kommt Art. 9 III zum Zuge.[798]

Der allgemeine **Bildungs- und Erziehungsauftrag** des Staates für die Schulen hat seine bundes- **205** verfassungsrechtliche Grundlage in Art. 7 I,[799] der sich in mehrfacher Hinsicht von Art. 5 III abhebt. Zweifellos ist der Hochschulbereich ein Thema der *Kultur im Verfassungsstaat.*[800]

**b)** Zum **sachlichen Gewährleistungsbereich** der Wissenschaftsfreiheit im Einzelnen führt das **206** BVerfG (BVerfGE 90, 1 [11 ff.]) aus:

„Art. 5 Abs. 3 Satz 1 erklärt Wissenschaft, Forschung und Lehre für frei. Damit wird nicht nur eine objektive Grundsatznorm für den Bereich der Wissenschaft aufgestellt. Ebenso wenig erschöpft sich das Grundrecht in einer auf wissenschaftliche Institutionen und Berufe bezogenen Gewährleistung der Funktionsbedingungen professionell betriebener Wissenschaft. Als Abwehrrecht sichert es vielmehr jedem, der sich wissenschaftlich betätigt, Freiheit von staatlicher Beschränkung zu (vgl. BVerfG 15, 256 [263]). Gegenstand dieser Freiheit sind vor allem die auf wissenschaftlicher Eigengesetzlichkeit beruhenden Prozesse, Verhaltensweisen und Entscheidungen bei der Suche nach Erkenntnissen, ihrer Deutung und Weitergabe. Damit sich die Wissenschaft ungehindert an dem für sie kennzeichnenden Bemühen um Wahrheit ausrichten kann, ist sie zu einem von staatlicher Fremdbestimmung freien Bereich autonomer Verantwortung erklärt worden (vgl. BVerfGE 35, 79 [112 f.]; 47, 327 [367 f.]). Jeder, der wissenschaftlich tätig ist, genießt daher Schutz vor staatlichen Einwirkungen auf den Prozess der Gewinnung und Vermittlung wissenschaftlicher Erkenntnisse.
Art. 5 Abs. 3 Satz 1 schützt aber nicht eine bestimmte Auffassung von Wissenschaft oder eine bestimmte Wissenschaftstheorie. Das wäre mit der prinzipiellen Unvollständigkeit und Unabgeschlossenheit unvereinbar, die der Wissenschaft trotz des für sie konstitutiven Wahrheitsbezugs eignet (vgl. BVerfGE 35, 79 [113]; 47, 327 [367 f.]). Der Schutz dieses Grundrechts hängt weder von der Richtigkeit der Methoden und Ergebnisse ab noch von der Stichhaltigkeit der Argumentation und Beweisführung oder der Vollständigkeit der Gesichtspunkte und Belege, die einem wissenschaftlichen Werk zugrunde liegen. Über gute und schlechte Wissenschaft, Wahrheit oder Unwahrheit von Ergebnissen kann nur wissenschaftlich geurteilt werden (vgl. BVerfGE 5, 85 [145]). Auffassungen, die sich in der wissenschaftlichen Diskussion durchgesetzt haben, bleiben der Revision und dem Wandel unterworfen. Die Wissenschaftsfreiheit schützt daher auch Mindermeinungen sowie Forschungsansätze und -ergebnisse, die sich als irrig oder fehlerhaft erweisen. Ebenso genießt unorthodoxes oder intuitives Vorgehen den Schutz des Grundrechts. Voraus-

---

[787] *Starck* MKS I, 6. Aufl., 2010, Art. 5 Rn. 382; *Kempen* DVBl 2005, 1089; *Ruffert* VVDStRL 65 (2006), 181; aM *Mager* HStR VII, § 166, Rn. 27.

[788] Zur Staatsferne *Wallerath,* WissR 37 (2004), 205 f.

[789] Vgl. *Bethge* FS v. Unruh, 1983, S. 163; BVerfGE 111, 333 (353 ff.); 127, 87 (97); 136, 338 (Rn. 35 ff.).

[790] *Kühne* DÖV 1997, 1 ff. Kritisch gegenüber der wissenschaftlichen Vernachlässigung der landesverfassungsrechtlichen Garantien der Hochschulselbstverwaltung *Oebbecke* VVDStRL 62 (2003), 390 f. Siehe auch *Löwer* FS Wendt, 2015, S. 285 ff., zum funktionalen Charakter der hochschulischen Selbstverwaltung.

[791] *Sasse,* VerwArch. 104 (2013), 249.

[792] BVerfGE 112, 226 (247); 139, 148 (Rn. 51); 147, 253 (263 Rn. 2 mwN)

[793] *Starck* MKS I, 6. Aufl., 2010, Art. 5 Rn. 278; *Oppermann* VVDStRL 27 (1969), 206.

[794] BVerfGE 33, 303 (331); 37, 104 (113); *Kempen* DVBl 2005, 1088.

[795] BVerfGE 33, 303 (357 f.); vgl. auch BVerfGE 85, 36 (53 f.); 141, 143 Rn. 58; 147, 253 Rn. 103 ff.; *Gärditz,* in: Maunz/Dürig, Art. 5 Abs. 3 (2019) Rn. 161 ff.; *Manssen* MKS I, Art. 12 Rn. 15 ff. Zu einem möglichen (Teilhabe-)Recht auf Bildung auf Grund von Landesverfassungsrecht BbgVerfG NVwZ 2001, 912.

[796] BVerfGE 64, 323 (351 ff.); 67, 1 (12); 122, 89 (105 f.); 130, 263 (291 ff.); 149, 1 (23 Rn. 47).

[797] BVerfGE 92, 140 (151); 96, 205 (210 f.); 130, 263 (296); 149, 1 (28, 42).

[798] BVerfGE 94, 268 (284 ff.).

[799] BVerfGE 34, 165 (181 f.); 47, 46 (71).

[800] Dazu *Sommermann* VVDStRL 65 (2006), 26 f.

setzung ist nur, dass es sich dabei um Wissenschaft handelt; darunter fällt alles, was nach Inhalt und Form als ernsthafter Versuch zur Ermittlung von Wahrheit anzusehen ist (vgl. BVerfGE 35, 79 [113]; 47, 327 [367]).

Aus der Offenheit und Wandelbarkeit von Wissenschaft, von der der Wissenschaftsbegriff des Grundgesetzes ausgeht, folgt aber nicht, dass eine Veröffentlichung schon deshalb als wissenschaftlich zu gelten hat, weil ihr Autor sie als wissenschaftlich ansieht oder bezeichnet. Denn die Einordnung unter die Wissenschaftsfreiheit, die nicht dem Vorbehalt des Art. 5 Abs. 2 unterliegt (vgl. BVerfGE 35, 79 [112]), kann nicht allein von der Beurteilung desjenigen abhängen, der das Grundrecht für sich in Anspruch nimmt. Soweit es auf die Zulässigkeit einer Beschränkung zum Zwecke des Jugendschutzes (vgl. BVerfGE 83, 130 [139]) oder eines anderen verfassungsrechtlich geschützten Gutes (vgl. BVerfGE 81, 278 [292]) ankommt, sind vielmehr auch Behörden und Gerichte zu der Prüfung befugt, ob ein Werk die Merkmale des – weit zu verstehenden – Wissenschaftsbegriffs erfüllt."

**206a**     Die Forschung an In-vitro-Embryonen und anderen extrakorporalen Entitäten wird vom Tatbestand des Art. 5 III erfasst;[801] dgl. Tierversuche. Die „Produktion" eines Frankenstein-Monstrums ist nicht erst eine Schranke, sondern ein Problem schon des richtigerweise auszuschließenden Gewährleistungsbereichs.

**207**     **c)** Die **Grundrechtsträgerschaft** ist individuell und korporativ zu bestimmen. **Individuelle** Grundrechtsträger sind in erster Linie die **Hochschullehrer** (Universitätslehrer) als geborene Rechtssubjekte der Wissenschaftsfreiheit.[802] Die Lehrer an wissenschaftlichen Hochschulen – auch die Emeriti[803] – haben unmittelbar kraft ihres Amtes teil an der Grundrechtsgarantie der Wissenschaftsfreiheit. Wie weit dieser Kreis zu bestimmen ist, richtet sich nicht allein nach einfachem Gesetzesrecht.[804] Juniorprofessoren und Lehrprofessoren kommen als Grundrechtsträger in Frage.[805] Die Grundsätze der Unversetzbarkeit, der Weisungsfreiheit und der Vorgesetztenfreiheit sind verfassungsrechtlich angesiedelt.[806] Anonyme Evaluationen von Hochschullehrern durch Studierende verstoßen sowohl gegen Art. 5 III 1 als auch gegen Art. 2 I i. V. mit Art. 1.[807] Die Wissenschaftsfreiheit der hauptamtlichen Lehrpersonen an Fachhochschulen ist qualitativ und quantitativ maßgeblich von der Funktion der Fachhochschulen bestimmt. Die Freiheit von Forschung und Lehre ist den Fachhochschulen nur nach Maßgabe ihrer Aufgaben anvertraut.[808] Bereits die andersartige Qualifikation und Funktion und die besondere Aufgabe, die den Fachhochschulen generell im Verhältnis zu den Universitäten zukommt, erzwingt eine Differenzierung in der Form der Teilhabe an der Wissenschaftsfreiheit.[809]

**208**     Den **Studenten** (Studierenden) gebührt die Grundrechtsträgerschaft aus Art. 5 III 1 vorwiegend in dessen Komponente der **Lernfreiheit,** die also nicht erst grundrechtsdogmatisch in Art. 12 I und/oder Art. 2 I festgemacht werden muss.[810] Dies schließt wissenschaftliche Aktivitäten der Studenten selbst nicht aus (Diplomarbeit, Promotion)[811]. Der akademische Mittelbau partizipiert am grundrechtsgeschützten wissenschaftlichen Erkenntnisprozess.[812] Das betrifft namentlich die **wissenschaftlichen Assistenten,** deren dienstrechtliche Absicherung sich an diesem Grundrechtsstatus auszurichten hat.[813] Allenfalls mittelbar bzw. reflexiv ist das **nichtwissenschaftliche Fachpersonal** angesprochen.[814]

**209**     Die Wissenschaftsfreiheit ist nicht auf die Tätigkeit im staatlich verantworteten und öffentlichrechtlich strukturierten, dh akademischen Wissenschaftsbetrieb beschränkt. Auch außerhalb der Universität und der ihr vergleichbaren Einrichtungen[815] ist jedermann dann Träger der Wissenschaftsfreiheit, wenn er **privat wissenschaftlich tätig** ist.[816] Geschützt ist die Wissenschaftsvermittlung des Verlegers. Der Rezipient der Wissenschaft beruft sich auf die Informationsfreiheit (der Wissenschaftsbetrieb als allgemein zugängliche Quelle), ggf. auf Art. 2 I.

---

[801] Zu den Gewährleistungsdimensionen des Art. 2 II 1 und Art. 1 I GG *Hartleb* DVBl 2006, 672 ff.

[802] BVerfGE 35, 79 (127); 111, 226 (264); 111, 333 (351); *Scholz,* in: Maunz/Dürig, Art. 5 III (1977) Rn. 121; *Rupp* HStR II, § 31 Rn. 32 mit Fn. 82: Das Eigenartige des Status des beamteten Hochschullehrers ist, dass in einem öffentlichen Amt Aufgaben in „gekorener" Grundrechtsträgerschaft wahrgenommen werden.

[803] Zum Recht des Emeritus auf Abhaltung von Lehrveranstaltungen vgl. VGH BW DÖV 2003, 643. Zur Rechtsstellung des Emeritus *v. Münch,* Liber Amicorum Erichsen, 2004, S. 121 ff.

[804] Vgl. auch BVerfGE 88, 129 ff.

[805] Differenzierend *Bumke* VVDStRL Heft 69 (2010), 424, 454.

[806] *Ziemske* FS Leisner, 1999, S. 1036.

[807] Vgl. allerdings BVerfGE 111, 333 (358 ff.). Wie hier *Stern* FS Herzog, 2009, S. 523. Generell zur Evaluation der Hochschullehre *v. Coelln* FS Bethge, 2009, S. 271 ff.

[808] BVerwG NVwZ 1987, 681; BayVerfGH BayVBl 1997, 207.

[809] BVerfGE 64, 323 (354 ff.); weitergehend BVerfGE 126, 1 (19 ff.), dazu *Waldeyer* NVwZ 2010, 1279; s. auch BVerfGE 139, 148 (Rn. 82).

[810] *Bethge* (Fn. 100), S. 198 f.; *v. Coelln,* in: Friauf/Höfling, Art. 5 (3. Teil), (2014) Rn. 100; *Kobor* JuS 2006, 696. Zur „Studierfreiheit" *Glaser* Staat 47 (2008) 221 ff.

[811] *Gärditz,* in: Maunz/Dürig, Art. 5 Abs. 3 (2019) Rn. 129.

[812] BVerfGE 35, 79 (125); *Pernice,* in: Dreier I, Art. 5 III (Wissenschaftsfreiheit), Rn. 34.

[813] Vgl. dazu im Einzelnen *Heintzen* WissR 30 (1997), 218 ff.

[814] Kritisch mwN *Oebbecke* VVDStRL 62 (2003), 396 f.

[815] Zum Schutz außeruniversitärer Forschungseinrichtungen *Löwer* HStR III, § 70 Rn. 181.

[816] BVerfGE 35, 79 (112); 95, 193 (209); *Scholz,* in: Maunz/Dürig, Art. 5 III (1977) Rn. 122; *Classen,* Wissenschaftsfreiheit außerhalb der Hochschule, 1994, passim; *Ipsen,* Staatsrecht II Rn. 527; *Gärditz,* in: Maunz/Dürig, Art. 5 Abs. 3 (2019) Rn. 209.

Neben den natürlichen Personen haben auch **überindividuelle** Organisationseinheiten teil am  210
Grundrechtsschutz (Art. 19 III). Grundrechtsträgerin aus Art. 5 III 1 ist die Universität (Hochschule).[817] Die Wissenschaftsfreiheit ist kein höchstpersönliches Grundrecht, das nur natürlichen Personen
zugute kommt. Art. 5 III 1 ist das **Grundrecht der deutschen Universität.**[818] Dass sie Körperschaft
(oder Stiftung[819]) des öffentlichen Rechts ist, steht dem nicht entgegen. Anders als sonstige juristische
Personen des öffentlichen Rechts, die in der Regel zur unmittelbaren oder mittelbaren Staatsverwaltung gehören, erfüllt die Universität keine primär oder wesensmäßig staatlichen Aufgaben. Hoheits-
funktionen stehen ihr nur begrenzt zu. Ihr Zentrum ist die Hege und Pflege der Wissenschaft, die im
Gravitationsfeld akademischer Grundrechtsfreiheit angesiedelt ist, nicht aber staatlichen Kompetenz-
vollzug darstellt. Ähnlich den öffentlich-rechtlichen Rundfunkanstalten und den öffentlich-rechtlichen
Religionsgesellschaften bewegen sich die Universitäten außerhalb des Delegationsmodells dezentralisierter staatlicher Aufgabenwahrnehmung.[820] Art. 5 III 1 ist auf die Sicherung staatsfreier, organisierter
Grundrechtssubstanz angelegt.[821] Demzufolge ist denn auch die prinzipiell zulässige staatliche Rechtsaufsicht in Selbstverwaltungsangelegenheiten noch einmal zusätzlich auf eine Evidenzkontrolle reduziert, sofern der kognitive Bereich der Wissenschaft in Rede steht.[822] Kondominialbereiche von Hochschule und Staat[823] ändern an diesem prinzipiellen Befund nichts. Dem entspricht es, dass die hoch-
schulinternen Willensbildungsstrukturen nicht auf die egalitäre demokratische Legitimation von
mittelbarer Staatsverwaltung angelegt sind, sondern sich als **grundrechtssichernde Binnenstruktur**[824] erweisen.

Die Universität befindet sich in derselben **grundrechtstypischen Gefährdungslage**[825] wie die  211
grundrechtsgeschützte natürliche Person. Die akademische Selbstverwaltung sowie das vorwiegend
korporativ zu verstehende Promotions- und Habilitationsrecht sind Freiheitspositionen, die die Universität gegenüber dem Staat abzuschirmen hat.[826] Das Satzungsrecht ist eingeschlossen.[827] Von daher
ist es einsichtig, dass auch **Fakultäten**[828] und/oder **Fachbereiche**[829] am Grundrechtsschutz aus Art. 5
III 1 teilhaben. Als (Teil-)Gliederungen der Universität sind sie mindestens teilrechtsfähige Verbände
des öffentlichen Rechts, die einen vergleichbaren grundrechtlichen Status genießen. Theologische
Fakultäten stellen keine prinzipielle Ausnahme dar.[830] Hingegen partizipiert die verfasste Studenten-
schaft (Studierendenschaft) als Zwangskörperschaft des öffentlichen Rechts nicht am Grundrecht aus
Art. 5 III 1.[831] Am Wissenschaftsbetrieb haben auch Stiftungen (des bürgerlichen wie des öffentlichen
Rechts) teil.[832] Außeruniversitäre Forschungseinrichtungen sind durch Art. 5 III GG geschützt.[833]

Für **Fachhochschulen** lassen sich solche Aussagen nicht mit der gleichen Eindeutigkeit treffen[834]  212
(→ Rn. 207). **Allgemeinbildende Schulen** sind schon wegen des dominierenden staatlichen Erzie-
hungsauftrages nicht aus Art. 5 III 1 legitimiert. Hier ist Art. 7 einschlägig.[835]

Soweit – ausnahmsweise – auch juristische Personen des Privatrechts akademische Ausbildung  213
betreiben (sog. **Privatuniversitäten**), kommt ihnen sub specie des Art. 5 III 1 derselbe Grundrechtsschutz zu wie den öffentlich-rechtlichen Rechtsträgern.

Soweit **Wissenschaftsförderung** und **Wissenschaftsorganisation** auch außerhalb der Hochschu-  214
len bei privatrechtlich oder öffentlich-rechtlich strukturierten Rechtsträgern stattfinden, richtet sich die
Frage ihrer Grundrechtsträgerschaft aus Art. 5 III 1 nach dem Intensitätsgrad ihrer Affinität zu den

---

[817] BVerfGE 68, 193 (267); 75, 192 (196); 111, 226 (264): Wissenschaftsfreiheit der Hochschulen; s. a. BVerfGE
143, 246 (314 f. Rn. 189); 147, 50 (143 f. Rn. 240).

[818] S. im Anschluss an *Paulsen* auch *Oppermann* HStR VI, 2. Aufl., § 145 Rn. 36; *Ruffert,* VVDStRL 65 (2006),
181; *Mager* HStR VII, § 166 Rn. 37; *Huber* MKS I, Art. 19 Rn. 258.

[819] Dazu *Kahl* (Fn. 781),S. 94 f. Zu anderen Rechtsformen *Mager* VVDStRL 65 (2006), 295 f.

[820] *Rupp,* in: Demokratie und Verwaltung. 25 Jahre Hochschule für Verwaltungswissenschaften Speyer, 1972,
S. 617; *Bethge* (Fn. 170), S. 81.

[821] *Isensee* Staat 20 (1981), 169; *Rupp* HStR II, § 31 Rn. 32 mit Fn. 82.

[822] *Kahl* (Fn. 386), S. 500 f. mit Fn. 179; *Gärditz,* Maunz/Dürig, Art. 5 Abs. 3 (2019) Rn. 277.

[823] Vgl. *Heintzen* DÖV 1997, 536 Fn. 58; *Kühne* DÖV 1997, 9 ff.; BVerfGE 111, 333 (362).

[824] *Schmitt Glaeser* VVDStRL 31 (1973), 230; *Bethge* (Fn. 100), S. 192 ff.; *Jestaedt,* Demokratieprinzip und Kondominialverwaltung, 1993, S. 531 f.; *Geis* HGR IV, § 100 Rn. 47.

[825] Zu diesem Argumentationstopos BVerfGE 45, 63 (79); *Bethge* NJW 1995, 558.

[826] *Trute,* Forschung zwischen grundrechtlicher Freiheit und staatlicher Institutionalisierung, 1994, S. 358 ff.

[827] *Geis* HGR IV, § 100 Rn. 27.

[828] BVerfGE 15, 256 (262); 75, 192 (196); 93, 85 (93); 139, 148 (Rn. 40 ff.).

[829] BVerfGE 111, 333 (352) mwN.

[830] Vgl. dazu *Hermann Weber* NVwZ 2000, 848 ff.; zu staatlich anerkannten kirchlichen Hochschulen *Grigoleit/
Kersten* DÖD 2001, 1 ff. Siehe auch BVerfGE 122, 89 (11).

[831] *Ziemske* FS Kriele, 1997, S. 1248; a. M. BerlVerfGH NVwZ 2001, 426; *Brüning,* in: Stern/Becker, Art. 19
Rn. 69. Differenziert *Penz,* DÖV 2016, 905 f. f. mwN.

[832] Zu Stiftungen als institutionellen Sicherungen der Wissenschaftsfreiheit allgemein *Ossenbühl,* Liber amicorum
Oppermann, 2001, S. 841 ff.

[833] *Mager* HStR VII, § 166 Rn. 49.

[834] BVerfGE 64, 323 (354); 126, 1 (19 ff.); allgemein *Waldeyer,* Das Recht der Fachhochschulen, 2000.

[835] Zur pädagogischen Freiheit des Lehrers die gleichnamige Schrift von *Johannes Rux,* 2002.

primären Grundrechtsträgern. Dies muss von Fall zu Fall entschieden werden.[836] Das Bundesverfassungsgericht ordnet ein schon vor dem Einigungsvertrag mit einer gewissen Autonomie ausgestattetes „Zentralinstitut für physikalische Chemie" dem grundrechtlich geschützten Lebensbereich unmittelbar zu.[837] Bei **kirchlichen** Hochschulen tritt neben den grundrechtlichen Schutz aus Art. 5 III die zusätzliche Absicherung durch Art. 4 I und II in deren korporationsrechtlichen Komponenten hinzu. Aus Art. 5 III 1 lässt sich keinerlei Aussage über ein allgemeines politisches Mandat der verfassten Studentenschaft (Studierendenschaft) ableiten.[838] Dessen Unzulässigkeit folgt aus der Tatsache, dass Zwangskörperschaften öffentlichen Rechts keinen generellen Aufgabenkatalog haben dürfen und dass die gesetzwidrige Inanspruchnahme eines solchen Mandats Grundrechte ihrer Pflichtmitglieder verletzt (vgl. Rn. 41a).

215     Das Grundrecht öffentlicher Einrichtungen auf Freiheit der Wissenschaft und Forschung von staatlichen Einwirkungen erstreckt sich indes nicht auf den **Fortbestand der Einrichtung** selbst. Es vermittelt keinen Existenzgewährleistungsanspruch. Zwar hat im Bereich des mit öffentlichen Mitteln eingerichteten und unterhaltenen Wissenschaftsbetriebes der Staat durch geeignete organisatorische Maßnahmen dafür zu sorgen, dass das Grundrecht der freien wissenschaftlichen Betätigung so weit unangetastet bleibt, wie das unter Berücksichtigung der anderen legitimen Aufgaben der Wissenschaftseinrichtungen und der Grundrechte der verschiedenen Beteiligten möglich ist. Auch Privatisierung ist zulässig.[839]

216     „Öffentliche Einrichtungen, die diesen Zwecken dienen und denen deshalb das Grundrecht aus Art. 5 III 1 unmittelbar zugeordnet ist, können daher grundsätzlich Eingriffe in ihre organisatorischen Strukturen abwehren, die einer freien wissenschaftlichen Betätigung abträglich sind … Für ihren eigenen Fortbestand kann eine öffentliche Einrichtung aber grundsätzlich keinen Grundrechtsschutz in Anspruch nehmen … Einrichtungen, die Zwecken der Wissenschaft dienen, ist Autonomie nur im Rahmen der ihnen zugewiesenen Aufgabe verliehen… Ihre Autonomie ist auf die funktionsgerechte Wahrnehmung dieser Aufgabe beschränkt und von deren Fortbestand abhängig. Sie kann deshalb nicht die Aufrechterhaltung der Aufgabenzuweisung selbst sichern" (BVerfGE 85, 360 [384 f.]).

Dem Funktionsschutz korrespondiert also kein Bestandsschutz.[840]

217     **d)** Die Wissenschaftsfreiheit ist in erster Linie ein **staatsgerichtetes Abwehrrecht. Horizontalwirkung** ist ihr insofern nicht fremd, als auch die Ordnung des inneruniversitären Funktionsbereichs eine angemessene Gewichtung der jeweiligen partikularen (konkurrierenden) Grundrechtspositionen erfordert.[841] Mit Drittwirkungsvorstellungen und -mechanismen hat dies nichts zu tun.

217a    Die Bedingtheiten der **Gruppenuniversität** nötigten zu einer Bestimmung der – auch partizipatorisch bedeutsamen – Grundrechtspositionen der Beteiligten, die sich nicht in einer negatorischen Abwehrposition erschöpfen (können). Das BVerfG bemerkte mit Blick namentlich auf die Rolle des Hochschullehrers (BVerfGE 95, 193 [209 f.]):

„Das durch Art. 5 Abs. 3 Satz 1 GG gewährleistete Grundrecht der Wissenschaftsfreiheit schützt als Abwehrrecht die wissenschaftliche Betätigung gegen staatliche Eingriffe und steht jedem zu, der wissenschaftlich tätig ist oder tätig werden will (vgl. BVerfGE 35, 79 [112]). Darüber hinaus gibt es dem einzelnen Wissenschaftler ein Recht auf solche staatlichen Maßnahmen auch organisatorischer Art, die zum Schutz seines grundrechtlich gesicherten Freiheitsraums unerlässlich sind, weil sie ihm freie wissenschaftliche Betätigung überhaupt erst ermöglichen (vgl. BVerfGE 35, 79 [114 bis 116]). Art. 5 Abs. 3 Satz 1 GG garantiert ihm im Rahmen des wissenschaftlichen Betriebs einer Hochschule tätigen Trägern dieses Grundrechts deshalb auch die zur Wahrung der Wissenschaftsfreiheit erforderlichen Mitwirkungsrechte und Einflussmöglichkeiten in den Organen der Hochschulselbstverwaltung (vgl. BVerfGE 35, 79 [107 ff., 124 ff.]; 47, 327 [363]; 56, 192 [211]).
Eine hervorgehobene Stellung innerhalb des Wissenschaftsbetriebs an den Hochschulen haben die dort tätigen Hochschullehrer inne. Ihnen muss deshalb nach Art. 5 Abs. 3 Satz 1 in Verbindung mit Art. 3 Abs. 1 GG im Verhältnis zu den anderen Mitgliedern der Hochschule bei Entscheidungen, die unmittelbar die Lehre betreffen, der dieser Stellung entsprechende maßgebende Einfluss, und bei Entscheidungen, die unmittelbar Fragen der Forschung oder die Berufung der Hochschullehrer zum Gegenstand haben, ein weitergehender, ausschlaggebender Einfluss vorbehalten bleiben (vgl. BVerfGE 35, 79 [131 ff.]; 43, 242 [269]).
Damit entsprechende organisatorische Vorkehrungen im Interesse des einzelnen Hochschullehrers wie des Wissenschaftsbetriebs selbst funktionsgerecht greifen, ist es nach Art. 5 Abs. 3 Satz 1 in Verbindung mit Art. 3 Abs. 1 GG weiter geboten, die Gruppe der Hochschullehrer in sich homogen zusammenzusetzen (vgl. BVerfGE 35, 79 [134 f.]). Dies setzt voraus, dass die Mitgliedschaft in dieser Gruppe auf Hochschullehrer im materiellen Sinne beschränkt, aber auch erstreckt wird. Dabei ist als Hochschullehrer, unabhängig von seiner dienstrechtlichen Stellung, der akademische Forscher und Lehrer zu verstehen, der auf Grund der Habilitation oder eines sonstigen gleichbewerteten Qualifikationsbeweises mit der selbstständigen Vertretung eines wissenschaftlichen Faches in Forschung und Lehre betraut ist (vgl. BVerfGE 35, 79 [126 f.]; 47, 327 [388]; 56, 192 [208]). Wer als Angehöriger einer Hochschule diese Voraus-

---

[836] Vgl. *Trute*, Die Forschung zwischen grundrechtlicher Freiheit und staatlicher Institutionalisierung, 1994, S. 536 ff.; *Löwer* HStR III, § 70 Rn. 181: Grundrechtsschutz der Max-Planck-Gesellschaft.

[837] BVerfGE 85, 360 (370).

[838] *Scholz*, in: Maunz/Dürig, Art. 5 III (1977) Rn. 94; *Penz* DÖV 2016, 908 mwN.

[839] BVerfGE 128, 157 (179); 139, 148 (Rn. 51).

[840] *Bethge,* Die verfassungsrechtliche Position des öffentlich-rechtlichen Rundfunks in der dualen Rundfunkordnung, 1996, S. 95; *Kilian,* Die Verwaltung 29 (1996), 296; *Isensee,* Jahrbuch der Akademie der Wissenschaften zu Berlin 1990–1992, 1993, S. 170 f.; BVerfGE 85, 360 (384 f.); 139, 148 (Rn. 63).

[841] BVerfGE 35, 79 (125); 39, 247 (255); 139, 148 (Rn. 87 f.); *Grupp* FS Roellecke, 1997, S. 107 ff.

setzungen erfüllt, hat Anspruch darauf, der Gruppe der Hochschullehrer und nicht einer anderen Gruppe zugeordnet zu werden. Andernfalls wäre die vom Homogenitätsprinzip geforderte klare Abgrenzung der verschiedenen an der Hochschule bestehenden Gruppen (vgl. BVerfGE 47, 327 [388]; 61, 210 [240]; 88, 129 [137]) nicht mehr gewahrt."

Das GG gibt allerdings keine bestimmte Hochschulorganisation vor. Das BVerfG führt aus (BVerf- **217b** GE 149, 1 (22 Rn. 45):

Der Gesetzgeber ist bei der Regelung des Wissenschaftsbetriebs weder an überkommene hochschulorganisatorischer Strukturen noch an deren einzelne Elemente gebunden; er darf nicht nur neue Modelle und Steuerungstechniken entwickeln und erproben, sondern er ist sogar verpflichtet, Organisationsformen kritisch zu beobachten und zeitgemäß zu reformieren……. Ihm steht gerade hinsichtlich der Eignung neuer Organisationsformen ein Einschätzungs- und Prognosespielraum zu ………; so bleibt ihm bei der Hochschulorganisation ein breiter Raum, um seine hochschulpolitischen Auffassungen zu verwirklichen und die Hochschulen den gesellschaftlichen und wissenschaftssoziologischen Gegebenheiten anzupassen (vgl. BVerfGE 35, 79 [116, 120)].

Monokratische Entscheidungs- und Verwaltungsstrukturen widerstreiten der Wissenschaftsfreiheit **217c** nicht in jedem Fall.[842] Entsprechend verhält es sich mit der Kompetenz der Leitungsorgane zur Evaluation von Lehre und Forschung;[843] Eine staatlich eingesetzte Hochschulleitung widerspricht dem Prinzip universitärer Autonomie.[844] Bei Hochschulräten stellt sich als Problem der ausreichenden demokratischen Legitimation.[845] Über die negatorische Funktion hinaus vermittelt die Wissenschaftsfreiheit an die Adresse des Staates gerichtete **Teilhaberechte** im Grundansatz schon originärer Art.[846] Das Recht des Staates, selbst über die Existenz der konkreten Hochschule zu verfügen (→ Rn. 215), ändert daran nichts. Das Teilhaberecht hat Funktionsschutzcharakter. Es wird akut z. B. in Gestalt von Finanzierungsansprüchen der Universität, sofern der Staat seiner Pflicht zur Mindestausstattung nicht gerecht wird. Dabei ist die Haushaltskompetenz des Parlaments ebenso zu berücksichtigen wie seine Befugnis zur Setzung der politischen Prioritäten bei der Verwaltung des Mangels.[847]

Die Wissenschaftsfreiheit gewährt keinen grundrechtlichen Leistungsanspruch auf Information, **217d** fordert aber als Abwehrrecht verfassungsrechtliche Gründe für Schranken des Informationszugangs.[848]

Auch aus der **institutionellen Garantie** der wissenschaftlichen Hochschule und der akademischen **218** Selbstverwaltung ergeben sich aktive Förderungspflichten des Staates.[849] Überaus komplex und differenzierungsbedürftig ist die Rolle des Staates im Spannungsfeld zwischen grundrechtlicher Freiheit und staatlicher Institutionalisierung.[850] Nicht über einen Leisten geschlagen werden darf auch die Antwort auf die Frage, ob das Grundrecht das vorwiegend medienspezifische Strukturprinzip der **Staatsfreiheit** bedingt.[851] Aus der institutionellen Garantie des Art. 5 III 1 GG folgt eine öffentlich-rechtliche Strukturgarantie der Universität, die eine völlige Privatisierung des gesamten Hochschulwesens ausschließt.[852]

Auch die **Universität selbst** kann als Trägerin öffentlicher Verwaltung **Adressatin** der individuel- **219** len Wissenschaftsfreiheit sein (Art. 1 III).[853] Ihr – zumal ministerialfreier – grundrechtlich umhegter Schutzbereich gegenüber dem Staat ändert nichts daran, dass sie in der Relation zu anderen individuellen Rechtsträgern grundrechtsverpflichtet ist.[854]

**e) Grundrechtskonkurrenzen:** Soweit öffentlich-rechtliche Organisationseinheiten angesprochen **220** sind, entstehen keine Konkurrenzprobleme, weil die Grundrechtsträgerschaft ohnehin nur auf Art. 5 III 1 beschränkt ist.[855] Bei privaten Universitäten besteht das Regressverbot auf andere Grundrechte zwar nicht. Doch dürfte auch hier das korporative Grundrecht der Universität im Vordergrund stehen, sollten denn andere Freiheitsrechte (Art. 12 I) überhaupt tatbestandliche Anwendung finden können.

Die Wissenschaftsfreiheit **als Individualgrundrecht** kann zur Kunstfreiheit in Idealkonkurrenz **220a** treten.[856] Die Meinungsfreiheit wird regelmäßig konsumiert. Auch die akademische Redefreiheit ist lex specialis gegenüber Art. 5 I. Bei Hochschulrundfunk[857] kann auch Art. 5 I 2 (Rundfunkfreiheit) relevant werden. Die gleichzeitige Anwendung wirtschaftlicher Grundrechte (Art. 12, 14) dürfte nur

---

[842] BVerfGE 111, 333 (356 f.), 149, 1 (43); *Bumke* VVDStRL Heft 69 (2010), 437; *Nettesheim* DVBl 2005, 1081. Zur Hierarchisierung *Mager* VVDStRL 65 (2006), 296 f.; *Müller-Terpitz* WissR 44 (2011), 236 ff.

[843] BVerfGE 111, 333 (358 ff.).

[844] BVerfGE 139, 148 (Rn. 70).

[845] *Hendler* VVDStRL 65 (2006), 251 ff.; skeptisch *Bumke* VVDStRL Heft 69 (2010), 646.

[846] BVerfGE 122, 89, LS 4.

[847] Zum weiten Gestaltungsspielraum des Wissenschaftsgesetzgebers *Schulte* VVDStRL 65 (2006), 127.

[848] *Ruffert* VVDStRL 65 (2006), 185.

[849] Vgl. BVerfGE 88, 129 (137); 93, 85 (95); 111, 333 (354).

[850] *Trute,* Die Forschung zwischen grundrechtlicher Freiheit und staatlicher Institutionalisierung, 1994.

[851] *Trute* (Fn. 850), S. 289 f. Zum Identifikationsverbot *Ruffert* VVDStRL 65 (2006), 153 Fn. 24.

[852] A. M. *De Wall* Staat 38 (1999), 389 mit Fn. 50.

[853] Vgl. BVerwGE 95, 237 ff.; BVerfGE 93, 85 (94 ff.).

[854] Vgl. *Bettermann* NJW 1969, 1323 ff.; *Merten,* DÖV 2019, 41 ff. Im Verhältnis zu ihren Mitgliedern ist die Universität ausschließlich Grundrechtsverpflichtete; *Geis* VVDStRL Heft 69 (2010), 396.

[855] Zur Erweiterung des Grundrechtsschutzes öffentlich-rechtlicher Rundfunkanstalten auf Art. 10 GG vgl. BVerfGE 107, 299 (310). Zum „Hochschulrundfunk" *R. Zimmermann,* 2013.

[856] *Ruffert* VVDStRL 65 (2006), 161: Kunstfreiheit als potentielles Hauptreferenzgrundrecht.

[857] *R. Zimmermann,* Hochschulrundfunk, 2013.

bei der Verwertung wissenschaftlicher Ergebnisse in Frage kommen,[858] obzwar vorstellbar ist, dass auch grundrechtsdogmatisch „Wissenschaft als Beruf" zum Tragen kommen kann.[859] Zunehmend tritt Art. 10 in den Vordergrund.[860] Art. 2 I tritt nach allgemeinen Grundsätzen zurück.[861] Art. 33 V als grundrechtsähnliches Individualrecht des beamteten Hochschullehrers ist nicht immer subsidiär,[862] sondern komplementär.

220b   **f) Supranationales Recht:** Die Wissenschaftsfreiheit wird durch die EMRK nicht ausdrücklich geschützt. Wissenschaftliche Äußerungen unterfallen dem Schutz des Art. 10[863]. Unionsrechtlich ist Art. 13 GRCh einschlägig: Die Forschung ist frei, die akademische Freiheit wird gewährleistet.[864]

221   **2. Die Schranken der Freiheit. a)** Die Begrenzungsfrage stellt sich auf verschiedenen Ebenen. Die wichtigste Überlegung betrifft die Konstruktion des klassischen **Schrankenvorbehalts.**[865]

222   Die Wissenschaftsfreiheit zählt zu den Freiheitsnormen des GG ohne ausdrücklichen Schrankenvorbehalt. Die Wissenschaft ist eben frei[866]. Doch gilt auch hier die allgemeine Argumentationsfigur des BVerfG, dass auch ein nicht schrankenbewehrtes Grundrecht zwar vorbehaltlos, aber nicht schrankenlos sein kann.[867] Danach ist der **wissenschaftliche Freiraum** ebenso grundsätzlich vorbehaltlos gewährleistet wie die Freiheit künstlerischer Betätigung: Im höchstpersönlichen Binnenbereich des Individuums herrscht **absolute Freiheit** von jeder Ingerenz öffentlicher Gewalt.[868] In Rede steht ein von staatlicher Fremdbestimmung freier Bereich autonomer Verantwortung.[869] Das **Zensurverbot** gilt darum auch hier.[870]

223   Wird jedoch der interne Freiraum verlassen und löst die Betätigung der Freiheit **Sozialkontakt** aus, ist die **Schrankenfrage** aufgeworfen[871]. Das führt zu den bekannten allgemeinen grundrechtsdogmatischen Konsequenzen: Der Vorbehalt aus Art. 5 II darf nicht herangezogen werden.[872] Ebenso wenig ist ein Regress auf die Schrankentrias des Muttergrundrechts aus Art. 2 I zulässig. Infolgedessen kommt der ungeschriebene Verfassungsvorbehalt der kollidierenden Grundrechte Dritter und anderer mit Verfassungsrang ausstaffierter Rechtsgüter zum Tragen.[873] Umwelt- und Tierschutz, wiewohl mit Verfassungsrang versehen (Art. 20a), entfalten als Staatszielbestimmungen erst dann Schrankenwirkung, wenn sie einfachrechtlich konkretisiert sind.[874] Ein genereller Vorrang kommt diesen „Gegenrechten" nicht zu.

224   Indessen darf schon hier nicht außer acht gelassen werden, dass im staatlichen Wissenschaftsbetrieb die Einbeziehung der einzelnen Grundrechtsträger und Gruppen in einen **Interaktionsprozess** einiges an Schranken mit sich bringt (→ Rn. 229). Hinzu treten Bindungen aus arbeitsrechtlichen und vor allem zT beamtenrechtlichen Verhältnissen, die zu einer sehr komplexen Gemengelage von autonomer Freiheit einerseits und staatlicher Schrankenvorgabe andererseits führen (können). Hier die richtige Balance zu finden, ist die eigentliche Schwierigkeit der Handhabung der Vorgaben des Art. 5 III 1, die eine akribische Ausdifferenzierung der verschiedenen rechtlichen Konstellationen erforderlich macht. Die Vielschichtigkeit zeigt sich beispielhaft bei der Überlegung, zum Schutz welcher rechtlicher Interessen ein „Forschungsgeheimnis" zu reflektieren ist.[875]

225   Eine spezifische Schranke der Freiheit der Lehre statuiert Art. 5 III 2, der den Hochschullehrern in Gestalt einer immanenten Missbrauchsschranke[876] eine **besondere Verfassungstreue** auferlegt. Die Begrenzung ist ebenso komplex wie kompliziert.[877] Entstehungsgeschichtlich ist sie eine typische Reaktion auf Weimarer Gefährdungslagen; sie gehört in den Kontext jener Bestimmungen des Grund-

---

[858] Art. 14 Abs. 1 GG schützt das geistige Eigentum ambivalent; vgl. *Ruffert* VVDStRL 65 (2006), 186. Zur „Forschung zwischen Wissenschaftsfreiheit und Wirtschaftsfreiheit" siehe *Harald Dähne,* 2007.

[859] *Schmidt* NJW 1973, 585 ff.; *Suhr* DÖV 1975, 767; *Kamp,* Forschungsfreiheit und Kommerz, 2004.

[860] BVerfGE 113, 348 (365).

[861] Zu Konkurrenzfragen *Pernice,* in: Dreier I, Art. 5 III (Wissenschaft) Rn. 64.

[862] BVerfGE 122, 89 (119); 130, 263 ff.; dazu *Bäcker* AöR 135 (2010), 78 ff.

[863] *Mensching,* Karpenstein/Mayer, EMRK, Art. 10 Rn. 22.

[864] *Jarass* (Fn. 49), Art. 13 Rn. 5 ff.

[865] *Mager* HStR VII, § 166 Rn. 22 ff.; *Kriele* HStR IX, § 188 Rn. 5.

[866] *Löwer* HGR IV, § 99 Rn. 27; *Merten* HGR III, § 60 Rn. 72.

[867] Vgl. BVerfGE 30, 173 (192); 122, 89 (107); *Bäcker* AöR 135 (2010), 108.

[868] BVerfGE 35, 79 (112).

[869] BVerfGE 47, 327 (367 f.); 111, 333 (354).

[870] *Oppermann* HStR VI, 2. Aufl., § 145 Rn. 26.

[871] *v. Coelln,* in: Friauf/Höfling, Art. 5 (3. Teil) (2014) Rn. 128.

[872] BVerfGE 90, 1 (12); *Oppermann* HStR VI, 2. Aufl., § 145 Rn. 26; *Nettesheim* DVBl 2005, 1078.

[873] BVerfGE 122, 89 (107); *Scholz,* in: Maunz/Dürig, Art. 5 III (1977) Rn. 185; *Fehling,* BK, Art. 5 III (2004) Rn. 159 ff.; *Oppermann* HStR VI, 2. Aufl., § 145 Rn. 27; *Ruffert,* VVDStRL 65 (2006), 175; *Pernice,* in: Dreier I, Art. 5 III (Wissenschaft) Rn. 39. S. a. BVerfGE 128, 1 (41) mwN.

[874] *Bethge,* VVDStRL 57 (1998), 48; differenzierend *Epiney* MKS GG II, Art. 20a Rn. 89 ff.; s. auch *Lange* KritV 2004, 171 ff.; BVerfGE 118, 79 (110); 128, 1 (37).

[875] *Greitemann,* Das Forschungsgeheimnis, 2001.

[876] *Kloepfer,* Verfassungsrecht II, 2011, § 62 Rn. 58 f.

[877] Vgl. auch zum Folgenden *Oppermann* HStR VI, 2. Aufl., § 145 Rn. 32; *Wendt,* in: v. Münch/Kunig I, Art. 5 Rn. 114, sowie *Bethge,* JA 1985, 256 f.; *Merten* HGR III, § 60 Rn. 72.

gesetzes, die das Prinzip der wehrhaften Demokratie zu realisieren suchen (Art. 9 II, 18, 21 II, 98 II). Sie ist nicht ohne weiteres identisch mit der allgemeinen beamtenrechtlichen Treuepflicht, die grundsätzlich auch den beamteten Hochschullehrer trifft.

Schon diese Pflicht gilt für den Hochschullehrer freilich nicht unterschiedslos in dem Maße, wie sie **226** den öffentlichen Dienst im Allgemeinen prägt.[878] Die Freiheit der Lehre im Sinne der Äußerung von Wissenschaftsmeinungen und im Vermitteln von Forschungsergebnissen kann nicht durchweg den Mäßigungs- und Neutralitätskriterien unterliegen, denen die Beamtenschaft gemeinhin verpflichtet ist. **Lehrfreiheit** schließt das Recht zur **Einseitigkeit,** zur Akzentuierung und zur pointierten Positionierung ein.[879] Sie schließt Denkverbote aus.

Hier setzt die besondere Verfassungstreue als einschränkendes Korrektiv ein: Böswillige, aggressive **227** und verächtliche Angriffe auf die fundamentalen Wertvorstellungen und Prinzipien der freiheitlichen demokratischen Grundordnung sind ein Missbrauch der Lehrfreiheit[880]. Im Unterschied dazu ist sachliche Kritik an Verfassungsprinzipien, die schließlich der friedlichen Verfassungsänderung offen stehen (Art. 79), und an politischen Missständen gestattet. Der Ausschluss von Denkverboten entbindet nicht von der **Verantwortung** für die Artikulation von **Denkergebnissen.**

Auf einer anderen Ebene bewegen sich die **verwaltungsmäßigen Bindungen** des (beamteten[881]) **228** Hochschullehrers in seiner weiteren Amtstätigkeit, soweit es nicht um den Forschungs- und Publikationsbereich geht. Sie sind kein Fall erst des Art. 5 III 2. Die administrative Betreuung der Studierenden ist funktionell Verwaltungstätigkeit, die ihre Rechtfertigung im Ausbildungsauftrag und ihre Schranken ua im Verfassungsrecht (Art. 1 III, 20 III) findet. Freizeichnungen im Prüfungsbereich (Beurteilungsermächtigungen) sind grundrechtlich legitimiert, aber auch limitiert und verwaltungsgerichtlich kontrollier- und korrigierbar.[882] Der beamtete Hochschullehrer ist unbeschadet des Art. 5 III zur Abhaltung von Lehrveranstaltungen entsprechend den Erfordernissen eines ordnungsgemäßen Lehrbetriebs verpflichtet.[883]

**b)** Von den Schranken der Freiheit und vom Eingriff in die Freiheit zu unterscheiden ist die auch **229** bei Art. 5 III 1 relevante **Organisationsgesetzgebung des Staates,** durch die wissenschaftsrelevante Interaktion verfahrensmäßig umgesetzt werden soll.[884] Das ist namentlich im universitären Wissenschaftsbetrieb der Fall. Es gilt sowohl für das von Art. 5 III 1 getragene, wiewohl nicht geforderte Modell der Gruppenuniversität[885] als auch eher monokratisch-hierarchische Strukturen.[886] Die Wissenschaftsfreiheit ist nicht durchweg, aber in großen Partien ein Organisationsgrundrecht. Sie ist norm- und verfahrensgeprägt und hält den zuständigen Gesetzgeber zum Erlass freiheitssichernder Organisationsgesetze an.[887] Das Grundgesetz gibt keine bestimmte Hochschulorganisation vor (oben Rn. 217c)[888].Doch ist auch hier die unterschiedliche Gewichtung der partikularen, zur Austarierung anstehenden Grundrechtsinteressen zu beachten. Eine diese Grundsätze vernachlässigende Organisationsgesetzgebung kann zum unzulässigen Grundrechtseingriff geraten (vgl. o. Rn. 156) und gegen Art. 5 III 1 verstoßen.[889] Das Organisationsgesetz erfüllt das Anliegen des Parlamentsvorbehalts.[890]

Sowohl grundrechtsbeschränkende[891] Regelungen als auch organisatorische Bestimmungen, die das **229a** Grundrecht aus Art. 5 III berühren, müssen mit der Kompetenzverteilung des Grundgesetzes in Einklang stehen.[892] Ist das nicht der Fall, ist Art. 5 III 1 verletzt (Elfes-Konstruktion).[893] Die zusätzliche Heranziehung von Art. 2 I ist nicht erforderlich.[894]

**c)** Auf einer anderen Stufe wird die Frage relevant, ob die Wissenschaftsfreiheit dadurch immanente **230** Begrenzungen erfährt, dass sie ein **Funktionsgrundrecht** ist.[895] Ähnlich der Rundfunkfreiheit, der aber eine **dienende Funktion** attestiert wird (vgl. o. Rn. 92 ff.),[896] würde damit die Wissenschafts-

---

[878] Zur differenzierten Treuepflicht des nichtbeamteten Lehrbeauftragten BVerwGE 81, 212 ff.

[879] *Fink,* DÖV 1999, 982 f. Aparte Formulierung bei *Bumke,* VVDStRL 69 (2010), S. 451: Selbstand und Eigensinn der Lehrfreiheit.

[880] *Gärditz,* in: Maunz/Dürig, Art. 5 Abs. 3 (2019) Rn. 190; *Starck/Paulus* MKS I, Art. 5 Rn. 549; *Kempen,* in: Epping/Hillgruber, Art. 5 III Rn. 199.

[881] *Kempen* DVBl 2005, 1088.

[882] BVerfGE 84, 34 ff.; 84, 59 ff.

[883] *Kahl* VVDStRL 65 (2006), 403; *Pernice,* in: Dreier I, Art. 5 III (Wissenschaft) Rn. 33.

[884] BVerfGE 93, 85 (94 f.); 111, 333 (352 ff.); 130, 263 (299 f.).

[885] BVerfGE 35, 79 (120 f.); 139, 148 (Rn. 87); *Bethge*(Fn. 100), S. 206 ff., 357 f.; *Ladeur* DÖV 2005, 757.

[886] BVerfGE 111, 333 (355 ff.); *Müller-Terpitz* WissR 44 (2011), 236.

[887] BVerfGE 93, 85 (95); *Bethge* NJW 1982, 4 ff.; *Ossenbühl* FS Eichenberger, 1982, S. 188.

[888] BVerfGE 136, 338 (363 Rn. 57); 149, 1 (22 Rn. 45).

[889] BVerfGE 111, 333 (352); siehe auch *Geis* FS Hufen, 2015, S. 338.

[890] BVerfGE 111, 333 (355 f.).

[891] BVerfGE 68, 319 (327).

[892] BVerfGE 93, 85 (94 f.); s. auch BVerfGE 111, 226 (258): Junior-Professur.

[893] BVerfGE 6, 32 ff. Dazu *Bethge* FS Isensee, 2007, S. 613 ff.

[894] BVerfGE 93, 85 (95).

[895] Vgl. dazu *Hailbronner,* Die Freiheit von Forschung und Lehre als Funktionsgrundrecht, 1979; s. (kritisch) *Trute* Die Verwaltung 27 (1994), 301; *Faßbender* HStR IV, § 76 Rn. 96. S. a. unter Bezug auf BVerfGE 111, 333 (354) *Huber* MKS I, Art. 19 Rn. 257.

[896] BVerfGE 87, 181 (197); 119, 181 (214); 136, 9 (Rn. 33 ff.).

freiheit als Grundrecht eingeordnet, das nicht ohne weiteres mit den klassischen liberalen Freiheitsrechten vergleichbar ist.[897] Bei der Rundfunkfreiheit ist es die Integrität der demokratischen Kommunikationsverfassung, die die demokratisch-funktionale Grundrechtslehre veranlasst, zumindest einzelne Segmente der grundrechtlichen Gewährleistung der Beliebigkeit und Willkür des Grundrechtsträgers zu entziehen.[898]

**231**      Bei der Wissenschaftsfreiheit sollen es deren Einbindung in eine überindividuelle Verantwortung, desweiteren ein staatlicher Aufgabencharakter sowie ihr Gemeinwohlbezug sein, die eine ausschließlich auf die Autonomie des Grundrechtsträgers abstellende Betrachtungsweise ausschließen. Hinzu kommt ähnlich wie bei der Kunstfreiheit eine objektive kulturstaatliche Dimension[899]. Doch ist auch hier **Dosierung** am Platze.[900] Sicherlich kommt öffentlich-rechtlichen Funktionseinheiten (Universität, Fakultät) kein Grundrechtsverzicht und kein negativer Freiheitsgebrauch zu. Sie sind in Teilen pflichtige Grundrechtssubjekte:[901] Dem Funktionsschutz entspricht die Betriebspflicht. Eine Staatsaufsicht über die Universität widerstreitet Art. 5 III nicht per se.[902] Für individuelle Grundrechtsträger zumal im privaten Wissenschaftsbereich scheidet diese Sichtweise aber aus. Die Verfassungsmäßigkeit der gesetzlichen Empfehlung, Wissenschaft habe auch die sozialen Folgen der Ergebnisse zu gewärtigen, kann auch bei deren Beschränkung auf staatlich verantwortete, universitäre Tätigkeit nur mit Vorbehalten bejaht werden.[903] Die Wissenschaftsfreiheit steht nicht unter einem ungeschriebenen Vorbehalt gesamtgesellschaftlicher Akzeptanz;[904] genauso wenig unterliegen ihre Akteure dem Zugriff eines staatlich geförderten Zweitveröffentlichungsrechts dritter Destinäre (Stichwort „open access").[905] Akademische Freiheit kann nicht durch akademische Gerechtigkeit ersetzt werden.

**232**      Die absoluten Grenzen jeder Freiheit, auch der Wissenschaftsfreiheit sind die Menschenwürde,[906] deren Kernsubstanz gegenüber kollidierenden Grundrechtspositionen abwägungsresistent ist,[907] und das Grundrecht auf Leben und körperliche (wie psychische) Unversehrtheit.[908] Die Stammzellenforschung und der Schutz pränataler Grundrechtssubstanz sind von diesen grundrechtlichen Rahmenbedingungen determiniert.[909] An die Adresse der wissenschaftlichen Akteure gerichtete Publikationsverbote sind prinzipiell unzulässig; es sei denn, sie seien – etwa als Folge von Plagiaten – gerichtlich verfügt.

**233**      Im grundrechtsgeprägten Verfassungsstaat des GG ist die Wissenschaftsfreiheit Prüfungsgegenstand und Prüfungsmaßstab der Verfassungsgerichtsbarkeit. Namentlich die Verfahren der Individualverfassungsbeschwerde und der Normenkontrollen kommen in Frage. Vorgreiflichen fachgerichtlichen Rechtsschutz gewährleisten der allgemeine und der besondere Justizgewährleistungsanspruch (Art. 2 I GG i. V. mit Art. 20 Abs. 1 GG sowie Art. 19 IV 1 GG). Ein jüngerer Beschluss des Bundesverfassungsgerichts trägt den justizstaatlichen Grenzen wissenschaftlicher Erkenntnis Rechnung. Die Leitsätze lauten:

1. Stößt die gerichtliche Kontrolle nach weitestmöglicher Aufklärung an die Grenze des Erkenntnisstandes naturschutzfachlicher Wissenschaft und Praxis, zwingt Art. 19 Abs. 4 Satz 1 GG das Gericht nicht zu weiteren Ermittlungen, sondern erlaubt ihm, seiner Entscheidung insoweit die plausible Einschätzung der Behörde zu der fachlichen Frage zugrunde zu legen. Die Einschränkung der Kontrolle folgt hier nicht aus einer der Verwaltung eingeräumten Einschätzungsprärogative und bedarf nicht eigens gesetzlicher Ermächtigung.
2. In grundrechtsrelevanten Bereichen darf der Gesetzgeber Verwaltung und Gerichten nicht ohne weitere Maßgaben auf Dauer Entscheidungen in einem fachwissenschaftlichen „Erkenntnisvakuum" übertragen, sondern muss jedenfalls auf längere Sicht für eine zumindest untergesetzliche Maßstabsbildung sorgen.[910]

Es ist der Versuch, die Unabgeschlossenheit des überlebensnotwendigen Wissenschaftsprozesses mit Hilfe der rechtsstaatlichen Kriterien und Prozeduren der dritten Gewalt in den Griff zu bekommen.

---

[897] BVerfGE 90, 60 (87 ff.); *Fink* DÖV 1999, 984 f.; *Burmeister* FS Stern, 1997, S. 868.
[898] BVerfGE 87, 181 (197); 90, 60 (87); 114, 371 (386 f.); 119, 182 (214); 136, 9 (28 ff.).
[899] *Badura*, Staatsrecht, S. 286.
[900] Kritisch gegenüber funktionsgrundrechtlichen Kategorien *Rupp* HStR II, § 31 Rn. 32 mit Fn. 82.
[901] *Bethge* NJW 1982, 2148.
[902] Str. Vgl. mwN *Kahl* (Fn. 386), S. 500 f. mit Fn. 179. Zu den verschiedenen Aufsichtskategorien (Rechtsaufsicht, Fachaufsicht, Dienstaufsicht) *Kahl* (Fn. 781), S. 84.
[903] *Scholz*, in: Maunz/Dürig, Art. 5 III (1977) Rn. 99; zum Verhältnis von „Wissenschaft und Freiheit in der Risikogesellschaft" vgl. die gleichnamige Schrift von *Kleindick*, 1997.
[904] *Badura*, Staatsrecht, S. 287; *Geis* VVDStRL 69 (2010), 399; s. a. BVerfGE 111, 333 (355, 358).
[905] Zum Schutz des geistigen Eigentums durch Art. 14 I GG BVerfGE 129, 78 (101 f.); 142, 74 (96 Rn. 69); *Paulus* HStR XI, § 247 Rn. 4 ff.; *Michael Goldhammer* ua (Hrsg.), Geistiges Eigentum im Verfassungsstaat, 2016.
[906] BVerfGE 102, 347 (366); *Hillgruber* HStR IX, § 201 Rn. 96.
[907] BVerfGE 93, 266 (293); 115, 118 (152 ff.); zT kritisch *Isensee* AöR 131 (2006), 190 ff.
[908] Vgl. *Iliadou*, Forschungsfreiheit und Embryonenschutz, 1999; *Losch* NVwZ 1993, 625 f.; *Klopfer*, Verfassungsrechtliche Probleme der Forschung an humanen pluripotenten embryonalen Stammzellen und ihre Würdigung im Stammzellgesetz, 2006; *Kempen*, Epping/Hillgruber, GG, Art. 5 III Rn. 198.
[909] Umfassend mwN *Müller-Terpitz* HStR VII, § 147; s. a. *Hillgruber* HStR IX, § 200 Rn. 23.
[910] BVerfGE 149, 407; s. a. BVerfGE 49, 89 (145 ff.); 129, 1 (21 ff.).

## Art. 6 [Ehe und Familie]

(1) Ehe und Familie stehen unter dem besonderen Schutze der staatlichen Ordnung.

(2) Pflege und Erziehung der Kinder sind das natürliche Recht der Eltern und die zuvörderst ihnen obliegende Pflicht. Über ihre Betätigung wacht die staatliche Gemeinschaft.

(3) Gegen den Willen der Erziehungsberechtigten dürfen Kinder nur auf Grund eines Gesetzes von der Familie getrennt werden, wenn die Erziehungsberechtigten versagen oder wenn die Kinder aus anderen Gründen zu verwahrlosen drohen.

(4) Jede Mutter hat Anspruch auf den Schutz und die Fürsorge der Gemeinschaft.

(5) Den unehelichen Kindern sind durch die Gesetzgebung die gleichen Bedingungen für ihre leibliche und seelische Entwicklung und ihre Stellung in der Gesellschaft zu schaffen wie den ehelichen Kindern.

**Entstehungsgeschichte:** JöR nF 1 (1951), 92. Siehe ferner u. Fn. 1.
**Historische Verfassungstexte: RV 1849: § 150** (1) Die bürgerliche Gültigkeit der Ehe ist nur von der Vollziehung des Civilactes abhängig; die kirchliche Trauung kann nur nach der Vollziehung des Civilactes Statt finden. (2) Die Religionsverschiedenheit ist kein bürgerliches Ehehinderniß. – **WRV: Art. 119** (1) Die Ehe steht als Grundlage des Familienlebens und der Erhaltung und Vermehrung der Nation unter dem besonderen Schutz der Verfassung. Sie beruht auf der Gleichberechtigung der beiden Geschlechter. (2) Die Reinerhaltung, Gesundung und soziale Förderung der Familie ist Aufgabe des Staats und der Gemeinden. Kinderreiche Familien haben Anspruch auf ausgleichende Fürsorge. (3) Die Mutterschaft hat Anspruch auf den Schutz und die Fürsorge des Staats. **Art. 120** Die Erziehung des Nachwuchses zur leiblichen, seelischen und gesellschaftlichen Tüchtigkeit ist oberste Pflicht und natürliches Recht der Eltern, über deren Betätigung die staatliche Gemeinschaft wacht. **Art. 121** Den unehelichen Kindern sind durch die Gesetzgebung die gleichen Bedingungen für ihre leibliche, seelische und gesellschaftliche Entwicklung zu schaffen wie den ehelichen Kindern. **Art. 122** (1) Die Jugend ist gegen Ausbeutung sowie gegen sittliche, geistige oder körperliche Verwahrlosung zu schützen. Staat und Gemeinde haben die erforderlichen Einrichtungen zu treffen. (2) Fürsorgemaßregeln im Wege des Zwanges können nur auf Grund des Gesetzes angeordnet werden.
**Geltende Landesverfassungen:** BWVerf Art. 12, 13, 15 III, 17 IV, 18; BayVerf Art. 83 I, 124–127, 137 I; BlnVerf Art. 12 II, 13; BbgVerf Art. 26 f.; BremVerf Art. 21–26, 29, 32, 52, 54; HessVerf Art. 4, 30, 35, 55, 56 VI, VII, 58; MVVerf Art. 14; NdsVerf Art. 4a; NRWVerf Art. 5–8, 10 II, 14 IV, 24 II; RhPfVerf Art. 23–27, 35, 53 III, 55; SaarlVerf Art. 22–26, 29 II, 30, 46 f.; SachsVerf Art. 9, 22; LSAVerf Art. 11, 24, 26 III, 29 II; ThürVerf Art. 17–19, 21, 25 II (s. noch Hövelberndt, FPR 2004, 117).
**Supra- und internationale Texte:** EMRK Art. 8, 12, 14; ZP-EMRK Art. 2; 7. ZP-EMRK (v. Dtschld nicht ratifiziert): Art. 5; EUGRCh Art. 7, 9, 14 III, 21 I, 24, 32, 33 (*Rogalla*, Der Schutz von Ehe und Familie in der Europäischen Grundrechtecharta, 2017); EuSozCharta Art. 7 f., 16 f., 19; AMRE Art. 12, 16, 25 Nr. 1 u. 2, 26 Nr. 3; IPBürgR Art. 17, 18 IV, 23 f.; IPWirtR Art. 10, 11 I, 12 II, 13 III; GemCharta soz. GrundR Nr. 20 ff.; UNKRÜ v. 20.11.1989 (*Scholz*, FPR 1998, 62 [68, 74]; Ergänzung: EÜAK v. 25.1.1996 FamRZ 1997, 1185; *Scholz*, ebda, S. 69); UN-Deklaration v. 3.12.1986 (NDV 1987, 409); III. Genfer Abkommen v. 12.8.1949 Art. 70 f.; IV. Genfer Abkommen v. 12.8.1949 Art. 24–27, 38, 49 f., 82, 89, 91, 107, 116, 128, 130, 132, sowie ZP I v. 8.6.1977: Art. 74, 76 ff.; VO (EG) Nr. 2201/2003 („Brüssel IIa-VO", EuGH NJW 2010, 2861; EuGH FamRZ 2011, 617 ff.; *Martiny*, FamRZ 2012, 1766 f.); VO (EG) Nr. 4/2009 (EU-UnterhaltsVO); VO (EU) Nr. 1259/2010 („Rom III-VO"; *Pietsch*, NJW 2012, 1768 ff.); von den zahlreichen Haager Übereinkommen (*Stern*, StaatsR IV/1, S. 320) hervorzuheben das HKiEntÜ v. 25.10.1980 (u. Fn. 594; *M. Völker*, FamRZ 2010, 157) u. das HKiSchutzÜ v. 19.10.1996 (*A. Schulz*, FamRZ 2006, 1309).
**Gesetzgebung:** Neben dem BGB und EGBGB: FamFG; RelKiErzG; RegUnterhVO; UVG; MuSchG; BKGG; AdoptVermG; SGB VIII; EmbryoSchG; LPartG; EinigungsV Anl. I Kap III Sachgeb. B Abschn II; AufenthG; AufenthVO; FreizügigG/EU; PStG.
**Leitentscheidungen: Zu Abs. 1:** BVerfGE 6, 55 (Zusammenveranlagung); BVerfGE 9, 20 (nichteheliche Lebensgemeinschaft I); BVerfGE 24, 119 (Adoption); BVerfGE 31, 58 (Spanierbeschluss); BVerfGE 53, 224 (Ehescheidung I); BVerfGE 55, 134 (Ehescheidung II); BVerfGE 76, 1 (Ausländerrecht I); BVerfGE 80, 81 (Ausländerrecht II); BVerfGE 82, 6 (Nichteheliche Lebensgemeinschaft II); BVerfGE 82, 60 u. 198 (Familienexistenzminimum I); BVerfGE 87, 153 (Familienexistenzminimum II); BVerfGE 87, 234 (Nichteheliche Lebensgemeinschaft III); BVerfGE 89, 346 (Familienexistenzminimum III); BVerfGE 91, 93 (Familienexistenzminimum IV); BVerfGE 99, 216 (Haushaltsfreibetrag/Kinderbetreuung); BVerfGE 99, 246 (Kinderexistenzminimum); BVerfGE 103, 242 u. 271 (Pflegeversicherung); BVerfGE 105, 1 (Familien- und Erwerbsarbeit); BVerfGE 105, 313 (LPartG); BVerfGE 108, 351 (Splitting und Zweitehe); BVerfGE 112, 268 (§ 33c I 1 EStG); BVerfGE 112, 332 (Pflichtteil); BVerfGE 117, 316 (Künstliche Befruchtung); BVerfGE 120, 224 (Inzest); BVerfGE 121, 175 (Fortbestand der Ehe bei Transsexuellen); BVerfGE 123, 90 (Verbot von Mehrfachnamen); BVerfGE 124, 199 (Hinterbliebenenrente für Lebenspartner); BVerfGE 126, 400 (Erbschafts- u. Schenkungssteuer); BVerfGE 131, 239 f. (Familienzuschlag Lebenspartner); BVerfGE 132, 179 ff. (Grunderwerbsteuer); BVerfGE 133, 59 (Sukzessivadoption); BVerfGE 133, 377 (Ehegattensplitting); BVerfGE 136, 382 (Großfamilie). – **Zu Abs. 2, 3 und 5:** BVerfGE 8, 210 (Bedeutung des Art. 6 V); BVerfGE 17, 280 (§ 1708 BGB); BVerfGE 24, 119 (Adoption); BVerfGE 25, 167 („Ultimatum" des Art. 6 V BGB); BVerfGE 56, 363 (§§ 1705, 1711 BGB); BVerfGE 58, 377 (Erbrecht I); BVerfGE 61, 358 (§ 1671 IV BGB); BVerfGE 64, 180 (Umgangsrecht); BVerfGE 68, 176 (§ 1632 IV BGB); BVerfGE 74, 33 (Erbrecht II); BVerfGE 79, 51 (Pflegeeltern); BVerfGE 84, 168 (§ 1738 BGB); BVerfGE 92, 158 (§ 1747 BGB/ nichtehelicher Vater); BVerfGE 96, 56 (Benennung des Vaters); BVerfGE 107, 150 (Sorgerecht); BVerfGE 108, 82 (Rechte des leiblichen Vaters); BVerfGE 113, 88 (Unterhaltspflicht von Kindern); BVerfGE 117, 202 (Heimliche

Vaterschaftstests); BVerfGE 118, 45 (Gleicher Betreuungsunterhalt); BVerfGE 121, 69 (Durchsetzung der Umgangspflicht); BVerfGE 127, 132 (Sorgerecht des nichtehelichen Vaters); BVerfGE 138, 377 (Scheinvater). – **Zu Abs. 4:** BVerfGE 32, 273 (Gesetzgebungsauftrag); BVerfGE 37, 121 (Mutterschaftsgeld I); BVerfGE 85, 360 (Wartaschleife II); BVerfGE 88, 203 (Schwangerschaftsabbruch II); EuGH NJW 2002, 123 u. 125 (Brandt-Nielsen und Melgar); BVerfGE 109, 64 (Mutterschaftsgeld II). – Insgesamt zur Rspr. des BVerfG zu Art. 6 GG s. auch *Kirchberg,* FF 2020, 180 ff., 237 ff.

**Schrifttum: (A) Zu Abs. 1:** *P. Berens,* Der Grundrechtsschutz der Familie unter besonderer Berücksichtigung der kinderreichen Familie, 2004; *F. Brosius-Gersdorf,* Demografischer Wandel und Familienförderung, 2011; *A. Frhr. v. Campenhausen,* Verfassungsgarantie und sozialer Wandel – Das Beispiel von Ehe und Familie, VVDStRL 45 (1987), 7; *D. Coester-Waltjen,* Art. 6 I GG und der Schutz der Familie, Jura 2008, 349; *U. Di Fabio,* Der Schutz von Ehe und Familie, NJW 2003, 993; *H. Grziwotz,* Nichteheliche Lebensgemeinschaft, 4. Aufl. 2006; *J. Ipsen,* Schutz von Ehe und Familie HStR VII, 3. Aufl. 2009 § 154; *Th. Kingreen,* Die verfassungsrechtliche Stellung der nichtehelichen Lebensgemeinschaft, 1995; *G. Kirchhof,* Der besondere Schutz der Familie in Art. 6 I GG, AöR 129 (2004), 542; *P. Mikat,* Der Schutz von Ehe und Familie, EssGespr 21 (1986), 9; *B. Klein,* Das neue Eheverbot der bestehenden Eingetragenen Lebenspartnerschaft gemäß § 1306 BGB am Maßstab des Art. 6 Abs. 1 GG, 2008; *Chr. Maurer,* Verfassungsrechtliche Anforderungen an die Besteuerung von Ehegatten und Familien, 2004; *E. M. v. Münch,* Ehe und Familie HdbVerfR, 2. Aufl. 1994, § 9; *K. Muscheler,* Das Recht der eingetragenen Lebenspartnerschaft, 2. Aufl. 2004; *F. Gräfin Nesselrode,* Das Spannungsverhältnis zwischen Ehe u. Familie in Art. 6 GG, 2007; *H.-J. Papier,* Ehe und Familie in der neueren Rspr. des BVerfG, NJW 2002, 2129; *W. Pauly,* Sperrwirkungen des verfassungsrechtlichen Ehebegriffs, NJW 1997, 1955; *M. Pechstein,* Familiengerechtigkeit als Gestaltungsgebot für die staatliche Ordnung, 1994; *B. Pieroth / Th. Kingreen,* Funktionen des Ehegrundrechts am Beispiel des LPartG, KritV 2002, 219; *T. Rauscher,* Familienrecht, 2. Aufl. 2008; *K. Rennert,* Ehe und Familie im Ausländerrecht, FS 50 J. BVerwG, 2003, S. 433; *V. Schmid,* Die Familie in Art. 6 des GG, 1989; *D. Schwab,* Familie und Staat, FamRZ 2007, 1; *U. Steiner,* Die Ehe im Verwaltungsrecht, FamRZ 1994, 1289; *P. J. Tettinger,* Der grundgesetzlich gewährleistete besondere Schutz von Ehe und Familie, EssGespr 35 (2001), 117; *S. Westermeyer,* Die Herausbildung des Subsidiaritätsverhältnisses zwischen Familie und Staat und seine heutige Bedeutung im Grundgesetz, 2009; *R. Zuck,* Die verfassungsrechtliche Gewährleistung der Ehe im Wandel des Zeitgeistes, NJW 2009, 1449. – **(B) Zu Abs. 2, 3 und 5:** *P. Badura,* Verfassungsfragen des Erziehungsrechts der Eltern, FS Lorenz, 2001, S. 101; *E.-W. Böckenförde,* Elternrecht – Recht des Kindes – Recht des Staates, EssGespr 14 (1980), 54; *M. Coester,* Verfassungsrechtliche Vorgaben für die gesetzliche Ausgestaltung des Sorgerechts nicht miteinander verheirateter Eltern, FPR 2005, 60; *H.-U. Erichsen,* Elternrecht – Kindeswohl – Staatsgewalt, 1985; *H.-U. Evers,* Die Befugnis des Staates zur Festlegung von Erziehungszielen in der pluralistischen Gesellschaft, 1979; *U. Fehnemann,* Die Innehabung und Wahrnehmung von Grundrechten im Kindesalter, 1983; *P. Häberle,* Erziehungsziele und Orientierungswerte im Verfassungsstaat, 1981; *P. Hölbling,* Wie viel Staat vertragen Eltern?, 2010; *B. Jeand'Heur,* Verfassungsrechtliche Schutzgebote zum Wohl des Kindes und staatliche Interventionspflichten aus der Garantienorm des Art. 6 II 2 GG, 1993; *H. Peters,* Elternrecht, Erziehung, Bildung und Schule, in: Die Grundrechte IV/1, S. 369; *E. Reiche,* Heimliche Vaterschaftstests, 2008; *D. Reuter,* Kindesgrundrechte und elterliche Gewalt, 1968; *W. Roth,* Die Grundrechte Minderjähriger im Spannungsfeld selbständiger Grundrechtsausübung, elterlichen Erziehungsrechts und staatlicher Grundrechtsbindung, 2003; *W. Schmitt Glaeser,* Das elterliche Erziehungsrecht in staatlicher Reglementierung, 1980; *A. Schmitt-Kammler,* Elternrecht und schulisches Erziehungsrecht nach dem GG, 1983; *M. Tünnemann,* Der verfassungsrechtliche Schutz der Familie und die Förderung der Kindererziehung im Rahmen des staatlichen Kinderleistungsausgleichs, 2002; *A. Sickert,* Die lebenspartnerschaftliche Familie, 2005; *W. Höfling,* Elternrecht HStR VII, 3. Aufl. 2009 § 155. – **(C) Zu Abs. 4:** *T. Aubel,* Der verfassungsrechtliche Mutterschutz, 2003.

## Vorbemerkung: Die Struktur des Art. 6

### Übersicht

Art. 6[1] enthält mehrere Grundrechte, die sich alle auf (mindestens) zwei „Eckpunkte" des Dreiecks **1** Vater/Ehemann – Mutter/Ehefrau – Kind(er) beziehen und die bemerkenswert viele Grundrechtsfunktionen in sich vereinen: Art. 6 I ist wertentscheidende Grundsatznorm für das gesamte Ehe- und Familienrecht.[2] Neben Abwehrrechten (Art. 6 I, II 1) stehen, wenn nicht Leistungsrechte, so doch jedenfalls Handlungsaufträge an den Gesetzgeber (Art. 6 I, IV), objektiv-rechtliche Diskriminierungsverbote (Art. 6 I, IV, V), ein besonderer Gleichheitssatz (Art. 6 V) und Institutsgarantien (Art. 6 I).[3] Eine dogmatische Besonderheit stellt die Pflichtbindung des Elternrechts (Art. 6 II 1) dar. Die zumindest von Teilen der BReg 2019/2020 angestrebte Ergänzung um einen Abs. zu Kindergrundrechten[4] wurde bislang nicht realisiert.

## A. Der Schutz von Ehe und Familie (Abs. 1)

### I. „Ehe" und „Familie" als Auslegungsproblem

Das GG definiert Ehe und Familie nicht. Eine Auslegung allein am Maßstab des jew. geltenden **2** einfachen Gesetzesrechts scheidet – ungeachtet notwendiger gesetzlicher Ausgestaltung, für die ein weiter Spielraum besteht –[5] aus normenhierarchischen Gründen (Art. 1 III) aus.[6] Spekulationen über einen naturrechtlichen, präpositiven Bedeutungsgehalt leiden an dessen Unerweislichkeit. Der Staat findet unterschiedliche Formen des Zusammenlebens vor, ohne dass jedes in diesem Sinne vorstaatliche Lebensmodell (Polygamie, nichteheliche Lebensgemeinschaft) unter dem Schutz des Art. 6 stünde.[7] Die alleinige Orientierung am Verständnis zur Zeit der Entstehung des GG schließlich würde die Institute petrifizieren[8] und den Einfluss der Ausgestaltung auf den Inhalt der Verbürgung negieren, die die Institute nach dem BVerfG nicht abstrakt gewährleistet, sondern in der Ausgestaltung, die den jeweils herrschenden, in der gesetzlichen Regelung maßgebend zum Ausdruck gelangten Anschauungen entspricht.[9]

Gleichwohl ist das **allgemeine Wortverständnis**[10] zum Zeitpunkt der Verfassungsgebung der **3** maßgebl. Ausgangspunkt für die Ermittlung des Inhalts der Verbürgung, der aber durch einen Wandel im allg. Begriffsverständnis Änderungen erfahren kann.[11] Ein solcher Wandel muss freilich tatsächlich stattgefunden haben und einem allg. Konsens entsprechen. Daran sind im „Begriffskern" besonders strenge Anforderungen zu stellen.[12] Zentrale, sogar gesetzgeberischer Verfügungsgewalt entzogene Strukturprinzipien[13] sind einem solchen Wandel nicht zugänglich. Ihre Modifikation ist allein per Verfassungsänderung möglich, deren Voraussetzungen nicht durch die Annahme eines „Verfassungswandels"[14] unterlaufen werden dürfen.[15]

---

[1] Zur Entstehung und zu Vorgängerregelungen *Höfling* HStR VII, § 155 Rn. 1 ff.; *Ipsen* HStR VII, § 154 Rn. 1 ff.; *V. Schmid* (Schrifft. A), S. 264 ff.; *Stern,* StaatsR IV/1, S. 346 ff., 358 ff., 364 ff. – Über die **internationalen** Absicherungen → LitVerz. u. Rubrik „Supra- u. internationale Texte" sowie *Hövelberndt* FPR 2004, 117; *Stern,* StaatsR IV/1, S. 630 ff. – Das BVerfG überprüft, mangels Verfassungsranges der Übereinkommen, deutsche Hoheitsakte nicht auf ihre Vereinbarkeit mit diesen; doch kann die Rspr. des EGMR als Auslegungshilfe dienen, BVerfGE 111, 307. – Art. 8 und 12 EMRK gehen in ihrer Schutzwirkung nicht über Art. 6 hinaus, *Coester-Waltjen,* in: v. Münch/ Kunig I, Art. 6 Rn. 127.

[2] BVerfGE 24, 119 (135); 105, 313 (342).

[3] *Kingreen/Poscher,* Rn. 746.

[4] Vgl. den Abschlussbericht der Bund-Länder-Arbeitsgruppe (https://www.bmjv.de/SharedDocs/Downloads/ DE/News/PM/102519_Abschlussbericht_Kinderrechte.pdf?__blob=publicationFile&v=2, abgerufen am 22.3.2020). Zur einschlägigen Diskussion s. etwa *Bär* JAmt 2018, 375 ff.; *Benassi/Eichholz* DVBl. 2017, 614 ff.; *Höfling* ZKJ 2017, 354 f.; *Radtke* DRiZ 2019, 56 ff.; *Brosius-Gersdorf* RdJB 2020, 14 ff.

[5] BVerfGE 105, 313 (345).

[6] BVerfGE 31, 58 (69 f.); 36, 144 (162); 81, 1 (6 f.).

[7] Gegen eine allein vorrechtliche Definition auch *Stern,* StaatsR IV/1, S. 330.

[8] So schon plastisch *Schmitt-Kammler* bis zur 4. Aufl.

[9] So für die Ehe BVerfGE 31, 58 (82 f.); 53, 224 (245); 105, 313 (345).

[10] Zur Unergiebigkeit etymologischer Bemühungen *V. Schmid* (Schrifft. A), S. 37 ff.

[11] Zum Bedeutungswandel BVerfGE 96, 375 (394 f.); *Pieroth/Kingreen* KritV 2002, 219 (220–222).

[12] *Coester-Waltjen,* in: v. Münch/Kunig I, Art. 6 Rn. 3.

[13] Etwa die Ehe als Verbindung von Mann und Frau (s. BVerfGE 62, 323 [330]; Sondervotum *Papier,* BVerfGE 105, 313 [358]; aA *Ott* NJW 1998, 117 [118]); so dagegen die Ehe als zwingend lebenslange Gemeinschaft (s. BVerfGE 53, 224 [245]).

[14] Generell kritisch *Voßkuhle* Der Staat 43 (2004), 450 ff. Zum Begriff → Einf. Rn. 27.

[15] *Kramer,* Über die Wandlungsfähigkeit des Grundgesetzes , 2017, S. 170 ff.; *Bäcker* AöR 143 (2018), 339 (358 ff.). Zum Erfordernis einer Verfassungsänderung für die Einführung der gleichgeschlechtlichen Ehe sogleich → Rn. 6b mit Fn. 41.

## II. Zum Ehebegriff

4    Das **BVerfG definiert** die Ehe aktuell als die Vereinigung eines Mannes und einer Frau zu einer auf Dauer angelegten (früher: grundsätzlich unauflöslichen[16]/unauflösbaren[17]) Lebensgemeinschaft, begründet auf freiem Entschluss unter Mitwirkung des Staates, in der gleichberechtigte Partner ihr Zusammenleben frei ausgestalten können.[18]

5    Die Ehe ist **auf Dauer angelegt;** sie wird auf Lebenszeit geschlossen (§ 1353 I 1 BGB). Damit wäre ein freies „Kündigungsrecht" der Partner unvereinbar,[19] das zudem in Widerspruch zur staatl. Beteiligung an der Eheschließung (→ Rn. 9) und zur gesetzl. Ausstattung des Instituts Ehe (→ Rn. 31) stünde. Jedoch muss der Gesetzgeber die Möglichkeit der Scheidung gescheiterter Ehen vorsehen (→ Rn. 26, → Rn. 32).[20] Auf das Recht, die Scheidung zu beantragen, können die Eheleute nicht wirksam verzichten.[21] Die Scheidung muss aber für die Rechtsordnung die Ausnahme bleiben; das Scheidungsrecht hat eheerhaltende Elemente zu enthalten.[22] Dazu zählt auch ein staatl., aber nicht notwendig gerichtliches Verfahren.[23] Die Praxis tendiert freilich zu reinen Konventionalscheidungen:[24] Letztlich stößt staatl. Recht an Grenzen, wenn es die Verbindlichkeit der Ehe gegenüber sich wandelnden gesellschaftl. Vorstellungen bewahren bzw. durchsetzen soll. – Eine **aufgelöste** Ehe wird als solche nicht mehr von Art. 6 geschützt. Sie kann aber noch Nachwirkungen zeitigen (→ Rn. 51); auch kann noch *Familien*schutz bestehen.[25]

6    Zwingendes Merkmal für die Eingehung der Ehe ist zudem die (in Art. 119 I 2 WRV noch ausdrücklich genannte und im ParlR als selbstverständlich vorausgesetzte)[26] **Geschlechtsverschiedenheit** der Ehegatten, bei denen es sich gerade um Mann und Frau handeln muss.[27] Andere Verbindungen, insbes. von Personen gleichen Geschlechts, sind trotz einer häufigen umgangssprachlichen Bezeichnung zunächst der eingetragenen Lebenspartnerschaft als „Ehe"[28] und trotz der Einführung der „Ehe für alle" durch die Neufassung des § 1353 I 1 BGB[29] grds.[30] keine Ehe iSv Art. 6 I.[31] Ihnen fehlt es an der zumindest prinzipiellen Offenheit in Richtung der Familie, die (ungeachtet im Einzelfall ggf. fehlender Fortpflanzungsfähigkeit oder -bereitschaft, auf die es nicht ankommt)[32] Spezifikum der Verbindung von Mann und Frau ist. Besonderen Schutz genießt die Ehe nicht wegen der Heterosexualität der Ehegatten und auch nicht allein wegen der verbindlichen Verantwortungsübernahme füreinander,[33] sondern mit Blick auf die potentiell aus ihr hervorgehenden Nachkommen.[34] In ihrer

---

[16] BVerfGE 10, 59 (66).

[17] Seit BVerfGE 49, 286 (300). Dazu *Stern,* StaatsR IV/1, S. 376 f.

[18] BVerfGE 105, 313 (345); s. auch BVerfGE 115, 1 (19); 121, 175 (193, 198); 124, 199 (229).

[19] *Robbers* MKS I, Art. 6 Rn. 64 f. S. aber SchlH OVG NJW 1992, 258 (259); *Wagenitz/Barth* FamRZ 1996, 577 (580 f.).

[20] Dazu BVerfGE 31, 58 (82 f.); 53, 224 (245): Gehört zur „verweltlichten" bürgerlich-rechtlichen Ehe. S. auch *Presno Linera* JöR nF 57 (2009), 149 (161 f.).

[21] *Gernhuber/Coester-Waltjen,* Lehrbuch des Familienrechts, 6. Aufl. 2010, § 25 Rn. 10; aA *Robbers* MKS I, Art. 6 Rn. 63.

[22] BVerfGE 53, 224 (245 f.). Nach *Hillgruber,* Der Schutz des Menschen vor sich selbst, 1992, S. 149 ff., ist das (einseitige) Verlangen auf Auflösung der Ehe zur Wiedererlangung der Eheschließungsfreiheit daher allenfalls von Art. 2 I, nicht aber von Art. 6 I erfasst.

[23] *Coester-Waltjen,* in: v. Münch/Kunig I, Art. 6 Rn. 10.

[24] *Wagenitz/Barth* FamRZ 1996, 577 (580). S. jedoch OVG NRW NVwZ-RR 1997, 742 (744): kein Automatismus; *Stern,* StaatsR IV/1, S. 376; *Tettinger* EssGspr 35 (2001), 117 (139).

[25] BVerwGE 48, 299 (303 f.); BVerwG DÖV 1983, 422 (423); s. auch BVerwG NVwZ 1989, 759.

[26] S. die im ParlR behandelten Entwürfe, abgedruckt in JöR nF 1 (1951), 94 ff. („Ehe als rechtmäßige Form der Lebensgemeinschaft von Mann und Frau").

[27] BVerfGE 105, 313 (345); 128, 109 (125); 131, 239 (259); 133, 377 Rn. 81; 137, 273 Rn. 178; *Badura,* in: Maunz/Dürig, Art. 6 Rn. 42.

[28] *Michael/Morlok,* Rn. 252.

[29] Durch das G zur Einführung des Rechts auf Eheschließung für Personen gleichen Geschlechts v. 20.7.2017, BGBl. I S. 2787.

[30] Zu einer Ausnahme in Fällen von Transsexualität s. sogleich.

[31] BVerfGE 105, 313 (342, 345); 133, 377 Rn. 81; EGMR ÖJZ 1991, 173 (175); EuGH NVwZ 2001, 1259; *Badura,* in: Maunz/Dürig, Art. 6 Rn. 55, 58; *Pauly* NJW 1997, 1955 f.; *Stern,* StaatsR IV/1, S. 373 f.; *Gade/Thiele* DÖV 2013, 142 (144 f.); *Frenz* NVwZ 2013, 1200 (1201). Letztlich auch *Coester-Waltjen,* in: v. Münch/Kunig I, Art. 6 Rn. 9: Einbeziehung gleichgeschlechtlicher Partnerschaften in den Schutz des Art. 6 I nur durch Verfassungsänderung erreichbar. – AA *Möller* DÖV 2005, 64 (70); *Brosius-Gersdorf* NJW 2015, 3557 (3559 ff.); *Sanders* NJW 2013, 2236 (2238 f.).

[32] S. zur Eheschließung Transsexueller BVerfGE 49, 286 (300): Dass die Fortpflanzungsfähigkeit nicht Voraussetzung für die Eheschließung ist, bedürfe keiner weiteren Ausführungen. Zur Einbeziehung altersbedingt nicht mehr fortpflanzungsfähiger Paare *Stern,* StaatsR IV/1, S. 401.

[33] So aber BVerfGE 124, 199 (225 f.): Resultierende Kinder primär Gegenstand des Schutzes der Familie.

[34] *Ipsen* HStR VII, § 154 Rn. 14 ff.; *P. Kirchhof* FPR 2001, 436 (438); s. auch BVerfG (K) NJW 1993, 3058; *Burgi* Der Staat 39 (2000), 487 (499 f.); Sondervotum *Haas,* BVerfGE 105, 313 (360); *Robbers* MKS I, Art. 6 Rn. 13, 17, 46.

Eignung als Ausgangspunkt der Generationenfolge unterscheidet sie sich grds. von anderen, insbes. gleichgeschlechtl. Verbindungen.[35]

Diesen kann (allenfalls)[36] der Schutz des Art. 2 I zukommen.[37] Ihre Nichteinbeziehung in den **6a** Schutz des Art. 6 I stellt ebenso wenig eine verfassungswidrige Diskriminierung dar[38] wie die weniger verbindlicher Lebensgemeinschaften. Die Gleichgeschlechtlichkeit ist kein „Ehehindernis",[39] sondern die Verschiedengeschlechtlichkeit i. S. einer Beziehung gerade von Mann und Frau verfassungsrechtliches Ehemerkmal.

Diese Finalität des Instituts Ehe[40] schließt nicht nur den Schutz anderer Partnerschaften durch Art. 6 **6b** I, sondern auch die Öffnung des Instituts für gleichgeschlechtliche Paare durch den einfachen Gesetzgeber aus; eine solche Maßnahme bleibt dem verfassungsändernden Gesetzgeber vorbehalten.[41] Das G zur Einführung des Rechts auf Eheschließung für Personen gleichen Geschlechts,[42] das diese Öffnung dennoch vorgenommen hat, ist daher verfassungswidrig (→ Rn. 32, → Rn. 48 ff.). Zu Begünstigungen der Ehe im einfachen Recht → Rn. 36 ff.

Nach dem Recht anderer Staaten wirksam[43] geschlossene gleichgeschlechtliche Ehen[44] genießen in **6c** Ermangelung der prinzipiellen Offenheit für aus ihnen entstehende Familien nicht den Eheschutz des Art. 6 I.[45] Sie werden wie eingetragene Lebenspartnerschaften[46] durch Art. 2 I geschützt, der den Staat ebenso wie Art. 12 EMRK nicht dazu verpflichtet, gleichgeschlechtlichen Paaren gerade die Eheschließung zu ermöglichen.[47] Einen Grenzfall des Schutzes durch Art. 6 I stellt die schon einige Zeit vor der Ermöglichung gleichgeschlechtlicher Eheschließungen zugelassene Fortführung der Ehe trotz personenstandsrechtlich anerkannter Geschlechtsänderung eines der Partner dar.[48] Der Gesetzgeber nahm hier

---

[35] So wörtlich und zutreffend noch BVerfGE 126, 400 (427), zur gleichgeschlechtl. Lebenspartnerschaft. Ohne diese Einschätzung freilich die jüngste Rspr. (BVerfGE 131, 239 [263]; 133, 59 Rn. 80; 133, 377 Rn. 100), die im Gegenteil auf die Möglichkeit des behüteten Aufwachsens von Kindern auch in Lebenspartnerschaften verweist. Zur Terminologie s. näher → Fn. 369.

[36] Zur Frage der verfassungsrechtlichen Zulässigkeit der „Ehe für alle" sogleich sowie u. → Rn. 32.

[37] Für einen Schutz der nicht aus Mann und Frau bestehenden Ehe, deren Einführung durch den einfachen Gesetzgeber sie für zulässig erachten, allein durch Art. 2 I *Gärditz* FF 2018, 1 (20); *Schaefer* AöR 143 (2018), 393 (427 ff.).

[38] Ebenso zu Art. 14 EMRK iVm Art. 8 EMRK EGMR EuGRZ 2010, 445 ff.

[39] So aber der BR, BT-Dr 18/6665, S. 1.

[40] *Pauly* NJW 1997, 1955; aA *Nesselrode* (Schriftt. A), S. 165 f.: Ehe „um ihrer selbst" zu schützen.

[41] *Gade/Thiele* DÖV 2013, 142 (151); *von Coelln* NJ 2018, 1 ff.; *Froese* DVBl 2017, 1152 (1154); aA *Brosius-Gersdorf*, in: Dreier I, Art. 6 Rn. 81; inzw. auch *Robbers* MKS I, Art. 6 Rn. 47 f., unter Hinweis auf einen insofern eingetretenen Verfassungswandel; *Koschmieder*, Grundrechtliche Dynamisierungsprozesse, 2016, S. 246 ff.; *Bäumerich* DVBl. 2017, 1457 (1461 f.); *Meyer* FamRZ 2017, 1281 ff. Kritisch zur Annahme eines Verfassungswandels *Bäcker* AöR 143 (2018), 339 (358 ff.). Die Gemeinsame Verfassungskommission hat 1993 eine entsprechende Verfassungsänderung abgelehnt, s. BT-Dr 12/6000, S. 54 ff. – Zum Ganzen s. noch u. → Rn. 32.

[42] V. 20.7.2017, BGBl. I S. 2787.

[43] Für gleichgeschlechtliche Ehen, die auf der Grundlage des geänderten § 1353 I 1 BGB geschlossen werden, stellt sich die Frage nach hier vertretener Auffassung wegen der Verfassungswidrigkeit des dies ermöglichenden Änderungsgesetzes (→ Rn. 6b mit Fn. 41) nicht. Zumindest durch Art. 6 I sind so eingegangene Verbindungen nicht geschützt.

[44] Nicht nur für die Schaffung eines der Ehe angenäherten Instituts, sondern für die Öffnung der Ehe für gleichgeschlechtliche Paare haben sich im europäischen Ausland bislang Belgien, Dänemark, Finnland, Frankreich, Irland, Island, Luxemburg, Malta, die Niederlande, Norwegen, Österreich, Portugal, Spanien, Schweden sowie das Vereinigte Königreich Großbritannien (seit 2014) und Nordirland (seit 2019) entschieden. Ausdrücklich abgelehnt wurde die Öffnung per Referendum Ende 2013 in Kroatien. Ein entsprechendes Referendum in Rumänien (bei dem sich über 90 % für ein verfassungsrechtliches Verbot der gleichgeschlechtlichen Ehe aussprachen) scheiterte 2018 an einer zu geringen Beteiligung. In Slowenien wurde die gleichgeschlechtliche Ehe Ende 2015 durch ein Referendum abgeschafft. In Russland wurde die (bislang einfachgesetzliche) Definition der Ehe als Verbindung von Mann und Frau im Jahr 2020 mit Verfassungsrang ausgestattet. Ausführlich zur Situation in einzelnen Staaten *Wollenschläger/Coester-Waltjen*, Ehe für Alle, 2018, S. 137 ff. – Art. 12 EMRK verpflichtet nicht zur Öffnung, EGMR NJW 2013, 2173 Rn. 106.

[45] Zum Streit um die Behandlung im IPR nach Art. 17b IV oder Art. 13 EGBGB *Stüber* JZ 2009, 49 (50 f.). Zur Unanwendbarkeit der Rom III-VO auf Lebenspartnerschaften und gleichgeschlechtliche Ehen *Pietsch* NJW 2012, 1768 ff.; zur Unanwendbarkeit auf religiöse Scheidungen in Drittstaaten EuGH NJW 2018, 447 ff.

[46] Dazu BVerfGE 104, 51 (59). Zur Qualifikation nach der h. M. als Lebenspartnerschaft gem. § 17b EGBGB *Wiggerich* FamRZ 2012, 116 (117).

[47] So zu Art. 12 EMRK EGMR EuGRZ 2010, 445 ff., wonach jedoch Art. 8 EMRK (Achtung des Familienlebens) eingreift. S. dazu noch → Rn. 15 ff. mit Fn. 109 und Fn. 121. Zur Differenzierung zwischen Ehe und Familie in Art. 9, 33 EUGRCh *Papier* NJW 2002, 2129 (2130). Zur kollisionsrechtlichen Geltung der für Lebenspartnerschaften geltenden Regeln für ausländische gleichgeschlechtliche Ehen BGHZ 210, 59 (69 ff.); zur namensrechtlichen Behandlung einer ausländischen gleichgeschlechtlichen Ehe BGH NJW 2016, 2953 ff.

[48] Auch bei Transsexualität blieb die Ehe lange Partnern mit personenstandsrechtlich unterschiedlichem Geschlecht vorbehalten, BVerfGE 49, 286 (300); 115, 1 (16). Jedoch darf nach BVerfGE 121, 175 (198 f., 202 f.), die rechtliche Anerkennung der neuen Geschlechtszugehörigkeit eines verheirateten Transsexuellen nach geschlechtsändernder Operation nicht von der vorherigen Scheidung abhängig gemacht werden. Die Ehe muss nicht zwingend als solche, sollte aber zumindest als rechtlich gesicherte Verantwortungsgemeinschaft fortführbar sein. Darauf hat das TSG-ÄndG v. 17.7.2009 das Merkmal „nicht verheiratet" in § 8 I Nr. 2 TSG gestrichen. – Zur Nichtigkeit auch von § 8 I Nr. 3, 4 TSG BVerfGE

zunächst in wenigen Ausnahmefällen gleichgeschlechtl. Ehen in Kauf.[49] Systemgerechter wäre es gewesen, die Ehe in diesen Fällen in eine Lebenspartnerschaft oder ein Rechtsinstitut sui generis zu überführen.[50] Immerhin wurden die betroffenen Ehen aber urspr. als solche zwischen Personen verschiedenen Geschlechts geschlossen und damit von Art. 6 I erfasst. Sie fallen daher mit Eintritt der Gleichgeschlechtlichkeit nicht auf den Schutz des Art. 2 I zurück. Das nötigt freilich nicht dazu, im Ausland oder nunmehr auch in Deutschland geschlossenen gleichgeschlechtl. Ehen ebenfalls den Schutz des Art. 6 I zuzugestehen,[51] da sie zu keinem Zeitpunkt vom Schutzzweck des Art. 6 I erfasst wurden.

**7**    Art. 6 I schützt allein die Verbindung *eines* Mannes mit *einer* Frau,[52] also die **Einehe**.[53] Mehrehen, die von Ausländern im Ausland nach dortigem Recht wirksam geschlossen wurden, werden von Art. 6 I ggf. – sofern es Kinder gibt – unter dem Aspekt der Familie erfasst.[54] Anders sind aufeinander folgende (Ein-)Ehen zu beurteilen: Sie stellen auch bei „sukzessiver Polygamie" selbstverständlich Ehen iSv Art. 6 I dar (→ Rn. 20).

**8**    Die Ehe setzt den freien Entschluss und übereinstimmenden Willen von Mann und Frau voraus.[55] Die (gerade aus diesem Grund jüngst verschärften)[56] Formalien des Eheschließungsrechts sollen diesen **Konsens** sicherstellen. Ehen, die unter unwiderstehlichem, über letztlich doch freiwillig akzeptierte familiäre oder gesellschaftliche Erwartungen hinausgehenden Zwang geschlossen werden, genießen keinen Grundrechtsschutz;[57] die Aufhebung einer derartigen Ehe (§ 1314 II Nr. 4 BGB) ist nicht an Art. 6 I zu messen.

**9**    Weiter erfordert die Ehe einen staatlichen Mitwirkungsakt.[58] Die in §§ 1310 ff. BGB geregelte **standesamtliche Beurkundung** dient der Rechtsklarheit und Publizität sowie der Prüfung von Ehefähigkeit oder -hindernissen.[59] Ohne sie liegt rechtlich nur eine nichteheliche Lebensgemeinschaft (→ Rn. 47) vor. Dazu zählt auch die seit dem 1.1.2009 zulässige nur kirchlich geschlossene Ehe.[60] Das Erfordernis einer formalisierten Eheschließung könnte selbst durch etwaigen Verfassungswandel nicht überspielt werden;[61] es begründet die für die Ehe charakteristische Solidarität mit dem Partner, die sich in Rechtspflichten objektiviert.[62]

**10**    Auch die (an bestimmten formalen Mängeln leidende)[63] **„hinkende Ehe"** ist Ehe iSv Art. 6 I. Darunter fällt etwa die **nicht** standesamtlich **beurkundete** Eheschließung in Deutschland mit Ausländerbeteiligung. Sie ist i. d. R. (Art. 13 IV EGBGB) unwirksam, soll aber – bei Wirksamkeit nach dem Heimatrecht der Verlobten – den Schutz des Art. 6 I genießen können.[64] Das beruht weniger auf der gelebten personalen Gemeinschaft und der Willensübereinstimmung[65] – beides kennzeichnet auch nichteheliche Lebensgemeinschaften –, als vielmehr darauf, dass die Betroffenen die öffentliche Anerkennung ihrer Verbindung als Ehe gesucht und gefunden haben.[66] Zudem erfasst der Begriff die

---

128, 109 ff. Die Entscheidung zwingt nicht zur Aussetzung lfd. Verfahren, BVerfG (K) NJW 2012, 600 f. Zu Konsequenzen einer fehlenden Geschlechtszuordnung nach § 22 III PStG nF *Sieberichs* FamRZ 2013, 1180 ff. Eingehend zu verfassungsrechtl. Fragen des TSG *Wielpütz*, Über das Recht, ein anderer zu werden und zu sein, 2012.

[49] BT-Dr 16/13157, S. 4.

[50] Zu diesen Möglichkeiten BVerfGE 121, 175 (203). Zur Vereinbarkeit einer Umwandlung der Ehe in eine Lebensgemeinschaft mit der EMRK EGMR FamRZ 2013, 432 (LS).

[51] Anders *Stüber* JZ 2009, 49 (50 f.). Zur kollisionsrechtlichen Behandlung *Coester-Waltjen/Coester*, FS Brudermüller, 2014, S. 77 ff.

[52] BVerfGE 10, 59 (66); 31, 58 (69); 62, 323 (330).

[53] BVerfGE 29, 166 (176).

[54] Offengelassen von BVerwGE 71, 228 (231); wie hier OVG NRW NVwZ-RR 2009, 539 f. – Eher für Eheschutz *Robbers* MKS I, Art. 6 Rn. 42.

[55] BVerfGE 29, 166 (176); 62, 323 (331). Zur sog. Handschuhehe *Bock* NJW 2012, 122 (123).

[56] Durch das G zur Bekämpfung von Kinderehen v. 17.7.2017, BGBl. I S. 2429 (dazu *Schulte-Rudzio*, Minderjährigenehen in Deutschland, 2020), durch das ua die Ehemündigkeit in § 1303 BGB ausnahmslos auf 18 Jahre festgelegt wurde, während zuvor ausnahmsweise auch Ehen mit 16-Jährigen zulässig sein konnten.

[57] So auch *Busch* NJ 2010, 18 (20); *Göbel-Zimmermann/Born* ZAR 2007, 54 (55); *Kingreen* ZAR 2007, 13 (14). Zur Unterscheidung zwischen „Zwangsehen" und „arrangierten Ehen" vgl. *Göbel-Zimmermann/Eichhorn*, in: Huber, AufenthG, 2. Aufl. 2016, § 27 AufenthG Rn. 43 f. Zu Zwangsehen s. auch → Rn. 27.

[58] Näher *Lange*, Der Staatsakt als konstitutives Element für Begründung und Auflösung der Ehe, 2010.

[59] Vgl. BVerfGE 62, 323 (331) („wesentliche Bedeutung"); aA *Robbers* MKS I, Art. 6 Rn. 39; offen *Kotzur/Vasel*, in: Stern/Becker, Art. 6 Rn. 21.

[60] Näher → Rn. 13. Zum fehlenden Schutz der „Sinti-Ehe" BVerfG (K) NJW 1993, 3316 f.

[61] *Wagenitz/Barth* FamRZ 1996, 577 (581). Anders *Michael/Morlok*, Rn. 252: Moderner Gewährleistungsstaat muss rechtliche Gebote nicht durch eigene Behörden einlösen. Für die Möglichkeit der Durchführung der Eheschließung durch Private auch *Brosius-Gersdorf*, in: Dreier I, Art. 6 Rn. 78.

[62] *Brudermüller* FamRZ 1996, 129 (131); *Schwab* FS 40 Jahre Familienpolitik, 1993, S. 63 (88).

[63] So aber BVerfGE 62, 323 (331).

[64] BVerfGE 62, 323 (331); *Badura*, in: Maunz/Dürig, Art. 6 Rn. 44; *Thorn*, in: Palandt, Art. 13 EGBGB Rn. 21, mit Hinweis auf § 1310 III BGB. Gleiches gilt für *im Ausland* wirksam geschlossene Ehen, *Stern*, StaatsR IV/1, S. 492. – Vgl. noch Nds OVG NJW 2005, 1739 (1740).

[65] So aber BVerfGE 62, 323 (331).

[66] *Kingreen/Poscher*, Rn. 751. S. auch BVerfGE 62, 323 (332): Nachweisbare Eheschließung als Unterschied zur nichtehelichen Lebensgemeinschaft.

nach deutschem, nicht aber – z. B. wegen fehlender kirchlicher Eheschließung – nach ausländischem Recht formgültig geschlossene Ehe mit Ausländerbeteiligung, also eine Ehe mit beschränktem Wirkungskreis.[67] Sie fällt ebenfalls unter Art. 6 I.[68] Entsprechendes gilt für die nach Art. 13 III Nr. 1 EGBGB unwirksame, aber nach ausländischem Recht gültige Kinderehe.[69]

Der Wille zur engen **Lebensgemeinschaft**[70] ist vorab kaum nachprüfbar; ihre Verweigerung nach **11** Eheschließung verstößt allenfalls gegen Pflichten aus einer bestehenden, von Art. 6 I geschützten Ehe, § 1353 I 2 BGB. Vor ihrer Auflösung ist also auch die „gestörte" Ehe eine – freilich „defekte" – „Ehe" und ggf. schutzbedürftig.[71] Sexuelle Beziehungen sind nicht zwingend,[72] obwohl die Ehe typischerweise auch Geschlechtsgemeinschaft ist.[73] Die erweisliche (!) **Scheinehe**, also eine (einvernehmlich) nicht auf eheliches Zusammenleben gerichtete Verbindung,[74] ist Gestaltungsmissbrauch. Sie ist vom Standesbeamten zu verhindern bzw. – falls zustande gekommen – „geheilt" (§ 1315 I 1 Nr. 5 BGB) – aufhebbar (§§ 1310 I 2 Hs. 2, 1314 II Nr. 5 BGB). Ehe i. S. d. Art. 6 I ist sie nicht.[75] Zu Folgen im Ausländerrecht → Rn. 24.

Der Ehegesetzgeber hat das **Gleichberechtigungsgebot** zu beachten (Ehe als „gleichberechtigte **12** Partnerschaft").[76] Dagegen hatten die Stichentscheids- und Vertretungsregelungen in §§ 1629 I, 1628 BGB aF sowie die Namensregelung in § 1355 II BGB aF ebenso verstoßen[77] (vgl. → Rn. 33), wie es die rechtliche Vorordnung eines Ehegatten oder die Bewertung von Erwerbsarbeit der Ehefrau als ehezerstörend tun würden.[78] Die Ehegatten selbst aber sind in ihrer Rollenverteilung grds.[79] frei. Insoweit existiert kein staatliches Ehemodell mehr (→ Rn. 30);[80] Art. 6 I verlangt weder die „klassische" noch eine „moderne" Ausgestaltung der Verbindung.

Die **kirchliche Eheschließung** kann im weltanschaulich neutralen Staat des GG kein Ehemerkmal **13** sein. Schon 1949 existierte das Bild der „verweltlichten" Ehe.[81] Ehe iSv Art. 6 I ist *nur* eine standesamtlich geschlossene Ehe,[82] aber auch die *nur* standesamtlich geschlossene Ehe. Nach relig. Ritus geschlossene Ehen unterfallen als solche nicht Art. 6 I. Der Wegfall der obligator. Zivilehe[83] durch die Streichung der §§ 67, 67a PStG aF[84] zum 1.1.2009[85] hat daran nichts geändert. Für das staatl. Recht einschließlich des Art. 6 ist die allein kirchlich geschlossene Ehe ebenso wie eine „Imam-Ehe"[86] lediglich eine nichteheliche Lebensgemeinschaft.[87] Zum möglichen Einfluss ausländischen Rechts s. freilich → Rn. 10.

---

[67] Zu dieser doppelten Bedeutung des Begriffs „hinkende Ehe" *Winkler v. Mohrenfels,* in: MüKo BGB, Bd. 11, 7. Aufl. 2018, Art. 1 ROM III-VO, Rn. 32; *Looschelders,* ebenda, Art. 14 EGBGB Rn. 21 ff.

[68] *Coester-Waltjen,* in: v. Münch/Kunig I, Art. 6 Rn. 22. S. auch → Rn. 29. Zur Relevanz des ausländischen (speziell: dänischen) Rechts VGH Mannheim NJW 2007, 2506 f.; gegen OVG NRW NJW 2007, 314 f. (dazu *Mörsdorf-Schulte* NJW 2007, 1331 ff.).

[69] Zur Einordnung als hinkende Ehe *Hüßtege,* FamRZ 2017, 1374 (1377).

[70] Dazu *Gernhuber/Coester-Waltjen* (Fn. 21), §§ 16 ff.; *Brudermüller,* in: Palandt, § 1353 Rn. 3 f.; *Robbers* MKS I, Art. 6 Rn. 73.

[71] BVerfGE 55, 134 (142); BVerfG (K) FamRZ 2004, 1949.

[72] BVerfGE 87, 234 (268 f.), für eheähnliche Gemeinschaften.

[73] S. hierzu *Brudermüller,* in: Palandt, § 1353 BGB Rn. 7.

[74] BVerfGE 76, 1 (58); OVG Hamburg FamRZ 1991, 1433 (1434); s. auch *Gernhuber/Coester-Waltjen* (Fn. 21), §§ 11 Rn. 14 ff., 14 Rn. 51 ff.; *Göbel-Zimmermann* ZAR 2006, 81; *S. Lumpp,* Die Scheineheproblematik in Vergangenheit und Gegenwart, 2007.

[75] Anders die üw. M., s. nur *Kingreen/Poscher,* Rn. 751; *Sachs,* VerfassungsR II Kap. 18 Rn. 6; wie hier: *Stern,* StaatsR IV/1, S. 448. Allgemein zum Problem *Brudermüller,* in: Palandt, § 1310 Rn. 6–9, § 1314 Rn. 14; *Conring,* Rechtliche Behandlung von „Scheinehen" nach der Reform des deutschen Eheschließungsrechts, 2002. Zum Schutz nicht nur glücklicher Ehen VG Berlin NVwZ-RR 2012, 824.

[76] BVerfGE 103, 89 (101); 105, 1 (12).

[77] BVerfGE 10, 59 (66) bzw. BVerfGE 84, 9 (19). Zur Vertretung des Kindes durch die allein sorgeberechtigte Mutter im Verfahren der Vaterschaftsanfechtung s. BGH NJW 2017, 561 ff.

[78] BVerfGE 3, 225 (242); 53, 257 (296) bzw. BVerfGE 6, 55 (82).

[79] Zum Kindeswohl als Grenze *Badura,* in: Maunz/Dürig, Art. 6 Rn. 27.

[80] BVerfGE 10, 59 (84 f.); 87, 234 (258 f.); *Ipsen* HStR VII, § 154 Rn. 38; *Henrich* FS Lerche, 1993, S. 239 (243); *Schwab* (Fn. 62), S. 63 (68); auch → Art. 3 Rn. 260.

[81] BVerfGE 31, 58 (82 f.); 53, 224 (225); BVerfG (K) NJW 2001, 2874.

[82] → Rn. 10; dazu *Thorn,* in: Palandt, Art. 13 EGBGB Rn. 25.

[83] S. freilich das 2017 eingeführte Verbot religiöser „Eheschließungen" für Minderjährige gem. § 11 II PStG.

[84] Danach stellte die vor der standesamtlichen Eheschließung vorgenommene kirchliche Trauung eine Ordnungswidrigkeit dar.

[85] Durch das PStRG v. 19.2.2007, BGBl. I S. 122. Zum erfolglosen Versuch des Bundesrats, eine § 67 PStG aF entsprechende Vorschrift im neuen PStG vorzusehen, s. *Schwab* FamRZ 2008, 1121 ff.; *Schwab* FamRZ 2009, 1 (3). Zu § 67 PStG aF auch → Fn. 190.

[86] Dazu Nds OVG NJW 2005, 1739. S. auch EGMR DÖV 2010, 40 (LS): Kein Schutz durch Art. 8 EMRK. Zum islamischen Eheverständnis *Yassari* FamRZ 2011, 1 ff.

[87] *Schwab* FamRZ 2008, 1121 (s. auch S. 1123 zu den absehbaren Problemfällen).

### III. Zum Familienbegriff

**14**     Familie iSv Art. 6 I ist die umfassende[88] Gemeinschaft von Eltern und Kindern. Sie kann durch Geburt entstehen, aber auch durch die Anerkennung einer anderen Gemeinschaft durch die Rechtsordnung.[89] Geschützt wird die Familie in den Rollen, die sie in Abhängigkeit vom Alter der Kinder typischerweise einnimmt: Als Lebens- und Erziehungsgemeinschaft, als Hausgemeinschaft oder als bloße Begegnungsgemeinschaft.[90] War sie früher v. a. eine Wirtschaftseinheit, stellt sie heute verstärkt eine „Emotionseinheit" dar,[91] einen Ort seelischer Stabilisierung und von öffentlicher Kontrolle freien Raum für entlastende Selbstdarstellung.[92]

**15**     Familiales Grundmuster[93] ist nach wie vor die aus der Ehe hervorgegangene „Kleinfamilie"[94] aus verheirateten Eltern mit ihren minderjährigen Kindern.[95] Sie ist die beste Voraussetzung dafür, dass Familie die ihr zugedachten Funktionen erfüllt,[96] und darf vom Gesetzgeber auch heute noch als besonders geeignete Lebensbasis für Kinder angesehen werden.[97] Jedoch hängt der Grundrechtsschutz als Familie weder von einer Ehe noch von der Abstammung der Kinder ab. Er erfasst auch andere Gemeinschaften wie z. B. unverheiratete Eltern mit ihren Kindern, „Patchwork"-Familien[98] oder Alleinerziehende mit Kind, die es auf Grund eines erheblichen sozialen Wandels[99] immer häufiger gibt. Das führt zu einer zunehmenden Verselbständigung des Schutzes der Familie von dem der Ehe (aber nicht umgekehrt, → Rn. 18). Insgesamt wird die Anerkennung einer Familie stärker von rein *faktischen* Elementen (Geburt; gelebte Gemeinschaft) bestimmt als die stärker verrechtlichte Entstehung der Ehe[100] oder des Elternrechts.[101] Jedoch gibt es auch rein rechtlich begründete Familien.[102] Unerlässlich ist jedenfalls, dass unterschiedliche Generationen vorhanden sind.[103] Die Zugehörigkeit zu *zwei* Familien ist möglich.[104]

**16**     Da sie die Familienfunktionen zu erfüllen vermögen,[105] sind Familien iSv Art. 6 I:

**(a)** Eltern mit Stief-, Adoptiv- sowie Pflegekindern[106] (nicht aber das Institut der Adoption selbst);[107] **(b)** Mütter[108] und – jedenfalls[109] bei sozialer Bindung auf Grund tatsächlich getragener Verantwortung –[110] Väter[111] mit nichtehelichen Kindern; **(c)** Unverheiratete Elternpaare mit Kindern;[112] **(d)** ein Elternteil mit ehelichen Kindern (Erst-Recht-Schluss aus [b]);[113] **(e)** Ehepaare und stabile unverheiratete Paare mit Kindern eines der

---

[88] BVerfGE 10, 59 (66).

[89] BVerfGE 80, 81 (90); s. auch BVerfGE 18, 97 (105 f.). Zu einzelnen Formen → Rn. 15 f.

[90] BVerfGE 80, 81 (90); s. auch BVerfGE 108, 82 (112).

[91] BVerfGE 80, 81 (91); s. auch *Brosius-Gersdorf*, in: Dreier I, Art. 6 Rn. 2; ausführlich *Berens* (s. Schrifttum. A), S. 101 ff.; *V. Schmid* (s. Schrifttum. A), S. 198 ff.; *Schwab*, in: Brunner/Conze/Koselleck, Geschichtliche Grundbegriffe, Bd. 2, 1975, S. 253 ff.

[92] BVerfGE 57, 170 (178).

[93] So auch *Ipsen* HStR VII, § 154 Rn. 69.

[94] Dieser übliche Begriff bezeichnet die Gemeinschaft von Eltern mit beliebig vielen eigenen Kindern, die nach heutigen Maßstäben also nicht „klein" sein muss.

[95] BVerfGE 10, 59 (66); 80, 81 (90). Zur polygamen Familie → Rn. 7 sowie *Robbers* MKS I, Art. 6 Rn. 81. Zu volljährigen Kindern BVerfGE 57, 170 (178); 90, 255 (260 f.); *Stern*, StaatsR IV/1, S. 418; s. noch → Rn. 52, 69 ff.

[96] BVerfGE 25, 167 (196); 56, 363 (384).

[97] BVerfGE 117, 316 (328).

[98] Definitionsversuch bei *Bernau* KJ 2006, 320 ff.

[99] 2015 wurden 35 % (1990: 15 %) aller in Deutschland geborenen Kinder außerhalb einer Ehe geboren, von den Erstgeborenen 44 % (Pressemitteilung 461/16 des Statistischen Bundesamtes).

[100] *Mager*, Einrichtungsgarantien, 2003, S. 210 f.; *Kingreen* Jura 1997, 401 (402).

[101] BVerfGE 133, 59 Rn. 59. Zu „de facto"-Familienbeziehungen nach Art. 8 EMRK EGMR NJW 2017, 941 ff.

[102] Etwa im Falle von Adoption, Vaterschaftsanerkennung durch den Nicht-Erzeuger (§ 1594 BGB), Scheinvaterschaft. Zur Beurteilung von „Mehrelternschaft" durch den EGMR *Sanders* NJW 2017, 925 ff.

[103] Tendenziell anders BVerfGE 136, 382 Rn. 23: Schutz enger familiärer Bindungen zwischen nahen Verwandten auch in der Seitenlinie. – Jedenfalls hängt der Schutz einer (auch gleichgeschlechtlichen) Partnerschaft als Familie nach Art. 8 EMRK nicht von Kindern ab, EGMR EuGRZ 2010, 445 (449).

[104] BVerfGE 108, 82 (112); *Robbers* MKS I, Art. 6 Rn. 77.

[105] EGMR NJW 1995, 2153 (Ziff. 44); *Brosius-Gersdorf*, in: Dreier I, Art. 6 Rn. 101, 129. – Gegen eine funktionale Interpretation des Schutzgebots *Badura*, in: Maunz/Dürig, Art. 6 Rn. 38.

[106] BVerfGE 18, 97 (105); 68, 176 (187); 79, 51 (59); 80, 81 (90); BGH NJW 2017, 472 (473). S. noch → Rn. 54 Fn. 467.

[107] *Stern*, StaatsR IV/1, S. 417; s. aber BVerfGE 24, 119 (122 f.).

[108] BVerfGE 18, 97 (105 f.).

[109] Zum möglichen Familienschutz durch Art. 8 EMRK trotz nur beabsichtigten Familienlebens EGMR NJW 2011, 3565 ff.; NJW 2012, 2781 ff.

[110] BVerfGE 108, 82 (112). Zur Entbehrlichkeit ständigen Zusammenlebens BVerfGE 127, 263 (277 ff.).

[111] BVerfGE 45, 104 (123); 79, 203 (211).

[112] BVerfGE 112, 50 (65); BGHZ 209, 243 (255); einschränkend *Stern*, StaatsR IV/1, S. 402 (kein Elternteil mit Dritten verheiratet); aA noch *v. Campenhausen* VVDStRL 45 (1987), S. 7 (22); *Pechstein* (s. Schrifttum. A), S. 107 ff. Nach BGH NJW 2017, 1672 ff., verstoßen §§ 1741 II, 1755 I BGB, die bei Adoption von Kindern durch den nicht mit der Mutter verheirateten Partner die Verwandtschaft zur Mutter erlöschen lassen, nicht gegen Art. 6 I.

[113] *Robbers* MKS I, Art. 6 Rn. 90.

Partner,[114] (Zur „Leihmutter" als Mutter im Rechtssinne → Rn. 95, zur Vaterschaft § 1592 BGB nF);[115] **(f)** Richtigerweise wohl auch dauerhaft angelegte und umfassend gelebte Gemeinschaften aus gleichgeschlechtlichen Partnern und Kindern.[116] Dagegen spricht nicht die Gefahr einer Entkoppelung der Familie von der Ehe:[117] Eine Familie setzt anerkanntermaßen weder eine Ehe noch die Verwandtschaft zwischen Kindern und „Eltern" voraus. Zudem ist der Familienschutz eines alleinerziehenden Elternteils mit seinem Kind akzeptiert. Wenn in diesen Schutz auch ein Pflegekind einbezogen wird, wäre es wenig überzeugend, den Lebenspartner außen vor zu lassen. Die Einbeziehung in den Familienschutz führt freilich weder zum Elternrecht aus Art. 6 II (→ Rn. 54), noch gibt sie einen Anspruch auf Adoption.[118] **(g)** Das BVerfG hat jüngst die bisher auch hier vertretene Sichtweise[119] aufgegeben, nach der über die Kleinfamilie hinausreichende Verwandtschaftsverhältnisse wie die Mehr-Generationen-Familie (die „Großfamilie") keinen Familienschutz genießen. Es bezieht familiäre Bindungen zwischen nahen Verwandten, insbesondere zwischen Großeltern und Enkelkind, nunmehr in den Schutz der Familie ein.[120]

Keinen Familienschutz genießen hingegen:                                                         **17**

**(a)** Ein Paar (erst recht nicht ein unverheiratetes) allein;[121] **(b)** elternlose Geschwister;[122] **(c)** bloße Wohngemeinschaften.

Die durch die gesellschaftliche Entwicklung verstärkte Verselbständigung des Schutzes der Familie  **18** von dem der Ehe (→ Rn. 15, 16) wirkt sich nicht in der Gegenrichtung aus. Die Ehe ist – ungeachtet des uneingeschr. Schutzes auch der kinderlosen Ehe – gerade als (potentielle und bestgeeignete) Vorstufe der Familie geschützt.[123] Wer stattdessen allein auf die Übernahme gegenseitiger rechtlicher Verantwortung abstellt,[124] vermag den vom GG intendierten und explizit geforderten „besonderen" Schutz" der Ehe nicht zu erklären, sondern verfälscht ihn zum Ansatzpunkt für die Privilegierung auch anderer Formen des Zusammenlebens.[125]

## IV. Der besondere Schutz der staatlichen Ordnung

**1. Allgemeines.** Die (verfassungsgeschichtl. junge)[126] Gewährung „besonderen"[127] Schutzes erlegt  **19** dem Staat **positiv** die Aufgabe auf, Ehe und Familie (gleichrangig)[128] vor Drittbeeinträchtigungen zu bewahren[129] und sie und ihren Zusammenhalt[130] durch geeignete Maßnahmen zu fördern. **Negativ** verbietet sie Beeinträchtigungen durch den Staat selbst.[131] „Besonderer" Schutz ist zwar nicht stets bestmöglicher Schutz.[132] Das Adjektiv führt jedoch dazu, dass eine Besserstellung von Ehen und Familien gegenüber anderen Gemeinschaften wenn nicht geboten, so doch zumindest gestattet

---

[114] Zu ehelichen Familien BVerfGE 79, 256 (267); zu nichtehelichen Familien BVerfG NJW 2019, 1793 (1795).

[115] Zu den durch die Fortpflanzungsmedizin ermöglichten Konstellationen auch *Robbers* MKS I, Art. 6 Rn. 79.

[116] So jetzt auch BVerfGE 133, 59 Rn. 60 ff.; zuvor schon *Stern*, StaatsR IV/1, S. 403; s. auch BGHZ 203, 350 ff. AA *Kanther* NJW 2003, 797 (798); *Uhle*, in: Epping/Hillgruber, Art. 6 Rn. 18.

[117] So aber *Schmitt-Kammler* bis zur 4. Aufl. Kritisch zur „Kappung der Verbindungslinien" auch *Tettinger* EssGspr 35 (2001), 117 (138); *Di Fabio* NJW 2003, 993 (998).

[118] OLG Hamm NJW 2010, 2065 f. Auch Art. 8 EMRK gibt kein Recht auf Adoption. Dazu EGMR NJW 2009, 3637 (3638); zum Ganzen *Dethloff* FPR 2010, 208 ff. Auf einem anderen Blatt steht, ob dieses Recht gleichheitsrechtlich erzwungen werden kann. S. dazu BVerfGE 133, 59 Rn. 71 ff. sowie → Rn. 49.

[119] BVerfGE 48, 327 (339); 76, 1 (43). Ebenso *Burgi*, in: Friauf/Höfling, Art. 6 Rn. 20; *Ipsen* HStR VII, § 154 Rn. 70 f.; *Ipsen*, StaatsR II, Rn. 346.

[120] BVerfGE 136, 382 (388 f.), unter Hinweis ua auf den Wortlaut von Art. 6 III; zustimmend *Kingreen/Poscher*, Rn. 755; *Uhle* NVwZ 2015, 274 f. Der Schutz umfasst das Recht, als Vormund in Betracht gezogen zu werden. So schon zuvor BVerfG (K) NJW 2009, 1133 ff. Die Einbeziehung des Verhältnisses von Großeltern zu ihren Enkeln in den Schutz des Art. 8 EMRK bejaht bereits EGMR NJW 1979, 2249 (2252) bzw. (zumindest dieser Gemeinschaft) *Otte* FamRZ 2013, 585 ff.; für einen allenfalls abgestuften Schutz durch Art. 6 I jenseits der Kleinfamilie *Badura*, in: Maunz/Dürig, Art. 6 Rn. 60a. Umfassend zur Thematik *S. Bauszus*, Der Topos von der Großfamilie in der familien- und erbrechtlichen Diskussion, 2006. Aus der neueren Rspr. besteht kein Recht des rechtlichen Vaters, nach seinem Tod ein von ihm eingeleitetes Vaterschaftsanfechtungsverfahren fortzuführen, BVerfG (K) FamRZ 2016, 199. Zur fehlenden Beschwerdeberechtigung einer Witwe im postmortalen Vaterschaftsfeststellungsverfahren BGH NJW 2017, 1480 ff.

[121] BVerfGE 36, 146 (165); *Brosius-Gersdorf*, in: Dreier I, Art. 6 Rn. 110; aber → Fn. 109.

[122] BVerwGE 94, 35 (48); *Kotzur/Vasel*, in: Stern/Becker, Art. 6 Rn. 48; aA *Robbers* MKS I, Art. 6 Rn. 88 (mit Fn. 137); *Stern*, StaatsR IV/1, S. 398 f.; *Jarass*, in: Jarass/Pieroth, Art. 6 Rn. 10; *Coester-Waltjen*, in: v. Münch/Kunig, Art. 6 Rn. 11; *Uhle*, in: Epping/Hillgruber, Art. 6 Rn. 19; vgl. auch das obiter dictum in BVerfGE 136, 382 Rn. 23 (nahe Verwandte in der Seitenlinie).

[123] So bereits *Mikat* EssGspr 21 (1986), 9 ff.; s. auch die Auffassung im ParlRat (zit. in BVerfGE 6, 55 [73 f.]) u. BVerfGE 76, 1 (51); sowie → Rn. 6. S. ausführlich hierzu auch *Nesselrode* (Schrifttum. A).

[124] Seit BVerfGE 124, 199 (225 f.), st. Rspr. des BVerfG, zuletzt BVerfGE 133, 377 Rn. 90 ff.

[125] Insofern konsequent – aber konsequent falsch – die st. Rspr. seit BVerfGE 124, 199 (225). Dazu noch → Rn. 49, zur Kritik → Rn. 50. Ähnlich *Froese* DVBl 2017, 1152 (1155).

[126] *E. M. v. Münch* HdbVerfR, § 9 Rn. 1; *Robbers* MKS I, Art. 6 Rn. 1 ff.; *Stern*, StaatsR IV/1, S. 443 ff.

[127] *Tettinger* EssGspr 35 (2001), 117 (130 f.). Zur Interpretation in der Rspr. *Böcking*, Der „besondere Schutz" der Ehe, 2017, passim.

[128] BVerfGE 11, 64 (69).

[129] BVerfGE 6, 55 (76); 87, 1 (35); *Badura*, in: Maunz/Dürig, Art. 6 Rn. 73.

[130] BVerfGE 112, 50 (65).

[131] BVerfGE 6, 55 (76); 105, 313 (346); BVerfG (K) FamRZ 2004, 1949.

[132] *Jestaedt* ZfJ 2000, 281 (285 f.).

ist;[133] entgegen der jüngeren Rspr. des BVerfG ist Art. 6 I insofern lex specialis zu Art. 3 I.[134] Die Schutzpflicht folgt unmittelbar aus Art. 6 I selbst, ohne Rückgriff auf die „allgemeine" Schutzpflichtkonstruktion, und reicht über deren Wirkungen hinaus.[135] Die Vorschrift schützt „Ehe" und „Familie" als solche, als „Einheit",[136] die Individuen also nur in ihrer Eigenschaft als Mitglieder dieser Gemeinschaften.[137] Beeinträchtigungen *eines* Mitgliedes mit Konsequenzen für ein anderes können auch für letzteres einen Eingriff bedeuten.[138]

20 Die Schutzwirkung ist **abgestuft** je nach dem „Entwicklungsstand" einer Familie als Lebens- und Erziehungs-, als Haus-, als Beistands- oder als Begegnungsgemeinschaft.[139] Eine stärkere Förderung kinderreicher Familien ist zulässig.[140] Grundsätzlich gelten die Rechtsfolgen des Art. 6 I auch für Zweit- und **weitere Ehen**, da die Norm Ehen unterschiedlichen Rechts nicht kennt.[141] Doch privilegierte die Rspr. zu §§ 1582, 1609 II 1 BGB aF[142] mit Billigung des BVerfG[143] in „Mangelfällen" den früheren Ehegatten. Demgegenüber knüpfen §§ 1582, 1609 BGB i. d. F. des am 1.1.2008 in Kraft getretenen UnterhRÄndG[144] primär an die nacheheliche Eigenverantwortung an.[145]

21 Art. 6 I ist bindendes Verfassungsrecht;[146] die Norm weist **mehrere Regelungsinhalte** auf: Sie ist Grundrecht, Institutsgarantie und Grundsatznorm.[147] Wegen der „untrennbaren"[148] Verknüpfung der Gewährleistungskomponenten werden diese Aspekte häufig nicht exakt voneinander geschieden;[149] doch werden stets – woran sich auch die folgende Darstellung orientiert – Akzente in der einen oder anderen Richtung gesetzt.

22 **2. Art. 6 I als Grundrecht.** In seiner Eigenschaft als Grundrecht (natürlicher Personen)[150] verstärkt Art. 6 I die Entfaltungsfreiheit des Art. 2 I im privaten Lebensbereich.[151] Er gewährt ein **Abwehrrecht**[152] gegen staatliche Eingriffe,[153] die Ehe und Familie im materiellen oder persönlichen Bereich beeinträchtigen würden.[154] Geschützt wird das ungestörte Zusammenleben in Ehe und Familie[155] nach familiärer Eigengesetzlichkeit,[156] ein „geschlossener, gegen den Staat abgeschirmter... Autonomie- und Lebensbereich"[157] durch ein staatsgerichtetes Zurückhaltungsgebot,[158] das auch Ausforschungen entgegenstehen kann.[159] Für das „Ehe- und Familiengespräch" verstärkt Art. 6 I die Schutzwirkungen des Art. 13 I.[160]

23 Das Grundrecht ist **vorbehaltlos** verbürgt;[161] Eingriffe sind nur auf Grund kollidierenden Verfassungsrechts zulässig.[162] Das verhindert freilich nicht die subjektiv-rechtlichen Auswirkungen der rechtsinstitutsgestaltenden (→ Rn. 31) Tätigkeit des Gesetzgebers.[163]

---

[133] BGHZ 209, 243 (255 f.).

[134] Näher → Rn. 36; vgl. auch → Rn. 1.

[135] *Burgi* Der Staat 39 (2000), 487 (496); *Kingreen* Jura 1997, 401 (404 f.); *Sachs*, VerfassungsR II, Kap. 18 Rn. 22. Zur „Besonderheit" des Schutzes *Stern*, StaatsR IV/1, S. 429, 446; *Tettinger* EssGspr 35 (2001), 117 (129, 143).

[136] BVerfGE 17, 38 (50); 78, 38 (49).

[137] BVerfGE 76, 1 (44 f.); 78, 38 (49); s. auch 79, 203 (211); *V. Schmid* (s. Schriftt. A), S. 418 ff.

[138] BVerfGE 13, 290 (299); 121, 175 (200); *Robbers* MKS I, Art. 6 Rn. 28. Geschützt werden nicht nur *bedürftige* Familien, BVerfGE 18, 97 (107); 97, 332 (342).

[139] BVerfGE 80, 81 (90 f., 95); BVerfG (K) NVwZ 2002, 849 (850).

[140] *Stern*, StaatsR IV/1, S. 449; s. auch BVerfG (K) NJW 2005, 1417 (1418).

[141] BVerfGE 55, 114 (128 f.); 68, 256 (267 f.). Zu Möglichkeiten der Abstufung auch bei der Ehe s. aber *Coester-Waltjen*, in: v. Münch/Kunig I, Art. 6 Rn. 36.

[142] BGHZ 162, 384; *Frenz* NJW 1993, 1103 ff.

[143] BVerfGE 66, 84 (Ls. u. 93 ff.): Zweitehe mit „Hypothek" belastet.

[144] Art. 1 G v. 21.12.2007, BGBl. I S. 3189.

[145] S. näher Fn. 415.

[146] BVerfGE 6, 55, LS. 5.

[147] BVerfGE 6, 55 (71 f.); 24, 119 (135); 103, 242 (257); 105, 313 (342); *Badura*, in: Maunz/Dürig, Art. 6 Rn. 6, 43; *Coester-Waltjen* Jura 2008, 349 (350 ff.); *Stern*, StaatsR IV/1, S. 418.

[148] BVerfGE 31, 58 (69); 62, 323 (330).

[149] Vgl. etwa die komplizierten Verknüpfungen bei *Badura*, in: Maunz/Dürig, Art. 6 Rn. 73. Zum Problem *Robbers* MKS I, Art. 6 Rn. 12; *V. Schmid* (s. Schriftt. A), S. 396 ff., 427 ff.

[150] BVerfGE 13, 290 (297 f.); *Badura*, in: Maunz/Dürig, Art. 6 Rn. 13.

[151] BVerfGE 42, 234 (236); 57, 170 (178). S. auch *Burgi*, in: Friauf/Höfling, Art. 6 Rn. 16. Näher zum Verhältnis zu Art. 2 I *Stern*, StaatsR IV/1, S. 620.

[152] In Reaktion auf die NS-Zeit, BVerfGE 6, 55 (71).

[153] Nicht gegen andere Familienmitglieder, BVerfGE 11, 64 (69); *Stern*, StaatsR IV/1, S. 408.

[154] BVerfGE 6, 55 (76); 6, 386 (388); 55, 114 (126 f.); 81, 1 (6).

[155] Aber nicht die Beendigung der Ehe durch Suizid eines Partners: BVerfG (K) NJW 2009, 979.

[156] BVerfGE 10, 59 (85); 80, 81 (92) mit Einschränkungen für die „Außenwirkung" der Familie; BVerfGE 105, 1 (10 f.); 112, 332 (348); *Tünnemann* (s. Schriftt. B), S. 116 f.

[157] BVerwGE 91, 130 (134); s. auch *Di Fabio* NJW 2003, 993 (994); → Rn. 14.

[158] BVerfGE 21, 329 (353).

[159] BVerfGE 135, 48 (87 f.).

[160] BVerfGE 109, 279 (322, 326). Zum Schutz von Internet-Kontakten *Luch/Schulz* MMR 2013, 88 (89).

[161] BVerfGE 24, 119 (135); 31, 58 (68 f.); *Stern*, StaatsR IV/1, S. 580, 583.

[162] *Kingreen* Jura 1997, 401 (404 li. Sp.); zweifelhaft BVerwG NVwZ 1996, 474.

[163] BVerfGE 15, 328 (332); 53, 224 (245).

Art. 6 I (und II) ist ein Jedermann-Grundrecht. Er gilt auch für **Ausländer** und Staatenlose,[164] die **24** von einem Akt deutscher Hoheitsgewalt betroffen sind.[165] Hieraus ergeben sich Probleme, wenn Familienmitglieder durch **Ausweisung** voneinander getrennt werden sollen oder wenn ihnen der **Familiennachzug** verwehrt wird.[166] Maßgeblich sind insofern seit 2004 das AufenthG sowie die AufenthVO.[167] Für EU-Bürger und deren Familienangehörige gilt das FreizügG/EU.[168] Die Rechtsstellung Assoziationsberechtigter ist der von Unionsbürgern angenähert (s. § 4 AufenthG).[169] Das AufenthG führt trotz mancher Besserstellungen für Ausländer vielfach die Regelungen des früheren AuslG fort, so dass ältere Lit. und Rspr. ihre Bedeutung nicht verloren haben.[170] Art. 6 I (und II) vermittelt Ausländern regelmäßig keinen Anspruch, die familiäre Gemeinschaft gerade in Deutschland zu realisieren.[171] Erst recht garantiert das Grundrecht nicht einen bestimmten Aufenthaltstitel.[172] Die Vorschrift ist nur verletzt, wenn es dem Familienangehörigen nicht möglich oder nicht zumutbar ist, dem Ausländer ins Ausland zu folgen.[173] Das Regelungsdickicht wird den Erfordernissen des Art. 6 (sowie Art. 8 EMRK, Art. 7 EUGRCh) grds. gerecht.[174] Doch verstieß § 33 S. 1 AufenthG aF gegen Art. 3 III 1.[175] – Die Grundrechtsträger haben einen Anspruch darauf, dass die staatlichen Stellen bei der Auslegung der Vorschriften und der ggf. erforderlichen Ermessensbetätigung[176] ihre familiären Bindungen an in Deutschland lebende Personen angemessen berücksichtigen.[177] Abstufungen ergeben sich in Abhängigkeit vom Grad der Bindung an Deutschland[178] sowie von der Rolle der betroffenen Familie als bloßer Begegnungs- oder als Beistands- oder Erziehungsgemeinschaft (→ Rn. 20).[179] Das Zusammentreffen mehrerer Faktoren kann den Grundrechtsschutz verstärken.[180] Entscheidend ist das Maß der tatsächlich gelebten Familiengemeinschaft.[181] Keinen aufenthaltsrechtlichen Schutz durch Art. 6 bewirken deshalb Schein-(„Asylanten"- oder „Aufenthalts"-)Ehen.[182] Trennung und Scheidung beenden den Ehe-, nicht aber zwingend den Familienschutz.[183] Der Ausweisung eines straffällig

---

[164] BVerfGE 62, 323 (329); 111, 176 (184); 130, 240 (252); BVerwGE 133, 72; BVerfG (K) NJW 2003, 3547 ff.; BVerfG (K) NJW 2008, 2835; *Stern*, StaatsR IV/1, S. 492.

[165] *Badura*, in: Maunz/Dürig, Art. 6 Rn. 64.

[166] Dazu bereits BVerfGE 76, 1 (41 f.); s. auch BVerfGE 80, 81 (91 ff.). Zur Obergrenze für Angehörige subsidiär Schutzberechtigter nach § 36a II 2 AufenthG *Kluth* ZAR 2018, 375 ff.; *Thym* NVwZ 2018, 1340 ff. Nach *Gutmann* NVwZ 2019, 277 (279), u. *Cremer* JAmt 2017, 106 (106 f.), wäre eine vollständige Aussetzung des Nachzugs mit Art. 6 I unvereinbar; aA VG Berlin InfAuslR 2018, 116 ff. Eine neue Möglichkeit, missbräuchl. Vaterschaftsanerkennungen (§ 1597a BGB) festzustellen, bietet § 85a AufenthG.

[167] Dazu *Huber* NVwZ 2005, 1. Zur RiLi 2003/86/EG („Familienzusammenführungs-RiLi") EuGH NVwZ 2006, 1175 (1177) u. dazu *Hailbronner* FamRZ 2005, 1 ff.; *Thym* NJW 2006, 3249; *A. Weber/A. Walter* RdJB 2004, 108 ff.; s. ferner RiLi 2003/109/EG; *Stern*, StaatsR IV/1, S. 465 f.

[168] Das FreizügG/EU verweist in § 11 I allerdings auf Vorschriften des AufenthG zurück. – Zur „Freizügigkeits-RiLi" 2004/38/EG EuGH NVwZ 2008, 1097 ff.; EuGH NVwZ 2012, 97 ff.; EuGH FamRZ 2013, 1195 (LS). Bedeutsam für das „Familienleben" ist EuGH NVwZ 2004, 1099, ihm folgend BVerwGE 121, 315; s. auch EuGH NVwZ 2005, 198. Zur Wirkung sog. „Dänemark-Ehen" BVerwG NVwZ 2012, 52 ff.; dazu *Oberhäuser* NVwZ 2012, 25 ff.

[169] Vgl. Ziff. 4 der Allgemeinen Verwaltungsvorschrift zum Aufenthaltsgesetz des BMI; s. ferner *Wenger*, in: Storr/Wenger/Eberle/Albrecht/Harms, Kommentar zum Zuwanderungsrecht, 2. Aufl. 2008, § 1 AufenthG Rn. 10; *Harms*, ebda., § 1 FreizügG/EU, Rn. 13.

[170] Überblick bei *Huber* InfAuslR 2004, 1 ff. Zur Rspr. des BVerfG *Roeser* EuGRZ 2005, 86 ff.

[171] BVerfGE 76, 1 (41 ff.); 80, 81 (92); siehe auch BVerfG (K) NVwZ 2004, 606; BVerwG NVwZ 2009, 1239 (1240). – Für Einbürgerungen (einheitliche Familienstaatsangehörigkeit!) BVerwGE 64, 7; 84, 93; s. auch BVerfG (K) NJW 1991, 633 f.; *Rennert*, (s. Schriftt. A), S. 433 (440).

[172] BVerwG NVwZ 2009, 246 (248).

[173] BVerfG (K) NVwZ 2013, 1207 f. – Zur Kontrolldichte BVerfGE 76, 1 (52).

[174] *Renner* ZAR 2004, 266 (268 f.); *Stern*, StaatsR IV/1, S. 466 (auch für Angehörige von Asylanten).

[175] BVerfGE 114, 357 (364 ff.) m. Anm. *Sachs* JuS 2006, 364. Die aktuelle Fassung der Vorschrift bezweckt die Behebung dieses Gleichheitsverstoßes, s. BT-Dr 16/5065, S. 176.

[176] Etwa bei der Frage, ob eine außergewöhnliche Härte iSv § 36 AufenthG vorliegt oder bei der Ermessensausweisung nach § 55 AufenthG.

[177] BVerfGE 76, 1 (49 f.); 80, 81 (93); BVerfG (K) NVwZ 2009, 387 f.; BVerfG (K) NVwZ 2011, 35 (37 f.); BVerfG (K) NVwZ-RR 2011, 387 (390); BVerwG NVwZ 2009, 979 (981 f.). – Hier kommt bereits die Eigenschaft des Art. 6 I als „Grundsatznorm" zum Tragen, *Stern*, StaatsR IV/1, S. 466 f., 469.

[178] *Robbers* MKS I, Art. 6 Rn. 114.

[179] BVerfG (K) NVwZ 1990, 455 einerseits, BVerfG (K) NVwZ 1996, 1099 andererseits; *Robbers* MKS I, Art. 6 Rn. 113. Gegen „Schematismus" BVerfG NVwZ 2002, 849 (850). – Zu einzelnen Konstellationen BVerfGE 80, 81 (94) (Adoptivkind); BVerfG (K) NJW-RR 2005, 153 (biologischer Vater); VGH BW InfAuslR 2001, 283 (284) (Stiefkind).

[180] S. BVerfGE 51, 386 (398): Familienschutz verhindert Ausweisung nicht zwingend, verstärkt aber ohnehin bestehenden Eheschutz. Nach BayVGH NVwZ-RR 2012, 161 f., ist eine Ausweisung auch bei mehreren Privilegierungstatbeständen nicht ausgeschlossen.

[181] BVerfG (K) NVwZ 2004, 606; *Stern*, StaatsR IV/1, S. 470. Zu „Vorwirkungen beabsichtigter Eheschließung" VG Dessau InfAuslR 2004, 163 ff. einerseits, OVG NRW InfAuslR 2001, 157 andererseits. – S. auch BVerfG (K) DVBl 2006, 247 ff.

[182] Das ergibt sich zwangsläufig, wenn man eine Scheinehe mit der hier vertretenen Auffassung nicht als Ehe iSv Art. 6 I ansieht. Obwohl die h. M. dies anders sieht (→ Rn. 11), ist die Versagung des aufenthaltsrechtlichen Schutzes

gewordenen „Ausländers der zweiten Generation" muss Art. 6 auch unter Berücksichtigung der Rspr. des EGMR nicht entgegenstehen.[184] Der Ehegattennachzug darf jedenfalls beim Nachzug zu in Deutschland lebenden Ausländern[185] von Deutschkenntnissen abhängig gemacht werden.[186]

**25**      Das Grundrecht umfasst insbesondere die **Eheschließungsfreiheit**, also das Recht auf ungehinderten Zugang zur Ehe mit einem frei und ohne Antidiskriminierungsrücksichten gewählten Partner,[187] aber auch den Ehe**verzicht**.[188]

**26**      Der Staat darf die **Freiheit zur Eingehung einer Ehe** – ungeachtet der unentbehrlichen Normierung von Formalien der Eheschließung –[189] nicht materiell unterlaufen.[190] Die Eingehungsfreiheit gilt auch für Ehen mit „ungünstiger Prognose".[191] Sie wird bei einer Scheidung wiedergewonnen,[192] auch im Verhältnis zum ausländischen Verlobten, dessen Heimatrecht eine Scheidung nicht kennt.[193] Allerdings vermittelt Art. 6 I keine grundrechtliche „Scheidungsfreiheit".[194] Staatlicher Druck hin zur Auflösung einer Ehe ist unstatthaft.[195] Der Wegfall der Hinterbliebenenversorgung bei Wiederheirat wäre jedenfalls dann unbedenklich, wenn er von der Leistungsfähigkeit des neuen Partners abhinge.[196]

**27**      Zudem darf der Staat **Zwangsehen**, die gegen den Willen mindestens eines Beteiligten meist von dessen eigenen Eltern[197] durchgesetzt werden, nicht hinnehmen. Seiner entsprechenden Schutzpflicht ist der Gesetzgeber – nicht erst durch das ZwHeiratBekämpfG[198] – umfassend nachgekommen.[199] Unabhängig davon richtet sich die Schutzpflicht auch an Exekutive (Standesbeamte!)[200] und Judikative, die innerhalb ihrer Zuständigkeiten grundrechtsschützend tätig werden müssen. Raum für Rücksicht auf Besonderheiten ausländischer Herkunftskulturen[201] besteht insofern nicht; die Inkaufnahme von Zwangsehen durch den Staat verletzt das Grundrecht des (bzw. der) Zwangsverheirateten.

**28**      Sehr zweifelhaft erscheint die Vereinbarkeit von **Zölibatsklauseln** in Beschäftigungsverhältnissen mit Art. 6 I, sofern es sich nicht um konfessionsbezogene Ämter[202] handelt.[203]

---

durch Art. 6 I bei bloßer Scheinehe weithin akzeptiert: BVerfGE 76, 1 (42 f.); *Kingreen/Poscher,* Rn. 769; *Sachs,* VerfassungsR II, Kap. 18 Rn. 6; *Stern,* StaatsR IV/1, S. 470; s. auch BVerwG NVwZ 2013, 1237 (LS).

[183] *Stern,* StaatsR IV/1, S. 470.

[184] BVerfG (K) NVwZ 2004, 852 (853), in ausführlicher Auseinandersetzung mit dem EGMR und mit Art. 8 EMRK. S. dazu EGMR FamRZ 2006, 1351 (mit Anm. *Rixe*).

[185] Zur Lage beim Nachzug zu Deutschen BVerwG NVwZ 2013, 517 Rn. 25 ff.

[186] BVerwGE 136, 231 ff.; BVerfG (K) NVwZ 2011, 870 f.

[187] BVerfGE 29, 166 (175); 105, 313 (342); 112, 50 (65); zur internationalen Absicherung BVerfGE 36, 146 (162); 49, 286 (300). – Vgl. noch BVerfG (K) NJW 2004, 2008: Beschränkbarkeit der Eheschließungsfreiheit durch letztwillige Verfügungen; dazu *Stern,* StaatsR IV/1, S. 494.

[188] *Jarass,* in: Jarass/Pieroth, Art. 6 Rn. 6; *Robbers* MKS I, Art. 6 Rn. 57; *Stern,* StaatsR IV/1, S. 415; aA (Art. 2 I maßgeblich) BVerfGE 56, 363 (384); *Ipsen,* Staatsrecht II, Rn. 337; aA auch *Schmitt-Kammler* bis zur 4. Aufl.

[189] BVerfGE 62, 323 (330).

[190] BVerfGE 31, 58 (69 f.); 62, 323 (330). Unzulässig sind daher sachwidrige Ehehindernisse wie die Geschlechtsgemeinschaft (§ 4 II EheG, BVerfGE 36, 146 [163]) oder die fehlende Fortpflanzungsfähigkeit (BVerfGE 49, 286 [300]). Zur Einehe → Rn. 7; zu § 1307 BGB *Sachs,* VerfassungsR II, Kap. 18 Rn. 18; zur (§ 1304 BGB ausschließenden) verfassungskonformen Auslegung des § 104 Nr. 2 BGB BVerfG (K) NJW 2003, 1382 f.; zur eingetragenen Lebenspartnerschaft § 1306 BGB, dazu BVerfGE 105, 313 (344). – Der zum 1.1.2009 weggefallene § 67 PStG aF (dazu *Schwab* FamRZ 2008, 1121 ff.) hat die Eheschließungsfreiheit nicht tangiert, *Ehlers* FS Hollerbach, 2001, S. 811.

[191] BVerfGE 31, 58 (84); s. auch LG München FamRZ 1994, 1107; *Coester-Waltjen,* in: v. Münch/Kunig I, Art. 6 Rn. 21; *Robbers* MKS I, Art. 6 Rn. 61.

[192] *Badura,* in: Maunz/Dürig, Art. 6 Rn. 45; *Stern,* StaatsR IV/1, S. 416.

[193] Zur Unvereinbarkeit ausländischer oder kirchlicher Scheidungsverbote mit Art. 6 I BVerfGE 31, 58 (82 f.); BGHZ 169, 240 (250 f.).

[194] Grundlegend *Hillgruber* (Fn. 22), S. 149 ff.; s. jedoch *Ipsen* HStR VII, § 154 Rn. 50 f.; s. auch BVerfG (K) NJW 2001, 2874; s. aber BGHZ 97, 304 (306 f.); *Sachs,* VerfassungsR II, Kap. 18 Rn. 9; offengelassen von BVerfG (K) NJW-RR 2007, 577; OVG NRW NJW 2007, 3016 f.

[195] BVerfGE 121, 175 (199 ff.); *Coester-Waltjen,* in: v. Münch/Kunig I, Art. 6 Rn. 27.

[196] Vgl. dazu BVerfGE 29, 71 (79). Skeptisch zum Wegfall der Hinterbliebenenversorgung bei Wiederheirat auch *Coester-Waltjen,* in: v. Münch/Kunig I, Art. 6 Rn. 51, 38.

[197] *Kaiser* FamRZ 2013, 77 (79).

[198] V. 23.6.2011, BGBl. I S. 1266.

[199] S. insbes. § 1314 II Nr. 4 BGB. Durch das ZwHeiratBekämpfG wurde lediglich die Frist des § 1317 I 1 BGB verlängert und der zuvor in § 240 IV 2 Nr. 1 Var. 2 StGB aF geregelte Straftatbestand in den neu geschaffenen § 237 StGB überführt.

[200] S. § 1310 I 3 Nr. 1 iVm § 1314 II Nr. 4 BGB.

[201] Im Schwerpunkt scheint es sich heute um ein Problem unter Migranten zu handeln. S. dazu *Kelek* ZAR 2006, 232 ff.; *Schubert/Moebius* ZRP 2006, 33 ff.; *Kaiser* FamRZ 2013, 77; *Bock* NJW 2012, 122 (124).

[202] BAG NJW 1980, 2211 (2212 f.); *Kingreen* Jura 1997, 401 (406); *Seiler* BK, Art 6 I Rn. 122; *Robbers* MKS I, Art. 6 Rn. 26, 52, 54; *Stern,* StaatsR IV/1, S. 495.

[203] So auch *Ipsen* HStR VII, § 154 Rn. 27 ff. Für die Vereinbarkeit freiwillig eingegangener Verpflichtungen mit Art. 6 I aber *Hillgruber* (Fn. 22), S. 157; *Schmitt-Kammler* bis zur 4. Aufl.; anders etwa *Badura,* in: Maunz/Dürig, Art. 6 Rn. 48; *Richter* AK GG, Art. 6 Rn. 19.

Auch **Ausländer** haben Eheschließungsfreiheit,[204] doch gelten nach deutschem IPR prinzipiell die   **29**
(u. U. strengeren) materiellen Ehevoraussetzungen des Verlobten-Heimatrechtes, Art. 13 EGBGB.[205]
Dies beschränkt den deutschen Teil nicht unzulässig, da Art. 13 II EGBGB die Folgen mildert (vgl. Art. 13
II Nr. 3 EGBGB) und ggf. „hinkende Ehen" in Kauf nimmt,[206] vor deren Nachteilen der Staat die
Betroffenen weder schützen muss noch darf.[207] Ein Recht auf Eingehung polygamer Beziehungen in
Deutschland kann sich aus dem Heimatrecht des Heiratswilligen nicht ergeben.[208] Die (bloße) Aufhebbar-
keit einer im Ausland mit Minderjährigenbeteiligung geschlossenen Ehe (§ 13 III Nr. 2 EGBGB) ist durch
den Minderjährigenschutz gerechtfertigt.[209] Bei der unbedingten und dauerhaften Unwirksamkeit der
Ehe eines bei Eheschließung noch nicht 16-jährigen Mdj. (§ 13 III Nr. 1 EGBGB) erscheint das
zweifelhaft, etwa wenn er die Ehe auch nach Erreichen der Volljährigkeit freiwillig fortsetzen möchte.[210]

Das Grundrecht des Art. 6 I umfasst weiter die **Freiheit der Eheführung**.[211] Hierher (nicht zu   **30**
Art. 11 bzw. 2 I) soll auch die Wohnortbestimmung gehören.[212] Geschützt ist insb. die Bestimmung
des Ehegüterrechts, der finanziellen Beziehungen[213] und der Aufgabenverteilung in der Ehe.[214] Unzulässig wäre der (staatliche) Versuch der Rückführung der Ehefrau ins Haus,[215] ebenso freilich auf das
Gegenteil zielende Einwirkungen.[216] Auch die Entscheidung der Ehepartner für die Alleinverdienerehe
hat der Staat als gleichwertig zu akzeptieren.[217] Ob § 4 BEEG („Vätermonate" beim Elterngeld) das
tut, kann man durchaus bezweifeln.[218] Unbedenklich war insofern[219] hingegen das zum 1.8.2013
eingeführte Betreuungsgeld.[220] Geschützt ist auch die freie Entscheidung für Kinder,[221] die allerdings
nicht in beliebiger, von der Fortpflanzungsmedizin bereitgestellter Weise realisierbar sein muss (Grenzen ziehen das EmbryoSchG[222] und § 1591 BGB, auch → Rn. 54).[223] – Insgesamt erweist sich das
Eheverständnis des Art. 6 I als sehr individualistisch, so dass sich der Staat in denkbar weitem Umfange
einer inhaltlichen Formung oder der Errichtung von Leitbildern hinsichtlich der Ehe enthalten muss

---

[204] BVerfGE 62, 323 (329); *E. Weizsäcker* InfAuslR 2003, 300 ff.

[205] BVerfGE 31, 58 (79 f.); 62, 323 (331), dies jedoch iÜ ein Fall wie → Rn. 10; BVerwGE 143, 369 Rn. 10 ff.;
*Coester-Waltjen,* in: v. Münch/Kunig I, Art. 6 Rn. 22; *Thorn,* in: Palandt, Art. 13 EGBGB Rn. 4 f.

[206] BVerfGE 31, 58 (83); BGH NJW 1997, 2114 f.; *Henrich* FamRZ 1986, 841 (842); *Thorn,* in: Palandt, Art. 13
EGBGB Rn. 15 ff.

[207] *Robbers* MKS I, Art. 6 Rn. 61.

[208] *Coester-Waltjen,* in: v. Münch/Kunig I, Art. 6 Rn. 22.

[209] BGH, Beschl. v. 22.7.2020 – XII ZB 131/20 –, juris.

[210] Die Verfassungsmäßigkeit wird verneint durch die Vorlage BGH NZFam. 2019, 65 ff. Bedenken auch bei
*Coester,* FamRZ 2017, 77 (79); *Gausing/Wittebol,* DÖV 2018, 41 ff. Zu Folgeproblemen *Hüßtege,* FamRZ 2017, 1374
(1377 f.).

[211] BVerfGE 68, 256 (268); 105, 1 (10 f.); *Klose* ZRP 2003, 128 (129); i. Ergeb. *Huster,* Die ethische Neutralität
des Staates, 2002, S. 533.

[212] BVerwGE 56, 246 (250). Zur Relevanz für die doppelte Haushaltsführung BVerfGE 107, 27 (53 ff.); BFH
NJW 2009, 2845 (2846).

[213] BVerfGE 53, 257 (296); anders (Art. 2 I) 81, 1 (10). – Wie hier *Jarass,* in: Jarass/Pieroth, Art. 2 Rn. 49, Art 6
Rn. 7; *Rauscher* FamRZ 1997, 1121 (1123), mit Bedenken gegen § 1931 IV BGB. Zu den Grenzen autonomer
Gestaltung der Ehe BVerfG (K) NJW 2001, 2248; BVerfGE 103, 89; BGHZ 158, 81; *Badura,* in: FS W. Lorenz,
2001, S. 101 (110); *Bergschneider* FamRZ 2004, 1757 f.; *Frank* FamRZ 2004, 841 (842 f.); zu Lebenspartnerschafts-
verträgen *P. Weber* FPR 2005, 151.

[214] BVerfGE 133, 377 Rn. 82; *Stern,* StaatsR IV/1, S. 411. Ferner wird diese Freiheit in der Zweitehe ggf.
beschränkt durch Unterhaltspflichten aus der Erstehe, BVerfGE 66, 84 (98); 68, 256 (269: „Hypothek"); zustimmend
*Stern,* StaatsR IV/1, S. 441; auch → Rn. 20. Zur Bedeutung des Art. 6 II 1 in diesen Fällen: BVerfGE 68, 256 (267);
BVerfG (K) NJW 1996, 915 (916); *Badura,* in: Maunz/Dürig, Art. 6 Rn. 123.

[215] BVerfGE 21, 329 (353).

[216] *Badura,* in: Maunz/Dürig, Art. 6 Rn. 27; *Di Fabio,* Die Kultur der Freiheit, 2005, S. 148 ff.; *Klose* ZRP 2003,
128 (129); *Seiler* FamRZ 2006, 1717 (1722 f.); *Schwab* FamRZ 2007, 1 (5); *Tettinger* EssGspr 35 (2001), 117 (143,
148). – Zu einer Kindergartenpflicht *J. Hoffmann* ZKJ 2006, 436; *Müller-Terpitz* JZ 2006, 991 (996 f.); *S. Schmitt,*
Kindergartenpflicht?, 2011; *Beaucamp* LKV 2014, 344 ff.

[217] Zum Schutz beider Modelle durch Art. 6 I ua BVerfGE 66, 84 (94); 107, 27 (53); 133, 377 Rn. 82.

[218] Für die Verfassungsmäßigkeit der Regelung aber BVerfG (K) NJW 2012, 126 f. Näher zur Rspr. *Pernice-Warnke*
FamRZ 2014, 263 (265 ff.) – Zur Unbedenklichkeit der Ausgestaltung als Einkommensersatzleistung BVerfG (K)
NJW 2012, 214 ff.; zum „Elterngeld Plus" (§ 4 III BEEG) *Pernice-Warnke* FamRZ 2014, 1237 (1239 f.).

[219] Zur Nichtigkeit der Vorschriften aus kompetenziellen Gründen s. freilich BVerfGE 140, 65 ff. Dazu *Lenze*
NVwZ 2015, 1658 ff.; *Rixen* NJW 2015, 3136 ff.

[220] §§ 4a ff. BEEG. AA *Brosius-Gersdorf* NJW 2013, 2316 ff.: Verstoß gegen Art. 6 I, 3 II 2 GG.

[221] Die wegen zahlreicher Anreize zum **Verzicht** auf Kinder nur formal verwirklicht ist, *M. Wingen,* Die
Geburtenkrise ist überwindbar, 2004, Kap. II. – Siehe ferner BVerfGE 66, 84 (94); *Berens* (s. Schrift. A), S. 181;
*Jarass,* in: Jarass/Pieroth, Art. 6 Rn. 11; *Richter* AK GG, Art. 6 Rn. 31; *Roth* (s. Schrift. B), S. 122. Zur homologen
Insemination vgl. *Stern,* StaatsR IV/1, S. 409 f. Für Ehepaare ist Art. 6 I insoweit lex spec. zu Art. 2 I. – Zur
Gestaltung des Sexuallebens: → Art. 2 Rn. 69; *Stern,* StaatsR IV/1, S. 409.

[222] Kritisch hierzu *Coester-Waltjen,* in: v. Münch/Kunig I, Art. 6 Rn. 27, 32. Zum Verstoß des (österreichischen)
Eispendeverbots gegen Art. 14 iVm Art. 8 EMRK EGMR FamRZ 2010, 793 (LS).

[223] Zur Vereinbarkeit des Verbots bestimmter Formen der In-vitro-Fertilisation mit Art. 8 EMRK EGMR NJW
2012, 207 ff.

(→ Rn. 12 aE). Die rigide, die Ehe über ihr Ende hinaus „institutionell" verfestigende Regelung der Eheauflösung und ihrer Folgen, steht dazu in einem gewissen Widerspruch.[224]

31    **3. Art. 6 I als Institutsgarantie.** Art. 6 I als Institutsgarantie[225] gewährleistet den Bestand der privatrechtlichen Rechtseinrichtungen Ehe und Familie, nicht „abstrakt",[226] wohl aber i. S. d. Festschreibung der **Strukturprinzipien** des überkommenen Kernbestandes der das Familienrecht bildenden Vorschriften,[227] wie sie oben[228] benannt worden sind. Diesen „Ordnungskern"[229] hat der einfache Gesetzgeber vorbehaltlich eines Verfassungswandels[230] zu beachten, wenn er das Rechtsinstitut ausgestaltet.[231] Außerhalb des Ordnungskerns beschränkt Art. 6 I den Gesetzgeber *nicht*[232] und gibt dem Einzelnen kein Abwehrrecht gegen dessen Maßnahmen;[233] hier ist Raum für gesetzgeberische Zweckerwägungen.[234] Die institutionelle Gewährleistung garantiert insbesondere den Ehegatten ein normatives „Gehäuse", entlastet sie damit von komplexen Vertragsgestaltungen und schafft zugleich Klarheit für Dritte.[235] – Insgesamt wirkt sich die institutionelle Komponente des Art. 6 I deutlich stärker auf die Ehe als auf die Familie aus.[236]

32    Verfassungswidrig mangels Beachtung des Ordnungskerns ist daher das G zur Einführung des Rechts auf Eheschließung für Personen gleichen Geschlechts.[237] Grundsätzlich unproblematisch waren hingegen die Veränderungen[238] durch das **Gleichberechtigungsgesetz** v. 1957.[239] Entsprechendes gilt für die Zulassung der Scheidung überhaupt, für den Übergang zur alleinigen Geltung des Zerrüttungsprinzips[240] im **Scheidungsrecht**[241] einschließlich der Folgeregelungen für den Trennungs- und Scheidungsunterhalt,[242] und für die Einführung des Versorgungsausgleichs.[243] Die HausrVO dient dem Schutz der Familie.[244] Nur einzelne Regelungen hat das BVerfG mit Blick auf Art. 6 beanstandet: Die starre Fünfjahresfrist der Härteklausel in § 1568 II BGB aF[245] (überhaupt gebietet Art. 6 I die Verhinderung einer „Scheidung zur Unzeit",[246] zu beachten bei der Auslegung des § 1565 II BGB), die Unterhaltsregelung des § 1579 II BGB aF wegen Überspannung der nachehelichen Solidarität[247] sowie § 1587b III 1 BGB aF[248]

---

[224] Zu dieser Diskrepanz *Gernhuber* FamRZ 1979, 193 (204); *Wagenitz/Barth* FamRZ 1996, 577 (584).

[225] BVerfGE 6, 55 (72); 76, 1 (41); 80, 81 (92); 105, 313 (344); BVerfGE 133, 377 Rn. 81. Zur Ausgestaltung in Form einer Institutsgarantie als „nationale Besonderheit" *Gade/Thiele* DÖV 2013, 142 (151); vgl. auch *Kramer,* Über die Wandlungsfähigkeit des Grundgesetzes, 2017, S. 176.

[226] BVerfGE 15, 328 (332); 53, 224 (245).

[227] BVerfGE 80, 81 (92).

[228] → Rn. 4 ff.; Rn. 14 ff.

[229] Dazu BVerfGE 10, 59 (66); 31, 58 (69 f.); 62, 323 (330); *Cornils,* Die Ausgestaltung der Grundrechte, 2005, S. 340 f.: „Wesenselemente"; *Henrich,* FS Lerche, 1993, S. 239 (249); *Mager* (Fn. 100), S. 206. Zur Ehe als Institution *V. Schmid* (s. Schriftt. A), S. 293 ff.; abw. *Rauscher* FamRZ 1997, 1121 (1123).

[230] → Rn. 3 ff.

[231] Zur Notwendigkeit rechtlicher Ausgestaltung BVerfGE 31, 58 (69); *Robbers,* in: v. Mangoldt/Klein/Starck I, Art. 6 Rn. 30. Zu den Grenzen *Stern,* StaatsR IV/1, S. 422 (s. auch Übersicht S. 581). – Für eine Pflicht zur „Kontinuitätswahrung" *Jestaedt,* Grundrechtsentfaltung im Gesetz, 1999; *Leisner,* Kontinuität als Verfassungsprinzip, 2002, S. 279 ff. Zur Begrifflichkeit („Ausgestaltung" – „Eingriff") s. *Stern,* StaatsR IV/1, S. 584.

[232] Zweifelhaft ist, ob sich der Institutsgarantie unterfallende Ehen von solchen unterscheiden lassen, die nicht von ihr erfasst werden. Letzteren käme Art. 6 I jedenfalls nur in Gestalt des *Abwehrrechtes* zugute, dazu *Coester-Waltjen,* in: v. Münch/Kunig I, Art. 6 Rn. 30, 34 u. → Rn. 7.

[233] BVerfGE 15, 328 (332); 53, 224 (245).

[234] So wohl auch BVerfGE 6, 55 (83); 81, 1 (6 f.); *Brosius-Gersdorf,* in: Dreier I, Art. 6 Rn. 76. (Nur) hier gibt es also eine „Definitionsbefugnis" des Gesetzgebers (BVerfGE 31, 58 [69 f.]).

[235] *Robbers* MKS I, Art. 6 Rn. 11.

[236] Siehe schon → Rn. 16 sowie *Stern,* StaatsR IV/1, S. 426.

[237] V. 20.7.2017, BGBl. I S. 2787. – S. dazu auch → Rn. 6 und → Rn. 48 ff.

[238] Art. 3 II „realisierende Veränderungen" – dazu BVerfGE 47, 85 (100) sowie → Rn. 15 f.

[239] S. aber zu § 1376 IV BGB BVerfGE 67, 348 (365 u. 368); ferner 80, 170 (180). Die damit verbundene Gleichbewertung von Berufs- u. Hausarbeit (BVerfGE 105, 1 [11], dazu *W. Maier* NJW 2002, 3359 und *Papier* NJW 2002, 2129 [2133], vorbereitet durch BGHZ 148, 105) ist mittlerweile selbst wieder in Ideologieverdacht geraten; s. *Sachs,* FS Boldt, 1997, S. 71; auch → Rn. 46 Fn. 364.

[240] S. schon → Rn. 5. Zum Spannungsverhältnis mit dem Lebenszeitprinzip *Stern,* StaatsR IV/1, S. 376. Über die einschneidenden Wirkungen *Schwab* (Fn. 91), 253 ff.; *Wagenitz/Barth* FamRZ 1996, 577 (581). Zu den Zerrüttungsvermutungen s. *Robbers* MKS I, Art. 6 Rn. 67.

[241] BVerfGE 53, 224 (245 ff.).

[242] BVerfGE 57, 361 (378 ff.); zur Erstreckung auf Altehen BVerfGE 53, 257 (308 ff.); über „Altgeschiedene" BVerfGE 47 (85) sowie 57 (361).

[243] BVerfGE 53, 257 (288 ff.); 89, 48 (62 ff.) zu § 3a VAHRG; s. auch BVerfGE 91, 346 (365); grds. zur Konstruktion des Versorgungsausgleichs BVerfG (K) NJW 2003, 2819 (2820); zur korrekten Berechnung BVerfG (K) NJW 2006, 2175 (2177). OLG Schleswig FamRZ 2012, 1388 (1388), hat § 32 VersAusglG dem BVerfG (letztlich erfolglos, s. BVerfG 136, 152) gem. Art. 100 I GG vorgelegt; dazu *Ruland* FamFR 2012, 313 ff. Insgesamt heute ein aus „Perfektionswahn" geborenes „Flickwerk", *Schwab* (Fn. 62), S. 63 (73); s. auch → Rn. 51.

[244] BVerfG (K) NJW-RR 2007, 721.

[245] BVerfGE 55, 134 (141 f.); zu § 1568 s. BVerfG (K) NJW 2001, 2874.

[246] BVerfGE 55, 134 (141 f.); OVG NRW NVwZ-RR 1997, 742 (744).

[247] BVerfGE 57, 361 (388); s. auch 80, 286 (294 ff.). – S. auch BVerfG (K) NJW 2002, 2701 (betreffend Trennungsunterhalt).

[248] BVerfGE 63, 88 (110 ff.).

Der **Ordnungskern** des Instituts ist ferner gewahrt beim ehelichen Güterrecht,[249] bei der Rolle des  33
Standesbeamten,[250] bei der Beschränkung der Ehelichkeitsanfechtung durch den Mann[251] und bei
§ 1357 BGB.[252] Der Verzicht auf die Verpflichtung zur Wahl eines einheitlichen Familiennamens in
§ 1355 BGB wird vom Spielraum des Gesetzgebers gedeckt.[253] Gleichwohl gibt er eine für die
Erkennbarkeit der Familie als Einheit bedeutsame Formalie preis,[254] so dass das „Ob" eines gemeinsamen Namens die Gewährleistung des Instituts zumindest berührt. Dagegen sind Regeln zur Bestimmung des gemeinsamen Namens primär[255] an Art. 2 I iVm 1 I zu messen.[256] Nicht zum Ordnungskern soll die gesamte Regelung des Verwandtenunterhalts zählen, den das BVerfG über die
Unterhaltspflicht von Eltern gegenüber ihren Kindern[257] hinaus nicht für verfassungsrechtlich geboten
hält.[258] Solidarität als Strukturelement einer Familie[259] ist – sofern vorhanden – vom Gesetzgeber
anzuerkennen,[260] muss aber nicht von ihm erzwungen werden.

**4. Art. 6 I als Grundsatznorm.** Art. 6 I gilt ferner[261] als objektivrechtliche **„Grundsatz-  34
norm",**[262] als verbindliche Wertentscheidung für den gesamten Bereich des Ehe und Familie betreffenden Rechts, woraus sich – über den schon grundrechtlich und institutionell geforderten Verzicht
auf störende Eingriffe hinaus – eine Pflicht zum **Schutz**[263] und zur **Förderung**[264] von Ehe und Familie
ergibt (→ Rn. 19), die sich unmittelbar dem Wortlaut entnehmen lässt.

Dem Gesetzgeber als dem Hauptadressaten[265] verbleibt gleichwohl ein beachtlicher **Gestaltungs-  35
spielraum.**[266] Dem Untermaßverbot kommt besondere Bedeutung zu.[267] Nicht jede finanzielle
familiäre Belastung ist auszugleichen.[268] Zudem vermittelt Art. 6 I regelmäßig keine konkreten *Leis-
tungs*ansprüche.[269]

---

[249] BVerfGE 15, 328 (332); vgl. auch BVerfGE 31, 58 (82 f.); 71, 364 (386); *Stern,* StaatsR IV/1, S. 381. Zur
aktuellen Entwicklung *Siede/Brudermüller* NJW 2017, 1283 ff.

[250] BVerfGE 29, 166 (176).

[251] BVerfGE 38, 241 (254 f.), zu § 1594 BGB aF Zur Vaterschaftsanfechtung jetzt §§ 1600 ff. BGB. Die Möglichkeit der Behördenanfechtung gem. § 1600 I Nr. 5 BGB soll nach BVerfGE 135, 48 Rn. 22 ff. ua gg. Art. 6 II 1 und
Art. 6 I verstoßen.

[252] BVerfGE 81, 1 (7); anders *Kingreen* Jura 1997, 401 (403).

[253] BVerfGE 78, 38 (49 ff.); 84, 9 (21); 104, 373 (387); 109, 256 (267); 123, 90 (109).

[254] Zur Kritik am „ehenamensrechtlichen Wirrwarr" *Stern,* StaatsR IV/1, S. 380 Fn. 198, S. 424 f. Näher zum
Familiennamensrecht *S. Heuer,* Neue Entwicklungen im Namensrecht, 2006.

[255] S. aber auch BVerfGE 84, 9 (17 ff.): Verstoß gg. Art. 3 II durch gesetzlichen Vorrang des Mannesnamens gem.
§ 1355 II BGB aF In BVerfGE 123, 90 (109 f.), zusätzliche Prüfung des Verbots von Mehrfachnamen am Maßstab
des Art. 6 I, der jedoch nicht verletzt wird.

[256] Verstoß durch Ausschluss eines „nur" durch Eheschließung erworbenen Namens als möglicher Ehename für
eine neue Ehe gem. § 1355 II BGB aF (BVerfGE 109, 256 [266 f.]); kein Verstoß durch den Ausschluss von
Doppelnamen als Ehenamen gem. § 1355 II BGB (BVerfGE 104, 373 [388]), durch das Verbot von Mehrfachnamen gem. § 1355 IV 2 BGB (BVerfGE 123, 90 [101 ff.]; dazu kritisch *Sacksofsky* FPR 2010, 15 ff.), durch den Wegfall des
Ehenamens bei Aufhebung der Ehe (OLG Celle NJW 2013, 2292 ff.) oder durch die Pflicht zum Bindestrich
zwischen Ehe- und Begleitnamen (KG NJW 2013, 1891).

[257] Zu Grenzen dieser Unterhaltspflicht aktuell BVerfG FamRZ 2010, 626 ff.

[258] BVerfGE 113, 88 (109 f.).

[259] Dazu *Brudermüller* FamRZ 1996, 129 (131); *Schwab* FamRZ 1997, 521 (527).

[260] So auch *Coester-Waltjen,* in: v. Münch/Kunig I, Art. 6 Rn. 15.

[261] Seit BVerfGE 6, 55 (72 f.) st. Rspr., s. zuletzt BVerfGE 133, 377 Rn. 81; ähnlich BVerfGE 111, 160.

[262] Die Terminologie des Gerichts schwankt, *Jarass* AöR 110 (1995), 363 (368). BVerfGE 80, 81 (92 f.) äußert sich
leicht abschwächend zur Verbindlichkeit dieser Gewährleistungskomponente; ähnlich *Westermeyer* (Schrift. A),
S. 160; dagg. *Cornils* (Fn. 229), S. 384; gleichwohl hat sie in der Rspr. überragende Bedeutung, *Kingreen* Jura 1997,
401 (404); *Stern,* StaatsR IV/1, S. 428, „maßgeblich, wenn nicht schlechthin interpretationsleitend"; dort auch zur
Kennzahlung als „*Wertentscheidung*"; krit. *Jestaedt* ZfJ 2000, 281 (282 Fn. 16).

[263] Auch gegen die „familien- und kinder*feindlichen* Strukturen" einer kinderentwöhnten Gesellschaft, vgl. *Jestaedt*
ZfJ 2000, 281 (288 Fn. 68). S. auch → Rn. 19.

[264] Zu wichtigen Argumentationsfiguren *F.-X. Kaufmann* FS 40 Jahre Familienpolitik, 1993, S. 143 f. Umfassend
zur Deutung des Art. 6 I i. S. eines Fördergebotes, *Pechstein* (Schrift. A), S. 140 ff. – Über Förderungsabstufungen
gem. Bedürftigkeit BVerfGE 97, 332 (349). – Radikal gegen jegliche Förderungspflicht aus „liberaler" Sicht *Ekardt*
KJ 2004, 116.

[265] Zur „Ausstrahlungswirkung" auf die Auslegung und Anwendung einfachen Rechts durch die Exekutive
s. BVerfGE 61, 18 (27); BVerfGK 6, 68 (71); *Stern,* StaatsR IV/1, S. 430, 452, 493.

[266] BVerfGE 21, 1 (6); 97, 332 (349: „Vorbehalt des Möglichen"); 106, 166 (177); 107, 205 (213); 110, 412 (436);
112, 50 (65 f.).

[267] *G. Kirchhof* AöR 129 (2004), 542 (562). Zu den Grenzen der Gestaltungsfreiheit *Stern,* StaatsR IV/1, S. 451 ff.,
s. auch schon → Rn. 19.

[268] BVerfGE 23, 258 (264); 103, 242 (259); 110, 412 (445); *Jestaedt* ZfJ 2000, 281 (286); krit. *Ipsen* HStR VII,
§ 154 Rn. 85 ff.

[269] BVerfGE 82, 60 (81); 117, 316 (329); 130, 240 (252); BVerfG (K) FamRZ 2014, 911 f.; *Stern,* StaatsR IV/1,
S. 453; s. aber *Ipsen* HStR VII, § 154 Rn. 82; *Kingreen* Jura 1997, 401 (405 f.); *Tettinger* EssGspr 35 (2001), 117 (141,
144 f.); ähnlich *Jestaedt* ZfJ 2000, 281 (286 Fn. 47). Zur zulässigen Begrenzung der Leistungen der Krankenversicherung bei künstlicher Befruchtung BSG NJOZ 2010, 648 ff., sowie *von der Tann* NJW 2015, 1850 ff.

36     **a)** Zur **Förderungspflicht** gehört („spiegelbildlich") ein **Benachteiligungsverbot** für Ehe und Familie im Verhältnis zu Nicht-Verheirateten und Nicht-Familien.[270] Das Diskriminierungsverbot[271] steht jeder Belastung entgegen,[272] die an die Existenz einer Ehe anknüpfen wollte.[273] Art. 6 I konkretisiert also Art. 3 I personell[274] und verschärft dessen Diskriminierungsverbot.[275] Insofern ist Art. 6 I aber nicht einschlägig, wenn es um den Vergleich von verschiedenen Ehepaaren bzw. Familien geht,[276] da diese gleichermaßen von Art. 6 I geschützt sind.[277]

37     „Nachteil" ist auch die Versagung eines Vorteils.[278] Eine **Benachteiligung** liegt **nicht** vor, wenn eine Belastung Familienmitglieder nur so trifft wie andere Personen auch,[279] wenn sie aus nicht-diskriminierenden Gründen erfolgt, z. B. im Hinblick auf die Leistungskraft der familiären „Wirtschaftsgemeinschaft" oder auf die größere Bedürftigkeit Alleinstehender[280] (wie überhaupt Ehe und Familie Anknüpfungspunkt für „lästige" Rechtsfolgen sein können, soweit das der Natur des geregelten Lebensgebietes entspricht)[281] oder wenn die nachteilige Regelung für denselben Personenkreis „kompensierende" Vergünstigungen enthält und sich damit im Ganzen als „eheneutral" darstellt.[282]

38     Eine Benachteiligung kann vorliegen trotz einer nur geringen Zahl von Betroffenen[283] und auch beim Fehlen einer „Tendenz gegen die Ehe".[284] – Nach alledem doch vorliegende, aber **unbeabsichtigte** Benachteiligungen werden nur in engen Grenzen akzeptiert.[285]

39     **b)** Das **Steuerrecht** bedarf familiengerechter, dh insb. an der durch Kindesunterhalt geminderten finanziellen Leistungsfähigkeit orientierter Ausgestaltung[286] im Interesse des wirtschaftlichen Zusammenhalts der Familie.[287] Verboten ist die steuerliche Benachteiligung von Ehegatten gegenüber Ledigen, von Eltern gegenüber Kinderlosen und von ehelichen gegenüber anderen Erziehungsgemeinschaften.[288] *Einkommenssteuerlich* freizustellen ist das Existenzminimum[289] für *sämtliche* Familienmitglieder,[290] ferner auch der „Erziehungsbedarf" für *alle* Eltern.[291] Die früheren Regelungen über die steuerliche Berücksichtigung von erwerbsbedingten und sonstigen Kinderbetreuungskos-

---

[270] BVerfGE 9, 237 (247); 107, 205 (215); 109, 96 (125); BVerfG (K) NJW 2011, 2869 Rn. 17; es läuft bei allzu weiter Fassung des Familienbegriffes leer, *Ipsen* HStR VII, § 154 Rn. 79, 102.

[271] Gegen diesen Begriff *Kingreen* (Schriftt. A), S. 207; *ders.* Jura 1997, 401 (406). Zustimmend G. *Kirchhof* AöR 129 (2004), 542 (572); *Grziwotz* FamRZ 2003, 1417 (1420); *Burgi*, in: Friauf/Höfling, Art. 6 Rn. 40; *Stern*, StaatsR IV/1, S. 622.

[272] BVerfGE 15, 328; VGH BW VBlBW 2005, 105 (106).

[273] BVerfGE 99, 216 (232).

[274] BVerfGE 12, 180 (194).

[275] BVerfGE 18, 257 (269); 103, 242 (258). Zum im Einzelfall gebotenen Rückgriff auf Art. 3 I oder die „kombinierte" Anwendung von Art. 3 I u. Art. 6 I je nach der „Affinität" des Schutzgedankens der Vorschrift zum Prüfungsgegenstand BVerfGE 9, 237 (243); 82, 60 (86); 87, 1 (36); 91, 93 (108 f.); *Burgi*, in: Friauf/Höfling, Art. 6 Rn. 41. Krit. zu diesen Konstruktionen *Jestaedt* ZfJ 2000, 281 (282, vor III); *Kingreen* Jura 1997, 401 (406 f.); *Pechstein* (s. Schriftt. A), S. 210 ff., 227 ff.; *Rüfner*, BK, Art. 3 I (1992) Rn. 67. Teilweise wird Art. 6 I in Entscheidungen einbezogen, die richtigerweise allein nach Art. 3 I zu treffen wären, s. nur BVerfGE 112, 50 (67); 131, 1 (19). – Sinnvoll die Aussage, der besondere Schutz von Ehe und Familie sei bedeutsam für die Bewertung, ob eine Ungleichbehandlung sachlich zu rechtfertigen sei, vgl. *Ehsen* DRV 2002, 697 (698).

[276] BVerfGE 9, 237 (242 f.); 11, 64 (69); 45, 104 (126); 47, 1 (19); ebenso für Vergleiche zwischen zwei Ehegatten BVerfGE 12, 151 (165). AA offenbar *Robbers* MKS I, Art. 6 Rn. 18.

[277] BVerfG (K) NZS 2010, 626.

[278] BVerfGE 12, 151 (167); 82, 60 (80); 99, 216 (232); s. auch 14, 34 (40 f.).

[279] BVerfGE 28, 104 (122).

[280] BVerfGE 17, 210 (217 u. 219 f.); 87, 234 (256); BVerfG (K) NVwZ 1998, 726 f.; FamRZ 2009, 1295 (1296); s. auch BVerfGE 75, 382 (394); 91, 389 (402) über die Vorteile des Wirtschaftens „aus einem Topf". Krit. zur gelegentlich dürftigen Begründung des BVerfG („Gerechtigkeitsvorstellungen der Allgemeinheit") *Coester-Waltjen*, in: v. Münch/Kunig I, Art. 6 Rn. 38.

[281] BVerfGE 6, 55 (77); 78, 128 (130); → Rn. 47.

[282] BVerfGE 15, 328 (333); 107, 205 (215 f.); BVerfG (K) NJW 1996, 449 (450); BVerfG (K) NJW 2011, 2869 Rn. 17; vgl. auch BVerfGE 11, 50 (58 ff.).

[283] BVerfGE 23, 74 (83).

[284] BVerfGE 14, 34 (39); s. aber BVerfG NJW 1992, 1093.

[285] BVerfGE 6, 55 (77); 11, 50 (60); 12, 151 (169 u. 176); 15, 328 (335); 23, 74 (84).

[286] BVerfGE 81, 363 (376); BVerfG 107, 27 (49).

[287] BVerfGE 13, 331 (347); 75, 382 (392); *P. Kirchhof* ZRP 2003, 73 ff.; *C. Maurer* (Schriftt. A). Zu noch immer bestehenden Defiziten *Stern*, StaatsR IV/1, S. 457.

[288] BVerfGE 99, 216 (232).

[289] Zur Bemessung des Existenzminimums BVerfGE 99, 216 (256 ff.) (mit Präzisierung früherer Aussagen, ua zur „Toleranzgrenze" von 15 % gem. BVerfGE 91, 93 [114]).

[290] BVerfGE 82, 60 (83 ff.); abw. v. 43, 108); 82, 198 (206 f.); 89, 346 (353); 91, 93 (115); 99, 216 (232 f.); 99, 246 (259 f.); 107, 27 (48); 110, 412 (433); 120, 125 (154); 124, 282 (294); BFHE 180, 551 (554 f.); 206, 260 (263 f.) (Menschenwürde!). Zum „Existenzminimum" *Jarass*, in: Jarass/Pieroth, Art. 1 Rn. 16 ff. Speziell zur „institutionellen Kinderbetreuung" BVerfGE 99, 216 (234); *Jestaedt* ZfJ 2000, 281 ff.

[291] BVerfGE 99, 216 (240 ff.). Zur Verfassungsgemäßheit des § 1612b V aF BGB BVerfGE 124, 282 (294 ff.); zuvor *Schürmann* FamRZ 2005, 407 ff.; EGMR FamRZ 2009, 847 ff., lehnt einen Verstoß gegen Art. 14 iVm Art. 8 EMRK ab. Zur fortbestehenden Relevanz der zu beurteilenden Konstellation trotz des Wegfalls von § 1612b V BGB aF *Borth* FamRZ 2009, 2065 (2067 f.).

ten,[292] über den Abzugsbetrag für hauswirtschaftliche Beschäftigungsverhältnisse (§ 10 I Nr. 8 EStG aF), über den Haushaltsfreibetrag (§ 32 VII EStG aF[293]) und über die Zusammenveranlagung hat das BVerfG entweder für verfassungswidrig erklärt[294] oder aber für ungeeignet zur Minderung der bestehenden Benachteiligungen.[295] – Seit dem 1.1.1996 gilt ein duales System,[296] in dem aber Kindergeld (§ 62 EStG) oder – falls günstiger ("Optionsmodell") – ein Kinderfreibetrag (§ 32 VI 1 EStG, "sächliches Existenzminimum")[297] nur alternativ in Anspruch genommen werden können.[298] Für volljährige Kinder s. § 32 IV EStG.[299] Das Kindergeld ist in das Steuerrecht integriert und verbleibt – wenn und soweit es die Kinderfreibetrags-Entlastung übersteigt – als Sozialleistung.[300] Darüber hinaus ist ggf. ein Freibetrag für den Betreuungs-, Erziehungs- oder Ausbildungsbedarf zu berücksichtigen.[301] Die Kürzung der Freistellung der Kinderbetreuungskosten Alleinerziehender um eine zumutbare Belastung war verfassungswidrig.[302] Kosten der Berufsausbildung von Kindern müssen nicht genauso als außergewöhnliche Belastung i. S. d. EStG behandelt werden wie Aufwendungen für die Sicherung des Existenzminimums;[303] Alleinerziehende müssen nicht nach dem Splittingtarif besteuert werden.[304] – Bei der *Vermögensteuer* bestand zugunsten jedes Ehegatten ein Anspruch auf die Freistellung "persönlichen" Vermögens und auf die Wahrung des Familiengutes über den Tod eines Gatten hinaus.[305] Vergleichbares gilt *erbschaftssteuerlich*.[306] Zu beachten ist auch die stärkere Belastung von Familien durch indirekte Steuern.[307]

Unzulässig wäre eine generelle steuerl. Nichtanerkennung **von Verträgen zwischen Ehegatten**, **40** z. B. bei Arbeitsverträgen;[308] doch sind "strenge" Beweisanforderungen zulässig.[309] S. ferner die Entscheidungen zur Pensionsrückstellung, zur Rentenversicherung und zur GewSt.[310]

Unstatthaft ist die steuerliche **Zusammenveranlagung** von Familienangehörigen, als wären sie ein **41** einziger Steuerpflichtiger.[311] Hierauf hat der Gesetzgeber in Familienförderungsabsicht mit der steuerlichen hälftigen **Aufspaltung** der Ehegatteneinkünfte ("Splitting") geantwortet.[312] Heute wird vielfach

---

[292] Zum Begriff BFH NJW 2013, 255 f.

[293] Für den abgeschafften § 32 VII EStG wurde § 24b EStG (Entlastung für Alleinerziehende) eingeführt; s. hierzu *v. Proff zu Irnich* DStR 2004, 1904 ff.

[294] BVerfGE 99, 216 (235–239).

[295] BVerfGE 99, 216 (238 vor 2; 240). – Zu den Optionen des Gesetzgebers (Freibeträge, Kindergeld, "duales System", Umrechnung von Kindergeld in fiktive Freibeträge, Schaffung eines alle kinderbezogenen Entlastungen erfassenden "Grundtatbestandes"): BVerfGE 99, 246 (247, 263 ff.); 99, 216 (243).

[296] BVerfG (K) NJW-RR 2004, 1225 f. Dazu *Kanzler* Familienleistungsausgleich, 1997; *Greite* FS Korn, 2005, S. 223 (246); *D. Felix* Kindergeldrecht, 2005, Einf Rn. 9 ff., 5 ("grundlegender Systemwandel") mit Krit. in Rn. 13, 16.

[297] Nicht zwingend identisch mit dem aus Menschenwürde und Sozialstaatsprinzip abgeleiteten menschenwürdigen Existenzminimum, BVerfGE 125, 175 (232).

[298] Vgl. § 31 S. 1 EStG. Die Bundeskompetenz für das Kindergeldrecht bestreitet *Reimer* NJW 2012, 1927 ff.

[299] Durch die Neufassung des § 32 IV 2 EStG (G v. 1.11.2011, BGBl. I S. 2131) kommt es seit dem 1.1.2012 auf eigene Einkünfte des Kindes nicht mehr an. Näher hierzu *D. Felix* NJW 2012, 22 ff. Zur Verfassungsmäßigkeit von § 32 IV 2 EStG aF BVerfG (K) NJW 2010, 3564 f.; zum Fall über 27 Jahre alter Kinder BFH NJW 2012, 108 ff.

[300] Kritisch zu dieser Vermengung von Sozialtransfer und gerechter Besteuerung *D. Felix*, FS Selmer, 2004 S. 621 (639 f.). Je nach Zuordnung ergeben sich für den Gesetzgeber unterschiedliche Bindungen, BVerfGE 110, 412 (436); 112, 164 (174), stets aber bleibt der Schutzauftrag des Art. 6 I relevant, BVerfGE 111, 160 (171 f.). Zur Frage des Berechtigten *Bilsdorfer* NJW 2013, 897 ff.

[301] § 32 VI 1 EStG 2002. Zur Verfassungsmäßigkeit von § 32 VI 1 s. BFH NJW 2010, 1839 f. – S. auch → Rn. 43. Insgesamt handelt es sich um einen Regelungswirrwarr an der Grenze der Normenklarheit, s. BVerfGE 108, 52 (75 ff.); *D. Felix* Kindergeldrecht, 2005, Einf Rn. 3, 12 u. 15. Steigerung des Wirrnis seit 1.1.2005 durch § 6a BKGG, *D. Felix*, ebd., Rn. 15. Zur Übertragung von Freibeträgen BFH DStR 2016, 1362.

[302] BVerfGE 112, 268 (278 ff.), zu §§ 33 III, 33c, 33 I 1 EStG aF. Zur Verfassungsmäßigkeit des mittlerweile weggefallenen § 33c EStG idF v. 16.8.2001 BVerfG FamRZ 2010, 2056 f.

[303] BVerfGE 89, 346 (354); BVerfG (K) NJW 2006, 1866 f.

[304] BFH NJW 2017, 430 ff.

[305] BVerfGE 93, 121 (141 f.) (mit Richtwerten). – Ausführlich (in Richtung Freibetrag) *Pechstein* (s. Schriftt. A), S. 271 ff.

[306] BVerfGE 93, 165 (174 f.). Dazu ergänzend BVerfGE 97, 1. Zu Art. 6 und "Kontaktpflege-Aufwendungen" BFH DStR 1996, 1599 f.

[307] *Stern*, StaatsR IV/1, S. 456.

[308] BVerfGE 13, 290 (304 ff.); 13, 318 (329 ff.).

[309] BVerfGE 9, 237 (245); s. ferner BVerfG FamRZ 1996, 1531; BFHE (GrS) 158, 563 ff.; BFH DStRE 2005, 328 (330 f.).

[310] BVerfGE 29, 104 ff.; 18, 257 ff.; 69, 188 ff.

[311] Eltern und Kinder: BVerfGE 18, 97 (106); 23, 74 (79, 84); Ehegatten: BVerfGE 6, 55 (70 ff.): Verwerfung hier ua wegen des "Edukationseffektes" in Richtung Hausfrauenehe, BVerfGE 6, 55 (79–82) sowie → Rn. 30. Gegenteilige Effekte beim Abschmelzen des Splittingvorteiles befürchtet *Klose* ZRP 2003, 128 ff. – Verwandte Problematik: BVerfGE 12, 180 (196 f.); 15, 328 (332).

[312] Von BVerfGE 61, 319 (345) akzeptiert; ebenso *Burgi*, in: Friauf/Höfling, Art. 6 Rn. 56; *Lang*, in: Tipke/Lang, Steuerrecht, 20. Aufl. 2010, § 4 Rn. 241 ff.; *Pechstein* (s. Schriftt. A), S. 197, 291. Aktuelle Analyse bei *Löhr/Serwe*, Das Ehegattensplitting auf dem Prüfstand, 2011. – Teilweise wird das Splitting verfassungsrechtlich sogar für geboten gehalten: *Badura*, in: Maunz/Dürig, Art. 6 Rn. 86; *P. Kirchhof* ZRP 2003, 73 (75); *Stern*, StaatsR IV/1, S. 434; *Wangen*,

eine Aufspaltung nach Familienangehörigen gefordert, zur Vermeidung der „Privilegierung" des bloßen Ehe-Status.[313] Die steuerliche Begünstigung kann davon abhängig gemacht werden, dass die Ehegatten nicht dauernd getrennt leben.[314] – Eine andere Frage ist es, ob die Aufspaltung der Einkünfte auch „Halbfamilien"[315] und unverheirateten Eltern mit Kindern zugutekommen muss. Das BVerfG hat dies seinerzeit verneint,[316] aber dem Grunde nach die Berücksichtigung zwangsläufiger Erziehungsaufwendungen verlangt.[317]

**42**    Steuerrechtliche **Einzelfälle:** Gewerbesteuer;[318] Grunderwerbssteuer;[319] Kapitalverkehrssteuer;[320] Vermögenssteuer;[321] Kirchensteuer;[322] Kurabgabe;[323] Erbschaftsteuer auf Hinterbliebenenversorgung;[324] Zweitwohnungssteuer;[325] Umsatzsteuererhöhung.[326] Die Vereinbarkeit der ab dem 1.1.2007 (zunächst) geltenden reduzierten „Pendlerpauschale" mit Art. 6 I hat das BVerfG wegen eines bereits bejahten Verstoßes gegen Art. 3 I offengelassen.[327]

**43**    **c)** Zu bewähren hat sich das Förderungsgebot ferner im **Sozialrecht („Familienlastenausgleich"),**[328] wobei ggf. auf das Zusammenspiel mit Regelungen des Steuerrechts zu achten ist.[329] Es besteht gesetzgeberische Gestaltungsfreiheit,[330] doch erachtet das BVerfG den Schutzauftrag des Art. 6 I bisher als nur unvollständig erfüllt[331] und schränkt diese Gestaltungsfreiheit zT erheblich ein.[332]

**44**    **Einzelfälle:** Zum Kindergeld[333] → Rn. 39. Seine Aufstockung (erst) für weitere Kinder ist wenig sachgerecht und ist anhand des Art. 3 I zu erörtern.[334] Statthaft ist die Kindergeldversagung für nicht in Deutschland wohnende Kinder,[335] ebenso das Verbot des Verlustausgleichs in § 11 I BKGG (1982).[336] Kinderreiche Beamte sollen sich „annähernd das Gleiche" leisten können wie kinderarme gleichrangige Kollegen, ein vornehmlich Art. 33 V GG zuzuordnendes (und durchaus aktuelles)[337] Problem.[338] Unzulässig war die Anspruchsbeschränkung von Ehepaaren bei der Arbeitslosenhilfe.[339] Bei der Einkommensanrechnung, etwa nach § 11 SGB II (Grundsicherung für Arbeitsuchende)[340] oder § 82 II SGB XII (Sozialhilfe), ist Art. 6 I ebenfalls zu berücksichtigen.[341] Staatliche Leistungen dürfen

---

Der Familienlastenausgleich, 2003, S. 226 f. – Alternativen bei *C. Maurer* (Schriftt. A), S. 133 ff., bei *Richter/Steinmüller* FR 2002, 812 (817) und bei *Becker/Englisch* DStR 2016, 1005 (1008). – Nach Wiederverheiratung muss der Splittingvorteil aus der neuen Ehe bei dieser verbleiben, BVerfGE 108, 351 (s. dazu *Stern,* StaatsR IV/1, S. 383).

[313] Hierzu *Berens* (s. Schriftt. A), S. 218 ff.; *Coester-Waltjen,* in: v. Münch/Kunig I, Art. 6 Rn. 54; *Di Fabio* NJW 2003, 993 (998); *P. Müller* FS Ress, 2005, S. 1235 (1243 ff.); *E. M. v. Münch* HdbVerfR, § 9 Rn. 35 f.

[314] *Robbers* MKS I, Art. 6 Rn. 111.

[315] Vgl. BVerfGE 61, 319 (321).

[316] BVerfGE 61, 319 (348); 68, 143 (153).

[317] Zur Höhe BVerfGE 61, 319 (355). Zu § 33c EStG aF → Rn. 39 mit Fn. 302.

[318] BVerfGE 13, 290 (299).

[319] BVerfGE 16, 203 (208 ff.).

[320] BVerfGE 26, 321 (324 ff.).

[321] BVerfG DB 1971, 460 ff. Dazu → Rn. 39.

[322] BFHE 138, 531 (534); BVerwG Buchh 401.70 Nr. 23; BFH NVwZ 1998, 105.

[323] BVerwG Buchh 401.63 Nr. 6. Dazu → Fn. 388.

[324] BVerfGE 79, 106 (126).

[325] BVerfGE 114, 316 ff. (Anm. *Bayer* JZ 2006, 253 [256]); BVerfG (K) NVwZ 2010, 1022 (1025); WM 2014, 906 f.; NVwZ 2017, 617.

[326] BVerfG (K) DVBl 2008, 105 f.

[327] BVerfGE 122, 210 (245).

[328] BVerfGE 106, 166 (178); 107, 205 (213); 108, 52 (74 f.); 110, 412 (436); 111, 160 (172); BVerfG (K) NJW 2005, 1417 (1418); *Kingreen* JZ 2004, 938 ff.; *Kirchhoff/Kilger* NJW 2005, 101 (103); *Stern,* StaatsR IV/1, S. 458. – Heute meist üblich: **„Familienleistungsausgleich"** (s. §§ 31 EStG, 25 I SGB I, sowie BMF BStBl. 1995 I, 805; BVerfGE 110, 412 (435 f.); s. auch *D. Felix,* Kindergeldrecht, 2005, Einf. Rn. 5; *Ipsen* HStR VII, § 154 Rn. 83; *Y. Renner,* Familienlasten- oder Familienleistungsausgleich?, 2000; deutlich zwischen „Ausgleich für Lasten" und „Belohnung für Leistungen" unterscheidend *Ebsen* DRV 2002, 697 (704); allg. zum Familienleistungsausgleich *Stern,* StaatsR IV/1, S. 458 ff., u. umfassend *Pechstein* (s. Schriftt. A), S. 317 ff.

[329] BVerfGE 82, 60 (84); *Frick,* in: Elfter Deutscher Familiengerichtstag, 1996, S. 75 ff.

[330] BVerfGE 11, 105 (126); 103, 242 (260); 110, 412 (436); 111, 160 (171 f.).

[331] BVerfGE 87, 1 (39); 99, 216 (234); ebenso *E. M. v. Münch* HdbVerfR, § 9 Rn. 41; *Stern,* StaatsR IV/1, S. 438, 458. Zum Vorschlag „Familienwahlrecht" *P. Müller* FS Ress, 2005, S. 1235 (1238 ff.); *Holste* DÖV 2005, 110 ff.; *Oebbecke* JZ 2004, 987 ff.; *Wernsmann* Der Staat 44 (2005), 43; rechtsvergleichend *Schubert* FPR 2005, 55.

[332] BVerfGE 99, 216 ff.; 99, 246 ff.

[333] Einzelfragen bei *Stern,* StaatsR IV/1, S. 459 f. Zum Jahresgrenzbetrag der Einkünfte des Kindes zuletzt BVerfGE 112, 164. Vgl. auch BVerfGE 111, 160.

[334] *Coester-Waltjen,* in: v. Münch/Kunig I, Art. 6 Rn. 40; s. aber *F. Klein* FS 40 Jahre Familienpolitik, 1993, S. 91 (103 aE); *Robbers* MKS I, Art. 6 Rn. 94.

[335] BVerfGE 23, 258 (264); vgl. auch BVerfGE 28, 104 (113 f.); 40, 121 (131).

[336] BVerfGE 82, 60 (104).

[337] Zu Zuschlägen für kinderreiche Beamte durch die Rspr. *Pfistner* NVwZ 2008, 1195 ff.

[338] BVerfGE 44, 249 (250, 267, 273); 99, 300 LS. 1. Allgemein *Kunig,* in: v. Münch/Kunig II, Art. 33 Rn. 63.

[339] BVerfGE 67, 186 (195) zu § 139 AFG aF.

[340] Hierzu BVerfG (K) NJW 2010, 1803.

[341] Früher § 138 AFG aF bzw. § 194 SGB III aF. Näher hierzu BVerfGE 87, 234 (255 ff.), zum Verhältnis zu BVerfGE 75, 382 (392, 394) s. BVerfGE 87, 234 (254, 261).

nicht allein wegen der Tatsache der Eheschließung gestrichen werden („Heiratswegfallklauseln").[342] Für die Bemessung des Existenzminimums im Sozialrecht enthält Art. 6 I keine neben Art. 1 I iVm Art. 20 I anwendbaren Maßstäbe.[343]

Das **Rentenrecht** behandelt Kinderlose und Kindererziehende grds. gleich. Dies führt („inverse **45** Solidarität", „Transfer-Ausbeutung") dazu, dass die Erziehungslast für Kinder – also für künftige Beitragszahler auch für die Renten Kinderloser – elterliche „Privatangelegenheit" bleibt, neben einer weitgehend „vergesellschafteten" Altersversorgung.[344] Eine gewisse Abhilfe bieten etwa im Rentenrecht die Anerkennung von Erziehungszeiten („Elternzeiten")[345] sowie die „Mütterrente",[346] zudem die Zahlung von Erziehungsgeld[347] (seit 2007 „Elterngeld").[348] In der *gesetzlichen* Pflegeversicherung bedarf es bei der Beitragsbemessung der Berücksichtigung von Kindern.[349] Die geltenden Regelungen sollen dem (in allen Zweigen der Sozialversicherung) derzeit hinreichend Rechnung tragen.[350] Verfassungsgemäß ist die 60 v. H. -Hinterbliebenenrente.[351] Zweifel hat das BVerfG an § 240 IV SGB V aF geäußert.[352]

d) Die Schutz- und Förderungspflicht in **sonstigen Rechtsgebieten:**[353] Die Beschränkung der **46** Ehelichkeitsanfechtung durch das Kind (§ 1596 BGB aF; nun §§ 1600 ff. nF) verstieß nicht gegen Art. 6 I;[354] – Schutzpflicht und Strafvollzug (Haft):[355] Besuchsregelungen;[356] Briefkontrolle;[357] Trennscheibe.[358] – Bei der Bestellung von Pflegern und Vormündern (Betreuern) sind Familienangehörige bevorzugt zu berücksichtigen[359] (s. jetzt § 1779 II 2 BGB[360]). – Keine Pflicht zu staatlicher Förderung von Ehevermittlern.[361] – Versagung der Maklerprovision allein wegen der Ehe des Maklers mit dem Vertragspartner des Auftraggebers ist unzulässig.[362] – Die §§ 811 ff. ZPO berücksichtigen im Pfändungsfalle die Interessen aller Familienmitglieder.[363] – Der Gesetzgeber ist (ua durch Art. 6 I) gehalten, Familie und Erwerbstätigkeit miteinander vereinbar zu machen.[364] Dazu dient ua das FPfZG.[365] – „Ruinöse" Angehörigenbürgschaften hat das BVerfG nur unter dem Blickwinkel des Art. 2 I behandelt.[366] – Art. 6 I verlangt staatlichen Schutz vor familienstörenden Einwirkungen religiöser Gemeinschaften[367] und verstärkt (zusammen mit

---

[342] BVerfGE 28, 324 (357); 29, 71 (78); s. noch BVerfG NJW 1992, 2012.

[343] BVerfGE 125, 175 (227). Zur Anrechnung des Kindergeldes BVerfG (K) NJW 2010, 1803.

[344] *P. Kirchhof* NJW 2002, 3677; *Lenze,* Staatsbürgerversicherung und Verfassung, 2005, S. 294; *P. Müller,* FS Ress, 2005, S. 1235 (1246 ff.); *E. M. v. Münch* HdbVerfR, § 9 Rn. 37; *Oeter,* Die Zukunft der Familie, 1986; *Pechstein* (s. Schrifft. A), S. 317 ff.; *Stern,* StaatsR IV/1, S. 458; *Suhr* Staat 29 (1990), 69.

[345] S. aber BVerfG (K) NJW 2007, 1446 f.

[346] Eingeführt durch das RV-LeistungsverbessG v. 23.6.2014, BGBl. I S. 787; dazu etwa *Neufeld/Flockenhaus/Schemmel* BB 2014, 2741 ff.

[347] Siehe nunmehr SGB VI (§§ 56, 249). – Dazu BVerfG 87, 1 (38 und 40); 88, 203 (261); 94, 241 (243 f. mit „historischem" Überblick). Ferner BVerfG (K) FamRZ 1996, 789: stufenweises Vorgehen verfassungsgemäß. S. auch *Di Fabio,* Die Kultur der Freiheit, 2005, S. 156 f.; *Papier* NJW 2002, 2129 (2131 f.). – Krit. *E. M. v. Münch* HdbVerfR, § 9 Rn. 37; *Stern,* StaatsR IV/1, S. 438 Fn. 448; s. noch *Sachs,* VerfassungsR II, Kap. 18 Rn. 19.

[348] Hierzu *Brosius-Gersdorf* NJW 2007, 177 ff.; *Scheiwe/Fuchsloch* ZRP 2006, 37 ff.; *H. Scholz* FamRZ 2007, 7 ff. Dazu bereits → Rn. 30.

[349] BVerfGE 103, 242 (263). Für die *private* Pflegeversicherung („zunächst", „derzeit", S. 292!) verneint: BVerfGE 103, 271; kritisch *Ribhegge* KJ 2002, 358. – S. auch schon BVerfGE 91, 320; zur Neuregelung (BGBl. I 2004, 3448) *Bauer/Krämer* NJW 2005, 180 u. *Lenze* (Fn. 344), S. 322.

[350] BSGE 120, 23 ff.; dazu *Ruland* NZS 2016, 361 ff.

[351] BVerfGE 48, 346 (366 f.).

[352] BVerfG (K) NZS 1995, 573.

[353] Zur Bedeutung im Strafrecht eingehend *Schramm,* Ehe und Familie im Strafrecht, 2011. *Brosius-Gersdorf* (Schrifft. A), S. 513, bezeichnet die Familienpolitik als unüberschaubaren Dschungel.

[354] BVerfGE 79, 256 (267, s. aber 268); offen für § 1598 BGB in BVerfG 90, 263 (274 ff.).

[355] Generell hierzu: *Götte,* Die Mitbetroffenheit der Kinder und Ehepartner von Strafgefangenen, 2000, S. 32, 197; *Stern,* StaatsR IV/1, S. 442. S. auch BVerfGE 116, 69 (80); BVerfG (K) FamRZ 2006, 1822.

[356] BVerfGE 42, 95 (101 f.); BVerfG (K) NJW 1993, 3059; 1995, 1478. Dazu auch BVerfG (K) FamRZ 2006, 841; *Coester-Waltjen,* in: v. Münch/Kunig I, Art. 6 Rn. 55 aE; *Frowein,* in: Frowein/Peukert, Art. 8 Rn. 41; *Menne* ZKJ 2006, 250. S. auch SchweizBG EuGRZ 2005, 249 ff.

[357] BVerfGE 42, 234 (236); 57, 170.

[358] BVerfGE 89, 315 (322 ff.).

[359] BVerfGE 33, 236 (238); BVerfG (K) NJW 2002, 206; BVerfG (K) NJW-RR 2006, 1009.

[360] Zu Kautelen aus Art. 6 I GG für die Auslegung s. BVerfGE 136, 382 ff.

[361] BVerfGE 20, 31 (33 f.).

[362] BVerfGE 76, 126 (129 f.); 78, 128 (130 f.).

[363] Zur Benachteiligung von Ehegatten im Konkursfalle: BVerfGE 24, 104 (109).

[364] BVerfGE 88, 203 (260); 99, 216 (234); 121, 241 (258); *Di Fabio* NJW 2003, 993 (997); *Stern,* StaatsR IV/1, S. 412, 461; s. aber *P. Kirchhof* NJW 2002, 3677 f.; *Rüfner* FS Zacher, 1998, S. 821 (825 f.); *Tettinger* EssGspr 35 (2001), 117 (142). Zur Berücksichtigung bei Entscheidungen über Teilzeitbeschäftigung im Einzelfall BVerwGE 132, 243 (248 f.). – Bsp.: Teilzeitbeschäftigung, §§ 92 I BBG, 45 f. BeamtStG. – Auch → Rn. 32 Fn. 239.

[365] V. 6.12.2011, BGBl. I S. 2564, geänd. durch Art. 1 des G v 23.12.2014, BGBl. I. S. 2462 und G v. 19.5.2020, BGBl. I S. 1018. Zur Erstfassung *Glatzel* NJW 2012, 1175 ff.

[366] BVerfGE 89, 214; BVerfG (K) NJW 1994, 2749.

[367] BVerwG NVwZ 2001, 924. Vgl. auch BVerfGE 32, 98 sowie BVerfG (K) NJW 2002, 206. – Zu „Ehestörungsklagen" *Brudermüller,* in: Palandt, Einf. v. § 1353 Rn. 5. – Zu Art. 6 I als Rechtfertigung staatlicher Warnungen vor „Sekten" s. *Abel* NJW 1997, 426 (429) und OVG NRW NJW 1996, 3355.

Art. 6 II) den Schutz der Eltern vor ungewollter „Familienpublizität".[368] – Die Strafbarkeit des Beischlafs zwischen Geschwistern (§ 173 II 2 StGB) ist unter dem Gesichtspunkt des Schutzes der Familie verfassungsgemäß.[369]

47  **e)** Art. 6 I enthält keinen Auftrag, andere Formen des Zusammenlebens wie insb. **nichteheliche Lebensgemeinschaften**[370] zu bekämpfen (zur eingetragenen Lebenspartnerschaft → Rn. 48). Sie werden zwar von Art. 6 I jedenfalls unter dem Aspekt der Ehe[371] nicht geschützt,[372] auch nicht in seiner negativen Komponente,[373] wohl aber von Art. 2 I.[374] Der Staat muss ihnen nicht jede rechtliche Anerkennung versagen.[375] Sie haben jedoch keinen Anspruch auf Gleichbehandlung mit Ehen.[376] Daran ändert auch die neuere Rspr. zur Gleichstellung der eingetragenen Lebenspartnerschaft mit der Ehe (→ Rn. 49) nichts: Selbst wenn sie überzeugen könnte,[377] fehlt der nichtehelichen Lebensgemeinschaft die vermeintlich zur Gleichstellung der Lebenspartnerschaft mit der Ehe verpflichtende rechtliche Verbindlichkeit, die hier – ohne dass dies den Schluss auf einen vollständig fehlenden Bindungswillen zuließe – regelmäßig gerade nicht gewollt ist. Schon durch die rechtlich einforderbare gegenseitige Beistandspflicht[378] unterscheidet sich die Ehe von nichtehelichen Lebensgemeinschaften, denen gegenüber sie daher begünstigt werden darf.[379] Wer sich weder für einen Partnerschaftsvertrag[380] noch für die Ehe samt ihren (zT ehevertraglicher Regelung zugänglichen) Folgen entscheidet, nimmt in Kauf, in einer rechtlich nicht abgesicherten Verbindung zu leben. Einer generellen gesetzlichen Annäherung der nichtehelichen Lebensgemeinschaft an die Ehe[381] bedarf es daher nicht.[382] Sie ist nicht einmal zulässig, sofern man Art. 6 I das Gebot eines Abstands anderer Gemeinschaften zur Ehe entnimmt.[383] Jedenfalls unproblematisch sind aber punktuelle gesetzliche Gleichstellungen mit der Ehe bei Regelungen, die nicht an Besonderheiten der Ehe anknüpfen, sondern – wie § 563 II 4 BGB –[384] auf schutzwürdige Beteiligte Rücksicht nehmen.[385] Umgekehrt darf der Gesetzgeber einzelne ungüns-

---

[368] BVerfGE 101, 361 (LS. 3 u. S. 385 f.).

[369] BVerfGE 120, 224 ff. Das verstößt nicht gegen Art. 8 EMRK (EGMR NJW 2013, 215 ff.).

[370] Die Bezeichnung sollte aus Gründen der Übersichtlichkeit auf verschiedengeschlechtliche Paare beschränkt werden, so dass eingetragene Lebenspartnerschaften keine Form der nichtehelichen Lebensgemeinschaft sind (anders *Bültmann* StuW 2004, 131 [132]). Neben der „Ehe" und der „eingetragenen Lebenspartnerschaft" stehen danach zum einen die „nichteheliche Lebensgemeinschaft" (mit den Untergruppen „eheähnlich" und „einfach"), zum anderen die „lebenspartnerschaftsähnliche Lebensgemeinschaft" bzw. die einfache gleichgeschlechtliche Lebensgemeinschaft. Wenn Rechtsfolgen an eheähnliche Gemeinschaften (zur Definition BVerfGE 87, 234 [264]; BVerwGE 98, 195 [201 f.]) anknüpfen, stellen sich ähnliche Abgrenzungsprobleme wie zwischen Ehe und Scheinehe (→ Rn. 11, → Rn. 24). – Umfassend zur nichtehelichen Lebensgemeinschaft *Burhoff*, Hdb. der nichtehelichen Lebensgemeinschaft, 4. Aufl. 2014; *Gernhuber/Coester-Waltjen* (Fn. 21) §§ 43, 44; *Grziwotz* (Schrifft. A); *Kingreen* (s. Schrifft. A), mit Definition S. 65. Zur Rspr. *Grziwotz* FamRZ 2011, 697 ff.

[371] Ggf. kommt allerdings *Familien*schutz in Betracht, → Rn. 16.

[372] BVerfGE 36, 146 (165); 112, 50 (65); *Coester-Waltjen*, in: v. Münch/Kunig I, Art. 6 Rn. 7 u. 16; *B. Klein* (Schrifft. A), S. 108 ff. Die „Eheähnlichkeit" fehlt nicht-eingetragenen homophilen (also „lebenspartnerschaftsähnlichen") Lebensgemeinschaften. Dazu BVerfG (K) NJW 2005, 1709; BVerfGE 87, 234 (264); BSG NJW 1997, 2620; s. aber OVG NRW NVwZ 1997, 512 (zu Unrecht sich auf BVerwG NVwZ 1997, 189 berufend) u. *Siegfried* NVwZ 1998, 151. Vergünstigungen, die „eheähnlichen" Lebensgemeinschaften nicht zuerkannt werden, können daher für gleichgeschlechtliche (nicht-eingetragene) Lebensgemeinschaften von vornherein nicht in Betracht kommen (vgl. dazu BAG NJW 1998, 1012; EuGH NJW 1998, 969; BVerfG (K) NJW 2005, 1709).

[373] *Kingreen* Jura 1997, 401 (402).

[374] BVerfGE 87, 234 (267); BGHZ 92, 213 (219); aA *Zippelius* DÖV 1986, 805 (809).

[375] BVerfGE 82, 6 (15); 84, 168 (184). Zur „Ehe light" auch *Grziwotz*, in: Götz/Schnitzler, 40 Jahre Familienrechtsreform, 2017, S. 325 (334 f.); *Dutta*, aaO, S. 337 ff.; *ders.* AcP 216 (2016), 609 ff.,; strenger z. B. *J. Dietlein* DtZ 1993, 136 (140).

[376] S. aber BVerfGE 151, 101 Rn. 61 ff.: Ausschluss der Stiefkindadoption allein in nichtehelichen Familien soll gegen Art. 3 I verstoßen. S. idF G v. 19.3.2020, BGBl. I S. 541.

[377] Zur Kritik → Rn. 50.

[378] *Schwab* FamRZ 2007, 1 (3).

[379] BVerfGE 117, 316 (327); 124, 199 (225); BVerfG (K) NJW 2011, 1663. Prinzipiell unzulässig ist jedenfalls eine Benachteiligung des Ehegatten gegenüber dem nichtehelichen Partner. *Derleder*, ZEV 2014, 8 ff., hält aus diesem Grund § 2325 III 3 BGB (entgegen BVerfG [K] NJW 1991, 217) für verfassungswidrig.

[380] Dazu *Tzschaschel*, Vereinbarungen bei nichtehelichen Lebensgemeinschaften, 5. Aufl. 2010; *Brudermüller*, in: Palandt, Einl vor § 1297 BGB, Rn. 25.

[381] Zu derartigen Tendenzen näher *Badura*, in: Maunz/Dürig, Art. 6 Rn. 57.

[382] *Stern*, StaatsR IV/1, S. 478. – Zur aktuellen Rspr. zu Ausgleichsansprüchen nach Beendigung einer Lebensgemeinschaft *Kindler* Jura 2010, 131 ff.; *Grziwotz* FPR 2010, 369 ff.

[383] Dafür zu Recht *Stern*, StaatsR IV/1, S. 477. Zur aA des BVerfG → Rn. 48.

[384] Bis zur Entscheidung durch BVerfGE 82, 6 ff., war umstritten, ob die auf Ehen zugeschnittene Regelung des § 569a BGB aF analog auf nichteheliche Lebensgemeinschaften anzuwenden war.

[385] *Robbers* MKS I, Art. 6 Rn. 44; *Steiner* FamRZ 1994, 1289 (1293); *Stern*, StaatsR IV/1, S. 476; krit. *Tettinger* EssGspr 35 (2001), 117 (134). – Zur Rspr.: *Brudermüller*, in: Palandt, Einl v. § 1297 Rn. 16; *Grziwotz* FamRZ 2006, 1069 ff. – Für das Erbrecht BVerfG (K) FamRZ 1990, 364 (365); ferner *Coester-Waltjen*, in: v. Münch/Kunig I, Art. 6 Rn. 40, 52, 54. – Über Sonderurlaub BVerfG (K) NJW 1998, 2043 (Nr. 1 und 2); krit. *Kingreen* NVwZ 1999, 852. – BVerfG (K) NJW 1999, 1622 (Zeugnisverweigerung); dazu *Kett/Straub* ZRP 2005, 46 (47). – BVerfG (K) NJW 1989, 1986 (gemeinschaftl. Testament). – Zum Streitfall des § 67 II VVG *Brudermüller* (aaO), Rn. 13.

tige Eheregeln auf nichteheliche Lebensgemeinschaften anwenden, um Benachteiligungen der Ehe zu vermeiden.[386] Dass Verheiratete im Ergebnis einmal schlechter stehen als die Partner anderer Gemeinschaften, verstößt aber nicht zwangsläufig gegen Art. 6 I. Derartige Regelungen können z. B. zulässig sein, wenn sich das Bestehen einer nichtehelichen Lebensgemeinschaft im relevanten Kontext nicht hinreichend präzise feststellen lässt,[387] wenn es gerade auf die besonderen inneren Bindungen der Ehe ankommt[388] oder wenn eine die Ehe teils begünstigende und teils belastende Regelung diese insgesamt nicht schlechter stellt.[389] Das Verbot, die Ehe schlechter zu stellen als andere Lebensgemeinschaften,[390] verbietet also allein die Schlechterstellung gerade wegen der Ehe.[391]

f) Die Einführung der **eingetragenen Lebenspartnerschaft** durch das LPartG hat 2001 das **48** Rechtsinstitut der Ehe nicht formell, wohl aber der Sache nach in weitem Umfang für gleichgeschlechtliche Partner geöffnet.[392] Das verstieß gegen Art. 6 I, wenn man der Norm – wofür schon der *besondere* Schutz spricht – das Gebot entnimmt, der Gesetzgeber müsse die Ehe gegenüber anderen von ihm privilegierten Lebensgemeinschaften mit einem Mindestabstand ausstatten.[393] Das BVerfG verneint ein solches Abstandsgebot.[394]

Mehr noch: Dass der Gesetzgeber noch deutlich vor der einfachgesetzlichen Öffnung der Ehe **49** Lebenspartnerschaft und Ehe durch Beseitigung der meisten **Unterscheidungen zwischen Lebenspartnerschaft und Ehe** weitgehend gleichgestellt hat,[395] soll nach der Rspr. des BVerfG nicht nur mangels Abstandsgebots zulässig, sondern in der Regel sogar geboten gewesen sein: Zwar sei dem Gesetzgeber die Begünstigung der Ehe gegenüber „anderen Lebensformen" grundsätzlich nicht verwehrt. Jedoch müsse sich die schlechtere Behandlung der Lebenspartnerschaft an Art. 3 I messen lassen, der hier wegen der Anknüpfung an die sexuelle Orientierung[396] eine strenge Gleichheitsprüfung verlange. Ihr halte eine mit der Eheförderung einhergehende „Benachteiligung" der Lebenspartnerschaft dort nicht stand, wo die Lebenspartnerschaft nach geregeltem Sachverhalt und Normzielen der Ehe vergleichbar sei. Der „bloße Verweis" auf Art. 6 I rechtfertige die Ungleichbehandlung nicht. Eine Ungleichbehandlung von Ehe und Lebenspartnerschaft bei der Hinterbliebenenversorgung, bei der Erbschaft- und Schenkungsteuer, beim Familienzuschlag, bei der Grunderwerbsteuer, bei der sog. Sukzessivadoption oder bei der Einkommensteuer („Splitting") soll daher gegen Art. 3 I verstoßen, da beide Formen der Partnerschaft hinsichtlich der die Privilegierung der Ehe gegenüber sonstigen Formen des Zusammenlebens rechtfertigenden Gründe vergleichbar seien.[397] Dass nur aus einer Ehe gemeinsame Kinder hervorgehen können, soll wegen der kinderlosen bzw. gar nicht auf Kinder ausgerichteten Ehen einerseits und den Lebenspartnerschaften, in denen Kinder lebten, andererseits nichts ändern.[398] Die Rspr. gestattete Lebenspartnern zT sogar die Berufung auf an sich nur für Eheleute geltende Regeln.[399] In der Konsequenz dieses Ansatzes liegt es zugleich, dass das BVerfG die Verfassungsmäßigkeit von Regelungen, die die Ehe besserstellen als nichteheliche Lebensgemeinschaf-

---

[386] S. etwa § 7 III Nr. 3c SGB II; § 138 I Nr. 3 InsO; § 20 SGB XII.

[387] *Kingreen* (s. Schrifttn. A), S. 57 ff. – Zu den Schwierigkeiten, andere Lebensgemeinschaften festzustellen, s. BSG NJW 1997, 2620 (2621); *Steiner* FamRZ 1994, 1289 (1294 f.).

[388] BVerfG (K) NVwZ 1995, 370 (Kurabgabe auch für Ehepartner); BFH NJW 1988, 2135 (2136) (Nichtanwendung der Grundsätze für Ehegattenverträge [→ Rn. 41 f.] auf Verträge in einer Lebensgemeinschaft).

[389] BVerfGE 107, 205 (215 f.); BVerfG (K) NJW 2011, 2869 Rn. 17.

[390] BVerfGE 105, 313 (346); 109, 96 (125); st. Rspr.

[391] BVerfGE 22, 100 (105); BSGE 72, 125 (133 ff.).

[392] S. *Hofmann,* in: Hofmann/Henneke, Art. 6 Rn. 19: Nichts anderes als eine „Ehe" für Gleichgeschlechtliche unter anderem Namen. Ähnlich *Froese* DVBl 2017, 1152 (1154): Öffnung der Ehe für gleichgeschl. Paare als nur noch symbolischer Akt.

[393] So *Hofmann,* in: Hofmann/Henneke, Art. 6 Rn. 19 f.; *Burgi* Der Staat 39 (2000), 487 (502, 505); *Stern,* StaatsR IV/1, S. 488.

[394] BVerfGE 105, 313 ff.; später auch BVerfGE 124, 199 (226). Zur Kritik an der Rspr. s. die Kommentierung in der 8. Aufl., Rn. 48. Selbst wenn man die Rspr. für richtig halten wollte, wäre mit ihr über die verfassungsrechtliche Zulässigkeit der einfach-rechtlichen Öffnung der Ehe für gleichgeschlechtliche Partnerschaften noch nichts gesagt; dazu → Rn. 6b, → Rn. 32.

[395] LPartÜAG (dazu *Muscheler* FPR 2010, 227 ff.); LPartNamRÄndG; PStRG; UnterhRÄndG; FGG-RG; Zugew/VormRÄndG; zuletzt das LPartBereinG v. 20.11.2015, BGBl. I S. 2010; s. auch VAStrRefG. Zu § 9 LPartG – Stiefkindadoption – s. EGMR NJW 2013, 2171 ff.; NJW 2013, 2173 ff.

[396] Kritisch dazu *Grziwotz* FamRZ 2009, 1982 (1983); *ders.* FamRZ 2010, 1531 (1533).

[397] BVerfGE 124, 199 (217 ff.) (Hinterbliebenenversorgung); 126, 400 (414 ff.) (Erbschaft- und Schenkungsteuer); 131, 239 (255 ff.) (Familienzuschlag); 132, 179 Rn. 27 ff. (Grunderwerbsteuer); BVerfG NJW 2013, 847 Rn. 39 ff. (Sukzessivadoption); BVerfGE 133, 377 Rn. 85 ff. (Ehegattensplitting); jeweils einschließlich des unglücklichen Begriffs „andere Lebensformen".

[398] BVerfGE 124, 199 (229); 131, 239 (263); 133, 377 Rn. 100.

[399] BVerfGE 124, 199 (234); 133, 59 Rn. 107 f.; 133, 377 Rn. 113; BGH FamRZ 2010, 1545 f.; BAG FamRZ 2010, 1333 ff.; FamRZ 2010, 1335 ff.; FG Nds v. 9.11.2010, 10 V 309/10. Ebenso iE, jedoch gestützt auf §§ 18 ff., 28 BeamtVG iVm der RiLi 2000/78/EG für die Hinterbliebenenversorgung BVerwG NVwZ 2011, 499 ff. S. aber BVerfG (K) FamRZ 2010, 1309: Keine Pflicht zur rückwirkenden Einbeziehung von Lebenspartnerschaften in § 46 SGB VI. Geschwister müssen nicht wie Lebenspartner behandelt werden (BFH NJW-RR 2013, 841 f.). Zu nur Ehepartnern gewährten Zusatzversorgungsbezügen EuGH NJW 2011, 2187 ff.

ten, nicht mehr mit dem Text des Art. 6 I begründet. Es hält den Gesetzgeber nur noch für berechtigt, Ehepartner „besser zu stellen als Menschen, die in weniger verbindlichen Paarbeziehungen zusammenleben."[400] Letztes echtes gesetzliches Privileg der Ehe gegenüber den nicht (nach § 20a LPartG) in eine Ehe umgewandelten und daher fortbestehenden Lebenspartnerschaften ist das gemeinsame Adoptionsrecht.[401] Sollte die einfachgesetzliche Öffnung der Ehe für gleichgeschlechtliche Paare entgegen der hier vertretenen Auffassung[402] wirksam sein, so dass auch gleichgeschlechtliche Ehepaare ein gemeinsames Adoptionsrecht besitzen, dürfte es unter Gleichheitsaspekten als solche verbleibenden Lebenspartnern wohl nur dann vorenthalten werden, sofern man die Umwandlung der Partnerschaft in eine Ehe für unproblematisch zumutbar hält.

50    Auch wenn die Frage durch die Einführung der „Ehe für alle" an Bedeutung verloren hat, sei darauf hingewiesen, dass die **Rechtsprechung** zur vermeintlich gebotenen Gleichstellung der Lebenspartnerschaft **nicht überzeugt** hat. Es spricht bereits viel dafür, dass der „besondere Schutz" eben doch ein Besserstellungsgebot zugunsten der Ehe enthält.[403] Aber selbst wenn der Gesetzgeber *berechtigt* gewesen sein sollte, die Lebenspartnerschaft in gleicher Weise zu begünstigen: Dazu *verpflichtet* war er nicht.[404] Art. 6 I ist zumindest lex specialis zu Art. 3 I.[405] Der tragende Grund für den besonderen Schutz der Ehe liegt nicht allein in der rechtsverbindlichen Übernahme von Verantwortung innerhalb einer auf Dauer angelegten Gemeinschaft, sondern gerade in der Finalität der Ehe als potentielle Vorstufe einer aus ihr hervorgehenden Familie (→ Rn. 6). Dieses Merkmal fehlt der Lebenspartnerschaft.[406] Wenn man die gesetzliche Besserstellung der Ehe überhaupt als rechtfertigungsbedürftige Privilegierung bezeichnen will,[407] erfährt sie ihre Rechtfertigung aus Art. 6 I.[408] Damit wird der vom BVerfG angesprochene soziale Wandel, der sich in mehr kinderlosen Ehen und Kindern in eingetragenen Lebenspartnerschaften manifestiert, nicht bestritten. Man kann de constitutione ferenda auf den besonderen Schutz der Ehe als solcher verzichten.[409] De constitutione lata aber existiert dieser Schutz, der zur „Privilegierung" auch der kinderlosen Ehe iSv Art. 6 I jedenfalls berechtigt. Am **Maßstab des Art. 3 I** zu messen ist richtigerweise allein die Besserstellung der eingetragenen Lebenspartnerschaft gegenüber der (nicht eingetragenen) gleichgeschlechtlichen Lebensgemeinschaft. Diese Formen des Zusammenlebens unterscheiden sich tatsächlich nur durch die rechtliche Verbindlichkeit, die allein der hier zu Recht privilegierten eingetragenen Partnerschaft eignet.

51    **g)** Art. 6 als Grundsatznorm führt dazu, dass über das förmliche Ende einer Ehe (auch über den Tod eines Gatten) hinaus gewisse **Folgewirkungen** bestehen. Das BVerfG spricht von fortwirkender personaler Verantwortung der Ehegatten.[410] Diesem Gebot des Art. 6 I entspricht etwa die Witwenrentengewährung,[411] wobei die Vorschrift die Gewährung eines Rentenanspruchs nicht zwingend verlangt.[412] Hierher gehören wohl auch der Geschiedenenunterhalt[413] und der Versorgungsausgleich.[414] Seit dem 1.1.2008 gewichtet der Gesetzgeber die fortwirkende Mitverantwortung des früheren Ehegatten durch eine stärkere Betonung der nachehelichen Eigenverantwortung schwächer.[415] Das Umgangsrecht aus der alten (geschiedenen) Ehe greift nicht unzulässig in die durch die

---

[400] BVerfGE 124, 199 (225); BVerfG (K) NJW 2011, 1663.

[401] Zu letztlich vernachlässigbaren weiteren Unterschieden *Gade/Thiele* DÖV 2013, 142 (146 f.).

[402] Vgl. → Rn. 6 und → Rn. 32.

[403] Dafür etwa *Uhle*, in: Epping/Hillgruber, Art. 6 Rn. 36; *Gade/Thiele* DÖV 2013, 142 (150).

[404] Zutreffend BVerwGE 129, 129 ff.; BGH NJW-RR 2007, 1441 (1442); *Hillgruber* JZ 2013, 833 (843). S. auch EGMR EuGRZ 2010, 445 (446 f.).

[405] So noch BVerfG (K) NJW 1993, 3058; *Sachs* JR 2001, 45 (47). – Die Verfassung selbst differenziert hier also, so dass die Rede von der „Diskriminierung" Gleichgeschlechtlicher ins Leere geht, *Burgi* Der Staat 39 (2000), 487 (502). Kritisch auch *Krings* NVwZ 2011, 26 f.

[406] *Ipsen* HStR VII, § 154 Rn. 21.

[407] So BVerfGE 124, 199 (225); s. auch BVerfG 117, 316 (225).

[408] Sehr deutlich BVerwGE 129, 129 (133): „Die Ehe darf somit wegen Art. 6 Abs. 1 GG auch dann gegenüber einer anderen Lebensgemeinschaft bevorzugt werden, wenn die andere Gemeinschaft mit der Ehe – abgesehen von deren verfassungsrechtlich begründeter besonderer Förderungswürdigkeit – wichtige Gemeinsamkeiten aufweist."

[409] Nach Art. 21 II BremVerf ist die Lebenspartnerschaft der Ehe im Hinblick auf Schutz und Förderung durch den Staat bereits gleichgestellt. – Auf Dauer angelegte Lebensgemeinschaften" (als die Ehe) haben nach Art. 12 II BlnVerf Anspruch auf Schutz vor Diskriminierung; Art. 26 II BbgVerf erkennt ihre Schutzbedürftigkeit an.

[410] BVerfGE 71, 364 (385); s. ferner BVerfGE 55, 134 (141 f.); 80, 170 (180); diff. *Richter* AK GG, Art. 6 Rn. 38; s. auch *Wagenitz/Barth* FamRZ 1996, 577 (583, 585).

[411] BVerfGE 62, 323 (329 f., 332); vgl. auch 48, 346 (366 f.).

[412] BVerfGE 112, 50 (66); BVerfG (K) NVwZ-RR 2010, 505 (506).

[413] BVerfGE 66, 84 (93), auch 57, 361 (389); krit. *Gernhuber/Coester-Waltjen* (Fn. 21), § 30 Rn. 2 ff.; s. noch → Rn. 32 aE. Zur Zulässigkeit einer Mindestdauer der Ehe für die Gewährung von Witwenrente BVerwG NJW 2009, 3316 ff.

[414] BVerfGE 53, 257 (296 f.); 89, 48 (62, 64).

[415] Durch das UnterhRÄndG v. 21.12.2007, BGBl. I S. 3189. Dazu eingehend *Born* NJW 2008, 1 ff.; speziell zum nachrangigen Unterhalt des früheren Ehegatten *Gutdeutsch* FamRZ 2008, 661 ff. Bereits auf dieser Grundlage zum Betreuungsunterhalt BGHZ 175, 182 ff. Zur Auslegung des für den nachehelichen Unterhalt (ua) maßgeblichen § 1578 I BGB hat der BGH die Rspr. von den „wandelbaren ehelichen Lebensverhältnissen" entwickelt und den Unterhalt nach der sog. Dreiteilungsmethode berechnet (st. Rspr. seit BGHZ 177, 356 ff.). Das war jedoch vom

neue Heirat begründeten Familienbeziehungen ein.[416] Eine Art von Ehe- und Familiennachwirkung (Anknüpfung an familienrechtliche Bindungen des Erblassers)[417] sind auch das gesetzliche Erbrecht und das Pflichtteilsrecht, das der Testierfreiheit Schranken setzt (§ 2303 BGB, nunmehr auch § 10 VI LPartG).[418] – Die Totenfürsorge ist i. d. R. Vorrecht des Ehegatten.[419] – S. noch → Rn. 67.

## B. Die Eltern-Kind-Beziehung (Abs. 2)

### I. Allgemeines

Die Bezeichnung **„natürliches Recht"** nimmt eine Formulierung aus Art. 120 WRV auf, die **52** schon damals wie auch im ParlR zu der Kontroverse geführt hat, ob sie auf vorstaatliches und überpositives Naturrecht verweist.[420] Richtigerweise ist die Frage trotz des Hinweises, das Elternrecht werde nicht vom Staat verliehen,[421] zu verneinen.[422] Ihr steht schon die Vielzahl der Naturrechtslehren entgegen.[423] Art. 6 II 1 ist daher die konstitutive **Rechtsgrundlage** des „Elternrechts".[424] Die Qualifizierung als „natürlich" in Art. 6 II bringt (primär)[425] zum Ausdruck, dass das Recht prinzipiell[426] an den biologischen Tatbestand der Elternschaft anknüpft und dass Art. 6 II auf der Annahme beruht, diejenigen, die einem Kind das Leben geben, seien von Natur aus regelmäßig bereit und berufen, die Verantwortung für die Pflege und Erziehung eines Kindes zu übernehmen.[427] – Die Norm erfasst alle Formen von Eltern-Kind-Beziehungen. Zeitlich greift sie ab der Zeugung ein;[428] ungeachtet gewisser Fortwirkungen auch jenseits der Volljährigkeit[429] betrifft sie i. W. *minderjährige* Kinder.[430]

### II. Die Rechtsnatur des Elternrechts

**1. Art. 6 II als Grundrecht und -pflicht.** Es handelt sich zunächst um ein individuelles[431] **53** Grundrecht,[432] um ein **Abwehrrecht** gegen staatliche Eingriffe in das Erziehungsgeschehen.[433] Art. 6 II 1 ist lex specialis zu Art. 6 I[434] und zu Art. 2 I.[435] Mit Blick auf Benachteiligungen, die an die Wahrnehmung des Elternrechts in ehelicher Erziehungsgemeinschaft anknüpfen, zieht das BVerfG gelegentlich Art. 6 II mit I zusammen.[436] Art. 6 II 1 spricht zugleich eine **Pflichtbindung**

---

Gesetz zu weit entfernt und verstieß gegen Art. 2 I 1 iVm dem Rechtsstaatsprinzip (BVerfGE 128, 193 ff.; dazu *Borth* FamRZ 2011, 437 [445 ff.]; skeptisch *Rieble* NJW 2011, 819 [821 ff.]; gegen ihn *Rüthers* NJW 2011, 1856 ff.; zu den Konsequenzen *Götz/Brudermüller* NJW 2011, 801 ff.). Seither wirken sich solche Umstände, die nur durch die Scheidung eintreten konnten, nicht mehr bedarfsmindernd aus; sie können aber bei der Leistungsfähigkeit des Pflichtigen berücksichtigt werden (BGHZ 192, 45 ff. [dazu *Hoppenz* NJW 2012, 819 ff.; zuvor bereits *Pauling* NJW 2012, 194 ff.]. Zum erhöhten Stellenwert der Ehedauer auf Grund der Änd. des § 1578b BGB zum 1.3.2013 (G v. 20.2.2013, BGBl. I S. 273) *Born* NJW 2013, 561 ff.

[416] BVerfGE 31, 194 (204); OLG Hamburg FamRZ 1996, 422 ff.
[417] AA (Art. 6 I nicht einschlägig) *Stüber* JR 2002, 359 (364).
[418] Allgemein dazu *St. Klein*, Recht zu erben – Pflicht zu teilen, 2006; *Coester-Waltjen*, in: v. Münch/Kunig I, Art. 6 Rn. 40, 49. Krit. zum Pflichtteilsrecht *Petri* ZRP 1993, 205 ff.; *Dauner-Lieb* FF 2001, 78 ff. Positiv (nach Zögern in BVerfGE 67, 329 [341]; 91, 346 [359]): BVerfGE 112, 332 u. BVerfG (K) NJW 2005, 2691; dazu *Stüber* NJW 2005, 2122.
[419] OLG Zweibrücken NJW-RR 1993, 1482; *Holch* MüKo BGB, § 90 Rn. 30. Näher AG Brandenburg FamRZ 2009, 1528 f.
[420] *Böckenförde* EssGspr 14 (1980) S. 54 (70); detailliert *Stern*, StaatsR IV/1, S. 499 ff. Die Worte „natürliches Recht" dienten ursprünglich insb. als Gegenbegriff zu einem sozialistischen oder kirchlichen Familienverständnis, so *Anschütz*, WRV, Art. 120 Anm. 2.
[421] BVerfGE 60, 79 (88); 108, 82 (100).
[422] So auch bereits *Anschütz*, WRV, Art. 120 Anm. 2; *Böckenförde* EssGspr 14 (1980) S. 54 (69 f.). Stärkere Akzentuierung der naturrechtl. Gehalte bei *Robbers* MKS I, Art. 6 Rn. 184.
[423] Dazu BVerfGE 10, 59 (81).
[424] *Stern*, StaatsR IV/1, S. 641.
[425] Zu unterschiedlichen Stoßrichtungen näher *Kotzur/Vasel*, in: Stern/Becker, Art. 6 Rn. 50.
[426] Anders in Fällen der Adoption und bei anderen Konstellationen „sozialer" Elternschaft.
[427] BVerfGE 24, 119 (150); 108, 82 (100). Zur Bedeutung der *famille naturelle* nach der Rspr. des EGMR *Frowein*, in: Frowein/Peukert, Art. 8 Rn. 17.
[428] *Robbers* MKS I, Art. 6 Rn. 155; aA *Burgi*, in: Friauf/Höfling, Art. 6 Rn. 79: ab Geburt; offengelassen von BVerfG (K) NJW 2017, 948.
[429] Vgl. → Rn. 70.
[430] *Höfling* HStR VII, § 155 Rn. 66; aA *Robbers* MKS I, Art. 6 Rn. 161. S. noch → Rn. 70, → Rn. 73.
[431] Zu „kollektiven" Ansätzen *Di Fabio* NJW 2003, 993 (994); *Höfling* HStR VII, § 155 Rn. 91; *G. Kirchhof* AöR 129 (2004), 542 (545): „Gemeinschaftsgrundrecht"; *Lenze* (Fn. 344), S. 296.
[432] *Badura*, in: Maunz/Dürig, Art. 6 Rn. 97, 116. S. auch BVerfGE 74, 102 (124): Unveräußerliches Menschenrecht iSv Art. 1 II. Zur Disponibilität der Grundlagen des Elternrechts und zu §§ 1626b und 1671 I, II Nr. 1 BGB aF *Coester-Waltjen*, in: v. Münch/Kunig I, Art. 6 Rn. 82.
[433] BVerfGE 31, 194 (204); 68, 256 (269). – Konkrete Leistungsansprüche gegen den Staat verleiht Art. 6 II nicht.
[434] BVerfGE 31, 194 (204).
[435] BVerfGE 4, 52 (57); 24, 119 (151).
[436] BVerfGE 99, 216 (232).

der Eltern aus.[437] Das Recht zur Pflege und Erziehung ist mit der auch dem Kind gegenüber bestehenden[438] Pflicht zu dieser Tätigkeit verknüpft, die man als echte Grundpflicht verstehen kann.[439] Die das Kind vernachlässigende Untätigkeit genießt keinen Grundrechtsschutz;[440] die Eltern haben ihr „dienendes Grundrecht" zum Wohle des Kindes wahrzunehmen.[441] Neben dieser Pflicht stehen konkrete, gesetzlich fixierte „Existenzsorgepflichten" wie insbesondere die Unterhaltspflicht,[442] die als Ausfluss der Elternrechtsstellung zu verstehen sind.[443] Das BVerfG zieht den Komplex aus Grundrecht und Grundpflicht[444] zur „Elternverantwortung" zusammen,[445] in dem die Pflicht das Recht nicht erst als Schranke begrenzt, sondern einen prägenden Teil des Rechts ausmacht.[446]

**54**     **Träger** des Grundrechts sind die (ggf. noch minderjährigen) Eltern,[447] und zwar je einzeln.[448] Bei der Ausübung unterliegen sie einer Gemeinschaftsbindung.[449] Es handelt sich freilich im Wesentlichen um ein Recht im Interesse des Kindes.[450] Mehr noch: Dem pflichtigen Elternrecht stellt Art. 6 II 1 ein Recht des Kindes auf Pflege und Erziehung zur Seite,[451] das sich insofern gegen den Staat richtet, als dieser die Wahrnehmung der elterlichen Pflichten zu gewährleisten hat.[452] Pflege und Erziehung selbst obliegen freilich **„zuvörderst"** den Eltern. Daneben hat als Erzieher allein die Schule Platz (Art. 7 I).[453] Eine staatliche „Erziehungsreserve" besteht erst dort, wo die Eltern versagen (Art. 6 II 2, → Rn. 76 ff.) oder ausfallen, so dass der Staat Pflege und Erziehung sicherstellen muss –[454] worauf das Kind einen grundrechtlichen Anspruch hat.[455] Andere **„Miterzieher"** können nur mit Zustimmung der Eltern zum Zuge kommen.[456] Das gilt auch für den Staat, sofern er der vermeintlichen Überlegenheit professioneller gegenüber familiärer Erziehung Rechnung tragen will: Er ist auf die Bereitstellung freiwilliger Angebote beschränkt.[457] – Bei der Bestimmung der Eltern kann es zu Konkurrenzsituationen (Gebärende, Ei- oder Embryonenspenderin[458] als Mutter) oder zu Unsicherheiten (Samenspender als Vater? Vater kraft Scheines der Abstammung, kraft Anerkennung oder kraft gericht-

---

[437] BVerfGE 24, 119 (143).

[438] BVerfGE 121, 69 (93).

[439] *Höfling* HStR VII, § 155 Rn. 30.

[440] BVerfGE 24, 119 (143 f.).

[441] So BVerfGE 99, 145 (156).

[442] Die Unterhaltspflicht besteht nach bürgerlichem Recht (als Teil des allg. Verwandtenunterhalts, § 1601 BGB); sie ist zugleich Art. 6 II 1 zuzuordnen, BVerfGE 31, 194 (207); 68, 256 (267). Zur Novellierung des Unterhaltsrechts → Rn. 20, → Rn. 51.

[443] U. a. aus Art. 6 II folgt nach der st. Rspr. des BVerfG die Pflicht der Eltern zum Einsatz der eigenen Arbeitskraft. S. etwa BVerfG (K) NJW 2010, 1658 (1659). – Zu Konsequenzen für die Frage, ob kryokonservierte Embryonen einer Geburt zugeführt werden müssen, s. *Hillgruber* ZfL 2017, 137 (142), sowie (unentschieden) BVerfG (K) NJW 2017, 948 f.

[444] BVerfGE 59, 360 (376).

[445] BVerfGE 24, 119 (143); 107, 150 (169); 108, 82 (102); ebenso *Coester* FPR 2005, 60; *O. Klein*, Fremdnützige Freiheitsgrundrechte, 2002, S. 74 f.

[446] BVerfGE 79, 203 (210); wohl auch *Badura* FS Lorenz, 2001, S. 101 (108): „immanente Bindung des Rechts der Eltern".

[447] *Stern*, StaatsR IV/1, S. 534. – Dies gilt unabhängig davon, ob die Elternschaft auf Abstammung oder auf Rechtszuweisung gründet, BVerfG (K) FamRZ 2006, 1661.

[448] BVerfGE 47, 46 (76); 99, 145 (164); 133, 59 Rn. 51.

[449] „Gruppenindividualrecht", JöR nF Bd. 1 (1951) S. 100; BVerfGE 47, 46 (76). Dabei wirkt Art. 3 II mit der Folge rechtlicher Gleichordnung von Vater und Mutter, BVerfGE 37, 217 (244); *Coester* FPR 2005, 60 (61). Die Gemeinsamkeit betonen §§ 1626 I 1, 1627 BGB; s. auch BVerfGE 114, 357 (371); *Jestaedt* HdbStKiR II, § 52 S. 378 Fn. 21. – Zum „Recht auf Elternschaft" *v. Kaler*, Die Rechtsstellung des Vaters zu seinem ungeborenen Kind unter Geltung einer Fristenregelung, 1997; *Sina* FamRZ 1997, 862 (866 bei Fn. 48). – Sofern die Elterneigenschaft mit der Zeugung entsteht (so *Stern*, StaatsR IV/1, S. 524), ist Art. 6 II 1 in der Debatte über Abtreibung nicht „aussagelos", so aber *Coester-Waltjen*, in: v. Münch/Kunig I, Art. 6 Rn. 6f – Das Recht zur Fortpflanzung ist Art. 2 I zuzuordnen, *Coester-Waltjen*, aaO, Rn. 68 aE; beachte hierzu aber → Rn. 30 Fn. 221.

[450] BVerfG (K) EuGRZ 2007, 235 (237). Das Kind kann das Elternrecht nicht geltend machen, BVerfG (K) NVwZ 2017, 227.

[451] BVerfGE 121, 69 (93), auch zum engen Zusammenhang mit dem Recht des Kindes aus Art. 2 I iVm 1 I, auf den *Brosius-Gersdorf*, in: Dreier I, Art. 6 Rn. 152, statt auf Art. 6 II abstellt.

[452] BVerfGE 133, 59 Rn. 41 ff.

[453] Zur (Strafbarkeit der Entziehung anderer von der) Schulpflicht als Eingriff in das Erziehungsrecht BVerfG (K) NJW 2015, 44 (46 f.).

[454] *Coester-Waltjen*, in: v. Münch/Kunig I, Art. 6 Rn. 84.

[455] BVerfG (K) NJW 2017, 1295 (1296 f.): Anspruch auf Schutz aus Art. 2 I, II 1 iVm Art. 6 II 2 GG.

[456] BVerfGE 24, 119 (143); 47, 46 (69 f.); *Böckenförde* EssGspr 14 (1980), S. 54 (76); *Isensee*, „Elternrecht", StLex, 7. Aufl., Bd. 2, Sp. 227; *Ossenbühl* (s. Schrifft. B), S. 58, 64. S. auch BVerwG NJW 2002, 232 (233): Verletzung des Elternrechts durch Jugendhilfe gegen den Willen des Sorgeberechtigten. Zur Einbeziehung Dritter in das Sorgerechtsgeschehen (§§ 1630 III, 1632 IV, 1682, 1687a, 1688 BGB) s. *Coester-Waltjen*, in: v. Münch/Kunig I, Art. 6 Rn. 80.

[457] Näher *Jestaedt/Reimer* BK, Art. 6 II/III Rn. 594 ff.; *Stern*, StaatsR IV/1, S. 513.

[458] Für ihre Anerkennung als Mutter iSd Art. 6 II 1 *Stern*, StaatsR IV/1, S. 533; aA *Sachs*, VerfassungsR II, Kap. 18 Rn. 32.

licher Feststellung, § 1592 Nr. 1–3 BGB, „vermeintliche Eltern") kommen, die vom Gesetzgeber bewältigt werden müssen.[459] Dieser soll nach Möglichkeit eine Übereinstimmung von leiblicher und rechtlicher Elternschaft erreichen.[460] Das BVerfG hält jedoch auch die gleichgeschlechtliche Elternschaft (i. S. d. Art. 6 II) für möglich.[461] Die Realisierung jüngerer Ideen zum Abstammungsrecht wie etwa die Einführung einer „Mit-Mutterschaft" unter Ausschluss des Vaters von der rechtlichen Elternschaft[462] erscheint in dieser Lesart zumindest dann nicht a priori ausgeschlossen, wenn man daran festhält, dass Träger des Elternrechts für ein Kind nicht mehr als zwei Eltern sein können.[463] Der rechtliche Vater, der Elternverantwortung übernimmt, ist Träger des Grundrechts aus Art. 6 II 1.[464] Eltern i. S. d. Art. 6 II sind auch die Adoptiveltern,[465] nicht aber der eingetr. Lebenspartner oder Ehepartner, von dem das Kind nicht abstammt und der es auch nicht adoptiert hat,[466] die Pflegeeltern,[467] Großeltern,[468] Vormünder,[469] Pfleger,[470] Heimerzieher, „Babysitter" o. ä.[471] Jedoch soll die allein auf Anerkennung beruhende Vaterschaft auch ohne sozial-familiäre Beziehung zur Elternschaft iSv Art. 6 II führen.[472] Zur „Leihmutter" → Rn. 95, zur Vaterschaft § 1592 BGB.

Das Elternrecht kann zwar **verlorengehen**[473] (→ Rn. 78), es überdauert aber in reduzierter Form **55** Trennung und Scheidung[474] (noch → Rn. 67 Fn. 538) und besteht unabhängig vom Sorgerecht, dann freilich nur in Gestalt eines (dogmatisch umstrittenen),[475] aber jedenfalls von Art. 6 II 1 geschützten[476] und vom anderen Elternteil zu respektierenden[477] **Umgangsrechts,**[478] unter Ausschluss etwaiger neuer Stiefeltern[479] (→ Rn. 51). Die **Umgangspflicht** des § 1684 I BGB ist im Grundrecht des Kindes aus Art. 6 II begründet; sie darf freilich – vorbehaltlich einer Förderung des Kindeswohls gerade hierdurch – nicht mit Zwangsmitteln durchgesetzt werden.[480] Bei Eheauflösung sind §§ 1626 III, 1684, 1318 BGB zu beachten. Der generelle Ausschluss gemeinsamen Sorgerechts (§ 1671 IV 1 BGB

---

[459] Dazu BVerfGE 24, 119 (136); 92, 158 (178); *Coester-Waltjen,* in: v. Münch/Kunig I, Art. 6 Rn. 70 ff.; *Höfling* HStR VII, § 155 Rn. 72; *Sachs,* VerfassungsR II, Kap. 18 Rn. 31 f. mit Vorbehalten zu § 1591 BGB; *Jestaedt* DVBl 1997, 693 f.; *ders./Reimer* BK, Art. 6 II/III Rn. 180 ff.; *Stern,* StaatsR IV/1, S. 526. Zur „Leihmutter" → Rn. 95. Bei unverheirateten Frauen und (anonymer) heterologer Insemination ist nur die Mutter aus Art. 6 II 1 berechtigt, *Stern,* StaatsR IV/1, S. 533. Zur Debatte über eine Neuregelung des Abstammungsrechts s. BMJW (Hrsg.), Arbeitskreis Abstammungsrecht, Abschlussbericht, 2017.

[460] BVerfGE 108, 82 (104); s. auch BVerfGE 128, 109 (135).

[461] BVerfGE 133, 59 Rn. 57 ff.

[462] S. etwa BMJW (Hrsg.), Arbeitskreis Abstammungsrecht, Abschlussbericht, 2017, S. 68 ff. Gegen eine Mit-Mutterschaft de lege lata BGH FamRZ 2018, 1919.

[463] BVerfGE 108, 82 (101), freilich für Mutter und Vater. Für mehr als zwei Eltern in bestimmten Konstellationen *Robbers* MKS I, Art. 6 Rn. 172 ff. – Kritisch zur Feststellung des Samenspenders als Vater in bestimmten Fällen heterologer Samenspende) *Helms* FamRZ 2017, 1537 (1542), da die Norm ermöglicht, dass ein Kind zur Welt kommt, bei dem nicht von vornherein gewährleistet ist, dass es rechtlich zwei Elternteile haben kann.

[464] BVerfG (K) NJW 2008, 2835 (dazu *Muckel* JA 2009, 235 ff.). S. auch BVerfG (K) NJW 2009, 425 f.: Verletzung des Elternrechts durch Zwang zur Mitwirkung an einer Vaterschaftsfeststellung trotz Zweifeln an der biolog. Vaterschaft, wenn das Kind keine positive Kenntnis von einem anderen Vater erlangen kann.

[465] BVerfGE 24, 119 (150); *Coester-Waltjen,* in: v. Münch/Kunig I, Art. 6 Rn. 73, 75.

[466] Für Lebenspartner BVerfGE 133, 59 Rn. 57 ff.; für Ehepartner BVerfGE 151, 101 Rn. 50.

[467] BVerfGE 79, 51 (60); offenlassend BVerfG (K) NJW 1994, 183; s. aber BSGE 68, 171 (176); ferner *E. Schumann* RdJB 2006, 165; *Stern,* StaatsR IV/1, S. 531. – Zum Herausgabeanspruch leiblicher Eltern BVerfGE 75, 201 (220); 79, 51 (64 f.); *Stern,* StaatsR IV/1, S. 596 (→ Rn. 87); für „Gasteltern" BVerfG (K) NJOZ 2006, 3851.

[468] BVerfGE 19, 323 (329); 136, 382 Rn. 14.

[469] BVerfGE 10, 302 (328). Anders für Großeltern als Vormünder BVerfGE 34, 165 (200); zu Recht krit. *Stern,* StaatsR IV/1, S. 532 f.

[470] BVerfG (K) NJW 1994, 1208 (1209).

[471] *Jestaedt/Reimer* BK, Art. 6 II/III Rn. 243 ff.

[472] BVerfGE 135, 48 Rn. 92. Die Schutzintensität soll freilich davon abhängen, dass die Vaterschaft auch tatsächlich gelebt wird. Daran dürfte es in den von §§ 1597b BGB, § 85a AufenthG erfassten Fällen regelmäßig fehlen.

[473] Bei Adoption oder Vaterschaftsanfechtung und -anerkenntnis, s. *Coester-Waltjen,* in: v. Münch/Kunig I, Art. 6 Rn. 76. – Zum Elternrecht nach dem Tode eines Kindes *Robbers* MKS I, Art. 6 Rn. 158; *Stern,* StaatsR IV/1, S. 524.

[474] Allg. Auffassung, s. nur *Stern,* StaatsR IV/1, S. 535.

[475] BVerfGE 31, 194 (206).

[476] Zuletzt etwa BVerfG (K) FamRZ 2013, 433. Daher hat aus Verhältnismäßigkeitsgründen die Einschränkung Vorrang vor dem Ausschluss des Umgangsrechts, BVerfG (K) FamRZ 2009, 399 ff.

[477] Dazu und zum möglichen Ausschluss von Umgangskontakten bei Gefährdung des anderen Elternteils BVerfG (K) FamRZ 2013, 433 ff. m. Anm. *Salgo* FamRZ 2013, 531 f.

[478] BVerfGE 64, 180 (188); BVerfG (K) NJW 1995, 1342 f.; s. nunmehr §§ 1626 III, 1684 f. BGB. Neben dem Umgangsrecht steht dem Nicht-Sorgeberechtigten das Auskunftsrecht des § 1686 BGB (dazu BGH NJW 2017, 1239 ff.). Zum Sorge- u. Umgangsrecht *Wanitzek* FamRZ 2013, 1169 ff.; zum Umgangsrecht auch → Rn. 103.

[479] BVerfGE 24, 119 (144 ff., 150 f.); 64, 180 (188); *Stern,* StaatsR IV/1, S. 532.

[480] BVerfGE 121, 69 (89 ff.). Zur begrenzten Zulässigkeit von Zwang zur Durchsetzung von Umgangsregelungen s. schließlich EGMR FamRZ 2008, 1059 ff. Zu Umgangspflichten zuvor *Motzer* FamRZ 2006, 73 (77), zur Umgangsverweigerung *Finger* FuR 2006, 299. Zum Umgangsrecht des Kindes s. auch Art. 9 III UNKRÜ.

aF) verstieß gegen Art. 6 II 1,[481] der den Gesetzgeber aber nicht verpflichtet, eine paritätische Betreuung als Regel vorzugeben.[482]

56 Bei **nichtehelichen Kindern** steht das Grundrecht neben der Mutter[483] auch dem Vater zu.[484] Die adoptionsrechtliche Regelung des § 1747 BGB aF war daher zT verfassungswidrig. Nicht frei von Zweifeln ist die Verfassungsgemäßheit des jetzigen § 1748 IV BGB.[485] Zur Sorgerechtsteilhabe nichtehelicher Väter → Rn. 104.[486] – Die Möglichkeit der Einbenennung verletzt das Vaterrecht auch in der aktuellen Fassung des § 1618 BGB nicht.[487]

57 **2. Art. 6 II als Institutsgarantie und Grundsatznorm.** Allgemein wird Art. 6 II 1 auch als **Institutsgarantie** verstanden,[488] die die „wesentlichen Elemente"[489] des Elternrechts gegen Veränderungen durch den zur Ausgestaltung berufenen Gesetzgeber schützt. Der Ausgestaltung – die keinen Eingriff darstellt – bedarf das Elternrecht, weil Pflege und Erziehung eines Kindes rechtliche Befugnisse im Verhältnis zum Kind und (vor allem) zu Dritten voraussetzen.[490] Sie findet namentlich im Sorge-, Namens-, Unterhalts- und Vertretungsrecht statt.[491] Der Gesetzgeber muss den Eltern ermöglichen, ihre Rechte aus Art. 6 II 1 tatsächlich wahrzunehmen. Zugleich hat er die (im GG freilich noch[492] nicht als solche verbürgten)[493] Kindesgrundrechte zu berücksichtigen.[494] Leitlinie hat das Kindeswohl zu sein. Es obliegt dem Staat freilich nicht, das Kindeswohl zu „optimieren". Er ist vielmehr darauf beschränkt, Gefährdungen abzuwehren.[495]

58 Art. 6 II 1 ist außerdem „**Grundsatznorm**".[496] Ausländerrechtlich verstärkt die Grundsatznorm den Schutz vor Ausweisung bzw. die Nachzugsaussichten.[497]

### III. Der Inhalt der Gewährleistung

59 Art. 6 II 1 erkennt die **Erziehungsfunktion der Familie** an, die die Festlegung von Erziehungszielen und -mitteln einschließt. Die Vorschrift sieht die Familie, idealiter also das Zusammenleben der Kinder mit den durch die Ehe verbundenen Eltern,[498] in ihrer Privatheit als Ort bestmöglicher Förderung des Kindes an (→ Rn. 15) und sichert ihr den Vorrang vor kollektiven Erziehungsformen.[499]

60 „**Pflege**" ist die Sorge um Ernährung, Gesundheit, Vermögen uä. „**Erziehung**" besteht aus der Vermittlung von Wissen und aus wertbezogener Einwirkung.[500] Die Terminologie ist freilich uneinheitlich.[501] Das Erziehungsrecht erstreckt sich auch auf die Weltanschauung.[502] Zur elterlichen Sorge gehört die Entscheidung, ob genetische Daten des Kindes (z. B. im Rahmen eines „Vaterschaftstests") verwendet werden.[503] Dem Elternrecht entfließt schließlich ua[504] das nur durch das Kindeswohl

---

[481] BVerfGE 61, 358. – Über Eltern-Trennung *Höfling* HStR VII, § 155 Rn. 89. – Zum Elternrecht nach Wiederverheiratung *E. M. v. Münch* HdbVerfR, § 9 Rn. 22.

[482] BVerfG (K) NJW 2015, 3366 ff.; BVerfG (K) NZFam 2018, 459 f. S. zudem → Rn. 81.

[483] BVerfGE 24, 11 (135); 84, 168 (179); 92, 158 (177). Zur (durch die Beistandschaft, § 1712 BGB) abgelösten Amtspflegschaft (§ 1706 BGB aF) *E. M. v. Münch* HdbVerfR, § 9 Rn. 24, 27. – S. noch → Rn. 76.

[484] BVerfGE 92, 158 (176 ff.). Ebenso EGMR EuGRZ 1995, 113 ff.; *Jestaedt/Reimer* BK, Art. 6 II/III Rn. 221.

[485] Dazu BGH NJW 2005, 1781 ff.; BVerfG (K) NJW 2006, 2470; NJW 2006, 827: Die elternrechtliche Stellung des nichtehelichen Vaters wird bekräftigt und iÜ – ohne spezifischen Bezug zu Art. 6 II 1 – § 1748 IV verfassungskonform so ausgelegt, dass die in ihm enthaltene Ungleichbehandlung mit den Fällen des § 1748 I BGB „erträglich" erscheint. Hierzu *Rösler/Reimann* FamRZ 2006, 1356 f.

[486] BVerfGE 56, 363 (385 f.) versagt nichtehelichen Vätern noch die Sorgerechtsteilhabe. S. dann aber BVerfGE 84, 168 (178 ff.), sowie BVerfGE 127, 132 (145 ff.).

[487] S. zur Vorschrift auch *Schwab/Wagenitz* FamRZ 1997, 1377 (1382).

[488] BVerfGK 1, 122 (123); *Uhle*, in: Epping/Hillgruber, Art. 6 Rn. 29.

[489] BVerfGE 84, 168 (180).

[490] BVerfGE 64, 180 (189); 84, 168 (180); 92, 158 (178); 121, 69 (94).

[491] *Höfling* HStR VII, § 155 Rn. 20 ff., 30.

[492] Zur Diskussion um die Schaffung spezieller Kindergrundrechte s. → Rn. 1.

[493] Anders etwa Art. 13 I BlnVerf, Art. 6a SchlHVerf Mitunter (s. etwa *Bär* JAmt 2018, 375 [377 mit Fn. 19]) als Kindergrundrechte bezeichneten Bestimmungen anderer Landesverfassungen kommt hingegen oftmals keine Grundrechtsqualität zu; vgl. etwa zu Art. 125 BayVerf *Wolff* in LMW, Art. 125 Rn. 5.

[494] *Stern*, StaatsR IV/1, S. 511, 600.

[495] OLG Hamm FamRZ 2009, 1752 (1753 f.).

[496] BVerfGE 4, 52 (57): „Richtlinie"; 21, 132 (138): „besondere Wertentscheidung"; BVerfG (K) NJW 1995, 1342. – Vgl. dazu *Ipsen* HStR VII, § 154 Rn. 7; *Stern*, StaatsR IV/1, S. 512. S. auch *Jestaedt/Reimer* BK, Art. 6 II/III, Rn. 148 ff., 163, 522 ff. – Zur prozessualen Bedeutung der Grundsatznorm des Art. 6 II 1 im Sorgerechtsverfahren s. BVerfG (K) FPR 2002, 530 (531 f.).

[497] BVerfG (K) NVwZ 2002, 849; NJW 2003, 3547.

[498] BVerfGE 75, 201 (218 f.); 84, 168 (179). Auch Art. 6 V geht von dieser Vorstellung aus. Dazu *Tettinger* EssGspr 35 (2001), 117 (132 f.), sowie → Rn. 98.

[499] BVerfGE 24, 119 (149); 76, 1 (51); 99, 145 (156).

[500] Zu etwaigen Kollisionen mit Art. 7 I s. *Thiel*, Art. 7 Rn. 22 ff.; 35 ff.

[501] Vgl. *Badura*, in: Maunz/Dürig, Art. 6 II Rn. 107; auch → Rn. 65.

[502] BVerfGE 41, 29 (47); 52, 223 (235 f.); 108, 282 (301, 325); 138, 296 Rn. 106. Eingehend *Jestaedt* HdbStKiR II, § 52 (S. 371 ff.); *Stern*, StaatsR IV/1, S. 521 ff.

begrenzte[505] Recht zur Wahl des Vor- (und Nach-)namens.[506] Systematisch lässt sich das Elternrecht in zwei zentrale Aspekte aufschlüsseln:

**1. Einwirkungsrecht.** Art. 6 II 1 gibt den Eltern ein Recht zum „Handeln gegenüber dem **61** Kind",[507] zur **Einwirkung** ohne staatliche Störung. Das Recht umfasst freilich schon tatbestandlich nicht die Befugnis, dem Kind zu gestatten, was jedermann verboten ist: So ist nicht jeder (auch) für Kinder geltende Straftatbestand wie z. B. § 303 StGB am Elternrecht zu messen. Anders verhält es sich aber jedenfalls bei Regelungen, die Kindern allgemein erlaubtes Verhalten trotz Zustimmung der Eltern verbieten und sich damit unmittelbar auf das Elternrecht beziehen oder zumindest eine objektiv erziehungsregelnde Tendenz haben;[508] hier kommt der Vorrang der elterlichen Erziehung zum Tragen. [509] Inhaltlich weist das Einwirkungsrecht ungeachtet anderslautender Absichtserklärungen[510] durchaus Züge eines „Herrschaftsrechts" auf.[511] So wünschenswert Erziehung als von Liebe geprägte personale Begegnung sein mag,[512] so wenig lässt sich doch gerade beim Kleinkind ein hohes Maß an einseitiger elterlicher Bestimmung leugnen.

**2. Wahrnehmungsrecht.** Neben dem Erziehungsrecht i. e. S. steht die Befugnis der Eltern zur **62** **Wahrnehmung von** (Grund-)**Rechten** und auch Pflichten des Kindes nach außen, dh gegenüber dem Staat oder gegenüber Dritten.[513] Darin liegt keine Einwirkung *auf* das Kind, sondern ein Handeln *für* das Kind.[514] Insofern lässt sich von einer „treuhänderischen" Stellung der Eltern sprechen,[515] ohne dass damit (Grund-)Rechte des Kindes zu elterlichen Eigenrechten erklärt würden.[516]

## IV. Die Grenzen (Bindungen) und Beschränkungen des Elternrechts

Ungeachtet der unbestrittenen Notwendigkeit rechtlich einforderbarer Bindungen des Eltern- **63** rechts[517] gibt das **GG** den Eltern **nur sehr wenige Erziehungsziele** und keine Erziehungsmethoden vor,[518] auch nicht in der – für das Eltern-Kind-Verhältnis nicht einschlägigen – Trias des Art. 2 I.[519] Als Faustregel kann die Forderung dienen, Erziehungsziele müssten „im abendländischen Raum diskutierbar" sein.[520] Unscharf ist etwa das Erziehungsideal „Menschenbild des GG",[521] jedenfalls wenn damit mehr als eine eigenverantwortliche Persönlichkeit (→ Rn. 65) gemeint sein und die Erziehung z. B. auf GG-konforme Gemeinschaftsmodelle festgelegt werden sollte.[522] Der staatliche Erziehungs-

---

[503] BVerfGE 117, 202 (229).

[504] S. zudem BVerfGE 47, 46 (70) (Sexualunterweisung); 7, 320 (323); 83, 130 (139) (Lektüre des Kindes); 34, 165 (184); 99, 216 (232) (Wahl von Beruf und Ausbildungsplatz). Zu Letzterem auch *Avenarius/Jeand'Heur*, Elternwille und staatliches Bestimmungsrecht bei der Wahl der Schullaufbahn, 1992.

[505] BGH NJW 2008, 2500 (2501).

[506] BVerfG (K) NJW 2006, 1414 (1415) (auch zum Kindeswohl als Grenze); NJW 2004, 1586 (1587); NJW 2009, 663 f. – Zur Verfassungsmäßigkeit des § 1617 I 1 BGB (sowie des § 1616 II BGB aF) BVerfGE 104, 373 (386); zu § 1617a I BGB s. *Stern*, StaatsR IV/1, S. 524; zu § 1617a II BVerfG (K) FamRZ 2008, 496 f. S. auch EuGH NJW 2009, 135 ff.: Verstoß gegen die Freizügigkeit durch Verweigerung der Eintragung eines dem Recht eines anderen Mitgliedsstaates entsprechenden Nachnamens (dazu *Rieck* NJW 2009, 125 ff.).

[507] *Jestaedt* HdbStKiR II, § 52 (S. 376).

[508] Der Sache nach entspricht das dem Kriterium der „berufsregelnden Tendenz", die eine Maßnahme aufweisen muss, um auch ohne unmittelbare Berufsbezogenheit als Eingriff in Art. 12 I GG gewertet zu werden. Dazu *Jarass*, in: Jarass/Pieroth, Art. 12 Rn. 15.

[509] Einen Eingriff in Art. 6 II 1 stellt daher das auch bei elterlicher Gestattung geltende Verbot der öffentlichen Solariennutzung für Minderjährige nach § 4 NiSG dar (offen gelassen von BVerfG [K] NJW 2012, 1062 Rn. 37). Nicht um einen Eingriff handelt es sich hingegen bei der Indizierung jugendgefährdender Schriften nach dem GjS, soweit sie nur den Zugang Minderjähriger, Erziehungsziele aber die von den Eltern gestattete Lektüre unterbinden soll: Das minderjährigenspezifische Verbot tritt hier gerade zur Absicherung der elterlichen Entscheidungsgewalt auf den Plan. S. dazu BVerfGE 83, 130 (139f.).

[510] Etwa in BT-Dr 7/2060, S. 13: Befreiung des Kindes aus „elterlicher Fremdbestimmung".

[511] Grundlegend *Böckenförde* EssGspr 14 (1980) S. 54 (59 f., 63); *Hillgruber* NVwZ 2001, 1347 (1352); *Jestaedt* HdbStKiR II, § 52 (S. 376): „Rechtsmacht zur Fremdbestimmung".

[512] *Ossenbühl* (Schrifttt. B), S. 53.

[513] Ebenso *Windel* FamRZ 1997, 713 (714 Fn. 17); *Jestaedt* HdbStKiR II, § 52 (S. 376). Zu dieser Differenzierung s. auch BVerfGE 84, 168 (180).

[514] *Jestaedt* HdbStKiR II, § 52 (S. 376 u. 379).

[515] Ähnlich: „Fiduziarisches" oder „dienendes" Grundrecht, BVerfGE 59, 360 (377); 99, 145 (156). Näher hierzu *Schmitt-Kammler* (s. Schrifttt. B), S. 20 Fn. 36 f. Zur Problematik des Treuhand-Gedankens *K. Schmidt* NJW 1989, 1712 (1715); s. noch → Rn. 74.

[516] Zutreffend *Jestaedt/Reimer*, BK, Art. 6 II/III Rn. 131.

[517] Dazu *Böckenförde* EssGspr 14 (1980), S. 54 (71, 124).

[518] Ähnlich *Höfling* HStR VII, § 155 Rn. 86. Anders noch Art. 120 WRV; s. auch BVerfG 7, 320 (323); 56, 363 (381 f.), wo auf § 1 JWG abgestellt wurde (s. nunmehr § 1 I SGB VIII).

[519] So aber *Coester-Waltjen*, in: v. Münch/Kunig I, Art. 6 Rn. 64.

[520] *Gernhuber/Coester-Waltjen* (Fn. 21), § 5 Rn. 47. – Über Art. 6 und „nicht-abendländische" Familien *E. M. v. Münch* HdbVerfR, § 9 Rn. 18.

[521] S. dazu aber BVerfGE 56, 363 (384).

[522] *Häberle* (Schrifttt. B), S. 51 ff.; s. auch BVerfGE 24, 119 (144).

auftrag des Art. 7 I berührt das Elternrecht zwar insofern, als die Eltern schulische Einwirkungen auf die Kinder hinzunehmen haben, selbst wenn diese ihren eigenen Vorstellungen zuwiderlaufen.[523] Er legt die Eltern jedoch nicht darauf fest, ihrerseits im gleichen Sinne auf die Kinder einzuwirken.[524] Von Art. 6 II geschützt ist die Wahl einer vom Staat bereitgestellten Schulform. Die organisatorische Gliederung der Schule (etwa: G8 oder G9)[525] oder die Einrichtung bestimmter Schulfächer (etwa: Ethik)[526] obliegen hingegen nach Art. 7 I dem Staat.

64 Für den Fall der Überschreitung von Grenzen des Elternrechts etabliert Art. 6 II 2 das staatliche „Wächteramt". Die Norm benennt die Grenzen jedoch nicht. Allenfalls kann man aus dem Bezug zur „staatlichen Gemeinschaft" folgern, die elterliche Erziehung habe sich in einem gemeinschaftsverträglichen Rahmen zu bewegen. Daraus ergibt sich die Verpflichtung der Eltern auf eine Erziehung zur **„Rechtstreue"**: Eltern haben sich gegenüber ihren Kindern nicht nur rechtswidriger (insbesondere: strafbarer) Handlungen zu enthalten,[527] sondern müssen sie zur Beachtung der geltenden (Straf-)Rechtsnormen anhalten. Sie sind jedoch nicht verpflichtet, die Kinder zu einer inneren Bejahung der Vorschriften zu erziehen, die auch von den Eltern selbst nicht verlangt werden kann.[528]

65 Begrenzungen des Elternrechts ergeben sich weiter aus den Begriffen **„Pflege und Erziehung"** (iVm der Pflichtbindung, → Rn. 53).[529] Eine Pflichtverletzung bzw. ein Missbrauch des Elternrechts wären die gänzliche Erziehungsunterlassung,[530] da elterliche Erziehungstätigkeit Voraussetzung für das Andauern des Elternrechts ist,[531] oder sonstiges Elternverhalten, das die begrifflichen Grenzen von „Pflege und Erziehung" überschreitet wie z. B. Misshandlung, Hungernlassen. „Erziehung" fordert zudem die Heranbildung zur mündigen und **selbstentscheidungsfähigen Persönlichkeit**.[532] Dies mag als „formales" Erziehungsziel gelten,[533] obwohl ihm sicherlich materielle Vorstellungen anhaften, die sich freilich aus Art. 6 (iVm Art. 2 I iVm Art. 1 I)[534] legitimieren lassen und deren Verfehlung sich ohne größere Schwierigkeiten objektiv feststellen lässt.

66 Familiäre Erziehungsziele in **Landesverfassungen** bestehen zT aus beliebig auffüllbaren Leerformeln, widersprechen zT der weltanschaulichen Neutralität des GG und lassen sich mit der bundesrechtlichen weitergehenden elterlichen Freiheitsverbürgung des Art. 6 II 1 nicht vereinbaren.[535] Unbedenklich sind hingegen Vorschriften wie Art. 4a NdsVerf, der lediglich ohnehin bestehende[536] Grenzen des Elternrechts nachzeichnet.

67 Die **Pflichtbindung** der Eltern als solche (→ Rn. 53) liefert kein Erziehungsziel. Sie betrifft nicht das „Wie" oder „Wohin" der Erziehung, sondern allein das „Ob", indem sie verlangt, dass vom Erziehungsrecht überhaupt Gebrauch gemacht wird. Nur die „Existenzsorge"-Pflicht lässt sich als Zielvorgabe verstehen. Die Pflichtbindung der Eltern zwingt diese weder zur Eheschließung,[537] noch endet sie bei Trennung oder Scheidung.[538]

68 Der Pflichtbindung korrespondiert ein **Grundrecht des Kindes auf Pflege und Erziehung,** das freilich ebenso wie das Grundrecht der Eltern der gesetzlichen Ausgestaltung bedarf.[539] Es stellt keine

---

[523] BVerfGE 47, 46 (77). Zum Informationsanspruch der Eltern BVerfGE 59, 360 (381).

[524] Näher zum Verhältnis des Elternrechts zu Art. 7 → Rn. 72 Fn. 567 sowie → Art. 7 Rn. 35 ff.

[525] BVerfG (K) NVwZ-RR 2016, 281 f.

[526] BVerwG NVwZ 2014, 1163.

[527] BVerfGE 99, 145 (156 f.).

[528] *Schmitt-Kammler* (Schriftt. B), S. 26. Teilw. anders *Stern,* StaatsR IV/1, S. 518 (Verpflichtung auf „verfassungsrechtliche Wertordnung").

[529] Dazu *Böckenförde* EssGspr 14 (1980), S. 54 (66); *Scholz* FPR 1998, 62 (69); *Stern,* StaatsR IV/1, S. 588; *Roth* (s. Schriftt. B), S. 114 f.; *Walter/Wilms* NStZ 2004, 600 (602).

[530] Möglich aber die alternierende Wahrnehmung (BSGE 68, 171 [176]) oder die teilweise Überlassung an Dritte (BVerfGE 99, 216 [232]; 103, 89 [107]; 105, 313 [354]; *Tettinger* NWVBl 2005, 332 [333]). Teilw. anders *Pechstein* (s. Schriftt. A), S. 84, 196.

[531] BVerfGE 24, 119 (143 f.); 56, 363 (382).

[532] So BVerfGE 24, 119 (144); 79, 51 (63 f.); *Jestaedt/Reimer* BK, Art. 6 II/III, Rn. 293; *E. M. v. Münch* HdbVerfR, § 9 Rn. 17. S. dazu auch § 1 I SGB VIII sowie § 1626 II BGB und zu ihm *Schmitt-Kammler* (Schriftt. B), S. 27 Fn. 64.

[533] *Böckenförde* EssGspr 14 (1980), S. 54 (65); vgl. auch *Erichsen* (s. Schriftt. A), S. 35, 38 f.

[534] Vgl. *Jarass,* in: Jarass/Pieroth, Art. 6 Rn. 45.

[535] *Evers* (Schriftt. B), S. 34 ff.; *Jestaedt* HdbStKiR II, § 52 (S. 380 Fn. 33); *Ossenbühl* (Schriftt. B), S. 39, 59; *Pieroth* DVBl 1994, 949 (953 f.); *Schmitt-Kammler* (Schriftt. B), S. 21 f.; *Stern,* StaatsR IV/1, S. 516.

[536] Zum Recht des Kindes auf gewaltfreie Erziehung als Grenze der Personensorge § 1631 II BGB. Zur verfassungsrechtl. Beurteilung der körperl. Züchtigung *Millhofer* FS Derleder, 2005, S. 545 ff.; aus strafrechtl. Perspektive *von Bock,* Das elterliche Recht auf körperlichen Zugriff, 2011.

[537] BVerfGE 56, 363 (384).

[538] BVerfGE 31, 194 (205); 68, 256 (267). Der Unterhaltsanspruch des Bedürftigen sichert die Wahrnehmung seiner Elternverantwortung, BVerfGE 57, 361 (383); 80, 286 (295). Vgl. → Rn. 51.

[539] BVerfGE 121, 69 (93 f.). Zum Anspruch des Kindes auf Pflege und Erziehung aus Art. 6 II 1 s. bereits BVerfGE 68, 256 (269). Mit der Anerkennung dieses Grundrechts erübrigt sich die Frage nach einem staatsgerichteten Recht des Kindes auf Erziehung bzw. Bildung aus Art. 2 I und 1 I.

Anspruchsgrundlage des Kindes gegen die Eltern dar, legitimiert aber ggf. staatliche Eingriffe in (andere) Grundrechte der Eltern.[540]

Die Bedeutung der (im GG bereits existenten)[541] **Kindesgrundrechte** für das Elternrecht ist nicht **69** abschließend geklärt.[542] Diese Grundrechte verpflichten unmittelbar nicht die Eltern, sondern den Staat.[543] Gleichwohl sind sie in der Eltern-Kind-Beziehung bedeutsam, und zwar sowohl im Rahmen des elterlichen Einwirkungsrechtes (→ Rn. 61) als auch im Rahmen der elterlichen Wahrnehmungs-befugnisse, dem Teil des Elternrechtes also, der – einfachgesetzlich als Recht der Personen- und Vermögenssorge ausgestaltet – darin besteht, die Rechtspositionen des noch nicht „grundrechtsmündi-gen" Kindes (→ Rn. 73) nach außen wahrzunehmen (→ Rn. 62). Elterliches Verhalten mit Wirkung auf Rechtspositionen des Kindes, die im Verhältnis zum Staat grundrechtlichen (abwehrrechtlichen) Schutz genießen, kann die staatliche **Schutzpflicht** auf den Plan rufen, die im Fall des Art. 6 im staatlichen Wächteramt (Art. 6 II 2, III) positiv normiert ist.[544] Problematisch ist es freilich, zu bestimmen, von welchem Punkt an die Schutzpflicht einsetzt. Generell greift sie dort ein, wo das **Kindeswohl**, die „zentrale Leitidee" des Art. 6 II,[545] gefährdet ist.[546] Hinsichtlich der Feststellbarkeit einer Kindeswohlgefährdung ist nach der Art der betroffenen Rechtspositionen wie folgt zu differen-zieren.[547]

**(1)** Grundrechte wie die Religions- oder Entfaltungsfreiheit lassen sich – solange Grundrechts- **70** unmündigkeit besteht – dem Kinde **nicht mit einem bestimmten Inhalt** zuweisen. Das Kind kann eigene Positionen hier (noch) nicht entwickeln; ein objektiv kindeswohlgerechter Gehalt dieser Grundrechte lässt sich (von äußersten Grenzen abgesehen) nicht bestimmen; er existiert nicht un-abhängig von vorheriger elterlicher Festlegung. Insoweit sind Kollisionen von Elternrecht und Kindes-Rechtsgütern, die staatlichen Schutz erfordern würden, von vornherein nicht denkbar.[548] Den Eltern sind hier keine inhaltlich festliegenden kindlichen Rechtspositionen vorgegeben, in die sie gleichsam von außen her eingreifen könnten.[549] Anderes gilt erst dort, wo das elterliche Verhalten den Bereich des objektiv Kindeswohlwidrigen erreicht (dazu auch → Rn. 83, 85). Solange das nicht der Fall ist, sind die Eltern in ihrem Verhalten frei. Jedoch kommt dem elterlichen **Persönlichkeitsrecht**, letztlich also dem Kindeswillen, ab dem Übergang des Kindes von „absoluter" zu „relativer" Unmündigkeit Bedeutung für die Bestimmung dieser Grenze zu. Das wird als allmähliches „*Weichen*" oder „*Zurück-drängen*"[550] des Elternrechts mit fortschreitendem Alter des Kindes beschrieben.[551] Dieser Prozess folgt

---

[540] Dazu BVerfGE 121, 69 (93 f.): Umgangspflicht (§ 1684 I BGB) als Eingriff in das allgemeine Persönlichkeits-recht der Eltern, aber Rechtfertigung durch Grundrecht des Kindes aus Art. 6 II 1.

[541] Zur Debatte um Kindergrundrechte *Britz* NZFam 2016, 113 ff.; *Heiß* NZFam 2015, 532 ff.; *Hohmann-Denn-hardt* FPR 2012, 185 ff; *Wapler*, Kinderrechte und Kindeswohl, 2015; *Rossa*, Kinderrechte, 2014; sowie den Gesetz-entwurf in BR-Dr 234/17. Vgl. auch → Rn. 1 mit Fn. 4.

[542] So auch *Stern*, StaatsR IV/1, S. 597; *Westermeyer* (Schrifttt. A), S. 179 ff.; s. nur die vage Beschreibung bei *Coester* FPR 2005, 60: „Kindeswohl als wesensbestimmendes Element der elterlichen Verantwortung integriert". Zu Lösungsansätzen *Jestaedt/Reimer* BK, Art. 6 II/III Rn. 105 ff.; *Reuter* (s. Schrifttt. B), S. 19 ff., 74 ff.; ferner *Höfling* HStR VII, § 155 Rn. 56; *Roth* (Schrifttt. B), S. 125 ff. Zu Konsequenzen für die Anhörung von Kindern in Kind-schaftsverfahren *Obermann* NJ 2016, 197 ff., zur Entwicklung der Judikatur des BVerfG *Heiß* NZFam 2015, 491 ff., 532 ff.

[543] S. bereits *Simitis*, in: Goldstein/Freud/Solnit (Hrsg.), Jenseits des Kindeswohls, 1. Aufl. 1991, Neuausgabe, S. 95 (108): In der Dreieckskonstellation Staat – Eltern – Kind werde nicht die „Arena für einen Zweikampf zwischen Eltern- und Kindesrechten" arrangiert.

[544] Aus der Rspr. s. nur BVerfGE 99, 145 (156). Im Ergebnis ebenso *Jestaedt* DVBl 1997, 693; *Stern*, StaatsR IV/1, S. 589, 599. S. auch → Rn. 70.

[545] *Robbers* MKS I, Art. 6 Rn. 145. S. aber *Schwab* FamRZ 2007, 1 (4).

[546] BVerfGE 37, 217 (252); 104, 373 (385); 107, 104 (117 f.); BVerfG (K) NJW 2003, 1031; *Badura*, in: Maunz/ Dürig, Art. 6 Rn. 105, 115, 137; *Tettinger* NWVBl 2005, 332 (333). Zum Kindeswohl *Jestaedt/Reimer* BK, Art. 6 II/ III Rn. 81 ff.; *Coester* NZFam 2016, 577 ff. Zur Bindung der Eltern s. BVerfGE 92, 158 (178).

[547] Im Ergeb. ähnlich *Kingreen* KindÄrztlPrax 1998, 212 (213); die Differenzierung angedeutet auch bei *Stern*, StaatsR IV/1, S. 599; auch *Scholz* FPR 1998, 62 (69 f.). S. näher *Schmitt-Kammler* (s. Schrifttt. B), S. 23 ff. Zum Begriff der Kindeswohlgefährdung *Hölbling* (Schrifttt. B), S. 41 ff.

[548] AA *Ossenbühl* (s. Schrifttt. B), S. 55 f. – Es existiert hier keine aufzulösende Kollisionslage, bzw. sie ist von vornherein aufgelöst i. S. d. elterlichen Bestimmungsmacht (in den „objektiven" Grenzen von „Pflege und Erzie-hung"). Im Ergebnis ähnlich *Jestaedt* HdbStKiR II, § 52 (S. 381 ff.).

[549] Insoweit entfällt auch die Sorge vor einer Auflösung der Familie von den Kindesgrundrechten her (vgl. *Keil* FS 40 Jahre Familienpolitik, 1993, S. 124; *Scholz* FPR 1998, 62 [70]). – Es geht hier auch (noch) nicht um die elterliche Wahrnehmung inhaltlich bestimmter Kindesgrundrechte (so aber *Böckenförde* EssGspr 14 [1980], S. 54 [64]), sondern um die Vornahme der inhaltlichen Bestimmung selbst. Für derart definierte Grundrechte besteht dann die elterl. Wahrnehmungsbefugnis (→ Rn. 62).

[550] Z. B. BVerfGE 72, 122 (137); *Stern*, StaatsR IV/1, S. 600; krit. *Knöpfel* FamRZ 1985, 1211 (1213). Vgl. § 1626 II BGB u. dazu *Brosius-Gersdorf*, in: Dreier I, Art. 6 Rn. 162.

[551] BVerfGE 59, 360 (382); 72, 122 (137); s. auch *Sternberg-Lieben/Reichmann* NJW 2012, 257 (259). Zu unterschiedlichen Erklärungen *Büser*, Die Bedeutung der Grundrechte im Kindesalter für das „Elternrecht", 2010, S. 65 ff.; zur Einschränkung des Selbstbestimmungsrechts durch das Volljährigkeitserfordernis bei Patientenverfügun-gen (§ 1901a BGB) und zur Bedeutung des Elternrechts *Sternberg-Lieben/Reichmann* NJW 2012, 257 (258 ff.).

also nicht aus einem Erstarken einzelner Grundrechte des Kindes,[552] sondern aus seiner zunehmenden Selbstbestimmungsfähigkeit,[553] deren Ausstrahlungswirkung auf die Beziehung zum Kind die Eltern bei der Ausübung des Elternrechts zu berücksichtigen haben.[554] Mit Erreichen der vollen *Wahrnehmungsfähigkeit* (spätestens also bei Volljährigkeit) erlischt demgemäß das Elternrecht,[555] während die Elternpflicht in Teilbereichen fortbesteht.[556]

71    **(2)** Anders liegen die Dinge bei Rechtspositionen **mit „objektivierbarem" Inhalt** wie z. B. der Menschenwürde, dem Leben, der Unversehrtheit, der Bewegungsfreiheit und in der Vermögenssphäre.[557] Diese betreffen inhaltlich feststehende Aspekte des insoweit objektiv definierbaren Kindeswohles, die dem Interpretationsprimat der Eltern[558] entzogen sind. Die Positionen wirken (ggf. schutzpflichtauslösend) auf das Kind-Eltern-Verhältnis ein (→ Rn. 69), wobei der Unterscheidung zwischen absoluter und relativer Grundrechtsunmündigkeit kaum Bedeutung zukommt. Hier gilt durchgängig der (meist pauschal behauptete)[559] „Vorrang" der Kindesinteressen, der eben die Denkbarkeit einer Kollision voraussetzt[560] und deshalb in den Fällen der → Rn. 70 nur bei „Grenzüberschreitungen" zum Tragen kommen kann.

72    Objektiv feststellbare Kollisionen zwischen Elternhandeln und Kindeswohl lösen die staatliche Schutzpflicht aus, da sie die Eignung der Eltern zur Wahrnehmung der Kindesrechte entfallen lassen.[561] Auch ehevertraglichen Gestaltungen zu Lasten von Kindern werden durch das Kindeswohl Grenzen gesetzt.[562] – Die (sub 1 und 2) genannte Schutzpflicht erfüllt der Staat durch das Art. 6 II 2, III konkretisierende Gesetzesrecht[563] (→ Rn. 76 ff.). Dazu zählt auch der neue § 1631d BGB,[564] nach dem die Personensorge das Recht zur Einwilligung in die medizinisch nicht erforderliche Beschneidung[565] von Jungen umfasst, sofern das Kindeswohl auch unter Berücksichtigung des Zwecks der Beschneidung nicht gefährdet wird. Eine Befugnis – oder gar eine Pflicht – des Staates, für eine bestmögliche Erziehung zu sorgen, gibt es nicht. Art. 6 II 2 zeigt, dass Art. 6 II 1 nur zur Verhinderung äußerster Missstände berechtigt.[566] Jenseits von Art. 6 II 2, III sind Eingriffe in das Elternrecht allein auf der Grundlage kollidierenden Verfassungsrechts möglich.[567]

73    Die **partielle,** an Alters- und Reifestufen anknüpfende **Fähigkeit zur Wahrnehmung von Grundrechten**[568] ist volle „Grundrechtsmündigkeit"[569] für ein bestimmtes Sachgebiet.[570] Das ist nicht

---

[552] BVerfGE 80, 81 (90); *Badura,* in: Maunz/Dürig, Art. 6 Rn. 94, 109, 135; *Jestaedt/Reimer* BK, Art. 6 II/III Rn. 80; *Witteborg* (s. Schrifttm. B), S. 101 f.

[553] Zutreff. *Jestaedt* HdbStKiR II, § 52 (S. 382 f.); *O. Klein* (Fn. 445), S. 51 f.; *Jarass,* in: Jarass/Pieroth, Art. 6 Rn. 51; *Roth* (s. Schriftt. B), S. 142. Zur Selbstbestimmung einwilligungsfähiger Mdj. in medizinische Behandlungen *Schumann* RW Bd. 9 (2018), S. 67 ff.

[554] Dazu *Stern,* StaatsR IV/1, S. 599 f.

[555] Zur Volljährigkeitsgrenze *Höfling* HStR VII, § 155 Rn. 66. Zu Typisierungen *Jestaedt/Reimer,* BK, Art. 6 II/III Rn. 331 ff. – Mit einer Art Nachwirkung des Elternrechts lässt sich die Information der Eltern volljähriger Schüler durch die Schule rechtfertigen. Dazu VerfGH RhPf NJW 2005, 410; BayVerfGH BayVBl 2005, 16.

[556] Hierzu *Stern,* StaatsR IV/1, S. 525: „Restverantwortlichkeit"; krit. *Höfling* HStR VII, § 155 Rn. 66 auch zu verheirateten Kindern. Zu einer aus Art. 6 II 1 resultierenden Unterhaltspflicht gegenüber volljährigen Kindern (abl.) *Coester-Waltjen,* in: v. Münch/Kunig, Art. 6 Rn. 83.

[557] Und den übrigen grundrechtlich geschützten Positionen dann, wenn das Kind insoweit „Mündigkeit" erreicht hat. Auf „objektive" Kindeswohlverletzung abstellend auch *Stern,* StaatsR IV/1, S. 587 ff.

[558] Zum Begriff *Ossenbühl* DÖV 1977, 801 (806); *Jestaedt/Reimer* BK, Art. 6 II/III Rn. 94 ff.

[559] BVerfGE 37, 217 (252); 99, 145 (156); BVerfG (K) NJW 1999, 2173 (2174).

[560] Siehe nur *Jarass,* in: Jarass/Pieroth, Art. 6 Rn. 56 mit Bsp. aus der Rspr.

[561] Daher Bestellung eines Verfahrensbeistandes (§§ 158, 174, 191 FamFG), der den Ergänzungspfleger (dazu BVerfGE 72, 122 [135]; 75, 201 [215]) im früheren § 50 FGG abgelöst hat.

[562] BVerfGE 103, 89 (107).

[563] Hier kommt es also zu einer Art Treuhandstellung des Staates (→ Rn. 62), *Schmitt-Kammler* (Schrifttr. B), S. 20 Fn. 37. – Bspe. (die zT zugleich das Elternrecht ausgestalten): § 1666 BGB; – § 1631b BGB; – § 1631c BGB (Unversehrtheit). Für ärztl. Eingriffe *Jestaedt-Reimer* BK, Art. 6 II/III Rn. 115. – § 1594 BGB aF (Schutz vor Ehelichkeitsanfechtung, BVerfGE 38, 241 [254 f.], s. jetzt § 1600b BGB); – § 1631 II BGB, soweit auf die Menschenwürde abgehoben wird, vgl. *Kingreen/Poscher,* Rn. 761.

[564] Eingefügt durch das G über den Umfang der Personensorge bei einer Beschneidung des männlichen Kindes v. 20.12.2012, BGBl. I S. 2749, als Reaktion auf die Einstufung der religiös motivierten Beschneidung als strafbare Körperverletzung (LG Köln NJW 2012, 2128 f.). Kritisch zur Neuregelung *Steinbach* NVwZ 2013, 550 f.; *Spickhoff* FamRZ 2013, 337 ff.; *Schumann* FS Brudermüller, 2014, S. 729 ff.; eher zustimmend *Rixen* NJW 2013, 257 ff. Differenzierend zur Verfassungsmäßigkeit *Schulze,* Elternrecht und Beschneidung, 2017, S. 120 ff. S. zur Problematik auch BVerfG (K) FamRZ 2013, 530 f.; FamRZ 2013, 685.

[565] Zur Einwilligung in medizinisch indizierte Behandlungen umfassend *Schumann* RW Bd. 9 (2018), S. 67 ff.

[566] BVerfGE 107, 104 (118). Mehr wäre unrealistisch und angesichts fehlender Objektivierbarkeit eines „Optimums" auch gar nicht operationabel, *Coester* FamRZ 1996, 1181 (1187 Fn. 49); anders *Oelkers/Kraeft* FuR 1997, 161 (164); s. noch u. Rn. 77.

[567] BVerfGE 107, 104 (118); 135, 48 Rn. 95; nunmehr auch BGH NJW 2017, 160 (164). Zur Rechtfertigung der (nach *Hauk,* Die Pflicht zum Schulbesuch, 2020, S. 100 ff., von Art. 7 implizit vorausgesetzten) Schulpflicht *Thiel,* Art. 7 Rn. 11 ff. Für die Zulässigkeit von Homeschooling dagegen *Brosius-Gersdorf,* in: Dreier, GG, Bd. I, Art. 7 Rn. 72 ff.

[568] *Stern,* StaatsR IV/1, S. 599.

[569] Für die rein prozessuale Verwendung dieses Begriffs überzeugend *Kingreen/Poscher,* Rn. 192.

[570] Beispiele: Das **RelKiErzG** (dazu → Art. 7 Rn. 52); § 112 BGB; § 36 I 1 SGB I. S. weiter *Gernhuber/Coester-Waltjen* (Fn. 21), § 57 Rn. 78; *Jestaedt/Reimer* BK, Art. 6 II/III Rn. 331 ff.

als Beschränkung voller Wahrnehmungsfähigkeit zu verstehen, die es in dieser Phase noch nicht gibt, sondern als Verdrängung des Elternrechts in einzelnen Fragen.[571] Der ab Volljährigkeit allgemein bestehende Zustand tritt für Teilbereiche vorab ein,[572] wobei freilich im Falle der Religionsmündigkeit nicht jegliche weltanschauliche Einwirkung der Eltern endet.[573]

Allenfalls eingeschränkten Ertrag erbringt der Ansatz, Grenzen des Elternrechts aus seiner **74** „**Fremdnützigkeit**" herzuleiten. Er beruht auf der Vorstellung, die elterliche Pflichtbindung (→ Rn. 53) und Treuhandstellung (→ Rn. 62) führten dazu, dass sich das Elternrecht einseitig aus den Interessen des Kindes und seiner Entfaltung definiere. Jedoch lässt sich „Fremdnützigkeit" nur dort mit Inhalt füllen, wo Kindesinteressen *objektiv* bestimmbar sind (dazu → Rn. 69 ff.).[574] I. Ü. führt dieser Ansatz nicht weiter: Erzieherische Formungstätigkeit der Eltern orientiert sich in weitem Umfang gerade nicht an objektivierbaren Kindesinteressen, sondern an den (höchst unterschiedlichen) elterlichen Vorstellungen hiervon. Dagegen ist nichts zu erinnern; es zeigt nur, dass das Erziehungs(grund)recht eben auch elterliches „Eigenrecht" ist,[575] das gerade bei den Erziehungsinhalten erkennbar wird.[576] Die Eltern „verwirklichen" bei der und durch die Erziehung maßgeblich auch die eigene Existenz.

**Zusammenfassend** gilt für die Elternrechtsbindungen: Den Eltern obliegen die Existenzsorge für **75** das Kind, seine „Sozialisation" i. S. d. Erziehung zur Selbstbestimmungsfähigkeit und zur Rechtstreue sowie die Beachtung objektivierbarer Kindesinteressen.

## V. Das staatliche „Wächteramt" (Abs. 2 Satz 2)

Werden die Grenzen des Elternrechts überschritten, weil es in kindeswohlbeeinträchtigender Weise **76** missbraucht wird oder weil die Eltern versagen,[577] berechtigt und verpflichtet der – nicht glücklich formulierte –[578] Art. 6 II 2 zu **staatlichen Interventionen** zugunsten des schutzbedürftigen Kindes[579] einschließlich der logisch vorgelagerten Beobachtung. Systematisch handelt es sich um einen qualifizierten Gesetzesvorbehalt des Elternrechts aus Art. 6 II 1, zu dessen Gebrauch der Staat verpflichtet ist.[580] Die Norm enthält keinen *eigenständigen* staatlichen Erziehungsauftrag. Sie begründet eine staatliche „Erziehungsreserve",[581] die keine beliebig weite staatliche Ingerenz ermöglicht, sondern allein den Ausgleich des festgestellten Defizits (→ Rn. 53, → Rn. 69 ff.). Daher berechtigt nicht jede elterliche Nachlässigkeit zum Eingreifen, sondern nur eine nachhaltige Gefährdung des Kindes.[582] Das BVerfG entnimmt Art. 6 II 2 zudem eine Verpflichtung des Staates zu eigenem kindeswohlgerechtem Handeln, z. B. bei der richterlichen Handhabung des Prozessrechts.[583] Eine Form der Ausübung des Wächteramts ist die Trennung des Kindes von der Familie gem. Art. 6 III.

Das auf **Grenzüberschreitungen** reagierende Wächteramt ist gedanklich zu trennen von der **77** (Grenzen nur verdeutlichenden) gesetzlichen Konkretisierung des Elternrechts,[584] auch wenn beide

---

[571] Vgl. BVerfGE 59, 360 (382).

[572] Wie hier BVerfGE 59, 360 (382); s. auch *Jestaedt* HdbStKiR II, § 52 (S. 405); *Sachs,* VerfassungsR II, Kap. 18 Rn. 36. AA („situationsgerechte Ausübung" des Elternrechts) *Ossenbühl* (s. Schriftt. B), S. 56.

[573] BVerwGE 68, 16 (18); *Schmitt-Kammler* (s. Schriftt. B), S. 23 Fn. 46.

[574] Insoweit in der Tat ein „altruistisches" Grundrecht (so *Isensee* [Fn. 456], Sp. 226). Beispiel: § 1634 I 2 BGB, dazu BVerfGE 64, 180 (189).

[575] Ähnlich BVerfGE 10, 59 (76); 101, 361 (386) (elterliche Hinwendung zu den Kindern als Betätigung des Allgemeinen Persönlichkeitsrechts); treffend *Jestaedt* HdbStKiR II, § 52 (S. 377 bei Fn. 16); *Lüderitz* AcP 178 (1978), 263 (267); *Schmitt-Kammler* (Schriftt. B), S. 29.

[576] Zum Teil anders *Böckenförde* EssGspr 14 (1980), S. 54 (68).

[577] Auch unverschuldet, *Brosius-Gersdorf,* in: Dreier I, Art. 6 Rn. 179; s. noch → Rn. 85 u. → Rn. 81. Zur Relevanz für unbegl. mdj. Flüchtl. *Dürbeck* FamRZ 2018, 553 (555).

[578] *Ossenbühl* (s. Schriftt. B), S. 67. „Gemeinschaft" ist der Staat, insb. der Gesetzgeber, *Stern,* StaatsR IV/1, S. 586.

[579] BVerfGE 24, 119 (144); 60, 79 (88). Zu korrespondierenden Kindesansprüchen auf staatlichen Schutz BVerfGE 24, 119 (144); 79, 51 (63); 121, 69 (93 f.); BVerfG NJW 2017, 1295 (1296 f.).

[580] *Sachs,* VerfassungsR II, Kap. 18 Rn. 37. Zum korrespondierenden Anspruch des Kindes → Rn. 54.

[581] Begriff bei *Ossenbühl* (s. Schriftt. B), S. 68; s. schon → Rn. 54. Es geht um eine „staatliche Ausfallbürgschaft" (ähnlich *Coester* FamRZ 1996, 1181 [1182]; *Thiel,* Der Erziehungsauftrag des Staates, 2000, S. 60), nicht um die „Verstaatlichung der Kindeswohlentscheidung", so der Titel der Schrift von *Erichsen,* 2. Aufl. 1979. Nicht hierher gehören die – lediglich die elterliche Aufsicht sichernden – Regelungen des Jugendschutzes (BVerfGE 83, 130 [140]). – Die Beistandschaft (§§ 1712 ff. BGB, s. → Rn. 56 Fn. 483) versteht sich als bloße staatliche *Offerte* (§ 52a I 2 Nr. 4 SGB VIII).

[582] BVerfGE 24, 119 (144 f.); 60, 79 (91); BVerfG (K) FamRZ 2008, 492; OLG Köln FamRZ 2006, 877. S. die Bsp. bei *Jestaedt/Reimer* BK, Art. 6 II/III Rn. 404 ff. Für Fälle „exzessiver" Kindesnamensgebung BVerfGE 104, 373 (385); BVerfG (K) NJW 2006, 1414 (1415); OLG Hamm StAZ 2005, 139 (140). Mögliche Maßnahmen bei *Stern,* StaatsR IV/1, S. 593.

[583] BVerfGE 79, 51 (66 f.). Ähnlich, aber unter Anknüpfung an Art. 6 II 1, BVerfG EuGRZ 1993, 213 (214). – Zur Kritik an der Umdeutung des Art. 6 II 2 zur „Garantienorm" mit einer „leistungs- bzw. schutzpflichtrechtlichen Dimensionserweiterung" durch *Jeand'Heur* (s. Schriftt. B), S. 99 ff. u. passim, s. *Jestaedt* DVBl 1997, 693 (696); *Stern,* StaatsR IV/1, S. 589.

[584] Dazu *Jestaedt/Reimer* BK, Art. 6 II/III Rn. 99.

Zielsetzungen in *einer* Vorschrift zusammenfallen können.[585] Maßnahmen iSd Art. 6 II 2 sind Folgen elterlichen Missbrauchs oder Versagens. Allein durch „legitime öffentliche Interessen" lassen sie sich nicht rechtfertigen.[586] Ein Einschreiten zur „Optimierung" der Erziehung (→ Rn. 72) gestattet Art. 6 II 2 nicht.[587] Die Eltern und deren sozio-ökonomische Verhältnisse gehören grds. zum Schicksal und Lebensrisiko eines Kindes.[588] Auch die Wahl der Schule obliegt – selbst um den Preis von Nachteilen für das Kind – primär den Eltern.[589] Anderes gilt erst bei offensichtlich fehlender Rücksichtnahme der Eltern auf Eignung und Neigung des Kindes, § 1631a BGB. Das Elternrecht kann durch Ausübung des Wächteramtes ganz verlorengehen.[590] Nicht vom Wächteramt gedeckt war jedoch der vollständige Verlust der väterlichen Rechtsstellung bei Adoption des Kindes durch die Mutter oder ihren Ehemann.[591]

**78**    Für die Feststellung des **Elternrechtsmissbrauchs** oder Versagens greift – ebenso wie für die daraus gezogenen Konsequenzen – der Vorbehalt des Gesetzes ein; sie bedürfen als Grundrechtseingriffe einer gesetzlichen Grundlage.[592]

**79**    Staatliche Interventionen müssen sich nach Art und Maß am **Kindeswohl** orientieren,[593] das insofern neben seiner Rolle als Voraussetzung für die Aktivierung der staatlichen Schutzpflicht (→ Rn. 69 aE u. 76) den Maßstab für die Reichweite der staatlichen Einwirkung abgibt (auch → Rn. 71). Zudem haben sie das Übermaßverbot strikt zu beachten.[594] Deshalb darf im Falle einer Verhinderung der Eltern an der Erziehung der Staat die Erziehung nicht unmittelbar selbst übernehmen. Er hat vielmehr (gemäß dem Interesse des Kindes an „familialen" Verhältnissen) zunächst eine Ersatzfamilie zu suchen.[595] Staatliches Tun entfließt hier grds.[596] nicht einem eigenen Erziehungsrecht; der Staat überwacht (und korrigiert bei Grenzüberschreitung) fremde Rechtsausübung.[597] So sind primär Maßnahmen angezeigt, die sich auf die Herstellung verantwortungsgerechten Elternverhaltens richten.[598] Sie müssen sich zudem auf die Wahrung der objektivierbaren Aspekte des Kindeswohles (→ Rn. 71 ff.) beschränken. Dies wird bedeutsam etwa[599] im Rahmen des § 1671 BGB bei „Sekten"-Zugehörigkeit eines Elternteiles.[600] Bedenklich ist (schon wegen der völligen Relativität des Begriffes) die These, Erziehung dürfe Kinder nicht in eine (z. B. „elitäre"?) „Außenseiterrolle" drängen.[601]

**80**    Staatliche Maßnahmen werden nicht nur bei Ausfall oder Missbrauch elterlicher Sorgefunktion erforderlich, sondern auch bei elterlichen (nicht immer kindeswohlgefährdenden) **„Kompetenzkonflikten"** (s. § 1628 BGB). Auch dies dürfte Ausfluss des Wächteramtes sein, so dass es der Konstruktion eines eigenen „Schlichteramtes" nicht bedarf.[602] Hier ist der Staat nicht streng an Art. 6 II 1 gebunden, da er den elterlichen Erziehungsvorrang als solchen nicht antastet, sondern sich nur als

---

[585] S. schon → Rn. 72 Fn. 563.

[586] Bedenklich insofern BVerfGE 7, 320 (323). Bspe. für vorrangige staatliche Maßnahmen bei *Höfling* HStR VII, § 155 Rn. 97 f.

[587] BVerfGE 60, 79 (94); BVerfG (K) NJW 2006, 1723 (1724).

[588] So wörtlich BVerfG (K) NJW 2015, 223 (226).

[589] BVerfGE 34, 165 (184 f.); 45, 400 (415), dazu auch → Art. 7 Rn. 38.

[590] So bei Adoption des Kindes, vgl. BVerfGE 92, 158 (179) sowie → Rn. 86. – Faktischer Verlust auch bei Umgangsrechtsversagung (§§ 1634 II, 1711 I BGB aF, nunmehr: § 1684 IV BGB).

[591] BVerfGE 92, 158 (181 ff.); → Rn. 56.

[592] BVerfGE 107, 104 (120); *Jarass*, in: Jarass/Pieroth, Art. 6 Rn. 55; vgl. noch → Rn. 72. – Besonders wichtig §§ 1626, 1666, 1666a, 1667 BGB. Anders bis zur 6. Aufl.

[593] BVerfGE 102, 370 (393); *Stern*, StaatsR IV/1, S. 587.

[594] BGH NJW 2012, 151 Rn. 27 ff. Individuelle Maßnahmen haben Vorrang vor generellen Verboten, freiwillige Vereinbarungen vor Zwang (BVerfGE 7, 320 [323 f.]; 75, 201 [218]; 107, 104 [118]; *Heilmann* ZfJ 2000, 41 [45]; *Heintzen* DVBl 2004, 721 [722]; *Stern*, StaatsR IV/1, S. 590 f.). Zu weitgehend daher OLG Hamburg FamRZ 1996, 685, betr. **HKiEntÜ**; zutreff. BVerfG (K) NJW 1996, 1953. – Zur Verfassungsgemäßheit des HKiEntÜ als solchem s. BVerfG (K) NJW 1996, 1402 f. u. 3145 f.; NJW 1997, 3301 f.; BVerfGE 99, 145 (162). Zur Pflegerbestellung im HKiEntÜ-Verfahren BVerfG (K) FamRZ 2006, 1261. – Zur Bedeutung des **Kindeswillens**, dessen Einbeziehung neben §§ 159, 175, 192 FamFG auch das Persönlichkeitsrecht des Kindes gebieten kann (→ Rn. 70), s. EGMR FPR 2004, 350; BVerfG (K) NJW-RR 2005, 801; BVerfG (K) 6, 57; BVerfG (K) FamRZ 2008, 1737; für Dreijährige: OLG Frankfurt FamRZ 1997, 571.

[595] Dazu *Windel* FamRZ 1997, 713 (714 f.). – § 1680 II 2 BGB ist verfassungskonform zugunsten der leibl. Eltern auszulegen, BVerfG (K) NJW 2006, 1723; FamRZ 2008, 2185 (2186 f.).

[596] Eine Ausnahme, die sich aus dem Auseinanderfallen von zivil- u. strafrechtlicher „Volljährigkeit" ergibt, sind Erziehungsmaßnahmen nach JGG gegen volljährige Heranwachsende, BVerfGE 74, 102 (124 f.).

[597] Allg. zur staatlichen „Zurückhaltung": BVerfGE 10, 59 (83 ff.).

[598] BVerfGE 24, 119 (144 f.); 60, 79 (91 u. 93).

[599] Zum Abbruch lebenserhaltender Maßnahmen BVerfG (K) FamRZ 2007, 2046 f.

[600] Zu Recht behutsam i. d. R. die Rspr. Übersicht bei *Götz*, in: Palandt § 1671 Rn. 35. Maßvoll zur Frage von Bluttransfusionen *Fahrenhorst* EuGRZ 1996, 633 (635); s. hierzu auch BVerfG (K) NJW 2002, 206. Zu Familien, die den Zeugen Jehovas angehören *Oelkers/Kraeft* FuR 1997, 161 ff. § 1671 BGB wurde neu gefasst, § 1672 BGB aufgehoben durch das Gesetz zur Reform der elterlichen Sorge nicht miteinander verheirateter Eltern v. 16.4.2013, BGBl. I S. 795. Dazu noch → Fn. 764.

[601] Zutreffend BVerwG NVwZ 2001, 924 (925 f.).

unparteiischer Streitschlichter betätigt.[603] Dem Familiengericht obliegt allein die „formale" Aufgabe der Zuweisung des Sorgerechts an *einen* Elternteil; *in der Sache* darf es nicht entscheiden.[604]

Scheitern also z. B. nach einer Scheidung elterl. Einigungsversuche[605] oder fehlt es an einer trag- **81** fähigen soz. Beziehung und einem Mindestmaß an Übereinstimmung zwischen den Eltern,[606] bedarf es einer kindeswohlorientierten[607] und die gleichermaßen geschützten Rechtspositionen beider Eltern in Betracht ziehenden **staatlichen Entscheidung** über das dann ggf. nur *einem* Elternrechtsträger zuzuweisende Sorgerecht,[608] den Unterhalt[609] und das Umgangsrecht.[610] Zur Bestellung eines Verfahrensbeistands[611] ist § 158 FamFG zu beachten.[612]

Jenseits der Elternrechtsgrenzen können die Eltern die Ausübung des Wächteramts auch nicht durch **82** die **Berufung auf andere Grundrechte** (etwa auf Art. 4) abwehren. Allein Art. 6 II bildet das rechtliche „Medium" für die „Übertragung" von Erziehungsinhalten auf das Kind. Art. 4 etwa gibt niemandem, auch Eltern nicht, ein Recht auf „Erziehung" anderer.[613]

**Außerhalb** der engen staatlichen „Wächter"-Befugnisse **sind die Eltern frei.**[614] Art. 79 III gilt **83** für sie nicht: Sie sind nicht auf die dort niedergelegte „Verfassungsessenz" festgelegt, bezüglich derer der *Staat* – ausnahmsweise – nicht zur Neutralität verpflichtet ist. Auch dort, wo der Staat selbst „werthaltig" ist, hat er den familiären Innenbereich als Folge der in Art. 6 getroffenen Festlegungen zu respektieren. Er kann ihn nicht einmal mittels der im GG für unabänderbar erklärten „Verfassungsessenz" materiell auffüllen.[615] Deshalb ist Vorsicht geboten bei der Heranziehung „sozialer Normen" als Maßstab für die Feststellung elterlicher Grenzüberschreitung.[616] Das ändert freilich nichts daran, dass bei der Bewältigung erzieherischer „Randerscheinungen" faktisch doch der Staat (durch seine Gerichte) den Verlauf der Grenzlinien der Wächterbefugnisse bestimmt (s. noch → Rn. 85).[617]

## C. Die Trennung des Kindes von der Familie (Abs. 3)

Art. 6 III steht in engem Zusammenhang mit Art. 6 II 2. Die Norm betrifft ebenfalls die **Ausübung** **84** des staatlichen **Wächteramtes**.[618] Sie ist lex specialis nicht nur zu Art. 6 I,[619] sondern im Hinblick auf

---

[602] S. einerseits *Jestaedt* DVBl 1997, 693 (696); ähnlich *Scholz* FPR 1998, 62 (70 f.); offenlassend andererseits *Coester* FamRZ 1996, 1181 (1182). S. auch *Stern,* StaatsR IV/1, S. 511. – Bspe. BVerfG (K) FamRZ 2005, 1815; BGH NJW 2005, 2080.

[603] BVerfGE 31, 194 (208 u. 210 f.); 61, 358 (373); BVerfG (K) FamRZ 1994, 223 (224); doch betreffen staatl. Maßnahmen zugunsten eines Elternteils stets auch das Grundrecht des anderen, s. nur BVerfGE 31, 194 (206); 99, 145 (164).

[604] BVerfG (K) NJW 2003, 1031. S. aber § 1617 II 4 BGB.

[605] Im Einigungsfall verletzt die Versagung des gemeinsamen Sorgerechts Art. 6 II 1 (BVerfGE 61, 358 [374]; → Rn. 55). Die Konsequenzen zieht das KindRG, insbes. § 1671 BGB.

[606] BVerfG (K) FamRZ 2004, 1015 (1016).

[607] Deshalb z. B. keine Sorgerechtsübertragung auf erziehungsunfähigen Elternteil, BVerfGE 55, 171 (181); 84, 168 (183). – Zur *Geschwisterbindung* (bisher § 1671 II BGB): BVerfGE 61, 358 (377); 84, 168 (182). Allgemein zur „Familienkontinuität" *Schwab* FamRZ 1998, 457 (464).

[608] BVerfGE 56, 363 (382 u. 391); 61, 358 (372 f., 374, 381); 92, 158 (178); BVerfG (K) NZFam 2018, 72 (74). S. auch BVerfG FamRZ 2006, 537 (539): Gewaltsame Kindeswegnahme nur letztmögliches Mittel. – Zur Bindung auch des Sorgerechts*verfahrens* an das Kindeswohl BVerfG (K) NJW 1994, 1208 (1209); BVerfGE 99, 145 (157); vgl. auch Art. 12 UNKRÜ. Der nicht Sorgeberechtigte ist dann auch nicht mehr „Erziehungsberechtigter" iSv Art. 6 III u. 7 II, V, s. OVG NRW NVwZ 2001, 935.

[609] BVerfGE 57, 361 (382).

[610] BVerfGE 64, 180 (188); BVerfG (K) FamRZ 2009, 399 (400); FamRZ 2010, 109 f. – Der Beratungsanspruch des Kindes gem. § 18 III 1 SGB VIII dient einer einvernehmlichen Lösung für Umgangskonflikte. – Zur Bedeutung des Art. 8 EMRK für das Sorge- und Umgangsrecht des leiblichen Vaters mit Betonung des Kindeswohles als maßgeblichem Aspekt EGMR NJW 2004, 3397 u. 3401; ähnlich BVerfGE 111, 307 (316).

[611] Zum *Verfahrenspfleger* nach dem früheren § 50 FGG s. BVerfG (K) NJW 2003, 3544. Zum Verhältnis von Ergänzungs- und Verfahrenspfleger BVerfGE 99, 145 (155, 157). Zu § 158 FamFG s. *Salgo* FPR 2010, 456 ff.; *Vogel* FPR 2010, 43 ff.

[612] Im Abschnitt über Unterhaltssachen ist das nicht vorgesehen, weil hier nicht die Gefahr besteht, dass das Kind zum bloßen Verfahrensobjekt oder zum Gegenstand von seine Person betreffenden Konflikten wird. In Ausnahmefällen kann auch hier jedoch ein Ergänzungspfleger nach §§ 1629 II 3, 1796 BGB bestellt werden (vgl. *Büte,* in: Johannsen/Henrich, Familienrecht, 6. Aufl. 2015, § 1666 BGB Rn. 82 m. w. Nw.; *Schumann,* in: MüKo FamFG, 3. Aufl. 2018, § 158 FamFG Rn. 5).

[613] Ungenau BVerfGE 41, 29 (LS. 2); 52, 223 (236); *Stern,* StaatsR IV/1, S. 625; wie hier *Jestaedt* HdbStKiR II, § 52 (S. 385 f.).

[614] BVerfGE 24, 119 (138); *Brosius-Gersdorf,* in: Dreier I, Art. 6 Rn. 183.

[615] S. auch *Schmitt-Kammler* (Schriftt. B), S. 30; im Ergebnis ähnlich *Isensee* (Fn. 456), Sp. 229.

[616] Zu Recht zurückhaltend mit Blick auf die fehlende Förderung oder die Inkaufnahme von Fettleibigkeit daher *Brosius-Gersdorf,* in: Dreier I, Art. 6 Rn. 184.

[617] Grundlegend zu vergleichbarer Problematik *Muckel,* Religiöse Freiheit und staatliche Letztentscheidung, 1997.

[618] BVerfGE 24, 119 (138); *Stern,* StaatsR IV/1, S. 593; teilw. differenzierend *Jestaedt/Reimer* BK, Art. 6 II/III Rn. 449 ff., insb. 453 ff.

[619] BVerfGE 31, 194 (204).

Trennungsbefugnisse auch zu Art. 6 II.[620] Art. 6 III enthält (ua) ein Abwehrrecht (jedenfalls der Eltern bzw. Erziehungsberechtigten):[621] Die Trennung als stärkster Eingriff in das Elternrecht[622] ist nur unter den Voraussetzungen des qualifizierten Gesetzesvorbehalts in Art. 6 III[623] zulässig.[624] Zugleich gestattet Art. 6 III aber dem Gesetzgeber, für diese Fälle die Trennung zuzulassen.

85 Die Trennung setzt die Gefahr der Verwahrlosung durch **Versagen** der Erziehungsberechtigten oder aus anderen Gründen voraus.[625] Erforderlich ist die (auch unverschuldet mögliche)[626] nachhaltige Nichterfüllung der Erziehungspflichten; die gelegentliche Nachlässigkeit oder einmalige Pflichtwidrigkeit reicht nicht aus.[627] Das elterliche Fehlverhalten muss ein solches Ausmaß erreichen, dass das Kind durch ein Verbleiben in der Familie in seinem körperlichen, geistigen oder seelischen Wohl nachhaltig gefährdet ist. Der Schaden muss bereits eingetreten oder mit ziemlicher Sicherheit voraussehbar sein.[628]

86 Bei dauerndem Elternversagen muss die Behörde versuchen, das Kind in einer anderen (Pflege- oder Adoptions-)Familie unterzubringen.[629] Bedenklich ist die Auffassung, Art. 6 III sei *nicht* einschlägig, wenn die Trennung nicht mit dem Ziel der Zurückdrängung des Elternrechts, sondern (im Falle des § 1748 BGB) zur Schaffung eines neuen, funktionsfähigen Eltern-Kind-Verhältnisses erfolge:[630] Art. 6 III will – ungeachtet seiner Veranlassung durch NS-Zwangserziehungsversuche[631] – nicht nur eine Trennung „zugunsten" des Staates, sondern überhaupt eine mit staatl. Gewalt erfolgende Trennung eines Kindes von der Familie verhindern. Immerhin geht es bei § 1748 BGB um den vollständigen Verlust der Elternstellung.[632]

87 Eine Trennung bedarf stets einer **gesetzlichen Ermächtigung** (Parlamentsvorbehalt),[633] die sich an den Richter wendet. Ermöglicht wird die Trennung etwa durch §§ 1632 IV,[634] 1682, 1666,[635] 1666a BGB und § 42 SGB VIII. Das Übermaßverbot ist strikt zu beachten.[636] Daran ist mit Blick auf etliche, vom BVerfG unter Anlegung seines hier strengen Kontrollmaßstabs[637] festgestellte Verstöße gegen Art. 6 III[638] deutlich zu erinnern. 2018 hat es bundesweit über 16 000 Sorgerechtsentzüge gegeben.[639]

88 Der Ausdruck **Erziehungsberechtigte** modifiziert den Kreis der Grundrechtsträger gegenüber Art. 6 II 1. Er erfasst – soweit ihnen das Sorgerecht zusteht – Eltern iSv Art. 6 II 1 (→ Rn. 54), überlebende Stiefelternteile (§§ 1682, 1688 IV BGB), Vormünder und Pfleger im Rahmen ihrer

---

[620] Als lex specialis auch zu Art. 6 II 1 sehen Art. 6 III *Robbers* MKS I, Art. 6 Rn. 255; anders *Jestaedt/Reimer* BK, Art. 6 II/III Rn. 453.

[621] Offengelassen für die Kinder in BVerfGE 28, 104 (112); *Höfling* HStR VII, § 155 Rn. 67; vorsichtig bejahend *Sachs*, VerfassungsR II, Kap. 18 Rn. 46; abl. *Stern*, StaatsR IV/1, S. 538.

[622] BVerfGE 60, 79 (89); 107, 104 (118); zuletzt etwa BVerfG (K) FamRZ 2012, 1127 (1128).

[623] BVerfGE 24, 119 (136 u. 138 f.); s. auch BVerfGE 76, 1 (48) (Schranken des Wächteramtes). Auch für Maßnahmen nach Art. 6 III gilt allerdings das o. (→ Rn. 79) Gesagte.

[624] BVerfGE 24, 119 (138 f.). So auch die üw. M. in der Literatur, s. nur *Badura*, in: Maunz/Dürig, Art. 6 Rn. 141; *Jestaedt/Reimer*, BK, Art. 6 II/III Rn. 454.; *Stern*, StaatsR IV/1, S. 536; aA *Jarass*, in: Jarass/Pieroth, Art. 6 Rn. 60. – Daneben wird auch hier von einer „allgemeinen Wertentscheidung zugunsten der Familie" gesprochen (BVerfGE 24, 119 [149]).

[625] Also beim Überschreiten äußerster Grenzen, *Höfling* HStR VII, § 155 Rn. 99. S. noch *Kingreen/Poscher*, Rn. 740; BVerfGE 38, 154 [170]) sowie → Rn. 71, → Rn. 84 ff.; Erweiterung dieser Gründe nur durch kollidierendes Verfassungsrecht (Freiheitsstrafe; früher auch Wehrpflicht), s. *Stern*, StaatsR IV/1, S. 617).

[626] Bsp. in BayObLG DAVorm 1996, 625; s. auch → Rn. 76.

[627] BVerfG (K) FamRZ 2008, 492. Es gilt hier also (erst recht) das in → Rn. 79 Gesagte. Vgl. dazu auch *Stern*, StaatsR IV/1, S. 594 Fn. 1130; BVerfGE 107, 104 (118).

[628] St. Rspr., s. etwa BVerfG (K) NJW 2015, 223 f.; FamRZ 2016, 439 ff. Zu den Folgen für die Verwertung von Sachverständigengutachten BVerfG (K) NJW 2015, 223 (224). Zur umgekehrten Situation (Ablehnung der Trennung, obwohl Anhaltspunkte für Gefährdung vorliegen) BVerfG NJW 2017, 1295 ff.

[629] *Stern*, StaatsR IV/1, S. 594 f.

[630] So aber BVerfGE 24, 119 (142); 76, 1 (48) für § 1748 BGB. Wie hier *Kingreen/Poscher*, Rn. 775.

[631] BVerfGE 24, 119 (142).

[632] Dazu schon oben → Rn. 78. – Zur Verfassungsmäßigkeit der Regelung (§ 1747 BGB aF) BVerfGE 24, 119 (135 ff.); *Coester-Waltjen*, in: Münch/Kunig I, Art. 6 Rn. 94.

[633] *Groß* FPR 2004, 411 (412); *Jestaedt/Reimer* BK, Art. 6 II/III Rn. 485; auch → Rn. 78.

[634] Für den umgekehrten Fall → Rn. 88. Zur Verfassungsgemäßheit von §§ 1632 IV u. 1666 I BGB aF: BVerfGE 68, 176 (187). Zur Bedeutung des Art. 6 I bei der Auslegung des § 1632 IV BVerfG (K) NJW 2010, 2336 (2337 f.); BGH NJW 2017, 472 ff. S. auch *Windel* FamRZ 1997, 713 (722 ff.), ua (S. 724) zur Unbedenklichkeit des § 1688 BGB. – Nach *Sachs*, VerfassungsR II, Kap. 18 Rn. 42, kein Fall des Art. 6 III.

[635] Geändert durch G v. 4.7.2008, BGBl. I S. 1188. Kritisch zur Änderung *Czerner*, Vorläufige Freiheitsentziehung bei delinquenten Jugendlichen zwischen Repression und Prävention, 2008, S. 28 f. Zur bewusst generalklauselartigen Formulierung *Coester* FPR 2009, 549 (550). § 1666 BGB verpflichtet nicht dazu, sich untersuchen zu lassen, BGHZ 184, 269 ff.

[636] BVerfGE 60, 79 (89); 79, 51 (60); BVerfG (K) FamRZ 2012, 938 ff.

[637] BVerfG (K) NJW 2015, 223 (224).

[638] Zuletzt z. B. BVerfG (K) FamRZ 2014, 907 ff.; FamRZ 2014, 1266 ff.; FamRZ 2014, 1270 ff.; NJW 2015, 223 ff.; FamRZ 2015, 2120 ff.; FamRZ 2016, 22 ff.; FamRZ 2016, 439 ff.

[639] S. www.destatis.de, Unterrubrik „Kinder- & Jugendhilfe".

Zuständigkeit (ggf. also eine jurist. Person)[640] sowie ausnahmsweise auch Pflegeeltern,[641] nicht aber neue (Ehe-)Partner eines Elternteils als solche.

**Trennung** ist die *tatsächliche* Trennung[642] unter Fortbestand des rechtlichen Bandes,[643] also der **89** Eltern-Kind-Beziehung und der darauf grds. beruhenden Rechte und Pflichten,[644] wobei das Erziehungsrecht aber praktisch auf den Staat übergeht.[645] Nur flüchtige Maßnahmen (z. B. eine polizeiliche Vernehmung) stellen wohl ebenso wie die Schulpflicht[646] noch keine „Trennung" dar. Nicht als Trennung gelten auch Umgangsregelungen zwischen den Eltern[647] und Sorgerechtsübertragungen auf einen Elternteil bei Scheidung[648] sowie ausländerbehördliche Maßnahmen zur Begrenzung des Familiennachzuges,[649] wohl aber die stationäre Unterbringung eines Kindes zur psychiatr. Begutachtung.[650] Art. 6 III gilt auch, wenn über die *Fortdauer* einer Trennung entschieden wird[651] und ist auch bei vorl. Eilmaßnahmen zu berücksichtigen.[652]

## D. Schutz und Fürsorge für Mütter (Abs. 4)

Art. 6 IV **konkretisiert das Sozialstaatsprinzip,** aus dem deshalb kein weitergehender Schutz **90** abgeleitet werden kann.[653] Die Vorschrift knüpft unabhängig von Ehe und Familie ausschließlich an die Schwangerschaft/Mutterschaft[654] an, an den biolog. Kerntatbestand, der Eltern und Familie erst entstehen lässt.[655] Sie erfasst Schwangerschaft, Geburt und Stillzeit, aber nicht die gesamte Lebenszeit einer Mutter.[656] Schutz und Fürsorge bilden eine Einheit;[657] der Staat leistet sie, wenn er die im Zusammenhang mit Schwangerschaft und Mutterschaft entstehenden bes. Belastungen weitgehend[658] ausgleicht. Die Kosten des Mutterschutzes brauchen nicht allein vom Staat getragen zu werden; zur „Gemeinschaft" zählen auch die Arbeitgeber.[659] Art. 6 IV entfällt als Prüfungsmaßstab, wenn staatl. Maßnahmen nicht nur Mütter betreffen.[660]

Art. 6 IV enthält nicht nur einen Programmsatz,[661] sondern einen **bindenden Auftrag,** der sich **91** primär – aber nicht allein –[662] an den Gesetzgeber richtet.[663] Ihn trifft eine Schutzpflicht,[664] bei deren Erfüllung durch das geltende Mutterschutzrecht,[665] namentlich das MuSchG,[666] er einen weiten,

---

[640] *Coester-Waltjen,* in: v. Münch/Kunig I, Art. 6 Rn. 2; *Höfling* HStR VII, § 155 Rn. 77; *Sachs,* VerfassungsR II, Kap. 18 Rn. 45 ff.; abl. für das Jugendamt zu Recht *Stern,* StaatsR IV/1, S. 538.

[641] BVerfGE 68, 176 (187); 75, 201 (217 ff.); abschwächend BVerfG 79, 51 (60). Vgl. auch o. → Rn. 16 Fn. 106 u. → Rn. 54 Fn. 467. – S. auch § 1688 I BGB, ferner § 1688 IV iVm § 1632 IV BGB. Zu § 1632 IV BGB u. dem KindRG *Coester-Waltjen,* in: v. Münch/Kunig I, Art. 6 Rn. 95; *Finger* FuR 1998, 37; das Verhältnis von § 1632 IV BGB und § 1748 BGB aF behandelt BVerfG (K) FamRZ 1988, 807.

[642] BVerfGE 31, 194 (210); *Sachs,* VerfassungsR II, Kap. 18 Rn. 43.

[643] Zur Relevanz von Art. 6 III bei vollständigem Verlust der Elternstellung → Rn. 86.

[644] BVerfGE 24, 119 (139 f.); problematische Fälle bei *Sachs,* VerfassungsR II, Kap. 18 Rn. 50.

[645] *Badura,* in: Maunz/Dürig, Art. 6 Rn. 24 aE

[646] BVerfG (K) NVwZ 2003, 1113 (1114); *Sachs,* VerfassungsR II, Kap. 18 Rn. 50; → Art. 7 Rn. 11 ff.

[647] Dagegen ist für den Umgangsausschluss bei einem in einer Pflegefamilie lebenden Kind die Wertung des Art. 6 III heranzuziehen, BVerfG (K) NJW 2013, 1867 ff.

[648] BVerfGE 31, 194 (210).

[649] BVerfGE 76, 1 (48).

[650] BVerfGK 1, 122. – S. im Übrigen → Rn. 85.

[651] BVerfGE 68, 176 (187).

[652] BVerfG (K) NJW 2011, 3355 f. Zur Zulässigkeit eines vorl. Sorgerechtsentzugs ohne vorherige Einholung eines Sachverständigengutachtens BVerfG (K) NZFam 2018, 599 ff.

[653] BVerfGE 32, 273 (279); BVerfG (K) NVwZ 1997, 54 (55); *Aubel* (s. Schriftt. C), S. 90, 234; *Badura,* in: Maunz/Dürig, Art. 6 Rn. 151.

[654] Zum Schutz auch und gerade der Schwangeren BVerfGE 32, 273 (277); 52, 357 (365); 85, 360 (372); BVerfG (K) NJW 1994, 785 (786). – Früher zielte die Vorschrift besonders auf die nichteheliche Mutter, vgl. *Badura,* in: Maunz/Dürig, Art. 6 Rn. 144.

[655] *Ipsen* HStR VII, § 154 Rn. 15.

[656] BVerwGE 61, 79 (84); *Coester-Waltjen,* in: v. Münch/Kunig I, Art. 6 Rn. 108; anders *Robbers* MKS I, Art. 6 Rn. 292; offengelassen in BVerfGE 32, 273 (277); 94, 241 (259); differenzierend *Stern,* StaatsR IV/1, S. 558 f.

[657] *Robbers* MKS I, Art. 6 Rn. 294; anders *Aubel* (Schriftt. C), S. 64 ff.

[658] Der Gesetzgeber muss nicht jede wirtschaftliche Belastung ausgleichen. Dazu BVerfGE 60, 68 (74); BVerfG (K) NJW 1994, 785 (786); *Badura,* in: Maunz/Dürig, Art. 6 Rn. 146.

[659] BVerfGE 37, 121 (125 ff.); 109, 64 (87 f.). Zu Bedenken gegen die Belastung der Arbeitgeber *Coester-Waltjen,* in: v. Münch/Kunig I, Art. 6 Rn. 146.

[660] BVerfGE 87, 1 (41 f.); 94, 241 (259); BVerfG (K) NZS 2010, 626; BVerfG (K) NJW 2011, 1663.

[661] *Stern,* StaatsR IV/1, S. 542.

[662] Zu Exekutive und Judikative BVerfGE 88, 203 (259); 103, 89 (102).

[663] BVerfGE 32, 273 (277); 52, 357 (364); *G. Kirchhof* AöR 129 (2004), 542 (575).

[664] *Brosius-Gersdorf,* in: Dreier I, Art. 6 Rn. 222.

[665] Dazu BVerfGE 85, 360 (372).

[666] G zum Schutz von Müttern bei der Arbeit, in der Ausbildung und im Studium v. 23.5.2017, BGBl. I, 1228, dazu *Blattner* DB 2017, 1031 f.

jedoch durch das Untermaßverbot beschränkten[667] Gestaltungsspielraum hat.[668] Der Gesetzgeber hat (ua[669] im Arbeitsrecht) Regelungen zu schaffen, die bes. Rücksicht auf Mütter nehmen und auch faktischen Diskriminierungen entgegenwirken.[670] Dem Mutterschutz (Kündigungsschutz) entgegensteh. Arbeitgeberinteressen müssen weitgehend zurückstehen.[671]

**92**  Die in Art. 6 IV enthaltene **Grundsatzentscheidung**[672] entfaltet Bindungswirkung für die gesamte Rechtsordnung. Sie erkennt Mutterschaft und Kindesbetreuung als nicht nur private, sondern auch im Interesse der Gemeinschaft liegende Leistungen an,[673] und setzt sich auch gegen „extreme Belastungen der öffentlichen Haushalte" durch.[674]

**93**  Ähnlich wie Art. 6 I **verbietet** Art. 6 IV jede **Diskriminierung** und verengt den gem. Art. 3 I bestehenden Gestaltungsspielraum des Gesetzgebers.[675] Die Schwangerschaft darf deshalb nicht als Eignungsmangel i. S. d. Art. 33 II gelten.[676] Unzulässig ist die restriktive Bemessung der Bezüge im Mutterschutz.[677] Die Hinauszögerung des Besoldungsdienstalters um die Mutterschutzzeit soll hingegen zulässig sein.[678] Unzulässig war jedoch die Nichtberücksichtigung der mutterschutzbedingt zwingend beschäftigungslosen Zeiten für die Berechnung von Anwartschaften in der Arbeitslosenversicherung.[679] Mutterschaftsgeld darf auf den Erziehungsgeldanspruch des Vaters angerechnet werden.[680]

**94**  Umgekehrt **gestattet** Art. 6 IV, insoweit als lex specialis zu Art. 3,[681] **„Bevorzugungen"** von Frauen gegenüber Männern.[682] Gerechtfertigt (und zumindest zT auch geboten) sind z. B. der Mutterschaftsurlaub, das Mutterschaftsgeld sowie der Schutz vor dem Verlust des Arbeitsplatzes während Schwangerschaft und Entbindung.[683]

**95**  Art. 6 IV enthält auch ein – in erster Linie leistungsrechtlich ausgestaltetes –[684] **Grundrecht**.[685] Dieses ist vorbehaltlos gewährleistet, aber auf Grund kollidierender Verfassungsgüter beschränkbar.[686] Es richtet sich gegen den Gesetzgeber[687] und ist verfassungsbeschwerdefähig. **Träger** sind – obgleich mitbegünstigt – weder (ungeborene) Kinder[688] noch (werdende) Väter,[689] sondern – unabhängig von der Staatsangehörigkeit –[690] alle (werdenden) Mütter.[691] Ob sie verheiratet sind, ist unerheblich. Adoptivmütter[692] werden ebenso wie Pflege- oder Stiefmütter nicht erfasst. Art. 6 IV knüpft an den

---

[667] *Stern,* StaatsR IV/1, S. 617.

[668] BVerfGE 109, 64 (87).

[669] Zur Inhaltskontrolle von Eheverträgen mit Schwangeren BVerfGE 103, 89 (102); BVerfG (K) NJW 2001, 2248; BGH NJW 2006, 3142; zur Gesamt- oder Teilnichtigkeit vgl. *Brambring* NJW 2007, 865 ff.

[670] LSG NRW v. 10.12.2009 – L 16 (5) KR 211/08.

[671] BVerfGE 52, 357 (367); 84, 133 (156). Irrelevant werden die Grundrechte des Vertragspartners aber nicht. Dazu AG Hannover v. 28.5.2009, 568 C 15 608/08.

[672] BVerfG (K) NJW 2005, 2382 (2383); *Badura,* in: Maunz/Dürig, Art. 6 Rn. 161, 167; *Fuchsloch/Schuler-Harms* NJW 2004, 3065 (3069).

[673] BVerfGE 88, 203 (258 f.). Das ist mit Blick auf den demographischen Wandel wichtiger denn je (*Stern,* StaatsR IV/1, S. 550). – Zum Zusammenhang mit der Förderpflicht des Art. 6 I und bestehenden Defiziten *Coester-Waltjen,* in: v. Münch/Kunig I, Art. 6 Rn. 109 aE; *E. M. v. Münch* HdbVerfR, § 9 Rn. 31; *Suhr* Der Staat 29 (1990), 69 (82).

[674] BVerfGE 84, 133 (156); dazu BAG FamRZ 1993, 1194 (1195) u. FamRZ 1996, 105.

[675] BVerfGE 65, 104 (113). Zur Möglichkeit, dass Art. 3 I den vorrangigen Prüfungsmaßstab darstellt, s. BVerfGE 75, 348 (357). Art. 3 I geht insbesondere dort vor, wo es um die Gleichbehandlung mehrerer Mütter geht. Dazu *Aubel* (Schrift. C), S. 41.

[676] BVerfGE 44, 211 (215).

[677] BVerwGE 61, 79 (85); BVerwG DVBl 1984, 1216.

[678] BVerwGE 47, 23 (30).

[679] BVerfGE 115, 259 (271). Zu beitragsfreier Mitgliedschaft in berufsständischen Versorgungswerken BVerwG NJW 2002, 2193 (2194); *Kirchhof/Kilger* NJW 2005, 101 (104); *Fuchsloch/Schuler-Harms* NJW 2004, 3065 (3069). – Zu Versorgungsanwartschaften einer Rechtsanwältin BVerfGE 113, 1 ff.

[680] BSGE 69, 95 (99 f.). Zu Kinderbetreuungskosten → Rn. 39.

[681] *Stern,* StaatsR IV/2, S. 1671.

[682] BSGE 56, 8 (9 ff.); *Aubel* (s. Schrift. C), S. 48; *Badura,* in: Maunz/Dürig, Art. 6 Rn. 155; *Hesse,* Grundzüge des Verfassungsrechts, Rn. 436; *Stern,* StaatsR IV/1, S. 545, 550.

[683] BAG NJW 1986, 743; BSGE 56, 8 (9 ff.); BVerfGE 32, 273 (277) (dort auch zum Verlust des Kündigungsschutzes); 52, 357 (365); s. auch EuGH NJW 2002, 123 f.

[684] Die Abwehrkomponente wird bei drohender Diskriminierung relevant (→ Rn. 93).

[685] BVerwGE 47, 23 (27); *Coester-Waltjen,* in: v. Münch/Kunig I, Art. 6 Rn. 105; *Stern,* StaatsR IV/1, S. 541, 544; offen gelassen von BVerfG (K) NJW 2005, 2382 (2383). Zum teilhaberechtlichen Charakter *Aubel* (s. Schrift. C), S. 67, 91; *Burgi,* in: Friauf/Höfling, Art. 6 Rn. 170.

[686] *Aubel* (s. Schrift. C), S. 168, 192; *Jarass,* in: Jarass/Pieroth, Art. 6 Rn. 74.

[687] *Duttge,* in: Siekmann/Duttge, Rn. 372.

[688] *Stern,* StaatsR IV/1, S. 557; aA *Coester-Waltjen,* in: v. Münch/Kunig I, Art. 6 Rn. 107; aA auch *Schmitt-Kammler* bis zur 4. Aufl.

[689] BVerfGE 87, 1 (42); 94, 241 (259); BFHE 193, 234 (240); *Aubel* (Schrift. C), S. 119. Zu deren denkbarer Einbeziehung *Aubel* RdA 2004, 141 (143).

[690] *Aubel* (s. Schrift. C), S. 118; *Badura,* in: Maunz/Dürig, Art. 6 Rn. 155.

[691] BVerfGE 55, 154 (157 f.); 88, 203 (258).

[692] BSG NJW 1981, 2719; BAGE 43, 205 (209); OVG Bln NVwZ 2000, 221.

biologischen Vorgang des Gebärens an; „soziale Mütter" werden durch Art. 6 I–III ausreichend geschützt.[693] Nicht Mutter iSv Art. 6 IV[694] ist die Ei- oder Embryonenspenderin,[695] wohl aber die Leihmutter, die das Kind zur Welt bringt.[696] Das entspricht der Festlegung in § 1591 BGB. Mit ihrer Hilfe lassen sich Verstöße gegen das Verbot der Eizellenspende (§ 1 I Nr. 1 EmbryoSchG, s. auch §§ 13c, 13d AdoptVermiG) zivilrechtlich bewältigen.[697] Zugleich wird dem Kind jedoch die Kenntnis seiner biologischen Abstammung mütterlicherseits (entgegen der gesetzgeberischen Tendenzen mit Blick auf den Vater)[698] versagt.[699] Denselben Effekt hat die Ermöglichung anonymer Geburten und sog. Babyklappen; ob sie unter Berufung auf Art. 6 IV gerechtfertigt sind, ist umstritten.[700]

Der Schutz des Art. 6 IV endet nicht durch eine Tot- oder Fehlgeburt.[701] Art. 6 IV verpflichtet den **96** Staat, die Mutter vor Druck zur Abtreibung auch aus ihrem Umfeld zu schützen;[702] die Vorschrift verstärkt insofern die Schutzpflicht für das werdende Leben aus Art. 1 I, 2 II.[703]

## E. Gleichstellung nichtehelicher Kinder (Abs. 5)

### I. Allgemeines

Art. 6 V fordert als besondere Ausprägung des Sozialstaatsprinzips[704] die Gleichstellung unehelicher **97** Kinder. Im einfachen Gesetzesrecht wurde die Bezeichnung „unehelich" seit 1979 durch „nichtehelich" ersetzt; seit 1998 spricht der Gesetzgeber von „Kindern nicht miteinander verheirateter Eltern". Zu Binnenkonflikten innerhalb des Art. 6 führt die Vorschrift nicht: Familien umfassen auch Konstellationen mit nichtehelichen Kindern;[705] auch eine Antinomie zum Eheschutz verneint das BVerfG.[706] Für das Kindschaftsrecht hat das KindRG 1998 die Unterschiede zwischen ehelichen und nichtehelichen Kindern abgeschafft (→ Rn. 102 ff.).

### II. Art. 6 V als Gesetzgebungsauftrag, Grundrecht und Grundsatznorm

Art. 6 V enthält einen bindenden **Auftrag an den Gesetzgeber**.[707] Das GG geht davon aus, dass **98** die eheliche Elternschaft einem Kind die besten Entwicklungsbedingungen bietet.[708] Die Lage eines Kindes, dem diese Bedingungen durch seine nicht miteinander verheirateten Eltern nicht geboten werden, hat der Gesetzgeber möglichst weit derjenigen eines ehelichen anzupassen.[709] Dem nachgekommen ist der Gesetzgeber erst nach der Androhung des Außerkrafttretens der entgegenstehenden Vorschriften[710] ab 1969; mittlerweile ist der Auftrag auf gesetzlicher Ebene[711] erfüllt.[712]

---

[693] *Sachs,* VerfassungsR II, Kap. 18 Rn. 54. Diff. *Stern,* StaatsR IV/1, S. 556.

[694] Ggf. aber iSv Art. 6 II, → Rn. 54.

[695] *Coester-Waltjen,* in: v. Münch/Kunig I, Art. 6 Rn. 104; *Stern,* StaatsR IV/1, S. 556.

[696] *E. M. v. Münch* HdbVerfR, § 9 Rn. 32. Zur Anerkennung der im Ausland gerichtlich festgestellten Vaterschaft des genetischen Vaters BGHZ 203, 350 ff.; OVG NRW FamRZ 2016, 2130 ff.

[697] *Schwab/Wagenitz* FamRZ 1997, 1377. – Die Strafbarkeit einer solchen Mutterschaft wäre ein Verstoß gegen Art. 6 IV, *Coester-Waltjen,* in: v. Münch/Kunig I, Art. 6 Rn. 104.

[698] S. → Rn. 103; vgl. auch → Rn. 54, 56.

[699] *Gaul* FamRZ 1997, 1441 (1463 ff.).

[700] Krit. *Gernhuber/Coester-Waltjen* (Fn. 21), § 51 Rn. 10 ff.; *Käßmann* ZRP 2010, 63; *Mielitz,* Anonyme Kindesabgabe, 2006; *Wendt,* in: Scholz/Kleffmann/Motzer, Praxishandbuch Familienrecht, 24. EL 2013, Teil U Rn. 95; *Wiesner-Berg* NStZ 2010, 243 ff.; *Willutzki* FS Groß, 2004, S. 249 ff. Positiv dagegen *Teubel* ZRP 2010, 63. S. ferner EGMR NJW 2003, 2145 ff.; *Hassemer/Eidam,* Babyklappen und Grundgesetz, 2011.

[701] *Aubel* (Schriftt. C), S. 115; *Badura,* in: Maunz/Dürig, Art. 6 Rn. 153.

[702] BVerfGE 103, 89 (102); *Aubel* (Schriftt. C), S. 93; *E. M. v. Münch* HdbVerfR, § 9 Rn. 30 mwN – Instruktiv OLG Thüringen FamRZ 1997, 1274 f.: Entscheidung einer 16-jährigen *für* ein Kind kein Zeichen mangelnder Reife. S. auch o. Rn. 73.

[703] *Stern,* StaatsR IV/1, S. 554, 559 ff. Zum Schutz vor Druck dort BVerfGE 88, 203 (296).

[704] *Badura,* in: Maunz/Dürig, Art. 6 Rn. 175.

[705] Vgl. Rn. 16.

[706] BVerfGE 25, 167 (195 f.); 74, 33 (39 f.); s. auch *Stern,* StaatsR IV/1, S. 573.

[707] BVerfGE 84, 168 (185); 118, 45 (62); *Tettinger* JZ 2002, 1146 (1150).

[708] BVerfGE 25, 167 (196 f.).

[709] BVerfGE 56, 363 (384 f.); 84, 168 (185).

[710] BVerfGE 25, 167 (173 f.); s. zuvor schon BVerfGE 8, 210 (216); später BVerfGE 26, 44 (62).

[711] Zur Verletzung von Art. 6 V durch die gerichtliche Ablehnung des Pflichtteilsrechts aber BVerfG (K) NJW 2009, 1065 f. Zur Verletzung durch Versagung der Einbürgerung nach Art. 116 II 1 GG (nichtehelicher Abkömmling eines Ausgebürgerten) BVerfG (K) Beschl. v. 20.5.2020 – 2 BvR 2628/18.

[712] Durch das NEhelG v. 1969, das KindRG, das KindUnterhG u. das ErbGleichG, *Coester-Waltjen,* in: v. Münch/Kunig I, Art. 6 Rn. 113; aA *Stern,* StaatsR IV/1, S. 573. Zur Übergangsproblematik BVerfGE 44, 1 (20 ff.). Während Art. 12 § 10 II 1 NEhelG danach nicht gegen das GG verstößt, bejaht EGMR NJW-RR 2009, 1603 ff., einen Verstoß gegen Art. 14 iVm Art. 8 EMRK. Daher das 2. G zur erbrechtlichen Gleichstellung nichtehelicher Kinder, zur Änderung der ZPO und der AO v. 12.4.2011, BGBl. I S. 615. Für die Verfassungsmäßigkeit der aktuellen Regelung BVerfG (K) NJW 2013, 2103 ff. Anders nun EGMR FamRZ 2017, 656 f.: Verletzung von Art. 14 iVm Art. 8 EMRK.

**99**     **Bezugspunkt** des Gleichstellungsauftrags ist das in stabiler Ehe der eigenen Eltern aufwachsende Kind.[713] „Gleichstellung" geht über „Annäherung" hinaus,[714] sie muss aber nicht schematisch erfolgen;[715] ggf. können Differenzierungen sogar geboten sein.[716] Abweichungen von der Rechtsstellung ehelicher Kinder bedürfen aber besonderer Begründung.[717] Für die Erfüllung des Auftrags kommt es stets auf die gesamte Rechtsstellung des nichtehelichen Kindes an.[718] Für seine seelische Entwicklung sieht das GG das Fehlen der aus Vater und Mutter bestehenden Familiengemeinschaft als nachteilig an. Der Gesetzgeber ist daher durch Art. 6 V gehalten, das Aufwachsen in einer Ersatzfamilie zu fördern.[719]

**100**    Art. 6 V ist eine **Grundsatznorm**,[720] die sich primär an den Gesetzgeber richtet. Zudem enthält die Vorschrift ein vorbehaltloses, nur durch kollidierende Verfassungsgüter beschränkbares[721] und von der Staatsangehörigkeit unabhängiges **Grundrecht**, das eine abwehr- und eine leistungsrechtliche Komponente hat.[722] Träger ist das– nicht zwingend minderjährige –[723] Kind[724] nicht miteinander verheirateter Eltern,[725] nicht aber dessen Eltern.[726] Als Konkretisierung des allgemeinen Gleichheitssatzes begrenzt Art. 6 V die gesetzgeberische Gestaltungsfreiheit insofern,[727] als diese nur noch hinsichtlich des Weges zum Ziel der Gleichstellung besteht.[728] Die Vorschrift ist lex specialis zu Art. 3 I[729] und (mit Blick auf die Abstammung) zu Art. 3 III.[730] Keine Spezialität besteht zu Art. 3 II,[731] doch darf die Zielsetzung des Art. 6 V so nicht unterlaufen werden.[732]

**101**    Als spezieller Gleichheitssatz **untersagt** Art. 6 V **Benachteiligungen**[733] einschließlich mittelbarer Schlechterstellungen, die zwar nicht an die nichteheliche Geburt anknüpfen, die sich aber nahezu ausschließlich zu Lasten Nichtehelicher auswirken.[734]

### III. Auswirkungen im Privatrecht

**102**    Art. 6 V wirkt sich vielfältig im Privatrecht aus. Verfassungswidrig waren die Unterhaltsbefristung und die Nicht-**Verwandtschaft** mit dem Vater[735] (zulässigerweise differenzierend § 1592 Nr. 1 BGB).[736] Dem nichtehelichen Kind muss eine angemessene Beteiligung am väterlichen **Nachlass** zuerkannt werden,[737] die nicht von der Anerkennung der Vaterschaft vor dem Tod des Vaters abhängen darf.[738] Eine allgemeine Zerrüttungsklausel als Grund für die Entziehung des Pflichtteils wäre unzulässig, weil sie das Risiko erhöhen würde, dass nichteheliche Kinder häufiger von der Entziehung betroffen wären als eheliche.[739] Die ehemals unterschiedliche Regelung der – seit dem 1.1.2008 vereinheitlichten – **Unterhaltsansprüche** für die Betreuung ehelicher und nichtehelicher Kinder verstieß trotz der weitgehenden Angleichung (§§ 1615a ff. BGB aF)[740] gegen Art. 6 V.[741]

---

[713] BVerfGE 84, 168 (185). Zur Statistik → Fn. 99.

[714] BVerfGE 8, 210 (215); 25, 167 (183); 85, 80 (88).

[715] BVerfGE 17, 280 (284).

[716] BVerfGE 85, 80 (87 f.).

[717] BVerfGE 74, 33 (39); zudem ua BVerfGE 107, 150 (183 f.); 118, 45 (62); BVerfG (K) FamRZ 2004, 433.

[718] BVerfGE 17, 280 (284); 85, 80 (87 f.); vgl. auch BVerfGE 44, 1 (19 f.). – Krit. *Coester-Waltjen*, in: v. Münch/Kunig I, Art. 6 Rn. 118.

[719] BVerfGE 22, 163 (173).

[720] „Wertentscheidung", BVerfGE 8, 210 (217); 44, 1 (18).

[721] *Jarass*, in: Jarass/Pieroth, Art. 6 Rn. 85; *Stern*, StaatsR IV/1, S. 580, 618.

[722] *Stern*, StaatsR IV/1, S. 568 f. Zur Verfassungsbeschwerdefähigkeit BVerfGE 25, 167. Sprachlich schwächer („Schutznorm") BVerfGE 17, 148 (153); 85, 80 (87). Die Spezialität zu Art. 3 I (dazu sogleich) setzt jedoch die Grundrechtsqualität voraus.

[723] BVerfGE 44, 1 (19 f.); *Brosius-Gersdorf*, in: Dreier I, Art. 6 Rn. 225.

[724] BVerfGE 25, 167 (181, 190). Zur internationalen Absicherung *Coester-Waltjen*, in: v. Münch/Kunig I, Art. 6 Rn. 115, 132.

[725] *Badura*, in: Maunz/Dürig, Art. 6 Rn. 179; *Jarass*, in: Jarass/Pieroth, Art. 6 Rn. 79; *Coester-Waltjen*, in: v. Münch/Kunig I, Art. 6 Rn. 116.

[726] BVerfGE 37, 121 (127); 112, 50 (66 f.); BVerfG (K) NJW 2011, 1663.

[727] BVerfGE 74, 33 (38); 84, 168 (184); 85, 80 (87).

[728] BVerfGE 85, 80 (88).

[729] BVerfGE 17, 280 (283, 286); 74, 33 (38).

[730] BVerfGE 26, 265 (272); aA *Heun*, in: Dreier I, Art. 3 Rn. 140.

[731] BVerfGE 26, 265 (272 f.) (Art. 3 II im Verhältnis zwischen den Eltern anwendbar).

[732] BVerfGE 26, 265 (272 f.); 56, 363 (388 f.). Zum Verbot der Schlechterstellung einzelner Gruppen von nichtehelichen Kindern BVerfGE 22, 163 (172); 84, 168 (185).

[733] BVerfGE 17, 148 (153 ff.); 96, 56 (65).

[734] Dazu BVerfGE 127, 263 (278 f.).

[735] BVerfGE 25, 167 (184). Zur Übergangsregelung, BVerfGE 44, 1 (24 ff.). Das gilt auch hinsichtlich der weiteren Änderungen (*Radziwill/Steiger* FamRZ 1997, 268 ff.; krit. *Heß* FamRZ 1996, 781).

[736] Dazu *Schwab/Wagenitz* FamRZ 1997, 1377 (1378). – S. auch §§ 1593, 1626a BGB.

[737] BVerfGE 25, 167 (174); 44, 1 (18); 58, 377 (389).

[738] BVerfGE 74, 33 (39 ff.), zu § 1934c BGB aF.

[739] BVerfGE 112, 332 (357).

Art. 6 V fordert auch die Angleichung des Unterhaltsstreit*verfahrens;*[742] s. nunmehr §§ 1, 231 ff. FamFG.

Das nichteheliche Kind hat ein – zugleich aus Art. 2 I iVm 1 I ableitbares –[743] Recht auf **Kenntnis** **103** **des biologischen Vaters,**[744] dem §§ 1600 ff., insb. 1600 I BGB sowie nun auch § 10 I 1 SaRegG Rechnung tragen. Während erstgenannte Bestimmungen dabei dem weiteren Ziel dienen, möglichst eine Übereinstimmung von biologischer und rechtlicher Vaterschaft zu erreichen,[745] ist eine Vaterschaftsfeststellung in den Fällen des § 10 I 1 SaRegG durch den neuen § 1600d IV BGB explizit ausgeschlossen. Das zwingt jedoch nicht zur Bejahung eines Anspruchs gegenüber der Mutter auf Benennung des Vaters.[746] Der Gesetzgeber muss dem Kind ein Verfahren zur Klärung der Abstammung zur Verfügung stellen.[747] Er darf (freilich wegen Art. 6 I) den „biologischen", also leiblichen, aber nicht rechtlichen Vater nicht ausnahmslos[748] von der Anfechtung einer Vaterschaftsanerkennung ausschließen oder ihm trotz bestehender sozial-familiärer Beziehung[749] zum Kind das Umgangsrecht vorenthalten.[750] Dem tragen §§ 1600, 1685 BGB seit längerem Rechnung.[751] Mehr noch: Die Versagung des Umgangs kann sogar im Fall eines nur beabsichtigten Familienlebens, dessen fehlende Herstellung dem Vater nicht zuzurechnen ist, unter dem Aspekt des Familien-, jedenfalls aber des Privatlebens Art. 8 EMRK verletzen.[752] Darauf reagiert § 1686a BGB.[753] Dem rechtlichen Vater gibt Art. 2 I iVm 1 I ein Recht auf Kenntnis der Abstammung des ihm zugeordneten Kindes. Gleichwohl sind heimliche Vaterschaftstests[754] vor Gericht unverwertbar. Der Gesetzgeber muss aber – wie derzeit namentlich in § 1598a BGB –[755] ein „isoliertes" Verfahren zur Feststellung der Vaterschaft außerhalb eines Anfechtungsverfahrens bereitstellen.[756] Umgekehrt verpflichtet ihn das allg. Persönlichkeitsrecht des Kindes nicht dazu, *neben* dem Vaterschaftsfeststellungsverfahren gem. § 1600d I-III BGB ein Verfahren zur isolierten („rechtsfolgenlosen") Klärung der Abstammung bereitzustellen.[757] Eine iso-

---

[740] Der umstr. (s. nur *Hahne* FF 2006, 24 ff.; *Schilling* FamRZ 2006, 1 [7 f., Fn. 123 f.]) § 1615l V BGB aF (Betreuungsunterhalt) war zunächst 1995 nachgebessert worden und sodann durch das KindRG (dazu *Schwab/ Wagenitz* FamRZ 1997, 1377 [1382]) und das KindUnterhG. S. dazu auch *Wever* FF 2005, 174; *Stern,* StaatsR IV/1, S. 577.

[741] BVerfGE 118, 45 (62 ff.).

[742] BVerfGE 85, 80 (89 ff.); *Scholz* FPR 1998, 62 (67 f.).

[743] BVerfGE 79, 256 (266 ff.); 90, 263 (270 f.), 141, 186 Rn. 38 (aber kein Recht auf Kenntnisverschaffung, nur Schutz vor Vorenthaltung erlangbarer Informationen). – S. auch Art. 7 I UNKRÜ; Art. 24 III EUGrCh.

[744] BVerfG (K) NJW 1988, 3010. S. auch *Muscheler/Bloch* FPR 2002, 339 ff.; *Reiche* (Schrifttum. B), S. 84 ff.; *Stern,* StaatsR IV/1, S. 575; s. zudem EGMR NJW 2003, 2145 ff.

[745] BVerfGE 117, 202 (234); BVerfG (K) NJW 2009, 425 (426). S. zu diesem aus Art. 6 II 1 folgenden Gebot auch BVerfGE 108, 82 (104).

[746] BVerfGE 96, 56 (61 ff.). Zum (entgegen BGHZ 191, 259 ff; 196, 207 ff.) fehlenden Auskunftsanspruch des Scheinvaters BVerfGE 138, 377 ff. Einen derartigen Anspruch sollte das geplante G zur Reform des Scheinvaterregresses, zur Rückbenennung und zur Änderung des Internationalen Familienrechtsverfahrensgesetzes (BT-Dr 18/ 10343) schaffen, das jedoch in der 18. Legislaturperiode vom BT nicht mehr beschlossen wurde.

[747] BVerfGE 8, 210 (215 f.); s. auch Sondervotum *v. Schlabrendorff* BVerfGE 35, 41 (64).

[748] Ein vollständiger Ausschluss des leiblichen Vaters ist nach Art. 8 EMRK jedoch zulässig, wenn erhebliche Gründe des Kindeswohls dafür sprechen, EGMR NJW 2013, 1937 ff. Zur Zulässigkeit eines Anfechtungsausschlusses zum Schutz einer bestehenden rechtlich-sozialen Familie BVerfG (K) FamRZ 2014, 191; zur Möglichkeit der Anfechtung bei fehlender sozial-familiärer Beziehung zwischen rechtlichem Vater und Kind OLG Hamm FamRZ 2016, 1187 f.

[749] Dazu auch BVerfG (K) FamRZ 2006, 1661.

[750] BVerfGE 108, 82 (99 ff.); kritisch *Frank* FamRZ 2004, 841 (842, 844). Zum Fortgang des Verfahrens s. EGMR NJOZ 2009, 5003 ff. Zu einem zulässigen Ausschluss des Anfechtungsrechts BVerfG (K) NJW 2009, 423 f., m. krit. Anm. *Zimmermann* NJW 2009, 423 (424 f.). Umfassend *A. Genenger,* Vom Erzeuger zum Vater?, 2006. S. freilich auch EGMR FamRZ 2012, 691 f.

[751] Dazu *A. Wolf* NJW 2005, 2417 ff. Zur Anfechtungsmöglichkeit auch des Samenspenders nach § 1600 I Nr. 2 BGB s. BGH NJW 2013, 2589 ff.

[752] EGMR NJW 2011, 3565 ff.; NJW 2012, 2781 ff. (in diesem Fall bemerkenswerterweise trotz ungeklärter biologischer Vaterschaft; dazu *Helms* FamRZ 2011, 1717 f.). Bedenkenswert kritisch zum Einfluss des EGMR auf das deutsche Kindschaftsrecht *Löhnig/Preisner* FamRZ 2012, 489 ff.

[753] Dazu *Hoffmann* FamRZ 2013, 1077 ff. Kritisch *Peschel-Gutzeit* NJW 2013, 2465 ff., insb. 2468 f. Verfahrensmäßig flankiert wird die Regelung durch § 167a FamFG. Gleichwohl rügt EGMR NJW 2015, 1433 ff. die unzureichende Erzwingung des Umgangsrechts sowie das Fehlen eines Rechtsbehelfs zur Verfahrensbeschleunigung. – Die Weigerung der rechtlichen Eltern, einen Umgang mit dem leiblichen Vater zuzulassen, rechtfertigt keine Versagung des Umgangs, BGH NJW 2017, 160 ff. Wegen der familiären Auswirkungen einer Abstammungsklärung kann es geboten sein, diese erst herbeizuführen, wenn feststeht, dass die übrigen Voraussetzungen z. B. eines Umgangsanspruchs vorliegen, BVerfG (K) NJW 2015, 542 f.

[754] Dazu bereits BGHZ 162, 1; *Brosius-Gersdorf* Vaterschaftstests, 2006; *C. Huber* FamRZ 2006, 1425 ff.; *Lindner* NVwZ 2005, 774 f.; *Rittner/Rittner* NJW 2005, 945 ff.; *Reiche* (s. Schrifttum. B).

[755] Zur Verfassungsmäßigkeit des § 1598a BGB BVerfG (K) NJW 2009, 423 (424).

[756] BVerfGE 117, 202 (225 ff.). Dazu *Weber* NJW 2007, 3040 (3044). Zu isolierten Abstammungsklagen s. auch bereits BVerfGE 90, 263 (272).

[757] BVerfGE 141, 186 Rn. 28 ff.

lierte Klärung der Abstammung wird durch § 10 I 1 SaRegG für Fälle der heterologen Insemination ermöglicht, in denen § 1600d IV BGB eine Vaterschaftsfeststellung gerade ausschließt.

**104**    Dass das nichteheliche Kind **sorgerechtlich** ursprünglich allein der Mutter zugeordnet wurde (§ 1705 BGB aF), hatte das BVerfG früher noch akzeptiert.[758] Auch in der späteren, stärker differenzierenden Regelung in §§ 1626a I, 1626b ff., 1672 I BGB aF hat es zunächst keinen Verstoß gegen das Elternrecht des Vaters (Art. 6 II) oder gegen Art. 6 V gesehen.[759] Nach wie vor ist es auch nicht zu beanstanden, dass das nichteheliche Kind im Moment der Geburt grundsätzlich der Mutter zugeordnet wird. Nur so ist sichergestellt, dass ab Geburt jemand rechtsverbindlich für das Kind handeln kann.[760] Art. 6 II wurde jedoch (ebenso wie Art. 14 iVm Art. 8 EMRK)[761] dadurch verletzt, dass der Vater bei fehlender Zustimmung der Mutter stets vom Sorgerecht ausgeschlossen war und keine Möglichkeit hatte, gerichtlich überprüfen zu lassen, ob das Kindeswohl ein gemeinsames Sorgerecht oder das alleinige Sorgerecht des Vaters gebot.[762] Mittlerweile[763] hat der Gesetzgeber Abhilfe geschaffen.[764] Zu beachten ist freilich, dass die – aus Sicht des nichtehelichen Kindes grundsätzlich zu begrüßende – Möglichkeit des gemeinsamen Sorgerechts bei bestehender anderweitiger Verehelichung der leiblichen Eltern zu Konflikten mit deren jeweiligen Ehen/Familien führen kann.[765] Für den **Umgang** mit dem Kind gilt heute einheitlich § 1684 BGB.[766]

## Art. 7 [Schulwesen]

(1) **Das gesamte Schulwesen steht unter der Aufsicht des Staates.**

(2) **Die Erziehungsberechtigten haben das Recht, über die Teilnahme des Kindes am Religionsunterricht zu bestimmen.**

(3) **Der Religionsunterricht ist in den öffentlichen Schulen mit Ausnahme der bekenntnisfreien Schulen ordentliches Lehrfach. Unbeschadet des staatlichen Aufsichtsrechtes wird der Religionsunterricht in Übereinstimmung mit den Grundsätzen der Religionsgemeinschaften erteilt. Kein Lehrer darf gegen seinen Willen verpflichtet werden, Religionsunterricht zu erteilen.**

(4) **Das Recht zur Errichtung von privaten Schulen wird gewährleistet. Private Schulen als Ersatz für öffentliche Schulen bedürfen der Genehmigung des Staates und unterstehen den Landesgesetzen. Die Genehmigung ist zu erteilen, wenn die privaten Schulen in ihren Lehrzielen und Einrichtungen sowie in der wissenschaftlichen Ausbildung ihrer Lehrkräfte nicht hinter den öffentlichen Schulen zurückstehen und eine Sonderung der Schüler nach den Besitzverhältnissen der Eltern nicht gefördert wird. Die Genehmigung ist zu versagen, wenn die wirtschaftliche und rechtliche Stellung der Lehrkräfte nicht genügend gesichert ist.**

(5) **Eine private Volksschule ist nur zuzulassen, wenn die Unterrichtsverwaltung ein besonderes pädagogisches Interesse anerkennt oder, auf Antrag von Erziehungsberechtigten, wenn sie als Gemeinschaftsschule, als Bekenntnis- oder Weltanschauungsschule errichtet werden soll und eine öffentliche Volksschule dieser Art in der Gemeinde nicht besteht.**

(6) **Vorschulen bleiben aufgehoben.**

**Entstehungsgeschichte: Erstfassung:** JöR nF 1 (1951), 101.
**Historische Verfassungstexte: RV 1849: § 153** Das Unterrichts- und Erziehungswesen steht unter der Oberaufsicht des Staates, und ist, abgesehen vom Religionsunterricht, der Beaufsichtigung der Geistlichkeit als solcher enthoben. **§ 154** (1) Unterrichts- und Erziehungsanstalten zu gründen, zu leiten und an solchen Unterricht zu ertheilen, steht jedem Deutschen frei, wenn er seine Befähigung der betreffenden Staatsbehörde nachgewiesen hat. **§ 155** (1) Für die Bildung der deutschen Jugend soll durch öffentliche Schulen überall genügend gesorgt werden. (2) Eltern oder deren Stellvertreter dürfen ihre Kinder oder Pflegebefohlenen nicht ohne den Unterricht lassen,

---

[758] BVerfGE 56, 363 (387 f.); s. freilich BVerfGE 84, 168 (178, 185); 92, 158 (176 ff.).

[759] BVerfGE 107, 150 (168 ff.) (mit Ausnahme für Altfälle); BVerfG (K) FamRZ 2003, 1447; bestätigt in BVerfGE 114, 357 (368 f.). Zur Auslegung des (mittlerweile aufgehobenen) § 1672 I 2 BGB in der Folgezeit s. BGH NJW 2008, 223 ff. Ausführlich hierzu *Witteborg* (Schriftt. B).

[760] BVerfGE 127, 132 (147 f.); zuvor bereits BVerfGE 56, 363 (389); 107, 150 (170).

[761] EGMR NJW 2010, 501 (502 ff.); dazu *Henrich* FamRZ 2010, 107 f.; *Scherpe* FamRZ 2010, 108; *Hammer* FamRZ 2010, 623 f.; *Coester* NJW 2010, 482 ff. Später EGMR FamRZ 2013, 1055 ff.

[762] BVerfGE 127, 132 (151 ff.). Dazu *Peschel-Gutzeit* NJW 2010, 2990 ff. Vgl. zuvor bereits BVerfGE 92, 158 (176 ff.); Der Erwerb des Sorgerechts durch den Vater darf davon abhängig gemacht werden, dass er eine gerichtliche Entscheidung erwirkt, so EuGH JZ 2011, 145.

[763] Zunächst galt die Übergangsregelung aus BVerfGE 127, 132 (133, Nr. 3 des Tenors).

[764] Durch das G zur Reform der elterlichen Sorge nicht miteinander verheirateter Eltern v. 16.4.2013, BGBl. I S. 795. Hierzu *Huber/Antomo* FamRZ 2013, 665 ff.; *Heilmann* NJW 2013, 1473 ff.; speziell zum vereinfachten Verfahren nach § 155a FamFG *Keuter* FamRZ 2012, 825 ff.

[765] Hierzu *Schwab/Wagenitz* FamRZ 1997, 1377 (1381).

[766] Dass die paritätische Betreuung nicht als Regelfall vorgesehen ist, liegt innerhalb des dem einfachen Gesetzgeber zukommenden Spielraums, BVerfG (K) NJW 2015, 3366 f.

welcher für die unteren Volksschulen vorgeschrieben ist. – **WRV: Art. 144** Das gesamte Schulwesen steht unter der Aufsicht des Staates; er kann die Gemeinden daran beteiligen. Die Schulaufsicht wird durch hauptamtlich tätige, fachmännisch vorgebildete Beamte ausgeübt. **Art. 145** Es besteht allgemeine Schulpflicht. Ihrer Erfüllung dient grundsätzlich die Volksschule mit mindestens acht Schuljahren und die anschließende Fortbildungsschule bis zum vollendeten achtzehnten Lebensjahre. Der Unterricht und die Lernmittel in den Volksschulen und Fortbildungsschulen sind unentgeltlich. **Art. 146** (1) Das öffentliche Schulwesen ist organisch auszugestalten. Auf einer für alle gemeinsamen Grundschule baut sich das mittlere und höhere Schulwesen auf. Für diesen Aufbau ist die Mannigfaltigkeit der Lebensberufe, für die Aufnahme eines Kindes in eine bestimmte Schule sind seine Anlage und Neigung, nicht die wirtschaftliche und gesellschaftliche Stellung oder das Religionsbekenntnis seiner Eltern maßgebend. (2) Innerhalb der Gemeinden sind indes auf Antrag von Erziehungsberechtigten Volksschulen ihres Bekenntnisses oder ihrer Weltanschauung einzurichten, soweit hierdurch ein geordneter Schulbetrieb, auch im Sinne des Abs. 1, nicht beeinträchtigt wird. Der Wille der Erziehungsberechtigten ist möglichst zu berücksichtigen. Das Nähere bestimmt die Landesgesetzgebung nach den Grundsätzen eines Reichsgesetzes. (...) **Art. 147** (1) Private Schulen als Ersatz für öffentliche Schulen bedürfen der Genehmigung des Staates und unterstehen den Landesgesetzen. Die Genehmigung ist zu erteilen, wenn die Privatschulen in ihren Lehrzielen und Einrichtungen sowie in der wissenschaftlichen Ausbildung ihrer Lehrkräfte nicht hinter den öffentlichen Schulen zurückstehen und eine Sonderung der Schüler nach den Besitzverhältnissen der Eltern nicht gefördert wird. Die Genehmigung ist zu versagen, wenn die wirtschaftliche und rechtliche Stellung der Lehrkräfte nicht genügend gesichert ist. (2) Private Volksschulen sind nur zuzulassen, wenn für eine Minderheit von Erziehungsberechtigten, deren Wille nach Art. 146 Abs. 2 zu berücksichtigen ist, eine öffentliche Volksschule ihres Bekenntnisses oder ihrer Weltanschauung in der Gemeinde nicht besteht oder die Unterrichtsverwaltung ein besonderes pädagogisches Interesse anerkennt. (3) Private Vorschulen sind aufzuheben. (4) Für private Schulen, die nicht als Ersatz für öffentliche Schulen dienen, verbleibt es bei dem geltenden Recht. **Art. 148** (1) In allen Schulen ist sittliche Bildung, staatsbürgerliche Gesinnung, persönliche und berufliche Tüchtigkeit im Geiste des deutschen Volkstums und der Völkerversöhnung zu erstreben. (2) Beim Unterricht in öffentlichen Schulen ist Bedacht zu nehmen, daß die Empfindungen Andersdenkender nicht verletzt werden. (3) Staatsbürgerkunde und Arbeitsunterricht sind Lehrfächer der Schulen. (...) **Art. 149** (1) Der Religionsunterricht ist ordentliches Lehrfach der Schulen mit Ausnahme der bekenntnisfreien (weltlichen) Schulen. Seine Erteilung wird im Rahmen der Schulgesetzgebung geregelt. Der Religionsunterricht wird in Übereinstimmung mit den Grundsätzen der betreffenden Religionsgesellschaft unbeschadet des Aufsichtsrechts des Staates erteilt. (2) Die Erteilung religiösen Unterrichts und die Vornahme kirchlicher Verrichtungen bleibt der Willenserklärung der Lehrer, die Teilnahme an religiösen Unterrichtsfächern und an kirchlichen Feiern und Handlungen der Willenserklärung desjenigen überlassen, der über die religiöse Erziehung des Kindes zu bestimmen hat. **Art. 174** Bis zum Erlaß des in Artikel 146 Abs. 2 vorgesehenen Reichsgesetzes bleibt es bei der bestehenden Rechtslage. Das Gesetz hat Gebiete des Reichs, in denen eine nach Bekenntnissen nicht getrennte Schule gesetzlich besteht, besonders zu berücksichtigen.

**Geltende Landesverfassungen:** *BW*Verf Art. 11–22; *Bay*Verf Art. 83 I, 128–137; *Bln*Verf Art. 20, 67 IV; *Bbg*Verf Art. 25 III, 28–30; *Brem*Verf Art. 26–33; *Hess*Verf Art. 56–59; *MV*Verf Art. 8, 15; *Nds*Verf Art. 4; *NRW*Verf Art. 7 –14; *RhPf*Verf Art. 27–38; *Saar*Verf Art. 26–30; *Sachs*Verf Art. 101–105; *LSA*Verf Art. 25–30; *SchlH*Verf Art. 8; *Thür*Verf Art. 22–26.

**Supra- und internationale Texte:** EMRK Art. 9 I; (1.) ZP-EMRK Art. 2; AEUV Art. 165 f.; EUGRCh Art. 14; AMRE Art. 26; IPWirtR Art. 13.

**Gesetzgebung: Bundesgesetze:** Reichsgesetz über die religiöse Kindererziehung v. 15.7.1921 (RGBl 1921, 939). Zahlr. **Landesgesetze** über die Schulpflicht, die Schulverfassung und Schulverwaltung, über die Privatschulen und ihre Finanzierung; s. *Badura*, in: Maunz/Dürig, Art. 7 S. 1 f.

**Staatskirchenverträge mit dem Hl. Stuhl und den evangelischen Kirchen:** abgedr. bei *H. Weber*, Staatskirchenverträge, 1967; *Hollerbach* JöR 17 (1968), 139; *Listl*, Die Konkordate und Kirchenverträge in der BRep. Dtschld., 2 Bde. 1987. Zu den Verträgen im Beitrittsgebiet *R. Tillmanns*, in: ders./*P. Neumann* (Hrsg.), Verfassungsrechtliche Probleme bei der Konstituierung der neuen Bundesländer, 1997, S. 161 (257); *H. Weber*, FS M. Heckel, 1999, 463; *M. Germann*, in: St. Mückl (Hrsg.), Das Recht der Staatskirchenverträge, 2007.

**Leitentscheidungen:** BVerfGE 34, 165 (Förderstufe); BVerfGE 37, 314 (private Fachhochschule); BVerfGE 41, 29; 41, 65; 41, 88 (Gemeinschaftsschule); BVerfGE 45, 400 (Gymnasiale Oberstufe); BVerfGE 47, 46 (Sexualkunde); BVerfGE 52, 223 (Schulgebet); BVerfGE 53, 185 (Gymnasiale Oberstufe in Hessen II); BVerfGE 58, 257 (Schulentlassung); BVerfGE 59, 360 (Schülerberater); BVerfGE 74, 244 (Religionsunterricht); BVerfGE 75, 40 (Privatschulfinanzierung I); BVerfGE 88, 40 (private Volksschule); BVerfGE 90, 107 (Privatschulfinanzierung II); BVerfGE 90, 128 (Privatschulfinanzierung III); BVerfGE 93, 1 (Kreuz im Klassenzimmer); BVerfGE 98, 218 (Rechtschreibreform); BVerfGE 104, 305 (LER-„Vergleich"); BVerfGE 108, 282 (Kopftuch der Lehrerin I); BVerfGE 112, 74 (Ersatzschulförderung, Landeskinderklausel); BVerfGE 138, 296 (Kopftuch der Lehrerin II); BVerfG (K) NVwZ 2008, 72 (Ethik-Unterricht); BVerfG (K) NJW 2009, 3151 (Schulpflicht); BVerwGE 107, 75 (Ethik-Unterricht); BVerwG 123, 49 (islamischer Religionsunterricht); BVerwGE 141, 223 (Gebete in der Schule); BVerwGE 145, 333 (monoedukative Ersatzschule); BVerwGE 147, 362 (Burkini); BVerwG NJW 2014, 804 (Krabat); BVerwG NVwZ-RR 2017, 146 (Finanzierung integrativer Ersatzschulen); BVerwG NVwZ 2019, 236 (Dachverbände); BVerwG NVwZ-RR 2019, 686 (Religionsunterricht an Ersatzschulen).

**Schrifttum:** S. auch Lit. zu Art. 4 I, II, 6 II, 141. – **Zu Abs. 1:** *M. Adenau*, Die Schule im Spannungsfeld zwischen kulturchristlicher Prägung und staatlicher Neutralität am Beispiel des „Kopftuchstreits", RdJB 2005, 289; *L. Á. Álvarez*, Das Kruzifix in den europäischen Klassenzimmern. Ein kontextueller Ansatz zur staatlichen Neutralitätspflicht, JöR 62 (2014), 287; *Th. Anger*, Islam in der Schule, 2003; *ders.*, Sport und Islam in der Schule, NWVBl 2013, 96; *H. Avenarius*, Schulpflicht vs. Homeschooling, NZFam 2015, 342; *T. Barczak*, Die Entwicklung des Schulverwaltungs- und Schulverfassungsrechts seit dem Jahr 2010, NVwZ 2014, 1556; *G. Beaucamp*, Dürfte ein Bundesland die Schulpflicht abschaffen?, DVBl 2009, 220; *ders.*, Elternrechte in der Schule, LKV 2003, 18; *ders.*, Zur rechtlichen Relevanz pädagogischer Freiheit, RdJB 2015, 145; *E. Beck*, Die Lehrfreiheit – ein neu gewonnenes Grundrecht?, BayVBl 2013, 321; *M. Bertrams*, Lehrerin mit Kopftuch? Islamismus und Menschenbild des Grundgesetzes, DVBl

2003, 1225; *W. Bock,* Der Islam in der aktuellen Entscheidungspraxis des Öffentlichen Rechts, NVwZ 2007, 1250; *M. Bothe/A. Dittmann,* Erziehungsauftrag und Erziehungsmaßstab der Schule im freiheitlichen Verfassungsstaat, VVDStRL 54 (1995), 7, 47; *M. Broosch,* Ganztagsschule und Grundgesetz, 2007; *F. Brosius-Gersdorf,* Religiös-weltanschauliches Elternrecht versus staatliches Schul- und Wächteramt – eine Vermessung am Beispiel von Homeschooling, ZevKR 61 (2016), 141; *dies.,* Privatschulen zwischen Autonomie und staatlicher Aufsicht, Verwaltung 45 (2012), 389; *W. Brugger/St. Huster* (Hrsg.), Der Streit um das Kreuz in der Schule, 1998; *T. Büscher/S. Glasmacher,* Schule und Religion, JuS 2015, 513; *N. Coumont,* Muslimische Schüler und Schülerinnen in den öffentlichen Schulen, 2008; *J. Ennuschat,* Organisation der öffentlichen Schulen, Verwaltung 45 (2012), 331; *C. Franzius,* Vom Kopftuch I zum Kopftuch II. Rückkehr zur Verhältnismäßigkeitsprüfung?, Der Staat 54 (2015), 435; *W. Frenz,* Glaubensfreiheit und Schulpflicht, Jura 2013, 999; *S. Ganz,* Das Tragen religiöser Symbole und Kleidung in der öffentlichen Schule in Deutschland, Frankreich und England, 2009; *A. Guckelberger,* Ganztagsschule und staatliches Erziehungsrecht, RdJB 2006, 11; *T. Handschell,* Die Schulpflicht vor dem Grundgesetz, 2012; *T. Hebeler/J. Schmidt,* Schulpflicht und elterliches Erziehungsrecht – neue Aspekte eines alten Themas?, NVwZ 2005, 1368; *H. M. Heinig/ V. Vogel,* Private Ersatzschulen unter dem Eindruck knapper öffentlicher Kassen, LKV 2012, 337; *St. Huster,* Der Grundsatz der religiös-weltanschaulichen Neutralität des Staates, 2004; *ders.,* Endlich: Abschichtung statt Abwägung. Neues zum Verhältnis von schulischem Erziehungsauftrag und elterlichem Erziehungsrecht, DÖV 2014, 860; *E. Klein,* Religionsfreiheit und öffentliche Schulen, RdJB 2016, 13; *K.-M. Kloepfer,* Der Islam in Deutschland als Verfassungsfrage, DÖV 2006, 45; *W. Kluth,* Internationale und ausländische Schulen im deutschen Schulrechtssystem – eine Analyse aus der Sicht des Verfassungsrechts, RdJB 2018, 222; *S. Korte/K. Dingemann,* Das Recht des Privatschulbetriebs unter europäischem Einfluss, RdJB 2009, 380; *J.-D. Kühne,* Neue Länder – neue Erziehungsziele?, RdJB 1994, 39; *K.-H. Ladeur,* „Burkaverbot" in der Schule – Art. 7 Abs. 1 GG als Grundlage für eine „Religionspolitik" des Staates, RdJB 2016, 379; *W. Loschelder,* Grenzen staatlicher Wertevermittlung in der Schule, FS Listl, 1999, S. 349; *R. Meik,* Das Prinzip der Verhältnismäßigkeit im Schulrecht, VR 2019, 145; *St. Muckel,* Überkreuz mit dem Kreuz, KuR 1996, 65; *ders.,* Strafbarkeit von Schulpflichtverstößen in Hessen, JA 2015, 315; *St. Mückl,* Religionsfreiheit und Sonderstatusverhältnisse – Kopftuchverbot für Lehrerinnen?, Der Staat 40 (2001), 96; *M. Nettesheim,* Erziehung zur „Freiheit" – Kopftuchverbote für Schülerinnen unter dem Grundgesetz, RdJB 2020, 31; *J. Rux,* Schulrecht, 6. Aufl. 2018; *A. Nolte,* Das Kreuz mit dem Kreuz, JöR 48 (2000) 87; *M. Ogorek,* Der Schutz anerkannter Ersatzschulen durch das Grundrecht der Privatschulfreiheit, DVBl 2010, 341; *D. Pirson,* Christliche Traditionen in der staatlichen Schule, BayVBl 2006, 745; *C. Rathke,* Öffentliches Schulwesen und religiöse Vielfalt, 2005; *I. Richter,* Der Staat als Erzieher. Ist eine staatliche Erziehung zur Demokratie möglich?, RdJB 2015, 483; *H. Ricking,* Schulabsentismus – Ein komplexes Phänomen aus rechtlicher und pädagogischer Perspektive, RdJB 2020, 104; *J. Rozek,* Individuelle Religions(ausübungs)freiheit und schulischer Integrationsauftrag, AL 2015, 7; *M. Sachs,* Grundrechte: Kein allgemeines Kopftuchverbot für Lehrerinnen in der Schule, JuS 2015, 571; *P. Schleder,* Die Religionsfreiheit im Sonderstatusverhältnis, 2007; *A. Schmitt-Kammler,* In hoc signo – Bemerkungen zum Schulkreuz-Erkenntnis des BVerfG, FS Friauf, 1996, S. 343; *B. Schöbener,* „Die Lehrerin mit dem Kopftuch" – europäisch gewendet, Jura 2003, 186; *A. Siehr/M. Wrase,* Das Recht auf inklusive Schulbildung als Strukturfrage des deutschen Schulrechts – Anforderungen aus Art. 24 BRK und Art. 3 Abs. 3 S. 2 GG, RdJB 2015, 161; *J. Stender-Vorwachs,* Erziehung und Bildung an öffentlichen Schulen, VR 2006, 15; *M. Thiel,* Der Erziehungsauftrag des Staates in der Schule, 2000; *J. P. Thurn/F. Reimer,* Homeschooling als Option?, NVwZ 2008, 718; *A. Uhle,* Integration durch Schule, NVwZ 2014, 541; *St. Unzeitig,* Der staatliche Schutzauftrag an öffentlichen Schulen, 2014; *U. Volkmann,* Dimensionen des Kopftuchstreits, Jura 2015, 1083; *A. Wallrabenstein,* Rechtsschutz gegen Grundschulempfehlungen, DVBl 2010, 147. **– Zu Abs. 2 und 3:** *J. Bauer,* Die Weiterentwicklung des Hamburger Religionsunterrichts in der Diskussion zwischen Verfassungsrecht und Schulpädagogik, ZevKR 59 (2014), 227; *G. Beaucamp/K. Wißmann,* Islamischer Religionsunterricht – Warum ist das eine unendliche Geschichte?, DVBl 2017, 1517; *G. Czermak,* Das Pflicht-Ersatzfach Ethikunterricht, NVwZ 1996, 450; *M. Dietrich,* Islamischer Religionsunterricht, 2006; *A. Emenet,* Verfassungsrechtliche Probleme einer islamischen Religionskunde an öffentlichen Schulen, 2003; *K. Engelbrecht,* Verfassungsrechtliche Fragen der Einführung von Ethikunterricht in den öffentlichen Schulen des Landes Berlin, RdJB 2006, 362; *C. Erwin,* Verfassungsrechtliche Anforderungen an das Schulfach Ethik/Philosophie, 2001; *F. Fechner,* Islamischer Religionsunterricht an öffentlichen Schulen, NVwZ 1999, 735; *M. Frisch,* Grundsätzliche und aktuelle Aspekte der grundgesetzlichen Garantie des Religionsunterrichts, DÖV 2004, 462; *K. Graulich,* Verfassungsrechtliche Anforderungen an religiöse Organisationen im Vereinsrecht und für den Religionsunterricht, in: J. Oebbecke/B. Pieroth/E. Towfigh (Hrsg.), Islam und Verfassungsschutz, 2007, S. 35; *M. Heckel,* Der Rechtsstatus des Religionsunterrichts im pluralistischen Verfassungssystem, 2002; *ders.,* Unterricht in Islam an deutschen Schulen, RdJB 2004, 39; *H. M. Heinig,* Religionsfreiheit auf dem Prüfstand: Wie viel Religion verträgt die Schule?, KuR 2013, 8; *U. Hildebrandt,* Das Grundrecht auf Religionsunterricht, 2000; *D. Heckmann,* Verfassungsmäßigkeit des Ethikunterrichts, JuS 1999, 228; *H. M. Heimann,* Alternative Organisationsformen islamischen Religionsunterrichts, DÖV 2003, 238; *J. Isensee,* Die Garantie des Religionsunterrichts im GG, in: G. Bitter (Hrsg.), Religionsunterricht hat Zukunft, 2000, S. 19; *St. Korioth,* Islamischer Religionsunterricht und Art. 7 III GG, NVwZ 1997, 1041; *H. Kreß,* Konfessioneller Religionsunterricht oder pluralismusadäquater Ethikunterricht? Notwendigkeit einer rechtspolitischen Weichenstellung, ZRP 2019, 22; *K.-H. Ladeur,* Die Verfassung der multireligiösen Schule – zur Notwendigkeit einer Kollisionsordnung für konkurrierende Bekenntnisse und Lebensformen, RdJB 2018, 40; *Chr. Link,* Religionsunterricht in Deutschland, ZevKR 42 (2002), 449; *J. Listl* (Hrsg.), Der Religionsunterricht als bekenntnisgebundenes Lehrfach, 1983; *H. Maurer,* Die verfassungsrechtliche Grundlage des Religionsunterrichts, FS Zacher, 1998, S. 577; *St. Muckel,* Islamischer Religionsunterricht und Islamkunde an öffentlichen Schulen in Deutschland, JZ 2001, 58; *ders.,* Rechtliche Grundlagen und Rahmenbedingungen eines philosophischen Unterrichts als Ersatzfach für den Religionsunterricht in der Primarstufe in Nordrhein-Westfalen, NWVBl 2018, 133; *ders.,* Wann ist eine Gemeinschaft Religionsgemeinschaft, FS Listl, 2004, S. 715; *St. Mückl,* Islamischer Religionsunterricht, RdJB 2005, 513; *F. Müller/B. Pieroth,* Religionsunterricht als ordentliches Lehrfach, 1974; *J. Oebbecke,* Reichweite und Voraussetzungen der grundgesetzlichen Garantie des Religionsunterrichts, DVBl 1996, 336; *L. Renck,* Öffentliche Schule und kirchliches Erziehungsrecht, BayVBl 2006, 713; *ders.,* Rechtsfragen des Religionsunterrichts im bekenntnisneutralen Staat, DÖV 1994, 27; *M. Rohe,* Muslime in der Schule, BayVBl 2010, 257; *P. Seel,* Religionsunterricht an bekenntnisfreien Ersatzschulen, 2009; *S. Spriewald,* Rechtsfragen im Zusammenhang mit der Einführung islamischen

Religionsunterrichts, 2003; *M. Stock,* Einige Schwierigkeiten mit islamischem Religionsunterricht, NVwZ 2004, 1399; *ders.,* Viele Religionen in der einen öffentlichen Schule – Der Bildungsauftrag als oberster Richtwert, RdJB 2005, 94; *A. v. Ungern-Sternberg,* Islamischer Religionsunterricht und islamische Theologie – die Suche nach verfassungskonformen Lösungen, RdJB 2016, 30; *H. de Wall,* Das Grundrecht auf Religionsunterricht, NVwZ 1997, 465; *G. Werner,* Ethik oder Religion?, FS Isensee, 2002, S. 43; *C. Walter/A. v. Ungern-Sternberg,* Verfassungswidrigkeit des nordrhein-westfälischen Kopftuchverbots für Lehrerinnen, DÖV 2008, 488; *H. Wißmann,* Schule und Religion: Entwicklungsphasen des Religionsverfassungsrechts, AL 2015, 1; *ders.,* Teilnahme am Religionsunterricht – Zugangsvoraussetzung in staatlichen Schulen? ZevKR 63 (2018), 209; *N. Wolf,* Nun sag, wie hast Du es mit der Religion? Die Abmeldung vom Religionsunterricht als Entlassungsgrund an staatlichen Schulen?, NWVBl 2014, 251. – **Zu Abs. 4 und 5:** *K. Blau,* Bedeutung und Probleme der Privatschulfreiheit, JA 1994, 463; *F. Brosius-Gersdorf,* Das Sonderungsverbot für Ersatzschulen, NVwZ 2018, 761; *dies.,* Das Sonderungsverbot für private Ersatzschulen (Art. 7 Abs. 4 Satz 3 Halbsatz 2 GG), 2018; *dies.,* Finanzhilfe für private Ersatzschulen, DÖV 2017, 881; *dies.,* Verkürzte Wartefrist für die Finanzhilfe bei Schulträgern mit mehreren Ersatzschulen, NdsVBl 2019, 333; *G. Eiselt,* Art. 7 Abs. 5 GG im System des Privatschulrechts, DÖV 1988, 211; *J. Ennuschat,* Der Schutz der Privatschulfreiheit im europäischen Gemeinschaftsrecht, RdJB 2003, 436; *ders.,* Der Vorrang der öffentlichen vor der privaten Bekenntnisgrundschule gem. Art. 7 Abs. 5 GG, RdJB 2018, 72; *M.-E. Geis,* Die Anerkennung des „besonderen pädagogischen Interesses" nach Art. 7 V GG, DÖV 1993, 22; *M. Germann/C. Wiesner,* Schule und Religion in der Entwicklung des Schulwesens in Deutschland, RdJB 2013, 396; *Th. Günther,* Zur Zulässigkeit der Errichtung privater Volksschulen als Bekenntnisschulen religiös-ethnischer Minderheiten nach Art. 7 V GG, 2000; *A. Haas,* Das Grundrecht auf Errichtung privater Volksschulen nach Art. 7 IV und V GG, 2010; *K.-D. Hanßen,* Rechtliche Fragen der Genehmigung von Privatschulen, RdJB 2009, 334; *F. Hufen,* Verfassungsrechtliche Grenzen der Unterfinanzierung von Schulen in freier Trägerschaft, in: *ders./J. P. Vogel,* Keine Zukunftsperspektiven für Schulen in freier Trägerschaft, 2006, S. 49; *F. R. Jach,* Die Rechtsstellung der Schulen in freier Trägerschaft, DÖV 2002, 969; *B. Jeand'Heur,* Zulassung privater Grundschulen, FS J. P. Vogel, 1998, S. 105; *E. Klein,* Religionsfreiheit und öffentliche Schulen, RdJB 2016, 13; *W. Kluth,* Aktuelle Entwicklungen im Recht der Privatschutzfinanzierung, LKV 2017, 433; *A.-M. Kösling,* Die privaten Schulen gemäß Art. 7 IV, V GG, 2005; *B. Kümper,* Verfassungsrechtliche Aspekte der Anerkennung von Privatschulen: freiheitsrechtliche und institutionelle Dimensionen, DÖV 2015, 864; *ders.,* Konkurrenzsituationen zwischen öffentlichen und privaten Schulen aus Sicht des Bundesverfassungsrechts, DVBl 2015, 225; *P. Lassahn/P. J. Butler,* Renaissance der Monoedukation. Ersatzschulen im Spannungsfeld von privater Freiheit und staatlichem Integrationsauftrag, NVwZ 2013, 1202; *F. Müller/B. Jeand'Heur* (Hrsg.), Zukunftsperspektiven der freien Schule, 2. Aufl. 1995; *B. Pieroth/S. Kemm,* Beurteilungsspielraum und verwaltungsgerichtliche Kontrolldichte bei der Anerkennung eines besonderen pädagogischen Interesses an privaten Grundschulen, JuS 1995, 780; *I. Richter,* Privatschulfreiheit für die Grundschulen der Sekten?, NVwZ 1992, 1162; *M. Sachs,* Kein grundgesetzliches Sonderungsverbot für Ersatzschulen, NWVBl 2018, 441; *R. Tillmanns,* Die Freiheit der Privatschulen nach dem GG, 2006; *J. P. Vogel,* Was Schulverwaltungen von Ersatzschulgründern fordern, RdJB 2009, 346; *ders.,* Zur Genehmigung von Ersatzschulen, DÖV 2008, 488; *ders.,* „Sonderungsverbot" und Schulgeldhöhe an Ersatzschulen, RdJB 2015, 261; *A. Wallrabenstein,* Verfassungsfragen der Privatschulfinanzierung heute, RdJB 2015, 248; *C. Wegricht,* Die gegensätzlichen Entscheidungen zur Ersatzschulfinanzierung aus Brandenburg, Sachsen und Thüringen – insbesondere zum prozeduralen Grundrechtsschutz, RdJB 2015, 233; *M. Wrase/M. Helbig,* Das missachtete Verfassungsgebot – Wie das Sonderungsverbot nach Art. 7 IV 3 GG unterlaufen wird, NVwZ 2016, 1591.

## Übersicht

## A. Kompetenzverteilung

**1**     Das GG hat die Gesetzgebungs- und Exekutivkompetenzen für das **Schulwesen** – vorbehaltlich des Zusammenwirkens von Bund und Ländern nach Art. 91b II – **den Ländern** überlassen.[1] Diese haben eine weitreichende legislative Gestaltungsfreiheit bei der Ordnung der Schulorganisation sowie bei der Festlegung von Erziehungsprinzipien und Unterrichtsgegenständen.[2] Diese Freiheit wird nur durch die sich unmittelbar aus Bundesverfassungsrecht ergebenden Pflichten eingeschränkt. Reichsschulrecht ist 1949 Landesrecht geworden.[3]

**2**     Das gilt gleichermaßen für das **Privatschulwesen** (Abs. 4, 5), für das Art. 7 einen verbindlichen Rahmen schafft und das nicht etwa erst durch Art. 7 IV der Landesgesetzgebungskompetenz unterstellt wird; der Halbsatz „und unterstehen den Landesgesetzen" bestätigt lediglich deklaratorisch die grundsätzliche Kompetenzverteilung zwischen Bund und Ländern durch das GG (→ Rn. 67).

## B. Bundesverfassungsrechtlicher Rahmen

### I. Überblick über den Regelungsinhalt des Art. 7

**3**     Der **Regelungsgehalt** des Art. 7 umfasst organisationsrechtliche Vorschriften (I, VI, zT auch III 1), Einrichtungsgarantien (III, IV 1, evtl. I), Grundrechtsnormen (II, III 3, IV 1, evtl. III 1 und 2, wohl nicht IV 3) und Auslegungsregeln.[4]

**4**     Die Vorschrift modifiziert mit der Garantie der Einrichtung der Privatschule die Rechtslage der Weimarer Zeit und normiert ein **„dualistisches" Schulwesen:** Staatsschule *und* Privatschule, mit freier Schulwahl (→ Rn. 38).[5]

**5**     Insgesamt enthält Art. 7 keine in sich geschlossene und umfassende schul(verfassungs)rechtliche Regelung,[6] sondern lediglich **einzelne Grundentscheidungen,** die aber als geltendes Bundesverfassungsrecht die Länder binden.

### II. Gesetzesvorbehalt

**6**     Soweit Art. 7 keine Regelung enthält, treffen die Länder die schulrechtl. Entscheidungen, wobei **„Wesentliches" vom Gesetzgeber zu regeln** ist; der Vorbehalt des Gesetzes gilt auch in der staatlichen Schule. Der parl. Gesetzgeber hat selbst die Grundlagen für wesentl. Änderungen der Schulorganisation sowie der inhaltl. Ausgestaltung verschiedener Schulformen oder Ausbildungsabschnitte zu schaffen.[7] Gleiches gilt für die Voraussetzungen des Zugangs zu[8] bzw. der Entlassung[9] aus einer (weiterführenden) Schule und für Regelungen über den Erwerb der Hochschulzugangsberechtigung,[10] nicht aber für die Versetzung[11] und für Einzelheiten der Leistungsbewertung.[12]

---

[1] Die Kommentierung beruht auf der Vorkommentierung von *A. Schmitt-Kammler,* die aktualisiert und fortgeschrieben wird. – BVerfGE 6, 309 (354); 75, 40 (66 ff.); *Badura,* in: Maunz/Dürig, Art. 7 Rn. 26 (m. Hinw. auf Ausnahmen in Rn. 27); *Jestaedt* HStR VII, § 156 Rn. 24. Die Länder sorgen mittels Vereinbarungen für ein Mindestmaß an Gemeinsamkeit, *Geis,* in: Friauf/Höfling, Art. 7 Rn. 16. – Zu den **internat. Bezügen** *Brosius-Gersdorf,* in: Dreier I, Art. 7 Rn. 13 ff.; *Rux,* SchulR, S. 29 ff.

[2] S. BVerfGE 75, 40 (66 ff.); grundl. das Konkordatsurteil BVerfGE 6, 309 (354 ff.); *Uhle* BeckOK GG, Art. 7 Rn. 3.

[3] Z. B. das RelKErzG; zu den Entwicklungslinien *Boysen,* in: v. Münch/Kunig I, Art. 7 Rn. 2 ff.

[4] BVerfGE 6, 309 (355); 75, 40 (61); s. a. *Badura,* in: Maunz/Dürig, Art. 7 Rn. 32 ff.

[5] Zu weiteren Abweichungen vom „Weimarer Kompromiss" *Badura,* in: Maunz/Dürig, Art. 7 Rn. 40; zu diesem Kompromiss *Stern,* StaatsR IV/2, S. 398 ff.; *Jestaedt* HStR VII, § 156 Rn. 13 ff.

[6] BVerfGE 26, 228 (238).

[7] BVerfGE 47, 46 (80); 58, 257 (271); *Badura,* in: Maunz/Dürig, Art. 7 Rn. 9 f.; *Stern,* StaatsR IV/2, S. 439 ff.; *Thiel,* Der Erziehungsauftrag des Staates in der Schule, 2000, S. 174 ff.; *Uhle* BeckOK GG, Art. 7 Rn. 4 f.; zur Reichweite des gesetzgeberischen Spielraums vgl. *Orth* NVwZ 2011, 14.

[8] VG Berlin NVwZ 2001, 948.

[9] Dazu auch BVerfGE 41, 251 (263); *Theuersbacher* NVwZ 1999, 383 (841 f.).

[10] SächsVerfGH LKV 2000, 159.

[11] BVerfGE 58, 257 (273).

[12] BVerwG NVwZ 1998, 859.

## C. Die staatliche Schulaufsicht (Abs. 1)

### I. Das „Schulwesen"

Der Begriff **„Schulwesen"**[13] schließt das Hochschulwesen *nicht* ein[14] (→ Rn. 61). (Nur) für dieses gilt **7** vielmehr Art. 5 III. Eine verfassungsrechtlich abgesicherte Lehrfreiheit besteht daher in der Schule nicht,[15] eine **pädagogische Freiheit** des Lehrers kann freilich einfachgesetzlich gewährleistet sein (s. Rn. 20).

**„Schule"** iSd Art. 7 ist eine „organisierte, auf eine Mindestdauer angelegte Einrichtung, in der **8** unabhängig vom Wechsel der Lehrer und der Schüler durch planmäßige gemeinschaftliche Unterweisung in einer Mehrzahl von Gegenständen bestimmte Lern- und Erziehungsziele vermittelt werden".[16] Das Bestehen einer gesetzl. Schulpflicht oder der Bezug zu Kindern eines bestimmten Lebensalters sind keine Voraussetzung.[17] **Keine Schulen** sind damit

– Einrichtungen und Veranstaltungen, die nicht auf eine gewisse Dauer berechnet sind (z. B. Lehrgänge, Vortragsreihen);
– Einrichtungen, die kein zusammenhängendes Unterrichtsprogramm aufweisen (v. a. Volkshochschulen), sowie Einrichtungen, die keinen allgemeinbildenden Unterricht erteilen, z. B. „Koranschulen"[18] (ob darunter Kindergärten, Horte etc. fallen, hängt von ihrer konkreten Ausgestaltung ab).

Zu den **Schulen** und damit zum „Schulwesen" i. S. d. Abs. 1 zählen demgegenüber auch **9**
– berufsbildende Ausbildungsstätten, bei denen der Anteil allgemeinbildender Fächer zurücktritt;[19]
– mit dem Zwecke der Schule unmittelbar zusammenhängende Unternehmungen (wie Schultheater, Schulmusik, Schulwerkstätten, Speisungen, Wettkämpfe usw.).[20]

Im deutschen Schulrecht wird üblicherweise der umfassende Begriff der **„öffentlichen Schule"** **10** verwendet. Damit sind Schulen gemeint, deren Träger das Land, die Gemeinden und sonstige Gebietskörperschaften bzw. andere jur. Personen des öff. Rechts sind.[21]

### II. Die Schulpflicht

Art. 145 WRV gestaltete die „allgemeine Schulpflicht" i. S. einer Schulbesuchspflicht aus. Bis **11** dahin konnte die in den meisten Ländern schon viel früher bestehende „allgemeine Schulpflicht" (in Brandenburg-Preußen seit 1717) auch anders als durch den Besuch öffentlicher Volksschulen erfüllt werden.[22] Die Beschulung aller schulpflichtigen Kinder in einer für alle gemeinsamen Grundschule geht auf die Forderungen der **Einheitsschulbewegung** des 19. Jh. zurück. Zum Ausgleich dafür wurde den Erziehungsberechtigten in Art. 146 II WRV ein Antragsrecht auf Einrichtung von Volksschulen ihres Bekenntnisses oder ihrer Weltanschauung zugebilligt, soweit hierdurch ein „geordneter Schulbetrieb" nicht beeinträchtigt wurde. Von der Schulpflicht zu unterscheiden ist die Unterrichtsteilnahmepflicht an weiterführenden Schulen, für die eine Schulpflicht nicht mehr besteht.[23] – Der Schul*pflicht* korrespondiert ein Anspruch auf Zulassung[24,25] im Mangelfalle auf Schaffung entsprechender Kapazitäten, während ansonsten Bundesverfassungsrecht (Art. 12, 3, Sozialstaatsprinzip) oder die landesrechtlichen Verbürgungen eines **„Rechts auf Bildung"** stets nur ein Recht auf gleichen Zugang zu vorhandenen Einrichtungen begründen.[26] Ferner besteht eine

---

[13] *H. Heckel,* Dt. Privatschulrecht, 1955, S. 218; *Brosius-Gersdorf,* in: Dreier I, Art. 7 Rn. 31 ff. mwN; *Jestaedt* HStR VII, § 156 Rn. 34; *Loschelder* HGR IV, § 110 Rn. 26; *Kotzur,* in: Stern/Becker, Art. 7 Rn. 8, versteht „Schulwesen" als „Untergliederung in Schularten und Schulstufen".

[14] BVerfGE 37, 314 (320); *Boysen,* in: v. Münch/Kunig I, Art. 7 Rn. 49.

[15] Str., wie hier BVerwG NVwZ 1994, 583; *Pieroth* DVBl 1994, 949 (958 f.); *Sachs,* VerfR II, Kap. 17 Rn. 115; *Stern,* StaatsR IV/2, S. 567; s. ferner *Beck* BayVBl 2013, 321.

[16] *H. Heckel,* Dt. Privatschulrecht, 1955, S. 218; vgl. *Stern,* StaatsR IV/2, S. 484 f.; *Uhle* BeckOK GG, Art. 7 Rn. 7; daher ist Fahrschulunterricht auch kein steuerfreier Schulunterricht, s. BFHE 264, 539.

[17] BVerfGE 75, 40 (77).

[18] S. a. u. Rn. 42 Fn. 168.

[19] BVerwG NVwZ 1987, 680.

[20] Zum Schulfunk s. BVerfGE 83, 238 (240 f.); zu Tanzschulen BVerwGE 23, 347; s. auch *Uhle* BeckOK GG, Art. 7 Rn. 8.

[21] Zu kirchlichen Schulen u. Rn. 61. Auch Schulen, die allein von den Gemeinden getragen und ohne staatl. Zustimmung errichtet werden, sind öffentl. Schulen; vgl. *Theuersbacher* NVwZ 1991, 125 (131 f.). Zur Terminologie *Kösling,* Die privaten Schulen gemäß Art. 7 IV, V GG, 2005, S. 34 f., 116 ff.; *Robbers* MKS I, Art. 7 Rn. 128; zur Rechtsstellung ausländ. und internat. Schulen *Poscher/Neupert* RdJB 2005, 244; zur Organisation der öffentl. Schule allg. *Ennuschat* Verwaltung 45 (2012), 331.

[22] *Anschütz,* WRV, Art. 145 Anm. 1 (S. 674). Zur geschichtl. Entwicklung *Kösling* (Fn. 21) S. 75; *Stern,* StaatsR IV/2, S. 384 ff.; zur Schulpflicht allg. *Kotzur,* in: Stern/Becker, Art. 7 Rn. 12 ff.

[23] *Jestaedt* FS Listl, 1999, S. 259 (287 Fn. 112).

[24] BVerfG NVwZ 1997, 781.

[25] Nicht aber auf Hausunterricht im Falle von Erkrankung, NdsOVG NVwZ-RR 1997, 291.

[26] OVG Bln JR 2008, 105; NdsOVG NdsVBl 2008, 109 (110); BbgVerfG NVwZ 2001, 912; *Richter,* AK GG I, Art. 7 Rn. 38.

staatliche Pflicht zur Unterstützung bei der notwendigen Beförderung bis zur nächstgelegenen geeigneten Schule.[27]

**12**     Das GG hat das Einheitsschulprinzip der WRV nicht ausdrücklich übernommen; dass es ebenfalls von einer für alle **gemeinsamen öffentlichen Grundschule** ausgeht, ergibt sich aus Art. 7 IV 3 und V, dem Bestreben des Verfassungsgebers, eine Sonderung der Schüler nach Besitzverhältnissen der Eltern zu vermeiden, sowie aus dem Ausnahmecharakter des Art. 7 II.[28] Ob damit die Grundschulpflicht mittelbar durch das GG selbst normiert wird, sei dahingestellt.[29] Jedenfalls obliegt es den Ländern, **Beginn und Dauer** der Pflicht zum Besuch der für alle gemeinsame Schule durch Gesetz festzulegen,[30] wobei umstritten ist, ob ein grundrechtlicher Anspruch auf altersunabhängige, begabungsgerechte Einschulung bestehe.[31]

**13**     In Rechtsprechung[32] und Literatur[33] ist die Schulbesuchspflicht (und Regelungen zu ihrer Sanktionierung) als unproblematisch dargestellt worden, doch bedarf sie einer verfassungsrechtlichen **Legitimation**. Dies umso mehr, als sich eine Tendenz zur „häuslichen Unterrichtung" (*„homeschooling"*) bei gleichzeitiger Schulbesuchverweigerung seit längerem nicht mehr übersehen lässt.[34] Auf solchen Heimunterricht besteht freilich nach der Judikatur des BVerwG kein Anspruch; auch das BVerfG hat bestätigt, dass die Verpflichtung der Eltern, den Schulbesuch zu ermöglichen, selbst dann bestehe, wenn eine Gefährdung des Kindeswohls beim Fernbleiben von der Schule nicht festgestellt werden könne, denn die Allgemeinheit habe ein berechtigtes Interesse daran, der Entstehung von religiös oder weltanschaulich motivierten „Parallelgesellschaften" entgegenzuwirken und Minderheiten zu integrieren.[35]

**14**     Die verfassungsrechtliche Legitimation der Schulpflicht kann damit auch nach der Auffassung des BVerfG nur darin gefunden werden, dass die öffentliche Schule ein geeignetes und zugleich das am geringsten belastende Mittel darstellt, junge Staatsbürger in die Gesellschaft und die Rechtsordnung Deutschlands zu **integrieren**.[36]

**15**     Zwar kommt die Privatschulgarantie elterlichen Erziehungswünschen jedenfalls teilweise entgegen. Dies rechtfertigt aber nicht eine pauschale Verneinung individueller **Rechtsbetroffenheit** durch die Schulpflicht; für die Realisierung der in Abs. 4 und 5 eröffneten Möglichkeiten bestehen Hürden, die für Einzelpersonen nicht ohne weiteres zu überwinden sind.

### III. Die „Aufsicht" des Staates über die Schule

**16**     **1. Das gesamte Schulwesen.** Art. 7 I stellt das *gesamte* Schulwesen – **Staatsschule wie Privatschule**[37] – unter die Aufsicht des Staates. Es handelt sich um eine organisationsrechtliche (ein Rechtsinstitut verbürgende)[38] Norm, nicht um ein Grundrecht. Adressat ist – allein – der „Staat",

---

[27] S. nur OVG NRW NJW 2000, 3800; NWVBl 2000, 230; s. a. BayVGH BayVBl 2008, 54; *Zeiss* BayVBl 2007, 198.

[28] Art. 6 III ist wegen der Spezialität des Art. 7 I nicht einschlägig.

[29] Ausdr. normiert ist sie in den meisten Landesverfassungen; für eine verfassungsrechtl. Verankerung etwa *Stern*, StaatsR IV/2, S. 431: Grundpflicht.

[30] So BVerfGE 34, 165 (187); s. a. VG Meiningen ThürVBl 2000, 115.

[31] Bejahend *Hobe* DÖV 1996, 190; aA SchlHOVG NVwZ-RR 1995, 664.

[32] BVerfG (K) FamRZ 1986, 1079 f.; BVerwG NVwZ 1992, 370; BayVerfGH BayVBl 2003, 236; OVG NRW NWVBl 2008, 152. Stets wird knapp festgestellt, Art. 6 II „stehe nicht entgegen", oder: die Schulpflicht sei „durch Art. 7 I gedeckt". Ob Art. 26 III AMRE, Art. 13 III IPWirtR einklagbare Rechte gewähren, hat das BVerwG offengelassen.

[33] *Theuersbacher* NVwZ 1993, 631 (633): „seit jeher als verfassungsgemäß anerkannt"; ähnl. *Hufen* JuS 1993, 156: „erledigtes Thema"; *Thurn* NVwZ 2008, 718 mwN; *Beaucamp* DVBl 2009, 220; *Hannemann/Münder* RdJB 2006, 244; *Hebeler/J. Schmidt* NVwZ 2005, 1368; krit. demgegenüber *Bärmeier* RdJB 1993, 80 ff.; *Fetzer* RdJB 1993, 91 ff.; *K. E. Heinz* NWVBl 2007, 128; *Reimer* NVwZ 2008, 720.

[34] S. z. B. BayVGH DÖV 2009, 542; BremOVG NordÖR 2007, 426; NordÖR 2009, 158; NWOVG NWVBl 2008, 152; eingehend *Achilles* RdJB 2004, 222; *Thurn/F. Reimer* NVwZ 2008, 718; *Handschell*, Die Schulpflicht vor dem Grundgesetz, 2012. – Zu den Schwierigkeiten bei der Durchsetzung der Schulpflicht, denen Nichtbeachtung Sanktionen ausgesetzt ist (BVerfG NJW 2009, 3153 [Bußgeld]; BVerfG [K] 8, 151; BGH NJW 2008, 369; FamRZ 2008, 45; AG Neustadt a. R. ZKJ 2008, 341 [Sorgerechtsentzug!]; VG Hamburg 21.3.2006 u. 16.6.2006 [15 V 418/06 u. 15 V 1807/06]: Erzwingungshaft); *Spiegler* RdJB 2005, 71 (73, 77, 80); *Dünchheim* NWVBl 2007, 134. *Ricking*, RdJB 2020, 104. Gegen landesrechtliche Strafbestimmungen bei einer Entziehung eines Kindes von der Schulpflicht bestehen keine verfassungsrechtl. Bedenken, BVerfG NJW 2015, 44.

[35] S. BVerwG NVwZ 2010, 525; BVerfG NJW 2015, 44; dazu *Avenarius* NZFam 2015, 342; *Barczak* ZG 2016, 154; *Hufen* JuS 2016, 763; *Muckel* JA 2015, 315.

[36] BVerfG (K) 1, 141 (143); BVerfG (K) NVwZ 2003, 1113; HmbOVG NordÖR 2005, 80 (82); ausf. BVerfG (K) 8, 151; *Kösling* (Fn. 21) S. 76 f.; *Jestaedt* HStR VII, § 156 Rn. 27; *Robbers* MKS I, Art. 7 Rn. 63, 223; s. a. *Uhle* NVwZ 2014, 541. – Zur Schulpflicht von Kindern von Asylbewerberinnen und -bewerbern und alleinstehenden Kindern s. z. B. § 34 VI NRWSchulG.

[37] Im Wirkbereich der Privatschulfreiheit ist die staatliche Schulhoheit zwar „abgeschwächt", aber nicht aufgehoben, BVerwG v. 11.4.2018, Buchholz 421.10 Nr. 18, Rn. 15.

[38] *Pieroth*, in: Jarass/Pieroth, Art. 7 Rn. 1; *Uhle* BeckOK GG, Art. 7 Rn. 6. – Versuch einer grundrechtlichen Aufladung („Recht auf Bildung") bei *Jarass* DÖV 1995, 674; s. ferner ohne Rückgriff aus Art. 7 I gestützt auf Art. 2 I

dh (je nach einschlägiger Kompetenznorm) Bund oder (im Regelfall) Land, Gesetzgeber oder Exekutive.

**2. Der Begriff der „Aufsicht".** „Aufsicht" ist nach hM hier **abweichend vom allgemeinen** wie **17** vom jur. **Sprachgebrauch** weit zu verstehen als die „Gesamtheit der staatlichen Befugnisse zur Organisation, Leitung, Planung und Beaufsichtigung des Schulwesens".[39] „Aufsicht" meint demnach ein – durch den schulischen Anteil an der gesellschaftl. Integration legitimiertes – **„Vollrecht"** des Staates (und zwar der Länder) über die Schulen.[40] Von der Vorschrift gedeckt sind etwa: Schulfähig-keitsfeststellung; Schließung, Verlegung, Zusammenfassung und Nicht-Errichtung von Schulen;[41] Schaffung oder Aufhebung von Schulbezirken;[42] Einrichtung von Förderstufen[43] (→ Rn. 38); die gymnasiale Oberstufenreform und die Schaffung selbständiger Oberstufenschulen;[44] Pflichtfremdspra-chen-Festlegung;[45] Zeugnis- und Notenerteilung;[46] Einführung der Mengenlehre;[47] Abhaltung von (freiwilligen) Schulveranstaltungen;[48] Bestimmung der Schulklassengrößen;[49] Einführung einer Schul-uniform;[50] Bestimmung der Unterrichtssprache oder sprachl. Anforderungen an Lehrkräfte;[51] Fest-legung von Ausbildungsgängen und Auswahl von Schulbüchern,[52] wobei die Grenzen des staatl. Erziehungsauftrags beachtet werden müssen (→ Rn. 22 ff.).[53] Über die Zulässigkeit von etwa auf Fest-legung von Schulstandorten zielenden Bürgerbegehren ist nach Maßgabe der landesrechtlichen Vor-gaben zu entscheiden.[54]

Zu Konflikten mit schulorganisatorischen Festlegungen i. S. d. Art. 7 I kann es kommen, wenn sich **18** Schüler in ihren **Grundrechten** (insbes. Art. 4)[55] beeinträchtigt fühlen. Die „aktive" Betätigung der-artiger grundrechtlicher Freiheiten ist nach der Verwerfung der Lehre von den besonderen Gewalt-verhältnissen auch in der Schule keineswegs ausgeschlossen,[56] sei es eine Betätigung im positiven, sei es eine solche im negativen Sinne (etwa durch Teilnahme oder Nichtteilnahme an einem schülerini-tiierten [nicht staatlichen, → Rn. 29] Morgengebet vor dem Unterricht oder in der Pause). Schüler können durch schulorganisatorische Festlegungen zudem „passiv" in ihren Grundrechten betroffen sein (z. B. durch Abhaltung von Unterricht zu Zeiten, die der Schüler aus religiösen Gründen unterrichtsfrei sehen möchte). In diesen Fällen ist der Grundrechtsverwirklichung seitens des Schülers prinzipiell Raum zu lassen. Diesem Freiraum können aber dort Grenzen zu ziehen sein („kollidieren-des Verfassungsrecht"), wo dies die Aufrechterhaltung der **Funktionsfähigkeit der** Verfassungsinsti-tution **„Schule"** (ua die Wahrung des „Schulfriedens") und die Erfüllung ihres Bildungsauftrages i. S. d. Art. 7 I erforderlich machen.[57] Das BVerwG sieht schon das Grundrecht aus Art. 4 GG als von vornherein durch die „Eigenständigkeit der staatlichen Wirkungsbefugnisse" in der Schule aus Art. 7 I

---

Pieroth DVBl 1994, 948 (957); ferner *Thiel* (Fn. 7) S. 50 ff., auch zu Art. 2 ZP EMRK, dazu auch *Rux,* SchulR, S. 239 ff.; *Heintzen* HStR IX, § 218 Rn. 28; *Kersten* DÖV 2007, 50 (53).

[39] *Stern,* StaatsR IV/1, S. 601: „Gestaltungs-, Verwaltungs-, Normierungsbefugnisse"; ausf. *Robbers,* in: v. Man-goldt/Klein/Starck I, Art. 7 Rn. 68 ff.; *Loschelder,* in: HGR IV, § 110 Rn. 28; *Uhle* BeckOK GG, Art. 7 Rn. 12 f.

[40] BVerfGE 34, 165 (182); 93, 1 (21); BVerwGE 94, 82 (84); NWOVG NWVBl 2003, 268 (271); *Badura,* in: Maunz/Dürig, Art. 7 Rn. 47; *Thiel* (Fn. 7) S. 61; *Langenfeld* Verwaltung 40 (2007), 347 (352); zur Rechtfertigung auch *Uhle* BeckOK GG, Art. 7 Rn. 12; abw. *Richter* AK GG I, Art. 7 Rn. 18 ff. – Zur geschichtlichen Entwicklung *Hildebrandt,* Das Grundrecht auf Religionsunterricht, 2000, S. 57. – Zu schulischen Ordnungsmaßnahmen *Tanger-mann* BayVBl 2008, 357; VG Düsseldorf NVwZ-RR 2008, 619.

[41] BVerfGE 51, 268 (289); BVerwG DÖV 1979, 1911. Über das grds. Fehlen durchsetzbarer Ansprüche von Eltern/Schülern *Theuersbacher* NVwZ 1999, 838 (839); zu einem Ausnahmefall – Gesundheitsgefährdung der Schüler – OVG NRW DVBl 1995, 1370.

[42] Vgl. BVerfG NJW 2013, 2813, zur grundsätzlichen Zulässigkeit einer „Schulsprengelpflicht"; die Schulbezirks-bildung ist keine Begünstigung der in „besserer Wohngegend" lebenden Schüler, BVerfG NVwZ-RR 2001, 311 gegen VG Hamburg RuS 4/00, 13.

[43] BVerfGE 34, 165 (182).

[44] BVerfGE 45, 400 (415 f.); 53, 185 (196 f.).

[45] BVerwGE 64, 308 (314); allg. zu Rechtsfragen des Fremdsprachenunterrichts in der Schule *Beaucamp* LKV 2013, 68.

[46] BVerwG NVwZ 1982, 104.

[47] BVerwG NJW 1981, 1056.

[48] BVerwG DVBl 1986, 619.

[49] NWVGH NVwZ-RR 1994, 158.

[50] Eingehend *Brosius-Gersdorf,* in: Dreier I, Art. 7 Rn. 64.

[51] Abl. *Anger,* Islam in der Schule, 2003, S. 197; *Ennuschat/Siegel* NWVBl 2007, 125; s. a. VG Berlin NVwZ-RR 2002, 33; OVG NRW DVBl 2008, 134 (LS).

[52] BVerwGE 79, 298; BVerfG NVwZ 1990, 54.

[53] Vgl. *Boysen,* in: v. Münch/Kunig I, Art. 7 Rn. 53; *Brosius-Gersdorf,* in: Dreier I, Art. 7 Rn. 44 ff.; *Stock* RdJB 1992, 241.

[54] Dazu NWOVG NVwZ 1997, 816.

[55] Zur Beschränkung der informationellen Selbstbestimmung NdsOVG NdsVBl 2000, 306; *Rux,* SchulR, S. 154 ff.

[56] BVerfGE 34, 29 (49); 93, 1 (16); ausf. *Schmitt-Kammler* FS Friauf, 1996, S. 343 (353); *Robbers* MKS I, Art. 7 Rn. 14.

[57] S. dazu *Schmitt-Kammler* (Fn. 56).

GG „relativiert" an (BVerwGE 147, 362; NVwZ 2014, 237 – „Krabat"). Gemäß diesen Vorgaben sind Wünsche nach **Unterrichtsbefreiungen** aus religiösen Gründen zu behandeln[58] (betr. Klassenfahrten, Sexualkunde, Evolutionstheorie, koedukativ erteilten Sportunterricht, Spielfilmvorführungen mit „Schwarzer Magie" uä),[59] ebenso das Tragen eines Schleiers/Kopftuches durch islamische Schülerinnen.[60] Elternrecht spielt hier nur in der Weise eine Rolle, dass die Eltern ggf. (wegen Grundrechtsunmündigkeit des Kindes) ihre elterliche Wahrnehmungsfunktion (→ Art. 6 Rn. 62; sowie u. Rn. 37) für die Rechte des Kindes ausüben. – Zu weltanschaulich geprägten Inhalten des Schulunterrichts *selbst* → Rn. 25 ff.

18a   Entsprechendes gilt für die **Grundrechtsbetätigung der Lehrkräfte** in der staatl. Schule. Sofern dies im Unterricht geschieht, sind freilich enge Grenzen zu ziehen. Das (zunächst vielleicht „privat" gedachte) Verhalten der Lehrkraft wird hier zum Bestandteil ihrer autoritativen, mit Vorbildfunktion ausgestatteten, schulisch-hoheitlichen Betätigung. Als staatl. Funktionsträger, als nach außen[61] handelndes Staatsorgan unterliegen Lehrer den kompetenziellen Schranken ihres Dienstherrn, dh hier: dessen Neutralitätsverpflichtung (→ Rn. 26). Die Kompetenzausübung der Lehrkraft kann daher nur sehr eingeschränkt ein Feld für individuelle („private") Grundrechtsverwirklichung sein.[62] Sie „darf" grds. nicht mehr als der von ihr repräsentierte Staat. Daraus ergibt sich nach der „Kopftuch"-Entscheidung des Zweiten Senats des BVerfG (BVerfGE 108, 282) die Unzulässigkeit eines Verhaltens, das dieser Neutralitätsverpflichtung zuwiderliefe, insbesondere die Zurschaustellung religiös-politisch aussagekräftiger Symbolik.[63] Der Erste Senat des BVerfG hat indes in seiner „Kopftuch II"-Entscheidung (BVerfGE 138, 296) klargestellt, dass ein pauschales Kopftuchverbot für Lehrkräfte an öff. Schulen die Glaubens- und Bekenntnisfreiheit verletze. Ein landesweites gesetzl. Verbot religiöser Bekundungen durch das äußere Erscheinungsbild allein wegen der bloß abstrakten Eignung zur Begründung einer Gefahr für den Schulfrieden oder die staatl. Neutralität in einer öff. bekenntnisoffenen Gemeinschaftsschule sei unverhältnismäßig, wenn das fragliche Verhalten nachvollziehbar auf ein als verpflichtend verstandenes religiöses Gebot zurückzuführen sei. Die Verbotsnormen seien insoweit einschränkend auszulegen, als mindestens eine hinreichend konkrete Gefahr für die Schutzgüter vorliegen müsse. Möglich sei es auch, religiöse Bekundungen durch das äußere Erscheinungsbild nicht erst im konkreten Einzelfall, sondern für bestimmte Schulen oder Schulbezirke über eine gewisse Zeit auch allgemeiner zu unterbinden; aus Gleichheitsgründen müssten entspr. Verbote aber für alle Glaubens- und Weltanschauungsrichtungen grds. unterschiedslos erfolgen.[64] Vor allem prakt. Schwierigkeiten generiert dieser Beschluss deshalb, weil der Begriff der „hinreichend konkreten Gefahr für den Schulfrieden" nicht näher konturiert wird; die Ausfüllung des Begriffs und damit letztlich die Klärung ganz grds. Grundrechtsfragen werden damit der behördl. Einzelfallentscheidung überlassen.

---

[58] „Religiös begründete Bildungsverweigerung", *Stock* NWVBl 2005, 285; *ders.* RdJB 2005, 94 (101); *Coumont*, in: St. Muckel (Hrsg.), Der Islam im öffentlichen Recht des säkularen Verfassungsstaates, 2008, S. 440 (523); *Czermak*, Religions- und Weltanschauungsrecht, 2008, S. 144; zum Konflikt zwischen Glaubensfreiheit und Schulpflicht *Frenz* Jura 2013, 999. – Zu anderen Befreiungsgründen etwa VG Münster NWVBl 2007, 197.

[59] Die Rspr. ist teilw. disparat (vgl. *Anger* NWVBl 2013, 96; eingehend *Krampen-Lietzke*, Der Dispens vom Schulunterricht aus religiösen Gründen, 2013); s. etwa BVerwG NVwZ 2014, 237 („Krabat"; dazu *Huster* DÖV 2014, 860); BVerfG (K) FamRZ 2006, 1094; BVerwGE 42, 128 (130); 94, 82 (83 f.); HambOVG NordÖR 2005, 80; vgl. dagegen – gleichheitswidrig! – BVerwG DVBl 1994, 168 (krit. auch *Mückl* Der Staat 40 [2001], 96 [104]); *Pieroth* DVBl 1994, 948 (960); *Kokott* Art. 4 Rn. 32 ff.; w. Nachw. bei *Jestaedt* BK, Art. 6 II, III Rn. 350 Fn. 170 sowie *Anger* (Fn. 51) S. 205 ff.; *Gartner*, Der Islam im religionsneutralen Staat, 2006, S. 171. Zur Gefahr von Ausuferungen der teilweise allzu „willfährigen" Rspr. *Langenfeld* AöR 123 (1998), 375 (388 ff.); *Huster* NSlg 41 (2001) 399 (414). In jüngerer Zeit tendiert die Rspr. verstärkt zur Zurückweisung religiös begründeter Befreiungswünsche, *Bock* NVwZ 2007, 1250 (1252); s. BVerwG NJW 2014, 804 (Teilnahme von Schülern der Glaubensgemeinschaft Zeugen Jehovas an Filmvorführung mit „Schwarzer Magie"); VG Hamburg NVwZ-RR 2006, 121; HambOVG NordÖR 2004, 412; VG Düsseldorf NWVBl 2006, 68; OVG NRW NWVBl 2009, 394; DVBl 2010, 1392; BVerfG NVwZ 2017, 227 (Schwimmunterricht); BVerwGE 147, 362 („Burkini") mit einem „Zwei-Stufen-Modell": 1. abstrakte Begrenzung der Religionsfreiheit aufgrund schulischer Erfordernisse, 2. konkrete Abwägung im Einzelfall. – *Stern*, StaatsR IV/1, S. 610, für eine Befreiungsmöglichkeit im Bereich der Sexualkunde; aA VG Münster NWVBl 2006, 471, bestätigt durch OVG NRW NWVBl 2008, 70; BVerwG DVBl 2008, 935.

[60] Dazu *Anger* (Fn. 51) S. 168; *Stock* RdJB 2005, 94 (101 Fn. 41); *Geis*, in: Friauf/Höfling, Art. 7 Rn. 42; vgl. auch EGMR EuGRZ 2005, 31; *Czermak* (Fn. 58) S. 166. – Unzulässig ist die schon mangels Identifizierbarkeit der verhüllten Person schulbetriebsstörende Burka, *Anger*, S. 197. – Zum Parallelfall (Kopftuch der Zeugin vor Gericht) BVerfG NJW 2007, 46; zum Begehren der Verrichtung des muslimischen Mittagsgebets in der Schule BerlBrandOVG NVwZ 2010, 1310.

[61] Betont bei *Mückl* Staat 40 (2001), 96 (123).

[62] Restriktiver noch *Hillgruber* JZ 1999, 543; s. a. *Rux*, SchulR, S. 307 ff.

[63] BVerfGE 108, 282 (314, 325, abwM). – Zur „Bhagwan"-Kleidung von Lehrern HambOVG DVBl 1985, 456; BayVGH NVwZ 1986, 405; BayVBl 1985, 721; BVerwG NVwZ 1988, 937 f.

[64] BVerfGE 138, 296 Rn. 101, 114, 128; eingehend etwa *Heinig* RdJB 2015, 217; *Hong* Staat 54 (2015), 409 (dort auch zum Verhältnis zur Kopftuch-Entscheidung des Zweiten Senats von 2003); *Franzius* Der Staat 54 (2015), 435; *Sachs* JuS 2015, 571; *Sacksofsky* DVBl 2015, 801; *Wißmann* DRiZ 2016, 224; krit. etwa *Schönenbroicher* VBlBW 2015, 329, unter Hinw. auf die Verlagerung der Entscheidung von Grundsatzfragen auf die örtliche Verwaltungsebene.

Soweit schulorganisatorische Maßnahmen den durch Art. 7 I vorgegebenen **„aufsichtlichen"** 19
**Rahmen überschreiten,** sind sie verfassungswidrig und können ggf. von den Schülern unter Beru-
fung auf Grundrechte (insbes. Art. 2 I) abgewehrt werden.[65] Die Einrichtung einer (verpflichtenden)
Ganztagsschule ist nicht schlechthin ausgeschlossen, doch darf sie die den Eltern zustehende *außerschu-
lische* (und vorschulische) Erziehung in ihrer Durchführung nicht derart erschweren, dass sie aus ihrer
Rolle faktisch verdrängt würden.[66]

Als Beschränkung für die staatliche Schulaufsicht kann sich Art. 3 III 2 **(Behindertenschutz)** 20
auswirken. Dieser Vorschrift waren nach traditioneller Auffassung originäre Leistungsansprüche nicht
zu entnehmen.[67] Die Behindertenrechtskonvention der UN, die in Deutschland zum 26.3.2009 in
Kraft getreten ist und aufgrund der Völkerrechtsfreundlichkeit[68] des Grundgesetzes die Auslegung auch
des Art. 3 III 2 beeinflusst,[69] fordert in Art. 24 ua, dass Kinder mit Behinderungen jedenfalls grds.
gemeinsam mit nicht behinderten Kindern in Regelschulen zu unterrichten sind **(„Inklusion")**.[70] –
Eine Beschränkung der Schulaufsicht durch eine verfassungsrechtlich zu begründende **„pädagogische
Freiheit"** der Lehrer ist mangels einer solchen zu verneinen,[71] was die Annahme einer geschützten
Rechtsstellung kraft Landesschulrechts nicht ausschließt.[72] Ebenso wenig darf die klare Verantwortlichkeit für Form und Inhalt des Unterrichts durch forcierte (Schul-)**„Autonomie",** also Reduzierung
von Aufsichtskompetenzen zugunsten größerer Selbständigkeit der Einzelschule aufgeweicht werden.[73]

Die h. M. stützt sich mit ihrem weiten Verständnis des Art. 7 I auf dessen Entstehungsgeschichte 21
und auf eine insoweit unveränderte **Übernahme des Wortlautes der WRV.** Bereits im 18. Jh. wurde
die Schulhoheit, v. a. in Preußen, vom Staate beansprucht: Im PrALR (1794) erschienen alle öffentlichen Unterrichts- und Erziehungsstätten als „Veranstaltungen des Staates" (§ 1 II 12), die von ihm
durchgeführt und beaufsichtigt wurden.[74] Die VU Preußen (1850) verwendete in Art. 23 den Ausdruck „Aufsicht", von G. Anschütz[75] dahin zusammengefasst, dies bezeichne das „dem Staat über die
Schule ausschließlich zustehende administrative Bestimmungsrecht. Dieses Recht ist keine einheitliche
Gewalt, sondern ein Inbegriff verschiedenartiger, teils i. e. S. aufsichtlicher, teils leitender, teils unmittelbar verwaltender Funktionen". Dieses Begriffsverständnis ist dann für die Formulierung und
Auslegung des Art. 144 WRV maßgebend geblieben.[76]

**3. Der eigene Erziehungsauftrag des Staates. a) Herleitung und Umfang.** Unter Berufung 22
auf sein „Vollrecht" über die staatl. Schule nimmt der Staat einen **eigenen Erziehungs- und
Bildungsauftrag** für sich in Anspruch;[77] eine nicht ganz selbstverständl., aber grds. zu billigende

---

[65] Bsp.: Eine (etwa durch „Zwangszuweisung" an Hochbegabtenschulen erfolgende) staatliche „Positiv-Auslese",
dazu *Kemm* NWVBl 1997, 441 (444); zum Rechtsschutz *Rux,* SchulR, S. 411 ff.

[66] Dazu HmbOVG NordÖR 1999, 112; *Schmitt-Kammler,* Elternrecht und schulisches Erziehungsrecht nach dem
GG, 1983, S. 66 Fn. 220; *Boysen,* in: v. Münch/Kunig I, Art. 7 Rn. 48; *Pieroth* DVBl 1994, 948 (956); *Geis,* in:
Friauf/Höfling, Art. 7 Rn. 38; *Schmahl* DÖV 2006, 885; ferner *Broosch,* Ganztagsschule und Grundgesetz, 2007;
*Guckelberger* RdJB 2006, 11. „Radikal" anders *Bumke* NVwZ 2005, 519 (Elternrecht als nicht „optimierungswürdi-
ges" Herrschaftsrecht). Es geht hier nicht um die denkbare Verletzung eines in die Schule hineinreichenden Elternrechts, sondern um die Abwehr des Übergreifens der Schule in den allein den Eltern vorbehaltenen Bereich
außerschul. Erziehung. Zum Verhältnis Schule-Elternrecht → Rn. 35 ff. sowie → Art. 6 Rn. 54.

[67] *Rüfner* BK, Art. 3 II, III (1996) Rn. 874; offen gelassen in BVerfGE 96, 288 (304).

[68] BVerfGE 111, 307 (317 ff.).

[69] Umstr. ist, ob Art. 24 UN-BRK unmittelbar gilt (*Degener* RdJB 2009, 200 [217 f.]) oder staatlicher Umsetzungsakte bedarf (so HessVGH NVwZ-RR 2010, 1346 ff.; *Faber/Roth,* DVBl 2010, 1193 [1200 f.]; *Krajewski* JZ
2010, 120 [123 f.]).

[70] Eingehend sowie zu Ausnahmen *Brosius-Gersdorf,* in: Dreier I, Art. 7 Rn. 65 ff. (unter Befürwortung einer
jedenfalls mittelbaren Bindung auch der Privatschulen, Rn. 67); ferner *Engels* ZG 2015, 128; *Faber/Roth* DVBl 2010,
1193; *Höfling/Engels* NWVBl 2014, 1; *Poscher/Rux/Langer,* Von der Integration zur Inklusion, 2008; *Rux,* SchulR,
S. 393 ff. – Kürzungen der staatlichen Zuschüsse für integrative Ersatzschulen dürfen nicht zu einer generellen
Gefährdung der integrativen Beschulung an einer Schule führen, BVerwG NVwZ-RR 2017, 146.

[71] S. schon → Rn. 7. Die schulgesetzlich anerkannte „Eigenverantwortung" des Lehrers gilt nach wie vor nicht als
subjektives, wehrfähiges Recht: BWVGH VBlBW 1998, 108; ebenso NdsOVG NVwZ 1998, 94; NVwZ-RR 2000,
161; *K. Niehues* NVwZ 2001, 872 (875); ferner *Pieroth* DVBl 1994, 948 (958 f.); *Badura,* in: Maunz/Dürig, Art. 7
Rn. 61; anders *Stern,* StaatsR IV/2, S. 473 ff.; s. a. *Beck* BayVBl. 2013, 321.

[72] Ausf. *Rux,* SchulR, S. 307 ff.; *Thiel* (Fn. 7) S. 205 ff.; *Robbers* MKS I, Art. 7 Rn. 30. Vgl. etwa § 29 III SchulG.
NRW

[73] Dazu *Thiel* (Fn. 7) S. 171; „demokratieprinzipiell" *Höfling* RdJB 1997, 361; ferner *Stern,* FS Knöpfle, 1996,
S. 333; *Brückelmann,* Die verfassungsrechtlichen Grenzen von Freiräumen zur Selbstgestaltung an öffentlichen Schulen, 2000, S. 82 ff.; *Hufen* FS J. P. Vogel, 1998, S. 51; *Langenfeld* Verwaltung 40 (2007), 347 (358); *J. Müller,* Schulische Eigenverantwortung und staatliche Aufsicht, 2006; *Berka,* Autonomie im Bildungswesen, 2002, insbes. S. 75 ff.

[74] Vgl. *Fröse,* Deutsche Schulgesetzgebung (1763 bis 1952), 1953; s. a. BVerfGE 75, 40 (56 f.).

[75] *Anschütz,* Die Verfassungs-Urkunde für den Preuß. Staat, Bd. 1, 1912, S. 417; dazu *Stern,* StaatsR IV/2,
S. 427 f.

[76] *Landé,* Die Schule in der Reichsverfassung, 1929, S. 62 f.; *v. Campenhausen,* Erziehungsauftrag und staatliche
Schulträgerschaft, 1967, S. 20 f.

[77] BVerfGE 34, 165 (182 f.); 47, 46 (71 f.); 55, 223 (236); *Stern,* StaatsR IV/1, S. 601; IV/2, S. 429; *Geis,* in:
Friauf/Höfling, Art. 7 Rn. 19; *Kotzur,* in: Stern/Becker, Art. 7 Rn. 21; *Uhle* BeckOK GG, Art. 7 Rn. 21 ff.

Folgerung aus einer primär organisationsrechtl. Bestimmung, in der ja von einem solchen Erziehungsmandat nicht *ausdrücklich* die Rede ist.[78] Dieser staatl. Erziehungsauftrag steht neben dem (nur für die außerschulische Erziehung durch die Eltern relevanten) „Wächteramt" des Staates iSd Art. 6 II 2;[79] er ist eigenständig ausgeformt und kein bloßes Derivat des elterl. Erziehungsrechts.[80]

23    Über **Umfang** und Grenzen des weitestgehend anerkannten staatlichen Erziehungsauftrags bestehen im Detail Meinungsverschiedenheiten.[81]

24    Als unbedenklich erscheint ein staatlicher Erziehungsanspruch jedenfalls, soweit er sich auf die Vermittlung von **Wissen und Fertigkeiten**[82] iVm den genannten (→ Rn. 22), aus den schulischen „Gesellungsnotwendigkeiten" erwachsenden sozial-integrativen Leistungen beschränkt. Hierher gehört – als Wissensvermittlung – auch der *Rechtschreibunterricht;*[83] doch müssen die fraglichen Regeln in rechtlich einwandfreier Weise zustande gekommen und verbindlich gemacht worden sein, insbes. unter Beachtung der grundgesetzlichen Kompetenzverteilung zwischen Bund und Ländern, zwischen Legislative und Exekutive. Fehlt es daran, so handelt die Schule rechtswidrig und verletzt das (ggf. von den Eltern wahrzunehmende) Grundrecht des Schülers aus Art. 2 I.[84]

25    Betrachtet man die verschiedenen und recht heterogenen landes(verfassungs)gesetzlichen Ausformungen staatlicher Erziehungsziele,[85] so verbleiben sie keineswegs im (unproblematischen) Bereich der Vermittlung von Wissen und Fertigkeiten, sondern greifen auch auf **weltanschaulich sensible Unterrichtsinhalte** aus. Dem Staate wird vielfach die Befugnis eingeräumt, auch auf diesem Felde eigene Erziehungsziele zu verfolgen.[86]

26    Dies ist jedoch **unvereinbar mit** dem (zumindest verbal) unbestrittenen Verfassungsprinzip der religiös-weltanschaulichen **Neutralität** und Nicht-Identifikation des Staates.[87] Aus ihm folgt, dass dem Staate „eigene Werte" grds. (Ausnahme: → Rn. 28) nicht zu Gebote stehen und es ihm deshalb auch verwehrt sein muss, sich in der staatlichen Schule werbend für sie einzusetzen. Ein „wertehaltiger" Unterricht, eine weltanschauliche Dimension des staatlichen Erziehungsrechts ist daher zu verneinen.[88] Daran ändert auch die aus Art. 7 V zu erschließende Möglichkeit der Einrichtung weltanschaulich ausgerichteter öffentlicher Schulen nichts, da davon auszugehen ist, dass solche Schulen nur auf einheitlichen Wunsch von Erziehungsberechtigten errichtet werden können, was den darin liegenden „Neutralitätsverstoß" „heilt".[89] Sobald „dissentierende" Schüler/Eltern ins Spiel kommen, endet die Zulässigkeit weltanschaulicher Ausrichtung; eine „Konkordanz"-Lösung lässt sich für solche Fälle auf dem Papier zwar fordern,[90] gibt aber in der Praxis allen Beteiligten Steine statt Brot.

---

[78] Einen Ursprung hat der staatl. Erziehungsauftrag im allg. Wahlrecht, dessen Wahrnehmung gewisse Mindestkenntnisse erforderte. Heute steht die „Integrationsfunktion" im Vordergrund, → Rn. 14.

[79] *Schmitt-Kammler* (Fn. 66) S. 31. Der Schule können „Wächteramt"-Funktionen zukommen, s. z. B. § 42 VI NWSchulG.

[80] Zu Gegentendenzen s. die Nachw. bei *Schmitt-Kammler* (Fn. 66) S. 31 Fn. 81.

[81] S. die Nachw. bei *Dittmann* VVDStRL 54 (1995), S. 47; ausf. *Thiel* (Fn. 7) S. 86 ff.; *Robbers* MKS I, Art. 7 Rn. 80 ff.; zu den Konflikten im ParlRat *Brosius-Gersdorf,* in: Dreier I, Art. 7 Rn. 6 ff.

[82] Hierzu *Schmitt-Kammler* (Fn. 66) S. 34 (S. 31 ff. ausf. auch zum Folgenden). Bsp. bei *Stern,* StaatsR IV/1, S. 609. Gedeckt durch Art. 7 I iVm Art. 6 II 2 ist auch Sprachförderung im Vorschulalter („Vorwirkung"), s. *Depenheuer* FS Horn, 2006, S. 1003 (1011); zurückhaltend *Bader* NVwZ 2007, 537.

[83] BVerfGE 98, 218 (244), das im Grundsatz zu Recht eine Elternrechtsverletzung verneint und eine Betroffenheit des Persönlichkeitsrechts nicht sieht. Doch ist die Verweigerung *inhaltlicher* Überprüfung der „Reform" („nicht nach verfassungsrechtl. Maßstäben" beurteilbar, S. 245) bedenklich. Ähnl. *Stern,* StaatsR IV/1, S. 611 f., IV/2, S. 565. Das Gericht neigt dazu, die Rechtschreibung als ein rein „technisches" Problem zu unterschätzen und für „unwesentlich" i. S. d. Gesetzesvorbehaltes zu erachten; ähnl. *Geis,* in: Friauf/Höfling, Art. 7 Rn. 25. – Zur Spracherziehung als Staatsaufgabe *P. Kirchhof* HStR II, § 20 Rn. 1 ff.

[84] BVerfGE 98, 218 hat die allg. schulgesetzlichen Grundlagen als ausreichende Ermächtigung für die Änderung von Rechtschreibregeln durch die KMK akzeptiert und die Zuständigkeit der Länder auf diesem Gebiet bejaht, letzteres freilich mit dürftiger Begründung, die dem Erfordernis der Einheitlichkeit der schul. Rechtschreibvermittlung in *allen* Ländern nicht ausreichend Rechnung trägt. BVerwGE 108, 355 folgt diesen Vorgaben. – Zur Diskussion *Stern,* StaatsR IV/1, S. 611 Fn. 1210; ergänzend BVerfG NJW 1999, 3477; unklar NdsOVG NJW 2005, 3590; krit. *Kopke* NJW 2005, 3531.

[85] Überblick bei *Thiel* (Fn. 7) S. 45 ff.; *Pieroth* DVBl 1994, 948 (982); über deren Bedeutungsverlust *Oppermann* EssGspr 32 (1998), 7 (21 ff.).

[86] BVerfGE 34, 165 (183); 47, 46 (72); 93, 1 (21 f.); *Bothe* VVDStRL 54 (1995), 8 (36): „Multikulturalität". – Zur „emanzipatorischen Pädagogik" *Friesecke* DÖV 1996, 639. Vgl. auch die Nachw. bei *Stern,* StaatsR IV/1, S. 607 Fn. 1190. – Zum Unterrichtsgegenstand „Friedenssicherung und Bundeswehr" BWVGH NJW 1987, 3274; *U. Duchrow/R. Eckertz* (Hrsg.), Die Bundeswehr im Schulunterricht, 1988.

[87] Dazu BVerfGE 93, 1 (16 f.); w. Nachw. bei *Schmitt-Kammler* (Fn. 66) S. 35 Fn. 100; *Robbers* MKS I, Art. 7 Rn. 38 ff.; *Rathke,* S. 57 ff.; *Czermak* (Fn 58) S. 85; weiter *Uhle* BeckOK GG, Art. 7 Rn. 16 ff.

[88] Zu den Schwierigkeiten *Mückl* VBlBW 1998, 86 (88); *Böckenförde* VVDStRL 54 (1995), S. 125: „Werterziehung ohne Neutralitätsverletzung als „schwierige Balance". Kennzeichnend die mühsame Argumentation bei *Loschelder,* FS Listl, 1999, S. 349 (360 ff.).

[89] *Huster* NSlg 41 (2001), 399 (407 f.).

[90] Vgl. z. B. *Jarass,* in: Jarass/Pieroth, Art. 4 Rn. 34.

Mit dem Neutralitätsprinzip in Konflikt geraten auch Erziehungsziele, die sich eng an **Glaubens-** 27
**inhalte** bestimmter Religionsgemeinschaften anlehnen.[91] Das schließt z. B. die Berücksichtigung
christl. Wertvorstellungen im Unterricht nicht aus, doch kann sie (anders selbstverständlich im Religionsunterricht, dazu → Rn. 39 ff.) nur in darstellender, informierender Form, ohne Wahrheitsanspruch
und „werbenden" Einschlag erfolgen. **Landes(verfassungs)rechtliche** Aussagen über schulische
Erziehungsziele, die diese Grenze überschreiten, sind daher verfassungswidrig,[92] soweit sie sich nicht
verfassungskonform auslegen, im Regelfall „reduzieren" lassen.

**b) Ausnahme.** Von dem aus dem Neutralitätsprinzip folgenden Verbot für den Staat, politisch- 28
religiös-weltanschaulich eigene Standpunkte werbend zu vertreten, gibt es eine gewichtige Ausnahme.
Neben der (von allen Rechtsunterworfenen zu fordernden) **Rechtstreue**[93] ist es die **„Verfassungs-**
**essenz"**, verstanden als der in Art. 79 III umschriebene (durch das **„Friedlichkeitsgebot"** in
Präambel, Art. 9 II und 26 ergänzte) Bereich, der durch die Verfassung selbst aus der Zone des im
Wege eines Austrags dissentierender politischer Meinungen Veränderbaren herausgenommen ist.[94]
Bezüglich dieser „Verfassungsessenz", aber auch *nur* bezüglich ihrer, ist der Staat zu „wertehaltiger"
Erziehung berechtigt, ja sogar verpflichtet.[95]

**c) Einzelfälle.** Von diesem Standpunkte aus erledigen sich zahlreiche Probleme, die meist als 29
(abwägungsbedürftige) Fälle einer Kollision von Grundrechten (Art. 4) mit dem schulischen Erziehungsanspruch oder von weltanschaulichen Grundrechten verschiedener Schüler/Eltern untereinander
behandelt werden (letzteres ist schon deswegen verfehlt, weil sich hier den Veranstaltungen der *Staat*
religiös-weltanschaulich betätigt und nicht etwa andere Schüler/Eltern): Das staatlich veranstaltete
**Schulgebet**[96] und das **„Schulkreuz".**[97] Derartige staatlich-schulische Manifestationen sind als Verstöße gegen das weltanschaulich-religiöse Neutralitätsgebot i. S. eines Nicht-Identifikations-Gebotes[98]
als verfassungswidrig zu bewerten. Weiteres Beispiel: die *„christliche Gemeinschaftsschule",*[99] die entweder

---

[91] S. etwa Art. 131 BayVerf; Art. 7 NWVerf; ferner Überblick bei *Pieroth* DVBl 1994, 948 (952).

[92] Dies gilt auch für die „Ehrfurcht vor Gott", *Schmitt-Kammler* (Fn. 66) S. 48; *Pieroth* DVBl 1994, 948 (961);
*Korioth* NVwZ 1997, 1041 (1042 Fn. 13); *Czermak* (Fn. 58) S. 143; aA *Kühne* NWVBl 1991, 253 („gestufte Parität");
s. a. *Badura,* in: Maunz/Dürig, Art. 7 Rn. 53.

[93] Dazu *Schmitt-Kammler* (Fn. 66) S. 36 f.; s. a. (für die elterliche Erziehung) → Art. 6 Rn. 64.

[94] Vgl. *Schmitt-Kammler* (Fn. 66) S. 41; *Jestaedt* HdbStKR II, S. 412 Fn. 170; s. a. *Kühne,* in: Geller/Kleinrahm,
Die Verfassung des Landes NRW, Art. 7 Anm. 1a (S. 2). Ähnl. Umschreibungen z. B. bei *Böckenförde* EssGspr 14
(1980), 54 (84); s. a. die Nachw. in Rn. 59. Der „Verfassungsessenz" mögen durchaus christliche Elemente innewohnen, doch eben nicht „bekenntnis-christliche", sondern nur „kultur-christliche", dazu *Schmitt-Kammler* FS Friauf,
1996, S. 347 f.

[95] Vgl. auch BVerfGE 124, 300 (320 f.). Allerdings bindet dies die Eltern bei der außerschulischen Erziehung
nicht, *Pieroth,* in: Jarass/Pieroth Art. 7 Rn. 6. – S. auch *Uhle* BeckOK GG, Art. 7 Rn. 17: „Pflege der Freiheits-
bereitschaft und -fähigkeit der Grundrechtsberechtigten".

[96] BVerfGE 52, 223; *Badura,* in: Maunz/Dürig, Art. 7 Rn. 18; ähnl. für das Tischgebet im komm. Kindergarten
BVerfG (K) NJW 2003, 3468; aber HessStGH NJW 1966, 31; *Czermak* (Fn. 58) S. 140. – Zum Verhältnis von
Gebeten von Schülern außerhalb des Unterrichts und dem Schulfrieden BVerwGE 141, 223.

[97] BVerfGE 93, 1, nicht zutr. Erg., aber zT verfehlter, weil auf das Geleis einer nicht angebrachten „Negativ-
Positiv-Grundrechtsabwägung" geratener u. den Verstoß gegen das Neutralitätsgebot aus den Augen verlierender
Begründung, was auch nicht prozessual gerechtfertigt werden kann (*Nolte* JöR 2000, 87 [105]). Ausf. *Schmitt-*
*Kammler,* FS Friauf, 1996, S. 343 ff.; ähnl. wie hier *Huster,* in: Brugger/Huster (Hrsg.), Der Streit um das Kreuz in der
Schule, 1998, S. 69 ff.; *ders.,* Die ethische Neutralität des Staates, 2002, S. 127; *Czermak* (Fn. 58); s. die umf. Nachw.
bei *Stern,* StaatsR IV/1, S. 612 f. Gegner der Entscheidung sehen im Kreuz vielfach nur ein (verfassungsrechtl.
unbedenkliches) „kultur-christliches" Symbol, das sich erst im Religionsunterricht zu einem „bekenntnis-christlichen"
wandele („Kreuzwandlungstheorie", s. BVerfGE 93, 1 [21]; *Nolte* JöR 2000, 87 [89]; *ders.* NVwZ 2000, 891 [894]). –
Abl. zu dem „Rettungsversuch" in § 7 BayEUG mit „kultur-christlicher" Legaldefinition des Kreuzes und dennoch
vorgesehenem Widerspruchsrecht in Abs. 3: *Detterbeck* NJW 1996, 426 (432); *Renck* NJW 1999, 994; *Huster,* S. 20 f.;
zust. *Theuersbacher* NVwZ 1997, 744 mwN; *Jestaedt,* Die neue Ordnung, 1997, S. 26 (39 Fn. 31) sowie BayVerfGH
NVwZ 1997, 3157 (ebenfalls „grundrechtsabwägend" u. mit der unzutr. Behauptung, die Anbringung des Kreuzes
bedeute keine staatliche Identifikation mit ihm; krit. dazu *Czermak* DÖV 1998, 107; *Nolte* JöR 2000, 87 [105, 114 f.];
die Verfassungsbeschwerde gegen die Entsch. des BayVerfGH ist nicht angenommen worden, BVerfG NJW 1999,
1020). – Zum Problem ferner BayVGH NVwZ 1998, 92 (mit Verweisung des ASt. auf die Möglichkeit der
Abhängung des Kreuzes durch ihn selbst); NJW 1999, 1045: Verneinung „ernsthafter und einsehbarer Gründe" für
das Beseitigungsbegehren. Solche Gründe dann aber bejaht durch BVerwGE 109, 40; hier wird die Widerspruchslösung des BayEUG zwar als verfassungsgemäß akzeptiert (zu Recht krit. *Nolte* JöR 2000, 87 [115]), zugleich aber
klargestellt, dass schon der Widerspruch *eines* Schülers sich letztlich durchsetze. Das Problem des Neutralitätsverstoßes
wird nicht befriedigend behandelt, s. *Nolte* NVwZ 2000, 891 (894); JöR 2000, 87 (105). – Eine weitere Facette
bringt BayVGH BayVBl 2002, 400 (vorausgegangen: BVerfG NVwZ 1998, 156), wo i. Erg. zutr. aus BVerfGE 93, 1
die Konsequenzen für den „analogen" Fall gezogen werden, dass eine *Lehrkraft* am „Schulkreuz" Anstoß nimmt. Die
Begründung erfolgt ausschließl. mittels Abwägung (zwischen beamtenrechtl. Gehorsamspflicht und Art. 4, zust.
*Badura,* in: Maunz/Dürig, Art. 7 Rn. 22) ohne Rekurs auf die auch im Verhältnis Dienstherr-Lehrkraft bestehende
Neutralitätspflicht.

[98] *Nolte* JöR 2000, 87 (112).

[99] BVerfGE 41, 29; 41, 65; 41, 88.

tatsächlich „bekenntnis-christlich" und dann neutralitätswidrig ist oder das Etikett „christlich" zu Unrecht führt, weil sie (unbedenklicherweise) nur „kultur-christliche" Elemente aufweist.[100] – Ganz allgemein ergibt sich aus den dargestellten Erwägungen auch die Unzulässigkeit schulischer „*Indoktrination*", die also nicht erst wegen der Betroffenheit der Schüler in Art. 2 I unzulässig ist.[101] – Eine rein informierende faktenvermittelnde *Sexualkunde*[102] ist von Art. 7 I gedeckt und berührt das Elternrecht nicht (→ Rn. 18). Darüber hinaus gehende „wertende", normative Inhalte (z. B. Empfehlungen für bestimmte Sexualpraktiken)[103] überschreiten den Bereich dessen, was Art. 7 I als schulische Erziehung gestattet und sind schon deshalb rechtswidrig.

30      **4. Der Charakter der staatlichen Regelschule.** Den Charakter der staatlichen Regelschule bestimmen die Länder. Dieses schon in Weimar äußerst umstrittene Problem (s. Art. 146 I, II WRV) blieb auch bei Erlass des GG ungelöst. Demzufolge setzte bald nach seinem Inkrafttreten eine ungewöhnlich heftige schulpolitische Diskussion darüber ein, ob die staatliche Regelschule **Bekenntnis- oder Gemeinschaftsschule** zu sein habe. Die Schulreformgesetze der 1970er Jahre haben diese Frage ausgehend von konfessioneller Gestaltungsfreiheit der Länder[104] weitgehend i. S. der staatlichen „Gemeinschaftsschule christlicher Prägung" gelöst.[105] Die Bedeutung dieses Begriffs lässt sich erst aus den jeweiligen Schulgesetzen erschließen. Der Versuch des BVerfG, die in einzelnen Landesschulgesetzen allzu „bekenntnis-christlich" ausgestaltete Gemeinschaftsschule in „verfassungskonformer" Weise, aber doch ohne die nötige Konsequenz, auf eine nur „kultur-christliche" Ausrichtung zurückzuführen, ist unbefriedigend geblieben. – Die Einrichtung der integrierten **Gesamtschule** als Regelschule ist von Art. 7 I gedeckt.[106]

31      **5. Das Verhältnis des Art. 7 I zu anderen Grundrechtsbestimmungen. a)** Die Befugnis des Staates zur Ordnung und Organisation des Schulwesens hat Auswirkungen auf die **kommunale Selbstverantwortung** (gemeindliche Schulträgerschaft als Teil der Selbstverwaltungsgarantie).[107] Die Länder und damit auch die Gemeinden haben den unmittelbar verbindlichen Inhalt des Art. 7 I zu beachten. Zweifelhaft ist aber, ob dieser eine ausschließl. Aufsichtsbefugnis des Staates i. e. S. normiert (im dargelegten Sinne, einschließlich der Personalhoheit über die Lehrer), die Gemeinden damit aus diesem Bereich ausschließt und die gemeindliche Selbstverwaltung insoweit einschränkt.[108]

32      Art. 7 I GG sieht im Gegensatz zu Art. 144 WRV eine Beteiligung der Gemeinden an der Schulaufsicht nicht ausdrücklich vor. Mit der Bedeutung der **gemeindlichen Selbstverwaltung** (Art. 28 II) wäre es aber kaum vereinbar, wenn Art. 7 I die Gemeinden in dieser Weise hätte schwächen wollen. Ein solches Ergebnis würde auch von der historischen Interpretation der Vorschrift nicht getragen, die die Schulaufsicht als Aufsicht *öffentlicher* Träger von derjenigen gesellschaftlicher Einrichtungen, v. a. der Kirchen abgrenzen wollte.

33      „Staatlich" i. S. d. Art. 7 I ist also nach wohl h. M. zu verstehen als Inbegriff weltlicher hoheitlicher Gewalt unter **Einschluss der Gemeinden.**[109] Damit ist die Beteiligung der Gemeinden an der Organisation, Durchführung und Beaufsichtigung der Schule verfassungsrechtlich nicht in bestimmtem Umfange festgelegt, aber jedenfalls zulässig. Dementsprechend sind etwa die gemeindlichen Mitwirkungsrechte in Lehrerpersonalangelegenheiten in den einzelnen Ländern unterschiedlich gestaltet.[110]

34      In **Nordrhein-Westfalen** wird etwa dem Charakter des Schulwesens sowohl als gemeindlicher Einrichtung als auch als Einrichtung von überörtlicher Bedeutung dadurch Rechnung getragen, dass neben die allg. staatliche Aufsicht über die Gemeinden als Schulträger (§ 78 SchulG NRW) eine besondere „Schul-

---

[100] Näher *Schmitt-Kammler* FS Friauf, 1999, S. 352 ff.; s. a. *Renck* BayVBl 1994, 488 ff.; *Huster* NSlg 41 (2001), 399 (417 sub 1).

[101] S. aber BVerfG NVwZ 1990, 55.

[102] Dazu BVerfGE 47, 46; OVG NRW NWVBl 2008, 70.

[103] Teilw. aA *Geis*, in: Friauf/Höfling, Art. 7 Rn. 39. Bemerkenswert „permissiv" angesichts der denkbaren Fülle sexueller „Orientierungen" § 33 SchulGNRW. Vorsichtige Distanz v. a. zum Begriff „Akzeptanz" auch beim BVerwG DÖV 2008, 775 (777).

[104] BVerfGE 6, 309.

[105] *Badura*, in: Maunz/Dürig, Art. 7 Rn. 50. – Zur „Ausnahme" NW s. *Sachs*, Symposium Boldt, 1997, S. 55 (69); *Foerster* EssGspr 32 (1998), 48; *Richter* RdJB 1996, 295. Krit. insbes. gegen die bayer. Ausformung der christl. Gemeinschaftsschule *Renck* BayVBl 2008, 257.

[106] SaarlVerfGH AS 21, 278 (328 f.); *Coester-Waltjen*, in: v. Münch/Kunig I, Art. 6 Rn. 88 – als alleinige Regelschule aber nur, wenn den Wahlrechten der Eltern genügend Rechnung getragen wird.

[107] So BVerfGE 26, 228 (238); 47, 46 (71 f.); OVG NRW NWVBl 2003, 268 (271); *Geis*, in: Friauf/Höfling, Art. 7 Rn. 31 ff.; *Rennert* DVBl 2001, 504 (505 f.); *Thiel* (Fn. 7) S. 198 ff. – Allg. zum „Kondominium" von Staat und kommunalen Schulträgern *Robbers* MKS I, Art. 7 Rn. 100 ff.; *Köller* RdJB 2005, 27; grundl. *Stephany*, Staatliche Schulhoheit und kommunale Selbstverwaltung, 1964.

[108] In diesem Sinne offenbar *Oebbecke* DVBl 1996, 336 (338).

[109] So schon *Kloepfer* DÖV 1971, 838 (841), der dort freilich die Auffassung vertritt, die Befugnisse der Gemeinden im Schulwesen bestimmten sich allein nach Art. 28 II GG; s. auch *Uhle* BeckOK GG, Art. 7 Rn. 15; zur Gegenauffassung *Thiel* (Fn. 7) S. 203 f.

[110] Bsp.: VG Gießen NVwZ-RR 2000, 358. – Zum Problem der „Gastschulbeiträge" SchlHOVG Die Gemeinde SH 1996, 156; BayVerfGH BayVBl 1996, 462.

aufsicht" mit Dienst- und Fachaufsicht (§ 86 II SchulG NRW) tritt. Die Kommunen sind an dieser Schulaufsicht in den der Kreisebene zugeordneten (§ 88 III SchulG NRW) staatlichen Schulämtern beteiligt, die gem. § 91 I SchulG NRW aus einem oder mehreren staatlichen „schulfachlichen Aufsichtsbeamten" und dem kommunalen Hauptverwaltungsbeamten (mit Kompetenzen im Wege der Organleihe) bestehen.[111]

**b)** BVerfG[112] und h. M.[113] verstehen das **Verhältnis von Art. 6 II 1 und 7 I** zueinander i. S. einer **35** Konkurrenz grds. gleichgeordneter[114] Erziehungsaufträge ohne „Bereichsscheidung", dh ohne (trennscharfe) Abgrenzung der jeweiligen Zuständigkeitsbereiche.[115] Dies ist unvermeidliche Konsequenz einer insoweit zu extensiven Auslegung des Art. 7 I, die dem Staat – unter Kollision mit dem Gebot staatlicher Neutralität und Nichtidentifikation – ein (in seinem Ausmaß noch immer nicht abschließend geklärtes) eigenes, vor allem auch religiös-weltanschauliche Bereiche umfassendes Erziehungsmandat zubilligt (→ Rn. 25). Dies – und nur dies – macht es notwendig, das elterliche Erziehungsrecht (und zwar seine „Einwirkungskomponente", → Art. 6 Rn. 61) auch in die Schule hineinreichen zu lassen, wobei allerdings anerkannt ist, dass ein die Gestaltungsfreiheit der Länder im Schulwesen über Art. 7 II, III, V GG hinaus beschränkendes „konfessionelles Elternrecht" nicht existiert.[116] Dieses Hineinreichen führt zu Konflikten zwischen Elternrecht und schulischem Erziehungsrecht, die die h. M. im Wege verschiedener Varianten eines „Kooperations"- oder „Konkordanz"-Modells[117] zu lösen versucht.[118] Diese leiden sämtlich darunter, dass sie anstelle klarer Entscheidungskriterien leere Harmonisierungsformeln mit wohlklingenden, aber kaum praktisch handhabbaren Aufforderungen (etwa nach allgemeiner „Toleranz" und nach „Offenheit" der Schule für unterschiedliche Weltanschauungen[119]) bieten, die zu letztlich diffusen Abwägungs- und „Konkordanz-Herstellungs-Prozeduren" zwingen.[120]

Das schulische Erziehungsmandat im weltanschaulich-religiös-politischen (dh „wertehaltig"-norma- **36** tiven) Bereich sollte stattdessen von vornherein eng interpretiert (→ Rn. 25 ff.), **Art. 7 I** als **lex specialis zu Art. 6 II 1** verstanden[121] und die „Einwirkungs-Komponente" des elterlichen Erziehungsrechts (→ Art. 6 Rn. 61) aus diesem Bereich ausgegrenzt werden. Der weltanschaulich neutrale Staat „darf" in dieser Hinsicht in der Schule nur wenig, dieses Wenige aber bleibt frei von der Einwirkung der (i. d. R. ja vielfältigen und kaum koordinierbaren) elterlichen Erziehungsabsichten.[122] Für eine solche – dogmatisch überzeugendere – Betrachtung spricht auch, dass Art. 7 diejenigen Fälle ausdr. und offensichtlich als Ausnahmen aufführt, in denen das elterliche Erziehungsrecht in die Schule soll hineinwirken können (Art. 7 II, V).[123]

---

[111] Zur Frage einer Abschaffung der Fachaufsicht *J. Müller* DVBl 2006, 878.

[112] BVerfGE 34, 165 (182); 93, 1 (21); 108, 282 (301); Rn. 17; BVerfG NVwZ-RR 2016, 281; BVerfG (K) DVBl 2002, 971; 2003, 999.

[113] *Ossenbühl,* Das elterliche Erziehungsrecht i. S. d. GG, 1981, S. 117; *Pieroth* DVBl 1994, 948 (952); ausf. *Jestaedt* BK, Art. 6 II, III (1995) Rn. 112 f., 330 ff.; *Bothe* VVDStRL 54 (1995), S. 7 (13, 21); *Stern,* StaatsR IV/1, S. 602, der immerhin einräumt, die „plakative" Formel (vom gleichgeordneten erzieherischen Zusammenwirken) helfe im Konfliktfalle nicht weiter.

[114] Teilw. wird von einem prinzipiellen Vorrang des elterlichen Erziehungsrechts ausgegangen, s. etwa *Roth,* Die Grundrechte Minderjähriger, 2003, S. 146; *Ossenbühl* (Fn. 113) S. 117. – *Beaucamp* LKV 2003, 18 ff. sieht in der gerichtl. Praxis zu Recht hier eine Vorrangstellung des Art. 7 I.

[115] S. *Stern,* StaatsR IV/1, S. 602, 605: „Überschneidung", keine „Separierung". Doch geht es hier nicht um die Forderung nach „strenger" Separierung, u. Rn. 37.

[116] *Badura* FS Lorenz, 2001, S. 101 (106).

[117] Das BVerfG verneint deshalb eine „unbeschränkte" staatl. Schulhoheit u. bemüht die „innere Einheit" von Art. 6 und 7, BVerfGE 34, 165 (183); 59, 360 (378 f.); NJW 2009, 3151; vgl. auch *Boysen,* in: v. Münch/Kunig I, Art. 7 Rn. 41 („Integrationsaufgabe", „Vielzahl schwieriger Abwägungsfragen"); *Jestaedt* BK, Art. 6 II, III (1995) Rn. 343: „Konkrete Präferenzrelation", i. Erg. nichts anderes als die Heranziehung des von Grundrechtskollisionen her geläufigen „Konkordanz"-Arguments; krit. dazu *Bumke* NVwZ 2005, 519 (522).

[118] Der Ansatz einer „Drei-Bereiche-Lehre" führt nicht weiter, weil auch hier ein Überschneidungsbereich angenommen wird; s. nur *Thiel* (Fn. 7) S. 147 f.

[119] BVerfGE 47, 46 (74 ff.).

[120] Bsp. etwa BVerfGE 47, 46 (70 ff.); *Ossenbühl* (Fn. 113) S. 117; *Oppermann* HStR VI, § 135 Rn. 36; Art. 33 BremVerf: Rücksicht auf religiös-weltanschauliche Empfindungen aller (!) Schüler. Vgl. auch *Stern,* StaatsR IV/1, S. 604, 608 („alls eine Frage des rechten Maßes" bei einem Unterricht, der „in größtem Maße der größten Zahl der Eltern" entspreche). – IÜ darf „Neutralität" (= staatl. „Abstinenz" von wertenden Stellungnahmen, Nichtidentifikation) nicht mit „Toleranz" (= staatl. Duldung auch anderer als der staatl. Wertvorstellungen) verwechselt u. vermengt werden; zutr. *Evers,* Die Befugnis des Staates, 1979, S. 98 (insbes. Fn. 151); s. a. *Schmitt-Kammler* FS Friauf, 1996, S. 356 f. – Krit. zum „Konkordanzmodell" auch *Huster* NSlg 41 (2001), 399 (403); „konkrete Grenzen" fordert *Coester-Waltjen,* in: v. Münch/Kunig I, Art. 6 Rn. 89. Gegen eine Flucht in Abwägungen *Bader* NJW 2004, 3092 (3093).

[121] In BVerfGE 34, 165 (182 f.) allerdings ausdr. abgelehnt; abl. auch *Uhle* BeckOK GG, Art. 7 Rn. 25. Ausf. *Schmitt-Kammler* (Fn. 66) S. 50 ff. (zur Spezialität d. Art. 7 I insbes. S. 52 Fn. 171); dort (S. 54 Fn. 180) auch zur Bedeutung des Art. 2 II ZP-EMRK in diesem Kontext.

[122] Es handelt sich insoweit nicht um „Eingriffe" in das Elternrecht, sondern um seine verfassungsunmittelbare Begrenzung.

[123] Gegen „ungewisse Abwägungsprozeduren und vage Bereichsabgrenzungen" und für „überschneidungsfreie Abgrenzung" auch *Huster* NSlg 41 (2001), 399 (406 f., 415); *ders.,* Die ethische Neutralität des Staates, 2002, S. 278 ff. Vgl. auch *Richter* AK GG I, Art. 7 Rn. 27 f.

**37**    Eine solche Bereichsabgrenzung ist **kein Rückfall in das** strenge **Separationsmodell** der Weimarer Zeit,[124] das dem Staate einerseits einen zu weitreichenden Erziehungsanspruch einräumte und andererseits die zweite Komponente des Elternrechts neben der Einwirkung *auf* das Kind, die Funktion der Wahrnehmung von Rechten *für* das Kind,[125] vernachlässigte. Im Gegensatz zur elterlichen Einwirkungsbefugnis auf das Kind aus eigenem Recht erstreckt sich die Wahrnehmungsbefugnis der Eltern (dh ihre Befugnis zur Wahrnehmung der Rechte des Kindes nach außen) auch in die Schule hinein. Art. 7 I ist lex specialis zu Art. 6 II 1 nur hinsichtlich der positiven erzieherischen Einwirkung auf das Kind. Hinsichtlich der **Wahrnehmung kindlicher (Grund-)Rechte** werden die Eltern dagegen nicht aus ihrer Rechtsstellung verdrängt. Zu einer Überschneidung von elterlichen und schulischen Erziehungsrechten kommt es hier dennoch nicht. Soweit der staatliche Erziehungsauftrag reicht, liegt rechtmäßiges Staatshandeln vor. Nur bei Überschreiten der dem Staate gezogenen Grenzen, also bei bereits obj. rechtswidrigem Staatshandeln, kann zusätzlich eine unstatthafte Grundrechtsbeeinträchtigung der Schüler vorliegen. Dann können über Art. 6 II auch subj. Abwehrrechte der Eltern ausgelöst werden, die freilich immer individuelle Rechte bleiben und nicht zu einem kollektiven Elternrecht mutieren.[126] Einer Abwägung oder Abgleichung von Rechtspositionen mit all ihren Unschärfen bedarf es also nicht.[127] Zu den Wahrnehmungsrechten der Eltern gehören als notwendige Ergänzung gewisse **Informationsrechte,**[128] die damit nicht nur auf dem Boden der h. M. begründbar sind.[129] Weitergehende **Mitwirkungsbefugnisse** folgen daraus nicht, können aber landes(verfassungs)rechtlich eingeräumt werden,[130] insbes. in Gestalt kollektiver elterlicher Mitwirkungsformen.[131] Sie dürfen (im Wege einer „Kondominial-Konstruktion" oder einer „Vergesellschaftung" der Schule) allerdings nicht das staatliche Aufsichtsrecht und die einheitlich gegenüber dem Wahlvolke zu verantwortende Staatsgewalt in Frage stellen.[132]

**38**    Überhaupt nicht um ein „Hineinwirken" des Elternrechts in die Schule, sondern um eine – von Art. 7 I nicht berührte, weil vor und außerhalb jeglichen Kontaktes mit der Schule vorzunehmende – Betätigung des elterlichen Rechtes auf Erziehung („Einwirkungsbefugnis" s. Art. 6 Rn. 61) handelt es sich bei der **Wahl der Schulform** für das Kind gem. dem elterlichen „Gesamtplan" für die Erziehung,[133] der nicht schulorganisatorisch überspielt werden darf.[134] Diese Wahlfreiheit entfließt dem Elternrecht,[135] begründet aber keinen Anspruch auf Zugang zu einer *bestimmten* Schule[136] und lässt die staatliche Befugnis unberührt, bestimmte Anforderungen für den Bereich weiterführender Schulen festzulegen.[137] Auch kann daraus kein Anspruch der Eltern auf Errichtung oder Aufrechterhaltung einer ihren Wünschen entsprechenden Schule abgeleitet werden.[138] Dem Staate obliegt jedoch die Verpflichtung, durch ein ausreichendes Angebot differenzierter Schulformen eine echte Wahl zu

---

[124] Dazu *Schmitt-Kammler* (Fn. 66) S. 50, 58; s. a. *Huster* NSlg 41 (2001), 399 (407 aE).

[125] Vgl. → Rn. 18 f.

[126] S. → Art. 6 Rn. 53; and. aber *Coester-Waltjen,* in: v. Münch/Kunig I, Art. 6 Rn. 90.

[127] *Schmitt-Kammler* (Fn. 66) S. 63 f., 66. – Unberührt bleibt die Möglichkeit, auf einheitlichen (den Neutralitätsverstoß „heilenden", → Rn. 26) Wunsch der Eltern hin (die Erziehungsbefugnisse übertragen können) schulische Erziehungstätigkeit über das aus schulischem Eigenrecht Zulässige hinaus zu erweitern. – I. Ü. geht das angeblich in die Schule hineinwirkende Elternrecht der h. M. *in der Praxis* kaum über das den Eltern *hier* Zugestandene hinaus; realistisch z. B. *Sachs,* VerfR II, Kap. 19 Rn. 40; *Beaucamp* LKV 2003, 18; s. a. die Aufzählung bei *Stern,* StaatsR IV/1, S. 609.

[128] S. etwa BVerfGE 47, 46 (76); 59, 360 (376 u. 381); ferner *Stern,* StaatsR IV/1, S. 609;.

[129] So noch *Hemmrich,* in: v. Münch/Kunig I, 5. Aufl. 2000, Art. 7 Rn. 14 a.

[130] BVerfGE 59, 360 (381 f.).

[131] Über Unterrichts-Besuch oder -Mitarbeit der Eltern *Winkler* RdJB 2001, 388. Allg. *Füssel/Kretschmann* RdJB 2005, 56; s. a. *Geis,* in: Friauf/Höfling, Art. 7 Rn. 36.

[132] Dazu *Schmitt-Kammler* (Fn. 66) S. 60 ff.; BayVfGH BayVBl 1995, 173 („Schulforum"); *Rickert* RdJB 1997, 392; *Geis,* FS J. P. Vogel, 1998, S. 31.

[133] Anschaulich wird dies im Falle der Volljährigkeit des Schülers, der mit einer Schulformwahl nicht auf das schulische Erziehungsrecht einwirkt; schief deshalb *Kemm* NWVBl 1997, 439 (441 bei Fn. 31); zum „Gesamtplan" BVerfGE 47, 46 (75); 59, 360 (380). – Beim Streit der Eltern über die Schulart darf der Staat nichts selbst entscheiden, BVerfG (K) NJW 2003, 1031.

[134] BVerfG (K) DVBl 2002, 971. – Eingehend *Barczak,* Der Übergang von der Grundschule in die Sekundarstufe als Grundrechtsproblem, 2011; vgl. zu den Reformen der Schulformempfehlung in NW etwa *Meinel* DÖV 2007, 66; *Frey* NWVBl 2007, 1422; *Huster/Kirsch* RdJB 2010, 212; NWOVG NWVBl 2007, 486, 488; 2008, 185; zu Rechtsschutzfragen *Beaucamp* RdJB 2009, 280; *Wallrabenstein* DVBl 2010, 147.

[135] BVerfGE 34, 165 (197 ff.); 53, 185 (186 f.).

[136] *Rennert* DVBl 2001, 504 (507).

[137] S. BVerfG NVwZ-RR 2016, 281 Rn. 18: kein Elternrecht auf Schaffung oder Beibehaltung einer an den Wünschen der Eltern orientierten Schulform; BVerfGE 34, 165 (190); 45, 400 (415 f.); 53, 185 (196 ff.); *Glotz/Faber* HdbVerfR, § 28 Rn. 22; *Avenarius/Jeand'Heur,* Elternwille und staatliches Bestimmungsrecht bei der Wahl der Schullaufbahn, 1992, S. 18. Über Grenzen des Wahlrechts VG Potsdam LKV 2005, 279; s. a. BVerfGE 96, 288 (306).

[138] BVerfGE 45, 400 (415 f.); 96, 288 (303); *Badura,* in: Maunz/Dürig, Art. 7 Rn. 49; *Kingreen* NVwZ 1997, 756 (757); s. aber VerfGH NRW NVwZ 1984, 781 (782): Art. 8 II, 12 NRWVerf als institutionelle Garantie der Hauptschule; vgl. BVerwG NVwZ 2014, 1163: kein Anspruch auf Einrichtung bestimmter Schulfächer aus Art. 6 II 1.

eröffnen.[139] Insoweit kann Art. 7 I als **Verfassungsauftrag** an den Gesetzgeber zur Schaffung **eines leistungsfähigen** öffentl. (und zur Überwachung des privaten) **Schulwesens** verstanden werden.[140] Eine sechsjährige Grundschulzeit für alle liegt zumindest an der Grenze zu einem „übermäßig langen" Festhalten des Kindes[141] in einer Schule mit undifferenziertem Unterricht.[142]

# D. Religionsunterricht (Abs. 3 und 2)

## I. Der Religionsunterricht als ordentliches Lehrfach in den öffentlichen Schulen (Abs. 3)

**1. Gegenstand des Religionsunterrichts.** Gegenstand des Religionsunterrichts ist eine bestimmte **39** Religion, ein **Bekenntnis,** nicht eine anthropologisch definierte Allgemeinreligion oder eine bloße Religionskunde oder -kritik.[143] Erforderlich ist zugleich ein auch auf Wissensvermittlung angelegter „Unterricht", womit eine reine Glaubensunterweisung oder eine ausschließl. auf Gebet und Meditation beschränkte Veranstaltung nicht vereinbar wären.[144]

Im religionspädagogischen Schrifttum wird zT die Forderung erhoben, den Religionsunterricht in **40** ökumenischer Form zu gestalten.[145] Der weltanschaulich neutrale Staat kann dies den Religionsgemeinschaften allerdings nicht abfordern und auch nicht von sich aus bewerkstelligen.[146] Es ist *deren* Aufgabe, ihre „Grundsätze" zu bestimmen.[147] Dies kann auch in ökumenischer Form geschehen;[148] doch muss der Unterricht „Religionsunterricht" mit Bekenntnisinhalten bleiben und darf nicht zu „überkonfessioneller vergleichender Betrachtung religiöser Lehren, nicht zu bloßer Morallehre, Sittenunterricht, historisierender und relativierender **Religionskunde,** Religions- oder Bibelgeschichte" werden.[149] Religionsunterricht kann nicht neutral sein, er verlangt „Identifikation", tritt mit Wahrheitsanspruch auf und lehrt, was geglaubt werden *solle*.[150] Dies gestattet „Interkonfessionalität" nur dort, wo „ökumenische Konvergenz" bezüglich wesentlicher Glaubensinhalte eingetreten ist.[151] Eine darüber hinausreichende „Multireligiosität" würde dem Verfassungsbegriff des Religionsunterrichts nicht mehr entsprechen.[152]

**2. Die „Religionsgemeinschaften".** Die Garantie des Religionsunterrichts ist historisch auf die **41** beiden **großen deutschen Kirchen** zugeschnitten, aber nicht auf sie begrenzt. Auch Weltanschauungsgemeinschaften kommen in Betracht.[153] „Religionsgemeinschaften" i. S. d. Art. 7 III müssen zwar keine hierarchische Organisationsstruktur aufweisen, doch bedarf es der Verlässlichkeit im Rechtsverkehr, dh eines berechenbaren Partners mit der Fähigkeit zu verbindlicher und hinreichend legitimierter Artikulation von Grundsätzen für den Religionsunterricht gegenüber dem Staat und zur

---

[139] BVerfGE 45, 400 (416); RhPfOVG NVwZ 1996, 1036 f.; *Jach,* Schulvielfalt als Verfassungsgebot, 1991; s. noch *Kingreen* NVwZ 1997, 756 (757).

[140] *Jarass* DÖV 1995, 674 (677). Anspruch nur auf Teilnahme am vorhandenen Schulwesen, nicht auf bestimmtes Lern- und Leistungsniveau, HmbOVG NVwZ-RR 2005, 183.

[141] BVerfGE 34, 165 (183 f.).

[142] BVerwGE 104, 1 (8 ff.); Beschl. v. 28.11.2012, 6 B 46/12; ähnl. *Sachs,* VerfR II, Kap. 19 Rn. 35.

[143] So zutr. *Geis,* in: Friauf/Höfling, Art. 7 Rn. 49 (insbes. in Bezug auf „LER"); *Isensee,* in: G. Bitter (Hrsg.), Religionsunterricht hat Zukunft, 2000, S. 19 (23); *Robbers* MKS I, Art. 7 Rn. 126 f.; *Link* HdbStKR II, S. 452 ff; *Germann* BeckOK GG, Art. 7 Rn. 47: „konfessionelle Positivität und Gebundenheit".

[144] BVerfGE 74, 244 (252 f.).

[145] Nachw. bei *Link* HdbStKR II, S. 490 f.; *Frisch* DÖV 2004, 462 (468 f.); *Lachmann,* FS Hierold, 2007, S. 923; *M. Heckel,* FS Starck, 2006, S. 1093.

[146] *Pieroth* ZevKR 1993, 189 (201, sub 3); *Badura,* in: Maunz/Dürig, Art. 7 Rn. 71.

[147] Dazu *Heitmann* NJW 1997, 1420 (1422); *Pieroth,* in: Jarass/Pieroth, Art. 7 Rn. 18.

[148] S. dazu BVerfGE 74, 244 (245): Auch gemeinsamer Unterricht für Schüler verschiedener Konfessionen ist möglich; vgl. *Link* ZevKR 2001, 257 (267, 270); s. das sog. „Hamburger Modell".

[149] BVerfGE 74, 244 (252 f.) spricht in Anlehnung an *Anschütz* WRV, Art. 149 Anm. 4 (S. 691), von „konfessioneller Positivität"; dazu *Oebbecke* DVBl 1996, 336 (338 bei Fn. 25); abl. *Stock* NWVBl 2005, 285 (285, 286 Fn. 10, 291 Fn. 70); *Ogorek,* Geltung und Fortbestand der Verfassungsgarantie staatlichen Religionsunterrichts in den neuen Bundesländern, 2004, S. 190 ff. – Der Staat ist auch nicht zur „moralisch-ethischen" Erziehung der Kinder im Rahmen eines gesonderten Schulfachs" verpflichtet und muss nicht einer solchen Verpflichtung „mit Blick auf die mittlerweile festzustellende Abnahme religiöser Bindungen durch zusätzliche Einrichtung eines nicht-konfessionell orientierten Ersatzfaches für das Fach Religion" nachkommen, BVerwG NVwZ 2014, 1163 Rn. 19.

[150] Zutr. *Oebbecke* DVBl 1996, 336 (341); *Anger* (Fn. 51) S. 334, 337.

[151] Dazu *H. Weber* EssGspr 32 (1998), 97; *Böckenförde* ebda, S. 101; *Link* ZevKR 2001, 257 (267).

[152] *Kästner* EssGspr 32 (1998), 61; (73 ff., 99); *Link* ZevKR 2001, 257 (270); *Geis,* in: Friauf/Höfling, Art. 7 Rn. 63; „großzügiger" *de Wall* ebda, S. 106; s. a. *Oebbecke* DVBl 1996, 336 (343 f., 341 bei Fn. 55); *Korioth* NVwZ 1997, 1041 (1044). – Zum „fächerübergreifenden" Religionsunterricht *Link* HdbStKR II, S. 461. – Zum faktischen „Verzicht" der Religionsgemeinschaften (und des Staates) auf strengen Konfessionsbezug *Kästner* EssGspr 32 (1998), 61 (79 f.).

[153] Vgl. Art. 137 VII WRV; *Boysen,* in: v. Münch/Kunig I, Art. 7 Rn. 83 mwN; *Geis,* in: Friauf/Höfling, Art. 7 Rn. 60; aA z. B. *Janz* LKV 2006, 208 (209); *Pieroth,* in: Jarass/Pieroth, Art. 7 Rn. 16: gleichzustellen. Zum Begriff der Weltanschauung BVerwGE 89, 369 f.; → Art. 4 Rn. 25. Zur „Weltanschauungsgemeinschaft" BVerwG NJW 1997, 1796; *Oebbecke* DVBl 1996, 336 (339); zur „multireligiösen" Schule *Ladeur* RdJB 2018, 40.

Wahrnehmung der Aufgaben aus Art. 7 III.[154] „Religionsgemeinschaft" ist gleichbedeutend mit „Religionsgesellschaft" i. S. d. Art. 136 ff. WRV.[155] Das BVerwG und die h. M. folgen im Wesentlichen den Kriterien der Definition von G. Anschütz: dauerhafter, organisierter Personenzusammenschluss, festliegende Glaubensinhalte und deren Bezeugung nach außen.[156]

42    Bedenken ergeben sich insoweit nach wie vor für den **Islam** als Ganzes wie auch für seine konfessionellen Zweige in Deutschland, wenngleich mit der Zuerkennung des Status als öffentlich-rechtliche Körperschaft an die Reformrichtung „Ahmadiyya Muslim Jamaat" 2013 in Hessen bzw. 2014 in Hamburg ein Wandel eingesetzt hat.[157] Dabei werden mitunter (neben vielfältigen zulässigen Modellversuchen) rechtlich fragwürdige Teillösungen praktiziert, z. B. – unter Verstoß gegen die staatliche Neutralitätspflicht[158] – „Islamische Unterweisung" in Form eines Ergänzungsunterrichts durch meist türkische Lehrer oder auch Einführung (vorgeblich „neutraler") Islamkunde als staatliches Unterrichtsfach.[159] Bei einer hinreichenden organisatorischen Verfestigung in Richtung einer vertretungsberechtigten, zur verbindlichen Festlegung religiöser „Grundsätze" befugten Instanz[160] und vorbehaltlich notwendiger inhaltlicher Abklärungen (→ Rn. 59) sowie der Lösung des Lehrkräfteproblems[161] wird ein islamischer Religionsunterricht in deutscher Sprache[162] an der staatlichen Schule nicht aus grundlegenden Erwägungen verwehrt werden können.[163] Er liegt i. Ü. durchaus im staatlichen (Integrations-)Interesse.[164] Nachdem Versuche gerichtlicher Erstreitung mehrfach gescheitert waren,[165] hat das BVerwG nunmehr auf der Grundlage einer differenzierten Einzelfallbetrachtung einen Anspruch islamischer Dachverbände auf die Einrichtung von Religionsunterricht an öffentlichen Schulen unter weiterer Konturierung der Anforderungen an die „Autorität" getroffener Aussagen im Hinblick auf Glaubensinhalte, Verhaltensanforderungen und kultische Aspekte bejaht.[166]

---

[154] S. BVerwGE 123, 49 (54 ff.); BVerwG NJW 1992, 2496 (2497); VG Düsseldorf NVwZ-RR 2000, 789 (791); *Heimann,* in: Haratsch et al. (Hrsg.), Religion und Weltanschauung im säkularen Staat, 2001, S. 81 (84); *Robbers* FS M. Heckel, 1999, S. 411 (412).

[155] Einzelheiten bei *v. Campenhausen/P. Unruh,* in: v. Mangoldt/Klein/Starck III, Art. 137 WRV Rn. 19 ff. – Wegen der Geltung des Art. 141 (und damit der Nichtgeltung des Art. 7 III) für **Berlin** (s. Art. 141 Rn. 8) kann der dort im SchulG verwendete Begriff „Religionsgemeinschaft" insbes. hinsichtlich der Anforderungen an den Ansprechpartner abweichend definiert werden, *Muckel* DVBl 1999, 558 (559). Deshalb wäre dort besser von „religiöser Unterweisung" als von „Religionsunterricht" zu sprechen, *Loschelder* KuR 1999, 137 (138).

[156] S. o. Fn. 152; BVerwGE 110, 326 (342); 123, 49 (54 ff.); *Hesse* HdbStKR I, S. 521 (534); *Badura,* in: Maunz/Dürig, Art. 7 Rn. 88; *Poscher,* Der Staat 39 (2000), 49: „Totalität, Homogenität, Zentralität, Konsistenz".

[157] Näher dazu *Beaucamp/Wißmann* DVBl 2017, 1517; *Bock* RdJB 2001, 330 (335, 339); *Link* HdbStKR II, S. 500 ff.; *Johansen* EssGspr 20 (1986), 12 (18 ff.); *Oebbecke* DVBl 1996, 336 (339); *Korioth* NVwZ 1997, 1041 (1047); *Hillgruber* JZ 1999, 538 (545); *Geis,* in: Friauf/Höfling, Art. 7 Rn. 60; *M. Heckel* RdJB 2004, 39 m. Fn. 1; *Rohe* BayVBl. 2010, 257; *Stock* NVwZ 2004, 1399.

[158] *Anger* (Fn. 51) S. 299; *Spriewald,* Rechtsfragen im Zusammenhang mit der Einführung islamischen Religionsunterrichts, 2003, S. 265. Befürw. *Stock,* Islamischer Unterricht: Religionskunde, Bekenntnisunterricht oder was sonst?, 2003.

[159] Dokumentation: *Bock,* Islam. Religionsunterricht? Rechtsfragen, Länderberichte, Hintergründe, 2. Aufl., 2007; *Stock* NVwZ 2004, 1399; *ders.* NWVBl 2005, 285; *Gartner* (Fn. 59) S. 233; *Anger* (Fn. 51) S. 302, 337, 391; *Spriewald* (Fn. 158) S. 227; *M. Heckel* RdJB 2004, 39. – Für zeitweilige Tolerierung dieses Zustandes *Muckel* JZ 2001, 58 (63 f.) mit dem „Näher-am-GG"-Argument; *Robbers* MKS I, Art. 7 Rn. 161; *Emenet* NWVBl 2004, 214; *Coumont* (Fn. 38) S. 565 (568 ff.); dagg. *Heimann* (Fn. 154) S. 82 Fn. 11; *ders.* DÖV 2003, 238; *Anger,* S. 346; s. a. u. Rn. 54.

[160] Hier bestehen nach wie vor erhebliche Probleme, s. *Stock* NWVBl 2005, 285 (insbes. 288) anhand der Situation in NW, mit Hinw. auf „Aufweichungstendenzen" beim BVerwG (S. 289), dazu auch *Bock* NVwZ 2007, 1250 (1253); *Muckel,* FS Listl, 2004, S. 715; *Langenfeld* AöR 123 (1998), 375 (401 ff.); *Spriewald* (Fn. 158) S. 154; *Coumont* (Fn. 58) S. 551 (565); *Th. Günther,* Zur Zulässigkeit der Errichtung privater Volksschulen als Bekenntnisschulen religiös-ethnischer Minderheiten nach Art. 7 V GG, 2006, S. 167 ff.

[161] Dazu *Spriewald* (Fn. 158) S. 279.

[162] *Muckel* JZ 2001, 58 (60); *Rennert* DVBl 2001, 504 (513); *Th. Günther* (Fn. 160) S. 165.

[163] Teilw. wird allerdings für eine „Religionsgemeinschaft" i. S. d. Art. 7 III die Erlangung des Status einer Körperschaft des öffentl. Rechts gefordert: *Schmoeckel,* Der Religionsunterricht, 1964, S. 78; *Korioth* NVwZ 1987, 1041 (1046 ff.); *Hillgruber* JZ 1999, 538 (546), dort Erwägung eines christlichen „Kultur-vorbehaltes" im GG (547), dazu *Th. Günther* (Fn. 160) S. 235. – And. die h. M.: BVerfG 102, 370 (396); VG Düsseldorf NVwZ-RR 2000, 789; *Heimann* (Fn. 154) S. 85, 96. Z. T. wird allerdings doch das Vorliegen zumindest der *Voraussetzungen* für den Erwerb des Körperschaftsstatus verlangt, so *Link* ZevKR 2001, 257 (280 Fn. 42).

[164] *Korioth* NVwZ 1997, 1041 (1043 f.); zurückhaltend *Heimann* (Fn. 154) S. 100. – Auch könnten die Bedenklichkeiten des (grds. Art. 4 I, II unterfallenden) privaten Koranschulwesens der Moscheevereine zurückgedrängt werden: *Muckel* JZ 2001, 58 (64); u. Rn. 54, 59.

[165] VG Düsseldorf NVwZ-RR 2000, 789; NWOVG NVwZ-RR 2004, 492; BVerwGE 123, 49 mit Schwerpunkt auf der „Dachverband"-Problematik. Zu ihr auch *Viellechner* Jura 2007, 298; *Badura,* in: Maunz/Dürig, Art. 7 Rn. 88; *Tillmanns* RdJB 1999, 471 (476, 478 f.); s. ferner *Mückl* RdJB 2005, 513; *Towfigh* NWVBl 2006, 131; HessVGH ZAR 2005, 378: islam. Religionsgemeinschaft Hessen kein verlässlicher Partner, dazu *Köller,* in: Bock (Fn. 159) S. 125;.

[166] BVerwG NVwZ 2019, 236; krit. *Beck* ZRP 2019, 85; zum Verhältnis zu den schulischen Erziehungszielen u. Rn. 59 mwN.

**3. Die Rechtsqualität der Verbürgung.** Art. 7 III 1 enthält nach h. L. eine (in Art. 141 mit **43** territorialen Einschränkungen versehene) **institutionelle Garantie** für den Religionsunterricht.[167] Darin liegt eine der grundgesetzlichen Durchbrechungen (oder „Mäßigungen") der prinzipiellen Trennung von Staat und Religionsgemeinschaften;[168] die Vorschrift ist also lex specialis zu Art. 140 iVm Art. 137 I WRV.[169] Allerdings werden die Akzente im Schrifttum – wegen Art. 7 III 2 nicht unbedenklich (→ Rn. 47) – zT auch anders gesetzt: Schaffung eines Ausgleichs zugunsten des Elternrechts im Hinblick auf die staatliche Schulpflicht sowie Ausprägung staatlicher Förderung der Religionsausübung, durch die der Staat die Religion als Teil von Kultur und Erziehung akzeptiere;[170] Gewinnung von Partnern für den Staat, die dem Neutralitätsgebot nicht unterliegen und Werte vermitteln, die mit den säkularisierten staatlichen Grundlagen in der Substanz übereinstimmten,[171] ein freilich nur auf *christlichen* Religionsunterricht beziehbares Argument. Es handelt sich bei Art. 7 III 1 um eine für das Schulwesen abschließende Regelung. Es gibt darüber hinaus kein generelles kirchliches Recht auf (Mit-)Erziehung in der (staatlichen) Schule.[172] Die Landesverfassungen gehen zum Teil in ihren Garantien über Art. 7 III hinaus.[173]

Ganz überwiegend wird Art. 7 III 1 auch ein **subjektives öffentliches Recht** der Religions-  **44** gemeinschaften auf Einrichtung von Religionsunterricht entnommen,[174] teilweise unter Bezugnahme auf Art. 7 II 2 als rechtsvermittelnde Norm.[175] Es ist aber zwischen der Einrichtung (Satz 1) und der Ausgestaltung (Satz 2) des Religionsunterrichts zu unterscheiden,[176] dies auch im Hinblick auf Art. 141, der nur Satz 1 erwähnt. – Ob Art. 7 III 1 darüber hinaus auch ein **Grundrecht der Eltern** bzw. **Schüler** auf Einrichtung von Religionsunterricht umfasse, ist umstritten.[177] Sicherlich lässt sich ein solches Recht nicht mit Hinweis auf Art. 7 III 2 (und seiner Begrenzung auf Religionsgemeinschaften) verneinen, da für die Einrichtung von Religionsunterricht Satz 1 maßgeblich ist. Auch die These, die Annahme eines solchen Grundrechts laufe auf ein Recht auf staatliche Auferlegung einer Pflicht hinaus, kann nicht überzeugen.[178] Gleichwohl bleiben Bedenken: Die Verpflichtung aus Art. 7 III 1 kann vom Staate überhaupt nur bei Kooperationsbereitschaft der Religionsgemeinschaften erfüllt werden. Eine solche „bedingte" und zudem in der schulischen Praxis nur für Angehörige größerer Religionsgemeinschaften realisierbare staatliche Verpflichtung entspricht nicht den Anforderungen an ein Grundrecht. Zudem ist zweifelhaft, ob hier nicht eine primär organisationsrechtliche Norm allzu weitgehend in Richtung subjektiver Teilhaberechte umgestaltet würde.

Soweit die **Landesverfassungen** dem Art. 7 III entsprechende Grundrechtsgehalte aufweisen,  **45** bestehen diese gem. Art. 142 neben dem GG fort, mit der praktischen Konsequenz der Eröffnung des Rechtsweges auch zu den Landesverfassungsgerichten. Auch die neuen Länder gewährleisten mit

---

[167] *Schmoeckel* (Fn. 163) S. 36; *Hollerbach* HStR VI, § 140 Rn. 34; *Link* HdbStKR II, S. 503; *Kotzur*, in: Stern/ Becker, Art. 7 Rn. 27; *Loschelder*, in: HGR IV, § 110 Rn. 43; *Geis*, in: Friauf/Höfling, Art. 7 Rn. 50; zweif. *Renck* ThürVBl 1994, 182 (183); *Stern*, StaatsR IV/2, S. 415 f., 498 ff.; aA *Korioth* NVwZ 1997, 1041 (1044): (nur) Verpflichtung des Staates, Religionsunterricht als Angebot bereitzuhalten; ebenso *Heimann* (Fn. 157) S. 81 Fn. 1; abl. auch *Maurer* FS Zacher, 1998, S. 577 (583 f.); vgl. *Frisch* DÖV 2004, 436.

[168] *Oebbecke* DVBl 1996, 336 (337, 340, bei Fn. 41; 340 f.). – Stark betont von *Renck* JZ 2000, 561 (562): „Überbleibsel vorgrundgesetzlicher Staatsverfassungen". Eine Ausnahme vom Neutralitätsprinzip ist hingegen nur insofern anzunehmen, als nicht jede noch so kleine weltanschaulich-religiöse Gruppierung in den Genuss der Regelung kommen kann.

[169] *Pieroth*, in: Jarass/Pieroth, Art. 7 Rn. 10; aA *Boysen*, in: v. Münch/Kunig I, Art. 7 Rn. 83.

[170] *Heimann* (Fn. 157) S. 83 Fn. 11, S. 99; *Heckel* JZ 2000, 563; ähnl. *Kästner* EssGspr 32 (1998), 65, 110; *Rees*, FS Listl, 1999, S. 367; *Werner* FS Isensee, 2002, S. 43 (49 f.).

[171] *Loschelder*, FS Listl, 1999, S. 349 (364).

[172] *Pieroth* DVBl 1994, 948 (961); *Renck* DÖV 1994, 27 (30 f.); and. *Lecheler* HdbStKR II, S. 422.

[173] Bsp.: Art. 14 II, III NRWVerf; Art. 34 RhPfVerf; Art. 29 SaarlVerf.

[174] BVerwGE 123, 49: auch eines Dachverbands (57 ff.); *Link* HdbStKR II, S. 441; *Loschelder* HGR IV, § 110 Rn. 53; *Pieroth*, in: Jarass/Pieroth, Art. 7 Rn. 10; *Geis*, in: Friauf/Höfling, Art. 7 Rn. 53; *Robbers* MKS I, Art. 7 Rn. 123; *Stern*, StaatsR IV/2, S. 417 f.; zw. *Böckenförde* EssGspr 32 (1998), 100; abl. etwa *Hillgruber* JZ 1999, 538 (545). Dabei wird meist von der instit. Garantie (und ihrer generellen Funktion der Verstärkung grundrechtlicher Geltungskraft) „zurückgeschlossen". Inhaltlich richtet sich dieses Recht nach den in der Einrichtungsgarantie enthaltenen Geboten für den Staat: Anspruch auf Schaffung der organisatorischen und finanziellen Voraussetzungen des Religionsunterrichtes. – Anschaulich BVerwG NVwZ 2014, 1163 Rn. 20: Norm öffnet „den Bereich der Schule dem Einwirken von Seiten der Religionsgemeinschaften".

[175] Auch zusammen mit S. 1, so *Kingreen/Poscher*, Rn. 729.

[176] Wie hier z. B. *Brosius-Gersdorf*, in: Dreier I, Art. 7 Rn. 89; *de Wall* NVwZ 1997, 465; *Sachs*, VerfR II, Kap. 19 Rn. 13. – Zur etwaigen grundrechtl. Bedeutung des Art. 7 III 2 s. Rn. 56.

[177] Abl. BVerfGE 74, 244 (253), allerdings nur mittelbar; *Brosius-Gersdorf*, in: Dreier I, Art. 7 Rn. 90; *Pieroth*, in: Jarass/Pieroth, Art. 7 Rn. 16a; befürw. BGHZ 34, 20 (21); *H. Heckel*, Dt. Privatschulrecht, 1955, S. 207 Anm. 3; *Eiselt* DÖV 1981, 206; *M. Heckel* JZ 2000, 563; *Loschelder*, in: HGR IV, § 110 Rn. 54; *Hildebrandt*, S. 215; *Richter*, AK GG I, Art. 7 Rn. 55; *Boysen*, in: v. Münch/Kunig I, Art. 7 Rn. 74; *Böckenförde* EssGspr 32 (1998), 100; *Stern*, StaatsR IV/2, S. 422 f., 506 f.; zw. *Sachs*, VerfR II, Kap. 19 Rn. 15; *Oebbecke* DVBl 1996, 336 (339), der aber die begrenzte praktische Bedeutung der Frage betont.

[178] Dazu *Korioth* NVwZ 1997, 1041 (1046 Fn. 55).

gewissen Modifikationen den Religionsunterricht in seiner durch Art. 7 geprägten Form.[179] Anders liegt es in Brandenburg mit seinem Unterrichtsfach **„LER"**.[180]

**46**  **4. Religionsunterricht als „ordentliches Lehrfach".** Die Qualifizierung als ordentliches Lehrfach bedeutet, dass der Staat unter Übernahme der Kosten[181] dazu verpflichtet ist, die sachlichen und personellen Voraussetzungen für seine Abhaltung zu schaffen, den Religionsunterricht als **selbstständige Pflicht-,** nicht nur **Wahl-Lehrveranstaltung**[182] ohne Diskriminierung[183] in die Lehrpläne einzustellen, mit einer angemessenen Wochenstundenzahl in den Stundenplan aufzunehmen[184] und in pädagogisch-wissenschaftlicher Hinsicht für Vergleichbarkeit mit anderen Lehrveranstaltungen zu sorgen (→ Rn. 59). Allerdings können Religionsgemeinschaften auf Religionsunterricht auch „verzichten".[185] Benotung im Religionsunterricht ist zulässig.[186] Schulorganisatorische Notwendigkeiten können es rechtfertigen, die Abhaltung des Religionsunterrichts vom Erreichen einer Schülermindestzahl abhängig zu machen.[187]

**47**  Der Religionsunterricht in der öff. Schule ist eine **Veranstaltung des** staatl. oder sonstigen **öffentlichen Trägers,** nicht der Kirchen (zur gemeins. Verantwortung → Rn. 55).[188] Er ist sachlich und rechtlich für die Durchführung verantwortlich, wird – freilich vorbehaltlich des inhaltl. Selbstbestimmungsrechts der Religionsgemeinschaften für den Unterricht – zum „Unternehmer" des Religionsunterrichts.[189] Wegen Art. 7 III 2 kann der Religionsunterricht allerdings nicht als „Teilfunktion des schulischen Bildungsauftrages" qualifiziert werden.[190]

**48**  Die Qualifizierung des Religionsunterrichts als ordentliches Lehrfach an öffentlichen Schulen hat ferner zur Folge, dass er grds. durch entsprechend ausgebildete **Lehrkräfte** im öffentlichen Dienst zu erteilen ist (soweit Geistliche tätig werden, benötigen sie einen staatlichen Lehrauftrag). Art. 7 III 3 gibt ihnen freilich das (Grund-)Recht zur **Verweigerung**[191] (bzw. Niederlegung) und konkretisiert insoweit sowohl ihr Grundrecht aus Art. 4 als auch das Benachteiligungsverbot in Art. 33 III.[192] Es liegt hierin eine Einschränkung des Direktionsrechts des Dienstherrn und der Dienstpflicht des Lehrers im Interesse seiner Religionsfreiheit (→ Rn. 58). An die Verweigerung der Unterrichtserteilung bzw. die Niederlegung des übernommenen Unterrichts dürfen wegen der grundrechtlichen Fundierung des Weigerungsrechts keine Begründungsanforderungen gestellt werden.[193] Versetzungen von Lehrern an den Ort, wo ihre Lehrtätigkeit benötigt wird, schließt Satz 3 jedoch nicht aus.[194] Das Recht, an *sonstigen* religiösen Schulveranstaltungen nicht teilzunehmen (z. B. Schulgebet), ergibt sich für Lehrer nach zutreffender Auffassung schon aus der „Neutralitäts-,, und damit objektiven Rechtswidrigkeit solcher Veranstaltungen (→ Rn. 29), zumindest aber aus dem Gebot der Freiwilligkeit (Art. 4). Art. 7 III 3 ist nicht einschlägig.[195]

**49**  Ausgenommen von der Pflicht zur Einrichtung des Religionsunterrichts sind **bekenntnisfreie**[196] **Schulen.** „Gemeinschaftsschulen", auch solche ohne christliche Prägung, unterfallen dieser Kategorie

[179] Art. 5 III MVVerf; Art. 105 SachsVerf; Art. 27 III LSAVerf; Art. 25 I ThürVerf; zu den (nicht unerheblichen) „Modifikationen" *Link* HdbStKR II, S. 442; *Schlink* NJW 1992, 1008 ff.; → Rn. 54.

[180] Dazu Art. 141 Rn. 10. – Die brand. Regelungen entsprechen dem Art. 7 III 1 *nicht*: s. nur *Badura,* in: Maunz/Dürig, Art. 7 Rn. 80, 82; *M. Heckel,* Religionsunterricht in Brandenburg, 1998, S. 40; *Fuchs,* Das Staatskirchenrecht der neuen Bundesländer, 1999, S. 238; *Winter,* Staatskirchenrecht, 2001, S. 89; *Jeand'Heur/Korioth,* Grundzüge des Staatskirchenrechts, 2000, Rn. 323. Ihre Verfassungsgemäßheit hängt von der Geltung des Art. 141 für das Land Brandenburg ab (s. Art. 141 Rn. 9 ff.).

[181] *Badura,* in: Maunz/Dürig, Art. 7 Rn. 75; *Hollerbach* HStR VI, § 140 Rn. 35.

[182] BVerfGE 74, 244 (251 f.); *Germann* BeckOK GG, Art. 7 Rn. 50- – Einer besonderen Anmeldung bedarf es nicht, *Badura,* in: Maunz/Dürig, Art. 7 Rn. 83.

[183] BVerfGE 75, 244 (252).

[184] Die Untergrenze liegt dort, wo es zu einer Aushöhlung der instit. Garantie käme.

[185] *Korioth* NVwZ 1997, 1041 (1044); *Oebbecke* DVBl 1996, 336 (339) mwN; *Heimann* (Fn. 154) S. 87. – AA z. B. *H. Weber* ZevKR 36 (1991), 253 (268); Bsp. bei *Winter* NVwZ 1991, 753.

[186] BVerwGE 42, 346 (348 f.). Ebenso die Einführung der Versetzungserheblichkeit (ebda, S. 349), s. a. *Badura,* in: Maunz/Dürig, Art. 7 Rn. 76; *Link* HdbStKR II, S. 462, 464 Fn. 103.

[187] Z. B. § 31 I NWSchulG: zwölf; *Link* HdbStKR II, S. 484; *Hildebrandt* (Fn. 40) S. 49; *Germann* BeckOK GG, Art. 7 Rn. 53.

[188] BVerfGE 74, 244 (251 ff.); 93, 1 (20 (110).

[189] So *Link* HdbStKR II, S. 459; *Heimann* (Fn. 154) S. 86.

[190] AA z. B. *Link,* aaO. – S. a. schon → Rn. 43.

[191] *Badura,* in: Maunz/Dürig, Art. 7 Rn. 86. Vgl. Art. 136 III BayVerf: *positives* Recht der Lehrer auf Erteilung des Religionsunterrichts („Kein Lehrer kann gehindert werden "). – Fehlt es an (staatlichen) Lehrkräften, kommt „Gestellung" seitens der Religionsgemeinschaften in Betracht.

[192] BVerfGE 74, 244 (251 f.); ebenso BVerwGE 42, 346 (351 f.).

[193] *Link* HdbStKR II, S. 470 f.; s. a. *Badura,* in: Maunz/Dürig, Art. 7 Rn. 86; *Robbers* MKS I, Art. 7 Rn. 164.

[194] S. BVerwGE 19, 252 (260).

[195] S. aber *Geis,* in: Friauf/Höfling, Art. 7 Rn. 72. – Auf bekenntnisneutral erfolgenden (→ Rn. 54) Ethikunterricht ist Art. 7 III nicht entsprechend anwendbar.

[196] Hinsichtl. der „bekenntnisfreien" Schulen i. S. d. Art. 7 III (und der „Weltanschauungsschulen" i. S. d. Art. 7 V) herrscht nicht immer begriffl. Klarheit, vgl. nur die Abgrenzungen bei BVerwGE 89, 368 (377); *Link* HdbStKR II, S. 467; *Boysen,* in: v. Münch/Kunig I, Art. 7 Rn. 81. Zu unterscheiden sind: (1) die religiös-kon-

insbes. dann nicht, wenn sie den Regelschultypus darstellen. Folgte man der Gegenauffassung,[197] wäre es den Ländern möglich, die institutionelle Garantie durch Erhebung der bekenntnisfreien Grundschule zur Regelschule zu unterlaufen.[198]

Auf **Schulen in privater Trägerschaft** erstreckt sich die Garantie des Art. 7 III nach dem insoweit 50 eindeutigen Wortlaut des Abs. 3 Satz 1 *nicht*.[199]

## II. Das Recht zur Abmeldung und das Verhältnis zum Ethikunterricht (Abs. 2)

**1. Das Recht zur Abmeldung.** Über die Teilnahme des Kindes am Religionsunterricht bestim- 51 men die **Erziehungsberechtigten** (Abs. 2). Die Vorschrift ist lex specialis zu Art. 6 II.[200] Wer „Erziehungsberechtigter" ist, wird durch die Personensorgeregelungen des BGB bestimmt (i. d. R. beide Eltern).

Das Bestimmungsrecht der Erziehungsberechtigten besteht allerdings nur bis zum Erreichen der 52 **Religionsmündigkeit** des Kindes. Diese richtet sich nach den Vorschriften des KErzG.[201] Danach endet mit der Vollendung des 14. Lebensjahres zwar nicht generell ein religiöses Erziehungsrecht der Eltern, wohl aber das Recht der Bekenntnisbestimmung und der Unterwerfung unter eine schulische Unterrichtung, die in Übereinstimmung mit den Grundsätzen einer bestimmten Religionsgemeinschaft erfolgt.[202] Die Abmeldebefugnis ist damit Bestandteil der in § 5 KErzG abgestuft geregelten Religionsmündigkeit,[203] auch wenn sie dort nicht ausdrücklich erwähnt ist. Das Abmelderecht des Kindes wurzelt letztlich in Art. 4, der im KErzG nur seine akzeptable unterverfassungsrechtliche Konkretisierung erfahren hat.[204]

Soweit unter Hinweis auf den formal unterschiedlichen Regelungsgehalt des KErzG und des Art. 7 53 II daran festgehalten wird, **unabhängig** von den Altersgrenzen des KErzG liege das Abmelderecht bei den Eltern,[205] zwingt dies nicht nur den Schüler dazu, den Religionsunterricht eines Bekenntnisses zu besuchen, dem er nicht mehr angehört, sondern auch (und mit verfehlten Mitteln) zur Öffnung des Religionsunterrichts für bekenntnisfremde Schüler.

**2. Religionsunterricht und Ethikunterricht.** Die Einführung eines Ethik-/([Praktische] Phi- 54 losophie-, Werte-und-Normen-)Unterrichts **für alle Schüler** ist grds. unbedenklich; sie liegt im Rahmen der allgemeinen schulischen Gestaltungsfreiheit der Länder.[206] Art. 7 II und III 3 greifen nicht ein. Probleme ergeben sich aber hinsichtlich der inhaltlichen Ausrichtung eines solchen Unterrichts:[207] Der Staat als weltanschaulich neutrale Institution ist (jenseits der „Verfassungsessenz", → Rn. 28) gar nicht in der Lage, einen „materialen" Ethikunterricht durchzuführen, der ja notwendigerweise ein Weltanschauungsunterricht i. S. irgendeiner ethischen Konzeption sein müsste. Akzeptabel ist daher nur ein weltanschaulich **neutraler,** philosophiegeschichtlich ausgerich-

---

fessionell geprägte Bekenntnisschule i. S. d. Art. 7 V mit homogener Schüler- und Lehrerschaft (dazu BVerwGE 90, 1; zu den Anforderungen an die Aufnahme bekenntnisfremder Schüler BVerwG NVwZ 2017, 1141); (2) die von einer sonstigen (nicht-religiösen) Weltanschauung i. S. d. Art. 4 I „positiv" geprägte Weltanschauungsschule gem. Art. 7 V (BVerwGE 89, 368 [372]); (3) „neutrale" Schulen ohne jede religiös-weltanschauliche Prägung, die (zusammen mit den Weltanschauungsschulen) als „bekenntnisfrei" (vgl. Art. 7 III) zu bezeichnen wären; (4) die eine Mittelstellung einnehmende und weder als Bekenntnisschule noch als bekenntnisfrei einzuordnende Gemeinschaftsschule (Art. 7 V) mit Schülern unterschiedlicher Bekenntnisse/Weltanschauungen; ähnl. *Badura,* in: Maunz/Dürig, Art. 7 Rn. 74; *Rathke,* S. 92 ff.; *Goeschen,* Die bekenntnisfreie weltliche Schule, 2005, sowie → Rn. 75.

[197] *Fischer,* Trennung von Staat und Kirche, 3. Aufl. 1984, S. 297 f.; *Preuß* VVDStRL 59 (2000) S. 347 f.

[198] S. nur *Link* HdbStKR II, S. 467; *Badura,* in: Maunz/Dürig, Art. 7 Rn. 74; wie hier auch *Boysen,* in: v. Münch/Kunig I, Art. 7 Rn. 81 mwN – Zum Hamburger „Religionsunterricht für alle": *Link* ZevKR 2001, 257; → Art. 141 Rn. 11.

[199] *Badura,* in: Maunz/Dürig, Art. 7 Rn. 73; *Robbers,* in: v. Mangoldt/Klein/Starck I, Art. 7 Rn. 128; das gilt auch für Art. 7 III 3, *Geis,* in: Friauf/Höfling, Art. 7 Rn. 70. – Art. 136 II 1 BayVerf verlangt Religionsunterricht in *allen* Schulen (inkl. etwa Art. 14 NWVerf). Dem Art. 25 I 1 BayEUG folgt dem nicht, betrachtet also offenbar Art. 136 II 1 BayVerf zu Recht als durch Art. 7 III 1 GG eingeschränkt. Zum Ganzen *Renck* BayVBl 1993, 169.

[200] *Gröschner,* in: Dreier I, 2. Aufl. 2004, Art. 7 Rn. 86; *Uhle* BeckOK GG, Art. 7 Rn. 35; wohl auch *Robbers* MKS I, Art. 7 Rn. 105; *Stern,* StaatsR IV/2, S. 423: „besondere Ausprägung" des Art. 6 II. – Eine Begründungspflicht besteht nicht, *Geis,* in: Friauf/Höfling, Art. 7 Rn. 66; *Uhle* BeckOK GG, Art. 7 Rn. 40.

[201] Gesetz über die religiöse Kindererziehung; eingehend *Jestaedt* HdbStKR II, S. 386. – Das Gesetz ist verfassungsgemäß, BGHZ 21, 340 (351); and. *Starck* MKS I, Art. 4 Rn. 72.

[202] So zutr. *Link* HdbStKR II, S. 475 f.

[203] And. Art. 137 I BayVerf; Art. 29 I SaarlVerf: 18-Jahres-Grenze. Zu ihrer (Un-)Zulässigkeit *Link* HdbStKR II, S. 477 f.; *Tillmanns,* LKStKR III, 2004, S. 418; *Badura* FS W. Lorenz, 2001, S. 101 (105).

[204] Für die Stellung der *Erziehungsberechtigten* ist allein Art. 6 II maßgeblich.

[205] Nachw. dazu bei *Link* HdbStKR II, S. 476.

[206] *Robbers* MKS I, Art. 7 Rn. 137; *Erwin,* Verfassungsrechtliche Anforderungen an das Schulfach Ethik/Philosophie, 2001, S. 73 ff.; *Jeand'Heur/Korioth* (Fn. 180) Rn. 316. Bedenken bei *Kästner* EssGspr 32 (1998), 64 (83 f.); *Frisch* DÖV 2004, 462 (467 f.); s. auch *Muckel* NWVBl 2018, 133; *Kreß* ZRP 2019, 22. – Ein Anspruch der Eltern auf Einführung des (nichtkonfessionellen) Schulfachs „Ethik" als Ersatzfach für den Religionsunterricht besteht nicht, BWVGH DVBl 2013, 519; BVerwG NVwZ 2014, 1163 Rn. 20.

[207] Dazu BVerfG (K) NVwZ 2008, 72 (73 f.); *Badura,* in: Maunz/Dürig, Art. 7 Rn. 77.

teter, über ethische Fragestellungen und die angebotenen Antworten informierender Unterricht, der *eigene* „Werthaltigkeit" nur in Bezug auf die Verfassungsessenz aufweisen dürfte.[208] In einigen Ländern begegnen Ethik- und Religionsunterricht als ordentle Pflichtfächer im alternativen Wahlpflichtverhältnis,[209] in anderen gilt Ethikunterricht als Ersatzfach für die nicht am Religionsunterricht Teilnehmenden.[210] Hinsichtlich der letztgenannten Lösung sind allerdings mit Blick auf Art. 7 II, teilweise iVm 136 I WRV (unzulässige Sanktion für die Wahrnehmung eines Grundrechts?) und Art. 3 III (Benachteiligung wegen religiöser Anschauungen?) verfassungsrechtliche Bedenken erhoben worden.[211] Das BVerwG hingegen hat das Ersatzfachmodell bereits 1973 akzeptiert[212] und dies bekräftigt,[213] allerdings mit der Forderung nach curricularer Gleichwertigkeit des Ethikunterrichts mit dem Religionsunterricht. Auch das BVerfG[214] hat das Modell nicht beanstandet.[215]

### III. Aufsicht über den Religionsunterricht

55    Der Religionsunterricht wird in Übereinstimmung mit den Grundsätzen der Religionsgemeinschaften erteilt **(Abs. 3 Satz 2)**, freilich unbeschadet staatlicher Aufsicht,[216] so dass Art. 7 III 2 zugleich eine Beschränkung der inhaltlichen Bestimmungsmacht der Religionsgemeinschaft enthält.[217] Der Religionsunterricht wird als staatliche Veranstaltung (→ Rn. 47) zugleich **auch** in den eigenen **Verantwortungsbereich der Kirchen** überwiesen. In der Sprache des Religionsverfassungsrechts gehört er damit zu den „gemeinsamen Angelegenheiten", dh „zu jenen Sachgebieten..., die wegen der Überschneidung von staatlichen und kirchlichen Aufgaben nicht durch isoliertes, auch weniger durch antagonistisches Handeln beider Institutionen, sondern allein durch Kooperation und gegenseitige Rücksichtnahme sachgerecht ausgestaltet werden können".[218] In diesem Rahmen obliegt es den Religionsgemeinschaften zu entscheiden, ob bekenntnisfremden Schülern die Teilnahme am Religionsunterricht zu gestatten sei.[219] Auf die Wünsche der Religionsgemeinschaft, der der Schüler etwa angehört, braucht dabei keine Rücksicht genommen zu werden.[220] Die Erteilung von Religionsunterricht kann von einer kirchlichen Erlaubnis (Bevollmächtigung, bischöfliche *missio canonica* bzw. landeskirchliche *vocatio*) abhängig gemacht werden.[221]

56    Die geforderte Übereinstimmung mit den „**Grundsätzen** der Religionsgemeinschaften"[222] umfasst nicht *jede* Lehre einer Religionsgemeinschaft, sondern nur die zentralen Glaubens- und Sittenlehren.[223] Der schon in Art. 149 I 3 WRV enthaltene Begriff soll den Religionsunterricht an ein konkretes

---

[208] Dies findet in der Sache weithin Zustimmung, trotz der in anderem Zusammenhang auftretenden, weiter gespannten Vorstellung von der „Werthaltigkeit" des staatl. Erziehungsauftrags (→ Rn. 22 ff.). S. etwa *Oebbecke* DVBl 1996, 336 (341); *Sachs*, VerfR II, Kap. 19 Rn. 20; *Badura*, in: Maunz/Dürig, Art. 7 Rn. 78; *Jeand'Heur/Korioth* (Fn. 180) Rn. 314, 316. Einer Abmeldemöglichkeit bedarf es nicht, *Geis*, in: Friauf/Höfling, Art. 7 Rn. 68. Zu Berlin und den dort für *alle* Schüler obligat. Ethikunterricht BVerfG (K) NVwZ 2008, 72; dazu s. Art. 141 Rn. 8. – Bedenkl. „**Islamkunde**" im Rahmen normalen, also außerhalb des Art. 7 III angesiedelten staat. Unterrichts, der schwerlich auf Vermittlung von Faktenwissen wird beschränkt werden können, *Oebbecke* aaO, S. 341; *Korioth* NVwZ 1997, 1041 (1042 u. 1044 bei Fn. 6, 39); *Muckel* JZ 2001, 58 (63) gegen *Cavdar* RdJB 1993, 265 f.; s. a. o. Rn. 42. – Die im Text genannten Vorgaben sind auch im Zusammenhang mit „**LER**" in Brandenburg zu beachten; s. nur *Link*, FS Hollerbach, 2001, S. 747 (763); *Püttner/Kretschmer* FS M. Heckel, 1999, S. 901 ff.; näher → Art. 141 Rn. 10.
[209] Dazu *Erwin* (Fn. 206) S. 113; *Heckel* ZevKR 1999, 147 (190); *Rennert* DVBl 2001, 504 (512).
[210] Dazu *de Wall* TheolLitZeitg 119 (1994), 292 ff.; *Loschelder* FS Listl, 1999, S. 349 (351); *Badura*, in: Maunz/Dürig, Art. 7 Rn. 79. Zur Geschichte des Schulfaches Ethik *H. Maier* FS Hollerbach, 2001, S. 737.
[211] *Bader* NVwZ 1998, 256; *Jeand'Heur/Korioth* (Fn. 180) Rn. 315. Ferner VG Hannover NVwZ 1998, 316. – And. *Mückl* VBlBW 1998, 86 (87).
[212] NJW 1973, 1815; ebenso BayVGH BayVBl 1996, 405; BayObLG NJW 1996, 2317; VGH BW NVwZ 1998, 309.
[213] BVerwGE 107, 75; zust. *Werner* NVwZ 1998, 816; *dies.* FS Isensee, 2002, S. 43 (52); s. a. *Link* HdbStKR II, S. 481; *Huster* NSlg 41 (2001), 399 (420 f.). Krit. *Rennert* DVBl 2001, 504 (512).
[214] BVerfG NJW 1999, 756 – Ablehnung eines Vorlagebeschlusses als unzulässig.
[215] *K. Niehues* NVwZ 2001, 872 (875); umf. *Erwin* (Fn. 206) S. 159 ff.
[216] Z. B. § 31 V SchulG NRW; über „staatliche Aufsicht" i. S. d. Art. 7 III s. *Oebbecke* DVBl 1996, 336 (338).
[217] Dazu *Hildebrandt* (Fn. 40), S. 71; *v. Campenhausen* ZevKR 1980, 135 (147); *Heimann* (Fn. 154) S. 88, der auf die Parallelität zur Problematik des Art. 137 III WRV verweist (S. 89).
[218] So *Link* HdbStKR II, S. 488 ff.
[219] BVerfGE 74, 244 (253 ff.); *Oebbecke* DVBl 1996, 336 (343); *E. Fischer* NJW 1988, 879; *Badura*, in: Maunz/Dürig, Art. 7 Rn. 72; s. a. BayVGH BayVBl 1990, 244 (keine Verpflichtung, Schüler anstelle des Ethikunterrichts ohne Leistungserbringung am Religionsunterricht teilnehmen zu lassen).
[220] *BayVGH* DVBl 1981, 44 (47); *Oebbecke* DVBl 1996, 336 (343); *Pieroth* ZevKR 1993, 189 (199 f.).
[221] Z. B. Art. 14 I 2, § 31 III NRWSchulG.
[222] In einigen Landesverfassungen: „Lehren und Satzungen", z. B. Art. 29 SaarlVerf.
[223] Zur „innerkonfessionellen Meinungsbreite" *Oebbecke* DVBl 1996, 336 (341); *Ehlers*, Entkonfessionalisierung des Religionsunterrichts, 1975, S. 59 ff. Für einen Anspruch (nur der Religionsgemeinschaften, nicht der Eltern/Schüler) auf „grundsätzekonformen" Unterricht s. *Link* HdbStKR II, S. 596 f.; *de Wall* NVwZ 1997, 465 (466); *Hollerbach* HStR VI, § 140 Rn. 34.

Religionsbekenntnis binden, ihn aber „nicht in jeder Hinsicht verkirchlichen".[224] Die Festlegung eines derartigen Kanons verbindlicher Grundsätze ist freilich mit Schwierigkeiten verbunden.

Für den **evangelischen** Bereich werden sie umschrieben als die „Gesamtheit der fundamentalen, **57** schriftlich nicht fixierten, auch dem Wandel der Zeit nicht völlig entzogenen und viele Alternativen tolerierenden herkömmlichen Inhalte der Verkündung und Lehre".[225] Auf **katholischer** Seite mag man das dogmatische – anders wohl als das moraltheologische – System noch als verhältnismäßig bestimmt ansehen.

Der Religionsunterricht unterliegt also sowohl der staatlichen (→ Rn. 55) als auch einer kirchlichen **58** **Schulaufsicht.** Die staatliche Dienstaufsicht über die Lehrer ist im Umfange der inhaltlichen Bestimmungsbefugnis der Religionsgemeinschaften eingeschränkt.[226] Der Charakter des Religionsunterrichts als *staatliche* Veranstaltung schließt es allerdings aus, ihn in methodischer Hinsicht in vollem Umfang zur Disposition der Kirchen zu stellen. Die Abgrenzung ist schwierig.[227] Zum Teil wird in den Landesgesetzen[228] die staatliche Aufsicht in bedenklicher Weise[229] auf den rein *organisatorischen* Bereich (Stundenplan, Schulraumvergabe usw.) beschränkt, während die *inhaltliche* Aufsicht den Religionsgemeinschaften vorbehalten bleibt.

Daran wird (i. Erg. zutr.) kritisiert,[230] eine derart isolierende Betrachtung werde der umfassenderen **59** **staatlichen Verantwortung** nicht gerecht. Diese reicht zunächst so weit, dass der Staat die Wissenschaftlichkeit des Religionsunterrichts und einen schulart-adäquaten pädagogischen Standard zu gewährleisten hat.[231] Darüber hinaus gelten – mit den dargestellten Einschränkungen[232] – die staatlichen **Erziehungsziele** auch für den Religionsunterricht.[233] Die Religionsgemeinschaft darf den Staat, der mit ihr in einer staatlichen Veranstaltung kooperiert, nicht prinzipiell im Religionsunterricht in Frage stellen.[234] Die meisten Kirchenverträge und einige Landesverfassungen sehen die Herstellung gegenseitigen **Einvernehmens** vor.[235] Art. 7 I wirkt sich dahin aus, dass Beanstandungen von Seiten einer Religionsgemeinschaft nur mittels des staatlichen Aufsichtsinstrumentariums abgeholfen werden kann.[236]

## IV. Kirchenverträge

Der verfassungsrechtliche Rahmen wird außerhalb der Landesschulgesetze vor allem durch **Kon-** **60** **kordate und Kirchenverträge** sowie die staatlichen Ausführungsbestimmungen hierzu ausgefüllt.[237] Die dort geregelte Kooperation zwischen Staat und Kirche hat ihre verfassungsrechtlichen Grundlagen insbes. in Art. 7 (Garantie des Religionsunterrichts und der Privatschulen).[238] Die Verträge nehmen zT

---

[224] BVerwGE 42, 346 (350); *Oebbecke* DVBl 1996, 336 (342); *Link* HdbStKR II, S. 448; *Stern,* StaatsR IV/2, S. 403 f.

[225] *Tieling,* in: Zilleßen (Hrsg.), Religionsunterricht und Gesellschaft, 1970, S. 95 (97).

[226] *Boysen,* in: v. Münch/Kunig, Art. 7 Rn. 87; *Oebbecke* DVBl 1996, 336 (339); *Geis,* in: Friauf/Höfling, Art. 7 Rn. 64. Es besteht z. B. ein Besuchsrecht (visitatio, Bsp.: Art. 14 III NWVerf).

[227] S. *Oebbecke* DVBl 1996, 336 (338).

[228] § 99 II BWSchulG; § 31 V NRWSchulG. – Ähnl. *Richter* RdJB 1993, 257 (261).

[229] *Hildebrandt* (Fn. 40), S. 237 f., auch zur Notwendigkeit kontinuierlicher staatl. Beaufsichtigung.

[230] *Link* HdbStKR II, S. 498.

[231] In diesem Sinne dezidiert *Stock* NWVBl 2005, 285 (290, sub 10).

[232] S. → Rn. 28.

[233] Im Grds. daher zutr., wenn auch in der Abgrenzung nicht eindeutig genug *Pieroth* ZevKR 1993, 189 (193); *Korioth* NVwZ 1997, 1041 (1044): „grundlegende staatliche Erziehungsziele"; *Mückl* AöR 1997, 513 (553): „ordre public unserer Rechtskultur"; ähnl. *Hillgruber* JZ 1999, 538 (547); dazu *Heimann* (Fn. 154) S. 91 ff.; *ders.* NVwZ 2002, 935, der insbes. auch die Anerkennung der staatskirchenrechtl. Prinzipien fordert; ähnl. *Badura,* in: Maunz/Dürig, Art. 7 Rn. 89, 91. – D. h. aber auch: keine Festlegung auf das (jeweils geltende) GG schlechthin. Zu weit *Füssel/Nagel* EuGRZ 1985, 499; unbedenklich BerlOVG NVwZ 1999, 786 sowie *Bader* NJW 2004, 3092 (3094); ferner *Oebbecke* DVBl 1996, 336 (342 f.), mittels Art. 21 GG ebenfalls bei der „Verfassungsessenz" landend, die jede staatl. Veranstaltung bindet; abw. aber z. B. *M. Heckel* RdJB 2004, 39 (59). Unabhängig von der unbefriedigenden Konzeption in BVerfGE 102, 370 (Zeugen Jehovas, s. *Hillgruber* NVwZ 2001, 1347; *Zacharias* KuR 2001, 21 ff.), kann die Entscheidung im hier erörterten Zusammenhang die Linie vorgeben: Was dort als Voraussetzung für den Körperschaftsstatus genannt wird, taugt für die Begrenzung der Unterrichtsinhalte iSv Art. 7 III. – Zum **islamischen** Religionsunterricht unter diesem (zwecks Hintanhaltung einer fundamentalistischen, „verfassungsessenz-widrigen" Indoktrination in der staatl. Schule wichtigen) Gesichtspunkt *Oebbecke* DVBl 1996, 336 (342 f.); *H. Weber* EssGspr 32 (1998), 50; „sorglos" insoweit *Mückl* AöR 1997, 513 (553). Grundsätzliche Bedenken wegen der fehlenden Akzeptierung des säkularen und pluralen Staates durch den Islam bei *Heimann* (Fn. 154) S. 94 f.; s. a. *Muckel* JZ 2001, 58 (62 f.) sowie Rn. 64, 72. Klar zum Erfordernis der „Verfassungsessenztreue" BVerwGE 123, 49. – Zu *landesverfassungsrechtlichen* Erziehungszielen, deren generelle Geltung für den Religionsunterricht zu Unrecht oft behauptet wird, s. *Hildebrandt* (Fn. 40) S. 236; *Pieroth,* ZevKR 1993, 193; *Heimann* (Fn. 154) S. 89 f.; s. a. → Rn. 25 ff.

[234] *Rüfner* EssGspr 26 (1992), 60 (83). Zu weitgehend daher *Sachs,* in: Oebbecke et al. (Hrsg.), Die Stellung der Frau im islamischen Religionsunterricht, 2007, S. 35. Dort wird das in der *familiären* Erziehung Mögliche, dh von Staats wegen Hinzunehmende (→ Art. 6 Rn. 12) auf die *staatliche* Veranstaltung Religionsunterricht übertragen.

[235] Nachw. bei *Link* HdbStKR II, S. 498; z. B. Art. 14 II NRWVerf.

[236] Dazu *Link* HdbStKR II, S. 499, betr. Art. 15 I NRWVerf iVm § 40 VII BadSchulG 1910.

[237] Dazu *Link* HdbStKR II, S. 454. Dokumentation s. o. „Vorspann".

[238] Vgl. *Listl,* Die Konkordate und Kirchenverträge in der BRD, 1. Bd., 1987, S. 4.

die bereits in Art. 7 enthaltenen Garantien auf und verbürgen darüber hinaus im Wesentlichen die sachlichen und personellen Voraussetzungen der Ausbildung von Religionslehrern an den staatlichen Lehrerbildungsanstalten,[239] ferner Mitgestaltungs- und Aufsichtsbefugnisse bei Lehrplan, Auswahl der Lehrmittel und Gestaltung des Religionsunterrichts[240] und die staatliche Genehmigung für Religionslehrer im Kirchendienst.[241]

## E. Das Recht zur Errichtung privater Schulen (Abs. 4 und 5)

## I. Schutzumfang des Abs. 4 Satz 1

**61**    Abs. 4 Satz 1 gewährleistet jedermann[242] das **Grundrecht,** vorbehaltlich staatlicher Genehmigung (dazu → Rn. 67) Privatschulen, „Schulen in freier Trägerschaft", zu errichten (Gründungsfreiheit), zu betreiben und seine Kinder dort aufnehmen zu lassen.[243] Gleichzeitig garantiert er die Privatschule als **Institution,**[244] gekennzeichnet durch einen Unterricht eigener Prägung, insbes. im Hinblick auf die Erziehungsziele, die weltanschauliche Basis, die Lehrmethoden und die Lehrinhalte.[245] Es geht also um eine Alternative zum öffentlichen Schulwesen *in der Sache,* nicht nur um die Ermöglichung eines gesondert *organisierten* Schulwesens. Privatschulen sind auch die von öffentlich-rechtlichen Religionsgemeinschaften betriebenen.[246] – Die Gewährleistung der Privatschule bedeutet die **Absage an** ein staatliches **Schulmonopol,**[247] geht aber doch von der öffentlichen Schule als dem Regelfalle aus[248] und ordnet auch nicht schlechthin „Staatsfreiheit" der Privatschulen an.[249] So wie einerseits die Privatschulen in die allgemeine Integrationsaufgabe von Schule eingebunden bleiben müssen, so muss andererseits der Staat offen sein für die Vielfalt der Formen und Inhalte, in denen Schule sich darstellen kann („schulischer Pluralismus"[250]). Ersatzschulen (→ Rn. 62) dürfen nicht allein wegen ihrer andersartigen Erziehungsformen und -inhalte verhindert werden.[251] So gestattet die Privatschulfreiheit monoedukative Ersatzschulen.[252] Unzulässig sind Regelungen, die – und sei es nur für bestimmte Jahrgangsstufen – Eltern die Möglichkeit nehmen, ihre Kinder in eine private Ersatzschule zu schicken.[253] Allerdings lässt Art. 7 IV die **staatliche Organisationsgewalt** auf dem Gebiete des Schulwesens (und damit z.B. das Recht zur Neuerrichtung einer öffentlichen Schule neben einer Privatschule oder die gänzliche Ausgliederung bestimmter Ausbildungszweige aus dem Schulwesen) **unangetastet;**[254] die grundgesetzlich geschützte Privatschulfreiheit schließt hoheitliche Kompetenzen, etwa das Recht auf Abnahme staatlicher Prüfungen, nicht ein.[255]

---

[239] Z. B. Art. 4 I des NdsKirchenvertrags, abgedr. bei *H. Weber,* Staatskirchenverträge, 1967, S. 105.

[240] Z. B. Art. 3 II 1 u. 2 des SächsKathKV, dazu *Heitmann* NJW 1997, 1420 (1422).

[241] Z. B. Art. 7 II des NdsKirchenvertrages.

[242] BVerwGE 40, 347 (349); *Robbers* MKS I, Art. 7 Rn. 171. Soweit Eltern Privatschulen gründen, wird Art. 7 IV, V als lex specialis zu Art. 6 II 1 anzusehen sein; *Stern,* StaatsR IV/1, S. 625; *Jestaedt* BK, Art. 6 II, III (1995) Rn. 267, 361; *Hildebrandt* (Fn. 40) S. 184.

[243] BVerfGE 27, 195 (200 f.); 88, 40 (46); 90, 107 (114); 112, 74 (83); *Badura,* in: Maunz/Dürig, Art. 7 Rn. 109, 95; *Stern,* StaatsR IV/2, S. 424 f.; *Uhle* BeckOK GG, Art. 7 Rn. 77; allg. *Brosius-Gersdorf* Verwaltung 45 (2012), 389. – Vgl. auch Art. 14 III EUGRCh (im Anschluss an Art. 2 II ZP-EMRK). – Nicht errichtet werden können auf Grundlage der Vorschrift private (Fach-)Hochschulen, BVerfGE 37, 314 (320 f.); s. a. BFH BFH/PR 2009, 409.

[244] BVerfGE 6, 309 (355); 75, 40 (61 f.); 112, 74 (83); *Sachs,* VerfR II, Kap. 19 Rn. 41; *Robbers* MKS I, Art. 7 Rn. 174; *Stern,* StaatsR IV/2, S. 525; *Uhle* BeckOK GG, Art. 7 Rn. 78. Aber: keine Bestandsgarantie für die einzelne Privatschule; vgl. BVerfGE 112, 74 (84); *Rennert* DVBl 2001, 504 (515); *Badura,* in: Maunz/Dürig, Art. 7 Rn. 99.

[245] BVerfGE 27, 195 (200 f.); 88, 40 (46); 90, 107 (114); *Vogel* DVBl 1985, 1214; *H. Heckel,* Deutsches Privatschulrecht, 1955, S. 44; *Badura,* in: Maunz/Dürig, Art. 7 Rn. 102.

[246] *Pieroth,* in: Jarass/Pieroth, Art. 7 Rn. 25: privatrechtlich und in privater Initiative errichtet und betrieben. Ihnen (nicht aber bloßen kirchlichen Laieninitiativen) steht zusätzlich Art. 137 III WRV zur Seite: *Loschelder* HdbStKR II, S. 514, 521. Gemeinden kommen als Privatschulträger nicht in Betracht, i. Erg. auch *Boysen,* in: v. Münch/Kunig I, Art. 7 Rn. 50.

[247] An eine „monopolisierte Schulverantwortung" des Staates; vgl. *Brosius-Gersdorf,* in: Dreier I, Art. 7 Rn. 103; *Stern,* StaatsR IV/2, S. 425; *Uhle* BeckOK GG, Art. 7 Rn. 72. Teilw. ist von einer „Wertentscheidung" für die Freiheit im Schulwesen die Rede, *Badura,* in: Maunz/Dürig, Art. 7 Rn. 98.

[248] BVerfGE 27, 195 (207).

[249] BVerfGE 27, 195 (201). Es besteht auch hier staatl. **Aufsicht** (zusätzlich zur Aufsicht durch den jeweiligen Träger). Sie ist wesentlich Rechtsaufsicht und richtet sich primär auf den Fortbestand der für die Ersatzschulgenehmigung erforderlichen Voraussetzungen (s. Rn. 68), *M. Baldus,* Katholische freie Schulen im staatlichen und kirchlichen Recht, 2001, S. 15, 44; s. auch *Loschelder* HdbStKR II, S. 511 (529); *Richter* AK GG I, Art. 7 Rn. 62.

[250] BVerfGE 27, 195 (202); 90, 107 (116).

[251] BVerfGE 34, 165 (197 f.); 88, 40 (46 f.); 90, 107 (114).

[252] Zu einer reinen Jungenschule BVerwGE 145, 333; s. *Lassahn/Butler* NVwZ 2013, 1202.

[253] BVerfGE 34, 165 (197 f.).

[254] BVerfGE 37, 314 (319); BVerwG NVwZ 2007, 958.

[255] BWVGH NVwZ-RR 2011, 558.

Zu unterscheiden sind „**Ersatzschulen**" und „**Ergänzungsschulen**".[256] Erstere sind Privatschu- **62** len, die nach dem mit ihrer Errichtung verfolgten Gesamtzweck als Ersatz für eine (in dem betroffenen Lande) vorhandene oder grds. vorgesehene[257] öff. Schule (insbes. in Gestalt von Grund- und Realschulen und von Gymnasien) dienen sollen.[258] Dauert z. B. die Grundschulpflicht generell sechs Jahre, ist grds. kein Raum für eine mit der Jahrgangsstufe 5 beginnende gymnasiale Ersatzschule;[259] s. aber → Rn. 38. Die Einordnung als Ersatzschule kann wegen der Akzessorietät zum Schulwesen des jew. Landes differieren.[260] Für Ergänzungsschulen bestehen vergleichbare öff. Schulen idR nicht. In ihnen kann der Schulpflicht nicht genügt werden.[261] Hier dominieren berufsbildende Schulen.[262] Nur für Ersatzschulen gelten die Genehmigungspflicht und die Bindungen des Art. 7 IV 3 und 4.[263] Wegen der dort enthaltenen hohen (insbes. finanz.) Anforderungen und der Unmöglichkeit, diese Kosten in vollem Umfange durch Schulgelder zu decken (→ Rn. 70), würde dem privaten Ersatzschulwesen, das den Staat ja von Bildungsauf- und -ausgaben entlastet, ohne staatliche Hilfe faktisch die Existenzmöglichkeit (und die „Selbstbestimmung") beschnitten. Deshalb entnimmt das BVerfG dem Art. 7 IV 1 über den Wortlaut hinaus zusätzlich eine staatliche Pflicht zum **Schutz und** zur **Förderung** der Privatschulen,[264] die nicht auf bestehende Schulen beschränkt ist, keine volle Kostenübernahme und keine Bevorzugung im Vergleich mit öff. Schulen verlangt,[265] generell unter dem Vorbehalt dessen steht, was vernünftigerweise von der Gesellschaft erwartet werden darf[266] und die wohl auch für die Zukunft gekürzt werden kann.[267] Kürzungen der staatl. Zuschüsse für integrative Ersatzschulen dürfen indes nicht zu einer generellen Gefährdung der integrativen Beschulung an diesen Schulen führen.[268]

Ergänzend rechtfertigt das Gericht diese Förderungspflicht auch mit dem **sozialstaatlichen** Gehalt **63** des Art. 7 IV,[269] der den in den Ersatzschulen tätigen Lehrkräften (wenn auch vorrangig im Interesse der Schüler) eine gesicherte Lebensgrundlage gewährleisten wolle.

## II. Die Erfüllung der Schutzpflicht durch den Landesgesetzgeber

In welcher Weise der (wie Art. 7 IV 1 klarstellt: außerhalb des Art. 7 allein zuständige) Landes- **64** gesetzgeber seiner Schutzpflicht nachzukommen habe, schreibt das GG nicht vor.[270] So darf er etwa entscheiden, den Ersatzschulen finanzielle Zuschüsse zu den Personal- und Sachkosten zu gewähren,

---

[256] Krit. zu dieser (dem § 3 der Ländervereinbarung v. 10.8.1951 – SaBl. S. 1294 – entsprechenden) Differenzierung *J. P. Vogel* DÖV 1992, 505; s. a. *Richter* AK GG I, Art. 7 Rn. 59. Zu Ersatzschulen *Ogorek* DVBl 2010, 341; *J. P. Vogel* DÖV 2008, 896. – Zwischen „einfachen" und „qualifizierten" Ergänzungsschulen differenziert *Kösling* (Fn. 21) S. 249, 252; s. a. *dies.* RdJB 2004, 208.

[257] *Darin* liegt die Einflussnahme des Landesgesetzgebers auf die Einordnung als Ersatzschule, BVerfGE 90, 128 (139); s. a. BVerwGE 105, 20 (LS 1); *Badura,* in: Maunz/Dürig, Art. 7 Rn. 112; dazu auch → Rn. 72. Die Rspr. neigt zur Überdehnung der Anforderungen an Ersatzschulen, vgl. *Rennert* DVBl 2001, 504 (514 f.). Zur kollegialen Schulleitung an einer Ersatzschule NRWOVG NWVBl. 2011, 152.

[258] BVerfGE 27, 195 (201 f.); Bsp.: Waldorfschulen, BVerfGE 90, 128 (139 f.). Zu den Anforderungen an die Schulleitung BVerwG v. 24.6.2016, 6 B 52/15; s. auch *Brosius-Gersdorf/Krafczyk,* RdJB 2020, 385.

[259] BVerwGE 104, 1 (LS 2). Zusätzlich einschlägig ist Art. 7 V, BVerwG NVwZ-RR 1997, 541 (543); *Rennert* DVBl 2001, 504 (514 f.).

[260] BVerwG Beschl. v. 28.11.2012, 6 B 46/12 Rn. 7; zum Inhalt dieser „Akzessorietät" BVerwG Beschl. v. 21.7.2011, 6 B 29/11 Rn. 4.

[261] BVerfGE 27, 195 (201 f.).

[262] *Boysen,* in: v. Münch/Kunig I, Art. 7 Rn. 89; *Sachs,* VerfR II, Kap. 19 Rn. 29; *Uhle* BeckOK GG, Art. 7 Rn. 76.

[263] BVerfGE 90, 107 (121). Zur Zulässigkeit eines Genehmigungsverfahrens für Ergänzungsschulen *Boysen,* in: v. Münch/Kunig I, Art. 7 Rn. 89.

[264] Keine Schutzpflichtkonstruktion i. S. d. allg. Grundrechtsdogmatik; vgl. BVerfGE 75, 40 (62 f.); 90, 107 (115). So inzwischen auch BVerwGE 79, 154 (156), teilw. abw. noch BVerwGE 23, 347 (350); 27, 360 (364). – Krit. *Gramlich* JuS 1985, 607 und teilw. *Sachs,* VerfR II, Kap. 19 Rn. 42 ff. – Näher *Jeand'Heur,* in: Müller/Jeand'Heur, Zukunftsperspektiven der freien Schule, 2. Aufl. 1996, S. 47. Die Förderverpflichtung ist zT in den Landesverfassungen enthalten, z. B. Art. 8 IV 3 NRWVerf. Bei der staatl. Förderung ist das Gebot der Gleichbehandlung nach Art. 3 I zu beachten, BVerwG NVwZ-RR 2017, 146 Rn. 12.

[265] Zur dabei möglichen Orientierung an den Ausgaben für das öff. Schulwesen *Haug,* in: Müller/Jeand'Heur (Fn. 264) S. 195; *M. Baldus* (Fn. 249) S. 48, 50 f.: Finanzaufwand für eine entsprechende öffentl. Schule als Beihilfe-Obergrenze. Dazu auch MVVerfG LKV 2002, 27 (LS 5).

[266] BVerfGE 75, 40 (68).

[267] *Bernhard* DVBl 1983, 299 mwN Notwendige Kürzungen müssen aber den Gesamtetat für das private *und* das öff. Schulwesen betreffen, BVerfGE 75, 40 (68 f.); BWVGH DVBl 2000, 722; *J. P. Vogel* RdJB 2005, 255 (257, 263); s. aber MVVerfG LKV 2002, 27 (LS 4).

[268] BVerwG NVwZ-RR 2017, 146.

[269] BVerfGE 75, 40 (65).

[270] BVerfGE 75, 40 (67); 112, 74 (84); 90, 107 (116 f., 122 f.: sinkende Schülerzahlen); BVerwG NVwZ-RR 2017, 146; Buchholz 421.10 Schulrecht Nr. 8: offenkundig keine Herleitung konkreter Berechnungsvorgaben für die Bestimmung der Finanzhilfen aus Art. 7 IV 3. Die Gestaltungsfreiheit des Landes betonend BayVerfGH BayVBl 2008, 79; ähnl. *Theuersbacher* NVwZ 1996, 777. – Über Grundstücksenteignung zugunsten eines Privatschul-Bauvorhabens BGHZ 105, 94 (99). – Übersicht über Landesgesetze bei *Badura,* in: Maunz/Dürig, Art. 7 Rn. 106.

deren Höhe sich an den Kosten der entsprechenden öffentlichen Schulen orientiert.[271] Die (allg.) Schutzpflicht konkretisiert sich zur **Handlungspflicht,** wenn ohne staatliche Hilfe der Bestand des Privatschulwesens als Institution evident gefährdet wäre („Existenzminimum der Institution")[272] bzw. wenn insgesamt das Grundrecht aus Art. 7 IV 1 praktisch nicht wahrgenommen werden könnte.[273] Gleiches gilt nach der neueren Rspr. des BVerwG auch dann, wenn es aufgrund der Inklusion behinderter Schülerinnen und Schüler an integrativen Ersatzschulen zu einer Verringerung der Aufnahmekapazitäten für Regelschüler kommt und daraus wirtschaftliche Nachteile entstehen, die eine gleichwertige, also eine nicht hinter den öff. Schulen zurückstehende, integrative Beschulung generell gefährden. Der so genannte Inklusionseffekt dürfe nicht dazu führen, dass die Ersatzschulen in ihrer Gesamtheit zur Sicherung ihres Bestandes auf die integrative Beschulung verzichten müssen. Gleiches gelte für die staatliche Erstattung derjenigen Mehrkosten, die durch den integrativen Unterricht behinderter Schüler entstünden.[274]

In diesen Fällen anerkennt das Gericht einen **Anspruch auf Förderung,** freilich nicht (verfassungsunmittelbar) auf Finanzhilfe in bestimmter Höhe gerichtet, sondern vom Gesetzgeber[275] erst zu konkretisieren. Unzulängliche Regelungen können ggf. verfassungsgerichtlich beanstandet werden; der Gesetzgeber hat sie dann durch verfassungsgemäße zu ersetzen.[276] Der Abzug eines „sozialverträglichen" Schulgeldes vom Förderbetrag soll zulässig sein, unabhängig davon, ob es tatsächlich erhoben wird.[277] – Unzulässig ist es, bei der Finanzhilfe die Kosten von Schulbaumaßnahmen völlig unberücksichtigt zu lassen.[278] Auch hier besteht aber im Detail Gestaltungsfreiheit, insbes. können die Kosten für den Grundstückserwerb und für die Erschließung von der Förderung ausgenommen werden,[279] und es kann auf die individuelle Hilfsbedürftigkeit des Schulträgers[280] abgestellt werden.

**65**   Soweit der Landesgesetzgeber auf Grund seiner Schutzpflicht tätig wird, unterliegt er dem Gleichbehandlungsgebot des **Art. 3 I.**[281] Bedenken sind insoweit gegen „**Landeskinderklauseln**" in verschiedenen Privatschulgesetzen erhoben worden.[282] Zulässig ist es, über die Regelförderung hinausgehende Finanzhilfe vom Vorhandensein einer ausreichenden wirtschaftlichen „Existenzbasis" des Schulträgers abhängig zu machen.[283]

**66**   In den Landesgesetzen über die Staatsleistungen an die Privatschulen[284] wird Finanzhilfe häufig davon abhängig gemacht, dass die Schule in ihrem Ausbau gezeigt habe, sie werde auf Dauer bestehen können und von Eltern und Schülern angenommen werden.[285] Das BVerfG[286] hat in diesem gesetzlichen Erfordernis pädagogischer Bewährung keine grobe Vernachlässigung der dem Staate obliegenden Schutz- und Förderpflicht gesehen. Nach Jahren bemessene **Wartefristen** hätten den (legitimen) Zweck, den Einsatz öffentlicher Mittel an einen Erfolgsnachweis zu binden und so deren effiziente Verwendung zu sichern),[287] ein Argument, das freilich bei anderweitig bereits bewährten Trägern wenig überzeugt. Wartefristen seien so lange zulässig, wie sie sich nicht faktisch als Sperre für die Errichtung neuer Schulen auswirkten.[288] Es entspreche dem herkömmlichen Bild der Privatschule, dass zunächst einmal ihre Gründer und Träger sich durch **Eigenleistungen** (ideell und finanziell) engagier-

---

[271] BVerwG NVwZ-RR 2017, 146; Buchholz 421 Nr. 138.

[272] So der „institutionelle" Ansatz des BVerwG (BVerwG NVwZ-RR 2013, 147; NVwZ-RR 2012, 965; BVerwGE 79, 154; BVerwG Buchh 421 Nr. 128). Krit. zur Annahme einer „Institution" Privatschule *J. P. Vogel* RdJB 2005, 255 (263), ferner *Robbers* MKS I, Art. 7 Rn. 217.

[273] So das BVerfG, ursprünglich stärker grundrechtlich argumentierend („Schlüsselstelle": BVerfGE 90, 107 [114 f.]). – Näher zu diesen Argumentationsmustern und zur Entscheidung des BVerfG für eine nicht (unmittelbar) leistungsrechtliche, sondern eine den Gesetzgeber in die Pflicht nehmende Schutzpflichtkonstruktion *Vogel,* in: Müller/Jeand'Heur (Fn. 266) S. 167 (183).

[274] BVerwG NVwZ-RR 2017, 146 Rn. 11.

[275] Vgl. BVerwG NVwZ-RR 2017, 146 Rn. 8: wegen des fehlenden Bestandsschutzes für die einzelne Schule kein Anspruch auf staatl. Förderung, die ihren konkreten Verhältnissen Rechnung trägt. Zum Gesetzesvorbehalt SchlHOVG NVwZ 2002, 114. – In mehreren Ländern besteht noch immer keine Regelung, vgl. *J. P. Vogel* RdJB 2005, 255 (258).

[276] BVerfGE 90, 107 (117); BVerwGE 79, 154 (156).

[277] SächsVerfGH DÖV 1997, 205 (zu Art. 102 IV 2 SachsVerf).

[278] BVerfG 90, 128 ff.

[279] Näher *Hardorp,* in: Müller/Jeand'Heur (Fn. 264) S. 253 ff.

[280] Aus Art. 7 IV 1 können Eltern keine Förderungsansprüche (Sozialhilfe) bei ihrem Wunsch ableiten, für ihre Kinder eine private Ersatzschule zu wählen (BVerwG NVwZ 1993, 691 [692]).

[281] BVerfGE 75, 40 Ls. 3; 90, 107 (126); BVerfG v. 4.11.2016, 6 B 27/16 Rn. 12.

[282] *Jach* DÖV 1995, 925; diff. *Löwer/Müller-Terpitz* RdJB 1999, 169; s. noch BayVGH NVwZ-RR 2001, 385. – Billigung durch BVerfG 112, 74. Krit. *J. P. Vogel* RdJB 2005, 255 (265), „Zerfall der Förderungspflicht". – Über Sonderförderung *kirchlicher* Schulen kraft Staatsvertrags s. BVerwG BayVBl 1987, 504.

[283] BVerwGE 70, 290.

[284] S. *J. P. Vogel,* in: Müller/Jeand'Heur (Fn. 264) S. 168, 178; *Löwer/Müller-Terpitz* RdJB 1999, 169.

[285] So § 13 III des SächsFrTrSchulG: dreijährige Wartefrist; § 101 IV BerlSchulG: Dreijahresfrist, frühestens, wenn erster Schülerjahrgang die letzte Klassenstufe der Schule erreicht hat. – Zur Finanzierung allg. *Heinig/Vogel* LKV 2012, 337; *Schwabenbauer* DÖV 2011, 672.

[286] BVerfGE 90, 107 (117); 90, 128 (138); zuvor BVerwGE 79, 154.

[287] BVerfGE 90, 107 (118).

ten.[289] Zu erwägen wäre allerdings eine „Nachzahlung" vorenthaltener Finanzhilfe nach Bestehen einer Solidaritätsprüfung. Die Unbedenklichkeit einer mit 10 Jahren „außergewöhnlich langen" Wartefrist hat das Gericht nur mit Blick auf eine ganze Reihe gleichzeitiger freiwilliger „Abmilderungen" der Rechtslage bejaht.[290] Festzustellen ist: Die Staatsleistungen wandeln sich in der Rspr. des BVerfG zunehmend zu einer nur nach Gesichtspunkten der Opportunität zu gewährenden Subvention.[291]

### III. Der Genehmigungsvorbehalt

Das Recht zur Errichtung privater Ersatzschulen steht nach Satz 2 unter dem Vorbehalt staatlicher **67** Genehmigung (um die Allgemeinheit vor unzureichenden Bildungseinrichtungen zu schützen, BVerfGE 27, 195 [203]). Der Halbsatz „und unterstehen den Landesgesetzen" stellt nach Wortlaut, Systematik und Entstehungsgeschichte **keinen Gesetzesvorbehalt** dar (→ Rn. 2); er macht lediglich klar, dass – entsprechend der Systematik des Art. 7 – auch die Genehmigungsvoraussetzungen in die Landesgesetzgebungskompetenz fallen.[292] – Die **„Genehmigung"** stellt fest, dass Bedenken gegen die Errichtung der Schule nicht bestehen und dass der Besuch der Schule als Erfüllung der Schulpflicht gilt.[293] Die Eigenschaft als Ersatzschule ist aber nicht davon abhängig, dass tatsächlich schulpflichtige Schüler aufgenommen werden.[294]

Aus Art. 7 IV ergibt sich ein **Rechtsanspruch** auf Genehmigung,[295] wenn Lehrziele, Einrichtungen **68** (räumliche und organisatorische) und die wissenschaftliche Ausbildung der Lehrkräfte[296] nicht hinter dem Niveau der öff. Schulen zurückstehen. Zu Recht lässt das BVerfG bei Fehlen einer dieser Voraussetzungen nicht den *Anspruch*, sondern überhaupt die *Genehmigungsfähigkeit* des Vorhabens entfallen.[297] Art. 7 IV verlangt Gleich*wertig*keit, nicht Gleich*artig*keit,[298] wobei ein gewisser Beurteilungsspielraum der Landesbehörden besteht.[299] Das **„Nichtzurückstehen"** verlangt in der Auslegung durch das BVerwG nicht den vollen *Nachweis* der Gleichwertigkeit der Lehrziele, sondern eine auf konkreten Feststellungen beruhende, nachprüfbare Prognose, dass im Vergleich mit öff. Schulen mit Blick auf das Ergebnis des Bildungsprozesses keine Defizite zu erwarten seien.[300] Art. 7 IV dient nicht der Angleichung der Bildungs*wege*, sondern dem Schutz vor ungleichwertigem Bildungs*erfolg*, wobei freilich dieses Ziel auch den Weg dorthin vorzeichnet.[301] Im Hinblick auf weltanschauliche Wertungen können Abweichungen von den Vorgaben für die *„wertneutrale"* öff. Schule aber gerade schultypprägend sein. Ein „Zurückstehen" ist nicht darin zu sehen, dass die private Ersatzschule keinen Religionsunterricht anbietet.[302] Ähnlich z. B. beim Verzicht auf das Koedukationsprinzip[303] und bei Abweichungen von Mitwirkungsregelungen, wie sie an staatlichen Schulen gelten (→ Rn. 37).[304] – Schließlich müssen die Ersatzschulen die wirtschaftliche und rechtliche Stellung der Lehrkräfte „genügend" sichern.[305]

---

[288] *J. P. Vogel* RdJB 2005, 255 (260). Hier ergeben sich freilich Fragen nach der Beweisbarkeit einer solchen Sperrwirkung. – Zu Wartefristen etwa SächsOVG LKV 2012, 324; VG Berlin Urt. v. 16.8.2012, 3 K 358.11; *Brosius-Gersdorf* NdsVBl 2019, 333; *dies.* DÖV 2017, 881.

[289] BVerfGE 90, 107 (117, 119). Zust. *Robbers* MKS I, Art. 7 Rn. 214.– Zur Problematik der „Eigenleistungen" ausf. u. teilw. krit. *Jach*, FS J. P. Vogel, 1998, S. 75 (79 ff.); s. a. *J. P. Vogel* RdJB 2005, 255 (259) m. Hinw. auf den Widerspruch zum Sonderungsverbot.

[290] BVerfGE 90, 107 (124 f.); ebenso BVerfGE 90, 128 (143); unzul. wäre es allerdings, die staatl. Förderung *generell* durch freiwillige Leistungen erfolgen zu lassen, BVerfGE 90, 107 (124).

[291] S. dazu BVerfG (K), RuS 1997, 1: Einforderung von Eigenleistungen des Trägers (über das Schulgeld hinaus) für die *gesamte* Betriebszeit zulässig. Dazu *J. P. Vogel* RdJB 2005, 255 (261).

[292] *M. Heckel* (Fn. 180) S. 73 ff.; *Geis*, in: Friauf/Höfling, Art. 7 Rn. 75. abw. *Richter* AK GG I, Art. 7 Rn. 58.

[293] BVerfGE 27, 195 (203).

[294] BVerfGE 75, 40 (76).

[295] *Sachs*, VerfR II, Kap. 19 Rn. 31; *Badura*, in: Maunz/Dürig, Art. 7 Rn. 111; *Robbers* MKS I, Art. 7 Rn. 188; *Uhle* BeckOK GG, Art. 7 Rn. 81; BVerfGE 27, 195 (200); BVerwGE 112, 263 (264). Der Anspruch richtet sich auch auf den Fortbestand der Genehmigung.

[296] Zur Pflicht der Lehrkräfte zum Durchlaufen des staatl. Vorbereitungsdienstes BVerwG v. 29.6.2015, 2 B 53/14 Rn. 10; s. ferner die Nachw. bei *Pieroth* NWVBl 1993, 201 ff. Zur Reichweite der Anforderungen BVerwG NVwZ 1990, 864; NVwZ 2001, 919; BWVGH VBlBW 2013, 103. Zu den Einrichtungen gehört nach *Hanßen* RdJB 2009, 334; 2010, 228, auch die Mindestzügigkeit der Schulklassen; dagg. *Vogel* RdJB 2010, 222.

[297] BVerfGE 75, 40 (64); 88, 40 (47); 90, 107 (115); and. *Sachs*, VerfR II, Kap. 19 Rn. 34.

[298] BVerfGE 90, 107 (122); BVerwGE 90, 1 (5); *Jestaedt* HStR VII, § 156 Rn. 56.

[299] Dazu *Pieroth* NWVBl 1993, 201 (204 f.).

[300] BVerwGE 90, 1 (10 f.). – „Kombinierte Klassen" begründen kein „Zurückstehen", BVerwGE 112, 263 (dazu *Hufen* JuS 2002, 90). – S. z. B. BWVGH DÖV 2013, 320, zu den Anforderungen an die Erteilung von Zeugnissen.

[301] Vgl. BVerfGE 90, 128 (140); BVerwGE 112, 268 f.; *M. Baldus* (Fn. 249) S. 19, auch zur „Beweislast".

[302] BVerwG NVwZ-RR 2019, 686.

[303] Nunmehr explizit gestattet von BVerwGE 145, 333.

[304] *Richter* AK GG I, Art. 7 Rn. 26 (bei Fn. 85).

[305] Dazu *Robbers*, in: v. Mangoldt/Klein/Starck I, Art. 7 Rn. 200; *Badura*, in: Maunz/Dürig, Art. 7 Rn. 119 (den Zusammenhang mit Art. 7 IV 3 betonend). – Zum Kündigungsschutz BVerfG MDR 2001, 635; *Rüfner* HdbStKR II, S. 907; *Hufen* RdJB 2001, 345.

**69**     Das BVerwG zählt zu den „Lehrzielen" neben der zu vermittelnden Qualifikation grds. auch die vom Staate für die öffentlichen Schulen vorgeschriebenen **Erziehungsziele,**[306] was nur so lange nicht zu Konflikten mit der Intention der Privatschulgarantie führt, wie diese Erziehungsziele im Rahmen der „Verfassungsessenz" (→ Rn. 28) verbleiben (→ Rn. 59). *Dieser* Rahmen ist auch für Privatschulen als mit staatlicher Genehmigung tätigen Institutionen zu wahren.[307] Auch hierauf bezieht sich die staatliche Aufsicht (→ Rn. 61).

**70**     Durch das (als Genehmigungsvoraussetzung) zusätzlich zu beachtende **Sonderungsverbot** (Art. 7 IV 3), das sicherstellen soll, dass die private Ersatzschule der Allgemeinheit offensteht und damit an der schulischen Integrationsfunktion teilnimmt, ist die Erhebung von Schulgeld (ggf. „sozial gestaffelt") nicht grds. ausgeschlossen,[308] auch nicht das Recht zur freien Schülerauswahl.[309] Die Grenze muss im Einzelfall unter Berücksichtigung der Zielsetzung des GG ermittelt werden.[310] Durch Vorleistungen der Privatschul-Gründer für das In-Gang-Setzen der Schule wird das Sonderungsverbot nicht unmittelbar berührt, da es insoweit nicht um den Zugang zu einer bestehenden Schule, sondern um die Beteiligung an deren Gründung geht. Art. 7 IV verlangt nicht, es müsse jedermann – ohne Rücksicht auf seine finanziellen Verhältnisse – ermöglicht werden, Privatschulen zu gründen.[311] Die vielfach übliche Anrechnung des Schulgeldes auf den Staatszuschuss[312] führt praktisch zur „Sinnlosigkeit" von Schulgelderhebung.[313]

**71**     Genehmigung einer Ersatzschule und ihre staatliche **Anerkennung** sind nicht identisch. Letztere bedeutet die Ausstattung mit hoheitl. Befugnissen, insbes. zur Erteilung von Zugangsberechtigungen und zur Verleihung von Berufsbezeichnungen mit „Außenwirkung", sog. Öffentlichkeitsrechte, die die Privatschule in den Rang von „Beliehenen" erheben, sie an die für die öff. Schulen geltenden Prüfungsordnungen etc. binden, die aber nicht zum herkömml. „Privatschulbild" gehören.[314] Das GG verbietet es nicht, „anerkannte" Privatschulen aus der Gruppe der Ersatzschulen herauszuheben.[315] Die Ausgestaltung der Anerkennung obliegt dem Landesgesetzgeber, der den Gleichheitssatz zu beachten hat und die Anerkennung nicht dazu benutzen darf, Ersatzschulen zu einer sachlich nicht gebotenen Anpassung an die öff. Schulen zu veranlassen.[316] Ein Anspruch genehmigter Privatschulen auf Anerkennung besteht nicht, dh die für die Erteilung von Berechtigungen erforderl. Voraussetzungen legt der *Staat* fest, ohne hierbei durch Art. 7 IV beschränkt zu sein.[317] Fehlt eine Anerkennung, können Privatschulen Berechtigungen mit „Außenwirkung" nur nach Einschaltung einer staatl. Prüfungskommission an einer öff. Schule erteilen.[318]

## IV. Die Genehmigung privater Volksschulen (Abs. 5)

**72**     Für die Genehmigung privater Volksschulen gelten zunächst die Voraussetzungen des Art. 7 IV 2 bis 4;[319] ihre Zulassung wird ferner durch Abs. 5 beschränkt, der den **Zweck** verfolgt, die Kinder aller

---

[306] BVerwGE 90, 1. – S. *Theuersbacher* NVwZ 1993, 631 (635).

[307] Vgl. *Gröschner,* in: Dreier I, Art. 7 Rn. 103.

[308] BVerfGE 75, 40 (64 f.); 90, 107 (119) verbietet lediglich „überhöhte Schulgelder" und stellt klar, dass einige wenige Freiplätze die von Art. 7 IV 3 geforderte „allgemeine Zugänglichkeit" der Schule nicht gewährleisten; s. a. BVerwG Urt. v. 21.12.2011, 6 C 18/10 Rn. 31; zur Schulgeld-„Staffelung" auch BWVGH DÖV 2013, 694; *v. Pollern* DÖV 2011, 680. S. *Badura,* in: Maunz/Dürig, Art. 7 Rn. 121; *Richter,* AK GG I, Art. 7 Rn. 59 (S. 42): Genehmigungspraxis verfassungswidrig; s. a. o. Rn. 64.

[309] Zur Beschränkung dieses Rechts BVerwGE 68, 185; krit. hierzu *M. Baldus* (Fn. 56) S. 28 Fn. 80. Zur Segregation in der Schule allg. *Kersten* DÖV 2007, 50; zum Sonderungsverbot eing. *Brosius-Gersdorf* NVwZ 2018, 761; *Sachs* NWVBl 2018, 441, der eine grundrechtliche Einordnung des Verbots ablehnt.

[310] Bsp.: BWVGH EzB, GG Art. 7 Nr. 29 (sub C III 3b).

[311] BVerfGE 90, 107 (120).

[312] S. BVerwG NVwZ-RR 1988, 22.

[313] Krit. dazu *M. Baldus* (Fn. 249) S. 51 mwN in Fn. 153. – Landesrechtlich angeordnete Lehrmittelfreiheit gilt auch für Ersatzschulen (z. B. Art. 9 II 3 Hs. 2 NRWVerf). Zum Ausgleich für Einnahmeausfälle privater Ersatzschulen wegen Verzichts auf Schulgeld BWVGH DVBl 2010, 1324.

[314] BVerfGE 27, 195 (204); *Uhle* BeckOK GG, Art. 7 Rn. 88. Zur verfassungsrechtlichen Zulässigkeit einer landesrechtlichen Bindung der Anerkennung an die Erfüllung der Erstellungsvoraussetzungen für den öff. Schuldienst durch mindestens 2/3 des Lehrkörpers BVerwG NVwZ-RR 2016, 182.

[315] BVerfGE 27, 195 (203 f.); BVerwGE 68, 185 (187); *Robbers* MKS I, Art. 7 Rn. 201 f. – Noch weiter geht z. B. Art. 101 BayEUG: Verleihung des „Charakters" einer öff. Schule. – Unter Verhältnis von (nur) genehmigten und (auch) anerkannten Ersatzschulen *Kösling* (Fn. 21) S. 201 ff., 214 f., 292; s. a. BayVerfGH BayVBl 2010, 76, zur Differenzierung zwischen Schülern genehmigter und anerkannter Ersatzschulen bei der kostenfreien Schülerbeförderung.

[316] Zu diesem „Dilemma" der Privatschulen *Ilgner* EssGespr 32 (1998), 52 f.

[317] BVerfGE 27, 195 (203 f., 206); BVerwGE 112, 263 (270); vgl. auch *Pieroth,* in: Jarass/Pieroth, Art. 7 Rn. 38. Die Ländergesetzgebung ist uneinheitlich. NRW kennt eine gesonderte Anerkennung nicht, Art. 8 IV 2 NWVerf; die genannten Öffentlichkeitsrechte bestehen dort also schon kraft Genehmigung, krit. *Kösling* (Fn. 21) S. 214 f.; *J. P. Vogel* RdJB 2005, 114 f.

[318] *Hemmrich,* in: v. Münch/Kunig I, 5. Aufl. 2000, Art. 7 Rn. 46.

[319] BVerfGE 88, 40 (47), abweichend von BVerwGE 75, 275 (277). – Dazu *Jeand'Heur* FS J. P. Vogel, 1998, S. 105 (114); *Badura,* in: Maunz/Dürig, Art. 7 Rn. 122; *Robbers,* in: v. Mangoldt/Klein/Starck I, Art. 7 Rn. 228. Gerade der Bindung an die „Lehrziele" i. S. d. Art. 7 IV kommt (mit Blick auf Grundschulen der „Sekten" oder des Islam) besondere Bedeutung zu, *Richter* NVwZ 1992, 1162 f., → Rn. 75 u. → Rn. 59.

Volksschichten zumindest in den ersten Klassen grds. zusammenzufassen („eine sozialstaatlichem und egalitär-demokratischem Gedankengut verpflichtete Absage an Klassen, Stände und sonstige soziale Schichtungen"[320]).[321] „**Volksschule**" meint zunächst die von der Gesamtheit der Schüler besuchte Grundschule.[322] Zweifelhaft ist, ob infolge der vielfältigen schulorganisatorischen Änderungen der letzten Jahrzehnte auch die Hauptschule sowie Förderstufen dazu gehören.[323]

Private Volksschulen dürfen von den Landesgesetzgebern **nur zugelassen** werden,[324] **73**
a) *entweder:* wenn ein **besonderes pädagogisches Interesse** anerkannt wird, für das der Antrag- **74**
steller die Darlegungslast trägt.[325] Dem BVerfG zufolge hat auf Grund des „freiheitsrechtlichen Charakters" auch des Art. 7 V 1 die Unterrichtsverwaltung hier nicht etwa „uneingeschränkte Entscheidungsfreiheit"; wenn ein pädagogisches Interesse „objektiv" vorliege, sei es anzuerkennen. Bei der Feststellung eines pädagogischen Interesses[326] sei nicht auf das Interesse des Schulträgers, der Eltern oder der Unterrichtsverwaltung abzustellen, sondern auf „das öffentliche Interesse an der Erprobung und Fortentwicklung pädagogischer Konzepte sowie das Interesse an der angemessenen pädagogischen Betreuung spezieller Schülergruppen, welchen das öffentliche Schulwesen (*in seinem tatsächlichen Zustand, d. Verf.*) keine hinreichenden Angebote macht oder machen kann", wenn also eine sinnvolle Alternative zum bestehenden öff. und privaten Schulangebot zu erwarten steht. Ein vorhandenes pädagogisches Interesse sei allerdings erst noch mit dem grundsätzlichen **Vorrang** der öff. Grundschule „ins Verhältnis zu setzen";[327] eine Anerkennung setze ein Überwiegen des pädagogischen Interesses voraus. Die Auslegung des Begriffes „besonderes pädagogisches Interesse" ist gerichtlich voll nachprüfbar.[328] Hinsichtlich der Bewertung eines pädagogischen Konzeptes im Einzelfalle und hinsichtlich der Abwägung mit dem Vorrang der öff. Schule soll aber ein **„Handlungsspielraum"** bestehen, den das Gericht in mühsamer Argumentation gegen den Normalfall des „Beurteilungsspielraums" abzugrenzen versucht.[329]

b) *oder:* wenn sie auf **Antrag von Erziehungsberechtigten** (→ Rn. 51) eine bestimmte **religiöse** **75**
**oder weltanschauliche Ausrichtung** erhalten sollen, für die eine öff. Volksschule in der Gemeinde nicht besteht. Art. 7 V 2 gilt also *nicht* für „neutrale", dh weder religiös noch weltanschaulich gebundene Schulen (→ Rn. 49).[330] **Gemeinschaftsschule** (Simultanschule) ist eine nach Bekenntnissen nicht getrennte christliche oder weltliche Schule, die allerdings heute auf Grund der schulgesetzlichen Lage als Privatschule kaum mehr eine Rolle spielt.[331] Bei dieser zweiten Alternative des Art. 7 V wird teilweise ein Genehmigungs*anspruch* des Betroffenen angenommen.[332]

In dem Vorbehalt des Art. 7 V sieht das BVerwG eine „unmittelbare **Konsequenz** der Regelung **76**
des **Art. 7 I**, wonach von Verfassungs wegen das gesamte Schulwesen unter der Aufsicht des Staates steht".[333]

---

[320] BVerfGE 88, 40 (49 f.).

[321] *Badura,* in: Maunz/Dürig, Art. 7 Rn. 122 ff., gegen den Ausnahme-Charakter der privaten Volksschule *Ladeur* RdJB 1993, 282.

[322] BVerfGE 88, 40 (45 f.).

[323] Bejahend *Robbers* MKS I, Art. 7 Rn. 227; *Uhle* BeckOK GG, Art. 7 Rn. 90 (Hauptschule); s. a. Art. 12 I NWVerf; verneinend *Eiselt* DÖV 1988, 211 f.; *Kösling* (Fn. 21) S. 231. – Maßgeblich für die Begriffsbestimmung ist das staatl. Schulrecht, *M. Baldus* (Fn. 249) S. 13 Fn. 37.

[324] So muss „ist nur zuzulassen" im Kontext verstanden werden, s. BVerfGE 88, 40 (49 f.); and. *Sachs,* VerfR II, B 7 Rn. 34.

[325] BVerfGE 88, 40 (51); *Uhle* BeckOK GG, Art. 7 Rn. 92.

[326] Vgl. die Parallelen in HessVGH NVwZ-RR 2000, 157 (159 f.): Erforderlich kein *grundlegend* neues, „einmaliges" oder zur baldigen Übernahme in das öff. Schulsystem geeignetes Konzept. – Krit. zur Betonung des *öffentlichen* Interesses *Geis,* in: Friauf/Höfling, Art. 7 Rn. 93, Fn. 332.

[327] Zu diesem Vorrang BVerwGE 75, 275 (277 f.); ferner BayVGH RdJB 1998, 111: keine „flächendeckende" Zulassung privater Volksschulen desselben Konzeptes, in Anlehnung an BVerfGE 88, 40 (52), gegen *J. P. Vogel* DÖV 1995, 587 (590). Zum Verhältnis von „pädagogischem Interesse", „Vorrang der öffentlichen Schule" und „Flächendeckung" s. (teils kaum nachvollziehbar) BVerwG NJW 2000, 1280.

[328] Dazu auch HessVGH NVwZ-RR 2000, 157 (158 f.).

[329] BVerwGE 88, 40 (56 ff.); zust. BayVGH (3.4.2008 – 7 B 07.1292; DVBl 2008, 872 – Ls.). Zu erheblichen praktischen Problemen bei der Handhabung dieser Vorgaben *Theuersbacher* NVwZ 1997, 744 (748); krit. ferner *Pieroth/Kemm* JuS 1995, 780 (782 ff.).

[330] BVerwGE 89, 368; *Geis,* in: Friauf/Höfling, Art. 7 Rn. 97. Zur Problematik des „Gemeinde"-Begriffs *Ladeur* RdJB 1993, 282 (288). Zur „Antragsstellung" *Link,* FS Maurer, 2001, S. 397 (399).

[331] *Eiselt* DÖV 1988, 211 (212).

[332] *Sachs,* VerfR II, Kap. 19 Rn. 38. Zu erwägen bleibt, ob nicht auch in diesen Fällen (so wie bei der ersten Alternative des Art. 7 V 2) der Vorrang der öff. Grundschule zur Geltung zu bringen sei (nicht eindeutig BVerwG NJW 2000, 1280 [1283]), eine Frage, der sich auch VG Stuttgart NVwZ-RR 2004, 580 nicht stellt. Es geht um die Gefahr „flächendeckender" Beantragung von z. B. islamischen Grundschulen und einer dadurch bedingten Sonderung der Schülerschaft, dazu *Hillgruber* JZ 1999, 538 (545); s. a. o. Rn. 72 sowie *Poscher/Neupert* RdJB 2005, 244 [246 f.]; *Geis,* in: Friauf/Höfling, Art. 7 Rn. 93; *Coumont* (Fn. 58) S. 570 ff.; eingehend hierzu *Th. Günther* (Fn. 160) S. 61, 69, 72. – Zur Einordnung der Waldorf-Schulen (Art. 7 V Alt. 1!) *Richter* NVwZ 1992, 1162 (1164); vgl. ferner VG Stuttgart DÖV 2004, 214.

[333] BVerwGE 90, 1 (7).

## F. Das Verbot der Vorschulen (Abs. 6)

77 „Vorschulen" sind öffentliche[334] oder private, den Volksschulbesuch ersetzende **Sondereinrichtungen für den Elementarunterricht** solcher Kinder, die später höhere Lehranstalten (Realschulen, Gymnasien) besuchen sollen.[335] Vorschulen waren früher teils als untere Klassen den weiterführenden Schulen angegliedert (*„Vorschulklassen"*), teils handelte es sich um selbstständige Vorbereitungsanstalten (*„Nur-Vorschulen"*). Da in aller Regel Schulgeldpflicht bestand, wurde hierdurch eine „Sonderung" der Kinder (vgl. Art. 7 IV 3) gefördert. Das BVerfG spricht von „Standesschulen mit elitärem Anspruch".[336]

78 Mit dem Verbot, derartige Vorschulen zu errichten bzw. wieder zu eröffnen, hält das GG den schon durch die **WRV** (Art. 145, 146 I, 147 III) geschaffenen Rechtszustand aufrecht.[337] § 2 ReichsGrundschulG[338] ordnete in Abs. 1 an, öffentliche Vorschulen bzw. Vorschulklassen „alsbald aufzuheben", und enthielt in Abs. 2 ein Verbot privater Vorschulen. An diesem Rechtszustand hält das GG fest.[339]

79 **Vorklassen,** die den Grundschulen vorgeschaltet sind und lediglich der Eingewöhnung in den Schulbetrieb dienen sollen („öffentliche Früherziehung"),[340] fallen ebenso wenig unter das verfassungsrechtliche Verbot wie Förderklassen an Grundschulen, die den Besuch weiterführender Schulen vorbereiten sollen.

80 Nicht verboten sind ferner Schulen, bei denen Grundschule und weiterführende Schule eine Einheit bilden (**Gesamtschulen** oder z. B. Freie Waldorf-Schulen). Auf sie ist nicht Abs. 6, sondern Abs. 5 anwendbar (Schulen von „besonderem pädagogischen Interesse").[341] Nicht von Art. 7 VI erfasst werden auch Grundschulklassen, die – zu Ausbildungszwecken für Studenten – pädagogischen Hochschulen angegliedert sind.[342] Die Schaffung von Einrichtungen vorschulischer Erziehung wird durch Art. 7 VI nicht gehindert.[343]

## Art. 8 [Versammlungsfreiheit]

(1) **Alle Deutschen haben das Recht, sich ohne Anmeldung oder Erlaubnis friedlich und ohne Waffen zu versammeln.**

(2) **Für Versammlungen unter freiem Himmel kann dieses Recht durch Gesetz oder auf Grund eines Gesetzes beschränkt werden.**

**Entstehungsgeschichte: Erstfassung:** JöR nF 1 (1951), 113.
**Historische Verfassungstexte:** RV 1849: § 161 (1) Die Deutschen haben das Recht, sich friedlich und ohne Waffen zu versammeln; einer besonderen Erlaubnis dazu bedarf es nicht. (2) Volksversammlungen unter freiem Himmel können bei dringender Gefahr für die öffentliche Ordnung und Sicherheit verboten werden. – **WRV: Art. 123** (1) Alle Deutschen haben das Recht, sich ohne Anmeldung oder besondere Erlaubnis friedlich und unbewaffnet zu versammeln. (2) Versammlungen unter freiem Himmel können durch Reichsgesetz anmeldepflichtig gemacht und bei unmittelbarer Gefahr für die öffentliche Sicherheit verboten werden.
**Geltende Landesverfassungen:** *Bay*Verf Art. 113; *Bln*Verf Art. 26; *Bbg*Verf Art. 23; *Brem*Verf Art. 16; *Hess*Verf Art. 14; *RhPf*Verf Art. 12; *Saarl*Verf Art. 6; *Sachs*Verf Art. 23; *LSA*Verf Art. 12; *Thür*Verf Art. 10.
**Supra- und internationale Texte:** GrundREurParl Art. 10; AMRE Art. 20 I; IPBürgR Art. 21; EMRK Art. 11; EUGrundR.Charta Art. 12.
**Gesetzgebung:** VersG; BannmeilenG.
**Leitentscheidungen:** BVerfGE 69, 315 (Brokdorf); BVerfGE 73, 206 (Sitzblockaden I); BVerfGE 84, 203 (Republikaner); BVerfGE 85, 69 (Eilversammlung); BVerfGE 87, 399 (Versammlungsauflösung); BVerfGE 111, 147 (Synagogenbau); BVerfGE 128, 226 (Fraport).

**Schrifttum:** Arbeitskreis Versammlungsrecht, Musterentwurf eines Versammlungsgesetzes (ME VersG), 2011;; *N. Arndt/M. Droege,* Versammlungsfreiheit versus Sonn- und Feiertagsschutz?, NVwZ 2003, 906; *T. Barczak,* Public Forum und demonstrativer Arbeitskampf, DVBl 2014, 758; *U.Battis/K.J. Grigoleit,* Rechtsextremistische Demonstrationen und öffentliche Ordnung – Roma locuta?, NJW 2004, 3459; *S. Beljin,* Neonazistische Demonstrationen in

---

[334] *Sachs,* VerfR II, Kap. 19 Rn. 39.

[335] *Anschütz,* WRV, Art. 145 Anm. 5 (S. 676).

[336] BVerfGE 88, 40 (55).

[337] Zur Entstehungsgeschichte *Poetzsch-Heffter,* Handkommentar der Reichsverfassung, 3. Aufl. 1928, Art. 146 Anm. 1 (S. 463); HmbOVG JW 1927, 1288 (1289).

[338] V. 28.4.1920 (RGBl 851) und v. 4.3.1927 (RGBl 67).

[339] Gegen Ableitung einer „institutionellen Garantie" der gemeinsamen Grundschule (so *Richter/Groh* RdJB 1989, 276 [277]) *Geis,* in: Friauf/Höfling, Art. 7 Rn. 98.

[340] *Hufen,* StaatsR II, § 32 Rn. 34.

[341] *H. Heckel,* Dt. Privatschulrecht, 1955, S. 293.

[342] Zu weiteren Ausnahmen vgl. *Boysen,* in: v. Münch/Kunig I, Art. 7 Rn. 101; *Loschelder* HGR IV, § 110 Rn. 101.

[343] *Badura,* in: Maunz/Dürig, Art. 7 Rn. 129; *Jestaedt* HStR VII, § 156 Rn. 62; *Boysen,* in: v. Münch/Kunig I, Art. 7 Rn. 101; *Uhle* BeckOK GG, Art. 7 Rn. 94.

der aktuellen Rechtsprechung, DVBl. 2002, 16; *E. Benda,* Kammermusik, schrill, NJW 2001, 2947; *W. Berka,* Probleme der grundrechtlichen Interessenabwägung …, in: Festschrift für H. P. Rill, 1995, S. 3; *M. Bertrams,* Demonstrationsfreiheit für Neonazis?, FS Arndt, 2002, S. 19; *H. Bertuleit/D. Herkströter,* Nötigung durch Versammlung?, KJ 1987, 331; *T. Blanke/D. Sterzel,* Demonstrationsfreiheit – Geschichte und demokratische Funktion, JZ 1981, 347; *S. Bredt,* „Gemietete" Demonstranten und „Fuckparade" – Der Versammlungsbegriff bleibt in Bewegung, NVwZ 2007, 1358; *M. Breitbach,* Die Bannmeile als Ort von Versammlungen, 1994; *H. Brenneisen/R. Merk,* Anwesenheitsrecht und Legitimationspflicht von Polizeikräften bei öffentlichen Versammlungen, DVBl 2014, 901; *W. Brohm,* Demonstrationsfreiheit und Sitzblockaden, JZ 1985, 501; *C Brüning,* Das Grundrecht der Versammlungsfreiheit in der „streitbaren Demokratie", Der Staat 41 (2002), 213; *M. Burgi,* Art. 8 GG und die Gewährleistung des Versammlungsorts, DÖV 1993, 633; *W. Buschmann,* Kooperationspflichten im Versammlungsrecht, 1990; *R. P. Calliess,* Sitzdemonstrationen und strafbare Nötigung in verfassungsrechtlicher Sicht, NStZ 1987, 209; *J. Deger,* Sind Chaos-Tage und Techno-Paraden Versammlungen?, NJW 1997, 923; *A. Dietel/K. Gintzel/M. Kniesel,* Kommentar zum Versammlungsgesetz, 17. Aufl. 2016; *J. Dietlein,* Zeltlager der Roma als Versammlung i. S. des § 1 VersG, NVwZ 1992, 1066; *J.-H. Dietrich,* Der Schutz der Verfassungsorgane des Bundes im Versammlungsrecht, DÖV 2010, 683; *W.-D. Drosdzol,* Grundprobleme der Demonstrationsrechts, JuS 1983, 409; *O. Dörr,* Keine Versammlungsfreiheit für Neonazis? Extremistische Demonstrationen als Herausforderung für das geltende Verfassungsrecht, VerwArch 93 (2002), 485; *C. Ehrentraut,* Versammlungsfreiheit im amerikanischen und deutschen Verfassungsrecht, 1990; *C. Enders/R. Lange,* Symbolische Gesetzgebung im Versammlungsrecht?, JZ 2006, 105; *C. Förster,* Die Friedlichkeit als Voraussetzung der Demonstrationsfreiheit, 1985; *G. Frank,* Das Gewaltmonopol des Staates und das Versammlungsrecht, FS Ridder, 1989, S. 37; *G. Frankenberg,* Demonstrationsfreiheit – eine verfassungsrechtliche Skizze, KJ 1981, 370; *L. Friedrich,* Versammlungsinfrastrukturen: An den Grenzen des Versammlungsrechts, DÖV 2019, 55; *R. W. Füßlein,* Vereins- und Versammlungsfreiheit, in: Die Grundrechte II, 1954, S. 425; *K. Gassner,* Die Rechtsprechung zur Versammlungsfreiheit im internationalen Vergleich; *M.-E. Geis,* Die „Eilversammlung" als Bewährungsprobe verfassungskonformer Auslegung, NVwZ 1992, 1025; *H. Greve/F. Quast,* Gebührenerhebung versus Versammlungsfreiheit, NVwZ 2009, 500; *C. Gusy,* Lehrbuch der Versammlungsfreiheit – BVerfGE 69, 315, JuS 1986, 608; *ders.,* Rechtsextreme Versammlungen als Herausforderung an die Rechtspolitik; *H. Hannover,* Demonstrationsfreiheit als demokratisches Grundrecht, KJ 1968, 51; *M. Heintzen,* Das alte Versammlungsgesetz in der neuen Hauptstadt, FS Isensee, 2002, S. 103; *G. Hellhammer-Hawig,* Neonazistische Versammlungen …, 2005; *W. Höfling,* Demokratische Grundrechte, Der Staat 33 (1994), 493; *W. Höfling/S. Augsberg,* Grundrechtsdogmatik im Schatten der Vergangenheit, JZ 2010, 1088; *dies.,* Versammlungsfreiheit, Versammlungsrechtsprechung und Versammlungsgesetzgebung, ZG 2006, 151; *W. Höfling/G. Krohne,* Versammlungsrecht in Bewegung, JA 2012, 734; *W. Hoffmann-Riem,* Versammlungsfreiheit HGR IV, § 106; *ders.,* Demonstrationsfreiheit auch für Rechtsextremisten?, NJW 2004, 2777; *ders.,* Standards für die Verwirklichung der Versammlungsfreiheit in Europa, FS Papier, 2013, S. 267; *M. Hong,* Das Sonderrechtsverbot als Verbot der Standpunktdiskriminierung, DVBl 2010, 1267; *I. Hueck,* Versammlungsfreiheit und Demonstrationsrecht, in: Grabenwarter ua (Hrsg.), Allgemeinheit der Grundrechte und Vielfalt der Gesellschaft, 1994, S. 179; *J. Isensee,* Das staatliche Gewaltmonopol als Grundlage und Grenze der Grundrechte, FS Sendler, 1991, S. 39; *R. Jahn,* Verfassungsrechtliche Probleme eines strafbewehrten Vermummungsverbotes, JZ 1988, 545; *A.-B. Kaiser,* Ausweitung der Gebührenzone im Versammlungsrecht, VBlBW 2010, 53; *J. Kersten,* Leviathan und Hive, Rechtswissenschaft 2012, 249; *J. Kersten/F. Meinel,* Grundrechte in privatisierten öffentlichen Räumen, JZ 2007, 1127; *G. Ketteler,* Die Einschränkbarkeit nichtöffentlicher Versammlungen in geschlossenen Räumen, DÖV 1990, 954; *M. Kloepfer,* Versammlungsfreiheit HStR VII, § 164; *A. Klutzny,* Online-Demonstrationen und virtuelle Sitzblockaden – Grundrechtsausübung oder Straftat?, RDV 2006, 50; *M. Kniesel,* Die Versammlungs- und Demonstrationsfreiheit, NJW 1996, 2606; *B. Koll,* 2015, Liberales Versammlungsrecht; *M. Kötter/J. Nolte,* Was bleibt von der „Polizeifestigkeit" des Versammlungsrechts?, DÖV 2009, 399; *J. Koranyi/T. Singelnstein,* Rechtliche Grenzen für polizeiliche Bildaufnahmen von Versammlungen, NJW 2011, 124; *S. Kraujuttis,* Versammlungsfreiheit zwischen liberaler Tradition und Funktionalisierung, 2005; *P.-L. Krüger,* Versammlungsfreiheit in privatisierten öffentlichen Räumen, DÖV 2012, 837; *R. Krüger,* Rechtsgrundlage präventivpolizeilicher Maßnahmen bei nichtöffentlichen Versammlungen in geschlossenen Räumen, DÖV 1993, 658; *ders.,* Versammlungsrecht, 1994; *K. Küchenhoff,* Die geistesgeschichtliche Entwicklung der Vereins- und Versammlungsfreiheit, in: Vereinigungs- und Versammlungsfreiheit (Verfassungsrecht und Verfassungswirklichkeit 2), 1966, S. 5; *D. Kugelmann,* Art., Ort und Ausgestaltung der Versammlung gemäß Art. 8 GG, FS Hufen, 2015, S. 53; *M. Kutscha,* Neues Versammlungsrecht – Bayern als Modell?, NVwZ 2008, 1210; *M. Langer/K. Weiss,* Waffen bei Versammlungen: rechtliche Einordnung – Maßnahmen, 1995; *H.-W. Laubinger/U. Repkewitz,* Die Versammlung in der verfassungs- und verwaltungsgerichtlichen Rechtsprechung, VerwArch 92 (2001), 585 u. 93 (2002), 149; *W. Leist,* Verherrlichung von NS-Größen als Verbotsgrund für Versammlungen, BayVBl. 2005, 234; *S.-C. Lenski,* Flashmobs, Smartmobs, Raids – Sicherheitsrechtliche Antworten auf neue Fragen von Kollektivität, VerwArchiv 2012, 539; *T. Mann/S. Ripke,* Überlegungen zur Reichweite eines Gemeinschaftsgrundrechts der Versammlungsfreiheit, EuGRZ 2004, 125; *J. H. Meyn,* Die sogenannte Vermummung und passive Bewaffnung, 1988; *I. Mikešić,* Versammlungs- und Demonstrationsrecht auf Flughafengelände, NVwZ 2004, 788; *W. Müller,* Wirkungsbereich und Schranken der Versammlungsfreiheit …, 1974; *W. Neskovic/D. Uhlig,* Übersichtsaufnahmen von Versammlungen, NVwZ 2014, 335; *V. Neumann,* Feindlichkeitserklärung gegen rechts? …, in: Leggewie/Meier (Hrsg.), Verbot der NPD oder Mit Rechtsradikalen leben?, 2002, S. 155; *F. Ossenbühl,* Versammlungsfreiheit und Spontandemonstration, Der Staat 10 (1971), 53; *S. Ott/H. Wächtler/H. Heinhold,* Gesetz über Versammlungen und Aufzüge, 7. Aufl. 2010; *H.-J. Papier,* Das Versammlungsrecht in der Rechtsprechung des Bundesverfassungsgerichts, BayVBl 2010, 225; *W. Peters/N. Janz,* Handbuch des Versammlungsrechts, 2015; *R. Poscher,* Neue Rechtsgrundlagen gegen rechtsextremistische Versammlungen …, NJW 2005, 1316; *U. K. Preuß,* Nötigung durch Demonstration?, FS R. Schmid, 1985, S. 419; *M. Quilisch,* Die demokratische Versammlung, 1970; *H. Ridder/H. Breitbach/U. Rühl/F. Steinmeier,* Versammlungsrecht, 1992; *S. Ripke,* Europäische Versammlungsfreiheit, 2012; *R. Röger,* Demonstrationsfreiheit auch für Neonazis?, 2004; *G. Roellecke,* Der kommunikative Gegendemonstrant, NJW 1995, 3101; *F. Roggan,* Der Einsatz von Video-Drohnen bei Versammlungen, NVwZ 2011, 590; *U. F. Rühl,* Die Polizeipflichtigkeit von Versammlungen bei Störungen durch Dritte und bei Gefahren für die öffentliche Sicherheit bei Gegendemonstrationen, NVwZ 1988, 577; *ders.,* Versammlungsrechtliche Maßnahmen gegen rechtsradikale Demonstrationen und Aufzüge, NJW 1995, 561; *M. Sachs,* „Denn heute da hört uns Deutschland...“?, GS Burmeister, 2005, S. 339; *J. Schaefer,* Grundlegung einer ordoliberalen Verfassungstheorie ..., 2007; *A. Schieder,* Defizite des föderalen Versammlungsrechts, NVwZ 2013, 1325; *S. Schulenberg,* Der „Bierdosen-Flashmob für die Freiheit“ ..., DÖV 2016, 55; *U. Schwäble,* Das Grundrecht der Versammlungsfreiheit, 1975; *R. Steinberg,* Versammlungsfreiheit und das Leitbild des Öffentlichen Forums, FS Hufen, 2015, S. 117; *C. Turnit,* Vorfeldmaßnahmen bei Versammlungen, NVwZ 2012, 1079; *A. Tschentscher,* Versammlungsfreiheit und Eventkultur, NVwZ 2001, 1243; *D. Tsatsos / W. Wietschel,* Bannmeilenregelungen zum Schutz der Parlamente wieder in der Diskussion, ZRP 1994, 211; *N. Ullrich,* Das Demonstrationsrecht, 2015; *K. Waechter,* Die Vorgaben des Bundesverfassungsgerichtes für das behördliche Vorgehen gegen politisch extreme Versammlungen ..., VerwArch 99 (2008), 73; *S. Werner,* Das neue Bannmeilengesetz der „Berliner Republik“, NVwZ 2000, 369; *D. Wiefelspütz,* Ist die Love-Parade eine Versammlung?, NJW 2002, 274; *ders.,* Versammlungsrecht und öffentliche Ordnung, KritV 2002, 19; *G. Winkler,* Grundfragen und aktuelle Probleme der Versammlungsfreiheit, in: ders., Studien zum Verfassungsrecht, 1991, S. 185.

## Übersicht

## A. Allgemeines

### I. Kodifikationsgeschichte und einfachgesetzliche Konkretisierung

1 Als eigenständiges Recht entwickelte sich die Versammlungsfreiheit in der **zweiten Hälfte des 18. Jhdt.** vornehmlich in England und Nordamerika. Sie ging hervor aus den politischen Kämpfen jener Zeit und stand in engem Zusammenhang mit dem Petitionsrecht.[1] Dieser Kontext war zunächst auch prägend für Frankreich, wo Versammlungen ein entscheidendes Element der Revolution von 1789 darstellten.[2]

2 Unter deren Eindruck versuchte die Obrigkeit **in Deutschland,**[3] kollektive politische Aktionsformen weitgehend zu unterdrücken (zB Karlsbader Beschlüsse von 1819; sog. Demagogenverfolgungen; staatliche Reaktionen auf das „Hambacher Fest“ von 1832).[4] Dennoch etablierte sich auch hier um die Mitte des 19. Jhdt. die Versammlungsfreiheit als Verfassungsgarantie; sie fand Eingang in den

---

[1] Dazu etwa *Quilisch,* Die demokratische Versammlung, 1970, S. 37 ff.; *Schwäble,* Das Grundrecht der Versammlungsfreiheit, 1975, S. 18 ff.; *Ehrentraut,* Versammlungsfreiheit im amerikanischen und deutschen Verfassungsrecht, 1990, S. 19 ff.; *Kraujuttis,* Versammlungsfreiheit zwischen liberaler Tradition und Funktionalisierung, 2005, S. 7 ff.; *Sachs,* in: Stern, StaatsR IV/1, 2006, S. 1183 f.

[2] Auch dazu *Quilisch* (Fn. 1), S. 41 ff.; *Schwäble* (Fn. 1), S. 20 ff. – Zu vor-mittelalterlichen Zusammenkünften: *Ulrich,* Das Demonstrationsrecht, 2015, S. 31 ff.

[3] Zur deutschen Rechtsentwicklung *Sachs* (Fn. 1) S. 1185 ff.

[4] Dazu etwa *Ridder,* in: Ridder ua, Versammlungsrecht, 1992, Geschichtliche Einleitung, Rn. 16 ff.; *Küchenhoff,* Die geistesgeschichtliche Entwicklung der Vereins- und Versammlungsfreiheit, in: Vereinigungs- und Versammlungsfreiheit, 1966, S. 5 (18 ff.); *Hoffmann-Riem* HGR IV, 2011, § 106 Rn. 6 ff.

Katalog der „Grundrechte des deutschen Volkes", der durch BundesG vom 27.12.1848 in Kraft gesetzt wurde. Art. VIII § 161 der Paulskirchenverfassung griff dies auf. Im Zuge der nachfolgenden restaurativen Entwicklungen blieb die Versammlungsfreiheit zwar in den meisten Landesverfassungen als Grundrecht bestehen, wurde aber zahlreichen Beschränkungen unterworfen.[5]

Erst in den revolutionären Umwälzungen des Novembers 1918 erklärte der Rat der Volksbeauf- **3** tragten durch Aufruf vom 12.11.1918 unter Ziffer 2 „mit Gesetzeskraft", dass das Versammlungsrecht – wie das Vereinsrecht – keiner Beschränkung mehr unterliege.[6] **Art. 123 WRV** setzt dies in eine relativ **weit gefasste Verfassungsgarantie** um, die dann durch NotVO des Reichspräsidenten vom 28.2.1933 außer Kraft gesetzt wurde.[7] In der NS-Diktatur blieb das Schutzgut der Verfassungsgarantie, die freie Versammlung, unterdrückt.

Der ParlRat knüpfte an die Weimarer Regelung an, wich aber mit dem (auf Versammlungen unter **4** freiem Himmel beschränkten) einfachen Gesetzesvorbehalt für Art. 8 II GG von der Vorläufernorm ab.[8] Der Text des Art. 8 GG ist seit 1949 unverändert geblieben.

Eine – nur fragmentarische und im hinkenden Nachvollzug politischer Entwicklungen zT pro- **5** blematische – **einfachgesetzliche** Regulierung des Lebensbereichs „Versammlung" erfolgte bis 2006 alleine durch das Versammlungsgesetz des Bundes.[9] Seit der sog. Föderalismusreform I weist das Grundgesetz nunmehr (nach Änderung des Art. 74 Abs. 1 Nr. 3 GG) auf der Grundlage von Art. 70 Abs. 1 GG die Gesetzgebungskompetenz für das Versammlungsrecht den Ländern zu. Von dieser Befugnis haben – in unterschiedlicher Intensität[10] – inzwischen sechs Länder Gebrauch gemacht.[11] Trotz der damit absehbar verbundenen Pluralisierung des Versammlungsrechts[12] wird auch in Zukunft die unitarisierende Funktion der bundesverfassungsgerichtlichen Rechtsprechung zu Art. 8 GG wohl der entscheidende Faktor bleiben.[13]

## II. Die Versammlungsfreiheit im internationalen Recht und im Recht der EU

Bereits die **Allgemeine Erklärung der Menschenrechte von 1948** gewährleistet in Art. 20 **6** Abs. 1 das Recht der Versammlungs- und Vereinigungsfreiheit zu friedlichen Zwecken. Rechtsverbindlich ist dieses Recht völkerrechtlich durch **Art. 21 Satz 1 IPBPR** garantiert.[14]

Auf europäischer Ebene gewährleistet zunächst **Art. 11 Abs. 1 EMRK** die Versammlungsfreiheit **7** (im Verbund mit der Vereinigungsfreiheit). Der Gewährleistung kommt nicht zuletzt im Blick darauf, daß Art. 8 Abs. 1 GG als Deutschengrundrecht konzipiert ist (u. Rn. 50 f.) eine Ergänzungsfunktion zu.[15] Hinzu tritt nunmehr die Vorschrift des **Art. 12 Abs. 1 EUGRCh.**[16]

## III. Grundsätzliche Bedeutung und dogmatische Einordnung

Sowohl die um die Versammlungsfreiheit geführten Verfassungskämpfe der Vergangenheit als auch **8** die aktuelle Bedeutung des Grundrechts belegen seinen starken **politischen Bezug.**[17] Gerade in der Erscheinungsform der Demonstration manifestiert sich ein Stück „ursprünglich-ungebändigter"[18] Einflussnahme auf den polit. Prozess; dies gilt namentlich in Demokratien mit parl. Repräsentativ-

---

[5] *Janz,* in: Peters/Janz, Handbuch des Versammlungsrechts, 2015, Teil A Rn. 23 ff.

[6] RGBl 1303; zur Entwicklung s. etwa *Müller,* Wirkungsbereich und Schranken der Versammlungsfreiheit , 1974, S. 23 ff.; *Kloepfer* HStR VII, 3. Aufl. 2009, § 164 Rn. 6; ausführlich *Ridder* (Fn. 4), Geschichtliche Einleitung Rn. 40 ff.

[7] *Müller* (Fn. 6), S. 37 ff.; *Füßlein,* in: Die Grundrechte II, S. 425 (429); *Blanke,* in: Stern/Becker, 3. Aufl. 2019, Art. 8 Rn. 12 f.

[8] Siehe JöR nF 1 (1951), S. 113 ff.; zu den Nachkriegsverfassungen der westdeutschen Länder siehe *Blanke,* in: Stern/Becker, Art. 8 Rn. 14.

[9] Zur wechselbezüglichen Entwickung von Versammlungsfreiheit, Versammlungsrechtsprechung und Versammlungsgesetzgebung siehe *Höfling/Augsberg* ZG 2006, 151 ff.

[10] Zu Entwicklungen im Versammlungsrecht der Länder kritisch: *Koll,* Liberales Versammlungsrecht, 2015, S. 401 ff.

[11] Siehe dazu mit Nachw. *Höfling/Krohne* JA 2012, 734 (734 f.); für Berlin s. das Gesetz über Aufnahmen und Aufzeichnungen von Bild und Ton bei Versammlungen unter freiem Himmel und Aufzügen v. 23.4.2013 (GVBl. S. 103); vgl. ferner ME VersG.

[12] Als Beispiel der Sanktionierung des Versammlungsverbots s. *Schieder* NVwZ 2013, 1325 ff. (wenngleich mit unzutreffenden verfassungsrechtlichen Konsequenzen, dazu *Kempny* NVwZ 2014, 191 ff.).

[13] Ähnliche Bewertung bei *Schulze-Fielitz,* in: Dreier I, 3. Aufl. 2013, Art. 8 Rn. 23.

[14] Siehe näher *Blanke,* in: Stern/Becker, Art. 8 Rn. 98; dort, Rn. 99 f., auch zu Garantien der Versammlungsfreiheit in regionalen Vertragssystemen.

[15] Siehe *Blanke,* in: Stern/Becker, Art. 8 Rn. 101; *Bröhmer,* in: EMRK/GG-Konkordanzkommentar, Bd. I, 2. Aufl. 2013, Kap. 19 Rn. 11 f.

[16] Siehe näher *Jarass,* Charta der Grundrechte der EU, 3. Aufl. 2016, Art. 12 Rn. 2 ff.; zur Herausbildung von Standards für die Verwirklichung der Versammlungsfreiheit in Europa siehe auch *Hoffmann-Riem,* in: FS Papier, 2013, S. 267 ff.; ausführlich zum Unionsgrundrecht: *Ripke,* Europ. Versammlungsfreiheit, S. 585 ff.

[17] S. auch *Kloepfer* HStR VII, § 164 Rn. 1, 7 ff.

[18] So die erste Grundsatzentscheidung zu Art. 8 I: BVerfGE 69, 315 (346 f.) unter Bezugnahme auf *Hesse;* s. aber auch etwa *Sachs* (Fn. 1), S. 1194: „etwas romantisierende Verklärung".

system.[19] Diese Deutung der Versammlungsfreiheit als Kompensations- und/oder Korrektivelement des institutionellen Demokratiegefüges knüpft dogmengeschichtlich an den petitionsrechtl. Traditionsstrang der Versammlungsfreiheit (→ Rn. 1) an. Ihr ist nicht zu widersprechen, wenn damit die besondere Bedeutung des polit. Artikulationspotentials (nicht nur) der Versammlungsfreiheit für die Offenheit einer Demokratie[20] hervorgehoben wird.

9    Nicht gefolgt werden kann jedoch den Versuchen, auf diesem Weg der gesamten Bereichsdogmatik des Art. 8 ein demokratisch-funktionales Gepräge zu geben.[21] Es ist zumindest **missverständlich,** Art. 8 I als **politisches oder demokratisches Grundrecht** zu qualifizieren.[22] Die „politische Wirksamkeit" eines Grundrechts allein ist hierfür kein hinreichendes Kriterium. Mit nahezu jeder Grundrechtsbetätigung kann eine politische Wirkung in diesem weiten Sinne verbunden sein. Dass die Gewährleistung des Art. 8 GG in einem besonderen Näheverhältnis tatsächlicher Art zum politischen Prozess steht, rechtfertigt deshalb keine spezifische Bereichsdogmatik der Versammlungsfreiheit.

10    Als eigenständige Grundrechtskategorie können die polit. Grundrechte nur in einem engeren Sinne verstanden werden. Sie sind als Bewirkungsrechte (*Sachs,* vor Art. 1 Rn. 31) zunächst dadurch gekennzeichnet, dass sie den Grundrechtsberechtigten in die Lage versetzen, durch ihre Haltung gezielt Änderungen der Rechtslage herbeizuführen. Das ist für die wichtigsten polit. Grundrechte (ieS), nämlich das Wahl- und Stimmrecht offenkundig. Insoweit kann man von einer eng gefassten Kategorie der demokr. Grundrechte sprechen.[23] Eine solche **normative Bewirkungsdimension besitzt** das Grundrecht der **Versammlungsfreiheit** indes **nicht.**

11    Daher ist die These verfehlt, Art. 8 I sei einer weitgehenden dogmatischen Parallelisierung etwa zum Wahlrecht fähig und bedürftig.[24] Eine solche **„Verstaatlichung" der Versammlungsfreiheit** birgt **Gefahren** für die Offenheit des demokratischen Prozesses gleichermaßen wie für die grundrechtliche Freiheit.[25] Auch ohne eine entspr. funktionalistische Konkretisierung des Grundrechts kann die Versammlungsfreiheitsdogmatik der Eigenart der jew. konkreten Versammlung im gestuften Argumentationsprozess von Grundrechtstatbestand, Grundrechtsgrenzen (Grundrechtsschranken) und Grundrechtsschrankenschranken gerecht werden.

12    Dagegen wäre es falsch, beim Versammlungsbegriff bereits weichenstellende Vorentscheidungen zu treffen und den Grundrechtsschutz nur politisch meinungsbildenden Zusammenkünften zuzubilligen.[26] Eine derartige Schutzbereichsreduktion würde ein gewichtiges Gewährleistungselement der Verfassungsgarantie unzureichend berücksichtigen. Art. 8 schützt die Versammlungsfreiheit „als Ausdruck gemeinschaftlicher... Entfaltung".[27] Vor allem in Verbindung mit Art. 9 will die Verfassungsbestimmung des Art. 8 die **Entfaltung des Menschen durch die Menschen ermöglichen,**[28] die Persönlichkeitsentfaltung in Gruppenform gewährleisten.[29]

## B. Schutzbereich

### I. Gewährleistungsinhalt

13    1. Das „Sich-Versammeln". Indem Art. 8 I das Sich-Versammeln verfassungsrechtlichem Schutz unterstellt, wird begrifflich die Zusammenkunft mehrerer Personen vorausgesetzt.[30] Weder Wortlaut noch Zweck der Norm decken dabei restriktive Auffassungen, die – zum Teil unter Rückgriff auf

---

[19] So BVerfGE 69, 315 (346 f.) unter Bezugnahme auf *Hesse* Grundzüge, Rn. 404; ähnl. das SchwBG, BGE 100 I a 400.

[20] Zur Deutung der Versammlungsfreiheit „als ,Impfstoff' zur Erhaltung von Offenheit" eindringlich *Ladeur,* in: Ridder ua (Fn. 4), Art. 8 Rn. 13; s. a. *Schulze-Fielitz,* in: Dreier I, Art. 8 Rn. 16 ff.; *Hartmann* BK, Art. 8 (2018) Rn. 147 ff.

[21] Zum Problem s. auch *Kloepfer* HStR VII, § 164 Rn. 12 ff.

[22] IdS aber zB *Kniesel* NJW 1992, 857 (861); *Ehrentraut* (Fn. 1), S. 101 ff.; *Frankenberg* KJ 1981, 370 ff.; *Ott/Wächtler/Heinhold,* Gesetz über Versammlungen und Aufzüge, 7. Aufl. 2010, Einführung; *Frank,* FS Ridder, 1989, S. 37 (44 f.); bes. probl. *Hannover* KJ 1968, 51 ff.

[23] Dazu *Höfling* Staat 1994, 493 (498 f.).

[24] Beispielhaft BVerfGE 69, 315 (346); *Ossenbühl* Staat 1971, 53 (55): „Versammlungsfreiheit bedeutet in ihrem Kern... Freiheit zum und durch den Staat".

[25] S. *Höfling* Staat 1994, 493 (506 f.); ferner *Kloepfer* HStR VII, § 164 Rn. 14 ff.; s. a. *Depenheuer,* in: Maunz/Dürig, Art. 8 (2006) Rn. 33 ff. – Eine andere Form unzulässiger „Staatseinmischung" ist die Parteinahme eines Oberbürgermeisters zugunsten einer von zwei konkurrierenden Demonstrationen: HessVGH NVwZ-RR 2013, 815.

[26] S. auch → Rn. 20 aE

[27] BVerfGE 69, 315 (343). Nachdrücklich zum Kollektivcharakter jetzt *Depenheuer,* in: Maunz/Dürig, Art. 8 (2006) Rn. 2 ff.

[28] Grundlegend dazu *Suhr,* Die Entfaltung des Menschen durch die Menschen, 1976.

[29] I. d. S. auch *Kingreen/Poscher,* Grundrechte StaatsR II, 35. Aufl. 2019, Rn. 811; *Gusy* MKS I, Art. 8 Rn. 9; *Müller* (Fn. 6), S. 44, 48 ff.

[30] Möglicherweise für den Schutz der „Ein-Mann-Mahnwache" durch Art. 8 I GG BVerfG (K) NJW 1987, 3245; krit. dazu *Geis,* in: Friauf/Höfling, Art. 8 (2004) Rn. 15 f. Wegen der fehlenden körperlichen Zusammenkunft nehmen sog. virtuelle Versammlungen nicht am Grundrechtsschutz des Art. 8 GG teil, s. *Depenheuer,* in: Maunz/Dürig, Art. 8 (2006) Rn. 45 mwN; aA: *Schneider,* in: BeckOK GG, Art. 8 (2019), Rn. 11 (11.3); *Krisor-Wietfeld,*

vereinsrechtliche Bestimmungen (§§ 56, 73 BGB) – mindestens drei bzw. sieben Personen als Teilnehmerzahl für erforderlich halten.[31] Bereits **zwei Personen** reichen aus.[32]

Allerdings schützt Art. 8 nicht das zufällige Zusammentreffen mehrerer Personen, die bloße An- **14** sammlung.[33] Insoweit bedarf es also der Abgrenzung des grundrechtlichen Tatbestandes, der nur einen spezifischen Ausschnitt der Lebenswirklichkeit verfassungsrechtlich schützt. Entscheidende Voraussetzung dafür ist ein **gemeinsamer Wille bzw. ein gemeinsamer Zweck, der die Anwesenden verbindet.** Kontroverse Auffassungen über den Versammlungsgegenstand sind unbeachtlich,[34] wenn nur ein solcher Wille zur Gemeinsamkeit tragendes Element der Zusammenkunft ist.[35] Im Einzelfall kann allerdings die Abgrenzung zwischen krit. Teilnahme an einer bestehenden Versammlung und einer gegen diese Versammlung gerichteten selbstständigen Gegendemonstration schwierig sein. Nach Auffassung des BVerfG ist jedenfalls die Annahme unhaltbar, schon die Kundgabe einer anderen Meinung bei einer Versammlung mache die Träger der abw. Meinung zu einer eigenen Versammlung.[36]

Das Kriterium des gemeinsamen Willens darf nicht im Sinne eines bestimmten Versammlungs- **15** zwecks materialisiert werden.[37] Der Bezugspunkt des interpersonell verbindenden, gemeinsamen Willens bzw. Zwecks ist vielmehr gerade durch seine **thematische und gegenständliche Offenheit** geprägt.[38] Art. 8 I gewährleistet den Grundrechtsberechtigten eben das „Selbstbestimmungsrecht über... Art und Inhalt der Veranstaltung".[39]

Der hier vertretene **offene (weite) Versammlungsbegriff**[40] ist indes – nicht zuletzt im Gefolge **16** einer funktionalistischen Neuinterpretation der Versammlungsfreiheit durch das Bundesverfassungsgericht[41] – im zurückliegenen Jahrzehnt auf Kritik und zunehmende Ablehnung gestoßen.[42] Dabei lassen sich systematisierend **zwei Gegenmodelle** unterscheiden:

(1) das Konzept eines sog. erweiterten Versammlungsbegriffs;

(2) das Konzept eines sog. engen Versammlungsbegriffs.

Beiden gemeinsam ist die Vorstellung einer Komplementärfunktion der Versammlungsfreiheit für die Meinungsfreiheit;[43] die beiden Konzepte unterscheiden sich darin, dass die Vertreter des sog. engen Versammlungsbegriffs verlangen, dass die gemeinsame Meinungsbildung bzw. -äußerung dadurch qualifiziert ist, dass sie sich auf öffentliche Angelegenheiten bezieht.[44]

Das **BVerfG**, das in seiner älteren Judikatur noch ein weites Verständnis der Versammlungsfreiheit **17** präferierte,[45] neigt seit einigen Jahren dem engen Versammlungsbegriff zu.[46] Das Gericht betont die

---

Rahmenbedingungen der Grundrechte, 2016, S. 100; betreffend VersG: *Lux,* in: Handbuch Versammlungsrecht, 2015, Kap. D Rn. 28.

[31] S. auch die Nachw. bei *Kunig,* in: v. Münch/Kunig I, 6. Aufl. 2012, Art. 8 Rn. 13.

[32] Ebenso etwa VGH BW VBlBW 2008, 60; *Geis,* in: Friauf/Höfling, Art. 8 (2004) Rn. 16; *Gusy* MKS I, Art. 8 Rn. 15; *Kloepfer* HStR VII, § 164 Rn. 24; *Kniesel* NJW 1992, 857 (857). *Sachs* (Fn. 1), S. 1197 f.; *Schulze-Fielitz,* in: Dreier I, Art. 8 Rn. 24; aA *Hoffmann-Riem* AK GG, Art. 8 (2001) Rn. 18; *ders.* HGR IV, § 106 Rn. 43; krit. auch *Depenheuer,* in: Maunz/Dürig, Art. 8 (2006) Rn. 44.

[33] Allg. Meinung, s. nur BVerfGE 69, 315 (343); *Hartmann* BK, Art. 8 (2018) Rn. 158.

[34] BVerfGE 84, 203 (209); 92, 191 (203); *Hoffmann-Riem* AK GG, Art. 8 Rn. 17; *Kunig,* in: v. Münch/Kunig I, Art. 8 Rn. 14.

[35] *Kloepfer* HStR VII, § 164 Rn. 25 ff.; *Depenheuer,* in: Maunz/Dürig, Art. 8 (2006) Rn. 46 ff.; das BVerfG (BVerfGE 69, 315 [343]) spricht von „vielfältige(n) Formen gemeinsamen Verhaltens".

[36] BVerfGE 92, 191 (203) unter Bezugnahme auf BVerfGE 84, 203 (209); krit. hierzu *Roellecke* NJW 1995, 3101; → Rn. 24.

[37] Übereinstimmend *Kingreen/Poscher,* Rn. 808 ff.; *Jarass,* in: Jarass/Pieroth, 15. Aufl. 2018, Art. 8 Rn. 3, 3a; *Kniesel* NJW 1992, 857 (858); *Depenheuer,* in: Maunz/Dürig, Art. 8 (2006) Rn. 50; *Duttge,* in: Siekmann/Duttge, 3. Aufl. 2000, Rn. 500 ff.; gute Bestandsaufnahme bei *Ehrentraut* (Fn. 1), S. 95 ff.

[38] S. a. *Schulze-Fielitz,* in: Dreier I, Art. 8 Rn. 27: Die Art des Zwecks (privat, sozial, wirtschaftlich, religiös, kulturell oder politisch) sei irrelevant; ferner *Ulrich* (Fn. 2), S. 224 ff. – der § 17 VersG (des Bundes) erfaßt im übrigen auch „hergebrachte Volksfeste".

[39] BVerfGE 69, 315 (343). Zur Entwicklung der „Versammlungskultur" s. a. *Hoffmann-Riem* AK GG, Art. 8 Rn. 6 ff.; vgl. *Höfling/Augsberg* ZG 2006, 151 ff.

[40] Unzutreffende Einordnung meiner Position bei *Hoffmann-Riem* HGR IV, § 106 Rn. 40 mit Fn. 138.

[41] Siehe aber auch – positiv bewertend – die Analyse bei *Hoffmann-Riem* HGR IV, § 106 Rn. 45 ff.

[42] Bestandsaufnahme zum Versammlungsbegriff etwa bei *Kraujuttis* (Fn. 1), S. 72 ff.; zu den Einwänden gegen den weiten Versammlungsbegriff siehe etwa *Hoffmann-Riem* HGR IV, § 106 Rn. 42 ff.; *Prothmann,* Die Wahl des Versammlungsortes, 2013, S. 61 ff.

[43] Gegen die Komplementärthese auch *Kingreen/Poscher,* Rn. 808 ff; *Kniesel* NJW 1992, 857 (858).

[44] Siehe etwa die knappe Zusammenfassung bei *Kingreen/Poscher,* Rn. 808.

[45] Siehe BVerfGE 69, 315 (343): Der Schutz der Versammlungsfreiheit sei „nicht auf Veranstaltungen beschränkt, auf denen argumentiert und gestritten wird, sondern umfasst vielfältige Formen gemeinsamen Verhaltens bis hin zu nichtverbalen Ausdrucksformen".

[46] Siehe auch die Einschätzung bei *Hoffmann-Riem* HGR IV, § 106 Rn. 41; (der die bundesverfassungsgerichtliche Judikatur zur Versammlungsfreiheit maßgeblich geprägt hat), ebenso das BVerwG: s. BVerwGE 129, 42 Rn. 15.

Bedeutung der Versammlungsfreiheit für den Prozess öffentlicher Meinungsbildung in der grundgesetzlichen Demokratie.[47] Allerdings relativiert es diese teleologische Reduktion des verfassungsrechtlichen Schutzguts durch eine **Zweifelsregel**, wonach dann, wenn – etwa durch unterhaltende Elemente – Zweifel über die Teilhabe an der öffentlichen Meinungsbildung bestehen, der hohe Rang der Versammlungsfreiheit bewirken soll, dass die Veranstaltung „wie eine Versammlung behandelt wird".[48]

18      Diesen und ähnlichen Versuchen einer schutzbereichsverengenden Interpretation des Versammlungsbegriffs ist indes eine **Absage** zu erteilen.[49] Sie sind Ausdruck einer einseitigen Rezeption der Dogmengeschichte, erweisen sich in der Variante des sog. engen Versammlungsbegriffs als funktionalistische Fehldeutung und bergen insgesamt die Gefahr einer „Versteinerung" des Lebensbereichs „Versammlung".[50]

19      Als Versammlungen eingestuft werden können, da es auf das Vorliegen eines bestimmten Zwecks nicht ankommt, nicht nur politische, sondern **auch „private" Zusammenkünfte** mit verbindendem Gemeinschaftswillen (z. B. das gemeinsame Musizieren). Wenn das einigende Band existiert, kann auch das Publikum einer Konzert-, Theater- oder Sportveranstaltung den Schutz des Art. 8 beanspruchen. Dies gilt dort, wo die Teilnehmer über die bloße Rezipienten-/Konsumentenrolle hinaus selbst als Akteure bzw. Medium in Erscheinung treten.[51]

20      Der thematisch-gegenständlichen Universalität des Bezugspunktes des verbindenden Willens bzw. Zwecks der Versammlungsteilnehmer (→ Rn. 15) entspricht die **Pluralität der** durch Art. 8 geschützten **Versammlungsformen**. Es gibt keinen verfassungsrechtlichen numerus clausus von Versammlungstypen.[52] Das ist die Konsequenz des offenen Versammlungsbegriffs, dem das Recht der Grundrechtsträger entspricht, „über Ort, Zeitpunkt, Art und Inhalt der Veranstaltung" selbst zu bestimmen.[53] Der Tatbestand des Art. 8 I erfasst dementspr. nicht nur bestimmte, historisch gewachsene Phänotypen von Versammlungen. Auch Menschenketten, Mahnfeuer,[54] Autokolonnen usw. können Versammlungen iSv Art. 8 I GG sein.[55] Entsprechendes gilt für **neuartige Erscheinungsformen** kollektiven Verhaltens, wie **Flashmobs, Smartmobs** und **Carrotmobs**,[56] ferner Musik- und Tanzveranstaltungen wie die Love-Parade oder die sog. Fuck-Parade.[57]

21      Für **Demonstrationen** ist eine spezifische Einheit von Ort, Zeit und Handlung charakteristisch, welche typischerweise auf die **Erzeugung von Eindruck** zielt.[58] In ihrer idealtypischen Ausformung sind sie „die gemeinsame körperliche Sichtbarmachung von Überzeugungen, wobei die Teilnehmer einerseits in der Gemeinschaft mit anderen eine Vergewisserung dieser Überzeugung erfahren und andererseits nach außen – schon durch die bloße Anwesenheit, die Art des Auftretens und des Umganges miteinander oder die Wahl des Ortes – im eigentlichen Sinne des Wortes Stellung nehmen und ihren Standpunkt bezeugen".[59]

Physische Präsenz und/oder psychischer Druck als solcher stellt die prima facie-Erlaubtheit der Versammlung nicht in Frage, kann aber ggf. Anknüpfungspunkt für Beschränkungen darstellen. Dies gilt etwa für einen auf Zermürbung des Adressaten zielenden „Vertreibungsdruck" durch wöchentliche Demonstrationen vor dem Wohnsitz des Betroffenen.[60]

---

[47] Siehe etwa BVerfGE 104, 92 (104); 128, 226 (250).

[48] BVerfG (K) NJW 2001, 2459 (2461); dazu auch *Hoffmann-Riem* HGR IV, § 106 Rn. 49; vgl. auch BVerwGE 129, 43 Rn. 16 ff. zu sog. unterhaltenden Veranstaltungen.

[49] Übereinstimmend beispielsweise *Sachs* (Fn. 1), S. 1201 ff. w. N.; *Kersten* Rechtswissenschaft 2012, 249 (273 f.); *Michael/Morlok*, Grundrechte, 7. Aufl. 2019, Rn. 272; *Kingreen/Poscher*, Rn. 810 ff.; *Schulze-Fielitz*, in: Dreier I, Art. 8 Rn. 27 ff.; *Ulrich* (Fn. 2), S. 221 ff.

[50] Zustimmend *Kersten* Rechtswissenschaft 2012, 249 (274); von einer „republikanischen Engführung des Versammlungsbegriffs" spricht *Blanke*, in: Stern/Becker, Art. 8 Rn. 35.

[51] S. *Kloepfer* HStR VII, § 164 Rn. 25 und 31; *Kunig*, in: v. Münch/Kunig I, Art. 8 Rn. 17; *Eidenmüller* NJW 1991, 1439 (1442 f.); *Schulze-Fielitz*, in: Dreier I, Art. 8 Rn. 26; vgl. ferner VGH BW DVBl 1995, 361 f.; anders *Deger* NJW 1997, 923 ff.

[52] S. auch *Quilisch* (Fn. 1), S. 127; *Preuß* FS R. Schmid, 1985, S. 421; *Kloepfer* HStR VII, § 164 Rn. 33 ff.; *Schulze-Fielitz*, in: Dreier I, Art. 8 Rn. 29; *Geis*, in: Friauf/Höfling, Art. 8 (2004) Rn. 30; *Depenheuer*, in: Maunz/Dürig, Art. 8 (2006) Rn. 73; von einem „hohe(n) Maß an Typen- und Gestaltungsfreiheit" spricht das HmbOVG, Beschl. v. 11.6.2013 – 4 Bs 166/13 –, BA, S. 5.

[53] BVerfGE 69, 315 (343); s. ferner BVerfGE 128, 226 (250 f.); BVerfG (K) NVwZ 2013, 570 (Rn. 16); zur Zuschaltung ausländischer Staatsoberhäupter BVerfG (K) EuGRZ 2016, 498.

[54] S. dazu etwa HessVGH NJW 1988, 2125 f.

[55] S. dazu mit weit. Beispielen *Schulze-Fielitz*, in: Dreier I, Art. 8 Rn. 29. – AA für einen Fanmarsch, bei dem Hassparolen skandiert werden, OLG Oldenburg NJW 2016, 887 f., da keine Teilhabe an der öffentlichen Meinungsbildung.

[56] Dazu mit weit. Nachw. *Höfling/Krohne* JA 2012, 734 (736 f.); *Kersten*, Rechtswissenschaft 2012, 249 (273 ff.); vgl. ferner *Lenski* VerwArch 2012, 539 ff.;; BVerfG (K) NJW 2015, 2485 f. (zum sog. Bierdosen-Flashmob).

[57] Dazu siehe etwa BVerwG NVwZ 2007, 1431(1432); ablehnend BVerfG (K) NJW 2001, 2459 (2460).

[58] Zutreffend *Preuß* FS R. Schmid, 1985, S. 419 (421 f.). Zum Begriff der Demonstration s. auch. *Ullrich*, Das Demonstrationsrecht, S. 27 f.; eingehend: *Ulrich* (Fn. 2), S. 233 ff.

[59] So BVerfGE 69, 315 (345); ferner BVerfG (K) NJW 2007, 2167 ff.

[60] Dazu VG Magdeburg NJW 2012, 2535 f.

Irrelevant für die Einschlägigkeit des Grundrechtsschutzes ist ferner die Intensität der Planung und 22 Organisation der Versammlung. Auch **Eil- und Spontanversammlungen sowie Großdemonstrationen** werden erfasst.[61] Allerdings ergeben sich insoweit Friktionen mit dem einfachen Versammlungsrecht. Nach § 14 I VersG[62] ist die Absicht, eine öff. Versammlung unter freiem Himmel oder einen Aufzug zu veranstalten, spätestens 48 Stunden vor Bekanntgabe der zuständigen Behörde anzumelden. Nach Auffassung des BVerfG ist dieser Normkonflikt im Wege der verfassungskonformen Auslegung zu lösen: **Spontanversammlungen,** dh Versammlungen, die sich aus einem momentanen Anlass ungeplant und ohne Veranstalter entwickeln, sind danach von der Anmeldepflicht befreit. Da hier eine Anmeldung aus tatsächlichen Gründen unmöglich ist, müsste ein Beharren auf der Anmeldepflicht zur generellen Unzulässigkeit von Spontanversammlungen führen. Dies aber wäre mit der grundrechtlichen Gewährleistung unvereinbar.[63]

Ähnlich verhält es sich bei **Eilversammlungen.** Darunter werden Versammlungen verstanden, die 23 im Unterschied zu Spontanversammlungen zwar geplant sind und einen Veranstalter haben, aber ohne Gefährdung des Versammlungszwecks nicht unter Einhaltung der 48-Stunden-Frist nach § 14 I VersG angemeldet werden können.[64] Da bei solchen Eilversammlungen (Blitzversammlungen) lediglich die Fristwahrung unmöglich ist, bedarf es hier nur einer darauf bezogenen verfassungskonformen Restriktion der Vorschrift.[65] Für **Großdemonstrationen** hat das BVerfG ebenfalls Sonderregelungen entwickelt.[66]

Indem Art. 8 I das Selbstbestimmungsrecht über Ort, Zeitpunkt, Art und Inhalt der Veranstaltung 24 gewährleistet,[67] umfasst die Verfassungsgarantie auch die **inhaltliche Gestaltungsfreiheit.** Symbolische Ausdrucksformen (zB aufgesetzte Gasmasken als Protest gegen die Luftverschmutzung oder gegen chemische Waffen) sind ebenso geschützt wie die Versammlungsteilnahme in bestimmter Kleidung.[68] Ob an die sog. **Vermummung** von Versammlungsteilnehmern staatliche Sanktionen geknüpft werden dürfen, betrifft grds. nicht die Frage der tatbestandlichen Einschlägigkeit, dh des prima-facie-Schutzes des Verhaltens.[69]

Das „Sich-Versammeln" erweist sich in der Realität als ein zeitlich wie funktionell vielfach 25 gegliederter Vorgang. Fraglich ist insofern die Reichweite des grundrechtlichen Schutzes. In **zeitlicher Hinsicht** kann zunächst als gesichert gelten, dass die Versammlung nicht nur während der Dauer ihrer Veranstaltung grundrechtlichen Schutz genießt. Auch die **vorbereitenden Organisationsakte,** wie z. B. die Einladung, Beschaffung von Räumlichkeiten, Gewinnung von Rednern ua, fallen in den Gewährleistungsbereich des Art. 8 I.[70]

Umstr. ist allerdings die Frage, ob die **Phase der Anreise** bzw. des Anmarsches zu einer Versamm- 26 lung[71] durch die Verfassungsbestimmung erfasst wird.[72] Wenig zur Klärung trägt es bei, insoweit lediglich auf die diffuse Kategorie der „Wertentscheidung" des Art. 8 I abzustellen.[73] Nachdem sich das BVerfG in dieser Frage zunächst nicht ganz eindeutig geäußert hatte,[74] hat es später klargestellt, der Schutz des Art. 8 erfasse „den gesamten Vorgang des Sich-Versammelns. Dazu zählt namentlich der

---

[61] Heute unumstritten, s. zB BVerfGE 69, 315 (350 f. und 357 ff.); 85, 69 (75); *Hoffmann-Riem* AK GG, Art. 8 Rn. 60 ff.; *Ladeur,* in: Ridder ua (Fn. 3), Art. 8 Rn. 20; *Kloepfer* HStR VII, § 164 Rn. 35 ff.; *Hartmann* BK, Art. 8 (2018) Rn. 86, 385.

[62] Zur Frage der Verfassungskonformität der Vorschrift u. Rn. 58 f.; zu den Regelungen in Landesgesetzen *Dürig-Friedl,* in: Dürig-Friedl/Enders, Versammlungsrecht, 2016, § 14 Rn. 36 ff.

[63] So BVerfGE 85, 69 (75); 69, 315 (350 f.) mwN; aus der Lit. *Schulze-Fielitz,* in: Dreier I, Art. 8 Rn. 84 mwN.

[64] So die weithin konsentierte Begriffsumschreibung in BVerfGE 85, 69 (75); Beispiele bei *Hoffmann-Riem* AK GG, Art. 8 Rn. 61.

[65] BVerfGE 85, 69 (75); abl. zu dieser Form der verfassungskonformen Auslegung die abw. Meinung, aaO, S. 77 ff.; ferner *Geis* NVwZ 1992, 1025 ff.

[66] BVerfGE 69, 315 (357 ff.).

[67] BVerfGE 69, 315 (343); vgl. dazu auch *Hoffmann-Riem* HGR IV, § 106 Rn. 92 ff.

[68] S. auch *Kniesel* NJW 1992, 857 (859); *Jarass,* in: Jarass/Pieroth, Art. 8 Rn. 5. Zum Tanz als Ausdrucksform s. *Cornils* ZJS 2009, 435 (437); zur Verwendung von Lautsprechern OVG Bln-Bbg NVwZ-RR 2009, 370 f.

[69] Wie hier etwa *Schulze-Fielitz,* in: Dreier I, Art. 8 Rn. 37; eingehender *Meyn,* Die sog. Vermummung, 1988, S. 91 ff.; aA *Honigl* BayVBl 1987, 137 (138 f.); *Depenheuer,* in: Maunz/Dürig, Art. 8 (2006) Rn. 86. – Zur Frage von Vermummung, passiver Bewaffnung und Friedlichkeitsgebot noch → Rn. 33.

[70] Ebenso *Depenheuer,* in: Maunz/Dürig, Art. 8 (2006) Rn. 75; *Kunig,* in: v. Münch/Kunig I, Art. 8 Rn. 18; *Geis,* in: Friauf/Höfling, Art. 8 (2004) Rn. 34; *Jarass,* in Jarass/Pieroth, Art. 8 Rn. 5 f.; *Kloepfer* HStR VII, § 164 Rn. 45.

[71] Hiervon zu unterscheiden ist die Frage, ob die gemeinschaftliche Anreise zu bzw. Abreise von einer Versammlung als solche den Schutz des Art. 8 I beanspruchen kann. Dies ist zu bejahen, wenn insoweit von einer Versammlung im Sinne des Verfassungsrechts gesprochen werden kann. Beispiel: Sternfahrt oder Sternmarsch zu einem Kundgebungsort. Vgl. etwa BVerfGK 11, 298 ff.

[72] Bejahend: VG Hamburg NVwZ 1987, 829 (830); *Albers* NVwZ 1988, 224 (224 f.); *Jarass,* in: Jarass/Pieroth, Art. 8 Rn. 5; *Hartmann* BK, Art. 8 (2018) Rn. 201 f.; *Hoffmann-Riem* AK GG, Art. 8 Rn. 29; *ders.* HGR IV, § 106 Rn. 69; verneinend: *Hofmann* BayVBl 1987, 135; *Kunig,* in: v. Münch/Kunig I, Art. 8 Rn. 18; *Sachs,* in: Stern, Staatsrecht IV/1, S. 1221 f.

[73] So aber *Kunig,* in: v. Münch/Kunig I, Art. 8 Rn. 18; ähnlich *Birk* JuS 1982, 496 (499); *Kniesel* NJW 1992, 857 (860).

[74] S. BVerfGE 69, 315 (349).

Zugang zu einer bevorstehenden oder sich bildenden Versammlung."[75] Anderenfalls bestünde in der Tat die Gefahr, dass die Versammlungsfreiheit durch Vorfeldmaßnahmen ausgehöhlt wird.[76] Dieser letztgenannte Aspekt ist für die **Phase des Abzuges/der Abreise** von einer Versammlung ebenfalls von Bedeutung. Staatliche Maßnahmen im Anschluss an die Versammlung, welche darauf abzielen, von der künftigen Teilnahme an Versammlungen abzuhalten, sind am Maßstab des Art. 8 zu messen.[77] Inwieweit **„Versammlungsinfrastruktur"** wie Versorgungseinrichtungen oder auch Toilettenanlagen von Art. 8 I geschützt wird und „unter welchen Bedingungen hierzu die längerfristige Inanspruchnahme öffentlicher Anlagen gehört", ist eine in der verfassungsgerichtlichen Rspr. nicht abschließend geklärte Frage.[78] Sinnvoll erscheint eine diff. funktionale Betrachtung der jeweiligen Infrastruktur im Hinblick auf die konkrete Versammlung und ihren Zweck. Gegenstände, die selbst Instrument der kommunikativen Entfaltung sind unterfallen unmittelbar dem Schutz der Versammlungsfreiheit.[79] Ist dies nicht der Fall, kommt nur ein akzess. Schutz der Infrastrukturnutzung in Frage, sofern diese für die Durchführung der Versammlung zwingend notwendig ist.[80]

27      In **funktionaler Hinsicht** umfasst der grundrechtliche Schutz die **Teilnahme,** die **Veranstaltung** und die **Leitung** der Versammlung.[81] Für die Teilnahme ist dies selbstverständlich; eine Versammlung ohne Teilnehmer ist nicht denkbar.[82] Von Art. 8 I geschützt ist aber nicht nur eine Teilnahme, die die Ziele der Versammlung oder die dort vertretenen Meinungen billigt, sondern auch die Beteiligung solcher Personen, welche die Intention der Versammlung krit. oder abl. gegenüberstehen und dies in der Versammlung zum Ausdruck bringen wollen.[83] Keine grundrechtlich geschützte Teilnahme an der Versammlung ist der Versuch, eine solche zu sprengen bzw. zu verhindern.[84] Auch die organisatorische Veranstalterfreiheit wird durch Art. 8 I gewährleistet, weil– abgesehen von veranstalterlosen Versammlungsformen – die Versammlungsfreiheit ansonsten weitgehend leerliefe. Vergleichbares gilt für die Leitung.[85]

28      Da Schutzgegenstand des Art. 8 I eine spezifische Verhaltensfreiheit ist, diese aber durch die Beliebigkeit des Verhaltenkönnens charakterisiert ist, ist nicht nur die positive Teilnahme an einer Versammlung geschützt, sondern auch die Entscheidung, einer solchen fernzubleiben.[86] MaW: Die **negative Versammlungsfreiheit** wird ebenfalls durch Art. 8 I gewährleistet.[87]

29      **2. Der Friedlichkeitsvorbehalt.** Art. 8 I gewährleistet das Recht, sich **friedlich und ohne Waffen** zu versammeln.[88] Mit dieser traditionellen Formel[89] stellt Art. 8 I klar, dass Friedlichkeit und Waffenlosigkeit Bedingungen für den grundrechtlichen Schutz sind. Der unfriedliche oder bewaffnete Versammlungsteilnehmer kann sich nicht auf die Garantie der Versammlungsfreiheit berufen.[90]

30      Allerdings darf der Friedlichkeitsvorbehalt nicht als Ausdruck einer Beschränkung der Versammlungsfreiheit auf „geistige" Auseinandersetzungen missverstanden werden.[91] Anders als die bloße Meinungsäußerung wirkt die Versammlung – jedenfalls in ihrer Erscheinungsform als (Groß-)Demonstration – gerade auch durch die physische Präsenz. Namentlich im raumknappen und intensiv

---

[75] So BVerfGE 84, 203 (209); zu Vorfeldmaßnahmen bei Versammlungen s. *Trurnit* NVwZ 2012, 1079 ff.

[76] Ebda, unter Bezugnahme auf BVerfGE 69, 315 (349).

[77] Weitergehend VG Hamburg NVwZ 1987, 829 (830); VG Berlin NVwZ-RR 1990, 188; *Kniesel* NJW 1992, 857 (860); s. ferner *Ulrich* (Fn. 2), S. 247 f.

[78] So ausdrücklich BVerfG NVwZ 2017, 1374 (1374) in der Eilentscheidung zu den G-20 Protesten.

[79] *Friedrich* DÖV 2019 55 (59) anknüpfend an OVG NRW, NVwZ-RR 1992 360 (360).

[80] S. *Friedrich* DÖV 2019 55 (58 ff.); vgl. auch *Hartmann* NVwZ 2018, 200 (205). Zum Problem auch schon *Kanther* NVwZ 2001, 1239 (1242).

[81] *Kloepfer* HStR VII, § 164 Rn. 44 ff.; *Kunig,* in: v. Münch/Kunig I, Art. 8 Rn. 18; *Kniesel* NJW 1992, 857 (859); *Hartmann* BK, Art. 8 (2018) Rn. 180; *Sachs,* in: Stern, StaatsR IV/1, S. 1222.

[82] *Kloepfer* HStR VII, § 164 Rn. 44.

[83] BVerfGE 84, 203 (209).

[84] BVerfGE 84, 203 (209 f.).

[85] *Kniesel* NJW 1992, 857 (860); *Kloepfer* HStR VII, § 164 Rn. 46; vgl. BVerfG (K) NVwZ 2019, 1509 [1510] zum sog. „faktischen Leiter".

[86] BVerfGE 69, 315 (343).

[87] Ebenso BVerfG (K) NVwZ 2013, 570 (Abs.-Nr. 16); *Jarass,* in: Jarass/Pieroth, Art. 8 Rn. 5; *Duttge,* in: Siekmann/Duttge, Rn. 512; *Sachs,* in: Stern, StaatsR IV/1, S. 1232 f.; *Schneider,* in: Epping/Hillgruber, 2. Aufl. 2013, Art. 8 Rn. 18; *Bröhmer,* in: EMRK/GG-Konkordanzkommentar, Bd. I, Kap. 19 Rn. 35. AA *Gusy* MKS I, Art. 8 Rn. 33; *Hoffmann-Riem* HGR IV, § 106 Rn. 81.

[88] Grundsätzlich hierzu *Isensee* FS Sendler, 1991, S. 39 ff.; s. auch BVerfGE 69, 315 (359 f.).

[89] Zur Begriffsgeschichte s. etwa *Kang,* Der Friedlichkeitsvorbehalt der Versammlungsfreiheit, Diss. Bonn 1993, S. 24 ff.; s. ferner *Sachs,* in: Stern, StaatsR IV/1, S. 1211 ff.; knappe Hinweise bei *Blanke,* in: Stern/Becker, Art. 8, Rn. 50 ff.

[90] Nahezu einhellige Auffassung: s. etwa BVerfGE 73, 206 (248); 69, 315 (359 f.); *Kloepfer* HStR VII, § 164 Rn. 57; *Hoffmann-Riem* AK GG, Art. 8 Rn. 22 und 28; *Jarass,* in: Jarass/Pieroth, Art. 8 Rn. 7; *Sachs* (Fn. 1), S. 1211; ebenso für Art. 11 I EMRK die Entscheidung der Komm. Nr. 8440/78, Decisions and Reports 21, 138. – AA *Alexy,* Theorie der Grundrechte, 1985, S. 259 f., mit dem Argument, „die Gründe gegen den grundrechtlichen Schutz ... gehören in den Bereich der Schranken"; dem zust. *Ketteler* DÖV 1990, 954 (957).

[91] IdS aber *Schmitt Glaeser* FS Dürig, 1990, S. 91 (99 f.); auf das „Drohpotential" abstellend *Depenheuer,* in: Maunz/Dürig, Art. 8 (2006) Rn. 78 ff.

genutzten Innenstadtbereich drängen sich die Teilnehmer Dritten körperlich, optisch und akustisch geradezu auf. Die damit einhergehenden Beeinträchtigungen lassen den Grundrechtsschutz keineswegs entfallen.[92] Die **Konkretisierung** der ausgrenzenden Tatbestandselemente, namentlich des Begriffs der Friedlichkeit muss **restriktiv** erfolgen. Andernfalls würde der Geltungsbereich der Grundrechtsgewährleistung von vornherein derart eingeschränkt, dass der Gesetzesvorbehalt des Art. 8 II weitgehend seine Funktion verlöre.[93] IÜ gilt zu beachten, dass das Grundrecht der Versammlungsfreiheit gerade auch die „Unruhestiftung", die „Störung" der institutionalisierten Ordnung gewährleistet.[94]

a) **Friedlich.** Zw. ist allerdings, wann eine Versammlung den Charakter als friedliche verliert.[95]  **31** Insoweit ist zunächst zu beachten, dass die Verfassung die Unfriedlichkeit in gleicher Weise wie das Mitführen von Waffen bewertet. Dies spricht dafür, den Grundrechtsschutz erst bei „Handlungen von einiger Gefährlichkeit" entfallen zu lassen.[96] Unfriedlich ist eine Versammlung, wenn **Gewalttätigkeiten oder aggressive Ausschreitungen** stattfinden; dies gilt für körperliche Gewalt gegen Personen[97] gleichermaßen wie für solche gegen Sachen.[98] Unfriedlichkeit kann hingegen nicht schon angenommen werden, wenn es lediglich zu Behinderungen Dritter kommt, seien diese auch gewollt und nicht nur in Kauf genommen.[99] Damit sind allerdings erst wichtige Grenzmarkierungen des verfassungsrechtlichen Begriffs der Friedlichkeit vorgenommen. Es bedarf weiterer Präzisierung und Konkretisierung.

Eine Versammlung wird **nicht** bereits durch **jede Rechtsverletzung** zu einer unfriedlichen.[100]  **32** Andernfalls würde das Tatbestandselement „friedlich" die Funktion eines einfachen Gesetzesvorbehaltes übernehmen.[101] Oder genauer: Während Einschränkungen nach Maßgabe eines Gesetzesvorbehaltes ihrerseits dem Übermaßverbot genügen müssen, entfiele eine solche Korrektur bei einer entspr. Auslegung des Tatbestandsmerkmals „friedlich".[102]

Ein **Verstoß gegen Strafgesetze** führt nicht automatisch zum verfassungsmäßigen Tatbestands-  **33** merkmal der Unfriedlichkeit.[103] Diese ist nicht identisch mit der Strafrechtswidrigkeit.[104] Das BVerfG hat klargestellt, dass **Blockadeaktionen,** unabhängig von der strafrechtlichen Beurteilung gem. § 240 StGB, grds. den Schutz des Art. 8 genießen können.[105] Voraussetzung ist die Beschränkung der Teilnehmer „auf **passive Resistenz**".[106]

Eine andere Beurteilung ergibt sich bei einem aktiven Vorgehen einer näher zu bestimmenden  **34** Intensitätsstufe.[107] Insoweit kann – bei aller gebotenen Vorsicht bei der Auslegung von Verfassungsrecht mit Hilfe des einfachen Rechts – auf den Terminus des **„gewalttätigen und aufrührerischen"** **Verhaltens** (§§ 5 Nr. 3, 13 Nr. 2 VersG) zurückgegriffen werden. Auch das BVerfG sieht insoweit die grundrechtliche Bestimmung und die einschlägigen Vorschriften des VersG als miteinander „im

---

[92] S. auch die Kritik an der „Geistigkeitstheorie" bei *Ehrentraut* (Fn. 1), S. 143 f.
[93] So BVerfGE 73, 206 (248) mwN.
[94] S. auch *Ladeur*, in: Ridder ua (Fn. 4), Art. 8 Rn. 25; *Hoffmann-Riem* AK GG, Art. 8 Rn. 22 ff.; *Preuß* FS R. Schmid, 1985, S. 428 f. – Weil Art. 8 keine positive Identifikation mit der Verfassung voraussetzt, erfasst der Schutzbereich auch Versammlungen von Personen, die sich nicht mit der geltenden Verfassungsordnung identifizieren oder diese ablehnen, so zu Recht BVerfGE 111, 147 (158); BVerfG (K) NJW 2001, 2076 (2077); OVG Bln NVwZ 2000, 1202; aus der Lit. z. B. *Arndt* BayVBl 2002, 653 (655 f.); *Dörr* VerwArch 93 (2002), 485 (488, 490 f.); *Heintzen* FS Isensee, 2002, S. 103 (114); *Hoffmann-Riem* NJW 2004, 2777 (2779).
[95] Ausf. Überblicke über die Auffassungen hierzu bei *Förster*, Die Friedlichkeit als Voraussetzung der Demonstrationsfreiheit, 1985, S. 32 ff.; *Kang*, Der Friedlichkeitsvorbehalt der Versammlungsfreiheit, Diss. Bonn 1993, S. 8 ff.; dogmengeschichtliche Hinweise bei *Sachs* (Fn. 1), S. 1212 f.
[96] So BVerfGE 73, 206 (248); 87, 399 (406); in der Sache übereinstimmend etwa *Kingreen/Poscher*, Rn. 817; *Kniesel* NJW 1992, 857 (861 f.); *Hoffmann-Riem* AK GG, Art. 8 Rn. 24. Krit. zu einem derart engen Verständnis der Friedlichkeit *v. Roetteken* KritJ 2001, 330 (331 f.); *Seidel* DÖV 2002, 283 (289); *Depenheuer*, in: Maunz/Dürig, Art. 8 (2006) Rn. 78 ff.
[97] Vgl. etwa zum Durchbrechen einer von wenigen Beamten gebildeten Polizeikette durch eine größere Anzahl von Demonstranten BVerfGK 10, 6 f.
[98] So BVerfGE 87, 399 (406); 73, 206 (248); ebenso etwa *Preuß* FS R. Schmid, 1985, S. 429; *Ladeur*, in: Ridder ua (Fn. 4), Art. 8 Rn. 25; absurde Gegenauffassung bei *Hannover* KJ 1981, 58.
[99] So zu Recht BVerfGE 87, 399 (406); 73, 206 (248).
[100] Ebenso etwa *Jarass*, in: Jarass/Pieroth, Art. 8 Rn. 8; *Kunig*, in: v. Münch/Kunig I, Art. 8 Rn. 23; *Kingreen/Poscher*, Rn. 815; *Hoffmann-Riem* AK GG, Art. 8 Rn. 23 f.
[101] So *Kingreen/Poscher*, Rn. 815; *Hoffmann-Riem* AK GG, Art. 8 Rn. 23; *ders.* HGR IV, § 106 Rn. 56.
[102] Auch Art. 2 I müsste dann als Auffanggrundrecht ausscheiden; insoweit zutr. *Schmitt Glaeser* FS Dürig, 1990, S. 101 mit Fn. 52; *Bethge* ZBR 1988, 205 (209).
[103] Ebenso etwa *Müller* (Fn. 6), S. 99; *Kingreen/Poscher*, Rn. 815; *Sachs*, in: Stern, StaatsR IV/1, S. 1216.
[104] BVerfGE 73, 206 (248); ferner BVerfGE 87, 399 (406); zust. z. B. *Jarass*, in: Jarass/Pieroth, Art. 8 Rn. 8; *Hoffmann-Riem* AK GG, Art. 8 Rn. 23; *Kingreen/Poscher*, Rn. 815.; s. auch *Kloepfer* HStR VII, § 164 Rn. 66, 68.
[105] So für Sitzblockaden ausdr. BVerfGE 87, 399 (406); übereinstimmend BVerfGE 104, 92 (104 f.); 73, 206 (248); BVerfG (K), JZ 2011, 685 ff.; auch BVerfGE 82, 236 (264) ist nicht anders zu verstehen; s. auch VG Stuttgart, U. v. 12.6.2014 (AZ.: 5 K 808/11); *Dürig-Friedl*, in: Dürig-Friedl/Enders (Fn. 62), Einl. Rn. 57; zur Blockade von Aufzügen durch Gegendemonstrationen s. *Enders* SächsVBl 2012, 166 (167 f.).
[106] So BVerfGE 73, 206 (249); ferner BVerfGK 11, 102 (114 mwN) aA *Schmitt Glaeser* FS Dürig, 1990, S. 97 ff.; *Depenheuer*, in: Maunz/Dürig, Art. 8 (2006) Rn. 65 f.
[107] S. auch *Kniesel* NJW 1992, 857 (862) „aktives Tun von einiger Aggressivität".

Einklang" stehend.[108] Knüpft man an die versammlungs-, aber auch strafrechtlichen Konkretisierungen (z. B. § 125 StGB) an, so ist insoweit ein aktives körperliches Einwirken von einiger Erheblichkeit auf Personen oder Sachen zu fordern, um eine Versammlung vom Schutzbereich des Art. 8 I auszuschließen.[109]

35      Das Kriterium der Unfriedlichkeit erfüllt eine Versammlung allerdings schon dann, wenn ein gewalttätiger oder aufrührerischer Verlauf unmittelbar bevorsteht.[110] Insoweit kommt es auf die **prognostische Beurteilung** des Einzelfalles an. Die harte Konsequenz der Verweigerung des tatbestandlichen Grundrechtsschutzes lässt dabei erleichterte generalisierende Vermutungen nicht zu.[111] Der Umstand, dass Versammlungteilnehmer **vermummt** sind oder sog. **Schutzwaffen** mit sich führen (→ Rn. 36), kann für sich allein nicht die Annahme der Unfriedlichkeit rechtfertigen.[112] Denn das identifikationserschwerende Verhalten von Versammlungsteilnehmern kann auch durch die Furcht vor informationellen polizeilichen Maßnahmen (z. B. Bildaufnahmen)[113] motiviert sein.[114] Denkbar ist auch, dass eine Vermummung die inhaltlichen Ausrichtung eine Versammlung hervorheben will.[115]

36      Auch unter personellem Aspekt bedarf der Friedlichkeitsvorbehalt des Art. 8 I einer restriktiven Konkretisierung. Unzweifelhaft ist zunächst, dass **Störungen von Außenstehenden** (z. B. Störertrupps, Gegendemonstrationen) den friedlichen Charakter der Versammlung selbst nicht zu verändern vermögen.[116] Behördliche Maßnahmen müssen sich hier primär gegen die Störer richten.[117] IÜ kann als Grundregel gelten, dass der Grundrechtsschutz nur insoweit entfällt, wie die Unfriedlichkeit reicht.[118] Mit anderen Worten: Gewalttätiges Verhalten einzelner Versammlungsteilnehmer stellt diese außerhalb der Grundrechtsgewährleistung, verändert aber nicht den ansonsten friedlichen Gesamtcharakter der Versammlung.[119]

37      Allerdings kann sich im Einzelfall die schwierige **Abgrenzungsfrage** ergeben, von welchem Zeitpunkt an das gewalttätige Verhalten einer größeren Gruppe von Versammlungsteilnehmern **charakterprägend für die gesamte Veranstaltung** wirkt.[120] Vergleichbare Schwierigkeiten können sich bei Sprengung einer Versammlung von innen her oder bei aggressiven körperlichen Auseinandersetzungen zwischen einzelnen Versammlungsteilnehmern ergeben.[121]

38      **b) Ohne Waffen.** Die verfassungstextliche Beschränkung des sachlichen Gewährleistungsbereichs auf waffenlose Versammlungen stellt einen Unterfall des Friedlichkeitsvorbehaltes dar.[122] Da Waffen eine erhebliche Steigerung der Gefahr von Unfriedlichkeit bewirken, sollen sie ohne weiteren Gefährlichkeitsnachweis ausgeschlossen sein.[123] Im Sinne einer **Vermutung für den Grundrechtsausschluss** gilt das Waffen"verbot" **nur bei Waffen im technischen Sinne.** Das sind Waffen im Sinne des § 1 WaffG, zB Pistolen, Messer, Schlagringe, chemische Kampfstoffe. Nach hM werden vom Waffenbegriff des Art. 8 I aber auch Waffen im weiteren, untechnischen Sinne erfasst. Darunter sind gefährliche Gegenstände zu verstehen, die ihrer Art nach zur Verletzung von Personen oder Beschädigung von Sachen objektiv geeignet und von ihren Trägern subjektiv dazu bestimmt sind (Beispiel: Eisenketten, Baseballschläger, aber auch Regenschirme, Spazierstöcke und Ähnliches).[124]

39      Für eine solche Interpretation besteht indes kein sachlicher Anlass. Die Vertreter des weiten Waffenbegriffs müssen – da auch die subjektive Tatseite relevant ist – Prognoseentscheidungen vornehmen. Dabei aber sind genau jene Beurteilungskriterien von Bedeutung, die der Entscheidung über eine unmittelbar bevorstehende Unfriedlichkeit der Versammlung zugrunde gelegt werden müssen. Die Sachverhaltskonstellationen, die der weite Waffenbegriff lösen soll, sind durch den Oberbegriff der

---

[108] BVerfGE 73, 206 (249); s. auch *Schwäble* (Fn. 1), S. 120; *Kingreen/Poscher,* Rn. 816.

[109] Näher *Kingreen/Poscher,* Rn. 817.

[110] S. etwa *Jarass,* in: Jarass/Pieroth, Art. 8 Rn. 8; *Kingreen/Poscher,* Rn. 820.

[111] In der Tendenz aber anders *Kloepfer* HStR VII, § 164 Rn. 70; s. demggü. BVerfGE 69, 315 (360): „Prognose mit hoher Wahrscheinlichkeit"; ferner etwa BVerfG (K) NVwZ 2013, 570 (Abs.-Nr. 17 f.); s. auch *Kokott,* Beweislastverteilung und Prognoseentscheidungen bei der Inanspruchnahme von Grund- und Menschenrechten, 1993, S. 285: „Ungewissheiten gehen... zu Gunsten der Demonstranten"

[112] Ebenso etwa *Kunig,* in: v. Münch/Kunig I, Art. 8 Rn. 25; *Hoffmann-Riem* AK GG, Art. 8 Rn. 25 und 27; *ders.* HGR IV, § 106 Rn. 59 ff.; wohl auch *Schulze-Fielitz,* in: Dreier I, Art. 8 Rn. 44; aA *Honigl* BayVBl 1987, 137 (139); *Depenheuer,* in: Maunz/Dürig, Art. 8 (2006) Rn. 86.

[113] Vgl. dazu auch BVerfGE 65, 1 (43).

[114] S. auch *Ehrentraut* (Fn. 1) S. 149 ff.; *Hoffmann-Riem* AK GG, Art. 8 Rn. 25; andere Akzentuierung bei *Ulrich* (Fn. 2), S. 366 ff.

[115] S. dazu *Geis,* in: Friauf/Höfling, Art. 8 (2004) Rn. 48; *Ulrich* (Fn. 2), S. 257.

[116] Vgl. auch im Blick auf Art. 11 EMRK: EGMR, EuGRZ 2012, 141 (§ 103), zustimmend *Rewikowski/Schmidt-De Caluwe* JZ 2013, 289 (293).

[117] BVerfGE 69, 315 (360 f.) mN S. auch u. Rn. 45.

[118] *Hoffmann-Riem* AK GG, Art. 8 Rn. 28; s. ferner *Schulze-Fielitz,* in: Dreier I, Art. 8 Rn. 48.

[119] So auch BVerfGE 69, 315 (361); BVerfGK 11, 102 (109); BVerfG (K) EuGRZ 2017, 204 (Fn. 13).

[120] Dazu s. *Kloepfer* HStR VII, § 164 Rn. 63; *Sachs* (Fn. 1), S. 1218.

[121] S. auch *Depenheuer,* in: Maunz/Dürig, Art. 8 (2006) Rn. 85; *Kingreen/Poscher,* Rn. 819.

[122] Übereinst. *Depenheuer,* in: Maunz/Dürig, Art. 8 (2006) Rn. 89; *Kloepfer* HStR VII, § 164 Rn. 58.

[123] S. *Hoffmann-Riem* AK GG, Art. 8 Rn. 26.

[124] So etwa *Hoffmann-Riem* AK GG, Art. 8 Rn. 26; gegen die Berücksichtigung der subjektiven Zweckbestimmung *Depenheuer,* in: Maunz/Dürig, Art. 8 (2006) Rn. 89. S. auch § 8 ME VersG.

Unfriedlichkeit bereits erfasst.[125] Entspr. gilt für **Wurfgeschosse** wie Früchte, Eier, Farbbeutel.[126] Auch hier ist im Blick auf das Tatbestandsmerkmal „friedlich" relevant, ob diese Objekte zur Ermöglichung bzw. Unterstützung gewalttätigen Verhaltens eingesetzt werden sollen und dazu ihrer Beschaffenheit nach geeignet sind.[127] Keine Waffen sind ferner **Schutzgegenstände** wie Helme, Schutzschilde, Gasmasken.[128] Damit ist allerdings noch nicht die Frage nach der verfassungsrechtlichen Zulässigkeit des einfachgesetzlichen Schutzwaffenverbots gem. § 17a I VersG beantwortet (→ Rn. 70).

## II. Gewährleistungsdimensionen

**1. Subjektiv-rechtliche Gehalte.** Allgemein werden Art. 8 I verschiedene Wirkdimensionen zu- **40** gesprochen.[129] Die Rechtsqualität des Art. 8 I als subjektives Recht steht dabei außer Frage; zu klären bleibt jedoch, welche Art von subjektiven Berechtigungen Art. 8 I vermittelt.[130] Unbestritten ist, dass Art. 8 I ein „klassisches" **Abwehrrecht** beinhaltet.[131] Soweit der sachliche Gewährleistungsumfang inhaltlich reicht (→ Rn. 8 ff.), ist eine Beeinträchtigung durch die Staatsgewalt (prima facie) verboten; die insofern gesicherten Rechtspositionen sind zugleich durch negatorische Ansprüche der Berechtigten gegen Verletzungen gesichert (→ vor Art. 1 Rn. 26).

Als Element der abwehrrechtlichen Dimension der Versammlungsfreiheit ist auch das **Recht auf 41 Benutzung öff. Sachen im Gemeingebrauch** (vor allem öff. Straßen und Plätze) gewährleistet. Demgegenüber diskutiert eine verbreitete Meinung diesen Problemkomplex unter dem Aspekt eines möglichen leistungsrechtlichen Gehalts des Grundrechts.[132] Allerdings hat das BVerfG betont, „dass die Versammlungsfreiheit grundsätzlich die Selbstbestimmung über Art und Ort der Veranstaltung umfasst ... und insoweit ein Recht zur Mitbenutzung der im Allgemeingebrauch stehenden Straße einschließt."[133] Dies ist nicht im Sinne eines grundrechtlich gesteigerten Gemeingebrauchs zu verstehen,[134] sondern als Anerkennung einer abwehrrechtlichen Grundrechtsposition. Die Sachherrschaft an öff. Straßen ist dementspr. mit einer grundrechtlich fundierten Duldungspflicht belastet.[135] Schon *Walter Jellinek* merkte 1931 krit. an, dass ein „Hausrecht des Herrn der Straße Umzügen gegenüber ... dem Sinn der Reichsverfassung widersprechen" würde.[136]

Hinter diese Einsicht fällt eine Dogmatik zurück, die den Gewährleistungsbereich des Art. 8 I **42** unter dem Aspekt des örtlichen Selbstbestimmungsrechts auf solche Orte beschränkt, für die eine rechtliche Verfügungsbefugnis des Veranstalters bereits besteht.[137] Die Benutzung öff. Sachen im Gemeingebrauch ist **Ausübung „natürlicher" Freiheit,** dh Inanspruchnahme faktisch verfügbarer Freiheitsräume, sie setzt keine staatliche Leistung voraus.[138] Das Verhalten der öff. Hand kann sich auf die Duldung als Sonderfall des Unterlassens beschränken. Behinderungen einer entspr. Nutzung kann hier grds. mit dem abwehrrechtlichen Anspruch begegnet werden.[139] Entsprechende Überlegungen gelten für öff. Einrichtungen, soweit nicht ein besonderer Leistungsakt Voraussetzung für die Ausübung der „natürlichen" Versammlungsfreiheit ist.[140] Die umstrittenen Fragen, wie Ver-

---

[125] Zutr. dazu schon *Schwäble* (Fn. 1), S. 128 f.; zust. *Kunig,* in: v. Münch/Kunig I, Art. 8 Rn. 26; *Jarass,* in: Jarass/Pieroth, Art. 8 Rn. 9; s. a. *Sachs* (Fn. 1), S. 1220, der die Erweiterung des Waffenbegriffs für (wohl) „ohne konstitutive Bedeutung" hält.

[126] Insoweit sind sich die Vertreter des herrschenden weiten Waffenbegriffs nicht einig, einerseits *Gusy,* in: v. Mangoldt/Klein/Starck, Art. 8 Rn. 27; *Hoffmann-Riem* AK GG, Art. 8 Rn. 26; *Müller* (Fn. 6), S. 98: keine Waffen; andererseits *Gallwas* JA 1986, 484 (486).

[127] Ähnlich *Kunig,* in: v. Münch/Kunig I, Art. 8 Rn. 25; *Sachs* (Fn. 1), S. 1220 mwN.

[128] Wohl einhellige Meinung; s. etwa *Sachs* (Fn. 1), S. 1220; *v. Mutius* Jura 1988, 30 (37); *Depenheuer,* in: Maunz/Dürig, Art. 8 (2006) Rn. 91.

[129] S. z. B. *Mohl* VR 1991, 245 ff.; *Bethge* ZBR 1988, 208 ff.; *Kniesel* NJW 1992, 857 (860 f.).

[130] Allg. hierzu *Sachs,* in: Stern, StaatsR III/1, S. 558 ff.

[131] BVerwG NJW 1993, 609 (609); *Gusy* MKS I, Art. 8 Rn. 44; *Hoffmann-Riem* AK GG, Art. 8 Rn. 33; *ders.* HGR IV, § 106 Rn. 27 ff.; *Depenheuer,* in: Maunz/Dürig, Art. 8 (2006) Rn. 111; *Kniesel,* in: Dietel/Gintzel/Kniesel, VersG, 17. Aufl. 2016, Grundlagen Rn. 27 ff.; *Hartmann* BK, Art. 8 (2018) Rn. 154 ff.

[132] S. z. B. *Zeitler,* Versammlungsrecht, 1994, Rn. 289 ff.; *Gallwas* JA 1986, 484 (491); *Ehrentraut* (Fn. 1), S. 157 ff.; wie hier *Kniesel* (Fn. 131), Grundlagen Rn. 34 mwN.

[133] BVerfGE 73, 206 (249).

[134] So HessVGH NJW 1988, 2125 (2126); *Ladeur,* in: Ridder ua (Fn. 4), Art. 8 Rn. 22; ganz abl. *Brohm* JZ 1985, 501 (506 f.).

[135] So auch *Burgi* DÖV 1993, 633 (638). Selbst Bundesautobahnen sind nicht grds. „demonstrationsfrei", vgl. HessVGH DVBl 2008, 1322 ff.

[136] *W. Jellinek* Verwaltungsrecht, 3. Aufl. 1931, S. 390.

[137] IdS aber BVerwG NJW 1993, 609 f. (609); ebenso die Vorinstanz: OVG NRW NWVBl 1992, 243 (246).

[138] Abgesehen natürlich von der ursprünglichen Leistung der Schaffung der Straße. *Insoweit* kommen abwehrrechtliche Aspekte zweifelsohne nicht in Betracht.

[139] Dies gilt nicht nur für die Versammlungsfreiheit, sondern auch für die Ausübung anderer grundrechtlicher Freiheiten. Übereinstimmend *Schwabe,* Probleme der Grundrechtsdogmatik, 1977, S. 202 (244 ff.); *Sachs,* in: Stern, StaatsR III/1, S. 701 ff.; zu Art. 8 *ders.* in: Stern, StaatsR IV/1, S. 1225 f.; eingehend *Mayen,* Der grundrechtliche Informationsanspruch des Forschers gegenüber dem Staat, 1992, S. 145 ff.

[140] Anders *Burgi* DÖV 1993, 639. – Zum Bonner Hofgarten-Fall s. BVerwG NJW 1993, 609 f. mit Anm. *Schlink; Sachs* JuS 1993, 686 f.

sammlungen auf Grundstücken, die im Eigentum sog. gemischtwirtschaftlicher Unternehmen[141] oder Privater stehen, zu behandeln sind,[142] sind vom BVerfG beantwortet worden:[143] Bei einer Beherrschung durch die öff. Hand ist trotz der Organisation in Rechtsformen des Privatrechts und ungeachtet der Tatsache, dass auch private Anteilseigner beteiligt sind,[144] eine unmittelbare Grundrechtsbindung anzunehmen. Hieraus folgt eine den öff. Einrichtungen entsprechende Rechtslage, soweit im konkreten Fall ein „öff. Kommunikationsraum"[145] eröffnet ist.[146] Liegt ein solches „öff. Forum" vor, aber keine Beherrschung durch die öff. Hand, besteht gleichwohl eine mittelbare Grundrechtsbindung, die nach kritikwürdiger Auffassung des BVerfG Private „ähnlich oder auch genauso weit" wie den Staat verpflichtet.[147]

43 Auf durchgreifende verfassungsrechtliche Bedenken stoßen staatlich organisierte oder doch angeregte „Gegenveranstaltungen", deren Primärzweck darin liegt, durch die Besetzung des öff. Raums eine bestimmte Versammlung faktisch zu erschweren oder unmöglich zu machen.[148] Der Staat kann sich grundrechtlichen Abwehransprüchen nicht dadurch entziehen, dass er einen Konflikt zwischen mehreren Grundrechtsberechtigten künstlich herbeiführt und sich anschließend zu Gunsten der politisch genehmeren Gruppe entscheidet.[149]

44 Für die **leistungsrechtliche Dimension** des Art. 8 I bleibt nach der hier vertretenen Deutung des grundrechtlichen Abwehrgehaltes – abgesehen von der Schutzfunktion – kaum noch Raum. Eine allgemeine Förderungspflicht des Staates gegenüber einer bestimmten Versammlung und ein entspr. Anspruch bestehen nicht.[150] Ebensowenig ergibt sich aus Art. 8 I ein Anspruch auf Sozialhilfeunterstützung zur Ermöglichung der Teilnahme an einer Versammlung.[151]

45 Als spezifische Form eines Leistungsrechts enthält Art. 8 I jedoch eine **schutzrechtliche Dimension.**[152] Ihr entspricht die grds. Pflicht des Staates, „die Grundrechtsausübung vor Störungen und Ausschreitungen Dritter zu schützen".[153] Behördliche Maßnahmen haben sich demnach grds. gegen die Störer zu richten; nur unter den engen Voraussetzungen des polizeilichen Notstandes kommt ein Einschreiten gegen die Versammlung als solche in Betracht.[154]

46 Allen Einordnungen der Versammlungsfreiheit in den status activus und ihrer Qualifikation als Partizipationsrecht bzw. demokratisches Grundrecht zum Trotz enthält Art. 8 I **kein Bewirkungsrecht** (→ Rn. 8 ff.).

47 **2. Objektiv-rechtliche Grundrechtsgehalte.** Ganz überwiegend wird Art. 8 I auch eine objektiv-rechtliche Dimension zugemessen.[155] Als „Grundentscheidung" soll die Verfassungsbestimmung in ihrer Bedeutung über den Schutz gegen staatliche Eingriffe hinausreichen.[156] Allerdings gehört die objektiv-rechtliche Grundrechtsfunktion zu den **diffusesten Kategorien** der Grundrechtsdogma-

---

[141] Vgl. hierzu → Art. 1 Rn. 108.

[142] Ausführlich zur Nutzung „privater öffentlicher Räume" zu Versammlungszwecken *Prothmann,* Die Wahl des Versammlungsortes, 2013.

[143] Vgl. BVerfGE, 128, 226 ff. v. a. 244 ff.; iE ebenso schon HessVGH NVwZ 2003, 874 (875); anders zuvor BGH NJW 2006, 1054 ff. mit Anm. *Fischer-Lescano/Maurer* NJW 2006, 1393 ff.; für eine diff. Lösung etwa *Mikešic* NVwZ 2004, 788 (791 ff.); *Kersten/Meinel* JZ 2007, 1127 (1128 ff.).

[144] Vgl. hierzu → Art. 1 Rn. 108 f.

[145] Krit. zur Anwendung der vom US Supreme Court entwickelten Figur des „public-forum" durch das BVerfG: *Steinberg* FS Hufen, 2015, S. 117 (120 ff.); *Krisor-Wietfeld* (Fn. 30), S. 271 ff.

[146] Vgl. BVerfG 128, 226 (252 ff.). – Eingehend der Bedeutung des öffentlichen Raums für die Versammlungsfreiheit: *A. Siehr,* Das Recht am öffentlichen Raum, 2016, S. 464 ff. (aaO, S. 597 ff. zur US-amerikanischen public forum doctrine).

[147] BVerfG (K) NJW 2015, 2485 (2486); so auch: § 21 ME VersG, dazu ME VersG, S. 60 ff.; *Hong,* in: Petrs/Janz (Fn. 5), Teil B Rn. 70. Dazu krit.: *Kugelmann* FS Hufen, 2015, 53 (64 f.); BVerfGE 128, 226 (274 f.) (abwM *Schluckebier); Smets* NVwZ 2016, 35(38); zur grundsätzlichen Frage der Grundrechtsbindung Privater: → Art. 1 Rn. 116.

[148] Vgl. zur Problematik vor allem unter dem Gesichtspunkt der Neutralität auch VG Düsseldorf, BeckRS 2015, 40408; ThürVerfGH BeckRS 2014, 58981.

[149] Dennoch akzeptiert von BVerfG (K) NVwZ 2005, 1055. Zu dem atypischen Fall einer „Versammlung von Staats wegen" vgl. iÜ *Geis,* in: Friauf/Höfling, Art. 8 (2004) Rn. 26.

[150] S. auch *Depenheuer,* in: Maunz/Dürig, Art. 8 (2006) Rn. 114 f.; *Blanke,* in: Stern/Becker, Art. 8 Rn. 65; *Schulze-Fielitz,* in: Dreier I, Art. 8 Rn. 115; ferner BVerwGE 91, 135 (138).

[151] BVerwGE 72, 113 (118).

[152] Zur Subjektivierung der ursprünglich objektiv verstandenen Schutzgebotsfunktion der Grundrechte s. etwa *Alexy,* Theorie der Grundrechte, 1985, S. 414 f.

[153] Formulierung in BVerfGE 69, 315 (355), wobei das BVerfG insoweit die Herleitung einer Schutzpflicht offen lässt; zur versammlungsspezifischen Schutzpflicht s. ferner *Hoffmann-Riem* HGR IV, § 106 Rn. 33 ff.; *Ladeur,* in: Ridder ua (Fn. 4), Art. 8 Rn. 24; *Kniesel* (Fn. 131), Grundlagen Rn. 40 ff.; zur vergleichbaren österr. Rechtslage *Winkler,* in: ders., Studien zum Verfassungsrecht, 1991, S. 238 f.

[154] BVerfGE 69, 315 (360 f.); BVerfGK 11, 361 (364 f. mwN); ferner etwa NdsOVG NdsVBl 2009, 229 (232 ff.); VGH BW DÖV 2016, 395; zum Problemkreis auch *Hoffmann-Riem* HGR IV, § 106 Rn. 35; *Schulze-Fielitz,* in: Dreier I, Art. 8 Rn. 113; *Depenheuer,* in: Maunz/Dürig, Art. 8 (2006) Rn. 113.

[155] Zurückhaltend *Kloepfer* HStR VII, § 164 Rn. 21.

[156] BVerfGE 69, 315 (343); ferner etwa *Kniesel* NJW 1992, 857 (861).

tik.[157] Zur terminologischen Klärung ist es deshalb sinnvoll, als objektiv-rechtliche Grundrechtsfunktionen nur solche Grundrechtsgehalte zu bezeichnen, die keine subjektiv-rechtliche Berechtigung vermitteln bzw. darüber hinausgehen. Berücksichtigt man ferner, dass eine Reihe ursprünglich objektiv-rechtlich gedeuteter Grundrechtsgehalte inzwischen einer Subjektivierung unterworfen worden sind (z. B. die Schutzpflicht; → Rn. 45), so lassen sich im Wesentlichen nur folgende objektiv-rechtliche Funktionen des Art. 8 I konstatieren:

Zunächst entfaltet die Norm eine sogenannte **Ausstrahlungswirkung** auf die gesamte Rechts- 48 ordnung.[158] Im Rahmen der Anwendung des geltenden Rechts[159] bedeutet dies nichts anderes als das Gebot der verfassungskonformen Auslegung.[160] Versammlungsbezogene straf- oder haftungsrechtliche Maßnahmen zB müssen unter Berücksichtigung der Grundrechtsvorschrift ausgelegt und angewandt werden.[161]

Als besondere Ausprägung dieser Ausstrahlungswirkung kann die **organisations- und verfahrens-** 49 **rechtliche Bedeutung** der Versammlungsfreiheit gedeutet werden.[162] Das BVerfG hat die verfassungsrechtliche Judikatur, wonach die Grundrechte Maßstäbe für eine den Grundrechtsschutz effektuierende Organisations- und Verfahrensgestaltung sowie für eine grundrechtsfreundliche Anwendung vorhandener Verfahrensvorschriften setzen, ausdr. auf Art. 8 erstreckt.[163] Hieraus hat das Gericht ein **Gebot versammlungsfreundlicher Kooperation** zwischen Behörden und Versammlungsteilnehmern abgeleitet.[164] Abgesehen von der rechtlichen Operationalisierbarkeit dieser Figur ist ein solches Kooperationsmodell in zweierlei Hinsicht **problematisch:** Zum einen birgt dieser Ansatz die Gefahr einer „Verstaatlichung" der Freiheitsgarantie in sich; zum anderen darf die – uU durchaus sinnvolle – Abstimmung nicht im Sinne einer grundrechtlichen Pflichtenposition der Grundrechtsträger missverstanden[165] werden.[166] Das BVerfG (1. Kammer des Ersten Senats) hat deshalb zu Recht klargestellt, dass es dem Schutzgehalt des Art. 8 widerspreche und eine Fehlinterpretation des Brokdorf-Beschlusses bedeute, wenn dem Veranstalter einer Versammlung eine Rechtspflicht zur Kooperation mit der Behörde und zur Vorlage eines bestimmten Sicherheitskonzepts auferlegt werde.[167]

## III. Grundrechtsberechtigte

**1. Natürliche Personen.** Während § 1 VersG den Personenkreis der „Versammlungsberechtigten" 50 umfassend konzipiert („jedermann"),[168] beschränkt ihn Art. 8 I auf *Deutsche.* Träger des Grundrechts sind damit alle Deutschen i. S. des Art. 116 I einschließlich der Minderjährigen.[169] Ausländer und Staatenlose können sich – neben Art. 11 I EMRK bzw. § 1 VersG – auf das Auffanggrundrecht des Art. 2 I berufen.[170]

Damit ist zwar das Problem des Verhältnisses von Art. 8 GG zum Unionsrecht – in dem Art. 12 I 51 GRCh (ua) die Versammlungsfreiheit gewährleistet – [171] praktisch entschärft, indes noch nicht die Frage beantwortet, ob und ggf. wie Art. 8 I GG gegen seinen klaren Wortlaut auch auf EU-Ausländer zu erstrecken ist.[172] Soweit die Versammlungsfreiheit für EU-Angehörige einfachrechtlich gewährleistet ist, ist eine gemeinschaftsrechtskonforme Rechtsfortbildung nicht erforderlich. Einfachgesetzliche Ingerenzen, die das Versammlungsrecht von Ausländern stärker beschränken, können in europa-

---

[157] Zur Kritik nur *Schwabe* (Fn. 139), S. 286.

[158] Ausf. *Geis,* in: Friauf/Höfling, Art. 8 (2004) Rn. 78 ff.; s. a. *Schulze-Fielitz,* in: Dreier I, Art. 8 Rn. 121 ff.; *Depenheuer,* in: Maunz/Dürig, Art. 8 (2006) Rn. 116.

[159] Zum Zusammenspiel von verfassungsrechtlich garantierter Versammlungsfreiheit und Versammlungsgesetzgebung vgl. *Höfling/Augsberg* ZG 2006, 151 ff.

[160] S. BVerfGE 69, 315 (361 f.); allg. *Stern,* StaatsR III/1, S. 923 ff.

[161] S. BVerfGE 69, 315 (361 f.) mwN; 97, 191 (202); ferner *Hoffmann-Riem* HGR IV, § 106 Rn. 140; *Kloepfer* HStR VII, § 164 Rn. 105 f.; vgl. auch BGHZ 89, 383 (395). S. z. B. im Blick auf § 26 Nr. 2 VersG BVerfGE 92, 191 (202).

[162] Sie gehört zur objektiv-rechtlichen Grundrechtsdimension, wenn und soweit nicht eine Subjektivierung angenommen wird.

[163] So BVerfGE 69, 315 (355 f.); zust. etwa *Hoffmann-Riem* AK GG, Art. 8 Rn. 39.

[164] BVerfGE 69, 315 (362); monographisch: *Buschmann,* Kooperationspflichten im Versammlungsrecht, 1990, S. 29 ff., 125 ff.; s. ferner etwa *Sachs* (Fn. 1), S. 1275.

[165] Beispiel: NdsOVG DÖV 1981, 461 (463).

[166] Dazu *Hoffmann-Riem* FS Simon, 1987, S. 379 (382 f.); *Kloepfer* HStR VII, § 164 Rn. 39 ff.; *Höfling* Staat 1994, 493 (507).

[167] BVerfG (K) NJW 2001, 2078 (2079). S. a. *Depenheuer,* in: Maunz/Dürig, Art. 8 (2006) Rn. 120; *Gusy* MKS I, Art. 8 Rn. 47; im Überblick *Scheidler* Die Polizei 2009, 162 (163 ff.).

[168] Damit wird auch die erforderliche Kongruenz mit Art. 11 I EMRK hergestellt.

[169] S. *v. Mutius* Jura 1988, 30, (35); *Jarass,* in: Jarass/Pieroth, Art. 8 Rn. 11; *Ladeur,* in: Ridder ua (Fn. 4), Art. 8 Rn. 21.

[170] *Ladeur,* in: Ridder ua (Fn. 4), Art. 8 Rn. 21; *Schulze-Fielitz,* in: Dreier I, Art. 8 Rn. 49 ff.

[171] S. mwN *Rixen/Scharl,* in: Stern/Sachs, GRCh, 2016, Art. 12 Rn. 1 ff.

[172] Dafür *Bröhmer* (Fn. 15), Kap. 19 Rn. 19. – Zur Einbeziehung von jur. Personen mit Sitz innerhalb der EU in den Gewährleistungsbereich des Art. 19 III GG: BVerfG NJW 2011, 3428 (3431 f.).

rechtskonformer Auslegung so konkretisiert werden, dass EU-Ausländer wie Deutsche zu behandeln sind.[173]

**52**    **2. Juristische Personen und nicht-rechtsfähige Personenvereinigungen.** Auch **inländische juristische Personen des Privatrechts** und nicht-rechtsfähige Personenvereinigungen können nach Maßgabe von Art. 19 III grds. Träger der Versammlungsfreiheit sein. Dies gilt aber nur für die Ausübungsformen der Veranstaltung und Leitung, nicht für die Teilnahme.[174] Da Art. 19 III unmittelbar den Grundrechtsschutz der juristischen Person bezweckt und nicht – im Sinne eines Durchgriffs – den Schutz der Mitgliederrechte,[175] gewährleistet er iVm Art. 8 I auch nicht das Teilnahmerecht aller Glieder der Organisation.[176]

**53**    Hinsichtlich der nicht-rechtsfähigen Personenvereinigungen setzt die Grundrechtssubjektivität einen gewissen **Grad an Organisation und Dauerhaftigkeit** voraus.[177] Nicht organisierte Vereinigungen wie ad-hoc-Komitees oder (uU) Bürgerinitiativen können deshalb nicht Träger des Grundrechts der Versammlungsfreiheit sein. Das Gleiche gilt für die Versammlung als solche.[178] Eine **Grundrechtsträgerschaft juristischer Personen des öff. Rechts** kommt im Blick auf Art. 8 I nur dann in Betracht, wenn man es grds. für geboten erachtet, den Grundrechtsschutz juristischer Personen des öff. Rechts über die klassische Ausnahmetrias hinaus auszudehnen.[179]

## IV. Grundrechtsbeeinträchtigungen

**54**    Auf die in Art. 8 I tatbestandlich gewährleistete Versammlungsfreiheit kann in unterschiedlicher Weise eingewirkt werden. Dabei lassen sich Eingriffe in abwehrrechtliche Positionen von Leistungsverweigerungen als anderen Grundrechtsbeeinträchtigungen unterscheiden.

**55**    **Abzulehnen** ist die **Kategorie der Ausgestaltung** der Versammlungsfreiheit. Ihr liegt die Vorstellung zugrunde, der Gesetzgeber könne durch Ausgestaltungsregelungen „der Chance der Freiheitsausübung nach Maßgabe der gewährleistungsspezifischen Vorgaben des Grundrechts Gestalt" geben.[180] Die Versammlungsfreiheit ist kein der Ausgestaltung bedürftiges normgeprägtes Grundrecht. Soweit Ingerenzen des Gesetzgebers das Schutzgut beeinträchtigen, liegt ein rechtfertigungsbedürftiger Eingriff vor.

**56**    **1. Eingriffe.** Art. 8 I benennt indirekt als zwei **Eingriffsfälle** die Anmelde- und Erlaubnispflicht. Eindeutige Eingriffe sind ferner das Verbot[181] und die Auflösung von Versammlungen sowie die Erteilung von Auflagen.[182] Gleiches gilt für strafrechtliche oder andere Sanktionen, welche an ein durch Art. 8 I prima facie geschütztes Verhalten anknüpfen.[183] Auch die „Behinderung von Anfahrten und schleppende vorbeugende Kontrollen"[184] stellen eine Beschränkung der Versammlungsfreiheit dar.[185] Entspr. gilt im Blick auf die Gestaltungsfreiheit und Kommunikationsintention der Versammlung für die „Begleitung" eines Demonstrationszuges durch massive Polizeikräfte.[186] Auch die Erhebung von Gebühren kann einen Eingriff darstellen.[187]

---

[173] IdS *Schulze-Fielitz*, in: Dreier I, Art. 8 Rn. 13, 50 ff.; *Blanke*, in: Stern/Becker, Art. 8 Rn. 57; zur gemeinschaftsrechtskonformen Rechtsfortbildung auf Verfassungsebene s. etwa *Bauer/Kahl* JZ 1995, 1077 (1078 f.).

[174] *Kloepfer* HStR VII, § 164 Rn. 52; *Blanke*, in: Stern/Becker, Art. 8 Rn. 59; aA *Kunig*, in: v. Münch/Kunig I, Art. 8 Rn. 11: zur Teilnahme diff. *Depenheuer*, in: Maunz/Dürig, Art. 8 (2006) Rn. 106; vgl. auch *Sachs*, in: Stern, StaatsR IV/1, S. 1241 f.

[175] S. nur *Tettinger* HGR II, § 51 Rn. 21 ff., 61 ff.

[176] *Dürig-Friedl*, in: Dürig-Friedl/Enders (Fn. 62), Einl. Rn. 21.

[177] S. BayVGH NJW 1984, 2116 f. (2116); *Jarass*, in: Jarass/Pieroth, Art. 8 Rn. 11; *Ladeur*, in: Ridder ua (Fn. 4), Art. 8 Rn. 21; *Schulze-Fielitz*, in: Dreier I, Art. 8 Rn. 57.

[178] *Hartmann* BK, Art. 8 (2018) Rn. 241, 254; *Ladeur*, in: Ridder ua (Fn. 4), Art. 8 Rn. 21; *Jarass*, in: Jarass/Pieroth, Art. 8 Rn. 11; zum letzteren Aspekt auch *Gusy* JuS 1986, 608 (610); *Kunig*, in: v. Münch/Kunig I, Art. 8 Rn. 10; *Hoffmann-Riem* AK GG, Art. 8 Rn. 32.

[179] So auch *Kunig*, in: v. Münch/Kunig I, Art. 8 Rn. 10; vgl. allg. *Schnapp* HGR II, § 52 Rn. 12 ff.

[180] Hauptverfechter einer derartigen Position: *Hoffmann-Riem* HGR IV, § 106 Rn. 24; vgl. auch den (maßgeblich von *Hoffmann-Riem* initiierten) Musterentwurf eines Versammlungsgesetzes, Einleitung, S. 2.

[181] Zum Problemkreis „Versammlungsverbote gegenüber konkurrierenden Demonstrationen" *Heine*, in. M. Albers ua, Beobachten-Entscheiden-Gestalten, 2000, S. 717 ff.

[182] Beispiel: Eine ursprünglich als Aufzug angemeldete Versammlung darf nur als ortsfeste durchgeführt werden, s. BVerfG (K) EuGRZ 2013, 76 (Abs.-Nr. 17); eine schematische Erteilung von Auflagen, etwa nach Anzahl der Teilnehmer, ist unzulässig vgl. BVerfG (K) 1 BvR 1791/14.

[183] S. auch *Jarass*, in: Jarass/Pieroth, Art. 8 Rn. 12; aus österreichischer Perspektive s. *Berka* FS Rill, 1995, S. 3 ff.

[184] S. BVerfGE 69, 315 (349).

[185] *Kingreen/Poscher*, Rn. 825 ff.; *Kniesel* NJW 1992, 857 (861); *Jarass*, in: Jarass/Pieroth, Art. 8 Rn. 12.

[186] Dazu OVG Brem NVwZ 1990, 1188 (1191); *Kniesel* NJW 1992, 857 (866).

[187] BVerfGK 12, 354 ff.; s. auch *Depenheuer*, in: Maunz/Dürig, Art. 8 (2006) Rn. 127 f.; *Greve/Quast* NVwZ 2009, 500 ff.; zur Gebühr für eine versammlungsrechtliche Auflage VGH BW NVwZ-RR 2009, 329 ff.; krit. *Hoffmann-Riem* HGR IV, § 106 Rn. 139; *Kaiser* VBlBW 2010, 53 (55 f.); ausführlich zu kosten- und haftungsrechtlichen Aspekten *Geis*, in: Friauf/Höfling, Art. 8 (2004) Rn. 88 ff.; s. auch § 30 ME VersG und Art. 26 BayVersG.

Die Eingriffsqualität ist außerdem zu bejahen für **informationelle Maßnahmen** in Bezug auf 57 Versammlungen (z B Observationen, Abhör- und Bildaufnahmen).[188] Diese Feststellung ist nicht an einschränkende Voraussetzungen subjektiver oder objektiver Art gebunden. Weder kommt es auf die Überwachungsintention der Behörden an[189] noch auf eine besonders exzessive Beobachtung mit entspr. Abschreckungseffekt. Wenn das BVerfG im Brokdorf-Beschluss von „exzessiven Observationen und Registrierungen" spricht,[190] so soll diese Formulierung nicht die Grenze der Eingriffsqualität markieren, sondern die Frage der verfassungsrechtlichen Zulässigkeit (Rechtfertigungsfähigkeit) solcher Maßnahmen beantworten, und zwar verneinen.[191]

**2. Sonstige Beeinträchtigungen.** In ihrer leistungs-, insb. schutzrechtlichen Dimension kann die 58 Versammlungsfreiheit schließlich durch die **Vorenthaltung der erforderlichen Mindestleistung** beeinträchtigt werden.[192]

# C. Grundrechtsbegrenzungen (Grundrechtsschranken) und Grundrechtsschrankenschranken

## I. Systematik

Die durch den Grundrechtstatbestand des Art. 8 I gewährleistete Versammlungsfreiheit wird auf der 59 **Schrankenebene** durch Grundrechtsbegrenzungen relativiert. Für Versammlungen unter freiem Himmel enthält Art. 8 II einen expliziten Gesetzesvorbehalt (→ Rn. 60 ff.). Für andere Versammlungen kommt eine Beschränkung nur auf der Grundlage kollidierenden Verfassungsrechts in Betracht (sog. immanente Grundrechtsschranken) (→ Rn. 78 f.). Für alle Versammlungen enthält schließlich Art. 17a I einen Gesetzesvorbehalt im Blick auf Angehörige der Streitkräfte und des Ersatzdienstes (→ Rn. 76 f.).

## II. Der Gesetzesvorbehalt des Art. 8 II

**1. Allgemeines.** Art. 8 II enthält einen einfachen Gesetzesvorbehalt. Das formelle Gesetz als 60 unmittelbare oder mittelbare Eingriffsgrundlage muss zunächst hinreichend bestimmt sein und den Anforderungen des Art. 19 I genügen.[193] Der „scheinbar gegenständlich unbeschränkte(n) Gesetzesvorbehalt"[194] reduziert die Geltungskraft der Grundrechtsverbürgung indes nicht auf den Bereich, den der Gesetzgeber ihr belässt. Vielmehr gilt auch hier die vom BVerfG zunächst für Art. 5 entwickelte sog. **Wechselwirkungslehre:** Bei allen begrenzenden Regelungen hat der Gesetzgeber die „in Art. 8 verkörperte verfassungsrechtliche Grundentscheidung zu beachten".[195]

Der Verfassungstext beschränkt den Anwendungsbereich des Gesetzesvorbehaltes auf **Versamm-** 61 **lungen unter freiem Himmel.** Diese Formel ist nicht idS wörtlich zu deuten, dass es vor allem auf die Überdachung ankäme. Der Grund für die Differenzierung zwischen unterschiedlichen Versammlungstypen liegt in der besonderen Störanfälligkeit und dem intensivierten Kollisionspotential von Versammlungen unter freiem Himmel, die aus deren Unabgeschlossenheit gegenüber der Umwelt resultieren.[196] Im Blick auf diese Zielrichtung der Norm ist ein wichtiges Kriterium die Begrenzung zu allen Seiten der Versammlung.[197] Erfolgt die Versammlung in räumlich unmittelbarer Auseinandersetzung mit einer unbeteiligten Öffentlichkeit, findet diese auch in einem von allen Seiten umschlossenen Raum „unter freiem Himmel" statt.[198] Dementspr. finden Ver-

---

[188] BVerfGE 122, 342 (368 ff.), s. auch VerfGH Berlin DVBl 2014, 922 ff.; OVG RP DVBl 2015, 583 ff.; vgl. auch §§ 12a, 19a VersG; s. auch §§ 16, 26 ME VersG; zu den Landesgesetzen: *Enders,* in: Dürig-Friedl/Enders (Fn. 62), § 12a Rn. 19 ff.; hierzu s. auch *Brenneisen/Merk* DVBl 2014, 904 ff.; *Kugelmann* FS Hufen, 2015, S. 53 (65); ausführlich auch *Ullrich,* Das Demonstrationsrecht. S. 444 ff.; im Überblick *Koranyi/Singelnstein* NJW 2011, 124 ff.; *Roggan* NVwZ 2011, 590 ff.; *Schulze-Fielitz,* in: Dreier I, Art. 8 Rn. 63; *Hoffmann-Riem* HGR IV, § 106 Rn. 31; *Neskovic/ Uhlig* NVwZ 2014, 335 ff.

[189] So aber *Kingreen/Poscher,* Rn. 825; auf die Finalität abstellend auch *Depenheuer,* in: Maunz/Dürig, Art. 8 (2006) Rn. 126.

[190] BVerfGE 69, 315 (349) unter Bezugnahme auf BVerfGE 65, 1 (43).

[191] Wie hier *Kniesel* NJW 1992, 857 (860); unzureichend diff. insoweit *Kingreen/Poscher,* Rn. 825.

[192] S. auch *Jarass,* in: Jarass/Pieroth, Art. 8 Rn. 15.

[193] *Jarass,* in: Jarass/Pieroth, Art. 8 Rn. 18. Zu den Grenzen der Einschränkbarkeit: *Schulze-Fielitz,* in: Dreier I, Art. 8 Rn. 17 ff.

[194] So BVerfGE 69, 315 (348).

[195] BVerfGE 69, 315 (348); zust. etwa *Kunig,* in: v. Münch/Kunig I, Art. 8 Rn. 30; *Depenheuer,* in: Maunz/Dürig, Art. 8 (2006) Rn. 135; krit. *Ossenbühl* Staat 1971, 73 ff.

[196] S. auch *Frowein* NJW 1969, 1081 (1083); *Hoffmann-Riem* HGR IV, § 106 Rn. 104; *R. Krüger,* Versammlungsrecht, 1994, S. 30 ff.; s. auch BVerfGE 69, 315 (348); krit. *Hartmann* BK, Art. 8 (2018) Rn. 329 ff.

[197] Übereinstimmend etwa *Kunig,* in: v. Münch/Kunig I, Art. 8 Rn. 29; *Kingreen/Poscher,* Rn. 822; *Hoffmann-Riem* AK GG, Art. 8 Rn. 56.

[198] So für ein Flughafengebäude BVerfGE 128, 226 (256); ebenso etwa *Jarass,* in: Jarass/Pieroth, Art. 8 Rn. 17; noch weitergehend *Hoffmann-Riem* HGR IV, § 106 Rn. 104, der auch bei einer Einwirkung einer im geschlossenen

---

sammlungen in Stadien und ummauerten Innenhöfen nicht „unter freiem Himmel" statt, während Versammlungen auf bloß überdachten Plätzen dem Gesetzesvorbehalt des Art. 8 II unterliegen.[199]

**62**    **2. Einzelne Begrenzungsgesetze. a) VersG.** Der Gesetzesvorbehalt des Art. 8 II wird vor allem durch das „Gesetz über Versammlungen und Aufzüge" (VersG) ausgefüllt.[200] Soweit dieses in den Abschnitten I und II auch Versammlungen in geschlossenen Räumen erfasst, müssen etwaige Eingriffe den Anforderungen an Begrenzungen vorbehaltloser Grundrechte genügen (→ Rn. 78 f.). Als **Spezialgesetz** geht das VersG grds. dem allgemeinen Polizei- und Ordnungsrecht, auch dem Straßenverkehrsrecht[201] vor.[202] Dies gilt jedoch nur insoweit, als das VersG auch selbst einschlägige Regelungen enthält.[203] Da das VersG aber lediglich zu einem Vorgehen gegen die Versammlung als solche ermächtigt (z. B. Auflösung), Befugnisnormen für ein Einschreiten gegen einzelne Störer dagegen nicht enthält, ist insofern ein Rückgriff auf die Standardmaßnahmen der Polizeigesetze erlaubt. Unter den Voraussetzungen der einschlägigen Normen des VersG sind über deren Wortlaut hinaus auch Maßnahmen geringerer Eingriffsintensität **(sog. Minus-Maßnahmen)** zulässig und – aus Gründen des Übermaßverbotes – auch geboten.[204]

**63**    Das VersG enthält zahlreiche, zT erhebliche Eingriffsmöglichkeiten.[205] Zweifellos einen Eingriff stellt die **Anmeldepflicht** für öff. Versammlungen unter freiem Himmel gem. § 14 I VersG dar. Nach h. M. ist die Regelung bei verfassungskonformer Auslegung durch den Gesetzesvorbehalt des Art. 8 II gedeckt.[206] Diese Annahme begegnet indes erheblichen Bedenken im Blick auf die tatbestandliche Gewährleistung des Art. 8 I, sich „ohne Anmeldung" frei versammeln zu können.[207] Der Sache nach bedeutet die Auffassung der hM nichts anderes, als dass Art. 8 II die generelle Aufhebung eines ganzen Tatbestandsmerkmals rechtfertigen soll.

**64**    Die Anmeldefreiheit ist jedoch ausweislich des Verfassungstextes zentrales Gewährleistungselement der Versammlungsfreiheit. Die einfachgesetzlich eingeführte allgemeine Anmeldepflicht kehrt aber das verfassungsrechtlich vorgegebene Regel-Ausnahme-Verhältnis von Freiheit und Eingriff um.[208] § 14 I VersG ist deshalb **verfassungswidrig.**[209] Auch das BVerfG stellt klar, dass Beschränkungen auf der Grundlage von Art. 8 II „die Gewährleistung des Abs. 1 nicht gänzlich für bestimmte Typen von Veranstaltungen außer Geltung setzen dürfen".[210] Dementspr. sollen **Spontanversammlungen** im Wege der verfassungskonformen Auslegung ganz von der Anmeldepflicht, **Eilversammlungen** jedenfalls von der Einhaltung der 48-Stunden-Frist des § 14 I VersG befreit sein (→ Rn. 22 f.).[211] Für Großdemonstrationen hat das BVerfG dagegen die Verfassungsmäßigkeit der Anmeldepflicht bejaht.[212]

**65**    Gilt somit die Anmeldepflicht des § 14 I VersG nicht uneingeschränkt (so die hM) bzw. ist sie verfassungswidrig (so die hier vertretene Auffassung), so hat dies auch Auswirkungen auf den **Auflösungstatbestand des § 15 III VersG:** Eine Verletzung der Anmeldepflicht berechtigt nicht automatisch zur Auflösung der Versammlung. Entspr. gilt für den **Verbotstatbestand** des § 15 I VersG.[213]

---

Raum abgehaltenen Versammlung auf die allg. Öffentlichkeit mittels Lautsprechereinsatz oder Videoübertragung von der Einschlägigkeit des Art. 8 Abs. 2 GG ausgeht.

[199] Ebenso *Kingreen/Poscher*, Rn. 822 f.; *Schulze-Fielitz*, in: Dreier I, Art. 8 Rn. 66.

[200] Das VersG gilt nach der Übergangsregelung des Art. 125a I GG bis zu einer Ersetzung durch LandesR zunächst fort. Zu den LänderG Dietel/Gintzel/Kniesel (Fn. 131), Teil II Komm.; Dürig-Friedl/Enders (Fn. 62). Das BVerfG hat das neue BayVersG zT (einstweilen) außer Kraft gesetzt, s. BVerfGE 122, 342 ff.

[201] Dazu BVerwGE 82, 34 (38).

[202] Ausf. *Hoffmann-Riem* HGR IV, § 106 Rn. 101 ff. Vgl. zu den Konsequenzen der mit der Föderalismusreform erfolgten Neuregelung der Gesetzgebungskompetenz *Kötter/Nolte* DÖV 2009, 399 ff. S. auch § 9 ME VersG.

[203] Näher hierzu etwa *Bertuleit/Steinmeier*, in: Ridder ua (Fn. 4), § 1 Rn. 41 ff.; s. auch *Alberts* NVwZ 1992, 38 ff.; *Deger* NVwZ 1999, 256 ff. – Eingehend zu den Steuerungsdefiziten des VersG *I. Hueck*, in: Grabenwarter ua, Allgemeinheit des Grundrechte und Vielfalt der Gesellschaft, 1994, S. 179 ff.; *Höfling/Augsberg* ZG 2006, 151 (162 ff.).

[204] S. etwa *Dietel/Gintzel/Kniesel* (Fn. 131), Grundlagen Rn. 313, 401 ff., § 5 Rn. 34., § 13 Rn. 25 ff., § 15 Rn. 209; *Depenheuer*, in: Maunz/Dürig, Art. 8 (2006) Rn. 137, 153; *Kloepfer* HStR VII, § 164 Rn. 80, 94 f.; vgl. auch § 9 ME VersG.

[205] S. a. den Überblick bei *Gusy* JuS 1986, 608 (611 ff.).

[206] BVerfGE 69, 315 (349 f.); 85, 69 (75); zuletzt BVerfG (K), NVwZ 2019, 1509 Rn. 17; *Kloepfer* HStR VII, § 164 Rn. 35, 38, 81; *Sachs*, in: Stern, StaatsR IV/1, S. 1243 ff.; *Schulze-Fielitz*, in: Dreier I, Art. 8 Rn. 83 ff.

[207] Mit dieser Textfassung hebt sich Art. 8 deutlich von der Vorläufernorm des Art. 123 II WRV ab.

[208] Zur Kritik s. etwa *Frowein* NJW 1969, 1081 (1085); *Schwäble* (Fn. 1), S. 202; *Geis* NVwZ 1992, 1025 (1027 f.).

[209] Für Teilnichtigkeit der Norm BVerfGE 85, 69 (77 f.); *Depenheuer*, in: Maunz/Dürig, Art. 8 (2006) Rn. 169; *Schenke* JZ 1986, 35 f.; offenlassend *Ipsen*, Staatsrecht II, Rn. 572; aA die h. M.: *Dürig-Friedl*, in: Dürig-Friedl/Enders (Fn. 62), § 14 Rn. 5; ähnlich *Bröhmer* (Fn. 15), Kap. 19 Rn. 78; *Sachs*, in: Stern, StaatsR IV/1, S. 1243 f. mwN.

[210] BVerfGE 69, 315 (351).

[211] Dazu aus der Literatur m. z. N. *Sachs*, in: Stern, StaatsR IV/1, S. 1244 ff.

[212] BVerfGE 69, 315 (357 ff.); aA *Geulen* KJ 1983, 189 (193 f.).

[213] BVerfGE 69, 315 (351); ferner etwa *Kloepfer* HStR VII, § 164 Rn. 81.

Für die Anwendung des § 15 VersG allgemein gilt iÜ die aus dem Übermaßverbot resultierende
Maxime, dass Verbot und Auflösung einer Versammlung nur als ultima ratio nach Ausschöpfung
milderer Mittel in Betracht kommen.[214] Das zusätzliche, in § 15 I VersG genannte Erfordernis einer
unmittelbaren Gefährdung führt zudem zu gegenüber dem allgemeinen Polizeirecht gesteigerten
Anforderungen an die Gefahrenprognose.[215] In diesem Zusammenhang kann die (mangelnde) Kooperationsbereitschaft von Veranstalter, Leiter und Teilnehmern einerseits sowie der Behörde andererseits
eine Rolle spielen.[216]

Wenn ein Versammlungsverbot darauf gestützt werden soll, dass die für die Versammlungsleitung  **66**
vorgesehenen Personen nicht die erforderliche Bereitschaft oder Fähigkeit zur Sicherstellung der Ordnung in der Versammlung verfügen, so müssen dafür konkrete Tatsachen bezeichnet werden, die die
behördliche bzw. gerichtliche Annahme mit hinreichender Wahrscheinlichkeit als richtig erscheinen
lassen. Bloße Hinweise auf strafrechtliche Ermittlungen ohne Angabe des Ausgangs solcher Verfahren
und auf Rechtsverstöße bei Veranstaltungen an anderen Orten ohne konkreten Bezug zu den Beteiligten
der verbotenen Versammlung erfüllen diese Voraussetzungen in der Regel nicht.[217] Anders ist der Fall
gelagert, wenn konkrete polizeiliche Erkenntnisse über bestimmte zu erwartende Versammlungsteilnehmer vorliegen und konkrete Indizien – etwa über das Internet verbreitete Gewaltaufrufe – auf die
unmittelbare Gefahr der Begehung von Gewalttätigkeiten schließen lassen. In solchen Fällen darf vom
Veranstalter ggf. erwartet werden, dass er bzw. der vorgesehene Leiter der Versammlung schon im
Vorfeld öffentlich „deutliche Signale setzen, die auf die Gewaltfreiheit der Durchführung der Versammlung ausgerichtet sind".[218] Die Reichweite des Grundrechtsschutzes aus Art. 8 GG wird allerdings
verkannt, wenn hieraus im Vorfeld von Versammlungen Verhaltenspflichten von Versammlungsver-
anstaltern abgeleitet werden, die iE zu einer Abweichung von allgemeinen verwaltungsrechtlichen
Grundsätzen über die Darlegungs- und Beweislast zu Lasten der Versammlungsveranstalter führen.[219]

In jüngerer Zeit war besonders umstritten, ob und inwieweit eine **Gefährdung der öff. Ordnung**  **67**
im Sinne von § 15 I VersG für eine Auflösung bzw. ein Verbot einer Versammlung ausreicht.[220] In der
Brokdorf-Entscheidung hatte das BVerfG hervorgehoben, Verbote und Auflösungen könnten im
Wesentlichen nur zum Schutze elementarer Rechtsgüter in Betracht kommen, während eine bloße
Gefährdung der öff. Ordnung im Allgemeinen nicht genügen werde.[221] Diese Grundlinie hat das
Gericht in jüngeren Entscheidungen weiterverfolgt.[222] Auf die Gefährdung der öff. Ordnung gestützte
Auflagen seien hingegen zulässig, wenn einer Versammlung eine spezifische Provokationswirkung
zukomme oder ein besonderer Einschüchterungseffekt zu erwarten sei.[223] Der Erste Senat hat im Jahre
2004 klargestellt, in den letztgenannten Fällen komme auch ein Versammlungsverbot in Betracht, falls
die aus dem äußeren Versammlungsgeschehen sich ergebenden Gefahren nicht durch Auflagen abgewehrt werden könnten.[224]

Die Frage, wann von einer Gefährdung der öff. Ordnung ausgegangen werden kann, ist namentlich im  **68**
Blick auf **rechtsextremistische Demonstrationen**[225] erörtert worden. Dabei ist es zu einem wohl

---

[214] BVerfGE 69, 315 (353); *Hoffmann-Riem* AK GG, Art. 8 Rn. 63; *J. Hofmann* BayVBl 1987, 129 (133); *Schulze-Fielitz*, in: Dreier I, Art. 8 Rn. 93; vgl. ferner VGH BW NVwZ 1989, 163 (163); *Grooterhorst/Schmidt*, DÖV 1996, 355 (357 ff.).

[215] BVerfGE 69, 315 (353 f.); BVerfG (K) NJW 2010, 141 (142 f.); *Kunig*, in: v. Münch/Kunig I, Art. 8 Rn. 33 mN aus der Rspr. der Fachgerichte z. B.: NdsOVG NdsVBl 2009, 229 ff.; VGH BW DVBl 1995, 363 (364) und 366 (366).

[216] BVerfGE 69, 315 (358 f.).

[217] So BVerfG (K) NJW 2000, 3051 (3052); s. aber BVerfG (K) NVwZ 2006, 815.

[218] BVerfG (K) NJW 2000, 3051 (3053).

[219] So BVerfG (K) NJW 2001, 2078 (2079); *Hoffmann-Riem* HGR IV, § 106 Rn. 109.

[220] Dies zu Recht für den Regelfall ausschließend etwa *Schulze-Fielitz*, in: Dreier I, Art. 8 Rn. 97 gegen einen Teil der jüngeren Judikatur, s. etwa: HessVGH NVwZ-RR 1994, 86 (87); BayVGH NVwZ 1992, 76 (77); VG Halle NVwZ 1994, 719 (720); ausf. *Hoffmann-Riem* HGR IV, § 106 Rn. 123 ff.; *Laubinger/Repkewitz* VerwArch 2002, 149 (150 ff.); *Schaefer*, Grundlegung einer ordoliberalen Verfassungstheorie, 2007, S. 95 ff., 412 ff.; *Wiefelspütz* KritV 2002, 19 ff.; jeweils mzN.

[221] BVerfGE 69, 315 (353).

[222] BVerfG (K) NVwZ-RR 2002, 500 (501); NJW 2001, 1409 (1410); NJW 2001, 2076 (2077); NJW 2001, 2069 (2070). Noch weitergehend *Gusy* JZ 2002, 105 (107), der wegen der fehlenden demokratischen Legitimation der außerrechtlichen Maßstäbe und der Unbestimmtheit des Begriffs eine Eignung zur Rechtfertigung von Grundrechts-eingriffen ablehnt; ähnlich *Kutscha* Die Polizei 2002, 254 f. Zusammenfassend *Leist* NVwZ 2003, 1300 ff. mwN.

[223] Vgl. BVerfGE 111, 147 (156 f.); BVerfGK 10, 485 ff.; BVerfG (K) NVwZ NVwZ 2004, 90 (91); NJW 2001, 2069 (2071); NJW 2001, 2072 (2074); vgl. auch schon BVerfGE 68, 315 (355); insoweit in Übereinstimmung mit der Rspr. der Obergerichte, z. B. OVG NRW NJW 2001, 1441 f.; OVG Berl NVwZ 2000, 1201 f.; OVG MV NordÖR 2001, 448 f.; Thür OVG DVBl 1999, 1754 (für Trommeln); enger allerdings Thür OVG DVBl 1999, 1754, das bei Fahnenstangen auf die Einsetzbarkeit als Waffe abstellt. S. jetzt auch § 18 ME VersG.

[224] BVerfGE 111, 147 (157); dazu z B *Battis/Grigoleit* NJW 2004, 3459 ff.; *Leist* BayVBl 2005, 234 (235).

[225] Dazu s. etwa *Bauer*, Rechtliche Maßnahmen gegen rechtsextremistische Versammlungen, 2010; *Gusy* JZ 2002, 105 ff.; *Sachs*, in: Stern, Staatsrecht IV/1, S. 1235 ff.; allg. zur Definition des Begriffs „Rechtsextremismus" im Kontext der Wertungen des GG *Schaefer*, Grundlegung einer ordoliberalen Verfassungstheorie, 2007, S. 87. Rechts-vergleichend s. ÖsterrVfGH EuGRZ 2005, 327 ff.

beispiellosen[226] Konflikt zwischen dem nrw OVG[227] und der 1. Kammer des Ersten Senats des BVerfG[228] gekommen. Abgesehen von Sonderkonstellationen, in denen der für die Versammlung gewählte Tag durch eine gewichtige Symbolkraft charakterisiert ist– konkret: **Holocaust-Gedenktag am 27.1.** –, die mit der Durchführung eines Aufzuges in einer die grundlegenden sozialen oder ethischen Anschauungen in erheblicher Weise verletzenden Weise angegriffen wird, kommt nach Auffassung des BVerfG ein Rückgriff auf § 15 VersG hinsichtlich des Schutzgutes „öff. Ordnung" grds. nicht in Betracht.[229]

69    (Auch) als Reaktion auf diese Rechtsprechungskontroverse wurden im Jahre 2005 sowohl das VersG als auch das StGB um auf die spezifische Situation zugeschnittene Normen ergänzt.[230] Gem. dem neu eingefügten § 15 II VersG kann eine Versammlung verboten oder von Auflagen abhängig gemacht werden, wenn sie erstens an einem Ort stattfindet, „der als Gedenkstätte von historisch herausragender, überregionaler Bedeutung an die Opfer der menschenunwürdigen Behandlung unter dem nationalsozialistischen Gewalt- und Willkürherrschaft erinnert" und zweitens „nach den zur Zeit des Erlasses der Verfügung konkret feststellbaren Umständen zu besorgen ist, dass durch die Versammlung die Würde der Opfer beeinträchtigt wird". Als einen solchen Ort legt § 15 II 2 VersG das Denkmal für die ermordeten Juden Europas in Berlin fest.[231] Den Ländern wird die Möglichkeit eröffnet, andere schützenswerte Orte durch LandesG zu bestimmen.

70    Als Eingriffsregelungen unterliegen die **Schutzwaffen- und Vermummungsverbote**[232] nicht nur rechtspolitischen Bedenken, sondern auch verfassungsrechtlichen Zweifeln.[233] Es ist zu berücksichtigen, dass sich nachvollziehbare Rechtfertigungsgründe sowohl für die Vermummung[234] als auch für die sogenannte Schutzbewaffnung[235] anführen lassen.[236] Im Hinblick hierauf wird die Vorschrift zum Teil nur bei verfassungskonformer Auslegung, namentlich im Wege einer erweiternden Auslegung der Ausnahmevorschrift des § 17a III 2 VersG, für verfassungsgemäß gehalten.[237] Aber auch bei „normaler" Interpretation ermöglicht die genannte Ausnahmeregelung die Berücksichtigung legitimer („friedlicher") Vermummung und Schutzbewaffnung und dürfte deshalb den Anforderungen des Übermaßverbotes genügen.[238]

71    Einen intensiven Eingriff in die Freiheit versammlungsspezifischer Expressivität stellt das **Uniformverbot des § 3 I VersG** dar. Ein Vorprüfungsausschuss des BVerfG hat die Regelung für verfassungsrechtlich akzeptabel erklärt, wenn das Verbot, öffentlich oder in Versammlungen „gleichartige Kleidungsstücke als Ausdruck einer gemeinsamen politischen Gesinnung zu tragen", auf das gemeinsame Tragen solcher Kleidung beschränkt werde, die mit Uniformen oder Uniformteilen gleichartig seien. Die Vorschrift sei vor dem Hintergrund der historischen Erfahrung zu verstehen, die zeige, dass das Tragen von Uniformen „suggestiv-militante Effekte in Richtung auf einschüchternde uniforme Militanz auszulösen" vermöge.[239] Solche Erscheinungsformen können zwar durchaus Grundlage eines

---

[226] So die Wertung bei *Battis/Grigoleit* NJW 2001, 2051 (2053); dazu auch die zu Recht mahnenden Bemerkungen von *Benda* NJW 2001, 2947 f.: „Kammermusik, schrill".

[227] Genauer: Dessen 5. Senat unter dem Vorsitz des Präsidenten, zugleich Präsident des VerfGH NRW, z B OVG NRW NJW 2001, 2111 f.; 2113 f.; 2114 f.; 2986 f.; NVwZ 2002, 737.

[228] Dazu BVerfG (K) NJW 2001, 1409 (1410); vgl. hierzu *Wiefelspütz* KritV 2002, 19 (22 f.). Für die Osterfeiertage, den 1. Mai, den Tag der „Machtergreifung" Hitlers und den 9. November wurde dies anders gesehen, BVerfG (K) NJW 2001, 2075 f.; NJW 2001, 2076 f.; NJW 2001, 2079; NJW 2001, 1408 f.; BVerfG (K) 1 BvQ 52/13 im Gegensatz zu OVG NRW NJW 2001, 2113 f.; NJW 2001, 2114 f.; OVG NRW 5 B 1335/13; vgl. aber auch BVerfG NVwZ 2003, 601 f. (im Anschluss an OVG Bbg NVwZ 2003, 623 ff.) zum (gesetzlich geschützten) Volkstrauertag.

[229] Vgl. auch BVerfG (K) NVwZ 2012, 749 (749) – Dazu näher: BVerfG (K) NJW 2001, 2069 ff.; etwas einschränkend auch BVerfGE 111, 147 (158); daran anknüpfend: BVerwG NVwZ 2014, 883 ff. Zur zweifelhaften Annahme einer „Sperrwirkung des Meinungsstrafrechts" *Röger*, Demonstrationsfreiheit für Neonazis?, 2004, S. 44 f.; *Sachs* GS Burmeister, 2005, S. 339 (347 f.); *ders.*, in: Stern, StaatsR IV/1, S. 1250 f.; – Im Blick auf Art. 5 I 1 1. Alt. GG hat das BVerfG demggü. eine Sonderstellung von den Nationalsozialismus billigenden, verherrlichenden rechtfertigenden Meinungsäußerungen angenommen, die es erlaube, vom Erfordernis der „allgemeinen Gesetze" abzuweichen. Vgl. BVerfGE 124, 300 ff.; dazu etwa *Höfling/Augsberg*, JZ 2010, 1088 ff.; speziell zu Auswirkungen auf das Versammlungsrecht *Hong* DVBl 2010, 1267 (1274 ff.); *Hoffmann-Riem* HGR IV, § 106 Rn. 120 ff.

[230] Zu der Gesetzesänderung und deren verfassungsrechtlicher Würdigung vgl. *Höfling/Augsberg* ZG 2006, 151 (170 f.); *Enders/Lange* JZ 2006, 105 ff., jeweils mwN.

[231] Dazu jetzt bereits BVerfG (K) NVwZ 2005, 1055 (1056): „Keine verfassungsrechtliche Bedenken".

[232] Die über § 27 II und § 29 Nr. 1a VersG sanktionsbewährt sind. – *Ipsen*, StaatsR II, Rn. 575 verneint einen Eingriff mangels Tatbestandseinschlägigkeit.

[233] Zur Diskussion s. etwa *Meyn*, Die sogenannte Vermummung und passive Bewaffnung, 1988; *Kühl* NJW 1986, 874 ff.; *Jahn* JZ 1988, 545 ff.; *Dietel/Gintzel/Kniesel* (Fn. 131), § 17a Rn. 6; rechtsvergleichend SchwBG EuGRZ 1992, 137 ff.; *Ehrentraut* (Fn. 1), S. 147 ff.

[234] Schutz gegen Identifizierung, → Rn. 35.

[235] Z. B. Schutz gegen gewalttätige Gegendemonstranten.

[236] Dies ist auch im Gesetzgebungsverfahren anerkannt worden, s. BT-Dr 10/3580, S. 4 f.

[237] S. *Hoffmann-Riem* AK GG, Art. 8 Rn. 27; *Dürig-Friedl*, Dürig-Friedl/Enders (Fn. 62), § 17a Rn. 4 ff.; auch BVerfG (K) NVwZ 2008, 414 (415).

[238] Übereinst. *Bertuleit/Herkströter* in: Ridder ua (Fn. 4), § 17a Rn. 17 ff.; ausf. aus schweiz. Sicht SchwBG EuGRZ 1992, 137 (139 ff.) – ebenfalls unter Hervorhebung der gesetzlichen Ausnahmeregelung.

[239] BVerfG NJW 1982, 1803.

behördlichen Einschreitens sein, rechtfertigen andererseits aber kein undifferenziertes generelles Verbot.[240] Deshalb ist § 3 I VersG **mit Art. 8 nicht vereinbar.**[241]

**b) Weitere versammlungsspezifische Begrenzungsgesetze.** An erster Stelle sind hier die § 16 **72** VersG ausführenden **Bannmeilengesetze** der Länder[242] und das BefBezG des Bundes zu nennen. Sie schränken die Versammlungsfreiheit im Interesse der Funktionsfähigkeit der genannten Verfassungsorgane sowie der Integrität der Organwalter weitgehend ein.[243] Die Rigidität der Begrenzung begegnet erheblichen verfassungsrechtlichen Bedenken. Der internationale Vergleich[244] ebenso wie nationale Erfahrungsberichte[245] vermögen die Annahme einer abstrakten Gefährdung der betroffenen Schutzgüter durch Versammlungen nicht zu erhärten. Die gesetzliche Systematik von Verbotstatbestand (§ 16 VersG, § 2 BefBezG) und speziellen Zulassungsregelungen, die sich als repressives Verbot mit Ausnahmevorbehalt[246] darstellt, kehrt das Regel-Ausnahme-Verhältnis von Versammlungsfreiheit und Einschränkungsmöglichkeit für bestimmte Versammlungsorte allgemein um.[247] Dies stößt auf prinzipielle und durchgreifende verfassungsrechtliche Bedenken.[248] Gem. **§ 3 BefBezG** besteht zwar ein Anspruch auf Erteilung einer Versammlungsgenehmigung, soweit keine Gefahr für das Schutzgut des Bannkreises zu befürchten ist. Allerdings ist dies nach § 3 II 2 BefBezG im Blick auf BRat und BT „in der Regel" (nur) an sitzungsfreien Tagen anzunehmen. Insoweit handelt es sich allenfalls um einen ersten Schritt in Richtung einer verfassungsnäheren Ausgestaltung des Bannmeilenrechts.[249] Der ME eines VersG enthält die vorzugswürdige Regelung, nach der im Einzelfall geprüft werden muss, ob eine Gefahr für die Funktionsfähigkeit des Landtags besteht.[250]

Entspr. gilt für die **Feiertagsgesetze** der Länder, welche in der Regel Versammlungen während **73** der Hauptgottesdienstzeiten verbieten.[251] Die grundrechtliche Gewährleistung des Art. 4 kann eine solch generelle gesetzgeberische Abwägung zu Lasten der Versammlungsfreiheit nicht rechtfertigen.[252]

Schließlich enthält auch das besondere **Demonstrationsstrafrecht** (insbes. §§ 125, 125a sowie der **74** neue 130 IV StGB) versammlungsspezifische Eingriffsregelungen, die aber jedenfalls im Blick auf Art. 8 als verfassungskonform angesehen werden können.[253] Ein Verstoß gegen Art. 8 I kommt allerdings dann in Betracht, „wenn die Art der strafrechtlichen Tatsachenermittlung und –würdigung den Bürger in einem Maße der Gefahr einer Bestrafung aussetzt, dass dieser von der Wahrnehmung seiner Grundrechte eher Abstand nehmen wird".[254] Die Strafvorschriften und Ordnungswidrigkeitstatbestände des VersG sind iE verfassungsrechtlich nicht zu beanstanden. Auch Auslegung und Anwendung dieser Annexregelungen zu den materiellen Eingriffsnormen des VersG müssen aber den Anforderungen des Art. 8 I genügen. Dementspr. wäre es verfassungswidrig, wenn ein Verstoß gegen

---

[240] Die Ausnahmeregelung des § 3 II VersG bezieht sich nur auf Jugendverbände.

[241] Übereinstimmend *Preuß* FS R. Schmid, 1985, S. 441 f.; krit. auch *Blanke*, in: Stern/Becker, Art. 8 Rn. 85; *Gallwas* JA 1986, 484 (487); *Geis*, in: Friauf/Höfling, Art. 8 (2004) Rn. 118 ff.; *Ott/Wächtler/Heinhold* (Fn. 22), § 3 Rn. 1 im Blick auf Art. 5. AA *Depenheuer*, in: Maunz/Dürig, Art. 8 (2006) Rn. 146: Uniformverbot als „Ausgestaltung des Friedlichkeitsvorbehalts".

[242] Nachw. bei *Dietel/Gintzel/Kniesel* (Fn. 131), § 16 Rn. 2.

[243] Ausführlich zum Problemkreis *Breitbach*, Die Bannmeile als Ort von Versammlungen, 1994; aus jüngerer Zeit ferner *Dietrich* DÖV 2010, 683 ff.; *Tsatsos/Wietschel* ZRP 1994, 211 ff. Ähnlich wirken temporär geltende, ortsbezogene Allgemeinverfügungen, vgl. BVerfGK 11, 298 ff.

[244] In Europa gibt es sonst nur noch in Belgien, England und Österreich vergleichbare Bestimmungen; auch in den USA gibt es kein entspr. Verbot, dazu s. *Ehrentraut* (Fn. 1), S. 162 ff.

[245] Dazu *Breitbach*, Die Bannmeile als Ort von Versammlungen, 1994, S. 134 ff.

[246] So die hM, s. etwa *Maurer/Waldhoff* Allgemeines Verwaltungsrecht, 19. Aufl. 2017, § 9 Rn. 52 ff.; OVG NRW NWVBl 1994, 305 (308); wN aus der nicht veröff. Verwaltungsgerichtsjudikatur bei *Breitbach*, Die Bannmeile als Ort von Versammlungen, 1994, S. 191 Fn. 531, der selbst eine aA vertritt (S. 188 ff.).

[247] Das ist eine Parallele zur einfachgesetzlichen Anmeldepflicht, s. o. Rn. 58.

[248] Ebenso *Ehrentraut* (Fn. 1), S. 164 ff.; *Hoffmann-Riem* HGR IV, § 106 Rn. 115; *Tsatsos/Wietschel* ZRP 1994, 212 ff.; wohl auch *Kniesel* NJW 1996, 2606 (2610); für verfassungskonforme Auslegung *Breitbach*, Die Bannmeile als Ort von Versammlungen, 1994, S. 96 ff.; uneingeschränkt für Verfassungskonformität OVG NRW NWVBl 1994, 305 (307).

[249] Vgl. hierzu *Werner* NVwZ 2000, 369 ff.; *Wiefelspütz* ZRP 2001, 60 ff.

[250] § 20 II ME VersG, s. ME eines VersGes, S. 57 ff.

[251] Älterer Überblick bei *Müller* (Fn. 6), S. 124 ff.; neuere Übersicht *Mattner*, Sonn- und Feiertagsrecht, 2. Aufl. 1991, S. 177 ff.; zum Verhältnis der einschlägigen feiertagsrechtlichen Regelungen zu § 15 VersG: BVerfG (K) NJW 2001, 2075 f.; dazu krit. *Laubinger/Repkewitz* VerwArch 2002, 149, (169 f.); *Arndt/Droege* NVwZ 2003, 906 ff.

[252] S. auch *Geis*, in: Friauf/Höfling, Art. 8 (2004) Rn. 109; *Ott/Wächtler/Heinhold* (Fn. 22), Einf. Rn. 12; krit., wenngleich nicht mit der Konsequenz der Verfassungswidrigkeit *Kloepfer* HStR VII, § 164 Rn. 89; für eine verfassungskonforme Auslegung *Blanke*, in: Stern/Becker, Art. 8 Rn 87.

[253] S. auch *Frowein* NJW 1985, 2376 (2378); *Kunig*, in: v. Münch/Kunig I, Art. 8 Rn. 32; ferner BVerfGE 82, 236 (258 ff.); zu der bei § 130 IV StGB gebotenen verfassungskonformen Auslegung *Höfling/Augsberg* ZG 2006, 151 (176 f.); *Poscher* NJW 2005, 1316 (1317); s. a. BVerfG (K) NJW 2005, 3202 (3203); BayVBl 2006, 760; BayVGH BayVBl 2006, 760 ff.

[254] So BVerfGE 82, 236 (263).

eine Auflösungsverfügung nach § 29 I 2 VersG ohne Rücksicht auf die Rechtmäßigkeit des VA geahndet würde.[255]

**75**    **c) Andere (allgemeine) Begrenzungsgesetze.** Außer den skizzierten versammlungsspezifischen Gesetzen enthalten noch andere – gleichsam „allgemeine" – Gesetze Regelungen mit mittelbar versammlungsbezogenen Begrenzungen.[256] Über die Brückenfunktion des § 15 VersG und des dort genannten Schutzgutes der öff. Sicherheit vermögen solche Rechtsnormen Eingriffe in die Versammlungsfreiheit grds. zu legitimieren. IS der Wechselwirkungslehre müssen auch diese Normen daraufhin geprüft werden, ob und wieweit sie der verfassungsrechtlichen Bedeutung der Versammlungsfreiheit gerecht werden.[257]

**76**    An erster Stelle ist das **Polizei- und Ordnungsrecht** zu nennen. Insoweit entfaltet das VersG allerdings eine weitgehende Sperr- und Filterwirkung (→ Rn. 62). Ähnliches gilt für das **Straßenverkehrsrecht.** So ist § 29 II StVO, der eine Erlaubnispflicht für stationäre Veranstaltungen statuiert, auf Versammlungen nicht anwendbar. Die straßenverkehrsrechtlichen Vorschriften betreffen zwar einen typischen Konfliktbereich Versammlungsfreiheit – öff. Sicherheit,[258] doch soll der Ausgleich der widerstreitenden Interessen „nach den Vorstellungen des Gesetzgebers nicht im Rahmen eines vorgeschalteten Erlaubnisverfahrens, sondern allein nach Maßgabe des § 15 VersG erfolgen".[259] Ferner ist auf das **Straßen- und Wegerecht** zu verweisen, wonach die Benutzung öff. Straßen über den Gemeingebrauch hinaus grds. einer Sondernutzungserlaubnis bedarf. Unabhängig von der einfachrechtlich-konstruktiven Begründung iE[260] besteht jedenfalls Einigkeit darüber, dass Versammlungen auf öff. Straßen und Plätzen[261] keiner wegerechtlichen Sondernutzungserlaubnis bedürfen.[262]

**77**    Soweit es sich nicht um spezifisches Demonstrationsstrafrecht handelt (o. Rn. 72), kann auch das **Strafrecht** als geradezu klassisches allgemeines Gesetz der Versammlungsfreiheit Grenzen setzen. Bloße Sitzblockaden können nicht unter Berufung auf § 240 StGB verboten oder aufgelöst werden.[263] Verfassungsrechtlich nicht zu beanstanden soll es hingegen sein, wenn die Gewaltsamkeit iSd § 240 StGB aus dem Hinzutreten einer physischen Barriere abgeleitet wird.[264] Im Blick auf § 113 StGB hat das BVerfG (1. Kammer des Ersten Senats) eine der Verurteilung entgegenstehende erkennbare Rechtswidrigkeit der Amtshandlung angenommen, wenn die sich der Entfernung von der Versammlung widersetzende Person nicht zuvor versammlungsrechtlich von der Versammlung ausgeschlossen oder die Versammlung aufgelöst wurde.[265]

## III. Der Gesetzesvorbehalt des Art. 17a I

**78**    Neben Art. 8 II steht der Gesetzesvorbehalt des Art. 17a I.[266] Danach können Gesetze über den Wehr- und Ersatzdienst bestimmen, dass für die Angehörigen der Streitkräfte und des Ersatzdienstes während der Zeit des Wehr- oder Ersatzdienstes (ua) das Grundrecht der Versammlungsfreiheit eingeschränkt wird. Während das ZDG von dieser Ermächtigung bislang keinen Gebrauch gemacht hat, enthält das **SoldG** entsprechende Grundrechtsbeschränkungen. So ist es Soldaten gem. § 15 III SG untersagt, in Uniform an politischen Veranstaltungen, also auch an Versammlungen, teilzunehmen.[267]

---

[255] Dazu BVerfGE 87, 399 (406 ff.); ausf. *Bertuleit,* Sitzdemonstrationen zwischen prozedural geschützter Versammlungsfreiheit und verwaltungsrechtsakzessorischer Nötigung, 1993, S. 82 ff.

[256] S. a. den Überblick bei *Geis,* in: Friauf/Höfling, Art. 8 (2004) Rn. 110 ff.

[257] S. auch *Schwerdtfeger* GS Martens, 1987, S. 445 (447 f.); *Dietel/Gintzel/Kniesel* (Fn. 131), Grundlagen Rn. 255 ff.; *Kloepfer* HStR V, § 164 Rn. 81.

[258] Ausführlich hierzu *Schwerdtfeger,* Die Grenzen des Demonstrationsrechts in innerstädtischen Ballungsbereichen, 1988.

[259] So BVerwGE 82, 34 (38); ferner etwa *Ott/Wächtler/Heinhold* (Fn. 22), Einf Rn. 11; *Hoffmann-Riem* AK GG, Art. 8 Rn. 66.

[260] Überblick zB bei *Zeitler,* Versammlungsrecht, 1994, Rn. 303 ff.; *Hartmann* BK, Art. 8 (2018) Rn. 354 f.

[261] Nach hier vertretener Auffassung durch die abwehrrechtliche Dimension des Art. 8 I umfasst, s. o. Rn. 42 f. Zur Sonderkonstellation von Friedhöfen und deren näherer Umgebung vgl. am Beispiel des (2005 novellierten) Bbg GräberG OVG Bbg, Beschl. v. 12.11.2004 (Az.: 4 B 317/04) sowie Beschl. v. 17.6.2005 (Az.: 4 B 98/05); s. dazu *Patz/Rohde* LKV 2010, 114 ff.

[262] S. etwa *Kunig,* in: v. Münch/Kunig I, Art. 8 Rn. 31; *Kloepfer* HStR VII, § 164 Rn. 91. Die Frage, ob ein Protestcamp in einer Grünanlage dem VersG unterfällt, ist nicht geklärt BVerfG (K) NVwZ 2017, 1374 ff.

[263] S. zur fehlenden Bestimmtheit eines erweiterten Gewaltbegriffs BVerfGE 92, 1 (14 ff.). Zum Problem auch *Bertuleit/Herkströter,* in: Ridder ua (Fn. 4), S. 814 ff.; *dies.* KJ 1987, 331 ff.; *Brohm* JZ 1985, 501 ff.; *Calliess* NStZ 1987, 209 ff.; *Kühl* StV 1987, 122 ff.; *Jahn* JuS 1988, 946 ff.; *Starck* JZ 1987, 145 ff.; *Wolter* NStZ 1986, 241 ff.; *Gusy* MKS I, Art. 8 Rn. 79.

[264] BVerfGE 104, 92 (102) mit abw. Meinungen (*Haas* sowie *Jäger* und *Bryde*), aaO, S. 115 ff.

[265] BVerfGK 11, 102 (109 ff., 114 ff.); s. auch *Hoffmann-Riem* HGR IV, § 106 Rn. 142.

[266] Zum umstrittenen Verhältnis von Art. 17a I zu den Gesetzesvorbehalten der darin genannten Grundrechte s. *Uerpmann-Wittzack,* in: v. Münch/Kunig I, Art. 17a Rn. 6; *J. Ipsen* BK, Art. 17a (2011) Rn. 65 ff.: lex specialis; aA BVerfGE 44, 197 (201 f.); *Jarass,* in: Jarass/Pieroth, Art. 17a Rn. 1.

[267] Dazu auch BVerfGE 57, 29 (35 f.), wo allerdings unzutreffenderweise angenommen wird, Art. 8 I sei insoweit schon tatbestandlich nicht berührt.

Andererseits wird die Treuepflicht des Soldaten (§ 7 SG) nicht dadurch verletzt, dass er „außer **79** Dienst und außerhalb dienstlicher Unterkünfte und Anlagen in Zivil an einer Demonstration gegen weltweite Rüstungsmaßnahmen teilnimmt".[268] Die besondere Bedeutung des Gesetzesvorbehaltes des Art. 17a I liegt in der **Begrenzungsmöglichkeit** des insoweit in Art. 8 vorbehaltlos gewährleisteten Grundrechts, sich **in geschlossenen Räumen** zu versammeln.[269]

## IV. Kollidierendes Verfassungsrecht

Abgesehen vom Sonderfall des Art. 17a I (→ Rn. 77) unterliegen Versammlungen in geschlossenen **80** Räumen **keinem Gesetzesvorbehalt.** Auch eine analoge Anwendung des Art. 8 II scheidet aus.[270] Die Versammlungsfreiheit kann daher insoweit nur zum Schutze kollidierender Verfassungsrechtsgüter[271] eingeschränkt werden.[272] Sind etwa Leib und Leben von Versammlungsteilnehmern bedroht, kann die Polizei auch eine Versammlung in geschlossenen Räumen auflösen. Die einschlägige Befugnisnorm des § 13 I Nr. 2 2. Alt. VersG erweist sich dabei als Konkretisierung des mit Art. 8 I kollidierenden Rechts auf Leben gem. Art. 2 II.[273]

Durchgreifenden **verfassungsrechtlichen Bedenken** unterliegt allerdings die in § 7 I VersG **81** normierte Pflicht, einen **Leiter** zu **bestellen.** Dieses polizeilichen Interessen dienende Gebot kann dem Selbstbestimmungsrecht der Versammlungsteilnehmer zuwiderlaufen. Mit kollidierendem Verfassungsrecht lässt sich § 7 I VersG nicht begründen. Auch für Versammlungen unter freiem Himmel, auf die die Norm über § 18 I 1 VersG Anwendung findet, lässt sich die Verpflichtung nur hinsichtlich größerer Versammlungen rechtfertigen.[274]

## V. Grundrechtsschrankenschranken

Hinsichtlich der allgemeinen **Grundrechtsschrankenschranken** gelten für die Versammlungs- **82** freiheit keine prinzipiellen Besonderheiten. Überragende Bedeutung kommt aber dem Übermaßverbot zu.[275]

## D. Verhältnis zu anderen Grundrechten

In Ausübung der Versammlungsfreiheit kommt es regelmäßig zu Überschneidungen mit anderen **83** Grundrechten.[276] In einem Spezialitätsverhältnis steht Art. 8 I grds. zum Grundrecht der Bewegungsfreiheit gem. **Art. 2 II 2.** Werden Teilnehmer nach einer Auflösung der Versammlung von Polizeiketten eingeschlossen, ist allerdings primär die Bewegungsfreiheit betroffen.[277] Für weltanschauliche und religiöse Versammlungen ist **Art. 4 I, II** im Verhältnis zur Versammlungsfreiheit die speziellere Norm.[278]

**Art. 5 I** und Art. 8 I sind dagegen nebeneinander anwendbar.[279] Im Blick auf die Schrankendi- **84** vergenz von Art. 5 II und Art. 8 II[280] gilt folgende Regel: Betreffen hoheitliche Eingriffe die Versammlung als solche, so ist Art. 8 II einschlägig; knüpft die Ingerenz dagegen an einen bestimmten Meinungsinhalt an, muss das Beschränkungsgesetz den Anforderungen des Art. 5 II

---

[268] So BVerwGE 83, 60 (64 ff.); anderes gilt, wenn ein Soldat „bei einer Demonstration militärische Verbände oder Einrichtungen in ihrer Funktionsfähigkeit behindern" würde (ebda).

[269] S. auch *Kingreen/Poscher,* Rn. 829; *Uerpmann-Wittzack,* in: v. Münch/Kunig I, Art. 17a Rn. 6.

[270] Wie hier z. B. *Schulze-Fielitz,* in: Dreier I, Art. 8 Rn. 72; *Duttge,* in: Siekmann/Duttge, Rn. 519; *Depenheuer,* in: Maunz/Dürig, Art. 8 (2006) Rn. 152. Für die Heranziehung von Art. 13 III 1. Alt. *Krüger* DÖV 1993, 658 (661).

[271] Allg. zu diesen sog. immanenten Schranken BVerfGE 28, 243 (261); vgl. BVerfGE 111, 147 (157 f.); aus der Literatur zur Versammlungsfreiheit s. *Dietel/Gintzel/Kniesel* (Fn. 131), Grundlagen Rn. 300 ff.; *Depenheuer,* in: Maunz/Dürig, Art. 8 (2006) Rn. 151; *Jarass,* in: Jarass/Pieroth, Art. 8 Rn. 21; *Schulze-Fielitz,* in: Dreier I, Art. 8 Rn. 72.

[272] S. auch BayVGH BayVBl 2009, 16; OVG NRW NVwZ 1989, 885 (886); *Hoffmann-Riem* HGR IV, § 106 Rn. 146 ff. *Jarass,* in: Jarass/Pieroth, Art. 8 Rn. 21; *Ketteler* DÖV 1990, 954 (957).

[273] S. *Kingreen/Poscher,* Rn. 831; s. auch *Schulze-Fielitz,* in: Dreier I, Art. 8 Rn. 74 f.

[274] Übereinstimmend *Jarass,* in: Jarass/Pieroth, Art. 8 Rn. 26; *Kingreen/Poscher,* Rn. 832; s. auch *Hoffmann-Riem* AK GG, Art. 8 Rn. 49; aA *Depenheuer,* in: Maunz/Dürig, Art. 8 (2006) Rn. 150.

[275] Siehe als Überblick etwa *Sachs* (Fn. 1), S. 1267 ff.; *Schulze-Fielitz,* in: Dreier I, Art. 8 Rn. 77 ff.; *Hoffmann-Riem,* in: HGR IV, § 106 Rn. 135 ff.

[276] Ausf. hierzu *Dietel/Gintzel/Kniesel* (Fn. 131), Grundlagen Rn. 324 ff.; *Geis,* in: Friauf/Höfling, Art. 8 (2004) Rn. 134 ff.; *Depenheuer,* in: Maunz/Dürig, Art. 8 (2006) Rn. 181 ff.; *Hoffmann-Riem* HGR IV, § 106 Rn. 86 ff.; s. auch *Schulze-Fielitz,* in: Dreier I, Art. 8 Rn. 125 ff.; *Blanke,* in: Stern/Becker, Art. 8 Rn. 91 ff.

[277] VG Hamburg NVwZ 1987, 829 ff., geht von einem Eingriff in beide Grundrechtspositionen aus.

[278] S. auch *Jarass,* in: Jarass/Pieroth, Art. 4 Rn. 6a; *Frhr. v. Campenhausen* HStR VII, § 157 Rn. 122; abw. *Herzog,* in: Maunz/Dürig, Art. 4 (1988) Rn. 96.

[279] BVerfGE 82, 236 (258); ferner etwa *Kunig,* in: v. Münch/Kunig I, Art. 8 Rn. 38; *Drosdzol* JuS 1983, 409 (410); ausf. *Müller* (Fn. 6), S. 55 ff.; *Ehrentraut* (Fn. 1), S. 110 ff.

[280] Ausf. hierzu *Hofmann* BayVBl 1987, 131 f.

genügen.[281] Künstlerische Demonstrationen können sich auf die Kunstfreiheit des **Art. 5 III 1** und **Art. 8 I** berufen.[282] Führen Vereinigungen Versammlungen durch,[283] so greift sowohl der Schutz des **Art. 8 I** als auch derjenige des **Art. 9 I**.[284] Auch bei Arbeitskampfaktionen mit Demonstrationscharakter entfalten **Art. 9 III** und **Art. 8 I** gleichermaßen Schutzwirkung.[285] Entspr. gilt im Blick auf **Art. 13** bei Versammlungen in Wohnungen.[286]

## Art. 9 [Vereinigungs- und Koalitionsfreiheit]

**(1) Alle Deutschen haben das Recht, Vereine und Gesellschaften zu bilden.**

**(2) Vereinigungen, deren Zwecke oder deren Tätigkeit den Strafgesetzen zuwiderlaufen oder die sich gegen die verfassungsmäßige Ordnung oder gegen den Gedanken der Völkerverständigung richten, sind verboten.**

**(3) Das Recht, zur Wahrung und Förderung der Arbeits- und Wirtschaftsbedingungen Vereinigungen zu bilden, ist für jedermann und für alle Berufe gewährleistet. Abreden, die dieses Recht einschränken oder zu behindern suchen, sind nichtig, hierauf gerichtete Maßnahmen sind rechtswidrig. Maßnahmen nach den Artikeln 12a, 35 Abs. 2 und 3, Artikel 87a Abs. 4 und Artikel 91 dürfen sich nicht gegen Arbeitskämpfe richten, die zur Wahrung und Förderung der Arbeits- und Wirtschaftsbedingungen von Vereinigungen im Sinne des Satzes 1 geführt werden.**

**Entstehungsgeschichte: Erstfassung:** JöR nF Bd. 1 (1951), 116. – **Änderung:** 17. G zur Erg. des GG v. 24.6.1968 (BGBl I 709), § 1 Nr. 1 (dazu: BT-Dr V/1879 [Entwurf], V/2873; BT-Prot V/5856, 9606, 9313, 9413; BR-Dr 162/67, 303/68; BR-Prot 67/51, 68/138).

**Historische Verfassungstexte: RV 1849: § 162** Die Deutschen haben das Recht, Vereine zu bilden. Dieses Recht soll durch keine vorbeugende Maßregel beschränkt werden. – **WRV: Art. 124** (1) Alle Deutschen haben das Recht, zu Zwecken, die den Strafgesetzen nicht zuwiderlaufen, Vereine und Gesellschaften zu bilden. Dieses Recht kann nicht durch Vorbeugungsmaßregeln beschränkt werden. Für religiöse Vereine und Gesellschaften gelten dieselben Bestimmungen. (2) Der Erwerb der Rechtsfähigkeit steht jedem Verein gemäß den Vorschriften des bürgerlichen Rechts frei. Er darf einem Vereine nicht aus dem Grunde versagt werden, daß er einen politischen, sozialpolitischen oder religiösen Zweck verfolgt. **Art. 130** (2) Allen Beamten wird die Freiheit ihrer politischen Gesinnung und die Vereinigungsfreiheit gewährleistet. (3) Die Beamten erhalten nach näherer reichsgesetzlicher Bestimmung besondere Beamtenvertretungen. **Art. 159** Die Vereinigungsfreiheit zur Wahrung und Förderung der Arbeits- und Wirtschaftsbedingungen ist für jedermann und für alle Berufe gewährleistet. Alle Abreden und Maßnahmen, welche diese Freiheit einzuschränken oder zu behindern suchen, sind rechtswidrig. **Art. 165** (1) Die Arbeiter und Angestellten sind dazu berufen, gleichberechtigt in Gemeinschaft mit den Unternehmern an der Regelung der Lohn- und Arbeitsbedingungen sowie an der gesamten wirtschaftlichen Entwicklung der produktiven Kräfte mitzuwirken. Die beiderseitigen Organisationen und ihre Vereinbarungen werden anerkannt. – **GG 1949:** Bis auf Abs. 3 S. 3 wie geltende Fassung.

**Geltende Landesverfassungen:** *Bay*Verf Art. 114, 170; *Bln*Verf Art. 18; *Bbg*Verf Art. 20, 51; *Brem*Verf Art. 17, 48, 51 III; *Hess*Verf Art. 15, 29, 36; *RhPf*Verf Art. 13, 66; *Saar*Verf Art. 7, 56, 57 II; *Sachs*Verf Art. 24, 25; *LSA*Verf Art. 13; *Thür*Verf Art. 13, 37 I.

**Supra- und internationale Texte:** GrundREurParl Art. 11; EMRK Art. 11; EuSozCharta Art. 5, 6; AMRE Art. 20, 23 Ziff. 4; IPBürgR Art. 22; IPWirtR Art. 8; AEUV Art. 49 II, 54; EUGRCh Art. 12 I, 28.

**Gesetzgebung:** VereinsG; TVG.

**Leitentscheidungen: Zu Abs. 1 und 2:** BVerfGE 10, 89 (Erftverband); BVerfGE 30, 227 (Vereinsname); BVerfGE 50, 290 (Mitbestimmung); BVerfGE 80, 244 (Vereinsverbot); BVerfGE 84, 372 (Lohnsteuerhilfeverein); BVerfGE 123, 186 ff. (Stärkung des Wettbewerbs in der gesetzlichen Krankenversicherung); BVerfGE 124, 25 ff. (Kontrahierungszwang für Krankenversicherungen); BVerfGE 149, 160 (Hells Angels). – **Zu Abs. 3:** BVerfGE 4, 96 (Hutfabrikant); BVerfGE 18, 18 (Hausgehilfinnenverband); BVerfGE 19, 303 (Dortmunder Hauptbahnhof); BVerfGE 38, 281 (Arbeitnehmerkammern); BVerfGE 42, 133 (Wahlwerbung); BVerfGE 51, 77 (Personalrat); BVerfGE 55, 7 (Allgemeinverbindlichkeitserklärung); BVerfGE 58, 233 (Arbeitnehmervereinigung); BVerfGE 84, 212 (Aussperrung); BVerfGE 88, 103 (Beamteneinsatz); BVerfGE 92, 26 (Zweitregister); BVerfGE 92, 365 (§ 116 AFG); BVerfGE 93, 352 (Mitgliedswerbung); BVerfGE 94, 268 (Wissenschaftliches Personal); BVerfGE 100, 214 (Konkurrierende Listen); BVerfGE 100, 271 (Lohnabstandsklauseln); BVerfGE 103, 293 (Anrechnung von Urlaubstagen); BVerfGE 116, 202 (Tariftreue); BVerfGE 146, 71 (Tarifeinheitsgesetz).

**Schrifttum: Zu Abs. 1 und 2:** *P. Badura,* Mitbestimmung und Gesellschaftsrecht, FS Rittner, 1991, S. 1; *ders./F. Rittner/B. Rüthers,* Mitbestimmungsgesetz 1976 und Grundgesetz, 1977; *Ch. Baudewin,* Das Vereinsverbot, NVwZ 2013, 1049; *K. H. Friauf,* Die negative Vereinigungsfreiheit als Grundrecht, FS Reinhardt, 1972, S. 389; *P. Häberle,*

---

[281] Ähnl. BVerfGE 111, 147 (154 f.); s. auch BVerfG (K) NVwZ 2008, 671 ff.; *Kloepfer* HStR VII, § 164 Rn. 120; *Depenheuer,* in: Maunz/Dürig, Art. 8 (2006) Rn. 182; *Schneider,* in: Epping/Hillgruber, Art. 8 Rn. 38; *Schulze-Fielitz,* in: Dreier I, Art. 8 Rn. 128.

[282] *Kunig,* in: v. Münch/Kunig I, Art. 8 Rn. 38; *Dietel/Gintzel/Kniesel* (Fn. 131), Grundlagen Rn. 338; nicht deutlich BVerfG (K) NJW 1988, 328 f.

[283] Zur Grundrechtsträgerschaft insoweit → Rn. 47 f.

[284] *Dietel/Gintzel/Kniesel* (Fn. 131), Grundlagen Rn. 341; näher *Schulze-Fielitz,* in: Dreier I, Art. 8 Rn. 131.

[285] *Dietel/Gintzel/Kniesel* (Fn. 131), Grundlagen Rn. 343; *Barczak* DVBl 2014, 758 ff.

[286] S. a. *Schulze-Fielitz,* in: Dreier I, Art. 8 Rn. 132.

Verbände als Gegenstand demokratischer Verfassungslehre, ZHR 145 (1981), 473; *M. Kaltenborn,* Negative Vereinigungsfreiheit als Schutz vor Einbeziehung in die Sozialversicherung, NZS 2001, 300; *W. Löwer,* Verfassungsdogmatische Grundprobleme der Pflichtmitgliedschaft in Industrie- und Handelskammern, GewArch 2000, 89; *L. Michael,* Eine „nachhaltige" Gefahr als Eingriffsschwelle für Vereins- und Parteiverbote, FS Tsatsos, 2003, S. 383; *M. Planker,* Das Vereinsverbot – einsatzbereites Instrument gegen verfassungsfeindliche Glaubensgemeinschaften?, DÖV 1997, 101; *M. Sachs,* Fragen des Vereinigungsverbots in Deutschland, FS Saglam, 2006, S. 349; *B. Schöbener,* Verfassungsrechtliche Aspekte der Pflichtmitgliedschaft in wirtschafts- und berufsständischen Kammern, VerwArch 91 (2000), 374; *B. Schiffbauer,* Über Freiheit und Verbote von Vereinigungen, JZ 2019, 130; *T. Schmidt,* Die Freiheit verfassungswidriger Parteien und Vereinigungen, 1983; *W. Schmidt,* Die Vereinigungsfreiheit von Vereinigungen als allgemeine Eingriffsfreiheit, FS Mallmann, 1978, S. 233; *R. Wolff,* Die Macht des gesellschaftsrechtlichen Gesetzgebers …, RW 2013, 91. – **Zu Abs. 3:** *I. Augsberg,* Die Zulässigkeit des Arbeitskampfs in kirchlichen Einrichtungen aus Sicht des Verfassungsrechts, SAE 2012, 11; *E. Benda,* Sozialrechtliche Eigentumspositionen im Arbeitskampf, 1986; *K. H. Biedenkopf,* Grenzen der Tarifautonomie, 1964; *B. Boemke,* Bindung der Tarifvertragsparteien an die Grundrechte, FS 50 Jahre BAG, 2004, S. 613; *G. Britz/U. Volkmann,* Tarifautonomie in Deutschland und Europa, 2003; *R. Brinktrine,* Hat das grundgesetzliche Streikverbot für Beamte eine europäische Zukunft?, ZG 2013, 227; *Chr. Burkiczak,* Grundgesetz und Deregulierung des Tarifvertragsrechts, 2006; *ders.,* Grundrechtsbindung der Tarifvertragsparteien oder Relevanz grundrechtlicher Schutzpflichten – Erfurter Einerlei?, RdA 2007, 17; *H. Butzer,* Verfassungsrechtliche Grundlagen zum Verhältnis zwischen Gesetzgebungshoheit und Tarifautonomie, RdA 1994, 375; *W. Däubler* Gewerkschaftsrechte im Betrieb, 12. Aufl. 2017; *F. Depenheuer,* Die Grundrechtsfähigkeit von juristischen Personen des öffentlichen Rechts und ihrer Arbeitgebervereinigungen, ZTR 1993, 364; *Th. Dieterich,* Die Grundrechtsbindung von Tarifverträgen, FS Schaub, 1998, S. 117; *ders.,* Tarifautonomie und Bundesverfassungsgericht, AuR 2001, 390; *A. Engels,* Verfassung und Arbeitskampfrecht, 2008; *F. Drohsel,* Vereinbarkeit gesetzlicher Öffnungsklauseln mit der Koalitionsfreiheit aus Art. 9 Abs. 3 GG; *M. Franzen/G. Thüsing/C. Waldhoff,* Arbeitskampf und Daseinsvorsorge, 2012, S. 72; *K. H. Friauf,* Die verfassungsrechtlichen Vorgaben einer gesetzlichen oder tarifvertraglichen Arbeitskampfordnung, RdA 1986, 188; *S. Greiner,* EMRK, Beamtenrecht und Daseinsvorsorge, DÖV 2013, 623; *P. Hanau,* Die Deregulierung von Tarifverträgen durch Betriebsvereinbarungen als Problem der Koalitionsfreiheit (Art. 9 Abs. 3 GG), RdA 1993, 1; *W. Hänsle,* Streik und Daseinsvorsorge, 2016; *M. Henssler,* Tarifautonomie und Gesetzgebung, ZfA 1998, 1; *M. Hilje,* Streikrecht in kirchlichen Einrichtungen?, 2015; *W. Höfling,* Streikbewehrte Forderung nach Abschluss von Tarifsozialplänen anlässlich konkreter Standortentscheidungen …, ZfA 2008, 1; *ders.,* Grundelemente einer Bereichsdogmatik der Koalitionsfreiheit, FS Friauf, 1996, S. 377; *ders.,* Der verfassungsrechtliche Koalitionsbegriff, RdA 1999, 182; *ders./Chr. Burkiczak,* Das Günstigkeitsprinzip – ein grundrechtsdogmatischer Zwischenruf, NJW 2005, 469; *dies.,* Die unmittelbare Drittwirkung gemäß Art. 9 Abs. 3 Satz 2 GG, RdA 2004, 263; *W. Höfling/A. Engels,* Der „Bahnstreik" – oder: Offenbarungseid des Arbeitskampfrichterrechts?, NJW 2007, 3102; *dies.,* Grundrechtsausübung unter richterlichem Gemeinwohlvorbehalt? – Zur gesetzgeberischen Verantwortung im Arbeitskampfrecht, ZG 2008, 250; *W. Höfling/S. Rixen,* Tariftreue oder Verfassungstreue?, RdA 2007, 360; *W. Hromadka,* Gesetzliche Tariföffnungsklauseln – Unzulässige Einschränkung der Koalitionsfreiheit oder Funktionsbedingung der Berufsfreiheit?, NJW 2003, 1273; *J. Isensee,* Beamtenstreik, 1971; *ders.,* Die verfassungsrechtliche Verankerung der Tarifautonomie, in: Die Zukunft der sozialen Partnerschaft, Veröffentlichungen der Walter-Raymond-Stiftung, 1986, S. 159; *ders.,* Streikeinsatz unter Gesetzesvorbehalt – Gesetzesvollzug unter Streikvorbehalt, DZWir 1994, 309; *H. D. Jarass,* Tarifverträge und Verfassungsrecht, NZA 1990, 505; *M. Kemper,* Die Bestimmung des Schutzbereiches der Koalitionsfreiheit (Art. 9 Abs. 3 GG), 1989; *J. Kersten,* Koalitionsfreiheit als Kampfmittelfreiheit?, in: V. Rieble/A. Junker/R. Giesen (Hrsg.), Neues Arbeitskampfrecht?, 2010, S. 61; *ders.,* Neues Arbeitskampfrecht, 2012, S. 39 ff.; *P. Lerche,* Verfassungsrechtliche Zentralfragen des Arbeitskampfes, 1968; *ders.,* Koalitionsfreiheit und Richterrecht, NJW 1987, 2465; *K.-H. Ladeur,* Methodische Überlegungen zur gesetzlichen „Ausgestaltung" der Koalitionsfreiheit …, AöR 131 (2006), 643; *W. Leisner,* Arbeitskampf im Öffentlichen Dienst – Eine Gefahr für Streik- und Gewerkschaftsfreiheit, FS Scholz, 2007, S. 291; *K.-G. Loritz,* Betriebsbesetzungen – ein rechtswidriges Mittel im Arbeitskampf, DB 1987, 223; *G. Lübbe-Wolff,* Zur verfassungskonformen Interpretation von § 823 BGB im Zusammenhang mit aktiv produktionsbehindernden Arbeitskampfmaßnahmen, DB 1988, Beilage 9; *H.-Ch. Matthes,* Der Arbeitgeber als Tarifvertragspartei, FS Schaub, 1998, S. 477; *G. Müller,* Tarifautonomie und gesetzliche Regelung des Arbeitskampfrechts, DB 1992, 269; *G. A. Neuhäuser/P. C. Otto,* Kein generelles Streikverbot für Beamte!, DVBl 2016, 393; *D. Neumann,* Der Schutz der negativen Koalitionsfreiheit, RdA 1989, 243; *F. Ossenbühl/M. Cornils,* Tarifautonomie und staatliche Gesetzgebung, 2000; *F. Ossenbühl/R. Richardi,* Neutralität im Arbeitskampf, 1987; *H. Otto,* Tarifautonomie unter Gesetzes- und Verfassungsvorbehalt, FS Zeuner, 1994, S. 121; *E. Picker,* Arbeitskampf und Gesamtrechtsordnung, DB 1989, Beilage 10; *ders.,* Die Tarifautonomie am Scheideweg von Selbstbestimmung und Fremdbestimmung im Arbeitsleben … FS 50 Jahre BAG, 2004, S. 795; *B. Pieroth,* Koalitionsfreiheit, Tarifautonomie und Mitbestimmung, FS 50 Jahre BVerfG II, 2001, S. 293; *U. Pollin,* Das Streikverbot für verbeamtete Lehrer, 2015; *T. Ramm,* Der nichtgewerkschaftliche Streik, AuR 1971, 65; *D. Reuter,* Die Arbeitskampffreiheit in der Verfassungs- und Rechtsordnung der Bundesrepublik Deutschland, FS Böhm, 1975, S. 521; *R. Richardi,* Das Grundrecht der Koalitionsfreiheit im Wandel der Zeit, FS Scholz, 2007, S. 335; *ders.,* Arbeitskampfbegriff und Arbeitskampfrecht, FS Wolf, 1985, S. 549; *V. Rieble,* Flash-Mob – ein neues Kampfmittel?, NZA 2008, 796; *ders./A. Junker/R. Giesen* (Hrsg.), Neues Arbeitskampfrecht?, 2010; *M. T. Rosenau,* Die Koalitionsbetätigungsfreiheit im gewandelten Kontext, 2013; *H. H. Rupp,* Methodenkritische Bemerkungen zum Verhältnis von tarifvertraglicher Rechtsetzung und parlamentarischer Gesetzgebungskompetenz, JZ 1998, 919; *B. Rüthers,* Streik und Verfassung, 1960; *F. J. Säcker,* Grundprobleme der kollektiven Koalitionsfreiheit, 1969; *ders.,* Gruppenautonomie und Übermachtkontrolle im Arbeitsrecht, 1972; *ders./H. Oetker,* Der Einsatz von Beamten auf bestreikten Arbeitsplätzen als Verfassungsproblem, AöR 112 (1987), S. 345; *dies.,* Grundlagen und Grenzen der Tarifautonomie, 1992; *B. Schlink/W. Pauly,* Streik und Aussperrung als Verfassungsproblem, 1988; *M. Schmidt-Preuß,* Verfassungsrechtliche Zentralfragen staatlicher Lohn- und Preisdirigismen, 1977; *R. Scholz,* Die Koalitionsfreiheit als Verfassungsproblem, 1971; *ders./ H. Konzen,* Die Aussperrung im System von Arbeitsverfassung und kollektivem Arbeitsrecht, 1980; *H. Schulz,* Zum Streikrecht von Beamten, 2015; *G. F. Schuppert,* Das beamtenrechtliche Streikverbot auf dem Prüfstand, 2014; *R. Schwarze,* Kooperative Regulierung im Arbeitsrecht, ZfA 2011, 867; *H. Seiter,* Die Rechtsprechung des Bundesverfassungsgerichts zu Art. 9 Abs. 3 GG, AöR 109 (1984), 88; *ders.,* Staatsneutralität im Arbeitskampf, 1987; *ders.,* Streikrecht und Aussperrungsrecht, 1975; *U. Sittard,* Voraussetzungen und Wirkungen der Tarifnormerstreckung nach § 5 TVG und dem AentG ..., 2010; *H. Sodan,* Verfassungsrechtliche Grenzen der Tarifautonomie, JZ 1998, 421; *U. Steiner,* Zum verfassungsrechtlichen Stellenwert der Tarifautonomie, FS Schwerdtner, 2003, S. 355; *G. Thüsing,* Tarifautonomie und Gemeinwohl, FS 50 Jahre BAG, 2004, S. 889; *ders.,* Vom verfassungsrechtlichen Schutz des Günstigkeitsprinzips ..., GS Heinze, 2005, S. 901; *G. Thüsing/C. Waldhoff,* Koalitionsfreiheit und Arbeitskampfrecht, ZfA 2011, 329.; *W. D. Walker,* Rechtschutz der Gewerkschaft gegen tarifwidrige Vereinbarungen, ZfA 2000, 29; *R. Waltermann,* Kollektivvertrag und Grundrechte, RdA 1990, 138; *ders.,* Rechtsetzung durch Betriebsvereinbarung zwischen Privatautonomie und Tarifautonomie, 1996; *ders.,* Zur Grundrechtsbindung der tarifvertraglichen Rechtsetzung, FS 50 Jahre BAG, 2004, S. 913; *R. Wank,* Grundlagen des Arbeitskampfrechts, FS Kissel, 1994, S. 1225; *W. Weber,* Koalitionsfreiheit und Tarifautonomie als Verfassungsproblem, 1965.

## Übersicht

## A. Allgemeines

Sowohl die **Vereinigungsfreiheit** als auch ihre qualifiziert-spezifische Ausprägung, die **Koalitions-** 1
**freiheit,** sind „späte Grundrechte", die sich erst im Verlauf des 19. Jahrhunderts herausgebildet
haben. Ihre jeweiligen sozialen Substrate, auf freier, selbstbestimmter Entscheidung beruhende Interessenverbände, konnten sich erst im Zuge der Herausbildung der modernen Gesellschaft – diese dabei
gleichzeitig mitprägend – entwickeln.[1]

Das durch Art. 9 etablierte **„Prinzip freier sozialer Gruppenbildung"**[2] verweist auf ein freiheit- 2
liches Modell gesellschaftlicher Organisation, das sich von einem System abhebt, in dem das Volk von
oben her in ständisch-korporative Gruppen gegliedert und nur in dieser kanalisierten Form obrigkeitlicher Lenkung an der öffentlichen Meinungs- und Entscheidungsfindung beteiligt ist.[3]

Art. 9 schützt eine elementare Voraussetzung freier **Persönlichkeitsbildung und Persönlich-** 3
**keitsentfaltung**[4] und steht damit in enger Verbindung zur Versammlungsfreiheit (→ Art. 8 Rn. 12)
und den anderen sog. Kommunikationsgrundrechten.[5] Die Verfassungsbestimmung verstärkt die allen
Freiheiten immanente Dimension „gemeinsamer" Freiheit,[6] indem sie die koordinierten, korporativen,
kollektiven und solidarischen Formen der Grundrechtsausübung durch eine **spezifische Organisati-**
**onsgarantie** sichert.[7]

**Art. 9 I** gewährleistet das Selbstorganisationsrecht dementsprechend „zu beliebigen Zwecken".[8] 4
Diese **Zielindifferenz und Zweckoffenheit** der grundrechtlichen Schutzrichtung schließt eine
Privilegierung „politischer" Verbände aus.[9] Diese Feststellung leugnet andererseits nicht die Einsicht,
dass Art. 9 auch solche Vereinigungen und Verbände seinem Schutz unterstellt, die durch ihre
Aktivitäten in rebus politicis unentbehrliche Funktionen zumal für die repräsentative Demokratie
wahrnehmen.[10] Allerdings vermittelt die Grundrechtsbestimmung derartige Vereinigungen keine
rechtliche Entscheidungsteilhabe;[11] ihre kategoriale Zuordnung zum status activus[12] ist deshalb zumindest äußerst missverständlich, im strengen dogmatischen Sinne sogar unzutreffend (→ Rn. 29).

Eine charakteristische Eigenart sowohl der Vereinigungs- als auch der Koalitionsfreiheit ist ihre 5
jeweilige **Bewirkungsdimension.**[13] Sowohl der Gewährleistungsbereich des Art. 9 I als auch derjenige des Art. 9 III garantieren mehr als eine abwehrrechtlich geschützte „natürliche" Handlungsfreiheit.[14] Im ersteren Fall umfasst er auch rechtsgeschäftliches Handeln und damit zugleich die gesellschaftsrechtliche Vertragsfreiheit.[15] Entspr. gilt für die durch Art. 9 III geschützte Tarifautonomie
(→ Rn. 87 ff.). Insoweit enthalten die Garantien des Art. 9 auch eine kompetentielle Gewährleistungsdimension.[16]

Art. 9 umfasst demenstpr. ein subjektives Recht auf die Schaffung und Geltung der Normen, die zur 6
Realisierung des grundrechtlich Gewährleisteten **unerlässlich** sind.[17] Das BVerfG umschreibt dies im
Blick auf Art. 9 I dahin, „mit der verfassungsrechtlichen Garantie der Vereinigungsfreiheit [sei] seit
jeher die Notwendigkeit einer gesetzlichen Ausgestaltung dieser Freiheit verbunden".[18] Es handelt sich

---

[1] S. etwa *Rinken* AK GG, Art. 9 Abs. 1 Rn. 1; ausführlicher zur Theoriegeschichte *F. Müller,* Korporation und
Assoziation, 1965; *Sachs,* in: Stern, Staatsrecht IV/1, S. 1276 ff.; zur Entstehungsgeschichte akzentuiert auch *Ridder*
AK GG, Art. 9 Abs. 2 Rn. 1 ff.; vgl. ferner *Bauer,* in: Dreier I, Art. 9 Rn. 1 ff.; *Schmidt,* Die Freiheit verfassungs-
widriger Parteien und Vereinigungen, 1983, S. 24 ff.

[2] BVerfGE 38, 281 (303); 80, 244 (252); 100, 214 (223); *Rixen,* in: Stern/Becker, Art. 9 Rn. 1; *Ziekow* HGR IV,
§ 107 Rn. 2 ff.

[3] Dazu BVerfGE 38, 281 (303); ähnl. 50, 290 (353); zust. etwa *Löwer,* in: v. Münch/Kunig I, Art. 9 Rn. 7; vgl.
ferner *Scholz,* in: Maunz/Dürig, Art. 9 (2017) Rn. 8 ff.

[4] BVerfGE 50, 290 (353 f.); s. a. *Bauer,* in: Dreier I, Art. 9 Rn. 19.

[5] S. etwa *Merten* HStR VII, § 165 Rn. 1 f.

[6] Dazu *Höfling,* Offene Grundrechtsinterpretation, 1987, S. 69; ferner *Häberle* ZHR 145 (1981), 473 (481 f.); zuvor
schon *Schmitt,* Verfassungslehre, 1928, S. 170.

[7] Zutr. *Rinken* AK GG, Art. 9 Abs. 1 (2001) Rn. 39; *Kemper* MKS I, Art. 9 Rn. 1; umf. zum Ganzen auch *Engel*
HGR II, § 33 Rn. 31 ff.

[8] BVerfGE 38, 281 (303).

[9] Übereinstimmend *Löwer,* in: v. Münch/Kunig I, Art. 9 Rn. 8; *Merten* HStR VII, § 165 Rn. 9.

[10] S. *Merten* HStR VII, § 165 Rn. 6 ff., auch zum „Politischen" in der Geschichte des Vereinswesens.

[11] Ebenso *Löwer,* in: v. Münch/Kunig I, Art. 9 Rn. 8.

[12] S. etwa *Merten* HStR VII, § 165 Rn. 7 ff.; zT auch *Bauer,* in: Dreier I, Art. 9 Rn. 22.

[13] Zur Kategorie der Bewirkungsrechte → vor Art. 1 Rn. 50; zur Vereinigungsfreiheit *Sachs,* in: Stern, StaatsR
IV/1, S. 1303 f.; ähnl. *Dietlein,* ebda, S. 1986 („objektiv-rechtliche Wirkdimension").

[14] Zur Kategorie der natürlichen Freiheit *Cremer,* Freiheitsgrundrechte, 2003, S. 76 ff.

[15] Dazu *Höfling,* Vertragsfreiheit, 1991, S. 16 f.; zur vereinigungsspezifischen Vertragsfreiheit auch *Cornils,* in:
Epping/Hillgruber, Art. 9 Rn. 14.

[16] In der traditionellen Terminologie oft als Institutsgarantie umschrieben, vgl. dazu *Höfling,* Vertragsfreiheit, 1991,
S. 20 ff.; mit Blick auf die Tarifautonomie idS etwa *Kemper* MKS I, Art. 9 Rn. 141 ff., allerdings (Rn. 11) gegen eine
Institutsgarantie der Vereinigungsfreiheit.

[17] Allg. auch *Alexy,* Theorie der Grundrechte, 1985, S. 442 ff.; *Höfling,* Vertragsfreiheit, 1991, S. 25 ff.

[18] BVerfGE 50, 290 (354); vgl. ferner BVerfGE 84, 372 (378); BVerfG (K) NJW 2001, 2617 (2617).

dabei um eine auxiliäre leistungsrechtliche Dimension der Verfassungsbestimmung, die – entspr. den Anforderungen des Untermaßverbotes – nur einen **„Kernbereich"**[19] umgreift.[20] Dieser Aspekt ist auch und vor allem im Blick auf die von Art. 9 III mitumfasste Tarifautonomie von Bedeutung (s. u. Rn. 74 ff., 80 ff.).[21]

7      Vereinigungs- wie Koalitionsfreiheit entfalten normative Direktionskraft auch auf **international- und unionsrechtlicher** Ebene. Neben Art. 20 und Art. 23 Nr. 4 AMRE und Art. 22 IPBPR[22] kommt dabei der Gewährleistung des Art. 11 EMRK besondere Bedeutung zu.[23] Auch in der Spruchpraxis des EuGH sind Elemente der Vereinigungsfreiheit prinzipiell anerkannt.[24] Darüber hinaus sind Teilaspekte der Vereinigungs- und Koalitionsfreiheit Gegenstand unionsrechtlicher Regelungen, etwa in Art. 45, Art. 49 ff. und Art. 153 ff. AEUV. Die EUGRCh enthält entspr. Gewährleistungen in Art. 12 I und Art. 28.[25] Vor diesem Hintergrund hat der EuGH namentlich ein Grundrecht auf Durchführung kollektiver Maßnahmen anerkannt.[26]

## B. Die Vereinigungsfreiheit (Abs. 1 und 2)

### I. Der Grundrechtstatbestand

8      **1. Sachlicher Gewährleistungsbereich. a) Schutzgegenstand.** Als Schutzgegenstand benennt die Freiheitsgarantie des Art. 9 I „Vereine und Gesellschaften". Abs. 2 fasst dies unter dem Oberbegriff „Vereinigung" zusammen.[27] Mit diesen traditionellen Begriffen ist keine tatbestandliche Verengung verknüpft. Vielmehr ist der verfassungsrechtliche **Vereinigungsbegriff weit und offen** zu verstehen. Der Grundrechtsschutz erstreckt sich auf das „gesamte Spektrum des Assoziationswesens von der lose gefügten Bürgerinitiative bis zum hochaggregierten Spitzenverband".[28]

9      Nach ganz h. M. wird der verfassungsrechtliche Vereinigungsbegriff zutr. durch § 2 I VereinsG umschrieben. Dort ist als Voraussetzung normiert, dass sich „eine Mehrheit natürlicher oder juristischer Personen für längere Zeit zu einem gemeinsamen Zweck freiwillig zusammengeschlossen und einer organisierten Willensbildung unterworfen hat".[29] Der h. M. kann nur mit der Einschränkung zugestimmt werden, dass die einzelnen Begriffselemente nicht traditionalistisch und typenverengt ausgelegt werden. Der **verfassungsrechtliche Vereinigungsbegriff** setzt lediglich **folgende konstitutive Merkmale** voraus: Zusammenschluss mehrerer Personen (→ Rn. 11 ff.), auf freiwilliger Grundlage (→ Rn. 14), mit gemeinsamer Zweckrichtung (u. Rn. 15) und mit einem Mindestmaß an Stabilität (→ Rn. 16).[30]

10     Koalitionen, Parteien und Kirchen unterstehen dem jeweiligen **verfassungsrechtlichen Spezialregime** der Art. 9 III, 21 und 140, auch wenn auf sie die vorgenannten Begriffskriterien zutreffen (→ Rn. 50).

11     **aa) Zusammenschluss mehrerer Personen.** Als Personenverband setzt die verfassungsrechtlich geschützte Vereinigung das Zusammenwirken mehrerer voraus. Die sog. Ein-Mann-Gesellschaft genießt – ungeachtet ihrer gesellschaftsrechtlichen Anerkennung – deshalb nicht den Schutz des Art. 9 I.[31]

---

[19] Zu dieser problematischen Kategorie → Rn. 71 ff.

[20] S. am Beispiel der Tarifautonomie auch *Kemper*, in: v. Mangoldt/Klein/Starck I, Art. 9 Rn. 141 ff.; soweit ich in meiner Studie „Vertragsfreiheit" (1991), S. 32 ff., die Auffassung vertreten habe, die kompetentielle Dimension eines Grundrechts vermittle einen prima facie-Anspruch auf optimale Kompetenzeinräumung, wird dies hiermit ausdrücklich aufgegeben.

[21] BVerfGE 50, 290 (353).

[22] S. hierzu etwa *Rengeling*, Grundrechtsschutz in der Europäischen Gemeinschaft, 1993, S. 58 f.; *Sachs*, in: Stern, StaatsR IV/1, S. 1286 f.; vgl. auch *Rixen*, in: Stern/Becker, Art. 9 Rn. 104.

[23] Vgl. etwa EGMR NJW 1999, 3695 (3698 ff.): Verletzung des Art. 11 EMRK durch Zwangsmitgliedschaft in einem kommunalen Jagdverband; s. aber auch EGMR NVwZ 2006, 65 ff.; zum Recht auf Kollektivverhandlungen und Streik aus Art. 11 EMRK s. EGMR AuR 2009, 274 f.; EGMR AuR 2009, 269 ff.; zuvor schon EGMR NVwZ 2010, 1139 ff.

[24] Aus jüngerer Zeit etwa EuGH NJW 2009, 1325 ff. – dazu *Kirchberg* NJW 2009, 1313 f.; EuGH NVwZ 2009, 509 ff. – dazu *Weber* NVwZ 2009, 503 ff.; allg. auch *Bauer*, in: Dreier I, Art. 9 Rn. 16; aus rechtsvergl. Sicht etwa *Enseleit*, Die Vereinigungsfreiheit in Deutschland und Frankreich, 2007.

[25] Dazu *Rixen/Scharl*, in: Stern/Sachs GRCH, Art. 12 Rn. 1 ff. und Art. 28 Rn. 1 ff.; *Bauer*, in: Dreier, Art. 9 Rn. 15 ff.; näher *Rebhahn*, in: Grabenwarter (Hrsg.), Europäischer Grundrechtsschutz, 2014, § 16 Rn. 61 ff.

[26] EuGH NZA 2008, 124 ff.; EuGH NZA 2008, 159 ff.; s. a. *Engels* ZESAR 2011, 475 ff.; *Franzen* FS Buchner, 2009, S. 231 ff.

[27] Dazu BVerwGE 106, 177 (181); ferner *Jarass*, in: Jarass/Pieroth, Art. 9 Rn. 3; *Löwer*, in: v. Münch/Kunig I, Art. 9 Rn. 35.

[28] So *Rinken* AK GG, Art. 9 Abs. 1 Rn. 46; *Merten* HStR VII, § 165 Rn. 39 ff.; s. a. BVerfGE 38, 281 (303): „Vereine[n], Verbände[n] und Assoziationen aller Art".

[29] S. *Löwer*, in: v. Münch/Kunig I, Art. 9 Rn. 35; *Scholz*, in: Maunz/Dürig, Art. 9 (2017) Rn. 57; *Jarass*, in: Jarass/Pieroth, Art. 9 Rn. 3; *Merten* HStR VII, § 165 Rn. 36 ff.

[30] Ebenso *Rinken* AK GG, Art. 9 Abs. 1 (2001) Rn. 46; ferner *Sachs*, in: Stern, StaatsR IV/1, S. 1294 ff.

[31] *Dietlein*, in: Stern, StaatsR IV/1, S. 1972; *Scholz*, in: Maunz/Dürig, Art. 9 (2017) Rn. 61; *Löwer*, in: v. Münch/Kunig I, Art. 9 Rn. 36.

Andererseits taugen die einfachgesetzlichen Mindestzahlen des Vereinsrechts (s. §§ 56, 73 BGB: 7 bzw. 3) nicht zur Konkretisierung des Verfassungsrechtsbegriffs. Für diesen genügt der **Zusammenschluss zweier Personen**.[32] Da ein Personenzusammenschluss bei einer **Stiftung nicht** gegeben ist, steht diese nicht unter dem Schutz des Art. 9 I.[33]

Die Grundrechtsgewährleistung erfasst fraglos den Zusammenschluss natürlicher Personen; dies ent-  **12** spricht ihrem „personalen Grundzug".[34] Im Blick darauf hat es das BVerfG für zw. erklärt, ob dem Schutzbereich der Grundrechtsbestimmung auch größere **Kapitalgesellschaften** unterfallen.[35] Bedenken ergäben sich „insbes. in Fällen juristischer Personen als Anteilseigner".[36] Letztlich hat das BVerfG diese Frage aber offengelassen.[37]

Für ihre Beantwortung ist zunächst an den Wortlaut der Grundrechtsbestimmung zu erinnern, der **13** Vereine und Gesellschaften nennt, ohne auch nur andeutungsweise Anhaltspunkte für eine Ausklammerung von Erwerbs- oder Kapitalgesellschaften zu bieten.[38] Der insoweit **offene Grundrechtstatbestand** lässt sich auch nicht unter Rückgriff auf den personalen Gehalt der Vereinsfreiheit schließen. Es gilt somit: Die sich vereinigenden Mitglieder können – anders als unter der Geltung des Art. 124 WRV – auch juristische Personen sein.[39]

**bb) Freiwillige Grundlage.** Nur freiwillige Zusammenschlüsse, nicht aber Zwangsvereinigungen **14** werden durch Art. 9 I geschützt.[40] Dies gilt selbstverständlich auch für durch staatlichen Hoheitsakt errichtete öffentlich-rechtliche (Zwangs-)Zusammenschlüsse; damit ist indes noch nichts darüber ausgesagt, ob und inwieweit Art. 9 I Prüfungsmaßstab sein kann bei der Abwehr von Zwangsinkorporationen in öffentlich-rechtliche Verbände (dazu → Rn. 22 ff.).

**cc) Gemeinsamer Zweck.** Der durch Art. 9 I geschützte Zusammenschluss erfolgt, um einen **15** gemeinsamen Zweck zu realisieren; dieser ist thematisch nicht beschränkt. Vom Schutzbereich erfasst werden gleichermaßen kulturelle, politische, wissenschaftliche, sportliche, wirtschaftliche, gesellige, wohltätige und andere Vereinigungen.[41] Selbst wenn der Zusammenschluss der **Verfolgung gesetzlich verbotener Zwecke** dient, wird dadurch der prima facie-Schutz, dh die tatbestandliche Einschlägigkeit des Art. 9 I, nicht berührt.[42]

**dd) Stabilität.** Im Unterschied zur Versammlungsfreiheit des Art. 8 I (→ Art. 8 Rn. 22) setzt die **16** Vereinigungsfreiheit des Art. 9 I ein gewisses Maß an zeitlicher und organisatorischer Stabilität voraus. Allerdings dürfen die diesbezüglichen Anforderungen nicht zu sehr strapaziert werden. Weder schließt ein Zusammenschluss zu einem vorübergehenden Zweck (z. B. bei Bürgerinitiativen) den Grundrechtsschutz aus,[43] noch kommt es insofern auf eine besondere rechtliche Verfasstheit an. Dementspr. darf auch das am Vereinstyp des BGB orientierte, in § 2 I VereinsG enthaltene Merkmal der „Unterworfenheit unter eine organisierte Willensbildung" nicht als striktes Gebot auf die verfassungsrechtliche Begriffsebene übertragen werden.[44]

---

[32] Ebenso etwa *Scholz*, in: Maunz/Dürig, Art. 9 (2017) Rn. 59; *Jarass*, in: Jarass/Pieroth, Art. 9 Rn. 3; *Bauer*, in: Dreier I, Art. 9 Rn. 39; *Kemper* MKS I, Art. 9 Rn. 13; *Sachs*, in: Stern, StaatsR IV/1, S. 1297 mwN aA *Merten* HStR VII, § 165 Rn. 37.

[33] BVerwGE 106, 177 (181); BGHZ 99, 344 (350); *Scholz*, in: Maunz/Dürig, Art. 9 (2017) Rn. 62; *Kemper* MKS I, Art. 9 Rn. 18; *v. Mutius* Jura 1984, 193 (194).

[34] BVerfGE 50, 290 (354).

[35] Krit. auch *Kannengießer*, in: Schmidt-Bleibtreu/Klein/Hofmann/Henneke, Art. 9 Rn. 10.

[36] BVerfGE 50, 290 (355 f.); krit. dazu *Merten* HStR VII, § 165 Rn. 41 ff.; *Badura* FS Rittner, 1991, S. 1 (12 ff.); s. zum Ganzen auch *Rixen*, in: Stern/Becker, Art. 9 Rn. 16; *Cornils*, in: Epping/Hillgruber, Art. 9 Rn. 6, der allerdings im Rahmen der Eingriffsrechtfertigung wegen eines geringeren Persönlichkeitsbezuges zwischen Verbänden juristischer und natürlichen Personen differenziert.

[37] BVerfGE 50, 290 (356); 124, 25 (34); krit. *Rübenach*, „Wirtschaftliche Vereinigungsfreiheit" und Vereinigungsfreiheit, 1984; verneinend auch *Stein/Frank*, StaatsR, S. 327 f.

[38] S. a. *Dietlein*, in: Stern, StaatsR IV/1, S. 1970; *Scholz*, in: Maunz/Dürig, Art. 9 (2017) Rn. 60.

[39] In der Sache übereinstimmend *Dietlein*, in: Stern, StaatsR IV/1, S. 1969 ff. mwN; *Löwer*, in: v. Münch/Kunig I, Art. 9 Rn. 36; *Jarass*, in: Jarass/Pieroth, Art. 9 Rn. 3 ff.; *Merten* HStR VII, § 165 Rn. 41 ff.; *Kemper* MKS I, Art. 9 Rn. 12 ff.

[40] *Löwer*, in: v. Münch/Kunig I, Art. 9 Rn. 38; *Rinken* AK GG, Art. 9 Abs. 1 Rn. 50; s. aber auch BGHZ 130, 243 (256); *Rixen*, in: Stern/Becker, Art. 9 Rn. 19; *Cornils*, in: Epping/Hillgruber, Art. 9 Rn. 8, mit dem Hinweis, privat errichtete Vereinigungen blieben geschützt, auch wenn der Staat eine Zwangsmitgliedschaft anordne; vgl. dazu ferner BVerfG (K), NJW 2001, 2617.

[41] *Löwer*, in: v. Münch/Kunig I, Art. 9 Rn. 39; *Merten* HStR VII, § 165 Rn. 39 f.; *Ziekow* HGR IV, § 107 Rn. 21; *Sachs*, in: Stern, StaatsR IV/1, S. 1298 f.; s. a. BVerfGE 38, 281 (303).

[42] Übereinstimmend *v. Münch* BK, Art. 9 (1966) Rn. 32; *Rinken* AK GG, Art. 9 Abs. 1 Rn. 51; *Bauer*, in: Dreier I, Art. 9 Rn. 42; unklar BVerfG 80, 244 (253).

[43] *Merten* HStR VII, § 165 Rn. 38.

[44] S. a. *Rinken* AK GG, Art. 9 Abs. 1 Rn. 49; vgl. dazu ferner BVerfGE 80, 244 (253); *Scholz*, in: Maunz/Dürig, Art. 9 (2017) Rn. 67; *Löwer*, in: v. Münch/Kunig I, Art. 9 Rn. 40 f.; *Cornils*, in: Epping/Hillgruber, Art. 9 Rn. 5.

17   **b) Geschütztes Verhalten. aa) Positive Vereinigungsfreiheit.** Auf ihrer positiven Gewährleistungsebene schützt Art. 9 I ausweislich des Normtextes die Bildung von Vereinigungen. Dieses Recht umfasst **unterschiedliche Teilgarantien:**

– die Freiheit der Gründung einschließlich der freien Entscheidung über Zeitpunkt, Zweck, Rechtsform, Namen und Sitz (sogenannte Vereinsautonomie);

– die Freiheit des Beitritts und Verbleibens;

– die Organisations- und interne Betätigungsfreiheit.

Insoweit besteht weitgehend Übereinstimmung in Judikatur und Lehre.[45]

18   **Umstritten** ist dagegen, ob Art. 9 I auch die **externe Betätigungsfreiheit** der Vereinigungsmitglieder als Recht auf koordiniertes Wirken nach außen gewährleistet.[46] Das BVerfG hat es zunächst offen gelassen, ob die Verfassungsbestimmung „über die Existenz und Funktionsfähigkeit des Vereins hinaus auch jede Vereinstätigkeit als Freiheit gemeinsamen, vereinsmäßigen Handelns umfasst. Jedenfalls schützt Art. 9 I vor einem Eingriff in den Kernbereich des Vereinsbestandes und der Vereinstätigkeit, da sonst ein effektiver Grundrechtsschutz nicht bestünde".[47]

19   Mittlerweile geht das BVerfG in Übereinstimmung mit der h. M. indes davon aus, dass **lediglich die interne Vereinsbetätigung**[48] und der vereinssichernde Außenkontakt der Mitglieder in Form von Mitgliederwerbung und Selbstdarstellung durch Art. 9 I geschützt ist.[49] Im Übrigen steht die Vereinsbetätigung nach außen aber nur unter dem Schutz der speziellen Grundrechte, weil dem gemeinsam verfolgten Vereinszweck durch Art. 9 I kein weitergehender Schutz vermittelt wird als einem individuell verfolgten.[50]

20   Diese differenzierte Lösung überzeugt. Vom sachlichen Gewährleistungsbereich des Art. 9 I umfasst ist das mit der Gründung und Existenzsicherung des Vereins unmittelbar zusammenhängende Verhalten. Zu einem großen Teil gehört dieses zur grundrechtsgeschützten Organisations- und internen Betätigungsfreiheit (o. Rn. 17); dies gilt etwa für die Selbstbestimmung über die eigene Organisation, das Verfahren ihrer Willensbildung und die Führung der Geschäfte.[51] Aber auch der **vereinssichernde Außenkontakt** der Mitglieder ist **garantiert.**

21   Das **vereinszweckrealisierende Außenwirken** hingegen hat keinen spezifischen Bezug zur vereinsmäßigen Struktur und kann auch von Einzelpersonen wahrgenommen werden. Diesen gegenüber verleiht die jeweilige Vereinstätigkeit keinen privilegierten Grundrechtsschutz.[52] Diese tatbestandlichen Grenzen der externen Vereinsbetätigungsfreiheit dürfen indes nicht auf die Freiheit der Bildung von Vereinigungen übertragen werden. Deshalb ist beispielsweise ein **Sozietätsverbot** (auch) am Maßstab des Art. 9 I GG zu messen.[53]

22   **bb) Negative Vereinigungsfreiheit.**[54] Auf seiner negativen Gewährleistungsebene garantiert Art. 9 I nach fast einhelliger Auffassung die Entscheidungsfreiheit, einer **privaten Vereinigung fernzubleiben** oder **auszutreten.**[55] Dagegen verneinen das BVerfG und ein Teil der Verfassungsrechtslehre die Frage, ob Art. 9 I Prüfungsmaßstab für die **Zwangsinkorporation in öffentlich-rechtliche**

---

[45] S. etwa BVerfGE 30, 227 (241); 50, 290 (354); 80, 244 (253); 123, 186 (230); 124, 25 (34); *Scholz,* in: Maunz/ Dürig, Art. 9 (2017) Rn. 78 ff.; *Merten* HStR VII, § 165 Rn. 44 ff.; *Rixen,* in: Stern/Becker, Art. 9 Rn. 23 f.; eingehend auch *Kemper,* in: v. Mangoldt/Klein/Starck I, Art. 9 Rn. 1 ff., 40 ff.; widersprüchlich *Michael,* FS Tsatsos, 2003, S. 383 (392 f.).

[46] Bejahend etwa *v. Feldmann,* Vereinigungsfreiheit und Vereinigungsverbot, 1972, S. 18 ff.; *v. Mutius* Jura 1984, 193 (196); verneinend z. B. *Rinken* AK GG, Art. 9 Abs. 1 Rn. 54; *Nolte/Planker* Jura 1993, 635 ff.; widersprüchlich *Scholz,* in: Maunz/Dürig, Art. 9 (2017) Rn. 86 f.; eingehend *Sachs,* in: Stern, StaatsR IV/1, S. 1307 ff.

[47] BVerfGE 30, 227 (241 f.); zum Kernbereichsschutz auch BVerfGE 80, 244 (253); übereinstimmend BVerwGE 54, 211 (219); vgl. ferner BVerfGE 83, 238 (339).

[48] BVerfG (K) NJW 1996, 1203; vgl. auch BVerfGE 50, 290 (353 f.).

[49] BVerfGE 84, 372 (378); zur Aufnahme (und zum Ausschluss) von Mitgliedern BVerfGE 124, 25 (34, 42); ferner *Bauer,* in: Dreier I, Art. 9 Rn. 45; *Cornils,* in: Epping/Hillgruber, Art. 9 Rn. 12.

[50] BVerfGE 70, 1 (25); BVerfG (K) NJW 1996, 1203; BVerfG (K) NJW 2000, 1251; BVerwGE 88, 9 (11 f.); BGHZ 142, 304 (312); *Bauer,* in: Dreier I, Art. 9 Rn. 45; *Löwer,* in: v. Münch/Kunig I, Art. 9 Rn. 24; *Rixen,* in: Stern/Becker, Art. 9 Rn. 25; *Murswiek* JuS 1992, 116 (117).

[51] Dazu BVerfGE 50, 290 (354); 80, 244 (253); 123, 186 (230); 124, 25 (34); zur Entscheidung über die Selbstauflösung *Rixen,* in: Stern/Becker, Art. 9 Rn. 23.

[52] Zustimmend etwa *Ziekow,* HGR IV, § 107 Rn. 37.

[53] *Sachs* MDR 1996, 1197 (1200 f.); anders BVerfGE 54, 237 (251); offen lassend BVerfGE 98, 49 (59); vgl. dazu ferner BGHZ 127, 83 (95); *Jarass,* in: Jarass/Pieroth, Art. 9 Rn. 9; *Dietlein,* in: Stern, StaatsR IV/1, S. 1999.

[54] Eingehend *Hellermann,* Die sogenannte negative Seite der Freiheitsrechte, 1993, S. 59 ff.; *Etzrodt,* Der Grundrechtsschutz der negativen Vereinigungsfreiheit, 1980; *Sachs,* in: Stern, StaatsR IV/1, S. 1311 ff.

[55] S. etwa BVerfGE 10, 89 (104); 38, 281 (297 f.); 50, 290 (354); 123, 186 (237); BVerfG (K) NJW 2001, 2617 (2617) – dazu *Sachs* JuS 2002, 79 (79 f.); ferner BGHZ 130, 243 (254); *Jarass,* in: Jarass/Pieroth, Art. 9 Rn. 7; *Merten* HStR VII, § 165 Rn. 56 ff.; aA *Friauf* FS Reinhardt, 1972, S. 389 (392), der auf Art. 2 I rekurriert.

**Verbände** (z. B. berufsständische Kammern) sein kann.[56] Als zentrales Argument wird insoweit angeführt: Da die Vereinigungsfreiheit dem einzelnen kein Recht zur Bildung einer *öffentlich-rechtlichen* Vereinigung vermittle, könne die Vorschrift auch nicht ein entspr. Fernbleiberecht gewährleisten. Einschlägiges Grundrecht sei insofern allein Art. 2 I.[57]

Dieser Umkehrschluss ist indes keineswegs zwingend.[58] Das **Fernbleiben** von einem öffentlich-recht- **23** lichen Verband ist keine für den Privaten unmögliche Inanspruchnahme öffentlich-rechtlicher Gestaltungsformen, sondern Realisierung der klassischen grundrechtlichen Abwehrfunktion.[59] Die Grundentscheidung für das Prinzip freier sozialer Gruppenbildung, die ja Art. 9 I getroffen hat (→ Rn. 2), betrifft auch öffentlich-rechtliche Zwangsinkorporationen.[60] Diese Stoßrichtung ist im Übrigen sowohl dogmengeschichtlich nachweisbar[61] als auch Gegenstand der Beratung des ParlRates gewesen.[62]

Angesichts der engen Schrankenklausel des Art. 9 II (→ Rn. 43 ff.) dürften vor diesem Hintergrund **24** etliche **öffentlich-rechtliche Zwangsvereinigungen** verfassungsrechtlich **kaum zu rechtfertigen sein**.[63]

Mit der Anerkennung einer umfassenden negativen Vereinigungsfreiheit ist allerdings nicht zugleich **25** entschieden, dass Art. 9 I alleiniger oder auch nur primärer Prüfungsmaßstab für die mit öffentlich-rechtlichen Zwangsinkorporationen verbundenen Grundrechtseingriffe ist. Die **Zwangsvergemeinschaftung** ist das rechtliche **Mittel**, mit dessen Hilfe der Staat eine abgegrenzte Gruppe mit dem Ziel der eigenverantwortlichen Aufgabenwahrnehmung konturiert.[64] Wehrt sich der Grundrechtsträger nicht gegen die oktroyierte Mitgliedschaft als solche, sondern etwa dagegen, seiner Erwerbstätigkeit nur als Mitglied einer berufsständischen Kammer nachgehen zu können, so liefert Art. 12 I den vorrangigen Kontrollmaßstab.[65] Auch Art. 14 I kann hinsichtlich der Pflichtbeiträge Maßstabswirkung entfalten.[66]

**cc) Vereinigungsfreiheit als Doppelgrundrecht?** Nach st. Rspr. des BVerfG[67] und verbreiteter **26** Lehrmeinung[68] gewährleistet Art. 9 I nicht nur das Individualrecht freier Vereinsbildung wie beschrieben (o. Rn. 17 ff.), sondern auch den Vereinigungen das Recht auf Entstehen und Bestehen bzw. auf

---

[56] Zur Problematik eingehend *Kluth*, Funktionale Selbstverwaltung, 1997, S. 275 ff.; *Löwer* GewArch 2000, 89 ff.; *Schöbener* VerwArch 91 (2000), 374 ff.; vgl. ferner – im Blick auf die Einbeziehung in die Sozialversicherung – *Kaltenborn* NZS 2001, 300 ff.

[57] I. d. S. BVerfGE 10, 89 (102); 38, 281 (297 f.); BVerfG NVwZ 2017, 1282 ff. (1283 f.); BVerfG (K) NVwZ 2002, 335 (336); zul. BVerfGK 10, 66 (75 f.); vgl. auch BVerfGK 10, 234 (243); vgl. mit weiteren Begründungsversuchen BVerwGE 107, 169 (172 f.); ferner etwa *Kemper* MKS I, Art. 9 Rn. 58 f.; *Löwer*, in: v. Münch/Kunig I, Art. 9 Rn. 28; *Merten* HStR VII, § 165 Rn. 62 f.; s. a. *Jahn* GewArch 2002, 98 (100 f.); *Martini* Jura 2008, 734 (735).

[58] So schon *Quidde* DÖV 1958, 521 (522 f.); *Friauf* FS Reinhardt, 1972, S. 389 (394); vgl. dazu auch *Rixen*, in: Stern/Becker, Art. 9 Rn. 21 f., der unter Hinweis auf entstehungsgeschichtliche Aspekte allerdings eine Anwendung von Art. 2 I favorisiert.

[59] Zutr. *Hellermann*, Die sogenannte negative Seite der Freiheitsrechte, 1993, S. 63 ff.; *Scholz*, in: Maunz/Dürig, Art. 9 (2017) Rn. 90; *Rinken* AK GG, Art. 9 Abs. 1 Rn. 58; *Stober*, Grundrechtsschutz der Wirtschaftstätigkeit, 1989, 50 f.; *Bauer*, in: Dreier I, Art. 9 Rn. 47.

[60] S. a. BVerfGE 38, 281 (303): Das Prinzip dürfe durch staatliche Aufgabenkonkurrenz nicht übermäßig eingeschränkt werden; vgl. auch EGMR NJW 1999, 3695 (3698 ff.), wo in der Zwangsmitgliedschaft eines Grundeigentümers in einem (französischen) kommunalen Jagdverband eine Verletzung von Art. 11 EMRK gesehen wurde – dabei allerdings der Rechtscharakter der Vereinigung nicht genau geklärt wurde; s. a. – allerdings nicht zu Art. 11 EMRK – EGMR NJW 2012, 3629 ff.

[61] Dazu *Müller*, Korporation und Assoziation, 1965, S. 231 ff.

[62] S. *Matz* JöR nF 1 (1951), 117; für die Maßstabsfunktion des Art. 9 I GG mit Nachdruck *Schöbener* VerwArch 91 (2000), 374 (396 ff.); wohl auch *Sachs*, in: Stern, StaatsR IV/1, S. 1315 ff. mwN zum Diskussionsstand; andere Wertung der Entstehungsgeschichte bei *Ziekow* HGR IV, § 107 Rn. 33.

[63] S. a. *Rinken* AK GG, Art. 9 Abs. 1 Rn. 58 mwN; anders BVerfGE 10, 89 (102): öffentlich-rechtlicher Wasserverband; 10, 354 (361 f.): bayerische Ärzteversorgung (allerdings als Anstalt organisiert); 11, 105 (126): Familienausgleichskassen; 12, 319 (323): Pflicht-Altersversorgung für freiberuflich tätige Ärzte (ebenfalls als Anstalt verfasst); 15, 235 (239): Industrie- und Handelskammern; 38, 281 (297 f.): Angestellten- und Arbeitnehmerkammern; BVerfG (K) NJW 1995, 514 (515): Hamburger Feuerkasse; BVerfG (K) NVwZ 2002, 335 (336): Industrie- und Handelskammer; BVerfGK 10, 66 (75 f.): Jagdgenossenschaft; BVerwGE 32, 308 (311 f.): studentische Krankenversicherung; 39, 100 (102): Landesärztekammer; 39, 110 (115): Landeszahnärztekammer; 59, 231 (233 ff.) und 59, 242 (245): Studentenschaft; 65, 115 (117): Steuerberaterkammer; 64, 298 (301): Ärztekammer; BVerwG NJW 1997, 814 (815): Apothekerkammer; BVerwGE 107, 169 (170 f.): Industrie- und Handelskammern.

[64] Dazu *Löwer*, in: v. Münch/Kunig I, Art. 9 Rn. 28; *Kluth*, Funktionale Selbstverwaltung, 1997, S. 341, S. 306, sieht in der Begründung der Pflichtmitgliedschaft keinen abstrakten Eingriffstatbestand, sondern eine Erweiterung des Rechtskreises der jeweiligen Mitglieder.

[65] Dazu – mit rechtsvergleichenden Hinweisen für den deutschsprachigen Raum – *Höfling*, Die liechtensteinische Grundrechtsordnung, 1994, S. 142 f.; offen lassend BVerwG NJW 1997, 814 (815); s. a. BVerwG NJW 2001, 1590 (1590 f.): Art. 12 I als vorrangiger Prüfungsmaßstab für Höhe der Pflichtbeiträge zum Versorgungswerk der Rechtsanwälte; anders *Schöbener* VerwArch 91 (2000), 374 (384 f.).

[66] So *Kaltenborn* NZS 2001, 300 (304): Die Beitragspflicht selbst ein Eingriff in Art. 2 I GG, BVerfG NVwZ 2017, 1282 (1284).

[67] BVerfGE 13, 174 (175); 30, 227 (241); 50, 290 (353 f.); 84, 372 (378); 123, 186 (237); 124, 25 (34).

[68] S. etwa *Merten* HStR VII, § 165 Rn. 28 ff.; *Löwer*: in: v. Münch/Kunig I, Art. 9 Rn. 23; *Jarass*, in: Jarass/Pieroth, Art. 9 Rn. 8; *Rixen*, in: Stern/Becker, Art. 9 Rn. 57; *Ziekow* HGR IV, § 107 Rn. 11 f.

Sicherung ihres Bestandes. Nach dieser Auffassung ist Art. 9 I im Interesse seiner Effektuierung als **Doppelgrundrecht** zu deuten.[69] Auf Art. 19 III GG wird dabei nur zurückgegriffen zur Begründung des spezifischen Rechts einer Vereinigung, sich mit anderen jur. oder natürlichen Personen zu einer weiteren Vereinigung zusammenzuschließen.[70]

27      Diese Lehre ist indes **nicht vereinbar mit der Konzeption des Grundrechtssystems,** das – wie Art. 19 III deutlich erweist – zwischen Individualgrundrechten und Erstreckungsregel für juristische Personen differenziert. Nur über die Transformationsnorm des Art. 19 III kann die Vereinigungs-freiheit normative Wirkung zugunsten des Kollektivs entfalten. Allein ein solcher Problemzugriff ermöglicht auch eine der Intention des Art. 19 III gerecht werdende, diff. Antwort auf die Frage, welche Außenaktivitäten (→ Rn. 18 ff.) des Vereins über die je sachlich einschlägigen Grundrechte iVm Art. 19 III geschützt sind.[71]

28      **c) Gewährleistungsdimensionen. aa) Subjektiv-rechtliche Gehalte.** Als **Abwehrrecht** garantiert die Vereinigungsfreiheit den Grundrechtsträgern das Recht, sich ohne präventive oder repressive staatliche Einflussnahme zu beliebigen Zwecken zusammenzuschließen und mit der o. dargestellten Einschränkung (→ Rn. 18 ff.) zu betätigen. Die Gewährleistung enthält als vereinsbezogene Pro-gramm-, Organisations- und Aktionsfreiheit zugleich das staatsadressierte Verbot oktroyierter Gemein-wohlbindung.[72]

29      Art. 9 I gewährleistet **kein Grundrecht des status activus.**[73] Zwar entfaltet das – in krit. Perspektive: neokorporative – Verbandssystem[74] in der Praxis „öffentlicher" Willensbildung erhebliche Aggregations- sowie Artikulationsfunktionen und wirkt so auf die staatliche Entscheidungsebene ein. Doch sind diese „politischen" Auswirkungen des Grundrechtsgebrauchs nicht Gewährleistungsgegen-stand des Art. 9 I i. S. eines politischen Grundrechts.[75]

30      Eine **leistungsrechtliche Dimension** der Vereinigungsfreiheit ist in Gestalt einer schutzrecht-lichen Funktion anzuerkennen.[76]Insoweit kann sich die normative Direktionskraft des Art. 9 I dahin-gehend aktualisieren, dass der Staat Schutzvorkehrungen gegen quasi-deliktische Übergriffe mächtiger Interessenverbände zugunsten von „Außenseitern" trifft. In herkömmlicher Perspektive werden diese Probleme unter dem Stichwort **„mittelbare Drittwirkung"** diskutiert.[77] Originäre Ansprüche i. e. S. lassen sich aus Art. 9 I GG nicht ableiten.[78]

31      Als **kompetentielle Freiheit** (→ Rn. 5 f.) umfasst die Vereinigungsfreiheit darüber hinaus eine weitere, auxiliäre leistungsrechtliche Dimension: Danach haben die Grundrechtsberechtigten einen Anspruch auf Schaffung eines Rechtsregimes in dem Umfang, der für die grundrechtlich gewähr-leistete Bildungs- und Betätigungsfreiheit (→ Rn. 17 ff.) unerlässlich ist.[79] Die Vereinigungsfreiheit ist jedenfalls auf solche Regelungen angewiesen, die die freien Zusammenschlüsse handlungsermögli-chend in die allg. Rechtsordnung einfügen.[80]

32      **bb) Objektiv-rechtliche Grundrechtsgehalte.** Nach einhelliger Auffassung garantiert Art. 9 I das Prinzip freier sozialer Gruppenbildung (→ Rn. 2). Es ist indes fraglich, ob damit auf eine eigenständige objektiv-rechtliche Grundrechtsdimension verwiesen wird. Indem Art. 9 I den einzelnen Grund-rechtsberechtigten ein weitgehendes Selbstbestimmungsrecht i. S. einer Gründungs-, Organisations- und (internen) Betätigungsfreiheit garantiert, wird das Prinzip freier sozialer Gruppenbildung gleichsam als **Systemreflex** geschützt.

33      **2. Grundrechtsträger.** Die Vereinigungsfreiheit ist als **Bürgerrecht** („alle Deutschen") kon-zipiert.[81] Ausländern wird gesetzlich durch § 1 I VereinsG das Recht auf Bildung von Vereini-

---

[69] Ausf. Diskussion des Problems bei *Schmidt* (Fn. 1), S. 68 ff., sowie (im Kontext des Art. 9 III) bei *Burkiczak,* Grundgesetz und Deregulierung des Tarifvertragsrechts, 2006, S. 141 ff. mwN; s. a. *Bauer,* in: Dreier I, Art. 9 Rn. 34 ff.

[70] *Merten* HStR VII, § 165 Rn. 28 ff.; *Baumann* BB 1997, 2281 (2282).

[71] Vgl. auch *Scholz,* in: Maunz/Dürig, Art. 9 (2017) Rn. 25; *Rinken* AK GG, Art. 9 Abs. 1 Rn. 55; *Sachs,* in: Stern, StaatsR IV/1, S. 1326 ff.; gegen die Lehre vom Doppelgrundrecht auch *Ridder* AK GG, Art. 9 Abs. 2 Rn. 20; *Sachs,* Art. 19, Rn. 90.

[72] S. a. *Dietlein,* in: Stern, StaatsR IV/1, S. 2003; *Rinken* AK GG, Art. 9 Abs. 1 Rn. 61.

[73] AA *Scholz,* in: Maunz/Dürig, Art. 9 (2017) Rn. 35 f.; *Merten* HStR VII, § 165 Rn. 7 ff.; *Rinken* AK GG, Art. 9 Abs. 1 Rn. 62 („status constituens").

[74] Aus verfassungsrechtlicher Sicht etwa *Grimm* HdbVerfR, § 15 Rn. 10.

[75] Zur dogmatischen Kategorie polit. und demokr. Grundrechte *Höfling* Der Staat 33 (1994), 493 ff.

[76] Gegen eine Deutung als soziales Leistungsrecht etwa *Merten* HStR VII, § 165 Rn. 13 ff.; *Rinken* AK GG, Art. 9 Abs. 1 Rn. 63.

[77] S. dazu etwa *Bauer,* in: Dreier I, Art. 9 Rn. 50 mwN.

[78] S. a. *Ziekow* HGR IV, § 107 Rn. 40 mwN.

[79] Vgl. auch *Merten* HStR VII, § 165 Rn. 17 f., der – traditionellem Verständnis von Einrichtungsgarantien verpflichtet – insoweit nur eine objektiv-rechtliche Funktion anerkennen will.

[80] Ähnl. BVerfGE 84, 372 (378 f.); ferner BVerfGE 50, 290 (354 f.); s. a. *Baumann* BB 1997, 2281 (2283).

[81] *Merten* HStR VII, § 165 Rn. 19 ff., dort (Rn. 34 f.) auch zur Grundrechtsmündigkeit – dazu mwN auch *Jarass,* in: Jarass/Pieroth, Art. 9 Rn. 10; *Rixen,* in: Stern/Becker, Art. 9 Rn. 58; s. ferner BVerwG DVBl 2000, 1515 (1516).

gungen eingeräumt; damit ist zugleich die erforderliche Kongruenz mit Art. 11 EMRK hergestellt.[82] Für **EU-Bürger** gelten ferner ua Art. 49 II, 54 AEUV.[83] Darüber hinaus sind etwaige Kollisionen durch europarechtskonforme Interpretation durch Rückgriff auf das Auffanggrundrecht des Art. 2 I GG zu lösen. EU-Ausländer wären danach im Anwendungsbereich und nach Maßgabe des EU-Rechts Deutschen gleichzustellen; ihnen steht insoweit ein gegenüber anderen Ausländern, die sich nach h. M. auch auf Art. 2 I GG berufen können, qualif. Grundrechtsschutz zu.[84]

Über Art. 19 III können auch inländische **juristische Personen** und Personenvereinigungen des **34** **Privatrechts** Träger des Grundrechts sein.[85] Die Vereinigung als solche ist nicht unmittelbar aus Art. 9 I berechtigt (→ Rn. 26 f.).

**3. Eingriff und Ausgestaltung.** Bei einem auf normative Ausgestaltung angewiesenen Grund- **35** recht wie Art. 9 I GG ist bei der Beurteilung grundrechtsrelevanten Staatshandelns die Differenzierung zwischen Grundrechtseingriff und Grundrechtsausgestaltung von besonderer Bedeutung. Nur wenn ein Grundrechtseingriff vorliegt, greifen die herkömmlichen Rechtfertigungsanforderungen, während bei Grundrechtsausgestaltungen – auch nachträglichen Umgestaltungen – je nach Fallgestaltung spezifische verfassungsrechtliche Direktiven zu berücksichtigen sind.[86] Dass die Abgrenzung von Grundrechtseingriffen und Grundrechtsausgestaltungen[87] noch immer mit erheblichen dogmatischen Unklarheiten behaftet ist, wird im Kontext des Art. 9 I GG etwa deutlich, wenn das BVerfG in einer Kammerentscheidung[88] die gesetzlich angeordnete Pflichtmitgliedschaft einer Genossenschaftsbank in einem – privatrechtlichen – genossenschaftlichen Prüfungsverband als (bloße) Ausgestaltung der Vereinigungsfreiheit qualifiziert, diese aber sodann in ausgeprägter Parallelisierung zur Kontrolle von grundrechtseingreifenden Gesetzen am Maßstab des Übermaßverbots prüft.[89]

**a) Eingriff.** Jede Verkürzung des grundrechtlich Gewährleisteten stellt einen rechtfertigungsbedürf- **36** tigen Eingriff in den Schutzbereich des Art. 9 I dar, soweit die abwehrrechtl. Grundrechtsdimension betroffen ist. Solche Schutzbereichsbeeinträchtigungen sind vom Gründungs- bis zum Auflösungsstadium denkbar. **Beispiele** für Eingriffe sind: präventive Vereinskontrolle durch ein Konzessionssystem; Genehmigungsvorbehalte für Vereinssatzungen;[90] staatliche Verhinderung des Beitritts zu bzw. des Verbleibens in einem Verein; Verbot eines Vereins.[91] **Entgegen** der vom **Bundesverwaltungsgericht** in st. Rspr. vertretenen Auffassung trifft eine Verbotsverfügung auch die individuelle Grundrechtsstellung des (vormaligen) Vereinsmitglieds.[92] Art. 9 I GG gewährleistet auch das Recht zum Verbleib in und der Zugehörigkeit zu einem Verein (→ Rn. 17).

Auch sog. **mittelbare** und **faktische Beeinträchtigungen**, etwa nachrichtendienstliche Beobachtungen von Vereinsaktivitäten, sind Grundrechtseingriffe.[93] Gleiches gilt für Nachteile, die einem Bürger allein auf Grund seiner Vereinsmitgliedschaft seitens des Staates erwachsen, etwa die Entfernung aus dem Beamtenverhältnis wegen Mitgliedschaft in einer extremistischen, aber noch nicht verbotenen Vereinigung. Ein solcher Eingriff kann freilich grds. durch kollidierendes Verfassungsrecht (dazu noch → Rn. 135 ff.) gerechtfertigt werden.[94]

Wird jemand durch Regelungen der **Vereinssatzung** bzw. Vereinshandlungen am Beitritt zu oder **37** Verbleib in einer Vereinigung gehindert, so ist dies nur an der schutzrechtlichen Funktion der Vereinigungsfreiheit zu messen.[95] Gleiches gilt für andere Bestimm. einer Vereinssatzung.[96]

---

[82] Zur Frage einer zusätzliche Auffangfunktion des Art. 2 I GG → Art. 2 Rn. 139 f.

[83] Vgl. dazu *Bauer*, in: Dreier I, Art. 9 Rn. 15 f.

[84] Hierzu mwN *Bauer*, in: Dreier I, Art. 9 Rn. 17 und 31; s. ferner *Ziekow* HGR IV, § 107 Rn. 8.

[85] BVerfGE 13, 174 (175); *Löwer*, in: v. Münch/Kunig I, Art. 9 Rn. 19 ff.

[86] Dazu und zu den Abgrenzungskriterien eingehend mwN *Gellermann*, Grundrechte in einfachgesetzlichem Gewande, 2000, S. 54 ff.; *Wolff* RW 2013, 91 ff.; s. a. *Sachs*, in: Stern, Staatsrecht IV/1, S. 1335 f. mwN; mit Blick auf Art. 3 Abs. 3 GG ferner *Burkiczak* (Fn. 69), S. 152 ff.; krit. *Cornils*, Die Ausgestaltung der Grundrechte, 2005, S. 405 ff.; *ders.*, in: Epping/Hillgruber, Art. 9 Rn. 21; anders als *Dietlein*, in: Stern, StaatsR IV/1, S. 2022, der Umgestaltungen wie Eingriffe behandeln will.

[87] Grds. dazu *Bumke*, Der Grundrechtsvorbehalt, 1998; *Gellermann* (Fn. 86); *Cornils* (Fn. 86); ferner *Ladeur* AöR 131 (2006), 643 ff.

[88] BVerfG (K) NJW 2001, 2617 (2617 ff.).

[89] Krit. auch *Sachs* JuS 2002, 79 (80); ähnlich diffus: BVerfG (K), NVwZ 2003, 855 f.

[90] Vgl. BVerfG (K) NVwZ 2003 (856).

[91] *Jarass*, in: Jarass/Pieroth, Art. 9 Rn. 12; zu vereinsrechtlichen Kennzeichenverboten s. Albrecht VerwArch 110 (2019), 506 (525 ff); zum Vereinsverbot s. *Baudewin* NVwZ 2013, 1049 ff. mit Auflistung der von Bund und Ländern verfügten Verbote (S. 1052 ff.).

[92] S. zur Judikatur des Bundesverwaltungsgerichts zuletzt BVerwG, BeckRS 2019, 26737 Rn. 2; aaO Rn. 5 spricht aber von Nichtmitgliedern, die nicht zur Anfechtung befugt seien.

[93] *Rinken* AK GG, Art. 9 Abs. 1 Rn. 61; s. a. *Ziekow* HGR IV, § 107 Rn. 43.

[94] Vgl. dazu *Spranger* VR 1999, 20 ff.; allg. BVerfGE 124, 25 (36); *Jarass*, in: Jarass/Pieroth, Art. 9 Rn. 22; vgl. auch *Cornils*, in: Epping/Hillgruber, Art. 9 Rn. 31.

[95] *Merten* HStR VII, § 165 Rn. 21; unter dem Stichwort „Drittwirkung" dazu auch *Rinken* AK GG, Art. 9 Abs. 1 Rn. 65 ff.; *Scholz*, in: Maunz/Dürig, Art. 9 (2017) Rn. 69 ff.; zur „Ausstrahlungswirkung" ferner *Jarass*, in: Jarass/

**38**    **b) Ausgestaltung.** Keine Grundrechtseingriffe sind solche Regelungen, welche die leistungsrechtliche, insbes. die kompetentielle Dimension der Vereinigungsfreiheit (o. Rn. 31) entfalten. Der insoweit vom sachlichen Gewährleistungsbereich des Art. 9 I mit umfasste Anspruch auf Schaffung von Organisations- und Verfahrensregelungen richtet sich nur auf eine „Mindestausstattung". Jenseits des durch ein entspr. Untermaßverbot abgesteckten Rahmens ist der Gesetzgeber weitestgehend frei in der Ausgestaltung etwa der Vereinigungstypen; an den Status quo des Vereins- und Gesellschaftsrechts ist er nicht gebunden.[97]Vorschriften, welche Gründungsvoraussetzungen, Struktur und Aktionsmodus von Vereinen und Gesellschaften regeln (z. B. Eintragungsvoraussetzungen, Mindestkapitalvorschriften, Haftungsregelungen), stellen deshalb grds. keine Grundrechtseingriffe dar.[98]

**39**    Diese Deutung entspricht im Wesentlichen auch der Auffassung des BVerfG. Im **Mitbestimmungsurteil** hat es insoweit ausgeführt:

> „Vereinigungsfreiheit ist in mehr oder minder großem Umfang auf Regelungen angewiesen, welche die freien Zusammenschlüsse und ihr Leben in die allgemeine Rechtsordnung einfügen, die Sicherheit des Rechtsverkehrs gewährleisten, Rechte der Mitglieder sichern und den schutzbedürftigen Belangen Dritter oder öffentlichen Interessen Rechnung tragen. Demgemäß ist mit der verfassungsrechtlichen Garantie der Vereinigungsfreiheit seit jeher die Notwendigkeit einer gesetzlichen Ausgestaltung dieser Freiheit verbunden, ohne die sie praktische Wirksamkeit nicht gewinnen könnte. Diese Notwendigkeit gehört von vornherein zum Inhalt des Art. 9 I GG […]."[99]

Der Gesetzgeber habe aber eine hinreichende Vielfalt von Rechtsformen zur Verfügung zu stellen, die den verschiedenen Typen von Vereinigungen angemessen und deren Wahl deshalb zumutbar sei. In jedem Fall müsse das Prinzip freier Assoziation und Selbstbestimmung grds. gewahrt bleiben.[100]

## II. Grundrechtsschranken und Schranken-Schranken

**40**    **1. Allgemeines.** Das Schrankenregime der Vereinigungsfreiheit ist eine komplizierte Konstruktion.[101] Der Verfassungstext statuiert in **Art. 9 II** lediglich ein Verbot für bestimmte Vereinigungen. Trotz des Wortlautes besteht heute weitgehend Einigkeit, dass die Vorschrift nicht als Schutzbereichsbegrenzung,[102] sondern als **Schrankenklausel** zu deuten ist, die die Voraussetzungen für einen verfassungsrechtlich gerechtfertigten Eingriff umschreibt. Erst die nach Maßgabe der einschlägigen Vorschriften des VereinsG erlassene Verbotsverfügung entfaltet konstitutive Wirkung.[103] Angesichts der unmittelbar verfassungstextlichen Klassifizierung als „verboten" wird man in Art. 9 II nicht lediglich einen ermächtigenden qualifizierten Gesetzesvorbehalt sehen können, sondern zugleich einen entspr. Gesetzgebungsauftrag annehmen müssen.[104]

**41**    Auch wenn die Regelung des Art. 9 II nicht i. S. eines Gesetzesvorbehalts auf die Garantie der individuellen Vereinigungsfreiheit des Art. 9 I bezogen ist, sondern dem kollektiven Recht auf Fortbestand der Vereinigung eine eigenständige Grenze setzt,[105] ist es missverständlich, im Blick auf Art. 9 I von einem vorbehaltlos gewährleisteten Grundrecht zu sprechen.[106] Wenn und soweit auf der Grundlage des Art. 9 II zulässige **Maßnahmen gegen die Korporation** ergriffen werden, können diese **zugleich legitime Beschränkungen der Betätigungsfreiheit** der Mitglieder beinhalten.[107] Wird

---

Pieroth, Art. 9 Rn. 12, 16; s. zur Mitgliedschaft in Vereinen, die im wirtschaftlichen oder sozialen Bereich eine überragende Machtstellung besitzen, BVerfG (K), NJW-RR 1989, 636, BGHZ 93, 151 (152); 140, 74 (77).

[96] Undeutlich BVerfG (K) NJW 1991, 2626.

[97] S. a. BVerfGE 50, 290 (355); BVerfG (K) NJW 2001, 2617 (2617); nicht deutlich *Bauer*, in: Dreier I, Art. 9 Rn. 51 f.

[98] In der Sache übereinstimmend *Ridder* AK GG, Art. 9 Abs. 2 Rn. 40; *Löwer*, in: v. Münch/Kunig I, Art. 9 Rn. 31 f.; *Merten* HStR VII, § 165 Rn. 44; *Sachs*, in: Stern, StaatsR IV/1, S. 1334 ff.

[99] BVerfGE 50, 290 (354).

[100] So BVerfGE 50, 290 (355); zur objektsbezogenen und sachbereichsabhängigen Regelungsdichte s. a. *Löwer*, in: v. Münch/Kunig I, Art. 9 Rn. 32 f.; *Scholz*, in: Maunz/Dürig, Art. 9 (2017) Rn. 93; *Rinken* AK GG, Art. 9 Abs. 1 Rn. 71; weitgehende Bindung des Ausgestaltungsgesetzgebers an den Verhältnismäßigkeitsgrundsatz bejahend: *Wolff* RW 2013, 91 (95 ff.).

[101] Eingehend dazu *Sachs*, FS Saglam, 2006, S. 349 ff.; *ders.*, in: Stern, StaatsR IV/1, S. 1337 ff.

[102] Unklar wohl BVerfGE 80, 244 (254); explizit anders BVerfGE 149, 160 Rn. 100; s. zur ex-lege-Theorie *Schmidt* (Fn. 1), S. 73 f.; *Ridder* AK GG, Art. 9 Abs. 2 Rn. 23 ff.; für Schutzbereichsbegrenzung *Merten* HStR VII, § 165 Rn. 75; zur Diskussion s. a. *Ziekow* HGR IV, § 107 Rn. 57 ff.

[103] S. etwa *Löwer*, in: v. Münch/Kunig I, Art. 9 Rn. 58; *Jarass*, in: Jarass/Pieroth, Art. 9 Rn. 17; *Merten* HStR VII, § 165 Rn. 75 (obwohl Befürworter einer Schutzbereichsbegrenzung); vgl. auch *Kannengießer* HKHH, Art. 9 Rn. 17; dazu ferner *Schmidt* (Fn. 1), S. 76 ff.

[104] S. a. *Sachs*, in: Stern, StaatsR IV/1, S. 1343 m. Fn. 880, der selbst von einer grundgesetzlichen Einschränkungsnorm mit verfassungsunmittelbaren Beschränkungen und damit einem ipso-constitutione eintretenden Verbotensein ausgeht (S. 1338 und 1343 f.); ferner *Kemper* MKS I, Art. 9 Rn. 70.

[105] BVerfGE 80, 244 (253).

[106] So aber *Rinken* AK GG, Art. 9 Abs. 1 Rn. 69.

[107] S. a. *Bauer*, in: Dreier I, Art. 9 Rn. 54; s. aber auch *Cornils*, in: Epping/Hillgruber, Art. 9 Rn. 22; *Scholz*, in: Maunz/Dürig, Art. 9 (2017) Rn. 117, 134, die mildere Maßnahmen ebenfalls auf Art. 9 II stützen wollen; krit. dazu *Kemper* MKS I, Art. 9 Rn. 70 f.

ein Verein, dessen Zweck gegen den Gedanken der Völkerverständigung gerichtet ist, aufgelöst und verboten, so liegt darin ein Eingriff in das durch Art. 9 I prima facie gewährleistete Recht, einen Verein mit solcher Zielsetzung zu bilden.

Im Übrigen kommt als Rechtfertigungsgrund für Eingriffe in den Schutzbereich des Art. 9 I **42** ausschließlich **kollidierendes Verfassungsrecht** in Betracht.[108] Insoweit bedarf es jedoch einer einfachrechtlichen Konkretisierung.[109] So lassen sich **z. B. Fusionsverbote** im Interesse der verfassungsrechtlich geschützten Wettbewerbsfreiheit legitimieren.[110] Zur Rechtfertigung der Pflichtmitgliedschaft in wirtschafts- und berufsständischen Kammern wird zT auch auf das Sozialstaatsprinzip abgestellt.[111] Untauglich ist jedoch ein Rekurs auf pauschale, nicht in der Verfassung verankerte Rechtsgüter[112] oder Gemeinwohlvorbehalte (→ Rn. 136, → Rn. 150).[113]

**2. Die Regelung des Art. 9 II.** Nach Auffassung des BVerfG ist die Regelung des Art. 9 II „vor **43** dem Hintergrund der Erfahrungen der Auseinandersetzungen mit einem totalitären System zu verstehen". Die Vorschrift enthalte damit ein Instrument des „präventiven Verfassungsschutzes" und sei – ebenso wie Art. 21 II und 18 – Ausdruck des Bekenntnisses des GG zur **„streitbaren Demokratie".**[114]

Ihrer Zweckrichtung nach verlangt die Vorschrift nach Auffassung des BVerfG, „drohenden Gefähr- **44** dungen des Staates, seines Bestandes und seiner Grundordnung, die aus kollektiven strafbaren oder verfassungswidrigen Bestrebungen erwachsen können, rechtzeitig und wirksam entgegenzutreten". Im Blick auf diese Grundentscheidung der Verfassung bestünden auch keine Bedenken gegen die Vorschrift des § 3 I VereinsG, wonach die Feststellung der Voraussetzungen des Art. 9 II stets mit der Anordnung der **Auflösung des Vereins** zu verbinden ist.[115]

Art. 9 II normiert die Verbotstatbestände abschließend.[116] Als ersten Verbotsgrund nennt die Vor- **45** schrift Zwecke oder Tätigkeiten, die den **Strafgesetzen zuwiderlaufen.** Mangels Straffähigkeit der Korporation selbst kommt es insoweit darauf an, ob ein hinreichender Zurechnungszusammenhang von Mitgliederverhalten bejaht werden kann.[117] Nicht ausreichend ist es, wenn nur einzelne Mitglieder der Vereinigung gegen die Schutzgüter gerichtet handeln oder die Vereinigung ganz überwiegend rechtmäßige Zwecke verfolgt.[118] Strafgesetze i. S. der Vorschrift sind **nur allg. Strafvorschriften.** Nicht erfasst ist vereinsspezifisches Sonderstrafrecht und das Ordnungswidrigkeitenrecht.[119] Nach Ansicht des Bundesverfassungsgerichts laufen Zwecke oder Tätigkeiten einer Vereinigung den Strafgesetzen zuwider, wenn Organe, Mitglieder oder auch Dritte Strafgesetze verletzen und dies der Vereinigung zuzurechnen ist, weil sie erkennbar für die Vereinigung auftreten und diese das zumindest billigt, oder weil die Begehung von Straftaten durch die Vereinigung bewusst hervorgerufen oder bestärkt, ermöglicht oder erleichtert wird.[120]

Der zweite Verbotstatbestand erfasst Vereinigungen, deren Zweck oder Tätigkeit sich gegen die **46** verfassungsmäßige Ordnung richtet. Der Begriff ist nicht sinnidentisch mit dem entspr. Terminus des Art. 2 I in der Deutung des „Elfes"-Urteils.[121] Er ist vielmehr „auf gewisse elementare Grundsätze der Verfassung zu beschränken"[122] und kann mit der h. M. i. S. der **„freiheitlich demokratischen Grundordnung"** konkretisiert werden.[123] Diese umfasst, wie das Bundesverfassungsgericht in An-

---

[108] BVerfGE 124, 25 (36).

[109] S. a. *Jarass,* in: Jarass/Pieroth, Art. 9 Rn. 23; *Bauer,* in: Dreier I, Art. 9 Rn. 59.

[110] Dazu *Scholz,* Konzentrationskontrolle und Grundgesetz, 1971, S. 38 ff.; s. a. *Cornils,* in: Epping/Hillgruber, Art. 9 Rn. 31.

[111] S. *Schöbener* VerwArch 91 (2000), 374 (406 f.).

[112] So aber BVerfG (K) NVwZ 2003, 855 unter Berufung auf BVerfGE 30, 227 (243).

[113] Dazu aber BVerfG 39, 334 (367); zur Kritik etwa *Sachs* MDR 1996, 1197 (1201) mwN.

[114] BVerfGE 80, 244 (253) mN; BVerfGE 149, 160 Rn. 99 ff.; *Ziekow* HGR IV, § 107 Rn. 47; krit. *Ridder* AK GG, Art. 9 Abs. 2 Rn. 33.

[115] BVerfGE 80, 244 (253).

[116] S. nur BVerfGE 80, 244 (252); zum Vereinsverbot s. etwa *Baudewin* NVwZ 2013, 1049 ff.; zu den Verbotstatbeständen des Art. 9 II GG näher *Ziekow* HGR IV, § 107 Rn. 48 ff.

[117] S. BVerwGE 80, 299 (306 ff.); BayVGH NVwZ-RR 2000, 496 (496 f.); jüngst dazu etwa BVerwG NVwZ 2010, 446 ff.; *Löwer,* in: v. Münch/Kunig I, Art. 9 Rn. 47; zum Verbot gegenüber Teilorganisationen s. BVerwG NVwZ 1998, 174 ff.

[118] BVerfGE 149, 160 Rn. 105 ff.

[119] BVerfGE 149, 160 Rn. 105 ff.; *Scholz,* in: Maunz/Dürig, Art. 9 (2017) Rn. 125; *Jarass,* in: Jarass/Pieroth, Art. 9 Rn. 25; *Cornils,* in: Epping/Hillgruber, Art. 9 Rn. 25; aA *Merten* HStR VII, § 165 Rn. 77; vgl. zu dieser Variante des Art. 9 II auch *Sachs,* in: Stern, StaatsR IV/1, S. 1346 ff.

[120] So BVerfGE 149, 160 Rn. 106.

[121] S. nur *Löwer,* in: v. Münch/Kunig I, Art. 9 Rn. 50.

[122] Vgl. schon die Erwägung in BVerfGE 6, 32 (38).

[123] So etwa BGHSt 7, 222 (226 f.); vgl. auch BVerwGE 47, 330 (351 f.); BVerwG NVwZ-RR 2000, 70 (71); BVerwG, NVwZ 2010, 446 (451); ferner *Merten* HStR VII, § 165 Rn. 78; weitere Deutung etwa bei *Kemper,* in: v. Mangoldt/Klein/Starck I, Art. 9 Rn. 77; *Jarass,* in: Jarass/Pieroth, Art. 9 Rn. 19; *Michael,* FS Tsatsos, 2003, S. 383 (390); diff. auch *Scholz,* in: Maunz/Dürig, Art. 9 (2017) Rn. 127; restriktiv *Ridder* AK GG, Art. 9 Abs. 2 Rn. 34 f. mit zw. entstehungsgeschichtlicher Begründung.

schluss an 2. NPD.-Entscheidung klargestellt hat, namentlich die Menschenwürde, das Demokratie-prinzip und den Grundsatz der Rechtsstaatlichkeit.[124]

47    Der dritte Verbotstatbestand erfasst Vereinigungen, deren Zweck oder deren Tätigkeit sich gegen den Gedanken der **Völkerverständigung** richten.[125] Die Vorschrift knüpft damit in vereinsspezifischer Ausprägung an das allg. verfassungsrechtliche Verbot des Art. 26 I an.[126] Ein Verstoß hiergegen erfüllt jedenfalls den Verbotstatbestand des Art. 9 II. Darüber hinaus sind nur die elementaren, für ein friedliches Miteinander der Völker unverzichtbaren Regelungen des Völkerrechts dem Schutzgut zu subsumieren.[127] Bloße Kritik an anderen Ländern oder die Ablehnung von Kontakten mit bestimmten Staaten reichen jedenfalls nicht.[128] Gegen die Völkerverständigung richtet sich eine Vereinigung nicht nur bei eigenen schwerwiegenden völkerrechtswidrigen Handlungen sondern auch dann, wenn sie solche Aktivitäten Dritter fördert.[129]

48    Das vom zweiten und dritten Verbotstatbestand geforderte „**Sich-Richten**" setzt eine **aggressiv-kämpferische Haltung** der Vereinigung gegen wesentliche Elemente der verfassungsmäßigen Ord-nung voraus.[130] Art. 9 II enthält „kein Weltanschauungs- und Gesinnungsverbot.[131] Anders als bei einem Parteiverbot nach Art. 21 II GG ist keine Potentialität im Sinne konkreter, gewichtiger Anhalts-punkte erforderlich, die es möglich erscheinen lassen, dass ihr Handeln erfolgreich sein kann.[132]

49    **3. Schranken-Schranken.** Eingriffe in Art. 9 I sind stets am Maßstab der **Verhältnismäßigkeit** zu messen. Dies gilt auch für Vereinsverbote nach Art. 9 II, deren Konkretisierungen iE restriktiv zu erfolgen haben[133]

### III. Verhältnis zu anderen Grundrechten

50    Der allg. Vereinigungsfreiheit des Art. 9 I gehen qualifizierte Sonderbestimmungen der Verfassung als leges speciales vor:[134] Art. 9 III für die **Koalitionsfreiheit** (u. Rn. 51 ff.), Art. 21 für die **Parteien-freiheit** und Art. 140 iVm Art. 137 II 1 WRV für die **religiöse** und weltanschauliche **Assoziations-freiheit.**[135] Für von den genannten Vorschriften nicht erfasste Korporationen – wie z. B. (nach h. M.) Rathausparteien und religiöse Vereine[136] – verbleibt es beim Grundrechtsschutz des Art. 9 I.[137] BVerwG und BVerfG gehen davon aus, dass die Verbotsgründe des Art. 9 II auch auf Religions- und Weltanschauungsgemeinschaften Anwendung finden.[138]

### C. Die Koalitionsfreiheit (Abs. 3)
### I. Entwicklungsgeschichte und allgemeine Bedeutung

51    Entwicklungsgeschichtlich (→ Rn. 1) fällt die „Geburtsstunde" des Koalitionsrechts zusammen mit dem Anbruch der Industriegesellschaft des **19. Jahrhunderts.** Auch wenn sich bereits früher berufs-ständische Organisationsbildungen und koalitionsähnliche Institutionen (z. B. Zünfte, Gilden usw.)

---

[124] BVerfGE 149, 160 Rn. 107); BVerwGE 134, 275 (292 f.); *Bauer,* in: Dreier I, Art. 9 Rn. 57).

[125] S. etwa BVerwG NVwZ 2005, 1435 ff. – dazu *Sachs* JuS 2006, 260 f.; ferner *Putzke/Morber* NWVBl 2007, 211 ff.; *Penski* NwVBl. 2008, 256 ff.

[126] Vgl. auch *Scholz,* in: Maunz/Dürig, Art. 9 (2017) Rn. 131.

[127] S. a. *Bauer,* in: Dreier I, Art. 9 Rn. 58; *Löwer,* in: v. Münch/Kunig I, Art. 9 Rn. 53 ff.; *Scholz,* in: Maunz/Dürig, Art. 9 (2017) Rn. 131; ferner BVerwG DVBl 2005, 591; BayVGH NVwZ-RR 2000, 496 (499).

[128] Ebenso etwa *Merten* HStR VII, § 165 Rn. 78; *Bauer,* in: Dreier I, Art. 9 Rn. 58; *Jarass,* in: Jarass/Pieroth, Art. 9 Rn. 20.

[129] BVerfGE 149, 160 Rn. 112.

[130] S. etwa BVerwGE 37, 344 (358); 61, 218 (220); BVerwG NVwZ-RR 2000, 70 (71); BGHSt 19, 51 (55); *Kemper* in: v. Mangoldt/Klein/Starck I, Art. 9 Rn. 76; *Löwer,* in: v. Münch/Kunig I, Art. 9 Rn. 52; *Bauer,* in: Dreier I, Art. 9 Rn. 57 f.; anders BVerwG NVwZ 2005, 1435 (1439), wonach es ausreicht, wenn ein objektiv gegen den Gedanken der Völkerverständigung gerichtetes Verhalten von einem entspr. Willen getragen wird; anders wieder BVerwG, NVwZ 2010, 446 (451).

[131] BVerfGE 149, 160 Rn. 108.

[132] BVerfGE 149, 160 Rn. 105 ff; siehe Schiffbauer JZ 2019, 130 (134 f.).

[133] S. BVerfGE 149, 160 Rn. 102 ff.; *Kluth,* in: Friauf/Höfling, Art. 9 (2011) Rn. 109; *Schiffbauer* JZ 2019, 130 (133).

[134] Näher zu den Konkurrenzen *Ziekow* HGR IV, § 107 Rn. 64 ff.

[135] Zur letzteren BVerfGE 83, 341 (354 ff.); s. a. *Planker* DÖV 1997, 101 (102) mwN, der allerdings auch bei Annahme einer Spezialität auf den Verlusttatbestand des Art. 9 II GG zurückgreifen will; ähnl. BVerwG 105, 117 (121); ferner BVerwG NVwZ 2006, 694 ff.; zum Ganzen ferner *Merten* HStR VII, § 165 Rn. 68 ff.

[136] S. aber auch BVerfG (K) NJW 2004, 47 ff., wo das Verbot des religiösen Vereins „Kalifatstaat" allein an Art. 4 I, II gemessen wird – dazu *Sachs* JuS 2004, 242 f.; zuvor BVerwG NVwZ 2003, 986 (987).

[137] *Merten* HStR VII, § 165 Rn. 69; s. a. *Bauer,* in: Dreier I, Art. 9 Rn. 43.

[138] BVerwGE 37, 344 (363 ff.); 105, 117 (121); zul. BVerwG JZ 2007, 144 ff. mit Anm. *Michael;* BVerfGE 102, 370 (391). Dazu auch *Groh,* Selbstschutz der Verfassung gegen Religionsgemeinschaften, 2004, S. 196 ff. Dies kann allerdings nur überzeugen, sofern Art. 9 II als ein „für alle geltendes Gesetz" i. S. des Art. 137 III WRV verstanden wird und den nach Art. 140 inkorporierten Vorschriften der WRV Schranken der Religionsfreiheit entnommen werden, vgl. *Scholz,* in: Maunz/Dürig, Art. 9 (2017) Rn. 113.

nachweisen lassen, so bedeutet doch erst die **Entstehung autonomer Arbeitnehmerzusammenschlüsse** die aus dogmenhistorischer Sicht entscheidende Zäsur.[139]

Verdeutlicht wird dies auch durch die wichtigsten **rechtsgeschichtlichen Stationen:** Aufhebung 52 des Koalitionsverbots durch die Regelungen der §§ 152, 153 GewO vom 29.5.1869; Sozialistengesetzgebung des Jahres 1878 und deren Aufhebung 1890; Arbeitsgemeinschaftsabkommen der Spitzenverbände von Arbeitnehmern und Arbeitgebern vom 15.11.1918; Tarifvertragsordnung vom 23.12.1918.[140]

Mit der Bestimmung der **Art. 159, 165 WRV** erhielt die Koalitionsfreiheit dann erstmals ihre 53 **verfassungsrechtliche** Anerkennung und **Garantie.**[141] Art. 159 WRV löste das „Vereinigungsrecht" der Arbeitnehmer und Arbeitgeber aus dem unmittelbaren systematischen Zusammenhang mit der allg. Vereinigungsfreiheit des Art. 124 WRV. Darüber hinaus ordnete Art. 165 WRV die Koalitionsfreiheit in den funktionellen Kontext des Wirtschaftslebens ein und qualifizierte die Bipolarität von organisierter Arbeitnehmer- und Arbeitgeberschaft als zentralen Ordnungsfaktor der Arbeitsordnung.[142] Das **GG** führt demgegenüber in Art. 9 die allg. Vereinigungsfreiheit und die Koalitionsfreiheit wieder zusammen.[143] Zugleich wird damit die subj.-grundrechtl. Dominanz gegenüber der ehemals stark obj.-rechtl. Einbettung hervorgehoben.

Art. 9 III gewährleistet zunächst ein „individuelles Freiheitsrecht" und als solches „das Recht des 54 Einzelnen, eine Koalition zu gründen, einer Koalition beizutreten oder ihr fernzubleiben oder aus ihr auszutreten, sowie das Recht, durch koalitionsmäßige Betätigung die in der Verfassungsvorschrift genannten Zwecke zu verfolgen".[144] Verfassungssyst. wie grundrechtsdogmatisch ist Art. 9 III **Element der** durchweg **liberal-offenen Grundrechtsordnung** des GG.[145] Das lässt einseitig funktionalistische Deutungen etwa als „Gegenrecht" der Arbeitnehmer[146] nicht zu.[147]

Andererseits aber sind der **Aspekt assoziativer Selbsthilfe** und die **soziale Schutzdimension** der 55 Garantie nicht zu übersehen.[148] Zugleich überträgt Art. 9 III die Verantwortung für die wirtschaftliche und gesellschaftliche Entwicklung zu einem bedeutenden Teil der Eigenverantwortung der Koalitionen.[149]

## II. Der Grundrechtstatbestand

**1. Der Koalitionsbegriff.** Art. 9 III 1 gewährleistet „das Recht, zur Wahrung und Förderung der 56 Arbeits- und Wirtschaftsbedingungen Vereinigungen zu bilden". Solche Vereinigungen werden gemeinhin als **Koalitionen** bezeichnet.[150] Sie müssen zum einen die Begriffsmerkmale des Vereinigungsbegriffs des Abs. 1 erfüllen (→ Rn. 9, 11 ff.);[151] dazu gehört neben der freien Gründung auch ein gewisses Maß an zeitlicher oder organisatorischer Stabilität; sog. ad hoc-Koalitionen erfüllen diese Voraussetzung nicht.[152] Allerdings kann das „Kampfbündnis eines Außenseiters mit einem tariffähigen Verband" eine Vereinigung iSv Art. 9 III sein, wenn es den Abschluss eines Tarifvertrages im Interesse des Außenseiters beeinflussen soll.[153]

Zum weiteren müssen die Koalitionen intentional auf die Realisierung der beiden in Art. 9 III 1 57 genannten Ziele ausgerichtet sein. **Arbeitsbedingungen** betreffen das Arbeitsverhältnis selbst, z. B. Lohn, Arbeitszeit, Urlaub, Arbeitsschutz. **Wirtschaftsbedingungen** erfassen darüber hinausreichende Fragen wirtschafts- und sozialpolitischen Charakters (z. B. Bekämpfung der Arbeitslosigkeit, Einfüh-

---

[139] Vgl. *Dietz,* in: Die Grundrechte III/1, S. 417 (422 ff.); *Scholz,* Die Koalitionsfreiheit als Verfassungsproblem, 1971, S. 22 ff.; zur Bedeutung der historischen Entwicklung für die Auslegung von Art. 9 III s. BVerfGE 50, 290 (367).

[140] Näher *Burkiczak* (Fn. 69), S. 26 ff. mwN; *Dietlein,* in: Stern, StaatsR IV/1, S. 2008 ff.; *Scholz* (Fn. 127), S. 32 ff.; zum Ganzen auch *Kittner,* Arbeitskampf, Geschichte – Recht – Gegenwart, 2005.

[141] Dazu *Burkiczak* (Fn. 69), S. 33 ff. mwN.

[142] S. a. *Scholz* HStR VIII, § 175 Rn. 4.

[143] BVerfGE 84, 212 (224).

[144] BVerfGE 64, 208 (213) mwN aus der Judikatur; BVerfGE 92, 365 (393) und 146, 71 Rn. 129.

[145] Zustimmend etwa *v. Danwitz* HGR V, § 116 Rn. 23.

[146] I. d. S. *Kittner/Schiek* AK GG, Art. 9 Abs. 3 Rn. 80 ff.

[147] *Dietlein,* in: Stern, Staatsrecht IV/1, S. 1968.

[148] S. etwa *Scholz* HStR VIII, § 175 Rn. 27; pointiert dahin *Kittner/Schiek* AK GG, Art. 9 Abs. 3 Rn. 80 ff.

[149] BVerfGE 50, 290 (367); 88, 103 (114). – Zur Konzeption der Koalitionsfreiheit als „doppelt gestufte(r) Gegenseitigkeitsordnung" *Kersten,* Neues Arbeitskampfrecht, 2012, S. 41 ff.

[150] S. z. B. BAGE 58, 138 (142); vgl. auch BVerfGE 88, 103 (113); 100, 214 (221); 116, 202 (218); ferner *Jarass,* in: Jarass/Pieroth, Art. 9 Rn. 33; *Scholz* HStR VIII, § 175 Rn. 58; näher zum Koalitionsbegriff *v. Danwitz* HGR V, § 116 Rn. 54 ff.

[151] S. a. *Scholz,* in: Maunz/Dürig, Art. 9 (2016) Rn. 145 f.

[152] S. a. *Dietlein,* in: Stern, Staatsrecht IV/1, S. 2026; *Löwer,* in: v. Münch/Kunig I, Art. 9 Rn. 91; *Scholz,* in: Maunz/Dürig, Art. 9 (2016) Rn. 192; ferner dazu *Jarass,* in: Jarass/Pieroth, Art. 9 Rn. 33; *Cornils,* in: Epping/Hillgruber, Art. 9 Rn. 44; *Rixen,* in: Stern/Becker, Art. 9 Rn. 30; aA *Kittner/Schiek* AK GG, Art. 9 Abs. 3 Rn. 117; *Däubler/Hege,* Koalitionsfreiheit, 1976, Rn. 106 ff.

[153] Dazu BVerfGE 84, 212 (225).

rung neuer Techniken, Vermögensbildung).[154] Bei einer derartigen Konkretisierung ist aber die funktionelle Wechselseitigkeit der beiden Elemente des Begriffspaares zu berücksichtigen. Nur dann, wenn die Betätigung eines Verbandes in großem Umfang nicht auf die Wahrung und Förderung der Arbeits- und Wirtschaftsbedingungen gerichtet ist, können daraus Schlüsse auf eine koalitionsfremde Zielorientierung gezogen werden.[155]

58      Die zeitoffenen Begriffe[156] lassen sich zwar nicht abschließend umschreiben, erhalten aber Konturen vor dem Hintergrund der historisch gewachsenen Strukturen vom Erfordernis eies arbeitsrechtlichen Zusammenhangs her.[157] Der Koalitionszweck muss jedenfalls auch in der Ordnung des Arbeitslebens[158] bestehen. Der **arbeitsrechtliche Begriffskern** erfüllt eine negativ-ausgrenzende Funktion. Reine Wirtschaftsvereinigungen (Kartelle, Einkaufsgenossenschaften, Verbraucherverbände uä) können sich nicht auf die Gewährleistung des Art. 9 III berufen. Dagegen sind Koalitionen i. S. der Grundrechtsgarantie Berufsverbände der Arbeitgeber und Arbeitnehmer, also Gewerkschaften und Arbeitgeberverbände, sowie deren Spitzenorganisationen (DGB und BDA), wenn sie die nachfolgenden Begriffselemente erfüllen.

59      Nach nahezu einhelliger Auffassung liegt eine Koalition i. S. der Verfassungsvorschrift nur dann vor, wenn der Verband **gegnerfrei** und **gegnerunabhängig** ist.[159] Diese Voraussetzungen werden – im Blick auf die Arbeitgeberkoalition – durch die geltende **Unternehmensmitbestimmung** nicht prinzipiell in Frage gestellt.[160]

60      Nur als ein spezifischer Aspekt der Gegnerunabhängigkeit kann die gemeinhin geforderte **Überbetrieblichkeit** verstanden werden.[161] Fehlende Überbetrieblichkeit ist lediglich ein Indiz für mangelnde Gegnerunabhängigkeit.[162] Ist mit der Beschränkung der Koalition auf nur ein(en) Unternehmen(sverband) keine Beeinträchtigung ihrer Unabhängigkeit verbunden (zB früher Deutsche Postgewerkschaft), kommt dem Kriterium der Überbetrieblichkeit keine verfassungsrechtliche Bedeutung zu.[163]

61      Während die genannten Elemente in ihrer konstituierenden Bedeutung für den verfassungsrechtlichen Koalitionsbegriff weitgehend unbestritten sind, bestehen Meinungsverschiedenheiten hinsichtlich weiterer Anforderungsprofile. Insoweit werden insbes. die Kriterien der **sozialen Mächtigkeit** und der **Kampfbereitschaft** diskutiert. Sie sind **keine Elemente des verfassungsrechtlichen Koalitionsbegriffs**.[164] Für die Kampfbereitschaft hat das BVerfG dies – gegen die früher abw. Auffassung des BAG[165] – klargestellt.[166] Die Vereinigungen iS des Art. 9 III können auf den Arbeitskampf als eine bes. Form koalitionsspezif. Verhaltens durchaus verzichten.[167]

62      Auch die **Verbandsmacht** (soziale Mächtigkeit) ist nicht Voraussetzung für die Erstreckung des grundrechtlichen Schutzes. Mit anderen Worten: Koalition i. S. von Art. 9 III ist ein Verband schon dann, wenn er frei gebildet, unabhängig und gegnerfrei ist. „Dass ihm die für eine Qualifikation als Gewerkschaft erforderliche Verbandsmacht und Durchsetzungsfähigkeit und damit die Tariffähigkeit fehlt, ist unerheblich."[168]

63      Eine andere Frage ist die nach der **Anerkennung als tariffähige Gewerkschaft**[169] i. S. von § 2 I TVG.[170] Nach Auffassung des BAG müssen Koalitionen in der Lage sein, „auf ihre Gegenseite jeweils

---

[154] Ausführlich *Säcker/Oetker,* Grundlagen und Grenzen der Tarifautonomie, 1992, S. 30 ff.; *Söllner* ArbRdG 16 (1978), 19 ff.

[155] Vgl. BVerfG (K) NJW 1995, 3377 (3378).

[156] Vgl. BAG NJW 1978, 2114 (2115); *Gamillscheg,* Kollektives ArbeitsR, Bd. 1, 1997, S. 539; *Scholz* HStR VIII, § 175 Rn. 106; *Rixen,* in: Stern/Becker, Art. 9 Rn. 31; *Säcker/Oetker* (Fn. 154), S. 64 ff.; unzulässige Verengung der Begriffe bei *Sodan* JZ 1998, 421 (422 ff.).

[157] I. d. S. etwa *Löwer,* in: v. Münch/Kunig I, Art. 9 Rn. 88.

[158] BVerfGE 58, 233 (249 f.); vgl. ferner *Cornils,* in: Epping/Hillgruber, Art. 9 Rn. 47; *Rixen,* in: Stern/Becker, Art. 9 Rn. 33.

[159] S. z. B. BVerfGE 18, 18 (28); 50, 290 (368, 373 ff.); 58, 233 (247); 100, 214 (223) BVerwGE 15, 168 (172); BAGE 29, 72 (79); 88, 38 (44); zum Ganzen ferner *Löwer,* in: v. Münch/Kunig I, Art. 9 Rn. 94 f.; *Scholz* HStR VIII, § 175 Rn. 60, 72; diff. *Kluth,* in: Friauf/Höfling, Art. 9 (2011) Rn. 162; mit Blick auf den öff. Dienst *Richardi* DB 1985, 1021 ff.; zu Verbänden von Gewerkschaftsbeschäftigten BAGE 88, 38 (44 f.); *Höfling* RdA 1999, 182 (184 f.); zur kirchlichen Unabhängigkeit als konstitutive Voraussetzung der Koalitionseigenschaft *Oetker,* FS Scholz, 2007, S. 929 ff.

[160] Näher hierzu BVerfGE 50, 290 (373 ff.).

[161] *Jarass,* in: Jarass/Pieroth, Art. 9 Rn. 35; *Kittner/Schiek* AK GG, Art. 9 Abs. 3 Rn. 115; *Däubler/Hege* (Fn. 152), Rn. 118.

[162] *Bauer,* in: Dreier I, Art. 9 Rn. 78; *Kluth,* in: Friauf/Höfling, Art. 9 (2011) Rn. 165.

[163] S. a. *Löwer,* in: v. Münch/Kunig I, Art. 9 Rn. 97; *Kittner/Schiek* AK GG, Art. 9 Abs. 3 Rn. 115.

[164] *Höfling* RdA 1999, 182 ff.; vgl. auch BAG NJW 2311, 1386 ff.

[165] Vgl. BAGE 4, 351 (352); 12, 184 ff.

[166] BVerfGE 18, 18 (30 ff.); indirekt ferner etwa BVerfGE 50, 290 (368); s. a. *Bauer,* in: Dreier I, Art. 9 Rn. 79 f.

[167] S. nur *Scholz* HStR VIII, § 175 Rn. 74.

[168] So BVerfG (K) NJW 1995, 3377 (3377); s. aber auch BVerfG (K). NZA 2019, 1649 Rn. 10 ff.; anders wohl *Kempen,* in: ders./Zachert, TVG, 5. Aufl. 2014, Grundlagen, Rn. 114 f.

[169] Zur Entwicklung des Gewerkschaftsbegriffs *Dütz* DB 1996, 2385 ff.; das Erfordernis sozialer Mächtigkeit gilt im Blick auf die Anerkennung des Einzelarbeitgebers als tariffähigen Partners durch § 2 II TVG für den Arbeitgeber-

einen fühlbaren Druck auszuüben". Dafür müssten sie „so mächtig und leistungsfähig sein, dass der Gegenspieler sich veranlasst sieht, auf Verhandlungen über den Abschluss einer tariflichen Regelung der Arbeitsbedingungen einzugehen und zum Abschluss eines Tarifvertrages zu kommen [...]".[171]

So einleuchtend es ist, neben der Tarifwilligkeit auch eine hinreichende **Tariffähigkeit** zur Voraus- **64** setzung der Anerkennung gem. § 2 I TVG zu erheben, so problematisch können solche materiellen Kriterien im Blick auf Art. 9 III sein.[172] Das BVerfG hat deshalb zu Recht alle Anforderungen an die Tariffähigkeit für unzulässig erklärt,

„die erheblich auf die Bildung und Betätigung einer Koalition zurückwirken, diese unverhältnismäßig einschränken und zur Aushöhlung der durch Art. 9 III gesicherten freien Koalitionsbildung und -betätigung führen. Durchset-zungsfähigkeit gegenüber dem sozialen Gegenspieler zur Teilnahme an einer sinnvollen Ordnung des Arbeitslebens kann nicht bedeuten, dass die Arbeitnehmer-Koalition die Chance des vollständigen Sieges haben muss. Es muss nur erwartet werden, dass sie vom Gegner überhaupt ernstgenommen wird, dass die Regelung der Arbeitsbedingungen nicht einem Diktat der einen Seite entspringt, sondern ausgehandelt wird, wobei dann die unterschiedliche Stärke ins Gewicht fällt. Ob eine solche Durchsetzungsfähigkeit angenommen werden kann, muss bei jeder Koalition nach ihrer konkreten Situation im Einzelfall beurteilt werden".[173]

Aber auch mit dieser Relativierung verbleiben erhebliche **Bedenken grundrechtsdogmatischer 65 Natur.** Anders als die traditionellen, durch die Gewährleistung stillschweigend vorausgesetzten und funktionsadäquaten Begriffselemente der Gegnerfreiheit und Gegnerunabhängigkeit (o. Rn. 59) kön-nen die übrigen materiellen Kriterien keine tatbestandsbegrenzende Funktion erfüllen. Entspr. unter-fallen etwa auch sog. OT-Arbeitgeberverbände, also Arbeitgeberverbände, die keine Tarifverträge abschließen, dem Schutz des Art. 9 III.[174] Dogmatisch betrachtet handelt es sich bei Versuchen, bestimmte Vereinigungen mittels solcher zusätzlicher materieller Kriterien, aus dem Schutzbereich des Art. 9 III auszugrenzen, vielmehr um **Grundrechtseingriffe,** die wegen der vorbehaltlosen Garantie des Art. 9 III einer besonderen verfassungsrechtlichen Rechtfertigung bedürfen.[175] Auch das BVerfG lässt in zahlreichen Formulierungen eine Problemsicht erkennen, die der hier vertretenen Einordnung entspricht.[176]

**2. Geschützte Tätigkeiten. a) Koalitionsfreiheit als Individualgrundrecht.** Seinem Wortlaut **66** nach gewährleistet Art. 9 III 1 das Recht, zur Wahrung und Förderung der Arbeits- und Wirtschafts-bedingungen Vereinigungen zu bilden. Damit ist zweifelsohne jedem einzelnen Arbeitnehmer und Arbeitgeber das **Individualgrundrecht** garantiert, sich mit anderen zu einer Koalition zusammen-zuschließen. Dies umfasst – wie bei Art. 9 I (→ Rn. 17) – neben der Freiheit der **Gründung** zunächst die des **Beitritts** und **Verbleibens.**[177]

Art. 9 III gewährleistet nach h. M. ferner das **Recht** des einzelnen, **sich** inner- und außerhalb des **67** Verbandes **koalitionszweckrealisierend** zu betätigen.[178] Dazu gehört auch die Werbung für die jew. Koalition.[179] In seiner Grundsatzentscheidung vom 14.11.1995 hat das BVerfG die Bedeutung der **Mitgliederwerbung durch die Koalitionen** betont. Diese schafften „das Fundament für die Erfül-lung ihrer in Art. 9 III GG genannten Aufgaben. Durch die Werbung neuer Mitglieder sichern sie ihren Fortbestand. Von der Mitgliederzahl hängt ihre Verhandlungsstärke ab". Darüber hinaus werde auch das einz. Mitglied einer Vereinigung durch die Koalitionsfreiheit geschützt, wenn es andere zum

---

verband nicht, vgl. BAGE 66, 258 (263 f.); s. a. *G. Müller* DB 1992, 269 (271 ff.); zum Arbeitgeber als Tarifvertrags-partner s. a. *Matthes* FS Schaub, 1998, S. 477 ff.

[170] Dazu etwa BAGE 23, 320 (325); BAG AP Nr. 24 zu Art. 9 mit Anm. *Wiedemann.*

[171] S. nur BAGE 117, 308 ff. mit dem Hinweis, dass der Abschluss von Tarifverträgen in nennenswertem Umfang die Durchsetzungskraft belegt; s. am Beispiel der CGZP aber auch BAG v. 14.12.2010 – 1 ABR 19/10 – dazu *Schüren* NZA 2008, 453 ff.; allerdings dürfen nach der Judikatur des BAG die Anforderungen nicht zu hoch angesetzt werden, vgl. BAGE 113, 82 (93 f.); zum Ganzen ferner *Henssler,* Soziale Mächtigkeit und organisatorische Leistungsfähigkeit als Voraussetzung der Tariffähigkeit von Gewerkschaften, 2006; *Schüren,* FS 50 Jahre BAG, 2004, S. 877 ff.; diff. *Scholz* HStR VIII, § 175 Rn. 75.

[172] Ablehnend auch *Kluth,* in: Friauf/Höfling, Art. 9 (2011) Rn. 168.

[173] So BVerfGE 58, 233 (249) unter Bezugnahme auf *Löwisch* ZfA 1970, 295 (309 f.); vgl. ferner *Scholz* HStR VIII, § 175 Rn. 75.

[174] BAGE 119, 103 ff.; 127, 27 ff.; 130, 264 ff.; *Dietlein,* in: Stern, Staatsrecht IV/1, S. 2036; s. dazu auch BVerfG v. 1.12.2010 – 1 BvR 2593/09, 1 BvR 2594/09.

[175] *Höfling* RdA 1999, 182 (185), vgl. insoweit auch BAG NJW 2007, 1018 (1021 ff.).

[176] Vgl. etwa BVerfGE 58, 233 (249): Anforderungen an die Tariffähigkeit dürfen die Koalitionsfreiheit nicht „unverhältnismäßig einschränken"; s. a. BVerfG (K), NZA 2019, 1649 Rn. 7 ff.; zum Problem auch *Kemper,* Die Bestimmung des Schutzbereiches der Koalitionsfreiheit (Art. 9 Abs. 3 GG), 1989, S. 130 f.

[177] S. nur BVerfGE 50, 290 (367) mwN; zul. BVerfGE 103, 293 (304); 116, 202 (217).

[178] Dazu etwa BVerfGE 19, 303 (312); 50, 290 (367); 55, 7 (21); 64, 208 (213); 100, 271 (282); 103, 293 (304); 116, 202 (217, 219); nachdr. Krit. daran bei *Burkiczak* (Fn. 69), S. 294 ff. mwN.

[179] BVerfGE 28, 303 (313); 57, 220 (246); ausf. Bestandsaufnahme bei *Däubler,* Gewerkschaftsrechte im Betrieb, 12. Aufl. 2017, Rn. 205 ff., 256 ff., 384 ff.; ein Verbot der Werbung durch betriebsfremde Gewerkschaftsmitglieder kann allerdings zulässig sein, vgl. BVerfGE 57, 220 (246 ff.); anders BAGE 117, 137 ff.; vgl. dazu auch BAG NZA 2010, 2674 ff.

Beitritt zu gewinnen suche. Wer sich darum bemühe, seine Vereinigung durch Mitgliederzuwachs zu stärken, nehme das Grundrecht aus Art. 9 III GG wahr.[180]

68    Als mehrdimensionale Verhaltensgarantie schützt Art. 9 III schließlich die **negative Koalitionsfreiheit,** also das Recht, sich keinem Verband anzuschließen bzw. aus ihm auszutreten.[181] Dies bedeutet jedoch nicht, dass jede Differenzierung zwischen Organisierten und Nichtorganisierten bereits einen Grundrechtseingriff darstellt. Ein solcher setzt eine entscheidungsrelevante, fühlbare Druckausübung voraus.[182] Entspr. gilt für die Erstreckung tariflich vereinbarter Regelungen auf nichttariflich gebundene Beteiligte durch Gesetz: Soweit durch die Geltungserstreckung eines Tarifvertrages ein mittelbarer Druck entstehen sollte, um der größeren Einflussmöglichkeit willen Mitglied einer Tarifpartei zu werden, ist dieser nach Auffassung des BVerfG nicht so erheblich, dass die negative Koalitionsfreiheit verletzt wird.[183] Allerdings kommt ein Eingriff in das Grundrecht der Berufsfreiheit (Art. 12 I) in Betracht.[184]

69    **b) Koalitionsfreiheit als Kollektivgrundrecht.** Ebenso wie bei Art. 9 I vertritt die h. M. auch im Blick auf Art. 9 III die Auffassung, neben das Individualgrundrecht trete die Koalitionsfreiheit als **Kollektivgrundrecht.**[185] Das BVerfG geht ebenfalls vom Charakter der Koalitionsfreiheit als Doppelgrundrecht aus. Das Grundrecht schütze auch „die Koalition selber in ihrem Bestand, ihrer organisatorischen Ausgestaltung und ihrer Betätigung, soweit diese gerade in der Wahrung und der Förderung der Arbeits- und Wirtschaftsbedingungen besteht. Das ergebe sich aus der Aufnahme des Vereinigungszwecks in den Schutzbereich des Grundrechts.[186] Die Bestandsgarantie gilt allerdings nicht für jede einzelne Koalition.[187]

70    I. E. ist es zutr., auch die **Koalitionen selbst als Grundrechtssubjekte** anzuerkennen und ihre Betätigungen dem Schutz des Art. 9 III zu unterstellen. Art. 9 III 3 benennt mit dem Arbeitskampf ausdr. eine spezifische kollektive Ausübungsform. Dennoch spricht – hier wie bei der allg. Vereinigungsfreiheit (→ Rn. 27) – Existenz und Aussagegehalt von **Art. 19 III** gegen eine unmittelbar aus Art. 9 III hergeleitete Garantie der kollektiven Koalitionsfreiheit. Den Koalitionen kommt der Grundrechtsschutz der Koalitionsfreiheit erst unter Rückgriff auf die Rechtsstellungsgarantie des Art. 19 III zu.[188]

71    Zu den geschützten Betätigungen zählt insb. der **Abschluss von Tarifverträgen**[189] einschließlich der Mittel, die zur Erreichung dieses Zwecks für geeignet gehalten werden. Dies gilt auch für **Arbeitskampfmaßnahmen** (näher → Rn. 101 ff.).[190] Geschützt sind aber auch Aktivitäten, die auf andere Weise als durch den Abschluss von Tarifverträgen dem Koalitionszweck dienen sollen.[191] Besonders

---

[180] BVerfGE 93, 352 (357 f.) – dazu etwa *Wank* JZ 1996, 629 ff.; vgl. ferner BVerfGE 28, 295 (303 ff.); 28, 295 (304); 28, 310 (313); 57, 220 (245).

[181] So die ganz h. M., s. etwa BVerfGE 50, 290 (367); 64, 208 (213); 73, 261 (270); 103, 293 (304); 116, 202 (218); BAG NJW 2007, 622 f.; *Scholz* HStR VIII, § 175 Rn. 93 ff.; *Neumann* RdA 1989, 243 ff.; *Farthmann/Coen* HdbVerfR, § 19 Rn. 21; aA *Kittner/Schiek* AK GG, Art. 9 Abs. 3 Rn. 108, wonach insoweit Art. 2 I, allenfalls Art. 9 I einschlägig sei; abl. gegenüber einer negativen Koalitionsfreiheit auch *Kempen*, in: ders./*Zachert*, TVG, 5. Aufl. 2014, Grundlagen, Rn. 212 ff.; eingehende Diskussion bei *U. Sittard*, Voraussetzungen und Wirkungen der Tarifnormerstreckung nach § 5 TVG und dem AEntG – Zugleich ein Beitrag zur Debatte um staatliche Mindestlöhne, 2010, S. 42 ff.

[182] S. a. BVerfGE 55, 7 (22); 64, 208 (213 f.); zul. verneinte das BVerfG eine Verletzung der negativen Koalitionsfreiheit durch Streikmaßnahmen gegen Außenseiter-Arbeitnehmer, vgl. BVerfGK 4 60 ff.; zum Ganzen ferner *Löwer*, in: v. Münch/Kunig I, Art. 9 Rn. 100; zur Vereinbarkeit sog. qualitativer Besetzungsklauseln mit der negativen Koalitionsfreiheit *Hanau* RdA 1986, 158 (178 f.).

[183] Fremdbestimmte Normsetzung nach § 5 TVG – dazu auch BVerwG, NZA 2010, 1137 ff. – sowie § 1 Abs. 3a AEntG aF sind nach der Judikatur des BVerfG mit Blick auf die negative Koalitionsfreiheit folglich unbedenklich, vgl. BVerfGE 44, 322 (352); BVerfG NZA 2000, 948 f.; vgl. dazu ferner *Schubert* RdA 2001, 199 ff.; *Ossenbühl/Cornils*, Tarifautonomie und staatliche Gesetzgebung, 2000, S. 125 ff.; *Cornils*, in: Epping/Hillgruber, Art. 9 Rn. 54; s. aber auch BAGE 125, 169 ff. mit dem Hinweis, dass eine Tarifnorm, nach welcher ein Tarifvertrag auch für nicht der tarifschließenden Gewerkschaft angehörende Arbeitnehmer gilt, die negative Koalitionsfreiheit verletzt; zur Nachbindung von Tarifverträgen nach § 3 III TVG BAG, NZA 2010, 53 ff. – dazu *Höpfner* NJW 2010, 2173 ff.; zur Nachwirkung von Tarifverträgen nach § 4 V TVG BVerfG NZA 2000, 947 (947 f.).

[184] Mit Blick auf Tariftreueklauseln – die allerdings nicht eine Erstreckung von Tarifnormen zur Folge haben – hielt das BVerfG allerdings Art. 12 I für nicht verletzt, vgl. BVerfGE 116, 202 ff.; krit. dazu *Höfling/Rixen* RdA 2007, 360 ff.

[185] So etwa BAGE 20, 175 (219); aus der Lit. dazu nur *Bauer*, in: Dreier I, Art. 9 Rn. 82; *Jarass*, in: Jarass/Pieroth, Art. 9 Rn. 33 ff.; *Rixen*, in: Stern/Becker, Art. 9 Rn. 30; *Farthmann/Coen* HdbVerfR, § 19 Rn. 22 ff.

[186] So BVerfGE 84, 212 (224) unter Bezugnahme auf BVerfGE 4, 96 (101 f.); 50, 290 (367); übereinstimmend auch BVerfGE 88, 103 (114); 92, 26 (38); 92, 365 (393); 103, 293 (304).

[187] 186a BVerfGE 146, 71 Rn. 132.

[188] Übereinstimmend etwa *Scholz* (Fn. 126), S. 51 ff., 121 ff.; *ders.*, in: Maunz/Dürig, Art. 9 (2016) Rn. 170; *ders.* HStR VIII, § 175 Rn. 83 f., 100; *Wiese* ZfA 2008, 317 (322 ff.); *Engels*, Verfassung und Arbeitskampfrecht, 2008, 180 ff.

[189] S. nur BVerfGE 103, 293 (304); 116, 202 (219).

[190] BVerfGE 84, 212 (225); 88, 103 (114); umfassend dazu *Engels* (Fn. 187), S. 199 ff.

[191] Vgl. dazu auch BAG NZA 2005, 178 ff. – dazu *Zachert* NZA 2006, 10 ff.; das BAG hat ferner ein Zutrittsrecht betriebsfremder Gewerkschaftsbeauftragter anerkannt, vgl. zul. BAG NZA 2010, 2674 ff.

wichtig ist insoweit die **koalitionsmäßige Werbung** und **Selbstdarstellung.** Dazu rechnet zB die Präsenz von Gewerkschaften im Betrieb[192] und in der Dienststelle[193] sowie deren Betätigung in Personalvertretungen und Betriebsräten[194] einschließlich der hierauf bezogenen Wahlvorbereitungen und -durchführungen.[195] In den Schutzbereich des Art. 9 III GG fallen ferner Maßnahmen zur Aufrechterhaltung der verbandlichen Geschlossenheit nach innen und außen.[196] Von der Grundrechtsgarantie umfasst ist auch die Einrichtung von Sozialkassen[197] und die außergerichtliche **Beratung von Mitgliedern** und die **Vertretung** von Mitgliedern **im gerichtlichen Verfahren.**[198] Soweit diese Betätigungen aber in Grundrechte Dritter übergreifen, bedarf es auf Grund des Vorbehaltes des Gesetzes einer einfachgesetzlichen Grundlage, wenn Arbeitsgerichte den Dritten zur Duldung dieser Betätigungen verpflichten (→ Rn. 139).[199]

**Nicht geschützt** sind dagegen Betätigungen, welche eine Orientierung am verfassungsrechtlich **72** positivierten Koalitionszweck der Wahrung und Förderung der Arbeits- und Wirtschaftsbedingungen vermissen lassen (→ Rn. 57). Das gilt etwa für die **Tätigkeit** von Arbeitgeber- bzw. Gewerkschaftsvertretern **in Rundfunkräten,**[200] aber auch für **allgemeinpolitische Aktivitäten**[201] sowie die **Werbung vor allg. politischen Wahlen.**[202]

Die lange Zeit von einer ganz hM in der Lit. gestützte bundesverfassungsgerichtliche **Zuordnung 73 der Betätigungsfreiheit zum Schutzbereich** des Art. 9 III – wie sie auch hier vertreten wird – stößt in jüngerer Zeit auf **Skepsis.**[203] Sie äußert sich zum einen in Modellen des abgestuften Schutzes, nach denen zwar weiterhin alle Betätigungen der Koalitionen geschützt seien, für deren Beschränkungen aber unterschiedliche Rechtfertigungsanforderungen maßgeblich seien.[204] Dies erscheint indes grundrechtsdogmatisch wenig konsistent. Ein anderes Konzept negiert die Verortung der Betätigungsfreiheit der Koalitionen und innerhalb der Koalitionen bei Art. 9 III und verweist insofern insb. auf die Grundrechte aus Art. 12 I und Art. 2 I.[205]

**3. Koalitionsfreiheit und Kernbereichsschutz.** Die Deutung der Koalitionsfreiheit wurde jahr- **74** zehntelang durch die sog. KernbereichsRspr. des BVerfG geprägt. Das Gericht hatte schon früh ausgesprochen, dass mit der Koalitionsfreiheit zugleich ein Kernbereich des Tarifvertragssystems gewährleistet sei.[206] Später ist von einem **Kernbereich** der Koalitionszweckverfolgung bzw. vom Kernbereich der Koalitionsfreiheit, meist jedoch von dem Kernbereich der Koalitionsbetätigung die Rede.[207]

Die Kernbereichslehre ließ nicht nur im Unklaren, was iE geschützt ist,[208] sondern namentlich auch, **75** wie der Kernbereich allgemein konturiert werden kann. Dementspr. herrschte **verbreitet Unsicherheit** darüber, ob die Kernbereichslehre auf einen von vornherein entspr. präformierten, dh verengten Schutzbereich verweist („Ein verfassungsrechtlicher Kern also ohne verfassungsrechtliche Schale")[209] oder aber nur den effektiven Garantiebereich meint.[210]

Das **BVerfG** griff insoweit auf **unterschiedliche Ansätze** zurück, die es kombinierte:[211] Nach der **76 Unerlässlichkeitsformel** waren diejenigen Betätigungen gewährleistet, die zur Erhaltung und Sicherung der Existenz der Koalition bzw. zur Erreichung des in Art. 9 III 1 genannten Zwecks unabdingbar

---

[192] S. BAG NZA 2006, 798 (800 ff.).

[193] Dazu etwa *Hahn* PersV 1991, 505 ff.; zur Reichweite u. den Grenzen der Gewerkschaftsrechte in der Dienststelle *Leuze* DÖD 2001, 293 ff.

[194] S. BVerfGE 19, 303 (321); 50, 290 (372).

[195] BVerfGE 60, 162 (170); 67, 369 (379); zum Grundsatz der Chancengleichheit BVerfGE 111, 289 (301).

[196] Vgl. BVerfGE 100, 214 (221); dazu etwa *Gaumann* NJW 2000, 2155 ff.; vgl. auch BVerfG (K) NZA 1993, 655.

[197] BAGE 60, 183 (189 f.).

[198] BVerfGE 38, 281 (306); 88, 5 (15); BVerfG (K) NJW 1995, 3377 (3377).

[199] *Burkiczak* SAE 2008, 32 ff.; das BAG lässt dagegen den Vorbehalt des Gesetzes außer Acht, s. etwa BAG NZA 2006, 798 (800 ff.); am Beispiel des Arbeitskampfrechts *Höfling/Engels* NJW 2007, 3102 f.; *dies.* ZG 2008, 250 ff.

[200] BVerfGE 83, 238 (339).

[201] BVerfGE 57, 29 (37 f.); *Bauer,* in: Dreier I, Art. 9 Rn. 66 mwN.

[202] BVerfGE 42, 133 (138); ferner etwa *Bauer,* in: Dreier I, Art. 9 Rn. 82.

[203] S. dazu mwN *Burkiczak* (Fn. 69), S. 288 ff.

[204] S. *Friauf* RdA 1986, 188 (190 f.); *Wank* JZ 1996, 629 (631); *Henssler* ZfA 1998, 1 ff.; *Thüsing,* FS 50 Jahre BAG, 2004, S. 889 (892).

[205] So insbes. *Burkiczak* (Fn. 69), S. 294 ff.; noch weiter *Depenheuer,* in: Baßeler/Heintzen/Kruschwitz (Hrsg.), Arbeitslosigkeit, 2005, S. 143 (153 ff.), der die Tarifautonomie als Eingriff in die Berufsfreiheit der Arbeitnehmer qualifiziert, der einer verfassungsrechtlichen Rechtfertigung bedarf.

[206] BVerfGE 4, 96 (108); 20, 312 (317).

[207] BVerfGE 19, 303 (321); 28, 295 (305); 28, 310 (313); 38, 281 (305); 38, 386 (393).

[208] Vgl. etwa *Säcker,* Grundprobleme der kollektiven Koalitionsfreiheit, 1969, S. 69 ff., mit etlichen Kernbereichsunterscheidungen; sehr krit. gegenüber solcher „Kernbereichs-Spaltung" *Isensee,* Die verfassungsrechtliche Verankerung der Tarifautonomie, in: Die Zukunft der sozialen Partnerschaft, 1986, S. 159 (174).

[209] *Isensee* (Fn. 207), S. 172.

[210] So *Lübbe-Wolff,* Die Grundrechte als Eingriffsabwehrrechte, 1988, S. 98 Fn. 82; *dies.* DB 1988, Beilage 9, S. 1 (2 f.); *Schlink/Pauly,* Streik und Aussperrung als Verfassungsproblem, 1988, S. 50; *Däubler* AuR 1992, 1 (4).

[211] Dazu *Otto,* Die verfassungsrechtliche Gewährleistung der koalitionsspezifischen Betätigung, 1982, S. 40 ff.; ferner etwa *Konzen* SAE 1991, 335 (338); *Höfling* FS Friauf, 1996, S. 377 (380 ff.).

sind.[212] Nach der **Abwägungsformel** dürften dem Betätigungsrecht der Koalitionen aber nur solche Schranken gezogen werden, die zum Schutz anderer Rechtsgüter von der Sache her geboten sind.[213] Regelungen, die nicht in dieser Weise gerechtfertigt seien, würden den durch Art. 9 III geschützten Kernbereich antasten.[214]

77     Es ist offenkundig, dass mit Hilfe des Kriteriums der Unerlässlichkeit dem Schutzbereich der Koalitionsfreiheit erheblich engere Grenzen gezogen wurden als nach der Abwägungsformel: Während diese von einer grds. umfass. Betätigungsgarantie ausgeht und Einschränkungen erst bei der Rechtfertigung vornimmt, führte das erstere Konzept zur nur punktuellen Gewährleistung.[215]

78     1995 hat sich das BVerfG ausdr. von der KernbereichsRspr. und der Unerlässlichkeitsformel distanziert bzw. diese „klargestellt".[216] Der Grundrechtsschutz erstrecke sich auf alle Verhaltensweisen, die koalitionsspezifisch sind, nicht nur auf den Bereich des Unerlässlichen.[217] Ob eine koalitionsspezifische Betätigung für die Koalitionsfreiheit unerlässlich sei, könne dagegen erst bei Einschränkungen dieser Freiheit Bedeutung erlangen.[218] Diese Klarstellung ist zu begrüßen, soweit die abwehrrechtlichen Gewährleistungselemente betroffen sind. Sie wird aber dadurch relativiert, dass dem BVerfG bislang eine stringente Differenzierung zwischen den abwehrrechtlichen und den sonstigen, namentlich leistungsrechtlichen Grundrechtsgehalten nicht gelungen ist. Beispielhaft (→ Rn. 35) dafür ist folgende Passage aus dem Mitbestimmungsurteil:

> „Mehr noch als die in Art. 9 I gewährleistete allgemeine Vereinigungsfreiheit bedarf die Koalitionsfreiheit von vornherein der gesetzlichen **Ausgestaltung.** Diese besteht nicht nur in der Schaffung der Rechtsinstitute und Normenkomplexe, die erforderlich sind, um die grundrechtlich garantierten Freiheiten ausüben zu können. Die Bedeutung und Vielzahl der von der Tätigkeit der Koalition berührten Belange namentlich im Bereich der Wirtschafts- und Sozialordnung machen vielmehr vielfältige gesetzliche Regelungen notwendig, die der Koalitionsfreiheit auch Schranken ziehen können [...]".[219]

79     Der Verweis auf die Ausgestaltungsbedürftigkeit enthält allerdings einen zutr. Fingerzeig auf eine widerspruchsfreie und mit den allg. grundrechtsdogmatischen Vorgaben kompatible Lösung. Der Schlüssel hierzu liegt in der eingangs (→ Rn. 5 f.) formulierten Deutung der **Koalitionsfreiheit** als einer **Grundrechtsgewährleistung mit einer kompetentiellen Bewirkungsdimension.** Das bedeutet: Bestimmte Formen koalitionsmäßiger Betätigung haben unmittelbar rechtsgestaltende Wirkung. Insoweit ist die Koalitionsfreiheit in der Tat auf normative Ausgestaltung angewiesen. Dabei geht es um Regelungen, „die erst die Voraussetzung für eine Wahrnehmung des Freiheitsrechts bilden".[220]

80     Im Blick hierauf gewährleistet Art. 9 III ein subjektives Recht auf Schaffung und Geltung derjenigen Normen, die zur Realisierung des grundrechtlich Gewährleisteten unerlässlich sind. Da es sich insofern um einen **auxiliären leistungsrechtlichen Gehalt** der Verfassungsbestimmung handelt, umgreift jener Anspruch – den Anforderungen des Untermaßverbotes entspr. – auch nur einen **Kernbereich.**[221] Es muss also ein Koalitionsinstrumentarium bereitgestellt werden, das unter den gegebenen sozio-ökonomischen Bedingungen eine eigenverantwortliche und wirksame Erfüllung des Koalitionszwecks ermöglicht.[222]

81     Sowohl die Tarifautonomie als auch – in eingeschränktem Maße – der Arbeitskampf erfordern eine **normative Ausgestaltung.** Für die Tarifautonomie (→ Rn. 87 ff.), die den Koalitionen die Befugnis zur Setzung normativer Regelungen verleiht, ist dies offenkundig.[223]

82     Aber auch für die Arbeitskampffreiheit gilt die Eingangsthese. Zwar ist es richtig, dass es Arbeitskämpfe als soziales Phänomen schon gab,[224] lange bevor ein rechtliches Regelwerk auch nur fragmentarisch existierte.[225] Doch kann nicht übersehen werden, dass der Arbeitskampf als Mittel zur Realisie-

---

[212] So BVerfGE 17, 319 (333, 335); 28, 295 (304); 38, 281 (305); 57, 220 (246); dezidiert für die Unerlässlichkeitsklausel *Konzen* SAE 1991, 335 (338 f.); abl. *Farthmann/Coen* HdbVerfR, § 19, Rn. 31.

[213] BVerfGE 28, 295 (306); 50, 290 (369); 58, 233 (247).

[214] BVerfGE 28, 295 (306); 50, 290 (369); 58, 233 (247 f.); die Ambivalenz der Judikatur wird auch in BVerfGE 84, 212 (225, 229) deutlich.

[215] Krit. zur Konzeption des BVerfG etwa *Konzen* SAE 91, 335 (338); *Schwarze* JuS 1994, 653 (655).

[216] BVerfGE 93, 352 (360); ferner BVerfGE 100, 214 (222); jüngst BVerfG NJW 2014, 1874 (1875 Nr. 23): „mittlerweile ständige Rspr.".

[217] BVerfGE 93, 352 (358 f.); vgl. dazu *Heimes* MDR 1996, 562 ff.; *Schulte Westenberg* NJW 1997, 375 f.; *Wank* JZ 1996, 629 ff.; später BVerfGE 103, 293 (304).

[218] BVerfGE 93, 352 (358).

[219] BVerfGE 50, 290 (368) – Hervorhebung hinzugefügt; wenig klar auch BVerfGE 93, 352 (359).

[220] So die Formulierung in BVerfGE 92, 26 (41). – Demgegenüber die Ausgestaltungsbefugnis zu stark betonend: BVerfGE 92, 365 (394).

[221] Zust. etwa *Dietlein*, in: Stern, StaatsR IV/1, S. 2021; *Raab* ZfA 2004, 371 (392 ff.); mit Blick auf die Tarifautonomie iE ebenso *Kemper* MKS I, Art. 9 Rn. 141 ff.

[222] Nicht in der dogmatischen Herleitung, wohl aber weitgehend in der Sache übereinstimmend *Isensee* (Fn. 207), S. 170 ff.; s. a. *Schwarze* JuS 1994, 653 (657).

[223] Vgl. dazu nur *Kemper* (Fn. 170), S. 65 ff.; ferner *Farthmann/Coen* HdbVerfR § 19 Rn. 62 ff.; eingehend *Engels*, in: Henssler/Moll/Bepler (Hrsg.), Der Tarifvertrag, 2. Aufl. 2016, S. 1 (13 ff.).

[224] Vgl. hierzu *Rüthers,* Streik und Verfassung, 1960, S. 6 ff.

[225] S. a. *Kemper* (Fn. 176), S. 64; *Engels* (Fn. 187), S. 257 ff.

rung des verfassungsrechtlichen Koalitionsrechts rechtsgestaltende Wirkungen entfaltet und entfalten soll.[226] Wie diese eintreten und worin sie bestehen, bedarf aber gesetzlicher bzw. richterrechtlicher Ausgestaltung.

Nur im vorstehend umrissenen Umfang und innerhalb des skizzierten grundrechtsdogmatischen   **83** Kontextes hat die **Kernbereichslehre** Bestand; **im Übrigen** ist sie – insoweit in Übereinstimmung mit dem BVerfG – **zu verwerfen.**

Wenn und soweit die koalitionsmäßige Betätigung Ausdruck „natürlicher" Freiheit (s. o. Rn. 5) ist,   **84** bleibt für eine kernbereichsbezogene Tatbestandsreduktion kein Raum.[227]

Es bleibt **festzuhalten:** Die Kernbereichslehre mit ihrem Unerlässlichkeitskriterium findet dort   **85** Anwendung, wo es um solche koalitionsspezifische Betätigungen geht, die ohne normative Ausübungshilfe nicht erfolgen können. Im Übrigen ist nicht die ausgestaltende Konturierung des grundrechtlichen Schutzbereichs zu leisten, sondern die Frage nach der verfassungsrechtlichen Rechtfertigung von Eingriffen in die Koalitionsfreiheit zu beantworten.[228] Schließlich bedarf es der Klarstellung, dass die Annahme eines Kernbereiches nicht verwechselt werden darf mit der Garantie eines unantastbaren Wesensgehalts.[229]

### 4. Insbes.: Tarifautonomie und Arbeitskampffreiheit. a) Grundsätzliches. Zu den wichtigs-   **86** ten Garantieelementen des Art. 9 III gehören heute **Tarifautonomie** und **Arbeitskampffreiheit.** Das entspricht nahezu einhelliger Auffassung.[230] In einer Entscheidung von 1993 hat das BVerfG dazu – gleichsam resümierend – ausgeführt:

„Mit der grundrechtlichen Garantie der Tarifautonomie wird ein Freiraum gewährleistet, in dem Arbeitnehmer und Arbeitgeber ihre Interessengegensätze in eigener Verantwortung austragen können. Diese Freiheit findet ihren Grund in der historischen Erfahrung, dass auf diese Weise eher Ergebnisse erzielt werden, die den Interessen der widerstreitenden Gruppen und dem Gemeinwohl gerecht werden, als bei einer staatlichen Schlichtung. Das Grundrecht der Koalitionsfreiheit kann sich unter diesen Umständen aber nicht darauf beschränken, den einzelnen Grundrechtsträger vor staatlichen Eingriffen in individuelle Handlungsmöglichkeiten zu schützen; es hat vielmehr darüber hinaus die Beziehung zwischen Trägern widerstreitender Interessen zum Gegenstand und schützt diese auch insoweit vor staatlicher Einflussnahme, als sie zur Austragung ihrer Interessengegensätze Kampfmittel mit beträchtlichen Auswirkungen auf den Gegner und die Allgemeinheit verwenden".[231]

**b) Tarifautonomie.** Der Tarifvertrag ist das historisch gewachsene und im TVG näher normierte   **87** funktionstypische Mittel, um der Regelungsbefugnis („Wahrung und Förderung") der Koalitionen bzgl. der im Verfassungstext genannten Ziele Geltungsmacht zu verschaffen.[232] Die **Tarifautonomie** als eigenverantwortl. Ordnung von Arbeits- und Wirtschaftsbedingungen durch Gesamtvereinbarung ist damit grundrechtlich geschützt. Sie ist „darauf angelegt, die strukturelle Unterlegenheit der einzelnen Arbeitnehmer beim Abschluss von Arbeitsverträgen durch kollektives Handeln auszugleichen und damit ein annähernd gleichgewichtiges Aushandeln der Löhne und Arbeitsbedingungen zu ermöglichen".[233] Das Aushandeln von Tarifverträgen gehört – so das BVerfG – „zu den wesentlichen Zwecken der Koalition". „Hierin sollen sie nach dem Willen des Grundgesetzes frei sein".[234] Dies beinhaltet indes kein Monopol zu tarifl. Regelungen.[235]

Die Garantie des Art. 9 III umfasst die Tarifautonomie „ganz allgemein", „nicht die besondere   **88** Ausprägung, die das Tarifvertragssystem in dem zurzeit des Inkrafttretens des im GG geltenden Tarifvertragsgesetzes erhalten hat".[236] Art. 9 III vermittelt auch keinen absoluten kollektivarbeitsrechtlichen Bestandsschutz, sie statuiert **kein tarifrechtliches „Rückschrittsverbot".**[237]

Der Gesetzgeber hat im Blick auf die zur tariflichen Betätigung unentbehrlichen normativen   **89** Regelungen nur das zur Funktionserfüllung Unerlässliche zu leisten (o. Rn. 77 ff.). An diesen Maßstä-

---

[226] Zust. *Dietlein,* in: Stern, Staatsrecht IV/1, S. 2020 f., 2060 f.; ähnl. auch *Rixen,* in: Stern/Becker, Art. 9 Rn. 73; anders *Engels* (Fn. 187), S. 257 ff.; ablehnend *Hänsle,* Streik und Daseinsvorsorge, S. 530; s. zum Ganzen auch *Cornils* (Fn. 86), S. 409 ff.

[227] S. a. *Dietlein,* in: Stern, StaatsR IV/1, S. 2023.

[228] Der so entwickelten Bereichsdogmatik zust. *Sachs* JuS 1996, 931 (932).

[229] Zu Letzterem s. a. *Schwarze* JuS 1994, 653 (657 f.).

[230] Vgl. etwa BVerfGE 58, 233 (248 ff.); 84, 212 (224); 88, 103 (114); BVerwGE 80, 355 (368); BAGE 21, 201 (205); *Scholz* HStR VIII, § 175 Rn. 116 ff.; *Säcker* (Fn. 201), S. 71 ff.; *Biedenkopf,* Grenzen der Tarifautonomie, 1964, S. 102 ff.; offenlassend aber *Picker,* in: Tarifautonomie, 1997, S. 113 (119); aA insbes. *Burkiczak* (Fn. 69), S. 284 ff.; wohl auch *Engel* VVDStRL 59 (2000), 158 (160 f.); krit. auch *Depenheuer* (Fn. 204), S. 143 (150 f.).

[231] So BVerfGE 88, 103 (114 f.).

[232] Ausführlich *Säcker/Oetker* (Fn. 154), S. 30 ff.; s. a. *Löwer,* in: v. Münch/Kunig I, Art. 9 Rn. 101; allg. zur Tarifautonomie *Gamillscheg,* (Fn. 156), S. 263 ff., 284 ff.; zur Geschichte der Tarifautonomie ausführlich *Farthmann/Coen* HdbVerfR, § 19 Rn. 47 ff.

[233] So BVerfGE 84, 212 (229).

[234] BVerfGE 94, 268 (283).

[235] *Engels,* (Fn. 187), S. 46, Rz. 54 ff.

[236] BVerfGE 20, 312 (317); s. a. *Kluth,* in: Friauf/Höfling, Art. 9 (2011) Rn. 190 ff.

[237] So auch *Dietlein,* in: Stern, StaatsR IV/1, S. 2055.

ben müssen sich Deregulierungsbestrebungen im Tarifvertragsrecht messen lassen (dazu noch
→ Rn. 98 ff.).

**90**     Der **Katalog möglicher Regelungsgegenstände** von Tarifverträgen wird nur durch das Begriffspaar „Arbeits- und Wirtschaftsbedingungen" (→ Rn. 57 f.) eingegrenzt.[238] Die Regelungsbefugnis der
Tarifvertragsparteien ist deshalb nicht auf den sozialen Datenkranz unternehmerischer Entscheidungen
reduziert.[239] Sie geht über die klassischen Regelungsmaterien des Individualarbeitsvertrages hinaus und
erstreckt sich auf **sämtliche Bedingungen, durch die die Leistung abhängiger Arbeit im
Betrieb berührt wird.**[240] Zu den den Koalitionen zur eigenverantwortlichen Regelung überlassenen
Materien gehören nach Ansicht des BVerfG „vor allem das Arbeitsentgelt und die anderen materiellen
Arbeitsbedingungen, wie etwa Arbeits- und Urlaubszeiten sowie nach Maßgabe von Herkommen und
Üblichkeit weitere Bereiche des Arbeitsverhältnisses, außerdem darauf bezogenen soziale Leistungen
und Einrichtungen".[241]

**91**     Die zukunftsoffene Formulierung des Art. 9 III 1 (→ Rn. 58) verbietet auch eine staatliche Definition der Arbeits- und Wirtschaftsbedingungen, die mögliche **Neuentwicklungen in der Arbeits-
welt** ausklammert.[242] Gerade im Blick auf die Auswirkung des technischen und ökonomischen
Wandels sind zahlreiche Regelungsgegenstände denkbar.[243]

**92**     Von der so umschriebenen Regelungsbefugnis ist die Befugnis zur Normsetzung (dazu u. Rn. 95 ff.)
zu trennen. Bezüglich der Regelungsbefugnis gilt, dass Verkürzungen des sachlich-gegenständlichen
Regelungsbereichs von Tarifträgern **rechtfertigungsbedürftige Grundrechtseingriffe** darstellen.
Gleiches gilt, wenn durch Gesetz eine konkrete tarifvertragliche Regelung außer Kraft gesetzt wird. In
Übereinstimmung mit dieser grundrechtsdogmatischen Einordnung hat das BVerfG eine gesetzliche
Regelung zur Befristung von Arbeitsverträgen als Eingriff in die durch Art. 9 III GG geschützte
Tarifautonomie qualifiziert.[244]

**93**     Zulässig sind tarifvertragliche **Öffnungsklauseln.**[245] Die Tarifvertragsparteien können ihre Vereinbarung auf Rahmenvorgaben beschränken und die konkrete Ausgestaltung der dezentralen Unter-
nehmens- bzw. Betriebsebene (z. B. durch Betriebsvereinbarung) überlassen.[246] „Art. 9 III ist jedenfalls
nicht zu entnehmen, dass Tarifverträge gegenüber einer Betriebsvereinbarung, die sich auf die Lage der
Arbeitszeit beschränkt, durch eine Klagebefugnis der Gewerkschaften gegen die Betriebsparteien rechtlich geschützt werden müssen, wenn ein solcher Tarifvertrag [...] den Betriebsparteien eine gewisse
Gestaltungsfreiheit ausdrücklich einräumt".[247]

**94**     Nach Maßgabe von § 4 TVG entfalten Tarifverträge **normative Wirkung.** Insofern enthalten sie
„Rechtsregeln, dh generell-abstrakte, nach Maßgabe des § 4 III TVG zwingende Bestimmungen. [...]
Bei der Normsetzung durch die Tarifparteien handelt es sich um Gesetzgebung im materiellen Sinne,
die Normen im rechtstechnischen Sinne erzeugt".[248]

**95**     **Umstritten** ist allerdings, wie diese **Rechtssetzungsmacht dogmatisch zu begründen** ist.[249]
Dabei geht es im Wesentlichen um die Frage, auf welche Weise die originär-staatliche Normsetzungsbefugnis auf die Koalition übergegangen ist, insbes. ob dies im Wege der Delegation durch
das TVG oder unmittelbar durch den Verfassungsgeber in Art. 9 III geschehen ist.[250] Im letzteren
Sinne antwortet die **Integrationslehre,**[251] im ersteren die herrschende **Delegationstheo-**

---

[238] S. a. BAGE 64, 284 (290 f.); *Schmidt* ErfK, GG, GG, Einl. Rn. 50; *Gamillscheg,* (Fn. 156), S. 539; *Hromadka/
Maschmann,* ArbeitsR II, 7. Aufl. 2017, § 13, Rn. 142 – Von einem äußerst restriktiven Verständnis des Begriffspaares
aus gelangt *Sodan* JZ 1998, 421 ff. zu weiterreichenden Beschränkungen der Tarifautonomie.
[239] So aber *Biedenkopf,* Gutachten zum 46. DJT, 1966, S. 97 (163); dagegen etwa BAG AP Nr. 56 zu Art. 9; *Söllner*
ArbRdG 16 (1978), 19 (28).
[240] S. *Linsenmaier* ErfK, GG Art. 9 Rn. 23, 72 f.; *Löwisch/Rieble,* in: Münchener Handbuch zum Arbeitsrecht,
Bd. 3, 4. Aufl. 2018, § 218 Rn 22; *Säcker/Oetker* (Fn. 154), S. 72; *Söllner* ArbRdG 16 (1978), 19 (22 ff.); sehr
weitgehend *Stark,* Verfassungsfragen einer Arbeitsplatzsicherung durch Tarifvertrag, 1989, S. 51 ff., 64 ff.
[241] BVerfGE 94, 268 (283).
[242] Dazu auch BAG AP Nr. 56 zu Art. 9.
[243] Ausführlicher Katalog bei *Säcker/Oetker* (Fn. 148), S. 73–90.
[244] BVerfGE 94, 268 (283); s. a. *Hufen* SAE 1997, 137 (139).
[245] Eingehend *Drohsel,* Vereinbarkeit gesetzlicher Öffnungsklauseln mit der Koalitionsfreiheit aus Art. 9 III GG,
2010.
[246] S. a. *Scholz* HStR VIII, § 175 Rn. 119; näher zu tarifvertraglichen Öffnungsklauseln *Wendeling-Schröder,* in:
Kempen/Zachert, TVG, 5. Aufl. 2014, § 4 Rn. 515 ff. mwN – Grds. zum Verhältnis von Betriebsvereinbarung und
Tarifautonomie *Waltermann,* Rechtsetzung durch Betriebsvereinbarung zwischen Privatautonomie und Tarifautonomie, 1996, S. 529 ff.; s. a. *Löwisch* JZ 1996, 812 ff.
[247] So BVerfG (K) NZA 1994, 34; zu § 1 I Nr. 3 AÜG BVerfGK 4, 356 ff. – dazu etwa *Bayreuther* NZA 2005,
341 ff.; *Schüren* RdA 2006, 303 ff.; ferner *Cornils,* in: Epping/Hillgruber, Art. 9 Rn. 78.1.; – zu den Spielräumen
gesetzgeberischer Ingerenz s. *Engels* (Fn. 187), S. 23 ff.
[248] BVerfGE 44, 322 (341); BAGE 4, 240 (250 f., 252).
[249] Dazu auch *Kluth,* in: Friauf/Höfling, Art. 9 (2011) Rn. 192 ff.
[250] Zum Diskussionsstand etwa *Kemper* (Fn. 170), S. 67 ff.; *Scholz* (Fn. 133), S. 55 ff.; s. a. *Gamillscheg* (Fn. 156),
S. 557 ff.
[251] *W. Weber,* Koalitionsfreiheit und Tarifautonomie als Verfassungsproblem, 1965, S. 24; *Biedenkopf* (Fn. 223),
S. 104 f.; *Martens,* Öffentlich als Rechtsbegriff, 1969, S. 164 f.

**rie.**[252] Beide Erklärungsansätze, aber auch die sog. **Sanktionstheorie,**[253] vermögen indes nicht zu überzeugen[254] und verfehlen den Kern der insoweit betroffenen kompetentiellen Bewirkungsdimensionen (o. Rn. 80 f.) der Grundrechtsgewährleistung.

Richtig ist allerdings der Ausgangspunkt der sogenannten Delegationslehre, nämlich die These **96** von der **Notwendigkeit komplementärer einfach-gesetzlicher Regelungen** (konkret des TVG). Auf die Schaffung und Erhaltung eines zur effektiven Grundrechtsausübung unerlässlichen Normenbestandes, um Tarifverträge mit normativer (nicht aber zwingender, s. Rn. 98 f.) Wirkung abschließen zu können, haben die Koalitionen unmittelbar aus Art. 9 III einen Anspruch.[255] Diese kompetentielle Dimension des Grundrechts und den korrespondierenden leistungsrechtlichen Gehalt (o. Rn. 80), vermag allerdings die Vorstellung eines bloßen Delegationsverhältnisses nicht zu erschließen.

Auch wenn man die Normensetzung durch die Tarifparteien mit dem BVerfG als Form materieller **97** Gesetzgebung deutet,[256] führt dies – entgegen der traditionellen, mittlerweile aber ins Wanken geratenen Auffassung – in der arbeitsrechtl. Rspr. und Lehre – **nicht** zur **Grundrechtsbindung** der Koalitionen **gem. Art. 1 III** (näher → Art. 1 Rn. 116 f.).[257]

Nach Maßgabe der (→ Rn. 5 f., → Rn. 36 ff.) dargestellten Kriterien für die Unterscheidung zwi- **98** schen Grundrechtseingriff und Grundrechtsausgestaltung[258] und die aus dieser Unterscheidung erwachsenden Folgen für den Handlungsspielraum des Gesetzgebers sind auch die nun schon seit über zwei Jahrzehnten in Politik, Wirtschafts- und Rechtswissenschaften diskutierten **Deregulierungsbestrebungen**[259] zu beurteilen. Weil die Fähigkeit, Tarifverträge mit **zwingender Wirkung** abzuschließen, lediglich zur leistungsrechtlichen Komponente der Koalitionsfreiheit gehört, wäre deren Beseitigung – also die Streichung des § 4 I TVG – (nur) eine Grundrechtsausgestaltung,[260] die – da die zwingende Wirkung der Tarifverträge für die Wahrnehmung der Tarifautonomie, die auch mittels dispositiver Tarifnormen verwirklicht werden kann, nicht unerlässlich ist – verfassungsgemäß wäre.[261]

Als Minus gegenüber der völligen Abschaffung der zwingenden Wirkung der Tarifverträge würde **99** auch eine Veränderung des **Günstigkeitsprinzips** des § 4 III TVG etwa idS, dass auch die Sicherheit des Arbeitsplatzes zu berücksichtigen wäre, keinen durchgreifenden verfassungsrechtl. Bedenken begegnen.[262] Entspr. gilt für die Beseitigung des durch **§ 77 III BetrVG** angeordneten Vorrangs der Tarifverträge vor Betriebsvereinbarungen.[263] Dem GG fehlt es gerade an einer dem Art. 165 WRV entspr. Norm, der man den verfassungsrechtl. Vorrang von Tarifverträgen vor individ. oder anderen kollekt. Vereinbarungen entnehmen könnte. Damit ist allerdings noch nicht gesagt, dass die Regelung der Arbeitsbedingungen durch Betriebsvereinbarungen ohne nähere gesetzl. Regelung mit der Berufsfreiheit der Arbeitnehmer zu vereinbaren ist.[264]

Von der Abschaffung der Möglichkeit, Tarifverträge mit zwingender Wirkung abzuschließen, ist die **100** Konstellation zu unterscheiden, in der die zwingende Wirkung bereits bestehender Tarifverträge gänzlich oder punktuell beseitigt wird; hierbei handelt es sich um rechtfertigungsbedürftige Grund-

---

[252] Dazu BAGE 1, 258 (264); 4, 240 (251); 33, 140 (149); *Scheuner,* in: Weber/Scheuner/Dietz (Hrsg.), Koalitionsfreiheit, 1961, S. 27 (67 Fn. 105); *Ridder,* Zur verfassungsrechtlichen Stellung der Gewerkschaften im Sozialstaat nach dem Grundgesetz der Bundesrepublik Deutschland, 1960, S. 32 f. Fn. 67; *Peters/Ossenbühl,* Übertragung von öffentlich-rechtlichen Befugnissen auf die Sozialpartner unter besonderer Berücksichtigung des Arbeitszeitschutzes, 1967, S. 15; *Säcker,* Gruppenautonomie und Übermachtkontrolle im Arbeitsrecht, 1972, S. 267.

[253] Vgl. *Scholz,* in: Maunz/Dürig, Art. 9 (2016) Rn. 301.

[254] Zur Kritik aus verfassungsrechtlicher Sicht nur *Kemper* (Fn. 170), S. 69 ff.

[255] Ebenso *Raab* ZfA 2004, 371 (393); gegen einen verfassungsrechtlichen Schutz der Normsetzungsbefugnis aber etwa *Burkiczak* (Fn. 69), S. 198 f.; *Giesen,* Tarifvertragliche Rechtsgestaltung für den Betrieb, 2002, S. 154; *Scholz,* in: Maunz/Dürig, Art. 9 (2016) Rn. 299.

[256] Nachw. o. in Fn. 233.

[257] Dazu auch *Burkiczak* RdA 2007, S. 17 ff. Allg. zu grundrechtlichen Schranken der tariflichen Normsetzung aus arbeitsrechtlicher Sicht *Gornik* NZA 2012, 1399 ff.; näher *Engels,* in: Henssler/Moll/Bepler (Hrsg.), Der Tarifvertrag, 2. Auflage 2016, S. 39 (40 ff.); *Hromadka/Maschmann,* (Fn. 231), Rn. 155 ff.; *Fastrich* FS Richardi, 2007, S. 127 ff.

[258] Mit Blick auf Art. 9 III krit. dazu *Ladeur,* AöR 131 (2006), 643 ff.

[259] Bestandsaufnahme des Diskussionsstandes bei *Burkiczak* (Fn. 69), S. 80 ff. mwN.

[260] Eingehend *Burkiczak* (Fn. 69), S. 162 ff. mwN; ferner *Gellermann* (Fn. 86), S. 159, 166; wohl auch *Hromadka* DB 2003, 42 (43 f.); aA wohl etwa *Dieterich* DB 2001, 2398 (2401); *Hanau,* FS Wiedemann, 2002, S. 283 (293 f.).

[261] Gegen die verfassungsrechtliche Garantie der zwingenden Wirkung etwa auch *Rieble* ZfA 2004, 1 (39); tendenziell ebenso *Raab* ZfA 2004, 371 (392 ff.); dazu und noch weitergehend *Burkiczak* (Fn. 69), S. 198 ff. mwN; tendenziell auch *Buchner* ZfA 2004, 229 (240); aA etwa *Dieterich* RdA 2002, 1 ff.; *ders./Hanau/Henssler/Oetker/Wank/Wiedemann* RdA 2004, 65 (70); *Henssler* ZfA 1994, 487 (511); *Junker* ZfA 1996, 383 (395); *Waltermann* FS Söllner, 2000, S. 1251 (1272).

[262] Dazu *Höfling/Burkiczak* NJW 2005, 469 (471 f.); iE zust. *Dietlein,* in: Stern, StaatsR IV/1, S. 2058; ferner etwa *Heise* FS 50 Jahre BAG, 2005, S. 657 ff.

[263] Dazu mit zahlr. Nachw. zum Streitstand *Burkiczak* (Fn. 69), S. 198 ff.; *Depenheuer* (Fn. 198) entnimmt Art. 12 I iVm Art. 9 I sogar einen grds. Anspruch der Arbeitnehmer auf (Individualverträge und) Betriebsvereinbarungen unter Abweichungen vom Flächentarif.

[264] S. *Höfling/Burkiczak* NJW 2005, 469 (471).

rechtseingriffe (s. Rn. 92).[265] Dies entspricht der Sache nach der – terminologisch unpräzisen – Einordnung als Beeinträchtigung durch das BVerfG.[266]

**101**  c) **Arbeitskampffreiheit.**[267] Zu den wichtigsten von Art. 9 III 1 grundrechtlich garantierten Aktivitäten gehören **Arbeitskampfmaßnahmen.** Die im Zuge der Notstandsgesetzgebung eingeführte Schranken-Schranke (→ Rn. 153) des Art. 9 III 3 ist insoweit nur deklarator. Natur.[268]

**102**  aa) **Überblick.** Das **BVerfG** hat die Frage nach dem grundrechtlichen Schutz der Arbeitskampffreiheit – ebenso wie das BAG[269] – lange Zeit nicht ausdr. beantwortet.[270] Erst in seinem **Grundsatzbeschluss vom 26.6.1991** zur Zulässigkeit suspendierender Abwehraussperrungen hat der Erste Senat eine explizite Antwort gegeben: „Zu den geschützten Mitteln zählen auch Arbeitskampfmaßnahmen, die auf den Abschluss von Tarifverträgen gerichtet sind. Sie werden jedenfalls insoweit von der Koalitionsfreiheit erfasst, als sie allg. erforderlich sind, um eine funktionierende Tarifautonomie sicherzustellen".[271] Die Auffassung des BAG, **die suspendierende Abwehraussperrung** als Reaktion auf begrenzte Teilstreiks sei unter den gegebenen wirtschaftlichen Verhältnissen ein unerlässliches Mittel zur Aufrechterhaltung einer funktionierenden Tarifautonomie,[272] hat es ausdr. als verfassungsrechtlich nicht zu beanstanden bezeichnet.[273]Die abw. Auffassungen sind damit obsolet. Sie vermögen auch in der Sache nicht zu überzeugen.[274] Später hat das BVerfG auch den **Streik** ausdr. als durch Art. 9 III garantiert anerkannt.[275]

**103**  Das **geltende Arbeitskampfrecht** entbehrt bis heute der gesetzlichen Regelung. Stattdessen hat namentlich die Judikatur des BAG in den vergangenen vier Jahrzehnten ein ausdifferenziertes **System „gesetzesvertretenden" Richterrechts** geschaffen. Dies ist immer wieder als unvereinbar mit den verfassungsrechtlichen Anforderungen der sog. **Wesentlichkeitstheorie** kritisiert worden,[276] doch hat das BVerfG diese Kritik zurückgewiesen: Wenn und soweit es um die Ordnung des Verhältnisses gleichgeordneter Grundrechtsträger gehe, brauche die normative Ausformung nicht zwingend durch Gesetze erfolgen. Bei unzureich. gesetzl. Vorgaben könnten und müssten dann die ArbG das materielle Recht entwickeln.[277] Diese „Sonderdogmatik" ist in der Lit. zu Recht als Kapitulation vor (vermeintlichen) polit. Sachzwängen kritisiert worden.[278]

**104**  Beim **Einsatz von Beamten** auf bestreikten Arbeitsplätzen hat das BVerfG allerdings die Bedeutung des Gesetzvorbehalts hervorgehoben. Da in diesem Fall zumindest auch das Verhältnis von Staat und Privatrechtssubjekten betroffen sei, könne auf eine **gesetzliche** Regelung nicht verzichtet werden. Die allg. Rechtsgrundlagen des Arbeitskampfrechts bilden insoweit kein hinreichendes normatives Fundament.[279]

**105**  bb) **Grundrechtsdogmatische Einordnung und Einzelfragen.** Das Arbeitskampfrecht[280] in der BRD ist ganz wesentlich durch die **Rspr. des BAG** geprägt worden. Wichtige Etappen dieser Judikatur lassen sich in aller Kürze wie folgt skizzieren: In der **ersten Grundsatzentscheidung des Großen Senats** vom 28.1.1955[281] hat das Gericht den gewerkschaftlich geführten Streik[282] als sozial-

---

[265] S. *Burkiczak* (Fn. 69), S. 253 ff.

[266] BVerfGE 103, 293 (305).

[267] Umf. Bestandsaufnahmen bei *Brox/Rüthers,* Arbeitskampfrecht, 2. Aufl. 1982; *Däubler ua* in: Däubler (Hrsg.), Arbeitskampfrecht, 3. Aufl. 2011, §§ 8 ff.; *Kissel,* Arbeitskampfrecht, 2002; *Engels* (Fn. 181); *Ricken* MHdB ArbR, §§ 265 ff.; vgl. auch *Davy,* Streik und Grundrechte in Österreich, 1989.

[268] Vgl. mwN etwa *Kemper* (Fn. 170), S. 150 ff.; ferner auch BVerfGE 84, 212 (225).

[269] BAGE 48, 195 (203).

[270] Offenlassend BVerfGE 38, 386 (394); implizit bejahend BVerfGE 18, 18 (32); 50, 290 (371); Übersicht über die ältere Rspr. des BVerfG bei *Seiter* AöR 109 (1984), 88 ff.; *Schlink/Pauly* (Fn. 203), S. 33 ff.

[271] BVerfGE 84, 212 (225).

[272] BAGE 48, 195 (200).

[273] BVerfGE 84, 212 (225); dazu etwa *Konzen* SAE 1991, 335 ff.; *G. Müller* DB 1992, 269 ff.; *Richardi* JZ 1992, 27 ff.; *Däubler* AuR 1992, 1; zu den Kampfmitteln der Arbeitgeberseite auch *Kentner,* Arbeitskampfmittel der Arbeitgeber, 2010.

[274] Vgl. *Scholz* HStR VIII, § 175 Rn. 120 f., ferner auch *Bauer,* in: Dreier I, Art. 9 Rn. 84, 98.

[275] BVerfGE 88, 103 (114).

[276] *Höfling/Engels* ZG 2008, 250 ff.; vgl. auch *Höfling* ZfA 2008 1 (25 ff.); ausführlich *Engels* (Fn. 181), S. 311 ff.; zuvor schon *Kloepfer* NJW 1985, 2497 (2498); *Friauf* RdA 1986, 188 (192); *G. Müller* DB 1989, 42 (43); zur Frage des Richterrechts ferner *J. Ipsen* DVBl 1984, 1105 ff.; *Lerche* NJW 1987, 2465 ff.

[277] BVerfGE 84, 212 (226 f.); 88, 103 (115 f.); s. a. BVerfG (K) NJW 1997, 2230 (2231).

[278] So *Bauer,* in: Dreier I, Art. 9 Rn. 95 mwN; s. a. *Höfling/Engels* ZG 2008, 250 ff.; *Kluth,* in: Friauf/Höfling, Art. 9 (2011) Rn. 214; *Engels* (Fn. 181), S. 311 ff.

[279] BVerfGE 88, 103 (116); sehr krit. zu dieser Entscheidung *Isensee* DZWiR 1994, 309 ff. mit dem Fazit (S. 314), das BVerfG gebe sich „peinliche dogmatische Blößen"; eingehend auch *Jachmann* ZBR 1994, 1 ff.; *Badura/Stern,* Die Rechtmäßigkeit des Beamteneinsatzes beim Streik der Tarifkräfte, 1983; *Säcker/Oetker* AöR 112 (1987), 345 ff.

[280] Problemaufbereitung: *Lerche,* Verfassungsrechtliche Zentralfragen des Arbeitskampfes, 1968; *Seiter,* Streikrecht und Aussperrungsrecht, 1975; *Wank* FS Kissel, 1994, S. 1225 ff.; *Gamillscheg* (Fn. 156), S. 910 ff.; *Engels* (Fn. 187); Überblick über die neue Judikatur bei *Beckerle* NJW 2017, 439 ff.

[281] BAG AP Nr. 1 zu Art. 9 Arbeitskampf.

[282] Vgl. auch BAG AP Nr. 3 zu Art. 9 Arbeitskampf; zum sog. „wilden Streik": AP Nr. 32 zu Art. 9 Arbeitskampf und u. Rn. 108.

adäquat qualifiziert. Die streikenden Arbeitnehmer handelten nicht vertrags- und rechtswidrig. Zugleich hat es aus dem Grundsatz der **Kampfparität** und der Freiheit der Wahl der Kampfmittel geschlußfolgert, die Arbeitgeber seien zur lösenden Aussperrung berechtigt.[283]

Nachdem der 1. Senat im Jahre 1968 die Auffassung vertreten hatte, lösende Aussperrungen seien **106** unwirksam,[284] kam es 1971 zur **zweiten Grundsatzentscheidung** des Großen Senats,[285] in der der **Grundsatz der Verhältnismäßigkeit** ins Zentrum der arbeitskampfrechtlichen Dogmatik gestellt wurde. Hieraus leitet das BAG drei Folgerungen ab:

– Arbeitskämpfe dürfen nur eingeleitet und durchgeführt werden, wenn sie zur Erreichung rechtmäßiger Ziele geeignet und erforderlich sind; darüber hinaus sei der Arbeitskampf **ultima ratio** und dürfe erst nach Ausschöpfung aller Verständigungsmöglichkeiten ergriffen werden.

– Der Grundsatz der Verhältnismäßigkeit gelte auch für die Durchführung des Streiks; Art und Intensität des Arbeitskampfs dürften nicht über das hinausgehen, was zur Durchsetzung des erstrebten Ziels erforderlich sei.

– Die Tarifparteien müssten nach Kampfende dazu beitragen, den Arbeitsfrieden wiederherzustellen.

Für die Zulässigkeit der **Aussperrung** ergebe sich hieraus, dass sie **grds. nur suspendierende Wirkung** entfalte.[286]

Der 1. Senat des BAG umreißt in den Urt. vom 10.6.1980 näher die Zulässigkeitsvoraussetzungen **107** für **Abwehraussperrungen**[287] und rückt dabei von der formalen Gleichbehandlung von Streik und Aussperrung ab. Entscheidend sei vielmehr eine typisierende Bewertung der tatsächlichen, wirtschaftlichen und sozialen Gegebenheiten der Sozialpartner (sog. **materielle Paritätsbetrachtung**). Auf diese Weise gelangt der Senat zu einem zahlenmäßig-quotierten **System abgestufter Reaktionsmöglichkeiten** der Arbeitgeber.

Nachdem das BAG bereits Ende 1976 die Zulässigkeit von **Warnstreiks** vor Ausschöpfung aller **108** Verhandlungsmöglichkeiten bejaht hatte,[288] bestätigte es diese Auffassung in seiner zweiten Warnstreikentscheidung vom September 1984 auch für die Variante der sog. **Neuen Beweglichkeit.**[289] Vier Jahre später gab der 1. Senat des BAG allerdings seine Auffassung auf, dass der Warnstreik eine rechtlich privilegierte Kampfform sei. Sowohl Warn- als auch Erzwingungsstreiks hätten gleichermaßen Druckfunktion.[290]

**Sympathie-** bzw. **Solidaritätsstreiks** hielt das BAG zunächst in st. Rspr. grds. für rechtswidrig, da **109** diese – anders als der Streik im Hauptarbeitskampf – nicht unmittelbar auf den Abschluss eines Tarifvertrages gerichtet seien.[291] Nunmehr zählt das BAG dagegen auch gewerkschaftliche Streiks, die der Unterstützung eines in einem anderen Tarifgebiet geführten Hauptarbeitskampf dienen, zum Schutzbereich des Art. 9 III.[292] Gleiches gilt für einen gegen den Arbeitgeber gerichteten Streik zur Erzwingung eines Firmentarifvertrages.[293]

Die **Arbeitskampfjudikatur des BAG** darf nicht **missverstanden** werden **als authentische** **110** **Umschreibung** des grundrechtl. Gewährleistungsbereichs **der Koalitionsfreiheit.** Die arbeitsgerichtl. Bewertung einer Kampfmaßnahme[294] als rechtswidrig beinhaltet kein Urteil darüber, ob diese Betätigungsform vom Schutzbereich des Art. 9 III 1 erfasst wird oder nicht.[295]

Es gilt vielmehr: Der prima-facie-Schutz des Art. 9 III 1 ist **nicht auf einen „Kernbereich" redu-** **111** **ziert,** sondern erstreckt sich auf alle Arbeitskampfmaßnahmen, welche die Realisierung des in der Verfassungsbestimmung benannten Koalitionszwecks anstreben. Da der Arbeitskampf Mittel in der bipolaren Auseinandersetzung von Arbeitnehmern und Arbeitgebern ist, muss die „Störaktion" sich auf

---

[283] Zur lösenden Aussperrung auch BAG AP Nr. 10, 11, 24, 31 und 36 zu Art. 9 Arbeitskampf.

[284] BAG AP Nr. 39 zu Art. 9 Arbeitskampf.

[285] BAG AP Nr. 43 zu Art. 9 Arbeitskampf.

[286] Zu den genannten BAG AP Nr. 44 zu Art. 9 Arbeitskampf; zur Frage der Erforderlichkeit einer Urabstimmung *Rieble* FS Canaris, 2007, S. 1439 ff.

[287] BAG AP Nr. 64 und 65 zu Art. 9 Arbeitskampf.

[288] BAG AP Nr. 51 zu Art. 9 Arbeitskampf.

[289] BAG AP Nr. 81 zu Art. 9 Arbeitskampf; bestätigt durch BAG AP Nr. 83 zu Art. 9 Arbeitskampf; krit. hierzu *Badura* DB 1985, Beilage 14, 1 (6 ff.).

[290] BAG AP Nr. 108 zu Art. 9 Arbeitskampf; vgl. dazu insb. *Picker* DB 1989, Beilage 16.

[291] BAG AP Nr. 85 zu Art. 9 Arbeitskampf (dort auch zu denkbaren Ausnahmen); s. ferner BAG AP Nr. 90 zu Art. 9 Arbeitskampf; vgl. ferner auch schon BAG AP Nr. 76 zu Art. 9 Arbeitskampf; zur Zulässigkeit eines Streiks gegen einen Arbeitgeber-Außenseiter s. BAG, NZA 1991, 815 ff.; zur Zulässigkeit einer Abwehraussperrung durch den Arbeitgeber-Außenseiter s. BAG AP Nr. 124 zu Art. 9 Arbeitskampf; zur Rechtsstellung eines Außenseiter-Arbeitgebers beim Verbandsarbeitskampf *Konzen* GS Heinze, 2005, S. 515 ff.

[292] BAGE 123, 134 ff.; dazu etwa *Hayen/Ebert* AuR 2008, 19 ff.; *Paukner* ZTR 2008, 130 ff.; *Rieble* BB 2008, 1506 ff.; *Buchner* FS Hromadka, 2008, S. 39 (41 ff.).

[293] BAGE 104, 155 (163).

[294] Dies gilt auch für die Anforderungen an die Erklärung eines Streiks oder eine Aussperrung, vgl. BAG NJW 1996, 1844 ff.

[295] *Engels* (Fn. 181).

einen zwischen beiden Sozialpartnern regelbaren Gegenstand beziehen.[296] Wenn und soweit der Gesetzgeber oder die Rspr. auf solche Arbeitskampfmaßnahmen bezogene Zulässigkeitsvoraussetzungen, Umfangsbeschränkungen, Intensitätsgrenzen und ähnliches formuliert, handelt es sich dogmatisch um Beschränkungen grundrechtlicher Freiheit, die ihrerseits verfassungsrechtlicher Rechtfertigung bedürfen.[297]

112      Aus dieser Deutung ergeben sich zugleich die zentralen Elemente des **verfassungsrechtlichen Arbeitskampfbegriffs.** Während in der arbeitsrechtl. Diskussion im Wesentlichen ein engerer, kampfzielorientierter und ein weiterer, kampfmittelorientierter Arbeitskampfbegriff miteinander konkurrieren,[298] kommt es aus verfassungsrechtl. Perspektive auf folgende Aspekte an:

– Es muss sich zunächst um Maßnahmen eines Arbeitnehmerkollektivs oder eines Arbeitgeber(kollektiv)s handeln, die über das hinausgehen, was den Beteiligten nach den Vorgaben des Individualarbeitsrechts an Handlungsmöglichkeiten offensteht.

– Die Maßnahmen bestehen in der Verweigerung der Erfüllung arbeitsvertraglicher Pflichten und erfolgen in der Absicht, Druck auf die Gegenseite auszuüben.

– Die Druckausübung muss darauf abzielen, mit der Gegenseite eine Vereinbarung über einen Gegenstand aus dem Bereich der Arbeits- und Wirtschaftsbedingungen zu erzielen.[299]

113      Durch Art. 9 III **nicht geschützt** ist demzufolge der **politische Arbeitskampf.**[300] Darunter sind Streiks oder Aussperrungen zu verstehen, die sich gegen Hoheitsträger als solche – nicht: gegen den Staat in seiner Funktion als Arbeitgeber – richten und dementspr. nicht auf die koalitionsmäßige Regelung von Arbeits- und Wirtschaftsbedingungen zielen.[301] Entspr. genoss beispielsweise ein „Rundfunkstreik" gegen die Neugliederung des NDR nicht den Schutz des Art. 9 III.[302] Gleiches würde auch für Arbeitskampfmaßnahmen gelten, die sich – nach französischem Vorbild – gegen sozial- oder wirtschaftspolitische Absichten von Regierung und Parlamenten (etwa gegen eine Deregulierung des Arbeitsrechts oder gegen Kürzung von Sozialleistungen) richten.

114      Sogenannte **Sympathie- oder Solidaritätskampfmaßnahmen** (→ Rn. 109)[303] können dagegen nicht a limine aus dem Gewährleistungsbereich der Koalitionsfreiheit ausgeschlossen werden,[304] wenn sie die o. g. Kriterien (→ Rn. 112) erfüllen. Denn insoweit dient der Arbeitskampf ebenfalls dem Ziel der Gestaltung von Arbeitsbedingungen. Anforderungen an ihre Zulässigkeit müssen sich als Grundrechtsbeschränkungen verfassungsrechtlich rechtfertigen lassen.[305]

115      Auch dem sog. **wilden,** dh dem nicht gewerkschaftlich geführten **Streik,** kann nicht von vornherein der tatbestandliche Schutz des Art. 9 III versagt werden.[306] Eine andere Frage ist dagegen, ob verfassungsrechtlich begründete Gegenpositionen für den Regelfall ein Verbot des verbandsfreien Arbeitskampfes zu legitimieren vermögen.

116      Im Übrigen ist die grundrechtlich geschützte Arbeitskampffreiheit nicht auf die „klassischen" Formen von Streik und Aussperrung beschränkt.[307] Vom sachlichen Gewährleistungsbereich erfasst sind auch andere Aktionsformen[308] wie der **Boykott**[309] sowie **Betriebsblockaden,** Betriebsbeset-

---

[296] Die ganz h. M. verengt dies zu Unrecht ausschließlich auf den tarifvertraglichen Bereich, vgl. BVerfGE 84, 212 (225); 93, 365 (393 f.); BVerfG NZA 2004, 1338 (1339); ferner nur BAGE 122, 134 (156); *Löwer,* in: v. Münch/Kunig I, Art. 9 Rn. 101; *Scholz* FS Buchner, 2009, 827 (828 f.); *Wank* RdA 2009, 1 (3); *Kersten,* in: Rieble/Junker/Giesen (Hrsg.), Neues Arbeitskampfrecht?, 2010, S. 61 (67); krit. dazu auch *Engels* (Fn. 181), S. 226 ff.

[297] S. dazu *Engels* (Fn. 181), S. 226 ff.

[298] Überblick etwa bei *Richardi* FS Wolf, 1985, S. 549 ff.; *Däubler,* in: ders. (Fn. 260), § 8 Rn. 7; krit. zur Entwicklung der BAG-Judikatur etwa *Otto,* in: Rieble/Junker/Giesen (Fn. 289), S. 15 ff.

[299] S. dazu auch *Engels* (Fn. 181), S. 252 ff.; das BAG erkannte auch die Zulässigkeit von Arbeitskampfmaßnahmen um tarifliche Sozialpläne anlässlich von Standortentscheidungen an: BAG NZA 2007, 987 ff.; krit. aus verfassungsrechtl. Sicht *Höfling* ZfA 2008, 1 ff.; s. a. *Buchner* FS Hromadka, 2008, S. 39 (44 ff.).

[300] *Dietlein,* in: Stern, StaatsR IV/1, S. 2062 mwN; anders wohl *Rixen,* in: Stern/Becker, Art. 9 Rn. 50 ff.

[301] I. E. übereinstimmend etwa *Scholz* HStR VIII, § 175 Rn. 124; *Jarass,* in: Jarass/Pieroth, Art. 9 Rn. 40; *Kemper* (Fn. 176), S. 200 ff.; s. aber auch *Kittner/Schiek* AK GG, Art. 9 Abs. 3 Rn. 143.

[302] Vgl. LAG München NJW 1980, 957 ff.; *v. Maydell* JZ 1980, 431 ff.

[303] Vgl. dazu etwa *Birk,* Die Rechtmäßigkeit gewerkschaftlicher Unterstützungsmaßnahmen, 1978; *Wohlgemuth* AuR 1980, 33 ff.; *Wolter,* in: Däubler (Fn. 305), § 17 Rn. 85 ff.

[304] BAG JZ 2008, 97 ff.; diff. *Scholz* HStR VIII, § 175 Rn. 131; skeptisch *Dietlein,* in: Stern, Staatsrecht IV/1, S. 2026 f.; *Konzen,* SAE 2008, 1 ff.; *Schlochauer* FS Buchner, 2009, 810 ff.; *Brocker* FS Bauer, 2010, 205 ff.

[305] Vgl. auch *Rixen,* in: Stern/Becker, Art. 9 Rn. 80; ferner *Cornils,* in: Epping/Hillgruber, Art. 9 Rn. 70.

[306] Für die Zulässigkeit etwa *Klein,* Koalitionsfreiheit im pluralistischen Sozialstaat, 1979, S. 87 f.; *Ramm* AuR 1971, 65 (74); *Däubler,* in: ders (Fn. 305), § 12 Rn. 19; aA vgl. *Dietlein,* in: Stern, StaatsR IV/1, S. 2026, 2063 mwN; *Scholz* HStR VIII, § 175 Rn. 130.

[307] Gegen eine umf. „Kampfmittelfreiheit" *Kersten* (Fn. 295), S. 61 ff.; *Rieble* NZA 2008, 796 ff.; restriktiv auch *Thüsing/Waldhoff* ZfA 2011, 338 ff.; vgl. auch *Rosenau,* Die Koalitionsbetätigungsfreiheit im gewandelten Kontext, 2013.

[308] Zur Abgrenzung von Streiks und anderen Arbeitsniederlegungen aus arbeitsrechtlicher Sicht *Walker* NZA 1993, 769 ff.

[309] Dazu vgl. etwa *Seiter,* Arbeitskampfparität und Übermaßverbot unter besonderer Berücksichtigung des „Boykotts" in der Deutschen Seeschifffahrt, 1979; *Binkert,* Gewerkschaftliche Boykottmaßnahmen im System des Arbeitskampfrechts, 1981.

zungen und andere produktionsbehindernde Maßnahmen,[310] wenn und soweit sie sich unter den verfassungsrechtlichen Arbeitskampfbegriff (→ Rn. 112) subsumieren lassen. Besonders umstritten sind **Flashmob-Aktionen,**[311] die das BAG für eine zulässige Arbeitskampfform hält.[312] Misst man sie an der vorstehend skizzierten Kriteriologie (→ Rn. 112), dann wird man eine Flashmob-Aktion jedenfalls dann, wenn sie „streikbegleitend während der laufenden Tarifauseinandersetzung erkennbar darauf ausgerichtet ist, rechtmäßige Arbeitskampfziele zu unterstützen", als koalitionsspezifisches Verhalten qualifizieren müssen.[313]

Regelmäßig wird allerdings ein **(gerichtliches) Verbot** solcher Maßnahmen angesichts der gegen- **117** läufigen Grundrechtspositionen des Betriebsinhabers aus Art. 12 I, 13 I und Art. 14 I von Verfassungs wegen zulässig sein.[314]

## III. Die Grundrechtsberechtigten

Das Grundrecht der Koalitionsfreiheit gilt „für jedermann und alle Berufe". Diese Textaussage ist als **118** kumulative, nicht alternative Umschreibung der Grundrechtssubjekte zu verstehen. Auf die Grundrechtsgarantie können sich **alle Menschen in ihrer Eigenschaft als Berufsangehörige** berufen. Art. 9 III ist also konzipiert als sozial qualifiziertes Menschenrecht.[315]

**Welchen Beruf** oder welches Gewerbe der Betreffende ausübt, ist **irrelevant.**[316] Grundrechtsträger **119** sind auch Beamte (vgl. § 57 BRRG),[317] Richter (vgl. § 46 DRiG)[318] und Soldaten,[319] aber auch Auszubildende, die nicht in einem reinen Ausbildungsverhältnis (Schüler, Studenten) stehen.[320] In seinem Grundsatzurteil vom 30.11.2016 hat das BSG offengelassen, ob Angehörige eines freien Berufs, insbesondere Vertragsärzte, sich auf Art. 9 III GG berufen können.[321] Das BVerfG hat die Vb gegen einen sozialgerichtlich bestätigten disziplinarrechtlichen Verweis wegen der Teilnahme an einem sog. Warnstreik (Praxisschließung durch Ärzte) nicht zur Entscheidung angenommen. Eine mögliche Verletzung von Art. 9 III GG sei nicht dargelegt.[322]

Auch auf **juristische Personen und sonstige Personenvereinigungen des Privatrechts** er- **120** streckt sich nach Maßgabe von Art. 19 III der persönliche Geltungsbereich des Art. 9 III, soweit jene Träger arbeitsrechtlicher Rechte und Pflichten sind.[323] Zur kollektiven Koalitionsfreiheit im Übrigen → Rn. 69 ff.

**Juristische Personen des öffentlichen Rechts** können dagegen auch als Arbeitgeber **nicht** **121** **Träger der Koalitionsfreiheit** sein. Das hat das BVerfG unter Berufung auf seine grds. Position in der Frage der Grundrechtssubjektivität jur. Personen des öff. Rechts[324] für die öffentlich-rechtlichen Rundfunkanstalten ausdr. entschieden.[325] Dem steht nicht entgegen, dass der einfache Gesetzgeber **Innungen** die Tariffähigkeit verleihen kann.[326] Der **Ausschluss der Grundrechtsfähigkeit** gilt ferner für die privatrechtlich organisierten **Tarifgemeinschaften juristischer Personen des öffentlichen Rechts,** z. B. die Tarifgemeinschaften der Länder (TdL).[327]

[310] Zu diesen besonders umstrittenen Aktionsformen s. etwa v. Danwitz HGR V, § 116 Rn. 75; Bieback/Unterhinninghofen, in: Däubler (Fn. 260), § 17 Rn. 212 ff.; Friedrich DÖV 1988, 194 ff.; Scholz HStR VIII, § 175 Rn. 121; Lübbe-Wolff DB 1988, Beilage 9; eingehend Treber, Aktiv produktionsbehindernde Maßnahmen, 1996; aA Kluth, in: Friauf/Höfling, Art. 9 (2011) Rn. 237.
[311] Näher Thüsing/Waldhoff ZfA 2011, 329 ff.; Rieble NZA 2008, 796 ff.; Kersten (Fn. 149), S. 66 ff.
[312] BAG NZA 2009, 1347 ff.; zust. Linsenmaier ErfK, GG Art. 9 Rn. 277b; krit. z. B. Rüthers/Höpfner JZ 2010, 261 ff.; Säcker NJW 2010, 1115; Hromadka/Maschmann, (Fn. 231), § 14, Rn. 91; aus verfassungsrechtlicher Perspektive abl. Kersten (Fn. 295), S. 61 (77 ff.); ders., (Fn. 149), S. 70 ff.; Otto RdA 2010, 135, 144 ff.
[313] So jetzt ausdrücklich BVerfG (K) NJW 2014, 1874 Rn. 27; dazu Bertke NJW 2014, 1852 ff.
[314] S. a. BVerfG (K) NJW 2014, 1874 Rn. 28 ff.
[315] v. Münch BK, Art. 9 (1966), Rn. 101, 111, 113, 135; Scholz (Fn. 133), S. 42 f.; Pieroth, Störung, Streik und Aussperrung in der Hochschule, 1976, S. 155.
[316] BVerfGE 19, 303 (322).
[317] Näher zur Problematik noch → Rn. 134.
[318] BVerfGE 19, 303 (322); BVerfG DB 1984, 995 f.; BVerfGE 88, 103 (114); BVerwGE 59, 48 (54).
[319] Vgl. BVerfGE 57, 29 (35 ff.).
[320] S. a. Jarass, in: Jarass/Pieroth, Art. 9 Rn. 43; Scholz, in: Maunz/Dürig, Art. 9 (2016) Rn. 179; dens. HStR VIII, § 175 Rn. 81; Cornils, in: Epping/Hillgruber, Art. 9 Rn. 41; Löwisch/Rieble, (Fn. 239), § 155 Rn. 33.
[321] BSG GesR 2017, 371 (Rn. 99 ff.); jedenfalls sei das Verbot des sog. Warnstreiks eine verfassungsrechtlich unbedenkliche Begrenzung (aaO Rn. 110 ff.).
[322] BVerfG, GesR 2020, 28 Rn. 8–10.
[323] Kittner/Schiek AK GG, Art. 9 Abs. 3 Rn. 111; Scholz, in: Maunz/Dürig, Art. 9 (2016) Rn. 186 ff.
[324] Sachs, Art. 19 Rn. 89 ff. mN.
[325] BVerfGE 59, 231 (254 f.); s. aber auch BVerfG (K) DB 1999, 1765.
[326] BVerfGE 20, 312 (317 ff.); s. aber auch Bauer, in: Dreier I, Art. 9 Rn. 72.
[327] Berlit ZTR 1994, 143 ff.; aA Depenheuer ZTR 1993, 364 ff.

## IV. Grundrechtsbeschränkungen

122    **1. Grundsätzliches.** Die Koalitionsfreiheit wird beschränkt durch **alle Verkürzungen** des grundrechtlich Gewährleisteten. Art. 9 III schützt die Koalitionsfreiheit nicht nur gegen staatliche Beschränkungen, sondern nach Maßgabe seines zweiten Satzes auch gegen Übergriffe Privater (→ Rn. 131 ff.).

123    Die Grundrechtsbeschränkungen lassen sich unterscheiden in **Eingriffe,** welche die abwehrrechtliche Dimension des Art. 9 III betreffen, und verfassungswidrige Ausgestaltungen, welche sich auf den leistungsrechtlichen Gehalt der Verfassungsvorschrift – insbes. die kompetentielle Bewirkungsdimension (→ Rn. 5 f., → Rn. 79 ff.) – beziehen.[328]

124    Eine solche **Grundrechtsausgestaltung** bezieht sich vornehmlich auf die durch Art. 9 III 1 gewährleistete Tarifautonomie. Insoweit hat der Gesetzgeber für ein normatives Regelungsinstrumentarium zu sorgen, um der diesbezüglichen Grundrechtsbetätigung zur Wirksamkeit zu verhelfen (o. Rn. 79 ff., 96). Bleibt die rechtliche Regelung hinter diesem „**Kernbereich**" (o. Rn. 80 ff.) zurück, liegt eine Grundrechtsverletzung in Form einer verfassungswidrigen Ausgestaltung, aber kein Grundrechtseingriff vor.[329]

125    **2. Beispiele für Eingriffe in die Koalitionsfreiheit.** Einen Eingriff in die Koalitionsfreiheit stellt es dar, wenn der **Beitritt** zu oder der **Verbleib** in einer Koalition **behindert** wird.[330] Dies kann auch der Fall sein bei einer Ungleichbehandlung von Koalitionen bei betriebsbezogenen Wahlen.[331] Da aus der Freiheit zur Koalitionsbildung und Koalitionsbetätigung ein Prinzip des **Koalitionspluralismus** und der freien Koalitionskonkurrenz folgt,[332] sind Implikationen des Koalitionspluralismus unter Berücksichtigung des Art. 9 III zu bewältigen. Vor diesem Hintergrund hat das BAG nunmehr den Grundsatz der Tarifeinheit als (ungerechtfertigten) Eingriff in Art. 9 III qualifiziert.[333] Der Gesetzgeber ist jedoch nach Auffassung des BVerfG berechtigt, zur Sicherung der Funktionsfähigkeit der Tarifautonomie Regelungen zum Verhältnis der Tarifvertragsparteien auf einer der beiden Seiten zu treffen. Damit kann er strukturelle Voraussetzungen dafür schaffen, dass Tarifverhandlungen einen fairen Ausgleich ermöglichen und in Tarifverträgen mit der ihnen innewohnenden Richtigkeitsvermutung angemessene Wirtschafts- und Arbeitsbedingungen hervorbringen können.[334] Unverhältnismäßig sind nach der Rechtsprechung des BVerfG indes solche Regelungen, die keine Schutzvorkehrungen gegen einseitige die Vernachlässigung von Angehörigen einzelner Berufsgruppen oder Branchen durch die jeweilige Mehrheitsgewerkschaft vorsehen.[335]

126    Die **negative Koalitionsfreiheit** wird nicht schon durch jede Diff. zwischen Organisierten und Nichtorganisierten beeinträchtigt. Insoweit kommt es auf die entscheidungsrelevante Intensität des Drucks an (ferner Rn. 68).[336] **Tariftreueklauseln** aktivieren nach der Rspr. des BVerfG die negative Koalitionsfreiheit wegen fehlender Intensität des Beitrittsdrucks nicht.[337]

127    Die verfassungsrechtliche Bewertung der Einführung eines **Mindestlohnes** nach § 1 III a AEntG aF war davon abhängig, ob die Vorschrift lediglich eine Erstreckung auf nicht tarifgebundene legitimierte und die Rechtsstellung der an andere Tarifverträge gebundenen Arbeitnehmer unberührt ließ.[338] Jedenfalls die Beseitigung des Tarifvorrangs durch Art. 8 II MiArbG nF sowie § 8 II AEntG nF führt aber nunmehr zu einer Kollisionslage zwischen der Tarifautonomie und der staatlichen Festschreibung von Mindestlöhnen. Namentlich die Verdrängung bestehender Tarifverträge durch eine staatliche Festschreibung von Mindestlöhnen nach § 7 I AEntG bedarf einer krit. verfassungsrechtlichen Würdigung, die ihrerseits die Klärung der schwierigen Abgrenzungsfrage voraussetzt, ob hierin ein Eingriff oder eine Ausgestaltung liegt.[339]

---

[328] Anders *Cornils,* in: Epping/Hillgruber, Art. 9 Rn. 75; *ders.,* Die Ausgestaltung der Grundrechte, 2005, S. 401 ff.; vgl. auch *Rixen,* in: Stern/Becker, Art. 9 Rn. 80, 87.

[329] Dazu *Burkiczak* (Fn. 69), S. 157 ff. mwN.

[330] S. a. *Bauer,* in: Dreier I, Art. 9 Rn. 90.

[331] BVerfGE 18, 18 (33).

[332] Vgl. BVerfGE 18, 18 (33); 55, 7 (24); eingehend *Greiner,* Rechtsfragen der Koalitions-, Tarif- und Arbeitskampfpluralität, 2010; s. a. *Scholz* HStR VIII, § 175 Rn. 76 ff., der allerdings diff. auf eine Kartellfunktion der Koalitionsfreiheit hinweist; so auch *Kempen,* FS Hromadka, 2008, S. 177 ff.

[333] BAG NZA 2010, 645 ff.; NZA 2010, 778; NZA 2010, 1068 ff.; BayVerfGH GewArch 2008, 350 ff.; vgl. ferner *Konzen* JZ 2010, 1036 ff.; *Löwisch* RdA 2010, 263 ff.; zu arbeitskampfrechtlichen Folgefragen *Greiner* NJW 2010, 2977 ff.; *Spielberger* NJW 2011, 264 ff.

[334] BVerfGE 146, 71 Rn. 148, 155.

[335] BVerfGE 146, 71 Rn. 200 ff.

[336] S. a. BVerfGE 55, 7 (22); 64, 208 (213); *Löwer,* in: v. Münch/Kunig I, Art. 9 Rn. 100; ferner *Schulte Westenberg* NJW 1996, 1256 f.

[337] BVerfGE 116, 202 ff.; ferner BayVGH BayVBl 2008, 626 ff. – dazu *Preis/Ulber* NJW 2007, 465 ff.; krit. *Höfling/Rixen* RdA 2007, 360 ff.; *Rixen* BayVBl 2010, 325 ff.; jedenfalls sind Tariftreueklauseln mit gemeinschaftsrechtlichen Vorgaben unvereinbar, vgl. EuGH EuGRZ 2008, 290 ff.

[338] Vgl. dazu noch VG Berlin NZA 2008, 482 ff.; ferner *Maier* NVwZ 2008, 746 ff.; *Hohenstatt/Schramm* NZA 2008, 433 ff.; *Klebeck* NZA 2008, 446 ff.; *Engels* JZ 2008, 490 ff.

[339] Eingehend zum Ganzen *Preis/Greiner* ZfA 2009, 825 ff.; vgl. auch *Löwisch* RdA 2009, 215 (220); *Rixen,* in: Stern/Becker, Art. 9 Rn. 93; krit. *Sodan/Zimmermann* ZfA 2008, 526 ff.; *Thüsing* ZfA 2008, 590 ff.; zur sog. Kooperativen Regulierung im Arbeitsrecht als Eingriff in die Koalitionsfreiheit: *Schwarze* ZfA 2011, 867 (890 ff.).

Auch durch die Zuweisung solcher Aufgaben, die durch Art. 9 III den Koalitionen zur eigenver- **128** antwortlichen Regelung anvertraut sind, an staatliche bzw. öffentliche Einrichtungen, kann in den Gewährleistungsbereich der Koalitionsfreiheit eingegriffen werden.[340] Allerdings bleiben nach Auffassung des BVerfG insofern geringfügige Auswirkungen der Tätigkeit der „Konkurrenzinstitution" auf die Aktionsmöglichkeiten der Koalitionen außer Betracht.[341]

Die **Intervention des Staates in die Arbeitskampfbeziehungen** der Koalitionen wird eben- **129** falls als Grundrechtseingriff angesehen. Infolge der verfassungsrechtl. Gewährleistung koalitionspluraler Strukturen ist zunächst jede Intervention in Arbeitskämpfe von **Berufsgruppen-, Spezialisten- oder Spartengewerkschaften** ungeachtet von Vorwürfen einer unzuläss. Ausweitung des ArbeitskampfR als Grundrechtseingriff zu qualifizieren.[342] In die koll. Koalitionsfreiheit wird eingegriffen durch die **staatliche Zwangsschlichtung** eines Arbeitskampfes.[343] Besonders str. war, ob dies durch die **Neufassung des § 116 AFG** in verfassungswidr. Weise geschehen ist bzw. ob darin eine verfassungsrechtl. legit. Grundrechtsbeeinträchtigung gesehen werden kann.[344] Das BVerfG hat mit Urteil v. 4.7.1995 entschieden, § 116 III 1 Nr. 2 AFG idF des NeutralitätsG führe zwar zu einer Beeinträchtigung der Kampffähigkeit der Gewerkschaften, doch lasse sich eine verfassungswidr. Störung der Funktionsfähigkeit der Tarifautonomie (noch) nicht feststellen. „Sollte dies eintreten, wäre der Gesetzgeber aufgefordert, entspr. Maßnahmen zur Wahrung der Tarifautonomie zu treffen. Solange dies nicht geschieht, bleibt es die Aufgabe der Gerichte, die geltenden Regeln im Lichte des Art. 9 III GG auszulegen und anzuwenden."[345] Im Übrigen hat das BVerfG die Vorschrift des § 116 III 2 2. Alt. AFG nur nach Maßgabe einer – missbräuchliches Verhalten erfassenden – verfassungskonformen Auslegung als vereinbar mit dem organisationsinternen SelbstbestimmungsR der Gewerkschaften eingestuft.[346]

Einen – verfassungsrechtlich nicht gerechtfertigten – Eingriff in die Koalitionsfreiheit der Gewerk- **130** schaften enthält nach Auffassung des BVerfG **§ 21 IV 3 FlRG:** Die Vorschrift wolle verhindern, dass Seeleute mit ausländischem Wohnsitz ohne weiteres von deutschen Tarifverträgen miterfasst werden. Dadurch, dass die deutschen Gewerkschaften gezwungen würden, insoweit eine gesonderte Erstreckungsklausel durchzusetzen, werde ihre Verhandlungsposition geschwächt, weil sie zu diesem Zweck zusätzlichen Druck ausüben oder an anderer Stelle Entgegenkommen zeigen müssten. Dies sei den Gewerkschaften nicht zumutbar.[347]

**3. Zur Regelung des Art. 9 III 2.** Als **unmittelbare Drittwirkungsklausel**[348] schützt **Art. 9** **131** **III 2** die Koalitionsfreiheit auch gegen private Übergriffe. Unter **Abreden** werden zwei- oder mehrseitige[349] Vereinbarungen verstanden.[350] **Maßnahmen** sind einseitige Handlungen oder Unterlassungen,[351] unabhängig von der Frage, ob sie rechtsförml. oder fakt. Natur sind.[352] Von Art. 9 III 2 GG werden Abreden und Maßnahmen erfasst, die objektiv beeinträchtigende Wirkung haben („einschränken"), sowie jede subj. angestrebte bzw. beabsichtigte Beeinträchtigung („zu behindern suchen").[353] Bei Maßnahmen wird aus dem Wortlaut („gerichtete") aber zT einschränkend gefolgert, dass die tatsächl. Wirkung der Einschränkung oder Behinderung vom Handelnden gewollt sein müsse;[354] der bloß obj. Effekt einer tatsächl. Einschränkung reiche nicht aus, sei aber auch nicht erforderlich.[355]

---

[340] Zur Errichtung sog. Arbeitnehmerkammern s. BVerfGE 38, 281 (302 ff.).

[341] Vgl. auch BVerfGE 88, 5 (15).

[342] *Kemper* MKS I, Art. 9 Rn. 171.

[343] BAGE 12, 184 (190); *Jarass,* in: Jarass/Pieroth, Art. 9 Rn. 45.

[344] *G. Müller,* Arbeitskampf und Arbeitskampfrecht, insbesondere die Neutralität des Staates und verfahrensrechtliche Fragen, 1985; dazu auch *Isensee* DB 1986, 429 ff.; *Benda,* Sozialrechtliche Eigentumspositionen im Arbeitskampf, 1986; *Ossenbühl/Richardi,* Neutralität im Arbeitskampf, 1987; *Seiter,* Staatsneutralität im Arbeitskampf, 1987; *Badura,* FS Zeidler II, 1987, S. 1592 ff.; BSG NZA 1995, 320 ff.

[345] So BVerfGE 92, 365 (402) – dazu etwa *Grise* ArbRdG 33 (1996), 33 ff.; *Lieb* JZ 1995, 1174 ff.; *Zachert* ZRP 1995, 445 ff.

[346] BVerfGE 92, 365 (402 ff.).

[347] BVerfGE 92, 26 (45); krit. *Lagoni* JZ 1995, 499 (500 f.).

[348] Krit. zur Terminologie *Dietlein,* in: Stern, StaatsR IV/1, S. 2092.

[349] AA *Gamillscheg* (Fn. 156), S. 193: auch einseitige Willenserklärungen.

[350] *Kemper* MKS I, Art. 9 Rn. 187.

[351] *Löwer,* in: v. Münch/Kunig I, Art. 9 Rn. 109; *v. Münch,* StaatsR, Bd. 2, Rn. 743; *Nikisch,* ArbeitsR, Bd. II, 2. Aufl. 1959, S. 35.

[352] *Kluth,* in: Friauf/Höfling, Art. 9 (2011) Rn. 272.

[353] *Bauer,* in: Dreier I, Art. 9 Rn. 88; *Dietz,* in: Die Grundrechte III/1, S. 417 (449); *Löwer,* in: v. Münch/ Kunig I, Art. 9 Rn. 108.

[354] *Seiter* JZ 1979, 657 (660).

[355] *Dietz,* in: Die Grundrechte III/1, S. 417 (451); *Kemper* MKS I, Art. 9 Rn. 187; ähnl. *Gamillscheg* (Fn. 156), S. 193, der aber auch für Abreden Vorsatz voraussetzt (S. 208).

**Beispiele:**

**132** – Absprachen, die die Mitgliedschaft in einer Koalition vorschreiben oder verbieten, sind nach der Judikatur des BAG unzulässig.[356]

– Unzulässig waren nach Auffassung des BAG **Differenzierungsklauseln**, mit denen Arbeitgeber verpflichtet werden sollen, tarifgebundenen Arbeitnehmern höhere Leistungen zu gewähren als nicht tarifgebundenen.[357] Inzwischen hat das BAG Möglichkeiten maßvoller Differenzierungen durch sog. einfache Differenzierungsklauseln eröffnet.[358]

– Gegen Art. 9 III 2 verstoßen **Organisationsklauseln**, etwa nach Art eines closed shop-Systems.[359]

– Nach der Judikatur des BAG liegt eine unzulässige Behinderung i. S. des Art. 9 III 2 auch in einem während laufender Tarifverhandlungen stattfindenden Blitzwechsel eines Arbeitgebers in eine Verbandsmitgliedschaft ohne Tarifbindung.[360]

– Mit der negativen Koalitionsfreiheit nicht zu vereinbaren sind tarifvertragliche Regelungen, mit denen Außenseitern (sog. Trittbrettfahrern) ein **Solidaritätsbeitrag** zugunsten der Koalition auferlegt wird.[361]

**133**      Uneinheitlich wird die Frage beurteilt, welche Elemente der Koalitionsfreiheit von diesem besonderen Schutz erfasst werden. Die arbeitsgerichtliche Rspr. und ein Teil der Lit. geht – zumeist ohne Problematisierung – davon aus, dass Art. 9 III 2 sowohl die individuellen als auch die kollektiven Gewährleistungselemente betrifft.[362] Eine insbes. entstehungsgeschichtliche Auslegung führt indes zu dem Ergebnis, dass sich die unmittelbare Drittwirkung allein auf die individuelle Koalitionsfreiheit bezieht.[363] Diese Deutung ist keineswegs neu,[364] sondern wurde schon früher vertreten.[365] Eine andere Sichtweise hat im Übrigen zur Folge, dass Art. 9 III 2 Verhaltensweisen für rechtswidrig bzw. nichtig erklärt, die Art. 9 III 1 gerade schützen will; die Vorschrift wäre paradox.[366] Dem kann nicht entgegengehalten werden, dass eine solche Paradoxie stets drohe, wenn verschiedene Grundrechtspositionen miteinander kollidieren.[367] Anders als in diesen Konstellationen lässt die Rechtswidrigkeits- bzw. Nichtigkeitsanordnung des Art. 9 III 2 eine Abwägung bzw. Einschränkung i. s. praktischer Konkordanz nicht zu.[368]

**134**      Entspr. kann die Drittwirkungsklausel zum Beispiel nicht herangezogen werden, um den Geltungsanspruch von Tarifverträgen gegenüber Betriebsvereinbarungen zu verteidigen[369] oder einen Unterlassungsanspruch einer Gewerkschaft gegen die Mitgliederwerbung einer konkurrierenden Gewerkschaft zu begründen.[370] Ebenso sind Vereinbarungen über die Friedenspflicht kein Fall des Art. 9 III 2.[371] Gleiches gilt für die Zahlung von Streikbruchprämien, jedenfalls soweit dabei nicht zwischen Organisierten und Nichtorganisierten differenziert wird.[372] Abwegig ist es schließlich, aus Art. 9 III 2 die Verfassungswidrigkeit der **Aussperrung** abzuleiten.[373]

---

[356] BAGE 104, 155 (171); 119, 275 ff.

[357] BAGE 20, 175 (218 f.); *Scholz,* in: Maunz/Dürig, Art. 9 (2016) Rn. 231; anders schon *Kittner/Schiek* AK GG, Art. 9 Abs. 3 Rn. 110; vgl. zum Problemkreis *Franzen* RdA 2006, 1 ff.; *Gamillscheg* NZA 2005, 146 ff.; *Giesen* NZA 2004, 1317 ff.; eingehend ferner *Borchard,* Verfassungsrechtliche und einfachgesetzliche Grenzen tarifvertraglicher Differenzierungsklauseln, 2009.

[358] BAG, NZA 2009, 1028 ff. – dazu etwa *Greiner/Suhre* NJW 2010, 131 ff.; in diese Richtung schon BAG NZA 2007, 1439 ff.

[359] S. BAG NJW 1987, 2893; BAG NZA 2000, 1294 (1295 f.); BAG NZA 2003, 743 (740); BAG BB 2007, 163 f.; dazu im Blick auf Art. 11 EMRK EGMR EuGRZ 1981, 559 ff.

[360] BAGE 127, 27 ff.; zur OT-Mitgliedschaft ferner BAGE 119, 103 ff.; 127, 27 ff.; 130, 264 ff.; s. dazu auch BVerfG v. 1.12.2010 – 1 BvR 2593/09, 1 BvR 2594/09.

[361] BAGE 20, 175 (218 f.); *Scholz,* in: Maunz/Dürig, Art. 9 Rn. 233.

[362] BAGE 91, 210 (224); 117, 137 ff.; *Bauer,* in: Dreier I, Art. 9 Rn. 88; *Linsenmaier* ErfK, GG Art. 9 Rn. 43 ff.; *Konzen,* FS Kissel, 1994, S. 571 (579).

[363] Eingehend *Höfling/Burkiczak* RdA 2004, 263 ff.; ferner *Kluth,* in: Friauf/Höfling, Art. 9 (2011) Rn. 273 f.; iE ähnl. *Kemper* MKS I, Art. 9 Rn. 184 ff.; *Dietlein,* in: Stern, StaatsR IV/1, S. 2098.

[364] Diesen Eindruck erweckt aber *Linsenmaier* ErfK, GG Art. 9 Rn. 43.

[365] S. *Reuter* JuS 1986, 19; *Scholz* (Fn. 133), S. 150; w. N. bei *Seiter* (Fn. 272), S. 93.

[366] S. *Höfling/Burkiczak* RdA 2004, 263 (268 f.); ebenso *Kluth,* in: Friauf/Höfling, Art. 9 (2011) Rn. 273; *Dietlein,* in: Stern, Staatsrecht IV/1, S. 2098.

[367] So aber *Linsenmaier* ErfK, GG Art. 9 Rn. 44.

[368] AA BAG NJW 2005, 3019 (3021).

[369] So aber BAGE 91, 210 (224).

[370] So aber BAG NJW 2005, 3019 (3021).

[371] S. a. *Kemper* MKS I, Art. 9 Rn. 184.

[372] BAGE 73, 320 (327 f.); BAG NJW 2019, 538 ff.; s. a. *Gaul* NJW 1994, 1025 ff.; anders *Kemper* MKS I, Art. 9 Rn. 188.

[373] So aber *Blanke* NZA 1990, 209 (210).

## V. Schranken der Koalitionsfreiheit

**1. Allgemeines.** Seinem Wortlaut nach ist die **Koalitionsfreiheit** als **vorbehaltloses Grundrecht** 135
gewährleistet.[374] Dennoch wendet die h. M.[375] die Schrankenregelung des Art. 9 II (→ Rn. 43 ff.) auch
auf die Koalitionsfreiheit an, da diese ein Spezialfall der allg. Vereinigungsfreiheit sei.[376]

Dem ist aus systematischen Gründen zu widersprechen.[377] Im Übrigen ist kaum vorstellbar, dass 136
Koalitionen i. S. der Verfassungsvorschrift zugleich die Tatbestandsvoraussetzungen des Art. 9 II
erfüllen.[378] Das BVerfG hat bislang im Blick auf die Koalitionsfreiheit ebenfalls **nicht** auf Art. 9 II
zurückgegriffen. Auch die Annahme einer **„Gemeinwohlbindung"** der Koalitionen[379] lässt sich
verfassungsrechtlich nicht rechtfertigen (→ Rn. 150).[380]

Die Koalitionsfreiheit kann damit – jenseits bloßer Grundrechtsausgestaltung (→ Rn. 123 f.) – einer 137
Reglementierung nur auf der Grundlage **kollidierenden Verfassungsrechts** unterworfen werden.[381]
Davon geht – ungeachtet der nicht hinreichend klaren Abgrenzung von Grundrechtseingriffen und
Grundrechtsausgestaltungen – auch das **BVerfG** aus. In seiner Entscheidung vom 10.1.1995 zum
FlRG heißt es dazu: „Die Koalitionsfreiheit ist ein vorbehaltlos gewährtes Grundrecht. Grundsätzlich
können ihr daher nur zur Wahrung verfassungsrechtlich geschützter Güter Schranken gesetzt werden.
Das schließt allerdings eine Ausgestaltungsbefugnis des Gesetzgebers nicht aus, soweit er Regelungen
trifft, die erst die Voraussetzungen für eine Wahrnehmung des Freiheitsrechts bilden. Das gilt insbesondere dort, wo es um die Regelung der Beziehungen zwischen Trägern widerstreitender Interessen geht".[382]

Insbes. im Blick auf die grundrechtlich geschützte Tarifautonomie hat das BVerfG eine mit der 138
vorstehend skizzierten Position **weitgehend übereinstimmende Auffassung** vertreten. „Eine
gesetzliche Regelung in dem Bereich, der auch Tarifverträgen offensteht, kommt jedenfalls dann
in Betracht, wenn der Gesetzgeber sich dabei auf Grundrechte Dritter oder andere mit Verfassungsrang ausgestattete Rechte stützen kann [...] und den Grundsatz der Verhältnismäßigkeit
wahrt".[383]

Auch Grundrechtseingriffe, die grds. durch kollidierendes Verfassungsrecht gerechtfertigt werden 139
können, bedürfen der einfachgesetzlichen Konkretisierung (s. aber Rn. 103).[384] Exekutive oder judikative Einzelakte genügen hierfür nicht.[385] Dem wird das BAG nicht gerecht, wenn es bisweilen meint,
die Koalitionsfreiheit ohne einfachgesetzliche Grundlage einschränken zu können.[386] Den rechtsstaatlichen Vorbehalt des Gesetzes unterläuft das BAG auch, wenn es annimmt, dass bei fehlender gesetzlicher Regelung die Gerichte auf Grund grundrechtlicher Schutzpflichten zu Grundrechtsrechtseingrif-
fen berechtigt seien.[387]

**2. Einzelfälle. Kollidierendes Verfassungsrecht** als Legitimation für Eingriffe in Art. 9 III 1 wird 140
im Wesentlichen **auf drei Konfliktebenen** wirksam:

(1) Zum einen geht es um den Ausgleich von widerstreitenden Grundrechtspositionen innerhalb des
Gewährleistungsbereichs des Art. 9 III.

(2) Zum zweiten können kollidierende Grundrechte Dritter ins Spiel kommen.

(3) Schließlich sind weitere mit Verfassungsrang ausgestattete Rechtsgüter zu beachten.

---

[374] So auch BVerfGE 84, 212 (228); 92, 26 (41); 94, 268 (284); 100, 214 (223).

[375] AA *Schmidt* NJW 1965, 424 (426 ff.).

[376] So etwa *v. Münch* BK, Art. 9 (1966), Rn. 172 ff.; *Scholz* HStR VIII, § 175 Rn. 140; *Löwer,* in: v. Münch/
Kunig I, Art. 9 Rn. 110; *Bauer,* in: Dreier I, Art. 9 Rn. 93.

[377] Übereinstimmend etwa *Jarass,* in: Jarass/Pieroth, Art. 9 Rn. 52 ff.; *Rixen,* in: Stern/Becker, Art. 9 Rn. 87;
*Kittner/Schiek* AK GG, Art. 9 Abs. 3 Rn. 94.

[378] Anders *Scholz* HStR VIII, § 175 Rn. 140.

[379] So *Scholz* HStR VIII, § 175 Rn. 33 ff.; *Thüsing* FS 50 Jahre BAG, 2004, S. 889 ff.; idS auch *Sodan* JZ 1998, 421
(425).

[380] Vgl. *Dietlein,* in: Stern, StaatsR IV/1, S. 2003 f.; *Burkiczak* (Fn. 69), S. 264 ff.

[381] BVerfGE 100, 215 (223 f.); ferner *Kittner/Schiek* AK GG, Art. 9 Abs. 3 Rn. 95 ff.; *Hufen* SAE 1997, 137 (139);
näher *Höfling* FS Friauf, 1996, S. 377 (387 ff.); aA etwa *Wank* JZ 1996, 629 (630 f.).

[382] BVerfGE 92, 26 (41) unter Bezugnahme auf BVerfGE 88, 103 (115) und 84, 212 (228); s. aber auch BVerfGE
100, 271 (283) – dazu *Sachs* JuS 200, 291; *Höfling* JZ 2000, 44 (45); ferner *Kittner/Schiek* AK GG, Art 9 Abs. 3
Rn. 99.

[383] BVerfGE 94, 268 (284).

[384] BVerfGE 88, 103 (116); *Bauer,* in: Dreier I, Art. 9 Rn. 95; *Enders,* in: Friauf/Höfling, vor Art. 1 (2000)
Rn. 117; *Jarass,* in: Jarass/Pieroth, Art. 9 Rn. 54.

[385] Zutr. *Bauer,* in Dreier I, Art. 9 Rn. 95.

[386] S. BAG AP Nr. 123 zu Art. 9 GG mit krit. Anm. *Höfling/Burkiczak.*

[387] So BAG NZA 2006, 798 (800 ff.).

**141**  **a) Ausgleich kollidierender Grundrechtspositionen innerhalb von Art. 9 III.** Kollisionen können sich insoweit zunächst ergeben, wenn individuelle (vor allem negative) Koalitionsfreiheit und kollektive Koalitionsfreiheit gegenläufig wirken.[388]

**142**  Ferner kommen Konflikte zwischen den Grundrechtspositionen der Koalitionen in Betracht. Dies gilt zumal für den Arbeitskampf. So hat das BVerfG die durch das BAG vorgenommene Beschränkung der Aussperrungsbefugnis der Arbeitgeber „mit dem Schutz entgegenstehender Grundrechte der Arbeitnehmer und ihrer Organisationen aus Art. 9 III" gerechtfertigt.[389]

**143**  **In diesem Kontext** gewinnen auch die vom BAG für das Arbeitskampfrecht entwickelten **Grundsätze der Verhältnismäßigkeit**[390] (→ Rn. 106) **und Parität**[391] (→ Rn. 107) Bedeutung.[392] Da Art. 9 III die Garantie von Grundrechtspositionen in einem **bipolaren Beziehungsgeflecht**[393] enthält, innerhalb dessen eine funkt. Regelung der Arbeits- und Wirtschaftsbedingungen in der grds. Eigenverantwortung der Koalitionen erfolgen soll, dürfe und müsse ggf. die Grundrechtsausübung eines Sozialpartners im Interesse des Schutzes des anderen eingeschränkt werden.[394] Das BVerfG hat diesen Zusammenhang wie folgt charakterisiert:

„Zum einen erfordert der Umstand, dass beide Tarifvertragsparteien den Schutz von Art. 9 III prinzipiell gleichermaßen genießen, bei seiner Ausübung aber im scharfen Gegensatz zueinander stehen, koordinierende Regelungen, die gewährleisten, dass die aufeinander bezogenen Grundrechtspositionen trotz ihres Gegensatzes nebeneinander bestehen können. Zum anderen macht die Möglichkeit des Einsatzes von Kampfmitteln rechtliche Rahmenbedingungen erforderlich, die sichern, dass Sinn und Zweck dieses Freiheitsrechts sowie seine Einbettung in die verfassungsrechtliche Ordnung gewahrt bleiben".[395]

**144**  **b) Kollidierende Grundrechte Dritter.** Grundrechte Dritter können der Koalitionsfreiheit ebenfalls Grenzen ziehen.[396] In Betracht kommen vor allem folgende Grundrechtspositionen:[397]

– das Grundrecht auf Leben und körperliche Unversehrtheit gem. **Art. 2 II,** zu dessen Schutz Arbeitskampfmaßnahmen verboten werden können, welche die Funktionsfähigkeit z. B. von Krankenhäusern, von Feuerwehren und Polizei gefährden;

– die Garantien der Kirchen und Religionsgesellschaften gem. **Art. 4 I, II und 140 GG** iVm Art. 137 III WRV;[398]

– die in **Art. 5 I** garantierte Pressefreiheit;[399]

– die durch **Art. 12 I** geschützte Berufsfreiheit bzw. Unternehmensautonomie;[400]

– das durch **Art. 14 I GG** geschützte Unternehmenseigentum.[401]

**145**  Das BVerfG hat auf Art. 12 I 1, Art. 1 I iVm Art. 2 I und das Sozialstaatsprinzip (Art. 20 I) abgestellt, um dem Ziel, die Massenarbeitslosigkeit zu bekämpfen, Verfassungsrang zuzusprechen und dadurch Eingriffe in die Koalitionsfreiheit legitimiert.[402] Darüber hinaus sei die finanzielle Stabilität des Systems der sozialen Sicherung ein Gemeinwohlbelang von hoher Bedeutung.[403] I. E. wird man der

---

[388] S. dazu auch BVerfGE 100, 214 (223 f.) – konkurrierende Listen bei Betriebsratswahlen; vgl. auch BVerfGK 10, 167 (168); *Kittner/Schiek* AK GG, Art. 9 Abs. 3 Rn. 123; *Waltermann* ZfA 2000, 567 (594 ff.); anders *Kemper* in: v. Mangoldt/Klein/Starck I, Art. 9 Rn. 140.

[389] BVerfGE 84, 212 (228); BVerfGE 94, 268 (284) ordnet diese Konstellation der gesetzgeberischen Ausgestaltungsbefugnis zu; näher zu dieser Konfliktebene *Höfling,* FS Friauf, 1996, S. 377 (387 f.).

[390] Bestandsaufnahme z. B. bei *Brox/Rüthers* Arbeitskampfrecht, 1965, Rn. 163 ff.; *Kreuz,* Der Grundsatz der Verhältnismäßigkeit im Arbeitskampfrecht, 1988; *Groggert,* Der Grundsatz der Verhältnismäßigkeit im deutschen Arbeitsrecht, 1990; *Wank,* FS Kissel, 1994, S. 1230 ff.; krit. *Kemper* (Fn. 176), S. 158 ff.; vgl. ferner *Engels* (Fn. 181), S. 229 ff.

[391] Etwa *Kluth,* in: Friauf/Höfling, Art. 9 (2011) Rn. 223 ff.; *Scholz/Konzen,* Die Aussperrung im System von Arbeitsverfassung und kollektivem Arbeitsrecht, 1980, S. 168 ff.; krit. dazu *Engels* (Fn. 187), S. 235 ff.

[392] Vgl. BVerfGE 84, 212 (229).

[393] Dazu auch *Friauf* RdA 1986, 188 (189 f.).

[394] Krit. zu dieser Rspr. *Kluth,* in: Friauf/Höfling, Art. 9 (2011) Rn. 228 ff.

[395] BVerfGE 88, 103 (115).

[396] S. etwa BVerfGE 84, 212 (228); *Bauer,* in: Dreier I, Art. 9 Rn. 94, 97; *Steiner* FS Schwerdtner, 2003, S. 355 (360).

[397] Dazu auch *Jarass,* in: Jarass/Pieroth, Art. 9 Rn. 53.

[398] S. a. BVerfGE 57, 220 (242 ff.); s. a. *I. Augsberg* SAE 2012, 11 ff.; monographisch *M. Hilje,* Streikrecht in kirchlichen Einrichtungen?, 2015.

[399] BAGE 48, 195 (205); ferner etwa mwN *Wendt,* in: v. Münch/Kunig I, Art. 5 Rn. 38.

[400] S. a. BAGE 64, 284 (295); *Kluth,* in: Friauf/Höfling, Art. 9 (2011) Rn. 256; zur Möglichkeit der Beeinträchtigung des von Art. 12 I geschützten Bestandsschutzes des Arbeitnehmers s. BAG NZA 1998, 715 – dazu *Möstl* JZ 1999, 202 ff.

[401] S. etwa *Bauer,* in: Dreier I, Art. 9 Rn. 94; *Scholz,* in: Maunz/Dürig, Art. 9 (2017) Rn. 372.

[402] BVerfGE 100, 271 (284); 103, 293 (306 f.); ähnl. BVerfGE 116, 202 (223).

[403] BVerfGE 103, 293 (307); s. a. BVerfGE 100, 271 (285).

Bekämpfung der Massenarbeitslosigkeit in der Tat Verfassungsrang zuzumessen haben. Der Rekurs auf grundrechtliche Positionen (der Arbeitslosen) bedarf aber der näheren dogmatischen Anknüpfung.[404] Die Heranziehung des Sozialstaatsprinzips erscheint bei allen Vorbehalten gegenüber der nur vagen Direktionskraft dieser Staatszielbestimmung ausnahmsweise überzeugender, weil mit der Massenarbeitslosigkeit ein sozial besonders unerträglicher Zustand betroffen ist.

**c) Andere mit Verfassungsrang ausgestattete Rechtsgüter.** Schließlich kann die Koalitions- **146** freiheit zum Schutze anderer mit Verfassungsrang ausgestatteter Rechtspositionen eingeschränkt werden.[405] Allerdings kann ein pauschaler Verweis auf die sog. Funktionsfähigkeit der Tarifautonomie – die als objektiv-rechtlich garantierter Regelungszweck des Art. 9 III GG konstruiert wird[406] – nicht überzeugen. Die den Grundrechtsträgern überantwortete Freiheit zur Wahrung und Förderung der Arbeits- und Wirtschaftsbedingungen darf nicht in unzulässiger Weise funktionalisiert werden.[407]

Zu den vieldiskutierten Fragestellungen der letzten Jahre gehört das **Streikrecht für Beamte.**[408] Der EGMR hat es in der Entscheidung *Enerji Yapi-Yol Sen* für grds. gem. Art. 11 II 2 EMRK möglich gehalten, „Angehörigen des öffentlichen Dienstes den Streik zu verbieten, die im Namen des Staates Hoheitsgewalt ausüben. Ein Streikverbot kann also bestimmte Gruppen von Angehörigen des öffentlichen Dienstes betreffen, aber nicht insgesamt für den öffentlichen Dienst ausgesprochen werden".[409] Hieraus haben einige deutsche Verwaltungsgerichte[410] unzutreffende und zu weit reichende Konsequenzen gezogen.[411] Dabei wird die **zentrale Funktion** der institutionellen Garantie des Berufsbeamtentums (Art. 33 V GG) für eine effektive und loyale Verwaltung des demokratischen Verfassungsstaates verkannt. Den Vorgaben der EMRK lässt sich durch eine Statuspolitik Rechnung tragen, die im Hinblick auf die Ausübung von Hoheitsgewalt konsequent zwischen Beamten und Tarifbeschäftigten unterscheidet.[412] Das Bundesverwaltungsgericht hat allerdings einen Normwiderspruch zwischen einem Art. 33 Abs. 5 GG verfassungsunmittelbar für alle Beamten entnommenen Streikverbot einerseits und einem Streikrecht der Beamten „außerhalb der genuinen Hoheitsverwaltung" konstatiert, das es in Art. 11 EMRK in seiner als bindend eingestuften Auslegung durch den EGMR garantiert sieht.[413] Es sei Aufgabe des Gesetzgebers, diese Kollisionslage aufzulösen[414] und im Wege der praktischen Konkordanz einen Ausgleich herbeizuführen.[415] Das BVerfG hält das Streik-

---

[404] Näher *Höfling* JZ 2000, 44 (45); *Steiner* NZA 2005, 657 (660) betont den Rekurs auf die grundrechtlichen Positionen.

[405] Allg. dazu BVerfGE 84, 212 (228); *Steiner* FS Schwerdtner, 2003, S. 355 (360); zur Einschränkung der Arbeitskampffreiheit im Schienenverkehr LAG Sachsen ZTR 2008, 89 ff.; dazu etwa *Greiner* NZA 2007, 1023 ff.; *Blanke* KJ 21 (2008), 204 ff.; zum Spannungsfeld von Arbeitskampf und Daseinsvorsorge *Schliemann,* FS Bauer, 2010, S. 923 ff.; vgl. auch *Säcker* NJW 2010, 1115 ff.; das BVerfG hat im Zusammenhang mit gewerkschaftlichen Unterschriftenaktionen auch die Funktionsfähigkeit einer neutralen und allein nach rechts-staatlichen Gesichtspunkten handelnden öff. Verwaltung als legitimen Gegengrund der Koalitionsfreiheit anerkannt, vgl. BVerfG, NZA 2007, 294 ff. – krit. dazu *Rixen,* in: Stern/Becker, Art. 9 Rn. 87 ff.

[406] *Rixen,* in: Stern/Becker, Art. 9 Rn. 88; vgl. auch *Cornils,* in: Epping/Hillgruber, Art. 9 Rn. 89.1.

[407] *Cornils,* in: Epping/Hillgruber, Art. 9 Rn. 99; *ders.,* Die Ausgestaltung der Grundrechte, 2005, S. 406 ff., der zutr. darauf hinweist, dass Art. 9 III GG keine Funktionsgarantie impliziert, sondern vielmehr ein Freiheitsrecht kodifiziert; *Engels* (Fn. 187), S. 239 ff.; *Kemper* (Fn. 176), S. 183.

[408] Aus der umfangreichen Literatur siehe z. B. *Schulz,* Zum Streikrecht von Beamten, 2015; *Pollin,* Das Streikverbot für verbeamtete Lehrer, 2015; *Schuppert,* Das beamtenrechtliche Streikverbot auf dem Prüfstand, 2014; *Di Fabio,* Das beamtenrechtliche Streikverbot, 2012; *Neuhäuser/Otto* DVBl 2016, 393; *Rothballer* NZA 2016, 1119 ff.; *Kawik* DÖV 2016, 212 ff.; *Michaelis* JA 2015, 121; *Lorse* ZBR 2015, 109 ff.; *Hebeler* ZPA 2012, 325 ff.; *Traulsen* JZ 2013, 65 ff. (dazu *Lindner* JZ 2013, 942 f. und erneut *Traulsen* JZ 2013, 943 f.); *Kersten* (Fn. 149), S. 7 ff.; *Brinktrine* ZG 2013, 227 ff.

[409] EGMR NZA 2010, 1423 (1424); s. auch schon die Entscheidung *Demir u. Baykara* NZA 2010, 1425 ff.; dazu auch etwa *Fütterer* EuZA 2011, 505 ff; zu besonderen Einschränkungen der Koalitionsfreiheit bei einzelnen Angehörigen des öffentlichen Dienstes siehe auch EGMR NVwZ 2016, 1230 ff.

[410] VG Düsseldorf AuR 2011, 74 ff. (bestätigt durch OVG NRW ZBR 2012, 170 ff.); VG Kassel ZPA 2011, 386 ff.; VG Osnabrück ZPA 2011, 389 ff.

[411] Siehe etwa die Kritik bei *Kersten* (Fn. 149), S. 98: „europarechtlich hyperventilierende(n) Verwaltungsgerichtsbarkeit".

[412] So zu Recht *Kersten* (Fn. 149), S. 98 f.; dezidiert in diese Richtung auch *Di Fabio,* Das beamtenrechtliche Streikverbot, passim; für eine auch konventionsrechtliche Verteidigung des Streikverbots im deutschen Beamtenrecht *Brinktrine* ZG 2013, 227 (241). – Die Fortentwicklung des kirchlichen Kollektivarbeitsrechts als Vorbild empfehlend für eine weite Entwicklung des öffentlichen Dienstrechts, um aus der EMRK gespeisten Zweifeln zu begegnen: *Greiner* DÖV 2013, 623 ff.

[413] Das deutsche Beamtenstreikverbot dagegen für konventionskonform haltend *Hänsle,* Streik und Daseinsvorsorge, S. 679; *Lindner* DÖV 2011, 305, 307 f.; aA *Polakiewicz/Kessler* NVwZ 2012, 841, 842 ff.; *Rosenau,* Die Koalitionsbetätigungsfreiheit im gewandelten Kontext, S. 217 f.

[414] Zustimmend *Hromadka/Maschmann,* (Fn. 231), § 14 Rn. 29a; *Schubert,* in: Kommentar zum europäischen Arbeitsrecht, EMRK, Art. 11 Rn. 36 ff.; aA *Polakiewicz/Kessler* NVwZ 2012, 841, 844; *Lorse* ZBR 2015, 109; *Neuhäuser/Otto* DVBl. 2016, 393.

[415] BVerwG NWvZ 2014, 736 (Abs. Nr. 23 ff.) und BVerwG, NVwZ 2015, 811; kritisch zur Vorstellung, der Konflikt lasse sich über die Herstellung praktischer Konkordanz lösen: *Sachs* NVwZ-Editorial Heft 11/2014.

verbot für Beamte für verfassungskonform.[416] Die Gewährung eines eingeschränkten Streikrechts oder die Beschränkung des Streikverbots auf Teile der Beamtenschaft sei für die Herstellung praktischer Konkordanz nicht erforderlich.[417] Es bestehe auch keine Kollisionslage zwischen den Gewährleistungen des Art. 11 EMRK und dem Streikverbot für deutsche Beamte.[418] Jedenfalls sei in Anbetracht der besonderen Systematik des deutschen Berufsbeamtentums ein Eingriff in Art. 11 I EMRK nach Art. 11 II EMRK gerechtfertigt.[419]

147     Wegen ihrer großen Bedeutung für die Sozial- und Wirtschaftsordnung[420] steht die Koalitionsfreiheit auch in einem permanenten **Spannungsverhältnis zum sozialstaatlichen Gestaltungsmandat des Gesetzgebers,** das auch in der Verantwortung der Haushaltswirtschaften von Bund und Ländern für das gesamtwirtschaftliche Gleichgewicht **(Art. 109 II)** deutlich wird.[421] Die Bedeutung und Vielzahl der von der Tätigkeit der Koalitionen betroffenen Belange im wirtschaftlichen und sozialen Sektor machen vielmehr „vielfältige gesetzliche Regelungen notwendig, die der Koalitionsfreiheit auch Schranken ziehen können".[422] Gleichwohl kann der Hinweis auf die Wahrnehmung der dem Staat in Art. 109 II auferlegten Pflicht aus systematischen Gründen allein keinen Grundrechtseingriff legitimieren.[423]

148     **Gesetzgebungskompetenzen** können **zur Schrankenziehung** nur ausnahmsweise dienen, wenn der Gesetzgeber ansonsten eine in den Kompetenzkatalogen genannte Materie schlechthin nicht wahrnehmen könnte; insoweit dürfte im vorliegenden Zusammenhang aber ein Rekurs auf die Gesetzgebungstitel des Bundes für das Recht der Wirtschaft (Art. 74 I Nr. 11) und das Arbeitsrecht (Art. 74 I Nr. 11) nicht in Betracht kommen (abw. noch die 5. Aufl.).[424]

149     Andererseits hat das BVerfG aus der Existenz der Gesetzgebungszuständigkeit des Art. 74 I Nr. 12 GG zu Recht geschlussfolgert, Art. 9 III GG verleihe den Tarifvertragsparteien zwar ein Normsetzungsrecht, aber **kein Normsetzungsmonopol.** Dies betrifft aber die Reichweite der kompetentielle Bewirkungsdimension (dazu Rn. 95 f.).

150     Keine eingriffslegitimierende Wirkung kann schließlich Gemeinwohlbelangen zugesprochen werden, denen es an einer verfassungsnormativen Anknüpfung mangelt.[425] Bei der Herstellung eines solchen Zusammenhangs ist **Zurückhaltung** anzumahnen, wenn nicht die normtextliche Vorbehaltlosigkeit der Grundrechtsgewährleistung durch die großzügige Anerkennung von Belangen mit Verfassungsrang unterlaufen werden soll.[426] Soweit sich das BVerfG durch die Formulierung, die Koalitionsfreiheit sei „jedenfalls" zum Schutz von Gemeingutbelangen einschränkbar, denen gleichermaßen verfassungsrechtlicher Rang gebühre,[427] ein „Hintertürchen" offengelassen hat, sollte dieses in Übereinstimmung mit der Judikatur bei anderen vorbehaltlos gewährleisteter Grundrechten geschlossen werden.[428]

## VI. Schranken-Schranken

151     Jeder Eingriff in die Koalitionsfreiheit muss den Anforderungen der **allgemeinen Grundrechtsschrankenschranken**[429] genügen. Hierzu zählt insbes. das Übermaßverbot. Namentlich im Blick auf eine Beeinträchtigung der durch Art. 9 III GG gestützten Tarifautonomie hat das BVerfG die Bedeutung des Verhältnismäßigkeitsprinzips (i. w. S.) hervorgehoben. In seiner Entscheidung vom 24.4.1996 zur Befristung von Arbeitsverträgen heißt es dazu:

„Im Rahmen der Verhältnismäßigkeitsprüfung kommt es wesentlich auf den Gegenstand der gesetzlichen Regelung an. Der Grundrechtsschutz ist nicht für alle koalitionsmäßigen Betätigungen gleich intensiv. Die Wirkkraft des Grundrechts nimmt vielmehr in dem Maße zu, in dem eine Materie aus Sachgründen am besten von den Tarifvertragsparteien geregelt werden kann, weil sie nach der dem Art. 9 III GG zugrundeliegenden Vorstellung des Verfassungsgebers die gegenseitigen Interessen angemessener zum Ausgleich bringen können als der Staat. Das gilt vor allem für die Festsetzung der Löhne und der anderen materiellen Arbeitsbedingungen. [...] Bestehende tarifvertragliche Regelungen genießen grundsätzlich einen stärkeren Schutz als die Tarifautonomie in Bereichen, die die

---

[416] BVerfGE 148, 296 Rn. 156 ff.

[417] BVerfGE 148, 296 Rn. 159, 161.

[418] BVerfGE 148, 296 Rn. 172 ff.

[419] BVerfGE 148, 296 Rn. 176 ff.

[420] Vgl. auch BVerfGE 28, 295 (306); 50, 290 (368).

[421] Dazu *Isensee* (Fn. 207), S. 160.

[422] So BVerfGE 50, 290 (368). Vorschläge zur gesetzl. Regulierung von Arbeitskämpfen bei der sog. Daseinsvorsorge bei *Franzen/Thüsing/Waldhoff* Arbeitskampf in der Daseinsvorsorge, 2012, insbes. S. 82 ff.

[423] S. *Burkiczak* (Fn. 69), S. 273 ff.

[424] Näher dazu *Burkiczak* (Fn. 69), S. 260 ff.

[425] Anders aber BVerfGE 57, 220 (246), wo es schlicht auf den Betriebsfrieden statt auf Art. 14 I als Recht am eingerichteten und ausgeübten Gewerbebetrieb abstellt.

[426] Vgl. auch *Dietlein,* in: Stern, StaatsR IV/1, S. 2085; *Steiner* FS Schwerdtner, 2003, S. 355 (366); *Wolter* NZA 2003, 1317 (1319).

[427] BVerfGE 100, 271 (283); 103, 293 (306).

[428] Dazu auch *Burkiczak* (Fn. 69), S. 257 f.

[429] Dazu etwa *Höfling* Jura 1994, 169 (171 ff.).

Koalitionen ungeregelt gelassen haben. Die Abstufung des Schutzes, den Art. 9 III GG gewährt, wirkt sich in den Anforderungen aus, die an die Rechtfertigung von Eingriffen zu stellen sind. Je gewichtiger der Schutz, den Art. 9 III GG insofern verleiht, desto schwerwiegender müssen die Gründe sein, die einen Eingriff rechtfertigen sollen."[430]

Mit diesen Ausführungen hat das BVerfG das Übermaßverbot zu einer Art flexibler Stufenlehre **152** ausgefächert.[431] In diesem Kontext ist auch von einer „doppelten-Je-desto-Formel" gesprochen worden: Je mehr eine Frage durch Tarifverträge geregelt oder für die eine solche Frage geeignet sei, desto gravierender und damit rechtfertigungsbedürftiger sei der gesetzgeberische Eingriff. Besonders intensiv wirkt ein Eingriff danach, wenn der Gesetzgeber bereits abgeschlossene Tarifverträge außer Kraft setzt; erhöhte Rechtfertigungslasten bestehen auch dann, wenn der Gesetzgeber ausdr. künftige Tarifverträge abweichenden Inhaltes untersagt.[432]

Daneben enthält **Art. 9 III 3** eine **spezielle Grundrechtsschrankenschranke.**[433] Danach dürfen **153** Notstandsmaßnahmen[434] sich nicht gegen Arbeitskämpfe richten. Dies ist allerdings nicht so zu verstehen, dass im Notstandsfall Einschränkungen der Arbeitskampffreiheit gar nicht zulässig seien.[435] Vielmehr bleiben die in der Normallage möglichen Eingriffe auch im Notstandsfall zulässig; weitergehende Beeinträchtigungen schließt Art. 9 III 3 dagegen kategorisch aus.[436]

## Art. 10 [Brief-, Post- und Fernmeldegeheimnis]

(1) Das Briefgeheimnis sowie das Post- und Fernmeldegeheimnis sind unverletzlich.

(2) Beschränkungen dürfen nur auf Grund eines Gesetzes angeordnet werden. Dient die Beschränkung dem Schutze der freiheitlichen demokratischen Grundordnung oder des Bestandes oder der Sicherung des Bundes oder eines Landes, so kann das Gesetz bestimmen, daß sie dem Betroffenen nicht mitgeteilt wird und daß an die Stelle des Rechtsweges die Nachprüfung durch von der Volksvertretung bestellte Organe und Hilfsorgane tritt.

**Entstehungsgeschichte: Erstfassung:** JöR nF 1 (1951), 125. – **Änderung:** 17. G zur Erg. des GG v. 24.6.1968 (BGBl I 709), § 1 Nr. 2 (dazu: BT-Dr V/1879 [Entwurf], V/2873; BT-Prot V 5856, 9313, 9606; BR-Dr 303/68; BR-Prot 68/138).
**Historische Verfassungstexte: RV 1849:** § 142 (1) Das Briefgeheimnis ist gewährleistet. (2) Die bei strafgerichtlichen Untersuchungen und in Kriegsfällen nothwendigen Beschränkungen sind durch die Gesetzgebung festzustellen. – **WRV: Art. 117** Das Briefgeheimnis sowie das Post-, Telegraphen- und Fernsprechgeheimnis sind unverletzlich. Ausnahmen können nur durch Reichsgesetz zugelassen werden. – **GG 1949:** Das Briefgeheimnis sowie das Post- und Fernmeldegeheimnis sind unverletzlich. Beschränkungen dürfen nur auf Grund eines Gesetzes angeordnet werden.
**Geltende Landesverfassungen:** *BayVerf* Art. 112; *Ba-WüVerf* Art. 35 IV; *BlnVerf* Art. 10; *BbgVerf* Art. 16; *BremVerf* Art. 15 IV; *HHVerf* Art. 26 II; *HessVerf* Art. 12, 19; *MVVerf* Art. 34 IV; *NdsVerf* Art. 27 VI; *NRWVerf* Art. 4 II iVm Art 10 GG; *RhPfVerf* Art. 14, 91 IV; *SaarlVerf* Art. 17; *SchlHVerf* Art. 27; *LSAVerf* Art. 14; *SchlHVerf* Art. 24 IV; *ThürVerf* Art. 7.
**Supra- und internationale Texte:** GrundREurParl Art. 6 II; AMRE Art. 12; IPBürgR Art. 17; EMRK Art. 8.; Internationaler Fernmeldevertrag vom 6.11.1982 (BGBl II 1985, 425), Art 22; EG-RL 97/66/EG vom 15.12.1997 Art. 5 I; EUGRCh Art 7; EG-RL 2006/24/EG vom 15.3.2006 (ABl EU Nr. L105, S. 54); RL 2002/58/EG idF RL2009/136/EG EUParl u. Rates vom 25.11.2009(ABl.2009, L 337, S. 11).
**Gesetzgebung:** G 10; InsolVO § 99; PostG § 5; StGB §§ 202, 206; StPO §§ 99 ff.; StVollzG § 28 ff.; TKG § 85; ÄndG zum AWG ua v. 28.2.1992 BGBl I 372); TelÜberwNeuRegG.
**Leitentscheidungen:** BVerfGE 30, 1 mit abwM (Abhörurteil); BVerfGE 33, 1 (Strafgefangene); BVerfGE 67, 157 (Überwachung nach G 10); BVerfGE 85, 386 (Fangschaltungen); BVerfGE 93, 181 (Rasterfahndung – e. A.); BVerfGE 100, 313 (Rasterfahndung); BVerfGE 106, 28 (Zeugenaussagen über rechtswidrig mitgehörte Telefongespräche); BVerfGE 107, 299 (Fernmeldegeheimnis der Rundfunkanstalten); BVerfGE 110, 33 (Zollkriminalamt); BVerfGE 113, 348 (Telekommunikationsüberwachung); BVerfGE 115, 166 (Kommunikationsdaten einer Amtsrichterin); BVerfGE 120, 274 (Online-Durchsuchung); BVerfGE 125, 260 (Vorratsspeicherung von Telekommunikationsdaten); BVerfGE 129, 208 (Neuregelung strafprozessualer verdeckter Ermittlungsmaßnahmen; BVerfGE 130, 151 (Telekommunikationsbestandsdaten II); BVerfGE 133, 277 (Antiterrordatei); BVerfGE 141, 220 (BKA-G II).
**Schrifttum:** *M. Albers,* Grundrechtsschutz der Privatheit, DVBl 2010, 1061; *C. Arndt,* Zum Abhörurteil des BVerfG, NJW 2000, 47; *C. Arzt,* Antiterrordatei verfassungsgemäß- Trennungsgebot tot? NVwZ 2013, 1328 *W. Bär,* Polizeilicher Zugriff auf kriminelle Mailboxen, CR 1995, 489; *Baldus,* Rechtliche Grenzen der Fernmeldeüberwachung durch den Bundesnachrichtendienst, RTkom 1999, 133; *L. Blechschmitt,* Zur Einführung von Quellen-TKÜ und Online-Durchsuchung, StraFo 2017, 361; *S. Braum,* Expansive Tendenzen der Telekommunikations-Überwachung? JZ 2004, 128; *B. Brodowski,* Verdeckte technische Überwachungsmaßnahmen im Polizei-und Strafverfahrensrecht,

---

[430] BVerfGE 94, 268 (285 f.).
[431] S. a. *Scholz* SAE 1996, 320 (323); vgl. ferner *Cornils,* in: Epping/Hillgruber, Art. 9 Rn. 90.
[432] S. dazu auch *Hufen* SAE 1997, 137 (138).
[433] Zur Qualifikation s. etwa *Scholz* HStR VIII, § 175 Rn. 142; *Bauer,* in: Dreier I, Art. 9 Rn. 96.
[434] Näher *Löwer,* in: v. Münch/Kunig I, Art. 9 Rn. 113.
[435] *Jarass,* in: Jarass/Pieroth, Art. 9 Rn. 54a.
[436] Vgl. *Jarass,* in: Jarass/Pieroth, Art. 9 Rn. 54a; *Löwer,* in: v. Münch/Kunig I, Art. 9 Rn. 115; ferner *Dietlein,* in: Stern, StaatsR IV/1, S. 2091; *Kemper* MKS I, Art. 9 Rn. 193 f.

2016; *M. Cebulla,* Daten- und Geheimnisschutz beim Hybridbrief, DuD 2010, 308; *D. Deiseroth,* Nachrichtendienstliche Überwachung durch US-Stellen in Deutschland, ZRP 2013, 194; *F. Deusch/T.Eggendorfer* Das Fernmeldegeheimnis im Spannungsfeld aktueller Kommunikationstechnologien, K&R 2017, 93;*G. Elschner,* Rechtsfragen der Internet- und E-Mail-Nutzung am Arbeitsplatz, Diss. Münster 2004; *Endell,* „Freund hört mit" – Zur TK-Überwachung befreundeter Dienste in Deutschland, DuD 1999, 74; *A. Erler,* Die private Nutzung neuer Medien am Arbeitsplatz, Diss. München, 2003; *B. Fehn,* Die Verfassungswidrigkeit der Präventivüberwachung nach §§ 39 ff. AWG, Kriminalistik 2004, 252;*K. Gaede,* Der grundrechtliche Schutz gespeicherter E-Mails beim Provider..., StV 2009, 96;.*K. F. Gärditz,* Die Rechtsbindung des BND bei Auslandstätigkeit, Verw 2015, 463; *T. Gausling,* Verdachtsunabhängige Speicherung von Verkehrsdaten auf Vorrat Diss. 2010; *M. Germann,* Gefahrenabwehr und Strafverfolgung im Internet, 2000; *K. Gnirck/J. Lichtenberg,* Internetprovider im Spannungsfeld staatlicher Auskunftsersuchen, DuD 2004, 598; *H. Götz,* Sicherstellung von Mobilfunktelefonen, Kriminalistik 2005, 300; *Th.Groß,* Die Schutzwirkung des Brief-, Post- und Fernmeldegeheimnisses nach der Privatisierung der Post, JZ 1999, 326; *E. Gurlit,* Die Verfassungsrechtsprechung zur Privatheit im gesellschaftlichen und technologischen Wandel, RDV 2006, 43; *C. Gusy,* Telekommunikationsüberwachung nach Polizeirecht? Nds.VBl. 2006, 65; *ders.,* Gewährleistung der Vertraulichkeit und Integrität informationstechnischer Systeme, DuD 2009, 33, *M. Handy/J. Müller,* RFID und Datenschutzrecht, DuD 2004, 655; *D. Heckmann,* Persönlichkeitsschutz im Internet, NJW 2012, 2631; *G. Heißl,* Wiedereinführung der Vorratsdatenspeicherung, DÖV 2016, 588; *D. Hensel,* Die Vorratsdatenspeicherung aus datenschutzrechtlicher Sicht, DuD 2009, 527; *W. Hoffmann-Riem,* Grundrechts- und Funktionsschutz für elektronisch vernetzte Kommunikation, AöR 134 (2009), 513; *G. Hornung,* Ermächtigungsgrundlage für die Online-Durchsuchung? DuD 2007, 575; *B. Huber,* Das neue G-10-Gesetz, NJW 2001, 3296; *ders.,* Effektiver Grundrechtsschutz mit Verfallsdatum, NJW 2005, 2260; *ders.* Die strategische Rasterfahndung des Bundesnachrichtendienstes – Eingriffsbefugnisse und Regelungsdefizite, NJW 2013, 2572; *J. Jacob,* Neuregelung des Gesetzes zu Art 10 GG, DuD 2001, 192; *M. Jahn,* Der strafprozessuale Zugriff auf Telekommunikationsverbindungsdaten, JuS 2006, 491; *K. Jehmlich/B. Pöppelmann,* Zum Schutz der beruflichen Kommunikation von Journalisten, AfP 2003, 218; *J. Kahl,* Die verfassungsrechtliche Zulässigkeit von Internet-Sperren, SäVBl 2010, 180; *P. Kasiske,* Neues zur Beschlagnahme von E-Mails beim Provider, StraFo 2010, 228; *R. Käß,* Die Entscheidung des BVerfG zur Beschlagnahme von Mobilfunkendgeräten, BayVBl. 2007, 135; *H. Kaysers,* Die Unterrichtung Betroffener über Beschränkungen des Brief-, Post- und Fernmeldegeheimnisses, AöR 129 (2004), 121; *U. Kortstock/R. Richardi,* Videoüberwachung am Arbeitsplatz- allgemeines Persönlichkeitsbild, RdA 2005, 381; *D. Kugelmann,* Die Vertraulichkeit journalistischer Kommunikation und das BVerfG, NJW 2003, 1777; *H. Kudlich,* Strafprozessuale Probleme des Internet, JA 2000, 227; *M. Kutscha,* Verfassungsrechtlicher Schutz des Kernbereichs privater Lebensgestaltung- nichts Neues aus Karlsruhe?, NJW 2005, 20; *ders.,* Mehr Schutz von Computerdaten durch ein neues Grundrecht?, NJW 2008, 1042; *K. v. Lewinski,* Recht auf Internet, RWiss. 2011, 70; *H. Meyer-Mews,* Telekommunikationsüberwachung im Strafverfahren-Verwertungsverbote, StraFo 2016, 177; *M. Möstl,* Verfassungsrechtliche Vorgaben für die strategische Fernmeldeaufklärung und die informationelle Vorfeldarbeit im allgemeinen, DVBl 1999, 1394; *J. Müller,* Ist das Auslesen von RFID-Tags zulässig? DuD 2004, 215; *Ch. Müller-Dehn,* Das Postgeheimnis nach § 5 PostG und die Postreform, DÖV 1996, 863; *R. Müller-Terpitz,* Die strategische Kontrolle des internationalen Telekommunikationsverkehrs durch den Bundesnachrichtendienst, Jura 2000, 296; *A. Nachbaur,* Standortfeststellung und Art. 10 GG (Einsatz des IMS I-Catchers), NJW 2007, 335; *C. W. Neubert,* Grundrechliche Schutzpflichten des Staates ..., AöR 140, 265; *E. I.Obergfell,* Gesetzliches Fundament für offene WLAN-Netze, K&R 2017, 361; *H. U. Paeffgen,* Vernachrichtendienstlichung von Strafprozeß – und Polizeirecht im Jahr 2001, StV 2002, 336; *F. Rauschenberger,* Zur Reichweite des Fernmeldegeheimnisses, Kriminalistik 2006, 328; *T. Reimann,* Herausgabe von Verbindungs- und Vertragsdaten an die Sicherheitsbehörden, DuD 2001, 601; *R. Riegel,* Gesetz zur Beschränkung des Brief-, Post- und Fernmeldegeheimnisses (G 10), Kommentar, 1997; *A. Roßnagel,* Die „Überwachungs-Gesamtrechnung" – Das BVerfG und die Vorratsdatenspeicherung, NJW 2010, 1238; *F. Ruhmannseder,* Strafprozessuale Zulässigkeit von Standortermittlungen im Mobilfunkverkehr, JA 2007, 47; *F. Ruppert,* Rechtsgrundlage für das Versenden sogenannter „stiller SMS", JR 2019, 297; *M. Sachs,* Fernmeldeüberwachung durch den Bundesnachrichtendienst, JuS 2000, 597; *M. Sachs/ T. Krings,* Das neue Grundrecht auf Gewährleistung der Vertraulichkeit und Integrität informationstechnischer Systeme, Jus 2008, 481; *P. Schantz,* Der Zugriff auf E-Mails durch die Bafin, WM 2009, 2112; *R. P. Schenke,* Verfassungsrechtliche Probleme einer präventiven Überwachung der Telekommunikation, AöR 125 (2000), 1; *W. R.Schenke,* Die Verwendung der durch strafprozessuale Überwachung der Telekommunikation gewonnenen personenbezogenen Daten zur Gefahrenabwehr, JZ 2001, 997; *A. Schnabl,* Strafprozessualer Zugriff auf Computerdaten und die Cybercrime Konvention, Jura 2004, 379; *S. E. Schulz/C. Hoffmann,* Grundrechtsrelevanz staatlicher Beobachtungen im Internet, CR 2010, 131; *F. Schuster,* E-Mail-Dienste als Telekommunikationsdienste? CR 2016, 173; *T. Schwabenbauer,* Kommunikationsschutz durch Art 10 GG im digitalen Zeitalter, AöR 137 (2012), 1 ff.; *M. Soin´e,* Eingriffe in informatorische Systeme nach dem Polizeirecht des Bundes und der Länder, NVwZ 2012. 1585; *U. Stephan,* Zur Verfassungsmäßigkeit der präventiven Telefonüberwachung gemäß § 33 I Nrn. 2 u. 3 Nds. SOG, VBlBW 2005, 410; *K. Stern* (Hrsg.), Postrecht der Bundesrepublik Deutschland, 1997; *J. Tiedemann,* Prepaid-Karten im Mobilfunk: Anonyme Kommunikation versus Strafverfolgungsinteresse, CR 2004, 95; *N.Ulrich,* Die Verpflichtung der Exekutive und Legislative zum Schutz ..., DVBl 2015, 204; *M. Volkmer,* Verwertbarkeit von Vorratsdaten, NStZ 2010, 318; *R. Voß,* Zu den Anforderungen an die Begründung einer Postsperre nach InsO § 99, EWiR 2009, 753; *H. A. Wolff,* Vorratsdatenspeicherung – Der Gesetzgeber gefangen zwischen Europarecht und Verfassung? NVwZ 2010, 751; *J.Wolf,* der rechtliche Nebel der deutsch-amerikanischen „NSA-Abhöraffäre", JZ 2013, 1039.

# A. Allgemeines

## I. Entstehung

**1. Vorgeschichte.** Der Schutz von Kommunikationsgeheimnissen war schon vor der Entstehung **1** der ersten Grundrechtskataloge Gegenstand rechtlicher Sicherungen.[1] Neben postrechtlichen Bestimmungen sind insb. die auf das Brief- und Postgeheimnis bezogenen Regelungen des PrALR aus dem Jahre 1794 zu nennen.[2] Als Grundrecht findet sich der **Schutz privater Korrespondenz** erstmalig in § 38 der Verfassung des Kurfürstentums Hessen von 1831.[3] § 142 der Paulskirchenverfassung von 1849 gewährleistete den Schutz des Briefgeheimnisses.

Art. 117 WRV stellte neben dem Briefgeheimnis auch das **Post-, Telegraphen- und Fernsprech- 2 geheimnis** unter grundrechtlichen Schutz. Für die drahtlose Telegraphie, der gegenüber den anderen Kommunikationsformen heute der absolute faktische Vorrang zukommt und die in Deutschland erstmals 1897 erfolgreich erprobt worden ist, erfolgte der Grundrechtsschutz erstmals in der Weimarer Verfassung von 1919.[4] Dem NS-Staat war der grundrechtliche Gehalt des Art. 117 WRV von Anfang an verhasst. In § 1 der VO zum Schutz von Volk und Staat vom 28. Februar 1933[5] wurde ua Art. 117 WRV außer Kraft gesetzt Zur Ausschaltung der politischen Gegner errichtete die NS-Diktatur ein „Forschungsamt", das mit technischer Unterstützung der Reichspost den gesamten Telefon- und Telegrafenverkehr überwachte, während die Briefpost selbst durch die NS-Gestapodienststellen kontrolliert wurde.[6]

---

[1] Vgl. die eingehende Darstellung bei *Badura* BK, Art. 10 (1965) Rn. 3 ff.

[2] § 204 II 15: „Die Postbedienten müssen die ankommende und abgehende Correspondenz verschwiegen halten, und mit wem jemand Briefe wechsele, keinem anderen offenbaren".
§ 1370 II 30: „Wer die Briefe eines Andern, ohne dessen Willen, und ohne besondere Befugnis öffnet, hat schon dafür drey- bis vierzehntägige Gefängnisstrafe verwirkt".

[3] „Das Briefgeheimniß ist auch künftig unverletzt zu halten. Die absichtliche unmittelbare oder mittelbare Verletzung desselben bei der Postverwaltung soll peinlich bestraft werden."

[4] Von einem „Urgestein konstitutioneller Gewährleistungen" lässt sich insoweit schwerlich reden, so aber *Löwer*, in: v. Münch/Kunig I, Art. 10 Rn. 56; ohne staatliche Entwicklung und Förderung wäre es zudem kaum zur damals technisch anspruchsvollen Telegraphie gekommen.

[5] RGBl I 89.

[6] Vgl. *Delarue*, Geschichte der Gestapo, 1979, S. 97 f.

**3**  **2. Ursprungsfassung.** Nach der Kapitulation am 8.5.1945 übernahmen die Besatzungsmächte die Kontrolle der gesamten Post- und Fernmeldeverbindung[7] Der **Herrenchiemseer Entwurf** orientierte sich hinsichtlich des Grundrechts des Brief-, Post- und Fernmeldegeheimnisses (Art. 11) an Art. 117 WRV. Die im Laufe der Diskussion erörterte zusätzliche Sicherungsklausel, dass Beschränkungen „nicht zu politischen Zwecken angeordnet" werden dürfen, wurde nicht in den Text aufgenommen.[8] Art. 10 nennt allerdings nicht mehr wie Art. 117 WRV das „Telegraphen- und Fernsprechgeheimnis", sondern nur noch – im Sinne des modernen Sprachgebrauchs – das Fernmeldegeheimnis.

**4**  **3. Grundgesetzänderung von 1968.** Durch das „Siebzehnte Gesetz zur Ergänzung des Grundgesetzes" vom 24.6.1968[9] (Notstandsverfassung) **wurde Art. 10 novelliert.** Dabei wurde der bisherige S. 1 zu Abs. 1, der bisherige S. 2 zu Abs. 2 S. 1. Dem Abs. 2 wurde ein S. 2 angefügt, der die heutige Fassung erhalten hat.

**5**  Diese Novellierung und das begleitend erlassene „Gesetz zur Beschränkung des Brief-, Post- und Fernmeldegeheimnisses" vom 13. August 1968[10] (das sog. G 10) waren durch das Bestreben veranlasst worden, die in diesem Bereich bestehenden **Vorbehaltsrechte der Alliierten** abzulösen.[11] Dabei ging es aber nicht nur darum, das Abhören unter den gesetzlichen Voraussetzungen durch deutsche Dienststellen vornehmen zu lassen, sondern auch um eine **rechtsstaatliche Normierung** der tatbestandlichen Voraussetzungen und des Verfahrens dieses notwendigen Übels.[12] Wie die „NSA-Abhöraffäre" offensichtlich, bestehen offensichtlich durch das Natotruppenstatut-Zusatzabkommen fortgeschriebene alliierte Rechte zur eigenen kollektiven Informationsgewinnung der ehemaligen Besatzungsmächte auf deutschem Boden.[13] Weiterhin ist unter dem 28.10.1968 ein geheimes Verwaltungsabkommen mit den USA über die nachrichtendienstliche Zusammenarbeit bei der Überwachung des Post- und Fernmeldeverkehrs geschlossen worden, das bis Mitte 2013 gegolten haben soll.[14]

**5a**  Das zur Verwirklichung der **Postreform**[15] erlassene G zur Änd. des GG vom 30.8.1994 (BGBl. I 2245) ließ trotz der tiefgreifenden Neustrukturierung des gesamten Postwesens und der Einführung der Aufgabenprivatisierung (ua durch Änderung des Art. 87 I, und Einfügung der Art. 87f und Art. 143b GG) Art 10 unverändert, was zu Unklarheiten und dogmatischen Unschärfen,[16] insb. bei der Erfassung des Schutzbereichs des Post- und Fernmeldegeheimnisses führt, gesteigert durch das sich rasch verbreitende **Phänomen der „neuen Medien",** die aus einer dramatischen technischen, sich ständig überschlagenden Entwicklung entspringen,[17] die dem Gesetzgeber schlicht davon eilt. Begleitet wird das technische Geschehen durch eine wahre Literaturflut.

**5b**  **4. Entwicklung in der DDR.** Nach **Art 31 der DDR-Verfassung** (1968/1974) war das Post- und Fernmeldegeheimnis zwar formell auf dem Papier gewährleistet. § 18 des Gesetzes über das Post- und Fernmeldewesen von 1985 (GBl. I 345) sah aber Ausnahmetatbestände vor, die ihrerseits keineswegs verbindlich waren. Vielmehr fand eine weitgehend gesetzlose extensive Überwachung des gesamten Post- und Fernmeldeverkehrs innerhalb der DDR und im angrenzenden Westen durch das Ministerium für Staatssicherheit statt,[18] was den Ruf der DDR als totalen Zwangs- und Überwachungsstaats mit dem Ziel der Erhaltung des kommunistischen Einheitsstaats und der Diktatur des Proletariats um jeden Preis mit begründete.

**5c**  **5. Kommunikationsschutz im Völker- und Europarecht. Art. 12 I AMRE** von 1948 verbietet ebenso wie Art. 17 S. 1 IPBürgR von 1966 willkürliche Eingriffe in den persönlichen Briefwechsel bzw. Schriftwechsel. Aufgrund des Art. 37 der Genfer Konstitution und Konvention der Internationalen Fernmeldeunion (1992) ist Deutschland völkerrechtlich verpflichtet, „alle nur möglichen Maßnahmen zu treffen, die mit dem verwendeten Fernmeldesystem vereinbar sind, um die Geheimhaltung der Nachrichten im internationalen Verkehr zu gewährleisten". Der **Weltpostvertrag** von 1994[19] beinhaltet

---

[7] Sie erfolgte ua auf Grund des Gesetzes Nr. 76 des Oberbefehlshabers der alliierten Streitkräfte und dauerte auch durch die *Westalliierten* für Westdeutschland auf Grund ihrer Vorbehaltsrechte – Art. 2 des Besatzungsstatuts (ABl der Alliierten Hohen Kommission 1949 Nr. 1) – nach 1949 fort, vgl. *Bizer* AK GG, Art. 10 Rn. 8, 10.

[8] *Badura* BK, Art. 10 (1965) vor Rn. 1.

[9] BGBl I 709.

[10] BGBl I 949.

[11] Vgl. die Begründung zum Entwurf des G 10 BT-Dr V/1880, S. 6.

[12] Vgl. BT-Dr V/1880, S. 6.

[13] Vgl. *J. Wolf* JZ 2013, 1039; *D. Deiseroth,* ZRP 2013, 194, Vgl. auch *Bizer* AK GG Art. 10 Rn. 24 und 28 zu den von US-Stellen betriebenen Überwachungseinrichtungen in Bad Aibling.

[14] *D.Deiseroth* ZRP 2013, 194 (195) unter Hinw. auf eine entspr. Verlautbarung des Auswärt. Amtes.

[15] Vgl. hierzu *Gusy* MKS I, Art. 10 Rn. 4.; auch *Löwer*, in: v. Münch/Kunig I, Art. 10 Rn. 8 f.

[16] Vgl. nur *Löwer*, in: v. Münch/Kunig I, Art. 10 Rn. 12, 56; auch *Groß* JZ 1999, 326 (329).

[17] Vgl. *Gusy* MKS I, Art. 10 Rn. 21; auch *Bizer* AK GG, Art 10 Rn. 14 ff.

[18] Vgl. *Bizer* AK GG, Art. 10. Rn. 13; auch den Bericht des Bundesbeauftragten für die Unterlagen des Staatssicherheitsdienstes der ehemaligen DDR, BT-Dr 14/1300, 47.

[19] BGBl II 1998, 2135, 3082.

hingegen keine gesonderte Verpflichtung bezüglich des Postgeheimnisses. Dessen Schutz wird aber aus der Garantie der Transitfreiheit hergeleitet.[20]

Art. 8 I EMRK vermittelt jedermann einen Anspruch auf Achtung seines Privatlebens und seines Briefverkehrs.[21] Von dessen Schutzbereich sieht der EGMR auch Telefongespräche erfasst.[22] Der in Art. 8 EMRK verankerte Kommunikationsschutz gehört über **Art. 6 II EUV** zu den Grundrechten, die die Union und ihre Organe verpflichtet. Auf der Ebene des Sekundärrechts bindet Art. 5 der EU-DatenschutzRL f. elektronische Kommunikation – RL 2002/58/EG („e-Privacy-RL"), die nach Art 95 der EU-DSGVO – VO – (EU) 2016/679 vom 27.4.2016[23] – fort gilt, die Mitgliedstaaten. Die DatenschutzRL vom 24.10.95 – RL 95/46/EG – ist in die seit dem 25.5.2018 gültige EU-DSGVO eingearbeitet und durch deren Art 94 aufgehoben worden. Es wird damit über das nationale Recht hinaus „die Vertraulichkeit der mit öffentlichen Telekommunikationsnetzen und öffentlich zugänglichen Telekommunikationsdiensten erfolgende Kommunikation" sichergestellt.[24] Es bestehen allerdings Zweifel, ob das internationale Recht mit der überstürzenden technischen Entwicklung im Fernmeldebereich Schritt halten kann und wegen der Schnelllebigkeit der Technik in vielen Punkten als überholt erscheint oder sogar retardierend ist.[25] In der EUGRCh vom 7.12.2000 (ABl EG 2000 Nr. C 364/1) sind Brief-, Post- und Fernmeldegeheimnis nicht erwähnt. Art. 7 der Charta enthält stattdessen ein Recht jedes Unionsbürgers auf Achtung seiner Kommunikation. Dieser blasse Schutzansatz ist den unterschiedlichen Grundrechtsgewährleistungen in den Mitgliedsstaaten geschuldet. Ergänzt wird diese Regelung durch die mehr allg. datenschutzrechtliche Regelung in Art 8 EUGRCh, wonach ein Recht auf Schutz personenbezogener Daten begründet wird. Im bisher gescheiterten EU-Verfassungsentwurf sind in Art. II–64 nur die Vertraulichkeit der Kommunikation und in Art. II–68 der Schutz personenbezogener Daten gewährleistet. Die Richtlinie 2006/24/EG vom 15.3.2006 verpflichtet i. w. alle öffentlich zugänglichen Anbieter von Telekommunikationsdiensten, nahezu sämtliche Verkehrsdaten von E-Mail- oder Internet –Diensten oder herkömmlichen Telefondiensten für mindestens 6 Monate bis höchstens 2 Jahre zu speichern und diese ggf. für die Verfolgung schwerer Straftaten zur Verfügung zu stellen. Die Verwendung der Daten und zum Datenschutz regelt die RL nich.

## II. Grundsätzliche Bedeutung

**1. Vorbemerkung.** Wie kaum ein anderes Grundrecht ist das von Art 10 GG geschützte Fernmel- **6** degeheimnis wegen des sich überstürzenden techn. Fortschritts im Telekommunikationssektor einem schnellen zeitl. Wandel ausgesetzt. U. a. infolge der Digitalisierung haben die Speicherungs- und Übertragungskapazitäten ein kaum vorstellbares Ausmaß erreicht. Ubiquität gestaltet sich die Datenerhebung und -verwertung, selbst vom Weltraum aus (z. B. über Bewegungen auf Straßen und Hausgrundstücken, in Maschinen und Fahrzeugen) gewonnene Daten spielen eine zunehmende Rolle. Die elektr. Kommunikation hat wirtschaftl. und privat-persönliche, aber auch staatl. Lebensbereiche in weitem Umfang erobert. Infolge der sich potenzierenden Digitalisierung, der Dezentralisierung und Mobilität von Rechnern, auch von dezentralen, leistungsfähigen Kleinstrechnern, deren fortschreitender Vernetzung und der weltweiten Verfügbarkeit von Online-Informationen[26] sind ständig **neue technische Dimensionen** entstanden, deren rechtl. Durchdringung fehlt oder erst in den Anfängen steckt. Die multimediale Welt mit all ihren Vorzügen für die Nutzer, aber auch Gefahren durch abrupte Nutzung beherrscht weite Lebensbereiche, so dass die Grundrechtsfragen immer wieder auf den eigentl. Kern, die Wahrung der Menschenwürde zurücklaufen. Die bes. Nähe des Art 10 zu Art 1 I GG ist denn auch immer wieder in Rspr. und Lit. betont worden. Das multimediale Menschenbild ist keineswegs mit dem Menschenbild des GG deckungsgleich. Im Gegensatz zur früheren analogen Kommunikation hinterlässt die digitale Nachrichtenübermittlung immer technisch ablesbare Datenspuren.[27] Das aber bedingt gerade die gegenüber früheren Übermittlungsformen extensive Verletzlichkeit der neuen Telekommunikation. Diese Anfälligkeit der Datenübermittlung, für die die Erstellung von Bewegungsprofilen, Standortermittlungen, Informationsinhalten und Informationsgebaren, aber auch Phänomene wie Enthüllungsplattformen wie Wikileaks oder staatlich gesteuerte Stör- und Vernichtungsprogramme (Cyber-Angriff-Einsatz des Stuxnet-Virus) nur beispielhaft zu nennen sind, können sich Wirtschaftskonkurrenten oder ausl. Wirtschaftsspionage ebenso zunutze machen wie die staatl. Sicherheits-

---

[20] Vgl. *Durner*, in: M/D (2010), Art. 10 Rn. 24; *Bizer* AK GG, Art. 10 Rn. 32.

[21] Vgl. zur Briefkontrolle EGMR EuGRZ 1975, 91.

[22] EGMR EuGRZ 1979, 278 (274); EGMR EuGRZ 1985, 17 (20); auch die Vertraulichkeit privater Mitteilungen, unabhängig von Inhalt und Form ist geschützt, EGMR NJW 2013, 3423.

[23] ABl. EU vom 4.5.2016 L 119/1.

[24] Vgl. *Dix* DuD 1998, 278 (284); *Bizer* AK GG, Art. 10 Rn. 34.

[25] Vgl. *Huber* NJW 2001, 3296 (3302) unter Hinweis auf Bestrebungen der EU, Anbieter von Telekommunikationsleistungen zu einer 7-jährigen Aufbewahrung von Verbindungsdaten zum Zwecke der Strafverfolgung zu verpflichten.

[26] Vgl. *Bizer* AK-GG, Art. 10 Rn. 14 mwN.

[27] Vgl. BVerfGE 115, 166 (183): „personenbezogene Spuren, die gespeichert und ausgewertet werden können".

behörden auch fremder Länder oder nur einfach neugierige Mitbürger, die fremde private Lebensbereiche nur aus Spiel und Spaß ausforschen wollen. Das gigantische, **„world wide" Auspähprogramm** der US-National Security Agency (NSA) sprengt hier die Vorstellungskraft. Die NSA kann sich etwa Zugang zum Betriebssystem und zu den sensiblen Nutzerdaten aller größeren, meist US-amerikanischen Hersteller für Smartphones verschaffen. Die Grenzen deutschen Rechts enden hier ohnehin, während das Internet oder die vorgenannten Betriebssysteme grenzenlos agieren. Es ist in techn. Hinsicht, aber auch bei der jur. Aufarbeitung alles im Fluss. Feste dogmatische Konturen sind kaum erkennbar. So sind in den letzten Jahren bedeutende Entscheidungen beider Senate des BVerfG[28] ergangen, die frühere Fragen beantworten, aber zugleich neue aufwerfen.

**6a**    Aus der Rechtsprechungskonkurrenz beider Senate des BVerfG ergibt sich die Gefahr eines Auseinanderlaufens, aber auch einer wetteifernder Überfeinerung der auch textlich überbordenden Judikatur. Nach § 14 I BVerfGG ist nämlich der 1. Senat für die meisten Vb und grundrechtsbezogenen Normenkontrollverfahren (damit auch bzgl. Art 10 GG) zuständig; nach § 14 IV BVerfGG iVm A. I Nr. 6 des Plenarbeschl. des BVerfG vom 15.11.1993 ist die Zuständigkeit des 2. Senats hingegen im wesentlichen für Vb und Normenkontrollverfahren aus dem Straf- und StrafverfahrensR begründet, damit auch für nach Art 10 GG zu beurteilende Fälle aus diesen Rechtsbereichen.Die fortschreitende Entwicklung zeigt sich auch in einer fast unübersehbaren Lit. Sie belegt aber, dass der Gesetzgeber nur der ständig fortschreitenden technischen Entwicklung hinterher hinken kann.[29] Da der Schutzbereich des Art. 10 GG entwicklungsoffen ist,[30] führt ein so geartetes dynamisches Schutzbereichsverständnis zur ständigen „juristischen Nacheile" mit der Dauerfrage, ob und inwieweit ein grundrechtlicher Schutz für jede noch so offene technische Entwicklung im Telekommunikationsbereich geboten ist. Fragen nach Refid, Sims-Karte, Prepaid-Karte, Imsi – Catcher, GPS-Ortungsdaten, Online-Durchsuchung, Vorratsdatenspeicherung, Transpondertechnik, Cloud Computing etc stellen nur die Spitze der technischen Phänomene dar.

**6b**    Ein einprägsames Beispiel für die **Irrungen und Wirrungen im Telekommunikationsbereich** bietet die „Erfindung" eines neuen Grundrechts „auf Gewährleistung der Vertraulichkeit und Integrität informationstechnischer Systeme" durch den 1. Senat des BVerfG.[31] Dies ist aus mehreren Gründen zu beanstanden. Die hyperdynam. Entwicklung der Telekommunikation und die Versuche des Gesetzgebers, im Wege der „Nacheile" der damit verbundenen vielfältigen rechtlichen Probleme Herr zu werden, stellen keinen geeigneten Boden für eine notwendigerweise einzelfallbezogene Rechtsgewinnung dar. Das BVerfG läuft Gefahr, noch im Fluss befindliche techn. und rechtl. Entwickl. verfrüht festzuschreiben und einer statischen Betrachtungsweise zu unterziehen. Gegen ein „Grundrechtserfindungsrecht" des BVerfG spricht zudem dessen Aufgabe und Stellung im Verfassungsgefüge. Verfassungsänderungen obliegen im demokr. Rechtsstaat allein den dazu legitimierten verfassungsändernden qualifizierten Mehrheiten in BTag und BRat. 8 Richter sind hierzu weder fachlich noch demokratisch legitimiert, zumal diese den Fachgerichten bei der Erfindung von Richterrecht enge Grenzen gesetzt haben. Um dem Demokratieprinzip zu genügen, hätte das BVerfG in der üblichen Weise die von ihm erkannten Defizite darlegen sollen, auch soweit es um angebl. Lücken im Grundrechtsschutz geht, und den Gesetzgeber binnen einer bestimmten Frist zur normative Abhilfe auffordern sollen. Ein weit. Beisp. überbordenden Richterrechts stellt das Urteil des BVerfG zur Vorratsdatenspeicherung dar.[32] Ohne die europarechtl. Kohärenz abzuwarten und ein Vorabentscheidungsverfahren zum EuGH einzuleiten, obschon ja die beanstandeten deutschen Normen gerade der Umsetzung der EU-RL 2006/24/EG dienten, hat das BVerfG wiederum „grundrechtsschöpferisch" gewirkt und etwa für Art. 10 bei bestimmten Grundrechtseingriffen einen Richtervorbehalt (mittels des „Allerwelts"-Grundsatzes der Verhältnismäßigkeit) erfunden, zugleich quasi ein überraschendes Recht auf Anonymität im sonst so transparenten Internet[33] kreiert und auch noch die bisher anerkannten, weiten Zugriffsbefugnisse der Nachrichtendienste auf Vorratsdaten, trotz der unterschiedlichen Aufgabenstellung, auf das Niveau polizeilicher Ermittlungen reduziert.[34]

**7**    **2. Zusammenhang mit der Menschenwürde und dem Persönlichkeitsrecht.** Im GG findet sich der Begriff „Privatsphäre" nicht.[35] Es schützt jedoch die **Privatsphäre des Individuums** durch eine Reihe von Spezialgrundrechten, insb. Art. 10 und 13. Das BVerfG hat aus Art. 1 I iVm Art. 2 I eine verfassungsrechtl. geschützte Privatsphäre konkretisiert:

---

[28] BVerfGE 106, 28; 107, 299; 110, 33; 113, 348; 115, 166 (183); 129, 208; 130, 151; 133, 277.

[29] Vgl. *Gusy* MKS I, Art. 10 Rn. 23; *Bizer* AK GG, I Art 10 Rn. 26 ff. zu Gefährdungen aus dem außernationalen Bereich und technisch-orbitale Gefahren.

[30] BVerfGE 46, 120 (144); 106, 28 (36); 115, 166 (183); *Gusy* MKS I, Art. 10 Rn. 23; *Löwer*, in: v. Münch/Kunig I, Art. 10 Rn. 11; *Hermes*, in: Dreier I, Art. 10 Rn. 20 ff.

[31] BVerfGE 120, 274; zutreff. Kritik bei: *Kutscha* NJW 2008, 1042; *Sachs/Krings* JuS 2008, 481.

[32] BVerfGE 125, 260; zu Recht hierzu ua kritisch: *H. A. Wolff* NVwZ 2010, 751 (752 – das BVerfG verhält sich zur eigenen Rspr. widersprüchlich); *M. Volkmer* NStZ 2010, 318, der die vom BVerfG unbedachten beweisrechtlichen Konsequenzen des Urteils aufzeigt.

[33] So zutreffend: *H. A. Wolff* NVwZ 2010, 751 (753).

[34] BVerfGE 125, 260 (332, 343).

[35] So zutreffend *Schmitt Glaeser* HStR VI, § 129 Rn. 2.

„In der Wertordnung des Grundgesetzes ist die Menschenwürde der oberste Wert... Wie alle Bestimmungen des Grundgesetzes beherrscht dieses Bekenntnis zu der Würde des Menschen auch Art. 2 I GG... Damit gewährt das Grundgesetz dem einzelnen Bürger einen unantastbaren Bereich privater Lebensgestaltung, der der Einwirkung der öffentlichen Gewalt entzogen ist..."[36]

Diese Grundlinie hat das BVerfG bis in die jüngste Zeit beibehalten.[37]

Für das Verhältnis von Art. 10 zum grundrechtlichen Schutz der Privatsphäre sind die Ausführungen **7a** des BVerfG in dem sog. **Tonband-Beschluss**[38] grundlegend. Die „Unbefangenheit der nicht-öffentlichen Kommunikation" sei gestört, „müsste ein jeder mit dem Bewusstsein leben, dass jedes seiner Worte, eine vielleicht unbedachte oder unbeherrschte Äußerung, eine bloß vorläufige Stellungnahme im Rahmen eines sich entfaltenden Gesprächs oder eine nur aus einer besonderen Situation heraus verständliche Formulierung bei anderer Gelegenheit und in anderem Zusammenhang hervorgeholt werden könnte, um mit ihrem Inhalt, Ausdruck oder Klang gegen ihn zu zeugen. Private Gespräche müssen geführt werden können ohne den Argwohn und die Befürchtung, dass deren heimliche Aufnahme ohne die Einwilligung des Sprechenden oder gar gegen dessen erklärten Willen verwertet wird".Zum Schutzbereich des Fernmeldegeheimnisses zählen beide Senate des BVerfG Kommunikationsinhalt und -umstände. Die öff. Gewalt soll grds. nicht die Möglichkeit haben, sich Kenntnis vom Inhalt der über Fernmeldeanlagen abgewickelten mündl. oder schriftl. Informationen zu verschaffen, die mittels der Fernmeldetechnik ausgetauscht wurden. In den Schutzbereich fällt deshalb auch die Erlangung der Kenntnis, ob, wann, wie oft und zwischen welchen Personen Telekommunikation stattgefunden hat oder versucht worden ist. Die freie Kommunikation, die Art 10 sichert, leidet, wenn, zu befürchten ist, dass der Staat entspr. Kenntnisse verwertet. Daher erstreckt sich die Schutzwirkung auch auf Informations- und Datenverarbeitungsprozesse, die sich an die Kenntnisnahme von geschützten Kommunikationsvorgängen anschließen und in dem Gebrauch von den erlangten Kenntnissen liegen.[39]

Ganz im Sinne der vorstehenden Rspr. wird als **Schutzgut der Privatheit die „Unversehrtheit 8 der Kommunikation" eingeordnet,** Privatheit sei nur gewährleistet durch **Schutz vor fremder illegitimer Kommunikationsteilhabe.**[40] Bei Art. 10 geht es darum, den Benutzer von Postdiensten vor fremden Kommunikationsteilnehmern zu schützen.[41] Folgerichtig wird Art. 10 als Spezialgrundrecht zur Gewährleistung eines Teilbereichs der Privatsphäre verstanden: „... eröffnet Art. 10 durch den Schutz vor staatlichen Indiskretionen dem einzelnen die Möglichkeit, sowohl die Inhalte als auch die Partner seiner Kommunikation selbst zu bestimmen und so eine Selbstdarstellung ohne Rücksicht auf einen mitlesenden, mithörenden und registrierenden Staat zu konzipieren."[42]

Mit dem Urteil zur Vorratsdatenspeicherung hat das BVerfG[43] allerdings einen mit der technischen **8a** Lebenswirklichkeit kaum übereinst. rechtlich-ideologischen Überbau geschaffen, der nicht mehr mit der altbekannten Verfassungslyrik, sondern eher mit einer „Verfassungsdramatik" zu umschreiben ist. Die per se bestehende technische Anfälligkeit und allseits bekannte Spurengeneigtheit aller IT-Systeme soll gewissermaßen durch das „Recht" ausgeglichen werden. Dass hier der Boden Zurückhaltung gebietender Rechtsfindung verlassen wird, zeigt sich deutlich in den Formulierungen im Urteil: die Speicherung der Telekommunikationsdaten sei deshalb besonders gewichtig, weil sie selbst und die vorgesehene Verwendung der Daten „von den Betroffenen unmittelbar nicht bemerkt werden, zugleich aber Verbindungen erfassen, die unter **Vertraulichkeitserwartungen** aufgenommen werden. Hierdurch ist die anlasslose Speicherung von Telekommunikationsverkehrsdaten geeignet, **ein diffus bedrohliches Gefühl des Beobachtetseins** hervorzurufen, das eine **unbefangene Wahrnehmung der Grundrechte** in vielen Bereichen beeinträchtigen kann".[44] Weder die Vertraulichkeitserwartung, noch die Diffusität, die Bedrohlichkeit noch das bloße Gefühl beobachtet zu werden, noch die „Unbefangenheit" einer Grundrechtswahrnehmung, deren Inhaltsumschreibung hier offenbar ein umfangreiches Konvolut erfordert, sind tatsächlich oder rechtlich nachvollziehbare Kriterien, um die Benutzung per se anfälliger IT-Systeme rechtlich zu steuern. Ein weiterer quantitativer Sprung in das Höhenreich erfolgt schließlich mit der in keiner Weise begründeten Feststellung, dass im Kontext der Schaffung weiterer vorsorglich anlassloser Datensammlungen „die Freiheitswahrnehmung der Bürger nicht total erfasst und registriert werden darf", da dies „zur verfassungsrechtlichen Identität der Bundesrepublik Deutschland" und damit zum europafesten „grundgesetzlichen Identitätsvorbehalt" gehöre.[45] Gegen solche Rigidität spricht die bei jeder Benutzung öff. Verkehrsmittel feststell-

---

[36] BVerfGE 27, 1 (6).
[37] Vgl. BVerfGE 110, 33, 53; 113, 348, 391; BVerfGE 115, 166 (181 ff.).
[38] BVerfGE 34, 238 (246 f.).
[39] BVerfGE 100, 313 (358); 106, 28 (37); 107, 299 (313); 110, 33 (52 f.); 113, 348 (364 f.); 129, 208 (240 f.); E 130, 151 (179 ff.).
[40] *Rüpke,* Der verfassungsrechtliche Schutz der Privatheit, 1976, S. 75 f. (84).
[41] *Bizer* AK GG, Art. 10 Rn. 38.
[42] BVerfGE 115, 166 (182); so schon früher *Rohlf,* Der grundrechtliche Schutz der Privatsphäre, 1980, S. 163 ff.
[43] BVerfGE 125, 260.
[44] BVerfGE 125, 260 (320).
[45] BVerfGE 125, 260 (324).

bare Tatsache, dass „ heute freiwillig auch privateste Daten unüberschaubaren Freundeskreisen und selbst der Öffentlichkeit allgemein zugänglich gemacht werden."[46]

9    Das durch Art. 10 gewährleistete **Grundrecht auf Privatheit im Bereich der Kommunikation** erfordert auch eine **datenschutzrechtliche Umhegung.** Bei der Kommunikation fallen bei der Post bzw. bei Telekommunikationsunternehmen eine Fülle von speicherbaren Daten an, die auch ohne Kenntnis der Gesprächsinhalte etc. weitreichende Schlussfolgerungen erlauben. Folgerichtig wird deshalb allgemein die Auffassung vertreten, dass auch diese speicherbaren Daten dem Schutz des Art. 10 I unterliegen.[47]

10    **3. Zusammenhang mit Art. 5 I.** Wiederholt ist auch der **Zusammenhang des Art. 10 I mit Art. 5 I** betont worden.[48] Nach *Evers* stehen Brief- und Postgeheimnis „im Dienst des Rechts der freien Meinungsäußerung, das nur sinnvoll ausgeübt werden kann, wenn Meinungen nicht nur geäußert, sondern auch empfangen werden können".[49] Art. 10 habe die Aufgabe, „die Meinungsäußerungen des einzelnen auf dem Wege vom Absender zum Empfänger vor Indiskretionen zu bewahren".[50] Art. 10 I stellt einen **Austausch von Meinungen zwischen Kommunikationspartnern ohne Kenntnisnahme Dritter** sicher.

10a   **4. Das neue „Grundrecht auf Gewährleistung der Vertraulichkeit und Integrität informationstechnischer Systeme".** Das neue Grundrecht auf Gewährleistung der Vertraulichkeit und Integrität informationstechnischer Systeme (→ Rn. 6 aE) soll nach dem Urt. des 1. Senat des BVerfG[51] zur Online-Durchsuchung durch die NRW-Verfassungsschutzbehörden Schutzlücken beim telekommunalen Grundrechtsschutz schließen. Ein Eingriff in das durch Art. 10 geschützte Telekommunikationsgeheimnis soll danach nur bei nicht autorisierter Teilnahme an der Internetkommunikation vorliegen, wenn also eine staatl. Stelle zugangsgesicherte Kommunikationsinhalte überwacht durch Nutzung des betreff. technischen Zugangsschlüssels, den er gegen oder ohne den Willen der Kommunikationsberechtigten erworben hat (so etwa durch unerlaubtes Mitschneiden des durch die Tastatur eingegebenen Passworts, um Zugang zu einem E-Mail-Postfach oder einem geschlossenen Chat zu gewinnen − „Keylogging").[52] Außerhalb des Schutzbereichs des Art. 10, des Art. 13 und des Grundrechts auf informationelle Selbstbestimmung soll die „heimliche Infiltration eines informationstechnischen Systems liegen, mittels derer die Nutzung des Systems überwacht und seine Speichermedien ausgelesen werden können". Dafür hat der 1. Senat aus dem PersönlichkeitsR (Art 2 I i. V. mit Art 1 I) in freier Rechtsschöpfung das neue **„Grundrecht auf Gewährleistung der Vertraulichkeit und Integrität informationstechnischer Systeme"** erfunden, ohne etwa an eine erweiternde Auslegung des eigentlich sachnäheren Grundrechts des Art. 10 GG zu denken. Dessen Zweck engt das BVerfG dahingehend ein, dass Art. 10 GG nur das Vertrauen darauf schütze, dass eine Telekommunikation als solche nicht von dritter Seite wahr genommen wird. Das Vertrauen des Kommunikationspartners bleibt danach außerhalb des Schutzes durch Art. 10. Ob diese Fallkonstellation mit der bish. Rspr. zur Ablehnung des Art. 10 vergleichbar ist, wenn ein Gesprächsteilnehmer einen Dritten ein anderes Telephonat an seinem Endgerät mithören lässt, wird zu Recht bezweifelt.[53]

## III. Grundrechtsträger

11    Art. 10 statuiert **Menschenrechte,** Grundrechtsträger sind alle natürlichen Personen (Deutsche, Ausländer, Staatenlose). Außerdem stehen die Grundrechte auch den privaten inländischen jur. Personen zu (Art. 19 III), nicht aber jur. Personen des öff. Rechts, weil sich Hoheitsträger wegen der Staatsgerichtetheit der Grundrechte grds. nicht auf Grundrechte berufen können.[54] Die aus dem Sondervermögen Deutsche Bundespost hervorgegangenen Unternehmen (ua Deutsche Post AG und Deutsche Telekom AG) können sich wegen der Aufgabenprivatisierung gegenüber staatlichen Eingriffen in den postinternen Kommunikationsverkehr auf Grundrechtsschutz aus Art. 10 GG berufen. In der Lit.[55] ist konstatiert worden, die Deutsche Post AG befinde sich in einer „grundrechtstypischen Gefährdungslage", wenn sie für ihren internen Kommunikationsverkehr statt der Dienste der Deutschen Telekom AG die eines anderen priv. Anbieters in Anspruch nehme, der sich auf den nach § 1 Abs. 3 und 4 FAG bereits heute „jedermann" zugänglichen Märkten bewege oder durch eine „Ver-

---

[46] *J. Masing,* NJW 2012, 2305 (2308), „Herausforderungen des Datenschutzes".

[47] *Badura* BK, Art. 10 (1965) Rn. 32, 37; *Durner,* in: Maunz/Dürig (2010), Art. 10 Rn. 61,87; vgl. auch Art. 5 der EU–DatenschutzRL f. elektronische Kommunikation – RL 2002/58/EG („e-Privacy-RL"), die nach Art 95 der EU-DSGVO – VO- (EU) 2016/679 vom 27.4.2016 – fort gilt.

[48] *Badura* BK, Art. 10 (1965) Rn. 26; vgl. auch BVerfGE 107, 299, 330.

[49] *Evers,* Privatsphäre und Ämter für Verfassungsschutz, 1960, S. 179.

[50] *Evers* (Fn. 49), S. 180.

[51] BVerfGE 120, 274; hierzu krit. *Kutscha* NJW 2008, 1042; *Sachs/Krings* JuS 2008, 481.

[52] BVerfGE 120, 274 (341); vgl. hierzu *Sachs/Krings* JuS 2008, 481.

[53] *Sachs/Krings* JuS 2008, 481 (482).

[54] BVerfGE 21, 362 (369); 61, 82 (100 f.); 68, 193 (206).

[55] Vgl. *Gramlich* CR 1996, 102 (108).

leihung" nach § 2 FAG – etwa im Mobilfunk – begünstigt sei. Der Grundrechtschutz aus Art. 10 GG muss aber auch dann gelten, wenn die Deutsche Post AG für den Kommunikationsverkehr zwischen ihren Niederlassungen auf die Dienstleistungen der Deutschen Telekom AG oder auf ihre eigenen Kommunikationseinrichtungen zurückgreift. Denn die Deutsche Post AG und Deutsche Telekom AG haben ebenso wie die anderen privaten Anbieter ein berechtigtes Interesse am Schutz ihrer Betriebsgeheimnisse vor staatlicher Ausforschung, so dass sie sich gegenüber Abhörversuchen ihres Post- bzw. Fernmeldeverkehrs durch staatl. Stellen in einer „grundrechtstypischen Gefährdungslage" befinden.[56] Einer **Rundfunkanstalt des öffentlichen Rechts,** die ihre Grundrechtsberechtigung aus Art. 5 I 2 herleitet, steht auch der Schutz des Fernmeldegeheimnisses aus Art. 10 zu. Das ergibt sich aus dem Zusammenhang zwischen Rundfunkfreiheit und Fernmeldegeheimnis. Zum Schutz der Vertraulichkeit der Informationsbeschaffung und der Redaktionsarbeit können sich die im Rundfunk tätigen jur.P des öR damit auch auf Art. 10 GG berufen.[57]

## B. Inhalt des Grundrechtsschutzes (Abs. 1)

### I. Die einzelnen Schutzgegenstände

**1. Briefgeheimnis.** Das Briefgeheimnis hat den brieflichen Verkehr einzelner konkreter Individuen **12** untereinander zum Schutzgegenstand.[58] „Brief" ist dabei jede die mündliche Kommunikation ersetzende schriftliche Mitteilung in beliebiger Schrift- und Vervielfältigungsart.[59] Das Briefgeheimnis gewährleistet nicht nur das **Geheimnis des Briefinhalts,** sondern auch **die äußeren Umstände des Briefverkehrs.** Es schützt den brieflichen Verkehr der einzelnen Personen untereinander vor Kenntnisnahme durch die öffentliche Gewalt vom Briefinhalt.[60] Entscheidend ist dabei der „vor den Augen der Öffentlichkeit verborgene Austausch von Nachrichten, Gedanken und Meinungen (Informationen)".[61] Eine Schutzfähigkeit und Schutzgeeignetheit durch den „Geheimnischarakter", der jedem Öffentlichkeitsbezug entgegensteht, also das vor den Augen Dritter Verborgene, ist damit dem Briefgeheimnis eigen. Unzulässig ist auch eine planmäßige Beobachtung und Registrierung im Hinblick darauf, wer, wann und wie oft Briefe von wem bekommt oder an wen sendet.[62] Umstr. ist, ob sich das Briefgeheimnis stets nur auf einen verschlossenen Brief beziehen muss oder auch ein unverschlossener Brief geschützt ist.[63] Gegen einen Schutz des letzteren wird zu Recht angeführt, dass weder der Wortlaut („Geheimnis") noch der Normzweck eine solche Ausdehnung des Schutzbereichs nahelegt, da der Absender selbst die Kenntniserlangung ermöglicht hat.[64] Vom Briefgeheimnis wird ausschließlich der außerpostalische Briefverkehr erfasst, für postvermittelte Briefe gilt das Briefgeheimnis nur während der Zeitspanne, in der sich der Brief noch oder schon wieder außerhalb des Wirkungskreises der Post befindet; im Bereich der Post unterliegt er dem Postgeheimnis.[65]

**2. Postgeheimnis.** Nach Wegfall der früheren Post als Hoheitsträger infolge der Postreform ist der **13** Schutzbereich des Postgeheimnisses nicht mehr so eindeutig wie bisher festzulegen. Der früher gewährleistete umfassende **Geheimnisschutz im Wirkungsbereich der Post** schützte die Vertraulichkeit aller brieflich, fernmeldetechnisch oder auf sonstiger Art und Weise durch die staatliche Postverwaltung abgewickelten Kommunikations-, Transport – und sonstigen Dienstleistungsvorgänge.[66] Er bezog sich auf den Inhalt aller von der Post vermittelten Sendungen und auf alle Umstände, die mit der Postbenutzung zusammenhingen (Art und Weise, Zeit und Ort der Postbenutzung, Benutzung als Absender und Empfänger von Postsendungen).[67] Das Postgeheimnis diente wie das Brief- und Fernmeldegeheimnis vornehmlich dem **Schutz der Kommunikation.**[68] Die einen Grundrechtsschutz begründende Gefahrenlage wurde darin erblickt, dass man auf die staatlich als Monopol betriebene Post angewiesen war und ein staatlicher Zugriff auf das ihr anvertraute Gut leicht und unauffällig erfolgen konnte.[69] Genau diese doppelte Gefährdungssituation – Zwang zur Benutzung

---

[56] So zutreffend *Stern,* in: Stern (Hrsg.), Postrecht der Bundesrepublik Deutschland, 1997, Art. 10 Rn. 43; aA *Hermes,* in: Dreier I, Art. 10 Rn. 25.

[57] BVerfGE 107, 299 (310).

[58] BVerfGE 33, 1 (11); 67, 137 (171).

[59] *Badura* BK, Art. 10 (1965) Rn. 29; *Durner,* in: Maunz/Dürig (2010), Art. 10 Rn. 67.

[60] BVerfGE 67, 157 (171); *Gusy* MKS I, Art. 10 Rn. 47; *Löwer,* in: v. Münch/Kunig I, Art. 10 Rn. 16.

[61] BVerfGE 67, 157 (171).

[62] *Schmitt Glaeser* HStR VI, § 129 Rn. 62.

[63] So *Badura* BK, Art. 10 (1965) Rn. 32; *Schmitt Glaeser* HStR VI, § 129 Rn. 62; *Jarass,* in: Jarass/Pieroth, Art. 10 Rn. 3; *Hermes,* in: Dreier I, Art. 10 Rn. 27; auch *Durner,* in: Maunz/Dürig (2010), Art. 10 Rn. 68; *Bizer,* AK-GG, Art 10 Rn. 53; dagegen zu Recht: BVerwGE 6, 299 (300); *Dürig,* in: M/D (1970), Art. 10 Rn. 15, *Gramlich* CR 1996, 102 (111 f.); *Groß* in Friauf/Höfling Art. 10 Rn. 21.

[64] *Groß* JZ 1999, 326 (332) mwN.

[65] *Evers* (Fn. 49), S. 194 f.

[66] Vgl. *Hermes,* in: Dreier I, Art. 10 Rn. 38.

[67] BVerfGE 67, 157 (171 f.).

[68] *Schmitt Glaeser* HStR VI, § 129 Rn. 63.

[69] Vgl. BVerfGE 85, 386 (396).

eines Monopols und Inanspruchnahme einer staatsnahen Institution – ist aber mit der Postreform entfallen. Für eine Übergangsfrist mag man hieran noch Zweifel haben, weil etwa die Deutsche Post-AG noch sektoral das Beförderungsmonopol etwa für Briefe behalten hat und der Bund als gegenwärtiger Mehrheitsanteilseigner an der Post-AG noch Einfluss ausüben kann.[70]

13a    Umstritten ist, ob auf dieser „Verlustliste" nunmehr auch noch das Postgeheimnis selbst zu vermerken ist. Ein klärendes Wort des BVerfG zur Frage des Schutzbereichs des Postgeheimnisses nach der Postreform fehlt bisher. Die wohl hL geht davon aus, dass der grundrechtliche Schutz des Postgeheimnisses mit der Aufgabenprivatisierung der Bundespost seinen Gegenstand verloren und damit letztlich obsolet geworden ist.[71] Andere wollen das Postgeheimnis alter Art umdeuten in den Schutz des durch jeden Postdienstleister vermittelten postalischen Verkehrs,[72] oder es „den neuen Bedingungen des Post- und Telekommunikationsgeheimnisses" anpassen, wobei die **einfachgesetzlichen „Geheimnisverbürgungen"** bemüht werden.[73] Eine solche „Anpassung" eines Grundrechts anhand des einfachen Gesetzesrechts ist normenhierarchisch verfehlt. Auch die Annahme eines Funktionswandels des Grundrechts auf Schutz des Postgeheimnisses mit der Folge, dass dieses noch eine Zeit lang weiter gilt, bis die Postprivatisierung vollständig verwirklicht worden ist,[74] erscheint problematisch. Eine solche zeitliche Zäsur ist mit dem Wesen eines Grundrechts nicht vereinbar. Einen „auslaufenden" Grundrechtsschutz kann es ohne Entscheidung des Grundgesetzgebers selbst nicht geben. Überzeugender erscheint deshalb die Überlegung, dass trotz der Postreform das Postgeheimnis noch insoweit fortwirkt, als es jedenfalls den durch „Post"dienstleister vermittelten Postverkehr gegenüber der allg. staatl., im alten Sinne „postfremden" Gewalt schützt.[75] Damit bleibt die – zusätzliche – Schutzrichtung des Postgeheimnisses gegenüber der früheren postexternen Staatsgewalt aufrechterhalten. In Abgrenzung zu den beiden anderen Schutzgütern „Brief- und Fernmeldegeheimnis", die den Schutz der durch Brief oder Telekommunikation übermittelten Informationen betreffen, verbleibt damit für das Postgeheimnis der für den Nutzer begründete Schutz der durch Postdienstleister vermittelten „körperlichen" Postsendung vor allg. staatl. Zugriffen.[76]

14    **3. Fernmeldegeheimnis.** Das Fernmeldegeheimnis ist durch eine sich überstürzende Technikentwicklung im virtuellen bereich und Digitalisierung der Kommunikation der Netze unter „Schaffung immenser Speicherungs- und Übertragungskapazitäten"[77] in den letzten Jahren in den Mittelpunkt der den Art 10 betreffenden rechtlichen Auseinandersetzungen gerückt. Es ist die Rede von Informationsgesellschaft[78] und von Kommunikationsgesellschaft,[79] ohne dass diesen Begriffen eine rechtliche Schärfe beizumessen ist. Die **Bestimmung des Schutzbereichs** des Fernmeldegeheimnisses ist angesichts der sich überschlagenden technischen Entwicklung, die alle nationale Grenzen sprengt, schwieriger geworden. Fest steht nach deutschem Verständnis, dass der Schutzbereich zuvörderst den Kommunikationsinhalt umfasst, da die öffentliche Gewalt grundsätzlich nicht die Möglichkeit haben soll, „sich Kenntnis vom Inhalt des über Fernmeldeanlagen abgewickelten mündlichen oder schriftlichen Informations- und Gedankenaustauschs zu verschaffen".[80] Auf den Inhalt dieser Kommunikation, also ob sie privaten, geschäftlichen oder politischen Charakter hat, kommt es nicht an. Art. 10 bezieht bezieht sich vielmehr auf alle mittels Fernmeldetechnik ausgetauschten Informationen und die Kommunikationsumstände, also ob, wann und wie oft, zwischen welchen Personen oder Fernmeldeanschlüssen auch immer Fernmeldeverkehr erfolgte oder versucht wurde.[81] Zur Verbesserung des Grundrechtsschutzes und um die „Bedingungen einer freien Telekommunikation aufrechtzuerhalten", soll kein Beteiligter damit rechnen müssen, „dass staatliche Stellen sich in die Kommunikation einschalten und Kenntnisse über die Kommunikationsbeziehungen oder Kommunikationsinhalte gewinnen".[82]

14a    Einigkeit herrscht auch in der Literatur, dass die **unkörperliche Übermittlung** individueller Kommunikation mit Hilfe von Fernmeldeeinrichtungen auf der Basis welcher Übertragungstechnik

---

[70] Vgl. *Gusy* MKS I, Art. 10 Rn. 55 f.; gegen eine Grundrechtsbindung der Deutschen Post-AG infolge der Eigentümerstellung des Bundes vgl. *Bizer* AK GG Art. 10, Rn. 46; *Möstl,* Grundrechtsbindung öffentlicher Wirtschaftätigkeit, 1999, S. 107, 118, 156.

[71] *Rottmann,* Postreform II, S. 196; *Hermes,* in: Dreier I, Art. 10 Rn. 46; *Rieß,* Regulierung und Datenschutz im europäischen Telekommunikationsrecht, 1996, S. 210; *Kingreen/Poscher,* Rn. 770.

[72] *Löwer,* JZ in: v. Münch/Kunig I, Art. 10 Rn. 13.

[73] *Groß* JZ 1999, 326 (332 f.).

[74] *Gusy* MKS I, Art. 10 Rn. 57.

[75] Vgl. BVerfGE 67, 157 (172); 85, 386 (396); Wolff in: Hömig-Wolff Art. 10 Rn. 3; *Bizer* AK GG, Art. 10 Rn. 56.

[76] Vgl. auch *Bizer* AK GG, Art. 10 Rn. 58.

[77] *Gusy* MKS I, Art. 10 Rn. 21.

[78] Vgl. Bericht der *BReg* v. 7.3.1996 – BT-Dr. 13/4000; vgl. auch *Hermes,* in: Dreier I, Art. 10 Rn. 18.

[79] *Gusy* MKS I, Art. 10 Rn..

[80] BVerfGE 100, 313 (358); auch 106, 28 (37); 107, 299 (313); 110, 33 (52 f.); 113, 348 (364 f.).

[81] BVerfGE 67, 157 (172); 85, 386 (396); 100, 313 (358); 107, 299 (312).

[82] BVerfGE 100, 313 (358).

auch immer im Grundsatz geschützt ist.[83] Erfasst werden die Übertragungstechniken wie Telefon-, Telegramm-, Telefax-, Telex- und Fernschreibverkehr, Bildschirmtext sowie Computernetze oder Datenübertragungen über Standleitungen zwischen Datenverarbeitungsgeräten. Schutzgegenstand des Fernmeldegeheimnisses waren ursprünglich alle elektrischen Nachrichtenübermittlungssysteme, auf drahtgebundenen (per Kabel oder per Freileitung) oder drahtlosen (per Funk) Übertragungswegen, die durch von einem Sender stammende besondere telegraphische Zeichen am Empfangsort aufgezeichnet oder akustisch wahrgenommen werden konnten. Weiterentwicklungen auf dem Feld der Elektrotechnik, faserleitungsgestützte Systeme und der fortschreitenden Digitalisierung kamen hinzu. Insbesondere nach der Postreform ist die Digitalisierung und die damit einhergehende Verbindung von Individual- und Massenkommunikation zu identischen Telekommunikationsnetzen eingeführt worden, in denen sprachliche Kommunikation oder auch sonstige Datenübertragung (Rechenwerke, Bilder etc.) stattfinden können. In diesem Zusammenhang wird von den „Datenautobahnen" und der Multimediawelt gesprochen.[84] Zu den draht- oder glasfasergestützten Übertragungsvorgängen, Lichtwellenleiter und Koaxialkabel sind die drahtlosen Wege terrestrischer oder satellitengestützter Art hinzugetreten, die den „Handy-",Aufschwung, das weltweit gewebte Internetz und das Smartphone mit schneller Internet-Anbindung und Computer-Funktionalität erst ermöglicht haben.

Vom **Schutzbereich auszugrenzen** sind aber von vornherein: Technische Telekommunikationen,   **14b** die an die Allgemeinheit oder an einen unbestimmten Personenkreis gerichtet sind,[85] so wie Rundfunk- oder Fernsehsendungen oder an jedermann gerichtete Inhalte des Internet. Eine weitere Einschränkung ist vorzunehmen, obwohl das Grundrecht des Fernmeldegeheimnisses im Hinblick auf zukünftige elektronische Übertragungsmöglichkeiten „dynamisch", also entwicklungsoffen ist,[86] mithin mehr oder weniger jede technische Neuerung miterfassen kann. Auch das **Cloud-Computing** unterfällt nicht dem Schutzbereich des Art. 10. Denn wenn dabei die Nutzer die Daten auf den Servern des Anbieters von Cloud-Serving speichern und später wieder abrufen, fehlt es an der notwendigen individuellen Kommunikation.

Eine Begrenzung des Schutzbereichs folgt auch aus dem Gesichtspunkt der **objektiven Schutzgeeignetheit und Schutzfähigkeit des Kommunikationsmediums.** Nur wenn eine verfestigte, objektiv schutzgeeignete und gesicherte Telekommunikationsverbindung vorliegt, kann der Schutzbereich des Grundrechts des Fernmeldegeheimnisses eröffnet sein. Aus der Sicherung der Vertraulichkeit folgt, dass etwas nicht schutzfähig sein kann, wenn es von vornherein in technisch objektiver Hinsicht gar nicht oder nur unvollkommen vertraulich kommuniziert werden kann. Damit fällt aus dem Schutzbereich heraus, was technisch so anfällig und unvollkommen ist, dass es im Grunde einer öffentlichen Kommunikation mit allgemeiner Teilnahmemöglichkeit entspricht. Es muss ein „verbergender" Übertragungsweg vorliegen, mithin etwas „Verborgenes", „Geheimes" geschützt werden können. Das zeigt sich insb. beim weltweiten internet. In seinem Rahmen ist eine Nachrichtenübermittlung „außerordentlich unsicher, da die Datenpakete über eine Vielzahl von Stationen weitergeleitet werden, auf denen sie prinzipiell von jedermann einsehbar und auch manipulierbar sind".[87] Dasselbe gilt für den elektronischen Brief („e-mail"), der in Fachkreisen mit einer lesbaren Postkarte verglichen wird.[88] Hier gilt zu Recht der Satz: „Die technische Öffentlichkeit des Medium kontrastiert einer Nutzung, welche gerade auf Privatheit des Mediums und deren Schutz angelegt ist."[89] Die mangelnde Schutzfähigkeit kann dann nicht die Rechtsordnung ausgleichen. Einen lauten Zuruf, der für jedermann hörbar ist, kann die Rechtsordnung ebenso wenig dem Geheimnisschutz zuordnen wie ein elektronisch völlig offen liegendes System.

Jede **neue Nachrichtentechnik** muss sich daran messen lassen, ob ein nach dem Willen der   **14c** Kommunikationsteilnehmer verborgener Sachverhalt auch objektiv geheim kommuniziert werden soll und eine Übertragung auf „gefestigtem", übertragungssicherem Weg erfolgen kann. Denn nur die verborgene Kommunikation ist geschützt, wie das BVerfG für das Briefgeheimnis ausdr. festgestellt hat.[90] Dasselbe gilt auch für das technisch anfälligere Fernmeldegeheimnis. Solange im Netz eine öffentliche Kommunikation stattfindet, entfaltet sie auch gegenüber dem Grundrechtsadressaten keinen besonderen Geheimschutz.[91] Indiz dafür, dass eine Kommunikation prinzipiell jedermann zugänglich

---

[83] *Jarass,* in: Jarass/Pieroth, Art. 10 Rn. 5; *Löwer,* in: v. Münch/Kunig I, Art. 10 Rn. 12; *Bizer* AK GG, Art. 10 Rn. 61; *Gusy* MKS I, Art. 10 Rn. 59 f.

[84] *Hermes,* in: Dreier I, Art. 10 Rn. 18.

[85] *Hermes,* in: Dreier I, Art. 10 Rn. 28; *Schmitt Glaeser* HStR VI, § 129 Rn. 78; *Jarass,* in: Jarass/Pieroth, Art. 10 Rn. 4.

[86] BVerfGE 46, 120, 144; 106, 28, 36; 115, 166 (182); *Jarass,* in: Jarass/Pieroth, Art, 10 Rn. 3; *Gusy* MKS I, Art. 10 Rn. 23; *Löwer,* in: v. Münch/Kunig I, Art. 10 Rn. 9.

[87] *Groß* JZ 1999, 326 (327); *Kloepfer,* 62. DJT 1998, D 24 ff.; *Brüning/Helios* Jura 2001, 155 (156).

[88] *Roßnagel* ZRP 1997, 26 (28); *Heimann* DuD 1998, 343; auch *Löwer,* in: v. Münch/Kunig I, Art. 10 Rn. 14, der auf das erhöhte Gefahrenpotential infolge der Digitalisierung hinweist.

[89] *Gusy* MKS I, Art. 10 Rn. 22.

[90] BVerfGE 67, 157 (171).

[91] *Gusy* MKS I, Art. 10 Rn. 64.

ist, stellt der Umstand dar, dass sich die grundrechtsverpflichtete staatliche Stelle in einen Kommunikationsvorgang in einem Netz unter denselben technischen und ökonomischen Voraussetzungen wie jeder Dritte einschalten kann.[92] Die Zugänglichkeit Dritter kann allerdings durch technische Vorkehrungen (per Kryptographie) grundsätzlich ausgeschlossen werden.[93] Es gibt es aber die „kryptografische Zwickmühle": Das beim online-banking eingesetzte Verschlüsselungsverfahren RC 4 weist nach dem Bundesamt für Sicherheit in der Informationstechnik (BSI) erhebl. kryptograf. Schwachstellen auf. Eine grundrechtl. Umhegung kann hier nicht helfen.

15 **4. Räumlicher Schutzbereich.** Der räumliche Schutzbereich des Art. 10 ist nicht einfach festzulegen, wenn staatliche (deutsche) Überwachungsmaßnahmen **ausländische Kommunikationsvorgänge** betreffen, die also von Ausländern im Ausland geführt werden. Im Ausgangspunkt erfasst Art. 10 die Vertraulichkeit der Kommunikation gegenüber deutscher Staatsgewalt, wobei die Nationalität oder der Standort des Kommunikationspartners ohne Belang sind.[94] Auch im Ausland ist die Ausübung deutscher Staatsgewalt grundrechtsgebunden, wie sich aus Art. 1 III ergibt.[95] Eine Modifizierung durch die allgemeinen Regeln des Völkerrechts ist dabei möglich.[96] Wird allerdings die Überwachung der Telekommunikation von deutschem Boden aus durchgeführt, wie im Falle der innerhalb oder der zwischen ausländischen Staaten per Satellit oder Richtfunkstrecken vermittelten Telekommunikation, dann erstreckt sich die Grundrechtsbindung der deutschen Staatsgewalt sowohl auf den deutschen als auch auf den ausländischen Kommunikationsteilnehmer.[97]

## II. Sicherung der Unverletzlichkeit des Geheimnisses

16 Bei den in Art. 10 enthaltenen drei Grundrechtsgarantien mit unterschiedlichen Gewährleistungsinhalten handelt es sich um **subjektive öffentl. Rechte** im Sinne von Abwehrrechten,[98] die ausschließlich gegen den Staat gerichtet sind. **Adressat** des Brief- und des Fernmeldegeheimnisses ist die öffentl. Gewalt, nicht das Individuum.[99] **Verpflichtete** des Postgeheimnisses sind nach der Postreform nunmehr nur postfremde Staatsorgane.[100]

17 Nach der erfolgten Privatisierung der Deutschen Bundespost verpflichtet Art. 10 I diejenigen Organe öffentlicher Gewalt, die im Bereich des Postwesens und der Telekommunikation nach Art. 87f II 2 und 3 GG noch Hoheitsaufgaben ausführen, als auch jene, die mit der Beförderung bzw. Übermittlung selbst nicht in Berührung kommen,[101] insb. Untersuchungsausschüsse (Art. 44 II 2 GG) und Sicherheitsorgane (Strafverfolgungs- und Verfassungsschutzbehörden, Abwehr- und Nachrichtendienste), unmittelbar, nicht aber private Anbieter von Dienstleistungen im Bereich des Postwesens und der Telekommunikation.

18 **1. Unmittelbare Verpflichtung der Deutschen Post AG aus Art. 10?** **Adressaten** des Art. 10 sind gemäß Art. 1 III GG alle **Staatsorgane, nicht aber Privatrechtssubjekte.**[102] Eine Grundrechtsbindung Privater ließe sich nur mit einer unmittelbaren Drittwirkung des Art. 10 begründen, die aber wegen der Funktion der Grundrechte als Abwehrrechte des Bürgers gegen den Staat abzulehnen ist.[103]

19 Die in Privatrechtsform organisierten Postunternehmen könnten an die Grundrechte dann **unmittelbar gebunden** sein, wenn sie als Träger öffentlicher Gewalt in Privatrechtsform agieren. Denn kein Träger öffentlicher Gewalt kann sich den grundrechtlichen Bindungen entziehen und wie ein Privater agieren.[104]

20 In eingehender Analyse[105] ist zutr. herausgearbeitet worden, dass die Deutsche Post AG, die Deutsche Postbank AG und die Deutsche Telekom keine Verwaltungsträger, sondern Dienstleistungsunternehmen sind, deren Tätigkeiten nicht hoheitlich, sondern privatwirtschaftlich zu qualifizieren sind. Eine unmittelbare Grundrechtsbindung der aus dem **Sondervermögen Deutsche Bundespost**

---

[92] So zu Recht *Gusy* MKS I, Art. 10 Rn. 64a.

[93] Vgl. das SignaturG vom 22.7.1997 (BGBl I 1872); vgl. hierzu *Gusy* MKS I, Art. 10 Rn. 66.

[94] *Gusy/Hueck* NJ 1995, 643; *Zuleeg* DVBl 1974, 346; *Bizer* AK GG, Art. 10 Rn. 49.

[95] BVerfGE 6, 290 (295); 57, 1 (23).

[96] BVerfGE 100, 313 (363).

[97] BVerfGE 100, 313 (363 f.); auch *Bizer* AK GG, Art. 10 Rn. 49; nicht vom Schutzbereich des Art. 10 ist allerdings die von US-amerikanischen Dienststellen in Bad Aibling/Bayern betriebene Überwachung auch der innerdeutschen Kommunikationsverbindungen erfasst, die auf das NATO-Truppenstatut gestützt ist und an sich nur an militärische Zwecke gebunden ist (vgl. *Bizer* AK GG, Art. 10 Rn. 24 und 28).

[98] BVerfGE 67, 157 (171); 113, 348 (364 ff.); 115, 166 (182); *Durner*, in: Maunz/Dürig (2010), Art. 10 Rn. 45f; Ogorek Beck OK GG Art. 10 Rn. 5.

[99] *Badura* BK, Art. 10 (1965), Rn. 19 f., 28; BVerfGE 33, 1 (11) – zum Briefgeheimnis.

[100] BVerfGE 67, 157 (171 f.).

[101] *Stern* (Fn. 56), Art. 10 Rn. 45.

[102] *Schmitt Glaeser* HStR VI, 1989, § 129 Rn. 66; *Jarass*, in: Jarass/Pieroth, Art. 10 Rn. 1a.

[103] Vgl. dazu umfassend *Stern*, StaatsR III/1, § 76.

[104] *Kingreen/Poscher*, Rn. 207.

[105] *Stern* (Fn. 56), Art. 10 Rn. 47 f.

hervorgegangenen privaten Unternehmen ist zu verneinen,[106] vielmehr sind diese bezüglich der Grundrechtsgeltung anderen privaten Anbietern gleichgestellt.[107]

**2. Schutzpflichtwirkungen des Art. 10.** Die Ableitung staatlicher Schutzpflichten aus den objek- **21** tiv-rechtl. Gehalten der Grundrechte, die ein aktives Handeln des Staates zum Schutz grundrechtlicher Rechtsgüter auch gegenüber Eingriffen Dritter gebieten können,[108] ist bisher vorwiegend im Kontext des Art. 2 II 1 erörtert worden.[109] Zwar ist der Schutzpflichtgedanke keineswegs auf dieses Grundrecht beschränkt.[110] Die Herleitung grundrechtlicher Schutzpflichten, ihr Gegenstand und ihre Reichweite sind im Einzelnen aber bisher nicht abschließend in Rspr. und Lit. geklärt.[111] Ihre Anerkennung im Bereich des Art 10 ist nicht unstrittig.[112] Der 1. Senat des BVerfG entnimmt nunmehr dem Art. 10 neben dem zugunsten der Grundrechtsberechtigten bestehenden Abwehrrecht auch einen **„Schutz-auftrag".**[113] Es bestehe ein Auftrag an den Staat, „Schutz auch insoweit vorzusehen, als private Dritte sich Zugriff auf die Kommunikation verschaffen". Der Schutzauftrag soll sich nach der gemäß Art 87f erfolgten Liberalisierung des Telekommunikationswesens auch auf die von Privaten betriebenen Tele-kommunikationsanlagen beziehen. Ob damit eine Schutzpflicht i. S. der sich entwickelnden o. g. Dogmatik gemeint ist, erscheint fraglich, da das BVerfG gerade einen Schutz durch Art 10 vor der Nutzung einer von einem anderen privaten Gesprächsteilnehmer bereitgestellten Mit-höreinrichtung verneint.[114] Es spricht daher einiges dafür, dass Art. 10 jedenfalls infolge der durch die Postreform eingetretenen Grundrechtsänderungen keinen neuen Inhalt erhalten hat. Der Grundgesetz-geber hat sich damit an keiner Stelle für ein Schutzpflichtkonzept für Art. 10 aus dem VerfassungsR ausgesprochen,[115] vielmehr sind zur Flankierung der Postprivatisierung nur auf der Ebene des einfachen Rechts Sicherungen für einen reibungslosen Telekommunikationsverkehr getroffen worden. Wieso „einfachrechtliche Geheimnisverbürgungen (...) zwanglos als Ausdruck der grundrechtlichen Schutz-pflichten eingeordnet werden können",[116] bleibt deshalb erklärungsbedürftig. Der Rückschluss vom einfachen Recht auf das Verfassungsrecht ist systematisch und normhierarchisch verfehlt. Aus der unterbliebenen Änderung des Art. 10 bei den Grundgesetzänderungen anlässlich der Postreform lässt sich vielmehr der Schluss ziehen, dass der Gesetzgeber **nur auf der Ebene des einfachen Rechts Schutzregelungen** treffen wollte.

Angesichts einer „hyperdynamischen" Entwicklung im Telekommunikationssektor wäre ein vor- **22** schnelles Festschreiben von Pflichten des Staates, die auf Schutzgewähr vor Beeinträchtigungen der Schutzgüter des Art. 10 gerichtet sind,[117] auch nicht unproblematisch. Je weiter nämlich der Schutz-bereich des Art. 10 verstanden und jedes technisch neue Telekommunikationssystem erfasst würde, umso mehr würde trotz der grds. Wertentscheidung des Verfassungsgesetzgebers für die Privatisierung der Telekommunikation der Staat quasi wieder Gewährträger für die Behebung etwaiger Schutzlücken sein, die die nunmehr allein verantwortlichen, privaten Betreiber bei einem mangelhaften Kommuni-kationssystem hinterlassen. Zudem kann ein vorschnelles Festschreiben staatl. Schutzpflichten dazu führen, dass sich die betroff. Wirtschaftskreise nicht mehr um eine ausgereifte, sichere Kommunikati-onstechnik bemühen, sondern auf staatliche „Reparaturen" verlassen würden. I. Ü. würden auch die für die Annahme einer Schutzpflicht aufgestellten Kriterien für Art. 10,[118] die den anderen Grund-rechten entnommen sind, für das technisch anfällige Telekommunikationsgeheimnis nicht passen. Vollends **fragwürdig** wird die **Schutzpflichtthese,** wenn in bestimmten Fällen anstelle eines staatl. aktiven Handelns aus dem Schutzpflichtgedanken sogar eine Pflicht zum Unterlassen von Regelungen konstruiert wird, die den autonomen Geheimschutz einschränken würden.[119] Auch eine verfassungs-

---

[106] So zutreffend *Gramlich* CR 1996, 102 (108); *Hermes,* in: Dreier I, Art. 10 Rn. 43; dagegen *Gusy* MKS I, Art. 10 Rn. 30: Annahme einer Grundrechtsbindung wegen Einbindung der Dt.Post in die Erfüllung staatlicher Aufgaben..

[107] *Stern* (Fn. 56), Art. 10 Rn. 48; aA *Müller-Dehn* DÖV 1996, 862 (865), demzufolge die Deutsche Post AG zur Wahrung des verfassungsrechtlichen Postgeheimnisses verpflichtet ist, ihre privaten Wettbewerber aber keine Grund-rechtsadressaten des Art. 10 sind.

[108] Vgl. nur *J. Dietlein,* Die Lehre von den grundrechtlichen Schutzpflichten, 1992.

[109] Vgl. BVerfGE 39, 1 (42); 46, 160 (164 f.); 49, 89 (140 ff.); 53, 30 (57); 88, 203 (251 ff.).

[110] Vgl. die umfass. Nachw. aus Literatur und Rspr. bei *Stern,* StaatsR III/1, § 69 IV 4.

[111] Vgl. *Dietlein,* Die Lehre von den grundrechtlichen Schutzpflichten, 1992, S. 77 ff.; auch *Brüning/Helios* Jura 2001, 155 (146) mwN.

[112] Ablehnend *Schmitt Glaeser* HStR VI, § 129 Rn. 66; *Kingreen/Poscher,* Rn. 837; befürwortend etwa *Löwer,* in: v. Münch/Kunig I, Art. 10 Rn. 14; *Hermes,* in: Dreier I, Art. 10 Rn. 72; *Gusy* MKS I, Art. 10 Rn. 39 f.

[113] BVerfGE 106, 28 (37).

[114] BVerfGE 106, 28 (37).

[115] *Löwer,* in: v. Münch/Kunig I, Art. 10 Rn. 14.: Herleitung einer Schutzpflicht aus einer objektiven Wertent-scheidung aus Art. 10; *Ogorek,* Beck OK GG Art 10 Rn. 74; *Gusy* MKS I, Art. 10 Rn. 38: hoheitliche Pflicht zum Schutz der Grundrechtsgüter in Art. 10 als Ausgleich für den Verlust infolge der Privatisierung des Post-und Fernmeldewesens.

[116] *Groß* JZ 1999, 326 (333).

[117] Vgl. *Gusy,* MKS I, Art. 10 Rn. 38.

[118] *Gusy* MKS I, Art. 10 Rn. 40.

[119] *Groß* JZ 1999, 326 (334).

rechtl. Evaluierungspflicht bzgl. der Telekommunikation ist abzulehnen.[120] Aus dem Abwehrcharakter des Art. 10 lässt sich keine Einstandspflicht des Staates für misslungene Telekommunikationssysteme privater Hand entnehmen. Gerade die Anfälligkeit der digitalen Technologie und die ständig auftretenden Schwachstellen der IT-Systeme, die einer immensen Schadstoffsaftware ausgesetzt sind[121], stehen einer staatlichen Gewährträgerschaft entgegen. Es erscheint auch in gewissem Sinne absurd, wenn ein nationales deutsches Gericht, das für ein Vierhundertstel der Landfläche der Erde zuständig ist, das fragile, weltweite Kommunikationsnetz mit deutschen rechtlichen Regeln sicherer machen will. Allerdings dürfte mit der Erfindung des neuen Grundrechts „auf Gewährleistung der Vertraulichkeit und Integrität informationstechnischer Systeme" durch den 1. Senat des BVerfG [122] auch die Schutzpflichtdiskussion aus der Verfassung neu belebt sein. Diesem „Computergrundrecht" werden erhebliche **Wirkungen für das Zivilrecht** beigemessen, etwa für die Pflichten von Internetdienstleistern, die oft genug an den vielfältigen sensiblen Daten ihrer Kunden gesteigertes Interesse haben.[123]

23    **3. Schutz der Kommunikation durch einfache Gesetze.** Der Bundesgesetzgeber hat durch **post- und telekommunikationsrechtl. Regelungen** sowie durch strafrechtliche Normen das Kommunikationsgeheimnis geschützt.

24    Nach § 5 I 1 PostG, der anlässlich der Postreform von 1994[124] neu gefasst wurde, sind „Beschäftigte und Beauftragte von Unternehmen, die Postdienste für die Öffentlichkeit erbringen", **zur Wahrung des Postgeheimnisses verpflichtet.**[125] §§ 88 ff. TKG und §§ 39 ff. PostG enthalten zahlreiche Vorgaben zur Wahrung der Schutzgüter des Art. 10. § 97 II Nr. 1c TKG regelt die Speicherung von Verbindungsdaten und die abrechnungsbezogene Registrierung von Ferngesprächen. Die Zulässigkeit von Fangschaltungen, die der Mißbrauchsbekämpfung von Telekomm.-Einrichtungen dienen, regeln § 100 I 2, § 110 II Nr. 1d TKG.

25    Für den Bereich der Telekomm. führte schon die Poststrukturreform von 1989[126] zu einer **Ausweitung des Kreises** derjenigen, die auf das Fernmeldegeheimnis verpflichtet wurden.[127]

26    Anstelle des früheren FernmeldeanlagenG (FAG) enthält das TelekommunikationsG (TKG) vom 25.7.1996[128] detaillierte Normen zum Schutz des Fernmeldegeheimnisses (§§ 85 ff. TKG), die auch überwiegend **strafbewehrt** sind.[129]

27    Durch das **StrafR** wird das Fernmeldegeheimnis umfassend geschützt.[130] Dagegen war der strafrechtliche Schutz des Postgeheimnisses im Hinblick auf die zunehmende Marktöffnung im Bereich des Postwesens bisher unzulänglich.[131] Die Regelungen des § 354 StGB nannte als Normadressaten nur die „Bediensteten der Post" bzw. Personen, die „von der Post oder mit deren Ermächtigung mit postdienstlichen Verrichtungen betraut sind". Unter „Post" im Sinne von § 354 StGB kommt seit der Privatisierung nur die Deutsche Post AG in Betracht.[132] Private Wettbewerber der Post (Kurier- und Zustelldienste) unterlagen nur der Strafandrohung des § 202 StGB, dessen Strafrahmen deutlich den des § 354 StGB unterschritt.[133]

28    Diese Diskrepanz ist inhaltlich wie systematisch durch die **Neufassung des § 206 StGB** aufgelöst. Hiernach wird mit Freiheitsstrafe bis zu 5 Jahren oder mit Geldstrafe bestraft, wer unbefugt einer anderen Person eine Mitteilung über Tatsachen macht, die dem Post- und Fernmeldegeheimnis unterliegen und die ihm als Inhaber oder Beschäftigtem eines Unternehmens bekannt geworden sind, das geschäftsmäßig Post- oder Telekommunikationsdienste erbringt.[134]

29    Gemäß Art. 10 I sind die dort genannten Grundrechte „unverletzlich". **Unverletzlichkeit** bedeutet in diesem Zusammenhang nicht, dass die Grundrechtsgewährleistungen des Art. 10 I tatsächlich nicht verletzt werden können, sondern nur, dass in sie nicht rechtswidrig eingegriffen werden darf.[135] Die öffentlichen Gewalt darf damit nicht in die der Privatsphäre unterliegenden Kommunikationswege des

---

[120] *Bizer* AK GG, Art. 10 Rn. 106 f.

[121] Vgl. nur die Schadsoftware „Emotet", die verschiedene Ausspäh- und Erpressungsprogramme nachlädt und sich über unverdächtige, infizierte e-mail verbreitet mit der Folge des Ausfalls der Computersysteme von Universitäten, Kliniken, Stadtverwaltungen – vgl. Bericht in der FAZ v. 30.12.2019.

[122] BVerfGE 120, 274; hierzu krit. *Kutscha* NJW 2008, 1042;

[123] *Kutscha* NJW 2008, 1042 (1044).

[124] Vgl. das PTNeuOG vom 14.9.1994 (BGBl 1994 I, 2325).

[125] Vgl. § 5 I 1 i. d. F. v. Art. 6 Ziff. 5 PTNeuOG (BGBl 1994 I 2325 [2369]).

[126] Vgl. das PostStruktG vom 8.6.1989, BGBl I 1026.

[127] § 10 FAG i. d. F. v. Art. 3 Ziff. 8 PostStruktG, BGBl 1989 I, 1026 (1047). Vgl. auch den ebenfalls durch das PostStruktG eingefügten § 354 III 1 und 2 StGB aF.

[128] BGBl I 1120.

[129] Vgl. § 95 TKG.

[130] Vgl. § 206 StGB.

[131] So zutreffend *Müller-Dehn* DÖV 1996, 863 (866).

[132] So zutreffend *Stern* (Fn. 56), Art. 10 Rn. 54 f.

[133] Freiheitsstrafe bis zu einem Jahr oder Geldstrafe (§ 202 StGB) gegenüber Freiheitsstrafe bis zu 5 Jahren oder Geldstrafe (§ 354 StGB).

[134] Durch das Begleitgesetz zum TKG v. 17.12.1997 (BGBl I 3108) wurde § 354 zu § 206 StGB und inhaltlich entsprechend neugefasst – amtl. Begründung in BT-Dr 13/8016, S. 28 f.

[135] *Rohlf,* Der grundrechtliche Schutz der Privatsphäre, 1980, S. 152 mwN.

Brief-, Post- und Fernmeldeverkehrs eindringen. Untersagt ist die Kenntnisnahme des Inhalts, das Abhören oder Abhörenlassen von Telefongesprächen, die Ausspähung und Registrierung der Benutzungsumstände.[136] Ein Eingriff in das Fernmeldegeheimnis liegt nach der Rspr. des BVerfG immer vor, wenn staatliche Stellen sich ohne Zustimmung der am Kommunikationsvorgang beteiligten Kenntnis von dem Inhalt oder den Umständen eines fernmeldetechnisch vermittelten Kommunikationsvorgangs verschaffen.[137] Ein solcher Eingriff liegt auch vor, wenn bei präventiv-polizeilichen Maßnahmen nach § 33a II Nieders. SOG Inhalte der Telekommunikation, auch wenn sie innerhalb des Telekommunikationsnetzes in Datenspeichern abgelegt sind, ebenso erfasst werden wie die Verbindungsdaten und die Standortkennung von Mobilfunkeinrichtungen.[138]

## C. Beschränkungsmöglichkeiten (Abs. 2)

### I. Der Gesetzesvorbehalt (Satz 1)

**1. Allgemeines.** Gemäß Art. 10 II 1 dürfen Beschränkungen der GrundR nur auf Grund eines 30 Gesetzes angeordnet werden, nach Art. 18 können sie auch **verwirkt** werden. Bei der Grundrechtsverwirkung nach Art. 18 handelt es sich um einen Verfassungsvorbehalt, der auf eine Disziplinierung politischer Mitwirkungsrechte im Sinne einer Missbrauchsverhinderung abzielt. Die Aberkennung des Grundrechtsschutzes aus Art. 10 ermöglicht es, Feinde der freiheitlichen demokratischen Grundordnung einer Kontrolle zu unterstellen.[139]

**Beschränkungen** dürfen nur **auf Grund eines Gesetzes** angeordnet werden. Unter „Gesetz" i. S. 31 des Art. 10 II 1 wird dabei allg. ein förmliches Bundes- oder Landesgesetz verstanden.[140] Die Formulierung „auf Grund eines Gesetzes" besagt, dass der Eingriff **nicht durch ein förmliches Gesetz** erfolgen muss, sondern dass die Eingriffsermächtigung auch in einer Rechtsverordnung enthalten sein kann, die ihrerseits den Anforderungen des Art. 80 I genügt.

**2. Einzelprobleme. a) Strafverfolgung.** Gesetzliche Beschränkungen im Sinne des Art. 10 II 1 32 gibt es in großer Zahl. Im Bereich der Strafverfolgung ist insb. § 100a StPO zu nennen, wonach die Überwachung und Aufzeichnung des Fernmeldeverkehrs angeordnet werden darf, wenn bestimmte Tatsachen den Verdacht begründen, dass jemand als Täter oder Teilnehmer die in § 100a I Nr. 1–5 StPO aufgeführten Straftaten begangen oder in Fällen, in denen der Versuch strafbar ist, zu begehen versucht oder durch eine Straftat vorbereitet hat, und wenn die Erforschung des Sachverhalts oder die Ermittlung des Aufenthaltsortes des Beschuldigten auf andere Weise aussichtslos oder wesentl. erschwert wäre. Die Neuregelung strafproz. Ermittlungsmaßnahmen durch das G zur Neuregelung der Telekommunikationsüberwachung und anderer verdeckter Ermittlungsmaßnahmen, insb. die Änderungen der §§ 100a II, I Nr. 2, IV S. 1, § 101 Abs. IV–VI und § 160a StPO hat das BVerfG für verfassungsrechtl. unbedenkl. erachtet.[141]

Nach § 100b I StPO darf die Überwachung und Aufzeichnung des Fernmeldeverkehrs nur durch 33 den Richter angeordnet werden, bei Gefahr im Verzuge auch von der Staatsanwaltschaft. Die Anordnung der Staatsanwaltschaft tritt außer Kraft, wenn sie nicht binnen drei Tagen richterlich bestätigt wird. Die Grundrechtseinschränkung muss **verhältnismäßig** sein, also geeignet, erforderlich und verhältnismäßig i. e. S.[142]

§ 99 StPO ermöglicht die **Beschlagnahme** der an den Beschuldigten gerichteten Postsendungen 34 und Telegramme, die sich im Gewahrsam von Personen oder Unternehmen befinden, die geschäftsmäßig Post- oder Telekommunikationsdienste erbringen oder daran mitwirken; ebenso ist es zul., Sendungen und Telegramme des Beschuldigten zu beschlagnahmen. Zu der Beschlagnahme ist nach § 100 StPO nur der Richter, bei Gefahr im Verzuge auch die Staatsanwaltschaft befugt. Soweit es um die Übermittlung von Geodaten eines Handys im Stand-by-Modus geht, lässt der BGH auf der Grundlage der §§ 100a, 100b StPO im Wege eines Erst-Recht-Schlusses die strafprozessuale Kontrolle zu.[143]

Anstelle des aufgehobenen § 12 FAG und der früheren strafverfahrensrechtlichen Ermächtigungen 35 in §§ 100g und 100h StPO ermöglicht der neu gefasste § 100g StPO (G v. 21.12.2007, BGBl I 3198) auch in Echtzeit Verkehrsdaten nach § 96 I TKG zu erheben. § 101i StPO sieht technische Maßnahmen (ua durch den „IMSI-Catcher")[144] bei Mobilfunkendgeräten vor, um den Standort solcher aktiv geschalteten Geräte zu ermitteln. Die Ermittlung der Geräte- und Kartennummern sowie des

---

[136] BVerfGE 67, 157 (172); BAGE 52, 88 (97).
[137] BVerfGE 100, 313 (366); 107, 299 (313).
[138] BVerfGE 113, 348, 365.
[139] *Schmitt Glaeser,* Mißbrauch und Verwirkung von Grundrechten im politischen Meinungskampf, 1968, S. 120 f. – Art. 18 ist im Hinblick auf Art. 10 noch niemals wirksam geworden.
[140] *Schmitt Glaeser* HStR VI, § 129 Rn. 74.
[141] BVerfGE 129, 208 (240 ff.).
[142] BVerfGE 67, 157 (172 f.); 83, 1 (19).
[143] BGH NJW 2001, 1587; vgl. auch *Weßlau* ZStW 113, 681 (687).
[144] Vgl. *Gusy*MKS I, Art. 10 Rn. 85; s. auch BVerfG (K) NJW 2007, 351; *Nachbaur* NJW 2007, 335.

Standorts von Mobiltelefonen und damit die technisch bedingten Positionsmeldungen von nicht telefonierenden Mobilgeräten durch IMSI-Catcher, selbst wenn das zum kurzen Unterbinden der Telekommunikation führt, soll nicht in den Schutzbereich des Art. 10 GG fallen.[145]

35a      Von den aufgrund der §§ 99, 100a, 100b, § 100g und § 100h StPO getroffenen Maßnahmen sind die Beteiligten gemäß § 101 StPO zu **unterrichten,** sobald dies ohne Gefährdung des Untersuchungszwecks geschehen kann. Eine strafproz. verdeckte Online-Durchsuchung ist vom BGH als von keiner gesetzlichen Ermächtigung gedeckt eingestuft worden.[146] Insb. gestatte § 102 StPO nicht eine auf heimliche Ausführung angelegte Durchsuchung.

36      **b) Sonderstatusverhältnisse.** Beschränkungen der Grundrechtsgewährleistungen aus Art. 10 I können sich auch im Bereich von Sonderstatusverhältnissen ergeben (Straf- und Arrestvollzug, Untersuchungshaft, Öffentlicher Dienst etc.). Auch für den Bereich der Sonderstatusverhältnisse bedürfen Einschränkungen des Art. 10 I **einer förmlichen Gesetzesgrundlage.**[147] Die Einschränkungen haben sich an der jeweiligen Funktion des Sonderverhältnisses zu orientieren, sie unterliegen zudem dem Verhältnismäßigkeitsprinzip.

37      Besonders weitreichende Überwachungsmaßnahmen gibt es aus einleuchtenden Gründen im Bereich des **Strafvollzugs.** Hierbei ist die Aussage des BVerfG[148] zu beachten, wonach auch die Grundrechte des Strafgefangenen nur durch oder auf Grund eines Gesetzes eingeschränkt werden können. Für **Untersuchungshäftlinge** ist bei Überwachungsmaßnahmen zu berücksichtigen, dass sie bis zum Beweis des Gegenteils unter dem Schutz der Unschuldsvermutung stehen, außerdem muss die angeordnete Maßnahme vom Ausmaß der potentiellen Haftgefährdung gerechtfertigt sein.[149]

38      Die **Überwachung des Schriftwechsels von Strafgefangenen** ist in § 29 StVollzG geregelt. Nach dieser Vorschrift wird der Schriftwechsel des Strafgefangenen mit seinem Verteidiger nicht überwacht, es sei denn, er ist wegen einer Straftat nach § 129a StGB inhaftiert.[150] Nicht überwacht werden ferner Schreiben des Gefangenen an Volksvertretungen des Bundes und der Länder sowie an deren Mitglieder und an die Europäische Kommission für Menschenrechte. Gemäß § 29 III StVollzG darf der übrige Schriftwechsel aus Gründen der Behandlung oder der Sicherheit und Ordnung der Anstalt überwacht werden.[151]

39      Nach § 28 II StVollzG kann die Anstaltsleitung den Schriftwechsel von Gefangenen mit bestimmten Personen **untersagen,** nach § 31 StVollzG können Schreiben von Gefangenen unter den dort genannten Voraussetzungen **angehalten** werden. In diesen Fällen ist Prüfungsmaßstab nicht Art. 10, sondern Art. 2 I und Art. 5.[152] Eine Einwilligung eines Strafgefangenen zur Kontrolle der Verteidigerpost kann aber einen Eingriff in das Briefgeheimnis nur ausschließen, wen eine Zustimmung des Betreffenden frei von unzulässigem Druck erfolgte.[153]

40      Für Untersuchungshäftlinge bestimmt § 119 I 2 Nrn. 1, 2 StPO nach Ausgliederung des auf die Länder übergegangenen Rechts des Untersuchungshaftvollzugs seit dem 1.9.2006 –, dass dem Verhafteten Beschränkungen der Telekommunikation (Empfang und Überwachung) auferlegt werden dürfen. Das BVerfG[154] sah in der früheren Generalklausel des § 119 III StPO eine verfassungsrechtlich ausreichende gesetzliche Grundlage für Einschränkungen von Grundrechten der Untersuchungsgefangenen. Wiederholt hat das BVerfG[155] entschieden, dass der Briefverkehr eines Untersuchungshäftlings der richterlichen Kontrolle unterworfen werden kann, um eine Gefährdung der in § 119 III StPO genannten öffentlichen Interessen zu verhindern.

41      Begehrt ein Untersuchungshäftling, **Telefonate** von Dritten außerhalb der JVA zu empfangen, wird dies regelmäßig dem Zweck der Untersuchungshaft und auch der Ordnung in der JVA zuwiderlaufen und deshalb nicht genehmigt werden. Falls ausnahmsweise die Zustimmung erteilt wird, ist das Gespräch gemäß § 38 I 3 UVollzO vollständig mitzuhören.

42      Auch **innerbehördliche Maßnahmen** sind unter dem Gesichtspunkt des Art. 10 zu erörtern. Art. 10 verbietet es der grundrechtsverpflichteten Behörde, Briefe zu öffnen, die erkennbar persönlich adressiert sind. Im Öffentlichen Dienst ist es vielfach – wie auch bei großen Unternehmen – üblich, dass zu Abrechnungszwecken und um private und dienstliche Gespräche zu unterscheiden die Ferngespräche des Mitarbeiters registriert werden, wobei der Zeitpunkt, die Fernsprechnummer des Angerufenen und die Dauer des Gesprächs erfasst werden. Die Rspr. ging lange Zeit davon aus, dass Art. 10 bei der **Kontrolle des Missbrauchs von Telefoneinrichtungen** im Verhältnis des Beamten

---

[145] BVerfG (K) NJW 2007, 351 (353); aA BGH NJW 2001, 1587; *Günther* NStZ 2005, 485 (491).

[146] BGH NJW 2007, 930.

[147] BVerfGE 33, 1 (11); 58, 358 (267) – st. Rspr.

[148] BVerfGE 33, 1 (11).

[149] § 119 III StPO.

[150] Im Falle einer Inhaftierung wegen einer Straftat nach § 129a StGB findet auf den Schriftverkehr des Strafgefangenen mit seinem Verteidiger § 148 II StPO Anwendung.

[151] *Bizer* AK GG, Art. 10 Rn. 65.

[152] OLG Celle JZ 1964, 428.

[153] BVerfG (K) NStZ-RR 2012, 60 (61 – Rn. 21).

[154] BVerfGE 15, 288 (293); 35, 311 (316).

[155] BVerfGE 35, 5 (9 f.); 42, 234 (236); 57, 170 (177).

zu seinem Dienstherrn Beschränkungen unterliegt, wobei von einer konkludenten Einwilligung des Beamten hinsichtlich der Registrierung der Gespräche ausgegangen wurde.[156]

Das BVerfG[157] hat sich zu dieser Problematik grundsätzlich geäußert. Zunächst lässt es nicht eine **43** konkludente Einwilligung des Beamten genügen, erforderlich sei vielmehr ein **ausdrücklich erteiltes Einverständnis.** Weiter hat es konstatiert, die Einwilligung des Anschlussinhabers rechtfertige nicht den Eingriff in das Fernmeldegeheimnis des Angerufenen. Mit dieser Aussage des BVerfG könnte der bisherigen Praxis der Registrierung von Telefongesprächen in den Behörden ein Ende bereitet worden sein.

Demgegenüber ist zutreffend bemerkt worden, die Registrierung von Telefongesprächen durch den **44** Dienstherrn sei gegenüber Dritten keine hoheitliche Handlung, sondern das **Gebrauchmachen von einem Jedermann-Recht,** das dem Inhaber einer Telefonanlage die Befugnis gebe, sein Vermögen (Haushaltsmittel) gegen abredewidrige Benutzung durch Dritte zu schützen.[158] Zum Schutz der Rechte Dritter müsse datenschutzrechtlich gewährleistet sein, dass die Aufzeichnungen nur für die Kontrolle der Mitarbeiter verwendet und nicht für hoheitliche Zwecke sonstiger Art genutzt werden.[159]

**c) Sonstige Beschränkungen.** Zahlreiche weitere Gesetze im materiellen Sinn schränken das **45** Brief-, Post- und Fernmeldegeheimnis ein. Zu nennen sind Einschränkungen des Postgeheimnisses **im Interesse des Postbetriebs** gemäß § 5 II PostG; die Postsperre des Insolvenzschuldners nach § 99 I InsO;[160] zollamtliche Überwachung von Postsendungen gemäß § 6 VII ZollG; die Postbeschlagnahme im Steuerstrafrecht nach § 399 AO; Eingriff in das Postgeheimnis bei der illegalen Einfuhr von Betäubungsmitteln (§ 21 BtG iVm § 6 VII und § 16 ZollG iVm § 208 I Ziff. 1 AO). Die Eingriffsbefugnisse des Zollkriminalamts nach §§ 39 ff. AWG waren Gegenstand verfassungsgerichtlicher Überprüfung.[161] Die darin enthaltenen präventiv-polizeilichen Ermächtigungen zur Überwachung der von Art 10 erfassten Sendungen und der Telekommunikation und zur Aufzeichnung und Verarbeitung dabei gewonnener Daten entsprechen nicht den verfassungsrechtl. Anforderungen an Normenbestimmtheit und Normenklarheit.

## II. Die Staatsschutzklausel (Satz 2)

Einen besonderen weitgehenden Eingriff in die Grundrechtsgewährleistung des Art. 10 Abs. 1 **46** ermöglicht Art. 10 II 2 (iVm Art. 19 IV 3). Durch das 17. G. zur Änd. des GG von 24.6.1968 (BGBl I 709) wurden im Rahmen der sog. **Notstandsgesetze** Abs. 2 Satz 2 und Art. 19 IV 3 in das GG eingefügt. Dient danach die Beschränkung dem Schutz der freiheitlichen demokratischen Grundordnung oder des Bestandes oder der Sicherung des Bundes oder eines Landes, so kann das Gesetz bestimmen, dass sie dem Betroffenen nicht mitgeteilt wird und dass an die Stelle des Rechtsweges die Nachprüfung durch von der Volksvertretung bestellte Organe und Hilfsorgane tritt.

Diese Ermächtigung ist durch das sog. G 10[162] ausgefüllt. Zutreffend ist angesichts der **47** Intensität des Eingriffs gefordert worden, dass eine **restriktive Interpretation** dieser Vorschriften geboten sei.[163] Zu prüfen ist zunächst, ob der Ausschluss der Benachrichtigung und des Rechtswegs geeignet ist, den „Schutz der freiheitlichen demokratischen Grundordnung" oder den Bestand bzw. die Sicherung des Bundes oder eines Bundeslandes zu gewährleisten.

Der Ausschluss der Benachrichtigung und des Rechtsweges muss im Hinblick auf die vorstehend **48** genannten Zwecke erforderlich sein. Können die fraglichen Informationen auf andere Weise – etwa im Wege der Erkundung durch Satelliten – gewonnen werden, liegen die Voraussetzungen des Abs. 2 Satz 2 nicht vor.[164] Weiter müssen die Geheimhaltung und der Ausschluss des Rechtsweges im engeren Sinn verhältnismäßig sein. Daher sind, wenn eine Gefährdung des Zwecks der Beschränkung ausgeschlossen werden kann, **die Beschränkungsmaßnahmen** den Betroffenen nach ihrer Einstellung **mitzuteilen.**[165]

Im Hinblick auf den Ausschluss des Rechtsweges ist es erforderlich, dass ersatzweise eine **49** **Kontrolle durch unabhängige und durch keine Weisungen gebundene staatliche Organe** sichergestellt[166] und diese Kontrolle „materiell und verfahrensmäßig der gerichtlichen Kontrolle

---

[156] BVerfGE 85, 386 (398 f.); BVerwG NJW 1982, 840.

[157] BVerfGE 85, 386 (398 f.).

[158] BVerwG, NVwZ 1990, 71 (73); *Löwer*, in: v. Münch/Kunig I, Art. 10 Rn. 18; dag. Gusy MKS I, Art. 10 Rn. 83.

[159] *Löwer* ebda.

[160] Vgl. *Voß* EwiR 2001, 123.

[161] BVerfGE 110, 33; vgl. zur Neufassung des AWG *Oeter* ZRP 1992, 49 ff.

[162] G 10 v. 13.8.1968 (BGBl I 949).

[163] *Arndt* NJW 1985, 107 ff.; BVerfGE 67, 157 (173 ff.); vgl auch BVerwGE 157, 8 Rn 13ff zur Unzulässigkeit einer Feststellungsklage bei einer strategischen Fernmeldeüberwachung, insb. zu §§ 5, 6 G 10-G.

[164] BVerfGE 67, 157 (177).

[165] § 5 V G 10.

[166] BVerfGE 30, 1 (22 f.).

gleichwertig" ist.[167] Die Kontrolle der Maßnahme obliegt einem Gremium aus fünf Bundestags-abg.,[168] das eine dreiköpfige Kommission bestellt, die von Amts wegen oder auf Grund von Beschwerden über die Zulässigkeit und Notwendigkeit von Beschränkungsmaßnahmen entscheidet; der Rechtsweg ist bis zur Mitteilung an den Betroffenen ausgeschlossen.[169]

**50**   Im Hinblick auf die durch Art. 79 III unabänderlich gewährleisteten Grundsätze des Rechtsstaats-prinzips (rechtliches Gehör, Rechtsweggarantie, Gewaltenteilung) und die Wesensgehaltsgarantie des Art. 19 II wurden Art. 10 II 2 sowie das G 10 in der rechtswissenschaftl. **Lit.** überwiegend **als verfassungswidrig qualifiziert.**[170] Demgegenüber hat das **BVerfG** die Verfassungsänderung und das G 10 im Wege einer verfassungskonformen Auslegung als mit dem GG vereinb. anerkannt.[171]

**51**   Das sog. Abhörurteil des BVerfG wurde stark kritisiert, besonders weil es **Art. 79 III** dahingehend **relativiert,** dass er es nicht ausschließe, „elementare Verfassungsgrundsätze systemimmanent zu modi-fizieren".[172] In einem Beschluss aus dem Jahre 1984 hat das Gericht seine Rspr. bestätigt,[173] und die strategische Überwachung des Kommunikationsverkehrs als geeignetes, erforderliches und zumutbares Mittel angesehen, um rechtzeitig die Gefahr eines bewaffneten Angriffs auf die Bundesrepublik Deutschland zu erkennen und ihr zu begegnen, wobei aber der Einsatz der Mittel zur Abwehr von Gefahren für die innere Sicherheit für unzul. gehalten wurde. Auch der EGMR hat einen Verstoß gegen die EMRK nicht feststellen können und hat sich den Wertungen des BVerfG angeschlossen.[174]

**51a**   Durch die mit Erlass des **VerbrechensbekämpfungsG v. 28.10.1994**[175] vorgenommenen Ände-rungen des G 10 erweiterte der Gesetzgeber die Befugnisse des BND beträchtlich, um die strategische Fernmeldeaufklärung des internat. Telex-, Telefon- und Telefaxverkehrs durchzuführen. Auch inter-nat. nichtleitungsgebundene Fernmeldeverkehrsverbindungen (Richtfunk- und Nachrichtenverbin-dungen über Satellit) konnten mit einbezogen werden. Die Sachverhalte, auf die sich die Nachrichten-übermittlung zum Zwecke der Gefahrerkennung und -beherrschung bezog, wurde ua auf terroristische Anschläge, Verbreitung von Kriegswaffen, unbefugte Betäubungsmittelverbringung und Geldwäsche erweitert. So gewonnene Erkenntnisse durften bei Vorliegen von Anhaltspunkten für den Verdacht einer entsprechenden Straftat an die Strafverfolgungsbehörden weitergeleitet werden. Obschon das BVerfG prinzipiell die Kompetenz des BND zur Überwachung des Telekommunikationsverkehrs und zur Unterrichtung der BReg über die hierbei im Vorfeld erlangten Erkenntnisse betreffend bestimm-ter, aus dem Ausland drohender schwerer Gefahren bestätigte, hielt es einzelne Regelungen für verfassungswidrig (ua § 3 I 1, 2 Nr. 5, III, V 1, VII 1 sowie VIII 2 und § 9 II 3 G 10 i. d. F. des VerbrechensbekämpfungsG).[176] **Der Überwachungszweck des § 3 I 2 Nr. 5 G 10 aF** – Verdacht von Geldfälschungen im Ausland – wurde als **unverhältnismäßig** angesehen, da dieser weniger Gewicht als die übrigen Gefahrentatbestände im Katalog des § 3 I 2 G 10 aF besäße.[177] Dabei wird zu fragen sein, ob nicht infolge des europ. Währungszusammenschlusses und der Einführung des europa-weiten Euros die Geldfälschungen im Ausland viel gewichtiger geworden sind. Die weiteren ver-fassungsrechtlichen Beanstandungen hatten die Ausgestaltung der Verarbeitung personenbezogener Daten zum Gegenstand. Der Gesetzgeber ist verpflichtet worden,[178] die beanstandeten verfassungs-rechtl. Mängel bis zum 30.6.2001 zu beheben.

**51b**   Durch das G. zur Neureg. von Beschränkungen des Brief-, Post- und Fernmeldegeheimnisses v. 26.6.2001[179] sind den betroffenen Geheimdiensten nach den Vorgaben des Urteils des BVerfG strengere Pflichten beim Umgang mit nach §§ 3 und 5 G 10 nF gewonnenen personenbezogenen Daten auferlegt worden. Die Übermittlung von Daten zur Verhinderung von Straftaten an die Straf-verfolgungsbehörden ist an strengere Voraussetzungen geknüpft worden (§ 7 IV 1 Nr. 1 G 10 nF). In § 8 G 10 nF ist allerdings der Katalog zulässiger Eingriffe in das Fernmeldegeheimnis ausgedehnt worden, sofern es um die Erkennung und Abwehr von Gefahren für Leib oder Leben einer Person im Ausland geht und hierdurch Belange der BRD unmittelbar berührt sind.[180] Zugleich sind die Kontroll-

---

[167] BVerfGE 30, 1 (23).

[168] § 9 I G 10.

[169] § 9 VI G 10.

[170] Vgl. *Dürig/Evers,* Zur verfassungsändernden Beschränkung des Post-, Telefon- und Fernmeldegeheimnisses, 1969; *Dürig,* Gesammelte Schriften, 1984, S. 343 ff.; *Erichsen* VerwArch 62 (1971), 291; *Gusy* NJW 1981, 1581; *Häberle* JZ 1971, 145; *Hall* JuS 1972, 132; *Rupp* NJW 1971, 275; *Schlink* Der Staat 12 (1973), 85; aA *Löwer,* in: v. Münch/Kunig I, Art. 10 Rn. 39.

[171] BVerfGE 30, 1.

[172] Vgl. die in Fn. 99 zitierten Stellungnahmen (mit Ausnahme derjenigen von *Löwer*).

[173] BVerfGE 67, 157.

[174] NJW 1979, 1755 m. Anm. *Arndt.*

[175] BGBl I 3186.

[176] BVerfGE 100, 313.

[177] BVerfGE 100, 313 (375, 384 f.).

[178] BVerfGE 100, 313 (402).

[179] BGBl I, 2001, 1254 in der Änderungsfassung des TerrorismusbekämpfungsG v. 9.1.2002 (BGBl I, 361); Vgl. hierzu *Huber* NJW 2001, 3296; *Jacob* DuD 2001, 192.

[180] Hintergrund dieser Regelung war die Entführung deutscher Touristen auf der philippinischen Insel Jolo im Sommer 2000.

befugnisse der parlamentarischen G 10-Kommission (§ 15 G 10 nF) erweitert worden.[181] Nach § 15 V 2 G 10 nF ist die Kommission nunmehr ausdrücklich zur **Kontrolle des gesamten Prozesses der Erhebung, Verarbeitung und Nutzung** der vom G 10 betroffenen personenbezogenen Daten durch die Nachrichtendienste des Bundes berufen. Die diesbezüglichen Ermittlungsmöglichkeiten der Kommission sind zugleich ausgedehnt worden. Über den Regelungsauftrag des BVerfG hinaus sind weitere Änderungen im Zuge der zwischenzeitlich fortgeschrittenen technischen Entwicklung der Telekommunikation normiert und zugleich Lücken des alten G 10-G geschlossen worden.

Die in §§ 113a und 113b TKG in der Fassung des **G zur Neuregelung der Telekommunikati-** 51c **onsüberwachung** und anderer verdeckter Ermittlungsmaßnahmen sowie zur Umsetzung der RL 2006/24 EG v. 21.12.2007 (BGBl. I, 3198) vorgesehene Regelung zur Vorratsspeicherung von Telekommunikations-Verkehrsdaten zu Zwecken der öffentlichen Sicherheit ist vom 1. Senat des BVerfG durch Beschluss vom 11.3.2008 im Wege der einstweiligen Anordnung im Vollzug vorläufig ausgesetzt worden.[182] Die gesetzlich vorgesehene 6 Mte fortwährende Möglichkeit des Zugriffs auf sämtliche durch Inanspruchnahme von Telekommunikationsdiensten erzeugten und bei ihnen bevorrateten Verkehrsdaten bedeutet nach Meinung des BVerfG eine erhebliche Gefährdung des in Art 10 I GG verankerten Persönlichkeitsschutzes. Gerade die umfassende Bevorratung des umfassenden Datenbestandes ohne konkreten Anlass präge das Gewicht der dadurch ermöglichten Verkehrsdatenabrufe. In diesen selbst liege ein schwerwiegender, nicht mehr reparabler Eingriff in das Grundrecht des Art 10 GG.[183] Bezogen auf die Regelungen über die Speicherung und Verwendung von Telekommunikationsbestandsdaten (§§ 95, 111, 112, 113 TKG) hat das BVerfG nunmehr überwiegend keine verfassungsrechtlichen Bedenken geäußert. Allerdings soll § 113 Abs. 1 S. 2 TKG unverhältnismäßig in das Recht auf informationelle Selbstbestimmung eingreifen, und die identifizierende Zuordnung von dynamischen IP-Adressen soll einen Eingriff in Art 10 darstellen.[184]

Die Regelungen über die **Errichtung der Antiterrordatei als Verbunddatei** verschiedener 51d Sicherheitsbehörden zur Bekämpfung des internationalen Terrorismus (Gemeinsame-Dateien-G v. 22.12.2006 – BGBl. I S. 3409), die sich im Kern auf die Informationsanbahnung beschränkt und eine Datennutzung zur operativen Aufgabenwahrnehmung nur in dringenden Ausnahmesituationen vorsieht, soll „mit den Grundstrukturen der Verfassung" vereinbar sein.[185] Als Prüfungsmaßstäbe hat das BVerfG hier Art. 10, Art 13 und das Recht auf informationelle Selbstbestimmung gewählt. Soweit die angegriffenen Normen allerdings Daten in die Antiterrordatei einbeziehen, die durch Eingriffe in das Telekommunikationsgeheimnis und das Grundrecht auf Unversehrtheit der Wohnung erhoben werden, geht das BVerfG von einem Verstoß gegen diese Grundrechte aus.[186]

Regelungen des BKAG, die durch Unterabschnitt 3a des **G zur Abwehr von Gefahren des** 51e **internationalen Terrorismus durch das BKA** v. 25.12.2008 (BGBl. I S. 3083) sind vom BVerfG[187] in entscheidenden Punkten beanstandet worden. Das Urteil lädt in seiner voluminösen Breite nicht unmittelbar zur schnellen Rechtserkenntnis ein. Mit der Aufhebung wichtiger Eingriffsbefugnisse des BKA zur Terrorabwehr auf Grund einer überdehnten Verhältnismäßigkeitsprüfung (vgl. auch die Kritik in den Sondervoten der Ri. Eichberger und Schluckebier) stellt sich die Kardinalfrage, ob das Gericht die Verantwortung für eine erkennbar geschwächte Terrorabwehr übernehmen kann – anstelle des parlamentarisch-demokrat. Gesetzgebers. Die Ereignisse der letzten beiden Jahre in Europa mit brutalen Terrorakten hätten beim Gericht die uralte Weisheit (auch Wilhelm v. Humboldts) in Erinnerung rufen müssen, dass die Sicherheit im Staat die ältere Schwester der Freiheit ist. Die Beanstandungen der Mittel der Datenerhebung in § 20d BKAG, des Einsatzes technischer Mittel in oder aus Wohnungen (§ 20h BKAG) und zu den meisten anderen Neuregelungen im BKAG lassen sich nicht überzeugend aus einer Anwendung des Verhältnismäßigkeitsprinzips herleiten. Die zwingende Einschätzungsprärogative des demokrat. Gesetzgebers bei der Ausgestaltung der überragenden Schutzpflicht des Staates bei der Abwehr terroristischer Gefahren ist vom BVerfG durch einen überzogenen individualrechtlichen Ansatz beiseite geschoben worden. Die vom Gericht geforderten Übermittlungsverbote (vgl. etwa § 20v Abs. 5 BKAG) dürften die Sicherheit des Staates gravierend gefährden. Eine sorgfältige Abwägung der kardinalen Schutzgüter Sicherheit und Freiheit in einem Staat obliegt jedenfalls in einer Demokratie uneingeschränkt dem Parlament, das die politische Verantwortung gegenüber den Bürgern trägt.

## D. Konkurrenzen

Die Grundrechtsgewährleistungen des Art. 10 I schützen „die freie Entfaltung der Persönlichkeit 52 durch einen privaten, vor den Augen der Öffentlichkeit verborgenen Austausch von Nachrichten,

---

[181] Vgl. *Huber* NJW 2001, 3296 (3301).
[182] BVerfGE 121, 1.
[183] BVerfG E 121, 1 (21).
[184] BVerfGE 130, 151 (179 ff., 181 f.).
[185] BVerfGE 133, 277 Rn. 93 ff.
[186] BVerfGE 133, 277 Rn. 224 ff.
[187] BVerfGE 141, 220 ff..

Gedanken und Meinungen".[188] Einen Eingriff in das Telekommunikationsgeheimnis bejaht das BVerfG nur bei einer nicht autorisierten Teilnahme an der Internetkommunikation. Die Nutzung allgemein zugänglicher Teile des Internets wird von Art. 10 GG nicht erfasst, auch dann nicht wenn der Staat unter Vorspiegelung einer falschen Identität eine Kommunikationsbeziehung im Internet aufbaut.[189] Denn niemand kann darauf vertrauen, dass er im Internet nicht mit staatlichen Stellen kommuniziert. Gegenüber Art. 2 I ist Art. 10 **lex specialis,** ebenso im Verhältnis zum allgemeinen Persönlichkeitsrecht.[190] Dieses soll nicht dem spezifischen grundrechtlichen Schutzbedürfnis des Nutzers eines informationstechnischen Systems entsprechen, das über die Daten der sensiblen Privatsphäre hinausgeht. Das Unterbinden der Kommunikation fällt nicht unter Art. 10, sondern unter Art. 2 I oder Art. 5 I. Das **Abhören von Gesprächen in Wohnungen** fällt **unter Art. 13,** der aber ebenso wie Art. 10 GG den Schutz der Menschenwürde konkretisiert und in nahem Zusammenhang des ebenfalls von Art. 10 betroffenen verfassungsrechtl. Gebots auf unbedingte Achtung einer Sphäre des Bürgers für eine ausschließlich private – „höchstpersönliche" – Entfaltung steht.[191]

53      Auch gegenüber dem aus Art. 2 I iVm Art. 1 I folgenden **Recht auf informationelle Selbstbestimmung** ist Art. 10 grds. lex specialis.[192] Allerdings stehen Fernmeldegeheimnis und Recht auf informationelle Selbstbestimmung, soweit es um den Schutz der Telekommunikationsverbindungsdaten geht, in einem Ergänzungsverhältnis.[193] In seinem Anwendungsbereich enthält Art. 10, soweit es den Fernmeldeverkehr betrifft, eine spezielle Garantie, die die allgemeine Gewährleistung des informationellen Selbstbestimmungsrechts verdrängt. Diese Spezialität ist jedoch eher formaler Natur, da die vom BVerfG im Volkszählungsurteil aus Art. 2 I iVm Art 1 I 1 entwickelten Maßstäbe[194] grds. auch auf die speziellere Garantie des Art 10 I zu übertragen sind.[195]

     Das Grundrecht „auf Gewährleistung der Vertraulichkeit und Integrität informationstechnischer Systeme"[196] soll wegen der bestehenden Schutzlücke notwendig sein. Denn Art. 10 I GG erstreckt den Grundrechtsschutz nicht mehr auf die nach Abschluss eines Kommunikationsvorgangs bei einem daran Beteiligten gespeicherten Inhalte und Umstände der Telekommunikation.[197] Dementsprechend greift Art. 10 GG nicht gegen die über das Internet erfolgende Durchsuchung einer Festplatte eines Computers oder die Überwachung der fortlaufenden Datenverarbeitung.

54      Was **Art 13 GG** betrifft, kann ein nicht in einer Wohnung abgestellter Computer von vornherein ihm nicht unterfallen. Das Schutzgut dieses Grundrechts ist allein die räuml. Sphäre, in der sich das Privatleben entfaltet.[198] Das Grundrecht auf informationelle Selbstbestimmung soll zur Schutzgewähr nicht ausreichen, da es nur einzelne Datenerhebungen, nicht aber den großen Umfang der bei einem Zugriff anfallenden Datenbestände betreffe.[199] Das besondere Gewicht eines so weitreichenden Eingriffs für die Persönlichkeit trete bei dieser Sachlage hinzu. Das Grundrecht auf Gewährleistung der Vertraulichkeit und Integrität informationstechn. Systeme soll deshalb immer einschlägig sein, „wenn die Eingriffsermächtigung Systeme erfasst, die allein oder in ihren technischen Vernetzungen personenbezogene Daten des Betroffenen in einem Umfang und in einer Vielfalt enthalten können, dass ein Zugriff auf das System es ermöglicht, einen Einblick in wesentliche Teile der Lebensgestaltung einer Person zu gewinnen oder gar ein aussagekräftiges Bild der Persönlichkeit zu erhalten."[200]

55      Der Schutz aus **Art. 5 I 2** besteht neben Art. 10 fort.[201] So kann die Erhebung von Verbindungsdaten auch einen Eingriff in das Grundrecht aus Art 5 I 2 darstellen.[202] Art 5 sichert den Schutz der Kommunikationsfreiheit im öffentlichen und privaten Bereich. Die Vertraulichkeit der Kommunikation wird aber durch Art. 10 geschützt, wenn sich die Kommunikationsteilnehmer der Medien der Post und/oder der Telekommunikation bedienen und damit einen privaten, vor der Öffentlichkeit verborgenen Austausch der Kommunikation gewählt haben.[203]

---

[188] BVerfGE 67, 157 (171).
[189] *Sachs/Krings* JuS 2008, 481 (482).
[190] BVerfGE 67, 157 (171); BGHSt 34, 39 (50); Gusy MKS I, Art. 10 Rn. 43.
[191] BVerfGE 109, 279 (313); 113, 348 (391).
[192] BVerfGE 100, 313 (358) – 1. Senat.
[193] BVerfGE 115, 166 (186).
[194] Vgl. BVerfGE 65, 1 (44 ff.).
[195] BVerfGE 110, 33 (53); 115, 166 (189).
[196] BVerfGE 120, 274 (314).
[197] BVerfGE 115, 166 (181 ff.).
[198] BVerfGE 103, 142 (150 f.); 120, 274 (309 f.).
[199] BVerfGE 120, 274 (312 f.).
[200] BVerfGE 120, 274 (314); das ist eine wahrhaft prosaische, in der alltäglichen Verwaltungs- und Gerichtspraxis schwer handhabbare Formulierung.
[201] BVerfGE 100, 313 (365).
[202] BVerfGE 107, 299 (330).
[203] Vgl. BVerfGE 113, 348 (391).

## Art. 11 [Freizügigkeit]

(1) **Alle Deutschen genießen Freizügigkeit im ganzen Bundesgebiet.**

(2) **Dieses Recht darf nur durch Gesetz oder auf Grund eines Gesetzes und nur für die Fälle eingeschränkt werden, in denen eine ausreichende Lebensgrundlage nicht vorhanden ist und der Allgemeinheit daraus besondere Lasten entstehen würden oder in denen es zur Abwehr einer drohenden Gefahr für den Bestand oder die freiheitliche demokratische Grundordnung des Bundes oder eines Landes, zur Bekämpfung von Seuchengefahr, Naturkatastrophen oder besonders schweren Unglücksfällen, zum Schutze der Jugend vor Verwahrlosung oder um strafbaren Handlungen vorzubeugen, erforderlich ist.**

**Entstehungsgeschichte: Erstfassung:** JöR nF 1 (1951), 128. – **Änderung:** 17. G. zur Erg. des GG v. 24.6.1968 (BGBl I 709), § 1 Nr. 3 (dazu: BT-Dr V/1879 [Entwurf], V/2873; BT-Prot V/5856, 9313, 9606; BR-Dr 303/68; BR-Prot 68/138).

**Historische Verfassungstexte: RV 1849: § 133** (1) Jeder Deutsche hat das Recht, an jedem Orte des Reichsgebietes seinen Aufenthalt und Wohnsitz zu nehmen, LiegLiegenschaften enschaften jeder Art zu erwerben und darüber zu verfügen, jeden Nahrungszweig zu betreiben, das Gemeindebürgerrecht zu gewinnen. (2) Die Bedingungen für den Aufenthalt und Wohnsitz werden durch ein Heimathsgesetz, jene für den Gewerbebetrieb durch eine Gewerbeordnung für ganz Deutschland von der Reichsgewalt festgesetzt. – **WRV: Art. 111** Alle Deutschen genießen Freizügigkeit im ganzen Reiche. Jeder hat das Recht, sich an beliebigem Orte des Reichs aufzuhalten und niederzulassen, Grundstücke zu erwerben und jeden Nahrungszweig zu betreiben. Einschränkungen bedürfen eines Reichsgesetzes. – **GG 1949:** (1) Wie geltende Fassung. (2) Dieses Recht darf nur durch Gesetz und nur für die Fälle eingeschränkt werden, in denen eine ausreichende Lebensgrundlage nicht vorhanden ist und der Allgemeinheit daraus besondere Lasten entstehen würden oder in denen es zum Schutze der Jugend vor Verwahrlosung, zur Bekämpfung von Seuchengefahr oder um strafbaren Handlungen vorzubeugen, erforderlich ist.

**Geltende Landesverfassungen:** *Bay*Verf Art. 109; *Bln*Verf Art. 11; *Bbg*Verf Art. 17; *Brem*Verf Art. 18; *Hess*Verf Art. 6, 125, 157; *RhPf*Verf Art. 15; *Saar*Verf Art. 9; *LSA*Verf Art. 15; *Thür*Verf Art. 5.

**Supra- und internationale Texte:** GrundREurParl Art. 8; AMRE Art. 13; IPBürgR Art. 12; EMRK 4. ZP Art. 2; AEUV Art. 21; Art. 45 ff., 49 ff., 56 ff., EUGRCh Art 45.

**Gesetzgebung:** IfSG §§ 17, 28–30 (früher: BSeuchG §§ 34 ff.); TierseuchenG §§ 19, 47; StGB §§ 63 ff.; JSchÖG; SGB VIII §§ 42, 43.

**Leitentscheidungen:** BVerfGE 2, 266 (Notaufnahme); BVerfGE 6, 32 (Elfes); BVerfGE 110, 177 (Spätaussiedler); BVerfGE 134, 242 (Garzweiler II).

**Schrifttum:** *H. Alberts,* Freizügigkeit als polizeiliches Problem, NVwZ 1997, 45; *S. Baer,* Zum „Recht auf Heimat" – Art. 11 GG und Umsiedlungen zugunsten des Braunkohlentagebaus, NVwZ 1997, 27; *A. Bleckmann/B. Busse,* Die Ausreisefreiheit der Deutschen, DVBl 1977, 794; *W. Cremer,* Aufenthaltsverbote und offene Drogenszene – Gesetzesvorrang ..., NVwZ 2001, 1218; *O. Daum,* Anforderungen an Ausreisebeschränkungen von Islamisten, DÖV 2014, 526; *G. Dürig,* Freizügigkeit, in: Die Grundrechte II, 505; *E. Eichenhofer,* Einreisefreiheit und Ausreisefreiheit, ZAR 2013, 135 ff.; *T. Finger,* Der „Verbringungsgewahrsam" und der Streit um seine rechtliche Grundlage, NordÖR 2006, 423; *K. Hailbronner,* Freizügigkeit HStR VII, (3. Aufl. 2009) § 152, S 123 ff.; *D. D. Hartmann,* Ausreisefreiheit, JöR N. F. 17, 1968, 437; *W. Hecker,* Neue Rechtsprechung zu Aufenthaltsverboten im Polizei- und Ordnungsrecht, NVwZ 2003, 1334; *K. Herzmann,* Ausgangssperren auch in Deutschland? DÖV 2006, 678; *W. Hetzer,* Zur Bedeutung des Grundrechts der Freizügigkeit (Art. 11 GG) für polizeiliche Aufenthaltsverbote, JR 2000, 1; *J. Hilker,* Grundrechte im deutschen Frühkonstitutionalismus, 2005; *M. Janen,* Pässe und zwischenstaatlicher Personenverkehr, VerwArch 1999, 267; *A. Kapinos,* Wohnortzuweisungsgesetz, IFLA 2003, 109; *W. Kay,* Wohnungsverweisung – Rückkehrverbot zum Schutz vor häuslicher Gewalt, NVwZ 2003, 521; *O. Kimminich,* Das Recht auf die Heimat, 3. Aufl., 1989; *M. Lippe,* Brauchen wir ein grundrechtlichen Schutz der Heimat? FoR 1998, 91; *U. Petersen-Thrö/H. Elzermann,* Die Meldeauflage als probates Gefahrenabwehrmittel im Vorfeld von Veranstaltungen, Kommjur 2006, 289; *B. Pieroth,* Das Grundrecht der Freizügigkeit, JuS 1985, 81; *M. Robrecht,* Neuregelung des Aufenthaltsverbotes im Polizeigesetz des Freistaates Sachsen, Sächs. VBl 1999, 232; *D. H. Scheuing,* Freizügigkeit als Unionsbürgerrecht, EuR 2003, 744; *U. Scheuner,* Die Auswanderungsfreiheit in der Verfassungsgeschichte und im Verfassungsrecht Deutschlands, in: Festschrift für R. Thoma 1950, S. 199; *F. Schoch,* Das Grundrecht der Freizügigkeit, Jura 2005, 34; *C. Schucht,* Die polizei- und ordnungsrechtliche Meldeauflage, NVwZ 2011, 709 ff.; *N. Schulz,* Freizügigkeit versus Umsiedlungsplanung, NWVBl 2014, 331; *T. Siegel,* Hooligans im Verwaltungsrecht, NJW 2013, 1035 ff.; *M. Silagi,* Art 11 GG und § 3a WoZuG – zur Festschreibung der Einschränkung der Freizügigkeit, ZAR 2004, 225; *K. Stein,* Platzverweise, Aufenthalts- und Alkoholverbote für auffällige Jugendliche, NdsVBl 2010, 193; *C. Tomuschat,* Freizügigkeit nach deutschem Recht und Völkerrecht, DÖV 1974, 757; *K. Waechter,* Freizügigkeit und Aufenthaltsverbot, NdsVBl. 1996, 197; *D. Winkler/K. Schadtle,* Ausreisefreiheit quo vadis? JZ 2016, 764; *A. Wuttke,* Polizeiliche Wohnungsverweise, JuS 2005, 779; *J. Ziekow,* Über Freizügigkeit und Aufenthalt, 1997 (mit umfassender Bibliographie auf den S. 624–727).

## Übersicht

## A. Allgemeines

## I. Entstehung

**1**    **1. Vorgeschichte.** Das Grundrecht auf Freizügigkeit ist bereits in der Magna Charta Libertatum von 1215 genannt. Seit der Reformation konnten Gläubige, die nicht zur Konfession des Landesherrn bzw. zur im jew. Lande dominierenden Religion gehörten, nur zwischen Konvertieren und Auswanderung wählen. Die nach dem Augsburger Religionsfrieden (1555) und später nach dem Osnabrücker Frieden (1648) zu gewährende **Abzugsfreiheit für Untertanen** (ius emigrationis), die sich dem Bekenntnis des Landesherrn nicht anschlossen, war eine frühe Ausprägung der allg. Freizügigkeit als eines Vorgangs des „freien Zuges", des „Ab-ziehens und Zu-ziehens".[1] Die Abzugsfreiheit hat keinen Bezug zum Asylrecht.[2] Das Asylrecht begründet völkerrechtlich einen Anspruch des Staates auf Aufnahme des Flüchtlings oder individualrechtl. wie in Art. 16a einen Anspruch des Flüchtlings auf Schutz gegenüber dem Aufnahmestaat. Hingegen führt das AbzugsR des Untertanen zu einer Rechtspflicht des (Verfolger-)Staates auf „ Ziehenlassen" des Religionsflüchtlings. In § 127 II. (Teil) 17. Titel prALR, von der Aufklärung geprägt, war das ius emigrandi verankert, eine Auswanderungsfreiheit, die nur eine Anzeigepflicht nach sich zog, nachdem bereits vorher deutsche naturrechtl. Überlegungen bei S. Pufendorf und C. Wolff ein Recht des Einzelnen auf Austritt aus der Gesellschaft postuliert hatten.[3]

**2**    Ein weiterer Markstein für die Entwicklung des GrundR auf Freizügigkeit war die **Bauernbefreiung,** die in Deutschland seit Anfang des 19. Jahrh. durchgesetzt wurde. Durch sie wurde die rechtl. und ökonom. Bindung der Landbevölkerung an ein bestimmtes Territorium gelöst.[4] Die im 19. Jahrh. vorherrschende liberale Wirtschaftsdoktrin kommt auch darin zum Ausdruck, dass § 133 der Pauls-kirchenverfassung das Grundrecht auf Freizügigkeit im Zusammenhang mit der Berufs- und Gewerbefreiheit und dem Recht auf Grunderwerb nennt. Art. 111 WRV betont, ebenfalls den Zusammenhang der Freizügigkeit mit der Gewerbefreiheit und dem Grunderwerb.

**3**    **2. Ursprungsfassung.** Der HChE hatte auf eine Verbürgung der Freizügigkeit verzichtet, weil die noch nicht bewältigten Kriegsfolgen (Wohnungsmangel, große Zahl von noch nicht eingegliederten Flüchtlingen) und die zu erwartenden Vorbehalte der Westalliierten dies nicht geraten sein ließ. Im ParlRat wurde darüber gestritten, ob die Freizügigkeit allen Deutschen oder nur „Bundesangehörigen"

---

[1] *Dürig,* in: Die Grundrechte II, S. 507 (519); zu vordergründig BVerfGE 134, 242 Rn 252 („Tradition der im Mittelalter den Freien vorbehaltenen Freizügigkeit").

[2] So aber *Rittstieg* AK GG, Art. 11 Rn. 5; vgl. zur geschichtl. Entwicklung der Freizügigkeit *J. Ziekow,* Über Freizügigkeit, 1997, S. 19 ff.; *Hailbronner* HStR VI, 138 ff.; auch *Dürig,* in: Die Grundrechte II, S. 507–511; ferner *Ziekow,* in: Friauf/Höfling Art 11 (2002) Rn. 1 ff.

[3] Vgl. hierzu *J. Hilker,* Grundrechte im deutschen Frühkonstitutionalismus, 2005, S. 130 ff.

[4] *Kunig,* in: v. Münch/Kunig I, Art. 11 Rn. 1.

zugesichert werden sollte. Die engere Fassung sollte eine Regulierung des Zustroms von Flüchtlingen ermöglichen. Im HA fiel schließlich die **Entscheidung für die weite Fassung,** die von *Carlo Schmid* mit dem gesamtdeutschen Anspruch der BRD begründet wurde.[5]

Die **Ursprungsfassung des Art. 11** enthielt den heutigen Abs. 1, der Abs. 2 lautete: „Dieses **4** Recht darf nur durch Gesetz und nur für die Fälle eingeschränkt werden, in denen eine ausreichende Lebensgrundlage nicht vorhanden ist und der Allgemeinheit daraus besondere Lasten entstehen würden und in denen es zum Schutze der Jugend vor Verwahrlosung, zur Bekämpfung von Seuchengefahr oder um strafbaren Handlungen vorzubeugen, erforderlich ist".

**3. Änderungen.** 1956 eröffnete die **Einführung der Wehrverfassung**[6] durch Art. 17a II die **5** Möglichkeit, durch verteidigungs- und den Schutz der Zivilbevölkerung bezogene Gesetze die Freizügigkeit einzuschränken Durch § 1 Nr. 3 des verfassungsändernden Gesetzes (Notstandsgesetzgebung) vom 24.6.1968[7] wurde Art. 11 II geändert. Satz 1 regelte nunmehr, dass die Freizügigkeit auch „**auf Grund eines Gesetzes**" eingeschränkt werden darf. Als **weitere Beschränkungsfälle** kamen die Abwehr einer drohenden Gefahr für den Bestand oder die freiheitl. demokrat. Grundordnung des Bundes oder eines Landes, Naturkatastrophen und besonders schwere Unglücksfälle hinzu.

## II. Freizügigkeit im Völkerrecht und im Europarecht

Das **allgemeine Völkerrecht** enthält diff. Garantien der Freizügigkeit. Nach **Völkergewohn- 6 heitsrecht** bestimmt jeder Staat für sich über die Aufnahme von Fremden und die Ausreise der eigenen Staatsangehörigen, nur die Ausreise Fremder darf grds. nicht verboten werden.[8]

Das Menschenrecht auf Aufenthalt im eigenen Staat beinhaltet das Recht auf Einreise in das eigene **7** Staatsgebiet (vgl. Art 12 Abs. 4 **IPBürgR** von 1966, auch Art. 4 **4. ZP zur EMRK** von 1963. In eher program. Sinne ist das Recht auf Freizügigkeit in universellen und regionalen Erklärungen und Pakten zum Schutz der MenschenR enthalten. Art. 13 der **Allgemeinen Erklärung der Menschenrechte** aus dem Jahre 1948 sieht das „Recht auf Freizügigkeit und freie Wahl seines Wohnsitzes innerhalb eines Staates" sowie das „Recht, jedes Land, einschließlich seines eigenen, zu verlassen sowie in sein Land zurückzukehren". Art. 12 Abs. 1 **IPBürgR** billigt jedem In- und Ausländer (sofern dieser sich rechtmäßig im Hoheitsgebiet eines fremden Staates aufhält) das Recht zu, sich „frei bewegen und seinen Wohnsitz frei zu wählen".[9] Sein Abs. 2 stellt es jedermann frei, jedes Land, auch sein eigenes zu verlassen.

Art. 2 des **4. ZP zur EMRK** garantiert die Freizügigkeit. Ebenso wie Art. 12 IPBürgR enthält **8** auch Art. 2 für Freizügigkeit und Ausreisefreiheit Schrankenvorbehalte.[10]

FreizügigkeitsR sind auch im **Europäischen Gemeinschaftsrecht** normiert. Zunächst sind einige im **9** Titel III des AEUV niedergelegte Grundfreiheiten anzuführen, nämlich die Freizügigkeit der Arbeitnehmer (Art. 45–48 AEUV), die den Selbständigen eröffn. Niederlassungsfreiheit (Art. 49–55 AEUV) und die Dienstleistungsfreiheit der Art. 56–62 AEUV.[11] Diese Freizügigkeitsrechte sind – im Gegensatz zu den vorgenannten völkerrechtlichen Gewährleistungen – nicht menschenrechtlich konzipiert, sondern nur als zweckgebundene (Wirtschafts-) Freiheit, dh, das Recht auf Einreise und Aufenthalt wird den EU-Bürgern eingeräumt zur **Ausübung einer Erwerbstätigkeit,** sei es in abhängiger (Art. 45–48 AEUV), sei es in selbstständiger Arbeit (Art. 49–55 AEUV) oder iR einer selbstständigen Erwerbstätigkeit ohne Niederlassung in einem anderen Mitgliedstaat (Art. 56–62 AEUV).[12] Diese marktbezogenen gemeinschaftsrechtl. Freizügigkeiten sind durch **sekundäres Gemeinschaftsrecht** konkretisiert worden.[13] Über diese iRd Binnenmarktes gewährten Freizügigkeitsrechte hinaus ist durch Art. 21 AEUV (früher Art 18 EGV) ein **allgemeines Freizügigkeitsrecht für jeden Unionsbürger** begründet worden. Es ermöglicht diesen, sich ohne bestimmten Aufenthaltszweck im Hoheitsgebiet aller Mitgliedstaaten frei zu bewegen und aufzuhalten. Dieses Recht kann allerdings beschränkt werden, z.B. durch Nachweis ausreichender Existenzmittel und einer Krankenversicherung.[14] Einzelheiten sollen im künftigen SekundärR geregelt werden, was aber nicht die Rechtsnatur des Art. 21 AEUV als einklagbares, unmittelbar anzuwendendes IndividualR in Frage stellt.[15] Die Unionsbürger können sich in allen Fällen mit Gemein-

---

[5] JöR nF 1 (1951), 130; vgl. zum Ganzen *Sachs,* in: Stern, StaatsR IV/1, S. 1130 f.

[6] G v. 19.3.1956 (BGBl I 111).

[7] BGBl I 709.

[8] Vgl. *Randelzhofer,* Der Einfluss des Völker- und Europarechts auf das deutsche Ausländerrecht, 1980, S. 19 ff.; *Tomuschat* DÖV 1974, 761; *Rittstieg* AK GG, Art. 11 Rn. 21.

[9] BGBl 1973 II 1570 (IPBürgR).

[10] BGBl 1968 II 423.

[11] Vgl. die Komm. zu den entspr. Vorschriften des bish. EGV bei *Erhard,* in: Lenz, EG-Vertrag, Vorb. Art. 48–51 Rn. 4, 2. Aufl. 1999; auch *Müller-Graff,* in: Streinz, EUV/AEUV, 2. Aufl. 2012, zu Art. 56 ff. AEUV; zum Ganzen auch *Sachs* in Stern, StaatsR IV/1 (2006) S. 1128 f.

[12] Vgl. *Geiger,* EUV/EGV, 3. Aufl. 2000, Art. 49 EGV Rn. 1.

[13] Vgl. dazu *Pernice,* in: Dreier I (2 Aufl.), Art. 11 Rn. 5 ff.

[14] Vgl. *Fischer* ZAR 1998, 159 (161); *Geiger* (Fn. 12), Art. 18 EGV Rn. 1.

[15] So zu Recht *Fischer* ZAR 1998, 159 (161).

schaftsbezug auf Art 21 AEUV stützen, sogar gegenüber dem Mitgliedstaat, dessen Staatsangehörige sie sind.[16] Art. 21 AEUV gewährleistet ihnen auch die Freiheit zur Ausreise aus dem eigenen Land.[17] Für die innerstaatliche Freizügigkeit deutscher Staatsangehöriger in Deutschland sind die genannten AEUV-Normen zwar nicht unmittelbar anwendbar, sie haben aber Auswirkungen auf Art. 11 und gebieten seine gemeinschaftskonfe Auslegung, was die Ausreisefreiheit der Deutschen in die anderen Mitgliedstaaten betrifft (s. u. Rn. 18). In Art 45 I EUGRCh ist feierlich geregelt worden, dass alle Unionsbürger/innen das Recht haben, sich im Hoheitsgebiet der Mitgliedstaaten frei zu bewegen und aufzuhalten. Einen hierauf bezogenen Schrankenvorbehalt gibt es nicht mehr. Stattdessen bietet Art 52 EUGRCh ein auf alle ihre Grundrechte bezogenes einheitl. mehrstufiges Schrankensystem.

## III. Grundsätzliche Bedeutung

10      Das GrundR auf **Freizügigkeit ist konstituierend für den freiheitlichen Verfassungsstaat** westl. Prägung.[18] Die Wahrnehmung dieses GrundR ist Ausdruck individ. Selbstbestimmung und Lebensführung und hat Auswirkungen in vielen Lebensbereichen: Wohnung, Familie, Beruf, Eigentum, kulturelle und polit. Betätigung.[19] Das Individuum soll sich unter der Geltung des Art. 11 nicht wie in einer verplanten Gesellschaft nur an bestimmten Orten fremdbestimmt entfalten, sondern autonom und individ. an einem von ihm selbst ausgesuchten Ort.[20] Die Bedeutung der Freizügigkeit für eine offene demokr. Gesellschaft kann insbes. nach den Erfahrungen mit den freiheitsabschnürenden Diktaturen des 20. Jahrhunderts nicht hoch genug eingeschätzt werden. Deportationen missliebiger Bevölkerungsgruppen, die Erhebung einer Reichsfluchtsteuer für Juden ab 1938; polizeil. Betretungsverbote oder Verbote des Sich-Zeigens in der Öffentlichkeit für Juden (vgl. Polizeiverordnung für das Auftreten der Juden in der Öffentlichkeit vom 28.11.1938 – RGBl 1938, S. 1676), jahrelange Kriegsgefangenschaft trotz Ende des Krieges, Ausreiseverbote aus den alliierten Besatzungszonen aufgrund der alliierten Militärgesetzgebung sind hier ebenso zu nennen wie Zwangsumsiedlungen aus Grenz- und Todesstreifen in der DDR, Reise- und Aufenthaltsreglementierungen des Besucherverkehrs, Vertreibungen nach Kriegsende oder im Rahmen der SBZ-Bodenreform nach 1945 oder sowjetische Ausgangssperren infolge des 17. Juni 1953.

10a     Nach Wegfall des eisernen Vorhangs im Osten und Beseitigung der Grenzkontrollen im Westen ist Art. 11 rein faktisch aus einem langen Schattendasein, was die geringe Zahl der einschlägigen Judikate des BVerfG belegt, wieder in den Blickpunkt gerückt. **Viele neue Phänomene** sind aufgetreten, deren rechtliche Bewältigung sich erst im Anfangsstadium befindet. Die Stichworte „reisende Gewalttäter", internationale Demonstranten bei „G-8"–„G 20", international. Gipfeltreffen wie „UN-Klima"-Gipfel, Hooligans, Platzverweise für Drogenanbieter, Zwangsumsiedlungen für den Braunkohleabbau, etc. stehen für jeweils komplexe Lebenssachverhalte mit akutem Freizügigkeitsbezug. Bisher fehlte die prägende Kraft einer diesbzgl. verfassungsrechtl. Judikatur. Im jüngsten Urteil des BVerfG zum Teilbereich der „Zwangsumsiedlungen" infolge der Rahmenbetriebsplanung des Braunkohletagebaus „Garzweiler II" zeigen sich aber einige neue Ansätze.[21] Die veralteten Lösungsvorschläge im Elfes-Urteil des BVerfG von 1953 betrafen einen historisch überholten Sachverhalt, als die deutsche Demokratie nicht gefestigt war und die reale Bedrohung durch den totalitären Stalinismus bestand. Dem eingetretenen Wandel der Zeiten wird die alte Rspr. nicht mehr gerecht. Den Stimmen aus der vielfältigen Literatur, die einen umfassenderen Freizügigkeitsansatz vorgeschlagen haben,[22] ist daher nicht das Gehör zu versagen.

## IV. Grundrechtsträger

11      Träger des Grundrechts ist **jeder Deutsche** i. S. d. Art. 116. **Ausländer** können sich nicht auf Art. 11 berufen, da Art. 11 als Deutschenrecht konzipiert ist.[23] Für Ausländer umfasst die ihnen durch Art. 2 I gewährte **Freiheit der Person als Auffanggrundrecht** auch die Freiheit, sich im Bundesgebiet zu bewegen und aus dem Bundesgebiet auszureisen. Art. 2 I steht unter einfachem Gesetzesvorbehalt, von dem im AusländerG Gebrauch gemacht ist.[24] Die Freizügigkeit von Ausländern ist somit im Einklang mit dem GG beschränkt.[25]

---

[16] *Durner,* in: Maunz/Dürig, Art. 11 (2012) Rn. 45 mwN u. 64.

[17] EuGH, NVwZ 2008, 694; *Gusy* MKS I, Art 11 Rn. 11; *Rossi* AöR 127 (2002), 612 (619) mwN.

[18] *Kunig,* in: v. Münch/Kunig I, Art. 11 Rn. 1.

[19] *Randelzhofer* BK, Art. 11 (1981) Rn. 9.

[20] Vgl. zur früheren Situation in den Ostblockstaaten *Brunner,* in: Menschenrechte in den Staaten des Warschauer Paktes, 1988, 165 ff.

[21] BVerfGE, 134, 242.

[22] Vgl. etwa *Dürig,* in: Die Grundrechte II, S. 507 ff.; *Scheuner* FSThoma, 1950, S. 199 (200); *Pernice,* in: Dreier I (2 Aufl.), Art. 11 Rn. 10 f., 15; auch *Bleckmann/ Busse* DVBl 1977, 794.

[23] Dies folgt schon aus Art. 11 I. Das BVerfG leitet die Freizügigkeit der Ausländer aus Art. 2 I her (BVerfGE 35, 382 [399]); vgl. auch *Gusy* MKS I, Art. 11 Rn. 45; *Kunig,* in: v. Münch/Kunig I, Art. 11 Rn. 8.

[24] Vgl. § 7 AuslG.

[25] *Hailbronner* HStR VI, § 131 Rn. 45.

Auch **Minderjährige** können den Schutz des Art. 11 in Anspruch nehmen. Die Grundrechtsfähig- 12
keit von Minderjährigen ergibt sich aus Art. 11 II, wonach die Freizügigkeit ua zum Schutz der Jugend
vor Verwahrlosung eingeschränkt werden darf. Eine derartige Einschränkbarkeit würde leerlaufen,
wenn das Grundrecht Minderjährigen nicht zustehen würde.[26] Die Grundrechtsmündigkeit Minderjähriger im Hinblick auf die Ausübung ihres Grundrechts aus Art. 11 muss im Zusammenhang mit
Art. 6 III gesehen werden, wobei auch die §§ 1631, 1666 BGB beachtet werden müssen. **Im
Regelfall geht das Elternrecht vor.**[27]

Aus Art. 19 III ergibt sich, dass Art. 11 auch für **inländische juristische Personen** gilt.[28] Die 13
Freizügigkeit für jur. Personen bedeutet für ein Wirtschaftsunternehmen die **freie Wahl seines Sitzes,**
und damit auch die Verlagerung oder Beibehaltung des Sitzes.[29] Auch eine **Stiftung** des bürgerlichen
Rechts kann sich bei der **Verlegung ihres Sitzes** auf Art. 11 I GG berufen[30] Aus der Konzipierung
des Art. 11 als DeutschenR folgt, dass eine Anwendung auf **ausländische juristische Personen** von
vornherein ausscheidet.

## B. Inhalt des Grundrechtsschutzes (Abs. 1)

### I. Begriff der Freizügigkeit

In Art. 11 wird der Begriff „Freizügigkeit" nicht definiert. Das BVerfG[31] versteht hierunter „das 14
Recht, unbehindert durch die deutsche Staatsgewalt an jedem Ort innerhalb des Bundesgebietes
**Aufenthalt und Wohnsitz zu nehmen,** auch zu diesem Zweck in das Bundesgebiet einzureisen".
Das Grundrecht auf Freizügigkeit umfasst das Verbleiben an einem Ort, jedenfalls im Zusammenhang
mit dem zuvor erfolgten, garantierten „freien Ziehen" ebenso wie der Ortswechsel, auch den Ortswechsel über die Staatsgrenze hinaus. Auch die **„negative Freizügigkeit"** als das **dauerhafte Verbleiben** am in Freizügigkeit gewählten Ort ist vom Schutzbereich erfasst, sodass auch ein „grundsätzlicher" Schutz vor erzwungenen Umsiedlungen besteht. Zur Garantie des „freien Ziehens" tritt
damit das Recht, am in Freiheit gewählten Ort „frei von staatlichem Zwang zum Verlassen oder zum
Wegzug verbleiben zu dürfen".[32]

Die die **Bodennutzung regelnden Vorschriften** sollen aber trotz dieses weiten Ansatzes, der den 14a
Schutz des Verbleibens garantiert, nicht den Schutzbereich des Art. 11 berühren, da die Ausgestaltung
der zulässigen Bodennutzung an einem bestimmten Ort nur die **„Wahrnehmungsvoraussetzungen"
des Art. 11 GG** ausformen soll.[33] Das leitet das BVerfG bezeichnenderweise nicht anhand des
eindeutig anderssinnigen Wortlauts, sondern zentral anhand der Entstehungsgeschichte des Art. 11
her.[34] Rein dogmatisch überrascht das, da der historischen Interpretation – mit Ausnahme der Auslegung von Kompetenztiteln – nur sekundäre Bedeutung, als ein die anderen Auslegungsmethoden
bestätigendes Element beigemessen wird.[35] Zudem besteht hier die Gefahr eines Anachronismus, da
1948 in einem in Schutt und Trümmern liegenden Deutschland niemand daran dachte, den Wiederaufbau mit dem Gedanken einer negativ verstandenen Freizügigkeit zu verhindern. Auch die bestehenden Besatzungsregime ließen den Gedanken einer umfassenden Freizügigkeit ohnehin nicht aufkommen. In einem heute industriell voll entwickelten Land mit den seit Jahrzehnten herausgearbeiteten
Freiheitsrechten passt die historische Anleihe aus dem Jahr 1948 in keiner Weise. Die Verlagerung der
Rechtsschutzebene auf Art. 14 Abs. 3 schränkt zudem den Kreis der Eingriffsbetroffenen gegenüber
dem durch Art. 11 geschützten Personenkreis weit ein. Die Zuordnung zu Art. 14 führt zu einer
Materialisierung und letztlich Entkernung des hohen, auch die Menschenwürde realisierenden Rechtsguts der Freizügigkeit, ein wertvolles Traditionsgut seit der Aufklärung.

**Der Begriff „Wohnsitz"** erschließt sich durch Rückgriff auf § 7 BGB. Danach geschieht die 15
Begründung des gewählten Wohnsitzes durch ständige Niederlassung mit dem rechtsgeschäftlichen
Willen, nicht nur vorübergehend zu bleiben und den Ort zum Mittelpunkt seiner Lebensverhältnisse
zu machen. Der Begriff „Wohnsitz" ist weit auszulegen, auch ein Büro oder eine Arztpraxis kann ein

---

[26] *Hailbronner* HStR VI, § 131 Rn. 43.

[27] *Dürig,* in: Maunz/Dürig, Art. 11 (1970) Rn. 47; *Sachs,* in: Stern,StaatsR IV/1, S. 1142; differenzierter *Gusy/*
MKS I, Art. 11 Rn. 43.

[28] *Dürig,* in: Maunz/Dürig, Art. 11 (1970) Rn. 42; *Hailbronner* HStR VI, § 131 Rn. 44; *Kunig,* in: v. Münch/
Kunig I, Art. 11 Rn. 6; *Sachs,* in: Stern, StaatsR IV/1, S. 1142 f.; *Randelzhofer* BK, Art. 11 (1981) Rn. 66; *Wollenschläger,* in: Dreier I, Art. 11 Rn. 42.

[29] *Rittstieg* AK GG, Art. 11 Rn. 48.

[30] OVG Saarl, Beschl. v. 16.12.2010 – 1 A 168/10 – Juris.

[31] BVerfGE 2, 266 (273); 43, 203 (211); 80, 137 (150); 110, 177 (190 f.) (Hervorhebung nicht im Original).

[32] BVerfGE, 134, 242 Rn. 254; *Durner,* in: Maunz/Dürig, Art. 11 (2012) Rn. 91; *Wollenschläger,* in: Dreier I,
Art. 11 Rdn 37; *Jarass,* in: Jarass/Pieroth Art. 11 Rn. 3; *Kunig,* in: von Münch/Kunig Art. 11 Rn. 18.

[33] BVerfGE, 134, 242 Rn. 257; *Durner,* in: Maunz/Dürig, Art. 11 (2012) Rn. 121 u. 123: kein Eingriff, da „bloße
Folge einer raumplanerischen Entscheidung"; *Gusy* MKS I, Art. 11 Rn. 29.

[34] BVerfGE, 134, 242, Rn. 260; kritisch zur Dogmatik zu Recht: *N. Schulz* NWVBl. 2014, 331 (333).

[35] BVerfGE 1, 299 (312); E 62, 1 (45); BVerwGE 90, 265 (269).

Wohnsitz im Sinne des Art. 11 sein. Möglich sind auch **zwei oder mehrere Wohnsitze** (Zweitwohnung bzw. Filiale).[36]

16 **Die Aufenthaltsfreiheit** umfasst die Freiheit, an einem Ort vorübergehend oder längerfristig zu verweilen, ohne einen Wohnsitz zu begründen. Umstritten ist, ob der Begriff „Aufenthalt" eine gewisse Zeitdauer begrifflich voraussetzt, da sonst ein kurzer Aufenthalt auch nach Art. 2 II 2 beurteilt werden könnte. In Abgrenzung zur Bewegungsfreiheit wird unter Freizügigkeit ein Ortswechsel von einiger Bedeutung und Dauer verstanden.[37]

## II. Ausprägungen der Freizügigkeit

17 Art. 11 I gewährt Freizügigkeit innerhalb des gesamten Bundesgebiets.[38] Dabei wird terminologisch zwischen einer interterritorialen, interkomm. und interlokalen Freizügigkeit unterschieden.[39] Die **interterritoriale Freizügigkeit** gewährt den freien Zug innerhalb des Bundesgebiets ohne Rücksicht auf die Landesgrenzen.[40] Die **interkommunale Freizügigkeit** umfasst das Recht des Ortswechsels von einer Gemeinde zur anderen.[41] Als **interlokale Freizügigkeit** wird das Recht bezeichnet, innerhalb einer Gemeinde einen Ortswechsel vorzunehmen.[42] Dabei ist für die Freizügigkeit der Zweck des Ortswechsels unerheblich.[43]

18 Art. 11 umfasst auch die **Einreise- und Einwanderungsfreiheit** aller Deutschen.[44] Weiter schützt Art. 11 das Beibehalten von Wohnsitz und Aufenthaltsort und damit gegen Abschiebung, Ausweisung etc.[45] Die **Ausreisefreiheit** unterfällt nach h. M. nicht dem Art. 11, sondern dem Art. 2 I.[46] Unabhängig von dieser Mehrheitsmeinung ist jedenfalls durch das Gemeinschaftsrecht (→ Rn. 9) eine folgenreiche Änderung für die Interpretation des Schutzbereichs des Art. 11 eingetreten. Eine gemeinschaftskonf. Interpretation ist insoweit geboten, als es um die Ausreise Deutscher in Mitgliedstaaten der EU geht (→ Rn. 9). Die durch Art. 21 AEUV den Unionsbürgern gewährleistete allg. Freizügigkeit im gesamten Unionsgebiet kann nur wirksam ausgeübt werden, wenn auch aus Art. 11 GG ein effektives, nicht in weitem Umfang – wie in Art 2 I GG – einschränkbares Recht auf Ausreise in das Unionsgebiet folgt. Die deutsche Freizügigkeitsregelung ist damit europarechtskonform auszulegen.[47] Würde die Freizügigkeit nur unter dem weit reichenden Schrankenvorbehalt des Art. 2 I eingeräumt werden, könnte die europ. Grundfreiheit unterlaufen und nur ineffektiv wahrgenommen werden, wenn die deutsche Staatsgewalt einer Ausreise aus innerstaatl. Gründen hohe Barrieren entgegensetzt. Zum gleichen Ergebnis gelangt *Rittstieg,* wenn er über den Anwendungsbereich des Art. 11 hinausgehend den Deutschen unmittelbar aus der EG-Freizügigkeit die Ausreisefreiheit in andere Mitgliedstaaten gewährleisten will.[48]

19 Die Freizügigkeit würde leerlaufen, wenn sie nicht auch gewährleisten würde, dass die Ausübung des Grundrechts mit keinen wirtschaftl. Nachteilen verbunden sein darf. Neben der Eigentumsgewährleistung in Art. 14 umschließt Art. 11 auch das **Recht, Eigentum und Vermögen** bei Inanspruchnahme der Freizügigkeit **mitnehmen zu können**[49], **was** auch für inl. jur. Personen gilt.[50] Die Mindermeinung übersieht, dass gerade das erzwungene Zurücklassen von Hab und Gut seit jeher die Inanspruchnahme der Freizügigkeit verhindern, zumindest erschweren soll.[51]

---

[36] *Hailbronner* HStR VI, § 131 Rn. 23.

[37] *Rittstieg* AK GG, Art. 11 Rn. 32; *Kunig,* in: v. Münch/Kunig I, Art. 11 Rn. 14.

[38] BVerfGE 2, 266 (273); 43, 203 (211); 80, 137 (150).

[39] Vgl. etwa *Randelzhofer* BK, Art. 11 (1981) Rn. 32.

[40] *Dürig,* in: Die Grundrechte II, S. 507 (512); *Hailbronner* HStR VI, § 131 Rn. 26.

[41] *Hailbronner* HStR VI, § 131 Rn. 27 – S 137 (154); *Dürig,* in: Die Grundrechte II, S. 507 (512).

[42] *Hailbronner* HStR VI, § 131 Rn. 27.

[43] *Dürig,* in: Maunz/Dürig, Art. 11 (1970) Rn. 36 ff.; vgl. auch BVerwGE 3, 308 (312 f.).

[44] BVerfGE 2, 266 (273). Umfassend zum Recht der Deutschen in der früheren DDR, in die (alte) BRep Deutschland einzureisen, *Hailbronner* HStR VI, § 131 Rn. 30–34.

[45] *Dürig,* in: Maunz/Dürig, Art. 11 (1970) Rn. 39; *Randelzhofer* BK, Art. 11 (1981) Rn. 55.

[46] BVerfGE 6, 32 (35 f.); 72, 200 (245); *Hailbronner* HStR VI, § 131 Rn. 61 (177); *Randelzhofer* BK, Art. 11 (1981) Rn. 82; *Gusy* MKS I, Art. 11 Rn. 40; aA *Pernice,* in: Dreier I (2. Aufl.), Art. 11 Rn. 15, weitere Gegenstimmen bei der Darstellung des Meinungsstreits unter Rn. 29.

[47] Vgl. den methodisch ähnl. Ansatz zu Art. 9 I GG *Löwer,* in: v. Münch/Kunig I, Art. 9 Rn. 6; die sekundärrechtl. Freizügigkeits-RL vom 29.4.2004 (RL 2004/38/EG) ist im FreizügigkeitsG umgesetzt worden, das die Einreise und den Aufenthalt der nicht deutschen Unionsbürger regelt.

[48] *Rittstieg* AK GG, Art. 11 Rn. 19.

[49] *Hailbronner* HStR VI, § 131 Rn. 35; *Kunig,* in: v. Münch/Kunig I, Art. 11 Rn. 17; *Pernice,* in: Dreier I (2 Aufl.), Art. 11 Rn. 16; *Randelzhofer* BK, Art. 11 (1981) Rn. 46; *Rittstieg* AK GG, Art. 11 Rn. 36; *Sodan* in Sodan GG Art. 11 Rn. 3; *Ogorek* Beck OK GG Art. 11 Rn. 7; aA BGH JR 1953, 296.

[50] *Randelzhofer* BK, Art. 11 (1981) Rn. 47; *Kunig,* in: v. Münch/Kunig I, Art. 11 Rn. 17; *Hailbronner* HStR VI, § 131 Rn. 35; *Pernice,* in: Dreier I (2 Aufl.), Art. 11 Rn. 17.

[51] *Durner,* in: Maunz/Dürig, Art. 11 (2012) Rn. 11; *Jarass,* in: Jarass/Pieroth, Art. 11 Rn. 3; *Wollenschläger,* in: Dreier I, Art. 11 Rn 33; *Sachs,* in: Stern, StaatsR IV/1, S. 1139.

### III. Mittelbare Beschränkungen der Freizügigkeit

Ein von der Freizügigkeit geschützter Ortswechsel erfolgt idR zur Verfolgung bestimmter wirt- **20** schaftl. und persönl. Zwecke.[52] Die Freizügigkeit wird in vielfacher Weise dadurch tangiert, dass die mit der Freizügigkeit verfolgten Zwecke eingeschränkt und reglementiert werden, wobei die Reglementierungen nicht zielgerichtet in die Freizügigkeit eingreifen, sondern diese mittelbar berühren. So liegt ein **Eingriff** in den Schutzbereich des Art. 11 vor, wenn durch § 3a WoZuG 1996 – im Falle eine großen Zustroms unterstützungsbedürftiger Spätaussiedler, die anstelle des ihnen behördl. zugewiesenen Orts anderweitig ständig Aufenthalt nehmen, die Hilfe zum Lebensunterhalt nach dem früheren BSHG (jetzt SGB XII) versagt wird.[53] Hier wird das Grundrecht durch eine mittelbare Maßnahme beeinträchtigt, wie sie bei einer anderweitigen, an sich zulässigen Wohnsitzwahl in der Setzung einer sozialrechtl. nachteiligen Rechtsfolge liegt.

Umstr. ist, ob der Schutzbereich des Art. 11 I durch Erhebung von **Steuern und Abgaben** tangiert **21** sein kann. Werden die Abgaben – etwa die komm. Zweitwohnungssteuer oder die Grunderwerbssteuer bei selbstgenutzten Folgeobjekten – nicht wegen des Zuzuges erhoben, so verneint dies die h. M.[54] Andere gehen wegen des mobilitätshindernden Charakters solcher Steuern von einem Eingriff aus.[55] Das BVerfG geht nur dann bei Einführung einer Zweitwohnungssteuer von einem Eingriff in den Schutzbereich aus, „wenn die mittelbare und faktische Beeinträchtigung der Wahl des Wohnorts in ihrer Zielsetzung und Wirkung einem normativen und direkten Eingriff gleichkommt".[56] Auch **berufsrechtliche Regelungen** können sich mittelbar auf die Freizügigkeit auswirken. Solange derartige Maßnahmen sich auf die Art der Berufsausübung beziehen, wird Art. 11 nicht tangiert.[57] Maßnahmen, die sich mittelbar auf die Freizügigkeit in der Weise auswirken, dass sie faktisch einen Ortswechsel erschweren oder ausschließen, sind an Art. 12 bzw. Art. 33 V (Residenzpflicht eines Beamten) zu messen.[58] Das frühere bayerische Landeskinderprivileg hat das BVerfG[59] als Eingriff in Art. 12 qualifiziert, aber nicht an Art. 11 gemessen. Im Zusammenhang mit den **polizeilichen Platzverweisen und Aufenthaltsverboten** wird in jüngster Zeit die Schutzbereichsfrage neu gestellt. Bei kurzfristig dauernden Eingriffsmaßnahmen wie einem Platzverweis, der in der Regel auf polizeil. oder ordnungsbehördl. Standardmaßnahmen gestützt ist, wird ein Berührtsein des Schutzbereichs verneint, bei längerfristigen Aufenthaltsverboten, etwa für Drogenhändler bei einer offenen Drogenszene, wird das zu Recht bejaht.[60] Spezielle Ermächtigungsgrundlagen für polizeil. Aufenthaltsverbote, die den Kriminalvorbehalt des Art. 11 II verwirklichen, haben die Länder Niedersachsen und Sachsen geschaffen.[61] Hier ist vieles im Fluss und eine kanalisierte Systematik allenfalls in Umrissen erkennbar.[62] Das zeigt sich auch auf der Ebene der Festlegung eines Grundrechtseingriffs. Hier wird die sehr rigide, den Grundrechtsschutz des Art 11 von vornherein verkürzende Auffassung vertreten, dass allgemeine Regelungen, die sich nicht final oder unmittelbar auf die Freizügigkeit beziehen, aber Rückwirkungen auf deren Ausübung erlangen können, nicht den Grundrechtsschutz „selbst, sondern nur dessen Voraussetzungen" betreffen.[63] Deshalb soll die Zulassung eines Rahmenbetriebsplans für die Braunkohlenabbau schon nicht als (finaler) Grundrechtseingriff angesehen werden, denn letztlich gehe es nur um die durch Art 11 nicht geschützten rechtl. Voraussetzungen für die künftige Nutzung des durch das Bergbauvorhaben betroffenen Bereichs.[64] Eine solche Interpretation des Grundrechtseingriffs widerstreitet dem modernen Eingriffsverständnis und hält ohne Not am zu engen überkommenen Begriff des klass. Grundrechtseingriffs fest.

---

[52] *Hailbronner* HStR VI, § 131 Rn. 37.

[53] BVerfGE 110, 177 (191); vgl. auch BVerfG in NVwZ 2010, 1022 (Rn. 57).

[54] BVerfGE 13, 101 (111 f.); 65, 325; BVerwGE 44, 202 (211); *v. Arnim* StuW 1982, 33 (55); *Randelzhofer* BK, Art. 11 (1981) Rn. 40; *Kunig*, in: v. Münch/*Kunig*, Art. 11 Rn. 20.

[55] *Koops* DStR 1998, 1455 (1457), für die Berliner Zweitwohnungssteuer; *Künzel* BB 1998, 768 (769) für die Grunderwerbssteuer auf selbstgenutzte Folgeobjekte.

[56] BVerfG (K) NVwZ 2010, 1022 Rn. 57.

[57] Vgl. *Randelzhofer* BK, Art. 11 (1981) Rn. 24.

[58] *Dürig*, in: Maunz/Dürig, Art. 11 (1970) Rn. 34 f.; *Randelzhofer* BK, Art. 11 (1981) Rn. 171; BayVGHE nF 10, 57, 105 (108); einschr. *Gusy* MKS I, Art. 11 Rn. 50.

[59] BVerfGE 33, 351.

[60] Vgl. OVG Bremen NVwZ 1999, 314 (315); OVG Magdeburg, B. v. 23.4.2018 – 3 L 85/16, juris Rn 64; auch *Hetzer* JR 2000, 1 (5 ff.); *Robrecht* SächsVBl 1999, 232 (234 f.).

[61] Vgl. § 17 II Nds GefAG (NdsGVBl. 1996, 230), § 21 Abs. 1 S. 1 SächsPolG (Sächs GVBl 1999, 330).

[62] Vgl. VGH BW JZ 2005, 352, der systematisch klar und überzeugend im Falle des polizeil. Wohnungsverweises mit Rückkehrverbot einen Eingriff in den Schutzbereich des Art 11 I GG bejaht; vgl. auch die Anm hierzu von *Gusy* JZ 2005, 355; ferner *Wuttke* JuS 2005, 779; *Hecker* NVwZ 2003, 1334; *Kay* NVwZ 2003, 521; zu den reisenden „sportlichen" Gewälttätern: vgl. *Breucker* NJW 2004, 1631; zu den bei offener Drogenszene ausgesprochenen polizeil.Aufenthaltsverboten: *Cremer* NVwZ 2001, 1218.

[63] OVG NRW, DVBl 2008, 452 (457); auch *Gusy* MKS I, Art 11 Rn. 49; VerfG Bbg ZfB 2002, 45 (50, 51); vgl. auch BVerfG E, 134, 242, Rn. 257 f., das den Schutzbereich schon nicht berührt sieht.

[64] OVG NRW, DVBl 2008, 452 (457).

**22**    Aus Art. 11 lässt sich **kein Leistungsanspruch** gegen die öffentl. Hand ableiten (etwa auf Bereit-stellung einer Wohnung).[65] Die **Bevorzugung** der Interessen **von Einheimischen** bei der Bauleit-planung verstößt nicht gegen Art. 11, wenn dadurch nicht die Möglichkeit des Zuzugs faktisch versperrt wird.[66] Auch Vorschriften des Meldewesens[67] und des WahlR[68] zielen nicht auf Art. 11.

## C. Beschränkungsmöglichkeiten (Abs. 2)

### I. Der Gesetzesvorbehalt

**23**    Nach Art. 11 II darf das Grundrecht der Freizügigkeit durch Gesetz oder auf Grund eines Gesetzes beschränkt werden. „Gesetz" ist dabei ein Gesetz im formellen Sinne.[69] Weiter kann das GrundR **auch durch eine RVO** eingeschränkt werden, die den Anforderungen des Art. 80 genügt. Die eingeräumte Kompetenz zur Beschränkung darf nur zu den in Art. 11 II genannten Zwecken ausgeübt werden. Art. 11 I kann auch durch LandesG eingeschränkt werden.[70]

### II. Die einzelnen Vorbehalte

**24**    **1. Das Fehlen einer ausreichenden Lebensgrundlage und daraus entstehende besondere Lasten für die Allgemeinheit.** Eine Grundrechtsbeschränkung kommt für Personen in Betracht, die bei einem Zuzug nicht in der Lage sind, ihren Grundbedarf zum Leben selbst zu erwerben, wodurch dem Staat erhebliche Lasten erwachsen würden.[71] Diese Grundrechtsbeschränkung greift nur in Zeiten **umfangreicher Flüchtlings- und Aussiedlerströme**.[72] In „normalen Zeiten" verbieten regelmäßig das Sozialstaatsprinzip und die wirtschaftl. Leistungsfähigkeit der BRD, die Wahrnehmung persönl. GrundR unter Hinweis auf finanz. Lasten der Allgemeinheit zu beschränken.[73]

**25**    **2. Abwehr einer Gefahr für den Bestand oder die freiheitliche demokratische Grundord-nung des Bundes oder eines Landes.** Weitgehende Beschränkungsmöglichkeiten räumt der sog. **Notstandsvorbehalt** ein. Der Vorbehalt bezieht sich auf den **inneren Staatsnotstand**, der durch innere Unruhen und terroristische Aktivitäten hervorgerufen werden kann. Der Gesetzgeber hat bisher von ihm keinen Gebrauch gemacht, er könnte z. B. Ausgangssperren und Evakuierungsmaßnahmen vorsehen.[74] Die drohende Gefahr muss sich auf die Elemente der Staatlichkeit von Bund und Ländern oder auf die freiheitl. demokr. Grundordnung[75] beziehen.

**26**    **3. Seuchengefahr und Bekämpfung von Naturkatastrophen oder besonders schweren Un-glücksfällen.** Freiheitsbeschränkende Regelungen im Falle von **Seuchengefahr** treffen die §§ 17, 28–30 IfSG (früher §§ 34 ff. BSeuchG) und die §§ 19 II, 47 TierseuchG. **„Naturkatastrophen"** sind durch Naturgewalten hervorgerufene Ereignisse von großem Schadensausmaß (z. B. Flutkatastro-phen, Erdbeben), **„besonders schwere Unglücksfälle"** haben dagegen eine techn. Ursache. Der Gesetzgeber hat von der Ermächtigung noch keinen Gebrauch gemacht, die Katastrophengesetz-gebung von Bund und Ländern bezieht sich auf die Verteidigung.

**27**    **4. Schutz Jugendlicher vor Verwahrlosung und Vorbeugung vor strafbaren Handlungen.** Der sog. **Jugendschutzvorbehalt** ermöglicht die Beschränkung der Freizügigkeit aus Gründen des Jugendschutzes (vgl. § 1 JSchG) und zwecks Unterbringung von Jugendlichen in Heimen (§§ 42, 43 SGB VIII). Der sog. **Kriminalvorbehalt** ermöglicht freizügigkeitsbeschr. Maßnahmen zur Verhin-derung von Straftaten. Voraussetzung für die Anwendung ist die hinreichende Wahrscheinlichkeit, dass Straftaten ohne die Anordnung freizügigkeitsbeschr. Maßnahmen begangen würden. Zu nennen sind die Führungsaufsicht[76] und Weisungen[77] im Falle der Strafaussetzung zur Bewährung.[78] Auch ein polizeil. Aufenthaltsverbot gegenüber Drogenhändlern zählt hierzu.[79]

---

[65] VGH BW NDV 1982, 365 f.; BSG NZS 2017, 738 Rn. 44; *Jarass* in Jarass/Pieroth Art. 11 Rn. 9 mwN; vgl. aber *J. Ziekow* (Fn. 2), S. 591 ff., er leitet aus Art. 11 I ein Recht auf Einrichtung eines Minimalstandards von Verbindungswegen her.
[66] BayVGH BayVBl 1991, 33 (37 f.).
[67] *Kunig,* in: v. Münch/Kunig I, Art. 11 Rn. 20 – Meldewesen.
[68] BVerfGE 58, 202 (205).
[69] BVerwGE 11, 113 (134).
[70] *Hailbronner* HStR VI, § 131 Rn. 47.
[71] BVerwGE 3, 130 (139); vgl. zum Ganzen *Sachs,* in: Stern, StaatsR IV/1, S. 1147.
[72] *Hailbronner* HStR VI, § 131 Rn. 52; diese Wertung aus einem Deutschengrundrecht gilt erst recht für den gewaltigen Flüchtlingsansturm des Jahres 2015.
[73] *Hailbronner* HStR VI, § 131 Rn. 53.
[74] *Kunig,* in: v. Münch/Kunig I, Art. 11 Rn. 23; auch *Sachs,* in: Stern, StaatsR IV/1, S. 1151f
[75] BVerfGE 2, 1 (12); 5, 85 (140); 44, 125 (145).
[76] §§ 68 ff. StGB.
[77] § 56c II StGB.
[78] §§ 56, 57 III StGB.
[79] Vgl. OVG Brem NVwZ 1999, 314 (316 f.).

**5. Verteidigung und Schutz der Zivilbevölkerung.** Gemäß Art. 17a II sind auch Einschränkun- 28 gen zur Verteidigung einschließlich des Schutzes der Zivilbevölkerung möglich.[80] Der **„Schutz der Zivilbevölkerung"** bezieht sich auf Maßnahmen, die im Falle eines milit. Angriffs im Interesse der Zivilpersonen erfolgen.[81] Vielfältige Einschränkungen der Freizügigkeit ergeben sich für **Soldaten, Wehrdienstleistende** und **Ersatzdienstleistende.**[82]

## D. Ausreisefreiheit

### I. Verfassungsrechtliche Grundlage der Ausreisefreiheit

Die Ausreisefreiheit soll nach h. M. **nicht durch Art. 11,** sondern nur iRd allg. Handlungsfreiheit 29 geschützt sein.[83] Diese Aussage des BVerfG im Elfesurteil – im Anschluss an eine behördl. Versagung der Passverlängerung 1953 in der Bedrohungslage des kalten Kriegs – ist von Anbeginn an mit beachtl. Argumenten kritisiert worden.[84] Die Beschränkung des Grundrechts auf innerstaatl. Freizügigkeit und Einreise folgt nicht aus der Entstehungsgeschichte, da sich das gesamte FreizügigkeitsR gerade erst aus der Abzugsfreiheit entwickelte.[85] Das einer damaligen Einzelmeinung folgende BVerfG-Urteil ist zunächst **fast einhellig abgelehnt** worden.[86] Auch das Wortlautargument („im") des BVerfG trägt nicht, da Art. 11 unbestr. auch die Einreisefreiheit umfasst, obschon zu ihr die Worte „im" Bundesgebiet noch weniger passen als zur Ausreisefreiheit.[87] Zudem können die Beschränkungen in Abs. 2, die nach Auffassung des BVerfG[88] sämtlich auf die innerstaatl. Freizügigkeit zielen und deshalb für eine enge Auslegung sprechen sollen, ganz anders verstanden werden, wie *Dürig*[89] und *Hesse*[90] überzeugend nachgewiesen haben. Der gegenteilige Schluss liegt auf der Hand: „Die geringe Möglichkeit, die Ausreisefreiheit zu beschränken, entspricht voll dem Wert des oftmals letzten Auswegs".[91] Die Zuordnung der Ausreisefreiheit zum bereits erheblich überfrachteten „Allerweltsgrundrecht" des Art. 2 I, der leichter eingeschränkt werden kann als Art. 11 I, widerspricht der besonderen Schutzbedürftigkeit einer Ausreise. Erkennt man mit *Pernice*[92] das Konzept des off. Verfassungsstaats und die Bedürfnisse einer freiheitl. mobilen Gesellschaft an, aber auch den durch das FreizügigkeitsR verstärkten Menschenrechtsstandard, so erscheinen die Erwägungen des BVerfG aus der Frühzeit des GG heute als obsolet. Wie entlarvend etwa eine auf die Beschädigung des Ansehens dieses Staates gestützte Passversagung ist, die das Ausreisen und damit das freie Ab-Ziehen, das seit Jahrhunderten als Recht anerkannt wurde, verhindert, zeigen die allseits bekannten Ausreiseverbote in totalitären Diktaturen, die natürlich auch um ihr „Ansehen" besorgt sind. In Wirklichkeit kann das Ansehen des Rechtsstaats Deutschland durch eine rigide Passversagung, die ein fast grenzenloser Schrankenvorbehalt des Art 2 I begünstigt, viel eher Schaden nehmen, da ihre liberale Rechtsstaatlichkeit und eine großzügige Grundrechtsausübung auf dem Spiel stehen. Das mochte in Zeiten der Bedrohung des Gemeinwesens durch ein totalitäres Weltsystem im kalten Krieg noch angehen. Heute fehlt hierfür jede Rechtfertigung. Es bleibt das klare Argument *Dürigs*:

> „Nach der Erfahrung von Mauer, Todesstreifen und unmenschliche Wirklichkeit gewordenen Schießbefehl sollte uns allen klar geworden sein, dass eine Interpretation, die sich fast ausschließlich an die Entstehungsgeschichte des Art 11 im Parlamentarischen Rat orientiert (BVerfG aaO S. 34 f.) nicht geeignet ist, den Umfang des Freizügigkeitsrechts auch nur annähernd auszuschöpfen. Dafür ist sie zu formal."[93]

Neue Versuche, mit Hilfe der angeblich eindeutigen Entstehungsgeschichte, die überholte Rspr. des BVerfG aus dem Jahre 1953 zu rechtfertigen,[94] übersehen, dass der Entstehungsgeschichte von vornherein bei der Gesetzesinterpretation nur eine eingeschränkte Bedeutung zukommt, nämlich soweit sie

---

[80] Vgl. dazu auch § 12 KatSG.

[81] *Hailbronner* HStR VI, § 131 Rn. 59.

[82] Vgl. §§ 3 II, 48 I Nr. 5b, c WPflG; §§ 18, 46 III SG; § 31 ZDG.

[83] BVerfGE 6, 32 (35); 72, 200 (245); *Sachs*, in: Stern, StaatsR IV/1, S. 1165 mwN; aA *Pernice*, in: Dreier I (2 Aufl.), Art. 11 Rn. 15.

[84] *Dürig*, in: Maunz/Dürig, Art. 11 (1970) Rn. 103 ff.; auch *ders.* in: Die Grundrechte II, S. 507 ff.; *Scheuner*, FS Thoma, 1950, S. 199 (200); vgl. auch *Bleckmann/Busse* DVBl 1977, 794; *D. D. Hartmann*, JöR N. F. 17 (1968), 437, 440, 459; dezidiert auch: *Pernice*, in: Dreier I (2. Aufl.), Art. 11 Rn. 15.

[85] Vgl. *Dürig*, Freizügigkeit, in: Die Grundrechte II 1954, S. 507 (509 f.).

[86] Vgl. *v. Mangoldt/Klein*, Art. 11 Anm. III 2; auch *Dürig* in Maunz/Dürig Art 11 (1970) Rn. 105 f. mwN; auch die bei *Ziekow* in: Friauf/Höfling (2002) Art 11 Rn. 69 ff. wiedergegebenen Stimmen.

[87] So zu Recht *Scheuner* FS Thoma, 1950, S. 199 (222 f.); *Pernice*, in: Dreier I (2 Aufl.), Art. 11 Rn. 15.

[88] BVerfGE 6, 32 (35).

[89] *Dürig*, in: Maunz/Dürig, Art. 11 (1970) Rn. 106.

[90] *Hesse*, Grundzüge, S. 146.

[91] Zutreffend und die Geschichte der Diktaturen verinnerlichend, die zuerst den Kritikern und Gegnern die Ausreise verwehren: *Dürig*, in: Maunz/Dürig, Art. 11 (1970) Rn. 106.

[92] *Pernice*, in: Dreier I (2 Aufl.) Art. 11 Rn. 15.

[93] *Dürig*, in: Maunz/Dürig, Art. 11 (1970) Rn. 106.

[94] *Durner*, in: Maunz/Dürig, Art. 11 (2012) Rn. 101 f. – in totaler Abkehr vom Gründungsvater dieses Kommentars Dürig in der Vorauflage.

die Richtigkeit der nach Wortlaut, Systematik und Sinn und Zweck ermittelten Auslegung bestätigt oder Zweifel behebt, die auf dem übl. Auslegungsweg nicht behebbar sind.[95] Zudem wird die überragende Bedeutung des „freien Ziehens" in einer total vernetzten, allseits technisch und medial durchdrungenen und beherrschten Welt hintangestellt, die dem Individuum auch noch die wenigen verbliebenen Freiräume wegsperrt. Man muss frei „abziehen" dürfen aus einem vollständig medial, wirtschaftlich und rechtlich überfeinerten Staatssystem – ohne „Segen" des Staates. Dass i. Ü. die deutsche Verfassungstradition die Altrspr. des BVerfG stützen soll,[96] ist ein Trugschluss, da gerade das „Ziehenlassen außer Landes" eine Frucht deutscher traditionsstiftender Aufklärungsgesetzgebung (vgl. ALR § 127 II 17 – → Rn. 1) war.

## II. Beschränkungen der Ausreisefreiheit

30    Die Ausreisefreiheit unterliegt nach h. M. **einfachgesetzlichen Schranken,** die überwiegend im PassG normiert sind.[97] Weitere Beschränkungen ergeben sich aus landesrechtl. Vorschriften über die Anzeige- und Genehmigungspflicht von Auslandsreisen von Amtsinhabern.[98] Allerdings ist aus Gründen der Grundrechtsgewährleistung eine **restriktive Handhabung** von Eingriffen in die Ausreisefreiheit **geboten.** Ob schon eine „Gefährdung des Ansehens der Bundesrepublik Deutschland" eine Passversagung für einen bisher nicht straffällig gewordenen Demonstranten rechtfertigen kann, der als Unionsbürger in einem anderen EG-Mitgliedsstaat gegen einen „EU-Gipfel" demonstrieren will, erscheint sehr zweifelhaft. Das Ansehen eines Staates, der seinen Bürgern die Ausreise erschwert oder verbietet, wie es oft in Diktaturen in anderen Erdteilen erfolgt, muss nicht gerade in der Weltmeinung zunehmen. Die limitierte Beschränkungsmöglichkeit in Art. 11 II verhindert ein sachwidriges, eventuell auch politisch motiviertes Ausreiseverbot, das in einer offenen, auch ideologischen Verengungen ausgesetzten Gesellschaft in Zukunft denkbar erscheint.

## E. Konkurrenzen

31    Art. 11 I ist im Verhältnis zu Art. 2 I **lex specialis.** Art. 11 I schützt die Freiheit, einen anderen Ort im Sinne eines Ortwechsels aufsuchen zu können, **Art. 2 II 2** dagegen vor unmittelbaren und zwanghaften Eingriffen in die Freiheit, den gegenwärtigen Aufenthaltsort jederzeit verlassen zu können. Da Art. 11 I nicht jede Fortbewegung schützt und Art. 2 II auch nur einen Ausschnitt der Fortbewegungsfreiheit, ist der Gegenstand beider Grundrechte **nicht deckungsgleich.**[99] Art. 6 II und 6 III begrenzen für Kinder deren GrundrR aus Art. 11 I **(Grundrechtskollision).** Art 14 soll bei Einschränkungen des Rechts auf freies Verbleiben infolge zulässiger Änderung der Bodennutzung mit der Folge des Zwanges zum Wegziehen schützen.[100]Will ein Freizügigkeitsberechtigter allerdings Gegenstände zum neuen Aufenthaltsort oder Wohnsitz mitnehmen, wird die Eigentumsgarantie von dem schutzintensiveren Art. 11 verdrängt.[101]

## Art. 12 [Berufsfreiheit]

(1) **Alle Deutschen haben das Recht, Beruf, Arbeitsplatz und Ausbildungsstätte frei zu wählen. Die Berufsausübung kann durch Gesetz oder auf Grund eines Gesetzes geregelt werden.**

(2) **Niemand darf zu einer bestimmten Arbeit gezwungen werden, außer im Rahmen einer herkömmlichen allgemeinen, für alle gleichen öffentlichen Dienstleistungspflicht.**

(3) **Zwangsarbeit ist nur bei einer gerichtlich angeordneten Freiheitsentziehung zulässig.**

**Entstehungsgeschichte: Urfassung:** JöR nF 1 (1951), S. 133 ff. – **Änderungen:** G. zur Erg. d. GG v. 19.3.1956 (BGBl I 111), Art. I Nr. 2 (dazu: BT-Dr II/124; II/125; II/171 [Entwürfe]; II/2150; BT-Prot II/243 ff.; II/552; II/6819; BR-Dr 68/54; 69/56; BR-Prot 54/54; 56/76). – 17. G. zur Erg. d. GG v. 24.6.1968 (BGBl I 709), § 1 Nr. 4 (dazu: BT-Dr V/1879 [Entwurf]; V/2873; BT-Prot V/5856; V/9313; V/9413; V/9606; BR-Dr 162/67; 303/68; BR-Prot 67/51; 68/138).
**Historische Verfassungstexte: RV 1849:** § 133 (1) Jeder Deutsche hat das Recht, an jedem Orte des Reichsgebietes seinen Aufenthalt und Wohnsitz zu nehmen, Liegenschaften jeder Art zu erwerben und darüber zu verfügen,

---

[95] Vgl. nur BVerfGE 1, 299 (312); 62, 1 (45); auch BVerwGE 90, 265 (269).

[96] *Durner,* in: Maunz/Dürig, Art. 11 (2012) Rn. 101.

[97] § 7 PassG – Passversagung; § 8 PassG – Passentziehung; § 10 PassG – Ausreiseuntersagung; § 13 PassG – Sicherstellung des Passes.

[98] Vgl. *Hailbronner* HStR VI, § 131 Rn. 69; nach dem Zusammenbruch der kommun. Staaten dürften beamtenrechtl. Reisebeschränkungen keine Anwendung mehr finden.

[99] *Kunig,* in: v. Münch/Kunig I, Art. 11 Rn. 28; andere sprechen vom Verhältnis tatbestandl. Exklusivität: *Gusy* MKS I, Art 11 Rn. 65.

[100] BVerfGE, 134, 242, Rn. 159 ff., 257 f., 265.

[101] *Ziekow,* in: Friauf/Höfling GG, Art. 11 (2002) Rn. 55; *Ogorek,* Beck OK GG Art. 11 Rn. 18.1.

jeden Nahrungszweig zu betreiben, das Gemeindebürgerrecht zu gewinnen. **(2)** Die Bedingungen für den Aufenthalt und Wohnsitz werden durch ein Heimathgesetz, jene für den Gewerbebetrieb durch eine Gewerbeordnung für ganz Deutschland von der Reichsgewalt festgesetzt. **§ 158** Es steht einem Jeden frei, seinen Beruf zu wählen und sich für denselben auszubilden, wie und wo er will. – **WRV: Art. 111** Alle Deutschen genießen Freizügigkeit im ganzen Reiche. Jeder hat das Recht, sich an beliebigem Orte des Reichs aufzuhalten und niederzulassen, Grundstücke zu erwerben und jeden Nahrungszweig zu betreiben. Einschränkungen bedürfen eines Reichsgesetzes. **Art. 133 (1)** Alle Staatsbürger sind verpflichtet, nach Maßgabe der Gesetze persönliche Dienste für den Staat und die Gemeinde zu leisten. **(2)** Die Wehrpflicht richtet sich nach den Bestimmungen des Reichswehrgesetzes. Dieses bestimmt auch, wieweit für Angehörige der Wehrmacht zur Erfüllung ihrer Aufgaben und zur Erhaltung der Manneszucht einzelne Grundrechte einzuschränken sind. **Art. 151 (1)** Die Ordnung des Wirtschaftslebens muß den Grundsätzen der Gerechtigkeit mit dem Ziele der Gewährleistung eines menschenwürdigen Daseins für alle entsprechen. In diesen Grenzen ist die wirtschaftliche Freiheit des einzelnen zu sichern. **(2)** Gesetzlicher Zwang ist nur zulässig zur Verwirklichung bedrohter Rechte oder im Dienst überragender Forderungen des Gemeinwohls. **(3)** Die Freiheit des Handels und Gewerbes wird nach Maßgabe der Reichsgesetze gewährleistet. **Art. 163 (1)** Jeder Deutsche hat unbeschadet seiner persönlichen Freiheit die sittliche Pflicht, seine geistigen und körperlichen Kräfte so zu betätigen, wie es das Wohl der Gesamtheit erfordert. **(2)** Jedem Deutschen soll die Möglichkeit gegeben werden, durch wirtschaftliche Arbeit seinen Unterhalt zu erwerben. Soweit ihm angemessene Arbeitsgelegenheit nicht nachgewiesen werden kann, wird für seinen notwendigen Unterhalt gesorgt. Das Nähere wird durch besondere Reichsgesetze bestimmt. – **GG 1949:** (1) Alle Deutschen haben das Recht, Beruf, Arbeitsplatz und Ausbildungsstätte frei zu wählen. Die Berufsausübung kann durch Gesetz geregelt werden. (2) und (3) wie geltende Fassung.

**Geltende Landesverfassungen:** *BW*Verf Art. 11; *Bay*Verf Art. 109 I, 128, 151 II, 166–169; *Bln*Verf Art. 17, 18; *Bbg*Verf Art. 29, 42, 48, 49; *Brem*Verf Art. 8, 27, 49; *Hess*Verf Art. 28, 38 II; *MV*Verf Art. 8, 17 I; *Nds*Verf Art. 3 II, 4 I, 6a; *NRW*Verf Art. 4 I, 6 III, 8 I, 24; *RhPf*Verf Art. 15, 19a, 31, 51, 52, 53, 58; *Saar*Verf Art. 44, 45; *Sachs*Verf Art. 28, 29; *LSA*Verf Art. 16, 25 I, 39; *Thür*Verf Art. 20, 35, 36.

**Supra- und internationale Texte:** AMRE Art. 23, 26; IPBürgR Art. 8 III; IPWirtR Art. 6, 7, 13 II b, c; EMRK Art. 4 II, III; EurSozcharta Teil II Art. 1–4, 10; AEUV Art. 45, 49, 56; EUGRCh Art. 5 II, 15, 16; Art. 2 Nr. 1 Übereinkommen über Zwangs- oder Pflichtarbeit der ILO.

**Leitentscheidungen: Zu Abs. 1:** BVerfGE 7, 377 (Apothekenurteil); BVerfGE 30, 292 (Erdölbevorratung); BVerfGE 33, 303 (numerus clausus); BVerfGE 50, 290 (Mitbestimmung); BVerfGE 78, 179 (Heilpraktiker); BVerfGE 84, 34 u. 59 (Prüfungsrecht); BVerfGE 94, 372 (Werbeverbot für Apotheker); BVerfGE 95, 173 (Warnhinweise auf Tabakerzeugnissen); BVerfGE 98, 265 (Schwangerschaftsabbruch); BVerfGE 102, 197 (Spielbanken BW); BVerfGE 105, 252 (Glykol); BVerfGE 111, 10 (Ladenschluss); BVerfGE 111, 191 (Notarkasse); BVerfGE 115, 276 (Sportwetten); BVerfGE 119, 59 (Hufbeschlagsgesetz); BVerfGE 128, 157 (Universitätsklinikum); BVerfGE 147, 253 (NC Humanmedizin). – **Zu Abs. 2 und 3:** BVerfGE 74, 102 (Erziehungsmaßregel).

**Schrifttum:** *A. Auer,* Der Berufsbegriff des Art. 12 GG, Diss. Köln 1991; *O. Bachof,* Freiheit des Berufs, in: Die Grundrechte III/1, S. 155; *P. Badura,* Das Berufsrecht in der Rechtsprechung des BVerfG, in: FG BVerwG 2003, S. 785; *A. Borrmann,* Der Schutz der Berufsfreiheit im deutschen Verfassungsrecht und im europäischen Gemeinschaftsrecht, 2002; *R. Breuer,* Freiheit des Berufs HStR VIII³, § 170; *ders.,* Staatliche Berufsregelung und Wirtschaftslenkung HStR VIII³, § 171; *S. Bulla,* Freiheit der Berufswahl, Diss. Augsburg 2009; *M. Burgi* Freiheitsgewinn durch Differenzierung – Zum Schutz der unternehmerischen Berufsausübung, ZHR 2017, 1; *M. Burgi/Chr. Krönke,* Die ausgleichspflichtige Indienstnahme, VerwArch109 (2018), 423; *O. Depenheuer,* Freiheit des Berufs und Grundfreiheiten der Arbeit, FS BVerfG, Bd. 2, 2001, S. 241; *J. Dietlein,* Berufs-, Arbeitsplatz- und Ausbildungsfreiheit, in: Stern, StaatsR IV/1, 2006, § 111; *R. Düring,* Berufsfreiheit und Konkurrentenschutz, FS Jaeger, 2011, S. 377; *M. Groepper,* Berufsfreiheit und freie Berufe, GewArch 2000, 366; *R. Jaeger,* Die freien Berufe und die verfassungsrechtliche Berufsfreiheit, AnwBl 2000, 475; *M. Kleine-Cosack,* Freiberufsspezifische Werbeverbote vor dem Aus, NJW 2010, 1921; *W. Kluth,* Das Grundrecht der Berufsfreiheit, Jura 2001, 371; *U. Kramer,* Die Meisterpflicht im Handwerk – Relikt oder Weg in die Zukunft?, GewArch 2013, 105; *H. Lecheler,* Art. 12 GG – Freiheit des Berufs und Grundrecht der Arbeit, VVDStRL 43 (1985), 48; *P. Lerche,* Fragen des Verhältnisses zwischen Berufs- und Eigentumsfreiheit, FS R. Schmidt, 2006, 377; *J. Lücke,* Die Berufsfreiheit, 1994; *G. Manssen,* Berufsfreiheit bei der Berufsausübung?, BayVBl. 2001, 641; *Th. Mann,* Randnotizen zum Richtlinienentwurf über die Anerkennung von Berufsqualifikationen, EuZW 2004, 615; *ders.,* Berufliche Selbstverwaltung HStR VI, § 146; *ders./E.-M. Worthmann,* Berufsfreiheit (Art. 12 GG) – Strukturen und Problemkonstellationen, JuS 2013, 385; *ders.,* Anwaltliche Fortbildung und Berufsfreiheit, AnwBl. 2016, 284; *ders./S. Figuccio,* Die Berufsfreiheit in der Fallbearbeitung, AL 2019, 350; *D. Merten,* Berufsfreiheit des Beamten und Berufsbeamtentum HGR V, 2013, § 114; *A. Nussberger,* Arbeit als Fluch und Segen, GS Tettinger, 2007, S. 81; *F. Ossenbühl,* Die Freiheiten des Unternehmers nach dem Grundgesetz, AöR 115 (1990), 1; *H.-J. Papier,* Grundgesetz und Wirtschaftsordnung HdbVerfR, § 18; *ders.,* Staatliche Monopole und Berufsfreiheit, FS Stern, 1997, S. 543; *R. Pitschas,* Berufsfreiheit und Berufslenkung, 1983; *M. Ruffert,* Berufsfreiheit und unternehmerische Freiheit, in: D. Ehlers, (Hrsg.), Europäische Grundrechte und Grundfreiheiten, 4. Aufl. 2015, § 19; *H.-P. Schneider,* Berufsfreiheit HGR V, 2013, § 113; *C. Stamer,* Rechtsschutz gegen öffentliche Konkurrenzwirtschaft, Diss. Göttingen 2007; *H. Sodan,* Verfassungsrechtsprechung im Wandel – am Beispiel der Berufsfreiheit, NJW 2003, 257; *P.J. Tettinger,* Das Grundrecht der Berufsfreiheit in der Rechtsprechung des Bundesverfassungsgerichts, AöR 108 (1983), 92; *R. Zuck,* Die Bedeutung des Berufsbilds bei der Beurteilung anwaltlicher Berufsausübung, FS Geiß, 2000, S. 323 – **Ausbildungsfreiheit:** *Chr. Ernst/J. A. Kaemmerer,* Berufsfreiheit im Bologna-Prozess, RdJB 2011, 297; *S. Müller-Franken,* Berufliche Ausbildung HStR VIII, § 172; *R. Steinberg/H. Müller,* Art. 12 GG, Numerus Clausus und die neue Hochschule, NVwZ 2006, 1113; *W. Thieme,* Die freie Wahl der Ausbildungsstätte in der Rechtsanwaltsausbildung, ZRP 1997, 239; *W. Zimmerling/R. G. Brehm,* Hochschulkapazitätsrecht, 2 Bde, 2011, 2013 – **Arbeitszwang und Zwangsarbeit:** *H. Göppel,* Die Zulässigkeit von Arbeitszwang nach Art. 12 Abs. 2 S. 1 GG, Diss. München 1967; *M. Sachs,* Der Schutz vor Arbeitszwang und Zwangsarbeit, in: K. Stern, StaatsR IV/1, 2006, § 105.

## Übersicht

## A. Allgemeines

## I. Entstehung

**1**    **1. Vorgeschichte.** Die in der **Paulskirchenverfassung** v. 28.3.1849[1] enthaltenen berufsbezogenen Gewährleistungen gelten als Ausdruck des Konflikts zw. den liberalen Zielen des Bürgertums u. der polit. Forderung nach partiellem Abbau der in einigen deutschen Teilstaaten bereits verfassungsrechtl. verankerten Berufs- u. Gewerbefreiheit.[2] Die in § 133 I RV 1849 niedergelegte wirtschaftl. Freizügigkeit, in der Lit. teils als bloße Indigenatsforderung,[3] teils als allg. Grundrecht der Berufsausübungs-

---

[1] RGBl 1849, 101; abgedr. bei *E. R. Huber,* Dokum. zur Dt. Verfassungsgeschichte, Bd. 1, 1961, S. 304 ff.

freiheit[4] gedeutet, unterlag gem. § 133 II RV 1849 der inhaltlichen Konturierung durch Reichsgesetz, war also nur Proklamation eines Programms ohne eigenständige jurist. Geltungskraft. Auch die in § 158 RV 1849 formulierte Berufswahl- u. -ausbildungsfreiheit wurde als ein für den Einzelnen wirtschaftl. noch nicht einträgliches R. auf obj. Unterrichtsfreiheit verstanden, das sich inhaltlich gegen vormärzliche Universitätsverbote richtete.[5]

Vergleichbare gesamtstaatl. Verfassungsgewährleistungen bestanden während des Norddeutschen **2** Bundes u. des Deutschen Reiches nur als gemeinsames Indigenat.[6] Einfachgesetzlich war allein die freie Zulassung zum selbstständigen Gewerbebetrieb nach Maßgabe der **Gewerbeordnung** v. 21.6.1869 (BGBl 1869 S. 245) garantiert. Die Gewerbeausübung hingegen konnte durch Landes- wie Reichsgesetz beschränkt werden.[7]

Die berufsgrundrechtl. relevanten Gewährleistungen in der **Weimarer Reichsverfassung.** v. **3** 11.8.1919 (RGBl S. 1383) folgten i. W. dem Vorbild der Paulskirchenverf. Die in Art. 111 WRV verbürgte Freizügigkeit, die zugleich die „Freiheit der Berufswahl" garantierte,[8] war gem. Art. 111 S. 3 WRV durch Reichsgesetz, nicht aber durch Landesgesetz einschränkbar u. wurde deshalb als „reichsgesetzkräftiges Grundrecht" bezeichnet.[9] Gleiches gilt für die Freiheitsgarantie des Handels u. Gewerbes nach Art. 151 III WRV, deren Anwendungsbereich sich mit Art. 111 WRV überschnitt, darüber hinaus aber auch die Gewerbeausübungsfreiheit umfasste.[10] Die Gewerbeordnung als einschlägiges Reichsgesetz überließ die Ausübungsregelungen in vielen Bereichen allerdings weiterhin stillschweigend dem Landesgesetzgeber.[11] Die sozialstaatl. motivierten Proklamationen der Art. 151 I u. 163 II WRV schließlich wurden angesichts ihrer fehlenden juristischen Stringenz bereits v. der Weimarer Staatsrechtslehre lediglich als Programmsätze verstanden.[12]

Die Jahre des **Nationalsozialismus** waren durch zunehmende staatl. Arbeitslenkung, insbes. in **4** rüstungsrelevanten Bereichen, sowie durch eine Vielzahl v. Zulassungssperren auf gewerbl. Sektor u. bei den freien Berufen geprägt.[13]

**2. Ursprungsfassung und Änderungen.** Der urspr. **Wortlaut** des Art. 12, der in Abs. 1 S. 2 **5** lediglich einen Regelungsvorbehalt „durch Gesetz" vorsah, ansonsten aber mit der aktuellen Textfassung übereinstimmte, brach insoweit mit der Tradition seiner Vorläufer in der RV 1849 u. in der WRV, als erstmalig die thematische Verbindung zur nunmehr in Art. 11 selbstständig garantierten Freizügigkeit gelöst wurde u. zudem die bes. verfassungstextliche Betonung der – gleichwohl mitumfassten[14] – Gewerbefreiheit entfiel. Obwohl die ggü. den entstehungsgeschichtlichen Vorbildern stringenter formulierte Ursprungsfassung des Art. 12 einen geschlossenen Eindruck vermittelt, war dieser Text doch bereits im GSA des ParlRates widersprüchlich gedeutet worden,[15] ohne dass sich eine bestimmte Interpretation als maßgeblich durchsetzen konnte.[16]

**Intensive Diskussionen** galten der mit Art. 12 II verfolgten Abgrenzung zw. dem aus Erfahrungen **6** nationalsozialistischer Herrschaft resultierenden Verbot des Arbeitszwangs u. den angesichts zahlreicher Kriegstrümmer für erforderlich gehaltenen allg. **Dienstleistungspflichten.**[17]

Durch verfassungsänderndes **Gesetz v. 19.3.1956** (BGBl I S. 111) wurde der Text des Art. 12 im **7** Zusammenh. mit der Einführung einer allg. Wehrpflicht – systemwidrig[18] – um Bestimmungen über

---

[2] *Rittstieg,* AK GG, Art. 12 Rn. 5 f.; *Kühne,* Die Reichsverfassung der Paulskirche, 1998, S. 229 f.; Zusammenstellung der Verfassungstexte bei *Breuer* HStR VIII³, § 170 Fn. 7 und *Wieland,* in: Dreier I, Art. 12 Rn. 2 f. (in Rn. 1 auch zur ideengeschichtlichen Entwicklung) mwN.

[3] *Merten,* Der Inhalt des Freizügigkeitsrechts, 1970, S. 64.

[4] *Kühne,* Die Reichsverfassung der Paulskirche, 2. Aufl. 1998, S. 226; ihm folgend *Breuer* HStR VIII³, § 170 Rn. 1; *Dietlein,* in: Stern, StaatsR IV/1, S. 1778; *Schneider* HGR V, § 113 Rn. 22.

[5] *Kühne,* Die Reichsverfassung der Paulskirche, 2. Aufl. 1998, S. 227, 494.

[6] Vgl. Art. 3 der Verfassung des Norddeutschen Bundes v. 16.4.1867 (BGBl 1867 S. 2), abgedr. bei *E. R. Huber,* Dokum. zur Dt. Verfassungsgeschichte, Bd. 2, 1964, S. 227 ff. und Art. 3 der Verfassung des Deutschen Reiches v. 16.4.1871 (RGBl 1871 S. 63), abgedr. ebda, S. 289 ff.

[7] *Uber,* Freiheit des Berufs, 1952, S. 117 mwN; *Dietlein,* in: Stern, StaatsR IV/1, S. 1781. – Zu den histor. Entwicklungslinien des Gewerberechts s. *Tettinger/Ennuschat,* in: dies./Wank, GewO, 8. Aufl. 2011, Einl Rn. 8 ff.

[8] *Anschütz* WRV, Art. 151 Anm. 1; krit. bereits *Bachof,* in: Die Grundrechte III/1, S. 155 (158).

[9] *R. Thoma,* FG PrOVG, 1925, S. 183 (193 f.); *Rohmer,* in: Nipperdey (Hrsg.), Die Grundrechte und Grundpflichten der Reichsverfassung, Bd. 1, 1929, S. 232 (237); *Anschütz* WRV, Art. 111 Anm. 3.

[10] *Anschütz* WRV, Art. 151 Anm. 4; *Uber,* Freiheit des Berufs, 1952, S. 125 f.; *Breuer* HStR VIII, § 170 Rn. 4.

[11] *Hoffmann,* in: Nipperdey (Hrsg.), Die Grundrechte u. Grundpflichten d. Reichsverfassung, Bd. 3, 1930, S. 150 (152 f.); *W. Jellinek,* VerwaltungsR, 3. Aufl. 1931, S. 493; *Uber,* Freiheit des Berufs, 1952, S. 125 f.

[12] *Anschütz* WRV, Art. 151 Anm. 1 f., Art. 163 Anm. 1; vgl. auch BVerfGE 7, 377 (397).

[13] *Bachof,* in: Die Grundrechte III/1, S. 155 (158 f.); *Rittstieg,* AK GG, Art. 12 Rn. 9; *Dietlein,* in: Stern, StaatsR IV/1, S. 1784 f.; *Wieland,* in: Dreier I, Art. 12 Rn. 3.

[14] BVerfGE 21, 261 (266); 50, 290 (362); BVerwG DVBl 1994, 760 (761).

[15] Vgl. ParlRat V/2, 1993, S. 89 ff., 617 ff., 801, 854 f.

[16] *Bryde* NJW 1984, 2177 (2178 f.); *Dietlein,* in: Stern, StaatsR IV/1, S. 1786 f. mwN; *Burgi,* BK, Art. 12 Rn. 29 ff.

[17] *Abraham* BK, Art. 12 (Erstbearb.) Anm. I 2; *Scholz,* in: Maunz/Dürig, Art. 12 Rn. 10.

[18] *Bachof,* in: Die Grundrechte III/1, S. 155 (261 f., 264).

den Wehrersatzdienst (II 2–4) u. die Dienstleistung v. Frauen im Verbund der Streitkräfte (III) erweitert. Das **Änderungsgesetz v. 24.6.1968** (BGBl I S. 709) bewirkte eine Wiederherstellung der urspr. Textfolge des Art. 12: Die Sätze 2 bis 4 des Abs. 2 wurden in den neuen Art. 12a II übernommen, Abs. 3 wurde gestrichen, Abs. 4 so zu Abs. 3 der Vorschrift. Gleichzeitig erweiterte man im Zuge der sog. Notstandsverf. den Regelungsvorbehalt des Abs. 1 S. 2 um die Formel „oder auf Grund eines Gesetzes", eine Änderung, die bereits seinerzeit nur als deklarator. Klarstellung verstanden worden war.[19]

## II. Internationale und europarechtliche Dimension

**8**    **1. Völkerrechtliche Vereinbarungen und Erklärungen.** Im internationalen R. finden sich Gewährleistungen mit untersch. rechtl. Stringenz. Zugunsten des Bürgers unmittelbar wirksame R. sind in der EMRK enthalten, welche Zwangs- o. Pflichtarbeiten verbietet (**Art. 4 II, III EMRK** – u. Rn. 187), eine dem Art. 12 I vergleichbare Garantie der freien Berufswahl aber nicht enthält. In seiner Rspr. subsumiert der EGMR berufsgrundrechtl. Aspekte unter den Schutzbereich des Art. 8 EMRK (R. auf Achtung des Privat- u. Familienlebens).[20] Daneben gibt es Gewährleistungen, die zwar im Verh. zw. den Vertragsstaaten verbindlich (vgl. **Art. 2 I IPWirtR**), jedoch nicht durch den einzelnen Bürger einklagbar sind: In diesem Sinne anerkennt der IPWirtR das R. jedes Einzelnen auf die Möglichkeit, seinen Lebensunterhalt durch frei gewählte o. angenommene Arbeit zu verdienen (**Art. 6 I IPWirtR**), u. das R. auf gerechte u. günstige Arbeitsbedingungen (**Art. 7 I IPWirtR**). Schließlich sind noch zwar polit. bedeutsame, rechtl. aber nicht verbindliche Aussagen zu registrieren, so in **Art. 23 Nr. 1 AMRE** („Free choice of employment").

**9**    **2. Berufsfreiheit als „europäisches Grundrecht".** Lange enthielt das R. der EU keine ausdr. Grundrechtsgewährleistungen i. S. eines formulierten Grundrechtskatalogs mit verbindlicher Wirkung. Die Erklärung des Europäischen Parlaments über Grundrechte u. Grundfreiheiten v. 12.4.1989[21] war nicht in die Gemeinschaftsverträge implementiert worden. Seit dem Vertrag v. Lissabon werden nun in Art. 6 I EUV die R., Freiheiten u. Grundsätze anerkannt, die in der EUGRCh niedergelegt sind u. der Rang der EUGRCh dem der Verträge gleichgestellt. Seit rund 50 Jahren gewährt der EuGH aber bereits prätorischen Grundrechtsschutz u. prüft Gemeinschaftshandlungen auf ihre Vereinbarkeit mit solchen Grundrechten, die v. gemeinsamen Verfassungsüberlieferungen der Mitgliedstaaten getragen sind u. sich in die Struktur u. Ziele der Gemeinschaft einfügen.[22] Vor diesem Hintergrund hat der EuGH angesichts **gemeinsamer Verfassungsüberlieferungen** die Freiheit der Berufsausübung als einen allg. Grds. des Unionsrechts anerkannt, den der Gerichtshof zu wahren hat.[23] Gleichwohl ist nicht zu verkennen, dass die Rspr. des EuGH zum Schutz der Berufsfreiheit auch nach der EUGRCh noch recht konturenarm geblieben ist: Das Unionsrecht erkennt dieses R. als allg. Rechtsgrds. an, doch kann es aus vielfältigen Gemeinwohlgründen eingeschränkt werden, soweit nur der Wesensgehalt unangetastet bleibt,[24] eine angesichts äußerst zurückhaltender Verhältnismäßigkeitsüberprüfung wenig griffige Sperre, namentlich ggü. interventionistischen Vorstellungen einer weitreichenden Struktur- bzw. Industriepolitik. Die Unterscheidung zw. Berufswahl u. Berufsausübung, die neben Art. 12 GG, Art. 19 III ndl. Verf. u. Art. 47 port. Verf. nun auch in **Art. 15 I EUGRCh** (→ Rn. 10) anklingt, bedarf stärkerer dogmatischer Beachtung.[25]

**10**    **3. Europäische Grundrechte-Charta.** Die Berufsfreiheit wird in Art. 15 I EUGRCh als „das Recht, zu arbeiten und einen frei gewählten oder angenommenen Beruf auszuüben", systematisch zutreffend im Kontext der Freiheitsrechte aufgeführt und sogar noch in Art. 16 EUGRCh um eine

---

[19] BT-Dr V/2873, S. 4; BVerfGE 33, 125 (156); *Breuer* HStR VIII³, § 170 Rn. 12.

[20] EGMR, Urt. v. 27.7.2004, Sidrabas u. Dziautas, Nr. 55480/00, Z. 47 f. Näher dazu *Grabenwarter/Pabel,* Europäische Menschenrechtskonvention, 6. Aufl. 2016, § 22 Rn. 15, § 25 Rn. 37 f.; *Marauhn/Thorn* in: Dörr/Grote/Marauhn (Hrsg.), EMRK/GG I, 2. Aufl. 2013, Kap. 16 Rn. 39 mwN aus der Rspr.

[21] Veröffentlicht ua in EuGRZ 1989, 204 ff.

[22] Vgl. EuGH Slg. 1970, 1125 (1135) – Internationale Handelsgesellschaft. Zur method. Anlehnung an d. gemeins. Verfassungsüberlieferungen u. d. EMRK vgl. Art. 6 Abs. 2 EUV sowie bereits die Gemeins. Erkl. v. Rat, Parlament und Kommission v. 5.4.1977, ABl 1977 Nr. C 103/1 = EuGRZ 1977, 154.

[23] EuGH C-4/73, Rn. 13 f. – Nold; C-44/79, Rn. 32 – Hauer; C-234/85, Rn. 8 – Keller; C-133/85, Rn. 15 – Rau; C-265/87, Rn. 15 – Schräder; C-90/90, Rn. 13 – J. Neu; C-177/90, Rn. 16 – Milchabgabe; C-306/93, Rn. 20 – Winzersekt; C-280/93, Rn. 78 – Bananenmarktordnung; C-84/95, Rn. 19 ff. – Bosphorus Airlines. Vgl. aus der Lit. *Lenz* EuGRZ 1993, 587 f.; *Kokott* AöR 121 (1996), 599 (607); *Wunderlich,* Das Grundrecht der Berufsfreiheit im Europäischen Gemeinschaftsrecht, 2000; *Nowak,* in: Heselhaus/Nowak, Hdb d Europ GR, 2006, § 30; *Ruffert,* in: Ehlers, EuGR, § 19; *Dietlein,* in: Stern, StaatsR IV/1, S. 1942 ff.

[24] EuGH C-234/85, Rn. 8 – Keller; C-265/87, Rn. 15 – Schräder; C-306/93, Rn. 22 – Winzersekt; *Kokott* AöR 121 (1996), 599 (638); *Wieland,* in: Dreier I, Art. 12 Rn. 11; *Vögler,* Defizite beim Schutz der Berufsfreiheit durch BVerfG und EuGH, 2001, S. 79 ff., 200 f.; *H.-P. Schneider* HGR V, § 113 Rn. 193.

[25] Vgl. immerhin die Ansätze in EuGH C-107/83, Rn. 22 – Klopp; C-116/82, Rn. 27 – Kommission./. Deutschland; C-340/89, Rn. 14 – Vlassopoulou; C-306/93, Rn. 24 – Winzersekt (mit Differenzierung zw. dem Bestand der Berufsfreiheit und den Modalitäten ihrer Ausübung); krit. auch *Burgi,* BK, Art. 12 Rn. 12 mwN. Wie im deutschen R. insoweit *Jarass,* EUGRCh, Art. 15 Rn. 6 ff.; *Blanke,* in: Stern/Sachs, EUGRCh, Art. 15 Rn. 31.

eigenständige Garantie der unternehmerischen Freiheit ergänzt.[26] Mit letzterer dürfte zumindest indirekt auch eine Mittelstandsförderungskomponente verknüpft sein, und zwar mit Blick auf die von Unternehmerpersönlichkeiten abhängigen sog. kleinen und mittleren Unternehmen.[27] In der bisherigen EuGH-Rechtspr. werden Schutzbereich, Eingriff und Rechtfertigung beider GrundR noch nicht ausdifferenziert, sondern bei der Grundrechtsprüfung kumulativ geprüft.[28] Mit dem in Art. 15 II EUGRCh verankerten **Freiheitsrecht,** in jedem Mitgliedstaat Arbeit zu suchen, zu arbeiten, sich niederzulassen oder Dienstleistungen zu erbringen, wird der subjektiv-rechtliche Gehalt der primärrechtlich in erster Linie als objektiv-rechtliche Vorgaben wirkenden Grundfreiheiten (→ Rn. 11) bes. herausgestellt und in ihrer Wirkung verstärkt.[29] Einen Schutz vor Zwangs- oder Pflichtarbeit gewährt Art. 5 II EUGRCh.

**4. Berufsrelevante Grundfreiheiten.** Eine dem deutschen Grundrechtsschutz in Ansätzen ver-   **11** gleichbare Freiheitssicherung wird auf EU-Ebene aber auch über die im AEUV verankerten Grundfreiheiten vermittelt, welche auf die Schaffung eines gemeinsamen Binnenmarktes ausgerichtet sind u. daher zunächst wirtschaftsrelevante Diskriminierungen innerhalb der EU verhindern sollten. Sie entfalten nach der Rspr. des EuGH nunmehr immer dann unmittelbare Wirkung, wenn and. die Funktionsfähigkeit des gemeinsamen Marktes nicht gesichert werden kann.[30] Der durch die **Arbeitnehmerfreizügigkeit** gem. Art. 45 II AEUV geschützte freie Zugang zur Beschäftigung innerhalb der EU ist v. EuGH sogar einmal – missverständlich – als Grundrecht der Arbeitnehmer in der Gemeinschaft bezeichnet worden.[31] Wegen ihrer gleichfalls unmittelb. Anwendbarkeit in den Mitgliedstaaten[32] relevant ist weiterhin die in Art. 49 ff. AEUV gewährte **Niederlassungsfreiheit,** welche die Aufnahme u. Ausübung selbständiger Erwerbstätigkeit sowie die Gründung u. Leitung v. Unternehmen nach den Bestimmungen, die im Aufnahmestaat für dessen eigene Angehörige gelten, umfasst. Ist die selbstständige Erwerbstätigkeit nicht mit einer Niederlassung in einem and. Mitgliedstaat verbunden, unterfällt sie der **Dienstleistungsfreiheit** nach Maßgabe der Art. 56 ff. AEUV. Als Dienstleistungen gelten insbes. gewerbl., kaufmännische, handwerkliche u. freiberufl. Tätigkeiten (Art. 57 AEUV).[33] Dem klassischen Ansatz des Diskriminierungsverbots kommt unmittelbare Geltung in den Mitgliedstaaten zu,[34] ebenso der Weiterführung im Sinne der Funktionssicherung des Binnenmarktes. Vor dem Hintergrund der liberalisierungsfreundlichen Rspr. des EuGH[35] drängt sich die Thematik der Inländerdiskriminierung auf, die nach dem gegenwärtigen Entwicklungsstand jedoch noch zu verneinen sein dürfte.[36] Die im AEUV statuierten Schranken erlauben i. Ü. dem nationalen Gesetzgeber nach wie vor, punktuelle, etwa unter Sicherheitsgesichtspunkten – begründungsbedürftige – Restriktionen, deren Überprüfung den nation. Gerichten überantwortet ist.[37] Der Umstand allein, dass Mitgliedstaaten voneinander abweichende Schutzregelungen erlassen haben, soll dabei für die Beurteilung der Notwendigkeit u. Verhältnismäßigkeit der einschlägigen Bestimmungen ohne Belang sein.[38] Bes. Aufmerksamkeit hatte die Arbeitnehmerfreizügigkeit durch das **Bosman-Urteil** des EuGH   **12** gewonnen, in dem das Ger. unter konkr. Fortentwicklung seiner Rspr.[39] die Feststellung traf, dass die Ausübung des Sports durch (Halb-)Profis als Bestandteil des Wirtschaftslebens iSv Art. 3 EUV unter das Unionsrecht fällt, mithin v. Schutzbereich des Art. 45 AEUV umfasst ist.[40] Diese Entsch., die in

---

[26] Zu letzterer *Schwarze,* FS Stern, 2012, S. 945 ff.; *Rengeling/Szczekalla,* Grundrechte in der EU, 2004, § 20 C; *Blanke,* in: Stern/Sachs, GRCh Art. 16 Rn. 1 ff.; *Schöbener* GS Tettinger, 2007, S. 159 ff.; *Jarass* EUGRCh, Art. 16 Rn. 2.

[27] aA *Frenz* GewA 2009, 428 (430); *Burgi* BK, Art. 12 Rn. 15. Zum Schutz des Mittelstandes im dt. Verfassungsrecht *Mann* FS Kirchhoff, 2002, S. 221 ff

[28] Vgl. mwN aus der Rspr. nur *Nowak,* in: Heselhaus/Nowak, § 34 Rn. 28, 58, § 35 Rn. 50 mwN; ebenso *Burgi,* BK, Art. 12 Rn. 21.

[29] So auch *Tettinger* NJW 2001, 1010, (1014); abl. *Blanke,* in: Stern/Sachs, EUGRCh Art. 15 Rn 55.

[30] Vgl. EuGH C-415/93, Rn. 93 f. – Bosman.

[31] EuGH C-222/86, Rn. 14 – Uncetef.

[32] Vgl. EuGH C-2/74, Rn. 32 – Reyners.

[33] S. zur Prostitution VGH BW NVwZ 2000, 1070.

[34] EuGH C-33/74, Rn. 27 – van Binsbergen; C-15/78, Rn. 4 – Société Générale Alsacienne.

[35] EuGH C-58/98 – Corsten; C-215/01 – Bruno Schnitzer.

[36] Dazu BVerwG NVwZ-RR 2012, 23 (Rn. 28 ff.); OVG Münster GewArch 2010, 250 f.; vgl. auch die Ausnahmebewilligung für EU-Ausländer gem. § 9 HdwO, dazu *Leisner,* in: Leisner, HwO 2016, § 9 Rn. 5; für Österreich s. Österr. VerfGH EuZW 2001, 219.

[37] Für den Glücksspielsektor EuGH C-275/92 – Schindler; C-67/98 – Zenatti; dazu *Tettinger* DVBl 2000, 868 (875 f.). – Für Augenärzten vorbehaltene Untersuchungen des Sehvermögens EuGH C-108/96 – Mac Quen ua; insoweit and. die Gefahrenbeurteilung in BVerfG (K) GewArch 2000, 418, eine Entsch., auf die der EuGH (Rn. 36) ausdr. hinweist.

[38] EuGH C-124/97, Rn. 36 – Läärä; C-67/98, Rn. 34 – Zenatti; C-108/96, Rn. 34 – Mac Quen ua.

[39] Vgl. EuGH C-36/74, Rn. 25 ff. – Walrave; C-13/76, Rn. 12 ff. – Donà; C-222/86, Rn. 14 ff. – Heylens; aus der Lit. z. B. *Roth,* FS Everling II, 1995, S. 1231 (1237 ff.).

[40] EuGH C-415/93, Rn. 92 bis 104 – Bosman; fortgeführt in EuGH C-438/00 – DHB/Kolpak. Vor diesem Hintergrund wird v. EuGH (C-415/93, Rn. 84, 87 – Bosman) ausdr. bekundet, dass Art. 46 AEUV nicht nur für behördliche Maßnahmen gilt, sondern sich auch auf Vorschriften and. Art erstreckt, die zur kollektiven Regelung unselbstständiger Arbeit dienen.

der Lit. durchaus untersch. gewürdigt wurde,[41] hat auf der nationalen Ebene erstmals das **Kienass-Urteil** des BAG über die Berufsfreiheit des Art. 12 I grundrechtl. transformiert (→ Rn. 102 ff.).[42] Insofern dürfte die geäußerte Kritik[43] letztlich zu weit gehen, da die Wirkkraft der Grundfreiheit des Art. 45 AEUV sich in solchen Fallkonstellationen iE als voll kongruent mit den richtig verstandenen Anford. der grundrechtl. Gewährleistung der Berufsausübungsfreiheit des Profisportlers erweist.[44] Die BGH-Rspr. hat diese Einsicht konsequent umgesetzt.[45] Der EuGH zeigt sich i. Ü. zunehmend bemüht, übersteigerten Folgerungen aus seiner Bosman-Judikatur entgegenzuwirken.[46]

13   **5. EU-Sekundärrecht.** Angesichts der in den Mitgliedstaaten zum Teil erheblich voneinander abweichenden Vorschriften über die Berufsausbildung, den Berufszugang u. die Berufsausübung verfolgt das europäische Sekundärrecht das Ziel, Freizügigkeit sowie die Niederlassungs- u. die Dienstleistungsfreiheit durch eine **wechselseitige Anerkennung von Berufsqualifikationen** zu verwirklichen. Zu diesem Zweck ist in der Vergangenheit ein Flickenteppich v. Vorschriften über die Anerkennung v. Diplomen, Prüfungszeugnissen u. sonstigen Befähigungsnachweisen entstanden, der sich aus sog. „horizontalen" Richtlinien, die für eine unbestimmte Vielzahl v. Berufen zur Anwendung kommen können,[47] u. 15 sog. „sektoriellen" (oder auch: „vertikalen") Richtlinien, die berufsspezifisch konkr. Harmonisierungsregeln enthalten, zusammensetzte.[48] In bewusster Abkehr v. dieser differenzierenden Strategie hat der Rat im Jahr 2005 eine neue Berufsanerkennungsrichtlinie erlassen,[49] die einem generellen Ansatz folgt, indem sie versch. „reglementierte"[50] Berufe einem einheitl. Rechtsregime unterwirft, das an bestimmte abstr. Qualifikationsniveaus anknüpft (Art. 11, 13 RL) u. durch Aufhebung alter Richtlinien (Art. 62 RL) auch zur Deregulierung beiträgt. Als Rechtsgrundlagen der RL dienen Art. 40 u. – insbes. für die Freien Berufe maßgeblich – Art. 53 u. 62 AEUV. Regelungssystematik, Exemtionen u. Einzelvorschriften der Richtlinie sind in der Lit. schon früh überwiegend kritisch gewürdigt worden.[51]

## III. Grundsätzliche Bedeutung der Berufsfreiheit im GG

14   **1. Einheitliches Grundrecht der Berufsfreiheit.** Wenngleich der Wortlaut des Art. 12 eine Differenzierung zw. Berufswahl- u. Berufsausübungsfreiheit nahelegt,[52] bilden diese beiden Facetten aus der Sicht des BVerfG nur konnexe Elemente eines einheitl. Grundrechtes der Berufsfreiheit, das auch die Vorstufe der Berufsausbildung umfasst[53] u. dessen einzelne Garantien daher nicht immer klar voneinander abgrenzbar sind.[54] Berufswahl u. Berufsausübung lassen sich nicht in zeitlich separate Phasen differenzieren: So wie die Berufsaufnahme sichtbare Manifestation der Berufswahl ist u. zugleich den Beginn der Berufsausübung markiert, wird durch die fortlaufende Berufsausübung die

---

[41] Vgl. insbes. *v. Münch* NJW 1996, 3325 („Paukenschlag"); *Wertenbruch* EuZW 1996, 91 f.; *Hilf/Pache* NJW 1996, 1169 ff.; *Hobe/Tietje* JuS 1996, 486 ff.; *Gramlich* DÖV 1996, 801 ff.

[42] BAG SpuRt 1997, 94 (Transferentschädigung beim Wechsel eines Profi-Eishockeyspielers).

[43] Insbes. bei *Scholz/Aulehner* SpuRt 1996, 44 ff.

[44] Ebenso *Westermann* DZWiR 1996, 82 (84).

[45] Vgl. BGHZ 142, 304 m. Anm. *Mann* VA 2000, 55; BGH SpuRt 2000, 19 u. 196.

[46] Vgl. die Analyse bei *Steinz*, in: Tettinger (Hrsg.), Sport im Schnittfeld von europäischem Gemeinschaftsrecht und nationalem Recht, 2001, S. 27 ff.; *Röthel* EuZW 2000, 379 f.

[47] Etwa die RL 89/48/EWG des Rates v. 21.12.1988 über eine allg. Regelung zur Anerkennung der Hochschuldiplome, die eine mindestens dreijährige Berufsausbildung abschließen, ABlEG Nr. L 19/16 v. 24.1.1989 (dazu EuGH C-365/93, Rn. 1 – zur Umsetzung dieser RL für Rechtsanwälte und Patentanwälte – G. v. 6.7.1990, BGBl I 1349); RL 92/51/EWG des Rates vom 18.6.1992 über eine zweite allg. Regelung zur Anerkennung berufl. Befähigungsnachweise in Ergänzung zur RL 89/48/EWG, ABlEG Nr. L 209/25 v. 24.7.1992; RL 99/42/EG des EP und des Rates v. 7.6.1999 über ein Verfahren zur Anerkennung der Befähigungsnachweise , ABlEG Nr. L 201/77 v. 31.7.1999; Zur Anwendung dieser Richtlinien auf den jur. Vorbereitungsdienst vgl. EuGH C-313/01 – Morgenbesser.

[48] Etwa die RL 77/249/EWG (ABlEG 1977 Nr. L 78/17) und 98/5/EG (ABlEG 1998 Nr. L 77/36) für Rechtsanwälte (zur Umsetzung vgl. das G. über die Tätigkeit europäischer Rechtsanwälte in Deutschland [EuRAG] v. 9.3.2000 [BGBl I 182]); die RL 93/16/EWG (ABlEG 1993 Nr. L 165/1) für Ärzte; die RL 78/687/EWG (ABl 1978 Nr. L 233/1) für Zahnärzte; die RL 78/1026/EWG (ABl 1978 Nr. L 362/1) für Tierärzte; die RL 85/433/EWG (ABl 1985 Nr. L 253/34) für Apotheker; die RL 85/384/EWG (ABl 1985 Nr. L 223/15) für Architekten; die RL 77/452/EWG (ABl 1977 Nr. L 176) für Krankenschwestern oder die RL 80/154/EWG (ABl 1980 Nr. L 33) für Hebammen.

[49] RL 2005/36/EG des EP und des Rates v. 7.9.2005 über die Anerkennung von Berufsqualifikationen, ABlEG Nr. L 255/22 v. 30.9.2005, zul. geänd. d. Beschl. 2019/608 d. Komm. (ABl. Nr. L 104/1).

[50] Art. 3 Abs. 1 lit. a) der RL definiert den reglementierten Beruf als eine Tätigkeit, bei der die Aufnahme oder Ausübung oder eine der Arten der Ausübung direkt oder indirekt durch Rechts- und Verwaltungsvorschriften an den Besitz bestimmter Berufsqualifikationen gebunden ist.

[51] Vgl. *Henssler* EuZW 2003, 229 ff.; *Mann* EuZW 2004, 615 ff.; *Kluth/Rieger* EuZW 2005, 486 ff.

[52] So vertreten vor allem von *Lücke*, Die Berufsfreiheit, 1994.

[53] BVerfGE 7, 377 (401 f.); 33, 303 (329 f.); 92, 140 (151); 103, 172 (183); *Burgi* BK, Art. 12 Rn. 35; *Scholz*, in: Maunz/Dürig, Art. 12 Rn. 25.

[54] So BVerfGE 95, 193 (214) unter Bezugnahme auf BVerfGE 92, 140 (151).

vorangegangene Berufswahl kontinuierlich bestätigt. Seine abweichende Auslegung des Art. 17 Berl-Verf (nur Berufswahl geschützt) hat auch der BerlVerfGH inzwischen aufgegeben.[55]

Die sich damit grds. auf beide Emanationen der Berufsfreiheit erstreckende Grundrechtsbegrenzung **15** des Art. 12 I 2 wirkt jedoch mit unterschiedl. Intensität. Je stärker ein Eingriff den Wahlaspekt berührt, desto höhere Anford. sind an seine verfassungsrechtl. Rechtfertigung zu stellen (→ Rn. 125 ff.).

**2. Art. 12 I als Abwehrrecht.** Art. 12 I enthält zunächst ein für das Arbeits- u. Wirtschaftsleben **16** zentrales Freiheitsrecht, das dem Einzelnen die freie Entfaltung seiner Persönlichkeit zur materiellen Sicherung seiner individuellen Lebensgestaltung ermöglicht.[56] Die primäre Gewährleistungsdimension des Art. 12 liegt damit in seiner Funktion als **subjektives Recht** zur Abwehr sämtl. gezielt gegen die berufl. Freiheit gerichteter Eingriffe; nicht einbezogen ist dabei allerdings ein Anspruch auf Erfolg im Wettbewerb oder auf Sicherung künftiger **Erwerbsmöglichkeiten.**[57] Insofern gewährt Art. 12 kein R auf **Abwehr von Konkurrenz,**[58] eine Einschränkung, die nach bish. Rspr. (dazu krit. → Rn. 95) grds. auch für Aktivitäten staatl. Eigenwirtschaft gelten soll, solange nicht die privatwirtschaftl. Betätigung in unerträglichem Maße eingeschränkt werde, eine Auszehrung der privaten Konkurrenz vorliege oder eine Monopolstellung der öff. Hand entstehe.[59] Jedoch kann beim regulierten Marktzugang eine Behördenentscheidung Wettbewerbsveränderungen mit der Folge erhebl. Konkurrenznachteile u. damit eine staatl. Beeinträchtigung der Berufsfreiheit nach sich ziehen.[60]

Als Konsequenz aus der Beobachtung, dass im soz. Rechtsstaat staatl. Einwirkungen auf Grund- **17** rechtspositionen nicht mehr nur im Wege gezielter Eingriffe, sondern auch durch staatl. Planung, Subventionierung oder als Folge einer Wahrnehmung v. Aufgaben der Leistungsverwaltung bewirkt werden, gewährt das Abwehrrecht des Art. 12 I auch Schutz vor sog. **„faktischen" oder „mittelbaren" Beeinträchtigungen** (→ Rn. 94 ff.).

**3. Art. 12 I als Teilhaberecht.** Literarischen Impulsen[61] folgend hat das BVerfG erstmals 1972 **18** eine neben die traditionelle Abwehrfunktion tretende „komplementäre Forderung nach grundrechtl. Verbürgung der Teilhabe an den universitären Ausbildungsleistungen" anerkannt: Das Grundrecht der freien Wahl der Ausbildungsstätte ziele seiner Natur nach auf freien Zugang „zu" Einrichtungen, es sei ohne die tatsächl. Voraussetzung, es in Anspruch nehmen zu können, wertlos.[62] Deshalb vermittle Art. 12 I in Verbindung mit Art. 3 I den berechtigte subj. Zugangsanford. erfüllenden Aspiranten auch ein – derivatives[63] – **Teilhaberecht** an faktisch allein in staatl. Verantwortung betriebenen Ausbildungseinrichtungen, insbes. im Hochschulbereich[64] u. bei der Referendarausbildung[65] (näher → Rn. 160 ff.). Das zur Absicherung der verfassungsrechtl. Position der Studienbewerber in alter Rspr. neben Art. 12 I und 3 I noch zusätzl. bemühte Sozialstaatsprinzip[66] wird neuerdings zu Recht nur noch als Topos für die Ausgestaltung des Studienplatzvergabeverfahrens bemüht.[67]

Einem originären Teilhaberecht, das sich auf die Errichtung weiterer Ausbildungsplätze bezöge, **19** steht bereits die Gemeinwohlverantwortung d. Gesetzgebers für d. Bestimmung der bildungspolit. Prioritäten u. vor allem für das Ausgabengebaren der öffentl. Hand entgegen, was insbes. bei knapper Haushaltslage ein relevanter Gesichtspunkt ist,[68] soweit Mindeststandards beim Angebot v. Ausbildungsplätzen gewahrt bleiben.[69] Zu Einzelheiten → Rn. 160 ff.

---

[55] BerlVerfGH NVwZ-RR 2002, 401 (402 f.).

[56] BVerfGE 63, 266 (286); 81, 242 (254), st. Rspr.

[57] BVerfGE 24, 236 (251); 106, 275 (299); 116, 135 (152); BVerwG NVwZ-RR 2015, 425 Rn. 14.

[58] BVerfGE 34, 252 (256); 55, 261 (269); 93, 362 (370); 94, 372 (395); 106, 275 (299); 111, 10 (33); BVerfG (K) NVwZ 2009, 977; BVerwGE 65, 167 (173); 71, 183 (193); BayVGHE 48, 95 (99).

[59] Vgl. BVerwGE 39, 329 (336); BVerwG NJW 1995, 2938 (2939); VGH BW GewArch 1994, 464 f.; HessVGH DÖV 1996, 475 (477); OVG Brem GewArch 1996, 376 (377); OVG NRW NWVBl 2003, 462 (466); insoweit skeptisch *Breuer* HStR VIII, § 171 Rn. 81 ff.; ebenfalls krit., aber mit and. Akzentuierung *Mann,* Die öffentlich-rechtliche Gesellschaft, 2002, S. 93 ff.; *Dietlein,* in: Stern, StaatsR IV/1, S. 1861 f.; *Stamer,* Rechtsschutz gegen öffentliche Konkurrenzwirtschaft, 2006, S. 133 ff.

[60] BVerfGE 82, 209 (223 f.); BVerfG (K) NVwZ 2009, 977 f.

[61] Vgl. *Martens* VVDStRL 30 (1972), S. 7 (21 ff.).

[62] BVerfGE 33, 303 (331).

[63] Zur Terminologie *Martens* VVDStRL 30 (1972), S. 7 (21); *Murswiek* HStR IX, § 192 Rn. 12; *Burgi* BK, Art. 12 Rn. 67; *Sachs,* in: Stern, StaatsR III/1, S. 700 ff.

[64] BVerfGE 33, 303 (330 f.); 39, 276 (293); 43, 291 (313 f.); 59, 1 (25); 59, 172 (199); 66, 155 (179); 134, 1 Rn. 37 f.; 147, 253 Rn. 103, 106 mit Anm. *Wiemers* NVwZ 2018, 252, *von Coelln* NJW 2018, 380 u. *Muckel* JA 2018, 233.

[65] BVerfGE 39, 334 (372 f.); BAGE 53, 137 (143 f.); HessVGH NVwZ-RR 1994, 92; OVG Schleswig NVwZ-RR 1995, 279; verneint für Brandreferendariat: OVG NRW IÖD 2003, 256, bestätigt durch BVerwG, Beschl. v. 19.3.2004, 2 B 44/03, BeckRS 2004, 22790. Zur Überführung der Rechtsreferendarausbildung in eine Spartenausbildung (Anwaltsreferendariat) *Hucke* AnwBl. 2007, 9 ff.

[66] Zuletzt in BVerfGE 134, 1 Rn. 37.

[67] Vgl. BVerfGE 147, 253 Rn. 103 u. 108; s. auch *Wiemers* NVwZ 2018, 252 (253).

[68] BVerfGE 147, 253 Rn. 105; noch offengelassen in BVerfGE 33, 303 (333); 43, 291 (325 f.).

[69] Vgl. VGH BW DÖV 1994, 390 (391): kein Anspruch auf vollständig ausgestatteten Zahnmedizinstudienplatz.

**20** Ein individuelles **Recht auf Arbeit** wird durch Art. 12 I nicht begründet,[70] was bereits die Erwähnung der Arbeitslosenversicherung in Art. 74 I Nr. 12 indiziert (→ Rn. 209). Entspr. Aussagen in einigen Landesverfassungen[71] müssen nicht zuletzt im Lichte der Gewährleistungen dieses Grundrechts als bloße Programmsätze qualifiziert werden, die nur unterstr., dass der Staat für einen hohen Beschäftigungsstand (vgl. Art. 109 II iVm § 1 StabG) Sorge zu tragen hat[72] (→ Rn. 88). Dieses Verständnis entspricht zudem dem Gewährleistungsgehalt vergleichb. Bestimmungen in den Verf. and. EU-Mitgliedstaaten.[73] Auch im europäischen Kontext wurde auf die Aufnahme eines R auf Arbeit in die EUGRCh nach ausführl. Diskurs insbes. wegen fehlender Realisierbarkeit bewusst verzichtet.[74]

**21** **4. Objektive Gewährleistungsdimension.** Für die Wirtschafts- u. Gesellschaftsordnung bildet Art. 12 zugleich eine materielle verfassungsrechtl. Grund- bzw. Wertentsch., eine **wertentscheidende Grundsatznorm**[75], welche primär die Gestaltungsfreiheit des Gesetzgebers bei der Ordnung des Wirtschaftslebens in nicht zu unterschätzender Weise dirigiert, durch seine Ausstrahlungswirkung auf das einfache R auch für die Materien des Privatrechts u. des Strafrechts[76] zum einen Begrenzungen enthält,[77] zum and. aber auch **Schutzpflichten** impliziert. Bestimmte Anford. an die Art u. das Maß des Schutzes lassen sich der Berufsfreiheit aber nicht entnehmen: Die staatl. Organe, denen die Wahrung des GG als Ganzes anvertraut ist, damit in erster Linie die **Gesetzgebungsorgane,** haben bei Erfüllung der Schutzpflicht einen weiten Gestaltungsspielraum.[78] Das BVerfG kann mithin die Verletzung einer Schutzpflicht nur feststellen, wenn Schutzvorkehrungen entweder überhaupt nicht getroffen wurden oder die getroffenen Regelungen u. Maßnahmen gänzlich ungeeignet oder völlig unzulänglich sind, das gebotene Schutzziel zu erreichen, oder erheblich dahinter zurückbleiben.[79]

**22** Innerhalb gesetzl. eingeräumter Ermessensspielräume hat sodann auch die **Verwaltung** nicht nur individuelle Grundrechtspositionen, d. aus Art. 12 folgen, in angemessener Weise zu berücksichtigen,[80] sondern zugleich unter Berücksichtigung der obj. Wertentsch. des Art. 12 I zu disponieren.[81] Dem Grundrecht soll so „ein besonderer Rang" zukommen,[82] dem zugleich eine „grundsätzliche Freiheitsvermutung" zu entnehmen ist.[83] Die These v. der wirtschaftspolit. Neutralität des GG[84] stellt nicht zuletzt vor diesem Hintergrund eine verfehlte Akzentuierung dar (→ Rn. 213 f.). Auch ohne explizite Garantie der Wettbewerbsordnung im Sinne einer prinzipiellen makroökonomischen Institutionalisierung vermittelt im Kranz der wirtschaftl. relevanten Grundrechte namentlich Art. 12 durch Freiheitsschutz für individuelle Berufswahl u. -ausübung funktionstypische Elemente einer **marktorientierten**

---

[70] BVerfGE 84, 133 (146); BVerwGE 97, 154 (158); BAG NJW 1964, 1921 (1922); *Scholz,* in: Maunz/Dürig, Art. 12 Rn. 53; *Schneider* HGR V, § 113 Rn. 10.

[71] Vgl. Art. 166 II BayVerf, Art. 18 BlnVerf, Art. 8 I BremVerf, Art. 28 II HessVerf, Art. 24 I NRWVerf, Art. 53 II RhPfVerf, Art. 45 S. 2 SaarlVerf – S. insoweit auch Art. 21, 24 der DDR-Verf i. d. F. vom 7.10.1974 (GBl DDR I 432).

[72] BayVerfGHE 13 II, 141; SaarlVerfGH NJW 1996, 383 (384 f.); *Papier* DVBl 1984, 801 (811); *Breuer* HStR VIII, § 170 Rn. 15 f.; idS nun auch Art. 48 I BbgVerf, Art. 17 I MVVerf, Art. 7 I SachsVerf; Art. 39 LSAVerf und Art. 36 ThürVerf in Gestalt von Staatszielbestimmungen, vgl. *Scholz* RdA 1993, 249 (254 f.). Gleiches gilt für Art. 1 in Teil 2 der EurSozCharta.

[73] Vgl. Art. 23 III Nr. 1 belg. Verf; § 75 dän. Verf; § 18 II 1 finn. Verf; Art. 22 I 1 griech. Verf; Art. 45 II i) ir. Verf; Art. 4 I ital. Verf; Art. 11 IV lux. Verf; Art. 7 malt. Verf; Art. 58 port. Verf; Kap. 1 Art. 2 II 2 schwed. Verf; Art. 35 III slowak. Verf; Art. 35 I span. Verf – differenzierte Analyse bei *Nussberger* GS Tettinger, 2007, S. 81 ff.

[74] Vgl. zur Wendung „Recht zu arbeiten" in Art. 15 I EUGRCh *Badura* FS Schwarze, 2014, S. 477 (487); *Nowak,* in: Heselhaus/Nowak, § 34 Rn. 10 mwN.

[75] BVerfGE 7, 377 (404).

[76] S. insoweit BVerfG (K) GewArch 2000, 240 (242).

[77] BVerfGE 98, 365 (395) betr. Rahmenbedingungen für das Arbeitsrecht des öff. Dienstes.

[78] Vgl. BVerfGE 138, 261, Rn 59: Weiter Einschätzungs- und Prognosespielraum des Gesetzgebers im Bereich der Arbeitsmarkt-, Sozial- und der Wirtschaftsordnung.

[79] BVerfGE 92, 26 (46) mwN; BVerwGE 116, 49 (52) – offenlassend, ob eine Schutzpflicht zur Berufsbildanpassung besteht; s. a. *Wieland,* in: Dreier I, Art. 12 Rn. 147 ff.

[80] S. BVerwGE 96, 302 (311 f.) zur Zulassung einer Spielbank (dazu noch → Rn. 53 u. → Rn. 61).

[81] S. BVerfG (K) BRAK-Mitt 1998, 145 (146) zur Besetzung des Fachprüfungsausschusses einer RAK.

[82] BVerfGE 66, 337 (359 f.).

[83] BVerfGE 63, 266 (286). So sehr dieses Rangpostulat auf Sympathie stößt (vgl. in dieser Richtung *Depenheuer,* FS BVerfG II, 2001, S. 247, 253, 265), verdeckt es doch, dass idR Interessenkollisionen zwischen versch. Freiheitsrechten oder and. Verfassungswerten zur Diskussion stehen, die es seitens des berufsregelnden Gesetzgebers auszutarieren gilt. Vgl. daher auch den Ansatz → Rn. 215.

[84] So BVerfGE 4, 7 (17 f.); 7, 377 (400); 50, 290 (338); 65, 248 (257); *Scholz,* in: Maunz/Dürig, Art. 12 Rn. 85; *Schneider* HGR V, § 113 Rn. 15; aA *Rupp,* Grundgesetz und „Wirtschaftsverfassung", 1974, S. 5 ff.; *Ossenbühl* AöR 115 (1990), 1 (2 ff.) mwN – Vgl. aber auch BVerfGE 32, 311 (317): „Die bestehende Wirtschaftsverfassung enthält den grds. freien Wettbewerb der als Anbieter und Nachfrager auf dem Markt auftretenden Unternehmer als eines ihrer Grundprinzipien. Das Verhalten der Unternehmer in diesem Wettbewerb ist Bestandteil ihrer Berufsausübung, die, soweit sie sich in erlaubten Formen bewegt, durch Art. 12 Abs. 1 GG geschützt ist." Ebenso BVerwGE 71, 183 (189).

**und wettbewerblich organisierten Wirtschaftsordnung.**[85] Freiheit der Berufsausübung heißt eben in der Tat notwendig zugl. Wettbewerb u. berechtigt den Einzelnen, an diesem Wettbewerb teilzunehmen.[86]

Der **Richter** ist bei der Normauslegung an dieselben Maßstäbe gebunden, die nach Art. 12 I auch **23** den Gestaltungsspielraum des Gesetzgebers einschränken.[87] Berufsrelevante gesetzgeberische Einschätzungen, wie differenz. Kontrollanforderungen in der GewO bei stehendem Gewerbe u. Reisegewerbe, können gerichtlicherseits nicht zum Nachteil eines Gewerbetreibenden korrigiert werden.[88] Vielmehr müssen die entspr. Normen in Würdigung der Ausstrahlungswirkung des Art. 12 I v. den Gerichten, auch den Strafgerichten, „grundrechtsfreundlich ausgelegt" u. angewendet werden.[89]

Als Bestandteil einer obj. Wertordnung muss die in Art. 12 I enthaltene verfassungsrechtl. Grund- **24** entsch., wie schon herausgestellt, mit deutlicher Akzentuierung namentlich in das **Privatrecht** hineinwirken (dazu näher → Rn. 100 ff.).

**5. Verfahrensrechtliche Bedeutung, insbes. im Prüfungsrecht.** Von diesem obj.-rechtl. Ansatz **25** her sind seit einiger Zeit auch **verfahrensrechtliche Auswirkungen** des Art. 12 I ins Blickfeld geraten. Nach zunächst vereinzelt gebliebenen verfassungsgerichtl. Erwägungen,[90] darf es heute als gesichert gelten, dass die Verwirklichung der Grundrechte aus Art. 12 I eine dem Grundrechtsschutz angemessene Verfahrensgestaltung fordert.[91] Dazu gehört u. U. auch ein verfassungsunmittelbarer Auskunfts- u. Informationsanspruch bereits vor Beginn eines Verwaltungsverfahrens.[92]

Insbes. im Zusammenhang mit berufsrelevanten Staatsprüfungen hat dieser Aspekt deutlichere **26** Konturen erlangt.[93] Allg. rechtsstaatl. Anford. werden durch berufsgrundrechtsspezifische Elemente ergänzt u. verstärkt, so dass Verfahrens- u. Organisationsnormen zur Sicherung u. Realisierung beruf. Freiheiten eine Ausgestaltung im Sinne einer Wahrung berufsgrundrechtl. Optionen nahelegen.[94] Das BVerfG folgert aus der Erwägung, dass Vorschriften, die für die Aufnahme eines Berufs oder die Fortsetzung einer Berufsausbildung das Bestehen einer Prüfung zum Nachweis berufl. Kenntnisse u. Fähigkeiten verlangen, einen Eingriff in die Freiheit der Berufswahl darstellen, dass auch die Gestaltung des Ablaufs derartiger Prüfungen geeignet, erforderlich u. verhältnismäßig ieS sein muss, um den Prüfungszweck, nämlich die Feststellung der berufl. Qualifikation der Bewerber, zu erreichen.[95] Der verfahrensrechtl. Gehalt des Art. 12 I stellt daher auch **Anforderungen an die Ausgestaltung der Prüfungsaufgaben.** Sie müssen geeignet sein, diejenigen Kandidaten, die das Ausbildungsziel erreicht haben, v. denen zu unterscheiden, die es nicht erreicht haben. Hierzu müssen sie obj. lösbar, verständlich u. in sich widerspruchsfrei sein, fachlich nichts Unmögl. verlangen u. sich iR der Prüfungsordnung halten.[96] Allerdings wird in der Rspr. spez. für Prüfungen im medizinischen Bereich zu Recht darauf hingewiesen, dass diese nicht nur aus der Sicht des Prüflings u. seines Grundrechts auf freie Berufswahl rechtl. zu bewerten sind, sondern dass hier vielmehr auch die Grundrechte der künftigen Patienten u. Pflegebedürftigen auf Leben u. körperl. Unversehrtheit (Art. 2 II) zu beachten sind.[97] Bei der Beurteilung jur. Staatsprüfungen sollten so auch die Interessen künftiger Rechtsuchender an Mindestqualifikationen bei Rechtsanwälten nicht gänzlich unbeachtet bleiben.

Da die gem. Art. 19 IV grds. gebotene gerichtl. Kontrolle eines Bewertungsvorgangs angesichts **27** der v. subj. Eindrücken u. fachl. Prägungen des Prüfers beeinflussten Notengebung nur eingeschränkt mögl. ist, muss dieses Defizit nach Möglichkeit durch objektivitäts- u. neutralitätssichernde **Regelungen des Prüfungsverfahrens** ausgegl. werden. Zu dem verfahrensrechtl. Grundrechtsschutz gehört auch, dass der Prüfling diejenigen Informationen erhält, die er benötigt, um festzustellen, ob die rechtl. Vorgaben u. Grenzen der Prüfung eingehalten worden sind, insbes. durch

[85] Grds. *Stern* ORDO 30 (1979), 257 ff.; aus jüngerer Zeit *Tettinger* DVBl 1999, 679 ff.; *Depenheuer*, FS BVerfG II, 2001, S. 241 f., 248 f.; *Ruffert* BeckOK GG, Art. 12 Rn. 12; *Sodan* Art. 12 Rn. 15; *Ziekow*, Öffentliches WirtschaftsR, 4. Aufl. 2016, Rn. 9 f.

[86] BVerfGE 87, 363 (388); 105, 252 (265); 116, 135 (152); BVerwG NVwZ-RR 2015, 425 Rn. 14.

[87] BVerfGE 54, 224 (235); 97, 12 (27); BVerfG (K) NVwZ 2001, 189.

[88] Vgl. BVerfG (K) NVwZ 2001, 189 (190).

[89] BVerfG (K) GewArch 2000, 240 (242) zur HwO; BVerfGE 110, 226 (251 ff.) zu § 261 StGB; BVerfG DVBl 2002, 1635 (1636); NJW 2002, 1190 (1191) zum RBerG.

[90] BVerfGE 45, 422 (430 f.); 52, 380 (389 f.); 53, 30 (65); 69, 233 (245 f.).

[91] Vgl. etwa nur BVerfGE 73, 280 (296); 82, 209 (227); BVerfG (K) NJW 2002, 3090 (3091); NJW 2004, 2725 (2727); NJW 2005, 273; NJW-RR 2005, 998 (1001): zur Übertragung auf die beamtenrechtliche Laufbahnprüfung s. OVG Bln-Bbg, Beschl. v. 9.10.2013 – OVG 10 S 54.12/OVG 10 M 51.12 –, BeckRS 2013, 57335.

[92] BVerwGE 118, 271 (272) bzgl. Linienverkehrs-Genehmigungsverfahren.

[93] BVerfGE 84, 34 (45 f.); 84, 59 (72); BVerfG (K) NVwZ 1995, 469, BRAK-Mitt. 1998, 145 f. u. NVwZ 1999, 1102 f.; BVerfG NVwZ 2015, 1444 (1445) Rn. 24; BVerwGE 92, 132 (133); vgl. auch BVerwGE 95, 237 (243 f.): Habilitation; OVG NRW NWVBl 1997, 377: Promotion; zusammenfassend *Dietlein*, in: Stern, StaatsR IV/1, S. 1921 ff.; instruktiv zu Verfahrens- und Bewertungsfehlern im jur. Staatsexamen *Barton* NVwZ 2013, 555 ff.

[94] *Scholz*, in: Maunz/Dürig, Art. 12 Rn. 486; vgl. auch *Tettinger*, Fairneß und Waffengleichheit, 1984, S. 12 ff.

[95] BVerfGE 80, 1 (24 f.); 84, 34 (45 f.); 84, 59 (72); BVerfG (K) DVBl 1995, 1349; auch BVerwGE 95, 237 (243); BGHZ 126, 39 (46).

[96] BVerwGE 123, 362 (368); BVerwG DVBl 1996, 1381 (1382).

[97] So deutlich BVerwG NVwZ 1997, 501 (502); ähnlich BVerwGE 123, 362 (373).

die Bekanntgabe der wesentl. Gründe, auf Grund derer die Prüfer ihre Leistungsbewertung getroffen haben.[98] Sofern eine Prüfung aus mehreren Einzelprüfungen besteht u. für die Abschlussnote nicht nur der Gesamteindruck, sondern auch die einzelnen Leistungen in den jeweiligen Fachgebieten maßgeblich sind, müssen auch die betr. Teilergebnisse – etwa im Prüfungsprotokoll – festgehalten werden.[99] Vorschriften, nach denen das Nichtbestehen einer Teilprüfung das Nichtbestehen der Gesamtprüfung bewirkt, sind nur zul., sofern die Teilprüfung schon für sich genommen eine zuverlässige Beurteilungsgrundlage hinsichtlich der Eignung des Prüflings bietet.[100] Bei dem **Anspruch auf Bekanntgabe einer angemessenen Begründung** des Prüfungsergebnisses handelt es sich um einen „unselbstständigen verfahrensrechtl. Bestandteil des materiellrechtl. Anspruchs auf rechtmäßige Bewertung der Prüfungsleistung", nicht aber um einen unmittelbar grundrechtl. herleitbaren selbstständigen Leistungsanspruch.[101] Ebenfalls nicht über Art. 12 I vermittelt wird ein genereller Anspruch auf die Möglichkeit einer Notenverbesserung nach bestandener Prüfung.[102]

28    Anders als bei schriftl. Prüfungsleistungen, deren Bewertung regelm. zu begründen ist,[103] besteht bei **mündlichen Prüfungsleistungen,** bei denen der Prüfling aus der Reaktion des Prüfers unmittelbar gewisse Schlüsse hinsichtlich der Bewertung seiner Leistungen ziehen kann, keine generelle Pflicht, ohne eine entspr. Bitte einzelner oder aller Prüflinge die Bewertungen der Prüfungsleistungen im unmittelbaren zeitl. Zusammenhang mit der Mitteilung der Prüfungsnote zu begründen.[104] Jeder Prüfling kann jedoch seinen Anspruch auf Begr. der Bewertung seiner mündl. Prüfungsleistung geltend machen, wobei diese Spezifizierung mit Rücksicht auf die verblassende Erinnerung der Prüfer „so frühzeitig wie mögl." zu erfolgen hat.[105] Auch in diesem Fall muss die Begr. nicht zwingend schriftlich erfolgen.[106] Ebensowenig zwingen Art. 12 iVm Art. 19 IV dazu, ein umf. Wortprotokoll über das Prüfungsgespräch anzufertigen.[107]

29    Dem Prüfling ist des Weiteren – auch bei jur. Staatsprüfungen – Gelegenheit zu bieten, in einem **verwaltungsinternen Kontrollverfahren**[108] auf vermeintl. Irrtümer u. Rechtsfehler der Prüfungsbehörde rechtzeitig u. wirkungsvoll hinzuweisen, um damit ein Überdenken anstehender oder bereits getroffener Entsch. zu erreichen.[109] Dieser Hinweispflicht kann der Prüfling durch pauschale Kritik nicht nachkommen; er hat vielmehr seine Einwände zu spezifizieren u. substantiiert darzulegen.[110] Zur Steigerung der Objektivität im Überdenkensverfahren ist bei Prüferpluralität eine eigenständige, voneinander unabhängige Urteilsbildung u. Beurteilung der Prüfungsleistungen durch sämtl. vorgesehenen Prüfer erforderlich, die im Falle einer gemeinsamen Stellungnahme zu den Einwänden des Prüflings auf Grund eines entspr., v. Erstprüfer gefertigten Entwurfs nicht gewährleistet ist.[111]

30    Für das gerichtl. Verfahren geriet die bisherige Rspr. des BVerwG[112] zur gerichtl. Kontrolle v. Prüfungsentsch. sub signo **Beurteilungsspielraum** auf den Prüfstand (→ Art. 19 Rn. 132, 146).[113] Die frühere restriktive gerichtl. Kontrolle bei Prüfungsentsch. sei jedenfalls bei Prüfungen, die den Berufszugang beschränken, mit Art. 19 IV unvereinbar. Maßstab des gerichtl. Kontrollumfangs müsse der Prüfungszweck sein, der darin liege, solchen Bewerbern, die den fachl. Mindestanford. nicht genügten, den Berufszugang zu verwehren. Zutr. bzw. vertretbare Antworten u. brauchbare Lösungen dürfen daher „im Prinzip" nicht als falsch bewertet werden u. zum Nichtbestehen führen („Antwortspielraum").[114]

---

[98] BVerwGE 99, 74 (80); 99, 185 (189 f.).

[99] HessVGH ESVGH 46, 34; HessVGH DVBl 1997, 621 (622).

[100] BVerwG DVBl 2013, 1122 (1125), dort auch zum Einschätzungsspielraum des Normgebers.

[101] BVerwGE 99, 185 (189 f.); eingehend zu den Informationsrechten des Prüflings *Löwer/Linke* WissR 30 (1997), 128 (146 ff.).

[102] Nds OVG NJW 2007, 3657 f.; SächsOVG, Beschl. v. 29.1.2013 – 2 A 58/12 –, juris Rn. 11.

[103] BVerwGE 92, 132 (137); BVerwG NVwZ 1993, 689; BVerwGE 91, 262 (267 f.); VGH BW NVwZ 1991, 1205 (1206).

[104] BVerwGE 99, 185 (191, 193); BVerwG DVBl 1997, 1235 (1237); OVG NRW, BeckRS 2019, 8960 Rn. 6.

[105] BVerwGE 99, 185 (194).

[106] BVerwGE 99, 185 (191, 193); VGH BW DVBl 1995, 1356 (1357).

[107] BVerfG (K) DVBl 1996, 433; BVerwGE 99, 185 (196 f.); BVerwG NWVBl 1994, 330 (331); NVwZ 1997, 502 (503); HessVGH DVBl 1997, 621.

[108] So zu Recht BVerwGE 92, 132 (141 ff.); BVerwG DÖV 1995, 114 (entgegen OVG NRW NWVBl 1993, 137).

[109] BVerfGE 84, 34 (48 f.); BVerwGE 91, 262 (266); 92, 132 (136 ff.); 99, 185 (195); OVG NRW NWVBl 1997, 377 (379). Zur verwaltungsinternen Kontrolle im Wege eines Umlaufverfahrens vgl. BVerwG DVBl 1997, 1235 (1237 f.). Zum Ganzen *Fischer* in: Niehues/Fischer/Jeremias, PrüfungsR, 7. Aufl. 2018, Rn. 786 ff.

[110] BVerwGE 92, 132 (138 f.); BVerwG NVwZ 1993, 689; OVG NRW NWVBl 1997, 377 (379).

[111] BVerwG NVwZ-RR 2013, 44 Rn. 5, 8, dort auch zur fehlend. Bindung des Zweitprüfers, der sich der Benotung des Erstprüfers angeschl. hatte, an eine spätere Notenanhebung durch den Erstprüfer.

[112] St. Rspr. seit BVerwGE 8, 272 (274 ff.), BVerwG DÖV 1980, 380; NVwZ 1991, 271 (272).

[113] BVerfGE 84, 34 (53 ff.); 59 (78 f.); vgl. auch BVerwGE 94, 64 (68 f.); *Becker* NVwZ 1993, 1129 (1132 f.); *Muckel* WissR 27 (1994), 107 (113 ff.); *Löwer/Linke* WissR 30 (1997), 128 (130 ff.).

[114] BVerfGE 84, 34 (55); 84, 59 (79); BVerwG NVwZ 1993, 686 (687); OVG NRW BeckRS 2012, 50007; VG Würzburg BeckRS 2015, 46982; *Wieland*, in: Dreier I, Art. 12 Rn. 156 f.

Zur näheren Bestimmung des gerichtl. Kontrollumfangs differenziert die neuere Rspr. daher zw. **31** **fachwissenschaftlichen Beurteilungen** u. prüfungsspezifischen Wertungen:[115] Die fachwissenschaftl. Beurteilung bezieht sich darauf, ob die Antwort oder der Lösungsvorschlag eines Prüflings als richtig oder falsch, vertretbar oder unvertretbar zu gelten hat. Sie ist v. Gericht vollständig überprüfbar, notfalls unter Beiziehung eines Sachverständigengutachtens.[116] Bei der Überprüfung jur. fachwissenschaftl. Beurteilungen könne auf Grund der eigenen Sachkunde des erkennenden Gerichts freilich regelm. auf die Beiziehung externer Gutachten verzichtet werden.[117]

**Prüfungsspezifische Wertungen** hingegen bleiben auch mit Rücksicht auf die Chancengleichheit **32** aller Berufsbewerber (→ Rn. 91) der gerichtl. Überprüfung weiterhin nur eingeschränkt zugänglich. Insbes. die Festsetzung der Prüfungsnote beruht auf einem Bezugssystem der Prüfer, das vor allem durch pers. Erfahrungen, Einschätzungen u. Vorstellungen gebildet wird u. insoweit die Zuerkennung eines Bewertungsspielraums erfordert.[118] Bewertungstätigkeit kann daher nur auf Grund eigener, unmittelbarer u. vollständiger Kenntnis der konkr. Prüfungsaufgabe u. der darauf bezogenen Lösungen u. Antworten konkr. wahrgenommen werden.[119] Deshalb ist auch den Gerichten eine über die bloße Aufhebung des Prüfungsbescheides hinausgehende eigene Leistungsbewertung verwehrt.[120] Ebenso widerspräche ein letztverbindl. Stichentscheid durch einen nicht prüfungsanwesenden Beamten des Prüfungsamtes diesem Kenntnisnahmegebot.[121] Die dergestalt eingeschränkte gerichtl. Überprüfung prüfungsspezifischer Wertungen erstreckt sich darauf, ob die Prüfer einen Verfahrensfehler begangen, anzuwendendes R verkannt oder allgemeingültige Bewertungsmaßstäbe verletzt haben u. ob sie v. einem unrichtigen oder unvollständigen Sachverhalt ausgegangen sind oder sich v. sachfremden Erwägungen haben leiten lassen; inhaltl. darf die Bewertung jedenfalls nicht willkürl. sein.[122] Eine sachfremde Erwägung läge etwa vor, wenn sich die gefundene Prüfungsentsch. nicht an der Prüfungsleistung selbst orientierte, sondern etwa im Falle einer Notendivergenz zw. mehreren Prüfern ein Einlenken „nur um des lieben Friedens willen" erfolgt wäre.[123]

## IV. Grundrechtsträger

**1. Natürliche Personen.** Anders als bei den Garantien in Art. 12 II u. III ist die Berufsfreiheit des **33** Art. 12 I als sog. Bürgerrecht tatbestandlich nur für **Deutsche** i. S. d. Art. 116 gewährleistet.[124] Im deutschen Verfassungsrecht wird die berufl. Betätigung v. **Ausländern** allein über Art. 2 I geschützt.[125] Die Ansicht, dass sich diese grundrechtl. Rechtsstellung mit zunehmender Dauer des Aufenthalts in der Bundesrepublik sukzessiv der Schutzdimension des Art. 12 annähern solle,[126] verwischt die Konturen der im Verfassungstext angelegten Differenzierung zw. Menschen- u. Bürgerrechten, ist mithin abzulehnen.[127]

In Ansehung des Diskriminierungsverbots in Art. 18 AEUV wird aber zunehmend für eine berufs- **34** grundrechtl. Gleichstellung v. **Unionsbürgern iSd Art. 20 AEUV** plädiert,[128] unter Berufung auf Assoziationsvereinbarungen mit Drittstaaten auch v. weiteren Personenkreisen.[129] Die Zuerkennung lediglich eines inhaltlich hinter Art. 12 GG zurückbleibenden Schutzes für EU-Ausländer wäre sicher ein Verstoß gegen das **Diskriminierungsverbot** des Art. 18 AEUV. Umstr. ist nur die dogmatische Konstruktion der notwendigen Gleichstellung. Angesichts der im Primärrecht verankerten Grundfreiheiten u. der Anerkennung der Berufsfreiheit als europäisches Grundrecht (→ Rn. 9 f.), wird man dem Diskriminierungsverbot des Art. 18 AEUV Rechnung tragen müssen, indem man den Unions-

---

[115] Zum Folgenden vgl. den RsprBericht v. *Löwer/Linke* WissR 30 (1997), 128 (155 ff.).
[116] BVerfGE 84, 34 (55); 84, 59 (79); BVerwG DVBl 1996, 1381 (1382); 1997, 1234; 1997, 1235 (1238).
[117] BVerwG NVwZ 1993, 686 (687).
[118] BVerwGE 99, 74 (77).
[119] BVerfGE 84, 34 (50); BVerfG (K) DVBl 1995, 1349; BVerwGE 99, 74 (76); *Wieland*, in: Dreier I, Art. 12 Rn. 155 f.
[120] BVerfGE 84, 34 (55 f.).
[121] BVerwG DVBl 1995, 1350.
[122] BVerfGE 84, 34 (53 f.); BVerwGE 99, 74 (77); 105, 328 (333 f.); BVerwG NVwZ 2004, 1375 (1376).
[123] BVerfG (K) DVBl 1995, 1349 (1350).
[124] Dazu BVerfGE 78, 179 (196); OVG Berlin NVwZ 1987, 720; VGH BW NVwZ 1989, 386 (387); HessVGH NVwZ 1989, 387; OVG NRW DVBl 1995, 433; *Scholz*, in: Maunz/Dürig, Art. 12 Rn. 103; *Nolte*, in: Stern/Becker, Art. 12 Rn. 56.
[125] BVerfGE 35, 382 (399); 78, 179 (196 f.); 104, 337 (347) – Grundrecht aus Art. 2 I iVm Art. 4 I, II „im Rahmen der berufl. Tätigkeit eines muslimischen Metzgers"; BVerfG (K) NVwZ 1990, 853 (854); *Burgi* BK, Art. 12 Rn. 85; *Kämmerer*, in: v. Münch/Kunig I, Art. 12 Rn. 10; aA *Scholz*, in: Maunz/Dürig, Art. 12 Rn. 104 (exkludierendes Spezialitätsverhältnis zw. Art. 12 und Art. 2 I).
[126] So *Rittstieg* AK GG, Art. 12 Rn. 155 mwN.
[127] Vgl. nur *Ruffert* BeckOK GG, Art. 12 Rn. 34; s. a. *Ossenbühl* AöR 115 (1990), 1 (4) mwN.
[128] So bereits *H. P. Ipsen*, Europäisches Gemeinschaftsrecht, 1972, § 34 II 7; auch OVG NRW NVWBl 1995, 18; *Jarass*, in: Jarass/Pieroth, Art. 12 Rn. 12; *Breuer* HStR VIII, § 170 Rn. 43; *Ruffert* BeckOK GG, Art. 12 Rn. 35 f.; *Wernsmann* Jura 2000, 657 ff.; *Kluth* Jura 2001, 371; vgl. auch EuGH C-293/83, Rn. 23 ff.; C-39/86, Rn. 32 ff.
[129] Vgl. VG Frankfurt a. M. NVwZ-RR 1997, 299.

bürgern iR des **Art. 2 I** ohne formelle Einbeziehung in das „Deutschengrundrecht" des Art. 12 zu einer gegenüber sonstigen Ausländern **materiell verstärkten Position** i. S. d. Berufsfreiheit und auf diesem Weg zu einer verfassungskräftigen Gleichstellung mit deutschen Berufsgrundrechtsträgern verhilft (→ vor Art. 1 Rn. 73).[130]

35 Rechtsmethodisch erscheint es daher nicht angezeigt, das Bürgerrecht des Art. 12 I im Wege einer extensiven Auslegung als Unionsbürgerrecht zu verstehen u. den eindeutigen **Wortlaut** („alle Deutschen") völlig zu ignorieren.[131] Auch eine Übertragung der „europafreundlichen" Interpretation der Wendung „inländische" in Art. 19 III durch das BVerfG (→ Rn. 38) auf den Deutschenbegriff in Art. 12 ist nicht angezeigt, da den Unionsbürgern, and. als den jur. Personen aus EU-Mitgliedstaaten, auch ohne diese Extension ein nach Art u. Intensität vergleichbarer Grundrechtsschutz zur Verfügung steht (→ Rn. 34). ISd Rechtsklarheit u. des Art. 23 I vorzugswürdig ist vielmehr eine **Änderung des Verfassungswortlauts de constitutione ferenda,** wie dies vergleichbar etwa im Jahr 2000 in Art. 19a Rhpf Verf geschehen ist.

36 Das gilt umso mehr, als auch in der Rspr. zu Berufsausübungsregelungen durch Orientierung an „vernünftige Erwägungen des Gemeinwohls" (→ Rn. 126 f., → Rn. 139, → Rn. 142 f.) letztlich das Übermaßverbot als zentraler Maßstab verfassungsgerichtl. Überprüfung figuriert, so dass Art. 12 in diesem Bereich ohnehin weitgehend einem Unterfall des Art. 2 I nahekommt.[132] Abhilfe verspricht insoweit eine stärkere Beachtung der obj. Gewährleistungsdimension des Art. 12 I (s. o. Rn. 21 ff.), die häufiger zu **Wertungspräferenzen** innerhalb dieser Prüfung führen könnte, welche bei einem Schutz der berufl. Betätigung allein innerhalb des Spektrums der allg. Handlungsfreiheit regelm. fehlen.[133]

37 **2. Juristische Personen und Handelsgesellschaften.** Trotz seiner individualrechtl.-personalen Prägung ist Art. 12 gem. Art. 19 III jedenfalls insoweit auf **inländische juristische Personen des Privatrechts** anwendbar, als eine bestimmte Erwerbstätigkeit „ihrem Wesen u. ihrer Art nach" in gleicher Weise v. einer jur. wie v. einer natürl. Person ausgeübt werden kann.[134] Zwar kann eine jur. Person einen Beruf nicht i. S. einer Lebensaufgabe ausüben, doch ist sie sehr wohl in der Lage, wie eine natürl. Person eine Erwerbszwecken dienende Tätigkeit, insbes. ein Gewerbe, zu betreiben.[135] Die Reduktion auf einen bloßen „ökonomischen Grundbezug" mit der Konsequenz der Erstreckung des Grundrechtsschutzes auf einen gemeinnützigen e. V.,[136] der ja doch nicht mit Gewinnerzielungsabsicht betrieben werden darf, geht allerdings zu weit. Für einen Verein soll Grundrechtsschutz gemäß Art. 12 I nur dann bestehen, wenn die Führung eines Geschäftsbetriebs zu seinen satzungsmäßigen Zwecken gehört,[137] was ihn dann jedoch in die Gefahr bringt, zu einem wirtschaftl. Verein iSv § 22 BGB zu werden, welcher zur Erlangung der Rechtsfähigkeit der staatl. Verleihung bedarf.[138]

38 Den inländischen jur. Personen zuzurechnen sind auch deutsche Tochtergesellschaften ausländischer Unternehmen[139] u. hiesige Vereine, nach überwiegender Meinung selbst dann, wenn deren Mitglieder mehrheitl. Ausländer sind.[140] Dagegen bleibt **ausländischen juristischen Personen** der Grundrechtsschutz gem. Art. 19 III verschlossen.[141] Für dem R v. **EU-Mitgliedstaaten** unterliegende ausländische jur. Personen gelten im Grds. parallele Überlegungen wie zum Grundrechtsschutz v. EU-Ausländern (→ Rn. 34 ff.), weil es die Grenze der Wortlautauslegung überschritte, wollte man „inländische" als

---

[130] *Rüfner* HStR IX, § 196 Rn. 49; vgl. *Ipsen* StaatsR II, Rn. 633; *Kämmerer,* in: v. Münch/Kunig I, Art. 12 Rn. 10; *Heintzen* HGR II, § 50 Rn. 46.

[131] So *Lücke* EuR 2001, 112; *Jarass,* in: Jarass/Pieroth, Art. 12 Rn. 12; wie hier *Hain* DVBl 2002, 148 (156 f.); *Manssen* MKS I, Art. 12 Rn. 267; *Ipsen* StaatsR II, Rn. 633; *Kämmerer,* in: v. Münch/Kunig I, Art. 12 Rn. 10; *Riese/Noll* NVwZ 2007, 516 (520); *Burgi* BK, Art. 12 Rn. 87; zur Streitfrage allg. *Störmer* AöR 123 (1998), S. 541 ff.; *Dietlein,* in: Stern, StaatsR IV/1, S. 1830 f. – offenlassend BVerfG (K) NJW 2016, 1436 f.

[132] *Di Fabio* JZ 1993, 689 (694).

[133] Vgl. bereits *Bachof,* in: Die Grundrechte III/1, S. 155 (177 f.).

[134] BVerfGE 30, 292 (312); 50, 290 (363); 75, 192 (196); 95, 173 (181); 105, 252 (265); 106, 275 (298); 114, 196 (221 f.); 115, 205 (229); 134, 204 (222); 134, 204 Rn. 66; 135, 90 Rn. 53 f. (auch Vorgesellschaft); BVerwGE 75, 109 (114); 97, 12 (22 f.); BGHZ 124, 224 (225); 161, 376 (382). Nach aA ist die jur. Person als bloßes „Organisationsmittel" ihrem Wesen nach prinzipiell ungeeignet, Träger der Berufsfreiheit zu sein, so *Rittstieg* AK GG, Art. 12 Rn. 158; OVGSaarl OVGE 7, 351 (354 f.): nur für Berufswahl.

[135] BVerfGE 102, 197 (212 f.); BVerwGE 97, 12 (23); BayObLG NJW 2000, 1647 zur Rechtsanwalts-AG.

[136] So BVerwG JZ 1995, 94 (95) mit insoweit zu Recht abl. Anm. *Wieland* JZ 1995, 96 (97); abl. auch *Manssen* MKS I, Art. 12 Rn. 41, 268. Den Schutz des Art. 12 für kostendeckende Tätigkeiten von Nonprofit-Organisationen bejahend *Voigt* GewArch 2005, 56 ff.

[137] BVerfGE 97, 228 (253); BVerfG (K) NJW 2002, 2091.

[138] Zur Problematik der Entziehung der Rechtsfähigkeit eines e. V. wegen Begr. eines wirtschaftl. Geschäftsbetriebes s. BVerwG VBlBW 1998, 171 („Scientology").

[139] Vgl. *Manssen* MKS I, Art. 12 Rn. 272; *Breuer* HStR VIII, § 170 Rn. 48 – Zur Frage, ob entscheidend auf das dem Statut zugrunde liegende Recht oder den Sitz des Unternehmens (so h. M.) abzustellen ist, s. BVerfGE 21, 207 (209); *Rüfner* HStR IX, § 196 Rn. 94 ff.; zum Gemeinschaftsrecht EuGH C-212/97 – Centros.

[140] Vgl. *Tettinger,* in: Schwarze (Hrsg.), Wirtschaftsverfassungsrechtliche Garantien für Unternehmen im europäischen Binnenmarkt, 2001, S. 155 (163); *Breuer* HStR VIII, § 170 Rn. 48; verneinend wohl *Rüfner* HStR IX, § 196 Rn. 99. Zu sog. Ausländervereinen differenziert BVerfG (K) NVwZ 2000, 1281; abl. *Manssen* MKS I, Art. 12 Rn. 272, weil ansonsten kollektiv handelnde Ausländer doch eine Grundrechtsträgerschaft erlangen könnten.

[141] Vgl. allg. BVerfGE 21, 207 (208 f.); 23, 229 (236); 100, 313 (364); BFH NJW 2001, 2199.

„deutsche einschließlich europäische" jur. Personen lesen.[142] Gleichwohl hat das BVerfG aus dem Anwendungsvorrang der Grundfreiheiten im Binnenmarkt (Art. 26 II AEUV) u. dem allg. Diskriminierungsverbot (Art. 18 AEUV) gefolgert, dass Art. 19 III zurückgedrängt wird u. die Grundrechtsberechtigung im Anwendungsbereich des Unionsrechts auch jur. Personen aus den Mitgliedstaaten der EU zustehe.[143] Dieser auf den ersten Blick ein wenig gekünstelt erscheinende Lösungsweg ist zu billigen, weil EU-Unternehmen, and. als bei den auf Art. 2 I zu stützenden Individualverfassungsbeschwerden der EU-Bürger (→ Rn. 34) ansonsten jeglicher Grundrechtsschutz verwehrt bliebe.[144]

Ungeachtet missverständl. Terminologie des Art. 19 III (→ Art. 19 Rn. 57, → Art. 19 Rn. 64) sind **39** **Handelsgesellschaften** (wie OHG u. KG) angesichts ihres verstärkt ausgeprägten personalen Bezuges durch Art. 12 geschützt.[145]

**Juristische Personen des öffentlichen Rechts** können sich grds. nicht auf Art. 12 berufen;[146] sie **40** sind nicht in Ausübung v. Freiheitsrechten, sondern auf Grund einer Kompetenzeinräumung tätig.[147] Dies gilt auch bei erwerbswirtschaftl. Tätigkeit in ör Rechtsform,[148] so dass kommunalrechtl. Restriktionen wirtschaftl. Betätigung v. Gemeinden aus der Perspektive des Art. 12 im Ansatz unbedenkl. erscheinen.[149] Ebenso bleibt Bund u. Ländern die Berufung auf Art. 12 verwehrt, wenn sie sich zur Erfüllung ihrer Aufgaben privatrechtl. Eigengesellschaften bedienen.[150]

Problematisch erscheint allerdings, inwieweit **gemischtwirtschaftliche Unternehmen** Grund- **41** rechtsträger sein können. Hier sind diverse verfassungsrechtl. Aspekte wie der Schutz privater Minderheitsaktionäre, die fehlende Verfassungsnormativität des Arguments „Daseinsvorsorge", die Bestimmtheitsdefizite des Kriteriums einer Erfüllung „öffentlicher Aufgaben" oder die Wettbewerbssituation des gemischtwirtschaftl. Unternehmens relevant,[151] die das BVerfG lange ausgeblendet hat.[152] Im Umkehrschluss zur Fraport-Entscheidung, in der das BVerfG staatl. beherrschte gemischtwirtsch. Unternehmen als grundrechtsgebunden angesehen hat,[153] wird man ihnen die Grundrechtsfähigkeit versagen müssen, bei fehlender staatlicher Beherrschung hingegen nicht.[154]

Eine differenzierte Betrachtung ist auch bei **Berufsverbänden in der Rechtsform einer öffent- 42 lich-rechtlichen Körperschaft** angezeigt. Die Rspr. hat zutr. einer Innung den Grundrechtsschutz verweigert, soweit es lediglich um die Wahrnehmung gesetzl. zugewiesener u. geregelter Aufgaben der öffentl. Verwaltung ging.[155] Anerkannt wurde jedoch eine berufsgrundrechtl. Grundrechtsträgerschaft v. Innungen, soweit jene „nicht in ihrer Funktion als Teil der öffentl. Verwaltung, sondern als Interessenvertreter ihrer Mitglieder betroffen" waren.[156] Diese Entsch. war jedoch durch die singulären Besonderheiten des Falles geprägt u. ist kaum einer Verallgemeinerung zugänglich.[157] Gleichwohl wird bisweilen für eine Anwendung dieser Differenzierung auch auf freiberufl. Kammern plädiert.[158]

---

[142] BVerfGE 129, 78 Rn. 72; BVerfG (K) NJW 2016, 1436 f.; *Rüfner* HStR IX, § 196 Rn. 92, 108; *Burgi* BK, Art. 12 Rn. 93; aA *Ehlers* JZ 1996, 776 (781).

[143] BVerfGE 129, 78 Rn. 68 ff. m. zust. Anm. *Sachs* JuS 2012, 379 (381); *Ludwigs/Friedmann* JA 2018, 807 (810).

[144] Vgl. aber BVerfG (K) NJW 2016, 1436 (1437): Unionskonforme Auslegung des Art. 2 I mit Schutzniveau des Art. 12 auch bei jur. Personen.

[145] BVerfGE 42, 212 (219); 53, 1 (13); BVerwGE 96, 302 (306); *Scholz*, in: Maunz/Dürig, Art. 12 Rn. 106; *Kämmerer*, in: v. Münch/Kunig, Art. 12 Rn. 12.

[146] BVerfGE 45, 63 (78); 61, 82 (100 ff.); 68, 193 (206); 98, 365 (400); BVerfG (K) NJW 1980, 1093; 1990, 1783; ausgenommen und allg. (u. *Sachs*, Art. 19 Rn. 94) Religionsgesellschaften m. Körperschaftsstatus, so bereits BGHZ 19, 130 (138): Kirchengemeinde als Grundrechtsträger des Art. 12 GG.

[147] BVerfGE 61, 82 (101); 68, 193 (206); 75, 192 (196). Zur Begr, iE → Art. 19 Rn. 81, 89 ff.

[148] *Bethge*, Grundrechtsberechtigung juristischer Personen, 1985, S. 103, 106; *Scholz*, in: Maunz/Dürig, Art. 12 Rn. 113; *Dietlein*, in: Stern, StaatsR IV/1, S. 1839.

[149] *Hofmann* in: Hofmann/Henneke, Art. 12 Rn. 8 mwN.

[150] BVerfGE 45, 63 (79 f.); 68, 193 (212 f.); BVerfG (K) NJW 1980, 1093; (K) 1990, 1783. Zum Grundrechtsschutz für die gem. Art. 87 f II 1 privatwirtschaftl. tätige Deutsche Telekom AG s. BVerwGE 114, 160 (189); OVG NRW NWVBl 2000, 254 (259).

[151] Vgl. den Überblick bei *Stern*, StaatsR III/1, S. 1169 f. und → Art. 19 Rn. 112.

[152] Besonders in BVerfG (K) NJW 1990, 1783 („HEW"). Dazu krit. etwa *Schmidt-Aßmann* BB 1990 Beil. 34 zu Heft 27, S. 1 ff.; *Koppensteiner* NJW 1990, 3105 ff.; *Kühne* JZ 1990, 335 f.; *Scholz* FS W. Lorenz, 1991, S. 213 ff.; *Schmidt-Preuß*, Kollidierende Privatinteressen im Verwaltungsrecht, 1992, S. 68 f. (der öff. Unternehmen generell Grundrechtsträgerschaft zubilligt).

[153] BVerfGE 128, 226 (244 ff.).

[154] Ebenso *Burgi* BK, Art. 12 Rn. 97.

[155] BVerfGE 68, 193 (208 f.), Bezugnahme in BVerfGE 70, 1 (15).

[156] BVerfGE 70, 1 (20 f.); BVerfG (K) GewArch 1993, 288 (289); vgl. auch BVerwGE 90, 88 (95).

[157] So wurde and. Innungen in BVerfGE 68, 193 (207 ff.) u. BVerfG (K) NVwZ 1994, 262 die Grundrechtsträgerschaft abgesprochen, obwohl sie auch zur Vertretung von Mitgliederinteressen berufen waren. Vgl. näher *Mann* HStR VI, § 146 Rn. 27 f.

[158] S. etwa *Fröhler* FS Melichar, 1983, S. 9 ff.; *Tettinger*, Kammerrecht, 1997, S. 101; *Stern*, StaatsR III/1, S. 1162 f.; vgl. auch BVerwG GewArch 1995, 377 (382).

## B. Die Gewährleistung der Berufsfreiheit (Abs. 1)

### I. Schutzbereich

43    **1. Der Begriff des Berufes.** Das zentrale Tatbestandsmerkmal „Beruf" umfasst nicht nur gesellschaftl. oder rechtl. vorgeprägte Berufsbilder, sondern ist als ein weit auszulegender, aufgrund der fortschreitenden technischen, soz. oder wirtschaftl. Entwicklung prinzipiell offener Begriff zu verstehen.[159] Es umgreift daher auch eine Vielzahl **untypischer Tätigkeitsformen**, wie etwa Handeln mit loser Milch,[160] „Heilmagnetisieren",[161] den Betrieb einer Deckhengststation,[162] die geschäftsmäßige Überwachung gewerbl. Schutzrechte[163] oder einer Schule für Hufpflege.[164]

44    Erfasst sind gleichermaßen selbstständig wie unselbstständig ausgeübte Tätigkeiten. Art. 12 I kommt so – wie schon in BVerfGE 7, 377 (397)[165] nicht ohne Pathos vermerkt – „Bedeutung für alle Schichten" zu. Freilich ist die Berufsfreiheit in der Rechtsprechungspraxis zuvörderst ein „Grundrecht des Mittelstandes" geblieben.[166] Das Schlagwort **„Arbeit als Beruf"**[167] umschreibt allerdings einen nicht minder wichtigen arbeitnehmerorientierten Teilaspekt des Grundrechtsschutzes zur Sicherung der „Selbstbestimmung in der arbeitsteiligen Industriegesellschaft".[168] Mit ihm sind heikle verfassungsrechtl. Kollisionslagen verbunden,[169] die v. Gesetzgeber in Wahrnehmung entspr. Schutzpflichten (dazu → Rn. 21) durch verfassungskonforme Interpretation einschlägiger Vorschriften auszutarieren sind.[170] Das betrifft insbes. das Kündigungsschutzrecht, wo mit Blick auf den „durch Art. 12 I GG gebotenen Mindestschutz der Arbeitnehmer"[171] in Orientierung an den jeweils unterschiedl. personalen u. soz. Schutzdimensionen verfügbarer Unternehmensformen eine unternehmensorganisationsrechtl. Differenzierung angezeigt ist.

45    Gemeinhin wird **Beruf definiert** als jede auf eine gewisse Dauer angelegte, der Schaffung u. Erhaltung einer Lebensgrundlage dienende Tätigkeit.[172] Über diese allg. konsentierten Elemente hinaus finden sich in Rspr. u. Lit. bisweilen weitere Merkmale, deren Berechtigung allerdings iE umstritten ist (→ Rn. 50 ff.).

46    Die Orientierung an der **Dauerhaftigkeit** verlangt nicht, dass eine Betätigung bereits in der Vergangenheit nachw. sein muss. Angesichts der Zukunftsgerichtetheit der Berufsfreiheit[173] reicht es aus, wenn die Betätigung auf Dauer „angelegt" ist, etwa bei einem Berufspolitiker (als Abgeordneter) oder auch bei einem zunächst für eine Probezeit eingegangenen Arbeitsverh.[174] Nicht genügen allerdings nur gelegentl. oder vorübergehende Tätigkeiten, wie z. B. die Privatdozentur.[175]

47    Eine urspr. ausnahmsweise für eine Übergangszeit zugelassene Tätigkeit kann aber als Beruf einzustufen sein, wenn sie über längere Zeit hin auf Grund **wiederholt erteilter Beschäftigungserlaubnisse** ausgeübt worden ist.[176]

48    Zur Beurteilung, ob eine Tätigkeit der **Schaffung und Erhaltung einer Lebensgrundlage** dient, ist ein obj. Maßstab ausschlaggebend. Die Tätigkeit muss – unabhängig v. den subj. Zielsetzungen des

---

[159] BVerfGE 7, 377 (397); 14, 19 (22); 68, 272 (281); 78, 179 (193); 80, 70 (85); BVerfG NJW 2004, 2725 (2726); GewArch 2008, 28; BVerwGE 91, 24 (31); 96, 293 (296); 96, 302 (307); BVerwG DVBl 1994, 760 (761); *Scholz*, in: Maunz/Dürig, Art. 12 Rn. 28; ausf. zum Berufsbegriff *Fröhler/Mörtel* GewArch 1979, 105 ff.

[160] BVerfGE 9, 39 (48).

[161] BVerwGE 94, 269 (277).

[162] BVerfG (K) NJW-RR 1994, 663 (664) u. NJW 1996, 1203; s. auch BVerwG NJW 2019, 396 (Betreiben einer Brüterei).

[163] BVerfGE 97, 12 (25).

[164] BVerfGE 117, 126 (137); 119, 59 (78 f.).

[165] Vgl. auch BVerfGE 50, 290 (362); 59, 231 (262); dazu *Rittstieg* AK GG, Art. 12 Rn. 13 ff.

[166] Zu dieser Bedeutung *Ossenbühl* AöR 115 (1990), 1 (6 f.); *Mann* FS J. F. Kirchhoff, 2002, S. 221 (237 ff.).

[167] Dazu näher *Schneider* und *Lecheler* VVDStRL 43 (1985), 7 ff. u. 48 ff.; *Badura* FS Herschel, 1982, S. 21 ff.; *Bryde* NJW 1984, 2177 ff.; *Häberle* JZ 1984, 345 ff.; *Papier* DVBl 1984, 801 ff.; *Pietzcker* NVwZ 1984, 550 ff.; *Wendt* DÖV 1984, 601 ff.

[168] BVerfGE 41, 251 (264).

[169] Vgl. etwa BVerfGE 138, 261 Rn 52: Gesetzl. Einschränkung der samstägigen Arbeitszeit zugunsten der Arbeitnehmer betrifft die Berufsausübungsfreiheit des Arbeitgebers.

[170] Vgl. *Breuer* HStR VIII, § 170 Rn. 51 f., 54 f., 91; *Tettinger* AöR 108 (1983), 92 (96 ff.); *Ossenbühl* AöR 115 (1990), 1 (17 f.); *Papier* HdbVerfR, § 18 Rn. 50; *Depenheuer* FS 50 Jahre BVerfG II, 2001, S. 257 ff., jew. mwN.

[171] BVerfGE 97, 169 (Kleinbetriebsklausel).

[172] BVerfGE 7, 377 (397); 50, 290 (362); 54, 301 (313); 105, 252 (265); 110, 304 (321); 111, 10 (28); 115, 276 (300); 119, 59 (66); 126, 112 Rn. 85; BVerwGE 1, 92 (93); 22, 286 (287); 96, 136 (140); 96, 293 (296); 96, 302 (307); 97, 12 (22); *Scholz*, in: Maunz/Dürig, Art. 12 Rn. 29; *Jarass*, in: Jarass/Pieroth, Art. 12 Rn. 5; *Schneider* HGR V, § 113 Rn. 55; *Nolte*, in: Stern/Becker, Art. 12 Rn. 12.

[173] BVerfGE 30, 292 (334); BVerwGE 75, 109 (114).

[174] *Kingreen/Poscher*, Rn. 903. Weiter BVerfGE 97, 228 (253): „Beruf ... jede auf Erwerb gerichtete Beschäftigung, die sich nicht in einem einmaligen Erwerbsakt erschöpft.".

[175] BVerwGE 91, 24 (31 ff.); 96, 136 (139 f.). Die Tätigkeit als Privatdozent wird i. d. R. auch unentgeltlich ausgeübt und dient damit auch nicht der Schaffung einer Lebensgrundlage (→ Rn. 48).

[176] BVerfGE 32, 1 (23 f.); 58, 358 (363).

Grundrechtsträgers – ihrer Art nach zur Existenzsicherung geeignet sein.[177] Ob sie selbstständig oder unselbstständig ausgeübt wird, ist dabei ebenso ohne Belang[178] wie die Frage, ob die mit dem Beruf erzielten wirtschaftl. Gewinne einen besonderen pers. Einsatz oder die Übernahme eines wirtschaftl. Risikos erfordern.[179] Als Beruf i. S. d. Art. 12 sind etwa auch Erwerbstätigkeiten eines Soldaten im Ruhestand[180] sowie **Zweit- und Nebenberufe**[181] angesehen worden, was gesetzl. Inkompatibilitätsregelungen unter besonderer Beachtung des Übermaßverbotes freilich nicht grds. ausschließt.[182] Nicht einschlägig sind als Hobby ausgeübte Tätigkeiten.[183]

**Nebentätigkeiten von Beamten** sollen keinen eigenständigen Beruf darstellen, sondern nur Art. 2 **49** I unterfallen,[184] was angesichts der gebotenen obj. Beurteilung in der Lit. auf berechtigte Kritik gestoßen ist.[185] Soweit es um künstlerische oder wissenschaftl. Nebentätigkeiten geht, ist zudem Art. 5 III relevant.[186]

Ergänzend findet sich mancherorts das zusätzl. Merkmal, die geschützte Betätigung müsse „wirt- **50** schaftlich sinnvoll" sein.[187] Eine solche Qualifikation dürfte sich allerdings mangels Definitionsmacht des Staates prinzipiell einer objektivierbaren Bewertung entziehen u. muss vielmehr der Entsch. des Einzelnen überlassen bleiben.[188] Als individualisierendes Kriterium führt die wirtschaftl. Sinnhaftigkeit zudem zu Wertungswidersprüchen mit der gebotenen obj. Auslegung des Merkmals „Schaffung einer Lebensgrundlage" (→ Rn. 48 f.), bei dem eine betriebswirtschaftl. nicht darstellbare Aktivität unberücksichtigt blieb.

Versteht man dieses Kriterium hingegen als Umschreibung des v. and. Seite geforderten „Beitrags **51** zur gesellschaftlichen Gesamtleistung",[189] so wird darin nicht ein konstitutives Merkmal des Berufs, sondern lediglich eine deskriptive Aussage über typische Wirkungen einer Berufsausübung zu sehen sein.[190] Mit dem BVerwG[191] sollte deshalb auf beide Formeln verzichtet werden.

Mitunter wurde der Begriff des Berufes i. S. d. Art. 12 in Rspr.[192] u. Lit.[193] auf „erlaubte" Tätig- **52** keitsformen begrenzt. Sofern dabei dieses Erfordernis allein anhand der Skala der Verbotsgesetze bemessen wird,[194] ist dagegen zu Recht der Vorwurf einer einfachgesetzl. Aushöhlung der Berufsfreiheit erhoben worden:[195] Dem Grundrecht des Art. 12 kommt gerade die Funktion zu, darüber zu entscheiden, ob eine Tätigkeit durch den Gesetzgeber verboten werden darf; sein Schutzbereich kann mithin nicht bereits durch das Kriterium des Erlaubtseins begrenzt sein.

Auch sofern zur Konturierung des Erlaubtheitskriteriums auf die Legitimation durch herrschende **53** Grundanschauungen in der Gesellschaft abgestellt[196] oder allg. „sozial unwertige" bzw. „schlechthin gemeinschaftsschädliche" Tätigkeiten als im Vorfeld des Berufsbegriffs liegend ausgeklammert wer-

---

[177] *Scholz,* in: Maunz/Dürig, Art. 12 Rn. 32; *Manssen* MKS I, Art. 12 Rn. 38.

[178] BVerfGE 7, 377 (398); 50, 290 (362 f.); 54, 301 (322); BVerwGE 89, 281 (283); 90, 359 (362).

[179] BVerwGE 96, 302 (315).

[180] BVerwGE 84, 194 (197).

[181] BVerfGE 21, 173 (179); 80, 70 (85 f.); 87, 287 (316); 110, 141 (156); 110, 304 (321); BVerfG (K) NJW 2003, 419 (420); NJW 2013, 3357 (3358); BVerwGE 21, 195 f.; BGHZ 97, 204 (208); 142, 304 (308).

[182] BVerfGE 21, 173 (181 ff.); 22, 275 (276); 54, 237 (246); 87, 287 (322); NJW 2013, 3357 (3358); BGHZ 71, 23 (27 f.); *Wieland,* in: Dreier I, Art. 12 Rn. 42.

[183] *Jarass,* in: Jarass/Pieroth, Art. 12 Rn. 5. Zur thematisch kohärenten, aber nicht identischen Problematik der nicht steuerpflichtigen Einkünfte aus Liebhaberei vgl. BFHE 141, 405 ff.; 161, 144 ff.; 165, 63 ff.; *Kruse* BB 1985, 1077 (1081 f.).

[184] So BVerfGE 33, 44 (48); BVerwGE 25, 210 (219 f.); 41, 316 (321 f.); 55, 207 (238); 60, 254 (255 f.); 67, 287 (294 f.).

[185] *Scholz,* in: Maunz/Dürig, Art. 12 Rn. 214 f.; *Breuer* HStR VIII, § 170 Rn. 79; *Papier* DVBl 1984, 801 (804); *Ehlers* DVBl 1985, 879 (883); vgl. nunmehr auch BVerwGE 84, 194 (197).

[186] Vgl. *Breuer* HStR VIII, § 170 Rn. 80.

[187] BVerfGE 7, 377 (397); 14, 19 (22); 68, 272 (281); *Stein/Frank* StaatsR, § 43 II 1; unklar VG Düsseldorf GewArch 1990, 207 (208) u. *Hofmann* SHH, Art. 12 Rn. 27 („sinnvoll").

[188] *Scholz,* in: Maunz/Dürig, Art. 12 Rn. 34; krit. auch *Bachof,* in: Die Grundrechte III/1, S. 155 (181) und *Rupp* AöR 92 (1967), 212 (219).

[189] BVerfGE 7, 377 (397); 50, 290 (362); *Stein/Frank* StaatsR, § 43 II 1; *Hesse* Grundzüge, Rn. 420.

[190] *Scholz,* in: Maunz/Dürig, Art. 12 Rn. 34.

[191] BVerwGE 1, 269 (279); 71, 183 (189), st. Rspr.

[192] BVerfGE 7, 377 (397); 32, 311 (317); 48, 376 (388); 68, 272 (281); 81, 70 (85); BVerwGE 22, 286 (287); 71, 183 (189); 87, 37 (40 f.); BVerwG DVBl 1994, 760 (761); OVG NRW NJW 1986, 2783; OVG RhPf GewArch 1991, 99 (100); BayVGH NJW 1987, 727; VG Düsseldorf GewArch 1990, 207 (208).

[193] *Badura* Staatsrecht, C Rn. 80; *Hofmann* SHH, Art. 12 Rn. 5, 27; *Maunz/Zippelius*[30.] S. 255; *Gubelt,* in: v. Münch/Kunig I[5.] Art. 12 Rn. 8 f. – and. jetzt *Zippelius/Würtenberger,* § 30 Rn. 2, 6 f. u. *Kämmerer,* in: v. Münch/ Kunig, Art. 12 Rn. 17.

[194] OVG NRW NJW 1986, 2783; BayVGH NJW 1987, 727; BVerwG NJW 2019, 3096 Rn. 31; *Hofmann* SHH, Art. 12 Rn. 27.

[195] BVerfGE 115, 276 (301); BVerwGE 22, 286 (288); 96, 293 (296 f.); 96, 302 (308); *Bachof,* in: Die Grundrechte III/1, S. 155 (190); *Burgi* BK, Art. 12 Rn. 118; *Breuer* HStR VIII, § 170 Rn. 69; *Stein/Frank,* Staatsrecht, § 43 II 1; *Badura,* FG BVerwG, 2003, S. 785 (787).

[196] BVerwGE 22, 286 (289); 96, 293 (297); 96, 302 (308 f.); OVG RhPf GewArch 1991, 99 (100); VG Düsseldorf GewArch 1990, 207 (208); VG Neustadt NVwZ 1993, 98 (100).

den,[197] kann dem nicht gefolgt werden.[198] Angesichts des auf Individualinteressen bezogenen Schutzzwecks der Berufsfreiheit u. dem Risiko eines Missbrauchs der Begriffsbestimmung ist eine neutralere
Auffassung der Sozialwertigkeit menschl. Betätigungen geboten. Daher unterfallen im Grds. auch
Tätigkeiten wie Prostitution oder Waffenhandel dem Schutzbereich des Art. 12 I.[199] Das gilt erst recht
für Tätigkeiten, welche lediglich die Spielsucht der Menschen ausnutzen.[200]

54    Sofern eine Tätigkeit jedoch offensichtl. dem **grundgesetzlichen Menschenbild zuwiderläuft**
      (Bsp.: Auftragsmörder, Drogen-Dealer), mithin grundlegenden Wertungen der Verf. u. nicht bloß allg.
      zeitgenössischen sozialethischen Vorstellungen widerspricht, erscheint eine Schutzbereichsverkürzung
      per Def. zumindest diskutabel.[201] Trotz der strafrechtl. Bewertung der Tötung Ungeborener als rechts-
      widrig[202] (vgl. § 218a I StGB) soll daher die Vornahme rechtswidriger Schwangerschaftsabbrüche
      v. Schutzbereich des Art. 12 umfasst sein, da diese ärztl. Tätigkeit notwendiger Bestandteil des gesetzl.
      Schutzkonzeptes ist.[203]

55    **2. Staatliche und staatlich gebundene Berufe, Monopole.** Der Begriff des Berufes umfasst grds.
      auch die sog. staatl. gebundene Berufe (u. Rn. 62) sowie staatl. Berufe.[204]
56    Die Garantie der Berufsfreiheit für Tätigkeiten innerhalb des öff. Dienstes, mithin für **staatliche
      Berufe,** wird allerdings durch die Sonderregelungen des Art. 33 überlagert u. modifiziert.[205] So
      verändert sich die freie Berufswahl in einen Anspruch auf gleichberechtigten Zugang zu den infolge
      staatl. Organisationsgewalt nur beschränkt vorh. öff. Ämtern nach Maßgabe des Art. 33 II.[206]
57    Weitere Anford. können sich durch hergebrachte **Grundsätze des Berufsbeamtentums** i. S. d.
      Art. 33 V ergeben. So folgt aus der polit. Treuepflicht der Beamten ggü. dem Staat, dass ein
      Stellenbewerber die Gewähr bieten muss, jederzeit für die freiheitliche demokratische Grundordnung
      einzutreten.[207]
58    Die grundrechtsdogmatische Begr. der Wechselwirkung zw. Art. 12 u. 33 ist jedoch nicht eindeutig:
      Frühe verfassungsgerichtl. Judikate ließen bisweilen vermuten, es werde der Schutzbereich des Art. 12
      verkürzt.[208] In späteren Entscheidungen werden hingegen die Belange des Art. 33 II als Gemeinwohl-
      gründe auf der Ebene der verfassungsrechtl. Rechtfertigung geprüft.[209] In der Lit. werden die **Rechts-
      wirkungen des Art. 33** sowohl als spezifische Grundrechtsschranke des Art. 12 angesehen,[210] als auch
      i. S. einer Normkonkurrenz verstanden.[211] Andere wollen die sog. staatl. Berufe schon im Ausgangs-
      punkt nicht Art. 12, sondern nur Art. 33 unterstellen.[212]
59    Auch wenn sich der Status der staatl. Berufe iE regelm. nach den inhaltlichen Maßstäben des Art. 33
      richten wird, erscheint zur Freiheitssicherung auch der im staatl. Bereich ausgeübten Berufe grds. eine
      Zuordnung zum Schutzbereich des Art. 12 geboten, da so der **Gesetzesvorbehalt** des Art. 12 I 2 zur

---

[197] BVerfGE 117, 126 (137); 115, 276 (301); *Manssen* MKS I, Art. 12 Rn. 43; *Bachof,* in: Die Grundrechte III/1,
S. 155 (190 f.); *Ruffert* BeckOK GG, Art. 12 Rn. 42.
[198] I. E. ebenso *Jarass,* in: Jarass/Pieroth, Art. 12 Rn. 8; *Rittstieg* AK GG, Art. 12 Rn. 62 f.; *Breuer* HStR VIII,
§ 170 Rn. 69; *Höfling,* Offene Grundrechtsinterpretation, 1987, S. 150 ff.; *Dietlein,* in: Stern, StaatsR IV/1, S. 1791;
*Kämmerer,* in: v. Münch/Kunig, Art. 12 Rn. 17.
[199] Ebenso LG Münster (Vorlagebeschluss an das BVerfG) StrV 1992, 581 (582); *Wesel* NJW 1999, 2865 f.;
*Laskowski,* Die Ausübung der Prostitution, 1997; *Gurlit* VerwArch 97 (2006), 409. Vgl. auch § 1 des Prostitutions-
gesetzes v. 20.12.2001 (BGBl I 3983) und EuGH C-268/99 – Jany ua.
[200] Zum Betreiben einer Spielbank; BVerfGE 102, 197 (213 f.); BVerfG (K) NVwZ-RR 2008, 1 (2); BVerwGE
96, 302 (306 ff.); *Ennuschat* NVwZ 2001, 771 (772); *Sodan* NJW 2003, 257 (259 f.); zur Vermittlung von Oddset-
Sportwetten durch Private: BVerfGE 115, 276 (300) m. Anm. *Sachs* JuS 2006, 745; BVerwGE 114, 92 ff.; OVG
NRW DVBl 2006, 1462 (1463), zu Online-Casinospielen: *Kubiciel* NVwZ 2018, 841 (843 ff.).
[201] *Tettinger* AöR 108 (1983), 92 (98); *Langer* JuS 1993, 203 (206); *Ehlers,* Ziele der Wirtschaftsaufsicht, 1997,
S. 32; *Manssen* MKS I, Art. 12 Rn. 43; *Sodan* NJW 2003, 257 (260). Ähnl., doch mit and. Nuancierung (für vom
GG selbst missbilligte Verhaltensweisen) auch *Lerche* FS Fikentscher, 1998, S. 541 (548 ff.) mwN; für Begrenzungen
erst auf Schrankenebene *Kämmerer,* in: v. Münch/Kunig, Art. 12 Rn. 17.
[202] Siehe BVerfGE 88, 203 (LS 4 u. 15, S. 273).
[203] So sehr knapp und apodiktisch das Mehrheitsvotum in BVerfGE 98, 265 (297); dazu vorwiegend krit. die Lit.:
*Hillgruber* MedR 1998, 2001; *Beckmann* MedR 1999, 138; *Büchner* NJW 1999, 833; hiergegen wiederum *Suerbaum*
NJW 2000, 849.
[204] Vgl. nur BVerfGE 7, 377 (397 f.); 39, 334 (369); 52, 303 (345); 73, 301 (315); BVerwGE 9, 334 (336); 75, 109
(114); krit. hingegen *Scholz,* in: Maunz/Dürig, Art. 12 Rn. 207, 217 ff.
[205] BVerfGE 39, 334 (369); 46, 43 (52); 73, 280 (292); 73, 301 (315); 80, 257 (265); 84, 133 (147); dazu ausf.
*Leisner* AöR 93 (1968), 162 ff.; *Merten* HGRV, § 170 Rn. 8 ff.
[206] BVerfGE 7, 377 (398); 39, 334 (369 f.); 73, 280 (292); 80, 257 (263); 84, 133 (147).
[207] BVerfGE 39, 334 (346); BVerwGE 47, 330 (335); zur Verfassungstreue v. Angest. im öff. Dienst s. BVerfGE
39, 334 (355 f.); 46, 43 (52); ausführl. zum Ganzen → Art. 33 Rn. 32 ff.
[208] Vgl. BVerfGE 16, 6 (21); 73, 280 (292); 80, 257 (263, 265); 84, 133 (147).
[209] BVerfGE 96, 152 (163); 96, 171 (181 f.); 96, 189 (197); 96, 205 (211) 139, 19 (48).
[210] *Jarass,* in: Jarass/Pieroth, Art. 12 Rn. 85.
[211] *Breuer* HStR VIII, § 170 Rn. 71; *Manssen* MKS I, Art. 12 Rn. 47; *Merten* HGRV, § 114 Rn. 12.
[212] *Scholz,* in: Maunz/Dürig, Art. 12 Rn. 217 ff.; *Bachof,* in: Die Grundrechte III/1, S. 155 (201); *Wieland,* in:
Dreier I, Art. 12 Rn. 44; *Dietlein,* in: Stern, StaatsR IV/1, S. 1905 (zu genuin hoheitlich geprägten Verwaltungs-
monopolen).

Anwendung gelangt, sodass Vorgaben für staatl. Berufe allein auf der Basis v. Verwaltungsvorschriften ausgeschl. sind[213].

**Dienstrechtliche Eignungserfordernisse** wie die Verfassungstreue des Bewerbers o. Höchst- **60** altersgrenzen sind subj. Zulassungsschranken i. S. d. Stufentheorie (→ Rn. 133 f., → Rn. 140), organisationsrechtl. Voraussetzungen wie die Beschränkung insges. verfügbarer Stellen sind obj. Zulassungsschranken. Als solche unterliegen sie der Verhältnismäßigkeitskontrolle.[214]

Berufsgrundrechtl. nicht gewährleistet ist freilich die private Übernahme v. Aufgaben, die der Staat **61** iR legitimer Gestaltungsbefugnis an sich gezogen hat u. durch eigene Einrichtungen wahrnimmt,[215] insbes. sog. „Verwaltungsmonopole genuin-hoheitlicher Art", wie die Tätigkeit der Polizei.[216] In umgekehrter Richtung sollen eine staatl. Vereinnahmung der bislang v. Privaten berufl. abgedeckten Tätigkeitsfelder in ihren Auswirkungen auf die betr. Grundrechtsträger denen einer obj. Zulassungsschranke entsprechen, mithin grds. daran gebunden sein, dass ein überragend wichtiges Gemeingut die **staatliche Monopolisierung von Berufen** erfordert.[217] Darüber hinaus ist in regelm. Abständen **wiederholte Kontrolle** dieser Bewertung notwendig (→ Rn. 141).[218] Zur Nebentätigkeit v. Beamten → Rn. 49.

Als **staatlich gebundene Berufe**"[219] bezeichnet man diejenigen Berufsgruppen, denen funktionell **62** die Wahrnehmung solcher öff. Aufgaben übertragen worden ist, die der Gesetzgeber auch dem eigenen Verwaltungsapparat hätte vorbehalten können.[220] Sie nehmen damit eine Mittelstellung zw. dem soziologischen Typus der sog. Freien Berufe[221] die in ihrer persönlichen Dienstleistung vielen staatl. Auflagen ausgesetzt sind (→ Rn. 71 ff.) u. den vollständig in die Staatsorganisation einbezogenen Berufen ein. In der Judikatur wurden Notare,[222] aber etwa auch Prüfingenieure für Baustatik,[223] öff. bestellte Vermessungsingenieure,[224] Bezirksschornsteinfegermeister[225] sowie Betreuer bei der Landwirtschaftsförderung[226] als staatl. gebundene Berufe qualifiziert. Vergleichbares gilt für Aktionsfelder v. TÜV.[227] Auch die freiberufl. Tätigkeit als Umweltgutachter (vgl. § 4 II UAG) lässt Elemente eines staatl. gebundenen Berufs erkennen.

Die **Rspr. des BVerfG** sieht, je mehr das Tätigkeitsfeld eines staatl. gebundenen Berufes seiner **63** Struktur u. seinem Gewicht nach in Ansehung der mitwahrgenommenen öff. Aufgaben in die Nähe der staatl. Ämterorganisation rückt, umso eher substantielle normative Eingrenzungen (in Anlehnung an Art. 33) gerechtfertigt;[228] schließlich sei die Ausübung staatl. Funktionen der Verfügungsfreiheit des Einzelnen entzogen.[229] Art. 12 entfalte dagegen umso stärkere Wirksamkeit, je mehr Eigenschaften des freien Berufes hervorträten.[230] Keinesfalls aber seien die **Anforderungen** an die nach Art. 12 I 2

[213] BVerfGE 73, 280 (294 f.); 80, 257 (265); BVerwGE 75, 109 (114 f.); *Breuer* HStR VIII, § 170 Rn. 73; *Jarass,* in: Jarass/Pieroth, Art. 12 Rn. 28.

[214] BVerfGE 39, 334 (370 f.) u. BVerwG NJW 2018, 1185 (1187) zur Verfassungstreue; BVerfGE 139, 19, Rn 77; BVerwGE 156, 180, Rn. 18 u. *Mann* FS Starck, 2007, S. 319 (325 f.) zu Einstellungshöchstaltersgrenzen best. Berufe.

[215] BVerfGE 37, 314 (322); 41, 205 (218); BVerwGE 96, 302 (307).

[216] Vgl. BVerwGE 96, 302 (308); *Scholz,* in: Maunz/Dürig, Art. 12 Rn. 221.

[217] BVerfGE 21, 245 (250 f.); 21, 261 (267); BVerwGE 39, 159 (168 f.); 62, 224 (230); 96, 302 (311); 97, 79 (84); BVerwGE 138, 201 Rn. 38 f.; *Papier* FS Stern, 1997, S. 543 (548 f.). Im Sportwettenurt. BVerfGE 115, 276 (304) bleibt der Maßstab unklar („legitime Gemeinwohlziele"; „besonders wichtiges Gemeinwohlziel"), krit. daher zu Recht *Kment* NVwZ 2006, 617 (619). Die Erwägung, dass durch eine bestimmte berufl. Tätigkeit risikofrei erhebliche Gewinne erzielt werden können, bildet allein keinen Grund dafür, Private v. einem Beruf auszuschließen, in atypischen Fällen werden jedoch die Anford. an gesetzl. Restriktionen gesenkt. So wurde für Spielbanken in der „Verknappung des Marktes" u. den „Eigentümlichkeiten des Gegenstandes der beruflichen Tätigkeit" der Anlass für die Anerkennung des Erfordernisses eines breiten Regelungs- u. Gestaltungsspielraumes des staatl. Gesetzgebers gesehen, BVerfGE 102, 197 (215). Fiskalische Interessen des Staates scheiden als solche zur Rechtfertigung der Errichtung eines Monopols jedoch aus, BVerfGE 102, 197 (216); 115, 276 (304 f.); 145, 20 (187 f.).

[218] *Scheuner* AfP 1977, 367 (371); *Tettinger* NJW 1987, 294 (300); *Breuer* HStR VIII, § 171 Rn. 91; *Weiß* VerwArch 90 (1999), S. 415 (431).

[219] Zum Begriff grundl. *Triepel* FS Binding II, 1911, S. 1 ff.; den Begriff abl. *Scholz,* in: Maunz/Dürig, Art. 12 Rn. 232 ff.

[220] BVerfGE 73, 280 (293); 73, 301 (315 f.).

[221] Nach BVerfGE 10, 354 (364 f.); 46, 224 (240 ff.) handelt es sich um einen soziologischen, nicht um einen Rechtsbegriff; vgl. auch *Mann* NJW 2008, 121 (122 ff.); zur freiberufl. Assoziation → Rn. 75.

[222] BVerfGE 16, 6 (21 f.); 17, 371 (377); 47, 285 (319); 54, 237 (246); 69, 373 (378); 73, 280 (292 f.); 80, 257 (265); 110, 304 (321); 112, 255; 131, 130 (139); vgl. hierzu *Kämmerer* NJW 2006, 2727 ff.

[223] BVerfGE 64, 72 (82 f.).

[224] BVerfGE 73, 301 (316); BVerwG GewArch 1995, 195 (196); VGH BW NVwZ 1987, 431 (433); dazu krit. *Sodan,* in: Herrmann/Backhaus, Staatl. gebund. Freiberufe im Wandel, 1998, S. 41 (51 ff.).

[225] BVerwGE 6, 72 (74); 38, 244 (247); vgl. auch BVerwGE 145, 67 Rn. 29 (Widerruf der Bestellung).

[226] BVerwGE 75, 109 (114).

[227] BVerwGE 72, 126 (130); vgl. auch NdsOVG GewArch 1997, 240 (241); VGH BW NVwZ-RR 1996, 642 (643 f.):

[228] BVerfGE 7, 377 (398); 16, 6 (22); 17, 371 (377); 47, 285 (319); 54, 237 (250); 69, 373 (378); 73, 280 (292); 73, 301 (315); 110, 304 (321).

[229] BVerfGE 17, 371 (380).

[230] BVerfGE 17, 371 (377); 73, 301 (315).

gebotene gesetzliche Regelung hier geringer zu veranschlagen als bei anderen Berufen.[231] So greift etwa eine Verpflichtung, zugunsten der öff. Hand vergütungsfrei tätig zu werden, in die Berufsfreiheit des staatl. gebundenen Berufstreibenden ein u. bedarf mithin näherer rechtl. Regelung.[232]

**64**      Daher wird es nicht beanstandet, wenn der **Notarberuf** nur gewählt werden kann, soweit der Staat entspr. Amtsstellen zur Verfügung stellt;[233] wegen der sachlich bedingten Nähe zum öff. Dienst seien auch inhaltliche Anford. hinzunehmen, die sich an die für dieses Feld geltenden spez. Rechtsgrundsätze anlehnten.[234] Andererseits gebiete Art. 12 I iVm Art. 33 II eine dem Grundrechtsschutz v. Notarbewerbern angemessene Gestaltung des Auswahlverfahrens,[235] insbes. dass im Auswahlverfahren für Anwaltsnotare neben der allg. Befähigung für jur. Berufe u. den Erfahrungen aus dem Anwaltsberuf die spezifische fachliche Eignung für das Amt des Notars angemessen berücksichtigt wird.[236] Jedoch müsse Art. 33 bei der Beurteilung v. Berufsausübungsregelungen durch staatl. Gebührenordnungen zurückweichen, sodass Art. 12 I insoweit „mit geringeren Einschränkungen als im übrigen Notarrecht anzuwenden" sei.[237]

**65**      Der methodische Ansatz des BVerfG wird in der **Lit.** unter zwei Aspekten zu Recht kritisiert: Die Auffassung, auch bei staatl. gebundenen Berufen führe die Anlehnung an Art. 33 zu einer Modifizierung der Berufsfreiheit, stellt eine petitio principii dar; jede Beschr. der Berufsfreiheit bedarf vielmehr umgekehrt einer Art. 12 genügenden Rechtfertigung.[238] Zudem muss der Staat, wenn er hoheitliche Befugnisse ausgliedert u. auf die Inhaber selbständiger Berufe überträgt, auch die berufsgrundrechtl. Konsequenzen tragen; er darf dann nicht mehr auf das Sonderrecht des Art. 33 rekurrieren.[239]

**66**      Inzwischen hat das BVerfG zumindest die uneingeschr. Geltung des Art. 12 I 2 nachdrücklich anerkannt[240] u. der Sache nach den **materiellen Erfordernissen der Stufenlehre** entsprochen.[241]

**67**      **3. Beruf und Berufsbild.** Trotz des v. Art. 12 I grds. respektierten individuellen Berufserfindungsrechts (o. Rn. 43) gesteht das BVerfG dem Gesetzgeber das Recht zu, Erscheinungsformen u. Ausübungsmodalitäten eines Berufs durch **rechtliche Fixierung von Berufsbildern**[242] zu regeln.[243] Daraus ergibt sich einerseits eine „Monopolisierung" des gegenständlichen Berufs dahingehend, dass der Zugang zu diesem die Erfüllung der fixierten Anford. – z. B. subj. Vorauss. d. Berufsaufnahme[244] – voraussetzt (Berufswahlaspekt).[245] Andererseits wird er dahingehend „typisiert", dass die betroffenen Tätigkeiten einzig unter Einhaltung der normativ formalisierten personellen u. inhaltl. Vorgaben ausgeübt werden können (Berufsausübungsaspekt).[246] Als Beispiel kann etwa auf §§ 4–7 UAG verwiesen werden, welche erstmals das Berufsbild der unabhängigen Umweltgutachters geprägt haben.[247]

**68**      Da Fixierungen v. Berufsbildern regelm. als Eingriffe in den Schutzbereich der Berufsfreiheit figurieren,[248] müssen ihre verfassungsrechtl. Zulässigkeitsgrenzen in Ansehung der durch sie bewirkten Konsequenzen für Berufswahl u. -ausübung nach Maßgabe der **Stufentheorie** u. des Übermaßverbots

---

[231] BVerfGE 54, 237 (246); 73, 280 (295 f.); 80, 257 (265); 110, 304 (321); BVerfG (K) NJW 2003, 419 (420); BVerwGE 75, 109 (114); BGH NJW 1994, 3353 (3355).

[232] BVerfGE 54, 251 (271); 88, 145 (159); BVerwG GewArch 1995, 195 (196).

[233] BVerfGE 17, 371 (379 f.); 73, 280 (292); *Hofmann* SHH, Art. 12 Rn. 34. Zur Bewerberauswahl zuletzt auch BGHZ 126, 39 ff.

[234] BVerfGE 54, 237 (246); 73, 280 (292); 80, 257 (265).

[235] BVerfGE 73, 280 (292 ff.); 110, 304 (322 ff.); BVerfG (K) NJW 2002, 3090 (3091); ebenso für das Auswahlverfahren v. Insolvenzverwaltern BVerfG (K) NJW 2004, 2725 (2727).

[236] BVerfGE 110, 304 (325 f.). Dazu ausf. *Schöbener* NWVBl 2005, 41 ff.

[237] BVerfGE 47, 285 (320 f.). Vgl. auch BVerfGE 69, 373 (378); OLG Celle NJOZ 2010, 2534 ff. Zur Verfassungsmäßigkeit eines Weisungsrecht ggü. Notaren vgl. BVerfG NJW 2012, 2639.

[238] Vgl. *Bethge,* Standard der „staatlich gebundenen Berufe", S. 162; *Scholz,* in: Maunz/Dürig, Art. 12 Rn. 232; *Manssen* MKS I, Art. 12 Rn. 48; *Breuer* HStR VIII, § 170 Rn. 76; *Hufen* NJW 1994, 2913 (2919 f.); *Dietlein,* in: Stern, StaatsR IV/1, S. 1814 f.

[239] *Bachof,* in: Die Grundrechte III/1, S. 155 (186); *Rupp* NJW 1965, 993 (995 f.); *Bethge,* Standard der „staatlich gebundenen Berufe", S. 143; *Wieland,* in: Dreier I, Art. 12 Rn. 45.

[240] BVerfGE 110, 304 ff. prüft den Zugang zum Anwaltsnotariat am Maßstab des Art. 12 I iVm Art. 33 II GG, vermeidet aber den Argumentationstopos des staatl. gebundenen Berufs. Vgl. auch SächsOVG NVwZ 2000, 708.

[241] S. BVerfGE 54, 237 (249 f.); 47, 285 (318 ff.); 69, 373 (378 f.); 73, 301 (316 f.); vgl. auch *Breuer* HStR VIII, § 170 Rn. 76.

[242] Einen Überblick über die zahlreichen auf Grund v. § 45 HandwO ergangenen Berufsbildverordnungen zum Handwerksrecht bietet der FNA zum BGBl unter den Ordnungsnrn. 7110-3–5 ff.

[243] BVerfGE 7, 377 (406); 13, 97 (106, 117); 59, 302 (315); 75, 246 (265 f.); 78, 179 (193); 80, 1 (24); 106, 62 (116); 119, 59 (78 f.); 126, 112 (136); BVerfG (K) NJW 2002, 3460 (3461); BVerwGE 94, 352 (359); krit. *Depenheuer* FS 50 Jahre BVerfG II, 2001, S. 251 ff.; *Zuck* FS Geiß, 2000, S. 323 ff.: Berufsfeld maßgeblich.

[244] BVerfGE 7, 377 (406); 25, 236 (247); 80, 1 (24).

[245] BVerfGE 17, 232 (241 f.); 54, 301 (314); 59, 302 (315 f.); 75, 246 (265 f.); BVerfGE 119, 59 (78 f.); BVerfG (K) NJW 1988, 2535; BGHZ 97, 204 (208); 124, 224 (227).

[246] BVerfGE 21, 173 (180); 25, 236 (247); 54, 237 (246 f.); 75, 246 (265 f.); BVerwGE 89, 30 (33 f.); BayVGHE nF 50, 27 (31).

[247] Dazu *Görisch,* in: Landmann/Rohmer, UmweltR, §§ 4 ff. UAG (90. EL 2019).

[248] BVerfGE 54, 301 (314); 78, 179 (193); 117, 126 (137 f.); BVerfGE 119, 59 (78 f.); BVerfG (K) NJW 2002, 3460 (3461); *Scholz,* in: Maunz/Dürig, Art. 12 Rn. 285.

unter Berücksichtigung aller Umstände der spezifischen Sachmaterie ermittelt werden.[249] Nur dadurch kann – bei detaillierter Auseinandersetzung mit den sachimmanenten Anford. des jeweiligen **Berufsfeldes**[250] – verhindert werden, dass die Kontrollintensität über Gebühr eingeengt u. die verfassungsrechtl. Gewährleistung mit zusätzl. „immanenten" Schranken versehen wird.[251] So verlieren etwa Erwägungen zu dem am Schutz der Volksgesundheit orientierten Berufsbild des Apothekers an Gewicht, soweit Apotheker mit Blick auf ihr Randsortiment in Konkurrenz zu Kaufleuten stehen.[252] Auch bei der Beurteilung werbewirksamen Verhaltens v. Notaren ist neben dem Berufsbild des Nur-Notars dem des Anwaltsnotariats Rechnung zu tragen, wenn die Außendarstellung einer Sozietät v. Anwaltsnotaren in Rede steht.[253]

**a)** Zudem haben gesetzlich geformte Berufsbilder bestehenden Unterschieden in den Erscheinungs- **69** formen berufl. Tätigkeiten Rechnung zu tragen u. dürfen an vorgefundenen Spezialisierungen u. Ausdifferenzierungen berufl. Tätigkeiten nicht ohne sachl. Grund vorbeigehen.[254] Es ist es dem Gesetzgeber unbenommen, **verwandte Berufe zu vereinheitlichen**[255] o. sog. **Leitbilder** zu formulieren, die sich am spezifischen Aufgabenkreis bestimmter Berufszweige orientieren.[256] Dabei muss er aber auf die aktuelle Berufswirklichkeit mit ihren – zT auch unionsrechtl. o. durch int. Entwicklungen induzierten – Veränderungen Rücksicht nehmen.[257]

Entwickeln sich **Spezialberufe,** die auf kleine u. einfach zu beherrschende Ausschnitte and. Tätig- **70** keiten mit festgelegtem Berufsbild beschränkt sind (→ Rn. 82 ff.), wird ein Verbot nur für erforderlich gehalten, wenn dies ernsthaft einer Abwehr v. Gefahren dient, was aktuell in den Legal-Tech-Spezialisierungen bes. str. ist.[258] Spezialisten, die nicht auf dem breiten Fundament des Vollberufs aufbauen, sondern einfache u. abgrenzbare Tätigkeiten zum Berufsinhalt machen, können die dem **Gesamtberufsbild** zugeordneten Gemeinwohlbelange in aller Regel nur in Ausschnitten gefährden. Entscheidend ist so letztlich, ob sich eine Tätigkeit als sozial abgrenzbare Aktivität mit eigenem, v. dem sonstigen Berufsinhalt geschiedenen charakteristischen Gepräge darzustellen vermag.[259] Mithin ist es nicht ausgeschl., dass die Weiterentwicklung des europäischen o. globalen Dienstleistungsmarktes sowie die Digitalisierung neue Berufe hervorbringt, die ihrerseits dann den Schutz des Art. 12 I genießen.[260] Unzulässig ist vor diesem Hintergrund aber etwa die Graduierung der Absolventen v. FH-Studiengängen als **„Wirtschaftsjurist":** Diese eine berufl. Spezialisierung mit bes. jurist. Sachkompetenz auf Gebieten des – priv. u. öff. – Wirtschaftsrechts signalisierende Bezeichnung führt in die Irre, wenn ihr keine den Vorgaben des DRiG u. der JAGe der Länder entspr. rechtswissenschaftlich fundierte Ausbildung entspricht.[261]

**b)** Ein bes. berufsgrundrechtl. Konfliktfeld stellt das verzweigte **Geflecht von berufsbildprägen-** **71** **den Regelungen im Kammer- und Berufsrecht** dar. Während die verfassungsrechtl. Zulässigkeit einer Pflichtmitgliedschaft in Kammern als Trägern wirtschaftl. u. freiberufl. Selbstverwaltung u. einer daran anknüpfenden Beitragspflicht angesichts der Wahrnehmung legitimer öff. Aufgaben v. der Rspr. durchgehend bejaht worden ist (→ Art. 2 Rn. 119),[262] bieten sich nach wie vor Anlässe zur Führung v. Rechtsstreitigkeiten im Kammerrecht, in denen die Berufsfreiheit eine Rolle spielt, z. B. hinsichtl. von Fortbildungspflichten[263] oder dem Verbot gewerbl. Tätigkeit.[264]

---

[249] BVerfGE 54, 301 (322); 59, 302 (315 f.); 75, 246 (266 f.); 78, 179 (193); 106, 62 (116); 117, 126 (138); *Jarass,* in: Jarass/Pieroth, Art. 12 Rn. 39 f.; *Breuer* HStR VIII, § 170 Rn. 59 ff; *Burgi* BK, Art. 12 Rn. 116.

[250] Vgl. BVerfGE 54, 301 (314 ff.) zum Buchführungsprivileg steuerberatender Berufe; 59, 302 (317 ff.) zur geschäftsmäßigen Lohnbuchhaltung; 78, 179 (193 f.) zur Zulassungspflicht nach dem HeilpraktikerG.

[251] Vgl. *Scholz,* in: Maunz/Dürig, Art. 12 Rn. 286 f. mwN.; *Hufen* NJW 1994, 2913 (2916).

[252] BVerfGE 94, 372 (397); BVerfG (K) NJW 1996, 3070 (3071); s. auch BVerwGE 144, 355 Rn. 15 ff. zum Selbstbedienungsverbot für apothekenpflichtige Medikamente.

[253] BVerfG (K) NJW 1997, 2510 (2511); BVerfGE 112, 255 f.; vgl. auch BGH, NJW 2018, 2567.

[254] BVerfGE 10, 185 (197); 54, 301 (326); 78, 179 (193); 106, 62 (116 ff.).

[255] BVerfGE 75, 246 (265 f.).

[256] Vgl. BVerfGE 46, 43 (54) zum verfassungstreuen Juristen; 54, 237 (249) zum unparteilichen Notar; BVerwGE 92, 172 (178) zum Apotheker in seiner (singulären) Apotheke.

[257] BVerfGE 97, 12 (32); 106, 62 (116 ff.).

[258] Zum Verbot kommerzialisierten gerichtl. Masseninkassos basierend auf Legal Tech durch Inkassounternehmen nach § 3 RDG siehe BGH ZIP 2019, 2465 (2477 f.); *Mann/Schnuch* NJW 2019, 3477 (3479 ff.); *Römermann/Günther* NJW 2019, 551 (552).

[259] So BVerfG, aaO, S. 33 mit Blick auf Serviceleistungen bei der Überwachung der Fälligkeit u. der Einzahlung v. Patentgebühren. – Methodisch verfehlt die Auflösung v. Berufskonturen durch mittelbare religionsgrundrechtl. Spezifizierungen („im Rahmen d. berufl. Tätigkeit eines muslimischen Metzgers"); so aber BVerfG DVBl 2002, 328 (329) mit krit. Anm. *Volkmann,* 332 ff.

[260] BVerfGE 97, 33 f.; Zum Masseninkasso mittels Legal Tech *Mann/Schnuch* NJW 2019, 3477 (3479 ff.).

[261] So zu Recht schon *Tettinger,* FS Schiedermair, 2001, S. 665 ff.; s. auch BGH, NJW-Spezial 2016, 158.

[262] Vgl. z. B. BVerfGE 38, 281 (299 f.); 146, 164 Rn. 77 ff.; BVerwGE 64, 115 (117 f.); 87, 324 (325); Überblick zum Streitstand bei *Mann* HStR VI, § 146 Rn. 32 ff.

[263] *Möller,* NJW 2014, 2758 ff.; *Mann* AnwBl. 2016, 284 ff.

[264] Vgl. die Beiträge v. *Kämmerer* ua Beiheft er DStR 2018, 29 ff.

72    Insoweit hat sich der Erste Senat des BVerfG seit 1994 als „Liberalisierungsmotor"[265] profiliert. So sind vor allem die im Berufsrecht der beratenden Freien Berufe enthaltenen **Werbebeschränkungen** in Ansehung der Wirkkraft berufsgrundrechtl. Gewährleistungen kritisch hinterfragt u. auf ein für die Aufrechterhaltung funktionsgerechter Berufsausübung unerlässliches Maß reduziert worden. Angestoßen durch zwei Beschlüsse des BVerfG zu den Richtlinien der BRAK (→ Rn. 122 f.)[266] u. die speziell in den 80/90er Jahren geführte Disk. um freiberufl. Werbebeschränkungen[267] hat sich eine reichhaltige Judikatur entwickelt,[268] deren Kasuistik sich auf folgende Grundaussagen reduzieren lässt:[269]

73    Die im Typus des Freien Berufs wurzelnde Grundidee der Werbebeschr. ist im Ansatz auch heute noch gültig,[270] doch kann es in Ansehung des Art. 12 I u. der Informationsfreiheit des Art. 5 I niemals um totale Werbeverbote, sondern stets nur um angemessene Werbebeschränk. zugunsten begründbarer Gemeinwohlinteressen gehen. Deshalb kann **nur die berufswidrige Werbung,** also eine Werbung, die keine interessengerechte u. sachangemessene Information darstellt, beschränkt werden;[271] Restriktionen müssen sich somit am Zweck des Werbeverbots – Sicherung der Integrität des Berufsstandes, Verhinderung einer Verfälschung des freiberufl. Berufsbildes durch Kommerzialisierung, Schutz des Vertrauens der Öffentlichkeit ggü. dem Beruf – ausrichten, zugleich aber den Wandel im allgemeinen Werbeverhalten sowie den Änderungen v. Wahrnehmungsfähigkeit u. Wahrnehmungsbereitschaft der Öffentlichkeit hinr. beachten.[272] So rechtfertigt allein die Auswahl eines bestimmten Werbemediums ohne Berücksichtigung v. Form u. Inhalt der Werbung noch keinen vollständigen Ausschluss solcher Werbung.[273]

74    Auch stellt nicht jede Maßnahme, mit der ein Werbeeffekt verbunden ist, eine berufswidrige Werbung dar: Das BVerfG differenziert insoweit zw. gezielter Werbung u. einem lediglich **werbewirksamen Verhalten,** wie es z. B. mit wissenschaftlichen Veröffentlichungen o. der Gestaltung des Briefbogens o. des Kanzleischildes einer Sozietät (sog. Selbstdarstellungen) einhergeht, u. legt diesbzgl. versch. strenge Maßstäbe an.[274] Probl. erscheint indessen bisweilen die Grenzziehung, so etwa bei Kanzleidarstellungen im Internet. Daneben hat auch die in § 7 I BORA vorgesehene Möglichkeit zur **Verwendung qualifizierender Zusätze** zu neuen Rechtsstreitigkeiten geführt.[275]

75    c) In Ansehung der Freiheit gemeinsamer Berufsausübung (→ Rn. 79) müssen sich **Sozietätsbeschränkungen** – sie können rechtsformbezogener Art sein[276] o. sich auf eine überörtliche[277] o. interprofessionelle[278] Kooperation beziehen – ebenfalls am Maßstab des Art. 12 messen lassen. Die Rspr. hat sie mit Blick auf die Sicherung v. Unabhängigkeit u. Eigenverantwortlichkeit des freiberufl. Tätigen über lange Zeit als Berufsausübungsregelungen grds. gebilligt; sie lägen im Interesse einer geordneten (Steuer-)Rechtspflege u. dienten damit dem Gemeinwohl.[279] Nach der Doc Morris-

---

[265] So *Henssler* JZ 1998, 1065; demgegenüber resignativ *Zuck* NJW 1997, 2799; zusammenfassend bis zum Jahr 2004 *Kirchberg* BRAK-Mitt. 2005, 2 ff.

[266] BVerfGE 76, 171 ff., 196 ff.

[267] Vgl. zusammenfassend nur *Ring* NJW 1997, 768 ff.; *Lorz* NJW 2002, 169 ff.

[268] Vgl. z. B. BVerfGE 85, 248 ff.; 94, 372 ff.; BVerfG (K) 1995, 712; 1995, 775; 1996, 3070; 1997, 2510; 2000, 3057 u. 3195; NJW 2004, 2656; BVerwG NJW 1992, 994 (996); BGH NJW 1996, 852; OVG NRW GewArch 1997, 239.

[269] Vgl. eingehend *Ruffert,* in: Kluth (Hrsg.), Handbuch des KammerR, 2. Aufl. 2011, § 9 Rn. 32 ff.; *Kilian/Koch,* Anwaltl. Berufsrecht, 2. Aufl. 2018, Rn. 324 ff.

[270] BVerfGE 71, 162 (172 f.); 94, 372 (390); BVerfG (K) NJW 2001, 3324; 2015, 1438; krit. *Kleine-Cosack* AnwBl 2015, 358 ff., der seit jeher das WettbewerbsR für ausr. hält.

[271] BVerfGE 71, 162 (174); 82, 18 (28); 85, 248 (257); 111, 366 (378 ff.); BVerfG (K) 2003, 1307; 2003, 2816 (2817); 2003, 3472; 2004, 2656 (2657 f.); 2004, 2659; BGH NJW 2010, 1968 Rn. 22 f.; BGH NJW-RR 2018, 1086 (1087); zur Anwaltswerbung m. m. Bez. „Spezialist" ausf. *Mann* HRZ 2012, 7–55.

[272] BVerfGE 94, 372 (390 ff.); 111, 366 (379 f.); BVerfG (K) NJW 2003, 3195; BVerfG (K) NJW 2003, 2816 (2817 – Anwaltswerbung einer früheren Hochleistungssportlerin); BVerwGE 144, 355 Rn. 15; allg. auch eingehend *Ring* NJW 1997, 768 ff., *Düring* FS Jaeger, S. 377 (384 f.); s. auch → Rn. 68.

[273] BVerfGE 94, 372 (395) – Trikotwerbung; 111, 366 (378 f.) – Werbung auf Straßenbahn; BVerfG (K) NJW 2003, 3472 – Anzeige in Autozeitschrift; NJW 2004, 2656 (2658) – Selbstdarstellung.

[274] BVerfG (K) NJW 1997, 2510 f. unter Verweis auf BVerfGE 85, 248 (257).

[275] Vgl. dazu BVerfG NJW 2004, 2656 („Spezialisten-Beschluss"); BGH NJW 2012, 235 („zertifizierter Testamentsvollstrecker"); BGH NJW 2015, 704 („Spezialist für FamR"); BGH NJW 2017, 669 („Spezialist für ErbR"); ausf. *Mann* HRZ 2012, 7 (28 ff.).

[276] Vgl. BGHZ 124, 224 (Zahnärzte-GmbH); *Westermann,* NZG 2019, 1 (GmbH & Co. KG für Anwälte); BayObLG NJW 1995, 199 sowie *Henssler, Dittmann* u. *Hellwig* ZHR 161 (1997), 305 ff., 332 ff. u. 337 ff. (Anwälte-GmbH).

[277] Zur Singularzulassung v. Anwälten BVerfG NJW 2001, 353 ff.

[278] Zur Sozietät zw. Anwaltsnotar u. Wirtschaftsprüfer BVerfG 98, 49 ff.; zur Zusammenarbeit v. RAen u. Patentanwälten BVerfGE 135, 90; zur interprofessionellen Sozietät v. RAen u. Ärzten u. Apothekern BVerfGE 141, 82; BGH NJW 2013, 2674; NJW 2016, 2263. Umfass. hierzu Beihefter DStR 2015, 11 ff. mit Beiträgen v. *Kämmerer, Mann, Singer* u. *Ring.*

[279] BVerfGE 21, 173 (179); 54, 301 (315); 55, 185 (196); 60, 215 (231); 80, 269 (279 f.). Ausführl. *Tettinger,* Kammerrecht, 1997, S. 182 ff. mwN.

Entsch. des EuGH wird verstärkt auf Lageveränderungen (→ Rn. 129) u. auf die Anford. des Gleich- heitsgrds. abzustellen sein.[280]

Gerade bei den sog. Freien Berufen[281] ist, obschon sie nicht v. Verf. wegen bes. Freiheitsprivilegien **76** für sich reklamieren können, nachdrücklich darauf zu achten, dass sie nicht im Übermaß einer verstärkten Normierungsdichte ausgesetzt werden.[282] Der **Grundsatz der freien Advokatur** etwa steht „einer staatlichen Kontrolle und Bevormundung grds. entgegen": Anwaltl. Berufsausübung unterliegt „unter der Herrschaft des Grundgesetzes der freien und unreglementierten Selbstbestim- mung des Einzelnen".[283]

**4. Berufswahl und Berufsausübung.** Da Art. 12 I ein **einheitliches Grundrecht** der Berufs- **77** freiheit gewährleistet (→ Rn. 14), sind die früher insbes. mit Blick auf die Berufsaufnahme geführten Disk. um eine Abgrenzung v. Berufswahl u. Berufsausübung[284] für Schutzbereichszuordnung u. Ge- setzesvorbehalt praktisch bedeutungslos geworden. Eine vorstrukturierende Abschichtung dieser Pha- sen bleibt allerdings im Hinblick auf die verfassungsrechtl. Rechtfertigung v. Grundrechtsbeeinträchti- gungen (→ Rn. 126 ff.) weiterhin bedeutsam.

Die **Freiheit der Berufswahl** soll unbeeinflusst v. fremdem Willen erfolgen können.[285] Sie umfasst **78** als äußerlich wahrnehmbarer Akt der Selbstbestimmung[286] die erstmalige Ergreifung eines Berufes, die Wahl eines Zweit- o. Nebenberufes,[287] den Berufswechsel,[288] die Freiheit, auf das Ergreifen eines Berufes zu verzichten u. v. vorhand. Vermögen zu leben (neg. Berufsfreiheit)[289] sowie die freie Entsch. über die Berufsbeendigung.[290] Unter dem Aspekt der Berufswahl schützt Art. 12 I auch die Wahr- nehmung v. Chancen, die den Bewerber der erstrebten Berufsaufnahme in erheblicher Weise näher- bringen, u. gebietet deshalb, Zugangsmöglichkeiten zu einem Beruf tatsächlich u. rechtl. mögl. offen- zuhalten u. Zugangshindernisse nur insoweit zu errichten, wie es durch ein im Lichte des Art. 12 I hinr. gewichtiges öff. Interesse geboten ist.[291] Nicht durch das Recht der freien Berufswahl geschützt wird das Interesse, im erwählten Beruf resp. dort dauerhaft beschäftigt zu werden.[292] Zu Abgrenzungs- problemen bei Verengungen o. Erweiterungen des Tätigkeitsfeldes vgl. Rn. 82 ff.

Die **Freiheit der Berufsausübung** gewährleistet die Gesamtheit der mit der Berufstätigkeit, ihrem **79** Ort (zB bauliche Gestaltung der Betriebsräume),[293] ihren Inhalten (zB relevant bei gesetzl. Sachlich- keitsgebot für Rechtsanwälte),[294] ihrem Umfang, ihrer Dauer, ihrer äußeren Erscheinungsform (ua Bekleidung),[295] ihren Verfahrensweisen u. ihren Instrumenten zusammenhängenden Modalitäten der berufl. Tätigkeit. Sie umgreift somit eine Reihe v. **Teilfreiheiten** wie die unternehmerische Organisa- tionsfreiheit,[296] namentlich in Gestalt der privatautonomen Rechtsformenwahl o. der Freiheit gemein- samer Berufsausübung,[297] zB in Partnerschaftsgesellschaften freiberufl. Tätiger,[298] die berufl. Dispositi- onsfreiheit[299] einschließlich der Investitionsfreiheit, der Wahl der Produktions- u. Dienstleistungs-

---

[280] Vgl. EuGH EuZW 2009, 409 ff.; krit. *Herrmann* EuZW 2009, 413; *Martini* NVwZ 2009, 2116; *Mann,* in: DWS-Institut (Hrsg.), Fremdbesitzverbot im Recht der Steuerberater u. and. Freier Berufe, 2010, S. 59 ff.

[281] Zu ihnen bereits → Rn. 62.

[282] S. *Groepper* GewArch 2000, 366 f.; *Manssen* BayVBl 2001, 643 f.

[283] So BVerfGE 108, 150 (158); BVerfG (K) NJW 1996, 3267; NJW 2001, 3325 (3326) jeweils unter Bezugnahme auf BVerfGE 50, 16 (29).

[284] Vgl. zum Überblick nur *v. Mangoldt/Klein* I, Art. 12 Anm. IV 1.

[285] BVerfGE 13, 181 (185); 58, 358 (363 f.).

[286] BVerfGE 7, 377 (403); 13, 181 (185); 43, 291 (363); 58, 358 (363 f.).

[287] BVerfGE 21, 173 (179); 87, 287 (316); 110, 304 (321); BVerfG (K) NJW 2013, 3357 (3358); BGHZ 97, 204 (208); 142, 304 (308).

[288] BVerfGE 43, 291 (363); 55, 185 (196); 62, 117 (146).

[289] BVerfGE 58, 358 (364); 68, 256 (267); *Merten* FS Stingl, 1984, S. 285 ff.; *Hömig/Wolff,* Art. 12 Rn. 7; aA *Scholz,* in: Maunz/Dürig, Art. 12 Rn. 7.

[290] BVerfGE 9, 338 (345); 21, 173 (183); 39, 128 (141); 80, 257 (263); 93, 213 (235); BVerfG (K) NJW 1993, 1575; BVerwGE 96, 302 (307).

[291] BVerfGE 52, 172 (210); 147, 253 Rn. 103 ff. – Studienplätze; BVerfG NVwZ 2015, 431 (432) – Habilitations- verfahren; BVerwGE 91, 24 (33 f.) u. 96, 136 (141) – Privatdozentur.

[292] BVerfG (K) NJW 2002, 3460 (3461); BVerwGE 97, 154 (158); BAG NJW 1964, 1921; → Rn. 20.

[293] BVerwGE 96, 372 (375 f.).

[294] BVerfG (K) NJW 1996, 3268.

[295] BVerfG, NVwZ 2017, 1128 (1130); VGH Kassel, BeckRS 2017, 110950 Rn. 21 (Kopftuchverbot f. Rechts- referendarinnen); anders (subj. Wahlregelung) bei Studienreferendarinnen BVerwGE 131, 242 (247 f.), im Überblick s. *Mann/Figuccio* AL 2019, 350 (355).

[296] Dazu *Breuer* HStR VIII, § 170 Rn. 88; *Ossenbühl* AöR 115 (1990), 1 (15 ff.).

[297] Zu ersterer s. BVerfGE 21, 227 (232), zu letzterer BVerfGE 54, 237 (245); 80, 269 (278); 108, 150 (165) u. *Westermann,* NZG 2019, 1 ff.

[298] Vgl. das PartnerschaftsgesellschaftsG für die Freien Berufe v. 25.7.1994 (BGBl I 1744). Zu den aktuellen Reformvorschlägen betr. GmbH & Co. KG s. *Westermann* NZG 2019, 1 ff.

[299] BVerfGE 50, 290 (363); ausf. hierzu *Ossenbühl* AöR 115 (1990), 1 (18 ff.); s. auch *Schnapp* NZS 2002, 449 (453); *Manssen* MKS I, Art. 12 Rn. 69.

palette,[300] der Typisierung der angebotenen Waren u. Dienstleistungen[301] sowie der Verpackung der Produkte,[302] der Vertriebsfreiheit (einschl. Export u. Import: Außenwirtschaftsfreiheit)[303] u. der freien Vertrags- u. Leistungsentgelt-[304] oder Preisgestaltung,[305] die Wettbewerbsfreiheit[306] (nicht aber einen Anspruch auf Erfolg im Wettbewerb u. auf Sicherung künftiger Erwerbsmöglichkeiten[307]), die Freiheit der berufl. Außen- u. Selbstdarstellung einschl. der Werbung für Produkte,[308] damit insges. die Werbefreiheit[309] (→ Rn. 72 ff.), nicht aber ein Recht des Grundrechtsträgers, v. and. nur so dargestellt zu werden, wie er sich selber sieht[310]), die Führung des eigenen Namens[311] u. bestimmter Berufsbezeichnungen[312] sowie die wirtschaftl. Verwertung der berufl. erbrachten Leistung.[313]

80    Die Benennung derartiger Teilfreiheiten verdeutlicht lediglich den Schutzbereich, ohne den Schutzumfang der Berufsfreiheit der Unternehmer auf Teilaspekte zu verengen.[314] Als „**Unternehmerfreiheit**" geschützt sah so das BVerfG „die Dispositionsbefugnis des Unternehmers über die ihm und seinem Unternehmen zugeordneten Güter und Rechtspositionen", fügte sodann aber noch einschr. hinzu, diese Gewährleistung verfestige nicht eine bestehende Gesetzeslage zu einem grundrechtl. geschützten Bestand.[315]

81    Eine Berufsausübungsregelung kann – über ihren Zweck hinaus – in ihrer Auswirkung durch **wirtschaftliche Implikationen** einer Zulassungsbeschr. entsprechen, somit also gleichsam in die Berufswahlfreiheit eingreifen.[316] Das ist dann der Fall, wenn die Berufsangehörigen wirtschaftl. nicht mehr in der Lage wären, ihren Beruf ganz o. teilw. zur Grundlage ihrer Lebensführung zu machen.[317] Maßgeblich ist insoweit allerdings die Regelwirkung, nicht die singuläre Auswirkung in Sonderkonstellationen[318] (→ Rn. 144, 146).

82    **5. Veränderungen des Tätigkeitsspektrums.** Angesichts abgestufter Anford. an Eingriffe in Berufswahl u. Berufsausübung (→ Rn. 125 ff.) erfordert die verfassungsrechtl. Beurteilung v. Veränderungen des Tätigkeitsspektrums eine Zuordnung zu diesen Ausprägungen der Berufsfreiheit. So erweist sich für berufl. **Spezialisierungen** als vorentscheidend, ob ein neuer, spez. Beruf ergriffen werden soll o. ob das nunmehr wahrgenommene Tätigkeitsfeld trotz Verengung des Tätigkeitsspektrums weiterhin als Teil des allgemein gefassten Berufes zu verstehen ist. In der ersten Fallgruppe tangieren gesetzl. Eingriffe den Berufswahl-, in der zweiten Gruppe den Berufsausübungsaspekt.[319]

83    Ähnliche Probleme ergeben sich für den umgekehrten Fall einer **Tätigkeitserweiterung:** eine zusätzl. übernommene Betätigung kann entweder als integrative Modalität eines bereits ausgeübten Berufes o. als Zuwahl eines eigenständigen Zweitberufes (zur Zulässigkeit → Rn. 48) anzusehen sein.

84    Entscheidungsmaßstab dürfen insoweit nicht quantitative Aspekte, sondern nur **inhaltliche Kriterien** (funktionales Schwergewicht, Verkehrsauffassung) sein.[320] Einer spezialisierten Berufsausbildung,

---

[300] BVerfGE 106, 275 (299); BVerwG NVwZ 2011, 355 Rn. 11.

[301] Nachw. zur meist auf Art. 9 I u. 12 I abgestützten Techniksteuerung durch private Normung bei *Tettinger,* in: Vieweg (Hrsg.), Techniksteuerung und Recht, 2000, S. 287 (298 f.).

[302] Nachw. hierzu bei *Tettinger* DVBl 1995, 213 (215).

[303] BVerfGE 107, 186 (196 f.); vgl. auch *Starck* FS Knöpfle, 1996, S. 319.

[304] BVerfGE 117, 163 (181); 134, 204 Rn. 66.

[305] *Breuer* HStR VIII, § 170 Rn. 89; s. a. BVerfGE 101, 331 (347); 106, 275 (298); 114, 196 (244); 116, 202 (221); 117, 163 Rn. 59; 134, 204 (222 f.) sowie BVerfG (K) NJW 2005, 1036 f.; 2011, 1339 Rn. 32; BVerfG NJW-RR 2016, 1349 Rn. 49.

[306] BVerfGE 32, 311 (317); 46, 120 (137); 53, 135 (143 f.); 105, 252 (265); 148, 40 Rn. 27; BVerwGE 71, 183 (189); 87, 37 (39); 89, 281 (283).

[307] BVerfGE 105, 252 (265); 106, 275 (299); 110, 274 (288); 148, 40 Rn. 27; BVerfG (K) NVwZ 2009, 1486; BVerwG NVwZ-RR 2015, 425 Rn. 14; OVG RhPf DVBl 2012, 695 (696 f.); näher hierzu *Rixen,* Sozialrecht als öffentliches Wirtschaftsrecht, 2005, S. 235 ff.

[308] BVerfGE 95, 173 (181); 105, 252 (266); 112, 255; BVerwGE 124, 26.

[309] BVerfGE 9, 213 (221 f.); 53, 96 (98); 59, 302 (314); 60, 215 (229); 65, 237 (245 ff.); 76, 196 (207); 85, 97 (104); 85, 248 (256); 94, 372 (389); 95, 173 (181); 111, 366 (379); 112, 255; BGHZ 106, 212 (213 f.).

[310] BVerfGE 105, 252 (266).

[311] BVerfGE 71, 183 (201).

[312] BVerfGE 36, 212 (216); 55, 261 (269); 59, 213 (219); BVerfG (K) NVwZ-RR 1994, 153; UPR 1996, 303; NJW 1997, 2510; BlnVerfGH JR 1996, 146 (147).

[313] BVerfGE 97, 228 (253).

[314] Vgl. *Wieland,* in: Dreier I, Art. 12 Rn. 61.

[315] BVerfGE 97, 67 (83) betr. Sonderabschreibungen für Handelsschiffe in Fortentwicklung der Rückwirkungs-Rspr. (dazu näher → Art. 20 Rn. 131 ff.).

[316] BVerfGE 11, 30 (44 f.); 36, 37 (58); 50, 292 (313); 61, 291 (311); 65, 116 (127 f.); 68, 155 (170 f.); 72, 26 (32); 77, 84 (106); 82, 209 (229); 86, 28 (38 f.); 106, 181 (192 f.); BVerfG (K) NJW 1998, 1776 zur Altersgrenze für vertragsärztliche Zulassung; BVerfG NJW 2003, 879.

[317] BVerfGE 13, 181 (187); 16, 147 (163, 165); 30, 292 (313 f.); 38, 61 (85 f.); 68, 155 (170 f.).

[318] BVerfGE 30, 292 (313 f.); 68, 155 (170); BVerwGE 79, 192 (199).

[319] Vgl. am Bsp. (Kern)Energieversorger *Mann/Sieven* VerwArch 2015, 184 (202); diesen Fall offenlassend BVerfGE 143, 246 (391 f.).

[320] BVerfGE 7, 377 (398 f.); 17, 269 (275); 30, 292 (312 f.); 86, 28 (38); BVerfG (K) NJW 1993, 1969; BayVerfGH BayVGHE nF 42 II, 41 (46); *Scholz,* in: Maunz/Dürig, Art. 12 Rn. 277 ff.

die über die Vermittlung üblicher Branchenkenntnisse hinausgeht, kommt indizielle Bedeutung zu.[321] Eine Gesamtschau der zu diesem Abgrenzungsproblem zu registrierenden, eher verwirrenden Kasuistik[322] zeigt, dass vieles davon abhängt, ob für bestimmte Tätigkeitsfelder vorgeprägte **Berufsbilder** (→ Rn. 68 ff.) existieren o. nicht.[323]

Wenn der zuständige Gesetzgeber ein Tätigkeitsfeld in verfassungskonformer Weise durch **separate**  85 **Berufszulassungs- oder -ausübungsanforderungen typisiert** hat, wird zumeist ein eigenständiger Beruf vorliegen.[324] Fehlen hingegen solche Regelungen u. unterfällt die aufgenommene Betätigung einem and., weitergespannten Berufsbild, so wird, wie dies beim Kassenarztrecht im Hinblick auf den Arztberuf[325] o. beim „zugelassenen Leistungserbringer" im Hinblick auf einen Optiker[326] der Fall ist, regelm. ein unselbstständiger Teil eines Berufes vorliegen.[327] Die Indizwirkung entfällt, wenn Tätigkeiten einen funktionellen Zusammenhang vermissen lassen[328] o. für ein spez. Berufsfeld (→ Rn. 69) noch keine Berufsbildfixierungen bestehen.[329]

**6. Arbeitsplatz.** Arbeitsplatz iSd Art. 12 I ist der räumliche Ort (incl. des berufl. Umfeldes), an  86 welchem der Einzelne einem gewählten Beruf in concreto nachgehen möchte.[330] V. der Freiheit der Arbeitsplatzwahl umfasst sind somit Aufnahme, Beibehaltung, Aufgabe u. Wechsel dieses Ortes im gesamten Bundesgebiet[331] sowie bei abhängig Beschäftigten die freie Wahl des arbeitsrechtl. Vertragspartners.[332] Entgegen einer früheren Auffassung, die Freiheit der Arbeitsplatzwahl beziehe sich nur auf v. **Arbeitnehmern** ausgeübte Berufe,[333] geht die Lit. überwiegend davon aus, dass diese Gewährleistung auch **Selbständigen,** namentlich **Freiberuflern,** zusteht, insbes. als Freiheit der Berufsniederlassung.[334] Soweit es um Arbeitsplätze im öff. Dienst geht, trifft Art. 33 II eine ergänzende Regelung, die sich auf der Rechtfertigungsebene auswirkt. (→ Rn. 56 ff., 59).

Der freien Wahl des Arbeitsplatzes kommt innerhalb des einheitl. Grundrechts der Berufsfreiheit  87 allerdings nur eine **untergeordnete Bedeutung** zu.[335] Da Eingriffe in die freie Arbeitsplatzwahl regelm. auch die Berufswahl- o. Berufsausübungsfreiheit beeinträchtigen, sind die hierfür geltenden Grundsätze heranzuziehen.[336]

Insbes. gewährt die bes. Erwähnung des Arbeitsplatzes in Art. 12 weder grundrechtl. Schutz vor  88 Kündigung,[337] noch Anspruch auf Schaffung u. Erhaltung v. Arbeitsplätzen,[338] o. gar ein staatsgerichtetes subj. **Recht auf Arbeit**[339] (→ Rn. 20). Aus Art. 12 I lässt sich lediglich eine allg. Schutzpflicht zur

---

[321] BVerfGE 17, 269 (274 f.); 32, 1 (30); 68, 272 (281); BVerfG (K) NJW 2004, 2725 (2727) – Insolvenzverwalter.
[322] Vgl. die Zusammenstellung bei *Scholz,* in: Maunz/Dürig, Art. 12 Rn. 279; dazu *Breuer* HStR VIII, § 170 Rn. 65.
[323] OVG NRW NWVBl 1995, 26; BayVGHE nF I 50, 27 (31); *Breuer* HStR VIII, § 170 Rn. 66.
[324] Vgl. BVerfGE 9, 39 (48): Handel mit loser Milch; BVerfGE 11, 30 (41): Amtsarzt; BVerfGE 17, 371 (380); 47, 285 (319 f.); 54, 237 (247): Anwaltsnotar; BVerfGE 21, 173 (181); 22, 275 (276); OVG RhPf GewArch 1994, 413: Inkompatibilitätsregelungen; BVerfGE 32, 1 (30): Apothekenassistent; BVerfGE 43, 291 (363): Zweitstudium; BVerwG NJW 1996, 1608 (1609); OVG NRW NWVBl 1995, 26: Krankentransportunternehmer.
[325] BVerfGE 11, 30 (41 f.); 12, 144 (147). Zur Problematik der kassenärztlichen Bedarfsplanung BVerfG (K) NJW 1993, 1520; insbes. zum GKV-VStG s. *Joussen* GuP 2016, 1 (5 ff.).
[326] BSG GewArch 1997, 320 (322).
[327] Vgl. BVerfGE 9, 73 (78 f.): Arzneimittelverkauf in Drogerie; BVerfGE 10, 185 (197): Prozessagent; BVerfGE 16, 147 (163): Werksfernfahrer; BVerfGE 16, 286 (294, 296): Privatpraxis des Chefarztes; BVerfGE 18, 353 (361): Interzonenhandel; BVerfGE 48, 376 (388): operative Tierversuche; BVerfGE 54, 251 (270): Anwaltsvormund; BVerfGE 57, 121 (130 f.): Fachanwalt; BVerfGE 68, 272 (281 f.): Erstellung v. Bauvorlagen; BVerfGE 78, 179 (193 f.): Heilpraktiker; BVerfGE 86, 28 (38): Öff. bestellte Sachverständige; BVerfG (K) NVwZ-RR 1994, 153: freie u. baugewerbl. Architekten; BVerwGE 79, 192 (199): Milchviehhaltung; BVerwGE 84, 194 (198): Soldat im Ruhestand; HessVGH GewArch 1996, 104 (105): Pornovideokabinenbetreiber.
[328] Vgl. BVerfGE 21, 173 (181 ff.): Steuerberater u. Chemikalienhandel; BVerfGE 82, 18 (26 ff.): Rechtsanwalt u. Architekt.
[329] Vgl. BVerfGE 17, 269 (274 ff.): Tierarzneimittelvertreter; BVerfG (K) NJW 2004, 2725 (2726 f.): Insolvenzverwalter.
[330] BVerfGE 84, 133 (146); BVerfG (K) NJW 2003, 125 (126); *Bachof,* in: Die Grundrechte III/1, S. 155 (250); *Scholz,* in: Maunz/Dürig, Art. 12 Rn. 440.
[331] BVerfGE 84, 133 (146); 96, 205 (210 f.); 98, 365 (395); BVerfG (K) NJW 2000, 1483; BerlVerfGH JR 1996, 146 (147 f.); BAGE 28, 159 (163).
[332] BVerfGE 84, 133 (146 f.); 128, 157 (176) – Schutz vor gesetzl. Auswechslung des Arbeitgebers.
[333] *Über,* Freiheit des Berufs, 1952, S. 81; *v. Mangoldt/Klein* I, Art. 12, Anm. III 3; heute noch ebenso *Manssen* MKS I, Art. 12 Rn. 60.
[334] *Breuer* HStR VIII, § 170 Rn. 92 ff.; *Scholz,* in: Maunz/Dürig, Art. 12 Rn. 440; *Jarass,* in: Jarass/Pieroth, Art. 12 Rn. 11.
[335] Vgl. BVerfGE 84, 133 (146 ff.); 92, 140 (150 ff.); 96, 198 ff.; 98, 365 (397); 128, 157 (176).
[336] BVerfGE 84, 133 (146); *Jarass,* in: Jarass/Pieroth, Art. 12 Rn. 2; differenz. offenbar BVerfGE 92, 140 (151).
[337] BVerfGE 84, 133 (146 f.); 128, 157 (Rn. 72); BAG NJW 1964, 1921 (1922); *Scholz,* in: Maunz/Dürig, Art. 12 Rn. 57 ff.; einschränkend *Kämmerer,* in: v. Münch/Kunig, Art. 12 Rn. 31.
[338] BVerfGE 84, 133 (147); *Scholz,* in: Maunz/Dürig, Art. 12 Rn. 434; *Breuer* HStR VIII, § 170 Rn. 102.
[339] BVerwGE 97, 154 (158); BAG NJW 1964, 1921 (1922); *Scholz,* in: Maunz/Dürig, Art. 12 Rn. 53; *Kämmerer,* in: v. Münch/Kunig, Art. 12 Rn. 33; *Burgi* BK, Art. 12 Rn. 69.

Sicherung der obj. Grundrechtsgewährleistung ableiten,[340] welcher der Gesetzgeber insbes. im Kündigungsschutzrecht nachgekommen ist.[341] Darüber hinaus wurde ein Schutz v. Arbeitnehmern vor einem Verfall betrieblicher Versorgungsanwartschaften bejaht, soweit dadurch die freie Wahl eines and. Arbeitsplatzes in unverhältnismäßiger Weise eingeschr. wurde.[342]

89    **7. Ausbildungsstätte.** Der thematische Kontext innerhalb des Art. 12 bedingt, dass der **Begriff der Ausbildungsstätte,** auf die sich d. Wahlrecht des Berufsaspiranten bezieht, nur berufsbezogene Einrichtungen umfasst, also solche, die – über die Vermittlung allg. Schulbildung hinaus – der Ausbildung für Berufe dienen.[343] Hierzu zählen neben spez. Berufsschulen[344] insbes. Universitäten,[345] Pädagogische Akademien,[346] ein staatl. Vorbereitungsdienst,[347] Einrichtungen betrieblicher u. überbetrieblicher Lehrlingsausbildung[348] sowie des zweiten Bildungswegs,[349] nach der Rspr. sogar die Sekundarstufe II an Gymnasien.[350] Die Teilnahme an nicht berufsbezogenen Bildungsgängen, zB in Grundschulen,[351] unterfällt lediglich dem Schutzbereich des Art. 2 I.[352]

90    In Zweifelsfällen sollte die **Zuordnung zu berufsbezogener Ausbildung** resp. allg. Schulbildung nach den gesetzlich zugewiesenen Aufgaben oder – falls normative Hinweise fehlen – nach der gesellschaftlichen Funktion der jeweiligen Einrichtung getroffen werden.[353] Weil sie nicht den Charakter eines rechtl. notwendigen Durchgangsstadiums zum Beruf des Universitätsprofessors besitzt, kommt auch der Privatdozentur nicht die Funktion einer Ausbildungsstätte iSd Art. 12 I zu.[354] Träger des Grundrechts auf freie Wahl der Ausbildungsstätte ist iÜ stets nur der Auszubildende, nicht aber sein Ausbilder o. der Träger der Ausbildungseinrichtung.[355]

91    In seiner traditionellen **Abwehrfunktion** schützt Art. 12 I 1 die freie Wahl des Ausbildungsziels u. der konkr. Ausbildungsstätte sowie – über den Wortlaut hinaus – alle während der Ausbildung erforderlichen Tätigkeiten, insbes. die Teilnahme am Unterricht u. an Prüfungen.[356] Als materieller Maßstab für berufsbezogene Prüfungen begründet die Ausbildungsfreiheit zudem Anford. an das Verfahrensrecht[357] (→ Rn. 25 ff.) u. verlangt – in Verbindung mit Art. 3 – konsequente Respektierung des Grds. der Chancengleichheit,[358] was wiederum im Einzelfall Ansprüche auf Änderung einheitl. Prüfungsbedingungen bewirken kann.[359] Die **negative Ausbildungsfreiheit** gewährt Schutz vor staatl. Zwang zur Berufsausbildung außerhalb der allg. Schulpflicht.[360]

92    Zur Bedeutung der freien Wahl der Ausbildungsstätte im Sinne eines **Teilhaberechts** vgl. → Rn. 160 ff.

## II. Relevante Grundrechtsbeeinträchtigungen

93    **1. Gezielte Regelungen.** Beeinträchtigungen der Berufsfreiheit ergeben sich regelm. durch Regelungen, die sich **final** auf die berufl. Betätigung beziehen u. sie **unmittelbar zum Gegenstand** haben.[361] Hierzu gehören Maßgaben zur Aufnahme bestimmter berufl. Betätigungen, zB Vorschriften, die für die Aufnahme eines Berufs o. für die Fortsetzung einer Berufsausbildung das Bestehen einer Prüfung zum Nachweis berufl. Kenntnisse u. Fähigkeiten verlangen (Eingriffe in die Freiheit der

---

[340] BVerfGE 84, 133 (147); vgl. auch BVerfGE 81, 242 (255 f.), *Breuer* HStR VIII, § 170 Rn. 98 f. u. o. Rn. 14.

[341] BVerfGE 84, 133 (146 f.); 85, 360 (372 f.); 92, 140 (150); 97, 169 (175); 128, 157 (177).

[342] BVerfGE 98, 365 (397).

[343] BVerfGE 33, 303 (329 f.); 41, 251 (261); 59, 172 (205 f.); *Breuer* HStR VIII, § 170 Rn. 104; enger, weil auf eine berufsbezogene Prüfung abstellend: BVerwGE 16, 241 (243); 47, 330 (332); 91, 24 (32).

[344] Allg. hierzu *Müller-Franken* HStR VIII, § 172; s. auch BVerfGE 117, 126 (137): Schule für Hufpflege.

[345] BVerfGE 33, 303 (329); 59, 172 (205); BVerfG NJW 2013, 2498 (2499); auch bei Zweit- u. Parallelstudium: BVerfGE 43, 291 (363); 45, 393 (397 f.). Zur Abstützung der sog. Lernfreiheit (auch) auf Art. 12 I s. BVerwG NJW 1999, 1728 f.

[346] BVerwG NJW 1960, 1122.

[347] BVerfGE 39, 334 (371); BVerwGE 47, 330 (332); 64, 153 (159); BVerwG JZ 1997, 463 (465); OVG NRW NVwZ 1984, 126; HambOVG NJW 1987, 316 (317); SachsAnhOVG NJW 1996, 2387; HessVGH NJW 1997, 959; HessVGH DVBl 1997, 1008; *Thieme* ZRP 1997, 239 (240).

[348] OVG NRW OVGE 16, 154 (156 f.).

[349] BVerfGE 41, 251 (260 f.).

[350] BVerfGE 58, 257 (273); OVG NRW NJW 1976, 725 (726).

[351] *Scholz,* in: Maunz/Dürig, Art. 12 Rn. 189.

[352] Vgl. BVerfGE 53, 185 (203); *Jarass,* in: Jarass/Pieroth, Art. 12 Rn. 93; aA *Dietlein,* in: Stern, StaatsR IV/1, S. 1826 f.

[353] *Breuer* HStR VIII, § 170 Rn. 104.

[354] BVerwGE 96, 136 (140); vgl. auch BVerwGE 91, 24 (32 f.).

[355] BGHZ 142, 304 (313); *Jarass,* in: Jarass/Pieroth, Art. 12 Rn. 96.

[356] BVerfG (K) DVBl 1996, 1367 (1368); *Jarass,* in: Jarass/Pieroth, Art. 12 Rn. 95.

[357] BVerfGE 84, 34 (45 ff.); 84, 59 (72); BVerwGE 92, 132 (133); OVG NRW NWVBl 1992, 429 (430).

[358] BVerfGE 52, 380 (388); 84, 34 (50); 147, 253 Rn. 105, 136; BVerwGE 70, 143 (151); 85, 323 (325 ff.); 94, 64 (67); BVerwG DVBl 1996, 1381 (1382); BVerwG NVwZ 1997, 502.

[359] Vgl. BVerwGE 152, 330 Rn. 16 (Anspr. auf Bearbeitungszeitverlängerung o. techn. Hilfsmittel).

[360] Ebenso *Manssen* MKS I, Art. 12 Rn. 65 zum Berufsschulzwang.

[361] BVerfGE 13, 181 (185).

Berufswahl) wie auch zur Art u. Weise der berufl. Tätigkeit (Eingriffe in die Freiheit der Berufsaus-übung), zB örtliche[362] u. zeitliche[363] Vorgaben o. Entgeltregelungen.[364] Diesen gezielten Ingerenzen zuzurechnen sind Erweiterungen des mit der Berufsausübung verbundenen Pflichtenkreises, etwa im Wege der sog. Indienstnahme Privater[365] o. durch Statuierung bes. Mitteilungspflichten. Auch wenn sich solche Beschr. berufl. Tätigkeit auf die Ausübung v. Anstaltsgewalt zurückführen lassen, handelt es sich gleichwohl um Schutzbereichsbeeinträchtigungen (→ Rn. 113).[366]

**2. Faktische Einwirkungen.** Darüber hinaus können aber auch and., nicht unmittelbar auf die **94** berufl. Betätigung abzielende Maßnahmen infolge ihrer **spürbaren tatsächlichen Auswirkungen** den Schutzbereich des Art. 12 mittelb. beeinträchtigen.[367] Hier sind zB Wirkungen v. abgabenrechtl. Regelungen,[368] v. Verwaltungsvorschriften,[369] v. Aktivitäten staatl. Leistungsverwaltung,[370] v. staatl. Planung,[371] v. behördlicher Informationstätigkeit[372] o. behördlichen Vergabeentscheid.[373] zu nennen.

Vorauss. für die Anerkennung solcher **faktischen Beeinträchtigungen** der Berufsfreiheit ist ein **95** enger Zusammenhang[374] mit der Ausübung eines Berufes u. dass nicht nur v. Staat ausgehende Veränderungen der Marktdaten o. allg. Rahmenbedingungen eintreten,[375] sondern eine **objektiv berufs-regelnde Tendenz** erkennbar ist,[376] bzw dass die staatl. Maßnahme als nicht bezweckte, aber doch vorhersehbare u. letztlich auch in Kauf genommene Nebenfolge eine schwerw. Beeinträchtigung der berufl. Betätigungsfreiheit bewirkt.[377] Die Auswirkung muss also in ihrer Zielsetzung und ihren mittelbar-faktischen Wirkungen einem Eingriff als **funktionales Äquivalent** gleichkommen.[378] Dieser Spezies zuzurechnen sind richtigerweise auch **wirtschaftliche Aktivitäten der öffentlichen Hand,** soweit jene außerhalb ihres verfassungsrechtl. resp. gesetzlich limitierten Kompetenzbereichs agiert. Im Blickfeld liegen dabei insbes. kommunalwirtschaftl. Betätigungen jenseits des v. öff. Zwecksetzung u. Subsidiaritätsklausel eingegrenzten Aufgabenfeldes, sofern v. ihnen spürbare Beeinträchtigungen privater Konkurrenten ausgehen (**„Eingriff durch Konkurrenz"**).[379]

---

[362] BVerfGE 41, 378 (395 ff.); 65, 116 (126); BVerfG (K) NJW 1992, 1093.

[363] BVerfGE 13, 237 (240); 22, 1 (20 f.); 26, 259 (263 f.); 41, 360 (370); 59, 336 (349); 87, 363 (382); BVerfG (K) NJW 1993, 1969; HmbOVG GewArch 1994, 409 (412).

[364] BVerfGE 65, 248 (258 ff.); 68, 193 (216 ff.); 68, 237 (255 f.); 69, 373 (378 f.); 70, 1 (28 ff.); 83, 1 (13); 86, 52 (58 f.); 88, 145 (159); 101, 331 (347); 117, 163, (181); 134, 204 (221); BVerfG (K) NJW 2005, 273 (274).

[365] BVerfGE 22, 380 (384); 30, 292 (310 ff.); 57, 139 (158); 68, 155 (170); 95, 173 (187). Zu Eingriffen durch Mitteilungspflichten: *Breuer* HStR VIII, § 171 Rn. 41.

[366] So unter Aufgabe d. bish. Rspr. VGH BW GewArch 2002, 376 (377) – Friedhofsgärtnerei.

[367] BVerfGE 13, 181 (185 f.); 16, 147 (162); 41, 251 (262); 46, 120 (137); 61, 291 (308); 81, 108 (121 f.); 128, 1 (37 f.).

[368] BVerfGE 29, 327 (333); 31, 8 (29); 38, 61 (79); 47, 1 (21 f.); 55, 7 (25 f.); 75, 108 (153 f.); 81, 108 (121 f.); 113, 128 (145); 123, 132 (139 f.); 124, 235 (242 f.); 124, 348 (363); Nds OVG NVwZ-RR 2003, 706 (707). – Allg. für eine Revitalisierung des Art. 12 zur Domestizierung des „Steuerstaates" *Hohmann* DÖV 2000, 406 ff.

[369] BVerwGE 75, 109 (114 f.); *Jarass,* in: Jarass/Pieroth, Art. 12 Rn. 18.

[370] BVerfGE 46, 120 (137); BVerwGE 89, 281 (283): Benennung v. Unternehmensberatern durch IHK. – Zur Bedeutung v. Subventionen als Lenkungsinstrument zw. Begünstigung u. Beschr. der Berufsfreiheit ausf. *Breuer* HStR VIII, § 171 Rn. 96 ff.; *Manssen* MKS I, Art. 12 Rn. 90 ff. mwN.

[371] BVerfGE 82, 209 (223 f.): Krankenhausbedarfsplan; BVerfG (K) NJW 2005, 273 (274): Regulierung der vertragsärztlichen Versorgung.

[372] BVerfGE 105, 252 (265) u. BVerwGE 87, 37 (42): Diethylenglykol-Liste; BVerfGE 105, 279 (302): Osho; 148, 40 Rn. 28; Lebens- und Futtermittel; BVerwGE 71, 183 (191 f.): Arzneimittel-Tranzparenzliste; BVerwG NJW 1996, 3161: Futtermitteltest; BVerwG NVwZ-RR 2015, 425 Rn. 14: Nikotinhaltige Liquids; aus der Lit. s. *Sodan,* in: Sodan GG Art. 12 Rn. 22 ff.; *Murswiek* NVwZ 2003, 1 (3 f.); *Huber* JZ 2003, 290 (293); zur sog. „Pankower Ekelliste" im Internet *Holzner* NVwZ 2010, 489 ff.

[373] BVerfGE 116, 202 (221) – Tariftreueklausel – m.Anm. *Pietzcker* ZfBR 2007, 131 (132, 136) u. *Preis/Ulber* NJW 2007, 465 (469); *Ruffert* BeckOK GG, Art. 12 Rn. 67.

[374] So insbes. BVerfGE 95, 267 (302); BayVerfGH BayVGHE nF 42 II, 41 (45 f.). Die in frühen Judikaten des BVerfG – vgl. BVerfGE 10, 354 (362 f.); 13, 181 (185 f.); 31, 255 (265); 46, 120 (145) – erfolgte Bezugnahme auf das Begriffspaar unmittelbar/mittelbar erscheint hingegen wenig hilfreich.

[375] Zur Rechtschreibreform s. BVerfGE 98, 218 (259); zur Umgliederung eines LG-Bezirks BVerfG (K) NJW 2000, 1325; zum Ausscheiden aus dem Branntweinmonopol BVerfG (K) NVwZ 2002, 197 (198); zur Ökosteuer BVerfGE 110, 274 (288).

[376] Vgl. zB BVerfGE 13, 181 (186); 49, 24 (47); 70, 191 (214); 82, 209 (223 f.); 98, 218 (258 f.); 110, 274 (288); 113, 29 (48); 123, 186 (227, 229); 124, 235 (242); 126, 268 (284); 128, 1 (58, 81 ff.); BVerwGE 71, 183 (191); 75, 109 (115); 87, 37 (42 f.); 89, 281 (283); 115, 189 (196); 121, 23 (27); 148, 133 Rn. 24; BVerwG NVwZ 2016, 529 Rn. 15 (Vergnügungssteuer). Vgl. abw. v. BVerfGE 37, 121 (131) aber BVerfGE 109, 64 (85): Bei das Arbeitsverh. Inhaltl. ausgestaltenden Geldleistungspflichten sei Nachw. einer bes. berufsregelnden Tendenz nicht erforderlich.

[377] Zu diesem Aspekt s. BVerwGE 87, 37 (43 f.); BVerwG NJW 1996, 3161. – *Manssen,* in: v. Mangoldt/Klein/Starck I, Art. 12 Rn. 74 spricht insoweit v. einer „subjektiv berufsregelnden Tendenz".

[378] Vgl. BVerfGE 105, 252 (273); 105, 279 (303); 110, 177 (191); 113, 63 (76); 116, 135 (153); 116, 202 (222); 118, 1 (20); 148, 40 Rn. 28.

[379] In diese Richtung bereits prägnant *R. Schmidt,* Öffentliches Wirtschaftsrecht, Allg. Teil, 1990, S. 523 u. 526: „… jede staatliche Wettbewerbsteilnahme an Art. 12 Abs. 1 GG zu messen"; *Scholz,* in: Maunz/Dürig, Art. 12 Rn. 413 f.; *Pielow,* Grundstrukturen öffentlicher Versorgung in Europa, 2001, S. 492 ff., 511 ff. u. 701 ff.; *Mann,* Die öffentlich-rechtliche Gesellschaft, 2002, S. 93 ff.; *Rixen,* Sozialrecht als öffentliches Wirtschaftsrecht, 2005, S. 270 ff.;

**96**    Hingegen sind Akte öff. Gewalt mit **berufsneutraler Zwecksetzung,** wie sie etwa interessen-ausgleichenden Normen des Privatrechts,[380] allg. staatsbürgerlichen Pflichten,[381] Besuchsverboten,[382] o. generell an wirtschaftl. Tätigkeit anknüpfenden Pflichtmitgliedschaften[383] zugrunde liegen, nicht an Art. 12 zu messen,[384] ebenso wenig die Generalermächtigungen des allg. Sicherheits- u. Ordnungs-rechts.[385] Es genügt nach der Rspr. des BVerfG also nicht, dass eine Rechtsnorm o. ihre Anwendung unter bestimmten Umständen Rückwirkungen auf die Berufstätigkeit entfaltet, wie dies bei vielen Vorschriften der Fall ist.[386] So treten die zivilrechtl. Folgen der Schlechterfüllung v. Verträgen u. die Haftung für Schäden, die aus unerlaubter Handlung entstehen, unabhängig davon ein, ob die Haftungsvoraussetzungen bei Ausübung des Berufs erfüllt werden o. nicht. Vertrags- u. DeliktsR gehören nicht zu denjenigen Normen, die nur in Randbereichen auch nicht berufsmäßig Handelnde betreffen.[387] Ebensowenig kann den strafprozessualen Eingriffsnormen des Ersten Buchs, 8. Abschnitt der StPO, welche unterschiedslos sämtliche Beschuldigte strafrechtl. Vorwürfe betreffen, eine berufs-regelnde Tendenz entnommen werden.[388]

**97**    Auch sind Maßnahmen nicht allein deshalb als Beeinträchtigung der Berufsfreiheit anzu-sehen, weil mit ihnen – ohne berufsregelnde Tendenz im vorgenannten Sinne – lediglich **nach-teilige Veränderungen der wirtschaftlichen Verhältnisse** betroffener Personen einhergehen.[389] Hierbei handelt es sich lediglich um Beschr. der v. Art. 2 I 1 umfassten wirtschaftl. Betätigungs-freiheit.[390]

**98**    Demgegenüber will eine weitergehende **Literaturauffassung** auf die Kriterien des engen Zusam-menhangs sowie der berufsregelnden Tendenz (→ Rn. 95) verzichten u. grds. jede spezifische, rechtl. o. faktisch wirkende Betroffenheit des Bürgers bei seiner berufl. Betätigung als relevante Grundrechts-beeinträchtigung ansehen.[391] Aussagen des BVerfG, die in diese Richtung wiesen,[392] hat das Gericht zu Recht korrigiert.[393]

**99**    **3. Verweigerung der Teilhabe.** Soweit im Ausbildungsbereich aus Art. 12 ein derivatives Teil-haberecht anerkannt wird (→ Rn. 18), stellen Formen der Verweigerung dieser Teilhabe, zB durch Nichtzulassung zum Studienplatz eigener Wahl, Grundrechtsbeeinträchtigungen dar, die der verfas-sungsrecht. Legitimation bedürfen (Einzelheiten → Rn. 168 ff.).

**100**    **4. Privatautonome Beeinträchtigung.** Angesichts der den Grundrechten infolge ihres objektiv-rechtl. Gehaltes zukommenden Ausstrahlungswirkung auf das ZivilR, namentlich über dessen General-klauseln,[394] kann ein Eingriff in den Schutzbereich des Art. 12 I auch dann vorliegen, wenn fachge-richtl. Entsch. **Auslegungsfehler** erkennen lassen, die auf einer grds. unrichtigen Auffassung v. der Bedeutung des Grundrechts für die privatrechtl. Rechtsbeziehungen beruhen.[395] Auf diese Weise kann Art. 12 etwa auch Bedeutung bei herabsetzenden Meinungsäußerungen u. Tatsachenbehauptungen Privater erlangen.[396]

---

Dietlein, in: Stern, StaatsR IV/1, S. 1859 ff.; *Stamer,* Rechtsschutz gegen öffentliche Konkurrenzwirtschaft, 2007, S. 110 ff.; *H-P. Schneider* HGR V, § 113 Rn. 114.

  [380] BVerfGE 31, 255 (265): urheberrechtl. Vergütungspflicht; BVerfGE 55, 7 (27): Beitragspflicht zu Sozialkassen. – hierzu krit. *Baumann* BB 1997, 2281 (2285 f.).

  [381] BVerfGE 54, 251 (270) – Übernahme v. Vormundschaften.

  [382] BVerfGE 49, 24 (48) – Kontaktsperre für Strafgefangene.

  [383] BVerfGE 10, 354 (363); 32, 54 (63 f.); 41, 231 (241); BVerfG (K) NVwZ-RR 2005, 297; Lit.-Nachw. bei *Mann* HStR VI, § 146 Rn. 32; aA *Manssen* MKS I, Art. 12 Rn. 77 f.

  [384] Nach BVerfGE 41, 231 (241); 52, 42 (54); 59, 99 (107); 61, 68 (72) sollte dies auch für kommunale Vertretungsverbote gelten; offen lassend dann BVerfG (K) NJW 1988, 694 f.: jedenfalls durch Gründe des Allgemein-wohls gerechtfertigt. Weitere Bsp.: BVerfGE 106, 275 (299 f.) – Festbetragsfestsetzung nach SGB V; BVerfG (K) NZS 2005, 479 (480) – Anhebung der Jahresarbeitsentgeltgrenze.

  [385] BVerwG 115, 189 (196).

  [386] BVerfGE 95, 267 (302); 106, 275 (299); BVerfGE 116, 202 (219): bloßer Reflex genügt nicht.

  [387] BVerfGE 96, 375 (397) zur Unterhaltspflicht bei fehlgeschlagener Sterilisation o. fehlerhafter genetischer Beratung.

  [388] BVerfGE 113, 29 (48).

  [389] BVerfGE 116, 135 (151 f.); BVerwGE 55, 7 (25 f.); 71, 183 (193).

  [390] BVerfGE 37, 1 (17 f.); 55, 7 (25, 27); 87, 153 (169). Zum Verh. zu Art. 2 I → Rn. 194 f.

  [391] *Breuer* HStR VIII, § 171 Rn. 44 f. mwN; *Manssen* MKS I, Art. 12 Rn. 77; *Cremer* DÖV 2003, 921 (928); *Nolte,* in: Stern/Becker, Art. 12 Rn. 81; zusammenfass. *Dietlein,* in: Stern, StaatsR IV/1, S. 1844 f.

  [392] BVerfGE 61, 291 (308): berufsregelnde Tendenz nicht zwingend erforderlich; BVerfGE 109, 64 (85): Berufs-regelnde Tendenz bei das Arbeitsverh. inhaltlich ausgestaltenden Geldleistungspflichten.

  [393] Vgl. die Nachw. in Fn. 368, zul. BVerfGE 111, 191 (213); 113, 29 (48 ff.).

  [394] BVerfGE 7, 198 (205 f.); 73, 261 (269); 81, 242 (256); 84, 192 (194 f.); 89, 214 (229 f.); 90, 27 (33).

  [395] BVerfGE 42, 143 (149); 66, 116 (131); 73, 261 (269); 81, 242 (256); 89, 214 (229 f.); 114, 339 (348); NJW 2003, 125 (126) m. Anm. *Sachs* JuS 2003, 913 f.

  [396] BVerfG NJW 2010, 3501 (3502) – „Gen-Milch"-Bezeichnung durch Greenpeace; s. auch BVerfG NJW-RR 2004, 1710 (1711).

Auch wenn Art. 12 I keine unmittelbare Drittwirkung zukommt,[397] kann diese Verfassungsnorm es **101** nach neuerer Judikatur des BVerfG gebieten, dass der Gesetzgeber im **Zivilrecht** der Privatautonomie Schranken setzt u. Vorkehrungen zum Schutz der Berufsfreiheit gegen vertragliche Beschr. schafft, namentlich wenn es an einem annähernden Kräftegleichgewicht der Beteiligten fehlt.[398] **Arbeitsvertragliche Regelungen** dürfen vor diesem Hintergrund nicht zu einer die Bedeutung der Berufsfreiheit negierenden rechtl. o. faktisch[399] unlösbaren u. damit schlechthin unzumutbaren Bindung an einen bestimmten Arbeitgeber führen.[400]

So wird auch ein **Berufssportler** unzul. in seinem berufl. Fortkommen u. damit in seiner Berufs- **102** freiheit behindert, wenn sein Vereinswechsel nach Maßgabe v. Regelungen des betr. Sportverbandes v. einer beachtlichen **Transferentschädigung** abhängig gemacht wird (→ Rn. 11).[401] Nach Beendigung des Arbeitsverh. mit dem bisherigen Verein könnte eine solche Klausel jedenfalls dazu führen, dass ein Profisportler keinen neuen Arbeitgeber findet, wenn die interessierten Vereine die Entschädigung nicht bezahlen wollen o. können. Die privatrechtl., auf statuarischem Recht der Sportverbände beruhende Regelung greift damit in die freie Wahl des Arbeitsplatzes mit ähnlichen Wirkungen ein **wie eine objektive Zulassungsschranke** (→ Rn. 133), ohne jedoch durch ein überragend wichtiges Gemeinschaftsgut gerechtfertigt zu sein.[402]

In Ansehung v. Transferentschädigungen beim **Wechsel vom Amateurbereich ins Profilager,** **103** steht die erstmalige Aufnahme eines neuen Berufs als „Profisportler" in Frage, weshalb man Art. 12 hier in vergleichbarer Weise zur Geltung bringen muss.[403]

Aufgrund verbandsrechtl. fundierter Dopingkontrollen verhängte **Startsperren** für Berufssportler sind **104** gleichfalls an den materiellen Anford. des Art. 12 I zu messen;[404] es ist aber im Ansatz nicht zu beanstanden, wenn autonomes **Sportverbandsrecht** iR der Festlegungen für die Wettbewerbsteilnahme v. Sportlern im Interesse der Wettbewerbsfairness u. des Gesundheitsschutzes effektive **Dopingkontrollen** u. angemessene Sanktionen bei Verstößen vorsieht.[405] Jedoch treten die Sportverbände im Verhältnis zu den Sportlern aufgrund des Ein-Platz-Prinzips (oder Ein-Verbands-Prinzips) regelmäßig als Monopolisten auf, was unter dem Gesichtspunkt der mittelbaren Drittwirkung den Schutzzweck der Grundrechte vor überlegener wirtschaftlicher und sozialer Macht im besonderen Maße aktiviert[406] und insoweit besondere Fragen der verfassungsrechtlichen Rechtfertigung aufwirft.[407] Ebenso tangiert bereits die Pflicht bei Wettbewerbsanmeldung eine Schiedsvereinbarung zu akzeptieren die Berufsausübungsfreiheit der Sportler.[408]

### III. Der berufsbezogene Regelungsvorbehalt – formelle Anforderungen

**1. Regelungsvorbehalt in Art. 12 I 2 GG.** Gem. Art. 12 I 2 kann die Berufsausübung durch **105** Gesetz o. auf Grund eines Gesetzes „geregelt" werden. Im Apothekenurteil hatte das BVerfG ausgeführt, **„Regelung"** meine nicht weitere Einschränkungen über im Grundrecht selbst angelegte Grenzen hinaus, sondern grundrechtsgeleitete Ausgestaltung, Konturierung u. Konkretisierung,[409] weshalb auch das Zitiergebot des Art. 19 I 2[410] u. die Wesensgehaltsgarantie des Art. 19 II[411] keine Anwendung finden sollen.

---

[397] BVerfG (K) NJW 2003, 125. Aus der Lit. vgl. nur *Scholz*, in: Maunz/Dürig, Art. 12 Rn. 77.

[398] BVerfGE 81, 242 (254 f.); 98, 365 (395); 134, 204 (224 f.); *Jarass*, in: Jarass/Pieroth, Art. 12 Rn. 26; *Wieland*, in: Dreier I, Art. 12 Rn. 145 ff.; *Ruffert* BeckOK GG, Art. 12 Rn. 19; Zum Verh. v. Mindestlohn u. der Berufsausübungsfreiheit (Arbeitsvertragsautonomie) der Unternehmer vgl. *Zeising/Weigert* NZA 2015, 15 (20); *Sittard* NZA 2010, 1160 (1161); *Waltermann*, 68.DJT, Band I, 2010, B 96 ff.; *Forkel* ZRP 2010, 115 f. Zur gesetzl. Einschr. der Samstagsarbeit als Eingriff in d. Berufsausübungsfreiheit des Arbeitgebers s. BVerfGE 138, 261 Rn. 52–59.

[399] Vgl. BVerfGE 81, 242 (253); BAGE 25, 330 (342 f.); 34, 220 (224) – Wettbewerbsverbote; BGH DB 1984, 2456; BAGE 13, 168 (177); 42, 48 (51) – Rückzahlung v. Ausbildungskosten; LAG Berlin NJW 1979, 2582: Ablösesumme.

[400] BGHZ 94, 248 (256); *Scholz*, in: Maunz/Dürig, Art. 12 Rn. 64 f. Zur Bindung der Tarifnormen an Grundrechte, insbes. an das Grundrecht der Berufsfreiheit vgl. *Lerche* FS Steindorff, 1990, S. 897 ff. Zum Verh. v. Tarifautonomie u. Berufsfreiheit *Hufen* NJW 1994, 2913 (2921) mwN – Allg. zur Einwirkung des Art. 12 I auf das Individual- u. Kollektivarbeitsrecht *Chr. J. Müller*, Die Berufsfreiheit des Arbeitgebers, 1996; krit. zur objektiv-rechtl. Absicherung des arbeitsrechtl. Kündigungsschutzes *Ladeur* DÖV 2007, 1 (4 ff.).

[401] Vgl. EuGH C-415/93 – Bosman: Verstoß gegen Arbeitnehmerfreizügigkeit; BAGE 63, 232 (240); BAG SpuRt 1997, 94 (96); zu Transferabreden bei Vereinswechseln vor Vertragsablauf *Steiner* FS Stern, 1997, S. 509 (513).

[402] Vgl. BAG SpuRt 1997, 94 (98).

[403] Vgl. *Arens* SpuRt 1997, 126 (127).

[404] Vgl. *Steiner* FS Stern, 1997, S. 509 (511); zust. *Dietlein*, in: Stern, StaatsR IV/1, S. 1927.

[405] S. etwa BGH NJW 1995, 583 (584).

[406] Vgl. nur *Fritzweiler*, in: Fritzweiler/Pfister/Summerer (Hrsg.), Praxishandbuch Sportrecht, 3. Aufl. 2014, Rn 18.

[407] Ausf. *Mann*, in: Nolte (Hrsg.), Der Athlet – (k)ein Rechtssubjekt, 2020.

[408] BGHZ 210, 292.

[409] BVerfGE 7, 377 (403 f.).

[410] BVerfGE 13, 97 (122); 28, 36 (46); 64, 72 (80 f.); ohne Problematisierung BVerfGE 126, 112 (140); zu Recht krit. ggü. dieser Rspr. *Remmert*, in: Maunz/Dürig, Art. 19 I Rn. 56 ff.; → Art. 19 Rn. 29 jew. mwN.

[411] BVerfGE 13, 97 (122); zu Recht ablehnend *Kämmerer*, in: v. Münch/Kunig I, Art. 12 Rn. 56.

**106**    Dem Regelungsvorbehalt liegt die verfassungspolit. Erwägung zugrunde, dass Beeinträchtigungen der Berufsfreiheit nur auf der Grundlage einer parlamentarischen Entsch. zul. sein sollen, die sich der Gründe für u. gegen eine Beeinträchtigung bewusst ist; nur unter dieser Prämisse kann ein gerechter Ausgleich zw. der Berufsfreiheit als Ausdruck des Schutzes menschlicher Persönlichkeit (→ Rn. 16) u. den Belangen der Allgemeinheit gewährleistet werden.[412] Daher verneint das BVerfG einen Verfassungsverstoß nach zweistufiger Prüfung, wenn nämlich eine berufsregelnde Norm kompetenzgemäß erlassen worden ist u. wenn sie (materiell) „durch hinreichende, der Art der betroffenen Betätigung u. der Intensität des jeweiligen Eingriffs Rechnung tragende Gründe des Gemeinwohls gerechtfertigt wird u. dem Grds. der Verhältnismäßigkeit entspricht."[413] In der Sache wird Art. 12 I 2 v. der heutigen Dogmatik zu Recht aber längst wie ein normaler Gesetzesvorbehalt behandelt.[414]

**107**    Da Berufswahl u. Berufsausübung bloß als Facetten innerhalb eines **einheitlichen Berufsgrundrechts** anzusehen sind (→ Rn. 14), schließt die **Regelungsbefugnis** des Satzes 2 auch die Berufs-, Arbeitsplatz- u. Ausbildungsstättenwahl ein (auch → Rn. 212).[415]

**108**    **2. Berufsregelung durch Gesetz.** Die in Art. 12 I 2 verankerte Regelungsbefugnis setzt in ihrer ersten Var. ein Gesetz im formellen Sinn voraus,[416] zu dessen Erlass der nach der bundesstaatl. Kompetenzordnung jeweils zuständige Bundes- o. Landesgesetzgeber befugt ist.[417] Ihm allein obliegt hierbei die eigenverantwortliche Prüfung u. Entsch., wie weit u. ggü. welchen Gemeinschaftsinteressen das Freiheitsrecht des Einzelnen zurückzutreten hat.[418] Deshalb darf er auch nicht durch **dynamische Verweisung** auf Normen and. Kompetenzträger Bezug nehmen.[419]

**109**    Eine den Schutzbereich beeintr. Rechtsnorm muss in Ansehung allg. rechtsstaatl. Anforderungen durch hinr. Klarheit, **Bestimmtheit** u. Vollständigkeit geprägt sein,[420] wobei an den Grad der Bestimmtheit u. Erkennbarkeit gesetzl. Beschr. der Berufswahl strengere Anford. zu stellen sind als bei bloßen Berufsausübungsregelungen.[421] Der Schluss v. einer allg. gehaltenen gesetzl. Kompetenznorm auf eine Eingriffsbefugnis ist nicht mögl..[422] Ebenso ersetzt eine bloße organisationsrechtl. Regelung nicht eine spezifische materielle Impflichtnahme, ein schlichtes gesetzl. Verbot beinhaltet nicht per se eine fachbehördliche Untersagungsbefugnis i. S. d. Art. 12 I 2.[423]

**110**    Angesichts der Vielgestaltigkeit der Lebenserscheinungen kann anstelle eines Fachgesetzes auch die **polizeiliche Generalklausel** als ein die Berufsausübung regelndes Gesetz wirken, nach Ansicht des BVerwG jedoch dann nicht, wenn die Entsch. darüber, ob durch diese Berufstätigkeit die öff. Ordnung verletzt würde, „von einer verwickelten, in das Gebiet der Weltanschauungen hineinreichenden, abwägenden Wertung einer Mehrzahl verschiedener Schutzinteressen" abhängt.[424]

**111**    **3. Untergesetzliche Regelungen.** Ausdr. erlaubt Art. 12 I 2 zudem Eingriffe in die Berufsfreiheit **auf Grund** eines Gesetzes (→ Rn. 7), also durch **Exekutivrecht** o. Verwaltungsakte auf der Grundlage einer einfachgesetzl. Ermächtigung. Der nach der sog. Wesentlichkeitstheorie zu bemessende **Parlamentsvorbehalt** erfordert aber, dass alle grundrechtswesentlichen Entsch., soweit sie gesetzl. Regelung zugänglich sind, v. unmittelbar demokratisch legitimierten Gesetzgeber selbst zu treffen sind.[425]

**112**    Die einschlägigen Vorgaben müssen sich allerdings nicht zwingend allein aus dem Wortlaut des Gesetzes ergeben, sondern es reicht aus, wenn sie sich mit Hilfe **allgemeiner Auslegungsgrundsätze**

---

[412] BVerfGE 33, 125 (158 f.); 41, 251 (263 f.); 76, 171 (184 f.); BVerwG GewArch 1995, 195 (196).

[413] BVerfGE 95, 193 (214); 102, 197 (213).

[414] Vgl. nur *Epping*, Grundrechte, Rn. 403; *Zippelius/Würtenberger*, Deutsches Staatsrecht, § 30 Rn. 19 ff.; *Manssen* MKS I, Art. 12 Rn. 6, 103; *Jarass*, in: Jarass/Pieroth, Art. 12 Rn. 27; *Kämmerer*, in v. Münch/Kunig I, Art. 12 Rn. 57.

[415] BVerfGE 7, 377 (402 f.); 33, 303 (336); 41, 251 (261 f.); 54, 237 (245 f.); 102, 197 (213); 110, 304 (321); 115, 276 (303 f.); 119, 59 (78 f.).

[416] *Scholz*, in: Maunz/Dürig, Art. 12 Rn. 322; *Schneider* HGR V, § 113 Rn. 136.

[417] BVerfGE 7, 377 (443); 29, 327 (333); 40, 371 (378); 47, 285 (313).

[418] BVerfGE 33, 125 (159); 47, 285 (313); 76, 171 (184 f.); BVerwG GewArch 1995, 195 (196). Zur Untersagung der „Laserdrome"-Gewerbebetriebe unter Berufung auf die polizeiliche Generalklausel daher krit. BVerwGE 115, 189 (193 f.).

[419] BVerfGE 47, 285 (313).

[420] BVerfGE 34, 293 (302); 82, 209 (224); 87, 287 (316 f., 325 f.); BVerfG (K) NVwZ-RR 1994, 153; BVerwGE 89, 281 (285); BVerwG NJW 1995, 3161 (3162); BVerwG GewArch 1997, 287 (288).

[421] BVerfGE 54, 237 (247 f.); vgl. auch BVerfGE 87, 287 (318) – „Auslegungs- und Anwendungsprobleme müssen... nicht völlig ausgeschlossen sein" – mit der wenig erhellenden Folgerung, dass „bei *starken* Eingriffen in die Freiheit der Berufswahl... mit *herkömmlichen* juristischen Methoden klare Ergebnisse erzielt" werden müssten (Hervorhebung durch Verf.).

[422] BVerwG NJW 1996, 3161 (3162); vgl. aber auch BVerwG NJW 1991, 1770 – Warnung vor Jugendsekten.

[423] Vgl. zum einen BVerwG GewArch 1995, 195 (196) – Öff. bestellter Vermessungsingenieur, zum and. BVerwGE 94, 269 (277) – Heilmagnetisieren.

[424] So BVerwGE 10, 164 (165); 115, 189 (194).

[425] BVerfGE 73, 280 (295); 80, 1 (20); 82, 209 (224); BVerwGE 90, 359 (362); BVerwG NVwZ 1995, 487 (488); *Scholz*, in: Maunz/Dürig, Art. 12 Rn. 323 f.

erschließen lassen.[426] Das BVerwG hat es auch als hinr. gesetzl. Grundlage angesehen, wenn das Gesetz lediglich eine die Berufsfreiheit beschr. Alternative eröffnet, die Auswahl im Einzelfall aber der Entsch. der Exekutive überlässt.[427]

Insoweit bestehen im Grds. auch keine Bedenken dagegen, die polizei- u. ordnungsrechtl. **General-** 113 **klauseln** als ausr. gesetzl. Grundlagen iSd Art. 12 I 2 anzusehen, sofern damit nicht der Verwaltung im Einzelfall eine zu komplexe Interessenabwägung überantwortet wird (→ Rn. 110).[428]

Berufsbeeinträchtigende Eingriffe allein unter Berufung auf ein Sonderrechtsverhältnis in Anlehnung 114 an die tradierte Lehre v. **„besonderen Gewaltverhältnis"** o. auf die **Anstaltsgewalt** sind heute nicht mehr mögl.[429] Der Schulausschluss als Ordnungsmaßnahme[430] bedarf als Schutzbereichsbeeinträchtigung ebenso einer gesetzl. Grundlage wie Schutzbereichsbeeinträchtigungen bei staatl. u. staatl. gebundenen Berufen.[431]

Im Falle des Fehlens einer als notwendig erkannten gesetzl. Bestimmung wird dieser Zustand für 115 eine **Übergangsfrist** toleriert,[432] wenn die Folgen der abrupten Aufhebung einer Regelung, ein ungeregelter Zustand, gravierender wären als die vorläufige Beibehaltung eines unzureichend geregelten Zustandes.[433]

Sowohl vorkonstitutionelle[434] als auch nachkonstitutionelle **Rechtsverordnungen** können legitime 116 Berufsausübungsregelungen aufweisen, soweit die jeweilige Ermächtigungsgrundlage den Bestimmtheitsanford. des Art. 80 I 2 entspricht u. den Inhalt der Verordnung deckt.[435] Diese auf allg. rechtsstaatl. u. demokratischen Grundsätzen basierenden Anford. sind auch für Rechtsverordnungen der Länder verbindlich.[436]

Eine Berufsregelung ist so auch auf Grund kommunaler o. sonst. körperschaftlicher **Satzung** mögl. 117 Weder die in Art. 28 II 1 gewährleistete noch die in den Gemeindeordnungen wiederholend eingeräumte kommunale Satzungsautonomie genügt allerdings den Anford. des Art. 12 I 2 an eine spezifizierende formellgesetzl. Ermächtigungsnorm.[437] Ausr. sind aber zB die klassischen Satzungsermächtigungen zur Einführung eines kommunalen Anschluss- u. Benutzungszwangs.[438]

Soweit ein Gesetzgeber Berufsverbände als ör Körperschaften mit Satzungsgewalt ausgestattet hat, 118 darf er diesen auch die Befugnis zum Erlass berufsregelnden **Satzungsrechts** mit Wirkung für ihre Mitglieder einräumen.[439] Es bedarf aber einer deutlichen gesetzl. Ermächtigung, denn der schlichte Akt der Autonomieverleihung erlaubt zwar die Regelung v. Verbandsangelegenheiten, berechtigt aber noch nicht zum Grundrechtseingriff.[440] Das zul. Ausmaß v. Beschr. hängt v. der Eingriffsintensität ab: Es muss v. Gesetzgeber den Berufsverbänden umso deutlicher vorgegeben werden, je empfindlicher die Berufsangehörigen in ihrer freien berufl. Betätigung beeinträchtigt werden.[441] Mit Blick auf die erforderliche Bestimmtheit kann es jedoch genügen, wenn sich die gesetzl. Grundlage mit Hilfe allg. Auslegungsgrundsätze erschließen lässt, insbes. aus Zweck, Sinnzusammenhang o. Vorgeschichte der Norm.[442]

Zudem erfordert der Parlamentsvorbehalt (→ Rn. 111), dass zumindest die sog. **statusbildenden** 119 **Bestimmungen,** insbes. solche der Berufswahl, stets v. Gesetzgeber selbst durch förmliches Gesetz getroffen werden;[443] ebenso müssen die **Grundstrukturen** der Bildung der Organe, ihre Aufgaben u. Handlungsbefugnisse sowie die angemessene Partizipation der Berufsangehörigen an

---

[426] BVerfGE 80, 269 (279); 82, 209 (224 f.); BVerwG NVwZ 1995, 487 (488); vgl. auch BVerfGE 54, 237 (247 f.).

[427] BVerwGE 96, 302 (310 f.): Möglichkeit vorzugsweiser Konzessionierung staatl. Spielbanken.

[428] BVerwGE 94, 269 (278); 115, 189 (194); BVerwG DVBl 1970, 504 (505 f.).

[429] BVerwGE 96, 189 (196); BayVGH BayVBl 2000, 21; VGH BW GewArch 2002, 376 (377).

[430] BVerfGE 41, 251 (263 f.); 58, 257 (274 ff.).

[431] BVerfGE 73, 280 (294 f.); 80, 257 (265); 75, 109 (114); BVerwG GewArch 1995, 195 (196).

[432] BVerfGE 41, 251 (266 f.); 58, 257 (280 ff.); BVerfG (K) NJW 1993, 1575.

[433] BVerfGE 41, 251 (267); 73, 280 (297); 76, 171 (189); vgl. auch BVerwGE 51, 235 (242 f.).

[434] BVerfGE 9, 63 (70); VGH BW DVBl 2014, 316 (317).

[435] BVerfGE 20, 283 (295); 46, 120 (139); 51, 166 (173); 53, 1 (15 f.); 53, 135 (143); 58, 283 (290); 65, 248 (258); BayVerfGH GewArch 2002, 327 f. (zur Berufsfreiheit nach Art. 101 BayVerf); BVerwG NVwZ 1995, 487 (488).

[436] BVerfGE 41, 251 (266); *Breuer* HStR VIII, § 171 Rn. 2. Vgl. auch zT mit Art. 80 inhaltsgl. Anforderungen der Landesverf., zB Art. 61 BWVerf, Art. 70 NRWVerf.

[437] BVerwGE 90, 359 (363); 148, 133 (144) Rn 28; BayVGH BayVGHE nF 45 I, 65 (68); BayVGH BayVBl 1994, 272 (273); *Badura* FG BVerwG 2003, 785 (798).

[438] BVerwGE 62, 224 (225 f.); *Kämmerer,* in: v. Münch/Kunig I, Art. 12 Rn. 54; *Scholz,* in: Maunz/Dürig, Art. 12 Rn. 329. Für Leichenhallen bejahend BayVerfGH GewArch 2002, 327.

[439] BVerfGE 33, 125 (155, 159); 57, 121 (131); 60, 215 (229 f.); 71, 162 (172); 71, 183 (197); 76, 171 (185); 86, 28 (40); 94, 372 (390); BVerwGE 89, 30 (33); 90, 359 (363); 96, 189 (195). Ausführlicher dazu *Tettinger,* Kammerrecht, 1997, S. 187 ff.; *Kluth,* Funktionale Selbstverwaltung, 1997, S. 320 f., 487 ff.; *Mann* HStR VI, § 146 Rn. 18 ff.

[440] BVerfGE 36, 212 (216); 38, 373 (381); 71, 162 (172); 76, 171 (185); 111, 191 (216).

[441] BVerfGE 33, 125 (159 f.); 70, 162 (172); 94, 372 (390); 98, 49 (60); 101, 312 (316); 111, 191 (216); BVerwGE 90, 359 (363); 96, 189 (195).

[442] BVerfGE 80, 1 (20 f.); 82, 209 (224 f.); 108, 150 (159 f.); BVerwGE 96, 189 (196).

[443] BVerfGE 33, 125 (158, 163): Facharztwesen; BVerfGE 36, 212 (216 f.); 38, 373 (381): Berufsordnung der Apothekerkammer; BVerfGE 57, 121 (132): Fachanwaltsbezeichnung; BVerfGE 71, 162 (172); 71, 183 (197); 76,

der Willensbildung der Organisation durch Gesetz geregelt werden.[444] Im Übrigen ist bei der Beurteilung v. Eingriffen in die Berufsfreiheit hier nicht etwa ein besonders milder Maßstab anzulegen; Selbstverwaltungskörperschaften haben die v. den Grundrechten gezogenen Grenzen mit gleicher Sorgfalt einzuhalten wie der Gesetzgeber.[445] Zum Berufsrecht durch Standesrichtlinien → Rn. 123.

120     And. als vorkonstitutionelles **Gewohnheitsrecht,** für das Art. 12 I 2 nicht gilt,[446] bildet nachkonstitutionelles Gewohnheitsrecht keine ausr. Grundlage für Beeinträchtigungen der Berufsfreiheit.[447] Eine interpretative Weiterentwicklung vorkonstitutionellen Gewohnheitsrechts ist unzul., weil dies faktisch zu einem neuen Eingriffstatbestand führt.[448]

121     **Richterrecht,** verstanden als originäre judikative Rechtsschöpfung (zur Auslegung → Rn. 112), genügt vor diesem Hintergrund ebenfalls nicht den formalen Anford. des Regelungsvorbehalts in Art. 12 I 2.[449]

122     Mangels Rechtsnormqualität vermögen erst recht **Verwaltungsvorschriften** keinesfalls Eingriffe in das Berufsgrundrecht zu legitimieren.[450]

123     Entspr. gilt für **freiberufsrechtliche Richtlinien,** die weder als autonomes Satzungsrecht noch als (vorkonstitutionelle) gewohnheitsrechtl. Normen angesehen werden,[451] insbes., soweit es sich nur um ungeschriebene Standesauffassungen handelt.[452] Entgegen seiner früheren Rechtsprechung[453] verlangt das BVerfG nun für die Statuierung kammerrechtl. fundierter Berufspflichten einer auch den Anford. des Art. 12 I 2 entspr. gesetzl. Grundlage.[454]

124     **4. Kollidierendes Verfassungsrecht.** Außer durch auf Art. 12 I 2 gestützte Normen kann die Berufsfreiheit **auch durch Verfassungsbestimmungen** selbst, insbes. Grundrechte, **beschränkt** werden.[455] So ist über Art. 140 GG iVm Art. 139 WRV der Schutz der Sonntagsruhe zu wahren[456] o. es sind faktische Beeinträchtigungen der Berufsfreiheit, die mit einer Doktorgradentziehung einher gehen, zum Schutz d. Funktionsfähigkeit des Wissenschaftsprozesses (Art. 5 III) gerechtfertigt.[457] Zur Überlagerung des Art. 12 durch Art. 33 → Rn. 56 ff. Aus den in der Verf. verankerten Regierungskompetenzen haben BVerfG u. BVerwG zutr. die Befugnis der BReg zur Information u. Warnung der Öffentlichkeit abgeleitet.[458]

## IV. Materielle Anforderungen an zulässige Grundrechtsbeeinträchtigungen

125     **1. Klassische Stufenlehre des BVerfG.** Zur Beurteilung v. Eingriffen in die Berufsfreiheit wurde bereits 1958 im Apotheken-Urteil[459] in Orientierung an rechtsgrds. Gedanken v. *Uber*[460] eine **(Drei-) Stufentheorie** entwickelt, nach der sich die verfassungsrechtl. Rechtfertigung der gesetzl. Regelung bei steigender Intensität der Grundrechtsbeeinträchtigung an entspr. höherwertigen Gemeinwohlbelangen auszurichten hat. Wenngleich diese Stufentheorie seitens des BVerfG heute nicht mehr rigide gehandhabt wird (→ Rn. 137, 142 ff.), hat sie doch die Plastizität der Judikatur erhöht u. verkörpert nach wie vor einprägsame Eckpfeiler für die praktische Umsetzung der verfassungsrechtsdogmatisch durchgängig gebotenen Abstufung bei Grundrechtsingerenzen.

126     Ausgangspunkt der Differenzierung war die dem klassischen GewerbeR entlehnte Unterscheidung v. Regelungen, die die Berufsausübung betr., u. solchen, die die Freiheit der Berufswahl einschränken

---

171 (184 f.): anwaltl. Standesrecht; BVerwGE 67, 261 (266); 72, 73 (76); BVerwG DVBl 1995, 43 (45); näher *Ossenbühl* HStR V, § 105 Rn. 30, 32.

444 BVerfGE 111, 191 (217) unter Hinw. auf BVerfGE 76, 171 (186). Mit diesen Anford. dürfte auch den Maßstäben aus den Entsch. des EuGH C-35/99 (Arduino) u. C-309/99 (Wouters ua) Rechnung getragen sein.

445 BVerfGE 33, 171 (185); 71, 162 (172 f.); BVerfG (K) NJW-RR 1994, 663 (664); NJW 2003, 344 f.; HambOVG GewArch 1994, 282 (284).

446 BVerfGE 15, 226 (233); 22, 114 (121); 28, 21 (28); 34, 293 (303 f.); 36, 212 (216); 57, 121 (131); 60, 215 (229 f.); BGHZ 124, 224 (229); krit. VGH BW GewArch 1993, 244 (245).

447 BVerfGE 22, 114 (121); 76, 171 (188).

448 Vgl. BVerfGE 22, 114 (122); 34, 293 (301 f.); 54, 234 f.

449 BVerfGE 80, 257 (266); BGHZ 124, 224 (229 f.); *Schneider* HGR V, § 113 Rn. 90; zweifelnd bereits BVerfGE 54, 224 (235); 72, 51 (62 f.).

450 BVerwGE 51, 235 (239); 75, 109 (116 f.); 98, 324 (327); BVerwG DVBl 1996, 1361.

451 BVerfGE 36, 212 (217); 76, 171 (185 f.).

452 BGH NJW 1997, 799 (801).

453 BVerfGE 36, 212 (217); 57, 121 (132 f.); 60, 215 (230); 66, 337 (356): Keine normative Wirkkraft, aber Indizwirkung der Richtlinien.

454 BVerfGE 76, 171 (187); 76, 196 (205); 82, 18 (26).

455 BVerwGE 87, 37 (45); BVerwG NJW 1996, 3161 (3162); BGHZ 151, 389 (394).

456 BVerfGE 111, 10 (50); BVerfGE 79, 236 (243).

457 BVerwG NVwZ 2013, 1614 (1617).

458 BVerfGE 105, 252 (268 ff.); 105, 279 (286); BVerwGE 87, 37 (46 ff.); BVerwG NJW 1996, 3161.

459 BVerfGE 7, 377 (401, 403 u. 405 ff.).

460 Freiheit des Berufs, 1952, namentlich S. 83 ff., 103 ff. – Dazu *Manssen* BayVBl 2001, 641.

(→ Rn. 77 ff.). Bloße **Berufsausübungsregelungen** werden, sofern sie iÜ verhältnismäßig sind, bereits durch sachgerechte u. vernünftige Erwägungen des Gemeinwohls legitimiert.[461]

Da dem Gesetzgeber insoweit ein weiter Einschätzungs- sowie Gestaltungsspielraum zugestanden **127** wird[462] u. auch Gesichtspunkte der Zweckmäßigkeit ausr. sollen,[463] ist die Zahl der **akzeptierten Gemeinwohlinteressen** recht groß,[464] während bislang nur wenigen Erwägungen die Anerkennung als sachgerecht versagt blieb.[465]

So steht bei der Bewertung der Anschluss-, Abnahme- u. Vergütungpflicht für eine Einspeisung **128** regenerativer Energien zu Lasten der Betreiber v. Energieversorgungsnetzen nach dem EEG kaum mehr die Rechtfertigung durch ein Allgemeininteresse an Ressourcenschonung u. Klimaschutz in Streit,[466] sondern, ob sich nicht eine durch direkte Subventionierung regenerativer Stromerzeugung mögl. Übernahme der Finanzierungslast durch die öff. Hand als „milderes Mittel" zur Zweckerreichung erwiese.[467] Dass **Konkurrentenschutz** als solcher grds. kein Gemeinwohlbelang ist, der Einschränkungen der Berufsfreiheit zu rechtfertigen vermag, ist in der Rspr. hinr. deutlich betont worden.[468] Es ist dem Gesetzgeber aber nicht verwehrt, Konkurrenzvorteile zu unterbinden, die aus der Verfolgung eines anderw. legitimen Schutzziels abgeleitet werden können, zB aus dem Arbeitszeitschutz.[469]

Das Gewicht der v. Gesetzgeber für eine Regelung angeführten Gemeinwohlbelange kann im Laufe **129** der Zeit beträchtlich abnehmen o. gar schwinden, wenn histor. Voraussetzungen o. Rahmenbedingungen entfallen sind.[470] Aus diesem Grund trifft den Gesetzgeber auch eine **Pflicht zur weiteren Beobachtung** der Auswirkungen u. zur evtl. Korrektur einer Regelung.[471] Ob allerdings der Schluss generell angebracht ist, es stehe fest, dass eine Einschränkung nicht erforderlich sei, wenn der Bundesgesetzgeber über Jahre hin die berufl. Freiheit nur in einem **Teilgebiet Deutschlands** einschränke, ohne dass sich in Gebieten größerer Berufsausübungsfreiheit Fehlentwicklungen o. in Gebieten eingeschr. Berufsausübungsfreiheit bes. Vorteile ergäben,[472] erscheint zweifelhaft. So blieben regionale Eigenarten, deren Respektierung doch uU dem Gebot länderfreundlichen Verhaltens (→ Art. 20

---

[461] BVerfGE 7, 377 (405 f.); 16, 286 (297); 65, 116 (125); 70, 1 (28); 77, 308 (332); 78, 155 (162); 81, 70 (84); 85, 248 (259); 93, 362 (369); 101, 331 (347); 104, 357 (364); 106, 216 (219); 109, 64 (85); 111, 10 (32); 114, 196 (251 f.); 121, 317 Rn. 95.

[462] BVerfGE 39, 210 (225 f.); 46, 246 (257); 51, 193 (208); 53, 135 (145); 77, 84 (106); 77, 308 (332); 88, 203 (262); 109, 64 (85); 110, 141 (157); 111, 10 (38).

[463] BVerfGE 7, 377 (406); 23, 50 (56); 28, 21 (31); 77, 308 (332).

[464] ZB BVerfGE 7, 377 (406): Förderung einer höheren soz. Gesamtleistung eines Berufszweigs; BVerfGE 36, 212 (219 ff.); BVerfG (K) NJW 2002, 1190; 2002, 2163: Schutz der Rechtsuchenden; BVerfGE 45, 354 (358 f.): Vermeidung v. Interessenkollisionen beim Rechtsanwalt; BVerfGE 46, 120 (145 f.): Funktionsfähigkeit öff. Fernrufnetzes; BVerfGE 53, 135 (145): Schutz des Verbrauchers vor Täuschung; BVerfGE 61, 291 (312): Erhaltung der gefährdeten Tierwelt; BVerfGE 68, 193 (218); 70, 1 (29); 114, 196 (251 f.): finanz. Stabilität der gesetzl. Krankenversicherung; BVerfGE 77, 84 (107): geordneter Arbeitsmarkt; BVerfGE 93, 362 (370 f.): Verbesserung des anwaltl. Dienstleistungsangebots durch Konsolidierung der Rechtsanwaltsdichte; BVerfGE 94, 372 (391): Vertrauen in die berufl. Integrität der Apotheker; BVerfGE 95, 173 (184); 121, 317 (Rn. 121 f.) mit Sondervotum *Masing* (Rn. 176 ff.): Schutz vor den Gesundheitsgefahren des Rauchens; BVerfGE 101, 331 (348): Stärkung u. Qualifizierung der Betreuer; BVerfGE 104, 357 (365); BVerwGE 45, 331 (335); 144, 355 Rn. 15: Sicherstellung ordnungsgemäßer Arzneimittelversorgung; BVerfGE 106, 216 (220): Stärkung der Rechtspflege durch eine leistungsfähige Anwaltschaft; BVerfGE 109, 64 (85): Schutz der berufstätigen Mutter u. des werdenden Kindes; BVerfGE 110, 141 (159): Schutz vor gefährlichen Hunden; BVerfGE 111, 10 (32 f.): Arbeitszeitschutz, Sicherung der Wettbewerbsneutralität, wirksame u. mögl. einfache Verwaltungskontrolle; BVerwG NVwZ 2011, 355 Rn. 16: Eindämmung der mit Alkoholmissbrauch verbundenen Gefahren; BVerfGE 135, Rn. 59 ff.: Sicherung anwaltl. Unabhängigkeit; BVerwGE 165, 138 Rn. 69: Lastengerechtigkeit d. Kostentragung für Polizeieinsätze bei Großveranstaltungen; NJW 2019, 3096 Rn. 21: Tierschutz.

[465] BVerfGE 41, 378 (396 f.); 65, 116 (128 f.); 86, 28 (44): leichtere staatl. Überwachung; BVerfGE 76, 196 (207 f.): Vertrauen der Rechtsuchenden (bei Rechtsanwalt-Selbstanzeige); BVerfGE 82, 12 (28); 93, 362 (370); 94, 372 (399): Konkurrenzschutz; BVerfGE 86, 28 (44): Vermeidung v. Verwaltungskosten; BVerfGE 86, 28 (42): unbedeutende o. rein verwaltungstechnische Zwecke; BVerwGE 123, 82 (84 f.): Pflege der deutschen Braukunst; BVerwGE 124, 26 (29 f.): leichte Erkennbarkeit v. Taxen.

[466] Dazu aus der Sicht des Gemeinschaftsrechts chronolog.: EuGH C-379/98 – PreussenElektra (m. Anm. *Lecheler* RdE 2001, 137); EuG T-47/15 – EEG-Umlage, EnWZ 2016, 409; EuGH C-405/16 P – EEG-Umlage, EuZW 2019, 418 (m. Anm. *Scholtka*); umfass. Darstellung der Entwicklung bei *Johann/Lünenbürger/Manthey* EuZW 2019, 647.

[467] So der Vorlagebeschl. des AG Plön NJW 1997, 591 (592 f.); BVerfG (K) NJW 1997, 573 f. – Zur Problematik allg.: *Richter*, Grenzen der wirtschaftlichen Förderung regenerativer Stromeinspeisung in Deutschland, 2000, S. 182 ff. zum StromEG; zum EEG s. *Tettinger*, in: Dolde (Hrsg.), Umweltrecht im Wandel, 2001, 949 (959 ff.); offen lassend BGH RdE 2001, 20 f.

[468] Vgl. etwa BVerfGE 93, 362 (370); → Rn. 16.

[469] BVerfGE 111, 10 (33).

[470] So BVerfGE 98, 49 (60 ff.) zum Sozietätsverbot zw. Anwaltsnotar u. Wirtschaftsprüfer; BVerfGE 103, 1 (12) zur Singularzulassung v. Rechtsanwälten beim OLG; BVerfGE 107, 186 (196 f.) zum Impfstoffversandverbot; BVerwGE 124, 26 (29 f.) zur Eigenwerbung an Taxen.

[471] BVerfGE 123, 186 (266); BVerfG (K) NZI 2005, 618 (619).

[472] So BVerfGE 103, 1 (16).

Rn. 70 f.) entspricht, völlig außerhalb des Blickfeldes. Demggü. vermag eine Kammer des BVerfG in dem föderalistischen Aufbau der Bundesrepublik u. der Regelung des Arztrechts in Länderkompetenz „allein" keine Gemeinwohlbelange zu erkennen, die das Verbot eines werbenden Hinweises auf eine „rechtsförmlich erworbene" fachliche Qualifikation (→ Rn. 72) zu rechtfertigen in der Lage seien.[473]

130    Innerhalb der **Berufswahlregelungen** wird noch zw. subj. Berufszugangsvoraussetzungen (solchen, die eine Berufsaufnahme an das Vorliegen persönl. Eigenschaften, Fähigkeiten o. Leistungsnachweise knüpfen)[474] u. obj. (nicht an persönl. Qualifikation, sondern an allg. Kriterien orientierten) Berufs- zulassungsvoraussetzungen[475] differenziert. Für die Abgrenzung dieser beiden Modalitäten sollen deren tatsächliche Auswirkungen nicht entscheidend sein; so gelten zB Höchstaltersgrenzen nach der inso- weit zweifelhaften Rspr. immer noch als subj. Voraussetzungen, auch wenn sie dem Einfluss der Betroffenen schlechthin entzogen sind.[476]

131    Die Aufstellung **subjektiver Zulassungsvoraussetzungen** bedarf nach der Stufentheorie der Rechtfertigung als verhältnismäßige Vorkehrung zum Schutze bes. wichtiger Gemeinschaftsgüter, die der Freiheit des Einzelnen vorgehen.[477] Diese Gemeinschaftsgüter können absolute, v. der Tagespolitik unabhängige Werte verkörpern[478] o. auch „relative" Werte sein, die erst der Gesetzgeber selbst auf Grund seiner jeweiligen wirtschafts-, sozial- u. gesellschaftspolit. Vorstellungen u. Ziele def. hat.[479] Grundrechtsbeschr. Gesetze sollen aber ihrerseits wiederum im Lichte des Art. 12 I auszulegen sein, damit der Vorrang des Grundrechts auch auf der Rechtsanwendungsebene gewahrt bleibe.[480]

132    Das BVerfG **beschränkt** sich insoweit auf die **Kontrolle**, ob die Anschauungen des Gesetzgebers offensichtlich fehlsam o. mit der Wertordnung des GG unvereinbar sind.[481] So widerspräche es der in Art. 12 getroffenen Grundentsch., wollte der Gesetzgeber den Konkurrenzschutz zu einem wichtigen Gemeinschaftsgut erheben.[482] Auch ein Überschuss v. Ausbildungs- u. Prüfungsanford. soll, wenn er sich „in vernünftigen Grenzen" hält, zu tolerieren sein,[483] ohne dass dieser Aspekt freilich in der numerus clausus-Rspr. (→ Rn. 160 ff.) durchweg hinr. Beachtung gefunden hätte.[484] Werden hingegen

---

[473] BVerfG NJW 2000, 3057 zur Führung der in der DDR erworbenen Bezeichnung „Facharzt für Sportmedizin" in BW; vgl. auch BVerfG (K) NJW 2001, 2788 zum zahnärztl. Tätigkeitsschwerpunkt „Implantologie".

[474] ZB BVerfGE 9, 338 (345); 64, 72 (82); BVerfG (K) NJW 1993, 1575; NVwZ 1997, 1207 (1208): Lebensalter; BVerfGE 13, 97 (106); 34, 71 (77); 55, 185 (196); 69, 209 (218); 80, 1 (23 f.); 117, 126 (138): Befähigungsnachweis/ bestandene Prüfung; BVerfGE 19, 330 (337); 34, 71 (77): Sachkundenachweis; BVerfGE 39, 344 (370); 46, 34 (54): Verfassungstreue bei Beamten u. im Vorbereitungsdienst; BVerfGE 41, 378 (390); 69, 233 (244): Zuverlässigkeit; BVerfGE 44, 105 (117); 48, 292 (296): Vorstrafenfreiheit; BVerfGE 73, 301 (316 f.): Praxiserfahrung; BVerwGE 21, 197 (199); 22, 16 (17 f.): Kreditwürdigkeit; BVerwGE 101, 185 (186): (Fach-)Hochschulabschluss; BVerwG GewArch 1997, 63 f. u. 1999, 108; BVerwGE 140, 276 Rn. 33 ff.: Meisterprüfung im Handwerk – umf. hierzu *Bulla,* Freiheit der Berufswahl, 2009, S. 161 ff.; *ders.* GewArch 2012, 470 ff.; *Kramer* GewArch 2013, 105 (106 ff.); OVG NRW NWVBl 1997, 145 (146): abgeschl. Berufsausbildung nach Hauptschulabschluss; BayObLG NJW 1971, 1620 (1621 f.): Fahrgastbeförderungsnachweis.

[475] ZB BVerfGE 7, 377 (415 f.); 9, 39 (48 f.); 11, 30 (43 f.); 11, 168 (186, 190); BVerwGE 79, 208 (210 f.): Bedürfnisprüfung; BVerfGE 21, 173 (181); 87, 287 (316, 321): Inkompatibilität; BVerfGE 25, 1 (15 ff.): Mühlen- errichtungsverbot; BVerfGE 40, 196 (218); BVerwGE 51, 235 (238 f.): Höchstzahlen für gewerbl. Güterfernverkehr – dazu auch *Badura,* FS Friauf, 1996, 529 (532 f.); BVerwG NJW 1996, 1608 (1609); OVG NRW NWVBl 1997, 25 (26): bedarfsgerechte Versorgung mit Leistungen des Krankentransports.

[476] BVerfGE 9, 338 (345); 64, 72 (82); 80, 257 (264 f.); 86, 28 (39); 103, 172 (184); BVerfG (K) NJW 1993, 1575 f.; NVwZ 1997, 1207 (1208); NJW 1998, 1776 (1777); NJW 2008, 1212 (1213); *Ruffert* BeckOK GG, Art. 12 Rn. 122; aA etwa *Hufen* NJW 2004, 14 (15 f.); *Sodan* NJW 2003, 257 (258 f.); *Tettinger* DVBl 2005, 1397 (1402 f.); *Mann* FS Starck, 2007, S. 319 (326 f.); *Schneider* HGR V, § 113 Rn. 110; krit. auch *Kämmerer,* in: v. Münch/Kunig I, Art. 12 Rn. 74, 66 aE.

[477] BVerfGE 13, 97 (107); 19, 330 (337); 25, 236 (247); 59, 302 (316); 69, 209 (218); 73, 301 (316 ff.); 93, 213 (235); 119, 59 (82 f.); BVerfG (K) DVBl 1996, 1367 (1368); BVerwGE 145, 67 Rn. 29. – Zur Kritik → Rn. 158.

[478] ZB BVerfGE 25, 236 (247); 78, 179 (192); 106, 181 (194); BVerfG (K) NordÖR 2004, 292: Schutz der Volksgesundheit durch hohe medizinische Qualität; BVerfGE 30, 292 (323 f.): Sicherheit der Energieversorgung; BVerfGE 37, 67 (77); 93, 213 (236); 110, 304 (324); BVerfG (K) NJW-RR 2005, 998 (999): geordnete qualitätsvolle Rechtspflege; BVerfGE 54, 301 (315); 55, 185 (196); 59, 302 (317): geordnete Steuerrechtspflege; BVerfGE 73, 301 (316 f.): Rechtsfrieden; BVerfGE 93, 213 (236): persönl. Zuverlässigkeit u. Integrität der Rechtsanwälte; BVerfGE 117, 126 (137 f.); 119, 59 (82 f.): Tierschutz (Art. 20a); BVerfG (K) NVwZ 1997, 1207 (1208): effektive Bewältigung v. Amtsaufgaben (als Rechtfertigung einer Höchstaltersgrenze für Bürgermeister); BVerwGE 101, 185 (188): Ge- sundheit v. Mensch u. Tier; OVG NRW NWVBl 1997, 145 (146): Verkehrssicherheit.

[479] BVerfGE 13, 97 (107); BVerwG GewArch 1997, 63 f.: Leistungsfähigkeit des Handwerks, Sicherung des Nachwuchses der gewerbl. Wirtschaft (= Mittelstandsförderung); BVerfG (K) NJW 1993, 1575: geordnete Alters- struktur innerhalb des Notarberufs; BVerfG (K) DVBl 1996, 1367 (1368): Hochschulreife als Nachweis der potentiel- len Studierfähigkeit; BVerwGE 35, 146 (149): Verteidigungsbereitschaft der Bundeswehr.

[480] So BVerfG (K) GewArch 1998, 333 unter ausdr. Bezugnahme auf das Lüth-Urteil zu Art. 5 II. Damit würde zwar zutr. der Ausstrahlungswirkung der Grundrechte auf die einfachgesetzl. Rechtsordnung Rechnung getragen, aber des Weiteren auch die sog. Schaukeltheorie – unnötigerweise – bei Art. 12 I appliziert.

[481] BVerfGE 13, 97 (107). – Zur Kritik → Rn. 157 f.

[482] Vgl. → Rn. 16 u. → Rn. 128; *Wieland,* in: Dreier I, Art. 12 Rn. 109 mwN.

[483] BVerfGE 13, 97 (117 f.); 25, 236 (248); 54, 301 (330 f.); 73, 301 (320); 80, 1 (24).

[484] Vgl. *Stern/Tettinger,* Normative Gestaltungsmöglichkeiten zur Verbesserung der Qualität der medizinischen Ausbildung, 1982, S. 66; *Tettinger* WissR 23 (1990), 115.

v. einem Berufsbewerber Kenntnisse u. Fähigkeiten verlangt, die in keinem Verh. zu der geplanten Tätigkeit stehen, ist das Übermaßverbot verletzt.[485]

Die strengsten Anford. bestehen nach diesem Ansatz für **objektive Berufszugangsvoraussetzun-** 133 **gen.** Solche erweisen sich nur dann als zulässig, wenn sie der Abwehr nachweisbarer o. höchstwahrscheinlich schwerwiegender Gefahren für ein überragend wichtiges Gemeinschaftsgut dienen.[486] Auch auf dieser Stufe gesteht das BVerfG dem Gesetzgeber einen Prognosespielraum zur Einschätzung zukünftiger Tatsachenentwicklungen zu,[487] der jedoch nicht die Auswahl der eingriffslegitimierenden Gemeinwohlbelange betrifft.[488]

Insbes. genügen die für subj. Berufswahlregelungen noch ausr. **„relativen" Gemeinschaftsgüter** 134 (→ Rn. 131) insoweit **nicht** mehr.[489]

Kann eine Gefahr für ein bes. wichtiges Gemeinschaftsgut sowohl auf der subj. als auch auf der obj. 135 Stufe bekämpft werden, hat der Gesetzgeber stets die mit einem **geringeren Eingriff** in die Berufswahlfreiheit verbundenen Mittel der subj. Berufszulassungsregelung zu wählen.[490]

Ein konstatierter Verfassungsverstoß führt aber dann nicht zur **Nichtigkeit** der beanstandeten 136 Norm, wenn der Gesetzgeber die Verfassungswidrigkeit auf versch. Weise beseitigen kann (→ Art. 3 Rn. 130 f.). In solchen Fällen ist lediglich die **Unvereinbarkeit** der verfassungswidrigen Regelung mit Art. 12 I festzustellen.[491]

**2. Aufweichungen der Stufenlehre.** Trotz scheinbarer Stringenz dieser ausgeklügelten Einteilung 137 hat das BVerfG seine Stufentheorie bereits frühzeitig **weiter spezifiziert,** ausgebaut u. sukzessiv in eine umfass. Verhältnismäßigkeitsprüfung überführt.[492]

Der **Grund** hierfür mag darin liegen, dass die Bedeutung des Übermaßverbots als eine rechtsstaatl. 138 zwingend vorgegebene Direktive[493] v. BVerfG 1958 noch nicht realisiert worden ist. Obwohl bereits das Apotheken-Urteil durchaus Hinweise auf die insoweit einschlägigen Stufen der Geeignetheit, Erforderlichkeit u. Angemessenheit (Verhältnismäßigkeit ieS) enthält,[494] wurde das Übermaßverbot erst in späteren Entscheidungen ausdr. als Verfassungsprinzip herausgestellt (BVerfGE 28, 243 (260 f.)) u. die Stufentheorie als Ableitung aus diesem Grds. deklariert.[495]

In dieser Phase des Ausbaus ergänzte das BVerfG die im Apotheken-Urteil als Maßstab für Berufs- 139 ausübungsregelungen benannten vernünftigen Gemeinwohlerwägungen (→ Rn. 126 f.) um **differenziertere Kriterien** wie Intensitätsgrad,[496] Wirkungsziel,[497] Zentralität[498] u. zeitliche Dimension[499] einer Ingerenz o. stellte auf die Einbettung in ein anerkanntes Pflichtengefüge[500] ab.

---

[485] BVerfGE 54, 301 (330 f.); 119, 59 (86 f.).

[486] BVerfGE 7, 377 (408); 11, 168 (183); 25, 1 (11); 40, 196 (218); 75, 284 (296); 84, 133 (151); 85, 360 (374); 97, 12 (32); 102, 197 (214 f.). Vgl. auch OVG NRW NWVBl 1995, 26 – Funktionsfähigkeit des öff. Rettungsdienstes; HessVGH GewArch 1996, 104 (105) – „Pornofilmsteuer".

[487] BVerfGE 25, 1 (19 f.); vgl. auch BVerwGE 97, 79 (85): „Einschätzungsprärogative"; BVerwG GewArch 2000, 62 (63).

[488] *Breuer* HStR VIII[3.] § 171 Rn. 70 ff.; aA OVG NRW NWVBl 1995, 26 (27).

[489] Anerkannt zB BVerfGE 7, 377 (414); 17, 269 (276); BVerwGE 65, 323 (339): Volksgesundheit; BVerfGE 11, 168 (190 f.): öff. Verkehrsinteresse; BVerfGE 21, 245 (251): Reduzierung der Arbeitslosigkeit; BVerfGE 25, 1 (16): Sicherung der Volksernährung; BVerfG (K) NVwZ-RR 2008, 1 (3): Vermeidung u. Abwehr v. Suchtgefahren; BVerfGE 40, 196 (218); BVerwGE 64, 70 (72): Funktionsfähigkeit der Bundesbahn; BVerfGE 87, 287 (321): Funktionsfähigkeit der Rechtspflege; BVerfGE 11, 168 (186 f., 190); BVerwGE 79, 208 (210); 82, 295 (302): Funktionsfähigkeit des örtlichen Taxengewerbes; BVerfGE 103, 172 (184 f.); BVerfG (K) DVBl 2002, 400 (401); NZS 2005, 479 (480): Finanz. Stabilität u. Funktionsfähigkeit der gesetzl. Krankenversicherung; BVerwGE 62, 224 (230): menschenwürdige Umwelt; BVerwGE 64, 46 (51): Tierschutz; BVerwGE 96, 293 (299); 96, 302 (311): Schutz vor Ausnutzung der Spielleidenschaft; BVerwGE 97, 79 (82); BVerwG NJW 1996, 1608 (1609): Schutz u. Erhaltung bedrohten Lebens u. bedrohter Gesundheit; BVerwG NJW 1996, 1608 (1610); OVG NRW NWVBl 1995, 26 f.; BayVGH BayVGHE nF 48 I, 95 (98): Funktionsfähigkeit der öff. Rettungswesens – unzulässige Belange zB BVerfGE 7, 377 (408); 75, 284 (296 f.): soz. Prestige eines Berufs; BVerfGE 11, 168 (190): wirtschafts- u. verkehrspolit. Planungsziele; BVerfGE 76, 171 (189); 87, 287 (326): bloße berufsständische Belange; BVerfGE 59, 172 (210): Schutz vor Berufsrisiko; BVerfGE 7, 377 (408); 11, 168 (188 f.); 19, 330 (342); BVerwGE 79, 208 (211 f.); BayVGH BayVGHE nF 48 I, 95 (98 f.): Konkurrenzschutz (aA BGH NJW 1997, 799 [801]); BVerwGE 96, 302 (315): Gewinnabschöpfung zugunsten d. Allgemeinheit.

[490] BVerfGE 7, 377 (408).

[491] So etwa BVerfGE 99, 202 (215 f.); 104, 74 (91); 105, 73 (133); 115, 276 (317).

[492] Vgl. im Überblick *Mann/Worthmann* JuS 2013, 385 (390).

[493] Statt vieler *Stern*, StaatsR I, S. 861 ff. mwN.

[494] Vgl. BVerfGE 7, 377 (405): nicht weniger einschränkende Mittel, (406): Zweckmäßigkeit, nicht zumutbare Aufl., (408): Stufe des geringsten Eingriffs zu wählen.

[495] BVerfGE 19, 330 (337); 46, 120 (138).

[496] BVerfGE 30, 292 (311); 30, 336 (351); 44, 103 (104); 50, 290 (365); vgl. auch BVerfGE 86, 28 (38 f.); 99, 202 (211).

[497] BVerfGE 32, 311 (316 f.); 33, 125 (170 f.); 36, 212 (222 f.).

[498] BVerfGE 50, 290 (365). S. auch BVerfG (K) GewArch 2000, 418 (419) zu Anforderungen an eine gesetzl. Reaktion auf bloße mittelbare Gefahren.

[499] BVerfGE 25, 1 (22).

[500] BVerfGE 44, 103 (104).

140    Für obj. Zulassungsvoraussetzungen erfolgte eine Spezifizierung dahingehend, dass die strengen Anford. dieser Stufe nicht im gleichen Maße für Beschr. bei Eigentümlichkeiten der betreffenden Berufstätigkeiten (zB dem Betreiben öff. Spielbanken; → Rn. 61)[501] o. bei der **Zuwahl eines zweiten Berufes** (zB Statuierung v. Inkompatibilitäten; → Rn. 48) gelten sollen.[502]

141    Die Anford. an obj. Zulassungsanford. wurden v. der Rspr. auch auf die Überprüfung **staatlicher Monopole** (→ Rn. 61) erstreckt,[503] obwohl es sich hierbei um eine absolute Berufssperre handelt, die eigentlich einen noch schärferen Eingriff darstellt.[504] Insbes. die Disk. um private Arbeitsvermittlung[505] hat gezeigt, dass die an die Begr. solcher Monopole zu stellenden Anford. auch in der Folgezeit kontinuierlich nachweisbar sein müssen, damit in regelm. Abständen kontrolliert werden kann, ob den seinerzeit angeführten Gemeinwohlbelangen weiterhin ein die Beibehaltung des Verwaltungsmonopols rechtfertigendes Gewicht zukommt.[506] So sprechen etwa auch gewichtige Argumente dafür, dass landesrechtl. neu begründete Staatsmonopole für den Betrieb v. öff. Spielbanken das Grundrecht der Berufsfreiheit derjenigen privaten Bewerber mit zu berücksichtigen haben, die bereits ihre Bewährung nachweisen können.[507]

142    **3. Umfassend angelegte Verhältnismäßigkeitsprüfung.** Parallel zu den genannten Aufweichungen einer starren Anwendung der Stufentheorie hat das BVerfG zunehmend verstärkten Durchgriff auf das **Übermaßverbot** selbst u. die aus ihm ableitbaren Abstufungen (→ Rn. 138) genommen.[508] Dies geschieht, indem entweder das Übermaßverbot als kumulatives Erfordernis herangezogen[509] o. die begriffliche Anknüpfung an die Stufenlehre mit einer umfass. Verhältnismäßigkeitsprüfung verschränkt wird.[510] Die erste Var. verfolgte exemplarisch etwa der Beschl. des BVerfG über die gesetzl. Verpflichtung zu Warnhinweisen auf Packungen v. Tabakerzeugnissen, denen Vereinbarkeit mit Art. 12 I attestiert werden könne, „wenn sie durch ausreichende Gründe des Gemeinwohls gerechtfertigt werden und wenn sie dem Grundsatz der Verhältnismäßigkeit entsprechen, wenn also das gewählte Mittel zur Erreichung des verfolgten Zwecks geeignet und auch erforderlich ist und wenn bei einer Gesamtabwägung zwischen der Schwere des Eingriffs und dem Gewicht der ihn rechtfertigenden Gründe die Grenze der Zumutbarkeit noch gewahrt ist.“[511]

143    Im letzteren Fall ordnet das BVerfG die betr. Grundrechtsbeeinträchtigung in einem ersten, strukturierenden Subsumtionsschritt einer der drei Stufen abstr. zu, bevor anschl. eine **stufenspezifische Verhältnismäßigkeitsprüfung** erfolgt.[512]

144    Die Zumutbarkeit einer grundrechtsbeschr. Maßnahme soll sich sodann aus einer Abwägung zw. der Schwere des Eingriffs u. dem Gewicht der ihn rechtfertigenden Gründe ergeben.[513] Je enger der Bezug grundrechtsbeschr. Maßnahmen zu einem Schutzgut ist, desto eher lassen sich Eingriffe verfassungsrechtl. rechtfertigen. Steht dagegen die grundrechtl. Beschr. nur in entferntem Zusammenhang zu dem für eine Rechtfertigung zu ziehenden Gemeinschaftsgut, so kann dieses nicht generell Vorrang vor der Berufsausübungsfreiheit beanspruchen.[514] Insoweit wird eine **generalisierende Betrachtungsweise** für geboten erachtet, die nicht auf die Interessenlage Einzelner, sondern auf Regelwirkungen, etwa für einen Wirtschaftszweig insges., abstellt.[515]

---

[501] Hier sollen laut BVerfGE 102, 197 (216 f.) für die Zulässigkeit gesetzl. Restriktionen „wichtige Gemeinwohlbelange" ausr., zu denen es die Effektuierung der „Abwehr von Gefahren, die der Bevölkerung und den Spielteilnehmern durch das öffentliche Glücksspiel drohen", u. die Abschöpfung der Einnahmen für die Förderung gemeinnütziger Zwecke rechnet. Strenger („überragend wichtiges Gemeinwohlziel") BVerfG (K) NVwZ-RR 2008, 1 (3).

[502] BVerfGE 21, 173 (181); BVerfG NJW 2013, 3357 (3358); vgl. aber BVerfGE 87, 287 (317); BGHZ 92, 1 (5).

[503] BVerfGE 21, 245 (250 f.); 21, 261 (267); 46, 120 (136); 102, 97 (216); 115, 276 (308); BVerfG (K) NVwZ-RR 2008, 1 (2); BVerwGE 39, 159 (168); 62, 224 (230); 96, 302 (311); 97, 79 (84).

[504] Vgl. *Tettinger* AöR 108 (1983), 92 (121); *Breuer* HStR VIII, § 171 Rn. 71.

[505] Vgl. EuGH C-41/90 – Macrotron.

[506] *Tettinger* AöR 108 (1983), 92 (122) u. die Nachw. in Fn. 218.

[507] Umf. hierzu *Papier* FS Stern, 1997, S. 543 ff.; vgl. aber diese strengen Anford. relativierend BVerfGE 102, 197 (214 f.) m. Bespr. *Ennuschat* NVwZ 2001, 771 ff. u. *Sodan* NJW 2003, 257 (259 f.). Zur Rechtfertigung v. Sportwettmonopolen s. BVerfGE 115, 276 (304 ff.) m. krit. Anm. *Kment* NVwZ 2006, 617 (618 ff.).

[508] BVerfGE 30, 292 (316); 76, 196 (207 ff.); 80, 1 (29); 86, 28 (39); 87, 287 (321); zusammenfassend *Stern*, StaatsR III/2, S. 801 ff.

[509] BVerfGE 28, 364 (375); 46, 120 (145); 54, 237 (249); 58, 283 (290); 82, 18 (28); 84, 133 (151 f.); 93, 362 (369); 95, 173 (183); 106, 216 (218); 117, 126 (138).

[510] BVerfGE 51, 193 (208); 68, 155 (171); 76, 196 (207 f.); 77, 308 (332); 86, 28 (40 ff.); 87, 287 (321 f.); 111, 10 (32); 116, 202 (219 f.); 119, 59 (78 f.); BVerfG (K) NJW 2013, 3357 (3358).

[511] So BVerfGE 95, 173 (183) unter Hinw. auf frühere Rspr.; BVerfGE 99, 202 (211).

[512] BVerfGE 46, 120 (145 ff.); 71, 183 (198 ff.); 72, 26 (32 f.); 73, 301 (316 ff.); 77, 84 (105 f.); 80, 269 (278 f.); 116, 202 (219 f.); *Breuer* HStR VIII, § 171 Rn. 14 ff.; *Kingreen/Poscher*, Rn. 984, 989; *Jarass*, in: Jarass/Pieroth, Art. 12 Rn. 44 ff.

[513] BVerfGE 85, 248 (261).

[514] BVerfGE 107, 186 (197) – Impfstoffversand.

[515] BVerfGE 30, 292 (315 f.); 68, 193 (219); 70, 1 (30); 77, 84 (105).

Soweit es bei der Anwendung des Übermaßverbots auf gesetzgeberische Wertungen u. Prognosen **145** ankommt, erfolgt seitens des BVerfG eine nur eingeschr. Überprüfung; Irrtümer des Gesetzgebers über voraussichtliche Geschehensabläufe werden in Kauf genommen.[516] Die **Kontrollmaßstäbe** des Ger. sind freilich **uneinheitlich:**[517] sie reichen v. schlichter Evidenz-[518] über Vertretbarkeitskontrolle[519] bis hin zu intensiver inhaltlicher Kontrolle.[520]

Eine mitunter zusätzl. vorgenommene Berücksichtigung atypischer konkr. Betroffenheit kann **146** allerdings wiederum zu **Ergebniskontrollen** nötigen, so dass sich trotz theoretischer Beibehaltung der abstr. Stufenzuordnung oft Verschiebungen zw. den einzelnen Abwägungsmaßstäben ergeben: So ist etwa v. Berufsausübungsregelungen die Rede, die in ihrer Wirkungsweise Eingriffen in die Freiheit der Berufswahl „nahekommen",[521] deshalb auch nur mit solchen Allgemeininteressen gerechtfertigt werden können, „die so schwer wiegen, dass sie den Vorrang vor der erheblichen Berufsbehinderung... verdienen."[522]

Entspr. soll es auch subj. Zulassungsbeschränkungen geben, die in ihrer Wirkung obj. entsprä- **147** chen.[523] Wenn es auch in diesen Fällen bei der Zuordnung zu einer bestimmten Stufe bleibt, so wird doch der **Abwägungsmaßstab korrigiert.**[524]

Schließlich wird die urspr. nur bei Berufswahlregelungen getroffene Unterscheidung zw. obj. u. subj. **148** Merkmalen (→ Rn. 130) nunmehr als bedeutsam **auch für andere Beschränkungen** der Berufsfreiheit angesehen.[525]

Sofern der Gesetzgeber iR zulässiger Berufsbildfixierung (→ Rn. 68 ff.) eine **Berufsreform** durch- **149** führt u. das berufl. Anforderungsprofil verschärft, sind die bereits in dem Beruf Tätigen v. einem solchen Schritt mitunter stärker betroffen als Neubewerber. Das Übermaßverbot erfordert daher in solchen Fällen unter dem Gesichtspunkt des Vertrauensschutzes ggf. die Einführung v. **Übergangs- regelungen** zugunsten „Altbetroffener".[526]

Unabhängig v. einer Einordnung iSd Stufentheorie stellt die **Anordnung der sofortigen Voll- 150 ziehung eines Eingriffs** in die Berufsfreiheit ihrerseits einen selbständigen Eingriff dar, der als Präventivmaßnahme nur zur Abwehr konkr. Gefahren für wichtige Gemeinschaftsgüter u. unter strikter Beachtung des Übermaßverbotes zul. ist.[527]

Insges. hat die VerfassungsRspr. zu Art. 12 somit durch Kombination der urspr. Stufentheorie mit **151** flexibleren Legitimationskriterien des Übermaßverbots eine **verfeinerte Dogmatik** zum Wohle der Einzelfallgerechtigkeit entwickelt,[528] bei der freilich der − mindestens gleichgewichtige − Belang der Vorhersehbarkeit bei weitem zu kurz kommt.

**4. Kritik an der Stufenorientierung der Rechtsprechung des BVerfG.** Die Judikatur des **152** BVerfG ist v. der deutschen Staatsrechtslehre im Grds. akzeptiert worden. Gleichwohl hat es v. Beginn an nicht an Stimmen gefehlt, die Detailaspekte der Stufentheorie krit. hinterfragt haben. Einzelne Monita, etwa der Vorwurf, die Einteilung in drei Stufen sei zu starr, vielmehr müsse eine Verhält- nismäßigkeitsprüfung in einem bruchlosen Spektrum erfolgen,[529] können angesichts der vorst. skizzier- ten Fortentwicklung der Rspr. heute kaum mehr aufrechterhalten bleiben.[530] Nach wie vor relevant bleiben Ansätze der Kritik in Gestalt der Forderung nach **Rückbesinnung auf den Verfassungs- wortlaut.**[531]

Bisweilen wurde auch die Methode einer abgestuften Bewertung im Grds. verworfen, da die **153** einzelnen Stufen nur „ungreifbare Schemen" seien u. besser durch eine auf den Einzelfall abstellende Güterabwägung ersetzt werden sollten.[532] Der Stufentheorie wird zudem vorgeworfen, dass sie keine

---

[516] BVerfGE 25, 1 (12 f.); 39, 210 (226); 47, 109 (117); 50, 290 (333 ff.).
[517] Zust. *Weiß* VerwArch 90 (1999), 415 (432 f.).
[518] BVerfGE 36, 1 (17); 37, 1 (20); 40, 196 (223).
[519] BVerfGE 25, 1 (17); 39, 210 (225 f.); 50, 290 (333).
[520] BVerfGE 7, 377 (415 f.); 87, 363 (382 ff.); 115, 276 (304 ff.); BVerfG (K) NVwZ-RR 2008, 1 (3 f.).
[521] BVerfGE 11, 30 (44 f.); 86, 28 (38); 103, 172 (184), st. Rspr.
[522] BVerfGE 32, 1 (34 f.); vgl. auch BVerfGE 82, 209 (229 f.), st. Rspr.
[523] BVerfGE 75, 246 (278 ff.); dazu *Breuer* HStR VIII, § 171 Rn. 68.
[524] *Breuer* HStR VIII, § 171 Rn. 17 ff. mwN.
[525] BVerfGE 86, 28 (39 f.): konkr. Bedürfnisprüfung.
[526] BVerfGE 32, 1 (36 f.); 54, 301 (331); 55, 185 (201); 64, 72 (83); 68, 272 (284); 75, 246 (278 f.); 78, 179 (193); 98, 265 (309 f.) für eine Zweier-„Gruppe" v. Abtreibungsärzten, v. denen einem sogar die Facharztqualifikation fehlte. Vgl. auch BVerfG (K) GewArch 2001, 193 (194); NJW 2002, 3460 (3461); BerlVerfGH LKV 1998, 351 (352 f.); BVerwGE 64, 46 (50 f.); 101, 185 (188); Ähnl. bei Änderung der Auslegung unbestimmter Rechtsbegriffe, vgl. BVerwG, NJW 2019, 3096 Rn. 30 ff (Kükentötung).
[527] BVerfGE 35, 263 (274); 44, 105 (117 ff.); BVerfG (K) NJW 2003, 3618 f.
[528] Vgl. auch *Hesse*, Grundzüge, Rn. 423 u. *Scholz*, in: Maunz/Dürig, Art. 12 Rn. 335 ff.
[529] *Schlink*, Abwägung im Verfassungsrecht, 1976, S. 58 f.; *Leisner* DVBl 1989, 1025 (1029).
[530] Zutr. diesbez. die Rspr.-analyse von *Depenheuer* FS 50 Jahre BVerfG II, 2001, S. 260: „Von den Stufen zur gleitenden Skala."
[531] Vgl. *Lücke*, Die Berufsfreiheit, 1994; *Hufen* NJW 1994, 2913 (2917).
[532] *Schwabe* DÖV 1969, 734 (738); ähnl. *Schlink*, Abwägung im Verfassungsrecht, 1976, S. 79.

Lösungsmodelle für arbeitsteilige o. sonst **mehrdimensionale Grundrechtsausübung,** wie sie durch berufl. Zusammenwirken in Betrieben o. and. Organisationen erfolgt, enthalte.[533]

154   Des Weiteren wird als **Unstimmigkeit** moniert, dass das BVerfG auf der Ebene des Schutzbereichs v. einem einheitl. Grundrecht der Berufsfreiheit ausgeht (→ Rn. 14), bei der verfassungsrechtl. Rechtfertigung v. Eingriffen aber die im Wortlaut angelegte Differenzierung v. Berufsausübung u. Berufswahl aufgreift u. zu untersch. Maßstäben ausbildet.[534]

155   Darüber hinaus werde es dem Gesetzgeber auf Grund seiner Befugnis zur Berufsbildfixierung (→ Rn. 68 ff.) erlaubt, die Stufentheorie durch Zuordnungsvorgaben zu **manipulieren.**[535]

156   Diese Unsicherheit sei auch mit Blick auf die Unterscheidung der v. BVerfG bemühten einzelnen Gemeinwohlbelange zu konstatieren. Deren Konturierung unterbleibe; sie blieben so inhaltlich weitgehend unbestimmt.[536] Die Formeln der Stufentheorie seien Ausdruck eines **Dezisionismus,** der sich insbes. in der dem Gesetzgeber eingeräumten Befugnis niederschlage, „relative" Gemeinwohlbelange zu definieren (→ Rn. 131).[537]

157   Angesichts des hierin angelegten **Zirkelschlusses,** dass dem einfachen Gesetzgeber die Verfassungskonkretisierung überantwortet sei, dürften nur solche Motive anerkannt werden, die durch eine verfassungsrechtl. Grundentsch.,[538] insbes. eine Staatszielbestimmung,[539] gedeckt seien o. die v. der Mehrheit der Bevölkerung geteilt würden.[540]

158   Schließlich werde seitens des BVerfG auch nicht ausr. klar begründet, nach welchen **Kriterien** Rechtsgüter nicht nur als **„wichtig",** sondern als **„überragend wichtig"** figurierten.[541] In der Tat erscheint die v. BVerfG vorgenommene Abstufung bereits deshalb nicht überzeugend, weil einerseits ein breiter Graben zw. den „vernünftigen Erwägungen des Gemeinwohls" (→ Rn. 126 f.) u. den „besonders wichtigen Gemeinschaftsgütern" (→ Rn. 131) gezogen ist (Gibt es auch schlicht „wichtige" Gemeinschaftsgüter?) u. zum and. der Abstand zw. „besonders wichtigen" u. „überragend wichtigen Gemeinschaftsgütern" (→ Rn. 133) schwer darstellbar wird.

159   Aus der Beobachtung, dass der scheinbar rigiden Rangfolge der Stufen keine ebenso zwingende Folge zunehmender Eingriffsintensität entspricht, weil etwa auch Ausübungsregelungen eine den Berufswahlaspekt tangierende Wirkung zugesprochen wird (→ Rn. 146), ergibt sich schließlich das Postulat, die verfassungsrechtl. Beurteilung dürfe sich nicht – wie qua Stufentheorie – an der Regelungsintention des Gesetzgebers ausrichten, sondern müsse sich am Eingriff, also **an der Gesetzeswirkung,** orientieren.[542]

## V. Speziell: Teilhabe an staatlichen Ausbildungsleistungen mit Monopolcharakter

160   **1. Inhalt des Grundrechtsschutzes.** Wenn öff. Ausbildungseinrichtungen rechtl. o. faktisch in staatl. Hand monopolisiert sind, vermittelt Art. 12 I iVm dem Gleichheitssatz dem die Qualifikationsvoraussetzungen erfüllenden Bewerber ein **derivatives Teilhaberecht** (→ Rn. 18), ein subj.-öff. Recht auf gleichheitsgerechte Aufnahme in eine solche Einrichtung, welches durch die vorh. Ausbildungskapazitäten beschr. ist,[543] also gerade keinen individuellen Verschaffungsanspruch auf einen Ausbildungsplatz beinhaltet.[544] Des Weiteren erwächst aus Art. 12 I keineswegs etwa eine Verpflichtung einer Hochschule, ihren Studierenden die Wahl mehrerer Schwerpunktfächer iS einer einschlägigen Prüfungsordnung zu gestatten; Studierende, die zwei Studiengänge nebeneinander studieren

---

[533] *Rittstieg* AK GG, Art. 12 Rn. 53 mwN für grds. Kritik an der Stufentheorie (Rn. 49 ff.).

[534] *Scholz,* in: Maunz/Dürig, Art. 12 Rn. 336; *Gusy* JA 1992, 257 (260).

[535] *Rupp* AöR 92 (1967), 212 (236): „willkürliche Etikettierung"; *Ossenbühl* AöR 115 (1990), 1 (10 f.); *J. Ipsen* JuS 1990, 634 (635); *Rittstieg* AK GG, Art. 12 Rn. 48 mwN.

[536] *Rupp* AöR 92 (1967), 212 (233); *Scholz,* in: Maunz/Dürig, Art. 12 Rn. 336; *Czybulka* NVwZ 1991, 145 (146 f.); *Gusy* JA 1992, 257 (263 f.): „Leerformeln".

[537] *Hamann jr.,* in: Hamann/Lenz, Art. 12 Anm. B 5c.; *Scholz,* in: Maunz/Dürig, Art. 12 Rn. 336; ähnl. *Dietlein,* in: Stern, StaatsR IV/1, S. 1902.

[538] *Hamann jr.,* in: Hamann/Lenz, Art. 12 Anm. B 5c.; *Gubelt,* in: v. Münch/Kunig I⁵, Art. 12 Rn. 67, 102 (nur bei überragend wichtigen Gemeinschaftsgütern).

[539] *Czybulka* NVwZ 1991, 145 (148).

[540] *Gubelt,* in: v. Münch/Kunig I⁵, Art. 12 Rn. 102.

[541] *Rupp* AöR 92 (1967), 212 (237); *Gusy* JA 1992, 257 (263 f.).

[542] IdS bereits *Bachof,* in: Die Grundrechte III/1, S. 155 (216); vgl. auch *Langer* JuS 1993, 203 (204, 208 f.); *Sachs* JuS 1995, 931 (932).

[543] Für Universitäten: BVerfGE 33, 303 (331 f.); 37, 104 (113); 39, 258 (269 f.); 39, 276 (293 f.); 43, 291 (313 f.); 54, 173 (191); 66, 155 (179); 85, 36 (53 f.); 134, 1 (13); 147, 253 Rn. 102, 106; BVerfG NJW 2013, 2498 (2499); BVerwGE 134, 1 Rn. 19; VGH BW DVBl 2000, 1782 (1786 ff.); ähnl. EGMR, NVwZ 2014, 929 Rn. 51; für den staatl. Vorbereitungsdienst: BVerfGE 39, 334 (371 ff.); BVerwGE 16, 241 (247); 62, 267 (270); BAGE 53, 137 (143 f.); für die Verfassungswidrigkeit v. Wartezeiten vor dem Referendariat daher *Thieme* ZRP 1997, 239 ff. – Ein Ausschluss für Senioren v. nc-Studiengängen verstößt nicht gegen Art. 12 I, OVG NRW DVBl 2001, 822 f.

[544] BVerfGE 147, 253 Rn. 105.

wollen, müssen sich daher eine Ausbildungsstätte suchen, welche die gewünschte Kombination anbietet.[545] Bewerbern für einen traditionell im Beamtenverh. abzuleistenden **staatlichen Vorbereitungsdienst** wurde bei fehlender Verfassungstreue immerhin ein Anspruch auf Zulassung zum Referendariat in privatrechtl. Form zugestanden.[546]

Im Falle einer Übernachfrage nach Ausbildungsplätzen verlangt das Teilhaberecht ein sachgerechtes **161** Verteilungsverfahren, das die **Chancengleichheit** aller Interessenten wahrt.[547] Es soll allerdings auch ein über den verteilungsbezogenen Aspekt der Gleichbehandlung mit Konkurrenten hinausgehender **Anspruch auf erschöpfende Kapazitätsausnutzung** in einer Mangellage bestehen, auf den bei organisatorischen Maßnahmen Rücksicht zu nehmen ist.[548]

Das Recht auf Teilhabe an Ausbildungsplätzen steht unter dem **Vorbehalt des Möglichen** iS **162** dessen, was der Einzelne vernünftigerweise v. der Gesellschaft beanspruchen kann.[549] Diese Beurteilung obliegt der Verantwortung des Gesetzgebers, der iR seiner Haushaltswirtschaft auch and. Gemeinschaftsbelangen u. den Erfordernissen des gesamtwirtschaftl. Gleichgewichts Rechnung zu tragen hat (Art. 109 II).[550]

Gerade mit Blick auf staatl. Teilhabegewährung würde es deshalb dem sozialstaatl. Gerechtigkeits **163** gebot widersprechen, wollte man die begrenzt verfügbaren öff. Mittel durch Zuerkennung eines **originären Teilhaberechts** auf Erweiterung bestehender o. Schaffung zusätzl. Ausbildungsplätze unter Vernachlässigung and. wichtiger Gemeinschaftsbelange bevorzugt nur einem Teil der Bevölkerung zugutekommen lassen.[551]

Entspr. lassen sich aus Art. 12 I **keine** verfassungskräftigen **Ansprüche auf staatliche Finanz 164 leistungen** iS einer Ausbildungsunterstützung,[552] eines Entgeltes für in der Ausbildung erbrachte Leistungen[553] o. ein allg. Anspruch auf **Kosten- bzw. Studiengebührenfreiheit des gewählten Studiums**[554] ableiten. Auch ein Recht auf Bereitstellung eines instrumentell in bestimmter Weise, etwa orientiert an persönl. Präferenzen (Bsp.: Forderung nach stärkerem Tierschutz), ausgestatteten Ausbildungsplatzes widerspräche diametral dem auf Partizipation am Vorhandenen ausgerichteten Recht auf Teilhabe.[555]

**2. Grundrechtsbegrenzungen.** Der Regelungsvorbehalt des Art. 12 I 2 gilt zwar auch im Aus **165** bildungsbereich,[556] doch darf dadurch nicht die erschöpfende Kapazitätsausnutzung beschr. werden.[557] Soweit daher innerhalb bestehender Kapazitäten noch Ausbildungsplätze vorh. sind, dürfen diese nicht ungenutzt bleiben[558] (zur Veränderung v. Ausbildungskapazitäten → Rn. 169 ff.).

Wegen der notwendigen Beachtung des **Gesetzesvorbehalts** in allen wesentlichen Fragen der **166** Ausbildung (Art u. Rangfolge der Auswahlkriterien)[559] werden Einschränkungen des Hochschulzulas-

---

[545] BVerfG (K) NVwZ-RR 1995, 666 f.; vgl. auch BVerwGE 116, 49 (54 f.); BVerwG, Beschl. v. 6.3.2013 – 6 B 47.12 –, BeckRS 2013, 48425: Kein Anspruch aus dem Teilhabeaspekt auf Verleihung des Titels „Dipl.-Jur." nach bestandenem Staatsexamen (aA *Zimmerling* DVBl 2002, 985 f.).

[546] BVerfGE 39, 334 (371 ff.); BAGE 53, 137 (144); 54, 340 (347 ff.).

[547] BVerfGE 33, 303 (338); 43, 291 (313 f.); 147, 253 Rn. 107 ff.; BVerwGE 56, 31 (46 f.); BGHZ 126, 39 (46); OVG Münster IÖD 2003, 256; *Ruffert* BeckOK GG, Art. 12 Rn. 25 ff.; *Nolte*, in: Stern/Becker, Art. 12 Rn. 71.

[548] BVerfGE 54, 173 (191 f.); 85, 36 (54 f.): Höhe der Lehrverpflichtungen; BVerfGE 43, 291 (326 f.); 59, 172 (211 ff.); 66, 156 (178 f.): Veränderung der Universitätsstruktur; BVerwGE 65, 76 (79 ff.): Stundenplanänderung; BVerwGE 70, 318 (344 f.): Personalbedarf; BVerwG NVwZ 1986, 1014 (1015); 1987, 682 (683); 1989, 366 (367); OVG SchlH DVBl 1995, 208 (209).

[549] BVerfGE 33, 303 (333); 43, 291 (314); 115, 32 (36 f.); OVG NRW DVBl 2005, 518 (519); VG Köln NWVBl 2004, 392 (393).

[550] BVerfGE 105, 73 (132); 112, 50 (66); 147, 253 Rn. 107. Zwar ist nicht ausr., wenn nur formal ein Ausbildungsgang ohne Ausstattung angeboten wird, doch ist grundrechtl. insoweit nur die erforderliche Mindestausstattung des Studienplatzes gewährleistet, nicht jedoch, dass diese kostenlos ist, BVerwG NJW 1997, 2465 (2466).

[551] HessVGH NVwZ-RR 1994, 92; *Tettinger* AöR 108 (1983), 92 (127 f.). – Andiskutiert, aber letztlich offengelassen, da verfassungsrechtl. Konsequenzen erst bei evidenter Verletzung in Betracht kämen, in BVerfGE 33, 303 (333); 43, 291 (325 f.).

[552] BVerwGE 81, 242 (251).

[553] BVerfGE 33, 44 (51): Unterhaltszuschuss für Referendare; BVerwG DVBl 1994, 1359 f.: Entgelt für Privatdozent.

[554] BVerfG NJW 2013, 2498 (2499); BVerwGE 102, 142 (146 f.); 115, 32 (36 f.); 134, 1 Rn. 20; VerfGH RhPf NVwZ-RR 2005, 369; OVG Münster DVBl 2005, 518 (519); VG Köln NWVBl 2004, 392 (393 f.); *Ruffert* BeckOK GG, Art. 12 Rn. 30; vgl. auch *Gärditz* WissR 38 (2005), 157 ff.

[555] BVerwGE 75, 330 (335); BVerwG NJW 1997, 2465 (2466) u. VGH BW DÖV 1994, 390 (391): Instrumentenkoffer für das Studium der Zahnmedizin; VGH BW VBlBW 1996, 356 (358) u. OVG RhPf DVBl 1997, 1191 (1192): Teilnahme an zoologischen Praktika ohne Präparation.

[556] BVerfGE 33, 303 (336); BVerwG NJW 1978, 2258.

[557] So BVerfGE 43, 291 (314).

[558] BVerfGE 33, 303 (332 f.); HessVGH NJW 1997, 959 (960); DVBl 1997, 1008 (1009 f.) zum jur. Vorbereitungsdienst; *Rittstieg* AK GG, Art. 12 Rn. 123; *Jarass*, in: Jarass/Pieroth, Art. 12 Rn. 99, 110.

[559] Vgl. BVerfGE 33, 303 (345 f.); 45, 393 (399).

sungsrechts seit 1972 durch Staatsverträge über die Vergabe v. Studienplätzen – StV[560] u. entspr. Zustimmungsgesetze der Länder geregelt.

167     Die Einzelheiten der Kapazitätsermittlung u. Festsetzung v. Zulassungszahlen nach Art. 6 StV – Curricularrichtwertverfahren – werden durch VO (Kapazitätsverordnungen) der Länder bestimmt (Art. 12 I Nr. 7 StV),[561] da etwa die Festlegung der den Kapazitätsberechnungen zugrundeliegenden Lehrverpflichtungen nicht mehr zu den wesentlichen Ausbildungsfragen gehört, die der Gesetzgeber selbst entscheiden müsste.[562]

168     **3. Grundrechtsbeeinträchtigungen und hieran zu stellende Anforderungen.** Soweit Bewerbern der Zugang zu staatl. monopolisierten berufsbezogenen Ausbildungsstätten durch subj.[563] Vorgaben erschwert o. verwehrt wird, handelt es sich zunächst um eine Beeinträchtigung des Grundrechts auf freie Wahl der Ausbildungsstätte iS seiner traditionellen Abwehrfunktion (→ Rn. 91). Wenn aber die Ursache dieser Grundrechtsbeeinträchtigung in einem Defizit ausr. Kapazitäten liegt, gewinnt die Funktion des Grundrechts als Teilhaberecht an Bedeutung. Als Eingriffe in dieses Recht erweisen sich daher insbes. **Kapazitätsrestriktionen** in Verbindung mit entspr. Studienzulassungsbeschr. **(numerus clausus)** im Hochschulwesen.

169     Für die Beurteilung der verfassungsrechtl. Zulässigkeit solcher Grundrechtsbeeinträchtigungen ist zu differenzieren. Bei der Bestimmung der Kapazitäten ist angesichts der Freiheit v. Kunst u. Wissenschaft, Forschung u. Lehre zunächst einmal auf einen Ausgleich mit kollidierenden Grundrechten aus Art. 5 III zu achten.[564] Dabei muss eine Reduktion des Studienplatzangebots in einzelnen Studienfächern aus qualitativen Erwägungen[565] o. aus Gründen gesamtgesellschaftlichen Bedarfs,[566] zB fehlenden Arbeitsplatzangebots, sei es durch Auflösung v. Hochschulen,[567] sei es durch Umwidmung v. Lehrstühlen,[568] in Ansehung des auch v. BVerfG konzedierten **„Vorbehalts des Möglichen"**[569] realisierbar sein. Aus Art. 12 wird aber immerhin ein Gebot an den Gesetzgeber abgeleitet, aus allg. bildungs- u. haushaltspolit. Gesichtspunkten nur solche Eingriffe in die bestehende Ausbildungskapazität zu Lasten v. Studienbewerbern vorzunehmen, die auf einer angemessenen Abwägung der Ausbildungsinteressen mit den widerstreitenden staatl. Belangen beruhen.[570]

170     Die These, dass Beschr. bei der Zulassung zur Ausbildung nicht einer **Berufslenkung** dienen dürften,[571] verkennt die Schutzrichtung des Art. 12 I als einheitl. Grundrecht der Berufsfreiheit, bei dem die vorgelagerte Ausbildung zumindest in Zusammenhang mit der späteren berufl. Betätigung betrachtet werden muss. Steht mit hinr. Sicherheit fest, dass für die Mehrheit der Studienbewerber nach Abschluss ihrer Ausbildung keine Chancen auf eine ausbildungsadäquate berufl. Anstellung bestehen, so muss das auch bei Überlegungen zur Fächerausstattung der Hochschulen Berücksichtigung finden.[572]

171     Jenseits solcher sachadäquater Begr. ist unter dem Blickwinkel des Art. 12 I allerdings eine freiheitsfeindliche **dirigistische Berufslenkung** die sich nicht an objektivierbaren Bedarfskriterien, sondern allein an staatl. Wunschvorstellungen orientiert, absolut unzulässig.[573]

172     Eine durch Erschöpfung aller Ausbildungskapazitäten motivierte Hochschulzulassungsbeschr. in Form eines **absoluten numerus clausus** wird v. BVerfG als Berufswahlregelung bewertet u. muss so dem Schutz eines überragend wichtigen Gemeinschaftsgutes wie etwa dem der Funktionsfähigkeit

---

[560] Vgl. den Staatsvertrag über die Errichtung einer gemeinsamen Einrichtung für Hochschulzulassung v. 5.6.2008 (Berl. GVBl 2008 S. 310); vgl. auch §§ 27 ff. HRG. Zur Entwicklung seit 2008: *Brehm/Zimmerling* NVwZ Extra 2014, 1 ff.

[561] Zur Verfassungsmäßigkeit vgl. BVerfGE 85, 36 (54 f.). Einzelheiten bei *Zimmerling/Brehm,* Hochschulkapazitätsrecht, 2 Bde, 2011 u. 2013; zur Ermittlung der Curricularnormwerte bei fehlender Rechtsgrundlage s. BerlVerfGH NVwZ 2012, 821 ff.; *Hillemann/Naumann zu Grünberg* NVwZ 2012, 801 ff.

[562] BVerfGE 54, 173 (193 f.); 66, 155 (180); 85, 36 (55); BVerfGE 56, 31 (41).

[563] ZB Verfassungstreue bei Bewerbern zum Vorbereitungsdienst: BVerfGE 39, 334 (371 f.); 46, 43 (52); BVerwGE 62, 267 (271); BVerwG NJW 1982, 784 (785); Vorbildung: BVerwGE 64, 142 (144).

[564] BVerwG NVwZ 1987, 682 (683); DVBl 1988, 394 (399); *Scholz,* in: Maunz/Dürig, Art. 12 Rn. 452; *Breuer* HStR VIII, § 170 Rn. 116; vgl. auch BVerwGE 70, 318 ff., 346 ff.; BVerwG DVBl 1990, 528 ff. zum Spielraum des Verordnungsgebers.

[565] Vgl. dazu *Stern/Tettinger,* Normative Gestaltungsmöglichkeiten zur Verbesserung d. Qualität der med. Ausbild., 1982, S. 57 ff., 79 ff. mwN.

[566] BVerfGE 43, 291 (314, 326); OVG Bln NVwZ 1996, 1239 (1243); aus der Lit. s. dezidiert *H. P. Schneider* VVDStRL 43 (1985), S. 28 f.

[567] Vgl. StGH BW NVwZ 1982, 32 ff.; dazu *Pitschas* WissR 15 (1982), 229 ff.

[568] Vgl. BVerfGE 43, 291 (327).

[569] Vgl. → Rn. 162.

[570] OVG Berlin NVwZ 1996, 1239 (1242); OVG Hamburg NordÖR 2000, 158 (160 f.). Für eine Prüfungsreduktion auf evidente Verstöße BVerfG (K) DVBl 1999, 1577 (1578 f.); VG Berlin NVwZ 1999, 909 ff.

[571] BVerfGE 33, 303 (330); *Pitschas* WissR 15 (1982), 229 (231).

[572] Hierzu bereits *Tettinger* NJW 1987, 294 (298); *Rittstieg* AK GG, Art. 12 Rn. 123.

[573] Vgl. *Scholz,* in: Maunz/Dürig, Art. 12 Rn. 464; *H. P. Schneider* VVDStRL 43 (1985), 21; *Oppermann* ebda, 83 ff.; ferner *Breuer* HStR VIII, § 170 Rn. 108.

der Hochschule bei der Wahrnehmung ihrer Aufgaben in Forschung u. Lehre zu dienen bestimmt sein.[574]

Ein solcher **numerus clausus** wird daher **nur toleriert,** wenn er in den Grenzen des unbedingt **173** Erforderlichen unter erschöpfender Nutzung der vorhand. Ausbildungskapazitäten angeordnet wird u. wenn Auswahl u. Verteilung der Bewerber nach sachgerechten, dem Sozialstaat Rechnung tragenden Kriterien mit einer Chance für jeden an sich hochschulreifen Bewerber u. unter möglichster Berücksichtigung der individuellen Wahl des Ausbildungsortes erfolgen.[575] Hierbei müssen die Auswahlkriterien ihrer Art nach durch den demokratisch legitimierten Gesetzgeber selbst bestimmt werden, dh den Hochschulen steht kein eigenes Kriterienerfindungsrecht zu, sie können allenfalls die Konkretisierungsspielräume nutzen, die ihnen der Gesetzgeber einräumt.[576] Mit Blick auf das Vergabeverfahren favorisiert das BVerfG Mischsysteme (Leistungsqualifikation, Testverfahren, Wartezeit),[577] wobei der Schwerpunkt auf dem Kriterium der Eignung zu liegen hat.[578]

Mit solchen Forderungen, die durch spätere Entsch. noch ergänzt u. konkr. wurden,[579] setzte sich **174** das BVerfG freilich leichterhand über eine bei den Beratungen **im ParlRat vorherrschende Auffassung** hinweg, wonach bereits in einer „Überfüllung" der Hochschulen ein hinr. Anlass für Zulassungsbeschr. iS eines numerus clausus zu sehen sei.[580]

Die Feststellung des Vorhandenseins v. Ausbildungskapazitäten ist verwaltungsgerichtl. überprüf- **175** bar.[581] Soweit die VG zu dem Ergebnis gelangen, dass noch zusätzl. Ausbildungskapazitäten vorh. sind, ist die **Verpflichtungsklage** gegen den Ausbildungsträger auf Zulassung begründet.[582] Dies soll selbst dann gelten, wenn der obsiegende Kläger nach seiner Rangziffer den entspr. Studienplatz bei Aufnahme in das Verteilungsverfahren gar nicht erhalten hätte.[583] Insoweit wird dem Teilhaberecht aus Art. 12 I der Vorrang vor den aus der Not des Mangels entstandenen, auf Gleichbehandlung gerichteten Verteilungskriterien zugebilligt,[584] iE damit das administrative Verteilungsverfahren um eine **verwaltungsgerichtliche Individualzulassung** erweitert.

Wenn man berücksichtigt, dass die ersten verfassungsgerichtlichen Maßgaben u. das danach gebildete **176** bundeseinheitliche Kapazitätsrecht in den 70er Jahren unter den Prämissen eines geschlossenen Hochschulsystems mit einheitlichen Studiengängen entwickelt worden ist, war es an der Zeit, dass das BVerfG mit seinem Urteil zur Studienplatzvergabe im Fach Humanmedizin[585] die hergebrachte NC-Dogmatik den **veränderten Rahmenbedingungen** eines weitaus stärker ausdifferenzierten und wettbewerbsorientierten Hochschulwesens anpassen konnte.[586]

## VI. Entschädigungsrechtliche Konsequenzen rechtswidriger Eingriffe?

And. als Art. 14 enthält das Grundrecht der Berufsfreiheit keine eigenständige Entschädigungs- **177** regelung. Gleichwohl wird bisweilen die Frage aufgeworfen, ob nicht auch die Verletzung des Art. 12 einen Entschädigungsanspruch nach Maßgabe der allg. staatshaftungsrechtl. Institute auslöse. Es erscheine angesichts der herausragenden Bedeutung der Berufsfreiheit (→ Rn. 21, → Rn. 213 f.) **nicht angemessen,** den durch verfassungswidrigen Eingriff in Art. 12 Betroffenen – unbeschadet einer im Einzelfall denkbaren Amtshaftung – **entschädigungslos** zu stellen. IdS. ist in der Lit. vorgeschlagen worden, die Grds. des enteignungsgleichen Eingriffs zumindest partiell auf Art. 12 zu

---

[574] BVerfGE 33, 303 (338 f.); 54, 173 (191); 66, 155 (179); BVerwGE 80, 373 (379).

[575] BVerfGE 33, 303 (338); 43, 34 (45); 43, 291 (326); 54, 173 (191); 66, 155 (179); 147, 253 Rn. 102, 107 ff.

[576] BVerfGE 33, 303 (345); 147, 253 Rn. 117 ff.

[577] BVerfGE 33, 303 (350); 43, 291 (317 f.); 147, 253 (111 ff).

[578] BVerfGE 147, 253 (108 ff.).

[579] Vgl. BVerfGE 33, 303 (351 f.): Unzulässiger Landeskinderbonus; BVerfGE 37, 104 (113): Malus für Bewerber aus Ländern mit überdurchschnittlichen Abiturnoten zul.; BVerfGE 39, 258 (269 ff., 272 ff.); 39, 276 (293 ff.): Unbeachtlichkeit der Rangziffer klagender Bewerber; BVerfGE 40, 352 (353 f.): Höchstzahlfestsetzung; BVerfGE 43, 34 (41 ff.): Quereinsteiger; BVerfGE 43, 291 (317 f.): Leistung, Wartezeit u. soz. Härte als zulässige Auswahlkriterien; BVerfGE 45, 393 (397 ff.); 62, 117 (146 ff.): Zweitstudienbewerber; BVerfGE 59, 1 (21 ff.): Altwarter; BVerfGE 59, 172 (205 ff.): Teilstudienplätze; vgl. auch BVerwG NJW 1990, 2899 (2900): Berücksichtigung v. Ausländern.

[580] Vgl. JöR nF 1 (1951), 133 (136 ff.); dazu auch *Roellecke* WissR 14 (1981), 24 (28).

[581] Eing. hierzu *Breuer* HStR VIII, § 170 Rn. 112 ff.; *Rottmann/Breinersdorfer* NVwZ 1987, 666 ff.; *Dörr* JuS 1988, 96 ff.

[582] BVerfGE 39, 258 (273); 39, 276 (293); 43, 34 (44); BVerwGE 56, 31 (36); 70, 318 (319 f.); BVerwG NVwZ 1987, 682 ff.

[583] BVerfGE 39, 258 (268 ff.); 39, 276 (293); ebenso HessVGH NJW 1997, 959 (960 f.) zum jurist. Vorbereitungsdienst.

[584] BVerfGE 39, 258 (273); 43, 34 (44).

[585] BVerfGE 147, 253; ua besprochen v. *Braun* DVBl 2018, 831; *von Coelln* NJW 2018, 380; *Klafki* JZ 2018, 541; *Pastor* NVwZ 2018, 119; *Hufen* JuS 2018, 305.

[586] So schon die Forderung in den Voraufl. dieser Kommentierung u. die Bestandsaufnahme u. Lösungsvorschläge bei *Steinberg/Müller* NVwZ 2006, 1113 ff.

erstrecken o. eine staatl. Entschädigungspflicht direkt aus dem allg. Aufopferungsgedanken herzuleiten.[587]

**178**    Der BGH hat sich trotz der durch das BVerfG induzierten Rückführung des enteignungsgleichen Eingriffs auf den Aufopferungsgedanken (→ Art. 14 Rn. 173 ff.) einer richterrechtl. Ausdehnung dieses Haftungsinstituts auch auf den durch Art. 12 I gewährleisteten Erwerbsschutz ausdr. verschlossen.[588] Diese Zurückhaltung ist zu begrüßen. Da der Wortlaut des Art. 12 die Entschädigungsfrage noch nicht einmal streift, erfordert eine entschädigungsrechtl. Einbeziehung des Erwerbsschutzes ein **umfassendes dogmatisches Konzept,** dessen Entwicklung die der dritten Gewalt verliehenen Mögl. der Rechtsfortbildung beträchtlich überschreiten dürfte.[589] Die Initiative liegt hier allein bei der Legislative. Zwar hatte § 2 des – aus Kompetenzgründen für nichtig erklärten[590] – Staatshaftungsgesetzes v. 1981 bereits eine allg. Staatshaftung für rechtsw. Grundrechtseingriffe vorgesehen, doch konnte sich d. Bundesgesetzgeber auch nach veränderter Kompetenzlage (→ Art. 74 Rn. 106 f.), wohl nicht zuletzt auf Grund finanzpolit. Vorbehalte, zu einem Wiederaufgreifen augenscheinlich nicht entschließen.

## C. Verbot des Arbeitszwangs (Abs. 2)

### I. Inhalt des Grundrechtsschutzes

**179**    Bei dem grds. Verbot des Arbeitszwangs in Art. 12 II handelt es sich um ein Menschenrecht mit klassischer Abwehrfunktion. Seine Bedeutung erschließt sich vor dem Hintergrund der **Entstehungsgeschichte** (o. Rn. 6): Normzweck ist der Ausschluss v. im nationalsozialistischen System gängigen, die menschliche Persönlichkeit herabwürdigenden Formen der Zwangsarbeit.[591]

**180**    Daher sind als **bestimmte Arbeit** iSd Vorschrift alle persönl. zu erbringenden körperlichen o. geistigen Tätigkeiten zu verstehen, die mehr als unbedeutenden Aufwand verursachen u. eigenständig, also nicht nur notwendige Nebenwirkung einer anderw. Verpflichtung sind.[592] Nicht an Art. 12 II, sondern an Art. 12 I zu messen sind somit Zwänge bei einer mit der freien Berufsausübung in Beziehung stehenden Tätigkeit,[593] zB die ärztliche Notdienstpflicht,[594] die Landarztquote,[595] die Verpflichtung priv. Rettungsdienste zur Katastrophenhilfe,[596] die nicht kostendeckende Beurkundungspflicht der Notare[597] o. die Fallgruppen einer Indienstnahme Privater.[598]

**181**    Ebenfalls **nicht als Arbeit** iSd. Art. 12 II anzusehen sind Meldepflichten, ehrenamtlich wahrzunehmende Pflichten (als Wahlhelfer, Schöffen,[599] Volkszähler[600]) o. an das Eigentum anknüpfende Verpflichtungen wie Verkehrssicherungspflichten.[601] Die Zulässigkeit v. Wehr- u. Ersatzdienst richtet sich allein nach der Sonderregelung in Art. 12a.[602]

**182**    Der nach Art. 12 II verbotene, staatl. veranlasste **Zwang** zur Arbeit kann auf physischer o. psychischer Willensbeugung zur Arbeitsaufnahme beruhen. Arbeitspflichten auf Grund freiwillig eingegangener Dienstverhältnisse, zB im öff. Dienst, werden nicht berührt.[603]

**183**    Problematisch erscheint die Behandlung v. Fallgruppen des **mittelbaren Zwangs.** Wenn man der allg. Grundrechtslehre folgend auch mittelbare Auswirkungen als grundrechtsrelevant ansieht (→ Rn. 94 ff.), dürfte bereits die Auferlegung finanz. Nachteile bei Nichtarbeit (Kürzung o. Streichung

---

[587] Vgl. *Battis,* Erwerbsschutz durch Aufopferungsentschädigung, 1989; *Schenke/Guttenberg* DÖV 1991, 945 (953 ff.) mwN; *Sass,* Art. 14 GG und das Entschädigungserfordernis, 1992, S. 118 ff.; *Axer,* in: Nomos und Ethos – Hommage Isensee, 2002, S. 121 (127 f.); *Ossenbühl/Cornils,* StaatshaftungsR, 6. Aufl. 2013, S. 294 ff.

[588] BGHZ 111, 349 (355 ff.); 132, 181 (188) m. Anm. *Mann* JR 1997, 110 ff.; vgl. aber *Ossenbühl/Cornils,* StaatshaftungsR, 6. Aufl. 2013, S. 294 f. zu d. Ansätzen eines Erwerbsschutzes via Aufopferung in BGHZ 65, 196; 66, 118. Vgl. auch d. Übertragung des bislang nur mit Blick auf Art. 14 ausgesprochenen Vorrangs des Primärrechtsschutzes vor dem sekundären Rechtsschutz des StaatshaftungsR auf Art. 12 durch BVerfG (K) NJW 2003, 125 (126 f.) m. Anm. *Sachs* JuS 2003, 913 f.

[589] Zur inhaltlichen Kritik vgl. eingeh. *Rinne* DVBl 1983, 869 ff.; wie hier jetzt auch *Burgi* BK, Art. 12 I Rn. 72.

[590] Vgl. BVerfGE 61, 149 (173 ff.).

[591] BVerfGE 22, 380 (383); 74, 102 (116); 83, 119 (126).

[592] *Scholz,* in: Maunz/Dürig, Art. 12 Rn. 493.

[593] BVerfGE 47, 285 (319); *Sachs,* in: Stern, StaatsR IV/1, S. 1025.

[594] BVerwGE 41, 261 (264); 65, 362 (363).

[595] Vgl. *Martini/Ziekow,* Die Landarztquote: Verfassungsrechtliche Zulässigkeit und rechtliche Ausgestaltung, 2017; *Seewald* DÖV 2018, 201.

[596] BayVerfGH DVBl. 2012, 911.

[597] BVerfGE 47, 285 (318 f.).

[598] BVerfGE 22, 380 (383) – Kuponsteuer; BVerfGE 30, 292 (312 ff.) – Erdölbevorratung; BVerfGE 68, 155 (170 ff.) – Schwerbehinderten-Beförderungspflicht; BVerfGE 44, 103 f.; BFH BStBl 1963 III S. 469 – Verpflichtung des Arbeitgebers zur Mitwirkung bei der Abführung v. Steuern; zur Entschädigungspflicht *Burgi/Krönke* VerwArch 109 (2018), 423.

[599] BayVGHE nF 7 I, 77 (80).

[600] BayVGH NJW 1987, 2538 (2539); krit. *Günther* DVBl 1988, 429 ff.

[601] BVerwGE 22, 26 (28 f.); HessVGH DVBl 1979, 83 (84).

[602] BVerwGE 35, 146 (150).

[603] BVerwGE 35, 146 (149 f.); *Scholz,* in: Maunz/Dürig, Art. 12 Rn. 502.

der Grundsicherung bei Nichtannahme einer angebotenen zumutbaren Arbeit) an Art. 12 II zu messen sein.[604]

Andererseits verbietet der Sinn des grundrechtl. Schutzes eine Interpretation, die iE auf ein Recht **184** zur **missbräuchlichen Inanspruchnahme** der sozialversicherungsrechtl. Solidargemeinschaft hinauslaufen könnte.[605] Deshalb wurde in der Lit. vorgeschlagen, die Grenze des Grundrechtsschutzes nach den Regeln der Grundrechtskollision zu bestimmen.[606]

## II. Ausnahmen vom Verbot des Arbeitszwangs

Ausgenommen v. Verbot des Arbeitszwangs in Art. 12 II sind bestimmte **öffentliche Dienstleis- 185 tungspflichten,** also Tätigkeiten zum Wohle des Gemeinwesens, die weder Geld- noch Sachleistungen zum Inhalt haben.[607] Sie müssen auf einer formell-gesetzl. Grundlage beruhen[608] u. die Kriterien der Herkömmlichkeit, Allgemeinheit u. Gleichheit erfüllen. Im ParlRat sind insoweit gemeindliche Hand- u. Spanndienste, die Feuerwehr- u. die Deichschutzpflicht angespr. worden.[609]

Mit der Einfügung des Wortes „herkömmlich" wollte der Verfassunggeber Dienstverpflichtungen, **186** wie sie nur in der NS-Zeit bestanden (etwa zum Arbeitsdienst), ausschl.[610] **Herkömmlich** ist eine Dienstleistungspflicht, wenn die Art dieser Dienstleistungspflicht seit geraumer Zeit tradiert ist; der v. ihr betroffene Personenkreis kann jedoch durchaus erweitert werden.[611] **Allgemein** ist sie, wenn sie sich an jedermann o. an einen nach abstr.-generellen Maßstäben bestimmten Personenkreis richtet.

Gegen die überkommene Beschr. der **Feuerwehrdienstpflicht** auf Männer[612] wurden mit Blick **187** auf Art. 3 II, III u. auf Art. 4 III lit. d EMRK allerdings zunehmend Bedenken geäußert, denen die Judikatur inzwischen Rechnung getragen hat.[613] Der EGMR hat die Feuerwehrdienstpflicht in BW zu den „normalen Bürgerpflichten" gezählt, welche gem. Art. 4 III lit. d EMRK nicht als durch Art. 4 II EMRK verbotene „Zwangs- oder Pflichtarbeit" anzusehen sind. Aufgrund der untersch. Behandlung v. Männern u. den nicht zum Feuerwehrdienst o. der diesen ersetzenden Feuerwehrabgabe herangezogenen Frauen hat der Gerichtshof jedoch einen Verstoß gegen das in Art. 14 EMRK enthaltene Gebot der Gleichbehandlung v. Frauen u. Männern angenommen.[614] Das BVerfG sieht die bw u. bay Vorschriften über die Erhebung einer auf Männer beschr. Feuerwehrabgabe als verfassungswidrig an, weil sie gegen das Diskriminierungsverbot des Art. 3 III verstießen u. eine finanzverfassungsrechtl. unzulässige Sonderabgabe darstellten.[615]

Das Merkmal der **Gleichheit** bedeutet, dass die Dienstpflicht nach Inhalt u. Umfang für alle **188** Pflichtigen identische Belastungen vorsehen muss, wobei es als zul. angesehen wurde, wenn alternativ zur persönl. Dienstleistung eine Ersatzabgabe mögl. ist.[616]

## D. Schutz vor Zwangsarbeit (Abs. 3)

Auch das Menschenrecht des Art. 12 III ist funktional ein schlicht **negatorisches Abwehrrecht.** **189**
Eine begriffsklare Grenzziehung zw. dem in Art. 12 II geregelten Arbeitszwang u. der in Art. 12 III **190** geregelten **Zwangsarbeit** hat sich vor allem in der Rspr. des BVerfG[617] noch nicht durchgesetzt. Überwiegend erfolgt die Abschichtung nach dem am Wortlaut orientierten Kriterium, dass Arbeitszwang bei einer „bestimmten" Einzelarbeit, Zwangsarbeit bei der Bereitstellung der gesamten Arbeits-

---

[604] So BSGE 44, 71 (76); tendenziell: BVerwGE 67, 1 (4); 68, 91 (94 f.); wie hier auch *Manssen* MKS I, Art. 12 Rn. 304; *Sachs,* in: Stern, StaatsR IV/1, S. 1030; *Ruffert* BeckOK, Art. 12 Rn. 145; *Burgi/Wolff* BK, Art. 12 II, III Rn. 58; vgl. aber BVerfG 59, 36 (46 ff.); aA OVG Bln DÖV 1983, 516 (517); *Jarass,* in: Jarass/Pieroth, Art. 12 Rn. 115.

[605] *Bachof,* in: Die Grundrechte III/1, S. 155 (256 f.); *Isensee* FS Broermann, 1982, S. 365 (384).

[606] Ausf. *Breuer* HStR VIII, § 170 Rn. 122; ihm folgend *Manssen* MKS I, Art. 12 Rn. 311.

[607] *Scholz,* in: Maunz/Dürig, Art. 12 Rn. 496.

[608] *Manssen* MKS I, Art. 12 Rn. 307; *Jarass,* in: Jarass/Pieroth, Art. 12 Rn. 119; *Scholz,* in: Maunz/Dürig, Rn. 501; *Kämmerer,* in: v. Münch/Kunig I, Art. 12 Rn. 91; a A (GewohnheitsR genügt) *Breuer* HStR VIII, § 170 Rn. 123; *Sachs,* in: Stern, StaatsR IV/1, S. 1032.

[609] Vgl. JöR nF 1 (1951), 133 (135, 137 f.) mwN; zur Feuerwehrpflicht BVerfGE 9, 291 (294 ff.); 13, 167 (170 f.); 92, 91 (109 f.); BVerwG NVwZ 1995, 390 f.; zur Deichschutzpflicht BVerfGE 22, 380 (383).

[610] Vgl. JöR nF 1 (1951), 135 (137); BVerfGE 92, 91 (111 f.).

[611] BVerfGE 92, 91 (111 f.); *Sachs,* in: Stern, StaatsR IV/1, S. 1032.

[612] Gebilligt v. BVerwG KStZ 1959, 148 (149 ff.); NVwZ 1995, 390 f.; VGH BW VBlBW 1983, 41 (42); 1983, 314 (315); zust. die wohl hL: *Breuer* HStR VIII, § 170 Rn. 123; *Scholz,* in: Maunz/Dürig, Art. 12 Rn. 498; *Nolte,* in Stern/Becker, Art. 12 Rn. 97; s. auch BVerfGE 13, 167 (170 f.), wo Art. 3 GG nicht problematisiert wurde.

[613] EGMR NVwZ 1995, 365 (366); BVerfGE 92, 91 (108 ff.); s. auch *Rozek* BayVBl 1993, 646 (651) u. *Schneider* HGR V, § 113 Rn. 171.

[614] EGMR NVwZ 1995, 365 f.

[615] BVerfGE 92, 91.

[616] BVerfGE 9, 291 (299); 13, 167 (170).

[617] Vgl. BVerfGE 74, 102, 115 ff.; 83, 119, 126 ff.: Zitierung beider Absätze gemeinsam.

kraft für nicht näher begr. Tätigkeiten vorliegt.[618] And. sehen die Zwangsarbeit als bes. schweren Unterfall des Arbeitszwangs an[619] o. verstehen die letzten beiden Abs. des Art. 12 als untersch. Schrankenregelungen eines einheitl. Grundrechts auf Abwehr v. Arbeitspflichten.[620]

191    Zwangsarbeit ist nur bei **gerichtlich angeordneten Freiheitsentziehungen** ausnahmsweise zulässig; sie muss unter der Verantwortung der Vollzugsbehörden erbracht werden u. deren Aufsicht unterliegen; eine „Verdingung" v. Gefangenen zum Zwecke der Arbeitsleistung unter ausschl. Leitungsgewalt eines Privaten ist nicht erlaubt.[621] Einschlägig sind Freiheitsstrafen, freiheitsentz. Maßregeln der Besserung u. Sicherung, Jugendarrest u. Jugendstrafe. Die jugendgerichtl. Weisung zur Erbringung v. Arbeitsleistungen (Erziehungsmaßregel)[622] hat das BVerfG dagegen ebenso wenig an Art. 12 II o. III gemessen wie gerichtl. Bewährungsauflage, unverzüglich ein Arbeitsverh. zu begründen[623] o. gemeinnützige Leistungen zu erbringen.[624]

192    In diesen Fällen hätte jedoch eine Bezugnahme auf die in Art. 12 II u. III enthaltenen Rechtsgedanken die Überzeugungskraft des jeweils erzielten Ergebnisses durchaus erhöhen können. Nicht statthaft ist eine Zwangsarbeit iR der Untersuchungshaft.[625]

193    Einer nach Art. 12 III zulässigen Zwangsarbeit steht das Verbot des **Art. 4 EMRK** nicht entgegen, da dort gem. Art. 4 III lit. a EMRK eine Ausnahme für die Fälle gerichtl. angeordneter Freiheitsstrafen besteht.[626]

## E. Konkurrenzen und Verbindungslinien zu anderen Verfassungsnormen

## I. Konkurrenzen

194    Sofern die durch Art. 12 geschützte bes. Ausprägung der allg. Handlungsfreiheit iSd Gewährleistung persönl. Entfaltung im berufl. Bereich betroffen ist, tritt das Auffanggrundrecht des **Art. 2 I** als lex generalis zurück.[627] Grds. sind daher etwa Wettbewerbs- u. Vertragsfreiheit auf berufl. Sektor am Maßstab d. Art. 12 zu prüfen.[628] Da diese Freiheiten daneben aber auch als Elemente der **wirtschaftlichen Handlungsfreiheit** über Art. 2 I abgesichert sind,[629] zieht das BVerfG mitunter hilfsweise auch Art. 2 als Prüfungsmaßstab heran.[630] Umgekehrt berücksichtigt das BVerfG bei der verfassungsrechtl. Prüfung einer Maßnahme am Maßstab des Art. 2 I die Besonderheiten der berufl. Tätigkeit der Betroffenen vor dem Hintergrund des Art. 12 I.[631]

195    Funktionelle Eigenständigkeit iS einer Idealkonkurrenz kommt Art. 2 I auch dann zu, wenn Einschränkungen zusätzl. Auswirkungen auf das **allgemeine Persönlichkeitsrecht** – zB Recht auf menschenwürdige Arbeitsbedingungen – zeitigen.[632] Als ähnlich schwierig erweist sich eine überzeugende Abschichtung in den Fällen nur mittelbar berufsregelnder Maßnahmen (→ Rn. 94 ff.).[633]

---

[618] *Bachof,* in: Die Grundrechte III/1, S. 155 (256); *Stein/Frank,* Staatsrecht, § 43 III 2d); *Ruffert* BeckOK, Art. 12 Rn. 142, 146; *Nolte,* in: Stern/Becker, Art. 12 Rn. 44; *Manssen* MKS I, Art. 12 Rn. 297; *Zippelius/Würtenberger,* § 30 Rn. 47. Vgl. Art. 2 Nr. 1 des Übereinkommens über Zwangs- oder Pflichtarbeit der International Labour Office v. 1930 (BGBl II 1956, 640), nach dem als „Zwangs- oder Pflichtarbeit" jede Art v. Arbeit o. Dienstleistung, die v. einer Person unter Androhung irgendeiner Strafe verlangt wird u. für die sie sich nicht freiwillig zur Verfügung gestellt hat, gilt. Vgl. außerdem die neg. Def. des Art. 4 III EMRK.

[619] *Jarass,* in: Jarass/Pieroth, Art. 12 Rn. 117; *Kloepfer,* VerfassungsR II, § 70 Rn. 113; *Kämmerer,* in: v. Münch/Kunig I, Art. 12 Rn. 85; auf die umfass. Kontrolle durch Bewachungsorgane abstellend *Sachs,* in: Stern, StaatsR IV/1, S. 1062.

[620] *Breuer* HStR VIII, § 170 Rn. 125; *Burgi/Wolff* BK, Art. 12 II, III Rn. 22 f.; ähnl. *Kingreen/Poscher,* Rn. 996: Schranken-Schranken der allg. Handlungsfreiheit (Art. 2 I).

[621] So BVerfGE 98, 169 (205).

[622] BVerfGE 74, 102 (115 ff.).

[623] BVerfGE 58, 358 (363 ff.).

[624] BVerfGE 83, 119 (125 ff.).

[625] AG Zweibrücken NJW 1979, 1557; *Breuer* HStR VIII, § 170 Rn. 125; *Sachs,* in: Stern, StaatsR IV/1, S. 1066.

[626] Ausf. zum Verbot der Zwangsarbeit im Völker- u. EuropaR sowie im Verfassungsvergleich *Nussberger,* GS Tettinger, 2007, S. 81 (95 ff.).

[627] BVerfGE 9, 63 (73); 9, 73 (77); 45, 354 (359); 54, 237 (251); 58, 358 (363); 60, 215 (229); 68, 193 (223 f.); 70, 1 (32); 77, 84 (118); 87, 153 (169); 94, 372 (389); 95, 173 (188); 108, 1 (32); 116, 202 (219 f.); 134, 204 Rn. 67; BVerwGE 96, 293 (301); 96, 302 (318).

[628] BVerfGE 46, 120 (137); 65, 237 (247); 116, 202 (221); 117, 163 (181); 128, 157 (Rn. 70); 134, 204 Rn. 67; BVerfG NJW-RR 2016, 1349 Rn. 49; BVerwGE 89, 281 (283); *Breuer* HStR VIII, § 170 Rn. 127; *Scholz,* in: Maunz/Dürig, Art. 12 Rn. 122, 144 – Nicht immer konsequent wurde auch auf Art. 2 rekurriert, vgl. etwa BVerfGE 15, 235 (239); BVerfG (K) NVwZ 2002, 335 (336) – Zwangsmitgliedschaft – u. BVerfGE 86, 122 (130) – Arbeitgeberposition.

[629] BVerfGE 4, 7 (16); 14, 263 (282); 29, 260 (266 f.); 50, 290 (366); 73, 261 (270); 78, 232 (244); 91, 207 (221); 98, 218 (259).

[630] Vgl. BVerfGE 41, 251 (261); 50, 290 (366); 58, 257 (273 ff.); 87, 153 (169); 98, 218 (259); BVerfG (K) NJW 1993, 1969 (1971 f.).

[631] BVerfGE 113, 29 (50) – Beschlagnahme v. Datenträgern in Anwaltskanzlei.

[632] *Ruffert* BeckOK GG, Art. 12 Rn. 160; *Scholz,* in: Maunz/Dürig, Art. 12 Rn. 124 mwN.

[633] Dazu *Gubelt,* in: v. Münch/Kunig I[5], Art. 12 Rn. 93.

Zur Abgrenzung der Schutzbereiche v. Art. 12 u. **Art. 14** wird gemeinhin schlagwortartig darauf **196** abgestellt, die Eigentumsgarantie schütze das Erworbene, das Ergebnis der Betätigung, die Berufsfreiheit hingegen den Erwerb, dh die Betätigung selbst.[634] Der Grund hierfür wird darin gesehen, dass Art. 14 primär objektbezogen sei u. insoweit nur solche Positionen anerkenne, die einem Rechtssubjekt bereits zustehen, während Art. 12 vor allem persönlichkeitsbezogen u. zukunftsgerichtet sei.[635]

Die Rechtspraxis zeigt jedoch, dass diese Formel nicht iS einer rigide separierenden Abschichtung **197** gehandhabt werden kann, sondern dass zw. beiden Grundrechten **mannigfache Kohärenzen** auftreten.[636] Mittels der genannten Formel lässt sich daher in der Regel zwar der Prüfungsschwerpunkt lokalisieren,[637] doch können bei Betroffenheit beider Schutzbereiche durchaus auch beide Grundrechte parallel als Maßstabsnormen zur Anwendung gelangen (Idealkonkurrenz).[638]

Aus dem prinzipiellen Unterschied v. Freiheits- u. Gleichheitsrechten folgt für das Verh. v. Art. 12 **198** u. **Art. 3 I** grds. Idealkonkurrenz.[639] Sofern ein Gesetz in einer den Anford. des Art. 12 I entspr. Weise zw. versch. Berufen bzw. Berufsgruppen unterscheidet, wirken diese Differenzierungen regelm. im Lichte des Art. 3 I nicht willkürlich.[640]

Sollen allerdings innerhalb eines Berufsfeldes Differenzierungen getroffen werden, entwickelt Art. 3 **199** als spez. Gleichheitsmaßstab bei der Beurteilung v. Typisierungen zusätzl. Bedeutung.[641] Bei berufsrelevanten Prüfungen u. Auswahlentsch. folgt aus Art. 3 ein Gebot der Chancengleichheit.[642] Zu dem aus Art. 12 iVm Art. 3 u. dem Sozialstaatsprinzip entwickelten Teilhaberecht vgl. → Rn. 160 ff. Idealkonkurrenz dürfte regelm. auch zur Vereinigungs- u. Koalitionsfreiheit nach **Art. 9 I**[643] bzw. **Art. 9 III**[644] sowie zu den Grundrechten aus **Art. 4**[645] u. **Art. 5**[646] bestehen. Die Verpflichtung zum Aufdruck v. Warnhinweisen der EG-Gesundheitsminister auf den Packungen v. Tabakerzeugnissen hat das BVerfG allerdings allein am Maßstab der Berufsfreiheit, nicht auch an demjenigen der Meinungsfreiheit (Art. 5 I) geprüft: Die Wiedergabe einer erkennbar fremden Meinung berühre nicht die Meinungsbildung u. -äußerung der Unternehmen, sondern ausschl. deren Berufsausübung.[647]

Soweit die wohl überwiegende Auffassung die berufl. Freizügigkeit u. Niederlassungsfreiheit dem **200** Schutz des Art. 12 unterstellt (→ Rn. 86 f.), besteht Gesetzeskonkurrenz zu **Art. 11** mit Spezialitätsvorrang der Berufsfreiheit.[648] Zum Verh. v. Art. 12 zu Art. 12a → Rn. 181; zu Art. 33 → Rn. 56 ff. Zur Beziehung der Absätze innerhalb des Art. 12 → Rn. 180 f., u. → Rn. 190 f.

Wegen der essentiellen ökonomischen Grundierung des Berufsbegriffs scheidet eine Einbeziehung **201** der **Familienarbeit** (iSv „Familie als Beruf") in den Schutzbereich des Art. 12 (noch) aus. Insoweit ist derzeit allein **Art. 6 I** einschlägig (vgl. → Art. 6 Rn. 30). Für entspr. gesellschaftspolit. höchst bedeutsame Rangerwägungen ist auf die Bewertung in Art. 5 II 1 Verf. NRW zu verweisen: „Familien- und Erwerbsarbeit sind gleichwertig."

Zum Verh. zu **Art. 33** → Rn. 55–60. Die Inkompatibilitätsvorgaben des **Art. 137 I** stellen sich als **202** eine Spezialregelung ggü. Art. 12 I dar.[649] Der in Art. 140 GG iVm Art. 139 WRV vorgesehene

---

[634] BVerfGE 30, 292 (334 f.); 31, 8 (32); 65, 237 (248); 81, 70 (96); 82, 209 (234); 84, 133 (157); 85, 360 (383); 88, 366 (377); 126, 112 Rn. 84; BVerwGE 124, 47; BGHZ 111, 349 (357).

[635] BVerfGE 30, 292 (334); BVerwGE 75, 109 (114); BGHZ 111, 349 (357); *Kämmerer*, in: v. Münch/Kunig I, Art. 12 Rn. 98.

[636] Eing. *Scholz*, in: Maunz/Dürig, Art. 12 Rn. 147 f.

[637] Vgl. zB BVerfGE 84, 133 (157); 88, 366 (377); BVerfG NJW 2000, 857 (859); BGHZ 151, 389 (393 f.); zust. *Dietlein*, in: Stern, StaatsR IV/1, S. 1929.

[638] Vgl. BVerfGE 33, 240 (247); 38, 61 (102); 44, 103 (104); 50, 290 (361 f., 364 f.); 77, 308 (339); *Ossenbühl* AöR 115 (1990), 1 (25); *Axer*, Nomos und Ethos – Hommage Isensee, 2002, S. 121 (148).

[639] BVerfGE 98, 49 (58 f.); *Breuer* HStR VIII, § 170 Rn. 129.

[640] BVerfGE 84, 133 (158); BVerfG (K) NJW 1993, 1969 (1972); zum umgekehrten Fall – Unvereinbarkeit mit Art. 12 I erübrigt eine Prüfung des Art. 3 I – vgl. BVerfGE 115, 276 (317); BVerfGE 119, 59 (82 f.).

[641] Vgl. BVerfGE 25, 236 (251); 30, 292 (327); 48, 376 (388 f.); 54, 251 (271); 57, 121 (138); 59, 336 (356); BVerfG (K) NJW 2000, 1779 (1780); BayVerfGH BayVBl 2002, 79; BVerwG NJW 2001, 1590; *Tettinger* AöR 108 (1983), 92 (132).

[642] BVerfGE 52, 380 (388); 84, 34 (50); 70, 143 (151); 85, 323 (325 ff.); 94, 64 (67); BVerwG DVBl 1996, 1381 (1382); NVwZ 1997, 502; BGHZ 126, 39 (46).

[643] Zur Freiheit gemeinsamer Berufsausübung → Rn. 79.

[644] Vgl. BVerfGE 92, 26 (44 f.); ausf. *Scholz*, in: Maunz/Dürig, Art. 12 Rn. 192 ff.

[645] Zu Recht krit. ggü. der Prüfungsmixtur infolge der Kreation des Berufes eines „muslimischen Metzgers" *Volkmann* DVBl 2002, 332 ff. in seiner Anm. zu BVerfGE 104, 337 (346); hierzu auch *Pabel* EuGRZ 2002, 230 ff.; *Tillmanns* NuR 2002, 578 ff.; *Hain/Unruh* DÖV 2003, 147 ff.

[646] Ausf. *Scholz*, in: Maunz/Dürig, Art. 12 Rn. 170; zur Rundfunkunternehmerfreiheit s. *Herrmann*, Rundfunkrecht, 1994, S. 137 f., 168 f. – Zum Problem der Grundrechtskollision v. Art. 12 u. Art. 5, insbes. im Rundfunkbereich, vgl. *Breuer* HStR VIII, § 170 Rn. 131 mwN; zum Verh. v. Art. 12 u. der Lehrfreiheit gem. Art. 5 III vgl. VGH BW VBlBW 1996, 356 (358); OVG RhPf DVBl 1997, 1191 f. (Tierpräparation im Studium).

[647] BVerfGE 95, 173 (182); dazu krit. *Di Fabio* NJW 1997, 2863 f.

[648] BVerwGE 2, 151 (152); 12, 140 (162); *Bachof*, in: Die Grundrechte III/1, S. 155 (172); *Breuer* HStR VIII, § 170 Rn. 127; *Scholz*, in: Maunz/Dürig, Art. 12 Rn. 200; *Dietlein*, in: Stern, StaatsR IV/1, S. 1930.

[649] So BVerfGE 98, 145 (163).

Schutz der Sonn- u. Feiertage bedeutet, dass Art. 12 die Berufsausübung an diesen Tagen nur in eingeschr. Weise gewährleistet.[650]

203     Art. 12 gilt zudem nicht in dem gem. **Art. 143b II 1** monopolisierten Bereich. Die Übertragung ausschl. Rechte für die Erbringung v. Postdienstleistungen ist allein an Art. 143b II 1 zu messen; durch Nutzung der Ermächtigung in Art. 143b II 1 beschr. der einfache Gesetzgeber nicht die Berufsfreiheit.[651]

## II. Verbindungslinien zu Kompetenzbestimmungen

204     Den Kompetenznormen des GG können, über ihre unmittelbare Aussagekraft für die Abgrenzung der Legislativbefugnisse v. Bund u. Ländern hinaus, in gewissen Fällen auch **mittelbar materielle Vorgaben für die Auslegung** and. Verfassungsbestimmungen entnommen werden; die Einräumung v. Gesetzgebungsbefugnissen lässt schließlich den gesicherten Rückschluss darauf zu, dass eine gesetzl. Regelung in den betreffenden Katalogmaterien grds. legitim sein soll.[652] Die Frage des Umfangs mögl. Grundrechtsingerenzen ist dann allerdings nur vor dem Hintergrund des jeweiligen Grundrechts zu bestimmen.[653]

205     IdS lassen sich auch eine Reihe v. **Themenkreisen in Kompetenznormen** benennen, welche für wirtschaftl. Tätigkeiten bes. relevant sind u. in einem engen Sinn- u. Ordnungszusammenhang mit der Berufsfreiheit stehen.

206     So deutet **Art. 73 I Nr. 5** – Einheit des Zoll- u. Handelsgebietes, Freizügigkeit des Warenverkehrs – an, dass die Verf. den Abbau v. Handelsschranken im Ansatz als legitimes Ziel berufsgrundrechtl. relevanter Regelungen anerkannt hat. Entspr. folgt aus **Art. 73 I Nr. 9** – gewerbl. Rechtsschutz – eine grds. Billigung rechtl. Maßnahmen des Bundes zum Schutz des geistigen Schaffens auf gewerbl. Gebiet.

207     Im Bereich der konkurrierenden Gesetzgebung wird offenbar, dass das GG eine Befugnis zur normativen Ordnung des jurist. Berufsrechts **(Art. 74 I Nr. 1)** als prinzipiell legitim ansieht, wie auch berufsgrundrechtl. relevante Regelungen durch ArbeitsR **(Art. 74 I Nr. 12)** o. zur Steuerung u. Lenkung der Agrarwirtschaft **(Art. 74 I Nr. 17)**.

208     **Art. 74 I Nr. 11** („Recht der Wirtschaft") ermögl. darüber hinaus allg. den Erlass v. Normen, „die sich in irgendeiner Form auf die Erzeugung, Herstellung und Verteilung von Gütern des wirtschaftlichen Bedarfs beziehen"[654] u. signalisiert so einen weit ausgreifenden Aktionsradius berufsgrundrechtl. relevanter Rechtsetzung.[655] Er wird durch den nur beispielhaften[656] Klammerzusatz auch nicht etwa auf spez. Wirtschaftszweige eingeengt. Allerdings kann aus der ausdr. Beschr. auf das privatrechtl. Versicherungswesen geschl. werden, dass das GG ein **öffentl. Versicherungswesen** akzeptiert u. dieses nicht dem WirtschaftsR zuordnet. Der v. BVerfG hieraus gezogenen Konsequenz, Art. 12 scheide insoweit als Maßstab aus,[657] kann angesichts der Notwendigkeit, auch den Fortbestand staatl. Monopole kontinuierlich an berufsgrundrechtl. Anford. zu messen (→ Rn. 141), nicht zugestimmt werden.[658]

209     **Art. 74 I Nr. 12** („Arbeitslosenversicherung") darf als Indiz für die Aussage, dass Art. 12 I kein subj. Recht auf Arbeit begründet (→ Rn. 20), herangezogen werden. Denn wenn dem Grundrecht ein unbedingtes subj. Recht des Arbeitslosen auf Arbeitsplatzbeschaffung zu entnehmen wäre, erschiene eine Gesetzgebungskompetenz zur Regelung der Arbeitslosenversicherung unverständlich, weil das Risiko unverschuldeter Arbeitslosigkeit infolge jenes Rechts auf Arbeit a priori beseitigt wäre.[659]

210     **Art. 74 I Nr. 13** („Regelung der Ausbildungsbeihilfen") verdeutlicht, dass das aus der Ausbildungsfreiheit iVm dem Gleichheitssatz folgende Gebot der Chancengleichheit (→ Rn. 18, 91, 161, 199) durch gesetzl. präzisierte finanz. Förderung flankiert werden darf. Hinweise in ähnlicher Richtung enthält auch **Art. 74 I Nr. 17** zur Förderung der land- u. forstwirtschaftl. Erzeugung.[660]

---

[650] BVerfGE 111, 10 (50); VGH München NVwZ-RR 2013, 509 (512).

[651] BVerfGE 108, 370 (388 f.); ausf. *Tschinski,* Die gesetzliche Exklusivlizenz der Deutschen Post AG, 2007, S. 86 ff.

[652] BVerfGE 12, 45 (50); 41, 205 (227 f.); 50, 290 (349); 53, 30 (56); 55, 274 (302 ff.); iE str., vgl. *Scholz,* in: Maunz/Dürig, Art. 12 Rn. 239 ff.; *Maunz,* in: Maunz/Dürig, Art. 74 Rn. 22; *Kunig,* in: v. Münch/Kunig III, Art. 70 Rn. 4; *Pestalozza* Der Staat 11 (1972), 161 (169); krit. ua *Murswiek* NVwZ 2003, 1 (7); *Huber* JZ 2003, 290 (294 f.).

[653] BVerfGE 4, 7 (15); 55, 274 (302); *Maunz,* in: Maunz/Dürig, Art. 74 Rn. 22; *Stern,* StaatsR II, S. 608 f.

[654] BVerfGE 8, 143 (149); 26, 246 (254 f.); 28, 119 (146); 29, 402 (409); 55, 274 (308 f.); 67, 256 (275); 68, 319 (330).

[655] BVerfGE 26, 246 (255); BVerwGE 97, 12 (14 ff.); *Scholz,* in: Maunz/Dürig, Art. 12 Rn. 244 f.

[656] *Rengeling/Szczekalla* BK, Art. 74 Nr. 11 (2007) Rn. 35, 112; *Wittreck* in: Dreier, Art. 74 Rn. 50; aA *Pieroth,* in: Jarass/Pieroth, Art. 74 Rn. 22; offengelassen in BVerfGE 68, 319 (331).

[657] BVerfGE 41, 205 (227 f.).

[658] Ebenso *Scholz,* in: Maunz/Dürig, Art. 12 Rn. 245; krit. auch *Sachs,* in: Stern, StaatsR III/2, S. 588.

[659] Vgl. entspr. Erwägungen des SaarlVerfGH NJW 1996, 383 (385 f.) zu Art. 45 S. 2 SaarlVerf.

[660] Diese hat laut BVerfGE 88, 366 (379) „in erster Linie ‚positiv gestaltende Maßnahmen' finanzieller, organisatorischer oder marktlenkender Art zum Gegenstand"; vgl. auch BVerwGE 97, 12 (13 f.).

In Ansehung der durch Art. 74 I Nr. 11 eröffneten weitgespannten Regelungsbefugnis (→ Rn. 208) **211** kommt dem zusätzl. Kompetenztitel „Verhütung des Missbrauchs wirtschaftlicher Machtstellung" **(Art. 74 I Nr. 16)** zunächst nur flankierende Bedeutung zu. Jedoch kann in seiner ausdr. Normierung zum einen eine Klarstellung der zentralen Bedeutung des Wettbewerbs gesehen werden[661] sowie zum and. die Bekräftigung, dass legislative Eingriffe mit der im Kompetenztitel apostrophierten Zielrichtung v. der Verf. als grds. legitim anerkannt sind.[662] Einschränkend lässt sich diesem Topos zugleich aber auch die materiell-rechtl. relevante Verfassungsaussage entnehmen, dass nicht die durch berufl. Aktivitäten induzierte Gewinnung u. Ausübung **wirtschaftlicher Machtstellung** als solche, sondern allein deren − wettbewerbsbeschr. − Missbrauch als sozialschädlich u. darum normativer Korrektur bedürftig zu betrachten ist.

In **Art. 74 I Nr. 19,** einer Kompetenzbestimmung, die wortgetreu auszulegen ist,[663] wird neben **212** dem Arzneimittelverkehr[664] ausdr. die (Berufs-)"zulassung" thematisiert[665] u. durch verfassungstextliche Differenzierung zw. ärztlichen ua Heilberufen sowie dem Heilgewerbe ein jeweils untersch. Anforderungsprofil für diese Berufsgruppen indiziert.[666]

## III. Grundrechtliche Verbindungslinien

Ob etwa die Festlegungen in Art. 119 I AEUV („Grundsatz einer offenen Marktwirtschaft mit **213** freiem Wettbewerb") o. die Betonung der Preisstabilität in Art. 88 für die deutsche Staatsrechtslehre eine Wiederaufnahme der Generaldebatte um eine **Wirtschaftsverfassung** (soz. u. ökologisch orientierte Marktwirtschaft?) angezeigt sein lassen, kann hier nicht erörtert werden. Jedenfalls stellen allein schon die ökonomisch relevanten Grundrechte, namentlich Art. 2 I, 9 I, III, 12 I u. 14, wichtige Koordinaten[667] für den Wirtschaftsstandort Deutschland dar, die nicht nur unter dem Aspekt der Grundrechtskonkurrenz (→ Rn. 194 ff.) o. -kollision zu betrachten, sondern deren Verbindungslinien in ihrer Unterstützungsfunktion als obj.-rechtl., homogene Werte verkörpernde Gewährleistungen deutlicher als bisher üblich herauszustellen sind.

Veranlassung hierzu bietet nicht zuletzt die Einsicht, dass Deutschland bei internat. Vergleichsunter- **214** suchungen der Heritage Foundation zur wirtschaftl. Freiheit[668] nicht zur Spitzengruppe der Industriestaaten zählt, u. ggü. 2018 zudem noch ein leichter Abwärtstrend zu verzeichnen ist. Demggü. schwärmt die deutsche Staatsrechtslehre nach wie vor v. der hehren Freiheitsgewährleistung in Art. 12 u. das BVerfG befasst sich gerade bei der Berufsfreiheit immer öfter „mit der dritten Stelle hinter dem Komma".[669] Wesentlich deutlicher als bisher sollte herausgestellt werden, dass Art. 12 I als das „Hauptgrundrecht der freien wirtschaftlichen Betätigung"[670] für eine Abschirmung u. Verstärkung **individueller Marktchancen**[671] durch Innovation, Kreativität, Initiativkraft u. Risikobereitschaft streitet, womit auch das Postulat der Deregulierung aufs Engste verknüpft ist.[672]

Für die weitere Auslegung des Art. 12 I sind damit zugleich aber, gewissermaßen als Fortschritt **215** induzierende Konstanten im Wandel der Zeiten, Freiheit verkörpernde u. schaffende, damit Offenheit signalisierende Direktiven[673] benannt, die in der bisherigen Rspr. erheblich zu kurz gekommen sind. Auch die **Berufsfreiheit** ist schließlich **ein überragend wichtiges Gemeinschaftsgut.**[674]

---

[661] Vgl. *H. P. Schneider* VVDStRL 43 (1985), 20.

[662] *Scheuner* VVDStRL 20 (1963), 125 (126).

[663] BVerfGE 4, 74 (83); 17, 287 (292); 33, 125 (154); 68, 319 (331 f.).

[664] Dazu BVerfG NJW 2000, 857 (858 f.).

[665] BVerfGE 7, 377 (401); *Scholz,* in: Maunz/Dürig, Art. 12 Rn. 253; *Tettinger* NWVBl 2002, 20 (21 f.).

[666] BVerfGE 33, 125 (153) geht lediglich v. einem einheitl. Beruf des Arztes innerhalb der Humanmedizin aus. Vgl. auch BayVGH NVwZ-RR 1998, 113 zur Beschränk. der Heilpraktikererlaubnis auf Nichtärzte. Zur Differenz. zw. Altenpflegern („anderer Heilberuf") u. Altenpflegehelfern ausf. BVerfGE 106, 62 (104 ff.); zur berufsm. Ausübung der Heilkunde trotz Erblindung s. BVerwGE 145, 275 Rn. 10 ff.

[667] So *Friauf* DÖV 1976, 624 (625).

[668] *Miller/Kim/Roberts,* Index of Economic Freedom, 2019, S. 18, 57: Deutschland weltweit auf Platz 25, in Europa auf Platz 14.

[669] So bereits *Herzog,* in: Burmeister ua (Hrsg.), Germania restituta, 1993, S. 161 (172) mit plastischem Bsp. für „ein bisschen Berufsfreiheit"; vgl. auch *Tettinger* DVBl 1999, 679 ff.

[670] *Ossenbühl* AöR 115 (1990), 1 (5); vgl. auch *Oppermann* VVDStRL 43 (1985), 83: „Eckstein der Verfassungsordnung in wirtschaftlicher Hinsicht"; *Schmidt-Preuß* DVBl 1993, 239; *Dietlein,* in: Stern, StaatsR IV/1, S. 1766: „Grundpfeiler für die Wirtschaftsordnung"; *Ruffert* BeckOK GG, Art. 12 Rn. 12: „Garant einer freiheitlichen Wirtschaftsverfassung".

[671] Dazu aus soziologischer Sicht *K. A. Hesse* AöR 95 (1970), 453 f.

[672] Nach BVerfGE 81, 70 (85) zielt Art. 12 I nämlich auf eine „möglichst unreglementierte berufliche Betätigung" ab. Vgl. auch *Chr. Koenig,* Die öffentlich-rechtliche Verteilungslenkung, 1994, insbes. S. 244 f. u. 289 ff.; *Hufen* NJW 1994, 2913 (2921) mwN; *Geisendörfer* GewArch 1995, 41; *Depenheuer* FS 50 Jahre BVerfG II, 2001, S. 271.

[673] *Steiner* sprach schon 1975 v. einem bes. Verstaatlichungsschutz des Art. 12 GG (Öff. Verwaltung durch Private, S. 96) u. *Breuer* HStR VIII, § 170 Rn. 8 ortet denn auch völlig zu Recht in Art. 12 GG „eine Reihe neuer Elemente ..., denen durchweg eine freiheitsverstärkende Potenz innewohnt."

[674] So zutr. bereits *Hufen* NJW 1994, 2913 (2918) u. *Gassner* NVwZ 1995, 449 (450).

## Art. 12a [Wehr-, Ersatzdienst und andere Dienstverpflichtungen]

(1) Männer können vom vollendeten achtzehnten Lebensjahr an zum Dienst in den Streitkräften, im Bundesgrenzschutz oder in einem Zivilschutzverband verpflichtet werden.

(2) Wer aus Gewissensgründen den Kriegsdienst mit der Waffe verweigert, kann zu einem Ersatzdienst verpflichtet werden. Die Dauer des Ersatzdienstes darf die Dauer des Wehrdienstes nicht übersteigen. Das Nähere regelt ein Gesetz, das die Freiheit der Gewissensentscheidung nicht beeinträchtigen darf und auch eine Möglichkeit des Ersatzdienstes vorsehen muß, die in keinem Zusammenhang mit den Verbänden der Streitkräfte und des Bundesgrenzschutzes steht.

(3) Wehrpflichtige, die nicht zu einem Dienst nach Absatz 1 oder 2 herangezogen sind, können im Verteidigungsfalle durch Gesetz oder auf Grund eines Gesetzes zu zivilen Dienstleistungen für Zwecke der Verteidigung einschließlich des Schutzes der Zivilbevölkerung in Arbeitsverhältnisse verpflichtet werden; Verpflichtungen in öffentlich-rechtliche Dienstverhältnisse sind nur zur Wahrnehmung polizeilicher Aufgaben oder solcher hoheitlichen Aufgaben der öffentlichen Verwaltung, die nur in einem öffentlich-rechtlichen Dienstverhältnis erfüllt werden können, zulässig. Arbeitsverhältnisse nach Satz 1 können bei den Streitkräften, im Bereich ihrer Versorgung sowie bei der öffentlichen Verwaltung begründet werden; Verpflichtungen in Arbeitsverhältnisse im Bereiche der Versorgung der Zivilbevölkerung sind nur zulässig, um ihren lebensnotwendigen Bedarf zu decken oder ihren Schutz sicherzustellen.

(4) Kann im Verteidigungsfalle der Bedarf an zivilen Dienstleistungen im zivilen Sanitäts- und Heilwesen sowie in der ortsfesten militärischen Lazarettorganisation nicht auf freiwilliger Grundlage gedeckt werden, so können Frauen vom vollendeten achtzehnten bis zum vollendeten fünfundfünfzigsten Lebensjahr durch Gesetz oder auf Grund eines Gesetzes zu derartigen Dienstleistungen herangezogen werden. Sie dürfen auf keinen Fall zum Dienst mit der Waffe verpflichtet werden.

(5) Für die Zeit vor dem Verteidigungsfalle können Verpflichtungen nach Absatz 3 nur nach Maßgabe des Artikels 80a Abs. 1 begründet werden. Zur Vorbereitung auf Dienstleistungen nach Absatz 3, für die besondere Kenntnisse oder Fertigkeiten erforderlich sind, kann durch Gesetz oder auf Grund eines Gesetzes die Teilnahme an Ausbildungsveranstaltungen zur Pflicht gemacht werden. Satz 1 findet insoweit keine Anwendung.

(6) Kann im Verteidigungsfalle der Bedarf an Arbeitskräften für die in Absatz 3 Satz 2 genannten Bereiche auf freiwilliger Grundlage nicht gedeckt werden, so kann zur Sicherung dieses Bedarfs die Freiheit der Deutschen, die Ausübung eines Berufs oder den Arbeitsplatz aufzugeben, durch Gesetz oder auf Grund eines Gesetzes eingeschränkt werden. Vor Eintritt des Verteidigungsfalles gilt Absatz 5 Satz 1 entsprechend.

**Entstehungsgeschichte: Erstfassung:** Eingefügt durch 17. G zur Erg. des GG v. 24.6.1968 (BGBl I 709) § 1 Nr. 5 (dazu: BT-Dr V/1879 [Entwurf], V/2873; BT-Prot V/5856, 9313, 9413, 9606; BR-Dr 162/67, 303/68; BR-Prot 67/51, 68/138); Abs. 4 S. 2 neugef. durch G v. 19.12.2000 (BGBl I 1755) (dazu BT-Dr 14/4380, 14/4420; BT-Prot 14/30, 14/44).

**Historische Verfassungstexte: RV 1849:** § 137 (7) Die Wehrpflicht ist für Alle gleich; Stellvertretung bei derselben findet nicht Statt. – **RV 1871: Art. 57** Jeder Deutsche ist wehrpflichtig und kann sich in Ausübung dieser Pflicht nicht vertreten lassen. **Art. 59** (1) Jeder wehrfähige Deutsche gehört sieben Jahre lang, in der Regel vom vollendeten 20. bis zum beginnenden 28. Lebensjahre, dem stehenden Heere – und zwar die ersten drei Jahre bei den Fahnen, die letzten vier Jahre in der Reserve – und die folgenden fünf Lebensjahre der Landwehr an. In denjenigen Bundesstaaten, in denen bisher eine längere als zwölfjährige Gesammtdienstzeit gesetzlich war, findet die allmälige Herabsetzung der Verpflichtung nur in dem Maaße statt, als dies die Rücksicht auf die Kriegsbereitschaft des Reichsheeres zuläßt. – **WRV: Art. 133** (1) Alle Staatsbürger sind verpflichtet, nach Maßgabe der Gesetze persönliche Dienste für den Staat und die Gemeinde zu leisten. (2) Die Wehrpflicht richtet sich nach den Bestimmungen des Reichswehrgesetzes. Dieses bestimmt auch, wieweit für Angehörige der Wehrmacht zur Erfüllung ihrer Aufgaben und zur Erhaltung der Manneszucht einzelne Grundrechte einzuschränken sind.

**Gesetzgebung:** ArbeitssicherstellungsG; BFWDG; BPolG; KDVG; WPflG; ZDG; ZSchG.

**Leitentscheidungen:** BVerfGE 12, 45 (Kriegsdienstverweigerung I); BVerfGE 28, 243 (kriegsdienstverweigernder Soldat); BVerfGE 48, 127 (Grundsätzliche Wehrdienstpflicht); BVerfGE 69, 1 (Kriegsdienstverweigerung II); BVerfGE 105, 61 (Wehrpflicht I); BVerwGE 122, 331 (Wehrgerechtigkeit); EuGH, C–285/98 – Kreil; EuGH C–186/01 – Dory; BVerwGE 142, 48 (Kriegsdienstverweigernder Sanitätsoffizier).

**Schrifttum:** *K. Doehring,* Verbietet das Grundgesetz den freiwilligen Waffendienst von Frauen in der Bundeswehr? Zur Auslegung des Art. 12a Abs. 4 Satz 2 GG, NZWehrR 1997, 45; *F. Ekardt,* Wehrpflicht nur für Männer – vereinbar mit der Geschlechteregalität aus Art. 79 III GG?, DVBl 2001, 1171; *J. Fleischhauer,* Wehrpflichtarmee und Wehrgerechtigkeit, 2007; *M. Hellenthal,* Frauen im Bundesgrenzschutz, 1988; *J. Ipsen,* Wehrdienst, Ersatzdienst und Pflichtengleichheit, ZRP 1978, 153; *M. Klümper,* Legitimation für die Wehrpflicht?, 2002; *H.-W. Laubinger/U. Repkewitz,* Freiwilliger Dienst von Frauen in der Bundeswehr, VerwArch 91 (2000), 297; *A. Poretschkin,* Verfassungsverbot für einen weiblichen Verteidigungsminister, NZWehrR 1993, 232; *M. Sachs,* Wehrgerechtigkeit bei Einberufung von Wehrpflichtigen, JuS 2005, 640; *V. Slupik,* Bewaffneter Dienst von Frauen in der Bundeswehr, ZRP 1990, 305; *I. Seidner,* Der freiwillige Dienst von Frauen in der Bundeswehr mit der Waffe als Gleichheitsproblem, 1997;

*C. Stahn,* Streitkräfte im Wandel – Zu den Auswirkungen der EuGH-Urteile Sirdar und Kreil auf das deutsche Recht, EuGRZ 2000, 121; *W. Steinlechner,* Kriegsdienstverweigerung von Soldaten, RiA 1993, 54; *U. Tetzlaff,* Vom (un)möglichen Zustand des Wehrpflichtrechts, 2009; *T. Voland,* Wehrpflicht nur für Auserwählte?, DÖV 2004, 453; *D. Walz,* Der „neue Auftrag" der deutschen Streitkräfte und das Prinzip der allgemeinen Wehrpflicht, NZWehrR 1993, 89; *ders.* Die Soldatin und das Grundrecht auf Kriegsdienstverweigerung, NZWehrR 2002, 246; *R. Weckler,* Die Ausweitung der Wehrdienstausnahmen und die Frage der Wehrgerechtigkeit, NZWehrR 2007, 244; s. außerdem das Schrifttum zu Art. 4 III.

## Übersicht

## A. Allgemeines[1]

Art. 12a ist entstehungsgeschichtlich Teil der Notstandsverfassung und verfassungssystematisch Teil **1** der Wehrverfassung. Die Bestimmung steht in systematischem Zusammenhang mit Art. 4 III, 17a, 80a, 87a, 87b, 91, 96 II und 115a I 1. Das BVerfG betrachtet die Wehrpflicht als eine „verfassungsrechtliche Pflicht" iRd „verfassungsrechtliche(n) Grundentscheidung für die militärische Verteidigung".[2] Diese Grundentscheidung kann durch eine **Freiwilligen- o. die Wehrpflichtarmee** verwirklicht werden.[3] Mit der Entscheidung des Gesetzgebers, die Wehrpflicht ab dem 1.7.2011 nur noch für den Spannungs- und Verteidigungsfall vorzusehen,[4] haben sich eine Reihe brisanter rechtlicher und tatsächlicher Schwierigkeiten erübrigt, die demnach erst wieder im Spannungs- und Verteidigungsfall erneut auftreten könnten. Auch andere europäische Staaten gehen seit einigen Jahren vermehrt zu Berufsarmeen über.[5]

Art. 12a regelt die Einschränkung der Berufsfreiheit gem. Art. 12, indem er ein Pflichtsystem für **2** alle Bereiche der Verteidigung zusammenfasst. Dabei werden die Pflichten nicht verfassungsunmittelbar begründet, sondern Art. 12a ermächtigt zum Erlass der entspr. Gesetze.[6] Daraus folgt einerseits, dass die **Wehrpflicht** durch einfaches Bundesgesetz aufgehoben o. – wie zum 1.7.2011 geschehen (o. Rn. 1) – **ausgesetzt** werden kann.[7] Andererseits gewährt diese Ermächtigung zum Erlass des WPflG dem **Gesetzgeber** einen **weiten Ermessensspielraum**.[8] Insbes. ist die verfassungsrechtliche Zulässigkeit der Wehrpflicht nicht von einer bestimmten sicherheitspolitischen Lage abhängig, da Art. 12a I im Gegensatz zu Art. 12a III, IV, VI auf eine solche Voraussetzung verzichtet.[9] Die Entscheidung für oder wider eine allg. Wehrpflicht beruht zudem auf einer komplexen politischen Entscheidung des Gesetzgebers,[10] die er bei einer kurzfristigen Änderung der Sicherheitslage nur mit Zeitverzögerung rückgängig machen kann.

Art. 12a sieht **sieben verschiedene Dienstleistungspflichten** vor: den Dienst in den Streitkräften, **3** im BGS (heute: Bundespolizei[11]) o. in einem Zivilschutzverband (→ Rn. 4 ff.), die Verpflichtung zum zivilen Ersatzdienst für Kriegsdienstverweigerer (u. Rn. 21 ff.), die Verpflichtung von Männern (→ Rn. 31 f.) und von Frauen in Arbeitsverhältnissen (→ Rn. 33) und schließlich Beschränkungen der

---

[1] ★ Frau Sabine Hummel danke ich für Ihre wertvolle Mitarbeit.

[2] BVerfGE 28, 243 (261); s. ferner BVerfGE 48, 127 (159 f.).

[3] Vgl. BVerfGE 48, 127 (160); 105, 61 (71); *J. Ipsen* BK, Art. 12a (2019) Rn. 29; *Schwarz,* in: Maunz/Dürig, Art. 12a (2015) Rn. 13.

[4] Vgl. § 2 WPflG, BGBl. I 2011, S. 678.

[5] ZB Belgien, Frankreich, Großbritannien, Italien, die Niederlande, Spanien und Polen. Schweden hat 2017 die Wehrpflicht wieder eingeführt; s. *J. Ipsen* BK, Art. 12a (2019) Rn. 3 ff.; *Krieger,* in: Friauf/Höfling, Art. 12a (2015) Rn. 10 ff.

[6] *J. Ipsen* BK, Art. 12a (2019) Rn. 34 ff.

[7] BVerfGE 48, 127 (160 f.) (implizit); *Gornig* MKS I, Art. 12a Rn. 19; *Heun,* in: Dreier I, Art. 12a Rn. 11; *Krieger,* in: Friauf/Höfling, Art. 12a (2015) Rn. 17; *Schwarz,* in: Maunz/Dürig, Art. 12a (2015) Rn. 18. Eine Aussetzung o. Abschaffung durch Erlass ist unzulässig, s. *Walz* NZWehrR 2003, 116 (117 f.).

[8] BVerfGE 48, 127 (160); 105, 61 (71 ff.); *Jarass,* in: Jarass/Pieroth, Art. 12a Rn. 3; *Schmidt-Radefeldt,* in: Epping/Hillgruber, Art. 12a Rn. 2; *Scholz,* in: Maunz/Dürig, Art. 12a (2015) Rn. 13; *Tetzlaff,* Vom (un)möglichen Zustand des Wehrpflichtrechts, 2009, S. 244 ff.; s. a. *Deiseroth* NJ 1999, 635 (637).

[9] Vgl. BVerfGE 105, 61 (72); *Wolff,* in: Hömig/Wolff, Art. 12a Rn. 2; aA LG Potsdam NJ 1999, 660; *Klümper,* Legitimation für die Wehrpflicht, 2002, S. 105 f.; krit. *Baldus* NZWehrR 1993, 92; *Schmidt-De Caluwe/Heselhaus* NJW 2001, 2680 (2681).

[10] BVerfGE 48, 127 (160 f.); 105, 61 (72).

[11] Gesetz zur Umbenennung des Bundesgrenzschutzes in Bundespolizei vom 21. Juni 2005 (BGBl I S. 1818), ohne entsprechende Textänderung im Grundgesetz.

Freiheit, die Ausübung eines Berufs o. den Arbeitsplatz aufzugeben (→ Rn. 34). Die Heranziehung von Frauen und Beschränkungen der Freiheit, die Berufsausübung o. den Arbeitsplatz aufzugeben, sind nur zulässig, wenn der Bedarf an Dienstleistungen bzw. Arbeitskräften auf freiwilliger Basis nicht gedeckt werden kann.

## B. Die einzelnen Pflichten

### I. Die Wehrpflicht (Abs. 1)

**4**    Die in Art. 12a I genannten Pflichten zum Dienst in den Streitkräften (Wehrpflicht), im BGS und in einem Zivilschutzverband stehen verfassungsrechtlich als prinzipiell gleichrangige primäre Dienstpflichten für Wehrpflichtige nebeneinander.[12] Ein **Wahlrecht** der Wehrpflichtigen besteht jedoch **nicht**.[13]

**5**    **Wehrpflichtig** sind gem. Art. 12a I **nur Männer.** Ein Verstoß gegen Art. 3 III, II liegt hierin nicht, da Art. 12a eine Spezialregelung enthält,[14] die auch vor Art. 1, 20, 79 III standhält.[15] „Art. 12a Abs. 1 und Abs. 4 Satz 2 GG haben unverändert gleichen verfassungsrechtlichen Rang mit Art. 3 Abs. 2 und 3 GG."[16]

**6**    Einem **freiwilligen Dienst von Frauen** in den Streitkräften stand[17] und steht Art. 12a nicht entgegen. Wie Art. 12a IV 2 nF nunmehr klarstellt, gilt dies sowohl für den Dienst ohne als auch für den Dienst mit der Waffe. Verfassungsrechtlich sprachen bereits Art. 3 III, II und 12 dagegen, Frauen von vornherein von einem Großteil der Tätigkeitsfelder innerhalb der Bundeswehr auszuschließen.[18] Insofern war eine Verfassungsänderung- bzw. -klarstellung letztendlich entbehrlich.

**6a**    In die gleiche Richtung ging die Entscheidung des Gerichtshofs der Europäischen Gemeinschaften, dass auch die „Richtlinie 76/207/EWG des Rates vom 9. Februar 1976 zur Verwirklichung des Grundsatzes der Gleichbehandlung von Männern und Frauen hinsichtlich des Zugangs zur Beschäftigung, zur Berufsbildung und zum beruflichen Aufstieg sowie in Bezug auf die Arbeitsbedingungen [...] der Anwendung nationaler Bestimmungen entgegenstehe, die wie die des deutschen Rechts Frauen allgemein vom Dienst mit der Waffe ausschließen und ihnen nur den Zugang zum Sanitäts- und Militärmusikdienst erlauben."[19] Die Frage nach dem Konkurrenzverhältnis von Verfassungsrecht und sekundären Unionsrecht stellte sich damit in diesem Zusammenhang nicht.

**7**    Nach Änderung des Art. 12a IV 2 stellte sich die Frage nach der **Kompetenz der EU** im Bereich der Streitkräfte weniger im Hinblick auf den freiwilligen Dienst mit der Waffe als im Hinblick auf die nur Männern auferlegte Wehrpflicht. In Betracht kamen insbes. Verstöße gegen die vom EuGH weit ausgelegte Entgeltgleichheit, sowie gegen die Richtlinie 76/207/EWG des Rates vom 9. Februar 1976 zur Verwirklichung des Grundsatzes der Gleichbehandlung von Männern und Frauen hinsichtlich des Zugangs zur Beschäftigung, zur Berufsausbildung und zum beruflichen Aufstieg sowie in Bezug auf die Arbeitsbedingungen.

**7a**    Im Fall Dory stellte der EuGH dazu fest, dass das Gemeinschaftsrecht der Wehrpflicht nur für Männer nicht entgegensteht. Die Entscheidungen der Mitgliedstaaten hinsichtlich der Organisation ihrer Streitkräfte können zwar nach st. Rspr. nicht vollständig der Anwendung des Unionsrechts entzogen sein.[20] Das gilt bes., wenn es um die Wahrung des Grundsatzes der Gleichbehandlung von Männern und Frauen im Zusammenhang mit Arbeitsverhältnissen geht, vor allem beim Zugang zu militärischen Berufen. Daraus folge „jedoch nicht, dass Entscheidungen der Mitgliedstaaten hinsichtlich der militärischen Organisation, die die Verteidigung ihres Hoheitsgebiets oder ihrer unabding-

---

[12] *J. Ipsen* BK, Art. 12a (2010) Rn. 4.

[13] *Schwarz,* in: Maunz/Dürig, Art. 12a (2015) Rn. 47; *Kreutzer* DVBl 1970, 445 (446).

[14] BVerwGE 110, 40 (52 f.); *Gornig* MKS I, Art. 12a Rn. 25; *Kämmerer,* in: v. Münch/Kunig I, Art. 12a Rn. 4; *Heun,* in: Dreier I, Art. 12a Rn. 18; *Schwarz,* in: Maunz/Dürig, Art. 12a (2015) Rn. 17; aA *Tetzlaff* (Fn. 13), S. 357 ff.

[15] BVerfGE 12, 45 (50 ff.); BVerfGE 48, 127 (165); BVerfG (K) EuGRZ 2002, 204 (205 f.); *Heun,* in: Dreier I, Art. 12a Rn. 13; aA *Ekardt* DVBl 2001, 1171 (1174 ff.); krit. *Brunn,* in: Umbach/Clemens I, Art. 12a Rn. 6; *Sachs* NWVBl 2000, 405 (410 ff.); *Richter,* Frauen und Bundeswehr, 1999, S. 383; diff. *Tetzlaff* (Fn. 13), S. 377 ff.

[16] BVerfG (K) EuGRZ 2002, 204 (206).

[17] S. 2. Aufl., Art. 12a Rn. 5 ff.; *Doehring* NZWehrR 1997, 45 (47 f.); *Laskowski* KritV 2001, 83; *Repkewitz* NJW 1997, 506 (507); *Zuleeg* DÖV 1997, 1017. AA das BVerwG unter Rückgriff auf *Scholz* und „die gegebenen geschlechtsspezifischen Unterschiede von Mann und Frau", BVerwGE 103, 301 (303); BVerwG DVBl 1999, 1437 (1437 f.). Art. 12a Abs. 4 S. 2 wurde auf Grund eines politischen Tauschgeschäftes zwischen den Fraktionen der Regierungs- und der Oppositionsparteien im Verbund mit Art. 16 Abs. 2 neu gefasst durch G v. 19.12.2000 (BGBl I S. 1755), vgl. *Eichen* NZWehrR 2001, 45 (48 f.).

[18] Ebenso *Slupik* ZRP 1990, 305 f. mwN; *Seidner,* Der freiwillige Dienst von Frauen in der Bundeswehr mit der Waffe als Gleichheitsproblem, 1997; *Doehring* RIW 2000, 1.

[19] EuGH, C-285/98, Leitsatz – Kreil. Zur in diesem Zusammenhang aufgeworfenen Frage nach der Kompetenz der EU zur Regelung von Angelegenheiten der Streitkräfte s. 7. Aufl. Art. 12a Rn. 6.

[20] EuGH, C-186/01, Rn. 35 f. – Dory, sowie GA Stix-Hackl, ebda Rn. 56 ff.; EuGH C-285/98, Rn. 15 – Kreil; EuGH C-273/97, Rn. 15 ff. – Sirdar.

baren Interessen zum Ziel haben, unter das Gemeinschaftsrecht fallen".[21] „Die Entscheidung der Bundesrepublik Deutschland dafür, ihre Verteidigung teilweise mit einer Wehrpflicht zu sichern, ist Ausdruck einer solchen Entscheidung hinsichtlich der militärischen Organisation, auf die das Gemeinschaftsrecht demzufolge nicht anwendbar ist."[22] Als „unvermeidbare Konsequenz der Entscheidung des Mitgliedstaats hinsichtlich der militärischen Organisation" führt die Verzögerung in der beruflichen Laufbahn der Einberufenen nicht dazu, dass diese Entscheidung in den Anwendungsbereich des Unionsrechts fällt.[23] Vielmehr wäre es ein Eingriff in die Zuständigkeiten der Mitgliedstaaten, wenn nachteilige Auswirkungen auf den Zugang zur Beschäftigung zur Folge hätten, dass ein Mitgliedstaat entweder dieselben Nachteile auch für Frauen bewirken o. aber die Wehrpflicht abschaffen müsste. Auch ein Verstoß gegen das **Diskriminierungsverbot (Art. 14 EMRK)** ist darin nicht zu erblicken.[24]

Für den Bereich der Wehrpflicht bleibt es also bei der verfassungsrechtlichen Entscheidung des **8** Art. 12a I für eine **Wehrpflicht nur der Männer.** Bei Beibehaltung der Wehrpflicht[25] ist deren fortwährende Beschränkung auf Männer rechtspolitisch und de lege ferenda allerdings **begründungsbedürftig.** Sollen Frauen nur das Recht, nicht aber die Pflicht zur militärischen Gewaltanwendung iRd Wehrverfassung haben? In historischer Hinsicht lässt sich sicherlich eine besondere Zurückhaltung der Staaten bei der Heranziehung von Frauen zum verpflichtenden Militärdienst beobachten. Dies dürfte den historischen Rollenbildern und der Tatsache, dass ohne Frauen eine nachfolgende Generation und damit der Fortbestand der Gesellschaft nicht denkbar war (und wohl auch noch ist), erklären.

Da sich dieses Rollenbild über die Jahrhunderte verschoben hat, kann der Gesetzgeber sicherlich **8a** auch andere Wertungen anstellen, verpflichtet ist er dazu aber nicht. ME bleibt ihm ausreichend Typisierungsbefugnis, um eine unterschiedliche Behandlung von Männern und Frauen – die sich jedenfalls in biologischer Hinsicht weiterhin unterscheiden – zu rechtfertigen. Für eine Wehrpflicht nur für Männer lässt sich wohl auch eine typischerweise fortwährende Benachteiligung der Frauen im gesellschaftlichen und beruflichen Leben, die zT auf ihr traditionell höheres soziales Engagement (zB in der Familie) zurückzuführen ist, iVm einer Typisierungsbefugnis des Gesetzgebers anführen.[26]

Nach Art. 12a I ist auch die Heranziehung von **Staatenlosen, Doppel- o. Mehrstaatlern und 9 Ausländern** möglich, die aber wegen Art. 25 im Einklang mit dem Völkerrecht zu erfolgen hat.[27]

Die §§ 9 ff. WPflG regeln eine Reihe von **Ausnahmen** von der seit Juli 2011 ausgesetzten **Wehr- 10 pflicht,** ua Wehrdienstunfähigkeit, Ausschluss vom Wehrdienst wegen Verurteilung, das Geistlichenprivileg,[28] Zurückstellung vom Wehrdienst aus Gründen der Ausbildung, die Unabkömmlichstellung aus beruflichen Gründen sowie Ausnahmen für Wehrpflichtige im Zivil- oder Katastrophenschutz o. im Entwicklungsdienst. Alle diese Ausnahmen müssen vor den Verfassungsgeboten der zunehmend problematischen „staatsbürgerlichen Pflichtengleichheit in Gestalt der Wehrgerechtigkeit",[29] der Lastengleichheit sowie der durch das GG garantierten wirksamen militärischen Landesverteidigung[30] Bestand haben.[31] Einzelne Wehrdienstausnahmen konnten allerdings vor dem Hintergrund der Pflichtengleichheit und Allgemeinheit der Wehrpflicht **verfassungsrechtliche Bedenken** erwecken.[32]

Die Problematik, ob die Wehrgerechtigkeit noch gewährleistet war, wurde bis zur Aussetzung der **11** Wehrpflicht immer offenkundiger, weil nur mehr ein geringer Teil der Wehrpflichtigen einberufen wurde.[33] Das Prinzip der **Wehrgerechtigkeit** (Art. 12a I iVm 3 I) beherrscht das System der Dienstpflichten und ist bei der Durchführung der allg. Wehrpflicht zu beachten.[34] Eine **ungleichmäßige Heranziehung zum Wehrdienst** bedarf der sachlichen Rechtfertigung, keinesfalls darf der Zufall

---

[21] EuGH, C-186/01, Rn. 35 – Dory.

[22] Ebda Rn. 39.

[23] Ebda Rn. 41.

[24] BVerwG NJW 2006, 2871 (2872 f.).

[25] S. aber → Rn. 1.

[26] BVerwG NJW 2006, 2871 (2873); ablehnend *Ekardt* DVBl 2001, 1171 (1177 ff.); *Sachs* NWVBl 2000, 405 (412).

[27] *Krieger,* in: Friauf/Höfling, Art. 12a (2015) Rn. 27; *Sachs,* in: Stern, StaatsR IV/1, S. 1040; vgl. zum Wehrdienst von Ausländern aus völkerrechtlicher Perspektive: *Doehring* EPIL I, 112 ff.; *Gornig* MKS I, Art. 12a Rn. 29–32; aA *Heun,* in: Dreier I, Art. 12a Rn. 18.

[28] Dazu *Bogs,* Staat 9 (1970), S. 43 ff.; *Frhr. v. Campenhausen* DVBl 1980, 578; *Kopp* NVwZ 1982, 178; *Obermayer* DÖV 1976, 80.

[29] BVerfGE 48, 127 (128).

[30] Vgl. BVerfGE 69, 1.

[31] Vgl. *Fleischhauer* NZWehrR 2008, 112 (115 ff.); *J. Ipsen* BK, Art. 12a (2010) Rn. 73; *Schwarz,* in: Maunz/Dürig, Art. 12a (2015) Rn. 30; *Weckler* NZWehrR 2007, 244.

[32] Weitergehend: *Fleischhauer* NZWehrR 2008, 112 (116 f.): verfassungswidrig; *Walz* NZWehrR 2010, 82; *Glenewinkel/Tobiassen* NVwZ 2010, 171 (174); *Walz,* in: Steinlechner/Walz, WPflG, Kommentar, 7. Aufl. 2009, § 11 Rn. 58.

[33] BVerfG (K) NVwZ 2010, 183 = NZWehrR 2010, 78; BVerfG (K) NJW 2004, 2297 (2298) = BVerfG (K) 3, 222 (227 f.).

[34] Vgl. BVerfGE 48, 127 (162), 69, 1 (21 f.); *Gornig* MKS I, Art. 12a Rn. 10 f.; *Heun,* in: Dreier I, Art. 12a Rn. 15; *Schwarz,* in: Maunz/Dürig, Art. 12a (2015) Rn. 30.

über die Einberufung entscheiden.[35] Dies ist zutreffend, wenngleich im Zusammenhang mit anderen Auswahlentscheidungen derzeit eine gegenläufige Tendenz zu beobachten ist. Jedenfalls bei der Vergabe von Standplätzen etc. soll eine Zuteilung nach dem Losprinzip verfassungsrechtlich zulässig sein. Schon dies dürfte für die gerechte und gleichmäßige Vergabe von Vorteilen (der Zufall ist näher an der Willkür als an der Gerechtigkeit) nicht zutreffend sein, und kann erst Recht nicht bei der benachteiligenden gleichmäßigen Heranziehung zu einem Pflichtendienst gelten.

Wegen des grundgesetzlich vorgesehenen Zusammenhangs zwischen Wehrdienst und Ersatzdienst (Art. 4 III, 12a II 1) ist für die Frage der Wehrgerechtigkeit nicht ausschl. die Zahl der Einberufungen von Wehrpflichtigen entscheidend.[36] In den Grenzen des weiten Gestaltungsspielraums des Gesetzgebers[37] darf der Personalbedarf mit der Wehrpflicht abgewogen werden.[38] Ob die Grenze zur Verfassungswidrigkeit der Wehrpflicht überschritten wäre, wenn die **Hälfte der Wehrpflichtigen** eines Altersjahrgangs zu keinem Dienst herangezogen würde,[39] weil dann die „allgemeine" Wehrpflicht offenkundig nicht mehr gewährleistet wäre,[40] halte ich aber für fraglich. Die allg. Wehrpflicht bezieht sich auf die dafür notwendigen leistungsfähigen Männer. Wenn die dafür notwendigen Bedingungen nur 50 % aller wehrpflichtigen Männer erfüllen, dann ist damit die allg. Wehrpflicht wohl nicht in Frage gestellt. Insofern kann meines Erachtens keine absolute Grenze unabhängig vom konkreten Personalbedarf der Bundeswehr geben.[41]

12     Das **BVerwG** sprach sich gegen strikte quantitative Vorgaben aus, entschied aber warnend, dass eine Verletzung der Wehrgerechtigkeit droht, „wenn die Zahl der Angehörigen eines Altersjahrgangs, die tatsächlich Wehrdienst leisten, deutlich hinter der Zahl der verfügbaren Wehrpflichtigen dieses Jahrgangs zurückbleibt".[42] Der Gesetzgeber ist zum Handeln verpflichtet, wenn sich eine Lücke aufgetan hat, die sich mit dem Grundsatz der Wehrgerechtigkeit offensichtlich nicht mehr vereinbaren lässt.[43] Bleibt der Gesetzgeber dann auf Dauer untätig, führt dies zur Verfassungswidrigkeit der gesetzlichen Bestimmungen über die Wehrpflicht insgesamt.[44] Eine gerechte und dem Gleichheitssatz Rechnung tragende Ausgestaltung der Wehrpflicht ist angesichts des geringen Personalbedarfs der Bundeswehr allerdings eine nicht einfach zu meisternde Herausforderung. Mit der Aussetzung der Wehrpflicht hat sich diese Problematik weitgehend erledigt.[45]

13     Art. 12a verpflichtet die Wehrpflichtigen nur „zum Dienst in den **Streitkräften**", die von der BWV (Art. 87b), der Militärseelsorge (Art. 140 GG iVm Art. 141 WRV) und den Bildungseinrichtungen der Bundeswehr abzugrenzen sind.[46] Die Streitkräfte können außer zur Verteidigung auch **iR eines Systems kollektiver Sicherheit** eingesetzt werden.[47] Wehrpflichtige könnten jedoch im Falle der Wiedereinführung einer allg. Wehrpflicht nicht gegen ihren Willen zu **Auslandseinsätzen** herangezogen werden.[48] Allg. Wehrpflicht und **Landesverteidigung** ieS gehören zusammen.[49] Sich einer Lebensgefahr auszusetzen, weil sich in der Ferne verschiedene Völker o. Bevölkerungsgruppen gegenseitig bekämpfen, stellt hohe Anforderungen an die Opferbereitschaft und den Idealismus der Wehrpflichtigen und ihrer Familien. Ein solcher Einsatz der Wehrpflichtigen entfernt sich von der traditionellen Begr. der allg. Wehrpflicht als einer allg. Pflicht der männlichen Bürger, ihren Beitrag zur Verteidigung ihrer Heimat zu leisten und somit die Sicherheit des Staates nach außen zu gewährleisten.

---

[35] Vgl. *Schwarz*, in: Maunz/Dürig, Art. 12a (2015) Rn. 30; *Kämmerer*, in: v. Münch/Kunig I, Art. 12a Rn. 12.

[36] Vgl. BVerfG (K) NVwZ 2010, 183 (184); *Tetzlaff* (Fn. 13), S. 340; aA etwa *Fleischhauer*, Wehrpflichtarmee und Wehrgerechtigkeit, 2007, S. 171 ff.; *Gramm* NZWehrR 2007, 221 (231).

[37] BVerwGE 122, 331 (338).

[38] Vgl. BVerfGE 38, 154 (167 f.); 48, 127 (162); BVerwGE 122, 331 (338); ferner *Kämmerer*, in: v. Münch/Kunig I, Art. 12a Rn. 12.

[39] Dem folgend *Sodan*, in: Sodan, Art. 12a Rn. 5; weitergehend *Voland* DÖV 2004, 453 (457 f.); s. a. *Fleischhauer* NZWehrR 2008, 112 (118 f.); *ders.* (Fn. 43), S. 171 ff. Gegen quantitative Vorgaben: BVerwGE 122, 331 (338); *Hahn* JR 2006, 89 (90); *Krieger*, in: Friauf/Höfling, Art. 12a (2015) Rn. 24.

[40] Dieser Zustand könnte bereits erreicht gewesen sein, vgl. *Voland* DÖV 2004, 453 (454 f.) mit inoffiziellen Schätzungen auf der Basis von Angaben des BMVg; s. ferner allg. BReg, BT-Dr 16/8637, 16/5578, 16/760; angedacht von BVerwGE 92, 153 (155 f.).

[41] AA → Art. 12a Rn. 11; aA wohl auch *Voland* DÖV 2004, 453 (457); angedacht von BVerwGE 92, 153 (155 f.); offener *Fleischhauer* (Fn. 43), S. 203 ff.

[42] BVerwGE 122, 331 (338 f.); zust. *Krieger*, in: Friauf/Höfling, Art. 12a (2015) Rn. 24.

[43] BVerwGE 122, 331 (340).

[44] BVerwGE 122, 331 (340 f.) gegen BVerwGE 92, 153 (155 ff.).

[45] Vgl. *Fleischhauer* NZWehrR 2008, 112 (119 f.); *Gornig* MKS I, Art. 12a Rn. 12.

[46] *Schwarz*, in: Maunz/Dürig, Art. 12a (2015) Rn. 32 mwN; s. auch → Art. 87b Rn. 3.

[47] BVerfGE 90, 286; dazu → Art. 87a Rn. 34.

[48] *Kämmerer*, in: v. Münch/Kunig I, Art. 12a Rn. 14; *Oldiges*, in: Achterberg/Püttner/Würtenberger (Hrsg.), Besonderes Verwaltungsrecht II, 2. Aufl. 2000, S. 641 (713); *Sachs*, in: Stern, StaatsR IV/1, S. 1042 f.; *Sodan*, in: Sodan, Art. 12a Rn. 4; aA die überwiegende Meinung, zB *Heun*, in: Dreier I, Art. 12a Rn. 16; *Krieger*, in: Friauf/Höfling, Art. 12a (2015) Rn. 30; *Schwarz*, in: Maunz/Dürig, Art. 12a (2015) Rn. 33; *Walz* NZWehrR 1992, 177; offengelassen von BVerwGE 103, 361 (366).

[49] Vgl. auch *Weisser*, in: Schwarz/Steinkamm (Hrsg.), Rechtliche und politische Probleme des Einsatzes der Bundeswehr „out of area", 1993, S. 67 (79 f.).

Sicherheit ist nicht nur gegen andere Staaten zu gewährleisten. Inwieweit **Terrorismusbekämp-** 14
**fung** zur Landesverteidigung gehört, hängt von Struktur, Aktionsradius und Gefahrenpotential der
Operateure ab.[50]

Für gediente Wehrpflichtige sieht § 6a I WPflG vor, dass sie zu „Verwendungen, die auf Grund 15
eines Übereinkommens, eines Vertrages oder einer Vereinbarung mit einer über- oder zwischenstaatlichen Einrichtung oder mit einem auswärtigen Staat auf Beschluss der Bundesregierung im
Ausland oder außerhalb des deutschen Hoheitsgebietes auf Schiffen oder in Luftfahrzeugen stattfinden
(besondere Auslandsverwendung)", herangezogen werden können, „soweit sie sich dazu schriftlich
bereit erklärt haben".[51]

Wehrdienstleistende stehen wie Berufssoldaten in einem bes. ör Dienst- und Treueverhältnis zum 16
Staat, das den Strukturvorgaben des **ö. Dienstrechts** (Art. 33 V) folgt.

Es besteht auch die **Verpflichtung zum Dienst im BGS**.[52] Der BGS ist eine Polizei des 17
Bundes (§ 1 I Satz 2 BPolG), deren Aufgabe im Frieden neben dem grenzpolizeilichen Schutz des
Bundesgebietes (§ 2 BPolG) ua die Abwehr von Gefahren für die ö. Sicherheit oder Ordnung auf
dem Gebiete der Bahnanlagen der Eisenbahnen des Bundes (§ 3 BPolG) und von Angriffen auf die
Luftsicherheit auf dem Flugplatzgelände (§ 4 BPolG) einschl. der Verfolgung der damit zusammenhängenden Straftaten und Ordnungswidrigkeiten (§§ 12 f. BPolG) umfasst. Außerdem kann der
BGS subsidiär und auf Ersuchen Verfassungsorgane des Bundes sowie BMin schützen (§ 5 BPolG)
sowie andere Bundesbehörden und die Bundesländer insbes. bei der Aufrechterhaltung oder Wiederherstellung der ö. Sicherheit und bei Naturkatastrophen o. bes. schweren Unglücksfällen unterstützen (§§ 9 ff. BPolG). Schließlich kann er im Notstands- und Verteidigungsfall eingesetzt werden
(§ 7 BPolG).

Die Möglichkeit der **Einschränkung von Grundrechten** bei Wehr- und Ersatzdienstleistenden 18
nach Art. 17a erstreckt sich nicht auf den Dienst im BGS. Jedoch kommen gewisse Einschränkungen
der Grundrechte gem. den hergebrachten Grundsätzen des Berufsbeamtentums nach Art. 33 V in
Betracht.

Praktisch weniger bedeutend ist bislang die verfassungsrechtliche Möglichkeit einer Verpflichtung 19
zum Dienst in einem **Zivilschutzverband**. Aufgabe des Zivilschutzes ist es, durch nicht militärische
Maßnahmen die Bevölkerung, ihre Wohnungen und Arbeitsstätten, lebenswichtige zivile Betriebe,
Dienststellen, Anlagen und das Kulturgut vor Kriegseinwirkungen zu schützen und deren Folgen zu
beseitigen oder zu mildern (§ 1 I ZSKG). Angehörige der Zivilschutzverbände dürfen nicht in Kampfhandlungen verwickelt werden und sind Zivilpersonen iSd Völkerrechts.[53]

Abgesehen von dem 1990 aufgehobenen[54] Gesetz über das Zivilschutzkorps hat der Gesetzgeber von 20
der Möglichkeit, eine **Zivilschutzpflicht** als gleichrangige, neben der Wehrpflicht und der Pflicht
zum Dienst im BGS stehende Primärverpflichtung einzuführen, **keinen Gebrauch** gemacht. Jedoch
erlischt die Pflicht, Grundwehrdienst zu leisten, wenn Wehrpflichtige vier Jahre im Zivilschutz oder
Katastrophenschutz mitgewirkt haben.[55] Zum Zivil- und Katastrophenschutz gehören zB das Technische Hilfswerk, die Deutsche Lebensrettungsgesellschaft, das Deutsche Rote Kreuz, der Malteser-
Hilfsdienst, die Johanniter-Unfall-Hilfe und der Arbeiter-Samariter-Bund.[56]

## II. Die Ersatzdienstpflicht (Abs. 2)

Die Ersatzdienstpflicht (Art. 12a II) ist verfassungsrechtlich nur im Falle einer gesetzlich aktivierten 21
Wehrpflicht geboten, so dass mit der Aussetzung der Wehrpflicht (o. Rn. 1) konsequenterweise auch
der Zivildienst als Ersatzdienst zum 1.7.2011 ausgesetzt und durch einen Bundesfreiwilligendienst
ersetzt werden konnte.[57] Die Ersatzdienstpflicht steht in engem Zusammenhang mit dem Grundrecht
auf Kriegsdienstverweigerung aus Gewissensgründen.[58] Sie tritt bei anerkannten Kriegsdienstverweigerern an die Stelle der Wehrpflicht gem. Abs. 1 und hat somit den Charakter einer Sekundärverpflich-
tung.[59] Darauf ist hinzuweisen, da der massenhafte Gebrauch des Kriegsdienstverweigerungsrechts dazu
geeignet war, dieses **Regel-Ausnahmeverhältnis** im allg. Bewusstsein zu verwischen,[60] etwa, wenn
mehr Wehrpflichtige einen außermilitärischen Ersatzdienst als umgekehrt den von Verfassungs wegen

---

[50] Vgl. → Art. 87a Rn. 19, 36 f.

[51] Zu den Änderungen im Wehrrecht nach BVerfGE 90, 286: *Raap* NVwZ 1996, 457.

[52] Der Gesetzgeber hat den BGS mWz 1.7.2005 in „Bundespolizei" umbenannt, s. G zur Umbenennung des
Bundesgrenzschutzes in Bundespolizei vom 21.6.2005 (BGBl 2005 I 1818). Das GG wurde nicht geändert und hat
weiterhin den „Bundesgrenzschutz" zum Gegenstand.

[53] *Kämmerer*, in: v. Münch/Kunig I, Art. 12a Rn. 10; *Krieger*, in: Friauf/Höfling, Art. 12a (2015) Rn. 33.

[54] Vgl. BGBl I 1990, 120.

[55] § 13a II Satz 1 WPflG.

[56] Vgl. § 26 I ZSKG; *Schwarz*, in: Maunz/Dürig, Art. 12a (2015) Rn. 45.

[57] Vgl. § 1 BFWDG, BGBl I 2011, 687.

[58] S. a. → Art. 4 Rn. 116 ff.

[59] *Krieger*, in: Friauf/Höfling, Art. 12a (2015) Rn. 36.

[60] Vgl. *Fleckenstein* APuZ B 29/97, S. 19 (20).

nach Art. 12a II 1 als Regelfall vorgesehenen Wehrdienst anträten. Dies war bei zahlreichen Altersjahrgängen von Wehrpflichtigen zu verzeichnen.[61]

22  Trotzdem handelt es sich bei Wehr- und Ersatzdienst weder um gleichartige noch um gleichrangige Pflichten. Der wehrpflichtige Soldat muss unter Umständen sein Leben einsetzen und ist gegebenenfalls gezwungen, andere zu töten, vom Zivildienstleistenden verlangt dies niemand.[62] Während bei den in Abs. 1 normierten, gleichrangigen Pflichten eine **Kumulation** unter Wahrung der Lasten- und Pflichtengleichheit nicht von vornherein ausgeschlossen ist,[63] steht die Ersatzpflicht zur Wehrpflicht im Verhältnis der **Surrogation.**[64] Nach Art. 12a II „können" Wehrpflichtige, die aus Gewissensgründen den Kriegsdienst mit der Waffe verweigern, zu einem Ersatzdienst herangezogen werden. Um eine die Wehrgerechtigkeit und Lastengleichheit beeinträchtigende Privilegierung der Kriegsdienstverweigerer zu vermeiden, ist der Gesetzgeber jedoch verpflichtet, einen Zivildienst einzurichten.[65]

23  Bei der Ausgestaltung des Ersatzdienstes musste der Gesetzgeber der Gewissensfreiheit des Einzelnen und dem Gebot der **staatsbürgerlichen Pflichtengleichheit in Gestalt der Wehrgerechtigkeit**[66] (Art. 3 I) genügen. Nach dieser Maßgabe hatte das BVerfG die sog. Postkartenlösung für verfassungswidrig erklärt, wonach auf Grund einer bloßen Erklärung des Betroffenen, er verweigere den Kriegsdienst aus Gewissensgründen, die Ersatzdienstpflicht an die Stelle der primär abzuleistenden Wehrpflicht trat.[67] Die Wehrgerechtigkeit fordere von jeder gesetzlichen Regelung nach Art. 12a II iVm Art. 4 III 2, dass nur solche Wehrpflichtige als Kriegsdienstverweigerer anerkannt werden, bei denen mit hinreichender Sicherheit angenommen werden kann, dass in ihrer Person die Voraussetzungen des Art. 4 III 1 erfüllt sind.[68] Dies konnte durch ein Anerkennungsverfahren sowie durch die Ausgestaltung des Ersatzdienstes als „lästige Alternative" sichergestellt werden.[69]

24  Wenn immer mehr Wehrpflichtige den Kriegsdienst erfolgreich verweigerten, konnte sich die Frage stellen, ob bis zu ihrer Aussetzung noch von einer **allg. Wehrpflicht** gesprochen werden konnte. Insofern würde sich auch hier die Frage nach einem strukturellen Vollzugdefizit stellen, welches die Verfassungswidrigkeit der gesetzlichen Grundlage zur Folge haben könnte. Sollte die Kriegsdienstverweigerung bei einer erheblichen Anzahl von Wehrpflichtigen nur auf vorgeschobenen Gewissensgründen beruhen, die ohne weiteres durch den Staat akzeptiert werden würden, könnte ein solches Vollzugsdefizit vorliegen. Eine solche Anerkennungspraxis könnte die Verfassungswidrigkeit der §§ 1 KDVG, 3 WPflG wegen Verstoßes gegen Art. 3 I zur Folge haben.[70]

24a  Für das Steuerrecht hat das BVerfG bereits entschieden, dass die Besteuerungsgleichheit sowohl die Gleichheit der normativen Steuerpflicht als auch die Gleichheit bei der Durchsetzung umfasst.[71] Das BVerfG hat in dieser Entscheidung sogar unter Hinw. auf die allg. Wehrpflicht betont, dass der Gesetzgeber Verletzungen einer Gemeinschaftspflicht nicht in gleichheitswidriger Weise hinnehmen darf, indem er etwa lediglich an die Bereitschaft zur Pflichterfüllung o. lediglich an Erklärungen der Pflichtigen anknüpft.[72] Anders als im Steuerrecht lässt sich aber bei der allg. Wehrpflicht ein im Hinblick auf den Gleichheitssatz problematisches potentielles Vollzugdefizit schwerlich vermeiden, da Gewissensentscheidungen des Einzelnen einer sicheren Überprüfung kaum zugänglich sind. Gegenwärtig ist diese Problematik, ebenso wie die allg. Wehrpflicht, suspendiert.

25  „Die **Dauer** des Ersatzdienstes darf die Dauer des Wehrdienstes nicht übersteigen" (Abs. 2 S. 2). Nach § 4 I WPflG umfasst der Wehrdienst neben dem Grundwehrdienst die Wehrübungen und ferner, im Verteidigungsfall, den unbefristeten Wehrdienst. Bei der Berechnung der Dauer des Wehrdienstes rechnete die hA der Dauer des sechs monatigen Grundwehrdienstes noch einen auf potentielle **Wehrübungen** entfallenden Zeitraum hinzu.

26  Zweifelhaft war, ob die **rechtlich zulässige Höchstdauer**[73] oder die **übliche tatsächliche Dauer** der Wehrübungen zugrunde zu legen ist. Unter Betonung der Pflichten- und Lastengleichheit

---

[61] Vgl. für die Altersjahrgänge ab 1983: BReg, BT-Dr 16/8637, S. 10, 13 f.; anders bei den Altersjahrgängen vor 1983, BT-Dr 14/8815, S. 7, 10.

[62] S. auch *Fleckenstein* APuZ B 29/97, S. 19 (20).

[63] *J. Ipsen* BK, Art. 12a (2019) Rn. 97 ff.

[64] Vgl. BVerfGE 48, 127 (128); *J. Ipsen* BK, Art. 12a (2019) Rn. 107 f.

[65] *Kempen* in: AK GG, Art. 4 III Rn. 29; *Krieger,* in: Friauf/Höfling, Art. 12a (2015) Rn. 38.

[66] Vgl. BVerfGE 48, 127 (128).

[67] BVerfGE 48, 127.

[68] BVerfGE 48, 127 (128 f., LS 7).

[69] Vgl. → Rn. 26 ff., 28.

[70] Vgl. *Fleischhauer* (Fn. 43), S. 187 ff.; *J. Ipsen* BK, Art. 12a (2010) Rn. 73; *K. Ipsen* ZRP 2001, 469; *Voland* ZRP 2007, 185 (186 f.); vgl. auch o. Rn. 11.

[71] BVerfGE 84, 239.

[72] BVerfGE 84, 239 (273).

[73] Sechs Monate für Mannschaften, neun Monate für Unteroffiziere und zwölf Monate für Offiziere, § 6 II WPflG.

gesteht das BVerfG[74] – entgegen der hM[75] – dem Gesetzgeber zu, auf die rechtlich zulässige, die tatsächlich übliche uU überschreitende Dauer von Wehrübungen abzustellen. Dem Wortlaut des Art. 12a II 2 steht die nachvollziehbare Annahme gegenüber, dass der Wehrdienst bei gleicher Dauer per se belastender als der Ersatzdienst ist.[76]

Wehrpflichtige können sich weder Tätigkeit noch Dienstort selbst aussuchen.[77] Ersatzdienstpflichtige **27** werden hingegen nach erfolgreicher Bewerbung bei einer selbst ausgesuchten Beschäftigungsstelle dieser regelmäßig zugewiesen. Außerdem sind Wehrpflichtige zumindest während der Grundausbildung meistens kaserniert, können also auch nach Dienstschluss nur in beschränktem Umfang von ihrer Freizeit Gebrauch machen; ein Rückzug in die Privatsphäre ist ihnen dann auch nachts verwehrt. Beginn und Ende der täglichen Dienstzeit von Wehrpflichtigen sowie Sonderdienste sind nicht gesetzlich geregelt, sondern werden vom Vorgesetzten festgelegt.

Eine tendenziell längere Dauer des Ersatzdienstes entspricht ferner auch der Ausgestaltung des **28** Ersatzdienstes als „lästige Alternative", wodurch die Bedeutung problematischer Anerkennungsverfahren relativiert werden kann. Da das Abstellen auf die zulässige Höchstdauer der Wehrübungen also noch als mit Art. 12a II 2 vereinbar erscheint, ist dem BVerfG zuzustimmen, sofern die tatsächlich übliche Dauer und die rechtlich zulässige Dauer nicht erheblich auseinanderklaffen. In diesem Rahmen übt der Ersatzdienst auch keine Abschreckungswirkung auf Wehrpflichtige, die den Kriegsdienst aus Gewissensgründen verweigern wollen, aus.

Der Gesetzgeber muss im Falle einer aktivierten Wehrpflicht einen Ersatzdienst vorsehen, der in **29** **keinem Zusammenhang mit den Verbänden der Streitkräfte und des BGS** stehen darf (Abs. 2 S. 3). Das bedeutet, dass der Ersatzdienst weder organisatorisch noch unmittelbar materiell mit den Streitkräften oder dem BGS zusammenhängen darf. Ein Dienst in der BWV (Art. 87b) scheidet wegen derer den Streitkräften dienenden Zweckbestimmung ebenso aus wie eine Beschäftigung in der Waffenproduktion.[78] Diese Grundsätze gelten auch für einen kriegsdienstverweigernden **Sanitätsoffizier,** wie das BVerwG unter Aufgabe seiner ständigen Rechtsprechung jüngst feststellte.[79] Einer Erstreckung der nur Wehrpflichtige treffenden Zivilschutzpflicht auf Kriegsdienstverweigerer stünden hingegen keine verfassungsrechtlichen Hindernisse entgegen.

Eine **Verweigerung des Ersatzdienstes (sog. Totalverweigerung)** wird nicht durch Art. 4 III, **30** sondern allenfalls durch die Gewissensfreiheit gem. Art. 4 I geschützt.[80] Das BVerfG hält demgegenüber den auf die Kriegsdienstverweigerung beschränkten Art. 4 III für eine abschließende Sonderregelung im Bereich von Wehrpflicht und Ersatzdienstpflicht.[81] Lässt man eine Ersatzdienstverweigerung aus Gewissensgründen zu, so muss aus Gründen der staatsbürgerlichen Pflichtengleichheit ein „Ersatzdienst für den Ersatzdienst" vorgesehen werden.[82]

## III. Die Verpflichtung von Wehrpflichtigen in Arbeitsverhältnisse (Abs. 3 und 5)

Während Wehr- und Ersatzdienstpflicht verfassungsrechtlich von keiner akuten Notlage abhängen, **31** setzen die zivilen Dienstleistungspflichten nach Abs. 3–5 den Verteidigungsfall (Art. 115a) oder den Spannungsfall (Art. 80a) voraus.[83] Dann können Wehrpflichtige unter Einschränkung der Berufsfreiheit (Art. 12) zu Dienstleistungen verpflichtet werden, die dem Funktionieren der Streitkräfte sowie dem Schutz der Zivilbevölkerung dienen.[84] Es handelt sich um eine **subsidiäre Verpflichtung,** da nur solche Wehrpflichtige herangezogen werden können, die weder zum Wehrdienst noch zu einem Ersatzdienst herangezogen sind.

Die Verpflichtung wird zwar ör begründet, erfolgt dann aber grds. iR **privatrechtlicher Arbeits-** **32** **verhältnisse.** Nur zur Wahrnehmung polizeilicher Aufgaben und bestimmter hoheitlicher Aufgaben kommt ein **ör Dienstverhältnis** in Betracht, wobei im Hinblick auf Art. 33 IV, V strittig ist, ob

---

[74] BVerfGE 69, 1 (30).

[75] Abw. M. der Richter *Mahrenholz/Böckenförde* BVerfGE 69, 1 (57, 66 f.); *Kämmerer,* in: v. Münch/Kunig I, Art. 12a Rn. 19; *J. Ipsen* BK, Art. 12a (2019) Rn. 134; *Jarass,* in: Jarass/Pieroth, Art. 12a Rn. 9; *Krieger,* in: Friauf/Höfling, Art. 12a (2015) Rn. 39.

[76] Die Belastung durch den Ersatzdienst variiert allerdings erheblich, je nachdem ob jemand zB in der Schwerstbehindertenpflege o. Sterbebegleitung o. aber in der Verwaltung der Beschäftigungsstelle o. als Fahrer tätig ist.

[77] Vgl. § 3 I SoldatenG.

[78] *J. Ipsen* BK, Art. 12a (2019) Rn. 123 ff., 228 ff.; *Schwarz* in: Maunz/Dürig, Art. 12a (2015) Rn. 50.

[79] BVerwGE 142, 48 Rn. 22 ff. unter Aufgabe seiner bisherigen Rechtsprechung BVerwGE 72, 241(245); BVerwGE 80, 62 (63 ff.); *Krieger,* in: Friauf/Höfling, Art. 12a (2015) Rn. 41.

[80] So *Starck* MKS I, Art. 4 Rn. 172; *Jarass,* in: Jarass/Pieroth, Art. 12a Rn. 8; *Kämmerer,* in: v. Münch/Kunig I, Art. 12a Rn. 22; *Kempen* AK GG, Art. 4 III Rn. 6; aA *Heun,* in: Dreier I, Art. 12a Rn. 27; *J. Ipsen* BK, Art. 12a (2019) Rn. 149 f.; *Schwarz* in: Maunz/Dürig, Art. 12a (2015) Rn. 54. S. auch → Art. 4 Rn. 121.

[81] BVerfGE 23, 127 (132); ebenso *Schwarz,* in: Maunz/Dürig, Art. 12a (2015) Rn. 54; *H. Weber* NJW 1968, 1610 (1611).

[82] Vgl. in diesem Zusammenhang § 15a ZDG, der die Möglichkeit eines freien Arbeitsverhältnisses, welches mindestens ein Jahr länger dauert als der Zivildienst, vorsieht. Zur Ersatzdienstverweigerung iÜ → Art. 4 Rn. 121.

[83] Hierzu etwa ausführlicher *J. Ipsen* BK, Art. 12a (2019) Rn. 330 ff.

[84] Vgl. allg. *Hahnenfeld* NJW 1969, 1328 ff.; *Haedge* Bundeswehrverwaltung 1968, 217 ff.

zwangsweise auch Beamtenverhältnisse begründet werden können.[85] Der zivile Charakter der Dienstleistungen nach Abs. 3 schließt nicht aus, dass im Einzelfall auch ein bewaffneter Dienst zu versehen ist.

## IV. Die Verpflichtung von Frauen (Abs. 4)

**33**     Dienstverpflichtungen von Frauen nach Abs. 4 sind nur im Verteidigungsfall (Art. 115a), nicht schon vorher im Spannungsfall (Art. 80a), zulässig. In Betracht kommen ausschl. **zivile Dienstleistungen** und keinesfalls eine Verpflichtung zum Dienst mit der Waffe (S. 2). Ein freiwilliger Dienst mit der Waffe wird dadurch im Hinblick auf Art. 3 III, II und 12 nicht notwendigerweise ausgeschlossen.[86]

## V. Die Bindung an Beruf und Arbeitsplatz (Abs. 6)

**34**     Abs. 6 hat mit der Bindung an Beruf und Arbeitsplatz im Verteidigungs- o. Spannungsfall einen im Vergleich zu Abs. 2–5 weniger intensiven Eingriff in die Berufsfreiheit von Frauen und Männern zum Gegenstand. Aufgrund des Abs. 6 kann der Gesetzgeber **alle Erwerbstätigen** einschl. Staatenloser und Ausländer in die Pflicht nehmen; Art. 12a VI erwähnt die Deutscheneigenschaft lediglich im Zusammenhang mit dem Deutschengrundrecht der Berufsfreiheit.[87] Ausgenommen von der Pflicht nach Abs. 6 sind lediglich noch in der Ausbildung befindliche Personen.[88]

## Art. 13 [Unverletzlichkeit der Wohnung]

(1) Die Wohnung ist unverletzlich.

(2) Durchsuchungen dürfen nur durch den Richter, bei Gefahr im Verzuge auch durch die in den Gesetzen vorgesehenen anderen Organe angeordnet und nur in der dort vorgeschriebenen Form durchgeführt werden.

(3) Begründen bestimmte Tatsachen den Verdacht, daß jemand eine durch Gesetz einzeln bestimmte besonders schwere Straftat begangen hat, so dürfen zur Verfolgung der Tat auf Grund richterlicher Anordnung technische Mittel zur akustischen Überwachung von Wohnungen, in denen der Beschuldigte sich vermutlich aufhält, eingesetzt werden, wenn die Erforschung des Sachverhalts auf andere Weise unverhältnismäßig erschwert oder aussichtslos wäre. Die Maßnahme ist zu befristen. Die Anordnung erfolgt durch einen mit drei Richtern besetzten Spruchkörper. Bei Gefahr im Verzuge kann sie auch durch einen einzelnen Richter getroffen werden.

(4) Zur Abwehr dringender Gefahren für die öffentliche Sicherheit, insbesondere einer gemeinen Gefahr oder einer Lebensgefahr, dürfen technische Mittel zur Überwachung von Wohnungen nur auf Grund richterlicher Anordnung eingesetzt werden. Bei Gefahr im Verzuge kann die Maßnahme auch durch eine andere gesetzlich bestimmte Stelle angeordnet werden; eine richterliche Entscheidung ist unverzüglich nachzuholen.

(5) Sind technische Mittel ausschließlich zum Schutze der bei einem Einsatz in Wohnungen tätigen Personen vorgesehen, kann die Maßnahme durch eine gesetzlich bestimmte Stelle angeordnet werden. Eine anderweitige Verwertung der hierbei erlangten Erkenntnisse ist nur zum Zwecke der Strafverfolgung oder der Gefahrenabwehr und nur zulässig, wenn zuvor die Rechtmäßigkeit der Maßnahme richterlich festgestellt ist; bei Gefahr im Verzuge ist die richterliche Entscheidung unverzüglich nachzuholen.

(6) Die Bundesregierung unterrichtet den Bundestag jährlich über den nach Absatz 3 sowie über den im Zuständigkeitsbereich des Bundes nach Absatz 4 und, soweit richterlich überprüfungsbedürftig, nach Absatz 5 erfolgten Einsatz technischer Mittel. Ein vom Bundestag gewähltes Gremium übt auf der Grundlage dieses Berichts die parlamentarische Kontrolle aus. Die Länder gewährleisten eine gleichwertige parlamentarische Kontrolle.

(7) Eingriffe und Beschränkungen dürfen im übrigen nur zur Abwehr einer gemeinen Gefahr oder einer Lebensgefahr für einzelne Personen, auf Grund eines Gesetzes auch zur Verhütung dringender Gefahren für die öffentliche Sicherheit und Ordnung, insbesondere zur Behebung der Raumnot, zur Bekämpfung von Seuchengefahr oder zum Schutze gefährdeter Jugendlicher vorgenommen werden.

---

[85] Dafür *J. Ipsen* BK, Art. 12a (2019) Rn. 236 ff.; *Kämmerer*, in: v. Münch/Kunig I, Art. 12a Rn. 27; dagegen noch *Gubelt*, in: v. Münch/Kunig I, 5. Aufl., Art. 12a Rn. 16.

[86] S. o. Rn. 6 ff. mwNw.

[87] *Kämmerer*, in: v. Münch/Kunig I, Art. 12a Rn. 41; *Schwarz*, in: Maunz/Dürig, Art. 12a (2015) Rn. 85.

[88] *J. Ipsen* BK, Art. 12a (2019) Rn. 306; *Brunn*, in: Umbach/Clemens, Art. 12a Rn. 61; aA *Heun*, in: Dreier I, Art. 12a Rn. 42; *Kämmerer*, in: v. Münch/Kunig I, Art. 12a Rn. 41; *Krieger*, in: Friauf/Höfling, Art. 12a (2015) Rn. 50.

**Entstehungsgeschichte: Erstfassung:** JöR nF 1 (1951), 125. – Änderung: 43. G. zur Erg. des GG v. 26.3.1998 (BGBl I 610), Art. I Nr. 1 (dazu: BT-Dr 13/8650, 9642, 9660; BT-Prot 13/17677, 19517; BR-Dr 8/98, zu 8/98; BR-Prot 98721).

**Historische Verfassungstexte: RV 1849:** § 140 (1) Die Wohnung ist unverletzlich. (2) Eine Haussuchung ist nur zulässig: 1) in Kraft eines richterlichen, mit Gründen versehenen Befehls, welcher sofort oder innerhalb der nächsten vier und zwanzig Stunden dem Betheiligten zugestellt werden soll, 2) im Falle der Verfolgung auf frischer That, durch den gesetzlich berechtigten Beamten, 3) in den Fällen und Formen, in welchen das Gesetz ausnahmsweise bestimmten Beamten auch ohne richterlichen Befehl dieselbe gestattet. (3) Die Haussuchung muß, wenn thunlich, mit Zuziehung von Hausgenossen erfolgen. (4) Die Unverletzlichkeit der Wohnung ist kein Hinderniß der Verhaftung eines gerichtlich Verfolgten. – **WRV: Art. 115** Die Wohnung jedes Deutschen ist für ihn eine Freistätte und unverletzlich. Ausnahmen sind nur auf Grund von Gesetzen zulässig. – **GG 1949:** (1) und (2) wie geltende Fassung. (3) wie heutiger Abs. 7.

**Geltende Landesverfassungen (soweit nicht inkorporiert):** BayVerf Art. 106 III; BlnVerf Art. 28 II, BbgVerf Art. 15; BremVerf Art. 14 II f.; HessVerf Art. 8; RhPfVerf Art. 7; SaarlVerf Art. 16; SachsVerf Art. 30; LSAVerf Art. 17; ThürVerf Art. 8.

**Supra- und internationale Texte:** GrundREurParl Art. 6 II; EUGrundRCharta Art. 7; AMRE Art. 12; IPBürgR Art. 17 I; EMRK Art. 8.

**Gesetzgebung: Durchsuchung:** StPO §§ 102 ff.; ZPO § 758; AO §§ 287, 399 II, 404; BPolG § 45 usw. – **Lausch- und Späheingriff:** StPO §§ 100c I; BVerfSchG § 9; BNDG § 5 usw. – **Betretungsrechte:** AO § 99, 200 III; BImSchG § 52 II; GastG § 22 II; GewO § 29 II; HwO § 17 II; LFGB § 42 II usw.

**Leitentscheidungen:** BVerfGE 32, 54 (Betriebsbetretung); BVerfGE 51, 97 (Vollstreckungsdurchsuchung); BVerfGE 109, 279 (Großer Lauschangriff); BVerfGE 120, 274 (Online-Durchsuchung); BVerfGE 151, 67 (Richterprimat); BVerwGE 28, 285 (Präventivpolizeiliche Durchsuchung); BVerwGE 47, 31 (Doppelfunktioneller Wohnungszugriff).

**Schrifttum:** *K. Amelung,* Grundrechtstheoretische Aspekte der Entwicklung des Grundrechts auf Unverletzlichkeit der Wohnung, in: G. Birtsch (Hrsg.), Grund- und Freiheitsrechte von der ständischen zur spätbürgerlichen Gesellschaft, 1987, S. 291; *M. Gentz,* Die Unverletzlichkeit der Wohnung, 1968; *T. Krings,* Der Grundrechtsberechtigte des Grundrechts aus Art. 13 GG, 2009; *M. Krumme,* Die Wohnung im Recht, 2004; *H. Meyer-Wieck,* Der Große Lauschangriff, 2005; *H.-J. Papier,* Schutz der Wohnung HGR IV, § 91 (2011); *T. Park,* Durchsuchung und Beschlagnahme, 4. Aufl. 2018.

## Übersicht

# A. Schutzbereich der Wohnungsfreiheit

## I. Grundrechtstatbestand (Abs. 1)

**1. Wohnungsbegriff.** Die h. M.[1] definiert den **Wohnungsbegriff** als räumliches Komplement zu jedweder Privatheit (→ Rn. 7 ff.) und versteht ihn **weit.** Kritischer zu diskutieren als bislang ist jedoch, dass dieses extensive Verständnis durch überlappende (Teil-)Öffentlichkeit (→ Rn. 4) gegenbegrifflich belastet ist.[2] Richtiger erscheint insoweit ein tatbestandlicher Rückschnitt, der materiell stärker von der Rspr. erörterte (BVerfGE 109, 275 [313]) Kriterien wie ‚ausschließlich‘, jedenfalls nicht nur gelegent-

1

---

[1] St. Rspr. seit BVerfGE 32, 54 (73); s. a. *Papier,* in: Maunz/Dürig, Art. 13 Rn. 10 ff.

[2] Dazu *Habermas,* Strukturwandel der Öffentlichkeit, 13. Aufl. 2013, S. 54 ff., 225 ff.; *Rössler,* Der Wert des Privaten, 2001, S. 23 ff. u. *Hohmann-Dennhardt* NJW 2006, 545 (547). Krit. *P. Hauck,* Heiml. Strafverfolgung u. Schutz der Privatheit, 2014, S. 407 f.

lich, privat bzw. typischerweise auch ‚höchstpersönlich' mitberücksichtigt, zuletzt BVerfG (K) NJW 2018, 2085 Rn. 18. Unbestreitbar bleiben damit Wohnhäuser, Mietwohnungen, Untermieträume, Hotelzimmer o. Ä. ebenso erfasst wie entsprechend ausgestattete bewegliche Sachen, zB Wohnmobile, Hausboote, Zelte u. Ä.[3]

2    Ausschlaggebend für das Vorliegen einer Wohnung sind die *subjektive* **Bestimmung zu Wohnzwecken** (Privatbereich, Abgeschlossenheit, Geborgenheit/Obdach, Öffentlichkeitsausschluss u. Ä.)[4] sowie *objektive* **Erkennbarkeit.** Letztere ist unverzichtbar, weil nur so eine klare Sperrwirkung gegen den Zugriff staatlicher Organe erreichbar ist. Bereits im Hinblick auf das Abgeschlossenheits- und Obdachkriterium zu weitgehend ist die Einbeziehung von Strandkörben, Telefonzellen, Parkbänken und Liegeplätzen an Badeseen oder im U-Bahnhof.[5]

3    Akzessorisch erfasst[6] werden unbebaute **Zubehörflächen** in erkennbarem Zusammenhang mit Wohnzwecken, zB Hof, Garten u. Ä. Wegen des Abgeschlossenheitskriteriums sind dazu freilich unmissverständliche Erkennbarkeitsanforderungen an eine physische und nicht nur symbolische (str.)[7] Einfriedung zu stellen.

4    Die Erstreckung auf **Geschäfts- bzw. Betriebsräume** durch die h. M.[8] ist stark umstritten und bis auf klare Ununterscheidbarkeitsfälle (zB Dichterwohnung, E-Hausarbeitsplatz, Küchenkanzlei) abzulehnen. Schließt eine regelmäßig gegebene Teilöffentlichkeit, sei es durch Kunden- oder Mitarbeiterzugang, die Höchstpersönlichkeit doch typischerweise aus – mit Folgen analog BVerfGE 50, 290 (340). Immerhin erkennt die h. M. bei den fraglichen Räumen mit BVerfGE 109, 279 (314) Privatheitsabstufungen an,[9] dh erhöhte Regelungsbefugnisse (→ Rn. 51 f.).

5    Abzulehnen mangels besonderer, über den Besitzschutz von Art. 14 (BVerfGE 89, 1 [7]) hinausgehender Privatheitsgeschweige denn Höchstpersönlichkeitsaspekte ist die bislang unentschiedene, hochstreitige Einbeziehung[10] von befriedetem Besitztum außerhalb erkennbarer Wohnzusammenhänge, zB Felder, Gärten, Weiden u. Ä.

6    **2. Unverletzlichkeitsbegriff.** Die **Unverletzlichkeitsformel** wird von der h. M. als „grundsätzliches Verbot"[11] *weit* verstanden. Außer dem Einwilligungsfall (→ Rn. 23) sind danach staatliche Eingriffe nur unter den Voraussetzungen der Abs. 2 ff. erlaubt. Hinsichtlich ihrer Reichweite ist umstritten, inwieweit die Vorbehaltsabsätze 2 ff. auch grundsätzlich für schwächere Eingriffsformen gelten (h. M.) oder nur die Anforderungen an Höchsteingriffe regeln (→ Rn. 25 f.). In letzterem Fall rückt die Unverletzlichkeitsformel – vorbehaltlich gewisser ableitbarer Kompensationsanforderungen aus den Abs. 2 ff. (→ Rn. 26 f.) – stärker in die Linie ihrer historischen Vorläufer und ist im Ergebnis parallel zu § 140 RV 1849, der belgischen Verfassung und der „unreasonable" Abwehr der amerikanischen Verfassung *enger,* dh allein als uneinschränkbare **Willkürabwehr** (zutr. BayVerfGHE 59, 23 [25]), zu verstehen. Abs. 1 weist damit implizit eine gesetzesvorbehaltliche Komponente auf,[12] und zwar entgegen der h. M. und ihren Schwierigkeiten, gerade für in Abs. 2 ff. nicht ausdrücklich geregelte Mindereingriffe (→ Rn. 25 f., Rn. 51 f.) eine einschlägig nutzbare Legitimationsgrundlage zu finden.[13]

---

[3] Vgl. *Herdegen* BK Art. 13 (1998) Rn. 29; *Kunig,* in: v. Münch/Kunig I, Art. 13 Rn. 10.

[4] Vgl. *Schmitt Glaeser* HStR[2] VI, § 129 Rn. 48; s. a. *Krumme,* Die Wohnung , 2004, S. 86 ff., *Hauck* (Fn. 2), S. 408 ff.

[5] Näher *Berkemann* AK GG, Art. 13 Rn. 45; *Krings,* Der Grundrechtsberechtigte , 2009, S. 47 f.

[6] Zutreffend *Herdegen* BK, Art. 13 (1998) Rn. 26; *Amelung* NJW 1986, 2075 (2076): Ausstrahlung.

[7] Ebs. BGH NJW 1997, 2189 f.; näher *Hermes,* in: Dreier I, Art. 13 Rn. 19.

[8] Dafür: st. Rspr. des BVerfG, zB E 120, 274 (309); BAGE 19, 217 (225); BFHE 154, 435 ff.; vorsichtiger BVerwGE 78, 251 (255); *Lenz* AöR 122 (1997) S. 653 (654); für die europäische Ebene EGMR EuGRZ 1993, 65 (66) – Niemitz; s. a. *Ziekow/Guckelberger,* in: Friauf/Höfling, Art. 13 Rn. 36, 39 f., die in Rn. 40 auf Privatheitsinseln abstellen, ohne freilich die Frage nach deren objektiver Erkennbarkeit zu stellen. AA *Stein/Frank,* § 35 II, EuGH EuGRZ 1989, 395 (401) – Hoechst; *Lübbe-Wolff* DVBl. 1993, 762 (764); *H. Meyer,* Versuch über Demokratie in Deutschland, 2003, S. 6 f.; *Hermes,* in: Dreier I, Art. 13 Rn. 25 f., *Sachs,* VerfR II, S. 561 Rn. 5; vermittelnd *Papier* HGR IV, § 91 Rn. 9 u. *Hauck* (Fn. 2), S. 410 f.

[9] Vgl. nur BGHZ 50, 206 (211 f.), *Horn* HStR[3] VII, § 149 Rn. 88 u. *Sachs,* VerfR II, S. 561 Rn. 6; zur Mitberechtigung von Mitarbeitern *Krings,* Der Grundrechtsberechtigte, 2009, S. 50 ff., *Papier,* in: Maunz/Dürig, Art. 13 Rn. 12; aA, aber unkritisch, BVerfG (K) NVwZ 2009, 1281 f.

[10] Wie hier: *Ziekow/Guckelberger,* in: Friauf/Höfling, Art. 13 Rn. 38; wohl auch *Herdegen* BK, Art. 13 (1998) Rn. 27; aA *Gentz,* Die Unverletzlichkeit der Wohnung, 1968, S. 30; vermittelnd *Kunig,* in: v. Münch/Kunig I, Art. 13 Rn. 10.

[11] BVerfGE 65, 1 (40); strikter BVerfGE 70, 318 (328); s. *Herdegen* BK, Art. 13 (1998) Rn. 41; abw.: für Abschwächung zur Gewährleistungsformel *Papier* HGR IV, § 91 Rn. 2, was im hiesigen Sinne einfachgesetzliche Ausgestaltbarkeit bedeutet; einschränkend auch, dass bei Einwilligung kein Grundrechtsverzichtsfall, sondern Tatbestandsausschluss vorliege, vgl. *Kunig,* in: v. Münch/Kunig I, Art. 13 Rn. 19 u. *Stern,* in: Ders./Becker, Art. 13 Rn. 67, gegen abschließende Schranken in Abs. 2 ff.

[12] *Kühne,* Grundrechtlicher Wohnungsschutz und Vollstreckungsdurchsuchungen, 1980, S. 25 mwN in Fn. 46 u. *ders.,* Die Reichsverfassung der Paulskirche, 2. Aufl. 1998, S. 337 ff. u. vorst. Fn.; entgegen *Sachs* NVwZ 1987, 560 (561 f.), und *Berkemann* AK GG, Art. 13 Rn. 68 Fn. 21, wird damit wegen aus Art. 13 II ff. herleitbarer Kompensationsabstufungen *kein* völlig allgemeiner Gesetzesvorbehalt eröffnet (→ Rn. 25 f.). Im Ansatz wie hier *Stern* (vorst. Fn.) u. BayVerfGHE 59, 23 (25): „inhärent".

[13] Dazu nur *Berkemann* AK GG, Art. 13 Rn. 109 ff.

## II. Rechtsgut

**1. Häuslich verdinglichter Privatbereich.** Im Zuge der historischen Entwicklung erodiert das **7** althergebrachte[14] Freiheitsrecht durch Herausbildung etlicher spezieller Freiheitsverbürgungen (→ Rn. 13), die Art. 7 EUGrundRCharta zT wieder zusammenbindet. Dieser Erosionsprozess hat selbstverständlich Folgen für die Schutzbereichsbestimmung und vermag Variantenreichtum und Unstetigkeit vieler einschlägiger Erfassungsversuche zu erklären.[15] Ging es ursprünglich um einen Schutz zugunsten – im breitesten Sinne – kultureller Eigenentfaltung,[16] wird als Rechtsgut inzwischen in dinglicher Umreißung die räumliche Privatsphäre (BVerfGE 139, 245 Rn. 57) genannt. Genauer geht es um die selbstbestimmbare, räumlich-formalisierte Umwallung des Privatbereichs, die auch dann gilt, wenn in der Wohnung „gelegentlich einmal nichts Privates geschieht."[17]

Funktionell Seitenstück zum individuellen Habeas corpus-Schutz[18] ist die Wohnungsfreiheit auch heute noch modale **8** Sicherung von Ehe und Familie. Sie ist substantiell in dem uralten Rechtsinstitut des **Hausfriedens** verwurzelt,[19] dem auch eine (sozial-)verbandliche Komponente eignet und der als Modell bzw. Kern aller Herrschaft bezeichnet worden ist.[20]

Aus dem Rechtsgut resultiert die andauernde Einhegungsbefugnis eines persönlich-familiären **Eigen- 9 (herrschafts)bereichs** gegenüber dem Staat. Dabei schließt es die Genese des Art. 13 aus, ihm einen Anspruch auf staatliche Wohnraumverschaffung, dh sozialen Grundrechtscharakter zu entnehmen.[21]

**2. Differenzierbarer Schutzgehalt. a)** Der **negatorische Schutz** steht als Sperrwirkung der **10** Wohnung **nach außen** in Abs. 1 formulierungsmäßig („unverletzlich") im Vordergrund; er will die **grundsätzliche Integrität** des häuslichen Autonomiebereichs vor staatlichen Personen-, Sach-, Beweis- bzw. Informationszugriff und Raumentzug (Abs. 7: „Raumnot"). Weitere **konkrete Rechte** gegenüber dem Staat sind: freie Wohnungsauswahl und individuelle oder assoziative Wohnungsbegrün- dung, freier Wohnungsaufenthalt für sich und Angehörige samt der Aufenthaltsgewährung für Dritte, Entsperrung der Wohnung gegenüber körperlichen wie entsprechenden unkörperlichen Zugriffen staatlicher Organe sowie bei Aufenthaltsgewährung das Recht der Beendigung.[22]

**b)** Integritätsschutz ist kein Selbstzweck und keine bloße Verbotsnorm, sondern dient *positiv* der **11 inneren Wohnungsfreiheit** als Mittelpunkt der menschlichen Existenz, räumlicher Bereich individu- eller Persönlichkeitsgestaltung[23] oder als **„Freistätte"** (Art. 115 WRV, 106 III BayVerf). Dieser Innengehalt zur individuell/assoziativen Selbstgestaltung darf, wie stets bei Grundfreiheiten, ebenso **privatnützig wie politisch** orientiert sein und ist als materielle Schranke der Eingriffsbefugnisse gem. Abs. 2 ff. einschließlich ihrer **additiven Dimension** (BVerfGE 141, 220 Rn. 130) rechtswirksam.

Zu abgeschwächt ist insoweit die h. M.,[24] die hinsichtlich der Wohnung vor allem das Recht, in Ruhe gelassen zu **12** werden, bzw. den Obdach- und Reduitcharakter herausstellt. Die Wohnung dient als Kult-, Erziehungs-, Intimitäts- und sonstiger persönlich-familiärer Privatbereich[25] und will auch politisch althergebracht ua Oppositionsentstehung sichern.[26]

Zu restriktiv deshalb, die innere Wohnungsfreiheit durch Abs. 1 nur eher indirekt[27] und materiell **13** (→ Rn. 37) kaum mehr als gesetzmäßig bzw. institutionell gesichert (str.) zu sehen.[28] Sie ist i. W.

---

[14] Dazu eingehend *Krumme* (Fn. 4), S. 50 ff.

[15] Vgl. auch BVerfGE 75, 318 (328); 89, 1 (12); 97, 228 (265 f.); am bemühtesten – freilich § 123 StGB betreffend – *Amelung* ZStW 98 (1986), 355 ff. u. *Hauck* (Fn. 2), S. 406 ff.

[16] Vgl. *Dirlmeier* (Hrsg.), Geschichte des Wohnens, Bd. 2, 1998; zur Breite des Kulturbegriffs s. *Brockhaus* Enzyklopädie, 21. Aufl., Bd. 16, 2006, S. 61 ff.

[17] So treffend *Schmitt Glaeser* HStR² VI, § 129 Rn. 48 u. *Stern*, StaatsR IV/1, S. 213 f. mwN.

[18] Bereits in der englischen Petition of Rights von 1628; s. a. *Osenbrüggen*, Der Hausfrieden (1857) Nachdruck 1968, S. 23, u. → Fn. 14. Ähnlich personalrechtl. deutend *Bluntschli*, Allg. Staatsrecht, 6. Aufl. 1885 (Nachdruck 1965), S. 651 „künstlich erweiterter Leib des Menschen".

[19] K. *Kroeschell* HRG I, 1971, „Hausfrieden", Sp. 2022 (2024); *Amelung* (Fn. 15), S. 365 ff.

[20] O. *Brunner*, zit. nach H. K. *Schultze* HRG I, 1971, „Hausherrschaft", Sp. 2030 (2032).

[21] Entstehungsgeschichtlich kein soziales Grundrecht, vgl. entsprechende Überlegungen zu Art. 2 GG in JöR nF 1 (1951), 59 ff., s. a. *Herdegen* BK, Art. 13 (1998) Rn. 31.

[22] Weniger differenziert die h. M.; s. a. *Berkemann* AK GG, Art. 13 Rn. 57 ff., 64; zT weitergehend *Schmitt Glaeser* HStR² VI, § 129 Rn. 54; zu sehr für Ausschlussfunktion *Hauck* (Fn. 2), S. 408 ff.

[23] So nur BVerfGE 89, 1 (12); 96, 44 (51) „geschützte Lebenssphäre"; 109, 279 (314) „Freiraum".

[24] S. nur BVerfGE: 75, 318 (328), 139, 245 Rn. 56; *Herdegen* BK, Art. 13 (1998) Rn. 27, 36: „Reservat".

[25] Vgl. *Amelung*, in: Birtsch (Hrsg.), Grund- und Freiheitsrechte ,1987, S. 291 (301 m. Fn. 47 zur Wohnung als Oikos); *Kunig*, in: v. Münch/Kunig I, Art. 13 Rn. 2; Hinweis auf frühe Strafgewalt (die in preußischen Gesinde- ordnungen bis 1918 fortlebte) bei R. *Sprandel*, Verfassung und Gesellschaft im Mittelalter, 5. Aufl. 1994, S. 168 f.; zur assoziativ-familiären Komponente *Schmitt Glaeser* HStR² VI, § 129 Rn. 48 u. *Stein/Frank*, § 35 II.

[26] *Amelung* (Fn. 25), S. 291 (301 ff.); *Krumme* (Fn. 4), S. 83.

[27] Schwächer *Krumme* (Fn. 4), S. 64 nur „faktisch, nicht intentional"; zu pointiert *Krings*, Der Grundrechts- berechtigte , 2009, S. 27, wonach die Wohnung, nicht jedoch das Wohnen geschützt sei.

[28] Dafür: *Schmitt Glaeser* HStR VI, § 129 Rn. 47; krit. *Ziekow/Guckelberger*, in: Friauf/Höfling, Art. 13 Rn. 34; eingeschränkt *Herdegen* BK, Art. 3 (1998) Rn. 12.

**Schrankenschranke** mit Essentialia wie: gesteigerte Verhaltensautonomie, Geheimnisschutz und staatliche Sicherung vor Dritteingriffen,[29] wobei wichtige Aspekte inneren Wohnungsschutzes heute durch Art. 2 I, 4, 5 I u. III, 6 I u. II, 8, 10, 12 usw. spezialgrundrechtlich geschützt sind.[30] Art. 13 I ist insoweit zum Substrat- oder Residualgrundrecht degeneriert – bei bislang nicht voll abgeklärten **Konkurrenzlagen;**[31] zur informationstechnisch variantenreichen Wohnungsinfiltration BVerfGE 120, 274 (309 ff.).[32] Art. 3 II schließt die ursprünglich patriarchalische Binnenstruktur der Wohnungsfreiheit heute aus.

### III. Weitere Fragen

14   **1. Geltungsdimensionen.** Neben der positiven Einhegungsbefugnis (→ Rn. 9) gewährt Abs. 1 Unterlassungsansprüche zugunsten des persönlich-familiären Eigenbereichs. Zugunsten einer **institutionellen Deutung** (→ Rn. 13) sind nach h. M. zum Wohnungsbegriff (→ Rn. 4) einfachgesetzlich geregelte Abschwächungen zwischen Wohnungen ieS und Geschäftsräumen anführbar (zB § 101 I WHG). Hinsichtlich der inneren Wohnungsfreiheit gilt das ebenso für Kollisionen zwischen mehreren Wohnungsberechtigten und im Wohnungsbesetzungsfall zwischen Wohnungsbegründer(n) und Eigentümer (→ Rn. 19).[33]

15   Die **objektiv-rechtliche Dimension** des Abs. 1 schlägt sich vor allem im ua amtsgerichteten Straftatbestand des § 123 StGB nieder. Anders als bis 1974 ist er freilich in Verkennung des grundrechtlichen Wertgehalts nicht mehr Offizial-, sondern nur noch Antragsdelikt.[34] Damit tun sich hinsichtlich der objektiven Grundrechtsdimension Defizite auf, denen sich weitere hinzufügen lassen: Nichtvereinheitlichung des chaotisch zersplitterten **Rechtswegs** gegenüber staatlichen Eingriffen,[35] – vorbehaltlich des Abs. 5 S. 2 (→ Rn. 48) – Ablehnung eines grundsätzlichen **Verwertungsverbots für Beweismittel,** die mittels verfassungswidrigen Wohnungseingriffs erlangt worden sind,[36] sowie grundrechtsverfehlende Nichtanerkennung grundsätzlicher **Nochbeschwer** im Verfahren der Rechtswidrigkeitsfeststellung nach beendetem Wohnungseingriff.

Leidet die Rspr. seit BVerfGE 96, 27 (40) doch darunter, dass sie den nachträglichen Rechtsschutz nur bei „tiefgreifendem Grundrechtsverstoß" anerkennt, dh nach wie vor gerichtlich unrügbare Verletzungen des Art. 13 hinnimmt.[37] Stattdessen wäre jedem, dh auch dem nicht tiefgreifenden – **freilich dann stärker substantiiert vorzutragenden** – Grundrechtsverstoß Rechtsschutz zu gewähren.[38]

16   Zur mittelbaren **Drittwirkung** (BVerfGE 89, 1 [11 ff.]) s. die Privatgerichtetheit des § 123 StGB, vertraglich unüberstreitbare betretungsrechtliche Limitierungen des Vermieters gegenüber dem Mieter u. Ä.[39] Zu detailliertem privaten – wie staatlichen – Einblick aus der Luft, etwa mittels Drohne, Fesselballon, Flugzeug o. Ä., ist zum Schutz ansonsten uneinsehbarer Wohnflächen mit Mindestdistanzgeboten entgegenzuwirken.[40]

---

[29] So mit *Stein/Frank* § 35 II u. *Krumme* (Fn. 4), S. 86 ff.

[30] Vgl. bereits im Parl. Rat *Zinn* JÖR NF 1 (1951), S. 143 f. „weniger bedeutend(en)"; s. a. *Amelung* (Fn. 26), S. 302 u. *L. H. Tribe,* American Constitutional Law, 2. Aufl. 1988, S. 1425 „most textual".

[31] Konkurrenzfälle ua BVerfGE: 97, 228 (266 f.); 109, 279 (325); 113, 29 (45), 115, 166 (187); bemüter: *Cassardt,* in: Umbach/Clemens I, Art. 13 Rn. 14 ff. u. *Papier,* in: Maunz/Dürig, Art. 13 Rn. 143 ff. S. a. die Konkurrenzregel in § 140 IV RV 1849; zur öffentl. Videoüberwachung u. Rn. 22a.

[32] Dazu eingehend *Köhler,* in: Meyer-Goßner/Schmitt, StPO, 62. Aufl. 2019, § 100b Rn. 1 f.; → Art. 2 Rn. 121c, → Art. 10 Rn. 54. Weiter → Rn. 22a.

[33] *Degenhart* JuS 1982, 330 (333); *Amelung* NJW 1986, 2081. Vgl. dazu auch die englische Regelung, wonach eine Wohnung nach vier Wochen Leerstand als aufgegeben gilt.

[34] Bis dahin galt als Offizialdelikt der amtsdeliktische Sonderstraftatbestand des § 342 StGB.

[35] Zum Rechtsweg krit. BVerfGE 96, 44 (49), u. temperamentvoll *Sommermeier* JR 1990, 493; zurückhaltender *Knuis/Wehowsky* NJW 1999, 682 (684 f.).

[36] Ebs. ausführl. *Hermes,* in: Dreier I, Art. 13 Rn. 42 f. u. *Ziekow/Guckelberger,* in: Friauf/Höfling, Art. 13 Rn. 72. Zur einschlägigen Abwägungslehre der Rspr. etwa BGHSt 51, 285 (288 ff.); BVerfGE 109, 279 (331); 130, 1 (22 ff.) u. *Köhler* (Fn. 32), § 105 Rn. 18 ff. Übersicht bei *Park,* Durchsuchung , 2018, Rn. 432; umfassend *Wecker,* Beweisverwertungsverbote als Folge rechtswidriger Hausdurchsuchung, 2001; krit. *Gusy* NStZ 2010, 53 (361 f.); s. a. *Berkemann* AK GG, Art. 13 Rn. 104 ff.

[37] ZB BVerfGE 115, 166 (181); großzügiger BSG Breith. 2008, 355 (356 f.), BGHZ 158, 212 (216 f.). S. a. betr. Eilfälle BVerfGE: 117, 2 44 (269) u. 139, 245 Rn. 56, 73.

[38] Weiter, weil ohne erhöhte Substantiierungspflicht, *Rabe von Kühlewein,* Der Richtervorbehalt im Polizei- u. Strafprozessrecht, 2001, S. 398 f.; krit. auch *Papier* HGR IV, § 91 Rn. 21, *Park* (Fn. 36), Rn. 316.

[39] Weiter: BAGE 117, 137 (147 f.) zu gewerkschaftlichen Zutrittsgrenzen in Betrieben. S. a. *Papier,* in: Maunz/Dürig, Art. 13 Rn. 8; weitergehend für unmittelbare Drittwirkung des Abs. 7 1. Alt. *Berkemann* AK GG, Art. 13 Rn. 198.

[40] Vgl. SchwBG SchwZBl 2001, 668: 300 Meter Ballonabstand u. Verbot optischer Hilfsmittel; betr. Fotodrohne AG Potsdam CR 2016, 314 allerdings ohne seine persönlichkeitsrechtl. Rechtswidrigkeitsfeststellung bei Heranziehung von Art. 13 zu erleichtern. S. a. *Dorf* NJW 2006, 251 ff. sowie die sog. DrohnenVO v. 30.3.2017 (BGBl I, S. 683); ihre EU-bedingte Novellierung steht bevor.

**2. Grundrechtsträger.** Abs. 1 ist inpersonal formuliert; der **Berechtigtenkreis** ist deshalb in 17 besonderer Weise **deutungsoffen**. Unstreitig ist Grundrechtsträger, wer mit erkennbarem Wohnwillen Räume unmittelbar besitzt, ohne dass vorrangige Rechte Dritter entgegenstehen.[41] Damit sind kurzzeitige Aufenthalter ohne erkennbaren Wohnwillen, wie die stundenweise Putzhilfe, der reparierende Handwerker, Postboten u. Ä. zwar vom Wohnungsschutz mitbegünstigt, nicht aber selbst Grundrechtsträger.[42] Streitig ist, inwieweit zugleich Bewohner wie Kinder, Gäste, Personal u. Ä. Grundrechtsträger des Art. 13 sein können; richtigerweise dürfte insoweit entsprechend der Unterscheidung zwischen unmittelbarem Besitz und bloßer Besitzdienerschaft zu verfahren sein.[43] Zu Firmenangehörigen s. o. Fn. 9 u. BVerfG (K) NJW 2018, 2395 Rn. 38 f.

Praktisch bedeutsam wird das im Einwilligungsfall (u. Rn. 23) und im Fall der Wohnungssperrung 18 oder -verweisung bei abwesenden Wohnungsinhabern. Im letzteren Fall ist der anwesende Besitzdiener im Zweifel gem. §§ 677 ff. BGB berechtigt, iS des mutmaßlichen Willens des **Wohnungsinhabers** staatlichen Organen den Zutritt bzw. Aufenthalt zu versagen.[44] Im Streit[45] über die Ausdehnung der Inhaberschaft an Geschäftsräumen dürfte entsprechend zwischen Grundrechtsträgern und beauftragbaren Mitbegünstigten zu unterscheiden sein.

Bei Wohnungsbegründung und -innehabung durch unmittelbaren Besitz ist die Grundrechtsträger- 19 schaft um der Schutzeffizienz des Abs. 1 willen nur bei evidenten Vorrechten Dritter auszuschließen (str.). Indessen besteht im Fall des gekündigten Mieters keine solche Evidenz.[46] Grenzfall ist hingegen die **Hausbesetzung** leer stehender Räume, bei der das grundrechtliche Wohnungsbegründungsrecht mit dem Eigentum Dritter kollidiert. Bis zur einschlägigen und eventuell durch Rückfrage beim Eigentümer klärbaren zivilrechtlichen oder – mangels Offizialdelikt – strafantragsgemäßen Rechtsverfolgung liegt auch hier kein zwingender Evidenzfall vor (str.).[47]

Grundrechtsträger sind nach h. M. auch **juristische Personen,** zuletzt BVerfG (K) NJW 2017, 20 2016 Rn. 19 – zB Kirchen –, eine Aussage, die im Blick auf Höchstpersönlichkeitsaspekte des Grundrechts (→ Rn. 1) freilich eher restriktiv zu gelten hat.[48]

## B. Beeinträchtigungen

### I. Alte und neue Eingriffsformen

**Klassische** Eingriffe sind: **Eindringen** in den Wohnungsbereich oder Verweilen darin gegen 21 den Willen des Grundrechtsträgers.[49] Weiter ist an Eingriffe in die Wohnungsbegründungsbefugnis zu denken, zB durch Zweitwohnungsverbote, Raumzahlvorgaben, Wohnungsteilungsgebote u. Ä.

Frühere Einordnungsschwierigkeiten[50] von Eingriffen, mit denen die physische Barrierewirkung 22 mittels moderner Technik unterlaufen wird, sind durch Einfügung der Abs. 3–6 behoben (→ Rn. 38 ff.). Es geht um die **Observation** durch in die Wohnung verbrachte Aufzeichnungsanlagen (sog. *kleiner* Lauschangriff) oder – in *großer* Variante – durch akustische bzw. visuelle Binnenüberwachung von außen als weit über ein Telefonabhören hinausgehende Eingriffe. Es ist gegenüber der vorherigen Rechtslage insoweit konsequent, als Lausch- und Späheingriffe durch Heimlichkeit, dh **Unmerklichkeit für den Betroffenen** sowie **zeitlicher Dauer** typischerweise über die Qualität der klassischen Eingriffe (Abs. 2, 7) hinausgehen.

---

[41] BVerfGE 109, 279 (326); zum reduzierten Schutz im besonderen Gewaltverhältnis: *Sachs* JuS 1997, 461 (462); teilanerkennend BVerfGE 103, 142 (150). Demgeg. für Hafträume abl. BVerfG (K) NJW 1996, 2643 u. OLG Hamm NStZ 2019, 49; ebenso *Papier*, in: Maunz/Dürig, Art. 13 Rn. 10, *Gornig* MKS, Art. 13 Rn. 20, *Hauck* (Fn. 2), S. 411 f.

[42] Weiter *Herdegen* BK, Art. 13 (1998) Rn. 36. Obwohl nur Destinatäre des Art. 13, kann für sie das Allg. Persönlichkeitsrecht (Art. 2 I iVm Art. 1 I) greifen; vgl. BVerfGE 109, 279 (326).

[43] Vgl. BayVGH NVwZ 1991, 688 (690); *Herdegen* BK, Art. 13 (1998) Rn. 36; enger *Schmitt Glaeser* HStR² VI, § 129 Rn. 53. BVerfGE 109, 279 (326), das jedes Familienmitglied als Grundrechtsträger bezeichnet, übergeht die Frage der Grundrechtsmündigkeit.

[44] Entsprechende Überlegungen in BGHSt 21, 224 (226).

[45] Restriktiv die Rspr. o. Rn. 4 mit Fn. 9.; weit *Berkemann* AK GG, Art. 13 Rn. 66.

[46] BVerfGE 89, 1 (12) u. bereits 1903 RGSt 36, 322 (323).

[47] Vgl. *Herdegen* BK, Art. 13 (1998) Rn. 38; problemverschiebend *Hermes,* in: Dreier I, Art. 13 Rn. 22; aA *Stern,* StaatsR IV/1, S. 216; *Gornig* MKS, Art. 13 Rn. 33; *Degenhart* JuS 1982, 332. Vgl. auch die engl. Rechtsauffassung (s. o. Fn. 33).

[48] Zum Kirchenasyl *Geis* JZ 1997, 60 (64) für Vorrang von Art. 4, dagegen *Renck* NJW 1997, 2089, *Becker* MKS, Art. 16a Rn. 4. Für sonstige Vereinigungen zB BVerfGE 97, 228 (265 f.); *Hauck* (Fn. 2), S. 410, s. a. *Ziekow/Guckelberger,* in: Friauf/Höfling, Art. 13 Rn. 45 ff., krit. *Hermes,* in: Dreier I, Art. 13 Rn. 28 u. *Cassardt,* in: Umbach/Clemens I, Art. 13 Rn. 21, 55.

[49] BVerfGE 76, 83 (90); 89, 1 (12).

[50] Dazu die 5. Aufl. Rn. 22 mit Fn. 48 f.

**22a**   Rein elektronische Öffnung wohnungsinterner Speichermedien von außen (isolierte Online-Durchsuchung) ist jedenfalls kein Fall des Art. 13 (BVerfGE 120, 274).[51] Bei durch Öffnung von innen erhobenen Daten verlangt das gesteigerte Anforderungsprofil des Art. 13 auch bei späterer Weitergabe oder Zweckänderung Beachtung (BVerfGE 133, 277 Rn. 224 ff. – Antiterrordatei). – Offene oder verdeckte **Videoanlagen,** die nicht in, sondern außerhalb der Wohnung installiert werden und das Geschehen nicht in, sondern nur vor bzw. um die Wohnung überwachen,[52] sind nach h. M. nicht an Art. 13, sondern am Recht auf informationelle Selbstbestimmung (Art. 2 I iVm Art. 1 I) zu messen.[53] Noch unentschieden ist bei entsprechender Platzüberwachung die Behandlung überlappender, unvermeidlicher Einsichtnahmen in wohnungsbezogene Zubehörflächen (→ Rn. 3). Soweit hier Geringfügigkeiten nicht mit der Situationsgebundenheit zu rechtfertigen sind,[54] wonach solche Flächen auch ansonsten, dh ohne technische Hilfsmittel einsehbar und deshalb herkömmlicher Observation geöffnet sind, besteht jedenfalls ein Beweisverwertungsverbot. Mehr ist nur über Art. 13 IV erreichbar (→ Rn. 46).

## II. Einwilligung

**23**   Einwilligung schließt Verletzung aus; einwilligungsberechtigt ist der Grundrechtsträger bzw. sein Beauftragter. Hinsichtlich der Einwilligungsberechtigung ist bei Divergenz zwischen **mehreren Inhabern einer Wohnung** streitig, ob *eine* Zustimmung ausreicht oder die aller[55] erforderlich ist.

**24**   **Gegen das Einstimmigkeitserfordernis** spricht, dass zur Wohnungsfreiheit auch die Zulassungsbefugnis gehört, also im Kern ein wohnungsinterner Grundrechtskollisionsfall parallel zu BVerfGE 51, 223 (241) vorliegt.[56] Mitbewohner haben deshalb im Rahmen des Zumutbaren auch den Aufenthalt von Amtspersonen zu dulden, denen ein anderer Mitbewohner den Zutritt gestattet hat.[56] Andernfalls bliebe die assoziative Komponente des Grundrechts unberücksichtigt, durch die das Recht des Betroffenen mit dem des ihn umgebenden Familien- bzw. Sozialverbandes vom Schutzgut her verkoppelt ist (→ Rn. 8).[57]

## C. Gesetzesvorbehalte
### I. Systematik der Abs. 2 ff.

**25**   Der Streit um die Systematik der Vorbehaltsabsätze[58] leidet darunter, dass er sich mehr mit deren Unterschieden als **Gemeinsamkeiten** beschäftigt. Gemeinsam eröffnen alle Absätze bei maximaler Ausschöpfung die einschneidendsten, weil überfallartigen bzw. heimlichen (Abs. 3–5) und damit willkürähnlichsten Eingriffe in die Wohnungsfreiheit. Strafprozessual-repressive Notkompetenz (Abs. 2 2. Alt.), technische Wohnungsüberwachung und administrativ-präventiver Sofortvollzug (Abs. 7) ermächtigen **ohne jede Vorankündigung** und **in der Sache vorgreiflich,** dh ohne definitiv materiellrechtliche Legitimation auf bloßen Verdacht hin[59] zum Eingriff mit mindestens potenzieller **Zugriffstotalität** (→ Rn. 27). Diese Belastungstrias gilt – vorbehaltlich der Entwicklung technischer Gegenmittel – auch für die neuen Abs. 3–5. Durch die typische Unmerklichkeit für den Betroffenen und die typischerweise höhere Eingriffsdauer (o. Rn. 22) ist eine neue Höchsteingriffsvariante normiert worden. Die Vorbehaltsabsätze fixieren mit ihrer **Belastungstrias** ein qualitatives Eingriffshöchstmaß und kompensieren dieses durch verfahrens-rechtliche (Abs. 2), materielle Zweck-Vorgaben (Abs. 7) oder beides (Abs. 3–6). Die Absätze besitzen bei materiellem Verständnis eine klare **Obergrenzfunktion,** weswegen Abs. 7 vor seinem missverständlichen „im Übrigen"-Passus richtigerweise zu Beginn ein adjektivisches „Entsprechend einschneidende ..." zu interpolieren ist.

**26**   Die Vorbehaltsabsätze lassen damit, bei gleichzeitiger Berücksichtigung eines nur Willkür abwehrenden Unverletzlichkeitsverständnisses (→ Rn. 6), richtigerweise im Wege eines Erstrechtschlusses (arg. ad minorem) Raum für **schwächere Eingriffe.**

Solche Abschwächungen ergeben sich einmal durch Reduktionen auf der Seite der **Belastungstrias,** zB bei erhöhter Vorsehbarkeit (Ankündigung), verbesserter Legitimation wie limitierterem Zugriff (zB Zählerablesung) bzw. durch ein Weniger an Raumprivatheit, zB Geschäftsräume, Gemeinschaftshausflure (vgl. Rn. 4 u. 37). Es entspricht

---

[51] So bereits *Schlegel,* GA 2007, 649 (652 ff.); ebenso *Fink,* in: Epping/Hillgruber Beck OK, Art. 13 Rn. 10; aA *Gornig* MKS, Art. 13 Rn. 43. Zur Konkurrenz bei vorangehendem Wohnungszutritt → Rn. 13.

[52] Zu Gesetzesgrundlagen – präventiv –: *Kingreen/Poscher,* Polizei- u. Ordnungsrecht, 10. Aufl. 2018, § 13 Fn. 81; – repressiv –: § 161 u. 163 f. StPO. Zu Luftbildaufnahmen → Rn. 16.

[53] BVerfGE 109, 279 (327); BGHSt 44, 13 (16) mit zust. Anm. *Amelung* NStZ 1998, 631 u. *Asbrock* ebd. S. 632. S. a. *Cassardt,* in: Umbach/Clemens I, Art. 13 Rn. 41 mwN; aA wohl *Schmitt Glaeser* HStR² VI, § 129 Rn. 54. – S. a. zur Drittwirkungsebene bei öffentl. Räumen (§ 4 BDSG) BAGE 105, 356 mit Anm. *Helle* JZ 2004, 340 ff.

[54] Ähnlich BAGE 105, 356 (363) für eine Schutzabhängigkeit vom „Umfeld".

[55] So *Berkemann* AK GG, Art. 13 Rn. 66; *Herdegen* BK, Art. 13 (1998) Rn. 44; aA BGH NJW 1991, 2651 (2652); umfassende Diskussion bei *Krings* (Fn. 5), S. 116 ff.

[56] Zutr. § 758a ZPO; BVerfG MDR 1985, 290 f.; BGH NJW 1991, 2651 (2652) zu gemeinsamem Flur; LG Hamburg NJW 1985, 72 (74); aA *Ziekow/Guckelberger,* in: Friauf/Höfling, Art. 13 Rn. 37, 53.

[57] Zu Irrtumsfällen *Herdegen* BK, Art. 13 (1998) Rn. 45 f. Zu sog. öffentlichen Räumen, dh der Öffentlichkeit nicht zugänglich gemachten, *Kunig,* in: v. Münch/Kunig I, Art. 13 Rn. 11; aA *Papier* (o. Fn. 8).

[58] Vgl. nur *Herdegen* BK, Art. 13 (1998) Rn. 47 f. mwN.

[59] Im Einzelnen *Kühne* (Fn. 12), S. 41 ff.; ähnlich *Berkemann* AK GG, Art. 13 Rn. 70.

dem **Verhältnismäßigkeitsgrundsatz,** dass entsprechend dem Ausmaß dieser Abschwächungen auch die Maximal-kompensation obligatorischer Richtervorkontrolle fallen kann zugunsten kompensatorischer Zwischenstufen aus indirekter oder späterer Richterkontrolle, genereller oder konkreter Ankündigung bzw. Anhörung, Raumbetretungs-beschränkung u. Ä. Trotz gewisser Ansätze der Rechtsprechung (→ Rn. 31 ff., → Rn. 51 f.) steht eine ausdifferen-zierte Abstufung – ähnlich der richterrechtlichen Aufstufung in BVerfGE 7, 377 („Apothekenurteil") – noch aus.

Andererseits sieht die Einfügung der Abs. 3–5, auf Grund ihrer höheren Belastungsmodalitäten   26a hinsichtlich Feststellbarkeit und Dauer, richtigerweise **verstärkte Kompensationen** vor. Gegenüber Abs. 2 befristete und kollegiale Richteranordnung in Abs. 3 S. 2 ff., gegenüber dem – bisherigen – Abs. 7 (3 aF) obligatorische Richtervor- bzw. -nachkontrolle in Abs. 4, was auch für die Verwert-barkeit von Begleiterkenntnissen beim Eigenschutz verdeckter Ermittlung gilt (Abs. 5 S. 2).

## II. Eingriffe unter Richtervorbehalt

**1. Durchsuchung (Abs. 2). a)** Abs. 2 1. Alt. verlangt die vorgängige Richterkontrolle[60] als rechts-   27 staatliches **Regelverfahren** (u. Rn. 35). Dabei erfasst die h. M. den **Durchsuchungsbegriff** des Abs. 2 unvollständig, dh ohne Überraschung und Vorgreiflichkeit, also Betroffenheits- und Legitima-tionskriterium klar zu beachten. Ihre deskriptiv-intentionale Definition lautet im Kern: zweckgerichte-tes Suchen nach etwas Verborgenem.[61] In wechselnder Ausführlichkeit ist Durchsuchung danach[62] ein gegen die Einlass- und Informationssperre der betroffenen Wohnung gerichtetes Eindringen und Verweilen staatlicher Organe zur ziel- und zweckgerichteten Suche nach Personen oder Sachen oder zur Ermittlung eines Sachverhalts. Letztere darf vom Umfang her total sein, dh die Wohnung auf den Kopf stellen bzw. bis in die höchstpersönliche Betroffenensphäre gehen.[63]

Vereinzelt geblieben ist das subjektivierende zusätzliche Verlangen eines dezidierten **Geheimhaltungswillens** durch   28 BVerfGE 75, 318 (327), das schon im Blick auf die Durchsuchung des indolosen Dritten (§ 103 StPO) nicht überzeugt. Auch wegen beweismäßiger Schwierigkeiten abzulehnen,[64] hätte richtigerweise zur dortigen Durch-suchungsverwerfung die als Alternativbegründung gebrachte abgeschwächte legitimatorische Vorgreiflichkeit ge-nügt.[65]

**Klassische Durchsuchung** ist die aufgrund althergebrachter, liberal-rechtsstaatlicher Forderungen   29 geregelte Strafverfolgungsdurchsuchung. Festnahme- bzw. beschlagnahmeorientiert berechtigt sie zur zeitweisen Aufhebung der Wohnungsfreiheit bzw. -privatheit und ist deshalb mit dem kompensatori-schen Junktim obligatorischer Richtervorkontrolle versehen. Dieses Junktim widerstreitet wegen der Gefahr routinemäßiger **Kontrollverflachung** einer zu weiten Ausdehnung des Durchsuchungs-begriffs. Zwischen der Durchsuchung ieS und einer Begriffsextension, die unbeschadet des Abs. 7 tendenziell jeden Wohnungseingriff erfasst, vertritt die h. M.[66] eine mittlere Linie.

Trotz systematisch eigener Stellung in Abs. 7 (3 aF) haben Rechtsprechung und Gesetzgebung dem   30 Durchsuchungsbegriff **präventiv-administrative bzw. materielle Polizei-Maßnahmen** mit typi-scher Totalausforschung unterstellt;[67] was nunmehr freilich vorbehaltlich der Spezialvorbehalte in Abs. 4 f. gilt. Für diese Zuordnung spricht, dass damit Kompetenzschwierigkeiten auf Grund der repressiv/präventiven Doppelfunktion der Polizei wegfallen. Andererseits sind bei der Präventiv-Durchsuchung die materiellen Voraussetzungen des Abs. 7 zu beachten, sofern es nicht zu Abstrichen an der von ihm zugelassenen Belastungstrias (→ Rn. 26) kommt.

Der Durchsuchungsbegriff samt Richtervorkontrolle wird weiter auf **vollstreckungsrechtliche**   31 **Wohnungseingriffe** (zB §§ 758 ZPO, 287 AO) erstreckt.[68] Das geschieht, obwohl jedenfalls nach vorausgegangener Verurteilung ein genereller Ankündigungseffekt wie eine indirekte Richterlegitima-tion, dh Eingriffsabschwächungen vorliegen, die neben der jederzeitigen Abwendbarkeit durch Erfül-lung noch durch vorherige Anhörungspflichten (zB LG Köln, StV 2005, 260 f.) verstärkt worden sind.

Immerhin werden wegen dieser Abschwächung Wohnungseingriffe auf Grund gegenständlich klar   32 umrissener Räumungs-, Herausgabe- und Duldungstitel, auf Grund Haftbefehls (vgl. § 140 IV RV 1849) und Arrests ausgenommen.[69] Die h. M. erkennt damit indirekt erhöhte materielle Legitima-

---

[60] Die von der h. M. angenommene richterliche Kontroll- oder Prüfungsfunktion wird durch *Rabe von Kühlewein* (Fn. 38), S. 88 ff. bestritten; dagegen überzeugend *Amelung* NStZ 2001, 337 (343).

[61] So in zutreffender Reduktion der wechselnden, Unsicherheiten anzeigenden Anreicherungen der Rspr. *Rüping,* in: Kohlmann (Hrsg.), Strafverfolgung und Strafverteidigung im Steuerstrafrecht, 1983, S. 267 (269).

[62] Vgl. BVerwGE 47, 31 (37); BVerfGE 51, 97 (106), 75, 318 (327); 76, 83 (89).

[63] So BVerfGE 75, 318 (327) u. BVerwGE 47, 31 (37).

[64] Zutr. *Berkemann* AK GG, Art. 13 Rn. 79 f.; *Esmek,* Der Durchsuchungsbegriff nach Art. 13 Abs. II GG in der Zwangsvollstreckung, 1989, S. 138 ff.

[65] So BVerfGE 76, 83 (92).

[66] Seit BVerwGE 28, 285 ff.; BVerfGE 51, 97 ff. S. a. *Jarass,* in: ders./Pieroth, Art. 13 Rn. 14 f.

[67] Seit BVerwGE 28, 285; zur Gesetzgebung *Kingreen/Poscher* (Fn. 52), § 17 Fn. 3.

[68] BVerfGE 51, 97 (104): 1 % der Vollstreckungsfälle; 57, 346 (354 f.). Krit. nur *Dittmann,* Die Verwaltung 16 (1983), 17 ff.

[69] In der gen. Reihenfolge: OLG Düsseldorf NJW 1980, 458 f.; OLG Köln DGVZ 1989, 59; LG Berlin DGVZ 1988, 118 u. 1992, 91; vgl. BVerfGE 76, 83 (92), 2. Begründungsalternative; zu Haftbefehlen, Arrest usw. *Herdegen* BK, Art. 13 (1998), Rn. 59. S. a. *Gornig* MKS, Art. 13 Rn. 77.

tion als Einschränkungsgrund für die Durchsuchungskautelen an.[70] Auch wird im Zwangsvollstreckungsfall ein durch richterliche Durchsuchungsanordnung erlaubter Totalzugriff extensiv dahin verstanden, dass er für **weitere Pfändungen** nutzbar ist, sofern sich die Verweildauer dadurch nicht zwangsläufig verlängert.[71]

33    Keine Durchsuchung sind die bloße Aufforderung, Wohnräume zu verlassen, das Einholen von Auskünften an der Wohnungstür[72] sowie Betretungsrechte (→ Rn. 51). Insgesamt erkennt die Rechtspr. damit ansatzweise eine **Abstufung hinsichtlich der Eingriffsintensität** sowie der Kompensationsanforderungen an.

34    **b)** Abs. 2 2. Alt. („Gefahr im Verzuge") regelt als **Notkompetenz** Eilfälle, in denen die vorherige Einholung richterlicher Anordnung den Durchsuchungserfolg gefährden würde.[73] Sie eröffnet keine verfassungsunmittelbare Eingriffsermächtigung,[74] ist vielmehr als Ausnahme vom Richterjunktim durch förmliches Gesetz zu konkretisieren (zB §§ 105 StPO, 46 IV GWB). Zur **Kompensation** fehlender Richterbefassung bedarf die Eilmaßnahme, weil völlig überraschend und vorgreiflich, *verfassungsgeboten* nachträglicher Richterkontrolle von Amts wegen (zB § 98 II StPO). Der dagegen gesetzte Umkehrschluss aus Art. 104 II 2[75] ist auf die Unverzüglichkeit zu beschränken. Infolgedessen kann die Überprüfung auch im Zuge des anschließenden Strafverfahrens geschehen.

35    Zur voll überprüfbaren Notkompetenz grundlegend BVerfGE 103, 142 (157 ff.)[76] und 139, 245 Rn. 55 ff.; danach ist die Eilzuständigkeit gegenüber früherer Praxis[77] auch quantitativ nicht länger zur Regel zu machen. Dies hat ua durch entsprechende organisatorische Vorkehrungen für den richterlichen Eil- bzw. Nachtdienst (BVerfGE 151, 65 Rn. 65 ff.), enge Interpretation des Verzugs und die gehörige Dokumentation des Eilfalls sichergestellt zu werden. Indessen wurde nicht auch zur turnusmäßigen Veröffentlichung einer bislang fehlenden statistischen Offizialübersicht verpflichtet.

36    **c)** Hinsichtlich der **Rechtmäßigkeitsanforderungen** bedeutet der Hinweis auf konkretisierende einfachgesetzliche Formen (Abs. 2 aE) für die Durchführung beider Durchsuchungsarten, dass einschlägige **Formverstöße** verfassungsrelevante Willkür indizieren.[78] Diese Konsequenz würde durch eine Abschwächung einschlägiger Normen zu bloßen Ordnungsvorschriften umgangen.[79] Aus dem Formhinweis folgt weiter für die Eildurchsuchung ein gesetzliches Formungsgebot hinsichtlich späterer Richterkontrolle (→ Rn. 34 f.) und im Übrigen ein Ausgestaltungsvorbehalt,[80] der insbesondere hinsichtlich der Binnenstrukturen der Wohnung (→ Rn. 13 f.) entfaltbar ist.

37    Insoweit ist beispielhaft auf § 739 ZPO zu verweisen; weiter ließen sich ausdrückliche Duldungs(allgemein)verfügungen gegenüber **Mitbewohnern** vorsehen. Die h. M.[81] sieht demgegenüber evtl. Drittbeeinträchtigungen etwa bei Durchschreiten des Gemeinschaftsflurs im Mehrfamilienhaus oder der Mehrparteienwohnung durch die Durchsuchungsanordnung implizit mitabgedeckt; sonstige Mitbewohner sind damit nicht mitverdächtigt,[82] sondern annexhaft und ggf. angesichts des auch sozialverbandlichen Schutzes der Wohnungsfreiheit (o. Rn. 8) von Abs. 2 notwendig miterfasst. Spezielle Anforderungen an den Durchsuchungsbefehl sind **formell:** die Beachtung des Bestimmtheitsgrundsatzes und die möglichste Anhörung des Betroffenen;[83] **materiell:** eine klare Befugnisnorm, der Verhältnismäßigkeitsgrundsatz (BVerfGE 115, 166 [197 f.])[84] sowie bei Administrativdurchsuchungen u. U. die qualifizierten Gefahranforderungen des Abs. 7 (→ Rn. 30). Zur Verfristung unvollzogener

---

[70] Ähnl. *Berkemann* AK GG, Art. 13 Rn. 82 aE: „eigene Regeln".

[71] BVerfGE 76, 83 (92); zur Durchsuchung bei Bagatellforderungen *Esmek,* Der Durchsuchungsbegriff nach Art. 13 Abs. II GG in der Zwangsvollstreckung, 1989, S. 128 ff.

[72] Vgl. BVerwGE 47, 31 (37); BVerfGE 65, 100 (40).

[73] BVerfGE 51, 57 (111).

[74] Vgl. nur *Herdegen* BK, Art. 13 (1998), Rn. 63.

[75] *Kunig,* in: v. Münch/Kunig I, Art. 13 Rn. 33.

[76] Diese Rspr. ist auf erhebliche, weitgehend positive Resonanz gestoßen: vgl. nur *Papier* HGR IV § 91 Rn. 22 f. u. mwN die hiesige 6. Aufl., Fn. 75.

[77] Vgl. *U. Nelles,* Kompetenzen und Ausnahmekompetenzen in der StPO, 1980, S. 215: im Jahre 1971 in NW über 90 % nichtrichterlich! Krit. zur gegenwärtigen Situation *Gusy* NStZ 2010, 353 (356).

[78] Im Ergebnis werden sie damit zu Verfassungsverstößen, ohne selbst Verfassungsbestandteil zu werden. Zutr. *Kunig,* in: v.Münch/Kunig I, Art. 13 Rn. 33; aA *Cassardt,* in: Umbach/Clemens I, Art. 13 Rn. 89. Zur Willkürabwehr des Art. 13 → Rn. 6.

[79] Zu § 106 I StPO zutr. BGHSt 51, 211 (213 f.); aA noch BGH NStZ 1983, 375.

[80] Weiter *Berkemann* AK GG, Art. 13 Rn. 84; enger *Herdegen* BK, Art. 13 (1998) Rn. 64.

[81] LG Heilbronn StV 2005, 380; BFHE 216, 38 (46 f.); s. a. *Herdegen* BK, Art. 13 (1998) Rn. 58, u. *Gornig* MKS, Art. 13 Rn. 8 o f.

[82] So aber – in zu strikter Individualisierung des Art. 13 GG – *U. Nelles* StV 1991, 488 (489).

[83] Die Anordnung muss weiter Rahmen, Grenzen und Ziel der Durchsuchung definieren, st. Rspr. seit BVerfGE 42, 212 (220 f.); im Beschwerdeverfahren nicht heilbar ermittlungsrichterl. Konkretionsmängel hstl. Tatvorwurf u. Beweismitteln BVerfG (K) 5, 84 (88). Zur i. d. R. nachträgl. Anhörung BVerfGE 57, 346 (359 f.), BVerwGE 78, 252 (254 f.); näher nebst Ausnahmen *Hofmann*/Henneke, Art. 13 Rn. 24. – Detaillierter Prüfungsablauf bei *Kruis*/*Wehowsky* (Fn. 34), S. 682 ff., s. a. *Papier* HGR IV, § 91 Rn. 15 ff.

[84] Zur einschlägigen Rspr. detailliert *Hofmann*/Henneke, Art. 13 Rn. 15 u. jüngst BVerfG (K) NJW 2016, 1645 mit deshalb bes. Konkretionsanforderung an den Auffindeverdacht bei nicht Strafverdächtigem.

Anordnungen spätestens nach Halbjahresablauf (BVerfGE 96, 44 [54]);[85] grundsätzlich besteht kein Begleitungsrecht Dritter bei der Durchsuchung.

**2. Lausch- und Späheingriff (Abs. 3–6). a)** Die stark umstrittene Einfügung[86] der Abs. 3–6 hat **38** als **Verfassungslegitimierung** technischer Überwachungsmittel schon zuvor normierte und praktizierte[87] Maßnahmen organisatorisch und kompetenziell deutlicher umrissen. So sind anders als die Altabsätze 2 und 7 (3 aF) sämtliche technischen Überwachungsmaßnahmen wegen der spezifischen Eingriffsintensität (→ Rn. 25) mit verfahrensrechtlichen **und** materiellen Kautelen versehen.

Diese Sicherungen bestehen ua in **kollegialer Richteranordnung, obligatorischer Anordnungsbefristung** und der **materiellen Beschränkung** auf die Verfolgung einer schweren Straftat (Abs. 3) sowie bei Präventivmaßnahmen in der grundsätzlich vorgängigen Richterkontrolle, die im Notkompetenzfall obligatorisch nachzuholen ist und im Übrigen auf bestimmte materielle Voraussetzungen begrenzt wird. – **Weitergehende Verfassungstextierungen** personalidenter Richterbegleitung, bestimmter Beweiserhebungsverbote (→ Rn. 44 f.), oder klarer Restriktion der befugten „Stelle(n)" (Abs. 4 S. 2, 5 S. 1) ließen sich nicht durchsetzen.[88]

**b)** Die staatsrechtliche Kernfrage der Verfassungsergänzung, ob ihre **Orwellsche Dimension** der **39** Ewigkeitsgarantie des Art. 79 III standhält (s. 3. Aufl. Rn. 39), ist von BVerfGE 109, 279 (308) – abw. Meinung, S. 382 ff. – bejaht worden. Dieses gespaltene Ergebnis bestätigt eine Grenzfallsituation,[89] weshalb die technische Wohnungsüberwachung der Abs. 3–6 vor Art. 79 Abs. 3 – in der Ausführungsgesetzgebung – nur für Extremfälle konkreter menschenwürdebetreffender Rechtsgutsbedrohung vor allem in Notstandssituationen zu halten ist.[90]

Die **Verfahrenssicherung** ist wegen der rechtlichen Grenzfallsituation **optimierungspflichtig 40** (BVerfGE 109, 379 [340]; ähnlich SächsVerfGH JZ 1996, 957 [963]) und auch optimierungsbedürftig. Denn Widersprüchlichkeiten und Offenheiten sind unübersehbar. So ist nicht einzusehen, warum das in Abs. 3 geforderte Richterkollegium nicht ebenso für Abs. 4 S. 1 aE vorgeschrieben ist, obwohl dieser Absatz zugleich den **Späheingriff** gestattet. Das für den Einfachgesetzgeber gegebene **Gestaltungsermessen** hinsichtlich der Konkretisierung möglicher Beweisverbotsregelungen (→ Rn. 44 f.), der Katalogtaten (→ Rn. 41) und der betrauten Exekutiv- und Richterstellen[91] ist hingegen durch BVerfGE 109, 279 (324, 329 ff.; 343 ff.; 357 ff.) restriktiv präzisiert worden. – Rechtssystematisch stünden die Abs. 3–6 zusammen mit der Staatsschutzklausel des Art. 10 II GG besser, ähnlich Art. 17a GG, in einer eigenen Vorschrift über heimliche bzw. nachrichtendienstliche Ermittlung.[92]

Des Weiteren erscheint neben den vorhandenen Verfahrenssicherungen das Potential[93] insbesondere institutioneller Sicherungen zu wenig ausgeschöpft. So wäre gerade der **Presse** gegenüber die richterliche Erlaubniseinholung für staatsschutzbezogene Eingriffe von vornherein beim Verfassungsschutz zu konzentrieren und die sonstige Bekämpfung von Schwerkriminalität oder Hochgefahren durch allgemeine Organe der Strafverfolgung bzw. Gefahrenabwehr möglichst Kopfstellen anzuvertrauen.

**c)** Die technische Wohnungsüberwachung **zu Strafverfolgungszwecken** ist durch **Abs. 3** auf **41 Lauscheingriffe** begrenzt. Dabei gibt die Vorschrift keine vollständige verfassungsunmittelbare Eingriffskompetenz. Vielmehr bedarf es dazu einfachgesetzlicher Anbindung an „besonders schwere" Bezugsdelikte. Die Auswahl dieser Katalogtaten ist materielle Zentralfrage.[94] BVerfGE 109, 279 (343 ff.) hat sie dahin beantwortet, dass es um eine abstrakt besonders schwere Straftat zu gehen hat, die „jedenfalls mit einer höheren Höchststrafe als 5 Jahre Freiheitsstrafe bewehrt" sein muss.

Zur annexhaften Mitbetroffenheit indoloser Dritter und ihrer Wohnungen BVerfGE (wie vor), S. 353 ff.; zur hinreichenden Bestimmtheit des § 100c StPO BVerfGK 11, 164 (172 f.).

---

[85] Wieder einschränkend aber BVerfG (K) NJW 2006, 2684 (2686).

[86] Dazu nur die eingangs angeführten BT-Debatten.

[87] Zur normativen Seite *Götz,* Allgemeines Polizei- und Ordnungsrecht, 12. Aufl. 1995, Rn. 520 f.; zur – nur lückenhaft verzeichneten – Praxis zuvor vgl. BT-Dr 13/4942, S. 37 ff. Zur Literatur vgl. *Hermes,* in: Dreier I (1. Aufl.), Art. 13 Rn. 50 mwN.

[88] Dazu die Oppositionsvorschläge der Abg. *Meyer* und *Häfner* in der BT-Debatte, BT-Prot. 13/19 522, 19 536 sowie der Antrag BT-Dr 13/9663. S. auch *Ziekow/Guckelberger,* in: Friauf/Höfling, Art. 13 Rn. 89.

[89] Ebs. *Berkemann* AK GG, Art. 13 Rn. 127; s. a. BVerfGE 34, 238 (245 ff.) (Tonband); 35, 202 (220) (Lebach) u. BVerfGE 109, 279 (abwM, S. 383 ff.), die zutreffend auch (S. 390 f.) auf die von der Richtermehrheit unbehandelte Salamitaktik bzw. den Summierungseffekt durch weitere Eingriffe eingeht (vgl. bereits BVerfGE 30, 1, abwM, S. 33 [42, 46]).

[90] Ähnlich bereits *Berkemann* AK GG, Art. 13 Rn. 127; ihm folgend *Hermes,* in: Dreier I, Art. 13 Rn. 59. Zur mittelbar staats- bzw. verfassungsbeeinträchtigenden Qualität derartiger Rechtsgutsbedrohungen, die einen gewissen Staatsschutz rechtfertigen, zutreffend *Gusy/Ziegler* ZRP 1996, 193 (201).

[91] Einfachgesetzl. Konkretisierung in § 100e StPO iVm 74 GVG; dazu (§ 100d II aF) *Berkemann* AK GG, Art. 13 Rn. 136 f.

[92] Auch könnte solche Sondervorschrift kürzer sein, dh mit scharf umrissenem Gesetzesvorbehalt arbeiten. Denn selbst die jetzige überfrachtete Regelung kommt nicht ohne Ausführungsgesetz aus, ist also ohne dieses unvollziehbar. Weitergehende Kritik bei *Papier,* in: Maunz/Dürig, Art. 13 Rn. 69.

[93] Dazu am. Beispiele bei *Böttger/Pfeiffer* ZRP 1994, 8 ff.

[94] Zust. *Berkemann* AK GG, Art. 13 Rn. 129.

**42** Als weitere Eingriffsvoraussetzung wird nicht dringender **Tatverdacht** verlangt, sondern genügen bereits „bestimmte (verdachtsbegründende) Tatsachen".

Nach BVerfGE 109, 279 (350 f.) ist damit mehr als ein bloßer Anfangsverdacht verlangt, nicht jedoch bereits die Intensität eines hinreichenden oder gar dringenden Tatverdachts, da Letzterer, jedenfalls im Sinne der StPO, bereits Untersuchungshaft und Anklage rechtfertigt, also den fraglichen Mitteleinsatz stets entbehrlich machen würde. Hinreichend, aber auch erforderlich ist eine konkretisierte Verdachtslage[95] aufgrund sachlich zureichender plausibler Gründe, denen vage Anhaltspunkte nicht genügen (BVerfG [K] NJW 2007, 2749 [2751]).

**43** Begrüßenswerte Restriktionen in BVerfGE 109, 279 samt Berichts- und Dokumentationspflichten (S. 333); doch praktisch präzisierungsbedürftig erscheint das ebd. ausgesprochene Abbruchgebot der Überwachungsmaßnahme (S. 279 LS 5; S. 318 ff.) zum Schutz vor Informationsermittlung im absolut geschützten Kernbereich privater Lebensgestaltung.[96]

Denn zur Vermeidung von Umgehungsstrategien sowie in Anbetracht von Mischlagen und zur Ermittlungssicherung kann es nur um Unterbrechungen (§ 100d IV StPO) gehen, deren Dauer durch wiederholt stichprobenhaftes Abhören zu prüfen ist. Da überdies die einschlägige Grenzziehung erlaubter und unerlaubter Ermittlung für die Vollzugsorgane schwierig, ja überfordernd sein kann, werden statt bei der Ermittlung Lösungen auf der Auswertungsebene mittels sog. Richterbandes für besser gehalten.[97]

**44** Hinsichtlich des Verdächtigen und vor allem hinsichtlich Zeugen oder sonstiger betroffener Dritter stellt sich die strittige Frage nach **Beweisverboten;** sie ist zwar von der jetzigen Ausführungsgesetzgebung im Blick auf das Ziel der Abs. 3 ff. fast konterkarierend großzügig beantwortet worden.[98] Inwieweit das GG zu Beweisverboten zwingt, ist angesichts anderer Ausführungsmöglichkeiten einschlägigen **Menschenwürdeaspekten entgegenstehender Grundrechte** zu entnehmen.

**45** In Betracht kommen dabei als verfassungsgebotener Mindestschutz **höchstpersönliche Bereiche** (Art. 2 I iVm Art. 1 I), das **Beichtgeheimnis** (Art. 4 I), **Familienschutz** (Art. 6 I), das **Wahlgeheimnis** (Art. 38 I) sowie die verschiedenen journalistischen, anwaltlichen, parlamentarischen uä **Berufsgeheimnisse** (Art. 5 I S. 2, 12 I, 47).[99] Dem spezifischen Anliegen der Abs. 3 f., um der grundrechtlichen Schutzpflichten des Staates willen mit Hilfe technischer Überwachungsmittel jeden möglichen Massivverbrechen eingetreten zu können, entsprechen andererseits eher Beweisverwertungs-, denn Beweisermittlungsverbote, s. a. § 100d V S. 2 StPO.

**46** **d)** Für die **akustische und optische Präventivüberwachung** ist **Abs. 4** – grundlegend dazu MVVerfG, LKV 2000, 345 ff. – Spezialvorschrift gegenüber Abs. 7 (3 aF). Dessen Dringlichkeitspassus ist in Abs. 4 S. 1 um die Elemente der Gefahrverhütung und der öffentlichen Ordnung verkürzt, was BbgVerfG LKV 1999, 450 (462 ff.), aA Sondervotum *Will* LVerfE 10, 157 (209 ff.), interpretativ zu sehr überspielt. Es geht um eine Erhöhung des materiellen Legitimationsniveaus (s. a. BVerfGE 109, 279 [379]), ohne dass freilich in praxi deutlichere Rückschnitte erkennbar wären.[100] – Damit die Notkompetenz des S. 2 nicht zur Achillesferse der Bestimmung wird, sollte die einfachgesetzliche Konkretisierung der Stellenbetrauung möglichst auf **Leitungsstellen**[101] konzentriert werden. Die obligatorische Richter-Nachkontrolle hat „**unverzüglich",** dh möglichst schon vor Beendigung der Maßnahme zu geschehen.[102] Da beim Präventivvorgehen gemäß Abs. 4, anders als in Abs. 3, neben dem akustischen auch der optische Eingriff (zB Infrarot) erlaubt ist, hat hier erst recht das Ultima-Ratio-Prinzip und entspr. Abs. 3 S. 2 zeitliche Befristung (MVVerfG, LKV 2000, 345 [354]) zu gelten. Zur Verwendung von nach Abs. 4 präventiv erhobenen Daten in weiteren Verfahren verlangt auch ansonsten klärend BVerfGE 141, 220 Rn. 284 ff., 291 f. hypothetische Neuerhebung.[103]

**47** **e) Abs. 5** S. 1 dient dem **Schutz verdeckter Ermittlung.**[104] Er gibt anders als in Abs. 3 f. die Trennung zwischen präventiven und repressiven Einsätzen auf und gilt als Ausnahme von Abs. 4[105] „ausschließlich" dem Personenschutz. Abs. 5 räumt damit Rechtmäßigkeitszweifel an einer Rspr.

---

[95] So bereits *Papier,* in: Maunz/Dürig, Art. 13 Rn. 74; aA für bloßen Anfangsverdacht *Gornig* MKS, Art. 13 Rn. 94.

[96] S. a. § 100d V StPO; krit. dazu nur *Rogall* ZG 20 (2005), 164, insbes. S. 170 f. u. *Meyer-Wieck,* Der Große Lauschangriff, 2005, S. 196.

[97] So lt. *Meyer-Wieck* (wie vorst. Fn.), S. 196 Fn. 475) der Vorschlag von Polizeiexperten, die Kenntnisnahme eines verschlüsselten, aber unmanipulierbaren Beweisbandes nur durch den Richter vorzusehen.

[98] Vgl. § 100d VI StPO, krit. dazu *Weißer* GA 153 (2006), 148 ff.

[99] S. a. *Meyer-Goßner/*Schmitt (Fn. 32), Einl. Rn. 56, *Berkemann* AK GG, Art. 13 Rn. 151, *Gornig* MKS, Art. 13 Rn. 108 ff. u. umfassend *Bludowsky,* Rechtl. Probleme bei der Beweiserhebung u. Beweisverwertung im Zusammenhang mit dem Lauschangriff, 2002.

[100] Genauer *Papier,* in: Maunz/Dürig, Art. 13 Rn. 83 ff., zur Ländergesetzgebung *Kingreen/Poscher* (Fn. 52), § 13 Fn. 35 ff.; s. a. VerfGH RhPf DVBl 2007, 569.

[101] Vgl. zB Art. 37 II BayPAG, dazu BayVerfGH JZ 1995, 299 (304); denken ließe sich auch an eine Konzentration bei den Landeskriminalämtern.

[102] Ebs. *Kunig,* in: v. Münch/Kunig I, Art. 13 Rn. 47.

[103] S. a. bereits BVerfGE 133, 277 Rn. 225.

[104] Zur Begriffsabklärung wie einfachgesetzl. Ausgestaltung dieser Ermittlungsweise durch hauptamtl. u. andere Kräfte BGH NJW 1995, 2236; näher *Papier,* in: Maunz/Dürig, Art. 13 Rn. 106.

[105] So *Papier,* in: Maunz/Dürig, Art. 13 Rn. 105.

aus,[106] die dasselbe bereits zuvor gestattet hatte. Da der Einsatz nach S. 1 auf die Anwesenheitsphasen eines Verdeckten Ermittlers[107] beschränkt ist und diese typischerweise kurzzeitiger als im sonstigen Fall technischer Observation sein dürften, ist für diesen nothilfeähnlichen Annexeinsatz technischer Überwachungsmittel keine obligatorische Richterkontrolle vorgeschrieben. Einfachgesetzlich ist dies aber möglich und verfassungsrechtlich entsprechend den Abs. 2 ff. dann geboten, wenn der Auftrag für die verdeckte Ermittlung über die implizit statthafte Täuschung zur Wohnungsbetretung von vornherein zB die umfassenden Dimensionen einer Durchsuchung aufweist.[108]

Die über den Eigenschutz hinausgehende **sonstige Erkenntnisverwertung** scheidet ohne richter-  **48**
liche Erlaubnis aus (S. 2). Für diese Erlaubnis muss ebenfalls entsprechend Abs. 3 S. 1 das Ultima-Ratio-Prinzip gelten.[109] Ansonsten könnten nämlich die höheren Kautelen des Abs. 3 S. 2 f. über Abs. 5 S. 2 umgangen werden. D. h. **Verwertungsrechtmäßigkeit** solcher **Zufalls- bzw. Begleiterkenntnisse** kann bei verdecktem Vorgehen nur dann in Betracht kommen, wenn derartige Erkenntnisweiterungen nicht vorhersehbar waren.

f) **Abs. 6** fordert nach amerikanischem Vorbild die jährliche **regierungsseitige Unterrichtung**  **49**
**des Bundestages** über den Einsatz technischer Überwachungsmittel. Sie ist passive Grundrechtssicherung, verlangt freilich sachgeboten, jedenfalls hinsichtlich konkreter Einzelheiten, nicht mehr als vertrauliche Bericht. Die in S. 2 angesagte parlamentarische Kontrolle ist deshalb nach dem Vorbild zu Art. 10 II[110] einem spezifischen Vertrauensgremium anvertraut.[111] Anders als dort ist sie jedoch kein **Rechtswegersatz,** vgl. § 100d VIII StPO. Zur **Betroffenenunterrichtung,** hinsichtlich deren eine eigene Verfassungsregelung unterblieben ist, s. § 101 StPO mit BVerfGE 109, 279 (363 ff.).[112]

Zum verfassungsrechtlich nicht dezidiert vorgegebenen Berichtsinhalt s. einfachgesetzlich § 101b StPO. Doch lassen  **49a**
sich Abs. 6 Satz 2 mit dem Begriff der „parlamentarischen Kontrolle" um ihrer Wirksamkeit willen gewisse Mindestanforderungen entnehmen, die auch BVerfGE 109, 279 (354, 372 ff.) noch nicht zufriedenstellend entfaltet hat.[113] – Satz 3 ist **Homogenitätsvorschrift.** Er zwingt die Länder für ihren – vornehmlich polizeilichen – Zuständigkeitsbereich zu **gleichwertiger,** nicht aber identischer Sicherung; dazu MVVerfG LKV 2000, 345 (356).

## III. Administrative Direktkompetenzen

1. **Dringliche Gefahrenabwehr (Abs. 7).** Nach h. M. ermächtigt Abs. 7 bei entsprechend qualifi-  **50**
zierter Gefahr zu materiell-polizeilichen Wohnungseingriffen, sofern sie nicht einem der vorausgehenden Vorbehaltssätze unterfallen. Abs. 7 gibt damit die administrative Primärkompetenz für solche – dringlichen – **Gefahrenabwehrmaßnahmen,** die hinsichtlich der Belastungstrias (→ Rn. 25 f.) **potenziell die ganze Wohnung** (→ Rn. 30) betreffen (zB Bombensuche). Hierher gehört auch der Fall des **Verdeckten Präventivermittlers,** dessen Eingriffsermächtigung von Abs. 5 S. 1 nicht geregelt, sondern vorausgesetzt wird (→ Rn. 47). Abs. 7 1. Alt.[114] ist verfassungsunmittelbare Eingriffsgrundlage, nicht jedoch die 2. Alt. D. h. die Abwehr sonstiger konkreter wie abstrakter („Verhütung") Gefahren von erheblichem Gewicht[115] bedarf eines förmlichen Gesetzes, das konkreter als die polizeiliche Generalklausel sein muss,[116] zB Wohnungsverweisung (str.), die üblicherweise zweiaktig verläuft.[117]

---

[106] Seit BGH NStZ 1995, 601 mit abl. Anm. *Welp* S. 602 ff.

[107] Normative Beispiele: §§ 45 BKAG, 110a–e StPO. Zur Zulässigkeit entsprechender heimlicher Ermittlung bereits BVerfGE 57, 250 (284).

[108] Dazu *Rogall* JZ 1987, 847 (853 Fn. 101) mit dem plastischen Beispielsfall der Vortäuschung, Angehöriger einer Heizkörpermessfirma zu sein. Zur Wohnungsbetretung müssen materiell die Voraussetzungen des Abs. 7 oder Abs. 3 f. gegeben sein, zutr. Hömig/*Wolff,* GG, Art. 13 Rn. 24 u. bereits *S. Katzer,* Die Tätigkeit der V-Leute als staatl. Handeln, 2001, S. 82 ff.

[109] AA *Gornig* MKS, Art. 13 Rn. 140.

[110] Vgl. § 14 G 10.

[111] Zur Einsetzung dieses ‚Kontrollgremiums Wohnraum' näher *Berkemann* AK GG, Art. 13 Rn. 192.

[112] Ähnlich, wenn auch – auf Grund spezieller landesrechtlicher Vorgaben – weniger restriktiv, BayVerfGH JZ 1995, 299 (304); SächsVerfGH JZ 1996, 957 (966). Vgl. auch § 12 G 10.

[113] Auch im jüngsten Bericht der Bundesregierung v. 19.9.2019 (BT-Dr 19/13435) fehlt etwa jede Angabe zur Zahl der richterl. abgelehnten Lauschanträge; die volle Wirksamkeit der Richtervorbehalte in Abs. 3–6 ist deshalb der Kontrolle entzogen. Auch wären ggf. innerbehördliche oder sonstige Eklatanzahlen zu erläutern. Weitere Kritik bei *Ziekow/Guckelberger,* in: Friauf/Höfling, Art. 13 Rn. 115.

[114] Dazu am genauesten *Berkemann* AK GG, Art. 13 Rn. 197.

[115] Zu den verschiedenen Zweckbenennungen des Abs. 3 im Einzelnen *Herdegen* BK, Art. 13 (1998) Rn. 73 ff., ebd. Rn. 77 zum Begriff der dringenden, dh hohen Gefahr.

[116] *Berkemann* AK GG, Art. 13 Rn. 203 ff.; aA *Kunig,* in: v. Münch/Kunig I, Art. 13 Rn. 68.

[117] Gesetzesgrundlagen bei *Kingreen/Poscher* (Fn. 52), § 15 Fn. 4, wobei für den regelmäßigen Primärakt des zwangsweisen Wohnungszutritts bereits Abs. 7 1. Alt. einschlägig ist. Str. ist, ob die Wohnungsverweisung als solche Abs. 7 2. Alt. unterfällt. Dafür zB *Guckelberger* JA 2011, 1 (2), dagegen nur *Papier* HGR IV, § 91 Rn. 1 Fn. 7, wobei Letzterer zutr. erkennt, dass sich die Entscheidung nach dem Ausmaß des Schutzgehalts der inneren Wohnungsfreiheit (Rn. 11 ff.) richtet.

**51**    **2. Betretungsrechte.** Bloße Betretungsrechte zur **Nachschau** sind bei herrschender Lesart der Vorbehaltsabsätze (→ Rn. 6) mit Art. 13 nicht vereinbar. Sie entsprechen als Routinemaßnahmen weder der qualifizierten Gefahrenabwehr des Abs. 7[118] noch dem Durchsuchungsbegriff des Abs. 2.[119] Sie unterwerfen nämlich die Wohnung nicht dem Totalzugriff, sind *typischerweise*[120] vielmehr auf Geschäftsräume bzw. bestimmte Kontrollgegenstände beschränkt, wie zB Zählerablesung, Anlagenprüfung, Schallmessung. Weiter sind sie für bestimmte Tätigkeiten schon von Gesetzes wegen akzessorisch und damit für Betroffene vorhersehbar. Sie sind dabei legitimatorisch umso unangezweifelter, je weniger sie die engere Wohnung betreffen.[121]

**52**    Das Drama um die genaue normative Zuordnung der Betretungsrechte hält nach wie vor an. Von der i. W. unveränderten Rspr.,[122] die Geschäftsräume durch Art. 13 I mitgeschützt sieht (→ Rn. 4), werden Betretungsrechte Art. 2 I unterstellt – bei gelegentlicher Heranziehungserwägung von Art. 13 III aF dh VII nF;[123] Mindermeinungen sehen sie in freimütiger Ratlosigkeit „praeter constitutionem"[124] oder halten bei Betroffenheit der engeren Wohnung Art. 13 II[125] oder seinen Abs. 7[126] für einschlägig, und sehen Geschäftsräume nur gegenüber eigentlichen Durchsuchungen,[127] nicht aber vor der Nachschau geschützt.[128] Richtigerweise unterfallen Betretungsrechte wegen dessen aufgezeigter gesetzesvorbehaltlichen Komponente (→ Rn. 6) Art. 13 I (ähnlich wohl BVerfGE 97, 228 [266 f.]) so, dass wegen ihrer schwachen Eingriffsintensität (Rn. 4, 26, 51) kompensatorisch die nachträgliche Richterkontrolle auf Antrag genügt. Sieht man Geschäftsräume von Art. 13 nicht erfasst (→ Rn. 4), kommen insoweit Art. 2 I – Datenschutz –, 12 I und 14 in Betracht. – Zu materiellen Anforderungen an Betretungsrechte BVerfGE 32, 54 (76 f.), st. Rspr.; zu ihrer gesetzlichen Bestimmtheit BGHZ 158, 212 (216 ff.), zu großzügig KG NJW 1997, 400 (401). **Zwangsweise Betretung** ist durch Verwaltungsakt zu konkretisieren, vgl. BayVerfGHE 59, 23 (26).

## Art. 14 [Eigentum, Erbrecht und Enteignung]

(1) **Das Eigentum und das Erbrecht werden gewährleistet. Inhalt und Schranken werden durch die Gesetze bestimmt.**

(2) **Eigentum verpflichtet. Sein Gebrauch soll zugleich dem Wohle der Allgemeinheit dienen.**

(3) **Eine Enteignung ist nur zum Wohle der Allgemeinheit zulässig. Sie darf nur durch Gesetz oder auf Grund eines Gesetzes erfolgen, das Art und Ausmaß der Entschädigung regelt. Die Entschädigung ist unter gerechter Abwägung der Interessen der Allgemeinheit und der Beteiligten zu bestimmen. Wegen der Höhe der Entschädigung steht im Streitfalle der Rechtsweg vor den ordentlichen Gerichten offen.**

**Entstehungsgeschichte:** Erstfassung: JöR nF 1 (1951), 144.
**Historische Verfassungstexte: RV 1849: § 164** (1) Das Eigenthum ist unverletzlich. (2) Eine Enteignung kann nur aus Rücksichten des gemeinen Besten, nur auf Grund eines Gesetzes und gegen gerechte Entschädigung vorgenommen werden. (3) Das geistige Eigenthum soll durch die Reichsgesetzgebung geschützt werden. **§ 165** (1) Jeder Grundeigenthümer kann seinen Grundbesitz unter Lebenden und von Todes wegen ganz oder theilweise veräußern. Den Einzelstaaten bleibt überlassen, die Durchführung des Grundsatzes der Theilbarkeit alles Grundeigenthums durch Uebergangsgesetze zu vermitteln. (2) Für die todte Hand sind Beschränkungen des Rechts, Liegenschaften zu erwerben und über sie zu verfügen, im Wege der Gesetzgebung aus Gründen des öffentlichen Wohls zulässig. – **WRV: Art. 153** (1) Das Eigentum wird von der Verfassung gewährleistet. Sein Inhalt und seine Schranken ergeben

---

[118] Präzise *Lübbe-Wolff* DVBl 1993, 762 (774 Anm. 12).

[119] St. Rspr. BVerfGE 32, 54 ff.; 75, 318 (328); BVerwG NJW 2006, 2504 f.; BGH NJW 2006, 3352 (3353); BayVGH NVwZ 1991, 688 (689); iS dieser Rspr. *Papier*, in: Maunz/Dürig, Art. 13 Rn. 139 ff. auch gegen die abw. BVerfGE 97, 228 (266 f.).

[120] Richtig OVG Hamburg NJW 1997, 2193 (2194); anders – aufgrund deskriptiveren Durchsuchungsbegriffs als hier (o. Rn. 27) – für den Sonderfall „durchsuchender Nachschau" *Sachs*, VerfR II, S. 566 Rn. 19. Umfassend *Ennuschat* AöR 127 (2002), 252 (256 ff.).

[121] St. Rspr. s. nur BVerfGE 97, 228 (266).

[122] Seit BVerfGE 32, 54 (76), zuletzt BVerfG (K) DVBl. 2007, 624 (626); BVerwGE 121, 345 (352) u. BFHE 216, 38 (45 f.); eingehend *Lübbe-Wolff* DVBl 1993, 764; anders BVerfGE 97, 228 (266).

[123] Offen lassend BVerfGE 75, 318 (327); uneindeutige Heranziehung in BVerfGE 97, 228 (266); für Abs. 7 *Gornig* MKS, Art. 13 Rn. 63, 152; *Hermes*, in: Dreier I, Art. 13 Rn. 111; auf Geschäftsräume beschränkt: *Ennuschat* AöR 127 (2002), 252 (275 ff.) u. *Ziekow/Guckelberger*, in: Friauf/Höfling, Art. 13 Rn. 128; zutr. dagegen *Berkemann* AK GG, Art. 13 Rn. 109 ff.

[124] So *Berkemann* AK GG, Art. 13 Rn. 109; ähnl. *Rhein*, Die Unverletzlichkeit der Wohnung, 2001, S. 144. Dazu krit. *Papier* HGR IV, § 91 Rn. 82 f.

[125] So für best. Sonderfall s. o. *Sachs* (Fn. 120); vgl. dagegen auch die Überschreitung vertikaler (s. o. § 140 I Nr. 3 RV 1849) und horizontaler (vgl. Art. 14 Ital. Verf. 1947) rechtsvergleichender Standards.

[126] So *Papier*, in: Maunz/Dürig, Art. 13 Rn. 24 bei engerer Wohnung.

[127] *Amelung* (Fn. 25), S. 291 (329).

[128] So dezidiert *Papier*, in: Maunz/Dürig, Art. 13 Rn. 15, aber lt. Rn. 138 Fn. 3 anders bei gemischter Nutzung.

sich aus den Gesetzen. (2) Eine Enteignung kann nur zum Wohle der Allgemeinheit und auf gesetzlicher Grundlage vorgenommen werden. Sie erfolgt gegen angemessene Entschädigung, soweit nicht ein Reichsgesetz etwas anderes bestimmt. Wegen der Höhe der Entschädigung ist im Streitfalle der Rechtsweg bei den ordentlichen Gerichten offen zu halten, soweit Reichsgesetze nichts anderes bestimmen. Enteignung durch das Reich gegenüber Ländern, Gemeinden und gemeinnützigen Verbänden kann nur gegen Entschädigung erfolgen. (3) Eigentum verpflichtet. Sein Gebrauch soll zugleich Dienst sein für das Gemeine Beste. **Art. 154** (1) Das Erbrecht wird nach Maßgabe des bürgerlichen Rechtes gewährleistet. (2) Der Anteil des Staates am Erbgut bestimmt sich nach den Gesetzen.

**Geltende Landesverfassungen:** *BW*Verf Art. 2 I; *Bay*Verf Art. 103, 158, 159; *Bln*Verf Art. 23; *Bbg*Verf Art. 41; *Brem*Verf Art. 13, 45; *Hess*Verf Art. 45; *MV*Verf Art. 5 III; *NRW*Verf Art. 4 I; *RhPf*Verf Art. 60; *Saar*Verf Art. 18, 51; *Sachs*Verf Art. 31, 32; *LSA*Verf Art. 18; *Thür*Verf Art. 34.

**Supra- und internationale Texte:** EUGrundRCharta Art. 17; EMRK 1. ZP Art. 1 I; AMRE Art. 17.

**Leitentscheidungen:** BVerfGE 14, 263 (Feldmühle); BVerfGE 21, 73 (Grundstücksverkehrsgesetz); BVerfGE 24, 367 (Deichordnung); BVerfGE 31, 229 (Urheberrecht); BVerfGE 37, 132 (Wohnraumkündigungsschutzgesetz); BVerfGE 38, 348 (Zweckentfremdung von Wohnraum); BVerfGE 42, 263 (Contergan); BVerfGE 46, 325 (Zwangsversteigerung); BVerfGE 50, 290 (Mitbestimmung); BVerfGE 51, 193 (Warenzeichen); BVerfGE 52, 1 (Kleingärten I); BVerfGE 56, 249 (Dürkheimer Gondelbahn); BVerfGE 58, 81 (Ausbildungs-Ausfallzeiten); BVerfGE 58, 300 (Naßauskiesung); BVerfGE 68, 361 (Wohnungskündigung); BVerfGE 69, 272 (sozialversicherungsrechtliche Positionen); BVerfGE 70, 191 (Fischereirechte); BVerfGE 74, 264 (Boxberg); BVerfGE 79, 292 (Eigenbedarfskündigung); BVerfGE 81, 208 (Schutzrecht des ausübenden Künstlers); BVerfGE 83, 201 (Vorkaufsrecht); BVerfGE 84, 90 (SBZ-Enteignungen I); BVerfGE 87, 114 (Kleingärten II); BVerfGE 89, 1 (Besitzrecht des Mieters); BVerfGE 89, 237 (Eigenbedarfskündigung); BVerfGE 91, 294 (Fortgeltung der Mietpreisbindung); BVerfGE 91, 346 (Betriebszuweisung an einen Miterben nach dem Grundstücksverkehrsgesetz); BVerfGE 93, 121 (Einheitswert und Vermögensteuer); BVerfGE 93, 165 (Erbschaftsteuer); BVerfGE 95, 1 (Südumfahrung Stendal); BVerfGE 97, 89 (Rückübereignung DDR); BVerfGE 100, 226 (Denkmalschutz); BVerfGE 102, 1 (Zustandshaftung Altlasten); BVerfGE 104, 1 (Baulandumlegung); BVerfGE 112, 1 (SBZ-Enteignungen III); BVerfGE 114, 1 (Übertragung von Lebensversicherungsverträgen); BVerfGE 115, 97 (Halbteilungsgrundsatz); BVerfGE 115, 205 (Betriebs- und Geschäftsgeheimnisse); BVerfGE 117, 1 (Erbschaftsteuer); BVerfGE 122, 374 (Rentenrechtliche Neubewertung der ersten Berufsjahre); BVerfG (K) NJW 2007, 3268 (Squeeze-Out I); BVerfG (K) WM 2007, 2199 (Squeeze-Out II); BVerfG (K), WM 2013, 129 (Squeeze-Out III); BVerfGE 134, 242 (Garzweiler II); BVerfGE 143, 246 (Atomausstieg); 149, 86 (Pflicht zur Hofabgabe).

**Schrifttum:** *Axer*, Der Anliegergebrauch an Straßen, DÖV 2014, 323; *P. Badura*, Eigentum im Verfassungsrecht der Gegenwart, Verh. des 49. DJT Bd. II, 1972, Teil T; *ders.*, Eigentum HdbVerfR, § 10; *U. Battis/M. Ruttloff*, Vom Moratorium zur Energiewende – und wieder zurück, NVwZ 2013, 817; *J. F. Baur/K. Pritzsche/S. Pooschke*, „Ownership Unbundling" von Energienetzen und der europäische Schutz des Eigentums, DVBl 2008, 483; *F. Becker*, Entflechtung im Wettbewerbsrecht und Eigentumsgrundrecht, ZRP 2010, 105; *S. Beier*, Rechtsschutz gegen Enteignungen in mehrstufigen Planungsverfahren, DÖV 2015, 309; *G. Boehmer*, Erbrecht, in: Die Grundrechte II, S. 401; *J. Brammsen*, Wirtschaftsgeheimnisse als Verfassungseigentum, DÖV 2007, 10; *S. Bredt*, Eigentumsschutz und Generationenausgleich in der Rentenversicherung, DVBl 2006, 871; *S. Breinersdorfer*, Abzugsverbote und objektives Nettoprinzip – Neue Tendenzen in der verfassungsgerichtlichen Kontrolle des Gesetzgebers, DStR 2010, 2492; *R. Breuer*, Die Bodennutzung im Konflikt zwischen Städtebau und Eigentumsgarantie, 1976; *A. v. Brünneck*, Die Eigentumsgarantie des Grundgesetzes, 1984; *H. P. Bull*, Vom Eigentums- zum Vermögensschutz – ein Irrweg, NJW 1996, 281; *J. Chlosta*, Der Wesensgehalt der Eigentumsgewährleistung, 1975; *E. Denninger*, Verfassungsrechtliche Fragen des Ausstiegs aus der Nutzung der Kernenergie zur Stromerzeugung, 2000; *O. Depenheuer*, Wie sicher ist verfassungsrechtlich die Rente?, AöR 120 (1995), 417; *O. Depenheuer/K.-N. Peifer* (Hrsg.), Geistiges Eigentum: Schutzrecht oder Ausbeutungstitel?, 2008; *J. Dietlein*, Die Eigentumsfreiheit und das Erbrecht, in: K. Stern/M. Sachs/J. Dietlein, Das Staatsrecht der Bundesrepublik Deutschland, Band IV/1, Die einzelnen Grundrechte, 2006, § 113; *D. Ehlers*, Eigentumsschutz, Sozialbindung und Enteignung bei der Nutzung von Boden und Umwelt, VVDStRL 51 (1992), 211; *M. Elicker*, Spontane Gemeinwohlverwirklichung durch Eigentumsgebrauch, NJW 2005, 2052; *ders.*, Der Grundsatz der Verhältnismäßigkeit in der Besteuerung, DVBl 2006, 480; *M. Elicker/V.-P. Heintz*, Zum verfassungsrechtlichen Schutz des Geldwertes – Zugleich eine Besprechung der Entscheidung zur Griechenland-Hilfe –, DVBl 2012, 141; *W. Erbguth*, Phasenspezifischer oder konzentrierter Rechtsschutz? – Anhand des Umwelt- und Planungsrechts, Art. 14 GG, § 35 III 3 BauGB, NVwZ 2005, 241; *J. Eschenbach*, Der verfassungsrechtliche Schutz des Eigentums, 1996; *H. Falter/A. Rietzler*, Übernahmeansprüche im Naturschutz- und Fachplanungsrecht als Ausprägung ausgleichspflichtiger Inhalts- und Schrankenbestimmungen, DÖV 2012, 308; *H.-W. Forkel*, Staatsschuldenkrise, Geldentwertung, Grundgesetz: Gibt es einen Grundrechtsschutz gegen staatlich herbeigeführte Inflation?, ZRP 2011, 140; *K. H. Friauf*, Zur Problematik des Rechtsgrundes und der Grenzen der polizeilichen Zustandshaftung FS Wacke, 1972, S. 293; *ders.*, Öffentliche Sonderlasten und Gleichheit der Steuerbürger FS Jahrreiß, 1974, S. 45; *ders.*, Eigentumsgarantie und Steuerrecht, DÖV 1980, 480; *ders.*, Das Nutzungsrecht des Wohnungsmieters als Gegenstand der Eigentumsgarantie, FG Hämmerlein, 1994, S. 207; *K. H. Friauf/R. Wendt*, Eigentum am Unternehmen, 1977; *dies.*, Zur Zulässigkeit eines baurechtlichen „Denkmalschutzes" für Arbeiterwohnsiedlungen, 1980; *M. J. Friedl*, Die Rechte von Bezugsrechtsinhabern beim squeeze out im Vergleich zu den Rechten der Minderheitsaktionäre, Der Konzern 2004, 309 ff.; *J. Froese*, Der Eigentumsentzug ohne Güterbeschaffung, NJW 2017, 444; *B. Frye*, Die Eigentumsfreiheit des Grundgesetzes als Gebot des sog. objektiven Nettoprinzips, FR 2010, 603; *K. Gelzer/F. Busse/H. Fischer*, Entschädigungsanspruch aus Enteignung und enteignungsgleichem Eingriff, 2010; *A. Guckelberger*, Abbruch verfallender baulicher Anlagen, NVwZ 2010, 743; *E. Gurlit*, Die Reform der Rentenversicherung im Lichte der Eigentumsgarantie des Artikel 14 Grundgesetz, VSSR 2005, 45; *dies.*, Finanzmarktstabilisierung und Eigentumsgarantie, NZG 2009, 601; *P. Heinemann*, Die Verfassungswidrigkeit der Zweckentfremdungsverbote der Länder, NVwZ 2019, 1070; *H. Hofman*, Das Rettungsübernahmegesetz im Spiegel des Art. 14 III GG „Eine Enteignung ist nur zum Wohle der Allgemeinheit zulässig", NVwZ 2009, 673; *G. Hornmann*, Drittschützende Wirkung des Denkmalschutzrechts, NVwZ 2011, 1235; *J. Ipsen*, Besteuerung und Eigentum FS Badura, 2004, 201; *H. D. Jarass,*, Die enteignungsrechtliche Vorwirkung bei Planfeststellungen, DVBl. 2006, 1329; *H. Jo-*

*chum/W. Durner,* Grundfälle zu Art. 14 GG, JuS 2005, 220, 320, 412; *Jörn Axel Kämmerer,* Bodenreform und kein Ende – Die ostdeutsche Eigentumsordnung auf dem europäischen Prüfstand, DVBl 2004, 995; *R. Kazemi/A. Leopold,* Die Internetdomain im Schutzbereich des Art. 14 Abs. 1 GG, MMR 2004, 287; *O. Kimminich,* Bemerkungen zur Überleitung der Eigentumsordnung der ehemaligen DDR, in: K. Stern (Hrsg.), Deutsche Wiedervereinigung, Bd. I, 1991, S. 3; *U. Kischel,* Entschädigungsansprüche für Eigentumsbeeinträchtigungen, VerwArch. 2006, 450; *J. H. Klement,* Was schützt der Schutz des Eigentums? FS Wendt, 2015, S. 219; *M. Kloepfer,* 13. Atomgesetznovelle und Grundrechte, DVBl 2011, 1437; *L. Knopp,* Griechenland-Nothilfe auf dem verfassungsrechtlichen Prüfstand, NJW 2010, 1777; *D. König,* Der Schutz des Eigentums im Europäischen Recht, in: O. Depenheuer (Hrsg.), Eigentum, 2005, S. 113; *R. Körner,* Denkmalschutz und Eigentumsschutz – Neues aus der Rechtsprechung, LKV 2013, 57; *Th. Krappel,* Schleichende Einschränkung des Enteignungsbegriffs in der Rechtsprechung des Bundesverfassungsgerichts?, DÖV 2012, 640; *H. Kube,* Verfassungsrechtlicher Rahmen von Vermögensteuer und Vermögensabgabe, DStR-Beih. 2013, 37; *J. Kühling,* Länderkompetenz für „Mietendeckel", DVBl. 2020, 842; *G. Kühne,* Enteignungsentschädigung bei hoheitlichem Entzug von Bodenschätzen zugunsten öffentlicher Verkehrsanlagen, DVBl 2012, 661; *W. Kuhla,* Testierfreiheit und Pflichtteil FS Bezzenberger, 2000, S. 497; *S. Lampert,* Investitionsschutz im Zulassungsrecht, 2019; *K. W. Lange,* Testierfreiheit vs. Pflichtteilsanspruch am Beispiel der Pflichtteilsentziehung, ZEV 2019, 237; *J. Lege,* 30 Jahre Naßauskiesung, JZ 2011, 1084; *ders.,* Enteignung zwecks Beschaffung politischer Akzeptanz?, NVwZ 2019, 1000; *W. Leisner,* Sozialbindung des Eigentums, 1972; Eigentum HStR VIII, § 173; *ders.,* Erbrecht HStR VIII, § 174; *P. Lerche,* Fragen des Verhältnisses zwischen Berufs- und Eigentumsfreiheit FS R. Schmidt, 2006, S. 377; *Lindner,* Der passive Bestandsschutz im öffentlichen Baurecht, DÖV 2014, 313; *R. Lutz,* Eigentumsschutz bei „störender" Nutzung gewerblicher Anlagen, 1983; *Th. Mayen/U. Karpenstein,* Eigentumsrechtliche Entflechtung der Energieversorgungsnetze, RdE 2008, 33; *F. Michl,* „Datenbesitz", ein grundrechtliches Schutzgut?, NJW 2019, 2729; *A. Nußberger,* „Illegitimes" Eigentum?, DÖV 2006, 454; *C. Ohler,* Der Schutz privaten Eigentums als Grundlage der internationalen Wirtschaftsordnung, JZ 2006, 875; *Ogorek,* Eigentum und Gemeinwohl, DÖV 2018, 465; *F. Ossenbühl,* Ausgleichspflichtige Inhaltsbestimmungen des Eigentums FS Friauf, 1996, S. 391; *ders.,* Verfassungsrechtliche Fragen eines beschleunigten Ausstiegs aus der Kernenergie, 2012; *ders.,* Eigentumsschutz von Reststrommengen beim Atomausstieg, DÖV 2012, 697; *M. Pagenkopf,* Schirmt das BVerfG vor Rettungsschirmen?, NVwZ 2011, 1473; *H.-J. Papier,* Der Stand des verfassungsrechtlichen Eigentumsschutzes, in: Depenheuer (Hrsg.), Eigentum – Ordnungsidee, Zustand, Entwicklungen, 2005, S. 93; *U. Penski/B.-R. Elsner,* Eigentumsgewährleistung und Berufsfreiheit als Gemeinschaftsgrundrechte in der Rechtsprechung des Europäischen Gerichtshofs, DÖV 2001, 265; *A. Peukert/A. Kur,* Stellungnahme des Max-Planck-Instituts für Geistiges Eigentum, Wettbewerbs- und Steuerrecht zur Umsetzung der Richtlinie 2004/48/EG zur Durchsetzung der Rechte des geistigen Eigentums in deutsches Recht, GRURInt 2006, 292; *A. Pfab,* Das Rettungsübernahmegesetz als Grundlage einer verfassungsgemäßen Enteignung, BayVBl. 2010, 65; *A. Piekenbrock,* Die Verjährung von Pflichtteilsergänzungsansprüchen im Lichte der Verfassung, NJW 2020, 371; *J. Rozek,* Die Unterscheidung von Eigentumsbindung und Enteignung, 1998; *W. Rüfner,* Entwicklung des Eigentumsschutzes in Deutschland seit BVerfGE 58, 300 (18.7.1981) FS Wendt, 2015, S. 367; *M. Sachs,* Gesetzliche Bestimmung von Inhalt und Schranken des Eigentums FS Wendt, 2015, S. 385; *W.-R. Schenke,* Sozialversicherungsrechtliche Ansprüche und das Eigentumsgrundrecht, in: Kontinuität und Wandel des Versicherungsrechts FS Egon Lorenz, 2004, S. 715; *ders.,* Die Zulässigkeit von Legalenteignungen FS Wendt, 2015, S. 403; *E. Schmidt-Aßmann,* Gestalt und Wandelbarkeit der städtebaulichen Umlegung im Lichte des Art. 14 GG FS Friauf, 1996, S. 407; *ders.,* Der Schutz des Aktieneigentums durch Art. 14 GG FS Badura, 2004, S. 1009; *S. Schnöckel,* Die gerechte Entschädigung für Enteignungen, DÖV 2009, 703; *L. Schramm,* Zur Rechtsnatur des Eigentums aus der Bodenreform, NJ 2004, 448; *M. Schröder,* Verfassungsrechtlicher Investitionsschutz beim Atomausstieg, NVwZ 2013, 105; *J. Schwabe,* Die Misere des Enteignungsbegriffs FS Thieme, 1993, S. 251; *R. Schwartmann/C.-H. Hentsch,* Die verfassungsrechtlichen Grenzen der Urheberrechtsdebatte, ZUM 2012, 759; *K.-A. Schwarz,* „Güterbeschaffung" als notwendiges Element des Enteignungsbegriffs?, DVBl 2013, 133; *F. Shirvani,* Eigentumsschutz und Grundrechtskollision, DÖV 2014, 173; *ders.,* Wohnraummangel und Bodenordnung, DVBl. 2020, 172; *H. Siekmann,* Die Legende des „anonymen" Kapitaleigentums FS Stern (2012), S. 1527; *M. Uechtritz,* Bankenrettung auf dem verfassungsrechtlichen Prüfstand, NVwZ 2010, 1472; *T. Voland,* Die Verfassungs- und Europarechtskonformität der Regelungen zur Finanzmarktstabilisierung, NZG 2012, 694; *Roland Wendt,* Erblasserfreiheit versus Erbenfreiheit, ZErb 2010, 45; *Rudolf Wendt,* Zur Verfassungsmäßigkeit der Übertragung der planungsschadensrechtlichen Reduktionsklauseln des Bundesbaugesetzes auf die klassische Enteignung, DVBl 1978, 356; *ders.,* Besteuerung und Eigentum, NJW 1980, 2111; *ders.,* Eigentum und Gesetzgebung, 1985; *ders.,* Handwerkskammern und berufliche Bildung FS Ress, 2005, S. 1353; *ders.,* Rechtsschutz gegen wirtschaftliche Betätigung von Gemeinden, GS Tettinger, 2007, S. 335; *ders.,* Art. „Eigentum", Staatslexikon, 8. Aufl. 2018; *R. Wernsmann,* Die Steuer als Eigentumsbeeinträchtigung, NJW 2006, 1169; *J. Wieland,* Verfassungsrechtliche Grenzen der Besteuerung, Stbg 2006, 573; *M. Wittinger,* Nichtraucherschutz in Gaststätten und die Wirtschaftsgrundrechte: das sang- und klanglose Verschwinden des Rechts am eingerichteten und ausgeübten Gewerbebetrieb?, VBlBW 2008, 469; *M. Wolff,* Reichsverfassung und Eigentum FG Kahl, 1923, Teil IV, S. 1; *T. Würtenberger,* Eigentumsschutz im Rahmen von Politikänderungen – am Beispiel von § 29 Abs. 4 des Ersten GlüÄndStV FS Würtenberger, 2013, S. 855 ff.; weiteres Schrifttum aus der Zeit vor 2000 s. 7. Aufl.

## Übersicht

## A. Eigentumsgarantie

### I. Allgemeines

**1**    **1. Entstehung.** Der Eigentumsschutz des GG steht in der Tradition der Philosophie der Aufklärung sowie der vorangegangenen rechtsstaatlichen deutschen Verfassungen, die die Garantie des Privateigentums als Menschenrecht[1] begriffen und vom engen Zusammenhang zwischen Eigentum und Freiheit ausgingen. Auch die Eigentumsgarantien der früheren deutschen Verfassungen waren bereits durch die Spannung zwischen **liberal-naturrechtlicher Begründung** des Privateigentums und dessen **sozialer Funktion** geprägt. Dieses Spannungsverhältnis spiegelte sich auch in der Diskussion über den Wortlaut des Art. 14 im ParlRat wider.

**2**    So wurde vorgeschlagen, die Eigentumsgarantie auf das „der persönlichen Lebenshaltung oder der eigenen Arbeit dienende Eigentum" zu beschränken,[2] den Eigentumsschutz bei einem **Missbrauch** des Eigentums zu versagen[3] oder auch entschädigungslose Enteignungen vorzusehen.[4] Diese Vorschläge blieben erfolglos. Dagegen gab man der Formulierung, dass die Enteignungsentschädigung unter gerechter Abwägung der Interessen der Allgemeinheit und der Beteiligten zu bestimmen sei, den Vorzug vor der geforderten ausdr. Festlegung auf eine „angemessene Entschädigung".[5]

**3**    Art. 14 hat seine Ursprungsfassung bis heute unverändert bewahrt.[6]

**4**    **2. Grundsätzliche Bedeutung.** Die Eigentumsgarantie ist „ein elementares Grundrecht", sie enthält eine **„Wertentscheidung... von besonderer Bedeutung".**[7] Sie soll dem Grundrechtsträger einen Freiheitsraum im vermögensrechtl. Bereich sichern und ihm damit die Entfaltung und eigenverantwortl. Gestaltung des Lebens ermöglichen.[8] Daher gewährt sie dem Bürger Rechtssicherheit bzgl. der durch die Rechtsordnung anerkannten Vermögensrechte und schützt das Vertrauen in den Bestand seiner Rechte[9] (**freiheitssichernde** und **rechtsbewahrende Funktion**).

**5**    Das verfassungsrechtlich geschützte Eigentum ist somit in seinem rechtlichen Gehalt gekennzeichnet durch **Privatnützigkeit,** dh die Zuordnung zu einem Rechtsträger, in dessen Hand es als Grundlage privater Initiative und im eigenverantwortlichen privaten Interesse „von Nutzen" sein soll, und durch die **grundsätzliche Verfügungsbefugnis** über den Eigentumsgegenstand.[10] Die Eigentumsgarantie steht also in engem Zusammenhang mit der persönlichen Freiheit,[11] einschließlich der wirtschaftlichen Betätigungsfreiheit.[12] Art. 14 beschränkt sich deshalb nicht auf das persönliche Eigentum, sondern erfasst jedes Eigentum.[13] Der Schutz schließt die Bezüge des Eigentumsgegenstands zu seiner sozialen Umwelt ein.[14]

**6**    Als Verfassung, die die privatnützige Gebrauchsmöglichkeit, Ertragsfähigkeit und Verfügungsfähigkeit des Privateigentums und der zu ihm rechnenden verschiedenartigen Rechte garantiert, ist das GG nicht wirtschaftspolitisch „neutral" i. S. einer wirtschaftsverfassungsrechtlichen Inhalts- und Entscheidungslosigkeit.[15] Indem es mit dem Eigentum auch dessen ökonomische Verfügbarkeit bzw. wirtschaftliche Funktionalität gewährleistet, trifft es vielmehr eine **wirtschaftsverfassende Entscheidung** von grundlegender Bedeutung. Diese ist im Zusammenhang mit den in den anderen wirtschaftlich relevanten Grundrechtsgewährleistungen sowie den Bekenntnissen zur Rechts- und Sozialstaatlichkeit

---

[1] In dieser Tradition spricht das BVerfG von einer „primären Bedeutung der Eigentumsgarantie als Menschenrecht" (BVerfGE 50, 290, 344 f.); vgl. auch BVerfGE 112, 1 (21): „Das Eigentum hat... im Sinne des Art. 1 Abs. 2 GG denselben menschenrechtlichen Rang wie andere Freiheitsrechte ...."

[2] ParlRat, Dr 134 v. 6.10.1948, S. 4.

[3] JöR nF 1 (1951), 147 ff.

[4] ParlRat (Fn. 2).

[5] JöR nF 1 (1951), 149 ff.

[6] Schon angesichts dieser Kontinuität der Norm und vor dem Hintergrund einer zunehmenden Überregulierung durch den Verfassungsgesetzgeber auch im Grundrechtsbereich, aber auch aus sachlichen Gründen, ist gegenüber verfassungspolitischen Bestrebungen, Art. 14 I um eine „Klarstellung" zu ergänzen, wonach „Eigentum, das aus schwerwiegenden Verletzungen der Steuerpflicht stammt, aus Straftaten herrührt oder dafür verwendet werden soll ... nicht geschützt (wird)", Skepsis angebracht; vgl. aber den Diskussionsentw. von *J. Meyer/W. Hetzer* ZRP 1997, 13 ff., im Anschluss an einen Gesetzentw. der SPD-Fraktion (BT-Dr 12/6784).

[7] BVerfGE 14, 263 (277); 134, 242 Rn. 167; 143, 246 Rn. 216; 149, 86 Rn. 70.

[8] BVerfGE 30, 292 (334); 53, 257 (290); 68, 193 (222); 100, 1 (32); 102, 1 (15); 115, 97 (110); 134, 242 Rn. 167; 143, 246 Rn. 195; 149, 86 Rn. 70; BVerfG (K) NVwZ 2016, 1804 Rn. 64; *Klement* FS Wendt, 2015, 219 (220 f.).

[9] BVerfGE 51, 193 (218); 105, 252 (277); 143, 246 Rn. 372; BGHZ 133, 265 (268).

[10] BVerfGE 31, 229 (240); 42, 263 (294); 50, 290 (339); 52, 1 (30); 53, 257 (290); 100, 226 (241); 101, 54 (74 f.); 102, 1 (15); 131, 66 (799); 134, 242 Rn. 167; 143, 246 Rn. 216; 149, 86 Rn. 70; BVerwG DVBl. 2019, 1546 (1549); *Depenheuer* HGRV, § 111 Rn. 53.

[11] BVerfGE 24, 367 (389); 53, 257 (290); 100, 226 (241); 102, 1 (15, 17); 134, 242 Rn. 167; 143, 246 Rn. 216; 149, 86 Rn. 70.

[12] BVerfGE 51, 193 (218); 78, 58 (73 f.); 101, 54 (75); 102, 1 (18); BVerwGE 81, 329 (341).

[13] *Jarass*, in: Jarass/Pieroth, Art. 14 Rn. 1.

[14] BVerfGE 134, 242 Rn. 168, 269 f., 277; abl. *Klement* FS Wendt, 2015, 219 (226 ff.).

[15] Vgl. aber etwa *Schielek/Schielek*, in: Mayer/Stuby (Hrsg.), Das lädierte Grundgesetz, 1977, S. 130 ff.

getroffenen wirtschaftsverfassungsrechtlichen Grundentscheidungen zu sehen.[16] Das BVerfG spricht daher zu Recht von der nur „relativen Offenheit" der grundgesetzlichen Wirtschaftsverfassung.[17]

Art. 14 garantiert die Existenz subj. Privatrechte als Instrumente zur individ. Mitgestaltung der **7** **Sozial- und Wirtschaftsordnung** und fordert dementspr. die Schaffung und Erhaltung solcher Rechte. Der Einzelne soll als Träger subj. Privatrechte am Aufbau und an der Gestaltung der Rechts-, Gesellschafts- und Wirtschaftsordnung eigenverantwortlich, autonom und mit privatnütziger Zielsetzung mitwirken dürfen.[18]

Mit dem unternehmerischen Eigentum gewährleistet das GG zugleich eine marktmäßig und wett- **8** bewerblich organisierte Wirtschaftsordnung: Die Vielzahl der vom eigentumsinhaltsbestimmenden Gesetzgeber mit jeweils eigener Entscheidungsmacht, Verantwortungs- und Risikozuständigkeit auszustattenden Eigentümer bewirkt eine Dezentralisierung der Entscheidungen und ein plurales System der Dezentrierung sowie Verteilung von Macht, Chancen, Risiko und Herrschaft.[19] Dieses System freier unternehmerischer Initiative und dezentralisierter, am Ertrag orientierter Wirtschaftsführung setzt als Organisationsform notwendig den privaten, prinzipiell **staatsunabhängigen Markt** voraus und fordert und begründet als innere Funktionsstruktur mit ebensolcher Notwendigkeit ein **wettbewerbliches Handlungssystem.**[20]

Art. 14 enthält primär ein **subjektiv-öffentliches Abwehrrecht** gegen staatl. Eingriffe. Die Eigen- **9** tumsgarantie soll das Eigentum in seiner konkreten Gestalt in der Hand des einzelnen Eigentümers um dessen Freiheit willen sichern und gewährt die Befugnis, jede ungerechtfertigte Einwirkung auf den Bestand der geschützten vermögenswerten konkreten Rechte abzuwehren.[21] Die Frage, ob die Eigentumsgarantie über den Fall einer zulässigen Enteignung gem. Art. 14 III hinaus eine Eigentumswertgarantie enthält, ist umstritten.[22] Dabei kann nur ein Schutz des Wertinteresses des Eigentümers gegenüber staatl. Eingriff, nicht aber gegenüber markt- und situationsbedingten Wertänderungen in Betracht kommen.[23]

Art. 14 enthält darüber hinaus eine **Einrichtungs- oder Institutsgarantie** für das Privateigentum. **10** Diese Garantie bringt dessen obj., ordnungsgestaltende Bedeutung zum Tragen und sichert einen Kernbestand von Normen, die die Existenz und Funktionstüchtigkeit privatnützigen Eigentums ermöglichen und ordnen.[24] Die Institutsgarantie verbietet, dass Sachbereiche der Privatrechtsordnung entzogen werden, die zum elementaren Bestand grundrechtl. geschützter Betätigung im vermögensrechtl. Bereich gehören, und damit der durch das Grundrecht geschützte Freiheitsbereich aufgehoben oder wesentl. geschmälert wird.[25]

In ihrem **traditionsbezogenen Garantiegehalt** sichert die Einrichtungsgarantie des Eigentums die **11** überkommen typ. Grundformen und Grundstrukturen des Eigentums im verfassungsrechtl. Sinne.[26] In ihrem **funktionsbezogenen Garantiegehalt** verpflichtet die Einrichtungsgarantie den Gesetzgeber, auf Gebieten, auf denen sich noch keine, nur wenige oder nur schwach ausgeprägte traditionell verfestigte typ. vermögensrechtl. Grundstrukturen herausgebildet haben, Rechtsvorschriften fortbestehen zu lassen oder zu schaffen, die den eigentumsspezif. Freiheitsraum im vermögensrechtl. Bereich in einer dem jew. Sachgebiet und Betätigungsfeld entspr. Funktionstüchtigkeit sichern.[27]

Die Garantie des Privateigentums als Rechtseinrichtung dient der Sicherung des primär als per- **12** sonales Freiheitsrecht zu verstehenden Eigentums-Grundrechts. Die **objektive Schutzfunktion** der Eigentumsgarantie ist insofern zur Gewährleistung des **personalen Freiheitsrechts** akzessorisch, als das Freiheitsrecht der Rechtseinrichtung Eigentum bedarf, damit der Einzelne an Aufbau und Gestaltung der Wirtschaftsordnung eigenverantwortlich, autonom und mit privatnütziger Zielsetzung mitwirken kann.[28] Das für den einzelnen Eigentümer aus dem Grundrecht ableitbare subj. Recht hat die

---

[16] Vgl. *Rupp,* Grundgesetz und „Wirtschaftsverfassung", 1974; *Depenheuer/Froese* MKS I, Art. 14 Rn. 9 f.; *Dietlein,* in: Stern, StaatsR IV/1, S. 2132 f.; *Pagenkopf* NVwZ 2011, 1473 (1476).
[17] BVerfGE 50, 290 (338); zur Mißverständlichkeit der Qualifizierung des GG als „wirtschaftspolitisch neutral" (BVerfGE 4, 7 [17 f.]; 50, 290 [338]) vgl. *Wendt,* Eigentum und Gesetzgebung, 1985, S. 262 ff.
[18] Vgl. BVerfGE 50, 290 (344); *Papier* VVDStRL 35 (1977), 55 (83); *M. Pagenkopf,* NVwZ 2011, 1473.
[19] Vgl. *Rupp* (Fn. 16), S. 34 ff.; *Scholz,* in: Duwendag (Hrsg.), Der Staatssektor in der sozialen Marktwirtschaft, 1976, S. 113 (124 ff.).
[20] *Scholz* (Fn. 19), S. 124; *Ohler* JZ 2006, 875 (877); *Depenheuer/Froese* MKS I, Art. 14 Rn. 9 f.; *ders.* HGR V § 111 Rn. 20 ff.; *Wendt* (Fn. 17), S. 266 ff.
[21] Vgl. BVerfGE 24, 367 (400); 31, 229 (239); 143, 246 Rn. 217; *Depenheuer/Froese* MKS I, Art. 14 Rn. 86 ff.
[22] Verneinend BVerfGE 105, 17 (30 f.); *Depenheuer/Froese* MKS I, Art. 14 Rn. 91; *Griebel* DÖV 2012, 868 ff.; wohl auch *Badura* HdbVerfR, § 10 Rn. 32; bejahend *Friauf* DÖV 1980, 487 f.; *Schulze-Osterloh,* Das Prinzip der Eigentumsopferentschädigung im Zivilrecht und im öffentlichen Recht, 1980, S. 232 ff.; *Wendt* NJW 1980, 2113; *ders.* (Fn. 17), S. 307 ff.
[23] Dies verkennen *Depenheuer/Froese* MKS I, Rn. 91.
[24] *Badura* HdbVerfR, § 10 Rn. 33.
[25] BVerfGE 24, 367 (389); 58, 300 (339).
[26] Vgl. *Wendt* (Fn. 17), S. 188 ff.; ferner *Aicher,* Grundfragen der Staatshaftung bei rechtmäßigen hoheitlichen Eigentumsbeeinträchtigungen, 1978, S. 90 ff.
[27] *Wendt* (Fn. 17), S. 190 ff.; s. ferner *Badura* FS Maunz, 1981, S. 8.
[28] BVerfGE 24, 367 (389); 50, 290 (339, 344).

Verteidigung seiner geschützten Rechtspositionen und die Wahrung der in der Institutsgarantie ein-
begriffenen Schutzwirkungen zum Inhalt.[29]

13    Einwände gegen die Begründung des Eigentums aus der individuellen Freiheit gehen dahin, dass
unter den heutigen Gegebenheiten die persönl. Existenz und Freiheit immer weniger durch das
Eigentum und insbes. das Sacheigentum,[30] sondern durch die eigene **Arbeitskraft** und ihre **sozialstaatlich geschaffenen Surrogate,** wie Rentenansprüche, garantiert würden.[31] Dies überzeugt nicht.
Immerhin lässt gerade die freiheitsorientierte Funktionsbestimmung der Eigentumsgarantie es zu, über
das Sacheigentum und „gleichartige" privatrechtl. Rechtstitel hinaus die vermögenswerten subj.
Rechte des Privatrechts schlechthin sowie gewichtige ör Rechtspositionen als Eigentum im verfassungsrechtl. Sinn zu begreifen.[32]

14    Daher wäre es gerade in einer hochdiff. Privatrechtsordnung wie der unsrigen, die die unterschiedlichsten Typen
vermögenswerter Rechte kennt, kurzschlüssig, aus einem unterstellten Funktionsverlust des Sacheigentums als nur
einer Erscheinungsform individueller Sicherung auf einen Rückgang der **Existenz- und Freiheitssicherungsfunktion** des Verfassungseigentums insgesamt zu schließen. Nur dieses Verfassungseigentum insgesamt – zu dem auch
noch die eigentumsfähigen Lohnsurrogate des öff. Rechts und die sonstigen eigentumsgeschützten subj. öff. Rechte
rechnen – ist die geeignete Basis für die Beurteilung der Freiheitswirkungen der Eigentumsgarantie insgesamt und
damit deren gesellschaftlichen Breitenwirkung. Daher ist auch dem BVerfG beizupflichten, wenn es die Gleichwertigkeit von Sach- und Geldeigentum als eine der Funktionsgrundlagen des Art. 14 ansieht und **Geld** prägnant als
**„geprägte Freiheit"** bezeichnet, weil es frei in Sachgüter eingetauscht werden kann.[33] Zu beachten ist, dass eine
Reduzierung der Freiheitssicherungsfunktion der Eigentumsgarantie auf die Funktion einer bloßen Daseinssicherung
ohnehin unzulässig wäre.[34]

15    Nicht unerhebl. Bedeutung kann Art. 14 bei der Auslegung und Anwendung privatrechtl. Vorschriften erlangen. Insoweit ist die **Ausstrahlungswirkung** des Art. 14 nicht nur auf Generalklauseln,
sondern auf alle auslegungsbedürftigen Tatbestandsmerkmale zu beachten (**„horizontale Dimension"** der Eigentumsgarantie),[35] wobei auch dessen verfahrensrechtl. Komponente bedeutsam werden
kann.[36] Die Fachgerichte haben bei der Auslegung und Anwendung der (einfach-)gesetzl. Vorschriften
die durch die Eigentumsgarantie gezogenen Grenzen zu beachten.[37] Gesetzl. Eigentumsbindungen
müssen von dem geregelten Sachbereich her geboten sein und dürfen nicht weiter gehen, als der
Schutzzweck reicht, dem die Regelung dient.[38] Die Schwelle eines Verstoßes gegen Verfassungsrecht,
den das *BVerfG* zu korrigieren hat, ist allerdings erst erreicht, wenn die Auslegung und Rechtsanwendung der Zivilgerichte im Gesetz keine Stütze mehr findet oder Fehler erkennen lässt, die auf
einer grds. unrichtigen Anschauung von der Bedeutung und Tragweite der Eigentumsgarantie, vor
allem vom Umfang ihres Schutzbereichs, beruhen und auch in ihrer mat. Bedeutung für den konkreten
Rechtsfall von einigem Gewicht sind.[39] Widerstreitende grundrechtl. geschützte Rechtspositionen
Betroffener sind zu einem angemess. Ausgleich zu bringen.[40] Nach BGHZ 104, 240 (244), steht die
Ausstrahlungswirkung der inl. Anerkennung entschädigungsloser Enteignungen anderer Staaten entgegen.

16    **3. Grundrechtsträger.** Träger des Eigentumsgrundrechts sind alle **natürlichen und – gemäß
Art. 19 III – inländischen juristischen Personen** des Privatrechts,[41] aber auch die **nicht rechts-**

---

[29] *Badura* HdbVerfR, § 10 Rn. 34; krit. *Sieckmann,* in: Friauf/Höfling, Art. 14 Rn. 85.

[30] Vgl. *Dietlein,* in: Stern, Staatsrecht IV/1, S. 2185 f.: Bürgerlich-rechtliches Sacheigentum als „Leitbild" der
verfassungsrechtlichen Eigentumsgarantie.

[31] In dieser Richtung etwa *Erwin Stein* FS Gebhard Müller, 1970, S. 505; *Benda/Kreuzer* ZSR 1974, 1 (15 ff.); abl.
*Eschenbach,* Der verfassungsrechtliche Schutz des Eigentums, 1996, S. 598 ff.

[32] → Rn. 21 ff.

[33] BVerfGE 97, 350 (371).

[34] Näher *Wendt* (Fn. 17), S. 86 ff.; zu kurz greifend *Meyer-Abich,* Der Schutzzweck der Eigentumsgarantie, 1980,
S. 58 ff.

[35] BVerfGE 79, 292 (302 f.); 89, 1 (9 f.); 142, 74 Rn. 82; BGHZ 101, 24 (27); *Papier/Shirvani,* in: Maunz/Dürig,
Art. 14 Rn. 137 ff.; *Bethge* HGR III, § 72 Rn. 65; speziell zur Abwägung zwischen widerstreitenden Grundrechts-
positionen bei beabsichtigter Errichtung einer Satellitenempfangsanlage durch den Mieter vgl. BVerfGE 90, 27 (33 f.);
BVerfG (K), WM 1995, 1958 f.

[36] *Jarass,* in: Jarass/Pieroth, Art. 14 Rn. 32; → Rn. 41 ff.

[37] BVerfG (K) NJW 2010, 220 Rn. 16; BVerfG (K) BeckRS 2013, 01274.

[38] BVerfG 71, 137 (146); *Sieckmann,* in: Friauf/Höfling, Art. 14 Rn. 157.

[39] Vgl. BVerfGE 89, 1 (9 f.); BVerfG (K) NJW-RR 2004, 440 (441); NJW 2010, 220 Rn. 16; BeckRS 2013,
01274; BeckRS 2013, 01274.

[40] BVerfG 90, 27 (33 f.); BVerfG (K) NJW-RR 2004, 440 (441); NJW 2010, 220 Rn. 19.

[41] BVerfGE 4, 7 (17); 53, 336 (345); 66, 116 (130); 126, 112 (136); 143, 246 Rn. 182; Ablehnung der Grundrechtsfähigkeit von jur. Personen des Privatrechts, die ganz vom Staat beherrscht werden, durch BVerfG 45, 63
(79 f.), und BVerfG 143, 246 Rn. 190, sowie BVerwG BeckRS 2016, 55887; Entsprechendes gilt für sog. gemischtwirtschaftl. Unternehmen, sofern der Staat mehr als 50 % der Anteile an diesen jur. Personen des Privatrechts hält, vgl.
BVerfGE 143, 246 Rn. 190; Grundrechtsfähigkeit der Deutschen Telekom AG bejaht von BVerfG 115, 205 (227 f.:
Fehlen eines beherrschenden Einflusses des Bundes); ebenso BVerwGE 114, 160 (189); BVerfG (K) NVwZ 2004,
719 f.; BVerwG NVwZ 2004, 233 (236 f.); eine erwerbswirtschaftl. tätige inl. jur. Person des Privatrechts, die

**fähigen** Personenvereinigungen.[42] Ausl. jur. Personen sind durch Art. 19 III vom Schutz des Art. 14 dagegen grds. ausgeschlossen;[43] einem Anspruch aus enteignungsgleichem und enteignendem Eingriff steht das nicht entgegen, da diese der Ebene des einfachen Rechts zugerechnet werden.[44] Aufgrund des Anwendungsvorrangs der Grundfreiheiten im Binnenmarkt und des allg. Diskriminierungsverbots wegen der Staatsangehörigkeit hält das BVerfG allerdings eine „Anwendungserweiterung" des Art. 19 III auf jur. Personen aus Mitgliedstaaten der EU für geboten.[45] Inl. wie ausl. Anteilseigner ausl. jur. Personen genießen – als natürl. Personen – den Schutz des Art. 14;[46] zu berücksichtigen ist, dass auch ausl. beherrschte jur. Personen mit Sitz in der Bundesrepublik inl. jur. Personen sind.[47] Im Übrigen ist der **völker- und europarechtliche Schutz** ausl. Eigentums zu beachten, vgl. z. B. Art. 1 des 1. ZP zur EMRK.[48]

**Juristische Personen des öffentlichen Rechts** können zwar Eigentümer, aber i. d. R. keine **17** Träger von Grundrechten sein.[49] Das gilt auch für das Eigentumsgrundrecht. Nach der Formulierung des BVerfG schützt Art. 14 „nicht das Privateigentum, sondern das Eigentum Privater".[50] Auch soweit **kommunale Gebietskörperschaften** keine öff. Aufgaben wahrnehmen, hat ihnen das BVerfG den Schutz von Art. 14 versagt, da sie dem Staat auch insoweit nicht in der gleichen „grundrechtstypischen Gefährdungslage" gegenüberstünden wie der einzelne Eigentümer; ob in **„ganz besonders gelagerten Ausnahmefällen"** etwas anderes gelten könne, wird offengelassen.[51]

Desgleichen hat das BVerfG eine Grundrechtsträgerschaft der **öffentlich-rechtlichen Sparkassen** **18** verneint[52] und den **öffentlich-rechtlichen Rundfunkanstalten** eine Berufung auf Art. 14 gegenüber verwertungsrechtl. Regelungen verwehrt.[53] Etwas Anderes könnte nach neuerer Rspr. des Gerichts gelten, wenn der fragl. Eigentumsgebrauch unmittelbar der primären grundrechtl. Freiheitsbetätigung der Rundfunkanstalt dient: „Soweit ... ein die Ausübung der Rundfunkfreiheit unterstützendes Verhalten in einer anderen Grundrechtsnorm geschützt ist, erstreckt sich die Grundrechtsträgerschaft auch auf dieses Grundrecht."[54] Bzgl. einer Handwerksinnung hat das BVerfG die Grundrechtsträgerschaft bejaht, weil sie nur in ihrer Funktion als Vertretung der wirtschaftl. Interessen ihrer Mitglieder betroffen war und in der Rechtslage kein Unterschied zur der privater Zusammenschlüsse bestand.[55] Ferner hat der BGH dem Jagdausübungsrecht einer Jagdgenossenschaft in der Rechtsform einer ör Körperschaft den Schutz des Art. 14 zugebilligt, da sich diese bei einem Eingriff in ihr Recht in der gleichen **„grundrechtstypischen Gefährdungslage"** wie der Inhaber eines Eigenjagdbezirks befinde.[56]

Den Eigentumsschutz des Art. 14 genießen schließlich die **Kirchen** und **anderen Religionsgesell-** **19** **schaften,** auch soweit sie Körperschaften des öff. Rechts sind. Dies kann schon deshalb angenommen werden, weil es sich bei ihnen um „eigenständige, vom Staat unabhängige, einem grundrechtlich geschützten Lebensbereich zugehörende Einrichtungen"[57] handelt. Die Gewährleistung des Art. 140 GG i. V. mit Art. 138 II WRV tritt dann neben Art. 14,[58] schließt diesen aber nicht aus[59] und begründet auch nicht erst dessen Anwendung.[60]

---

vollständig von einem Mitgliedstaat der EU getragen wird, kann sich allerdings wegen der Europarechtsfreundlichkeit des GG in Ausnahmefällen auf die Eigentumsfreiheit berufen, vgl. BVerfGE 143, 246 Rn. 191 ff.

[42] BVerfGE 4, 7 (17).

[43] BVerfGE 21, 207 (209); 100, 313 (364); 129, 78 (95); *Papier/Shirvani*, in: Maunz/Dürig, Art. 14 Rn. 343; *Depenheuer/Froese* MKS I, Art. 14 Rn. 190 f.; *Remmert*, in: Maunz/Dürig, Art. 19 Rn. 88 ff.; *Dietlein*, in: Stern, StaatsR IV/1, S. 2216 f.

[44] BGHZ 76, 375 (384); *Bryde*, in: v. Münch/Kunig I, Art. 14 Rn. 8; *Papier/Shirvani*, in: Maunz/Dürig, Art. 14 Rn. 348.

[45] BVerfGE 129, 78 (96 ff.); *Papier/Shirvani*, in: Maunz/Dürig, Art. 14 Rn. 345 f.

[46] *Bryde*, in: v. Münch/Kunig I, Art. 14 Rn. 8; *Depenheuer/Froese* MKS I, Art. 14 Rn. 190.

[47] *Bryde*, in: v. Münch/Kunig I, Art. 14 Rn. 8.

[48] Näher *Dolzer*, Eigentum, Enteignung und Entschädigung im geltenden Völkerrecht, 1985; *Ohler* JZ 2006, 875 (882); *Bryde*, in: v. Münch/Kunig I, Art. 14 Rn. 8; *Papier/Shirvani*, in: Maunz/Dürig, Art. 14 Rn. 86, 347; *Depenheuer/Froese* MKS I, Art. 14 Rn. 191.

[49] BVerfGE 143, 246 Rn. 187 ff.; *Sachs*, Art. 19 Rn. 89 ff.; aA *Wieland*, in: Dreier I, Art. 14 Rn. 85 f.

[50] BVerfGE 61, 82 (108 f.); BVerwG NVwZ 2013, 1605 Rn. 22; ebenso *Bryde*, in: v. Münch/Kunig I, Art. 14 Rn. 9; *Papier/Shirvani*, in: Maunz/Dürig, Art. 14 Rn. 333; *Depenheuer/Froese* MKS I, Art. 14 Rn. 192 f.; *Dietlein*, in: Stern, Staatsrecht IV/1, S. 2217 f.

[51] BVerfGE 61, 82 (105 ff.); 75, 192 (197, 200); 138, 64 Rn. 59; BVerwGE 84, 257 (269); *Jarass*, in: Jarass/Pieroth, Art. 14 Rn. 23; auch in Ausnahmefällen die Grundrechtsfähigkeit kommunaler Gebietskörperschaften verneinend *Papier/Shirvani*, in: Maunz/Dürig, Art. 14 Rn. 335.

[52] BVerfGE 75, 192 (197 ff.); zust. *Papier*, in: Maunz/Dürig, Art. 14 Rn. 336 f.

[53] BVerfGE 78, 101 (102).

[54] BVerfGE 107, 299 (309 f.); idS auch *Dietlein*, in: Stern, StaatsR IV/1, S. 2220.

[55] BVerfGE 70, 1 (20).

[56] BGHZ 84, 261 (264 f.); 132, 63 (65).

[57] Vgl. zu diesen Kriterien allg. BVerfGE 45, 63 (79); 61, 82 (102 f.).

[58] *Mager*, in: v. Münch/Kunig II, Art. 140 Rn. 77; *Depenheuer/Froese* MKS I, Art. 14 Rn. 107, 196; wohl auch *Papier/Shirvani*, in: Maunz/Dürig, Art. 14 Rn. 334, 341 f.

[59] So *Dicke*, in: v. Münch I, 2. Aufl. 1981, Art. 14 Rn. 7.

[60] So wohl *Kimminich* BK, Art. 14 (1992) Rn. 113.

**20**    Die **Grundrechtsmündigkeit** bestimmt sich bei Art. 14 parallel zu den bürgerlichrechtlichen Vorschriften über die Geschäftsfähigkeit (§§ 104 ff. BGB).[61] Für den Schutz des Eigentümers eines Grundstücks durch das Eigentumsgrundrecht kommt es in aller Regel weder auf das Motiv für den Grunderwerb noch auf dessen Zeitpunkt oder auf die sonstigen Begleitumstände an.[62] Wird die Eigentümerstellung aber allein deshalb begründet, um ein fachgerichtliches Klagerecht zu erwirken (**„Sperrgrundstück“**),[63] ist dies rechtsmissbräuchlich.[64]

**20a**    **4. Eigentum im europäischen Recht.** Das **Eigentum** gehört nach ständiger Rspr. des **EuGH** zu den von der **unionsrechtlichen Rechtsordnung** geschützten Grundrechten.[65] Hergeleitet wird dieser grundrechtliche Schutz aus Art. 6 EUV, nach dessen Absatz 1 die Union die Rechte, Freiheiten und Grundsätze anerkennt, die in der EUGRCh niedergelegt sind, und nach dessen Abs. 3 die Grundrechte, wie sie in der EMRK gewährleistet sind und wie sie sich aus den gemeinsamen Verfassungsüberlieferungen der Mitgliedstaaten ergeben, als allgemeine Grundsätze Teil des Unionsrechts sind.[66] Damit ist auch Art. 1 des ZP zur EMRK umfasst.[67] Diese Verweisungen führen dazu, dass dem EuGH noch stärker, als dies in den nationalen Rechtsordnungen den Verfassungsgerichten obliegt, die Aufgab zukommt, die Reichweite der Eigentumsgarantie im Einzelfall zu konkretisieren. Die europarechtliche Eigentumsgarantie des Art. 17 der EUGRCh entspricht im Wesentlichen Art. 1 des 1. ZP zur EMRK.[68]

**20b**    Der Eigentumsschutz auf europäischer Ebene umfasst auch den Bestand eines Betriebes[69] sowie die mit dem Unternehmen eng verbundenen Vermögensrechte,[70] nicht jedoch bloße kaufmännische Interessen oder Aussichten.[71] Davon abzugrenzen sind allerdings Positionen, für die ein schutzwürdiges Vertrauen begründet wurde.[72] Die Verpflichtung, eine **Abgabe** zu entrichten, verstößt nach Auffassung des Gerichts auch dann nicht gegen das Eigentumsrecht, wenn die Abgabe nur noch aus der Substanz eines Unternehmens finanziert werden kann.[73] Gleiches gilt für durch die wirtschaftliche Lage gebotene **Produktionsbeschränkungen,** selbst wenn hierdurch Rentabilität und Substanz eines Unternehmens beeinträchtigt werden.[74] Der Schutz des geistigen Eigentums spielt eine zunehmende Rolle.[75]

**20c**    Eine **Einschränkung** des Eigentumsrechts ist zulässig, wenn hiermit tatsächlich dem **Gemeinwohl** dienende Ziele verfolgt werden und der Eingriff nicht im Hinblick auf den verfolgten Zweck unverhältnismäßig bzw. untragbar ist und so das gewährleistete Recht in seinem Wesensgehalt angetastet wird.[76] Die Rspr. des EuGH nimmt daher eine Überprüfung an Hand der verschiedenen Elemente des **Verhältnismäßigkeitsgrundsatzes** vor.[77]

**20d**    Art. 345 AEUV, nach dem der EUV und die AEUV die Eigentumsordnung in den verschiedenen Mitgliedstaaten unberührt lassen, stellt klar, dass auch nach Inkrafttreten der Verträge die

---

[61] *Bryde,* in: v. Münch/Kunig I, Art. 14 Rn. 11; *Sieckmann,* in: Friauf/Höfling, Art. 14 Rn. 95.

[62] BVerfGE 134, 242 Rn. 156.

[63] BVerfGE 134, 242 Rn. 156.

[64] BVerwG NVwZ 2012, 567 Rn. 13 ff.; HmbOVG ZUR 2020, 94.

[65] Grundlegend EuGH C-44/79, Rn. 17 ff. – *Hauer,* sowie etwa EuGH C-280/93, Rn. 78 f. – Bananenmarktordnung; zum völkerrechtlichen Schutz des privaten Eigentums vgl. *Schöbener* FS Stern, 2012, S. 901 ff.

[66] Auch gemäß Art. 6 II EUV aF war die EMRK bereits Prüfungsmaßstab bei der Grundrechtskontrolle durch den EuGH, vgl. hierzu *Hoffmann-Riem* EUGRZ 2002, 473 ff.

[67] Vom 20.3.1952, BGBl 1956 II S. 1880, idF der Bek. v. 17.5.2002, BGBl II S. 1072; zum Verhältnis des Gemeinschaftsrechts zur EMRK vgl. auch Bosporus-Entscheidung des EGMR v. 30.6.2005, NJW 2006, 197; zum Eigentumsschutz nach der EMRK vgl. *Basedow/Bulst* FS Schmidt, 2006, S. 3 ff.

[68] Zum Inhalt und den Beschränkungen des europäischen Eigentumsschutzes vgl. *Jarass* Charta der Grundrechte der EU, Art. 17; *König,* in: Depenheuer (Hrsg.), Eigentum, 2005, S. 113 ff.; *Durner* HGR VI/1, § 162 Rn. 39 ff.

[69] Vgl. EuGH C-4/73, Rn. 14 – Nold; C-258/81, Rn. 13 – Metallurgiki Halyps; C-59/83, Rn. 22 – SA Biovilac NV; *Müller-Michaels,* Grundrechtlicher Eigentumsschutz in der Europäischen Union, 1997, S. 38 f.; *Sieckmann,* in: Friauf/Höfling, Art. 14 Rn. 26; *Penski/Elsner* DÖV 2001, 265 (269).

[70] Dazu *Thiel* JuS 1991, 274 (279).

[71] EuGH C-4/73 – Nold; C-59/83, Rn. 22 – SA Biovilac NV.

[72] EuGH C-1/73, Rn. 2 ff. – Westzucker; *Thiel* JuS 1991, 274 (279); *Müller-Michaels,* Grundrechtlicher Eigentumsschutz in der Europäischen Union, 1997, S. 39 f.

[73] EuGH 143/88, Rn. 73 ff. – Zuckerfabrik Süderdithmarschen; krit. dazu *Schilling* EuZW 1991, 310 (312); zur deutschen Erbschaftsteuer vgl. *Wächter* DStR 2004, 540 ff.

[74] EuGH C-258/81, Rn. 13 – Metallurgiki Halyps; krit. dazu *Streinz,* Bundesverfassungsgerichtlicher Grundrechtsschutz und Europäisches Gemeinschaftsrecht, 1989, S. 408; näher *Müller-Michaels,* Grundrechtlicher Eigentumsschutz in der Europäischen Union, 1997, S. 48 ff.

[75] *Dietlein,* in: Stern, Staatsrecht IV/1, S. 2195 ff.; zur geschichtlichen Entwicklung *Tettinger* FS K. Bartenbach, 2005, S. 43 (46 ff.); zum Schutz des gewerblichen und kommerziellen Eigentums gemäß Art. 36 AEUV vgl. EUGH C-325/00, Rn 27 – CMA-Gütezeichen; C-418/01, Rn. 34 ff. – IMS Health; *Beyerlein* WRP 2005, 1354; *Gaster* CR 2005, 247 ff.; *Frey/Rudolph* ZUM 2004, 522 ff.; *Schwarze* EUZW 2002, 75 ff.

[76] EuGH C-280/93, Rn. 78 – Bananenmarktordnung; C-491/01, Rn. 149 – British American Tobacco.

[77] EuGH C-491/01, Rn. 149 ff. – British American Tobacco; *von Milczewski,* Der grundrechtliche Schutz des Eigentums im Europäischen Gemeinschaftsrecht, 1994, S. 110 ff. mwN.

Ausgestaltung der Eigentumsordnung der Mitgliedstaaten prinzipiell in deren Zuständigkeit bleibt und insbes. die staatlichen Rechtsordnungen selbst über Voraussetzungen und Ausmaß einer **Privatisierungs- oder Verstaatlichungspolitik** entscheiden.[78] Der Entwicklung eines unionsrechtlichen Eigentumsrechts, das dem Schutz des Unionsbürgers vor Akten der Union dient, steht die Vorschrift nicht entgegen.[79]

## II. Inhalt des Grundrechtsschutzes (Abs. 1 S. 1)

**1. Schutzfähige Positionen. a) Allgemeines.** Art. 14 schützt als Eigentum die rechtliche Zuord- 21 nung eines vermögenswerten Gutes an einen Rechtsträger.[80] Welche vermögenswerten Rechtspositionen als Eigentum i. S. des Art. 14 geschützt sind, bestimmt sich nach dem **Zweck und der Funktion der Eigentumsgarantie** unter Berücksichtigung ihrer Bedeutung im Gesamtgefüge der Verfassung. Dabei ist vor allem auf ihre Funktion abzustellen, dem Berechtigten für den privaten Bereich und für die wirtschaftliche Betätigung einen gesicherten Freiheitsraum im vermögensrechtlichen Bereich, auf dessen Fortbestand er vertrauen kann, zu gewährleisten und ihm damit die Entfaltung und eigenverantwortliche Lebensgestaltung zu ermöglichen.[81]

**b) Private Vermögensrechte.** Die bereits für Art. 153 WRV zur allgemeinen Anerkennung 22 gelangte Anschauung, dass das Eigentumsgrundrecht nicht nur das sachenrechtliche Eigentum, sondern **jedes „private Vermögensrecht"** gewährleistet,[82] hat für die Eigentumsgarantie des GG ihre Gültigkeit behalten.[83] Wenn die Eigentumsfreiheit nicht vorschnell auf bestimmte Lebensbereiche beschränkt werden soll, ist in der Tat jede privatrechtlich begründete Rechtsinhaberschaft und -herrschaft einer Person in Bezug auf Vermögensgegenstände oder jedwede Freiheit im Bereich der privaten vermögenswerten Rechte geeigneter Schutzgegenstand des Art. 14.[84]

Der Gesetzgeber eröffnet den eigentumstypischen Spielraum personenbezogener Freiheit und Ent- 23 faltungs- und Gestaltungsmöglichkeit mit jedem vermögenswerten Recht, das er dem Berechtigten ebenso ausschließlich wie Eigentum an einer Sache zur privaten Nutzung und zur eigenen Verfügung zuordnet.[85] Geschützt durch Art. 14 sind daher im Bereich des Privatrechts „grundsätzlich alle vermögenswerten Rechte…, die dem Berechtigten von der Rechtsordnung in der Weise zugeordnet sind, dass er die damit verbundenen Befugnisse **nach eigenverantwortlicher Entscheidung** zu seinem **privaten Nutzen** ausüben" kann.[86] Unerheblich ist, aus welchen Gründen das Recht erworben wurde,[87] etwa um ein Klagerecht zu erlangen.[88]

Die privaten Rechte entfalten über Art. **14 I 1** als **Transformationsnorm** eine Tatbe- 24 standswirkung im Verfassungsrecht, dh sie gelten nicht nur gegenüber Privaten, sondern schützen ihre Inhaber auch gegenüber dem Staat, indem sie den vollen Umfangs Grundlage des Eigentumsschutzes werden.[89] Eigentum i. S. des Verfassungsrechts sind auf dieser Grundlage ua alle dingl. Rechte an einer Sache, Forderungen,[90] vertragl. Nutzungsrechte,[91] die gesellschaftsrechtl.. Mitgliedschaftsrechte und die Rechte des „geistigen Eigentums" (soweit sie Vermögensrechte sind).[92] **IE** gehören dazu Hypothe-

---

[78] *Sieckmann,* in: Friauf/Höfling, Art. 14 Rn. 170.

[79] Vgl. EuGH C-367/98, Rn. 48 ff. – behördliche Genehmigungen; *Wieland,* in: Dreier I, Art. 14 Rn. 24; *Hoffmann-Riem* EUGRZ 2002, 473 ff.; *Dietlein,* in: Stern, StaatsR IV/1, S. 2336 f.

[80] *Wendt* (Fn. 17), S. 12 ff.; *Böhmer* NJW 1988, 2566.

[81] BVerfGE 51, 193 (218); 83, 201 (208); 97, 350 (370 f.); *Depenheuer/Froese* MKS I, Art. 14 Rn. 115; *Dietlein,* in: Stern StaatsR IV/1, S. 2184; vgl. → Rn. 4 ff.

[82] RGZ 109, 310 (319 f.); 111, 320 (328); 129, 246 (248); *M. Wolff* FG Kahl, Teil IV, 1923, S. 1 ff.; *Anschütz* WRV, Art. 153 Anm. 2; aA etwa *Schelcher,* in: Nipperdey (Hrsg.), Die Grundrechte und Grundpflichten der Reichsverfassung, Bd. 3, 1930, S. 196 (198 ff.); eingehend *Wendt* (Fn. 17), S. 17 ff.

[83] Grundlegend BGHZ 6, 270.

[84] *Wendt* (Fn. 17), S. 97 f.; *Friauf* FG Hämmerlein, 1994, S. 217.

[85] BVerfGE 78, 58 (71); 83, 201 (208).

[86] BVerfGE 83, 201 (209); 89, 1 (6); 91, 294 (307); 95, 267 (300); 126, 331 (358); 131, 66 (79); ferner BGHZ 125, 293 (298); *Depenheuer* HGR V § 111 Rn. 43.

[87] BVerfGE 134, 242 Rn. 156.

[88] *Kment* NVwZ 2014, 1567; *Jarass,* in: Jarass/Pieroth, Art. 14 Rn. 5.

[89] Vgl. *Ramsauer,* Die faktischen Beeinträchtigungen des Eigentums, 1980, S. 146 f.; *Wendt* (Fn. 17), S. 132 ff.; *Ehlers* VVDStRL 51 (1992), 214 f.; zust. *Depenheuer/Froese* MKS I, Art. 14 Rn. 113.

[90] BVerfGE 45, 142 (179); 68, 193 (222); 131, 66 (79).

[91] BGH DVBl 1980, 283; BGHZ 125, 293 (298).

[92] Vgl. *Badura,* FS Maunz, 1981, S. 1; *P. Kirchhof* FS Zeidler II, 1987, S. 1639; *Götting* GRUR 2006, 353 (356 ff.); *Hüsken,* Informationsfreiheit und urheberrechtlicher Schutz des geistigen Eigentums, 2003; *Depenheuer/Peifer* (Hrsg.), Geistiges Eigentum, 2008; zur Umsetzung der RL 2004/48/EG des Europäischen Parlaments und des Rates vom 29.4.2004 zur Durchsetzung der Rechte des geistigen Eigentums (ABl EU Nr. L 195/16) s. *Peukert/Kur* GRUR Int 2006, 292 ff.; speziell zum Schutz des aus dem Anteilseigentum resultierenden Stimmrechts *Zöllner/Hanau* AG 1997, 206 (207); zum Schutz von Betriebs- und Geschäftsgeheimnissen vgl. BVerfGE 115, 205; BVerwGE 125, 40 (41); vgl. hierzu *Brammsen* DÖV 2007, 10 ff.; *v. Danwitz* DVBl 2005, 597 ff.; zur Frage eines Eigentumsschutzes an Daten *Eichberger* VersR 2019, 709; *Michl* NJW 2019, 2729.

ken, Grundschulden, Erbbaurechte,[93] das Eigentum an Produktionsmitteln,[94] die eingerichtete und ausgeübte Vertragspraxis,[95] Kaufpreisansprüche,[96] Vorkaufsrechte,[97] das Wohnungseigentum,[98] das privatrechtliche Hausrecht,[99] das Besitzrecht des Mieters,[100] Aktien,[101] wohl die Inhaberschaft an den nach der EmissionshandelsRL zuzuteilenden bzw. durch Übertragung erworbenen Zertifikaten,[102] die Rechte als Mitglied einer Gesamthandsgemeinschaft,[103] das Urheberrecht hinsichtlich seiner vermögenswerten Aspekte,[104] Patentrechte,[105] das Recht am Warenzeichen,[106] das vertragl. eingeräumte Recht der Nutzung einer Internetdomain,[107] das Ausstattungsrecht,[108] das Leistungsschutzrecht des ausübenden Künstlers,[109] Bergbaurechte,[110] private Fischereirechte[111] sowie das Jagdausübungsrecht.[112] Die auf Überschussbeteiligung gerichtete vermögenswerte Position des Versicherten (vor Zuteilung) hat eigentumsrechtlich erhebl. Qualität.[113]

25    Erfasst werden auch Rechte, deren Ausübung sich in einem einmaligen Vorgang erschöpft.[114] Private Rechtspositionen, die der Staat in Wahrnehmung öff. Aufgaben einräumt, etwa die Gewährung zinsverbilligter Kredite, sind wie ör Positionen zu behandeln.[115] Durch ausl. Recht konstituiertes Eigentum ist i. R. des **ordre public** geschützt.[116] Auch die unter der Rechtsordnung der DDR erworbenen Rechte stehen seit dem Beitritt unter dem Schutz des Art. 14 I.[117]

26    Zu den als Eigentum geschützten Rechten des Privatrechts gehört auch das Recht am **eingerichteten und ausgeübten Gewerbebetrieb oder Betriebseigentum**,[118] das als sonstiges Recht i. S. des § 823 I BGB angesehen wird. Es handelt sich um ein auf dem Wege richterrechtlicher Ausfüllung des unbe-

---

[93] BVerfGE 79, 174 (191).

[94] *Jarass,* in: Jarass/Pieroth, Art. 14 Rn. 6.

[95] *Steiner* NZS 2011, 681 (682).

[96] BVerfGE 45, 142 (179).

[97] BVerfGE 83, 201 (209 ff.) – jedenfalls nach Eintritt des Vorkaufsfalles; *Shirvani* DVBl. 2020, 172 (175).

[98] BVerfG, NJW 2010, 220 f.; *F. Shirvani* DÖV 2014, 173 (176).

[99] BVerfGE 148, 267 Rn. 36.

[100] BVerfGE 89, 1 (5 f.); 134, 242 Rn. 270; abl. *Becker,* in: Stern/Becker, Art. 14 Rn. 65.

[101] BVerfGE 14, 263 (276 f.); 50, 290 (341 f.); 100, 289 (301 f.): Der Schutz „erstreckt sich auf die mitgliedschaftliche Stellung in einer Aktiengesellschaft, die das Aktieneigentum vermittelt. Aus der mitgliedschaftlichen Stellung erwachsen dem Aktionär im Rahmen der gesetzlichen Vorschriften und der Gesellschaftssatzung sowohl Leitungsbefugnisse als auch vermögensrechtliche Ansprüche"; erneut BVerfGE 132, 99 Rn. 52; BVerfG (K) NJW 2007, 3268; WM 2007, 2199; BVerfG (K) BeckRS 2012, 53911Rn. 14 ff.; BVerfG (K) BeckRS 2013, 01274; zu dem für den Fall eines vollständ. Rückzugs von der Börse notw. Pflichtangebot der Gesellschaft oder ihres Hauptaktionärs an die übrigen Aktionäre, deren Aktien zu erwerben, vgl. BVerfGE 132, 99 Rn. 71 ff. (zu Unrecht abl. *Goetz* BB 2012, 2767); zum Eigentumsschutz des Auskunftsrechts des Aktionärs vgl. BVerfG (K) NZG 2000, 194 m. Anm. *Grüner;* vgl. ferner *Schmidt-Aßmann* FS Badura, 2004, S. 1009 ff.; *C. Stumpf* NJW 2003, 9 ff.

[102] Vgl. *Burgi* RdE 2004, 29; *Burgi/Lange* ZHR 170 (2006), 539 (547 f.); BVerwGE 124, 47 (59): Emissionsbefugnis als Bestandteil des Eigentums an der genehmigten Anlage oder als Bestandteil des Rechts am eingerichteten und ausgeübten Gewerbetrieb.

[103] BVerfGE 24, 367 (384).

[104] BVerfGE 31, 229 (239); 77, 263 (270); 79, 1 (25); 97, 228 (264); *Berger* GRUR 2010, 1058; *Schwartmann/Hentsch* ZUM 2012, 759.

[105] BVerfGE 36, 281 (290 f.).

[106] BVerfGE 51, 193 (217 f.); 78, 51 (78).

[107] BVerfG (K) NJW 2005, 589 f.; *Kazemi/Leopold* MMR 2004, 287 (288 ff.).

[108] BVerfGE 78, 58 (71 ff.).

[109] BVerfGE 81, 208 (219 f.); BVerfG (K) DVBl 1998, 393 (397).

[110] BVerfGE 77, 130 (136); BVerwGE 81, 329 (343); BVerwG DVBl 2019, 1546 (1548); BGHZ 161, 305 (313); *Kühne* DVBl 2012, 661 (664).

[111] BVerfGE 70, 191 (199).

[112] BGHZ 84, 261.

[113] BVerfGE 114, 1 (38, 41 f.); 114, 73; BVerfG (K) NJW 2006, 1783 ff.; vgl. hierzu *Armbrüster* ZGR 2006, 683 ff.; *Schenke* VersR 2006, 871 ff.; *ders.* VersR 2006, 725 ff.; zum Versicherungseigentum allg. und speziell zu Altersrückstellungen bei privaten Krankenversicherern *Depenheuer* FS Scholz, 2007, 205 ff.

[114] BVerfGE 83, 201 (210).

[115] BVerfGE 88, 384 (401); BGHZ 92, 94 (105 f.); *Jarass,* in: Jarass/Pieroth, Art. 14 Rn. 7.

[116] BVerfGE 45, 142 (169); 101, 239 (258).

[117] BVerfGE 101, 239 (258 f.).

[118] So iE auch die h. M., vgl. BVerwGE 67, 93 (96); 134, 308 Rn. 23; 143, 249 Rn. 35; BGHZ 111, 349 (355 f.); 161, 305 (312); 187, 177 Rn. 14; BGH NJW 2019, 1682 1683; BayVerfGH NVwZ 2014, 141 (146); *Badura* HdbVerfR, § 10 Rn. 94 ff.; *Depenheuer/Froese* MKS I, Art. 14 Rn. 133 ff.; *K.-A. Schwarz* DVBl 2013, 133 (135); aA *Kutschera,* Bestandsschutz im öffentlichen Recht, 1990, S. 40 ff.; *Wieland,* in: Dreier I, Art. 14 Rn. 63; das BVerfG lässt die Anwendbarkeit von Art. 14 bis in die jüngste Zeit offen, vgl. BVerfGE 51, 193 (221 f.); 66, 116 (145); 68, 193 (222 f.); 84, 212 (232); BVerfG (VPr) NJW 1986, 1601; BVerfGE 93, 165 (175 f.) stellt jedoch ausdr. die Bedeutung des Betriebs als einer „wirtschaftlich zusammengehörigen Funktionseinheit" heraus; *Leisner* NJW 1996, 1511 (1515) sah damit die „Frage des Verfassungsschutzes des Betriebs" als „beantwortet" an, vgl. aber erneut BVerfGE 96, 375 (397); 121, 266 (344 f.); BVerfGE 143, 246 Rn. 240; krit. hierzu *Wittinger* VBlBW 2008, 469 ff.; für die Einbeziehung spricht sich auch aus *Hagen* GewArch. 2005, 402 ff.

stimmten Rechtsbegriffs „sonstiges Recht" entwickeltes Auffangrecht,[119] das sich auf die wertprägende Sach- und Rechtsgesamtheit eines wirtschaftlichen Unternehmens bezieht. Seine Schutzwirkung geht über den Schutz der ohnehin gewährleisteten Einzelrechte hinaus.[120] Seine Anerkennung trägt dem Umstand Rechnung, dass eigentliche Lebens- und Wirkungsgrundlage des unternehmerisch Tätigen nicht lediglich die zum Unternehmen gehörenden Güter als einzelne sind; dies ist vielmehr der in sich geschlossene Wirtschaftskörper des Unternehmens in seiner ökonomischen Funktion.[121]

Das Recht am eingerichteten und ausgeübten Gewerbebetrieb kommt auch Landwirten[122] und **27** freien Berufen[123] zugute. Betriebe, für die die erforderliche **Genehmigung** fehlt, werden als nicht geschützt angesehen.[124]

**c) Öffentlich-rechtliche Rechtspositionen.** Auch vermögenswerte Rechte ör Natur können **28** durch Art. 14 geschütztes Eigentum sein, wenn die von der Eigentumsgarantie intendierten Schutzziele der Sicherung persönl. Freiheit und mat. Vertrauenstatbeständen eine Gleichbehandlung mit den privaten Vermögensrechten verlangen.[125] Es muss eine Rechtsstellung vorliegen, die der des Eigentümers entspricht, eine verfestigte Rechtsposition also, die nach ihrer rechtlichen Ausgestaltung und den rechtsstaat. Grundsätzen des GG nicht mehr wegfallen kann. Ihre ersatzlose Entziehung würde dem rechtsstaatl. Gehalt des GG widersprechen.[126] Für die Abgrenzung wird insbes. darauf abgestellt, ob die Rechtsstellung ihren Grund in **eigener Leistung**[127] oder eigenem Kapitalaufwand des Berechtigten hat.[128]

Der Stellenwert dieser Abgrenzungsmerkmale bedarf jedoch der Überprüfung: Richtig erscheint, **29** dass sich für den Bereich der vermögenswerten subj. Rechte des öff. Rechts die Aufgabe stellt, die mit der freiheits- und existenzorientierten Funktionsbestimmung der Eigentumsgarantie verbundene überschießende Sinngebung auf das rechte Maß zurückzuführen. Dies ist mit Hilfe des Kriteriums des **„qualifizierten normativen Zugehörens"** möglich.

Der für die Eigentumsqualität zu fordernde **besondere Zuweisungsgehalt** folgt für die ver- **30** mögenswerten Rechte des privaten Rechts ohne weiteres aus ihrer Eigenart als etwas, das in einer zur eigenen Bestimmung überlassenen Sphäre selbst erworben ist. Dagegen liegt er bei den vermögenswerten Rechten des öff. Rechts – bei deren Entstehung der Staat wesensmäßig beteiligt ist – nur vor, wenn der Staat bei der Einräumung des Rechts dieses dem Bürger so zu eigen zuordnet, dass es ähnlich wie ein privates Vermögensrecht dessen – wenn auch eingeschränkter[129] – Verfügungs- und Verwendungsbereich überantwortet und er aus dem Verfügungsbereich des Staates entlassen ist. Nur dann ist das Recht als Eigentum im verfassungsrechtl. Sinne zu werten.[130]

Die Einräumung einer eigentumsgeschützten ör Rechtsposition ist etwa anzunehmen, wenn der Staat **als** **31** **Äquivalent einer ihm gegenüber erbrachten Leistung** dem einzelnen ein Recht und seinen Vermögensgehalt dauerhaft zuwendet.[131] I. d. S. lässt sich auch das BVerfG verstehen, wenn es den Eigentumsschutz einer ör Rechtsposition davon abhängig macht, dass sie „nach Art eines Ausschließlichkeitsrechts dem Rechtsträger als privatnützig zugeordnet" ist, und dies bejaht, soweit die Position „auf nicht unerheblichen Eigenleistungen des Versicherten beruht und zudem der Sicherung seiner Existenz dient".[132]

---

[119] Zur richterrechtlichen Ausformung von Rechtspositionen als Inhaltsbestimmung gemäß Art. 14 I 2 vgl. *Depenheuer* HGRV § 111 Rn. 45.

[120] *Wendt* (Fn. 17), S. 48 ff.; *Ehlers* VVDStRL 51 (1992), 215.

[121] *Wendt* (Fn. 17), S. 273 f.; vgl. auch bereits *Friauf/Wendt,* Eigentum am Unternehmen, 1977, S. 29 f.; zust. *Depenheuer/Froese* MKS I, Art. 14 Rn. 134; *Sieckmann,* in: Friauf/Höfling, Art. 14 Rn. 45 aE; *Rozek,* Die Unterscheidung von Eigentumsbindung und Enteignung, 1998, S. 47 ff.; ein zu statisches Verständnis bei *Jarass,* in: Jarass/Pieroth, Art. 14 Rn. 9.

[122] BGHZ 67, 190 (192); 92, 34 (37).

[123] BGHZ 81, 21 (33).

[124] BVerwGE 66, 301 (303 ff.) – formelle und materielle Illegalität; *Jarass,* in: Jarass/Pieroth, Art. 14 Rn. 9.

[125] BVerfGE 100, 1 (32 f.); *Badura* HdbVerfR, § 10 Rn. 40; krit. *Depenheuer/Froese* MKS I, Art. 14 Rn. 70 ff., 291 ff.

[126] BVerfGE 40, 65 (82 f.); 45, 142 (170); 48, 403 (412); 53, 257 (289); 69, 272 (300); 143, 246 Rn. 231; BGHZ 81, 21 (33); ferner BGHZ 125, 293 (298); 161, 305 (312); 211, 88.

[127] Vgl. zum Sonderfall der Entschädigung von Zwangsarbeitern BVerfGE 112, 93 (110): Ansprüche beruhen „auf Leistungen" sowie auf „erlittenen Qualen".

[128] BVerfGE 45, 142 (170); 48, 403 (413); 53, 257 (291); 69, 272 (300, 301); 116, 96 (121); 143, 246 Rn. 231; BGHZ 161, 305 (312); *Badura* HdbVerfR, § 10 Rn. 40; *Jarass,* in: Jarass/Pieroth, Art. 14 Rn. 10 f.; *Appel* DVBl 2005, 340 (342); krit. *Wieland,* in: Dreier I, Art. 14 Rn. 75.

[129] BVerfGE 143, 246 Rn. 231.

[130] BVerfGE 143, 246 Rn. 231: „... zumindest eingeschränkte Verfügungsbefugnis" des Inhabers; näher *Wendt* (Fn. 17), S. 121 ff., 130 f.; so auch *Sieckmann,* in: Friauf/Höfling, Art. 14 Rn. 47. *Dietlein* sieht die Grenze des Eigentumsschutzes dort, „wo es nicht um eine mögliche Bereicherung des Staates hinsichtlich eingebrachter vermögenswerter Leistungen des Bürgers geht, sondern allein um die Fortführung ‚einseitiger' staatlicher Vermögensgewährleistungen", in: Stern, Staatsrecht IV/1, S. 2212.

[131] Vgl. BVerfGE 116, 96 (121); 143, 246 Rn. 238: „Gegenleistung für den Verzicht auf die Durchsetzung eines geldwerten Anspruchs"; allg. *Wendt* (Fn. 17), S. 125 f., 131; danach, ob eine gegenüber dem Staat erbrachte Leistung abgegolten werden soll, fragt auch BGHZ 92, 94 (106 f.).

[132] BVerfGE 69, 272 (300); vgl. ferner BVerfGE 70, 278 (285); 72, 175 (195); 92, 365 (405); 100, 1 (33); 112, 368 (396); 128, 90 (101); 143, 246 Rn. 231; krit. *Depenheuer* AöR 120 (1995), 417 (428 ff.); *Depenheuer/Froese* MKS I, Art. 14 Rn. 54, 67 f., 185 ff. (betr. sozialversicherungsrechtl. Positionen).

**32**      Der Berechtigte müsse davon ausgehen können, dass es sich um „seine", ihm ausschließl. zustehende Rechtsposition handele.[133] Eigentumsqualität kann nach den erörterten Kriterien einer ör Rechtsposition ferner zukommen, wenn deren Einräumung sich als **Ausgleich** für die gleichzeitig erfolgende Auferlegung einer neuartigen vermögenswerten Verpflichtung oder Belastung darstellt.[134]

**33**      Nicht unter Art. 14 fallen dagegen Rechtsstellungen und Ansprüche, die im öff. Interesse geschaffen oder nur in Wahrnehmung **sozialer Fürsorge** zugeteilt worden sind.[135]

**34**      Zu den eigentumsgeschützten ör Rechtsstellungen rechnen nach diesen Grundsätzen iE insbes. die **sozialversicherungsrechtlichen Positionen,** die auf nicht unerhebl. Eigenleistungen beruhen und der Existenzsicherung dienen.[136] Geschützt sind daher Ansprüche und Anwartschaften auf Renten aus der Sozialversicherung,[137] Ansprüche aus dem Bereich des berufsständischen Versorgungsrechts[138] sowie Betriebsrenten und Anwartschaften auf Betriebsrenten.[139] Geschützt werden auch die Kinderzuschüsse,[140] das Unterhalts- und das Übergangsgeld,[141] die Ansprüche und Anwartschaften aus der gesetzl. Arbeitslosenversicherung, wenn der Arbeitnehmer durch Zahlung von Beiträgen während der gesetzl. Wartefrist die volle Anwartschaft darauf erworben hat,[142] und Anwartschaften auf Erwerbs- und Berufsunfähigkeitsrenten,[143] ferner Ansprüche aus der Pflegeversicherung[144] und Anrechte aus einer Zusatzversorgung des öff. Dienstes.[145] Offengelassen wird vom BVerfG der Schutz des Anspruchs auf Krankengeld,[146] ebenso der Eigentumsschutz von Kurzarbeitergeld.[147] Nicht geschützt, weil es an einem hinreichend konkretisierten Rechtsanspruch fehlt, werden ermessensabhängige Rehabilitationsleistungen,[148] ebenso nicht bloße Nebenleistungen ohne korresp. eigene Leistung.[149] Versorgungsansprüche hinterbliebener Witwen und Waisen unterfallen nach Auffassung des BVerfG nicht dem Eigentumsschutz, da sie nicht auf einer dem Versicherten zurechenbaren Eigenleistung beruhten.[150] Nicht dem Schutz des Art. 14 unterliegen ferner die durch das FRG begründeten Rentenanwartschaften, wenn ihnen nur Beitrags- und Beschäftigungszeiten zugrunde legen, die in den Herkunftsgebieten erbracht oder zurückgelegt wurden. Solchen Rechtspositionen fehlt es an der notw. Eigenleistung des Berechtigten.[151] Nicht geschützt wurde auch die Arbeitslosenhilfe.[152] Da es sich bei Art. 14 um ein bestandsschutzrechtl. Abwehrrecht handelt, lässt sich aus ihm keine Rechtspflicht zur Koppelung der Renten an das allg. Lohnniveau und zur Anpassung von Zugangs- und Bestandsrenten an das jew. Maß des Volkseinkommens (realwertsteigernde Anpassung) ableiten; eine solche Pflicht kann sich vielmehr nur aus der rechtsstaatl. Kontinuitätsverpflichtung und Vertrauensschutzgewähr des sozialgestaltenden Gesetzgebers ergeben.[153] Die Rentenanpassung entspr. der Inflationsrate **(realwerterhaltende Anpassung)** steht jedoch auf Grund der Eigenart des Renteneigentums unter dem Schutz der Eigentumsgarantie. Art. 14 garantiert insoweit den Wert des Renteneigentums (Sicherung des realen Geldwertes). Jede

---

[133] BVerfGE 69, 272 (301).

[134] In dieser Richtung auch BVerfGE 45, 142 (171 f.); *Ehlers* VVDStRL 51 (1992), 215 f.

[135] BVerfGE 48, 403 (413); 53, 257 (291 f.); 72, 175 (193); 100, 1 (33); 116, 96 (122); 126, 369 (391); 128, 90 (101); 149, 86 Rn. 72; *Badura* HdbVerfR, § 10 Rn. 40; *Sieckmann,* in: Friauf/Höfling, Art. 14 Rn. 47.

[136] BVerfGE 69, 272 (300 ff.); 72, 9 (18 f.); 76, 220 (235); 100, 1 (33); 116, 96 (121); 128, 90 (101).

[137] BVerfGE 53, 257 (289 ff.); 58, 81 (110); 66, 234 (247); 70, 101 (110); 76, 256 (293); 95, 143 (160); 100, 1 (32 ff.): „dem privaten Rechtsträger ausschließlich zugeordnet und zu seinem persönlichen Nutzen bestimmt. Auch kann er im Rahmen der rechtlichen Ausgestaltung wie ein Eigentümer darüber verfügen" (betr. in der DDR erworbene und im EinigungsV anerkannte Versorgungsansprüche und -anwartschaften); BVerfGE 112, 368 (396); 116, 96 (121); 117, 272 (292 f.); 122, 151 (180 f.); 126, 369 (390); 128, 138 (147); 131, 66 (79 f.); 136, 152 Rn. 34; 149, 86 Rn. 72; vgl. auch *Adam* DRV 2010, 5 (6 f.); kritisch wegen fehlender Verfügungsbefugnis des Berechtigten *Depenheuer* HGR V § 111 Rn. 60. Hinterbliebenenrenten genießen nicht den Schutz des Art. 14, da sie lediglich eine Unterhaltsersatzfunktion erfüllen, BVerfGE 97, 271.

[138] OVG Saarl – 3 A 414/09 –, juris.

[139] BVerfGE 136, 152 Rn. 34; BVerfG NVwZ 2015, 1446 Rn. 8.

[140] BSGE 60, 18 (27).

[141] BVerfGE 76, 220 (235).

[142] BVerfGE 72, 9 (18 f.); 74, 203 (213); 92, 265 (405 f.).

[143] BVerfGE 75, 78 (96 f.).

[144] Vgl. *Faber* VR 2007, 48 (49).

[145] BVerfGE 136, 152 Rn. 34.

[146] BVerfG (K) NJW 1997, 2444 ff.

[147] BVerfGE 92, 365 (405 f.); bejahend dagegen *Papier* DVBl 1986, 577 (579); ebenso *Isensee* DB 1986, 429 (433).

[148] BVerfGE 63, 152 (174).

[149] BVerfGE 69, 272 (307 ff.).

[150] BVerfGE 97, 271 (284 f.); zu Recht kritisch *Papier/Shirvani,* in: Maunz/Dürig, Art. 14 Rn. 253; *F. Ruland* NZS 2010, 121 (125 f.).

[151] BVerfGE 116, 96 (121 ff.); 126, 369 (391); *Adam* DRV 2010, 5 (7 f.).

[152] BVerfGE 128, 90 (101 f.).

[153] Vgl. *Papier* FS Leisner, 1999, S. 721 (732 f.); *Papier/Shirvani,* in: Maunz/Dürig, Art. 14 Rn. 258; vgl. dazu auch *Bredt* DVBl 2006, 871 ff.; *Dünn/Fasshauer* DRV 2005, 451 (470 ff.).

ungeachtet dieser Anforderung unterlassene, aber notw. Rentenanpassung bildet eine fakt. Renten-kürzung und damit einen Eingriff in Art. 14 I, der der Rechtfertigung bedarf.[154]

Eigentumsschutz genießen Ersatzansprüche für die Aufopferung privater Rechte,[155] Rückübertra-  **35** gungsansprüche nach dem Vermögensgesetz, die zur Wiedergutmachung früheren, von einer anderen Staatsgewalt zu verantwortenden Unrechts eingeräumt werden,[156] ebenso wie der Anspruch auf **Erstattung** zu viel gezahlter Steuern.[157] Nicht unter Art. 14 fallen Leistungen nach dem LAG,[158] Subventionen,[159] die Gewährung einer Wohnungsbauprämie,[160] ein zinsverbilligtes Darlehen[161] oder das **Kindergeld**.[162]

Die Frage, ob **staatliche Erlaubnisse und Genehmigungen** bereits für sich durch Art. 14  **36** geschützte Positionen sind[163] oder ob dies mangels eigener – sei es auch nur eingeschränkter – Verfügungsbefugnis und eines auf Eigenleistung beruhenden Erwerbs nicht der Fall ist,[164] ist seit jeher umstritten. Das BVerfG hat jüngst entscheiden, dass die atomrechtl. Genehmigung zur Errichtung und zum Betrieb einer Kernkraftwerksanlage oder die Genehmigung zum Leistungsbetrieb (§ 7 I und Ia AtG) selbst kein nach Art. 14 geschütztes Eigentumsrecht sind. Solche Genehmigungen zum Betrieb gefährl. Anlagen seien staatl. Erlaubnisse, mit denen je nach Ausgestaltung repressive oder präventive Verbote mit Erlaubnisvorbehalt überwunden würden. Sie seien damit nicht vergleichbar jenen subj. öff. Rechten, denen Eigentumsschutz zuerkannt werde, weil sie dem Einzelnen eine Rechtsposition verschafften, welche der eines Eigentümers entspreche und die so stark sei, dass ihre ersatzlose Entziehung dem rechtsstaatl. Gehalt des GG widersprechen würde. Solche Rechte seien anders als die atomrechtlichen Genehmigungen durch eine zumindest eingeschränkte Verfügungsbefugnis und durch einen in nicht unerheblichem Umfang auf Eigenleistung beruhenden Erwerb gekennzeichnet.[165] Sie könnten Vertrauen schaffen, seien aber kein verfassungsrechtl. Eigentum. Art. 14 GG schütze nicht die öff. Genehmigung als solche, sondern nur die aufgrund der Genehmigung geschaffenen privaten Vermögenspositionen. Vom Gesetzgeber bei der Beschleunigung des Atomausstiegs durch die 13. AtG-Novelle zu beachtende Eigentumsrechte bestehen danach bzgl. der existierenden Betriebsanlagen (Werksgrundstücke und Kraftwerksanlagen) und deren Nutzung sowie – vermittelt über das Anlagen-eigentum – bzgl. der Reststrommengen von 2002 und 2010, nicht hingegen an den atomrechtl.

---

[154] Zutr. *Adam* DRV 2010, 5 (8), unter Berufung auf BSG NJW 2003, 1474 (1477); grds. für einen Schutz der Renten über eine Dynamisierung auch *Schenke,* FS Lorenz, 2004, S. 715 (754 ff.); einen auf Art. 14 gestützten Anspruch auf Rentenerhöhungen ebenso wie einen eigentumsgrundrechtlichen Schutz von Rentenanpassungsklau-seln dagegen abl. *Klement* FS Wendt, 2015, 219 (229 ff., 232 ff.); das BVerfG hat es regelmäßig offengelassen, ob und inwieweit die Anpassung der Renten in den Schutzbereich des Art. 14 GG einbezogen ist, vgl. BVerfGE 100, 1 (44); 112, 368 (396); BVerfG (K) NZS 2008, 254 f.; NJW 2014, 3634 (3635); ebenso LSG NRW, 12.12.2011 – L 3 R 949/11 –, juris, Rn. 31 ff.; vgl. aber auch BVerfGE 100, 1 (43): „Der Verzicht auf die Dynamisierung der Leistungen (sc.: aus Zusatz- und Sonderversorgungssystemen der Deutschen Demokratischen Republik) würde einen für die Betroffenen nicht mehr zumutbaren Eingriff in ihre eigentumsgeschützten Ansprüche bewirken. Unterbliebe die Dynamisierung für die Bestandsrentner aus Zusatz- und Sonderversorgungssystemen, käme dies der Beseitigung ihrer relativen versorgungsrechtlichen Position gleich. Der Wert ihrer Ansprüche würde sich stetig auf einen Bruchteil ihres ursprünglichen Wertes verringern"; erneut BVerfG (K) NZS 2008, 254 (256): „Im Bereich der gesetzlichen Renten-versicherung begründen die langfristigen Beitragsverpflichtungen, die erst zu einem sehr viel später liegenden Zeit-punkt zu Leistungen führen, ein besonderes Vertrauen auf den Fortbestand gesetzlicher Leistungsregelungen , zu denen auch die Vorschriften über die regelmäßige Rentenanpassung gehören". Zudem folgt aus dem in der gesetzli-chen Rentenversicherung grundsätzlich angeordneten Versicherungszwang mit einem erheblichen Beitragssatzniveau die Pflicht des Gesetzgebers, für die erbrachten Beitragsleistungen im Versicherungsfall adäquate Versicherungsleis-tungen zu erbringen"; gegen eine Verallgemeinerung wiederum BVerfGE 112, 368 (400); kritisch *Depenheuer* in: HGR V § 111 Rn. 69: Die Eigentumsgarantie gewährleistet nur das, worauf der Sozialversicherte im Leistungsfall nach der jew. Rechts- und Finanzlage einen Anspruch hat; zur werterhaltenden Dynamisierung erworbener Berufs-unfähigkeitsrenten BVerwG NJW 2006, 711 ff.

[155] BVerfGE 53, 336 (348 f.).

[156] BVerfGE 95, 48 (58); offengelassen von BVerwGE 114, 291; diff. *F. Ossenbühl* FS Heymanns Verlag, 1995, S. 129 (141 f.). Die korrespondierende Rückübertragungsverpflichtung, die der Rückabwicklung rechtlich mißbil-ligter Erwerbsvorgänge während der nationalsozialistischen Zeit dient, ist ihrerseits eine zulässige Inhalts- und Schrankenbestimmung, BVerwG Buchholz 428 § 1 Abs. 6 VermG Nr. 29 (Rn. 7).

[157] BVerfGE 70, 278 (285); dagegen lässt BVerfG (K) NVwZ 2017, 702 Rn. 16, die Eigentumsqualität des gesetzlich garantierten Vergütungsanspruchs nach dem EEG offen..

[158] BVerfGE 11, 64 (70 f.); 32, 111 (128).

[159] BVerfGE 97, 67 (83); dagegen ist nach BGHZ 221, 75 der Verlust eines Beihilfeanspruchs bei unveränderter Rechtslage durch Einzeleingriff entschädigungspflichtig.

[160] BVerfGE 48, 403 (413).

[161] BVerfGE 72, 175 (193); BGHZ 92, 94 (106 f.).

[162] BSG NJW 1987, 463.

[163] So wohl BSGE 58, 18 (26); unklar BGHZ 81, 21 (33 f.).

[164] *Jarass,* in: Jarass/Pieroth, Art. 14 Rn. 13; verneinend auch *Depenheuer/Froese* MKS I, Art. 14 Rn. 175; *Sieck-mann,* in: Friauf/Höfling, Art. 14 Rn. 51; *Ossenbühl* AöR 124 (1999), 1 (8).

[165] BVerfGE 143, 246 Rn. 231; vgl. auch BGHZ 108, 364 Rn. 19; *Mann/Sieven* VerwArch. 2015, 194 (196 f.); einen Schutz sowohl der atomrechtlichen Betriebsgenehmigung als auch des Unternehmens durch die Eigentums-garantie annehmend *Schmidt-Preuß* NJW 2000, 1524; gegen eine Verbindung beider Ebenen in einer Art „juristischer Symbiose" *Steiner* NZS 2011, 681 (682).

Genehmigungen selbst.[166] Das Recht am eingerichteten und ausgeübten Gewerbebetrieb spielt daneben aus Sicht des BVerfG keine eigenständige Rolle.[167] Unterliegt das Eigentum bereits zum Zeitpunkt seiner Begründung einem ör Nutzungsregime, ist der verfassungsrechtl. Schutz der Eigentumsnutzung gegenüber späteren Eingriffen und Ausgestaltungen grds. auf das danach Erlaubte begrenzt.[168] Art. 14 gewinnt daher bei der gesetzgeberischen Ausgestaltung und Interpretation des – spezialgesetzlichen oder in §§ 48, 49 VwVfG normierten – verwaltungsrechtl. Bestandsschutzes Bedeutung.[169]

37    Für die vermögensrechtlichen Ansprüche der **Beamten** und Versorgungsempfänger übernimmt nach st. Rspr. Art. 33 V die gleiche Funktion, die außerhalb von Beamtenverhältnissen Art. 14 I zukommt;[170] bei Ansprüchen von **Soldaten** soll dagegen Art. 14 anwendbar sein,[171] ebenso bei besonderen Hochschullehrerbezügen.[172]

38    **d) Vermögen und Geldleistungspflichten.** Art. 14 schützt nur konkrete Rechtspositionen und daher nicht das **Vermögen** als solches.[173] Die Auffassung, nach der das Vermögen als Zusammenfassung der einzelnen Vermögensgegenstände bzw. der in diesen verkörperten Vermögenswerte gegenüber der Belastung mit einer Steuer oder sonstigen Geldleistungspflicht unter dem Schutz des Art. 14 steht, ist mit dieser Prämisse vereinbar. Diese Auffassung vermag die eigentumsgrundrechtliche Relevanz des Steuerzugriffs daraus abzuleiten, dass er eine Verminderung des Gesamtbestandes der im Vermögen zusammengefassten eigentumsgeschützten Gegenstände und Werte erzwingt; sie erklärt also die dem Pflichtigen verbleibende Freiheit der Wahl, mit welchen Mitteln er die ihm auferlegte Geldleistungspflicht erfüllt, sub specie des Art. 14 für unerheblich. Auch nach dieser Auffassung wird daher letztlich der **Eigentumsschutz rechtssatzmäßig ausgeformter Rechtspositionen** aktiviert und das Vermögen lediglich mittelbar durch Art. 14 geschützt.[174]

39    Erst recht wird kein eigentumsgrundrechtl. Schutz des Vermögens als solchen von den Stimmen postuliert, die bei einer Anknüpfung der Steuer an den Bestand oder die Verwendung von eigentumsgeschützten Positionen den Eigentumsschutz dieser Positionen ausgelöst sehen, wie es nunmehr der Zweite Senat des BVerfG jedenfalls für die Einkommen- und Gewerbesteuer annimmt[175] (probl., da der Steuerzugriff nach seiner Eigenart gerade nicht einzelne Rechte belastet oder beschränkt).[176] Das BVerfG sieht seit jeher bei einer „**übermäßigen Belastung**" und „**grundlegenden Beeinträchtigung der Vermögensverhältnisse**" des Pflichtigen durch die Auferlegung von Abgabenpflichten („Erdrosselungswirkung") die Eigentumsgarantie tangiert,[177] muss aber die dogmatische Begründung für diesen Vermögensschutz offenlassen, da bei grds. Verneinung eines Eingriffs in die Eigentums-

---

[166] BVerfGE 143, 246 Rn. 227 f., 232 ff.; offen hingegen noch BVerfGK 16, 473 (478 f.) und BVerfGK 17, 88 (94 f.); vgl. auch BVerfGE 17, 232 (247 f.); vgl. noch BVerfGK 17, 88 Ls. 1: Die Erlaubnis des Betriebs einer Wasserkraftanlage schafft aufgrund der Verknüpfung der Investitionen des Anlagenbetreibers mit den wasserrechtlichen Grundlagen des Anlagenbetriebs eine eigentumsgrundrechtlich geschützte Position; BayVGH, 7.10.2013 – 10 CS 13.1715 –, juris, Rn. 25.

[167] BVerfGE 143, 246 Rn. 240.

[168] BVerfGE 143, 246 Rn. 229; vgl. auch *Becker,* in: Stern/Becker, Art. 14 Rn. 104.

[169] *Bryde,* in: v. Münch/Kunig I, Art. 14 Rn. 28; *Ossenbühl* AöR 124 (1999), 1 (7 f.); vgl. auch *Sieckmann,* in: Friauf/Höfling, Art. 14 Rn. 51; *Lindner* DÖV 2014, 313 ff.

[170] BVerfGE 67, 1 (14); 71, 255 (270 f.); 76, 256 (294); BVerfGE 97, 350 (376 f.); in neuerer Zeit BVerfGE 114, 258 (289); 145, 249 Rn. 43; vgl. hierzu BSGE 58, 1 (6); *Lenze* NVwZ 2006, 1229 ff.; *Bayer* DVBl 2002, 73 (79).

[171] BVerfGE 16, 94 (116); 65, 141 (147); 83, 182 (195); 145, 249 Rn. 43 (Orientierung an den für das öffentl.-rechtl. Dienst- und Treueverhältnis des Berufsbeamtentums strukturprägenden Grundsätzen); *Bayer* DVBl 2002, 73 (79); krit. *Bryde,* in: v. Münch/Kunig I, Art. 14 Rn. 27.

[172] BVerfGE 35, 23 (31).

[173] BVerfGE 4, 7 (17); 74, 129 (148); 78, 232 (243); 81, 108 (122); 95, 267 (300); BVerfGE 96, 375 (397); BVerwGE 87, 324 (330); BFHE 163, 162 (174); vgl. ausf. zu dieser Problematik *J. Ipsen* FS Badura, 2004, S. 201 ff., und *Dietlein,* in: Stern, StaatsR IV/1, S. 2200 ff.; *Papier/Shirvani,* in: Maunz/Dürig, Art. 14 Rn. 277 ff.; *Wendt* (Fn. 17), S. 36 ff.; *Depenheuer/Froese* MKS I, Art. 14 Rn. 163; der Sache nach auch *Sieckmann,* in: Friauf/Höfling, Art. 14 Rn. 53.

[174] Vgl. näher *Friauf* Jura 1970, 299 ff.; *Wendt* (Fn. 17), S. 38 ff.; auch *dens.* NJW 1980, 2113 f.; zust. *Depenheuer/Froese* MKS I, Art. 14 Rn. 89, 172; *Becker,* in: Stern/Becker, Art. 14 Rn. 101; *Frye* FR 2010, 603 (605 f.); krit. *Dederer* in: BK Rn. 184.

[175] BVerfGE 115, 97 (110 ff.); allg. idS *Schuppert* FS Zeidler I, 1987, S. 691 (698 f., 700); *Papier/Shirvani,* in: Maunz/Dürig, Art. 14 Rn. 286 ff.; *Dietlein,* in: Stern, Staatsrecht IV/1, S. 2205 f.; ebenso *Jarass,* in: Jarass/Pieroth, Art. 14 Rn. 29, für den Fall, dass die (influenzierende) Belastung von solchem Gewicht sei, dass sie einem klass. Eigentumseingriff gleichgestellt werden könne, dh bei erdrosselnder Abgabe.

[176] *Wendt* NJW 1980, 2113; *Badura* HdbVerfR, § 10 Rn. 42; zust. *Frye* FR 2010, 603 (605 f.); vgl. auch BVerfGE 95, 267 (300), wonach Geldleistungspflichten „nicht mittels eines bestimmten Eigentumsobjekts zu erfüllen (sind), sondern ... aus dem fluktuierenden Vermögen bestritten" werden.

[177] BVerfGE 14, 221 (241); 76, 130 (141); 78, 232 (243); 82, 159 (190); 95, 267 (300); 105, 17 (32); BVerwGE 120, 311 Rn. 63; krit. *Leisner* NJW 1995, 2591 f., nach dem dieses Kriterium eine lediglich „theoretische Schranke" darstellt; bestätigend für das Kriterium der „Erdrosselungswirkung" BVerfGE 105, 17 (32); die Grenze der Erdrosselungswirkung darf ohnehin nicht auf Geldstrafen angewendet werden.

freiheit durch die Besteuerung ein solcher Eingriff auch beim Überschreiten einer gewissen Intensitätsschwelle nicht angenommen werden kann.[178]

Dem Versuch, das Eigentumsgrundrecht gegenüber **inflationsverursachendem, -mitverursa- 40 chendem oder -intensivierendem Staatsverhalten** zu mobilisieren,[179] wird überwiegend mit Skepsis begegnet.[180] BVerfGE 129, 124 (173 f.) lässt offen, „ob und, wenn ja, unter welchen näheren Umständen die Kaufkraft des Geldes vom Schutzbereich des Art. 14 I mit umfasst ist" und ob ein „grundrechtlicher Schutz gegenüber eindeutig staatlich induzierten inflatorischen Wirkungen" besteht. Die zu beurteilenden „Rettungspakete" (Griechenland-Hilfe) ließen keine so massiven Auswirkungen auf die Geldwertstabilität erkennen, dass eine justiziable Verletzung der Eigentumsgarantie in Betracht komme.[181] Das BVerfG betrachtet es regelmäßig nicht als seine Aufgabe, in einem Verfassungsbeschwerdeverfahrens wirtschafts- und finanzpolitische Maßnahmen auf negative Folgewirkungen für die Geldwertstabilität zu überprüfen. Eine solche Kontrolle kommt nach ihm allenfalls in Grenzfällen einer evidenten Minderung des Geldwerts durch Maßnahmen der öff. Gewalt in Betracht.[182] Ob und inwieweit ein hoheitl. angeordneter **Währungsumtausch** den Schutzbereich des Art. 14 I berührt, wird vom BVerfG ebenfalls offengelassen. Der Übergang von der Deutschen Mark zum Euro findet aber jedenfalls in Art. 88 S. 2 sowie der Zustimmung von BT und BRat zum Maastrichter Vertrag gemäß Art. 23 I 2 und 3 und deren Mitwirkung an Rechtsetzungsakten zu seinem Vollzug gemäß Art. 23 II ff. eine ausreichende verfassungsrechtl. Grundlage. Die bei diesem Übergang im Rahmen der EWU zu treffenden Entscheidungen der innerstaatl. zuständigen polit. Organe sollen sich jedoch als Ausdruck einer **Gesamtbeurteilung allgemeiner wirtschaftlicher und politischer Gegebenheiten und Entwicklungen** der Kontrolle an Hand des individualisierenden Maßstabes eines Grundrechts entziehen.[183]

**2. Dimensionen des Eigentumsschutzes.** Art. 14 schützt die rechtl. Zuordnung von Eigentums- 41 gegenstand und Rechtsträger als solche gegen staatl. Eingriffe: Garantie des **„Habens"**.[184] Gewährleistet wird die Substanz des Rechts.[185] Art. 14 schützt darüber hinaus das grds. freie **„Ausnutzendürfen"** der Eigentumsposition.[186] Es gewährt ihm die Befugnis, Dritte von Besitz und Nutzung auszuschließen.[187] Gewährleistet sind die autonome Bestimmung über die Nutzung des Eigentumsrechts, die Aneignung des mit seiner Hilfe erzeugten Produkts oder erzielten Ertrags sowie die **Verfügung** über das Eigentumsrecht nur, soweit dieses sie nach seiner spezif. Eigenart erlaubt. Der Eigentümer ist mithin frei im Gebrauch der eigentumskräftigen Vermögensrechte entspr. dem Inhalt und den Befugnissen, die diesen kraft der Ausformung durch den eigentumskonstituierenden Gesetzgeber zuerkannt sind.[188]

Wesentl. Ziel eines verfassungsorientierten Verständnisses der Eigentumspositionen ist es, dem 42 Eigentümer die eff. Ausnutzung der seiner Position inhärenten Herrschafts-, Nutzungs-[189] und Verfügungsrechte zu sichern, dh die – insbes. **wirtschaftliche** – **Funktionsfähigkeit** seines Rechts zum Tragen zu bringen.[190]

[178] *Wendt* (Fn. 17), S. 41 f.; *Frye* FR 2010, 603 (605 f.); *Becker,* in: Stern/Becker, Art. 14 Rn. 99; auch BVerfGE 93, 121 (137), wonach die Vermögensteuer in die „allgemeine Handlungsfreiheit (Art. 2 Abs. 1 GG) gerade in deren Ausprägung als persönliche Entfaltung im vermögensrechtlichen Bereich (Art. 14 GG)" eingreift, lässt – wie schon BVerfGE 87, 153 (169) – dogmatische Klarheit vermissen, vgl. auch *Wieland,* in: Dreier I, Art. 14 Rn. 65 ff.

[179] Vgl. namentlich *Papier/Shirvani,* in: Maunz/Dürig, Art. 14 Rn. 184 ff., insbes. Rn. 303 ff., sowie die Argumentation der Bf. in den gegen die Einführung des Euro gerichteten Verfassungsbeschwerden 2 BvR 1877/97 ua, abgedruckt in BVerfGE 97, 350 (364 ff.); *Herdegen,* in: Maunz/Dürig, Art. 88 Rn. 40; *C. Herrmann,* Währungshoheit, Währungsverfassung und subjektive Rechte, 2010, S. 345; *Forkel,* ZRP 2011, 140 ff.; *Heun,* in: Dreier, Art. 88 Rn. 45, begreift unter Berufung auf BVerfGE 97, 350 (372 f.), 376, das Stabilitätsziel über Art. 88 S. 2 allenfalls als objektivrechtlichen Gewährleistungsgehalt der Eigentumsgarantie.

[180] *Bryde,* in: v. Münch/Kunig I, Art. 14 Rn. 24; *Wieland,* in: Dreier I, Art. 14 Rn. 69; *Depenheuer/Froese* MKS I, Art. 14 Rn. 161; eine Beeinträchtigung von Art. 14 I abl. bei Kursverlust durch mittelbar hoheitlichen Eingriff BVerfGE 105, 17; *Knopp,* NJW 2010, 1777 (1781), meint, zwar schütze Art. 14 grds. die Möglichkeit, Geld gegen Sachgüter einzutauschen, doch enthalte er keine gegenüber einer Verstärkung der Inflation durch hoheitl. Maßnahmen aktivierbare allg. Wertgarantie für Geld, solange die Möglichkeit des Austauschs von Geld und Sachgütern nicht zur Gänze ausgeschlossen werde.

[181] Abl. *Pagenkopf* NVwZ 2011, 1473 (1476); für die Anerkennung eines „Grundrechts auf Preisstabilität" auch *Elicker/ Heintz* DVBl 2012, 141 ff.

[182] BVerfGE 129, 124 (174); 135, 317 Rn. 131.

[183] BVerfGE 97, 350 (372 ff.); zum Ganzen *Kirchhof* FS Leisner, 1999, S. 635 (646 ff.); gegen die eigentumsgrundrechtliche Relevanz einer Währungsumstellung R. *Scholz* HB Nr. 128 v. 8.7.1997, S. 6.

[184] BVerfGE 134, 242 Rn. 168; *Wendt* (Fn. 17), S. 136.

[185] BVerfGE 42, 263 (295).

[186] BVerfGE 53, 257 (290); 83, 201 (208 f.); 88, 366 (377); 101, 54 (75); *Depenheuer* in: HGRV § 111 Rn. 56.

[187] BVerfGE 101, 54 (74 f.); 134, 242 Rn. 270; *Depenheuer* HGRV § 111 Rn. 43.

[188] *Wendt* (Fn. 17), S. 137 ff.; vgl. auch BVerfGE 83, 201 (209); 100, 1 (33).

[189] BVerfGE 110, 141 (166 f.), lässt allerdings offen, ob durch das Einfuhr- und Verbringungsverbot in § 2 I 1 des Hundeverbringungs- und -einfuhrbeschränkungsG vom 12.4.2001 der Schutzbereich der Eigentumsgarantie berührt wird.

[190] *Wendt* (Fn. 17), S. 142; vgl. auch *Depenheuer/Froese* MKS I, Art. 14 Rn. 63.

**43** Nicht erfasst von der Individualrechtsgarantie des Art. 14 wird nach h. M. der **Erwerb** des Eigentums; insoweit werden Art. 12 bzw. Art. 2 I als einschlägig angesehen.[191] Geschützt ist jedoch das Recht des Eigentümers, seine Interessen im **Verwaltungs- und Gerichtsverfahren** eff. zu vertreten und durchsetzen zu können.[192] Daher folgt bereits unmittelbar aus Art. 14 I 1 ein Anspruch auf eine **faire Verfahrensführung,** der zu den wesentl. Ausprägungen des Rechtsstaatsprinzips gehört.[193] Dies gilt auch für die Durchführung von Zwangsversteigerungen.[194] Insg. ist bei der Ausgestaltung des VerfahrensR die Eigentumsgarantie zu beachten.[195] Art. 14 tritt damit in **Konkurrenz zu Art. 19 IV.**[196] Im Ergebnis geht die eigentumsrechtl. begründete Rechtsschutzgarantie jedoch wohl kaum über das bereits durch Art. 19 IV gebotene Maß hinaus.[197] Mit Art. 14 iVm Art. 19 IV 1 GG vereinbar sind zum Zwecke der Reduktion komplexer Streitstoffe vorgenommene echte **Verfahrensstufungen in Form bindender Vorentscheidungen,** die durch den Angriff gegen die Endentscheidung nicht mehr oder nur eingeschränkt einer gerichtl. Überprüfung zugeführt werden können, nur, sofern sich die Bindung einer Behörde an vorangehende Feststellungen oder Entscheidungen einer anderen Behörde hinreichend klar aus einer gesetzl. Bestimmung ergibt, gegen die mit Bindungswirkung ausgestattete Teil- oder Vorentscheidung ihrerseits eff. Rechtsschutz zur Verfügung steht und die Aufspaltung des Rechtsschutzes mit einer etwaigen Anfechtungslast gegenüber der Vorentscheidung für die Betroffenen klar erkennbar und nicht mit unzumutbaren Risiken und Lasten verbunden ist.[198] Wählt der Gesetzgeber eine Verfahrensgestaltung, die den Betroffenen – wie bei einfachen Sachverhalten die Regel (vgl. § 44a VwGO) – **Rechtsschutz erst gegen den ein Verfahren abschließenden Hoheitsakt** eröffnet, müssen das VwVf und die gerichtliche Kontrollbefugnis so beschaffen sein, dass auch in umfangreichen und langwierigen VwVf eine umfass. und eff. Prüfung des abschließenden Eingriffsakts samt ihn tragender, von den Betroffenen aber nicht selbständig angreifbarer Vorentscheidungen gewährleistet ist.[199]

**43a** Aus Art. 14 können auch **staatliche Schutzpflichten** resultieren. Diese räumen dem Grundrechtsträger Schutzansprüche gegen den Staat im Hinblick auf Eigentumsübergriffe durch andere, ihrerseits nicht grundrechtsgebundene Dritte, ein.[200]

**44** **3. Reichweite des Schutzes iE.** Die Reichweite des Schutzes der Eigentumsgarantie bemisst sich danach, welche Befugnisse einem Eigentümer kraft der einschlägigen eigentumskonstituierenden Normen des privaten und/oder öff. Rechts zustehen.[201] Vielfach, aber nicht uneingeschränkt zutreffend (→ Rn. 48 f.) ist die Aussage, **Verdienstmöglichkeiten, Gewinnchancen,** Zukunftshoffnungen, Erwartungen und **Aussichten** würden nicht geschützt;[202] richtig ist dagegen, dass Verdienstmöglichkeiten und Erwerbschancen, die sich aus dem bloßen Fortbestand einer günstigen Gesetzeslage ergeben, von Art. 14 nicht umfasst werden.[203] Das gilt auch für wertbildenden Effekt marktregulierender und unternehmensbezogener Vorschriften des Aktien- und des Börsenrechts, die nach der Zielsetzung des Gesetzgebers Transparenz schaffen und der Missbrauchsprävention dienen sollen. Auch wenn sie für den einzelnen Aktionär mittelbar von Nutzen sein mögen und die Veräußerungschancen für die Aktie erhöhen, werden sie dadurch nicht zum Schutzgegenstand der Eigentumsgarantie; denn sie sind dem einzelnen Aktionär nicht in privatnütziger Verfügbarkeit zugeordnet. Die mit ihnen verbundenen Möglichkeiten stellen nur verfassungsrechtlich nicht geschützte bloße Marktchancen dar, die rechtliche Verkehrsfähigkeit der Aktie als solche wird nicht berührt.[204] Deshalb stellt der Widerruf einer Börsen-

---

[191] *Papier/Shirvani*, in: Maunz/Dürig, Art. 14 Rn. 355 ff., der aber zu Recht einen Schutz der Erwerbsfreiheit durch die Institutsgarantie des Eigentums bejaht (Rn. 359); *Jarass*, in: Jarass/Pieroth, Art. 14 Rn. 17.

[192] Vgl. BVerfGE 35, 348 (361); 45, 297 (322); 49, 252 (257); 51, 150 (156); 61, 82 (113 ff.); BVerfG (K) EuGRZ 2005, 430 (433): dinglicher Arrest, „Anspruch auf ein faires Verfahren"; BVerfGE 134, 242 Rn. 190 ff.; BVerfG (K) NVwZ 2016, 524 Rn. 15; BVerwGE 81, 329 (341 ff.).

[193] BVerfGE 46, 325 (334 f.); BVerfG (K) NJW 2012, 2500 (2500).

[194] BVerfG (K) NJW 2012, 2500 (2500, 2501); *Becker,* in: Stern/Becker, Art. 14 Rn. 139.

[195] BVerfGE 116, 1 (13), bzgl. Insolvenzverfahren.

[196] BVerfGE 134, 242 Rn. 191; zurückhaltend daher *Papier/Shirvani*, in: Maunz/Dürig, Art. 14 Rn. 129..

[197] Vgl. BVerfGE 134, 242 Rn. 190 f.; BVerfG (K) NVwZ 2016, 524 Rn. 15; *Axer* in BeckOK GG, Art. 14 Rn. 111.

[198] BVerfGE 134, 242 Rn. 193.

[199] BVerfGE 134, 242 Rn. 194.

[200] BVerfGE 114, 1 (56); BVerfG (K) NJW 2006, 1783 (1784); BVerfG (K) NJW 2017, 1593 Rn. 22 f. (Schutzauftrag aus Art. 14 I gegenüber den Versicherten einer kapitalbildenden Lebensversicherung); *Becker,* in: Stern/Becker, Art. 14 Rn. 140 ff.

[201] Vgl. BVerfGE 70, 191 (201); 143, 246 Rn. 218; auch bereits BVerfGE 31, 275 (284); 58, 300 (336); 68, 193 (222).

[202] Vgl. BVerfGE 28, 119 (142); 68, 193 (222 f.); 74, 129 (148); 105, 252 (277); BVerfG (K) NJW 1998, 891 (891); *Jarass*, in: Jarass/Pieroth, Art. 14 Rn. 19.

[203] BVerfGE 78, 205 (211 f.); *Jarass*, in: Jarass/Pieroth, Art. 14 Rn. 19; *Sieckmann*, in: Friauf/Höfling, Art. 14 Rn. 45.

[204] BVerfGE 132, 99 Rn. 53 ff.

zulassung keine Eigentumseingriff dar.[205] Nicht geschützt ist auch die (rechtlich nicht gesicherte) Erwartung auf den Fortbestand eines Vertragsverhältnisses.[206] Kein Schutz besteht für Fischfangmöglichkeiten in der ausschließlichen Wirtschaftszone,[207] ferner für Eigentum, das „nicht nach materiellrechtsstaatlichen Grundsätzen erworben worden ist".[208]

**a) Grundeigentum.** Art. 14 I 1 gibt dem Grundeigentümer die Befugnis, die Nutzung auf Grund **45** eigenverantwortl. Entscheidung selbst zu bestimmen.[209] Das gilt auch für die Überlassung der Nutzung an Dritte oder eine gemeinschaftl. Nutzung mit Dritten.[210] Geschützt sind jedenfalls **Grundstücksnutzungen,** die rechtmäßig bereits Einschränkungen zutreff. wurden und werden.[211] Dies gilt im BauR auch für eine allein aus form. Gründen rechtsw. Nutzung.[212] Auch rechtl. eröffnete **Nutzungsmöglichkeiten** eines Grundstücks, die noch nicht durch entspr. Nutzung ins Werk gesetzt worden sind, werden vom Schutz des Grundeigentums mitumfasst.[213] Ein anderes Verständnis von Art. 14 I 1 würde dem Gehalt des Grundrechts als eines Freiheitsrechts nicht gerecht. Die Eigentumsgarantie eröffnet dem Grundrechtsinhaber die grundrechtl. Freiheit, zwischen verschiedenen ihm rechtl. zustehenden Nutzungsmöglichkeiten eigenverantwortlich zu wählen.[214] I. d. S. hebt das BVerfG bzgl. der dem Eigentümer eines Kleingartengeländes zumutbaren Einschränkungen zutreff. hervor, dass der Gesetzgeber berücksichtigen müsse, welche anderweitigen Nutzungsmöglichkeiten dem Eigentümer nach der tatsächl. und rechtl. Situation der Grundstücke offen stünden.[215] Entgegen einer in der Rspr. verbreiteten Auffassung kommt es auch nicht darauf an, ob sich die rechtl. eröffneten, aber noch nicht realisierten Nutzungsmöglichkeiten „nach Lage der Dinge objektiv anbieten oder ‚aufdrängen'".[216] Rechtl. gesicherte vermögenswerte Nutzungsbefugnisse fallen als solche in den Schutzbereich der Eigentumsgarantie, ohne dass es des einschränkenden Merkmals einer – nach welchen Maßstäben auch immer zu definierenden – obj. Vernünftigkeit bedarf.[217] Aus alledem folgt, dass Beschränkungen bisher zulässiger Nutzungen durch Änderung des Bebauungsplans den Anforderungen zulässiger Eigentumsbindung genügen müssen.[218] In der von der Rspr. geschaffenen Figur der **„eigentumskräftig verfestigten Anspruchsposition"**[219] kam der im Ansatz richtige Befund zum Ausdruck, dass ein einmal gesetzl. eingeräumter Nutzungszulassungsanspruch sich bei entspr. Lage und Beschaffenheit des Grundstücks eigentumsgrundrechtl. derart „verfestigt" haben kann, dass er nur noch gegen eine Entschädigungs- oder Ausgleichsleistung entzogen werden kann.[220] Da aber die heutigen Regelungen der § 31 II und § 35 IV BauGB für den baurechtlichen Bereich sowohl hinsichtlich der Situation des Bestandsschutzes[221] als auch der eines eigentumsrechtlich verfestigten Zulassungsanspruchs[222] als abschließend zu verstehen sind und somit ein unmittelbarer Rückgriff auf das Verfassungsrecht grundsätzlich ausgeschlossen ist, kann über die verfassungskonform ausgelegten gesetzlichen Regelungen hinaus auf Art. 14 allenfalls dann unmittelbar zurückgegriffen werden, wenn diese verfassungswidrig sind.[223]

Die **Baufreiheit** ist institutionell und kraft § 903 BGB im Grundeigentum mitenthalten.[224] Ör **46** Regelungen, die das BauR ausformen, stellen sich als Beschränkungen des grundrechtlich gewähr-

---

[205] BVerfGE 132, 99 Rn. 53, 61; *Jarass,* in: Jarass/Pieroth, Art. 14 Rn. 19; *Becker,* in: Stern/Becker, Art. 14 Rn. 63.

[206] BGHZ 117, 236 (237); BVerfGE 105, 17 (17 f.), für die Beibehaltung einer Steuerverschonung bzw. -vergünstigung vor einer Zinsforderung.

[207] BVerfG (K) NVwZ-RR 2010, 555 (556).

[208] So für rechtsstaatswidrig erlangtes SED/PDS-Vermögen BVerwGE 92, 196 (205), unter Berufung auf BVerfGE 84, 290 (300); so auch *Sieckmann,* in: Friauf/Höfling, Art. 14 Rn. 39.

[209] BVerfGE 98, 17 (35).

[210] BVerfG (K) NJW 2010, 220 (220).

[211] BVerfGE 134, 242 Rn. 270; BVerwGE 50, 49 (55 ff.); 84, 322 (334); BGHZ 87, 66 (72); *Ehlers* VVDStRL 51 (1992), 229 ff.; *Papier/Shirvani,* in: Maunz/Dürig, Art. 14 Rn. 163.

[212] BVerwGE 72, 362 (363); BGH NVwZ 1986, 245; zust. *Sieckmann,* in: Friauf/Höfling, Art. 14 Rn. 65.

[213] Zust. *Sieckmann,* in: Friauf/Höfling, Art. 14 Rn. 62; vgl. demgegenüber *Breuer,* Die Bodennutzung im Konflikt zwischen Städtebau und Eigentumsgarantie, 1976, S. 158 ff.

[214] Vgl. *Leisner* BB 1992, 73 ff.; *Schönfeld,* Die Eigentumsgarantie und Nutzungsbeschränkungen des Grundeigentums, 1996, S. 107 ff.; *Axer* in BeckOK GG, Art. 14 Rn. 67; s. auch bereits → Rn. 41.

[215] BVerfGE 87, 114 (147); vgl. aber auch BVerfGE 58, 300 (338).

[216] So etwa BVerwGE 94, 1 (14); BVerwG NuR 1995, 455 (456); DVBl. 2019, 1546 (1550); ferner BGHZ 133, 271 (276).

[217] Zutr. *Schönfeld* (Fn. 211), S. 110; *Becker,* in: Stern/Becker, Art. 14 Rn. 107 f.; *Axer* in BeckOK GG, Art. 14 Rn. 67.

[218] *Wendt* DVBl 1978, 356 (358 ff.); *Ehlers* VVDStRL 51 (1992), 230; vgl. auch BGHZ 77, 351 (353 f.); 90, 17 (24 f.).

[219] Vgl. BVerwGE 47, 126 (130 ff.); 49, 365 (371 f.); 55, 272 (274); 67, 93 (96 f.).

[220] *Papier/Shirvani,* in: Maunz/Dürig, Art. 14 Rn. 193 f.

[221] BVerwGE 106, 228 (233 ff.); BVerwG DÖV 1991, 886 (889).

[222] BVerwGE 106, 228 (233 ff.); BVerwG NVwZ 1998, 735 f.

[223] *Depenheuer/Froese* MKS I, Art. 14 Rn. 128; *Papier/Shirvani,* in: Maunz/Dürig, Art. 14 Rn. 193 f.

[224] BVerfGE 35, 263 (276); 104, 1 (11); *Wendt* (Fn. 17), S. 170 ff., 201 ff.; *Depenheuer,* in: HGR V § 111 Rn. 57; *Leisner* HStR VIII, § 173 Rn. 191 ff.; *Papier/Shirvani,* in: Maunz/Dürig, Art. 14 Rn. 164; *Dietlein,* in: Stern, Staatsrecht IV/1, S. 2187; *Becker,* in: Stern/Becker, Art. 14 Rn. 58; *Jasper* DÖV 2014, 872 (877); *Shirvani* DVBl. 2020, 172

leisteten Nutzungsrechts am Grundstück dar und sind nur in den Grenzen der Verhältnismäßigkeit zulässig.[225] Die Zulassung der Änderung der Nutzung von Nachbargrundstücken berührt nach allg. Auffassung nicht das Eigentum, es sei denn, sie führt zu einer nachhaltigen Änderung der Grundstückssituation und zu schweren und unterträgl. Beeinträchtigungen.[226] Der **Anliegergebrauch** reicht nur so weit, wie die angemessene Nutzung des Grundeigentums eine Benutzung der Straße erfordert.[227] Ein Anspruch auf Aufrechterhaltung einer bestimmten vorteilhaften Verkehrsverbindung besteht nicht.[228]

**47** **b) Recht am Gewerbebetrieb.** Mit dem Recht am **„eingerichteten und ausgeübten Gewerbebetrieb"**[229] **oder Betriebseigentum**[230] umfasst Art. 14 nicht die **„allgemeinen Gegebenheiten und Chancen,** innerhalb deren der Unternehmer seine Tätigkeit entfaltet" und „die keinen Bezug zu einem bestimmten einzelnen Gewerbebetrieb haben", auch wenn sie für das Unternehmen und seine Rentabilität von erhebl. Bedeutung sind oder die Folge einer bestimmten Rechtslage darstellen.[231] Insofern lässt sich davon sprechen, dass der Schutz des Gewerbebetriebes nicht weiter reichen kann als der seiner Grundlagen.[232] Rechtlich geschützt sind nur solche Gegebenheiten und Vorteile, auf deren Fortbestand der Betriebsinhaber **vertrauen** kann.[233] Ausgeschlossen ist damit der Schutz von **Lagevorteilen** gegen Beeinträchtigungen durch hoheitl. Handeln.[234] Art. 14 I schützt auch grds. nicht gegen Änderungen der rechtlichen Rahmenbedingungen wirtschaftlichen Handelns.[235] Wenn aber der Gesetzgeber dabei „die weitere Verwertbarkeit des Eigentums direkt unterbindet oder erheblich einschränkt", dann fordert die Eigentumsgarantie nach Maßgabe des Verhältnismäßigkeitsgrundsatzes sowohl bezüglich des Ob als auch des Wie einen Ausgleich hinsichtlich entwerteter, „in berechtigtem Vertrauen auf eine Gesetzeslage getätigte[r] **Investitionen** ins Eigentum.[236] Der BGH hat ein eigentumsmäßig geschütztes Vertrauen für die Fortführung der einmal aufgenommenen Tätigkeit für den Fall verneint, dass schon bei der Umwandlung eines volkseigenen Betriebes in eine GmbH mit einer Stilllegung bei gesetzl. Neuorganisation des Tätigkeitsfeldes (Anpassung an das Recht der Tierkörperbeseitigung der Bundesrepublik nach einer Übergangszeit) zu rechnen war.[237] Entgegen der Auffassung des Gerichts lässt sich die Entscheidung aber nicht verallgemeinern (→ Rn. 50). Wird durch eine Veränderung der Gesetzeslage die Fortführung einer auf der Basis einer bestandskräftigen Genehmigung aufgenommenen Tätigkeit nachträglich unterbunden, wie es bei der nachträgl. gesetzl. Befristung atomrechtl. Betriebsgenehmigungen beim sog. **„Atomausstieg"** der Fall ist, wird der Schutzbereich der Eigentumsgarantie berührt.[238] Auch gegenüber dem 2011 beschlossenen beschleunigten Ausstieg aus der Nutzung der Kernenergie kommt ein Investitionsschutz wg. eigentumsrechtl. Vertrauensschutzes in Betracht.[239] Die in den Atomausstiegsgesetzen festgelegten Reststrommengen sind keine vom Staat den Kernkraftbetreibern zugeteilten Produktionsrechte, sondern Begrenzungen des Nutzungsrechts, welches den Kernkraftbetreibern auf Grund des durch Art. 14 geschützten Eigentums an den atomrechtlichen Anlagen zusteht.[240] Sie

---

(173); jetzt auch *Jarass*, in: Jarass/Pieroth, Art. 14 Rn. 20; aA *Breuer* (Fn. 213), S. 158 ff., 162 ff.; krit. zum Begriff der Baufreiheit *Döhne* Jura 2003, 455.

[225] *Depenheuer*, in: HGRV § 111 Rn. 57.

[226] BVerwG NJW 1979, 995 (996); BGHZ 64, 220 (230); 86, 356 (364 f.); 92, 34 (42 f.).

[227] BVerfG (K) NVwZ 2009, 1426 (1429); BVerwG NJW 1981, 412 f.; VGH BW, VBlBW 2016, 384 (385); *Papier/Shirvani*, in: Maunz/Dürig, Art. 14 Rn. 220 ff.; *Sieckmann*, in: Friauf/Höfling, Art. 14 Rn. 79; zur dogmatischen Einordnung vgl. *Hobe* DÖV 1997, 323 ff.; *Axer* DÖV 2014, 323.

[228] BVerwG NVwZ-RR 1996, 557 ff.; auch BVerwGE 123, 322 Rn. 47: Festlegung von Anflugverfahren keine Inhalts- und Schrankenbestimmung bzgl. des Grundeigentums des Flughafenbetreibers.

[229] Vgl. → Rn. 67.

[230] *Depenheuer* HGRV § 111 Rn. 45.

[231] BGHZ 78, 41 (44 f.); ähnl. BVerfGE 45, 142 (173); s. auch BVerfGE 110, 274 (290) – „Ökosteuer" –: Die Eigentumsgarantie schützt nicht vor Preiserhöhungen infolge von neuen oder erhöhten Steuern; BVerfGE 143, 246 Rn. 372. Nicht in den Schutzbereich des Art. 14 I fällt die Erwartung, daß ein Unternehmen auch in der Zukunft rentabel betrieben werden kann (BVerfGE 105, 252 [278]; 110, 274 [290]) oder dass Subventionen weiter gewährt werden (BVerwGE 126 [33 Rn. 76]); ferner *Papier/Shirvani*, in: Maunz/Dürig, Art. 14 Rn. 226; *Jarass*, in: Jarass/Pieroth, Art. 14 Rn. 21.

[232] BVerfGE 58, 300 (353); das BVerfG lässt in seiner neueren Rspr. ausdr. offen, ob es sich beim Unternehmen um eine nur tatsächliche oder um eine rechtliche Zusammenfassung der zu ihm gehörenden Sachen und Rechte handelt, s. etwa BVerfG (K) NJW 2005, 589 (590); BVerfGE 96, 375.

[233] BGHZ 23, 157 (164 f.); *Papier/Shirvani*, in: Maunz/Dürig, Art. 14 Rn. 207.

[234] BGHZ 45, 150; 48, 58; 55, 261; 94, 373; BVerwG, 21.10.2003 – 4 B 93/03 –, juris, Rn. 8; *Bryde*, in: v. Münch/Kunig I, Art. 14 Rn. 20; *PapierShirvani*, in: Maunz/Dürig, Art. 14 Rn. 209; *Dietlein*, in: Stern, StaatsR IV/1, S. 2192.

[235] BVerfGE 143, 246 Rn. 372; *Dederer* BK Rn. 872.

[236] BVerfGE 143, 246 Rn. 372; *Dederer* BK Rn. 872.

[237] BGHZ 133, 265 (268 f.).

[238] Vgl. *Ossenbühl* AöR 124 (1999), 1 (7 f.); wohl auch *Denninger*, Verfassungsrechtliche Fragen des Ausstiegs aus der Nutzung der Kernenergie zur Stromerzeugung, 2000, S. 77 f.

[239] BVerfGE 143, 264 Rn. 270; vgl. *M. Schröder* NVwZ 2013, 105 ff.; ferner *U. Battis/M. Ruttloff* NVwZ 2013, 817 ff.

[240] BVerfGE 143, 264 Rn. 263 f.; *F. Ossenbühl* DÖV 2012, 697; vgl. auch *Schwarz* DVBl 2013, 133 (135).

limitieren zugleich den Betrieb der Kernkraftwerke.[241] Die **Emissionsbefugnis** nach § 4 TEHG unterfällt als Bestandteil des Eigentums an der genehmigten Anlage bzw. als Bestandteil des Rechts am eingerichteten und ausgeübten Gewerbebetrieb in seiner genehmigten Ausgestaltung dem Schutz des Art. 14.[242]

Probl. wäre der Versuch, den Schutzgegenstand Recht am Gewerbebetrieb ganz allgemein durch **48** die Ausklammerung von **Hoffnungen und Chancen** zu begrenzen.[243] Gleichermaßen probl. ist es, den Verlust von Gewinnmöglichkeiten oder der Möglichkeit der Betriebserweiterung pauschal als eigentumsirrelevant[244] und „bestehende **Geschäftsbeziehungen,** den erworbenen **Kundenstamm** oder die **Marktstellung**" pauschal als nicht geschützt zu bezeichnen.[245] Eine rein begriffl. Abgrenzung von eigentumsgeschützten „Ausstrahlungen" des Gewerbebetriebs und nicht geschützten „Chancen" ist nicht möglich, entscheidend ist vielmehr neben der wertenden Berücksichtigung der Vertrauensposition des Unternehmens,[246] dass – weil von Art. 14 über den Bestand des Unternehmens hinaus dessen gesamte funktionswesentl. Tätigkeit umfasst wird – der **gewinnbringende Einsatz des Unternehmens** überhaupt geschützt ist.[247]

Insofern erfasst die Eigentumsgarantie durchaus auch Chancen, und jedenfalls ein gezieltes und vor- **49** sätzliches – rechtmäßiges oder rechtswidriges – hoheitliches **Einwirken auf Gewinnmöglichkeiten,** bestehende Geschäftsbeziehungen, den Kundenstamm oder die Marktstellung eines Unternehmens müssen grds. als eigentumsrechtl. relevant begriffen werden.[248] Weil der Gewerbebetrieb in seiner wirtschaftl. Funktionalität durch Art. 14 geschützt ist, ist es auch unzutreffend, bei hoheitl. Einwirkungen auf Gewinnmöglichkeiten usw. nur Art. 12 als einschlägig anzusehen.[249] Ebenso sind zusätzl. Verdienstmöglichkeiten, wenn und soweit sie auf einer Expansion des Gewerbebetriebs, zB durch Anschaffung neuer Betriebsmittel, beruhen, nicht von vornherein dem eigentumsgrundrechtl. Schutz entzogen.[250]

Sicherlich ist richtig, dass eine **widerrufliche Konzession oder Genehmigung** widerruflich **50** bleibt, auch wenn sie Grundlage eines Gewerbebetriebs ist.[251] Doch sind beim Gebrauchmachen von der Widerrufsbefugnis der Eigentumsschutz des Gewerbebetriebes zu berücksichtigen und die Folgen für das Unternehmen zu beachten.[252] Nicht überzeugt, dass die Einführung eines **Anschluss- und Benutzungszwangs,** der bei Errichtung des Betriebes bereits möglich war, nicht an Art. 14 gemessen werden sollte,[253] was die Annahme einer Sozialbindung nicht auszuschließen braucht.[254] Das gilt ungeachtet der zutreffenden Feststellung, dass dem Unternehmer nicht mit Hilfe des Rechts am Gewerbebetrieb das Unternehmerrisiko abgenommen werden kann.[255] Bei Vorliegen eines besonderen Vertrauenstatbestandes ist ein **Plangewährleistungsanspruch** denkbar.[256]

Art. 14 schützt nicht vor der **Konkurrenz** Privater.[257] Die Veränderung der Wettbewerbslage durch **51** Wettbewerbsteilnahme der öff. Hand[258] wie die einseitige hoheitl. Begünstigung von Mitkonkurren-

---

[241] BVerfGE 143, 264 Rn. 264.

[242] BVerwG, 21.6.2012 – 7 B 60/11 –, juris, Rn. 10.

[243] Ebenso *Bryde,* in: v. Münch/Kunig I, Art. 14 Rn. 21; vgl. aber etwa BGHZ 132, 181 (187).

[244] Vgl. aber *Jarass,* in: Jarass/Pieroth, Art. 14 Rn. 21, sowie BGHZ 98, 341 (351 f.) – betr. Betriebserweiterung; 132, 181 Rn. 17 f.; BVerwGE 95, 341 Rn. 20.

[245] So aber etwa BVerfGE 77, 84 (118).

[246] Vgl. *Bryde,* in: v. Münch/Kunig I, Art. 14 Rn. 21.

[247] *Wendt* (Fn. 17), S. 58 ff.; diff. *Sieckmann,* in: Friauf/Höfling, Art. 14 Rn. 45, *ders.,* Modelle des Eigentumsschutzes, 1998, S. 172 ff.

[248] Zu pauschal BVerfGE 105, 252 (278); zutreffend *Bryde,* in: v. Münch/Kunig I, Art. 14 Rn. 21; vgl. auch BGHZ 76, 387 (392 ff.); *Papier* VerwArch 84 (1993), 417 (437 f.); aA *Wieland,* in: Dreier I, Art. 14 Rn. 61 ff.; *Dederer* in: BK Rn. 203; vgl. auch BVerwGE 119, 282 (304): Zugangsgewährungspflicht des marktbeherrschenden Unternehmens nach dem TKG jedenfalls durch intensiven sozialen Bezug der unter dem Schutz eines staatlichen Monopols aufgebauten Netzinfrastruktur gerechtfertigt.

[249] Zurückhaltender *Bryde,* in: v. Münch/Kunig I, Art. 14 Rn. 21, unter Hinw. auf BVerfGE 30, 292 (334 f.); 38, 61 (102); zu einseitig auf Art. 12 I abstellend jedenfalls BVerfGE 121, 317 (345 f.), und auch BGHZ 132, 181 (186 ff.).

[250] AA BGHZ 132, 181 (186 f.).

[251] *Depenheuer,* in: HGRV § 111 Rn. 65.

[252] *Bryde,* in: v. Münch/Kunig I, Art. 14 Rn. 20; *Papier/Shirvani,* in: Maunz/Dürig, Art. 14 Rn. 211; *Sieckmann,* in: Friauf/Höfling, Art. 14 Rn. 80; dagegen beeinträchtigt nach *Steiner* NZS 2011, 681 (682 f.), die Beendigung der Zulassung als Vertragsarzt nicht das private Praxiseigentum.

[253] Einen Eingriff verneinend BVerwGE 62, 224 (227); 125, 68 Rn. 20; *Papier/Shirvani,* in: Maunz/Dürig, Art. 14 Rn. 208; *Becker,* in: Stern/Becker, Art. 14 Rn. 89; aA OVG Nds DÖV 1978, 44; jedenfalls eine Enteignung abl. BGHZ 40, 355 (364 ff.); einen enteignenden Eingriff verneint – in einem obiter dictum – auch BGHZ 133, 265 (270).

[254] Vgl. *Badura* HdbVerfR, § 10 Rn. 96.

[255] So allerdings *Bryde,* in: v. Münch/Kunig I, Art. 14 Rn. 20.

[256] BGHZ 45, 83 (87 f.); *Oldiges,* Grundlagen eines Plangewährleistungsrechts, 1970.

[257] Zu allg. *Jarass,* in: Jarass/Pieroth, 13. Aufl. 2014, Art. 14 Rn. 21.

[258] Vgl. nur *Papier/Shirvani,* in: Maunz/Dürig, Art. 14 Rn. 366; *Becker,* in: Stern/Becker, Art. 14 Rn. 88; unzutr. BVerwGE 39, 329 (337), und erneut BVerwG NJW 1995, 2938 ff., wonach der Schutz des Art. 14 erst dann eingreifen soll, wenn die wirtschaftl. Betätigung des Privaten unmöglich gemacht oder unzumutbar eingeschränkt wird bzw. der in öff. Trägerschaft stehende Konkurrent eine unerlaubte Monopolstellung erlangt; nur einen Schutz

ten[259] lösen aber den Eigentumsschutz auch bereits im Vorfeld unzumutbarer oder willkürl. Benachteiligungen aus. Auf dem Boden eines modernen Eingriffsbegriffs ist allein darauf abzustellen, ob das Verhalten der öff. Hand in zurechenbarer Weise das durch den Schutzbereich des Art. 14 erfasste Verhalten in erhebl. Weise beeinträchtigt.[260] Das ist jedenfalls für die typischen Folgewirkungen eines von der öff. Hand gesteuerten Verhaltens grds. anzunehmen.[261] Nimmt man auf der Grundlage eines solchen weiten Eingriffsverständnisses eine klare Trennung der Ebenen der Grundrechtsbeeinträchtigung und –verletzung vor, gefährdet dies nicht den Fortbestand öff. Wirtschaftstätigkeit, sondern führt nur dazu, dass **staatliche Wirtschaftsbetätigung** in einem weiteren Umfang als bisher anerkannt der **Eingriffsrechtfertigung** bedarf.[262] Um eine wirtschaftl. Tätigkeit im Allgemeinen zu rechtfertigen, genügt im Hinblick auf die Eigentumsgarantie jedenfalls, wenn sie der Erfüllung von Aufgaben dient, an deren Erfüllung ein bes. Interesse der Gemeinschaft besteht. Gegenüber den Interessen „konkurrierender" privater Leistungsanbieter muss das öff. Interesse der Gemeinschaft überwiegen.[263]

**52**   **4. Beeinträchtigungen.** Der jew. Eigentumsfreiheitsbereich kann durch Normen oder Einzelfall**regelungen** beeinträchtigt werden, die eine Eigentumsposition entziehen oder deren Nutzung, Verfügung oder Verwertung einer rechtl. Beschränkung unterwerfen. Der Eigentumsfreiheitsbereich kann aber auch durch **faktische,**[264] **influenzierende**[265] und **indirekte Einwirkungen** auf die Nutzung, Verfügung oder Verwertung von Eigentumspositionen beeinträchtigt werden. So bietet Art. 14 u. U. Schutz gegenüber der Erteilung einer Genehmigung an einen Bürger, die für einen Drittbetroffenen nachteilige Nebenwirkungen hat.[266]

**53**   Für die Beantwortung der Frage, ob solche Einwirkungen **regelnden Eingriffen gleichgestellt** werden können, wird abgestellt auf die Interpretation des betroffenen Rechts[267] bzw. den Schutzbereich der Norm,[268] die Voraussehbarkeit der (Neben-)Wirkungen[269] und die Intention des staatl. Handelns[270] bzw. darauf, ob es sich um die typischen Folgewirkungen eines von der öff. Hand gesteuerten Verhaltens handelt (→ Rn. 51). Weniger rechtsdogmatischen als prakt. Bedürfnissen genügt es, wenn der Intensität der Einwirkung eine wichtige Rolle beigemessen[271] und eine Betroffenheit Dritter angenommen wird, wenn ihr Eigentum nachhaltig verändert sowie schwer und unerträglich beeinträchtigt wird.[272] Art. 14 gewährt i. d. R. keinen weitergehenden Schutz, wenn **drittschützende Regelungen** des einfachen Rechts als zulässige Eigentumsbindung eingestuft werden können.[273]

## III. Eigentumsrelevante Regelungen

**54**   **1. Bestimmung von Inhalt und Schranken des Eigentums.** Die Eigentumsgarantie verbindet die Gewährleistung des Eigentums mit dem **Auftrag** an den Gesetzgeber, Inhalt und Schranken des Eigentums zu bestimmen (Art. 14 I 2).[274] Der Auftrag geht dahin, „eine Eigentumsordnung zu schaffen, die sowohl den privaten Interessen des Einzelnen als auch denen der Allgemeinheit

---

gegenüber der Errichtung und dem Fortbestehen öff. Monopole bejahend auch *Depenheuer/Froese* MKS I, Art. 14 Rn. 105; unzutr. auch *Dederer* in BK Rn. 1056.

[259] *Papier/Shirvani,* in: Maunz/Dürig, Art. 14 Rn. 363 ff.; *Becker,* in: Stern/Becker, Art. 14 Rn. 88; unzutr. BVerwGE 65, 167 (173).

[260] Vgl. *Schliesky* DVBl 1999, 78 (82); *Ruffert* VerwArch 92 (2001), 27 (36); *Löwer* VVDStRL 60 (2001), 416 (444 f.).

[261] Vgl. *Th. Franz,* Gewinnerzielung durch kommunale Daseinsvorsorge, 2005, S. 96, 107 f.; *Wendt,* FS Ress, 2005, S. 1353 (1368).

[262] Vgl. *Franz* (Fn. 261), S. 98.

[263] *Knemeyer* WiVerw 2001, 1 (22 f.); *Wendt* FS Ress, 2005, S. 1353 (1369); *ders.* GS Tettinger, 2007, S. 335 (352 f.).

[264] BVerfGE 149, 86 Rn. 75 f.: Hofabgabe als Voraussetzung eines Rentenanspruchs als mittelbar-faktischer Eingriff; BVerwG NJW 1985, 1481; 87, 2884 (2885); BGHZ 94, 373 (375 f.); *Papier/Shirvani,* in: Maunz/Dürig, Art. 14 Rn. 117; direkte fakt. Eingriffe in die Eigentumssubstanz lösen immer den Eigentumsabwehranspruch aus, vgl. BVerwGE 50, 282 (287); *Jarass,* in: Jarass/Pieroth, Art. 14 Rn. 27; zum Ganzen *Roth,* Faktische Eingriffe in Freiheit und Eigentum, 1994.

[265] BVerwGE 71, 99 (103).

[266] BVerwGE 66, 307 (309); BVerwG DVBl 1983, 898 f.; NJW 1983, 1626.

[267] BGHZ 94, 373.

[268] *Rittstieg* AK GG, Art. 14/15 Rn. 267.

[269] Vgl. *Jarass,* in: Jarass/Pieroth, Art. 14 Rn. 25.

[270] Abl. *Papier* VerwArch 84 (1993), 417 (437 f.); *Papier/Shirvani,* in: Maunz/Dürig, Art. 14 Rn. 117; zu den Kriterien des erweiterten Eingriffsbegriffs vgl. auch *Heintzen* VerwArch 81 (1990), 532 (545 ff.).

[271] So *Jarass* in: Jarass/Pieroth, Art. 14 Rn. 25; BVerfGE 134, 242 Rn. 277, sieht in der Zulassung des Rahmenbetriebsplans im Fall eines großräumigen Tagebaus angesichts des Gewichts und der Dauerhaftigkeit der durch ihn herbeigeführten nachteiligen Veränderungen ein einem direkten rechtlichen Eingriff vergleichbares funktionales Äquivalent.

[272] BVerwGE 32, 173 (178 f.); 50, 282 (286 ff.); BGHZ 86, 356 (364 f.).

[273] BVerwGE 89, 69 (78).

[274] Weitere Möglichkeiten der Eigentumsbeschränkung eröffnen Art. 135a und Art. 143.

gerecht wird".[275] Die verschiedenen durch das Grundrecht als Eigentum geschützten Rechte sind in ihrer konkreten Existenz und Ausgestaltung von der Regelung durch Gesetz abhängig.[276] Das **Gesetz**[277] bestimmt den Inhalt der Rechte, ordnet ihre Ausübung auch bzgl. der Rechte und Interessen Dritter, zB der Nachbarn des Grundeigentümers, und bringt die öff. und soz. Erfordernisse zur Geltung.[278] Dadurch verbindet das GG die Identität des Eigentums mit der Gewährleistung der notw. Offenheit für zukünftige gesellschaftl. Entwicklungen.[279]

Umstr. ist, ob zwischen inhaltsbestimmenden und schrankenziehenden Gesetzen unterschieden **55** werden kann. In der neueren Lit. wird diese Frage zunehmend bejaht,[280] ohne dass die Konsequenzen einer Unterscheidung immer hinreichend deutlich werden. Folgende **Differenzierung** bietet sich an: **Inhaltsnormen** legen die Eigentumsrechte und die mit ihnen verbundenen Befugnisse generell und pflichtneutral fest. **Schrankennormen** haben die aus der Innehabung oder Ausübung von solcherart zuerkanntem Eigentum sich ergebenden Bürger-Bürger- und Bürger-Staat-Konflikte zum Regelungsgegenstand und erlegen dementspr. Handlungs-, Unterlassungs- und Duldungspflichten auf. Inhaltsnormen und Schrankennormen sind daher gekennzeichnet durch unterschiedl., fest umrissene Funktionsbereiche: Befugniszuteilung – Konfliktregelung, und unterschiedliche Wirkungsdimensionen: **Eigentumskonstituierung – Eigentumsbeeinträchtigung.**[281]

Mit dieser Unterscheidung wird die Möglichkeit von Gestaltungsbefugnissen des Gesetzgebers, **56** durch die er die Gegenstände des eigentumsgrundrechtlichen Schutzes verändern kann, mit dem grundrechtstypischen Anspruch auf eine Sphäre grds. unantastbarer Gewährleistung versöhnt.[282] Eine Inhaltsnorm idS hat **zugleich schrankenziehende Wirkung,** wenn sie ihre Geltung auch auf bereits entstandene Rechtspositionen erstreckt und die früheren Inhaltsnormen Befugnisse zugestanden haben, die nach der neuen Rechtslage nicht mehr anerkannt werden.[283] Ein- und dieselbe Regelung kann daher Inhaltsbestimmung und Schrankenziehung sein.[284] Das dürfte mit ein Grund dafür sein, dass beides häufig nicht unterschieden wird.

Folgt man der getroffenen Unterscheidung, bildet ungeachtet des weiten Gestaltungsraumes des **57** inhaltsbestimmenden und eigentumskonstituierenden Gesetzgebers die **Einrichtungsgarantie** des Eigentums den zentralen Maßstab für das „Ob" und das „Wie" der Eigentumskonstituierung.[285] Daneben ist die Bestimmung des Eigentumsinhalts an die Gebote der Geeignetheit und Verhältnismäßigkeit i. e. S. – verstanden im spezif. Sinne der Ermöglichung einer angemess. Funktionsfähigkeit des jew. Eigentums – gebunden.[286] Bei der Eigentumskonstituierung lässt sich zwischen den „natürlich abgegrenzten Gütern", den „wesentlich abgrenzungsbedürftigen Gütern" und den „gesetzlich erst hervorzubringenden Gütern" unterscheiden.[287] Da Schrankengesetze in das konstitutive Eigentum eingreifen, kommt ihnen gegenüber die genuin grundrechtl. Funktion der **Individualrechtsgarantie** des Eigentums, staatl. Eingriffen gegenüber einen geschützten Rechtsraum zu gewährleisten, zur

---

[275] BVerfGE 58, 300 (334 f.); ferner BVerfGE 71, 230 (246 f.); 74, 203 (214).

[276] BVerfGE 75, 78 (97); 76, 220 (238); 100, 1 (37).

[277] Zur richterrechtlichen Ausformung von Eigentumspositionen als Äquivalent vgl. *Depenheuer* HGR V, § 111 Rn. 45.

[278] *Badura* HdbVerfR, § 10 Rn. 54.

[279] *Depenheuer* HGR V, § 111 Rn. 44.

[280] *Wendt* (Fn. 17), S. 147 ff.; *Kutschera,* Bestandsschutz im öffentlichen Recht, 1990, S. 72; *Leisner* HStR VIII, § 173 Rn. 127 ff.; *Sieckmann,* in: Friauf/Höfling, Art. 14 Rn. 104; *Eschenbach* (Fn. 31), S. 680 f.; *Grochtmann,* Art. 14 GG – Rechtsfragen der Eigentumsdogmatik, 2000, S. 280 ff.; *Thormann,* Abstufungen in der Sozialbindung des Eigentums, 1996, S. 136 ff.; *Depenheuer* HGR V, § 111 Rn. 46 ff.; *Sachs,* FS Wendt, 2015, 385 (386, 400); *Becker,* in: Stern/Becker, Art. 14 Rn. 30 ff.; der Sache nach wohl auch *Hobe* DÖV 1997, 323 (328 f.); auch *Kühne* DVBl 2012, 661 (665), stellt zutreffend fest, dass „die Reichweite des Schutzgegenstandes ‚Eigentum' sich nur aus den die Privatnützigkeit konstituierenden Regelungen ergeben" kann; unterscheide man von diesen Normen nicht die staatlichen Beschränkungsbefugnisse, entziehe man die Letzteren den grundrechtlichen Bindungen; auch *Rüfner,* FS Wendt, 2015, 367 (371), hält die Unterscheidung an sich für angebracht. AA *Bryde,* in: v. Münch/Kunig I, Art. 14 Rn. 48; gegen eine Unterscheidung *Papier/Shirvani,* in: Maunz/Dürig, Art. 14 Rn. 417; *Wieland,* in: Dreier I, Art. 14 Rn. 90 ff.; *Dederer* BK Rn. 548 f.; zum Problem auch *S. Lampert,* Investitionsschutz im Zulassungsrecht, 2019, S. 63 ff.

[281] *Lutz,* Eigentumsschutz bei „störender" Nutzung gewerblicher Anlagen, 1983, S. 165; *Wendt* (Fn. 17), S. 147 ff., 157; *Becker,* in: Stern/Becker, Art. 14 Rn. 30 ff.; prinzipiell zust. *Schwabe* Der Staat 27 (1988), 97 f., 100; *Kutschera,* Bestandsschutz im öffentlichen Recht, 1990, S. 72; abl. *Ehlers* VVDStRL 51 (1992), 225, der Inhaltsbestimmungen und Schrankenziehungen nur in zeitl. Hinsicht, nicht aber mat. unterscheiden will.

[282] Zur „Notwendigkeit inhaltsbestimmender Gesetze", weil das Eigentum *Rechts*positionen betrifft, die überhaupt nur durch „Gesetze" i. S. obj. Rechtsnormen begründet sein können, vgl. *Sachs,* FS Wendt, 2015, 385 (389 f.); zum Spannungsverhältnis zwischen Art. 14 I 1 und Art. 14 I 2 vgl. auch *Appel,* Entstehungsschwäche und Bestandsstärke des verfassungsrechtlichen Eigentums, 2004.

[283] *Wendt* (Fn. 17), S. 157 f.; zust. *Becker,* in: Stern/Becker, Art. 14 Rn. 35; zu den unterschiedlichen Anforderungen an Gesetze, die individ. Eigentumsrechte beschränken, und Gesetze, die nur inhaltsbestimmenden Charakter haben, vgl. *Sachs* FS Wendt, 2015, 385 (398 ff.).

[284] Vgl. auch BVerfGE 72, 9 (22 f.); *Badura* HdbVerfR, § 10 Rn. 55.

[285] Zust. *Sachs,* FS Wendt, 2015, 385 (400).

[286] *Wendt* (Fn. 17), S. 183 ff., 280 f., 286 f.; *Schwabe* Der Staat 27 (1988), 100 f.

[287] *Depenheuer* HGR V, § 111 Rn. 46 ff.

Geltung. Die Schrankenziehung unterliegt daher namentlich den Anforderungen des **Übermaßverbots**, daneben setzen die Einrichtungsgarantie des Eigentums und Art. 19 II Grenzen.[288]

**58**    Auch wenn die Rspr. in manchen Fällen nur von Inhaltsbestimmung,[289] in anderen nur von Schrankenziehung[290] spricht, behandelt sie die Befugnis des Gesetzgebers nach Art. 14 I 2 als **einheitliche Regelungsermächtigung**.[291] Das BVerfG versteht unter der undiff. Inhalts- und Schrankenbestimmung „die **generelle und abstrakte Festlegung von Rechten und Pflichten** durch den Gesetzgeber hinsichtlich solcher Rechtsgüter, die als Eigentum im Sinne der Verfassung zu verstehen sind. Sie ist auf die Normierung objektiv-rechtlicher Vorschriften gerichtet, die den Inhalt des Eigentumsrechts vom Inkrafttreten des Gesetzes an für die Zukunft in allgemeiner Form bestimmen".[292]

**59**    Direktiven und Grenzen der so verstandenen Inhalts- und Schrankenbestimmung sind insbes. die Einrichtungsgarantie des Eigentums[293] und das Übermaßverbot in allen seinen Elementen.[294] Das **Sozialnützigkeitsgebot** des Art. 14 II beansprucht durchgehende Geltung.[295] Dagegen hat es nach der differenzierenden Auffassung nur für die Schrankenziehung des Eigentums Bedeutung,[296] während die Inhaltsbestimmung zwar als Sozialgestaltung, nicht aber als Eigentums- bzw. Sozial*bindung* i. S. von Art. 14 II verstanden wird.[297]

**60**    **a) Inhaltsbestimmung.** Die **Einrichtungsgarantie** des Eigentums verbietet es dem eigentumsgestaltenden Gesetzgeber, „dass solche Sachbereiche der Privatrechtsordnung entzogen werden, die zum elementaren Bestand grundrechtlich geschützter Betätigung im vermögensrechtlichen Bereich gehören, und damit der durch das Grundrecht geschützte Freiheitsbereich aufgehoben oder wesentlich geschmälert wird".[298] Das bedeutet: Mit ihrem **traditionsbezogenen Garantiegehalt** sichert die Einrichtungsgarantie die überkommenen typischen Grundformen und Grundstrukturen des Normbereichs des Art. 14.[299] Mit ihrem **funktionsbezogenen Garantiegehalt** fordert sie, Rechtsvorschriften zu schaffen oder fortbestehen zu lassen, die den eigentumsspezif. Freiheitsraum im vermögensrechtl. Bereich in einer dem jew. Sachgebiet und Betätigungsfeld entspr. Funktionstüchtigkeit sichern.[300]

**61**    Die **Einrichtungsgarantie** verlangt in ihrem **traditionsbezogenen Gehalt** insbes. die Beibehaltung des Eigentums an bewegl. Sachen und an Grund und Boden als eines umfass. Herrschaftsrechts.[301] Auch eine Aussonderung und Verselbstständigung des Rechts zur **baulichen Nutzung** von Grundstücken ist unstatthaft.[302] Die inhaltl. Schmälerung des Grundeigentums durch die Ausscheidung aller **wasserwirtschaftlich bedeutsamen** eigentümerischen **Verfügungs- und Nutzungsbefugnisse** mittels der §§ 4 III, 8 I, 9 und 12 WHG ist ein Verstoß gegen den institut. Schutz des Grundeigentums als eines prinzipiell umfass. Rechts.[303] Die gebotene Ordnung der Wasserwirtschaft hätte über eine ör

---

[288] *Wendt* (Fn. 17), S. 344 ff., 400 ff.

[289] Z. B. BVerfG NZG 2011, 1379 Rn. 17; BVerwGE 11, 95 (96).

[290] Z. B. BVerfGE 49, 382 (394); 115, 97 (113, 114).

[291] So etwa BVerfGE 149, 86 Rn. 79.

[292] BVerfGE 72, 66 (76); ferner 52, 1 (27); 58, 300 (330); 128, 1(73); 128, 138 (147). – Nimmt das BVerfG aber nicht doch die Möglichkeit des „Doppelcharakters" einer Regelung an, wenn es ausführt, der Gesetzgeber habe, „wenn er nicht wie das Eigentum für die Zukunft *ausgestaltet*, sondern in bestehende Eigentumspositionen *eingreift*, die grundsätzliche Privatnützigkeit und Verfügungsbefugnis zu achten und darf sie nicht unverhältnismäßig einschränken"? (BVerfGE 128, 138 [148]; Hervorheb. v. Verf.). Kategoriale Klarheit vollends vermissen lässt die Anerkennung einer „gesetzlichen Maßnahme, die einen verfassungsrechtlich gerechtfertigten Eingriff in den Schutzbereich des Art. 14 Abs. 1 GG bewirken und zugleich gemäß Art. 14 Abs. 1 Satz 2 GG Inhalt und Schranken des Eigentums verfassungsgemäß bestimmen würde", so BVerfG (K), NJW 2014, 3634 Rn. 85; abl. auch *Sachs* FS Wendt, 2015, 385 (392 Fn. 40).

[293] Vgl. nur BVerfGE 58, 300 (339).

[294] BVerfGE 70, 191 (200 ff.); 76, 220 (238); 143, 246 Rn. 269; 149, 86 Rn. 79 ff.

[295] *Bryde*, in: v. Münch/Kunig I, Art. 14 Rn. 67 f.

[296] *Wendt* (Fn. 17), S. 299 ff.

[297] *Wendt* (Fn. 17), S. 177 ff.

[298] BVerfGE 24, 367 (389); 58, 300 (339).

[299] *Wendt* (Fn. 17), S. 188 ff.; ähnl. *Aicher* (Fn. 26), S. 90 ff.

[300] *Badura*, FS Maunz, 1981, S. 8; *Wendt* (Fn. 17), S. 190 ff.; *Depenheuer/Froese* MKS I, Art. 14 Rn. 226 f.

[301] *Wendt* (Fn. 17), S. 194 ff.; *Depenheuer* HGR V § 111 Rn. 51; vgl. auch Issing/Leisner (Hrsg.), „Kleineres Eigentum", 1976, S. 59; *Depenheuer/Froese* MKS I, Art. 14 Rn. 58 f. formulieren, das bürgerliche Sach- und Grundeigentum bedürfe als Inbegriff „natürlich abgegrenzter Güter" nicht erst der normativen Hervorbringung, sondern nur der normativen Bereitstellung und Anerkennung sowie flankierender Regelungen im Interesse der Rechtssicherheit, während andere Rechtspositionen erst nach Maßgabe des Leitbildes „Sacheigentum" normativ konstituiert werden müssten.

[302] *Wendt* (Fn. 17), S. 201 ff.; *Depenheuer/Froese* MKS I, Art. 14 Rn. 63, 118; *Papier/Shirvani*, in: Maunz/Dürig, Art. 14 Rn. 164 ff.; wohl auch BVerfGE 104, 1 (11): „Zum Inhalt des Grundeigentums gehört auch die Befugnis des Eigentümers, sein Grundstück im Rahmen der Gesetze baulich zu nutzen... Die bauliche Nutzung vermittelt dem Eigentümer in besonderer Weise einen Freiheitsraum im vermögensrechtlichen Bereich und ermöglicht damit eine eigenverantwortliche Lebensgestaltung"; vgl. auch bereits BVerfGE 35, 263 (276).

[303] Anders BVerfGE 58, 300 (345); BVerwG DVBl. 2018, 707 (709 f.).

Schrankenziehung, konkret: über ein präventives Verbot mit Erlaubnisvorbehalt, erreicht werden können.[304]

Dagegen steht der Ausschluss wichtiger **Bodenschätze** vom Inhalt des Grundeigentums und die **62** Unterstellung der entspr. Bergbauberechtigungen unter eine eigenständige Nutzungsordnung mit dem traditionsbezogenen Garantiegehalt des Eigentums, der sich ja aus den historisch überkommenen Rechtsstrukturen speist, in Einklang.[305] Eine Herauslösung des **Baubodens** oder von kulturell bedeutsamen Gebäuden aus dem Sacheigentum wäre dem Gesetzgeber verwehrt.[306]

Zur Vielzahl privater Vermögensrechte, die durch den traditionsbestimmten und/oder funktions- **63** bezogenen Garantiegehalt der Einrichtungsgarantie des Eigentums geschützt sind, ist weiter das **Urheberrecht** zu rechnen: Der literarischen, wissenschaftlichen und künstlerischen Betätigung und Kommunikation würde die wirtschaftliche Grundlage entzogen, wenn den Urhebern die vermögensrechtliche Zuordnung und Sicherung des wirtschaftlichen Wertes und damit die **wirtschaftliche Verwertung** der literarischen usw. Leistung vorenthalten würden. Daher schützt Art. 14 die grds. Zuordnung des vermögenswerten Ergebnisses der – in Ausübung anderer grundrechtl. Freiheiten, so insbes. der in Art. 5 III gewährleisteten Freiheit, erbrachten – schöpferischen Leistung an den Urheber im Wege privatrechtl. Normierung und seine Freiheit, in eigener Verantwortung darüber verfügen zu können.[307] Der Gesetzgeber muss eine der sozialen Bedeutung des Urheberrechts entspr. Nutzung und angemessene Verwertung sicherstellen.[308] Die Eigentumsgarantie gebietet aber nicht, dem Urheber jede nur denkbare wirtschaftliche Verwertungsmöglichkeit zuzuordnen.[309] Der Gesetzgeber muss nur sicherstellen, dass das, was dem Leistungsschutzrechtsinhaber „unter dem Strich" verbleibt, noch als angemessenes Entgelt für seine Leistung anzusehen ist.[310]

Verallgemeinert man diese Überlegungen, wird man auch die zivilrechtlichen Institute des **Werk-, 64 Dienst- und Arbeitsvertrags** und damit ua die Begründungsmöglichkeit von Lohnforderungen als im Kern durch Art. 14 institutionell gewährleistet anzusehen haben. Auch sie lassen sich als Fälle eines um der – insbes. durch Art. 12 und 2 I gewährleisteten – Freiheit des Gebrauchs der menschlichen Schaffenskraft willen erforderlichen Anspruchs auf grds. Zuordnung des wirtschaftl. Nutzens der eigenen Arbeit verstehen.[311]

Insgesamt bedeutet die Bindung des eigentumsgestaltenden Gesetzgebers durch die Richtlinie der **65** Eigentumsfreiheit auch die Verpflichtung auf die übergreifende Maxime der **Sicherung eigener Leistung:** Das wirtschaftliche Ergebnis (Nutzen, Ertrag) sowohl der Ausübung eines vorhandenen Eigentumsrechts als auch der beruflichen und sonstigen grundrechtlich geschützten Betätigung und damit das wirtschaftliche Ergebnis privater und privatwirtschaftlicher Leistung **überhaupt** muss durch das Gesetz – in Gestalt vermögenswerter Rechte – demjenigen zugeordnet werden, der dieses Ergebnis erzielt hat.[312]

Der Eigentümer kann von seinen Befugnissen in rechtlich abgesicherter Form häufig nur Gebrauch **66** machen, wenn die Rechtsordnung entspr. vertragsrechtl. Möglichkeiten bereithält. Daher müssen **vertragliche Dispositionsmöglichkeiten** über Eigentumsgegenstände von der Gewährleistungswirkung der Einrichtungsgarantie des Eigentums jedenfalls insoweit erfasst sein, wie das Vertragsrecht **notwendige Ergänzung** – und damit der einzelne Vertragstypus notw. Konnexinstitut – bestimmter **institutionell garantierter Vermögensrechtsinstitute** ist. Zu den verfassungsgarantierten Grundformen individ. Vermögensdisposition rechnen daher jedenfalls bestimmte dem Sacheigentum komplementäre Rechtsinstitute wie **Kaufs, Miete, Darlehen** und **Pfandvertrag.**[313]

Um eine unverzichtbare Grundform individ. Vermögensdisposition handelt es sich auch beim Recht **67** am **„eingerichteten und ausgeübten Gewerbebetrieb".** Ein hinreichend eff. eigentumsrechtl. Schutz der im Unternehmen verkörperten Werte und der in seinem Rahmen entfalteten unternehmerischen Tätigkeit verlangt, dass dem Eigentum auch unter institutionell-rechtl. Blickwinkel eine Dimension zuerkannt wird, die über den Schutz der einzelnen produktiv eingesetzten Gegenstände hinausgeht; er wird erst mit dem Eigentumsschutz auch für die Sach- und Rechtsgesamtheit des Unternehmens selbst erreicht, in dem die im Betrieb vorhandenen vermögenswerten Einzelrechte weit

---

[304] *Wendt* (Fn. 17), S. 222 ff.; so auch *Depenheuer/Froese* MKS I, Art. 14 Rn. 22, 339 f.; krit. ferner *Sieckmann,* in: Friauf/Höfling, Art. 14 Rn. 87, 154; *Becker,* in: Stern/Becker, Art. 14 Rn. 216; vgl. auch *Papier,* Eigentumsgarantie des Grundgesetzes im Wandel, 1984, S. 24.

[305] *Wendt* (Fn. 17), S. 231 ff.; vgl. auch BGHZ 189, 231 Rn. 20.

[306] *Wendt* (Fn. 17), S. 241 f.

[307] BVerfGE 31, 229 (240 f.); 31, 275 (283); 49, 382 (392); 51, 193 (217); 79, 29 (40); 129, 78 (101); *Badura* FS Maunz, 1981, S. 9 f.; *Becker,* in: Stern/Becker, Art. 14 Rn. 91 ff.; vgl. auch *Depenheuer/Froese* MKS I, Art. 14 Rn. 149; *Depenheuer* HGR V § 111 Rn. 66 f.; zum Patentrecht BVerfGE 36, 281 (290 f.).

[308] BVerfGE 129, 78 (101).

[309] BVerfGE 129, 78 (101); BVerfG NJW 2016, 2247 Rn. 74.

[310] BVerfGE 79, 29 (42); BVerfG NJW 2016, 2247 Rn. 74, 80.

[311] *Wendt* (Fn. 17), S. 257.

[312] Vgl. *Badura,* FS Maunz, 1981, S. 9, 11; *Wendt* (Fn. 17), S. 258 ff.

[313] Vgl. *Chlosta,* Der Wesensgehalt der Eigentumsgewährleistung, 1975, S. 82 ff.; *Wendt* (Fn. 17), S. 271 ff.; *Depenheuer/Froese* MKS I, Art. 14 Rn. 23; *Sieckmann,* in: Friauf/Höfling, Art. 14 Rn. 90; allg. auch BVerfGE 58, 300 (335).

über deren Wert hinaus zu einer integralen Einheit verschmelzen.[314] Das BVerfG lässt allerdings weiterhin offen, ob das Recht am eingerichteten und ausgeübten Gewerbebetrieb vom Schutz des Art. 14 I 1 umfasst ist.[315]

68     Da diese Erwägungen auch auf größere und Großunternehmen zutreffen, wird auch das Eigentum an diesen durch die Einrichtungsgarantie geschützt.[316] Das bedeutet ua, dass es Rechtsformen des GesellschaftsR geben muss, die die nötige Akkumulierung von Kapital ermöglichen. Damit werden durch Art. 14 zugleich die **Kapitalgesellschaft** und das **Anteilseigentum usw.** garantiert, wenn auch nicht notwendig in ihrer derzeitigen Ausgestaltung.[317]

69     Leitlinie für die Ausstattung von eigentumsgeschützten Rechten mit Befugnissen ist die Sicherung der institutionell gewährleisteten **Freiheitlichkeit** und **Privatnützigkeit** des Eigentums. Der Gesetzgeber hat das Recht so auszustatten, dass es zu eigenem Nutzen und Ertrag eingesetzt werden kann und grds. privatautonomer, eigenverantwortl. Verfügung zugänglich ist. Dabei verpflichtet das Gebot der Verhältnismäßigkeit dazu, die auf Anerkennung als Eigentum drängenden Interessen angemessen zur Geltung zu bringen. Verfassungskonform ist nur die Ermöglichung einer – unter Berücksichtigung gegenläufiger Interessen – **angemessenen Funktionsfähigkeit** des Rechts entspr. dem jew. Sachgebiet. Der Gesetzgeber hat eine der Natur des Rechts und dessen sozialer Bedeutung entspr. **Nutzung, Verwertung** und **Verfügung** sicherzustellen.[318]

70     **b) Schrankenziehung.** Zentraler Maßstab der eigentumsbeeinträchtigenden Gesetze ist die **Individualrechtsgarantie** des Art. 14. Auch wenn ein weiter Gestaltungsraum des das Eigentum gem. Art. 14 I 2 beschränkenden Gesetzgebers anzuerkennen ist,[319] müssen daher Regelungen stets durch das **öffentliche Interesse** legitimiert sein. Das bedeutet, dass der Gesetzgeber in die eigentumsgrundrechtlich geschützten Interessen der Beteiligten nicht ohne Grund und grds. auch nicht übermäßig eingreifen darf.[320] Unzumutbare Schmälerungen von Eigentumspositionen sind ihm verwehrt.[321] Die grundlegende Wertentscheidung des GG zugunsten eines sozial gebundenen Privateigentums verpflichtet ihn vielmehr grds., nur so weit im öff. Interesse einzugreifen, wie es der Schutz des Gemeinwohls unter weitestmöglicher Wahrung der Privatnützigkeit erfordert,[322] und die Belange der Gemeinschaft und die eigentumsgrundrechtlich geschützten Individualinteressen in einen gerechten Ausgleich und ein **ausgewogenes Verhältnis** zu bringen.[323] Das Wohl der Allgemeinheit ist insoweit gem. Art. 14 II Orientierungspunkt, aber auch Grenze für die Beschränkung des Eigentümers.[324]

71     Zugleich muss das zulässige Ausmaß einer Sozialbindung auch vom Eigentum selbst her bestimmt werden. Die Bestandsgarantie des Art. 14 I 1 1, der Regelungsauftrag des Art. 14 Abs. 1 Satz 2 und die Sozialpflichtigkeit des Eigentums nach Art. 14 II stehen in einem unlösbaren Zusammenhang.[325] In der zum Wohnhaus-Eigentum ergangenen Entscheidung beschreibt das BVerfG die allg. Aufgabe des schrankenziehenden Gesetzgebers, die Privatnützigkeit und die grds. freie Verfügbarkeit des Eigentums mit dem Postulat einer am Gemeinwohl orientierten Nutzung in Einklang zu bringen, treffend dahin, dass er hierbei „beiden Elementen des im Grundgesetz angelegten dialektischen Verhältnisses von verfassungsrechtlich garantierter Freiheit und dem Gebot einer **sozialgerechten Eigentumsordnung** in gleicher Weise Rechnung tragen und die schutzwürdigen Interessen aller Beteiligten in einen gerechten Ausgleich und ein ausgewogenes Verhältnis bringen" müsse.[326] Eine einseitige Bevorzugung oder Benachteiligung ist ausgeschlossen.[327] Der Kernbereich des Eigentums darf dabei nicht „ausgehöhlt" werden,[328] oder: In jedem Fall muss die **Substanz des Eigentums erhalten** bleiben.[329]

---

[314] *Wendt* (Fn. 17), S. 273 f.; *Depenheuer,* in: HGRV § 111 Rn. 63 f.

[315] Vgl. BVerfGE 51, 193 (222); 105, 252 (278); 143, 246 Rn. 240; BVerfG (K) NJW 2010, 3501 Rn. 25; anders BVerwGE 134, 308 Rn. 23.

[316] Zust. *Dietlein,* in: Stern, StaatsR IV/1, S. 2216.

[317] Vgl. *Rüfner* DVBl 1976, 690; *Depenheuer/Froese* MKS I, Art. 14 Rn. 142 ff.; s. auch *Dietlein,* in: Stern, Staatsrecht IV/1, S. 2193 f.; ferner BVerfGE 50, 290 (341, 344 f., 364); nach BVerfGE 100, 289 (301) gehört zum durch Art. 14 I gewährleisteten Eigentum „auch das in der Aktie verkörperte Anteilseigentum, das im Rahmen seiner gesellschaftsrechtlichen Ausgestaltung durch Privatnützigkeit und Verfügungsbefugnis gekennzeichnet ist".

[318] *Wendt* (Fn. 17), S. 252 ff., 286 f., 353; vgl. auch BVerfGE 31, 229 (241); 49, 382 (392); ferner *Hobe* DÖV 1997, 323 (328 f.).

[319] BVerfGE 8, 71 (80); 53, 257 (292, 294); 58, 81 (110 f.); 79, 29 (40); vgl. z. B. BVerwGE 117, 138 (139 ff.).

[320] Vgl. BVerfGE 8, 71 (80); 21, 150 (155); 52, 1 (29 f.); 76, 220 (238 ff.); 79, 174 (198); 143, 246 Rn. 269; 149, 86 Rn. 79.

[321] BVerfGE 100, 1 (40, 43); 149, 86 Rn. 95.

[322] BVerfGE 110, 1 (28); BVerwGE 102, 260 (267).

[323] BVerfGE 79, 29 (40 f.); 112, 93 (109); 114, 1 (59); 122, 374 (391); 126, 331 (360); 143, 246 Rn. 218, 268; 149, 86 Rn. 95.

[324] BVerfGE 25, 112 (117 f.); 50, 290 (340); 52, 1 (29); 79, 29 (40); 102, 1 (17); 126, 331 (360); 143, 246 Rn. 218, 268.

[325] BVerfGE 143, 246 Rn. 218.

[326] BVerfGE 37, 132 (140); ebenso BVerfGE 52, 1 (29); 87, 114 (138); 100, 226 (240); 101, 239 (259); 102, 1 (17); 104, 1 (11); 110, 1 (28).

[327] BVerfGE 112, 93 (109).

[328] BVerfGE 91, 294 (308); BVerfG (K) NJW 2000, 798 (799).

[329] BVerfGE 52, 1 (31); BVerfG (K) NJW 2000, 798 (800); *Dietlein,* in: Stern, Staatsrecht IV/1, S. 2249.

Der Beschränkungsvorbehalt des Art. 14 I 2 ist in unmittelbarem Zusammenhang mit **Art. 14 II** zu 72 sehen. Die hier postulierte **Sozialpflichtigkeit** bedarf der **gesetzlichen Hervorbringung** auf dem Wege der Schrankenbestimmung des Eigentums.[330] I. d. S. bilden Art. 14 I 2 und II eine der vornehmsten Handhaben des GG zur Entfaltung der Sozialstaatlichkeit.[331] Demgegenüber würde die Auffassung, Art. 14 II erzeuge (auch) **unmittelbar Rechtspflichten** des Eigentümers,[332] dazu führen, dass in Wahrheit weniger die Pflichtenbindung als der Eigentumsgebrauch für legitimierungsbedürftig erklärt würde.[333] Daher können etwa Hausbesetzungen und die Benutzung fremder privater Gegenstände ohne gesetzliche Ermächtigung nicht durch Art. 14 II gerechtfertigt werden.

Die Abwägung zwischen dem Interesse des Eigentümers am Bestand des Eigentumsrechts und der 73 damit verbundenen Befugnisse (Bestandsinteresse) und den Gemeinwohlinteressen, die die Beschränkung rechtfertigen sollen, hat nach den Grundsätzen des Übermaßverbots zu erfolgen.[334] Verfehlt der eigentumsbeschränkende Gesetzgeber diese Maßstäbe und das Ziel der Herstellung eines Ausgleichs, sprengt er den ihm vorgegebenen Abwägungsrahmen und verlässt den Bereich zulässiger Schrankenziehung, so, wenn er einen verfassungslegitimen Zweck verfolgt oder das Gebot der **Geeignetheit, Erforderlichkeit** oder **Verhältnismäßigkeit** missachtet – weil er z. B. das Gewicht des öff. Interesses, das die Beschränkung legitimieren soll, oder das des betroff. Eigentumsfreiheitsinteresses verkennt.[335]

Die Schrankenziehung muss darüber hinaus allen übrigen Verfassungsnormen gerecht werden.[336] 74 Dazu gehört insbes. der **Gleichheitssatz,**[337] ferner das rechtsstaatl. **Vertrauensschutzprinzip,** das in Art. 14 I für vermögenswerte Güter eine spezif. Ausprägung erfahren hat.[338] Die Konkretisierung einer abstrakt-generellen gesetzl. Schrankenziehung durch **administrative Eigentumszugriffe** teilt als bloße Umsetzung des legislator. Programms die rechtl. Qualifikation der gesetzl. Grundlage.[339]

Genügt eine Schrankenziehung den verfassungsrechtl. Anforderungen nicht, ist sie **verfassungs-** 75 **widrig** und nichtig, es sei denn, dass sie als Enteignung gem. Art. 14 III oder sozialpflichtüberschreitende Schrankenziehung zulässig ist. Nicht aber kann eine solche Schrankenziehung ohne weiteres als Enteignung gewertet werden. Denn Schrankenziehung des Eigentums und Enteignung sind eigenständige Rechtsinstitute.[340]

**2. Enteignung.** Der Tatbestand der Enteignung gemäß Art. 14 III hat nicht die Aufgabe, alle 76 unzumutbaren und/oder gleichheitswidrigen Beeinträchtigungen des Eigentumsbestandes zu erfassen. Die Funktion des Enteignungstatbestandes als gegenüber der Gewährleistung des Art. 14 I 1 „komplementärer" Norm besteht vielmehr darin, **bestimmten Durchbrechungen der Bestandsgarantie** des Art. 14 I 1 als der Garantie des Eigentums „in seiner konkreten Gestalt in der Hand des ... Eigentümers"[341] eine begrenzte Legitimationsgrundlage zu verschaffen.[342]

Das Eingriffsinstrument der Enteignung ist damit ein **extraordinäres.** Während es als Aufgabe des 77 dem Eigentum gem. Art. 14 I 2 Schranken setzenden Gesetzgebers erkannt wurde, das verfolgte Gemeinwohlinteresse und das Bestandsinteresse des Eigentümers zum Ausgleich i. S. eines ausgewogenen Verhältnisses zu bringen, entbindet der besondere Eingriffstitel des Art. 14 III von dieser aus dem grundrechtl. Geltungsanspruch an sich erwachsenden Pflicht zur Beachtung des Ausgleichsprinzips.[343]

---

[330] BVerwG, 16.6.2005 – 3 B 129/04 –, juris, Rn. 5; *Leisner* HStR VIII, § 173 Rn. 143 ff.; *Papier/Shirvani,* in: Maunz/Dürig, Art. 14 Rn. 416.

[331] *H. P. Ipsen* VVDStRL 10 (1952), 85.

[332] *Bryde,* in: v. Münch/Kunig I, Art. 14 Rn. 68 f.; vgl. auch BVerfGE 21, 73 (83) sowie BVerfGE 148, 267 Rn. 41 ff.: Ausgleich zwischen der Bestimmungsmacht des Hausrechtsinhabers und der Ausstrahlungswirkung des Gleichbehandlungsgebots sub specie des Art 14 II.

[333] Ausf. *Wendt* (Fn. 17), S. 295 ff., 299 ff.; zust. *Depenheuer/Froese* MKS I, Art. 14 Rn. 204; *Becker,* in: Stern/Becker, Art. 14 Rn. 13; demgegenüber will *Sieckmann,* in: Friauf/Höfling, Art. 14 Rn. 168 ff., Art. 14 II eine größere Eigenständigkeit beimessen; anders *Elicker:* Das Verfassungsgebot des Art. 14 II richte sich zwar auch an den Eigentümer, könne diesem aus sich heraus aber keine konkrete und erzwingbare Handlungspflicht auferlegen; durch den freiwillig gewählten Eigentumsgebrauch könne der Eigentümer aber bereits „spontan" dem Gemeinwohl dienen, worauf der Gesetzgeber bei der weiteren Konkretisierung der Sozialpflichtigkeit durch Schrankenbestimmungen Rücksicht zu nehmen habe (etwa bei der steuerlichen Behandlung der Unternehmen), NJW 2005, 2052 f.

[334] BVerfGE 143, 246 Rn. 268; vgl. auch noch *Bryde,* in: v. Münch/Kunig I, Art. 14 Rn. 59 ff.; *Papier/Shirvani,* in: Maunz/Dürig, Art. 14 Rn. 429; *Schmidt-Aßmann* FS Friauf, 1996, S. 407 (409); zur hinreichenden Legitimation zulässiger Rechtsbeschränkungen bzgl. des eigentumsrechtlichen Wertschutzes vgl. *Wendt* (Fn. 17), S. 307 ff., 315 f.

[335] BVerfGE 126, 331 (360); *Wendt* (Fn. 17), S. 322; vgl. auch *Ossenbühl* FS Friauf, 1996, S. 391 (393).

[336] BVerfGE 14, 263 (278); 62, 169 (183); 100, 226 (240 f.); 102, 1 (17); 110, 1 (28); 126, 331 (360).

[337] BVerfGE 34, 139 (146); 79, 174 (198); 87, 114 (139); 102, 1 (17); 110, 1 (28); 126, 331 (360); 143, 246 Rn. 268.

[338] Vgl. hierzu BVerfGE 122, 374 (391); 143, 246 Rn. 268; *Jarass,* in: Jarass/Pieroth, Art. 14 Rn. 46; *Papier/Shirvani,* in: Maunz/Dürig, Art. 14 Rn. 440.

[339] *Depenheuer* HGR V § 111 Rn. 80.

[340] BVerfGE 58, 300 (331); 79, 174 (192); 100, 226 (240); 102, 1 (16); BVerwGE 94, 1 (5 f.); *Wendt* (Fn. 17), S. 322; *Ossenbühl* FS Friauf, 1996, S. 391 (393); *Depenheuer/Froese* MKS I, Art. 14 Rn. 206.

[341] Vgl. BVerfGE 20, 351 (355); 42, 263 (294).

[342] Vgl. auch *Schulze-Osterloh* NJW 1981, 2540; *Depenheuer/Froese* MKS I, Art. 14 Rn. 412.

[343] Vgl. auch BVerfGE 56, 249 (270).

Der „Abwägungshorizont" des Gesetzgebers wird ein anderer, es geht nicht mehr um die Ausgleichung zweier entgegenstehender Interessen, sondern um die Durchsetzung des einen auf Kosten des anderen, um die **Aufopferung** des Letzteren.[344]

78     Die Enteignung ist daher ein **rechtsmindernder oder -entziehender Zugriff** auf rechtssatzmäßig ausgeformte Vermögenspositionen, bei der sich der Staat **über die durch das Gebot der Verhältnismäßigkeit** im engeren Sinne **gesetzte Schranke** hinwegsetzt, um übergeordnete Ziele des **Gemeinwohls** durchzusetzen.[345] I. d. S. ist sie ein staatliches Instrument zur zwangsweisen Überwindung grundrechtlicher Schranken.[346] Der einen Enteignungseingriff statuierende oder zulassende Gesetzgeber hat zu fragen, ob besondere Gründe des Gemeinwohls es ihm erlauben, sich über ein nach dem Maßstab der Verhältnismäßigkeit an sich schutzwürdiges Bestandsinteresse des Eigentümers hinwegzusetzen und diesem einen nach dem Inhalt seiner Eigentumsposition „an sich" gegebenen Abwehranspruch zu nehmen.[347]

79     Bei dieser Sicht kommen nur besonders wichtige **Gemeinschaftsinteressen** als legitimer Grund für einen Enteignungseingriff in Frage. Welches besondere Gemeinschaftsinteresse das „Wohl der Allgemeinheit" i. S. des Art. 14 III auszufüllen vermag, dürfte allerdings nicht schlechthin durch die Verfassung oder die sozialen Wertvorstellungen vorgegeben sein, sondern in gewissem Umfang der Qualifikationskompetenz des Gesetzgebers unterliegen.[348]

80     Dieser Abgrenzungsschwierigkeiten kann man schwerlich Herr werden, indem man zu einem engeren Enteignungsbegriff zurückkehrt und z. B. für das Vorliegen einer Enteignung in Abgrenzung zur Inhalts- und Schrankenbestimmung einen hoheitlich bewirkten **Rechtsübergang** fordert, wie dies spätestens seit der Entscheidung des BVerfG zur Baulandumlegung[349] vielfach geschieht.[350] Zwar ließe sich dann das „Wohl der Allgemeinheit" i. S. des Art. 14 III auf bestimmte, angebbare Verwaltungszwecke begrenzen. Doch widersprechen die Beschränkung des Enteignungsbegriffs auf die „rechtsübertragende" Enteignung und die Ausklammerung der sog. **„Aufopferungsenteignung"**[351] einer langen, nicht mehr umkehrbaren Rechtsentwicklung.[352] Immerhin hat das BVerfG zunächst in einer Reihe von Entscheidungen einen Güterbeschaffungsvorgang ausdrücklich als nicht konstitutiv für die Enteignung bezeichnet.[353] Noch in der Entsch. v. 18.1.2006 stellte es einschränkend fest, dass „der Enteignungsbegriff … beschränkt ist auf die Entziehung konkreter Rechtspositionen zur Erfüllung bestimmter öffentlicher Aufgaben, also *weitgehend* zurückgeführt ist auf Vorgänge der Güterbeschaffung".[354] Dennoch hat es nunmehr den Anwendungsbereich der Enteignung dezidiert auf Güterbeschaffungsvorgänge der öff. Hand reduziert, obwohl es einräumt, dass Wortlaut und Entstehungsgeschichte des Eigentumsgrundrechts hierzu keine eindeutige Antwort geben.[355] Diese Verkürzung des Eigentumsschutzes, die mit einem „praktischen Bedarf" begründet wird,[356] wird der Bedeutung des Grundrechts nicht gerecht. Die ins Feld geführten Extremfälle der unstr. grds. Entschädigungslosigkeit von Einziehung, Verfall oder Vernichtung[357] beschlagnahmter Güter nach straf- und polizeirecht. Vorschriften lassen sich auch anders erklären. Wenn die Gewährleistung des Eigentums in jedem Fall die „Erhaltung der Substanz des Eigentums" erfordert,[358] kann die Enteignung nicht auf Güterbeschaffungsvorgänge beschränkt bleiben, sondern muss auch andere Formen des Zugriffs auf das Eigentum, die aus Gründen des Gemeinwohls erfolgen, umfassen. Aus der Perspektive des Betroffenen ist es unerheblich, ob der ihn treffende Rechtsverlust zu einer Güterübertragung oder zu einem schlichten Rechtsverlust führt. Wenn auf der Ebene des Schutzbereichs völlig unterschiedl. Eigentumsgegenstände und damit völlig disparate Ausformungen des Eigentumsschutzes zu beobachten sind, denen

---

[344] *Wendt* (Fn. 17), S. 326 f.; vgl. auch *Breuer* NuR 1996, 537 (545); *Eschenbach* Jura 1997, 519 (521).

[345] *Wendt* (Fn. 17), S. 324 f.; vgl. auch BVerfGE 114, 1 (59); BVerfGE 134, 242 Rn. 161.

[346] Vgl. BVerfGE 56, 249 (271); *Ossenbühl* AöR 124 (1999), 1 (16); *Schwarz* DVBl 2013, 133 (139).

[347] I. E. ähnl. *Aicher* (Fn. 26), S. 270 ff., 274 ff.

[348] Vgl. auch *Scholz*, Entflechtung und Verfassung, 1981, S. 144.

[349] BVerfGE 104, 1 (10); ferner BVerfGE 126, 331 (359).

[350] Das Erfordernis des „Rechtsübergangs" verwenden als Abgrenzungsmerkmal der Enteignung etwa *Rittstieg* NJW 1982, 724; *ders.* AK GG, Art. 14/15 Rn. 186 ff.; *Kloepfer* DVBl 2011, 1437 (1439); *Depenheuer* HGR V, § 111 Rn. 84, 85; *Bruch/Greve* DÖV 2011, 794 (797); für einen engen Enteignungsbegriff auch *Lege*, Zwangskontrakt und Güterdefinition, 1995, S. 59 ff.; *Hendler* DVBl 2001, 1233 (1237 f.); *Bryde*, in: v. Münch/Kunig I, Art. 14 Rn. 51; *Papier/Shirvani*, in: Maunz-Dürig, Art. 14 Rn. 645.

[351] Zu ihrer Anerkennung durch das BVerfG etwa BVerfGE 45, 297 (332).

[352] *Wendt* (Fn. 17), S. 328 f.; auch *Battis/Ruttloff* NVwZ 2013, 817 (821 f.), lehnen das Erfordernis einer Güterbeschaffung ab und begreifen die Merkmale eines konkret-individ. und finalen Entzugs bestimmter Eigentumspositionen zur Erfüllung öff. Zwecke als hinreichend für den Enteignungsbegriff; ferner *Ossenbühl*, Verfassungsrechtliche Fragen eines beschleunigten Ausstiegs aus der Kernenergie, 2012, S. 30 ff., insbes. S. 51 f.; *Th. Krappel* DÖV 2012, 640 ff.

[353] Vgl. BVerfGE 24, 367 (394); 45, 297 (332); 83, 201 (211).

[354] BVerfGE 115, 97 (112).

[355] BVerfGE 143, 246 Rn. 243, 246 ff.; 145, 20 Rn. 212; 149, 86 Rn. 77.

[356] BVerfGE 143, 246 Rn. 253.

[357] Vgl. BVerfGE 22, 387 (422 f.); 110, 1 (24 f.).

[358] BVerfGE 52, 1 (29 f.); ferner BVerfGE 42, 263 (295); 72, 66 (77 f.); 79, 174 (198); 87, 114 (139) – st. Rspr.

gemeinsame Strukturelemente fehlen, kann die Güterbeschaffung über den klass. Eigentumsschutz von Grund und Boden hinaus kein übergreifendes konstitutives Tatbestandsmerkmal der Enteignung sein. Namentlich in Fällen, in denen angesichts der Eigenart der betroffenen eigentumsrechtl. Position für eine Übertragung und Güterbeschaffung kein Bedarf besteht, kann sich die Enteignung daher als bloßer „Überwindungsvorgang" darstellen. Der Eigentumsschutz wäre erheblich geschmälert, wenn die Frage der Ausgleichspflicht für einen Eingriff nur noch im Rahmen der sozialpflichtüberschreitenden Schrankenziehung nach Art. 14 I 2 nach Maßgabe der Verhältnismäßigkeit zu beantworten wäre.[359]

Um der Baulandumlegung die Eigenschaft als Enteignung abzusprechen und als Inhalts- und Schrankenbestimmung **80a** zu qualifizieren, hätte es der Qualifizierung der Enteignung als Güterbeschaffungsvorgang durch das BVerfG nicht bedurft. Es hätte genügt, die Umverteilung von Grundstücken bei der Baulandumlegung als auf den Ausgleich privater Interessen gerichtetes Instrument zu verstehen[360] und den Eigentumsverlust zum Zwecke eines solchen Ausgleichs privater Interessen dem Eigentumsentzug zur Erfüllung öff. Aufgaben entgegenzustellen, ihm damit die Qualität als Enteignung abzusprechen und ihn als Inhalts- und Schrankenbestimmung zu begreifen.[361]

Kraft speziellen verfassungsrechtlichen Titels darf sich der Enteignungsgesetzgeber zwar aus überge- **81** ordneten Gründen des Gemeinwohls über das Bestandsinteresse des Eigentümers hinwegsetzen. Zur Erreichung des verfolgten (Sach-)Ziels ist aber der endgültige Zugriff auch auf den Vermögenswert des Enteignungsobjektes nicht erforderlich. Das Übermaßverbot verlangt vielmehr die **Respektierung des Wert(erhaltungs-)interesses** des Eigentümers durch Zuerkennung einer **Entschädigung.** Die Ersetzung des bei der sozialbindenden Schrankenziehung geltenden Ausgleichsprinzips durch das Aufopferungsprinzip bei der Enteignung führt daher zugleich zum Entschädigungsprinzip (Art. 14 III 2).[362]

Mit dem durch die Entschädigung gewährten Ausgleich für die erlittene Vermögenseinbuße wird **82** dem verfassungsrechtl. Erfordernis der Wahrung der **staatsbürgerlichen (Lasten-)Gleichheit** Rechnung getragen. Für eine Ungleichbehandlung des von der Enteignung Betroffenen gegenüber anderen Bürgern (auch) in vermögensmäßiger Hinsicht fehlt jeder Grund. Das Gebot der Wahrung der vermögensmäßigen Gleichheit des Enteigneten und der Nichtenteigneten erlangt auch für die **Bemessung der Entschädigung** ausschlaggebende Bedeutung.[363]

**3. Sozialpflichtüberschreitende Schrankenziehung.** Soweit der Gesetzgeber **Eingriffs- und** **83** **Einwirkungsbefugnisse Privater** gegenüber durch Art. 14 geschützten vermögenswerten Rechten Dritter von enteignungsgleicher Intensität normiert, handelt es sich auch dann nicht um eine Konkretisierung der Sozialpflichtigkeit des Eigentums nach Art. 14 I und II, wenn eine privatrechtliche Kompensation erfolgt.[364] Vielmehr lassen sich diese Fälle nur als **sozialpflichtüberschreitende** **Schrankenziehung** nach Art. 14 I 2 begreifen. Die gesetzliche Zulassung derartiger Eingriffe, die zur Durchsetzung des verfolgten privaten Interesses auf Kosten, ja unter Aufopferung des Bestandsinteresses des betroffenen Dritten führen, muss ähnlich wie bei der Enteignung an die Voraussetzung eines besonders hochrangigen Interesses geknüpft sein.[365] Die insoweit erforderliche Entscheidung über die (Un-)Verhältnismäßigkeit eröffnet dem Gesetzgeber im Rahmen seiner Abwägung Entscheidungsspielräume. Als Regelungsmittel kommen für den Normgeber zunächst Übergangs- oder Ausnahmevorschriften in Betracht. Wenn die reale Vermeidung der Belastung nicht oder nur mit unverhältnismäßigem Aufwand möglich ist, ist die Einräumung eines finanziellen Ausgleichs oder eines Übernahmeanspruchs geboten.[366]

Es spricht viel dafür, dass dem privaten Interesse, dem die Durchsetzung erlaubt wird, ein gewichtiges öff. Interesse **84** zur Seite stehen muss. Wie bei der Enteignung verlangen das Übermaßverbot und das Gebot der Lastengleichheit einen **finanziellen Ausgleich.**[367] Im Ergebnis zu Recht verlangt das BVerfG daher in der Feldmühle-Entscheidung, dass die zum Ausscheiden gezwungenen Minderheitsaktionäre „wirtschaftlich voll entschädigt" werden;[368] bestätigt durch den **Altana-Beschluss** des BVerfG, nach dem die grundrechtlich relevante Einbuße des zum Ausscheiden gezwungenen Minderheitsaktionärs vollständig kompensiert werden muss und der Verkehrswert (i. d. R. Börsenkurs

[359] Zum Vorstehenden insgesamt *Schwarz* DVBl 2013, 133 (138 ff.).
[360] Vgl. BVerfGE 104, 1 (10).
[361] Vgl. BVerfGE 101, 239 (259); 112, 93 (109); 114, 1 (59); *Haas* NVwZ 2002, 272 (274).
[362] Vgl. auch *Aicher* (Fn. 26), S. 270 ff., 274 ff.; BVerfGE 83, 201 (213); BVerfGE 134, 242 Rn. 168.
[363] BGHZ 6, 270 (295); BGH DVBl 1979, 58 (62); *Rüfner* FS Scheuner, 1973, S. 514 f., 527; *Friauf* FS Jahrreiß, 1974, S. 57 f.; *v. Arnim* VVDStRL 39 (1981), 318; *Badura* HdbVerfR, § 10 Rn. 59; *Schwarz* DVBl 2013, 133 (134).
[364] Anders wohl BVerfGE 31, 229 (242 f.); 49, 382 (394 f., 398 ff.); *Bryde,* in: v. Münch/Kunig I, Art. 14 Rn. 64; *Jarass,* in: Jarass/Pieroth, Art. 14 Rn. 53.
[365] *Wendt* (Fn. 17), S. 337 ff., 340 ff.; eine sozialpflichtüberschreitende Schrankenbestimmung kann etwa vorliegen bei der Versagung von Übergangsfristen, die eine Amortisation von Investitionen ermöglichen würden, vgl. *Schröder* NVwZ 2013, 105 ff.; die Notwendigkeit eines entschädigungsrechtlichen Ausgleichs für den Atomausstieg wegen erfolgter Amortisation verneinend *W. Ewer* NVwZ 2011, 1035 ff.
[366] BVerfGE 100, 226 (245 f.); *Depenheuer* HGR V § 111 Rn. 92 f.; *Falter/Rietzler* DÖV 2012, 308 (309).
[367] *Wendt* (Fn. 17), S. 343 f.; *Kühne* DVBl 2012, 661 (665),
[368] BVerfGE 14, 263 (283).

der Aktie) die Untergrenze der „wirtschaftlich vollen Entschädigung" bildet.[369] Wenn der Urheber den Abdruck seines Werkes in bestimmten Sammlungen nicht verbieten darf, bedeutet das noch nicht, dass auch sein Vergütungsanspruch ausgeschlossen werden darf.[370] Vgl. ferner die Fälle **privatrechtlicher Aufopferung** nach §§ 904, 906 II BGB.

## IV. Sozialbindende Schrankenziehung und sonstige Beeinträchtigungen (Abs. 1 S. 2, Abs. 2)

85     **1. Rahmen der Schrankenziehung.** Für die sozialbindende Schrankenziehung des Eigentums gemäß Art. 14 I 2, II genügt ein **materielles Gesetz,** also auch eine Rechtsverordnung[371] oder Satzung.[372] Bei ihr sind die Belange der Gemeinschaft und die eigentumsgrundrechtlich geschützten Individualinteressen in ein **ausgewogenes Verhältnis** zu bringen. Die Gegenstandsbeeinträchtigung des Eigentums muss **geeignet, erforderlich, verhältnismäßig** und damit **zumutbar** erscheinen.[373]

86     Das zulässige Ausmaß einer Schrankenziehung kann wegen der Maßgeblichkeit des Sozialpflicht- gedankens und des Übermaßverbots weder allein vom **Rechtsverlust** der betroffenen Eigentümer,[374] noch allein vom **Zweck des Eigentumseingriffs** her bestimmt werden. Auch weitreichende Ein- griffe, ja Substanzschmälerungen, können unter besonderen Voraussetzungen ausnahmsweise noch von der Sozialpflichtigkeit des Eigentums gedeckt sein.[375] Dies zeigt sich am Beispiel des **sozialschädli- chen oder -gefährlichen Eigentums.**[376]

86a    Das BVerfG hebt zutreffend hervor, dass „eine unverhältnismäßige Beschränkung der Privatnützig- keit einer durch Art 14 I geschützten vermögenswerten Position... nicht dadurch verhältnismäßig (wird), daß der Eigentümer sie auf Grund seines sonstigen Vermögens ausgleichen und ertragen kann."[377]

87     Die (inhaltl.) Verschiedenartigkeit der Rechte, die „Eigentum" i. S. d. GG sind, bedingt eine unterschiedl. Antwort auf die Frage, von welcher Art und Reichweite die Vollmacht des Gesetzgebers ist, diesen Rechten Schranken zu setzen und ihre je spezif. Sozialgebundenheit zur Geltung zu bringen.[378] Das sich je nach **Art und Funktion des Eigentumsrechts** und je nach dem betroff. Eigentumsausschnitt unterschiedl. artikulierende Eigentümerinteresse ist sub specie des Garantie- gehalts des Art. 14 wertend zu erfassen und in die Abwägung einzubringen. Je nach der Art des betroff. Eigentumsrechts bedarf die gesetzl. Einschränkung unterschiedl. Rechtfertigung durch das **öffentliche Interesse** und ist der Maßstab für **Sachgerechtigkeit,** der aus dem spezif. Garan- tiegehalt des Art. 14 zu gewinnen ist, verschiedenartig.[379] Daher variiert das Gewicht eines Eigen- tumseingriffs je nach der Bedeutung der berührten Rechtsposition für die Lebens- und Freiheits- gestaltung des Betroffenen.[380]

88     Bei der **Verkürzung** bestehender Rechtspositionen, insbes. im Zusammenhang mit der Neuord- nung eines Rechtsgebiets, kann aus dem Verhältnismäßigkeitsgrundsatz die Notwendigkeit einer schonenden **Übergangsregelung** folgen.[381] Unvereinbar mit dem Gehalt des Grundrechts wäre es, dem Staat die Befugnis zuzubilligen, die Fortsetzung von Grundstücksnutzungen, zu deren Aufnahme umfangreiche Investitionen erforderlich waren, abrupt und ohne Überleitung zu unterbinden und Arbeit sowie Kapitaleinsatz damit von heute auf morgen zu entwerten.[382] Das Eigentumsgrundrecht schützt berechtigtes Vertrauen in den Bestand der Rechtslage als Grundlage von Investitionen in das Eigentum und seiner Nutzbarkeit; ob und inwieweit ein solches Vertrauen berechtigt ist, hängt von den Umständen des Einzelfalls ab.[383] Notwendig ist eine Abwägung zwischen dem Maß des Ver-

---

[369] BVerfGE 100, 289 (303 ff.); erneut idS BVerfG DNotZ 2000, 868 (Moto Meter AG) mit krit. Anm. *Fleischer*; BVerfG (K) BeckRS 2012, 53911 Rn. 14 ff.; 2013, 01274.

[370] Vgl. BVerfGE 31, 229 (243); 49, 382 (398).

[371] BVerfGE 8, 71 (79); 9, 338 (343).

[372] BGHZ 77, 179 (183).

[373] Vgl. o. Rn. 73; BVerfGE 122, 374 (391 f.); 143, 246 Rn. 285 ff.; ferner *Leisner* HStR VIII, § 173 Rn. 163 ff.; *Bryde,* in: v. Münch/Kunig I, Art. 14 Rn. 59 ff.; *Badura* HdbVerfR, § 10 Rn. 57 f.; *M. Kloepfer* DVBl 2011, 1437 (1439 ff.); *Bruch/Greve* DÖV 2011, 794 (797 ff.).

[374] Problematisch BGHZ 48, 385 (394 f.).

[375] Vgl. BVerfGE 110, 1 (24 ff.): erweiterter Verfall (§ 73d StGB) deliktisch, aber wirksam erworbenen Eigentums ist verfassungsgemäße Inhalts- und Schrankenbestimmung i. S. d. Art. 14 I 2; ferner BVerfGE 143, 246 Rn. 269.

[376] BVerfGE 20, 351 (356 ff.); BVerwGE 7, 257 (260 ff.); 12, 87 (96); BVerwG, 16.6.2005 – 3 B 129/04 –, juris: Zustandshaftung bei Seuchenbekämpfung; *Lutz,* Eigentumsschutz bei „störender" Nutzung gewerblicher Anlagen, 1983, S. 173; vgl. auch BVerfGE 83, 201 (212 f.), zum Fall eines Eigentumsreformgesetzes; demgegenüber BVerfGE 100, 1 (43); 102, 1 (23): Beseitigung einer Rechtsposition grds. unzulässig.

[377] BVerfGE 102, 1 (23).

[378] BVerfGE 143, 246 Rn. 268; *Badura* FS BSG II, 1979, S. 683.

[379] *Wendt* (Fn. 17), S. 349.

[380] BVerfGE 126 (360); 134, 242 Rn. 168; 143, 246 Rn. 268; *Depenheuer* HGRV § 111 Rn. 11.

[381] BVerfGE 53, 336 (351); 71, 137 (144); 143, 246 Rn. 269; BVerwGE 81, 49 (55); *Jarass,* in: Jarass/Pieroth, Art. 14 Rn. 47.

[382] BVerfGE 58, 300 (349); BVerfG (K) NVwZ 2016, 1804 Rn. 64.

[383] BVerfGE 143, 246 Rn. 372; 145, 20 Rn. 189 ff. iVm Rn. 212.

trauensschadens und der Bedeutung des gesetzl. Anliegens für die Allgemeinheit.[384] Die in **berechtig-tem Vertrauen** auf eine Gesetzeslage getätigten **Investitionen** ins Eigentum erfordern jedoch nach Maßgabe des Verhältnismäßigkeitsgrundsatzes sowohl hinsichtlich des Ob als auch hinsichtlich des Wie eines Ausgleichs **angemessene Berücksichtigung,** wenn der Gesetzgeber die weitere Verwertbarkeit des Eigentums direkt unterbindet oder erheblich einschränkt. Dabei bleibt dem Gesetzgeber für die Überleitung bestehender Rechtslagen, Berechtigungen und Rechtsverhältnisse ein breiter Gestaltungs-spielraum. Insbesondere ist der Gesetzgeber von Verfassungs wegen nicht gehalten, bei **Systemwech-seln** und der Umstellung von Rechtslagen die Betroffenen von jeder Belastung zu verschonen oder jeglicher Sonderlast mit einer Übergangsregelung zu begegnen.[385]

Der Grundsatz des **Vertrauensschutzes** hat für die vermögenswerten Güter in Art. 14 hinsichtlich **88a** der (unechten) Rückwirkung eine spezif. Ausprägung erfahren.[386] Nicht selten wird allerdings be-zweifelt, ob – abgesehen vom Grundsatz des Vorrangs des Bestandsschutzes vor dem bloßen Wertschutz – der besondere Vertrauensschutz im Anwendungsbereich des Art. 14 wirklich schärfer konturiert ist als das allgemein-rechtsstaatliche Vertrauensschutzgebot.[387] Ausnahmen und Befreiungen können geboten sein, wenn Teilgruppen typischerweise sehr viel härter betroffen werden und daher einer gesonderten Behandlung bedürfen.[388] Schließlich kann ein finanzieller Ausgleich zur Verhältnismäig-keit beitragen.[389]

**2. Entscheidungsdeterminierende Gesichtspunkte. a) Eigenart der Eigentumsrechte.** **89** **aa) Persönlichkeitsbezug?** Eine prinz. Diff. des Geltungsanspruchs der Eigentumsgarantie nach Eigentumsgruppen ist dem GG fremd.[390] Insbes. kann dem Versuch, Eigentumsformen nach dem Grad ihres **Persönlichkeitsbezugs** in eine abstrakte Rangfolge zu bringen und auf diese Weise ihre unter-schiedl. Abwehrstärke gegenüber Eingriffen zu begründen,[391] kein Erfolg beschieden sein.[392] Die von der Garantiewirkung des Art. 14 mitumfasste wirtschaftl. Entfaltungs- und Gestaltungsfreiheit und mit ihr die wirtschaftl. bedeutsameren Vermögensrechte können nicht von vornherein aus dem Kern-bereich der eigentumsgrundrechtl. Freiheit ausgeklammert werden. Insoweit geht es nicht zuletzt um die adäquate verfassungsrechtl. Erfassung der von privatnützigem Eigentumsgebrauch abhängigen **Grundbedingungen unternehmerischer Betätigung.**[393]

So lässt sich auch der eigentumsgrundrechtliche Schutz des **Anteilsrechts** nicht mit der Begrün- **90** dung relativieren, dass dem einzelnen Anteilsrechtsinhaber mit seinem Recht kaum ein Freiheits-raum von größerer Bedeutung eingeräumt sei.[394] Der mitbestimmende Anteil an privatautonomer und privatnütziger Gestaltung der Gesellschaftsordnung kommt hier in der **korporationsrechtlich geordneten,** gemeinsamen **Wahrnehmung der Befugnisse** aus den Anteilsrechten zum Aus-druck.[395]

Der Gedanke einer Abstufung der Schutzwirkung der Eigentumsgarantie nach dem Grad des Persönlichkeitsbezugs **91** des geschützten Individualinteresses ist allein insofern berechtigt, als je nach der Nähe zum **Kernbereich** des mit einem bestimmten eigentumskräftigen Vermögensrecht eröffneten Freiheitsbereichs Zonen mehr oder weniger starken Grundrechtsschutzes zu unterscheiden sind.

**bb) Leistungsbezug?** Eine Unterscheidung der Intensität des Eigentumsschutzes je nach dem **92** **Leistungsbezug** eines vermögenswerten subj. Privatrechts – als denkbare Durchbrechung der Ein-heitlichkeit der Eigentumsgarantie – verbietet sich.[396] Privatrechte sind typischerweise durch eigene Leistung, jedenfalls aber in eigener Sphäre erworben, die der Staat dem privatautonom bestimmten privatrechtl. und privatwirtschaftl. Rechtsverkehr überlassen hat. Die Qualifizierung dieser Rechte als etwas Selbsterworbenes rechtfertigt ihren bes. Schutz durch die Eigentumsgarantie,[397] erlaubt aber grds. keine **Differenzierung** dieses Schutzes innerhalb der Rechte nach dem Maß ihrer Leistungsbezogen-

---

[384] BVerfGE 70, 101 (114).
[385] BVerfGE 131, 47 (57 f.); 143, 246 Rn. 372; zu weit geht die von *Frenz* DVBl 2017, 121 (123), gezogene Folgerung, dass dann, wenn Investitionen die Grundlage in Gestalt normativ festgelegter Rahmenbedingungen, auf die der Betroffene habe vertrauen können, entzogen werde, dafür eine Entschädigung geleistet werden müsse.
[386] BVerfGE 70, 101 (114); 101, 239 (262 ff.); 122, 374 (391); 143, 246 Rn. 372; *Jarass,* in: Jarass/Pieroth, Art. 14 Rn. 46; *Kloepfer* DVBl 2011, 1437 (1441); s. auch *Papier/Shirvani,* in: Maunz/Dürig, Art. 14 Rn. 440; *Becker* in: Stern/Becker, Art. 14 Rn. 197 ff.
[387] Vgl. etwa *Schröder* NVwZ 2013, 105 (107); bejahend dagegen *Bruch/Greve* DÖV 2011, 794 (795 f.).
[388] *Jarass,* in: Jarass/Pieroth, Art. 14 Rn. 47.
[389] BVerfGE 143, 246 Rn. 259 f.
[390] *Leisner* HStR VIII, § 173 Rn. 86 ff.
[391] *R. H. Weber* AöR 104 (1979), 521 (534); nicht unprobl. daher BVerfGE 112, 93 (109 f.).
[392] Abl. auch *Depenheuer/Froehe* MKS I, Art. 14 Rn. 281 ff.; *Siekmann,* FS Stern (2012), S. 1527 ff.
[393] *Wendt* (Fn. 17), S. 345 ff.; *Badura* HdbVerfR, § 10 Rn. 34.
[394] Zutr. *Siekmann* FS Stern (2012), S. 1527 ff.; demgeg. BVerfGE 50, 290 (347 f.): 99, 367 (392).
[395] *Papier* ZGR 1979, 444 (463).
[396] BVerfGE 114, 1 (58); vgl. aber BVerfGE 143, 246 Rn. 301, 309; *Leibholz/Linke* DVBl 1975, 934 f.; *Jarass,* in: Jarass/Pieroth, Art. 14 Rn. 44; *Becker,* in: Stern/Becker, Art. 14 Rn. 193; zutreffend *Siekmann* FS Stern (2012), 1527 (1538).
[397] Vgl. *Jasper* DÖV 2014, 872 (877).

heit.[398] Dem steht nicht entgegen, dass das BVerfG bzgl. der Eigentumspositionen der ehemaligen Arbeiterwohnungsbaugenossenschaften der DDR feststellt, dass der Gesetzgeber bei der – befristeten – Aufrechterhaltung von Eigentumsbindungen (Mietpreisbindung) habe berücksichtigen dürfen, inwieweit diese in den Geltungsbereich des GG gelangten Eigentumspositionen auf staatl. Gewährung oder auf eigener Leistung beruhten.[399] Denn letztlich stellt das Gericht entscheidend darauf ab, dass die Arbeiterwohnungsbaugenossenschaften ursprünglich keine privatwirtschaftl. Unternehmen, sondern der Sache nach *mittelbare Organe staatlicher Wohnungsbaupolitik* gewesen seien. Diese Ausgangslage habe es erlaubt, ihnen weiterreichende Bindungen aufzuerlegen als Eigentümern, die ihr Eigentum ohne staatl. Förderung erlangt hätten.[400] Die Entscheidung erklärt sich daher aus den bes. Umständen der Überführung der sozialist. Rechts- und Eigentumsordnung der DDR in das Rechtssystem der Bundesrepublik und ist nicht verallgemeinerungsfähig.

**93**  Aus den genannten Gründen ist es verfehlt, wenn die Ausbeutung des Bodenschatzes Kies schon deshalb für abtrennbar vom Grundeigentum erklärt wird, weil die Kieshaltigkeit eines Grundstücks „nicht das ‚Ergebnis eigener persönlicher Leistung' des Eigentümers" sei.[401] Unzutreffend ist auch die These, nach der ein Eigentumsbestand, je länger er existiere, sich umso mehr **„von der Leistung entfernen"** könne, die ihn geschaffen habe – weshalb ihm eine besondere „Schwäche" eigne.[402]

**94**  Für die vermögenswerten subj. **Rechte des öffentlichen Rechts** kann entgegen der h. M. der größere oder geringere Leistungsbezug ebenfalls keine unterschiedl. Intensität des Eigentumsschutzes begründen. Mit ihrer Einstufung als Eigentum i. S. d. Art. 14 müssen sie ungeschmälert an der – **einheitlichen – Garantiewirkung** dieser Gewährleistung teilhaben. Wenn Kriterium für ihre Eigentumsqualität ist, ob der das subj. öff. Recht begründende Tatbestand seinem Inhaber eine Rechtsposition verschafft, die der des Eigentümers so nahe kommt, dass Art. 14 Anwendung finden muss,[403] dann muss diese Anwendung ganz und ungeteilt erfolgen.[404] Sonst wird die Qualifizierung als Eigentum zum bloßen Etikett. Denn auch ör Rechtspositionen, die unterhalb der Schwelle angesiedelt sind, von der an subj. öff. Rechte in Eigentumsqualität erwachsen, sind – ua infolge des Grundsatzes des Vertrauensschutzes – nach dem Maße ihrer Leistungsbezogenheit geschützt.[405]

**95**  Von diesem Standpunkt aus ist Skepsis gegenüber der Entscheidung des BVerfG geboten, in der es den Eingriff in **Renten und Rentenanwartschaften** durch die Änderung der Bewertung der **Ausbildungs-Ausfallzeiten** sub specie des Art. 14 für weniger bedeutsam erklärt, weil der Zuerkennung dieser Zeiten keine eigenen Leistungen des Versicherten zugrunde lägen.[406] Sollte hiermit eine auf das Leistungskriterium gestützte Abwertung des Eigentumsschutzes von Renten und Rentenanwartschaften insgesamt intendiert sein, könnte dies nicht überzeugen.[407]

**96**  **cc) Eigenart der Eigentumsrechte.** Es berührt die fundamentale Einheitlichkeit der Eigentumsgarantie – den prinz. gleichen Schutz des Eigentums jeder Art und Größe – nicht, wenn die je **spezifische Widerstandskraft der Eigentumsrechte** nach ihrer Substanz und Funktion, dh der Nutzbarkeit, Ertragsfähigkeit und Verfügungsfähigkeit entspr. ihrer **Eigenart** bzw. ihrem spezif. Inhalt, bestimmt wird. Der eigentumseinschränkende Gesetzgeber hat die der spezif. Natur des Rechts und dessen sozialer Bedeutung entspr. Nutzung, Verwertung und Verfügung so weit wie möglich zu bewahren sowie dessen spezif. Funktionsbedingungen zu beachten. Das Unternehmenseigentum z. B. weist funkt. Besonderheiten auf, die bzgl. seiner Beschränkung eine pauschale Gleichsetzung mit anderen Eigentumskategorien wie dem Eigentum an Sachgütern oder Urheberrechten verbieten.[408]

**97**  **b) Qualität der öffentlichen Interessen.** Für die Durchführung der auf Grund des Verhältnismäßigkeitsprinzips gebotenen Abwägung ist der **verfassungsrechtliche Standort** des verfolgten **Eingriffsziels** bedeutsam. Auch die Abstufung der Schutzgutqualität unterschiedlicher Ziele ist zu beachten. So wird etwa der **sozialen Staatsaufgabe** ein besonderes Gewicht zuzuerkennen sein, die ihr zuzuordnenden verschiedenartigen Zielsetzungen sind aber von unterschiedlichem Gewicht. Die gesetzliche Behebung von Not- und Krisenlagen, die Zurückdrängung und Kontrolle wirtschaftlicher Macht, die Abstellung von Mangel und Missbrauch sowie ähnliche sozialstaatliche Erfordernisse

---

[398] *Wendt* (Fn. 17), S. 359 f.; *Leisner* HStR VIII, § 173 Rn. 115 ff.; *Kluth* ZIP 1997, 1217 (1219); *Depenheuer/Froese* MKS I, Art. 14 Rn. 280.

[399] BVerfGE 91, 294 (309).

[400] BVerfGE 91, 294 (311).

[401] So aber *Sendler* ZfW 1979, 65 (73).

[402] So aber *Sendler* DÖV 1974, 82.

[403] BVerfGE 4, 219 (241).

[404] AA *Krause*, Eigentum an subjektiven öffentlichen Rechten, 1982, S. 70; *Adam* DRV 2010, 5 (11); *Jarass*, in: Jarass/Pieroth, Art. 14 Rn. 44; *Becker*, in: Stern/Becker, Art. 14 Rn. 70; wohl auch *Depenheuer/Froese* MKS I, Art. 14 Rn. 280; *Papier* FS Leisner, S. 721 (727).

[405] I. E. ebenso *Leisner* HStR VIII, § 173 Rn. 37 f.

[406] BVerfGE 58, 81 (112 f.); 116, 96 (122); vgl. allg. ferner BVerfGE 100, 1 (37 f.); BVerwG NVwZ 2017, 332 (333); *Papier* FS Leisner, S. 721 (727).

[407] Eingehend *Wendt* (Fn. 17), S. 362 ff.; hinsichtl. der Begründung erneut probl. BVerfGE 117, 272 (292 ff.) – rentenrechtl. Neubewertung der ersten Berufsjahre; 149, 86 Rn. 72.

[408] *Wendt* (Fn. 17), S. 357 ff.; ferner *Badura* FS BSG II, 1979, S. 689.

können in höherem Maße ein Zurücktreten der Eigentumsfreiheit erzwingen als die Verfolgung **allgemeiner gesellschaftspolitischer Vorhaben.**[409] Nach BVerfGE 102, 1 (18) betreffen bei von einem Grundstück ausgehenden Gefahren für Leben und Gesundheit oder das Grundwasser die staatliche **Schutzpflicht nach Art. 2 II 1** und das Staatsziel des **Schutzes der natürlichen Lebensgrundlagen** in Art. 20a hochrangige Gemeinwohlbelange, die den Auftrag aus Art. 14 I 2 und II verstärken. Im Rahmen der Angemessenheitsprüfung einer Inhalts- und Schrankenbestimmung im Bereich des Telekommunikationsrechts betonte das BVerfG die wichtige verfassungsrechtliche Bedeutung des Telekommunikationssektors für die Volkswirtschaft gemäß Art. 87 f. I GG.[410]

Hinsichtlich eigentumsberührender **preisstabilisierender** Maßnahmen gewinnt die Verfassungs- **98** aussage in Art. 109 II erhebliche Bedeutung. Die Regelung des Art. 74 I Nr. 16 enthält auch eine für die Ausfüllung des Art. 14 II bedeutsame Grundentscheidung gegen den **Missbrauch von Marktmacht.** Insgesamt ist die Gemeinwohlträchtigkeit des Ziels, die Aufrechterhaltung eines funktionsfähigen Wettbewerbs zu fördern, hoch zu veranschlagen.

Maßnahmen der **fördernden Wettbewerbsgestaltung** tragen regelmäßig zur Verwirklichung der **99** hinter dieser Wettbewerbsordnung stehenden Eigentums- und sonstigen einschlägigen Grundrechte der Mitwettbewerber bei. Die eingriffslegitimierende Wirkung dieses Förderungsaspekts darf aber nicht überdehnt werden, da sonst die nur mittelbare und unsichere Steigerung und Sicherung der eigentumsmäßigen und sonstigen grundrechtlichen Entfaltungsmöglichkeiten der Mitwettbewerber gegen die **vorhandene** Eigentumsfreiheit der von Einschränkungen betroffenen Unternehmen ausgespielt würden.[411] Der **individualrechtliche Gehalt der Eigentumsfreiheit** verdient prinzipiell den Vorrang vor den **direktiven Ordnungszielen** des Art. 14.

Was die verteilungspolitische **Korrektur der Wettbewerbswirtschaft** angeht, so verpflichtet nicht **100** nur der übergreifende sozialstaatliche Gestaltungsauftrag, sondern auch die Eigentumsgarantie in ihrem direktiven Gehalt zu einer aktiven **Vermögensbildungspolitik.**[412] Auch hier gilt aber, dass aus dem direktiven Ordnungsziel des Art. 14 primär eine Handlungsvollmacht, nicht aber eine undifferenzierte Eingriffsvollmacht zu Lasten bereits vorhandenen, längst verteilten Eigentums erwächst.[413] Zulässig ist aber eine „Vermögensverschiebung" in der Weise, dass die Bildung neuen Vermögens in den Händen derer, die bisher solches nicht oder kaum besitzen, gefördert wird, ggf. auch durch eine Inanspruchnahme von Unternehmensgewinnen mittels einer obligatorischen **Gewinnbeteiligung der Arbeitnehmer.**[414]

c) **Besonderheiten der Konfliktsituation.** Bei der Interessen- und Güterabwägung ist nicht **101** pauschal auf das Eigentumsrecht auf der einen Seite und das Interesse, das den Eingriff legitimieren soll, auf der anderen Seite abzustellen, sondern auf das **Ausmaß,** in dem der jew. Eigentumsfreiheitsbereich und das eingriffslegitimierende Interesse konkret betroffen sind, und das **Gewicht** und die (funktionale) **Bedeutung,** die den betroff. Sektoren dieser Güter – und zwar gerade im Verhältnis zueinander – zukommt. Es ist zu ermitteln, welche **Modalität der Grundrechtsausübung** bzw. welche mit der Eigentumsposition verbundene Befugnis betroffen ist und von zentraler oder geringerer Bedeutung ist, weil sie am Rande des jew. Eigentumsfreiheitsbereichs liegt. Dabei sind die spezif. **Funktionsbedingungen** des betroff. Eigentumsfreiheitsbereichs in Rechnung zu stellen.[415]

So würde z. B. eine allgemeine, wirtschaftspolitisch lenkende **Preiskontrolle** wesentlich tiefer in die **102** Eigentumsfreiheit – und die Berufsfreiheit – des Unternehmers eingreifen als eine Preiskontrolle, die sich mikropolitisch gegen bestimmte Missbräuche, wie etwa den Preismissbrauch kraft beherrschender Unternehmensstellung, richtete.[416] Bei der Schaffung einer allgemeinen Ermächtigung zur **Unternehmensentflechtung** wäre zu berücksichtigen, dass es sich bei diesem Instrument um einen besonders massiven Eingriff in die durch Art. 14 geschützte Nutzungs- und Verfügungsmacht über das Unternehmenseigentum, um eine Ingerenz in die Substanz des Unternehmens handeln würde, die in ihrer Intensität weit über das Maß der bisherigen Aufsichtsinstrumentarien des Wettbewerbsrechts hinausgehen würde.[417]

Das BAG sieht die Rechte des Arbeitgebers aus Art. 13 und 14 von einer in den Grenzen des Art. 9 **103** III betriebenen gewerkschaftl. Werbung und **Information im Betrieb** allenfalls äußerst geringfügig beeinträchtigt; daher müssten sie zurücktreten.[418] Dagegen stellt die Freiheit des Eigentümers, sein

[409] Vgl. *Badura/Rittner/Rüthers,* Mitbestimmungsgesetz 1976 und Grundgesetz, 1977, S. 269 f.
[410] BVerfG (K) NJW 2000, 798; NJW 2001, 2960 (2961); NJW 2003, 196 (198); *Schumann* NVwZ 2003, 1417 (1419), verallgemeinert diese Rspr. dahingehend, dass bei der Angemessenheitsprüfung einer Inhalts- und Schrankenbestimmung eine zu berücksichtigende obj. Staatszielbestimmung, die in keinem Zusammenhang mit individ. Grundrechtspositionen stehe, die Gewichtung stets zugunsten der Allgemeinwohlinteressen verschiebe.
[411] Vgl. *Selmer,* Unternehmensentflechtung und Grundgesetz, 1981, S. 30 f., 48.
[412] Vgl. *Badura,* in: Verh. des 49. DJT, 1972, Bd. II, T 15; *Becker,* in: Stern/Becker, Art. 14 Rn. 146.
[413] Vgl. *Scholz* NVwZ 1982, 339.
[414] Vgl. *Meessen* DÖV 1973, 814 ff.
[415] *Wendt* (Fn. 17), S. 373 ff.; allg. *Schwabe,* Probleme der Grundrechtsdogmatik, 1977, S. 319 f.
[416] *Scholz* ZHR 141 (1977), 545.
[417] Vgl. *Selmer* (Fn. 411), S. 2 f., 17, 28 f.; kritisch auch *Dederer* BK, Art. 14 Rn. 1057.
[418] BAGE 19, 217 (221 ff.).

Eigentum veräußern zu dürfen, einen „elementaren Bestandteil der Handlungsfreiheit im Bereich der Eigentumsordnung" dar. Ein **Veräußerungsverbot** gehört daher „zu den schwersten Eingriffen in diesen Freiheitsbereich des Bürgers", der nur durch schwerwiegende öff. Interessen zu rechtfertigen ist.[419] Aus Eigenart und Funktion des unternehmerischen Eigentums ergibt sich, dass die **ökonomische Rentabilität** zum funktionstypischen und verfassungsrechtlich somit wesensbestimmenden Kern dieses Eigentums gehört, auch wenn die Eigentumsgarantie „nicht die einträglichste Nutzung des Eigentums" garantiert.[420]

104  Entsprechendes gilt für das private Grundeigentum. Auch hier darf das erforderliche Maß eigentumserhaltender Rentabilität als zentrales Moment der Privatnützigkeit dieses Eigentums nicht grds. in Frage gestellt werden. Beschränkungen des Wohnraumkündigungsschutzgesetzes, namentlich die Begrenzung der Miete auf **ortsübliche Vergleichsmieten,** waren nur verfassungsmäßig, wenn „dem Vermieter ein am örtlichen Markt orientierter Mietzins" gesichert wurde, „der die Wirtschaftlichkeit der Wohnung regelmäßig sicherstellen" konnte.[421] Bei **Kleingärten** hat das BVerfG die evidente Erschwerung des **Kündigungsrechts** bei gleichzeitig „ungewöhnlich niedrigem Pachtzins" als mit Art. 14 unvereinbar beanstandet.[422]

105  Das Gewicht einer Zweckverfolgung hängt schließlich vom **Tauglichkeitsgrad** des angewendeten Mittels ab, dh davon, in welchem Ausmaß die verfolgten Interessen durch den Eingriff in das Eigentum gefördert werden. Ferner sind der **Grad der Gefährdung** des zu schützenden Rechtsguts und die **Dringlichkeit** der für eine Regelung sprechenden Gründe für die Abwägung von Bedeutung. Dies führt auch zu einer **entwicklungsbedingten Offenheit** und Veränderbarkeit dessen, was dem Eigentum an Sozialbindung zumutbar ist.[423]

106  So ist anerkannt, dass das Grundeigentum einer besonders weitgehenden Sozialbindung im Lichte einer ausreichenden und sozial gerechten Wohnraumversorgung zugänglich ist.[424] Je weniger dringend aber die sozialen Schutzbedürfnisse werden, desto stärker tritt der Anspruch des Eigentümers bzw. Vermieters auf ein höheres Maß an freigegebener Privatnützigkeit wieder in Geltung, dh haben sich auch Formen einer **Mietpreisbindung** an den Gegebenheiten der wirtschaftlichen Entwicklung und den Erfordernissen einer rentablen Eigentumsnutzung zu orientieren und muss unter dem Aspekt einer möglichst intakten Verfügungsbefugnis der Freiheit der Begründung wie Auflösung von Mietverhältnissen wieder mehr Raum gegeben werden. Insoweit gibt es **kein Prinzip der „sozialen Besitzstandssicherung"** zu Lasten des verfassungsrechtlich geschützten Eigentums.[425]

107  **d) Sachgerechtigkeit.** Aus dem spezif. Schutzgehalt des Eigentumsgrundrechts und der Eigenart und Funktion der Eigentumsrechte lässt sich ein Maßstab der **Sachgerechtigkeit** gewinnen, der – das Angemessenheitserfordernis des Übermaßverbots konkretisierend – für Art und Ausmaß der zuläss. Schrankenziehung bzw. Sozialbindung erhebl. Bedeutung erlangt. Mit „Sachgerechtigkeit" ist dabei das bes. Abgestelltsein einer Regelung auf die sich im jew. Eigentumsrecht artikulierenden und vom Eigentumsgrundrecht erfassten Belange und Interessen und dessen **Sachgesetzlichkeit** überhaupt gemeint. Je stärker die innere Beziehung der mit der Regelung zu lösenden Aufgabe hierzu ist, desto größer ist die Legitimationskraft des gesetzgeb. Anliegens. Je weniger dagegen ein sachl. Zusammenhang zwischen der geschützten Eigentumsposition und ihrer Funktion und Situation und dem Eingriffszweck besteht, je weniger **„schutzgutspezifisch"** das mit dem Eingriff erfolgte Anliegen ist, desto höheren Anforderungen unterliegt die Rechtfertigung.[426]

108  **aa) Sachgerechtigkeit und Individualfunktion des Eigentums.** So liefert der Gesichtspunkt der Sachgerechtigkeit etwa die Erklärung dafür, dass der Gesetzgeber allgemein das eigentumsrechtlich fundierte **Mitsprache- und Kontrollrecht der Anteilsrechtsinhaber** einer Aktiengesellschaft insbes. dann einschränken darf, wenn er das Ziel verfolgt, die Funktionsfähigkeit und Erreichung des Zwecks des Zusammenschlusses zu sichern, zu dem sich die Aktionäre freiwillig verbunden haben.

109  Eine Eingriffskonstellation, bei der die innere Beziehung der zu lösenden Aufgabe zu den eigentumsgrundrechtl. geschützten Belangen so ausgeprägt ist, dass selbst die Beeinträchtigung der Eigentumssubstanz weniger gravierend erscheint und als zulässige Schrankenziehung gemäß Art. 14 I 2 begriffen werden kann, liegt beim Institut der **Umlegung** in seinem herkömml. Erscheinungsbild vor. Nach ihrem speziellen Zweck dient die Umlegung nämlich neben öff. Interessen mindestens gleichgewichtig auch den Interessen der betroff. Eigentümer.[427]

---

[419] BVerfGE 26, 215 (222); 52, 1 (31).

[420] BVerfGE 91, 294 (310); BVerwGE 118, 33 Rn. 34; BVerwG DVBl 2019, 1546 (1549).

[421] BVerfGE 37, 132 (140 ff.); vgl. auch BVerfGE 91, 294 (310).

[422] BVerfGE 52, 1 (18 ff.).

[423] Vgl. BVerfGE 52, 1 (30); 79, 292 (302); 95, 64 (84); zu Zweifeln an der Legitimität des vorzeitigen Atomausstiegs vgl. etwa *Schröder* NVwZ 2013, 105 (108); die Legitimität bejahend dagegen *Bruch/Greve* DÖV 2011, 794 (797).

[424] BVerfGE 37, 132 (141); 50, 108 (112); sehr weitgehend BVerfGE 79, 292 (302).

[425] *Scholz* NVwZ 1982, 342 f.; vgl. auch BVerfGE 91, 294 (310).

[426] *Wendt* (Fn. 17), S. 379 ff.

[427] Grundlegend BVerwGE 1, 225; 6, 79; vgl. auch BVerfGE 104, 1 (9 ff.); BVerwG 117, 209 (213); *Schmidt-Aßmann* FS Friauf, 1996, S. 407 ff.; *Haas* NVwZ 2002, 272; *Winkler* JA 2002, 197; *Maurer-Appel* NordÖR 2002, 50.

Auch im **Contergan-Urteil** nimmt das BVerfG der Sache nach eine besondere Sachangemessenheit in Anspruch, **110** wenn es erklärt, die gesetzliche Umgestaltung und die damit auch verbundene Entziehung von Rechtsansprüchen der Geschädigten geschehe in „erster Linie im Interesse ihrer Inhaber".[428] Die **Sanierung** eines Grundstücks bei Altlasten stellt sich nach der Feststellung des BVerfG aus der Sicht des Eigentümers vielfach „jedenfalls bis zu einer gewissen Belastung auch als eigennützig dar, wenn die Altlast ihn in der Nutzung des Grundstücks faktisch beschränkt".[429] Dies führe dazu, „dass die Sanierungspflichten weniger schwer wiegen".[430]

**bb) Sachgerechtigkeit und Sozialfunktion des Eigentums.** Den in Art. 14 II anerkannten **111** „sozialen Bezug" und die „soziale Funktion" des Eigentums wird man als spezif. Besonderheit der Eigentumsgewährleistung, als ihr innewohnende Sachgesetzlichkeit begreifen und darauf abstellende Regelungen als sachgerecht verstehen können. Das führt zu einer **Abstufung der Sozialpflichtigkeit** des Eigentums nach Art und Ausmaß seiner sozialen Verflochtenheit. Nach dieser Verflochtenheit seines Eigentums setzt der Eigentümer sich dem beschränkenden Zugriff des Gesetzgebers mehr oder weniger aus, schafft– mit oder ohne sein Zutun – den Anlass für diesen Eingriff. Die Gestaltungsfreiheit des eigentumsbeschränkenden Gesetzgebers ist umso weiter, je mehr das Eigentumsobjekt in einem „**sozialen Bezug**" und einer **sozialen Funktion**" steht. Sie verengt sich dagegen, je mehr Eigentums-nutzung und -verfügung innerhalb der Eigentümersphäre verbleiben und je weniger Dritte auf die Nutzung des betreff. Eigentums angewiesen sind.[431]

**α) Grundeigentum.** Eine **gesteigerte Sozialpflichtigkeit** idS kennzeichnet insbes. das **Boden-** **112** **eigentum.**[432] Sie ergibt sich daraus, dass der Boden ein unvermehrbares Gut ist, auf dessen Nutzung Eigentümer, Nichteigentümer, Staat und Gemeinschaft angewiesen sind. Bei Geltendmachung der Sozialpflichtigkeit unterliegt der Gesetzgeber einem diff. Begründungszwang. So hat das BVerfG anerkannt, dass sich wg. der Unvermehrbarkeit von Grund und Boden die soziale Inpflichtnahme des land- und forstwirtschaftl. Bodens durch eine **Kontrolle des Grundstücksverkehrs** zur Sicherung der Agrarstruktur rechtfertigt.[433] Als unverhältnismäßige Beschränkung wertet es dagegen das Gericht, wenn der Bodenerwerb unabhängig von diesem durch seine spez. „Sachnähe" bes. legitimierten öff. Interesse schon deshalb verhindert würde, weil er zum Zwecke der Kapitalanlage erfolgte.[434]

Eine wesentl. soziale Funktion kann Grundeigentum dadurch erlangen, dass es **durch Dritte** **113** **genutzt** wird. Insoweit darf der Gesetzgeber berücksichtigen, dass das verfassungsrechtl. Postulat einer am Gemeinwohl orientierten Nutzung des Privateigentums auch das Gebot zur Rücksichtnahme auf die Belange der Mitbürger umfasst, die auf die Nutzung des Eigentumsgegenstandes angewiesen sind.[435] Daraus ergibt sich insbes. die Legitimation des Gesetzgebers zur Schaffung eines den soz. Gegebenheiten Rechnung tragenden, die beiderseitigen Interessen angemessen berücksichtigenden **Mieterschutzes.**[436] Art. 14 sichert nicht den größtmögl. wirtschaftl. Vorteil.[437] Im Hinblick auf die Notwendigkeit der Versorgung bestimmter bedürftiger Bevölkerungsgruppen mit erschwingl. Wohn-raum ist es verfassungsrechtl. auch nicht zu beanstanden, wenn das Eigentum an **Sozialwohnungen** bes. Bindungen (bzgl. des berechtigen Personenkreises und des zulässigen Mietzinses) unterworfen wird.[438]

Der Pächter eines **Kleingartens** ist dagegen weniger auf die Nutzung seines Besitzes angewiesen. **114** Das BVerfG hat daher die ihm nach dem überkommenen Regelungssystem im Verhältnis zum Eigentümer eingeräumte starke Rechtsstellung für unvereinbar mit dem Gebot erklärt, die schutz-würdigen Interessen beider Parteien in einen gerechten Ausgleich und ein ausgewogenes Verhältnis zu bringen.[439] Zur Verfassungsmäßigkeit der übergangsweise getroffenen weitgehenden Kündigungs-

---

[428] BVerfGE 42, 263 (299).

[429] BVerfGE 102, 1 (16).

[430] BVerfGE 102, 1 (19).

[431] BVerfGE 50, 290 (340 f.); 52, 1 (32); 53, 257 (292); 58, 137 (148); 70, 191 (201); 79, 292 (302); 84, 382 (385); 95, 64 (84 f.); 100, 226 (241); 102, 1 (17); 126, 331 (360); 143, 246 Rn. 218: besonders ausgeprägter sozialer Bezug von Kernkraftwerken und damit im Zusammenhang stehenden Eigentumspositionen wegen extremer Schadensfall-risiken; BGHZ 101, 24 (27); *Papier/Shirvani*, in: Maunz/Dürig, Art. 14 Rn. 425 ff.; krit. *Leisner* HStR VIII, § 173 Rn. 179 ff.; von Bedeutung ist die Frage einer gesteigerten Sozialbindung des Eigentums im Zusammenhang mit der Liberalisierung des Telekommunikationsmarktes, soweit es um Zugangsmöglichkeiten der Wettbewerber zu der im Eigentum der Deutsche Telekom AG stehenden terrestrischen Netzinfrastruktur geht, vgl. dazu *Fuhr/Kerkhoff* MMR 1998, 6 ff.; *Sonja Kallmeyer*, Netzzugang in der Telekommunikation zwischen Eigentumsfreiheit und Wettbewerbs-öffnung, 2002, S. 256; BVerwGE 119, 282.

[432] Vgl. hierzu allg. *Bartlsperger* DVBl 2003, 1473 ff.; *Shirvani* DVBl 2020, 172 (174).

[433] BVerfGE 21, 73 (82 ff.); vgl. auch BVerfGE 52, 1 (32 f.); 87, 114 (146); BVerfGE 104, 1 (12); krit. zur Prämisse der Endlichkeit der Ressource „Grund und Boden" dagegen *Depenheuer/Froese* MKS I, Art. 14 Rn. 286.

[434] BVerfGE 21, 73 (86).

[435] BVerfGE 37, 132 (140); 50, 290 (341); 52, 1 (33); 79, 292 (302); 84, 382 (385); 95, 64 (84).

[436] BVerfGE 37, 132 (139 ff.); 38, 348 (370 f.); 50, 108 (112 f.); 79, 292 (302); 84, 382 (384 f.); 91, 294 (310).

[437] BGHZ 179, 289 Rn. 14.

[438] BVerfGE 95, 64 (84 ff.).

[439] BVerfGE 52, 1 (35 f.); zur Zulässigkeit einer Höchstpachtzinsregelung vgl. BVerfGE 87, 114 (146 ff.) einerseits, BGH NJW-RR 1996, 143 f. andererseits.

schutzregelungen zugunsten der Nutzer bebauter Erholungs- und Freizeitgrundstücke im Beitrittsgebiet vgl. BVerfGE 101, 54 (74 ff.).

115    Beschränkungen der vom Grundeigentum mitumfassten Baufreiheit durch die klassische **Bauleitplanung** können eine größere „Sachnähe" beanspruchen als durch „baufremde" Zielsetzungen motivierte Beschränkungen. Sie sind durch den sozialen Bezug des Bodens, der baulich genutzt wird oder
werden soll, bzw. in der Raumwirksamkeit solcher Nutzung der Sache nach angelegt. Die mit der
**entwicklungsplanerischen Instrumentalisierung** der Bauleitplanung implizierte Ausdehnung an
sich „baufremder" Zielsetzungen gegenüber der Baufreiheit im Gewande einer Planung, die doch
zunächst nur die Aufgabe haben soll, der Baufreiheit des einzelnen so viel Raum wie möglich zu lassen
(vgl. § 1 I BauGB), muss demgegenüber von vornherein problematischer sein.[440]

116    Eine Ausprägung der Sozialgebundenheit des Grundeigentums ist dessen **„Situationsgebundenheit".**[441] Von diesem Topos werden deskript. Realfaktoren und normative Wertbegriffe umschlos-
sen.[442] Die als Anknüpfungspunkt der „situationsgerechten", besonders legitimierten Regelung dienende Eigenart, die besondere „Situation" des Grundstücks hat zum Teil ihre faktische Basis in der
örtl. Lage des Grundstücks, ist genau genommen aber eine normative Erklärung des Gesetzes über die
Bewertung der „sozialen Funktion" des Grundstücks, mit der die Eigentumsbeschränkungen gerechtfertigt werden.[443] Die Regelung erfährt ihre besondere Legitimation dadurch, dass „sachgerecht" an
die situationsbestimmte Eigenart des Eigentumsobjekts angeknüpft wird. Dabei erkennt der BGH an,
dass bzgl. der wg. der Situationsgebundenheit des Grundeigentums gebotenen wertenden Beurteilung
der Kollision zw. den im Einzelfall berührten Belangen der Allgemeinheit und den betroff. Eigentü-
merinteressen nicht nur auf gezogene Nutzungen abzustellen ist. Wenn nach seiner – einschränkenden
– Formulierung vielmehr entscheidend sein soll, „ob eine zulässige Nutzungsmöglichkeit, die sich nach
Art und Beschaffenheit der in Frage stehenden Grundstücke objektiv anbietet", untersagt oder
wesentlich eingeschränkt wird,[444] greift das dennoch zu kurz.[445]

117    Nicht selten hebt die Rspr. auf die Figur des **„vernünftigen und einsichtigen Eigentümers"** ab, der **von sich aus**
eine bestimmte, von seiner Nutzungsbefugnis an sich umfasste Verwendungsweise seines Eigentums nicht ins Auge
fassen würde, weil diese mit den jedermann einleuchtenden zwingenden Anschauungen über die Eigentumsnutzung
und die Erfordernisse einer sinnvollen Ordnung nicht vereinbar wäre.[446] Mit dieser Argumentation darf dem Gesetzgeber keine Blankettvollmacht für Eigentumsbeschränkungen eingeräumt werden. So können auch der Abriss eines
unter Denkmalschutz stehenden Gebäudes und die Errichtung eines wirtschaftlichen Neubaus als sinnvolle Grundstücksnutzung anzusehen sein.[447]

118    β) **Anteilseigentum.** Im Mitbestimmungsurteil macht das BVerfG die „bedeutende soziale Funktion" und den „weittragenden sozialen Bezug" des **Anteilseigentums** zu einem zentralen Argument.
Diese zeigten sich ua darin, dass „es zur Nutzung des Anteilseigentums immer der Mitwirkung der
Arbeitnehmer" bedürfe, deren Grundrechtssphäre durch die Ausübung der eigentümerischen Ver-
fügungsbefugnisse berührt werde.[448] Die vom Gericht herausgestellten Merkmale des Anteilseigentums
sind aber in Wahrheit nahezu jedem Unternehmenseigentum eigen, jedenfalls aber – was die mit-
angesprochene gesamtwirtschaftliche Dimension angeht – jedem wirtschaftlich-industriellen Eigentum
bestimmter Größenordnung. Eigentum an Produktionsmitteln, das Macht über Dritte verleiht, weist
überhaupt einen hohen sozialen Bezug auf.[449] Diskutabel ist dagegen das Ergebnis der eigentumsrechtlichen Erörterungen: Der Gesetzgeber bleibe in den Grenzen zulässiger Schrankenziehung, wenn die
**Mitbestimmung** der Arbeitnehmer nicht dazu führe, dass über das im Unternehmen investierte
Kapital gegen den Willen aller Anteilseigner entschieden werden könne, wenn diese nicht die Kontrolle über die Führungsauswahl im Unternehmen verlören und wenn ihnen das Letztentscheidungsrecht belassen werde.[450]

118a   Die Zulässigkeit der Einschränkung von **Mitverwaltungsrechten der Anteilseigentümer,** etwa
durch Statuierung von Auskunftsverweigerungsrechten, folgt primär nicht aus der bes. Sozialbindung
des Anteilseigentums als solchen. Sorgt der Gesetzgeber für einen Ausgleich zwischen dem Eigentü-

---

[440] *Scholz* NVwZ 1982, 344; zu den Forderungen des Art. 14 hinsichtlich der Ausgestaltung des Rechtsschutzes
im Bauplanungs- und Umweltrecht *Erbguth* NVwZ 2005, 241 ff.
[441] BVerfGE 100, 226 (242); BVerwGE 49, 365 (368); 67, 84 (87); BGHZ 23, 30; 90, 4 (14 f.); 105, 15 (18 ff.);
krit. *Leisner* HStR VIII, § 173 Rn. 174 ff.; *Papier/Shirvani,* in: Maunz/Dürig, Art. 14 Rn. 497 ff.; abl. *Schönfeld,* Die
Eigentumsgarantie und Nutzungsbeschränkungen des Grundeigentums, 1996, S. 23 ff.
[442] *Schmidt-Aßmann* DVBl 1973, 633.
[443] Vgl. *Badura* HdbVerfR, § 10 Rn. 76; krit. *Depenheuer/Froese* MKS I, Art. 14 Rn. 290.
[444] Vgl. etwa BGHZ 133, 271 (276).
[445] S. → Rn. 45.
[446] BGHZ 87, 66 (71 f.); 90, 4 (14 f.); *Hoppe* GS Friedr. Klein, 1977, S. 190 (224).
[447] BGHZ 72, 211 (221).
[448] BVerfGE 50, 290 (347 ff.); erneut BVerfGE 99, 367 (392); zu neueren Entwicklungen *Weiss* KritV 2000,
405 ff.
[449] *Jarass,* in: Jarass/Pieroth, Art. 14 Rn. 42.
[450] BVerfGE 50, 290 (350); die aus Art. 14 abgeleitete verfassungsrechtliche Grenze hat Relevanz hinsichtlich der
Ausgestaltung der Mitbestimmung bei der Societas Europea, hierzu *Gruber/Weller* NZG 2003, 297 ff., insb. 299 f.

merinteresse an einer umfass. Kontrolle der Leitungsorgane einerseits und dem – auch gesamtwirtschaftl. – Interesse an einer funktionsfähigen, auch die längerfristigen Unternehmensinteressen berücksichtigenden Unternehmensführung andererseits, so kommt die damit gesicherte Effizienz der Unternehmenstätigkeit vielmehr wesentlich dem Anteilseigentümer selbst zugute.[451] Fraglich ist, wie der Fall zu beurteilen ist, wenn Anteilseigentümer vollständig ihrer Mitwirkungs- oder Mitverwaltungsrechte beraubt bzw. vollständig aus der Gesellschaft gedrängt werden (sog. **Squeeze-Out**).[452] Das BVerfG hatte zunächst zumindest vier benachbarte, weil thematisch mit dem SqueezeOut verwandte Konstellationen entschieden.[453] Unter Berücksichtigung dieser Entscheidungen und der allg. Dogmatik des BVerfG zur Abgrenzung zwischen Enteignung und Eigentumsinhaltsbestimmung war zu erwarten, dass das BVerfG mit der Argumentation, dass es um den Ausgleich privater Interessen gehe, zu dem Ergebnis kommen würde, dass es sich beim Squeeze-Out trotz der Substanzentleerung des Eigentums nicht um eine Enteignung, sondern nur um eine „Inhalts- und Schrankenbestimmung" des Eigentums i. S. d. Art. 14 I 2 handele. Das Gericht entschied dann in der Tat, dass Art. 14 I es nicht grds. ausschließe, Aktien einer Minderheit auch gegen deren Willen auf den Hauptaktionär zu übertragen, und zwar auch dann, wenn die Übertragung das Ziel verfolge, die verbliebenen Minderheitsaktionäre vollständig aus der Gesellschaft zu drängen. Insofern stelle § 327a I 1 AktG eine Inhalts- und Schrankenbestimmung dar, die verhältnismäßig sei, wenn das Vermögensinteresse der herausgedrängten Aktionäre berücksichtigt werde, indem ihnen der „volle Wert" ihres Anteils als Abfindung zuerkannt und gegen die Höhe der Abfindung eff. Rechtsschutz gewährt werde.[454] Auch in seinem Beschl. vom 5.12.2012[455] stellt das BVerfG fest, dass dann, wenn ein Minderheitsaktionär sein mitgliedschaftl. Stellung verliere oder er hierin durch eine Strukturmaßnahme in relevantem Maße eingeschränkt werde, er für den Verlust seiner Rechtsposition und die Beeinträchtigung seiner vermögensrechtl. Stellung im Prinzip „wirtschaftlich voll entschädigt" werden müsse. Ob auch das Squeeze-Out-Verfahren nach § 12 FMStBG v. 7.4.2009 noch als „Inhalts- und Schrankenbestimmung" des Eigentums begriffen werden kann, ist umstritten. Es wird geltend gemacht, dass es hier von vornherein nicht um den Ausgleich von privatnützigen Eigentumsinteressen zwischen Haupt- und Minderheitsaktionären, also um die Umgestaltung der privatrechtl. Beziehungen zwischen Aktionären im privaten Verband gehe.[456]

γ) **Renteneigentum.** Das in der gesetzl. **Rentenversicherung** begründete Versicherungsverhältnis **119** ist auf Grund seines Eingebundenseins in die Prinzipien und Funktionsbedingungen der Rentenversicherung als einer **Solidargemeinschaft** in bes. Maße dem sozialbindenden Zugriff des Gesetzgebers – auch dem durch Neubestimmung des Inhalts von Versicherungsverhältnissen verbundenen Beschränkungen – ausgesetzt.[457] Soweit in bestehende Anwartschaften eingegriffen wird, ist zu berücksichtigen, dass in ihnen von vornherein die Möglichkeit von Änderungen in gewissen Grenzen angelegt ist. Eine Unabänderlichkeit der bei ihrer Begründung bestehenden Bedingungen widerspräche dem Rentenversicherungsverhältnis, das im Unterschied zum Privatversicherungsverhältnis von Anfang an nicht auf dem reinen Versicherungsprinzip, sondern wesentlich auf dem Gedanken der Solidarität und des sozialen Ausgleichs beruht.[458] Daher kann die Verfolgung des Ziels, die Funktions- und Leistungsfähigkeit des Systems der gesetzl. Rentenversicherung im Interesse aller zu erhalten, zu verbessern oder veränderten wirtschaftl. Bedingungen anzupassen, einen Eingriff besonders legitimieren.[459] Gewährt der eigentumsgrundrechtl. Schutz rentenversicherungsrechtl. Positionen somit zwar keine betragsmäßige Garantie bzgl. des Umfangs der auf Grund erworbener Anwartschaften dem Berechtigten tatsächl. zustehenden Renten(auszahlungs-)ansprüche, so muss der Gesetzgeber bei der Systemgestaltung dennoch der grds. Zuordnung derartiger Rechtspositionen in der Person des Anwartschaftsberechtigten

[451] Dazu *Ebenroth/Koos* BB Beilage 8/1995, S. 1 ff.; vgl. bereits o. Rn. 108.
[452] Ausf. zu dieser Problematik *Friedl*, Der Konzern 2004, 309 ff.; *Christofer Lenz/Rolf Leinekugel*, Eigentumsschutz beim squeeze out, 2004; *Schmidt-Aßmann,* FS Badura, 2004, S. 1009 (1021 ff.); *Böckenförde* NJW 2009, 2484 (2487 f.).
[453] BVerfGE 14, 263; 100, 289; BVerfG (K) NZG 2003, 1016.
[454] BVerfG (K) NJW 2007, 3268; WM 2007, 2199.
[455] BVerfG (K), BeckRS 2013, 01274; ebenso BVerfG (K), BeckRS 2012, 53911 Rn. 14 ff. (keine bestimmte Methode zur Ermittlung des Werts der Beteiligung).
[456] Vgl. *Böckenförde* NJW 2009, 2484 (2487 f.); *Gurlit* NZG 2009, 601 (604 ff.), begreift die Vorschrift zwar als Schrankenbestimmung, will sie aber den mat. Rechtfertigungsanforderungen unterstellen, die für eine förml. Administrativenteignung gelten. Zur Qualifizierung auch des erleichterten Squeeze-Out nach § 12 IV FinanzmarktstabilisierungsbeschleunigungsG als Schrankenziehung und nicht als Enteignung vgl. LG München I NZG 2010, 749; NZG 2011, 390; OLG München NZG 2011, 1227; *Uechtritz* NVwZ 2010, 1472; *Voland* NZG 2012, 694; ferner *Shirvani* DÖV 2014, 173 (177 f.).
[457] Zur Problematik von Reformvorhaben im Hinblick auf die Eigentumsgarantie *Gurlit* VSSR 2005, 45 ff.; zum verfassungsrechtlichen Rahmen für Reformen der sozialen Sicherungssysteme ferner *Faber* VR 2007, 48 ff.; vgl. dazu auch *Adam* DRV 2010, 5 ff.
[458] BVerfGE 116, 96 (125); BVerwG NVwZ 2017, 332 (333) – Einschränkung eigenfinanzierter Versorgungsanwartschaften.
[459] BVerfGE 53, 257 (293); 58, 81 (110); 70, 101 (110 ff.); 74, 203 (214); 95, 143 (161 f.); 97, 271 (286); 100, 1 (37 f.); 116, 96 (121); 128, 138 (151).

und ihrer Bedeutung für die individ. Existenzsicherung Rechnung tragen.[460] Das Ziel des Ausgleichs kurzfristiger oder geringfügiger Finanzierungsdefizite in der gesetzl. Rentenversicherung ist jedenfalls nicht höher zu veranschlagen als die Schutzwürdigkeit des Vertrauens der Versicherten in den Fortbestand ihrer Rechtspositionen. Das gilt noch weniger für das Ziel der Kompensation allg. staatl. Haushaltsdefizite.[461]

120 In der Entscheidung des BVerfG[462] zur Verfassungsmäßigkeit der Begrenzung der Bewertung der Ausbildungs-Ausfallzeiten bei Renten und Rentenanwartschaften hätte mithin deutlicher gefragt werden müssen, in welchem Maße gerade die Minderbewertung der Ausbildungs-Ausfallzeiten zur **Konsolidierung der Rentenfinanzen** beizutragen vermochte. Innerhalb der Solidargemeinschaft dürfen die Lasten nicht einseitig einer Gruppe aufgebürdet werden. Für den Fall eines massiven und übergangslosen **Soforteingriffs in bereits entstandene Versorgungsansprüche** (Kürzung des Zahlbetrags) bei nur teilweise gegebener Geeignetheit und nicht belegter Erforderlichkeit verneint das OVG des Saarlandes ein angemessenes Verhältnis zu dem damit erreichbaren Ziel einer im Wesentlichen nur temporär wirksamen Entlastung der Finanzgrundlagen des betreffenden berufsständischen Versorgungswerks.[463]

120a Die Vereinbarkeit der Kürzung von Renten und Rentenanwartschaften des Ausgleichpflichtigen beim **Versorgungsausgleich** zwischen geschiedenen Ehegatten mit Art. 14 lässt sich nicht schon aus dem aufgezeigten (allg.) sozialen Bezug der sozialen Funktion dieser rentenversicherungsrechtl. Positionen begründen. Die Kürzung und Übertragung eines Teils der Ansprüche dient vielmehr der Abwicklung des durch die Ehe begründeten Privatrechtsverhältnisses. Das BVerfG rechtfertigt sie aus Art. 6 I und 3 II.[464]

121 **3. Sonstige Beeinträchtigungen ohne Enteignungscharakter.** Neben der – normativen – Schrankenziehung gibt es weitere Einwirkungen auf das Eigentum, die keine Enteignung i. S. des Art. 14 III darstellen und daher an Abs. 1 zu messen sind: **Einzelfallregelungen** ohne Enteignungscharakter sowie **faktische, influenzierende**[465] und **indirekte Einwirkungen,** die wegen ihrer Auswirkungen auf die Nutzung, die Verfügung oder die Verwertung von Eigentumspositionen regelnden Eingriffen gleichgestellt werden, was allerdings bei faktischen, influenzierenden und indirekten Einwirkungen nicht ohne weiteres der Fall ist (vgl. o. II 4). Ob und wieweit die letzteren Einwirkungen einer **gesetzlichen Grundlage** bedürfen, ist noch nicht restlos geklärt.[466]

122 Ist für eine Eigentumsbeeinträchtigung ohne Enteignungscharakter eine Grundlage in einer schrankenziehenden Vorschrift vorhanden und wird sie von dieser Vorschrift in vollem Umfang gedeckt, so kommt es entscheidend auf deren eigentumsgrundrechtliche Bewertung an. Besitzen dagegen Exekutive oder Judikative Spielräume bei der Anwendung schrankenziehender Normen oder wird die Exekutive ohne gesetzliche Ermächtigung tätig, ist die Einzelfallmaßnahme selbstständig an Art. 14 zu messen.[467] Sie hat dabei grds. die gleichen Grenzen zu beachten wie der Gesetzgeber,[468] insbes. das **Übermaßverbot** und **Art. 3.**[469] Eigentumsbeeinträchtigende Maßnahmen der Exekutive und Judikative verstoßen gegen Art. 14, wenn sie mit dem **einfachen Recht** nicht zu vereinbaren sind.[470]

123 **4. Einzelfälle.** Im Folgenden werden **Beispiele** für verfassungsrechtlich zulässige Eigentumsbeeinträchtigungen ohne Entschädigung aufgeführt. Werden Maßnahmen als unzulässig bezeichnet, schließt das nicht aus, dass sie bei Gewährung einer Entschädigung zulässig sind.

124 **a) Bau- und Flurbereinigungsrecht.** Bei der Aufhebung oder **Einschränkung** bisher rechtlich **eröffneter Grundstücksnutzungsmöglichkeiten** ist vor allem zu fragen, welche privatnützigen Verwendungsarten dem Grundstückseigentümer nach der gesetzgeberischen oder planerischen Einwirkung unter Berücksichtigung der Lage und Ortsgebundenheit des Grundstücks verbleiben und ob die möglichen Verwendungen noch als sinnvoller, ökonomisch vertretbarer privatnütziger Eigentumsgebrauch verstanden werden können. Ist dies der Fall, liegt grds. eine zulässige Sozialbindung vor.[471] Bleibt etwa auch nach der planerischen (Neu-)Festsetzung die bauliche Nutzbarkeit erhalten, wird sie nur hinsichtlich der Art und des Maßes der Bebaubarkeit eingeschränkt, so tangiert das in der Regel nicht die privatnützige Verwendbarkeit des Grundeigentums an sich.[472]

---

[460] *Ruland* NZS 2010, 121 (126); krit. *Depenheuer* AöR 120 (1995), 417 (441), unter Hinweis auf die genuin „solidarische Struktur des Renteneigentums".

[461] *Adam* DRV 2010, 5 (11).

[462] BVerfGE 58, 81.

[463] OVG des Saarlandes, 19.1.2011 – 3 A 414/09 –, juris.

[464] BVerfGE 53, 257 (295 f.); 136, 152 Rn. 35 ff.

[465] Zust. *Dietlein,* in: Stern, StaatsR IV/1, S. 2257.

[466] Auf die Wesentlichkeit abstellend *Jarass,* in: Jarass/Pieroth, Art. 14 Rn. 50.

[467] Vgl. hierzu *Dietlein,* in: Stern, Staatsrecht IV/1, S. 2257 f.

[468] Vgl. BVerfGE 53, 352 (357 f.); 68, 361 (372).

[469] Näher *Jarass,* in: Jarass/Pieroth, Art. 14 Rn. 51 f.

[470] *Jarass,* in: Jarass/Pieroth, Art. 14 Rn. 52.

[471] Vgl. *Guckelberger* NVwZ 2010, 743 (747).

[472] *Papier/Shirvani,* in: Maunz/Dürig, Art. 14 Rn. 514 ff.

Wird dagegen einem urbanen Grundstück die bislang eröffnete **Bebaubarkeit schlechthin ge- 125 nommen,** kann dies zum Verlust der funktionsgerechten Verwendung überhaupt führen, wenn und soweit das betreffende Grundstück nur bei baulicher Nutzung sinnvoll genutzt werden kann, die Exemtion der baulichen Nutzung also die eigentliche substantielle Nutzbarkeit tangiert. Hier ist die Grenze der Sozialbindung überschritten,[473] wie allgemein dann, wenn ein Bebauungsplan, z. B. bei der Festsetzung von Flächen für den **Gemeinbedarf** sowie von **Verkehrs-, Versorgungs-** oder **Grünflächen,** eine ausschließlich heteronome, jede privatnützige Verwendung durch den Eigentümer ausschließende Verwendung vorsieht und dem Eigentümer hierdurch konkrete Vermögensnachteile entstehen[474] (vgl. § 40 BauGB).

Verfassungsrechtlich zu beanstanden ist, dass § 42 BauGB die nicht ins Werk gesetzte Nutzbarkeit allein unter 126 Plangewährleistungsgesichtspunkten, also nur innerhalb der **Sieben-Jahres-Frist,** schützt.[475]

Bei baulichen Anlagen ist der Sozialbezug des Eigentums besonders ausgeprägt.[476] Grds. zulässig ist 127 die baugestalterische Verhinderung von **Verunstaltungen,**[477] ebenso die vom Bauherrn verlangte Rücksichtnahme auf den Nachbarn.[478] Erlaubt der Gesetzgeber den Behörden, zur Pflege des Orts- und Landschaftsbildes sowie zur Abwehr potentieller Gefahren für andere die Beseitigung verfallender baulicher Anlagen anzuordnen, werden damit bedeutsame Gemeinwohlbelange verfolgt.[479] Zulässig ist die Verpflichtung des Eigentümers, Erschließungsmaßnahmen zu dulden.[480] **Veränderungssperren** sind bis zu vier Jahren zulässig,[481] vorausgesetzt, sie sind notwendig und verhältnismäßig[482] (vgl. auch § 18 I BauGB). Aufgrund der besonderen Komplexität einer städtebaulichen Sanierung ist es dagegen nicht zu beanstanden, dass hierfür die gesetzliche Regelung (§ 14 IV BauGB) keinen Zeitrahmen vorschreibt; gleichwohl wird die Grenze der Sozialbindung überschritten, wenn die Sanierung nicht mehr sachgemäß und nicht hinreichend zügig durchgeführt wird.[483] Nutzungsbindungen im Wege einer städtebaulichen Entwicklungsplanung, etwa in sog. Problemgebieten, dürften gesetzlich nur für bestimmte Flächen und aus zwingenden Gründen eingeführt werden.[484]

Die **Flurbereinigung,** die mit dem Ziel der Verbesserung der Agrarstruktur und der großräumigen und zweck- 128 vollen Zusammenlegung der Grundstücke durchgeführt wird, ist zulässige Eigentumsbindung, nicht mehr dagegen die Flurbereinigung, die durch besondere Vorhaben der öff. Hand, etwa durch Autobahnbau, ausgelöst wird – soweit es um die Inanspruchnahme der Flächen für das Vorhaben geht.[485] Gleiches gilt für die dem Vollzug eines Bebauungsplans dienende **Baulandumlegung** nach §§ 45 ff. BauGB.[486] Eine Baulandumlegung schränkt nach der Ansicht des BVerfG die Verfügungsfreiheit des Eigentümers ein, da der Staat dem Eigentümer die Verfahrensherrschaft über das Grundstück nimmt. Dies sei keine Enteignung, sondern eine Inhalts- und Schrankenbestimmung, weil der Eigentumsentzug in diesem Fall dem Ausgleich privater und nicht öff. Interessen diene, argumentiert das BVerfG.[487]

Damit **Baugebote** die Grenzen der Eigentumsbindung wahren, müssen sie jedenfalls auf eine 129 wirtschaftlich rentable Eigentumsnutzung gerichtet sein.[488] Der Schutz **bestehender Nutzungen** erfasst in gewissem Umfang auch die zur Sicherung der Nutzung notw. Maßnahmen.[489] Die Regelungen über die Entziehung des Wohnungseigentums zu Lasten des **„störenden" Wohnungseigentümers** (§ 18 WEG) sind verfassungsgemäß.[490]

**b) Natur- und Umweltschutz, Denkmalschutz.** Zulässig sind i. d. R. gesetzl. Vorschriften, „die 130 die **umweltbelastende Nutzung** von Eigentum verbieten oder beschränken".[491] Umgekehrt hat der

---

[473] *Papier/Shirvani,* in: Maunz/Dürig, Art. 14 Rn. 516.

[474] *Papier,* in: Maunz/Dürig, Art. 14 Rn. 511.

[475] *Wendt* DVBl 1978, 356 (360); *Schönfeld,* Die Eigentumsgarantie und Nutzungsbeschränkungen des Grundeigentums, 1996, S. 110; vgl. bereits → Rn. 45; aA *Papier/Shirvani,* in: Maunz/Dürig, Art. 14 Rn. 421; *Sieckmann,* in: Friauf/Höfling, Art. 14 Rn. 73.

[476] *Guckelberger* NVwZ 2010, 743 (747).

[477] *Friauf/Wendt,* Zur Zulässigkeit eines baurechtlichen „Denkmalschutzes" für Arbeiterwohnsiedlungen, 1980, S. 33 ff., 37.

[478] BVerwGE 88, 191 (195) – Abstandsflächen.

[479] *Guckelberger* NVwZ 2010, 743 (747).

[480] BVerfGE 34, 139 (147).

[481] BVerwGE 51, 121 (135 ff.); BGHZ 73, 161 (174); vgl. auch BGHZ 82, 361 (368 f.).

[482] BGH NVwZ 1982, 329 f.

[483] BVerwG NJW 1996, 2807 f.

[484] *Badura* HdbVerfR, § 10 Rn. 81.

[485] Vgl. BVerfGE 74, 264 (284); BVerwGE 3, 156; 50, 333; *Schulte,* Zur Dogmatik des Art. 14 GG, 1979, S. 42; *Jarass* NJW 2000, 2841 (2845).

[486] BVerfGE 104, 1 ff.; die verfassungsrechtliche Einordnung der Baulandumlegung noch offenlassend BVerfGE 74, 264 (279).

[487] BVerfGE 104, 1 (11); *Haas* NVwZ 2002, 272 (274); *Winkler* JA 2002, 197; *Maurer-Appel* NordÖR 2002, 50.

[488] *Papier/Shirvani,* in: Maunz/Dürig, Art. 14 Rn. 584 ff.; *Shirvani* DVBl 2020, 172 (174 f.).

[489] BVerwG NVwZ 1989, 667 (668).

[490] *F. Shirvani* DÖV 2014, 173 (179).

[491] BVerwG DVBl 2019,1546 (1548 f.); BGHZ 99, 262 (269).

Eigentümer die mit dem BImSchG vereinbaren Immissionen hinzunehmen.[492] Zulässig ist auch die gesetzl. Einräumung eines Betretungsrechts zugunsten der Allgemeineheit.[493] Unzulässig ist dagegen die erhebl. Beeinträchtigung von Wohnräumen durch **Verkehrslärm,**[494] unabhängig davon, ob es sich um Altstraßen oder neue Straßen handelt.[495]

131     Nutzungsbeschränkungen zum Zwecke des **Denkmalschutzes** sowie des **Natur-** und **Landschaftsschutzes** sind im Grundsatz legitimiert und limitiert durch die Sozialpflichtigkeit des (Grund-) Eigentums.[496] Bei der Würdigung der hier möglichen Aufhebungen und Beschränkungen bisher eröffneter Nutzungsmöglichkeiten ist im Wesentlichen entscheidend, welche **privatnützigen Verwendungsarten** dem Eigentümer unter Berücksichtigung der Lage und Ortsgebundenheit des Grundstücks **verbleiben** und ob die (nach wie vor) möglichen Verwendungen noch als sinnvoller, ökonomisch vertretbarer privatnütziger Eigentumsgebrauch verstanden werden können.[497] Wenn für ein geschütztes Baudenkmal keinerlei sinnvolle Nutzungsmöglichkeit mehr besteht, weil die ursprüngliche Nutzung infolge geänderter Verhältnisse hinfällig geworden ist und eine andere Verwendung, auf die der Eigentümer in zumutbarer Weise verwiesen werden könnte, sich nicht verwirklichen lässt, und der Eigentümer das Baudenkmal praktisch auch nicht veräußern kann, wird nach der Feststellung des BVerfG dessen Privatnützigkeit „nahezu vollständig beseitigt". Die Rechtsposition des Betroffenen „nähert sich damit einer Lage, in der sie den Namen ‚Eigentum' nicht mehr verdient".[498] Dem Eigentümer eines denkmalgeschützten Bauwerks muss trotz der Nutzungsbeschränkungen ua die Möglichkeit der **Renditeerzielung** erhalten bleiben.[499] Stellt sich die Verpflichtung des Eigentümers zur Erhaltung des Baudenkmals als unzumutbar dar, ist dem ggf. durch Erteilung einer Abbruchgenehmigung Rechnung zu tragen. Ein bloßer Verweis auf Entschädigungsansprüche ist nicht ausreichend.[500] Die Bestandsgarantie des Art. 14 I 1 GG verlangt vielmehr, dass vorrangig Vorkehrungen getroffen werden, die eine **unverhältnismäßige Belastung des Eigentümers real vermeiden** und die Privatnützigkeit des Eigentums so weit wie möglich erhalten. Dem Gesetzgeber stehen als Handlungsinstrumente hierfür Übergangsregelungen, Ausnahme- und Befreiungsvorschriften sowie der Einsatz sonstiger administrativer und technischer Vorkehrungen zur Verfügung.[501] Selbst beim Fehlen einer ausdr. gesetzlichen Regelung wird ein Anspruch des Eigentümers eines denkmalgeschützten Bauwerks gegenüber der öff. Hand auf Übernahme desselben im Falle der Unzumutbarkeit der Erhaltung bejaht.[502] Nach § 68 I, II BNatG ist einer unzumutbaren Belastung in erster Linie durch Ausnahmen, Befreiungen oder andere Maßnahmen abzuhelfen. Nur wenn dies nicht möglich ist, ist Entschädigung zu leisten.[503] Wenn dem Eigentümer der weitere Verbleib des Grundstücks in seinem Eigentum wirtschaftlich nicht zuzumuten ist, kann er dessen Übernahme zum Verkehrswert verlangen.[504]

132     Die Rspr. bringt, soweit sie in den Bereichen des Natur- und Landschaftsschutzes sowie des Denkmalschutzes traditionell auf die „Situationsgebundenheit" und den „Ausschluss" einer „vernünftigerweise in Betracht zu ziehenden Nutzungsmöglichkeit" abstellt,[505] die Kriterien des Ausmaßes der Beschränkung der **Privatnützigkeit** und der verbleibenden **funktionsgerechten Verwendung** nicht hinreichend deutlich zum Ausdruck.[506] Dem Denkmalschutzrecht wird heute drittschützende Wirkung beigemessen.[507] Zulässig kann auch ein Auskiesungsverbot aus Gründen des Landschaftsschutzes

---

[492] BVerfGE 79, 174 (193 ff.); BVerwGE 68, 58 (61).

[493] OVG NRW BeckRS 2019, 24305.

[494] BVerwGE 61, 295 (303); BVerwG NJW 1983, 640; BGHZ 49, 148; 64, 220; 97, 114 (116).

[495] BGHZ 97, 361 (364); *Jarass,* in: Jarass/Pieroth, Art. 14 Rn. 60.

[496] Zur Inpflichtnahme des Eigentümers eines Baudenkmals als Verwirklichung einer „gesteigerten Sozialbindung" vgl. BVerfGE 100, 226 (242); vgl. ferner BVerwG NuR 1995, 455 f., wonach „der Schutz der natürlichen Lebensgrundlagen besonderer Ausdruck der Sozialbindung" ist; BVerwG NVwZ-RR 1998, 225; vgl. auch *Grothmann,* ZfBR–Beil. 2012, 100 ff.; *Hornmann* NVwZ 2011, 1235 f.

[497] BVerfGE 100, 226 (243); BVerwG DVBl. 2019, 1546 (1549); *Papier/Shirvani,* in: Maunz/Dürig, Art. 14 Rn. 529 ff.

[498] BVerfGE 100, 226 (243); dazu *Hendler* DVBl 1999, 1501; *Battis* NuR 2000, 421; *Jarass* NJW 2000, 2841; *Papier* DVBl 2000, 1398.

[499] *Körner,* Denkmalschutz und Eigentumsschutz, 1992, S. 70 f.; *Papier/Shirvani,* in: Maunz/Dürig, Art. 14 Rn. 531.

[500] BVerfGE 100, 226; *Degenhart,* FS Gitter, 1995, S. 195 (208 f.).

[501] BVerfGE 100, 226 (245); dazu *Ossenbühl* JZ 1999, 899 f.; *Jarass* NJW 2000, 2841; *Battis* NuR 2000, 421; *Schröder* NVwZ 2013, 105 (107); zur Belastungsgrenze des Denkmaleigentümers vgl. *R. Körner* LKV 2013, 57 (60 ff.).

[502] *Groth/Beckmann/Merget* LKV 2011, 344 ff.

[503] BVerwG DVBl. 2019, 1546 (1551).

[504] Vgl. hierzu BVerfG (K) NVwZ 2010, 512 (514); *Falter/Rietzler* DÖV 2012, 308 (309).

[505] BVerwGE 49, 365 (368); 67, 93 (95); BGHZ 77, 351 (354); 87, 66 (71 f.); 90, 4 (14 f.); 105, 15 (18); 121, 73; 126, 379.

[506] *Papier/Shirvani,* in: Maunz/Dürig, Art. 14 Rn. 533; vgl. aber OVG RhPf NuR 1992, 487 (488), sowie BGHZ 121, 328 (336 ff.), ferner bereits BGHZ 99, 24 (33 ff.).

[507] BVerwGE 133, 347; *Hornmann* NVwZ 2011, 1235 ff.; *Körner* LKV 2013, 57 (58 f.); *Munding* BauR 2016, 598 ff.

sein.[508] Die Auslösung einer Solarpflicht aus Gründen des Klimaschutzes bei Erneuerung der Heizungsanlage oder der Dachfläche wird als zulässige Schrankenbestimmung angesehen.[509] Bergrechtliche und andere Großvorhaben bedürfen einer Gesamtabwägung und eines transparenten Entscheidungsprozesses.[510]

Eine **materielle Präklusion** wird für zulässig erachtet.[511] Mit Art. 14 vereinbar ist ferner die **133** **Zustandsstörerhaftung** bei Bodenverunreinigungen. Diese kann allerdings im Ausmaß dessen, was dem Eigentümer zur Gefahrenabwehr abverlangt werden darf, begrenzt sein. Bes. Bedeutung kommt insoweit dem Grundsatz der Verhältnismäßigkeit zu, der nur erforderliche und bezogen auf den Zweck angemessene und zumutbare Grundrechtsbeeinträchtigungen zulässt. Im Rahmen der Verhältnismäßigkeit sind nach der Rspr. des BVerfG[512] folgende Gesichtspunkte maßgebl. zu berücksichtigen: Einen ersten Anhaltspunkt zur Ermittlung der Grenze dessen, was dem Eigentümer zumutbar ist, stellt das Verhältnis zwischen dem **finanziellen Aufwand für die Sanierung des Grundstücks und dem Verkehrswert** desselben nach Abschluss der Sanierung dar. Eine Inanspruchnahme des Eigentümers über die Grenze des Verkehrswerts hinaus kann insbes. unzumutbar sein, wenn die von dem Grundstück ausgehende Gefahr aus **Naturereignissen,** aus der Allgemeinheit zuzurechnenden Ursachen oder von **nicht nutzungsberechtigten Dritten** herrührt. Ferner kann eine Belastung des Zustandsstörers mit Sanierungskosten bis zur Höhe des Verkehrswertes unzumutbar sein, wenn das zu sanierende Grundstück den **wesentlichen Teil des Vermögens** des Pflichtigen bildet und die Grundlage seiner privaten Lebensführung darstellt. Dagegen kann eine den Verkehrswert überschreitende Kostenbelastung des Zustandsverantwortlichen mit Art. 14 vereinbar sein, wenn der Eigentümer bei Erwerb des Grundstücks die Verunreinigung **kannte,** hätte **erkennen können** oder das Risiko der entstandenen Gefahr sonst **bewusst in Kauf** genommen hat.[513] Jedoch kann selbst in Fällen, in denen eine Kostenbelastung über den Verkehrswert hinaus an sich zumutbar ist, diese nicht auf die gesamte wirtschaftl. Leistungsfähigkeit des Zustandsstörers bezogen werden. Dem Eigentümer ist nicht zumutbar, mit Vermögen, das in **keinem rechtlichen oder wirtschaftlichen Zusammenhang** mit dem sanierungsbedürftigen Grundstück steht, für die Sanierung einzustehen. Eine weitere Grenze erwächst daraus, dass dann, wenn auf Grund der mit der Sanierung verbundenen Kostenbelastung die Fortführung des Unternehmens oder Betriebs gefährdet wird, „bei der Abwägung das in Art. 14 III zum Ausdruck kommende Gewicht des Eigentumsschutzes zu beachten ist, weil sich die Belastung für den Betroffenen **faktisch wie eine Enteignung** ohne angemessene Entschädigung auswirkt", „die **völlige oder ersatzlose Beseitigung** einer Rechtsposition... im Rahmen der Inhalts- und Schrankenbestimmung des Eigentums" aber grds. ausscheidet. Nach Auffassung des BVerwG ist eine Regelung verfassungsmäßig, nach der **Funde** von bes. wissenschaftl. Wert mit ihrer Entdeckung Eigentum des Landes werden.[514]

**c) Öffentliche Sachen und Einrichtungen.** Zulässig ist die Einrichtung von **Fußgängerzo- 134 nen.**[515] Unzulässig können dagegen Beeinträchtigungen eines Gewerbebetriebs durch den **Bau** einer **U- oder S-Bahn** sein,[516] desgleichen die wesentliche Erschwerung der Grundstückszufahrt durch Verlegung oder Höherlegung der Straße.[517] Zum Anliegergebrauch vgl. → Rn. 46. Zur Abwägung bei Planfeststellungen vgl. BVerwGE 61, 295 (301 ff.); 66, 133 (137); 67, 74.

Ein **Anschluss- und Benutzungszwang,** auch wenn er zur Aufgabe eines Betriebs zwingt, wird **135** von der Rspr. als zulässig angesehen, sofern damit gerechnet werden musste;[518] dies wird zumindest für den Fall bezweifelt, dass für das Betriebsvermögen keine Weiterverwendungsmöglichkeit (etwa in einer anderen Gemeinde) oder sonstige Verwertungsmöglichkeit besteht.[519] Zur Verpflichtung, **Stromversorgungsanlagen** zu dulden, vgl. BGH DVBl 1981, 381 (382); 1981, 632 (633); die Errichtung einer **Telekommunikationslinie** gegen den Willen des Eigentümers darf die Nutzbarkeit eines Grundstücks nicht dauerhaft über das vor der Inanspruchnahme bestehende Maß einschränken; Maßstab für die verfassungsrechtl. Zumutbarkeit ist das „Empfinden eines verständigen Durchschnittsbenutzers" des betroff. Grundstücks in seiner durch Natur, Gestaltung und Zweckbestimmung geprägten Beschaffenheit.[520]

---

[508] BGHZ 90, 4 (14 ff.).
[509] *Kahl* ZUR 2010, 371 (372).
[510] BVerfG 134, 242 Rn. 315 ff.
[511] BVerwGE 60, 297 (305 ff.); BGHZ 92, 114 (117).
[512] BVerfGE 102, 1 (19 ff.); dazu *Knoche* GewArch 2000, 448 ff.; *Knopp* DÖV 2001, 441 (448 ff.).
[513] Vgl. bereits BVerwG NVwZ 1991, 475 f.; 1997, 577 f.
[514] BVerwGE 102, 260 ff.
[515] BVerwG NJW 1975, 1528 f.
[516] BGHZ 57, 359; 83, 61 (65 f.); BGH NJW 1983, 1663.
[517] BGHZ 30, 241 (243 ff.).
[518] BGHZ 40, 355 (360); 54, 293 (297); BVerwGE 62, 224 (226); 125, 68 Rn. 20 (Anschl. an öff. Fernwärmeversorgung); *Jarass,* in: Jarass/Pieroth, Art. 14 Rn. 63.
[519] Allg. abl. NdsOVG DÖV 1978, 44 f.; vgl. bereits → Rn. 50.
[520] BVerfG (K) NJW 2000, 798 (800).

**136**    **d) Wirtschafts- und Landwirtschaftsrecht.** Zulässig sind Regelungen über die Sanierung von Weinbergen nach dem rhpf Weinbergsaufbaugesetz,[521] Beschränkungen des Anbaus von Wein,[522] preisrechtliche Vorschriften,[523] Regelungen zur **Sperrzeit,**[524] zum **Ladenschluss,**[525] die erweiterte Mitbestimmung (→ Rn. 118), Regelungen zum **kündigungsschutzrechtlichen** Bestands- und Abfindungsschutz.[526] Unzulässig sind die (mittelbare) Einziehung eines Warenzeichens,[527] der Entzug eines Ausstattungsrechts,[528] ein **Vermarktungsverbot** ohne Übergangsregelung,[529] die Beeinträchtigung einer ärztlichen Zulassung, dh des Rechts, Patienten auch ohne vorherige Zulassung kassenärztlich zu behandeln,[530] das ausnahmslose Verbot von **Werbefahrten.**[531] Die Ersetzung der DM durch den Euro war mit Art. 14 vereinbar.[532] Eine zulässige Eigentumsbeschränkung kann allgemein bei besonders einschneidenden, etwa existenzbedrohenden oder gar existenzvernichtenden Eingriffen in den bestandsgeschützten Gewerbebetrieb zu verneinen sein.[533] Bei der eigentumsgrundrechtlichen Beurteilung der Abstands- und Höchstzahlregelungen sowie des Verbots von Mehrfachkonzessionen der Spielhallengesetze wird es bei einer Änderung der Rechtslage für ausschlaggebend gehalten, ob und inwieweit die vorherige Rechtslage eine konkrete Vertrauensgrundlage für den Fortbestand des Unternehmens geboten hat, ob sich die Investitionen bereits amortisiert haben und ob die neue Rechtslage Anpassungszeiträume und Härtefallregelungen für die Fortführung des Betriebes bereit hält.[534] Bzgl. der Umgestaltung individ. Rechtspositionen (wasserrechtl. Erlaubnis) im Zuge der Neuordnung eines Rechtsgebietes wird eine angemessene und zumutbare Überleitungsregelung gefordert und für ausreichend gehalten, wenn Gründe des Gemeinwohls vorliegen, die den Vorrang vor dem berechtigten – durch die Bestandsgarantie gesicherten – Vertrauen auf den Fortbestand eines wohlerworbenen Rechts verdienen;[535] zu Veräußerungsverboten bzgl. landwirtschaftl. Grundstücke → Rn. 112.

**137**    **e) Wohnungs- und Mietrecht.** Das Verbot der **Zweckentfremdung** von Wohnraum in Gebieten mit unzureichender Wohnraumversorgung ist zulässig, aber unter Berücksichtigung der Interessen auch des Eigentümers verhältnismäßig zu handhaben; der Eigentümer von Wohnraum hat ein berechtigtes Interesse an der Genehmigung einer Zweckentfremdung, wenn er sich zur Schaffung von Ersatzwohnraum verpflichtet, der den Verlust für den Wohnungsmarkt ausgleicht,[536] oder wenn durch die Versagung der Genehmigung seine Existenz ernsthaft gefährdet würde.[537] Eine durch sozialpolitische Ziele motivierte **Mietpreisbindung** ist zulässig, soweit der Gesetzgeber die Verhältnisse und Umstände auf dem Wohnungsmarkt berücksichtigt; die von Art. 14 I gezogenen Grenzen wären aber jedenfalls überschritten, wenn die Mietpreisbindung auf Dauer zu Verlusten für den Vermieter oder zur Substanzgefährdung der Mietsache führte.[538] Allgemein ist ein **Mieterschutz** grds. zulässig (→ Rn. 113).[539]

---

[521] BVerwGE 68, 143 (148).

[522] BVerfGE 8, 71 (79 f.); 21, 150 (154 ff.).

[523] BVerfGE 8, 274 (330); vgl. auch BVerfGE 91, 294 (310).

[524] BVerwG DVBl 1986, 563 (565).

[525] BVerfGE 13, 225 (229 f.); in BVerfGE 111, 10 zieht das Gericht Art. 14 gar nicht als Prüfungsmaßstab heran.

[526] BAGE 46, 42 (47 ff.).

[527] BVerfGE 51, 193 (218).

[528] BVerfGE 78, 58 (75).

[529] BVerwGE 81, 49 (55).

[530] BGHZ 81, 21 (33 f.).

[531] BGHZ 78, 41 (47 ff.).

[532] BVerfGE 97, 250 (372 ff.).

[533] Vgl. BGHZ 121, 328 (337 f.); vgl. *Ossenbühl* AöR 124 (1999), 1 (22).

[534] *Krewer/Untersteller* ZfWG 2012, 94 (97); *Würtenberger* FS Würtenberger, 2013, S. 855 ff.; vgl. auch BayVGH, 7.10.2013 – 10 CS 13.1715 –, juris Rn. 25.

[535] Vgl. BVerfG (K), 24.2.2010 – 1 BvR 27/09 –, juris Rn. 65; auch BayVGH, NVwZ 2014, 795 Rn. 26; 7.10.2013 – 10 CS 13.1715 –, juris Rn. 27 (jew. Neuordnung des GlücksspielR).

[536] BVerwG NJW 1998, 94 (95) mwN.

[537] BVerfGE 38, 348 (370 f.); 55, 249 (257 ff.); BVerwGE 95, 341; HmbOVG NJW 2019, 2488 Rn. 17; dazu *Kettwig* NJW 1996, 2822 ff.; eine Verfassungswidrigkeit der ZweckentfremdungsG der Länder nimmt an *Heinemann* NVwZ 2019, 1070.

[538] BVerfGE 91, 294 (310); auch bereits BVerfGE 71, 230 (250) sowie o. Rn. 104, 106; zur Verfassungsmäßigkeit der befristeten Fortgeltung der Mietpreisbindung im Beitrittsgebiet vgl. BVerfGE 91, 294 (307 ff.); zur sog. „Mietpreisbremse" (§§ 556d ff. BGB) BVerfG (K) NJW 2019, 3054 (kein Verstoß von § 556d I gegen Art. 14 I und Art. 3 I); LG Berlin NZM 2017, 766 (Unvereinbarkeit mit Art. 3 I); *Leuschner* NJW 2014, 1929; *Herlitz* ZMR 2014, 262; *Lange* DVBl. 2015, 1551 ff.; *Börstinghaus* NJW 2018, 665; *Grzeszick* ZRP 2020, 37; *Heusch* NZM 2020, 357; zu einer Begrenzung der Wiedervermietungsmieten vgl. *P. Derleder* WUM 2013, 383 ff. Der BayVerfGH hat ein Volksbegehren für einen „Mietendeckel" in Bayern gestoppt, NZM 2020, 649; zur Länderkompetenz vgl. *Schneider/Franke*, DÖV 2020, 415; *Kühling*, DVBl. 2020, 842.

[539] Zum Gebot der ausgewogenen Berücksichtigung von Vermieter- und Mieterinteressen vgl. ferner BVerfGE 95, 64 (84).

Mieterhöhungsverlangen dürfen nach zutr. Rspr. nicht übermäßig erschwert werden.[540] Die Gel- **138** tendmachung des **Eigenbedarfs** darf nicht zu restriktiv gehandhabt werden;[541] eine ggf. zu respektie- rende **Selbstnutzung** liegt auch in einer gewerblichen Nutzung[542] oder in der Nutzung zugunsten eines Au-pair-Mädchens.[543] Auch der durch eine entspr. Familienplanung entstehende Bedarf hinsicht- lich einer größeren Wohnung ist beachtlich.[544] Ein behaupteter Kinderwunsch braucht sich zum Zeitpunkt der Kündigung noch nicht durch eine Schwangerschaft konkretisiert zu haben.[545] Der Wunsch, statt zur Miete im eigenen Haus zu wohnen, ist in der Regel berechtigt, doch wird die Beschränkung der Möglichkeit einer Eigenbedarfskündigung auf Fälle, in welchen die ganze Wohnung benötigt wird, für vereinbar mit Art. 14 I 1 gehalten.[546] Ein verfassungsrechtlich verfestigter Anspruch des Vermieters, durch Drittvermietung einer ihm zur Verfügung stehenden Alternativwohnung voll- endete Tatsachen zu schaffen und sich auf diese Weise des Einwandes alternativer Befriedigungs- möglichkeiten zu entledigen, besteht nach Auffassung des BVerfG nicht.[547] Bei einer **Kündigung** ist zu berücksichtigen, ob das Objekt andernfalls zu einem zumutbaren Preis nur schwer zu verkaufen wäre.[548]

Die Qualifizierung des **Besitzrechts des Mieters an der gemieteten Wohnung als Eigentum** **139** i. S. des Art. 14 I 1[549] berechtigt nicht zu einer Relativierung der getroffenen Feststellungen, etwa mit der Begründung, dass sich in ihnen eine „unzureichende Berücksichtigung der... ebenfalls grundrecht- lich relevanten Position des Mieters"[550] zeige.

Der Eigentumsschutz des Mieters kann sich vielmehr allein auf das durch den Mietvertrag begründete (obligatorische) **140** Recht beziehen. Weil sich der Inhalt dieser Rechtsstellung aus dem Mietvertrag iVm den zwingenden Vorschriften des auf ihn anwendbaren Mieterschutzrechts ergibt, kann die Unterstellung des vertragl. Rechte des Mieters unter Art. 14 **nicht** zu einer **inhaltlichen Ausweitung** oder Verstärkung dieser Rechte im Verhältnis zum Vermieter führen.[551] Der Mieter bleibt daher auch als verfassungsrechtl. Eigentümer auf das Maß an Mieterschutz beschränkt, das der Gesetzgeber ihm unter Beachtung der aus dem Eigentumsgrundrecht des Vermieters folgenden Regelungs- schranken zubilligt.[552] Doch wird hervorgehoben,[553] dass die neuere Verfassungsrspr. Interpretationslinien unter- streiche, die zu einem besseren Verständnis des geltenden Mietrechts führten. Der Mieterschutz, wie er bei richtiger Einschätzung auch bisher schon gegolten habe, werde zwar nicht ausgeweitet, trete aber nunmehr deutlicher und in dem Umfang hervor, in dem er unter verfassungsrechtl. Aspekt schon immer bestanden habe, aber in der Ver- gangenheit möglicherweise nicht immer zutreffend eingeschätzt worden sei.

**f) Sozialversicherung.**[554] Zur Sicherung der Finanzgrundlagen der Rentenversicherung sowie zur **141** Entlastung der Solidargemeinschaft hat der Gesetzgeber bei Eingriffen größere **Gestaltungsfreiheit** (o. Rn. 119 f.). Das BVerfG hat die Änderung von Anrechnungszeiten (o. Rn. 120), den **Abbau von Vergünstigungen** in der Altersversorgung,[555] Verschlechterungen auf Grund von Systemänderungen,[556] die Bestimmung von Abschlägen bei vorzeitiger Inanspruchnahme einer Altersrente wegen Arbeitslosig- keit oder nach Altersteilzeitarbeit,[557] die Ersetzung der **in der DDR erworbenen Ansprüche** und Anwartschaften durch eine einheitl., nur aus der gesetzl. Rentenversicherung stammende Versorgungs- leistung unter Verzicht auf Zusatzleistungen[558] und eine „maßvolle **Umverteilung** innerhalb der gesetz- lichen Rentenversicherung zu Lasten kinderloser und kinderarmer Personen"[559] für zulässig erklärt.

Unzulässig sind übermäßige Belastungen durch den **Versorgungsausgleich,**[560] der dem Grundsatz nach für die **142** geschiedenen Eheleute aus den bisher gemeinsam erwirtschafteten Versorgungsanrechten eine jeweils eigenständige

---

[540] BVerfGE 49, 244 (249 ff.); 53, 352 (358 ff.); BVerfG NJW 1987, 313.

[541] BVerfGE 68, 361 (374 f.); 79, 292 (306 ff.); BVerfG (K) NJW 1991, 158 f.; *Jarass,* in: Jarass/Pieroth, Art. 14 Rn. 71; krit. demgegenüber *Bryde,* in: v. Münch/Kunig I, Art. 14 Rn. 65; zu den an die Darlegungslast des Ver- mieters zu stellenden Anforderungen vgl. BVerfG (K) NJW 1997, 2377.

[542] BVerfGE 81, 29 (34).

[543] BVerfG (K)NJW 1994, 994 f.

[544] Ebda.

[545] BVerfG (K) NJW 1995, 1480 f.

[546] BVerfGE 89, 237; vgl. ferner BVerfG (K) NJW 1994, 310 (312); BVerfG (K) NJW 1994, 435 f.

[547] BVerfGE 83, 82 (84 ff.).

[548] BVerfG (K) NJW 1991, 3270 f.

[549] BVerfGE 89, 1 (5 ff.); 134, 242 Rn. 270.; vgl. auch BVerfGE 91, 294 (310); *Dederer* in: BK Rn. 100 f.; abl. *Depenheuer* HGR V, § 111 Rn. 55, 59; *Depenheuer/Froese* MKS I, Art. 14 Rn. 67 f., 157 ff.

[550] So zur einigen Urteilen des BVerfG früher *Bryde,* in: v. Münch/Kunig I, 5. Aufl., Art. 14 Rn. 66.

[551] Zust. *Dietlein,* in: Stern, Staatsrecht IV/1, S. 2199.

[552] *Friauf* FG Hämmerlein, 1994, S. 225 f.; *Sieckmann,* in: Friauf/Höfling, Art. 14 Rn. 44.

[553] *Meincke* FS Friauf, 1996, S. 427 (434).

[554] Zum Ganzen *Schenke,* in: Kontinuität und Wandel des Versicherungsrechts, 2004, S. 715 ff.; *Becker,* in: Stern/ Becker, Art. 14 Rn. 68 f.

[555] BVerfGE 70, 101 (110 ff.).

[556] BVerfGE 51, 257 (265 f.).

[557] BVerfGE 122, 151 (180 ff.).

[558] BVerfGE 100, 1 (40 ff.).

[559] BVerfGE 87, 1 (41) – Hervorhebung nicht im Original.

[560] BVerfGE 53, 257 (297 f.); BVerfG (K) NJW 1993, 1059 f.

Alters- und Invaliditätsversorgung schafft,[561] die Versagung eines **Austrittsrechts** aus der Rentenversicherung nach einer Verschlechterung der Konditionen,[562] die übergangslose Verdoppelung von Anwartschaftszeiten[563], sprunghafte und willkürliche Veränderungen der Rentenhöhe[564] sowie übermäßige Belastungen bei **Meldeversäumnissen** in der Arbeitslosenversicherung.[565] Aus dem bejahten Eigentumsschutz für die in der DDR erworbenen und im EinigungsV anerkannten Ansprüche und Anwartschaften aus Zusatz- und Sonderversorgungssystemen folgert das BVerfG, dass nach der Überführung von Versorgungsansprüchen und -anwartschaften in die gesetzliche Rentenversicherung jedenfalls ein Leistungsrest erhalten bleiben muss, der den Zweck einer bedürftigkeitsunabhängigen Sicherung nach einem vollen Versicherungsleben erfüllt; ein Abbau, der die Rentenansprüche und -anwartschaften unter diese Grenze fallen lässt, schränkt nach Feststellung des Gerichts das Eigentum unverhältnismäßig ein.[566]

**143**    **g) Steuer- und Abgabenrecht.** Was die Wirkkraft der Eigentumsgarantie gegenüber dem Steuerzugriff als dem nachhaltigsten Eingriff in die private Vermögenssphäre angeht, nimmt das BVerfG tradit. eine grds. defensive, aber nicht widerspruchsfreie und wiederholt sogar aufgeschlossene Haltung ein. In jüngeren Entscheidungen bahnt sich jedoch ein grundlegender Wandel an.[567] So erkannte der Zweite Senat des BVerfG bereits vor Jahren an, dass „Steuergesetze in die allgemeine Handlungsfreiheit gerade in deren Ausprägung als persönliche Entfaltung im vermögensrechtlichen und im beruflichen Bereich (Art. 14 I, 12 I) eingreifen".[568] Sodann ging der Senat einen erhebl. Schritt weiter und erklärte, dass bei der Einkommensteuer der Schutzbereich des Art. 14 I schon deswegen beeinträchtigt sei, weil sie tatbestandl. an das Innehaben von konkreten subj. vermögenswerten Rechtspositionen anknüpfe. Wenn das EStG tatbestandlich an den Hinzuerwerb von konkreten Eigentumspositionen anknüpfe, wie z. B. an ein Mehr an Betriebsvermögen oder an zivilrechtl. Lohnansprüche, und so den privaten Nutzen der erworbenen Rechtspositionen zugunsten der Allgemeinheit einschränke, so liege hierin zugleich eine Beeinträchtigung der Eigentumsfreiheit.[569] Diese Einbeziehung in den Schutzbereich des Art. 14 ist aber nach einer Kammerentscheidung des BVerfG nach wie vor nicht für Steuern gegeben, die den Verbrauch von Waren belasten (Verbrauchsteuern). So erfasse die Energiesteuer weder das Hinzuerworbene noch den Hinzuerwerb.[570] Erkennt man (jedenfalls) mit der Lit. Art. 14 grds. als Maßstab der **Steuergesetzgebung** an[571] und begreift diese als **sozialbindende Schrankenziehung** i. S. d. Art. 14 I 2, II, erfordert eine wertende Bestimmung der steuerl. Belastbarkeit die Abwägung des eigentumsgrundrechtl. geschützten privaten und des öff. (Abschöpfungs-)Interesses an einem potentiell beanspruchbaren Einkommens- bzw. Vermögensteil.[572]

**144**    Zu den deutlichsten Ausdrücken dieser Bestimmung der steuerl. **Leistungsfähigkeit** gehören bei der Besteuerung des Einkommens- bzw. Vermögenszuwachses die Freistellung des **Existenzminimums**[573] bei der Einkommensteuer sowie nach herkömml. Auffassung die **Steuerprogression**[574] bei der Einkommen- und Erbschaftsteuer.[575] Je mehr das Einkommen zur Sicherung des unmittelbaren persönlichen Bereichs und zur freien Entfaltung des Pflichtigen benötigt wird, desto mehr ist es dem

---

[561] BVerfGE 136, 152 abwM 184 Rn. 4.

[562] BVerfGE 71, 1 (13).

[563] BVerfGE 72, 9 (18 ff.).

[564] BVerfGE 128, 138 (151).

[565] BVerfGE 74, 203 (215 ff.).

[566] BVerfGE 100, 138 (182); ferner BVerfG (K) NJW 2017, 876 Rn. 10; vgl. auch *Heine* VSSR 2003, 317 und *Mäder/Wipfler* ZFSH/SGB 2005, 579 ff. und 651 ff.

[567] Zur herkömmlichen Rspr. vgl. etwa BVerfGE 63, 343 (368); 70, 219 (230); 72, 200 (248); 77, 308 (339 f.); 78, 214 (230); 78, 232 (243); 81, 108 (122).

[568] BVerfGE 87, 153 (169); entspr. BVerfGE 93, 121 (137 f.); vgl. ferner BVerfGE 97, 67 (79).

[569] BVerfGE 115, 97 (111, 112 f.); unverändert der traditionellen Sichtweise verhaftet dagegen BVerfGE 95, 267 (300 f.); 96, 375 (397); BFH BStBl. II 1999, 771 (773 f.); BVerfGE 135, 126 (141) lässt offen, ob die Zweitwohnungsteuer „an Art. 14 I oder an Art 2 I zu messen ist".

[570] BVerfG (K) NVwZ 2007, 1168 (1169).

[571] Vgl. o. Rn. 38 f., ferner *P. Kirchhof* VVDStRL 39 (1981), 213; *ders.* AöR 128 (2008), 1 (11); *v. Arnim* VVDStRL 39 (1981), 286; *Friauf* DStJG 12 (1989), 3 (19 ff.); *Leisner* NJW 1995, 2591 (2593 ff.); *Sieckmann,* in: Friauf/Höfling, Art. 14 Rn. 107; *Seer* FR 1999, 1280 (1282 ff.); *J. Ipsen,* FS Badura, S. 201 (212); *Elicker* DVBl 2006, 480; *Frye* FR 2010, 603.

[572] *Wendt* NJW 1980, 2116; so jetzt auch *Vogel/Waldhoff* BK, Vorbem. z. Art. 104a–115 (1997) Rn. 546; *P. Kirchhof* AöR 128 (2003), 1 (11 f.); *Frye* FR 2010, 603.

[573] BVerfGE 87, 153 (169 f.); BFHE 227, 99; 259, 279; vgl. hierzu auch *P. Kirchhof* AöR 128 (2003), 1 (17).

[574] Vgl. BVerfGE 87, 153 (170): Der Gesetzgeber trägt „der mit wachsendem Einkommen steigenden Belastbarkeit des Steuerpflichtigen durch die Gestaltung des Tarifs Rechnung"; ferner *Wendt* FS Friauf, 1996, S. 859 (875); die in der Literatur vorgetragene Kritik am progressiven Tarifverlauf ist vorwiegend auf gleichheitsrechtliche Erwägungen gestützt, vgl. hierzu *Elicker* StuW 2000, 3 ff. Ausdr. gegen eine verfassungsrechtlich vorgegebene Tarifprogression BVerfGE 115, 97 (117): „Weder dieses Gebot vertikaler Steuergerechtigkeit (Art. 3 Abs. 1 GG) noch das Verbot übermäßiger Steuerbelastung (Art. 14 GG) geben jedoch einen konkreten Tarifverlauf vor; vielmehr setzen beide den unmittelbar demokratisch legitimierten Entscheidungen des Parlaments einen äußeren Rahmen, der nicht überschritten werden darf. Bei der Einkommensteuer liegt es im Entscheidungsspielraum des Gesetzgebers, ob der Tarif linear oder progressiv ausgestaltet wird."

[575] Zum Spannungsverhältnis von Eigentumsfreiheit und Einkommensbesteuerung vgl. *F. Beyer,* Die Freiheitsrechte, insbesondere die Eigentumsfreiheit, als Kontrollmaßstab für die Einkommensbesteuerung, 2004.

(Einkommensteuer-)Gesetzgeber verwehrt, auf es zuzugreifen.[576] Dementspr. bejaht das BVerfG einen bes. Schutz des der eigenverantwortl. Gestaltung des persönl. Lebensbereichs dienenden Vermögens gegenüber der Vermögensbesteuerung.[577] Unverzichtbar ist mithin, dass „dem Grundrechtsträger (Steuerpflichtigen) ein **Kernbestand des Erfolges eigener Betätigung im wirtschaftlichen Bereich** in Gestalt der grds. Privatnützlichkeit des Erworbenen und der grundsätzlichen Verfügungsbefugnis über die geschaffenen vermögenswerten Rechtspositionen erhalten bleibt“.[578] Die steuerl. Belastung des Einkommens darf nicht so weit gehen, dass der wirtschaftl. Erfolg grundlegend beeinträchtigt wird und damit nicht mehr angemessen zum Ausdruck kommt.[579] Neben dem existenzsichernden **subjektiven Nettoprinzip** ist durch das Gebot eigentumsschonender, verhältnismäßiger Besteuerung das erwerbssichernde **objektive Nettoprinzip** vorgegeben, nach dem bei der Ermittlung der Einkünfte Erwerbsaufwendungen abgezogen werden müssen.[580]

Was die Besteuerung des gesamten oder von Teilen des (konsolidierten) Vermögens – durch **145 Vermögensteuer, Grundsteuer** – angeht, so würde sie, wenn sie aus dem – wenigstens potentiellen – Ertrag nicht gedeckt werden könnte, zu einer übermäßigen Belastung führen und die Privatnützigkeit des Eigentums aufheben. I. d. S. hebt das BVerfG deutlich hervor, dass die Vermögensteuer so zu bemessen sei, dass sie in ihrem Zusammenwirken mit den sonstigen Steuerbelastungen die Substanz des Vermögens, den Vermögensstamm, unberührt lasse und aus den üblicherweise zu erwartenden, mögl. Erträgen (Sollerträgen) bezahlt werden könne.[581] Das Gericht zögert nicht, eine Belastungsobergrenze zu formulieren: Die Gesamtbelastung des Sollertrages müsse bei typ. Betrachtung von Einnahmen, abziehbaren Aufwendungen und sonstigen Entlastungen in der Nähe einer **hälftigen Teilung** zwischen privater und öff. Hand verbleiben.[582] Dieser Grundsatz sei flexibel genug, um in Fällen innerer und äußerer Notlagen, extremer Finanznot oder sonstiger Ausnahmelagen auch eine weitergehende Sozialpflichtigkeit des Eigentums zu rechtfertigen.[583] Das der persönl. Lebensführung des Steuerpflichtigen und seiner Familie dienende Vermögen ist nach den Feststellungen des Gerichts sogar ganz von der Vermögensteuerlast freizustellen.[584] Später stellt der Zweite Senat des BVerfG jedoch klar, dass sich BVerfGE 93, 121 keine verbindl. verfassungsrechtl. Obergrenze für die Gesamtbelastung mit der Einkommen- und Gewerbesteuer entnehmen lasse.[585] Dies wird als Abrücken von dem 1995 ins Leben gerufenen „Halbteilungsgrundsatz“ verstanden.[586] Auch die Besteuerung der Verwendung von Einkommen für bestimmte Zwecke – insbes. durch die **Umsatzsteuer** – kann als Leistungsfähigkeitsbesteuerung angesehen werden.[587] Probl. ist die vom BVerfG zugelass. Besteuerung von **Zinseinkommen,**[588] die sich wirtschaftl. als bloßer Inflationsausgleich darstellen.[589]

**h) Sonstiges.** Unzulässig ist die Nutzung von Privateigentum als Faustpfand gegenüber anderen **146** Staaten.[590] Die Normen des allg. **Polizei- und Ordnungsrechts** begrenzen das Eigentum grds. in zulässiger Weise.[591] Allerdings können sich aus Art. 14 unter Berücksichtigung des Grundsatzes der Verhältnismäßigkeit Grenzen der Verantwortlichkeit des Zustandsstörers ergeben.[592] Ausnahmsweise

---

[576] *Wendt* NJW 1980, 2116 f.; vgl. auch *Breinersdorfer* DStR 2010, 2492 (2493).

[577] BVerfGE 93, 121 (140 f.).

[578] BVerfGE 87, 153 (169); 93, 121 (137).

[579] Ähnl. BVerfGE 115, 97 (117).

[580] Vgl. *Frye* FR 2010, 603 (607); *Breinersdorfer* DStR 2010, 2492 (2494).

[581] BVerfGE 93, 121 (137); aA *Böckenförde,* abwM zu BVerfGE 93, 121 ff., ebd., S. 152 ff.: Die Substanz des konsolidierten Vermögens genieße keinen stärkeren Schutz als anderes Vermögen; vgl. auch *Bull* NJW 1996, 281 ff.; zum Sollertragsteuer-Konzept hinsichtlich der Vermögensteuer (gemäßigte Abschöpfung des Sollertrags) vgl. *Kube* DStR-Beih. 2013, 37 (41 ff.).

[582] BVerfGE 93, 121 (138); unter Heranziehung dieses „Halbteilungsgrundsatzes“ wurde in der Literatur die Verfassungswidrigkeit des Erbschaft- und Schenkungsteuergesetzes wegen Verstoßes gegen Art. 14 GG postuliert, s. *Nachreiner* ZEV 2005, 1 ff.; vgl. hierzu auch *Becker,* in: Stern/Becker, Art. 14 Rn. 100 f.

[583] BVerfGE 93, 121 (138 f.); vgl. hierzu *P. Kirchhof,* AöR 128 (2003), 1 (19 f.); abl. gegenüber der Ableitung dieser Belastungsobergrenze aus dem Wortlaut des Art. 14 II für den Fall der Summierung der Einkommen- und Gewerbeertragsteuer auf rd. 60 % des zu versteuernden Einkommens BFH BStBl. II 1999, 771; krit. auch *Eschenbach* DStZ 1997, 413 (414 f.); *Tipke* MDR 1995, 1177 (1179); anders *Vogel* NJW 1996, 1257 ff.; *Depenheuer/Froese* MKS I, Art. 14 Rn. 390; *Depenheuer,* in: HGR V § 111 Rn. 54; *Seer* FR 1999, 1280; *Scholz* FS Leisner, 1999, S. 797 (799); *Tina Beyer,* Die Freiheitsrechte, insbesondere die Eigentumsfreiheit, als Kontrollmaßstab für die Einkommensbesteuerung, 2004, S. 147 ff.

[584] BVerfGE 93, 121 (137 f.); zum Ganzen bereits *Wendt* NJW 1980, 2117.

[585] BVerfGE 115, 97 (108); s. hierzu auch Wernsmann NJW 2006, 1169; Pezzer DB 2006, 912; Sacksofsky NVwZ 2006, 661; Wieland Stbg 2006, 573.

[586] Vgl. *Frye* FR 2010, 603 (606); die finanzgerichtliche Rechtsprechung folgte dem BVerfG wegen des obiter dictum-Charakters des Postulats ohnehin nicht, vgl. BFHE 89, 422 (441).

[587] *Wendt* NJW 1980, 2118; aA BVerfG (K) NVwZ 2007, 1168 (1169).

[588] BVerfGE 50, 57 (104 ff.).

[589] Vgl. hierzu *Badura* HdbVerfR, § 10 Rn. 43.

[590] BVerfGE 62, 169 (181 ff.).

[591] BVerwGE 38, 209 (218); *Papier/Shirvani,* in: Maunz/Dürig, Art. 14 Rn. 614 ff.

[592] So bereits *Friauf,* FS Wacke, 1972, S. 293; *Papier/Shirvani,* in: Maunz/Dürig, Art. 14 Rn. 620 ff.; *Ladeur* UPR 1995, 1 (5, 7); auch BVerfGE 102, 1 (19 ff.); vgl. auch bereits BVerwG NVwZ 1991, 475 f.; 1997, 577 f.

zulässig sind **Substanzeingriffe,** wenn anders die von einer Sache ausgehenden Gefahren für die Allgemeinheit nicht beseitigt werden können,[593] z.B. die Tötung seuchenverdächtiger Tiere[594] oder die Vernichtung infektionsverdächtiger Lebensmittel.[595] Auch die Einziehung als Nebenfolge einer strafrechtlichen Verurteilung ist zulässig.[596]

147 **Ausschlussfristen,** die zum Erlöschen mat. Rechte führen, können ebenfalls unbedenklich sein.[597] Bei der Abwicklung von Kriegs- und Kriegsfolgeschäden ist das Eigentum besonders intensiv einschränkbar.[598] Gleiches gilt für die in Art. 135a I umschriebenen Verbindlichkeiten des Reichs etc. und die durch Art. 135a II erfassten **Verbindlichkeiten der DDR** etc.[599]

## V. Enteignung (Abs. 3)

148 **1. Begriff.** Nach der wiederholten Feststellung des BVerfG ist die „Enteignung im verfassungsrechtlichen Sinn... auf die **vollständige** oder **teilweise Entziehung** konkreter subjektiver Eigentumspositionen im Sinne des Art. 14 I 1 zur Erfüllung **bestimmter öffentlicher Aufgaben** gerichtet".[600] Bei dieser Umschreibung handelt es sich nicht um eine vollständige Definition, sondern nur um die Bezeichnung wesentl. Merkmale der Enteignung. Es fragt sich, wie diese zu verstehen sind, insbes., ob sie mit den Begriffsmerkmalen der Enteignung entspr. der oben entwickelten Definition übereinstimmen, nach der die Enteignung ein **rechtsmindernder** oder **rechtsentziehender Zugriff** auf rechtssatzmäßig ausgeformte Vermögenspositionen ist, bei der sich der Staat über die durch das Gebot der **Verhältnismäßigkeit** (i.e.S.) gesetzte Schranke hinwegsetzt, um übergeordnete **Ziele des Gemeinwohls** durchzusetzen (→ Rn. 78).

149 Hinsichtlich der Abgrenzung des möglichen Objekts einer Enteignung besteht Übereinstimmung: Es muss eine **geschützte Position** i.S. von Art. 14 betroffen sein.[601] Eine klare Grenze zwischen einer Entziehung, insbes. einer Teilentziehung, und einer Beschränkung des Eigentums i.S. von Art. 14 I 2 lässt sich aber nicht ziehen. Teilentziehung ist notwendigerweise identisch mit dem Entzug einer – und sei es der kleinsten – mit dem Eigentum verbundenen (Teil-) Rechtsposition bzw. Rechtsbefugnis. **Teilentziehung** und **rechtliche Minderung** oder **Beschränkung** von Eigentumspositionen – durch Beschneidung der Eigentümerbefugnisse bzw. Statuierung von Nutzungs-, Verwendungs- oder Verfügungsbeschränkungen und -verboten – stehen sich deshalb **gleich.**[602] Auch das BVerfG erkennt an, dass auf die Schrankenziehungsbefugnis gemäß Art. 14 I 2 gestützte Einschränkungen der Nutzungs- und Verfügungsbefugnis über das Eigentum – ohne der Güterbeschaffung zu dienen – zu einem Entzug konkreter Eigentumspositionen führen können.

150 Angesichts dessen[603] ist es unverständlich, wie eilfertig in der Lehre die Notwendigkeit bestritten wird, Enteignung und nicht entschädigungswürdige Beschränkungen – so, wie das herkömmlich der Fall war – nach der **Intensität** der Maßnahme, nach Schwere und Zumutbarkeit zu sondern.[604] Dieses Vorgehen erklärt sich aber, wenn man mit der neueren Rspr. des BVerfG den Anwendungsbereich der Enteignung auf Änderungen der Eigentumszuordnung bzw. **Güterbeschaffungsvorgänge** der öff. Hand beschränkt. Dieser **formale Enteignungsbegriff** erlaubt dem BVerfG eine klare Abgrenzung zur Schrankenziehung gem. Art. 14 I 2. Besonders schwere Eigentumseingriffe, die nicht der Güterbeschaffung dienen, hält das BVerfG dennoch für entschädigungswürdig. Mit der Kreation des Instituts der

---

593 Vgl. → Rn. 86; *Schmidt-Aßmann* FS Friauf, 1996, S. 407 (419).

594 BVerwGE 7, 257 (260 ff.).

595 BVerwGE 12, 87 (96).

596 BVerfG 22, 387 (422); *Schmidt-Aßmann* FS Friauf, 1996, S. 407 (418 f.); zu den verfassungsrechtlichen Anforderungen der Anordnung eines dinglichen Arrests in das Vermögen des Beschwerdeführers zur Sicherung des Verfalls BVerfG (K) NStZ 2006, 639.

597 BVerfGE 70, 278 (285 f.); 101, 239 (258 ff.).

598 BVerfGE 41, 126 (150 f.); 53, 164 (156 f.); 112, 93 (110).

599 *Jarass,* in: Jarass/Pieroth, Art. 14 Rn. 67.

600 Z.B. BVerfGE 70, 191 (199 f.); 72, 66 (76); 101, 239 (259); 104, 1 (9 f.); 112, 93 (109); 114, 1 (59); 115, 97 (112); 134, 242 Rn. 161; 145, 20 (212); auch bereits BVerfGE 52, 1 (27); zust. etwa BVerwGE 84, 361 (366).

601 Zum durch die Bodenreform in der früheren DDR neu begründeten Eigentum s.u. Rn. 192a; zum erzwungenen „Verkauf" von GmbH-Anteilen an Windkraftunternehmen an Bürger und Gemeinden *Lege* NVwZ 2019, 1000.

602 Zutr. *Schwabe* FS Thieme, 1993, S. 257; *Kluth* ZIP 1997, 1217 (1220); *König* JA 2001, 345 (346); anders BVerwGE 84, 361 (364 f.); 94, 1 (3 f.); BGHZ 126, 379 (381 f.); *Ehlers* VVDStRL 51 (1992), 236 f.; *Wieland,* in: Dreier I, Art. 14 Rn. 95, 100.

603 In seiner älteren Rspr. schloss das BVerfG Eigentumsbeschränkungen nicht aus dem Begriff der Enteignung aus. In der grundlegenden Entscheidung zum Kleingartenrecht kennzeichnet es die Legalenteignung dahingehend, dass das Gesetz „individuelle Rechte **entzieht** oder **beschneidet**(!)" (BVerfGE 52, 1 [27] – Hervorhebung hinzugefügt), und in der Entscheidung zur Bad Dürkheimer Gondelbahn hebt es hervor, dass „die Belastung eines fremden Grundstücks mit einer Dienstbarkeit ... im Umfang dieses Rechts **Entziehung** oder **Beschränkung**(!) von Eigentümerbefugnissen und damit Enteignung (ist)" (BVerfGE 56, 249 [260] – Hervorhebung hinzugefügt); vgl. auch die abwM des Richters *Böhmer* ebda, S. 270. Vgl. zur Entwicklung der verfassungsgerichtl. Rspr. bei der Abgrenzung von Enteignung zu Inhalts- und Schrankenbestimmung *Papier,* in: Depenheuer (Hrsg.), Eigentum – Ordnungsidee, Zustand, Entwicklungen, 2005, S. 93 ff.; *ders.* DVBl 2000, 1398.

604 So z.B. *Jarass,* in: Jarass/Pieroth, Art. 14 Rn. 78; *Depenheuer/Froese* MKS I, Art. 14 Rn. 405.

**„ausgleichspflichtigen Inhaltsbestimmung" des Eigentums** durch die Rspr., für das Schwere- und Zumutbarkeitskriterien eine entscheidende Rolle spielen, werden die sich stellenden Probleme in den Bereich des Art. 14 I verlagert.[605] Dabei sollte nach der Systematik des Art. 14 eigentlich klar sein, dass die Ermächtigung zur entschädigungslosen Schrankenziehung gemäß Art. 14 I 2 sich nicht nur auf die Eigentumsnutzungs-, sondern auch auf Eigentumswertbeschränkungen oder -beschneidungen erstrecken soll. Diese Grundsatzentscheidung der Verfassung darf nicht dadurch unterlaufen werden, dass allg. mit Hilfe des Grundsatzes des milderen Eingriffs und der Gleichbehandlung i. R. des Art. 14 I 2 Ausgleichs- oder Entschädigungspflichten angenommen werden. Der sozialgestalterischen Gesetzgebung im Anwendungsbereich des Art. 14 I 2 würden damit Fesseln angelegt, die in der Verfassung nicht vorgesehen und die in dieser Allgemeinheit ausdr. nur für die Enteignung bestimmt sind.[606] Immerhin hat das BVerfG inzwischen den Anwendungsbereich der sog. ausgleichspflichtigen Inhalts- und Schrankenbestimmung begrenzt,[607] dh die Kompensation durch Ausgleichsleistungen auf Ausnahme- und Auffangtatbestände beschränkt.[608] Die nach Art. 14 I 2 GG eröffnete Möglichkeit, die Verfassungsmäßigkeit einer sonst unverhältnismäßigen Inhalts- und Schrankenbestimmung mittels eines durch den Gesetzgeber vorzusehenden finanziellen Ausgleichs zu sichern, besteht nach dem BVerfG nur für Fälle, in denen der mit der Schrankenbestimmung verfolgte Gemeinwohlgrund den Eingriff grds. rechtfertigt, aus Verhältnismäßigkeitsgründen allerdings noch zusätzlich einer Ausgleichsregelung bedarf. **Ausgleichsregelungen** sind danach **nicht generell ein verfassungsrechtlich zulässiges Mittel,** unverhältnismäßige Eigentumsbeschränkungen mit Art. 14 I in Einklang zu bringen. Normen, die „Inhalt und Schranken" des Eigentums bestimmen, müssen vielmehr i. R. des Möglichen ohne Ausgleichsregelung den Bestandsschutz bzw. die Substanz des Eigentums wahren und den Anforderungen der Verhältnismäßigkeit durch Ausnahmen und Befreiungen oder durch Übergangsregelungen genügen.[609] Führen allerdings Schrankenbestimmungen i. S. von Art. 14 I 2 zu einem **Entzug** konkreter Eigentumspositionen, sind **gesteigerte Anforderungen** zu stellen. In diesen Fällen hat der Gesetzgeber besonders sorgfältig zu prüfen, ob ein solcher Entzug nur dann mit Art. 14 I vereinbar ist, wenn für den Eigentümer ein angemessener Ausgleich vorgesehen ist. Bei der hierfür gebotenen Zumutbarkeitsprüfung wird von besonderer Bedeutung sein, inwieweit der Eigentümer die den Entzug des Eigentums legitimierenden Gründe zu verantworten hat oder sie ihm jedenfalls zuzurechnen sind.[610]

Soweit bei der **Umgestaltung einer Rechtsposition** durch den Gesetzgeber lediglich das Entstehen und der Inhalt **150a** künftiger Rechtspositionen betroffen sind, stellt sich die Maßnahme als eine bloße Inhaltsbestimmung dar. Wird dabei gleichzeitig der Umfang bereits bestehender Eigentumspositionen gemindert, konnte nach der früheren Rechtsprechung dem gesetzgeberischen Einwirken je nach Schwere und Zumutbarkeit zugleich die Qualität einer (Teil-) Entziehung zukommen.[611] Bei einer solchen Betrachtungsweise erwies sich die Forderung nach einer „besonders strengen", an den Wertungen des Art. 14 III orientierten Verhältnismäßigkeitsprüfung zur Ermittlung der Verfassungsmäßigkeit der Maßnahme als Inhaltsbestimmung als überflüssige Hilfskonstruktion. Heute nimmt das BVerfG in dieser Konstellation stets eine Inhaltsbestimmung an.[612]

Wenn auch Beschränkungen des Eigentums Enteignungen sein können, ist jedes Abstellen auf einen **151** Eigentums(teil-)transfer oder Rechtsträgerwechsel ausgeschlossen, ebenso das Abhängigmachen einer Enteignung davon, „dass eine konkrete, durch die Enteignung begünstigte Person ausgemacht werden kann".[613] Begreift man dagegen mit dem BVerfG die Enteignung als Vorgang der Güterbeschaffung, ist sie nur gegeben, wenn der Staat das Eigentum entzieht und es sich oder Dritten verschafft.[614] Wenn vom BVerfG das Vorliegen einer Enteignung weiter davon abhängig gemacht wird, dass der Zugriff auf das Eigentum „zur Erfüllung bestimmter öffentlicher Aufgaben" erfolgt, so ist dies keine handhabbare Verengung gegenüber dem Erfordernis der **Verfolgung übergeordneter Ziele des Gemeinwohls.**[615] Entscheidend ist die hiermit zum Ausdruck gebrachte **Finalität** des staatlichen Han-

---

[605] Zu diesem Institut vgl. näher etwa BVerfGE 58, 137 (149 f.); 79, 174 (192); 100, 226 (243 ff.); 143, 246 Rn. 243, 258 ff.; BVerwGE 84, 361 (367); BVerwGE 94, 1; BGHZ 121, 328 ff.; 126, 379 ff.; 133, 265 (267); 133, 271 (276); *Ossenbühl* FS Friauf, 1993, S. 391 ff.; *ders. Ehlers* JZ 1999, 899 f.; *Kischel* VerwArch 2006, 450 ff.; *Bryde,* in: v. Münch/Kunig I, Art. 14 Rn. 64 aE; *Siekmann,* in: Friauf/Höfling, Art. 14 Rn. 178, 199; *Becker,* in: Stern/Becker, Art. 14 Rn. 202 ff.; *Thormann,* Abstufungen in der Sozialbindung des Eigentums, 1996, S. 120 f.; *Rüfner,* FS Wendt, 2015, 367 (373 ff.); *S. Lampert,* Investitionsschutz im Zulassungsrecht, 2019, S. 76 f.; die Rechtsfigur prinzipiell abl. *Breuer* NuR 1996, 537 (544, 545); krit. auch *Wieland,* in: Dreier I, Art. 14 Rn. 151 ff.; *Schönfeld,* Die Eigentumsgarantie und Nutzungsbeschränkungen des Grundeigentums, 1996, S. 73 f.; *Burmeister/Röger* JuS 1994, 840; *Depenheuer/Froese* MKS I, Art. 14 Rn. 240 ff., 257 f.; *Battis* NuR 2000, 421 (424); *Roller* NJW 2001, 1003 (1005 f.); *Papier/Shirvani,* in: Maunz/Dürig, Art. 14 Rn. 480 ff.; *ders.* DVBl 2000, 1398 (1401 ff.); *W. Schmidt* NJW 1999, 2847: dogmatische Fundierung der „ausgleichspflichtigen Inhaltsbestimmung" im Aufopferungsgrundsatz.

[606] *Papier/Shirvani,* in: Maunz/Dürig, Art. 14 Rn. 481 f.; *ders.* DVBl 2000, 1398 (1402).

[607] BVerfGE 100, 226 (243 ff.), zum rhpf Denkmalschutz- und -pflegeG.

[608] Vgl. *Papier* DVBl 2000, 1398 (1402); *ders.,* in: Depenheuer (Hrsg.), Eigentum – Ordnungsidee, Zustand, Entwicklungen, 2005, S. 93 (100).

[609] BVerfGE 143, 246 Rn. 258 ff.; *Becker,* in: Stern/Becker, Art. 14 Rn. 197 ff., 207.

[610] BVerfGE 143, 246 Rn. 243, 258 ff.; *Froese* NJW 2017, 444; *Frenz* DVBl 2017, 121 (122), stellt die Frage, ob eine Kompensation tatsächlich die Ausnahme sein soll oder nicht doch immer dann notwendig ist, wenn zu einer Enteignung nur die Güterbeschaffung fehlt, ansonsten aber alle Merkmale vorliegen.

[611] BVerfGE 58, 300 (331 f.); *Kluth* ZIP 1997, 1217 (1220).

[612] Vgl. BVerfGE 83, 201 (212 f.); BVerfGE 143, 246 Rn. 269.

[613] So *Jarass* NJW 2000, 2841 (2844).

[614] BVerfGE 143, 246 Rn. 244, 246 ff.

[615] Vgl. *Schwabe* FS Thieme, 1993, S. 261; aA *Ehlers* VVDStRL 51 (1992), 239; *Bryde,* in: v. Münch/Kunig I, Art. 14 Rn. 54; *König* JA 2001, 345 (348 f.); *Jarass* NJW 2000, 2841 (2845); BVerfGE 143, 246 Rn. 244, spricht ja auch selbst vom Zugriff „zum Wohle der Allgemeinheit".

delns; fehlt diese, etwa bei nicht vorhersehbaren Eigentumseingriffen, scheidet eine Enteignung aus.[616]

152   Mit der Statuierung dieses Erfordernisses wird kein Zulässigkeitserfordernis der Enteignung in ein (begriffliches) Tatbestandsmerkmal transformiert:[617] Ob tatsächlich ein tragfähiges, hinreichend gewichtiges, den Enteignungseingriff **rechtfertigendes Gemeinwohlinteresse** gegeben ist, bleibt der Prüfung der **Zulässigkeit** der Enteignung vorbehalten.[618]

153   Das BVerfG versucht, die Enteignung von der Eigentumsbeschränkung nach Art. 14 I 2 weiter danach abzugrenzen, ob es sich um eine **generell–abstrakte** Verwirklichung gesetzgeberischer Ziele handele. Dann könne nur eine „Inhalts- und Schrankenbestimmung" des Eigentums vorliegen.[619] Dass es sich bei der Enteignung umgekehrt immer um eine **konkret–individuelle Regelung** handele, wird zwar vom BVerfG angedeutet,[620] trifft aber nicht zu. Legalenteignungen z. B. können nicht durchweg als konkret-individ. wirkende MaßnahmeG begriffen werden.[621]

154   In früheren Äußerungen hat das BVerfG denn auch durchaus anerkannt, dass eine **abstrakt-generelle** Bestimmung von „Inhalt und Schranken" des Eigentums für die Zukunft gemäß Art. 14 I 2 **zugleich Enteignung** sein könne, wenn sie subj. Rechte entziehe oder mindere, die der Einzelne auf Grund alten Rechts erworben habe.[622] Wenn man dies nach wie vor für richtig hält (vgl. auch o. Rn. 56), ist dem Abgrenzungsversuch den Boden entzogen.[623]

155   Wenn das BVerfG den abstrakt-generellen Charakter von Regelungen, deren Enteignungsqualität es verneinen möchte, betont, lehnt es damit zwar die **(Un-)Verhältnismäßigkeit** des Eigentumseingriffs als **zentrales Kriterium** der Abgrenzung von Eigentumsbeschränkung i. S. von Art. 14 I 2 und Enteignung ab,[624] kommt diesem Kriterium aber in der Sache sehr nahe. Durch **abstrakt-generelle** Regelungen wird der Gesetzgeber in der Tat in aller Regel **nur verhältnismäßige Eigentumseingriffe** vornehmen, bei ihnen wird er entspr. Rücksicht auf bestehende Rechtspositionen nehmen – so wie er auch bei Beschränkungen anderer Grundrechte (dort ausnahmslos) das Gebot der Verhältnismäßigkeit zu beachten hat.

156   Nur in **Ausnahmefällen** wird der Staat sich beim Zugriff auf Eigentum **mittels abstrakt-genereller Regelungen** über das Gebot der Verhältnismäßigkeit hinwegsetzen und einen **Eingriff von „enteignender Tiefe"** vornehmen – wegen des Ultima-ratio-Charakters eines solchen Eingriffs und seiner Entschädigungspflichtigkeit, sei es wegen des Charakters als ausgleichpflichtiger Inhaltsbestimmung, sei es wegen des Charakters als Enteignung. Dies dürfte auch bei der grds. Neugestaltung eines Rechtsgebiets, verbunden mit der inhaltl. Neugestaltung von Eigentumsrechten, gelten: Je längerfristig hier die Orientierung des Gesetzgebers ist, umso eher wird er dabei ohne größere Schäden für das verfolgte Ziel und die Rechtseinheit ein Weiterbestehen und **Auslaufen** der bereits **entstandenen Eigentumspositionen** in Kauf nehmen können.[625]

157   Allg. müssen allerdings immer wieder anzutreffende Feststellungen wie die: „Selbst wenn Art. 14 III nicht unmittelbar eingreift, ist das darin zum Ausdruck kommende Gewicht des Eigentumsschutzes bei der vorzunehmenden Abwägung (im Rahmen der Inhalts- und Schrankenbestimmung, scil. d. Verf.) zu beachten"[626] **Zweifel an der der Rspr. des BVerfG zugrundeliegenden Systematik** der eigentumsrelevanten Regelungen wachhalten.

157a   Hält man entgegen dem BVerfG am Abgrenzungskriterium der (Un-)Verhältnismäßigkeit fest, ist die nahezu vollständige Beseitigung der Privatnützlichkeit eines geschützten Baudenkmals durch den Entzug praktisch jeder sinnvollen Nutzungsmöglichkeit[627] nicht nur keine zulässige Schrankenziehung mehr (vgl. o. Rn. 131). Eine **Sub-**

---

[616] Vgl. auch *Ossenbühl* JuS 1993, 203; *ders.* FS Friauf, 1996, S. 391 (392); *Papier/Shirvani*, in: Maunz/Dürig, Art. 14 Rn. 640 f.; *Depenheuer/Froese* MKS I, Art. 14 Rn. 415.

[617] So aber *Schwabe* FS Thieme, 1993, S. 261 f.

[618] *Jarass*, in: Jarass/Pieroth, Art. 14 Rn. 76 f.

[619] Z. B. BVerfGE 52, 1 (27 f.); 58, 300 (330); 70, 191 (200); 100, 226 (240); zust. BVerwGE 94, 1 (4 ff.).

[620] Z. B. BVerfGE 52, 1 (27); 58, 300 (330); 79, 174 (191); BVerfGE 143, 246 Rn. 244.

[621] So aber *Bryde*, in: v. Münch/Kunig I, Art. 14 Rn. 55; wie hier *Schönfeld*, Die Eigentumsgarantie und Nutzungsbeschränkungen des Grundeigentums, 1996, S. 51.

[622] BVerfGE 52, 1 (28); 58, 300 (331 f.); vgl. schon BVerfGE 45, 297 (332); s. demgegenüber aber BVerfGE 83, 201 (211 f.): Verneinung des Doppelcharakters von Eigentumsreformgesetzen; ebenso BVerfG (K) NJW 1998, 367.

[623] Wie hier *Ossenbühl* FS Leisner, 1999, S. 689 (701 f.); vgl. auch *Sieckmann*, in: Friauf/Höfling, Art. 14 Rn. 117; aA *Depenheuer/Froese* MKS I, Art. 14 Rn. 211.

[624] Für eine Analyse nach mat. Kriterien der Eingriffstiefe und -schwere zum Abstellen auf *Schwabe*, FS Thieme, 1993, S. 257 f.; *Breuer* NuR 1996, 537 (546), der eine Enteignung durch Auferlegung von Nutzungsverboten ua dann annimmt, wenn das Grundstück „*jeder* privatnützigen Verwendungsmöglichkeit entzogen wird"; ähnl. *Sproll* JuS 1995, 1080 (1084); auch *Ehlers* VVDStRL 51 (1992), 238, erkennt an, dass nicht jedem „Entziehungsakt" Enteignungsqualität zukommt. Für die Abgrenzung der verschiedenen Entziehungsakte bedürfe es von daher weiterhin einer *materiellen* Bestimmung der Enteignungsschwelle. So sei z. B. der rechtmäßige Widerruf eines von der Eigentumsgarantie erfassten Verwaltungsaktes wegen der Nichtbefolgung einer Auflage schon deshalb keine Enteignung, weil sich die Belastungswirkungen innerhalb der Sozialbindungsgrenze hielten; krit. zur Rspr. des BVerfG auch *Sieckmann*, in: Friauf/Höfling, Art. 14 Rn. 117 ff.

[625] *Wendt* (Fn. 17), S. 371 f.

[626] BVerfGE 83, 201 (212 f.); 104, 1 (11); BVerfG (K) NJW 1998, 367 (368); DVBl 1999, 704 (705).

[627] Vgl. BVerfGE 100, 226 (243).

stanz- oder **Totalentleerung des Eigentums,** die keine Rechtsposition mehr belässt, die den Namen „Eigentum" verdient, ist vielmehr eine **Durchbrechung der Bestandsgarantie** des Eigentums zur Verfolgung übergeordneter Ziele des Gemeinwohls und damit **Enteignung** (→ Rn. 76 ff.).[628] Auch der EuGH stuft den Totalentzug des Eigentums als „de-facto-Enteignung" ein.[629] In einem solchem Fall getroffene Feststellungen wie: eine solche Entleerung des Eigentums könne „nur auf dem Wege der Enteignung... erreicht werden",[630] und die gebotene Qualif. des Eingriffs als Enteignung liegen mehr als nahe beieinander.[631]

Eine entspr. Beurteilung wurde in Teilen des Schrifttums für den Fall vertreten, dass sich der Nutzungsentzug nicht **157b** als „enteignende Auswirkung" im Einzelfall darstellt, sondern generell gewollt ist. Diese Situation sah man bei einer auf dem Wege einer Änderung des Atomgesetzes erfolgenden Verkürzung der Laufzeiten der genehmigten Kernkraftanlagen mit dem Ziel eines vorzeitigen **Ausstiegs aus der Kernenergie** gegeben.[632] Hierbei handele es sich nicht um ein den Anforderungen des Verhältnismäßigkeitsprinzips und der Zumutbarkeit genügendes, moderates Auslaufenlassen der auf Grund der bisherigen Rechtslage erworbenen Rechtspositionen. Vielmehr werde von einem bestimmten Zeitpunkt an die ursprünglich unbefristet erteilte atomrechtliche Betriebsgenehmigung für abgelaufen erklärt. Mit dem Ablauf der auf Dauer angelegten und die Grundlage für beträchtliche Investitionen bildenden Betriebsgenehmigung werde den Anlagenbetreibern für die Zukunft **jedwede privatnützige Verwendungsmöglichkeit genommen** und darüber hinaus die Last der Anlagenbeseitigung auferlegt.[633] Diese nachträgliche Befristung bestandskräftiger Betriebsgenehmigungen führe im Ergebnis die Zeit ab dem Auslaufen der Betriebsgenehmigung zu einer **Totalentleerung der Eigentumsposition** der einzelnen Anlagenbetreiber.[634] Damit liege eine **Enteignung** vor,[635] unabhängig davon, ob es sich um die generelle Neugestaltung eines Rechtsgebietes im Rahmen einer Neuordnung der Energiepolitik handele.[636] Das **BVerfG verneint** demgegenüber eine **Enteignung,** weil weder die Anlagen selbst noch der Verlust an Nutzungsmöglichkeiten an den Kernkraftwerken einen Entzug von Eigentumsrechten bedeute und nach keine Güterbeschaffung erfolge. Die Regelungen der 13. AtG-Novelle halten nach seiner Auffassung den Anforderungen an eine Inhalts- und Schrankenbestimmung nach Art. 14 I 2 im Wesentlichen stand. Die Schutzwürdigkeit der betroffenen Eigentumspositionen sei wegen ihres besonders ausgeprägten sozialen Bezugs eingeschränkt. Trotz der vollständigen Beseitigung der mit dem Anlageneigentum verbundenen Nutzungsrechte und Entwertung des Eigentums an den Kernkraftwerken verneint das BVerfG angesichts der besonders geringen Schutzwürdigkeit der erst 2010 gewährten Zusatzstrommengen einerseits und der den Kernkraftwerksanlagen generell innewohnenden Gemeinwohllast andererseits auch den Fall einer ausnahmsweise ausgleichspflichtigen Inhalts- und Schrankenbestimmung des Eigentums.[637] Dem ist kaum zu folgen.

Dass die an den Wertungen des Art. 14 III orientierte Verhältnismäßigkeitsprüfung und die Intensität des Eigentums- **157c** eingriffs die Grenze der Schrankenziehung des Eigentums markieren, wird auch in der Entscheidung des BVerfG zu den **Grenzen der Zustandshaftung** des Eigentümers für die Grundstückssanierung bei **Altlasten**[638] deutlich. Der Zugriff auf das Vermögen selbst des Eigentümers, dem eine Kostenbelastung über den Verkehrswert seines Grundstücks hinaus an sich zumutbar ist, darf danach nur unter Wahrung des Verhältnismäßigkeitsgrundsatzes erfolgen. Bezeichnend ist, in welchem Maße das BVerfG zur Umschreibung der Grenzen der Inanspruchnahme des Zustandsstörers auf Art. 14 III und die traditionell Art. 14 III zugeordneten Kriterien der Schwere und Zumutbarkeit zurückgreift: Sei auf Grund der mit der Sanierung verbundenen Kostenbelastung die Fortführung des Unternehmens oder Betriebs gefährdet, sei „wie bei der Abwägung das in **Art. 14 III** zum Ausdruck kommende **Gewicht des Eigentumsschutzes** zu beachten, weil sich die Belastung für den Betroffenen **faktisch** wie eine **Enteignung ohne angemessene Entschädigung**" auswirke. Die „**völlige oder ersatzlose Beseitigung** einer Rechtsposition" sei aber grds. unzulässig.[639]

Art. 14 III gilt auch für Vorgänge, die noch nicht selbst den Vermögensübergang bewirken, für diesen aber eine **157d** verbindliche Grundlage schaffen.[640] Die Vorschrift ist daher auf eine planerische Entscheidung anzuwenden, die abschließend und für das weitere Verfahren verbindlich über die Verwirklichung eines Vorhabens unter Inanspruchnahme fremden Eigentums entscheidet,[641] sog. **enteignungsrechtliche Vorwirkung.**[642]

---

[628] Vgl. *Ossenbühl* JZ 1999, 899 f.; *ders.* FS Leisner, 1999, S. 689 (701); *Schwarz* DVBl 2013, 133 (140); iE allg. auch *Axer* DVBl 1999, 1533 (1539 ff.).

[629] Vgl. *Gelinsky,* Der Schutz des Eigentums gemäß Art. 1 des Ersten Zusatzprotokolls zur Europäischen Menschenrechtskonvention, 1996, S. 56 ff.

[630] BVerfGE 100, 226 (243).

[631] I. d. S. auch *Depenheuer/Froese* MKS I, Art. 14 Rn. 237, 259.

[632] Vgl. *Ossenbühl* JZ 1999, 899 (900); *ders.* FS Leisner, 1999, S. 689 (701).

[633] Vgl. *Ossenbühl* AöR 124 (1999), 1.

[634] *Ossenbühl* AöR 124 (1999), 1 (19 ff.); *Schwarz* DVBl 2013, 133 (134).

[635] I. E. auch *Ossenbühl* AöR 124 (1999), 1 (9 ff., 27 ff.); *ders.* JZ 1999, 899 (900); *Di Fabio,* Der Ausstieg aus der wirtschaftlichen Nutzung der Kernenergie, 1999, S. 141; *Schmidt-Preuß* NJW 2000, 1524 (1526); *Schwarz* DVBl 2013, 133 (134); für eine Einordnung als „Inhalts- und Schrankenbestimmung" dagegen *Roßnagel,* in: ders./Roller, Die Beendigung der Kernenergienutzung durch Gesetz, 1998, S. 9 (62 ff.); *Roller,* ebda, S. 81 (86 ff.); *Denninger,* in: 10. Deutsches Atomrechtssymposium, 2000, S. 167 (174 ff.).

[636] Hierauf abstellend *Roller,* in: Roßnagel/Roller (Fn. 635), S. 81 (89); *Denninger,* ebda., S. 167 (177 ff.); *Roßnagel,* ebda, S. 105 (115 ff.); abl. *Ossenbühl* AöR 124 (1999), 1 (25 ff.).

[637] Zum Vorstehenden insgesamt BVerfGE 143, 246 Rn. 262 ff., 267 ff., 281 ff., 292 ff., 309.

[638] BVerfGE 102, 1.

[639] BVerfGE 102, 1 (23).

[640] *Jarass,* in: Jarass/Pieroth, Art. 14 Rn. 83.

[641] BVerfGE 74, 264 (282); 95, 1 (22); 134, 242 Rn. 272; BVerfG (K) NVwZ 2016 Rn. 12; BVerwGE 134, 308 Rn. 24; *Axer* BeckOK GG, Art. 14 Rn. 113.

[642] Zur Zulässigkeit des Ausschlusses der Überprüfung der Verfassungsmäßigkeit der Enteignung im nachfolgenden Enteignungsverfahren vgl. BVerfGE 129, 1 (32 f.).

**158**     **2. Enteignung durch Gesetz oder auf Grund eines Gesetzes.** Eine Enteignung darf nur **durch** oder **auf Grund** eines **förmlichen Gesetzes** erfolgen.[643] In dem Gesetz müssen die **Gemeinwohlgründe festgelegt** sein,[644] wobei eine minuziöse gesetzliche Normierung nicht verlangt werden kann.[645] Das Gesetz muss aber hinreichend bestimmt regeln, zu welchem Zweck, unter welchen Voraussetzungen und für welche Vorhaben enteignet werden darf. Allein die Ermächtigung zur Enteignung für „ein dem Wohl der Allgemeinheit dienendes Vorhaben" genügt dem nicht.[646] Art. 19 I, insbes. das Zitiergebot, findet keine Anwendung;[647] die Junktimklausel bietet insofern ausreichenden Schutz.[648] Enteignungsgesetze müssen die Kompetenzverteilung zwischen Bund und Ländern beachten.[649]

**159**     Die Enteignung unmittelbar durch förml. Gesetz **(Legalenteignung)** ist nach Auffassung des BVerfG nur unter besonderen Umständen zulässig. Das BVerfG begründet dies insbes. mit dem für den Bürger verkürzten Rechtsschutz.[650] Dies gilt auch, wenn das Gesetz selbst zwar keine unmittelbare Enteignung vorsieht, die Regelung jedoch als Legalplanung enteignungsrechtl. Vorwirkungen entfaltet.[651] Ein eff. Eigentumsschutz ist nach dieser Ansicht durch die abgestufte Prüfung am Gemeinwohlziel sowohl auf der generellen Ebene des Gesetzes wie auf der der konkreten Vollzugsentscheidung am besten gewährleistet.[652] Eine Legalenteignung ist danach nur möglich, wenn mit einer Enteignung durch die Exekutive **(Administrativenteignung)** der betreff. Zweck erheblich weniger gut erreicht werden kann.[653] Diese Auffassung wird allerdings mit beachtl. Argumentation abgelehnt.[654]

**160**     **3. Materielle Anforderungen. a) Wohl der Allgemeinheit.** Enteignungszweck darf nur das **Wohl der Allgemeinheit** sein. Die Qualifizierung der Enteignung als gezielte Durchbrechung der Bestandsgarantie führt dazu, dass nur **besondere Gemeinschaftsinteressen** dieses Erfordernis auszufüllen vermögen, die Eingriffsschwelle also höher liegt als bei der Ausgestaltung des Eigentums.[655] Eine Enteignung lediglich „aus allgemeinen Zweckmäßigkeitserwägungen heraus" ist daher ausgeschlossen.[656] Der vom parl. Gesetzgeber als dem „Wohle der Allgemeinheit" dienend ausgewählte Enteignungszweck – die Bestimmung des Gemeinwohlziels – ist nur einer eingeschränkten verfassungsgerichtl. Kontrolle zugänglich[657] – muss von einem **derartigen Gewicht** sein, dass es gerechtfertigt ist, um seiner Erfüllung willen private Rechte zu entziehen oder zu beschränken, wenn anders die öff. Aufgabe nicht verwirklicht werden könnte. Dem Wohl der Allgemeinheit dienen demnach nur solche öff. Interessen, die bei **objektiver Betrachtung** die betroffenen privaten Rechte **überwiegen**.[658] Ausgeschlossen sind Enteignungszwecke, die vom GG missbilligten Interessen dienen.[659]

**160a**    Bei **Grundstücksenteignungen** ist etwa zu berücksichtigen, dass angesichts der von vornherein begrenzten Verfügbarkeit des betroffenen Vermögensguts regelmäßig ein schwerer Eingriff vorliegt. Zusätzliche Schwere erlangt der das Grundeigentum entziehende Zugriff, wenn er auf Eigentum trifft, das zu dauerhaftem Wohnen genutzt wird, und damit gewachsene soziale Beziehungen der Eigentümer zu ihrem auch örtlich geprägten Umfeld zerstört.[660]

**161**     Wenn und soweit die gesetzlich vorgesehenen oder zugelassenen Enteignungszwecke eine i. S. d. so konkretisierten Wohls der Allgemeinheit vorrangige öff. Aufgabe darstellen, dürfen auch **Private**

---

[643] BVerfGE 56, 249 (261).

[644] BVerfGE 56, 249 (261); besonders hervorgehoben im Zusammenhang mit der Enteignung zugunsten Privater: BVerfGE 74, 264 (285 ff.); zur städtebaulichen Enteignung nach § 85 BauGB vgl. *Scheidler* UPR 2016, 510.

[645] BVerwGE 87, 241 (246 f.); näher *Ehlers* VVDStRL 51 (1992), 240 f.

[646] BVerfGE 134, 242 Rn. 175 ff., 198 ff.

[647] BVerfGE 24, 367 (396 ff.); *Depenheuer/Froese* MKS I, Art. 14 Rn. 425; *Dietlein,* in: Stern, StaatsR IV/1, S. 2275.

[648] *Jarass,* in: Jarass/Pieroth, Art. 14 Rn. 84.

[649] BVerfGE 56, 249 (263).

[650] BVerfGE 24, 367 (401 ff.); 45, 297 (324 ff.); 58, 300 (331); 95, 1 (22); krit. *Jarass,* in: Jarass/Pieroth, Art. 14 Rn. 85; *Papier/Shirvani,* in: Maunz/Dürig, Art. 14 Rn. 664 ff.

[651] BVerfGE 95, 1 (21 f.).

[652] *Bryde,* in: v. Münch/Kunig I, Art. 14 Rn. 74; aA *Depenheuer/Froese* MKS I, Art. 14 Rn. 423.

[653] Vgl. auch *Badura* HdbVerfR, § 10 Rn. 60, und *Dietlein,* in: Stern, StaatsR IV/1, S. 2267; nach BVerfGE 95, 1 (22 f.) ist eine Legalplanung mit enteignungsrechtlichen Vorwirkungen „jedenfalls dann" zulässig, wenn mit der Durchführung einer behördlichen Planfeststellung erhebliche Nachteile für das Gemeinwohl verbunden wären.

[654] Vgl. ausf. *W.-R. Schenke* FS Wendt, 2015, S. 403 ff.

[655] Vgl. BVerfGE 134, 242 Rn. 173; auch bereits → Rn. 79 sowie *Bryde,* in: v. Münch/Kunig I, Art. 14 Rn. 79; *Dietlein,* in: Stern, StaatsR IV/1, S. 2276 mwN: „soziale Umverteilung" als Zweck der Enteignung unzulässig; zum Rettungsübernahmegesetz *Pfab* BayVBl. 2010, 65 (68 f.).

[656] Vgl. BVerfG (K) NJW 1999, 1176; *Dietlein,* in: Stern, StaatsR IV/1, S. 2277.

[657] BVerfGE 134, 242 Rn. 160 ff.; BVerfG (K) NVwZ 2017, 949 Rn. 35; vgl. auch *Bauer* DÖV 2010, 20 (24).

[658] *Badura* HdbVerfR, § 10 Rn. 62; *Dietlein,* in: Stern, StaatsR IV/1, S. 2277; zum Rettungsübernahmegesetz *Hofmann* NVwZ 2009, 673 (675 f.).

[659] BVerfGE 134, 242 Rn. 172.

[660] BVerfGE 134, 242 Rn. 168, 270; krit. zu diesen räumlich-sozialen Aspekten des Eigentumsschutzes *Kühne* NVwZ 2014, 321 (325).

**Enteignungsbegünstigte** sein, dh privatrechtlich organisierte öff. Unternehmen oder privatwirtschaftl. Unternehmen. Gemeinwohl und private Gewinnerzielung schließen sich nicht aus.[661]

Bei der Enteignung zugunsten von Unternehmen, bei denen sich der Nutzen für das Allgemeinwohl nicht aus dem Unternehmensgegenstand selbst, sondern in Gestalt von Arbeitsplätzen oder der Verbesserung der regionalen Wirtschaftsstruktur nur als mittelbare Folge der Unternehmenstätigkeit ergibt, sind **besondere Anforderungen** an die gesetzliche **Konkretisierung** des nicht von vornherein handgreiflichen Enteignungszwecks zu stellen.[662] Problematischer als die Bejahung des Gemeinwohlbezugs trotz privater Gewinnerzielung ist in solchen Fällen die erforderliche **Sicherung der Gemeinnützigkeit** über den Enteignungszeitpunkt hinaus. Nach Auffassung des BVerfG obliegt diese Sicherstellung dem Gesetzgeber.[663] **162**

Die **Gemeinwohlbindung** der Enteignung schließt die Enteignung allein **aus fiskalischen Gründen** aus; die Enteignung ist kein Instrument zur Vermehrung des Staatsvermögens.[664] Unzulässig ist daher auch eine Enteignung zur **Erweiterung des Grundbesitzes** der öffentlichen Hand.[665] Eine Enteignung für ein **rechtswidriges Vorhaben** dient nie dem Wohl der Allgemeinheit.[666] Dabei sind alle Vorgaben des obj. Rechts zu berücksichtigen.[667] Das führt zu einem umfass. Anspruch des Enteignungsbetroffenen auf gerichtl. Prüfung der Maßnahmen, die mit Hilfe der Enteignung verwirklicht werden sollen (sog. **Vollüberprüfungsanspruch**),[668] es sei denn, der Mangel ist für die Enteignungsbetroffenheit ohne jede Relevanz.[669] Eine Enteignung zur Verwirklichung eines planfestgestellten Vorhabens darf – trotz Rechtskraft eines Urteils bzgl. des PlfBeschlusses – nicht angeordnet werden, wenn feststeht, dass diese Enteignung aufgrund nachträglich eingetretener Änderungen der Sach- oder Rechtslage nicht mehr dem Gemeinwohl dienen würde.[670] **163**

**b) Erforderlichkeit.** Der zulässige Gemeinwohlzweck muss die Enteignung nach **Art und Ausmaß** und auch den konkreten Eingriff gerade im Enteignungszeitpunkt **erfordern**. Die Enteignung ist nicht erforderlich, wenn es zur Verwirklichung des Enteignungszwecks eine **andere** rechtl. und wirtschaftl. vertretbare **Lösung** gibt, die nicht oder weniger schwer in die betroff. Rechte eingreift, z. B. wenn geeignete Grundstücke der öff. Hand selbst zur Verfügung stehen,[671] wenn die benötigten Flächen freihändig erworben werden können oder wenn statt der Eigentumsentziehung eine Teilenteignung oder die Einräumung dingl. oder obligat. Rechte ausreicht.[672] Dient eine Enteignung einem Vorhaben, das ein Gemeinwohlziel i. S. d. Art. 14 III 1 GG fördern soll, muss das enteignete Gut unverzichtbar für die Verwirklichung dieses Vorhabens sein. Das Vorhaben selbst ist erforderlich i. S. d. Art. 14 III GG, wenn es zum Wohl der Allgemeinheit vernünftigerweise geboten ist, indem es einen substant. Beitrag zur Erreichung des Gemeinwohlziels leistet.[673] **164**

**c) Verhältnismäßigkeit.** Bei der Prüfung der Verhältnismäßigkeit i. e. S. bzw. der Einhaltung des Übermaßverbots ist wiederum zwischen der einzelnen Enteignungsmaßnahme und dem konkreten Vorhaben, für das enteignet wird, zu unterscheiden. Die einzelne Enteignungsmaßnahme ist dann mit dem Gebot der Verhältnismäßigkeit vereinbar, wenn der Beitrag, den das entzogene Eigentumsrecht zur Verwirklichung des Vorhabens leistet, nicht außer Verhältnis zu dem Gewicht des Eingriffs steht, den der konkrete Eigentumsentzug für den betroff. Rechtsinhaber bedeutet. Die konkrete Enteignungsmaßnahme dient dem Gemeinwohl nicht, wenn die Bedeutung des Vorhabens, zu dessen Verwirklichung die Enteignung erfolgt, für das konkret verfolgte Gemeinwohlziel nicht ihrerseits in einem angemessenen Verhältnis zu den durch das Vorhaben beeinträchtigten Belangen steht. Ob dies der Fall ist, muss anhand einer Gesamtabwägung zwischen den für das Vorhaben sprechenden Gemein- **164a**

---

[661] BVerfGE 66, 248; 74, 264; 134, 242 Rn. 162 (Enteignung zur Ermöglichung des Braunkohlentagebaus); BVerfG NVwZ 2017, 399 Rn. 24 ff.; NVwZ 2017, 949 Rn. 37; BVerwGE 87, 241; 116, 365 (367); *Bryde*, in: v. Münch/Kunig I, Art. 14 Rn. 82; *Badura* HdbVerfR, § 10 Rn. 62; *Depenheuer/Froese* MKS I, Art. 14 Rn. 433 ff.; *Jarass* DVBl 2006, 1329 (1332 f.).

[662] BVerfGE 74, 264 (285 ff.); 134, 242 Rn. 178 ff.; BVerfG (K) NVwZ 2017, 949 Rn. 37; *Badura* HdbVerfR, § 10 Rn. 62; *Ogorek* DÖV 2018, 465.

[663] BVerfGE 74, 264 (286); 134, 242 Rn. 178 ff.; BVerfG (K), 21.12.2016 – 1 BvL 10/14 –, juris, Rn. 24 ff.; NVwZ 2017, 949 Rn. 38; für den Regelfall ebenso *Bryde*, in: v. Münch/Kunig I, Art. 14 Rn. 82; zw. im Hinblick auf die Sicherung der Gemeinnützigkeit nur durch Gesetz *Papier/Shirvani*, in: Maunz/Dürig, Art. 14 Rn. 691.

[664] BVerfGE 38, 175 (180); 134, 242 Rn. 173; BVerfG (K) NJW 1999, 1176; *Bryde*, in: v. Münch/Kunig I, Art. 14 Rn. 81; *Dietlein*, in: Stern, Staatsrecht IV/1, S. 2277; *Depenheuer/Shirvani* MKS I, Art. 14 Rn. 680.

[665] *Badura* HdbVerfR, § 10 Rn. 62.

[666] BVerwG NVwZ 2007, 462 (464)

[667] Dafür offenbar BVerwGE 72, 15 (25 f.); 74, 109 (110); 77, 86 (91); 112, 135 (136 f.); bejahend auch *Jarass*, in: Jarass/Pieroth, Art. 14 Rn. 86, und *Dietlein*, in: Stern, StaatsR IV/1, S. 2277; einschränkend BVerwGE 67, 74 (77).

[668] BVerwGE 128, 358 Rn. 29.

[669] BVerwGE 134, 308 Rn. 24; *Jarass,* in: Jarass/Pieroth, Art. 14 Rn. 86.

[670] BVerfG (K), 17.4.2013 – 1 BvR 2614/12 –, juris.

[671] BGH NJW 2010, 2802 Rn. 20.

[672] BVerfGE 134, 242 Rn. 183; *Badura* HdbVerfR, § 10 Rn. 63; ebenso *Bryde*, in: v. Münch/Kunig I, Art. 14 Rn. 833; *Dietlein*, in: Stern, StaatsR IV/1, S. 2280; *Schmidt-Aßmann* FS Friauf, 1996, S. 407 (409); *Depenheuer/Froese* MKS I, Art. 14 Rn. 431 f.

[673] BVerfGE 134, 242 Rn. 182 ff.

wohlbelangen einerseits und den durch seine Verwirklichung beeinträchtigten öff. und privaten Belangen andererseits entschieden werden.[674] Die Gesamtabwägung ist grundsätzl. gesetzlich vorzusehen und von der Behörde im Enteignungsverfahren vorzunehmen.[675] Ein besonders gewichtiger Belang ist die Sicherung der Energieversorgung.[676]

165    **d) Rückübereignung.** Fällt der Zweck der Enteignung später weg, entfällt die Legitimation für den Zugriff auf das Privateigentum. Wegen des Wegfalls des Rechtsgrundes für den Eigentumserwerb durch die öff. Hand kann der frühere Eigentümer eines enteigneten Grundstücks die **Rücküber-eignung** verlangen.[677] Dieser letztlich aus dem Gedanken der Folgenbeseitigung herrührende Anspruch[678] kann einfachgesetzlich ausgestaltet werden.[679] Das durch Art. 14 I 1 geschützte Eigentumsrecht wirkt mithin im Anschluss an eine im Einklang mit Art. 14 III 1 vollzogene Enteignung insoweit nach, als dem enteigneten Bürger eine eigentumsrechtlich geschützte Restposition, nämlich das Recht auf Rückerwerb des Eigentums, verbleibt, das wirksam wird, wenn es nicht zur vorgesehenen Verwendung des enteigneten Gegenstands kommt.[680] Kein Rückübertragungsanspruch dürfte bestehen, wenn die Enteignung von vornherein rechtsw. war; in diesem Fall muss die Enteignung angegriffen werden.[681] Die Rspr. verneint einen Rückübertragungsanspruch des früheren Eigentümers eines **in der DDR enteigneten Grundstücks,** wenn der Zweck der Enteignung nicht verwirklicht wurde. Dies soll unabhängig davon gelten, ob das Vorhaben, für das enteignet wurde, vor oder nach dem Beitritt der DDR zur Bundesrepublik aufgegeben worden ist. Ein Anspruch auf Rückübertragung komme nach den dargestellten Grundsätzen nämlich nur in Betracht, wenn bereits die Enteignung bei ihrer Vornahme den Anforderungen des Art. 14 III 1 unterlegen habe. Ein Rückübertragungsanspruch könne dagegen nicht auch für solche Fälle begründet werden, in denen vor dem Inkrafttreten des GG oder außerhalb seines räuml. Geltungsbereichs eine dem GG nicht verpflichtete Staatsgewalt auf vermögenswerte Rechte zugegriffen habe.[682]

165a   **e) Effektiver Rechtsschutz.** Bei Enteignungen wird der Garantie eff. Rechtsschutzes gegen Verletzungen der Eigentumsgarantie[683] nur genügt, wenn Rechtsschutz gegen einen Eigentumsentzug so rechtzeitig eröffnet wird, dass im Hinblick auf Vorfestlegungen oder den tatsächlichen Vollzug des die Enteignung erfordernden Vorhabens eine grds. ergebnisoffene Überprüfung aller Enteignungsvoraussetzungen realistisch erwartet werden kann.[684] Rechtsschutz greift auch gegenüber **enteignungsrechtlichen Vorwirkungen** ein.[685]

166    **4. Entschädigung. a) Junktimklausel.** Das Gesetz, das die Enteignung vornimmt oder zu einer Enteignung ermächtigt, muss Art und Ausmaß der Entschädigung regeln (Art. 14 III 2). Die **Junktimklausel** soll den Betroffenen sichern und den Gesetzgeber zwingen, sich beim Erlass von Vorschriften, die einen Zugriff auf Eigentum bewirken oder zulassen, Klarheit darüber zu verschaffen, ob der Eingriff eine Enteignung darstellt und welche – den öff. Haushalt belastende – Entschädigung er für gerechtfertigt hält.[686] Ein EnteignungsG, das ganz oder teilweise hiergegen verstößt, ist nichtig, und zwar insgesmt;[687] das befasste Gericht muss nach Art. 100 I verfahren.

167    Aus der Junktimklausel ist das Verbot **„salvatorischer Klauseln"** abgeleitet worden.[688] Der Gesetzgeber dürfe es nicht offen lassen, ob seine Regelung eine die Entschädigungspflicht auslösende Ent-

[674] BVerfGE 134, 242 Rn. 186 ff., 211 ff.; *Kühne* NVwZ 2014, 321 (322 und 324); *Frenz* NVwZ 2014, 194 (195, 197); *Becker,* in: Stern/Becker, Art. 14 Rn. 259; zur Verhältnismäßigkeit der Enteignung vgl. auch *Bauer* DÖV 2010, 20 (24).

[675] BVerfGE 134, 242 Rn. 210, 212; BVerfG (K) NVwZ 2017, 399 Rn. 33 f.

[676] BVerfGE 134, 242 Rn. 286.

[677] BVerfGE 38, 175 (180 f.); 97, 89 (96 f.); BGHZ 76, 365 f.; *Depenheuer/Froese* MKS I, Art. 14 Rn. 436 ff.; *Dietlein,* in: Stern, StaatsR IV/1, S. 2284; zum Rückübertragungsanspruch bei Nichtverwirklichung einer Umlegung vgl. BGHZ 111, 52 (61 ff.).

[678] BGH NJW 1998, 222 (224).

[679] BVerfGE 97, 89 (97); BVerwG NJW 1990, 2400 (2402); *Jarass,* in: Jarass/Pieroth, Art. 14 Rn. 88; vgl. auch *Dietlein,* in: Stern, Staatsrecht IV/1, S. 2284: kein „Rückenteignungsgesetz" erforderlich.

[680] BVerfGE 97, 89 (97).

[681] *Jarass,* in: Jarass/Pieroth, Art. 14 Rn. 88; zw. *Sieckmann,* in: Friauf/Höfling, Art. 14 Rn. 165 Fn. 570; kein Rückübertragungsanspruch besteht ferner, wenn das enteignete Grundstück erheblich verändert wurde, vgl. BVerfG (K) NVwZ 1998, 724 f.; BVerwG NVwZ 1987, 49; für den Fall, dass ein Grundstück zur Abwendung einer drohenden Enteignung übereignet worden ist, einen generellen Rückübertragungsanspruch verneinend BGHZ 81, 1 (5 f.).

[682] BVerfGE 97, 89 (96 ff.); ebenso BGH NJW 1998, 222 ff.; BVerwGE 96, 172.

[683] BVerfG Nichtannahmebeschl. v. 25.1.2017 – 1 BvR 2297/10 –, juris Rn. 65.

[684] BVerfGE 134, 242 Rn. 219 f.; BVerfG (K) NVwZ 2016, 524 Rn. 15; vgl. auch BVerwGE 126, 205 Rn. 16; zum Rechtsschutz gegen Enteignungen in mehrstufigen Planungsverfahren vgl. *Beier* DÖV 2015, 309.

[685] Vgl. BVerfGE 56, 249 (264); 74, 264 (282); 95, 1 (22); 134, 242 Rn. 272.

[686] BVerfGE 46, 268 (287); *Badura* HdbVerfR, § 10 Rn. 64.

[687] BVerfGE 24, 367 (418); 46, 268 (287); ferner BVerfGE 58, 300 (319).

[688] *Weyreuther,* Über die Verfassungswidrigkeit salvatorischer Entschädigungsregelungen im Enteignungsrecht, 1980; *Olivet* DÖV 1985, 697.

eignung bewirke oder zulasse, dürfe also auch nicht vorsorglich für den Fall, dass ein enteignender Eingriff, z. B. durch eine natur- oder denkmalschutzrechtliche Eigentumsbindung, herbeigeführt werde, eine Entschädigungspflicht vorsehen.[689] Dem ist für den Regelfall zuzustimmen, da der „Abwägungshorizont" des Gesetzgebers bei der Enteignung ein anderer ist als bei der Eigentumsbindung (→ Rn. 77). Einen Verstoß gegen die Junktimklausel mit der Folge der Nichtigkeit der salvatorischen Entschädigungsregelung sollte man aber nicht annehmen, wenn die künftigen Gestaltungen für den Gesetzgeber **nicht überschaubar** sind.[690]

Die Junktimklausel darf nicht **unterlaufen** werden, indem für eine dagegen verstoßende Enteignung **168** auf Grund allg. Haftungsinstitute eine Entschädigung entrichtet wird; Art. 14 III 2 entfaltet insoweit eine Sperrwirkung. Der Betroffene muss gegen die Enteignung vorgehen; er hat **kein Wahlrecht zwischen Abwehr und Entschädigung**.[691] Für vorkonstitutionelle Gesetze gilt die Junktimklausel nicht, wohl aber das Gebot, eine Satz 3 entspr. Entschädigung zu gewähren; schließen daher vorkonstitutionelle Gesetze eine angemessene Entschädigung ausdr. oder stillschweigend aus, sind sie unwirksam.[692]

**b) Art und Ausmaß.** Bei Bestimmung von Art und Ausmaß der Entschädigung sind die Interessen **169** der Allgemeinheit und der Beteiligten gerecht **abzuwägen** (Art. 14 III 3). Als Art der Entschädigung kommen neben Geld auch Ersatzland oder Wertpapiere in Betracht.[693] Die Entschädigung wird nicht schon ausdr. durch die Verfassung auf ein volles Äquivalent, den gemeinen Wert oder den Marktwert des Rechtsverlustes festgelegt.[694] Weil aber ein Zugriff auch auf den Vermögenswert des Enteignungsobjekts dem **Übermaßverbot** widersprechen würde (vgl. o. Rn. 81), weil die **vermögensmäßige Gleichheit** des Enteigneten und der Nichtenteigneten zu wahren ist (vgl. o. Rn. 82)[695] und weil die Enteignung **nicht** zu fiskal. Zwecken bzw. als Instrument der **Vermögensmehrung** der öff. Hand eingesetzt werden darf, hat die Entschädigung demjenigen, dem das Sonderopfer abverlangt wird, grds. einen **äquivalenten Ausgleich** für den Rechtsverlust zu geben.[696] Dementspr. wird tatsächlich i. d. R. zum Verkehrswert entschädigt. So stellt auch das BVerfG fest, dass eine „Entschädigung zum Verkehrswert... mit Art. 14 III 3 in Einklang (steht)... Durch die Entschädigung zum Verkehrswert wird das Vermögensopfer der Betroffenen voll ausgeglichen. Der Enteignete wird in die Lage versetzt, sich eine vergleichbare Sache wiederzubeschaffen"[697] Im Einzelfall – etwa dann, wenn Umstände vorliegen, die auch ohne den Eingriff eine Verschlechterung oder Zerstörung des Eigentumsgegenstandes bewirkt hätten – kommt auch eine unter dem Verkehrswert liegende Entschädigung in Betracht.[698] Auch gegen die **Ertragswertmethode** bestehen „im Prinzip keine verfassungsrechtlichen Bedenken".[699]

Es ist nur der **Substanzverlust** auszugleichen,[700] so dass in der Zukunft liegende voraussichtliche **170** Wertsteigerungen, die sich als wertbildende Faktoren noch nicht ausgewirkt haben, ebenso außer Betracht bleiben[701] wie sonstige hypothetische Wertentwicklungen, z. B. der sog. verlorene Marktanteil bei vorübergehenden Eingriffen in den Gewerbebetrieb.[702]

Die Entschädigung soll den Enteigneten, soweit nicht auf Grund besonderer Umstände in zulässiger **171** Weise etwas Abweichendes bestimmt ist, in die Lage versetzen, einen **gleichwertigen Ersatz** zu erlangen.[703] Ob und in welchem Ausmaß ein **Rechtsverlust** eintritt, ist für den Zeitpunkt des enteignenden Zugriffs zu ermitteln.[704] Von diesem Zeitpunkt an ist die Entschädigungsforderung auch zu verzinsen.[705] Die Zinsen sind der Ausgleich dafür, dass das betroffene Recht entzogen, der wertmäßige Ersatz aber noch nicht verfügbar ist. Die **geldmäßige Bewertung** des Rechtsverlusts muss für

---

[689] BVerwGE 84, 361 (364 ff.); *Papier/Shirvani*, in: Maunz/Dürig, Art. 14 Rn. 673; *Jarass*, in: Jarass/Pieroth, Art. 14 Rn. 92; aA BGHZ 99, 24 (28); 105, 15 (16 f.); nach BVerwG, aaO, 367 ff., soll eine derartige Klausel jedoch als Grundlage für einen im Rahmen einer sog. „ausgleichspflichtigen Inhaltsbestimmung" (dazu o. Rn. 150) zu gewährenden Entschädigungsanspruch in Betracht kommen; ebenso BVerwGE 94, 1 (10); vgl. auch BGHZ 126, 379 (383 ff.); 133, 271 (274 f.); *Depenheuer/Froese* MKS I, Art. 14 Rn. 246, 251 f.

[690] *Badura* HdbVerfR, § 10 Rn. 64; restriktiv BVerfGE 100, 226 (247).

[691] BVerfGE 58, 300 (319 ff.); *Jarass*, in: Jarass/Pieroth, Art. 14 Rn. 93; *Axer* DVBl 2001, 1322 (1327 f.).

[692] BVerfGE 4, 219 (237).

[693] *Jarass*, in: Jarass/Pieroth, Art. 14 Rn. 95.

[694] BVerfGE 24, 367 (421); 46, 268 (285); 100, 289 (303).

[695] *Schwarz* DVBl 2013, 133 (134).

[696] Zutr. BGHZ 39, 198 (200); *Badura* HdbVerfR, § 10 Rn. 65; *Depenheuer/Froese* MKS I, Art. 14 Rn. 448 ff.; *Becker*, in: Stern/Becker, Art. 14 Rn. 268 f.; *Dederer* in: BK Rn. 704 ff.; *Ossenbühl* AöR 124 (1999), 1, (32 ff.): Enteignungsentschädigung nicht als bloßer „Billigkeitsausgleich"; diff. *Wieland*, in: Dreier I, Art. 14 Rn. 129 ff.

[697] BVerfG (K) NVwZ 1998, 947 (948); *Schnöckel* DÖV 2009, 703.

[698] *Bauer* DÖV 2010, 20 (26).

[699] BVerfGE 100, 289 (305 ff.); dort auch zum Verhältnis der Wertermittlung nach dem Verkehrs- und dem Ertragswert.

[700] BGHZ 37, 269; 39, 198.

[701] BGHZ 98, 341 (349).

[702] BGH DVBl 1973, 147; *Badura* HdbVerfR, § 10 Rn. 65; vgl. auch *Engelhardt* NVwZ 1989, 1026.

[703] BGHZ 29, 217 (221); 39, 198 (200); BVerfG (K) NVwZ 1998, 947 (948); *Badura* HdbVerfR, § 10 Rn. 66.

[704] BGH NJW 1966, 1075; *Depenheuer/Froese* MKS I, Art. 14 Rn. 463.

[705] BGH NJW 1969, 1897; *Depenheuer/Froese* MKS I, Art. 14 Rn. 465 f.

den Zeitpunkt erfolgen, zu dem die Entschädigung zufließt.[706] Entschädigungspflichtig ist der durch die Enteignung unmittelbar Begünstigte.[707] Art. 14 sind nach den Feststellungen des BVerfG keine Vorgaben für die Frage zu entnehmen, ob und in welchem Umfang die Bundesrepublik Deutschland verpflichtet ist, für unrechtmäßige Vermögensschädigungen durch eine **ausländische Staatsgewalt** oder **frühere deutsche Staatsgewalten** einen Ausgleich zu schaffen.[708] Der fachplanungsrechtliche Ausgleichsanspruch aufgrund der Planfeststellung und die Enteignungsentschädigung i. S. d. Art. 14 III stehen nebeneinander.[709]

172    **c) Rechtsweg und Rechtsschutz.** Für Rechtsstreitigkeiten über die Höhe der Entschädigung sind die **ordentlichen Gerichte** zuständig (Art. 14 III 4). Das Zivilgericht entscheidet als Vorfrage auch, ob eine Enteignung vorliegt;[710] an ein rechtskräftiges Verwaltungsgerichtsurteil ist es gebunden.[711] Einer vertraglich vereinbarten Zuständigkeit steht Abs. 3 S. 4 entgegen.[712] Auf Ansprüche aus enteignendem und enteignungsgleichem Eingriff ist Abs. 3 S. 4 nicht analog anwendbar.[713] Können durch vorzeitige Besitzeinweisung in ein Grundstück zu Gunsten eines Braunkohletagebaus vollendete Tatsachen geschaffen werden, ist schon beim einstw. Rechtsschutz die tatsächliche und rechtliche Durchdringung des Falls geboten.[714]

## VI. Enteignender und enteignungsgleicher Eingriff

173    **1. Grundlagen.** Die überkommene Ausgestaltung des Enteignungsrechts beruht auf dem Rechtsgedanken der **Aufopferung,** wie er erstmals in den §§ 74, 75 Einl PrALR von 1794 formuliert wurde und im Folgenden gewohnheitsrechtl. Geltung für das gesamte Reichsgebiet erlangte. Eine folgerichtige Anwendung des Aufopferungsgedankens zwingt dazu, über die Fälle der Enteignung im techn. Sinne hinaus, eine Entschädigungspflicht nach Enteignungsgrundsätzen auch in den **einer Enteignung gleichartigen Fällen** anzuerkennen, in denen durch rechtmäßiges oder rechtsw. Handeln eines Trägers öff. Gewalt ein als Eigentum geschütztes Recht entzogen oder greifbar beeinträchtigt wird.[715]

174    Der dem **Art. 14 III zugrunde liegende Rechtsgedanke** schafft demnach eine Anspruchsgrundlage für eine Entschädigung unter der Voraussetzung, dass durch einen Eingriff von hoher Hand Eigentum beeinträchtigt und dem Berechtigten dadurch ein besonderes, anderen nicht zugemutetes Opfer für die Allgemeinheit abverlangt wird.[716] Handelt es sich um die Nebenfolge eines an sich rechtmäßigen Handelns, spricht man von **enteignendem Eingriff,** wird die Rechtsbeeinträchtigung rechtsw. herbeigeführt, von **enteignungsgleichem Eingriff.**

175    Auch bei diesen Instituten muss eine **bestehende konkrete Rechtsposition** tatsächlich („fühlbar") durch eine öff.-rechtl. Tätigkeit der öff. Gewalt **beeinträchtigt** worden sein. Die rechtsw. Versagung einer Baugenehmigung etwa kann nicht wegen des Unterbleibens oder der Verzögerung der Bauausführung, sondern nur dadurch enteignend wirken, dass die schon ausgeübte Grundstücksnutzung oder bestehende Nutzbarkeit des Grundstücks oder ein eingerichteter und ausgeübter Gewerbebetrieb eine Einbuße erleiden.[717]

176    Für das weitere Merkmal des **„Eingriffs"** i. S. d. Institute des enteignenden und enteignungsgleichen Eingriffs wird verlangt, dass die Handlung der öff. Gewalt für den zugefügten Rechtsverlust nicht nur kausal ist, sondern dass es sich auch um eine **unmittelbar** bewirkte Beeinträchtigung handelt; der Verlust muss nicht etwa zielgerichtet herbeigeführt worden sein.[718] Als unmittelbar herbeigeführt gilt die Rechtseinbuße, wenn sie eine „aus der **Eigenart"** der hoheitl. Maßnahme sich ergebende Schadensfolge ist[719] und die Maßnahme nicht erst durch das Hinzutreten weiterer selbstständiger

[706] BGH DVBl 1966, 310; NVwZ 1986, 1053.
[707] BGH NJW 1980, 582.
[708] BVerfGE 102, 254 (297); BVerwGE 124, 321 (325); BVerwG ZOV 2005, 222 (223 Rn. 4), Orientierungssatz 1: „Die Eigentumsgarantie des Grundgesetzes verpflichtet den Gesetzgeber nicht, alle Enteignungen in der DDR vermögensrechtlich als wiedergutmachungspflichtigen Zugriff auf den enteigneten Vermögenswert zu bewerten, wenn die Enteignung den Maßstäben des Art. 14 Abs. 3 GG nicht genügt hat. Vielmehr war der Gesetzgeber bei der Auswahl der Tatbestände, an die er eine Wiedergutmachung anknüpfen wollte, nur durch das Sozialstaatsprinzip und den Gleichheitssatz gebunden."
[709] BGH NVwZ-RR 2013, 7 Rn. 15 ff.
[710] BGHZ 15, 268; 95, 28 (35); *Depenheuer/Froese* MKS I, Art. 14 Rn. 469 ff.
[711] BGHZ 86, 226 (232); 95, 28 (35 f.); *Sieckmann,* in: Friauf/Höfling, Art. 14 Rn. 211.
[712] BVerwGE 84, 257 (269).
[713] BGHZ 90, 17 (31); 91, 20 (26 ff.); aA *Sieckmann,* in: Friauf/Höfling, Art. 14 Rn. 211.
[714] Vgl. gegenüber OVG Bln-Bbg BeckRS 2013, 48688 BVerfG (K) NVwZ 2017, 149 Rn. 19 ff. Zur vorzeitigen Besitzeinweisung nach dem NetzausbaubeschleunigungsG *Weghake* NVwZ 2016, 496 ff.
[715] *Badura* HdbVerfR, § 10 Rn. 72; *Griebel* DÖV 2012, 868 (869 ff.).
[716] *Badura* HdbVerfR, § 10 Rn. 72, unter Hinw. auf BGHZ 6, 270; 7, 296; 72, 289 (292); s. ferner BGHZ 99, 24 (29); BGH NJW 2013, 1736 Rn. 8.
[717] *Badura* HdbVerfR, § 10 Rn. 73, im Anschluss an BGH DVBl 1971, 464; DÖV 1979, 867.
[718] Vgl. etwa BGHZ 92, 34 (41 f.); BGH NVwZ 1987, 1115; *Badura* Jura 1980, 503.
[719] BGHZ 100, 335 (339); 131, 163 (166); vgl. auch BGHZ 125, 19 (21).

Umstände zu dem Schaden geführt hat.[720] Eine derartige unmittelbare Auswirkung liegt vor, wenn sich in der Eigentumsbeeinträchtigung die bes. **Gefährlichkeit des staatlichen Handelns** realisiert hat.[721] Beispiele: Erschütterung der Standfestigkeit eines Gebäudes durch Grundwassersenkungen wegen öff. Arbeiten[722] oder durch Ausschachtungsarbeiten an einer öff. Straße;[723] behindernde Auswirkungen eines U-Bahn-Baus für Grundstücksnutzung und Gewerbebetrieb;[724] Beschädigung eines Privatgebäudes bei Straßenbauarbeiten.[725]

Die unmittelbar bewirkte Beeinträchtigung einer Rechtsposition muss schließlich ein Sonderopfer **177** der Art abverlangen, das die Überwälzung der Nachteile auf den Betroffenen **unzumutbar** erscheint.[726]

**2. Enteignender Eingriff.** Die Rspr. des BVerfG hat klargestellt, dass eine Enteignungsentschädi- **178** gung voraussetzt, dass ein den Anforderungen des Art. 14 III genügendes Gesetz sie regelt. Fehlt ein solches Gesetz, kann sich eine Klage nur auf Aufhebung des Eingriffsaktes richten.[727] Nicht aber darf eine vom Gesetzgeber als entschädigungslose Schrankenbestimmung gedachte Regelung richterrechtlich oder gewohnheitsrechtlich durch eine Entschädigungsregelung ergänzt werden, womit zugleich auch die Befassung des BVerfG mit der Frage, ob der Ausschluss der Entschädigung mit Art. 14 vereinbar ist, umgangen würde. Dies folgt letztlich aus dem Eigentumsgrundrecht als Bestandsgarantie und dem Vorbehalt einer näheren Bestimmung eigentumsgestaltender oder -beeinträchtigender Wirkungen durch Gesetz.[728] I. Ü. ist gegen eine Fortgeltung des aus dem Aufopferungsgedanken begründeten Instituts des **enteignenden Eingriffs** nichts einzuwenden.[729]

Es erscheint daher unzulässig, eine Eigentumseinwirkung, die vom Gesetzgeber als entschädigungs- **179** lose Schrankenziehung gedacht und daher auch ohne Entschädigungsregelung geblieben ist, im Einzelfall ohne weiteres als entschädigungspflichtig zu begreifen, weil sie im betreffenden Fall „enteignenden Charakter" habe.[730] Wohl aber erscheint es zulässig, wenn die Zivilrspr. ungewollte, insbes. unvorhergesehene[731] **Nebenfolgen** an sich **rechtmäßigen hoheitlichen Handelns,** die der Betroffene aus rechtlichen oder tatsächlichen Gründen hinnehmen muss, die aber die Schwelle des enteignungsrechtlich Zumutbaren wegen ihrer besonderen „Schwere" oder des im Verhältnis zu anderen nicht betroffenen Personen bewirkten Gleichheitsverstoßes übersteigen,[732] als „enteignenden Eingriff" begreift und – so z.B. bei Zufalls- und Unfallschäden[733] – eine Entschädigung zuerkennt.[734] Der Betroffene kann sich dieser Folgen nicht im Wege der Abwehr- oder Unterlassungsklage erwehren.[735] Hat sich der Betroffene in eine gefährliche Situation begeben, scheidet ein Sonderopfer aus.[736]

In solchen Fällen geht es um Sonderopferlagen, die als **Nebenfolge** rechtmäßigen hoheitl. Verhaltens, nicht aber als **180** Enteignungseingriffe durch Gesetz oder auf Grund Gesetzes, dh durch **Rechtsakte,** entstanden sind, die auf den Entzug oder die Beschränkung von Eigentumsrechten **gerichtet** sind. Da sich derartige Sachverhalte aber regelmäßig von vornherein einer gesetzl. Regelung entziehen werden, behält das Institut des enteignenden Eingriffs auch bei Annahme einer sog. „ausgleichspflichtigen Inhaltsbestimmung" seine Bedeutung.[737] Für die (fakt.) Einwirkungen von hoher Hand dieser Art braucht es keine gesetzl. Grundlage i. S. d. Junktimklausel zu geben, so dass deren „Sperrwirkung" entfällt.[738]

Der BGH hat zum Überlauf eines Regenrückhaltebeckens infolge eines Katastrophenregens ent- **180a** schieden, dass sich eine Gemeinde gegenüber der Haftung aus enteignendem Eingriff grds. auf **höhere Gewalt** berufen kann, wenn sie alle möglichen und mit wirtschaftlichem Aufwand realisierbaren

[720] *Badura* HdbVerfR, § 10 Rn. 73; *Depenheuer/Froese* MKS I, Art. 14 Rn. 495.
[721] *Depenheuer/Froese* MKS I, Art. 14 Rn. 495, der insgesamt für eine weite Interpretation des „Eingriffs" eintritt.
[722] BGHZ 57, 370; BGH NJW 1978, 1051.
[723] BGHZ 72, 289.
[724] BGH DVBl 1976, 532.
[725] BGHZ 140, 200.
[726] BGH NVwZ 1987, 1115; BGHZ 197, 43 Rn 8; *Badura* HdbVerfR, § 10 Rn. 73.
[727] BVerfGE 58, 300 (324).
[728] *Badura* HdbVerfR, § 10 Rn. 74.
[729] So im Ansatz auch *Papier/Shirvani*, in: Maunz/Dürig, Art. 14 Rn. 786; diff. *Bryde,* in: v. Münch/Kunig I, Art. 14 Rn. 98; s. auch BGHZ 99, 24 (29); aA *Jaschinski,* Der Fortbestand des Anspruchs aus enteignendem Eingriff, 1997, S. 94 ff.; *Külpmann,* Enteignende Eingriffe?, 2000, S. 198, 210 f., 259 ff.
[730] Vgl. auch *Depenheuer/Froese* MKS I, Art. 14 Rn. 498.
[731] BGHZ 91, 20 (26) – Kläranlage; *Jarass,* in: Jarass/Pieroth, Art. 14 Rn. 57.
[732] BGHZ 100, 335 (337); 158, 263 (267); 197, 43 Rn. 8; 213, 200 (211); BGH NJW 2018, 1396 Rn. 10; 2019, 227 Rn. 26.
[733] *Schmitt-Kammler* FS E. Wolf, 1985, S. 614 f.
[734] BGHZ 197, 43 Rn. 7; BGH ZUM-RD 2017, 163 Rn. 25; *Bryde,* in: v. Münch/Kunig I, Art. 14 Rn. 98; nach *Lege* JZ 2011, 1084 (1090), vorzugswürdig: „Eigentumsaufopferung".
[735] BGH NJW 1984, 1876 (1877); *Griebel* DÖV 2012, 868 (870 f.).
[736] BGHZ 197, 43 Rn. 11.
[737] So auch *Depenheuer/Froese* MKS I, Art. 14 Rn. 498; *Sproll* JuS 1996, 125 (130 f.); zur Kritik an der sog. „ausgleichspflichtigen Inhaltsbestimmung" vgl. schon o. Rn. 150.
[738] *Papier/Shirvani,* in: Maunz/Dürig, Art. 14 Rn. 792; vgl. auch *Schmitt-Kammler* FS E. Wolf, 1985, S. 614 f.; *Lege* NJW 1990, 869; *Sproll* JuS 1996, 125 (131).

Sicherungsmaßnahmen ergriffen hatte, um eine Überschwemmung der Nachbargrundstücke zu ver-hindern, oder wenn sich der Schaden auch bei solchen Maßnahmen ereignet hätte.[739] Auch wenn es beim Anspruch aus enteignendem Eingriff zumeist um atypische und unvorhergesehene Nachteile geht, ist dies für den Anspruch nicht zwingende Voraussetzung.[740] Deshalb steht der Ersatzfähigkeit von Schäden, die der Vermieter einer Wohnung im Zuge einer rechtmäßigen Durchsuchung im Rahmen eines strafrechtlichen Ermittlungsverfahrens gegen den Mieter erleidet, nicht entgegen, dass derartige Schäden bei Wohnungsdurchsuchungen weder atypisch noch unvorhersehbar sind, sondern sich vielmehr eine Gefahr verwirklicht hat, die in der hoheitlichen Maßnahme selbst angelegt war.[741]

**181**　　**3. Enteignungsgleicher Eingriff.** Beim **enteignungsgleichen Eingriff,** dh der rechtsw. Beein-trächtigung des Eigentums,[742] kann es sich einmal um die **rechtswidrige Anwendung eines mit gesetzlicher Entschädigungsregelung versehenen Enteignungsgesetzes** handeln. Hier trifft der „Erst-recht"-Schluss, mit dem Rspr.[743] und h. L. die Ausdehnung des Entschädigungsanspruchs von rechtmäßigen auf rechtsw. „Enteignungen" begründet haben, noch am ehesten zu. Der Anspruch ist nicht dadurch ausgeschlossen, dass der Betroffene sich gegen den Hoheitsakt wehren kann, da es hier nicht um die Sicherung der Prärogative des Gesetzgebers geht.[744]

**182**　　Ähnlich unprobl. erscheint ein Entschädigungsanspruch, soweit es um die Nebenfolgen rechtsw. Handelns geht, die **im Falle der Rechtmäßigkeit** über das Institut des „**enteignenden Eingriffs**" zu entschädigen wären.[745]

**183**　　Bei hoheitl. Schädigungen vermögenswerter Rechte, die **aus anderen Gründen rechtswidrig** sind, handelt es sich um Fälle, bei denen sich das hoheitl. Handeln bei Rechtmäßigkeit als Konkreti-sierung der Sozialbindung darstellen würde (Beispiel: die rechtsw. Zuweisung eines Mieters).[746] Hier kann das Sonderopfer nach wie vor[747] gerade in der Rechtswidrigkeit gesehen werden.[748]

**184**　　Dem wird entgegengehalten, dass der Aufopferungsgedanke für Fälle, in denen der Bürger nicht gezwungen sei, „zu dulden und zu liquidieren", sondern sich gegen den rechtsw. Eingriff wehren könne, nicht tragfähig sei.[749] Allenfalls für Fälle, in denen eine **Abwehr** rechtsw. Staatshandelns **nicht möglich** sei (z. B. Verzögerungsschäden, Realakte, Schäden trotz und während der Verfolgung von Primärrechtsschutz), mache die Heranziehung des Aufopferungs-gedankens einen gewissen Sinn.[750] Gleichsam als „Faustregel" lasse sich formulieren, dass bei Eingriffen durch VA i. d. R. der Primärrechtsschutz greife, während dies bei sofort vollzogenen Realakten meist nicht der Fall sei.[751] Eingeräumt wird jedoch, dass sich die entspr. BGH-Rspr. angesichts sonst entstehender Haftungslücken in der Praxis jedenfalls so lange durchsetzen wird, wie keine **befriedigende Regelung des Staatshaftungsrechts** zustande kommt.[752]

## VII. Konkurrenzen

**185**　　**Art. 1** und **Art. 2 I** stehen in innerem Zusammenhang mit dem Eigentumsgrundrecht.[753] Trotz deren genereller Subsidiarität auch gegenüber Art. 14[754] entstehen im einzelnen Zuordnungsprobleme bei den Immaterialgüterrechten, bei denen eine Gemengelage von Persönlichkeits- und Vermögens-elementen vorliegt.[755] Überschneidungen von Art. 14 und Art. 4 sind denkbar,[756] ebenso von Art. 14 und Art. 13.[757] Das Grundrecht der Pressefreiheit gemäß Art. 5 I 2 vermag die Dimension der Eigentumsfreiheit nicht voll auszuschöpfen.[758]

---

[739] BGHZ 166, 37.

[740] Vgl. BGH NJW 1986, 2423 (2424); BGHZ 197, 43 Rn. 7; *Jarass,* in: Jarass/Pieroth, Art. 14 Rn. 57.

[741] BGHZ 197, 43 Rn. 7.

[742] Zur Anerkennung durch das BVerfG siehe BVerfG (K) NJW 1992, 36 (37); ferner etwa BGHZ 213, 200 (208 f.); BGH NJW 2019, 227 Rn. 23; abl. *Lege* JZ 2011, 1084 (1089 f.),

[743] BGHZ 6, 270 (290).

[744] *Papier/Shirvani,* in: Maunz/Dürig, Art. 14 Rn. 788; wohl auch *Bryde,* in: v. Münch/Kunig I, Art. 14 Rn. 101 f.; aA *Axer* in BeckOK GG, Art. 14 Rn. 135.

[745] Vgl. hierzu *Bryde,* in: v. Münch/Kunig I, Art. 14 Rn. 102.

[746] BGHZ 6, 270 (290 f.); vgl. auch BGHZ 91, 243 (253 f.): fehlerhafte Festsetzung von Abschussplänen für Schalenwild.

[747] Grundlegend BGHZ 32, 208 (211 f.); 76, 375 (384); 82, 361 (364 f.); 90, 17 (29 ff.).

[748] BGH ZUM-RD 2017, 163 Rn. 20; *Badura* HdbVerfR, § 10 Rn. 73; *Papier/Shirvani,* in: Maunz/Dürig, Art. 14 Rn. 791; *Sproll* JuS 1996, 125 (130).

[749] *Schmitt-Kammler* FS E. Wolf, 1985, S. 609; der BGH berücksichtigt hier mittels der entspr. Anwendung von § 254 BGB ein Mitverschulden, vgl. BGHZ 90, 17 (31 f.); 91, 20 (24 f.); 110, 12; 113, 17 (22 f.).

[750] *Schmitt-Kammler* FS E. Wolf, 1985, S. 609; *Depenheuer/Froese* MKS I, Art. 14 Rn. 500; *Jarass,* in: Jarass/Pieroth, Art. 14 Rn. 56b.

[751] *Wieland,* in: Dreier I, Art. 14 Rn. 185.

[752] *Wieland,* in: Dreier I, Art. 14 Rn. 175.

[753] BVerfGE 79, 292 (304); 87, 153 (169).

[754] BVerfGE 79, 292 (304).

[755] *Bryde,* in: v. Münch/Kunig I, Art. 14 Rn. 104.

[756] Zust. *Dietlein,* in: Stern, StaatsR IV/1, S. 2332 f.

[757] *Bryde,* in: v. Münch/Kunig I, Art. 14 Rn. 104; *Dietlein,* in: Stern, StaatsR IV/1, S. 2333.

[758] *Wendt,* in: v. Münch/Kunig I, Art. 5 Rn. 115.

Das Verhältnis von **Art. 14** und **Art. 12 I** ist nicht zuletzt wegen des Rechts am eingerichteten und 186
ausgeübten Gewerbebetrieb nicht restlos geklärt. Während das BVerfG dazu tendiert, den Schutzbereich der beiden Grundrechte voneinander abzugrenzen,[759] nimmt der überwiegende Teil der Lehre
zu Recht weitgehend ein Verhältnis der Idealkonkurrenz an, so dass sich beide Grundrechte gegenseitig verstärken.[760] Häufig, aber nicht durchweg, wird eine zulässige Regelung der Berufsausübung
auch eine zulässige Eigentumsbeschränkung sein.[761] Für vermögensrechtl. Ansprüche der Beamten,
nicht aber der Soldaten, wird **Art. 33 V** der Vorrang eingeräumt (vgl. o. Rn. 37).

## VIII. Das Eigentum im EinigungsV

Mit dem Beitritt der früheren DDR und der Erstreckung der **rechtsstaatlichen Ordnung** und der 187
auf Privatautonomie und Privateigentum beruhenden **Marktwirtschaft** der Bundesrepublik auf das
Beitrittsgebiet ergab sich die Notwendigkeit der Umgestaltung der bisherigen sozialistischen Wirtschaftsordnung sowie der **Rückgewähr von Eigentum,** das den früheren Eigentümern durch Konfiskationen und andere Willkürmaßnahmen weggenommen worden war, oder der **Entschädigungs-
leistung** für diese Rechtsverluste. Diese Aufgaben hatten und haben nicht nur eine ordnungspolitische,
sondern nicht zuletzt wegen des **objektiv-rechtlichen Gehalts des Art. 14** auch eine verfassungsrechtl. Dimension.[762]

Bereits die Gemeinsame Erklärung zu Vermögensfragen vom 15.6.1990 entscheidet sich dahin, 188
das Recht auf Eigentum in den Mittelpunkt zu stellen und enteignetes **Grund- und Unternehmenseigentum** grds. den ehemaligen Eigentümern oder ihren Erben **zurückzugeben,** sofern
nicht wegen veränderter Nutzungsart oder Zweckbestimmung eine Rückübertragung von der Natur
der Sache her nicht möglich ist und sofern nicht inzwischen Dritte in redlicher Weise Eigentum
oder Nutzungsrechte daran erworben haben; ausgenommen werden „Enteignungen auf besatzungsrechtlicher bzw. besatzungshoheitlicher Grundlage (1945 bis 1949)", die „nicht mehr rückgängig zu
machen" sind.[763]

Der **EinigungsV** inkorporiert gemäß Art. 41 I die Gemeinsame Erklärung; zusätzlich verpflichtet 189
sich die Bundesrepublik Deutschland in Art. 41 III EV, keine Rechtsvorschriften zu erlassen, die der
Erklärung widersprechen. Darüber hinaus bestimmt der durch Art. 4 Nr. 5 EV in das GG eingefügte
Art. 143 III, dass Art. 41 EV und Regelungen zu seiner Durchführung auch insoweit Bestand haben,
als sie vorsehen, dass Eingriffe in das Eigentum auf dem Gebiet der früheren DDR nicht mehr
rückgängig gemacht werden.

In den EV wurden weiter zwei Gesetze mit näheren Vorschriften zu Art. 41 EV aufgenommen: das **Gesetz zur** 190
**Regelung offener Vermögensfragen**[764] und das **Gesetz über besondere Investitionen.**[765] Im Rahmen der
Novellierung durch das Gesetz zur Beseitigung von Hemmnissen bei der Privatisierung von Unternehmen und zur
Förderung von Investitionen[766] wurde der Grundsatz **„Rückgabe vor Entschädigung"** zum Zwecke der Erleichte-
rung von Investitionen modifiziert, aber nicht aufgegeben.[767] Schließlich wurde der Komplex des Investitionsrechts
durch das Investitionsvorranggesetz neu geordnet.[768]

Die Statuierung des Prinzips „Rückgabe vor Entschädigung" war nach Auffassung des BVerfG 191
**verfassungsrechtlich nicht geboten,**[769] erscheint umgekehrt aber – vielleicht auch wegen der
begründbaren Einschränkungen – verfassungsrechtlich im Kern unangreifbar.[770] Zweifelhafter ist dagegen die Verfassungsmäßigkeit des **Ausschlusses der Rückgängigmachung** der Enteignungen
zwischen 1945 und 1949 (dazu → Art. 143 Rn. 1 ff.).

---

[759] BVerfGE 30, 292 (334 f.); 38, 61 (102); 65, 237 (248); 82, 209 (234 f.); 102, 26 (40); 121, 317 (344 f.); BVerfG
(K) NJW 1998, 1776 (1777); siehe jetzt aber BVerfGE 143, 246 Rn. 384: „die aus dem Eigentumsnutzungsrecht
folgende unternehmerische Handlungsfreiheit"; 145, 20 Rn. 178: Anwendung von Art. 14 I neben Art. 12 I.
[760] *Wendt* (Fn. 17), S. 265 f.; *Scholz,* in: Maunz/Dürig, Art. 12 Rn. 130 ff.; *Sieckmann,* in: Friauf/Höfling, Art. 14
Rn. 99; *Dietlein,* in: Stern, StaatsR IV/1, S. 2332 f.; *Depenheuer/Froese* MKS I, Art. 14 Rn. 101; *Becker,* in: Stern/
Becker, Art. 14 Rn. 302; *Axer* BeckOK GG Art. 14 Rn. 27; *Lerche* FS Reiner Schmidt, 2006, S. 377.
[761] Vgl. BVerfGE 21, 150 (160); 50, 290 (364 ff.); 97, 228 (265); 145, 20 Rn. 169, 212; zu weit gehend *Bryde,* in:
v. Münch/Kunig I, Art. 14 Rn. 104.
[762] Vgl. etwa *Kimminich,* in: Stern (Hrsg.), Die Deutsche Wiedervereinigung, Bd. I, 1991, S. 3; *Tettinger* ebda,
Bd. II, Teil 2, 1992, S. 149.
[763] Vgl. hierzu *Badura* HdbVerfR, § 10 Rn. 47.
[764] Anlage II Kap. III Sachgebiet B Abschn. I Nr. 5; vgl. jetzt die Bek. des VermG v. 9.2.2005 (BGBl I 205), zul.
geänd. durch G v. 21.11.2016 (BGBl I 2591); vgl. *Kittke* LKV 2010, 464 ff.
[765] Ebda, Nr. 4.
[766] Vom 22.3.1991, BGBl I 766.
[767] *Badura* HdbVerfR, § 10 Rn. 51.
[768] Art. 6 des Zweiten VermögensrechtsänderungsG v. 14.7.1992, BGBl I 1257; Neuf. durch Bek. vom 4.8.1997,
BGBl I 1996, zul. geänd. durch VO vom 31.8.2015 (BGBl I 1474).
[769] BVerfGE 84, 90 (126); vgl. auch *Papier/Shirvani,* in: Maunz/Dürig, Art. 14 Rn. 379 ff.
[770] Vgl. auch *Badura* HdbVerfR, § 10 Rn. 49.

**192**    Bereits der Staatsvertrag vom 18.5.1990 hatte die Umgestaltung der DDR-Wirtschaft nach den Grundsätzen der sozialen Marktwirtschaft eingeleitet (Art. 1 III, 2, 4, 11 und 14). Für die Unternehmen im unmittelbaren oder mittelbaren Staatseigentum wurde als Leitsatz festgelegt, dass sie so rasch wie möglich wettbewerblich zu strukturieren und so weit wie möglich in Privateigentum zu überführen seien. Aufgrund des **Treuhandgesetzes**[771] führte die Treuhandanstalt einen wesentlichen Teil der damit gestellten Aufgaben durch.[772] Die verbliebenen Aufgaben wurden seit Anfang 1995 von Nachfolgeeinrichtungen der Treuhandanstalt wahrgenommen (ua der Bundesanstalt für vereinigungsbedingte Sonderaufgaben).[773] Seit 1.1.2001 besteht die Anstalt nur noch als Rechts- und Vermögensträgerin.

**192a**    Der Grundsatz „Rückgabe vor Entschädigung" musste unausweichlich Konflikte bzgl. des „Privateigentums", das in der Folge der **Bodenreform** in der DDR neu begründet worden war, nach sich ziehen. Das BVerfG hat in der entschädigungslosen Entziehung der entspr. Rechtspositionen der Erben der sog. „Neubauern" nach der Wiedervereinigung keinen Verstoß gegen Art. 14 gesehen. In einer in der Literatur krit. aufgenommenen[774] Argumentation hat es die gesetzl. Verpflichtung zur Auflassung der Grundstücke an den jew. Landesfiskus nicht als Enteignung i. S. d. Art. 14 III, sondern als Inhalts- und Schrankenbestimmung nach Art. 14 I 2 eingestuft.[775] Die GK des EGMR verneinte am 30.6.2005 eine Verletzung des Eigentumsgrundrechts der EMRK im Fall Jahn gegen Deutschland.[776] Sie ging dabei vom kommunistischen Eigentumsverständnis der DDR aus, aufgrund dessen den Eigentümern nach dem Recht der DDR keine dem Eigentum eines marktwirtschaftl. Systems vergleichbare Rechtsposition zugestanden hatte. Die Bf. hätten auch aufgrund des von einem nicht-demokratischen Gesetzgeber stammenden Modrow-Gesetzes nicht auf ihre neu erlangte Rechtsposition vertrauen dürfen, und der deutsche Gesetzgeber habe die Rechtsunsicherheit im Zuge der Wiedervereinigung hinreichend schnell beseitigt.[777]

## B. Erbrecht

### I. Allgemeines

**193**    **1. Grundsätzliche Bedeutung.** Während die WRV **Eigentum und Erbrecht** getrennt behandelte (Art. 153, 154), fasst das GG beides in einem Artikel zusammen,[778] unterstreicht damit den **inneren Zusammenhang** beider Garantien:[779] Das Erbrecht hat die Funktion, das Privateigentum als Basis der eigenverantwortl. Lebensgestaltung mit dem Tode des Eigentümers nicht untergehen zu lassen,[780] sondern seinen Fortbestand im Wege der Rechtsnachfolge zu sichern. Die Erbrechtsgarantie ergänzt insoweit die des Eigentums. Eigentum und Erbrecht sind gleichermaßen essentielle Grundelemente einer auf Privatautonomie gründenden Vermögens- und Gesellschaftsordnung.[781] Die Grundrechtsgarantie des Eigentums wäre in ihrer **Tragweite für die Wirtschafts- und Gesellschaftsordnung** unvollständig, wenn ein Erbfall dem Staat ein unangemessenes Zugriffsrecht auf die vermögenswerten Rechte des Erblassers eröffnete.

**194**    Art. 14 I 1 schützt im Erbrecht, wie beim Eigentümer, primär das subj.-öff. Recht des Bürgers gegen den Staat.[782] Das **Grundrecht** der Erbrechtsfreiheit gewährleistet dem Erblasser die Freiheit des Vererbens, also die **Testierfreiheit.** Dieser Freiheit entspricht das Recht des testamentarischen, aber auch des gesetzl. Erben auf Gesamtrechtsnachfolge. Genösse der Erbe nicht den Schutz des Grundrechts, würde der Grundrechtsschutz mit dem Tod des Erblassers erlöschen und damit weitgehend entwertet werden. Verfügungsrecht des Erblassers und **Eigentumserwerbsrecht** des **Erben** durch Erbfolge sind untrennbare Bestandteile der grundrechtl. Erbrechtsfreiheit und unterliegen in gleichem Maße der gesetzl. Inhaltsbestimmung und Schrankenziehung (Art. 14 I 2).[783] Hat der Erbe das Eigentum erlangt, kommt die Eigentumsgarantie zum Tragen.[784]

---

[771] Vom 17.6.1990, GBl DDR I 300, zul. geänd. durch VO vom 31.8.2015 (BGBl I 1474).

[772] Vgl. näher *Badura* HdbVerfR, § 10 Rn. 52.

[773] Vgl. *H.-W. Klein* DZWiR 1995, 210 ff.

[774] *Nußberger* DÖV 2001, 454 (456 ff.); zum Ganzen auch *Schramm* NJ 2004, 448 mwN.

[775] BVerfG (K) NJ 2001, 247 ff.; vgl. auch BVerfG (K) VIZ 2001, 115 (116); VIZ 1996, 576; DtZ 1996, 14.

[776] Jahn ua/Deutschland, Nr. 46 720/99, 722 203/01; 72 552/01; in der vorausgegangenen Entscheidung der Kammer des EGMR war ein Konventionsverstoß noch bejaht worden, EuGRZ 2004, 134 ff.

[777] Urteil „Jahn" v. 30.6.2005, §§ 116 ff.; hierzu *Kämmerer* DVBl 2004, 995; *Nußberger* DÖV 2006, 454.

[778] Zur Entstehungsgeschichte vgl. *Boehmer*, in: Die Grundrechte II, S. 401 ff.

[779] *Leisner* HStR VIII, § 174 Rn. 1 ff.; *Dietlein*, in: Stern, StaatsR IV/1, S. 2320; der EuGH sieht das Recht, über Eigentum lebzeitig oder letztwillig zu verfügen, von der Eigentumsgarantie des Art. 1 des 1. ZP zur EMRK umfasst (EuGRZ 1979, 454 [460 f.]).

[780] *Depenheuer*, in: HGR V § 111 Rn. 53; *Eisele* FS P. Kirchhof, Bd. II, 2013, § 187 Rn. 4.

[781] BVerfGE 91, 346 (358); 93, 165 (173 f.); 99, 341 (350); *Papier/Shirvani*, in: Maunz/Dürig, Art. 14 Rn. 404.

[782] BVerfGE 19, 202 (206); 44, 1 (17); 67, 329 (340); 99, 341 (350); *Leisner* HStR VIII, § 174 Rn. 5; *Papier/Shirvani*, in: Maunz/Dürig, Art. 14 Rn. 406 f.; *P. Kirchhof* HGR V § 112 Rn. 46, 47 ff.

[783] BVerfGE 93, 165 (174); 99, 341 (349): Grundrechtsschutz auch dem Erbeserben, wenn sie ein Verfahren des Erben um dessen Erbenstellung fortsetzen; 112, 332 (348 f.); *Papier7Shirvani*, in: Maunz/Dürig, Art. 14 Rn. 406.

[784] BVerfGE 126, 331 (358 f.).

Art. 14 gewährleistet das Erbrecht auch als **Rechtsinstitut**.[785] Hierdurch sind die Grundstrukturen **195** des traditionellen deutschen Erbrechts, also die Kernelemente des Erbrechts, denen ein „Prinzipiengehalt" eigen ist, geschützt.[786] Zu diesen erbrechtlichen Grundstrukturen rechnen im Wesentlichen die **Testierfreiheit** des Erblassers und das **Verwandtenerbrecht**.[787]

**2. Grundrechtsträger.** Grundrechtsberechtigte sind der **Erblasser** und die möglichen oder berufe- **196** nen **Erben**.[788]

## II. Inhalt des Grundrechtsschutzes

Auf der Seite des Erblassers schützt die Erbrechtsgewährleistung vor allem die **Testierfreiheit**.[789] **197** Das Recht des Erblassers, das Schicksal seines Nachlasses – durch letztwillige Verfügung oder Verzicht auf diese – in erster Linie selbst zu bestimmen, ist nicht nur systemprägender Bestandteil der deutschen Erbrechtsordnung i. S. d. Institutsgarantie, sondern auch wegen des Zusammenhangs der Erbrechtsgarantie mit dem grundrechtl. Freiheits- und Eigentumsschutz von zentraler Bedeutung.[790] Die Testierfreiheit umfasst neben dem Recht, den oder die Erben zu bestimmen, auch sonstige testamentarische Verfügungen; sie umfasst auch das Recht, einen gesetzl. Erben von der Nachlassbeteiligung auszuschließen und wertmäßig auf den gesetzl. Pflichtteil zu begrenzen.[791]

Aus dem Charakter der Testierfreiheit als individ. Selbstbestimmungsrechts im wirtschaftl. Bereich **197a** folgt, dass nur selbstbestimmte und selbstverantwortete letztwillige Erklärungen geschützt sind. An der für die Grundrechtsausübung notw. **Selbstbestimmungsfähigkeit** kann es etwa bei Kindern und Jugendlichen, aber auch bei Erwachsenen fehlen, wenn der Erblasser auf Grund geistiger oder körperl. Gebrechen zu eigenverantwortl. Testamentserrichtung nicht in der Lage ist.[792] Auf der Seite des Erben gewährleistet Art. 14 das Recht, die vererbten Gegenstände tatsächlich zu erlangen.[793]

Weiteres tragendes Strukturmerkmal der deutschen Erbrechtsordnung ist die **Verwandtenerbfol- 198 ge**.[794] Für den Fall des Fehlens einer letztwilligen Verfügung muss der Gesetzgeber eine entspr. Erbregelung vorsehen.[795] Verfassungsrechtlich garantiert ist jedoch nur die gesetzl. Erbfolge der engeren Familie, die auch von Art. 6 I gefordert wird.[796]

## III. Gesetzliche Ausgestaltung und Beschränkung

Der Gesetzgeber kann ebenso wie beim Eigentum **Inhalt und Schranken** des Erbrechts bestim- **199** men.[797] Die Ausführungen zur Eigentumsgarantie gelten insoweit entsprechend. Erst durch die gesetzl. Ausgestaltung wird das Erbrecht des Einzelnen klar umrissen und zu einem praktisch durchsetzbaren Recht. Die einfach-gesetzl. Ausgestaltung des Erbrechts verschafft den notw. abstr. **Grundprinzipien** des Erbrechts **konkrete Gestalt**. Daher ist es Sache des Gesetzgebers festzulegen, welche Anforderungen iE an die für eine eigenverantwortl. Testamentserrichtung erforderl. **Einsichtsfähigkeit** zu stellen sind und welches Maß an Handlungsfähigkeit für die Testamentserrichtung nötig ist.[798]

Der **Gestaltungsraum** des Gesetzgebers ist nicht unbeschränkt. Der Gesetzgeber muss bei der näheren **199a** Ausgestaltung und Beschränkung des Erbrechts den **grundlegenden Gehalt** der verfassungsrechtlichen

[785] BVerfGE 19, 202 (206); 44, 1 (17); 67, 329 (340); 93, 165 (173); 99, 341 (350); 112, 332 (348); *Leisner,* Verfassungsrechtliche Grenzen der Erbschaftsbesteuerung, 1970, S. 43 ff.; *Dietlein,* in: Stern, StaatsR IV/1, S. 2320, 2323; *P. Kirchhof* HGR V § 112 Rn. 46, 50.

[786] *Leisner* HStR VIII, § 174 Rn. 17; *Papier/Shirvani,* in: Maunz/Dürig, Art. 14 Rn. 408.

[787] *Leisner* (Fn. 776), S. 48 ff.; *Papier/Shirvani,* in: Maunz/Dürig, Art. 14 Rn. 409; speziell zur Testierfreiheit vgl. BVerfGE 58, 377 (398); 67, 329 (341); gegen eine Einbeziehung des Verwandtenerbrechts in den Bereich der Institutsgarantie *Wieland,* in: Dreier I, Art. 14 Rn. 81 f.

[788] BVerfGE 99, 341 (349); *Leisner* HStR VIII, § 174 Rn. 15; *Dietlein,* in: Stern, StaatsR IV/1, S. 2328.

[789] BVerfGE 58, 377 (398); 67, 329 (341); 91, 346 (358); 93, 165 (173); 99, 341 (350 ff.); 112, 332 (348 f.); BGHZ 111, 36 (39); *Leisner* HStR VIII, § 174 Rn. 18 f.; *Bryde,* in: v. Münch/Kunig I, Art. 14 Rn. 47; *Papier/Shirvani,* in: Maunz/Dürig, Art. 14 Rn. 412; *Dietlein,* in: Stern, StaatsR IV/1, S. 2324 f.; *P. Kirchhof* HGR V § 112 Rn. 61 ff.; *Kuhla* FS Bezzenberger, 2000, S. 498; *Roland Wendt* ZErb 2010, 45.

[790] BVerfGE 91, 346 (358); *Bryde,* in: v. Münch/Kunig I, Art. 14 Rn. 44.

[791] BVerfGE 58, 377 (398); 99, 341 (350 f.).

[792] BVerfGE 99, 341 (351).

[793] BVerfGE 112, 332 (349); 91, 346 (360).

[794] Hierzu *Dietlein,* in: Stern, StaatsR IV/1, S. 2326 f.; *Becker,* in: Stern/Becker, Art. 14 Rn. 114 f.

[795] BVerfGE 91, 346 (358).

[796] *Leisner* HStR VIII, § 174 Rn. 20 ff.; *Bryde,* in: v. Münch/Kunig I, Art. 14 Rn. 45; *Papier/Shirvani,* in: Maunz/Dürig, Art. 14 Rn. 410 f.; *Jarass,* in: Jarass/Pieroth, Art. 14 Rn. 105; demgegenüber bezeichnete es das BVerfG zunächst als „nicht geklärt ...", inwieweit Prinzipien des Verwandtenerbrechts in der Erbrechtsgarantie enthalten sind" (BVerfGE 67, 329 [341]); heute rechnet es dagegen das Prinzip des Verwandtenerbrechts zum „grundlegenden Gehalt der Erbrechtsgarantie" (BVerfGE 93, 165 [173]).

[797] BVerfGE 19, 202 (206); 44, 1 (17); 67, 329 (340); 91, 346 (360); 99, 341 (351); 112, 332 (348); BVerfG LKV 2010, 471; *P. Kirchhof* HGR V § 112 Rn. 49; zur Unterscheidung von „Inhalt" und „Schranken" auch hier vgl. *Leisner* HStR VIII, § 174 Rn. 24.

[798] BVerfGE 99, 341 (351).

Gewährleistung wahren und sich im Einklang mit allen anderen Verfassungsnormen halten.[799] Nicht alle vermögenswerten Rechte müssen vererblich sein.[800] Wegen der Verpflichtung des Abs. 2 und des personalen Gehalts des Erbrechts wird der Spielraum des Gesetzgebers umso weiter, je größer das Vermögen des Erblassers ist. Das gilt auch für die **Besteuerung** der Erbschaft.[801] Generell ist ein „**Anteil des Staates am Erbgut**", wie ihn Art. 154 II WRV ausdr. vorsah, nicht ausgeschlossen.[802]

200    Grenzen der gesetzgeberischen Beschränkung ergeben sich aus der **Institutsgarantie** und dem **Übermaßverbot**.[803] Dabei ist das besondere Gewicht der Testierfreiheit zu berücksichtigen.[804] Allerdings steht dem Gesetzgeber bei Beschränkungen der Testierfreiheit ein Einschätzungs- und Wertungsspielraum zu.[805] Weitere Grenzen bilden der allg. **Gleichheitssatz, des Art. 3 I,**[806] der spez. Gleichheitssatz des Art. 3 III 2[807] und der Schutz von **Ehe und Familie**.[808] Die Einschränkung der Testierfreiheit durch das **Pflichtteilsrecht**[809] erklärt sich aus dem Prinzip der Verwandten(Familien-) erbfolge. Die mit dem Pflichtteilsrecht bewirkte Sicherung einer Mindestbeteiligung der engeren Familie am Erbgut wird nicht nur durch Art. 6 I gefordert,[810] sondern gehört darüber hinaus zum institutionell verbürgten Gehalt der Erbrechtsgarantie.[811] Eine staatl. Verpflichtung, über die heutigen Vorschriften des Pflichtteilsrechts hinaus Angehörigen einen unentziehbaren Anteil am Nachlass zu sichern, besteht jedoch nicht.[812] § 10 VI LPartG gewährt dem Lebenspartner ein Pflichtteilsrecht.[813] Obwohl das BVerfG die geltenden Vorschriften über das Pflichtteilsrecht der Kinder des Erblassers (§§ 2301 I, 2333 Nr. 1 und 2, 2345 II, 2339 I Nr. 1 BGB) für mit dem GG vereinbar erklärt hat,[814] ist in dieser Entscheidung das krit. und viel diskutierte Verhältnis zwischen Testierfreiheit des Erblassers und gesetzlichen Erbansprüchen der Verwandten im Kontext von Pflichtteilsentziehungs- und Pflichtteilsunwürdigkeitsgründen offenkundig geworden.[815] Die gesellschaftl. Akzeptanz des Pflichtteilsrechts nimmt allg. wegen der mit ihm verbundenen Einschränkung der Verfügungsbefugnis des Einzelnen mehr und mehr ab, was Rufe nach einer Reform des Pflichtteilsrechts laut werden lässt.[816] Der BGH begründet die Zulässigkeit des Pflichtteilsverzichts eines behinderten Sozialleistungsbeziehers ua mit der „negativen Erbfreiheit" des Erben bzw. des Pflichtteilsberechtigten.[817] Das BVerfG sieht darin, dass der Gesetzgeber die vollständige erbrechtl. Gleichstellung der vor dem 1.7.1949 geborenen nichtehel. Kinder rückwirkend auf Erbfälle ab dem 29.5.2009 beschränkt hat, keinen Verstoß gegen Art. 14 I und Art. 3 I i. V. mit Art. 6 V.[818]

201    Der Spielraum für den **steuerlichen Zugriff** auf den Erwerb von Todes wegen findet seine Grenze dort, wo die Steuerpflicht den Erwerber übermäßig belastet und die ihm zugewachsenen Vermögenswerte grundlegend beeinträchtigt.[819] Allerdings kann die Erbschaftsteuer in Konkretisierung des Sozialstaatsprinzips dem Abbau generationenübergreifender sozialer Unterschiede dienen.[820] Die Eingriffsmöglichkeiten des Steuergesetzgebers sind umso geringer, je näher der Verwandtschaftsgrad der Erben zum Erblasser ist.[821] Die Begünstigung der nächsten Angehörigen durch die erbschaftsteuerliche

---

[799] BVerfGE 99, 341 (352).

[800] BVerfGE 19, 202 (206); BVerwGE 35, 278 (286 f.); BVerwG NJW 1987, 3213; *Badura* HdbVerfR, § 10 Rn. 29 mit Anm. 51; *Becker,* in: Stern/Becker, Art. 14 Rn. 109.

[801] *Jarass,* in: Jarass/Pieroth, Art. 14 Rn. 109; im Zusammenhang mit der Erbschaftsbesteuerung erklärt das BVerfG, die Möglichkeiten des Gesetzgebers zur Einschränkung des Erbrechts gingen weiter als die zur Einschränkung des Eigentums, da sie an einen Vermögensübergang anknüpften (BVerfGE 93, 165 [174]).

[802] *Jarass,* in: Jarass/Pieroth, Art. 14 Rn. 109.

[803] BVerfGE 67, 329 (340); 91, 346 (360); 93, 165 (172); 99, 341 (352); 112, 332 (348); *Dietlein,* in: Stern, StaatsR IV/1, S. 2331.

[804] BVerfGE 67, 329 (341).

[805] BVerfGE 99, 341 (352 f.).

[806] BVerfGE 67, 329 (340); 97, 1 (7); 99, 341 (352, 355 f.); 112, 332 (348); *Dietlein,* in: Stern, StaatsR IV/1, S. 2331.

[807] BVerfGE 99, 341 (352, 356 ff.).

[808] BVerfGE 93, 165 (174); 97, 1 (7); *Bryde,* in: v. Münch/Kunig I, Art. 14 Rn. 45; *Jarass,* in: Jarass/Pieroth, Art. 14 Rn. 108, 109; *P. Kirchhof* HGR V § 112 Rn. 54 ff.; *Eisele* FS P. Kirchhof, Bd. II, 2013, § 187 Rn. 5.

[809] Hierzu BVerfGE 112, 332; *Ebke,* Testierfreiheit und Pflichtteilsrecht, 2004.

[810] BGHZ 123, 368 (371).

[811] S. hierzu BVerfGE 112, 332 (348 f.); *Bryde,* in: v. Münch/Kunig I, Art. 14 Rn. 44 f.; *Depenheuer/Froese* MKS I, Art. 14 Rn. 525; *Becker,* in: Stern/Becker, Art. 14 Rn. 116; zw. *Leisner* HStR VIII, § 174 Rn. 21; zurückhaltend auch *Kuhla* FS Bezzenberger, 2000, S. 497 (501).

[812] BVerfGE 91, 346 (359 f.).

[813] Vgl. dazu BVerfGE 126, 400 (409).

[814] BVerfGE 112, 332; ausf. Bespr. bei *Herzog* FF 2006, 86 (88 ff.).

[815] Vgl. auch *Lange* ZEV 2018, 237.

[816] Zu Inhalt und Schranken des Pflichtteilsrechts sowie zu verschiedenen Reformvorschlägen *Karpen,* in: Röthel (Hrsg.), Reformfragen des Pflichtteilsrechts, 2007, S. 169 ff.;

[817] BGH NJW 2011, 1586 ff.; hierzu *Dreher/Görner* NJW 2011, 1761 ff.; *Menzel* MittBayNot 2013, 289 ff.

[818] BVerfG (K) NJW 2013, 2103.

[819] BVerfGE 93, 165 (172); dazu *Leisner* NJW 1995, 2591 (2596); *P. Kirchhof,* in: HGR V § 112 Rn. 85.

[820] Weitergehend BVerfGE *abwM* 138, 254 Rn. 5 f.; kritisch insoweit *Becker,* in: Stern/Becker, Art. 14 Rn. 297.

[821] Zust. *Dietlein,* in: Stern, Staatsrecht IV/1, S. 2330.

Staffelung der Steuersätze nach **Steuerklassen** (§§ 15, 19 ErbStG) rechtfertigt sich mithin aus dem Gedanken der Familienerbfolge.[822] Entsprechendes gilt für die Regelung der Steuerfreibeträge (§ 16 ErbStG). Der staatliche Steuergesetzgeber muss dem Erwerber (von Todes wegen) mindestens einen **Anteil** an dem zu erwerbenden Vermögen belassen, der im Verhältnis zu dem ursprünglichen Wert des Vermögens noch **angemessen** ist und der auch im Hinblick auf den Grad der Verwandtschaft die Nutzung des Eigentums durch Vererbung vom Standpunkt eines wirtschaftlich denkenden Eigentümers noch als **ökonomisch sinnvoll** erscheinen lässt.[823] Ein generelles Verbot der Besteuerung des Vermögensübergangs im Wege der Erbfolge innerhalb der Kleinfamilie lässt sich der Erbrechtsgarantie des Art. 14 I GG hingegen nicht entnehmen.[824]

In der 1995 ergangenen Entscheidung zum Erbschaftsteuerrecht zieht das BVerfG aus diesen   **202** Anforderungen weitreichende Konsequenzen.[825] Nach der Entscheidung ist der erbschaftsteuerliche Zugriff bei Familienangehörigen der Steuerklasse I (§ 15 I ErbStG) derart zu mäßigen, dass jedem dieser Steuerpflichtigen der jeweils auf ihn überkommene Nachlass – je nach dessen Größe – zumindest zum deutlich überwiegenden Teil oder, bei kleineren Vermögen, völlig steuerfrei zugutekommt. Entschließe sich daher der Gesetzgeber der Erbschaftsteuer, realitätsnahe Gegenwartswerte des Grundbesitzes zugrunde zu legen, so sei es notwendig, den Betrag des Nachlasswertes, der dem oder den Erben der Steuerklasse I ungeschmälert verbleiben müsse, entspr. freizustellen. Für diesen Nachlasswert gebe der **Wert des persönlichen Gebrauchsvermögens** einen tauglichen Anhalt. In Bezug auf einen weiter gehenden Vermögenszuwachs fordert das Gericht, den erbschaftsteuerlichen Zugriff so zu beschränken, dass die Erbschaft für den Ehegatten noch Ergebnis der ehelichen Erwerbsgemeinschaft bleibe und auch eine im Erbrecht angelegte Mitberechtigung der Kinder am Familiengut nicht verlorengehe. Zudem erachtet das BVerfG den Gesetzgeber bei der Gestaltung der Erbschaftsteuer für verpflichtet zu berücksichtigen, dass die Existenz von bestimmten – namentlich mittelständischen – Unternehmen durch die Erbschaftsteuerbelastung gefährdet werden können. Die Erbschaftsteuer müsse hier – unabhängig von der verwandtschaftlichen Nähe zwischen Erblasser und Erben – so bemessen werden, dass die Fortführung des Betriebes nicht gefährdet werde.[826] Das Gericht geht insoweit von einer verminderten finanziellen Leistungsfähigkeit des betreffenden Erben aus; diese ergebe sich daraus, dass die Verfügbarkeit über den Betrieb und die diesem zugehörigen Wirtschaftsgüter beschränkter sei als bei betrieblich gebundenem Vermögen. Dass Feststellungen wie diese noch nicht steuerrechtliches und verfassungsrechtliches Gemeingut sind, ist offenkundig.

Der Gesetzgeber hat in der Folge erbschaftsteuerliche Entlastungsregelungen für Betriebsvermögen   **202a** geschaffen (§§ 13a, 19a ErbStG).[827] Diese sind ihrerseits wiederum zum Gegenstand intensiver verfassungsrechtlicher Auseinandersetzungen vor dem Hintergrund des Gleichbehandlungsgrundsatzes geworden und führten zu einer Vorlage des BFH an das BVerfG nach Art. 100.[828] Das BVerfG erklärte mit Beschl. v. 7.11.2006 die **Erbschaftsteuer in ihrer bisherigen Form** für **verfassungswidrig** und forderte eine verfassungskonforme Ausgestaltung von Bewertungs- und Erbschaftsteuerrecht.[829] Das BVerfG sah die durch § 19 I ErbStG angeordnete Erhebung der Erbschaftsteuer mit einheitlichen Steuersätzen auf den Wert des Erwerbs als mit dem GG unvereinbar an, weil sie an Steuerwerte anknüpfe, deren Ermittlung bei wesentlichen Gruppen von Vermögensgegenständen (Betriebsvermögen, Grundvermögen, Anteilen an Kapitalgesellschaften und land- und forstwirtschaftlichen Betrieben) den Anforderungen des Gleichheitssatzes (Art. 3 I GG) nicht genüge.[830] Der Gesetzgeber wurde verpflichtet, spätestens bis zum 31.12.2008 eine Neuregelung zu treffen.[831] Bis zur Neuregelung blieb das bisherige Recht anwendbar.

Die Neuregelung durch das **ErbschaftsteuerreformG**[832] erfolgte zum 1.1.2009. Auch diese Neu-   **203** regelung hielt aber der verfassungsgerichtl. Überprüfung nicht stand. Zwar waren, wie vom BVerfG gefordert, ein einheitl. Maßstab für die Bewertung verschiedener Vermögensarten eingeführt und Verschonungsregelungen erst auf einer späteren Stufe geschaffen worden; die Steuerbefreiungen auf der Verschonungsebene erwiesen sich aber als so weitreichend, dass die Gleichheit im Belastungserfolg teils noch stärker verfehlt wurde, als dies bei der Vorgängerregelung der Fall war.[833] Mit dem **Gesetz**

---

[822] Vgl. *Bryde,* in: v. Münch/Kunig I, Art. 14 Rn. 46; *Papier/Shirvani,* in: Maunz/Dürig, Art. 14 Rn. 414.
[823] BVerfGE 93, 165 (172); *Papier,* in: Maunz/Dürig, Art. 14 Rn.414; *Jarass,* in: Jarass/Pieroth, Art. 14 Rn. 109; weiter gehend *Leisner* HStR VIII, § 174 Rn. 27 ff.; zur grds. Vereinbarkeit der Erbschaftsbesteuerung mit dem Prinzip der Besteuerung nach der Leistungsfähigkeit vgl. *Wendt* StuW 1987, 18 (30 f.).
[824] BVerfGE 97, 1 (7).
[825] BVerfGE 93, 165 (175 f.).
[826] Dazu auch BVerfGE 138, 136 Tz. 133; *Tipke* MDR 1995, 1177 (1181); *Depenheuer/Froese* MKS I, Art. 14 Rn. 528.
[827] Vgl. hierzu *Seer* StuW 1997, 283 ff.
[828] BFHE 198, 342.
[829] BVerfGE 117, 1.
[830] BVerfGE 117, 1; zum Vorschlag einer verfassungskonformen unterschiedlichen Behandlung von Sach- und Kapitalvermögen (Stundungsmodell) *Depenheuer* JZ 2007, 1020 ff.
[831] BVerfGE 117, 1 (70).
[832] BGBl I 2008, 3018.
[833] BVerfGE 138, 136; hierzu *Weber-Grellet* BB 2015, 1367 ff.

**zur Anpassung des Erbschaftsteuer- und SchenkungsteuerG an die Rechtsprechung des Bundesverfassungsgerichts**[834] versucht der Gesetzgeber erneut, den verfassungsgerichtl. Anforderungen gerecht zu werden. Ob es den Maßstäben zur Verschonung von vererbtem oder geschenktem Betriebsvermögen genügt, ist aber fraglich.

204      Das BVerfG hat die Verfassungsmäßigkeit der **Ersatzerbschaftsteuer** für Familienstiftungen bejaht.[835] Der BFH hat entschieden,[836] dass weder nach Art. 14 I noch nach Art. 3 I, III eingetragene Lebenspartner mit Ehegatten bei der Pflicht zur Erbschaftsteuer gleichzustellen sind.

## Art. 15 [Sozialisierung, Überführung in Gemeineigentum]

**Grund und Boden, Naturschätze und Produktionsmittel können zum Zwecke der Vergesellschaftung durch ein Gesetz, das Art und Ausmaß der Entschädigung regelt, in Gemeineigentum oder in andere Formen der Gemeinwirtschaft überführt werden. Für die Entschädigung gilt Artikel 14 Absatz 3 Satz 3 und 4 entsprechend.**

**Entstehungsgeschichte:** Erstfassung: JöR nF 1 (1951), 154.

**Historische Verfassungstexte: WRV:** Art. 156 (1) Das Reich kann durch Gesetz, unbeschadet der Entschädigung, in sinngemäßer Anwendung der für Enteignung geltenden Bestimmungen, für die Vergesellschaftung geeignete private wirtschaftliche Unternehmungen in Gemeineigentum überführen. Es kann sich selbst, die Länder oder die Gemeinden an der Verwaltung wirtschaftlicher Unternehmungen und Verbände beteiligen oder sich daran in anderer Weise einen bestimmenden Einfluß sichern. (2) Das Reich kann ferner im Falle dringenden Bedürfnisses zum Zwecke der Gemeinwirtschaft durch Gesetz wirtschaftliche Unternehmungen und Verbände auf der Grundlage der Selbstverwaltung zusammenschließen mit dem Ziele, die Mitwirkung aller schaffenden Volksteile zu sichern, Arbeitgeber und Arbeitnehmer an der Verwaltung zu beteiligen und Erzeugung, Herstellung, Verteilung, Verwendung, Preisgestaltung sowie Ein- und Ausfuhr der Wirtschaftsgüter nach gemeinwirtschaftlichen Grundsätzen zu regeln. (3) Die Erwerbs- und Wirtschaftsgenossenschaften und deren Vereinigungen sind auf ihr Verlangen unter Berücksichtigung ihrer Verfassung und Eigenart in die Gemeinwirtschaft einzugliedern. – **Hinweis:** Art. 155 WRV unterstellte Grund und Boden der Bodenreform; die Bodenschätze und die wirtschaftlich nutzbaren Naturkräfte wurden der Aufsicht des Staates unterstellt.

**Geltende Landesverfassungen:** *Bay*Verf Art. 160; *Bbg*Verf Art. 41 V; *Brem*Verf Art. 42–44; *Hess*Verf Art. 39–41; *NRW*Verf Art. 27 I; *RhPf*Verf Art. 61; *Saar*Verf Art. 52; *Sachs*Verf Art. 32 II, III; *LSA*Verf Art. 18 IV.

**Leitentscheidungen:** BVerfGE 4, 7 (Investitionshilfe); BVerfGE 12, 354 (Privatisierung des Volkswagenwerks).

**Schrifttum:** *H. Bäumler,* Art. 15 GG als Instrument der Wirtschaftslenkung, GewArch 1980, 287; *D. Bauer,* Staatliches Handeln im systemrelevanten Markt am Beispiel des Rettungsübernahmegesetzes, DÖV 2010, 20; *S. Broß,* Das europäische Vergaberecht in der Daseinsvorsorge – Bilanz und Ausblick, NZBau 2004, 465; *L. Gramlich,* Zur Zulässigkeit von Vergesellschaftungen (Nationalisierungen) nach dem Grundgesetz der Bundesrepublik Deutschland, ZvglRWiss 82 (1983), 165; *J. Dietlein,* Die Eigentumsfreiheit und das Erbrecht, in: K. Stern, StaatsR, Band IV/1, § 113; *R. Groß,* Verstaatlichung der Banken und Grundgesetz, DÖV 1975, 344; *J. Henkel,* Verstaatlichung der Banken?, DVBl 1975, 317; *H. P. Ipsen,* Enteignung und Sozialisierung, VVDStRL 10 (1952), 74; *ders.,* Sozialisierungsabschluß, FS Jahrreiß, 1964, S. 115; *J. Ipsen,* Sozialisierung und Übermaßverbot, NVwZ 2019, 527; *J. Isensee,* Fortgeltung des saarländischen Sozialisierungs-Artikels unter dem Grundgesetz, DÖV 1978, 233; *M. Kloepfer,* Die Sozialisierung von Wohnungsunternehmen und die Verfassung, NJW 2019, 1656; *H. Krüger,* Sozialisierung, in: Die Grundrechte III/1, S. 267; *W. Leisner,* Sozialbindung des Eigentums, 1972; *ders.,* Der Sozialisierungsartikel als Eigentumsgarantie, JZ 1975, 272; *H.-J. Papier,* Grundgesetz und Wirtschaftsordnung HdbVerfR, § 18; *J. Perels,* Der soziale Rechtsstaat im Widerstreit, KJ 2006, 295; *G. Püttner,* Gemeinwirtschaft im deutschen Verfassungsrecht, 1980; *H. Ridder,* Enteignung und Sozialisierung, VVDStRL 10 (1952), 124; *C. Schede/J.-F. Schuldt,* Vergesellschaftung von Grund und Boden, ZRP 2019, 78; *T. I. Schmidt,* Vergesellschaftung nach Art. 15 GG – Irrweg oder Ausweg?, DÖV 2019, 508; *F. Thiel,* Art. 15 GG – obsolet?, DÖV 2019, 497; *H. Weis,* Verstaatlichungen aus gemeinschaftsrechtlicher Sicht, NJW 1982, 1910; *Ch. Gröpl,* Der saarländische Sozialisierungsartikel – eine tote Zelle im Verfassungskorpus, LKRZ 2009, 1.

## Übersicht

---

[834] Vom 4.11.2016, BGBl. I 2464; hierzu *Holtz* NJW 2016, 3750.
[835] BVerfGE 63, 312; ebenso *P. Kirchhof* HGRV § 112 Rn. 89.
[836] BFHE 217, 183.

# A. Allgemeines

## I. Entstehung

Im ParlRat konnte sich der Standpunkt, mit Art. 14 sei allen Notwendigkeiten, in das Eigentum **1** einzugreifen, Genüge getan,[1] nicht durchsetzen. Demgegenüber wurde die Aufnahme des **besonderen Eingriffstitels** des Art. 15 für erforderlich erklärt, um **gemeinwirtschaftliche Vorstellungen** verwirklichen zu können.[2] Die Überführung von Grund und Boden usw. in Gemeineigentum wurde nicht ausdr. an die Voraussetzung der Erfüllung des „Wohls der Allgemeinheit" gebunden,[3] doch wurde über die zunächst vorgeschlagenen Fassungen der Vorschrift hinaus eine Überführung auch **„in andere Formen der Gemeinwirtschaft"** zugelassen.[4] Art. 15 hat seine ursprüngliche Fassung nicht verändert.

## II. Grundsätzliche Bedeutung

Vor dem Hintergrund seiner Entstehungsgeschichte sichert Art. 15 die **Offenheit des Grund-** **2** **gesetzes** für die Verwirklichung gemeinwirtschaftlicher Vorstellungen. Gedacht ist an die Inanspruchnahme ganzer Schlüsselindustrien zur Bedarfsdeckung der Allgemeinheit bzw. zur Erzielung sonstiger Gemeinwohlziele.[5] Unter der Geltung des GG hat allerdings weder der Bundes- noch ein Landesgesetzgeber (vgl. Art. 74 I Nr. 15) von der Ermächtigung des Art. 15 Gebrauch gemacht,[6] auch wenn dies im Zusammenhang mit dem Rettungsübernahmegesetz vom 7.4.2009 teilweise diskutiert wurde.[7] Die Nichtanwendung des Art. 15 hat jedoch **nicht** dazu geführt, dass die Vorschrift inzwischen **obsolet** geworden wäre,[8] zumal sie keine zeitliche Begrenzung enthält.[9] Der Zusammenbruch der DDR hat aber Sozialisierungen noch unwahrscheinlicher werden lassen.

Art. 15 schafft ein **eigenständiges Rechtsinstitut,** das entscheidend durch den Zweck des Eigen- **3** tumseingriffs und die Art der wirtschaftlichen Verwendung des Eigentumsobjekts geprägt ist.[10] Die Vorschrift enthält **keinen Verfassungsauftrag** zur Überführung in Gemeinwirtschaft (Sozialisierung),[11] auch keine objektive Wertentscheidung zugunsten derselben,[12] sondern nur eine Ermächtigung dazu.[13] Die Vorschrift wird heute sogar teilweise als primär abwehrrechtlich ausgerichtet angesehen.[14] Sie steht auch der **Privatisierung** von öffentlichen bzw. vergesellschafteten Unternehmen nicht entgegen.[15]

Die rechtliche Bedeutung des Art. 15 liegt somit in der Festlegung, dass der Staat, wenn er sich zur **4** Überführung von Gütern in Gemeinwirtschaft entschließt, die in Art. 15 angegebenen **Formen** und **Grenzen** beachten muss: Er darf nur bestimmte Arten von Wirtschaftsobjekten in Gemeinwirtschaft überführen, und er darf dies nur durch Gesetz und nur gegen Entschädigung tun. Was Schranken aus dem Gemeinschaftsrecht angeht, so lässt Art. 345 AEUV ausdrücklich die Eigentumsordnung in den Mitgliedstaaten unberührt. Daher haben diese weiterhin das Recht, Produktionsmittel zu vergesellschaften. Allerdings dürften insbes. die Grundfreiheiten und das gemeinschaftsrechtliche Wettbewerbsrecht nationalstaatlichen Sozialisierungen in weitem Umfang entgegenstehen.[16]

---

[1] *Strauß* JöR nF 1 (1951), 155 f.; *Seebohm* ebda, S. 158.

[2] *Schmid* und *Greve* JöR nF 1 (1951), 156.

[3] Vgl. hierzu JöR nF 1 (1951), 156, 157.

[4] Zur Diskussion vgl. JöR nF 1 (1951), 156 ff.

[5] *D. A. Bauer* DÖV 2010, 20 (23).

[6] Zur vorkonstitutionellen Sozialisierung in Hessen vgl. *H. P. Ipsen* FS Jahrreiß, 1964, S. 115 ff.

[7] Art. 3 FMStBG; vgl. dazu *D. A. Bauer* DÖV 2010, 20 (22) mwN.

[8] So auch *Bryde,* in: v. Münch/Kunig I, Art. 15 Rn. 3; *Schliesky* BK, Art. 15 Rn. 17; *Depenheuer/Froese* MKS I, Art. 15 Rn. 3.

[9] *Dietlein,* in: Stern, Staatsrecht IV/1, S. 2306.

[10] *Depenheuer/Froese* MKS I, Art. 15 Rn. 7, 14; *Bryde,* in: v. Münch/Kunig I, Art. 15 Rn. 6; aA wohl *Leisner,* Sozialbindung des Eigentums, 1972, S. 66 f.

[11] BVerfGE 12, 354 (363 f.); *Dietlein,* in: Stern, StaatsR IV/1, S. 2302; *Rittstieg* AK GG, Art. 14/15 Rn. 236; *J. Ipsen* NVwZ 2019, 527 (528).

[12] *Jarass,* in: Jarass/Pieroth, Art. 15 Rn. 1; *Dietlein,* in: Stern, StaatsR IV/1, S. 2302; aA *Bryde,* in: v. Münch/Kunig I, Art. 15 Rn. 5.

[13] BVerfGE 12, 354 (363 f.): *Schliesky* BK, Art. 15 Rn. 20.

[14] *Dietlein,* in: Stern, Staatsrecht IV/1, S. 2304 f.

[15] BVerfGE 12, 354 (364); *Jarass,* in: Jarass/Pieroth, Art. 15 Rn. 1; *Dietlein,* in: Stern, StaatsR IV/1, S. 2303; aA wohl *Broß* NZBau 2004, 465 (467 f.) zu Privatisierungen im Bereich der Daseinsvorsorge.

[16] *Dietlein,* in: Stern, Staatsrecht IV/1, S. 2301, 2339; *Axer* BeckOK GG Art. 15 Rn. 9; vgl. auch *Weis* NJW 1982, 1910.

# B. Inhalt der Vorschrift

## I. Überführung in Gemeinwirtschaft

5    Art. 15 erlaubt die Überführung bestimmter Güter in Gemeinwirtschaft nur zum Zwecke der **Vergesellschaftung:** Die Güter bzw. ihre Nutzung sollen nicht mehr dem individuellen Nutzen des Eigentümers dienen, sondern der gesellschaftlichen Bedarfsdeckung oder der Verfolgung sonstiger Gemeinwohlziele.[17] Dies soll zum einen dadurch erreicht werden, dass das Eigentum an den Gütern auf öffentlich-rechtliche Träger – Staat im engeren Sinne, Gemeinden, Selbstverwaltungseinrichtungen – überführt wird **(Gemeineigentum),** mit dem Ziel, seine **Nutzung am Gemeinwohl** zu orientieren.[18] Die Verstaatlichung aus fiskalischen Gründen, insbes. die Überführung in ein erwerbswirtschaftliches Unternehmen der öffentlichen Hand, ist daher durch Art. 15 nicht gedeckt.[19]

6    Die Vergesellschaftung kann zum anderen dadurch bewirkt werden, dass das Eigentum zwar formal dem Eigentümer belassen wird, der dominierende Einfluss auf die Nutzung aber der öffentlichen Hand oder gesellschaftlichen Gruppen übertragen wird **(„andere Formen der Gemeinwirtschaft")**[20] und damit die Privatnützigkeit ganz oder zumindest nahezu vollständig beseitigt wird.[21] Die Umverteilung von Eigentum unter Privaten, etwa von Grund und Boden, kann nicht auf Art. 15 gestützt werden,[22] möglicherweise aber Mitbestimmungsmodelle, die Vertretern des Staates oder der Öffentlichkeit einen bestimmenden Einfluss auf das mitbestimmte Unternehmen eröffnen.[23]

## II. Materielle Voraussetzungen

7    **1. Sozialisierungsfähige Gegenstände.** Die sozialisierungsfähigen Gegenstände werden in Art. 15 **abschließend** aufgezählt.[24] Hierzu gehören zunächst **Grund und Boden,** einschließlich der Bestandteile und des Zubehörs, etwa der Gebäude,[25] es sei denn, sie werden persönlich genutzt.[26] Die Nichtsozialisierbarkeit der Nutzung (privatgenutztes Eigenheim, nicht sozialisierbares Unternehmen) schließt auch die Sozialisierbarkeit des zugehörigen Grundstücks aus.[27]

8    Einer Sozialisierung zugänglich sind ferner **Naturschätze,** zu denen die Bodenschätze und die wirtschaftlich nutzbaren Naturkräfte, wie die Wasserkraft und die Windenergie, gehören.[28] Nicht als Naturkraft ist die Kernenergie anzusehen;[29] vielmehr ist das für die herkömmliche Kernspaltung verwendete Uranerz ein Bodenschatz, der im Verlauf der Energiegewinnung verbraucht wird.[30]

9    Der umstrittenste Begriff im Rahmen des Katalogs der sozialisierungsfähigen Güter ist der der **Produktionsmittel.** Die h. L. beschränkt ihn auf die in einem Betrieb der **Gewinnung** und **Herstellung** (einschließlich der Be- und Verarbeitung) **wirtschaftlicher Erzeugnisse** dienenden Gegenstände und Rechtstitel, und zwar sowohl die der Produktion unmittelbar dienenden Betriebsanlagen (Gebäude, Maschinen, Werkzeuge) als auch die für die Produktion verwandten Betriebsmittel (Rohstoffe, Halbfabrikate) und die in der Produktion eingesetzten Patente und Warenzeichen. Danach sind

---

[17] *Krüger,* in: Die Grundrechte III/1, S. 288 f.; *Rittstieg* AK GG, Art. 14/15 Rn. 240; *Bryde,* in: v. Münch/Kunig I, Art. 15 Rn. 7, 11.

[18] *Jarass,* in: Jarass/Pieroth, Art. 15 Rn. 5; *A. Peters* DÖV 2012, 64 (65); ferner *Durner,* in: Maunz/Dürig, Art. 15 Rn. 44 ff.; nur die Überführung von vor allem selbstständiger Funktionseinheiten in Gemeineigentum, nicht aber den Erwerb einzelner konkreter Aktien (wie beim Rettungsübernahmegesetz) als Vergesellschaftung begreifend *D. A. Bauer* DÖV 2010, 20 (22 f.); aA *A. Peters* DÖV 2012, 64 (66).

[19] *Bryde,* in: v. Münch/Kunig I, Art. 15 Rn. 12; *Jarass,* in: Jarass/Pieroth, Art. 15 Rn. 5; *Schliesky* BK, Art. 15 Rn. 37; aA wohl *Dopatka,* in: G. Winter (Hrsg.), Sozialisierung von Unternehmen, 1976, S. 156 (172 f.); diff. *Gramlich* ZvglRWiss 82 (1983), 171.

[20] *Jarass,* in: Jarass/Pieroth, Art. 15 Rn. 5; ferner *Krüger,* in: Die Grundrechte III/1, S. 290; *Rittstieg* AK GG, Art. 14/15 Rn. 239, 244.

[21] *Durner,* in: Maunz/Dürig, Art. 15 Rn. 50, 66 ff.

[22] *Depenheuer/Froese* MKS I, Art. 15 Rn. 26; *Bryde,* in: v. Münch/Kunig I, Art. 15 Rn. 8; *Dietlein,* in: Stern, StaatsR IV/1, S. 2310 f.; *Jarass,* in: Jarass/Pieroth, Art. 15 Rn. 5.

[23] *Bryde,* in: v. Münch/Kunig I, Art. 15 Rn. 14; *Krüger,* Paritätische Mitbestimmung, 1973, S. 74 ff.; diff. dazu *Depenheuer/Froese* MKS I, Art. 15 Rn. 24.

[24] So auch *Depenheuer/Froese* MKS I, Art. 15 Rn. 30; *Schliesky* BK, Art. 15 Rn. 18; *Axer* in BeckOK GG, Art. 15 Rn 14.

[25] *Jarass,* in: Jarass/Pieroth, Art. 15 Rn. 2; *Schliesky* BK, Art. 15 Rn. 22 ff.

[26] *Axer* in BeckOK GG, Art. 15 Rn. 15; gegen eine Differenzierung nach dem Nutzungszweck *Dietlein,* in: Stern, StaatsR IV/1, S. 2313.

[27] *Depenheuer/Froese* MKS I, Art. 15 Rn. 31; *Axer* in BeckOK GG, Art. 15 Rn. 15; aA *Jarass,* in: Jarass/Pieroth, Art. 15 Rn. 2; *Durner,* in: Maunz/Dürig, Art. 15 Rn. 34; *Schliesky* BK, Art. 15 (2011) Rn. 25; wohl auch *Rittstieg* AK GG, Art. 14/15 Rn. 247; zw. *Bryde,* in: v. Münch/Kunig I, Art. 15 Rn. 16.

[28] *Durner,* in: Maunz/Dürig, Art. 15 Rn. 35; *Dietlein,* in: Stern, StaatsR IV/1, S. 2314.

[29] So aber *Bryde,* in: v. Münch/Kunig I, Art. 15 Rn. 17; *Dietlein,* in: Stern, StaatsR IV/1, S. 2314; wie hier: *Depenheuer/Froese* MKS I, Art. 15 Rn. 32; *Axer* in BeckOK GG, Art. 15 Rn. 16.

[30] So iE auch *Durner,* in: Maunz/Dürig, Art. 15 Rn. 35.

Handel, Banken, Versicherungen, Verkehrs- und Transportwesen sowie alle anderen Dienstleistungsbetriebe einer Sozialisierung nicht zugänglich.[31]

Dies würde nach Auffassung eines Teils der Befürworter einer **weiteren Auslegung** wegen der   10
heutigen Bedeutung von Banken und Versicherungen die gemeinwirtschaftliche Alternative des Wirtschaftens praktisch ausschließen.[32] Dieses Argument ist schon deshalb unzutreffend, weil es verkennt, dass angesichts der erheblichen Verflechtung von Industrie einerseits und Banken und Versicherungen andererseits die Letzteren zu den von einer Sozialisierung im Industriesektor am stärksten betroffenen Privateigentümern gehören würden.

Den Beratungen zum GG lässt sich entnehmen, dass die auf die Aufnahme der Sozialisierungs-   11
möglichkeit drängenden politischen Kräfte die zu dieser Zeit wichtigen Schlüssel**industrien** und damit gerade nicht den Dienstleistungssektor im Auge hatten.[33] Für eine restriktive Auslegung des Begriffs der Produktionsmittel spricht auch, dass Art. 15 GG von Art. 156 WRV zwar die zentralen Begriffe der Vergesellschaftung, der Überführung in Gemeineigentum und der Gemeinwirtschaft übernimmt, nicht aber den ebenso zentralen Begriff der „privaten wirtschaftlichen Unternehmung".[34]

Weil die Festlegung des möglichen Gegenstands einer Vergesellschaftung ausschlaggebende Bedeu-   12
tung für die Tragweite jedes der beiden Sozialisierungsartikel hat (hatte), deutet dies darauf hin, dass der Begriff der Produktionsmittel in Art. 15 im **Unterschied zu Art. 156 WRV** gerade nicht „grundsätzlich alle Wirtschaftsunternehmen ein(schließt)".[35] Art. 15 ist insgesamt offenbar bemüht, den Kreis der möglichen Sozialisierungsobjekte zu **begrenzen.**[36]

Dafür, dass der Begriff der Produktionsmittel nicht in einem weiten Sinn verstanden werden soll,   13
lässt sich schließlich die Aufzählung der sozialisierungsfähigen Gegenstände in Art. 15 selbst anführen. **Grund und Boden** sowie Naturschätze sind ebenfalls Produktionsmittel im weiteren Sinne, da auch sie der Produktion dienen. Einer **gesonderten Nennung** hätte es bei einer weiten Auslegung des Begriffs der Produktionsmittel nicht bedurft.[37]

Im Hinblick auf das im Rahmen des Finanzmarktstabilisierungsergänzungsgesetzes[38] vom 7.4.2009   13a
verabschiedete RettungsübernahmeG[39] und die hierdurch ermöglichte Administrativ-Enteignung zur Sicherung der Finanzmarktstabilität (vgl. § 1 RettungsG) ist festzustellen, dass die durch dieses Gesetz ermöglichten Maßnahmen angesichts der abschließenden Aufzählung der sozialisierungsfähigen Gegenstände in Art. 15 nicht an dieser Vorschrift zu messen sind. Den Referenzrahmen bildet insoweit ausschließlich Art. 14.[40]

**2. Gemeinwohl und Übermaßverbot.** Sozialisiert werden können nach herrschender Auffassung   14
nur Gegenstände, die wegen ihrer volkswirtschaftlichen Bedeutung dazu geeignet sind, also in Formen der Gemeinwirtschaft überführt werden können.[41] Art. 15 entfaltet eine Legitimationswirkung dahingehend, dass einem konkreten Sozialisierungsprojekt keine prinzipielle Illegitimität der Verfolgung gemeinwirtschaftlicher Zielsetzungen entgegengehalten werden kann, auch wenn die volkswirtschaftliche Sinnhaftigkeit der mit Vergesellschaftungsmaßnahmen verbundenen Ausschaltung von Privatinitiative und privatnützigem Handeln generell bezweifelt werden mag.[42] Mit dieser Einschränkung bedarf der mit einem Sozialisierungsprojekt im Einzelfall konkret verfolgte Zweck sehr wohl der Rechtfertigung durch das **Gemeinwohl,**[43] ebenso der Überprüfung am Maßstab der **Geeignetheit, (Geringst-)Erforderlichkeit** und **Verhältnismäßigkeit.**[44] Zweifel hieran sind zurückzuweisen:

---

[31] *E. R. Huber* Wirtschaftsverwaltungsrecht, Bd. II, 2. Aufl. 1954, S. 163 ff.; *Krüger,* in: Die Grundrechte III/1, S. 305 f.; *Durner,* in: Maunz/Dürig, Art. 15 Rn. 36 ff.; *Dietlein,* in: Stern, StaatsR IV/1, S. 2314; *Henkel* DVBl 1975, 321; *Isensee* DÖV 1978, 235; *Bäumler* GewArch 1980, 291.

[32] Vgl. *Bryde,* in: v. Münch/Kunig I, Art. 15 Rn. 18; für die weitere Auslegung ferner *Bettermann* WiR 1973, 249 f.; *Papier* VVDStRL 35 (1976), 55 (85 m. Fn. 126); *Gramlich* ZvglRWiss 82 (1983), 168 f.; *Rittstieg* AK GG, Art. 14/15 Rn. 248; *Jarass,* in: Jarass/Pieroth, Art. 15 Rn. 2; *Wieland,* in: Dreier I, Art. 15 Rn. 26; *Schliesky* BK, Art. 15 (2011) Rn. 29 ff.; *A. Peters* DÖV 2012, 64 (66); die Banken einbeziehend *Püttner,* Gemeinwirtschaft im deutschen Verfassungsrecht, 1980, S. 8.

[33] Vgl. *Menzel* JöR nF 1 (1951), 159 Fn. 34; *Henkel* DVBl 1975, 320 f.

[34] Vgl. *D. A. Bauer* DÖV 2010, 20 (22).

[35] So aber *Bryde,* in: v. Münch/Kunig I, Art. 15 Rn. 18; wie hier bereits *E. R. Huber,* Wirtschaftsverwaltungsrecht, Bd. II, 2. Aufl. 1954, S. 165.

[36] *E. R. Huber* ebd., S. 165; *Depenheuer/Froese* MKS I, Art. 15 Rn. 36 ff.; *Axer* in BeckOK GG, Art. 15 Rn. 17.

[37] *E. R. Huber* ebd., S. 164; *Durner,* in: Maunz/Dürig, Art. 15 Rn. 40; *Isensee* DÖV 1978, 235.

[38] FinanzmarktstabilisierungsergänzungsG (FMStBG) v. 7.4.2009, BGBl. I 2009, 725.

[39] Zuletzt geändert durch G v. 23.6.2017, BGBl. I 1693.

[40] Vgl. *Becker,* in: Stern/Becker, Art. 15 Rn. 11; zur Abgrenzung des RettungsübernahmeG zu Art. 15 vgl. *Hofmann* NVwZ 2009, 673 (677 f.) mwN; *D. A. Bauer* DÖV 2010, 20 (22 f.) mwN.

[41] Vgl. *Dietlein,* in: Stern, StaatsR IV/1, S. 2317; *Schmidt* DÖV 2019, 508 (509 f.).

[42] Zust. *Dietlein,* in: Stern, StaatsR IV/1, S. 2303.

[43] Vgl. *Depenheuer/Froese* MKS I, Art. 15 Rn. 39; ferner z. B. *Krüger,* in: Die Grundrechte III/1, S. 285: Erhaltung der „Leistungsfähigkeit eines für die Volkswirtschaft unentbehrlichen Gewerbezweiges"; aA *Bryde,* in: v. Münch/Kunig I, Art. 15 Rn. 10.

[44] Vgl. *Jarass,* in: Jarass/Pieroth, Art. 15 Rn. 3; *Schliesky* BK, Art. 15 Rn. 38; *Schmidt* DÖV 2019, 508 (510); aA *Rittstieg* AK GG, Art. 14/15 Rn. 250; *Bryde,* in: v. Münch/Kunig I, Art. 15 Rn. 10.

Art. 15 stellt eine (weitere) Schranke für Eingriffe in das Privateigentum dar, passt sich in die Systematik des Grundgesetzes ein und muss sich dementsprechend auch an den Gegenschranken wie z. B. dem Übermaßverbot messen lassen.[45] Dem Gesetzgeber ist grds. ein weiter Beurteilungsspielraum zuzubilligen.[46] Würde vom Gesetzgeber mit der Sozialisierung das wirtschaftspolitische Gesamtziel der Herstellung einer „gerechten" Wirtschaftsordnung verfolgt, ließe sich dieses Ziel gleichwohl nur schwer in Erwägungen der Erforderlichkeit und Proportionalität einpassen. Wenn aber, wie im Fall der für die großen Berliner Wohnungsunternehmen erörterten Überführung in Gemeineigentum, ein konkreter Steuerungserfolg durch eine Sozialisierung angestrebt wird – Sicherung der Mieter vor überhöhten Mieten, verbesserter Bestandsschutz für Mietverhältnisse etc. –, kann das Übermaßverbot mit seinen Komponenten insoweit zu hinreichend markanten Aussagen führen.[47] Die **Berliner Sozialisierungsinitiative** dürfte angesichts der Möglichkeit weniger eingreifender Maßnahmen (ua [Teil-]Kauf von Wohnungen oder Wohnungsunternehmen) bereits am Prinzip der (Geringst-)Erforderlichkeit,[48] jedenfalls aber am Prinzip der Proportionalität ua deswegen scheitern, weil die Beseitigung von nur punktuellen Missständen nicht den gravierenden Eingriff der Sozialisierung eines gesamten Wirtschaftszweiges bzw. eines wesentlichen Teils davon rechtfertigt,[49] ferner an Art. 3 I.[50]

**15** Wie bei der Enteignung muss bei einer Sozialisierung die Erreichung des Sozialisierungszwecks **auf Dauer** gesichert werden. Zu Recht wird darauf hingewiesen, dass dies gerade bei Selbstverwaltungs- und genossenschaftlichen Lösungen zu bedenken wäre, die im Rahmen des Art. 15 zulässig sein dürften, bei denen aber eine **Zielverfehlung** im privaten Interesse von Mitgliedern oder Funktionären nicht ohne weiteres ausgeschlossen erscheint.[51]

### III. Gesetzesvorbehalt und Entschädigung

**16** Die Sozialisierung darf wegen ihrer Bedeutung nur durch **förmliches Gesetz**[52] erfolgen. Die Anforderungen der **Junktimklausel** sind angesichts der konkreten Natur des Sozialisierungsgesetzes, das eine sehr genaue Festlegung von Art und Höhe der Entschädigung erlaubt, eher noch stringenter einzuhalten als bei der Enteignung.[53]

**17** Die entsprechende Anwendung der Regeln über die Enteignungsentschädigung (Art. 14 III 3 und 4)[54] bedeutet, dass auch im Falle der Sozialisierung ein gerechter **Ausgleich** der **öffentlichen** und **privaten Interessen** anzustreben ist, wobei dieser Verweis lediglich als eine bloße Rechtsfolgenverweisung anzusehen ist.[55] Entsprechend zur Enteignung gilt, dass das verfolgte Sozialisierungsziel keinen (endgültigen) Zugriff auf das **Wert(erhaltungs-)interesse** der betroffenen Boden- oder Unternehmenseigentümer, dh den Vermögenswert der Sozialisierungsobjekte, gestattet und dass die **vermögensmäßige Gleichheit** der von einer Sozialisierung Betroffenen und der Nichtbetroffenen gewahrt werden muss. Dies muss umso mehr gelten, als die Sozialisierung nicht zur **Konfiskation** entarten darf, dh nicht wegen des Vorwurfs der Sozialschädlichkeit der Eigentumsverwendung durch den bisherigen Eigentümer erfolgen darf.[56]

**18** Daher muss auch im Falle der Sozialisierung den betroffenen Eigentümern grds. ein **äquivalenter Ausgleich** für den Rechtsverlust gewährt werden.[57] Demgegenüber verfängt der Einwand nicht, damit werde das Entschädigungsgebot zur **Sozialisierungsbremse**.[58] Diese Funktion ist von der Verfassung gewollt.[59]

---

[45] *Schliesky* BK, Art. 15 Rn. 38; *J. Ipsen* NVwZ 2019, 527 (528 f.).

[46] *Jarass,* in: Jarass/Pieroth, Art. 15 Rn. 3; *Depenheuer/Froese* MKS I, Art. 15 Rn. 39; siehe auch *Durner,* in: Maunz/Dürig, Art. 15 Rn. 95: reduzierte Verhältnismäßigkeitsprüfung.

[47] *Kloepfer* NJW 2019, 1656 (1660).

[48] *Kloepfer* ebd. 1660 f.; *Schede/Schuldt* ZRP 2019, 78 (80); *Wolfers/Opper* DVBl.2019, 542 (548); *Schmidt* DÖV 2019, 508 (510).

[49] *Kloepfer* ebd. 1661; *J. Ipsen* NVwZ 2019, 527 (529); *Schede/Schuldt* ZRP 2019, 78 (80); *Wolfers/Opper* DVBl.2019, 542 (548 f.); *Schmidt* DÖV 2019, 508 (510); hierzu neigend auch *Axer* in BeckOK GG, Art. 15 Rn. 1a.

[50] *Kloepfer* ebd. 1661 f.; die Berliner Initiative hält dagegen grds. für zulässig *Thiel* DÖV 2019, 497 (503).

[51] *Bryde,* in: v. Münch/Kunig I, Art. 15 Rn. 15.

[52] *D. A. Bauer* DÖV 2010, 20 (22).

[53] *Bryde,* in: v. Münch/Kunig I, Art. 15 Rn. 20 f.

[54] *Axer* BeckOK GG Art. 15 Rn. 22; *Schliesky* BK, Art. 15 Rn. 55: „erkennbar eine vergleichbare Maßstabsbildung".

[55] *Durner,* in: Maunz/Dürig, Art. 15 Rn. 98; *Jarass,* in: Jarass/Pieroth, Art. 15 Rn. 4.

[56] Vgl. *Leisner* JZ 1975, 273; *Isensee* DÖV 1978, 237.

[57] Vgl. *Leisner* JZ 1975, 276; *Axer* BeckOK GG Art. 15 Rn. 22; *Isensee* DÖV 1978, 236: „Ausgleich" für die Grundrechtseinbuße; dass die Entschädigung im Fall der Sozialisierung der bei der Enteignung geschuldeten zu entsprechen hat, heben auch hervor *Krüger,* in: Die Grundrechte III/1, S. 312; *Depenheuer/Froese* MKS I, Art. 15 Rn. 46; *Durner,* in: Maunz/Dürig, Art. 15 Rn. 102 ff.; vgl. auch *Becker,* in: Stern/Becker, Art. 15 Rn. 34; aA *Thiel* DÖV 2019, 497 (503).

[58] Vgl. aber *Bryde,* in: v. Münch/Kunig I, Art. 15 Rn. 22; *Wieland,* in: Dreier I, Art. 15 Rn. 31; wie hier *Axer* in BeckOK GG, Art. 15 Rn. 22.

[59] *Becker,* in: Stern/Becker, Art. 15 Rn. 34; *Depenheuer/Froese* MKS I, Art. 15 Rn. 46.

Es trifft darüber hinaus zu, ist aber ebenfalls kein durchschlagendes Argument gegen die grund- **19** sätzliche Ausrichtung der Entschädigung am Verkehrswert,[60] dass mit ihr eine weitgehende gemeinwirtschaftliche Umstrukturierung des gütererzeugenden Sektors der Volkswirtschaft insgesamt ausgeschlossen wird.[61] Nicht ausgeschlossen wird mit ihr jedenfalls eine **gemeinwirtschaftliche Umstrukturierung** bestimmter **Unternehmen** bzw. **einzelner Bereiche** der Wirtschaft,[62] wie sie etwa in Notlagen und Krisenzeiten oder als Reaktion auf die internationale Wettbewerbssituation in Frage kommt.

## C. Wirtschaftsverfassungsrechtliche Bedeutung

Ein derart begrenzter Raum für die von Staats wegen erzwungene Verwirklichung gemeinwirt- **20** schaftlicher Vorstellungen ergibt sich nicht nur als Folge des dem Art. 15 zu entnehmenden Verbots, für die Sozialisierungsentschädigung andere als die für Art. 14 geltenden Maßstäbe zu entwickeln. Es ergibt sich weiter daraus, dass Art. 15 wie Art. 14 III zwar bestehende individuelle Rechtsstellungen zu relativieren und die Betroffenen auf die bloße Wertgarantie des Eigentums zu verweisen erlaubt, aber wie Art. 14 das Fortbestehen von **(Individual-)Eigentum,** und zwar gerade auch von produktiv eingesetztem Eigentum, als **Einrichtung der Privatrechts- und Wirtschaftsordnung** voraussetzt.[63] Auch deshalb stehen Art. 14 und Art. 15 in einem nicht umkehrbaren **Regel-Ausnahme-Verhältnis** zueinander.[64]

Dass Art. 15 von Verfassungs wegen keine Handhabe bietet, die private Wirtschaftstätigkeit auf **21** breiter Front zurückzudrängen,[65] ergibt sich schließlich daraus, dass er nicht zugleich die **Berufs- und Gewerbefreiheitsgarantie** des **Art. 12 I** zu derogieren vermag.[66] Das in Art. 15 zum Ausdruck kommende Prinzip eines relativen, dh substituierbaren Primärrechtsschutzes bezieht sich allein auf die Rechtsstellungsgarantie des Art. 14 I 1. Für die anderen Grundrechtsgarantien ist der Verfassung eine solche Relativität unbekannt. Eine Sozialisierung muss nämlich **nicht notwendigerweise** mit einer **Monopolisierung** oder **Berufssperre** der öffentlichen Hand für die betroffenen Wirtschaftsbereiche verbunden sein.[67]

Andererseits ist auch nicht ersichtlich, weshalb eine Monopolisierung von den **Schranken des** **22** **Art. 12 I** freigestellt sein sollte, wenn und weil sie zugleich unter Rückgriff auf Art. 15 auf bestehende Privatunternehmen Zugriff nimmt.[68]

Nimmt man die Begrenztheit des Kreises der sozialisierungsfähigen Güter hinzu, kann die Sozialisie- **23** rungsermächtigung die ihr häufig zugedachte **„wirtschaftsverfassungsrechtliche Konträrfunktion"**[69] nicht erfüllen.[70] Sie bietet die Möglichkeit zur partiellen gezielten Durchbrechung der Bestandsgarantie des Eigentums und zur gemeinwirtschaftlichen Organisation einzelner Wirtschaftsbereiche, sprengt aber nicht den **Gesamtrahmen der Staats- und Wirtschaftsverfassung.** Sie hebt diese nicht auf, sondern bildet eine **Facette** in der auch sonst von Spannungen und Antinomien keineswegs freien wirtschaftsverfassungsrechtlichen Ordnung des GG.[71]

Jedenfalls soweit in **Länderverfassungen** enthaltene **Sozialisierungsvorschriften** einen über **24** Art. 15 hinausgehenden Zugriff auf privates Eigentum zulassen, steht ihnen das GG entgegen.[72] So ist etwa Art. 52 der Verfassung des Saarlandes namentlich mit der Eigentumsgarantie des GG unvereinbar und unwirksam, weil er die durch Art. 15 gezogenen Grenzen überschreitet.[73]

---

[60] Hiergegen auch noch *Ipsen* VVDStRL 10 (1952), 112 f.; *Rittstieg* AK GG, Art. 14/15 Rn. 253; *Jarass,* in: Jarass/Pieroth, Art. 15 Rn. 4; *A. Peters* DÖV 2012, 64 (65).

[61] *Schliesky,* in: BK, Art. 15 Rn. 21: „Angesichts der Entschädigungspflicht wird eine flächendeckende Vergesellschaftung ganzer Wirtschaftszweige fiskalisch unmöglich sein."

[62] *Schliesky* BK, Art. 15 Rn. 21; *A. Peters* DÖV 2012, 64 (67).

[63] *Papier* HdbVerfR, § 18 Rn. 17; zu den Anforderungen der Einrichtungsgarantie des Eigentums vgl. näher *Wendt,* Eigentum und Gesetzgebung, 1985, S. 183 ff.

[64] Vgl. *E. R. Huber,* Wirtschaftsverwaltungsrecht, Bd. II, 2. Aufl. 1954, S. 165; *Bäumler* GewArch 1980, 291; *Depenheuer/Froese* MKS I, Art. 15 Rn. 8; *Becker,* in: Stern/Becker, Art. 15 Rn. 8.

[65] Zust. *Dietlein,* in: Stern, StaatsR IV/1, S. 2319.

[66] *Bettermann* WiR 1973, 250 ff.; *Dietlein,* in: Stern, StaatsR IV/1, S. 2319; *Axer* BeckOK GG, Art. 15 Rn. 24.

[67] *Papier* HdbVerfR, § 18 Rn. 18; *Depenheuer/Froese* MKS I, Art. 15 Rn. 8.

[68] *Papier* HdbVerfR, § 18 Rn. 18; *Dietlein,* in: Stern, Staatsrecht IV/1, S. 2319.

[69] Für die verfassungsrechtliche Zulässigkeit einer „gemeinwirtschaftlich geprägten ‚gemischten Wirtschaftsordnung'..." *Bryde,* in: v. Münch/Kunig I, Art. 15 Rn. 10.

[70] Ebenso *Papier* HdbVerfR, § 18 Rn. 18; wohl auch *Püttner,* Gemeinwirtschaft im deutschen Verfassungsrecht, S. 23 ff.; ob die Verstaatlichung ganzer Wirtschaftszweige mit den Anforderungen des Gemeinschaftsrechts vereinbar wäre, ist umstr., vgl. nur *Weis* NJW 1982, 1910; *Gramlich* ZVglRWiss 82 (1983), 187 ff.

[71] Vgl. allg. *Wendt* (Fn. 63), S. 263.

[72] Vgl. *Isensee* DÖV 1978, 233 (235, 248); *Püttner* (Fn. 32), S. 11 ff.; *Bryde,* in: v. Münch/Kunig I, Art. 15 Rn. 23; *Schliesky* BK, Art. 15 Rn. 62; *Becker,* in: Stern/Becker, Art. 15 Rn. 46.

[73] *Wendt,* in: Wendt/Rixecker, Verfassung des Saarlandes, Kommentar, 2009, Art. 52 Rn. 9 ff., 15 f.; *Ch. Gröpl* LKRZ 2009, 1.

## Art. 16 [Ausbürgerung, Auslieferung]

(1) **Die deutsche Staatsangehörigkeit darf nicht entzogen werden. Der Verlust der Staatsangehörigkeit darf nur auf Grund eines Gesetzes und gegen den Willen des Betroffenen nur dann eintreten, wenn der Betroffene dadurch nicht staatenlos wird.**

(2) **Kein Deutscher darf an das Ausland ausgeliefert werden. Durch Gesetz kann eine abweichende Regelung für Auslieferungen an einen Mitgliedstaat der Europäischen Union oder an einen internationalen Gerichtshof getroffen werden, soweit rechtsstaatliche Grundsätze gewahrt sind.**

**Entstehungsgeschichte:** JöR nF 1 (1951), 159 ff. – **Änderung:** 39. G zur Änd. des GG v. 28.6.1993 (BGBl I 1002), Art. 1 Nr. 1 (dazu: BT-Dr 12/4152 [Entwurf]; BT-Prot 12/11595. 13502; BR-Dr 352/93; BR-Prot 93/ 198); Abs. 2 S. 2 angef. durch G v. 29.11.2000 (BGBl I 1633) (dazu: BT-Dr 14/2668; BRDr 715/99).

**Historische Verfassungstexte: RV 1849:** § 132 Jeder Deutsche hat das deutsche Reichsbürgerrecht. Die ihm kraft dessen zustehenden Rechte kann er in jedem deutschen Land ausüben... § 189 Jeder deutsche Staatsbürger in der Fremde steht unter dem Schutz des Reichs. – **RV 1871: Art. 3** (6) Dem Auslande gegenüber haben alle Deutschen gleichmäßig Anspruch auf den Schutz des Reichs – **WRV 1919: Art. 110** (1) Die Staatsangehörigkeit im Reiche und in den Ländern wird nach den Bestimmungen eines Reichsgesetzes erworben und verloren. Jeder Angehörige eines Landes ist zugleich Reichsangehöriger. **Art. 112** (1)... (2) Dem Ausland gegenüber haben alle Reichsangehörigen inner- und außerhalb des Reichsgebietes Anspruch auf den Schutz des Reiches. (3) Kein Deutscher darf einer ausländischen Regierung zur Verfolgung oder Bestrafung überliefert werden.

**Geltende Landesverfassungen:** *Bay*Verf Art. 6, 7 I; *Bbg*Verf Art. 3 I; *Hess*Verf Art. 7 I; *RhPf*Verf Art. 16 I, 75 II; *Saar*lVerf Art. 11 I; *Sachs*Verf Art. 5.

**Supra- und internationale Texte:** AMRE Art. 15, 13 Nr. 2; AMRK Art. 20; AmErkl Art. XIX; AEUV Art. 20, 82 ff.; EMRK 4. ZP Art. 3; GRC Art. 19 Helsinki-Dokument 1992 Kap. VI Ziff. 55 und 56; IPbürgR Art. 12 IV; Konv. z. Verminderung der Staatenlosigkeit (BGBl. II 1977, 598) Art. 9, 31b; Übereinkommen über die Auslieferung zwischen Mitgliedstaaten der Europäischen Union Art. 7; Statut des Internationalen Strafgerichtshofs zur Ahndung von Völkermord, Verbrechen gegen die Menschlichkeit und Kriegsverbrechen (BGBl. II 2000, 1394) Art. 89; Europäische Konvention über die Staatsangehörigkeit v. 6.11.1997, ILM 1998, 44, insbes. Art. 6.

**Gesetzgebung:** StAG; IRG; IStGHG § 73.

**Leitentscheidungen:** BVerfGE 8, 81 (Aufklärungspflicht in Auslieferungsfällen); BVerfGE 10, 136 (Durchlieferung); BVerfGE 29, 183 (Rücklieferung); BVerfGE 77, 137 (Teso); BVerfG (K) NJW 1990, 2193 (Entziehung der Staatsangehörigkeit); BVerfGE 113, 273 (Europäischer Haftbefehl); BVerfGE 116, 24 (Rücknahme einer durch Täuschung erschlichenen Einbürgerung); BVerfG (K) NVwZ 2012, 1388 (Erwerb einer ausländischen Staatsangehörigkeit durch Sorgeberechtigte); BVerfG v. 17.2.2014 – 2 BvQ 4/14 (Keine Ausdehnung des Deutschenprivilegs des Art. 16 II GG auf Unionsbürger); BVerfG v. 9.11.2016 – 2 BvR 545/16 (Europäischer Haftbefehl); BVerfG v. 17.7.2019 – 2 BvR 1327/18 (Staatsangehörigkeitsverlust durch Vaterschaftsanfechtung); EuGH C-135/08 – Rottmann (Aberkennung betrügerisch erschlichener Staatsbürgerschaft); EuGH C-34/09 – Ruiz Zambrano (Aufenthaltsrecht minderjähriger Unionsbürger); EuGH C-404/15 u. C-659/15 PPU – Aranyosi (Europäischer Haftbefehl, Art. 4 GRC); EuGH C-182/15 – Petruhhin (Auslieferung von Unionsbürgern an Drittstaaten); EuGH C-221/17 – Tjebbes (Verlust der Unionsbürgerschaft durch Verlust der Staatsangehörigkeit eines Mitgliedstaates, Verhältnismäßigkeit).

**Schrifttum:** *Y. Becker,* Rückwirkender Wegfall der deutschen Staatsangehörigkeit – Entziehung oder Verlust, NVwZ 2006, 304; *M. Deinhard,* Das Recht der Staatsangehörigkeit unter dem Einfluss globaler Migrationserscheinungen, 2015; *K. Doehring,* Die Pflicht des Staates zur Gewährung diplomatischen Schutzes, 1959; *R. Grawert,* Staatsvolk und Staatsangehörigkeit HStR II, § 16; *B. Grzeszick,* Nationale Staatsangehörigkeit und europäische Unionsbürgerschaft, ZRP 2015, 42; *S. Haack,* Staatsangehörigkeit – Unionsbürgerschaft HStR X, § 205; *K. Hailbronner/H.-G. Maaßen/J. Hecker/M. Kau,* Staatsangehörigkeitsrecht, 2017; *T. O. Hokema,* Mehrfache Staatsangehörigkeit, 2002; *G. A. Krohne,* Die Ausbürgerung illoyaler Staatsangehöriger, 2013; *F. Lämmermann,* Ein Jahrzehnt ius soli – Eine Bilanz und Ausblick, ZAR 2011, 1; *H.-G. Maaßen,* Staatsangehörigkeitsrechtliche Fragen der Terrorismusbekämpfung, ZAR 2011, 336; *J. Masing,* Wandel im Staatsangehörigkeitsrecht vor den Herausforderungen moderner Migration, 2001; *M. Sachs,* Der Schutz der deutschen Staatsangehörigkeit, in: Stern, StaatsR IV/1, 2006, § 101; *ders.,* Das Auslieferungsverbot und das Asylrecht, ebd., § 103; *F. Schoch,* Europäisierung des Staatsangehörigkeits- und Aufenthaltsrechts durch den Unionsbürgerstatus, FS Hailbronner, 2013, 355; *A. Wallrabenstein,* Das Verfassungsrecht der Staatsangehörigkeit, 1999; *F. Weber,* Staatsangehörigkeit und Status, 2018; *N. Weiß,* Schutz vor Auslieferung HStR X, § 207; *B. Ziemske,* Die deutsche Staatsangehörigkeit nach dem Grundgesetz, 1995; *A. Zimmermann,* Die Auslieferung Deutscher an Staaten der Europäischen Union und internationale Strafgerichtshöfe, JZ 2001, 233.

## Übersicht

## A. Schutz deutscher Staatsangehörigkeit (Abs. 1)[1]

### I. Zum Konzept der Staatsangehörigkeit

Das Staatsvolk, bestehend aus den Staatsangehörigen, gehört im Sinne der klassischen Drei-Elemen- **1** te-Lehre zu den konstituierenden Staatselementen. Die Definition der Staatsangehörigkeit gehört also begriffsnotwendig zum Staat. Grundsätzlich **bestimmt** jeder **Staat selbst,** wer zu seinen Staatsange-hörigen gehört. Das Völkerrecht setzt bei der Bestimmung des Kreises der Staatsangehörigen nur gewisse äußerste Grenzen dahingehend, dass eine nähere tatsächliche Beziehung zwischen dem betreffenden Bürger und dem Staat, dessen Staatsangehörigkeit er hat, bestehen muss.[2] Während des Bestehens zweier deutscher Staaten konnte die Bundesrepublik daher auch Staatsbürger der ehemaligen Deutschen Demokratischen Republik als ihre Staatsangehörigen betrachten,[3] weil die vom Völkerrecht geforderte nähere Beziehung zwischen der Bundesrepublik und den Bürgern der ehemaligen DDR fortbestand.[4]

Üblicherweise wird an die Staatsangehörigkeit der Eltern **(ius sanguinis /Abstammungsprinzip)** **2** oder die Geburt auf dem Territorium des betreffenden Staates (Territorialitätsprinzip/ius soli) an-geknüpft. Deutschland steht in der Tradition des ius sanguinis-Prinzip.[5]

Wer deutscher Staatsangehöriger ist, wird demnach durch **einfaches Recht** festgelegt. Art. 16 I setzt **3** die deutsche Staatsangehörigkeit voraus; wer Statusdeutscher ist, regelt hingegen Art. 116.[6] Neben dem ius sanguinis-Tatbestand des § 4 I StAG besteht mit § 4 III StAG ein Tatbestand des **ius soli/Territo-rialitätsprinzips,** der regelmäßig zur Doppel- oder Mehrstaatigkeit führt. § 3 II 1 StAG enthält den Erwerb der Staatsangehörigkeit durch Ersitzung. Danach erwirbt jemand die deutsche Staatsangehörig-keit, wenn er zwölf Jahre von deutschen Stellen als Deutscher behandelt wurde und er dies nicht zu vertreten hat. Der **Einbürgerungsanspruch nach § 10 StAG** setzt nunmehr nunmehr auch die „Ein-ordnung in die deutschen Lebensverhältnisse" voraus. Insbesondere darf keine Mehrehe bestehen.

Die **mehrfache Staatsangehörigkeit** impliziert potentielle Nachteile für den Betroffenen und **4** seine Heimatstaaten und ist deshalb als Massenerscheinung rechtspolitisch nicht erwünscht,[7] jedoch nicht verfassungswidrig.[8] Für den Betroffenen kann die doppelte Staatsangehörigkeit weniger diploma-tischen Schutz im Ausland bedeuten,[9] wenn sich keiner seiner beiden Staaten verpflichtet fühlt der Person zu helfen. Außerdem folgt daraus eine komplexe rechtliche Situation, zum Beispiel in Fällen der Heirat, der Scheidung, von Erbschaften und im Steuerrecht. Auch für die Staaten ergeben sich mögliche Nachteile, wie das Risiko einer fehlenden Loyalität des Staatsbürgers sowie Möglichkeiten der Person, nationalen Gerichtsentscheidungen auszuweichen. Gleichwohl besteht angesichts zuneh-mender Mobilität und Migration eine gesteigerte Bereitschaft der Staaten, mehrfache Staatsangehörig-keit zuzulassen.[10] Insbesondere müssen Staatsangehörige anderer Mitgliedstaaten der EU sowie der Schweiz ihre Staatsangehörigkeit nicht mehr aufgeben, um die deutsche zu erwerben.[11]

---

[1] Herrn Noah Zimmermann danke ich für seine Mitarbeit bei der Aktualisierung.

[2] *Verdross/Simma,* Universelles Völkerrecht, 3. Aufl. 1984, S. 789.

[3] Zu den spezifischen Problemen der deutschen Staatsangehörigkeit s. *Kokott* NVwZ 1988, 799; *v. Mangoldt* FS Dürig, 1990, S. 119.

[4] BVerfGE 77, 137 (153 ff.); problematisch in Bezug auf den völkerrechtlichen „genuine link" ist die Käuflichkeit der maltesischen Staatsangehörigkeit gem. der Gesetzesnovelle zum Maltese Citizenship Act, Cap 188 v. 15.11.2013; hierzu mit Schwerpunkt auf die unionsrechtliche Problematik: *Hilpold* NJW 2014, 1071; ähnlich problematisch auch in Bulgarien und Zypern, s. FAZ v. 17.3.2018, S. 10.

[5] Vgl. hierzu *v. Mangoldt* StAZ 1994, 33.

[6] Vgl. → Art. 116 Rn. 3 ff.

[7] Vgl. BVerfGE 37, 217 (254 ff.); BVerfG (K) NVwZ 2007, 441 (444); *Doehring* FS Quaritsch, 2000, S. 255; *Epping,* in: K. Ipsen, Völkerrecht (2018), § 7 Rn. 99 ff.; *Hokema,* Mehrfache Staatsangehörigkeit, 2002, S. 236 ff.; *v. Mangoldt* JZ 1993, 965 ff.; *v. Münch,* NJW 1994, 1199; *Scholz/Uhle,* NJW 1999, 1510 (1512); *Stern,* StaatsR I, S. 255; *Wittreck,* in: Dreier I, Art. 16 Rn. 18; differenz. *Kämmerer* BK, Art. 16 (2015) Rn. 40.

[8] AA *Mertens,* Das neue Staatsangehörigkeitsrecht – eine verfassungsrechtliche Untersuchung, 2004, S. 59 ff.; *Scholz/Uhle* NJW 1999, 1510.

[9] Zum diplomatischen Schutz *Ress/Stein* (Hrsg.), Der diplomatische Schutz im Völker- und Europarecht, 1996.

[10] Vgl. § 12 StAG; Art. 14–17 der Europ. Konvention über die Staatsangehörigkeit; *Dörr,* EPIL 2006.

[11] § 12 II StAG.

**5**     Wichtiger als die Vermeidung der Mehrstaatigkeit ist dem Phänomen der **Staatenlosigkeit** zu begegnen.[12] Die Staatsangehörigkeit impliziert menschenrechtliche Aspekte, da sie die Voraussetzung für die Ausübung politischer Rechte ist, sich auf die Rechtsstellung des Einzelnen auswirkt und diesem den Weg zu einem Mindestmaß an Schutz in den internationalen Beziehungen eröffnet.[13] Nach Art. 15 I AMRE hat jeder Mensch Anspruch auf Staatsangehörigkeit. Niemandem darf seine Staatsangehörigkeit willkürlich entzogen werden noch das Recht versagt werden, seine Staatsangehörigkeit zu wechseln.[14] Die AMRE ist zwar als solche nicht rechtsverbindlich, wird aber vielfach als Ausdruck des Völkergewohnheitsrechts verstanden.[15]

**6**     Eine durch die Staatsangehörigkeit der Mitgliedstaaten vermittelte **Unionsbürgerschaft** sehen Art. 20 ff. AEUV vor. Sie bestimmt den grundlegenden Status der Angehörigen der Mitgliedstaaten[16] und wirkt sich insbesondere in den Bereichen der Freizügigkeit, des Kommunalwahlrechts, des diplomatischen Schutzes und des Petitionsrechts aus. Unionsbürger haben das Recht auf Freizügigkeit und Nichtdiskriminierung, politische Mitwirkungs- und Kontrollrechte sowie ein Aufenthaltsrecht in der Union. Mangels Staatsqualität der Europäischen Union ist die Unionsbürgerschaft keine Staatsangehörigkeit.[17] Sie tritt gem. Art. 9 EUV zur nationalen Staatsbürgerschaft hinzu, ersetzt diese aber nicht. Die Mitgliedstaaten müssen sie bei der Ausübung ihrer Zuständigkeit im Bereich der Staatsangehörigkeit beachten.[18] So überprüft der EuGH die Verhältnismäßigkeit des Entzugs der Unionsbürgerschaft und somit regelmäßig (außer bei EU-Doppel- oder Mehrstaatlern) mittelbar auch des Entzugs der sie vermittelnden Staatsangehörigkeit.[19]

**7**     Zu unterscheiden sind zum einen die völkerrechtliche, die unionsrechtliche und die verfassungsrechtliche Ebene,[20] zum anderen Rechte des Individuums auf der einen und Rechte des Staates auf der anderen Seite. Auf **völkerrechtlicher Ebene** berechtigt die Staatsangehörigkeit den Heimatstaat zur Ausübung **diplomatischen Schutzes** zugunsten seiner Staatsangehörigen.[21] Die Staatsangehörigkeit beinhaltet also unmittelbare völkerrechtliche Rechte und Pflichten jedenfalls des Heimatstaates, nach zum Teil vertretener Auffassung darüber hinaus auch ein subjektives Recht des Staatangehörigen auf **Aufnahme in seinen Heimatstaat.**[22] Jedenfalls begründet die Staatsangehörigkeit eine wechselseitige Beziehung der Loyalität und Treue, die dem Einzelnen ein Mindestmaß an Schutz gewährt.[23]

**8**     Nach **innerstaatlichem Recht** ist die Staatsangehörigkeit zwar grds. nur eine der Voraussetzungen für Wahlrecht und Wehrpflicht. Immerhin entspricht aber der völkerrechtlichen Berechtigung des Staates zur Ausübung diplomatischen Schutzes zugunsten der eigenen Staatsangehörigen ein – allerdings nur beschränkt justitiabler[24] – innerstaatlicher **Anspruch** des Einzelnen **auf fehlerfreie Ermessensausübung,** ob und wie die BReg diplomatischen Schutz ausübt.[25] Außerdem impliziert die Staatsangehörigkeit verfassungsrechtlich das Recht auf Aufnahme in den Heimatstaat sowie auf Schutz vor Ausweisung.[26]

## II. Verbot der Entziehung und Beschränkung des Verlustes der Staatsangehörigkeit

**9**     **1. „Entziehung" und „Verlust".** Art. 16 1 unterscheidet zwischen der **Entziehung** der Staatsangehörigkeit (Satz 1) und ihrem **sonstigen Verlust** (Satz 2); er stellt an beide Verlustformen unterschiedliche verfassungsrechtliche Anforderungen. Die Entziehung ist nach Satz 1 ausnahmslos verboten. Im Gegensatz dazu kann ein sonstiger Verlust der Staatsangehörigkeit nach Satz 2 unter Umständen verfassungsrechtlich gerechtfertigt werden.[27] Verlust im Sinne des Art. 16 I 2 ist jeder

---

[12] Vgl. *Epping,* in: K. Ipsen, Völkerrecht, (2018), § 7 Rn. 110 ff.; *Giegerich,* in: Maunz/Dürig, Art. 16 I (2016) Rn. 52.

[13] IAGMR EuGRZ 1985, 502 (505).

[14] Ebenso nach Art. 20 I AMRK.

[15] *Carrillo Salcedo,* EPIL II, S. 922 (925 f.).

[16] St. Rspr., vgl. EuGH C-135/08 Rn. 43 mwN – Rottmann; C-34/09 Rn. 41 – Ruiz Zambrano; C-434/09 Rn. 27 – McCarthy; C-221/17 Rn. 31 – Tjebbes.

[17] *Kokott* FS Tomuschat, 2006, S. 207 ff.

[18] Vgl. EuGH, C-135/08 Rn. 41, 45 – Rottmann; C-221/17 Rn. 30, 32 – Tjebbes; *Kämmerer* BK, Art. 16 (2015) Rn. 48 ff.; *Schoch* FS Hailbronner, 2013, S. 364 ff.; *Wittreck,* in: Dreier I, Art. 16 Rn. 24 f.

[19] Vgl. EuGH C-135/08 Rn. 45 – Rottmann; C-221/17 Rn. 32 – Tjebbes.

[20] Zu diesen Unterscheidungen *Wengler* FS Schätzel, 1960, S. 545 ff.

[21] Vgl. hierzu *Giegerich,* in: Maunz/Dürig, Art. 16 I (2016) Rn. 45; *Ress/Stein* (Hrsg.), Der diplomatische Schutz im Völker- und Europarecht, 1996; *Geck,* EPIL I, S. 1045 ff.

[22] Vgl. *Giegerich,* in: Maunz/Dürig, Art. 16 I (2016) Rn. 44; *Hailbronner* HMK Grundlagen D Rn. 99 ff. *Randelzhofer,* EPIL III, 501 ff. (507) mwN Siehe auch Art. 13 Nr. 2 AMRE; Art. 12 IV IPbürgR; Art. 3 II EMRK 4. ZP.

[23] So der IAGMR, EuGRZ 1985, 502 ff. (505); IGH, Fall Nottebohm, ICJ Reports 1955, 23; aA *de Groot,* Staatsangehörigkeitsrecht im Wandel, 1989, S. 15 f.

[24] BVerfGE 55, 349 (364 f.); BVerfG (K) NJW 1992, 3222 (3223).

[25] Vgl. *Doehring,* Die Pflicht des Staates zur Gewährung diplomatischen Schutzes, 1959; *Stern,* Staatsrecht I, S. 258 f.; bzgl. Nichtstaatsangehöriger *Kleinlein/Rabenschlag* ZaöRV 2007, 1277 (1299 ff.).

[26] Vgl. *Doehring,* Staatsrecht, S. 337; *Grawert* HStR II, § 16 Rn. 42.

[27] BVerfG (K) FamRZ 2019, 1624 Rn. 21.

Wegfall der deutschen Staatsangehörigkeit, der nicht Entziehung im Sinne des Satzes 1 ist.[28] Satz 1 ist also lex specialis gegenüber Satz 2. Damit regelt Art. 16 I den Wegfall der Staatsangehörigkeit umfassend; es gibt keinen grundrechtsfreien Wegfall oder Verlust der deutschen Staatsangehörigkeit.

Eine **Entziehung** der deutschen Staatsangehörigkeit im Sinne des Art. 16 I ist jede Verlustzufü- **10** gung, die die Funktion der Staatsangehörigkeit als verlässliche Grundlage **gleichberechtigter Zugehörigkeit zum Staatsvolk** beeinträchtigt.[29] Insofern ist „Entziehung" die individuelle, einzelaktsmäßige – oder allgemeinverfügungsartige – Zwangsausbürgerung, gleichgültig, ob sie durch Verwaltungsakt, Richterakt oder Sonder- bzw. Maßnahmegesetz erfolgt.[30] Entziehung ist insbesondere der unvermeidbare Verlust der Staatsangehörigkeit, den der Betroffene nicht oder nicht auf zumutbare Weise beeinflussen kann.[31]

Traditionell anerkannte **Verlustgründe,** wie früher auf Grund Heirat, Annahme als Kind durch **11** einen Ausländer[32] oder Erwerbs einer ausländischen Staatsangehörigkeit,[33] bewirken keine Entziehung.[34] Der Wegfall der Staatsangehörigkeit, der als Rechtsfolge eintritt, wenn ein Gericht auf Anfechtung hin das Nichtbestehen der Vaterschaft feststellt, von der ein Kind den Geburtserwerb der deutschen Staatsangehörigkeit ableitet, ist jedenfalls dann keine Entziehung, wenn sich das betroffene Kind in einem Alter befindet, in dem Kinder üblicherweise noch kein eigenes Vertrauen auf den Bestand ihrer Staatsangehörigkeit entwickeln. Die entsprechenden familienrechtlichen Regelungen sind allgemeiner Natur, frei von einem diskriminierenden Gehalt und betreffen in ihren Auswirkungen die Staatsangehörigkeit – soweit diese überhaupt betroffen ist – nur als eines von vielen an die Elternschaft anknüpfenden Rechtsverhältnissen. Insbesondere berühren sie nicht die für die Integrationsfunktion der Staatsangehörigkeit zentrale gesicherte Gleichheit des Zugehörigkeitsstatus aller Staatsangehörigen.[35]

Der **Verlust** der deutschen Staatsangehörigkeit auf Grund **Erwerbs einer ausländischen Staats-** **12** **angehörigkeit nach § 25 StAG** ist insofern vermeidbar, als der Betroffene die deutsche Staatsangehörigkeit behält, wenn er auf den Erwerb der ausländischen Staatsangehörigkeit verzichtet oder erfolgreich eine Beibehaltungsgenehmigung beantragt.[36] Dabei darf der Erwerb der ausländischen Staatsangehörigkeit nicht bloß kraft Gesetzes eintreten, sondern muss auf eine Willenserklärung des Betroffenen zurückzuführen sein.[37] Nach der Rspr. des BVerwG kann der Verlust der deutschen Staatsangehörigkeit im Rahmen des § 25 I 1 StAG zudem nur eintreten, wenn dem Betroffenen der Besitz der deutschen Staatsangehörigkeit bekannt war oder hätte bekannt sein müssen.[38]

Die deutsche Staatsangehörigkeit geht auch bei Nichtausübung der Optionspflicht nach § 29 StAG **13** verloren. Optionspflichtig sind bestimmte, rechtmäßig aufenthältige Deutsche, die zusätzlich eine ausländische Staatsangehörigkeit haben. Darunter fallen **Kinder ausländischer Eltern,** welche die deutsche Staatsangehörigkeit nach dem ius soli-Tatbestand des § 4 III StAG erworben haben und die nicht im Inland aufgewachsen sind. Offenbar liegt es in der Hand des Betroffenen, ob er eine solche Option ausübt oder nicht. Damit liegt keine Entziehung vor, sofern die Aufgabe der anderen Staatsangehörigkeit sowohl möglich als auch zumutbar ist. Ist dies nicht der Fall, besteht ein Anspruch auf eine Beibehaltungsgenehmigung.[39]

Nach § 28 StAG liegt ein **Verlust** der deutschen Staatsangehörigkeit vor, wenn ein Mehrstaatler **14** ohne gem. Wehrpflichtgesetz vorgesehener Zustimmung des Bundesministeriums der Verteidigung in die **Streitkräfte** oder einen vergleichbaren bewaffneten Verband des Staates eintritt, dessen Staatsangehörigkeit er besitzt (§ 28 I Nr. 1 StAG)[40] oder er sich an einer terroristischen Vereinigung im Ausland konkret beteiligt (§ 28 I Nr. 2 StAG).[41]

---

[28] *v. Mangoldt* HStR V, § 119 Rn. 93.

[29] BVerfG (K) FamRZ 2019, 1624 Rn. 23; BVerfGE 116, 24 (44); ferner BVerfG (K) NJW 2007, 425 (426); NVwZ 2007, 441 (442); BVerfGE 135, 48 Rn. 31.

[30] BVerfGE 116, 24 (42 f.); *v. Mangoldt* HStR V, § 119 Rn. 88; *Doehring,* Staatsrecht, S. 355; *Sachs,* in: Stern, StaatsR IV/1, S. 697 f.; *Schmahl* ZAR 2007, 174 (175).

[31] BVerfGE 116, 24 (44 f.); BVerfG (K) NJW 1990, 2193; BVerwGE 131, 121 (127); *Becker* MKS I, Art. 16 Rn. 35; *Giegerich,* in: Maunz/Dürig, Art. 16 I (2016) Rn. 134.

[32] § 27 StAG.

[33] § 25 StAG.

[34] Vgl. BVerfG (K)FamRZ 2019,1624 Rn. 28; *Seifert* DÖV 1972, 671.

[35] BVerfG (K) FamRZ 2019,1624 Rn. 25.

[36] BVerfG (K) NVwZ 2007, 441 (442).

[37] BVerfG NVwZ 2012, 1388 Rn. 16; zur Unanwendbarkeit des § 25 StAG bei Erwerb der israelischen Staatsangehörigkeit kraft Gesetzes OVG NRW DVBl 2013, 584 (587).

[38] BVerwGE 131, 121, dazu *Sachs* JuS 2008, 1109 und *Hailbronner* HMHK, StAG § 25 Rn. 15; BVerwG NVwZ-RR 2010, 658.

[39] § 29 III und IV StAG.

[40] An dessen Verfassungsmäßigkeit zweifelnd *Zuleeg* AK GG, Art. 16 (2001) Rn. 23 aE.

[41] Eingefügt durch G. v. 4.8.2019, BGBl I 1124 zur Bekämpfung des Phänomens der sog. „foreign fighters" bzw. zur Verhinderung deren Rückkehr nach Deutschland. Zur Vereinbarkeit mit Europarecht → Rn. 34; zu völkerrechtlichen Problemen *Zimmermann/Eiken* NVwZ 2019, 1313.

**15**    **2. Zulässigkeitsvoraussetzungen des Verlustes.** Abs. 1 Satz 1 verlangt zur Legitimierung eines unfreiwilligen Verlusts der Staatsangehörigkeit eine **gesetzliche Grundlage.** Dabei gebietet Abs. 1 Satz 2 den Verlust der Staatsangehörigkeit so bestimmt zu regeln, dass die für den Einzelnen und für die Gesellschaft gleichermaßen bedeutsame Funktion der Staatsangehörigkeit als verlässliche Grundlage gleichberechtigter Zugehörigkeit zum Staatsvolk nicht beeinträchtigt wird.[42] Daher darf der Verlust nicht nur unausgesprochene Nebenfolge etwa der Feststellung des Nichtbestehens der Vaterschaft sein.[43]

**16**    Die Formulierung „auf Grund eines Gesetzes" erweckt den Eindruck, dass ein Verlust der Staatsangehörigkeit unmittelbar **durch Gesetz** nicht zulässig ist. Die h. M. geht jedoch davon aus, dass insoweit ein Redaktionsversehen vorliegt; die traditionellen gesetzlichen Verlustgründe, insbesondere Erwerb einer fremden Staatsangehörigkeit, sollten nicht ausgeschlossen werden.[44] Ein Verlust durch Gesetz verstößt demnach als solcher nicht gegen Art. 16 I 2, sofern er den Anforderungen des GG im Übrigen genügt.

**17**    Art. 16 I 2 verbietet, dass gegen oder ohne den Willen des Betroffenen Staatenlosigkeit eintritt. Auch eine **faktische Staatenlosigkeit** ist zu vermeiden.[45] Faktische Staatenlosigkeit liegt vor, wenn der Heimatstaat zwar willens ist, seinen Staatsangehörigen Schutz zu bieten, dies aber wegen mangelnder Anerkennung durch die anderen Staaten nicht kann.[46] In Betracht kommt eine faktische Staatenlosigkeit ferner dann, wenn ein Staat einen missliebigen Staatsangehörigen zwar nicht formell ausbürgert, ihn im Übrigen aber wie einen Fremden behandelt, indem er ihm etwa keinen Pass gewährt.

**18**    **3. Aufhebung der Einbürgerung und rückwirkender Entfall der Voraussetzungen des Erwerbs der Staatsangehörigkeit.** Die Einbürgerung ist ein begünstigender Verwaltungsakt und unterliegt als solcher an sich den §§ 48, 49 VwVfG. Dass nicht zwingend eine spezialgesetzliche **Ermächtigungsgrundlage** erforderlich war, wenn der Betroffene die Einbürgerung durch Täuschung bewirkt hatte, hatte das BVerfG bestätigt.[47] 2010 schuf der Bundesgesetzgeber jedoch mit § 35 StAG die von Teilen der Rspr. und Lit. geforderte spezialgesetzliche Ermächtigungsgrundlage.[48] Eine rechtswidrige Einbürgerung kann nach dieser Vorschrift zurückgenommen werden, wenn der Verwaltungsakt durch arglistige Täuschung, Drohung oder Bestechung oder durch vorsätzlich unrichtige oder unvollständige Angaben, die wesentlich für den Erlass des Verwaltungsakts gewesen sind, erwirkt worden ist. Bei Einhaltung des Verhältnismäßigkeitsgrundsatzes ist ein damit verbundener Verlust der Unionsbürgerschaft unionsrechtskonform.[49] Die zeitliche Grenze für die Rücknahme wurde nunmehr auf zehn Jahre angehoben.[50]

**19**    Nach deutschem Verwaltungsrecht ein auf Täuschung beruhender Verwaltungsakt nur rechtswidrig und nicht nichtig.[51] Der Betreffende hat also auch die deutsche Staatsangehörigkeit wirksam erworben. Die **Rücknahme einer solchen auf Grund Täuschung des Antragstellers** erfolgten **rechtswidrigen Einbürgerung** könnte daher eine absolut verbotene Entziehung im Sinne des Art. 16 I 1 sein.[52] Jedoch sind bei der Frage der Rücknehmbarkeit verfassungs- und unionsrechtliche,[53] nicht aber verwaltungsrechtliche Kriterien zugrunde zu legen.[54] Die einfachrechtliche Frage der Wirksamkeit eines Verwaltungsakt kann nicht ausschlaggebend für die Auslegung eines Grundrechts sein. Sinn und Zweck des Art. 16 I 1 ist es, die Zwangsausbürgerung ethnisch oder politisch missliebiger Personen zu verhindern,[55] nicht aber einen besonderen, über das allgemeine Verwaltungsrecht hinausgehenden Bestandsschutz zugunsten von Personen zu schaffen, die die deutsche Staatsangehörigkeit durch falsche Angaben erschleichen. Hiergegen spricht auch das Prinzip der Gesetzmäßigkeit der Verwaltung (Art. 20 III).[56]

---

[42] BVerfG (K) FamRZ 2019,1624 Rn. 28.

[43] BVerfG (K) FamRZ 2019,1624 Rn. 34 f.

[44] *Becker* MKS I, Art. 16 Rn. 43; *Jarass,* in: Jarass/Pieroth, Art. 16 Rn. 10; *Lübbe-Wolff* Jura 1996, 57 (63); *Hailbronner* HMK, StAG Art. 16 Rn. 62; *Sachs,* in: Stern, StaatsR IV/1, S. 691; aA etwa *Zuleeg* AK GG, Art. 16 (2001) Rn. 11.

[45] *Lübbe-Wolff* Jura 1996, 57 (63 f.); *Hailbronner* HMHK, StAG, Art. 16 Rn. 65; *v. Mangoldt,* in: Makarov/v. Mangoldt, Deutsches Staatsangehörigkeitsrecht II, 1997, Art. 16 Rn. 22; *Sachs,* in: Stern, StaatsR IV/1, S. 704 f.

[46] So in dem BVerwG StAZ 1960, 12 zugrunde liegenden Fall: Nachdem die UdSSR ua Litauen annektiert hatte, erkannten sie und andere Staaten die litauische Staatsangehörigkeit nicht an.

[47] BVerfGE 116, 24 (51 f.) mit abwM *Broß, Lübbe-Wolff, Osterloh, Gerhardt* (60 ff.); zust. *Kämmerer* NVwZ 2006, 1015 (1017).

[48] Vgl. zur Entstehungsgeschichte des § 35 StAG *Hailbronner/Hecker* HMHK, StAG § 35 Rn. 1 ff.

[49] EuGH C-135/08 Tenor Rottmann.

[50] Durch G v. 4.8.2019, BGBl I 1124.

[51] Vgl. §§ 48 II, 43, 44 VwVfG.

[52] So *Lübbe-Wolff* Jura 1996, 57 (61); s. auch *Silagi* StAZ 2006, 313 (319 f.); *Zuleeg* AK GG, Art. 16 (2001) Rn. 19.

[53] S. insb. EuGH C-135/08 Rn. 41 ff. – Rottmann und C-221/17 Rn. 31 – Tjebbes.

[54] Ebenso *Hailbronner* HMHK, Art. 16 Rn. 35 ff.

[55] Vgl. BVerfGE 116, 24 (37 ff.); BVerwGE 118, 216 (220); *Wittreck,* in: Dreier I, Art. 16 Rn. 6; *Zuleeg* AK GG, Art. 16 (2001) Rn. 5.

[56] S. BVerwGE 118, 216 (220); 119, 17 (19); *Schmahl* ZAR 2007, 174 (176).

In seiner ursprünglichen Fassung verbot Art. 16 I 1 zudem nur die willkürliche Entziehung der **20** Staatsangehörigkeit; die Streichung des Attributs „willkürlich" sollte keine so weit gehende Erweiterung des Schutzes des Art. 16 I 1 bewirken, dass auch erschlichene Staatsangehörigkeiten absolut geschützt seien.[57] Das hat das BVerfG bestätigt.[58] Auch das Verbot der Inkaufnahme von Staatenlosigkeit gem. Art. 16 I 2 erstreckt sich nicht auf den speziellen Fall der **erschlichenen Einbürgerung.** Das BVerfG legt bei der Interpretation des Art. 16 I hier den allgemeinen Rechtsgedanken der „Selbstbehauptung des Rechts" zu Grunde: „Eine Rechtsordnung, die sich ernst nimmt, darf nicht Prämien auf die Missachtung ihrer selbst setzen."[59] Entsprechend wird auch in völkerrechtlichen Vereinbarungen Staatenlosigkeit gerade für den Fall der Rücknahme erschlichener Einbürgerungen ausdrücklich hingenommen. Drohende Staatenlosigkeit kann allenfalls im Rahmen des Ermessens im Zuge der Rücknahme der Einbürgerung berücksichtigt werden.[60]

Nach der Rspr. scheint der Schutz des Art. 16 I nur bei einer durch „arglistige Täuschung oder **21** vergleichbar vorwerfbare[s] Verhalten" erschlichenen Einbürgerung zu entfallen.[61] Demnach wäre eine aufgrund **grob fahrlässiger Falschangaben** erfolgte Einbürgerung grundrechtsgeschützt.[62]

Der Widerruf einer rechtmäßigen Einbürgerung ist als Entziehung der deutschen Staatsangehörig- **22** keit durch Art. 16 I 1 hingegen verboten.[63] Nicht ganz geklärt ist die Lage im Hinblick auf durch einen Widerrufsvorbehalt „bedingte" Einbürgerungen.[64] Kein Fall des Verlusts und damit nicht an Art 16 I zu messen ist dagegen der Fall, dass ein **Bescheid über die Feststellung der Staatsangehörigkeit nach § 30 I StAG aufgehoben** wird, da dieser keine konstitutive Wirkung hat.[65]

Entscheidungen über den Erwerb oder Verlust der Staatsangehörigkeit berühren auch die Unions- **23** bürgerschaft, da nach Art. 20 AEUV diese über die nationalen Staatsangehörigkeiten vermittelt wird. Der EuGH hat auf Vorlagebeschluss des BVerwG in einem Österreich und Deutschland betreffenden Fall entschieden, dass die Rücknahme einer betrügerisch erschlichenen Einbürgerung zwar grundsätzlich zulässig ist; im Hinblick auf einen damit verbundenen Verlust des unionsrechtlichen Status des Betroffenen muss sie aber den unionsrechtlichen Grundsatz der Verhältnismäßigkeit wahren.[66] In einer weiteren Entscheidung ergänzte der EuGH, dass immer eine Einzelfallprüfung durch die nationalen Behörden und Gerichte möglich sein muss, **abschließende Regelungen durch Gesetz sind unionsrechtswidrig.**[67] Im Rahmen einer solchen Einzelfallprüfung sind die Gewährleistungen der GrCh zu beachten, insbesondere Art. 7 und Art. 24 II.[68]

Aus deutscher Perspektive wirft dies zumindest bezüglich der Verlusttatbestände der Annahme als **24** Kind durch einen Ausländer nach § 27 StAG und der konkreten Beteiligung an Kampfhandlungen einer terroristischen Vereinigung im Ausland nach § 28 I Nr. 2 StAG Probleme auf. Bei diesen enthält das Gesetz eine **abschließende Regelung,** die keinen Raum für eine Verhältnismäßigkeitsprüfung im Einzelfall durch eine Behörde lässt.

Bei drohender Staatenlosigkeit erachtet auch der **EGMR** den Verlust der Staatsangehörigkeit für **25** kontrollfähig und misst diese an **Art. 8 EMRK,** dem **Recht auf Achtung des Privat- und Familienlebens.**[69] Dabei nimmt er auf einer ersten Stufe eine Kontrolle auf Willkür und Einhaltung prozessualer Garantien vor und führt auf einer zweiten Stufe eine Abwägung zwischen den Folgen für

---

[57] Ebenso *Allesch,* in: Umbach/Clemens I, Art. 16 Rn. 12; *Becker* MKS I, Art. 16 Rn. 41; *Engst* ZAR 2005, 227 (233 f.); *Hailbronner* HMK, StAG, Art. 16 Rn. 56 ff.; *Giegerich,* in: Maunz/Dürig, Art. 16 I (2016) Rn. 148 f.; *Reck* DÖV 1958, 913; ähnlich *Sachs,* in: Stern, StaatsR IV/1, S. 677; *v. Arnauld,* in: v. Münch/Kunig I, Art. 16 Rn. 22; *v. Mangoldt* (Fn. 44), Art. 16 Rn. 7; *Wittreck,* in: Dreier I, Art. 16 Rn. 11; aA *Lichter/Hoffmann,* Staatsangehörigkeitsrecht, 1966, S. 102 f.; *Lübbe-Wolff* Jura 1996, 57 (61); tendenziell *Zuleeg* AK GG, Art. 16 (2001) Rn. 19; differenzierend *Kämmerer* BK, Art. 16 (2015), Rn. 87 ff.; *Zimmermann/Tams,* in: Friauf/Höfling, Art. 16 (2006) Rn. 48 f.

[58] BVerfGE 116, 24 (hierzu *Kämmerer* NVwZ 2006, 1015; *Kiefer* ZAR 2007, 93; *Schmahl* ZAR 2007, 174; *Silagi* StAZ 2006, 313); *ebenso* BVerwGE 118, 216 (220 f.); 119, 17 (19).

[59] BVerfGE 116, 24 (49); krit. *Davy* Die Verwaltung 2008, 31 (46); *Silagi* StAZ 2006, 313 (320 f.).

[60] BVerfGE 116, 24 (46 ff.); s. a. BVerwGE 118, 216 (221).

[61] Das BVerfGE 116, 24 (49 f.) erwähnt „Täuschung, Bestechung oder Bedrohung der Entscheidungsträger", „Täuschung oder noch schwerwiegendere Missbräuche"; deutlicher noch BVerwGE 118, 216; Hess VGH ESVGH 57, 139 (141 f.) und VGH BW VBlBW 2008, 226 (227). Siehe auch BVerwGE 118, 216 (220): „bewusste Täuschung".

[62] Nach BVerwGE 143, 171, Rn. 32 kommt es darauf an, ob der Betroffene „die wesentliche Ursache für die Rechtswidrigkeit () selbst gesetzt hat", kritisch dazu: *Sachs* JuS 2013, 374 (375).

[63] *Becker* MKS I, Art. 16 Rn. 40; *Maaßen,* in: Epping/Hillgruber, Art. 16 (2019) Rn. 26; *Wittreck,* in: Dreier I, Art. 16 Rn. 49; *Kämmerer* BK, Art. 16 (2015) Rn. 71.

[64] BVerwGE 96, 326 f.; für die Zulässigkeit eines Widerrufs bei Nichterfüllung der Auflage, die Entlassung aus der ausländischen Staatsangehörigkeit herbeizuführen, *Nettesheim* DVBl 2004, 1144 (1147 ff.); jüngst: *Sauerland* DÖV 2016, 465 (469 ff.); dies erwägt auch *Sachs,* in: Stern, StaatsR IV/1, S. 703 f.; dagegen *Kämmerer* BK, Art. 16 (2015) Rn. 86; generell zu Nebenbestimmungen zur Einbürgerung VG Freiburg v. 19.12.2018 – 4 K 3086/18 auch mwN.

[65] VG Gelsenkirchen v. 7.6.2018 – 17 K 9729/17.

[66] EuGH C-135/08 Ls. 2 – Rottmann.

[67] EuGH C-221/17 Rn. 41 ff. – Tjebbes.

[68] EuGH C-221/17 Rn. 45 – Tjebbes; sehr krit. zur Anwendung der GRCh *Weber* JZ 2019, 449 (452).

[69] EGMR v. 21.6.2016, Nr. 76136/12 Rn. 85 ff. – Ramadan/Malta; v. 7.2.2017, Nr. 42387/13 Rn. 49 ff. – K2/ Vereinigtes Königreich.

das Privat- und Familienleben des Betroffenen und dem Interesse des Staates am Verlust der Staatsangehörigkeit durch.

26    Verfassungsrechtliche Probleme bereitet das Vorgehen gegen das **Erschleichen der Staatsangehörigkeit durch die Eltern für ihr ausländisches Kind.** Dabei kann danach unterschieden werden, ob Mutter und Vater die Staatsangehörigkeit lediglich für das Kind oder zunächst ihre eigene Staatsangehörigkeit erschlichen haben, von der sich dann die Staatsangehörigkeit des Kindes ableitet.

27    Die Regeln über die behördliche Vaterschaftsanfechtung hat das BVerfG für nichtig erklärt, da sie zu einer absolut verbotenen Entziehung der Staatsangehörigkeit des Kindes führten.[70] Der Gesetzgeber schaffte als Reaktion die Behördenanfechtung vollständig ab und führte die rein präventiv wirkende Regelung des § 1597a BGB ein.[71] Nach dieser ist eine auf die Verschaffung der Staatsangehörigkeit gerichtete Vaterschaftsanerkennung verboten. Die beurkundende Behörde bzw. die Urkundsperson hat die Einhaltung des Verbots zu überprüfen.

28    Aber auch der Verlust der Staatsangehörigkeit des Kindes bei **Vaterschaftsanfechtung** durch den rechtlichen Vater kann gegen Art. 16 I 2 GG verstoßen. Sofern Kinder in einem Alter sind, in dem sie üblicherweise noch kein Vertrauen in die Staatsangehörigkeit entwickeln, liegt darin zwar nur ein sonstiger Verlust und keine absolut verbotene Entziehung der Staatsangehörigkeit. Für diesen Verlust bedarf es aber einer hinreichend bestimmten gesetzlichen Grundlage.[72] Außerdem sind Vorkehrungen gegen Eintritt der Staatenlosigkeit des Kindes zu treffen.

29    Wenn **Mutter oder Vater ihre eigene Staatsangehörigkeit durch Täuschung erschlichen** haben und sie infolge dessen zurückgenommen wird, kann auch die daraus abgeleitete (ius sanguinis) Staatsangehörigkeit ihrer Kinder verloren gehen.[73] Allerdings hängt dann der Rechtsstatus der Kinder allein vom Verhalten ihrer Eltern ab. Ein Kind hat uU keinerlei Einwirkungsmöglichkeiten. Daher ist einem schutzwürdigen Vertrauen in den Bestand der Staatsangehörigkeit durch Regelungen Rechnung zu tragen, die die Möglichkeiten des Verlusts der Staatsangehörigkeit einschränken.[74] Die Fähigkeit, eigenes Vertrauen zu entwickeln, sieht der Gesetzgeber in § 17 II, III StAG typisierend bei fünf Jahren. § 35 V 1 StAG fordert insofern eine selbstständige Ermessensentscheidung. Hierbei ist „insbesondere eine Beteiligung des Dritten an der arglistigen Täuschung [...] gegen seine schutzwürdigen Belange, insbesondere auch unter Beachtung des Kindeswohls, abzuwägen" (§ 35 V 2 StAG).

### III. Art. 16 I und Statusdeutsche

30    Schon vom Wortlaut her setzt Art. 16 I voraus, dass der Betroffene deutscher Staatsangehöriger ist.[75] In Betracht käme allenfalls eine analoge Anwendung der Vorschrift auf Statusdeutsche im Sinne des Art. 116 I.[76] Statusdeutsche haben jedoch eine weniger gefestigte Stellung als deutsche Staatsangehörige. Allerdings verliert diese Unterscheidung an Gewicht, da § 40a StAG mit Wirkung vom 1.8.1999 alle Statusdeutschen ipso iure eingebürgert hat und § 7 StAG überdies vorsieht, dass Statusdeutsche sowie deren Kinder mit Ausstellung der Bescheinigung nach § 15 BVFG die deutsche Staatsangehörigkeit erwerben.

### B. Das Auslieferungsverbot (Abs. 2)

31    Das Auslieferungsverbot nach Art. 16 II begründet ein **subjektives Abwehrrecht der Deutschen.**[77] Möglicherweise gebieten aber das unionsrechtliche Diskriminierungsverbot und das Freizügigkeitsrecht, dass auch Staatsangehörige anderer EU-Mitgliedstaaten in den Genuss eines vergleichbaren Schutzes kommen.[78] Das BVerfG hatte entschieden, dass der Auslieferungsverkehr mit Drittstaaten bereits keine Materie sei, die in den sachlichen Anwendungsbereich des Unionsrechts falle, mit der Folge, dass das europarechtliche Diskriminierungsverbot nicht zu berücksichtigen sei und eine Vorlage an den EuGH unterbleiben könne.[79] Der EuGH urteilte jedoch, dass im Falle eines Auslieferungsantrags eines Drittstaats Art. 18 und 21 AEUV anwendbar sind und dahin auszulegen sind, dass der Mitgliedstaat, in dem sich der Unionsbürger aufhält, verpflichtet ist, den Mitgliedstaat, dessen

---

[70] BVerfGE 135, 48.

[71] G. v. 20.7.2017, BGBl. I 2780.

[72] BVerfG FamRZ 2019, 1624; aA vorgehend BVerwGE 162, 17.

[73] Dafür NdsOVG DVBl 2008, 67 (Ls.); VG Berlin, Urt. v. 27.2.2003, Az. 29 A 237.02; *Kiefer* ZAR 2007, 93 (94 f.); einschränkend *Becker* NVwZ 2006, 304 (306 f.).

[74] BVerfGE 135, 48 Rn. 86 mit Verw. auf BVerfGE 116, 24 (60).

[75] Kritisch *Zuleeg*, AK GG, Art. 16 (2001) Rn. 7: auch Statusdeutsche.

[76] Dagegen BVerwGE 8, 340, 343; *Hailbronner* HMK, StAG Art. 16 Rn. 8 und 22; *Kämmerer* BK, Art. 16 (2015) Rn. 66; *Kluth*, in: Stern/Becker, Art. 16 Rn. 42 f.; *Maaßen*, in: Epping/Hillgruber, Art. 16 Rn. 16; *Giegerich*, in: Maunz/Dürig, Art. 16 I (2016) Rn. 91, 93; *Schätzel*, Die Grundrechte II, 1954, S. 576 f.; *Wittreck*, in: Dreier I, Art. 16 Rn. 42; *v. Mangoldt* (Fn. 45), Art. 16 Rn. 6; dafür *Becker* MKS I, Art. 16 Rn. 57.

[77] *v. Arnauld*, in: v. Münch/Kunig I, Art. 16 Rn. 34; *Kämmerer* BK, Art. 16 (2015) Rn. 119.

[78] EuGH C-473/15 Rn. 21 – Schotthöfer & Steiner – Vorlagefrage zur Anwendbarkeit des Art. 16 II auf die Staatsangehörigen anderer Mitgliedstaaten aufgrund des unionsrechtl. Diskriminierungsverbots.

[79] BVerfG NJW 2014, 1945 Rn. 22 ff.; BVerfGK 14, 113, 117 f.

Staatsangehörigkeit der Unionsbürger besitzt, zu informieren und ihm ggfs. seinen Staatsangehörigen zu übergeben.[80]

Die Auslieferung zum Zwecke der Durchführung ausländischer Strafverfahren richtet sich nach **32** Völkerrecht und nach dem IRG.[81] Eine Auslieferungspflicht besteht nach allgemeinem **Völkerrecht** nicht. Allerdings gibt es viele Verträge, die eine derartige Pflicht enthalten. Auch das als Resolution des Sicherheitsrates der Vereinten Nationen ergangene Statut des IStGH für das ehemalige Jugoslawien[82] und seines Rechtsnachfolgers (sog. Internationaler Residualmechanismus für die Ad-hoc-Strafgerichts-höfe)[83] statuieren eine Pflicht zur Übergabe oder Überstellung einschlägig Angeschuldigter an das internationale Gericht. Nach Völkerrecht darf nur die Tat verfolgt werden, wegen der ausgeliefert wurde; wegen politischer Delikte wird nicht ausgeliefert. Das gilt allgemein und nicht nur für eigene Staatsangehörige.[84]

Auslieferung ist die auf Ersuchen einer zuständigen ausländischen Stelle bewirkte zwangsweise **33** amtliche Überantwortung einer Person aus dem Bereich der inländischen Hoheitsgewalt an eine ausländische Hoheitsgewalt,[85] worunter jede Form nichtdeutscher Hoheitsgewalt zu verstehen ist.[86] Während der klassische **Auslieferungsbegriff** sich nur auf eine Überstellung zum Zwecke der Straf-verfolgung bezog,[87] umfasst der moderne Auslieferungsbegriff auch Überstellungen zur Durchführung zivil- oder verwaltungsrechtlicher Verfahren.[88] Der Schutzbereich des Art. 16 II wird hingegen nicht berührt, wenn ein Gericht auf Antrag eines Elternteils die Rücküberstellung eines deutschen Kindes ins Ausland nach dem Haager Übereinkommen über die zivilrechtlichen Aspekte internationaler Kindesentführung verfügt. Da das Kind hierbei lediglich auf Ersuchen eines Elternteils elterlicher Obhut unterstellt wird, fehlt es an der für die Auslieferung kennzeichnenden Verbringung in die Hoheitsgewalt eines anderen Staates auf dessen Ersuchen.[89]

Deutsche Staatsangehörige dürfen nach § 80 I IRG nur an einen anderen EU-Mitgliedstaat aus- **34** geliefert werden, wenn gesichert ist, dass der ersuchende Mitgliedstaat anbieten wird, den Verurteilten zur Vollstreckung der Strafe nach Deutschland zurückzuüberstellen und die Tat einen maßgeblichen Bezug zum ersuchenden Mitgliedstaat aufweist. Anders als Art. 16 I bezieht sich Abs. 2 auch auf Statusdeutsche.

## I. Zu Begriff und Abgrenzung der Auslieferung

Im Gegensatz zur Auslieferung erfolgt die **Ausweisung** ohne Ersuchen einer ausländischen Regie- **35** rung; außerdem ist bei der Ausweisung nicht festgelegt, wohin der Ausgewiesene gehen muss. Eine Ausweisung Deutscher verletzt das mit der Staatsangehörigkeit (Art. 16 I) verbundene Recht auf Aufenthalt im Heimatstaat. UU könnte die Ausweisung eines Deutschen auch als unzulässige Umge-hung des Auslieferungsverbots nach Art. 16 II zu qualifizieren sein.

## II. Die Rücklieferung

Bei der Rücklieferung untersteht der betreffende Deutsche ursprünglich fremder Hoheitsgewalt. Er **36** wird nur unter der Bedingung der „Rücklieferung" vorläufig an Deutschland zur Durchführung eines Verfahrens überstellt.[90] Deutschland erhält nur eine **zeitlich begrenzte und beschränkte Hoheits-gewalt** über den Rückzuliefernden. Ohne die Rücklieferungszusage hätte der fremde Staat den Betreffenden überhaupt nicht (vorläufig) der deutschen Hoheitsgewalt unterstellt. Also stellt eine solche Rücklieferung keine nach Art. 16 II unzulässige Auslieferung dar.[91]

Hielte man Rücklieferungszusagen wegen Art. 16 II generell für unzulässig, so würde der Staat, in **37** dessen Gewalt sich der Deutsche befindet, diesen nicht an Deutschland ausliefern. Dies führt dann

---

[80] EuGH C-182/15 Rn. 50 – Petruhhin; C-191/16 Rn. 56 – Pisciotti. Zu ua der Frage, ob bei Ablehnung des Angebots der Übergabe durch den EU-Staat der Staatsangehörigkeit der EU-Staat des Aufenthalts prüfen muss, ob er nicht selbst die Strafverfolgung übernehmen kann, bevor er an einen Drittstaat ausliefert, s. die Vorlage des KG v. 15.5.2019, (4) 151 AuslA 65/16 (151/16), anhängig unter C-398/19.

[81] Gesetz über die internationale Rechtshilfe in Strafsachen idF d. Bek. v. 27.6.1994 (BGBl. I 1537), zul. geänd. durch Art. 4 G v. 10.12.2019 (BGBl. I S. 2128).

[82] Art. 29 Nr. 2e Statut des Gerichtshofs für das ehemalige Jugoslawien, EA 1994, D 89 ff. (D 97).

[83] Art. 28 Nr. 2e Statut des Internationalen Residualmechanismus für die Ad-hoc-Strafgerichtshöfe, UN-Dok S/RES 1966 (2010).

[84] Vgl. *T. Stein*, EPIL II, S. 327 (331 f.).

[85] BVerfGE 113, 273 (293).

[86] BVerfGE 113, 273 (293); *Kämmerer* BK, Art. 16 (2015) Rn. 120.

[87] Vgl. *Grützner* NJW 1954, 1021 (1022).

[88] *v. Arnauld,* in: Münch/Kunig I, Art. 16 Rn. 34; *Gnatzy,* in: Hofmann/Henneke, Art. 16 Rn. 21; *Kämmerer* BK, Art. 16 (2015) Rn. 120; *Kluth,* in: Stern/Becker, Art. 16 Rn. 108 mit Fn. 267; *Randelzhofer,* in: Maunz/Dürig, Art. 16 II (2013) Rn. 6; *Sachs,* in: Stern, StaatsR IV/1, S. 804.

[89] BVerfGE (K) NJW 1996, 3145 f.; 1999, 2173.

[90] Vgl. *Kämmerer* BK, Art. 16 (2015) Rn. 128; *Wittreck,* in: Dreier I, Art. 16 Rn. 66.

[91] BVerfGE 29, 183 ff. (192).

dazu, dass die entsprechenden (Straf-)Verfahren gar nicht oder im Ausland durchgeführt werden, wo die Beweislage uU schlechter ist und wo sich der Betreffende nicht in seiner Muttersprache verteidigen kann. Ein aus Art. 16 II hergeleitetes Verbot von Rücklieferungszusagen würde sich insofern nachteilig für den Einzelnen und die Gesamtheit auswirken, die kein Interesse an der Nichtverfolgung oder einer weniger effektiven Verfolgung schwerer Straftaten haben kann. Sinn und Zweck des Art. 16 II ist es jedoch nicht, die eigene **deutsche Strafverfolgung** zu erschweren.[92]

38   Hiervon ist der Fall zu unterscheiden, dass sich erst nach einer vorläufigen Einlieferung des Betroffenen nach Deutschland herausstellt, dass es sich um einen Deutschen handelt. Die Nichteinhaltung einer etwaigen, im **Irrtum über die Deutscheneigenschaft** abgegebenen Rücklieferungszusage führt nicht notwendigerweise zum Völkerrechtsverstoß.[93] Nicht auszuschließen ist auch, dass die Bundesrepublik bei Kenntnis der Deutscheneigenschaft eine Auslieferung ohne Rücklieferungszusage erreicht hätte. Stellt sich also erst nach Einlieferung heraus, dass der Betroffene Deutscher ist, so fällt er unter den Schutz des Auslieferungsverbots.[94]

### III. Die Durchlieferung

39   Eine **Durchlieferung** liegt vor, wenn eine Person von einem Staat an einen anderen ausgeliefert wird und dabei das Gebiet eines dritten Staates durchquert. Bei einer Durchlieferung eines Deutschen durch deutsches Hoheitsgebiet würde sich die Bundesrepublik daran beteiligen, dass ein Deutscher der Hoheit eines fremden Staates unterstellt wird. Im Unterschied zu den Rücklieferungsfällen befindet sich der Deutsche also noch nicht und nicht ohnehin in der Hoheitsgewalt dieses fremden Staates. Art. 16 II verbietet deshalb die Durchlieferung.[95]

## C. Auslieferung an einen Mitgliedstaat der Europäischen Union oder an einen internationalen Gerichtshof

### I. Zur Entstehungsgeschichte des Art. 16 Abs. 2 S. 2

40   Art. 16 II 1 wurde im Jahr 2000 anlässlich der Unterzeichnung des Statuts des **IStGH,** aber insb. zur Ermöglichung der Auslieferung an Mitgliedstaaten der EU durch den qualifizierten Gesetzesvorbehalt[96] des Abs. 2 S. 2 ergänzt. Danach kann der einfache Gesetzgeber eine Ausnahme vom Auslieferungsverbot eigener Staatsangehöriger für einen, mehrere, alle oder dynamisch alle gegenwärtigen und zukünftigen Mitgliedstaaten der EU (Var. 1) oder an einen internationalen Gerichtshof (Var. 2) vorsehen.[97] Das 1998 unterzeichnete Statut des IStGH sieht eine Überstellung von Personen an den Gerichtshof vor, ohne diese Verpflichtung auf Ausländer zu begrenzen.[98] Deutschland kann also nach Inkrafttreten des Statuts eine völkerrechtliche Verpflichtung zur Aus- oder Durchlieferung auch eigener Staatsangehöriger an den IStGH treffen. Die Verfassungsänderung trägt der verstärkten Zusammenarbeit der Völker bei der Strafverfolgung und der Entwicklung der EU zum „Raum der Freiheit, der Sicherheit und des Rechts" Rechnung.[99]

### II. Mitgliedstaat der EU

41   In Bezug auf den **Europäischen Haftbefehl** muss der Gesetzgeber die Umsetzungsspielräume des Unionsrechts in grundrechtskonformer Weise ausfüllen. Das Grundgesetz fordert bei der Auslieferung von Personen, insbesondere von eigenen Staatsangehörigen, die konkrete Prüfung in jedem Einzelfall, ob die Rechte des Verfolgten gewahrt sind.[100]

42   Eingriffe in die Auslieferungsfreiheit Deutscher müssen nach dem BVerfG die Grundsätze der Rechtssicherheit und des Vertrauensschutzes wahren.[101] Die verfassungsrechtliche Zulässigkeit von Auslieferungen richtet sich deshalb insb. nach dem Inlands- oder Auslandsbezug.[102] Entsprechend

---

[92] BVerfGE 29, 183 (193 f.).

[93] Vgl. Art. 48 des WVRK.

[94] Vgl. *Randelzhofer,* in: Maunz/Dürig, Art. 16 II 1 (2013) Rn. 12.

[95] *Kämmerer* BK, Art. 16 (2015) Rn. 127; *Maaßen,* in: Epping/Hillgruber, Art. 16 Rn. 35; *Randelzhofer,* in: Maunz/Dürig, Art. 16 II 1 (2013) Rn. 9 m. w. N; *Sachs,* in: Stern, StaatsR IV/1, S. 805.

[96] Vgl. BVerfGE 113, 273 (299); *Kämmerer* BK, Art. 16 (2015) Rn. 130; *Sachs,* JuS 2005, 931 (932); *Tomuschat,* EuGRZ 2005, 453 (455) („spezieller Gesetzesvorbehalt"); *Uhle* NJW 2001, 1889 (1892).

[97] *Wittreck,* in: Dreier I, Art. 16 Rn. 71; *Sachs,* in: Stern, StaatsR IV/1, S. 810; *Zimmermann* JZ 2001, 233 (237 f.); zurückhaltend *v. Arnauld,* in: v. Münch/Kunig I, Art. 16 Rn. 40.

[98] Art. 89 des Statuts des Internationalen Strafgerichtshofs, BGBl II 2000, 1394; hierzu *Lutze,* Der Internationale Strafgerichtshof und Fragen der Verfassungsrechts, 2007, S. 430 ff.

[99] Vgl. BVerfGE 113, 273 (296); s. a. *Weiß* HStR X, § 207 Rn. 18.

[100] BVerfGE 113, 273 (315, 317 f.). Kritik an der Rechtsfolge der Nichtigkeit des Europäischen Haftbefehlsgesetzes abwM Richter *Gerhardt* BVerfGE 113, 273, 339 (347); abwM Richterin *Lübbe-Wolff* BVerfGE 113, 327 (338 f.); *Tomuschat,* EuGRZ 2005, 453 (458); *J. Vogel* JZ 2005, 801 (804).

[101] BVerfGE 113, 273 (301 f.); BVerfG (K) Beschl. v. 15.6.2016 – 2 BvR 468/16 Rn. 14.

[102] Vgl. BVerfGE 113, 273 (303); BVerfG (K) NJW 2016, 1714 Rn. 16 ff.; *Tomuschat* EuGRZ 2005, 453 (457 f.).

unterscheiden §§ 80 I, II IRG zwischen Straftaten mit Auslandsbezug, Inlandsbezug und Mischfällen. Die Vorhersehbarkeit einer Strafverfolgung ist entscheidend für die mögliche Auslieferung.[103] Strafvorwürfe mit einem **maßgeblichen Inlandsbezug**, bei dem wesentliche Teile der Handlung und des Erfolgs auf deutschem Staatsgebiet liegen, sind bei tatverdächtigen Deutschen prinzipiell im Inland durch deutsche Strafverfolgungsbehörden aufzuklären.[104] Bei Taten mit einem maßgeblichen **Auslandsbezug** steht einer Auslieferung grds. nichts im Wege.[105] Während in den genannten Fallgestaltungen das Ergebnis der Verhältnismäßigkeitsprüfung in der Regel vorgezeichnet ist, bedarf es der konkreten Abwägung im Einzelfall, wenn ganz oder teils in Deutschland gehandelt worden, der Erfolg aber im Ausland eingetreten ist (sog. **Inlandsdistanzdelikte**).[106] In die Abwägung fließen insbesondere das Gewicht des Tatvorwurfs, die praktischen Erfordernisse und Möglichkeiten einer effektiven Strafverfolgung, die grundrechtlich geschützten Interessen des Verfolgten und die mit der Schaffung eines Europäischen Rechtsraums verbundenen Ziele.[107] Ist eine Tat nach deutschem Recht verjährt, dürfen Unterbrechungstatbestände ausländischer Hoheitsträger nicht herangezogen werden, um eine Auslieferung dennoch zu ermöglichen.[108] Die unzuverlässige und mit Unsicherheiten behaftete Ermittlung funktionsäquivalenter Unterbrechungstatbestände konfrontiert den von einer Auslieferung betroffenen Grundrechtsträger mit nicht hinreichend vorhersehbaren Rechtsfolgen und ist daher unverhältnismäßig.[109] Ein Verstoß gegen Art. 16 II 1 iVm Art. 3 I liegt nach dem BVerfG ferner vor, wenn der Tatvorwurf im Europäischen Haftbefehl so unpräzise dargestellt ist, dass weder eine Subsumtion unter den Straftatbestand möglich ist noch eine gerichtliche Nachprüfung von Auslieferungshindernissen zB aufgrund Verfolgungsverjährung.[110]

Nach § 79 II 2 IRG muss die Bewilligungsbehörde vorab begründen, warum sie keine Bewilligungshindernisse nach § 83b I IRG geltend macht. Diese vor die Zulässigkeitsentscheidung gezogene Bewilligungsentscheidung ermöglicht volle gerichtliche Kontrolle durch das OLG und dient dem präventiven **Rechtsschutz**.[111]  **43**

## III. Internationaler Gerichtshof

Modell für Art. 16 II 2 waren die bereits existierenden, durch Resolutionen des Sicherheitsrats  **44** geschaffenen Gerichtshöfe für das ehemalige Jugoslawien und für Ruanda[112] sowie der Internationale Strafgerichtshof.[113] Derartige Gerichtshöfe erfüllen also die Voraussetzung **international** i. S. d. Art. 16 II 2. Gilt dies auch für einen Gerichtshof, errichtet durch völkerrechtlichen Vertrag, dem die Bundesrepublik jedoch nicht beigetreten ist? Hiergegen spricht, dass Art. 16 II 2 es Deutschland lediglich ermöglichen sollte, seine völkerrechtlichen Verpflichtungen zu erfüllen; auch steht der die amtliche Begründung zur Grundgesetzänderung entgegen.[114] Andererseits soll Art. 16 II 2 die internationale Zusammenarbeit in Strafsachen erleichtern. Deshalb sollte der einfache Gesetzgeber entscheiden können, dass Deutsche auch an rechtsstaatliche Grundsätze i. S. d. Art. 16 II wahrende Gerichte ausgeliefert werden können, deren Gründungsstatut die Bundesrepublik nicht beigetreten ist.[115] Ähnliches gilt für Gerichtshöfe wie den Gerichtshof der Vereinten Nationen für Sierra Leone, der auf der Grundlage eines Abkommens zwischen einem Einzelstaat und den Vereinten Nationen unter deren Beteiligung errichtet worden ist.[116] Hingegen erfüllen Gerichte, die von den Vereinten Nationen im Rahmen einer treuhänderischen Verwaltung eines Gebiets, etwa in Ost-Timor oder im Kosovo, errichtet werden, nicht das Merkmal international.[117]

---

[103] Vgl. BVerfGE 113, 273 (302); eingehend *Kämmerer* BK, Art. 16 (2015) Rn. 150.

[104] BVerfGE 113, 273 (302); *Kämmerer* BK, Art. 16 (2015) Rn. 153 ff.; *Tomuschat* EuGRZ 2005, 453 (457 f.).

[105] BVerfGE 113, 273 (303); *Kämmerer* BK, Art. 16 (2015) Rn. 152; *Tomuschat* EuGRZ 2005, 453 (457); aA abwM Richter *Broß* BVerfGE 113, 273, 319 (322 f.).

[106] BVerfGE 113, 273 (303); BVerfG (K) NJW 2016, 1714 Rn. 19, 23; BVerfG (K) Beschl. v. 15.6.2016 – 2 BvR 468/16 Rn. 23; BVerfG (K) NStZ-RR 2017, 55; vgl. auch *Kämmerer* BK, Art. 16 (2015) Rn. 153.

[107] BVerfGE 113, 273 (303); BVerfG (K) NJW 2016, 1714 Rn. 19; BVerfG (K) Beschl. v. 9.3.2016 – 2 BvR 468/16 Rn. 16 (eA).

[108] BVerfGK 16, 177 Rn. 36, 49.

[109] BVerfGK 16, 177 Rn. 36, 40.

[110] BVerfGK 16, 283 Rn. 32 ff.

[111] *Weiß* HStR X, § 207 Rn. 35.

[112] Vgl. UN-Dok S/RES/827 v. 25.5.1993 und UN-Dok S/RES/955 v. 8.11.1994.

[113] Statut des Internationalen Strafgerichtshofs zur Ahndung von Völkermord, Verbrechen gegen die Menschlichkeit und Kriegsverbrechen v. 17.7.1998, BGBl. 2000 II 1393; abgedr. in: EuGRZ 1998, 618.

[114] BT-Dr. 14/2668, S. 5.

[115] Ebenso *Becker* MKS I, Art. 16 Rn. 82; *Kluth*, in: Stern/Becker, Art. 16 Rn. 136; *Zimmermann/Tams*, in: Friauf/Höfling, Art. 16 (2006) Rn. 100; aA unter Hinweis auf die Entstehungsgeschichte *Uhle*, NJW 2001, 1889 (1892); *Wittreck*, in: Dreier I, Art. 16 Rn. 72; *Sachs*, in: Stern, StaatsR IV/1, S. 810; *v. Arnauld*, in: v. Münch/Kunig I, Art. 16 Rn. 40.

[116] Unterzeichnung am 16.1.2002, vgl. UN-Dok S/RES/1400 v. 28.3.2002. S. auch UN-Dok S/RES/1315 v. 14.8.2000; UN-Dok S/2000/915 v. 4.10.2000 und S/RES/1346 v. 30.3.2001; *Cryer*, ICLQ 2001, 435.

[117] Vgl. *Wittreck*, in: Dreier I, Art. 16 Rn. 72; *Zimmermann* JZ 2001, 233 (236).

**45**     Der Terminus **Gerichtshof** setzt Unabhängigkeit der zur Entscheidung berufenen Personen sowie die Gewährleistung eines justizförmigen Verfahrens voraus,[118] wobei allerdings nicht dieselben strengen Anforderungen wie gem. Art. 92 für deutsche Gerichte gelten.[119] Ob der Begriff auch **Schiedsgerichte** erfasst, muss mit Blick auf ihre ad-hoc-Natur und die Unabhängigkeit der Richter bezweifelt werden.[120]

## IV. Wahrung rechtsstaatlicher Grundsätze

**46**     Die Auslieferungsvoraussetzung der Wahrung rechtsstaatlicher Grundsätze bezieht sich sowohl auf die Auslieferung an einen **Mitgliedstaat der Europäischen Union** als auch an einen internationalen Gerichtshof.[121] Art. 2, 6 I und 49 I EUV verpflichten gegenwärtige und künftige Mitgliedstaaten[122] auf rechtsstaatliche Grundsätze. Wenn allerdings ein Mitgliedstaat der EU rechtsstaatliche Grundsätze nicht wahrt, darf die Auslieferung eines Deutschen nicht erfolgen. Der deutsche Gesetzgeber bzw. das zuständige Gericht ist für eine solche Beurteilung der Verhältnisse in einem Mitgliedstaat der EU zuständig und dazu verpflichtet.[123] Nach einem Beschluss des BVerfG zur Frage der Auslieferung nach Italien auf der Grundlage eines in Abwesenheit des Verurteilten ergangenen italienischen Strafurteils,[124] treffe die deutschen Gerichte insoweit eine „Gewährleistungsverantwortung", unbeschadet des Grundsatzes des gegenseitigen Vertrauens, der den europäischen Auslieferungsverkehr beherrscht.[125]

**47**     Rechtsstaatliche Grundsätze i. S. d. Art. 16 II 2 beziehen sich auf einen **Kernbestand strafprozessualer Verfahrensgarantien,** wie sie auch in Menschenrechtskonventionen und den Statuten internationaler Strafgerichtshöfe zu finden sind.[126] Darunter fallen insbes. das Verbot rückwirkender Strafen, die Unschuldsvermutung, das Gebot rechtlichen Gehörs, das Recht, nicht gegen sich selbst aussagen zu müssen,[127] kaum aber das Verbot der Todesstrafe.[128] Insoweit ist Art. 102 einschlägig; ohnehin sehen aber weder die Mitgliedstaaten der Europäischen Union[129] noch die Statuten des Internationalen Strafgerichtshofs, noch der Gerichtshöfe für das ehemalige Jugoslawien und für Ruanda oder des Residualmechanismus für Ad-hoc-Strafgerichtshöfe die Todesstrafe vor. Ebenso ist das Verbot der unmenschlichen oder erniedrigenden Behandlung erfasst,[130] was vor allem bezüglich der Haftbedingungen in der Untersuchungshaft[131] relevant wird.

**48**     Zu klären ist der Bezugspunkt für die Wahrung rechtsstaatlicher Grundsätze. Ist bei jeder Auslieferung eine konkrete Prüfung geboten, ob eine rechtsstaatliche Behandlung gerade des Betroffenen gewährleistet ist,[132] oder reicht es aus, wenn rechtsstaatliche Grundsätze in der Praxis des EU-Mitgliedstaats oder des internationalen Gerichts im Allgemeinen sichergestellt sind?[133] Da es um den Grundrechtsschutz des Verfolgten geht, ist die Unterschreitung rechtsstaatlicher Garantien im Einzelfall unerheblich, sofern sie nicht den Auszuliefernden betrifft. Im Übrigen indiziert die **generelle Einhaltung der rechtsstaatlichen Standards,** dass auch der Verfolgte aller Voraussicht nach rechtsstaatlich behandelt werden wird. Dem Betroffenen obliegt also die Darlegungslast, dass in seinem konkreten Fall ausnahmsweise Verstöße gegen rechtsstaatliche Grundsätze drohen.[134]

---

[118] Zustimmend *Becker* MKS I, Art. 16 Rn. 82 mit Fn. 129; *Kämmerer* BK, Art. 16 Rn. 138; ebenso *v. Arnauld,* in: v. Münch/Kunig I, Art. 16 Rn. 40 f.

[119] *Zimmermann,* JZ 2001, 233 (236); insoweit wohl aA *Kämmerer* BK, Art. 16 (2015) Rn. 138.

[120] Hierzu *Kämmerer* BK, Art. 16 (2015) Rn. 138. Beachte Art. 24 III der dem Bund unter Voraussetzungen ermöglicht, einer Schiedsgerichtsbarkeit beizutreten.

[121] Ebenso BVerfGE 113, 273 (299).

[122] Zum Einbezug künftiger Mitgliedstaaten *Uhle* NJW 2001, 1889 (1892).

[123] Ebenso BVerfGE 113, 273 (299); *Kämmerer* BK, Art. 16 (2015) Rn. 147 ff.; *Uhle* NJW 2001, 1889 (1891 u. 1893). Zur europarechtl. Perspektive → Rn. 49.

[124] BVerfGE 140, 317. Zum Strafprozessrecht des Vereinigten Königreichs s. BVerfG (K) EuGRZ 2016, 570.

[125] BVerfGE 140, 317 Rn. 59 ff.; BVerfG (K) EuGRZ 2016, 570 32 f.

[126] *v. Arnauld,* in: v. Münch/Kunig, Art. 16 Rn. 41; vgl. *Jarass,* in: Jarass/Pieroth, Art. 16 Rn. 22; *Kämmerer* BK, Art. 16 (2015) Rn. 143: allgemein anerkannte Grundsätze der „rule of law"; *Lutze* (Fn. 98), S. 443 ff.; *Zimmermann/Tams,* in: Friauf/Höfling, Art. 16 (2006) Rn. 104; demgegenüber *Herdegen,* in: Maunz/Dürig, Art. 1 Abs. 3 (2003) Rn. 81: Rechtsstaatliche Grundsätze im Sinne des Grundgesetzes; ebenso *Wolff* ZG 2004, 32 (35); weitergehend auch: *Maaßen,* in: Epping/Hillgruber, Art. 16 Rn. 53.

[127] Im Wesentlichen *Becker* MKS I, Art. 16 Rn. 83; *Kämmerer* BK, Art. 16 (2015) Rn. 143; *Lutze* (Fn. 132), S. 446 f.; *Wittreck,* in: Dreier I, Art. 16 Rn. 74.

[128] Vgl. *Kämmerer* BK, Art. 16 (2015), Rn. 148 (ein Auslieferungsverbot könnte aus dem Schutz der Menschenwürde resultieren); differenzierend: *Maaßen,* in: Epping/Hillgruber, Art. 16 Rn. 56; aA *v. Arnauld,* in: v. Münch/Kunig I, Art. 16 Rn. 41.

[129] Alle Mitgliedstaaten der EU haben das Prot. Nr. 6 zur Konvention zum Schutze der Menschenrechte und Grundfreiheiten über die Abschaffung der Todesstrafe ratifiziert.

[130] *Maaßen,* in: Epping/Hillgruber, Art. 16 (2019) Rn. 56.

[131] Dazu BVerfG v. 18.8.2017 – 2 BvR 424/17; v. 16.8.2018 – 2 BvR 237/18; zu den europarechtlichen Anforderungen s. Rn. 63.

[132] BVerfGE 113, 273 (304); *Wolff* ZG 2004, 32 (38); zurückhaltender *Kämmerer* BK, Art. 16 (2015) Rn. 147.

[133] Vgl. *Kämmerer* BK, Art. 16 (2015) Rn. 147; *Lutze,* (Fn. 132), S. 450 ff.

[134] In diese Richtung wohl auch *Masing,* in: Dreier (Hrsg.), Grundgesetz, Bd. I, 2. Aufl. 2004, Art. 16 Rn. 102 und 108; *Kämmerer* BK, Art. 16 (2015) Rn. 146.

Aus der Rspr. des **Europäischen Gerichtshofs** ergeben sich Vorgaben zur Prüfungspflicht eines **49** Mitgliedstaates in Bezug auf die Wahrung rechtsstaatlicher Grundsätze durch einen anderen Mitgliedstaat.[135] Der EuGH muss einen Ausgleich finden zwischen dem Grundrechtsschutz auf der einen Seite und den Grundsätzen der gegenseitigen Anerkennung und des gegenseitigen Vertrauens als tragenden Pfeilern des Unionsrechts auf der anderen Seite. Nur unter „außergewöhnlichen Umständen" dürfen diese fundamentalen Unionsgrundsätze beschränkt werden.[136] Sofern ein Mitgliedstaat über Anhaltspunkte verfügt, dass eine echte Gefahr unmenschlicher oder erniedrigender Behandlung von Häftlingen in dem potentiellen Aufnahmemitgliedstaat besteht, ist er verpflichtet, in eine Prüfung einzutreten.[137] Zunächst müssen systemische oder allgemeine Mängel belegt werden, die einen Verstoß gegen Art. 4 GrCh begründen.[138] Zusätzlich hat eine konkrete einzelfallbezogene Prüfung stattzufinden, die ergeben muss, dass es durch Tatsachen bestätigte Gründe für die Annahme gibt, dass der Betroffene aufgrund der beabsichtigten Inhaftierung einer solchen Gefahr ausgesetzt wäre.[139] Aufgrund des hohen Gewichts von Art. 4 GRC darf sich das mitgliedstaatliche Gericht nicht auf eine Evidenzkontrolle beschränken. Vielmehr sind die Bedingungen in der betreffenden Haftanstalt umfassend zu prüfen.[140] Hinsichtlich der konkreten Anforderungen an einzelne Haftbedingungen schließt sich der EuGH der ausdifferenzierten Rechtsprechung des EGMR zu Art. 3 EMRK an.[141] Ist die echte Gefahr zu bejahen, muss das Übergabeverfahren beendet werden.

## Art. 16a [Asylrecht]

(1) **Politisch Verfolgte genießen Asylrecht.**

(2) **Auf Absatz 1 kann sich nicht berufen, wer aus einem Mitgliedstaat der Europäischen Gemeinschaften oder aus einem anderen Drittstaat einreist, in dem die Anwendung des Abkommens über die Rechtsstellung der Flüchtlinge und der Konvention zum Schutze der Menschenrechte und Grundfreiheiten sichergestellt ist. Die Staaten außerhalb der Europäischen Gemeinschaften, auf die die Voraussetzungen des Satzes 1 zutreffen, werden durch Gesetz, das der Zustimmung des Bundesrates bedarf, bestimmt. In den Fällen des Satzes 1 können aufenthaltsbeendende Maßnahmen unabhängig von einem hiergegen eingelegten Rechtsbehelf vollzogen werden.**

(3) **Durch Gesetz, das der Zustimmung des Bundesrates bedarf, können Staaten bestimmt werden, bei denen auf Grund der Rechtslage, der Rechtsanwendung und der allgemeinen politischen Verhältnisse gewährleistet erscheint, daß dort weder politische Verfolgung noch unmenschliche oder erniedrigende Bestrafung oder Behandlung stattfindet. Es wird vermutet, daß ein Ausländer aus einem solchen Staat nicht verfolgt wird, solange er nicht Tatsachen vorträgt, die die Annahme begründen, daß er entgegen dieser Vermutung politisch verfolgt wird.**

(4) **Die Vollziehung aufenthaltsbeendender Maßnahmen wird in den Fällen des Absatzes 3 und in anderen Fällen, die offensichtlich unbegründet sind oder als offensichtlich unbegründet gelten, durch das Gericht nur ausgesetzt, wenn ernstliche Zweifel an der Rechtmäßigkeit der Maßnahme bestehen; der Prüfungsumfang kann eingeschränkt werden und verspätetes Vorbringen unberücksichtigt bleiben. Das Nähere ist durch Gesetz zu bestimmen.**

(5) **Die Absätze 1 bis 4 stehen völkerrechtlichen Verträgen von Mitgliedstaaten der Europäischen Gemeinschaften untereinander und mit dritten Staaten nicht entgegen, die unter Beachtung der Verpflichtungen aus dem Abkommen über die Rechtsstellung der Flüchtlinge und der Konvention zum Schutze der Menschenrechte und Grundfreiheiten, deren Anwendung in den Vertragsstaaten sichergestellt sein muß, Zuständigkeitsregelungen für die Prüfung von Asylbegehren einschließlich der gegenseitigen Anerkennung von Asylentscheidungen treffen.**

**Entstehungsgeschichte:** Vorläuferregelung in Art. 16 II 2: JöR nF (1951), 165 f.

---

[135] EuGH C-404/15 u. C-659/15 PPU – Aranyosi; C-216/18 PPU – LM; C-220/18 PPU – ML; C-128/18 – Dorobantu.
[136] EuGH Gutachten 2/13 Rn. 191; C-404/15 u. C-659/15 PPU Rn. 82 – Aranyosi; C-216/18 PPU Rn. 36 – LM; C-220/18 PPU Rn. 49 – ML; C-128/18 Rn. 46 – Dorobantu.
[137] EuGH C-404/15 u. C-659/15 PPU Rn. 88 – Aranyosi; C-216/18 PPU Rn. 60 – LM; C-220/18 PPU Rn. 59 – ML; C-128/18 Rn. 51 – Dorobantu.
[138] EuGH C-404/15 u. C-659/15 PPU Rn. 89 – Aranyosi; C-216/18 PPU Rn. 61 – LM; C-220/18 PPU Rn. 60 – ML; C-128/18 Rn. 52 – Dorobantu.
[139] EuGH C-404/15 u. C-659/15 PPU Rn. 92–94 – Aranyosi; C-216/18 PPU Rn. 68 – LM; C-220/18 PPU Rn. 62 – ML; C-128/18 Rn. 55 – Dorobantu.
[140] EuGH C-128/18 Rn. 62, 67 – Dorobantu.
[141] EuGH C-128/18 Rn. 71 – Dorobantu unter Verweis auf EGMR v. 20.10.2016, Nr. 7334/13 – Muršić/ Kroatien; z. B. regelmäßig Verstoß bei unter 3 m² Raum pro Person.

**Erstfassung des Art. 16a:** 39. G. zur Änd. des GG v. 28.6.1993 (BGBl I 1002), Art. 1 Nr. 2 (dazu: BT-Dr 12/4152 [Entwurf], 12/4984; BT-Prot 12/11 595; 13 502; Prot über die 55. und 56. Sitzung des IA-BT, 71. Sitzung des RA-BT, 8. Anhörung der GemVerfKom v. 11.3.1993; BR-Dr 352/93; BR-Prot 93/198).
**Historische Verfassungstexte:** Art. 16 II 2 und Art. 16a haben keine Vorläufer in deutschen Reichsverfassungen.
**GG 1949: Art. 16 II 2:** Politisch Verfolgte genießen Asylrecht.
**Gesetzestexte:** AsylG; AsylbLG; AufenthG.
**Supra- und internationale Texte:** Art. 3 Abs. 2 EUV; Art. 67 ff., 77–80 AEUV; Art. 18, 19 EUGRCh; Schengener Übereinkommen I und II; Dubliner Asylrechtsübereinkommen (BGBl 1994 II, 791); Bonner Protokoll (BGBl 1995 II, 739); VO 2725/2000/EG v. 11.12.2000 (ABl EG Nr. L 316, 1) über die Einrichtung von „Eurodac" für den Vergleich von Fingerabdrücken zum Zwecke der effektiven Anwendung des Dubliner Übereinkommens (Eurodac-VO); VO 2580/2001/EG v. 27.12.2001 (ABl EG Nr. L 344, 70) über spezifische, gegen bestimmte Personen und Organisationen gerichtete restriktive Maßnahmen zur Bekämpfung des Terrorismus (EU-Terrorliste); VO 343/2003/EG v. 18.2.2003 (ABl EG Nr. L 50, 1) zur Festlegung der Kriterien und Verfahren zur Bestimmung des Mitgliedstaats, der für die Prüfung eines von einem Drittstaatsangehörigen in einem Mitgliedstaat gestellten Asylantrags zuständig ist (Dublin-II-VO); VO 1560/2003/EG v. 2.9.2003 (ABl EG Nr. L 222, 3) mit Durchführungsbestimmungen zur VO (EG) Nr. 343/2003 (Asylantragszuständigkeits-Durchführungs-VO zur Dublin-II-VO); RL 2001/40/EG v. 28.5.2001 (ABl EG Nr. L 149, 34) über die gegenseitige Anerkennung von Entscheidungen über die Rückführung von Drittstaatsangehörigen (Anerkennungs-RL); RL 2001/55/EG v. 20.7.2001 (ABl EG Nr. L 212, 12) über Mindestnormen für die Gewährung vorübergehenden Schutzes im Falle eines Massenzustroms von Vertriebenen und Maßnahmen zur Förderung einer ausgewogenen Verteilung der Belastungen, die mit der Aufnahme dieser Personen und den Folgen dieser Aufnahme verbunden sind, auf die Mitgliedstaaten (RL zum vorübergehenden Schutz); RL 2002/90/EG v. 28.11.2002 (ABl EG Nr. L 328, 17) zur Definition der Beihilfe zur unerlaubten Ein- und Durchreise und zum unerlaubten Aufenthalt (Menschenhandelsbeihilfe-Definitions-RL); RL 2003/9/EG v. 27.1.2003 (ABl EG Nr. L 31, 18) zur Festlegung von Mindestnormen für die Aufnahme von Asylbewerbern in den Mitgliedstaaten (Aufnahme-RL); RL 2004/81/EG v. 29.4.2004 (ABl EG Nr. L 261, 19) über die Erteilung von Aufenthaltstiteln für Drittstaatsangehörige, die Opfer des Menschenhandels sind oder denen Beihilfe zur illegalen Einwanderung geleistet wurde und die mit den zuständigen Behörden kooperieren (Opferschutz-RL); RL 2004/83/EG v. 29.4.2004 (ABl EG Nr. L 304, 12) über Mindestnormen für die Anerkennung und den Status von Drittstaatsangehörigen oder Staatenlosen als Flüchtlinge oder als Personen, die anderweitig internationalen Schutz benötigen, und über den Inhalt des zu gewährenden Schutzes (Qualifikations-RL); RL 2005/85/EG v. 1.12.2005 (ABl EG Nr. L 326, 13) über Mindestnormen für Verfahren in den Mitgliedstaaten zur Zuerkennung und Aberkennung der Flüchtlingseigenschaft (Asylverfahrens-RL); RL 2008/115/EG v. 16.12.2008 (ABl EU Nr. L 348, 98) über gemeinsame Normen und Verfahren in den Mitgliedstaaten zur Rückführung illegal aufhältiger Drittstaatsangehöriger (Rückführungs-RL); RL 2009/52/EG v. 18.6.2009 (ABl. EU Nr. L 168, 24) über Mindeststandards für Sanktionen und Maßnahmen gegen Arbeitgeber, die Drittstaatsangehörige ohne rechtmäßigen Aufenthalt beschäftigen (Sanktions-RL); RL 2011/95/EU v. 13.12.2011 (ABl. EU Nr. L 337, 9) über Normen für die Anerkennung von Drittstaatsangehörigen oder Staatenlosen als Personen mit Anspruch auf internationalen Schutz, für einen einheitlichen Status für Flüchtlinge oder für Personen mit Anspruch auf subsidiären Schutz und für den Inhalt des zu gewährenden Schutzes (Neufassung der Qualifikations-RL); VO (EU) Nr. 603/2013 v. 26.6.2013 (ABl. EU Nr. L 180, 1) über die Einrichtung von Eurodac für den Abgleich von Fingerabdruckdaten zum Zwecke der effektiven Anwendung der VO (EU) Nr. 604/2013 etc. (Neufassung der Eurodac-VO); VO (EU) Nr. 604/2013 v. 26.6.2013 (ABl EU Nr. L 180/31) zur Festlegung der Kriterien und Verfahren zur Bestimmung des Mitgliedstaats, der für die Prüfung eines von einem Drittstaatsangehörigen oder Staatenlosen in einem Mitgliedstaat gestellten Antrags auf internationalen Schutz zuständig ist (Dublin-III-VO); RL 2013/32/EU v. 26.6.2013 (ABl EU Nr. L 180/60) zu gemeinsamen Verfahren für die Zuerkennung und Aberkennung des internationalen Schutzes (Neufassung der Asylverfahrens-RL); RL 2013/33/EU v. 26.6.2013 (ABl. EU Nr. L 180, 96) zur Festlegung von Normen für die Aufnahme von Personen, die internationalen Schutz beantragen (Neufassung der Aufnahme-RL); UN General Assembly Res. 2312 (XXII); Art. 7 IPBPR; Art. 3 Übereinkommen gegen Folter und andere grausame, unmenschliche oder erniedrigende Behandlung oder Strafe (BGBl 1990 II, 246); GFK mit Art. 1 Zusatzprotokoll v. 31.1.1967; Art. 14 AMRE; Art. 3, 8 EMRK.
**Leitentscheidungen:** BVerfGE 9, 174 (Politisch Verfolgter); BVerfGE 74, 51 (Nachfluchttatbestände); BVerfGE 94, 49 (Sichere Drittstaaten); BVerfGE 94, 115 (Sichere Herkunftsstaaten); BVerfGE 94, 166 (Flughafenverfahren).

**Schrifttum: 1. Bis zu den Urteilen v. 14.5.1996 (BVerfGE 94, 49, 115, 166):** *K. Barwig/G. Brinkmann/B. Huber/ K. Lörcher/C. Schumacher* (Hrsg.), Asyl nach der Änderung des Grundgesetzes, 1994; *V. Giesler/D. Wasser*, Das neue Asylrecht – Die neuen Gesetzestexte und internationalen Abkommen mit Erläuterungen, BAnz. Nr. 174a v. 16.9.1993; *A. Zimmermann*, Das neue Grundrecht auf Asyl, 1994 – **2. Nach Ergehen jener Urteile:** *J. A. Frowein/A. Zimmermann*, Die Asylrechtsreform des Jahres 1993 und das BVerfG, JZ 1996, 753; *W. Höfling/S. Rixen*, Stattgebende Kammerentscheidungen des Bundesverfassungsgerichts, AöR 125, 428 (2000); *G. Renner*, Ausländerrecht, 7. Auflage 1999 – **3. Ab August 2002 – seit der intensivierten Europäisierung:** *J. Bergmann*, Das Dublin Asylsystem, ZAR 2015, 81; *J. Bergmann/K. Dienelt*, Ausländerrecht, 13. Aufl. 2020; *V. Chetail*, Looking beyond the Rhetoric of the Refugee Crisis: The Failed Reform of the CEAS, EJHR 2016, 584; *H. Dörig*, Höchstrichterliche Rechtsprechung zum Asylrecht im Jahr 2018, ZAR 2019, 99; *H. Dörig/C. Langenfeld*, Vollharmonisierung des Flüchtlingsrechts in Europa, NJW 2016, 1; *S. Fontana*, Verfassungsrechtliche Fragen der aktuellen Asyl- und Flüchtlingspolitik im unions- und völkerrechtlichen Kontext, NVwZ 2016, 735; *D. Fröhlich*, Das Asylrecht im Rahmen des Unionsrechts, 2011; *G. Gornig/H.-D. Horn*, Migration, Asyl, Flüchtlinge und Fremdenrecht, 2017; *K. Hailbronner*, Asylrecht HGR V, § 123; *ders./D. Thym*, Grenzenloses Asylrecht? Die Flüchtlingskrise als Problem europäischer Rechtsintegration, JZ 2016, 753; *W. Kluth*, Das Asylpaket-II, ZAR 2016, 121; *U. Koehler*, Die Dublin IV-Verordnung – eine Chance für eine Stärkung des Europäischen Asylzuständigkeitssystems?, ZAR 2017, 440; *S.-I. Koutnatzis*, Kompromisshafte Verfassungsnormen, 2010; *C. Langenfeld*, Asyl und Migration unter dem Grundgesetz, NVwZ 2019, 677; *F. Maiani*, The Reform of the Dublin System and the Dystopia of 'sharing people', MJECL 2017, 622; *S. Neidhardt/T. Ehrbeck*, Das BVerfG als Beschwerdeinstanz in Dublin-Eilsachen?, NVwZ 2015, 761; *A. Nußberger*, Flüchtlingsschicksale zwischen Völkerrecht und Politik, NVwZ 2016, 815; *A. Randelzhofer*, Asylrecht HStR VII,

§ 153; *M. Sachs,* Das Auslieferungsverbot und das Asylrecht, in: Stern, StaatsR IV/1, 2006, § 103; *D. Thym,* Die Auswirkungen des Asylpakets II, NVwZ 2016, 409; weitere Schrifttumshinweise auch in den Vorauflagen sowie bspw. bei *Gärditz,* in: Maunz/Dürig, Art 16a (2018), S. 1–17 und *Wittreck,* in: Dreier I, Art. 16a S. 1559–1561.

## Übersicht

# A. Allgemeines

## I. Wesen des Asyls

Art. 16a gewährt ein Grundrecht auf Asyl. Bedeutet der griech. Begriff asylon (ἄσυλον) so viel wie **1** sicherer Ort, ist heute mit Asyl meist der Schutz gemeint, der einer Person gewährt wird. Der Grundgedanke des territorialen Asyls iSd Art. 16a liegt darin, grds. jedem polit. verfolgten Menschen in Deutschland Zuflucht, dh Aufenthalt, zu gewähren und ihn nicht in den Staat, in dem ihm polit. Verfolgung droht, zurückzuschicken.[1] Die Gewährung eines grundrechtl. fundierten und damit nicht nur verwaltungsgerichtl., sondern auch mittels Individualverfassungsbeschwerde einklagbaren Asylrechts, ist eine in Reaktion auf die Verfolgungen des NS-Regimes entstandene deutsche Besonderheit. Die meisten Staaten gewähren Asyl einfachgesetzl., regelmäßig in Umsetzung der Genfer Konvention über die Rechtsstellung von Flüchtlingen vom 28.7.1951 (Genfer Flüchtlingskonfention – GFK, BGBl II 1953, 559) und bei EU-Mitgliedstaaten des Unionsrechts. Das Asylrecht beruht nach seinen in die Antike

---

[1] Vgl. *von Coelln,* in: Gröpl/Windthorst/von Coelln, Art. 16a Rn. 1.

zurückreichenden Wurzeln auf dem Zufluchtgedanken und dient in seinem Kernbereich und Wesensgehalt der Beseitigung einer im Heimatstaat bestehenden obj. ausweglosen Lage **(Zwangslage):** Asyl erhält, wer wegen bestimmter asylrelevanter Merkmale polit. verfolgt wird, deshalb nicht mehr in der Heimat bleiben kann und in einem anderen Staat Zuflucht suchen muss.[2] **Schutzlosigkeit** ist Voraussetz. jeder Asylgewährung,[3] und es ist die Unzumutbarkeit des weiteren Verbleibens im Heimatstaat oder einer Rückkehr dorthin,[4] aus der sich die durch Gewährung von Verfolgungssicherheit abzuwendende Zwangslage ergibt. Schutz im Inland geht dem Schutz durch Asyl vor: Wer in seinem Heimatstaat eine inländische Fluchtalternative hat und nicht landesweit in einer ausweglosen Lage ist, bedarf grds. keines Schutzes im Ausland.[5] Damit ist das Asylrecht auch von einem Element der **Subsidiarität** geprägt.[6] Dieses hat im neuen Asylgrundrecht gem. Art. 16a auch darin grdl. Niederschlag gefunden, dass sich gem. Art. 16a II nicht auf das Asylgrundrecht berufen kann, wer aus einem sicheren Drittstaat einreist. Asyl setzt tatbestandl. grds. einen **Ursachenzusammenhang** zwischen Verfolgung und Flucht voraus: Nur wer in seinem eigenen Staat verfolgt war oder Verfolgung zu gewärtigen hat und deshalb sein Land verlassen muss oder dorthin nicht mehr ohne Gefahr zurückkehren kann, bedarf des Schutzes im Ausland.[7]

## II. Art. 16a im System des völker- und unionsrechtlichen Asyl- und Flüchtlingsrechts

1a      Das Asylgrundrecht ist in ein komplexes System völker- und europarechtl. Schutzgewährleistungen eingebunden.[8] Obwohl die Medien vereinfachend meist vom „Asylrecht" sprechen, erfolgt die Schutzgewährung in praxi ganz überwiegend nicht nach Art. 16a, sondern aufgr. des durch die GFK und zunehmend durch EU-Recht, namentlich die Qualifikations-RL, determinierten einfachen Rechts: Das **Asylgrundrecht gem. Art. 16a** ist zu unterscheiden von der Gewährung des **Flüchtlingsstatus iSd GFK gem. § 3 I, IV AsylG,** dem eigenständigen Status gem. **§ 4 I AsylG** des sog. **subsidiären Schutzes,** der unterhalb des an eine Verfolgung anknüpfenden Schutzniveaus der GFK, vor allem bei schweren Menschenrechtsverletzungen insbes. bei bewaff. Konflikten einschließl. Bürgerkriegen eingreift, sowie von Abschiebungsverboten und Duldungsregelungen gem. **§§ 60 II–VII, 60a AufenthG.**[9] Verfahrensrechtl. umfasst ein Asylantrag gem. § 13 I AsylG grds. auch die Anträge auf Zuerkennung der Flüchtlingseigenschaft gem. § 3 I AsylG und auf Zuerkennung subsidiären Schutzes gem. § 4 I AsylG.[10] Das BAMF befindet gem. § 31 II AsylG in **einem Bescheid** über diese Anträge.[11] 2020 haben bislang **nur 1,2 %** aller entschiedenen Asylanträge zur Anerkennung einer Asylberechtigung gem. Art. 16a, aber 24,2 % zur Anerkennung als Flüchtling gem. § 3 I, IV AsylG und 12,0 % zur Gewährung subsidiären Schutzes gem. § 4 I AsylG geführt.[12]

1b      Das Asylgrundrecht geriet schon kurz nach Inkrafttreten des GG unter den Einfluss des Völkerrechts, namentlich der GFK. Auch wenn diese als Völkerrechtsvertrag nur den Rang eines einfachen formellen Bundesgesetzes hat, orientierten sich BVerfG und BVerwG bei der Auslegung von Art. 16 II 2 aF (heute: Art. 16a I) an ihr, insbes. indem sie die Verfolgungsbegriffe als im Wesentlichen identisch ansahen.[13] Dies trug dazu bei, dass das Nebeneinander des verfassungsrechtl. Asylgrundrechts und der GFK lange keine größeren Rechtsanwendungsprobleme aufwarf.[14] Gleichzeitig hat die höchstrichterliche Rspr. aber an der Eigenständigkeit des Asylgrundrechts festgehalten und betont, dass dessen Schutz über den der GFK hinausgehen kann (→ Rn. 27 f.). Die mit Abs. 5 von Art. 16a eröffnete Möglichkeit, in weiten Teilen des Asylrechts gegenüber Art. 16a vorrangige völkerrechtl. Vereinbarungen zu treffen, hat allerdings keine praktische Bedeutung erlangt.[15]

1c      Das deutsche Asyl- und Flüchtlingsrecht wird heute stattdessen maßgeblich von dem mit Anwendungsvorrang versehenen **EU-Recht** beeinflusst.[16] Neben den Dublin-Verordnungen,[17] die insbes. die

---

[2] Zur Entwickl. des Asylrechts: *Kimminich,* Geschichte des Asylrechts, in: Deutsch, Bewährungsprobe für ein GrundR, 1978, S. 19 ff. (28 ff.); *Wollenschläger,* Geschichte und Formen des Asylrechts, in: Beitz/Wollenschläger, Handbuch des Asylrechts 1, 1980, S. 53 ff. (57 ff.); *Wittreck,* in: Dreier I, Art. 16a Rn. 1 ff.

[3] BVerfGE 94, 49 (95 ff.); BVerwGE 79, 347; 81, 164; 88, 226; 101, 328 (335).

[4] BVerfGE 80, 315 (342); 81, 58 (65); BVerwGE 85, 139 (140 f.); 87, 141 (148); 89, 162 (169).

[5] BVerfGE 54, 341 (357); 80, 315 (342); 81, 58 (66); BVerwGE 85, 139 (140); BVerwG DVBl 1992, 1542.

[6] BVerfGE 79, 347; 81, 164; 88, 226 zu Art. 16 II 2 aF; ebenso zu Art. 16a, vgl. BVerwGE 101, 328.

[7] BVerfGE 74, 51 (60); 80, 315 (344).

[8] Dazu zB auch *Becker,* in: MKS I, Art. 16a Rn. 1: „europäisiertes Recht".

[9] *Kluth,* in: Stern/Becker, Art. 16a Rn. 12.

[10] *Sieweke,* in: Kluth/Heusch, AusländerR, 2016, § 13 AsylG Rn. 10.

[11] Vgl. BVerwG, Beschl. v. 16.9.2015 – 1 B 36.15 Rn. 5.

[12] BAMF „Aktuelle Zahlen zu Asyl", http://www.bamf.de (Stand: 8/2020).

[13] Vgl. BVerfGE 54, 341 (356); BVerwGE 49, 202 (204); 67, 184 (186); → Rn. 28.

[14] *Hailbronner* HGR V, § 123 Rn. 2.

[15] Dazu → Rn. 106 ff.

[16] Näher dazu → Rn. 108 f.; diese Regelungen betreffen allerdings ausschließlich die Asylgewährung für Drittstaatsangehörige und Staatenlose. Unionsbürger können in einem anderen Mitgliedstaat grds. keinen Asylantrag stellen, vgl. das Protokoll über die Gewährung von Asyl für Staatsangehörige von Mitgliedstaaten der EU, BGBl II 1998, 433.

[17] Näher dazu → Rn. 110 sowie *Bergmann* ZAR 2015, 81.

Zuständigkeit der einzelnen EU-Staaten für Asylanträge regeln, stehen Richtlinien, die das Asylrecht der Mitgliedstaaten harmonisiert haben. Zu nennen sind ua die materiellrechtl. Voraussetz. der Flüchtlingsanerkennung,[18] Vorgaben für das Asylverfahren[19] sowie Mindestnormen für die Aufnahme von Flüchtlingen.[20] Der am Flüchtlingsbegriff der GFK orientierte Schutz für Flüchtlinge gem. § 3 AsylG[21] und der subsidiäre Schutz gem. § 4 AsylG[22] sind heute durch die neu gefasste Qualifikations-RL geprägt.[23] Obwohl der völker- und unionsrechtliche, in Deutschland einfachgesetzl. vermittelte Schutz zu einem Bedeutungsverlust des Asylgrundrechts geführt hat, ist Art. 16a weiterhin praktisch relevant. So gehört er gem. § 13 II AsylG zum behördlichen Pflichtprüfprogramm im Asylverfahren. Ferner kommt Art. 16a ua im Auslieferungsrecht entscheidende Bedeutung zu.[24] Die Bedeutungsverlagerung in das EU-rechtl. determinierte einfache Recht hat allerdings dazu geführt, dass „Stellschrauben" für eine Rekalibrierung des Gewährleistungsumfangs heute das einfache Recht und die EU-rechtl. Vorgaben sind. Auch nach dem starken Anstieg des Flüchtlingszuzugs seit dem Jahr 2015 sind Rufe nach einer Reform des Art. 16a – anders als Anfang der 90er Jahre – daher zunächst nicht laut geworden. Stattdessen wurde das einfache Recht 2015 und 2016 va durch die Asylpakete I und II[25] und 2019 insbes. durch das 2. G zur besseren Durchsetz. der Ausreisepflicht[26] wesentlich verändert.[27] Im Vorfeld von Wahlen laut gewordene Rufe von Politikern nach einer jährl. „Obergrenze" für den Flüchtlingszuzug haben unterdessen den Blick doch wieder auch auf eine verfassungsimmanente Beschränkung des Asylrechts gem. Art. 16a I GG gelenkt,[28] obwohl eine Beschränkung des Gewährleistungsinhalts zur faktischen Begrenzung des Flüchtlingszustroms ungeeignet ist. Da der Schutzanspruch der großen Mehrheit der Schutzsuchenden auf Unionsrecht zurückgeht, müssten rechtliche Möglichkeiten zur Beschränkung des Zuzugs im Unionsrecht gefunden werden.[29] Diskussionen zu Art. 16a I sind daher heute in erster Linie der politischen Rhetorik zuzuordnen.[30]

Art. 16a ist trotz Anwendungsvorrangs des EU-Rechts auch ggü. dem Verfassungsrecht **grds. 1d nicht richtlinienkonform auszulegen oder fortzubilden.**[31] Dies liegt primär daran, dass der effet utile des EU-Rechts, namentl. der einschlägigen Richtlinien, im dt. Recht schon durch die der Umsetzung der RL dienenden Vorschriften – insbes. des AsylG und des AufenthG – gewährleistet ist, bzw. durch deren RLkonforme Auslegung oder Rechtsfortbildung gewährleistet werden kann. Zudem beabsichtigen die bislang erlassenen RL noch keine Vollharmonisierung. Sie enthalten idR nur Mindeststandards, so dass Art. 16a grds. darüber hinausgehenden Schutz gewähren darf.[32] Nur in Ausnahmefällen, insbes. wenn aufgr. des gem. Art. 16a gewährten Schutzes der Zweck einer RLbestimmung leerliefe, ist Art. 16a RLkonform auszulegen bzw. fortzubilden.[33] Wichtigste Beispiele sind die Ausschluss- und Aberkennungstatbestände gem. Art. 2, 14 Qualifikations-RL für Kriegsverbrecher und andere gefährliche Personengruppen.[34] Sie sind auch bei der Anwendung von Art. 16a I zu berücksichtigen, da die Qualifikations-RL ansonsten insoweit leerliefe und der effet utile des EU-

---

[18] Qualifikations-RL 2004/83/EG, neu gefasst durch RL 2011/95/EU; näher dazu → Rn. 110.

[19] Asylverfahrens-RL 2005/85/EG, neu gefasst durch RL 2013/32/EU; näher dazu → Rn. 110.

[20] Aufnahme-RL 2003/9/EG, neu gefasst durch RL 2013/33/EU; näher dazu → Rn. 110.

[21] Während Flüchtlingen und Asylberechtigten seit dem ZuwanderungsG 2004 grds. die gleiche Stellung eingeräumt wurde (*Hailbronner* HGR V, § 123 Rn. 5), zeichnet sich nunmehr wieder eine Tendenz zur Differenzierung ab. Zum Zusammenspiel von nationalem, Unions- und VölkerR auch *Fontana* NVwZ 2016, 735.

[22] Ein wichtiger Unterschied zw. der Rechtsstell. subsidiär Schutzberechtigter und derjenigen von Flüchtlingen und Asylberechtigten besteht nunmehr darin, dass Aufenthaltstitel zwecks Familiennachzugs nach dem mit G v. 16.7.2018 (BGBl I, 1147) eingefügten § 36a AufenthG für subsidiär Schutzberechtigte noch immer einer monatlichen Obergrenze unterliegen. Zu den vormaligen, weitergehenden Einschränkungen *Thym* NVwZ 2016, 409.

[23] Dazu → Rn. 110.

[24] Vgl. BVerfG (K), NVwZ 2015, 1204 m. Anmerkung *B. Huber.*

[25] Dazu etwa *Thym* NVwZ 2016, 409; *Kluth* ZAR 2016, 121; am 29.7.2017 ist das von der BReg initiierte Gesetz zur besseren Durchsetzung der Ausreisepfl. v. 20.7.2017 (BGBl I, 2780) in Kraft getreten.

[26] G v. 15.8.2019 (BGBl I, 1294).

[27] Übersicht der einfachges. Maßnahmen bei *Gnatzy,* in: Hofmann/Henneke, Art. 16a Rn. 10c.

[28] Darstellung bei *Langenfeld* NVwZ 2019, 677; dazu auch *Becker* MKS I, Art. 16a Rn. 17, 22 f., 146 f. insbes. zu einem möglichen Kapazitätsvorbehalt des Art. 16a; mit klarer Positionierung zum Vorbehalt des Möglichen *Gärditz,* in: Maunz/Dürig, Art. 16a (2018) Rn. 439 f.

[29] Statt vieler iE auch *Gnatzy,* in: Hofmann/Henneke, Art. 16a Rn. 10d f.; *Hailbronner/Thym* JZ 2016, 753 weisen insoweit auf Art. 72 AEUV als Grundlage zur Abweichung vom unionalen Asylrecht hin; weiterführend auch *Gärditz,* in: Maunz/Dürig, Art. 16a (2018) Rn. 443 ff.

[30] Kritisch zu den auf dem Höhepunkt der Flüchtlingskrise vorgebrachten rechtlichen Begründungsansätzen zur Begrenzung des Flüchtlingszuzugs auch *Langenfeld* NVwZ 2019, 677.

[31] *Maaßen* BeckOK GG, Art. 16a Rn. 6.2; *Gnatzy,* in: Hofmann/Henneke, Art. 16a Rn. 5; mit Blick auf den Grundsatz der Unionsfreundlichkeit vorsichtig hiervon abweichend *Jarass,* in: Jarass/Pieroth, Art. 16a Rn. 3.

[32] Vgl. *Hailbronner* HGR V, § 123 Rn. 10 ff.; *Maaßen* BeckOK GG, Art. 16a Rn. 6.1.

[33] Dazu ausführlich *Gnatzy,* in: Hofmann/Henneke, Art. 16a Rn. 5 f.

[34] EuGH C-57/09, C-101/09; BVerwGE 139, 272; 140, 114.

Rechts ausgehöhlt würde, wenn die betroff. Personengruppen gem. Art. 16a in Deutschland einen „sicheren Hafen" erhielten.[35]

## III. Kirchenasyl

1e   Die Gewährung des sog. **Kirchenasyls** hat seit 2015 wieder deutlich zugenommen. Im Aug. 2020 waren 354 Fälle mit mindestens 543 betroffenen Personen bekannt.[36] Ca. 95 % sind auf die Dublin-III-VO zurückzuführen, die einen Zuständigkeitsübergang für Anträge auf internationalen Schutz auf den Aufenthaltsstaat bzw. den eine Überstellung ersuchenden Staat vorsieht, wenn bestimmte Überstellungsfristen nicht eingehalten werden.[37] Indem Kirchenasyl Betroffene bis zum Fristablauf vor staatlichem Zugriff schützen soll,[38] wird neben dem staatlichen Rechtsdurchsetzungsanspruch auch das unionsrechtliche Zuständigkeitsregime unterlaufen.[39]

Kirchenasyl hat mit dem staatl. Asylrecht gem. Art. 16a dogmatisch nichts zu tun und findet weder in Art. 16a noch in Art. 140 GG iVm 137 III WRV oder in Art. 4 I, II GG eine Rechtsgrundlage.[40] Gemeint ist der faktische Schutz, den kirchl. Einrichtungen oft unter Berufung auf antike Vorbildinstitutionen Personen gewähren, gegen die nach Abschluss rechtsstaatl. Verfahren aufenthaltsbeendende Maßnahmen erlassen wurden. Damit schützt es die Betroffenen unmittelb. gegen einen Zugriff der Behörden des Zufluchts- und nicht des Verfolgerstaats.[41] Vieles ist hier ungeklärt. Fest steht, dass die „Asyl"-Gewährung durch nichtstaatl. Stellen mit dem Gewaltmonopol des Staates kollidiert.[42] Unabhängig vom internen Kirchenrecht, das zT ein eigenständiges kirchl. Asylrecht kennt,[43] stellt sich das Verhindern von Abschiebungen abgelehnter Asylbewerber nach Durchführung eines mit vielen rechtsstaatl. Sicherungen versehenen Verfahrens vor Behörden und Gerichten einschließl. des BVerfG als Rechtsbruch dar.[44] Kirchenasyl ist allenfalls unter dem Gesichtspunkt des zivilen Ungehorsams diskutabel,[45] als Wahrnehmung eines Widerstandsrechts iSd Art. 20 IV hingegen nicht.[46] Meist verfügen private Asylhelfer trotz moralisch grds. anerkennenswerter humanitärer Motivation nicht über die Erkenntnisquellen und Kompetenz, um neutral und willkürfrei komplexe Asylsachverhalte zu ermitteln und verbindl. Entscheidungen zu treffen. „Rechtsexemte Zonen"[47] kann sich der Rechtsstaat im Interesse der Rechtsgleichheit nicht leisten. Sonst ist bspw. nicht auszuschließen, dass demnächst auch andere Glaubens- und Weltanschauungsgemeinsch. mit Hinweis etwa auf ein transzendentes „Letzterkenntnisrecht" Abschiebungsschutz gg. rechtsstaatl. einwandfrei handelnde Behörden gewähren. Gebote, in Fällen des Kirchenasyls die zu vollziehende aufenthaltsbeendende Maßnahme noch einmal rechtlich zu überprüfen und zunächst grds. eine konsensuale Lösung anzustreben, ergeben sich weniger aus rechtl. Vorgaben als aus humanitären und polit. Klugheitserwägungen.[48]

## IV. Großzügiges Asylgrundrecht nach Art. 16 II 2 aF

2   Während das im VölkerR wurzelnde Institut des Asyls, wie es in Art. 14 AMRE zum Ausdruck kommt, nur im Recht eines Staates auf Respektierung einer Schutzgewähr durch andere Staaten besteht,[49] hat das GG das Asylrecht in Art. 16 II 2 aF zu einem subjektiven, **klageweise durchsetzbaren Grundrecht** aufgewertet.[50] Dies basierte auf der Erwägung, dass Voraussetz. und Umfang des polit. Asyls wesentl. von der Unverletzlichkeit der **Menschenwürde** bestimmt sind.[51] Art. 16 II 2 aF – heute wortgleich in Art. 16a I – ging auch über die EMRK hinaus, die – auch in ihren Zusatzprotokollen – kein Recht auf polit. Asyl kennt.[52] Auch die GFK gewährt kein Asylrecht, sondern bestimmt rahmenartig, welche Personen als Flüchtlinge einzustufen sind und welche Rechtsstellung

---

[35] Gem. § 30 IV iVm § 3 II AsylG sind diese Ausschlusstatbestände daher auch bei der Entscheidung über Asylanträge gem. Art. 16a zu berücksichtigen.

[36] http://www.kirchenasyl.de/aktuelles/.

[37] Vgl. z. B. Art. 13 II sowie insbes. Art. 29 II Dublin-III-VO.

[38] Ausführlich: *Larsen,* in: Gornig/Horn, Migration, Asyl, Flüchtlinge und Fremdenrecht, S. 147 ff.

[39] Sehr kritisch etwa der Präsident des VG Düsseldorf *Heusch,* in: FAZ v. 10.3.2018, „Scharfe Kritik am Kirchenasyl".

[40] Vgl. *Maaßen* BeckOK GG, Art. 16a Rn. 5.2.; *Larsen* ZAR 2017, 121 ff.

[41] *Becker,* in: MKS I, Art. 16a Rn. 3.

[42] Umfassend: *Grefen,* Kirchenasyl im Rechtsstaat, Diss. Köln 2001, B I u. IV; *Stiebig* ZAR 2004, 101.

[43] Vgl. *Just* ZAR 1999, 74 (75 f.); *Gnatzy,* in: Hofmann/Henneke, Art. 16a Rn. 41.

[44] *Robbers* AöR 113, 30 (47); *Doehring* FS Blümel, 1999, S. 111 (117).

[45] Vgl. *Just* ZAR 1999, 74 (76).

[46] Vgl. *Robbers* AöR 113, 30 (47); *Neundorf* ZAR 2011, 259 (265).

[47] *Robbers* AöR 113, 30 (40).

[48] Ähnlich auch *Wittreck,* in: Dreier I, Art. 16a Rn. 91.

[49] *Becker,* in: MKS I, Art. 16a Rn. 7, 18 f.; *Pagenkopf* DÖV 1981, 898 (900).

[50] BVerfGE 54, 341 (356); 67, 184 (185); 74, 51 (57); 80, 315 (343).

[51] BVerfGE 54, 341 (357); 56, 216 (235); 76, 143 (157 f.); 80, 315 (333); nach BVerfGE 94, 49 (103) gehört das Asylrecht zum Gewährleistungsinhalt der Art. 1 I; hierzu noch → Rn. 75.

[52] EGMR InfAuslR 1992, 81 und InfAuslR 1997, 279 – Nr. 38 –.

diese besitzen.[53] Die Ausgestaltung als Grundrecht schuf gem. Art. 1 III eine Bindungswirkung für Gesetzgebung, Verwaltung und Rechtsprechung und sicherte das Asylrecht prozedural durch die **Rechtsweggarantie** des **Art. 19 IV** ab.[54]

Das Grundrecht auf Asyl wurde **1949** unter dem Eindruck der furchtbaren **Verfolgungen der NS-** **3** **Zeit** und der oft ausgebliebenen Schutzgewährung anderer Staaten (etwa „Das Boot ist voll" in der Schweiz) geschaffen. Auch als **Akt symbolischer Wiedergutmachung** sollte ein verfassungskräftiger Asylanspruch begründet werden.[55] Befürchtungen eines Missbrauchs trat damals va *Carlo Schmid* entgegen: Asylgewährung sei „immer eine Frage der **Generosität;** und wenn man generös sein will, muss man riskieren, sich ggf. in der Person geirrt zu haben. Das ist eine Seite davon, und darin liegt vielleicht auch die Würde eines solchen Akts".[56] Das Asylrecht ist entspr. von **Neutralität und Humanität** geprägt, dh der Asylanspruch hängt weder von der Herkunft und der polit. Gesinn. des Verfolgten noch von der polit. Richtung des Verfolgerstaats ab.[57] Geschützt werden alle Menschen mit best. unveräußerl. und wesensimmanenten obj. Merkmalen, also nicht im Sinne staatl. Opportunität ausgewählte „privilegierte" Religionen, Nationalitäten und polit. Überzeugungen, sofern sich der polit. Verfolgte nur selbst grds. **gewaltfrei** verhalten hat.[58] Die **gesellschaftliche Akzeptanz** des **großzügigen Asylrechts** schwand allerdings in den 90er Jahren umso stärker, je mehr Asylbewerber mit asylfremden Motiven einreisten, und je weniger die Integration der Asylberechtigten gelang.

Art. 16 II 2 aF hatte neben der materiellrechtl. Wirkung des vorläufigen Bleiberechts im Zufluchtsstaat **4** (Prinzip des non-refoulements aus Art. 33 GFK sowie darüber hinausgehend auch subjektiv-rechtl.) **verfahrensrechtliche Bedeutung:** Nach dem ungeschriebenen **Verfahrensvorbehalt** setzte der Asylstatus einen **Anerkennungsakt** in Form eines begünstigenden rechtsgestaltenden VA mit Statusbegründung und Bestandskraftwirk. voraus.[59] Da somit die materielle Asylverbürgung von einer geeigneten Verfahrensregelung abhing, entfaltete das **Asylrecht** wiederum reflexiv eine doppelte verfahrensrechtl. **(Vor-)Wirkung:** erstens ein **vorläufiges Bleiberecht** und zweitens ein **regelmäßiges Abschiebeverbot** bis zur bestands- oder rechtskräft. Entscheid. der Behörden und Gerichte über die Anerkennung als Asylberechtigter. Aufenthaltsbeendende Maßnahmen ggü. einem Asylsuchenden vor Abschluss des Anerkennungsverfahrens waren daher – jenseits offensichtl. unbegründeter Anträge – grds. unzulässig.[60]

Das mit Sozialleistungsansprüchen einherg. einstweilige Bleiberecht schuf Fehlanreize, langwierige **4a** Verwaltungs- und Gerichtsverfahren zu betreiben. Nach einer ruhigen Phase bis 1975 stieg die Zahl der Asylbewerber im Jahr 1980 auf über 107 000, von denen nur wenige anerkannt wurden. Der Gesetzgeber reagierte in Ausnutzung des Verfahrensvorbehalts mit zT erfolglosen Beschleunigungsgesetzen und schließl. dem AsylVfG vom 1.8.1982,[61] dessen Wirksamkeit indes durch Korrekturen des BVerfG geschwächt wurde.[62] Dies und die Maueröffnung 1989 trugen zum Anstieg **auf 438 000 Asylbewerber** im Jahr 1992 bei. 1993 glaubte der Gesetzgeber, dem dadurch entstandenen polit. Druck nur noch mit dem „Asylkompromiss" in Form von Art. 16a Herr werden zu können. Der zunächst starke Rückgang der Asylbewerberzahlen gab ihm Recht.[63] Dass etwa 2008 nur noch 28 018 Asylanträge gestellt wurden, war auch Folge der gleichzeitigen Vergemeinschaftung des Asylrechts mit einem System sicherer Drittstaaten (Abs. 2) und einer Straffung des Anerkennungsverfahrens (Abs. 3 und Abs. 4). Die Statistiken zu **Übernahmeersuchen** in der EU machen deutlich, dass Deutschland seither weit häufiger ersuchender als ersuchter Staat ist.[64] Allerdings zeigt der rapide Anstieg von 48 589 Asylanträgen im Jahr 2010 auf 476 649 Anträge 2015 und **745 545 Anträge 2016,**[65] wie sehr die Zahl der Asylbewerber von der weltweiten Verfolgungslage abhängt.

Die Anwendung des Asylrechts durch Behörden und Gerichte wurde **verfassungsgerichtlich 5** **streng kontrolliert.** Da das BVerfG im Einzelfall Art. 16 II 2 aF unmittelb. berührt sah, beschränkte es diese Kontrolle – anders als bei normalen Urteilsverfassungsbeschw. – nicht darauf, ob die Auslegung und Anwendung einfachen Rechts auf einer grds. unrichtigen Anschauung der Bedeutung und Trag- weite des betroff. Grundrechts beruhte.[66] Vielmehr prüfte das BVerfG in Bezug auf den Tatbestand „politisch Verfolgter" hinsichtl. des Sachverhalts und seiner Bewertung, ob die tatsächl. und rechtl.

---

[53] *Becker* MKS I, Art. 16a Rn. 19.
[54] BVerfGE 54, 341 (356); 74, 51 (57).
[55] Vgl. JöR nF 1 (1951), 165 f.
[56] JöR nF 1 (1951), 165 f.
[57] Vgl. BVerfGE 54, 341 (356 f.); 74, 51 (63); 80, 315 (338 f.).
[58] BVerfGE 54, 341 (356 f.); 74, 51 (63); 80, 315 (338 f.); hierzu noch → Rn. 21, → Rn. 26.
[59] BVerfGE 60, 253 (295); 65, 75 (94); BVerwGE 78, 332 (343); ebenso BVerfGE 94, 166 (199 ff.) für das Asylrecht nach Art. 16 a.
[60] BVerfGE 67, 43 (56 f.); 78, 8 (18); 78, 180 (189).
[61] Vgl. *Kimminich,* Grundprobleme des Asylrechts, S. 120 f.; *Pagenkopf* NVwZ 1982, 590 f.
[62] Im Ansatz schon zur Vorläuferregelung (AuslG): BVerfGE 65, 76 (94 ff.); 67, 43 (56 f.); 71, 276 (292 f.).
[63] 1992 = 438 191 Personen; 1993 = 322 599; 1994 = 127 210; 1995 = 127 937; 1996 = 116 367; 1997 = 104 353; 1998 = 98 644; 1999 = 138 319 neue Antragsverfahren; 2000 = 117 648 Anträge; 2003 = 50 563; 2005 = 28 914; 2006 = 30 100 Anträge; 2007 = 30 303; 2008 = 28 018; 2009 = 33 033.
[64] Vgl. BAMF, „Aktuelle Zahlen zu Asyl", http://www.bamf.de.
[65] BAMF, „Aktuelle Zahlen zu Asyl", http://www.bamf.de; zu Welttrends: *v. Pollern* ZAR 2013, 420.
[66] Vgl. BVerfGE 18, 85 (93); 42, 143 (149).

Wertung der Behörden und Fachgerichte sowie Art und Umfang ihrer Ermittlungen einen hinreich. Grad an Verlässlichkeit aufwiesen, bezogen auf die besond. Gegebenheiten im Asylbereich Art. 16 II 2 aF gerecht wurden und sich innerhalb eines „gewissen Wertungsrahmens" hielten.[67] Damit war das BVerfG hier doch das „Superrevisionsgericht", bzw. angesichts eigener Tatsachenfeststell. bzgl. der Anwendung des einfachen Rechts sogar das „Supertatsachengericht", das es sonst nicht sein will und soll.[68] Der Rückgang stattgeb. BVerfG-Beschlüsse deutet in den letzten Jahren allerdings auf eine zunehmende verfassungsgerichtl. Zurückhaltung hin.

## V. Eingeschränktes Asylrecht gem. Art. 16a

6    **1. Grundkonzeption. a)** Ziel des **Asylkompromisses von** CDU/CSU, SPD und FDP war 1993, „den wirkl. polit. Verfolgten weiterhin Schutz und Zuflucht zu gewähren, aber eine unberecht. Berufung auf das Asylrecht zu verhindern […]".[69] Hierfür war die **Änderung des GG** unumgänglich. Parallel wurden das **AsylVfG (heute: AsylG[70])** neugefasst[71] sowie ein neues **AsylbLG[72]** erlassen.

7    Mit der Reform des Asylrechts und der Einführung des neuen Art. 16a durch Gesetz v. 28.6.1993[73] schuf der verfassungsändernde Gesetzgeber zugleich eine Grundlage, um gem. Art. 16a V (→ Rn. 106 ff.) mittels völkerrechtl. Verträge eine **europäische Gesamtregelung** der Schutzgewährung für Asylbewerber und eine Lastenverteilung in Europa herbeizuführen.[74]

8    **b)** Die Bundesrepublik hat sich mit Art. 16a verfassungskräftig einem Konzept europäischer bzw. internationaler Lastenverteilung zugewandt (Art. 16a II–V). Dabei hat der verfassungsänd. Gesetzgeber zwar anerkannt, dass weiterhin ein Bedürfnis nach Gewährung von Schutz vor polit. Verfolgung besteht (Art. 16a I), verweist Asylbewerber nun aber grds. vorrangig auf den Schutz in Drittstaaten, in denen sie bereits Verfolgungssicherheit hatten oder hätten haben können (Art. 16a II 1 und 2).[75] Zudem wurden das Anerkennungsverfahren gestrafft und der Vollzug beschleunigt (Art. 16a II 3, III, IV). Die neuen Abs. II–V haben im Ergebnis den Rechtsgedanken der **Subsidiarität** des Asylanspruchs kraft Verfassung wesentl. gestärkt.[76]

9    Das BVerfG hat die **Verfassungsmäßigkeit** von Art. 16a am 14.5.1996 in drei grdl. Urteilen bestätigt, die Vereinbarkeit mit Art. 1 I festgestellt und entschieden, dass Art. 16a II–IV die Grenzen der Art. 19 IV und 79 III noch wahren.[77] Mit Hinweis auf den eigenständig, losgelöst vom Asylrecht, zu bestimmenden Gewährleistungsinhalt des Art. 1 I hat das BVerfG[78] Versuchen eine Absage erteilt, das Asylrecht unter den Schutz des Art. 79 III zu stellen.[79] Ähnl. wie die gleichfalls hypertroph gefassten Art. 13 und 23 ist Art. 16a Ausdruck eines unter hohem Druck entstandenen **polit. Kompromisses.**[80] Mangels präziser Begriffsbildung ist die Norm schon von ihrem Umfang her eine im Grundrechtskatalog atypische Vorschrift,[81] die zudem grundrechtsdogmatische Bedenken aufwirft: Art. 16a erhebt einen einfachrechtl. verankerten, unter Zeitdruck formulierten Kompromiss in Verfassungsrang und macht ihn so **änderungsfest gegenüber dem einfachen Gesetzgeber,** dessen Spielraum fast auf Null reduziert ist. Die starre Regelung schreibt die damaligen Prämissen fest, die sich aber angesichts der Dynamik weltweiter Flüchtlingsbewegungen ständig wandeln. Erschien die Regelung zunächst fast nur noch durch die – nicht genutzte – völkerrechtl. Öffnungsklausel in Abs. 5 entwicklungsoffen, ist das Asylrecht inzwischen allerdings de facto stark unionsrechtlich determiniert.

10    **c)** Das GG regelt das Asylrecht heute wie folgt: **Abs. 1** hat wörtl. übereinstimmend mit Art. 16 II 2 aF das **Individualgrundrecht auf Asyl** beibehalten (u. Rn. 13 ff.). Faktisch und rechtl. wird der **persönl. Geltungsbereich des Abs. 1** aber durch **Abs. 2 weitgehend eingeschränkt,**[82] wonach die Berufung auf das Asylgrundrecht ausscheidet, wenn Asylbewerber aus einem sicheren Drittstaat nach Deutschland

---

[67] BVerfGE 52, 391 (407 ff.); 54, 341 (356); 63, 197 (214); 63, 215 (225); 76, 143 (161 ff.); 80, 315 (347, 349); 83, 216 (229).

[68] Vgl. *Starck* JZ 1996, 1036 (1037 f.); zur Problematik von Tatsachenfeststellungen durch Kammern des BVerfG auch *Ossenbühl* DVBl 1995, 911; näher zum Ganzen die Kommentierung in den Vorauflagen.

[69] Begründung des interfraktionellen Gesetzentwurfs, Allg. Teil, BT-Dr 12/4152, S. 3; *Koutnatzis,* Kompromisshafte Verfassungsnormen, 2010, S. 452 ff.

[70] AsylG; Gesetzestitel neu gef. mWv 24.10.2015 durch G v. 20.10.2015 (BGBl I, 1722).

[71] Bek. der Neufassung des AsylVfG v. 27.7.1993 (BGBl I, 1361).

[72] V. 30.6.1993 (BGBl I, 1074) mit nachfolgenden Änderungen.

[73] BGBl I, 1002.

[74] Bgr. des Gesetzentwurfs, BT-Dr 12/4152, S. 3 ff.; BT-Prot 12/11 595; 13 502; BVerfGE 94, 49 (85).

[75] BVerfGE 94, 49 (85).

[76] Vgl. bereits § 2 AsylVfG aF; BVerfGE 94, 49 ff.; 94, 115 ff.; 94, 211 ff.; BVerwGE 95, 42; 101, 328 (332); BVerwG DÖV 1997, 783, zugleich zu § 51 I AuslG aF und Art. 1 A, 33 GFK.

[77] BVerfGE 94, 49 ff. vornehmlich zu Abs. 2; BVerfGE 94, 115 ff. vor allem zu Abs. 3; BVerfGE 94, 166 ff. zu Abs. 4 und zum Flughafenverfahren; hierzu – teilweise kritisch – etwa *Frowein/Zimmermann* JZ 1996, 753; *Hailbronner* NVwZ 1996, 625; *Huber* NVwZ 1997, 1080; *Mohr* NJ 1996, 402.

[78] BVerfGE 94, 49 ff., 103; auch *Becker* MKS I, Art. 16a Rn. 13.

[79] Vgl. *Rothkegel* ZRP 1992, 222, 226; *Hehl* ZRP 1993, 301, 303.

[80] Dazu *Koutnatzis,* Kompromisshafte Verfassungsnormen, 2010, S. 452 ff.

[81] Kritisch zB auch *Becker* MKS I, Art. 16a Rn. 15; *Zuck* NJW 1998, 1919 (1920).

[82] Vgl. BVerfGE 94, 49 ff.

einreisen (u. Rn. 55 ff.). **Abs. 3** ergänzt Abs. 2 durch die Möglichkeit, einfachgesetzl. Listen mit **(wider-legbar) sicheren Herkunftsstaaten** zu erlassen. Dies beschränkt den verfahrensbezogenen Gewähr-leistungsinhalt des Grundrechts aus Abs. 1 (u. Rn. 87 ff.).[83] **Abs. 4** ist eine in einer Verfassung unge-wöhnl. **prozessrechtl. Vorschrift,** welche die Möglichkeit eröffnet, durch spezialgesetzl. Regelung den vorläuf. Rechtsschutz an best. strenge Voraussetz. zu knüpfen. Die Regelung nimmt bei eindeutig aussichtsl. Asylanträgen das vorläuf. Bleiberecht von Asylbewerbern bis zu einer bestandskräf. Entschei-dung über deren Asylantrag ein Stück weit zurück[84] (u. Rn. 97 ff.). Die **völkerrechtl. Öffnungsklausel** des **Abs. 5** schließlich sollte einen Vorrang einschlägigen Völkervertragsrechts begründen[85] und so eine **Internationalisierung des Asylrechts** ermöglichen (→ Rn. 106 ff.).

**2. Verfahrensrechtliche Aspekte.** Das Asylrecht hat nicht nur materiellrechtl. (Vor-)Wirkungen  **11** (→ Rn. 13 f.), sondern auch verfahrensrechtl. Bedeutung. In seinen Genuss kommt nur, wem es auf Antrag (§§ 13 ff. AsylG) in einem rechtl. geregelten Prüfungsverfahren zuerkannt wird. Der Asyl-suchende muss einen **gleichsam konstitutiven Anerkennungsakt** erwirken und notfalls gerichtl. erstreiten, um das Asylgrundrecht nutzen zu können.[86] Eine für die Feststellung des Asylrechts geeignete Verfahrensregelung ist deshalb auch verfassungsrechtl. relevant.

Verfahren, die in dieser Weise die Geltendmach. einer grundrechtl. Gewährleistung regeln, müssen  **12** von Verfassung wegen **sachgerecht, geeignet und zumutbar** sein. Dies kann u. U. auch eine besond., vom allg. Verwaltungsverfahren abweich. Ausgestalt. erfordern. Dem Gesetzgeber kommt daher in Asylverfahrens- und -organisationsfragen ein weiter **Gestaltungsspielraum** zu; aus materiel-len Grundrechten lassen sich nur elementare, rechtsstaatl. unverzichtbare Verfahrensanford. ableiten.[87] Er darf dabei auch darauf reagieren, wenn Asyl nicht nur massenhaft beantragt, sondern auch oft ungerechtet. zu asylfremden Zwecken der Einwander. begehrt wird, und dafür sorgen, dass der Staat in der Lage ist, den wirkl. polit. Verfolgten Schutz zu gewähren.[88] Die vollziehende Gewalt muss die Verfahrensregelungen im Einklang mit den Grundrechten anwenden.[89] Zu **Asylanerkenn.** bzw. **Abschiebungshindernissen** → Rn. 48 ff.

# B. Das Individualgrundrecht auf Asyl (Abs. 1)

## I. Eingeschränkter Fortbestand des grundrechtlichen Asylanspruchs

Abs. 1 erhält das Asylrecht einschl. der Rechtsweggarantie des Art. 19 IV als Individualgrundrecht  **13** verfassungsrechtl. aufrecht.[90] Indem Abs. 1 allerdings nur anwendbar ist, soweit sich aus Abs. 2–5 nichts anderes ergibt, wurde das rechtl. Regel-Ausnahme-Verhältnis in ein Ausnahme-Regel-Ver-hältnis umgewandelt. Seinen **eigenständigen Anwendungsbereich** behält **Abs. 1** dort, **wo Abs. 2–5 nicht eingreifen.**

Soweit Abs. 1 zur Anwend. kommt, gelten diejenigen materiell- und verfahrensrechtl. grundrechtl.  **14** Erkenntnisse, die früher auf Grundlage des Art. 16 II 2 aF bestanden, gem. Art. 16a I iVm dem AsylG fort. Die wesentl. (verfahrensrechtl.) Rechtsfolge des Abs. 1 besteht in einem solchen Asylverfahren darin, dass grds. jeder Ausländer, der sich auf polit. Verfolgung beruft, ein **vorläufiges Bleiberecht** im Bundesgebiet nebst **Abschiebeverbot** bis zum Abschluss des Verfahrens sowie ferner grds. einen Anspruch auf umfass. Prüf. seines Asylantrags in einem geordneten (ggf. abgekürzten) Verwaltungs-und Gerichtsverfahren hat,[91] sofern nicht ein eindeutig aussichtsloser, offensichtl. unbegründeter Asyl-antrag vorliegt.[92]

## II. Die einzelnen Tatbestandsmerkmale der politischen Verfolgung

**1. Begriff „politische Verfolgung". a) „Verfolgung".** Nicht jede gezielte Verletz. von Rech-  **15** ten, die nach der deutschen Verfassungsordn. unzulässig ist, begründet nach dem BVerfG eine asylrelevant. polit. Verfolgung; die Rechtsverletz. muss vielmehr von einer Intensität sein, die sich nicht nur als Beeinträcht. oder Benachteil. darstellt, sondern als – ausgrenzende – Verfolgung wegen best. asylrelevanter Merkmale (hierzu → Rn. 20 ff., → Rn. 24 ff.). Das Maß der Intensität ist nicht abstr.

---

[83] Vgl. BVerfGE 94, 115 ff.
[84] Vgl. BVerfGE 94, 166 ff., zugleich zur Vereinbarkeit mit Art. 19 IV.
[85] Vgl. BVerfGE 94, 49 (85, 86).
[86] BVerfGE 60, 253; 94, 166 (199 ff.); BVerwGE 78, 332 (343).
[87] BVerfGE 94, 166 (200) unter Hinw. auf BVerfGE 56, 216 (236); 60, 253 (295 ff.).
[88] BVerfGE 94, 166 (200) unter Hinw. auf BVerfGE 54, 341 (357); 76, 143 (157 ff.); 80, 315 (333).
[89] BVerfGE 94, 166 (200) unter Hinw. auf BVerfGE 56, 216 (240); zur Grundrechtsrelevanz im und durch Verfahren *Schmitz* SBS, VwVfG § 1 Rn. 39 ff., § 9 Rn. 49 ff.
[90] Ganz im Sinne von *O. Bachof* FS Dürig, 1999, S. 319 ff. „Hände weg vom Grundgesetz".
[91] BVerfGE 56, 216 (235 f.); 65, 76 (94); 67, 43 (59); 70, 180 (189 f.).
[92] BVerfGE 56, 216 (236 f.); 65, 76 (94); 67, 43 (60 f.); 85, 127 (128 f.), zugleich zum grundsätzlichen Verbot aufenthaltsbeendender Maßnahmen vor Abschluss des Anerkennungsverfahrens.

vorgegeben, sondern muss der humanitären Intention des Asylrechts entnommen werden.[93] Eine Maßnahme ist nach BVerfG und BVerwG in diesem Sinne „Verfolgung", wenn sie nach ihrer **Art, Schwere und Intensität des Eingriffs** die **Menschenwürde verletzt** und über das hinausgeht, was die Bewohner des Heimatstaates aufgr. des dort herrsch. Systems allg. hinzunehmen haben.[94] Dabei ist zw. Eingriffen in **nichtvermögenswerte** und in **vermögenswerte Rechte** zu unterscheiden: Verfolgung im asylrechtl. Sinne stellen bei Einwirkungen in nichtvermögenswerte Rechte generell insbes. alle nicht ganz unerhebl. Eingriffe in **Leib, Leben und körperl. Unversehrtheit** dar, wobei unterstellt wird, dass ein solcher Eingriff in die Grundrechtsgüter des Art. 2 II 1 in aller Regel die Verletzung der Menschenwürde indiziert.[95]

**16**  Eingriffe in **andere immaterielle Freiheitsrechte und Schutzgüter** müssen solches Gewicht haben, dass sie den elementaren Bereich der sittlichen Person, in dem für ein menschenwürdiges Dasein die Selbstbestimm. mögl. bleiben muss, verletzen.[96] Zu dem unentziehbaren Kern etwa der **Religionsfreiheit** gehören die Religionsausübung im häusl.-privaten Bereich, die Möglichkeit zum Reden über den eigenen Glauben und zum religiösen Bekenntnis im nachbarschaftl.-kommunikat. Bereich sowie die Wahrung des forum internum (sog. **religiöses Existenzminimum**).[97] Nachdem der EuGH auf Vorlage des BVerwG die forum internum-Rspr. des BVerfG und BVerwG im Lichte von Art. 10 I lit. b Qualifikations-RL verworfen hatte,[98] hat das BVerwG im Jahr 2013 – für die entscheidungsrelevante Flüchtlingsanerkenn. – geurteilt, dass auch der durch mit hinreich. Wahrscheinlich. drohende Sanktionen erzwungene Verzicht auf eine für die religiöse Identität besonders wichtige öffentl. Religionsausübung für die Flüchtlingsanerkenn. ausreicht.[99]

**17**  Bei Eingriffen in **vermögenswerte Rechtsgüter** – etwa Eigentum oder Berufsfreiheit – liegt Verfolgung vor, wenn durch eine wegen asylrelevanter Merkmale bestehende Ausgrenzung in einer die Menschenwürde verletz. Weise die Ausübung einer berufl. und wirtschaftl. Betätig. verhindert wird und dadurch das **wirtschaftl. Existenzminimum** bzw. die Existenzgrundlage bei genereller Betrachtung beseitigt oder vernichtet wird und auch durch andere zumutbare Arbeit außerhalb des bisherigen Berufs nicht sichergestellt ist.[100]

**18**  Die Maßnahme muss den Ausländer **in eigener Person** treffen, ihm selbst eine solche mit der Menschenwürde unvereinbare ausgrenzende Rechtsverletzung zufügen und ihn wegen ihrer Schwere und Intensität in eine ausweglose Lage **(Zwangslage)** bringen. Die Verfolgungsbetroffenheit muss **gegenwärtig** sein, dh bei einer Vorverfolgung im Zeitpunkt der Ausreise noch andauern und im Falle der Rückkehr mit beachtlicher Wahrscheinlichkeit drohen.[101] Zur **Gruppenverfolgung** → Rn. 40 f., zum **Familienasyl** → Rn. 39.

**19**  Ob eine Maßnahme Verfolgung darstellt, bemisst sich nach einer **objekt. Bewert.**, so dass für die Annahme einer **begründeten Furcht** (vgl. Art. 33 GFK; hierzu → Rn. 24) allein die subj. Sicht und Gewicht. der Vorgänge durch die Fluchtperson nicht ausreicht; einzige subj. Voraussetz. ist, dass die drohende oder erlittene Verfolgung für den Einzelnen der Fluchtanlass war.[102]

**20**  **b) „Politische" Verfolgung.** Das Attribut „politisch" knüpft nicht an einen inhaltl.-gegenständl. Bereich von Politik an, sondern kennzeichnet spezielle individ. Eigenschaften oder Qualitäten, die best. Verfolgungsmaßnahmen haben, die namentl. einen öffentl. Bezug aufweisen und von einem Träger überlegener, in der Regel hoheitl. Macht, welcher der Verletzte unterworfen ist,[103] ausgehen oder ihm jedenfalls wie eigene zugerechnet werden können. Polit. Verfolgung ist daher grds. **staatl.** oder quasi-staatl. **Verfolgung.** Dies gilt für Art. 16a I, die GFK und § 60 I 1 AufenthG[104] (u. Rn. 35 ff.). Eine Verfolgung ist daher eine polit., wenn sie an **asylerhebl. Merkmale** anknüpft. BVerfG und BVerwG haben eine polit. Verfolgung angenommen, wenn sie an polit. oder religiöse Grundentscheidungen des Betroff. oder an andere für diesen **unverfügbare Merkmale,** die sein

---

[93] BVerfGE 76, 143 (157, 166 f.); 80, 315 (335); vgl. auch *Becker* MKS I, Art. 16a Rn. 36; nach BVerfGE 94, 49 (103) gehört das *Asylgrundrecht* aber nicht zum Gewährleistungsinhalt von Art. 1 I.

[94] BVerfGE 54, 341 (357); 76, 143 (158); BVerwGE 87, 141.

[95] BVerfGE 54, 341 (357); 76, 143 (158); 81, 142 (151), zur menschenrechtswidrigen Anwendung von Folter; BVerwGE 87, 141 (145), Annahme von „Verfolgung" bei zweitägiger Inhaftierung und körperlicher Misshandlung. Offen wird gelassen, in welchen Fällen die Untergrenze für eine „Verfolgung" noch nicht erreicht ist, etwa bei einer nur minuten- oder stundenweisen Festnahme oder Sistierung ohne weitere Eingriffe in Leib und Leben.

[96] BVerfGE 54, 341 (357); 76, 143 (158).

[97] BVerfGE 76, 143 (158 ff.); BVerwGE 74, 31 (38 f.); 80, 321; 87, 52; 111, 223 (229 f.); 120, 16 (21).

[98] EuGH C-71/11, C-99/11, Rn. 62 ff. mit Anm. *Marx* NVwZ 2012, 1615.

[99] BVerwGE 146, 68 und andere Urt. v. 20.2.2013 – ua 10 C 20.12; *Berlit* DVBl 2013, 873 (882); zu den Grenzen fachgerichtlicher Überprüfbarkeit (subj.) Glaubensüberzeugungen von Konvertiten zuletzt BVerfG NVwZ 2020, 950.

[100] BVerfGE 54, 341 (357); 80, 315 (342); 81, 58 (65); BVerwGE 85, 139 (140); 87, 141 (148).

[101] BVerfGE 54, 341 (357); 76, 143 (158 f., 163 f.); 80, 315 (335); BVerwGE 71, 175 (179); 87, 52 (53 f.); 89, 171 (175 f.): zeitliche Verknüpfung zwischen Verfolgung und Flucht; *Gnatzy*, in: Hofmann/Henneke, Art. 16a Rn. 25.

[102] BVerfGE 54, 341 (359); 76, 143 (167); BVerwGE 82, 17 (173): Addition nur möglicher Verfolgungsgründe in eine Gesamtschau nicht ausreichend.

[103] BVerfGE 80, 315 (333 f.); BVerwGE 101, 328 (331).

[104] Früher: § 51 I AuslG; vgl. BVerfGE 80, 315 (333); BVerwGE 92, 42 (45); 101, 328 (331, 332).

Anderssein prägen, anknüpft und ihm gezielt Rechtsverletzungen zufügt, die ihn ihrer Intensität nach aus der übergreif. Friedensordnung der staatl. Einheit ausgrenzen.[105] Polit. Verfolgung ist in diesem Sinne typischerweise der **Missbrauch hoheitl. Herrschaftsmacht** durch Ausgrenzung einzelner Personen oder best. Gruppen (u. Rn. 39 ff.) aus der übergreif. Friedensordnung wegen best. unverfügbarer persönl. (Gruppen-)Merkmale.[106]

Das **BVerwG** nimmt in st. Rspr. eine Verfolgung aus polit. Gründen – in Anlehnung an Art. 1 A **21** Nr. 2 GFK – an, wenn sie dem Ausländer wg. dessen **Rasse, Religion, Nationalität, Zugehörigkeit** zu einer **sozialen Gruppe** oder seiner **polit. Überzeugung** droht oder wenn er sie bereits deshalb erlitten hat, weil erfahrungsgem. gerade diese Merkmale die häufigsten Anknüpfungs- und Bezugspunkte für die staatl. Unterdrück. und Verfolgung Andersartiger und Andersdenkender bilden.[107] Das Merkmal der polit. Überzeug. umfasst nicht nur die polit. Gesinnung als solche, sondern auch deren **Bekundung** und **(gewaltfreie) Betätigung.**[108] Das Asylrecht schützt die eigene polit. Überzeugung auch durch das Verbot der Indoktrination, insbes. in Aufklärungs- und Umschulungslagern.[109] Diese auch gem. Art. 16a bedeutsamen Merkmale[110] begrenzen zugleich den Schutzbereich des Asylgrundrechts aus Abs. 1 und gelten auch für den Begriff des Flüchtlings iSv Art. 1 A und 33 GFK sowie den asylrechtl. Abschiebungsschutz nach § 60 I 1 AufenthG.[111]

Da der Begriff der polit. Verfolgung in Art. 16a in Anlehnung an den Katalog der GFK interpretiert **22** wird und selbst keine abschließ. Aufzählung asylrelevanter Merkmale enthält, kann nach dem BVerwG darüber hinausgehend eine Verfolgung auch wg. **vergleichbarer anderer irreversibler und wesensimmanenter Merkmale** dann eine polit. Verfolgung sein, wenn sie in den elementaren Bereich des Menschen eingreift und dessen Personsein in seinen Grundlagen verletzt.[112] Daher kommt polit. Verfolgung etwa auch bei Verfolgung wg. **Homosexualität**[113] oder wg. **Heirat** eines Menschen mit anderer Religionszugehör. in Betracht.[114] Auch eine Verfolgung wg. **geschlechtsspezifischer Merkmale** kann asylbegründend sein,[115] ebenso die **Zwangsbeschneidung** Wehrpflichtiger.[116] Insoweit geht der Begriff der polit. Verfolgung gem. Art. 16a über Art. 1 A Nr. 2 und Art. 33 GFK hinaus (→ Rn. 27).

Aus den Merkmalen folgt zugleich, dass eine Benachteil., Behinderung oder Beeinträchtig. aus **23** anderen als den spezif. Asylmerkmalen **keine** polit. Verfolgung ist und daher nicht zu Asylgewährung führt. Dies betrifft namentl. Nachteile aus **materiellen Notlagen** aufgr. der allg. Zustände im Heimatstaat, etwa **Armut und Hunger,** oder die Auswirkungen von **Naturkatastrophen, Unruhen, Revolutionen und (Bürger-)Kriegen.**[117]

c) **Verfolgung wegen eines Asylmerkmals.** Eine asylerhebl. polit. Verfolgung setzt voraus, dass **24** die Maßnahme den Betroffenen **gerade in Anknüpfung** an asylerhebl. Merkmale treffen soll. Ob diese spezif. Zielrichtung vorliegt, ist anhand ihres inhaltl. Charakters nach der **(objektiven) erkennbaren Gerichtetheit** der Maßnahme selbst zu beurteilen, nicht aber nach den subj. Gründen oder Motiven des Verfolgenden.[118] Eine Verfolgungsmaßnahme verliert ihre Asylerheblichkeit nicht deshalb, weil der Verfolger mit ihr weitere, asylneutrale Ziele verfolgt, etwa bei **Strafgesetzen** gegen religiöse Minderheiten, wenn der verfolgende Staat mit ihnen va Ausschreitungen verhindern sowie Ruhe und Ordnung wiederherstellen will.[119] Auch die Anwendung von **Staatsschutzvorschriften**

---

[105] BVerfGE 54, 341 (357); 76, 143 (158); 80, 315 (334 f.); BVerwGE 80, 321 (324); 101, 328 (331, 332).
[106] BVerwGE 101, 328 (332).
[107] BVerfGE 54, 341 (358); 80, 315 (336); BVerwGE 67, 184 (187); 95, 42 (46).
[108] BVerfGE 80, 315 (336); 81, 142 (152 f.); BVerwGE 80, 136 (140).
[109] BVerwGE 87, 187 (189).
[110] Vgl. BVerfGE 94, 115 (134); BVerwGE 101, 328.
[111] Früher: § 51 I AuslG; BVerwGE 101, 328.
[112] BVerfGE 74, 143 (158); BVerwGE 74, 31 (40).
[113] BVerwGE 79, 143 (146 f.); vgl. *Kapell* ZAR 1999, 260 ff.; über die Auffass. des BVerwG, nach der Verfolgung wg. gleichgeschlechtl. Orientierung nur zur Anerkennung als Asylberechtigter oder Flüchtl. führen konnte, wenn eine „irreversible Prägung im Sinne einer unentrinnbaren schicksalhaften Festlegung auf homosexuelles Verhalten" gegeben war, geht neuere instanzgerichtl. Rspr. hinaus: VG Düsseldorf, Urt. v. 23.3.2012 – 13 K 1217/11.A; VG Oldenburg, Urt. v. 13.11.2007 – 1 A 1824/07. Diese lehnt sich an Art. 10 I lit. d Qualifikations-RL (2011/95/EU; vgl. jetzt § 3b I Nr. 4 AsylG) an, nach dem je nach den Gegebenheiten im Herkunftsland als best. soziale Gruppe auch eine Gruppe gelten kann, die sich auf das gemeins. Merkmal der sexuellen Orientier. gründet. Aus der RL folgt, dass Homosexualität nicht mehr wie durch das BVerwG als unabänderl. Merkmal, sondern als Merkmal, auf dem sich eine „bestimmte soziale Gruppe" gründet, behandelt wird. Zum Ganzen *Wittreck*, in: Dreier I, Art. 16a Rn. 66.
[114] BVerwGE 90, 127: Ehe zwischen iranischem Muslim und polnischer Katholikin.
[115] Vgl. jetzt § 3b I Nr. 4 AsylG; zum Ganzen *Wittreck*, in: Dreier I, Art. 16a Rn. 67.
[116] BVerwGE 89, 162, auch BVerwG NVwZ Beilage I 9/2000, 98 f.
[117] BVerfGE 54, 341 (357); 76, 143 (157 ff.); 80, 315 (335); BVerwGE 80, 321 (324). Zu Bürgerkriegen ferner u. Rn. 38; auch Art. 3 EMRK schützt – wie das Asylrecht – nicht vor den allg. Folgen von Naturkatastrophen, Bürgerkriegen und anderen bewaffn. Konflikten; BVerfGE 99, 331; BVerwG NVwZ 1997, 1127.
[118] BVerfGE 76, 143 (157, 166 f.); 80, 315 (335); BVerwGE 85, 139 (141); 90, 127 (133).
[119] BVerfGE 76, 143 (166); 80, 315 (335). Auch Maßnahmen aus Furcht vor Destabilisierung der Staats- und Gesellschaftsordnung können asylerhebl. sein, vgl. BVerfGE 81, 142 (151 f.).

kann unter best. Umständen polit. Verfolgung sein.[120] Die Androh. von **Todesstrafe** ist für sich weder Asylgrund, noch gebietet sie einen Schutzanspruch nach Art. 33 GFK; die konkr. Gefahr der Todesstrafe begründet aber ein Abschiebungsverbot (§ 60 II, III AufenthG iVm § 4 I 1, 2 Nr. 1 AsylG).[121]

25    Auch **Folter,** als besonders schwere Form unmenschlicher oder erniedrigender Behandlung (Art. 1 UN-Folterkonvention), ist asylerheblich, wenn sie wg. asylerheblichen Merkmale eingesetzt oder in verschärfter Form angewendet wird und wenn sie nach ihrer erkennbaren Gerichtetheit auf die polit. Komponente der dem Betroffenen zur Last gelegten Taten bezogen ist.[122]

26    Die Verfolgung von **Straftaten,** welche kriminelles Unrecht darstellen, ist für sich genommen keine polit. Verfolgung. Es ist aber im Einzelfall festzustellen, ob und inwieweit mit dem Delikt auch eine betätigte polit. Überzeugung bestraft werden soll. Insoweit bedarf insbes. das **Staatsschutzstrafrecht** genauerer Analyse, auch was die Rechtsanwendung in der Praxis angeht.[123] Bei der **polit. Überzeugung** wird nicht nur die Gesinnung als solche geschützt, sondern grds. auch deren **gewaltfreie Betätigung.**[124] Die Grenze zw. dem „Haben" einer polit. Gesinn. und deren „Verlautbarung" sowie die Grenze zw. gewaltfreier Betätigung und Gewalt ist von den Umständen des Einzelfalls abhängig und bedarf genauer Sachverhaltsermittlung. **Polit. Terrorismus** steht nicht unter dem Schutz des Asylrechts, wenn der Asylsuchende seine polit. Überzeugung mit terrorist. Mitteln betätigt hat, also insbes. unter Einsatz gemeingefährl. Waffen oder durch Angriffe auf das Leben Unbeteiligter;[125] denn asylbegründend ist die Verfolgung des polit. Feindes, nicht die Abwehr von Terror. Repressive oder präventive staatl. Maßnahmen zur Terrorismusabwehr sind dann keine polit. Verfolgung, wenn sie dem aktiven Terroristen, dem Teilnehmer im strafrechtl. Umfeld oder demjenigen gelten, der im Vorfeld Unterstützungshandlungen terrorist. Aktivisten vornimmt, ohne sich an diesen Aktivitäten selbst zu beteiligen.[126] Diesen sog. **Terrorismusvorbehalt**[127] hat das BVerwG 2011 auf die Begehung oder Unterstützung von **Kriegsverbrechen und Verbrechen gegen die Menschlichkeit** ausgedehnt.[128] Ein Ausländer, der nach Aufnahme in Deutschland Kriegsverbrechen oder Verbrechen gg. die Menschlichkeit begeht oder sich an diesen beteiligt, begeht einen schweren Verstoß gegen die Völkerrechtsordnung, sucht „nicht den Schutz und Frieden, den das Asylrecht gewähren will",[129] und wird daher nicht vom Schutzbereich des Art. 16a erfasst.

27    **d) Verhältnis zum Flüchtlingsbegriff der Genfer Flüchtlingskonvention.** Bestrebungen in der Literatur,[130] den Begriff des polit. Verfolgten als Asylvoraussetz. in Art. 16a durch denjenigen des Flüchtlings iSd GFK zu ersetzen, hat der Gesetzgeber nicht aufgegriffen. Das BVerwG hat jedoch in Grundsatzurteilen von 1992 und 1994 entschieden,[131] dass der Begriff des Flüchtlings in Art. 1 A Nr. 2 und Art. 33 GFK mit dem des polit. Verfolgten in Art. 16a I übereinstimmt.[132]

28    Streng genommen geht der Begriff des polit. Verfolgten sogar über den des Flüchtlings hinaus, weil Art. 16a keinen numerus clausus asylerhebl. Merkmale enthält (o. Rn. 22). Zw. der in Art. 1 A Nr. 2 GFK genannten **„begründeten Furcht"** vor polit. Verfolgung und dem Begriff einer mit **„beachtlicher Wahrscheinlichkeit"** drohenden Verfolgung besteht kein Unterschied, weil auch nach der GFK nicht die rein subj. Sicht des Betroff. darüber entscheidet, ob dieser Anlass zu einer Flucht aus seinem Heimatstaat hatte; eine Furcht vor Verfolgung ist vielmehr erst dann „begründet", wenn sie – ausgehend von der individ. Vorstellung – bei verständiger Würdigung der Lage des Betroffenen auch durch obj. Umstände nachzuweisen ist, so dass unter den gegebenen Umständen auch bei einem vernünftig denkenden Menschen in der Lage des Asylbewerbers Furcht vor Verfolgung hätte hervorgerufen werden können.[133] Da der deutsche Gesetzgeber bei der Anwendung der GFK im innerstaatl. Recht am Merkmal einer grds. staatl. Verfolgung festgehalten hat und auch kein entgegensteh. Völkergewohnheitsrecht besteht,[134] ist neben oder nach einem Ver-

---

[120] BVerfGE 80, 315 (336 ff.); 81, 142 (150); 94, 115 (136).

[121] Bis 1.12.2013: § 60 III AufenthG; vgl. BVerfGE 60, 348; 94, 115 (137).

[122] BVerfGE 81, 142 (151); BVerfG InfAuslR 1996, 318; ebenso BVerfG DVBl 1993, 326.

[123] BVerfGE 80, 315 (337 f.); 81, 142 (149); 94, 115 (136); BVerwGE 77, 258; 78, 152; 80, 136 (140).

[124] BVerfGE 80, 315 (336). Es bleibt das schwierige Problem, ob und unter welchen Voraussetz. Gewaltanwendung asylrelevant sein kann, etwa im Fall von Tyrannenmord.

[125] Vgl. auch die VO 2580/2001/EG (ABl EG Nr. L 344 70) v. 27.12.2001 über spezifische, gegen bestimmte Personen und Organisationen gerichtete restriktive Maßnahmen zur Bekämpfung des Terrorismus (EU-Terrorliste); *Fritsch* ZAR 2010, 335 ff.

[126] BVerfGE 80, 315 (339); 81, 142 (152); BVerwGE 87, 152 (153); 109, 12 (18 f.).

[127] Dazu kritisch *Wittreck*, in: Dreier I, Art. 16a Rn. 82, 114; *Bergmann*, in: Bergmann/Dienelt, Ausländerrecht, 13. Aufl. 2020, Art. 16a GG Rn. 64 f.

[128] BVerwGE 139, 272.

[129] BVerwGE 139, 272 Rn. 46 f.

[130] Vgl. etwa *Henkel* FS F. Franz und G. Müller, 1994, S. 563; *Roth* ZAR 1988, 164; auch *Klos* ZAR 2000, 202 ff.

[131] BVerwGE 89, 296; 95, 42 (52 f.) mit zust. Anm. *Hailbronner* JZ 1995, 246.

[132] Dies bezog sich auch auf § 51 Abs. 1 AuslG aF; nunmehr gilt im einfachen Recht ausdrückl. der weitergehende Flüchtlingsbegriff der GFK in § 60 I AufenthG; zum ausländerrechtl. Abschiebungsschutz und zum asylrechtlichen Abschiebungsschutz nach § 60 I AufenthG: BVerwGE 122, 376.

[133] BVerwGE 88, 367 (377); 89, 162 (169); 95, 42 (52).

[134] *Hailbronner* ZAR 1993, 3 (7).

fahren auf Anerkennung als Asylberechtigter nach Art. 16a iVm dem AsylG sowie dem AufenthG, in dem durch die Anerkenn. als Asylberechtiger zugleich die Flüchtlingseigensch. nach der GFK festgestellt wird (vgl. § 3 AsylG), **kein** Raum für ein **gesondertes weiteres Verfahren** zur Feststell. der Flüchtlingseigensch. bzw. eines gesondert verfolgbaren zusätzl. Abschiebungsschutzes nach Art. 1 A Nr. 2 und Art. 33 GFK.[135]

**2. Vor- und Nachfluchtgründe.** Das Asylrecht des Art. 16a dient der Beseitig. einer vorhandenen **29** ausweglosen Lage, also einer obj. bestehenden **Zwangslage** und **Schutzlosigkeit.**[136] Es setzt tatbestandl. daher grds. einen **Kausalzusammenhang** zw. Verfolgung und Flucht voraus (sog. **Vorverfolgung**), denn nach dem normativen Leitbild des Grundrechts ist typischerweise asylberechtigt, wer aufgr. polit. Verfolgung und der deshalb besteh. ausweglosen Lage gezwungen ist, sein Land zu verlassen und – da er im eigenen Land keine zumutbare Bleibe mehr finden kann – im Ausland Schutz und Zuflucht zu suchen. Der **Schutz im Inland** hat asylrechtl. **Vorrang vor dem Schutz im Ausland.**[137]

Dies schließt eine Asylgewähr. aufgr. nach Verlassens des Heimatstaates entstandener Umstände **30** **(Nachfluchtgründe)** nicht schlechthin aus. Nachfluchttatbestände lösen aber nur dann einen Asylanspr. aus, wenn dies nach Sinn und Zweck der Asylverbürgung, wie sie dem Normierungswillen des Verfassungsgebers entspricht, gefordert ist.[138]

Eine **Vorverfolgung** liegt nach BVerfG und BVerwG vor, wenn der Betroffene in seinem Heimat- **31** staat polit. Verfolgung (→ Rn. 15 ff.) **bereits** in eigener Person **erlitten** oder er den Heimatstaat vor unmittelb. drohender polit. Verfolgung verlassen hat.[139] Unter einer **unmittelbar drohenden Verfolgung** ist nach st. Rspr. des BVerwG eine bei der Ausreise mit beachtl. Wahrscheinlichkeit droh. Verfolgung zu verstehen.[140] Als vorverfolgt gilt somit auch derjenige, dem bei der Ausreise Verfolgung **mit beachtl. Wahrscheinlichkeit** drohte. Dies ist der Fall, wenn bei „qualifizierender" (nicht rein quantifizier.) Betrachtungsweise für eine Verfolgung sprech. Umstände größeres Gewicht besitzen und deshalb ggü. den dagegen sprechenden Tatsachen überwiegen.[141] Damit besteht, wie das BVerwG 1993[142] klargestellt hat, kein Unterschied zw. einer mit beachtl. Wahrscheinl. drohenden und einer unmittelb. bevorsteh. Verfolgung. Beiden Begriffen wohnen hiernach gleichermaßen die Elemente der zeitl. Nähe des befürchteten Eintritts und der Eintrittswahrscheinlichkeit inne. Der früher betonte Unterschied zw. einem herabgestuften Prognosemaßstab (= unmittelb. bevorsteh. Verfolgung) und dem „normalen" Maßstab (= mit beachtlicher Wahrscheinlichkeit drohende Verfolgung) ist beseitigt.

In Ausnahmefällen kann polit. Verfolgter auch derjenige sein, der nicht vorverfolgt ausgereist ist, **32** dem aber im Falle einer Rückkehr mit beachtl. Wahrscheinl. polit. Verfolgung drohen würde. Deshalb können auch **obj. und unter gewissen Voraussetz. auch subj. Nachfluchtgründe** zur Asylberechtig. führen. Bei beiden Nachfluchtgründen fehlt der kausale Zusammenh. zw. Verfolgung und Flucht. In beiden Fällen liefe es aber der humanitären Intention des Asylrechts zuwider, eine Asylanerkenn. zu versagen, denn es wäre unzumutbar, den Betroffenen in das Verfolgerland zurückzuschicken und ihm das Risiko aufzubürden, ob er der Verfolgung entfliehen, so die bislang nicht gegebene Flucht nachholen und damit die Asylberechtig. erreichen kann.[143]

**Obj. Nachfluchtgründe** sind dadurch gekennzeichnet, dass die Verfolgungssituation ohne Zutun **33** des Betroffenen, also unabhängig von dessen Willensentschluss, entstanden ist, etwa durch polit. Veränderungen im Heimatstaat. **Subj. Nachfluchtgründe** hingegen hat der Betroff. nach Verlass. des Heimatstaates aus eigenem Entschluss geschaffen[144] (vgl. § 28 AsylG, sog. selbstgeschaff. Nachfluchttatbestände). Obj. Nachfluchtgründe sind grds. asylerhebl., denn es liefe Sinn und Zweck der Asylgewähr. zuwider, in solchen Fällen die Anerkenn. unter Hinweis auf die fehlende Kausalkette Verfolgung/Flucht zu versagen.[145] Beim subj. Nachfluchtgrund der exilpolit. Betätig. kann hingegen nach dem BVerfG eine Asylberechtig. in der Regel nur dann in Betracht gezogen werden, wenn sich die Betätigung als Ausdruck und Fortführ. einer schon während des Aufenthalts im Heimatstaat vorhandenen und erkennbar betätigten, dauernden, die eigene Identität prägenden Überzeugung darstellt,

---

[135] BVerwGE 89, 296; 95, 42 (45 f., 53); 101, 328 (331 f.); vgl. auch BVerwGE 114, 27 (32); nach dieser st. Rspr. des BVerwG enthielt § 51 I AuslG eine verkürzte Wiedergabe des Art. 1 A Nr. 2 GFK und war so auszulegen und anzuwenden, dass beide Begriffe übereinstimmten: BVerwGE 89, 296 und 95, 42 (45); an dieser Rspr. hat das BVerwG mit Blick auf die in § 60 I AufenthG aufgenommene Verweisung auf die Anwendung der GFK festgehalten; BVerwGE 122, 376 und Beschl. v. 29.9.2005, Buchholz 40.242 Nr. 7 zu § 60 I AufenthG.

[136] BVerwGE 79, 347; 81, 164; 88, 226; 101, 335.

[137] BVerfGE 74, 51 (56 ff.); 80, 315 (344); BVerwGE 85, 139 (140); 87, 141 (148).

[138] Grundlegend BVerfGE 74, 51 (56); BVerwGE 81, 41 (46); 90, 127 (131).

[139] BVerfGE 54, 341 (360, 361); 80, 315 (344 f.); BVerwGE 85, 139; 87, 52; BVerwG, Urt. v. 14.12.1993 – 9 C 45/92.

[140] BVerwGE 67, 314; 71, 175; BVerwG, Urt. v. 14.12.1993 – 9 C 45/92.

[141] BVerwGE 89, 162 (169); BVerwG, Urt. v. 14.12.1993 – 9 C 45/92.

[142] BVerwG, Urt. v. 14.12.1993 – 9 C 45/92.

[143] BVerfGE 74, 51 (65); 76, 143 (163); BVerwGE 88, 92.

[144] BVerfGE 74, 51 (65); 94, 115 (145); BVerwGE 90, 127 (129).

[145] BVerfGE 74, 51 (65); 76, 143 (163).

es sei denn, der Ausländer konnte sich aufgr. seines Alters und Entwicklungsstandes noch keine feste Überzeugung bilden[146] (vgl. § 28 I 2 AsylG). Denn nach dem BVerfG ist eine **Verfolgungsprovokation vom sicheren Ort aus** im Hinblick auf Schutzbereich und Inhalt der Asylrechtsgarantie nicht asylbegründend.[147]

34 Eine Erstreckung auf subj. Nachfluchtgründe kommt nur insoweit in Frage, als sie nach Sinn und Zweck der Asylverbürgung gefordert ist.[148] Andere subj. Nachfluchtgründe hat das BVerwG – auf Grundlage der Leitlinie aus BVerfGE 74, 51 ff. – für asylrechtl. erhebl. erachtet, wenn sich der Ausländer – wiederum als Regelfall – in seinem Heimatstaat in einer **latenten Gefährdungslage** befand, also in einer Lage war, in der er zwar nicht mehr sicher, aber gleichzeitig noch nicht vorverfolgt war.[149] In einem solchen Fall hat das BVerwG – jeweils abhängig von näher festzustell. Umständen – die **Wehrdienstentziehung,**[150] die **Asylantragstellung**[151] und die **Republikflucht**[152] als beachtl. subj. Nachfluchtgründe anerkannt. Auch ohne latente Gefährdungslage im Heimatstaat hat das BVerwG einen subj. erhebl. Nachfluchtgrund bejaht, wenn ein Staat die bloße **Eheschließung** seines Staatsangehör. mit demjenigen einer anderen Religion nach Verlassen des Heimatstaates zum Anlass für eine Verfolgung nimmt.[153] Der Katalog erhebl. subj. Nachfluchtgründe ist damit **nicht abschließend.** Auch andere nach Verlass. des Heimatstaates durch best. wesensimmanent menschl. Verhaltensweisen entstandene Verfolgungsgründe sind möglich, sofern ihre Erheblichk. von der Asylverbürg. und deren humanitärer Intention gefordert ist.

35 **3. Staatliche/quasi-staatliche Verfolgung; Verfolgung durch Private; Bürgerkrieg.** Polit. Verfolgung iSd Art. 16a, § 60 I 1 AufenthG und der GFK ist grds. **staatl. Verfolgung,** soweit der Staat Träger des Gewaltmonopols ist und aufgr. organisierter und überlegener Herrschaftsmacht mit effektiver Gebietsgewalt Verfolgungshandlungen begeht, denen der Einzelne unterworfen ist und vor denen das Asylrecht schützen soll **(sog. unmittelbar staatl. Verfolgung).**[154]

35a Handeln **quasi-staatl. Organisationen,** ist die rechtl. Wertung zweifelhaft. Ausgehend vom Schutzzweck des Asylrechts, den Einzelnen vor gezielten, asylrelevanten Rechtsverletzungen zu schützen, die ihn in ihrer Intensität aus der übergreifenden Friedensordnung der staatl. Einheit ausgrenzen, ergibt sich eigentl., dass Art. 16a keinen Schutz vor den Folgen anarchischer Situationen bietet.[155] Ist in einer **Bürgerkriegssituation** die bisherige Staatsgewalt entfallen, kann jedoch von einer Bürgerkriegspartei polit. Verfolgung ausgehen, wenn diese zumindest in einem Kernterritorium ein solches Herrschaftsgefüge von gewisser Stabilität i. S. e. übergreifenden Friedensordnung errichtet hat.[156] **Quasi-staatl. Organisationen mit staatsähnl. Herrschaftsgewalt,** die den jeweiligen Staat verdrängt haben, können im vorbeschriebenen Sinne unmittelb. staatl. polit. Verfolgung ausüben.[157] Quasi-staatl. ist eine Gebietsgewalt, wenn sie auf einer **staatsähnlich organisierten, effektiven und stabilisierten Herrschaftsmacht** beruht; dafür ist eine gewisse Stetigkeit und Dauerhaftigkeit der Herrschaft nebst Durchsetzungsfähigkeit des geschaff. Machtapparates erforderl., woran aber keine überspannten, etwa an abstr. staatstheoretischen Begriffsmerkmalen orientierten, Anforderungen gestellt werden dürfen.[158] Das gilt einheitl. auch für Art. 16a I, § 60 I 1 AufenthG[159] und für Art. 33 Nr. 1 GFK.[160] Auch eine anhalt. äußere militär. Bedrohung schließt ein staatsähnl. Herrschaftsgefüge nicht zwingend aus. Eine Beendig. des erfolgsgerichteten Kampfes um die Macht im Bürgerkriegsgebiet unter Einsatz militär. Mittel und in der Absicht, den Gegner zu vernichten,[161] ist nicht erforderlich.[162]

---

[146] BVerfGE 74, 51 (65 ff.); 94, 115 (145); BVerwGE 135, 49 Rn. 19 ff.

[147] BVerfGE 9, 174 (181); 64, 46 (60); 74, 51 (56, 65 f.); aA früher BVerwGE 75, 99.

[148] BVerfGE 74, 51 (56 f.); BVerwGE 135, 49 Rn. 19 ff.

[149] BVerwGE 80, 131; 81, 170.

[150] BVerwGE 81, 41; zur Wehrdienstentziehung als Asylgrund *Discher* ZAR 1998, 217 ff.

[151] BVerwGE 81, 170.

[152] Vgl. die zusammenfass. Urt. in Buchholz 402.25 § 1 AsylVfG Nr. 140 und § 2 AsylVfG Nr. 21.

[153] BVerwGE 90, 127 (Heirat zwischen iranischem Muslim und polnischer Katholikin).

[154] BVerfGE 9, 174 (180); 54, 341 (356 f.); 76, 143 (157 f.); 80, 315 (333); BVerwGE 95, 42 (45).

[155] BVerfGE 80, 315 (333).

[156] BVerfG (K) NVwZ 2000, 1165 (1166) mit Hinweis auf BVerfGE 80, 315 (334 f.) und unter Korrektur der engeren Auffassung von BVerwGE 105, 306 (307 f.), das die Erscheinungsform der quasi-staatl. Verfolgung stärker an der polit. staatl. Verfolgung orientierte. In BVerwGE 114, 16 (20 f.) hat sich das BVerwG schließlich der Auffassung des BVerfG angeschlossen.

[157] BVerfGE 80, 315 (334); BVerwGE 72, 269; 95, 42 (45); in § 60 I 4 lit. b, c AufenthG sind als Verursacher der Verfolgung jetzt ausdrückl. auch die ua den Staat beherrsch. Parteien oder Organisat., aber auch die „nichtstaatl. Akteure" aufgeführt. Dies entspricht der früheren Rspr. zum AsylGR: BVerfGE 54, 341.

[158] BVerfG (K) NVwZ 2000, 1165 (1166).

[159] Früher: § 51 I AuslG.

[160] BVerwGE 89, 296; 95, 42 ff.; 101, 328; BVerwG NVwZ 1997, 1131 und DVBl 1998, 280; zu Art. 33 GFK auch BVerfGE 94, 49 (97), wonach das deutsche Ausländerrecht mit dem früheren § 51 I AuslG – jetzt § 60 I 1 AufenthG – dem Refoulement-Verbot des Art. 33 GFK Rechnung trägt.

[161] So noch BVerwGE 105, 306 (311).

[162] BVerfG (K) NVwZ 2000, 1165 (1167).

Alle Handlungen, die **Organwalter** in Ausübung staatl. Macht begehen, werden dem Staat – **35b** unabhängig von den Motiven des Organwalters – grds. als eigenes Handeln zugerechnet. Die **Schutzlosigkeit** des Asylsuchenden ist (in beiden Fällen) ungeschr. Tatbestandsmerkmal und Voraussetz. eines Asylanspruchs nach Abs. 1. Der Anspruch besteht dann nicht, wenn der Staat oder die quasistaatl. Gebietsgewalt bereit und fähig ist, den Asylsuchenden gg. Verfolgung zu schützen.[163] **Exzesse** von Organwaltern in Einzelfällen können, auch wenn sie wg. asylerhebl. Merkmale begangen werden, im Falle grds. Schutzfähigkeit und -bereitschaft des Staates als nicht gewolltes Fehlverhalten diesem regelmäßig nicht zugerechnet werden.[164]

Nach der Rspr. kommen auch Verfolgungsmaßnahmen (privater) **Dritter** („**nichtstaatlicher 36 Akteure**", vgl. jetzt § 3c Nr. 3 AsylG[165]) als polit. Verfolgung in Betracht (sog. **mittelbar staatliche Verfolgung**). Dies setzt **Zurechenbarkeit** zum jeweiligen Staat voraus,[166] die gegeben ist, wenn der Staat Einzelne oder Gruppen zu Verfolgungsmaßnahmen veranlasst oder dabei unterstützt, diese billigt, bewusst duldet oder tatenlos hinnimmt und damit den Betroffenen den erforderl. Schutz versagt, weil er hierzu nicht willens ist, obwohl er dazu in der Lage wäre.[167] Drittverfolgungsmaßnahmen können dem Staat hingegen grds. nicht mehr zugerechnet werden, wenn die Schutzgewähr. die Kräfte des konkr. Staates übersteigt. Die asylrechtl. Zurechenbarkeit von Drittverfolgungsmaßnahmen beruht näml. nicht schon auf dem Anspruch des Staates auf das legitime Gewaltmonopol, sondern erst auf dessen prinzipieller realer Verwirklichung. Die Zurechnungskriterien sind nunmehr weitgehend als Tatbestandsmerkmale in § 3c AsylG formuliert.[168]

Die Zurechnung an den Staat setzt voraus, dass dieser zur Schutzgewähr. nicht willens (**Schutz- 37 unwilligkeit**) oder nicht fähig (**Schutzunfähigkeit**) ist oder dass er sich sonst nicht in der Lage sieht, die ihm an sich verfügbaren Mittel hinreichend einzusetzen.[169] Dies bedarf stets genauer **Feststellung im Einzelfall.** Staatl. Schutzbereitschaft kann nicht schon deshalb bejaht werden, weil die zum Handeln verpflicht. Organe ihre Bereitschaft dazu erklären und das bestehende Recht ein solches Handeln auch zulässt. Erforderl. ist vielmehr, dass hinreich., nicht nur vereinzelt bleibendes, auf Schutzgewähr. ziel. Handeln und Fälle von Schutzgewährung konkr. belegbar sind. Damit wird kein lückenloser Schutz vor Unrecht und Gewalt verlangt, denn kein Staat kann seinen Bürgern in jeder Situation vollständigen Schutz vor Übergriffen bieten.[170] Auf Schutzunwilligkeit kann es hindeuten, wenn der Staat landesweit oder in der betreffenden Region zum Schutz anderer Gruppen oder zur Wahr. seiner eigenen Interessen mit deutl. effektiveren Mitteln und im Ergebnis deutl. erfolgreicher einschreitet.[171] Drittverfolgungsmaßnahmen müssen einen Staat nicht flächendeckend erfassen, sondern können auch regional oder **örtlich begrenzt** sein, wobei aber die Möglichkeit besteht, dass die verfolgungsfreien Räume inländ. Fluchtalternativen begründen.[172]

Voraussetz. einer unmittelb. oder mittelb. staatl. Verfolgung ist die Existenz einer **effektiven 38 Gebietsgewalt** des Staates im Sinne wirksamer hoheitl. Überlegenheit. Bei offenem oder verdecktem **Bürgerkrieg** kann es daher an einer (staatl. oder dem Staat zurechenbaren) polit. Verfolgung fehlen, wenn die eff. Gebietsgewalt des Staates im Sinne wirksamer hoheitl. Überlegenheit verloren gegangen ist und der Staat im umkämpften Gebiet faktisch nur noch die Rolle einer kämpf. Bürgerkriegspartei einnimmt und als übergreifende effektive Ordnungsmacht nicht mehr zur Verfüg. steht. Die Bekämpfung des Bürgerkriegsgegners durch staatl. Kräfte ist dann grds. keine polit. Verfolgung. Anderes gilt, wenn die staatl. Kräfte den Kampf in einer Weise führen, die auf die phys. Vernicht. auf der Gegenseite stehender Personen abzielt, obwohl diese keinen Widerstand mehr leisten können bzw. wollen oder am militär. Geschehen nicht oder nicht mehr beteiligt sind.[173] Für Flüchtlinge aus Kriegs- und Bürgerkriegsgebieten enthalten §§ 22 ff. AufenthG[174] eine Sonderregelung in Form einer Aufenthaltsbefugnis aus völkerrechtl., humanitären oder polit. Gründen.

**4. Einzel- und Gruppenverfolgung. a) Einzelverfolgung, Familienasyl.** Art. 16a I ist ein **39 Individualrecht.** Es steht nur dem zu, der **in eigener Person** polit. Verfolgung erlitten oder zu gewärtigen hat.[175] Dies gilt auch beim **Familienasyl,** das in § 26 AsylG einfachgesetzl. geregelt ist und

---

[163] BVerwGE 101, 328 zur „Republika Srpska" in Bosnien-Herzegowina; betr. Somalia BVerwG NVwZ 1997, 1131.

[164] Vgl. BVerwG NVwZ 1995, 391 (392).

[165] § 3c AsylG (ursprüngl. § 3c AsylVfG) ist mWv 1.12.2013 aufgr. Art. 1 Nr. 7, Art. 2 Nr. 7 G v. 28.8.2013 (BGBl I, 3474) an die Stelle des früheren § 60 I 4 lit. c AufenthG getreten.

[166] BVerfGE 54, 341 (358); 76, 143 (169); BVerwGE 67, 317; 99, 331 (334) (st. Rspr.).

[167] BVerfGE 54, 341 (358); 76, 143 (169); BVerwGE 99, 331 (335); BVerwG DVBl 1998, 271.

[168] § 3c AsylG (als § 3c AsylVfG mWv 1.12.2013 an die Stelle des früheren § 60 I 4 lit. c AufenthG getreten).

[169] BVerfGE 54, 341 (358); 80, 315 (358); BVerwGE 99, 331 (335).

[170] BVerfGE 81, 58 (67); 83, 216 (253 f.); BVerwGE 85, 12 mwN.

[171] BVerfGE 83, 216 (235 f.).

[172] BVerfGE 80, 315 (342); 83, 216 (232).

[173] Grundl. BVerfGE 80, 315 (340 f.) – Tamilen-Urteil; BVerwGE 87, 152; 95, 42 (43 f.).

[174] Früher: § 32a AuslG.

[175] BVerfGE 83, 216 (230); BVerwGE 75, 310.

für Ehegatten, Lebenspartner und minderjähr. Kinder eines Asylberechtigten sowie die Eltern eines minderjähr. ledigen Asylberechtigten oder andere Erwachsene iSd Art. 2 lit. j Qualifikations-RL 2011/95/EU gilt.[176] Familienasyl ist nicht als Grundrecht gewährleistet.[177] Es handelt sich dabei auch nicht um eine gesetzl. vermutete eigene Verfolgung der Familienangehörigen, sondern um eine aus Gründen des Art. 6 gewährte einfachgesetzl. Vergünstigung, die der Wahrung der Familieneinheit sowie der raschen Integration dient und unabhängig von einer Verfolgung in eigener Person gewährt wird.[178] Insofern ist Familienasyl ein abgeleitetes Asylrecht.[179] Die Geltendmachung einer eigenen Verfolgung und einer Anerkennung als polit. Verfolgter aus eigenem Recht aus Art. 16a I ist dabei für die einzelnen Familienmitglieder nicht ausgeschlossen.[180] Die Anwendung der **Drittstaatenregelung** der Abs. 2 und 3 ist auch beim Familienasyl zulässig: Wer aus einem sicheren Drittstaat einreist, kann gem. § 26a I 1 AsylG – vorbehaltl. der Ausnahmen des § 26a I 3 AsylG – auch nicht als Familien- asylberechtigter nach § 26 AsylG anerkannt werden.[181]

40     **b) Unmittelbare und mittelbare Gruppenverfolgung.** Polit. Verfolgung muss sich nicht not- wendig gegen Einzelpersonen, sondern kann sich auch gegen Gruppen richten, die durch gemeins. Merkmale wie etwa Rasse, Religion oder politische Überzeugung verbunden sind (staatl. Gruppen- verfolgung).[182] **Unmittelbar staatl. Gruppenverfolgung** geht vom Staat oder einer quasi-staatl. Gebietsgewalt aus. **Mittelbar staatl. Gruppenverfolgung** ist hingegen gegeben, wenn sie von (priv.) Dritten ausgeübt wird und sich gg. ganze Gruppen von Menschen richtet, dem Staat oder staatsähnlichen Gebilde aber zugerechnet wird, soweit dieser schutzfähig, aber nicht schutzwillig ist.[183] Die Annahme einer alle Gruppenmitglieder erfassenden gruppengerichteten (mittelb. und unmittelb.) polit. Verfol- gung setzt grds. eine best. **Verfolgungsdichte** voraus, welche die Regelvermut. eigener (individ.) Verfolgung rechtfertigt, denn polit. Verfolgung verliert ihre Bedeut. nicht dadurch, dass von ihr nicht nur einzelne Personen, sondern Angehörige einer ganzen Gruppe betroffen werden.[184] Die Gefahr eigener Verfolgung kann sich daher auch aus gg. Dritte gericht. Maßnahmen ergeben, wenn diese Dritten wg. eines asylerhebl. Merkmals verfolgt werden, das sie mit dem Asylsuchenden teilen, sofern dieser sich mit ihnen in einer nach Ort, Zeit und Wiederholungsträchtigkeit **vergleichbaren Lage** befindet. Sieht der Verfolger von individ. Momenten ganz ab, weil seine Verfolgung der Gruppe insgesamt gilt, so kann eine solche Gruppengerichtetheit der Verfolgung dazu führen, dass jedes Mitglied der Gruppe im Verfolgerstaat unabhängig vom individ. Verhalten eigene Verfolgung gewärtigen muss; **aus dem Gruppenschicksal wird dann auf das Individualschicksal geschlossen.**[185] Eine **regio- nale Gruppenverfolgung** liegt vor, wenn der Verfolger die gesamte durch asylerhebl. Merkmale verbundene Gruppe im Blick hat, diese aber nicht landesweit, sondern nur regional verfolgt.[186] Sie ist – nach den Umständen des Einzelfalls – von einer **örtlich begrenzten Verfolgung** abzugrenzen.[187] Eine regionale Verfolgung, die nach der Ausreise eines Ausländers einsetzt, kommt diesem nicht als Nach- fluchtgrund zugute, wenn er bei Beginn der Verfolgung eine inländ. Fluchtalternative (→ Rn. 44) hatte.[188] Ob eine staatl. Gruppenverfolgung besteht, muss im jeweiligen **Einzelfall** entschieden werden.

41     Die für eine unmittelb. oder mittelb. Gruppenverfolgung hinreichende **Verfolgungsdichte** erfor- dert regelmäßig eine so große Anzahl gleichartiger asylerhebl. Übergriffe in einer derart großen Vielzahl von Eingriffshandlungen in asylrechtl. geschützte Rechtsgüter in einer best. Zeit, dass es sich dabei nicht mehr nur um vereinzelt bleibende individ. Übergriffe handelt. Die Verfolgungshandlungen müssen im **Verfolgungszeitraum und Verfolgungsgebiet** auf alle sich dort aufhalt. Gruppenmit- glieder zielen und sich in quantitat. und qualitat. Hinsicht so ausweiten, wiederholen und um sich greifen, dass daraus für jeden Gruppenangehörigen nicht nur die Möglichkeit, sondern die **aktuelle Gefahr eigener Betroffenheit** entsteht.[189]

42     Diese Verfolgungsdichte liegt bei einer mittelb. Gruppenverfolgung typischerweise bei **Massen- ausschreitungen** (Pogromen) vor, die das ganze Land oder Teile desselben erfassen, so dass ohne Einzelnachweis einer konkreten Gefahr auf das individ. Schicksal des Gruppenangehörigen geschlossen

---

[176] Früher: § 26 AsylVfG, mWv 1.12.2013 durch G v. 28.8.2013 (BGBl I, 3474) neu gefasst.
[177] BVerfG (K) NVwZ-Beilage 12/1998, 115 f.
[178] BVerwGE 75, 304 (311).
[179] BVerwG DÖV 1997, 921.
[180] BVerwGE 88, 326; 89, 309 und 315.
[181] BVerwG DÖV 1997, 922.
[182] BVerfGE 54, 341 (358).
[183] Vgl. BVerfGE 83, 216; BVerwGE 85, 139; 88, 367; 89, 162; 96, 200; auch *Becker*, in: MKS I, Art. 16a Rn. 78; *Jarass*, in: Jarass/Pieroth, Art. 16a Rn. 10.
[184] BVerfGE 54, 341 (358 f.); 76, 143 (160) – Ahmadis in Pakistan; 81, 58 (68 f.); 83, 216; BVerwGE 85, 139 (142 f.); 88, 367; 89, 162; 96, 200.
[185] BVerfGE 83, 216 (231, 233 f.); BVerwGE 85, 139 (142 f.); 96, 200.
[186] BVerwGE 101, 123 und 101, 134 zur Verfolgung von Kurden in der Türkei, zugleich zur inländischen Fluchtalternative und zum sog. herabgestuften Wahrscheinlichkeitsmaßstab.
[187] Zu den Abgrenzungsmerkmalen vgl. BVerwGE 101, 134; BVerwG DVBl 1998, 274.
[188] BVerwG DVBl 1998, 274.
[189] BVerwGE 85, 139 (142 f.); 96, 200 f.

werden kann.[190] Bei einer unmittelb. staatl. Gruppenverfolgung bedarf es der Feststell. dicht und eng gestreuter Verfolgungsschläge nicht, wenn hinreichend sichere Anhaltspunkte für ein **staatl. Verfolgungsprogramm** bestehen, dessen Umsetzung eingeleitet ist oder alsbald bevorsteht.[191] Voraussetz. für die Annahme einer Gruppenverfolgung ist – wie bei der Einzelverfolgung –, dass die festgestellten asylrelevanten Maßnahmen die Betroffenen gerade in Anknüpf. an asylerhebl. Merkmale treffen; dies ist anhand ihres inhaltl. Charakters nach der erkennbaren Gerichtetheit der Maßnahmen selbst zu beurteilen, nicht nach den subj. Gründen oder Motiven des Verfolgers.[192]

**c) Individualverfolgung wegen Gruppenzugehörigkeit.** Wegen der mgl. Unsicherheit, ob noch **43** eine Vielzahl von Individualverfolgung oder schon eine (landesweite, regionale oder örtliche) Gruppenverfolgung vorliegt, hat das BVerfG einen **Übergangsbereich** zwischen anlassgeprägter Einzelverfolgung und gruppengerichteter Kollektivverfolgung angenommen.[193] Danach sind die unmittelb. Betroffenheit des Einzelnen durch gerade auf diesen zielende Verfolgungsmaßn. und die Gruppengerichtetheit der Verfolgung Eckpunkte eines durch fließende Übergänge gekennzeichneten Erscheinungsbildes polit. Verfolgung. Dabei ist die gegenwärtige Gefahr polit. Verfolgung für einen Gruppenangehör. aus dem Schicksal anderer Gruppenmitglieder auch dann herzuleiten, wenn diese Referenzfälle noch nicht die Annahme einer gruppengerichteten Verfolgung rechtfertigen, aber zusätzl. individ. Verfolgungsgründe in der Person des Asylsuchenden vorliegen. Diese Fallgruppe entspricht dem vom BVerwG verwendeten Begriff der **Einzelverfolgung wegen Gruppenzugehörigkeit.**[194] Danach kann das Merkmal, das seinen Träger als Angehör. einer missliebigen Gruppe ausweist, für den Verfolger nur ein Element in seinem Feindbild darstellen, das die Verfolgung erst bei **Hinzutreten weiterer individueller Umstände** auslöst; das Erfordernis der Verfolgungsdichte gilt insoweit deshalb nicht.[195] Die Einzelverfolgung wg. Gruppenzugehörigkeit ist damit keine dritte Kategorie neben Individual- und Gruppenverfolgung, sondern eine Variante einer der beiden Gruppen.[196]

**5. Inländische Fluchtalternative.** Da der Schutz im Inland demjenigen im Ausland vorgeht **44** (→ Rn. 1 ff.), scheidet eine Anerkenn. als polit. Verfolgter aus, wenn im Heimatstaat durch Wechsel des Aufenthaltsorts eine sog. inländ. Fluchtalternative besteht.[197] Diese setzt voraus, dass der Betroffene dort nicht in eine ausweglose Lage gerät.[198] Wer von nur **regionaler Verfolgung** (→ Rn. 40) betroffen ist und innerhalb seines eigenen Landes in verfolgungsfreie Gebiete ausweichen kann, ist nicht in einer ausweglosen Lage. Polit. Verfolgung besteht erst, wenn der Betroffene landesweit in eine Zwangslage versetzt wird. Dies ist der Fall, wenn er in anderen Teilen seines Heimatstaates eine zumutbare Zuflucht nicht finden kann.[199] Eine Zuflucht im Heimatstaat kann selbst dann bestehen, wenn der Staat in best. Landesteilen aktiv verfolgt. Dies schließt nämlich nicht notwendig aus, dass er den von regionaler Verfolgung Betroff. an anderer Stelle Schutz zu gewähren bereit ist, zB weil er in verschiedenen Regionen unterschiedl. Ziele verfolgt (sog. **mehrgesichtiger Staat**).[200] Werden dem Staat wg. einer nicht ausreichenden, obgleich mgl. Wahrnehmung seines Gewalt- und Schutzmonopols Verfolgungshandlungen Dritter als **mittelbar staatliche Verfolgung** zugerechnet, ist das Bestehen einer inländ. Fluchtalternat. regelmäßig in Betracht zu ziehen.[201] Bei der Prognose, ob dem Ausländer im Fall der Rückkehr im Heimatstaat polit. Verfolgung droht, ist das Staatsgebiet als Ganzes zu würdigen. Droht nur in einem Teil des Heimatstaates polit. Verfolgung, ist eine Verweisung auf andere Landesteile zulässig, wenn diese den Anforder. an eine inländ. Fluchtalternative entsprechen.[202]

Nach BVerfG und BVerwG ist eine solche Fluchtalternative vorhanden, wenn der Betroff. dort **45** nicht in eine ausweglose Lage gerät. Dies setzt voraus, dass er in den in Betracht komm. Gebieten vor polit. Verfolgung **hinreichend sicher** ist und ihm jedenfalls auch dort keine anderen Nachteile und Gefahren drohen, die nach ihrer Intensität und Schwere einer asylerhebl. Rechtsgutsbeeinträcht. aus polit. Gründen gleichkommen, sofern diese **existenzielle Gefährdung** am Herkunftsort so nicht bestünde.[203] Mit anderen Worten: Eine inländ. Fluchtalternative ist schon dann nicht gegeben, wenn der in seinem engeren Herkunftsgebiet Verfolgte in den anderen Landesteilen zwar hinreichend sicher, aber einer existenziellen Gefährdung ausgesetzt wäre, die am Herkunftsort so nicht bestand; denn es ist

---

[190] BVerfGE 83, 216 (232); BVerwGE 85, 139 (142 f.).

[191] BVerwGE 96, 200.

[192] BVerfGE 76, 143 (157, 166 f.); 80, 315 (335); BVerwGE 85, 139 (141 f.); 96, 200.

[193] BVerfGE 83, 216 (231).

[194] Vgl. BVerwGE 70, 232 (233 f.); 74, 31 (34).

[195] BVerwGE 88, 367; BVerwG DVBl 1996, 623.

[196] BVerwGE 88, 367.

[197] Auch § 3e AsylG, der auf Art. 8 Qualifikations-RL zurückgeht, behandelt diesen Ausschlussgrund unter der Überschrift „interner Schutz", ohne allerdings die Auslegung von Art. 16a unmittelbar zu beeinflussen.

[198] BVerfGE 80, 315 (343 f.); 94, 111 (134) zu Art. 16a; BVerwGE 85, 139; 87, 141; 88, 367; vgl. auch *Jarass*, in: Jarass/Pieroth, Art. 16a Rn. 16 f.; *Becker* MKS I, Art. 16a Rn. 91 f.

[199] BVerfGE 80, 315 (344); 81, 58 (65 f.); BVerwGE 87, 141 (148); 88, 367.

[200] BVerfGE 80, 315 (342 f.).

[201] BVerfGE 81, 58 (65).

[202] BVerwGE 109, 353 (355 f.).

[203] BVerfGE 54, 341 (357); 80, 315 (343 f.); 81, 58 (65 f.); BVerwGE 87, 141 (148).

unzumutbar, jemanden vom Regen der polit. Verfolgung in die Traufe der unpolit. Existenzvernicht. zu schicken.[204] Fehlt dem Asylsuchenden am Ort einer inländ. Fluchtalternative das **wirtschaftliche Existenzminimum,** so ist dies aber nur dann asylerheblich., wenn diese Notlage **verfolgungsbedingt** ist.[205] Ob das für die Annahme einer inländ. Fluchtalternative erforderl. wirtschaftl. Existenzmin. gewährleistet ist, beurteilt sich nach einer grds. generalisierenden Betrachtungsweise, welche die Berücksichtig. individ. Umstände aber nicht ausschließt.[206] Eine Fluchtaltern. kann etwa zu verneinen sein, wenn für den Vorverfolgten dort wegen in seiner Person lieg. Merkmale, wie etwa einer Behinderung oder hohen Alters, das Existenzmin. nicht gesichert ist, oder wenn keine Verwandten oder Freunde vorhanden sind, bei denen der Betroffene Obdach oder Unterstütz. finden kann und ohne eine solche Unterstütz. kein dauerhaftes Leben über dem Existenzminimum möglich ist.[207]

**46**     **6. Anderweitige Sicherheit vor Verfolgung.** Sofern ein Ausländer bereits in einem Drittstaat vor polit. Verfolgung sicher war und deshalb für ihn **keine objektive Zwangslage** mehr bestand, bedarf er keines weiteren Schutzes durch eine Asylgewährung. Er wurde daher bereits vor der Asylrechtsreform gem. § 2 AsylVfG aF nach dreimonatigem Aufenthalt im Drittstaat nicht mehr als Asylberechtigter anerkannt, weil dann die Zwangslage und Schutzlosigkeit als beseitigt galten.[208]

**47**     Dies wurde in **Art. 16a II–IV** zu Verfassungsrecht hochgezont. Danach lassen jedoch grds. bereits die **Durchreise durch einen sicheren Drittstaat** und die Möglichkeit einer dortigen Asylbeantragung Schutzlosigkeit und Zwangslage entfallen.[209] Im Hinblick auf sonstige Drittstaaten hält § 27 AsylG die frühere, für Asylbewerber günstigere Rechtslage für den Anwendungsbereich des **Art. 16a I** im Wesentl. aufrecht.

### III. Entscheidung über den Asylantrag

**48**     **1. Asylanerkennung.** Asyl wird nur **auf Antrag** des Ausländers gewährt (§§ 13 ff. AsylG). Über Asylanträge entscheidet nach § 5 I AsylG das Bundesamt für Migration und Flüchtlinge (BAMF); es ist nach Maßgabe dieses Gesetzes auch für ausländerrechtl. Maßnahmen und Entscheidungen zuständig.[210] Die Entscheid. über den Asylantrag ist in allen Angelegenheiten (außer dem Auslieferungsverfahren sowie dem Verfahren nach § 58a AufenthG) verbindl., in denen die Anerkenn. als Asylberechtigter oder die Zuerkenn. des internat. Schutzes iSd § 1 I 1 Nr. 2 AsylG rechtserhebl. ist (§ 6 AsylG). Das Asylverfahren und die darin bestehenden Rechte und Pflichten der Asylbewerber sind in §§ 12 ff. AsylG geregelt. Zu den verfassungsrechtl. Mindestanforderungen an das Asylverfahrensrecht o. Rn. 11, 12.

**49**     Da das Asylverfahren auf den Erlass eines VA abzielt, kommen die allg. Vorschriften des VwVfG zur Anwendung, soweit nicht das AsylG – was weitgehend der Fall ist – inhaltsgleiche oder entgegensteh. Rechtsvorschriften enthält. Die (positive) Entscheidung über die Asylanerkennung ist ein **konstitutiver, rechtsgestaltender VA** iSd §§ 35 ff. VwVfG[211] und nach Maßgabe der Regelungen des AsylG[212] und der VwGO anfechtbar. Asylberechtigte genießen nach § 2 I AsylG im Bundesgebiet die Rechtsstellung nach der GFK.

**50**     **2. Asylablehnung, Aufenthaltsbeendigung, Abschiebungshindernisse. a)** Wird ein Asylantrag abgelehnt und besitzt der Ausländer keine Aufenthaltsgenehmigung, erlässt das BAMF nach §§ 59, 60 X AufenthG[213] eine mit einer **Ausreiseaufforderung** verbundene **Abschiebungsandrohung.** Diese soll mit der Entscheid. über den Asylantrag verbunden werden (§ 34 II 1 AsylG). Die Verweisung auf diese Normen des AufenthG impliziert, dass das BAMF vor Erlass der Verfügung insbes. auch zu prüfen hat, ob Abschiebungshindernisse bestehen. Es handelt sich bei den Einzelentscheidungen um jeweils selbstständige und anfechtbare VA.[214]

**51**     Da das BAMF für sämtl. Entscheidungen zuständig ist, wird es die einzelnen Regelungen jeweils gesondert zu treffen haben; das schließt die Zusammenfass. der verschiedenen VA in einem (äußerl. einheitl.) Bescheid nicht aus. Wegen der zu beacht. unterschiedl. Regelungen bei der verfahrensmäß. Ausgestaltung des Verfahrens zur Aufenthaltsbeendigung sind **unterschiedliche Entscheidungen** denkbar: So können die Asylgewähr. abgelehnt, die Voraussetz. eines Abschiebungshindernisses Nach

---

[204] BVerwG Buchholz 402.25 § 1 AsylVfG Nr. 166.
[205] BVerwG DVBl 1998, 274.
[206] BVerwG Buchholz 402.25 § 1 AsylVfG Nr. 166.
[207] BVerwGE 71, 139 (141); 88, 367 (374).
[208] BVerwGE 79, 347; 81, 164; 88, 226 (229 f.) hielt dies für mit dem Kerngehalt des damaligen Art. 16 II 2 vereinbar, weil sich auch aus Art. 16 II 2 aF kein Anspruch auf Doppel- und Mehrfachschutz ergab.
[209] BVerfGE 94, 49 ff.; 94, 116 ff.; 94, 211 ff.; hierzu → Rn. 55 ff.; allgemein zur anderweitigen Verfolgungssicherheit: *Becker* MKS I, Art. 16a Rn. 94 ff.
[210] § 5 I 2 AsylG.
[211] BVerfGE 94, 166 (199); ebenso bereits früher BVerwGE 78, 332 (334).
[212] Hierzu etwa *Bergmann/Dienelt,* Ausländerrecht, 13. Aufl. 2020; *Marx,* AsylG, 10. Aufl. 2019.
[213] Früher: §§ 50, 51 IV AuslG.
[214] BVerwGE 49, 202 (209); *Marx,* AsylG, 10. Aufl. 2019, § 34 Rn. 8.

§ 60 I 1 AufenthG[215] aber festgestellt und die Abschieb. in einen Drittstaat unter Fristsetz. angedroht werden. Umgekehrt kann die Asylberechtig. und die Feststell. versagt, jedoch das Vorliegen von Abschiebungshindernissen festgestellt werden. Zudem kann ein Asylantrag als offensichtl. unbegründet abgelehnt, trotzdem aber das Bestehen von Abschiebungshindernissen festgestellt werden.

**b)** Nach § 31 II AsylG hat das BAMF in Entscheidungen über beachtl. Asylanträge und nach § 30 **52** V AsylG ua ausdrückl. festzustellen, ob dem Ausländer die **Flüchtlingseigenschaft i. S. d. § 3 AsylG und damit iSd GFK** zuerkannt wird. Mit Zuerkenn. der Flüchtlingseigensch. wird der Anwendungsbereich des § 60 I AufenthG eröffnet, nach dem in Anwendung der GFK ein Ausländer nicht in einen Staat abgeschoben werden darf, in dem sein Leben oder seine Freiheit wg. seiner Rasse, Religion, Nationalität, seiner Zugehörigkeit zu einer best. sozialen Gruppe oder wegen seiner polit. Überzeugung bedroht ist. Dies gilt gem. § 60 I 2 AufenthG ua auch für Asylberechtigte und Ausländer, denen die Flüchtlingseigenschaft unanfechtbar zuerkannt wurde oder die aus einem anderen Grund im Bundesgebiet die Rechtsstell. ausländ. Flüchtlinge genießen. **Abschiebungsschutz** nach § 60 I AufenthG setzt nach dem BVerwG staatl. oder quasi-staatl. Verfolgung voraus.[216] Dies gilt gleichfalls für den in den Schutzbereich einbezog. Personenkreis der Flüchtlinge und die Verfolgung iSv Art. 1 A Nr. 2, Art. 33 Nr. 1 GFK.[217] In den Fällen des § 31 II AsylG (beachtl. Asylanträge) und in Entscheidungen über unbeachtl. Asylanträge hat das BAMF festzustellen, ob die Voraussetz. des § 60 V oder VII AufenthG vorliegen. Gem. § 60 V AufenthG darf ein Ausländer nicht abgeschoben werden, soweit sich aus der EMRK ergibt, dass die Abschiebung unzulässig ist (näher dazu → Rn. 53 f.). Gem. § 60 VII AufenthG soll von der Abschiebung eines Ausländers in einen anderen Staat abgesehen werden, wenn dort für ihn eine erhebl. konkr. Gefahr für Leib, Leben oder Freiheit besteht.[218]

Allerdings bewirkt die **Ausschlussvorschrift des § 60 VIII AufenthG**[219] nicht nur den Verlust des **52a** Anspruchs auf Abschiebungsschutz nach § 60 I AufenthG, sondern auch des Asylanspruchs gem. Art. 16a I.[220] Denn die Sicherheit des Staates als verfasste Friedensordnung und die Schutzpfl. gegenüber der eigenen Bevölkerung wiegen schwerer als die individ. Rechtsposition des Asylsuchenden. Die Kritik der Lit.[221] hieran verkennt, dass das Asylgrundrecht nicht zum Gewährleistungsinhalt des Art. 1 I gehört[222] und nicht der Konkretisier. mittels verfassungsimmanenter Grundrechtsschranken durch den Normgeber entzogen ist. Als Ausnahmevorschrift ist § 60 VIII 1 AufenthG[223] allerdings eng auszulegen: Die **innere oder äußere Sicherheit** und damit der Bestand und die Funktionsfähigkeit **des Staates** müssen **in spezifischer Weise gefährdet** werden. Hierzu gehören Gewaltanschläge oder Gewaltdrohungen ausländ. Terrororganisationen im Bundesgebiet, ebenso das Austragen gewalttät. Auseinandersetz. verfeindeter Volksgruppen in Deutschland oder schon das Propagieren solcher Gewaltanwendung.[224] Dies leuchtet vollends ein, wenn man die polit. Verfolgung iSd Art. 16a mit einem „Ausgrenzen aus der innerstaatl. Friedensordnung"[225] umschreibt und dann gerade ein „Schutzsuchender" in Deutschland die Rechts- und Friedensordnung zerstören will. Eine sich selbst zerstörende Kraft darf dem Asylrecht nicht beigemessen werden. Den Abschiebungsschutz verliert gem. § 60 VIII AufenthG aber nicht der Ausländer, der eine die Sicherheit des Staates gefährdende Organisation noch nicht in qualifiz. Weise, insbes. nicht durch eigene Gewaltbeiträge oder als Funktionär, unterstützt.[226] Gegen die Beschränk. des Asylausschlusstatbestands des § 60 VIII AufenthG auf Bestrafungen nach dem ErwachsenenstrafR[227] bestehen hingegen nach dem Schutzzweck der Norm Bedenken. Es ist nicht von der Hand zu weisen, dass zu so hohen Jugendstrafen verurteilte Jugendl. – bei denen ohnehin schon Milde waltet – eher gefährlicher sein könnten als zu gleich hohen Freiheitsstrafen verurteilte Erwachsene.

Gem. § 24 II AsylG obliegt dem BAMF nach Stell. des Asylantrags auch die Entscheidung, ob ein **53** **Abschiebungsverbot nach § 60 V oder VII AufenthG** vorliegt. Nach dem BVerwG verweist § 60 V AufenthG[228] nur insoweit auf die EMRK, als sich aus dieser Abschiebungshindernisse ergeben, die auf Gefahren beruhen, welche dem Ausländer im Zielstaat drohen (**zielstaatsbezogene Abschiebungshindernisse**). Hindernisse, die einer Vollstreck. der Ausreisepfl. entgegenstehen, weil andern-

---

[215] Früher: § 51 I und § 53 I–VI AuslG.

[216] Früher: § 51 I AuslG; BVerwGE 95, 42 (44 ff.); 101, 328; BVerwG NVwZ 1997, 1131.

[217] BVerfGE 94, 49 (97); BVerwG NVwZ 1997, 1131.

[218] § 60 VII AufenthG wurde mWv 17.3.2016 durch G v. 11.3.2016 (BGBl I, 390) geänd., indem in den S. 2–4 das in S. 1 genannte Abschiebungshindernis konkretisiert wurde.

[219] Früher: § 51 III AuslG; nach dem § 60 VIII AufenthG durch G v. 11.3.2016 (BGBl I, 394) mWv 17.3.2016 angefügten S. 3 „kann" schon die Verurteil. zu einer Freiheits- oder Jugendstrafe von mind. einem Jahr bei bestimmten Rechtsgütern und Begehungsmodalitäten zum Ausschluss des Flüchtlingsstatus führen. Zu den (geringen) Auswirkungen des S. 3 etc. *Thym* NVwZ 2016, 409.

[220] BVerwGE 109, 1 (3 ff.).

[221] *Hopfauf* NVwZ 1994, 566; *Selk*, Asylrecht und Verfassung, 1990, S. 89 ff.

[222] BVerfGE 94, 49 (103).

[223] BVerwGE 109, 1 (6).

[224] Vgl. BVerwGE 109, 1 (6 f.).

[225] BVerfGE 80, 315 (335).

[226] BVerwGE 109, 1 (8); 109, 25 (28); früher: § 51 III AuslG.

[227] Früher: § 51 III 2. Alt. AuslG; BVerwG DVBl 2001, 227 f.

[228] Früher: § 53 IV AuslG.

falls ein geschütztes Rechtsgut im Bundesgebiet verletzt würde (inlandsbezogene Vollstreckungshindernisse), fallen danach nicht unter § 60 V AufenthG; sie sind nicht im Asylverfahren, sondern von den für den Vollzug der Abschiebung zuständigen Ausländerbehörden zu berücksichtigen.[229]

54    Nach dem BVerwG kann ferner – abweichend von der Auffassung des EGMR[230] – Abschiebungsschutz nach § 60 V AufenthG iVm Art. 3 EMRK nur beanspruchen, wem **im Zielland** der Abschiebung landesweit die Gefahr von Folter oder einer unmenschl. oder erniedrig. Strafe **durch den Staat selbst oder eine staatsähnl. Organisation** droht. Eine von Privaten ausgeh., dem Staat nicht zurechenbare Verfolgung führt demnach nicht zu Verfolgungsschutz nach § 60 V AufenthG. Anders als der EGMR sieht das BVerwG im Abschiebungsakt selbst keine unmenschl. oder erniedrig. Behandlung des abschiebend. Staates, sondern stellt allein auf die im Zielland zu erwartende Behandlung ab.[231] Diese Diskrepanz zwischen BVerwG und EGMR hat in der Praxis relativ geringe Auswirk., da einerseits der EGMR an die Bejahung einer konkr. droh. Gefahr strenge Anforderungen stellt und andererseits das BVerwG jedenfalls bei einer extremen landesweiten Gefahrenlage im Zielstaat in verfassungskonf. Auslegung von § 60 VII AufenthG die Prüf. eines **(fakultativen) Abschiebungshindernisses** für geboten hält, weil niemand sehenden Auges einer unmenschl. oder erniedrig. Behandl. im Zielland ausgesetzt werden darf.[232] Trotz des auf EMRK-Staaten beschränkten räuml. Geltungsbereichs kann zudem Art. 3 EMRK den Vertragsstaaten untersagen, einen Ausländer in einen Drittstaat zu verbringen, wenn ihm dort die Gefahr der Folter, unmenschl. oder erniedrig. Strafe oder Behandlung droht.[233] Ein Abschiebungshindernis nach § 60 V AufenthG[234] iVm Art. 3 EMRK setzt voraus, dass dem Ausländer in dem Drittstaat eine Behandlung droht, die, wäre er ihr in einem Vertragsstaat ausgesetzt, alle Tatbestandsmerkmale des Art. 3 EMRK erfüllte.[235] Handelt es sich um die Abschieb. eines Ausländers in einen Nichtkonventionsstaat, so ist diese unzuläss., wenn dort im Einzelfall andere als die in Art. 3 EMRK verbürgten, von allen Vertragsstaaten als grdl. anerkannten Menschenrechtsgarantien in ihrem Kern bedroht sind.[236]

54a    Das Asylrecht entfällt ipso iure, wenn die polit. Verfolgung nicht mehr gegeben ist. Die Aufhebung des Asylrechts ist als spiegelbildl. Akt zur Anerkenn. mgl. und geschieht durch Rücknahme oder Widerruf gem. § 73 AsylG.[237] Dabei sind die Vorschriften der §§ 48, 49 VwVfG ergänzend subsidiär anwendbar.[238]

## C. Einreise aus sicheren Drittstaaten (Abs. 2)

### I. Ausschluss des Asylgrundrechts bei Verfolgungssicherheit (Abs. 2)

55    Nach **Abs. 2** von Art. 16a kann sich auf Abs. 1 und damit auf das Asylrecht „nicht berufen", wer aus einem Mitgliedstaat der EG – dh heute der EU – oder aus einem anderen „sicheren Drittstaat" einreist (S. 1). In der ersten Alt. handelt es sich um eine unmittelb. wirk., verfassungsrechtl. **unwiderlegl. Vermutung der Verfolgungssicherheit** nach Einreise aus einem EU-Staat. In der zweiten Alt. ist Voraussetz. einer solchen Annahme die Aufnahme des Staates in eine durch einfaches Gesetz mit Zustim. des BRats beschluss. Liste (S. 2). Abs. 2 verweist somit mit beiden Varianten auf ausländ. Fluchtalternativen. Entscheidend ist der **Fluchtweg**.

56    Abs. 2 **beschränkt den persönl. Geltungsbereich** des Asylgrundrechts aus Abs. 1 (→ Rn. 13 ff.). Er beruht auf dem **Erstlandkonzept**, berücksichtigt den Grundgedanken der Schutzlosigkeit und konkretis. die **Subsidiarität** des Asylrechts:[239] Ein Ausländer, der aus einem sicher. Drittstaat anreist, bedarf des Grundrechtsschutzes aus Abs. 1 nicht, weil er im Drittstaat Schutz vor polit. Verfolgung hätte finden können.[240] Insofern beschränkt Abs. 2 die Möglichk. des Asylsuchenden, das Land, in dem er Schutz sucht, frei zu wählen.[241] Aufgr. des Ausschlusses vom Asylgrundrecht treten auch die mit diesem verbundenen **(Vor-)Wirkungen nicht** ein: Ein Asylverfahren findet nicht statt, und es entfällt das als Vorwirk. des grundrechtl. Schutzes gewährleistete vorläuf. Bleiberecht, so dass in den Fällen des S. 1 aufenthaltsbeendende Maßnahmen unabhängig von einem hiergegen eingelegten Rechtsbehelf vollzogen werden dürfen (S. 3, dazu → Rn. 79 ff.).

---

[229] BVerwG NVwZ 1998, 526.

[230] Vgl. etwa EGMR InfAuslR 1997, 297.

[231] BVerwG NVwZ 1997, 1127 und DVBl 1998, 271; BVerwGE 104, 265 ff.

[232] BVerwG DVBl 1998, 271.

[233] EGMR EuGRZ 1989, 314; auch hierzu BVerwGE 99, 331 (335); 104, 265 (267); 111, 223 (226).

[234] Früher: § 53 AuslG.

[235] BVerwGE 111, 223 (227).

[236] BVerwGE 111, 223 (228 f.).

[237] Zur EU-Rechtskonformität v. § 73 AsylG (früher: § 73 AsylVfG) EuGH C-175/08, C-176/08, C-179/08 – Abdulla; Anm. *Faraht/Groß* ZAR 2010, 341 ff.; zum Widerruf *Gnatzy*, in: Hofmann/Henneke, Art. 16a Rn. 40.

[238] BVerwGE 112, 80 (88 ff.).

[239] Hierzu BVerwGE 95, 42; 101, 328 (332); BVerwG NVwZ 1997, 1127; vgl. auch *Becker* MKS I, Art. 16a Rn. 151 f.

[240] BVerfGE 94, 49 (87).

[241] BVerfGE 94, 49 (95); ferner Rn. 58 ff. mwN.

Abs. 2 tritt hinter völkerrechtl. Vereinbarungen iSd **Abs. 5** zurück, ist also eine potentiell **sub-** 57
**sidiäre** unter dem Vorbehalt des Fehlens einschläg. völkerrechtl. Verträge steh. **Regelung.**[242]

## II. Einreise aus Mitgliedstaaten der Europäischen Union (Abs. 2 S. 1)

**Abs. 2 S. 1** ist ein Element zur Schaff. eines **„gemeinsamen Asylraums Europa“**[243] und beruht 58
darauf, dass ein polit. Verfolgt. keines Schutzes in der BRep. bedarf,[244] wenn er aus einem EU-Staat
einreist. Der in Art. 16a verwendete Begriff der EG ist heute als EU zu lesen.

Von Verfassung wg. wird vom Reiseweg des Ausländers auf dessen Schutzbedürftigkeit geschlossen: Es 59
wird unwiderlegl. vermutet, dass die Voraussetz. für eine Asylgewährung deshalb nicht gegeben sind, weil
der aus einem EU-Staat einreis. Ausländer bei **obj. Betrachtung** bereits in diesem EU-Staat Sicherheit
vor Verfolgung erlangt hatte, da von dort eine Abschiebung in den Verfolgerstaat wg. des Prinzips des
**non-refoulement** (Art. 33 GFK) unzulässig war, so dass deshalb eine frühere ausweglose Lage (Zwangslage) faktisch nicht mehr fortbestand und der Ausländer daher keinen erneuten „Zweit“-Schutz in
Deutschland brauchte.[245] Der **subj. Wille** des Ausländers, einen sicheren Drittstaat nur als Transitland zu
benutzen, ist **unerhebl.** (→ Rn. 61 ff.). Maßgebend ist der Fluchtweg, nicht der Fluchtgrund.

Abs. 2 S. 1 erfasst in der 1. Alt. kraft Verfassung dynam. alle **EU-Mitgliedstaaten.** Aufgr. dieser 60
dynam. Wirkung[246] bedarf es keiner einfachgesetzl. Bestätigung für Staaten, die nach Inkrafttreten von
Art. 16a der EU beigetreten sind. Bei EU-Staaten wird kraft Verfassung gesetzlich vermutet, dass die
Anwendung der GFK und der EMRK sichergestellt ist: Abs. 2 S. 1 Alt. 1 geht von einer im Wesentl.
gleichen Grundüberzeugung, Rechtslage und Verwaltungspraxis aller EU-Staaten aus, auch wenn bei
diesen das Asylrecht nicht als Grundrecht ausgestaltet ist.[247] Angesichts der anhalt. EU-Erweiter. ist es
im Extremfall allerdings durchaus denkbar, dass insbes. neue EU-Staaten – zB mangels hinreich.
rechtsstaatl. Tradition – diese gemeins. Grundüberzeugung missachten, so dass die Figur einer bloßen
gesetzl. Vermutung iSd § 292 ZPO naheliegt, die den Beweis des Gegenteils zulässt. Abs. 2 S. 1 hält
sich im Rahmen des **Beurteilungsspielraums** des Verfassungsgebers, hat aber **immanente Schranken** (→ Rn. 77 f.).

## III. Einreise aus gesetzlich bestimmten sonstigen sicheren Drittstaaten (Abs. 2 S. 2)

Für Abs. 2 spielt keine Rolle, welche Nationalität ein Asylbewerber hat. Maßgebl. ist allein, aus 61
welchem Staat er nach Deutschland eingereist ist. Insofern beruht Abs. 2 auf dem **Territorialitätsprinzip.** Die **sonstigen sicheren Drittstaaten,** auf welche die Voraussetz. des Abs. 2 S. 1 Alt. 2
zutreffen, werden durch **zustimmungsbedürftiges Bundesgesetz** bestimmt. Dies ist durch die
Anlage I zu § 26a II AsylG geschehen.[248] Derzeit sind danach nur Norwegen und die Schweiz sichere
Drittstaaten, was allerdings bereits die weitreichende Folge hat, dass alle an Deutschland angrenzenden
Staaten sichere Drittstaaten sind. Dass derartige normative Festlegungen wegen ihrer Starrheit bei den
schnelllebigen polit. Wandlungen in anderen Staaten problemat. sein können, ist bei der Verfassungs-
änderung zu wenig bedacht worden.

Voraussetz. eines gem. Abs. 2 S. 2 zu erlass. Gesetzes ist, dass in dem betr. Drittstaat die Anwend. 62
der GFK und der EMRK sichergestellt ist. Dies erfordert, dass der Staat **beiden Konventionen
beigetreten** ist und er sich den Kontrollverfahren unterworfen hat, welche diese vorsehen und die
dazu bestimmt sind, die Einhalt. der übernomm. Verpflichtungen zu gewährleisten.[249] Ferner müssen
die Organe des Staates verpfl. sein, die Konventionen auch **anzuwenden.** Dies setzt voraus, dass der
Staat nach seiner Rechtsordnung einen Ausländer nicht in einen Verfolgerstaat abschieben darf, ohne
vorher geprüft zu haben, ob ihm iSv Art. 33 GFK Verfolgung oder iSv Art. 3 EMRK Folter oder
unmensch. oder erniedrig. Behandlung droht.[250]

Keine Voraussetz. für die Bestimm. von sicheren Drittstaat ist, dass Ausländern in dem Drittstaat ein 63
**Prüfverfahren** offensteht, das im Wesentl. dem deutschen Asylverfahren entspricht. Es muss ihnen
aber nach den rechtl. und tatsächl. Verhältnissen im Drittstaat mögl. sein, ein **Schutzgesuch tatsächl.
anzubringen** und dadurch eine Verpflichtung der zuständigen Stellen zur Entscheid. nach Prüfung in
einem formalisierten Verfahren herbeizuführen; der Drittstaat darf sich einer solchen Verpflicht. zur
Entscheidung **nicht faktisch entziehen.**[251] Antragsfristen, bei deren Versäumung dem Ausländer der

---

[242] BVerfGE 94, 49 (86); hierzu → Rn. 106 ff.
[243] Beschlussempfehlung und Bericht des IA-BT, BT-Dr 12/4984, S. 46 zu 1.a.
[244] Begründung des interfraktionellen Gesetzentwurfs, BT-Dr 12/4152, S. 4.
[245] BVerfGE 94, 49 (85 ff.).
[246] BVerfGE 94, 49 (89 ff.).
[247] BVerfGE 94, 49 (88).
[248] Anl. I zul. geänd. durch Art. 18 G v. 17.12.2008 (BGBl I, 2586).
[249] BVerfGE 94, 49 (90).
[250] BVerfGE 94, 49 (90).
[251] BVerfGE 94, 49 (91).

Zugang zum Verfahren verwehrt wird, stehen als solche der Bestimm. zum sicheren Drittstaat nicht entgegen, sofern dort die Verpflicht. besteht, vor einer Abschieb. in den Verfolgerstaat im Einzelfall zu prüfen, ob das Refoulement-Verbot des Art. 33 GFK einer solchen Maßnahme entgegensteht.[252]

64    Auch ein Staat, der seinerseits eine **Drittstaatenregelung** hat (vgl. Art. 3 III Dublin-III-VO[253]), kann sicherer Drittstaat werden. Allerdings darf dieser Staat nach seiner Rechtsordnung nicht befugt sein, Ausländer in einen „**Viertstaat**" abzuschieben **(Kettenabschiebung),** ohne dass dort in einem hinreich. formalisierten Verfahren geprüft worden ist, ob die Voraussetz. der Art. 33 GFK, Art. 3 EMRK vorliegen oder ein entsprech. Schutz tatsächl. gewährt ist. Denn das Refoulement-Verbot verbietet neben der unmittelb. Verbringung in den Verfolgerstaat auch eine Abschieb. oder Zurückweisung in solche Staaten, in denen eine Weiterschiebung in den Verfolgerstaat droht.[254]

65    Die Bestimm. von Staaten zu sicheren Drittstaaten ist eine eigenständige Aufgabe des **Gesetzgebers.** Dieser darf bei der Frage der Anwend. der beiden Konventionen regelmäß. davon ausgehen, dass sich die Organe des Staates an ihr gelt. Recht halten. Anderes gilt, wenn aufgr. hinreich. verlässl. Anhaltspunkte die Erkenntnis naheliegen muss, dass dies allg. oder in Bezug auf Flüchtlinge aus best. Staaten nicht der Fall ist **(Konzept der normativen Vergewisserung).**[255] Für die dafür notwendigen Beobachtungen und Nachprüfungen durch amtl. Informationen nationaler oder internat. Organisationen bzw. sonstiger Erkenntnisquellen steht dem Gesetzgeber ein **Einschätzungs- und Entscheidungsspielraum** zu, dessen Anwendung nur dahingehend überprüfbar ist, ob die Entscheidung **vertretbar** ist.[256] Dies wird nur unter besonderen Umständen zu widerlegen sein.

66    Die gesetzl. Feststell. der Verfolgungssicherheit in einem als sicher eingestuften Drittstaat ist nicht schon dann verfassungswidrig, wenn die **Sicherheitsprognose** zweifelhaft geworden ist, sondern erst, wenn sie als **widerlegt** angesehen werden kann. Dies kann etwa dann angenommen werden, wenn sich die Verhältnisse im Drittstaat schlagartig und grdl. geändert haben und eine Reaktion der BReg bzw. des Gesetzgebers nach § 26a III AsylG noch aussteht.[257] Insofern hat Abs. 2 S. 2 **immanente Schranken** (hierzu noch → Rn. 77, → Rn. 84 ff.).

67    Da sichere Drittstaaten nach Abs. 2 S. 2 durch Gesetz bestimmt werden, ist das **BVerfG** zur Überprüf. durch **Normenkontrolle** befugt. Es kann die Feststell. der Verfolgungssicherheit in Bezug auf best. Staaten für verfassungswidrig erklären und aufheben, sofern es durch überlegene Beweismittel die gesetzl. Vermutung widerlegen kann. Die Kassation von Behörden- und Gerichtsentscheidungen in konkreten Verfahren bzgl. konkr. Personen bleibt unberührt.[258]

68    Aus Abs. 2 S. 2 folgt eine **Verpflichtung der zuständ. Stellen** von Bund und Ländern zur **fortlaufenden Einschätzung** der Verhältnisse in den einzelnen Staaten hinsichtlich asylrechtl. relevanter Verfolgungsgefahren und ggf. zur kurzfristigen Änderung des Gesetzes. In dringenden Fällen kann die BReg ohne Zustimm. des BRats vorab eine entsprechende RechtsVO erlassen (§ 26a III AsylG). Die Befugnis der Gerichte zur Inzidentprüfung bleibt unberührt.

## IV. Rechtsfolgen der Einreise aus sicheren Drittstaaten (Abs. 2 S. 1 und 2)

69    Die Formulierung, auf Abs. 1 „kann sich nicht berufen, wer …", hat die ursprüngl. Fassung des Asylkompromisses „Asylrecht genießt nicht, wer …"[259] ersetzt. Der Betroffene wird im Ergebnis **aus dem persönlichen Geltungsbereich** des in Abs. 1 gewährleisteten Grundrechts **ausgeschlossen:** Wer aus einem sicheren Drittstaat einreist, bedarf des Schutzes nicht, weil er dort Schutz vor polit. Verfolgung hätte finden können **(Subsidiarität des Asylrechts).**[260] Abs. 2 S. 1 und 2 **schließt auch die verfahrensrechtl. (Vor-)Wirkungen,** nämlich die Mögl. der Einreise und ein vorläuf. Bleiberecht bis zur endgült. Entscheidung über den gestellten Antrag mit einem Anspruch auf ein geordnetes Verfahren zur Prüfung des Asylantrags, aus.[261] Mit dieser auf eine Lastenverteilung in der EU abzielenden Konzeption ist es möglich, Bewerber an der Grenze **zurückzuweisen** oder unverzügl. in den sicheren Drittstaat zurückzubringen und – wie S. 3 bestätigt – **aufenthaltsbeendende Maßnahmen** unabhängig von einem hiergegen eingelegten, vom Ausland verfolgbaren Rechtsbehelf zu vollziehen.[262]

70    Voraussetzung für den Ausschluss der Vorwirk. des Asylrechts ist die **zu Lande** erfolgte „**Einreise aus**" einem sicheren Drittstaat. Maßgebend ist nicht der möglicherweise asylbegründende Flucht-

---

[252] BVerfGE 94, 49 (92) unter Hinw. auf BT-Dr 12/4450, S. 20.
[253] VO (EU) Nr. 604/2013 v. 26.6.2013 (ABl EU Nr. L 180/31).
[254] BVerfGE 94, 49 (92, 93).
[255] BVerfGE 94, 49 (93).
[256] BVerfGE 94, 49 (93).
[257] BVerfGE 94, 49 (99).
[258] Vgl. die Verfahren vor dem BVerfG betr. Österreich und die Schweiz, NVwZ aktuell 2/1993, 11; ferner die Verfahren betr. die Tschechische Republik, BayVGH DVBl 1994, 61.
[259] Abgedruckt in ZAP 1993, 3.
[260] BVerfGE 94, 49 (86, 95 ff.); BVerwGE 81, 164; 88, 226; 101, 328.
[261] BVerfGE 94, 49 (86 ff.); Begr. BT-Dr 12/4152, S. 3 und BT-Dr 12/4450, S. 2; *Bergmann,* in: Bergmann/Dienelt, Ausländerrecht, 13. Aufl. 2020, Art. 16a GG Rn. 93.
[262] BVerfGE 94, 49 (94 ff.); ebenso Begründung des interfraktionellen Antrags, BT-Dr 12/4152, S. 4.

grund, sondern der **Fluchtweg,** dh der Reiseverlauf.[263] Die Einreise ohne Kontakt zu einem sich. Drittstaat − also letztlich auf dem **Luft- oder Seeweg** − ist damit ungeschrieb. Tatbestandsmerkmal des Abs. 1; sie ist nicht nur glaubhaft zu machen, sondern zu beweisen.[264]

Einerseits genügt es für die Anwend. des Abs. 2 nicht, wenn der Ausländer einen Drittstaat mit **71** öffentl. Verkehrsmitteln ohne Zwischenaufenthalt unbewusst durchfährt. Andererseits greift er nicht erst dann ein, wenn sich der Ausländer eine best. Zeit im Drittstaat bewusst aufgehalten hat. Es kommt vielmehr darauf an, ob er seine Reise **objekt. hätte unterbrechen** und Schutz im Drittstaat in Anspruch nehmen **können.** Entscheidend ist die Einreise aus **einem** sicheren Drittstaat; der Nachweis, aus welchem sicheren Drittstaat der Ausländer eingereist ist, ist nicht erforderlich.[265] Lässt sich ein Ausländer bei einem Transit etwa in einem LKW einschließen und verhindert er durch eigenes vorangegangenes Zutun die Inanspruchnahme von Schutz im Drittstaat, muss er sich das asylausschließend zurechnen lassen.[266] Der sichere Drittstaat muss nicht die letzte Station vor der Einreise nach Deutschland gewesen sein. Abs. 2 kommt auch zur Anwendung, wenn der Ausländer sich **während seiner Reise** obj. in **einem** sicheren Drittstaat befunden hat und dort hätte Schutz finden können.[267]

Es kommt nach Abs. 2 S. 1 damit nicht − wie dies nach wie vor gem. § 27 III AsylG für den **72** Anwendungsbereich des Art. 16a I gilt[268] − darauf an, ob der Asylbewerber im Drittstaat bleiben wollte, dort einen **stationären Aufenthalt** genommen hatte und seine Flucht − auch unter Berücksicht. der in § 27 III AsylG enthaltenen 3-Monats-Frist − für beendet angesehen hat.[269] Es reicht vielmehr der obj. Nachweis, dass er aus einem iSv Abs. 2 sicheren Staat eingereist ist. Die **materielle Beweislast** für die Einreise aus einem sicheren Drittstaat trägt die Bundesrep.[270] Eine **Wahlfeststellung** ist dann zulässig, wenn alle mögl. Einreisestaaten sichere Staaten iSv Abs. 2 sind. Abs. 2 schließt das Asylrecht daher auch dann aus, wenn zwar nicht feststeht, aus welchem Drittstaat der Ausländer eingereist ist, aber jeder in Betracht kommende Staat als sicher eingestuft ist.[271] Nichtwissen des Fluchtwegs geht insoweit zu Lasten des Asylsuchenden. Dies ergibt eine verfassungskonforme einschränkende Interpreation des Art. 16a II 1.[272]

Reist ein Ausländer unmittelb. mit dem **Flugzeug** auf dem Luftweg nach Deutschland ein, gilt **73** nichts anderes: Es kommt darauf an, ob der Staat, aus dem der Ausländer gekommen ist, sich. Drittstaat nach Abs. 2 oder 3 ist.[273] Für den Fall, dass ein Asylbewerber seine Einreise auf dem Luftweg und die **Weggabe aller schriftlichen Dokumente** behauptet, liegt darin noch keine Verletzung einer Beweisführungspflicht, die den Asylbewerber ohnehin nicht trifft. Wohl aber kann das Gericht bei der Feststellung des Reisewegs die behauptete Weggabe wichtiger Beweismittel wie bei einer Beweisvereitelung zu Lasten des Asylbewerbers würdigen.[274]

Die Regelung des Abs. 2 S. 1 und 2 (zu S. 3 → Rn. 79) ist **verfassungskonform.**[275] Sie verstößt **74** weder gegen Art. 1 I noch gegen Art. 79 III. Der verfassungsändernde Gesetzgeber ist in der Gestaltung und Veränderung von Grundrechten in den Grenzen des Art. 79 III rechtlich frei und gibt auch dem BVerfG den Maßstab vor.[276]

Das Asylgrundrecht gehört **nicht zum Gewährleistungsinhalt von Art. 1 I,** dessen Inhalt eigen- **75** ständig zu bestimmen ist.[277] Die Menschenwürde wäre nur verletzt, wenn sich aus Art. 1 I oder dem Wesensgehalt des Asyls ein Recht auf freie Wahl des Asylaufnahmelandes ergäbe und die Verweisung auf das erste Land, in dem obj. Sicherheit bestand, unzulässig wäre. Dies ist aber nicht der Fall, denn auch das Völkerrecht kennt weder ein Recht auf freie Wahl des Zufluchtslandes noch ein Recht auf freie Wahl des Zweit- oder Drittaufenthaltslandes und dementsprechend grds. kein Recht auf Mehr-

---

[263] BVerfGE 94, 49 (94 ff.); ebenso Mehrheitsmeinung des IA-BT, vgl. BT-Dr 12/4984, S. 46, 47.

[264] BVerfGE 94, 166 (195); vgl. auch BVerwGE 109, 174; BayVGH BayVBl 1998, 119.

[265] BVerfGE 94, 49 (94); BVerwGE 100, 23.

[266] BVerwG DVBl 1998, 273.

[267] BVerfGE 94, 49 (94).

[268] Früher war dies in § 2 AsylVfG aF generell vorgesehen.

[269] Hierzu BVerwGE 79, 347 (349); 81, 164 (167); 88, 226 (228); 90, 127 (135).

[270] Vgl. BVerfGE 94, 49 (94); insoweit übereinstimmend Beschlussempfehlung und Bericht des IA-BT, BT-Dr 12/4984, S. 46; *Hailbronner* ZAR 1994, 108 (109); *Giesler/Wasser*, Das neue Asylrecht, BAnz Nr. 174a v. 16.9.1993, S. 35.

[271] BVerfGE 94, 49 (94); BVerwGE 100, 23.

[272] Auch VGH BW NVwZ Beilage 1/95, S. 5; *Schoch* DVBl 1993, 1161 (1168) und BVerwG NVwZ 1996, 197. Für Unzulässigkeit jeder Alternativfeststellung, auch wenn der Ausländer in jedem Fall aus einem sicheren Drittstaat eingereist ist: OVG RhPf NVwZ-Beilage Nr. 7/1995, S. 53; *Henkel*, in: Barwig/Brinkmann/Huber/Lörcher, Asyl nach der Änderung des Grundgesetzes, 1993, S. 570; anders Beschlussempfehlung und Bericht des IA-BT mit zustimmender Äußerung der BReg, BT-Dr 12/4984, S. 46.

[273] Zum Flughafenverfahren und den Besonderheiten auch für den gerichtlichen Rechtsschutz BVerfGE 94, 166 ff.

[274] BVerwGE 109, 174 (178).

[275] BVerfGE 94, 49 ff.

[276] BVerfGE 94, 49 (102).

[277] BVerfGE 94, 49 (103).

fachanerkennung als polit. Verfolgter, sofern nicht der Erstschutz ohne oder gegen den Willen des Verfolgten wieder entzogen wurde und damit die Schutzbedürftigkeit erneut entsteht.[278]

76      In der früheren Rspr. wurde dementsprechend der **freiwillige Verzicht auf den Schutz im sicheren Drittstaat** dem Fortbestand dieser Sicherheit gleichgestellt.[279] Im freiwill. Verzicht hat die Rspr. im Hinblick darauf, dass diese Vorschrift keinen Anspruch auf Doppel- oder Mehrfachgewährung von Asyl bewirkt, keinen Verstoß gegen Art. 16 II 2 aF gesehen, es sei denn, eine anderweitige Sicherheit vor Verfolgung in einem Drittstaat war durch Widerruf, prakt. Entzug oder aus anderen Gründen gegen oder ohne den Willen des Ausländers entfallen.[280] Daher wird man ebenfalls keinen Verstoß gegen die Menschenwürde iSv Art. 1 bejahen können, wenn ein obj. mgl. Schutz im Drittstaat nicht in Anspruch genommen wird. Die Nichtinanspruchnahme von anderweitig mgl. Schutz im Drittstaat ist rechtl. ebenso zu bhdl. wie die freiwill. Aufgabe erlangter Sicherheit. Insofern ist der Grundansatz des Abs. 2 S. 1 verfassungsrechtl. unbedenklich.

77      Der Ausschluss vom Asylrecht für Ausländer, die aus einem EU-Staat einreisen, hat auch nach Abs. 2 **immanente Schranken:** Zwar kann ein Ausländer ein Asylrecht grds. nicht mit der Begründung einfordern, für ihn bestehe im Drittstaat keine Sicherheit. Daher stehen ihm entsprech. dem mit Abs. 2 verfolgten **Konzept normativer Vergewisserung** über die Sicherheit im Drittstaat in der Regel auch die materiellen Rechtspositionen – insbes. aus § 60 AufenthG – nicht zu, auf die sich ein Ausländer sonst gegen seine Abschiebung stützen kann.[281]

78      Abs. 2 S. 1 hat aber deshalb Grenzen, weil er nicht Umstände ausschließen kann, die nicht vorweg qua Verfassung oder Gesetz berücksichtigt werden können. Insofern kann die Zurückweis. oder Zurückverbringung unter best. Umständen ausgeschlossen sein.[282] Im Lichte der seit Anfang 2011 ergangenen **Rspr. des EGMR**[283] **und va des EuGH,** der Ende 2011 das **Konzept des systemischen Mangels** eingeführt hat,[284] ist dies jedenfalls dann der Fall, wenn das Asylverfahren oder die Aufnahmebedingungen für Asylbewerber im Zielstaat aufgr. systemischer Mängel und damit regelhaft, so defizitär sind, dass zu erwarten ist, dass dem Asylbewerber im konkr. Einzelfall dort mit beachtl. Wahrscheinlichkeit eine unmenschl. oder erniedrig. Behandl. iSv Art. 3 EMRK bzw. Art. 4 GRCh droht.[285] Der **EGMR** hat im Nov. 2014 eine Zurückweisung oder Zurückverbringung auch ohne die vom EuGH grds. verlangten systemischen Mängel ausgeschlossen, wenn deutliche Indizien dafür vorliegen, dass **besonders schutzbedürftige Personen** wie bspw. Kinder, selbst wenn diese sich in Begleitung ihrer Eltern befinden, nicht angemessen versorgt werden.[286] Konkr. verletze die Schweiz Art. 3 EMRK, wenn sie die betroffene Familie im Rahmen des Dublin-Regimes nach Italien abschiebe, ohne zuvor individ. Garantien der ital. Behörden einzuholen, die sicherstellten, dass die Familie nicht getrennt und in einer Weise untergebracht und versorgt werde, die das Alter der Kinder berücksichtige.[287] Damit können auch **Versorgungsdefizite im Einzelfall** Zurückweisungen oder Zurückverbringungen ausschließen.[288] Umgekehrt ergibt sich aus dieser Rspr., dass ungeachtet gravierender Defizite im zielstaatlichen Asylsystem kein Verbringungsverbot besteht, wenn eine **Zusicherung des Zielstaates** eingeholt wird, dass jedenfalls die konkret betroffene Familie hinreichend menschenrechtsgerecht behandelt werden wird.[289] Nach jüngerer Rspr. des EuGH[290] gelten diese Maßstäbe nicht nur für Asylantragsteller, sondern **grds. für alle von Überstellungen betroff. Personen.** So kann sich eine Person gegen eine Überstell. in einen Mitgliedstaat, in dem sie bereits einen internationalen Schutzstatus erhalten hat, unter Berufung auf den durch Art. 4 GRCh vermittelten (Abschiebe-)Schutz wehren.[291] Eine Überstell. ist unzuläss., wenn ernsthafte und durch Tatsachen bestätigte Gründe für die Annahme vorliegen, dass die Person bei oder infolge ihrer Überstell. **Gefahr läuft, eine unmenschliche oder erniedrigende Behandlung** zu erfahren.[292] Dabei ist es in **temporaler Hinsicht** gleichgültig, ob es zum Zeitpunkt der Überstellung, während des Asylverfahrens oder nach dessen Abschluss dazu kommt, dass die betreff. Person aufgr. ihrer Überstell. an den zuständ.

---

[278] Vgl. BVerwGE 75, 181; 90, 127; aA *Kanein* NVwZ 1983, 377 (380).

[279] BVerwGE 75, 181.

[280] BVerwGE 75, 181; 90, 127 (135).

[281] Früher: §§ 51 I, 53 AuslG; BVerfGE 94, 49 (97).

[282] BVerfGE 94, 49 (97 ff.).

[283] Grdl.: EGMR (Große Kammer), Urt. v. 21.1.2011 – 30696/09 – M. S. S.; zur Entwicklung des Abschiebungsschutzes durch den EGMR etwa *Nußberger* NVwZ 2016, 815; *Gärditz*, in: Maunz/Dürig, Art. 16a (2018) Rn. 106 ff.

[284] Grdl.: EuGH (Große Kammer) C-411/10, C-493/10 – N. S., Rn. 94; dazu Art. 3 II Dublin II-VO.

[285] Zu den (strengen) Voraussetz. vgl. BVerwG NVwZ 2014, 1093 unter Berufung ua auf EuGH C-411/10, C-493/10 – N. S., Rn. 81 ff., 106; EGMR, Beschl. v. 2.4.2013 – 27725/10, ZAR 2013, 336, Rn. 78.

[286] EGMR (Große Kammer), Urt. v. 4.11.2014 – 29217/12 – Tarakhel, Rn. 118 ff.

[287] EGMR (Große Kammer), Urt. v. 4.11.2014 – 29217/12 – Tarakhel, insbes. Rn. 120.

[288] Vgl. *Tiedemann* NVwZ 2015, 121 ff.; das BVerfG hat daraufhin jedenfalls mittels einstweiliger Anordnung die Überstellung einer Familie mit Kindern nach Italien ohne entsprechende Zusicherung der Behörden des Zielstaates vorerst verhindert, BVerfG (K) NVwZ 2015, 1286.

[289] *Lübbe* NVwZ 2017, 674 (678 f.).

[290] Zur Entwicklung der höchstrichterlichen Asylrechtsprechung bis Ende 2018: *Dörig* ZAR 2019, 99.

[291] EuGH (Große Kammer) C-163/17 – Abubacarr Jawo Rn. 76 ff.

[292] EuGH (Große Kammer) C-163/17 – Abubacarr Jawo Rn. 83 ff., 87.

Mitgliedstaat einem solchen ernsthaften Risiko ausgesetzt wäre.[293] Die hohe Erheblichkeitsschwelle des EuGH für eine Anwendung des Art. 4 GRCh ist bei droh. **materiellen Notlagen** jedenfalls dann erreicht, wenn die Gleichgültigkeit der Behörden eines Mitgliedstaats zur Folge hätte, dass eine vollständig von öffentl. Unterstützung abhängige Person sich unabhängig von ihrem Willen und ihren persönl. Entscheidungen in einer Situation extremer materieller Not befände, die es ihr nicht erlaubte, elementarste Bedürfnisse zu befriedigen, wie insbes. sich zu ernähren, zu waschen und eine Unterkunft zu finden, und die ihre physische oder psychische Gesundheit beeinträchtigte oder sie in einen Zustand der Verelendung versetzte, der mit der Menschenwürde unvereinbar wäre.[294] Bereits 2016 hat der **EuGH** die **individualschützende Wirkung** best. **Zuständigkeitsvorschriften der Dublin–III-VO** anerkannt, mit der Folge, dass sich Ausländer gegen eine (Dublin-)Überstellung auch unter Beruf. auf diese individualschütz. Vorschriften wehren und eine Zurückverbringung bzw. Zurückweisung verhindern können.[295]

Zweifel, ob die Vermutung des Abs. 2 S. 1 gerechtfertigt ist, besteh. seit einigen Jahren va bzgl. der **78a** vom Flüchtlingsandrang überforderten Küstenstaaten **Griechenland** und **Italien.** Der EGMR hat **Griechenland** 2011 angesichts unhaltbarer Zustände für Asylbewerber wg. Verstoßes gegen das Verbot unmenschl. und erniedrig. Behandlung aus Art. 3 EMRK und wg. Verstoßes gegen das Recht auf wirksame Beschwerde aus Art. 13 EMRK verurteilt.[296] Belgien hatte durch Überstellung eines Asylbewerbers nach Griechenland gegen Art. 3 und 13 EMRK verstoßen. Es habe wissen müssen, dass das griech. Asylverfahren strukturelle Mängel aufweise und deshalb keinen wirksamen Schutz vor willkürl. Abschiebung biete. Nachdem auch das BVerfG angeregt hatte, auf Überstellungen nach Griechenl. vorerst zu verzichten, wies das **BMI** am 13.1.2011 das BAMF an, zunächst bis 12.1.2012 Drittstaatsangehörige nicht mehr nach Griechenland zu überstellen und die Asylverfahren Betroffener in Deutschland durchzuführen.[297] Nach mehrfacher Verlängerung – zuletzt bis 8.1.2017 – ist das BMI im Januar 2017 der Empfehlung der EU-Kommission, bis 15.3.2017 wieder zum Dublin-System zurückzukehren, gefolgt und hat das BAMF gebeten, Überstellungen nach Griechenland für seit diesem Datum neu zugereiste Personen grds. wieder aufzunehmen. Überstellungen nach **Italien** hat der EGMR 2013 in mehreren Entscheidungen mangels „systemischen Versagens" des italienischen Asylsystems für EMRK-konform erklärt.[298] Deutsche Gerichte haben zuletzt vermehrt zu systemischen Mängeln in **Bulgarien**[299] sowie in **Ungarn**[300] Stellung genommen.

## V. Vollzug aufenthaltsbeendender Maßnahmen (Abs. 2 S. 3)

**1. Grundsatzentscheidung.** Abs. 2 S. 3 zieht die Konsequenzen aus S. 1, wonach sich Asylbewer- **79** ber bei Einreise aus best. Staaten nicht auf das Asylrecht berufen können (→ Rn. 58 ff.). Er wendet sich nicht nur an den **Gesetzgeber,** sondern auch an **Behörden** und **Gerichte** und lässt den Vollzug aufenthaltsbeendender Maßnahmen unabhängig von einem hiergegen eingelegten Rechtsbehelf zu. Diese verwaltungsprozessuale Regelung ist ähnl. wie Abs. 4 eine sonst nur im einfachen Recht anzutreffende Detailnorm.

Rechtsbehelfe gegen aufenthaltsbeendende Maßnahmen sollen keine aufschieb. Wirkung entfalten. **80** Auch Anträge an die zuständ. Gerichte mit dem Ziel der vorläufigen Aussetz. des Vollzugs dieser Maßnahmen sollen ohne Erfolg bleiben. Den Behörden ist damit kraft Verfassung die Möglichkeit eingeräumt, den Flüchtling in den Drittstaat zurückzuschicken, ohne dass Gerichte einschreiten dürfen.[301] Die diesem Ziel dienenden einfachgesetzl. Vorschriften sind daher verfassungsrechtl. unbe-

---

[293] EuGH (Große Kammer) C-163/17 – Abubacarr Jawo Rn. 88.
[294] EuGH (Große Kammer) C-163/17 – Abubacarr Jawo Rn. 92.
[295] EuGH (Große Kammer) C-63/15 – Ghezelbash; dazu die Anm. von *Hopp* NVwZ 2016, 1160. Zum Drittschutz von Dublin-Vorschriften bei fehl. Wiederaufnahmebereitschaft des Zielstaates schon zuvor BVerwG NVwZ 2016, 1495. Bzgl. Zuständigkeitsregelungen der Dublin-II-VO bereits BVerwGE 153, 234 (bejahend bzgl. der Zuständigkeitsbestimmungen für unbegleitete Minderjährige in Art. 6 Dublin-II-VO) sowie BVerwGE 153, 162 (verneinend bzgl. Fristenregelung für Wiederaufnahme gem. Art. 17 I 2 Dublin-II-VO bei besteh. Aufnahmebereitschaft eines Drittstaates).
[296] EGMR (Große Kammer), Urt. v. 21.1.2011 – 30696/09 – M. S. S.; ähnlich wenig später: EuGH C-411/10, C-493/10 – N. S.
[297] BVerfGE 128, 224 (225).
[298] Ua EGMR, Beschl. v. 2.4.2013 – 27725/10; Beschl. v. 18.6.2013 – 53852/11; system. Mängel in Italien verneinen OVG Münster, Urt. v. 24.8.2016 – 13 A 63/16 und zuletzt auch VG Berlin, Beschl. v. 10.7.2019 – 3 L 380.19 A; aA hingegen ua VG Hannover, Beschl. v. 4.9.2019 – 5 B 11115/17.
[299] Systemische Mängel bejaht HessVGH NVwZ 2017, 570 Rn. 16 ff.; verneinend: OVG Saarl., Urt. v. 25.10.2016 – 2 A 95/16, Rn. 25 ff.; Urt. v. 13.12.2016 – 2 A 260/16, Rn. 27 ff.; OVG LSA, Beschl. v. 22.8.2018 – 3 L 50/17. Das BVerwG (Beschl. v. 2.8.2017 – 1 C 37.16) hat diese Frage dem EuGH zur Vorabentscheid. vorgelegt, dessen Entsch. zu Bulgarien aber noch offen ist (vgl. BVerwG, Beschl. v. 24.4.2019 – 1 C 37.16, Rn. 2 ff.).
[300] Systemische Mängel bejahen BayVGH, Urt. v. 31.1.2018 – 9 B 17.50039; HessVGH, Beschl. v. 24.8.2017 – 4 A 2986/16.A; VGHBW ZAR 2017, 95; NdsOVG, Urt. v. 15.11.2016 – 8 LB 92/15, Rn. 38; verneinend zB VG München, Beschl. v. 28.2.2017 – M 8 S 17.50211.
[301] BVerfGE 94, 49 (95 ff.); zum Flughafenverfahren BVerfGE 94, 166 ff.

denklich.[302] Auch eine Berufung auf § 60 AufenthG[303] scheidet grds. aus, weil Abs. 2 S. 3 eine Einzelfallprüfung – anders als Abs. 3 – nicht vorsieht.

**81**      **Rechtsbehelfe** iSd S. 3 sind (verwaltungsgerichtl.) Hauptverfahren (insbes. Klagen) und grds. auch einstweil. Rechtsschutzverfahren nach §§ 80, 123 VwGO. Nachdem § 34a II AsylVfG aF daher früher eine Aussetz. einer Abschiebung nach § 34a I AsylVfG aF untersagte, besteht nach § 34a II AsylG[304] heute die Möglichkeit einstweil. Rechtsschutzes gem. § 80 V VwGO, wenn der Antrag innerhalb einer Woche nach Bekanntgabe der Abschiebungsanordnung gestellt wird (S. 1). Bei rechtzeitiger Antragstellung hat der Antrag aufschieb. Wirkung (S. 2).[305] Die **Verfassungsbeschwerde** wird von Abs. 2 S. 3 **nicht** berührt, so dass das BVerfG durch einstweil. Anordnung aufenthaltsbeendende Maßnahmen verhindern kann.[306]

**82**      Die Zulass. aufenthaltsbeendender Maßnahmen und der Zurückverbring. in den sich. Drittstaat beseitigt nicht die Rechtsweggewährleist. des **Art. 19 IV,** da **Rechtsschutz vom Ausland aus** betrieben werden kann.[307] Darin liegt kein Verstoß gegen das Rechtsstaatsprinzip: Es geht nur um Personen, die sich wg. Einreise aus einem sich. Drittstaat iSv S. 1 nicht auf das Asylgrundrecht berufen können und gem. § 34a I 1 AsylG[308] „dorthin" abgeschoben werden können, so dass die Rechtsschutzverfolgung aus dem sich. Drittstaat grds. kein unzumutb. Risiko bedeutet.[309] Soll der Ausländer in seinen Herkunftsstaat oder einen anderen Staat, der nicht sich. Drittstaat ist, abgeschob. werden, so sind die Voraussetz. des § 60 AufenthG stets zu prüfen.[310]

**83**      **Aufenthaltsbeendigung** umfasst nach dem Sinn der Regelung auch die **Einreiseverweigerung und Zurückschiebung** (§ 18 II und III, § 18a AsylG),[311] denn Abs. 2 will gerade bewirken, dass kein Asylverfahren eingeleitet wird und kein vorläufiges Bleiberecht entsteht.

**84**      **2. Grenzen des Abs. 2 S. 3.** Die vermutete Verfolgungssicherheit nach Abs. 2 hat **Schranken,** wenn Abschiebungshindernisse nach § 60 AufenthG[312] durch Umstände begründet werden, die ihrer Eigenart nach nicht vorweg im Rahmen des Konzepts normativer Vergewisserung kraft Verfassung bzw. Gesetzes berücksichtigt werden können.[313]

**85**      Eine Prüf., ob einer Zurückweis. oder Rückverbring. ausnahmsweise Hinderungsgründe entgegenstehen, kann ein Ausländer nur erreichen, wenn er von einem der vom normativen Vergewisserungskonzept nicht umfassten **Sonderfälle** betroffen ist, wobei an eine solche Darleg. strenge Anforderungen zu stellen sind.[314] Das kann etwa der Fall sein, wenn ihm im Drittstaat die Todesstrafe unter Umständen droht, die sich als polit. Verfolgung darstellen (hierzu Rn. 15 f.); ferner wenn er eine erhebl. konkr. Gefahr aufzeigen kann, dass er im Drittstaat in unmittelb. Zusammenhang mit der Rückkehr Opfer eines vom Drittstaat nicht zu verhindernden Verbrechens wird; ebenso wenn sich die Verhältnisse dort schlagartig geändert haben und die normative Reaktion noch aussteht oder wenn der Drittstaat aufgr. einer bestehenden Ausnahmesituation selbst zum Verfolgerstaat wird, weil er sich zB von seinen völkervertragl. Verpflichtungen löst oder sich Schutzgesuchen ohne jede Prüfung entledigt.[315]

**86**      Abs. 2 S. 3 gilt ferner nicht, wenn der Ausländer **nicht in einen sicheren Drittstaat,** sondern in seinen **Herkunftsstaat** zurückgewiesen oder -verbracht werden soll, weil insoweit das Konzept der normativen Vergewisserung von Verfolgungssicherheit nicht gilt.[316]

---

[302] BVerfGE 94, 49 (97 ff.); kritisch etwa *Mohr* NJ 1996, 402; *Huber* NVwZ 1997, 1080.

[303] Früher: §§ 51 I, 53 AuslG.

[304] § 34a II AsylVfG aF wurde als Vorläufernorm von § 34a II AsylG durch G z Umsetzung der RL 2011/95/EU v. 28.8.2013 (BGBl I, 3474) mWv 6.9.2013 neu gefasst.

[305] Beschlussempf. und Bericht des Innenausschusses, BT-Dr 17/13556, S. 7.

[306] *Bergmann,* in: Bergmann/Dienelt, Ausländerrecht, 13. Aufl. 2020, Art. 16a GG Rn. 111; dies kann auch auf Art. 3 I GG gestützt werden, wenn der Beschwerdeführer eine willkürl. Anwendung des unionsrechtl. determinierten einfachen (Asyl-)Rechts durch ein VG hinreichend substantiert vorgetragen hat; vgl. dazu BVerfG (K) BeckRS 2020, 473 Rn. 16 ff. kritisch zum bestehenden Rechtsschutzsystem *Neidhardt/Ehrbeck* NVwZ 2015, 761.

[307] Begründung des interfraktionellen Gesetzentwurfs BT-Dr 12/4152, S. 4.

[308] Zuletzt hat BVerwGE 153, 24 § 34a I Asyl(Vf)G für mit Unionsrecht vereinbar erachtet. Dass § 34a I AsylG die Abschiebung als einzige Möglichkeit der Überstellung kenne, verstoße nicht gegen die drei Überstellungsmodalitäten enthaltenden Art. 7 I der bis heute geltenden VO (EG) 1560/2003.

[309] BVerfGE 94, 49 (96 ff.); *Hailbronner* ZAR 1993, 107.

[310] Früher: § 51 I AuslG; BVerfGE 94, 49 (97); ferner → Rn. 50 ff.

[311] Vgl. BVerfGE 94, 49 (101); BVerwG NVwZ 1996, 127; *Renner* NJ 1994, 241 (244).

[312] Früher: § 51 I oder § 53 AuslG.

[313] BVerfGE 94, 49 (99 ff.).

[314] BVerfGE 94, 49 (99 ff.).

[315] BVerfGE 94, 49 (99).

[316] BVerfGE 94, 49 (101).

## D. Gesetzlich bestimmte sichere Herkunftsstaaten (Abs. 3)

### I. Bestimmung sicherer Herkunftsstaaten durch Gesetz (S. 1)

Abs. 3 ermächtigt – in Ergänzung zu Abs. 2 – den Gesetzgeber, durch zustimmungspflichtiges **87** Bundesgesetz eine **Liste sicherer Herkunftsstaaten** zu verabschieden. Während § 29a II AsylG die EU-Staaten zu sicheren Herkunftsstaaten erklärt, enthält Anlage II[317] zu § 29a II AsylG derzeit **Albanien, Bosnien und Herzegowina, Ghana, Kosovo, Mazedonien, Montenegro, Senegal und Serbien.** Nachdem ein Gesetzentwurf der BReg zur Erweiterung auf die Maghreb-Staaten Algerien, Marokko und Tunesien[318] nach Beschluss durch den BTag am 13.5.2016 an der fehlenden Zustimmung des BRates v. a. wegen des Widerstands von Landesregier., an denen Bündnis 90/Die Grünen beteiligt waren, gescheitert war,[319] unternahm die BReg im Oktober 2018 einen neuen Anlauf.[320] Während der BTag den neuen Entwurf, der neben jenen Maghreb-Staaten auch Georgien umfasst,[321] am 18.1.2019 beschloss,[322] ist eine Zustimmung des BRates wegen des Widerstands der Grünen erneut unwahrscheinlich.[323]

Nach Abs. 4 bestehen die Rechtsfolgen für Asylbewerber aus sich. Herkunftsstaaten in der speziellen Ausgestaltung und Zulässigk. der Vollzieh. aufenthaltsbeendender Maßnahmen (zur Einreise auf dem Luftwege vgl. § 18a AsylG). Die Regelung ist kritikwürdig, da starre normative Festlegungen und die vorausgegangenen öffentl. parlamentar. Erörterungen andere Staaten brüskieren und zudem den schnellen polit. Wandel nicht hinreich. berücksichtigen können.

Abs. 3 beschränkt – anders als Abs. 2 – nicht den persönl. Geltungsbereich des Abs. 1 und schließt **88** die erfassten Ausländer nicht vom Asylverfahren aus. Er beschränkt nur den verfahrensbezogenen Gewährleistungsinhalt des Abs. 1 und ermöglicht damit für Asylanträge von Flüchtlingen aus sicheren Herkunftsstaaten ein **modifiziertes (verkürztes) Asylverfahren.**[324]

Abs. 3 impliziert folgende Arbeitsteil. zw. Gesetzgeber, Behörden und Gerichten: Der **Gesetzgeber 89** bestimmt als **widerlegliche Vermutung** einzelne Staaten, in denen nach den Kriterien des Abs. 3 S. 1 gewährleistet erscheint, dass dort **weder polit. Verfolgung noch unmenschlichen oder erniedrigenden Behandlung** stattfindet. Dies setzt eine abstrakt-generelle Analyse und Beurteilung der allg. Verhältnisse in Form einer antizipierten Tatsachen- und Beweiswürd. voraus. Stellt der Gesetzgeber dabei fest, dass ein Staat iSv Abs. 3 S. 1 sicher ist, sind BAMF und Gerichte bei der Einzelfallprüfung daran gebunden und müssen den Asylantrag grds. mit den sich aus Abs. 4 ergebenden verfahrensrechtl. Folgen als offensichtl. unbegründet behandeln. Bezweifelt ein Gericht die gesetzl. Einstuf. eines Staates als sicher, muss es das Verfahren aussetzen und die Sache bei Entscheidungserheblichkeit gem. Art. 100 dem BVerfG zur **konkreten Normenkontrolle** vorlegen.[325] Eine derart hohe Verfahrenshürde erscheint indes kaum mit der Idee einer widerlegl. Vermutung vereinbar. Für die Tatsachenbeschaffung und Wertung haben in aller Regel die 2. und 3. Gewalt die fachlich begründete größere Sachkompetenz als ein polit. Gesetzgebungsorgan.

Die **Behörden** und **Gerichte** haben nach dem Konzept des Abs. 3 zu prüfen, ob der einzelne **90** Asylbewerber hinreichende Tatsachen vorgetragen hat, welche die gesetzl. **Vermutung widerlegen** (hierzu noch → Rn. 94 ff.). Ein bloßes non liquet reicht dafür nicht aus.

Voraussetz. für den Erlass eines entsprech. zustimmungspflicht. Bundesgesetzes ist, dass **kumulativ 91 drei Voraussetzungen** erfüllt sind: Erstens muss aufgr. der **Rechtslage,** also nach dem formalen materiellen und verfahrensmäßigen Recht, des jeweiligen Staates eine polit. Verfolgung ausgeschlossen sein. Zweitens muss dies durch die prakt. **Rechtsanwendung** seitens der Behörden und Gerichte des Staates bestätigt sein, wobei einzelne von der Norm abweich. Vorfälle darauf zu prüfen sind, ob und inwieweit der Staat dafür verantwortl. ist, insbes. ob und wodurch er solche Handlungen angeregt, gefördert oder sonst billigend in Kauf genommen hat. Drittens muss durch die **allg. polit. Verhältnisse** gewährleistet erscheinen, dass dort weder polit. Verfolgung noch unmenschl. oder erniedrig. Bestrafung oder Behandlung stattfindet.[326] Diese Maßstäbe orientieren sich am Katalog der Schweiz bei der Einstufung von Ländern als „**verfolgungssichere Staaten**" und entsprechen den Anforderun-

---

[317] Anlage II zuletzt neu gef. mWv 24.10.2015 durch G v. 20.10.2015 (BGBl I, 1722).
[318] BT-Dr 18/8039; BR-Drs. 257/16.
[319] BR-Drs. 257/16 (Beschl.) v. 10.3.2017.
[320] Vgl. BT-Dr 19/5314 v. 29.10.2018.
[321] BT-Dr 19/5314, S. 7.
[322] https://www.bundestag.de/tagesordnung?week=3&year=2019.
[323] Der BRat hat die Abstimm. am 15.2.2019 vertagt; vgl. https://www.faz.net/aktuell/politik/inland/sichere-herkunftslaender-bundesrat-hat-abstimmung-vertagt-16042507.html.
[324] BVerfGE 94, 115 (133); zudem kann gem. § 30a I Nr. 1 AsylG nunmehr das durch G v. 11.3.2016 (BGBl I, 390) mWv 17.3.2016 eingeführte beschleunigte Verfahren gem. § 30a AsylG auf Staatsangehörige sicherer Herkunftsstaaten Anwendung finden. Dazu etwa *Kluth* ZAR 2016, 121 (122 ff.).
[325] BVerfGE 94, 115 (133).
[326] Zum Ganzen BVerfGE 94, 115 (143) mit Hinw. zur Erheblichkeit von Quellen und Erkenntnismitteln.

gen der von den zust. Ministern der EG-Staaten am 30.11./1.12.1992 festgelegten Kriterien betr. Länder, in denen im Allgemeinen keine ernstliche Verfolgungsgefahr besteht.[327]

**92**  Die Freiheit von polit. Verfolgung muss in dem sicheren Herkunftsstaat **grds. landesweit** und für alle Personen- und Bevölkerungsgruppen bestehen, so dass die Verweisung auf eine inländ. Fluchtalternative nur in Ausnahmefällen möglich ist, insbes. wenn sich aus der Größe des Herkunftsstaates und der Art der polit. Verfolgung in best. Regionen Besonderheiten ergeben und die Verweis. auf eine zumutbare Fluchtalternative außer Frage steht.[328]

**93**  Bei der Erhebung und Aufbereitung der maßgebl. Tatsachen, ob der Herkunftsstaat als sicher gelten kann, kommt dem **Gesetzgeber** ein Entscheidungsspielraum zu. Bei seiner Prognose über die weitere Entwicklung in dem Staat innerhalb eines überschaubaren Zeitraums hat er einen **Einschätzungs- und Wertungsspielraum,** der nur auf Vertretbarkeit überprüft werden kann. Die Verfassungswidrigkeit eines entsprechenden Gesetzes bzgl. best. Staaten kann nur festgestellt werden, wenn eine Gesamtwürdig. ergibt, dass sich der Gesetzgeber nicht von **guten Gründen** hat leiten lassen.[329] Dafür muss festgestellt werden, dass die Bewertung der tatsächl. Verhältnisse offensichtl. auf falschen oder unzureich. Annahmen beruht, so dass das Prognosematerial an erhebl. Mängeln leidet.[330]

## II. Widerlegbarkeit der gesetzlichen Vermutung (Abs. 3 S. 2)

**94**  Die gesetzl. Qualifizierung als sicherer Herkunftsstaat begründet die **widerlegbare Vermutung,** dass dort **nicht polit. verfolgt** wird. Auch insoweit ist der Verfassungsgesetzgeber in atypischer Weise in die Niederungen des einfachen Rechts herabgestiegen. Hinsichtlich der Begrifflichkeit ist auf § 292 ZPO zurückzugreifen. Danach liegt eine gesetzl. Vermutung vor, wenn die Norm für das Vorhandensein einer Tatsache eine Vermutung, hier eine praesumptio iuris, aufstellt. Der Beweis des Gegenteils ist zulässig. Die Rechtsvermutung ändert die Beweislast nicht, sondern führt nur zu einer Beweiserleichterung. Der Beweis des Gegenteils wird bei Abs. 3 S. 2 nicht verlangt, wohl aber ein Tatsachenvortrag, der die Annahme begründet, dass der Asylbewerber trotz der Vermutung polit. verfolgt wird. Die Frage der **materiellen Beweislast** stellt sich auch bei dieser Vermutungskonstruktion erst, wenn die Unerweislichkeit der entscheidungserhebl. Tatsache feststeht. Allg. gilt der Satz, dass die Unerweislichkeit immer zu Lasten dessen geht, der aus den unerweisl. gebliebenen Tatsachen ihm günstige Rechtsfolgen herleitet,[331] sofern nicht das materielle Recht abweich. Regelungen bereithält oder aufgr. des Wortlauts der Norm eine andere Beweislastverteil. anzunehmen ist. Das bedingt in aller Regel eine Ausleg. der betr. Norm. Die Formulierung „Es wird vermutet, dass [...] solange er nicht Tatsachen vorträgt [...]" spricht für eine Bestätigung der allg. Regel in Bezug auf die Behauptungslast. Was die materielle Beweislast betrifft, ist für Abs. 2 entschieden worden, dass die Beweislast für das Nichteingreifen der Drittstaatenregelung den Asylbewerber trifft.[332] Für Abs. 3 S. 2 dürfte nichts anderes gelten. Auch hier ergeben Sinn und Zweck der Norm, dass im Interesse der intendierten Eindämm. unkontroll. Einreise die Unerweislichkeit der Behauptung, in dem normativ als verfolgungsfrei eingestuften Staat dennoch polit. verfolgt zu sein, zu Lasten des Asylbewerbers geht. Andernfalls wäre Abs. 3 leicht zu umgehen, wenn es nur gelingt, die Situation einer Unerweislichkeit herbeizuführen. Der Begriff der **polit. Verfolgung** umfasst auch selbst geschaff. Nachfluchtgründe (→ Rn. 32 ff.), denn die Vermutung des S. 2 umfasst auch Fälle, die zwar nicht zum Status der Asylberechtig. führen, aber für einen **Abschiebungsschutz** nach § 60 I AufenthG ausreichen.[333] Beweist der Asylbewerber das Vorliegen der polit. Verfolgung nicht, bzw. ist dieses unerweislich, ist der Asylantrag als **offensichtl. unbegründet** abzulehnen (§ 29a I AsylG).

**95**  Inhalt der gesetzl. Vermutung in S. 2 ist nicht, dass einem Ausländer aus einem sich. Herkunftsstaat dort keine unmenschl. oder erniedrig. Bestrafung oder Behandlung droht.[334] Der Wortlaut von S. 2 erfasst nur die polit. Verfolgung. Die Verpflicht. zur Entscheid. über das Vorliegen **sonstiger Abschiebungshindernisse** bleibt von der Vermutung des S. 2 **unberührt.**[335]

**96**  Die gesetzl. Vermutung kann der Ausländer widerlegen, dh ihm ist ein Tatsachenvorbringen unbenommen, das die Annahme begründet, er werde entgegen der Vermutung polit. verfolgt. Zur Ausräumung der Vermutung ist nur ein Vorbringen zugelassen, nach dem die Furcht vor Verfolgung auf einem **individuellen Verfolgungsschicksal** beruht, auch wenn es die Wurzel in allg. Verhältnissen

---

[327] Text bei *Giesler/Wasser* (Fn. 260), S. 18.

[328] BVerfGE 94, 115 (134, 135); BT-Dr 12/4152, S. 4; *Giesler/Wasser* (Fn. 260), S. 19.

[329] BVerfGE 94, 115 (143 ff.); krit. *Becker* MKS I, Art. 16a Rn. 202, der zu Recht keine nachvollziehbaren Gründe für eine solche Einschränkung verfassungsgerichtlicher Kontrolldichte sieht.

[330] BVerfGE 94, 113 (148 ff.); zur beschränkten Überprüfung auch sonstiger Prognoseentscheidungen vgl. etwa BVerwGE 82, 295; 87, 52; zuletzt zur VGH Mannheim NVwZ-RR 2015, 791 festgestellt, dass die Erklärung Serbiens zu einem sicheren Herkunftsstaat verfassungsrechtl. nicht zu beanstanden sei.

[331] Vgl. BVerwGE 80, 290 (296); 95, 289 (294).

[332] BVerwGE 109, 174 (180 f.).

[333] Früher: § 51 I AuslG; BVerfGE 94, 115 (145).

[334] Zu diesem Begriff: EGMR InfAuslR 1997, 297; BVerwGE 101, 328; ferner → Rn. 50 ff.

[335] BVerfGE 94, 115 (146); *Jarass*, in: Jarass/Pieroth, Art. 16a Rn. 33.

hat.[336] Die Verfolgung muss den Ausländer in eigener Person oder als Familienangehörigen (dann gewährt § 26 AsylG allerdings nur ein einfachgesetzl. Asylrecht) treffen. Das Vorliegen von Abschiebungshindernissen nach § 60 I AufenthG[337] reicht aus, nicht hingegen eine zu erwart. unmenschl. oder erniedrig. Behandlung.[338] Die Vermut. ist ausgeräumt, wenn der Asylbewerber die Umstände seiner (individ.) polit. Verfolgung schlüssig und substantiiert vorträgt.[339] Dies kann angenommen werden, wenn die aufgr. des Tatsachenvortrags vorgebrachten Gründe für eine polit. Verfolgung **größeres qualitatives Gewicht** haben als die dagegen sprechenden. Insoweit ist § 29a I AsylG verfassungskonform auszulegen.[340]

## E. Aussetzung der Vollziehung aufenthaltsbeendender Maßnahmen (Abs. 4)

### I. Prozessrechtliche Wirkungen

Abs. 4 fällt als **Regelung eines prozessrechtl. Details** ebenfalls aus dem Rahmen des Verfassungsrechts. Die sofortige **Aufenthaltsbeendigung bei offensichtl. aussichtslosen Asylanträgen,** die seit dem BeschleunigungsG von 1978 Zentralpunkt der Gesetzgebungsbemühungen war, war rechtspolit. sehr umstr. und wurde vom BVerfG kritisch beargwöhnt, was schließ. zu der Heraufzonung auf die Ebene des Verfassungsrechts führte. Abs. 4 betrifft das gerichtl. Verfahren des **vorläufigen Rechtsschutzes** gg. die Vollziehung aufenthaltsbeendender Maßnahmen. Er nimmt bei eindeutig aussichtslosen Asylanträgen das im Asylgrundrecht wurzelnde vorläufige **Bleiberecht** des Asylbewerbers bis zu einer bestandskräft. Entscheidung „ein Stück weit" zurück und begrenzt so – in mit Art. 79 I 1, 79 III vereinbarer Weise – Art. 19 IV.[341] Die Regelung beruht auf einer **Abwägung** der Belange des Staates mit dem Interesse des Asylsuchenden und gibt in den Fällen, in denen eine hohe Gewissheit für das Fehlen eines Asylanspruchs besteht, dem staatl. Interesse Vorrang.[342] Insofern berücksichtigt Abs. 4 S. 1 die Garantie des **Art. 19 IV,** die grds. auch für den vorläufigen Rechtsschutz gilt,[343] schränkt sie aber wegen des zum Zeitpunkt der GG-Änderung starken Zuzugs von Asylbewerbern in vertretbarem Umfang ein.[344] **Abs. 4 S. 2** schafft aus Gründen der Rechtssicherheit für den einfachen Gesetzgeber bei diesem umstr. Fragenkreis eine gesetzl. Ermächtigung. **97**

Die Regelung ergänzt in der **1. Var. Abs. 3,** setzt also die gesetzl. Festlegung eines widerlegl. verfolgungsfreien Herkunftsstaates voraus, und knüpft in der **2. und 3. Var.** an best. einfachgesetzl. Regelungen außerhalb des GG für **offensichtl. unbegründete und als offensichtl. unbegr. geltende Asylanträge** an. Sie soll aufenthaltsbeendende Maßnahmen erleichtern, indem sie qualifizierte Anforderungen an die Aussetz. der Vollzieh. aufenthaltsbeendender Maßnahmen normiert und den Gesetzgeber ermächtigt, sowohl den Prüfungsumfang als auch die Berücksichtigung verspäteten Vorbringens des Ausländers im gerichtl. Verfahren zu beschränken.[345] Insoweit sind auch die auf Abs. 4 beruhenden Regelungen der § 18a, § 36 IV 1 und 2 AsylG mit dem GG vereinbar.[346] **98**

### II. Voraussetzungen der Anwendung des Abs. 4 S. 1

Abs. 4 gilt für verschiedene Fallgruppen, in denen Asylanträge offensichtl. unbegründet sind oder als offensichtl. unbegr. gelten: Die **1. Var.** betrifft die Fälle des Abs. 3, gilt also dort, wo der Asylsuchende aus einem sicheren Herkunftsstaat eingereist ist und der gesetzl. Vermutung, nicht polit. verfolgt zu sein, nicht durch Darlegung eines individ. Verfolgungsschicksals ausräumen kann.[347] Die **2. und die 3. Var.** – die „anderen Fälle, die offensichtlich unbegründet sind" und die Fälle, die „als offensichtlich unbegründet gelten" – werden nicht in Art. 16a selbst umschrieben. Insoweit darf der **Gesetzgeber** nach S. 2 das Nähere bestimmen. Abs. 4 lässt es zu, die Voraussetz. einer eindeut. Aussichtslosigkeit des Asylantrags abstr. und typisierend zu umschreiben. Der Gesetzgeber hat dabei eine materiellrechtl. Regelung zu treffen, die der Bedeutung des Asylrechts und des aus diesem abgeleiteten vorläufigen Bleiberechts gerecht wird.[348] **99**

---

[336] BVerfGE 94, 115 (147).

[337] Früher: § 51 I AuslG.

[338] BVerfGE 94, 115 (147, 148).

[339] BVerfGE 94, 115 (153).

[340] BVerfGE 89, 101 (104) für gerichtl. Eilverfahren unter Offenlassung der Frage, welche inhaltl. und Verfahrensanforderungen an ein solches Vorbringen zu stellen sind; für eine verfassungskonforme Auslegung auch *Jarass,* in: Jarass/Pieroth, Art. 16a Rn. 33; *Wollenschläger/Schraml* JZ 1994, 69; aA *Randelzhofer,* in: Maunz-Dürig, Art. 16a (1999) Rn. 145, der die Regelung für unbedenklich hält.

[341] BVerfGE 94, 166 (190, 193 ff.), vor allem zum Flughafenverfahren nach § 18a AsylVfG; auch → Art. 19 Rn. 152, → Art. 79 Rn. 13.

[342] BVerfGE 94, 166 (190); kritisch dazu etwa *Huber* NVwZ 1997, 1080.

[343] BVerfGE 35, 382 (401); 79, 69 (74).

[344] BVerfGE 94, 166 (194).

[345] Begründung des interfraktionellen Gesetzentwurfs, BT-Dr 12/4152, S. 3.

[346] BVerfGE 94, 166 ff. – mit abw. Stellungnahmen.

[347] BVerfGE 94, 166 (191).

[348] BVerfGE 94, 166 (191).

**100**   Abs. 4 ermächt. des Weiteren dazu, in vergleichb. anderen Fällen das **vorläuf. Bleiberecht** nach einer Abwäg. zw. den Individualinteressen des Ausländers und den Belangen des Staates schon vor einer bestandskräft. Entscheid. über den Asylantrag **vorzeitig zu beenden** und die Befugnis der Gerichte zur Aussetz. der Vollzieh. aufenthaltsbeendender Maßnahmen an strenge Voraussetz. zu knüpfen.[349] Solche einfachgesetzl. Regelungen sind etwa §§ 29, 30 AsylG.[350]

**101**   S. 1 Hs. 2 erweitert die Einschränkung in Reaktion auf die strengen Anforderungen der Gerichte im Hinblick auf eine effektive Aufenthaltsbeendigung[351] durch die Möglichkeit der **Einschränkung des Prüfungsumfangs** und durch den **Ausschluss verspäteten Vorbringens** aufgr. einfachgesetzl. Regelung (vgl. §§ 15, 36 IV AsylG).

**102**   Die **Einschränk. des Prüfungsumfangs** bezieht sich auf die **Sachverhaltsermittl.** über die polit. Verhältnisse in einem Staat mit den daraus möglicherweise herrühr. Verfolgungsgefahren. Eine hinreich. Sachverhaltsermittlung muss aber möglich bleiben.[352] Der Ausschluss verspäteten Vorbringens lässt nicht nur eine formelle, sondern auch eine **materielle Präklusion** durch Nichtberücksichtigung verspäteten Vorbringens zu, denn der Ausländer soll aufgr. der ihn treff. allg. Mitwirkungspflichten – einfachgesetzl. insbes. in §§ 15, 36 IV AsylG geregelt – alle von ihm geltend zu machenden Verfolgungsgründe auf einmal benennen und damit – auch im eigenen Interesse – eine rasche Entscheidung über sein Asylgesuch erreichen.[353]

**103**   Der Begriff der **aufenthaltsbeendenden Maßnahme** betrifft sowohl die aufenthaltsbeend. als auch die aufenthaltshindernden Akte nach dem AufenthG und dem AsylG (Abschiebung, Zurückweisung und Zurückschiebung).

**104**   Der Gegenstand des gerichtl. Eilverfahrens ist auf die Frage der **vorläufigen Vollziehbarkeit** der Entscheidung des BAMF beschränkt. Anknüpfungspunkt der gerichtlichen Prüfung ist daher die Einschätzung des BAMF, dass der Anspruch auf Asylanerkennung offensichtl. nicht besteht. Der **Ablehnungsbescheid** im Übrigen wird nicht Verfahrensgegenstand.[354]

**105**   Die Aussetz. der Vollzieh. aufenthaltsbeend. Maßnahmen in offensichtl. unbegründeten Fällen ist nur bei **ernstlichen Zweifeln** an der Rechtmäßigkeit der Maßnahme zugelassen. Solche liegen vor, wenn erhebl. Gründe dafür sprechen, dass die Maßnahme einer rechtl. Prüfung **wahrscheinlich nicht standhält.**[355] Ob zw. ernstlichen und anderen Zweifeln unterschieden werden soll, wird in der Lit. teilweise in Frage gestellt.[356] Dieser Kritik ist jedoch nicht zu folgen. Abs. 4 bezweckt eine höhere Effektivität der Behandlung aussichtsloser Anträge. Dann kann es nicht richtig sein, auf die vor der Verfassungsänderung bestehende Rspr. des BVerfG zurückzugreifen, nach der „keine Zweifel" an der Richtigkeit der tatsächl. Feststellungen bestehen durften und sich nach dem festgestellten Sachverhalt „nach allgemein anerkannter Rechtsauffassung die Abweisung aufdrängen" musste,[357] zumal diese Kriterien vom BVerfG nach wie vor für die Asylklageverfahren angewandt werden.[358] Diese überzogene Formel, die im Grunde auf jedes Hauptsacheverfahren anwendbar ist, war eine wesentl. Ursache für die Wirkungslosigkeit früherer einfachgesetzl. Maßnahmen gg. aussichtslose Asylanträge. Die Verwaltungsgerichte haben in einer Fülle von Verfahren ausgelotet, wann erhebl. Gründe für ein Nichtstandhalten bei einer rechtl. Überprüfung sprechen,[359] und dabei insgesamt eine restriktive Haltung eingenommen: Bejaht wurden ernstliche Zweifel etwa, weil bei einem weitgehend neuen Vortrag in einem Folgeverfahren eine Bescheidung ohne jede Anhörung des Antragstellers ergangen war,[360] weil die Feststellung, dass ein Asylantrag offensichtl. unbegründet sei, auf einem nicht verwertbaren Sachverständigengutachten beruhte,[361] oder weil mangels wirksamen Asylantrags ernstliche Zweifel bestanden, ob überhaupt ein Asyl(verwaltungs)verfahren stattgefunden hatte.[362] Mit diesem Inhalt verstößt Abs. 4 S. 1, da das Asylrecht nicht zum Gewährleistungsinhalt der Menschenwürde gehört, weder gegen Art. 1 I noch gegen Art. 79 III.[363]

---

[349] BVerfGE 94, 166 (191); Begr. Gesetzentwurf, BT-Dr. 12/4152, S. 4.
[350] Hierzu *Bergmann,* in: Bergmann/Dienelt, Ausländerrecht, 13. Aufl. 2020, Art. 16a GG Rn. 115 ff.
[351] BVerfGE 67, 43 (61); 94, 166 (183): Rücknahme der Reichweite fachgerichtl. Überprüf. in Eilverf.
[352] BVerfG (K) NVwZ-Beilage 2/1993, 11; 3/1993, 19.
[353] Vgl. die Kammerbeschl. des BVerfG v. 22.7.1993 und 27.9.1993 betr. die Verhältnisse in Ghana, NVwZ Beilage 1, 1, bzw. Pakistan, NVwZ Beilage 3/1993, 19; zum Flughafenverfahren BVerfGE 94, 166 ff.
[354] BVerfGE 94, 166 (192).
[355] BVerfGE 94, 166 (194); kritisch dazu *Huber* NVwZ 1997, 1080.
[356] Vgl. *Davy* AK GG, Art. 16a Rn. 55 unter Hinw. auf BVerfG InfAuslR 1998, 363 (364).
[357] Vgl. BVerfGE 65, 76 (95); BVerfGE 71, 276 (293 f.).
[358] Vgl. BVerfG (K) NVwZ 1997 Beilage 6, 42 f.
[359] BVerfGE 94, 166 (194); zu Unrecht vermisst *Becker* MKS I, Art. 16a Rn. 221 eine „hinreichende Präzision" der Vorgaben des BVerfG. Es obliegt nach der Aufgabenverteilung der Gerichtsbarkeit den Fachgerichten, eine solche zu entwickeln.
[360] VG Lüneburg Beschl. v. 15.4.2004 – 1 B 30/04.
[361] VG Frankfurt/Oder Beschl. v. 22.8.2005 – 4 L 301/05.
[362] VG Göttingen Beschl. v. 24.11.2005 – 2 B 507/05.
[363] BVerfGE 94, 166 (194, 195).

## F. Völkerrechtliche Öffnungsklausel (Abs. 5)

### I. Vorrang des Völkervertragsrechts

Auch **Abs. 5** ist im Grundrechtskatalog einzigartig, indem eine Öffnung des deutschen Asylrechts **106** für bilaterale und multilaterale völkerrechtl. Verträge ermöglicht wird. Der Grundgesetzgeber wollte mit Abs. 5 neben der Ratifikation des **Schengener Durchführungsübereinkommens**[364] und des – inzwischen überholten – **Dubliner Übereinkommens**[365] (u. Rn. 114 ff.) den Abschluss weiterer völkerrechtl. Verträge mit Staaten ermöglichen, in denen die Anwendung der GFK und der EMRK sichergestellt ist, um eine Isolierung Deutschlands in der Asylpolitik zu verhindern.[366] Abs. 5 bewirkt den **Vorrang** entsprechenden Völkervertragsrechts vor Abs. 1 bis 4.[367] Wurde damit quasi das Potential für eine „Abwanderung" des Asylgrundrechts in das Völkerrecht geschaffen, hat Abs. 5 tatsächl. nur geringe Bedeutung erlangt, da stattdessen mittels supranationalen EU-Sekundärrechts der alternative Weg in Richtung eines gemeinsamen EU-Asylsystems beschritten wurde (u. Rn. 114 ff.).

Abs. 5 sollte eine **europäische Gesamtregelung** der Schutzgewährung für Flüchtlinge mit dem **106a** Ziel einer Lastenverteilung zwischen den beteiligten Staaten ermöglichen.[368] Der Vorbehalt zugunsten des Vorrangs völkerrechtl. Verträge öffnet den Weg zu einer **Internationalisierung des Asylrechts,** insbes. – aber nicht nur – zwischen EU-Staaten. Gem. Abs. 5 können auch nicht der EU angehörende Nachbarstaaten in ein europäisches Asylsystem einbezogen werden, indem mit diesen Parallelabkommen mit gleichem oder ähnl. Inhalt wie den unionsrechtlichen Regeln abgeschlossen werden.[369] Da Abs. 5 auf den Abschluss völkerrechtl. Verträge zugeschnitten ist,[370] ist er keine Grundlage für eine Übertragung von Hoheitsrechten auf die EU und damit für die voranschreitende Harmonisierung des Asylrechts durch supranationales sekundäres Unionsrecht, die vielmehr auf Art. 23 I 2 beruht.[371]

Abs. 5 wurde auch deshalb für erforderl. erachtet, weil nach der früheren nationalen Rechtslage **107** Asylverfahren und Asylentscheidungen im Wesentl. nur **innerstaatl. wirkten,** so dass in verschiedenen Staaten **mehrfach** Asyl **beantragt** werden konnte. So band nach der früheren Rspr. von BVerfG und BVerwG die Anerkenn. als polit. Flüchtling durch einen anderen GFK-Vertragsstaat deutsche Stellen im Auslieferungsverfahren grds. nicht.[372] Auch die Anerkennung als polit. Verfolgter in einem GFK-Vertragsstaat band deutsche Asylbehörden nicht.[373] Die **völkerrechtliche Öffnungsklausel** diente auch dazu, die bisherigen Begrenzungen der innerstaatl. Wirkungen von Asylverfahren und Asylentscheidungen in anderen GFK-Vertragsstaaten aufzuheben und einer multinationalen Regelung zugänglich zu machen.

### II. Voraussetzungen und Wirkungen des Abs. 5

Die Wirkung des Abs. 5 („steht nicht entgegen") besteht in einem **Vorrang des Völkerver- 107a tragsrechts** vor den Asylrechtsbestimmungen des Art. 16a I–IV und dem dazu gehörigen Gesetzesrecht. Dies bedeutet, dass nationales Asylrecht nur zur Anwendung kommt, soweit in den von Abs. 5 bestimmten Grenzen völkerrechtl. verbindliche, **innerstaatl. wirksame Verträge** bestehen. Aufgr. der Bezugnahme auch auf Abs. 1 könnte auch der nach Art. 16a I verbliebene, praktisch nur noch wenig bedeutsame **Grundrechtsanspruch** auf Asyl durch Völkervertragsrecht **obsolet** werden. Die GFK und die EMRK stehen dem nicht entgegen, denn durch sie wird kein individ.

---

[364] Der Schengen-Besitzstand (Schengener Übereink. und die auf dieser Grdl. erlassenen Regelungen; dazu ABl EG 2000 Nr. L 239, 19–62) umfasst insbes. das Übereink. über den schrittweisen Abbau der Kontrollen an den gemeinsamen Grenzen (Schengen I, GMBl 1986, 79 ff.) und das Übereink. zur Durchführung des Schengen I Übereinkommens (Schengen II, BGBl 1993 II, 1010); das Dubliner Asylrechtsübereink. (BGBl 1994 II, 791) ersetzte mWv 1.9.1997 die asylrechtl. Bestimmungen des Schengener Durchführungsübereink., bis es seinerseits durch die Dublin-II-VO abgelöst wurde.

[365] Bedeutung besitzt es noch im Verhältnis zu Irland und dem Verein. Königreich, vgl. *v. Arnauld,* in: v. Münch/ Kunig I, Art. 16a Rn. 58; zum Dubliner Übereinkommen *Huber* NVwZ 1998, 150.

[366] Begründung des interfraktionellen Gesetzentwurfs, BT-Dr 12/4152, S. 3 f.; *Giesler/Wasser* (Fn. 260), S. 19 f.; *Schoch* DVBl 1993, 1166.

[367] BVerfGE 94, 49 (86); ferner → Rn. 111.

[368] BVerfGE 94, 49 (86); *Jarass,* in: Jarass/Pieroth, Art. 16a Rn. 42.

[369] So etwa früher die durch den EU-Beitritt Polens überholten Übereink. zw. Deutschland und Polen betreff. die Rückübernahme von Personen mit unbefugtem Aufenthalt v. 29.3.1991 und 11.12.1991, abgedruckt bei Giesler/ Wasser (Fn. 260), S. 164 ff.

[370] *Huber* NVwZ 1993, 736; *Zimmermann* NVwZ 1998, 454 f.; *Schmahl* ZAR 2001, 3 (11).

[371] *Wittreck,* in: Dreier I, Art. 16a Rn. 118; die vorliegend früher vertretene Auffassung, nach der Abs. 5 iVm Art. 23 zur Übertragung von Hoheitsrechten dienen könne, wurde seit der 7. Aufl. aufgegeben.

[372] BVerfGE 52, 391 (399 f.).

[373] BVerwGE 38, 87, wonach ein in Frankreich gewährtes politisches Asyl dem Ehepartner in Deutschland nicht automatisch eine Anerkennung verschafft; ebenso BVerwG Buchholz 402.25 § 3 AsylVfG Nr. 1.

Recht *auf* Asyl begründet.[374] Vielmehr statuieren sie nur best. Mindestrechte *in* einem Asylverfahren.[375]

**107b**     Die Anwendbarkeit des Abs. 5 setzt materiellrechtl. voraus, dass der betreff. völkerrechtl. Vertrag unter **Sicherstellung der Verpflichtungen der GFK und der EMRK** geschlossen wird. Ein solcher Vertrag darf nur abgeschlossen werden, wenn nach den zur Verfügung steh. Erkenntnissen in dem betreff. Staat die entsprechenden Voraussetz. erfüllt sind.[376] Eine Beweiserhebung darüber, ob die Anwend. dieser Verträge in dem betreff. Staat prakt. sichergestellt ist, wird in einem gerichtl. Verfahren nicht von vornherein ausgeschloss. werden können. Insoweit gelten die gleichen **Grundsätze wie zu Abs. 3:** Die formale **Rechtslage** reicht für die Beurteilung nicht aus; entscheidungserhebl. ist mit heranzuziehen, ob in der **Rechtspraxis** polit. Verfolgung oder eine unmenschl. oder erniedrig. Bestrafung oder Behandlung stattfindet. Insoweit besteht – wie bei Abs. 3 und 4 – ein gerichtl. nur beschränkt überprüfbarer Einschätzungs- und Beurteilungsspielraum, ob die Einhaltung der GFK und der EMRK sichergestellt ist.[377]

**107c**     Der Vorrang völkerrechtl. Vereinbarungen ist nach Abs. 5 auf „**Zuständigkeitsregelungen** für die Prüfung von Asylbegehren einschließlich der gegenseitigen **Anerkennung von Asylentscheidungen**" begrenzt. Dies erfasst Vereinbarungen, die sich auf die verfahrensmäß. **Verteilung von Zuständigkeiten** zur **Prüfung von Asylbegehren** mit der weiteren Folge erstrecken, dass Zweit- oder sonstige Folgeanträge in anderen Staaten nicht oder nur unter best. Bedingungen gestellt werden können. Damit können auch nationale verfahrensrechtl. (Vor-)Wirkungen von Asylrechten durch völkerrechtl. Verträge modifiziert werden.

**107d**     Die **gegenseitige Anerkennung** von Asylentscheidungen bezieht sich nicht nur auf den positiven Fall einer Anerkenn. im Ausland, sondern auch auf den Negativfall der **Antragsablehn.** sowie auf Abschiebungshindernisse iSv § 60 AufenthG. Ob und inwieweit solche Bindungswirkungen für andere Staaten bestehen, hängt von der vertragl. Vereinbarung ab. Wenn die gegenseitige Anerkennung stattgeb. oder ablehn. Entscheidungen nach Abs. 5 völkervertragl. harmonisiert wird, schließt dies auch **Vereinbarungen** ein, **nach welchen materiellen Merkmalen die Anerkenn. oder Ablehn. erfolgen soll,** so dass nach Wortlaut, Sinn und Zweck sowie Entstehungsgeschichte des Abs. 5 auch Vereinbarungen zulässig sind, die sich etwa auf die Festleg. sicherer Drittstaaten und verfolgungsfreier Herkunftsländer beziehen und damit den Regelungen der Abs. 2–4 vorgehen.[378]

### III. Art. 16a als nationale Übergangsregelung?

**107e**     Abs. 5 war als eine mit Verfassungsrang ausgestaltete nationale Übergangsregelung gedacht, mit der das deutsche Asylrecht durch völkerrechtl. Vereinbarungen ersetzt werden könnte. Der eingeschränkte Grundrechtsanspruch nach Art. 16a I war von Anfang an gewissermaßen in einen Status potentiell auslaufenden Rechts versetzt. Tatsächl. ist die Bedeutung von Abs. 5 allerdings gering geblieben, da das ihm zugrunde liegende Ziel – im Rahmen einer sich dynam. und ergebnisoffen entwickelnden EU – stattdessen über den Weg des Art. 23 I 2 mittels supranationalen EU-Rechts verfolgt wurde.[379] Im **Grundrechtskatalog** der Art. 1–19 ist Art. 16a eine in vielfacher Hinsicht **atypische Vorschrift** mit einem unter Vorbehalt einer Art auflösenden Bedingung stehenden Grundrecht, wobei der Bedingungseintritt sich gegenwärtig – wenn auch eher über den Weg des Art. 23 I 2 als über denjenigen des Abs. 5 – schrittweise zu vollziehen scheint.

### G. Das Gemeinsame Europäische Asylsystem (GEAS)

**108**     Erste Ansätze zur Schaff. eines einheitl. europäischen Asylrechts liegen mehrere Jahrzehnte zurück: So haben europäische Staaten bereits durch das **Schengener Durchführungsübereinkommen**[380] und das – als Nachfolgeregelung konzipierte, inzwischen seinerseits im Asylbereich überholte – **Dubliner Übereinkommen**[381] asylrechtsrelevante völkerrechtliche Vereinbarungen getroffen. Beide Abkommen regelten wie ihre supranationalen **EU-Nachfolgeregelungen,** welcher Staat auf der Basis seines Asylrechts für die Durchführung eines Asylverfahrens zuständig ist. Grundziel ist von jeher, dass

---

[374] EGMR v. 30.10.1991 und 17.12.1996, InfAuslR 1992, 81 bzw. 1997, 279 Nr. 38.

[375] *Huber* NVwZ 1998, 150.

[376] Kritisch dazu *Hailbronner,* Sten. Prot. Nr. 29 IA-BT, S. 296: anmaßende Überprüfungsfunktion.

[377] Hierzu BVerfGE 94, 115 (139 ff.); → Rn. 77 ff., → Rn. 84 ff.

[378] Einschränkend insoweit *Schoch* DVBl 1993, 1161 (1167).

[379] Zu mit der weitgehenden Identität des Schutzstatus des Asylgrundrechts und der unionsrechtl. ausgestalteten Flüchtlingsanerkennung begründeten, potentiell weitreichenden Rückwirkungen von auf die Flüchtlingseigenschaft bezogenem EU-Sekundärrecht auf den Schutzumfang des Asylgrundrechts aus Art. 16a: BVerfGE 139, 272 Rn. 53; 140, 114 Rn. 32 f.

[380] Zum Schengen-Besitzstand bereits o. Fn. 364.

[381] Bedeutung besitzt es noch im Verhältnis zu Irland und dem Vereinigten Königreich, vgl. *v. Arnauld,* in: v. Münch/Kunig I, Art. 16a Rn. 58; zum Dubliner Übereinkommen *Huber* NVwZ 1998, 150; zu dessen Ablösung durch die Dublin-II-VO, auf die nunmehr die Dublin-III-VO gefolgt ist: *Maaßen* ZAR 2006, 161 (166 f.).

jeder Asylbewerber in nur einem Vertragsstaat einen Asylantrag stellen kann und die Entscheidung des Staates alle Vertragsstaaten bindet.

Nachdem der **Vertrag von Amsterdam** (1999) der EG in Art. 61 ff. EGV aF Kompetenzen zur **109** Regelung des Asylrechts verliehen und damit die Vergemeinschaftung vormals völkerrechtl. „Neben-EU-Rechts" ermöglicht hatte, brachte der **Vertrag von Nizza** 2003 die Möglichkeit, nach einstimmigem Beschluss asylrechtl. Vorschriften (Art. 63 Nr. 1 EGV) fortan mit qualifizierter Mehrheit im Rat zu ändern (Art. 67 V EGV). Art. 63 EGV verpflichtete den Rat, bis 2004 Mindestnormen ua für die Aufnahme von Asylbewerbern und für die Anerkennung als Flüchtling zu beschließen. Der **Vertrag von Lissabon** hob mWv 1.12.2009 die asylrechtl. Grundlagen des EU-Rechts in Titel V AEUV „Der Raum der Freiheit, der Sicherheit und des Rechts" (Art. 67 ff. AEUV) auf eine neue Ebene.[382] Die Beschränkung auf Mindestnormen ist entfallen, was eine qualitative Erweiterung der EU-Kompetenzen impliziert, die ihren Niederschlag dann in einer neuen Generation von EU-Sekundärrecht fand.[383] Die EU verfügt gem. **Art. 78 I AEUV** nun über eine **umfassende Kompetenz,** im Einklang mit der GFK, dem Protokoll vom 31.1.1967 über die Rechtsstellung der Flüchtlinge sowie anderen einschlägigen völkerrechtl. Verträgen eine gemeinsame Politik in den Bereichen Asyl, subsidiärer Schutz und vorübergehender Schutz zu entwickeln, mit der jedem Drittstaatsangehörigen, der internationalen Schutz benötigt, ein angemessener Status angeboten und die Einhaltung des Grundsatzes der Nicht-Zurückweisung gewährleistet werden soll.[384] Das EU-Parlament und der Rat erlassen gem. Art. 78 II AEUV im ordentl. Gesetzgebungsverfahren (Art. 294 AEUV) Maßnahmen für ein **Gemeinsames Europäisches Asylsystem (GEAS),** das Folgendes umfasst: einen in der ganzen Union gültigen einheitl. Asylstatus für Drittstaatsangehörige (lit. a), einen einheitl. subsidiären Schutzstatus für Drittstaatsangehörige, die keinen europ. Asylstatus erhalten, aber internat. Schutz benötigen (lit. b), eine gemeinsame Regelung für den vorübergehenden Schutz von Vertriebenen im Falle eines Massenzustroms (lit. c), **gemeinsame Verfahren für die Gewährung und den Entzug des einheitl. Asylstatus** bzw. des subsidiären Schutzstatus (lit. d), Kriterien und Verfahren zur Bestimmung des Mitgliedstaats, der für die Prüf. eines Antrags auf Asyl oder subsidiären Schutz zuständig ist (lit. e), Normen über die Aufnahmebedingungen von Personen, die Asyl oder subsidiären Schutz beantragen (lit. f) sowie Partnerschaft und Zusammenarbeit mit Drittländern zur Steuerung des Zustroms von Personen, die Asyl oder subsidiären bzw. vorübergehenden Schutz beantragen (lit. g). Nach **Art. 80 AEUV** gilt für die gemeins. Asylpolitik und deren Umsetz. der **Grundsatz der Solidarität** und der **gerechten Aufteil. der Verantwortlichkeiten** unter den Mitgliedstaaten, einschließl. in finanzieller Hinsicht.

Von dem gem. Art. 63 EGV aF erlassenen **Sekundärrecht**[385] war besonders wichtig die 2003 **110** erlassene **Dublin-II-VO** zur Festlegung der Kriterien und Verfahren zur Bestimm. des Mitgliedstaats, der für die Prüf. eines von einem Drittstaatsangehörigen in einem Mitgliedstaat gestellten Asylantrags zuständig ist. Aus der Fülle der **EU-Richtlinien** sind besonders bedeutend[386] die **Aufnahme-RL** (2003/9/EG) zur Festlegung von Mindestnormen für die Aufnahme von Asylbewerbern, die **Qualifikations-RL** (2004/83/EG) über Mindestnormen für die Anerkenn. und den Status von Drittstaatsangehörigen oder Staatenlosen als Flüchtlinge oder als Personen, die anderweitig internat. Schutz benötigen, und über den Inhalt des zu gewähr. Schutzes sowie die **Asylverfahrens-RL** (2005/85/EG) über Mindestnormen für Verfahren in den Mitgliedstaaten zur Zuerkennung und Aberkennung der Flüchtlingseigenschaft, die im Wesentl. durch Gesetz vom 28.8.2007 in deutsches Recht umgesetzt wurden.[387] Ergänzende Bedeutung besitzt ua die **Rückführungs-RL** (2008/115/EG) über gemeinsame Normen und Verfahren zur Rückführung illegal aufhältiger Drittstaatsangehöriger. Die Umsetzung der **revidierten Qualifikations-RL** (2011/95/EU) in Deutschland mWv 1.12.2013 hat zu deutlichen Änderungen im AsylVfG und AufenthG geführt.[388] Insbes. wurde der Schutzstatus internat. subsidiär Schutzberechtigter erhöht.[389] Das am 29.6.2013 verkündete **EU-Asylpaket**[390] umfasste die **Dublin-III-VO** (Nr. 604/2013) sowie **Neufassungen** der **Eurodac-VO** (Nr. 603/2013), der **Asylverfahrens-RL** (2013/32/EU) und der **Aufnahme-RL** (2013/33/EU). Die **Dublin-III-VO,** als Nachfolgerin der Dublin-II-VO, ist auf Anträge auf internationalen Schutz anwendbar, die seit dem 1.1.2014 gestellt wurden, sowie ferner seit 1.1.2014 – ungeachtet des Zeitpunkts der Antragstellung – auf alle Gesuche von Antragstellern um Aufnahme oder Wiederaufnahme.[391] Damit findet das Dublin-Verfahren inzwischen auf alle Personen Anwendung, die internat. Schutz ersuchen. Die neu gefassten

---

[382] ABl EG 2007 Nr. C 306, 1.

[383] *Wittreck,* in: Dreier I, Art. 16a Rn. 34.

[384] Art. 78 AEUV stammt im Wesentl. aus der gescheiterten EU-Verfassung (Art. III-266).

[385] Bezeichnungen, Fundstellen und ergänzende Regelungen der EU-Verordnungen und Richtlinien können der Übersicht der supranationalen Texte vor dieser Kommentierung entnommen werden.

[386] Vgl. *Hailbronner* ZAR 2007, 6 (7 f.); *Weinzierl* ZAR 2010, 260 (264 ff.).

[387] G z. Umsetzung aufenthalts- und asylrechtlicher Richtlinien der EU (BGBl 2007 I, 1970).

[388] G z. Umsetzung der Richtlinie 2011/95/EU v. 28.8.2013 (BGBl I, 3474).

[389] BT-Dr 17/13063, S. 1, 16.

[390] ABl EU 2013 Nr. L 180 S. 1.

[391] Art. 49 II Dublin-III-VO Nr. 604/2013 v. 26.6.2013.

Asylverfahrens-RL und Aufnahme-RL wurden nicht vollumfängl. fristgemäß bis zum 20.7.2015 in deutsches Recht umgesetzt.[392] Einzelne Regelungen können daher, wenn sie hinreichend bestimmt und unbedingt sind, in Deutschland unmittelb. Wirkung entfalten.[393]

111    Die vom deutschen Verfassungsgesetzgeber angestrebte Öffnung des nationalen Asylrechts zu einem einheitl. EU-Asylsystem hat durch Umsetzung der sekundären EU-Rechtsquellen zu einer weitreichenden Umgestaltung des formellen und materiellen Asylrechts geführt und schreitet gegenwärtig weiter voran. Das Oberziel eines GEAS wurde durch jeweils auf fünf Jahre angelegte **Arbeitsprogramme des Europäischen Rates** vorangetrieben. Während das auf Mindestnormen abzielende Tampere-Programm von 1999 erfolgreich war, wurden die Ziele des Haager-Programms von 2004, ua der Aufbau eines GEAS mit dem Endziel eines gemeinsamen Asylverfahrens, verfehlt. Es wurde 2009 vom Stockholm-Programm abgelöst,[394] das ebenso wie die 2014 an dessen Stelle getretenen strategischen Leitlinien für die gesetzgeberische und operative Programmplanung im Raum der Freiheit, der Sicherheit und des Rechts am Ziel eines echten GEAS festhielt und im Einklang mit Art. 80 AEUV einen Schwerpunkt auf Teilung der Verantwortung und Solidarität in der EU sowie mit Drittstaaten legte.[395] Wichtige **Impulse der Kommission** gingen unterdessen vom Grünbuch für das GEAS (2007)[396] und der Mitteil. über die künftige Asylstrategie (2008)[397] aus. Bedeutende Früchte sind das 2010 als EU-Agentur in Valletta (Malta) eingerichtete **Europäische Unterstützungsbüro für Asylfragen (EASO),** das die prakt. Zusammenarbeit im Asylbereich stärken und die Mitgliedstaaten, deren Asyl- und Aufnahmesysteme besonderem Druck ausgesetzt sind, operativ unterstützen soll,[398] die erwähnte überarbeitete Qualifikations-RL (2011/95/EU) und das Asylpaket von 2013 (→ Rn. 110).

112    Der Flüchtlingszuzug seit 2015 hat Schwachstellen des EU-Asylsystems offengelegt.[399] So trug die nach der Dublin-III-VO häufige Zuständigkeit der Außengrenzstaaten für Anträge auf internationalen Schutz zur Überforderung jener nationalen Asylsysteme bei. Systemimmanente Fehlanreize führten dazu, dass überforderte Außengrenzstaaten zwecks Entlastung ihrer Systeme für das Funktionieren des GEAS essentielle Regelungen nicht mehr anwendeten. Bspw. wurden weiterwandernde Asylantragsteller nicht mehr registriert. Auf die zu Tage getretenen Schieflagen reagierte die EU-Kommission im Frühjahr 2016 mit Reformvorschlägen für eine gemeinsame Asylpolitik.[400] Diese umfassten ua eine Dublin-IV-VO mit dem Ziel einer EU-weiten Lastenverteilung,[401] die Weiterentwicklung des EASO (→ Rn. 111) zu einer EU-Asylagentur mit erweitertem Mandat,[402] die Ersetzung der Qualifikations-RL[403] sowie der AsylverfahrensRL[404] durch Verordnungen und die Modifikation der AufnahmebedingungsRL.[405] Insgesamt strebt die Kommission eine weitere Harmonisierung asylrechtsrelevanter Vorschriften[406] und ein **Gemeinsames Europäisches Asylsystem** an, das diesen Namen verdient. Die Gesetzgebungsvorschläge durchlaufen seitdem das ordentliche Gesetzgebungsverfahren. Das EP hat dabei Gegenentwürfe[407] zur Reform des GEAS mit einem alternativen Asylsystem vorgelegt, das sich insbes. in den Zuständigkeitskriterien der Dublin-IV-VO, im Bereich der Lastenverteilung sowie in Regelungen zu sicheren Dritt- und Herkunftstaaten vom Kommissionsentwurf unterscheidet.[408] Grundlegende Kompromisse zwischen den beteiligten EU-Organen konnten bislang nur bei der geplanten VO zur Umwandlung des EASO in eine vollwertige EU-Asylagentur mit erweitertem Mandat[409] erzielt

---

[392] Art. 51 I Asylverfahrens-RL 2013/32/EU; Art. 31 I Aufnahme-RL 2013/33/EU; vgl. BT-Dr 18/8937.

[393] Vgl. VG Potsdam, Beschl. v. 4.7.2016 – 6 L 571/16; BAMF, Leitfaden zur unmittelbaren innerstaatlichen Anwendung der RL 2013/32/EU, Referat 410, Dok. 410–7406-30/15 v. 20.7.2015.

[394] ABl EU Nr. C 115/1 v. 4.5.2010.

[395] Vgl. ABl EU Nr. C 240/05 v. 24.7.2014.

[396] KOM/2007/301.

[397] KOM/2008/360.

[398] Art. 2 I VO (EU) Nr. 439/2010 v. 19.5.2010 zur Einrichtung eines Europäischen Unterstützungsbüros für Asylfragen, ABl EU Nr. L 132/11 v. 29.5.2010.

[399] Zu Ursachen der Flüchtlingskrise und Schwächen des GEAS insbes. *Chetail* EJHR 2016, 584; *Gnatzy,* in: Hofmann/Henneke, Art. 16a Rn. 10a ff.; *Langenfeld* NJW 2019, 677.

[400] Pressemitteilungen Kommission v. 6.4.16, http://europa.eu/rapid/press-release_IP-16–1246_de.htm, v. 4.5.16 http://europa.eu/rapid/press-release_IP-16–1620_de.htm, sowie v. 13.7.16 http://europa.eu/rapid/press-release_IP-16–2433_de. htm.

[401] COM(2016) 270 final, 2016/0133 (COD) v. 4.5.2016; dazu *Henkel* ZRP 2017, 2.

[402] COM(2016) 271 final, 2016/0131 (COD) v. 4.5.2016.

[403] COM(2016) 466 final, 2016/0223 (COD) v. 13.7.2016.

[404] COM(2016) 467 final, 2016/0224 (COD) v. 13.7.2016.

[405] COM(2016) 465 final 2016/0222 (COD) v. 13.7.2016.

[406] Dazu zB *Henkel* ZRP 2017, 2; *Koehler* ZAR 2017, 440.

[407] Im Vordergrund steht dabei der „Wikström-Entwurf" einer Dublin-IV-VO, Bericht des EP, A8–0345/2017, v. 6.11.2017, http://www.europarl.europa.eu/doceo/document/A-8–2017-0345_DE.html.

[408] Vgl. im Einzelnen *Henkel* ZRP 2017, 2; *Maiani* MJECL Law 2017, 622.

[409] Va die Möglichkeiten der Agentur zur Unterstützung der mitgliedstaatl. Asyl- und Aufnahmesysteme werden erhebl. ausgeweitet, vgl. Art. 16 ff. des ursprüngl. Kommissionsvorschlags v. 4.5.2016, COM(2016) 271 final – 2016/0131 (COD).

werden.[410] Ein wirklicher Durchbruch, aufgr. dessen die nationalen Spielräume noch deutlich kleiner werden könnten,[411] hängt von der Kooperationsbereitschaft der Mitgliedstaaten ab, die gerade in Zeiten eines zunehmenden Populismus angesichts heikler polit. und finanz. Implikationen als zunehmend fraglich erscheint. Ob die 2019 gewählte EU-Kommission, die im Januar 2020 einen neuen Asyl- und Migrationspakt angekündigt hat, hier wesentliche Akzente zu setzen vermag, bleibt abzuwarten.

## Art. 17 [Petitionsrecht]

**Jedermann hat das Recht, sich einzeln oder in Gemeinschaft mit anderen schriftlich mit Bitten oder Beschwerden an die zuständigen Stellen und an die Volksvertretung zu wenden.**

**Entstehungsgeschichte:** JöR nF 1 (1951), 169.

**Historische Verfassungstexte: preuß. ALR 1794: § 156 II (Teil) 20 (Titel)** Dagegen steht einem jeden frey, seine Zweifel, Einwendungen und Bedenklichkeiten gegen Gesetze und andere Anordnungen im Staate sowie überhaupt seine Bemerkungen und Vorschläge über Mängel und Verbesserungen sowohl dem Oberhaupt des Staates als den Vorgesetzten der Departements anzuzeigen; und letztere sind dergleichen Anzeigen mit erforderlicher Aufmerksamkeit zu prüfen verpflichtet. – **PaulskirchenV 1849: § 159** (1) Jeder Deutsche hat das Recht, sich mit Bitten und Beschwerden schriftlich an die Behörden, an die Volksvertretungen und an den Reichstag zu wenden. (2) Dieses Recht kann sowohl von Einzelnen als von Corporationen und von Mehreren im Vereine ausgeübt werden; beim Heer und der Kriegsflotte jedoch nur in der Weise, wie es die Disciplinarvorschriften bestimmen. **§ 160:** Eine vorgängige Genehmigung der Behörden ist nicht notwendig, um öffentliche Beamte wegen ihrer amtlichen Handlungen gerichtlich zu verfolgen. – **RV 1871: Art. 23** Der Reichstag hat das Recht, innerhalb der Kompetenz des Reichs Gesetze vorzuschlagen und an ihn gerichtete Petitionen dem Bundesrate... zu überweisen. – **WRV: Art. 126** Jeder Deutsche hat das Recht, sich schriftlich mit Bitten oder Beschwerden an die zuständige Behörde oder an die Volksvertretung zu wenden. Dieses Recht kann sowohl von Einzelnen als auch von mehreren gemeinsam ausgeübt werden.

**Geltende Landesverfassungen:** *BW*Verf Art. 35a; *Bay*Verf Art. 115; *Bln*Verf Art. 34, 46; *Bbg*Verf Art. 24, 71; *Brem*Verf Art. 105 VI; *Hbg*Verf. Art. 25a; *Hess*Verf Art. 16, 94; *MV*Verf Art. 10, 35; *Nds*Verf Art. 26; *NRW*Verf Art. 41a; *RhPf*Verf Art. 11, 90, 90a; *Saar*lVerf Art. 78; *Sachs*Verf Art. 35, 53; *LSA*Verf Art. 19, 61; *SchlH*Verf Art. 19, *Thür*Verf Art. 14, 65.

**Supra- und internationale Texte:** EUGRCh Art. 43, 44; AEUV Art. 20, 227 (Petitionsrecht); Art. 228 (Bürgerbeauftragter); EUV Art 11 IV (Europäische Bürgerinitiative); frühere Regelungen: EGV Art. 21 I, II, 194, 195; EAGV Art. 107c, 107d; EGKS V Art. 20c, d; GO EP Art. 191–193; Beschl. des EU-Parlaments vom 9.3.1994 über Regelungen und allgemeine Bedingungen für die Ausübung der Aufgaben des Bürgerbeauftragten (94/262/EGKS, EG, Euratom – ABl v. 4.5.1994 Nr. L 113 S. 15ff.).

**Normen des Bundesrechts:** G über die Befugnisse des Petitionsausschusses des Deutschen Bundestages v. 19.7.1975 (BGBl I 1921), zul. geänd. durch G vom 5.5.2004 (BGBl. I S. 718); GOBT §§ 108–112; Grundsätze des Petitionsausschusses über die Behandlung von Bitten und Beschwerden (Verfahrensgrundsätze) v. 8.3.1989, geänd. durch Beschl. v. 20. 2. und 19.6.1991, für die 15. Wahlp. übernommen durch Beschl. v. 13.11.2002, erg. durch Beschl. v. 1. und 15.6.2005, für die 16. Wahlp. übernommen mit Beschl. v. 30.11.2005, zul. geänd. durch Beschl. v. 5.4.2006. Für die 17. Wahlp. übernommen durch Beschl. v. 25.11.2009, zul. geänd. durch Beschl. v. 25.11.2011 mit Wirkung zum 1.1.2012 in Kraft (http://www.bundestag.de/ausschuesse17/a02/grundsaetze/verfahrensgrundsätze.html).

**Leitentscheidungen:** BVerfGE 2, 225 (Bescheidungsanspruch); BVerfGE 8, 42 (Volksbefragung Atomwaffen Hessen – eA); BVerfGE 49, 24 (Kontaktsperregesetz); BVerfG (K), NJW 1992, 3033f. (Keine Begründungspflicht bei Petitionsbescheiden).

**Schrifttum:** *H. Bauer,* Partizipation durch Petition, DÖV 2014, 453; *H. Betz,* Petitionsrecht und Petitionsverfahren, FS Hanisch, 1994, S. 13; *S. Brink,* Zur Unterrichtung des Plenums über Entscheidungen des Petitionsausschusses, NVwZ 2003, 963; *C. Burkiczak,* Rechtsfragen der Behandlung von Petitionen mit rechtswidrigem Inhalt ..., NVwZ 2005, 1391; *K. Engelken,* Plebiszitäre Instrumente auf Bundesebene?, BayVBl 2002, 289; *M. Franke,* Ein Ombudsmann für Deutschland? 1998; *E. Friesenhahn,* Zur neueren Entwicklung des Petitionsrechts in der Bundesrepublik Deutschland, FS H. Huber, 1981, S. 353; *T. Gerner,* Das Petitionsrecht nach Art 17 GG, NZS 2012, 847ff.; *A. Guckelberger,* Neue Erscheinungen des Petitionsrechts: E-Petitionen und öffentliche Petitionen, DÖV 2008, 85ff.; *dieselbe,* Die Europäische Bürgerinitiative, DÖV 2010, 745; *dieselbe ua,* Das Petitionsrecht in Hessen, Rheinland-Pfalz und im Saarland, LKRZ 2012, 125ff.; *V. M. Haug,* Begriffs- und Zulässigkeitsvoraussetzungen einer EU-Petition, JZ 2015, 1042; *S. Hölscheidt,* Die Ausgestaltung des Petitionsrecht in der EU-Grundrechte-Charta, EuR 2002, 440; *W. Hoffmann-Riem,* Zum Gewährleistungsgehalt der Petitionsfreiheit in: FS P. Selmer, 2004, 93; *M. Hornig,* Die Petitionsfreiheit als Element der Staatskommunikation, Diss. 2001; *M. Kellner,* Die E-Petition zum Bundestag: Ein Danaergeschenk, NJ 2007, 56ff.; *G. Krings,* Die Petitionsfreiheit nach Art. 17 GG, JuS 2004, 474; *R. Lindner/ U. Riehm,* Modernisierung des Petitionswesens und der Einsatz neuer Medien ZParl 2009, 495; *K. Riedmaier,* Das

---

[410] Der geänd. Vorschlag für eine VO über die Asylagentur der EU v. 12.9.2018, COM(2018) 633 final, 2016/0131 v. 12.9.2018 gibt den Inhalt der vorläuf. Einig. allerdings nur unvollständig wieder und enthält zudem Regelungen, die über den Inhalt der Einigung hinausgehen; vgl. hierzu das Arbeitsdok. des LIBE-Ausschusses zum Entwurf des aktualisierten Mandats für den Vorschl. für eine VO des EP und des Rates über die Asylagentur der EU v. 27.10.2018, COM(2018) 633 final – 2016/0131(COD), S. 4ff.

[411] Vgl. Mitteil. der Kommission COM(2016) 197 final v. 6.4.2016, S. 11ff.; so soll gem. Art. 44ff. EU-AsylverfahrensVO (COM(2016) 467 final) bei der Bestimmung sicherer Dritt- und Herkunftsstaaten für die Mitgliedstaaten keine Abweichungsmöglichkeit mehr bestehen; vgl. auch *Dörig/Langenfeld* NJW 2016, 1.

Petitionsrecht der Beamten als Staatsdiener und Bürger, RiA 1978, 210; *A. Rinken,* Das Petitionsrecht als Menschenrecht und als Parlamentsrecht, NordÖR 1998, 132; *E. Röper,* Über Administrativpetitionen, DÖV 2015, 456; *ders.* Notwendige Beteiligung der Parlamente bei den Petitionen; *U. F. H. Rühl,* Der Umfang der Begründungspflicht von Petitionsbescheiden, DVBl 1993, 14; *R. Rüsken,* Wird die Gegenvorstellung abgeschafft? NJW 2008, 481; *D. Schefold,* Privatisierung und Petitionsinformationsrecht, NVwZ 2000, 1085; *R. Schick,* Petitionen, 3. Aufl. 1996; *F.-J. Schmitt,* Der Rat der Gemeinde – Volksvertretung im Sinne des Art. 17 GG?, Städtetag 1979, 137; *H. Schmitz,* Einlegung einer Petition durch E-Mail?, NVwZ 2003, 1437; *A. R. Schneider,* Petitionen zum EU-Parlament unter Berücksichtigung des Bürgerbeauftragten, 2009; *M. Siegfried,* Begründungspflicht bei Petitionsbescheiden, DÖV 1990, 279; *G. Sierck,* Von der Untertanenbitte zum Petitionsrecht, DRiZ 1998, 442; *M. Terbille,* Das Petitionsrecht in der Bundesrepublik Deutschland, Diss. Münster 1980; *W. Graf Vitzthum,* Petitionsrecht und Volksvertretung, 1985; *ders./W. März,* Das Grundrecht der Petitionsfreiheit, JZ 1985, 809; *K. Wittrock,* Gedanken zum Petitionswesen und seiner Bedeutung, DÖV 1987, 1102; *U. Woike,* Die Behandlung von Petitionen durch Behörden, DÖV 1984, 419; *T. Würtenberger,* Massenpetitionen als Ausdruck politischer Diskrepanzen zwischen Repräsentanten und Repräsentierten, ZParl 18 (1987), 383.

## Übersicht

# A. Allgemeines

## I. Entstehung

**1**    **1. Vorgeschichte.** Das Rechtsinstitut der Petition als das Einreichen von Bitten und Beschwerden an hoheitliche oder auch kirchliche Stellen (bis ins 18. Jhdt. als supplicatio, supplicium bezeichnet) weist eine lange abendländische Tradition auf. Römisch-rechtliche Wurzeln sind ebenso sichtbar wie germanische Einflüsse.[1] Je nach Ausmaß und Umfang der ständischen und staatlichen Herausbildung und Entwicklung der einzelnen europ. Territorien erfuhr das Supplikations-/Petitionsrecht unterschiedliche Formen und Ausprägungen. Als Lichtpunkte sind die Petitionsmodelle in den englischen Bill of Rights (1689) in Absage an die vorausgegangenen Petitionsverbote der Stuarts, im ersten Zusatz von 1791 zur US-amerikanischen Bundesverfassung und in den französischen Verfassungen von 1791 und 1793 anzusehen. Von den vielfältigen Entwicklungssträngen für den deutschen Rechtsraum ist die Regelung in § 156 II 20 pr. ALR (1794) hervorzuheben. Das Zeitalter des Absolutismus begriff eine Petitionserhebung als unzulässige Kritik am Absolutheitsanspruch des Herrschers und verbot schließlich jede Art einer Petition. Die ALR-Regelung, ermunterte hingegen ganz im Sinne dieses preuß. StaatsGG der Aufklärung – ausdr. zu Anregungen und Bedenken der Bürger.[2] Das **Petitionsrecht als in einer förmlichen Verfassung gewährleistetes subjektives öffentliches Recht** hat in der deutschen Verfassungsentwicklung sein Vorbild in Art. 21 der belgischen Verfassung von 1831, wonach jedermann, einzeln oder zu mehreren, Petitionen an staatliche Behörden richten konnte. Die drei süddeutschen Verfassungen von 1818/19, gewährten hingegen nur den Ständen das Recht, Bitten und Beschwerden an den Landesherrn zu richten.[3] Die Bürger hatten demgegenüber nur vereinzelt das Recht, gegen hoheitliche Maßnahmen förmliche Beschwerden einzulegen.[4] Erst die hessische und die sächsische Verfassung aus dem Jahre 1831 gewährleisteten jedem Individuum das Recht, sich mit Bitten und Beschwerden unmittelbar an den Landesherrn zu richten.

**2**    Die **Paulskirchenverfassung** von 1849[5] erweiterte den Kreis der Petitionsadressaten: „Jeder Deutsche hat das Recht, sich mit Bitten und Beschwerden schriftlich an die Behörden, an die Volks-

---

[1] Vgl. *Bauer,* in: Dreier I, Art. 17 Rn. 1–5 mwN; *Stettner* BK, Art. 17 Rn. 28 f.; *J. H. Kumpf,* Petitionsrecht und öffentliche Meinung im Entstehungsprozess der Paulskirchenverfassung 1848/49, S. 35 ff.; zur Geschichte des Petitionsrechts auch *Klein,* in: Maunz/Dürig, Art. 17 (2005) Rn. 4 ff.

[2] Vgl. die Praxis des Preußenkönigs, Friedrich II., der die täglichen Eingaben an der Bittschriftenlinde vor seinem Potsdamer Stadtschloss überprüfte.

[3] Tit. VII § 19 BayVerf 1818; § 67 BadVerf 1818; § 172 I 2 WürttVerf 1819.

[4] §§ 36–38 WürttVerf 1819.

[5] § 159 RV 1849.

vertretungen und an den Reichstag zu wenden." In der Reichsverfassung von 1871 war das reichsrechtliche Petitionsrecht durch Art. 23 RV anerkannt. Das in den Landesverfassungen enthaltene Recht zu Eingaben war dadurch nicht berührt. Art. 126 S. 2 WRV ergänzte das individuelle Petitionsrecht um das Recht zu gemeinsamen Petitionen.

In der ehemaligen DDR als einem kommunistischen Einheitsstaat hat sich das Eingabewesen nach **2a** Abschaffung der Verwaltungsgerichte im Jahre 1952 immer stärker entwickelt. Zunächst war nur in einer VO über die Prüfung von Vorschlägen und Beschwerden der Werktätigen vom 6.2.1953 (GBl. S. 265) ein petitionsähnliches Recht verankert worden. In Art. 103 ff. der Verfassung der DDR vom 6.4.1968 wurde es in Verfassungsrang erhoben. Das Eingabewesen in der DDR konnte vielfach Ersatzfunktion für die fehlende gerichtliche Kontrolle gewinnen, allerdings mit der wichtigen Einschränkung, dass man den essentiellen Anliegen des totalitären Überwachungsstaats nicht in die Quere kommen durfte, was sofort Repressalien der Stasi-Organe auslösen konnte. Offene Kritik in Form von Eingaben war im Sozialismus keineswegs erwünscht.

**2. Entstehungsgeschichte des Art. 17.** In Art. 10 **HChE** wurde die noch in Art. 126 Satz 1 **3** WRV enthaltene Beschränkung auf Deutsche fallengelassen; damit wurde einer schon zurzeit der WRV verbreiteten Lehre entsprochen. Das Redaktionskomitee des Gemeinsamen Ausschusses ersetzte im **ParlRat** das bisher übliche Wort „Behörde" durch die Wendung „zuständige Stellen".[6] Als Begründung wurde angeführt, das Wort „Stelle" sei in Anlehnung an den angelsächsischen Terminus „agency" angewählt worden, da „Behörde" zu eng erscheine und nicht die internat. Stellen umfasse.[7] Das GG sollte nach der offenbar unbestr. Auffassung seiner Urheber auch Petitionen an internat. Stellen schützen.[8]

## II. Grundsätzliche Bedeutung

Das PetitionsR ist zunächst in seiner Bedeutung im Kontext des umfassenden **Ausbaus des** **4** **Rechtsschutzes** auch gegenüber der Verwaltung und der Gesetzgebung (Art. 19 IV und Art. 93 I Nr. 4a) zu würdigen. Vor dem Hintergrund eines lückenlos konzipierten Rechtsschutzes durch Gerichte als Folge der Unrechtssysteme des 20. Jhdt. hat die Bedeutung von Petitionen eher abgenommen. Ob sie weiter sinkt,[9] wird von der Dauer und der Effizienz judiz. Rechtsschutzes abhängen. Einen Bedeutungsverlust anderer Art erfährt das PetitionsR allerdings durch andere neue tatsächliche und rechtliche Entwicklungen. Die petitionsgebundenen ör Aufgabenfelder sind zum einen durch eine stetige Privatisierung unter Zurückdrängung der Gemeinwohlorientierung geschrumpft. Damit einher geht der Verlust an Gestaltungsmöglichkeiten des Parlaments, was sich insbesondere in den privatisierten Bereichen von Bahn, Post, Telekommunikation und Energieversorgung zeigt. Hier haben Petitionen deutlich abgenommen. Zum anderen trägt die Mediendurchdringung der Gesellschaft zum Bedeutungsverlust des herkömmlichen PetitionsR bei, hatte aber auch die Geburt der on-line-Petition (beim Btag im Oktober 2008 installiert) zur Folge. Die Funktion des „Herzausschüttenkönnens"[10] nimmt längst nicht mehr ein der Politikverdrossenheit ausgesetztes Parlament wahr, sondern die vielfältigen elektronischen Medien und Druckwerke sowie die Internet-Kommunikation, aber auch die Bürgersprechstunden der Politiker. Weiterhin ist die Abwanderung von Kompetenzen auf gemeinschaftsrechtliche Institutionen zu nennen. Strukturelle Schwächen des schwerfällig konzipierten bundesrechtlichen Petitionsverfahrens[11] minderten bis zur Einführung der on-line-Petition die Bedeutung des Petitionsrechts.

Soweit im Wege der Petition, vor allem durch Sammel- und Massenpetitionen[12] auf die **politische** **5** **Willensbildung** Einfluss genommen werden soll, ist die Bedeutung des PetitionsR vor dem Hintergrund des Wirkens von Verbänden (Art. 9 I), Koalitionen iSv Art. 9 III und pol. Parteien (Art. 21) zu sehen, wozu sich auch noch die öff. Meinung (Art. 5 I) und die große Schar der IT-Nutzer gesellt.[13]

Art. 17 erhält seine eigenständige Bedeutung durch die Möglichkeit, **außerhalb eines gericht-** **6** **lichen Verfahrens** und **unabhängig von intermediären Gewalten** den Petitionsadressaten Belange vorzutragen. Dadurch kann dem Petitionsanliegen u. U. ganz oder teilweise entsprochen werden. Gerade die Freistellung des Petenten von Kosten und der Einhaltung prozessualer Normen (z. B. Fristen, Termine, Verfahrensarten, Anwaltszwang) lässt Art. 17 attraktiv erscheinen. Angesichts der

---

[6] StenProt der 6. Sitzung des GSA v. 5.10.1948, 37 ff.

[7] StenProt der 6. Sitzung des GSA v. 5.10.1948, 45.

[8] *Stettner* BK, Art. 17 (2000) Anm. I.; *Brenner* MKS I, Art. 17 Rn. 56.

[9] *E. Stein* AK GG, Art. 17 Rn. 5; der Anstieg der Petitionen nach dem Beitritt der DDR zur Bundesrepublik infolge vieler Eingaben der neuen Bundesbürger (vgl. den Bericht des Petitionsausschusses, BT-Dr 12/683) ist wohl weniger auf die Attraktivität des Art. 17 GG zurückzuführen als auf die den DDR-Bürgern bereits lang vertraute Institution eines Eingabewesens.

[10] *Dürig*, in: Maunz/Dürig, Art. 17 Rn. 1 (1960); auch *Klein*, in: Maunz/Dürig, Art. 17 (2005) Rn. 137.

[11] Vgl. die Kritik bei *Franke*, Ein Ombudsman für Deutschland?, S. 68 ff.; der derzeitige Ausschuss umfasst 26 MdB (Stand: 10.12.2016), der Ausschussdienst 80 Mitarbeiter (Stand: 15.10.2014).

[12] Zum Begriff: in Grundsätze BT 2.2 Abs. 1 und 2; *Brenner* MKS I, Art. 17 Rn. 21, 33, 44.

[13] *E. Stein* AK GG, Art. 17 Rn. 5.

„einladenden" Formulierung des Art. 17 bleibt es nicht aus, dass auch Eingaben querulatorischer Natur erfolgen. Untersuchungen der eingegangenen Petitionen zeigen aber, dass die überwiegende Zahl ernsthafte Anliegen betrifft.[14] Das PetitionsR ist demnach eine Möglichkeit, bei den Petitionsadressaten auf die Korrektur von Ungerechtigkeiten und Unbilligkeiten hinzuwirken, ferner eröffnet es eine direkte Einwirkungsmöglichkeit auf die pol. Willensbildung von Verwaltung und Gesetzgebung, ohne dass allerdings die (Massen- oder Sammel-)Petition zu einem Instrument der unmittelbaren Demokratie erwächst und etwa Volksbegehren und Volksentscheid ersetzen könnte.[15] Das Grundrecht der Petition hat mit einer Teilhabe an der Gesetzgebung nichts zutun und stellt auch keinen Initiativakt wie etwa ein Volksbegehren dar. Das belegen iÜ die nach wie vor vorhandenen rechtspol. Bestrebungen, plebiszitäre Elemente im Grundgesetze erst einzuführen. Für Petitionen an andere Stellen gilt allerdings nicht zu Unrecht das odium des dreifachen „F": „fristlos, formlos, fruchtlos",[16] insbesondere für Dienstaufsichtsbeschwerden und Gegenvorstellungen, deren Wirkkraft gering ist.

## III. Grundrechtsträger

**7**    Träger des Grundrechts aus Art. 17 ist **„jedermann",** dh jede natürliche Person, somit auch Ausländer und Staatenlose, ebenso in das Ausland abgeschobene Ausländer.[17] Es ist aber für das Bestehen der Petitionsberechtigung irgendein sachlicher oder persönlicher Bezug zur deutschen Staatsgewalt zu verlangen. Ferner können sich auf Art. 17 inländische jur. Personen bzw. Personenvereinigungen des PrivatR berufen.[18] Keine Träger des PetitionsR sind dagegen die jur. Personen des öR,[19] wenn es bei ihnen von vornherein an einer grundrechtstypischen Gefährdungslage fehlt. Das ist wegen der ausdr. eingeräumten Grundrechtsträgerschaft bei ör Rundfunkanstalten und Universitäten nicht der Fall. **Gemeinden** und Gemeindeverbände sind hingegen nicht petititionsberechtigt. Sie sind Bestandteil des Staatsaufbaus und nicht grundrechtlich, sondern nur durch die Institutionsgarantie des Art. 28 II S. 1 GG geschützt.[20] Es besteht zudem keinerlei Bedürfnis, die Gemeinden auf das PetitionsR zu verweisen. Ihnen stehen bessere und mühelosere Wege offen, ihre Belange und Anliegen im Staate zur Geltung zu bringen. Anstelle eines Bittgangs zu einem pol. wenig bedeutsamen Petitionsausschuss können sie unmittelbar auf hohe Mandats- und Amtsträger zugreifen oder über die bei Gesetzgebungsverfahren zu beteiligenden Kommunalen Spitzenverbände vorgehen. Bei Minderjährigen ist zwischen der Grundrechtsfähigkeit und der Grundrechtsmündigkeit zu differenzieren.[21] Grundrechtsfähig ist jeder Minderjährige („jedermann"). Grundrechtsmündig ist ein Minderjähriger dann, wenn er rein tatsächlich in der Lage ist, eine Petition einzulegen und deren Bedeutung sowie den Inhalt des Bescheides zu begreifen.[22]

## B. Inhalt des Grundrechtsschutzes

### I. Das Petitionsrecht als subjektives öffentliches Recht

**8**    Das PetitionsR gewährt einen Leistungsanspruch in verschiedenen Ausprägungen und Stufen. Zunächst ist es ein **subjektives Petitionseinbringungsrecht.**[23] Die petitionsverpflichteten Stellen müssen Petitionen entgegennehmen. Sie dürfen dieses Recht auch schon im Vorfeld seiner Geltendmachung nicht erschweren oder vereiteln, was sich schon aus Art. 1 III ergibt. Es besteht ein Anspruch auf ungehinderte Vorbereitung und Einreichung einer Petition, was auch eine ungehinderte Werbung für das Anliegen des Petenten umfasst.[24] Es bedarf dann nicht der Konstruktion eines besonderen (negativen) Anspruchs aus Art. 17 auf staatliches Unterlassen von präventiven oder repressiven Eingriffen in dieses Recht.[25] Das Petitionsrecht umfasst auch das Recht auf Entgegennahme der Bitten und Beschwerden seitens des Petitionsadressaten und zudem das Recht auf Befassung und sachliche

---

[14] Vgl. die materialreiche Arbeit von *Günther,* Verfassungsrecht und Verfassungswirklichkeit des Petitionsrechts, 1972.

[15] Für eine strikte Trennung von Petition und Volksbegehren zu Recht: *Burmeister* HStR II, S. 82; durch die Einrichtung der europäischen Bürgerinitiative in Art. 11 Abs. 4 EUV wird dieser Unterschied besonders deutlich- vgl. hierzu A. Guckelberger DÖV 2010, 745 (747).

[16] Vgl. *Sierck,* DRiZ 1998, 442 (444).

[17] Vgl. *Uerpmann-Wittzack,* in: v. Münch/Kunig I, Art. 17 Rn. 3; OVG NRW DVBl 1978, 895; *Wolff,* in *Hömig/Wolff,* Art. 17 Rn. 1.

[18] *Stettner* BK, Art. 17 (2001) Rn. 64; *Brenner* MKS I, Art. 17 Rn. 40;, *Uerpmann-Wittzack,* in: v. Münch/Kunig I, Art. 17 Rn. 7.

[19] *Brenner,* in: MKS I, Art. 17 Rn. 42; *Uerpmann-Wittzack,,* in: v. Münch/Kunig I, Art. 17 Rn. 8.

[20] Wie hier *Burmeister* HStR II, S. 90; *Klein* in: Maunz/Dürig, Art. 17 (2005) Rn. 71, 73; *Uerpmann-Wittzack,,* in: v. Münch/Kunig I, Art. 17 Rn. 8; *Krings* BK, Art 17 Rn. 26; anders *Brenner,* in: MKS I, Art. 17 Rn. 43; *Stettner* BK, Art. 17 (2001) Rn. 66.

[21] *Uerpmann-Wittzack,* in: v. Münch/Kunig I, Art. 17 Rn. 5; vgl. auch *Stettner* BK, Art 17 Rn. 20.

[22] *Brenner,* in: MKS I, Art. 17 Rn. 40; *Uerpmann-Wittzack,*in: v. Münch/Kunig I, Art. 17 Rn. 5.

[23] *Klein,* in: Maunz/Dürig, Art. 17 (2005) Rn. 82 f.

[24] Vgl. BVerwGE 158, 208.

[25] *E. Stein* AK GG, Art. 17 Rn. 27.

Prüfung,[26] nicht aber auf Erfüllung des sachlichen Begehrens. Dabei obliegt es dem Petitionsadressaten, „Inhalt und Zielrichtung der Petition zu ermitteln und sich nachvollziehbar und diskriminierungsfrei, dh unter Beachtung der Verbote des Art 3 III GG, mit dem Anliegen zu befassen".[27] Schließlich beinhaltet es ein Recht auf Antwort, die Bescheidung, die nicht in einer bloßen Empfangsbestätigung bestehen darf, sondern „die Kenntnisnahme von dem Inhalt der Petition und die Art ihrer Erledigung ergeben muss",[28] also die sachliche Erledigung.[29] Die Wahrnehmung der Behandlungskompetenz ist aber begrenzt durch die Justiabilität.[30] Ein besonderes **Petitionsinformationsrecht** wird durch Art. 17 hingegen nicht dem Petitionsadressaten verliehen.[31] Angesichts der bestehenden Informationsfreiheitsgesetze des Bundes und der Länder besteht ohnehin ein wirksamer, voraussetzungsloser Informationsanspruch Eine Rechtsgewährung auf Informationen, etwa an den BT gegenüber der BReg ist iR einer Grundrechtsgewährleistung im Staat-Bürger-Verhältnis systemfremd. Die Rechte der Volksvertretung auf Information und Mitwirkung anderer Dienststellen sind vielmehr in Art. 45c GG und in dem dort vorgesehenen Bundesgesetz verankert. Ein Recht auf mündliche Anhörung gibt Art. 17 nicht.[32] Aus dem Recht auf einen Petitionsbescheid, der die Art der Erledigung angibt, folgt nach der Rechtsprechung kein Recht auf eine noch so knappe Begründung,[33] was eine Überspannung des Grundrechts bedeuten soll.[34] Die Gründe für das Erfordernis einer Begründung sind indes beachtlich. Denn nur so hat der Petent die Gewähr, dass man sich mit seinem Anliegen wirklich befasst hat. Das Vertrauensband zwischen Bürger und Verwaltung und Parlament wird jedenfalls – idealiter gesehen – gestärkt.[35] Dem Petitionsadressaten steht es jedenfalls auch nach der das Begründungserfordernis·verneinenden Rechtsprechung frei, falls nicht sogar eine einfach-gesetzliche Verpflichtung hierzu besteht, eine kurze Begründung zu geben. Das BVerwG hat klargestellt, dass sich weder aus Art 17 noch Art 5 I 1 ein Anspruch auf Veröffentlichung der Petition auf der Internetseite des Petitionsausschusses des BTages ergibt.[36]

## II. Form der Petition

Petitionen bedürfen der **Schriftform** („schriftlich").[37] Adresse und Unterschrift sind damit notwen- 9 dig. Eine anonyme Einlegung scheidet aus.[38] Ob eine eigenhändige Unterschrift (Namensunterschrift bzw. gerichtlich oder notariell beglaubigtes Handzeichen, § 126 BGB) erforderlich ist, ist umstritten.[39] Unstrittig ist, dass eine Petition auch durch Fernschreiben und Telegramm eingelegt werden kann, da dies auch für die formstrengeren Klagen und Rechtsmittel anerkannt ist.[40] Ebenso sind Zuschriften über das Internet und per elektronischer Post zulässig, wenn sie einem bestimmten Absender zu zuordnen sind und die Unterschriftlichkeit gewährleistet ist. Seit Oktober 2005 sehen deshalb die Verfahrensgrundsätze des Petitionsausschusses (unter 4, I 2. Satz) ausdr. entgegen der bisherigen ablehnenden Haltung[41] die **elektronische Übermittlung der Petition** vor, wobei die „Schriftlichkeit gewahrt ist, wenn der Urheber und dessen Postanschrift ersichtlich sind und das im Internet für elektronische Petitionen zur Verfügung gestellte Formular verwendet wird (elektronischer Ersatz der Unterschrift)". Die Abfassung in deutscher Sprache ist nach dem allg. Grundsatz des § 23 I VwVfG, („die Amtssprache ist deutsch") idR geboten.[42] Ausnahmen ermöglichen die in § 23 II–IV VwVfG enthaltenen Tatbestände. Den petitionsverpflichteten Hoheitsträgern kann wegen des hohen Kostenaufwands und der eintretenden Zeitverluste nicht auferlegt werden, umfangreiche Übersetzungskapazitäten bereit zuhalten. Eine Petition kann auch im Namen eines anderen erhoben werden, eine entspr.

---

[26] BVerfGE 2, 225 (230).

[27] BVerwGE 158, 208 Rn. 9.

[28] BVerfGE 2, 225 (230).

[29] BVerfGE 2, 225 (230); *E. Stein* AK GG, Art. 17 Rn. 28; *Stettner* BK, Art. 17 (2000) Rn. 92.

[30] BVerwGE 158, 208 Rn. 11.

[31] So aber zB *Burmeister* HStR II, S. 96; *Jarass,* in: Jarass/Pieroth, Art. 17 Rn. 1.

[32] *Stettner,* BK, Art. 17 (2000) Rn. 78; *Uerpmann-Wittzack,* in: v. Münch/Kunig I, Art. 17 Rn. 11.

[33] BVerfGE 2, 225 (230); BVerfG NJW 1992, 2033; BVerwG NJW 1991, 936; *Dürig,* in: Maunz/Dürig, Art. 17 Rn. 9–1960; aA hinsichtlich der Begründungspflicht: *Stettner,* BK, Art. 17 (2000) Rn. 100 f.; *Uerpmann-Wittzack,* in: v. Münch/Kunig I, Art. 7 Rn. 14; *E. Stein* AK GG, Art. 17 Rn. 29, *Klein,* in: Maunz/Dürig, Art. 17 (2005) Rn. 90.

[34] BVerfGE 2, 225, 230.

[35] Vgl. auch *Klein,* in: Maunz/Dürig, Art. 17 (2005) Rn. 90; von einer Vertrauensbeziehung zwischen Petent und Parlament als Funktionsbedingung des Petitionsgrundrechts, spricht inzwischen auch das BVerwG NVwZ 2012, 251, Rn. 25 mit zustimmender Anm. von F.Schoch, NVwZ 2012, 254.

[36] BVerwGE 158, 208 Rn. 5.

[37] *Stettner* BK, Art. 17 (2001) Rn. 71; *Wolff,* in: Hömig/Wolff, Art. 17 Rn. 4; s. auch 4. I der Verfahrensgrundsätze des Petitionsausschusses; vgl. aber Art. 16 HessVerf iVm Art. 142 GG.

[38] *Uerpmann-Wittzack,* in: v. Münch/Kunig I, Art. 17 Rn. 21.

[39] Dafür *Uerpmann-Wittzack,* in: v. Münch/Kunig I, Art. 17 Rn. 11; dagegen *E. Stein* AK GG, Art. 17 Rn. 20 („Absender mit Anschrift genügt"); *Brocker* BeckOK GG, Art 17 Rn. 11.

[40] *E. Stein* AK GG, Art. 17 Rn. 21.

[41] Vgl. *Bauer,* in: Dreier Art. 17 Rn. 27; *H. Schmitz* NVwZ 2003, 1437 (1439).

[42] Vgl. auch *Klein,* in: Maunz/Dürig, Art. 17 (2005) Rn. 64.

Vollmacht muss vorliegen.[43] Unzulässig ist eine Petition, die einen beleidigenden, herausfordernden oder erpresserischen Inhalt hat.[44] Im Übrigen müssen Petitionen ihrer äußeren Form nach den Anforderungen entsprechen, die an jede Eingabe bei einer Behörde zu stellen sind.[45] Eine weitere neue elektronische Übermittlungsform ist durch das Institut der **„öffentlichen Petition"** seit Oktober 2005 eingerichtet worden (vgl. 7.1 Abs. 4 der Verfahrensgrundsätze des Petitionsausschusses des BTages (Fassung v. 9.11.2011) und der RL für die Behandlung von öff. Petitionen gemäß Ziff.7.1 (4)).[46] Danach können Petenten ihre Beschwerden über eine Internet-Maske des BTages für jeden Dritten zugänglich ins Netz stellen. Damit ist zu jeder Petition ein öff. Diskussionsforum eingerichtet. Die Mitnutzer („Surfer") können sich den eingestellten Petitionen per elektr. Post als Mitunterzeichner anschließen.[47] Die rechtliche Frage stellt sich allerdings, ob nicht so ein elektronisch potenziertes Verfahren das Wesen einer urspr. rein individ. Petition zu sehr in Richtung auf eine allg. polit. Bekundung verändert.[48] Es wird so ein mehr oder weniger unverbindliches Bekundungsverfahren eingeführt, das sich vom Schutzbereich des Petitionsrechts deutlich entfernt Allein schon die Authentizität der Unterzeichner ist kaum kontrollfähig. Der schnelle, tausendfache Gebrauch elektr. Medien mit der Äußerung flüchtiger, oft unüberlegter Spontangedanken tritt mit Wesen und Ernst des auf Rationalität bedachten Petitionsrechts in ein kaum lösbares Spannungsverhältnis. Die Bekundung der Hundebesitzer nach Abschaffung der Hundesteuer,[49] der Hausbesitzer nach Abschaffung der Grundsteuer, der Anhänger einer bestimmten Partei zur Verwirklichung ihres Parteiprogramms oder die Forderung nach Absetzung einer Fernsehsendung haben mit dem Wesen des Petitionsrechts kaum etwas zu tun.

9a     Eine weitere bisher nicht geklärte Frage ist, ob die Einstufung als öff. Petition in Art 17 und Art 3 GG eingreift und damit die einhergehende Differenzierung eines ParlamentsG bedarf.[50] Dafür spricht, dass eine potentielle Grundrechtsrelevanz in den gesteigerten Erfolgsaussichten wegen des besonderen polit. Druckpotentials und der erforderlichen Sonderregeln kaum bestreitbar ist.[51]

## III. Adressat der Petition

10     Adressaten des PetitionsR sind „die zuständigen Stellen" und „die Volksvertretung". Volksvertretungen sind alle **direkt vom Staatsvolk gewählten Repräsentationsorgane,** dh der BTag, die LParl und auch die Gemeinderäte bzw. Kreistage.[52] Der Meinungsstreit, ob Letztere auch Volksvertretungen sein können,[53] ist unergiebig, da sie jedenfalls „Stellen" i. S. des Art. 17 GG und damit Petitionsadressaten sind. Petitionsadressaten können auch Fraktionen und einzelne Abgeordnete sein.[54] Ferner sind Adressaten die „zuständigen Stellen", dh alle anderen **Stellen und Behörden öffentlich-rechtlicher Einrichtungen,** gleich welcher Art. Auch Gerichte sind Petitionsadressaten. Eine Gegenvorstellung wegen offenkundiger grober Rechtsfehler kann auch nach Einführung einer Anhörungsrüge (etwa in § 321a ZPO, § 152a VwGO) bei Gericht erhoben werden, wenn sie sich auf eine von Amts wegen änderbare Entscheidung bezieht und Form- oder Vertretungsregelungen des Prozessrechts beachtet.[55] Der Streit darüber, ob auch ausländische Stellen Petitionsadressaten i. S. d. Art. 17 GG sein können,[56] ist müßig, da

---

[43] *Uerpmann-Wittzack,* in: v. Münch/Kunig I, Art. 17 Rn. 11.

[44] BVerfGE 2, 225 (229); anders *E. Stein* AK GG, Art. 17 Rn. 26; *Klein,* in: Maunz/Dürig, Art. 17 (2005) Rn. 55 f.: für Unbegründetheit.

[45] BVerfGE 2, 225 (229).

[46] BT-Dr 16/2500; vgl. zur öff. Petition auch BVerfG (K) Beschl. v. 17.2.2014 – 2 BvR 57/13; ferner www.bundestag. de Stichwort „Petition".

[47] Seit ihrer Einführung im Oktober 2005 sind bereits im ersten Jahr danach 160 „öffentlichen Petitionen" beim Petitionsausschuss eingegangen, die über 180 000 Bürgern online mitzeichneten; nach dem Jahresbericht des Pet.Aussch. des BT 2015 sind das 500 000 elektronische Mitzeichnungen bei den 436 Internet-Pet. Erfolgt.

[48] Bei 180 000 Bürgern, die online mitunterzeichnet haben – vgl. Fn. 47 –, besteht schon die Gefahr, dass die „Petition per Mausklick" in die „Nähe plebiszitärer Elemente" rückt; auch das Selbstverständnis des Pet.Aussch. des BT erliegt dieser Gefahr, wenn im Jahresbericht 2010 S. 10 „von einer demokratischen Teilhabe – online" gesprochen wird.

[49] 15 000 Petenten votierten dafür – vgl. http://itc.napier.ac.uk/e-Petition/Bundestag/view-petition.asp? PetitionID= 165 (– am: 27.9.2007 –).

[50] Vgl. BVerfG (K) Beschl. v. 17.2.2014 – 2 BvR 57/13 – Rn. 11.

[51] Vgl. OVG Bln-Bbg, Urt. v. 17.3.2016 – OVG 3 B 9.14 juris Rn. 20 f.

[52] Vgl. für Gemeinden und Kreise Art. 28 I 2; Als Hauptadressaten sollen hier im Gegensatz zu den Vorauflagen nur noch die Adressen des *Petitionsausschusses des Deutschen Bundestages,* 11011 Berlin, Platz der Republik 1, und des *Europäisches Parlaments:* Petitionsausschuss, Rue Wiertz B-1047 Brüssel (www.europarl.europa.eu).; *Europäischer Bürgerbeauftragter* Avenue du President Robert Schuman, CS 30 403, F-67001 Straßburg Cedex (www.ombudsman.europa.eu) genannt werden.

[53] Vgl. *E. Stein* AK GG, Art. 17 Rn. 16; OVG NW NJW 1979, 281.

[54] *Stettner* BK, Art. 17 (2000) Rn. 105; *Uerpmann-Wittzack,* in: v. Münch/Kunig I, Art. 17 Rn. 13; aA *Klein,* in: Maunz/Dürig, Art. 17 (2005) Rn. 111.

[55] BayVGH, Beschl. v. 19.5.2010 1 B 10.255 – juris mwN; auch BVerfGE 122, 190 (203): eine Gegenvorstellung gegen Gerichtsbescheide ist aus verf.-rechtl. Gründen nicht unstatthaft, vgl. auch *Rüsken* NJW 2008, 481.

[56] Vgl. *E. Stein* AK GG, Art. 17 Rn. 19.

Art. 17 nach Art. 1 III nur deutsche Hoheitsgewalt, nicht aber ausl. bzw. intern. Stellen iS einer Erledigungspflicht binden kann. Die Einbeziehung intern. Stellen in Art. 17[57] kann damit nur den Sinn verfolgen, dass deutsche Stellen nicht eine Petition bei jenen verhindern dürfen.

Art. 17 nennt die „zuständigen Stellen" und „die Volksvertretung" als Petitionsadressaten. Diese **11** Formulierung bedeutet **nicht,** dass jede **Volksvertretung** im Hinblick auf Petitionen **allzuständig** ist. Jede Volksvertretung kann nur jene Angelegenheiten auf Grund einer Petition prüfen, für die sie nach der verfassungsrechtlich normierten Kompetenzverteilung zuständig ist.[58] Ein Überspringen von Kompetenzgrenzen ermöglicht Art. 17 nicht. Es ist daher nicht zulässig, wenn etwa der Petitionsausschuss Entscheidungen der Exekutive, etwa durch Ersetzen des Verwaltungsermessens, der Judikative oder der Regierung korrigieren würde. Regelmäßig ist die Zuständigkeit von Volksvertretungen aber umfassender als die von „zuständigen Stellen", die Petitionen nur im Rahmen ihrer eigenen Zuständigkeit prüfen können. Wird eine unzuständige Stelle vom Petenten angeschrieben, muss sie die Petition weiterleiten oder zumindest dem Petenten die zuständige Stelle nennen.[59] Aus der Kompetenz des Petitionsausschusses herausgefallen sind die **privatisierten Bereiche** ehemaliger Hoheitsverwaltung wie Post und Bahn. Alles, was in der privatrechtlich ausgestalteten Unternehmensstruktur wahrgenommen wird, ist nicht mehr petitionsbelastet. An die Stelle des Art. 17 ist etwa für den Bereich der Telekommunikation eine Schlichtungsstelle bei der entspr. Regulierungsbehörde geschaffen worden,[60] die etwa für Eingaben über zu hohe Telefonrechnungen zuständig ist, im Verfahren der Selbstkontrolle der privat. Unternehmen.[61]

Die **verfahrenstechnische Behandlung** der Petitionen ist für den BTag, wie in der Fußnote **12** ersichtlich, näher geregelt.[62]

Der Umfang der Erledigung der Petitionen ist im Einzelnen umstritten. Ganz überwiegend wird **13** unter Hinweis auf die Rspr. des BVerfG[63] angenommen, dass nicht nur eine Verpflichtung des Petitionsadressaten zur Entgegennahme der Eingabe besteht, sondern auch ein **Anspruch auf sachli-**

---

[57] Vgl. Rn. 3.

[58] BVerfG NJW 1992, 3033; *v. Vitzthum/März* JZ 1985, 809 (812); so schon im Grundsatz prägend RV Art. 23 („innerhalb der Kompetenz").

[59] BVerwG DÖV 1976, 315; *Klein,* in: Maunz/Dürig, Art. 17 (2005) Rn. 98; *Stettner* BK, Art. 17 (2000) Rn. 110; *Uerpmann-Wittzack,* in: v. Münch/Kunig I, Art. 17 Rn. 12.

[60] Regulierungsbehörde für Telekommunikation und Post, Heinrich-von-Stephan-Str. 1 53175 Bonn.

[61] Vgl. hierzu *Röper* Der Staat 1998, 249 (269, 274 f.); *ders.,* ZParl 1999, 748 (756 f.); auch BT-Drucks. 13/3327 vom 12.12.1995 – Antrag zu Petitionsrecht und parlamentarischer Kontrolle im Bereich der Telekommunikation und des Postwesens.

[62] Vgl. für den BTag Art. 45c, das G. nach Art. 45c GG v. 19.7.1975 (BGBl I 1921), sowie die folgenden Regelungen der GOBTag vom 2.7.1980 (BGBl I S. 1237), i. d. F. v. 12.2.1998 (BGBl I S. 428), i. d. F. vom 2.7.2013 (BGBl. I, 2167)

**§ 108 Zuständigkeit des Petitionsausschusses.** (1) Dem gemäß Artikel 45c des Grundgesetzes vom Bundestag zu bestellenden Petitionsausschuss obliegt die Behandlung der nach Artikel 17 des Grundgesetzes an den Bundestag gerichteten Bitten und Beschwerden. Aufgaben und Befugnisse des Wehrbeauftragten des Bundestages bleiben unberührt.

(2) Soweit sich aus dem Gesetz über die Befugnisse des Petitionsausschusses des Deutschen Bundestages nichts anderes ergibt, werden die Petitionen gemäß den nachfolgenden Bestimmungen behandelt.

**§ 109 Überweisung der Petitionen.** (1) Der Präsident überweist die Petitionen an den Petitionsausschuss. Dieser holt eine Stellungnahme der Fachausschüsse ein, wenn die Petitionen einen Gegenstand der Beratung in diesen Fachausschüssen betreffen.

(2) Mitglieder des Bundestages, die eine Petition überreichen, sind auf ihr Verlangen zu den Ausschussverhandlungen mit beratender Stimme zuzuziehen.

**§ 110 Rechte des Petitionsausschusses.** (1) Der Petitionsausschuss hat Grundsätze über die Behandlung von Bitten und Beschwerden aufzustellen und diese Grundsätze zum Ausgangspunkt seiner Entscheidung im Einzelfall zu machen.

(2) Soweit Ersuchen um Aktenvorlage, Auskunft oder Zutritt zu Einrichtungen unmittelbar an Behörden des Bundes, bundesunmittelbare Körperschaften, Anstalten und Stiftungen des öffentlichen Rechts gerichtet werden, ist das zuständige Mitglied der Bundesregierung zu verständigen.

(3) Von der Anhörung des Petenten, Zeugen oder Sachverständigen ist das zuständige Mitglied der Bundesregierung rechtzeitig zu unterrichten.

**§ 111 Übertragung von Befugnissen auf einzelne Mitglieder des Petitionsausschusses.** Die Übertragung von Befugnissen nach dem Gesetz nach Artikel 45c des Grundgesetzes auf eines oder mehrere seiner Mitglieder muss der Petitionsausschuss im Einzelfall beschließen. Inhalt und Umfang der Übertragung sind im Beschluss zu bestimmen.

**§ 112 Beschlussempfehlung und Bericht des Petitionsausschusses.** (1) Der Bericht über die vom Petitionsausschuss behandelten Petitionen wird mit einer Beschlussempfehlung dem Bundestag in einer Sammelübersicht vorgelegt. Der Bericht soll monatlich vorgelegt werden. Darüber hinaus erstattet der Petitionsausschuss dem Bundestag jährlich einen schriftlichen Bericht über seine Tätigkeit.

(2) Die Berichte werden, verteilt und innerhalb von drei Sitzungswochen nach der Verteilung auf die Tagesordnung gesetzt; sie können vom Berichterstatter mündlich ergänzt werden. Eine Aussprache findet jedoch nur statt, wenn diese von einer Fraktion oder von anwesenden fünf vom Hundert der Mitglieder des Bundestages verlangt wird.

(3) Den Einsendern wird die Art der Erledigung ihrer Petition mitgeteilt. Diese Mitteilung soll mit Gründen versehen sein.

[63] BVerfGE 2, 225; 13, 90.

**che Prüfung und vorschriftsmäßige Erledigung der Petition.**[64] Zutreffend erkennt die Rspr. dem Petenten ein einklagbares Recht auf Beantwortung der Petition zu.[65] Allerdings hat der Petent keinen Anspruch auf eine bestimmte Entscheidung in seiner Sache.[66] Der Petitionsbescheid muss die Art der Erledigung angeben und sollte – schon um wiederholte Petitionen in derselben Sache zu vermeiden – insbesondere im Falle der Versagung der Petition eine kurze Begründung enthalten, ohne dass hierzu eine verfassungsrechtliche Pflicht besteht.[67] Es muss auch nicht der Petentin mitgeteilt werden, in welchem Umfang und welchem Umfang der Petitionsadressat Sachaufklärung betrieben hat.[68] Die Entscheidung über eine Petition im Wege einer Vorprüfung durch die beiden Vorsitzenden eines zuständigen Landtagsausschusses mit der anschließenden Möglichkeit der Anrufung des Ausschusses ist unbedenklich.[69] Eine nicht ordnungsgemäße Bearbeitung seiner Petition verletzt den Petenten in seinen Rechten und eröffnet den Verwaltungsrechtsweg (Art. 19 IV GG, § 40 I VwGO).

## IV. Beeinträchtigung des Petitionsrechts

**14**      Das Petitionsrecht wird verletzt, wenn eine Petition nicht angenommen, ihre Einreichung behindert oder erschwert wird oder nur fehlerhaft bzw. überhaupt nicht erledigt wird.[70] Auch darf der Petent nicht mit Kosten belastet werden.[71] Ein Eingriff liegt insbesondere auch bei der Behinderung vorbereitender Handlungen, etwa bei der Sammlung von Unterschriften für eine Sammelpetition vor.[72] Schließlich ist Art. 17 verletzt, wenn jemand bei beabsichtigter Petitionsausübung mit Nachteilen von staatlichen Stellen bedroht wird oder tatsächlich wegen seiner Petition benachteiligt wird.[73]

## C. Schranken des Petitionsrechts

**15**      Obwohl Art. 17 keinem ausdr. Gesetzesvorbehalt unterliegt, ist dennoch – wie bei allen schrankenlosen Grundrechten – die Schrankenproblematik unter unterschiedlichen Aspekten erörtert worden. Die Schranken des Art. 2 I[74] und die des Art. 5 II sind nicht auf Art. 17 übertragbar.[75] Es gelten im Grundsatz die verfassungsimmanenten Schranken. Eine Beschränkung darf nur zum Schutz von Rechtsgütern mit Verfassungsrang erfolgen. Nach den Grundsätzen der praktischen Konkordanz sind die sich gegenüberstehenden Verfassungsgüter auf jeweils schonendste Weise zum Ausgleich zu bringen. Allerdings steht diese strenge methodische Vorgehensweise in einem merkwürdigen Gegensatz zu dem wenig schlagkräftigen und effektiven Inhalt des PetitionsR. Für Angehörige der **Streitkräfte** und des **Ersatzdienstes** trifft Art. 17a I eine besondere Schrankenregelung im Hinblick auf Sammelpetitionen.

**16**      Grds. gilt das PetitionsR auch in **Sonderstatusverhältnissen.**[76] Strafgefangenen sind daher Einzel- und Sammelpetitionen generell erlaubt[77] (vgl. auch Regelung in § 29 II StVollzG). Die im Interesse überragender Gemeinschaftswerte angeordnete vorübergehende Unterbindung der gemeinschaftl. Ausübung des PetitionsR auf Grund des sog. KontaktsperreG[78] verstößt nicht gegen Art. 17.[79]

**17**      Auch für **Beamte** gilt generell das Petitionsrecht aus Art. 17. Die Modalitäten der Grundrechtsausübung sind bei dienstlichen und außerdienstlichen Angelegenheiten unterschiedlich. Handelt es sich um außerdienstliche Angelegenheiten, ist § 171 BBG (Pflicht zur Einhaltung des Dienstweges) nicht anwendbar. Ist dagegen der dienstliche Bereich tangiert, ist die Einhaltung des Dienstweges zwingend geboten.[80] Bei Petitionen mit dienstlichem Bezug sind von Beamten auch die allg. Pflichten aus den

---

[64] Vgl. den Nachw. des Meinungsstandes bei *Uerpmann-Wittzack,* in: v. Münch/Kunig I, Art. 17 Rn. 14.

[65] BVerwG DÖV 1976, 315; BayVGH BayVBl 1981, 211.

[66] *Uerpmann-Wittzack,* in: v. Münch/Kunig I, Art. 17 Rn. 14.

[67] Vgl. die Angaben in Fn. 33.

[68] BFH, Beschluß vom 20.7.2009 – VII B 252/08 – Juris mwN.

[69] Bay.VerfGH, Entsch. v. 23.4.2013 – Vf. 22-VII-12 – juris Rn 44 ff., DÖV 2013, 858 Rn 44f– zur Vermeidung von Belastungen und zur Sicherung der Praktikabilität der Verfahrensweise besteht ein weiter Gestaltungsspielraum – Rn. 49.

[70] *Uerpmann-Wittzack,,* in: v. Münch/Kunig I, Art. 17 Rn. 14; *Stettner* BK, Art. 17 (2000) Rn. 95; *Jarass,* in: Jarass/Pieroth, Art. 17 Rn. 9; v. Coelln, in Stern/Becker, Art 17 Rn. 29.

[71] *Uerpmann-Wittzack,* in: v. Münch/Kunig I, Art. 17 Rn. 1.

[72] *Klein,* in: Maunz/Dürig, Art. 17 (2005) Rn. 113, *Stettner* BK, Art. 17 (2000) Rn. 75; *E. Stein* AK GG, Art. 17 Rn. 27; *Uerpmann-Wittzack,* in: v. Münch/Kunig I, Art. 17 Rn. 9.

[73] *Stettner* BK, Art. 17 (2000) Rn. 79.

[74] Für die Übertragung der Schranken des Art. 2 I auf Art. 17 plädiert *Uerpmann-Wittzack,* in: v. Münch/Kunig I, Art. 17 Rn. 16.

[75] So zutreffend *Jarass,* in: Jarass/Pieroth, Art. 17 Rn. 11; *Sodan* in Sodan GG, 2. Aufl. 2011, Art. 17 Rn. 6; *Bauer* in Dreier Art. 17 Rn. 39.

[76] *Jarass,* in: Jarass/Pieroth, Art. 17 Rn. 11.

[77] *Uerpmann-Wittzack,* in: v. Münch/Kunig I, Art. 17 Rn. 17; vgl. auch § 29 II StVollzG.

[78] G zur Änd. des EGGVG v. 30.9.1977 (BGBl I 1877).

[79] BVerfGE 49, 24 (64).

[80] *Uerpmann-Wittzack,* in: v. Münch/Kunig I, Art. 17 Rn. 17.

§§ 35 ff. BRRG bzw. §§ 52 ff. BBG zu beachten. Eingaben an den Bundespersonalausschuss können ohne Einhaltung des Dienstwegs erfolgen.[81]

## D. Europäische Regelung

Das Petitionsrecht ist nicht nur auf nationaler, sondern auch auf der Ebene der Europäischen **18** Gemeinschaft normiert. Durch Art. 227 AEUV – der das in Art 44 GRC allg. geregelte PetitionsR spezifiziert – (zuvor Art. 21 des EG-Vertrages i. d. F. des Vertrages von Amsterdam) ist allen Unionsbürgern das **Petitionsrecht** beim **Europäischen Parlament** eingeräumt worden. Petitionsberechtigt sind über das deutsche Recht hinausgehend auch jur. Personen des öR. Wie im deutschen Recht hat der Petent ein Recht auf Befassung und Verbescheidung, allerdings nur an das EU-Parlament bzw. an den vom ihm gewählten Bürgerbeauftragten nach Art. 228 AEUV. Auch bei Art. 227 AEUV ist das Prinzip der Kompetenzgrenzen gewahrt. Die Petition darf sich nur auf Angelegenheiten beziehen, die in die Tätigkeitsbereiche der Union fallen, nicht etwa auf Belange der Mitgliedstaaten. Eine individ. Betroffenheit des Petenten wird verlangt, insoweit vergleichbar mit dem deutschen Individualrechtsschutz in Art. 19 IV S. 1 GG. Eine Petition ex populo ist damit unzulässig. Im Gegensatz zu Art. 17 GG gilt allerdings volle Freiheit der Form der Einlegung. Nur Beschwerden über gemeinschaftsbezogene Tätigkeiten der Organe oder Institutionen der Gemeinschaft nimmt hingegen der vom EU-Parlament gewählte **Bürgerbeauftragte** nach Art. 228 AEUV (vgl. auch Art. 43 GRC) entgegen. Er ist zu entspr. Untersuchungen, zur Einschaltung der betroff. Organe und zur Berichterstattung berechtigt und verpflichtet, wobei er auch von sich aus tätig werden kann. Eine klare Abgrenzung zwischen den beiden europarechtl. Petitionsadressaten ist bisher in der Wissenschaft nicht gefunden worden. Eindeutig ist nur, dass sich jeder Unionsbürger oder jede natürl. oder jur. Person mit Wohn- oder Geschäftssitz in einem Mitgliedstaat auch an den Bürgerbeauftragten wenden kann.

Allerdings ist im UnionsR eine Entwertung des Petitionsrechts eingetreten. Denn der EuGH hat **18a** zwar in seinem bisher einzigen Urteil v. 9.12.2014 zum EU-Pet.-Recht entschieden, dass die negative Entscheidung des EU-Parlaments über das Vorliegen der Voraussetzungen des Art. 227 AEUV gerichtlich überprüfbar sein müsse, ebenso die Nichtbefassung mit einer Petition.[82] Der EuGH hat aber eine „Behandlung" einer Petition durch das EU-Parlament bereits darin gesehen, dass dieses – ungefragt – die Petition an die Stelle weiterleitet, gegen deren Handeln die Petition gerade gerichtet war. Das stellt letztlich ein Unterlaufen des Petitionsrechts dar.

## E. Konkurrenzen

Soweit es um förmliche Rechtsbehelfe und Rechtsmittel geht, scheidet der Anwendungsbereich des **19** Art. 17 aus. Für sie gilt ausschl. Art. 19 IV. Bloße Meinungsäußerungen fallen unter Art. 5 I 1. Anträge auf Auskunftserteilung und Akteneinsicht gegenüber staatlichen Stellen (Informationsfreiheit) fallen in den sachlichen Schutzbereich der Informationsfreiheit der Art. 5 I 1. Die Frage ist allerdings umstritten.[83] Ein Bedürfnis über das (schwache) PetitionsR, das nicht auf Erfüllung des Sachbegehrens gerichtet ist, die Informationsfreiheit zu gewährleisten, besteht nicht. Das am 1.1.2006 in Kraft getretene IFG des Bundes,[84] das grds. jedem nach Maßgabe des Gesetzes gegenüber Bundesbehörden und sonstigen Verwaltungsträgern des Bundes einen Anspruch auf Zugang zu amtlichen Informationen einräumt (vgl. § 1 Abs. 1 IFG), weist dementspr. keinerlei Bezüge zum PetitionsR auf. Dasselbe gilt für die entspr. Landes-InformationsfreiheitsG.

## Art. 17a [Grundrechtseinschränkungen bei Wehr- und Ersatzdienst]

(1) **Gesetze über Wehrdienst und Ersatzdienst können bestimmen, daß für die Angehörigen der Streitkräfte und des Ersatzdienstes während der Zeit des Wehr- oder Ersatzdienstes das Grundrecht, seine Meinung in Wort, Schrift und Bild frei zu äußern und zu verbreiten (Artikel 5 Abs. 1 Satz 1 erster Halbsatz), das Grundrecht der Versammlungsfreiheit (Artikel 8) und das Petitionsrecht (Artikel 17), soweit es das Recht gewährt, Bitten oder Beschwerden in Gemeinschaft mit anderen vorzubringen, eingeschränkt werden.**

(2) **Gesetze, die der Verteidigung einschließlich des Schutzes der Zivilbevölkerung dienen, können bestimmen, daß die Grundrechte der Freizügigkeit (Artikel 11) und der Unverletzlichkeit der Wohnung (Artikel 13) eingeschränkt werden.**

**Entstehungsgeschichte: Erstfassung:** G. zur Erg. des GG v. 19.3.1956 (BGBl I 111), Art. I Nr. 3 (dazu: BT-Dr. II/2150; BT-Prot II/6819; BR-Dr. 89/56; BR-Prot 56/76).

---

[81] Vgl. die §§ 95, 98 I Nr. 4, 171 III BBG; vgl. dazu *Klein*, in: Maunz/Dürig, Art. 17 (2005) Rn. 125.
[82] EuGH, C – 261/13 P – Rn. 22 ff. EuZW 2015, 59f; hierzu kritisch *Mader* EuZW 2015, 41
[83] Vgl. *Jarass*, in: Jarass/Pieroth, Art. 17 Rn. 2f; *Bauer*, in: Dreier I, Art. 17 Rn. 24.
[84] V. 5.9.2005 (BGBl I 2722).

**Historische Verfassungstexte: RV 1849: § 159** (1) Jeder Deutsche hat das Recht, sich mit Bitten und Beschwerden schriftlich an die Behörden, an die Volksvertretungen und an den Reichstag zu wenden. (2) Dieses Recht kann sowohl von Einzelnen als von Corporationen und von Mehreren im Vereine ausgeübt werden; beim Heer und der Kriegsflotte jedoch nur in der Weise, wie es die Disciplinarvorschriften bestimmen. **§ 161** (1) Die Deutschen haben das Recht, sich friedlich und ohne Waffen zu versammeln; einer besonderen Erlaubniß dazu bedarf es nicht. (2) Volksversammlungen unter freiem Himmel können bei dringender Gefahr für die öffentliche Ordnung und Sicherheit verboten werden. **§ 162** Die Deutschen haben das Recht, Vereine zu bilden. Dieses Recht soll durch keine vorbeugende Maaßregel beschränkt werden. **§ 163** Die in den §§ 161 und 162 enthaltenen Bestimmungen finden auf das Heer und die Kriegsflotte Anwendung, insoweit die militärischen Disciplinarvorschriften nicht entgegenstehen. – **WRV: Art. 133** (2) Die Wehrpflicht richtet sich nach den Bestimmungen des Reichswehrgesetzes. Dieses bestimmt auch, wieweit für Angehörige der Wehrmacht zur Erfüllung ihrer Aufgaben und zur Erhaltung der Manneszucht einzelne Grundrechte einzuschränken sind.
**Gesetzgebung:** SG §§ 6, 10 VI, 14–17; WBO § 1 IV; WPflG; ZDG §§ 28 f., 41 III.
**Leitentscheidungen:** BVerfGE 28, 36 (46 ff.) (Zitiergebot); BVerfGE 28, 55 (Soldaten-Leserbrief); BVerfGE 28, 282 (Zitiergebot und Soldatenrecht); BVerfGE 44, 197 (Soldaten gegen Atomkraftwerk); BVerwGE 86, 321 (Antisemitischer Offizier); BVerwGE 127, 302 (Gewissensfreiheit bei Soldaten).
**Schrifttum:** *P. Lerche,* Grundrechte der Soldaten, in: Die Grundrechte IV/1, S. 447; *M. Münker,* Extremistische Soldaten und die Vereinigungsfreiheit des Grundgesetzes, NZWehrR 2001, 89; *B. Mutschler,* Die Grundrechte der „Staatbürger in Uniform", NZWehrR 1998, 1; *H. Plander,* Verteidigungsauftrag, Meinungsfreiheit und politische Betätigung im Kasernenbereich, DVBl 1980, 581; *S. Porwol,* Die politische Meinungsfreiheit des Soldaten, Diss. Hamburg 1984; *R. Schmidt-De Caluwe,* Die verfassungsrechtliche Grenze der Meinungsäußerungsfreiheit der Soldaten – Art. 5 II oder Art. 17a I GG?, NZWehrR 1992, 235; *F. K. Schoch,* Verfassungsrechtliche Grundlagen der Einschränkung politischer Betätigung von Soldaten, AöR 108 (1983), 215; *T. Tetzlaff,* Das Soldatenrecht der Bundesrepublik im Lichte neuerer Grundrechtsfunktionen, 2000; *W. Ullmann,* Grundrechtsbeschränkungen des Soldaten durch die Wehrverfassung, Diss. München 1968.

## Übersicht

## A. Entstehung und allgemeine Bedeutung

**1**    Art. 17a wurde 1956 zusammen mit den Vorschriften über die Streitkräfte (Art. 87a) und die Bundeswehrverwaltung (BWV) (Art. 87b) in das GG aufgenommen. Ähnlich wie Art. 12a enthält Art. 17a kein eigenständiges Grundrecht;[1] Art. 17a enthält vielmehr **bes. Gesetzesvorbehalte** zur weiterreichenden Einschränkung bestimmter Grundrechte im Zusammenhang mit der Verteidigung. Deshalb ist seine Aufnahme in den Grundrechtsteil bemängelt worden.[2]

## B. Abs. 1

### I. Sonderstatus und kollidierende Verfassungsgüter

**2**    Art. 17a I bestärkt hinsichtlich der **Soldaten,** also Angehörigen eines Sonderstatus, dass auch sie grds. nicht zusätzlichen, ungeschriebenen Grundrechtsschranken unterliegen sollen. Er entspricht dem Leitbild vom Bürger in Uniform.[3] Dass die Grundrechte auch im Bereich der Bundeswehr gelten, ergibt sich im Grunde schon aus Art. 1 III. Die Ersetzung der „Verwaltung" als Grundrechtsadressat in Art. 1 III durch die „vollziehende Gewalt" iRd Verfassungsnovelle von 1956 bezweckte gerade auch eine Einbindung der Bundeswehr.[4] Die Streitkräfte sollen jedoch gem. Art. 17a in vorhersehbarer Weise aus dem politischen Meinungskampf herausgehalten werden können. Außerdem sollten sie auch kein eigenständiger Machtfaktor werden können.[5]

**3**    Art. 17a I macht Grundrechtsbeschränkungen, die sich aus den Besonderheiten des Soldaten- o. Ersatzdienstverhältnisses ergeben können, für die Betroffenen vorhersehbar und erklärt, dass sie nur auf

---

[1] Vgl. auch BVerfGE 44, 197 (205).
[2] *Rauball,* in: v. Münch/Kunig I, 5. Aufl., Art. 17a Rn. 1.
[3] Vgl. *Brenner* MKS I, Art. 17a Rn. 7; *Uerpmann-Wittzak,* in: v. Münch/Kunig I, Art. 17a Rn. 1; *Schmidt-Radefeldt,* in: Epping/Hillgruber, Art. 17a Rn. 1; *Mutschler* NZWehrR 1998, 1; *Schoch* AöR 108 (1983), 215 (220).
[4] Vgl. *Epping,* in: Maunz/Dürig, Art. 65a (2008) Rn. 7.
[5] *Schwarz,* in: Maunz/Dürig, Art. 17a (2014) Rn. 29.

gesetzlicher Grundlage zulässig sind. Insofern stellt der schon 1956, also vor dem Strafgefangenen-beschluss des BVerfG,[6] eingefügte Art. 17a eine **Relativierung** der Lehre vom **bes. Gewaltverhält-nis** dar.

Str. ist, ob Art. 17a I nur **deklaratorische** Bedeutung hat. Das kommt in Betracht, wenn er nur **4** Grundrechtseinschränkungen zulässt, die auch ohne ausdrückliche Aufnahme in den Verfassungstext wegen der institutionellen Anerkennung des militärischen Statusverhältnisses durch das GG zulässig sind.[7] Um der Vorschrift nicht jede Wirksamkeit zu nehmen, wäre dann allerdings davon auszugehen, dass Art. 17a I die bes. Beschränkungsmöglichkeiten für Wehr- und Ersatzdienstleistende abschließend aufzählt. Art. 17a I hätte insofern den Charakter einer Schranken-Schranke, indem er im Sonderstatus-verhältnis an sich zulässige Grundrechtsbeschränkungen ihrerseits beschränkt.[8]

Jedenfalls seit dem Strafgefangenenbeschluss des BVerfG[9] kann die Kategorie des bes. Gewaltverhält- **5** nisses bzw. des Sonderstatus jedoch nicht mehr ohne Weiteres als ungeschriebene, grundrechtsimma-nente Beschränkung herangezogen werden. Insbes. kann die Einschränkung vorbehaltlos garantierter Grundrechte auch bei Soldaten nur auf Grund kollidierender Verfassungsrechtsgüter o. durch den einfachen Gesetzgeber auf der Grundlage des Art. 17a gerechtfertigt werden. Sofern Art. 17a Be-schränkungen der eigens aufgeführten, zT vorbehaltlosen Grundrechte zulässt, hat er also eine **ein-griffserleichternde, konstitutive Wirkung,** die über das bloße Feststellen ohnehin gegebener Begrenzungen hinausgeht.[10]

Da Art. 17a bestimmte Grundrechte ausdrücklich für beschränkbar erklärt, ist davon auszugehen, **6** dass darüber hinausgehende Beschränkungen grds. unzulässig sind (**„Enumerationstheorie"**).[11] Vor dem Hintergrund der früher praktizierten Einschränkung von Grundrechten im bes. Gewaltverhältnis o. Sonderstatus ist Art. 17a auch in seiner eingriffsbeschränkenden Dimension konstitutiv.

Art. 17a ist darüber hinaus keine spezielle und abschließende Regelung, welche den Rückgriff auf **7** das Institut der Grundrechtseinschränkung durch kollidierendes Verfassungsrecht versperrt[12] Bedeut-sam ist dies zB für die in Art. 17a I nicht genannte Vereinigungsfreiheit von Soldaten. Auch diese unterliegt den verfassungsimmanenten Schranken. Andernfalls wären die in Art. 17a I nicht genannten Grundrechte von Soldaten intensiver geschützt als die Grundrechte von Nichtsoldaten. Dies ist nicht Intention des Art. 17a I.[13] Bei der also zulässigen Begrenzung der Grundrechte von Soldaten durch kollidierendes Verfassungsrecht kommt es auf eine verhältnismäßige Zuordnung der Grundrechte und des jew. kollidierenden Rechtsguts, hier der **Funktionsfähigkeit der Bundeswehr** an.[14] Bei der vorbehaltlos gewährleisteten Gewissensfreiheit (Art. 4 I) scheint das BVerwG dem zwar im Ansatz zu folgen,[15] räumt dann aber der Gewissensfreiheit einen Vorrang ein: „Zur Gewährleistung der ‚Funk-tionsfähigkeit einer wirksamen Landesverteidigung' nach dem Grundgesetz gehört stets, sicherzustel-len, dass der von der Verfassung zwingend vorgegebene Schutz ua des Grundrechts der Gewissen-freiheit nicht beeinträchtigt wird."[16]

Hier kommt die konstitutive Bedeutung des Art. 17a I bes. zum Tragen. Ein funktionsfähiger **8** **Ersatzdienst** lässt sich schwerlich als mit den Grundrechten kollidierendes und bes. Einschränkungen rechtfertigendes Verfassungsrechtsgut qualifizieren. Allerdings werden die Erfordernisse des Ersatz-dienstes bei Beachtung des Verhältnismäßigkeitsprinzips seltener Grundrechtseingriffe rechtfertigen als bei Soldaten. Denn der an ganz unterschiedlichen Einrichtungen abzuleistende Ersatzdienst stellt keinen Sonderstatus mit bes. Eigengesetzlichkeiten dar.

## II. Abs. 1 und die allgemeinen Gesetzesvorbehalte

Im Übrigen unterliegen Beschränkungen der Grundrechte von Soldaten den allg. Regeln. Art. 17a I **9** ist nicht lex specialis idS, dass er die **allg. Gesetzesvorbehalte** verdrängt. Auch nicht in Art. 17a I genannte Grundrechte von Soldaten und Ersatzdienstleistenden können also nach den allg. Regeln eingeschränkt werden.[17] Zu beachten sind hierbei ebenso wie bei der Einschränkung der in Art. 17a I genannten Grundrechte der Verhältnismäßigkeitsgrundsatz und die Wesensgehaltsgarantie (Art. 19 II).[18]

---

[6] BVerfGE 33, 1 aus dem Jahre 1972.
[7] Vgl. *J. Ipsen* BK, Art. 17a (2019) Rn. 16 f. mwNw.
[8] So *Mann* DÖV 1960, 412.
[9] BVerfGE 33, 1; s. ferner jüngst BVerwGE 127, 302.
[10] Vgl. BVerwGE 127, 302 (324); *Lerche,* in: Die Grundrechte IV/1, S. 447 (477 f.).
[11] BVerwGE 127, 302 (324); 132, 179 (183); *Wolff,* in: Hömig/Wolff, Art. 17a Rn. 1; *Schwarz,* in: Maunz/Dürig, Art. 17a (2014) Rn. 32; *Schmidt-Radefeldt,* in: Epping/Hillgruber, Art. 17a Rn. 6.
[12] Vgl. dazu *Brenner* MKS I, Art. 17a Rn. 11 f.; *Heun,* in: Dreier I, Art. 17a Rn. 14.
[13] IErg ebenso *Spranger* VerwRdsch 1999, 20; → Rn. 8.
[14] Vgl. auch *Spranger* RiA 1997, 173 (175); allg. *Höfling,* in: Friauf/Höfling, Art. 17a (2018) Rn. 30; *Wolff,* in: Hömig/Wolff, Art. 17a Rn. 2.
[15] BVerwGE 127, 302 (358 ff.).
[16] BVerwGE 127, 302 (366).
[17] *Heun,* in: Dreier I, Art. 17a Rn. 14; *Jarass,* in: Jarass/Pieroth, Art. 17a Rn. 1; *Martens,* Grundgesetz und Wehr-verfassung, 1961, S. 111; *Mutschler* NZWehrR 1998, 1 (5 f.).
[18] *Schwarz,* in: Maunz/Dürig, Art. 17a (2014) Rn. 20 f.; *Höfling,* in: Friauf/Höfling, Art. 17a (2018) Rn. 14.

10      Nach dem **Verhältnismäßigkeitsgrundsatz** sind Einschränkungen der Grundrechte von Soldaten und Ersatzdienstleistenden nur zulässig, wenn und soweit sie geeignet, erforderlich und angemessen sind, um die Funktionsfähigkeit der Bundeswehr zu wahren.[19] Insoweit können sie aber auch weitergehenden Einschränkungen unterliegen als die Grundrechte anderer Staatsbürger.[20] Das gilt insbes. für den militärischen Spannungsfall.[21]

11      Wie sich schon aus dem Wortlaut ergibt, ist die Einschränkbarkeit nach Art. 17a I strikt **auf die Zeit der Ableistung** des Wehr- bzw. des Ersatzdienstes beschränkt. Für die Einschränkung der Meinungsfreiheit von Reservisten gilt – wenn sie nicht gerade zB iRv Wehrübungen Wehrdienst leisten – Art. 5 II, nicht Art. 17a I.[22]

## III. Das Zitiergebot

12      Str. und von potenziell praktischer Bedeutung ist,[23] ob das restriktiv auszulegende Zitiergebot (Art. 19 I 2) iRd Art. 17a gilt.[24] Wegen des unselbstständigen Charakters des Art. 17a kommt dies von vornherein nur dann in Betracht, wenn das Zitiergebot bei dem betr. Grundrecht auch sonst Anwendung findet.[25] Bei Grundrechtsbeschränkungen auf Grund kollidierender Verfassungsrechtsgüter gilt das Zitiergebot generell nicht. Da nach überwiegender Auffassung Art. 19 I 2 nicht für Gesetze iSd Art. 5 II gilt,[26] könnte fraglich sein, warum er im Falle einer Einschränkung der **Meinungsäußerungsfreiheit** von Soldaten anzuwenden sein sollte. Sofern Soldaten gem. Art. 17a I jedoch intensivere Grundrechtseinschränkungen hinnehmen müssen als Zivilpersonen durch die allg. Gesetze, kann der Vorbehalt der allg. Gesetze aus Art. 5 II derartige Eingriffe weder rechtfertigen noch die Freistellung vom Zitiergebot begründen.[27]

13      Schließlich soll das Zitiergebot nicht auf nachkonstitutionelle gesetzliche Grundrechtseinschränkungen anwendbar sein, die bereits geltende Grundrechtsbeschränkungen wiederholen.[28] Die Grundrechtsbeschränkungen bei Soldaten sind idS jedenfalls **keine neuen** nachkonstitutionellen **Eingriffe**. Gleichwohl bejaht die überwiegende Lehre die Anwendbarkeit des Art. 19 I 2 auf grundrechtsbeschränkende Gesetze iSd Art. 17a.[29]

## IV. Voraussetzungen von Grundrechtseinschränkungen nach Abs. 1

14      **1. Allgemeine Zulässigkeitsvoraussetzungen.** Art. 17a findet Anwendung auf Angehörige der Streitkräfte und des Ersatzdienstes. Angehörige der Streitkräfte sind nur **Soldaten**. Nicht dazu gehören Zivilpersonen, auch wenn diese bei den Streitkräften beschäftigt sind, sowie die unter Art. 33 V fallenden Angehörigen der Bundeswehrverwaltung.[30] Soldat ist per Legaldefinition, wer „auf Grund der Wehrpflicht oder freiwilliger Verpflichtung in einem Wehrdienstverhältnis steht" (§ 1 I 1 SoldG). Berufssoldaten werden also auch erfasst. Sie unterliegen nicht den hergebrachten Grundsätzen des Berufsbeamtentums nach Art. 33 V,[31] so dass auch bei Grundrechtsbeschränkungen von Berufssoldaten ein Rückgriff auf Art. 17a erforderlich ist. Berufssoldaten und „freiwillige Soldaten auf Zeit" unterliegen allerdings gem. Art. 137 I noch einer zusätzlichen Beschränkbarkeit des passiven Wahlrechts.

15      Angehörige des **Ersatzdienstes** sind Personen, die nach dem Zivildienstgesetz (ZDG) einberufen worden sind, sowie die Berufskräfte des Ersatzdienstes.[32]

16      Unüblich ist die Formulierung, wonach **Gesetze über Wehrdienst und Ersatzdienst** Grundrechtseinschränkungen bestimmen können. Nach den allg. Regeln heißt das, dass die Einschränkungen durch o. auf Grund eines Gesetzes erfolgen können. Voraussetzung ist ein formelles Gesetz o. eine

---

[19] *Jarass,* in: Jarass/Pieroth, Art. 17a Rn. 7.
[20] Vgl. BVerwGE 73, 237 (238 f.); *Jarass,* in: Jarass/Pieroth, Art. 17a Rn. 1.
[21] Vgl. *Doehring,* Staatsrecht, S. 365.
[22] Vgl. auch BVerwGE 43, 9 (22).
[23] Dazu → Rn. 21.
[24] Vgl. *J. Ipsen* BK, Art. 17a (2019) Rn. 32 f.; *Martens* (Fn. 17), S. 30 u. 116; *Ullmann,* Grundrechtsbeschränkungen der Soldaten durch die Wehrverfassung, Diss. München 1968, S. 125; *Schmidt-Radefeldt,* in: Epping/Hillgruber, Art. 17a Rn. 5.
[25] *Jarass,* in: Jarass/Pieroth, Art. 17a Rn. 6; *Sodan,* in: Sodan, Art. 17a Rn. 4.
[26] S. → Art. 5 Rn. 150; *Krebs,* in: v. Münch/Kunig I, Art. 19 Rn. 16.
[27] *Mutschler* NZWehrR 1998, 1 (3).
[28] BVerfGE 28, 36 (46); 61, 82 (113).
[29] Vgl. *Mutschler* NZWehrR 1998, 1 (3); *Schoch* AöR 108 (1983), 215 (238 f.); *K. Ipsen/J. Ipsen* BK, Art. 17a (1977) Rn. 25; *Schmidt-De Caluwe* NZWehrR 1992, 235 (249); s. aber BVerfGE 28, 282; BVerwGE 43, 48 (53 ff.); BVerwG NVwZ 1990, 762 (763); diff. *Jarass,* in: Jarass/Pieroth, Art. 17a Rn. 6.
[30] *Schwarz,* in: Maunz/Dürig Art. 17a (2014) Rn. 23; *Wolff,* in: Hömig/Wolff, Art. 17a Rn. 3.
[31] BVerfGE 3, 288 (334); 16, 94 (110 f.); *F. Kirchhof* HStR IV, § 84 Rn. 71.
[32] *Jarass,* in: Jarass/Pieroth, Art. 17a Rn. 3; *Schwarz,* in: Maunz/Dürig, Art. 17a (2014) Rn. 26.

Rechtsverordnung auf Grund eines formellen Gesetzes, das den Anforderungen des Art. 80 I 2 genügen muss. Wesentlich ist also, dass der (Bundes-) Gesetzgeber selbst in dem formellen Gesetz die potentiellen Eingriffe hinreichend genau umschreibt. Wie auch sonst darf der Gesetzgeber das Ausmaß der Grundrechtsgeltung nicht der Verwaltung überlassen.

**2. Der Gesetzesvorbehalt bei der Meinungsäußerungsfreiheit von Soldaten.** Lediglich das **17** Grundrecht, seine **Meinung** in Wort, Schrift und Bild **frei zu äußern,** nicht aber die Informationsfreiheit und die Film-, Presse- o. Rundfunkfreiheit können nach Art. 17a I beschränkt werden.[33] Eine Beschränkung der Informationsfreiheit wäre auch schwieriger mit der Funktionsfähigkeit der Bundeswehr zu rechtfertigen.

Hinsichtlich der **Meinungsäußerungsfreiheit** stellt sich die Frage, wie sich der **Gesetzesvor- 18 behalt** des Art. 17a zu dem Gesetzesvorbehalt nach Art. 5 II verhält.[34] Sofern die gegenwärtig gültigen „Gesetze über Wehrdienst und Ersatzdienst" allg. Bestimmungen iSd Art. 5 II enthalten,[35] könnte Art. 17a I entbehrlich sein.

Sinn und Zweck des Art. 17a I liegt darin, dass er für Soldaten und Ersatzdienstleistende einen **19** gegenüber Art. 5 II weiterreichenden Gesetzesvorbehalt aufstellt.[36] Will man Art. 17a I nicht lediglich als überflüssigen Hinw. auf Art. 5 II betrachten, so ist ihm zu entnehmen, dass die Meinungsäußerungsfreiheit von Soldaten uU auch durch **nicht allg.,** dh nach überwiegender Auffassung gegen den geistigen Gehalt der Meinungen gerichtete **Gesetze**[37] eingeschränkt werden kann.[38] Das dürfte aber schon wegen des Verhältnismäßigkeitsgrundsatzes allenfalls im Spannungsfall zulässig sein.

Zweifelhaft bleibt, ob allg. Gesetze, die die Meinungsfreiheit von Soldaten beschränken, nur an **20** Art. 17a o. auch an Art. 5 II zu messen sind. Es stellt sich maW die Frage, ob Art. 17a eine den Art. 5 II vollständig verdrängende **lex specialis** ist[39] o. ob er Art. 5 II lediglich partiell als speziellere Norm im Bereich nicht allg. Gesetze verdrängt.

Die Vorschriften des SoldG legen den Soldaten eine **politische Neutralitätspflicht** auf. Sie richten **21** sich nicht gegen eine bestimmte Meinung wegen ihres Inhalts, sondern beschränken die Meinungsfreiheit, um die Funktionsfähigkeit der Bundeswehr und die Erfüllung der ihr gestellten Aufgaben zu sichern.[40] Mit dieser Begr. bejaht das BVerfG den allg. Charakter der die Meinungsfreiheit beschränkenden Vorschriften des SoldG und verneint die Anwendbarkeit des Art. 19 I 2.[41] Verneint man demgegenüber den allg. Charakter der Beschränkungen der Meinungsfreiheit im SoldG, ist zu der Frage Stellung zu nehmen, ob von Art. 5 II nicht gedeckte Gesetze nach Art. 17a I dem Zitiergebot unterliegen.[42]

Die Meinungsäußerung des Soldaten unterliegt nicht erst dann Begrenzungen, wenn tatsächliche **21a Auswirkungen für die Funktionsfähigkeit der Bundeswehr** festgestellt werden. Es reicht vielmehr aus, wenn das Verhalten des Soldaten als solches typischerweise geeignet ist, seine Achtungs- und Vertrauenswürdigkeit zu gefährden und damit letztlich die Verteidigungsbereitschaft der Streitkräfte in Frage zu stellen.[43]

Der Meinungsstreit hat praktische Bedeutung, da die hL das Zitiergebot nicht auf allg. Gesetze iSd **22** Art. 5 II,[44] wohl aber auf die Meinungsäußerungsfreiheit einschränkende Gesetze iSd Art. 17a anwendet.[45] Da das **SoldG** den Art. 5 als eingeschränktes Grundrecht nicht zitiert,[46] wird zT auf die Verfassungswidrigkeit des SoldG geschlossen.[47] Die Anwendbarkeit des Art. 19 I 2 lässt sich mit dem Argument verneinen, dass Art. 17a, jedenfalls soweit es sich um allg. Gesetze i Sd Art. 5 II handelt, keine neuen Grundrechtseinschränkungen bringt. Bei weitergehenden Einschränkungen der Meinungsfreiheit[48] ist jedoch das Zitiergebot zu beachten. Gründe der Rechtsklarheit und Praktikabilität

---

[33] TDG Süd NVwZ-RR 2006, 126 (128); *Wolff,* in: Hömig/Wolff, Art. 17a Rn. 4; *Schmidt-Radefeldt,* in: Epping/Hillgruber, Art. 17a Rn. 9; zur Abgrenzung BVerwG NVwZ-RR 2004, 760 (762).
[34] Darstellung des Meinungsstandes in BVerfGE 28, 282 (290).
[35] Vgl. § 15 SoldG, § 29 ZDG.
[36] BVerfGE 28, 282 (291); BVerfG (K) NJW 1992, 2750 (2751).
[37] Vgl. → Art. 5 Rn. 143 ff.
[38] Vgl. BVerwGE 43, 48 (52).
[39] So BVerwGE 43, 48 (52 f.); *Dürig,* in: Maunz/Dürig, Art. 17a (2014) Rn. 28; *Frank* AK GG, hinter Art. 87 Rn. 89; *Heun,* in: Dreier I, Art. 17a Rn. 9; *Höfling,* in: Friauf/Höfling, Art. 17a (2018) Rn. 22; aA *Jarass,* in: Jarass/Pieroth, Art. 17a Rn. 1; s. a. *Lerche* FG 50 Jahre BVerwG, 2003, S. 979 (987).
[40] Bsp. bei *Schmidt-Radefeldt,* in: Epping/Hillgruber, Art. 17a Rn. 14 ff.
[41] Vgl. BVerfGE 28, 282 (289); s. a. BVerwG NVwZ 1996, 68 (§ 17 II SoldG als allg. Gesetz).
[42] Vgl. → Rn. 12 f.
[43] BVerfGE 44, 197 (203); BVerwG NVwZ 1996, 68 und 69.
[44] BVerfGE 28, 282 (289); vgl. → Art. 5 Rn. 150.
[45] S. → Rn. 12 f. mwN.
[46] § 17 IV 3 Hs. 2 SoldG aF zitierte hing. Art. 2 II 1 als eingeschränktes Grundrecht.
[47] Vgl. *Schmidt-De Caluwe* NZWehrR 1992, 235 (249); *Schoch* AöR 108 (1983), 215 (238 f.); *Beyer* BayVBl 1981, 233 (234). § 80 ZDG zitiert Art. 2 II 1, 2 II 2, 11 I, 13 und 17, nicht aber Art. 5.
[48] Dazu *Brenner* MKS I, Art. 17a Rn. 23 ff.

sprechen darüber hinaus dafür, Art. 19 I 2 grds. bei der Einschränkung der Meinungsäußerungsfreiheit von Soldaten zu beachten.[49]

23   Das BVerfG wendet im Bereich allg. Gesetze Art. 5 II und Art. 17a I **nebeneinander** an.[50] Auf der Grundlage dieser Auffassung gilt das Zitiergebot nicht, sofern die Meinungsäußerungsfreiheit von Soldaten durch allg. Gesetze iSd Art. 5 II eingeschränkt wird.[51]

24   **3. Einschränkbarkeit weiterer Grundrechte.** Hinsichtlich des Grundrechts der **Versammlungsfreiheit** (Art. 8) hat Art. 17a I nur Bedeutung für Versammlungen in geschlossenen Räumen; Versammlungen unter freiem Himmel unterliegen ohnehin dem allg. Gesetzesvorbehalt des Art. 8 II. Ziel der erweiterten Eingriffsmöglichkeit war es, Soldaten, vor allem in Krisenzeiten, von politischen Verwicklungen fernzuhalten.[52] Unter Beachtung des Verhältnismäßigkeitsgrundsatzes dürften Einschränkungen des Rechts, sich in geschlossenen Räumen (außerhalb der Dienstzeit) zu versammeln, nur in Krisensituationen im Hinblick auf die Funktionsfähigkeit der Bundeswehr gerechtfertigt und verhältnismäßig sein.[53] Das SoldG macht von der Ermächtigung zur Einschränkung der Versammlungsfreiheit bislang keinen Gebrauch.

25   Mit ähnlicher Zielrichtung ermöglicht Art. 17a I Einschränkungen des an sich vorbehaltlos gewährleisteten Rechts Sammel**petitionen** einzureichen (Art. 17). Darunter fallen von Soldaten gemeinschaftlich o. von einem o. mehreren Soldaten gemeinschaftlich mit Nichtsoldaten eingebrachte Petitionen. Nicht darunter fallen jedoch von einer Vielzahl von Personen eingebrachte gleich lautende Individualpetitionen.[54] Sie vermag Art. 17a I schon nach seinem Wortlaut nicht einzuschränken. Der Gesetzgeber hat von dieser Einschränkungsmöglichkeit unter Zitierung des Art. 17 in § 1 IV WBO und § 41 III, 80 ZDG Gebrauch gemacht. Das Wehrbeauftragtengesetz, wonach jeder Soldat das Recht hat, sich „einzeln" unmittelbar an den Wehrbeauftragten zu wenden,[55] zitiert hingegen Art. 17 nicht.[56] Bislang nicht eingeschränkt hat der Gesetzgeber das Recht der Soldaten, sich mit einer Sammelpetition (Art. 17) an den BTag zu wenden.[57] Auf das Recht einer Petition an das EuParl bzw. den Bürgerbeauftragten (Art. 227, 228 AEUV) wirkt sich Art. 17a I nicht aus.

## C. Beschränkungen nach Abs. 2

26   Art. 17a II ermöglicht Einschränkungen der Grundrechte der Freizügigkeit und der Unverletzlichkeit der Wohnung gegenüber **jedermann.** Es handelt sich um einen weiteren, zu den Art. 11 II und 13 II, III hinzutretenden, auf den Bereich der Verteidigung beschränkten Gesetzesvorbehalt. Der Begriff der Verteidigung iSd Art. 17a II ist nach allg. Auffassung weit auszulegen.[58]

27   Der **Gesetzgeber** hat von der Ermächtigung des Art. 17a II ua im Arbeitssicherstellungsgesetz (§ 39 ASG), im Zivildienstgesetz (§ 80 ZDG), im Zivilschutz- und Katastrophenhilfegesetz (§ 31 ZSKG), im Verkehrssicherstellungsgesetz (§ 32 VerkSiG), im Wehrpflichtgesetz (§ 51 WPflG) und im Soldatengesetz (§ 18 SoldG) Gebrauch gemacht.

## Art. 18 [Verwirkung von Grundrechten]

**Wer die Freiheit der Meinungsäußerung, insbesondere die Pressefreiheit (Artikel 5 Abs. 1), die Lehrfreiheit (Artikel 5 Abs. 3), die Versammlungsfreiheit (Artikel 8), die Vereinigungsfreiheit (Artikel 9), das Brief-, Post- und Fernmeldegeheimnis (Artikel 10), das Eigentum (Artikel 14) oder das Asylrecht (Artikel 16a) zum Kampfe gegen die freiheitliche demokratische Grundordnung mißbraucht, verwirkt diese Grundrechte. Die Verwirkung und ihr Ausmaß werden durch das Bundesverfassungsgericht ausgesprochen.**

---

[49] Vgl. *Brenner* MKS I, Art. 17a Rn. 29; *Höfling,* in: Friauf/Höfling, Art. 17a (2018) Rn. 24; *Schoch* AöR 108 (1983), 215 (227 f.); *Schmidt-De Caluwe* NZWehrR 1992, 235 (237 ff.); *Mutschler* NZWehrR 1998, 1 (3). Anders BVerwGE 73, 237 ff.

[50] Vgl. BVerfGE 28, 282; 44, 197; BVerfG (K) NJW 1992, 2750; s. a. BVerwGE 83, 60 (62); BVerwG NVwZ 1996, 68.

[51] BVerfGE 28, 282 (291 ff.); 44, 197 (201); BVerfG (K) NJW 1992, 2750 (2751).

[52] Vgl. *J. Ipsen* BK, Art. 17a (2019) Rn. 75.

[53] *Brenner* MKS I, Art. 17a Rn. 30; vgl. auch *J. Ipsen* BK, Art. 17a (2019) Rn. 77.

[54] *Brenner* MKS I, Art. 17a Rn. 31; *Schmidt-Radefeldt,* in: Epping/Hillgruber, Art. 17a Rn. 22 f.; aA *Heun,* in: Dreier I, Art. 17a Rn. 12; *J. Ipsen* BK, Art. 17a (2019) Rn. 79.

[55] § 7 S. 1 WBeauftrG.

[56] Krit. dazu *J. Ipsen* BK, Art. 17a (2019) Rn. 86 (§ 7 WBeauftrG „teilweise verfassungswidrig") mwNw.; *Moritz* NZWehrR 1975, 201 (208).

[57] *Schmidt-Radefeldt,* in: Epping/Hillgruber, Art. 17a Rn. 23.

[58] *Heun,* in: Dreier I, Art. 17a Rn. 15; *Höfling,* in: Friauf/Höfling, Art. 17a (2018) Rn. 33; *Mutschler* NZWehrR 1998, 1 (6); aA *Uerpmann-Wittzak,* in: v. Münch/Kunig I, Art. 17a Rn. 8.

**Entstehungsgeschichte: Erstfassung:** JöR nF 1 (1951), 171. – **Änderung:** G. zur Änd. des GG (Artikel 16 und 18) v. 28.6.1993 (BGBl I 1002), Art. 1 Nr. 3 (dazu: BT-Dr. 12/4152 [Entwurf]; BT-Prot 12/11 595; 13 502; BR-Dr 352/93; BR-Prot 93/198).
**Historische Verfassungstexte:** Art. 18 hat keinen Vorläufer in deutschen Reichsverfassungen. – **GG 1949:** Wie geltende Fassung, bis auf die Artikelangabe zum Asylrecht: „(Art. 16 Absatz 2)".
**Geltende Landesverfassungen:** *Bln*Verf Art. 24; *Hess*Verf Art. 17, 146 II; *Saar*lVerf Art. 10.
**Gesetzgebung:** BVerfGG §§ 13 Nr. 1, 36 ff.
**Leitentscheidungen:** BVerfGE 2, 1 (SRP-Verbot); BVerfGE 5, 85 (KPD-Verbot); BVerfGE 10, 118 (Verwirkungsmonopol des BVerfG); BVerfGE 11, 282 (Vorsitzender SRP); BVerfGE 38, 23 (Chefredakteur Deutsche National-Zeitung).

**Schrifttum:** *M. Brenner,* Grundrechtsschranken und Verwirkung von Grundrechten, DÖV 1995, 60; *C. Brüning,* Das Grundrecht der Versammlungsfreiheit in der „streitbaren" Demokratie, Der Staat 41 (2002), 211; *B.-O. Bryde/ H. J. Jentsch,* Die Kriterien der Einschränkung von Menschenrechten bei der Verfassungsrechtspflege, EuGRZ 2006, 617; *H. Butzer/M. Cleyer,* Grundrechtsverwirkung nach Art. 18, DÖV 1994, 637; *E. Denninger,* Verfassungstreue und Schutz der Verfassung, VVDStRL 37 (1979), 7; *H. Dreier,* Grenzen demokratischer Freiheit im Verfassungsstaat, JZ 1994, 740; *G. Dürig,* Die Verwirkung von Grundrechten nach Art. 18 GG, JZ 1952, 513; *H.-U. Gallwas,* Der Mißbrauch von Grundrechten, 1967; *K. Groh,* Selbstschutz der Verfassung gegen Religionsgemeinschaften, 2004; *Ch. Gusy,* Die „freiheitliche demokratische Grundordnung" in der Rechtsprechung des Bundesverfassungsgerichts, AöR 105 (1980), 249; *J. Iliopoulos-Strangas* (Hrsg.), Der Mißbrauch von Grundrechten in der Demokratie, 1967; *J. Isensee,* Verfassungsnorm in Anwendbarkeitsnöten: Art. 18 GG, Festgabe für K. Graßhof, 1998, 289; *H.-G. Jaschke,* Streitbare Demokratie und Sicherheit, 1991; *H. H. Klein,* Verfassungstreue und Schutz der Verfassung, VVDStRL 37 (1979), 53; *J. Lameyer,* Streitbare Demokratie, JöR N. F. 30 (1981), 147; *H. H. Rupp,* Bemerkungen zur Verwirkung von Grundrechten (Art. 18 GG), FS Küchenhoff, 1972, S. 653; *W. Schmitt Glaeser,* Mißbrauch und Verwirkung von Grundrechten im politischen Meinungskampf, 1968; *E. M. Schnelle,* Freiheitsmissbrauch und Grundrechtsverwirkung, 2014; *H. Steinberger,* Konzeption und Grenzen freiheitlicher Demokratie, 1974; *K. Stern,* Verfahrensrechtliche Probleme der Grundrechtsverwirkung, FG BVerfG I, 1976, S. 194; *R. Stettner,* Verfassungsdogmatische Erwägungen zur Grundrechtsverwirkung, DVBl 1975, 801.

**Übersicht**

# A. Allgemeines

## I. Entstehung

**1. Vorgeschichte.** Der Gedanke, in das GG eine Norm über die Verwirkung von Grundrechten **1** aufzunehmen, tauchte zuerst im **HChE** auf.[1] Dort fehlten allerdings gegenüber der heutigen Fassung des Art. 18 I die Lehrfreiheit, das Brief-, Post- und Fernmeldegeheimnis, das Eigentum und das Asylrecht. Diese Grundrechte wurden im **ParlRat** durch Vorschläge des Grundsatzausschusses, des HA und des ARA im Verlauf der Beratungen in den Wortlaut aufgenommen.

---

[1] Art. 20 HChE: (1) Wer die Grundrechte der Freiheit der Meinungsäußerung..., der Pressefreiheit..., der Versammlungsfreiheit... oder der Vereinigungsfreiheit zum Kampf gegen die freiheitliche und demokratische Grundordnung missbraucht, verwirkt damit das Recht, sich auf diese Grundrechte zu berufen. (2) Ob diese Voraussetzung vorliegt, entscheidet auf Beschwerde das BVerfG.

2    Das BVerfG sollte zunächst nur als Beschwerdeinstanz eingeschaltet sein. Die heutige Fassung der Verfahrensbestimmung (Art. 18 II), nach der die Entscheidung konstitutiv ist, geht auf eine Empfehlung des **ARA** vom 13.12.1948 zurück.[2]

3    **2. Änderung.** Durch das G. zur Änd. des GG (Art. 16 und 18) v. 28.6.1993 (BGBl I 1002) wurde Art. 16a in das GG eingefügt, zugleich erfolgte in Art. 18 I die **redaktionelle Anpassung** an die neue **Asylrechtsbestimmung** des Art. 16 a.

## II. Grundsätzliche Bedeutung

4    **1. Art. 18 als Antwort auf Entwicklungen zur Zeit der Weimarer Republik.** Art. 18 ist – wie die Beratungen im ParlRat[3] zeigen – **in Reaktion auf die Weimarer Republik und die NS-Diktatur entstanden.**[4] Dabei standen die mangelnden Vorkehrungen der WRV gegen eine Beeinträchtigung des Verfassungskerns im Vordergrund der Überlegungen[5] und – gravierender – die wirtschaftliche und politische Destabilisierung zurzeit der Weimarer Republik und die daraus entstandene NS-Diktatur: Verlust des Vertrauens in demokratische, oft handlungsunfähige Institutionen, Gewinnung der Mehrheit durch extreme politische Kräfte von rechts und links, spätere Unterwanderung des Staates und seiner Institutionen, Aushöhlung der Verfassungsordnung von „innen heraus", zunehmende Beseitigung verfassungsrechtlicher Sicherungen, schließlich nach Errichten der Terror-Diktatur offene Verfolgung und Vernichtung politischer Gegner, Beseitigung der Verfassung und Errichtung eines totalitären Terrorsystems.

5    Kennzeichnend ist die **Aussage des späteren NS-Propaganda-Ministers, Joseph Goebbels,** (1928): Die NSDAP würde in den Reichstag gehen, um die „Weimarer Gesinnung mit ihrer eigenen Unterstützung lahm zu legen. Wenn die Demokratie so dumm ist, uns für diesen Bärendienst Freifahrtkarten und Diäten zu geben, so ist das ihre Sache. Wir kommen als Feinde! Wie der Wolf in die Schafsherde einbricht, so kommen wir".[6] Auch die 1949 bestehende Bedrohung durch das stalinistische Unrechtssystem, dem osteuropäische Staaten zum Opfer gefallen waren, war Anlass für die Schaffung des Art 18.[7]

6    Vor diesem geschichtlichen Hintergrund war der ParlRat bestrebt, wirksame Sicherungen in das GG einzubauen.[8] Um eine wehrhafte Demokratie zu schaffen, beschränkte man sich dabei nicht auf **Staatsschutzbestimmungen** i. e. S., sondern auf **den Schutz der Verfassung.** Eine **funktionsfähige Staatsorganisation** und die **umfassende Geltungskraft der Grundrechte** sollte gesichert werden,[9] in der richtigen Erkenntnis dass „nahezu die ganze Verfassung... ein Geflecht von Sicherungen zur Verhinderung ihrer Überwältigung dar(stellt)".[10]

7    **2. Bedeutung des Art. 18 in der Rechtswirklichkeit.** Art. 18 GG kommt im Rechtsleben nur geringe praktische Bedeutung zu. Denn das BVerfG hat bisher nur über insgesamt vier Verwirkungsverfahren entschieden, die jeweils für die staatlichen Antragsteller erfolglos blieben. Es fehlt bislang eine prägende Rechtsprechung zu den grundlegenden dogmatischen Fragen des Art. 18. Sie wurzeln in dem Dilemma, dass eine zum Schutz der Verfassung gebotene effektive freiheitsverkürzende Verwirkungsregelung einem zugunsten des Verwirkungstäters in Art. 18 selbst angelegten Grundrechtsschutz durch Verfahren gegenübersteht. Die **Aporie zwischen Grundrechtsverkürzung und extremer Verfahrenssicherung** ist bisher nur vereinzelt erkannt worden.[11] In der überlangen Verfahrensdauer der Verwirkungsverfahren,[12] und in der Notwendigkeit umfangreicher Tatsachenermittlungen und Beweiserhebungen,[13] für deren Bewältigung das BVerfG institutionell und personell kaum geeignet ist, zeigen sich die Ursachen für die relative Bedeutungslosigkeit des Art. 18 in der Verfassungsrechtspraxis. Dennoch ist nicht zu übersehen, dass Art. 18 im Gefüge der verfassungsschutzrechtlichen Normen des GG eine besondere Bedeutung zukommt. Er hat trotz seines Schatten-

---

[2] Vgl. JöR N. F. 1 (1951), 173 ff.

[3] JöR N. F. 1 (1951), 171–176.

[4] Vgl. zum historischen Hintergrund der Bestimmung *Schmitt Glaeser,* Mißbrauch und Verwirkung von Grundrechten im politischen Meinungskampf, 1968, S. 21 ff.; *Gröschner,* in: Dreier I, Art. 18 Rn. 3.

[5] Auf das sehr einschneidende Republikschutzrecht, das aber in der Weimarer Zeit nicht ausreichend eingesetzt worden war, weist zu Recht *Gusy* (Weimar – Die wehrlose Republik? 1991) hin, vgl. auch *Gusy* AK GG, Art. 18 Rn. 4.

[6] Zit. nach *H. Schrübbers,* Organisation und Aufgaben des Verfassungsschutzes, in: Verfassungsschutz – Beiträge aus Wissenschaft und Praxis (Hrsg. BMI), 1966, S. 65.

[7] Vgl. *Dürig/Klein* in: Maunz/Dürig, Art 18 (2017) Rn. 4.

[8] Vgl. JöR N. F. 1 (1951), 171–176.

[9] Vgl. *Krebs,* in: v. Münch/Kunig I, Art. 18 Rn. 2.

[10] *J. Lameyer,* Streitbare Demokratie, 1978, S. 20.

[11] Vgl. aber *Gusy* AK GG, Art. 18 Rn. 7 f.

[12] Im Verfahren BVerfGE 11, 282 = 8 Jahre; BVerfGE 38, 23 = 5 Jahre und bei den Verfahren 2 BvA 1 und 2/92 (n. v.) = je 4 Jahre.

[13] Vgl. die zutreffenden Hinweise im Bericht des BMJ (Hrsg.), Entlastung des BVerfG, 1998, S. 129 ff.; auch *Brenner,* in: IMKS I, Art. 18 Rn. 14, 17; auch *Gusy* AK GG, Art. 18 Rn. 8.

daseins eine **Reservefunktion,**[14] ist gewissermaßen der **„Schlafdeich",** der in Funktion tritt, wenn der Hauptdeich der Rechtsordnung überspült ist. Dass Art. 18 zudem der besondere Aufmerksamkeit der Rechtswissenschaft erhalten hat, insbesondere für die grundrechtssystematische Frage der Konkurrenz von Missbrauch und Grundrechtsschranke und für das Prinzip der wehrhaften Demokratie, wird zutreffend hervorgehoben.[15] Die Umschreibung, dass sich Art 18 mit seinen komplizierten juristischen Implikationen nur auf ein – allerdings „für eine orientierungsschwache Gesellschaft" schon viel bedeutendes Symbol reduziert,[16] wertet die wichtige Eckpfeilerfunktion der Norm etwas zu sehr ab. Der Gedanke der wehrhaften Demokratie schützt die freiheitliche demokrat. Grundordnung als solche, ein obj. und allgemeingültiger Wert des verfassungsrechtl. Lebens überhaupt,[17] der in der heutigen, inhomogenen Zeit auseinanderstrebender Staats- und Kultur- und Glaubensvorstellungen besonders wichtig ist. Zur Sicherung dieser Demokratie müssen Grenzen für die jeweilige Grundrechtswahrnehmung gesetzt werden können. Das zeigt sich auch bei den derzeitigen legislatorischen und administrativen Versuchen, die Gefahren des internationalen Terrorismus, Religionsfanatismus und gewalttätigen Extremismus effektiv zu bekämpfen. Dass dies nur in den Bahnen des Rechts geschehen darf, belegt Art. 18 sehr deutlich.

In der fortwährenden Kontroverse zur von Extremisten ausgeübten Demonstrationsfreiheit[18] wird **7a** die Bedeutung der Wertung des Art. 18 besonders deutlich. Die wehrhafte Demokratie kann und darf sich nur in den Formen des Rechts durchsetzen. Der Rechtsstaat ist damit Schutzstaat für die Rechte aller.[19] Erst wenn die Schwelle der Strafbarkeit oder Verwirkung von den Demonstranten – gleich welcher politischer, religiöser, etc. Richtung auch immer – überschritten ist, kann das einfach-rechtliche Verbotsinstrumentarium eingreifen. Dies geschieht übrigens bei den auf § 3 VereinsG gestützten Vereinsverboten (bisher über 190 Verfahren) auch in recht effektiver Weise.[20] Ohne positive Entscheidung des BVerfG über die Verwirkung ist es aber der Exekutive und den Verwaltungsgerichten verwehrt, die nicht strafrechtswidrige Grundrechtswahrnehmung einzelner Extremisten – welcher Art und Richtung auch immer – verwirkungsähnlich auszuschalten. Diese Sperrwirkung des Art. 18 wird von der großen Mehrheit der Gerichte auch akzeptiert.[21]

**3. Weitere Vorschriften zum Schutz des GG.** Art. 18 ist nur **ein Element im System der 8 Verfassungssicherung des GG.**[22] Materieller Verfassungsschutz findet nach dem GG auf vier Ebenen[23] statt: auf der Grundrechtsebene (Art. 5 III 2, 10 II, 11 II und 18); auf der Ebene der politischen Parteien und Vereinigungen (Art. 21 II, 9 II); auf der dienstrechtlichen Ebene für Beamte, Richter und Soldaten (Art. 33 V, 98 II); auf der Verwaltungsebene (Art. 73 Nr. 10b, 87 I 2, 87a IV, 91 I). Der bundesrechtliche Verfassungsschutz auf der Ebene des GG wird durch landesverfassungsrechtliche Normen und durch zahlreiche einfachgesetzliche Vorschriften ergänzt.[24] Aus allen Bestimmungen ergibt sich das Prinzip der wehrhaften Demokratie.

## III. Normadressaten

Art. 18 betrifft natürliche Personen, soweit diese jeweils Träger der in Art. 18 genannten Grund- **9** rechte sein können, also **Deutsche** mit Ausnahme des Art. 16a und Ausländer mit Ausnahme der Art. 8 und 9. Bekämpfen **Ausländer** nicht die freiheitliche demokratische Grundordnung des GG, sondern unterstützen sie von der Bundesrepublik Deutschland aus freiheitsfeindliche Umsturzbewegungen in ihrem Heimatstaat, ist Art. 18 nicht einschlägig.[25] Normadressaten des Art. 18 sind auch inländische **juristische Personen,** soweit sie nach Art. 19 III Grundrechtsträger sind und nicht Art. 9 II und 21 II Anwendung finden.

---

[14] *Gusy* AK GG, Art. 18 Rn. 9.
[15] Vgl. nur *Gusy* AK GG, Art. 18 Rn. 10 f.; auch *Dürig/Klein,* in: Maunz/Dürig Art. 18 (2017) Rn. 2, die auf die außerordentliche wertsystematische Bedeutung der Norm hinweisen.
[16] *Isensee,* in Festgabe für Graßhof, 1998, S. 289 (323).
[17] *Dürig/Klein,* in: Maunz/Dürig Art 18 (2017) Rn. 1.
[18] *C. Brüning* Der Staat 41 (2002), 211 (213); *W. Hoffmann-Riem* NJW 2004, 2777; *M. Morlok* NJW 2001, 2931; BVerfG (K) NJW 2001, 2069; BVerfGE 111, 147; VGH BW VBlBW 2002, 383; Thür OVG ThürVBl 2002, 213 einerseits, andererseits OVG NRW NJW 2001, 2111 f.; 2986 f.; NWVBl 2001, 223 f.; wohl auch *U. Battis/K.J. Grigoleit* NVwZ 2001, 121.
[19] Zu Recht: *W. Hoffmann-Riem* NJW 2004, 2779: Das Grundgesetz ist nur in den Formen des Rechtsstaats wehrhaft, der verteidigt werden soll; vgl. auch BVerfG (K) EuGR 2011, 88 ff., wo eine verwirkungsgleiche, die Meinungsfreiheit abschneidende Weisung nach § 68 Abs 2 StGB eines OLG wegen Verstoßes gegen Art. 5 I 1 aufgehoben wurde und ausdr. auf Art. 18 Bezug genommen wurde (→ Rn. 24).
[20] Vgl. *C. Baudewin* NVwZ 2013, 1049.
[21] VGH BW VBlBW 2002, 383; ThürOVG ThürVBl 2002, 213; OVG Bln NVwZ 2000, 1201 (1202).
[22] *Stern,* StaatsR III/2, S. 943.
[23] *Stern* ebda.
[24] Vgl. *A. Sattler,* Die rechtliche Bedeutung der Entscheidung für die streitbare Demokratie, 1982, S. 103 ff.
[25] *Dürig/Klein,* in: Maunz/Dürig Art 18 (2017) Rn. 26.

# B. Inhalt der Regelung – Tatbestandsmerkmale

## I. Grundrechtskatalog

**10**     Art. 18 S. 1 zählt die verwirkbaren Grundrechte im Einzelnen auf, dabei handelt es sich nach allgemeiner Auffassung um eine abschließende Enumeration.[26] Abgesehen vom Eigentum und von Teilgehalten des Brief-, Post- und Fernmeldegeheimnisses geht es vor allem um Grundrechte, die in den politischen Raum hineinwirken und stärker die öffentliche Sphäre als die Privatsphäre berühren.[27] Die in Art. 18 S. 1 aufgeführten Grundrechte spiegeln die Zielsetzung des Verfassungsgebers wider, **die individuelle Verfassungsaggression** durch Art. 18 zu bekämpfen. Zutreffend hat *Dürig* ausgeführt, dass sich auch unter Missbrauch von in Art. 18 nicht genannten Grundrechten die freiheitliche demokratische Grundordnung bekämpfen lässt.[28]

**10a**     Politischer Extremismus tritt verstärkt im Gewande der Religion (Art. 4) auf,[29] und kann auch in der Kunst- und Wissenschaft (Art. 5 III) oder im Rundfunk und Film (Art. 5 I 2) auftreten. Dennoch enthält Art. 18 derzeit eine abschließende Regelung, die nach den einschneidenden Erfahrungen der letzten Jahre im Hinblick auf eine **pervertierte Religionsfreiheit** („der mordende Terrorist gelangt nach seiner Gewalttat ins Paradies", der islamistische „Märtyrer" – völlig konträr zum christlichen Märtyrer, der allein passiv-erduldend um seines Glaubens willen den Tod erleidet – nimmt Unschuldige mit in den gewählten Tod) de lege ferenda zu erweitern ist. Schon bei den Beratungen des GG ist die Einbeziehung „religiöser Fanatiker", die ihre Religionsfreiheit gegen die freiheitliche demokratische Grundordnung richten, in die Verwirkungsregelung erwogen worden.[30] Der Verzicht hierauf mit der Überlegung, der Kulturkampf von 1871 – also der Kampf zwischen Staat und kath. Kirche – dürfe nicht neu belebt werden, ist schlicht anachronistisch. Gerade aus anderen, aufklärungslosen Kulturkreisen stammende religiöse Fanatiker, politische Extremisten und aggressive Religionsführer mit terrorismusgeneigtem Hintergrund bekämpfen zur Durchsetzung ihrer grundgesetzwidrigen Ziele (z. B. Einführung des Scharia-Rechts, Eliminierung des Rechtsstaats und der Neutralität des Staates, Unterdrückung der Frauen, Errichtung eines Gottesstaats, Kalifats etc) die grundgesetzliche Ordnung unter dem Deckmantel der Religionsausübung. Es kommt hinzu, dass Art. 4 ohnehin keinen Gesetzesvorbehalt trägt und nach der gegenwärtigen weiterzigen indifferenten Interpretation der Gerichte oft ein Unterlaufen der Rechtsordnung ermöglicht. Im Vereinsrecht ist daraus die richtige Folgerung mit der Beseitigung des Religionsprivilegs gezogen worden.

## II. Missbrauch zum Kampf

**11**     Die Grundrechte müssen zum Kampf gegen die freiheitliche demokratische Grundordnung **missbraucht** werden. Missbrauch i. S. des Art. 18 bedeutet eine unzulässige Grundrechtsausübung, die durch eine nachhaltig aktiv-aggressive Bekämpfung der freiheitlichen demokratischen Grundordnung gekennzeichnet ist.[31] Dabei muss das Verhalten **zielgerichtet** zu einer Gefährdung der Grundordnung führen.[32] Da Art. 18 eine zukünftige Gefahr abwenden soll,[33] ist eine Prognose über die künftige Gefährlichkeit notwendig.[34] Aus den Worten „zum Kampf … missbraucht" ergibt sich, dass der Missbrauch vorsätzlich erfolgen muss.[35] Der Begriff des Missbrauchs ist im engen Zusammenhang mit dem Begriff des Kampfes zu sehen. Dass er aber kein selbstständiges eigenes Tatbestandsmerkmal sein soll,[36] ist weder vom Wortlaut des Art. 18 noch von seinem Zweck gedeckt, da nur der missbräuchliche Kampf mit aggressiver verfassungsfeindlicher Zielrichtung eine Verwirkung der bekämpften Grundrechte zur Folge haben soll.

## III. Angriffsobjekt: die freiheitliche demokratische Grundordnung

**12**     Der Kampf muss sich **gegen die freiheitliche demokratische Grundordnung** richten. Darunter wird ein Prinzip verstanden, das „unter Ausschluss jeglicher Gewalt- und Willkürherrschaft eine

---

[26] Vgl. *Schmitt Glaeser* (Fn. 4), S. 116 f., 119; *Dürig/Klein,* in: Maunz/Dürig, Art. 18 (2017) Rn. 17; *Gallwas,* Der Mißbrauch von Grundrechten, 1967, S. 138–140; *Krebs,* in: v. Münch/Kunig I, Art. 18 Rn. 7; *Bleckmann,* Staatsrecht II, S. 413; *Jarass,* in: Jarass/Pieroth, Art. 18 Rn. 4; *Stern,* StaatsR III/2, S. 957.

[27] So *Stern,* StaatsR III/2, S. 957.

[28] *Dürig/Klein,* in: Maunz/Dürig, Art. 18 (2017) Rn. 17.

[29] Vgl. Beschl. des BayVGH, KirchE 61, 300 ff.; zu einem Prediger des „Mainstream-Salafismus" in München.

[30] JöR N. F. 1 (1951), 172; *Dürig/Klein,* in: Maunz/Dürig, Art. 18 (2017) Rn. 17; zum Ganzen *K. Groh,* Selbstschutz der Verfassung gegen Religionsgemeinschaften, S. 394.

[31] *Krebs,* in: v. Münch/Kunig I, Art. 18 Rn. 5; *Stern,* StaatsR I, S. 957.

[32] Vgl. *Dürig/Klein,* in: Maunz/Dürig, Art. 18 (2017) Rn. 54.

[33] BVerfGE 38, 23 (24 f.).

[34] BVerfGE 38, 23, 24; *Dürig/Klein,* in: Maunz/Dürig, Art. 18 (2017) Rn. 49.

[35] Dabei kommt es nicht auf strafrechtliche Schuld an, es genügt ein entsprechender Handlungswille im Sinne eines „natürlichen Vorsatzes". Vgl. *Gallwas* (Fn. 26) S. 120; *Dürig/Klein,* in: Maunz/Dürig, Art. 18 (2017) Rn. 45.

[36] So *Wernicke* BK, Art. 18 Erl. 1c (S. 4) und ihm folgend *Gröschner,* in: Dreier I, Art. 18 Rn. 21.

rechtsstaatliche Herrschaftsordnung auf der Grundlage der Selbstbestimmung des Volkes nach dem Willen der jeweiligen Mehrheit und der Freiheit und Gleichheit darstellt". Als grundlegende Prinzipien dieser Ordnung nennt das BVerfG: „Die Achtung vor den im Grundgesetz konkretisierten Menschenrechten, vor allem vor dem Recht der Persönlichkeit auf Leben und freie Entfaltung, die Volkssouveränität, die Gewaltenteilung, die Verantwortlichkeit der Regierung, die Gesetzmäßigkeit der Verwaltung, die Unabhängigkeit der Gerichte, das Mehrparteienprinzip und die Chancengleichheit für alle politischen Parteien mit dem Recht auf verfassungsmäßige Bildung und Ausübung einer Opposition".[37] In der Literatur ist diese Rechtsprechung einhellig gebilligt worden.[38]

## IV. Rechtsfolge der Verwirkung

Der Begriff der Verwirkung in Art. 18 hat nichts mit dem **allgemeinen Verwirkungsbegriff des** **13** **Zivil- und Verwaltungsrechts** zu tun.[39] Dieser ist als Ausfluss des Grundsatzes von Treu und Glauben, der für die gesamte einfach-rechtliche Rechtsordnung gilt, ein Anwendungsfall widersprüchlichen Verhaltens. Danach darf ein Recht nicht mehr ausgeübt werden, wenn seit der Möglichkeit der Geltendmachung ein längerer Zeitraum verstrichen ist und besondere Umstände hinzutreten, die die verspätete Geltendmachung als Verstoß gegen Treu und Glauben erscheinen lassen.[40] Verwirkung i. S. des Art. 18 hingegen bedeutet nicht das Absprechen des geltend gemachten Rechts oder seinen (Total-)Verlust.[41] Vielmehr kann sich der Betroffene nicht mehr auf das Grundrecht berufen.[42] Es geht damit um das **Verbot der Grundrechtsausübung, nicht den Verlust des Grundrechts.** Durch die Verwirkung wird der Betroffene bzgl. der aberkannten Grundrechte nicht „vogelfrei" oder im Sinne der alten „Reichsacht" geächtet, also rechtlos. Es muss noch immer etwas von dem Grundrecht „übrig bleiben", eine Voll-Verwirkung scheidet daher aus.[43] Sie wäre schon mit der Unveräußerlichkeit der Grundrechte und der Bindung aller Staatsgewalt an die Verfassung nicht vereinbar.[44] Die Verwirkung eines Grundrechts scheitert nicht daran, dass sie zwangsläufig Auswirkungen auf ein anderes Grundrecht hat.[45] Hinter diesem eingeschränkten Verwirkungsbegriff steht der Schutzgedanke des Art. 18 selbst, der nur auf eine Entpolitisierung des Verfassungsfeindes, also dessen polit. Enthaltsamkeit, nicht aber auf dessen Entbürgerlichung gerichtet ist.[46]

## C. Grundrechtsverwirkungsverfahren

## I. Zulässigkeit

Nach Art. 18 S. 2 kann nur das BVerfG (mit Zweidrittel-Mehrheit, § 15 II 2 BVerfGG) die **14** Verwirkung aussprechen. Das sog. **Entscheidungsmonopol des BVerfG** entspricht der Bedeutung **des Verwirkungseingriffs** für den betroffenen Grundrechtsträger und für das Verfassungssystem. Das Verfahren ist in §§ 13 Nr. 1, 14 II, 36–42 BVerfGG normiert.[47] Der Antrag auf Entscheidung gemäß Art. 18 S. 2 kann – nach politischem Ermessen[48] – vom BT, von der BReg oder von einer LReg gestellt werden (§ 36 BVerfGG). Das **Verfahren der Grundrechtsverwirkung** vor dem BVerfG läuft in zwei Stufen ab. Dem Hauptverfahren ist ein Vorverfahren nach § 37 BVerfGG zwingend vorgeschaltet, das mit dem Beschluss abgeschlossen wird, ob der Antrag als unzulässig oder als nicht hinreichend begründet zurückzuweisen oder ob die Verhandlung durchzuführen ist. Nach § 38 BVerfGG kann – unter Beachtung der Formerfordernisse des § 23 BVerfGG – das BVerfG Beschlagnahmen und Durchsuchungen anordnen sowie zur Vorbereitung der mündlichen Verhandlung eine Voruntersuchung beschließen. Antragsgegenstand ist die Feststellung der Verwirkung eines in Art. 18 genannten Grundrechts wegen möglichen Missbrauchs zum Kampf gegen die freiheitliche demokratische Grundordnung. Antragsgegner können alle Normadressaten sein.

---

[37] BVerfGE 2, 1 (12 f.).

[38] Vgl. *Stern,* StaatsR I, S. 568; *Krebs,* in: v. Münch/Kunig I, Art. 18 Rn. 8; *Gröschner,* in: Dreier I, Art. 18 Rn. 22 f.; *Jarass,* in: Jarass/Pieroth, Art. 18 Rn. 5.

[39] Vgl. *Dürig/Klein,* in: Maunz/Dürig Art 18 (2017) Rn. 22; *Wernicke* BK, Art. 18 Erl. 1g (S 6 f.) mwN.

[40] Vgl. nur BVerwGE 44, 339 (343); 108, 93 (96).

[41] Vgl. *Stern,* StaatsR Bd. III/2 S 962 unter Hinw. auf die Materialien.

[42] *Dürig/Klein,* in: Maunz/Dürig Art 18 (2017) Rn. 69; *Krebs,* in: v. Münch/Kunig I, Art. 18 Rn. 14 f.

[43] Vgl. *Schmitt Glaeser* (Fn. 4), 1968, S. 223; *Krebs,* in: v. Münch/Kunig I, Art. 18 Rn. 14; *Stern* FG BVerfG I, 1976, S. 216; *Dürig/Klein,* in: Maunz/Dürig Art 18 (2017) Rn. 70.

[44] Vgl. *Gusy* AK GG, Art. 18 Rn. 21.

[45] BVerfGE 25, 88 (97).

[46] Vgl. *Dürig/Klein,* in: Maunz/Dürig Art 18 (2017) Rn. 16; *Brenner* MKS I, Art. 18 Rn. 10; *Isensee* FG Graßhof, 1998, S. 289 (293).

[47] Vgl. im Einzelnen *Stern,* StaatsR III/2, S. 970 ff. mwN.

[48] Vgl. *Stern* FG BVerfG I, 1976, S. 201 f.

## II. Begründetheit

15    Im Rahmen der Begründetheit hat das BVerfG in Abweichung von den meisten Verfahrensarten die erforderliche Norminterpretation und die normbezogene Subsumtion **unter eigener Tatsachenfeststellung und -würdigung** vorzunehmen, die zeit- und personalaufwändig ist und zu Zweifeln an der Effizienz der Regelung führt. Art. 18 selbst stellt die mat.-rechtl. Ermächtigungsgrundlage für die Vornahme der Grundrechtseingriffe dar. Der einfach-rechtliche § 39 I 4 BVerfGG bietet dabei die Möglichkeit zu einem gesetzesfreien Eingriff.[49] Als Korrektiv ist aber der Grundsatz der Verhältnismäßigkeit heranzuziehen.[50] Die Gefahr für die freiheitliche demokratische Grundordnung muss auch zum Zeitpunkt der Entscheidung des BVerfG fortbestehen.[51] Das folgt aus dem Prognosecharakter seiner Entscheidung,[52] hat aber den Nachteil, dass das Verwirkungsverfahren zu einer stumpfen Waffe werden kann, wenn der vor Gericht stehende Verfassungsfeind sich durch Wohlverhalten während des Prozesses hervortut und frei kommt.

## III. Wirkungen der Entscheidung des BVerfG

16    Erweist sich der Antrag auf Entscheidung gem. Art. 18 S. 2 als begründet, so stellt das BVerfG fest, welche Grundrechte der Antragsgegner verwirkt hat.[53] **Die Entscheidung wirkt ex nunc,**[54] Die Verwirkung kann gem. § 39 I 2 BVerfGG befristet werden. Die in § 39 I 3, 4 BVerfGG normierte Möglichkeit, genau bestimmte Beschränkungen aufzuerlegen, ist eng auszulegen.[55] Gemäß § 39 II BVerfGG kann das BVerfG dem Antragsgegner auf die Dauer der Verwirkung das aktive und passive Wahlrecht und die Fähigkeit zur Bekleidung öffentlicher Ämter aberkennen und bei juristischen Personen ihre Auflösung anordnen.[56] Zugleich hat das BVerfG über das Ausmaß der Verwirkung zu entscheiden. Wie diese weite Ermächtigung auf praktikable Weise eingegrenzt werden kann, ist mangels vorhandener Judikatur schwer abzuschätzen. Bezüglich der **Aufhebung der Verwirkung** durch das BVerfG vgl. § 40 BVerfGG.

## D. Art. 18 als geltendes Verfassungsrecht

17    Angesichts des Umstandes, dass das BVerfG bislang noch keine Verwirkung von Grundrechten ausgesprochen hat,[57] ist vereinzelt Art. 18 für obsolet erklärt worden.[58] Wie oben bemerkt, wird allgemein die **praktische Bedeutung des Art. 18** als gering eingeschätzt.[59] Gründe für eine zurückhaltende Anwendung dürften aber wohl weniger darin bestehen, dass die Rechtsfolgen außerordentlich hart sind.[60] Vielmehr sind die verfahrensrechtlichen und -praktischen Hürden für einen erfolgreichen Ausgang des Verfahrens sehr hoch, so dass **Reformüberlegungen** durchaus nicht von der Hand zu weisen sind.[61] Es spricht viel dafür, die Zuständigkeit eines Senats des BVerwG, das auch sonst in einigen Rechtsgebieten als Tatsacheninstanz fungiert und mit den verwirkbaren Grundrechten als solchen befasst ist, für Verwirkungsangelegenheiten zu begründen. Wenn in Zeiten der Bedrohung der Demokratie nach wirksamer präventiver Abwehr gerufen wird, erscheint dieser Weg rechtsstaatlich einwandfrei und effektiver, zumal gegen die Entscheidung des BVerwG eine verfassungsgerichtliche Kontrolle möglich ist.

17a    Unabhängig von der in der Rechtspraxis geringen Bedeutung des Art. 18 hat Stern[62] überzeugend ausgeführt, dass Art. 18 auch heute noch eine zentrale Norm im System des grundgesetzlichen Schutzes der Verfassung ist, die in einer bestimmten Situation aktuelle Bedeutung gewinnen kann. Eine bislang zurückhaltende Handhabung bedeutet nicht, dass die Bestimmung obsolet geworden ist, **Art. 18 hat volle Geltungskraft.** Es bleibt bei der entscheidenden Aussage, dass der Freiheitswert als

---

[49] Vgl. *Gusy* AK GG, Art. 18 Rn. 21.

[50] *Dürig/Klein,* in: Maunz/Dürig, Art. 18 (2017) Rn. 52; *Brenner* MKS I, Art. 18 Rn. 11; *Jarass,* in: Jarass/Pieroth, Art. 18 Rn. 6.

[51] BVerfGE 38, 24 f.

[52] Vgl. *Krebs,* in: v. Münch/Kunig I, Art. 18 Rn. 15; *Gusy* AK GG, Art. 18 Rn. 18.

[53] § 39 I 1 BVerfGG.

[54] *Krebs,* in: v. Münch/Kunig I, Art. 18 Rn. 12.

[55] *Pestalozza* Verfassungsprozeßrecht, S. 71.

[56] *Pestalozza* Verfassungsprozeßrecht, S. 71 f., hält die Ermächtigung zur Aberkennung des Wahlrechts, der Wählbarkeit und der Fähigkeit zur Bekleidung öffentlicher Ämter gemäß § 39 II BVerfGG für verfassungswidrig; so auch *Gröschner,* in: Dreier I, Art. 18 Rn. 27; aA *Benda,* in: Benda/Klein, Verfassungsprozessrecht, Rn. 1078.

[57] Vgl. BVerfGE 11, 282 (SRP) und BVerfGE 38, 23. Beide Verfahren führten zu keinem Verwirkungsausspruch, da sie „nicht hinreichend begründet" waren; ebenso die Verfahren 2 BvA 1 und 2/92 (vgl. Fn. 12).

[58] *Friesenhahn* Jura 1982, 505 (512); *Schwabe* ZRP 1991, 361 (362).

[59] So zutreffend *Krebs,* in: v. Münch/Kunig I, Art. 18 Rn. 1.

[60] *Stern,* StaatsR III/2, S. 931.

[61] Vgl. die Hinw. bei *Brenner* MKS I, Art. 18 Rn. 19.

[62] *Stern,* StaatsR III/2, S. 932; in diesem Sinne auch *J. Becker* HStR VII, § 167 Rn. 54: „Nichts spricht dafür, ohne zwingenden Grund eine von den Vätern der Verfassung entzündete Fackel der wehrhaften Demokratie auszulöschen."

solcher letztlich nur verfassungsrechtlich zu sichern und zu realisieren ist, wenn Abstriche bei der individuellen und konkreten Grundrechtsausübung gemacht werden.[63]

# E. Verhältnis zu anderen Normen des GG und zum einfachen Recht

## I. Normen des GG

Das Verhältnis des Art. 18 zu Art. 9 II und Art. 21 II ist umstritten.[64] Gegen **Vereinigungen** kann **18** nur nach Art. 9 II und gegen **politische Parteien** nur nach Art. 21 II vorgegangen werden, soweit es um Verbot und Auflösung der **Organisation** geht.[65] Im Verhältnis zu Art. 18 sind die zuvor genannten Normen jeweils leges speciales. Art. 9 II und Art. 21 II verbieten es jedoch nicht, gegen **das einzelne Vereins- oder Parteimitglied** auch nach Art. 18 vorzugehen.[66] Geht es um den Verlust des Mandats eines Parlamentariers wegen der Verfassungswidrigkeit seiner Partei, kommt allerdings nur Art 21 Abs. 2 GG zum Zuge.[67]

## II. Normen des einfachen Rechts

Das Verhältnis von Art. 18 zum **politischen Strafrecht**[68] (mit Einschluss verhängter Nebenstrafen **19** wie Berufsverbot, Verbot zur Bekleidung öffentlicher Ämter und Aberkennung des Wahlrechts) ist als ein aliud zu bestimmen.[69] Die strafrechtliche Sanktion, die ohnehin nur repressiven Charakter hat, besteht neben der Grundrechtsverwirkung, ebenso die mitverhängte Nebenstrafe. Präventive Funktion hat hingegen die staatsrechtliche Verfassungsschutz-Bestimmung des Art. 18. Repressiven Charakter haben auch die Berufsverbote des einfachen Rechts in §§ 70 ff. StGB. Zur Vermeidung der **Umgehung des Entscheidungsmonopols** des BVerfG sind mit der Verwirkung deckungsgleiche Maßnahmen anderer Hoheitsträger unzulässig.[70]

# Art. 19 [Einzelfallgesetzverbot, Zitiergebot; Wesensgehaltsgarantie; Geltung für juristische Personen; Rechtsweggarantie]

(1) Soweit nach diesem Grundgesetz ein Grundrecht durch Gesetz oder auf Grund eines Gesetzes eingeschränkt werden kann, muß das Gesetz allgemein und nicht nur für den Einzelfall gelten. Außerdem muß das Gesetz das Grundrecht unter Angabe des Artikels nennen.

(2) In keinem Falle darf ein Grundrecht in seinem Wesensgehalt angetastet werden.

(3) Die Grundrechte gelten auch für inländische juristische Personen, soweit sie ihrem Wesen nach auf diese anwendbar sind.

(4) Wird jemand durch die öffentliche Gewalt in seinen Rechten verletzt, so steht ihm der Rechtsweg offen. Soweit eine andere Zuständigkeit nicht begründet ist, ist der ordentliche Rechtsweg gegeben. Artikel 10 Abs. 2 Satz 2 bleibt unberührt.

**Entstehungsgeschichte: Erstfassung:** JöR nF 1 (1951), 176. – **Änderung:** 17. G. zur Erg. des GG v. 24.6.1968 (BGBl I 709), § 1 Nr. 6 (dazu: BT-Dr V/1879 [Entwurf], V/2873; BT-Prot V/5856, 9313, 9413, 9606; BR-Dr 162/67; 303/68; BR-Prot 67/51, 68/138).
**Historische Verfassungstexte: RV 1849:** § 182 (1) Die Verwaltungsrechtspflege hört auf; über alle Rechtsverletzungen entscheiden die Gerichte. – **WRV: Art. 107** Im Reiche und in den Ländern müssen nach Maßgabe der Gesetze Verwaltungsgerichte zum Schutze der Einzelnen gegen Anordnungen und Verfügungen der Verwaltungsbehörden bestehen. – **GG 1949:** bis auf Art. 19 IV 3 wie geltende Fassung.
**Geltende Landesverfassungen:** *BW*Verf Art. 67; *Bay*Verf Art. 93; *Bln*Verf Art. 15 IV, 36 II; *Bbg*Verf Art. 5, 6; *Brem*Verf Art. 141; *Hamb*Verf Art. 61; *Hess*Verf Art. 2 III, 63 I; *Nds*Verf Art. 53; *RhPf*Verf Art. 124; *Saar*lVerf Art. 20; *Sachs*Verf Art. 37, 38; *LSA*Verf Art. 20, 21 I; *Thür*Verf Art. 42 II–V.
**Supra- und internationale Texte:** AEUV Art. 253; EUGRCh Art. 47 I, 52 I; AMRE Art. 8; IPBürgR Art. 17 II; EMRK 6, 13.
**Gesetzgebung:** VwGO; FGO; SGG.

---

[63] *Dürig/Klein,* in: Maunz/Dürig, Art. 18 (2017) Rn. 2.
[64] Vgl. zum Meinungsstand *Krebs,* in: v. Münch/Kunig I, 1976, Art. 18 Rn. 22; *Dürig/Klein,* in: Maunz/Dürig, Art. 18 (2017) Rn. 115 ff.
[65] *Stern,* StaatsR III/2, S. 981; auch *Jarass,* in Jarass/Pieroth, Art. 18 Rn. 2.
[66] So die h. M., vgl. *Pestalozza* Verfassungsprozeßrecht, § 3 Rn. 19; *Dürig/Klein,* in: Maunz/Dürig, Art. 18 (2017) Rn. 120; s. auch *Stern* FG BVerfG I, S. 215 f.
[67] BVerfGE 2, 1 (74); 25, 44 (59/60).
[68] §§ 81–92b StGB.
[69] *Stern,* StaatsR III/2, S. 980.
[70] Vgl. BVerfGE 10, 118 (122 f.); vgl. zum damit zusammenhängenden Problem der Vorwirkung des Art. 18 GG: OVG NRW NJW 2001, 2114 (sie verneinend); dagegen OVG Bln NVwZ 2000, 1201 (1202) (das Entscheidungsmonopol des BVerfG respektierend).

**Leitentscheidungen: Zu Abs. 1: a) Einzelfallgesetzverbot:** BVerfGE 13, 225 (Bahnhofsapotheke Frankfurt/M.); BVerfGE 24, 367 (Deichordnung); BVerfGE 25, 371 (Lex Rheinstahl); BVerfGE 85, 360 (Warteschleife II); BVerfGE 95, 1 (Südumfahrung Stendal); BVerfGE 99, 367 (Mannesmann). **b) Zitiergebot:** BVerfGE 28, 36 (Meinungsäußerung von Offizieren); BVerfGE 64, 72 (Prüfingenieure); BVerfGE 83, 130 (Josefine Mutzenbacher); BVerfGE 113, 348 (Telekommunikationsüberwachung); BVerfGE 130, 1 (Informationsverwertung). – **Zu Abs. 2:** BVerfGE 22, 180 (Jugendpflege); BVerfGE 30, 47 (§ 26 BSHG); BVerfGE 61, 82 (Sasbach). – **Zu Abs. 3:** BVerfGE 21, 362 (Sozialversicherungsträger); BVerfGE 39, 302 (AOK); BVerfGE 45, 63 (Stadtwerke Hameln); BVerfGE 61, 82 (Sasbach); BVerfGE 68, 193 (Zahntechniker-Innungen); BVerfGE 70, 1 (Orthopädietechniker-Innungen); BVerfGE 75, 192 (Sparkassen); BVerfGE 107, 299 (Fernmeldegeheimnis der Rundfunkanstalten); BVerfGE 128, 226 (Fraport); BVerfGE 129, 78 (Cassina). – **Zu Abs. 4:** BVerfGE 24, 33 (AKU-Beschluss); BVerfGE 35, 382 (Ausländerausweisung); BVerfGE 40, 237 (Justizverwaltungsakt); BVerfGE 60, 253 (Anwaltsverschulden); BVerfGE 61, 82 (Sasbach); BVerfGE 83, 182 (Pensionistenprivileg); BVerfGE 84, 34 u. 59 (Prüfungsrecht); BVerfGE 88, 40 (Private Volksschule); BVerfGE 94, 166 (Flughafenverfahren); BVerfGE 96, 27 (Vollzogene Durchsuchungsanordnung); BVerfGE 101, 106 („in camera"-Verfahren); BVerfGE 107, 395 (Rechtsprechung keine öffentliche Gewalt); BVerfGE 129, 1 (Letztentscheidungsbefugnisse der Verwaltung); BVerfGE 149, 407 (Rotmilane).

**Schrifttum: Zu Abs. 1:** *P. Axer,* Zitiergebot HGR III, § 67; *H. Hofmann,* Das Postulat der Allgemeinheit des Gesetzes, in: C. Starck (Hrsg.), Die Allgemeinheit des Gesetzes, 1987, S. 159; *Ph. Kunig,* Einzelfallentscheidungen durch Gesetz, Jura 1993, 308; *J. Lege,* Verbot des Einzelfallgesetzes HGR III, § 66; *Th. Schwarz,* Die Zitiergebote im Grundgesetz, 2002; *M. Selk,* Zum heutigen Stand der Diskussion um das Zitiergebot, JuS 1992, 816; *C. Werkmeister,* Das verfassungsrechtliche Zitiergebot, BRJ 2012, 41. – **Zu Abs. 2:** *C. Drews,* Die Wesensgehaltgarantie des Art. 19 II GG, 2005; *P. Häberle,* Die Wesensgehaltgarantie des Artikels 19 Abs. 2 Grundgesetz, 3. Aufl. 1983; *G. Herbert,* Der Wesensgehalt der Grundrechte, EuGRZ 1985, 321; *A. Leisner-Egensperger,* Wesensgehaltsgarantie HGR III, § 70; *N. Schaks,* Die Wesensgehaltsgarantie, Art. 19 II GG, JuS 2015, 407; *L. Schneider,* Der Schutz des Wesensgehalts von Grundrechten nach Art. 19 Abs. 2 GG, 1983; *M. Stelzer,* Das Wesensgehaltsargument und der Grundsatz der Verhältnismäßigkeit, 1991. – **Zu Abs. 3:** *H. Bethge,* Die Grundrechtsberechtigung juristischer Personen nach Art. 19 Abs. 3 GG, 1985; *J. Isensee,* Anwendung der Grundrechte auf juristische Personen HStR IX, § 199; *F. Ossenbühl,* Zur Geltung der Grundrechte für juristische Personen, FS Stern, 1997, S. 887; *W. Rüfner,* Grundrechtsträger HStR IX, § 196 Rn. 56 ff.; *F. E. Schnapp,* Die Grundrechtsberechtigung juristischer Personen des öffentlichen Rechts HGR II, § 52; *P. J. Tettinger,* Juristische Personen des Privatrechts als Grundrechtsträger HGR II, § 51; *Ludwigs/Friedmann,* Die Grundrechtsberechtigung juristischer Personen nach Art. 19 III GG, JA 2018, 80; *Ehlers,* Grundrechtsbindung und Grundrechtsschutz von Unternehmen im deutschen und europäischen Recht, DVBl 2019, 397; *U. Becker,* Grundrechtsberechtigung juristischer Personen, Jura 2019, 496. – **Zu Abs. 4:** *C. Grabenwarter,* Verfahrensgarantien in der Verwaltungsgerichtsbarkeit, 1997, S. 198; *F. Hufen,* Verwaltungsprozeßrecht besteht, Verfassungsrecht vergeht?, Die Verwaltung 32 (1999), 519; *M. Ibler,* Rechtspflegender Rechtsschutz im Verwaltungsrecht, 1999; *H. Maurer,* Rechtsstaatliches Prozeßrecht, FS 50 Jahre BVerfG II, 2001, S. 467; FS Menger, System des verwaltungsgerichtlichen Rechtsschutzes, 1985; *H.-J. Papier,* Rechtsschutzgarantie gegen die öffentliche Gewalt HStR VIII, § 177; *B. Remmert,* Die Rechtsschutzgarantie des Art. 19 IV GG, Jura 2014, 906; *W.-R. Schenke,* Justizgewähr und Grundrechtsschutz HGR III, § 78; *A. Uhle,* Rechtsstaatliche Prozeßgrundrechte und –grundsätze HGR V, § 129; *A. Voßkuhle,* Rechtsschutz gegen den Richter, 1993.

## Übersicht

# A. Allgemeines

## I. Entstehung

**1. Vorgeschichte.** Von den Gehalten der Bestimmung hat nur Abs. 4 **Vorbilder in früheren** **1** gesamtdeutschen[1] **Verfassungen,** namentlich in dem aus heutiger Sicht nicht unmissverständlich formulierten § 182 RV 1849[2] sowie in Art. 107 WRV. Wie hierzu[3] finden sich auch zu Art. 19 I und II GG erst in den LVerf seit 1946 Vorläufer.[4] Mit der Anordnung der zur WRV umstr.[5] grds. Geltung der Grundrechte für jur. Personen hat Art. 19 III GG als Verfassungstext Neuland betreten.

**2. Ursprungsfassung.** Das Einzelfallgesetzverbot und das Zitiergebot des **Art. 19 I 1, 2 GG** waren **2** im HChE noch nicht enthalten. Im ParlRat wurden beide am 13.12.1948 vom ARA ohne Begründung als Art. 20c I vorgeschlagen. In den anschließenden Debatten wurden beide Vorschläge, vor allem das Zitiergebot, als überflüssige Fesseln des Gesetzgebers kritisiert, teils aber gerade wegen dieser Wirkungen befürwortet und letztlich angenommen.[6]

**Art. 19 II GG** schließt an Art. 21 IV HChE an. Während dessen S. 1 für eine (nur durch Gesetz **3** mögliche) Grundrechtseinschränkung ähnlich wie Art. 98 S. 2 BayVerf verlangte, „dass es die öffentliche Sicherheit, Sittlichkeit oder Gesundheit zwingend erfordert", formulierte S. 2 ähnlich wie die

---

[1] Vgl. bereits §§ 94, 95 VU Württemberg 1819, § 35 S. 3, § 113 VU Kurhessen 1831; zur Entwicklung *Erichsen,* Verfassungs- und verwaltungsgeschichtliche Grundlagen , 1971, insbes. S. 221 ff., 285 ff.; *Rüfner,* Verwaltungsrechtsschutz in Preußen von 1749–1842, 1962; auch *Sydow* VerwArch 92 (2001), 389 ff.

[2] Vgl. nur *Stern,* StaatsR III/2, S. 1213.

[3] Ähnlich Art. 2 III HessVerf, Art. 20 SaarlVerf, auch Art. 141 BremVerf, Art. 90 WürttBadVerf. 1946, Art. 63 WürttHohVerf.; ferner Art. 93 BayVerf, Art. 124 RhPfVerf, Art. 109 I 1, 114 III BadVerf. 1947.

[4] S. namentlich zu Art. 19 I 1 und 2 GG in Art. 63 II 1 HessVerf, zu Art. 19 II GG in Art. 63 I HessVerf, Art. 123 I 1 BadVerf 1947; abw. Art. 98 S. 1, 2 BayVerf Zu Verfassungsänderungen Art. 20 I BremVerf Art. 21 S. 1 SaarlVerf (→ Rn. 35).

[5] Zur Entwicklung insgesamt *Stern,* StaatsR III/1, S. 1089 ff.

[6] Vgl. JöR nF 1 (1951), 177 ff.; dazu etwa *Stern,* StaatsR III/1, S. 712 ff., 744 ff.

(→ Rn. 1) erwähnten LVerf.: „Die Einschränkung eines Grundrechtes oder die nähere Ausgestaltung durch Gesetz muss das Grundrecht als solches unangetastet lassen." Für die Übernahme dieses Gedankens wurde eine Formulierung vorgeschlagen, die – ähnlich wie Art. 19 I 1 – auf die Möglichkeit gesetzlicher Einschränkungen Bezug nahm; dies fiel erst nach der 3. Lesung des HA auf Grund einer „sprachliche(n) Abänderung" durch den ARA weg.[7]

4    Zu **Art. 19 III GG** findet sich ein früher Ansatz in Art. 29 der „Ergänzung zu den Bayerischen Leitgedanken für die Schaffung eines Grundgesetzes – Grundrechte –":

„Die Grundrechte gelten, soweit anwendbar, für juristische Personen, die ihren Sitz im Bundesgebiet haben, entsprechend."[8]

Während der HChE dies nicht aufgriff, kam der Abg. *v. Mangoldt* im GSA darauf zurück; die in Frage kommenden Grundrechte sollten zunächst einzeln aufgezählt werden. Nach Differenzen über deren Kreis[9] wurde dies durch die vom ARA vorgeschlagene Klausel der wesensmäßigen Anwendbarkeit ersetzt. Der Begriff der jur. Person wurde gleichfalls vom ARA eingeführt, weil die urspr. Formulierung nicht alle juristischen Personen des öffentlichen und privaten Rechts umfasst hätte.[10] Auch den Bezug nur auf inländische juristische Personen griff der ARA wieder auf, der für eine weitergehende Ausdehnung des Grundrechtsschutzes keinen Anlass sah.[11]

5    Zur Rechtsweggarantie des **Art. 19 IV GG** enthielt der HChE im Abschnitt „XII. Die Rechtspflege" mit Art. 138 I eine landesverfassungsrechtlichen Bestimmungen[12] ähnliche Vorschrift.[13] Im ParlRat kam man zu einer davon unabhängigen Fassung, die früh vom GSA angenommen wurde und später unverändert als Art. 19 IV 1 in Kraft getreten ist. S. 2 wurde aufgenommen, um die Garantie durch den Ausschluss negativer Kompetenzkonflikte zu stärken. Die ursprünglich im Freiheitsartikel 2 angesiedelte Bestimmung wurde auf Vorschlag des ARA an den Schluss des Katalogs umgestellt, da Eingriffe in jedes Recht den Rechtsweg eröffnen sollten.[14]

6    **3. Änderung des Abs. 4.** Art. 19 IV 3 wurde im Rahmen der sog. Notstandsverfassung[15] eingefügt. Die Vorschrift sollte **klarstellen,** dass die Rechtsweggarantie aufgrund des zugleich eingefügten Art. 10 II 2 in dem dort vorgesehenen Umfang nicht durchgreift.[16] Dazu noch → Rn. 151.

## II. Grundsätzliche Bedeutung

7    Art. 19 fasst recht **unterschiedliche Normgehalte** zusammen;[17] dementspr. gehen manche Kommentierungen auf die Bestimmung als ganze gar nicht ein.[18] Immerhin stellen die **Abs. 1 bis 3 Elemente** eines allerdings nur bruchstückhaft normierten **„Allgemeinen Teils" der Grundrechte** dar, zu dem auch Art. 1 III und Art. 18 gehören. Art. 19 enthält in Abs. 1–3 keine selbständigen Grundrechte, sondern trifft ergänzende Anordnungen für die Anwendung der Grundrechtsgarantien.[19] Die Verankerung solcher Anforderungen am Ende des Grundrechtskatalogs findet sich auch in vorangehenden LVerf.[20] sowie in Art. 21 HChE. Dagegen bezieht sich **Abs. 4** trotz seiner irreführenden Stellung[21] und seiner Nichterwähnung in Art. 142[22] nicht nur auf Grundrechte, sondern ist ein **eigenständiges Grundrecht** auf Rechtsschutz gegen Verletzungen subjektiver Rechte überhaupt (→ Rn. 12, → Rn. 127, → Rn. 131).

---

[7] Vgl. JöR nF 1 (1951), 177 ff., 180.

[8] Zit. nach *Stern,* StaatsR III/1, S. 1095, dort auch zum weiteren Ablauf der Beratungen.

[9] Vgl. JöR nF 1 (1951), 181 ff.

[10] JöR nF 1 (1951), 182 f.

[11] JöR nF 1 (1951), 182.

[12] Namentlich Art. 141 BremVerf, Art. 90 WürttBadVerf. 1946, Art. 63 WürttHohVerf.

[13] „Wer sich durch eine Anordnung oder durch die Untätigkeit einer Verwaltungsbehörde in seinen Rechten verletzt oder mit einer ihm nicht obliegenden Pflicht beschwert glaubt, kann gerichtliche Hilfe in Anspruch nehmen." Dazu HCh-Bericht, Darstellender Teil, S. 58.

[14] S. insgesamt JöR nF 1 (1951), 183 ff. Zur Bewertung BVerfGE 107, 395 (404 f.) (Plenum).

[15] 17. Gesetz zur Ergänzung des GG v. 24.6.1968 (BGBl I 709).

[16] Schriftlicher Bericht des RechtsA, BT-Dr V/2873, S. 8 f.

[17] *Remmert,* in: Maunz/Dürig, Art. 19 (2014) Rn. 3; *Krebs,* in: v. Münch/Kunig I, Art. 19 Rn. 1.

[18] So in Dreier I (bei Aufteilung auf zwei Verfasser; ähnlich in Umbach/Clemens, GG I), bei *Jarass,* in: Jarass/Pieroth, und *Huber* MKS I.

[19] Gelegentlich wird die Verletzung von Art. 19 I, II auch isoliert geprüft, vgl. etwa BVerfGE 13, 225 (228 f.); 99, 367 (400 f.); auch BVerfGE 121, 30 (49); 134, 33 Rn. 126 ff. zu Art. 19 I 1; BVerfGE 64, 72 (79 f.) zu Art. 19 I 2; BVerfGE 2, 266 (284); 45, 197 (270 f.) zu Art. 19 IV (nur „insbesondere" bezogen auf Art. 2 II 2); für subjektive Grundrechte *Roellecke,* in: Umbach/Clemens, GG I, Art. 19 I–III, Rn. 4; ausdrücklich gegen Grundrechtsqualität der Art. 19 I, II BVerfGE 117, 302 (310).

[20] Vgl. namentl. Art. 63 (neben Art. 17 ff.) HessVerf; partiell auch Art. 20 BremVerf; Art. 20 f. SaarlVerf; s. ferner Art. 98 BayVerf (zu Beginn der Grundrechte).

[21] So schon *Wernicke* BK, Art. 19 (Erstbearb.) Erl. II 4 vor a.

[22] Näher *Sachs,* in: Stern, StaatsR III/1, S. 353 f.

**1. Anforderungen an grundrechtseinschränkende Gesetze (Abs. 1).** Art. 19 I stellt zwei 8
**Anforderungen an Gesetze** auf, die von der grundgesetzlichen Möglichkeit Gebrauch machen, ein
**Grundrecht** einzuschränken oder seine **Einschränkung** vorzusehen. Das Zitiergebot nach Art. 19
I 2 ist ein eher formelles Erfordernis, das Einzelfallgesetzverbot hat hingegen materiell-rechtlichen
Charakter,[23] denn es betrifft den Inhalt der Gesetze, wenn auch in abstrakter Weise. Beide Anforderun-
gen des Art. 19 I haben in Folge restriktiver Handhabung durch das BVerfG bislang **kaum praktische
Bedeutung.**

**2. Die Wesensgehaltsgarantie (Abs. 2).** Ähnlich **geringe Relevanz** haben in der Praxis auch die 9
**materiellen Anforderungen** der Wesensgehaltsgarantie des Art. 19 II,[24] die vor allem durch den
Grundsatz der Verhältnismäßigkeit überlagert werden.[25] Dem entstehungsgeschichtlich (→ Rn. 1,
→ Rn. 3) belegten Zusammenhang mit Art. 19 I entsprechend ist die Wesensgehaltsgarantie primär auf
**gesetzliche Einschränkungen der Grundrechte** zu beziehen. In Folge ihrer apodiktischen Formulierung („In keinem Fall...") kommt auch ein Bezug auf Einschränkungen durch die anderen Gewalten[26] und die Vernachlässigung anderer grundrechtlicher Verpflichtungen (bei Leistungsrechten,
objektiv-rechtlichen Gehalten) in Betracht,[27] dürfte aber kaum selbständig von Bedeutung sein.
Dagegen sind Änderungen des Grundgesetzes nicht erfasst.[28]

**3. Juristische Personen als Grundrechtsträger (Abs. 3).** Grundrechtsträger sind zunächst nur 10
Menschen (→ vor Art. 1 Rn. 70 ff.). Art. 19 III **erweitert** die **Grundrechtsträgerschaft** in mehrfach
begrenztem Umfang **auf juristische Personen.**[29] Damit wird vor allem sichergestellt, dass Menschen
ihre rechtlichen Möglichkeiten, ihre grundrechtlich geschützten Interessen durch die Verwendung
juristischer Personen zu verfolgen, ohne Wegfall des Grundrechtsschutzes nutzen können. Insoweit ist
der „Durchgriff" auf die Menschen hinter den juristischen Personen die Basis für deren Grundrechtsträgerschaft.[30] Doch entwickelt die einmal verselbständigte juristische Person auch spezifische, mit
denen der beteiligten Menschen nicht notwendig übereinstimmende Interessen, die dem Grundrechtsschutz unterstellt werden, soweit sie dafür in Betracht kommen. Der Grundrechtsschutz der juristischen
Person tritt daher mit selbständigem, unter Umständen entgegengesetztem Inhalt neben den der
beteiligten Menschen;[31] für einen „Durchgriff" zur Verkürzung dieses Grundrechtsschutzes bei etwa
weniger weitgehendem Grundrechtsschutz der beteiligten Menschen ist danach kein Raum.

**4. Die Rechtsweggarantie (Abs. 4) als das Kernstück des formalen Rechtsstaats.** Art. 19 IV ist 11
neben der Gesetzmäßigkeit der Verwaltung (und Rspr.) das **Kernstück** schon des seit der 2. Hälfte des
19. Jahrhunderts konzipierten **formalen Rechtsstaats**[32] (dazu → Art. 20 Rn. 74, → Art. 20
Rn. 103 ff.). Die Rechtsweggarantie zieht aus dieser Rechtsbindung die in Anerkennung der Rechtssubjektivität des Menschen gebotene verfahrensrechtliche Konsequenz. Da zwischen Staat und Bürger im
Rechtsstaat nur Rechtsbeziehungen bestehen, wird die Klärung von Streitigkeiten in diesem Kontext den
(unabhängigen) Gerichten zugewiesen, damit jedem einseitigen Machtspruch des Staats entzogen. Art. 19
IV hat so für die rechtsstaatliche Ordnung in Deutschland[33] herausragende Bedeutung. Zusammen mit
dem vor allem zwischen Bürgern durchgreifenden rechtsstaatlichen **Justizgewährungsanspruch**
(→ Art. 20 Rn. 162 ff., hier → Rn. 121) sichert Art. 19 IV dem Einzelnen umfassenden gerichtlichen
Rechtsschutz.[34] Verfahrensrechtliche Anforderungen aus **materiellen Grundrechten** können neben

---

[23] So etwa auch *Krebs,* in: v. Münch/Kunig I, Art. 19 Rn. 14; *Stern,* StaatsR III/2, S. 712 für „materielle
Komponente".
[24] Vgl. auch Art. 52 I 1 EUGRCh; zur EMRK E. *Klein* FS Delbrück, 2005, S. 385 ff.
[25] S. allgemein → vor Art. 1 Rn. 135; typisch etwa BVerfGE 113, 273 (301).
[26] Vgl. *Stern,* StaatsR III/2, S. 877 ff.; *Nierhaus* BK, Art. 19 II (2008) Rn. 124 ff.; auch → Rn. 33 ff.
[27] *Dreier,* in: Dreier I, Art. 19 II Rn. 10; *Huber* MKS I, Art. 19 Rn. 131; *Krebs,* in: v. Münch/Kunig I, Art. 19
Rn. 27; *Nierhaus* BK, Art. 19 II (2008) Rn. 106 ff.
[28] So wohl auch *Huber* MKS I, Art. 19 Rn. 133.
[29] Vgl. zur EU *Grabenwarter/Pabel,* § 17 Rn. 5; für die EU *Jarass,* EUGRCh, Art. 51 Rn. 56 ff.; *Ladenburger/
Vondung,* in: Stern/Sachs, Art. 51 Rn. 2 ff.
[30] Vgl. BVerfGE 21, 362 (369); 68, 193 (205 f.); 75, 192 (195 f.); auch 143, 246 Rn. 188; 147, 50 Rn. 239;
BVerfG (K) NVwZ 2009, 1282 f.; für „Durchblick" BVerfGE 61, 82 (101); s. auch *Stern,* StaatsR III/1, S. 1117 ff.;
*Rüfner* HStR IX, § 196 Rn. 59; *Huber* MKS I, Art. 19 Rn. 206 ff.
[31] Dezidiert etwa *Schnapp* HGR II, § 52 Rn. 25; ähnlich *Isensee* HStR IX, § 199 Rn. 4; *Kingreen/Möslein* JZ 2016,
57 (65 f.).
[32] Vgl. *Stern,* StaatsR I, S. 770 ff.; auch *K.-D. Classen* JA 2010, 487 ff.
[33] Zu den Rechtsschutzgarantien der EMRK allgemein *Grabenwarter/Pabel,* § 24 Rn. 1 ff.; zum Unionsrecht *Jarass,*
EUGRCh, Art. 47; *Alber,* in: Stern/Sachs, Art. 47; RMG; *Schwarze* DVBl 2010, 1325 ff.; *Rengeling* FS Schwarze,
2014, S. 735 ff. Übergreifend *Schröder,* Gesetzesbindung des Richters und Rechtsweggarantie im Mehrebenensystem,
2010.
[34] Zu Grundfällen *Bickenbach* JuS 2007, 813 ff., 910 ff. Zur Bedeutung von Rechtsschutz überhaupt *Sachs,* in:
Erbguth (Hrsg.), Effektiver Rechtsschutz im Umweltrecht, 2005, S. 15 ff.; zur begrenzteren Reichweite des Art. 19
IV BVerfGE 97, 298 (315 f.); BVerfG (K) NJW 2003, 3689.

Art. 19 IV für die Rechtswegeröffnung nur ergänzende Relevanz erlangen.[35] Doch kann das Gewicht der Rechtsverletzungen für Anforderungen aus Art. 19 IV GG bedeutsam sein (→ Rn. 134 ff.).

**12**      Art. 19 IV ist ungeachtet der missverständlichen Fassung des Art. 142 und seiner Stellung im Schlussartikel des Grundrechtsabschnitts, der im Übrigen unselbständige Ergänzungsnormen zu den eigentlichen Grundrechtsgewährleistungen enthält,[36] ein **selbständiges Grundrecht.**[37] Trotz seiner rechtsstaatlichen Verwurzelung ist Art. 19 IV kein Abwehrrecht, sondern ein **Leistungsgrundrecht,** das auf die mit der Eröffnung des Rechtswegs verbundenen staatlichen Leistungen (namentlich Durchführung der Gerichtsverfahren und Erlass der Entscheidungen, dem vorgelagert: Einrichtung und Organisation der Gerichte, Bestellung der Richter,[38] Schaffung des Prozessrechts) gerichtet ist.[39] Der genaue Inhalt dieser Leistungen steht – wie für Grundrechte dieser Kategorie typisch – nicht von vornherein abschließend fest, sondern hängt in erheblichem Umfang von **gesetzlicher Ausgestaltung** ab (→ Rn. 142 ff.), wie auch die Begründung individueller Rechte unterhalb der Grundrechtsebene Sache des Gesetzgebers ist (→ Rn. 129). Zunehmend tritt auch der Aspekt **hinreichender Ressourcen** in den Vordergrund.[40]

## B. Anforderungen an grundrechtseinschränkende Gesetze (Abs. 1 S. 1 und 2)

### I. Die gemeinsamen Tatbestandsmerkmale

**13**      Beide in Art. 19 I 1 und 2 formulierten Anforderungen an die Gesetzgebung greifen nach dem Zusammenhang innerhalb des Absatzes ein, „soweit nach diesem Grundgesetz ein Grundrecht durch Gesetz oder auf Grund eines Gesetzes eingeschränkt werden kann." **Gemeinsame Tatbestandsmerkmale** sind damit das Grundrecht, die Möglichkeit nach dem Grundgesetz, es einzuschränken, und „das Gesetz", das im Rahmen dieser Möglichkeit erlassen wird. Obwohl die für beide Sätze aufgestellten Kriterien grundsätzlich dieselbe Bedeutung haben müssten,[41] werden sie wegen der Verschiedenheit der Anforderungen weitgehend unterschiedlich gehandhabt (→ Rn. 14 ff.).

**14**      **1. Das den Anforderungen unterworfene Gesetz.** Als „Gesetz" ist den Anforderungen des Art. 19 I 1 und 2 nicht jede Rechtsnorm unterworfen. Anders als für die Gesetzesvorbehalte (→ vor Art. 1 Rn. 107) kommt der materielle Gesetzesbegriff jedenfalls für Art. 19 I 1 nicht in Betracht, da Einzelfallregelungen ja keine Rechtsnormen sind (→ Rn. 20 f.). Vielmehr ist der Begriff auf **förmliche** (Bundes- oder Landes-)[42]**Gesetze** (zum Begriff → vor Art. 1 Rn. 109) zu beziehen.[43] Dies ist zwar durch die mehrdeutige Formulierung „durch Gesetz oder auf Grund eines Gesetzes") (dazu → vor Art. 1 Rn. 107, → vor Art. 1 Rn. 117) nicht zwingend vorgegeben; die Schutzwirkung wird aber am besten erreicht, wenn das Zitiergebot (schon) für das förmliche Gesetz gilt, das zu Grundrechtseinschränkungen durch untergesetzliche Rechtsnormen ermächtigt.[44]

**15**      Zu **differenzieren** ist, wenn das einschränkende Gesetz schon vor dem GG bestanden hat. Für Art. 19 I 2 ist wegen der formellen Natur des Zitiergebots mit dem BVerfG[45] davon auszugehen, dass es – wie alle Normerzeugungsregeln (→ vor Art. 1 Rn. 113) – auf vor Maßgeblichkeit des GG entstandene, insbesondere echte **vorkonstitutionelle Gesetze** iSd Art. 123 I keine Anwendung findet.[46] Ermächtigen solche Gesetze nur zu einschränkenden Rechtsnormen, sollten bei Erlass nach dem Grundgesetz grds. diese das Zitiergebot erfüllen (aber noch → Rn. 28). Dagegen führen Verstöße

---

[35] So zutreffend restriktiv BVerfGE 101, 106 (122); ähnlich schon BVerfGE 60, 253 (296 ff.); bei Enteignungen primär auf Art. 14 abstellend aber BVerfGE 134, 242 Rn. 190 ff., 239 ff.; s. zu Art. 14 auch BVerfG (K) NVwZ 2018, 573 Rn. 34 ff.; gleichwertig nebeneinander prüfend BVerfG (K) NJW 2015, 2100 Rn. 41 ff.; wie hier *Maurer* FS 50 Jahre BVerfG II, 2001, S. 467 (477); *Uhle* HGR V, § 129 Rn. 10; *Huber* MKS I, Art. 19 Rn. 366 ff.

[36] Zu undifferenziert gegen den Grundrechtscharakter des Art. 19 BVerfGE 1, 264 (280).

[37] Näher *Sachs*, in: Stern, StaatsR III/1, S. 353 f.; zum entsprechende Verfassungsbeschwerden selbstverständlich BVerfGE 10, 89 (95, 97) und stRspr; ausdrücklich für ein „Grundrecht" etwa BVerfGE 110, 77 (85 f.); 134, 106 Rn. 20; 138, 33 Rn. 16; *Maurer* FS 50 Jahre BVerfG II, 2001, S. 467 (474 f.); für ein grundrechtsgleiches Recht BVerfG (K) NJW 2005, 3410 (3414).

[38] Zuletzt BVerfGE 148, 69 Rn. 119.

[39] S. etwa BVerfGE 101, 106 (123); vgl. auch *Dietlein*, in: Stern, StaatsR IV/2, S. 1887 ff.

[40] Vgl. die Referate der Abt. Justiz des 66. DJT von *Hoffmann-Riem, Busse,* und *Stilz,* Verh. des 66. DJT, 2006, Bd. II/1, S. R 9 ff., 21 ff., 41 ff.; auch *Dietlein*, in: Stern, StaatsR IV/2, S. 1898.

[41] Ausdrücklich *Roellecke*, in: Umbach/Clemens, GG I, Art. 19 I–III, Rn. 6; *Windthorst* GWC, Art. 19 Rn. 8; gegen einen Zwang zur einheitlichen Auslegung *Krebs*, in: v. Münch/Kunig I, Art. 19 Rn. 5; auch *Jarass*, in: Jarass/Pieroth, Art. 19 Rn. 1.

[42] Vgl. *Stern*, StaatsR III/2, S. 733; *Remmert*, in: Maunz/Dürig, Art. 19 Abs. 1 (2008) Rn. 26, 48.

[43] Vgl. zu Art. 19 I 1 *Stern*, StaatsR III/2, S. 732 (mit Fn. 164); ausdrücklich allgemein für Art. 19 I *Krebs*, in: v. Münch/Kunig I, Art. 19 Rn. 4; auch *Roellecke*, in: Umbach/Clemens, GG I, Art. 19 I–III, Rn. 18, 6; für beide Sätze *Remmert*, in: Maunz/Dürig, Art. 19 Abs. 1 (2008) Rn. 26, 48; anscheinend auch Satzungen unterwirft dem Art. 19 I 2 *Hufeld* BK, Art. 19 I (2012) Rn. 222.

[44] Ohne Begründung *Axer* HGR III, § 67 Rn. 17.

[45] StRspr seit BVerfGE 2, 121 (122 f.); 124, 43 (106, 108); s. auch *Stern*, StaatsR III/2, S. 749; *Schwarz*, Die Zitiergebote im Grundgesetz, 2002, S. 85 ff. Skeptisch → Art. 17a Rn. 13.

[46] Vgl. *Huber* MKS I, Art. 19 Rn. 82; *Axer* HGR III, § 67 Rn. 17; → Art. 123 Rn. 11.

gegen inhaltliche Anforderungen, wie sie auch Art. 19 I 1 aufstellt, dazu, dass ein Gesetz nicht fortgilt.[47] Allerdings können vorkonstitutionelle Einzelfallgesetze kaum vom zeitlichen Geltungsanspruch des betroffenen Grundrechts erfasste Wirkungen (→ vor Art. 1 Rn. 23) entfalten.[48]

**2. Die Möglichkeit von Grundrechtseinschränkungen.** Das BVerfG hat anfangs beide Sätze des **16** Art. 19 I nur bei Grundrechten anwenden wollen, „die auf Grund eines speziellen im Grundgesetz enthaltenen Vorbehalts durch Gesetz oder auf Grund eines Gesetzes eingeschränkt werden können"[49]. Für Satz 1 hat die spätere Judikatur dies nicht aufgegriffen (→ Rn. 20). Das danach allein für das Zitiergebot bedeutsame[50] (näher → Rn. 27 ff.) **restriktive Verständnis** beruht auf der Vorstellung, Gesetze könnten nur im Rahmen spezieller Einschränkungsvorbehalte konstitutive Verkürzungen der geschützten Grundrechtsgegenstände (**„Grundrechtseinschränkungen"**) bewirken.[51] Dem stellt das BVerfG „andersartige grundrechtsrelevante Regelungen... zur Konkretisierung des Grundrechtsschutzes" gegenüber, „die der Gesetzgeber in Ausführung der ihm obliegenden, im Grundrecht vorgesehenen Regelungsaufträge, Inhaltsbestimmungen oder Schrankenziehungen vornimmt."[52] Trotz der moderneren Diktion wird damit die alte Unterscheidung[53] aufrechterhalten zwischen „Einschränkungen" eines Grundrechts „über die in ihm selbst angelegten Grenzen... hinaus"[54] und Gesetzen, die „lediglich eine dem Grundrecht... schon bisher immanent innewohnende Grenze konkretisieren".[55] Wenn entsprechend auch vorbehaltlos garantierte Grundrechte dem Art. 19 I entzogen werden,[56] setzt das voraus, dass die diesbezügliche Gesetzgebung nur „immanente Grundrechtsschranken" (im erwähnten, ursprünglichen Sinne)[57] „aktualisiert"[58].

Dem Stand der Grundrechtsbegrenzungsdogmatik wird eine solche Sichtweise nicht gerecht. Viel- **17** mehr ist inzwischen klar, dass auch **Sonderformen der Gesetzesvorbehalte** (→ Rn. 29) dem Gesetzgeber jedenfalls auch die Befugnis zu nach dem Grundrechtstatbestand verbotenen Einwirkungen, mithin zu **konstitutiven Verkürzungen** des Schutzgegenstandes geben; diese bedürfen deshalb grundsätzlich der Rechtfertigung gegenüber allen Anforderungen an Grundrechtsbeschränkungen (dazu → vor Art. 1 Rn. 103). Ebenso besteht nach der Judikatur des BVerfG kein Zweifel, dass auch bei **vorbehaltlosen Grundrechten** der Schutzgegenstand aufgrund grundrechtsbegrenzender Gehalte anderer Bestimmungen des GG durch Gesetz konstitutiv verkürzt werden darf (→ vor Art. 1 Rn. 118 ff.), wenn die daraus folgenden speziellen und die allgemeinen Anforderungen an grundrechtsbeschränkende Gesetze (→ vor Art. 1 Rn. 134 f.) eingehalten werden. Somit sind grundsätzlich alle Gesetze, die **Grundrechtseingriffe vornehmen oder zulassen,** an Art. 19 I zu messen.[59] Das BVerfG lässt teils selbst einen gesetzlichen „Eingriff" genügen.[60]

Nicht auf „Einschränkungen" im Sinne des Art. 19 I gerichtet sind Gesetze, die zu nicht vorsehbaren Grundrechtsbeeinträchtigungen[61] außerhalb ihrer Regelungswirkung führen, ferner solche, die **18** nur gesetzesunabhängig bewirkte Grundrechtsbeeinträchtigungen legitimieren.[62] **Allgemein nicht von 19 I erfasst** bleiben ferner **nur ausgestaltende Gesetze,**[63] die Grundrechte ohne Verkürzung

---

[47] Für Geltung des Art. 19 I 1 ausdrücklich *Dreier,* in: Dreier I, Art. 19 I Rn. 10; *Huber* MKS I, Art. 19 Rn. 45; *Krebs,* in: v. Münch/Kunig I, Art. 19 Rn. 13; anders *Roellecke,* in: Umbach/Clemens, GG I, Art. 19 I–III, Rn. 20 (für Formvorschrift).

[48] Vgl. *Menger* BK, Art. 19 I (1979) Rn. 78.

[49] BVerfGE 24, 367 (396); zust. *Hesse* Grundzüge, Rn. 329; *H. P. Ipsen* VVDStRL 10 (1952), 74 (84); anders *Hufeld* Art. 19 I (2012) Rn. 213 f.; für Art. 19 I 1 *Jarass,* in: Jarass/Pieroth, Art. 19 Rn. 1.

[50] Nur dazu BVerfGE 21, 92 (93); 28, 282 (289); 64, 72 (79 f.); 83, 130 (154); 113, 348 (366).

[51] Bei Anknüpfung nur an das Wort „einschränken" würden nur Art. 11 II und 12a VI 2, 17a I, II erfasst, bei Einbezug der „*Beschränkungen*" auch Art. 8 II, 10 II, 13 VII 2. Alt., 104 I 1 und 137 I; dagegen stieße der formale Ansatz schon bei den Eingriffen (Art. 2 II 3, 13 VII 1. Alt.) und spezifisch charakterisierten Einwirkungen an seine Grenzen, wie bei Art. 3 III 1, 2, 6 III, 7 IV 4, 13 II–V, 16 I 1, ferner bei Art. 9 II, 10 II 2 HS 2, sowie Art. 6 II 2 und Art. 16 I 2. Auch zu weiteren Fällen *Sachs* FS Jarass, 2015, S. 235 (236 ff.).

[52] Zur Zusammenfassung der Judikatur BVerfGE 64, 72 (80 f.).

[53] Vgl. BVerfGE 7, 377 (404) (unabhängig von Art. 19 I).

[54] So mit ausdrückl. Bezug auf BVerfGE 7, 377 (404) BVerfGE 28, 36 (46); dem folgend BVerfGE 28, 55 (62), und wieder BVerfGE 64, 72 (79).

[55] Gegen eine dahingehende Vorlagebegründung allerdings BVerfGE 64, 72 (81).

[56] So BVerfGE 83, 130 (154).

[57] S. im Überblick *Sachs,* in: Stern, StaatsR III/2, S. 529 ff..

[58] So wohl auch *Huber* MKS I, Art. 19 Rn. 75.

[59] Ebenso *Stern,* StaatsR III/2, S. 732, 756; *Remmert,* in: Maunz/Dürig, Art. 19 Abs. 1 (2008) Rn. 29 ff., 53 ff.; *Axer* HGR III, § 67 Rn. 25; wohl auch *Huber* MKS I, Art. 19 Rn. 43,92; für Art. 19 I 1 *Krebs,* in: v. Münch/Kunig I, Art. 19 Rn. 13; iE auch *Dreier,* in: Dreier I, Art. 19 I Rn. 11, 21; für Art. 19 I 2 *Schwarz* (Fn. 45), S. 27 ff.; für Art. 19 I 1 *Lege* HGR III, § 66 Rn. 119; allg. anders *de Wall,* in: Friauf/Höfling, Art. 19 I, II (2012) Rn. 24, 49 ff.

[60] BVerfGE 150, 309 Rn. 61 f. (für Art. 8 GG).

[61] Ähnl. *Remmert,* in: Maunz/Dürig, Art. 19 Abs. 1 (2008) Rn. 58, im Anschluss an *v. Arnauld,* Die Freiheitsrechte und ihre Schranken, 1999, S. 192 f. Für Geltung nur für zielgerichtete, unmittelbare Eingriffe BVerfG (K) NJW 1999, 3399 (3400) unter Berufung auf BVerfGE 28, 36 (46).

[62] Vgl. zu solchen Fallgestaltungen *Sachs,* in: Stern, StaatsR III/2, S. 392 f.; zur Maßgeblichkeit der Gesetzesvorbehalte → vor Art. 1 Rn. 105.

[63] Anders *Stern,* StaatsR III/2, S. 732 (für Art. 19 I 1); wie hier *Dreier,* in: Dreier I, Art. 19 I Rn. 12.

ihrer Schutzgegenstände „konkretisieren" (dazu → vor Art. 1 Rn. 102); die bloße „Grundrechtsrelevanz" derartiger Regelungen, wie sie etwa auch fördernder Gesetzgebung zukommt, genügt für
Art. 19 I nicht.[64] Soweit allerdings mit der Bezeichnung „Ausgestaltung" der Sache nach einschränkende Regelungen erfasst werden,[65] greifen die Anforderungen des Art. 19 I durch. Privatrechtsnormen, die Beeinträchtigungen stützen, wie sie jedermann möglich wären, sind nicht erfasst.[66]

**19**    **3. Die betroffenen Grundrechte. Der Begriff „Grundrecht"** erfasst für Art. 19 I insges. neben
den Grundrechten des Abschnitts I grds. **auch die grundrechtsgleichen Rechte** aus Art. 20 IV, 33
I–III und V, 38 I 1 und II, 101, 103 und 104.[67] Darüber hinaus ist die analoge Anwendung auf
grundrechtsähnliche Bestimmungen (→ vor Art. 1 Rn. 17) in Betracht zu ziehen. Dies ist freilich
mangels einschlägiger Gesetzesvorbehalte nur von Bedeutung, wenn man nicht wie das BVerfG von
einem verengten Begriff des Einschränkungsgesetzes ausgeht (→ Rn. 16 ff.). Dann allerdings ist auch
die Geltung für **Gleichheitsrechte** anzunehmen.[68]

## II. Einzelfallgesetzverbot (Satz 1)

**20**    Anders als das Zitiergebot (→ Rn. 16 ff., → Rn. 27 ff.) zieht das BVerfG das Verbot des Einzelfallgesetzes **nicht nur für verengt verstandene Einschränkungsgesetze,**[69] sondern unabhängig davon,[70] damit auch bei Berührung vom Zitiergebot ausgenommener Grundrechte,[71] heran, schließt
allerdings Verstöße anderweitig aus (→ Rn. 22 f.). Nach Art. 19 I 1 (in sprachlich korrigierter Fassung)[72] muss das Gesetz, das die Grundrechtseinschränkung vornimmt oder zu ihr ermächtigt,[73]
allgemein und *darf* nicht nur für den Einzelfall gelten. Dabei geht es nur um **eine** in doppelter
Formulierung angesprochene **Voraussetzung,**[74] deren Bedeutung trotz vielfältiger Bemühungen bis
heute nicht abschließend geklärt ist.[75] Die **Allgemeinheit des Gesetzes** knüpft an das klassische
Aufgabe der Gesetzgebung an, abstrakt-generelle Regelungen für eine unbestimmte Vielzahl von
Fällen und Normadressaten und damit materielle Gesetze zu schaffen, während deren Anwendung auf
Einzelfälle der Judikative und der Exekutive überlassen bleiben sollte.[76] Dieser Aspekt des Gewalten-
teilungsgrundsatzes[77] ist jedenfalls heute **nicht mehr durch den Gesetzesbegriff** sichergestellt;
vielmehr können unter bestimmten Bedingungen nicht abstrakt-generelle Regelungen als nur formelle
Gesetze erlassen werden (→ Art. 20 Rn. 89).

**21**    Die Anforderung, dass das Gesetz **nicht nur für den Einzelfall** gelten darf, variiert das Thema,
indem sie dem angestrebten Charakter des Gesetzes den des Einzelakts gegenüberstellt, wie er in
der Handlungsform des VA überkommen ist (vgl. § 35 S. 1 VwVfG). Die „Regelung eines Einzelfalls" ist dort freilich nicht (mehr) auf den Idealtypus der konkret-individuellen Regelung beschränkt, sondern kann auch abstrakt-individuelle und – im Fall der personalen Allgemeinverfügung, § 35 S. 2 1. Alt. VwVfG – konkret-generellen Charakter haben.[78] Vor diesem Hintergrund

---

[64] Anders insoweit *Stern,* StaatsR III/2, S. 732; *Roellecke,* in: Umbach/Clemens, GG I, Art. 19 I–III, Rn. 15; iE
wie hier *Dreier,* in: Dreier I, Art. 19 I Rn. 11.

[65] Vgl. etwa BVerfGE 84, 372 (378 f.), zu Art. 9 I; zu Art. 9 III GG s. → Art. 9 Rn. 35 ff., → Art. 9 Rn. 78 ff.

[66] BVerfGE 128, 226 (258), zum Zitiergebot wegen Ausfalls der Warnfunktion; zustimmend *Hufeld* BK, Art. 19 I
(2012) Rn. 207 ff. Die §§ 903, 1004 BGB waren freilich ohnehin vorkonstitutionell (→ Rn. 15).

[67] Vgl. *Stern,* StaatsR III/2, S. 728, 756; diff. *Schwarz* (Fn. 45), S. 65 ff.; *Axer* HGR III, § 67 Rn. 28.

[68] Dies ist nur bei Differenzierungen relevant, die (grds. gleichheitswidrige) Ungleichbehandlungen darstellen und
daher als Grundrechtseingriffe der (externen) Rechtfertigung bedürftig sind; daran fehlte es etwa in BVerfGE 8, 332
(360 f.). Vgl. zu dieser insbesondere bei Art. 3 I noch ungewohnten Eingriffsperspektive *Sachs,* in: Stern, StaatsR IV/
2, S. 1485 ff., im Anschluss an *Huster,* Rechte und Ziele, 1993, insbes. S. 194 ff. Gegen Geltung des Art. 19 I für
Art. 3 GG insges. *Roellecke,* in: Umbach/Clemens, GG I, Art. 19 I–III, Rn. 16; *Remmert,* in: Maunz/Dürig, Art. 19
Abs. 1 (2008) Rn. 32, 56; dafür für Art. 19 I 1 GG *Stern* StaatsR III/2, S. 728 f.; *Huber* MKS I, Art. 19 Rn. 36, 40,
43; *Wollenschläger* MKS I, Art. 3 Rn. 166; für Art. 19 I 2 ebd., Art. 19 Rn. 94; *Sachs/Jasper* JuS 2016, 769 (774); nur
für spezielle Gleichheitsrechte *Schwarz* (Fn. 45), S. 59 ff.; *Axer* HGR III, § 67 Rn. 27, weil Art. 3 I nahezu von
jedem Gesetz betroffen sei; ablehnend für Art. 3 I *Wollenschläger* MKS I, Art. 3 Rn. 167; allg. *Dreier,* in: Dreier I,
Art. 19 I Rn. 12 (zu S. 1), Rn. 20, 23 (zu S. 2); *Hufeld* BK, Art. 19 I (2012) Rn. 214.

[69] Anders nur BVerfGE 24, 367 (396); dazu → Rn. 16; ebn BVerfGE 25, 371 (399).

[70] Vgl. für Prüfung außerhalb der einer bestimmten Grundrechtsverletzung BVerfGE 13, 225 (228 f.); 134, 33
Rn. 126 ff.; 136, 338 Rn. 97; BVerfGE 143, 246 Rn. 392 ff.; gegen (völlige) Verselbständigung gegenüber betroffenen Grundrechten BVerfGE 1, 264 (270) zu Art. 19 insgesamt; BVerfGE 117, 302 (310) zu Art. 19 I, II.

[71] BVerfGE 10, 89 (107 f.) zu Art. 2 I; 85, 360 (374 f.) zu Art. 12 I; 139, 148 Rn. 53 zur Wissenschaftsfreiheit;
neben der Prüfung solcher GrundR auch BVerfGE 13, 225 (228 f.); 136, 338 Rn. 97; 143, 246 Rn. 392 ff.

[72] Vgl. *Wernicke* BK, Art. 19 (Erstbearb.) Erl. II 1c.

[73] Vgl. „durch Gesetz oder auf Grund eines Gesetzes" – dazu *Remmert,* in: Maunz/Dürig, Art. 19 Abs. 1 (2008)
Rn. 26; *Stern,* StaatsR III/2, S. 732.

[74] *Huber* MKS I, Art. 19 Rn. 47; für eigenständige Bedeutung für ein „allgemeines Einzelfallgesetz" nicht überzeugend *Hufeld* BK, Art. 19 I (2012) Rn. 17, 148 ff.

[75] *Huber* MKS I, Art. 19 Rn. 10; zu Grundfällen *Krausnick* JuS 2007, 991 ff.

[76] S. umfassend *G. Kirchhof,* Die Allgemeinheit des Gesetzes, 2009.

[77] Zustimmend BVerfGE 134, 33 Rn. 128; 139, 321 Rn. 132.

[78] *U. Stelkens* SBS, VwVfG, § 35 Rn. 206 ff.

werden im Kontext der Verbotswirkung des Art. 19 I 1 dem allgemeinen Gesetz das **Einzelpersonengesetz**[79] und das **Einzelfallgesetz**[80] gegenübergestellt,[81] die allerdings keine abschließende Lösung bieten.

Das **BVerfG** hat bislang keinen Verstoß eines Gesetzes gegen Art. 19 I 1 festgestellt.[82] Dafür **22** hat das Gericht eine Reihe von Kriterien entwickelt, nach denen ein Gesetz **nicht** unzulässiger Weise **für den Einzelfall gilt.** Dies gilt vor allem für abstrakt-generelle Regelungen, auch wenn sie zur Lösung bestimmter Problemlagen („Maßnahmegesetze")[83] oder sogar aus Anlass konkreter Einzelfälle („Anlassgesetze") erlassen werden.[84] Schon die abstrakt(-generelle) Formulierung des Gesetzes stellt auch in solchen Fällen regelmäßig sicher, dass das Gesetz nicht nur für einen abschließend bestimmten Kreis von Adressaten gilt,[85] sondern **auf unbestimmt viele weitere Fälle anwendbar** ist,[86] auch wenn solche noch nicht eingetreten[87] und nur nicht „undenkbar" sind.[88] Die Einschränkung, dass die abstrakte Fassung des Gesetzes **nicht zur Verschleierung** einer einzelfallbezogenen Regelung dienen dürfe,[89] hat kaum praktische Relevanz; denn dazu müsste das Gesetz bei der gebotenen obj. Auslegung Geltung nur für die Anlassfälle beanspruchen.[90] Organisationsgesetze für eine Hochschule sollen wegen vielfältiger Einzelrechtsfolgen keine Einzelfallgesetze sein.[91]

Neben den Legalenteignungen (→ Art. 14 Rn. 159), die durch Art. 14 III 2 speziell zugelassen **23** sind,[92] hat das BVerfG in weiteren Fällen Regelungen mit einem abschließend bestimmten Anwendungsfall (und wohl auch einem zahlenmäßig feststehenden Adressatenkreis), also **echte Einzelfallgesetze,** dem Anwendungsbereich des Art. 19 I 1 entzogen. Diese sollen zulässig sein, „wenn [...] es nur einen Fall dieser Art gibt und die Regelung dieses singulären Sachverhalts von sachlichen Gründen getragen wird."[93] Ob zudem ein „(zwingendes) Regelungsbedürfnis" zu fordern ist,[94] bleibt unklar.[95] Die Begründung, Art. 19 I 1 richte sich nur dagegen, einen von mehreren gleichgelagerten Sachverhalten einer Sonderregel zu unterwerfen,[96] wirft die Frage auf, ob das Verbot dann noch eigenständige Bedeutung besitzt.[97] Keinesfalls ist es allgemein dahin aufzuweichen, dass einzelfallbezogene Regelungen überhaupt nur an Art. 3 I zu messen sind.[98]

Art. 19 I 1 hat bislang **keine praktische Bedeutung** erlangt. Dafür ist neben der restriktiven **24** Judikatur auch maßgeblich, dass sich S. 1 nur gegen erkennbaren Missbrauch der Gesetzgebungsgewalt wendet, zu dem sich die Gesetzgebungsorgane bislang mit Recht nicht hergegeben haben. Doch enthält Art. 19 I 1 zwingendes Verfassungsrecht, ein dagegen verstoßendes Gesetz wäre verfassungswidrig und damit grds. (→ Art. 20 Rn. 95) nichtig.[99]

---

[79] Vgl. BVerfGE 139, 321 Rn. 127, 130 ff.: „Gesetz, das sich von vornherein nur an eine oder mehrere konkrete Personen richtet"; ähnlich *Stern,* StaatsR III/2, S. 738.

[80] Das Einzelfallgesetz regelt einen konkreten „Fall", wobei Letzteres begrifflich kaum zu erfassen ist.

[81] *Stern,* StaatsR III/2, S. 738 ff.; *Huber* MKS I, Art. 19 Rn. 48 ff.

[82] Krit. *Lege* HGR III, § 66 Rn. 31 ff. Allerdings sieht BVerfGE 139, 321 Rn. 135, in der Ermächtigung zu EinzelpersonenG eine Verletzung der Gewaltenteilung, dazu *Sachs,* Art. 20 Rn. 89. Für Streichung *Bischoff,* Das Allgemeinheitsgebot des Art. 19 Abs. 1 S. 1 GG, Diss. Tübingen 2014, S. 223 ff.

[83] Das Maßnahmegesetz ist als solches verfassungsrechtlich irrelevant, BVerfGE 25, 371 (396); s. auch BayVerfGH BayVBl 2019, 442 Rn. 18.

[84] BVerfGE 99, 367 (400).

[85] Gegen Einzelfallbezug des ThürUG BVerfGE 134, 33 Rn. 131, wohl weil (objektiv) nicht feststand, welche Personen betroffen sein würden, aber auch zur fehlenden Kenntnis des Gesetzgebers.

[86] BVerfGE 10, 234 (242); BVerwGE 74, 58 (63); das Moment der Ungewissheit betont aus teleologischer Sicht *Huber* MKS I, Art. 19 Rn. 49 ff.

[87] BVerfGE 13, 225 (229); 121, 30 (49); auch BVerfGE 8, 332 (361 f.); BVerwGE 131, 216 (Rn. 27 f.); BVerwG NVwZ-RR 2016, 344 Rn. 34.

[88] BVerfGE 99, 367 (400 f.), wo der Eintritt weiterer Fälle für sechs Jahre ausgeschlossen war.

[89] BVerfGE 13, 225 (229); 24, 33 (52); 99, 367 (400).

[90] Vgl. BVerfGE 10, 234 (243 f.).

[91] BVerfGE 136, 338 Rn. 97.

[92] Vgl. BVerfGE 95, 1 (26); *Krebs,* in: v. Münch/Kunig I, Art. 19 Rn. 12; *Lege* HGR III, § 66 Rn. 120; gegen Spezialität jetzt *Hufeld* BK, Art. 19 I (2012) Rn. 167; BVerfGE 24, 367 (396 f.), sah in Art. 14 III 2 keinen Einschränkungsvorbehalt.

[93] BVerfGE 134, 33 Rn. 128 mN; auch für mehrere Einzelfälle BVerfGE 143, 246 Rn. 395.

[94] So BVerfGE 134, 33 Rn. 129.

[95] Ohne dieses Erfordernis wieder BVerfGE 139, 148 Rn. 53; 143, 246 Rn. 394.

[96] BVerfGE 25, 371 (399); 134, 33 Rn. 128; 143, 246 Rn. 394.

[97] Vgl. *Huber* MKS I, Art. 19 Rn. 16 ff.; auch *Stern,* StaatsR III/2, S. 736 f.

[98] So wohl *Krebs,* in: v. Münch/Kunig I, Art. 19 Rn. 10 ff.; *Dreier,* in: Dreier I, Art. 19 I Rn. 16.

[99] Vgl. *Krebs,* in: v. Münch/Kunig I, Art. 19 Rn. 13; *Gallwas,* Faktische Beeinträchtigungen im Bereich der Grundrechte, 1970, S. 112; *Stern,* StaatsR III/2, S. 744.

## III. Zitiergebot (Satz 2)

**25**    **1. Sinn und Zweck der Vorschrift.** Das Gebot des Art. 19 I 2, in grundrechtseinschränkenden Gesetzen die betroffenen Grundrechte zu nennen, soll sicherstellen, dass nur ausdrücklich gewollte Eingriffe vorgenommen werden.[100] Weiter soll die Vorschrift eine **„Warn- und Besinnungsfunktion"**[101] erfüllen, damit der Gesetzgeber die grundrechtsverkürzenden Auswirkungen seiner Gesetzgebung bedenkt.[102] Den „eigentlichen Sinn" des Art. 19 I 2 sieht das BVerfG später darin sicherzustellen, dass Entscheidungen über die Einschränkung grundrechtlicher Freiheiten aus einem Gesetzgebungsverfahren mit **öffentlicher Diskussion** hervorgehen.[103]

**26**    Die gesetzliche Klarstellung hat zudem **Informationswert für den Bürger,** da die Grundrechtseinschränkung für ihn kenntlich wird. Dadurch wird einer Grundrechtsaushöhlung vorgebeugt, die sonst möglicherweise erst bei der Gesetzesanwendung festgestellt würde.[104] Insoweit trifft sich Art. 19 I 2 mit der aus allgemeinen Erwägungen zum „Gesetzesvorbehalt" abgeleiteten Notwendigkeit, dass Grundrechtseinschränkungen im Gesetz ausdrücklich offengelegt werden.[105] Im Geltungsbereich des Art. 19 I 2 spricht daher ein fehlendes Zitat dagegen, ein Gesetz im Sinne grundrechtseinschränkender Wirkungen auszulegen;[106] Entsprechendes gilt auch umgekehrt.[107]

**27**    **2. Eingeengter Anwendungsbereich?** Das BVerfG hält seit jeher eine **enge Auslegung des Zitiergebots** für notwendig.[108] Es sieht Art. 19 I 2 als Formvorschrift, „die enger Auslegung bedarf, damit sie nicht zu einer leeren Förmlichkeit erstarrt und den die verfassungsmäßige Ordnung konkretisierenden Gesetzgeber in seiner Arbeit unnötig behindert".[109] Die darin anklingende Geringschätzung von Formvorschriften überrascht und ist angesichts der anerkannten Funktionen des Zitiergebots (→ Rn. 25 f.) nicht tragfähig. Das BVerfG ist dem schon lange erhobenen Einwänden mit Rücksicht auf die eingefahrene Staatspraxis nicht gefolgt.[110] Trotz einiger Ansätze[111] ist eine Umkehr bisher ausgeblieben.

**28**    **Bedenklich** ist es, wenn vom Zitiergebot Gesetze ausgenommen werden, die schon geltende **Grundrechtsbeschränkungen** unverändert oder mit geringen Abweichungen **wiederholen.**[112] Dieser Ansatz wurde zuletzt sogar auf selbständige Grundrechtseingriffe erweitert, die einen mit schon bestehenden Eingriffsregelungen verbundenen Zweck verwirklichen.[113] Es leuchtet nicht ein, wieso Offenlegung und Reflexion bei Fortschreibung bestehender Einschränkungen weniger wichtig sein sollen.[114] Das Zitiergebot greift auch ein, wenn nach Wechsel der Gesetzgebungskompetenz abgelöste gesetzliche Einschränkungen auf der anderen staatlichen Ebene wiederholt werden. Ebenso wenig besteht Anlass, bei **Offenkundigkeit der Einschränkung** das Gebot auszuschalten,[115] weil es der Gesetzgebung gerade hier leichtfallen muss, dem Gebot nachzukommen.[116] Auch bei völkervertrags-

---

[100] BVerfGE 64, 72 (79); *Remmert,* in: Maunz/Dürig, Art. 19 Abs. 1 (2008) Rn. 40; zu Grundfällen *Krausnick* JuS 2007, 1088 ff.

[101] BVerfGE 130, 1 (39) mwN; auch BVerfGE 128, 226 (258); ferner etwa *Dreier,* in: Dreier I, Art. 19 I Rn. 19 (mit Fn. 81); *Stern,* StaatsR III/2, S. 747 (mit Fn. 237).

[102] Vgl. *Stern,* StaatsR III/2, S. 747.

[103] BVerfGE 85, 386 (403 f.).

[104] *Hufeld* BK, Art. 19 I (2012) Rn. 197; *Huber* MKS I, Art. 19 Rn. 68; *Krebs,* in: v. Münch/Kunig I, Art. 19 Rn. 14; *Dehner/Jahn* JuS 1988, 30 (32); *Selk* JuS 1992, 816 (817).

[105] BVerfGE 85, 386 (403 f.).

[106] BVerfGE 85, 386 (403); 130, 151 (204) (für verfassungskonforme Auslegung); gegen eine Schutzpflichtverletzung mangels Zitat BVerfGE 49, 89 (141).

[107] Nach BVerfGE 132, 1 (8), spricht ein Zitat für unmittelbar eingriffsermächtigende Bedeutung.

[108] Vgl. BVerfGE 7, 377 (404); 10, 89 (99); 13, 97 (122); 21, 92 (93); 24, 367 (396 f.); 28, 36 (46 f.); 28, 55 (62); 64, 72 (79); 83, 130 (154). Zust. *de Wall,* in: Friauf/Höfling, Art. 19 I, II (2012) Rn. 49 ff.

[109] BVerfGE 28, 36 (46). Demgegenüber für eine zusätzl. Zitierpflicht auch bzgl. der in die VerfNRW übernommenen Grundrechte des GG *Gmeiner* NWVBl 2019, 273 f.

[110] Vgl. BVerfGE 64, 72 (80); krit. *Huber* MKS I, Art. 19 Rn. 87 f.; *Stern,* StaatsR III/2, S. 748 ff.; *Dreier,* in: Dreier I, Art. 19 I Rn. 27; *Remmert,* in: Maunz/Dürig, Art. 19 Abs. 1 (2008) Rn. 55 ff.; *Axer* HGR III, § 67 Rn. 22 ff.; *Hillgruber* HStR IX, § 201 Rn. 43 f.; *Hufeld* BK, Art. 19 I (2012) Rn. 213 ff.

[111] BVerfGE 113, 348 (366 f.) (bei deutlich erweiterter Eingriffsgrundlage); BVerfGE 120, 274 (343 f.) (für Notwendigkeit ausdrücklichen Zitats im Gesetzestext); für den in BVerfGE 116, 24 (51 f.) noch nicht berücksichtigten Art. 16 I 2 ausdrücklich BVerfGE 135, 48 Rn. 78; auch BVerwGE 162, 17 Rn. 84.

[112] S. zunächst gegenüber vorkonstitutionellen Gesetzen (→ Rn. 15) BVerfGE 5, 13 (16); 15, 288 (293); 16, 194 (199 f.); 61, 82 (113); BVerwGE 47, 31 (39); dann gegenüber nachkonstitutionellen Gesetzen BVerfGE 35, 185 (188 f.); 129, 208 (237); auch BVerfGE 113, 348 (366 f.). Keinesfalls macht eine gesetzlose Verwaltungspraxis ein Zitat entbehrlich, BVerfG NJW 2020, 2235 Rn. 134.

[113] BVerfGE 130, 1 (39), für die nach der StPO bundesgesetzlich geregelte Verwendung durch unter Zitat vom Landesgesetzgeber zugelassene Grundrechtseingriffe gewonnener personenbezogener Daten.

[114] Wie hier *Stern,* StaatsR III/2, S. 751 f.; *Huber* MKS I, Art. 19 Rn. 77 ff.; *Axer* HGR III, § 67 Rn. 22; *Schwarz* (Fn. 45), S. 85 ff.; *Hufeld* BK, Art. 19 I (2012) Rn. 204 ff.

[115] So aber BVerfGE 35, 185 (188 f.).

[116] Im Ergebnis wie hier etwa *Jarass,* in: Jarass/Pieroth, Art. 19 Rn. 6; *Axer* HGR III, § 67 Rn. 22; *Schwarz* (Fn. 45), S. 119 ff.; *Hufeld* BK, Art. 19 I (2012) Rn. 211.

rechtlich vorgesehenen Grundrechtsbeschränkungen bzw. dem Zustimmungsgesetz ist das Zitiergebot zu beachten.[117]

Wie dargelegt (→ Rn. 17) ist die besondere Fassung von Vorbehalten kein Grund, das Zitiergebot **29** nicht anzuwenden, soweit sie jedenfalls auch Grundrechtseinschränkungen ermöglichen.[118] Für Gesetze, die gestützt auf **Art. 5 II,**[119] **Art. 12 I 2**[120] **und Art. 14 I 2**[121] die Grundrechte einschränken oder Einschränkungen ermöglichen, greifen die Funktionen des Zitiergebots ebenso ein wie bei anders formulierten Gesetzesvorbehalten.[122] Dasselbe trifft für Art. 14 III zu,[123] doch mag die Junktimklausel als lex specialis vorgehen (auch → Art. 14 Rn. 158). Anderes gilt nur für **die allgemeine Verhaltensfreiheit nach Art. 2 I** (→ Art. 2 Rn. 101),[124] der in Folge seines umfassenden Schutzgegenstandes sonst in nur hier wirklich leerer Förmelei bei fast jedem Gesetz anzusprechen wäre. Beim sachhaltigeren allgemeinen Persönlichkeitsgrundrecht und vergleichbaren besonderen Anwendungsbereichen[125] ist das Zitiergebot indes sinnvoller Weise anwendbar.[126] Nur auf Art. 17a GG gestützte Einschränkungsgesetze sind vom Zitiergebot nicht befreit.[127] In der Gesetzgebungspraxis werden teils Einschränkungen weiterer Grundrechte benannt.[128]

Die gleichfalls bereits (→ Rn. 17) dargelegte Geltung des Art. 19 I und damit des Zitiergebots bei **30** **Einschränkungen vorbehaltloser Grundrechte**[129] wird mittelbar vom BVerfG selbst bestätigt. Wenn man den „eigentlichen Sinn" des Art. 19 I darin sieht, ein Verfahren mit öffentlicher Diskussion für Entscheidungen bes. Tragweite zu sichern, zumal für die Einschränkung grundrechtlichen Freiheiten und den Ausgleich zwischen kollidierenden Grundrechten[130] (→ Rn. 25), wird klar, dass jedenfalls der Zweck des Zitiergebots darauf passt.

**3. Erfüllung des Zitiergebots.** Nicht abschließend geklärt sind die Anforderungen, die sich aus **31** Art. 19 I 2 im Detail ergeben. Erforderlich ist jedenfalls eine ausdrückliche Bestimmung im Gesetz selbst; eine Erwähnung in der Begründung genügt ebenso wenig[131] wie eine Verweisung auf ein das Zitiergebot nicht verletzendes Gesetz.[132] Ob es genügt, dass die durch diverse Regelungen eines Gesetzes eingeschränkten Grundrechte **irgendwo in dem Gesetz,** auch in einer zusammenfassenden Klausel, als solche unter Angabe des Artikels genannt werden,[133] muss zumal bei umfangreichen Artikelgesetzen[134] jedenfalls wegen der Informationsfunktion bezweifelt werden; aber auch die Besinnungsfunktion ist in Frage gestellt, wenn die Erwähnung eingeschränkter Grundrecht nicht mehr mit den einschränkenden Normen im Einzelnen in Verbindung gebracht wird.[135] Eine zitierende Vorschrift bietet als solche keine Grundlage für (weitere) Grundrechtseingriffe.[136] Werden in ein dem Zitiergebot genügendes Gesetz zusätzliche Einschränkungen eingefügt, muss das Änderungsgesetz das

[117] So bei fehlender Klärung durch das BVerfG *Sax,* Soldaten gegen Piraten, 2018, S. 289 ff.
[118] Selbstverständlich für Geltung des Zitiergebots für Art. 16 I 2 GG BVerfGE 135, 48 Rn. 78.
[119] Anders BVerfGE 28, 36 (46 f.); 28, 282 (289); 33, 52 (77 f.); 44, 197 (201 f.); dem zustimmen → Art. 5 Rn. 150; zu Art. 17a I → Art. 17a Rn. 12 f.; BVerfGE 124, 300 (325 ff.) zieht auch für den als Sondergesetz jenseits des Art. 5 II gebilligten § 130 IV StGB das Zitiergebot nicht heran; keine Bedenken wohl bei *Hufeld* BK, Art. 19 I (2012) Rn. 217 f.
[120] Anders BVerfGE 13, 97 (122) (für subjektive Zulassungsvoraussetzungen); 64, 72 (79 ff., 81) („zumindest" für Berufsausübungsregelungen und subjektive Zulassungsvoraussetzungen); auch BVerfGE 28, 36 (46) (allgemein für die Berufsfreiheit); BVerfGE 126, 112 (140 f.), billigt objektive Zulassungsvoraussetzung ohne Zitat des Art. 12 I GG, ohne Art. 19 I 2 anzusprechen.
[121] Anders BVerfGE 21, 92 (93); 24, 367 (396, 398).
[122] Ablehnend für Art. 6 II GG OVG NRW DÖV 2012, 160 Nr. 143 LS, Rn. 19 ff. (nur juris).
[123] Anders BVerfGE 28, 367 (396 ff., 398).
[124] Unbedenklich daher iE BVerfGE 10, 89 (99); auch BVerfGE 28, 36 (46); wie hier auch *Axer* HGR III, § 67 Rn. 24; *Hillgruber* HStR IX, § 201 Rn. 44 f.; weitergehend *Huber* MKS I, Art. 19 Rn. 92. BVerfGE 97, 228 (265 f.), hätte Art. 19 I 2 für den angenommenem Eingriff in Art. 13 berücksichtigen müssen.
[125] Für entsprechende „Innominatfreiheiten" *Hufeld* BK, Art. 19 I (2012) Rn. 219.
[126] Wohl offen gelassen in BVerfGE 120, 274 (340, aber 347 ff.); wie hier auch *Axer* HGR III, § 67 Rn. 24; *Martini* JA 2009, 839 (843 mit Fn. 53).
[127] Dafür aber *Roellecke,* in: Umbach/Clemens, GG I, Art. 19 I-III Rn. 29; wie hier näher → Art. 17a Rn. 12 f.; auch *Schwarz* (Fn. 45), S. 55 ff.; Bedenken auch bei BVerwGE 132, 179 (184).
[128] So Art. 12 I 2 und 14 I in § 18 LHundG NRW, Art. 2 I iVm Art. 1 I (allg. Persönlichkeitsrecht), Art. 12 und 14 und sogar Art. 2 I in § 28 HaSiG NRW; Art. 5 I 1 (Informationsfreiheit) in § 77 UVollzG NRW, § 37 JAVollzG NRW; Art. 6 II 1 in § 125 Nr. 3 SchulG NRW; Art. 2 I iVm 1 I (informationelle Selbstbestimmung) in § 32 VSG NRW; dieses Recht sowie Art. 5 I 1, 14 I 1 in § 28 VersFG SchlH.
[129] Dagegen für die Kunstfreiheit BVerfGE 83, 130 (154); für eine Übertragung auf Einschränkungen jenseits qualifizierter Gesetzesvorbehalte (zu Art. 8) *Schäffer* DVBl 2012, 546 (548 ff.).
[130] So ausdrücklich BVerfGE 85, 386 (403 f.).
[131] BVerfGE 113, 348 (367).
[132] BVerfGE 120, 274 (343); großzügiger *Debus,* Verweisungen in deutschen Rechtsnomen, 2008, S. 156 f.
[133] So *Stern,* StaatsR III/2, S. 757 f.; *Huber* MKS I, Art. 19 Rn. 94 ff.
[134] Gegen Zitierung in bes. Artikel *Axer* HGR III, § 67 Rn. 31; *Hufeld* BK, Art. 19 I (2012) Rn. 222.
[135] Für Einzelzitate mit Recht *Schwarz* (Fn. 45), S. 125 ff.; in schweren Fällen auch *Hufeld* BK, Art. 19 I (2012) Rn. 220; s. auch BVerfGE 124, 274 (343 f.).
[136] Vgl. zu § 32 VereinsG BVerwGE 79, 110 (117).

eingeschränkte Grundrecht (erneut) nennen.[137] Bei Einschränkung zuvor nicht betroffener Grundrechte ist es zumindest sinnvoll, das zusätzliche Zitat auch in den geänderten dauerhaften Gesetzestext selbst aufzunehmen.[138]

**32**    **4. Rechtsfolge eines Verstoßes gegen das Zitiergebot.** Ein Verstoß gegen das Zitiergebot führt zur Verfassungswidrigkeit[139] und grundsätzlich zur **Nichtigkeit des Gesetzes;**[140] eine Heilung durch später aufgenommene Zitierklauseln[141] scheidet damit aus. Bei einer **Umstellung der Judikatur** könnten die aufgrund der bisherigen Rspr. ohne Zitat ergangenen Gesetze aus Gründen der Rechtssicherheit Bestand behalten.[142] Für die Zukunft müsste allerdings grundsätzlich die Nichtigkeitsfolge durchgreifen.[143]

## C. Garantie des Wesensgehalts (Abs. 2)

### I. Anwendungsbereich der Garantie

**33**    Art. 19 II spricht nicht ausdrücklich aus, wer **Adressat des Verbots,** den Wesensgehalt eines Grundrechts anzutasten, ist. Trotz entstehungsgeschichtl. Verbindungen zu den Anforderungen an einschränk. Gesetze in Abs. 1 (→ Rn. 3) ist die ebenso apodiktisch wie umfass. formulierte Garantie für jede Person oder Stelle maßgeblich, die der Grundrechtsbindung unterliegt. Dies betrifft nach Art. 1 III **alle Zweige der öffentlichen Gewalt**[144] (→ Rn. 9). Wie bei Abs. 1 (→ Rn. 19) sind neben allen GrundR auch hier die grundrechtsgleichen Rechte einzubeziehen.[145]

**34**    **1. Förmliche Gesetzgebung.** Art. 19 II bezieht sich vor allem auf die **förmliche Gesetzgebung,** die idR allein die Möglichkeit hat, originär Grundrechtsverkürzungen vorzunehmen oder anzuordnen. Wegen der Formulierung „in keinem Falle" ist das bei Abs. 1 so problematische Verständnis der Grundrechtseinschränkungen (→ Rn. 17, → Rn. 29, → Rn. 30) ohne Belang; auch das BVerfG wendet die Wesensgehaltsgarantie unabhängig davon an, ob ein Grundrecht einem Gesetzesvorbehalt unterliegt und wie dieser formuliert ist.[146] Auch objektive Grundrechtsgehalte, wie zumal die Schutzpflichten,[147] sprechen primär die Gesetzgebung an; wegen der dabei bestehenden Spielräume (→ vor Art. 1 Rn. 31, → vor Art. 1 Rn. 36) ist Art. 19 II allerdings kaum von Bedeutung.

**35**    **Nicht erfasst** wird trotz abweichender Formulierungen im HChE (→ Rn. 3) die bloße **gesetzliche Ausgestaltung,** da diese grundrechtliche Substanz gar nicht berühren kann (→ vor Art. 1 Rn. 44, → vor Art. 1 Rn. 78, → vor Art. 1 Rn. 102). Kein Fall des Art. 19 II ist die **verfassungsändernde Gesetzgebung,** die nicht an Grundrechte gebunden ist, sondern nur den Schranken des Art. 79 unterliegt.[148] Dies gilt auch für nur inhaltliche Verfassungsänderungen nach Art. 23 I 3 (→ Art. 23 Rn. 92 ff.; → Art. 79 Rn. 20).

**36**    **2. Verhalten der Organe der Exekutive und Judikative.** Organe der **Exekutive** sind zu Eingriffen in grundrechtlich geschützte Interessen grds. nur aufgrund gesetzlicher Ermächtigung befugt; dies gilt nach dem Vorbehalt des Gesetzes für Einzelentscheidungen ebenso wie für administrative Normsetzung (→ vor Art. 1 Rn. 107, vor Art. 1 Rn. 110 f.; → Art. 20 Rn. 86, → Art. 20 Rn. 113, → Art. 20 Rn. 118). Unmittelbare Bedeutung für Exekutivorgane kann je nach Auslegung (→ Rn. 40 ff.) Art. 19 II gewinnen, wenn ihnen nach der gesetzlichen Ermächtigung **Handlungsspielräume** verbleiben, in denen sie den Anforderungen an Einschränkungen der Grundrechte (→ vor Art. 1 Rn. 134 f.) eigenverantwortlich zu genügen haben.

---

[137] So BVerfGE 113, 348 (366 f.); wohl irrtümlich nur auf das fehlende Zitat im Ausgangsgesetz abstellend BVerfGE 150, 309 Rn. 62.
[138] Für zwingend erklärt dies *Schwarz* (Fn. 45), S. 123 f.; vgl. etwa den Entwurf eines Änderungsgesetzes zum Polizeigesetz NRW, LT-Drs 14/10 089, in Art. II und Art. I Nr. 2 zu § 7.
[139] BVerfGE 113, 348 (367).
[140] Vgl. *Hufeld* BK, Art. 19 I (2012) Rn. 224 ff.; *Remmert,* in: Maunz/Dürig, Art. 19 Abs. 1 (2008) Rn. 47; *Krebs,* in: v. Münch/Kunig I, Art. 19 Rn. 17; *Hillgruber* HStR IX, § 201 Rn. 48. Zur verfassungskonformen Auslegung *Schwarz* (Fn. 45), S. 128 ff.; zu § 27b UStG *Sterzinger* DStR 2010, 471 ff.
[141] Dafür *Stern,* StaatsR III/2, S. 759 f. Wie hier *Axer* HGR III, § 67 Rn. 32.
[142] Vgl. BVerfGE 113, 348 (367) (schon mangels Klärung durch das BVerfG); skeptisch *Remmert,* in: Maunz/Dürig, Art. 19 Abs. 1 (2008) Rn. 47, 59.
[143] Dafür auch BVerfGE 113, 348 (367); 120, 274 (343 f.); für Unvereinbarkeit mit vorübergehender Fortgeltung BVerfGE 150, 309 Rn. 96 f.; allg. zur diesbezüglichen Rspr. → Art. 20 Rn. 98 ff.
[144] *Stern,* StaatsR III/2, S. 877; *Huber* MKS I, Art. 19 Rn. 113 ff.; anders wohl *Leisner-Egensperger* HGR III, § 70 Rn. 7 ff.; zu Grundfällen *Krausnick* JuS 2007, 1088 (1090 ff.).
[145] So etwa *Drews,* Die Wesensgehaltsgarantie des Art. 19 II GG, 2005, S. 48 ff.; anders *Leisner-Egensperger* HGR III, § 70 Rn. 4.
[146] Vgl. BVerfGE 84, 212 (228); 93, 352 (360); 100, 313 (376); anders noch BVerfGE 13, 97 (122) zu Art. 12 I; unscharf BVerfGE 21, 92 f. zu Art. 14 I; ferner *Stern,* StaatsR III/2, S. 878 f.
[147] Vgl. etwa *M. Mayer,* Untermaß, Übermaß und Wesensgehaltsgarantie, 2005, S. 175 ff.
[148] Vgl. ausdrückl. BVerfGE 109, 279 (310 f.), sowie *Stern,* StaatsR III/2, S. 882 ff.; auch *Remmert,* in: Maunz/Dürig, Art. 19 Abs. 2 (2008) Rn. 31; auch → Art. 79 Rn. 52.

Für die **Gerichte** gilt grundsätzlich nichts anderes als für die Exekutive; im Rahmen gesetzlich 37 eröffneter Handlungsspielräume müssen ihre grundrechtsbeschränkenden Entscheidungen die Wesensgehaltsgarantie als Teil der diesbezüglichen allgemeinen Anforderungen einhalten.[149] Im Wege der Rechtsfortbildung formulierte Rechtssätze sind – unabhängig von der Behandlung grundrechtsbeschränkenden „Richterrechts" überhaupt (→ vor Art. 1 Rn. 112; → Art. 20 Rn. 120) – jedenfalls denselben Grenzen wie die formelle Gesetzgebung, also auch der Wesensgehaltsgarantie, unterworfen.[150]

Mittelbar wirkt sich die Wesensgehaltsgarantie auf die **Rechtsanwendung** aus, weil gegen Art. 19 38 II verstoßende Gesetze grundgesetzwidrig sind (→ Rn. 47). Abgesehen von den Folgen eines Verfassungsverstoßes für die Rechtsanwendung[151] ist insbesondere die Möglichkeit von Bedeutung, im Wege verfassungskonformer Auslegung zu vermeiden, dass der Wesensgehalt eines Grundrechts angetastet wird. Für verfassungsunmittelbar durchgreifende Schutzpflichten gilt nichts anderes als bei der Gesetzgebung (→ Rn. 34).

**3. Sonderbereiche.** Als materielle Anforderung gilt Art. 19 II auch für **vorkonstitutionelles** 39 **Recht;** seine Geltung blieb gemäß Art. 143 I 2 auch bei der Überleitung des DDR-Rechts ausdrücklich unangetastet. Der in Art. 23 I 1 von der **Europäischen Union** verlangte „im wesentlichen" vergleichbare Grundrechtsschutz (dazu → Art. 23 Rn. 41 ff.), zielt nicht auf den Wesensgehalt einzelner Grundrechte; wäre dieser aber grundsätzlich nicht mehr gewährleistet, wäre die Vergleichbarkeit des Grundrechtsschutzes überhaupt in Frage gestellt.[152] Zu Art. 23 I 3 → Rn. 35.

## II. Inhalt der Garantie

Über den Inhalt des Art. 19 II besteht in vieler Hinsicht **kein Konsens.**[153] Nicht nur der juristisch 40 kaum fassbare Begriff des Wesensgehalts, sondern auch die maßgebliche Bedeutung des Begriffs „Grundrecht" bereitet Probleme, die sich in grds. Unsicherheiten über den absoluten oder relativen Wesensgehalt der Bestimmung einerseits (→ Rn. 41 ff.), den Bezug auf die (subjektive) Grundrechtsberechtigung oder die (objektive) Grundrechtsbestimmung (→ Rn. 45 f.) andererseits zeigen und sich auch auf die Bedeutung der Unantastbarkeit auswirken. Dies ist sicher mitursächlich dafür, dass die Bestimmung kaum praktische Bedeutung erlangt hat. Ob sich dies in absehbarer Zeit ändern wird,[154] ist vor allem wegen der Dominanz des Verhältnismäßigkeitsprinzips fraglich.

**1. Absoluter oder relativer Wesensgehalt?** In Übereinstimmung mit gewichtigen Stimmen der 41 Literatur[155] hat sich das BVerfG früh für den **absoluten Schutz** des Wesensgehalts eines Grundrechts ausgesprochen: „Der Wesensgehalt eines Grundrechts darf nach dem klaren Wortlaut des Art. 19 Abs. 2 GG ‚in keinem Fall' angetastet werden; die Frage, unter welchen Voraussetzungen ein solcher Eingriff ausnahmsweise trotzdem zulässig sei, ist gegenstandslos."[156] Später hat es Art. 19 II unterstützend herangezogen, um „einen letzten unantastbaren Bereich privater Lebensgestaltung..., der der öffentlichen Gewalt schlechthin entzogen ist", zu begründen, und dabei jede Abwägung nach Maßgabe der Verhältnismäßigkeit ausgeschlossen.[157] Dem entspricht die Annahme, gegenüber dem Wesensgehalt eines Grundrechts gebe es nach dem Grundgesetz keine höherrangigen Güter.[158]

Teils hat das BVerfG allerdings Art. 19 II im Sinne einer **relativen Sichtweise**[159] geprüft, 42 die die Einschränkung des Grundrechts von einer Rechtfertigung auf Grund der verfolgten Zielset-

---

[149] So auch *Remmert*, in: Maunz/Dürig, Art. 19 Abs. 2 (2008) Rn. 27.

[150] BVerfGE 84, 212 (228 f.); *Huber* MKS I, Art. 19 Rn. 118.

[151] Für Normenkontrolle *Krebs*, in: v. Münch/Kunig I, Art. 19 Rn. 22; auch → Art. 20 Rn. 96 f.

[152] Für Sicherung des Wesensgehalts der Grundrechte ausdrücklich etwa BVerfGE 73, 339 (375 f.); als „Mindeststandard an Grundrechtsschutz" bezeichnet dies BVerfGE 149, 346 Rn. 30 mwN, wo aber (Rn. 33 ff.) Art. IV GG insgesamt zum Mindestmaß des Grundrechtsschutzes gezählt wird; s. auch *Krebs*, in: v. Münch/Kunig I, Art. 19 Rn. 19, 22; *Huber* MKS I, Art. 19 Rn. 179 ff.; *Classen* MKS I, Art. 23 Rn. 44. Gegen Bedeutung des Art. 19 II für Art. 23 I 3 *Dreier*, in: Dreier I, Art. 19 II Rn. 5.

[153] *Stern*, StaatsR III/2, S. 847 ff.; *Remmert*, in: Maunz/Dürig, Art. 19 Abs. 2 (2008) Rn. 36 ff.; *Hwang*, Verhältnismäßigkeitsgrundsatz und Wesensgehaltsgarantie, 2015, S. 111 ff.; *Schaks* JuS 2015, 407 ff.; zum EU-Recht etwa *Krämer*, in: Stern/Sachs, Art. 52 Rn. 58; *Bock/Engeler* DVBl 2016, 593 ff.; zur Judikatur des EGMR *E. Klein*, in: Dicke ua (Hrsg.), Weltinnenrecht, 2005, S. 385 ff.

[154] Dafür plädiert *Stern*, StaatsR III/2, S. 864 f.

[155] *Herbert Krüger* DÖV 1955, 597 (599); *Dürig* AöR 81 (1956), 117 (156). Zuletzt wieder deutlich *Leisner-Egensperger* HGR III, § 70 Rn. 25 ff.; *Camilo de Oliveira*, Zur Kritik der Abwägung in der Grundrechtsdogmatik, 2013, S. 325 ff.; *Schaks* JuS 2015, 407 (408 ff.).

[156] Vgl. BVerfGE 7, 377 (411) mN zu relativierenden Ansätzen von BGH und BVerwG. Für einen kategorialen menschenrechtlichen Kernbereichsschutz *v. Bernstorff* Staat 50 (2011), 165 ff.

[157] BVerfGE 80, 367 (373); ähnlich schon BVerfGE 34, 238 (245).

[158] Vgl. *Stern*, StaatsR III/2, S. 867; ferner *Streinz*, Bundesverfassungsgerichtlicher Grundrechtsschutz und Europäisches Gemeinschaftsrecht, 1989, S. 273 f.; *Raue* AöR 131 (2006), 79 (93 ff.).

[159] Dafür etwa *E. v. Hippel*, Grenzen und Wesensgehalt der Grundrechte, 1965, S. 47 ff.; *Krebs*, in: v. Münch/Kunig I, Art. 19 Rn. 25 f.; *Nierhaus* BK, Art. 19 II (2008) Rn. 76 ff., 93; iE auch *Alexy*, Theorie der Grundrechte, 1985, S. 269 ff.; ähnl. *Huber* MKS I, Art. 19 Rn. 156, aber 171.

zung abhängig macht,[160] oder hat Wesensgehaltsgarantie und Verhältnismäßigkeit nahezu identifiziert.[161] So verstanden wäre **Art. 19 II** neben dem Grundsatz der Verhältnismäßigkeit allerdings selbst theoretisch **ohne substantielle Bedeutung.**

43      Ein **absolutes Verständnis** birgt ein eigenständiges Potential des Grundrechtsschutzes, auf das nicht verzichtet werden darf. Dann besteht freilich das Problem, den absolut schützenswerten, jeder Abwägung des Gesetzgebers[162] entrückten „Wesensgehalt" der (einzelnen) Grundrechte zu finden. Ansatzpunkte bietet der jedenfalls vielen Grundrechten eigene **Menschenwürdegehalt;**[163] doch ist der Rückgriff hierauf bei Art. 19 II neben der selbständigen Wirkung des Art. 1 I seinerseits dem Vorwurf der Redundanz ausgesetzt.[164]

44      Dementsprechend wird für **weiterreichende Gegenstände** des Wesensgehalts plädiert, für die sich allerdings keine substantielle Formel durchgesetzt hat.[165] Allgemeine inhaltliche Kriterien für den Wesensgehalt der Grundrechte sind kaum vorstellbar. Daher wird seine **spezifische Bestimmung** nach der Eigenart des einzelnen Grundrechts, insbes. seines Schutzgegenstandes, erforderlich sein.[166] Verallgemeinerungsfähig ist wohl die Annahme, dass der Wesensgehalt betroffen ist, „wenn **jeglicher Störungsabwehranspruch** [...] materiellrechtlich **beseitigt** oder wenn verfahrensrechtlich verwehrt wird, ihn wirkungsvoll geltend zu machen...".[167]

45      **2. Objektives oder subjektives Grundrecht?** Unklarheiten bestehen auch darüber, ob mit dem Grundrecht die (objektive) Grundrechtsbestimmung oder die (subjektive) Grundrechtsberechtigung angesprochen sein soll. Das BVerfG hat die Frage anfangs offengelassen,[168] die seitherige Judikatur ist nicht einheitlich;[169] im Sinne eines effektiven Grundrechtsschutzes dürfte der Wesensgehalt eines Grundrechts **sowohl** auf die objektive Grundrechtsbestimmung[170] **als auch** auf die subjektive Grundrechtsberechtigung[171] zu beziehen sein.[172]

46      Probleme bereitet der Bezug auf subjektive Grundrechtspositionen, wenn der grundrechtliche **Schutzgegenstand durch den Eingriff insgesamt beseitigt** wird, etwa bei einer (so vollzogenen) lebenslangen Freiheitsstrafe und beim tödlichen polizeilichen Rettungsschuss (für Art. 2 II 1 1. Alt.), nicht aber bei der auf konkrete Eigentumsobjekte beschränkten Enteignung. Das BVerfG hat die Vereinbarkeit der lebenslangen Freiheitsstrafe mit Art. 19 II zunächst allein mit Rücksicht auf die auch im ursprünglichen Art. 143 belegten Vorstellungen des ParlRat angenommen.[173] Neuere Entscheidungen haben die unbefristete Sicherungsverwahrung[174] und die gezielte Tötung von Terroristen nach § 14 III LuftSiG[175] bei Wahrung des Verhältnismäßigkeit vor Art. 19 II gerechtfertigt. Man kann in solchen Fällen den Wesensgehalt eines Grundrechts erst angetastet sehen, wenn durch den Eingriff die aus der Grundrechtsqualität folgende Bindungswirkung für die Staatsgewalt prinzipiell negiert

---

[160] BVerfGE 22, 180 (219 f.).

[161] BVerfGE 27, 344 (352); ähnl. BVerfGE 58, 300 (348); 109, 133 (156); 117, 71 (96 f.); auch *Drews* (Fn. 145), S. 59 ff. Bei der Proportionalität prüft Art. 19 II BVerfGE 125, 260 (318 ff.).

[162] *Huber* MKS I, Art. 19 Rn. 171 171, weist darauf hin, dass der Verfassungsänderung vorbehaltene Abwägungen hier ausscheiden.

[163] So wohl BVerfGE 80, 367 (373 f.), für das allg. Persönlichkeitsrecht; grds. für den Menschenwürdegehalt als Teil der Wesensgehaltsgarantie *Stern*, StaatsR III/2, S. 873 f. Gegen eine Gleichsetzung BVerfGE 109, 279 (311); für partielle Übereinstimmung *Leisner-Egensperger* HGR III, § 70 Rn. 60 ff.; *Camilo de Oliveira* (Fn. 155), S. 329; für (abwehrrechtl.) Minimalgehalt einzelner Grundrechte *v. Bernstorff*, in: F. Arndt ua (Hrsg.), Freiheit-Sicherheit-Öffentlichkeit, 2009, S. 40 ff. Gegen jeden absoluten Schutz von Freiheit *Dammann*, Der Kernbereich der privaten Lebensgestaltung, 2011, insbes. S. 167 ff. zu Art. 19 II.

[164] So *Stern*, StaatsR III/2, S. 873 f. Eher für ein Nebeneinander BVerfGE 125, 260 (322). Für einen grds. von Art. 1 I unabhängigen Schutz des je spezifischen Wesensgehalts *v. Bernstorff* JZ 2013, 905 (914).

[165] *Jäckel,* Grundrechtsgeltung und Grundrechtssicherung, 1965, S. 56; *Grabitz,* Freiheit und Verfassungsrecht, 1976, S. 110 f.; *L. Schneider,* Der Schutz des Wesensgehalts von Grundrechten nach Art. 19 Abs. 2 GG, 1983, S. 192 f.; *Herzog* FS Zeidler II, 1987, S. 1425.

[166] BVerfGE 109, 133 (156), im Hinblick auf die „Bedeutung im Gesamtsystem der Grundrechte"; ferner *Stern*, StaatsR III/2, S. 874 ff.; *Huber* MKS I, Art. 19 Rn. 172 ff.; *Remmert,* in: Maunz/Dürig, Art. 19 Abs. 2 (2008) Rn. 40 f.; *de Wall,* in: Friauf/Höfling, Art. 19 I, II (2012) Rn. 107 ff.

[167] BVerfGE 61, 82 (113); dem folgend *Remmert,* in: Maunz/Dürig, Art. 19 Abs. 2 (2008) Rn. 43; *Huber* MKS I, Art. 19 Rn. 154; für Schutz gegen besonders intensive und häufige Beeinträchtigungen *Schaks* DÖV 2015, 817 ff.

[168] BVerfGE 2, 266 (285); ohne Stellungnahme auch BVerfGE 45, 187 (270 f.).

[169] Vgl. *Stern*, StaatsR III/2, S. 868 f.; *Huber* MKS I, Art. 19 Rn. 160.

[170] Vgl. *Jäckel* (Fn. 165), S. 57 ff.; *Herzog* FS Zeidler II, 1987, S. 1415 (1424 f.); BVerfGE 100, 313 (376), stellt auf die völlige Aufhebung der Vertraulichkeit ab; nicht eindeutig zur Aufhebung des Prinzips des Art. 10 I BVerfGE 125, 260 (322).

[171] *L. Schneider* (Fn. 165), S. 87, 93 ff., 148 ff.; *Alexy* (Fn. 159), S. 268; *Schaks* JuS 2015, 407 (409 f.).

[172] Für beide Aspekte *Stern*, StaatsR III/2, S. 868 f.; *Huber* MKS I, Art. 19 Rn. 165 f.; *Nierhaus* BK, Art. 19 II (2008) Rn. 84 ff., 93; *Remmert,* in: Maunz/Dürig, Art. 19 Abs. 2 (2008) Rn. 20; nicht recht klar *Leisner-Egensperger* HGR III, § 70 Rn. 23 f.

[173] BVerfGE 45, 187 (270 f.); dazu auch *Stern*, StaatsR III/1, S. 880 f.

[174] BVerfGE 109, 133 (156); auch bei Unverhältnismäßigkeit BVerfGE 128, 326 (372 ff.).

[175] BVerfGE 115, 118 (165) (im Hinblick auf die „außergewöhnliche Ausnahmesituation"); gegen Anwendung des Art. 19 II auf das Lebensgrundrecht *Leisner-Egensperger* HGR III, § 70 Rn. 13 ff.

wird,[176] was am ehesten als Folge einer Grundrechtsverwirkung[177] denkbar ist; Art. 19 II hätte dann allerdings nur sehr begrenzte Bedeutung.

### III. Rechtsfolgen eines Verstoßes gegen Art. 19 II

Bei Verstößen gegen Art. 19 II wird stets das von dem **Eingriff** betroffene Grundrecht verletzt;[178] **47** der Eingriff ist daher **verfassungswidrig**. Ein entsprechendes Gesetz ist grds. **nichtig.**[179]

## D. Grundrechtsträgerschaft inländischer juristischer Personen (Abs. 3)

### I. Allgemeines

Art. 19 III erweitert die **Geltung der Grundrechte** als subjektiver Rechte[180] auf inländische jur. **48** Personen, was jedenfalls primär solche des Privatrechts betrifft (→ Rn. 51 ff.). Die dafür aufgestellte **Bedingung** der wesensmäßigen Anwendbarkeit der Grundrechte ist maßgebend für die Abgrenzung der in Frage kommenden einzelnen Garantien (→ Rn. 67 ff.), bietet zudem einen Ansatzpunkt für die Behandlung der jur. Personen des öff. Rechts (→ Rn. 89 ff.).[181]

Unabhängig davon nimmt das BVerfG an, dass die in gerichtlichen Verfahren wirksamen grundrechts- **49** gleichen Rechte aus **Art. 101 I 2 und Art. 103 I schlechthin jedermann** zustehen, „gleichgültig ob er eine natürliche oder juristische, eine inländische oder ausländische Person ist"[182]. Die Begründung, dass diese Bestimmungen „formell nicht zu den Grundrechten im Sinne von Art. 19 GG gehören",[183] überzeugt nicht, weil Art. 19 III die materielle Qualität der Garantien im Auge hat.[184] Ebenso wenig überzeugt die Aussage, die Bestimmungen gewährleisteten „keine Individualrechte […], sondern […] objektive Verfahrensgrundsätze".[185] Denn es ist für die grundrechtlichen Abwehrrechte ganz typisch, dass sie neben ihrer Qualität als individueller Rechte zugleich objektive rechtsstaatliche *Grundsätze* verkörpern, wie zumal den Vorbehalt des Gesetzes; zudem ist nicht erkennbar, warum gerade bei *Verfahrens*grundsätzen subjektive Berechtigungen ausgeschlossen sein sollten (auch → Rn. 113).

Plausibler lassen sich die genannten Ausnahmen damit begründen, dass bei Zulassung von Personen **50** gleich welcher Qualität zu einem gerichtlichen Verfahren darin dieselben prozessualen Grundsätze zugunsten aller Beteiligten gelten müssen,[186] weil ein rechtsstaatliches gerichtliches Verfahren nur auf der Basis prinzipieller Waffengleichheit denkbar ist.[187] Von diesem Ausgangspunkt erweist sich die im Schrifttum zum Teil unabhängig von Art. 19 III befürwortete Geltung **aller Prozess- oder Verfahrensgrundrechte,**[188] insbesondere des Art. 19 IV, soweit er die Rechtswegeröffnung überhaupt betrifft, teils auch des Art. 17, für alle jur. Personen als **unzulässige Verallgemeinerung,** die von der Rechtsprechung des BVerfG nicht gedeckt ist (s. noch → Rn. 53).

---

[176] So wohl (zur strukturellen Abwehrfähigkeit) *Huber* MKS I, Art. 19 Rn. 154, im Anschluss an BVerfGE 61, 82 (113); ähnlich *Odendahl* Verwaltung 38 (2005), 425 (448 f.).

[177] Zum Wegfall des subjektiven Grundrechtsschutzes *Sachs,* VerfR II, Kap. 9 Rn. 72 ff.; zum Verhältnis zu Art. 19 II s. BVerfGE 25, 88 (97); *Brenner* MKS I, Art. 18 Rn. 80.

[178] Gegen jede Rechtfertigung schon BVerfGE 7, 377 (411).

[179] So in BVerfGE 22, 180 (219); zu den Folgen bei anderen Staatsakten *Nierhaus* BK, Art. 19 II (2008) Rn. 148 f.; *Remmert,* in: Maunz/Dürig, Art. 19 Abs. 2 (2008) Rn. 48.

[180] Objektive Grundrechtsgehalte als solche wirken unabhängig von Art. 19 III auch zugunsten jur. Personen; s. *Ossenbühl* FS Stern, 1997, S. 887 ff.; *Kulick* JöR nF 65 (2017), 57 ff. Zu jur. Personen des öff. Rechts etwa bei → Art. 20 Rn. 133. Die verfassungskonforme Auslegung einer Vorschrift gilt für alle Normadressaten; anders wohl BGH NJW-RR 2010, 851 (854 f.); diff. OVG RhPf DVBl 2014, 1142 (1143).

[181] Eingehend zuletzt zum Ganzen *Kingreen* JöR nF 65 (2017), 1 (12 ff.); *Ludwigs/Friedmann* JA 2018, 807 ff.; rechtsvergleichend *Baldegger,* Menschenrechtsschutz für juristische Personen in Deutschland, der Schweiz und den Vereinigten Staaten, 2017; auch *Goldhammer/Sieber* JuS 2018, 22 ff.

[182] BVerfGE 64, 1 (11); vgl. für Geltung beider Bestimmungen BVerfGE 13, 132 (139), für die Deutsche Bundesbahn; zu Art. 101 I 2 BVerfGE 6, 45 (49), für den Freistaat Bayern, sowie BVerfGE 18, 441 (447), für ausländ. jur. Personen; BVerfG (K) NJW 2014, 1723 Rn. 17 für ausländ. Staaten; ebenso zu Art. 103 I BVerfGE 12, 6 (8).

[183] So aber BVerfGE 21, 362 (373); 61, 82 (104).

[184] Wie das BVerfG trotz Grundrechtsqualität der Art. 52 I–IV BbgVerf BbgVerfG NVwZ-RR 2011, 714 LS, Rn. 12 ff. (nur juris).

[185] So BVerfGE 21, 362 (373); 61, 82 (104); dezidiert ablehnend *Schnapp* HGR II, § 52 Rn. 30 f. Ohne Erläuterung lässt BVerfG NJW 2020, 905 Rn. 190 die Anwendbarkeit von Art. 103 II zuletzt offen.

[186] Auch dazu BVerfGE 21, 362 (373); noch erweitert in BVerfGE 61, 82 (104 f.); deutlich auch BVerfGE 6, 45 (49); 12, 6 (8); allg. schon BVerfGE 3, 359 (363).

[187] Vgl. für jur. Personen des öR *Bethge* AöR 104 (1979), 54 (101; 265, 293); *Stern,* StaatsR III/1, S. 1156; ähnl. *Rüfner* HStR IX, § 196 Rn. 130; einen Systembruch sieht gleichwohl *Huber* MKS I, Art. 19 Rn. 324 ff. Zu Art. 3 I allg.→ Rn. 109. Zur proz. Waffengleichheit etwa *Sachs* HStR VIII, § 183 Rn. 111 f.

[188] In diesem Sinne etwa *Stern,* StaatsR III/1, S. 1147, 1155 f.; ebenso (nur für ausländische jur. Personen) *Rüfner* HStR IX, § 196 Rn. 93 zu und in Fn. 220; auch *Dreier,* in: Dreier I, Art. 19 III Rn. 40 ff., anders aber in Rn. 42 zu und in Fn. 151; zu Art. 19 IV GG nicht eindeutig *Jarass,* in: Jarass/Pieroth, Art. 19 Rn. 21, 48. Umgekehrt schließt etwa BVerfGE 138, 64 Rn. 55, die Berufung auf Art. 1 bis 17 GG aus, zieht aber positiv nur Art. 101 und 103 Abs. 1 GG heran.

## II. Inländische juristische Personen des Privatrechts

51    1. „inländisch". Art. 19 III erstreckt die Grundrechtsträgerschaft bewusst (→ Rn. 48) nur auf „inländische" juristische Personen; **ausländische juristische Personen**[189] kommen daher als Grundrechtsträger jedenfalls **grundsätzlich nicht** in Betracht.[190] Dies bedeutet nicht, dass die Schutzgegenstände der Grundrechte (→ vor Art. 1 Rn. 42 ff.) für diese juristischen Personen völlig ungeschützt wären. Vielmehr bewirkt die Gesetzmäßigkeit von Verwaltung und Rechtsprechung im Rahmen der allgemeinen Rechtsordnung auch für sie regelmäßig gleichwertigen Schutz der in den Grundrechtsbestimmungen angesprochenen Belange. Mangels Grundrechtsträgerschaft sind aber **abweichende gesetzliche Regelungen** zum Nachteil ausländischer jur. Personen grundsätzlich **zulässig.**

52    Die Ausgrenzung ausländischer juristischer Personen aus dem Grundrechtsschutz beruht auf der Erwägung, dass die **fremdenrechtliche Aktionsfähigkeit Deutschlands** im Verhältnis zu ausländischen Staaten bzgl. der Behandlung der wechselseitigen jur. Personen nicht eingeschränkt sein sollte.[191] Der Ausschluss des Grundrechtsschutzes für die ausländischer juristischer Personen sichert die Möglichkeit, im Verhältnis zum Ausland das **Gegenseitigkeitsprinzip** zur Geltung zu bringen, um inländischen jur. Personen eine günstige Behandlung im Ausland zu sichern. Wird auf Grund völkerrechtlicher Verträge eine Gleichbehandlung ausländischer juristischer Personen in grundrechtsrelevanten Angelegenheiten vereinbart und ins innerstaatliche Recht umgesetzt, beschränken sich diese Wirkungen auf die Ebene des einfachen Rechts und haben auf das Fehlen der Grundrechtsträgerschaft als solcher keine Auswirkungen.[192]

53    Danach besteht **kein Anlass,** die Rechtsweggarantie des **Art. 19 IV** als solche für ausländische jur. Personen durchgreifen zu lassen.[193] Warum der Zugang zum Rechtsweg im Ausland für deutsche Unternehmen weniger wichtig sein soll als die Sicherung materieller Grundrechtsinteressen,[194] leuchtet nicht ein. Dagegen ist bei gesetzlicher Zulassung zum Prozess die Effektivität solchen Rechtsschutzes grundrechtlich garantiert (→ Rn. 49 f.).[195] Auch auf Art. 3 I können sich ausländische jur. Personen nicht berufen.[196]

54    Die Qualifikation als „inländisch" oder „ausländisch" wird überwiegend an den Sitz der jur. Person geknüpft,[197] und zwar an den **effektiven Sitz.** Diese Begriffsbestimmung ist im GG nicht ausdrücklich vorgezeichnet, entspricht aber der Entstehungsgeschichte (→ Rn. 4) wie dem allg. juristischen Sprachgebrauch und wird dem Zweck der Bestimmung am besten gerecht.[198] Jedenfalls enthält der unbestimmte Verfassungsrechtsbegriff „inländisch" keine Ermächtigung an den Gesetzgeber, die Reichweite der Grundrechtsträgerschaft jur. Personen konstitutiv zu gestalten.[199] Eine jur. Person ist danach inländisch, wenn sie den tatsächlichen Mittelpunkt ihrer Tätigkeit **in Deutschland** hat.[200] Der Sitz ist für jede jur. Person gesondert festzustellen; aber sind Tochterunternehmen ausländischer Konzerne mit Sitz im Inland Grundrechtsträger,[201] nicht aber im Ausland ansässige Tochterunternehmen deutscher Konzerne.[202] Grundrechtsfähigkeit wurde auch für organisatorisch eigenständige inländische

---

[189] Das sind im Inland nach dem → Rn. 57 ff. Gesagten als jur. Personen anzusehende Gebilde; diese „Anerkennung im Inland", dazu *Stern,* StaatsR III/1, S. 1142, bedeutet keine Qualifikation als „inländisch"; so wohl auch *Rüfner* HStR IX, § 196 Rn. 94. Zu ausländischen jur. Personen des öR → Rn. 92.

[190] BVerfGE 21, 207 (208 f.); 23, 229 (236); BVerfG (K) NVwZ 2008, 670 f. (zu Art. 4); auch BFHE 195, 119 LS; offen allg. BVerfGE 12, 6 (8); zu möglichen Differenzierungen BVerfGE 64, 1 (11); für Art. 1, 3 I, 14 BVerfGE 18, 441 (447); s. auch BVerwGE 111, 284 (291); 117, 332 (338 f.); 123, 322 (337); prinzipiell ablehnend etwa *Tettinger* HGR II, § 51 Rn. 40 ff.; *Rüfner* HStR IX, § 196 Rn. 92 ff.; *Stern,* StaatsR III/1, S. 1135 ff.; *Guckelberger* AöR 129 (2004), 618 ff. Für Geltung des Art. 2 I ohne jede Begründung BVerwG DVBl 2011, 501 Rn. 16 (für Geschäftsgeheimnisse).

[191] Vgl. *Stern,* StaatsR III/1, S. 1136.

[192] BVerfG (K) NJW 2018, 2392 Rn. 40 ff.; auch schon BGHZ 76, 387 (390 f., 395 f.).

[193] Für ausländische jur. Personen des öR BVerfG (K) NJW 2006, 2907 Rn. 12 f.; (im Ergebnis) wie hier *Krebs,* in: v. Münch/Kunig I, Art. 19 Rn. 57; *Huber* MKS I, Art. 19 Rn. 324 f., 386; *Remmert,* in: Maunz/Dürig, Art. 19 Abs. 3 Rn. 102 m. Fn. 4 zu S. 115 f.; aA *Stern,* Staatsrecht III/1, S. 1147; *Stern/Dietlein,* Staatsrecht IV/2, S. 1893; *Schmidt-Aßmann,* in: Maunz/Dürig, Art. 19 Abs. 4 (2014) Rn. 40.

[194] So *Rüfner* HStR IX, § 196 Rn. 93.

[195] So auch BGH NJW-RR 2019, 180 Rn. 9, für jur. Personen des öR (→ Rn. 108).

[196] BVerfGE 21, 207 (209); 23, 229 (233, 236); BVerfG (K) LKV 2010, 468 (469).

[197] Vgl. BVerfG (K) NVwZ 2000, 1281 (1282); 2008, 670 (671); *Stern,* StaatsR III/1, S. 1139 ff.; *Remmert,* in: Maunz/Dürig, Art. 19 Abs. 3 (2009) Rn. 78.

[198] Näher nur *Stern,* StaatsR III/1, S. 1138 ff.; zT abweichend *Zuck* EuGRZ 2008, 680 ff.; *Kruchen,* Europäische Niederlassungsfreiheit und „inländische" Kapitalgesellschaften iSv Art. 19 Abs. 3 GG, 2009.

[199] Dafür aber etwa *Rüfner* HStR IX, § 196 Rn. 96; dagegen *Huber* MKS I, Art. 19 Rn. 299; auch *Stern,* StaatsR III/1, S. 1140 f.

[200] Vgl. *Stern,* StaatsR III/1, S. 1143; *Remmert,* in: Maunz/Dürig, Art. 19 Abs. 3 (2009) Rn. 78c ff.

[201] *Huber* MKS I, Art. 19 Rn. 298. Dies bleibt für die ausländische Muttergesellschaft selbst ohne Bedeutung, vgl. BVerfG (K) LKV 2010, 468 (469).

[202] Vgl. *Quaritsch* HStR V¹, § 120 Rn. 48; auch *Rüfner* HStR IX, § 196 Rn. 94.

Standorte einer internationalen Anwaltssozietät angenommen;[203] als Ganze ist sie nur bei Hauptver-
waltungssitz im Inland grundrechtsfähig.[204]

Jur. Personen mit Sitz in der außerdeutschen EU erlangen durch die Grundfreiheiten der Art. 26 II,  **55**
45 ff. und das allg. Diskriminierungsverbot des Art. 18 AEUV keine Grundrechtsfähigkeit; eine
unionsrechtskonforme Auslegung des Art. 19 III würde die Wortlautgrenze überschreiten.[205] Doch
bewirken die **unionsrechtlichen Diskriminierungsverbote** durch ihren Anwendungsvorrang vor
dem nationalen Recht unmittelbar, dass sie im Anwendungsbereich des Vertrags hinsichtlich ihrer in
inländischen juristischen Personen grundrechtsgeschützten Interessen auch (verfassungs)prozessual[206]
nicht schlechter behandelt werden als diese (vgl. entsprechend für Menschen → vor Art. 1 Rn. 73).[207]
Diese unionsrechtlich gebotene „Anwendungserweiterung" greift auch bei Deutschengrundrechten
ohne Rückgriff auf Art. 2 I durch.[208]

Grundsätzlich **nicht erheblich** für die inländische Qualität einer juristischen Person ist die **Staats-**  **56**
**angehörigkeit der Mitglieder** oder der Menschen mit beherrschendem Einfluss auf sie; verbreitet
befürwortet wird aber, dass von Ausländern gebildete oder beherrschte juristische Personen trotz
Inlandssitz nicht Träger der **Deutschengrundrechte** sein sollen.[209] Tatsächlich mag es irritieren, dass
einzelnen Ausländern diese Grundrechte nicht zustehen, wohl aber von ihnen zur kollektiven Grundrechtsausübung gebildeten jur. Personen.[210] Doch ist dies nur die (im Übrigen vom Gesetzgeber
vermeidbare)[211] Konsequenz daraus, dass der Grundrechtsschutz in Art. 19 III zugunsten der jur.
Personen als solchen verselbständigt und eigenen Voraussetzungen unterworfen ist (→ Rn. 10); zu
diesen gehört – einheitlich für alle Grundrechte – allein *deren* Zuordnung zum Inland. Eine Orientierung an der Staatsangehörigkeit der Menschen hinter der juristischen Person ist systemwidrig; sie führt
zu Unsicherheiten über die rechtlich maßgeblichen Kriterien und zu tatsächlichen Problemen, ihr
Vorliegen festzustellen. Zudem wäre gegenüber (nicht beherrschend) beteiligten Deutschen nicht zu
rechtfertigen, warum der mittelbar ihren Grundrechtsinteressen verpflichtete Grundrechtsschutz der
jur. Person wegfallen soll.[212] Daher ist auch für die Deutschengrundrechte daran festzuhalten, dass
allein der Sitz der jur. Person maßgeblich ist.[213]

**2. Juristische Personen des Privatrechts.** Nach **Art. 19 III** ist grds. von der **Grundrechtsfähig-**  **57**
**keit** der inländischen jur. Personen des Privatrechts (s. zu denen des öff. Rechts → Rn. 89 ff., zur
Wahrnehmung öffentlicher Aufgaben durch privatrechtsförmige Rechtsträger → Rn. 110 f.) auszugehen und sodann zu prüfen, ob das einzelne Grundrecht seinem Wesen nach anwendbar ist.[214] Diese auf
den Wortlaut gestützte Einschätzung des BVerfG[215] findet ihre entstehungsgeschichtliche Bestätigung
darin, dass das Kriterium der wesensmäßigen Anwendbarkeit nicht mit Blick auf Unterschiede juristischer Personen, sondern allein deshalb eingeführt wurde, weil eine zufrieden stellende Enumeration
der in Frage kommenden Grundrechte nicht zu Stande kam (→ Rn. 4).

---

[203] BVerfG (K) NJW 2009, 2518 (2519).

[204] BVerfG (K) NJW 2018, 2392 Rn. 29.

[205] BVerfGE 129, 78 (96); anders *Huber* MKS I, Art. 19 Rn. 307.

[206] BVerfGE 129, 78 (98); auch *Schlaich/Korioth*, Rn. 207; *Lechner/Zuck*, § 90 Rn. 58; *v. Bogdandy* GHN, Art. 18
AEUV (2010) Rn. 48; *Hillgruber/Goos*, Rn. 118; anders wohl *O. Klein*, in: Benda/Klein/Klein, Rn. 521.

[207] Für eine „Anwendungserweiterung" auf dieser Basis BVerfGE 129, 78 (95 ff.); BVerfG NJW 2020, 2235
Rn. 63 ff.; offen noch BVerfG (K) NVwZ 2008, 670 (671); weitgehend wie hier *Remmert*, in: Maunz/Dürig, Art. 19
Abs. 3 (2009) Rn. 94; wohl auch *de Wall*, in: Friauf/Höfling, Art. 19 III (2015) Rn. 57 ff.; entsprechend für die
Inländergleichbehandlung nach der PVÜ BGH NJW-RR 2010, 851 (854 f.). Gegen entsprechende Erweiterung
durch völkerrechtliche Verträge BVerfG (K) NJW 2018, 2392 Rn. 42; → Rn. 52.

[208] Zu Art. 12 I offen BVerfG (K) NJW 2016, 1436 Rn. 8 ff.; für Anwendung ganz selbstverständlich BVerwGE
152, 122 Rn. 14; allgemein auch *Kahl/Hilbert* BK, Art. 19 III (2019) Rn. 372; *Hilbert* DVBl 2019, 1306 (1310); offen
zur Konstruktion *Strohmayer*, in: Leitentscheidungen BVerfG III, S. 143 (161 f.).

[209] *Huber* MKS I, Art. 19 Rn. 298 ff.; *Quaritsch* HStR V¹, § 120 Rn. 51 ff./1; *Heintzen* HGR II, § 50 Rn. 10;
wohl nur für Möglichkeiten entspr. Regelungen *Rüfner* HStR IX, § 196 Rn. 96. Gegen Geltung von Art. 9 I für
Ausländervereine BVerfG (K) NVwZ 2000, 1281; offenbar wie hier *Friauf/Höfling*, Art. 19 III Rn. 57 ff. Für
Geltung des Art. 19 III auch für von Deutschen beherrschte jur. Personen mit Auslandssitz etwa *Stern*, StaatsR III/1,
S. 1142 ff. Insgesamt ablehnend (auch für jur. Personen mit Sitz in der EU) *Kahl/Hilbert* BK, Art. 19 III (2019)
Rn. 337 f., 372.

[210] Daher abl. *Isensee* HStR IX, § 199 Rn. 72 ff.

[211] *Rüfner* HStR IX, § 196 Rn. 96, für Disposition des Gesetzgebers.

[212] Vgl. zur Parallele bei den gemischt-wirtschaftlichen Unternehmen → Rn. 112.

[213] *Kahl/Hilbert* BK, Art. 19 III (2019) Rn. 338; insbesondere zu Art. 9 I *Sachs*, in: Stern, StaatsR IV/1, S. 1328.

[214] Vgl. *Bethge,* Die Grundrechtsberechtigung juristischer Personen nach Art. 19 Abs. 3 Grundgesetz, 1985, S. 36;
*Stern*, StaatsR III/1, S. 1116, 1124 f. Zur EMRK *Kleinlein* JöR nF 65 (2017), 85 ff.

[215] BVerfGE 21, 362 (368 f.), hält dies für jur. Personen allg. für naheliegend; nur für die des Privatrechts BVerfGE
68, 193 (205 f.).

**58**    In einer **reichen Judikatur**[216] hat das BVerfG diesen Grundsatz, abgesehen von der bes. Situation bei ör Beteiligung (→ Rn. 89 ff.), nie in Zweifel gezogen.[217] Im Gegenteil hat die Rspr. den Kreis der Grundrechtsträger durch eine **extensive Auslegung** des Begriffs der „juristischen Person" weit über den Wortlaut hinaus ausgedehnt (→ Rn. 62 ff.). Andererseits finden sich in der Judikatur Tendenzen, zumindest die **effektive Bedeutung** dieses Grundrechtsschutzes **abzumindern,** wenn bei großen Kapitalgesellschaften der personale Bezug zum Menschen zurücktritt.[218] Während der bloße (Klein-) Aktionär gegen Eingriffe in das Eigentum der AG keinen Grundrechtsschutz genießt,[219] wird bei substantiellen Beteiligungen „eine Teilhabe an dem Grundrechtsschutz der Gesellschaft" angenommen.[220]

**59**    **a) Vollrechtsfähige Organisationseinheiten.** Juristische Personen des Privatrechts im überkommenen Sinne sind die Organisationen, denen nach der (deutschen oder einer sonstigen)[221] Privatrechtsordnung die **prinzipiell nicht beschränkte, „volle" Rechtsfähigkeit** zukommt, die allerdings auch dort hinter der Rechtsfähigkeit des Menschen zurückbleibt.[222] Die Grundrechtsfähigkeit juristischer Personen baut auf ihrer Rechtsfähigkeit auf, geht daher nicht weiter als diese und das durch sie vermittelte rechtliche Können. Dagegen haben grundgesetzgemäße gesetzliche Beschränkungen des zulässigen Tätigkeitsspektrums einer juristischen Person (etwa eines Idealvereins), also ihres rechtlichen Dürfens, keine unmittelbaren Auswirkungen[223] auf die Grundrechtsträgerschaft;[224] vielmehr ist auch gesetzwidrige Grundrechtsausübung grundrechtsgeschützt, bleibt aber natürlich Sanktionen auf Grund verfassungsmäßiger Gesetze unterworfen.

**60**    Als Träger für sie wesensmäßig in Frage kommender Grundrechte allg. anerkannt sind die juristischen Personen des PrivatR mit **körperschaftlicher Struktur,** wie nach deutschem Recht zumal[225] der rechtsfähige Verein, §§ 21, 22 BGB,[226] die AG,[227] die KGaA,[228] die GmbH,[229] die eG[230] und der Versicherungsverein auf Gegenseitigkeit.[231] Unschädlich ist es, wenn schon die Mitglieder juristische Personen sind; Besonderheiten gelten nur bei solchen des öR (→ Rn. 112).

**61**    Grundrechtsträger gem. Art. 19 III ist ferner die **Stiftung** des Privatrechts,[232] §§ 80 ff. BGB. Dies gilt auch für eine „öffentliche" Stiftung, die anhand des Stiftungszwecks landesrechtlich so qualifiziert ist.[233] Die Grundrechtsträgerschaft besteht auch, wenn das Stiftungsgeschäft von einer jur. Person vorgenommen ist.[234]

**62**    **b) Teilrechtsfähige Organisationseinheiten.** Die (Privat-)Rechtsordnung kennt auch Organisationseinheiten, die nur Teilrechtsfähigkeit besitzen.[235] Für diese wird teils die Grundrechtsfähigkeit mit einem **Erst-recht-Schluss** aufgrund ihrer weniger weitgehenden Verselbständigung gegenüber den Mitgliedern postuliert.[236] Diese Argumentation **überzeugt nicht,** weil Art. 19 III eine bei juristischen Personen im engeren Sinne auf Grund ihrer rechtlichen Verselbständigung eintretende Lücke des Grundrechtsschutzes verhindert; bei unvollständiger rechtlicher Ablösung eines Zusammenschlusses

---

[216] Vgl. BVerfGE 3, 359 (363); stRspr, etwa noch BVerfGE 100, 313 (356); 102, 197 (212 f.); 105, 252 (265); 105, 279 (292 f.); 111, 366 (372); s. auch *Tettinger* HGR II, § 51 Rn. 15 ff.

[217] Gelegentlich wird die Grundrechtsfähigkeit für die wesensmäßig passenden Grundrechte nur in der Regel angenommen, so BVerfGE 39, 302 (312); 68, 193 (206); 75, 192 (196).

[218] BVerfGE 50, 290 (342 f., 355 ff., 362 ff.) zu Art. 14 I, 9 I, 12 I; bei Art. 3 I bzgl. Art. 12 und 14 BVerfGE 99, 367 (391 f.); krit. *Ackermann* JöR nF 65 (2017), 113 (139 ff.).

[219] BVerfGE 132, 99 (52 ff.).

[220] Für Art. 14, 12 und 3 GG BVerfGE 143, 246 Rn. 183 (bei Beteiligungen ab 30 %).

[221] Bei Anknüpfung der inländischen Qualität an den Sitz (→ Rn. 54) kommt es auf das für die Gründung maßgebliche Recht nicht an. BVerfGE 21, 207 (208), verwirft die Verfassungsbeschwerde einer AG nach US-Recht wegen des *Sitzes* in den USA; dem folgend BVerfGE 23, 229 (236), für eine „Association cultuelle" französischen Rechts mit Sitz in Frankreich.

[222] Vgl. *Stern,* StaatsR III/1, S. 1001. Vgl. auch Art. 53 Schweizer ZGB.

[223] Vgl. für mögliche mittelbare Auswirkungen etwa § 43 II BGB.

[224] Wie hier wohl *Stern,* StaatsR III/1, S. 1127; nicht eindeutig *Rüfner* HStR IX, § 196 Rn. 66 ff. und 48 f. (zu Art. 12 I); anders wohl *Huber* MKS I, Art. 19 Rn. 315; auch → Rn. 81.

[225] BVerfGE 95, 267 (299 f.), sieht selbstverständlich die LPG nach DDR-Recht als Grundrechtsträger.

[226] Für Grundrechtsfähigkeit des eingetragenen Vereins BVerfGE 3, 383 (390), und stRspr, etwa BVerfGE 105, 279 (292 f.); 134, 242 Rn. 158, 240; auch → Rn. 81.

[227] BVerfGE 22, 380 (383); 23, 208 (223); 29, 260 (265); 41, 126 (149); 50, 290 (319); 53, 336 (345); 66, 116 (130).

[228] BVerfGE 23, 153 (163).

[229] BVerfGE 3, 359 (363), und stRspr, etwa BVerfGE 111, 366 (372); 133, 37; 135, 155 Rn. 98.

[230] BVerfGE 118, 168; *Huber* MKS I, Art. 19 Rn. 235.

[231] *Huber* MKS I, Art. 19 Rn. 236.

[232] BVerfGE 46, 73 (83); 57, 220 (240); 70, 138 (160); BVerwGE 40, 347 (349); OVG NRW NWVBl 2013, 191; R. *Schröder* DVBl 2007, 207 (210); zur nicht rechtsfähigen Stiftung → Rn. 65.

[233] BVerwGE 40, 347 (349); auch *Stern,* StaatsR III/1, S. 1122.

[234] *Stern,* StaatsR III/1, S. 1122, auch für Stiftungen durch jur. Personen des öR.

[235] Vgl. *Rüfner* HStR IX, § 196 Rn. 88 f.; *Kahl/Hilbert* BK, Art. 19 III (2019) Rn. 185 f.

[236] Vgl. namentlich *Dürig,* in: Maunz/Dürig, Art. 19 Abs. 3 (1977) Rn. 29; für andere Begründung jetzt *Remmert,* in: Maunz/Dürig, Art. 19 Abs. 3 (2009) Rn. 37.

behalten dagegen die Mitglieder in der Regel die Möglichkeit, ihre Grundrechtsinteressen selbst wahrzunehmen, auch soweit sie sie in die teilrechtsfähige Organisation einbringen.[237]

Die Erstreckung der Grundrechtsträgerschaft auch auf teilrechtsfähige Gebilde lässt sich am **63** ehesten mit dem Ziel begründen, die durch die Teilrechtsfähigkeit im Rahmen der allgemeinen Rechtsordnung begründeten **Erleichterungen der Rechtswahrnehmung** für die so zusammengeschlossenen Personen konsequenterweise auch auf den Grundrechtsbereich, und damit auf die Vb, auszudehnen. Dementsprechend reicht der mögliche Grundrechtsschutz bei teilrechtsfähigen Organisationseinheiten **niemals weiter als die Teilrechtsfähigkeit**.[238] Auf der Grundlage nicht-deutschen Rechts konstituierte Organisationen dieser Art dürften, auch wenn sie ihren Sitz in Deutschland haben, nur grundrechtsfähig sein, soweit die deutsche Rechtsordnung ihre Existenz sonst im innerstaatlichen Recht berücksichtigt.[239]

**Organisationsformen,** die im Rahmen ihrer rechtlichen Verselbständigung als **Grundrechts-** **64** **träger** in Frage kommen, sind der sog. nicht rechtsfähige Verein,[240] die OHG,[241] die KG[242] und die Partnerschaftsgesellschaft sowie die Reederei.[243] Dasselbe gilt für die in ihrer Sonderstellung anerkannten Gewerkschaften[244] und die politischen Parteien[245] sowie deren Untergliederungen,[246] wohl auch für den Betriebsrat.[247] Grundrechtsschutz kommt ferner schon juristischen Personen in Gründung zu;[248] für solche in Liquidation dürfte Entsprechendes gelten. Auch die vom BGH als rechtsfähig eingestufte GbR[249] ist daher als grundrechtsfähig anzuerkennen.[250] Ob dies auf andere **Gesamthandsgemeinschaften** auszudehnen ist, bleibt fraglich.[251]

**c) Nicht rechtsfähige Gebilde. Keine Grundrechtsfähigkeit** kommt nicht rechtsfähigen Ge- **65** bilden zu, bei denen keinerlei Annäherung an die Stellung einer juristischen Person gegeben ist.[252] Wird ein Zusammenschluss von Personen in keiner Weise als Zuordnungssubjekt von Rechtssätzen qualifiziert, bietet Art. 19 III keinen Ansatzpunkt, davon gerade für die Grundrechtsträgerschaft abzuweichen.[253] Bloße soziale Gruppen und Sachwertgesamtheiten, die als solche nicht Träger von Rechten und Pflichten sind, sind auch keine Grundrechtsträger.[254]

**Keine Grundrechtsfähigkeit** kommt schließlich für die **Organe juristischer Personen** oder **66** teilrechtsfähiger Organisationseinheiten in Betracht, deren Handeln stets allein dem sie tragenden Rechtsgebilde zuzurechnen ist. Soweit es um individuelle Belange der Menschen geht, die die Organstellung wahrnehmen, kommen nur die ihnen als natürlichen Personen zustehenden Grundrechte in Betracht.

**3. Die ihrem Wesen nach anwendbaren Grundrechte.** Das Erfordernis wesensmäßiger An- **67** wendbarkeit bezieht sich auf die **Eigenart der einzelnen Grundrechte** (einschließlich grundrechtsgleicher Rechte).[255] Dabei kommt es nicht darauf an, ob eine Bestimmung die Grundrechtsberechtigten mehr oder weniger eindeutig als Menschen anspricht, wie zumal Art. 3 I oder die Deutschengrundrechte; entscheidend sind vielmehr die **geschützten Interessen** und die zugehörigen

---

[237] Darauf weist auch *Rüfner* HStR IX, § 196 Rn. 90 f., hin.

[238] Vgl. *Stern,* StaatsR III/1, S. 1134; *Rüfner* FS 50 Jahre BVerfG II, 2001, S. 55 (62); *Remmert,* in: Maunz/Dürig, Art. 19 Abs. 3 (2009) Rn. 38 Fn. 6.

[239] Ggf. auch unterhalb der Ebene der Verleihung der (vollen) Rechtsfähigkeit gem. § 23 BGB.

[240] BVerfGE 6, 273 (277); 24, 236 (243); auch BVerfGE 102, 370 (383); wohl auch BVerfGE 83, 341 (352), allerdings offenbar für jede „Vereinigung von Personen".

[241] BVerfGE 4, 7 (12); 10, 89 (99); 20, 283 (290); 23, 208 (223); 53, 1 (13).

[242] BVerfGE 4, 7 (12); stRspr, etwa BVerfGE 121, 317 (370); für GmbH & Co KG BVerfGE 134, 204 Rn. 64; 138, 261 Rn. 20.

[243] Ebenso *Huber* MKS I, Art. 19 Rn. 240.

[244] BVerfGE 92, 26 (37); 92, 365 (392); 94, 268 (282); vgl. für arbeitsrechtliche Koalitionen allg. *Rüfner* HStR IX, § 196 Rn. 88; allg. auch BGHZ 42, 210; 50, 325 (328).

[245] Vgl. § 3 PartG sowie BVerfGE 3, 383 (391 f.); 6, 273 (277); 7, 99 (103 f.); 14, 121 (129); 27, 152 (158); 47, 198 (223); 84, 290 (299); 111, 54 (81); 121, 30 (56 f.); auch → Art. 21 Rn. 45.

[246] BVerfGE 122, 342 (349, 355).

[247] Offen BAGE 133, 342 (352); näher *Ellenbeck,* Die Grundrechtsfähigkeit des Betriebsrats, 1996.

[248] Für religiöse Vereine BVerfGE 102, 370 (383); für die Vorgesellschaft einer GmbH BVerfGE 135, 90 Rn. 44; ferner *Rüfner* HStR IX, § 196 Rn. 90; *Huber* MKS I, Art. 19 Rn. 243.

[249] BGHZ 146, 341 (347); kritisch etwa *Prütting* FS Wiedemann, 2002, S. 1177 ff.

[250] So BVerfG (K) NJW 2002, 3533 mit krit. Anm. *Stürner* JZ 2003, 44 f.; ebenso schon *Huber* MKS I, Art. 19 Rn. 240; auch *Tettinger* HGR II, § 51 Rn. 33.

[251] Vgl. für (partielle) Grundrechtsträgerschaft namentlich *Kahl/Hilbert* BK, Art. 19 III (2019) Rn. 203; wohl auch *Dreier,* in: Dreier I, Art. 19 III Rn. 47 ff.

[252] So für nicht rechtsfähige Stiftung VGH BW VBlBW 2012, 472.

[253] *Rüfner* HStR IX, § 196 Rn. 90; *Stern,* StaatsR III/1, S. 1134. Für eine Einbeziehung von „sozial emergenten Kollektivitäten" (im Internet) *Ingold* Staat 53 (2014), 193 ff.

[254] Vgl. *Kahl/Hilbert* BK, Art. 19 III (2019) Rn. 219; großzügig zur Kunstfreiheit → Art. 5 Rn. 191.

[255] Dafür allg. grundl. *Krebs,* in: v. Münch/Kunig I, Art. 19 Rn. 32; auch *Jarass,* in: Jarass/Pieroth, Art. 19 Rn. 15, der aber von zu weitgehender Unanwendbarkeit auf jur. Personen ausgeht; für Bezug nur auf die Grundrechte *Kahl/Hilbert* BK, Art. 19 III (2019) Rn. 426.

Tatbestandsmerkmale.[256] Dabei genügt es, wenn Teilgehalte einer Grundrechtsgarantie[257] auf juristische Personen (iSd Art. 19 III) bezogen werden können. Soweit für die juristische Person die grundrechtsgeschützten Interessen **wie bei Menschen berührt** sind, ist das betroffene Grundrecht seinem Wesen nach anwendbar. Dabei darf nicht in naturalistischer Verengung eine zu weitgehende Übereinstimmung der Situation von natürlichen und juristischen Personen verlangt werden. Soweit Grundrechte Verhaltensfreiheiten schützen, handeln juristische Person durch ihre Organe. Allein dadurch, dass sie sich grundrechtlicher Anliegen von Menschen, namentlich der ihrer Mitglieder, annehmen, erlangen juristische Personen aber nicht die (einschlägige) Grundrechtsfähigkeit; im Rahmen dieser Kriterien hängt die Grundrechtsberechtigung ganz von der sachlichen Reichweite der einzelnen Grundrechtsgarantien ab; die nachstehende Bewertung der Grundrechtsbestimmungen ist nur eine vergröbernde Annäherung.

68   **a) Ihrem Wesen nach unanwendbare Grundrechte.** Ausgeschlossen von der Anwendung auf juristische Personen (hier und im Folgenden grds.: iSd Art. 19 III) sind Grundrechte, die **Interessen** zu schützen bestimmt sind, die **nur bei Menschen** vorkommen oder deren Anwendung sonst spezifisch menschliche Eigenschaften beim Grundrechtsträger voraussetzt.[258] Dazu gehören – neben der Menschenwürdegarantie des Art. 1 I[259] – vor allem solche, die **physische Existenz** betreffen, wie Art. 2 II 1[260] und 2 mit Art. 104,[261] oder sonst aus verschiedenen Gründen zwingend voraussetzen, wie Art. 6,[262] Art. 7 II,[263] III 3, Art. 4 I (Gewissen)[264] und III,[265] Art. 12 II, III,[266] Art. 16 II, 16a, Art. 33 III 1 2. und 3. Alt., V. Auch Grundrechte, die **spezifisch auf Menschen bezogene Rechtspositionen** schützen, gehören hierher, namentlich Art. 16 I mit der deutschen Staatsangehörigkeit, ferner solche, die sonst nur für Menschen gelten sollen, wie das Wahlrecht des Art. 38.

69   **b) Ihrem Wesen nach anwendbare Grundrechte.** Die übrigen Grundrechte sind jedenfalls in gewissem Umfang auf jur. Personen anwendbar. Dies gilt namentlich, soweit Grundrechte (nicht nur unmittelbar körperlich auszuübende) **Verhaltensfreiheiten** schützen, weil es die grundrechtlich zu schützende Funktion jur. Personen ist, iSd hinter ihnen stehenden Menschen zur Erreichung unterschiedlicher Zwecke tätig zu werden. Außerdem gehören hierher der Schutz von **Rechtspositionen,** die ihrer Eigenart nach jeder Person zustehen können, und Beschränkungen staatlichen Handelns, das sich gegen jede Rechtsperson richten kann.

70   **Art. 2 I** ist in seiner Bedeutung als **allgemeine Verhaltensfreiheit** anwendbar.[267] Nichts anderes gilt für den mit der allgemeinen Eingriffsfreiheit gesicherten Schutz vor Verkürzungen des individuellen Rechtskreises[268] überhaupt, auch für den vor rechtsstaatswidriger Rechtsfortbildung.[269] Beim insoweit nur auf Art. 2 I GG zu stützenden[270] **allgemeinen Persönlichkeitsrecht** kommen nur Elemente in Betracht, die nicht gerade mit Rücksicht auf die Menschenwürdegarantie zu schützen sind[271] oder sonst spezifisch menschliche Belange betreffen,[272] also etwa (nicht be-

---

[256] Etwa bei Art. 3 II, III die verpönten Differenzierungskriterien, die das (allgemeinere) Interesse an Respektierung des Gleichheitsanspruchs spezifisch ausformen.

[257] Vgl. etwa *Alexy* (Fn. 159), S. 224 ff.; *Sachs,* in: Stern, StaatsR III/1, S. 587 ff.

[258] Vgl. etwa die Kataloge bei *Stern,* StaatsR III/1, S. 1126; *Rüfner* HStR IX, § 196 Rn. 71; *Tettinger* HGR II, § 51 Rn. 63 f.; *Huber* MKS I, Art. 19 Rn. 314; *Kahl/Hilbert* BK, Art. 19 III (2019) Rn. 375 ff.

[259] Vgl. BVerfGE 95, 220 (242); 118, 168 (203); → Art. 1 Rn. 66.

[260] Ausdrücklich BayVGH NVwZ 2013, 818 Rn. 13.

[261] Für Art. 2 II → Art. 2 Rn. 39.

[262] Zur Berücksichtigung des Art. 6 I über Art. 3 I etwa BVerfGE 13, 290 (298). Letztlich offen für Art. 6 I, II BVerfG (K) NVwZ-RR 2008, 723 (für eine Kinderklinik). Wenn Art. 6 III (auch) den Erziehungsberechtigten ein Grundrecht einräumt, kommt hier auch der Vereinsvormund, § 1791a BGB, als Grundrechtsträger in Betracht.

[263] Wegen der Erziehungsberechtigten gilt das zu Art. 6 III Gesagte.

[264] Nicht eindeutig BVerfGE 19, 206 (215); auch BVerfG(K) NVwZ 2018, 1635 Rn. 18 (für Gewissenskonflikte im Rahmen des Art. 14 GG mit Blick auf die Menschen dahinter); dazu *Weinrich/Jäger* NVwZ 2018, 1616 ff.; wie hier grds. → Art. 4 Rn. 11; *Stern,* StaatsR III/1, S. 1128; wohl auch *Rüfner* HStR IX, § 196 Rn. 75 f.

[265] Vgl. BVerwGE 64, 196 (198 f.): Durch Bereitstellungsbescheid wird kein Kriegsdienst abverlangt.

[266] Die Zwangsverbote betreffen höchstpersönlich zu erbringende menschliche Arbeit, s. *Sachs,* in: Stern, StaatsR IV/1, S. 1031, 1062; auch → Art. 12 Rn. 179 f.

[267] BVerfGE 10, 89 (99) und stRspr; → Art. 2 Rn. 39.

[268] Dazu BVerfGE 9, 83 (88); 51, 77 (89); *Sachs,* VerfR II, Kap. 14 Rn. 15 ff.; zum Schutz vor ör Zwangskörperschaften BVerfGE 146, 164 Rn. 69;69; für Zuordnung zu Art. 9 I → Art. 9 Rn. 22 ff.

[269] BVerfGE 132, 99 Rn. 72 ff. (für GmbH, ohne Erwähnung von Art. 19 III); 134, 204 Rn. 101, 115 (ohne Benennung von Art. 2 I).

[270] BVerfGE 118, 168 (202 f.); 128, 1 (43); 147, 50 Rn. 237.

[271] Gegen einen Schutz vor Selbstbezichtigungszwang daher BVerfGE 95, 220 (242); abw. etwa *Queck,* Die Geltung des nemo-tenetur-Grundsatzes zugunsten von Unternehmen, 2005; *Fink* wistra 2014, 457 ff.; *Dannecker* ZStW 2015, 370 ff.

[272] Allg. → Art. 2 Rn. 39; näher *Quante,* Das allgemeine Persönlichkeitsrecht juristischer Personen, 1999.

sonders geschützte) Geheimnisse,[273] das Recht am gesprochenen Wort,[274]Privatautonomie,[275] informationelle Selbstbestimmung,[276] das Recht am eigenen Bild[277] sowie das Recht zur eigenen Außendarstellung und der soziale Geltungsanspruch[278], allerdings gegebenenfalls bei angepasstem Schutzniveau.[279]

Der **allgemeine Gleichheitssatz des Art. 3 I** findet – ungeachtet der Formulierung: „Alle **71** Menschen" – Anwendung.[280] Dies bedeutet nicht, dass juristische Personen stets so behandelt werden müssten wie Menschen.[281] Auch verschiedene Typen juristischer Personen können ohne Verstoß gegen den Gleichheitssatz unterschiedlich behandelt werden;[282] solche Differenzierungen sind nach der sog. neuen Formel zum Gleichheitssatz aber grundsätzlich den strengeren Kriterien für personenbezogene Regelungen unterworfen.[283]

Bei **besonderen Gleichheitssätzen,** insbes. **Art. 3 II, III,**[284] ist zu differenzieren. Da hier Eigen- **72** schaften gerade des Grundrechtsträgers („*seines* Geschlechts,...") als Unterscheidungskriterien ausgeschlossen sind, kann man die Unterscheidungsverbote bei den spezifisch auf Menschen bezogenen Merkmalen (Geschlecht,[285] Abstammung, Rasse, Sprache und Behinderung, wohl auch Heimat[286] und Herkunft) nicht anwenden, bei den Anschauungsmerkmalen hingegen schon,[287] da sie – im Zusammenhang mit den entsprechenden Freiheitsrechten (→ Rn. 73 ff.) – auch bei juristischen Personen gegeben sein können (→ Art. 3 Rn. 238).

Die **Religions- und Weltanschauungsfreiheit** nach **Art. 4 I und II** passt auf juristische Personen **73** nur hinsichtlich der äußeren Manifestationen einschlägiger Überzeugungen (→ Art. 4 Rn. 11 f.). Zwar bleiben diese unmittelbar solche der Mitglieder (oder sonstiger Menschen);[288] doch setzt die Fortschreibung des Art. 137 II, III WRV in Art. 140 GG eine entsprechende Grundrechtsträgerschaft zumindest für Religionsgesellschaften voraus.[289] Einbezogen werden auch andere juristische Personen mit entsprechender Zielsetzung.[290] Allen juristischen Personen steht die negative Religions(betätigungs)freiheit zu.[291]

Die **Rechte aus Art. 5** kommen alle für juristische Personen in Betracht. Namentlich können jur. **74** Personen auf Grund ihrer Willensbildungsmechanismen einen für sie maßgeblichen Standpunkt festlegen und diesen dann als ihre „Meinung" verbreiten.[292] Ebenso kann eine juristische Person sich – durch die für sie handelnden Menschen – Informationen verschaffen,[293] die Presse-,[294] Rundfunk-[295] und Filmfreiheit[296] wahrnehmen. Im Bereich von Kunst-[297] und Wissenschaftsfreiheit[298] sind juristische

---

[273] So – für das Steuergeheimnis – ohne abschließende Prüfung BVerfGE 67, 100 (142).
[274] BVerfGE 106, 28 (42 ff.); 118, 168 (203), für Äußerungen durch Menschen.
[275] Ganz selbstverständlich BVerfG (K) NJW 2006, 596 (597); BVerwGE 152, 355 Rn. 12.
[276] BVerfGE 128, 1 (43); nur bei Bedeutung für die spezifische Freiheitsausübung der jur. Person BVerfGE 118, 168 (202 ff.); 147, 50 Rn. 237; ferner etwa OVG NRW NVwZ 2015, 304 f.; NVwZ-RR 2017, 447 Rn. 31 ff. Zu Art. 8 GRC *Heißl* EuR 2017, 561 ff.
[277] Vgl. BGHZ 98, 94 (97) (zu BMW-Emblem).
[278] BVerwGE 82, 76 (78 f.); 131, 171 Rn. 16; offen zum Schutz von Wirtschaftsunternehmen gegen nachteilige Äußerungen BVerfGK 18, 33 (40 f.); für Schutz des guten Rufs OVG NRW NWVBl 2013, 191.
[279] *Di Fabio*, in: Maunz/Dürig, Art. 2 Abs. 1 (2001) Rn. 224.
[280] BVerfGE 3, 383 (391 f.); stRspr, etwa BVerfGE 95, 267 (317); 110, 274 (291 ff.); 134, 204 Rn. 101; → Art. 3 Rn. 72; *Stern,* StaatsR III/1, S. 1128 f.
[281] Vgl. BVerfGE 35, 348 (354 ff.); 41, 126 (183 ff.).
[282] Vgl. BVerfGE 18, 224 (231 ff.); 22, 156 (159 ff.); 24, 112 (117 ff.); 24, 174 (180 ff.); 25, 28 (35 ff.); 25, 309 (312 ff.); 26, 327 (334 ff.); 34, 103 (109 ff.); für Gleichheitsverstoß BVerfGE 13, 331 (338 ff.).
[283] So BVerfGE 95, 267 (317), jedenfalls für Zusammenschlüsse natürlicher Personen; abschwächend für Konzern-obergesellschaften BVerfGE 99, 367 (389 ff.).
[284] Allgemein ablehnend *Stern,* StaatsR III/1, S. 1126; allgemein für Geltung *Rüfner* HStR IX, § 196 Rn. 74; diff. *Huber* MKS I, Art. 19 Rn. 314 Fn. 294.
[285] NdsOVG NdsVBl 2002, 107 (108).
[286] Anders bei Gleichstellung mit „Sitz"; *Kahl/Hilbert* BK, Art. 19 III (2019) Rn. 398.
[287] Offen für politische Anschauungen allerdings BVerfG (K) NVwZ 2018, 1788 Rn. 94.
[288] Wie im Falle einer Stiftung, vgl. BVerfGE 70, 138 (161 f.), deren Stifter die vom Stiftungszweck umfassten Überzeugungen nicht einmal geteilt haben müssen.
[289] Vgl. BVerfGE 19, 129 (132); 83, 341 (353).
[290] Vgl. für Stiftung des Privatrechts BVerfGE 46, 73 (83); 57, 220 (240 f.); 70, 138 (161); für e. V. BVerfGE 19, 129 (132); 53, 366 (387); 99, 100 (118); 105, 279 (292 f.); für GmbH BVerfGE 53, 366 (387); für nicht rechtsfähigen Verein BVerfGE 24, 236 (246 f.); offenbar für Beschränkung auf Religionsgemeinschaften OVG Bln-Bbg ZStV 2015, 55, 56.
[291] Allgemein offen BVerfGE 19, 206 (215); wohl weitergehend *Rüfner* HStR IX, § 196 Rn. 76.
[292] Dafür BVerfGE 24, 278 (282); 113, 63 (75).
[293] Dafür BVerfGE 20, 162 (176); 21, 271 (279).
[294] Dafür BVerfGE 20, 162 (176); stRspr, etwa BVerfGE 95, 28 (34 f.); 113, 63 (75).
[295] Dafür BVerfGE 95, 220 (234); 97, 298 (310), unter Verweis auf BVerfGE 90, 277 (283); zu politischen Parteien NdsStGH DVBl 2005, 1515 (1517).
[296] → Art. 5 Rn. 119.
[297] BVerfGE 30, 173 (191) Verlags-GmbH; BVerfG (K) NJW 2006, 596 (597) Tonträger-GmbH.
[298] → Art. 5 Rn. 213 f., für Privatuniversitäten, sonst für Entscheidung „von Fall zu Fall".

Personen Grundrechtsträger, soweit sie selbst (durch ihre Organe oder ihr Personal) durch das Grundrecht geschützte Aktivitäten entfalten; die Unterstützung fremder künstlerischer oder wissenschaftlicher Bemühungen[299] genügt nicht.

75      Juristische Personen sind ferner Grundrechtsträger der **Privatschulfreiheit nach Art. 7 IV.**[300]

76      Auch die **Versammlungsfreiheit des Art. 8** steht juristischen Personen zu, die das Grundrecht aus Art. 8 zwar nicht durch ihre körperliche Teilnahme,[301] aber jedenfalls durch die Veranstaltung von Versammlungen wahrnehmen können.[302]

77      Die **Vereinigungsfreiheit (Art. 9 I)** steht im Hinblick auf den Zusammenschluss mit anderen (in positiver und negativer Richtung) nach Art. 19 III auch inländischen juristischen Personen zu[303] (vgl. speziell Art. 140 GG/Art. 137 II 2 WRV). Gesetzliche Ausnahmen, wie in § 2 I 2 PartG, lassen nicht die Grundrechtsberechtigung entfallen, sondern sind (rechtfertigungsbedürftige) Grundrechtsbeschränkungen. Die umstrittene Geltung der Vereinigungsfreiheit als Doppelgrundrecht auch der Vereinigung selbst ist zwar nicht bei Art. 9 I (ablehnend dazu → Art. 9 Rn. 26 f.), der Sache nach aber über Art. 19 III als Persönlichkeitsrecht der Vereinigung anzuerkennen, soweit es als deren Recht an sich selbst ihre Existenz und deren vereinsspezifischen Ausdrucksformen schützt.[304]

78      Juristische Personen können sich als Arbeitgeber auf die **Koalitionsfreiheit des Art. 9 III** berufen, da sie sich ebenso mit den Arbeitnehmern auseinanderzusetzen haben wie menschliche Arbeitgeber; auf Arbeitnehmerseite kommt Art. 9 III allenfalls für den Zusammenschluss von Gewerkschaften zu Spitzenverbänden (→ Art. 9 Rn. 58) in Betracht. Auch ohne die Koalitionsfreiheit als Doppelgrundrecht zu verstehen,[305] kann man wie bei Art. 9 I (→ Rn. 77) das Recht der Koalitionen an der eigenen Existenz und auf spezifisch koalitionsmäßige Betätigung über Art. 19 III begründen.

79      **Brief-, Post- und Fernmeldegeheimnis des Art. 10** erfassen die geschützten Kommunikationsvorgänge wesensmäßig auch bei juristischen Personen.[306]

80      Die **Freizügigkeit des Art. 11** passt wesensmäßig auf juristische Personen, soweit es um die freie Begründung und Verlegung ihres (effektiven) Sitzes geht.[307] Ausnahmen werden mit Rücksicht auf mit bestimmten Rechtsformen von vornherein verknüpfte Ortsbindungen angenommen.[308]

81      Die **Berufsfreiheit nach Art. 12 I** passt nicht auf juristische Personen, soweit es um den Beruf als „prinzipiell lebensausfüllende Tätigkeit des Menschen" geht;[309] doch schützt die Berufsfreiheit auch „die Freiheit, eine Erwerbszwecken dienende Tätigkeit, insbesondere ein Gewerbe zu betreiben", was juristischen Personen prinzipiell[310] ebenso möglich ist wie Menschen.[311] Dagegen sind die freie Wahl der Ausbildungsstätte und wohl auch die des Arbeitsplatzes spezifisch auf natürliche Personen zugeschnitten.[312]

82      Infolge des auf Geschäfts- und Betriebsräume erstreckten Wohnungsbegriffs gilt die **Unverletzlichkeit der Wohnung gem. Art. 13** insoweit auch für juristische Personen.[313]

83      Der Schutz des **Eigentums nach Art. 14** passt auf juristische Personen als Träger von Vermögensrechten ebenso wie auf Menschen.[314] Grundrechtsschutz für das **Erbrecht** kommt für juristische Personen in Betracht, soweit sie kraft letztwilliger Verfügung oder kraft entsprechender Gesetze Erben sind.

84      Das **Petitionsrecht des Art. 17** kann wesensmäßig – einzeln und in Gemeinschaft – auch von juristischen Personen wahrgenommen werden (→ Art. 17 Rn. 7).

---

[299] So wohl *Rüfner* AöR 89 (1964), 261 (291 ff.).

[300] Vgl. BVerfGE 37, 314 (319); ausdrücklich BVerwGE 40, 347 (349); *Rüfner* HStR IX, § 196 Rn. 78.

[301] Nicht unproblematisch ist die Teilnahme von Organen, vgl. ablehnend (wohl) → Art. 8 Rn. 52.

[302] BVerfGE 122, 342 (355); 140, 225 Rn. 11 f.; BVerwG NVwZ 1999, 991 (991); BayVGH NJW 1984, 2116 (2116). Insgesamt näher *Sachs,* in: Stern, StaatsR IV/1, S. 1240 ff.

[303] Ebenso *Löwer,* in: v. Münch/Kunig I, Art. 9 Rn. 19, und speziell zur Dachverbandsbildung Rn. 14; *Kemper* MKS I, Art. 9 I Rn. 6565; näher *Sachs,* in: Stern, StaatsR IV/1, S. 1327; ganz allg., auch für Schutz vor ör Zwangskörperschaften, BVerfGE 146, 164 Rn. 69.

[304] Näher *Sachs,* in: Stern, StaatsR IV/1, S. 1329 ff.

[305] So aber etwa BVerfGE 103, 293 (304); abl. → Art. 9 Rn. 69 ff.

[306] BVerfGE 100, 313 (356); 106, 28 (43).

[307] *Rüfner* HStR IX, § 196 Rn. 81; *Sachs,* in: Stern, StaatsR IV/1, S. 1143 f.

[308] *Rüfner* HStR IX, § 196 Rn. 80.

[309] *Rüfner* HStR IX, § 196 Rn. 82.

[310] Für Vereine gilt Art. 12 I nur bei satzungsmäßigem Geschäftsbetrieb, BVerfGE 65, 190 (210); 74, 129 (148 f.); 97, 228 (253); sogar ohne Gewinnerzielungsabsicht BVerwGE 95, 15 (20); BVerfG (K) NJW 2002, 2091; NdsOVG NVwZ-RR 2010, 850 f.; offen BVerfG (K) DVBl 2007, 1555 (1559) (für karitative GmbH); differenzierend *Kirchesch,* Die Berufsfähigkeit der Handelsgesellschaft im Gewerberecht und im Recht der Freien Berufe, 2002, insb. S. 40 ff. S. auch → Rn. 59 und → Art. 12 Rn. 37.

[311] BVerfGE 21, 261 (266); stRspr, etwa BVerfGE 134, 204 Rn. 66, 101, 114; 135, 90 Rn. 53; 137, 185 Rn. 154; 141, 121 Rn. 37; 145, 20 Rn. 127; 148, 40 Rn. 26. S. auch *Nicolin,* Die Berufsfreiheit von Gesellschaften im Unternehmensrecht, 2001.

[312] So auch *Rüfner* HStR IX, § 196 Rn. 83.

[313] Vgl. BVerfGE 42, 212 (219); 76, 83 (88); 106, 28 (43); BVerfG (K) NJW 2015, 2869 Rn. 16.

[314] Vgl. BVerfGE 4, 7 (17); stRspr, etwa BVerfGE 134, 242 Rn. 158, 240; → Art. 14 Rn. 16.

Die **Rechtsweggarantie des Art. 19 IV** passt auf juristische Personen, da sie als Rechtsträger des 85
Rechtsschutzes ebenso bedürfen wie natürliche Personen.[315]

Obwohl die Beschränkung des **Widerstandsrechts des Art. 20 IV** auf Deutsche unter Ausschluss 86
der Ausländer als Verweisung der Mitglieder des Staatsvolks auf sich selbst zu verstehen ist (→ Art. 20
Rn. 168, → Art. 20 Rn. 170), spricht nach dem Schutzziel der Bestimmung nichts dagegen, dass auch
inländische juristische Personen, die sich für den Erhalt der Verfassung einsetzen, dabei unter dem
Schutz des Art. 20 IV stehen.[316]

**Art. 33 I** passt bei Bezug auf die von der Staatsangehörigkeit verschiedene Landeszugehörigkeit 87
auch auf (lange ansässige) juristische Personen,[317] ebenso **Art. 33 II,** soweit die von Beliehenen wahrgenommenen Aufgaben öffentliche Ämter darstellen.[318] Dasselbe gilt für die religionsbezogenen
Unterscheidungsverbote des **Art. 33 III 1 1. Alt., 2, Art. 140 GG iVm Art. 136 Abs. 1, 2
WRV.**[319]

Die speziell gegen die staatliche Strafgewalt gerichteten **Art. 103 II, III** passen auf juristische 88
Personen in dem Umfang, in dem das Strafrecht sich auch gegen sie richtet.[320]

## III. Juristische Personen des öffentlichen Rechts

**1. Prinzipielle Nichtgeltung der Grundrechte.** Seinem Wortlaut nach eröffnet Art. 19 III Grund- 89
rechtsschutz für juristische Personen, ohne solche des öR auszunehmen oder ausdrücklich einzuschließen.
Bei der Entstehung der Bestimmung wurde allerdings deren Grundrechtsträgerschaft ausdrücklich mit-
bedacht (→ Rn. 4). Die Voraussetzung, dass die Grundrechte „ihrem Wesen nach" auf die juristischen
Personen anwendbar sein müssen, wurde aber nicht eingefügt, um den Kreis der möglichen Grundrechtsträger einzuengen (→ Rn. 4, → Rn. 57). Gleichwohl bietet diese Formulierung den textlichen Anknüpfungspunkt, um die **Reichweite des Art. 19 III restriktiv** zu bestimmen.

Juristische Personen des öff. Rechts sind anders als solche des Privatrechts jedenfalls in der Regel 90
kein organisatorisches Medium menschlicher Freiheitsbetätigung; ihr Grundrechtsschutz lässt sich nicht
mit dem Gedanken eines „Durchgriffs" auf die die Organisation tragenden Menschen stützen
(→ Rn. 10). Vielmehr gehören sie zur Sphäre der organisierten öffentlichen Gewalt, sie werden daher
nach Art. 1 III **durch die Grundrechte verpflichtet** und können nach der Gesamtausrichtung der
Grundrechte *grundsätzlich* nicht zugleich, namentlich hinsichtlich derselben Rechtsbeziehung,[321] zu
den Grundrechtsberechtigten gehören.[322]

Juristische Personen des öff. Rechts sind Teil der Staatsgewalt und stehen ihr deshalb grds. anders 91
gegenüber als Menschen und juristische Personen des Privatrechts **(fehlende grundrechtstypische
Gefährdungslage).**[323] Wenn eine juristische Person des öff. Rechts eine andere unter Einsatz
hoheitlicher Gewalt in ihren Interessen beeinträchtigt, handelt es sich um **Konflikte innerhalb der
staatlichen Sphäre** im weitesten Sinne; die beeinträchtigten Interessen stehen regelmäßig im
Zusammenhang mit Funktionen der öffentlichen Gewalt. Ein Grundrechtsschutz für Staatsfunktionen ist aber im Rahmen des Grundgesetzes ein Fremdkörper. Konflikte innerhalb der öffentlichen Gewalt sind nicht über die spezifisch auf das Staat-Bürger-Verhältnis ausgerichteten Grundrechte zu lösen.

Vor diesem Hintergrund ist die Grundrechtsträgerschaft jur. Personen des öR im Einklang mit der 92
stRspr des BVerfG,[324] die überwiegend Zustimmung gefunden hat,[325] **grundsätzlich abzulehnen.**
Dies gilt insbes., soweit die jur. Personen in ihrer (regelmäßigen) **Funktion** betroffen sind und

---

[315] BVerfGE 80, 244 (250); 134, 242 Rn. 158, 240; BVerwGE 152, 355 Rn. 22.

[316] Dafür im Ergebnis dezidiert *Sommermann* MKS II, Art. 20 Rn. 344; auch *Grzeszick,* in: Maunz/Dürig, Art. 20
IX (2014) Rn. 16; *Kahl/Hilbert* BK, Art. 19 III (2019) Rn. 425; unklar *Schmahl* JöR nF 55 (2007), 99 (115);
ablehnend *Hufen,* StaatsR II, § 45 Rn. 3.

[317] Näher *Sachs,* in: Stern, StaatsR IV/2, S. 1794.

[318] Näher *Sachs,* in: Stern, StaatsR IV/2, S. 1835 f.; allgemein ablehnend etwa *Höfling* BK, Art. 33 Abs. 1–3 (2007),
Rn. 277; s. aber unentschieden ebda, Rn. 104.

[319] *Sachs,* in: Stern, StaatsR IV/2, S. 1796; vgl. zu Art. 3 III 1 → Rn. 72.

[320] Für Geltung des Grundsatzes „nulla poena sine culpa" BVerfGE 20, 323 (335 f.).

[321] *Krebs,* in: v. Münch/Kunig I, Art. 19 Rn. 47; *Huber* MKS I, Art. 19 Rn. 245; *Dreier,* in: Dreier I, Art. 19 III
Rn. 59; *Schnapp* HGR II, § 52 Rn. 27 ff.

[322] BVerfGE 15, 256 (262); 21, 362 (369 ff.); auch BVerfGE 62, 354 (369); 70, 1 (16); 143, 246 Rn. 188; 147, 50
Rn. 239; allgemein ablehnend *Merten* DÖV 2019, 41 ff.; skeptisch auch *Ludwigs/Friedmann* NVwZ 2018, 22 ff.;
*Goldhammer* JuS 2014, 891 (894 f.).

[323] Vgl. *Dreier;* in: Dreier I, Art. 19 III Rn. 33, 56; auch BVerfGE 45, 63 (79); 61, 82 (102, 105); 143, 246
Rn. 188; 147, 50 Rn. 239; skeptisch *Kahl/Hilbert* BK, Art. 19 III (2019) Rn. 164 ff.

[324] Vgl. nach frühen Unsicherheiten (etwa BVerfGE 1, 117 [142] für Länder) für Kommunen BVerfGE 23, 353
(372 f.); 25, 198 (205); 26, 228 (244); 98, 17 (47); 137, 108 Rn. 107; für Versicherungsträger BVerfGE 21, 362
(367 ff.); 77, 340 (344); für Berufsgenossenschaften BVerfGE 23, 12 (24, 30); für Deichverbände BVerfGE 24, 367
(383); für Krankenkassen BVerfGE 39, 302 (312 ff.); 113, 167 (227); BVerfGK 3, 300 (301 f.); BVerfG (K) NVwZ
2005, 572 (573 f.); NVwZ 2008, 671 LS; NVwZ-RR 2009, 361 f.; für Innungen und Innungsverbände der Zahn-
techniker BVerfGE 68, 193 (206 ff.); für kassenärztliche Vereinigungen BVerfGE 62, 354 (369); 70, 1 (15 ff.); für ör

gesetzlich zugewiesene und geregelte öff. Aufgaben wahrnehmen;[326] aber auch außerhalb dieses Bereichs bleibt der prinzipielle Ausgangspunkt unverändert.[327] Auch Organe solcher juristischer Personen sind keine Grundrechtsträger.[328] Doch eröffnet die funktionsbezogene Betrachtungsweise die Möglichkeit, Abweichungen zu rechtfertigen (→ Rn. 93 ff.). Für **ausländische** juristische Personen des öR dürfte nichts anderes gelten.[329]

**93**     **2. Ausnahmefälle. a) Die klassische Ausnahmentrias.** Das BVerfG hat die Ablehnung der Grundrechtsträgerschaft juristischer Personen des öffentlichen Rechts lange nur für drei zunächst abschließend scheinende[330] **Sonderfälle** in Frage gestellt; die überkommenen Ausnahmen beruhen indes nicht auf einem einheitlichen Grundgedanken.[331]

**94**     Religionsgesellschaften wurzeln als Ausdruck gemeinsamer Grundrechtsbetätigung im außerstaatlich-gesellschaftlichen Bereich;[332] sie nehmen grundsätzlich keine Staatsaufgaben wahr, sondern verwirklichen die insbesondere durch Art. 4 I, II grundrechtlich geschützten Interessen ihrer Mitglieder. Dies gilt auch für die **öffentlich-rechtlichen Religionsgesellschaften** nach Art. 140 GG iVm Art. 137 V 1 WRV.[333] Materiell betrachtet bleiben diese Religionsgesellschaften trotz ihrer besonderen Rechtsform **außerhalb der staatlichen Sphäre;** sie stehen der Staatsgewalt wie privatrechtlich organisierte Grundrechtsträger in einer grundrechtstypischen Gefährdungslage gegenüber (auch → Art. 4 Rn. 12; → Art. 140 GG/Art. 137 WRV Rn. 26). Ihre Grundrechtsfähigkeit ist nicht auf die religionsspezifischen Grundrechte des Art. 4 I, II[334] beschränkt, sondern erstreckt sich grds. auf **alle Grundrechte,** die für juristische Personen des Privatrechts eingreifen.[335] Soweit öffentlich-rechtliche Religionsgesellschaften – wie bei Beleihungen – Hoheitsaufgaben zur Wahrnehmung übertragen sind, ist zwar deren Erfüllung nicht grundrechtsgeschützt, doch stellt dies ihre Grundrechtsfähigkeit im Übrigen nicht in Frage.

**95**     Die beiden anderen klassischen Ausnahmen betreffen öffentlich-rechtlich organisierte Rechtsträger, die in spezifischer Weise die Aufgabe haben, in **einem grundrechtlichen Lebensbereich,** dem sie **unmittelbar zugeordnet** sind,[336] bestimmte Grundrechtsinteressen der Bürger sicherzustellen. Ihre Grundrechtsfähigkeit, die eine zugleich bestehende Grundrechtsbindung nicht ausschließt (→ Art. 1 Rn. 96), wird ihrem exzeptionellen Charakter entsprechend grundsätzlich auf die Grundrechte beschränkt, zu deren Realisierung die ör juristischen Personen jeweils bestehen.[337] Zusätzlich hat das BVerfG (unnötiger Weise) weitere Grundrechte einbezogen, soweit sie im konkreten Zusammenhang die Ausübung des spezifisch zugeordneten Grundrechts unterstützendes Verhalten schützen.[338]

**96**     Bei den Ausnahmen handelt es sich zum einen um **Universitäten** oder ähnliche Einrichtungen des Staates und ihre Untergliederungen, die für die in ihnen tätigen Menschen ein Instrument zur Realisierung der **Wissenschaftsfreiheit** darstellen (auch → Art. 5 Rn. 210 ff.). Solche Einrichtungen werden vom Staat getragen, sind aber in Bezug auf Wissenschaft, Forschung und Lehre vom Staat

---

Sparkassen 75, 192 (196 ff.); BVerfG (K) NJW 1995, 582; für Ärztekammern BVerfG (K) NJW 1997, 1634; allg. bestätigend BVerfGE 107, 299 (309 f.).

[325] Vgl. BVerwGE 59, 231 (240); 64, 202 (205); 98, 163 (178); 111, 354 (360 f.); BGHZ 63, 196 (198 ff.); 84, 261 (264 f.); BSGE 6, 180 (183 f.); BFHE 62, 115; 74, 385 (394 ff.); 75, 632 (635 f.); OVG NRW OVGE 35, 32 (39); *Stern,* StaatsR III/1, S. 1157 ff.; *Rüfner* HStR IX, § 196 Rn. 109 ff.; *Krebs,* in: v. Münch/Kunig I, Art. 19 Rn. 47 f.; *Dreier,* in: Dreier I, Art. 19 III Rn. 56 ff.; *Huber* MKS I, Art. 19 Rn. 244 ff.; iE wohl auch *Kahl/Hilbert* BK, Art. 19 III (2019) Rn. 220 ff.; (eher) ablehnend etwa *Schnapp* HGR II, § 52 Rn. 22 ff.; *Püttner* FS Stern, 2012, 563 ff.

[326] BVerfGE 68, 193 (206 ff.); 75, 192 (196 f.).

[327] BVerfGE 45, 63 (79); 61, 82 (105 ff.); BVerfG (K) NVwZ 2002, 1366; dazu noch → Rn. 103.

[328] BVerfG (K) NVwZ 2019, 642 Rn. 19 ff., für Vertrauensleute kommunaler Bürgerbegehren.

[329] BVerfG (K) NJW 2006, 2907 (2908); auch → Fn. 194; offen für Unternehmen mit Beteiligung ausländ. Staaten BVerfGK 16, 449 (454 f.); 18, 14 (20 f.) (s. auch Rn. 110, 112, 112b).

[330] Ausdrücklich für exemplarischen Charakter BVerfGE 61, 82 (102 f.).

[331] Vgl. allerdings für teiweise gegenteilige Ansätze BVerfGE 21, 362 (374); zusammenfass. trotz Differenzierung auch BVerfGE 75, 192 (197 f.).

[332] Den Ansatz verallgemeinernd *de Wall,* in: Friauf/Höfling, Art. 19 III (2015) Rn. 110.

[333] BVerfGE 42, 312 (321); 102, 370 (387); für Teile und Einrichtungen von Kirchen BVerfGE 30, 112 (119); 53, 366 (387); 70, 138 (160); auch *de Wall,* in: Friauf/Höfling, Art. 19 III (2015) Rn. 96.

[334] Nur hierfür zuletzt BVerfGE 125, 39 (73 f.); auch BVerfGE 24, 236 (246 f.); daher gegen Geltung des Art. 9 I etwa *Löwer,* in: v. Münch/Kunig, GG I, Art. 9 Rn. 20.

[335] Vgl. für Art. 3 ausdrücklich BVerfGE 19, 1 (5); 30, 112 (119 f.); offen für Art. 2 I, 3 GG BVerfGE 42, 312 (323); zu Art. 4 GG im Ansatz weiter auch BVerfGE 53, 366 (387); wie hier *Rüfner* HStR IX, § 196 Rn. 120; *Graf Vitzthum* HGR II, § 48 Rn. 31; *Jarass,* in: Jarass/Pieroth, Art. 19 Rn. 29; *Krebs,* in: v. Münch/Kunig I, Art. 19 Rn. 46, aber auch Rn. 50; *Barwig,* Die Geltung der Grundrechte im kirchlichen Bereich, 2004, S. 29 ff.

[336] Vgl. noch unspezifisch BVerfGE 21, 362 (373); 31, 314 (322); verallgemeinernd BVerfGE 75, 192 (196).

[337] So bezogen auf Rundfunkanstalten, für die BVerfGE 59, 231 (254 f.), ausdrücklich den Grundrechtsschutz aus Art. 9 III und Art. 2 I, BVerfGE 78, 101 (102 f.), den aus Art. 14 I 1, BVerfGE 83, 238 (312 f.), den für die Pressefreiheit ausschließt; leicht erweiternd *Rüfner* HStR IX, § 196 Rn. 121; für Universitäten entsprechend etwa *Jarass,* in: Jarass/Pieroth, Art. 19 Rn. 28.

[338] BVerfGE 107, 299 (309 f.), näher → Rn. 97.

unabhängig; sie verteidigen somit das **Grundrecht aus Art. 5 III 1** in diesem Lebensbereich,[339] dem sie nach ihrer Aufgabenstellung unmittelbar zugeordnet sind.[340] Auch verfassten Studentenschaften ist Grundrechtsfähigkeit zur Wahrnehmung wissenschaftlicher Aufgaben zuerkannt worden.[341]

Daran anschließend werden auch die **öffentlich-rechtlichen Rundfunkanstalten** als Grund- **97** rechtsträger der Rundfunkfreiheit nach Art. 5 I 2 anerkannt.[342] Sie stehen ungeachtet ihrer öffentlich-rechtlichen Organisationsform dem Staat selbständig gegenüber, um so die Freiheit des Rundfunks zu gewährleisten. An der diesem Schutzgut verpflichteten Unabhängigkeit der öffentlich-rechtlichen Rundfunkanstalten hat sich auch durch die zwischenzeitliche Zulassung privater Rundfunkveranstalter nichts geändert; näher → Art. 5 Rn. 106 ff., auch → Art. 5 Rn. 113 f. Soweit es um den Schutz der (allerdings ohnehin schon über Art. 5 I 2 geschützten) Vertraulichkeit von Informationsbeschaffung und Redaktionsarbeit geht, ist die Grundrechtsträgerschaft auch für Art. 10 angenommen worden.[343]

**b) Weitere Ausnahmen?** Im Anschluss an die für Wissenschafts- und Rundfunkfreiheit entwickel- **98** ten Grundsätze wird im Schrifttum befürwortet, auch sonstigen verselbständigten Einrichtungen des Kulturlebens (Museen, Galerien, Orchestern, Theatern uÄ) in öff. Trägerschaft die Grundrechtsfähigkeit namentlich für die Kunstfreiheit zuzuerkennen.[344] Dies hat aber bislang nicht die Anerkennung der Rechtsprechung gefunden[345] und ist bei Annahme funktionsgerechter Grundrechtspositionen der in solchen Einrichtungen tätigen Menschen entbehrlich. Den **Kunst- und Musikhochschulen** steht Grundrechtsträgerschaft für die Kunstfreiheit nach den zur Wissenschaftsfreiheit entwickelten Grundsätzen (→ Rn. 96) zu.[346]

1985 hat das BVerfG **weitergehende Ausnahmen** zugunsten einer Grundrechtsträgerschaft **99** öffentlich-rechtlicher juristischer Personen jenseits der überkommenen Ausnahmentrias zugelassen.[347] Nachdem es die Grundrechtsfähigkeit von Zahntechniker-Innungen und ihren Verbänden noch abgelehnt hatte,[348] hat es wenig später die Orthopädietechniker-Innungen als Grundrechtsträger anerkannt, weil sie durch eine gesetzliche Regelung beim Abschluss von Verträgen im Interesse der hinter ihnen stehenden Menschen betroffen waren, wobei sich ihre Rechtslage nicht von der privater Zusammenschlüsse von Orthopädietechnikern unterschied. Das BVerfG verstand ungeachtet der öffentlich-rechtl. Rechtsform die Orthopädietechniker-Innungen in dem gegebenen Zusammenhang als **echte Interessenvertretungen der Mitglieder** und stellte sie insoweit privaten Berufsverbänden gleich.[349]

Diese Überlegung ist nur in engen Grenzen **der Verallgemeinerung fähig,** soweit nämlich juristische **100** Personen des öffentlichen Rechts als Organisationsform eingeführt sind, um als echte Interessenvertretung der in ihnen zusammengeschlossenen Grundrechtsträger zu agieren. In welchen Fällen und ggf. in welchem Umfang die Vertretung von Mitgliederinteressen gegen den Staat im Einzelnen Grundrechtsfähigkeit begründet, ist aber weiterhin fraglich,[350] etwa bei berufsständischen Kammern[351] oder Zusatzversorgungskassen des öffentlichen Dienstes.[352] Das BVerfG hat weder eine Schreiner-Innung[353] noch

---

[339] BVerfGE 15, 256 (262), für Universitäten und ihre Fakultäten; ebenso BVerfGE 93, 85 (94 f.); für Hochschulen BVerfGE 111, 226 (264); für Universitäten BVerfG (K) NVwZ-RR 2003, 705 (706); für Fakultäten BVerfGE 122, 89 (114); 139, 348 Rn. 40; auch BVerwGE 45, 39 (42); der Bestand des Grundrechts blieb in BVerfGE 15, 256 (264); 51, 369 (381); 67, 202 (207); BVerwGE 51, 369 (381); 52, 313 (318); 55, 73 (76) offen; ablehnend *Groß* WissR 35 (2002), 307 (323 f.). Näher *Stern,* StaatsR IV/2, S. 804 ff.

[340] BVerfGE 85, 360 (370), für ein Zentralinstitut der Akademie der Wissenschaften der DDR.

[341] Vgl. BerlVerfGH NVwZ 2001, 426, klarstellend gegenüber BerlVerfGH NVwZ 2000, 549. Offen für die informationelle Selbstbestimmung VGH BW NVwZ-RR 2019, 901 Rn. 39.

[342] So – objektiv-rechtlich anknüpfend an BVerfGE 12, 205 ff. – BVerfGE 31, 314 (322); stRspr, BVerfGE 107, 299 (310); 119, 181 (211). Anders für die Deutsche Welle *Schmidt-Husson,* Rundfunkfreiheit für die Deutsche Welle?, 2006. Restriktiv *Hummel* DVBl 2008, 1215 ff. Gegen Grundrechtsgeltung der Bayerische Landeszentrale für neue Medien im Verhältnis zu Programmanbietern BVerwG NVwZ 2019, 239 Rn. 11.

[343] BVerfGE 107, 299 (310 und 329 ff.); → Rn. 95.

[344] → Art. 5 Rn. 192; *Rüfner* HStR IX, § 196 Rn. 123; *Graf Vitzthum* HGR II, § 48 Rn. 29; *Kahl/Hilbert* BK, Art. 19 III (2019) Rn. 260; *Stern,* StaatsR IV/2, S. 667 ff.; *de Wall,* in: Friauf/Höfling, Art. 19 III (2015) Rn. 123; abl. *Germelmann,* Kultur und staatliches Handeln, 2013, S. 182 f.

[345] Nicht eindeutig für Intendanten eines Stadttheaters BVerwGE 62, 55 (59 f.).

[346] Vgl. *Hufen,* Die Freiheit der Kunst, 1982; ferner *P. Lynen,* Das Recht der Kunsthochschulen, 1997.

[347] Offen für Erweiterungen bereits BVerfGE 61, 82 (102 f.).

[348] BVerfGE 68, 193 (207 ff.).

[349] BVerfGE 70, 1 (15 ff.); vorsichtig anschließend BVerwGE 90, 88 (95). Ablehnend angesichts veränderter Rechtsgrundlagen *Axer,* Normsetzung der Exekutive in der Sozialversicherung, 2000, S. 266 ff.

[350] Vgl. *N. Zimmermann,* Der grundrechtliche Schutzanspruch juristischer Personen des öffentlichen Rechts, 1993, S. 151–193.

[351] Vgl. ablehnend BVerfG (K) NJW 1997, 1634; BVerwG NVwZ-RR 2016, 344 Rn. 33; *Rüfner* HStR IX, § 196 Rn. 126; *Graf Vitzthum* HGR II, § 48 Rn. 29; offen BVerwGE 98, 163 (178).

[352] Für Grundrechtsträgerschaft *Glaser* NVwZ 2006, 1366 ff.

[353] BVerfG (K) NVwZ 1994, 262; s. auch BVerwGE 95, 88 (95).

eine kassenärztliche Vereinigung[354] noch kommunale Sparkassen[355] als Grundrechtsträger anerkannt.

**101**    **Nicht ausreichend** ist es nach der Rspr. jedenfalls, wenn eine Aufgabenwahrnehmung einer juristischen Person des öffentlichen Rechts der **Verwirklichung der Grundrechte** betroffener Bürger **förderlich** ist. Allein dies macht den Verwaltungsträger nicht zum „grundrechtsgeschützten Sachwalter" des Einzelnen; vielmehr bleibt die Aufgabenwahrnehmung maßgeblich dem Gemeinwohl verpflichtet. Insbes. hat das BVerfG die Grundrechtsträgerschaft der **Kommunen** in Erfüllung ihrer öffentlichen Aufgaben, insbes. auch solcher der Daseinsvorsorge, abgelehnt (auch → Rn. 103).[356]

**102**    Der Umstand, dass **Träger der Sozialversicherung** zu juristischen Personen mit verfassungsrechtlich wohl nicht zwingend vorgegebenen (→ Art. 87 Rn. 55) Selbstverwaltungsbefugnissen verselbständigt sind, macht sie noch nicht zu echten Interessenvertretungen ihrer Mitglieder gegenüber der Staatsgewalt. Vielmehr bleiben sie aus der maßgeblichen Perspektive, vom Menschen und Bürger her gesehen, selbst nur besondere Erscheinungsformen der Staatsgewalt.[357] Daher ist die Grundrechtsträgerschaft namentlich für eine Rentenversicherungsanstalt,[358] Krankenkassen[359] und eine Berufsgenossenschaft[360] verneint worden.[361]

**103**    Erst recht schließt das BVerfG eine Grundrechtsträgerschaft auf Grund einer „Sachwalter"-Rolle aus, soweit sich eine jur. Person **außerhalb der Wahrnehmung öffentlicher Aufgaben** bewegt.[362] Unabhängig vom Grundrechtsschutz können Träger öff. Verwaltung allerdings nach den allgemeinen privatrechtlichen Regeln Eigentümer sein und ihr Eigentum iRd Rechtsordnung frei nutzen. Die Anwendung des Art. 14 I 1 (und der Vb) hat das BVerfG indes – unter dem Vorbehalt ganz besonders gelagerter Ausnahmefälle – ausgeschlossen, soweit **Eigentum der Kommunen** nur **zu wirtschaftlichen Zwecken** genutzt wird, da sich die Gemeinde auch in solchen, zudem in ihrer Legitimität angezweifelten Fällen nicht in einer „grundrechtstypischen Gefährdungslage" befinde. Zur Begründung hebt es auch auf besondere rechtliche Bestimmungen ab, die jur. Personen des öR gegenüber Zugriffen auf ihr Eigentum in besonderer Weise sichern.[363] Schlagwortartig verkürzt stellt das BVerfG fest, Art. 14 als Grundrecht schütze nicht das Privateigentum, sondern das Eigentum Privater (auch → Art. 14 Rn. 17 ff.; hier → Rn. 101). Demgegenüber sei daran erinnert, dass Art. 153 II 4 WRV eine Enteignung durch das Reich ua gegenüber Gemeinden – anders als bei Privaten – nur gegen Entschädigung zuließ.

**104**    Grundrechtsträgerschaft juristischer Personen des öffentlichen Rechts jenseits der vorgenannten Fälle kann trotz der restriktiven Grundhaltung des BVerfG nicht allgemein ausgeschlossen werden; vielmehr muss die Frage mit dem Ziel größtmöglicher Effektivität der Grundrechte für die Menschen **bereichsspezifisch** mit Rücksicht auf die Eigenart des Rechtsträgers,[364] das betroffene Grundrecht, die wahrgenommenen Aufgaben und die Beziehungen zu den Mitgliedern oder sonst Betroffenen geprüft werden.

**105**    So wird teils[365] ein Grundrechtsschutz für jur. Personen des öR bejaht, wenn Eigentümer ihre Rechte gemeinsam in einer ör Zwangskörperschaft geltend machen müssen,[366] wie zB in der **Teilnehmergemeinschaft nach dem FlurbG**[367] und in der **Jagdgenossenschaft**.[368]

---

[354] BVerfGE 62, 354 (369); 70, 1 (15 ff.); BVerfG (K) NJW 1996, 1588 f.; ablehnend auch für andere Zusammenschlüsse von Leistungserbringern *Axer* (Fn. 349), S. 262 ff.

[355] Trotz der Ähnlichkeit zur Tätigkeit privater Banken BVerfGE 75, 192 (197 ff.).

[356] BVerfGE 61, 82 (102 ff.); auch schon BVerfGE 45, 63 (78 ff.); BVerfG (K) NVwZ 2008, 778 f.; für Versicherungsanstalten BayVerfGH BayVBl 1996, 656 f. Vgl. für die Bundesrepublik als Träger der Bundeszentrale für Politische Bildung BVerfG (K) NJW 2011, 511 f.

[357] BVerfGE 21, 362 (370); 39, 302 (313 f.); dazu auch *Rüfner* HStR IX, § 196 Rn. 125.

[358] BVerfGE 21, 362 (368 ff.).

[359] BVerfGE 39, 302 (312 ff.); 113, 167 (227); BVerfGK 3, 300 (301 f.); BVerfG (K) NVwZ 2005, 572 (573 f.); NVwZ 2008, 671 LS; NVwZ-RR 2009, 361 f.; s. auch BSG NZS 2003, 537 (543); für Grundrechtsfähigkeit der Krankenkassen *Sodan/Gast*, Umverteilung durch „Risikostrukturausgleich", 2002, S. 22 ff.; für privatrechtlichen Krankenkassenverband *H.-P. Schneider* FS Merten, 2007, S. 93 ff.

[360] BVerfG (K) NVwZ-RR 2001, 93; BVerwGE 111, 354 (360 f.); für Spitzenverband BVerwGE 139, 87 Rn. 57.

[361] Nicht eindeutig demgegenüber BVerfGE 36, 383 (392 f.); dazu *Rüfner* HStR IX, § 196 Rn. 125 (mit Fn. 321); gegen Grundrechtsträgerschaft allgemein auch *Axer* (Fn. 349), S. 241 ff.

[362] BVerfGE 61, 82 (104).

[363] BVerfGE 61, 82 (105 ff.); auch BVerfG (K) NVwZ 2002, 1366; LKV 2005, 165; zust. *Graf Vitzthum* HGR II, § 48 Rn. 33. Für Grundrechtsschutz kommunalen Eigentums nach der Landesverfassung BayVerfGHE nF 3, 129 (135); 5, 1 (5 f.); 29, 105 (119 ff.); 37, 101 (106); iÜ verneinen BayVerfGHE nF 49, 111 (116); BayVerfGH BayVBl 2001, 339 (340), kommunalen Eigentumsschutz für die Wahrnehmung gesetzlicher Aufgaben. Gegen Grundrechtsschutz für kommunales Eigentum nach der BayVerf BVerwG NVwZ 2001, 1160 (1161).

[364] Auf dessen Zurechnung zum Staat abstellend *Kahl/Hilbert* BK, Art. 19 III (2019) Rn. 253 ff.

[365] Anders *Huber* MKS I, Art. 19 Rn. 269.

[366] Vgl. *Rüfner* HStR IX, § 196 Rn. 124.

[367] Vgl. *Starck*, Staat 18 (1979), 609 (613).

[368] Vgl. BGHZ 84, 261 (264 f.); 132, 63 (65); 143, 321 (324); 145, 83; BVerwG NVwZ-RR 2011, 711 LS, Rn. 5 (nur juris).

Für eine auf **Art. 9 III** bezogene Grundrechtsträgerschaft juristischer Personen des öR als Arbeit- **106** geber spricht die **Waffengleichheit** der Tarifpartner;[369] das BVerfG betont demgegenüber, dass sich Grundrechtsschutz der öffentlichen Hand gegen die Bürger richte.[370]

Sinnvoll scheint es auch, einen aus **Art. 6 III** abzuleitenden Grundrechtsschutz der Erziehungs- **107** berechtigten (→ Art. 6 Rn. 88) bei Amtsvormundschaft, §§ 1791b, c BGB, wegen der spezifischen Aufgabe der Wahrung des Kindesinteresses zugunsten der Trägerkörperschaft, ggf. bezogen auf sein **Jugendamt,** eingreifen zu lassen,[371] zumal dies einen dem Kind selbst eröffneten Grundrechtsschutz nicht schmälern würde.[372]

Anzuerkennen ist ferner die Grundrechtsberechtigung von **Parlamentsfraktionen** als Zusammen- **107a** schlüssen von Abgeordneten, soweit sie nicht ihren besonderen verfassungsrechtl. Status, sondern unabhängig davon eingreifende Grundrechte in Anspruch nehmen.[373]

Wie bei ausländischen jur. Personen (→ Rn. 51 ff.) greifen auch zugunsten jur. Personen des öR[374] **108** und selbst für ausländische Staaten[375] die verfahrensimmanent wirksamen Garantien des **Art. 101 I und 103 I** durch, auch hier (→ Rn. 49 f., → Rn. 53) aber grds. **nicht die Eröffnung des Rechtswegs nach Art. 19 IV**[376] als solche. Zu letzterem gilt Abweichendes, soweit eine jur. Person des öR Träger subjektiver Grundrechte ist.[377] Zudem greift prozessimmanent die Garantie der Effektivität des Rechtsschutzes durch.[378] Eine Verletzung von Art. 2 I GG durch rechtsstaatswidrige Rechtsfortbildung (→ Art. 20 Rn. 120) soll als Verletzung eines materiellen Grundrechts auch bei Prozessbeteiligung nicht gerügt werden können.[379]

**Art. 3 I** ist als Grundrecht zugunsten juristischer Personen des öffentlichen Rechts wesensmäßig **109** nicht anwendbar.[380] Doch gilt für die Beziehungen im Rahmen des hoheitlichen Staatsaufbaus ein **Willkürverbot,**[381] das sich aus dem Rechtsstaatsprinzip ergibt (→ Art. 3 Rn. 74; → Art. 20 Rn. 99), für die Beziehungen zwischen Bund und Ländern auch aus dem Bundesstaatsprinzip (→ Art. 20 Rn. 73). Art. 3 I sollte allerdings – wie bei Religionsgesellschaften (→ Rn. 94) – bei Differenzierungen im Bereich anderweitig begründeten Grundrechtsschutzes, etwa bei Universitäten oder Rundfunkanstalten, zu dessen Effektuierung durchgreifen.[382]

**3. Vom Staat getragene Personen des Privatrechts.** Grundsätzlich keine Grundrechtsträger sind **110** vom Staat geschaffene juristische Personen des Privatrechts, **die Aufgaben und Funktionen der öffentlichen Verwaltung erfüllen.** Es kommt nicht darauf an, in welcher Rechtsform ein Träger öffentlicher Verwaltung tätig wird, ob unmittelbar oder durch eine von ihm abhängige juristische Person des Privatrechts, die nicht auf menschliche Grundrechtsträger rückführbar ist. Namentlich stellt ein in privater Rechtsform verselbständigtes Unternehmen der Daseinsvorsorge, das sich ganz in der

---

[369] Vgl. *Bethge* AöR 104 (1979), 54 ff. und 265 ff.

[370] BVerfGE 59, 231 (254 f.); auch → Art. 9 Rn. 121. BVerfGE 22, 28 (38), prüft allerdings Art. 9 III zugunsten öffentlicher Unternehmen.

[371] Wie hier *Coester-Waltjen,* in: v. Münch/Kunig I, Art. 6 Rn. 2; abl. *Robbers* MKS I, Art. 6 Rn. 257, der gerade den Fall der Trennung *gegen* den Willen des Jugendamtes vernachlässigt; auch *Stern,* StaatsR IV/1, S. 538; dem folgend → Art. 6 Rn. 88.

[372] Zur Bestellung von Ergänzungspflegern bei Interessenkonflikten BVerfGE 79, 51 (58).

[373] Offen BVerfG (K) NJW 2003, 1856; dies gilt unabhängig davon, ob die Fraktionen iR ihres verfassungsrechtlichen Status (entgegen § 46 III AbgG) öffentliche Gewalt ausüben. Bedenkenfrei gegen Grundrechtsträgerschaft einer Ratsfraktion BVerwG NVwZ 2018, 1656 Rn. 34 zur Fraktionsfinanzierung.

[374] S. allgemein BVerfGE 13, 132 (139 f.), für die Deutsche Bundesbahn; zu Art. 101 I 2 BVerfGE 6, 45 (49 f.), für den Freistaat Bayern; bestätigend BVerfGE 21, 362 (373); 61, 82 (104); auch BVerfGE 75, 192 (200); auf beteiligtenfähige Behörden erweiternd BVerfGE 138, 64 Rn. 56. Für Streitigkeiten zu Landesverfassungen wird allerdings die Vb zum BVerfG ausgeschlossen, vgl. BVerfGE 96, 231 (242 ff.).

[375] BVerfG (K) DVBl 2003, 661.

[376] So BVerfGE 39, 302 (316); 129, 108 (118); in Unterscheidung von Verfahrensgrundrechten auch SächsVerfGH LKV 2007, 511 (512); offen BVerfGE 61, 82 (109); 107, 299 (310 f.); 140, 99 Rn. 19; auch BVerfG (K) NVwZ 2017, 53 Rn. 20; 2018, 1561 Rn. 27; grds. wie hier *Huber* MKS I, Art. 19 Rn. 387; *Remmert,* in: Maunz/Dürig, Art. 19 Abs. 3 (2009) Rn. 102 Fn. 4 zu S. 115; anders *Maurer* FS 50 Jahre BVerfG II, 2001, S. 467 (485).

[377] Ausdrücklich BVerfGE 107, 299 (310 f.), für materielle Grundrechte (der Rundfunkanstalten); auch BVerfG (K) NVwZ 2017, 53 Rn. 20; ähnlich *Schulze-Fielitz,* in: Dreier I, Art. 19 IV Rn. 83; *Dreier,* ebda, Art. 19 III Rn. 43; *Kahl/Hilbert* BK, Art. 19 III (2019) Rn. 236; *Huber* MKS I, Art. 19 Rn. 387; allgemein für jeden Rechtsträger *Maurer* FS 50 Jahre BVerfG II, 2001, S. 467 (485); auch → Rn. 114.

[378] So jetzt explizit BGH NJW-RR 2019, 180 Rn. 9, für Art. 2 I iVm Art. 20; problematisch die Absage an die Geltung des Rechtsschutzstandards des Art. 19 IV in BVerfG (K) NJW 2006, 2907 Rn. 12.

[379] BVerfGE 138, 64 Rn. 59 f.; BVerfG (K) NJW 2019, 351 Rn. 25, auch für das Willkürverbot.

[380] Ausdrücklich BVerfG (K) NVwZ 2007, 1420 (1421); 2008, 671 LS; offen noch BVerfGE 6, 45 (54); zweifelnd *Stern,* StaatsR III/1, S. 1156 f., 1170 f.

[381] BVerfGE 21, 362 (372); vgl. ferner BVerfGE 23, 12 (24); 23, 353 (372 f.); 25, 198 (205); 26, 228 (244); 35, 263 (272); 76, 130 (139); auch BVerfGE 89, 132 (141); BVerfG (K) NVwZ 2005, 82 (83), sowie etwa BVerwGE 106, 280 (287), zu Art. 3 I als Ausfluss des Rechtsstaatsprinzips. Näher *Sachs,* in: Stern, StaatsR IV/2, S. 1435 ff.

[382] Für Orthopädietechniker-Innungen (→ Rn. 99) ausdrücklich BVerfGE 70, 1 (32); zum Ganzen auch *Sachs,* in: Stern, StaatsR IV/2, S. 1497 f.

Hand eines Trägers der öffentlichen Verwaltung oder mehrerer befindet, nur eine besondere Erscheinungsform dar, in der öffentliche Verwaltung ausgeübt wird.[383]

111     Grundrechtsfähigkeit fehlt auch, wenn ein als jur. Person des Privatrechts verfasster Teil einer staatlich geregelten Organisation durch Gesetz übertragene Aufgaben der öffentlichen Verwaltung zu erfüllen hat; dies gilt jedenfalls dann, wenn sich diese jur. Person ausschließlich aus öffentlichen Rechtsträgern zusammensetzt.[384] Dagegen ist es problematisch, originär privatrechtlichen jur. Personen die Grundrechtsfähigkeit abzuerkennen, soweit sie (gesetzlich zugewiesene) öffentliche Aufgaben erfüllen;[385] denn das ansonsten aufgegebene (→ Rn. 112a) Kriterium der Wahrnehmung öffentl. Aufgaben ist für eine Abgrenzung kaum bestimmt genug. Die Grundrechtsfähigkeit entfällt aber jedenfalls, soweit im Fall **echter Beleihung** vorliegt.[386]

112     Auch für **gemischtwirtschaftliche Unternehmen** war das BVerfG seit langem der Auffassung, dass sie bei Wahrnehmung öffentlicher Aufgaben keinen Grundrechtsschutz genießen, wenn sie mehrheitlich von juristischen Personen des öffentlichen Rechts getragen sind.[387] Das Fraport-Urteil hat bekräftigt, dass diesen Unternehmen die Grundrechtsfähigkeit unabhängig von gesellschaftsrechtlichen Beschränkungen des Einflusses der öffentlichen Mehrheitseigner allein wegen der deren Gesamtverantwortung begründenden Mehrheitsverhältnisse regelmäßig fehle;[388] die grundrechtlichen Belange der privaten Minderheitsaktionäre seien unbeachtlich, weil sie freiwillig beteiligt seien.[389]

112a    Zudem hat das Fraport-Urteil angenommen, dass die Grundrechtsbindung (wie die aller Organe oder Organisationen der Staatsgewalt im weitesten Sinne) auch bei diesen Unternehmen **unabhängig von der Wahrnehmung öffentlicher Aufgaben** für Aktivitäten jeder Art bestehe und dass ihnen reziprok dazu die Grundrechtsfähigkeit fehle.[390] Auch sonst wird die Grundrechtsträgerschaft privatrechtsförmlicher öffentlichen Unternehmen selbst bei rein erwerbswirtschaftlicher Tätigkeit verbreitet abgelehnt.[391] Demgegenüber ist das BVerwG trotz damals mehrheitlichen Aktieneigentums des Bundes „wegen ihrer ausschließlich privatwirtschaftlichen Tätigkeit und Aufgabenstellung" von der Grundrechtsfähigkeit der Deutsche Telekom AG ausgegangen.[392] Inzwischen scheint sich die Linie des Fraport-Urteils durchzusetzen.[393] Die vollständig vom Staat beherrschte Deutsche Bahn AG soll trotz ihrer erwerbswirtschaftlichen Ausrichtung nach Art. 87e III 1 GG und fehlender unmittelbarer Gemeinwohlbindung nicht Grundrechtsträger sein.[394]

112b    **Von ausländischen Staaten** ganz oder mehrheitlich[395] **getragene** juristische Personen des Privatrechts unterliegen einerseits von vornherein nicht der Bindung an die Grundrechte des Grundgesetzes und verfügen in keiner Weise über innerstaatliche Machtbefugnisse; andererseits bedarf es eines Grundrechtsschutzes mit Rücksicht auf hinter ihnen stehende Menschen auch bei ihnen nicht. Das BVerfG hat einem

---

[383] Vgl. BVerfGE 45, 63 (78 ff.); BVerfG (K) NVwZ-RR 2016, 242 f.; *Graf Vitzthum,* HGR II, § 48 Rn. 53; offen für eine 100%ige inländische Tochter eines ausländischen Staates BVerfGK 16, 449 (454 f.); auch → Rn. 92, → Rn. 112b.

[384] BVerfGE 68, 193 (211 f.), für Verbände der Zahntechniker-Innungen; BVerwGE 139, 87 Rn. 57 f., für Spitzenverband von Berufsgenossenschaften; zustimmend *Huber* MKS I, Art. 19 Rn. 278; für kommunale Spitzenverbände *Rüfner* HStR IX, § 196 Rn. 133.

[385] S. aber BVerfG (K) NJW 1987, 2501 f., gegen Grundrechtsfähigkeit eines TÜV e. V. im Hinblick auf gesetzliche Gebühren für seine Amtshandlungen; kritisch etwa *Ossenbühl* DVBl 1999, 1301 (1303 f.); BVerfG (K) NJW 1996, 584, gegen Grundrechtsfähigkeit einer gem. § 1 III RHG als Ausgeberin von Reichsheimstätten tätigen Baugenossenschaft; allgemein *Remmert,* in: Maunz/Dürig, Art. 19 Abs. 3 (2009) Rn. 60 ff.

[386] So auch *Jarass,* in: Jarass/Pieroth, Art. 19 Rn. 18.

[387] BVerfG (K) NJW 1990, 1783; ebenso wieder BVerfG (K) NVwZ 2009, 1282 f.; zur Gesamtproblematik etwa *Selmer* HGR II, § 53; *Kämmerer,* Privatisierung, 2001, S. 464 ff.; *Storr,* Der Staat als Unternehmer, 2001, S. 238 ff.; *Bethge* FS Schnapp, 2008, S. 3 ff.; *Jarass* FS Sellner, 2010, S. 69 ff.; *Harks* FS BVerfG II S. 107 ff.; *van Lier,* Grundrechtsfähigkeit von Mischunternehmen, 2013; *Goldhammer* JuS 2014, 891 ff.; *Remmert,* in: Maunz/Dürig, Art. 19 Abs. 3 (2009) Rn. 65 ff.

[388] Demgegenüber hatte das BVerfG zuvor die Deutsche Telekom AG als Grundrechtsträger anerkannt, weil ein beherrschender Einfluss des Bundes auf die Unternehmensführung ausgeschlossen sei, BVerfGE 115, 205 (227 f.) (schon seit 1994 und „nach der Privatisierung erst recht"); s. auch schon BVerfG (K) NVwZ 2004, 719 (720).

[389] Unmittelbar auf die Grundrechtsbindung bezogen (dazu [skeptisch] → Art. 1 Rn. 109), aber „umgekehrt" explizit auch für die Grundrechtsträgerschaft BVerfGE 128, 226 (246 ff.); auch *Huber* FS Schmidt-Preuß, 2018, S. 87 ff.; ablehnend *Merten* DÖV 2019, 41 (45 f.).

[390] BVerfGE 128, 226 (244 f., 247 ff.); dem folgend BVerfG (K) NJW 2016, 3153 Rn. 28 ff.

[391] Etwa VerfGH Berlin DÖV 2005, 515 (517); OVG NRW DVBl 2013, 663 (665); *Storr* (Fn. 387), S. 205 ff., 237 f.; *Dreier,* in: Dreier I, Art. 19 III Rn. 69 ff., 78; *Remmert,* in: Maunz/Dürig, Art. 19 Abs. 3 (2009) Rn. 58; generell für Grundrechtsfähigkeit *Jarass* MMR 2009, 223 (225 ff.); nicht eindeutig BVerfG (K) NJW 2001, 1201 (1203); offen BVerwGE 137, 58 Rn. 20.

[392] BVerwGE 114, 160 (189), wie iE noch BVerfGE 115, 205 (227 f.), dort mangels beherrschenden Einflusses des Bundes.

[393] Daran anknüpfend BVerfG (K) NVwZ 2016, 1553 Rn. 28 ff.; zustimmend *Becker* NVwZ 2016, 1557 ff.; *Wollenschläger* NVwZ 2016,1535 (1536); dem BVerfG folgend jetzt auch BVerwG VBlBW 2017, 71 Rn. 8 f.; grds. auch *Kater,* Grundrechtsbindung und Grundrechtsfähigkeit , 2016.

[394] BVerfGE 147, 50 Rn. 269 ff.; dazu etwa *Burgi* NVwZ 2018, 601 (602).

[395] Offen noch BVerfG (K) NJW 2011, 1339 (1340) (→ Rn. 92, → Rn. 110); für Grundrechtsschutz *Johann* FS Schücking-Institut, 2014, 711 ff.

von Schweden getragenen Unternehmen die Grundrechtsfähigkeit daher nur mit Rücksicht auf die Niederlassungsfreiheit nach Art. 49, 54 AEUV und von EGMR- und EuGH-Judikatur nahegelegte, sonst fehlende Rechtsschutzmöglichkeiten gegen ein beschränkendes Gesetz zuerkannt.[396]

## E. Garantie des Rechtswegs gegen die öffentliche Gewalt (Abs. 4)

### I. Die Voraussetzungen des Art. 19 IV

**1. Die Grundrechtsberechtigten.** Art. 19 IV gilt als **Jedermann-Grundrecht** (→ vor Art. 1 **113** Rn. 71) auch für Ausländer und Staatenlose.[397] Er greift auch für **inländische juristische Personen** des Privatrechts im Sinne des Art. 19 III ein, auf die die Rechtswegeröffnung gegen die Verletzung subjektiver Rechte wesensmäßig ebenso passt wie auf Menschen (→ Rn. 69, → Rn. 85).[398]

Eine weitergehende **personelle Reichweite** des Art. 19 IV scheidet grundsätzlich aus. Sein Cha- **114** rakter als „Prozessgrundrecht" kann **keine Erweiterung** rechtfertigen;[399] anders als die im Rahmen stattfindender Gerichtsverfahren aus Gründen der „Waffengleichheit" der Beteiligten personell uneingeschränkt maßgeblichen Art. 101 I 2 und 103 I betrifft Art. 19 IV zunächst die vorgelagerte Frage, ob überhaupt der Zugang zum Rechtsweg offensteht. Für **ausländische juristische Personen** trifft insoweit der Gedanke der Gegenseitigkeit im internationalen Verkehr voll zu (→ Rn. 52 f.). Auch für juristische Personen **des öffentlichen Rechts** und ihre Organe[400] gilt wegen ihrer Zugehörigkeit zur grundrechtsgebundenen Staatlichkeit die Rechtsweggarantie insoweit grds. nicht (→ Rn. 108).[401] Soweit allerdings ausnahmsweise die Grundrechte insges. auf sie zur Anwendung kommen (→ Rn. 93 ff.), schließt dies auch Art. 19 IV ein; soweit ihnen ein spezifischer Grundrechtsschutz zukommt, ist der Rechtsweg insoweit flankierend eröffnet (→ Rn. 108). Länder und Kommunen sollen gegen den Bund für ihr Recht auf Gleichbehandlung grds. Rechtsschutz aus Art. 20 I, 28 II verlangen können.[402] Zudem ist allen juristischen Personen, *wenn* sie zum Prozess zugelassen sind, die Effektivität des Rechtsschutzes garantiert (→ Rn. 50, → Rn. 53, → Rn. 108).

**2. Ausübung öffentlicher Gewalt.** Die Rechtsweggarantie des Art. 19 IV gilt nur gegenüber **115** Rechtsverletzungen „durch die öffentliche Gewalt". Diese Formulierung ist grundsätzlich nur auf die **deutsche** öffentliche Gewalt zu beziehen.[403] Ob nach der Formulierung des Maastricht-Urteils des BVerfG[404] auch die in Deutschland ausgeübte **supranationale Gewalt** der EU einzuschließen ist, bleibt ungewiss (→ Einf. Rn. 31; → vor Art. 1 Rn. 21; → Art. 1 Rn. 90 ff.; → Art. 23 Rn. 52). Vorrangig greift der in Art. 47 EUGRCh garantierte Rechtsschutz auf Unionsebene ein,[405] den Art. 23 I 1 als Element rechtsstaatlicher Grundsätze einfordert (→ Art. 23 Rn. 27). Auf den indirekten Vollzug von Unionsrecht durch deutsche Behörden ist Art. 19 IV – unbeschadet der Einflüsse des Unionsrechts auf die Gestaltung des zu gewährenden Rechtsschutzes[406] – jedenfalls anwendbar;[407] die deutschen

---

[396] BVerfGE 143, 246 Rn. 184 ff.; ferner zustimmend etwa *Goldhammer/Sieber* JuS 2018, 22 ff., 27; skept. wohl *Ehlers* DVBl 2019, 397 (404 f.); *Wienbracke* EWiR 2017, 195 f.; klar ablehnend *Merten* DÖV 2019, 41 (46 f.); allgemein *Rauber,* Zur Grundrechtsberechtigung fremdstaatlich beherrschter juristischer Personen, 2019; *Papenbrock,* Die Grundrechtsberechtigung juristischer Personen , 2019.

[397] Vgl. BVerfGE 35, 382 (401); 65, 76 (90); 67, 43 (58); *Papier* HStR VIII, § 177 Rn. 24; *W.-R. Schenke* BK, Art. 19 IV (2009) Rn. 80.

[398] Für Geltung des Art. 47 EUGRCh für jur. Personen EuGH C-279/09, Rn. 59 – DEB; *Alber,* in: Stern/Sachs, Art. 47 Rn. 19.

[399] Im Ergebnis wie hier *W.-R. Schenke* BK, Art. 19 IV (2009) Rn. 81; für jur. Personen des öR auch *Dietlein,* in: Stern, StaatsR IV/2, S. 1894 f.; anders *Maurer* FS 50 Jahre BVerfG II, 2001, S. 467 (485); *Jarass,* in: Jarass/Pieroth, Art. 19 Rn. 48.

[400] BVerfG (K) NVwZ 2019, 642 Rn. 19 ff., für Vertrauensleute kommunaler Bürgerbegehren.

[401] Ausdrücklich BVerfGE 39, 302 (312 ff., 316); 129, 108 (118) (für Gebietskörpersch. und deren Organe); BVerfGK 19, 40 (44); BVerfG (K) NVwZ 2017, 53 Rn. 20; offen für Gemeinde BVerfGE 61, 82 (109), 107, 299 (310 f.); 140, 99 Rn. 19; BVerfGK 11, 241 (250); BVerfG (K) NVwZ 2011, 611 Rn. 12; anders noch BVerfGE 1, 14 (59); wie hier *Huber* MKS I, Art. 19 Rn. 387; *W.-R. Schenke* BK, Art. 19 IV (2009) Rn. 83 (auch für Kommunen für Art. 28 II).

[402] BVerfGE 150, 1 Rn. 215 ff.

[403] BVerfGE 57, 9 (23); 58, 1 (26 ff.); 59, 63 (85 ff.); 63, 343 (375 ff.), sowie etwa *Schmidt-Aßmann,* in: Maunz/Dürig, Art. 19 Abs. 4 (2014) Rn. 47; *Papier* HStR VIII, § 177 Rn. 28.

[404] BVerfGE 89, 155 (174); dem folgend *W.-R. Schenke* BK, Art. 19 IV (2009) Rn. 253; allgemein zum Rechtsschutz bei Supranationalisierung *Huber* FS Hufen, 2015, S. 585 ff.

[405] Dazu etwa *Schwarze* FS Starck, 2007, S. 645 ff.; die Beiträge in EuGRZ 2008, 341 ff.; *Last,* Garantie wirksamen Rechtsschutzes ..., 2008; *Munding,* Das Grundrecht auf effektiven Rechtsschutz , 2010; rechtsvergleichend *Pernice-Warnke,* Effektiver Zugang zu Gericht, 2009.

[406] Vgl. dazu allgemein etwa *Stern* JuS 1998, 769 ff.; *Schoch,* Die Europäisierung des verwaltungsgerichtlichen Rechtsschutzes, 2000; *Dünchheim,* Verwaltungsprozeßrecht unter europäischem Einfluß, 2003; *Dörr,* Der europäisierte Rechtsschutzauftrag deutscher Gerichte, 2003; s. auch → Rn. 149.

[407] Vgl. *Schmidt-Aßmann,* in: Maunz/Dürig, Art. 19 Abs. 4 (2014) Rn. 51; *W.-R. Schenke* BK, Art. 19 IV (2009) Rn. 235; *Papier* HStR VIII, § 177 Rn. 28; *Huber* MKS I, Art. 19 Rn. 421; *Schulze-Fielitz,* in: Dreier I, Art. 19 IV Rn. 22; ausführlich *Dörr* (Fn. 406), S. 239 ff.

Gerichte sollen nach Art. 19 IV Unionsrecht an den Unionsgrundrechten messen und gegebenenfalls eine Vorabentscheidung des EuGH herbeiführen müssen.[408] Ähnliches wird gegenüber Individualsanktionen des UN-Sicherheitsrats erwogen.[409]

116    Gegenüber der deutschen öffentlichen Gewalt greift Art. 19 IV auch durch, wenn es um **im Ausland eintretende Verletzungen** der Grundrechte (→ vor Art. 1 Rn. 19) und sonstiger (auch dort geltender) subjektiver Rechte geht.[410] Dasselbe gilt für den **Vollzug oder die Vollstreckung** fremder Hoheitsakte[411] durch deutsche Staatsorgane. Die Tätigkeit deutscher Organe in internationalen Einrichtungen ist deutsche öffentlichen Gewalt, wirkt aber durchweg nicht nach außen und verletzt unmittelbar keine Rechte.[412]

117    **Öffentliche Gewalt** wird vom Staat (Bund, von Ländern) sowie von sonstigen ör Organisationseinheiten (Körperschaften, Anstalten und Stiftungen des öffentlichen Rechts) ausgeübt. Dies kommt auch bei grundrechtsfähigen Trägern öffentlicher Verwaltung, wie Rundfunkanstalten[413] oder Hochschulen (→ Rn. 95 ff.), in Betracht. Religionsgesellschaften in der Rechtsform von Körperschaften des öffentlichen Rechts bleiben jedoch als originäre Grundrechtsträger (→ Rn. 94) außerhalb der öffentlichen Gewalt iSd Art. 19 IV,[414] soweit ihnen nicht ausnahmsweise staatliche Hoheitsgewalt übertragen ist. Zu den Folgerungen für den Rechtsschutz → Art. 140 GG/Art. 137 WRV Rn. 16 ff. Bei Beleihung können auch Privatrechtspersonen öffentliche Gewalt im Sinne des Art. 19 IV ausüben.[415]

118    **a)** Öff. Gewalt iSd Art. 19 IV ist nach dem überkommenen, durch die neuere Judikatur des BVerfG ausdrücklich bekräftigten Verständnis **nur** die **vollziehende Gewalt.**[416] Dabei wird nach traditioneller, aber zunehmend in Frage gestellter Auffassung (nur → Art. 1 Rn. 106 f.) Staatshandeln nicht erfasst, das nicht auf die Erfüllung öff. Aufgaben gerichtet ist, insbes. die sog. Beschaffungsverwaltung[417] sowie allein auf Gewinnerzielung gerichtete Aktivitäten.[418] Ob die im Fraport-Urteil ausgesprochene Erstreckung der Grundrechtsbindung auf „jedes Handeln staatlicher Organe und Organisationen"[419] auch für Art. 19 IV durchgreift, ist nicht abschließend geklärt.[420] Jedenfalls erfasst ist das gesamte ör sowie das privatrechtsförmige Verwaltungshandeln, soweit es auf die **Erledigung materieller Verwaltungsaufgaben** abzielt (sog. Verwaltungsprivatrecht).[421] Soweit Art. 19 IV nicht eingreift, ist der Rechtsschutz durch den Justizgewährungsanspruch (→ Rn. 11) garantiert.[422]

119    Nach der auf die Tradition gestützten Rechtsprechung des BVerfG[423] soll die Ablehnung von **Gnadenerweisen,** anders als ihr Widerruf,[424] keine öffentliche Gewalt im Sinne des Art. 19 IV darstellen, weil Gnade „vor Recht" ergehe, es sich mithin nicht um Rechtsakte handele. Dies begegnet angesichts der Entwicklung zu einem weitgehend rechtlich geordneten Gnadenwesen prinzipiellen Bedenken.[425] Allerdings fehlt es auch heute an einem subjektiven Recht auf Gnade,

---

[408] BVerfGE 118, 79 (97); *Papier,* in: Stern (Hrsg.), 60 Jahre Grundgesetz, 2010, S. 107 (116 f.).

[409] *Fassbender* AöR 132 (2007), 257 ff.

[410] Vgl. BVerwGE 75, 285 (286 ff.); OVG Saarland NVwZ 1995, 97. Restriktiv zum Rechtsschutz von Ausländern gegenüber militärischen Auslandsaktionen *Krieger,* in: Fleck (Hrsg.), Rechtsfragen der Terrorismusbekämpfung durch Streitkräfte, 2004, S. 223 (237 f.).

[411] Vgl. *Schmidt-Aßmann,* in: Maunz/Dürig, Art. 19 Abs. 4 (2014) Rn. 49; vgl. auch BVerfGE 63, 343 (375); BSGE 61, 131 (133).

[412] Vgl. nur *Schmidt-Aßmann,* in: Maunz/Dürig, Art. 19 Abs. 4 (2014) Rn. 50.

[413] Vgl. *Stern,* StaatsR III/1, S. 1155.

[414] Vgl. BVerwGE 149, 139 Rn. 10 f.; 153, 282 Rn. 15; BVerfG (K) NJW 2009, 1195 f. (zu § 90 I BVerfGG). S. auch EGMR (IV. Sektion) NVwZ 2009, 897 f. (für Art. 6 I EMRK).

[415] Vgl. *Schmidt-Aßmann,* in: Maunz/Dürig, Art. 19 Abs. 4 (2014) Rn. 56.

[416] Vgl. BVerfGE 107, 395 (401 ff.) (Plenum); seither etwa BVerfGE 112, 185 (207); 122, 248 (270 f.); auch 148, 69 Rn. 51, 89; s. auch Art. 138 I HChE (→ Fn. 13), zu den anderen Gewalten → Rn. 120 ff.

[417] S. zum Vergabeverfahren ausdr. BVerfGE 116, 135 (149 f.) (mangels Ausübung übergeordneter Rechtsmacht), zugleich (S. 151 ff.) für Bindung der Vergabestelle an den Gleichheitssatz, insbes. Art. 3 I; dem (für den Rechtsweg) folgend BVerwGE 129, 9 (13 ff.); anders wohl BVerfG (K) NVwZ 2004, 1224 (1226); s. auch *Englisch* VerwArch 98 (2007), 410 (415 ff.); *Holoubek* FS Merten, 2007, S. 415 ff.; *T. Schneider,* Primärrechtsschutz nach Zuschlagerteilung , 2007, S. 76 ff.; *Gaier* FS Steiner, 2009, S. 186 ff.; *Huerkamp/Kühling* NVwZ 2011, 1409 ff.; *André/Sailer* JZ 2011, 555 ff.; *Dietlein,* in: Stern, StaatsR IV/2, S. 1906 f.

[418] Vgl. insgesamt *W.-R. Schenke* BK, Art. 19 IV (2009) Rn. 284 f.; (zur fehlenden Grundrechtsbindung) ausführlich *Stern,* StaatsR III/1, S. 1394 ff., 1403 ff., 1416 ff. s. auch BGH NJW 2004, 103.

[419] BVerfGE 128, 226 (244).

[420] Dagegen für Grundstücksveräußerungen wieder BVerwGE 150, 383 Rn. 49.

[421] Vgl. *Schmidt-Aßmann,* in: Maunz/Dürig, Art. 19 Abs. 4 (2014) Rn. 64; *W.-R. Schenke* BK, Art. 19 IV (2009) Rn. 283; *Scholz,* Verwaltungszivilprozessrecht, 2013, S. 109 ff., 135 ff.; anders *Papier* HStR VIII, § 177 Rn. 27; *Bethge* KritV 1990, 9 (14); im Ansatz enger BVerfGE 116, 135 (149 f.).

[422] S. ausdrücklich etwa BVerfGE 116, 135 (150).

[423] Vgl. BVerfGE 25, 352 (357 ff.); 45, 187 (242 ff.); 66, 337 (363); s. demgegenüber BayVerfGH NJW 1966, 443; 1968, 587; BayVBl 1977, 14; 1979, 114; 1983, 624, und HessStGH NJW 1974, 791; NVwZ 1994, 64; *Stern,* StaatsR III/1, S. 1375.

[424] BVerfGE 30, 108 (110 ff.); BVerfGK 20, 260 (265 f.).

[425] Vgl. schon die abwM in BVerfGE 25, 352 (363 ff.); *Papier* HStR VIII, § 177 Rn. 37; *Schmidt-Aßmann,* in: Maunz/Dürig, Art. 19 Abs. 4 (2014) Rn. 80; *Stern,* StaatsR III/1, S. 1376; *Hömig* DVBl 2007, 1328 ff.

das gerichtlich geltend gemacht werden könnte;[426] doch ist dies kein Grund, Gnadenentscheidungen dem Rechtsweg zu entziehen, wenn sie Grundrechte, insbesondere des Art. 3, verletzen. Auch **staatsleitende Akte** sind der Gerichtskontrolle nicht entzogen;[427] dasselbe gilt für **Rechnungshofberichte**.[428]

**b) Rechtsprechung.** Nach tradierter Auffassung und stRspr des BVerfG ist bei Art. 19 IV aus dem  **120** textlich umfassenden Begriff der öffentlichen Gewalt (anders als bei Art. 93 I Nr. 4a und abweichend von Art. 1 III) jedenfalls die Rechtsprechung **als Staatsfunktion ausgenommen.**[429] Dieses Verständnis war in die Kritik geraten, die lückenlose Gerichtskontrolle auch gegenüber richterlichen Entscheidungen sicherstellen wollte.[430] Diesem berechtigten Anliegen anderweitig Rechnung tragend (→ Rn. 121) hat das Plenum des BVerfG die überkommene Sichtweise mit Recht ausdrücklich bestätigt. In der Tat wäre es nicht sinnvoll, einen sich in einem endlosen Zirkel erneuernden Anspruch auf gerichtlichen Rechtsschutz gegen Rechtsprechungsentscheidungen zu gewährleisten. Der Zweck des Art. 19 IV, zum Schutz vor Verletzungen subjektiver Rechte eine in richterlicher Unabhängigkeit getroffene Entscheidung durch eine unbeteiligte Instanz sicherzustellen, ist bei Akten der Rechtsprechung von vornherein erreicht.[431] Dementsprechend gewährleistet Art. 19 IV jedenfalls **keinen Instanzenzug.**[432]

Die schlagwortartige Verkürzung der genannten Interpretation, dass Art. 19 IV Rechts-  **120a** schutz durch den Richter, nicht gegen den Richter biete,[433] geht allerdings zu weit, weil sie richterliche Entscheidungen einschließt, die sich **funktional als Ausübung vollziehender Gewalt** darstellen. In solchen Fällen, insbesondere[434] wenn durch sog. Richtervorbehalte des GG[435] oder des Gesetzesrechts (auch → Rn. 140 sowie → vor Art. 1 Rn. 116, → Art. 20 Rn. 162) besonders gravierende Eingriffe Richtern übertragen sind, handeln diese, obwohl sie in richterlicher Unabhängigkeit entscheiden, nicht als Instanzen unbeteiligter Streitentscheidung;[436] solche richterlichen Entscheidungen gehören deshalb wie Akte der Exekutive im organisatorischen Sinne zur öffentlichen Gewalt im Sinne des Art. 19 IV.[437] Auch richterliche Auskünfte an dritte Private oder Behörden sind, selbst wenn sie aus einem laufenden Verfahren mit Rechtsprechungscharakter erfolgen, keine Rechtsprechung.[438] Dasselbe gilt ohnehin für Entscheidungen nichtrichterlicher Stellen der Justiz[439] und der Justizverwaltung, die nicht in richterlicher Unabhängigkeit getroffen werden.[440]

Gegenüber Entscheidungen im Rahmen der Rechtsprechungsfunktion greift Art. 19 IV auch dann  **121** nicht ein, wenn sie zu **originären Grundrechtsbeeinträchtigungen** führen, was insbes. bei Ver-

---

[426] So auch BVerfG (K) NJW 2001, 3771, auch für Rechtswegausschluss durch Art. 60 II GG.

[427] BVerwGE 151, 228 Rn. 15.

[428] BVerwG NVwZ 2020, 387 Rn. 12; zu deren Qualität allgemein → Art. 114 Rn. 16 f.

[429] Vgl. für „Akte der Rechtsprechung" BVerfGE 15, 275 (280 f.); 25, 352 (365); 49, 329 (340); 76, 93 (98); auf „richterliche Entscheidungen" bezogen BVerfGE 11, 263 (265); in der Sache auch BVerfGE 58, 208 (231); ferner etwa *Papier* HStR VIII, § 177 Rn. 43; *Kischel,* Die Begründung, 2003, S. 89 ff.; *Hößlein,* Judikatives Unrecht, 2007, S. 181 ff.

[430] Vgl. etwa *Lorenz,* Der Rechtsschutz des Bürgers und die Rechtsweggarantie, 1973, S. 243 f.; *Bauer,* Gerichtsschutz als Verfassungsgarantie, 1973, S. 100 f.; *Voßkuhle,* Rechtsschutz gegen den Richter, 1993 (Fn. 406), S. 12 ff.; *Krebs,* in: v. Münch/Kunig I, Art. 19 Rn. 63, 69; *Huber* MKS I, Art. 19 Rn. 440 ff.; *Schulze-Fielitz,* in: Dreier I, Art. 19 IV Rn. 50; *Kunig* VVDStRL 61 (2002), 34 (72); s. auch *Maurer* FS Bethge, 2009, S. 535 (543 ff.).

[431] BVerfGE 107, 395 (404 ff.).

[432] BVerfGE 4, 74 (94 f.); stRspr, etwa BVerfGE 118, 168 (208); 118, 212 (239 f.); 122, 248 (271); 136, 382 Rn. 32; BVerfG (K) NVwZ 2015, 296 Rn. 11; NVwZ 2016, 1243 Rn. 14; BVerwGE 120, 87 (93); 131, 274 (Rn. 40); *Dietlein,* in: Stern, StaatsR IV/2, S. 1940 f.; auch → Rn. 142, → Rn. 143.

[433] So *Dürig,* in: Maunz/Dürig (Erstbearb.), Art. 19 Abs. 4 Rn. 17. Daran anknüpfend BVerfGE 15, 275 (280), sowie etwa BVerfGE 22, 106 (110); 49, 329 (340); 76, 93 (98).

[434] Hierher gehören auch anderen in richterlicher Unabhängigkeit wahrzunehmende Zuständigkeiten, wie in der Freiwilligen Gerichtsbarkeit und der Zwangsvollstreckung; anders etwa noch *Papier* HStR VIII, § 177 Rn. 43; vgl. auch BVerfGE 116, 1 (9 ff.), zur Bestellung von Insolvenzverwaltern; anders noch *Höfling* NJW 2005, 2341 ff.; auch → Rn. 148, → Rn. 149.

[435] Die Zuordnung aller vom GG den Gerichten zugewiesenen Aufgaben zu einem mat. Begriff der Rechtsprechung, dafür BVerfGE 22, 49 (76 f.); ebenso BVerfGE 103, 111 (137); BVerfG (K) NJW 2004, 2725 (2726), ist danach – unbeschadet der Anwendbarkeit der Art. 92, 97 – fragwürdig.

[436] BVerfGE 103, 142 (151), hatte den Richter im strafrechtlichen Ermittlungsverfahren wegen seiner Abhängigkeit von Anträgen der Staatsanwaltschaft noch als unbeteiligten Dritten bezeichnet. Für exekutiven Charakter der Strafgerichtsbarkeit und Geltung von Art. 19 IV GG *Haas,* Strafbegriff, Staatsverständnis und Prozessstruktur, 2008, insbes. S. 305 ff., 404 ff.

[437] BVerfGE 107, 395 (406) (Plenum); 116, 1 (9 f.); BVerfG (K) NJW 2015, 3432 Rn. 15. BVerfG (K) NJW 2015, 2175 Rn. 14, zieht Art. 19 IV für sitzungspolizeiliche Anordnungen nach § 176 GVG heran.

[438] BVerfGE 138, 33 Rn. 19 f.

[439] Zu Entscheidungen der Staatsanwaltschaft BVerfGE 103, 142 (156); des Rechtspflegers BVerfGE 101, 397 (407); BVerfG (K) NJW 2010, 1804; der Geschäftsstellen BVerfGE 28, 10 (14 f.); *Schmidt-Aßmann,* in: Maunz/Dürig, Art. 19 Abs. 4 (2014) Rn. 103.

[440] BVerfGE 28, 10 (14 f.); *Krebs,* in: v. Münch/Kunig I, Art. 19 Rn. 63; *W.-R. Schenke* BK, Art. 19 IV (2009) Rn. 380; *Schmidt-Aßmann,* in: Maunz/Dürig, Art. 19 Abs. 4 (2014) Rn. 102.

fahrensgrundrechten der Fall sein kann. Gleichwohl entsteht keine Lücke im gerichtlichen Rechtsschutz, weil für diese Fälle der rechtsstaatliche Justizgewährungsanspruch (→ Art. 20 Rn. 162) gilt.[441] Dieser gebietet insoweit, dass gegenüber allen originär durch Rechtsprechungsakte verursachten *Grundrechts*verletzungen eine gesetzlich geregelte gerichtliche Kontrollmöglichkeit besteht.[442] Der Justizgewährungsanspruch ist auch für die Effektivität des Rechtsschutzes maßgeblich, wenn außerhalb des Anwendungsbereichs des Art. 19 IV (dazu → Rn. 143) mehrere Instanzen eröffnet sind (→ Art. 20 Rn. 164).

122     **c) Gesetzgebung.** Umstritten ist auch, ob und inwieweit die Staatsfunktion **Gesetzgebung**[443] von der Rechtsweggarantie des Art. 19 IV erfasst wird. Die traditionelle Auffassung, die während der Entstehung der Rechtsweggarantie vorherrschte, ging dahin, dass ein Rechtsschutz gegen die Gesetzgebung ebenso **ausgeschlossen** sei wie die Verletzung subjektiver Rechte durch Normsetzung; iRd Grundgesetzes hat sich allerdings nicht zuletzt auf Grund der in Art. 1 III ausdrücklich bestätigten Grundrechtsbindung der Gesetzgebung und ihrer Bewehrung mit der Vb die Überzeugung durchgesetzt, dass auch die Gesetzgebung bzw. ihre Unterlassung[444] durchaus subjektive öffentliche Rechte Einzelner verletzen kann.

123     Ob dies dazu führen muss, dass auch Art. 19 IV eingreift, bleibt fraglich, vor allem in terminologischer Hinsicht. Gegen eine Ausdehnung der Rechtsweggarantie spricht neben den traditionellen Hintergründen vor allem, dass die Rechtsprechung nach Art. 20 III, 97 I die Aufgabe hat, alle (auch nur materiellen) Gesetze (→ Art. 20 Rn. 107) anzuwenden, während für die **Normenkontrolle** besondere **verfassungsgerichtliche Verfahren** vorgesehen sind. Vor allem Art. 100 I lässt erkennen, dass die Frage der Normgültigkeit in Verfahren der dritten Gewalt jedenfalls grds. nur als Vorfrage aufgeworfen sein, nicht aber den Gegenstand solcher Verfahren darstellen soll. Ähnliches gilt für Art. 93 I Nr. 2, was § 76 I Nr. 2 BVerfGG verdeutlicht. Gegenüber diesen eng begrenzten Möglichkeiten kann nicht angenommen werden, dass Art. 19 IV für jedermann bei Berufung auf eine Rechtsverletzung Normenkontrollverfahren eröffnet.[445] Auch die mit Normenkontrollentscheidungen sinnvoller Weise verbundenen **Wirkungen für und gegen jedermann** (vgl. auch Art. 94 II: Gesetzeskraft) gehen über die Gewährleistung individuellen Rechtsschutzes, dem Art. 19 IV dient, hinaus. Diesem wird jedenfalls grundsätzlich dadurch genügt, dass gerichtlicher Rechtsschutz gegen Ausführungsakte gewährt wird, in dessen Rahmen die angewandten Normen inzidenter überprüft werden.[446]

124     Dementsprechend nimmt das BVerfG die (auch nur) formelle Gesetzgebung aus der Rechtsweggarantie der Art. 19 IV 1 von vornherein mit Recht aus.[447] Inzwischen hat es aber entschieden, dass **Rechtsetzung durch Exekutivorgane (RVOen, Satzungen)** als öffentliche Gewalt in die Rechtsschutzgarantie einzubeziehen sei,[448] ohne dies freilich – gegenüber der Beschränkung des Art. 19 IV auf die vollziehende Gewalt (→ Rn. 118) oder im Unterschied zur formellen Gesetzgebung – näher zu begründen.

125     Die Neuorientierung der Judikatur bleibt allerdings in der Regel praktisch ohne Konsequenzen, da das BVerfG die **inzidente Überprüfung** der Rechtmäßigkeit untergesetzlicher Rechtsnormen[449] im

---

[441] BVerfGE 107, 395 (406 ff.) (Plenum); 122, 248 (270 f.); schon vorher *Schmidt-Aßmann*, in: Maunz/Dürig, Art. 19 Abs. 4 (2014) Rn. 98; zur Plenarentscheidung etwa *Voßkuhle* NJW 2003, 2193 ff.; *Redeker* NJW 2003, 2956 f.; *Spiecker genannt Döhmann* NVwZ 2003, 1464; *Dörr* Jura 2004, 334 ff.; *W.-R. Schenke* JZ 2005, 116 ff.

[442] BVerfGE 107, 395 (407 f.) (Plenum); 108, 341 (348 ff.); BVerfG (K) NJW 2006, 2907 (2908); 2007, 2358 (2359); dazu auch *Seidel*, Außerordentliche Rechtsbehelfe, 2004; *Kettinger* DVBl 2006, 1151 ff.; ferner *Steinbeiß-Winkelmann* NJW 2008, 1783 ff., zu BVerfG (K) NJW 2008, 503.

[443] Parlamentarische Entscheidungen außerhalb der Gesetzgebungsfunktion unterliegen als öff. Gewalt grds. Art. 19 IV, vgl. etwa *Schulze-Fielitz*, in: Dreier I, Art. 19 IV Rn. 56; *Ibler*, in: Friauf/Höfling, Art. 19 IV (2002) Rn. 79.

[444] Vgl. etwa *Henrichs*, Das subjektive öffentliche Recht auf Erlaß einer untergesetzlichen Norm und seine Durchsetzbarkeit, 1998, S. 17 ff.; *Queng*, Der Anspruch auf Normerlaß, 1998; *Eisele*, Subjektive öffentliche Rechte auf Normerlaß, 1999, S. 106 ff.; → Rn. 125.

[445] Die Unterschiede akzentuiert auch BVerfGE 67, 26 (37).

[446] Entsprechend für die Inzidentkontrolle von Gemeinschaftsrecht EuGH (GK) C-432/05, Rn. 72 ff. – Unibet. Auch Art. 13 EMRK garantiert keinen Rechtsschutz durch staatliche Gerichte gegen konventionsverletzende Gesetze, EGMR NVwZ 2012, 289 (291).

[447] Vgl. ausführlich BVerfGE 24, 33 (49 ff.), für ein (zugleich materiell-normatives) Vertragsgesetz; zum Rechtswegausschluss bei Gesetzesform BVerfGE 10, 89 (104 f.); 75, 108 (165); 139, 321 Rn. 130; insbes. zur Legalenteignung BVerfGE 24, 367 (401); 45, 297 (334) (für eine Mischform); 95, 1 (22); s. auch BAGE 64, 315 (326); zust. *Dietlein*, in: Stern, StaatsR IV/2, S. 1910 ff.; wohl auch *Barczak*, in: Leitentscheidungen BVerfG V, S. 17 (36); anders etwa *Schmidt-Aßmann*, in: Maunz/Dürig, Art. 19 Abs. 4 (2014) Rn. 93; *Lorenz* (Fn. 430) S.), S. 162 ff.; *W.-R. Schenke*, Rechtsschutz bei normativem Unrecht, 1979, S. 28 ff.; *Maurer* FS 50 Jahre BVerfG II, 2001, S. 467 (479 ff.); *Huber* MKS I, Art. 19 Rn. 429, 435, 435 ff.; *Ibler*, in: Friauf/Höfling, Art. 19 IV (2002) Rn. 82; *Krebs*, in: v. Münch/Kunig I, Art. 19 Rn. 62; *Schulze-Fielitz*, in: Dreier I, Art. 19 IV Rn. 50.

[448] BVerfGE 115, 81 (92 ff.); BVerfG (K) NVwZ 2018, 1883; offen noch BVerfGE 31, 364 (368); vgl. auch schon BVerwGE 80, 355 (361); restr. aber BVerwGE 129, 199 (204 ff.).

[449] Vgl. für Feststellungsklagen in Bezug auf durch formelles Gesetz geregelte Rechtsverhältnisse BVerwGE 123, 308 (312 f.); 131, 20 Rn. 29; BVerwG NVwZ 2010, 1507 Rn. 14; daran anknüpfend BVerfG (K) NVwZ-RR 2016, 1 Rn. 6 f.; ablehnend *Barczak* DVBl 2019, 1040 f.

Rahmen von Verfahren gegen deren Anwendung im Einzelfall als Rechtsschutz nach Art. 19 IV genügen lässt (auch → Rn. 135).[450] Eigenständige Klagemöglichkeiten unmittelbar gegen rechtsverletzende Normen[451] oder auf Normerlass[452] ergeben sich nach wie vor im Regelfall nicht.[453] Immerhin soll insbes. die **Feststellungsklage** als **eigenständiges** Rechtsschutzmittel eröffnet sein müssen, wenn die Inzidentkontrolle nicht möglich ist oder allein nicht zur Beseitigung einer Grundrechtsverletzung führt.[454]

**3. Verletzung eigener Rechte. a) Subjektive Rechte.** Die Rechtsweggarantie des Art. 19 IV gilt **126** nur für den, der die **Verletzung eigener Rechte** durch die öff. Gewalt geltend macht. Ein allgemeiner Gesetzesvollziehungsanspruch besteht nicht;[455] Popular[456]- oder Verbandsklagen[457] sind von Art. 19 IV nicht erfasst. Nicht selbst (potentiell) verletzten Personen steht nur das Petitions-recht nach Art. 17 zu. Gerade zwecks Prozessführung erworbene Rechte sollen wegen Rechtsmissbrauchs für Art. 19 IV nicht genügen.[458] Gesetzlich unabhängig von (vorgegebenen) subjektiven (auch: Verfahrens-)Rechten begründeten Klagemöglichkeiten steht Art. 19 IV grds.[459] nicht entgegen,[460] doch dürften sie selbst keine Rechte iSd Art. 19 IV darstellen.[461] Nicht ausgeschlossen ist, dass Unionsrecht Klagemöglichkeiten auch ohne Verletzung subjektiver Rechte erfordert.[462]

Als eigene Rechte kommen **nicht nur Grundrechte** in Betracht, was die Stellung der Rechts- **127** weggarantie in Art. 19 (→ Rn. 7, → Rn. 12) nahelegen könnte. Doch enthält Art. 19 nur in seinen Abs. 1 bis 3 eindeutig so formulierte Ergänzungsbestimmungen zu den „Grundrechten", während der im auffälligen Kontrast dazu auf „Rechte" bezogene Art. 19 IV bei Verletzungen von **Individualrechten jeder Art** eingreift.[463] Subjektive Rechte können nicht nur verfassungsrechtlich, einfachgesetzlich sowie europarechtlich,[464] sondern auch rechtsgeschäftlich begründet sein.[465] Allerdings kommen nur Rechte in Betracht, die Grundrechtsträgern, also prinzipiell nur Privatrechtspersonen (→ Rn. 113 f.), zustehen, insbes.[466] **nicht solche des Staatsorganisations-**

---

[450] BVerfGE 115, 81 (92 ff.); BVerfG (K) NVwZ 2007, 1172 (1174); auch BVerwGE 142, 284 Rn. 47; BVerwG NVwZ 2013, 1547 Rn. 13; vgl. auch (unter Einschluss auch der Vb als „Rechtsweg") *Schmidt-Aßmann*, in: Maunz/Dürig, Art. 19 Abs. 4 (2014) Rn. 94; *Papier* HStR VIII, § 177 Rn. 40 ff.; *Ibler*, in: Friauf/Höfling, Art. 19 IV (2002) Rn. 200 ff.; *Huber* MKS I, Art. 19 Rn. 471; *Maurer* FS 50 Jahre BVerfG II, 2001, S. 467 (480 f.); ähnlich *W.-R. Schenke* (Fn. 447), S. 145 ff.; *ders.* BK, Art. 19 IV (2009) Rn. 360.

[451] Dafür allerdings BVerwGE 111, 276 (278 f.), insbes. wenn die Norm nicht der Umsetzung durch einen Vollzugsakt bedarf; nur für diesen Fall (ohne Rückgriff auf Art. 19 IV) BVerwGE 136, 54 Rn. 30; gegen Rechtsbehelfe gegen RVO des Bundes BVerwGE 144, 284 Rn. 46; dafür beiläufig BVerwG NVwZ 2015, 656 Rn. 62; s. auch BSGE 72, 15 (17 ff.); für verwaltungsgerichtl. Klagemöglichkeiten (ohne Rückgriff auf Art. 19 IV) auch BVerfG (K) NVwZ-RR 2002, 1 f. Ferner etwa *Kuntz,* Der Rechtsschutz gegen unmittelbar wirkende Rechtsverordnungen des Bundes, 2001; *Dörr* (Fn. 406), S. 10 ff.; *Krumm* DVBl 2011, 1008 ff.; umfass. zuletzt *W.-R. Schenke* NJW 2017, 1062 ff.

[452] Dafür – allerdings unter der Prämisse dahingehender subj. Rechte – BVerwGE 80, 355 (361); s. auch BVerwG NVwZ 2002, 1505 (1506); dazu etwa *Köller/Haller* JuS 2004, 189 ff.

[453] Zu beidem als Ausnahmen BVerwGE 130, 52 Rn. 13; offener BVerwGE 152, 55 Rn. 11 f.; s. auch *W.-R. Schenke* BK, Art. 19 IV (2009) Rn. 361 ff.

[454] Dazu etwa *Fellenberg/Karpenstein* NVwZ 2006, 1133 ff.; *Weidemann* NVwZ 2006, 1259 ff.; *W.-R. Schenke* NVwZ 2016, 720 ff.

[455] BVerfGE 132, 195 Rn. 95; 135, 317 Rn. 130; auch für das Gemeinschaftsrecht BVerwGE 128, 358 Rn. 34.

[456] BVerfG (K) NVwZ 2009, 1426 (1427); NJW 2018, 2312 Rn. 35 ff. (zu Art. 25 GG); auch BVerwGE 164, 328 Rn. 46 ff.

[457] BVerfG (K) 2001, 1148 (1149); vor dem Hintergrund von EuGH NVwZ 2015, 1665 ff. als nicht geklärt sieht die Frage BVerfG (K) NVwZ 2018, 406 Rn. 11; offenlassend auch NVwZ 2018, 1466 Rn. 3 ff.; BVerwG BeckRS 2018, 614 Rn. 11.

[458] Vgl. für sog. Sperrgrundstücke etwa BVerwGE 112, 135 (136 f.); BVerwG NVwZ 2012, 567 Rn. 12 ff.; OVG Hmb NVwZ-RR 2020, 392 f.; krit. *Knödler* NuR 2001, 194 ff.; *Masing* NVwZ 2002, 810 ff. Skeptisch, jedenfalls für die Vb anders BVerfGE 134, 242 Rn. 153 ff., 157 f.

[459] Auch zu den Grenzen *Schlacke,* Überindividueller Rechtsschutz, 2008, S. 61 ff.; auch *dies.* DVBl 2015, 929 ff.

[460] Vgl. auch *Dietlein*, in: Stern, StaatsR IV/2, S. 1876 f. Einer Erweiterung des Begriffs des subj. Rechts bedarf es daher nicht; anders wohl *Groß* Verwaltung 43 (2010), 349 ff.; ähnlich *Masing* GVwR I, § 7 Rn. 102 ff., 107; auch *Schulev-Steindl,* Subjektive Rechte, 2008, S. 73 ff.

[461] *Schmidt-Aßmann*, in: Maunz/Dürig, Art. 19 Abs. 4 (2014) Rn. 150.

[462] Näher *Sachs* SBS, VwVfG, § 40 Rn. 144 ff.; s. allgemein → Rn. 115. Zur Bedeutung des UnionsR für den Verwaltungsrechtsschutz *Gärditz,* Gutachten D zum 71. DJT, 2016; *Classen* NJW 2016, 2621 ff.

[463] BVerfGE 96, 100 (114 f.); BVerfG (K) NVwZ 2009, 977; *Dietlein,* in: Stern, StaatsR IV/2, S. 1920; anders *Pestalozza* NVwZ 1999, 140 ff.; wohl auch *Rennert* DÖV 2007, 69 (73).

[464] Näher *Dörr* (Fn. 406), S. 184 ff.; s. auch *Nettesheim* AöR 132 (2007), 333 ff. Für subj. Individualrechte des Völkerrechts *Peters* JöR nF 59 (2011), 411 ff.; deren Relevanz für Art. 19 IV (ebda, S. 450 f.) ergibt sich aber erst aufgrund des IGH-Statut-konform ausgelegten, durch ZustimmungsG innerstaatlich wirksamen völkerrechtl. Vertrags, s. BVerfG (K) NJW 2007, 499 (501 ff.).

[465] Vgl. *Papier* HStR VIII, § 177 Rn. 46. Letzteres schließt die mittelbare gesetzliche Grundlegung nicht aus, auch → Art. 20 Rn. 114.

[466] Zu anderweitigen subj. Rechten öff. Rechtsträger und der Möglichkeit, sie im Verwaltungsprozess geltend zu machen, *Bartsch,* Staat gegen Staat, 2018, etwa S. 394 ff.

**rechts.**[467] Danach greift Art. 19 IV auch gegen Verletzungen des Rechts am freien Mandat aus Art. 38 I 2 nicht durch, für die das BVerfG „nach dem Durchlaufen des Verwaltungsrechtswegs" die Vb zulässt;[468] allerdings steht der Rechtsweg auch insoweit für die Verteidigung von Rechtspositionen offen, die dem Mandatsinhaber als Menschen im Kontext des Mandats zustehen. Eine der Garantie kommunaler Selbstverwaltung entnommene Rechtsdurchsetzungsgarantie[469] ist von Art. 19 IV unabhängig.

128      Die Frage, wann einer Person ein subj. Recht zusteht, ist nicht von Art. 19 IV her zu beantworten; die Rechtsweggarantie setzt den Bestand der verfahrensmäßig geschützten Rechte des Einzelnen voraus. Damit hängt die Reichweite der Rechtsweggarantie von **anderweitigen normativen Festlegungen** subjektiver Rechte ab,[470] etwa auch durch andere Grundrechtsbestimmungen.[471]

129      Die Voraussetzungen, unter denen Gesetze subjektive öff. Rechte begründen, sind nach der von der Rspr. trotz mancher Kritik bis heute[472] auch in Bezug auf Recht zu Grunde gelegten **„Schutznormlehre",**[473] die – vorbehaltlich unionsrechtlich begründeter Besonderheiten[474] – für das gesamte öR gilt, in drei Punkten zusammenzufassen: Ein subjektives Recht besteht, wenn das Gesetz eine Person objektiv begünstigt,[475] die individuelle Begünstigung als solche bezweckt und die Durchsetzbarkeit der Rechtsfolge für die gezielt begünstigte Person intendiert.[476] Knapper lässt sich formulieren, dass ein subjektives Recht dann begründet wird, wenn eine Norm auf diese Wirkung angelegt ist. Entscheidend ist nicht die Sicht der Rechtsetzungsorgane, sondern die durch Auslegung ermittelte objektive Normbedeutung.

130      Der Bestand subjektiver Rechte scheidet damit auch dann aus, wenn die Gesetzgebung dem Einzelnen Vorteile gewährt, ohne diese Begünstigung zu bezwecken, oder sogar gezielt Vorteile zuwendet, dem dadurch Begünstigten jedoch die Möglichkeit vorenthält, diese Begünstigung einzufordern. Auch dann greift die Rechtsweggarantie nicht ein, weil keine subjektiven Rechte bestehen und somit, soweit dies klar ist (→ Rn. 133), auch nicht verletzt sein können. Die **Reichweite des Art. 19 IV** steht insoweit zur **Disposition des Gesetzgebers.**

131      **Grenzen dieser Dispositionsmöglichkeit** ergeben sich aus der Grundrechtsordnung insges., die den Einzelnen als grds. für seine eigenen Interessen und ihre Wahrnehmung selbst verantwortlich betrachtet. Die Annahme, dass begünstigende normative Wirkungen nur Reflexcharakter haben oder dass gar eigene Durchsetzungsmöglichkeiten bezweckter Begünstigungen ausgeschlossen sind, stößt auf enge Grenzen aus dem GG. Diese wirken ggf. im Wege verfassungskonformer Auslegung auf das einfache Recht ein und können dazu führen, dass trotz gegenteiliger Absichten des Normsetzers subjektive Rechte anzuerkennen sind.[477] Ähnliche Konsequenzen können sich auch aus Unionsrecht ergeben.[478] Die Pro-

---

[467] BVerfGE 129, 108 (118) mN für Gebietskörpersch. und deren Organe; BVerfGE 136, 277 Rn. 60, für Mitglieder der BVers.

[468] So BVerfGE 134, 141 Rn. 86, 91 ff. (über Art. 28 I sogar für Landtagsabgeordnete); zuvor BVerfGE 108, 251 (266 ff.); gegen Geltung des Art. 19 IV für Organe von Gemeinden BVerfG (K) NVwZ 2019, 642 Rn. 19 ff.

[469] OVG NRW NWVBl 2015, 349 (350); → Art. 28 Rn. 45.

[470] BVerfGE 61, 82 (110); 116, 1 (11 f.); 129, 1 (20 f.); 143, 22 Rn. 34; BVerfGK 18, 74 (80); 19, 229 (233); BVerfG (K) NVwZ 2019, 642 Rn. 23; BVerwGE 139, 210 Rn. 42; BVerwG NVwZ 2011, 242 Rn. 3; zu Art. 6 I EMRK entsprechend EGMR NJOZ 2007, 865 (867).

[471] S. etwa zu Art. 14 GG für den Gewässereigentümer BVerwG NVwZ 2019, 86 f.

[472] Grundlegend schon *Bühler,* Die subjektiven öffentlichen Rechte und ihr Schutz in der deutschen Verwaltungsrechtsprechung, 1914, insbes. S. 224.

[473] Ausdrücklich BVerfGE 27, 297 (307); BVerfG (K) NJW 1990, 2249; der Sache nach auch BVerfGE 78, 214 (226); 79, 203 (209); 83, 182 (194 f.); 96, 100 (114 f.); 113, 273 (310 f.); 116, 1 (11); stRspr des BVerwG seit BVerwGE 1, 83; BVerwG NVwZ 2012, 639 Rn. 11 ff.; 2013, 1407 Rn. 30 ff.; 2019, 163 Rn. 14; ausdrücklich zur „herrschenden Schutznormtheorie" etwa BVerwG 98, 118 (120 f.). Dazu insgesamt näher *Sachs,* in: Stern, StaatsR III/1, S. 512 ff., 533 ff.; *Dietlein,* in: Stern, StaatsR IV/2, S. 1918, 1920 ff.; *Scharl,* Die Schutznormtheorie, 2018; *Bartsch* (Fn. 466), S. 203 ff. Kritisch zur Schutznormlehre etwa *Bauer* AöR 113 (1988), 582 ff.; *Ibler,* Rechtspflegender Rechtsschutz im Verwaltungsrecht, 1999, S. 170 ff.; *Ekardt* Staat 44 (2005) 622 ff.; *Krüper,* Gemeinwohl im Prozess, 2009, S. 127 ff.; skeptisch *G. Kirchhof* AöR 135 (2010), 29 (46 ff.). S. auch → Rn. 127.

[474] Vgl. *Sachs* SBS, VwVfG, § 40 Rn. 144 ff.; ferner *Dervisopoulos* RMG, § 7 Rn. 54 ff.; auch *Herrmann,* Währungshoheit, Währungsverfassung und subjektive Rechte, 2010, S. 282 ff.; *v. Oettingen,* Effet utile und individuelle Rechte im Recht der Europäischen Union, 2010; *Berkemann* DVBl 2013, 1137 ff.; *Warin,* Individual Rights under European Union Law, 2019.

[475] Zur Möglichkeit solcher Begünstigungen unabhängig von materiellen Individualinteressen *Sachs* SBS, VwVfG, § 40 Rn. 133.

[476] Für Ausschluss eines subjektiven Rechts entsprechend der Begrenzung des Rechtsschutzes BVerfG (K) NVwZ 2019, 642 Rn. 23; zur Problematik *Sachs* SBS, VwVfG, § 40 Rn. 133.

[477] Grds. zustimmend *Dietlein,* in: Stern, StaatsR IV/2, S. 1924, mit Einschränkungen für „mehrpolige Rechtsverhältnisse"; s. auch *Schoch* FS Wahl, 2011, S. 573 (585); zur Rspr. des BVerwG *Bumke* Verwaltung 45 (2012), 81 (94 ff.). Zum Rechtsschutz gegen Einstellungen der StA, die den Fortbestand bundesweiter Stadionverbote zur Folge haben, etwa *Schiffbauer* DVBl 2014, 1173 ff.; *Henseler,* Die rechtlichen Dimensionen des bundesweiten Stadionverbots, 2016, S. 189 ff.

[478] *Dörr* (Fn. 406), S. 191 ff.; *Dietlein,* in: Stern, StaatsR IV/2, S. 1924; s. auch BVerwGE 128, 278 (292 ff.); 147, 312 Rn. 44 ff. Umgekehrt zur Reduzierung des Gerichtsschutzes *Wendel,* Verwaltungsermessen als Mehrebenenproblem, 2019.

blematik wird zudem dadurch begrenzt, dass für die zumindest durch Art. 2 I umfassend garantierte abwehrrechtliche Sphäre die **Grundrechte selbst** vorbehaltlich wirksamer gesetzlicher Einschränkung[479] die Geltung der Rechtsweggarantie auslösen;[480] auch jede andere im GG (nach Maßgabe der Schutznormlehre, → vor Art. 1 Rn. 39) angelegte Berechtigung eines Grundrechtsträgers[481] fällt unter Art. 19 IV.

Im Übrigen bleibt der Bestand subjektiver Rechte wie auch ihre Reichweite von den zugrundelie- **132** genden Rechtsnormen und ihren im Lichte des GG zu lesenden Intentionen abhängig. Auch gegenüber gesetzlich anerkannten subjektiven Rechten Letztentscheidungsrechte der Verwaltung zuzulassen, auch wenn grds. nur durch ausdrückliche bzw. deutlich so auszulegende gesetzliche Regelungen, aus hinreichend gewichtigen Gründen und ohne den Gerichtsschutz für ganze Sachbereiche auszuhebeln,[482] ist mangels entsprechender Begrenzung des Art. 19 IV (→ Rn. 151 ff.) bedenklich. Ob Beurteilungsspielräume ohne gesetzliche Grundlage anzuerkennen sind, wenn Gerichtskontrolle „zweifelsfrei an die Funktionsgrenzen der Rechtsprechung stieße", ist nicht abschließend geklärt.[483] Bei gesetzlich in das **Ermessen** der Behörden gestellten Entscheidungen greift Art. 19 IV nur ein, wenn bei der Ermessensausübung rechtlich geschützte Interessen des Betroffenen zu berücksichtigen sind;[484] dafür genügt die Beachtlichkeit des Art. 3 I[485] oder von Freiheitsrechten, die durch Verbote mit Befreiungsvorbehalt eingeschränkt sind.[486] Gerichtl. Kontrolle entzogene **Beurteilungsspielräume** sind verfassungsrechtlich (nur) ausnahmsweise anzuerkennen.[487] Sie können zB Prüfungsbehörden nur für prüfungsspezifische Wertungen zustehen; im Übrigen besteht ein Recht auf zutreffende Prüfungsentscheidungen, so dass die Rechtsweggarantie durchgreift.[488] Zulässig soll auch die für die Gerichte bindende Ausfüllung unbestimmter Rechtsbegriffe durch Verweisung auf untergesetzliche Regelwerke sein; die Anwendung so präzisierter Gesetze ist damit der Gerichtskontrolle grds. nicht entzogen.[489] Noch → Rn. 146. Für zulässig gehalten werden auch Regelungen mit sog. **Tatbestandswirkung,** bei der die Tatsache einer Verwaltungsentscheidung nachteilige Rechtswirkungen auslösen kann, die keine im Rechtsweg allein verteidigungsfähigen Rechtspositionen des nachteilig Betroffenen berühren sollen.[490] Immerhin darf etwa bei Entgeltgenehmigungen nicht jeder Rechtsweg ausgeschlossen sein.[491] Die bisher anerkannten Typen von Letztentscheidungsbefugnissen der Verwaltung sollen keine abschließende Bedeutung haben.[492]

**b) Die Verletzung der subjektiven Rechte.** Die Formulierung des Art. 19 IV scheint zu ver- **133** langen, dass es zu einer Verletzung der subjektiven Rechte gekommen ist. Doch genügt nach der

---

[479] Vgl. *Dietlein,* in: Stern, StaatsR IV/2, S. 1925; *Sachs/Jasper* NVwZ 2012, 649 (651).

[480] S. auch *Köpfler,* Die Bedeutung von Art. 2 Abs. 1 Grundgesetz im Verwaltungsprozess, 2008, S. 38 ff.; *Kahl/ Ohlendorf* JA 2010, 872 (874).

[481] Ausnahmsweise für Ansprüche auf Strafverfolgung aus grundrechtlichen Schutzpflichten BVerfG (K) NJW 2015, 150 Rn. 9 ff.; DVBl 2015, 700; NJW 2015, 3500 Rn. 17 ff.; gegen jeden Anspruch eines Privatklägers auf Aufhebung der Immunität insbes. nach Art. 46 II OVG Berl-Bbg LKV 2011, 566 (568 f.).

[482] BVerfGE 129, 1 (23); BVerfG(K) NVwZ 2012, 694 Rn. 25; insoweit zust. etwa *Gärditz* Verwaltung 46 (2013), 257 (266 f.); krit. etwa *Thiemann* FS Ehlers, 2015, S. 257 ff.; s. auch BVerwGE 147, 244 Rn. 25; 151, 56 Rn. 31; 152, 355 Rn. 42 f.; 158, 387 Rn. 29; 159, 64 Rn. 20; ausführlich *Gonsior,* Die Verfassungsmäßigkeit administrativer Letztentscheidungsbefugnisse, 2018, insbes. S. 146 ff.

[483] Offenlassend BVerfGE 129, 1 (23) mN für Prüfungsfälle (→ Fn. 490); dafür bei Grenzen des naturschutzfachlichen Erkenntnisstandes BVerfGE 149, 407 Rn. 16 ff.; dazu etwa *Reinhardt* NVwZ 2019, 195 ff.; *Sow* DVBl 2019, 317 ff.; *Sachs* DVBl 2020, 311 ff.; für völkerrechtsbezogene Kontrolle von Entscheidungen über militärische Ziele BVerfG (K) EuGRZ 2013, 563 Rn. 54 f.

[484] Dafür etwa BVerfGE 96, 100 (114 ff.), bei Entscheidungen über die Überstellung Verurteilter an ihr Heimatland zur Strafverbüßung; hieran dürfte es auch bei § 23 II AufenthG fehlen, so BVerwGE 141, 151 Rn. 11 ff.; ähnlich schon BVerwGE 112, 63 (66 ff.), das die Kategorie „politische Entscheidung" bemüht, um die Gerichtskontrolle auszuschließen.

[485] BVerfG (K) NJW 2010, 1804; BVerwGE 141, 151 Rn. 16 (gegenüber [sonst] nicht außenwirksamen Anordnungen); unabhängig von Ermessensermächtigungen etwa NdsOVG DVBl 2010, 973 (974).

[486] Näher *Sachs/Jasper* NVwZ 2012, 649 (650 f.).

[487] Vgl. BVerfGE 61, 82 (111); 83, 130 (148); 129, 1 (21 ff.); zurückhaltend auch BVerfGE 64, 261 (279); 88, 40 (56 ff.); 103, 142 (157 ff.); 120, 227 (232); ferner BVerwGE 142, 159 Rn. 41 ff.; 153, 265 Rn. 23 ff.; 156, 75 Rn. 32 ff.; 157, 366 Rn. 16 f.; 158. 387 Rn. 29; 159, 64 Rn. 20. Näher *Sachs* SBS, VwVfG, § 40 Rn. 158 ff.; *Dietlein,* in: Stern, StaatsR IV/2, S. 1970 ff.; ausführlich auch *Pache,* Tatbestandliche Abwägung und Beurteilungsspielraum, 2001; ferner etwa *Wimmer* JZ 2010, 433 ff.; *Winkler* DVBl 2013, 156 ff.; *Steinbach* Verwaltung 50 (2017), 507 (514 ff.); sehr eng *Ibler,* in: Friauf/Höfling, Art. 19 IV (2002) Rn. 257.

[488] BVerfGE 84, 34 (49 ff.); 84, 59 (77 ff.); dem folgend etwa BVerwGE 104, 203 (206 ff.); s. auch BVerfGK 18, 158 (176 ff.); offenlassend BVerfGE 129, 1 (23); ausführlich *Ibler,* Rechtspflegender Rechtsschutz im Verwaltungsrecht, 1999, S. 359 ff.; *Unger,* Möglichkeiten und Grenzen der Anfechtbarkeit juristischer (Staats-)Prüfungen, 2016, S. 139 ff.; für reduzierte Gerichtskontrolle dienstlicher Beurteilungen BVerfG (K) NVwZ 2002, 1368; BVerwGE 157, 366 Rn. 16 ff.

[489] BVerfGE 129, 1 (21, 29 f.).

[490] Vgl. etwa BVerfGE 83, 182 (195 ff.); 129, 1 (21 f.); BVerwGE 111, 354 (359 ff., 364); zur terminologisch nicht einheitlichen Rspr. s. im Übrigen *Sachs* SBS, VwVfG, § 50 Rn. 47 ff., auch § 43 Rn. 105, 132 f., 154 ff.

[491] Vgl. etwa BVerwGE 117, 93 (104 ff.); BGH NVwZ-RR 2008, 154 (156).

[492] BVerfG (K) NVwZ 2010, 435 Rn. 56. Zur Begründung durch Unionsrecht BVerwG NVwZ 2016, 161 Rn. 18 f.

inneren Logik der Rechtsweggarantie, dass der Grundrechtsträger eine eingetretene **Verletzung seiner Rechte** als möglich **geltend macht.**[493] Als verletzte Rechte kommen Rechtspositionen jeder Art in Betracht, vor allem solche, die gegen Beeinträchtigungen (s. für die Grundrechte auch jenseits des klassischen Eingriffs[494] → vor Art. 1 Rn. 78 ff.) geschützt sind, aber auch Leistungsansprüche, die durch Nichterfüllung „verletzt" werden.[495] Genügen kann auch eine **erst drohende Rechtsverletzung** (→ Rn. 136, → Rn. 148).[496] Inwieweit bei bereits unumkehrbar abgeschlossenen Rechtsverletzungen noch der Rechtsweg offenstehen muss, betrifft die Effektivität des Rechtsschutzes (→ Rn. 143 ff.).

## II. Die Rechtsfolgen des Art. 19 IV

134 **1. Offenstehen des Rechtswegs.** Art. 19 IV gebietet nicht, dass der Rechtsweg ohne weitere Voraussetzungen und zeitlich unbeschränkt offenstehen muss.[497] Vielmehr hat der **Gesetzgeber,** dem die Ausgestaltung des Rechtswegs obliegt (→ Rn. 12), einen weitgehenden Spielraum, auch **restriktiv wirkende Voraussetzungen** zu normieren,[498] insbes. zur Wahrung anderer Verfassungsgrundsätze, zumal der rechtsstaatlich geforderten Rechtssicherheit.[499] So sind Anforderungen der (eigenen) ladungsfähigen Anschrift,[500] an die ordnungsgemäße Vertretung,[501] die Form,[502] die Begründung,[503] dieEinhaltung von Fristen für Rechtsbehelfe[504] und ihre Begründung,[505] das Rechtsschutzbedürfnis (→ Rn. 139a) und andere herkömmliche Prozessvoraussetzungen wie fehlende Verwirkung,[506] auch die Notwendigkeit von Vorverfahren[507] sowie Belastung mit Verfahrenskosten[508] oder Verzinsungspflichten[509] unbedenklich, solange sie **nicht zu unzumutbaren Erschwerungen** des Rechtsschutzes führen.[510] Deren Vermeidung kann auch eine Rechtsbehelfsbelehrung erfordern.[511] All dies ist auch bei der nicht zu restriktiven **gerichtlichen Anwendung** einschlägiger Bestimmungen zu beachten.[512] Zu weit gehende Verkürzungen, etwa durch rückwirkend angeordnete Rechtsfolgen unanfechtbarer Verwaltungsakte, sind durch entsprechende Auslegung zu vermeiden.[513]

---

[493] Vgl. BVerfGE 31, 364 (368); *Dietlein,* in: Stern, StaatsR IV/2, S. 1930; die Klagebefugnis nach § 42 II VwGO, BVerwGE 144, 284 Rn. 17, engt also Art. 19 IV von vornherein nicht ein; BVerfG (K) NVwZ 2009, 1426 (1427) mN billigt die Auslegung, dass die Norm abstrakt subjektive Rechte begründen können muss.

[494] Dagegen nicht überzeugend *Frank* VerwArch 104 (2013), 502 ff.

[495] BVerfGE 129, 1 (20) mwN; daran anschließend BVerfGE 143, 216 Rn. 23, für Anspruch auf Genehmigung bei reguliertem Unternehmen.

[496] *Schmidt-Aßmann,* in: Maunz/Dürig, Art. 19 Abs. 4 (2014) Rn. 164, verlangt in der Regel, dass die Rechtsverletzung bereits erfolgt ist, sieht gleichwohl auch vorbeugenden Rechtsschutz garantiert.

[497] Vgl. *Papier* HStR VIII, § 177 Rn. 60.

[498] Vgl. BVerfGE 10, 264 (268) und stRspr; etwa BVerfGE 101, 106 (124); 101, 397 (408); BVerwG NVwZ 2013, 1285 Rn. 28; gegen Einschränkbarkeit durch Unionsrecht BVerfGE 123, 267 (416).

[499] Vgl. zu beschränkter Möglichkeit der Wiederaufnahme BVerfG (K) NVwZ 2018, 582 Rn. 25 ff. Gegen ein Verfassungsgebot, § 359 Nr. 6 StPO auf den Fall einer gütlichen Einigung vor dem EGMR zu erstrecken, BVerfG (K) BeckRS 2019, 2483.

[500] BVerwG NJW 2012, 1527 Rn. 11 (auch zu durch Art. 19 IV gebotenen Ausnahmen).

[501] Vgl. etwa BFHE 240, 219 Rn. 12.

[502] BVerfG (K) NJW 2002, 3534 f.

[503] BVerfG (K) NJW 2015, 3500 Rn. 33 f.

[504] BVerfGE 9, 194 (199 f.); 27, 297 (310); 37, 93 (96); 41, 323 (326 f.); BVerwG NVwZ 2018, 1485 Rn. 31; sehr weitgehend BVerfGE 60, 253 (266 ff.) für Asylsachen. Zur Wiedereinsetzung BVerfGE 110, 339 (342); BVerfG (K) NVwZ 2018, 579 Rn. 24; auch *Maurer* FS 50 Jahre BVerfG II, 2001, S. 467 (489); *Roth* NJW 2008, 785 ff. Zur Darlegung der Fristwahrung BVerfG (K) NJW 2004, 1585 (1586). Zu den Grenzen eines Rügeverzichts BVerfG (K) NVwZ 2010, 954 (956). Für Verstoß einer mit dem Aufstellen des Verkehrszeichens laufenden Anfechtungsfrist gegen Art. 19 IV BVerwGE 138, 21 (24 f.).

[505] Vgl. BVerwG NVwZ 2000, 203, zur Notwendigkeit einer Rechtsbehelfsbelehrung; zu den Erfordernissen nach § 172 III 1 StPO BVerfG (K) NJW 2015, 3500 Rn. 33 f.; NJW 2016, 44 Rn. 23.

[506] BVerfGE 32, 305 (308 f.); BVerfG (K) NJW 2005, 1855 ff.; BVerwGE 151, 14 Rn. 24; 163, 36 Rn. 19 ff.; OVG SachsAnh NVwZ-RR 2014, 481 (482); OVG Nds DÖD 2015, 189 (190 f.).

[507] Vgl. BVerfGE 35, 65 (72 f.); 61, 82 (110); 69, 1 (49). BVerfGE 40, 237 (248 ff.), hat sogar ein durch bloße VV geregeltes Vorverfahren akzeptiert. Zur Entbehrlichkeit eines Vorverfahrens → Rn. 143a. Die Notwendigkeit eines Antrags bei der Behörde vor der Verpflichtungsklage billigt BVerwGE 130, 39 Rn. 23, 34; s. auch BVerfGK 16, 347 f.

[508] Vgl. BVerfGE 10, 264 (268); 11, 139 (143); 50, 217 (231); 54, 39 (41); 133, 1 Rn. 80 ff.; BVerfG (K) NJW 2007, 2032 (2033); NVwZ 2015, 296 Rn. 13 (für Kostenvorschuss); zu den Anforderungen an Rechtsschutz für Unbemittelte → Art. 20 Rn. 48 bzw. 162.

[509] Zur Verzinsung von Kartellbußen während der Anfechtung BVerfGE 133, 1 Rn. 68 ff.

[510] Vgl. BVerfGE 10, 264 (268); stRspr, etwa BVerfGE 101, 106 (125); 101, 397 (408); 110, 339 (342); 133, 1 Rn. 81. Vgl. zur Fortdauer der Zuständigkeit BVerfG (K) NJW 2002, 2022 (2023); gegen eine Verweisung auf ein Verfahren nach OWiG BVerfG (K) NVwZ 2003, 856 (857); gegen abschreckende Konsequenzen des Rechtsmittelgebrauchs BVerfGK 6, 295 (301). S. auch → Rn. 148a.

[511] BVerfGK 20, 60 (63 f.); zurückhaltend BVerfGK 16, 114 ff.; auch → Fn. 507 und → Fn. 519.

[512] S. etwa BVerfGE 77, 275 (284); 88, 118 (125); 110, 339 (342); 138, 33 Rn. 23.

[513] Vgl. etwa BVerwGE 134, 335 Rn. 13 ff., zur Titelerteilungssperre nach § 10 III 2 AufenthG.

Insbes. ist es bei gewichtigen, allerdings tatsächlich überholten Grundrechtseingriffen unzulässig, den  **134a**
Rechtsweg **nach Erledigung**[514] mangels fortbestehenden[515] **Rechtsschutzinteresses** auszuschließen,[516] wenn es nach dem typischen Verfahrensablauf kaum möglich ist, während der Zeit der direkten
Belastung eine gerichtl. Entscheidung zu erlangen,[517] wenn Behörden die Erledigung zur Vermeidung
der Gerichtskontrolle gezielt herbeiführen[518] oder wenn die Gerichte selbst verfahrensfehlerhaft eine
rechtzeitige Entscheidung versäumt haben;[519] auch unabhängig davon kann allein die Schwere eines
Eingriffs ein Rechtsschutzinteresse begründen.[520] Stets genügen soll Wiederholungsgefahr.[521] Dasselbe
gilt für heimliche Grundrechtseingriffe.[522] Rechtsschutz ist aber unmöglich, wenn der Grundrechtseingriff nicht mehr feststellbar ist.[523] Bei (herabsetzenden) Freiheitsentziehungen ist wegen des Rehabi-
litationsinteresses stets Rechtsschutz zu gewähren.[524] Die Rücknahmefiktion des § 92 II VwGO ist
restriktiv zu handhaben.[525]

Aufgrund von **Vorwirkungen** des Art. 19 IV **für das VwVf** (noch → Rn. 143a) darf dieses nach  **135**
seiner gesetzlichen Regelung und praktischen Durchführung den gerichtlichen Rechtsschutz weder
vereiteln[526] noch unzumutbar zu erschweren.[527] Daraus ergibt sich auch die Pflicht, durch Gesetz oder
auch ohne gesetzliche Grundlage sicherzustellen, dass solche Wirkungen nicht in Folge tatsächlicher
Umstände eintreten.[528] Bei heimlichen Maßnahmen kann Art. 19 IV gebieten, Pflichten zur Benachrichtigung Betroffener zu begründen und die Datenvernichtung so zu gestalten, dass die Rechtsweggarantie nicht unterlaufen wird;[529] auch ein Vorbehalt richterl. Anordnung soll grds. geboten sein
können.[530] (Jedenfalls planmäßige) Zwangsbehandlungen Untergebrachter müssen angekündigt werden.[531] Bei Prüfungsentscheidungen erfordert Art. 12 I wegen der Begrenzung der Gerichtskontrolle
(→ Rn. 132) die Möglichkeit verwaltungsinterner Überprüfung.[532]

---

[514] Für fälschlich angenommene Erledigung BVerfG (K) NJW 2002, 2022 (2023); BVerwG NVwZ 2016, 316
Rn. 38 f.; für Rechtsschutz vor völliger Beendigung einer Durchsuchung BVerfGK 3, 153 (158); gegen Rechtsverletzung bei sofortiger Löschung von Daten BVerwGE 157, 8 Rn. 19 ff., nach BVerfGE 150, 244 Rn. 45 ff.
problematisch.

[515] Vgl. zu Grenzen des (relevanten) Wegfalls EGMR NVwZ 2019, 977 ff.

[516] Eingehend etwa *Christonakis,* Das verwaltungsprozessuale Rechtsschutzinteresse, 2004, S. 114 ff.

[517] Vgl. bei unterschiedlich streng formulierten Anforderungen: zu Art. 13 – unter Aufgabe von BVerfGE 49, 329
(343) – BVerfGE 96, 27 (40); 109, 279 (372); 117, 244 (268 f.); zu Art. 2 II 2 BVerfGE 104, 220 (233 f.); 117, 71
(122 f.); BVerfG (K) NVwZ 2008, 304 f.; zu Art. 5 I 2 BVerfGE 107, 299 (337 f.); 117, 244 (268 f.); zu Art. 8
BVerfGE 110, 77 (85 f.); BVerwGE 159, 327 Rn. 13; 160, 169 Rn. 20; zu Art. 10 BVerfGE 107, 299 (337 f.); zu
Art. 2 II GG BVerfG (K) NJW 2007, 1345 f.; BVerfG (K) NJW 2013, 1943 (1944); NJW 2017, 545 Rn. 11, 13;
zu Art. 3 III 1 GG OVG Saarlouis NVwZ-RR 2019, 725 Rn. 20; s. allg. für bes. bedeutsame Grundrechte BVerfGE
69, 161 (168).

[518] BVerfGK 20, 249 (256).

[519] BVerfG (K) NVwZ 2007, 807; zum Gebot einer Belehrung über Wiedereinsetzungsmöglichkeit (→ Fn. 504)
bei Fehler des Gerichts BVerfG (K) NJW 2013, 446 (447).

[520] BVerfG (K) NJW 2011, 137 (138); NJW 2013, 2414 Rn. 19; zur
Verfassungsbeschwerde BVerfGE 69, 161 (168); 105, 239 (246); BVerfG (K) NJW 2013, 3432 Rn. 13 f.; nur bei
Unmöglichkeit rechtzeitigen Rechtsschutzes BVerfG (K) NJW 2016, 2559 Rn. 21; insgesamt anders BVerwGE 146,
303 Rn. 31 ff.; BVerwG NVwZ-RR 2014, 94 LS; auch *Unterreitmeier* NVwZ 2015, 25 ff.; krit. *Lange* NdsVBl 2014,
120 ff.; *Lindner* NVwZ 2014, 180 ff.; *Thiele* DVBl 2015, 954 ff.

[521] BVerfGE 110, 77 (90 f.); BVerfG (K) NVwZ-RR 2011, 405 Rn. 22 f.; anders bei überlanger Verfahrensdauer
nach Einführung diesbezüglicher Rechtsbehelfe (→ Rn. 144) BVerfGK 20, 33 (36 f.).

[522] So für den Regelfall BVerfGE 107, 299 (337 f.); 109, 279 (371 f.).

[523] BVerwGE 157, 8 Rn. 19 ff.

[524] BVerfGE 104, 220 (235); BVerfGK 6, 303 (308 f.).

[525] BVerfGK 20, 43 (49 f.).

[526] Zu beamtenrechtlichen Konkurrentenklagen BVerfGE 118, 370 (374 f.); 138, 102 Rn. 27, 29 ff.; 139, 11
Rn. 10 ff.; 143, 22 Rn. 20, 33 (Bundesrichterwahl); BVerfG (K) NVwZ 2017, 46 Rn. 68 ff.; BVerwG NVwZ 145, 112
Rn. 18 ff.; 151, 14 Rn. 21 f.; 155, 152 Rn. 12 ff.; 163, 36 Rn. 29 f.; BVerwG NVwZ 2019, 968; *Battis* DVBl 2013,
673 ff.; *Pernice-Warnke* WissR 47 (2014), 371 ff.; *W.-R. Schenke* DVBl 2015, 137 ff.; *Bracher* DVBl 2016, 1236 ff.; *Thal,*
Das Dogma rechtsschutzverkürzender Ämterstabilität, 2016, insb. S. 232 ff.; *Steiner* BayVBl 2017, 505 ff.; allgemein
*Schnellbach,* Konkurrenzen im öffentlichen Dienst, 2018.; zu Auskunftspflichten des Finanzamts BFHE 215, 32
(34 f.); zu behördlichen und gerichtlichen Zwangsmaßnahmen BVerfGK 15, 139 (146) (für Abschiebehaft); zur
Teilung von Verfahren BVerfG (K) NVwZ 2018, 573 Rn. 34 ff.

[527] So grundlegend BVerfGE 61, 82 (110), in Anknüpfung an BVerfGE 22, 49 (81 f.) (zum Ausschluss des
Rechtswegs); dem folgend BVerfGE 69, 1 (49). Zu Bedenken bezüglich der Studienplatzvergabe *Hauck-Scholz /*
*Brauhardt* WissR 41 (2008), 307 (337 ff.).

[528] BVerfGE 94, 166 (206 f.), zum asylrechtlichen Flughafenverfahren; BVerfGE 116, 69 (88 f.), zum Jugendstrafvollzug.

[529] So zu Art. 10 BVerfGE 100, 313 (361 ff., 397 ff.); 125, 260 (337 ff.); restriktiv *Kaysers* AöR 129 (2004), 121 ff.;
zu Art. 13 BVerfGE 109, 279 (332 f., 363 ff., 387 f.); 120, 208 (238); zu beiden auch BVerfGE 129, 208 (238); zur
informationellen Selbstbestimmung BVerfGE 120, 351 (362 f.).

[530] BVerfGE 120, 274 (331 ff.); 125, 260 (337 ff.); BVerfG 141, 220 Rn. 172 ff., 235; für Entbehrlichkeit BVerfGE
133, 277 Rn. 213; *Voßkuhle* HGRV, § 131 Rn. 33 ff.; zu Richtervorbehalten auch → Rn. 120 a.

[531] BVerfGE 128, 282 (311 ff.); 129, 269 (283); 133, 112 Rn. 70; 146, 294 Rn. 33.

[532] BVerfGE 84, 34 (46 ff.); BVerwG NJW 2019, 2871 Rn. 25 ff.; *Sachs* SBS, VwVfG, § 40 Rn. 226.

**136**    **Nicht unproblematisch** ist der Ausschluss verwaltungsgerichtlichen Rechtsschutzes gegen Verfahrenshandlungen nach § 44a VwGO,[533] wenn man nicht die selbständige Bedeutung subjektiver Verfahrensrechte von vornherein in Zweifel zieht. Allerdings kann schon eine am Wortlaut der Vorschrift („nur gleichzeitig") orientierte Interpretation dazu führen, den diesbezüglichen Rechtsschutz nicht als ausgeschlossen, sondern nur als hinausgeschoben anzusehen, was prinzipiell rechtfertigungsfähig ist;[534] im Übrigen ist die Ausnahme des S. 2 verfassungskonformer Auslegung zugänglich.[535] Die aufgrund der Abwertung des VwVf rechtsstaatlich bedenklichen §§ 45, 46 VwVfG (→ Art. 20 Rn. 165) schließen schon die Existenz von Rechten bzw. deren Verletzung aus, sind somit dem Anwendungsbereich des Art. 19 IV entzogen.[536]

**137**    >Art. 19 IV steht nicht schlechthin Bestrebungen entgegen, durch **die Verwendung normativer Rechtsformen,** gegen die der Rechtsweg nicht eröffnet ist (→ Rn. 124), gezielt die unmittelbaren Rechtsschutzmöglichkeiten Betroffener zu verkürzen.[537] Doch unterliegen namentlich Legalenteignungen (→ Art. 14 Rn. 159) wegen dieser Konsequenzen Bedenken, die nur bei **triftigen Gründen** zurücktreten.[538]

**138**    **2. Der Rechtsweg.** Als Rechtsfolge ordnet Art. 19 IV an, dass der Rechtsweg offensteht. Wer eine Verletzung seiner Rechte durch die öff. Gewalt geltend machen kann, muss die Möglichkeit haben, hierüber eine Entscheidung[539] durch ein deutsches **Gericht**[540] herbeizuführen, das als solches den Anforderungen der Art. 92, 97 genügen muss.[541] Diesen wird auch das BVerfG (oder ein LVerfG) gerecht;[542] doch ist die Vb gem. § 90 II BVerfGG erst nach Erschöpfung des Rechtswegs eröffnet, diesem also nachgeordnet[543] (→ Rn. 150). Verfassungsgerichtlichen Rechtsschutz verbürgt Art. 19 IV nicht.[544]

**139**    Der Wortlaut des Art. 19 IV spricht nicht aus, mit welchem **Ziel** der Rechtsweg offensteht. Aus dem Kontext sowie dem Zweck der Vorschrift ist aber ersichtlich, dass gerichtlicher **Rechtsschutz gegenüber** der behaupteten **Rechtsverletzung** garantiert wird. Es muss also ein Gerichtsverfahren zur Verfügung stehen, das die Rechtsverletzung zum Gegenstand hat[545] und zu einer hierüber prinzipaliter getroffenen Entscheidung führt. Die Möglichkeit, dass sich Gerichte inzidenter mit der Rechtsverletzung befassen, genügt jedenfalls grds. nicht (aber → Rn. 125). Die gegenteilige Sicht zielt vor allem darauf, im Rahmen des geltenden Prozessrechts vertreten zu können, dass auf diese Weise der Rechtsweg auch gegen (insbes. nur materielle) Gesetze offensteht (→ Rn. 122 ff.).

**140**    Über die Rechtsverletzung wird jedenfalls durch diesbzgl. **Feststellungen** entschieden, was allerdings unter dem Aspekt der Effektivität (→ Rn. 143 ff.) nicht immer ausreichend ist.[546] Möglich sind auch andere Entscheidungen, die die Feststellung der Rechtsverletzung einschließen: Dies sind bei Verletzung von Abwehrrechten **Entscheidungen über** die mit ihnen verbundenen **Beseitigungs- und Unterlassungsansprüche,**[547] bei Verletzung von Ansprüchen durch Nichterfüllung **Verurteilungen zur Leistung** des Geschuldeten.[548] Möglichkeiten, **Sekundäransprüche** (auf Schadensersatz oder Entschädigung) gerichtlich geltend zu machen, genügen den Anforderungen des Art. 19 IV

---

[533] Dazu etwa *Ziekow*, in: Sodan/Ziekow (Hrsg.), Verwaltungsgerichtsordnung, 4. Aufl. 2014, § 44a Rn. 16 f.; *Gärditz*, in: ders. (Hrsg.), Verwaltungsgerichtsordnung (VwGO) mit Nebengesetzen, 2013, § 44a Rn. 1 ff.; *Dietlein*, in: Stern, StaatsR IV/2, S. 1951 f. Ohne Bedenken gegen nicht selbständig anfechtbare Verfahrensschritte BVerfGE 143, 22 Rn. 34; s. zu Verfahrensstufen auch → Rn. 145.

[534] Vgl. zur Rechtsschutzkonzentration im Strafverfahren *Böse* FS Amelung, 2009, S. 565 ff.

[535] Vgl. in diese Richtung BVerfG (K) NJW 1991, 415 (416); BVerwGE 34, 248 (250 f.); 88, 332 (334 ff.); BVerwG NVwZ-RR 1997, 663 (664); NJW 1999, 1729 (1730).

[536] § 46 VwVfG und seine Anwendung durch das BVerwG billigend BVerfG (K) NVwZ 2018, 573 Rn. 42 ff.

[537] So ausdrücklich bereits BVerfGE 10, 89 (104 f.); anders OVG NRW DVBl 2010, 1572 (1577).

[538] BVerfGE 95, 1 (22); BVerfG (K) NVwZ 1998, 1060 f.; vgl. auch *Schneller,* Objektbezogene Legalplanung, 1999, S. 167 ff.; → Art. 20 Rn. 89.

[539] Dem genügt nicht die Möglichkeit einer (konsensualen) Konfliktlösung durch Mediation; vgl. dazu etwa *Hess,* in: Verh. des 67. DJT, Bd. I, 2008, S. F 9 ff.; *W.-R. Schenke* BK, Art. 19 IV (2009) Rn. 77c ff.; *Ronellenfitsch* DÖV 2010, 373 ff.

[540] BVerfG (K) NJW 2004, 3257 (3258): Keine Garantie von Rechtsschutz in Italien.

[541] Vgl. BVerfGE 11, 232 (232 f.); 49, 329 (340); *Dietlein*, in: Stern, StaatsR IV/2, S. 1936 ff.

[542] So jetzt bei Wahlen nach §§ 48 I, III, 96a BVerfGG.

[543] Vgl. BVerfGE 8, 222 (225 f.); 16, 1 (2); zusammenfassend zur Funktion BVerfGE 68, 376 (380); s. auch *Dietlein*, in: Stern, StaatsR IV/2, S. 1944 f.; grds. jetzt auch *Huber* MKS I, Art. 19 Rn. 449 f.

[544] Vgl. schon BVerfGE 1, 332 (344); BVerfG (K) BeckRS 2012, 55236; für die Landesebene BVerfGE 99, 1 (19); BVerfG (K) NVwZ 2002, 73 (74); NVwZ-RR 2010, 945 f.; zu Folgerungen beim einstweiligen Rechtsschutz (→ Rn. 148) bei Verfassungsbeschwerden BVerfGE 94, 166 (214 ff.).

[545] Vgl. *Schmidt-Aßmann,* in: Maunz/Dürig, Art. 19 Abs. 4 (2014) Rn. 280.

[546] *Schmidt-Aßmann,* in: Maunz/Dürig, Art. 19 Abs. 4 (2014) Rn. 280, spricht insoweit von dem durch Art. 19 IV gebotenen Minimum.

[547] Vgl. *Huber* MKS I, Art. 19 Rn. 457; für die Beseitigungsansprüche *Schmidt-Aßmann,* in: Maunz/Dürig, Art. 19 Abs. 4 (2014) Rn. 285; vgl. für die Grundrechte → vor Art. 1 Rn. 42. Zu Unterlassungsansprüchen → Rn. 133, → Rn. 148.

[548] In diesem Sinne wohl auch *Schmidt-Aßmann,* in: Maunz/Dürig, Art. 19 Abs. 4 (2014) Rn. 284.

jedenfalls grds. nur für diese Ansprüche selbst, nicht für die zu Grunde liegende (primäre)[549] Rechtsverletzung.[550] Ob der Ausschluss primären Rechtsschutzes sich im Rahmen zulässiger Ausgestaltung hält,[551] erscheint fraglich.

Art. 19 IV betrifft prinzipiell **nicht** die im Kontext von Rechtsverletzungen bestehenden **mate-** 141 **riell-rechtlichen Ansprüche** selbst, sondern nur die Möglichkeit, sie gerichtl. geltend zu machen. Wenn sich solche Ansprüche nicht schon aus den berührten Grundrechtsbestimmungen ergeben, bedürfen sie einer anderweitigen (gesetzlichen) Rechtsgrundlage, die Art. 19 IV nicht ersetzt; er kann deren Bedeutung aber ebenso beeinflussen wie die Auslegung von Regelungen, die darauf angelegt sind, grundrechtlich vorgegebene materielle Abwehransprüche einzuengen oder auszuschließen.[552]

Welches Gericht zuständig ist[553] und wie dessen Gerichtsverfassung sowie das Verfahren beschaffen 142 sind, bleibt gesetzlicher Ausgestaltung (→ Rn. 12) überlassen. Diese stellt keine Einschränkung eines vorgegebenen „Rechtsschutzes an sich" dar,[554] muss aber bestimmten Anforderungen genügen. So darf der Zugang nicht an unerfüllbare Voraussetzungen geknüpft[555] oder unzumutbar erschwert werden;[556] auch müssen die Voraussetzungen eines **fairen Verfahrens** gewahrt sein.[557] Allerdings genügt es dem Art. 19 IV, wenn eine **einzige gerichtliche Instanz** eröffnet wird, gegen deren Entscheidung ein Rechtsmittel nicht gegeben ist (→ Rn. 120 f., aber auch → Rn. 143); doch sind dann die Anforderungen an die Wahrheitserforschung erhöht.[558] Keine spezifischen Anforderungen stellt Art. 19 IV an die Besetzung der Spruchkörper, so dass auch gegen einen **Einzelrichter** prinzipiell keine verfassungsrechtlichen Bedenken bestehen.[559] Zur Effektivität des Rechtsschutzes → Rn. 143 ff.

**3. Effektivität des gerichtlichen Rechtsschutzes. a) Allgemeine Anforderungen.** Art. 19 IV 143 garantiert wie der rechtsstaatl. Justizgewährungsanspruch (→ Art. 20 Rn. 164) nicht nur, dass überhaupt ein Gericht angerufen werden kann, sondern zielt auf eine „tatsächlich wirksame gerichtliche Kontrolle"[560], und zwar für jede eröffnete[561] oder zu erstreitende[562] Instanz. Dieses Gebot richtet sich sowohl an die **Gesetzgebung,** die die Verfahrensordnung ausgestaltet, als auch an die sie anwendenden **Gerichte.**[563] Dem Erfordernis wird genügt, wenn die Regelung und ihre Anwendung sicherstellen, dass der Bürger mit seinem Anliegen[564] in einer Weise Gehör findet, die die Feststellung und, soweit nicht von vornherein ausgeschlossen, die **Abwehr der Rechtsverletzung ermöglicht.** Wichtige Aspekte des effektiven Rechtsschutzes sind Anforderungen an Verfahrensdauer, Vollständigkeit

---

[549] Die auf die Staatshaftung zielende Formulierung vom „Sekundärrechtsschutz", vgl. *Erbguth, Höfling, Streinz* und *Epiney,* VVDStRL 61 (2002), 221 ff., birgt die Gefahr von Missverständnissen.

[550] Vgl. etwa *T. Schneider* (Fn. 417), S. 38 ff.; anders *Axer* DVBl 2001, 1322 (1328 f.); *Ibler,* in: Friauf/Höfling, Art. 19 IV (2002) Rn. 233 f.; gegenüber Diskriminierungen lässt EuGH C-380/01 – Gustav Schneider, Amtshaftungsklage genügen.

[551] So zum Vergabeverfahren BVerfGE 116, 135 (158 f.) (für den Justizgewährungsanspruch); dazu etwa *Siegel* DÖV 2007, 237 ff.; *F. Wollenschläger* DVBl 2007, 589 ff.; *Germelmann* DÖV 2013, 50 (58 f.); für Art. 19 IV BVerfG (K) NVwZ 2009, 835 (836); auch → Fn. 419.

[552] Vgl. BVerfGE 61, 82 (109 ff., 113), wo umgekehrt der Wesensgehalt des materiellen Grundrechts gefährdet gesehen wird, wenn „verfahrensrechtlich verwehrt wird, ihn wirkungsvoll geltend zu machen".

[553] Zur Verzichtbarkeit verwaltungsgerichtlichen Rechtsschutzes neben zivilgerichtlicher Kontrolle staatlich regulierter Entgelte BVerwGE 117, 93 (105 f.); s. auch *Knauff* VerwArch 98 (2007), 382 ff.

[554] Vgl. ausdrücklich *Maurer* FS 50 Jahre BVerfG II, 2001, S. 467 (489); allgemein → vor Art. 1 Rn. 44, → vor Art. 1 Rn. 78, → Art. 1 Rn. 102; auch hier → Rn. 18.

[555] BVerfG (K) NJW 2019, 1667.

[556] Zu unübersichtlichen Regelungen BVerfGE 96, 44 (49 f.); BVerfG (K) NVwZ 2001, 1392; für „Rechtsmittelklarheit" BVerfGE 107, 395 (416); BVerwGE 137, 105 Rn. 14; s. auch BVerfGE 57, 9 (21); BVerfG (K) NVwZ 2005, 204 (205),); *Höfling* VVDStRL 61 (2002), 260 (289 f.).

[557] Vgl. etwa BVerwGE 109, 115 (119); allgemein → Art. 20 Rn. 163.

[558] BVerfGE 83, 24 (31); BVerfG (K) NVwZ 2008, 418 (419); BayVBl 2019, 446 Rn. 17.

[559] Mit Recht krit. zur Verwaltungsgerichtsbarkeit *Hufen* Verwaltung 32 (1999), 519 (526 ff.); *Krugmann* ZRP 2001, 306 (309).

[560] Vgl. BVerfGE 35, 263 (274); stRspr, etwa BVerfGE 101, 106 (122); 101, 397 (407); 104, 220 (231); auch BVerfGE 107, 299 (337); 108, 341 (347); BVerfG (K) NVwZ 2007, 946; aus der Lit. *Huber* MKS I, Art. 19 Rn. 462; *Krebs,* in: v. Münch/Kunig I, Art. 19 Rn. 68; *Ibler,* in: Friauf/Höfling, Art. 19 IV (2002) Rn. 167 ff.; *Stern* FS Ishikawa, 2001, S. 505 ff.

[561] BVerfGE 40, 272 (275); stRspr, s. etwa noch BVerfGE 104, 220 (232); 112, 185 (207 f.); auch BVerfGK 17, 340 (345); 17, 420 (425 f.); BVerfG (K) NJW 2012, 2947. Auch → Rn. 120, → Rn. 121, → Rn. 142. Für Einbeziehung von Vorlagemöglichkeiten zum EuGH *Funke,* Umsetzungsrecht, 2010, S. 238 f.

[562] BVerfGE 110, 77 (83); 125, 104 (136 f.); 134, 106 Rn. 34; 151, 173 Rn. 27 ff.; BVerfG (K) NVwZ 2011, 546 Rn. 17; NVwZ 2016, 1243 Rn. 14.

[563] Vgl. etwa BVerfGE 77, 275 (284); 97, 298 (315); 138, 33 Rn. 23. Gegen gerichtliche Vereitelung gesetzlicher Rechtsbehelfe BVerfGE 112, 185 (207 f.); BVerfG (K) NVwZ 2005, 1176 (1177); 2007, 805 (806); BerlVerfGH NVwZ 2007, 813 (816 ff.). Bei der Zulassungsberufung nach der VwGO BVerfG (K) NVwZ 2016, 1243 Rn. 13 ff. m. Anm *Heusch;* allgemein *Gaier* NVwZ 2011, 385 ff.

[564] Zur Notwendigkeit, dem Rechtsschutzziel gerecht zu werden, BVerfG (K) NJW 2002, 2699 (2700); NVwZ 2005, 1304 (1306); NVwZ 2016, 238 Rn. 34 („bestmöglich"); zur interessengerechten Auslegung von Anträgen BVerfGK 17, 415 (419 f.).

der Nachprüfung, Verbindlichkeit und Durchsetzbarkeit der Entscheidung sowie an vorläufigen und vorbeugenden Rechtsschutz (→ Rn. 144 ff.). Auch gegenüber der Effektivität des Rechtsschutzes sind nach den genannten Maßstäben (→ Rn. 134) **restriktive gesetzliche Regelungen** möglich.[565]

**143a**     Art. 19 IV entfaltet zur Sicherung der Effektivität der Gerichtskontrolle **Vorwirkungen für das Verwaltungsverfahren** (→ Rn. 135), die die Gesetzgebung sowie ggf. auch unmittelbar die Behörden verpflichten. So kann es geboten sein, die zu überprüfende Maßnahme zu begründen[566] und das behördliche Vorgehen zu dokumentieren.[567] Ein behördliches Vorverfahren ist zwar grds. zulässig (→ Rn. 134), aber nicht stets verfassungsrechtlich notwendig.[568] Behördliche Erklärungen müssen so bestimmt sein, dass eine sachgemäße Rechtsverteidigung des Bürgers möglich bleibt.[569]

**144**     **b) Verfahrensdauer.** Zum effektiven gerichtlichen Rechtsschutz gehört auch ohne ausdrückliche Garantie,[570] dass er **zeitgerecht** erfolgt. Gerichtsverfahren dürfen nicht unangemessen lange dauern;[571] ein Rechtsschutz, der zu spät kommt, trägt den Schutzinteressen der Berechtigten nicht angemessen Rechnung.[572] Bedenklich ist es, eine alsbaldige Sachentscheidung im Hinblick auf spätere Rechtsschutzmöglichkeiten zu versagen.[573] Zulässig ist es allerdings, bei Durchführung einzelner Musterverfahren gleich gelagerte Klagen zeitweilig zurückzustellen.[574] Unzureichende Ausstattung des Gerichts schließt die Grundrechtsverletzung nicht aus.[575] Der Problematik soll – unbeschadet anderer Ersatzmöglichkeiten[576] – das ÜberlVerfRSchG mit Entschädigung nach Verzögerungsrüge (insbes. § 198 ff. GVG) Rechnung tragen.[577] Der EGMR hält dies in Verfahren mit Auswirkungen auf das Familienleben für nicht ausreichend.[578]

**145**     **c) Vollständige Nachprüfung.** Art. 19 IV gewährleistet dem Betroffenen, soweit seine Rechte verletzt sein können,[579] (grds.) einen Anspruch auf vollständige – auch die Beurteilungsgrundlagen umfassende – Nachprüfung der angefochtenen Maßnahme in rechtl. und **tatsächlicher Hinsicht.**[580] Der Umfang der gebotenen Aufklärung bestimmt sich auch nach der Bedeutung der als verletzt gerügten Rechte.[581] Daher sind Bindungen des in **eigener Verantwortung**[582] entscheidenden Gerichts an Feststellungen des vorangegangenen VwVf (grds.) ausgeschlossen.[583] Art. 19 IV wird jedoch nicht dadurch verletzt, dass Einwendungen, die im VwVf trotz entspr. Möglichkeit nicht geltend gemacht worden sind, auch im Gerichtsverfahren nicht berücksichtigt werden

---

[565] Vgl. BVerfGE 143, 216 Rn. 33 ff., für auf hinreichende Sachgründe gestützte verhältnismäßige Regelungen.

[566] BVerfGE 6, 32 (44); 40, 276 (286); 103, 142 (160 f.); 118, 168 (208); BVerwGE 148, 48 Rn. 39; auch *Kischel* (Fn. 429), S. 87 f.; *Kaltenborn,* Streitvermeidung und Streitbeilegung im Verwaltungsrecht, 2007, S. 298 ff. Zu dienstlichen Beurteilungen BVerwGE 60, 245 ff; 153, 48 Rn. 14 ff.

[567] BVerfGE 103, 142 (159 f.); 109, 279 (333); 118, 168 (208); 128, 282 (311, 313 ff.); 129, 269 (283); 133, 112 Rn. 68; 139, 245 Rn. 72 ff.;132, 22 Rn. 20; BVerwGE 133, 13 Rn. 35; BAGE 135, 213 (219); s. *Dietlein,* in: Stern, StaatsR IV/2, S. 1965 f.; zu diesbezüglichen Akteneinsichtsrechten BVerwGE 145, 102 Rn. 26 ff.; auch → Rn. 135; zur Bundesrichterwahl BVerfGE 143, 22 Rn. 20, 33; anders NdsOVG NVwZ 2016, 786 Rn. 16.

[568] BVerfGE 35, 65 (73); 60, 253 (291); BayVerfGH NVwZ 2009, 716 (719); *Beaucamp/Ringermuth* DVBl 2008, 426 ff.; *Dolde/Porsch* VBlBW 2008, 428 (430); *Holzner* DÖV 2008, 217 (221 ff.). Zu Sonderfällen → Rn. 135 aE; zur aufschiebenden Wirkung → Rn. 148.

[569] BVerwGE 147, 81 Rn. 35 für Änderungen von Verwaltungsakten im Prozess.

[570] Vgl. für ein Recht auf ein zügiges Verfahren Art. 52 IV 1 BbgVerf; Art. 78 III 1 SachsVerf; dazu etwa *Scheffer* NJ 2010, 265 ff. S. auch Art. 47 S. 2 EUGRCh („innerhalb angemessener Frist").

[571] Nach BVerfG (K) NVwZ 2018, 1138 Rn. 11, genügt Erfüllung der Vorgaben in vertretbarer Weise.

[572] BVerfGE 40, 237 (256); stRspr, etwa noch BVerfGE 93, 1 (13); 134, 242 Rn. 194; BVerfG (K) NVwZ 2011, 486 (492 f.); NVwZ-RR 2011, 625 (626); *Papier* HStR VIII, § 177 Rn. 93; *Dietlein,* in: Stern, StaatsR IV/2, S. 1962 ff.; *Schmidt-Aßmann,* in: Maunz/Dürig, Art. 19 Abs. 4 (2014) Rn. 262 f.; *Schlette,* Der Anspruch auf gerichtliche Entscheidung in angemessener Frist, 1999; *L. Linke,* in: Knopp (Hrsg.), Effektives Rechtsschutzgebot ..., 2019, S. 15 ff.; zu Problemen einer Reform *Beckmann* DÖV 2019, 773 ff.; zum Rechtsschutz allg. → Art. 20 Rn. 164.

[573] BVerwG NVwZ-RR 2000, 396 (397).

[574] Vgl. BVerfGE 54, 39 (40 ff.). Zur Aufhebung des Status als Musterverfahren BVerfG (K) NVwZ 2011, 611 Rn. 13 ff.

[575] BVerfGE 36, 264 (275); BVerfGK 20, 33 (35); s. auch *Braun* DVBl 2019, 805 ff.

[576] Zu Grenzen des Richterspruchprivilegs nach § 839 II BGB BVerfG (K) NJW 2013, 3630 Rn. 33 ff.

[577] Vgl. dazu BR-Dr. 540/10; wN → Art. 20 Rn. 164. Zur Verwaltungsgerichtsbarkeit *Kirchberg* DVBl 2015, 675 ff.; zur klageweisen Feststellung der unangemessenen Prozessdauer BVerwGE 147, 146 Rn. 59 ff.; *W.-R. Schenke* NJW 2015, 433 ff.

[578] EGMR NJW 2015, 1433 Rn. 139 ff.

[579] Vgl. einschränkend BVerwGE 67, 74 (77); 127, 95 Rn. 20 ff.; BVerwG NVwZ 2011, 242 Rn. 4.

[580] Vgl. BVerfGE 15, 275 (282), und stRspr, etwa BVerfGE 101, 106 (123 f.); 275 (294 f.); 397 (407); 103, 142 (156); BVerfG (K) NJW 2015, 2100 Rn. 41 ff.; s. auch BVerwGE 120, 227 (231); BVerwGE 140, 199 Rn. 25 (bei Amtsaufklärung); 140, 384 Rn. 25; zu Grenzen richterlicher Fehlersuche BVerwGE 116, 188 (196 f.). Die teils verwendete Relativierung durch ein „grundsätzlich" ist nur als Verweisung auf anderweitig verfassungsrechtlich begründete Ausnahmen, nicht als allgemeiner Abweichungsvorbehalt zu verstehen. Skeptisch *Grünewald,* in: Leitentscheidungen BVerfG III, S. 317 ff.

[581] BVerfGK 20, 146 (154) für hohe Anforderungen bei Art. 2 II 1 und 2.

[582] BVerfGE 96, 44 (51); BVerfG (K) NJW 2002, 1333.

[583] BVerfGE 101, 106 (123). S. aber zur Tatbestandswirkung → Rn. 132.

(sog. **Präklusion**);[584] unbedenklich sind auch inhaltliche Bindungen durch materielle Rechtskraft und Bestandskraft.[585] Auch die Aufspaltung behördlicher Entscheidungsfindung in Verfahrensstufen bei Bindung der nachfolgenden Entscheidungsebenen ist zulässig, wenn sie klar geregelt ist, eff. Rechtsschutz gegen bindende Teil- oder Vorentscheidungen gesichert ist und Anfechtungslasten für den Bürger klar erkennbar sind.[586] Zudem muss dies auch faktisch zu realisieren sein.[587] Eine Bindung behördl. Entscheidungen an tatsächl. Feststellungen eines früheren VwVf sind gegenüber Art. 19 IV nur zulässig, wenn der Betroffene im früheren Verfahren darüber belehrt worden ist.[588]Zur Sicherung tatsächl. Aufklärung[589] können ggf. sogar Einschränkungen des rechtl. Gehörs, Art. 103 I,[590] und des grundrechtlichen Geheimnisschutzes[591] gerechtfertigt sein. Andererseits zieht das BVerfG einen Verstoß gegen Art. 19 IV durch Nichtbeachtung der Bindung gem. § 31 BVerfGG in Betracht.[592] Für Fälle der Beweisnot kann eine Beweislastumkehr geboten sein.[593]

In **rechtlicher Hinsicht** sind alle in Deutschland geltenden Rechtsnormen, insbes. solche des   146 Europarechts,[594] zu berücksichtigen,[595] grds. auch rechtswegfremde Vorfragen[596] sowie die Gültigkeit einschlägiger Normen zu klären.[597] Die richtige Rechtsanwendung ist auch bzgl. – grds. zulässiger[598] – unbestimmter Rechtsbegriffe voll zu überprüfen.[599] Soweit die sog. Kontrolldichte der Gerichte[600] reduziert ist,[601] wie bei behördl. **Ermessen** oder ausnahmsweise anerkannten **Beurteilungsspielräumen** (→ Rn. 132), lässt sich dies wohl nur damit rechtfertigen, dass bereits die materiell-rechtliche Bindung der öff. Gewalt zurückgenommen ist,[602] wenn das Gesetz ein subj. Recht überhaupt versagt (→ Rn. 129 ff.). Art. 19 IV soll sich auch auf die Frage erstrecken, ob (EU-)ausländische Verurteilungen grundrechtliche Mindeststandards des Verfahrens verletzen.[603]

---

[584] BVerfGE 61, 82 (109 ff.); s. auch BVerwGE 104, 337 (341), und dazu BVerfG (K) NVwZ 2000, 546 (547 f.); BVerwG NVwZ 2006, 85 ff.; dazu allgemein etwa *Erbguth* GS Jeand'Heur, 1999, S. 391 ff.; *Niedzwicki,* Präklusionsvorschriften des öffentlichen Rechts ..., 2007, S. 152 ff., 176 ff.; *Kaltenborn* (Fn. 566), S. 306 ff.; *Dietlein,* in: Stern, StaatsR IV/2, S. 1954 ff.

[585] Vgl. etwa BVerfG (K) NVwZ 2007, 573 (574); BVerwG NJW 2012, 2901 (2902); zur Bindung der Gerichte an bestandskräftige Entscheidungen näher *Sachs* SBS, VwVfG, § 43 Rn. 104 ff., 123 ff. Zum Rechtsschutz Dritter gegenüber bestandskräftigen Erlaubnissen etwa HessVGH DVBl 2011, 113 ff.

[586] BVerfGE 129, 1 (32 f.); 134, 242 Rn. 192; auch BVerwGE 152, 355 Rn. 32 ff., ggf. für Inzidentprüfungen auf der späteren Stufe; *Mönch/Rutloff* NVwZ 2014, 897 ff.; *Beier* DÖV 2015, 309 ff.

[587] BVerfGE 134, 242 Rn. 194.

[588] BVerwGE 155, 35 Rn. 15 f.

[589] Speziell dazu etwa BVerfGK 9, 390 (395); 9, 460 (463 f.); 17, 429 (430 f.).

[590] Vgl. BVerfGE 101, 106 (128 ff.), zum sog. in camera-Verfahren; auch BVerfGE 115, 205 (228 ff.); BVerwG NVwZ 2014, 790 Rn. 22; 2017, 232 Rn. 21 ff., sowie etwa *Schüly,* Das „in-camera"-Verfahren der Verwaltungsgerichtsordnung, 2006; *W.-R. Schenke* NVwZ 2008, 938 ff.; *Neumann* DVBl 2016, 473 ff.; *Dietlein,* in: Stern, StaatsR IV/2, S. 1961 f.

[591] BVerwGE 118, 350 ff.; 118, 352 (359); BVerwG NVwZ 2004, 105 (107); offen BVerfG (K) NVwZ 2004, 719 (720); für stärkere Beachtung des Geheimnisschutzes bei der Abwägung BVerfGE 115, 205 (240 ff.); ferner *Mayen* NVwZ 2003, 537 ff.; *v. Danwitz* DVBl 2005, 597 ff.; *Ohlenburg* NVwZ 2005, 15 ff.

[592] BVerfGE 115, 97 (108).

[593] Vgl. zum Strafvollzug BVerfG (K) NJW 2018, 2467 Rn. 34 mwN; auch → Art. 20 Rn. 163; abl. (auch zur Absenkung des Beweismaßes) BVerwGE 149, 359 Rn. 33 ff.; krit. *Schantz* NVwZ 2015, 873 ff.

[594] Vgl. BVerfGE 118, 79 (97); auch BVerfG (K) NJW 2017, 1731 Rn. 17.

[595] Zur Notwendigkeit, dabei die Auffassung auch ausländischer Gerichte zu berücksichtigen, BVerfG (K) NVwZ 2004, 1346 (1347).

[596] BVerfG (K) NVwZ 2010, 1482 (1483 ff.) (auch gegen gesetzlich nicht geregelte Präklusion); NdsOVG NVwZ-RR 2006, 34 ff.; gegen den Ausschluss der Kontrolle der Art und Weise des Vollzugs behördl. Freiheitsentziehungen von der Prüfung durch ordentl. Gerichte BVerfG (K) NVwZ-RR 2015, 881 Rn. 15 ff.

[597] Vgl. für eine RVO BVerfG (K) NVwZ 2010, 435 (440 f.), trotz Beurteilungsspielraums für die Einzelfallentscheidung. Ernstliche Zweifel anderer Gerichte an der Verfassungsmäßigkeit eines Gesetzes muss ein oberstes Bundesgericht auch in Eilverfahren nicht zugrunde legen, BVerfG (K) NVwZ 2013, 935 f.

[598] S. allgemein → Art. 20 Rn. 127; näher *Sachs* SBS, VwVfG, § 40 Rn. 152 ff.; zu diesbezügl. Anforderungen aus Art. 19 IV selbst etwa BVerwGE 108, 190 (197).

[599] BVerwGE 24, 60 (63); 42, 20 (22); 45, 162 (164 ff.); 46, 166 (175); 49, 79 (85 ff.); 56, 71 (75); 59, 1 (2); 59, 188 (190); 62, 86 (101 ff.); 72, 38 (52); *Müller-Franken,* Maßvolles Verwalten, 2004, S. 411 ff.

[600] Kritisch zum eingeführten Begriffsgebrauch etwa *Jestaedt* DVBl 2001, 1309 (1316). Zu Unterschieden zum Unionsrecht *Gärditz,* Gutachten D zum 71. DJT, 2016; *Classen* NJW 2016, 2623 f.).

[601] *Sachs* SBS, VwVfG, § 40 Rn. 2, 147 ff., zum Umfang der verbleibenden Kontrolle ebda., Rn. 53 ff. (Ermessen), ebda., Rn. 220 ff. (Beurteilungsspielraum). Ferner etwa *Ramsauer* GS Kopp, 2007, S. 72 ff.

[602] Vgl. insoweit BVerfGE 88, 40 (56, 61); 129, 1 (22); für die frühere Regelung der Bewilligung einer Auslieferung BVerfGE 113, 273 (312); auf die „geschützten Rechtspositionen" bezieht sich zugleich BVerfGE 103, 142 (156 f.); ferner BVerfG (K) NVwZ 2010, 435 (437). S. auch BVerwGE 120, 227 (231 f.); 130, 180 Rn. 43; 140, 384 Rn. 25. Rechtsschutz gegen Personalentscheidungen durch Parlamentswahl verneint wohl deshalb OVG LSA DÖV 2013, 36 Nr. 11 LS 4, Rn. 6 (nur juris); zum Rechtsschutz bei Richterwahlen HambOVG NordÖR 2013, 21 (23 f.).

[603] BVerfG (K) NJW 2017, 1731 Rn. 17, zur Aufnahme einer Verurteilung ins Bundeszentralregister.

**146a**     Eine vollständige Nachprüfung wird angesichts der bestehenden Unterschiede allein durch ein Eilverfahren, das grds. ohne umfassende Sachaufklärung und ohne abschließende Rechtsprüfung erfolgt (aber → Rn. 148), nicht sichergestellt; daher ergibt sich aus Art. 19 IV GG ein **Anspruch auch auf eine Entscheidung in der Hauptsache** selbst, dem fehlendes Rechtsschutzbedürfnis (→ Rn. 134 f.) auch nach einer günstigen Eilentscheidung nur sehr begrenzt entgegengehalten werden kann.[604] Der effektive Rechtsschutz wird verkürzt, wenn Rechtsschutz in der Hauptsache nur bei Erfolg im Eilverfahren gewährt wird.[605]

**147**     **d) Verbindlichkeit und Durchsetzbarkeit der Entscheidung.** Um effektiven Rechtsschutz zu gewährleisten, muss das Gericht über **zureichende Entscheidungsmacht** verfügen.[606] Ein erfolgreiches Gerichtsverfahren muss grds. mit einer der **Rechtskraft** fähigen[607] und vollstreckbaren[608] Entscheidung abgeschlossen werden, damit das materielle Recht verlässlich verwirklicht werden kann.[609] Das Gesetz muss ein ausreichendes Durchsetzungsmittel zur Verfügung stellen; die Gerichte sind verpflichtet, die gesetzlichen Möglichkeiten im Sinne wirkungsvollen Rechtsschutzes zu nutzen.[610]

**148**     **e) Vorbeugender und einstweiliger Rechtsschutz.** Neben dem regelmäßig nachträglichen Rechtsschutz[611] gebietet Art. 19 IV auch **vorbeugenden Rechtsschutz** gegen drohende Rechtsverletzungen (→ Rn. 133), sofern nachgängiger Rechtsschutz die Beeinträchtigung nicht zu korrigieren vermag.[612] Damit ist vereinbar, dass gegen das Betreiben eines Ermittlungsverfahrens vor dessen Abschluss grds. kein Gerichtsschutz eingreift.[613] Dagegen kann der Ausschluss rechtzeitiger Drittanfechtungsmöglichkeiten gegen Art. 19 IV verstoßen,[614] wenn er nicht zum Schutz der Grundrechte anderer Beteiligter unverzichtbar ist.[615]

**148a**     **Einstweiliger Rechtsschutz** ist neben dem Rechtsschutz in der Hauptsache (→ Rn. 146a) durch Art. 19 IV geboten, wenn ohne ihn schwere, anders nicht abwendbare Nachteile entstehen, die durch die Entscheidung in der Hauptsache nicht mehr beseitigt werden können.[616] Angesichts der Unsicherheit über die noch zu klärende Rechtslage können Entscheidungen bei nur **summarischer Prüfung** der Erfolgsaussichten in der Hauptsache auf eine Folgenabwägung gestützt werden; dabei ist dem Gewicht der möglichst nicht zu verletzenden Grundrechte Rechnung zu tragen.[617] Bei der **Interessenabwägung** müssen die Bedeutung der drohenden Nachteile und der Grad ihrer Unumkehrbarkeit beachtet werden.[618] Behörden können gehalten sein, aufgrund gerichtl. „Hängebeschlüsse" auf Vollstreckung zu verzichten.[619] Drohen den Betroffenen erhebliche irreversible Grundrechtsverletzungen,

---

[604] Vgl. zu Art. 8 BVerfGE 110, 77 (86 ff.), auch wegen der Subsidiarität der Vb.

[605] Vgl. BVerfGE 143, 216 Rn. 25 ff.

[606] BVerfGE 61, 82 (111); 67, 43 (58); 101, 106 (123).

[607] Vgl. BVerfGE 60, 253 (269 f.); allgemein für den Rechtsschutz → Art. 20 Rn. 164 mwN.

[608] Für wirkungsvolle Vollstreckung gegen Behörden *VGH Mannheim* VBlBW 2019, 155; *Will* VerwArch 110 (2019), 280 (300 ff.) mwN; *Berkemann* DÖV 2019, 761 ff.

[609] *Bauer* (Fn. 430), S. 102; *Fechner* JZ 1969, 349 (350). Für ein Recht auf Vollzug rechtskräftiger gerichtlicher Entscheidungen aus Art. 6 I EMRK EGMR NJW 2011, 3703 Rn. 60; für ein Recht nach Art. 13 EMRK auf angemessene Abhilfe bei begründeter Beschwerde EGMR NVwZ 2011, 863 Rn. 65.

[610] BVerfG (K) NVwZ 1999, 1330 (1331); vgl. auch EGMR NJW 2015, 1433 (1435); teils wird der „wirkungsvolle Rechtsschutz" auch auf den Umfang der Aufklärung (→ Rn. 145) bezogen, s. etwa BVerfGK 20, 146 (154); recht umfass. *Uhle* FS Würtenberger, 2013, S. 935 ff.

[611] Vgl. BVerfGE 139, 64 Rn. 154; *Dietlein,* in: Stern, StaatsR IV/2, S. 1930.

[612] Vgl. *Lorenz* (Fn. 430), S. 138 f.; *Schmidt-Aßmann,* in: Maunz/Dürig, Art. 19 Abs. 4 (2014) Rn. 278; *Dietlein,* in: Stern, StaatsR IV/2, S. 1965; für die Zulässigkeit fordert die Rspr. ein „qualifiziertes Rechtsschutzbedürfnis", vgl. BVerwGE 26, 23 (24 f.); 40, 323 (326); 54, 211 (215 f.); 77, 207 (210 ff.); 132, 64 Rn. 26; BVerwG NVwZ 2015, 906 Rn. 17.

[613] BVerfG (K) NStZ 2004, 447. Zum eff. Rechtsschutz im Ermittlungsverfahren allgemein etwa *Glaser,* Der Rechtsschutz nach § 98 Abs. 2 Satz 2 StPO, 2008, insbes. S. 241 ff.

[614] Zur Krankenhausplanung BVerfG (K) NVwZ 2004, 718 (719); abl. BVerfG (K) NVwZ 2009, 977 (978 f.); ferner *Steiner* NVwZ 2009, 486 ff.; allg. *Multmeier,* Rechtsschutz in der Krankenhausplanung, 2011.

[615] BVerfGE 116, 1 (21 f.), zur Insolvenzverwalterbestellung.

[616] BVerfGE 35, 263 (274 f.); stRspr, etwa BVerfGE 93, 1 (13 f.); 126, 1 (27 f.); BVerfG (K) NJW 2010, 2268 (2269); 2017, 3142 Rn. 11 ff.; BVerwGE 151, 14 Rn. 22; *W.-R. Schenke* BK, Art. 19 IV (2009) Rn. 671 ff. Gegen zu weitgehende Auslegung einer (unzulässigen) Vorwegnahme der Hauptsache BVerfGE 79, 69 (77 f.); BVerfG (K) NVwZ 2018, 254 Rn. 17; allg. dazu BVerfG (K) NJW 2019, 2077. Zum Gebot einstweiligen Rechtsschutzes ungeachtet des Art. 100 I BayVGH DVBl 2013, 461; insges. näher *Windthorst,* Der verwaltungsgerichtliche einstweilige Rechtsschutz, 2009.

[617] Vgl. BVerfGE 126, 1 (28); BVerfG (K) NVwZ-RR 2019, 1827 Rn. 26. Bei Unmöglichkeit summarischer Prüfung genügt auch allein die Folgenabwägung, BVerfGE 110, 77 (87 f.); BVerfG (K), NVwZ 2018, 1466 Rn. 5; BeckRS 2019, 3632 Rn. 14 f.; krit. *Heinemann* NVwZ 2019, 517 ff. Für das SGG *Schreiber,* in: Leitentscheidungen BVerfG V, S. 487 ff.

[618] BVerfGE 69, 315 (363); ferner etwa BVerfGK 11, 241 (250 ff.); BVerfG (K) NJW 2008, 1369 (1371); NVwZ 2011, 35 (36); NVwZ-RR 2011, 305 (306 f.); 2011, 420 Rn. 16.

[619] BVerfG (K) NVwZ 2014, 363 Rn. 7 ff.

muss das Gericht ausnahmsweise einstweiligen Rechtsschutz unter eingehender tatsächl. und rechtl. Prüfung gewähren.[620] Auch schwerwiegende öff. Interessen können nur in Ausnahmefällen dazu führen, dass der Rechtsschutzanspruch des Bürgers vorübergehend zurücktreten muss;[621] grundrechtliche Belange Dritter können allerdings Ablehnung[622] und sogar Ausschluss einstweiligen Rechtsschutzes bewirken.[623] Behördliche Beurteilungsspielräume müssen einstweiligen Rechtsschutz nicht ausschließen.[624]

Die Ausgestaltung des vorläufigen Rechtsschutzes einschließl. der Durchsetzungsmittel unterliegt im **149** aufgezeigten Rahmen der Gestaltungsfreiheit des Gesetzgebers,[625] der den effektiven Rechtsschutz auch hier (→ Rn. 134) nicht unzumutbar erschweren darf.[626] Insbes. muss es, wenn effektiver Rechtsschutz anders sichergestellt ist, **keine aufschiebende Wirkung von Rechtsbehelfen** geben.[627] Liegen die Voraussetzungen für Sofortvollzug nicht vor, muss der Suspensiveffekt vollständig wiederhergestellt werden.[628] Gerichte haben in dringlichen Fällen ihr Verfahren beschleunigt zu gestalten.[629] Wenn sonst kein effektiver Rechtsschutz erreicht wird, soll telefonische Bekanntgabe für die Wirksamkeit einer Entscheidung ausreichen.[630]

## III. Der ordentliche Rechtsweg nach Abs. 4 S. 2

Mangels anderweitiger Regelungen schreibt Art. 19 IV 2 vor, dass **der ordentliche Rechtsweg 150** gegeben ist. Dieser ist der überkommene Kernbereich der Gerichtsbarkeit, der die von der Justizgewährungspflicht umfasste Klärung der Rechtsverhältnisse zwischen Bürgern und die rechtsstaatlich unverzichtbare Strafgerichtsbarkeit einschließt (→ Art. 20 Rn. 162). Es bot sich daher an, zum Ausschluss negativer Kompetenzkonflikte gerade ihn als subsidiären Rechtsweg zur Verfügung zu stellen. Aufgrund der Generalklauseln in den Prozessordnungen ist diese **Auffangregelung ohne praktische Bedeutung,**[631] zumal Rechtsschutzlücken angesichts der Gleichwertigkeit der Rechtswege vorrangig dadurch zu schließen sind, dass durch Auslegung die Zuständigkeit des sachnächsten Fachgerichts begründet wird.[632] Die Vb stellt keine vorrangige Rechtswegeröffnung dar (→ Rn. 138), greift vielmehr erst nach Erschöpfung des ggf. auch durch Art. 19 IV 2 eröffneten Rechtswegs ein.[633] Bei Anwendung von Art. 19 IV 2 ist die Zuordnung zu den Zivil- oder Strafgerichten nach der Sachnähe vorzunehmen.[634]

## IV. Begrenzungen des Art. 19 IV

Art. 19 IV enthielt urspr. keine Begrenzungsregelung gegenüber der allerdings gesetzlicher Aus- **151** gestaltung unterworfenen (→ Rn. 12, → Rn. 142 f.) Rechtsweggarantie. 1968 ist mit **Art. 10 II 2** ein mehrfach qualifizierter Gesetzesvorbehalt (auch) zu Art. 19 IV begründet worden, der allerdings nicht für alle Folgerungen aus der Rechtsweggarantie eingreift.[635] **Art. 19 IV 3** (zur Entstehung → Rn. 6)

---

[620] BVerfGE 94, 166 (216); BVerfG (K) NVwZ 2008, 880 (881); 2017, 149 Rn. 20 f.; 2018, 1467 Rn. 3 f.; 2019, 1277 Rn. 27; für Unbedenklichkeit nur summarischer Prüfung bei vorübergehenden Belastungen BVerfG (K) NJW 2002, 2225 f.; restriktiv auch BVerfG (K) NVwZ-RR 2004, 442 f.

[621] BVerfGE 51, 268 (284 f.); 67, 43 (58 f.); 69, 220 (228); 94, 166 (216); s. auch BVerfG (K) NVwZ-RR 2014, 329 Rn. 24 f.; aber BVerfG (K) NJW 2011, 3706 Rn. 16.

[622] BVerfG, Beschl. v. 27.2.2012 – 1 BvR 22/12 –, juris (Ablehnung einer eA); gegen die Ablehnung durch die Verwaltungsgerichte aber BVerfGK 20, 128 (131). Zu Informationsmaßnahmen im Lebensmittelrecht *Wollenschläger* DÖV 2013, 7 ff.

[623] BVerfGE 116, 1 (21 f.), zur Insolvenzverwalterbestellung.

[624] BVerfG NVwZ 2017, 305 Rn. 43 ff.

[625] Vgl. *Huber* MKS I, Art. 19 Rn. 479 ff. Zu gemeinschaftsrechtlichen Einflüssen s. *Wiehe,* Effektiver vorläufiger Rechtsschutz beim Vollzug von Gemeinschaftsrecht, 2000, S. 171 ff., und allgemein → Rn. 115. Gegen europarechtliche Beschränkungen beim Überstellungsverfahren BVerfG (K) NVwZ 2009, 1281. Vgl. auch *Estler,* Zur Effektivität des einstweiligen Rechtsschutzes im Gemeinschaftsrecht, 2003.

[626] BVerfG (K) NJW 2006, 3551 f. Entsprechend für die Rechtsanwendung etwa BVerfG (K) NVwZ-RR 2010, 29 (30); NJW 2017, 3142 Rn. 12 f.

[627] BVerfGE 69, 220 228 f.); BVerfG (K) 2010, 1871 (1872); NVwZ 2017, 1057 Rn. 12; BVerwGE 158, 225 Rn. 12; *W.-R. Schenke* BK, Art. 19 IV (2009) Rn. 672. Auch → Rn. 143a.

[628] BVerfG (K) NVwZ-RR 2010, 109 (110 f.).

[629] BVerfG (K) NVwZ 2014, 62 Rn. 10.

[630] OVG NRW NVwZ-RR 2017, 357 LS.

[631] Vgl. *Stern,* StaatsR III/2, S. 1192 f.; *Dietlein,* in: Stern, StaatsR IV/2, S. 1981 f.; *Ibler,* in: Friauf/Höfling, Art. 19 IV (2002) Rn. 355.

[632] *Schmidt-Aßmann,* in: Maunz/Dürig, Art. 19 Abs. 4 (2014) Rn. 231, 294; *Maurer* FS 50 Jahre BVerfG II, 2001, S. 467 (487).

[633] Anders allgemein *Papier* HStR VIII, § 177 Rn. 96.

[634] Vgl. *Papier* HStR VIII, § 177 Rn. 96; *Schmidt-Aßmann,* in: Maunz/Dürig, Art. 19 Abs. 4 (2014) Rn. 295, der auch die freiwillige Gerichtsbarkeit einbezieht.

[635] Zu Benachrichtigungspflichten und zur Gestaltung der Datenvernichtung BVerfGE 100, 313 (364 f.).

hat nur klarstellende Bedeutung.[636] Das BVerfG[637] hat entsprechend seine Prüfung der Art. 10 II 2 und 19 IV 3 auf die erstgenannte Bestimmung konzentriert (dazu → Art. 10 Rn. 46 ff.). Aufgrund von **Art. 24 I, Ia GG** kann auch die Rechtsprechung über die Ausübung der Hoheitsgewalt auf eine supranationale Einrichtung übertragen und insoweit der Zugang zu deutschen Gerichten ausgeschlossen werden.[638]

152    Die Modifikationen des Rechtsschutzes durch **Art. 16a II 3 und IV** sind auch ohne Erwähnung in Art. 19 IV vom BVerfG gebilligt worden. Verfassungsrechtliche Abweichungen von einem Grundgesetzartikel, insbes. Begrenzungen einer Grundrechtsbestimmung (hier: Art. 19 IV), müssen nicht in deren Text geregelt sein (→ vor Art. 1 Rn. 101, → vor Art. 1 Rn. 120, → vor Art. 1 Rn. 129 ff.); namentlich ist Art. 79 I 1 genügt, wenn die Abweichung im Text des GG ausgesprochen ist.[639] Art. 16a II 3, IV 1 HS 1 enthalten grundgesetzliche Einschränkungsnormen (→ vor Art. 1 Rn. 100) zu Art. 19 IV.[640] Art. 16a IV 1 HS 2 verbindet dies mit einem qualifizierten Gesetzesvorbehalt, der nicht restriktiv auszulegen sein soll.[641]

153    Das GG enthält iÜ von Anfang an grundgesetzliche Einschränkungsnormen zu Art. 19 IV in Form verfassungsunmittelbarer **Rechtsschutzausschlussklauseln.**[642] Dies betrifft **Art. 44 IV 1** (→ Art. 44 Rn. 28),[643] nach der Judikatur des BVerfG auch Art. 41 I[644] und wohl Art. 46 I 1[645] sowie Art. 131 S. 3. Mit der Sicherung der Wahlrechtsgrundsätze auf Landesebene ist auch die der Effektivität des diesbezüglichen Rechtsschutzes allein Landesgerichten überlassen.[646] Zu Gnadenentscheidungen → Rn. 119. Begrenzungswirkungen anderer Verfassungsbestimmungen (allg. → vor Art. 1 Rn. 120 ff.)[647] sind angesichts der weitgehenden Ausgestaltungsmöglichkeiten (→ Rn. 12, → Rn. 140, → Rn. 142 f., auch → Rn. 129 ff.) nur ausnahmsweise von Bedeutung (etwa → Rn. 148 am Ende). Die gerichtliche Kontrolle des Bewerbungsverfahrensanspruchs aus Art. 33 II wird durch Art. 95 II eingeschränkt.[648] Modifikationen ergeben sich auch bei Religionsgesellschaften (→ Art. 140 GG/137 WRV Rn. 16 ff.).

---

[636] Zumindest missverständlich hierzu *Schulze-Fielitz,* in: Dreier I, Art. 19 IV Rn. 141.

[637] Vgl. BVerfGE 30, 1 (17 ff.); beide Bestimmungen erwähnt BVerfG 100, 313 (364).

[638] BVerfGE 149, 346 Rn. 41.

[639] S. ausdrücklich zu Art. 16a II 3 BVerfGE 94, 49 (104), und zu Art. 16a IV BVerfGE 94, 166 (195); auch → Art. 79 Rn. 13.

[640] An den abw. Qualifikationen in *Sachs,* in: Stern, StaatsR III/2, S. 505 bzw. 511, wird nach der neueren Judikatur zu Art. 16a GG, vgl. BVerfGE 94, 49 (96, 100), 94, 166 (189 ff., 218), nicht festgehalten.

[641] So BVerfGE 94, 166 (208 f.) (ohne Erwähnung des HS 2); vgl. insgesamt zu Art. 16a und Art. 19 IV etwa *B. Huber* NVwZ 1997, 1080 ff.

[642] Vgl. näher *Sachs,* in: Stern, StaatsR III/2, S. 505 f., 508.

[643] Zur landes(verfassungs)rechtlichen Parallelbestimmung abl. HambOVG NVwZ 2014, 1386 Rn. 10; dazu krit. *Brocker* NVwZ 2014, 1357; restriktiv auch HambVerfG NVwZ 2016, 61 Rn. 18 ff.; dazu BVerfG (K) NVwZ 2016, 1169 Rn. 35 ff.; auch *Buckler* DVBl 2018, 1190 ff.

[644] Für Exklusivität der Wahlprüfung auch nach der Neuregelung von 2012 BVerfGE 151, 1 Rn. 31; gegen Exklusivität ggü. verfassungswidrigen Wahlgesetzen BVerfGE 151, 152 Rn. 31; allg. → Art. 41 Rn. 4. S. in diesem Kontext auch Art. 93 I Nr. 4c und vorher *Koch* ZRP 2011, 196 ff.; umfassend *Uhlmann,* Individualrechtsschutz gegen Wahlverfahrensakte ..., 2016. Zur Wahlprüfung in den Ländern vgl. *Puttler* DÖV 2001, 849 ff.; *Franzke* NWVBl 2002, 3 (6); SächsVerfGH NVwZ 2019, 1829 Rn. 26 ff.; BremStGH NVwZ-RR 2008, 666; HambVerfG DÖV 2012, 283 Nr. 256 LS 1b.

[645] Auf Landesebene ThürVerfGH ThürVBl 2019, 140 (144), zum Justizgewährungsanspruch.

[646] BVerfG (K), 10.11.2010 – 2 BvR 1946/10 –, BeckRS 2010, 56337.

[647] Dafür iSd allg. Begrenzungsmodells (→ vor Art. 1 Rn. 120 ff.) etwa *Schulze-Fielitz,* in: Dreier I, Art. 19 IV Rn. 140; *Huber* MKS I, Art. 19 Rn. 519 ff.

[648] BVerfGE 143, 22 Rn. 34.

# II. Der Bund und die Länder

## Art. 20 [Verfassungsgrundsätze; Widerstandsrecht]

(1) Die Bundesrepublik Deutschland ist ein demokratischer und sozialer Bundesstaat.

(2) Alle Staatsgewalt geht vom Volke aus. Sie wird vom Volke in Wahlen und Abstimmungen und durch besondere Organe der Gesetzgebung, der vollziehenden Gewalt und der Rechtsprechung ausgeübt.

(3) Die Gesetzgebung ist an die verfassungsmäßige Ordnung, die vollziehende Gewalt und die Rechtsprechung sind an Gesetz und Recht gebunden.

(4) Gegen jeden, der es unternimmt, diese Ordnung zu beseitigen, haben alle Deutschen das Recht zum Widerstand, wenn andere Abhilfe nicht möglich ist.

**Entstehungsgeschichte: Erstfassung:** JöR nF 1 (1951), 195. – **Änderung:** 17. G. zur Erg. des GG v. 24.6.1968 (BGBl I 709), § 1 Nr. 7 (dazu BT-Dr V/1879 [Entwurf], V/2873; BT-Prot V 5856, 9312, 9413, 9606, 9654; BR-Dr 162/67, 303/68; BR-Prot 67/51, 68/138).

**Historische Verfassungstexte: WRV: Art. 1** (1) Das Deutsche Reich ist eine Republik. (2) Die Staatsgewalt geht vom Volke aus. – **GG 1949:** bis auf Art. 20 IV wie geltende Fassung.

**Geltende Landesverfassungen:** *BW*Verf Art. 23, 25; *Bay*Verf Art. 1 I, 2, 3 I, 4 f.; *Bln*Verf Art. 1–3, 36 III; *Bbg*Verf Art. 1 I, 2; *Brem*Verf Art. 19, 64–67; *Hmb*Verf Art. 1, 3; *Hess*Verf Art. 64 f., 70 f., 147; *MV*Verf Art. 1 II, 2, 3 I, 4; *Nds*Verf Art. 1 II, 2; *NRW*Verf Art. 1 I 1, 2 f.; *RhPf*Verf Art. 74 f., 77; *Saar*Verf Art. 60 I, 61; *Sachs*Verf Art. 1, 3, 114; *LSA*Verf Art. 1 I, 2, 21 V; *SchlH*Verf Art. 1 f.; *Thür*Verf Art. 44 I, 45, 47.

**Supra- und internationale Texte:** EUV Art. 2, 10; AEUV Art. 151, 152; AMRE Art. 21 I, III, 22.

**Leitentscheidungen: Zu D. (Demokratie):** BVerfGE 44, 125 (Öffentlichkeitsarbeit); BVerfGE 47, 253 (Gemeindeparlament [NRW] – Wahlrechtsgrundsätze); BVerfGE 83, 37 (Ausländerwahlrecht SchlH); BVerfGE 83, 60 (Ausländerwahlrecht Hamb); BVerfGE 93, 37 (Mitbestimmungsgesetz SchlH); BVerfGE 107, 59 (Funktionale Selbstverwaltung); BVerfGE 123, 267 (Lissabon-Vertrag). – **Zu E. (Sozialstaat):** BVerfGE 1, 97 (Hinterbliebenenversorgung); BVerfGE 33, 303 (numerus clausus); BVerfGE 59, 231 (Freie Mitarbeiter); BVerfGE 125, 175 (Hartz-IV-Bedarfsermittlung); BVerwGE 1, 159 (Fürsorgeanspruch). – **Zu F. (Bundesstaat):** BVerfGE 1, 14 (Südweststaat); BVerfGE 1, 299 (Wohnungsbaumittel); BVerfGE 8, 122 (Volksbefragung Atomwaffen Hessen); BVerfGE 86, 148 (Länderfinanzausgleich II); BVerfGE 98, 106 (Verpackungsteuer). – **Zu G. (Rechtsstaat):** BVerfGE 1, 14 (Südweststaat); BVerfGE 8, 274 (Preisbildung); BVerfGE 9, 268 (Personalvertretung Bremen); BVerfGE 11, 139 (Rückwirkung Gerichtskosten); BVerfGE 13, 261 (Rückwirkung Steuerbelastung); BVerfGE 33, 1 (Strafgefangene); BVerfGE 33, 125 (Facharzt); BVerfGE 34, 165 (Förderstufe); BVerfGE 34, 269 (Soraya); BVerfGE 49, 89 (Kalkar I); BVerfGE 72, 200 (Doppelbesteuerungsabkommen); BVerfGE 95, 1 (Südumfahrung Stendal). – **Zu H. (Widerstandsrecht):** BVerfGE 5, 85 (KPD-Verbot).

**Schrifttum: Zu C. (Republik):** *G. Frankenberg,* Die Verfassung der Republik, 1996; *R. Gröschner,* Die Republik HStR II, § 23; *W. Henke,* Die Republik HStR I¹, § 21; *J. Isensee,* Republik – Sinnpotential eines Begriffs, JZ 1981, 1; *K. A. Schachtschneider,* Res publica res populi, 1994; *K. Stern,* StaatsR I, § 17. – **Zu D. (Demokratie):** *P. Badura,* Die parlamentarische Demokratie HStR II, § 25; *E.-W. Böckenförde,* Demokratie als Verfassungsprinzip HStR II, § 24; *W. Maihofer,* Prinzipien freiheitlicher Demokratie HdbVerfR, § 12; *M. Morlok,* Demokratie und Wahlen, FS 50 Jahre BVerfG II, 2001, S. 559; *W. v. Simson/M. Kriele,* Das demokratische Prinzip im Grundgesetz, VVDStRL 29 (1971), 3, 46; *S. Unger,* Das Verfassungsprinzip der Demokratie, 2008; *U. J. Schröder,* Das Demokratieprinzip des Grundgesetzes, JA 2017, 809 ff. – **Zu E. (Sozialstaat):** *P. Badura,* Der Sozialstaat, DÖV 1989, 491; *E. Benda,* Der soziale Rechtsstaat HdbVerfR, § 17 Rn. 18; *O. Depenheuer,* Das soziale Staatsziel und die Angleichung der Lebensverhältnisse in Ost und West HStR IX¹, § 204; *C. Enders ua,* VVDStRL 64 (2005); *E. Forsthoff/O. Bachof,* Begriff und Wesen des sozialen Rechtsstaats, VVDStRL 12 (1954), 8, 37; *H. M. Heinig,* Der Sozialstaat im Dienst der Freiheit, 2008; *T. Kingreen,* Das Sozialstaatsprinzip im europäischen Verfassungsverbund, 2003; *K. Stern,* StaatsR I, § 21; *H. F. Zacher,* Das soziale Staatsziel HStR II, § 28. – **Zu F. (Bundesstaat):** *A. Dittmann,* Föderalismus in Gesamtdeutschland HStR IX¹, § 205; *B.-S. Dörfer,* Bundesverfassungsgericht und Bundesstaat, 2010; *A. Hanebeck,* Der demokratische Bundesstaat des Grundgesetzes, 2004; *I. Härtel* (Hrsg.), Hdb. Föderalismus, Bd. I–IV, 2012; *J. Isensee,* Idee und Gestalt des Föderalismus im Grundgesetz HStR VI, § 126; *ders.,* Der Bundesstaat – Bestand und Entwicklung, FS 50 Jahre BVerfG II, 2001, S. 719; *M. Jestaedt,* Bundesstaat als Verfassungsprinzip HStR II, § 29; *O. Kimminich,* Der Bundesstaat HStR I¹, § 26; *E. Sarcevic,* Das Bundesstaatsprinzip, 2000; *K. Stern,* StaatsR I, § 19; *H.-J. Vogel,* Die bundesstaatliche Ordnung des Grundgesetzes HdbVerfR, § 22. – **Zu G. (Rechtsstaat):** *E. Benda,* Der soziale Rechtsstaat HdbVerfR, § 17; *E. Forsthoff/O. Bachof,* Begriff und Wesen des sozialen Rechtsstaats, VVDStRL 12 (1954), 8, 37; *J. Isensee,* Rechtsstaat – Vorgabe und Aufgabe der Einigung Deutschlands HStR IX¹, § 202; *P. Kunig,* Das Rechtsstaatsprinzip, 1986; *ders.,* Der Rechtsstaat, FS 50 Jahre BVerfG II, 2001, S. 421; *E. Schmidt-Aßmann,* Der Rechtsstaat HStR II, § 26; *K. Sobota,* Das Prinzip Rechtsstaat, 1997; *K. Stern,* StaatsR I, § 20. – **Zu H. (Widerstandsrecht):** *W. Höfling,* Widerstand im Rechtsstaat HGR V, § 121; *J. Isensee,* Das legalisierte Widerstandsrecht, 1969; *K. Kröger,* Widerstandsrecht und demokratische Verfassung, 1971; *K.-A. Schwarz,* Widerstandsfall HStR XII, § 282; *K. Stern,* StaatsR II, § 57.

## Übersicht

# A. Allgemeines

## I. Entstehung

**1. Vorgeschichte.** Allgemeine Aussagen zu den Grundlagen des Staatswesens sind seit der französi- 1
schen. Revolution in vielen Verfassungen anzutreffen. In Deutschland hoben die einzelstaatlichen
Verfassungen des 19. Jahrhunderts durchweg das konstitutionell-monarchische Prinzip hervor. Auf der
gesamtdeutschen Ebene ist erst **Art. 1 WRV als Vorbild** für Art. 20 zu nennen. Die 1946/47
erlassenen Landesverfassungen zeichnen insgesamt alle Inhalte des Art. 20 I–III vor,[1] antizipieren
durchweg auch die Bundesstaatlichkeit.

**2. Ursprungsfassung.** Art. 20 I–III geht auf die **Arbeit des ParlRat** zurück. Die wichtigsten 2
Aspekte finden sich bereits im Ausgangsentwurf des Abg. *v. Mangoldt*. Bis auf den Wegfall des Rechts-
staats und der parlamentarischen Regierungsform stimmt Abs. 1 in der Sache mit diesem Entwurf
überein. Die Volkssouveränität ist in Art. 20 II 1 umfassender formuliert als in Art. 1 II WRV; in S. 2
wurde auf Vorschlag des ARA die unmittelbare Betätigung des Volkes (→ Rn. 28 ff.) eingefügt, ebenso
Abs. 3 um die Verfassungsbindung der Gesetzgebung und die Bindung an das „Recht" ergänzt.
→ Rn. 9, → Rn. 11, → Rn. 27, → Rn. 46, → Rn. 55, → Rn. 74 f., → Rn. 79 f., → Rn. 94,
→ Rn. 103. **Zu Abs. 4** → Rn. 166 ff.

## II. Grundsätzliche Bedeutung

Die **Rechtsnatur** des ursprünglichen Art. 20 wird in Art. 79 III durch die Anknüpfung an die hier 3
„niedergelegten **Grundsätze" des Grundgesetzes** prinzipiell zutreffend erfasst; die (meisten) normativen Gehalte des Art. 20 weisen jedenfalls die wichtigsten Kriterien von **Grundsätzlichkeit**[2] auf, wie
namentlich ein Höchstmaß an Generalität, die Unmöglichkeit, die Anwendungsfälle abschließend zu
bestimmen, ihre zentrale Bedeutung für die Gesamtverfassung, die Eigenschaft als Grundlage (auch
ungeschriebener) konkreter(er) Normen,[3] schließlich Flexibilität gegenüber gegenläufigen Inhalten der
Verfassung, insbesondere des Art. 20 selbst.

Während Einzelbestimmungen des GG die Grundsätze des Art. 20 ausformen, fassen diese selbst die 4
Summe solcher Einzelaussagen zusammen, verallgemeinern und überhöhen sie zugleich zu **Grundgedanken,** die die Interpretation der Einzelausprägungen leiten, aber auch ergänzende Einzelgehalte
begründen können.

Art. 20 ist grundsätzlich nur auf den staatlichen Bereich anwendbar.[4] Für die Länder wird Abs. 1 5
durch Art. 28 I 1 verdrängt; Abs. 2 und 3 sind Durchgriffsnormen auch für die Landesebene.[5] Zur
Mitwirkung an der EU s. Art. 23 I 1 und dazu → Art. 23 Rn. 16 f. Die **Unberührbarkeit** der Grundsätze des Art. 20 verleiht ihnen **keinen höheren Rang** (→ Art. 79 Rn. 28) als anderen Bestimmungen
des Grundgesetzes.

Die Grundsätze des Art. 20 sind einander im Sinne der Einheit der Verfassung (→ Einf Rn. 50) 6
**sinnvoll zugeordnet.** So finden sich nebeneinander Grundprinzip und Einzelausprägungen
(→ Rn. 13 f., → Rn. 46 ff., → Rn. 55 ff., → Rn. 74 ff.), auch kommt es zu parallelen Konsequenzen
mehrerer Grundsätze (→ Rn. 9, → Rn. 36 ff., → Rn. 56, → Rn. 79 ff., → Rn. 110 ff.). **Gegenläufige
Tendenzen** erfordern eine harmonisierende, (Schein-)Widersprüche vermeidende Auslegung. Kann
ein Widerspruch so nicht ausgeräumt werden, bleibt nur die stets mit Ungewissheiten behaftete
Herstellung „praktischer Konkordanz" im konkreten Zusammenhang (→ Einf Rn. 50).

# B. Staatlichkeit und Staatsname (Abs. 1)

In den Begriffen „Bundes*staat*" und „*Staats*gewalt" in Art. 20 I, II 1 wird die **Staatlichkeit** des 7
Gemeinwesens[6] vorausgesetzt. Diese Aussage der Verfassung zielt nicht auf die Begründung spezifischer Rechtsfolgen,[7] könnte aber normative Relevanz erlangen, wenn die allerdings von Anfang an

---

[1] Art. 50 I, II, 51, 56 BadVerf 1947; Art. 1 I, 2, 3 S. 1 BayVerf 1946; Art. 64, 65, 66 I, II BremVerf 1947; Art. 64,
65, 70, 71 HessVerf 1946; Art. 74 I 1, 2, 75 I RhPfVerf 1947; ferner Art. 60, 61 SaarlVerf 1947.

[2] Dazu etwa *Alexy,* Theorie der Grundrechte, 1985, S. 72 ff.; auch *F. Reimer,* Verfassungsprinzipien, 2001, insbesondere S. 233 ff.; differenzierend *Unger,* Das Verfassungsprinzip der Demokratie, 2008, S. 89 ff.

[3] Dazu allgemein *H. A. Wolff,* Ungeschriebenes Verfassungsrecht unter dem Grundgesetz, 2000; auch *Unruh,* Der
Verfassungsbegriff des Grundgesetzes, 2001, S. 429; *Reimer* (Fn. 2), passim.

[4] *Stern,* StaatsR I, S. 627 ff.

[5] *Stern,* StaatsR I, S. 704; *Sachs* ThürVBl 1993, 121; allgemein für unmittelbare Geltung für die Länder *Robbers*
BK, Art. 20 (2008) Rn. 134; s. zu Einzelaspekten → Rn. 31, → Rn. 75, → Rn. 82, → Rn. 94, → Rn. 122,
→ Rn. 126, → Rn. 148; allgemein zu Durchgriffsnormen noch → Rn. 62.

[6] Vgl. etwa *Alshut,* Der Staat in der Rechtsprechung des Bundesverfassungsgerichts, 1999.

[7] Zur Dogmengeschichte etwa *Uhlenbrock,* Der Staat als juristische Person, 2000; für eine Grenzsicherungspflicht
aber etwa *Möstl* AöR 142 (2017), 175 (183 ff.) mwN.

auf Integration und Offenheit angelegte, 1949 zudem noch fehlende souveräne Staatlichkeit[8] der Bundesrepublik – etwa aufgrund weitergehender Fortschritte der europäischen Integration bis hin zu einem (Bundes-)Staat[9] – substantiell in Frage gestellt wird.[10]

8      Die Überschrift, die ursprüngliche Präambel und die Verkündungsformel sprechen im Rahmen der Bezeichnung des GG von **„Bundesrepublik Deutschland";** zentral findet sich die Formulierung in Art. 20 I.[11] Insgesamt ist damit der Staatsname[12] **verfassungsrechtlich bestimmt.**[13]

## C. Das republikanische Prinzip (Abs. 1)

9      Die in Art. 20 I im Staatsnamen versteckte, durch Art. 28 I 1 als normative Festlegung verdeutlichte Entscheidung für die **republikanische Staatsform** bedeutet nach der historischen Entwicklung die in Art. 1 I WRV ausdrücklich an die Spitze der Verfassung gestellte Negation der damals abgelösten Monarchie.[14] Eigenständige Bedeutung hat dies heute (nur) insoweit, als ein **monarchisches Staatsoberhaupt,** selbst bei unterstellter Vereinbarkeit mit Volkssouveränität und Demokratie, **ausgeschlossen** ist.[15]

10     Für die **Zuordnung weiterer Sinngehalte** bieten das Vorbild der römischen res publica und ideengeschichtliche Anknüpfungen **keine verfassungsrechtlich greifbare Grundlage.** Die vorgeschlagenen Anreicherungen[16] betreffen zumeist Punkte, die durch Demokratie und Rechtsstaat bereits abgedeckt[17] oder – wie die Orientierung am Gemeinwohl[18] – im säkularen Staat geradezu selbstverständlich sind;[19] dementsprechend konnte in Art. 23 I 1 für die EU unbedenklich auf das Republikprinzip verzichtet werden. Doch bleibt der Ausschluss jeder Monarchie neben Art. 54 ff. wegen Art. 79 III bedeutsam (→ Art. 79 Rn. 61).

## D. Das Demokratieprinzip (Abs. 1 und 2)

### I. Allgemeine Bedeutung

11     **1. Grundlagen.** Demokratie bezeichnete in der Antike die positive Variante der **Herrschaft des Volkes.** Vom neuzeitlichen Staatsdenken wieder aufgegriffen wurde sie in Deutschland nach Ansätzen in den RV 1849 bzw. 1871 zuerst 1919 verwirklicht.[20] Nach 1945 in LVerf. ausdrücklich verankert[21]

---

[8] Ob Staatlichkeit nach dem GG zwingend Souveränität (→ Einf Rn. 1a) impliziert, ist angesichts der in der Präambel erklärten Bereitschaft, „Glied[staat?] in einem vereinten Europa" zu sein, nicht evident. Vgl. allgemein auch Bahmer ua (Hrsg.), Staatliche Souveränität im 21. Jahrhundert, 2018.

[9] Dies ablehnend BVerfGE 113, 273 (298); 123, 267 (347 f., 364, 370 f.); noch offen BVerfGE 89, 155 (188); anders wohl *Robbers* BK, Art. 20 (2008/2014) Rn. 179 f., 3099 ff.; allgemein → Art. 23 Rn. 93; → Art. 79 Rn. 60; ferner *Möllers,* Staat als Argument, 2000, S. 376 ff.; *Badura* FS 50 Jahre BVerfG II, 2001, S. 897 (902 ff.); *Unruh* (Fn. 3), S. 608 ff.; *Steiger* Staat 41 (2002), 331 ff.; *Fromont* DÖV 2011, 457 ff.; *Murswiek* FS Wahl, 2011, S. 779 (786 ff.); *H. H. Klein,* AöR 139 (2014), 165 ff.

[10] *Isensee* HStR II, § 15 Rn. 33; VII¹, § 166 Rn. 68; *P. Kirchhof* HStR II, § 21 Rn. 25; VII¹, § 183 Rn. 60; *Haack,* Verlust der Staatlichkeit, 2007. Gegen Staatlichkeit als Verfassungsprinzip *Zacharias,* in: Thiel (Hrsg.), Wehrhafte Demokratie, 2003, S. 57 (82 ff.).

[11] Ähnlich schon Art. 1 I WRV; s. ferner Art. 21 II, 23 I 1, VI 1, 73 I Nr. 10 lit. c, 87 I 2 GG.

[12] Ausdrücklich Vorspruch S. 2 RV 1871; Art. 64 BremVerf 1947; Präambel HChE Minderheitsvotum.

[13] Für Regelung in Art. 20 *Robbers* BK, Art. 20 (2008) Rn. 145 ff.; (eher) für die Überschrift *Sommermann* MKS II, Art. 20 Rn. 12; wie hier *Murswiek* BK, Überschrift (1986), Erl. II Rn. 5 f., 15 ff.

[14] *Stern,* StaatsR I, S. 577 ff.; *H. Dreier,* in: Dreier II, Art. 20 (Republik) Rn. 17 f.; *Schnapp,* in: v. Münch/ Kunig I, Art. 20 Rn. 9; auch *Gröschner* HStR II, § 23 Rn. 8; *Sommermann* MKS II, Art. 20 Rn. 13; *Volkmann,* in: Friauf/Höfling, Art. 20 (2. Teil) (2008) Rn. 11 ff.; auch hierfür *Nowrot,* Das Republikprinzip in der Rechtsordnungengemeinschaft, 2014, S. 472 ff.

[15] *Stern,* StaatsR I, S. 579, 581; *H. Dreier,* in: Dreier II, Art. 20 (Republik) Rn. 17 ff., 20 ff.; grds. auch *Grzeszick,* in: Maunz/Dürig, Art. 20 III (2013) Rn. 1 f., 8; gegen organisatorische Konsequenzen aus dem Begriff des Freistaates SächsVerfGH LKV 2006, 79 f.

[16] Für weitergehende Bedeutungen etwa *Löw* DÖV 1979, 819 (821 f.); *Isensee* JZ 1981, 1 ff.; *Henke* HStR I¹, § 21 Rn. 7, 10, 14 ff.; *Gröschner* HStR II, § 23 Rn. 10 ff.; *Schachtschneider,* Res publica res populi, 1994; *Frankenberg,* Die Verfassung der Republik, 1996, S. 98 ff.; *Unruh* (Fn. 3), S. 573 ff.; *Anderheiden,* Gemeinwohl in Republik und Union, 2006, S. 225 ff.; *Sommermann* MKS II, Art. 20 Rn. 14; *Robbers* BK, Art. 20 (2008) Rn. 295 ff., 334 ff.; s. ferner *Wiegand,* Demokratie und Republik, 2017; v. Schlieffen (Hrsg.), Republik, Rechtsverhältnis, Rechtskultur, 2018, dort insbes. *F. Reimer,* S. 67 ff.; rechtsvergleichend *Zacharias* IPE II, 2008, § 40 Rn. 10 ff.; jenseits des Verfassungsrechts etwa Thiel/Volk (Hrsg.), Die Aktualität des Republikanismus 2016; *Stellmacher,* Das Prinzip der Republik, 2018.

[17] S. etwa zur Wahlöffentlichkeit BVerfGE 123, 39 (68 ff.); 134, 25 Rn. 12; ohne Erwähnung der Republik noch BVerfGE 121, 266 (291 ff.); zu Art. 20 I, II BVerfGE 130, 212 (223 f.) und 367 (370 f.). Für Republik als „Gesamtgrundsatz" *Robbers* BK, Art. 20 (2008) Rn. 364 ff.

[18] Vor allem darauf bezogen eingehend *Nowrot* (Fn. 14), S. 361 ff., 534 ff.; gegen ein republikanisches Gemeinwohl *Wittreck* GS Blumenwitz, 2008, S. 881 ff.

[19] Vgl. etwa *Sachs,* in: Stern, StaatsR III/2, S. 341 ff.

[20] Zu den Grundlagen im Überblick *Stern,* StaatsR I, S. 587 ff.; ferner etwa *Pohl,* Demokratisches Denken in der Weimarer Nationalversammlung, 2002.

[21] Vgl. neben den vor Rn. 1 angeführten Bestimmungen Art. 43 WürttBadVerf 1946; Art. 50 I BadVerf 1947; Art. 1 WürttHohVerf 1947 („Volksstaat").

und als erste **Vorgabe der Alliierten** für die neue Verfassung des Gesamtstaates explizit gefordert (→ Einf Rn. 14)[22] war das Demokratieprinzip im ParlRat unumstritten.

Die für Art. 20 I,[23] mittelbar auch für Art. 28 I (→ Art. 28 Rn. 7 ff., → Art. 28 Rn. 15) und Art. 79 **12** III (→ Art. 79 Rn. 64 ff.) sowie nach Art. 23 I 1 entsprechend für die EU (näher → Art. 23 Rn. 24 ff.), **maßgebliche Bedeutung** des Demokratieprinzips besteht darin, dass das Volk Träger der Staatsgewalt ist und sie selbst ausübt; Entscheidungen müssen von der Mehrheit des Staatsvolkes frei und gleich getroffen werden[24] (→ Rn. 16 ff.); im Übrigen bleibt das Prinzip für unterschiedliche Entwicklungen[25] offen.[26] Idealtypische Referenzmodelle[27] können verfassungsrechtlich nicht den Maßstab bilden. Subjektive Rechte soll das Demokratieprinzip dem BTag trotz dessen herausgehobener Stellung (→ Rn. 36) grundsätzlich nicht vermitteln.[28]

Allerdings kennt das Grundgesetz zumal im Organisationsrecht zahlreiche **Einzelausprägungen** **13** des Demokratieprinzips. Zu diesen gehören vor allem nachstehende, ihrerseits durch vielfältige Einzelbestimmungen näher ausgeformte Hauptelemente:[29]

– Garantien von Freiheit und Gleichheit des politischen Prozesses (→ Rn. 16 ff.);
– das Mehrheitsprinzip (→ Rn. 21 ff.);
– der Schutz von (parlamentarischen) Minderheiten (→ Rn. 26);
– allgemeine, unmittelbare, freie, gleiche und geheime Wahlen von Volksvertretungen (→ Rn. 31 ff.);
– die zeitliche Begrenzung des Mandats der Volksvertretungen (→ Rn. 34);
– die demokratische Legitimation der besonderen Staatsorgane (→ Rn. 35 ff.).

Einzelbestimmungen des Grundgesetz mit demokratischer Relevanz sind als solche durch das **14** Demokratieprinzip **nicht festgeschrieben,** können aber inhaltlich teils diesem selbst entnommen werden (näher → Art. 79 Rn. 64 ff.). Erst recht gilt dies für (partiell) gegenläufige Gehalte des Grundgesetzes als Elemente freiheitlicher, föderativer oder wehrhafter Demokratie.[30]

Der **Anwendungsbereich** des Demokratieprinzips des Grundgesetzes ist grundsätzlich auf die **15** **Staatsgewalt in Bund und Ländern** sowie in den Kommunen, Art. 28 I (→ Art. 28 Rn. 15, → Art. 28 Rn. 18), beschränkt. Abgesehen von Art. 21 I 3 (→ Art. 21 Rn. 53 ff.) und Art. 23 I 1 (→ Art. 23 Rn. 24 ff.), die je eigenständiger Bewertung bedürfen, können ihm keine Vorgaben für außerhalb der deutschen öffentlichen Gewalt gelegene Bereiche der Gesellschaft[31] entnommen werden. So rechtfertigt das religiöse Verbot der Wahlteilnahme ist nicht, einer Religionsgesellschaft den Korporationsstatus zu versagen.[32] Im Bereich der Staatsgewalt selbst können sich für die verschiedenen Zweige und Staatsorgane durchaus unterschiedliche Konsequenzen ergeben.[33]

**2. Freiheit und Gleichheit. Demokratie baut** auf **Freiheit und Gleichheit** der Bürger **auf.**[34] **16** Zwar können die Einzelnen nicht nur nach ihrem individuellen Willen leben; dieser geht jedoch auf der Basis gleicher Mitwirkungsrechte (→ vor Art. 1 Rn. 26, → vor Art. 1 Rn. 50) in die Mehrheitsentscheidungen (→ Rn. 22) ein.[35] Dadurch wird das machbare Maximum an polit. Selbstbestimmung realisiert, freilich schon durch die Mehrheitsentscheidung, nicht erst durch Repräsentation mediatisiert. Dass indiv. Freiheit und Gleichheit die **Staatsgewalt** auch **beschränken,** ist **kein Gegensatz zur Demokratie.**

Für die Demokratie konstitutiv ist die **Freiheit der vom Volk zu treffenden Entscheidungen;** **17** dazu gehört die Freiheit des Entscheidungsvorgangs selbst (→ Rn. 34) ebenso wie die freie Entschei-

[22] Zur Diskussion im internationalen Recht s. *Ehm,* Das völkerrechtliche Demokratiegebot, 2013.

[23] BVerfGE 120, 56 (79 ff.): Demokratieprinzip des Art. 20 II GG; auch BVerwGE 142, 124 Rn. 18.

[24] Vgl. entsprechend *Robbers* BK, Art. 20 (2008) Rn. 469 ff.

[25] Vgl. etwa *Vorländer* (Hrsg.), Politische Reform in der Demokratie, 2005; *Unger* (Fn. 2), S. 170 ff.; *Salzborn,* Demokratie, 2012; *Heinig/Terhechte* (Hrsg.), Postnationale Demokratie, Postdemokratie, Neoetatismus, 2013; *Seckelmann* DÖV 2014, 1 ff.; *Hien* DVBl 2015, 1 ff.; *Suntrup,* in: Rixen (Hrsg.), Die Wiedergewinnung des Menschen als demokratisches Projekt, Bd. 1, 2015, S. 53 ff.; *Kersten* JuS 2018, 929 ff.

[26] *Robbers* BK, Art. 20 (2008) Rn. 515, unter Berufung auf BVerfGE 107, 59 (91), zu Art. 20 II.

[27] Wie das von *Thiele,* Verlustdemokratie, 2016, S. 23 ff.

[28] BVerfGE 123, 267 (339); 135, 317 Rn. 156; zur Subjektivierung für die Wähler aber u. Rn. 34. Das parlamentarische Fragerecht aber auch auf Art. 20 II 2 GG gestützt, BVerfGE 147, 50 Rn. 195 ff.; 228.

[29] Vgl. etwa *Isensee* Staat 20 (1981), 161 (171); *Stern,* StaatsR I, S. 606; *Schnapp,* in: v. Münch/Kunig I, Art. 20 Rn. 20–22; *Schliesky,* in: ders. ua, Demokratie im digitalen Zeitalter, 2016, S. 15 ff.

[30] Zu solchen Verbindungen *Stern,* StaatsR I, S. 600; *Grzeszick,* in: Maunz/Dürig, Art. 20 II (2010) Rn. 55 ff.; ausführlich zur wehrhaften (oder „streitbaren") Demokratie *Thiel,* in: Thiel (Hrsg.), Wehrhafte Demokratie, 2003, S. 1 ff.; *Döring* ua, Streitbare Demokratie, 2016; s. etwa auch BVerfGE 144, 20 Rn. 418; BVerwGE 137, 275 Rn. 24; → Art. 21 Rn. 146 ff.

[31] S. *Ahlert,* Weltweite Wahlen im Internet, 2003; *Kolbe,* Mitbestimmung und Demokratieprinzip, 2013.

[32] BVerfGE 102, 370 (397 ff.); strengere Loyalitätsanforderungen in BVerwGE 105, 117 (126 f.); gegen eine Geltung für Personalratswahlen BVerfGE 91, 367 (386).

[33] Dies gilt etwa für eine „Demokratisierung" der Justiz, vgl. nur *Weber-Grellet* ZRP 2003, 145 ff.

[34] *Kelsen,* Vom Wesen und Wert der Demokratie, 1920, S. 4 f.; allgemein BVerfGE 44, 125 (139); *Stern,* StaatsR I, S. 594 ff., 613 ff., 625 f.; *Böckenförde* HStR II, § 24 Rn. 35 ff., 41 ff.; *Starck* HStR III, § 33; *Robbers* BK, Art. 20 (2008) Rn. 471, 485 ff.; *Dietlein,* in: Stern, StaatsR IV/2, S. 1 ff.

[35] Zum Recht auf demokratische Teilhabe etwa *Kube* GS Brugger, 2013, S. 571 (579 ff.).

dungsfindung der Bürger. Eingeschlossen ist die ihr vorausliegende freie Kommunikation,[36] deren Elemente grundrechtlichen Freiheitsschutz genießen, also individuelle wie kollektive öffentliche[37] Meinungsäußerung und ungehinderte (Selbst-)Unterrichtung[38] sowie die Tätigkeit der Medien, insbesondere von Presse und Rundfunk (näher → Art. 5 Rn. 22 ff.). Umfasst ist auch die nicht auf die Wahlvorbereitung beschränkte Betätigung frei gebildeter politischer Parteien im Rahmen des Mehrparteiensystems.[39]

18     Für eine Willensbildung, die sich vom Volke zu den Staatsorganen entfaltet,[40] ist die grds. notwendige Geheimhaltung nicht ausschließende[41] **Öffentlichkeit des Staatshandelns** als Voraussetzung von Verständnis und Vertrauen der Bürger[42] und jeder diesbzgl. Berichterstattung konstitutiv;[43] grds. geboten ist auch die Öffentlichkeit der Wahl.[44] Im Übrigen muss der **Meinungsbildungsprozess** – unbeschadet der dazu gehörenden parlamentarischen Diskussion (→ Rn. 36 f.) – **staatsfrei** bleiben.[45] Namentlich darf zur Information der Bürger geleistete amtliche Öffentlichkeitsarbeit der Regierung[46] nicht zur Wahlwerbung werden, zumal nicht in der Vorwahlzeit.[47] Aber auch sonst gilt zumal (→ Rn. 20) gegenüber politischen Parteien das Gebot staatlicher Neutralität.[48] Dagegen sollen die Staatsorgane bei Plebisziten für eine Lösung eintreten[49] und allg. am Meinungskampf teilnehmen dürfen,[50] unterliegen allerdings auch dabei einem Sachlichkeitsgebot.[51] In diesem Kontext gehört auch der **„Grundsatz der Staatsfreiheit der politischen Parteien"** (→ Art. 21 Rn. 99 ff.) und die Staatsfreiheit bzw. -ferne des Rundfunks (→ Art. 5 Rn. 96). Problematisch können auch (private) Zugangsdienste im Internet sein.[52]

19     Ebenso grundlegend für die Demokratie sind **gleiche Mitwirkungsmöglichkeiten.**[53] Elementar ist dabei die **staatsbürgerliche Gleichheit** der Rechte des status activus,[54] also bei Wahlen[55] und Abstimmungen (→ Rn. 31 ff.) und beim Ämterzugang (→ Art. 33 Rn. 8). Mit dem Demokratieprinzip unvereinbar ist zudem jede Regelung, die Gruppen gesteigerten Einfluss auf die Staatsgewalt einräumt.[56] Nicht unproblematisch ist daher auch die Partizipation von Interessenten an staatlichen

---

[36] Dazu schon BVerfGE 5, 85 (134 f.); 7, 198 (208) sowie etwa 121, 30 (63 f.); 132, 39 Rn. 33; *Stern,* StaatsR I, S. 615 ff.; *Schmitt Glaeser* HStR III, § 38; → Art. 5 Rn. 17 f.; s. auch *Hindelang,* Freiheit und Kommunikation, 2019.

[37] Vgl. zu Art. 8 BVerfGE 65, 1 (43); 122, 342 (368 f.); 128, 226 (250); 143, 161 Rn. 91; gegen demokratisch-funktionale Verengung des Art. 8 *Sachs,* in: Stern, StaatsR IV/1, S. 1199 ff.; → Art. 8 Rn. 8 ff.

[38] Zur Zielsetzung des über Art. 5 I I hinausgehenden IFG BVerwGE 141, 122 Rn. 20; BVerwG NVwZ 2012, 251 Rn. 20; auch *Schoch* DÖV 2006, 1 ff.; *ders.* AfP 2010, 313 ff.; *Rossi,* Informationszugangsfreiheit und Verfassungsrecht, 2004; *Nolte* NVwZ 2018, 521 ff.; zur Schaffung allg. öff. Daten BVerfGE 128, 1 (48).

[39] Vgl. nur BVerfGE 91, 262 (267 ff.); 91, 276 (284 ff.); näher → Art. 21 Rn. 5 ff., → Art. 21 Rn. 22 ff.; vgl. auch *Huber* FS 50 Jahre BVerfG II, 2001, S. 609 ff.; *H. H. Klein* FS Badura, 2004, S. 263 ff.

[40] Zuletzt BVerfGE 132, 39 Rn. 33; 138, 102 Rn. 28.

[41] Vgl. zu diesem Problemfeld etwa *Rösch,* Geheimhaltung in der rechtsstaatlichen Demokratie, 1999; *Jestaedt* AöR 126 (2001), 204 ff.; *Depenheuer,* in: ders. (Hrsg.), Öffentlichkeit und Vertraulichkeit, 2001, S. 7 ff.; *ders.* FS Schiedermair, 2001, S. 287 ff.

[42] BVerfGE 89, 155 (185); 97, 350 (369); 118, 277 (353); zur öffentlichen Kontrolle der Justiz BVerfGE 133, 168 Rn. 88 f.; auch → Rn. 164. Zur Öffentlichkeitsbeteiligung → Rn. 33.

[43] Für ein allg. „Öffentlichkeitsprinzip der Demokratie" BVerfGE 70, 324 (358); s. auch *Stern,* StaatsR I, S. 618 f.; *Robbers* BK, Art. 20 (2008) Rn. 624 ff.; *Kurschildgen,* Die demokratisch verfaßte Öffentlichkeit, 1998; *Faber* NVwZ 2003, 1309 ff.; *Di Fabio,* in: Leitgedanken I, § 67; auch → Rn. 17, → Rn. 37; zur Öffentlichkeit der Staatsgewalt als *Rechtsstaats*gebot *Sobota,* Das Prinzip Rechtsstaat, 1997, S. 498 f.; auch → Rn. 164; nicht unbedenklich BVerfGE 97, 350 (370), zu „– vorrechtlichen – Verfassungsvoraussetzungen".

[44] BVerfGE 121, 266 (291 ff.); 123, 39 (68 ff.); zu Art. 20 I, II BVerfGE 130, 212 (223); 130, 367 (370 f.); → Art. 38 Rn. 104. Gegen Briefwahl (auch) daher *C. Schönberger* JZ 2016, 486 (488).

[45] BVerfGE 20, 56 (98); 69, 315 (346); 73, 40 (85); 78, 350 (363); 85, 264 (284 ff.); 132, 39 Rn. 33.

[46] Zu deren Bedeutung BVerfGE 105, 252 (269 f.); 105, 279 (301 ff.); auch für die der „gesetzgebenden Körperschaften" BVerfGE 132, 39 Rn. 33.

[47] Dann für strenge Anforderungen BVerfGE 44, 125 (144); 63, 231 (243); allgemein BVerfGE 138, 102 Rn. 46; s. auch VerfGH NRW NVwZ 1992, 467 (468 ff.); *Kloepfer* HStR III, § 42 Rn. 59, 64; *Schreiber,* in: Schneider/Zeh, § 12 Rn. 13; *Grimm* HdbVerfR, § 14 Rn. 65. Vgl. auch für Kommunalwahlen BVerwGE 104, 323 (325 ff.).

[48] BVerfGE 148, 11 Rn. 46 ff.; *Huber* FS Morlok, 2019, S. 551 ff.; zur Staatsferne der Presse etwa BGH NJW 2019, 763 Rn. 18 f.

[49] BayVerfGH NVwZ-RR 1994, 529 ff.; BremStGH NVwZ 1997, 264 (266); OVG Bln-Bbg LKV 2009, 284 f.; auch *Morlok/Voss* BayVBl 1995, 513 ff.; für die Kommunen OVG NRW NVwZ-RR 2004, 283 (284); *Oebbecke* BayVBl 1998, 641 ff.; für IHK OVG Hmb NVwZ 2017, 576 LS. BVerfGE 44, 125 (144), hatte allerdings von der „Integrität der Willensbildung des Volkes durch Wahlen *und Abstimmungen"* gesprochen (Hervorhebung hinzugefügt).

[50] BVerwGE 159, 327 Rn. 26 ff.; vgl. auch VG Münster NWVBl 2019, 305 (306 ff.).

[51] Auch dazu *Disci,* Der Grundsatz politischer Neutralität, 2019, S. 78 ff.; auch → vor Art. 1 Rn. 89.

[52] Vgl. etwa *Mengden,* Zugangsfreiheit und Aufmerksamkeitsregulierung, 2018, S. 281 ff.

[53] S. allgemein *Zippelius* VVDStRL 47 (1989), 7 (8 f.); auch BVerfGE 132, 39 Rn. 24; *P. Kirchhof* HStR VIII, § 181 Rn. 56; *Robbers* BK, Art. 20 (2008) Rn. 557 ff.

[54] Im Sinne *G. Jellineks,* System der subjektiven öffentlichen Rechte, 2. Aufl. 1905, S. 81 ff.; für das Wahlrecht zuletzt BVerfGE 122, 304 (307); für die heutigen Grundrechte *Sachs,* in: Stern, StaatsR III/1, S. 428 f.

[55] S. nur BVerfGE 129, 300 (347) abw M; 131, 316 (334); → Art. 38 Rn. 81 ff., → Art. 38 Rn. 95 ff.

[56] Vgl. etwa BVerfGE 93, 37 (81); BVerwGE 112, 69 (71 ff.); 137, 171 Rn. 20; 154, 296 Rn. 14 ff.; VerfGH NRW NVwZ-RR 2000, 594 ff.

Entscheidungen[57] (ferner → Rn. 42 ff.), die im Übrigen durchaus mit demokratischen Anforderungen verträglich sein kann.[58] Auch Gleichheit bei der Auferlegung öffentlicher Lasten soll wesentliche Ausprägung rechtsstaatlicher Demokratie sein.[59]

Zentrale Bedeutung kommt der **Chancengleichheit** bei der politischen Willensbildung des Volkes **20** zu (auch → Rn. 18), insbes.[60] für die politischen Parteien (→ Art. 21 Rn. 33 ff.; → Art. 3 Rn. 60 f.). Demokratische Gleichheit wirkt auch in der formalen Gleichheit der Abg. und ihrer Fraktionen fort.[61] Zur Chancengleichheit der (parl.) Opposition auch → Rn. 26.

**3. Das Mehrheitsprinzip.** Das Ideal der Einigung aller ist im Staat nicht zu realisieren. Maß- **21** geblich ist die **Entscheidung der Mehrheit**, die sich dem Willen aller immerhin annähert.[62] Eine Mehrheit wird nur in der getroffenen Entscheidung konstituiert.[63] Das Postulat, dass „Minderheitsgruppen die Möglichkeit haben [müssen], zur Mehrheit zu werden",[64] mag auf den parlamentarischen Parteienstaat passen, wird aber dem grds. Anspruch des Mehrheitsprinzips nicht gerecht, das sich auf die unstrukturierte Gesamtheit freier und gleicher Individuen bezieht. Auch „Minderheiten" als formierte Größen sind für das Demokratieprinzip des GG irrelevant.[65] Ohnehin können bestimmte (z. B. sprachliche) Minderheiten praktisch kaum zur Mehrheit werden. Allerdings muss grds. stets die Möglichkeit rechtl. Umwertungen durch andere Mehrheitsentscheidungen bestehen.[66]

Die „quantitative Evidenz" des Mehrheitsprinzips sichert ihm Anerkennung für Entscheidungen **22** organisierter Gruppen überhaupt.[67] Gleichwohl ist es zu den **„fundamentalen Prinzipien der Demokratie"** zu zählen.[68] Die Mehrheitsentscheidung ist im Grundgesetz insbes. allgemein für die Entscheidungen von BT und BRat, Art. 42 II 1, 52 III 1, ferner für die Wahl des BKanzlers, Art. 63 II 1, und des BPräs, Art. 54 VI, sowie bei Volksabstimmungen, Art. 29, explizit vorgesehen; es gilt ferner unmittelbar kraft des Demokratieprinzips auch, wo es nicht ausdrücklich verankert ist, namentlich für Wahlen und Abstimmungen des Volkes gem. Art. 20 II 2.[69]

Doch schließt demokratische Mehrheitsherrschaft aus anderen Verfassungsprinzipen folgende, zumal **23** **rechts- und bundesstaatliche Begrenzungen** nicht aus. Das Demokratieprinzip begründet keinen Mehrheitsabsolutismus,[70] sondern ist nur *ein* Element in einer gemischten Verfassung.[71] Das Mehrheitsprinzip hat gegenüber anderen demokratischen Elementen nicht notwendig Vorrang.[72] Demokratie kann sich auch in Kompromissen niederschlagen.[73]

Das Mehrheitsprinzip kann **nicht** mit einem **bestimmten Mehrheitserfordernis**, etwa dem der **24** einfachen Mehrheit, gleichgesetzt werden.[74] Qualifizierte Mehrheitsanforderungen schränken das Mehrheitsprinzip nicht ein,[75] erfordern nur eine größere Annäherung an die Einstimmigkeit. Umgekehrt wird auch eine sog. relative Mehrheit, für die weniger als die Hälfte der Stimmen genügt,[76] dem

---

[57] Vgl. *Schmitt Glaeser* VVDStRL 31 (1973), 179 ff., sowie *Tomerius* StWissStPrax 1997, 289 ff.; *v. Bogdandy* FS Hollerbach, 2001, S. 363 ff.; *Czerwick*, Bürokratie und Demokratie, 2001, S. 367 ff.

[58] *Schmitt Glaeser* VVDStRL 31 (1973), 179 (227 ff.); weitergehend *Fisahn*, Demokratie und Öffentlichkeitsbeteiligung, 2002, S. 198 ff.

[59] Für deren Aktualisierung im Haushaltsplan BVerfGE 129, 124 (177); 130, 318 (343).

[60] Zu anderen Kontexten s. *Wahnschaffe* NVwZ 2016, 1767 ff.; *Disci* (Fn. 51), S. 43 ff.; *Kluth* DÖV 2018, 1035 ff.; zurückhaltend *Payandeh* Staat 55 (2016), 519 ff.; *Otto* WissR 49 (2016), 135 ff.

[61] Dazu näher → Art. 38 Rn. 53, → Art. 38 Rn. 58, → Art. 38 Rn. 67 f.

[62] Vgl. etwa VerfGH NRW NWVBl 2020 Sonderheft, 30 (34 ff.); *Gusy,* AöR 106 (1981), 329 ff.; *Heun,* Das Mehrheitsprinzip in der Demokratie, 1983, S. 93 ff.; *Jochum,* Materielle Anforderungen an das Entscheidungsverfahren in der Demokratie, 1997, S. 36 ff.; *Hillgruber* AöR 127 (2002), 460 ff.; *Höfling* Jura 2007, 561 ff.; *Mußgnug* FS E. Klein, 2013, S. 249 ff.; für Bund und Länder *Magsaam,* Mehrheit entscheidet, 2014.

[63] Vgl. BVerfGE 2, 1 (12) – „jeweilige" Mehrheit.

[64] BVerfGE 5, 85 (199); 44, 125 (145); 138, 102 Rn. 28; weniger bedenkliche Formulierungen bei *Hesse* Grundzüge, Rn. 143; *Badura* HStR II, § 25 Rn. 31; *Grzeszick,* in: Maunz/Dürig, Art. 20 II (2010) Rn. 2.

[65] S. rechtsvergleichend *Blumenwitz/Gornig/Murswiek* (Hrsg.), Minderheitenschutz und Demokratie, 2004; *Krugmann,* Das Recht der Minderheiten, 2004. Erst recht verlangt das Prinzip nicht, dass Interessengruppen in Kammern spiegelbildlich repräsentiert sind, BVerwGE 161, 323 Rn. 26 f.

[66] BVerfGE 132, 195 Rn. 124; vgl. auch BVerfGE 141, 1 Rn. 49 ff.

[67] *Scheuner,* Das Mehrheitsprinzip in der Demokratie, 1973, S. 18, 45 ff.; *ders.* FS Kägi, 1979, S. 301 (311 f.); *Stern,* StaatsR I, S. 612 f. S. etwa zum Personalvertretungsrecht BVerfGE 91, 367 (382) mwN.

[68] BVerfGE 29, 154 (165); auch 1, 299 (315); 2, 1 (13); 44, 125 (141 f.); 73, 206 (251); 112, 118 (140).

[69] Ausdrücklich *Grzeszick,* in: Maunz/Dürig, Art. 20 II (2010) Rn. 44 f.; *Volkmann,* in: Friauf/Höfling, Art. 20 (3. Teil) (2001) Rn. 25.

[70] Vgl. etwa *Mayer-Maly* FS Winkler, 1997, S. 639 ff.

[71] Vgl. zur gemischten Verfassung insbes. mit Rücksicht auf das Bundesstaatsprinzip *Stern,* StaatsR I, S. 735 ff. mwN; ferner → Rn. 56; zu historischen Hintergründen *Stolleis* FS Frotscher, 2007, S. 23 ff.

[72] BVerfGE 112, 118 (140 ff.), zur der Spiegelbildlichkeit des VermA zum BT; → Art. 77 Rn. 8.

[73] Vgl. BVerfGE 120, 82 (114) mwN; → Art. 77 Rn. 8.

[74] Vgl. für Kommunalwahlen VerfGH NRW NVwZ 2009, 1096 (1097 ff.).

[75] Anders *Grzeszick,* in: Maunz/Dürig, Art. 20 II (2010) Rn. 43; wohl BVerfGE 44, 125 (141), für die Erschwerung der Verfassungsänderung; wie hier *Höfling* Jura 2007, 561 (562).

[76] Vgl. Art. 54 VI, 63 IV 1 GG; § 5 S. 2 BWahlG. Zur Stimmengleichheit *T. I. Schmidt* JZ 2003, 133 ff.

Prinzip gerecht. Strengere Anforderungen, etwa Quoren bei Plebisziten (→ Rn. 22, → Rn. 32 f.), müssen anderweitig begründet werden.[77]

25    Mehrheitsentscheidungen sind auch möglich, wenn die **Entscheidung** nur einen einzigen, **vorgegebenen Inhalt** haben kann, wie bei rechtlich abschließ. Bindung. Dies belegen schon die Mehrheitsentscheidungen der Gerichte, vgl. § 196 GVG, § 15 IV BVerfGG, aber auch die nach Art. 84 IV 1 dem BRat zur Entscheidung mit Mehrheit, Art. 52 III 1, übertragene Rechtsentscheidung.[78] Allerdings ist die Übertragung voll rechtsgebundener Entscheidungen auf ein primär politisches Organ wie das Parlament[79] ohne Sicherung der Mehrheitsbildung problematisch.

26    **4. Schutz parlamentarischer Minderheiten und Recht zur Opposition.** Im Demokratieprinzip wurzeln zugleich das Gebot, parlamentar. **Minderheiten zu schützen**, und das Recht auf verfassungsmäße Ausübung der **Opposition.** Diese stellen die Maßgeblichkeit der Mehrheitsentscheidungen nicht grds. in Frage,[80] auch wenn Minderheiten punktuell Maßnahmen gegen den Willen der Mehrheit des BT durchsetzen können.[81] Im Kern geht es um Möglichkeiten für Minderheiten bzw. die Opposition, ihren Standpunkt einzubringen.[82] Zu diesem Zweck kennt das GG anders als viele Landesverfassungen keine allg. Garantie zugunsten der Opposition, sondern nur einzelne Minderheitenschutzbestimmungen, die nicht nur zugunsten der Opposition eingreifen;[83] zudem können die Rechte der Abg. und Fraktionen genutzt werden.[84]

## II. Volkssouveränität (Abs. 2 S. 1)

27    **Art. 20 II 1** erkennt – wie Art. 1 I WRV – die **Volkssouveränität** an. Das Volk ist „Träger" der Staatsgewalt[85] und grundsätzlich alleinige Quelle ihrer Legitimation (näher → Rn. 35 ff.). Die Grundentscheidung des Art. 20 II 1 ist nach Art. 79 III unberührbar (→ Art. 79 Rn. 67), auch für die verfassungsmäßige Ordnung in den Ländern verbindlich;[86] sie verlangt ferner in adäquater Weise Beachtung für die EU.[87] Zudem wird das Volk – wie in der Präambel und (jedenfalls im ursprünglichen) Art. 146 (→ Präambel Rn. 16 ff.; → Art. 146 Rn. 15 ff.) – als pouvoir constituant, Inhaber der verfassunggebenden Gewalt, anerkannt.

27a    Das BVerfG entnimmt den genannten Bestimmungen des GG auch, dass das Volk iSd Art. 20 das nach Maßgabe des Art. 116 I (dazu → Art. 116 Rn. 1 ff.) prinzipiell durch seine Staatsangehörigkeit bestimmte **Staatsvolk der Bundesrepublik Deutschland** bzw. sein in Ländern und Kommunen jeweils lebender Teil ist,[88] nicht nur die etwa wegen ihres Alters Wahlberechtigten.[89] Art. 28 I 3 hat allerdings das Wahlrecht auf kommunaler Ebene auch für EU-Ausländer ermöglicht (→ Art. 28 Rn. 24 ff.). Die vom BVerfG angenommene Verankerung demokratischer Mitwirkungsrechte in der Menschenwürde[90] ist damit vereinbar, wenn sich diese Rechte jeweils auf den Staat beziehen, dem der Mensch angehört.[91]

---

[77] Vgl. recht restriktiv *S. Schwerdtfeger,* Legitimation von Quoren in der direkten Demokratie, 2018.

[78] Zu diesem Charakter der Entscheidung etwa *F. Kirchhof,* in: Maunz/Dürig, Art. 84 (2011) Rn. 219; *Stern,* StaatsR II, S. 806 jeweils mwN; → Art. 84 Rn. 50.

[79] Vgl. BVerfGE 95, 1 (17); 139, 321 Rn. 124 ff.; auch → Rn. 34 aE, → Rn. 89.

[80] Vgl. für Unbedenklichkeit von Minderheitenrechten, solange es nicht um „Entscheidungen mit regelnder Wirkung" geht, BVerfGE 123, 267 (431 f.), für Art. 23 Ia.

[81] BVerfGE 142, 25 Rn. 92, wie namentlich nach Art. 23 Ia 2, 44 I 1, 45a II 2.

[82] Vgl. BVerfGE 140, 115 Rn. 98 mwN; allgemein zur Opposition *Stern,* StaatsR I, S. 1044; *Huber* HStR III, § 47 Rn. 38 ff.; *Zeh,* ebd., § 52 Rn. 21 ff.; *Waack,* HdbParlR, § 22; ausführlich *Mundil,* Die Opposition, 2014; *Ingold,* Das Recht der Oppositionen, 2015; *Kuhn,* Der Verfassungsgrundsatz effektiver parlamentarischer Opposition, 2019.

[83] BVerfGE 142, 25 Rn. 91 ff., wonach spezielle Oppositionsrechte im Unterverfassungsrecht die Abgeordnetengleichheit verletzen. Dazu etwa *Starski* DÖV 2016, 750 ff.; *Uhle* ZG 2018, 1 ff.

[84] Dazu *Ingold* ZRP 2016, 143 ff.

[85] So Art. 2 I 2 BayVerf; für das Grundgesetz JöR nF 1 (1951), 196; BVerfGE 83, 37 (50); 83, 60 (71); *Grzeszick,* in: Maunz/Dürig, Art. 20 II (2010) Rn. 59 ff.; *Robbers* BK, Art. 20 (2008) Rn. 570; ferner etwa *Morlok* FS 50 Jahre BVerfG II, 2001, S. 559 (562 ff.); *Unruh* (Fn. 3), S. 394 ff.; *Maus,* Über Volkssouveränität, 2011; *Hofmann* JZ 2014, 861 ff.; *Tschentscher,* in: Wittreck (Hrsg.), Grundlagen des Grundgesetzes, 2018, S. 75 ff.; *Dreier,* in: Stekeler/Weithofer (Hrsg.), Philosophie der Republik, 2018, S. 37 ff.

[86] Ausdrücklich BVerfGE 83, 60 (71); 93, 37 (66).

[87] BVerfGE 89, 155 (182 ff.); 123, 267 (344 ff.); 151, 202 Rn. 119 ff. mwN; auch → Art. 23 Rn. 24 ff., → Art. 23 Rn. 92 ff., → Art. 23 Rn. 99 ff.; → Art. 79 Rn. 67, → Art. 79 Rn. 72.

[88] BVerfGE 83, 37 (50 ff.); 83, 60 (71); BVerwG NJW 2018, 3328 Rn. 11; BremStGH NVwZ-RR 2014, 497 (499); ThürVerfGH NVwZ-RR 2019, 129 Rn. 116 ff.; kritisch etwa *H. Meyer* JZ 2016, 121 ff.; skeptisch auch *Robbers* BK, Art. 20 (2014) Rn. 3054; zum Volksbegriff im Verfassungsrecht *Grawert* HStR II, § 16; *Augsberg* ZG 2012, 251 ff.; *Groß* FS Bryde, 2013, S. 157 ff.; *Wallrabenstein,* Das Verfassungsrecht der Staatsangehörigkeit, 1999, S. 90 ff.; *Seiler,* in: Leitgedanken I, § 2; → Präamb Rn. 31 ff., → Art. 146 Rn. 22.

[89] So ausdrücklich ThürVerfGH NVwZ-RR 2019, 129 Rn. 120; nicht recht klar BVerwGE 162, 244 Rn. 12, nur gegen eine Begrenzung auf mindestens 18 Jahre alte Personen.

[90] Dafür BVerfGE 123, 267 (341); BVerfG, NJW 2019, 3204 Rn. 116 mwN.

[91] Ablehnend *Jouanjan* Staat 58 (2019), 223 (240); s. auch → Art. 79 Rn. 53.

### III. Ausübung der Staatsgewalt durch das Volk (Abs. 2 S. 2)

**1. Grundsätzliche Bedeutung.** Nach Art. 20 II 2 übt das **Volk** die von ihm konstituierte **Staats-** 28 **gewalt** auch **aus;** es bleibt als Zentralinstanz der Verfassungsordnung dauernd präsent.[92] Die Staatsgewalt wird auch dann (mittelbar) „vom Volk ... ausgeübt", wenn unmittelbar „besondere Organe" tätig werden.[93] Das **„Volk"** ist hier nur die **Aktivbürgerschaft,** der die staatsbürgerlichen Rechte zustehen;[94] näher → Art. 38 Rn. 105 ff.; → Art. 28 Rn. 18, → Art. 28 Rn. 26. Die besonderen Organe sollen „die politische Verantwortung gegenüber dem Bürger im Sinne von Art. 20 Abs. 2 GG" tragen.[95]

Die **Staatsgewalt** iSd Art. 20 II umfasst die **gesamte staatliche Herrschaftsmacht.** Dazu gehö- 29 ren im Verhältnis zum Bürger alle verbindlichen Entscheidungen der öffentlichen Gewalt[96] (mit und ohne Außenwirkung) einschließlich der Wahrnehmung von Mitentscheidungsbefugnissen, insbes. auch iR der EU (→ Art. 23 Rn. 25). Auch weisungsunterworfene Organe und solche mit vordeterminierten Befugnissen üben Staatsgewalt aus. Nur vorbereitende und rein konsultative Tätigkeiten scheiden grundsätzlich aus.[97] Doch stellt organschaftliches Handeln von Verfassungsorganen stets Ausübung von Staatsgewalt dar.[98] Die Tätigkeit öffentlicher Unternehmen dürfte bei Annahme umfassender Grundrechtsbindung[99] unter Art. 20 II 2 fallen.

Maßnahmen im **Binnenbereich des öffentlichen Dienstes** sollen als solche keiner demokrati- 30 schen Legitimation bedürfen; soweit sie sich daneben als Ausübung von Staatsgewalt im Staat-Bürger-Verhältnis darstellen, sollen aber auch hier bestimmte Anforderungen des demokratischen Prinzips gelten (→ Rn. 40 ff.).[100]

**2. Wahlen und Abstimmungen.** Der auch für die Länder geltende[101] Art. 20 II 2 nennt als 31 Formen der **Ausübung der Staatsgewalt durch das Volk** Wahlen[102] (Personalentscheidungen)[103] und Abstimmungen (zu Sachfragen), regelt aber nicht, **in welchen Fällen** beide stattfinden. Insoweit ist die Bestimmung auf ausfüllende Regelungen angelegt, die in der Verfassung verankert sein oder – soweit das Verfassungsrecht dafür Raum lässt – einfachgesetzlich erfolgen können. Ein dazu verpflichtender Verfassungsauftrag besteht nicht.[104] Die repräsentative Demokratie (→ Rn. 33, → Rn. 36) schließt sonstige Mitwirkungsmöglichkeiten des Volkes aber nicht allgemein aus.[105]

Auf **Bundesebene** sind **Abstimmungen** nur gem. Art. 29, 118, 118a[106] für betroffene Teile des 32 Bundesvolkes[107] vorgesehen; Art. 146 verlangt eine Volksabstimmung nicht.[108] Für gesetzliche Erweiterungen ist jedenfalls bezogen auf förmliche Gesetze kein Raum, deren Beschluss verfassungsunmittelbar abschließend dem BT, Art. 77 I 1, oder den nach Art. 81, 115e berufenen Organen zugewiesen ist.[109] Auch für die gesetzliche Einführung von **Volkswahlen** auf Bundesebene lässt das Grundgesetz

---

[92] BVerfGE 83, 60 (71 f.); *Böckenförde* HStR II, § 24 Rn. 8.

[93] BVerfGE 137, 185 Rn. 131; 139, 194 Rn. 106; *Böckenförde* HStR II, § 24 Rn. 11; *Badura* HStR II, § 25 Rn. 34; *Robbers* BK, Art. 20 (2014) Rn. 3032.

[94] BVerfGE 68, 1 (88); ungenau BVerfGE 8, 104 (114); s. auch *Stern,* StaatsR II, S. 24 f.; *Grawert* HStR II, § 16 Rn. 31, 56; *Böckenförde* HStR II, § 24 Rn. 27; *Sommermann* MKS II, Art. 20 Rn. 148; *Robbers* BK, Art. 20 (2014) Rn. 3026; *Murswiek,* Die verfassunggebende Gewalt nach dem Grundgesetz für die Bundesrepublik Deutschland, 1978, S. 59; *Jestaedt,* Demokratieprinzip und Kondominialverwaltung, 1993, S. 207 ff.

[95] So für BT und BRat BVerfGE 118, 244 (260); speziell für den BPräs *Janssen* DÖV 2010, 949 ff.

[96] BVerfGE 47, 253 (273); 83, 60 (73); 93, 37 (68); auch BVerfGE 77, 1 (40); *Böckenförde* HStR II, § 24 Rn. 12 f.

[97] BVerfGE 47, 253 (273); 83, 60 (74); 91, 228 (244) (für Gleichstellungsbeauftragte); *Böckenförde* HStR II, § 24 Rn. 13; aA *Jestaedt* (Fn. 94), S. 253 ff.

[98] So für Volksbefragungen kraft Gesetzes ohne bindende Wirkung BVerfGE 8, 104 (114).

[99] Dafür BVerfGE 128, 226 (244 ff.); näher → Art. 1 Rn. 106 ff.

[100] BVerfGE 93, 37 (68 f.).

[101] Vgl. → Rn. 5; für die Existenz gewählter Volksvertretungen (als Gesetzgebungsorgane) BVerfGE 99, 1 (10); für die Notwendigkeit demokratischer Legitimation (→ Rn. 35 ff.) BVerfGE 130, 130, 76 (123).

[102] S. dazu BVerfGE 123, 267 (340); 131, 316 (334).

[103] *Pieroth,* in: Jarass/Pieroth, Art. 20 Rn. 4; enger *Schnapp,* in: v. Münch/Kunig I, Art. 20 Rn. 24; s. auch *Starck* FS Winkler, 1997, S. 1099 ff.

[104] So aber *H. Meyer* JZ 2012, 538 ff.; begrenzt auf *Lipinski* BayVBl 2011, 649 ff.; für ein „Versprechen" des GG *Paulus* FS Bryde, 2013, S. 273 (278); wie hier *Engelken* DÖV 2013, 301 ff.; *Robbers* BK, Art. 20 (2014) Rn. 3084; im Ergebnis zurückhaltend auch *Jung* DÖV 2013, 753 ff.

[105] So zur informellen Kontrolle des Regierungshandelns durch Informationsrechte BVerwGE 141, 122 Rn. 22 f.

[106] Nur für bloße „Bevölkerungsentscheide" *H. Dreier,* in: Dreier II, Art. 20 (Demokratie) Rn. 100, was aber Ausländerbeteiligung einschließt; richtig *Robbers* BK, Art. 20 (2014) Rn. 3081. Wohl nur missverständlich BVerfGE 123, 267 (367); überinterpretiert bei *Lipinski* BayVBl 2011, 649 f.

[107] Anders früher Art. 29 IV 2 bzw. später V 3 GG.

[108] Dafür aber etwa → Art. 146 Rn. 16a; wohl auch BVerfGE 123, 267 (347 f.); wie hier *Robbers* BK, Art. 20 (2014) Rn. 3082, 3152 f.; zu Art. 146 aF *v. Mangoldt,* Art. 146 Anm. 2; *Isensee* VVDStRL 49 (1990), 39 (49 Fn. 29) mwN.

[109] *Stern,* StaatsR I, S. 607 f., Bd. II, S. 13 ff.; *Grzeszick,* in: Maunz/Dürig, Art. 20 II (2010) Rn. 113; *Maurer,* Plebiszitäre Elemente in der repräsentativen Demokratie, 1997, S. 15 ff.; ausführlich etwa *Bugiel,* Volkswille und repräsentative Entscheidung, 1991, S. 317 ff.; *Jürgens,* Direkte Demokratie in den Bundesländern, 1993, S. 318 ff. mwN; aA *H. Meyer* VVDStRL 33 (1975), 69 (115); *E. Stein* AK GG, Art. 20 Abs. 1–3 III (2001) Rn. 51; ferner *Wieland/Albin* ZRP 2006, 76 ff.

wenig Möglichkeiten,[110] zumal für die anderen Verfassungsorgane und die obersten Bundesgerichte nach Art. 95 II verfassungsunmittelbar andere Besetzungsmodalitäten vorgesehen sind und für die Verwaltung die Personalhoheit des Ressortministers (→ Art. 65 Rn. 21) besteht.

33    Von der aufgrund historischer Erfahrungen auch gegen Missbrauchsgefahren ausgerichteten Festlegung des Grundgesetzes auf eine fast nur repräsentative Form der Demokratie im Bund[111] abweichende Verfassungsänderungen zugunsten erweiterter **plebiszitärer Mitwirkungsmöglichkeiten,**[112] wie sie auf Landesebene[113] in weitem Umfang bestehen,[114] wären nach Art. 79 III nicht ausgeschlossen (→ Art. 79 Rn. 68), doch hat sich dafür auch nach dem Beitritt der DDR in der GemVerfKom[115] und später keine hinreichende Mehrheit gefunden. Eine erweiterte Beteiligung der (betroffenen) Öffentlichkeit ist damit nicht ausgeschlossen.[116]

34    Die **Wahlrechtsgrundsätze** (Art. 28 I 2, 38 I 1) gelten als Elemente des Demokratieprinzips[117] nicht nur für Wahlen zu allen Volksvertretungen,[118] sondern **auch für Abstimmungen des Volkes.**[119] Für (Parlaments-)Wahlen leitet das BVerfG[120] ua aus dem Demokratieprinzip[121] neben dem Gebot einer dem Wählerwillen entspr. Sitzverteilung die Notwendigkeit einer Wahlprüfung ab; deren Wirkungsmöglichkeiten werden aber durch den Bestandsschutz gewählter Volksvertretungen begrenzt.[122] Demokratische **Wahlen** erfolgen – mangels bes. Legitimation[123] – **nie auf Lebenszeit;** zumindest muss eine Abwahl möglich bleiben. Die festgelegte Dauer der **Mandatszeit** darf **nicht verlängert** werden;[124] auch künftige Wahlperioden können nicht beliebig ausgedehnt werden (→ Art. 39 Rn. 5; → Art. 79 Rn. 69). Personalentscheidungen kollegialer Organe der Exekutive sind nicht durch das Demokratieprinzip von gesetzlichen Bindungen freigestellt.[125] Aus Art. 38 I GG leitet das BVerfG auch ein Individualrecht auf Einhaltung nach Art. 79 III unberührbarer demokratischer Grundsätze her (→ Art. 79 Rn. 66a).[126]

35    **3. Die demokratische Legitimation der besonderen Organe.** Die Ausübung der Staatsgewalt „durch besondere Organe" ist nur bei hinreichend engem **Legitimationszusammenhang** zu dem durch die Wahlen bekundeten Volkswillen als Handeln des Volkes (→ Rn. 28 f.) in Bund und Land[127] qualifiziert. Dazu muss „das Volk einen effektiven Einfluss auf die Ausübung der Staatsgewalt durch diese Organe" haben.[128] Sämtliche Organe der Staatsgewalt(en) besitzen aufgrund von Art. 20 II **institutionelle und funktionelle** demokratische Legitimation.[129] An die **personelle** und **inhaltliche**

---

[110] Ganz ablehnend *Krause* HStR III, § 35 Rn. 18; anders insbesondere für (derzeit vom BT gewählte) Beauftragte *Schmidt-Aßmann* AöR 116 (1991), 329 (353 f.).

[111] Vgl. etwa *P. Kirchhof* FS Badura, 2004, S. 237 ff.; *Robbers* BK, Art. 20 (2008/2014) Rn. 796, 3034, 3088 ff.; zum historischen Hintergrund *Jung*, Plebiszit und Diktatur: Die Volksabstimmungen der Nationalsozialisten, 1995; *Schwieger*, Volksgesetzgebung in Deutschland, 2005; *Wiegand*, Direktdemokratische Elemente in der deutschen Verfassungsgeschichte, 2006.

[112] Aus der Diskussion etwa *Rux*, Direkte Demokratie in Deutschland, 2008; *Kühling* JuS 2009, 777 ff.; *P. Neumann*, Sachunmittelbare Demokratie, 2009; *Badura* FS Schröder, 2012, 307 ff.; *Möstl* und *Schuler-Harms* VVDStRL 72 (2013), 355 bzw. 417 ff.; *Böhm* DÖV 2013, 1 ff.; auch → Rn. 31 sowie *Herrmann*, Volksgesetzgebungsverfahren, 2003; *Hartmann*, Volksgesetzgebung und Grundrechte, 2005; *Martini*, Wenn das Volk (mit)entscheidet …, 2011; *Steinberg*, Die Repräsentation des Volkes, 2013, S. 202 ff.; *Hien* DVBl 2014, 495 ff.; *Scholz* FS Wendt, 2015, S. 433 ff.

[113] *Jürgens* (Fn. 109); *Sampels*, Bürgerpartizipation in den neuen Landesverfassungen, 1998; *Jung* LKV 2003, 308 ff.; *Wittreck* JöR nF 53 (2005), 111 ff.; *Isensee* FS Krause, 2006, S. 303 ff.; *Kloepfer/Schärdel* DVBl 2008, 1333 ff.; *Rux* (Fn. 112); *Neumann* (Fn. 112); *Robbers* BK, Art. 20 (2014) Rn. 3170 ff.

[114] Gegen erweiterte Möglichkeiten ohne Verfassungsänderung BayVerfGH NVwZ 2017, 319 Rn. 99 ff.

[115] BT-Dr 12/6000, S. 83 ff.

[116] S. § 25 III VwVfG; dazu etwa *Schmitz/Prell* NVwZ 2013, 745 ff.; *Ziekow* NVwZ 2013, 754 ff.; allgemein *Waechter* und *Mann* VVDStRL 72 (2013), 499 bzw. 544 ff.; *Dolde* NVwZ 2013, 769 ff.; auch Verh. des 69. DJT, 2012, Bd. I, D 1 ff., Bd. II/1; M; *Haug* Verwaltung 47 (2014), 221 ff.

[117] Zur unmittelbaren Geltung für Europawahlen BVerfGE 134, 25 Rn. 12; allgemein zum Wahlrecht *Pünder* und *Cancik* VVDStRL 72 (2013), 191 bzw. Rn. 268 ff.

[118] BVerfGE 47, 253 (276 f.); auch für sonst vergleichbare Wahlen → Art. 38 Rn. 79.

[119] S. für Art. 29 BVerfGE 13, 54 (91 f.); 28, 220 (224); 41, 1 (12); 49, 15 (19).

[120] BVerfGE 85, 148 (158), daneben gestützt auf die Wahlgleichheit.

[121] Nicht überzeugend nimmt VerfGH NRW DÖV 2009, 676 ff., einen „demokratischen Grundsatz" an, wonach zwischen Wahl und Zusammentritt des Parlaments höchstens drei Monate liegen dürfen; grds. zust. *Droege* DÖV 2009, 649 ff.; abl. *Schoenemann* NWVBl 2009, 165 ff.; auch *Waldhoff* JZ 2009, 144 ff.

[122] Dafür BVerfGE 89, 243 (253); 123, 39 (87); 129, 300 (344 f.) mN; *Magiera*, Art. 41 Rn. 16 f.

[123] Denkbar etwa für Wahlen von Richtern auf Lebenszeit bzw. bis zur Altersgrenze.

[124] BVerfGE 1, 14 (33); 62, 1 (32); weitergehend BVerfGE 18, 151 (154); auch BVerfG (K) NVwZ 1994, 893; näher → Art. 39 Rn. 4.

[125] S. BbgVerfG NJW 1997, 2942 f.; auch → Rn. 25 zu rechtsgebundenen Entscheidungen.

[126] Vgl. zu Kompetenzeinbußen des BT gegenüber der EU BVerfGE 123, 267 (340 ff.); 151, 202 Rn. 120 ff. mwN; krit. zum insoweit auf Art. 38 I GG gestützten Grundrechtsschutz *Sachs* FS Stern, 2012, 597 ff.; *Saurer* Staat 58 (2019), 7 ff. mwN; gegen subjektive Rechte des BT insoweit o. Rn. 12.

[127] Vgl. BVerfGE 119, 331 (366); 139, 194 Rn. 108.

[128] BVerfGE 83, 60 (71 f.); vgl. auch BVerfGE 89, 155 (182); 131, 152 (205); 132, 195 Rn. 183.

[129] Vgl. BVerfGE 49, 89 (125); 68, 1 (88, 109); 83, 60 (72); *Böckenförde* HStR II, § 24 Rn. 14 ff.; *Musil*, Wettbewerb in der staatlichen Verwaltung, 2005, S. 105 ff.

**demokratische Legitimation** sind auch von der Bedeutung der wahrgenommenen Aufgaben abhängige[130] Anforderungen zu stellen; dabei soll es auf deren Zusammenwirken ankommen, wobei es auch neue Gestaltungsformen geben kann.[131] „Einflussknicke" sollen auch kompensiert werden können.[132] Entscheidend soll die Effektivität der demokratischen Legitimation sein, die ein bestimmtes Legitimationsniveau erfordert.[133] Die Konsequenzen im Einzelnen sind danach kaum mehr abzuschätzen.[134]

Das **Parlament** und seine Abgeordneten haben aufgrund der Volkswahl unmittelbare personelle **36** demokratische Legitimation für alle wahrgenommenen Aufgaben.[135] Dabei soll die Legitimation der Abgeordneten aus der Volkswahl auch für ihre Tätigkeit in einem vom Plenum des Parlaments eingesetzten Hilfsorgan genügen, während für eine Tätigkeit in einem selbständigen Organ außerhalb des Parlaments eine der Volksvertretung insges. zurechenbare Wahl verlangt wird.[136] Einer inhaltlichen Legitimation bedarf es daneben nicht (→ Rn. 99); vielmehr sind die Abgeordneten in der **repräsentativen Demokratie**[137] in ihrer Entscheidung inhaltlich frei (→ Art. 38 Rn. 45 ff.). Die **zeitliche Begrenztheit** der Legitimation (→ Rn. 34) soll die Bindung künftiger Parlamente an völkerrechtliche Vereinbarungen ausschließen;[138] andererseits soll der gesetzliche Zugriff auf die Vergangenheit deshalb die Ausnahme bleiben müssen.[139]

Verfahrensrechtlich ist diese inhaltliche Freiheit durch die Garantie der prinzipiellen **Öffentlichkeit** **37** **des parlamentarischen Verfahrens** (Art. 42 I 1, Art. 44 I 1; dazu → Art. 42 Rn. 1 ff.; allgemein → Rn. 17 f.) eingebunden, die in Verbindung mit der in Art. 42 III besonders abgesicherten Berichterstattung (→ Art. 42 Rn. 16 f.) die Information des Wahlvolkes über seine Repräsentanten und damit deren Kontrolle ermöglicht.[140]

Die allein dem **Parlament** zukommende unmittelbare demokratische Legitimation macht es zum **38** notwendigen Mittler grds. aller weiteren Entscheidungen über die Besetzung der besonderen staatlichen Organe (→ Rn. 39 f.). Seine **Sonderstellung** findet auch in der grds. unverzichtbaren Zuweisung zentraler Kompetenzen, wie zumal für den Beschluss von Gesetzen, Art. 77 I 1, insbes. des Haushaltsgesetzes, Art. 110 II,[141] ihre sachbezogene Entsprechung. Bedingung parlamentarisch-demokratischer Legitimation ist die ausreichende Informiertheit des Parlaments[142] und seine Möglichkeit zur ordnungsgemäßen Beratung.[143] Schon wegen der Gewaltenteilung (→ Rn. 79 ff.) ist aber gegenüber den differenzierten Aufgabenzuweisungen des Grundgesetzes **kein allumfassender Parlamentsvorbehalt** anzunehmen (näher → Rn. 86, → Rn. 88, → Rn. 118).

Die staatliche **Exekutive** wird auf Bundesebene (abgesehen vom BPräs, dazu → Art. 54 Rn. 10) **39** primär durch die Parlamentswahl des BKanzlers, dessen Regierungsbildung und sodann die Personalentscheidungen in den Ressorts (in einer ununterbrochenen Legitimationskette)[144] **personell** demokratisch **legitimiert.**[145] Nach den Landesverfassungen gilt Ähnliches. Die Bestellung von Beamten auf Lebenszeit ist durch Art. 33 V jedenfalls gerechtfertigt (→ Art. 33 Rn. 71); ihre demokratische Zuverlässigkeit ist über Art. 33 II gesichert.[146] Die Beleihung **Privater** ist nur bei wirksamer Kontrolle mit

---

[130] BVerfGE 135, 317 Rn. 235.

[131] BVerfGE 83, 60 (72); 93, 37 (67); 107, 59 (87); 135, 155 Rn. 158; 135, 317 Rn. 235; 136, 194 Rn. 169; s. auch *Classen,* Demokratische Legitimation im offenen Rechtsstaat, 2009; *Petersen* JöR nF 58 (2010), 137 ff.; *Kersten* FS Papier, 2013, S. 103 f.; kritisch *Kley* VVDStRL 77 (2018), 125 (139 ff.).

[132] BVerfGE 142, 123 Rn. 131; 146, 216 Rn. 59, 103; 151, 202 Rn. 126, 130 f.

[133] BVerfGE 83, 60 (72); 130, 76 (124); 135, 317 Rn. 235; 136, 194 Rn. 168; 137, 185 Rn. 131; 139, 194 Rn. 107; 146, 164 Rn. 113; BVerwG NVwZ-RR 2015, 732 Rn. 30 ff. S. auch *Di Fabio* FS Badura, 2004, S. 77 (83 ff.); *Robbers* BK, Art. 20 (2008) Rn. 577 ff.; *Kirste* VVDStRL 77 (2018), 161 (199 ff.); rechtsvergleichend mit Frankreich *Classen* JöR nF 65 (2017), 263 ff.

[134] Kritisch etwa schon *Volkmann,* in: Friauf/Höfling, Art. 20 (3. Teil) (2001) Rn. 47 mwN.

[135] BVerfGE 122, 304 (397); für eine Landschaftsversammlung BVerwG NVwZ 2009, 644 (646).

[136] Dazu insgesamt BVerfGE 77, 1 (40, 41).

[137] Vgl. BVerfGE 44, 308 (315 f.); 130, 318 (342, 353); 134, 141 Rn. 95; *Stern,* StaatsR I, S. 959 f.; *Badura* HStR II, § 25 Rn. 34 ff.; *Morlok* HdbParlR, § 3 Rn. 3 ff.; *Bugiel* (Fn. 109), S. 360, 368 ff.; *Pünder* und *Cancik* VVDStRL 72 (2013), 191 bzw. 268 ff.

[138] So BVerfGE 141, 1 Rn. 53 f.; kritisch abwM *König,* ebd., S. 44 ff.; dazu etwa *Fastenrath* JZ 2016, 636 ff.; *Frenz* DVBl 2016, 509 ff.; *Henrich* NVwZ 2016, 1279 ff.; *Payandeh* NJW 2016, 1279 ff.; *Funke* DÖV 2016, 833 ff.; *Würtenberger* BayVBl 2017, 613 (616 ff.); zuvor BVerfGE 132, 195 Rn. 124; *Frau,* Der Gesetzgeber zwischen Verfassungsrecht und völkerrechtlichem Vertrag, 2014; auch *Sachs* FS E. Klein, 2013, S. 321 ff.; *Kees* Staat 54 (2015), 63 ff.

[139] BVerfGE 135, 1 Rn. 51; s. zur Rückwirkung iÜ → Rn. 132 ff.

[140] Vgl. nur BVerfGE 131, 152 (204 ff.); 147, 50 Rn. 200 ff.

[141] Vgl. BVerfGE 123, 267 (359); 129, 124 (177 ff.); 151, 202 Rn. 123 mwN; StGH BW NVwZ 2012, 300 (301 ff.).

[142] Zum Informationsanspruch des BT gegen die BReg BVerfGE 147, 50 Rn. 195 ff. mwN; näher → Art. 38 Rn. 39 ff.

[143] Vgl. zum Vermittlungsausschuss → Art. 77 Rn. 29 f.

[144] BVerfGE 93, 37 (67); 107, 59 (87); 135, 317 Rn. 235.

[145] Umfassend *Czybulka,* Die Legitimation der öffentlichen Verwaltung, 1989; *Oebbecke,* Weisungs- und unterrichtungsfreie Räume in der Verwaltung, 1986, S. 67 ff.; *Jestaedt* (Fn. 94), S. 330 ff.; *Dederer,* Korporative Staatsgewalt, 2004, S. 125 ff. Zur Personalverantwortung der Regierung für alle öffentlich Bediensteten BVerfGE 93, 37 (72 f.).

[146] Vgl. BVerfGE 92, 140 (152), für den öffentlichen Dienst; auch → Art. 33 Rn. 32 ff.

dem Demokratieprinzip vereinbar.[147] Probleme mit dem Demokratieprinzip können sich auch (sonst) bei Privatisierung öffentlicher Aufgaben[148] und der Integration privat organisierter Interessen in die Ausübung von Staatsgewalt[149] ergeben.

**40**    Bei Kollegialorganen muss personelle demokr. Legitimation grds. bei allen Mitgliedern bestehen.[150] Ihre Entscheidungen müssen der Gesamtheit der jew. Mitglieder zurechenbar sein.[151] Das BVerfG hat aber unter bestimmten Bedingungen die Vermittlung personeller demokr. Legitimation auch für **Gremien** angenommen, die sich **nur zT** aus **personell legitimierten** Mitgliedern zusammensetzen.[152] Die Zusammensetzung von Kollegialorganen mit Entscheidungsbefugnissen von Gewicht muss im Wesentlichen im formellen Gesetz vorgezeichnet sein.[153]

**41**    **Inhaltlich** wird das Handeln der vollziehenden Gewalt (nur) zT durch die Gesetzesbindung, iÜ durch die parlament. Verantwortung der Regierung[154] bzw. durch Weisungsunterworfenheit **legitimiert.**[155] Die Zuordnung der Verantwortung muss auch im Bundesstaat sichergestellt sein;[156] dies soll bei länderübergreifend tätigen Stellen mit gemeins. Aufsichtsinstanz möglich sein.[157] Auch gegenüber Beliehenen sind hinreichende Einwirkungsmöglichkeiten erforderlich (→ Rn. 39). Entsprechendes gilt für öff. Unternehmen.[158] Ministerialfreie Räume mit der Möglichkeit weisungsunabhängiger Entscheidungen sind verfassungsrechtlich grds. bedenklich.[159] Abweichendes soll nach Unionsrecht insbes. für Kontrollstellen im Datenschutz[160] oder auch die Staatsanwaltschaften[161] gelten.[162] Wo es an maßgeblichen Entscheidungsbefugnissen mangelt, kann ein niedrigeres Niveau demokrat. Legitimation genügen.[163] Soweit Rundfunk- und Wissenschaftsfreiheit Staatsferne gebieten (→ Art. 5 Rn. 96, → Art. 5 Rn. 210),

---

[147] Vgl. BVerfGE 130, 76 (123 f.); ferner etwa NdsStGH NdsVBl 2009, 77 (84 ff.); *Ossenbühl* VVDStRL 29 (1971), 137 (159 ff.); *Di Fabio* VVDStRL 56 (1997), 235 (265); zum Vorbehalt des Gesetzes → Rn. 117. S. auch *Stadler,* Die Beleihung in der neueren Bundesgesetzgebung, 2002; *Weisel,* Das Verhältnis von Privatisierung und Beleihung, 2003, S. 119 f.; *Rennert* JZ 2009, 976 ff.; *Klement* VerwArch 101 (2010), 112 ff.; *Stork* DVBl 2011, 69 ff. Zu Anforderungen der Wissenschaftsfreiheit BVerfGE 141, 143 Rn. 79 ff.

[148] Vgl. etwa BerlVerfGH NVwZ 2000, 794 ff.; zur Problematik insgesamt *Kämmerer* Privatisierung, 2001, S. 191 ff., S. 174 ff.; *Gramm,* Privatisierung und notwendige Staatsaufgaben, 2001, S. 351 ff.; *Weiß,* Privatisierung und Staatsaufgaben, 2002; *Remmert,* Private Dienstleistungen in staatlichen Verwaltungsverfahren, 2003; *G. Kirchhof* AöR 132 (2007), 215 ff.; *A. v. Münch,* Das Spannungsverhältnis zwischen funktionaler Privatisierung und demokratischer Legitimation, 2014; rechtsvergleichend *Hunze,* Verfassungsrechtliche Grenzen und Anforderungen der Privatisierung …, 2017, insbes. S. 241 ff.

[149] Dazu *Heintzen* und *Voßkuhle* VVDStRL 62 (2003), 220 ff. bzw. 266 ff.; *Weiß* DVBl 2002, 1167 ff.; *Dederer* (Fn. 145), insbesondere S. 125 ff., 277 ff.; *Jestaedt* (Fn. 94); zur Kooperation mit Privaten etwa *Michael,* Rechtsetzende Gewalt im kooperierenden Verfassungsstaat, 2002, S. 488 ff.; *Mehde* AöR 127 (2002), 655 ff.; *F. Becker,* Kooperative und konsensuale Strukturen in der Normsetzung, 2005; *Kloepfer/Bruch* JZ 2011, 377 ff.; auch → Rn. 29 mit Fn. 96.

[150] Ausdrücklich VerfGH NRW NVwZ 1987, 211 (212) unter Berufung auf BVerfGE 38, 258 (271); 47, 253 (275); 52, 95 (130); *Brosius-Gersdorf,* Deutsche Bundesbank und Demokratieprinzip, 1997, S. 70 ff.; aA *Böckenförde* HStR II, § 24 Rn. 19; *Pieroth,* in: Jarass/Pieroth, Art. 20 Rn. 12.

[151] Gestützt auf die repräsentative Demokratie BVerwGE 89, 121 (128); allein auf Art. 80 I 1 (gemeint wohl: S. 2) abstellend BVerfGE 91, 148 (165 ff.); näher → Art. 62 Rn. 37 f.; → Art. 80 Rn. 15.

[152] BVerfGE 93, 37 (67 f.); 107, 59 (88); VerfGH NRW NVwZ-RR 1998, 473 (475 f.).

[153] So BbgVerfGH LKV 2000, 397 (401 f.).

[154] BVerfGE 135, 317 Rn. 235; 137, 185 Rn. 131; 139, 194 Rn. 106 f.; 147, 50 Rn. 197 f.; → Art. 67 Rn. 9 ff.

[155] BVerfGE 130, 76 (125 ff.); 135, 317 Rn. 235; allgemein *Pieper,* Aufsicht, 2006, S. 232 ff.; *J. Schmidt,* Die demokratische Legitimationsfunktion der parlamentarischen Kontrolle, 2007, S. 175 ff.

[156] (Nur) grds. gegen Mischverwaltung (auch) daher BVerfGE 119, 331 (365 f.); 137, 108 Rn. 81, 84.

[157] BayVerfGH BayVBl 2016, 81 (LS 4, Rn. 151 f.).

[158] Vgl. BVerfGE 147, 50 Rn. 216 ff.; zu dieser Konsequenz aus BVerfGE 128, 226 (245 f.) schon die abwM *Schluckebier,* ebda, 269 (271 f.).

[159] BVerfGE 9, 268 (282); grds. bestätigt in BVerfGE 83, 130 (150 f.). S. differenzierend *E. Klein,* Die verfassungsrechtliche Problematik des ministerialfreien Raumes, 1974; *Oebbecke* (Fn. 145); *H. Dreier,* Hierarchische Verwaltung im demokratischen Staat, 1991, S. 134 ff.; *J. Schmidt* (Fn. 155), S. 175 ff.; *Krebs* HStR V, § 108 Rn. 95; *Loschelder,* ebda, § 107 Rn. 21 f., 52 ff.; *Tettinger,* ebda, § 111 Rn. 59 f.; *Waechter,* Geminderte demokratische Legitimation staatlicher Institutionen im parlamentarischen Regierungssystem, 1994; *Döhler* Verwaltung 34 (2001), 59 ff.; *Mayen* DÖV 2004, 45 ff.; *Pöcker,* VerwArch 99 (2008), 380 ff.; *Kruse,* Unabhängige staatliche Institutionen: Funktionalität und demokratische Legitimation, 2012; differenzierend *Steinbach* Verwaltung 50 (2017), 507 (521 ff.); zur Staatsanwaltschaft → Rn. 87.

[160] Vgl. EuGH (GK) C-518/07, Rn. 41 ff.; dazu etwa *Bull* EuZW 2010, 488 ff.; *Frenzel* DÖV 2010, 925 ff.; *Spieker gen. Döhmann* JZ 2010, 787 f.; *H. A. Wolff* FS Bull, 2011, 1071 ff.; *Glauben* DVBl 2017, 485 ff. S. für unabhängige Datenschutzbeauftragte allerdings auch BVerfGE 65, 1 (46); 125, 260 (327).

[161] EuGH (GK) NVwZ 2019, 1185 Rn. 73 ff.; dazu etwa *Kluth* NVwZ 2019, 1175 (1177 f.); *Gärditz* GSZ 2019, 133 ff.

[162] Bedenken bei BVerfGE 151, 202 Rn. 138; allgemein *Durner* DVBl 2011, 853 (856 f.); *Ruffert* FS Scheuing, 2011, S. 399 ff.; *v. Lewinski* DVBl 2013, 339 ff.; *Mayen* FS Dolde, 2014, S. 39 ff.; *Kröger/Pilniok* (Hrsg.), Unabhängiges Verwalten in der Europäischen Union, 2016; *Kley* VVDStRL 77 (2018), 125 (48 ff.); umfassend *Westermann,* Legitimation im europäischen Regulierungsverbund, 2017. Auch → Rn. 27 mit Fn. 87.

[163] Vgl. für kommunale Gleichstellungsbeauftragte BVerfGE 91, 228 (244). Entsprechendes mag für die Antidiskriminierungsstelle des Bundes nach §§ 25 ff. AGG gelten; dagegen *Philipp* NVwZ 2006, 1235 ff. Zu Bedenken bei der Deutschen Lebensmittelbuch-Kommission *Rixen* DVBl 2014, 949 ff.

besitzen Rundfunkanstalten,[164] Universitäten und ihre grundrechtsadäquat gestalteten Organe spezifisch grundrechtliche Legitimation; ministerialfreie Räume für verbleibende Einflussmöglichkeiten externer Stellen sind nicht damit zu rechtfertigen, dass sie die Unabhängigkeit vom Staat stärker sichern.[165]

Das Erfordernis hinreichender demokratischer Legitimation lässt für Beteiligungsrechte **einer Per-** 42 **sonalvertretung** als gewählten Repräsentationsorgans der Beschäftigten eines Hoheitsträgers (→ Rn. 15) – unabhängig von ihrer verfassungsrechtlichen Notwendigkeit (→ Rn. 47) – aus Sicht des BVerfG grundsätzlich Raum (→ Rn. 30).

Die im Binnenbereich des öff. Dienstes vom BVerfG zugelassene **Mitwirkung der Bediensteten** 43 an der Ausübung von Staatsgewalt ist mehreren **einschränkenden Voraussetzungen** unterworfen. Wegen der **Schutzzweckgrenze** ist die Mitwirkung auf innerdienstl. Maßnahmen begrenzt und darf nur so weit gehen, wie die spezif. Interessen der Angehörigen der Dienststelle dies rechtfertigen. Als **Verantwortungsgrenze** bei Entscheidungen von Bedeutung für die Erfüllung des Amtsauftrags gilt, dass die Letztentscheidung eines dem Parlament verantwortlichen Verwaltungsträgers gesichert sein muss. Innerhalb dieses Rahmens sind die Möglichkeiten der **Beteiligung der Personalvertretung abgestuft** danach, wie stark typischerweise die verantwortl. Wahrnehmung des Amtsauftrages oder die Interessen der Beschäftigten berührt sind.[166]

Die **demokratische Legitimation der Selbstverwaltung** bereitet Probleme, weil sie nur auf die 44 jeweiligen Mitglieder rückführbar ist, die nicht „das Volk" darstellen.[167] Die Ausgliederung von Aufgaben aus der Kompetenz der vom ganzen Volke ausgehenden Staatsgewalt ist daher – von den Kommunen (→ Art. 28 Rn. 32, → Art. 28 Rn. 34) und Bereichen grundrechtlicher Legitimation (→ Rn. 41) abgesehen – bedenklich.[168] Das BVerfG hat sie aber von Anfang an in diversen Zusammenhängen[169] gerechtfertigt, weil sich der auch dem Demokratieprinzip zugeordnete Autonomiegedanke sinnvoll in das System der Ordnung des Grundgesetzes einfüge.[170]

Gegenüber Bedenken[171] hat das BVerfG seine Position grundsätzlich bestätigt und näher ausgebaut, 44a ohne zu abschließenden Regeln zu kommen.[172] **Funktionale Selbstverwaltung** soll nicht im Gegensatz zum demokratischen Prinzip, sondern dieses verstärken. Auch besonders wichtige Aufgaben sollen solchen Organisationseinheiten übertragen werden können;[173] die Grenze zu unmittelbar staatlich zu erledigenden Staatsaufgaben im engeren Sinn[174] bleibt ungewiss. Statt einer Legitimationskette zum Volk (→ Rn. 39) soll es genügen, wenn Aufgaben und Befugnisse der Organe gesetzlich ausreichend bestimmt sind und ihre Wahrnehmung der (wohl mindestens Rechts-) Aufsicht[175] durch personell demokratisch legitimierte Amtswalter unterliegt. Die Binnenorganisation ist Gegenstand gesetzgeberischer Gestaltungsfreiheit, wobei der Grundgedanke interessengerechter Selbstverwaltung und die effektive Aufgabenwahrnehmung zu wahren sind. Auch gegenüber der Wahlrechtsgleichheit (→ Rn. 34) sind interessengerecht abweichende Gestaltungen zulässig.[176]

Ähnliche Lockerungen der Regelanforderungen personeller Legitimation werden auch **außerhalb** 44b **der funktionalen Selbstverwaltung** zugelassen; dies gilt für Beliehene (→ Rn. 39, → Rn. 41), aber auch für ör Anstalten, die für bestimmte Wirtschaftskreise ua mit Abgabenerhebung betraut sind, wenn institutionelle Vorkehrungen Gemeinwohlorientierung und Gleichheitsgerechtigkeit der Aufgabenwahrnehmung sicherstellen und die parl. Letztkontrolle unbeeinträchtigt bleibt.[177]

---

[164] In diese Richtung BVerfGE 136, 9 Rn. 53.

[165] So aber BVerfGE 111, 333 (362 ff.) zu Hochschulräten; stärkeres Gewicht des Senats verlangt BVerfGE 136, 338 Rn. 57, 78 ff.; zu Hochschulräten etwa nur *Krausnick,* Staat und Hochschule im Gewährleistungsstaat, 2012, S. 398 ff.; *Wendel,* Der Hochschulrat, 2016, S. 162 ff.

[166] BVerfGE 93, 37 (70 ff.); zu den Konsequenzen etwa BVerwGE 114, 103 ff.; 116, 216 (222 ff.); 124, 34 ff.; ThürVerfGH LKV 2004, 461 (467 f.).

[167] S. etwa *Di Fabio* FS Badura, 2004, S. 77 (89); anders *Ehlers* FS Ekkehard Stein, 2002, S. 125 (131 ff.). Insgesamt auch *Robbers* BK, Art. 20 (2008) Rn. 717 ff., 742 ff.

[168] Restriktiv für die allgemeine Verwaltung BVerfGE 83, 60 (74 f.); allgemein auch *Haverkate* VVDStRL 46 (1988), 217 (223 ff.); offener *Di Fabio* FS Badura, 2004, S. 77 (89 ff.).

[169] Vgl. namentlich BVerfGE 10, 89 ff.; 15, 235 (242); 37, 1 (26 f.); 38, 281 (299); auch BVerfGE 36, 212 ff.; 56, 45 (62 f.); 101, 312 (322 ff.); in concreto offen BVerfGE 115, 25 (47); auch BVerfGE 140, 229 Rn. 22 f.

[170] S. insbesondere BVerfGE 33, 125 (156 ff.); grds. positiv etwa *Hendler,* Selbstverwaltung als Ordnungsprinzip, 1984, S. 302 ff.; *Kluth,* Funktionale Selbstverwaltung, 1997, S. 369 ff.; zurückhaltend *Emde,* Die demokratische Legitimation der funktionalen Selbstverwaltung, 1991, S. 231, 321, 384 ff.; *Böckenförde* HStR II, § 24 Rn. 33 ff.; auch *Jestaedt* (Fn. 94), S. 537 ff.

[171] S. nur die Vorlagebeschlüsse BVerwGE 106, 64 (71 ff.); BVerwG NVwZ 1999, 870 (872 ff.).

[172] Vgl. auch zum Folgenden BVerfGE 107, 59 (86 ff.); auch 111, 191 (215 ff.); 146, 164 Rn. 113 ff.; ferner BVerwG NVwZ 2005, 1184 ff.; *Oebbecke* VVDStRL 62 (2003), 366 (392 ff.); *Mayen* DÖV 2004, 45 (49); auch *V. Neumann* FG Friedrich Müller, 2008, S. 155 ff.; *Heinig,* Der Sozialstaat im Dienst der Freiheit, 2008, S. 493 ff.

[173] Gegen eine Pflicht zu entsprechenden Regelungen BVerwG NVwZ 2008, 314 (315 f.).

[174] Für gewisse Notariatsaufgaben BVerfGE 17, 371 (376 ff.); 73, 280 (294); auch BVerfGE 131, 130 (144); allgemein *Kämmerer* (Fn. 148), S. 157 ff.

[175] Vgl. zu § 1 IHKG HessVGH NVwZ-RR 2013, 878 Rn. 11 ff., 21 f.; allg. → Rn. 41, → Rn. 161.

[176] BVerfGE 146, 164 Rn. 121 ff.

[177] BVerfGE 135, 155 Rn. 156 ff.; 136, 194 Rn. 168 ff.

45    Die auch für die **Rechtsprechung** erforderliche personelle demokratische Legitimation der Richter[178] kann je nach Besetzung der Richterwahlausschüsse, Art. 95 II, 98 IV, probl. sein;[179] allerdings
dürften nach den Grundsätzen zum Personalvertretungsrecht (→ Rn. 42 f.) auch hier erweiterte Gestaltungsmöglichkeiten bestehen. Für eine Wahl von Verfassungsrichtern[180] durch das Landesparlament
genügt nach den Anforderungen des GG die einfache Mehrheit.[181] Inhaltlich sind Gerichte dadurch
demokratisch legitimiert, dass sie dem Gesetz unterworfen sind;[182] funktionsbedingte Entscheidungsspielräume kraft Unabhängigkeit der Richter, Art. 97, sind Element der Gewaltenteilung (→ Rn. 90)
und der Rechtsstaatlichkeit überhaupt (→ Rn. 78).[183]

# E. Das Sozialstaatsprinzip (Abs. 1)

## I. Allgemeine Bedeutung

46    Für das Sozialstaatsprinzip konnte der ParlRat an die **Nachkriegsverfassungen** der Länder anknüpfen, die freilich vielfach **Einzelausgestaltungen** kannten;[184] insoweit hielt sich das GG, abgesehen
von Kompetenzbestimmungen, sehr zurück (aber → Rn. 51 ff.). Dadurch besitzt sein Sozialstaatsprinzip große Flexibilität; die allgemeine Verpflichtung, „für eine gerechte Sozialordnung zu sorgen",[185]
lässt sich in ihrer inhaltl. Weite und Unbestimmtheit auf neu entstehende Problemstellungen beziehen.[186] Dies gilt etwa für Probleme nach der deutschen Einheit,[187] aber auch für Entwicklungen auf
europäischer Ebene.[188] Gänzliche Grenzenlosigkeit[189] wird durch die Orientierung auf den **„Schutz
des Schwächeren"**,[190] insbes. in wirtschaftlicher Hinsicht,[191] und das Ziel eines menschenwürdigen
Daseins für alle[192] in den Grenzen des Territorialprinzips[193] vermieden. Dem entspricht die Sorge um
vom Schicksal besonders Benachteiligte,[194] der Schutz bei Krankheit[195] oder die Garantie des **Existenzminimums.**[196] Dagegen ist es bedenklich, dies in einen Auftrag zur Schwächung der Stärkeren
umzukehren, der gebieten soll zu verhindern, „dass Reichtum in der Folge der Generationen in den
Händen weniger kumuliert".[197]

---

[178] *Tschentscher*, Demokratische Legitimation der dritten Gewalt, 2006; *Groß* ZRP 1999, 361 (362 ff.); *Voßkuhle/
Sydow* JZ 2002, 673 ff.; für die obersten Bundesgerichte *Rüthers* JZ 2002, 365 (369).
[179] BVerfGE 41, 1 (10); *Böckenförde* HStR II, § 24 Rn. 18; *ders.*, Verfassungsfragen der Richterwahl, 1974, S. 71 f.,
79 ff.; *Ehlers*, Verfassungsrechtliche Fragen der Richterwahl, 1998; *Tschentscher* (Fn. 178), S. 169 ff.; vgl. auch
→ Art. 98 Rn. 23 ff.
[180] Rechtsvergleichend *Schreier*, Demokratische Legitimation von Verfassungsrichtern, 2016.
[181] BVerfG (K) NVwZ 1999, 638 ff. Zur Wahl der Richter des BVerfG *Landfried*, HdbBVerfG, S. 369 ff.
[182] Vgl. *Sennekamp* NVwZ 2010, 213 (215 ff.); zur Rechtsfortbildung *Classen* JZ 2003, 693 (699 f.). Für fast
alleinige Relevanz dieser Legitimation zumal beim EuGH *Murswiek* JZ 2017, 53 (59).
[183] Für rechtsstaatliche Legitimation der Richter *Rennert* JZ 2015, 529 ff.
[184] Vgl. *Zacher* HStR II, § 28 Rn. 11 ff.; zu späteren Verfassungen ebda, Rn. 19; zu den Verfassungen der neuen
Länder → Rn. 52. Zu historischen Hintergründen *Kingreen*, Das Sozialstaatsprinzip im europäischen Verfassungsverbund, 2003, S. 22 ff.; *Grzeszick*, in: Maunz/Dürig, Art. 20 VIII (2014) Rn. 6 ff.
[185] So etwa BVerfGE 94, 241 (263); 97, 169 (185); 110, 412 (445); zum Ausgleich sozialer Gegensätze BVerfGE 100,
271 (284); ähnlich BVerfGE 134, 204 Rn. 73 („sozialen und wirtschaftlichen Ungleichgewichten entgegenwirken").
[186] Vgl. zu den Entwicklungen seit 1945 *Zacher* FS K. Vogel, 2000, S. 65 ff.; zur Entwicklung der Sozialstaats-
debatte *Thurn*, Welcher Sozialstaat?, 2013.
[187] Ausführlich *Depenheuer* HStR IX¹, § 204, insbesondere Rn. 75 ff., auch Rn. 55 ff., zu einem selbständigen
Prinzip der Solidarität; dazu auch *ders.*, Solidarität im Verfassungsstaat, 2009; ferner *Volkmann*, in: Leitgedanken I, § 4.
[188] Vgl. *Zacher* EuR 2002, 147 ff.; *Kingreen* (Fn. 184), S. 283 ff.; *Gussone*, Das Solidaritätsprinzip in der Europäischen Union und seine Grenzen, 2006; *Eichenhofer* und *Steinmeyer* FS 50 Jahre BSG, 2004, S. 835 ff., 855 ff.; *Mücken-
berger* EuR 2014, 369 ff.; über Europa hinaus *Nußberger*, Sozialstandards im Völkerrecht, 2005; auch *Janda*, Migranten
im Sozialstaat, 2012.
[189] *Stern*, StaatsR I, S. 909; ähnlich *Benda* HdbVerfR, § 17 Rn. 24; zur Irrelevanz der Verfassungsgarantie für den
realen Sozialstaat *Wiederin* VVDStRL 64 (2005), 53 (79 ff.).
[190] BVerfGE 26, 16 (37); 35, 202 (236); 45, 376 (387 f.); 84, 192 (195 f.); 89, 214 (232); 100, 271 (284); 103, 197 (221);
*Stern*, StaatsR I, S. 893; *Zacher* HStR II, § 28 Rn. 21; *Benda* HdbVerfR, § 17 Rn. 88; *W. Leisner* NJW 2001, 1329 ff.
[191] Vgl. zur Bedeutung der Leistungsfähigkeit für die Steuerpolitik BVerfGE 135, 126 Rn. 55; zur Beschäftigungsförderung BVerfGE 149, 126 Rn. 48.
[192] So schon Art. 151 I 1 WRV; s. auch BVerfGE 82, 60 (80); 103, 107 (221); 110, 412 (445 f.); 125, 175 (222 f.);
132, 134 Rn. 63; *Rüfner* VSSR 1997, 59 ff.; *Denninger* FS H.-P. Schneider, 2008, S. 57 ff. Weitergehend für das
Staatsziel einer „Wohlstandsvorsorge" *Burgi* AöR Beih. 2014, 30 ff.
[193] Für Anknüpfung an den Aufenthalt BVerfGE 132, 134 Rn. 63, 94; allgemein → Einf Rn. 28, → vor Art. 1
Rn. 20.
[194] BVerfGE 102, 254 (298); 104, 74 (84); 134, 1 Rn. 42; BVerwGE 114, 291 (293).
[195] BVerfGE 113, 167 (215); 114, 196 (248).
[196] S. schon BVerfGE 113, 88 (104 f.); dann 125, 175 (224 f.); 132, 134 Rn. 66; 137, 34 Rn. 74; 142, 353
Rn. 33 f.; 152, 68 Rn. 118 f.; 152, 274 Rn. 105; BVerfG (K) NJW 2017, 3770 Rn. 14; zur Besteuerung BVerfGE
120, 125 (154); 122, 210 (234); 124, 282 (294); auch → Rn. 48.
[197] Zur Erbschaftssteuer so die abwM *Gaier/Masing/Baer*, BVerfGE 138, 136, 252 Rn. 3 f.; kritisch *Sachs* NJW
2015, 601 ff.; ähnlich zur Vermögenssteuer die abwM *Böckenförde*, BVerfGE 93, 121, 149 (162 ff.); ferner → Art. 3
Rn. 150 f.; → Art. 14 Rn. 143 ff.

Das Sozialstaatsprinzip ist als **verfassungsrechtlicher Auftrag** zumal **an den Gesetzgeber** durch- 47
aus verbindlich, doch lässt es sich **kaum zu definitiven Einzelkonsequenzen** verdichten.[198] So
wird es nicht als zwingend angesehen, soziale Ausgleichsleistungen nur dorthin zu lenken, wo im
Einzelfall ein Bedarf festgestellt wird, auch wenn dies dem Prinzip am besten entsprechen mag.[199]
Auch die vom BVerfG wiederholt offen gelassene Frage einer sozialstaatlichen Pflicht zur gesetzlichen
Regelung von Personalvertretungen[200] dürfte mangels hinreichend konkreter Anhaltspunkte zu verneinen sein. Das BVerwG entnimmt dem Sozialstaatsprinzip eine Fürsorgepflicht von (zumindest
korporierten) Religionsgesellschaften, für eine ausreichende soziale Absicherung bisheriger Bediensteter zu sorgen.[201]

Wo das Sozialstaatsprinzip Ziele vorgibt, lässt es dem **Gesetzgeber** grds. die **Wahl des einzuset-** 48
**zenden Mittels.**[202] So steht es dem Gesetzgeber frei, die Mithilfe privater Wohlfahrtsorganisationen
vorzusehen,[203] andererseits ist er nicht auf die Subsidiarität staatlicher Aufgabenerfüllung festgelegt.[204]
Grds. unbedenklich sind auch Konzepte eines „aktivierenden" Sozialstaats,[205] ferner restriktive Änderungen sozialstaatlicher Gesetzgebung.[206] Die Sicherung gleichwertigen Rechtsschutzes für Unbemittelte ist ua sozialstaatliches Gebot, doch ist der Gesetzgeber bezüglich der Modalitäten weitgehend
frei.[207] Studiengebühren sind nicht ausgeschlossen, müssen aber auf Belange Benachteiligter Rücksicht
nehmen.[208] Besonders groß sind die Spielräume etwa bei Lastenausgleich und Wiedergutmachung.[209]
Aber selbst bei der Sicherung des Existenzminimums (→ Rn. 46) bleibt das Sozialstaatsprinzip präzise
Antworten schuldig.[210]

Das Sozialstaatsprinzip beeinflusst iÜ **Auslegung und Anwendung** bestehender Rechtsnor- 49
men[211] und die Ausfüllung administrativer Entscheidungsspielräume.[212] Es kann insbes. für die
Annahme subjektiver öff. Rechte auf gesetzlicher Grundlage mit maßgeblich sein.[213] Zum Eigentumsschutz sozialstaatl. begründeter gesetzl. Berechtigungen → Art. 14 Rn. 33 f., → Art. 14
Rn. 141 f.

Das Sozialstaatsprinzip ist als solches **keine** Grundlage **subjektiver Rechte**[214] oder sonst unmittel- 50
barer Rechtsfolgen, auch nicht in Form von Durchbrechungen von Bindungen aus anderen Verfassungsprinzipien.[215] Auch als **Grundrechtsbegrenzung** (näher → vor Art. 1 Rn. 96, → vor Art. 1
Rn. 100) eignet sich das Sozialstaatsprinzip selbst nicht;[216] es stellt aber klar, dass zur Legitimation von
Grundrechtsbeschränkungen im Rahmen von Gesetzesvorbehalten auch Gemeinwohlbelange sozial-

---

[198] StRspr seit BVerfGE 1, 97 (105); vgl. noch BVerfGE 103, 242 (259 f.); 110, 412 (445); ferner allgemein *Robbers*
BK, Art. 20 (2009) Rn. 1442 ff.; *Butzer,* Die Sozialstaatsentwicklung unter dem Grundgesetz, 2006; *Kotzur* BayVBl
2007, 257 ff.; *Papier* FS Jaeger, 2011, S. 285 ff.; *Steiner* FS Papier, 2013, S. 389 ff.; *Pilz* HdbBVerfG, S. 713 ff.;
*Voßkuhle/Wischmeyer* JuS 2015, 693 ff.

[199] So BVerfGE 17, 1 (11); 26, 16 (37), für die Möglichkeit der Typisierung; BVerfGE 94, 241 (263), für den
Vorrang anderer Sachaspekte.

[200] BVerfGE 51, 43 (58); 93, 37 (69).

[201] BVerwGE 149, 139 Rn. 39, auch Rn. 24 („Verhalten jeder Religionsgesellschaft").

[202] S. schon BVerfGE 1, 97 (105); für die stRspr etwa BVerfGE 100, 271 (284); auch BVerwGE 150, 44 Rn. 33.
Zu den verwaltungsrechtlichen Instrumenten des Sozialstaats *Papier,* FS 50 Jahre BSG, 2004, S. 23 (33 ff.); *Tettinger*
und *J.-P. Schneider* VVDStRL 64 (2005), 199 ff., 238 ff.; *Felix* DVBl 2004, 1070 ff.

[203] BVerfGE 22, 180 (204).

[204] S. BVerwGE 23, 304 (306 f.); *Stern,* StaatsR I, S. 895; s. aber zu einem Vorrang der Eigenversorgung vor
staatlicher Fürsorge BVerfGE 120, 125 (154 f.).

[205] Dazu etwa *Ebsen* und *Pitschas* FS 50 Jahre BSG, 2004, S. 725 ff., 765 ff.

[206] Vgl. BVerfGE 96, 330 (339); 98, 169 (204); zu Grenzen der Änderung der Sozialversicherungssysteme *Pitschas*
und *Sodan* VVDStRL 64 (2005), 109 (133 ff.) bzw. 144 (149 ff.); auch *Wallerath* JZ 2004, 949 ff.

[207] StRspr, s. BVerfGE 9, 124 (131 f.); 122, 39 (48 ff.); BVerfG (K) NJW 2009, 3417; zu weiteren Bezügen
→ Rn. 162; → Art. 3 Rn. 204 ff.; → Art. 19 Rn. 139; → Art. 103 Rn. 24.

[208] BVerfGE 134, 1 Rn. 42.

[209] BVerfGE 84, 90 (125 f.); 102, 254 (298) Zur Zulässigkeit von Rückforderungsregelungen s. BVerfGE 106, 201
(209); BVerwGE 105, 110 (117).

[210] Näher → Art. 1 Rn. 31 f.; → Art. 6 Rn. 39.

[211] BVerfGE 1, 97 (105); 52, 283 (299); 59, 231 (262 f.); 89, 214 (232); 113, 88 (108 f.); *Zacher* HStR II, § 28
Rn. 121; *Schmitz* SBS VwVfG, § 1 Rn. 43; auch → Rn. 54.

[212] Vgl. *Stern,* StaatsR I, S. 916; *Zacher* HStR II, § 28 Rn. 121; *Schmidt-Aßmann* FS Mußgnug, 2005, S. 33 (38 ff.);
*Sachs* SBS VwVfG, § 40 Rn. 84.

[213] Vgl. BVerfGE 96, 100 (115); grundlegend schon BVerwGE 1, 169 (161 f.). Zur Notwendigkeit von An-
spruchsnormen BVerfGE 125, 175 (228 f.); 132, 134 Rn. 96; zur Bedeutung der Begründung sozialer Rechte
*Eichenhofer* DVBl 2016, 78.

[214] BVerfGE 27, 253 (283) mN; 41, 126 (153 f.); 82, 60 (80); *Stern,* StaatsR I, S. 916; *Zacher* HStR II, § 28
Rn. 121; *Grzeszick,* in: Maunz/Dürig, Art. 20 VIII (2014) Rn. 19; zur Verbindung mit Grundrechten s. → vor
Art. 1 Rn. 47, → vor Art. 1 Rn. 49, → vor Art. 1 Rn. 68 und hier Rn. 51 ff., sowie die Einzelkommentierungen.

[215] BVerfGE 65, 182 (193 f.), gegen sozialstaatlich radizierte richterliche Rechtsfortbildung; BVerfGE 88, 203
(319), gegen sozialstaatliche Legitimation für Finanzierung von Rechtsbruch; grds. zum Verhältnis zu den anderen
Staatsstrukturprinzipen *Stern,* StaatsR I, S. 921 ff.

[216] BVerfGE 59, 231 (263), im Anschluss an BVerfGE 52, 283 (298); andererseits aber BVerfGE 57, 70 (99 f.);
näher *Sachs,* in: Stern, StaatsR III/1, S. 577 f.

staatlicher Natur prinzipiell tauglich sind.[217] Inwieweit sie sich gegenüber dem Grundrechtsschutz durchsetzen, ist primär eine Frage der Verhältnismäßigkeit (→ vor Art. 1 Rn. 135). Ein sozialstaatliches Ziel ist auch nicht stets ein ausreichender Differenzierungsgrund gegenüber den Anforderungen des Gleichheitssatzes;[218] näher → Art. 3 Rn. 65 ff.

## II. Ausformungen im Grundgesetz

**51**     Als sozialstaatliche Bestimmungen des GG sind vor allem **Verfassungsaufträge** zu nennen, wie Art. 6 IV, V oder auch Art. 6 II 2, ferner Art. 33 V und Art. 131, außerdem Art. 109 II (insbesondere zur Vollbeschäftigung)[219] und Art. 29 I 1 (Leistungsfähigkeit), auch die Gewährleistung des Art. 87f I, schließlich Art. 7 I. Art. 6 I verpflichtet iVm dem Sozialstaatsprinzip zu einem Familienlastenausgleich.[220] Von den **Grundrechten im Übrigen** lassen sich nur wenige als spezifisch sozialstaatlich qualifizieren, am ehesten Art. 9 III und die Gleichheitsrechte aus Art. 3 III 2 und II 2. Zu Teilhaberechten → Rn. 54; zu Art. 87 II → Art. 87 Rn. 57.

**52**     Die klassischen **sozialen Grundrechte** – wie vor allem die Rechte auf Arbeit, Bildung,[221] soziale Sicherheit, Wohnung[222] – wurden in das Grundgesetz 1949 entgegen dem Vorbild der älteren Landesverfassungen **nicht** aufgenommen (auch → vor Art. 1 Rn. 47). Nach Herstellung der deutschen Einheit sind soziale Staatsziele – wieder anders als bei den Verfassungen der neuen Länder[223] – nicht ins Grundgesetz gelangt.[224]

**53**     Nicht selten sind im Grundgesetz (auch) sozialstaatlich motivierte **Grundrechtsbegrenzungen,** zumal durch entsprechende Zielvorgaben qualifizierter Gesetzesvorbehalte, wie Art. 5 II (Jugendschutz), 6 II 2, III, 7 IV 3, Art. 11 II, 13 VII, auch 14 III und 15. Sachlich verwandt sind auch Art. 7 IV 2 und VI sowie Art. 14 II. Zur Bedeutung des Sozialstaatsprinzips im Rahmen schlichter Gesetzesvorbehalte schon → Rn. 50.

## III. Auslegung im Sinne des Sozialstaatsprinzips

**54**     Die Bedeutung des Sozialstaatsprinzips für die **Auslegung des Grundgesetzes** beginnt bei Art. 1 I (→ Art. 1 Rn. 31 ff.) und erstreckt sich auf die grundrechtlichen Schutzpflichten überhaupt (→ vor Art. 1 Rn. 35 ff.). Eine originär leistungsgrundrechtliche Dimension der Grundrechte des Grundgesetzes wird nur vereinzelt anerkannt (→ vor Art. 1 Rn. 47, → vor Art. 1 Rn. 49), namentlich für Art. 3 II,[225] 6 IV[226] und 7 IV.[227] Eine Erweiterung des abwehrrechtlichen Grundrechtsschutzes auf die Gewährleistung auch realer Freiheit als ergänzenden Grundrechtsgehalt gibt es grundsätzlich nicht.[228] Im gesetzlichen System der sozialen Kranken(pflicht)versicherung zieht das BVerfG Art. 2 I oder II 1 jeweils iVm dem Sozialstaatsprinzip als Maßstab für Leistungsbegrenzungen heran.[229] Zur Bedeutung für Art. 19 IV → Rn. 48. Hinzu treten über den Gleichheitssatz vermittelte sog. derivative Leistungs- oder Teilhaberechte (→ vor Art. 1 Rn. 49). Die vielfältigen **Einwirkungen** des Sozialstaatsprinzips **auf sonstige Rechtsvorschriften** lassen sich (hier) nicht im Einzelnen dokumentieren.[230]

---

[217] Vgl. nur BVerfGE 68, 193 (220); 81, 242 (255); 89, 214 (232); zuletzt 149, 126 Rn. 48, 58 ff.; BVerwGE 149, 170 Rn. 22; *Sachs,* in: Stern, StaatsR III/1, S. 575; wohl weitergehend für „Verfassungsrang" der Arbeitslosigkeitsbekämpfung BVerfGE 116, 202 (223); allgemein zur Rechtfertigungskraft *Kingreen* (Fn. 184), S. 141 ff.

[218] Vgl. BVerfGE 94, 241 (263); *V. Neumann* DVBl 1997, 92 (94 ff.). Für sozialstaatliche Rechtfertigung differenzierender Regelungen s. etwa BVerfGE 99, 367 (395); 115, 381 (390).

[219] S. zum „Verfassungsrang" der Beschäftigungsförderung allgemein BVerfGE 149, 126 Rn. 48.

[220] BVerfGE 107, 205 (213); 127, 263 (278); dazu allgemein → Art. 6 Rn. 43 ff.

[221] Vgl. immerhin zur sozialstaatlichen Aufgabe der Wahrung gleicher Bildungschancen BVerfGE 112, 226 (245); 134, 1 Rn. 37 ff.; BVerwGE 134, 1 Rn. 20.

[222] Dazu allgemein *Stern,* StaatsR III/2, S. 1483 ff.; *Murswiek* HStR V¹, § 112 Rn. 40 ff.; Iliopoulos-Strangas (Hrsg.), Soziale Grundrechte in Europa nach Lissabon, 2010.

[223] Vgl. zu einschlägigen Bestimmungen *Riepe,* Soziale Grundrechte in den Verfassungen der Länder Brandenburg, Mecklenburg-Vorpommern, Sachsen, Sachsen-Anhalt und Thüringen, 1996.

[224] Zur Behandlung in der GemVerfKom. s. BT-Dr 12/6000, S. 75 ff. Für eine Aufnahme ins GG etwa wieder *Schärdel* FS Kloepfer, 2013, 175 ff.; s. auch *Sommermann,* in: Kolloquium Merten, 2014, S. 107 ff.

[225] BVerfGE 85, 191 (207); näher zu Art. 3 II 2 → Art. 3 Rn. 281 ff.

[226] BVerfGE 115, 259 (271 ff.).

[227] BVerfGE 90, 107 (114 ff.) und 90, 128 (138 ff.); näher → Art. 7 Rn. 63.

[228] → vor Art. 1 Rn. 47, 68 sowie *Murswiek* HStR IX, § 192 Rn. 91 ff.; für entsprechende Ansätze etwa *Kingreen* (Fn. 184), S. 128 ff.; auch *Heinig* (Fn. 172), S. 110 ff.

[229] BVerfGE 115, 25 (41 ff.); 136, 338 Rn. 55, 61; ähnlich BVerwGE 149, 194 Rn. 22; restriktiv BVerfGE 140, 229 Rn. 17 f.; BVerfG (K) NJW 2017, 2096 Rn. 22 f.

[230] Vgl. im Überblick *Stern,* StaatsR I, S. 917; *Zacher* HStR II, § 28 Rn. 121, 122; für eine umfassende Durchdringung auch des Privatrechts *Neuner,* Privatrecht und Sozialstaat, 1999.

## F. Das Bundesstaatsprinzip (Abs. 1)

### I. Allgemeine Bedeutung

Die der deutschen Tradition vor 1933[231] entsprechende, die Idee des Föderalismus[232] im Staat (zur **55** EU → Art. 23 Rn. 32 ff.) verwirklichende Bundesstaatlichkeit war zugleich zentrale **Vorgabe der Alliierten** für die **Entstehung des Grundgesetzes.** Nach dem „Bund der Länder" des HChE sprach der ParlRat ausdrücklich von „Bundesstaat".[233] Das **Wesen** des zuerst in der US Verf. 1787 verwirklichten **Bundesstaats** besteht in der Zusammenfassung von Staaten zu einem Verband, der einen (Gesamt-)Staat bildet, ohne dass die (Glied-)Staaten ihre Staatlichkeit einbüßen.[234] Dies ermöglicht die **Abgrenzung zum Staatenbund** und zum (untergliederten) **Einheitsstaat.**[235] Die bundesstaatliche Ordnung des Grundgesetzes gilt, wie sie im Grundgesetz ausgestaltet ist (→ Rn. 59 ff.); ein weitergehendes „Leitbild" für die Optimierung der Bundesstaatlichkeit besteht nicht.[236] Doch ergeben sich auch aus dem Bundesstaatsprinzip als solchem Rechtsfolgen (→ Rn. 65 ff.).[237]

Der **Sinn der Bundesstaatlichkeit** liegt **gegenüber einem Staatenbund** darin, gemeinschaftli- **56** che Staatsziele, wie Verteidigung oder „Wohlfahrt" der Bevölkerung,[238] zu fördern. **Gegenüber einem Einheitsstaat** soll im Bundesstaat Vielfalt ermöglicht,[239] gewachsene Vielfalt besser erhalten werden.[240] Zudem erweist sich Bundesstaatlichkeit vor allem durch die Aufteilung der Kompetenzen auf zwei staatliche Ebenen (→ Rn. 59) und durch das föderative Mitwirkungsorgan BRat (→ Rn. 61) als „vertikale" Ergänzung der Gewaltenteilung (→ Rn. 79 ff.).[241] Vorteile gegenüber beiden Alternativen dürfte die Bundesstaatlichkeit für die Lösung von Konflikten bieten.[242]

Im Zielkonflikt zwischen Einheit und Vielfalt hat sich unter dem Grundgesetz eine **Unitarisierung 57** durchgesetzt, die sich in der stetigen Verlagerung von Kompetenzen zum Bund und deren extensivem Gebrauch sowie in der koordinierten, gleichförmigen Wahrnehmung der den Ländern verbliebenen Kompetenzen ausdrückt.[243] Die in Art. 5 EV mittelbar[244] empfohlene Gegensteuerung ist im Verfassungsreformprozess allenfalls partiell gelungen.[245] Immerhin ist die inzwischen wieder eingeengte Erforderlichkeitsklausel des Art. 72 II vom BVerfG in der Praxis zur Wirkung gebracht worden (dazu → Art. 72 Rn. 6 ff.). Die Diskussion vielfältiger Reformvorschläge[246] blieb im Übrigen lange ohne greifbares Resultat (→ Rn. 58a).

---

[231] *Stern,* StaatsR I, S. 654 f.; *Jestaedt* HStR II, § 29 Rn. 2; *Isensee* HStR VI, § 126 Rn. 10; ferner etwa *Grzeszick,* Vom Reich zur Bundesstaatsidee, 1996; *Oeter,* Integration und Subsidiarität im deutschen Bundesstaatsrecht, 1998, S. 17 ff.; *Holste,* Der deutsche Bundesstaat im Wandel (1867–1933), 2002; *Volkmann* FS Frotscher, 2007, S. 183 ff.; *Oehlrich* Jura 2009, 805 ff.; *Grzeszick, Weichlein* und *Langewiesche,* Hdb. Föderalismus I, § 2, 3 bzw. 4; zum Bundesstaat in der RV 1849 *Dippel* Staat 38 (1999), 221 ff.

[232] Vgl. *Stern,* StaatsR I, S. 647 ff.; *Kimminich* HStR I¹, § 26 Rn. 1 ff.; *Jestaedt* HStR II, § 29 Rn. 1; *Starck, Nida-Rümelin* und *Kaiser,* Hdb. Föderalismus I, §§ 1, 5 bzw. 6; Hausteiner (Hrsg.), Föderalismen, 2016; *Bußjäger,* Föderale Systeme, 2017; *Palermo/Kössler,* Comparative Federalism, 2017; *W. G. Leisner,* Föderalismus, 2018; Papier ua (Hrsg.), Föderalismus, 2018.

[233] JöR nF 1 (1951), 198, 201; s. ferner den Staatsnamen „*Bundes*republik" (→ Rn. 8). Zur Entwicklung nach 1945 *Oeter* (Fn. 231), S. 96 ff.

[234] BVerfGE 1, 14 (34); 13, 54 (74 ff.); 34, 9 (19); 36, 342 (360 f.); 72, 330 (385 f.); 103, 332 (357); *Stern,* StaatsR I, S. 644 f.; *Jestaedt* HStR II, § 29 Rn. 9; *Dörfer,* Bundesverfassungsgericht und Bundesstaat, 2010, S. 40 ff. Gegen Dreigliedrigkeit des Bundesstaats BVerfGE 13, 54 (77 f.); *Isensee* HStR VI, § 126 Rn. 170 ff.; *Dörfer,* aaO, S. 22 ff. Gegen ZwischenländerR zuletzt *Gundel* DÖV 2017, 133 ff.

[235] *Stern,* StaatsR I, S. 654 f.; *Zippelius/Würtenberger,* § 14 Rn. 2 ff.; *Kimminich* HStR I¹, § 26 Rn. 6 f.; *Jestaedt* HStR II, § 29 Rn. 9; *Grzeszick,* in: Maunz/Dürig, Art. 20 IV (2006) Rn. 30 ff.

[236] BVerfGE 129, 108 (118); s. zu den Grenzen der Umgestaltung → Art. 79 Rn. 62.

[237] Zusammenfassend *H. H. Klein,* Hdb. Föderalismus I, § 17 Rn. 4 ff.; allgemein zum Bundesstaat des GG zuletzt *Heinz* DVBl 2019, 1165 ff.

[238] Vgl. schon die Präambel der US Verf. 1787 („common defence"; „general welfare") sowie die der RV 1871; allgemein auch *Hahn,* Staatszielbestimmungen im integrierten Bundesstaat, 2010.

[239] BVerfGE 134, 1 Rn. 61; 138, 261 Rn. 61; auch → Rn. 60.

[240] Zu dieser Legitimation des Bundesstaates *Isensee,* in: Bohr (Hrsg.), Föderalismus, 1992, S. 139 ff.

[241] Vgl. etwa *Unruh* (Fn. 3), S. 560 ff.; *Di Fabio* HStR II, § 27 Rn. 11 ff.; begrifflich skeptisch *Möllers,* Gewaltengliederung, 2005, S. 420 ff.; zu weiteren Legitimationsgründen *Jestaedt* HStR II, § 29 Rn. 11 f.; auch → Rn. 23; → Rn. 61.

[242] Vgl. zu den vielfältigen Möglichkeiten vergleichend *Hanschel,* Konfliktlösung im Bundesstaat, 2012; s. auch *Smith,* Konfliktlösung im demokratischen Bundesstaat, 2011.

[243] *Hesse,* Der unitarische Bundesstaat, 1962, S. 14 ff.; *Stern,* StaatsR I, S. 748, 756 ff.; *Boysen,* Gleichheit im Bundesstaat, 2005, S. 61 ff.; *Klafki* VerwArch 109 (2018), 96 ff. Zur Entwicklung ausführlich *Oeter* (Fn. 231), S. 143 ff.; *Hoppenstedt,* Die bundesstaatliche Ordnung des Grundgesetzes zwischen Unitarismus und Föderalismus, 2000.

[244] Durch Bezug auf die „Eckpunkte" der Ministerpräsidenten v. 5.7.1990, ZParl 1990, 461 ff.

[245] Vgl. etwa *Starck* FS Remmers, 1995, S. 159 ff.; *Karpen* ZG 1995, 356 ff.; *Müller-Brandeck-Bocquet* Verwaltung 29 (1996), 143 ff.; *Oeter* (Fn. 231), S. 304 ff.; → Art. 72 Rn. 10, → Art. 72 Rn. 53.

[246] S. etwa *Wilms* ZRP 2003, 86 ff.; *Robbers* FS Badura, 2004, S. 431 ff.; *Scholz,* ebda, S. 491 ff.; *Stern,* in: Symposium „Kontinuität und Wandel in der föderativen Ordnung Deutschlands", 2005, S. 11 ff.; *Wieland* Staat Beiheft 17 (2006), 79 ff.

58   Über den aus der Bundestreue (→ Rn. 68 ff.) folgenden Zwang zur Verständigung über gemeinsame Entscheidungen[247] hinaus hat es eine Entwicklung zu einem im Grundgesetz zunächst so nicht angelegten **kooperativen Föderalismus**[248] gegeben, der durch Art. 91a, b insoweit verfassungsrechtlichen Bedenken enthoben (→ Art. 91a Rn. 1 ff., → Art. 91b Rn. 8) und in Art. 91c–e ausgeweitet wurde.[249] Soweit keine speziellen verfassungsrechtlichen Vorkehrungen bestehen, gilt für die Kooperation das Prinzip der Einigung, die **Einstimmigkeit** erfordert.[250] Da die Kooperation durchweg auf Regierungsebene stattfindet, verlieren die Landesparlamente zusätzlich an Bedeutung.[251] Die Vorstellung eines „competitive federalism" hat für das Grundgesetz keine klaren Konturen gewonnen.[252]

58a   Die in der 15. Wahlp. des BT zunächst nicht zustande gekommene **Föderalismusreform** ist in zwei Teilen 2006 und 2009 verabschiedet und 2017 weiterentwickelt worden (→ Einf Rn. 26c, → Einf. Rn. 26e, → Einf. Rn. 26h). Sie zielt auf eine Modernisierung der bundesstaatlichen Ordnung durch Verbesserung der Entscheidungsfähigkeit von Bund und Ländern, deutlichere Zuordnung der Verantwortlichkeiten und Steigerung der Effizienz der Aufgabenerfüllung[253] sowie die Verbesserung der institut. Voraussetzungen für langfristige Tragfähigkeit der Haushalte von Bund und Ländern.[254]

## II. Ausformungen im Grundgesetz

59   **1. Sicherungen bundesstaatlicher Vielfalt.** Die **Aufteilung der staatlichen Kompetenzen** ist im GG wie in früheren (deutschen) Verfassungen und bundesstaatlichen Verfassungen überhaupt der allein der gesamtstaatlichen Ebene zuzuordnende[255] Schwerpunkt föderaler Verfassungssubstanz.[256] Namentlich enthält das GG die dem Subsidiaritätsprinzip[257] entsprechende allgemeine Verteilungsregel des Art. 30, deren Grundmuster die Art. 70 ff., 83 ff. und 92 ff. fortsetzen, sowie Spezialregelungen, wie etwa Art. 32 oder Art. 104a ff.[258] Die Verteilung der Kompetenzen ist als zwingende Regelung zu verstehen und grds. der Disposition ihrer Träger entzogen.[259] Absprachen in Streitfällen sind aber wohl nicht von vornherein unzulässig;[260] ebenso müssen gesetzliche Ausgestaltungen, obwohl sie verfassungsrechtliche Positionen nicht verändern können, nicht ohne Bedeutung bleiben.[261]

60   Die eigenständige Kompetenzausübung durch den Bund und die einzelnen Länder begründet ungeachtet aller Unitarisierungstendenzen (→ Rn. 57) Möglichkeiten **unterschiedlicher Regelungen,** insbesondere in den verschiedenen Ländern.[262] Dem steht der Gleichheitssatz nicht entgegen, da er nur für den jeweiligen Kompetenzbereich wirksam wird.[263]

---

[247] Dafür schon BVerfGE 1, 299 (315).

[248] Dazu *Stern,* StaatsR I, S. 748 ff. mN; *Rudolf* HStR VI, § 141; *H.-J. Vogel* HdbVerfR, § 22 Rn. 124 ff.; *Oeter* (Fn. 231), S. 259 ff., 461 ff.; zur Interessenregelung im föderalen System etwa *Pleyer,* Föderative Gleichheit, 2005, S. 319 ff.; auch *Vedder,* Intraföderale Staatsverträge, 1996; *Schladebach* VerwArch 98 (2007), 238 ff.; zum Zwischen-Länder-Recht allgemein *Stumpf* DÖV 2003, 1030 ff.

[249] Dazu etwa *Dittmann* HStR IX¹, § 205 Rn. 34 ff.

[250] BVerfGE 1, 299 (315); 41, 291 (308).

[251] *Stern,* StaatsR I, S. 755; *Rudolf* HStR VI, § 141 Rn. 94; *H.-J. Vogel* HdbVerfR, § 22 Rn. 129.

[252] Vgl. zum „Konkurrenzföderalismus" schon *Klatt* APuZ 1982, B 31, S. 3 (21 ff.); ferner etwa *Bauer,* in: Dreier II, Art. 20 (Bundesstaat) Rn. 32; *Jekewitz* FS Bothe, 2008, S. 1133 ff.; *Erpenbach,* Grenzen des Wettbewerbsföderalismus …, 2010; ablehnend für die Bildung *Wallrabenstein* VVDStRL 73 (2014), 41 ff.

[253] Vgl. BT-Dr 16/812, S. 1 zu A., ausführlich S. 7 ff. Zu den Neuregelungen *Nierhaus/Rademacher* LKV 2006, 385 ff.; *J. Ipsen* NJW 2006, 2801 ff.; *Selmer* JuS 2006, 1052 ff.; *Kluth* (Hrsg.), Föderalismusreformgesetz, 2007; *Papier* NJW 2007, 2145 ff.; *Zypries* FS H.-P. Schneider, 2008, S. 323 ff.; auch *Michael* JZ 2006, 884 ff.; *Holtschneider/Schön* (Hrsg.), Die Reform des Bundesstaates, 2007; *H. Meyer,* Die Föderalismusreform 2006, 2008; *Gerstenberg,* Zu den Gesetzgebungs- und Verwaltungskompetenzen nach der Föderalismusreform, 2009; *Häde* ZG 2009, 1 ff.; *Heitsch* JöR 57 (2009), 333 ff.; *Korioth* JZ 2009, 729 ff.; *Degenhart* BayVBl 2018, 505 ff.

[254] BT-Dr 16/12 410, S. 1 zu A., ausführlich S. 5 ff.; s. insges. etwa *Härtel* JZ 2008, 437 ff.; *Renzsch* JbFöd 2008, 133 ff.; *Kemmler* JbFöd 2009, 208 ff.; *Selmer* NVwZ 2009, 1255 ff.; *Waldhoff/Dieterich* ZG 2009, 97 ff.; *Buscher,* Der Bundesstaat in der Finanzkrise, 2010, und die Kommentierung der betroffenen Artikel.

[255] Ausführlich BVerfGE 103, 332 (349 ff.); BremStGH NordÖR 2013, 357 (359); ThürVerfGH ThürVBl 2017, 87, 91.

[256] Für eine „wichtige Ausformung" des Prinzips BVerfGE 139, 194 Rn. 108; ferner etwa *Lahne,* Die Entwicklung der bundesstaatlichen Ordnung, 2012.

[257] Zum Zusammenhang mit dem Bundesstaatsprinzip vgl. *Stern,* StaatsR I, S. 660 f.; auch → Art. 23 Rn. 37 ff.; *Timmermann* (Hrsg.), Subsidiarität und Föderalismus in der Europäischen Union, 1998.

[258] Hierher zu zählen ist ggf. auch die in BVerfGE 105, 252, (270 f.); 105, 279 (305 ff.), ua bei überregionaler Bedeutung postulierte Kompetenz der BReg aus Art. 65 zu staatsleitender Information.

[259] Vgl. BVerfGE 119, 331 (364 f.); 139, 194 Rn. 109; → Art. 30 Rn. 11.

[260] BVerfGE 92, 203 (231 f.), führt jedenfalls das „Lindauer Abkommen" (dazu → Art. 32 Rn. 35) als positives Beispiel der Abstimmung zwischen Bund und Ländern an.

[261] Vgl. für die Verfahrensregelung in Art. 2 EEAG BVerfGE 92, 203 (234 f.).

[262] BVerfGE 125, 141 (154): „Sinn der föderalen Verfassungssystematik". S. auch *Lutz,* Vielfalt im Bundesstaat, 2014; → Rn. 56.

[263] BVerfGE 134, 1 Rn. 61; 138, 261 Rn. 61; 139, 64 Rn. 113; näher *Sachs,* in: Stern, StaatsR IV/2, S. 1499 ff.; → Art. 3 Rn. 81.

Das **föderative Verfassungsorgan** auf gesamtstaatlichen Ebene ist der **BRat,** über den die **Mit-** **61** **wirkung** der Länder im Bund vor allem erfolgt (→ Art. 50 Rn. 5 ff.).[264] Die Folge, dass dadurch die demokratische Mehrheitsherrschaft im Bund relativiert wird, entspricht den Zielen des GG als einer gemischten Verfassung (→ Rn. 23, → Rn. 56) und hat eine eigenständige Legitimation im Bundesstaatsprinzip.[265] Die Länder wirken daneben aufgrund besonderer Regelungen in weiteren Bundesorganen, vgl. Art. 53a, 54 III, 95 II, sowie iR der EU, Art. 23 VI, mit.

In einigen Fällen sind die je betroffenen **Länder als solche** an Entscheidungen **auf Bundesebene** **61a** **beteiligt,** vgl. Art. 29 II, 32 II, 89 III, 91b I 2, 91c II 3, 108 I 3 und 138. Ferner können sie Anträge auf Entscheidungen des BRat, Art. 84 IV, und vor allem des BVerfG, Art. 93 I Nr. 2, 2a, 3 und 4, 1. und 2. Alt., II, stellen; weitere Antrags- und Anforderungsrechte (auch) an den Bund finden sich in Art. 90 III, 35 II, 91 I, 143e II, III. Hinzu kommen Sonderkompetenzen im Verteidigungsfall, Art. 115i I. Ohne besondere Grundlage im Grundgesetz steht dem einzelnen Land ein eigenes Beteiligungsrecht an Entscheidungen in Bundesangelegenheiten nicht zu.[266] Anders als bei der ursprünglichen Annahme des Grundgesetzes, vgl. Art. 144 I, wirken die Länder auch an Änderungen des Grundgesetzes nur mittelbar (über den BRat) mit, Art. 79 II.

### 2. Sicherung der Einheit im Bundesstaat. Normative Sicherungen der Einheit des Bundes- **62**
staates beginnen mit dem **Homogenitätsgebot,** Art. 28 I 1;[267] andere Bestimmungen des Grundgesetzes gelten als **Durchgriffsnormen** auch für die Länder.[268] Im Übrigen stellt Art. 31 die schon durch die Kompetenzverteilung weitgehend gewährleistete Widerspruchsfreiheit der bundesstaatlichen Rechtsordnung grundsätzlich durch den **Vorrang des Bundesrechts** sicher;[269] verbleibende Widersprüche sollen durch zurückhaltende Kompetenzwahrnehmung möglichst vermieden werden.[270] Bundesstaatliche Einheit fördern ferner Regeln des Zusammenwirkens von Bund und Ländern wie Art. 35;[271] nach außen wird die Einheit des Bundesstaates durch maßgebliche Kompetenzen des Bundes, insbes. Art. 32, gesichert.[272] Das kraft der verfassungsgebenden Gewalt des deutschen Volkes erlassene Grundgesetz lässt **keine Sezession** eines Landes zu.[273]

Hinzu kommen **Einwirkungsmöglichkeiten des Bundes auf die Länder.** Allerdings ist durchweg **63** und meist maßgeblich der BRat als Vertretung jedenfalls der übergreifenden Länderinteressen zu beteiligen. Im Einzelnen kann der **Bundesgesetzgeber** das Grundgesetz ändern, ferner nach Art. 23 I 2, 24 I Hoheitsrechte (auch) der Länder übertragen. Überhaupt sind (im Rahmen der Bundeskompetenzen erlassene) Bundesgesetze auch für die Länder verbindlich. Die **Bundesregierung** hat nach Art. 84, 85 bei der Ausführung der Bundesgesetze durch die Länder unterschiedliche Regelbefugnisse zu Einflussnahme und Aufsicht, hinzu kommen Sonderbefugnisse nach Art. 37 sowie Art. 35 III und Art. 91, 87a IV.[274] Zu Art. 28 III → Art. 28 Rn. 97 ff. Zustimmungsbefugnisse der BReg gegenüber Landesaktivitäten enthalten Art. 24 Ia, 32 III, ähnlich auch Art. 108 II 3. Zu Art. 23 VI 2 s. → Art. 23 Rn. 131.

Bei der **Judikative** sind die Entscheidungsbefugnisse des BVerfG gem. Art. 93 I Nr. 2 und 2a, II, **64** 100 I 2, II, III, 126 und Art. 93 I Nr. 3, Nr. 4 1. und 2. Alt., Nr. 4a und b sowie – zu Landesverfassungen – gem. Art. 93 I Nr. 4 3. Alt., 99 hervorzuheben. Art. 95 I ordnet die obersten Bundesgerichte den Landesgerichten des jeweiligen Gerichtszweigs über.

---

[264] *Sarcevic,* Das Bundesstaatsprinzip, 2000, S. 234 ff.; *Rührmair,* Der Bundesrat zwischen Verfassungsauftrag, Politik und Länderinteressen, 2001; für grds. Wahrnehmung der Belange der Länder durch den BRat BVerfGE 121, 266 (305).

[265] Vgl. *Robbers* BK, Art. 20 (2010) Rn. 2960; *Sachs* VVDStRL 58 (1999), 39 (44 f.); krit. demgegenüber *Dolzer* ebda, S. 7 (19 ff.); s. ferner *Hanebeck,* Der demokratische Bundesstaat des Grundgesetzes, 2004, S. 183 ff.; *Pieroth* EuGRZ 2006, 330 (334 ff.); *Frotscher* FS Schenke, 2011, 167 (178 ff.); *Smith* (Fn. 242).

[266] So für die Gesetzgebung des Bundes gegenüber einer Berufung auf den EV BVerfGE 94, 297 (311).

[267] Vgl. *Sarcevic* (Fn. 264), S. 237 ff.; → Art. 28 Rn. 7 ff.

[268] Vor allem: die Grundrechte, Art. 20 II, III (→ Rn. 5), 21, 28 II, 33, 34; weitere Fälle bei *Sachs* ThürVBl 1993, 121; s. auch *A. Schmitt,* Der bundesstaatliche Rahmen für die Landesverfassungen, 2009; *Lindner* AöR 143 (2018), 437 ff.; aus der Rechtsprechung etwa BVerfGE 1, 208 (232); 60, 175 (203 ff.); 66, 107 (114); 85, 353 (359); 139, 321 Rn. 124 ff.; zu Art. 109 III → Art. 109 Rn. 79; zur allein im Grundgesetz festgelegten Kompetenzverteilung → Rn. 59; zu sog. Bestandteilsnormen → Art. 28 Rn. 4 ff.

[269] Vgl. *Sarcevic* (Fn. 264), S. 243 ff.

[270] So BVerfGE 98, 106 (118 f., 125 ff.); 116, 164 (186); BVerwGE 110, 248 (249 ff.); 143, 301 Rn. 29; BVerwG NVwZ 2016, 620 Rn. 14; auch *Kloepfer/Bröcker* DÖV 2001, 1; *Haack,* Widersprüchliche Regelungskonzeptionen im Bundesstaat, 2002; allgemein etwa *Robbers* BK, Art. 20 (2009) Rn. 1244 ff.; *Brüning* NVwZ 2002, 33 ff.; *R. Schmidt* FS Canaris II, 2007, S. 1353 ff.; *Sodan/Kluckert* NVwZ 2013, 241 ff.; auch → Rn. 125.

[271] Vgl. *Sarcevic* (Fn. 264), S. 247 ff.; → Art. 35 Rn. 2 f.

[272] Vgl. *Sarcevic* (Fn. 264), S. 240 ff. Zu Länderkompetenzen → Art. 32 Rn. 57 ff.

[273] So sehr knapp mit Bezug auf den „Nationalstaat" BVerfG (K) BeckRS 2016, 110070; → Präambel Rn. 23; auch *Hillgruber* JA 2017, 238; *Honer* JuS 2018, 661 (663 f.).

[274] *Schöning,* Föderale Intervention als Instrument zur Bewahrung eines Bundesstaates, 2008, S. 312 ff.

## III. Unmittelbare Rechtsfolgen des Bundesstaatsprinzips

**65**    **1. Die Staatlichkeit von Bund und Ländern.** Die Staatlichkeit von Bund und Ländern[275] im Bundesstaat meint nicht die zugleich nicht mögliche Souveränität beider Teile,[276] sondern verwirklicht sich dadurch, dass der Bund und die einzelnen Länder je eigenständige Rechtsträger mit einem Mindestbestand zugeordneter substantieller Kompetenzen aus allen Staatsfunktionen,[277] einem unentziehbaren „Kern eigener Aufgaben als ‚Hausgut'", sind.[278] Sie kann vor allem **durch Verfassungsänderungen gefährdet** werden (→ Art. 79 Rn. 43, → Art. 79 Rn. 60, → Art. 79 Rn. 62), die die Kompetenzverteilung verschieben, sowie durch die Übertragung von Hoheitsrechten auf die EU oder (andere) zwischenstaatliche Einrichtungen (→ Art. 23 Rn. 54 ff., → Art. 24 Rn. 12 ff.; → Art. 79 Rn. 60). Das BVerfG sieht ausdrücklich auch den einfachen Bundesgesetzgeber gebunden, der insoweit an einem erschöpfenden Gebrauch ihm zu großzügig eröffneter Kompetenzen gehindert wäre (→ Rn. 70); offen ist, inwieweit die Länder gehindert sind, ihre Entscheidungsmöglichkeiten selbst durch Staatsverträge oder durch Kompetenzübertragung auf Gemeinschaftseinrichtungen aufzugeben.[279]

**66**    **Konsequenz** der Staatlichkeit ist zumal die **Eigenverantwortung für die jeweilige Verfassung**[280] im materiellen Sinne (→ Einf Rn. 9 ff.). Dazu gehören die Selbständigkeit der Verfassungsgerichtsbarkeiten,[281] die Zulässigkeit mit dem Grundgesetz übereinstimmenden Landesverfassungsrechts[282] und die Unzulässigkeit bundesgesetzlicher Zuweisung nur allgemein umschriebener Staatsaufgaben zur Ausführung an bestimmte Landesbehörden.[283] Ferner darf der Bund durch Weisungen nichts fordern, was schlechthin außerhalb des von einem Staat Verantwortbaren liegt.[284] Die Eigenstaatlichkeit ist zudem für die Gestaltung des bundesstaatlichen **Finanzausgleichs** (→ vor Art. 104a Rn. 46 ff.) ein wesentlicher Richtpunkt.[285] Auch die grundsätzliche **Trennung der Verwaltungsräume** von Bund und Ländern[286] wie der verschiedenen Länder[287] wird in diesen Kontext gerückt.

**67**    **Keine Garantie** ergibt sich aus dem Bundesstaatsprinzip für die **Existenz des einzelnen Landes.** Diese steht vielmehr nach Art. 29 vorbehaltlich der Bestätigung durch Volksentscheid zur Disposition des Bundesgesetzgebers (→ Art. 29 Rn. 8); im Übrigen kann die Existenz eines Landes durch Änderung des Grundgesetzes berührt werden;[288] davor gesichert ist nach Art. 79 III nur die Gliederung des Bundes in Länder (→ Art. 79 Rn. 42 f.).[289]

**68**    **2. Die Bundestreue.** Jeder Bundesstaat ist auf ein Zusammenwirken aller Beteiligten[290] im Sinne des Allgemeininteresses[291] angelegt, das nie abschließend zu regeln ist. Diese Lücke hilft der schon nach 1871 anerkannte[292] Grundsatz der Bundestreue oder des bundesfreundlichen Verhaltens[293] zu schlie-

---

[275] Vgl. *Sarcevic* (Fn. 264), S. 230 ff.; *Möllers* (Fn. 9), S. 350 ff.; (für die Länder) *Härtel,* in: Hdb. Föderalismus I, § 16 Rn. 76 ff.; ablehnend *Hanebeck* (Fn. 265), S. 61 ff., 356.

[276] Vgl. *Stern,* StaatsR I, S. 645; *Kimminich* HStR I¹, § 26 Rn. 11 ff.; s. auch *Beaud* Staat 35 (1996), 45 ff.; *Baldus* Staat 36 (1997), 381 ff.; *Lhotta* Staat 36 (1997), 189 ff.

[277] BVerfGE 137, 108 Rn. 83.

[278] Vgl. BVerfGE 34, 9 (20); bestätigt in BVerfGE 87, 181 (196); 137, 108 Rn. 83; *Stern,* StaatsR I, S. 667 f.; grds. auch *Jestaedt* HStR II, § 29 Rn. 65.

[279] BVerfGE 87, 181 (196) (zu Rundfunkstaatsvertrag); zu demokratiebedingten Grenzen → Rn. 36.

[280] StRspr, vgl. BVerfGE 1, 14 (34), sowie etwa BVerfGE 102, 224 (234); 103, 332 (347, 349 f.); *Stern,* StaatsR I, S. 667; *Bartlsperger* ebda, § 96 Rn. 24; *Jestaedt* HStR II, § 29 Rn. 65; *Blome/Grosse-Wilde* DÖV 2009, 615 ff.; ferner *Menzel,* Landesverfassungsrecht, 2002, S. 135 ff.; *Hanebeck* (Fn. 265), S. 183 ff.; *Möstl* AöR 130 (2005), 350 ff.; *Kadelbach* DÖV 2017, 81 ff.; zur Entwicklung *Dittmann* HStR VI, § 127 Rn. 9 f.; rechtsvergleichend *Groß* FS Zezschwitz, 2005, S. 16 ff.; zu den Grenzen → Rn. 62.

[281] Vgl. BVerfGE 4, 178 (188 f.); 6, 376 (382); 22, 267 (270 ff.); 60, 175 (209); 64, 301 (317 f.). Dies schließt die Bindung an das GG nicht aus, BVerfGE 97, 298 (314 f.).

[282] BVerfGE 22, 260 (271); 36, 342 (360 ff.); → Art. 31 Rn. 13 f.

[283] Vgl. dazu BVerfGE 11, 77 (86); 88, 203 (332 f.); für im Rahmen des Art. 84 I erlassene Bundesgesetze BVerfGE 22, 180 (210); 77, 288 (299); vgl. auch Art. 84 I 7 sowie → Art. 84 Rn. 5 ff.

[284] BVerfGE 81, 310 (334 f.).

[285] BVerfGE 101, 158 (221 f.).

[286] BVerfGE 119, 331 (363 ff., 366); auch schon 108, 169 (181 f.).

[287] BVerfGE 139, 321 Rn. 110 ff., zur notwendigen Zweitverleihung des Korporationsstatus von Religionsgesellschaften in jedem Land; zur Erteilung einer Genehmigung nach Landesrecht, die in anderen Ländern Wirkung beansprucht, OVG NRW NWVBl 2011, 347 (350).

[288] Dagegen *Stelkens* FS Fiedler, 2011, S. 295 (310 f.).

[289] Zum Ausschluss des Austritts eines Landes aus der Bundesrepublik → Rn. 62 aE.

[290] StRspr seit BVerfGE 1, 299 (315); etwa BVerfGE 92, 203 (230 ff.); auch *Stern,* StaatsR I, S. 699, 702; *Grzeszick,* in: Maunz/Dürig, Art. 20 IV (2006) Rn. 121; *Robbers* BK, Art. 20 (2009) Rn. 1129; *Isensee* HStR VI, § 126 Rn. 162 f.; für Zwischen-Länder-Bereich vgl. BVerfGE 12, 205 (254); für Verpflichtung auch von Gemeinden gegenüber dem Bund BVerwGE 82, 266 (268); ablehnend *Pieroth,* in: Jarass/Pieroth, Art. 20 Rn. 27; *Bauer,* in: Dreier, Art. 20 (Bundesstaat) Rn. 47.

[291] BVerfGE 6, 308 (361); *H.-W. Bayer,* Die Bundestreue, 1961, S. 74 f.; *Isensee* HStR VI, § 126 Rn. 163.

[292] *Isensee* HStR VI, § 126 Rn. 161; *H. Bauer,* Die Bundestreue, 1992, S. 38 ff.; s. rechtsvergleichend *Egli,* Die Bundestreue, 2010.

ßen,[294] der unmittelbar aus dem Bundesstaatsprinzip abgeleitet[295] oder als **staatsrechtliche Ausprägung des Grundsatzes von Treu und Glauben** verstanden werden kann[296] und alle Glieder des Bundesstaats **zu gegenseitiger Rücksichtnahme verpflichtet.**

Die Bundestreue ist **akzessorisch** zu vorgegebenen (Verfassungs-)Rechtsbeziehungen[297] und ge- **69** nüber besonderen Regelungen des Grundgesetzes **nachrangig.**[298] Sie kann deren Anwendung modifizieren, darf aber Spielräume nicht verschließen; Zustimmungserfordernisse im Gesetzgebungsverfahren begründet sie nicht.[299] Die Bundestreue lässt, auch wenn sie „lückenlos" eingreift,[300] Raum für Konflikte, die nur einvernehmlich zu lösen sind. Eine Verletzung der Bundestreue „impliziert überhaupt keinen ‚Vorwurf', keine ‚Treulosigkeit'"; nötig ist allerdings **objektive Treuwidrigkeit.**[301] Das bundesstaatliche Gemeinwohl lässt **keinen Einwand „tu quoque"** zu; der selbst bundesunfreundlich behandelte Teil muss dennoch bundestreu agieren.[302]

Im Einzelnen wirkt die Bundestreue zumal als **Kompetenzausübungsschranke:**[303] Kompetenzen **70** sind nicht in egoistischer Weise zu gebrauchen, vielmehr ist Rücksicht auf Belange der anderen Beteiligten und der Gesamtheit zu nehmen, uU auf eigene Ziele zu verzichten.[304] Die Rücksichtnahmepflicht kann im Rahmen staatsvertraglicher Verbindungen gesteigerte Bedeutung erlangen.[305] In der Sache kommt dabei auch der Grundsatz der Verhältnismäßigkeit zur Geltung, den das BVerfG freilich auf die Kompetenzabgrenzung zwischen Bund und Ländern für unanwendbar hält;[306] zu dessen Anwendbarkeit beim Bundeszwang → Art. 37 Rn. 11 mwN. Zur Vermeidung von Widersprüchen der Rechtsordnung → Rn. 62, → Rn. 125, → Rn. 131.

Ferner können sich **Verpflichtungen zu positivem Handeln** ergeben[307] sowie **verfahrensmäßi- 71 ge Bindungen** einschließlich der Pflicht des Bundes zur **Gleichbehandlung** der Länder (s. auch Rn. 73).[308] Insbesondere soll eine Pflicht von Bund und Ländern bestehen, sich im kooperativen Bundesstaat gegenseitig zu verständigen;[309] zur Ausformung dieser Pflicht erlassene Gesetze müssen bundestreu gehandhabt werden.[310] Die Länder trifft aber bei fehlenden Verwaltungsvorschriften des Bundes keine Pflicht, den einheitlichen Vollzug von Bundesgesetzen sicherzustellen.[311] Auf der Ebene der EU erwächst der dort grds. allein vertretungsberechtigten BReg (s. aber Art. 23 Ia–VI; dazu → Art. 23 Rn. 14, → Art. 23 Rn. 103 ff.), soweit Materien der ausschließl. Gesetzgebungskompetenz

---

[293] Für beides in der Sache bereits BVerfGE 1, 299 (315); aus der terminologisch uneinheitlichen Judikatur für Bundestreue etwa BVerfGE 6, 309 (361 f.); 110, 33 (52); für Pflicht zu bundesfreundlichem Verhalten etwa BVerfGE 8, 122 (LS 1, 138 ff.); 139, 321 Rn. 101.

[294] BVerfGE 34, 216 (232); *Grzeszick,* in: Maunz/Dürig, Art. 20 IV (2006) Rn. 118 ff.; *Isensee* HStR VI, § 126 Rn. 166; *Bauer* (Fn. 292), S. 252 f., 371 f.; *Jestaedt* HStR II, § 29 Rn. 73 f.; *Dörfer* (Fn. 234), S. 68 ff.

[295] *Stern,* StaatsR I, S. 701 f.; *Isensee* HStR VI, § 126 Rn. 162; *Grzeszick,* in: Maunz/Dürig, Art. 20 IV (2006) Rn. 121; *Robbers* BK, Art. 20 (2009) Rn. 1126 ff.

[296] So vor allem *Bauer* (Fn. 292), S. 247 ff.; *ders.,* in: Dreier II, Art. 20 (Bundesstaat) Rn. 46. Die „normative Deckung" leugnet *Wittreck,* Hdb. Föderalismus I, § 18 Rn. 39 ff.

[297] BVerfGE 13, 54 (75); 21, 312 (326); 42, 103 (117); 95, 250 (266); 103, 81 (88); 104, 238 (247 f.); BVerwGE 147, 348 Rn. 41; *Stern,* StaatsR I, S. 702; s. auch *Isensee* HStR VI, § 126 Rn. 166; *H.-J. Vogel* HdbVerfR, § 22 Rn. 48; differenzierend *Bauer* (Fn. 292), S. 335 f.

[298] *Isensee* HStR VI, § 126 Rn. 166; *Bauer* (Fn. 292), S. 371 ff.; *Jestaedt* HStR II, § 29 Rn. 75.

[299] BVerfGE 133, 241 Rn. 58.

[300] So für das Zwischen-Länder-Verhältnis (neben ausdrücklichen Regelungen) BVerfGE 34, 216 (232); auch *Isensee* HStR VI, § 126 Rn. 166.

[301] BVerfGE 8, 122 (140); Missbräuchlichkeit verlangt BVerfGE 133, 241 Rn. 87; *Stern,* StaatsR I, S. 702; *Isensee* HStR VI, § 126 Rn. 166 aE; *Jestaedt* HStR II, § 29 Rn. 74; *Bauer* (Fn. 292), S. 337.

[302] BVerfGE 8, 122 (140); *Stern,* StaatsR I, S. 702; *Bauer* (Fn. 292), S. 337 f.

[303] BVerfGE 4, 115 (140); 8, 122 (138); 12, 205 (254); 13, 54 (75); 14, 197 (215); 32, 199 (218); 34, 9 (38 f.); 81, 310 (337); 104, 249 (269 f.); BVerwGE 114, 232 (240); *Stern,* StaatsR I, S. 703; auch *Bauer* (Fn. 292), S. 355 ff.; *U. J. Schröder,* Kriterien und Grenzen der Gesetzgebungskompetenz kraft Sachzusammenhangs nach dem Grundgesetz, 2007, S. 360 ff.

[304] BVerfGE 43, 291 (348) mN; 61, 149 (205); 92, 203 (230); 106, 1 (27); 139, 321 Rn. 101; BVerwGE 99, 283 (293); *Stern,* StaatsR I, S. 703; *Isensee* HStR VI, § 126 Rn. 167; *Bauer* (Fn. 292), S. 355.

[305] BVerwGE 107, 275 (290 f.); ablehnend *Vedder* (Fn. 248), S. 253 ff.

[306] Apodiktisch BVerfGE 81, 310 (338); wohl auch 144, 20 Rn. 599 mwN; auch *Bauer* (Fn. 292), S. 240 ff.; *Jestaedt* HStR II, § 29 Rn. 65; für den geringstmöglichen Eingriff aber BVerfGE 103, 111 (141); s. auch *Lerche,* Übermaß und Verfassungsrecht, 1961, S. 160; *Sobota* (Fn. 43), S. 252, 516 f.; *Aust* AöR 141 (2016), 415 (432 ff.); → Art. 37 Rn. 11 und hier → Rn. 147. S. auch Art. 5 IV EUV; dazu etwa *Saurer* JZ 2014, 281 ff.

[307] Für die Länder BVerfGE 1, 117 (131); 6, 309 (361 f.); 8, 122 (139); 12, 205 (254 f.); für den Bund BVerfGE 73, 118 (197); 81, 310 (337 f.); 84, 25 (33); 92, 203 (230 ff.), sowie insgesamt *Stern,* StaatsR I, S. 702 f.; *Isensee* HStR VI, § 126 Rn. 168; *Bauer* (Fn. 292), S. 342 ff.

[308] BVerfGE 12, 205 (255 f.); 86, 148 (211 f.); 150, 1 Rn. 215 f., 341 f.; *Grzeszick,* in: Maunz/Dürig, Art. 20 IV (2006) Rn. 115 ff.; *Bauer* (Fn. 292), S. 353 f.; ablehnend *Jestaedt* HStR II, § 29 Rn. 76; s. auch → Rn. 73. Zu prozeduralen Anforderungen im Kontext der Bundesauftragsverwaltung → Art. 85 Rn. 22, 26.

[309] BVerfGE 92, 203 (234), im Anschluss an BVerfGE 1, 299 (315).

[310] BVerfGE 92, 203 (234 f.), für das Verfahren nach Art. 2 EEAG.

[311] Nicht ganz klar BVerfGE 76, 1 (77 f.), unter Bezugnahme auf BVerfGE 11, 6 (18).

der Länder geregelt werden, eine **Verantwortlichkeit als Sachwalterin** der Länderrechte, die eine Reihe spezieller prozeduraler Pflichten begründet.[312]

72 Der Grundsatz „**pacta sunt servanda**" als solcher muss wohl nicht aus der Bundestreue begründet werden;[313] doch ist die **clausula rebus sic stantibus** eine spezifisch vertragsbezogene Ausprägung der Verfassungspflicht zu bundesfreundlichem Verhalten.[314]

73 **3. Sonstige Einzelrechtsfolgen.** Aufgrund **bundesstaatlicher Gleichheit** haben die Länder grundsätzlich den **gleichen Status**.[315] Bei gemeinsamen Entscheidungen gilt der **Grundsatz der Einstimmigkeit** (→ Rn. 58). Für den Bund besteht (iVm Art. 3 I) ein **föderatives Gleichbehandlungsgebot** gegenüber den Ländern,[316] dem ein Recht auf gerichtliche Durchsetzung eigen sein soll.[317] Bundesstaatliche Gleichheit kann auch die Verwendung gleicher Kriterien für die Behandlung von Bund und Ländern gebieten.[318] Bei extremer Haushaltsnotlage wird eine **Pflicht zu bundesstaatlicher Hilfeleistung** angenommen,[319] die allerdings einem strengen Ultima-Ratio-Prinzip unterliegen soll.[320] Dagegen hat das BVerwG dem Bundesstaatsprinzip keine Pflicht des Bundesgesetzgebers entnommen, früheres Reichsvermögen dem Land als ursprünglichem Eigentümer zu übertragen.[321] Bei der Wahl zum BT können föderale Belange Differenzierungen der Wählerstimmen rechtfertigen, sie müssen aber nicht berücksichtigt werden.[322] Ein Gebot zur Herstellung gleichwertiger Lebensverhältnisse enthält das Bundesstaatsprinzip nicht.[323]

## G. Das Rechtsstaatsprinzip (Abs. 2 S. 2 und Abs. 3)

### I. Allgemeine Bedeutung

74 **1. Grundlagen.** Der Rechtsstaat wurde im 19. Jahrhundert[324] zu einer Kernvorstellung des Staatsrechts; er erfuhr dabei eine **formale Prägung,** die bis heute – auch gegenüber Tendenzen der Entformalisierung[325] – maßgebliche Bedeutung behalten hat. Nach der Erfahrung des NS-Unrechtsstaats[326] wurde Rechtsstaatlichkeit (wieder) **auch material** verstanden, zumal auf die Bewahrung von Menschenwürde, Freiheit und Gleichheit bezogen.[327] Bei **Abfassung des Grundgesetzes** war der Begriff unumstritten. Der HChE erläuterte ihn als Verwaltung aufgrund der Gesetze unter der

---

[312] BVerfGE 92, 203 (235 ff.); dazu *Pechstein* Jura 1995, 581 ff.; *Winkelmann* DÖV 1996, 1 ff.; *Robbers* BK, Art. 20 (2009) Rn. 1227 ff.

[313] Vgl. BVerfGE 34, 216 (232); *Stern,* StaatsR I, S. 757; *Isensee* HStR VI, § 126 Rn. 166; *Bauer* (Fn. 292), S. 359 ff.; BVerfGE 94, 297 (310), begründet die Pflicht zur Einhaltung des Einigungsvertrages ohne Rückgriff auf den Grundsatz der Bundestreue.

[314] BVerfGE 34, 216 (232); *Isensee* HStR VI, § 126 Rn. 166; *Bauer* (Fn. 292), S. 362; unabhängig von der Bundestreue BVerfGE 42, 345 (358); *Stern,* StaatsR I, S. 757. Zur Bedeutung des Demokratieprinzips BayVerfGH BayVBl 2016, 81 Rn. 125 ff.; *Würtenberger* BayVBl 2017, 613 (615 f.); s. auch Rn. 36.

[315] Untereinander und gegenüber dem Bund, vgl. BVerfGE 1, 299 (315); 12, 205 (255); *Grzeszick,* in: Maunz/Dürig, Art. 20 IV (2006) Rn. 116; ausführlich *Pleyer* (Fn. 248).

[316] StRspr, BVerfGE 12, 205 (255 f.) (wegen Bundestreue) (→ Rn. 71); davon unabhängig BVerfGE 150, 1 Rn. 211 f. mwN; vgl. auch BVerwGE 99, 283 (293); dazu *Grzeszick,* in: Maunz/Dürig, Art. 20 IV (2006) Rn. 115 ff.; *Selmer/Hummel* JböffFin 2012, 385 ff.; für Differenzierung *Bauer,* in: Dreier II, Art. 20 (Bundesstaat) Rn. 43 f.; *Pleyer* (Fn. 248), S. 237 ff.; zurückhaltend *Jestaedt* HStR II, § 29 Rn. 65; zum Willkürverbot zwischen Hoheitsträgern aus Art. 20 III → Rn. 99.

[317] BVerfGE 150, 1 Rn. 215 f.

[318] BVerfGE 101, 158 (227), zur Umsatzsteuerverteilung; dazu → Art. 106 Rn. 14 ff.

[319] BVerfGE 1, 117 (131); 12, 205 (254); 72, 330 (397 f.); 86, 148 (263 ff.); *Bauer* (Fn. 292), S. 343 ff.; *Korioth,* Der Finanzausgleich zwischen Bund und Ländern, 1997, S. 122 ff., 662 ff.; *Depenheuer* HStR IX[1], § 204 Rn. 109 ff.; dazu und zur neuen Regelung → Art. 107 Rn. 90, 104 ff.

[320] BVerfGE 116, 327 (377 ff., 386 ff.).

[321] BVerwGE 99, 283 (293 f.); allgemein gegen einen grundgesetzlich begründeten Anspruch der Länder gegen den Bund auf Ausstattung mit bestimmten Vermögensgegenständen auch BVerfGE 95, 250 (262); vgl. zu diesem Problembereich ausführlich *Berlit,* Ländervermögen im Bundesstaat, 1994, insbesondere S. 290 ff.; *Eckert,* Öffentliches Vermögen der ehemaligen DDR und Einigungsvertrag, 1994; aus primär völkerrechtlicher Sicht *Silagi,* Staatsuntergang und Staatennachfolge mit besonderer Berücksichtigung des Endes der DDR, 1996, S. 237ff; auch → Art. 134 Rn. 18 ff.

[322] BVerfGE 121, 266 (303, 305); auch 131, 136 (334); ausführlich *Faber,* Föderalismus und Binnenföderalismus im Wahlrecht …, 2015, S. 158 ff.

[323] Dafür etwa *Hartmann/Jansen* Staat 58 (2019), 243 ff.

[324] Zu älteren Wurzeln etwa *Diestelkamp* Staat 51 (2012), 591 ff.; *Trentmann* JuS 2017, 979 ff.

[325] Dazu nur *Herdegen* und *Morlok* VVDStRL 62 (2003), 7 ff., 37 ff.; *Schoch* HStR III, § 37.

[326] Vgl. zum Selbstverständnis der Epoche *Hilger,* Rechtsstaatsbegriffe im Dritten Reich, 2003.

[327] Zur Entwicklung *Stern,* StaatsR I, S. 764 ff., insbesondere S. 772 ff.; *Kunig,* Das Rechtsstaatsprinzip, 1986, S. 24 ff.; *Benda* HdbVerfR, § 17 Rn. 1 ff., 7 ff.; *Hasso Hofmann* Staat 34 (1995), 1 ff.; *Pieroth* Jura 2011, 729 ff.; zum doppelten Inhalt auch *Schmidt-Aßmann* HStR II, § 26 Rn. 18 f.; *Grzeszick,* in: Maunz/Dürig, Art. 20 VII (2006) Rn. 35 ff.; *Schulze-Fielitz,* in: Dreier II, Art. 20 (Rechtsstaat) Rn. 46 ff.; zum formalen Rechtsstaatsbegriff BVerfGE 11, 150 (163); zum materialen Rechtsstaatsbegriff *H. Peters,* Geschichtliche Entwicklungen und Grundfragen der Verfassung, 1969, S. 197 ff.; *Grimm* JuS 1980, 704 ff.; mit zT abweichender Terminologie BVerfGE 11, 150 (163); 52, 131 (144); 57, 250 (275); skeptisch gegenüber der Unterscheidung *Sobota* (Fn. 43), S. 448 ff., 457 ff.

Kontrolle unabhängiger, nur an das Gesetz gebundener Gerichte und verband damit die Forderung nach Beachtung der Grundrechte.[328]

**2. Verankerung in Art. 20.** In Art. 20 wird der Begriff „Rechtsstaat" anders als im Erstentwurf[329] **75** nicht ausdrücklich verwendet. Doch wurde Art. 20 III, der auch für die Länder durchgreift,[330] gezielt „zur besseren Kennzeichnung der Rechtsstaatlichkeit als der Grundlage des Grundgesetzes" formuliert.[331] Dies lässt offen, ob gerade Art. 20 – allein oder in Verbindung mit Art. 28 I 1[332] – die **normative Grundlage** bildet. Denkbar ist auch eine Ableitung aus der Gesamtheit einschlägiger Bestimmungen des Grundgesetzes;[333] zu diesen würde (partiell) auch Art. 20 II, III gehören.[334]

Praktisch bedeutsam ist die Fundierung des Rechtsstaats gerade in Art. 20 nur[335] für die **Grenzen der** **76** **Verfassungsänderung** (dazu → Art. 79 Rn. 73 ff.). Insoweit legt es die Parallele zur Zusammenfassung der Grundsätze des Grundgesetzes in Art. 28 I 1 nahe, den dort für die Länder explizit genannten Grundsatz des Rechtsstaats als ungeschriebenen Bestandteil auch des Art. 20 I einzustufen.[336] Entbehrlich ist das Rechtsstaatsprinzip neben seinen vielfältigen Ausprägungen im Grundgesetz nicht, weil diese den gesicherten Gesamtbestand einschlägiger Einzelgarantien nicht lückenlos abbilden.[337]

**3. Rechtsstaatliche Einzelgehalte des Grundgesetzes.** Das Rechtsstaatsprinzip wird durch zahl- **77** reiche Regelungen des Grundgesetzes maßgeblich mitgeprägt. Als solche **Elemente des Rechts-staatsprinzips,**[338] die diesem für ihren Geltungsbereich als Spezialregelungen vorgehen, sind zu nennen:

– die Menschenwürdegarantie des Art. 1 I;
– die Grundrechtsbindung nach Art. 1 III (→ Art. 1 Rn. 82 ff.);[339]
– die grundrechtliche Sicherung des Individuums;[340]
– die Rechtsweggarantie nach Art. 19 IV (→ Rn. 162, → Rn. 164);
– die Gewaltenteilung, Art. 20 II 2 (→ Rn. 79 ff.);
– die Verfassungsbindung, Art. 20 III Hs. 1 (→ Rn. 94 ff.);
– die Bindung an Gesetz und Recht, Art. 20 III Hs. 2 (→ Rn. 103 ff.);
– das Berufsbeamtentum und sein Funktionsvorbehalt, Art. 33 IV, V;[341]
– die Staatshaftung nach Art. 34;[342]
– die Ewigkeitsgarantie des Art. 79 III;[343]
– die Anforderungen an Verordnungsermächtigungen, Art. 80 I;[344]

---

[328] Vgl. HCh-Bericht, S. 27, Nr. 6 und 7, zu Art. 29 II HChE; dazu *v. Mangoldt,* Art. 20 Anm. 6.

[329] Vgl. JöR nF 1 (1951), 195 „… demokratischer und sozialer Rechtsstaat"; das Rechtsstaatsprinzip blieb aber allgegenwärtig, vgl. *Schmidt-Aßmann* HStR II, § 26 Rn. 3 Fn. 13 mN.

[330] → Rn. 5; BVerwGE 143, 222 Rn. 10.

[331] So der Abg. *Dehler* JöR nF 1 (1951), 200.

[332] BVerfGE 1, 14 (45); 63, 343 (353); 108, 52 (67); 120, 274 (315 f.); 142, 25 Rn. 87; *Kunig* (Fn. 327), S. 72 ff.; *Schmidt-Aßmann* HStR II, § 26 Rn. 3.

[333] Vgl. BVerfGE 2, 380 (403); 45, 187 (246); auch wieder 141, 1 Rn. 78; *Stern,* StaatsR I, S. 779 f.; *Jarass,* in: Jarass/Pieroth, Art. 20 Rn. 37; *Kunig* (Fn. 327), S. 64.

[334] So ausdrücklich BVerfGE 30, 1 (24 f.); offen das Sondervotum, S. 33 (40 f.); für Art. 20 II, III BVerfGE 52, 131 (143); nur für Art. 20 III BVerfGE 35, 41 (47); 134, 33 Rn. 129; 137, 350 Rn. 33; 138, 64 Rn. 79; 138, 377; 139, 321 Rn. 127; 140, 317 Rn. 51; 142, 123 Rn. 152; 149, 86 Rn. 58 f.; 149, 126 Rn. 72; 149, 293 Rn. 277; 150, 1 Rn. 190, 191; „vornehmlich" dafür BVerfGE 141, 1 Rn. 78; ferner etwa BVerwGE 143, 222 Rn. 14; 144, 284 Rn. 41; 145, 194 Rn. 65; 162, 146 Rn. 9; oft wird keine Bestimmung genannt.

[335] *Kunig* (Fn. 327), S. 72 f.

[336] *Schmidt-Aßmann* HStR II, § 26 Rn. 3; auch BVerfGE 63, 343 (353); für Art. 20 allgemein *Grzeszick,* in: Maunz/Dürig, Art. 20 VII (2006) Rn. 33; *Robbers* BK, Art. 20 (2009) Rn. 1720 ff.; *Schmidt-Aßmann,* in: Leitgedanken I, § 22; für Art. 20 III *Gärditz,* in: Friauf/Höfling, Art. 20 (6. Teil) (2011) Rn. 38 ff.; kritisch *Kunig* (Fn. 327), S. 73 ff.; für mitgesetztes Recht *H. A. Wolff* (Fn. 3), S. 247 f., 464.

[337] Vgl. gegenüber *Kunig* (Fn. 327), insoweit überzeugend *Sobota* (Fn. 43), S. 399 ff.; auch *Schulze-Fielitz,* in: Dreier II, Art. 20 (Rechtsstaat) Rn. 45; *v. Arnauld,* in: Depenheuer/Grabenwarter (Hrsg.), Verfassungstheorie, 2010, § 21 Rn. 4 f.

[338] Divergierende Zusammenstellungen bei *Grzeszick,* in: Maunz/Dürig, Art. 20 VII (2006) Rn. 22 ff.; *Stern,* StaatsR I, S. 784; *Kunig* (Fn. 327), S. 15 f., 122 f., 130 ff. mN; *Benda* HdbVerfR, § 17 Rn. 14 ff.; *Voßkuhle/Kaufhold* JuS 2010, 116 ff.; ausführlich *Sobota* (Fn. 43), S. 27 ff., 254–257, 471 ff. Zur Rechtsstaatlichkeit in der EU *Jarass* DVBl 2018, 1249 ff.; → Art. 23 Rn. 27 ff.; auch zum Völkerrecht *Wittinger* JöR nF 57 (2009), 427 ff.; für den Europarat *Fuchs* EuGRZ 2018, 237 ff.; staatsphilosophisch *Frändberg,* From Rechtsstaat to Universal Law-State, 2014.

[339] *Hesse* Grundzüge, Rn. 195, 203; auch *Grzeszick,* in: Maunz/Dürig, Art. 20 VII (2006) Rn. 18.

[340] *Stern,* StaatsR I, S. 789 ff.; *Grzeszick,* in: Maunz/Dürig, Art. 20 VII (2006) Rn. 24; *Hesse* Grundzüge, Rn. 204; hierzu gehören auch Anforderungen aus Art. 19 I, II sowie aus Qualifikationen der Gesetzesvorbehalte, wie bei „Richtervorbehalten" (→ vor Art. 1 Rn. 116) oder nach Art. 14 III 2.

[341] Vgl. etwa BVerfGE 140, 240 Rn. 101 ff.; *Merten* ZBR 1999, 1 ff.; *Jachmann* ZBR 2000, 181 ff.; *Günther* DÖV 2012, 678 ff. Auch → Rn. 161. Für Bezüge zur Demokratie *Schulz* DVBl 2018, 1599 ff.

[342] BGHZ 11, 192 (197); 22, 383 (388); → Art. 34 Rn. 5; auch hier → Rn. 111.

[343] Vgl. *Grzeszick,* in: Maunz/Dürig, Art. 20 VII (2006) Rn. 18; ablehnend *Sobota* (Fn. 43), S. 476 f.

[344] BVerfGE 7, 282 (302); 18, 52 (59); 34, 52 (60); 139, 19 Rn. 55 f.; → Art. 80 Rn. 4, → Art. 80 Rn. 26 f.; zurückhaltend *Sobota* (Fn. 43), S. 497; ferner → Rn. 127, auch → Rn. 86.

– die Ausfertigung und Verkündung nach Art. 82 I;[345]
– die Rechtsaufsicht, Art. 84 III, 85 IV (dazu → Art. 84 Rn. 45 ff., → Art. 85 Rn. 33 ff.; allgemeiner hier → Rn. 41, auch → Rn. 161).
– das Rechtsprechungsmonopol der Gerichte, Art. 92;[346]
– die Zuständigkeiten des Verfassungsgerichts, Art. 93;[347]
– die Sicherung der Einheitlichkeit der Rechtsprechung, Art. 95 I, III;[348]
– die Unabhängigkeit der Richter, Art. 97 (→ Art. 97 Rn. 1 ff.);
– die Garantie des gesetzlichen Richters, Art. 101 I;[349]
– der Anspruch auf rechtliches Gehör nach Art. 103 I (→ Rn. 163);
– die Anforderungen an Bestrafungen gem. Art. 103 II, III;[350]
– die Verfahrensrechte bei Freiheitsentzug, Art. 104;[351]
– die Vorkehrungen für den Verteidigungsfall, Art. 115a ff. (→ vor Art. 115a Rn. 7 ff.).

78     Im Übrigen sind zumal durch die Rechtsprechung des BVerfG weitere teils mit Elementen des Art. 20 in Verbindung gebrachte **rechtsstaatliche Einzelgehalte,** die als solche **nicht** (umfassend) **im Grundgesetz geregelt** sind, anerkannt, namentlich:
– die Verpflichtung auf die Gerechtigkeit;[352]
– der Bestimmtheitsgrundsatz (→ Rn. 126 ff.);
– Rückwirkungsverbot und Vertrauensschutz (→ Rn. 131 ff.);
– der Grundsatz der Verhältnismäßigkeit (→ Rn. 145 ff.);
– die Justizgewährung (→ Rn. 162);
– Verfahrensanforderungen (→ Rn. 163 ff.).

Das Rechtsstaatsprinzip bezeichnet somit eine Fülle von rechtlichen Bindungen und Kontrollen, denen die Staatsgewalt bei der Wahrnehmung all ihrer Aufgaben unterliegt; angesichts der Weite und Unbestimmtheit der Bestandteile des Rechtsstaatsprinzips ist für die Ableitung konkreter Bindungen aber Behutsamkeit zu verlangen.[353]

## II. Die Gewaltenteilung (Abs. 2 S. 2)

79     **1. Grundlegung.** Die aus der Antike überlieferte Vorstellung einer Aufteilung der Staatsgewalt erhielt ihre zukunftsweisende Form bei *Montesquieu,* dessen Dreiteilung in **Legislative, Exekutive und Judikative** sowohl in die US-Verf. 1787 als auch in die französische Verfassung von 1791 Eingang fand.[354] In der **deutschen Verfassungsentwicklung** stand das monarchische Prinzip jeder echten Gewaltenteilung entgegen,[355] deren konstitutionell verkürzte Variante (Mitwirkung der Stände bei der Gesetzgebung; Unabhängigkeit der Gerichte) etwa in Art. 45 S. 1, Art. 62 I und 86 I VU Preußen 1850 formuliert ist. Auf der gesamtstaatlichen Ebene kam es nicht einmal 1919 zu einer explizit geregelten Gewaltenteilung.[356]

80     Nach der Machtkonzentration im Führerstaat wurde die Gewaltenteilung in den meisten Landesverfassungen der Westzonen ausdrücklich garantiert.[357] Auch im **HChE** war sie (nur) für die Landesverfassungen so vorgeschrieben.[358] Im **ParlRat** sah schon der erste Vorschlag zu Art. 20 vor, dass die einheitliche Staatsgewalt für ihre klassischen Bereiche getrennt durch besondere Organe ausgeübt werde.

---

[345] *Schmidt-Aßmann* HStR II, § 26 Rn. 78; *Sobota* (Fn. 43), S. 500; s. auch → Rn. 123 und → Art. 82 Rn. 1.

[346] *Stern,* StaatsR I, S. 845; *Achterberg* BK, Art. 92 (1981) Rn. 57; → Art. 92 Rn. 28 ff.

[347] *Stern,* StaatsR I, S. 839; *ders.,* StaatsR II, S. 954 f.; *ders.* BK, Art. 93 (1982) Rn. 9; *Schmidt-Aßmann* HStR II, § 26 Rn. 71; → Art. 93 Rn. 5; zur rechtsstaatlichen Bedeutung der ultra vires-Kontrolle von Akten der EU BVerfGE 142, 123 Rn. 152.

[348] *Schmidt-Aßmann* HStR II, § 26 Rn. 71; → Art. 95 Rn. 18 ff.

[349] BVerfGE 27, 355 (362); 40, 356 (361); 82, 159 (194); *Stern,* StaatsR I, S. 846; *Schmidt-Aßmann* HStR II, § 26 Rn. 79; → Art. 101 Rn. 5 ff., → Art. 101 Rn. 23 ff.

[350] Zu Art. 103 II BVerfGE 47, 109 (120); 73, 206 (247); 78, 374 (382); *Grzeszick,* in: Maunz/Dürig, Art. 20 VII (2006) Rn. 29; zu Art. 103 III BVerfGE 21, 378 (384, 388); 27, 180 (192); 28, 264 (277); 94, 351 (364); s. noch → Rn. 103; insges. → Art. 103 Rn. 53 ff., → Art. 103 Rn. 76.

[351] *Stern,* StaatsR I, S. 847; *Sobota* (Fn. 43), S. 197, 511 f.; → Art. 104 Rn. 16 ff.

[352] BVerfGE 20, 323 (331); vgl. grds. → Rn. 103 ff.; in Einzelzusammenhängen → Rn. 117, → Rn. 122, → Rn. 140 ff., → Rn. 158.

[353] BVerfGE 111, 54 (82).

[354] S. insges. etwa *H. Seiler,* Gewaltenteilung, 1994; *Reinhardt,* Konsistente Jurisdiktion, 1996, S. 7 ff.; Isensee (Hrsg.), Gewaltenteilung heute, 2000; *v. Arnauld* ZParl 2001, 678 ff.; *Horn* AöR 127 (2002), 427 ff.; *Möllers* (Fn. 241); *ders.,* Die drei Gewalten, 2007; *Hoffmann-Riem* FS H.-P. Schneider, 2008, S. 183 ff.; *Windthorst* FS Bethge, 2009, S. 107 ff.; *Cornils,* in: Depenheuer/Grabenwarter (Fn. 337), § 20; *Poscher* GVwR I, § 8.

[355] Zur Entwicklung *Stern,* StaatsR II, S. 513 ff.; *Schmidt-Aßmann* HStR II, § 26 Rn. 48.

[356] Vgl. aber auf Landesebene ausdrücklich etwa schon § 2 II BadVerf. 1919; Art. 4–6 HessVerf 1919.

[357] S. Art. 56 BadVerf. 1947; Art. 5 BayVerf 1946; Art. 67 BremVerf 1947; Art. 2 II HmbVerf 1946; Art. 77 RhPfVerf 1947; Art. 48 II WürttBadVerf. 1946; ohne besondere Vorschrift die WürttHohVerf. 1947 in Art. 24 S. 2, 44 S. 1, 58 I; die drei Gewalten wurden auch in den Landesverfassungen der SBZ genannt.

[358] Vgl. Art. 29 III, dazu Bericht, S. 27, und JöR nF 1 (1951), 195.

Die Gewaltenteilung ist ein für das GG tragendes Organisations- und Funktionsprinzip. Sie dient **81** dem **Ziel** der **Mäßigung der Staatsherrschaft,**[359] schützt so zugleich die Grundrechte.[360] Ferner zielt sie nach der Rechtsprechung des BVerfG darauf, dass staatliche **Entscheidungen möglichst richtig** getroffen werden, indem jeweils die (nach Organisation und Verfahren) geeignetsten Organe tätig werden.[361] Der Grundsatz bedeutet keine simple Aufteilung der Staatsgewalt, sondern wird im Grundgesetz durch vielfältige, durch Rücksichtnahmepflichten[362] ähnlich wie bei der Bundestreue (→ Rn. 70) gemäßigte Gewaltenbalancierungen verwirklicht.[363] Dazu gehören iwS auch Konsequenzen des Bundesstaatsprinzips (→ Rn. 56); über die nationale Verfassung weisen Elemente von Gewaltenteilung zwischen staatlicher und EU-Ebene hinaus.[364]

**2. Ausformungen im Grundgesetz.** Das Grundgesetz spricht die **klassischen drei Gewalten** **82** mehrfach an (vgl. außer Art. 20 II 2[365] namentlich Art. 1 III, 20 III[366]); es widmet ihnen je einen eigenen Abschnitt (VII, VIII und IX) und weist sie auch für die Länder[367] im Schwerpunkt spezifisch dazu berufenen Trägern zu **(materielle Funktionentrennung).** Dabei fällt primär dem Parlament als Legislativgewalt die Normsetzung zu, der Regierung (als leitendem Exekutivorgan)[368] sind als Hauptaufgaben Regierung und Verwaltung, zumal die Vollziehung der Gesetze,[369] zuzuordnen, allein den von Stellen der Exekutive und Legislative getrennten Gerichten die Rechtsprechung[370] (dazu → Art. 92 Rn. 4 ff.). Vollziehende Gewalt und Rechtsprechung sind nach Art. 20 III Hs. 2, Art. 97 I an die (zumal) von der Legislative geschaffenen Gesetze[371] gebunden (→ Rn. 103 ff.). Die Gesetzgebung kann Rechtsprechungsentwicklungen für die Zukunft[372] entgegentreten;[373] die Aufhebung gerichtlicher Entscheidungen durch Gesetz scheidet aber grundsätzlich aus.[374]

Die **staatlichen Funktionen** sind in ihrer **Differenziertheit** mit dem Dreierschema kaum zu **83** erfassen. In dessen Rahmen wird der vollziehenden Gewalt alles Staatshandeln zugeordnet, das nicht Rechtsetzung oder Rechtsprechung darstellt.[375] Die Durchführung von Wahlen und Abstimmungen soll der Gewaltenteilung vorgelagert sein.[376] Bestimmte Funktionen mögen auch zwischen den Hauptfunktionsbereichen anzusiedeln sein, wie im Verhältnis von Exekutive und Legislative die Planung.[377] Zur Rechnungsprüfung → Art. 114 Rn. 24; zur Mitwirkung in der EU → Art. 23 Rn. 5, → Art. 23 Rn. 14.

Auch die **Zahl der** voneinander mehr oder weniger unabhängigen **Funktionsträger,** die an der **84** Funktionsverteilung beteiligt sind, ist um das abstimmende Volk, den BRat, den BPräs und weitere Organe, wie BBank und BRH, vermehrt; gegenüber den sonstigen Gerichten hat das BVerfG eine Sonderstellung im Rahmen der rechtsprechenden Gewalt (→ Art. 93 Rn. 4 ff., → Art. 93 Rn. 11 f.).

---

[359] StRspr, vgl. BVerfGE 3, 225 (247); 137, 185 Rn. 130; 139, 362 Rn. 125.

[360] StRspr, vgl. BVerfGE 9, 268 (279); 95, 1 (17); s. bereits die Berücksichtigung der Gewaltenteilung in Art. 16 der französischen Erklärung der Menschen- und Bürgerrechte von 1789.

[361] So namentlich BVerfGE 68, 1 (86); 90, 286 (364); 104, 151 (207); 121, 135 (161 f.); 137, 185 Rn. 135, jeweils zur auswärtigen Gewalt; davon abgelöst BVerfGE 95, 1 (15); 98, 218 (251 f.); 124, 78 (120); 139, 321 Rn. 124; auch *A. Schwerdtfeger,* Krisengesetzgebung, 2018, S. 186 ff.; vgl. auch zur Begründung des Parlamentsvorbehalts (→ Rn. 88) BVerfGE 85, 386 (403); 95, 267 (307 f.); andererseits zu dessen Begrenztheit BVerfGE 98, 218 (251 f.); s. auch *Stern,* StaatsR II, S. 530 f.; *Di Fabio* HStR II, § 27 Rn. 10; *Schulze-Fielitz,* in: Dreier II, Art. 20 (Rechtsstaat) Rn. 71.

[362] *W.-R. Schenke,* Die Verfassungsorgantreue, 1977; *Lorz,* Interorganrespekt im Verfassungsrecht, 2001.

[363] Vgl. *Di Fabio* HStR II, § 27 Rn. 31 ff., 39 ff.; auch *Grzeszick,* Die Teilung der staatlichen Gewalt, 2013; Magiera/Sommermann (Hrsg.), Gewaltenteilung im Verfassungsstaat, 2013.

[364] S. *P. Kirchhof* JZ 1998, 965 ff.; allgemein auch *Haratsch,* in: Demel ua (Hrsg.), Funktionen und Kontrolle der Gewalten, 2000, S. 199 ff.; *Di Fabio* HStR II, § 27 Rn. 64 ff., 80 ff.; *Möllers* (Fn. 241), S. 209 ff.

[365] Nur hierzu etwa BVerfGE 138, 64 Rn. 59; 139, 321 Rn. 124 f.; 140, 99 Rn. 12; auch BVerfGE 137, 185 Rn. 130 f.

[366] Nur darauf bezogen etwa BVerfGE 109, 190 (252).

[367] S. allgemein → Rn. 5; speziell hierfür BVerfGE 139, 321 Rn. 124 ff.; für übergreifende Geltung BVerfG 7, 183 (188); für Geltung im Lande über Art. 28 I 1 BVerfGE 34, 52 (58); wohl auch BVerfGE 9, 268 (279 f.); ohne Normangabe BVerfGE 3, 225 (247); 22, 106 (111 f.); 57, 295 (328); anders wohl *Grzeszick,* in: Maunz/Dürig, Art. 20 V (2013) Rn. 111.

[368] Für Gubernative *v. Bogdandy,* Gubernative Rechtsetzung, 2000, S. 107 ff.; s. noch → Rn. 87.

[369] Vgl. BVerfGE 95, 1 (16); 139, 321 Rn. 126.

[370] Zuletzt BVerfGE 148, 69 Rn. 51.

[371] Gegen die Anwendung noch nicht verabschiedeter Parlamentsgesetze *Guckelberger,* Vorwirkung von Gesetzen im Tätigkeitsbereich der Verwaltung, 1997, S. 41 ff.

[372] BVerfGE 135, 1 Rn. 52, 67; noch → Rn. 138.

[373] BVerfGE 132, 99 Rn. 74; BVerfG (K) WM 2016, 1431 (1432); BGHZ 162, 49 (60).

[374] Vgl. auch zu möglichen Ausnahmen BVerfG (K) EuGRZ 2006, 152 ff. (für bestimmte Verurteilungen der NS-Zeit; zu einer aktuellen Problematik *Krieg/Wieckhorst* Staat 54 (2015), 539 (552 ff.); *Burgi/Wolff,* Rehabilitierung der nach § 175 StGB verurteilten homosexuellen Männer: Auftrag, Optionen und verfassungsrechtlicher Rahmen, 2016, S. 77 ff.; *Wolff* RuP 2016, 129 ff.; s. auch EGMR NLMR 5/2013, 1 ff.

[375] *Stern,* StaatsR II, S. 535 ff.; *Schmidt-Aßmann* HStR II, § 26 Rn. 52; auch schon *O. Mayer,* Deutsches Verwaltungsrecht, Bd. 1, 3. Aufl. 1924, S. 7.

[376] Jedenfalls für den ehrenamtlichen Wahlvorstand BVerwG NJW 2002, 2263 (2264).

[377] Vgl. BVerfGE 95, 1 (16); *Schneller* ZG 1998, 179 ff.; *Ossenbühl* FS Hoppe, 2000, S. 183 ff.

Zu erwähnen sind ferner besondere Befugnisse von Organteilen, wie sie etwa nach Art. 65 S. 1, 2, Art. 65a, 96 II 4, Art. 112, 115b Mitgliedern der BReg zustehen.

85   Die **Zuordnung** der Funktionen im GG kennt zwingend oder fakultativ vielerlei **Vermischungen.**[378] Hierher gehört zumal die Übertragung der Primärfunktion auf „fremde" Funktionsträger, wie die Zuweisung einzelner Exekutivfunktionen an den BT (mit BRat)[379] oder die Übertragung von Rechtsetzungsbefugnissen auf Organe der Exekutive; diese wirken maßgeblich beim Erlass formeller Gesetze nach Art. 81 mit und können aufgrund gesetzlicher Ermächtigungen Rechtsverordnungen und Satzungen erlassen.[380] Untergesetzliche Rechtsnormen hängen für ihre Existenz nicht vom Fortbestand der bei ihrem Erlass geltenden[381] gesetzlichen Ermächtigung ab.[382]

86   Ermächtigungen zur **Rechtsetzung durch die Exekutive** sind nur begrenzt zulässig. Dies ergibt sich zT aus besonderen Bestimmungen, namentlich Art. 80 I 2 (→ Art. 80 Rn. 23 ff., → Art. 80 Rn. 25).[383] Bei landesgesetzlichen Verordnungsermächtigungen[384] sowie für Ermächtigungen zum Erlass von Satzungen[385] gelten bei Unterschieden im Einzelnen ähnliche **Bestimmtheitserfordernisse** (→ Rn. 127) als Konsequenzen der hier spezifisch maßgebl. Gewaltenteilung,[386] die auch Gesetzgebungsbefugnisse der **Judikative** ausschließt (→ Rn. 119 ff.). Wenn insoweit von einem „**Parlamentsvorbehalt**" gesprochen wird,[387] hat dies für die Rechtsetzung keine selbständige Bedeutung[388] (→ Rn. 118) und gibt nur zu Missverständnissen Anlass (→ Rn. 88). Das **Zitiergebot** nach Art. 80 I 3 ist wohl kein unerlässliches Element des demokratischen Rechtsstaats.[389]

87   Vermischungen ergeben sich auch durch **Mitwirkungsbefugnisse** in „fremden" Bereichen, zB beim Gesetzesinitiativrecht der Regierung,[390] durch Vorbehalte parlament. Zustimmung zu RVO[391] oder bei deren Änderung durch förmliches Gesetz[392] sowie beim Vertragsabschluss nach Art. 59 II.[393] Hierher gehören auch Aufhebungsbefugnisse gegenüber Staatsakten anderer Gewalten, wie die Begnadigungsbefugnis des BPräs.[394] Ferner kennt das GG den BRat als von vornherein **gewaltenübergreifend ausgerichtetes Organ**, Art. 50. Nur für die Rspr. besteht ein Monopol der umgekehrt nicht schlechthin hierauf beschränkten Gerichte;[395] Richtervorbehalte werden aber auch als Ausdruck von Gewaltenteilung verstanden, obwohl sie die Ausübung vollziehender Gewalt betreffen.[396] Die

---

[378] Vgl. etwa *H.-J. Vogel* NJW 1996, 1505 ff.; *Möllers* (Fn. 241), S. 135 ff.

[379] Hierher gehört etwa die Feststellung des Verteidigungsfalls, dazu → Art. 115a Rn. 9 ff., oder die Feststellung des Haushaltsplans (durch nur förmliches Gesetz), dazu → Art. 110 Rn. 13a, 24; für Letzteres als originär parlamentarische Aufgabe *Groß* Staat 55 (2016), 489 (502).

[380] S. grds. etwa BVerfGE 18, 52 (59); 34, 52 (60); *Stern*, StaatsR I, S. 815 f.; *ders.*, StaatsR II, S. 540; auch noch → Rn. 118. Für Normsetzung ohne gesetzliche Ermächtigung *Axer*, Normsetzung der Exekutive in der Sozialversicherung, 2000, S. 225 ff., 420 ff. Für gemeindliche Satzungen allgemein *Engel-Boland*, Gemeindliches Satzungsrecht und Gesetzesvorbehalt, 1999; *Bussalb*, Gilt der Vorbehalt des Gesetzes auch für die Rechtsetzungsbefugnis der Gemeinden?, 2002; für eine Sonderstellung kommunaler Satzungen *Waldhoff* FS K. Vogel, 2000, S. 495 ff. Zur Rechtsetzung der (auch EU-)Verwaltungen *U. Stelkens* und *Mehde*, VVDStRL 71 (2012), 369 ff. bzw. 418 ff.

[381] Zu diesem Erfordernis ausdrücklich OVG SchlH NVwZ-RR 2000, 588 (589).

[382] BVerfGE 31, 357 (362 f.); auch 78, 179 (198 f.); BVerfG (K) NVwZ-RR 2001, 1203; → Art. 129 Rn. 13; *Harks* NVwZ 2016, 1773; differenzierend → Art. 80 Rn. 8 mit Fn. 20; anders *Kotulla* NVwZ 2000, 1263 ff.; *Rütz* Jura 2005, 821 ff.

[383] BVerfGE 150, 1 Rn. 198 f. mN, sieht durch Art. 80 I 2 die „Anforderungen der Wesentlichkeitsdoktrin [..] näher konkretisiert", ohne ihn darauf zu reduzieren.

[384] BVerfGE 41, 251 (266); 139, 19 Rn. 56.

[385] BVerfGE 33, 125 (157 ff.); 97, 332 (343); 101, 312 (322 f.); 111, 191 (215 ff.); etwa auch BVerwGE 148, 344 Rn. 14 f.; BVerwG BeckRS 2016, 44928 Rn. 11.

[386] So für RVO BVerfGE 34, 52 (58 ff.); anders für Satzungen BVerfGE 21, 54 (62 f.); 32, 346 (361).

[387] Im Bereich des Art. 80 I 2 zum Parlamentsvorbehalt BVerfGE 58, 257 (274); 91, 148 (162 f.); 136, 39 Rn. 102 ff.; 150, 1 Rn. 197; auch BVerfGE 49, 89 (127); 108, 282 (311 ff.); BVerfG (K) NVwZ 2008, 547 (548 f.); auch → Art. 80 Rn. 21 f. Für Satzungen etwa BVerwGE 159, 148 Rn. 27 ff.; 171 Rn. 13 ff.; auch → Rn. 127.

[388] Vgl. BVerfGE 101, 1 (33 f.) (für den Einzelfall); 150, 1 Rn. 199; BVerwGE 98, 324 (327); 151, 200 Rn. 28; wie hier ausführlich *Axer* (Fn. 380), S. 339 ff.; ähnlich *Seiler*, Der einheitliche Parlamentsvorbehalt, 2000, insbesondere S. 198 ff.

[389] So aber BVerfGE 101, 1 (42 f.); wie hier *Maurer/Waldhoff*, Allgemeines Verwaltungsrecht, 19. Aufl. 2017, § 13 Rn. 4; s. auch *Müller-Terpitz* DVBl 2000, 232 (237 f.); näher → Art. 80 Rn. 31 f.

[390] Zu weitgehend *v. Bogdandy* (Fn. 368), S. 136 ff., 147 (Gesetzgebung als im Regelfall kooperative Funktion zwischen Regierung und Parlament unter Hegemonie der Regierung).

[391] Vgl. BVerfGE 8, 274 (322); auch *Studenroth* DÖV 1995, 525 ff.; zu weiteren Verzahnung *Schmidt-Aßmann* HStR II, § 26 Rn. 55; → Art. 80 Rn. 40 ff., mit Bedenken gegen Änderungsvorbehalte des BT; dazu auch *Pegatzky*, Parlament und Verordnungsgeber, 1999; *Uhle*, Parlament und Rechtsverordnung, 1999; *ders.* NVwZ 2002, 15 ff.; *v. Bogdandy* (Fn. 368), S. 415 ff.; *Sendler* NJW 2001, 2859 ff.; *J. Schmidt*, Die Beteiligung des Bundestages beim Erlaß von Rechtsverordnungen, 2002; *Schwanegel*, Einwirkungen der Landesparlamente auf die Normsetzung der Exekutive, 2002.

[392] BVerfGE 114, 196 (232); auch 303 (310 ff.); BVerwGE 144, 186 Rn. 9 ff.; → Art. 80 Rn. 8 f.

[393] BVerfGE 104, 151 (209 f.) („Teilhabe an der auswärtigen Gewalt").

[394] Vgl. etwa *Dimoulis*, Die Begnadigung in vergleichender Perspektive, 1996, S. 283 ff.; *Mikisch*, Gnade im Rechtsstaat, 1996, S. 26 ff.; *Pieper* FS Herzog, 2009, S. 355 ff.; iÜ → Art. 60 Rn. 11 ff.

[395] BVerfGE 148, 69 Rn. 50; → Art. 92 Rn. 9 ff., → Art. 92 Rn. 13 ff.; auch hier → Rn. 90, Rn. 91.

[396] So BVerfGE 139, 245 Rn. 58.

Zuordnung der Staatsanwaltschaft zur Judikative[397] entspräche nicht ihrer Funktion; eine gesetzlich begründete Weisungsunabhängigkeit wäre aber bei strikter Gesetzesbindung wohl vor dem Demokratieprinzip zu rechtfertigen (→ Rn. 41).

Im System der Gewaltenteilung des GG gibt es trotz der zentralen Stellung der (bei Mitwirkungs- **88** rechten des BRat) mit der Gesetzgebung und zusätzlichen wichtigen Aufgaben betrauten Volksvertretung **keinen allumfassenden „Parlamentsvorbehalt"**, der alle „wesentlichen" Entscheidungen der Volksvertretung vorbehalten würde.[398] Wie noch so bedeutsame Rechtsprechungsangelegenheiten[399] mit Selbstverständlichkeit den (Verfassungs-)Gerichten überlassen bleiben, stehen auch Organen der Exekutive eigenständige Befugnisse von größtem Gewicht zu, zB die Bestimmung der Richtlinien der Politik (Art. 65 S. 1), die Auflösung des BT (Art. 68), die Erklärung des Gesetzgebungsnotstandes (Art. 81). Dieser Befund gilt auch für wichtige außenpolitische Entscheidungen, wie Aufnahme oder Abbruch diplomatischer Beziehungen (BVerfGE 49, 89 [124 f.]) oder einseitige völkerrechtl. Erklärungen iR von Bündnisverträgen.[400] Dass der für Militäreinsätze angenommene Parlamentsvorbehalt (dazu → Art. 87a Rn. 39 ff.) nur einen schlichten Beschluss erfordern soll, womit jede Mitwirkung des BRat entfällt,[401] überzeugt angesichts der Gesamtbefugnisse des BRat und der histor. Entwicklung nicht.

Die Gewaltenteilung lässt es auch nicht zu, dass durch Erlass **nur formeller** Gesetze uneinge- **89** schränkt Angelegenheiten geregelt werden, die materiell nicht zur gesetzgebenden Gewalt gehören. Allerdings hat das BVerfG außerhalb des Art. 19 I 1 auch (echte) Einzelfallgesetze (näher → Art. 19 Rn. 20 ff.) zugelassen;[402] insbes. soll aus guten Gründen im Einzelfall eine gesetzliche Planfeststellung zulässig sein können.[403] Die landesverfassungsrechtliche Übertragung einer (grundgesetzlich) gebundenen Einzelfallentscheidung auf das Parlament ohne zwingende Gründe soll die Gewaltenteilung verletzen, wobei maßgeblich auf deren Bezüge zu Art. 19 I 1 und IV (→ Art. 19 Rn. 20, → Art. 19 Rn. 124, → Art. 19 Rn. 142) abgestellt wird.[404]

Auch die Unabhängigkeit der Funktionsträger voneinander **(organisatorische Funktionentren- 90 nung)** ist im GG nicht (durchgehend) gewährleistet. Namentlich ist im parl. Regierungssystem die Regierung in ihrer Existenz dauernd vom Parlament abhängig.[405] Ebenso hat der Haushaltsgesetzgeber den Vorrang gegenüber der Exekutive.[406] Die Funktionsträger sind Mitwirkungsrechten anderer Organe und vielfacher **Kontrolle** ausgesetzt, wie die Regierung der politischen Kontrolle durch Parlament (→ Art. 38 Rn. 35 ff.; → Art. 65 Rn. 22; → Art. 67 Rn. 9 ff.) und Opposition,[407] insbesondere auch in Haushaltsfragen (→ Art. 110 Rn. 14), grds. (vgl. Art. 10 II 2) alle Staatsorgane der Kontrolle durch bei Bindung an das (verfassungsmäßige) Gesetz unabhängig entscheidende,[408] institutionell von der Exekutive getrennte[409] (Verfassungs-)Gerichte.[410] Andererseits gebietet die Funktionenteilung Zurückhaltung bei der verfassungsgerichtlichen Kontrolle insbesondere der Zwecktauglichkeit von Gesetzen.[411]

Schließlich ist die dem Gewaltenteilungsmodell entsprechende personelle Verschiedenheit der **91** Besetzung der einzelnen Organe **(personelle Funktionentrennung)**[412] im Grundgesetz nur zum Teil

---

[397] Dafür etwa *Rautenberg* NJ 2003, 169 ff.; wohl auch *Rudolph* NJW 1998, 1205 (1206); *Geert/Teetzmann* ZRP 2002, 337 (342); *Krebs*, Die Weisungsgebundenheit des Staatsanwalts unter besonderer Berücksichtigung des rechtstatsächlichen Aspekts, 2002; s. auch BVerfGE 139, 64 Rn. 153, 157.

[398] Vgl. BVerfGE 49, 89 (124 f.); 68, 1 (87 ff.); 70, 324 (356); 98, 218 (251 f.); 139, 19 Rn. 53; 150, 1 Rn. 197; *Robbers* BK, Art. 20 (2008/2014) Rn. 812, 3213; s. auch BerlVerfGH NJW 1995, 858 (859); zum Bereich der Rechtsetzung → Rn. 118, allgemein → Rn. 35, → Rn. 38, → Rn. 81.

[399] Gegen Verletzung des Parlamentsvorbehalts durch Auslegungsbedürftigkeit von Gesetzen BVerfGE 131, 88 (121).

[400] BVerfGE 68, 1 (80 ff., 108 ff.); 90, 286 (358 ff., 364); 108, 34 (44); vgl. auch *Baumbach*, Vertragswandel und demokratische Legitimation, 2008. Für eine Parlamentarisierung der Außenpolitik *Fuchs* DVBl 2019, 668 ff.

[401] So seit BVerfGE 90, 286 (381 f.), stRspr; dagegen ausführlich *Sachs* FS Schenke, 2011, S. 287 ff.; aA etwa *Robbers* BK, Art. 20 (2014) Rn. 3212.

[402] BVerfGE 25, 371 (396, 398); 95, 1 (17); auch BVerfGE 134, 33 Rn. 127 ff.

[403] BVerfGE 95, 1 (15 ff.); großzügiger BVerfG (K) NVwZ 1998, 1060 (1061); s. ferner etwa *Firgau*, Exekutivgesetze, 1996; *Pabst* UPR 1997, 284 ff.; *Repkewitz* VerwArch 88 (1997), 137 (153 ff.); *Schneller*, Objektbezogene Legalplanung, 1999; *Badura* FS Hoppe, 2000, S. 167 ff.

[404] BVerfGE 139, 321 Rn. 158 ff. für die Verleihung der Korporationsrechte nach Art. 140GG/Art. 137 V 2 WRV; dazu kritisch *Möllers* JZ 2015, 1103 ff.; *Sachs/Jasper* NWVBl 2016, 1 (5 ff.); auch → Art. 79 Rn. 74.

[405] *Stern*, StaatsR I, S. 979 f.; *ders.*, StaatsR II, S. 543; *Schütt-Wetschky* APuZ 2000, B 28, S. 5 ff.; einen ausdrücklichen Vorbehalt hierzu enthielt Art. 29 III HChE.

[406] Vgl. BVerfGE 66, 26 (38); 92, 130 (137); auch 45, 1 (38); näher → Art. 110 Rn. 13.

[407] BVerfGE 142, 25 Rn. 87 ff.

[408] S. etwa *Säcker* NJW 2018, 2375 ff.; iÜ → Art. 97 Rn. 1.

[409] BVerfGE 148, 69 Rn. 51.

[410] *Stern*, StaatsR II, S. 535 f., 542, 544 f.; s. allgemein auch *Meyn*, Kontrolle als Verfassungsprinzip, 1982; *Krebs*, Kontrolle in staatlichen Entscheidungsprozessen, 1984; Nolte (Hrsg.), Kontrolle im verfassten Rechtsstaat, 2002; *Kahl* GVwR III, § 47; *Schoch*, ebda, § 50; auch → Rn. 93.

[411] BVerfGE 71, 206 (215); BVerfG (K) NJW 2014, 2777 Rn. 24; ThürVerfGH NVwZ-RR 2009, 1 (2). Zu gesetzgeberischen Spielräumen bei der Verhältnismäßigkeit auch → Rn. 151, → Rn. 153, → Rn. 157.

[412] BVerwGE 93, 287 (288 f.); RhPfVerfGH NVwZ-RR 2004, 233 (235); *Grzeszick*, in: Maunz/Dürig, Art. 20 V (2013) Rn. 12.

ausdücklich gesichert (s. Art. 55 I, 94 I 3), zum Teil wird sie nur ermöglicht (zu Art. 137 I → Art. 137 Rn. 3, 6 ff.), an zentraler Stelle, nämlich bei der Mitgliedschaft in Parlament und Regierung, ist sie gar nicht vorgesehen (dazu → Art. 66 Rn. 25 ff.). Richter dürfen neben der Rechtsprechung nicht gleichzeitig Aufgaben einer anderen Gewalt wahrnehmen.[413]

**92**    **Gefährdungen** der Gewaltenteilung können sich daraus ergeben, dass in allen Bereichen der Staatsgewalt Personen tätig werden, die denselben **politischen Parteien** angehören oder doch nahestehen. Während dies für Parlamentsmehrheit und Regierung konsequenter Ausdruck des parlamentarischen Systems ist (→ Rn. 90), ist der durch Regierung und Parlamentsmehrheit oder nötigenfalls nach Proporz im Zusammenspiel mit der Opposition erfolgende Zugriff auf die Ämter der Exekutive und zumal der Judikative bis hin zum BVerfG geeignet, die Ziele der Gewaltenteilung durch parteipolitische Verflechtungen zu unterlaufen[414] (zur Ämterpatronage näher → Art. 33 Rn. 39; zur Diskussion um den Parteienstaat → Art. 21 Rn. 14).

**93**    **3. Unmittelbare Rechtsfolgen.** Rechtsfolgen sind allein aus der **Gewaltenteilung** des GG **nur in engen Grenzen** abzuleiten (zu Änderungen des GG → Art. 79 Rn. 74).[415] **Verstöße** gegen den Grundsatz sind nur vereinzelt, teils wenig überzeugend,[416] angenommen worden.[417] Maßgeblich dafür ist zumal die Begrenzung auf den Schutz des **Kernbereichs** einer Gewalt.[418] Mehrfach haben dissent. Richter dem BVerfG selbst Verstöße gegen die Gewaltenteilung vorgeworfen, namentlich Übergriffe in den Bereich der Gesetzgebung[419] oder umgekehrt die Preisgabe der Kontrollfunktion gegenüber der Exekutive.[420] Praktische Bedeutung hat der Grundsatz der Gewaltenteilung gelegentlich auch durch Auswirkungen auf die **Auslegung anderer Verfassungsvorschriften** erlangt.[421]

### III. Verfassungsbindung der Gesetzgebung (Abs. 3 Hs. 1)

**94**    Die auf Vorschlag des ARA ins Grundgesetz aufgenommene Bindung der Gesetzgebung an die verfassungsmäßige Ordnung[422] schließt mit anderen Bestimmungen, wie zumal Art. 1 III, 82 I 1, 93 I Nr. 2, 2a, II, 100 I, einen Supremat des Gesetzgebers auch auf Landesebene[423] aus.[424] Die **Bindung** bedeutet primär die **Verpflichtung**[425] **der** jeweils **für die Gesetzgebung zuständigen** (→ Rn. 100) **Organe,**[426] die formellen und materiellen Vorgaben der verfassungsmäßigen Ordnung zu beachten. Diese Verpflichtung greift gebietend (sog. Gesetzgebungsaufträge, s. → Einf Rn. 35a) und vor allem verbietend durch, schließt zudem eine Verantwortung für fortdauernde Verfassungsmäßigkeit ein (sog. Nachbesserungspflicht).[427] Jenseits der im Grundgesetz als solchen vorgegebenen formellen Anforderungen sind grundsätzlich allein die **Ergebnisse des Gesetzgebungsverfahrens** entschei-

---

[413] So bezogen auf die Exekutive BVerfGE 148, 69 Rn. 52, 92 ff.

[414] Zustimmend *Schulze-Fielitz,* in: Dreier II, Art. 20 (Rechtsstaat) Rn. 77.

[415] *Groß* Staat 55 (2016), 489 ff., hält den Grundsatz daher für überflüssig.

[416] Zur Zuweisung nach Art. 140 iVm Art. 137 V 2 WRV an die Gesetzgebung BVerfGE 139, 321 Rn. 128 ff.; kritisch *Sachs/Jasper* NWVBl 2016, 1 ff.; zustimmend *Beckermann* DÖV 2016, 112 ff.

[417] S. namentlich BVerfGE 4, 331 (347); 10, 200 (216 f.); 20, 150 (157 f.); 52, 1 (41); 54, 159 (166 ff., 171 f.); neben Art. 5 I 2 GG BVerfGE 57, 295 (328); neben Art. 38 I 2 BVerfGE 139, 194 Rn. 103 ff.; zu möglichen Verstößen BVerfGE 8, 274 (325); 18, 172 (183 f.); 22, 330 (346); 26, 186 (197). Zu Problemen im Finanzrecht *F. Kirchhof* JZ 2018, 1068 ff.

[418] Dazu BVerfGE 9, 268 (279 f.); 34, 52 (59); auch BVerfGE 124, 78 (120 ff.); 124, 161 (188 f.); 131, 152 (206); 137, 185 Rn. 136 ff.; 139, 321 Rn. 125 f.; 143, 102 Rn. 119 ff.; 147, 50 Rn. 229 ff.; BVerwGE 141, 122 Rn. 29 ff.; BbgVerfG NVwZ-RR 2018, 81 Rn. 52; näher *Kuhl,* Der Kernbereich der Exekutive, 1993, S. 126 ff., 139 ff.; *Puhl,* in: Leitgedanken I, § 23 Rn. 9 ff. Zum Schutz gegen gesetzliche Informationspflichten BVerwG NVwZ 2019, 807 Rn. 18 ff.

[419] *Klein/P. Kirchhof/Winter* BVerfGE 92, 277, 341 ff.; *Böckenförde,* BVerfGE 93, 121, 149 (151 f., 157); *Broß/ Osterloh/Gerhardt* BVerfGE 109, 190, 244 (252). Zur notwendigen Zurückhaltung des BVerfG bei Aussetzung von Gesetzen etwa BVerfGE 140, 99 Rn. 12.

[420] *Limbach/Böckenförde,* BVerfGE 94, 166, 223 (223 f., 234 f.).

[421] Vgl. zu Art. 44 BVerfGE 49, 70 (85); 67, 100 (130); 77, 1 (43); → Art. 44 Rn. 9; zu Art. 137 I 1 → Rn. 91. Zur Bedeutung für Verfassungsänderungen unklar BVerfGE 84, 90 (119 f.). Zu Art. 19 IV GG BVerfGE 129, 1 (22 f.); dazu → Art. 19 Rn. 132. Zum gegenüber der Exekutive freien Mandat nach Art. 38 I 2 BVerfGE 134, 141 Rn. 100 ff.

[422] JöR nF 1 (1951), 200; der Grundsatzausschuss hatte sie als selbstverständlich weggelassen.

[423] Für unmittelbare Geltung BVerfGE 103, 332 (347 f.); offenbar auch BVerfGE 108, 282 (311 f.); anders noch BVerfGE 1, 208 (233); offen bezüglich der Geltung über Art. 28 I BVerwGE 143, 363 Rn. 12. Insbesondere zu Bindungen des Bundesgesetzgebers *Brunn,* Gesetzgebung und Grundgesetz, 2017.

[424] *Badura* HStR VII¹, § 163 Rn. 18 ff.; *Battis* ebda, § 165 Rn. 1, 23 ff.; *Stern,* StaatsR I, S. 788; anders noch RGZ 118, 325 (327); 139, 177 (189); zu frühen Wurzeln dieser Entwicklung etwa *Stourzh,* in: C. Starck (Hrsg.), Rangordnung der Gesetze, 1995, S. 29 ff. Zum Verhältnis von Verfassungsrecht und einfachem Recht s. *Alexy, Kunig, Heun, Hermes* VVDStRL 61 (2002), 7 ff., 34 ff., 80 ff., 119 ff.

[425] Für eine (bloße) Obliegenheit *Schulze-Fielitz,* in: Dreier II, Art. 20 (Rechtsstaat) Rn. 84.

[426] Für Bindung aller Staatsorgane *Murswiek* FS Kloepfer, 2013, S. 121 ff.

[427] Vgl. BVerfGE 116, 69 (85 ff.); 130, 263 (302); 133, 277 Rn. 219; 141, 143 Rn. 61; 150, 1 Rn. 176 mwN; s. ferner *Baumeister,* Das Rechtswidrigwerden von Normen, 1996; *C. Mayer,* Die Nachbesserungspflicht des Gesetzgebers, 1996; s. auch → Rn. 151. Zur „Nachbesserung" für (nur) unvereinbar erklärten Normen → Rn. 98 f.

dend, nicht deren Begründung;[428] bei Unzulänglichkeit materieller Maßstäbe werden zT kompensierende prozedurale Anforderungen, insbesondere Begründungspflichten, angenommen.[429] Nur materielle Gesetzgebung hat ihr formell-gesetzlich vorgegebene Begründungspflichten zu beachten (→ Rn. 101 f.).[430]

Ergänzend gilt der **Vorrang der Verfassung** als Kollisionsregel, die oft nicht klar von der **95** Bindungswirkung unterschieden wird (→ Rn. 110 ff.).[431] Inhaltlich bindungswidrig erlassene Gesetze[432] sind (im Umfang ihrer Unvereinbarkeit) grundsätzlich ungültig, also nichtig, und zwar ipso iure,[433] ex tunc[434] und auf Dauer.[435] Auch Verfahrensfehler bei der Normsetzung haben, wie der Bezug des Art. 93 I Nr. 2 auch auf die förmliche Vereinbarkeit mit dem Grundgesetz zeigt, grundsätzlich Verfassungswidrigkeit des Gesetzes zur Folge. Sie sollen gleichwohl nach nicht einheitlicher Rechtsprechung[436] nur bei grobem Charakter,[437] Evidenz[438] oder Wesentlichkeit[439] zur Nichtigkeit führen,[440] wobei unklar bleibt, ob sonst nicht schon die Unvereinbarkeit des Gesetzes (mit ihren Konsequenzen, → Rn. 98) ausgeschlossen sein soll.[441] Jedenfalls wird so die teils auch gesetzlich entwertete[442] disziplinierende Bedeutung von Verfahrensanforderungen (→ Rn. 158, → Rn. 162 ff.) geschwächt.[443] Die vernichtende Wirkung des Vorrangs ist grundsätzlich auf das verfassungswidrige Gesetz selbst beschränkt. Unanfechtbare behördliche oder gerichtliche Entscheidungen (außer Strafurteile)[444] bleiben aus Rechtssicherheitsgründen (→ Rn. 140 ff.) auch bei Nichtigerklärung des zugrundeliegenden Ge-

---

[428] BVerfGE 139, 148 Rn. 61; 140, 240 Rn. 154, 168; 149, 86 Rn. 81 mwN (alle Erster Senat); BVerwG NJW 2018, 700 Rn. 19; zur Entwicklung der Judikatur *Britz* Verwaltung 50 (2017), 421 ff.; vgl. auch *Wahl* Staat 20 (1981), 485 (486); *H. H. Klein* FS Franz Klein, 1994, S. 511 ff.; *Meister-Scheufelen* ZG 2018, 231 ff.

[429] Zum Existenzminimum BVerfGE 125, 175 (226) (für Obliegenheiten); zur Besoldungshöhe BVerfGE 130, 263 (301 f.); 139, 64 Rn. 129 f. (beide Zweiter Senat); ferner etwa *Waldhoff* FS Isensee, 2007, S. 325 ff.; *Nolte* Staat 52 (2013), 245 ff.; *Gartz,* Begründungspflicht des Gesetzgebers, 2015; *Hardach* FS Schmidt-Preuß, 2018, S. 53 (58 ff.); *Wieckhorst* DÖV 2018, 845 ff.; auch *G. Kirchhof,* Die Allgemeinheit des Gesetzes, 2009, S. 319 ff.; *Zuck* NJW 2016, 3573, 3575 ff.; *Jacob,* in:. Leitentscheidungen BVerfG V, S. 53 ff. Zu „Rationalitätsanforderungen" an die Gesetzgebung *Cornils* DVBl 2011, 1053 ff.; *Lienbacher* und *Grzeszick* VVDStRL 71 (2012), 7 bzw. 49 ff.; *Kischel,* in: Leitgedanken I, § 34, Rn. 5 ff.

[430] Für einen Verstoß etwa LG Frankfurt/Main DVBl 2018, 1027 f.

[431] Gleichsetzend etwa die abwM *Huber/Müller,* BVerfGE 145, 171, 230, insbesondere Rn. 2, 36; dazu *Schmidt-Aßmann* HStR II, § 26 Rn. 28; *Ossenbühl* HStR V, § 101 Rn. 2; *Kingreen* HStR XII, § 263 Rn. 1 ff., 26 ff.; *Schulze-Fielitz,* in: Dreier II, Art. 20 (Rechtsstaat) Rn. 81 ff.; *Sommermann* MKS II, Art. 20 Rn. 253 ff.; *H. A. Wolff* (Fn. 3), S. 279 ff.; *Unruh* (Fn. 3), S. 399 ff.; *C. Schönberger* FS Wahl, 2011, S. 385 ff.; allgemein *Schilling,* Rang und Geltung von Normen in gestuften Rechtsordnungen, 1994, S. 576 ff.; *Sauer,* RTh 44 (2013), 503 ff.

[432] Entsprechendes gilt für dem GG widersprechendes vorkonstitutionelles Recht, s. Art. 123 I.

[433] So etwa auch *Dederer,* in: Maunz/Dürig, Art. 100 (2013) Rn. 239. Problematisch BVerfGE 98, 265 (319 f.), für Sperrwirkung eines verfassungswidrigen Bundesgesetzes gegenüber der Landesgesetzgebung bis zur Nichtigerklärung (dazu allgemein → Art. 72 Rn. 24 ff.); kritisch *Rüfner* ZG 1999, 366 (372 ff.); s. auch *Gärditz* DÖV 2001, 539 ff. Ausführlich differenzierend *Schnelle,* Eine Fehlerfolgenlehre für Rechtsverordnungen, 2007, insbes. S. 96 ff.

[434] Vgl. etwa *Stern* BK, Art. 93 (1982) Rn. 271 ff.; *Schlaich/Korioth,* Rn. 379 ff.; *Zimmermann* JA 2018, 249 ff.; anders ausführlich *Heckmann,* Geltungskraft und Geltungsverlust von Rechtsnormen, 1997, insbes. S. 44 ff., 403 ff.; auch *M. Breuer* DVBl 2008, 555 ff.; zum Vorrang des Europarechts → Art. 23 Rn. 61.

[435] Gegen Wiederaufleben nichtiger Normen für Satzungen HessVGH NVwZ 1998, 991 LS. Neuerlass ist bei veränderter Rechtslage möglich; für bloße Neu*verkündung* wohl *J. Ipsen* BK, Art. 12a (2010) Rn. 58. Für Heilung materiell verfassungswidriger Gesetze nach Verfassungsänderung *Faller,* Staatsziel „Tierschutz", 2005, S. 114 ff.

[436] Für Nichtigkeit ohne besondere Anforderungen BVerfGE 106, 310 (312, 329 ff.), bei fehlender Zustimmung des BRat; BVerfGE 56, 298 (319 ff., 324), bei Nichtbeachtung eines Anhörungserfordernisses aus Art. 28 II, in BVerfGE 127, 293 (332 f.) rückblickend offenbar als wesentlicher Mangel verstanden; recht vage OVG NRW GewArch 2019, 161, 164.

[437] BVerfGE 31, 47 (53) für Geschäftsverteilungsplan; für vorkonstitutionell ermächtigte Rechtsverordnung BVerfGE 10, 221 (226 f.). Einen „groben" Verfahrensfehler dürfte es auch darstellen, wenn ein „,unerläßliches Element des demokratischen Rechtsstaates'" vernachlässigt wird, so zu Art. 80 I 3 GG BVerfGE 101, 1 (42 f.); s. aber zum Umgang mit Art. 19 I 2 GG → Art. 19 Rn. 27 ff.

[438] Bei formeller Gesetzgebung BVerfGE 34, 9 (25 f.); 113, 348 (367); 120, 56 (79); 125, 104 (132); 127, 293 (332); BGH VIZ 2004, 128 (130); BVerwG NVwZ 2017, 1057 Rn. 8; 2018, 1401 Rn. 22 ff.; ebenso bei Rechtsverordnung BVerfGE 91, 148 (175 f.); offenlassend BVerfGE 127, 293 (332); 150, 204 Rn. 102; 150, 345 Rn. 76; kritisch *E. Klein* FS Isensee, 2007, S. 169 (178 f.); *Meermagen/Schultzky* VerwArch 101 (2010), 539 (550 ff.); *Hey* FS Spindler, 2011, S. 97 ff.

[439] BVerfGE 127, 293 (331 f.) (offen, ob daneben Evidenz nötig); BVerfGE 44, 308 (313) verlangt, dass der Gesetzesbeschluss auf dem Verstoß („gegen zwingendes Verfassungsrecht") „beruht"; für gegen gesetzliche Anhörungsverpflichtung verstoßende Rechtsverordnung OVG NRW DVBl 2019, 577 Rn. 33 ff.

[440] Ablehnend auch *Kersten,* in: Maunz/Dürig, Art. 76 (2019) Rn. 117; *Brosius-Gersdorf,* in: Dreier II, Art. 76 Rn. 101.

[441] Vgl. zu dieser Möglichkeit zum Vorherigkeitsgebot des Art. 110 II GG BVerfGE 119, 96 (121, 122); *Sachs* FS Siekmann, 2019, S. 397 ff.; zu den Voraussetzungen formeller (Verfassungs-) Rechtswidrigkeit allgemein etwa *Sachs* FS Battis, 2014, S. 161 (166 f., 173 f.).

[442] Vgl. §§ 214 ff. BauGB, § 7 VI GO NRW; in BVerfGE 103, 332 (390 f.), für eine Spezialbestimmung ausdrücklich gebilligt.

[443] Vgl. grds. *Morlok,* Die Folgen von Verfahrensfehlern am Beispiel von kommunalen Satzungen, 1988; ferner etwa *Otto,* Nichtigkeitsdogma und Fehlerbehebung im Städtebaurecht, 2000; *Trips,* Das Verfahren der exekutiven Rechtsetzung, 2006, S. 243 ff.; *Sachs* GVwR II, § 31 Rn. 76 ff., 99 ff., 124.

[444] Entsprechend für berufsgerichtliche Urteile BVerfG (K) NVwZ 1999, 1331 f.; auch → Rn. 82.

setzes in ihrer Geltung unberührt.[445] Auch sonst wird Verfassungswidrigkeit von Normen für die Vergangenheit aus Gründen des Vertrauensschutzes nur eingeschränkt wirksam.[446] Heilungsgesetze, die Mängel von Normen (auch rückwirkend) unbeachtlich machen, sind wohl nicht ausgeschlossen.[447]

**96**    Staatsorgane, die Normen für verfassungswidrig und daher nichtig halten, sind nicht ohne weiteres befugt, diese deshalb nicht anzuwenden. Namentlich hindert nach Art. 100 I das sog. Verwerfungsmonopol der zuständigen Verfassungsgerichte die anderen Gerichte daran, (formelle und nachkonstitutionelle) „Gesetze" (näher → Art. 100 Rn. 2, → Art. 100 Rn. 7 ff.) ohne vorherige verfassungsgerichtliche Entscheidung außer Anwendung zu lassen.[448] Gegenüber anderen Rechtsnormen steht **jedem Gericht** neben dem Prüfungs- auch das **Verwerfungsrecht** zu.

**97**    Nicht abschließend geklärt ist, wie **sonstige Rechtsanwendungsorgane** mit Gesetzen umzugehen haben, die sie für verfassungswidrig halten. Vorbehaltlich der Möglichkeit, (über Remonstrationen bis zur Regierungsebene) Normenkontrollverfahren anzustoßen, wird dem Vorrang der Verfassung – jedenfalls mangels abweichender gesetzlicher Regelung – nur die **Nichtanwendung der fraglichen Gesetze** gerecht,[449] von der etwa auch § 76 I Nr. 2 BVerfGG ohne erkennbare Missbilligung ausgeht. Der BT soll im Wahleinspruchsverfahren die Verfassungsmäßigkeit der Wahlrechtsnormen nicht prüfen müssen.[450]

**98**    Nichtigkeit verfassungswidriger Normen[451] ist theoretisch nach wie vor die Regel,[452] aber selbst bei verfassungsgerichtlicher Feststellung[453] nicht stets gegeben;[454] vielmehr nimmt das BVerfG insbes. bei auf mehrfache Weise zu behebenden Verstößen vor allem, aber keineswegs nur[455] gegen den Gleichheitssatz,[456] **bloße Unvereinbarkeit**[457] der Normen mit dem GG an, die allerdings regelmäßig auch deren Unanwendbarkeit zur Folge haben[458] und zugleich die Aussetzung gerichtl. (und behördl.) Verfahren[459]

---

[445] Vgl. § 79 II BVerfGG, dessen Grundgedanke auch bei Korrektur verfassungswidriger Regelungen eingreift, BVerfGE 91, 83 (90 f.); 94, 241 (266 f.); 99, 165 (184 f.); 100, 1 (58 f.); 100, 59 (104); 100, 138 (195); 101, 1 (44 f.); eingehend BVerfGE 115, 51 (62 ff.); für Änderung von Dauerverwaltungsakten nach Nichtigkeitsfeststellung BVerfGE 102, 41 (63). Vgl. auch *Gerhard,* Die Rechtsfolgen prinzipaler Normenkontrollen für Verwaltungsakte, 2008.

[446] Zur Anwendung des Gedankens des § 79 BVerfGG auf Privatrechtsverhältnisse BVerfGE 104, 51 (57); 115, 51 (66 ff.); differenzierend BVerfGE 99, 341 (359 f.); 108, 1 (33); zu öffentlich-rechtlichen Verträgen *Mönch/Ruttloff* DVBl 2014, 1223 ff. Zur Lage bei Verstößen gegen die EMRK BVerfGE 111, 307 (326 f.). Zu den Folgen von EuGH-Entscheidungen s. Rn. 139a.

[447] Vgl. VerfG LSA LKV 1999, 324 f.; VerfG Bbg LKV 2000, 199 ff.; tendenziell auch BVerfG (K) LKV 2002, 569 (572 f.); zur Problematik ferner *Degenhart* FS Maurer, 2001, S. 595 ff.

[448] Gegen die Vorlage an ein anderes Gericht BVerfGE 121, 233 (238 ff.).

[449] Offenlassend BVerfGK 16, 418 (442); BVerwGE 75, 138 (146); 112, 373 (380 ff.); BGH NVwZ 2004, 1143 (1144); wie hier etwa NdsOVG NVwZ 2000, 1061 ff.; *Nonnenmacher/Feickert* VBlBW 2007, 328 ff.; *Horn* LKRZ 2012, 1 ff.; *ders.* FS Stern, 2012, S. 353 ff.; bei Entscheidungszwang auch *Maurer/Waldhoff* (Fn. 389), § 4 Rn. 66; für Anwendungspflicht BGH NVwZ 2015, 1309 Rn. 40; BFHE 225, 299 (301); *Friedrich* Jura 2019, 812 (824); *Gärditz,* in: Friauf/Höfling, Art. 20 (6. Teil) (2011) Rn. 108 ff.; außer bei offensichtlicher Nichtigkeit auch BVerwGE 129, 346 Rn. 28; restriktiv auch OVG NRW OVGE 50, 139 (146); OVG RhPf NVwZ-RR 2013, 747 (748); für Beschränkung des Beamten auf Remonstration BVerwG NVwZ-RR 2006, 36 (37); s. ferner *Schmidt-Aßmann* FS Stern, 1997, S. 745 (758 ff.); *Wehr,* Inzidente Normverwerfung durch die Exekutive, 1998; *Baumeister/Ruthig* JZ 1999, 117 ff.; *Horn,* Die grundrechtsunmittelbare Verwaltung, 1999, S. 185 ff., 270 ff.; *Gril* JuS 2000, 1080 ff.; *Zimmermann* JA 2018, 249 (253); zur Verwerfung EU-rechtswidriger Normen → Fn. 538.

[450] BVerfGE 121, 266 (290), ohne Stellungnahme zur Verwerfungskompetenz nach trotzdem durchgeführter Prüfung; auch BVerfGE 130, 212 (224 f.); → Art. 41 Rn. 15.

[451] Etwa in BVerfGE 144, 36 Rn. 109 ff.; 145, 1 Rn. 43 ff.; 145, 171 Rn. 162; 146, 294; 147, 253 Rn. 246 (zu Art. 31 GG); 149, 1 (2); 382 (383) Rn. 39 f.; 150, 244 (246); 309 (309 f.); 345 (346).

[452] Vgl. explizit bei teils abweichender Entscheidung etwa BVerfGE 146, 71 Rn. 216; 147, 1 Rn. 65; 150, 244 Rn. 168 ff.; 150, 345 Rn. 83.

[453] Gegen Unvereinbarerklärung (von Satzungen) durch die Verwaltungsgerichte BVerwGE 137, 123 Rn. 29; andererseits sogar für Weitergeltung nichtiger Rechtsverordnung BVerwGE 137, 30 Rn. 21; für Fortführung einer (gesetzesvertretenden) Verwaltungspraxis BVerwGE 152, 330 Rn. 49 ff.

[454] Nichtigerklärungen etwa noch in BVerfGE 134, 1; 135, 1; 135, 48; 135, 90 (91); 135, 126 (127); 135, 258 (263); 138, 1 f.; 138, 296 (298); 139, 321 (322); 140, 65 (66); BVerfG BeckRS 2020, 2216.

[455] Für unterschiedliche Konstellationen etwa BVerfGE 130, 263 (264 f.); 132, 134 Rn. 97; 133, 143 Rn. 49 f.; 133, 277 f.; 136, 9 (13, Rn. 106 f.); 136, 338 (339); 137, 108 (109, Rn. 149); 139, 64 Rn. 194; 139, 148 (149); 143, 216 Rn. 72; 148, 40 Rn. 63; 149, 126 Rn. 108.

[456] Vgl. schon BVerfGE 6, 257 (265 f.); aus der neueren Rechtsprechung auch iVm anderen Bestimmungen etwa BVerfGE 138, 136 Rn. 285 f.; 139, 19 Rn. 92 f.; 139, 285 (286, Rn. 87 ff.); 145, 304 Rn. 95; 147, 253 Rn. 252; 148, 147 Rn. 164 ff.; 151, 101 Rn. 131. Dazu näher *Sachs,* in: Stern, StaatsR IV/2, S. 1584 ff.; → Art. 3 Rn. 130 ff.; *Bartone,* in: Leitentscheidungen BVerfG II, 2011, S. 73 (78 ff.); *P. Lange* GS Heun, 2019, S. 175 ff.; rechtsvergleichend *Pöschl* JRP 2012, 362 ff.

[457] Für ipso iure-Nichtigkeit auch bei Unvereinbarerklärungen *S. Meyer* JZ 2012, 434 ff.

[458] Vgl. BVerfGE 99, 280 (298), „zumindest" für alle noch nicht bestandskräftigen Entscheidungen; ausdrücklich angeordnet durch BVerfGE 115, 1 (25); auch BVerfGE 121, 175 (204); 129, 49 (76); 132, 179 Rn. 44; für grds. Unanwendbarkeit BVerfGE 107, 133 (149); rechtsvergleichend *Blasberg,* Verfassungsgerichte als Ersatzgesetzgeber, 2003, S. 97 ff.

[459] Vgl. ausdrücklich BVerfGE 132, 179 Rn. 44; 133, 143 Rn. 51; 138, 136 Rn. 286; 139, 285 Rn. 88; 145, 106 Rn. 163; 151, 101 Rn. 132 f.; für gesetzgeberisches Unterlassen BVerfGE 115, 259 (276); 116, 96 (135). Klageabweisung bei bloßer Unvereinbarkeit untergesetzlicher Normen billigt BVerfGE 115, 81 (93 ff.).

bis zur ([allerdings nur grds.][460] auch rückwirkend)[461] notwendigen, teilweise befristet geforderten[462] Neugestaltung der Gesetzeslage[463] gebieten soll. Bleibt diese aus, kann lückenschließende Rechtsprechung[464] oder Verwaltungstätigkeit[465] zulässig sein. In anderen Fällen[466] erfolgt die bloße Unvereinbarerklärung zu dem Zweck, die verfassungsrechtlich unverzichtbare gesetzliche Grundlage übergangsweise fortbestehen zu lassen.[467]

Mit diesem Ziel stellt das BVerfG zumal in neuerer Zeit zunehmend[468] die teils modifizierte[469] **98a** **Weitergeltung** oder weitere Anwendbarkeit **für unvereinbar erklärter Normen** bis zu einer (ggf. „nachbessernden")[470] Neuregelung[471] oder deren Inkrafttreten[472] oder zum (auch schon vergangenen)[473] Ablauf einer gesetzten Frist[474] oder sogar darüber hinaus[475] fest.[476] Auch auf fortgeltende Normen gestützte Einzelentscheidungen bleiben unangreifbar.[477] Dies soll sogar bei Beschränkungen der Freiheit der Person gelten.[478] Für die Zeit nach Fristablauf wird teils (rückwirkende[479]) Nichtigkeit,[480] teils (wohl) weiterhin bloße Unvereinbarkeit angenommen;[481] auch finden sich Maßgaben für den Fall einer pflichtwidrig verspäteten Gesetzgebung.[482] Neben den verfassungsrechtlichen Gründen[483] für von der Nichtigerklärung abweichende Entscheidungsaussprüche ist der teils angeführte § 35 BVerfGG[484] wohl allenfalls die verfahrensrechtliche Basis dieser variantenreichen Praxis.[485]

Für die Inhalte der Gesetzgebung gilt **kein Vorbehalt der Verfassung**.[486] Gesetzgebung ist nicht **99** nur Vollzug oder Umsetzung verfassungsrechtl. Vorgaben, vielmehr im Rahmen verfassungsrechtlicher

---

[460] Vgl. BVerfGE 132, 134 Rn. 111 f.; 133, 377 Rn. 108 f.; 139, 64 Rn. 195; 139, 285 Rn. 87 f., 91; 145, 106 Rn. 163 f.; 145, 304 Rn. 124.

[461] Vgl. etwa BVerfGE 122, 210 (246); 129, 49 (76 f.); 130, 263 (312 f.); 131, 239 (265 ff.); 132, 179 Rn. 45 ff.; 133, 377 Rn. 107 ff.; 138, 136 Rn. 286; 150, 169 Rn. 64; zu Grenzen der Neugestaltung BVerfGE 130, 240 (261); nur im Umfang des § 79 II BVerfGG BVerfGE 140, 240 Rn. 170.

[462] BVerfGE 126, 400 (431); 133, 143 Rn. 51; 151, 101 Rn. 132.

[463] Zum Ganzen auch *Schlaich/Korioth*, Rn. 394 ff.; iÜ → Art. 93 Rn. 59.

[464] Vgl. BVerfGE 98, 17 (46); 100, 195 (208); für die Zeit vor Fristablauf BVerfGE 133, 153 Rn. 52.

[465] Vgl. BVerfGE 82, 126 (155); 99, 216 (244 f.); 116, 229 (242).

[466] Zu Fallgruppen etwa *Dietz*, Verfassungsgerichtliche Unvereinbarerklärungen: Zulässigkeit, Voraussetzungen und Rechtsfolgen, 2011.

[467] Vgl. schon BVerfGE 8, 1 (19 f.); stRspr, etwa zuletzt BVerfGE 132, 134 Rn. 97; 132, 179 Rn. 46 ff.; 136, 9 Rn. 106 ff.; 141, 143 Rn. 85; 140, 220 Rn. 355; 149, 293 Rn. 119 ff.

[468] Teilweise wird dies zur Regel erklärt, vgl. BVerfGE 128, 326 (404); 130, 372 (402); ohne Fortgeltungsanordnung bei Besoldungsgesetz BVerfGE 140, 240 Rn. 169.

[469] Vgl. BVerfGE 127, 132 (133, 163 f.); 132, 134 (135, Rn. 98 ff.); 132, 372 (373, Rn. 61 ff.); 133, 59 (60, Rn. 106 ff.); 133, 277 (278 f.); 133, 377 (378, Rn. 113); 136, 338 (339); 146, 71 Rn. 215; 149, 222 (224).

[470] So BVerfGE 141, 220 Rn. 357; s. allgemein → Rn. 94.

[471] Vgl. bei Pflicht zu unverzüglicher Neuregelung BVerfGE 133, 377 Rn. 113; für Befristungen Fn. 473.

[472] Unter Bezug auf bereits erlassene Normen BVerfGE 150, 204 f. Rn. 109 ff.

[473] Vgl. etwa BVerfGE 123, 1 (37 f.); 135, 238 Rn. 26; 139, 285 Rn. 91.

[474] StRspr, vgl. BVerfGE 141, 143 Rn. 88; 143, 246 Rn. 400 ff.; 143, 216 Rn. 72; 143, 246 Rn. 399 ff.; 145, 304 Rn. 122 ff.; 146, 71 Rn. 215 f.; 147, 253 Rn. 251 ff.; 148, 40 Rn. 64 f.; 150, 244 Rn. 171 f.; 150, 309 Rn. 98; s. auch BGHZ 148, 351 (366 f.); BVerwGE 121, 103 (111); 131, 234 Rn. 7; BVerwG NVwZ 2008, 1380 (1381 f.); BFH NJW 2005, 93 (94 f.); NJW 2007, 1999 (2000); zur Festlegung einer nach einer Entscheidung des BVerwG abgelaufenen Frist BVerfGE 135, 238 Rn. 26 ff.

[475] BVerfGE 148, 147 Rn. 177 ff.

[476] Für zeitweilige Hinnahme von Gesetzlosigkeit BVerfGE 149, 293 Rn. 126 ff.

[477] Urteilsverfassungsbeschwerden werden dementsprechend bezüglich der angegriffenen Entscheidungen zurückgewiesen, s. etwa BVerfGE 92, 53 (74); 109, 64 (96); 109, 190 (243); 117, 163 (201); kritisch *W. Roth* NVwZ 2007, 754 ff.; *Bendixen* ZRP 2009, 85 f. Teils wird die Grundrechtsverletzung festgestellt, die Entscheidung aber nicht aufgehoben, BVerfGE 148, 147 Rn. 180. Das Fehlen von Entscheidungserheblichkeit bei Vorlagen nach Art. 100 I GG wird dagegen negiert, s. ausdrücklich BVerfGE 117, 1 (28); 125, 175 (218, 259); 138, 136 Rn. 104 mN; 148, 147 Rn. 79. Zur zeitweiligen Zulässigkeit von Maßnahmen trotz *fehlender* gesetzlichen Grundlagen entsprechend schon BVerfGE 41, 251 (267); 116, 69 (92 ff.).

[478] BVerfGE 109, 190 (235 ff., 243), mit kritischer abwM; dazu *Lieber* FoR 2005, 16 ff.; für fehlende gesetzliche Grundlagen entsprechend zum Jugendstrafvollzug BVerfGE 116, 69 (92 ff.). Anders aber BVerfGE 128, 282 (322), wegen der „Schwere der Grundrechtseingriffe" (ebda); allgemein ablehnend bei Grundrechtseingriffen *Gärditz*, in: Friauf/Höfling, Art. 20 (6. Teil) (2011) Rn. 179.

[479] So BVerfGE 145, 106 Rn. 162.

[480] So etwa BVerfGE 133, 143 (144, Rn. 52); auch 148, 40 Rn. 64.

[481] Vgl. etwa BVerfGE 135, 238 Rn. 26; für „Unanwendbarkeit" BVerfGE 139, 285 Rn. 87, 92.

[482] BVerfGE 120, 125; 125, 175 (258 f.).

[483] Von „Voraussetzungen" der (bloßen) Unvereinbarerklärung spricht BVerfGE 128, 282 Rn. 81; auch BVerfG BeckRS 2020, 2216 Rn. 337.

[484] Vgl. etwa BVerfGE 115, 1 (25); 121, 317 (376); 130, 131 (150 f.); 136, 9 Rn. 108; im Tenor BVerfGE 128, 326 (332 f.); 130, 372 (402 f.); 149, 293 (294); auch *Bethge* MSKB, § 35 (2014) Rn. 4 ff., 10, 44 ff.

[485] Vgl. im Überblick etwa *Battis* HStR XII, § 275 Rn. 53 ff., 100 ff., 114 ff.

[486] Ausdrücklich BVerfGE 98, 218 (246); wie hier auch *Robbers* BK, Art. 20 (2014) Rn. 3313; zur Rechtsfigur ausführlich *Isensee* FS Leisner, 1999, S. 359 ff.; *Kingreen* HStR XII, § 263 Rn. 40 ff.; *Pitzen*, Der Vorbehalt der Verfassung, 2013; *Waldhoff*, Der positive und der negative Verfassungsvorbehalt, 2016.

Grenzen, zu denen auch ein aus **Art. 20 III abgeleitetes Willkürverbot** gehört,[487] zu freier Gestaltung berufen,[488] die sich auf die demokratische Legitimation der Normsetzungsorgane stützen kann (→ Rn. 36 ff.).[489] Durch Normsetzungsermächtigungen kann dieser Gestaltungsspielraum – vorbehaltlich besonderer Einschränkungen – weitergegeben werden.[490]

100   **Gebunden** ist nach dem wörtlich zu lesenden Verfassungstext die **Staatsfunktion Gesetzgebung.** Bindungsadressaten sind alle Staatsorgane,[491] soweit sie an dieser Funktion teilhaben,[492] insbesondere das Parlament[493] (nebst BRat), ggf. das Volk, beim Erlass nur materieller Gesetze, zumal von Rechtsverordnungen und Satzungen sowie bei anderen – mangels eines numerus clausus der Rechtsetzungsformen[494] nicht grundsätzlich unzulässigen – Rechtsquellen, auch Organe der vollziehenden Gewalt (→ Rn. 109). Die Bindung der Exekutiv- und Rechtsprechungsfunktion an die Verfassung erfolgt über deren Bindung an das (Verfassungs-)Gesetz (→ Rn. 107).

101   Die verfassungsmäßige Ordnung als **Bindungsgegenstand** meint hier (aber → Art. 2 Rn. 89 f.; → Art. 9 Rn. 46; → Art. 98 Rn. 13; auch hier → Rn. 171) die Gesamtheit der gültigen[495] Bestimmungen des Grundgesetzes[496] und (für Gesetzgebung der Länder) der Landesverfassungen.[497] **Mittelbar** sind ferner alle aufgrund verfassungsrechtlicher Vorgaben **übergeordneten Normen** erfasst. Bei dieser Reichweite der Bindung an die verfassungsmäßige Ordnung kann die Bindung an Gesetz und Recht nach Hs. 2 auf vollziehende Gewalt und Rechtsprechung als Staatsfunktionen beschränkt bleiben (→ Rn. 109), muss nicht auf den Erlass von Rechtsnormen durch Organe der Exekutive[498] (oder der Judikative) erstreckt werden.[499]

102   Aufgrund der **Normenhierarchie** des Grundgesetzes[500] sind sämtliche formellen Gesetze[501] mit höherem Rang ausgestattet als die auf ihrer Grundlage erlassenen Rechtsverordnungen und Satzungen; gegenüber Satzungen werden auch die Rechtsverordnungen als vorrangig angesehen.[502] Gesetzliche Ermächtigungen zu gesetzesändernden Rechtsverordnungen[503] oder Satzungen[504] sind damit nicht ausgeschlossen. Als bundesstaatliches Element der Normenhierarchie greift der Vorrang des Bundesrechts ein (dazu → Art. 31 Rn. 2, → Art. 31 Rn. 7). Zu den auch gegenüber der formellen Bundesgesetzgebung (anwendungs-)vorrangigen[505] Normen des Europa- und Völkerrechts → Art. 23 Rn. 61; → Art. 25 Rn. 85 ff., → Art. 25 Rn. 93.[506] Formelle Gesetze einer staatlichen Ebene haben den

---

[487] BVerfGE 86, 148 (251); 94, 12 (34, 39 f.); BVerfG (K) NJW 2004, 1371 (1372); NVwZ 2005, 82 (83); BVerwG Buchholz 11 Art. 33 Abs. 2 Nr. 73 Rn. 19; dazu → Art. 3 Rn. 34–36, → Art. 3 Rn. 74; *Sachs*, in: Stern, StaatsR IV/2, S. 1435 ff.; *v. Lindeiner*, Willkür im Rechtsstaat, 2002, insbes. S. 195 ff.; *Jestaedt* HStR II, § 29 Rn. 65 aE; nach BVerwGE 106, 280 (287) gilt „der Gleichheitsgrundsatz ... als Ausfluß des Rechtsstaatsgebots ... auch im Verhältnis der Hoheitsträger untereinander ...". Zur rechtlichen Gleichheit → Rn. 73.

[488] *Stern*, StaatsR I, S. 788; *Badura* HStR VII¹, § 163 Rn. 22; *Raabe*, Grundrechte und Erkenntnis, 1998; *Meßerschmidt*, Gesetzgebungsermessen, 2000; *Unruh* (Fn. 3), S. 408 ff.; *Mellinghoff* FS Spindler, 2011, S. 153 ff. (insbesondere zum Steuerrecht); auch *Sachs* SBS VwVfG, § 40 Rn. 48.

[489] Zweifelnd bei Gesetzen zur Umsetzung unionsrechtlicher Richtlinien *Payandeh* DVBl 2007, 741 ff.

[490] Vgl. BVerwGE 125, 384 Rn. 16; BVerwG NVwZ 2007, 958 f.

[491] Erweiternd *Traulsen*, Rechtsstaatlichkeit und Kirchenordnung, 2013, S. 60 ff.

[492] *v. Mangoldt/Klein* I, 2. Aufl., Art. 20 Anm. VI 4a; für Bezug nur auf förmliche Gesetzgebung *Schulze-Fielitz*, in: Dreier II, Art. 20 (Rechtsstaat) Rn. 82; *Jarass*, in: Jarass/Pieroth, Art. 20 Rn. 45, grds. auch *Grzeszick*, in: Maunz/Dürig, Art. 20 VI (2007) Rn. 36 ff.; nicht ganz eindeutig *Robbers* BK, Art. 20 (2014) Rn. 3244 ff.; offen *Horn* (Fn. 449), S. 105.

[493] Zur Bindung des keiner der drei Staatsfunktionen zuzuordnenden (innerparlamentarischen) Handelns nach dem entsprechend Art. 25 II BWVerf VerfGH BW NVwZ-RR 2018, 129 Rn. 50.

[494] Ausdrücklich offen BVerfGE 44, 322 (346 f.); spezieller auch BVerfGE 115, 25 (47); 140, 229 Rn. 22; extensiv zu Allgemeinverfügungen BVerfGE 106, 275 (307); für Formenoffenheit des Grundgesetzes *Axer* (Fn. 380), S. 153 ff.; *v. Bogdandy* (Fn. 368), S. 217 ff.; restriktiv *Ossenbühl*, FS Isensee, 2007, S. 309 ff.; s. ferner etwa *Clemens* FS Böckenförde, 1995, S. 259 ff.; *Hänlein*, Rechtsquellen im Sozialversicherungsrecht, 2001, S. 57 ff.; *Kaltenborn* RTh 34 (2003), 459 ff.; *Rixen*, Sozialrecht als öffentliches Wirtschaftsrecht, 2005, S. 176 ff.

[495] Insoweit *Robbers* BK, Art. 20 (2014) Rn. 3273; → Art. 79 Rn. 28; auch hier → Rn. 103 f.

[496] Nur für Bindung an die Inhalte des Art. 79 III aber *Robbers* BK, Art. 20 (2014) Rn. 3251 f.

[497] Nur für das GG *Schulze-Fielitz*, in: Dreier II, Art. 20 (Rechtsstaat) Rn. 83; insoweit wie hier *Robbers* BK, Art. 20 (2014) Rn. 3243.

[498] Auf die Gesetzmäßigkeit der Verwaltung zurückgreifend aber etwa BVerfGE 103, 332 (390).

[499] Für die angesprochene mittelbare Dimension der Verfassungsbindung auch (im Übrigen nicht recht klar) *Grzeszick*, in: Maunz/Dürig, Art. 20 VI (2007) Rn. 37.

[500] Allgemein etwa *Robbers* BK, Art. 20 (2014) Rn. 3287 ff.; *Lepsius* JuS 2018, 950 ff.; gegen Rangabstufungen innerhalb des Grundgesetzes selbst → Rn. 5 und → Art. 79 Rn. 28.

[501] Zu Vertragsgesetzen nach Art. 59 II BVerfGE 111, 307 (316 f.); BVerfGK 17, 319 (326 f.).

[502] *Heintzen* Verwaltung 29 (1996), 17 ff.; *Sachs* FS Battis, 2014, S. 161 (171); allgemein *Schilling* (Fn. 431).

[503] Vgl. im Ergebnis dafür → Art. 80 Rn. 11; *Sendler* NJW 2001, 2859 (2861); aA *Uhle* DÖV 2001, 241 (246), für uneingeschränkte Verpflichtung zur Beachtung des Vorrangprinzips.

[504] Offenbar vorausgesetzt in BVerfGE 101, 312 (324, 328 f.).

[505] BVerfGE 126, 286 (301 f.); 129, 78 (99 f.). Zum Vorrang des Unionsrechts auch vor dem GG → Einf Rn. 8.

[506] Für einen Primat des Völkerrechts als Bestandteil des Rechtsstaatsprinzips, so *Epiney* SchwZBl 1994, 537 ff., dürfte daneben im GG kein Raum sein; s. aber zu Bindungen infolge der Völkerrechtsfreundlichkeit des GG (dazu → Art. 25 Rn. 8 f.) *Sachs* FS E. Klein, 2013, S. 321 ff.; für Vertragsbindung nach Art. 25 *Rauschning*, ebda, S. 287 ff.; gegen eine Bindung aus demokr. Gründen BVerfGE 141, 1 Rn. 49 ff.; → Rn. 21, → Rn. 36.

gleichen Rang;[507] dies gilt auch im Verhältnis von Volks- und Parlamentsgesetzen.[508] Spätere (auch: verfassungsändernde) Gesetze gehen mangels besonderer verfassungsrechtlicher Bindungen früheren Gesetzen gleichen (oder niedrigeren[509]) Rangs vor.[510]

## IV. Bindung der vollziehenden Gewalt und der Rechtsprechung an Gesetz und Recht (Abs. 3 Hs. 2)

**1. Gesetz und Recht.** Mit der vom ARA vorgeschlagenen Formel der Bindung an „Gesetz und **103** Recht"[511] greift das GG auf eine schon früher in ihrer Bedeutung umstr. Formulierung zurück.[512] Dabei ist mit **„Recht"** zumal die Idee der **Gerechtigkeit**[513] angesprochen,[514] der sich das „Gesetz" im NS-Staat[515] und jedenfalls in der Praxis vor allem des Grenzregimes der DDR[516] entfremdet hatte. Im Grundgesetz sind beide versöhnt, weil es selbst die zentralen Gerechtigkeitsanforderungen für das Gesetz verbindlich macht.[517] Spezielle Verfassungssätze sind unmittelbar aus der Idee der Gerechtigkeit nur ausnahmsweise zu folgern, wie die Abhängigkeit jeglicher Strafe vom Verschulden (→ Art. 103 Rn. 55), die sachgerechte Abstimmung von Straftatbestand und Rechtsfolge[518] oder das Verbot mehrfacher Ahndung desselben Vorgangs mit einer grds. gleichartigen Maßnahme,[519] aber auch Anforderungen an das Verfahren.[520] S. ferner → Rn. 78.

Konflikte zwischen dem nur bei Verfassungsmäßigkeit gültigen Gesetz (→ Rn. 95) und allein der **104** Gerechtigkeit entsprechendem **überpositiven Recht** sind daher in der Verfassungsordnung des Grundgesetzes zwar nicht schlechthin unmöglich, aber doch nur schwer vorstellbar.[521] Die in der Bindung an das „Recht" wirksame Idee der Gerechtigkeit hat namentlich Bedeutung für die **Anwendung der Gesetze** durch Behörden und Gerichte, die ungeachtet der Bindung an die geschriebenen Rechtsnormen stets zugleich der Gerechtigkeit verpflichtet bleibt.[522]

Nach Art. 17–19 EV können Entscheidungen der DDR-Gerichte und -Behörden aufgehoben **105** werden, die mit rechtsstaatlichen Grundsätzen unvereinbar sind. Diese Bestimmungen sind primär

---

[507] Zu denkbaren Abweichungen etwa *Kloepfer* GS Brandner, 2011, S. 93 ff. Zum Maßstäbegesetz nach Art. 106 III 4 → vor Art. 104a Rn. 62 ff.; → Art. 106 Rn. 14 f.

[508] Str., wie hier etwa HmbVerfG NVwZ 2005, 685 (686 f.); auch NVwZ-RR 2007, 571 (572 f.); *Lemken/Mohr* NordÖR 2018, 413 ff.; für die aA nur *Jacobsen* DÖV 2007, 949 ff. Zu möglichen Grenzen parlamentarischer Änderung von Volksgesetzen auch *Mahrenholz* FS H.-P. Schneider, 2008, S. 210 ff.; *Oldiges*, FS 600 Jahre Uni Leipzig, 2009, S. 529 ff.; *Huber* ZG 2009, 311 ff.; darüber hinausgehend *Rossi/Lenski* DVBl 2008, 416 ff. Zu Volksbegehren überholenden Parlamentsgesetzen *Storr* JbDirDem 2009, 285 ff.; *Degenhart* FS Fiedler, 2011, S. 35 ff.

[509] Zu diesem Streitpunkt *Sachs* FS Siekmann, 2019, S. 397 (398 f.) mwN.

[510] BVerfGE 141, 1 Rn. 49 ff. (lex posterior Grundsatz); auch → Fn. 652.

[511] JöR nF 1 (1951), 195, 197, 199, 200.

[512] So § 27 VU Sachsen 1831; ähnlich § 31 VU Kurhessen 1831; zur Bedeutung der Formel O. *Bähr*, Der Rechtsstaat, 1864, S. 146 Fn. 11; wN bei *Sachs*, in: Stern, StaatsR III/2, S. 375 mit Fn. 16; auch *B. Hoffmann*, Das Verhältnis von Gesetz und Recht, 2003, S. 27 ff.

[513] Vgl. allgemein etwa *Robbers*, Gerechtigkeit als Rechtsprinzip, 1980; *Isensee* FS Merten, 2007, S. 3 ff.; *Christensen/Kudlich*, Gesetzesbindung: Vom vertikalen zum horizontalen Verständnis, 2008, S. 168 ff.; *Dux*, Von allem Anfang an: Macht, nicht Gerechtigkeit, 2009; *Rüthers*, Das Ungerechte an der Gerechtigkeit, 3. Aufl. 2009; *Kluth* (Hrsg.), Facetten der Gerechtigkeit, 2010; *ders.*, in: Leitgedanken I, § 29; *Sen*, Die Idee der Gerechtigkeit, 2010; *Müssig* (Hrsg.), Ungerechtes Recht, 2013; zur einschlägigen jüngeren Rechtsprechung des BVerfG *Beaucamp* DVBl 2017, 348 ff.

[514] Näher *Sobota* (Fn. 43), S. 91 ff.; *B. Hoffmann* (Fn. 512); *Robbers* BK, Art. 20 (2014) Rn. 3335 ff.

[515] Vgl. BVerfGE 23, 98 (105 f.); 54, 53 (68 f.); auch BVerwGE 114, 195 (200 f.); *Laage*, Gesetzliches Unrecht: Die Bedeutung des Begriffs für die Aufarbeitung von NS-Verbrechen, 2014; *Rückert*, Unrecht durch Recht, 2018.

[516] BVerfGE 95, 96 (130 ff.) mN zur Strafbarkeit der sog. Mauerschützen; auch EGMR (GK) NJW 2001, 3042 ff.; → Art. 103 Rn. 74. Vgl. allgemein *Schlink* FS Podlech, 1994, S. 55 ff.; *Marxen/Werle*, Die strafrechtliche Aufarbeitung von DDR-Unrecht, 1999; *Starck* JZ 2001, 1102 ff., allgemein für Diktaturen in Europa *Ganzenmüller* (Hrsg.), Recht und Gerechtigkeit, 2017.

[517] Vgl. BVerfGE 84, 90 (121) für Verfassungsänderungen; nur insoweit BVerfGE 94, 12 (34); allgemein BVerfGE 102, 254 (299); ferner *Stern*, StaatsR I, S. 798 ff.; *Schmidt-Aßmann* HStR II, § 26 Rn. 41; *Schulze-Fielitz*, in: Dreier II, Art. 20 (Rechtsstaat) Rn. 50; *Grzeszick*, in: Maunz/Dürig, Art. 20 VI (2007) Rn. 66 ff.

[518] BVerfGE 140, 317 Rn. 55, stRspr.

[519] BVerfGE 28, 264 (277); aufgegriffen als rechtsstaatlicher Grundsatz in BVerfGE 94, 351 (364).

[520] Vgl. etwa BVerfGE 52, 131 (144 f.), für eine faire Handhabung des Beweisrechts im Zivilprozess; BVerfGE 70, 297 (308), für zureichende Sachaufklärung vor Freiheitsentziehungen; näher → Rn. 163.

[521] Vgl. in Anlehnung an *Radbruch* BVerfGE 3, 225 (233 f.); 95, 96 (134 f.); auch *Schmidt-Aßmann* FS Stern, 1997, S. 745 (746 f.); *Schwill* KritV 2002, 79 ff.; *Brodowski*, in: Fromholzer ua (Hrsg.), Noch nie war das Böse so gut, 2012, S. 107 ff.; krit. *Dieckmann*, Überpositives Recht als Prüfungsmaßstab im Geltungsbereich des Grundgesetzes?, 2006. Zur Naturrechtsdebatte nach 1945 *Foljanty*, Recht oder Gesetz, 2013.

[522] Für die Rechtsprechung allgemein etwa BVerfGE 34, 269 (286 f.); 139, 64 Rn. 154; zum Strafrecht BVerfGE 140, 317 Rn. 55; insbes. bei Regelungslücken BVerfGE 82, 6 (12); BVerfG (K) NJW 2006, 3409; s. auch *Neuner*, Die Rechtsfindung contra legem, 2. Aufl. 2005; *Freund*, Rechtsbeugung durch Verletzung übergesetzlichen Rechts, 2006; *Steiner* FS G. Hirsch, 2008, S. 611 (615 f.); *G. Hirsch* ZRP 2012, 205 ff.; → Rn. 119 ff.; ablehnend etwa *Grzeszick*, in: Maunz/Dürig, Art. 20 VI (2007) Rn. 66 f.; *Bäcker*, Gerechtigkeit im Rechtsstaat, 2015.

materiellen Zielen, insbesondere der (Wieder-)Herstellung materieller Gerechtigkeit verpflichtet.[523] Gleichwohl laut gewordene Enttäuschung über **nicht erfüllte Gerechtigkeitserwartungen,**[524] die wohl nie ganz realistisch waren, kann sich sinnvollerweise nur gegen eine gegenüber den Ergebnissen eines 40jährigen Unrechtsregimes[525] unvermeidlich unvollkommene Gesetzgebung[526] und Rechtsanwendung[527] richten, nicht aber die Zusammengehörigkeit von Rechtsstaat und Gerechtigkeit in Zweifel ziehen. Zu Art. 143 III s. → Art. 143 Rn. 26 ff.

**106**      Zudem wird mit der Bindung an das „Recht" das **Gewohnheitsrecht** anerkannt,[528] das freilich bei grundrechtsbeschränkender Wirkung unter dem Grundgesetz nicht neu entstehen kann.[529] Ferner sind mit „Recht" **grundlegende Prinzipien der Rechtsordnung** angesprochen, die bei richterlicher Rechtsfortbildung (→ Rn. 120) wirksam werden können; insbesondere gehören hierher auch allgemeine Grundsätze des Verwaltungsrechts, die durch Regelungen der VwVfG nur teilweise ersetzt sind.[530] Problematisch ist es, unter „Recht" – im Gegensatz zu den tatbestandlich genaueren „Gesetzen" – „Bindungsmaßstäbe" mit einem „eher diffusen Steuerungsanspruch" zu verstehen,[531] weil nach dem Stand der Verfassungs- und insbesondere der Grundrechtsdogmatik heute oft derselben Bestimmung strikt und nur grundsätzlich bindende Elemente zugeschrieben werden (vgl. → Einf Rn. 46 ff.; → vor Art. 1 Rn. 27 ff.).

**107**      **„Gesetz"** iSd Art. 20 III ist **jede geschriebene Rechtsnorm** des Bundes- und Landesrechts,[532] also jedes (nicht nur) formelle Gesetz[533] einschließlich der Verfassungsbestimmungen[534] sowie namentlich RVO und Satzungen,[535] ferner nach Art. 59 II transformiertes Völkervertragsrecht,[536] wie insbesondere die EMRK,[537] und unmittelbar anwendbares EU-Recht.[538] **Keine** Gesetze in diesem Sinne sind dagegen **Verwaltungsvorschriften,** weil sie zumindest grundsätzlich[539] nur im Binnenbereich der Verwaltung Bindungskraft entfalten,[540] daher insbesondere dem Vorbehalt des Gesetzes nicht genügen.[541] Auch sog. **Richterrecht** erwirbt nicht die Qualität selbständiger Rechtsnormen,[542] weil

---

[523] Vgl. *Sachs* SBS VwVfG, § 43 Rn. 249 ff., 256; *H. Dreier* FS 50 Jahre BVerfG I, 2001, S. 159 (186 ff.); *Leupolt,* Die rechtliche Aufarbeitung von DDR-Unrecht, 2003.

[524] Zu dem vielzitierten Satz von *Bohley* „Wir wollten Gerechtigkeit und haben den Rechtsstaat bekommen" etwa *Kinkel* JZ 1992, 485 (486); zur Problematik auch *I. v. Münch* Staat 33 (1994), 165 ff.; *A. Kaufmann* NJW 1995, 81 ff.; *Isensee* HStR IX¹, § 202 Rn. 22 ff., auch 171 ff.

[525] Vgl. Art. 17 Satz 2 EV; zur verfassungsrechtlichen Notwendigkeit BVerfGE 101, 275 (288); ob die DDR schlechthin als „Unrechtsstaat" zu bezeichnen ist, ist ohne erkennbare rechtliche Bedeutung.

[526] Vgl. insbes. das 1. und das 2. SED-UnBerG und dazu etwa *Tappert,* Die Wiedergutmachung von Staatsunrecht der SBZ/DDR durch die Bundesrepublik Deutschland nach der Wiedervereinigung, 1995; allgemein auch *Isensee* HStR IX¹, § 202 Rn. 133 ff.; ferner z. B. BVerwGE 108, 241 (245 ff.).

[527] Zu Anforderungen an den Rechtsschutz bei Rehabilitierungen BVerfGE 101, 275 (295); kritisch bezüglich der Wirtschafts- und Bodenreform in der SBZ *Wasmuth* NJW 2015, 3697 ff.

[528] *Stern,* StaatsR I, S. 800; wohl auch BVerfGE 78, 214 (227); für aktuelle Bedeutung etwa BVerfG (K) NVwZ 2009, 1158 (1160); *Krebs/M. Becker* JuS 2013, 97 ff.; für Zuordnung zum „Gesetz" *Robbers* BK, Art. 20 (2014) Rn. 3326; für Art. 20 III insges. *Jarass,* in: Jarass/Pieroth, Art. 20 Rn. 52 f.; ablehnend wohl *Grzeszick,* in: Maunz/ Dürig, Art. 20 VI (2007) Rn. 65 ff.; *Frühauf,* Zur Legitimation von Gewohnheitsrecht im Zivilrecht, 2006, S. 16 ff.; s. auch *Meder,* Ius non scriptum – Traditionen privater Rechtssetzung, 2. Aufl. 2009.

[529] Ausführlich *Sachs,* in: Stern, StaatsR III/2, S. 443 f.; auch → vor Art. 1 Rn. 113; weitergehend *Renck* JZ 2001, 375 (377); *Witthohn,* Gewohnheitsrecht als Eingriffsermächtigung, 1997; nur bei Gesetzesvorbehalten ablehnend *Klose* RW 2017, 370 (396).

[530] Vgl. nur *Schmitz* SBS VwVfG, § 1 Rn. 283.

[531] So *Schmidt-Aßmann* FS Stern, 1997, S. 745 (747 f.).

[532] Nur Parlamentsgesetze erfasst sieht *Sommermann* MKS II, Art. 20 Rn. 264. Zur bundesstaatlichen Dimension → Rn. 109.

[533] So BVerfGE 78, 214 (227); *Grzeszick,* in: Maunz/Dürig, Art. 20 VI (2007) Rn. 60; auch für nur formelle Gesetze *Schmidt-Aßmann* HStR II, § 26 Rn. 34.

[534] Vgl. für die Bundesebene schon den Wortlaut von Art. 37 I, 61 I, II; für Art. 21 I BVerfGE 138, 102 Rn. 41, 49, sowie etwa *Kingreen* HStR XII, § 263 Rn. 6; anders (für den Vorbehalt des Gesetzes) *Isensee* AöR 138 (2013), 325 (340 f.); dazu → Rn. 118.

[535] BVerfGE 78, 214 (227); 80, 257 (265); *Grzeszick,* in: Maunz/Dürig, Art. 20 VI (2007) Rn. 62; *Jarass,* in: Jarass/Pieroth, Art. 20 Rn. 53; *B. Hoffmann* (Fn. 512), S. 117 f.; *Robbers* BK, Art. 20 (2014) Rn. 3325; aA in Einzelzusammenhängen BVerfGE 40, 237 (248 ff.); BVerwGE 72, 300 (320 f.); 94, 335 (336 f.); näher → Rn. 118.

[536] Zur Bindung an Verwaltungsabkommen *Fastenrath* DÖV 2006, 1017 ff.; → Art. 59 Rn. 80 f.

[537] Zur Berücksichtigung auch bei Widersprüchen zu Bundesgesetzen → Einf Rn. 44.

[538] Vgl. *Schmidt-Aßmann* FS Stern, 1997, S. 745 (754 f.); insbesondere zu Richtlinien BVerfGE 75, 223 (233 ff.); BVerwGE 74, 241 (248 f.); BFHE 143, 383 (386 f.); zum Vorrang vor nationalem Recht → Art. 23 Rn. 61; s. auch *M. Schröder,* Gesetzesbindung des Richters und Rechtsweggarantie im Mehrebenensystem, 2010, S. 129 ff.; für Nichtanwendung durch die Verwaltung (allgemein → Rn. 97, → Rn. 108) BGH NVwZ 2015, 1309 Rn. 40.

[539] Anders für gesetzliche Verweisung auf Verwaltungsvorschriften bei zulässigen behördl. Letztentscheidungsbefugnissen wohl BVerfGE 129, 1 (21 ff.); auch → Fn. 650.

[540] BVerfGE 78, 214 (227); BVerfG (K) NJW 2009, 3293 (3294); *Jarass,* JuS 1999, 105 ff.; *Sobota* (Fn. 43), S. 118 f.; *Seiler* (Fn. 388), insbes. S. 202 ff., 251 ff.; *Saurer* VerwArch 97 (2006), 249 ff.; *Frye* ThürVBl 2012, 73 ff.; *P. Reimer* Jura 2014, 678 ff.; rückblickend auch BVerfGE 91, 228 (237); iSd verbreiteten abweichenden Begriffsbildung etwa *Axer* (Fn. 380), S. 43 ff.; *v. Bogdandy* (Fn. 368), S. 449 ff.; *Hänlein* (Fn. 494), S. 15 f.; erweiternd auch *Rogmann,* Die Bindungswirkung von Verwaltungsvorschriften, 1998; *A. Leisner* FS Fürst, 2002, S. 185 ff.; *Wahl* FG 50 Jahre

es – wie (sonstige) Ergebnisse richterlicher Auslegung oder Rechtsfortbildung – stets Resultat rechtsgebundener Entscheidungstätigkeit der Gerichte bleibt[543] (→ Rn. 120, aber auch → Rn. 143). Dies schließt eine (auch sanktionierte) Beachtlichkeit für die Verwaltung nicht aus.[544] Die Missachtung von Entscheidungen des BVerfG entgegen der nach § 31 BVerfGG angenommenen Bindungswirkung wird als Verstoß gegen Art. 20 III eingestuft;[545] Entscheidungen des EGMR müssen jedenfalls berücksichtigt werden (näher → Einf Rn. 44).

Bindend sind nur gültige, dh bereits in Kraft getretene[546] und nicht wieder unwirksam geworde- **108** ne,[547] auch nicht einer Nichtanwendungsklausel unterworfene[548] Gesetze; wegen des Vorrangs der Verfassung (→ Rn. 95 ff.) und der durch sie begründeten Normenhierarchie (→ Rn. 101 f.) sind Gesetze nur gültig, wenn (dh auch: soweit und solange) sie **nicht gegen höherrangiges Recht verstoßen.** Dementsprechend ist das **richterliche Prüfungs- und Verwerfungsrecht** vorbehaltlich der Regelung des Art. 100 I heute unstrittig. Dagegen besteht über die Befugnisse der **vollziehenden Gewalt** gegenüber ungültigen Normen noch keine Einigkeit; doch dürfte nach dem Vorrang der Verfassung eine Anwendung verfassungswidriger Normen weder geboten noch auch nur zulässig sein (→ Rn. 97). Bei Widerspruch zu Unionsrecht ist deutsches Recht für Gerichte und Behörden unanwendbar.[549]

**2. Vollziehende Gewalt und Rechtsprechung.** Auch in Hs. 2 richtet sich die Bindung gegen die **109** genannten **Staatsfunktionen** unabhängig von den Handlungsformen[550] und erfasst alle mit ihnen befassten Staatsorgane. Für die Rechtsprechung sind dies (nur) die Gerichte (→ Rn. 87), bei der vollziehenden Gewalt (→ Rn. 83) vor allem Regierung,[551] Verwaltung und Bundeswehr, auch Selbstverwaltungsträger und Beliehene, ferner BRat und BPräs,[552] ausnahmsweise sogar Gerichte (→ Art. 92 Rn. 13 ff.) sowie die Parlamente[553] und ihre Untergliederungen.[554] Ungeachtet der Eigenstaatlichkeit von Bund und Ländern (→ Rn. 55, → Rn. 65 f.) sind deren vollziehende Gewalt und Rechtsprechung auch hinsichtlich der gültigen, insbesondere kompetenzgemäß[555] erlassenen Gesetze der jeweils anderen Ebene vom Grundsatz der Gesetzmäßigkeit erfasst.[556]

Für die nur **materielle Gesetzgebung** durch Organe der zweiten und dritten Gewalt gilt Abs. 3 **109a** Hs. 2 nicht.[557] Vielmehr ergibt sich ihre Bindung an vorrangige Rechtsnormen, insbesondere formelle Gesetze, mittelbar aus der Bindung der Staatsfunktion Gesetzgebung iSd Hs. 1 an die verfassungsmäßige Ordnung (→ Rn. 101), die Ungültigkeit solcher Normen bei Verstoß gegen formelle Gesetze

---

BVerwG, 2003, S. 571 ff.; ausführlich zum Ganzen *Sauerland,* Die Verwaltungsvorschrift im System der Rechtsquellen, 2005, insbes. S. 70 ff.

[541] Vgl. BVerfGE 116, 69 (82); BVerwGE 121, 103 ff.; → Rn. 114 ff., → Rn. 117.

[542] BVerfGE 140, 42 Rn. 70 ff.; ferner etwa BVerfGE 74, 129 (152 f.); 84, 212 (227); 122, 248 (277); 131, 20 (42); *Stern,* StaatsR II, S. 581, 586; *Gärditz,* in: Friauf/Höfling, Art. 20 (6. Teil) (2011) Rn. 61 ff.; *Schnapp,* in: v. Münch/Kunig I, Art. 20 Rn. 63; missverständlich BVerfGE 34, 269 (291); 111, 54 (81 f.).

[543] Vgl. *Sobota* (Fn. 43), S. 101 ff.; weitergehend → Art. 70 Rn. 28; s. auch *G. Kirchhof* DVBl 2011, 1068 ff.; *Albers, C. Schönberger* VVDStRL 71 (2012), 257 bzw. 296 ff.; *Bumke* (Hrsg.), Richterrecht zwischen Gesetzesrecht und Rechtsgestaltung, 2012; *ders.,* in: Leitgedanken I, § 92; *Payandeh,* Judikative Rechtserzeugung, 2017; *Schorkopf,* AöR 244 (2019), 202 ff.; rechtsvergleichend *Brenncke,* Judicial Law-Making in English and German Courts, 2018.

[544] Vgl. etwa BFHE 232, 121 Rn. 47 ff. (Vorlage zum BVerfG); dazu → Rn. 137.

[545] BVerfGE 40, 88 (94); 115, 97 (108).

[546] Gegen Vorabanwendung nachteiligen Rechts grds. BVerfG (K) NVwZ 2005, 1415 (1416); BVerwG DVBl 2006, 648 (649); für Ausnahmen BVerwG NVwZ-RR 2015, 416 Rn. 10 f.; zur Vorberücksichtigung bei der Ermessensausübung BVerwGE 147, 81 LS, Rn. 40 f.; allgemein *Kloepfer,* Vorwirkung von Gesetzen, 1974; *Guckelberger* (Fn. 371).

[547] Eingehend *Baumeister* (Fn. 427), insbes. S. 272 ff.; *J. Hoffmann* Jura 2012, 11 ff.

[548] Vgl. zur verfassungsrechtlichen Zulässigkeit solcher Klauseln etwa *Jutzi* DÖV 1996, 25 ff.

[549] Dazu → Art. 23 Rn. 61; missverständlich für ein gleichwohl „den Grundrechtsvorbehalt ausfüllendes Gesetz" BVerfG (K) NJW 2016, 2401 Rn 23.

[550] Vgl. für den öff.-rechtl. Vertrag *Bonk/Neumann/Siegel* SBS VwVfG, § 54 Rn. 4.

[551] Für die BReg insgesamt und ihre einzelnen Mitglieder BVerfGE 138, 102 Rn. 41, 49.

[552] BVerfGE 136, 323 Rn. 27; zu Gnadenentscheidungen → Art. 60 Rn. 15; → Art. 19 Rn. 119.

[553] Zu parlamentarischen Exekutivakten → Rn. 85; zur Wahlprüfung → Art. 41 Rn. 1 ff.

[554] Vgl. etwa BremStGH NVwZ 1997, 786 (786).

[555] Für alleinige Kompetenz von Bund bzw. Land für presserechtliche Auskunftsansprüche gegen die je eigenen Behörden BVerwGE 146, 56 Rn. 21 ff.; 151, 348 Rn. 12 ff.; kritisch *Sachs/Jasper* NWVBl 2013, 389 ff.; *Cornils* DÖV 2013, 657 ff.; *Kloepfer* JZ 2013, 892 ff.

[556] Vgl. *Starski,* Der interföderale Verwaltungsakt, 2014, S. 108 ff., auch zur Bindung der Länder an fremdes Landesrecht; insbesondere für die Verwaltungsbehörden BVerwGE 29, 52 (58); BVerwG NJW 1977, 163; BVerwGE 114, 232 (240); OVG Berlin NVwZ-RR 1997, 32 (33 f.); *Isensee* HStR VI, § 126 Rn. 111; *März,* Bundesrecht bricht Landesrecht, 1989, S. 200 ff.; auch → Art. 87 Rn. 62; für die Gerichte s. *Stern,* StaatsR I, S. 690; *Grzeszick,* in: Maunz/Dürig, Art. 20 VI (2007) Rn. 155. § 47 VwGO betrifft nur das je eigene Landesrecht BVerwG NVwZ 2016, 938 Rn. 12 ff.; zu § 68 I 2 VwGO *Schwander/Weidemann* DÖV 2017, 241 ff.

[557] Anders etwa *Schulze-Fielitz,* in: Dreier II, Art. 20 (Rechtsstaat) Rn. 92; *Grzeszick,* in: Maunz/Dürig, Art. 20 VI (2007) Rn. 37; *Robbers* BK, Art. 20 (2014) Rn. 3314. Dahin zuletzt etwa auch BVerwG NVwZ 2018, 978 Rn. 16, 26.

aus der Normenhierarchie des GG (→ Rn. 102), ihre Abhängigkeit von formell-gesetzlicher Ermächtigung aus Art. 80 I, im Übrigen aus der Gewaltenteilung (→ Rn. 85 f.).

110    **3. Die Bindung. a) Verpflichtungswirkung des Gesetzes.** Die Bedeutung der Bindungsklausel für die **Gesetzmäßigkeit der Verwaltung** wird vielfach mit Kategorien *Otto Mayer*s erläutert.[558] Diese werden dabei meist um „die *bindende Kraft des Gesetzes*", seine „Fähigkeit, *Rechtssätze* aufzustellen", verkürzt, die *Mayer* zur „wichtigsten Kraft des Gesetzes" erklärt hat.[559] Diese **Verpflichtungswirkung des Gesetzes** begründet die Pflicht, die zutreffend verstandenen[560] Anordnungen des Gesetzes zu befolgen[561] oder sonst in ihrer Wirksamkeit zu respektieren.[562] Angesichts der bestehenden Rechtsvielfalt[563] wird heute ein Hauptproblem der Gesetzmäßigkeit der Verwaltung in einem Bindungsübermaß gesehen, das zu einer nur selektiven Gesetzmäßigkeit führen könne;[564] die normative Reichweite der Bindungswirkung berührt ein solcher empirischer Befund indes nicht.[565] Das Gesetz selbst kann von der Bindung an näher bestimmte Normen freistellen.[566] Mangels diesbezüglicher Regelungen soll sich aus der Bindung nach Art. 20 III auch die Pflicht zur Rechnungslegung[567] und zur Sachaufklärung ergeben.[568]

111    Aus der Gesetzesbindung ist auch die **grundsätzliche Verpflichtung** des Staates abzuleiten, bei Verletzungen dieser Pflicht für die **Beseitigung des Rechtsverstoßes**[569] und den Ersatz der durch ihn verursachten **Schäden** zu sorgen; die nähere Ausgestaltung bleibt dem Gesetz vorbehalten.[570] Auch → vor Art. 1 Rn. 42; → Art. 34 Rn. 5. Ferner wird eine Verpflichtung des Staates angenommen, schon den Anschein fehlender Gesetzestreue seiner Bediensteten zu vermeiden.[571] Entscheidungen in eigener Sache sollen nur begrenzt zulässig sein.[572]

112    **b) Vorrang des Gesetzes – Kollisionsregel.** Der oft nicht von der Bindung an das Gesetz getrennte[573] **Vorrang des Gesetzes** bedeutet dagegen, dass „die verfassungsmäßige gesetzliche Willensäußerung über der gesamten übrigen Staatstätigkeit steht". Das Gesetz „kann rechtlich auf keinem anderen Weg aufgehoben, abgeändert oder unwirksam gemacht werden und hebt andererseits alle bereits vorhandenen staatlichen Willensäußerungen mit anderem Inhalte auf, welche ihm entgegenstehen".[574] Der Vorrang des Gesetzes ist danach (nur) eine **Kollisionsnorm.** Als Grundsatznorm lässt diese allerdings für gesetzliche Ausgestaltung Raum,[575] namentlich dafür, dass gesetzwidrige Entschei-

---

[558] *K. Vogel* VVDStRL 24 (1966), 125 (145 ff.); *Stern,* StaatsR I, S. 801 f.; *Ossenbühl* HStR V, § 101.

[559] *O. Mayer,* Deutsches Verwaltungsrecht, 1. Bd., 1895, S. 76 f., 81 ff. (Hervorhebungen im Original); ebda, 2. Aufl. 1914, S. 66 f., und 3. Aufl. 1924, S. 65 ff.; diff. auch *Schmidt-De Caluwe,* Der Verwaltungsakt in der Lehre Otto Mayers, 1999, S. 124 ff., 145 ff.

[560] Vgl. BVerfGE 136, 69 Rn. 74. Zu sog. Nichtanwendungserlassen *Desens,* Bindung der Finanzverwaltung an die Rechtsprechung, 2011; *Gosch* FS Spindler, 2011, S. 379 ff.; *Herden,* ebda, S. 445 ff.; *Vinken,* ebda, S. 549 ff.; *F. Kirchhof* JZ 2018, 1068 (1071); auch BFHE 232, 121 Rn. 44 ff.; positiv *Weber-Grellet* FS Lang, 2010, S. 927 ff.; zu „Nichtanwendungsgesetzen" *Mellinghoff* FS Landau, 2016, S. 69 (83 ff.); auch → Fn. 566.

[561] Zur Vernachlässigung gesetzlicher Pflichten zum Grenzschutz in der Flüchtlingskrise etwa *Möstl* AöR 142 (2017), 175 (195 ff.). Für eine Pflicht der Verwaltung, unvollkommene Normen anwendbar zu machen, BVerwGE 137, 325 Rn. 49.

[562] *Sachs* SBS VwVfG, § 44 Rn. 43; für sehr weitgehende Konsequenzen BVerfGE 88, 203 (319). Zur beamtenrechtlichen Bindung an gesetzwidrige dienstliche Anordnungen etwa *Rux* DÖV 2002, 985 ff. Zur Rechtsfortbildung durch die Verwaltung *Weimar* DÖV 2009, 932 ff.; im Übrigen → Rn. 120 f.

[563] Vgl. etwa *Di Fabio* NZS 1998, 449 ff.; *Axer* (Fn. 380), S. 47 f.

[564] Daher für eine exaktere Bindungsdogmatik *Schmidt-Aßmann* FS Stern, 1997, S. 745 (747 f.).

[565] Für eine grds. Pflicht der Gesetzgebung, auch die praktische Wirksamkeit des Rechts zu sichern, insbesondere nicht die Missachtung des Rechts (dort: durch den Bürger) zu prämieren, BVerfGE 116, 24 (49 f.).

[566] Vgl. für (die Notwendigkeit von) Ermächtigungen zu gesetzesinkongruenten Abgabenverträgen BVerwG NVwZ-RR 2013, 383 Rn. 21; s. auch *Maaß,* Experimentierklauseln für die Verwaltung und ihre verfassungsrechtlichen Grenzen, 2001.

[567] BremStGH NVwZ 1997, 786 (788).

[568] BVerwG NVwZ-RR 2016, 817 Rn. 32.

[569] Für Folgenbeseitigungs*anspruch* aus Art. 20 III BVerwGE 69, 366 (370); demgegenüber *Sachs,* in: Stern, StaatsR III/1, S. 675.

[570] Vgl. BVerfG (K) NVwZ 1998, 271 (272); NJW 2006, 1580 f.; *Stern,* StaatsR I, S. 855.

[571] BAGE 113, 230 (235), zur Begrenzung von Art. 9 III durch diese Bedeutung des Art. 20 III.

[572] BVerfGE 123, 148 (179 f.); vgl. allg. auch *H. Lang,* Gesetzgebung in eigener Sache, 2007.

[573] So BVerfGE 40, 237 (248 f.); 111, 307 (330); wohl auch 82, 6 (12); 101, 312 (324); s. auch *Lerche* HGR III, § 62 Rn. 12; *Ossenbühl* HStR V, § 101 Rn. 1, 4; *Schulze-Fielitz,* in: II, Art. 20 (Rechtsstaat) Rn. 92; *Sommermann* MKS II, Art. 20 Rn. 270 ff.; *Robbers* BK, Art. 20 (2009) Rn. 2105 f.; *Gärditz,* in: Friauf/Höfling, Art. 20 (6. Teil) (2011) Rn. 43; *Maurer/Waldhoff* (Fn. 389), § 6 Rn. 2; *Voßkuhle,* Das Kompensationsprinzip, 1999, S. 339 f.; *v. Bogdandy* (Fn. 368), S. 166 f.; *Waldhoff* (Fn. 486), S. 13 f.

[574] *O. Mayer,* Deutsches Verwaltungsrecht, Bd. 1, 1. Aufl. 1895, S. 72; 2. Aufl. 1914, S. 69; 3. Aufl. 1924, S. 68; dem folgend BVerfGE 8, 155 (169); vgl. auch *Sobota* (Fn. 43), S. 104 ff.; *Schmidt-De Caluwe* (Fn. 559), S. 122 ff.; *C. Schönberger* FS Wahl, 2011, S. 385 (387).

[575] Dies betont BVerfGE 116, 24 (49), auch abwM, ebda, 60 (63).

dungen der zweiten und dritten Gewalt wirksam sind und aus Gründen der Rechtssicherheit sogar bestands- bzw. rechtskräftig werden können (→ Rn. 95, → Rn. 140, → Rn. 142).

**c) Vorbehalt des Gesetzes.** Der **Vorbehalt des Gesetzes** hat von der normativen Grundaussage **113** und dem Normadressaten her mit den Gesetzesvorbehalten der Grundrechte im Ansatz nichts gemein.[576] Während die grundrechtlichen Gesetzesvorbehalte als gegenüber der Grundrechtsbindung wirksame Erlaubnisnormen für die Gesetzgebung an sich verbotenes Staatshandeln zulassen (→ vor Art. 1 Rn. 101), bedeutet der rechtsstaatliche Vorbehalt des Gesetzes als Verbotsnorm für die vollziehende Gewalt gerade umgekehrt das verfassungsrechtliche **Verbot, ohne** wirksam gewordene[577] **gesetzliche Grundlage tätig zu werden.**[578] Die verbreitete Verwendung von „Gesetzesvorbehalt" iSd Vorbehalts des Gesetzes[579] kann demgegenüber nur verwirren; die Gemeinsamkeit besteht lediglich darin, dass Staatshandeln ohne gesetzliche Grundlage ausgeschlossen ist,[580] aber eben *durch* den Vorbehalt des Gesetzes und *trotz* der Gesetzesvorbehalte.

Im Grundgesetz nicht ausgesprochen, ist der Vorbehalt des Gesetzes für seine herkömmliche **114** Anwendungsbreite, die „Eingriffe in Freiheit und Eigentum",[581] also grundsätzlich für jedes belastende Verwaltungshandeln,[582] **in der Bindungsklausel** des Art. 20 III HS 2 **impliziert.**[583] Er ergibt sich daraus, dass jede Rechtsposition auf einer gesetzlichen Grundlage beruht, die die vollziehende Gewalt zu respektieren hat; dies gilt auch, wenn Rechtspositionen mangels Grundrechtsfähigkeit der Betroffenen (→ Art. 19 Rn. 51 ff., → Art. 19 Rn. 89 ff.) vom Grundrechtsschutz nicht umfasst sind.[584] Der Vorbehalt begründet im Rahmen des Art. 59 II 1 die Notwendigkeit gesetzlicher Zustimmung.[585] Das Argument, der Vorrang des Gesetzes würde ohne den Vorbehalt seinen Sinn verlieren,[586] überzeugt hingegen nicht. Denn das Gesetz kann die Betätigung vollziehender Gewalt ausschließen,[587] also selbst einen Vorbehalt des Gesetzes begründen.

**Behördliches Ermessen** ist durch den Vorbehalt des Gesetzes nicht ausgeschlossen. Doch muss das **115** Gesetz die für die Ausfüllung der Spielräume der Verwaltung maßgeblichen Kriterien erkennen lassen, darf nicht die Entscheidung über die Grenzen der Freiheit des Bürgers einseitig in das Ermessen der Verwaltung legen.[588] Gesetzlich begründete **Beurteilungsspielräume** der Behörden sind zumal mit Rücksicht auf Art. 19 IV nur begrenzt zulässig.[589]

Seit langem wird über eine **Ausdehnung des Vorbehalts** des Gesetzes diskutiert;[590] das BVerfG **116** hat früh erwogen, dass die Wandlung des Verfassungsverständnisses den „Vorbehalt auf neue Bereiche ausgedehnt haben" könnte.[591] Eine solche Ausdehnung ist allein von Art. 20 III her nicht zu begrün-

---

[576] *Sachs,* in: Stern, StaatsR III/2, S. 370 ff., insbes. S. 373 Fn. 9; in der Sache zustimmend *Horn* (Fn. 449), S. 33 ff.; *Axer* (Fn. 380), S. 313 f. Schon O. *Mayer,* Deutsches Verwaltungsrecht, Bd. 1, 1. Aufl. 1895, S. 75, hat mit Recht gerade umgekehrt den Vorbehalt des Gesetzes durch die Aufstellung von Grundrechten (nicht: ihrer Durchbrechungen) verwirklicht gesehen. Ablehnend etwa *Robbers* BK, Art. 20 (2009) Rn. 2010; skeptisch auch *Lerche* HGR III, § 62 Rn. 10.

[577] BVerfGE 34, 9 (21); OVG NRW NVwZ 1995, 395 (396); BayObLG NJW 1997, 3454; zur Frage, ob ein Verwaltungsakt ein Gesetz umsetzen darf, das es noch nicht gibt, BVerfGE 105, 48 (60); gegen rückwirkende Ermächtigungen *Sattler* FS Starck, 2007, S. 383 ff.

[578] BVerfGE 40, 237 (248 f.); 49, 89 (126); 133, 112 Rn. 53; *Stern,* StaatsR I, S. 802, 805 f.; *Grzeszick,* in: Maunz/Dürig, Art. 20 VI (2007) Rn. 98.

[579] Vgl. BVerfGE 130, 263 (299); 135, 48 Rn. 78 ff.; 139, 19 Rn. 54; 141, 143 Rn. 46; 147, 253 Rn. 152; BVerwGE 121, 103 (109); 148, 1 LS; 148, 116 LS; 152, 330 Rn. 43; umgekehrt BVerfGE 115, 118 (152). Auch *Ossenbühl* HStR V, § 101 Rn. 17; *Ladeur/Gostomzyk* Verwaltung 36 (2003), 141 ff.; *Hoffmann-Riem* AöR 130 (2005), 5 ff.; *Wißmann,* Generalklauseln, 2008, S. 61 ff.

[580] *Jarass,* in: Jarass/Pieroth, Art. 20 Rn. 70; *Grzeszick,* in: Maunz/Dürig, Art. 20 VI (2007) Rn. 76.

[581] BVerfGE 8, 155 (167); 40, 237 (249); *Stern,* StaatsR I, S. 802; näher dazu etwa *Sachs* VerwArch 76 (1985), 398 (415 f.); *Schmidt-De Caluwe* (Fn. 559), S. 126 ff.

[582] Auch für begünstigende Regelungen wohl BVerfGE 141, 1 Rn. 44. Gegen Geltung für vertragliche Verpflichtungen BVerfGE 146, 271 Rn. 22; aber auch → vor Art. 1 Rn. 93.

[583] BVerfGE 40, 237 (248); 49, 89 (126); BVerwGE 109, 29 (37), sieht ihn hier „verankert"; *Stern,* StaatsR I, S. 805; *Sachs* SBS VwVfG, § 44 Rn. 46; *Benda* HdbVerfR, § 17 Rn. 36; *Wehr* JuS 1997, 419 f.

[584] Deswegen kann die Ableitung des Vorbehalts allein aus den Grundrechten, so *Kunig* (Fn. 327), S. 318 ff.; ähnlich *Gusy* JA 2002, 610 (612), nicht überzeugen.

[585] Vgl. nur → Art. 59 Rn. 32 f.; s. auch BVerfGE 141, 1 Rn. 44.

[586] So namentlich BVerfGE 40, 237 (248 f.); *Hesse* Grundzüge, Rn. 201; auch *Gärditz,* in: Friauf/Höfling, Art. 20 (6. Teil) (2011) Rn. 131.

[587] Wie für Sozialleistungen umfassend in § 31 SGB I geschehen; dazu *Sachs* SBS VwVfG, § 44 Rn. 47; gegen konstitutive Bedeutung des § 31 SGB I *Axer* (Fn. 380), S. 327 ff.

[588] StRspr, vgl. BVerfGE 8, 274 (324 f.); 49, 89 (145 f.); 78, 214 (226); 113, 348 (376); näher *Sachs* SBS VwVfG, § 40 Rn. 16 ff.

[589] Dazu → Art. 19 Rn. 132, → Art. 19 Rn. 146; näher *Sachs* SBS VwVfG, § 40 Rn. 16 ff.

[590] *Stern,* StaatsR I, S. 802 f., 808 f.; *Schmidt-Aßmann* HStR II, § 26 Rn. 63 ff.; *Ossenbühl* HStR V, § 101 Rn. 29 ff., 41 ff.; *Schulze-Fielitz,* Theorie und Praxis parlamentarischer Gesetzgebung, 1988, S. 156 ff.; *Wehr* JuS 1997, 419 (420 ff.); für Leistungsverwaltung ohne Gesetz etwa BVerwG NVwZ 2004, 623, unter Hinweis auf BVerwG NVwZ 2003, 92 (93), für die stRspr zur Subventionsvergabe; dazu etwa *Ehlers* DVBl 2014, 1 (3 f.).

[591] BVerfGE 8, 155 (167); bekräftigt durch 40, 237 (249); 47, 46 (79); 49, 89 (126); 77, 170 (230 f.). Zu teils gegenläufigen Entwicklungen der Rspr. *Burkiczak,* in: Leitentscheidungen BVerfG II, S. 129 ff.

den,[592] sondern bedarf weiterer Grundlegung im GG; dabei hat das BVerfG die Maßgeblichkeit der fraglichen Sachbereiche und der Intensität der Regelungen besonders betont,[593] allerdings mit der „Wesentlichkeit" ein doch recht vages Abgrenzungskriterium angegeben.[594] Ganz entbehrlich ist dieses, wenn bei relevanten Grundrechtsbeeinträchtigungen der klassische Anwendungsbereich des Vorbehalts gegeben ist.[595]

117     Die **„Wesentlichkeit"** einer Regelung wird primär aus der Berührung **grundrechtlich** geschützter Lebensbereiche und der Intensität der Grundrechtsbetroffenheit abgeleitet;[596] sie wird zudem angenommen bei (anderen) „Fragen [...], die für Staat und Gesellschaft von erheblicher Bedeutung sind."[597] Sachlich entsprechend ist auch das Rechtsstaatsprinzip selbst, insbes. zu Rechtssicherheit (→ Rn. 122 ff.) und materieller Gerechtigkeit (→ Rn. 78, → Rn. 103 ff.), für die Notwendigkeit gesetzlicher Regelungen bei Fragen von existentieller Bedeutung für den Betroffenen herangezogen worden.[598] Vielfach bedeutet die „Wesentlichkeit" eines Regelungsgegenstandes erhöhte Bestimmtheitsanforderungen (→ Rn. 86, → Rn. 127 ff.).[599] Geboten sein können auch gesetzliche Regelungen des Verfahrens.[600] Ferner soll der erweiterte Vorbehalt des Gesetzes – auch über einschlägige Sonderregelungen[601] hinaus – für institutionell besonders bedeutsame Fragen eingreifen,[602] etwa für eine Beleihung[603] oder für die Festlegung ministerieller Ressorts.[604]

118     **d) Maßgeblicher weiter Gesetzesbegriff.** Für alle Dimensionen der Gesetzesbindung ist der **weite, materielle Gesetzesbegriff** (→ Rn. 107) **maßgeblich**.[605] Wie die Bindungswirkung[606] ist auch der **Vorrang des Gesetzes** nicht auf formelle Gesetze beschränkt.[607] Vielmehr ist der Bestand *jeder* Rechtsnorm vor der vollziehenden Gewalt zu sichern; Exekutivorgane sind zu Normänderungen nur kraft delegierter Gesetzgebungsgewalt befugt, Akte vollziehender Gewalt können auch bei Verstoß gegen nur untergesetzl. Rechtsnormen grds. keine Geltung beanspruchen (→ Rn. 112). Der Vorrang formeller Gesetze vor niederrangigem Recht und dessen Bindung an das formelle Gesetz wird durch die Bindung

---

[592] Jedenfalls nicht „unmittelbar", so BVerfGE 40, 237 (249); zur demokratischen Komponente des Grundsatzes BVerfGE 49, 89 (126); mit Blick auf die öffentliche Parlamentsdebatte BVerfGE 85, 386 (403 f.); 95, 267 (307 f.); 108, 282 (312). Zum legislativen Handeln von Exekutivorganen → Rn. 86.

[593] BVerfGE 40, 237 (249); 49, 89 (127); 58, 257 (278); 76, 1 (75 f.); 77, 170 (230 f.); 83, 130 (152); *Schmidt-Aßmann* HStR II, § 26 Rn. 64 f.; *Ossenbühl* HStR V, § 101 Rn. 29 ff., 41 ff.; *Axer* (Fn. 380), S. 316 ff.; *v. Bogdandy* (Fn. 368), S. 183 ff.; *Hömig* FG 50 Jahre BVerwG, 2003, S. 273 ff.

[594] Vgl. gegen Wesentlichkeit der Rechtschreibreform treffend BVerfGE 98, 218 (251 ff.); dem (nach § 31 I BVerfGG) folgend BVerwGE 108, 355 (359 ff.); für Wesentlichkeit des Kopftuchverbots für Lehrerinnen BVerfGE 108, 282 (311 ff.) mit kritischer abwM, ebda, 314 (335 ff.); für Wesentlichkeit eines grundlegend andersartigen Systems dienstlicher Beurteilung BVerwGE 134, 59 Rn. 66.

[595] Daher bedenklich in der Diktion BVerfGE 108, 282 (311 ff.); auch 116, 24 (58); für Verträge im grundrechtsrelevanten Bereich BVerwGE 133, 165 Rn. 44, zur Erhebung der Filmabgabe.

[596] Ohne Abgrenzung zum „klassischen" Vorbehalt (→ Rn. 114) schon BVerfGE 34, 165 (192 f.); dann stRspr, etwa BVerfGE 101, 1 (34); 108, 282 (311); 134, 141 Rn. 126; 139, 19 Rn. 52 f.; 139, 148 Rn. 51; 141, 143 Rn. 59; 143, 38 Rn. 38; ähnlich BVerwGE 109, 29 (37); 109, 97 (105); 134, 59 Rn. 33 ff.; 139, 43 Rn. 71; 144, 93 Rn. 12; 150, 327 Rn. 45; 151, 228 Rn. 42; 156, 180 Rn. 17 ff.; 160, 370 Rn. 38; BVerwGE 163, 112 Rn. 33 f., 59; BVerwG NVwZ 2018, 1140; 2019, 1291 Rn. 20; für beamtenrechtliche Beihilfe BVerwGE 121, 103 ff.; 131, 20 Rn. 11; 131, 234 Rn. 7; 143, 363 Rn. 12 ff.; 148, 116 Rn. 14; 151, 386 Rn. 18 ff.; BVerwG VBlBW 2019, 409 f. Relativierend *Kalscheuer/Jacobsen* DÖV 2018, 523 ff.

[597] BVerfGE 150, 1 Rn. 194, gegen eine Gleichsetzung mit „politisch umstritten".

[598] Vgl. zur lebenslangen Freiheitsstrafe BVerfGE 45, 187 (246).

[599] BVerfGE 150, 1 Rn. 196 mwN.

[600] Vgl. BVerfGE 45, 187 (246); zu entsprechenden Grundrechtswirkungen → vor Art. 1 Rn. 34.

[601] Vgl. die Zusammenstellung bei *Ossenbühl* HStR V, § 101 Rn. 37.

[602] *Emde* (Fn. 170), S. 72 ff.; auch *Badura* FS 50 Jahre BayVerfGH, 1997, S. 9 (10 f.); grds. ablehnend *Jarass*, in: Jarass/Pieroth, Art. 20 Rn. 76; restriktiv *Hufeld*, Die Vertretung der Behörde, 2003, S. 250 ff.; differenzierend *Ohler* AöR 131 (2006), 336 ff. Zu Widmungen *Germann* AöR 128 (2003), 458 ff.; auch *Kessen*, Die Sicherung der Widmung öffentlicher Sachen, 2016, S. 130 ff.

[603] BVerfGE 130, 76 (127); BVerwGE 137, 377 Rn. 24 ff.; BGH NJW 2000, 1042; BremStGH NVwZ 2003, 81 (82); BayObLG NJW 1997, 3454 f.; BayVGH DÖV 2007, 79 (81); KG NJW 1997, 2894; NdsOVG NdsVBl 1998, 16 (17 f.); OVG NRW NVwZ 1997, 806 (807); *Ossenbühl* VVDStRL 29 (1971), 137 (172 ff.); *Hufeld* (Fn. 602), S. 294; *Wiegand*, Die Beleihung mit Normsetzungskompetenzen, 2008, S. 155 ff., 165 f. Allgemein für den Maßregelvollzug durch Private BayVGH NVwZ 2013, 449 Rn. 24. Für den Einsatz von Verwaltungshelfern s. HessVGH NVwZ 2010, 1254 f.; *Battis/Kersten* ZBR 2001, 309 (313 ff.). Allgemein auch → Rn. 39.

[604] So wegen Wesentlichkeit VerfGH NRW NJW 1999, 1243 (1245 ff.), zur Zusammenlegung von Innen- und Justizressort; dazu *v. Arnauld* AöR 124 (1999), 658 ff.; *Böckenförde* NJW 1999, 1235 f.; *Erbguth* NWVBl 1999, 365 ff.; *Menzel* ebda, 201 ff.; *Wieland* DVBl 1999, 719 ff.; *Brinktrine* Jura 2000, 123 ff.

[605] Wie hier *Gärditz*, in: Friauf/Höfling, Art. 20 (6. Teil) (2011) Rn. 55, 140; *Kloepfer*, VerfRecht I, Rn. 94 ff., 106, 112; im Ergebnis (zum Vorbehalt) auch *Lassahn*, Rechtsprechung und Parlamentsgesetz, 2017, S. 126 ff.; explizit anders *Sommermann* MKS II, Art. 20 Rn. 273; auch *Robbers* BK, Art. 20 (2014) Rn. 3325; uneinheitlich *Grzeszick*, in: Maunz/Dürig, Art. 20 VI (2007) Rn. 62 gegenüber Rn. 72, 75.

[606] BVerfGE 133, 277 Rn. 140; differenzierend *Schmidt-Aßmann* FS Stern, 1997, S. 745 (753).

[607] *Stern*, StaatsR I, S. 803; *ders.*, StaatsR III/1, S. 1347; *Maurer/Waldhoff* (Fn. 389), § 6 Rn. 2; anders bei variierendem Gesetzesbegriff *Sobota* (Fn. 43), S. 106; tendenziell auch *Di Fabio* HStR II, § 27 Rn. 19.

jedes (auch nur materiellen) Gesetzes an die Verfassung und die durch sie begründete Normenhierarchie bewirkt (→ Rn. 94, → Rn. 101 f.). Auch dem **Vorbehalt des Gesetzes** genügt entgegen vielfach anzutreffenden Formulierungen nicht nur ein förmliches Gesetz, sondern jede materielle Rechtsnorm,[608] deren Erlass allerdings grds. hinreichend bestimmter formell-gesetzlicher Ermächtigung bedarf (→ Rn. 82 ff., → Rn. 113).[609] Der vieldiskutierte **Parlamentsvorbehalt** geht für die Rechtsetzung (→ Rn. 86, → Rn. 88) über die diesbzgl. Anforderungen (→ Rn. 127 f., auch → Rn. 119 ff.) nicht hinaus.[610] Dem Vorbehalt genügen auch Normen des GG, die Einschränkungen (ausnahmsweise) selbst anordnen oder unmittelbar Exekutive bzw. Judikative zu Eingriffen ermächtigen.[611]

**e) Bindung der Rechtsprechung.** Für die in Art. 97 I zusätzlich betonte (dazu → Art. 97 Rn. 11,  **119** → Art. 97 Rn. 12) **Bindung der Rechtsprechung an Gesetz und Recht** kann trotz andersartiger Ausgangslage auf dieselben Elemente zurückgegriffen werden wie bei der der Verwaltung: Die Gerichte sind kraft der Bindungswirkung einschlägiger gültiger Vorschriften (→ Rn. 108) zu deren Anwendung verpflichtet,[612] dürfen sich über ihre Gesetzesbindung nicht hinwegsetzen.[613] Sie können die auch für sie vorrangigen Normen nicht aufheben; Rechtsprechungsentscheidungen können prinzipiell keinen Bestand haben, wenn sie gegen auch nur materielle Gesetze verstoßen (Vorrang des Gesetzes, → Rn. 112). Schließlich dürfen die Gerichte ohne Grundlage in Recht und Gesetz keine (den Bürger belastende) Entscheidung treffen (Vorbehalt des Gesetzes).[614]

**Richterliche Rechtsfortbildung** steht dazu nicht grds. in Gegensatz; für sie ist bei Wahrung zumal  **120** allg. rechtsstaatlicher Erfordernisse[615] (nur) Raum, wo es an zu respektierenden Gesetzen fehlt,[616] soweit sie keine der Ausfüllung zugänglichen Regelungslücken aufweisen.[617] Im Sinne des Vorbehalts des Gesetzes[618] bleiben die Gerichte auf die Funktion der „Rechts"-Erkenntnis mittels der anerkannten Methoden der Gesetzesauslegung beschränkt,[619] sind im Einklang mit der Gewaltenteilung (→ Rn. 86) von echter Rechtsetzung ausgeschlossen (auch → Rn. 107).[620]

Der Vorbehalt des Gesetzes kann zudem der Rechtsfortbildung im Recht der Eingriffsverwaltung  **121** entgegenstehen.[621] Dies bedeutet aber **kein allgemeines Analogieverbot** für diesen Bereich,[622] da

---

[608] Wie hier *Gärditz,* in: Friauf/Höfling, Art. 20 (6. Teil) (2011) Rn. 140; anders BGHZ 158, 43 (55); *Schulze-Fielitz,* in: Dreier II, Art. 20 (Rechtsstaat) Rn. 105, *Sommermann* MKS II, Art. 20 Rn. 273; *Grzeszick,* in: Maunz/Dürig, Art. 20 VI (2007) Rn. 75; *Axer* (Fn. 380), S. 312 f., S. 350 f. Für Gesetzesvorbehalte → vor Art. 1 Rn. 106 ff.; zum Gewohnheitsrecht BVerwG NJW 2011, 2530 Rn. 8.

[609] Vgl. BVerfGE 137, 350 Rn. 33 f.; auch BVerwGE 140, 342 Rn. 29 f.; 143, 363 Rn. 12 ff., 15; 144, 93 Rn. 12 ff.; 144, 195 Rn. 19; 148, 1 Rn. 12; 150, 327 Rn. 45 f.; 151, 386 Rn. 17 ff.; 152, 330 Rn. 42, 45.

[610] Im Ergebnis BVerfGE 116, 24 (58); 136, 69 Rn. 107; auch BVerwGE 151, 200 Rn. 26 ff.; BVerwG BeckRS 2016, 44928 Rn. 11 ff.; *Axer* (Fn. 380), S. 339 ff., 361 f.; *Seiler* (Fn. 387), insbesondere S. 199 ff.; unklar BVerfGE 83, 130 (142); 108, 282 (311 ff.).

[611] Vgl. → vor Art. 1 Rn. 99 f.; näher *ders.,* in: Stern, StaatsR III/2, S. 505 ff., 509 ff.; aA *Isensee* AöR 138 (2013), 325 (340 ff.); für Art. 7 I abl. NdsOVG NVwZ-RR 2016, 228 (231).

[612] Selbst eine vom EGMR festgestellte Verletzung der EMRK durch ein Gesetz berührt die Bindung an dieses Gesetz nicht, BVerfGE 111, 307 (323). Näher *M. Schröder* (Fn. 538), S. 181 ff.; allgemein → Einf Rn. 44. Für Bindung an Rechtsverordnungen etwa BVerfGE 133, 270 Rn. 140.

[613] Vgl. BVerfGE 96, 375 (394); 118, 212 (243); 122, 248 (257 ff.); 128, 193 (209 f.); 132, 99 Rn. 75; 135, 1 Rn. 47; 149, 126 Rn. 75. Zur Problematik etwa *Gaebel,* Das „Grundrecht auf Methodengleichheit", 2008; *M. Schröder* (Fn. 537), S. 36 ff.; *Rieble* NJW 2011, 819 ff.; *Rüthers* NJW 2011, 1856 ff.; *ders.* Die heimliche Revolution vom Rechtsstaat zum Richterstaat, 2014; *Steinweg* FS Ehlers, 2015, S. 533 ff.

[614] BVerfGE 49, 304 (320); 69, 315 (371 f.); 71, 354 (362 f.); 89, 120 (130); ferner etwa BVerwGE 96, 350 (353 ff.); auch → Rn. 121; gegen die Geltung des Vorbehalts *Lassahn* (Fn. 605), S. 242 ff.

[615] BVerfGE 111, 54 (82); nicht neben der Gesetzesbindung Bestimmtheit, Verhältnismäßigkeit, Rechtssicherheit und Gerechtigkeit; zurückhaltend zum Umfang der Kontrolle etwa BVerfG (K) NJW 2006, 3409; ausführlich zur Rechtsprechung *Ulber* EuGRZ 2012, 365 ff. Allgemeiner *Kruse,* Die verfassungsrechtlichen Grenzen richterlicher Rechtsfortbildung, 2019.

[616] BVerfGE 88, 145 (166 f.) mN; 98, 49 (59 f.); 118, 212 (243); 149, 126 Rn. 73 f.; BVerfG (K) NJW 2019, 351 Rn. 30 f.; BGH NJW 1998, 3771; allgemein *Stern,* StaatsR III/2, S. 1669 ff.; *Pieroth/Aubel* JZ 2003, 504 ff.; *Steiner* FS G. Hirsch, 2008, S. 611 ff.; *Meys,* Rechtsfortbildung extra legem im Arbeitsrecht, 2009; *Wiedemann* NJW 2014, 2407 ff., auch im Hinblick auf EU-Richtlinien; dazu auch BVerfGK 19, 89 (99 f.); BGHZ 201, 101 Rn. 20 ff.; *Michael* Staat 54 (2015), 349 ff. Zum Verhältnis von *Rechts-* zu *Gesetzes*bindung → Rn. 104.

[617] Vgl. BVerfGE 118, 212 (243); 132, 99 Rn. 74 f.; auch 142, 74 Rn. 94; *Robbers* BK, Art. 20 (2009) Rn. 2089 ff. Für Rechtsfortbildung auch iR unbestimmter Rechtsbegriffe BVerfGE 134, 204 Rn. 115; *Zippelius* FS Würtenberger, 2013, 137 ff. Allgemein kritisch *Scholz* ZG 2013, 105 ff.

[618] Ganz gegen richterliche Rechtsbildung im Staat-Bürger-Verhältnis wohl BVerfGE 84, 212 (226); 88, 103 (116); restriktiv auch *Hillgruber* JZ 2008, 745 ff.; s. aber BVerfGE 131, 130 (145 f.).

[619] Zur dogmatischen Rechtsfortbildung etwa *Poscher* FG Schlink, 2014, S. 203 ff.; methodenbezogen *Otto* RTh 49 (2018), 199 ff.

[620] Vgl. BVerfGE 3, 225 (242, 247 f.); 4, 219 (234); 25, 167 (181); 128, 193 (209 f.); 131, 130 (145 f.); 132, 99 Rn. 75; 135, 1 Rn. 47; 149, 126 Rn. 72 ff.; BVerfG (K) NJW 2019, 2837 Rn. 44 ff.

[621] Vgl. gegen eine Analogie bei fehlenden Regelungen für eine ganze Rechtsmaterie mit vielfältigem Grundrechtsbezug BVerfGE 116, 69 (83); gegen die Ableitung einer Schadensersatzpflicht aus allg. Rechtsgrundsätzen BVerwGE 101, 51 (53 ff.).

[622] Anders wohl BVerfG (K) NJW 1996, 3146; *Gärditz,* in: Friauf/Höfling, Art. 20 (6. Teil) (2011), Rn. 159; offen BVerfG (K) NJW 1999, 3404 (3405); ohne die Möglichkeit zu erwähnen BVerfGE 142, 313 ff. (für Zwangs-

die methodisch gerechtfertigte Analogie Ausdruck der dem Vorbehalt genügenden Rechtsbindung des Rechtsanwenders ist.[623] Ebenso zählt die teleologische Reduktion zu den verfassungsrechtlich nicht zu beanstandenden Methoden der Rechtsanwendung.[624] Wenn verfassungsmäßige Individualrechte verwirklicht werden, sind die Grenzen der Rechtsfortbildung weiter;[625] sie sind auch im Privatrecht[626] umso enger, je mehr Einzelne in verfassungsgeschützten Positionen belastet werden.[627] Auch im Strafrecht ist für Rechtsfortbildung Raum.[628]

## V. Rechtssicherheit

**122**     Zur auch auf Landesebene zu beachtenden[629] „Rechtssicherheit" gehören die Elemente des Rechtsstaatsprinzips, die mit der **Verlässlichkeit des Rechts** zu tun haben,[630] Unsicherheit über die Rechtslage verhindern.[631] Die Rechtssicherheit konkurriert als Rechtswert von Verfassungsrang[632] vor allem mit Gesetzmäßigkeit (→ Rn. 110) und Gerechtigkeit (→ Rn. 78, → Rn. 103).[633] Neben Rechtsklarheit, Bestimmtheit und Beständigkeit staatlicher Entscheidungen (→ Rn. 123 ff.) gehört auch die Klärung strittiger Rechtsverhältnisse in angemessener Zeit (→ Rn. 164) als Gebot der Herstellung von Rechtssicherheit hierher[634] (auch → Rn. 164). In einem spezifischen Sinn soll Rechtssicherheit die möglichst frühe Klarheit über das Ausmaß bevorstehender Freiheitsbeschränkungen gebieten.[635]

**123**     **1. Rechtsklarheit.** Grundlegend für den Rechtsstaat ist die **Klarheit** über den **Bestand** rechtswirksamer Staatsakte.[636] **Rechtsnormen** bedürfen der Ausfertigung[637] und **Verkündung,** die ohne unzumutbare Schwierigkeiten zuverlässige Kenntnis vom Inhalt der Bestimmung ermöglichen.[638] Diesem Zweck dient auch die **Berichtigung** bei offenbaren Unrichtigkeiten.[639] Die **Aufhebung** einer Rechtsnorm muss, da sie nur durch Rechtsnorm erfolgen kann, denselben Anforderungen entsprechen.[640] Auch das **Obsoletwerden** von Normen, für die es keine Anwendungsfälle mehr geben kann, mag als Außerkrafttreten bezeichnet werden.[641]

**123a**     Rechtsnormen dürfen (statische) **Verweisungen**[642] auf verkündete Vorschriften auch anderer Normsetzer enthalten;[643] die Verweisungsnorm muss aber hinreichend klar erkennen lassen, welche

---

behandlung); nicht klar BVerwGE 160, 212 Rn. 20; wie hier ausdrücklich BGHZ 147, 39 (44); auch BVerfGE 108, 150 (160); VGH BW VBlBW 2010, 468 (472); *T. I. Schmidt* VerwArch 97 (2006), 139 (155 ff.); ausführlich *Hemke,* Methodik der Analogiebildung im öffentlichen Recht, 2006, S. 161 ff., 268 ff.; nur in engen Grenzen dafür *Beaucamp* AöR 134 (2009), 83 ff.; auch → Rn. 18; → vor Art. 1 Rn. 112.

[623] Zur Unterscheidung von der Rechtsfortbildung BVerwGE 148, 13 Rn. 22 ff.

[624] BVerfGK 19, 89 (104); BVerfG (K) WM 2016, 1431 (1433); insbesondere bei Richtlinienkonformität BGHZ 179, 27 Rn. 22 ff.; BAGE 130, 119 Rn. 64 ff.; dazu auch *Pötters/Christensen* JZ 2011, 387 ff.; *Schinkels* JZ 2011, 394 ff.

[625] BVerfGE 138, 377 Rn. 41.

[626] Bei gleichgeordneten Grundrechtsträgern großzügiger noch BVerfGE 84, 212 (226 f.); 88, 103 (116).

[627] BVerfGE 138, 377 Rn. 40 ff.; für anspruchsbegründende wie –verkürzende Judikatur gleichermaßen (nur) bei krassem Widerspruch zu den angewendeten Normen ablehnend BVerfGE 128, 193 (209).

[628] Zur Wahlfeststellung BVerfG (K) NJW 2019, 2837 Rn. 42 ff.

[629] BVerfGE 133, 143 Rn. 40 ff.

[630] Vgl. für Klarheit und Bestimmtheit *Stern,* StaatsR I, S. 829; *Grzeszick,* in: Maunz/Dürig, Art. 20 VII (2006) Rn. 50 ff.; *Kunig* (Fn. 327), S. 390, 396 ff.; *Schmidt-Aßmann* HStR II, § 26 Rn. 81; *Sobota* (Fn. 43), S. 132 ff., 497 f.; *C. Münch* NJW 1996, 3320 (3321); *Streinz,* in: Blankenagel ua (Hrsg.), Verfassung im Diskurs der Welt, 2004, S. 745 ff.

[631] Vgl. BVerfGE 132, 372 Rn. 62.

[632] *Stern,* StaatsR I, S. 831; ausf. *v. Arnauld,* Rechtssicherheit, 2006; auch *Beaucamp* DÖV 2017, 699 ff.

[633] Vgl. etwa BVerfGE 103, 310 (328) sowie → Rn. 140, → Rn. 142.

[634] BVerfGE 88, 118 (124); 93, 99 (107 ff.); BVerfG (K) NJW 1997, 2811; EGMR NJW 1997, 2809.

[635] BVerfGE 131, 268 (309 f.).

[636] Zur Notwendigkeit, den Willen der Gesetzgebungsorgane klar festzustellen, BVerfGE 106, 310 (332). Zur notwendigen Klarheit über den Rang einer Vorschrift BVerfGE 114, 96 (237).

[637] *Stern,* StaatsR II, S. 631 f.; → Art. 82 Rn. 1 ff.; BVerwGE 137, 247 Rn. 13; auch BVerfGE 133, 277 Rn. 140. Relativierend BGHZ 126, 16 (19 f.); HmbOVG NordÖR 2014, 386 (387 ff.).

[638] BVerfGE 16, 6 (16 ff.); 65, 283 (291); 90, 60 (85); BVerwGE 126, 388 Rn. 18 ff.; BVerwG NVwZ 2007, 216 Rn. 4; 2010, 1567 Rn. 9; BVerwGE 147, 100 Rn. 16 ff.; ferner etwa *Stern,* StaatsR II, S. 633; *Kunig* (Fn. 327), S. 391 f.; näher → Art. 82 Rn. 21. Zur Möglichkeit elektronischer Verkündung § 15 EGovG; *Strohmeier/Garnisch* DÖV 2019, 478 ff.; anders für bestimmte Fälle OVG NRW NVwZ-RR 2015, 576 f.; NdsOVG NVwZ-RR 2019, 570 Rn. 14 f.

[639] Dafür wegen der Funktionsfähigkeit der Gesetzgebung BVerfGE 48, 1 (18 f.); 105, 313 (334 f.).

[640] Vgl. OVG SchlH NVwZ-RR 2000, 313.

[641] In diesem Sinne BVerwGE 59, 195 (197) mN; BVerwG NVwZ 2003, 1125.

[642] S. allg. *Karpen,* Die Verweisung als Mittel der Gesetzgebungstechnik, 1970; *Debus,* Verweisungen in deutschen Rechtsnormen, 2008; *Dürrschmidt,* Verweisungen in formellgesetzlichen Rechtsnormen …, 2019.

[643] Allgemein, auch für Verweisungen auf Unionsrecht BVerfGE 143, 38 Rn. 42; für noch nicht anwendbares Unionsrecht BVerfG (K) NJW 2018, 3091 Rn. 24 f.

Vorschriften gelten[644] und wann sie eingreifen.[645] **Dynamische** Verweisungen auf Normen in ihrem jeweiligen Bestand sind als Verlagerung von Rechtsetzungsbefugnissen nicht durchweg unzulässig, aber problematisch, zumal wenn Gesetze auf untergesetzliches Recht oder Verwaltungsvorschriften verweisen sowie bei Verweisungen zwischen Bundes- und Landesrecht, auf Unionsrecht oder gar auf außerstaatliche Regelungen.[646] Problematisch ist wegen Unklarheiten über den Rang so geschaffener Normen auch die Vermischung von Rechtsetzungsformen, insbesondere von Gesetz und Rechtsverordnungen (dazu → Art. 80 Rn. 8 f.).

Für **Gerichtsentscheidungen** und **Verwaltungsakte** ist die Einhaltung gesetzlicher Anforderungen **124** an Verkündung oder Bekanntgabe zugleich rechtsstaatliches Gebot.[647] Zudem wird (auch aus Gründen der Demokratie und der Gewaltenteilung) eine Rechtspflicht zur Veröffentlichung publikationswürdiger Gerichtsentscheidungen angenommen.[648] **Verwaltungsvorschriften** sind zu veröffentlichen, wenn sie – etwa als Auslegungs- oder Ermessensrichtlinien – mittelbar[649] oder kraft besonderer gesetzlicher Regelung unmittelbar[650] Außenwirkung erlangen; die Gelegenheit zur Kenntnisnahme im laufenden Verfahren[651] genügt nicht. Das BVerwG hat nur subjektive Rechte auf Veröffentlichung verneint.[652]

Zur **inhaltlichen Klarheit** der Staatsakte gehört für Rechtsnormen neben der Bestimmtheit **125** (→ Rn. 126 f.), dass sie in sich widerspruchsfrei sind,[653] ihren Regelungsgehalt nicht verschleiern,[654] für Adressaten und Rechtsanwender eine Rechtssicherheit,[655] insbes. bei Verwendung von Verweisungen,[656] verständlich sind[657] und praktikable Merkmale enthalten.[658] Zur Normenklarheit soll auch Normenwahrheit gehören.[659] Für **Verwaltungsakte** ergibt sich Entsprechendes aus § 37 I VwVfG; für **Gerichtsentscheidungen** gelten ähnliche Anforderungen.[660]

**2. Bestimmtheit.** Von inhaltlicher Klarheit nicht eindeutig abzugrenzen[661] ist die rechtsstaatlich **126** (unmittelbar) auch für die Landesebene[662] geforderte Bestimmtheit,[663] die auf **inhaltliche Präzision**

---

[644] Vgl. BVerfGE 92, 191 (197); 120, 274 (317 f.); auch BVerfGK 11, 373 (377); BVerwGE 147, 100 Rn. 19 f. Zu Formen der Bezugnahme *Haratsch* ZG 1999, 346 ff. S. auch → Art. 82 Rn. 24.

[645] BVerfGE 120, 274 (317 f.), zu einer Verweisung für den Fall von Eingriffen in Art. 10 GG.

[646] Vgl. BVerfGE 26, 338 (365 ff.); 73, 261 (272); 76, 363 (385 f.); 78, 32 (35 f.); 141, 143 Rn. 75; 143, 38 Rn. 43; BVerwG NVwZ 2005, 699 f.; 2010, 326 Rn. 23; 2010, 1567 Rn. 12; BVerwGE 147, 100 Rn. 39, 41 ff.; 151, 386 Rn. 23 ff.; 161, 105 Rn. 36 ff.; BFHE 207, 88 (95); *Robbers* BK, Art. 20 (2009) Rn. 1247 ff., 2067 ff.; *Taupitz* NJW 2003, 1145 ff.; *Pabst* NVwZ 2005, 1034 ff.; *Milej* EuR 2009, 577 ff.; *Meurers/Beye* DÖV 2018, 59 ff. Für Verweisungen des GG → Art. 79 Rn. 16.

[647] BVerfGE 84, 133 (159); *Grzeszick*, in: Maunz/Dürig, Art. 20 VII (2007) Rn. 52; für Verwaltungsakt BVerwGE 67, 206 (208 f.); *U. Stelkens* SBS VwVfG, § 41 Rn. 2.

[648] BVerwGE 104, 105 (108 f.); BVerfG (K) NJW 2015, 3708 Rn. 20.

[649] So BVerwGE 19, 48 (58); OVG Bln DÖV 1976, 53; ähnlich VGH BW NJW 1979, 2117 (2118 f.); *Ossenbühl* HStR V, § 104 Rn. 82 ff.

[650] BVerwGE 122, 264 (269) m. Anm. *Maurer* JZ 2005, 895 ff.; *Lange* BayVBl 2006, 413 ff.; wohl auch BVerfGE 129, 1 (21 ff.).

[651] Zu §§ 25, 26, 29 VwVfG *Kallerhoff/Fellenberg* SBS VwVfG, § 25 Rn. 18; *Kallerhoff/Mayen* SBS VwVfG, § 29 Rn. 47 f.

[652] BVerwGE 61, 15 (17 f.); 61, 40 (42 ff.); 69, 278 (279 ff.); BVerwG NJW 1985, 1234 f.; kritisch *H. Jellinek* NJW 1981, 2235; *Scheuing* VVDStRL 40 (1982), 153 (159 f.).

[653] BVerfGE 1, 14 (45); stRspr, etwa BVerfGE 128, 282 (318); 136, 69 Rn. 110; 139, 194 Rn. 110; BVerwGE 152, 132 Rn. 20 f.; gegen Widersprüchlichkeit der Kompetenzausübung BVerfGE 98, 106 (118 f., 125 ff.); 98, 265 (301 f.); BVerwGE 110, 248 (249 ff.); für Unmaßgeblichkeit widersprüchlich begründeter Weisungsbefugnisse ohne Verfassungswidrigkeit BVerwGE 150, 366 Rn. 32 ff., 52; auch → Rn. 62. Für Widerspruchsfreiheit der Rechtsordnung auch BVerfGE 111, 200 (210) (zur lex posterior-Regel; dazu auch → Rn. 102); vgl. auch *Felix*, Einheit der Rechtsordnung, 1998; *Robbers* BK, Art. 20 (2009) Rn. 2323 ff.; ablehnend *Hanebeck* Staat 41 (2002), 429 ff. Für eine Pflicht zu konsistenter Gesetzgebung *Bumke* Staat 49 (2010), 77 ff.; zur Problematik des Maßstabs *Petersen* AöR 138 (2013), 108 ff.

[654] BVerfGE 17, 306 (318); s. auch ThürVerfGH ThürVBl 1998, 89 (90 f.).

[655] BVerfGE 108, 52 (74 ff.), und dazu *Sachs* ZG 2003, 393 ff.

[656] BVerfGE 110, 33 (52 ff.); 113, 348 (375 ff.); allg. → Rn. 123a.

[657] BVerfGE 14, 13 (16); 17, 306 (314); 47, 239 (247); 103, 21 (33); 135, 48 Rn. 66; *Grzeszick*, in: Maunz/Dürig, Art. 20 VII (2006) Rn. 54 f.; *Towfigh* Staat 48 (2009), 29 ff.; insbesondere zum Steuerrecht BVerfGE 99, 216 (243); 108, 52 (74 f.); BFHE 214, 430 (441 ff.); *Jehke*, Bestimmtheit und Klarheit im Steuerrecht, 2005, S. 178 ff.; *Kube*, Finanzgewalt in der Kompetenzordnung, 2004, S. 227 ff., 362 ff. Zur Rechtsmittelklarheit BVerfGE 107, 395 (416 f.) (Plenum); BVerfG (K) NJW 2004, 1371 (1372).

[658] BVerfGE 25, 216 (226 f.); 78, 205 (212); auf Vollziehbarkeit abstellend *Towfigh* JA 2015, 81 ff.

[659] BVerfGE 108, 1 (20); dem (bereits) folgend BVerfGE 107, 218 (256); 132, 334 Rn. 61 f.; ferner 114, 196 (236 f.); 114, 303 (312); BVerfG (K) NVwZ 2008, 1229 (1230); BVerwGE 144, 186 Rn. 10; dazu auch *S. Meyer* Staat 48 (2009), 278 ff. Zu irreführend bezeichneter Norm OVG RhPf NVwZ-RR 2011, 778 (784); zur unwahren Gesetzesbegründung *Uwer* FS Kloepfer, 2013, S. 867 ff.

[660] Für Verwaltungsakte *U. Stelkens* SBS VwVfG, § 37 Rn. 1 ff.; *Sachs* SBS VwVfG, § 44 Rn. 116; für den Urteilstenor etwa *Vollkommer*, in: Zöller, ZPO, 31. Aufl. 2016, § 313 Rn. 8; *Schenke*, in: Kopp/Schenke, VwGO, 25. Aufl. 2019, § 117 Rn. 10, 13, 16.

[661] Für *einen* Grundsatz BVerfGE 141, 220 Rn. 94; synonyme Verwendung in BVerfGE 131, 88 (123); wohl auch BVerfGE 133, 277 Rn. 140.

[662] Ausdrücklich etwa BVerwGE 134, 222 Rn. 10; für Art. 20, 28 I BVerfGE 120, 272 315 ff.; ohne Normangabe BVerfGE 110, 33 (53); 115, 320 (365); nur auf Art. 10 abhebend BVerfGE 113, 348 (375).

der Anordnung abzielt.[664] Die Adressaten müssen sich nach den Anforderungen richten können;[665] nur hinreichend bestimmte Regelungen können Basis gerichtlicher Kontrolle sein.[666] Das BVerfG stellt auf Regelungsmaterie und -zweck und die Bedeutung für Grundrechte ab.[667] Dagegen fordert die Kritik eine bestimmtere Handhabung des Bestimmtheitsgebots selbst.[668] Ansätze dazu werden erkennbar, wenn das BVerfG Anforderungen speziell im Hinblick auf die rechtsanwendenden Behörden und Gerichte sowie die betroffenen Bürger[669] oder für Regelungen bestimmten Inhalts[670] formuliert.

**127**  Ausdrückliche Bestimmtheitsanforderungen für bundesgesetzliche Verordnungsermächtigungen enthält Art. 80 I 2. Ähnliches folgt aus der Gewaltenteilung (→ Rn. 85 f.) für andere **Rechtsetzungsermächtigungen**.[671] Die Gesetzesbindung von **Judikative** und **Exekutive** ist nur bei hinreichender Bestimmtheit effektiv. Auslegungsspielräume sind unschädlich, zumal sie mehr Einzelfallgerechtigkeit ermöglichen,[672] solange unbestimmte Rechtsbegriffe mit herkömmlichen Auslegungsmethoden zu präzisieren sind.[673]

**128**  **Besondere Anforderungen** sind bei Gesetzen zu stellen, die öffentliche Stellen **von verfassungsrechtlichen Bindungen freistellen;** dies gilt allgemein im Bereich des Vorbehalts des Gesetzes (→ Rn. 113),[674] für Ermächtigungen zu von formellen Gesetzen abweichender Normsetzung[675] sowie insbesondere bei Ermächtigungen zu Grundrechtseingriffen.[676] Im Einzelnen kommt es auf das Gewicht der Einwirkungen an;[677] bei Heimlichkeit des Eingriffs gelten besonders strenge Anforderungen.[678] Auch Differenzierungen müssen hinreichend bestimmt festgelegt sein.[679] Richterliche Rechtsfortbildung (→ Rn. 120 f.) mit grundrechtsbeschränkender Wirkung ist in entsprechendem Rahmen nicht ausgeschlossen.[680] Besondere Anforderungen lässt das BVerfG auch für die Übertragung von

---

[663] S. etwa BVerfGE 120, 274 (315 f.); 378 (407); 131, 316 (343); BVerwGE 137, 123 Rn. 24 f.; 325 Rn. 44; 143, 222 Rn. 10, 14; BVerwG NVwZ-RR 2016, 563 Rn. 28; *Robbers* BK, Art. 20 (2009) Rn. 2128 ff.; zugleich für Grundrechte etwa BVerfGE 113, 348 (375); für eine Bedingung der Verhältnismäßigkeit BVerfG (K) EuGRZ 2011, 88 Rn. 19; auch für das Demokratieprinzip *Papier/Möller* AöR 122 (1997), 177 (178 ff.).

[664] Offenbar synonyme Verwendung etwa in BVerfGE 93, 213 (238 f.); 120, 378 (407 ff.).

[665] BVerfGE 31, 255 (264); 108, 52 (75); 110, 33 (53 f.); 113, 348 (375); 139, 19 Rn. 55; 141, 220 Rn. 94; 143, 38 Rn. 38; BVerfG (K) NVwZ 2014, 1571 Rn. 16; NJW 2014, 1874 Rn. 40; NJW 2016, 1229 Rn. 4; BVerwGE 96, 110 (111); 147, 292 Rn. 19 ff.; 149, 265 Rn. 35; 152, 1 Rn. 29; BVerwG NVwZ-RR 2016, 68 Rn. 27; NVwZ-RR 2016, 563 Rn. 28; *Grzeszick,* in: Maunz/Dürig, Art. 20 VII (2006) Rn. 58; *Stern,* StaatsR I, S. 830. S. auch EGMR NJW 2015, 1003 Rn. 30.

[666] BVerfGE 21, 73 (79 f.); 31, 255 (264); 52, 1 (41); 110, 33 (53, 54 f.); *Stern,* StaatsR I, S. 830.

[667] StRspr, BVerfGE 48, 210 (222); 110, 370 (396); 113, 348 (375); 117, 71 (111 f.); 118, 168 (186 ff.); 120, 378 (407); 135, 48 Rn. 78, verlangt für Art. 16 I 2 Ausdrücklichkeit; zu Bestimmtheitskriterien *Gassner,* Kriterienlose Genehmigungsvorbehalte im Wirtschaftsverwaltungsrecht, 1994, insbesondere S. 153 ff.; zur Durchsetzung *Papier/Möller* AöR 122 (1997), 177 ff.

[668] Vgl. mit Vorschlägen zur Methodik *Papier/Möller* AöR 122 (1997), 177 (196 ff.).

[669] BVerfGE 110, 33 (52 ff., 61 ff.), gegen exzessive Verweisungen; auch BVerfGE 108, 52 (74 f.), zum Zusammenspiel von Bestimmungen verschiedener Teilrechtsordnungen.

[670] Vgl. zum AbgabenR BVerfGE 108, 186 (235); dem folgend BVerwG NdsVBl 2014, 44 (45); BVerwGE 152, 1 Rn. 28 f. (für ähnlich wirkende Regelungen); für Haftungsregelungen BVerfGE 110, 370 (396).

[671] Im Ergebnis allgemein BVerfGE 139, 19 Rn. 52; für Satzungen stRspr, seit BVerfGE 33, 125 (157 ff.), etwa 76, 171 (184 f.); 101, 312 (322 f.); auch BGHZ 126, 16 (22 ff.); *Sachs,* in: Stern, StaatsR III/2, S. 453 ff.; für landesgesetzliche Verordnungsermächtigungen vorsichtig bereits BVerfGE 7, 244 (253); dann stRspr, etwa BVerfGE 139, 19 Rn. 56; großzügig BVerwGE 141, 223 Rn. 62 gegenüber Rn. 40.

[672] BVerfGE 3, 225 (243); 13, 153 (161 f.); 48, 210 (222); 80, 103 (108); *Stern,* StaatsR I, S. 830; *Sachs* SBS VwVfG, § 40 Rn. 152 ff. Allgemein auch *H.-P. Schneider* ZRP 1998, 323 ff.; *Herzog* NJW 1999, 25 ff.

[673] StRspr, BVerfGE 117, 71 (111 f.); 118, 168 (188); 131, 88 (122, 125); 134, 33 Rn. 112; 134, 141 Rn. 127; BVerwGE 129, 142 Rn. 33 f.; BVerwG NJW 2013, 1832 Rn. 17; NVwZ-RR 2016, 785 Rn. 26; insbesondere für die Gerichte BVerfGE 92, 262 (272 f.); 103, 21 (33); 103, 111 (136). die „Regeln der juristischen Methodenlehre" nennt BVerfGE 133, 277 Rn. 181. S. auch BVerwG NVwZ-RR 2016, 785 Rn. 26; NJW 2019, 2252 Rn. 16 ff. Allgemein kritisch *Middelschulte,* Unbestimmte Rechtsbegriffe und das Bestimmtheitsgebot, 2007; *Hwang,* Bestimmte Bindung unter Unbestimmtheitsbedingungen, 2013.

[674] BVerfGE 21, 73 (79); 64, 261 (286); 79, 174 (195); 108, 282 (315 ff.); wegen „Wesentlichkeit" BVerfGE 49, 89 (126 f.); auch *Gassner* (Fn. 667), S. 69 f.; *Wißmann* (Fn. 579); für Abgaberecht und ähnliche Regelungen BVerfGE 108, 186 (234 ff.); BVerwGE 152, 1 Rn. 29.

[675] BVerfGE 101, 312 (328), für den Erlass von Satzungen.

[676] Teils mit Bezügen zum Parlamentsvorbehalt (o. Rn. 118) BVerfGE 17, 306 (314 f.); 41, 251 (266); 56, 1 (12) 110, 33 (52 ff.); 115, 166 (190 f.); 115, 320 (365 f.); 116, 124 (52 ff.); 118, 168 (186 ff.); 120, 274 (316); 120, 378 (408); 139, 19 Rn. 55; BVerfG BeckRS 2016, 53806 Rn. 38; NJW 2016, 1781 Rn. 94; BVerwG 100, 230 (236 f.); *Sachs,* in: Stern, StaatsR III/2, S. 477 Fn. 429. Für hinreichende Bestimmtheit der Lenkungszwecke von Gesetzen bei Prüfung des Art. 3 I BVerfGE 93, 121 (148); *Kube* (Fn. 657), S. 227 ff.

[677] BVerfGE 48, 210 (222); 59, 104 (114); 83, 130 (145); 86, 288 (311); 87, 287 (316 ff.); 93, 213 (238).

[678] BVerfGE 141, 220 Rn. 94; s. auch BGHSt 51, 211 Rn. 3 ff.

[679] BVerfGE 99, 280 (298) unter Hinw. auf die Gleichheit „vor dem Gesetz" nach Art. 3 I.

[680] Gegenüber dem Vorrang des Gesetzes BVerfGE 98, 49 (59 ff.); 108, 150 (160).

Hoheitsrechten durchgreifen.[681] Eine Änderung traditioneller Grundsätze des Art. 33 V durch Auslegung soll ausgeschlossen sein.[682]

Vor allem bei unmittelbar **an die Bürger adressierten Gesetzen** müssen diese die für sie **129** eintretenden Rechtsfolgen zuverlässig erkennen können, um ihr Verhalten danach einrichten zu können; im Einzelnen kommt es auf die Bedeutung insbesondere grundrechtsrelevanter Konsequenzen an.[683] Grds. nicht erforderlich ist, dass der Bürger eine Norm ohne Hilfe juristischer Fachkunde verstehen kann.[684] S. ferner → Art. 103 Rn. 63 ff., → Art. 104 Rn. 10 f.

Die **Bestimmtheit von Einzelakten** muss strengeren Anforderungen genügen, da sie den Einzel- **130** fall abschließend regeln und Grundlage der Vollstreckung sind. Dem tragen Anforderungen des Verwaltungsverfahrens- und Prozessrechts Rechnung. Die (ggf. darüber hinaus) unmittelbar aus dem Rechtsstaatsprinzip folgenden Konsequenzen sind nicht abschließend geklärt.[685] Die Möglichkeit der Gerichte, unbestimmte Rechtsbegriffe zu präzisieren (→ Rn. 127), begründet entsprechende **Anforderungen an die Judikatur,** die Vorhersehbarkeit der Entscheidungen gewährleisten muss.[686]

**3. Beständigkeit.** Zentrales Element der Rechtssicherheit ist die Beständigkeit staatlicher Regelun- **131** gen,[687] was eine Befristung oder einen Aufhebungsvorbehalt nicht ausschließt.[688] Die Beständigkeit der Regelungen **vermeidet Widersprüchlichkeit** des Staatshandelns (→ Rn. 62, → Rn. 125); Staatsorgane können auf rechtsbeständigen Regelungen aufbauen, Bürger sich darauf einrichten und verlassen. Der so für den Einzelnen bewirkte **Vertrauensschutz**[689] genießt grundrechtlichen Schutz für die „individuelle Erwartungssicherheit";[690] Vertrauensschutz kann aber auch für nicht grundrechtsfähige Betroffene eingreifen.[691]

Zur **Zulässigkeit der Rückwirkung nachteiliger**[692] **Gesetze** (Rechtsnormen), zu denen auch **132** Begünstigungen verkürzende Regelung zu zählen sind, trifft das Grundgesetz keine ausdrückliche Regelung (s. aber für Strafgesetze → Art. 103 Rn. 71 f.).[693] Das BVerfG kommt aufgrund des Rechtsstaatsprinzips zu differenzierenden Lösungen, deren Grundansatz[694] und Kasuistik verbreitet als unbefriedigend empfunden werden.[695] Die gegenüber der Kritik ausdrücklich bekräftigte Judikatur[696]

---

[681] Vgl. zu Art. 24 I BVerfGE 68, 1 (98 ff.); 89, 155 (187); zu Art. 23 BVerfGE 123, 267.

[682] BVerwGE 149, 117 Rn. 57.

[683] BVerfGE 31, 255 (267); 81, 70 (88); 84, 133 (148 f.); 87, 287 (317 f.); 131, 88 (123); BFHE 214, 430 (434, 436 ff.); *Stern,* StaatsR I, S. 830; allg. → Rn. 126. S. auch EGMR NVwZ 2012, 1609 Rn. 66.

[684] BVerfGE 131, 88 (123).

[685] Vgl. *Sachs* SBS VwVfG, § 40 Rn. 152 ff., § 44 Rn. 52. Für Auflagen und Weisungen nach § 56b, c StGB BVerfG (K) NJW 2016, 148 Rn. 19 ff.

[686] Dazu *Papier/Möller* AöR 122 (1997), 177 (191 ff.).

[687] *Stern,* StaatsR I, S. 831; *Schmidt-Aßmann* HStR II, § 26 Rn. 81; *Maurer* HStR IV, § 79 Rn. 1 ff., 43; auch *Grzeszick,* in: Maunz/Dürig, Art. 20 VII (2006) Rn. 50, 69; *Muckel,* Kriterien des verfassungsrechtlichen Vertrauensschutzes bei Gesetzesänderungen, 1989, S. 61; *Sobota* (Fn. 43), S. 154 ff., 506 ff.; *A. Leisner,* Kontinuität als Verfassungsprinzip, 2002, insbes. S. 347 ff., 455 ff.

[688] Vgl. für Verwaltungsakte § 36 II Nr. 1, 3 VwVfG; zur Gesetzgebung s. BVerfG (K) NJW 2000, 1485 (1486), zu einem Vorbehalt abweichender Regelung; ferner etwa *Chanos,* Möglichkeiten und Grenzen der Befristung parlamentarischer Gesetzgebung, 1999; Bedenken bei *Zimmermann* DÖV 2003, 940 ff.

[689] Vgl. etwa BVerfGE 133, 40 Rn. 27, 36 ff.; 133, 143 Rn. 36, 41; 134, 33 Rn. 66 f.; 137, 273 Rn. 177; 141, 56 Rn. 43 f.; 143, 246 Rn. 268 ff.; 145, 20 Rn. 188 ff.; 148, 217 Rn. 133 ff.; 150, 345 Rn. 70; BVerwGE 157, 126 Rn. 63.

[690] *Kisker* VVDStRL 32 (1974), 149 (161); *Sachs,* in: Stern, StaatsR III/1, S. 652; s. auch *Maurer* HStR IV, § 79 Rn. 35 ff.; *Kunig* HGR III, § 69 Rn. 40 ff.; *Blanke,* Vertrauensschutz im deutschen und europäischen Verwaltungsrecht, 2000, S. 12 ff.; *Schwarz,* Vertrauensschutz als Verfassungsprinzip, 2002, insbesondere S. 145 ff.; *Altmeyer,* Vertrauensschutz im Recht der Europäischen Union und im deutschen Recht, 2003; *M. Koch,* Die Grundsätze des intertemporalen Rechts im Verwaltungsprozess, 2009.

[691] S. für Kommunen VerfGH RhPf NVwZ-RR 2008, 435 (436); VerfGH NRW DVBl 2014, 371; VerfGH LSA NVwZ 2015, 1131 (1132); allg. für öffentliche Rechtsträger *Sachs* SBS VwVfG, § 48 Rn. 137; für (nur) reflexweise Geltung *Kahl,* in: Leitgedanken I, § 27 Rn. 9.

[692] Vgl. ausdrücklich zuletzt BVerfGE 135, 1 Rn. 60; BVerfG (K) NVwZ 2016, 56 Rn. 18 ff. (für Wegfall einer verfassungswidrigen Begünstigung bei Neuregelung); ebenso zuvor BVerwGE 150, 255 Rn. 76 f.

[693] Vgl. allgemein *Lepsius* JA 2018, 577 ff., 695 ff.

[694] Zur Unterscheidbarkeit echter und unechter Rückwirkung *Pieroth,* Rückwirkung und Übergangsrecht, 1981, S. 79 ff.; *Stern,* StaatsR I, S. 835; *Fiedler* NJW 1988, 1624 (1626); auch *Schmidt-Aßmann* HStR II, § 26 Rn. 86; *Wernsmann* JuS 1999, 1177, 2000, 39 ff.; *Fischer* JuS 2001, 861 ff. Zur Rechtsprechung des EuGH *Berg/Nachtsheim* DVBl 2001, 1103 ff. Zu rückwirkenden Gesetzen auch EGMR NJW 2004, 927 (929); NJW 2010, 2495 (2497 ff.); NVwZ 2012, 1455 Rn. 66 ff.; Urt. v. 10.2.2015, – 53080/13 –, juris.

[695] Vgl. *Pieroth* (Fn. 694), S. 79 ff.; *Stern,* StaatsR I, S. 835 f.; *Muckel* (Fn. 687), S. 70 ff.; *Schwarz* (Fn. 690), S. 105 ff., 133; *Berger,* Zulässigkeitsgrenzen der Rückwirkung von Gesetzen, 2002; *Stötzel,* Vertrauensschutz und Gesetzesrückwirkung, 2002; zum Steuerrecht eingehend *Hey,* Steuerplanungssicherheit als Rechtsproblem, 2002, S. 203 ff.; *Werder,* Dispositionsschutz bei der Änderung von Steuergesetzen zwischen Rückwirkungsverbot und Kontinuitätsgebot, 2005; auch Pezzer (Hrsg.), Vertrauensschutz im Steuerrecht, 2004; daran anknüpfend aber *Helbich,* Vertrauensschutz in Verwaltungsvorschriften des Steuerrechts, 2015.

[696] BVerfGE 127, 1 (18 f.); 127, 31 (46); 127, 61 (77 f.); dazu etwa *Loritz* FS Knemeyer, 2012, S. 599 ff.; auch *E. Krüger* VR 2013, 222 ff.

unterscheidet traditionell bis heute zwischen echter und unechter Rückwirkung;[697] die zeitweilig favorisierten Kategorien der „Rückbewirkung von Rechtsfolgen" bzw. der „tatbestandlichen Rückanknüpfung"[698] weichen in der Sache kaum ab,[699] werden zT auch ausdrücklich identifiziert.[700]

133     **Echte Rückwirkung** im Sinne dieser Rechtsprechung ist gegeben, wenn ein Gesetz vor seiner Verkündung bereits abgeschlossene Rechtsbeziehungen nachträglich, auch als Klarstellung deklarierten,[701] veränderten Bedingungen unterwirft.[702] Dies ist nach dem Rechtsstaatsprinzip im Interesse des Vertrauensschutzes nachteilig Betroffener[703] **grundsätzlich unzulässig.**[704]

134     **Ausnahmen** gelten − abgesehen von fehlender Vertrauensbetätigung[705] oder (sonst) fehlender Schutzwürdigkeit[706] − zumal wegen **fehlender Vertrauensgrundlage,** wenn die Betroffenen nicht mit dem Fortbestand der Regelung rechnen konnten,[707] insbes. weil die Rechtslage unklar oder verworren[708] oder die bisherige Regelung erkennbar (wahrscheinlich) ungültig war.[709] Der Schutz des Vertrauens endet grundsätzlich (erst) mit dem Gesetzesbeschluss des BT;[710] zur Vermeidung von Ankündigungseffekten dürfen Neuregelungen aber schon früher wirksam werden, wenn Vertrauen auf den Fortbestand der Rechtslage nicht mehr gerechtfertigt ist.[711]

135     Der Schutz berechtigten **Vertrauens tritt zurück,** wenn vorrangige Belange des Gemeinwohls es erfordern.[712] Je nach Gewicht des Eingriffs kann dies nur bei schwersten Gefahren für höchste Verfassungsgüter anzunehmen sein.[713] Kein Rückwirkungsverbot gilt ferner mangels Schutzbedürfnis, wenn den Betroffenen kein beachtlicher Nachteil entsteht.[714]

136     **Unechte Rückwirkung** ist anzunehmen, wenn das Gesetz für noch andauernde Tatbestände,[715] insbes. Rechtsverhältnisse,[716] mit Wirkung (nur) für die Zukunft erstmalig oder veränderte Rechtsfolgen vorsieht[717] (zur Abgrenzung noch → Rn. 139). Dies ist, wenn der Grundsatz der Verhältnismäßigkeit (→ Rn. 145 ff.) beachtet wird,[718] auch unter dem Aspekt des Vertrauensschutzes **grundsätzlich zulässig.**[719]

---

[697] Grundlegend BVerfGE 11, 139 (145 f.); stRspr, BVerfGE 128, 90 (106); 132, 302 Rn. 42 ff.; 135, 1 Rn. 59 ff.; 150, 345 Rn. 69 f.; BVerfG (K) 2018, 808 Rn. 134 ff.; 2019, 715 Rn. 10 ff.; BVerwGE 160, 128 Rn. 22 ff.; 161, 334 Rn. 31; BVerwG NVwZ 2019, 1522 Rn. 26; BGH NJW 2018, 3021 Rn. 16; BGHSt 52, 205 Rn. 19; BFH DStR 2018, 2636 Rn. 26 ff.; BSG NJW 2019, 3605 Rn. 21; BAG NZA 2019, 997 Rn. 60 ff.

[698] Zuerst BVerfGE 72, 200 (241 ff.).

[699] Vgl. *Maurer* HStR IV, § 79 Rn. 24; *Jarass,* in: Jarass/Pieroth, Art. 20 Rn. 94; *Grzeszick,* in: Maunz/Dürig, Art. 20 VII (2006) Rn. 79; *Schwarz* JA 2013, 683 ff.; für Unterschiede *Stüsser* Jura 1999, 545 ff.

[700] Vgl. etwa BVerfGE 97, 67 (78 f.); 105, 17 (36); 131, 20 (36 f.); 132, 302 Rn. 42 f.; 141, 56 Rn. 43; ferner BVerwGE 99, 133 (137 f.); 148, 297 Rn. 15 f.; BVerwG NVwZ-RR 2015, 494 Rn. 21; BFHE 195, 314 (321 f.); 204, 228 (240 f.).

[701] Vgl. auch gegen „authentische" Interpretation BVerfGE 126, 369 (391 f.); 131, 20 (37); 135, 1 Rn. 42 ff.; auch BVerfG (K) NVwZ 2016, 300 Rn. 47 f.; dazu *Mellinghoff* FS Landau, 2016, 69 (78 ff.).

[702] BVerfGE 11, 139 (145 f.); 94, 241 (258 f.); 122, 374 (394); 131, 20 (36); für Änderung nur bereits entstandener Steuerschulden BVerfGE 127, 1 (18); 127, 31 (48); 127, 61 (77); 132, 302 Rn. 44; ferner etwa BVerwGE 139, 42 Rn. 95; dazu insges. *Stern,* StaatsR I, S. 833 f.; *Schmidt-Aßmann* HStR II, § 26 Rn. 86; *Maurer* HStR IV, § 79 Rn. 32 ff., 44 ff.; *Robbers* BK, Art. 20 (2009) Rn. 2382 ff. Zur vorzeitigen Aufhebung befristeter Gesetze *Maurer* JUTR 2010, 73 ff.

[703] Zur Geltung unabhängig von der Grundrechtsträgerschaft für Abgaben BVerwG NVwZ 2019, 1522 Rn. 34 ff.; für Kommunen RhPfVerfGH NVwZ-RR 2008, 435 ff.; allgemein zur Geltung von Vertrauensschutz zugunsten öffentlicher Gewalt *Sachs* SBS VwVfG, § 48 Rn. 137.

[704] BVerfGE 13, 261 (271); 127, 1 (16 f.); 127, 61 (75); 131, 20 (39); 132, 302 Rn. 42; 135, 1 Rn. 60; 148, 217 Rn. 135; BVerfG (K) NVwZ 2017, 702 Rn. 20; 705 Rn. 38; BGH NJW 2019, 1891 Rn. 43 ff.

[705] Vgl. BVerfGE 108, 370 (403); 141, 56 Rn. 52; für fehlende Verhaltensalternativen BVerwGE 118, 277 (288). Für Verwaltungsakte vgl. *Sachs* SBS VwVfG, § 48 Rn. 136, 141 ff.

[706] Vgl. etwa BVerfGE 101, 239 (266); 116, 24 (50); 131, 20 (39); 135, 1 Rn. 61.

[707] BVerfGE 13, 261 (272); stRspr, vgl. etwa BVerfGE 103, 392 (404); 108, 370 (402 f.); 123, 111 (130 f.); 126, 369 (393 f.); 135, 1 Rn. 62; auch BGH NVwZ-RR 2010, 325 Rn. 11.

[708] BVerfGE 7, 129 (151 ff.); 11, 64 (72, 77); 45, 142 (173 f.); 131, 20 (41); 135, 1 Rn. 62, 64 ff.; 141, 56 Rn. 52, nimmt Unklarheit (schon) wegen Diskussionen um das Gesetz an.

[709] BVerfGE 13, 215 (225); 13, 261 (272); 19, 187 (197); 72, 200 (260); 81, 228 (239); 89, 48 (67); 135, 1 Rn. 62; BVerfGK 16, 162 (166 f.). Restriktiv *Schön* FS Lang, 2010, S. 221 (226).

[710] Vgl. für die stRspr BVerfGE 13, 206 (213); 72, 200 (260 ff.); 127, 31 (58); 132, 302 Rn. 57.

[711] BVerfGE 95, 64 (88); 97, 67 (81 f.); BFHE 199, 566 (570 f.); kritisch *Hey* NJW 2007, 408 ff.; *Leisner-Egensperger* NVwZ 2012, 985 ff.; noch → Rn. 137.

[712] BVerfGE 2, 380 (405); 30, 367 (390 f.); 135, 1 Rn. 62.

[713] Vgl. BVerfGE 129, 37 (46) mN; 133, 40 Rn. 27; 134, 33 Rn. 69.

[714] Für Bagatellvorbehalt BVerfGE 30, 367 (389); 135, 1 Rn. 62; auch BVerfGE 95, 64 (87) (gegen Vertrauensgrundlage); offen BVerfGE 72, 200 (258); auch BVerfGE 7, 89 (93); 22, 241 (252).

[715] BVerfGE 77, 370 (377); 78, 249 (283); auch BVerfGE 30, 367 (386); 63, 152 (175); 74, 129 (155); 79, 29 (46); 94, 241 (259); 105, 17 (37 f.); für Studienbeiträge nach Studienbeginn OVG NRW WissR 2010, 81 (83 f.).

[716] Vgl. BVerfGE 30, 367 (386); 75, 246 (279 ff.); 88, 384 (406); 89, 48 (66); OVG NRW NWVBl 2004, 145 (146); *Stern,* StaatsR I, S. 833.

[717] BVerfGE 18, 135 (144 f.); stRspr, BVerfGE 103, 392 (403); 109, 96 (121); 131, 20 (37); 132, 302 Rn. 43; vgl. auch BVerwGE 125, 325 Rn. 15; 139, 323 Rn. 20.

[718] Vgl. nebeneinander für Grenzen aus Vertrauensschutz und Verhältnismäßigkeit BVerfGE 95, 64 (86 ff.); s. auch BVerfGE 97, 271 (286); 97, 378 (389); 131, 20 (40); BVerfG (K) NVwZ-RR 2011, 793 Rn. 40; der Sache nach

Eine **Ausnahme** gilt, wenn bei Abwägung (auch → Rn. 155, → Rn. 165) mit Belangen des 137 Gemeinwohls das schutzwürdige[720] **Vertrauen** des nachteilig in seinen Rechtspositionen Betroffenen **den Vorrang** verdient.[721] Für das Gewicht des Vertrauensschutzes kommt es auf die betroffenen, in der Regel grundrechtsgeschützten[722] Rechtsgüter[723] und die Intensität der Nachteile an;[724] das Regel-Ausnahme-Verhältnis kann für ganze Rechtsgebiete in Frage gestellt sein.[725] Auch das Maß des berechtigten Vertrauens findet Berücksichtigung,[726] ebenso seine zeitliche Begrenzung.[727] Vertrauen in den Fortbestand eines Gesetzes ist regelmäßig ausgeschlossen, sobald der Entw eines ÄnderungsG eingebracht ist;[728] auch die Zuleitung eines RegEntw an den BRat zerstört das Vertrauen.[729] Danach anzunehmende Bedenken können uU durch **Übergangsregelungen** ausgeräumt werden[730] (dazu auch → Rn. 154). Wirkt sich unechte Rückwirkung ähnlich aus wie echte, gelten strengere Anforderungen.[731] Vertrauen in die BFH-Rechtsprechung soll trotz Nichtanwendung durch die Finanzverwaltung schutzwürdig sein.[732]

Als rückwirkend ist auch ein Gesetz einzustufen, das einem älteren Gesetz **nachträglich** einen von 138 Anfang an anderen Inhalt beilegt als den bis dahin höchstrichterlich angenommenen. Für eine solche **konstitutive Klärung** genügt es auch, wenn die Neuregelung eine noch kontroverse Auslegungsfrage in einer bestimmten Richtung entscheiden will.[733]

Gegenüber **Gesetzgebung, die für rein zukünftige Tatbestände** gilt, wird grundsätzlich **kein** 139 **Vertrauensschutz** gewährt;[734] sonst würde die Gestaltungsfreiheit des Gesetzgebers unzulässig verkürzt. Dies soll auch gelten, wenn lediglich neue Rechtsfolgen an abgeschlossene, bislang ungeregelte Tatbestände angeknüpft werden.[735] Vertrauensschutz kann hier grundsätzlich nur bei **besonderem Vertrauensstatbestand** durchgreifen.[736] Das BVerfG zieht dann die Regeln über unechte Rückwirkung heran.[737] Entsprechendes gilt, wenn eine bisher zulässigerweise ausgeübte Freiheitsbetätigung verboten wird.[738] Unabhängig vom Vertrauensschutz erfordern Belastungsklarheit und -vorhersehbarkeit eine abschließende Zeitgrenze für die Erhebung von Abgaben, die an zurückliegende Tatbestände anknüpfen.[739] Selbstbindungen des Gesetzgebers wegen **Systemgerechtigkeit** sind jedenfalls primär nach Art. 3 I zu beurteilen.[740] Auch der EV, der nach seinem Art. 45 II als

---

zuletzt BVerfG (K) NVwZ 2017, 871 Rn. 59. Ohne Rücksicht auf (ggf. mildere) Alternativen BVerwGE 117, 305 (313), zur Beamtenbesoldung.

[719] BVerfGE 95, 64 (86); 132, 302 Rn. 43; 135, 1 Rn. 37; 148, 217 Rn. 136; BVerfG (K) NVwZ-RR 2011, 793 Rn. 39; NVwZ 2017, 702 Rn. 20; 705 Rn. 38; von nicht grds. unzulässig sprechen BVerfGE 127, 1 (17); 150, 345 Rn. 70.

[720] Vgl. für beide Formen der Rückwirkung BVerfGE 131, 20 (40 f.); näher → Rn. 134; abl. für verfahrensfreie Bauvorhaben BVerwGE 144, 82 Rn. 32 f.

[721] BVerfGE 14, 288 (300); stRspr, BVerfGE 127, 1 (18 f.); 127, 61 (76 f.); 132, 302 Rn. 43; BVerfG (K) NJOZ 2013, 900 Rn. 28 f.; *Pieroth* (Fn. 694), S. 64 f.; *Maurer* HStR IV, § 79 Rn. 61; für überwiegende Allgemeininteressen BVerfGE 63, 312 (329 f.); 72, 175 (196); 88, 384 (406 f.); 89, 48 (66); 97, 271 (289); allg. *Stern*, StaatsR I, S. 835.

[722] Zur Rückwirkungsfrage als Teil der Grundrechtsprüfung vgl. *Huber* ZMR 1996, 175 (177); → vor Art. 1 Rn. 135; allgemein BVerfGE 109, 133 (182); 123, 186 (257); zu Art. 14 etwa BVerfGE 95, 64 (86 ff.); 97, 378 (388 ff.); zu Art. 2 I BVerfGE 97, 271 (285 ff.); s. auch → Rn. 134.

[723] BVerfGE 76, 256 (347); 78, 249 (284); auch BVerfGE 87, 48 (63 f.), zur „Rechtsmittelsicherheit“.

[724] BVerfGE 24, 220 (330 f.); 67, 1 (16); 69, 272 (310); 72, 175 (199); 76, 256 (353 ff.); für besondere Bedenken gegenüber spezial motivierenden Regelungen BVerfGE 76, 256 (354 f.).

[725] So zum Steuerrecht im Hinblick auf den Dispositionsschutz BFHE 204, 228 (247); auch BFHE 209, 204 (207 f.), unter Hinweis auf BVerfGE 97, 67; 105, 17 (37).

[726] BVerfGE 95, 64 (92) (relativierend für Sozialwohnungen); zu Äußerungen öffentl. Stellen BVerfGE 105, 17 (39); zur Bedeutung von Aussagen bisheriger Gesetze OVG Thür ThürVBl 2008, 108 (109 f.).

[727] BVerfGE 105, 17 (40 f.), für zeitliche Vorgaben von Tatbestand und Schutzzweck.

[728] BVerfGE 127, 31 (50); 132, 302 Rn. 56.

[729] BVerfGE 148, 217 Rn. 152.

[730] BVerfGE 67, 1 (14 f.); 76, 256 (359 f.); 78, 249 (285); 131, 47 (57 f.).

[731] BVerfGE 132, 302 Rn. 45 f.

[732] BFHE 232, 121 Rn. 44 ff.

[733] BVerfGE 135, 1 Rn. 52 f. mit abwM *Masing*, S. 29 ff.; dazu auch *Grupp* FS Wendt, 2015, S. 115 ff.; *Hey* JZ 2014, 500 ff.; *dies.* NJW 2014, 1564 ff.; *Michael* JZ 2015, 425 ff.; *Grosche* Staat 54 (2015), 309 ff.; *Schmitz* FS Hufen, 2015, S. 229 ff.; kritisch *Lepsius* JZ 2014, 488 ff.; *ders.* JZ 2015, 435 ff.

[734] BVerfGE 38, 61 (83); 128, 90 (106, 107); *Maurer* HStR IV, § 79 Rn. 75; für Beschränkung des Vertrauensschutzes auf Fälle nachträglicher Verschlechterung der Rechtslage auch BVerfGE 94, 241 (258).

[735] So BVerfGE 103, 271 (287); 109, 96 (123).

[736] Vgl. zu einem für fünf Jahre beschlossenen Gesetz BVerfGE 30, 292 (403 ff.); strenge Anforderungen gelten nach BVerfGE 102, 68 (97); BVerwGE 144, 248 Rn. 81, für die vorzeitige Aufhebung wegen Vertrauensschutzes erlassener Übergangsregelungen. Vgl. auch *Heckmann* (Fn. 434), S. 242 ff.

[737] BVerfGE 30, 292 (404); skeptisch *Maurer* HStR IV, § 79 Rn. 78 ff.

[738] Zu Art. 12 I BVerfGE 126, 112 (155 f.); 131, 47 (57 f.); BVerfG (K) NVwZ 2016, 1171 Rn. 33.

[739] BVerfGE 133, 143 Rn. 40 ff.; BVerfG (K) DStR 2016, 1984 Rn. 8 ff.; BVerwG NVwZ-RR 2015, 786 Rn. 7 ff.; BeckRS 2017, 109398; BVerwG NJOZ 2019, 510 Rn. 12 ff.; Treu und Glauben lässt BVerwGE 149, 211 Rn. 28 ff. genügen.

[740] Dazu *Stern*, StaatsR I, S. 837 f.; *Sachs* ebda, Bd. IV/2, S. 1527 ff.; *Maurer* HStR IV, § 79 Rn. 83 f.; näher → Art. 3 Rn. 98 ff.

Bundesrecht geltendes Recht geblieben ist, ist der Änderung durch den Gesetzgeber nicht von vornherein entzogen.[741]

**139a**  Keine Rückwirkung entfaltet die bloße Bestätigung einer **unionsrechtlich** bestehenden **Rechtslage** durch deutsche Rechtsvorschriften.[742] Inwieweit schon eine umsetzungsbedürftige EU-RL, die selbst dem unionsrechtlichen Rückwirkungsverbot unterliegt,[743] die Grundlage des Vertrauens in den Fortbestand der bisherigen nationalen Rechtslage beseitigt und damit dem Umsetzungsgesetzgeber Raum für rückwirkende Regelungen schafft, ist nicht abschließend geklärt.[744] Die Bekanntgabe der Einleitung eines Hauptprüfverfahrens durch die Kommission soll die Grundlage für Vertrauen in den Fortbestand einer gesetzlichen Beihilferegelung beseitigen.[745] Bei rückwirkender Unanwendbarkeit infolge einer Entscheidung des EuGH soll zur Sicherung des Vertrauensschutzes innerstaatlich eine Entschädigung in Betracht kommen.[746]

**140**  **Gegenüber Verwaltungshandeln** wird Rechtssicherheit je nach Handlungsform durch besondere gesetzliche Regelungen garantiert.[747] Die für **Verwaltungsakte** geltenden **Aufhebungs- und Abweichungsverbote,** namentlich §§ 48 ff. VwVfG und die materielle Bestandskraft,[748] tragen den rechtsstaatlichen Anforderungen durchweg hinreichend Rechnung,[749] zumal das Gesetz im **Zielkonflikt** zwischen **Rechtssicherheit** und **Gesetzmäßigkeit** sowie **Gerechtigkeit** erheblichen Spielraum hat.[750] Einzelne Bedenken sind über verfassungskonforme Auslegung oder unmittelbaren Rückgriff auf das Rechtsstaatsprinzip auszuräumen.[751] Ob im Rahmen gebundener Verwaltung Raum für die Berücksichtigung von Vertrauensschutz ist,[752] scheint fraglich. § 60 VwVfG ist gegenüber der Bindung an **verwaltungsrechtliche Verträge** unbedenklich.[753]

**141**  Vertrauensschutz kann – auch über § 38 VwVfG hinaus – zur **Selbstbindung der Verwaltung** führen,[754] etwa bei veröffentlichten Verwaltungsvorschriften.[755] Auch bei nachteiligen **Planungsänderungen** kann das Rechtsstaatsprinzip gebieten, dass die Betroffenen Vertrauensschutz geltend machen können.[756] Vorbehalte, die den Vertrauensschutz ausschließen würden, dürfen VA nicht beliebig beigefügt werden.[757] Die Begründung eines Vertrauenstatbestandes kann zum Ersatz des Vertrauensschadens verpflichten.[758]

**142**  Für die Entscheidungen der **Rechtsprechung** gelten traditionelle **Aufhebungs- und Abweichungsverbote** der Prozessgesetze, die – wie namentlich die materielle Rechtskraft[759] mit ihren Begrenzungen – im Spielraum zwischen Rechtssicherheit und den Zielen der Gesetzmäßigkeit und Gerechtigkeit[760] angesiedelt sind. Auch innerprozessuale Absprachen (→ Rn. 163) können Vertrauens-

---

[741] BVerfGE 93, 213 (239 f.), unter Hinw. auf die Denkschrift zum EV, BT-Dr 11/7760, S. 355 (377).

[742] Vgl. BVerfG (K) NJW 2001, 2323; im Ergebnis auch BFHE 193, 204 (210 ff.).

[743] Vgl. *Berg/Nachtsheim* DVBl 2001, 1103 ff.

[744] Vgl. ablehnend *Kadelbach/Sobotta* EWS 1996, 11 ff.; gegen eine rückwirkende Anwendung verspätet erlassener Gesetze gegen den erklärten Willen des Gesetzgebers BVerwGE 100, 238 (240).

[745] So BFHE 193, 204 (216 f.).

[746] BVerfGE 126, 286 (314 f.); zu wegen Verfassungswidrigkeit nichtigen Normen → Rn. 95.

[747] S. insges. *Maurer* HStR IV, § 79 Rn. 86 ff. Zum Vertrauensschutz bei Widerruf von auch gnadenweiser Strafaussetzung BVerfGE 20, 260 (264 f.).

[748] Vgl. *Maurer* HStR IV, § 79 Rn. 8; *Sachs* SBS VwVfG, § 48 Rn. 49 ff., 195, § 43 Rn. 45 ff.; auch *Fiedler* AöR 105 (1980), 79 (91 ff.). Den Unterschied zur Rechtskraft betont BVerfGE 103, 111 (139).

[749] *Schmidt-Aßmann* HStR II, § 26 Rn. 83; *Grzeszick,* in: Maunz/Dürig, Art. 20 VII (2006) Rn. 96; *Sachs* SBS VwVfG, § 48 Rn. 180 mN Auch die unionsrechtlich gebotenen Modifikationen bei Rücknahme von Beihilfe-Gewährungen verletzen den verfassungsrechtlich gebotenen Vertrauensschutz nicht, vgl. BVerwGE 106, 328 (334 f.); BVerfG (K) NJW 2000, 2015 f.; dazu *Schwarz* Verwaltung 34 (2001), 397 ff.

[750] BVerfGE 27, 297 (305 f.); 60, 253 (267 ff.); 131, 20 (46 f.); auch BVerfGE 105, 48 (57 f.) (zum SGB X); BVerwG NVwZ-RR 1990, 251 (252); BSGE 72, 139 (141 f.); *Grzeszick,* in: Maunz/Dürig, Art. 20 VII (2006) Rn. 95; *Sachs* SBS VwVfG, § 43 Rn. 9, § 48 Rn. 28 f.

[751] Zur Rücknahme bei nur immateriellen Nachteilen *Sachs* SBS VwVfG, § 48 Rn. 181 f.; *Ruffert,* in: Erichsen/Ehlers (Hrsg.), Allgemeines Verwaltungsrecht, 15. Aufl. 2016, § 24 Rn. 36.

[752] Dafür iR einer Abwägung BVerwGE 152, 264 Rn. 28.

[753] Vgl. nur *Bonk/Neumann/Siegel* SBS VwVfG, § 60 Rn. 1.

[754] BVerfGE 49, 168 (186); *Stern,* StaatsR III/1, S. 1359; *Sachs* SBS VwVfG, § 40 Rn. 104, 113 ff.; *Sauerland* (Fn. 540), S. 191 ff.; bei der Verhältnismäßigkeit BVerfG (K) NVwZ 1997, 479 (481).

[755] BVerwGE 39, 159 (162 f.); 104, 220 (223 ff.); *Sachs* SBS VwVfG, § 40 Rn. 113; *Maurer* HStR IV, § 79 Rn. 123 f.; *Schwerdtfeger* NVwZ 1984, 486 ff.; zu Art. 3 I → Art. 3 Rn. 119.

[756] Vgl. etwa im schulischen Kontext BVerfG (K) NVwZ 1997, 781 (782).

[757] Vgl. § 36 II Nr. 3, 5 VwVfG; zu Anforderungen an Änderungsvorbehalte *Schmehl,* Genehmigungen unter Änderungsvorbehalt zwischen Stabilität und Flexibilität, 1998; *ders.* DVBl 1999, 19 ff.

[758] Für § 839 BGB BGHZ 195, 276 Rn. 23 ff.; ausführlich *Kümper* VerwArch 104 (2013), 104 ff. Zum Zusammenhang mit dem Eigentumsschutz *M. Schröder* NVwZ 2013, 105 ff.; → Art. 14 Rn. 74, → Art. 14 Rn. 88 f.

[759] Deren wesensmäßige Verbindung mit der Rechtsprechung betont BVerfGE 103, 111 (139). BVerwGE 151, 102 Rn. 18 schließt materielle Rechtskraft in Freiheitsentziehungssachen wegen Art. 104 GG aus.

[760] BVerfGE 2, 280 (403 f.); 3, 235 (237 ff.); 7, 194 (196); 22, 322 (329); 35, 41 (47); 131, 20 (46 f.); auch BGHSt 52, 213 Rn. 12; BVerwGE 135, 137 Rn. 14; auch → Rn. 140; zur rechtsstaatlichen Grundlegung *Detterbeck,* Streitgegenstand, S. 327 ff.; zu Art. 103 III → Art. 103 Rn. 76 ff.

schutzprobleme aufwerfen.[761] Nicht unproblematisch ist die gesetzliche Aufhebung von Gerichtsentscheidungen (→ Rn. 82).

Angesichts der (faktisch) präjudiziellen Wirkung[762] von **Rechtsprechungsgrundsätzen** stellt sich **143** auch insoweit die Frage einer **Selbstbindung der Gerichte** zumal der höchsten Instanz. Gegenüber dem Vertrauensschutz (zu Art. 3 → Art. 3 Rn. 128 f.) ist das Gebot gesetzmäßiger und gerechter Entscheidungen vorrangig,[763] und zwar auch ohne wesentliche Änderungen der Verhältnisse oder der allgemeinen Anschauungen.[764] Anderes kann für die Änderung einer ständigen höchstrichterlichen Rechtsprechung gelten;[765] auch diese ist zulässig (und geboten), wenn sie hinreichend begründet ist und sich im Rahmen einer vorhersehbaren Entwicklung hält.[766]

Eine **Beschränkung der „Rückwirkung" von Rechtsprechungsänderungen** aus Vertrauens- **144** schutzgründen ist gegenüber der Aufgabe der „Recht"-Sprechung und den Rechten der unterliegenden Partei problematisch;[767] doch soll einem durch gefestigte Rechtsprechung begründeten Vertrauenstatbestand durch „Bestimmungen zur zeitlichen Anwendbarkeit oder Billigkeitserwägungen Rechnung getragen werden" können.[768] Abrupte Änderungen einer langjährigen Praxis können der Verfahrensfairness (→ Rn. 163) widersprechen.[769] Zur Rückwirkung von Normenkontrollentscheidungen → Rn. 95.

## VI. Die Verhältnismäßigkeit

Der Grundsatz der Verhältnismäßigkeit oder des Übermaßverbotes[770] hat für das öffentliche Recht **145** in Deutschland[771] zunächst Ausdruck im prALR gefunden, namentlich in § 10 II 17 für das Polizeirecht.[772] Von dort fand er Eingang in das gesamte Recht der Eingriffsverwaltung.[773] Im früheren deutschen Verfassungsrecht war er allerdings ebenso wenig ausdrücklich verankert wie im Grundgesetz.[774] Gleichwohl wurde der Grundsatz der Verhältnismäßigkeit nach Vorarbeiten im Schrifttum[775] und ersten Ansätzen in der Judikatur des BayVerfGH[776] vom BVerfG allmählich als **verfassungsrecht-**

---

[761] BGHSt 36, 210 ff.; 43, 195 ff.; 50, 40 ff.; 51, 275 Rn. 2; *Graumann,* Vertrauensschutz und strafprozessuale Absprachen, 2006.

[762] Zur diesbezüglichen Rechtsprechung des BVerfG *v. Ungern-Sternberg* AöR 138 (2013), 1 ff.

[763] *Burmeister,* Vertrauensschutz im Prozeßrecht, 1979, S. 28 ff.; *Maurer* HStR IV, § 79 Rn. 145 ff.; gegen Vertrauensschutz *Ziegler,* Selbstbindung der Dritten Gewalt, 1993, S. 34.

[764] So ausdrückl. BVerfGE 84, 212 (227); 122, 248 (277 f.); ebenso *Maurer* HStR IV, § 79 Rn. 143 f.; aber *Kriele,* Theorie der Rechtsgewinnung, 2. Aufl. 1976, S. 249 ff.; auch *M. Winkler* JZ 2009, 821 ff.

[765] Insoweit für möglichen Vertrauensschutz BVerfGE 126, 369 (395); 131, 20 (42); BVerfG (K) NVwZ-RR 2017, 393, 394.

[766] BVerfGE 122, 248 (277 f.); BVerfGK 19, 89 (104); auch BVerwGE 138, 102 Rn. 59; *O. Klein* JZ 2018, 64 ff. Offen zur Geltung der Regeln für rückwirkende Gesetzgebung BVerfG(K) 16, 449 (463 f.). S. ferner etwa *Herdegen* WM 2009, 2202 ff.; *Globke* GA 2010, 399 ff.; *Brocker* NJW 2012, 2996 ff.

[767] Vgl. – nur im Einzelfall abweichend – BVerfGE 78, 123 (126 f.); auch BVerwG NJW 1996, 867; *Maurer* HStR IV, § 79 Rn. 145 ff.; *Kunig* HGR III, § 69 Rn. 26 f.; aA *Ziegler* (Fn. 763), S. 161 ff.; *Scheffelt,* Die Rechtsprechungsänderung, 2001; *Pohl,* Rechtsprechungsänderung und Rückanknüpfung, 2005; *Bittner* JZ 2013, 645 ff.; zum Zivilrecht *Keil,* Die Systematik privatrechtlicher Rechtsprechungsänderungen, 2007; *Klappstein,* Die Rechtsprechungsänderung mit Wirkung für die Zukunft, 2009; zum Strafrecht *U. Neumann* KritV 2000, 151 ff.; *Kempf/Schilling* NJW 2012, 1849 ff.; *Kuhlen* HRRS 2012, 114 ff.

[768] So BVerfGE 122, 248 (278); BVerfG (K) NJW 2013, 523 (524); ähnlich etwa BGHZ 132, 6 (11 ff.); 132, 119 (129 ff.); 150, 1 (5); BAGE 116, 326 Rn. 24 ff.; BAG NZA-RR 2009, 537 (538); NZA-RR 2010, 530 Rn. 31 ff.; BFHE 220, 129 Rn. 97 ff.; aus der Lit. etwa *Langenbucher* FS Horn, 2006, S. 1179 ff.; *Höpfner* RdA 2006, 156 ff.; *Keil* (Fn. 767), S. 93 ff.; *Herdegen,* WM 2009, 2202 ff.; *Sontheimer* FS Spiegelberger, 2009, S. 460 ff.; *Tillmanns* FS Buchner, 2009, S. 885 ff.; *Lunk* FS Reuter, 2010, S. 689 ff.; *Wissmann* FS Bauer, 2010, S. 1161 ff.; auch *Schlarmann/Gauger* DVBl 2014, 65 ff. Zur Berücksichtigung langjähriger höchstrichterlich angeleiteter Gesetzesanwendungspraxis durch die Gesetzgebung s. BVerfGE 123, 111 (126).

[769] BVerfGE 78, 123 (126 f.); erweiternd VG Köln NWVBl 1999, 228 (230).

[770] *Stern,* StaatsR I, S. 861 f.; *ders.,* StaatsR III/2, S. 763; *Schmidt-Aßmann* HStR II, § 26 Rn. 87; *Merten* HGR III, § 68; *Grzeszick,* in: Maunz/Dürig, Art. 20 VII (2006) Rn. 107 ff.; *Hillgruber* HStR IX, § 201 Rn. 51 ff.; *Wahl* FS Würtenberger, 2013, S. 823 ff.; gleichsetzend BVerfGE 90, 145 (146 LS 2b, 173); 115, 17 (36); auch BVerfGE 48, 396 (402); 67, 157 (178).

[771] Zur Herkunft *Stern,* StaatsR III/2, S. 765 f.; ausführlich etwa *Remmert,* Verfassungs- und verwaltungsrechtsgeschichtliche Grundlagen des Übermaßverbotes, 1995; *Heinsohn,* Der öffentlichrechtliche Grundsatz der Verhältnismäßigkeit, 1997; zur Bedeutung auch für das Privatrecht *Tischbirek* Die Verhältnismäßigkeitsprüfung, 2017; *ders.,* JZ 2018, 421 ff.

[772] Vgl. *H. Schneider,* FG BVerfG II, 1976, S. 392; *Haverkate,* Rechtsfragen des Leistungsstaats, 1983, S. 11 ff.; *Ossenbühl* FS Lerche, 1993, S. 152 f.; *Stern,* StaatsR I, S. 863; *ders.,* StaatsR III/2, S. 766 f.

[773] Vgl. auch zu Ansätzen weiterer Ausdehnung *Lerche* (Fn. 306), S. 24 f.; *Stern,* StaatsR I, S. 863; *ders.,* StaatsR III/2, S. 766 f.

[774] S. seit 1946 immerhin Art. 98 S. 2 BayVerf „zwingend erforderlich"; nach der Wiedervereinigung Art. 5 II 1, 23 II BbgVerf; Art. 20 II LSAVerf; Art. 42 IV 1 ThürVerf.

[775] *v. Krauss,* Der Grundsatz der Verhältnismäßigkeit, 1955; *Lerche* (Fn. 306).

[776] Ausdrücklich früh der BayVerfGH BayGVBl 1949, 39 (43): „Grundsatz der Verhältnismäßigkeit" (Teilkursivdruck des Originals weggelassen), im Zusammenhang mit „rechtsstaatlichen Grundsätzen"; wN zur frühen Judikatur bei *Stern,* StaatsR III/2, S. 770.

**liches Prinzip** herausgearbeitet[777] und ist als solches heute weithin anerkannt,[778] gilt zudem auch im Unionsrecht[779] und darüber hinaus.[780]

146   **1. Rechtsgrundlage und Anwendungsbereich.** Rechtsgrundlage des Verhältnismäßigkeitsgrundsatzes im Grundgesetz ist das **Rechtsstaatsprinzip,**[781] dem auch der daneben genannte „grundrechtliche Freiheitsanspruch des Bürgers gegenüber dem Staat"[782] zugehört. Der Grundsatz hat als praktisch wichtigste Anforderung an Grundrechtsbeschränkungen herausragende Bedeutung (→ vor Art. 1 Rn. 135); er passt aber auf **Eingriffe** in gesicherte Rechtspositionen überhaupt,[783] solange diese **nur als berechenbare Ausnahme** erscheinen.[784]

147   Dementsprechend kommt der Grundsatz auch **im Staatsorganisationsrecht** zur Anwendung,[785] soweit Einwirkungen auf einschlägige Rechtspositionen[786] zugunsten anderer Ziele nach dem Regel-Ausnahme-Schema[787] zugelassen werden. Umgekehrt bleibt er bei den Grundrechten auf die abwehrrechtliche Situation bezogen, verhindert zu weitgehende Einwirkungen; zum bei den Schutzpflichten propagierten „Untermaßverbot" (→ vor Art. 1 Rn. 36) fehlt jede inhaltliche Beziehung. Entsprechend kann auch die Angemessenheit von Strafen[788] nicht generell, also in jeder Richtung, aus dem Grundsatz der Verhältnismäßigkeit abgeleitet werden – dieser richtet sich nur gegen die zu strenge, nicht auch gegen die zu milde Strafe.[789]

148   Der Grundsatz der Verhältnismäßigkeit gilt für die **gesamte Staatsgewalt** in Bund und Ländern.[790] In der Rechtsprechung des BVerfG dominiert die Anwendung auf die **Gesetzgebung.**[791] Für eine unmittelbare Anwendung auf **Verwaltung und Rechtsprechung** bleibt nur bei nicht abschließenden gesetzlichen Regelungen Raum;[792] die Umsetzung verhältnismäßiger Rechtsfolgen zwingender Geset-

---

[777] S. schon BVerfGE 3, 383 (399); stRspr seit BVerfGE 7, 377 (405, 407 f.); zuletzt etwa BVerfGE 138, 296 Rn. 97 ff.; 139, 245 Rn. 58; näher zur Entwicklung H. Schneider, FG BVerfG II, 1976, S. 397 ff.; Dumbs DVBl 2016, 691 ff.; zum „case-law" Lübbe-Wolff HRLJ 2014, 12 ff.; kritisch Groß DÖV 2006, 856 ff.

[778] Stern, StaatsR III/2, S. 762; Kloepfer FG 50 Jahre BVerwG, 2003, S. 329 ff. Vgl. auch Reuter Jura 2009, 511 ff.; Jestaedt/Lepsius (Hrsg.), Verhältnismäßigkeit, 2015; Petersen, Verhältnismäßigkeit als Rationalitätskontrolle, 2015; U. J. Schröder Ad Legendum 2015, 327 ff.; Berkemann DVBl 2018, 741 ff. Für die Grundrechte → vor Art. 1 Rn. 135; zur Bedeutung auch im Privatrecht etwa Tschibirek, Die Verhältnismäßigkeitsprüfung, 2017.

[779] Art. 5 I 2, IV EUV; Art. 52 I 2 EUGRCh sowie Streinz, in: Baur ua (Hrsg.), Regulierung in der Energiewirtschaft, 2011, Kap. 27; Trstenjak/Beysen EuR 2012, 265 ff.; Oreschnik, Verhältnismäßigkeit und Kontrolldichte, 2019. Zur EMRK s. Grabenwarter/Pabel, § 18 Rn. 14 ff. Insges. Classen FS Stern, 2012, 651 ff.

[780] Für ein universelles Verfassungsprinzip Klatt/Meister Staat 51 (2012), 159 ff.; ähnlich Saurer Staat 51 (2012), 3 ff.; F. Becker, in: Leitgedanken I, § 21; ablehnend P. Reimer Staat 52 (2013), 27 ff. Rechtsvergl. Barak, Proportionality, 2012. Für das internationale Recht skeptisch T. Stein, in: Dicke ua (Hrsg.), Weltinnenrecht, 2005, S. 727 ff.; differenzierend Krugmann, Der Grundsatz der Verhältnismäßigkeit im Völkerrecht, 2004; Baade ua (Hrsg.), Verhältnismäßigkeit im Völkerrecht, 2016.

[781] Vgl. BVerfGE 23, 127 (133); 90, 145 (173); 138, 1 Rn. 55; BVerwGE 162, 146 Rn. 9; Robbers BK, Art. 20 (2009) Rn. 1876 ff.; Stern, StaatsR III/2, S. 771 ff.; wohl auch Grzeszick, in: Maunz/Dürig, Art. 20 VII (2006) Rn. 108; differenzierend Lerche (Fn. 306), S. 32 ff., 56 ff.; primär für Ableitung aus dem Prinzip „Freiheit" Merten FS Schambeck, 1994, S. 349 (372 ff.); aus den Grundrechten Krebs Jura 2001, 228 ff.

[782] BVerfGE 17, 306 (313 f.); 19, 342 (348 f.); 61, 126 (134); 80, 109 (120); Ossenbühl FS Lerche, 1993, S. 154 f.; Tillmanns, in: Thiel (Hrsg.), Wehrhafte Demokratie, 2003, S. 25 (26 ff.). Zur nicht unproblematischen Geltung für Art. 3 → Art. 3 Rn. 15 ff.; Sachs, in: Stern StaatsR IV/2, S. 1550, 1563 f.

[783] Grzeszick, in: Maunz/Dürig, Art. 20 VII (2006) Rn. 108; Ossenbühl FS Lerche, 1993, S. 153 f.

[784] In diesem Sinne bereits Lerche (Fn. 306), S. 57 ff.; auch Dechsling, Das Verhältnismäßigkeitsgebot, 1989, S. 118 f.; v. Arnauld JZ 2000, 276 ff.

[785] Ausführlich Heusch, Der Grundsatz der Verhältnismäßigkeit im Staatsorganisationsrecht, 2003; ferner etwa Grzeszick, in: Maunz/Dürig, Art. 20 VII (2006) Rn. 109; Robbers BK, Art. 20 (2009) Rn. 1911; Stern, StaatsR I, S. 863; ders., StaatsR III/2, S. 787 f.; Blome NordÖR 2010, 230 (232); auch zu den Grenzen Ossenbühl FS Lerche, 1993, S. 153 f., 158 ff.; zum Bundesstaat → Rn. 70; zur Allgemeinheit der Wahl s. BVerfGE 132, 39 Rn. 27; wohl allgemein zweifelnd BVerfGE 144, 20 Rn. 599 mwN.

[786] Wie die kommunale Selbstverwaltungsrecht, BVerfGE 147, 185 Rn. 80 mwN; auch → Art. 28 Rn. 72 f.; für die Statusrechte der Abgeordneten, s. BVerfGE 130, 318 (359 ff.); 131, 230 (235); 140, 115 Rn. 98; 147, 50 Rn. 204. Dasselbe gilt, wenn wegen des Doppelstatus der Abgeordneten zugleich deren Rechte als Privatperson beschränkt werden, s. BVerfGE 118, 277 (352 ff.).

[787] BVerfGE 138, 1 Rn. 55, 58; allgemein Lindner VerwArch 98 (2007), 213 ff.

[788] Für ein solches Rechtsstaatsgebot BVerfGE 133, 168 Rn. 55. S. auch Lagodny, Strafrecht vor den Schranken der Grundrechte, 1996, S. 275 ff., 367 ff.; Weigend FS H. J. Hirsch, 1999, S. 917 ff.

[789] S. aber BVerfGE 90, 145 (173); begrenzt wieder BVerfGE 92, 277 (326 f.); 120, 224 (252 f.); zur Verhältnismäßigkeit im Strafrecht etwa Goeckenjan, in: Jestaedt/Lepsius (Fn. 778), S. 184 ff.; Noltenius FS Goerlich, 2015, S. 93 ff.; Gärditz JZ 2016, 641.

[790] Für Anwendung auf Hoheitsakte eines Landes BVerfGE 138, 1 Rn. 55; BVerwGE 149, 254 Rn. 9 ff.; (im grundrechtl. Kontext) etwa BVerfGE 133, 112 Rn. 64 ff.; 138, 261 Rn. 53; 138, 98 Rn. 97.

[791] Dazu etwa Stern, StaatsR III/2, S. 786 Fn. 144. Vgl. auch Bleckmann DÖV 2003, 155 ff.; Groß DÖV 2006, 856 (861); Seedorf, in: Jestaedt/Lepsius (Fn. 778), S. 129 ff.

[792] Zur Notwendigkeit gesetzlich festgelegter Eingriffsschwellen BVerfGE 120, 274 (326 f.). Zur Sicherung der Verhältnismäßigkeit erst bei der Vollstreckung BVerwGE 144, 326 Rn. 37.

ze kann den Grundsatz nicht verletzen.[793] Für Beziehungen zwischen Privaten ist der Grundsatz über die Ausstrahlungswirkung der Grundrechte (→ vor Art. 1 Rn. 32) bedeutsam;[794] bei Berührung kollidierender Grundrechte wird teilweise eine besonders strukturierte Prüfung gefordert (→ vor Art. 1 Rn. 135).

**2. Elemente der Verhältnismäßigkeit. a)** Elemente der Verhältnismäßigkeit sind Eignung, Er- **149** forderlichkeit und Proportionalität;[795] anderweitige Erfordernisse[796] sollten aus Gründen der Klarheit nicht zusätzlich einbezogen, sondern getrennt geprüft werden. **Bezugspunkt** der drei Kriterien ist ein[797] mit der Einschränkung **verfolgter (legitimer) Zweck.**[798] Die Rechtsanwendung hat sich am Zweck der jeweiligen Norm zu orientieren, andere, auch verfassungsrechtlich bedeutsame Ziele können nicht an dessen Stelle treten.[799] Für die untergesetzliche Rechtsetzung (vgl. Art. 80 I 2) sind die durch das Ermächtigungsgesetz vorgegebenen Zwecke maßgeblich. Die förmliche Gesetzgebung dagegen darf kraft demokratischer Souveränität selbst ihre Zwecke bestimmen, solange sie nicht durch das Grundgesetz verboten, insbesondere mit seinen Zwecksetzungen unvereinbar sind.[800] Ihre **Bindung an das Gemeinwohl**[801] ist lediglich eine Chiffre für die nur verfassungsrechtlich begrenzte Zweckbestimmungskompetenz des Gesetzgebers; für das Strafrecht gelten insoweit viele strengeren Anforderungen.[802] Grundsätzlich als Ziel ausgeschlossen sind Interessen des von der Einschränkung Betroffenen selbst.[803] Hinsichtlich der tatsächlichen Voraussetzungen eines gesetzlich verfolgten Zwecks erkennt das BVerfG einen Einschätzungs- und Prognosespielraum an.[804] Die Legitimität des Zwecks ist von dem Gewicht der Einschränkung unabhängig; diese Relation ist – grds. unabhängig vom je betroffenen Grundrecht – allein Frage der Proportionalität (→ Rn. 154 ff.). Zu den Anforderungen bei fehlendem Gesetzesvorbehalt → vor Art. 1 Rn. 125.

**b) Eignung** ist gegeben, wenn die **Wahrscheinlichkeit erhöht** wird, dass der angestrebte **Erfolg 150 eintritt,** wenn der Erfolg also gefördert werden kann;[805] teils wird formuliert, es genüge die Möglichkeit der Zweckerreichung.[806] Der angestrebte Erfolg muss weder vollständig, insbes. nicht in jedem

---

[793] So ausdrücklich auch BVerfGE 144, 20 Rn. 600; widersprüchlich BVerfGE 149, 160 Rn. 101 f.; für die Verwaltung *Sachs* SBS VwVfG, § 40 Rn. 83; auch *Barczak* VerwArch 2014, 142 ff.; *Mehde* DÖV 2014, 541 ff.; zur abweichenden Judikatur etwa BVerwG NJW 2009, 2905 Rn. 25; OVG NRW NVwZ 2008, 450; NWVBl 2009, 435; NVwZ-RR 2016, 747 Rn. 54 f.; NWVBl 2017, 484; dazu *Naumann* DÖV 2011, 96 ff.; zustimmend *Vogt,* Die verhältnismäßige Anwendung „gebundener" Normen, 2019; für Anwendbarkeit in Ausnahmefällen *Westerhoff,* Die Prüfung der Verhältnismäßigkeit im Rahmen gebundener Entscheidungen, 2016; über eine verfassungskonforme Reduktion der Norm zuletzt BVerwG NVwZ 2019, 890 Rn. 22 ff.

[794] Ausführlich *Hanau,* Der Grundsatz der Verhältnismäßigkeit als Schranke privater Gestaltungsmacht, 2004; *Bartelt,* Beschränkung des Schadensersatzumfangs durch das Übermaßverbot?, 2004; *Bieder,* Das ungeschriebene Verhältnismäßigkeitsprinzip als Schranke privater Rechtsausübung, 2007; *Stürner,* Der Grundsatz der Verhältnismäßigkeit im Schuldvertragsrecht, 2010

[795] Vgl. etwa BVerfGE 130, 151 (187 f.); 130, 151 (205); 138, 261 Rn. 54; 141, 82 Rn. 47, 53; 141, 121 Rn. 40; 141, 220 Rn. 93; auch 138, 136 Rn. 127 ff. (zu Art. 3 I); allgemein etwa *Jakobs,* Der Grundsatz der Verhältnismäßigkeit, 1985, S. 8 ff.; *Dechsling* (Fn. 784), S. 5 ff.; *Clérico,* Die Struktur der Verhältnismäßigkeit, 2001.

[796] Etwa solche verfahrensrechtlicher Art, vgl. allgemein → vor Art. 1 Rn. 34, die – wie auch der Vertrauensschutz (→ Rn. 131 ff.) – insbesondere für Erforderlichkeit oder Zumutbarkeit Bedeutung haben können, aber auch diverse andere Anforderungen, vgl. BVerfGE 136, 294 Rn. 34 mwN; 141, 220 Rn. 117, 134 ff.; 149, 293 Rn. 80 ff.; 150, 244 Rn. 90 ff.

[797] Weitere zur Rechtfertigung untaugliche Ziele schaden nicht; vgl. BVerfGE 128, 282 (303 f.).

[798] Vgl. aus der neueren Judikatur, oft auch zum ebensolchen „Ziel", BVerfGE 141, 82 Rn. 47, 49 ff.; 141, 121 Rn. 42 ff.; 141, 220 Rn. 96 ff.; 145, 20 Rn. 121 f.; 146, 71 Rn. 144, 151 ff.; 146, 164 Rn. 87; 147, 185 Rn. 131 f., 145; 148, 40 Rn. 31 ff.; 149, 86 Rn. 85; 149, 160 Rn. 102; 150, 244 Rn. 82; ferner etwa *Hohnerlein* Staat 56 (2017), 227 ff.

[799] BVerwG NVwZ 2004, 1131 (Eignung bei satzungsmäßig nicht verfolgten Klimaschutzzweck).

[800] BVerfGE 138, 136 Rn. 138; gegen eine Beschränkung auf verfassungsrechtlich vorgegebene Ziele BVerfGE 148, 40 Rn. 33 (für die Berufsfreiheit). Für fehlende Eignung *Jakobs* (Fn. 795), S. 60 f.; *Dechsling* (Fn. 784), S. 79 f.; *Stern,* StaatsR III/2, S. 777. Für weitergehende, allerdings weithin nicht justiziable Anforderungen *G. Kirchhof* (Fn. 429), S. 95 ff., 379 ff.

[801] Dazu etwa BVerfGE 104, 357 (364 f.); auch BVerfGE 138, 261 Rn. 57; 149, 160 Rn. 102; zum Bezug auf das öffentliche Interesse etwa BVerfGE 146, 164 Rn. 87 f.; 149, 86 Rn. 79; zur Bestimmung von Gemeinwohlbelangen durch die Gesetzgebung *Sachs,* in: Stern, StaatsR III/2, S. 350 ff.; zur Festlegung im Rahmen der Gewaltenteilung *Uerpmann,* Das öffentliche Interesse, 1999, S. 175 ff.; übergreifend zuletzt *Anderheiden* (Fn. 16); zur Gemeinwohlbindung jeden Staatshandelns BVerfGE 116, 135 (153); s. auch → vor Art. 1 Rn. 97.

[802] Allerdings in concreto problematisch BVerfGE 120, 224 (241 f.), zum Inzestverbot; kritisch etwa *Bottke* FS Volk, 2009, S. 93 ff.; *Roxin* StV 2009, 544 ff.; zur demokratieadäquaten Strafbegründung *Gärditz* Staat 49 (2010), 331 ff.

[803] Für ausnahmsweise Zulässigkeit BVerfGE 128, 282 (304 ff.); auch → vor Art. 1 Rn. 57.

[804] Vgl. BVerfGE 145, 20 Rn. 137 mwN, insbesondere für zu bekämpfende Gefahren.

[805] BVerfGE 30, 292 (316); stRspr, BVerfGE 109, 279 (336); 110, 141 (164); 110, 226 (262); 117, 163 (188 f.); 126, 112 (144); 138, 136 Rn. 139; 150, 244 Rn. 86; ähnlich BVerfGE 128, 282 (309); 130, 151 (188); *Jakobs* (Fn. 795), S. 59 ff.; *Stern,* StaatsR III/2, S. 776 mN.

[806] BVerfGE 113, 167 (234); 116, 202 (224); 117, 163 (188 f.); 126, 112 (144); 138, 136 Rn. 139; 142, 268 Rn. 69.

Einzelfall,[807] noch mit höchster Wahrscheinlichkeit eintreten. Ein Optimierungsgebot besteht nicht,[808] es muss nicht das wirkungsstärkste Mittel eingesetzt werden.[809] Das BVerfG hat nur selten einschränkende Gesetze mangels Eignung als verfassungswidrig eingestuft.[810]

151    Besondere Zurückhaltung zeigt das BVerfG gegenüber dem **Gestaltungs- oder Einschätzungsspielraum des Gesetzgebers;**[811] dabei werden die jeweilige Sachmaterie, die Möglichkeiten gesetzgeberischer Urteilsbildung und die Bedeutung der beeinträchtigten Rechtsgüter berücksichtigt.[812] Vielfach wird nur geprüft, ob ein Gesetz **evident ungeeignet**[813] oder die **Prognose** des Gesetzgebers als **vertretbar** anzusehen ist.[814] Der Gesetzgeber darf Konzepte **erproben,**[815] muss aber bei Fehlprognosen **nachbessern.**[816]

152    **c) Erforderlichkeit** bedeutet, dass zur Erreichung des Erfolgs das **mildeste Mittel** gleicher Wirksamkeit eingesetzt werden muss.[817] Maßgebend sind die Eigenart der betroffenen Positionen,[818] die – zumal bei Strafrechtsnormen besonders weitreichende – Intensität ihrer Verkürzung[819] einschließlich der wirtschaftlichen Folgen[820] sowie die Zahl der Betroffenen.[821] In den Vergleich können auch günstige Einwirkungen auf andere einbezogen werden;[822] Ähnliches gilt für Nebenwirkungen.[823] Die Erforderlichkeit einer Kostenbelastung soll aber nicht schon entfallen, weil die Aufgabe aus Steuermitteln finanziert werden könnte.[824] **Gleiche Wirksamkeit** erfordert wie bei der Eignung (→ Rn. 150) dieselbe Steigerung der Erfolgswahrscheinlichkeit.[825] Das BVerfG begnügt sich gelegentlich mit nur vergleichbarer Wirksamkeit, verlangt zT aber sogar, „dass die sachliche Gleichwertigkeit […] in jeder Hinsicht eindeutig feststehen muss".[826] Daran kann es bei unvertretbarem Aufwand einer Alternativlösung fehlen.[827]

153    Ein weniger wirksames Mittel schlechthin nicht zu berücksichtigen,[828] ist indes zu starr;[829] vielmehr sind **Wirksamkeit und Beeinträchtigungsintensität zusammenfassend zu bewerten.** Mittel mit klar größerer Wirksamkeit müssen bei gleicher Intensität der Beeinträchtigung ebenso den Vorrang haben wie umgekehrt solche mit kaum geringerer Wirksamkeit und deutlich milderen Folgen. Die Judikatur beschränkt sich gegenüber Gesetzen – wie bei der Eignung – darauf, angesichts eines

---

[807] Vgl. BVerfGE 16, 147 (183); 67, 157 (175); 96, 10 (23 ff.); *Jakobs* (Fn. 795), S. 61 f.; im Anschluss daran *Stern,* StaatsR III/2, S. 776; s. auch *Dechsling* (Fn. 784), S. 80 f.

[808] BVerfGE 113, 167 (234); *Jakobs* (Fn. 795), S. 60; *Jarass,* in: Jarass/Pieroth, Art. 20 Rn. 118.

[809] BVerfGE 118, 277 (374).

[810] S. etwa BVerfGE 17, 306 (315 ff.); 19, 330 (338 f.); wohl auch BVerfGE 55, 159 (165 ff.); primär gleichheitsbezogen BVerfGE 141, 220 Rn. 257; nur zu Art. 3 I BVerfGE 135, 126 Rn. 88.

[811] BVerfGE 25, 1 (12 f.); stRspr, BVerfGE 110, 141 (158); 110, 177 (194); 110, 226 (262); 115, 276 (308); 116, 202 (224); 142, 268 Rn. 64 f.; s. auch *Stern,* StaatsR III/2, S. 377 f.; *Riecken,* Verfassungsgerichtsbarkeit in der Demokratie, 2003, S. 273 ff.; krit. zur Kompetenzüberschreitung durch das BVerfG *Lieber* FoR 2005, 20 f.

[812] Für die Gesamtformel vgl. BVerfGE 50, 290 (332 f.); 109, 279 (336); auch 109, 133 (157).

[813] BVerfGE 39, 210 (230); auch BVerfGE 16, 147 (181); 17, 307 (315); 19, 330 (338); 47, 109 (117); 61, 291 (313 f.); 65, 116 (126); BVerfGK 19, 33 (39 f.); in der Sache ähnlich BVerfGE 110, 141 (158 f.); 115, 118 (162); 117, 163 (189); *Jakobs* (Fn. 795), S. 626.

[814] BVerfGE 30, 250 (263); auch BVerfGE 77, 84 (108); 98, 265 (309 f.); 120, 274 (320); s. ferner *H. Schneider,* FG BVerfG II, 1976, S. 390 (396 ff.); *Jakobs* (Fn. 795), S. 62 f.; *Dechsling* (Fn. 784), S. 75; *Stern,* StaatsR III/2, S. 777; im besonderen verwaltungsrechtlichen Kontext *A. Leisner* DÖV 1999, 807 ff.

[815] BVerfGE 78, 249 (288); 85, 80 (91).

[816] BVerfGE 25, 1 (13); stRspr, BVerfGE 110, 141 (158); 110, 177 (194); 113, 167 (234); kritisch *Grabitz* AöR 98 (1973), 572 f.; allgemein → Rn. 94.

[817] StRspr, etwa BVerfGE 120, 274 (321); 126, 112 (144 f.); 135, 90 Rn. 74; 136, 382 Rn. 16; 141, 121 Rn. 54; 142, 268 Rn. 71 ff.; *Stern,* StaatsR III/2, S. 780; *Payandeh* AöR 136 (2011), 578 (605 ff.). BVerfGE 105, 17 (36), verlangt mit Recht nur, dass „fühlbar weniger einschränkende Mittel" zu ergreifen sind; ähnlich BVerfGE 113, 167 (252).

[818] *v. Krauss* (Fn. 775), S. 15; ähnlich *Grabitz* AöR 98 (1973), 574.

[819] BVerfGE 30, 292 (316); *Hirschberg,* Der Grundsatz der Verhältnismäßigkeit, 1981, S. 65; *Jakobs* (Fn. 795), S. 68 f.; *Stern,* StaatsR III/2, S. 781. Vgl. für den Einsatz des Strafrechts als „ultima ratio" BVerfGE 96, 10 (23 ff.); 120, 224 (239 f.); dazu etwa *Jahn/Brodowski* JZ 2016, 969 ff.

[820] BVerfGE 123, 186 (239) (zur wirtschaftlichen Unmöglichkeit sinnvoller Berufsausübung); s. auch → Art. 12 Rn. 81.

[821] *Jakobs* (Fn. 795), S. 72; *Stern,* StaatsR III/2, S. 781.

[822] *Jakobs* (Fn. 795), S. 69 f.; *Stern,* StaatsR III/2, S. 781.

[823] *Gentz* NJW 1968, 1600 (1604); *Grabitz* AöR 98 (1973), 574; *Stern,* StaatsR III/2, S. 781.

[824] BVerfGE 109, 64 (86); 123, 186 (243).

[825] Ähnlich *Jakobs* (Fn. 795), S. 66 f., 76.

[826] Für eine stRspr so BVerfGE 146, 164 Rn. 105; s. auch BVerfGE 77, 84 (109, 111); auch 25, 1 (20); 30, 292 (319); 81, 70 (91); 105, 17 (36).

[827] BVerfGE 77, 84 (110 f.); 81, 70 (91 f.); 88, 145 (164).

[828] So aber *v. Krauss* (Fn. 775), S. 89 ff.; *Gentz* NJW 1968, 1600 (1604); *Jakobs* (Fn. 795), S. 67; differenzierter *Dechsling* (Fn. 784), S. 56 ff.

[829] BVerfGE 128, 282 (309) verlangt etwa, dass das mildere Mittel „aussichtslos sein muss." Vgl. (zur Zumutbarkeit) für den Vorrang des milderen, obwohl nicht gleich effektiven Mittels BVerfGE 135, 48 Rn. 70.

Beurteilungs- und Prognosespielraums des Gesetzgebers[830] Fälle eindeutig fehlender Erforderlichkeit zu beanstanden.[831]

**d) Proportionalität** setzt voraus, dass Beeinträchtigungen **nicht außer Verhältnis** zum verfolgten **154** Zweck stehen,[832] dass sie bei einer Gesamtbewertung **angemessen**[833] und (deshalb) für die Betroffenen **zumutbar**[834] sind. Zur Prüfung dieser Verhältnismäßigkeit im engeren Sinn ist das Ausmaß des angestrebten Nutzens für die geförderten Belange[835] dem Gewicht der Verkürzung der beeinträchtigten Rechtspositionen unter Berücksichtigung aller erkennbaren Konsequenzen[836] einschließlich etwaiger Kompensationen[837] und relevanter Besonderheiten des Einzelfalls[838] gegenüberzustellen. Bei Normen kann es genügen, wenn die Wahrung der Proportionalität der Rechtsanwendung überlassen wird;[839] ggf. kann Unzumutbarkeit durch Übergangsregelungen (→ Rn. 137), Ausnahmetatbestände[840] oder verfassungskonforme Auslegung[841] verhindert werden. Auf die Proportionalität stützt die neuere Judikatur bei tief in die Privatsphäre eindringenden Maßnahmen diverse Anforderungen, etwa an Verfahren, Transparenz, Rechtsschutz oder Aufsicht.[842]

Für die (Gesamt-)**Abwägung**[843] bestehen **kaum feste Maßstäbe** (s. auch → Einf Rn. 50, → vor **155** Art. 1 Rn. 124). Sie ergeben sich jedenfalls nicht aus dem Proportionalitätsgebot selbst; es enthält keine inhaltlichen Aussagen darüber, welche Auswirkungen und Bedingungen eines staatlichen Eingriffs in die Abwägung einzubeziehen sind.[844] Angesichts dieser Offenheit ist primär auf die in der Rechtsordnung enthaltenen Wertentscheidungen für den betroffenen Rechtsbereich zurückzugreifen, um Beliebigkeit der Maßstäbe zu vermeiden;[845] inwieweit das die Berücksichtigung besonderer Umstände ausschließt, ist allerdings fraglich.[846] Je nach Kontext wird auch insoweit ein weiter Einschätzungs- bzw. **Gestaltungsspielraum** des Gesetzgebers anerkannt.[847]

Namentlich gibt verfassungsrechtlicher Schutz einem Interesse grundsätzlich ein höheres Gewicht, **156** das aber durch Gesetzesvorbehalte relativiert wird.[848] „**Verfassungsrang**" wird im Übrigen nicht durch bloße Erwähnung im Grundgesetz, etwa in Kompetenznormen, begründet.[849] Sind verfassungsrechtliche Belange gegeneinander abzuwägen, besteht mangels einer allgemeinen Wertrang-

---

[830] BVerfGE 102, 197 (218); 115, 276 (309); 116, 220 (225); 120, 274 (321); 126, 112 (144 f.); 135, 90 Rn. 74; 138, 136 Rn. 142; 141, 121 Rn. 54; 142, 268 Rn. 64, 71 ff.; für Delegation des Spielraums auf den Delegatar einer Rechtsverordnung BVerfG (K) NJW 2019, 3054 Rn. 8.

[831] BVerfGE 25, 1 (19 f.); stRspr, BVerfGE 110, 177 (195); 113, 167 (252 f.); 117, 163 (189); *Stern*, StaatsR III/2, S. 782. Erforderlichkeit verneinend etwa BVerfGE 101, 106 (128); 104, 357 (367); 135, 90 Rn. 74 ff. Offenlassend BVerfGE 138, 296 Rn. 100. Vgl. auch → Rn. 152.

[832] Vgl. BVerfGE 50, 217 (227); 80, 103 (107); 99, 202 (212 ff.); 105, 17 (36); 115, 320 (345 ff.); 118, 168 (195 ff.); 120, 274 (321 f.); 133, 277 Rn. 109; BVerwGE 109, 188 (191); *Lerche* (Fn. 306), S. 19; *Jakobs* (Fn. 795), S. 13 f.; *Stern*, StaatsR III/2, S. 782.

[833] BVerfGE 13, 230 (236); 103, 197 (224); 117, 163 (182, 193 ff.); für „nicht unangemessen" BVerfGE 128, 1 (53 f.); auch BVerfGE 131, 268 (291).

[834] BVerfGE 13, 97 (113); stRspr, s. etwa noch BVerfGE 113, 29 (54); 113, 167 (260); 115, 118 (163 f.); 115, 166 (192); 130, 372 (391 ff.); ausführlich *Albrecht*, Zumutbarkeit als Verfassungsmaßstab, 1995.

[835] Zur Gewichtung der öffentlichen Interessen etwa *Kluckert* JuS 2015, 116 ff.

[836] Vgl. detailliert etwa BVerfGE 115, 320 (347 ff.).

[837] Vgl. etwa → Art. 14 Rn. 150; bei weitem Kompensationsverständnis *Voßkuhle* (Fn. 573), S. 368 ff. (für milderes Mittel); *Guthke*, Ökonomische Gesichtspunkte im Rahmen der Herstellung der Verhältnismäßigkeit staatlichen Handelns im multipolaren Verhältnis, 2003.

[838] Dafür BVerfGE 92, 277 (327); ausführlich zu den Kriterien auch BVerfGE 100, 313 (376); zur Kritik der abwM noch zu → Rn. 155.

[839] So etwa BVerfGE 93, 213 (238); zur Verhältnismäßigkeit im Einzelfall auch BVerfGE 130, 1 (37).

[840] Vgl. zum Fehlen von Ausnahmeregelungen BVerfGE 117, 163 (193 ff.); 130, 372 (394 ff.).

[841] S. etwa BVerwGE 145, 194 Rn. 66 f., zur Ergänzung ungeschriebener restriktiver Tatbestandsmerkmale; allgemein → Einf Rn. 52 ff.

[842] Sehr extensiv insoweit BVerfGE 141, 220 Rn. 117, 134 ff.; auch BVerfGE 150, 244 Rn. 90 ff.; auch → Rn. 162.

[843] BVerfGE 30, 292 (316); 81, 70 (92); 83, 1 (19); 101, 331 (350); 113, 167 (260); 137, 273 Rn. 81; 138, 261 Rn. 54; 138, 296 Rn. 102; 141, 82 Rn. 53; 142, 268 Rn. 83 ff.; 143, 246 Rn. 305 ff.; 145, 20 Rn. 155 ff.; 146, 71 Rn. 172; 146, 164 Rn. 107 ff.; 148, 40 Rn. 49; 149, 86 Rn. 95 ff.; 150, 244 Rn. 100; BVerfG (K) BeckRS 2015, 55596 Rn. 63; dazu *Stern*, StaatsR III/2, S. 814 ff.; *E. Hofmann*, Abwägung im Recht, 2007; *Klatt/Meister* JuS 2014, 193 ff.; kritisch *Schlink* FS 50 Jahre BVerfG II, 2001, S. 445 (455 ff.); *Jestaedt* FS Isensee, 2007, S. 253 ff.; *Šušnjar*, Proportionality, Fundamental Rights and Balance of Powers, 2010; zur „Abwägung unter Unsicherheit" *Klatt/J. Schmidt* AöR 137 (2012), 545 ff. Zum Planungsrecht s. auch → Rn. 137 und → Rn. 165.

[844] BVerfGE 92, 277 (327).

[845] So die abwM, BVerfGE 97, 277, 341 (350 ff.), die zutreffend verallgemeinerungsfähige Maßstäbe fordert; zur ähnlichen Problematik bei Art. 3 I → Art. 3 Rn. 90 ff.

[846] BVerfGE 92, 277 (327 ff.), betont Besonderheiten der Strafverfolgung von Spionage für die DDR.

[847] Vgl. zu Art. 12 I BVerfGE 111, 10 (38); 142, 268 Rn. 64, 89; auch 148, 40 Rn. 48 f. („vertretbare Bewertung"); zu Art. 14 I BVerfGE 142, 74 Rn. 65, 72, 79; zu Art. 4 I, II BVerfGE 138, 296 Rn. 102.

[848] Vgl. *Sachs*, in: Stern, StaatsR III/2, S. 383 f.

[849] AbwM *Böckenförde/Mahrenholz* BVerfGE 69, 1 (57, 59 f.), gegenüber BVerfGE 28, 243 (261); 32, 40 (46); 69, 1 (21 f.); (nur verbal) strenger BVerfGE 81, 278 (292 f.); s. zum Ganzen *Sachs*, in: Stern, StaatsR III/2, S. 582 ff.

ordnung[850] grundsätzlich kein Übergewicht einer Seite.[851] Ohne spezielle Vorrangfestlegung des Grundgesetzes[852] kann eine Präponderanz allenfalls dadurch entstehen, dass mehrere geschützte Anliegen einem einzelnen gegenübertreten.[853]

157   Im Übrigen kommt es auf die Bedeutung der **Beeinträchtigungs- bzw. Nutzeffekte** an. Dabei ist das Gewicht von Grundrechtsbeeinträchtigungen[854] bei Nähe zum Menschenwürdekern, bei Berührung des Wesensgehalts oder sonst bei „besonders großer Wirkkraft eines Grundrechts",[855] bei heimlichen Eingriffen,[856] uU auch bei Beeinträchtigung mehrerer Grundrechte (→ vor Art. 1 Rn. 83, → vor Art. 1 Rn. 135) gesteigert, ebenso das Gewicht von Gemeinwohlbelangen, wenn sie vergleichbare Grundrechtsgüter betreffen oder (sonst) den Grundsätzen des Art. 79 III zuzuordnen sind. Im Ergebnis wird das maßstäbliche Defizit[857] gemildert, wenn das BVerfG Verfassungswidrigkeit nur bei deutlicher Unangemessenheit annimmt.[858]

## VII. Rechtsstaatliche Garantien für Organisation und Verfahren

158   Auch der materielle Rechtsstaat baut auf der Wahrung formeller Voraussetzungen auf, die **organisatorisch** und **verfahrensrechtlich** die Gewähr bieten, dass das Handeln der Staatsgewalt in der Sache gesetzmäßig und gerecht erfolgt. Ausdrückliche Garantien bestehen zumal für die Gerichtsbarkeit.[859] Zusätzlich werden den (materiellen) Grundrechten in ihrer objektiv-rechtlichen Bedeutung Anforderungen an Organisation und Verfahren entnommen (→ vor Art. 1 Rn. 34), die angesichts gesetzgeberischer Gestaltungsfreiheit nicht über rechtsstaatlich unverzichtbare Anforderungen hinausgehen.[860] Zur Notwendigkeit der Regelung einschlägiger Fragen durch Gesetz → Rn. 116 ff.

159   **1. Rechtsstaatliche Organisation.** Den Kern rechtsstaatlicher Organisationsanforderungen bildet die **Gewaltenteilung** (→ Rn. 79 ff.), die für den Binnenbereich der Rechtsprechung sowie der Verwaltung durch weitere Kriterien ergänzt wird. Zum Parlament → Art. 40 Rn. 1 ff.

160   Die Anforderungen an die **Gerichtsorganisation** sind weitgehend durch spezielle Bestimmungen abgedeckt, wie namentlich Art. 92, 95 I, 97, 101 I. Rechtsstaatliche Anliegen stehen auch hinter Art. 96 II. Die Ableitung zusätzlicher Anforderungen an die Gerichtsorganisation[861] allein aus dem Rechtsstaatsprinzip ist daneben problematisch.

161   Für die **Verwaltungsorganisation** finden sich kaum besondere Vorschriften. Immerhin mag man Art. 33 IV hierher zählen (→ Art. 33 Rn. 45 ff.; auch hier → Rn. 77) sowie die Regelungen zur Rechtsaufsicht in Art. 84 III, 85 IV 1. Zur Sicherung der Gesetzesbindung wird Rechtsaufsicht grundsätzlich auch über diese Bestimmungen hinaus generell für die Verwaltung zu verlangen sein;[862] im Übrigen erlaubt das Rechtsstaatsprinzip **grundsätzlich keine konkreten Folgerungen** für die Verwaltungsorganisation, etwa auf ein Optimierungsziel[863] oder eine Gewaltenteilung innerhalb der vollziehenden Gewalt.[864]

162   **2. Rechtsstaatliches Verfahren.** Die zentrale Verfahrensanforderung bzgl. der **Gerichtsbarkeit**[865] ist die **Eröffnung des Rechtswegs,** die Art. 19 IV (ferner Art. 14 III 4, 34 S. 3) gegenüber der öffentlichen Gewalt ausdrücklich, allerdings seit 1968 nicht mehr ausnahmslos,[866] garantiert.[867] Auch

[850] *Goerlich,* Wertordnung und Grundgesetz, 1973, S. 137 f.; *H. Schneider,* Die Güterabwägung des Bundesverfassungsgerichts bei Grundrechtskonflikten, 1979, S. 222 Fn. 7; *Sachs,* in: Stern, StaatsR III/2, S. 562; *Stern,* ebda, S. 828; anders wohl nur BVerfGE 7, 198 (215).

[851] Vgl. aber standardisierend etwa BVerfGE 115, 320 (345 f., 359); 120, 274 (326 ff.).

[852] Vgl. *Stern,* StaatsR III/2, S. 828, 832 ff.; *Sachs* ebda, S. 562 f.

[853] *Stern,* StaatsR III/2, S. 830 f.

[854] Dazu etwa für Informationseingriffe *Tanneberger,* Die Sicherheitsverfassung, 2014, S. 232 ff.

[855] So zu Art. 9 III BVerfGE 103, 293 (308); allgemein für Strafvorschriften BVerfGE 110, 226 (262); zu gesteigerten Anforderungen bei langdauernder Sicherungsverwahrung BVerfGE 109, 133 (159).

[856] BVerfGE 120, 274 (325 ff.); 120, 378 (402 f.); 141, 220 Rn. 105 ff.

[857] Zur Kritik *Stern,* StaatsR III/2, S. 828 f.

[858] BVerfGE 44, 353 (373); zum Einsatz von Strafrechtsnormen BVerfGE 96, 10 (23 ff.). Für bloßes „schwer wiegen" aber etwa BVerfGE 118, 168 (195); 120, 274 (322); für bloßes „überwiegen" BVerfGE 115, 320 (345 f.).

[859] Vgl. allgemein *Stern,* StaatsR I, S. 838 ff.; *Schmidt-Aßmann* HStR II, § 26 Rn. 74; *Grzeszick,* in: Maunz/Dürig, Art. 20 VII (2006) Rn. 129 ff.; s. im Einzelnen → Rn. 107, → Rn. 109 ff.

[860] Vgl. zu dieser Verbindungslinie ausdrücklich etwa BVerfGE 60, 253 (295 f.); s. auch → Rn. 163.

[861] Vgl. zur Verwaltungsgerichtsbarkeit *P. Stelkens* NVwZ 1991, 209 (215); *ders.* FS Redeker, 1993, S. 313 (315 f.); *Schenke/Ruthig,* in: Kopp/Schenke (Fn. 660), § 6 Rn. 1; zum rechtsstaatlichen Gebot einer wirksamen Verfassungskontrolle *Robbers* BK, Art. 20 (2010) Rn. 2630.

[862] Vgl. nur *Pieper* (Fn. 155), insbes. S. 237 ff.; auch → Rn. 41, → Rn. 44a.

[863] Dafür *Krebs* HStR V, § 108 Rn. 90, unter nicht überzeugendem Hinw. auf BVerfGE 63, 1 (34).

[864] Vgl. *W. Leisner* FG Maunz, 1971, S. 267 (270 ff.); *Schlink,* Die Amtshilfe, 1982, S. 15 ff.; *Krebs* HStR V, § 108 Rn. 91.

[865] Vgl. allgemein *Maurer* FS 50 Jahre BVerfG II, 2001, S. 467 ff.

[866] Vgl. Art. 10 II 2, Art. 19 IV 3; zu weiteren Begrenzungen → Art. 19 Rn. 151 ff.

[867] → Rn. 74; *Sobota* (Fn. 43), S. 201 f.; 513 f.; *Dorn,* Justizgewähranspruch und Grundgesetz, 2005, insbes. S. 89 ff.; → Art. 19 Rn. 6, → Art. 19 Rn. 151.

außerhalb dieses Bereichs ist staatliche **Justizgewährung** als Kehrseite des staatlichen Gewaltmonopols[868] prinzipiell[869] rechtsstaatliches Gebot.[870] Der Staat muss, vorbehaltlich grundgesetzlicher Ausnahmen, für **Streitigkeiten zwischen Privatpersonen** Möglichkeiten gerichtlicher Entscheidung sicherstellen,[871] für die – wie bei Art. 19 IV (→ Art. 19 Rn. 143 ff.) – das Gebot **effektiven Rechtsschutzes** mit seinen verschiedenen Anforderungen gilt.[872] Dazu gehört, dass der Zugang zu den Gerichten nicht unzumutbar erschwert wird[873] und auch Unbemittelten weitgehend gleich eröffnet ist **(Rechtsschutzgleichheit);**[874] die Rechtsverwirklichung muss durch Vollstreckungsverfahren sichergestellt sein.[875] Außerdem muss der Staat für eine funktionsfähige **Strafrechtspflege** sorgen[876] und verhängte Strafen grundsätzlich vollstrecken.[877] Sog. **Richtervorbehalte** (→ vor Art. 1 Rn. 99, → vor Art. 1 Rn. 116; → Art. 19 Rn. 120a, → Art. 19 Rn. 140) können wichtige rechtsstaatliche Sicherungen darstellen,[878] sind aber außerhalb der speziellen Bestimmungen des Grundgesetzes verfassungsrechtlich als solche grundsätzlich nicht zwingend.[879] Soweit gegen gerichtliche Entscheidungen Art. 19 IV nicht durchgreift (→ Art. 19 Rn. 120 ff.), sichert der Justizgewährungsanspruch den rechtsstaatlich gebotenen Rechtsschutz, insbesondere bei erstmaliger Verletzung von Verfahrensgrundrechten[880] oder auch bei Vergabeentscheidungen.[881]

Neben dem rechtlichen Gehör (→ Art. 103 Rn. 1 f.) sind aus dem Rechtsstaatsprinzip weitere **163** **Verfahrensgrundsätze** abzuleiten, die der **Fairness** des Verfahrens dienen (s. → Art. 2 Rn. 115 ff.; Art. 47 S. 2 GRC), wie namentlich Unbeteiligtsein[882] und Unbefangenheit des Richters,[883] der Ausschluss einer Selbstbelastungspflicht[884] und das auf Erweiterung angelegte umfassende Gebot eines

---

[868] Vgl. *Isensee* HStR II, § 15 Rn. 83 ff., 93; zum Gewaltmonopol allgemein *E. Klein,* in: Depenheuer/Grabenwarter (Fn. 337), § 19; auch BVerfGE 144, 20 Rn. 547; *C. Müller,* Das staatliche Gewaltmonopol, 2007; Gutmann/ Pieroth (Hrsg.), Die Zukunft des staatlichen Gewaltmonopols, 2011.

[869] Zur Geltung auch für und gegen Religionsgesellschaften BVerwGE 148, 271 Rn. 45 ff.; 149, 139 Rn. 9 ff.; 153, 282 Rn. 11 f.; auch BVerfG (K) NJW 2019, 1866 Rn. 4 ff.; allgemein → Art. 140/Art. 137 WRV Rn. 16 ff. Durchbrochen wird das Gebot durch Art. 46 I GG, vgl. ThürVerfGH NVwZ 2019, 546 Rn. 53 f., auch für entsprechend Landesrecht.

[870] Vgl. BVerfGE 148, 69 Rn. 53; *Papier* HStR VIII, § 176 Rn. 7 f., 12 ff.; *Voßkuhle/Kaiser* JuS 2014, 312 ff.

[871] StRspr, BVerfGE 93, 99 (107); 97, 169 (185); 107, 395 (407) (Plenum); 108, 341 (347); *Maurer* FS Bethge, 2009, S. 535 ff.; *Papier* HStR VIII, § 176 Rn. 12; *Uhle* HGR V, § 129 Rn. 53 ff.; *Zuck* NJW 2013, 1132; zu rechtsstaatlichen Grenzen für Gerichtsverfahren im Ausland wegen Strafschadensersatz BVerfGE 91, 335 (338 ff.); 108, 238 (246 ff.); BVerfG (K) NJW 2007, 3709 ff.; NJW 2013, 990 Rn. 13 ff.; EuGRZ 2016, 54 Rn. 44 ff.

[872] StRspr, BVerfGE 91, 176 (181); 108, 341 (347); 116, 135 (150 ff.); 117, 71 (121 ff.); 136, 382 Rn. 34; ferner etwa BVerfG (K) NJW 2014, 1796 f.; NZA 2015, 1403 Rn. 11; *Schmidt-Aßmann* HStR II, § 26 Rn. 74; *Uhle* HGR V, § 129 Rn. 53 ff. Für begrenzte Kontrolldichte bei Parteiausschluss BVerfG (K) NJW 2002, 2227.

[873] StRspr, BVerfGE 85, 337 (345 ff.); 88, 118 (124 f.); 118, 1 (23); BVerfG (K) NJW 2011, 2276 (2277); 2011, 2347 Rn. 12; NZA 2011, 354; WM 2013, 19 (19 f.); NJW 2013, 2881 Rn. 11 ff.; 2882 Rn. 15 ff.; 2016, 1570 Rn. 19; auch BGHZ 200, 145 Rn. 13.

[874] Vgl. BVerfGE 7, 53 (55 ff.); stRspr (auch zu Art. 19 IV), etwa BVerfGE 117, 163 (187); 122, 39 (49 ff.); BVerfG (K) NJW 2016, 1377 Rn. 20; 3228; MDR 2018, 1203; NVwZ 2018, 319 Rn. 8 ff.; NVwZ-RR 2020, 137 Rn. 21 ff.; BVerwGE 113, 92 f.; BGH NJW 2016, 2188 Rn. 15 ff.; MDR 2009, 499; *Bergner/C. Pernice,* in: Leitentscheidungen BVerfG II, 2011, S. 241 ff.; NRWVerfGH NVwZ 2019, 1511; zur Prozesskostenhilfe etwa *Robbers* BK, Art. 20 (2010) Rn. 2652 ff.; *Möbius,* Das Prinzip der Rechtsschutzgleichheit im Recht der Prozesskostenhilfe, 2014, S. 218 ff.; auch → Rn. 48; → Art. 19 Rn. 139.

[875] BVerfGE 141, 121 Rn. 44 (zum Insolvenzverfahren); auch BGH NJW 2014, 2288 Rn. 25; zu Grenzen der Rücksicht auf grundrechtliche Belange von Verurteilten BGH NJW 2008, 1000.

[876] BVerfGE 33, 367 (383); 129, 208 (256, 260); 133, 168 Rn. 57; 139, 245 Rn. 63, 68, 90 ff.; nur ausnahmsweise bestehen Ansprüche auf Strafverfolgung anderer, BVerfG (K) NJW 2015, 150 Rn. 9 ff.; NStZ-RR 2015, 347; NJW 2015, 3500 Rn. 11 ff.; s. auch *Holz,* Justizgewähranspruch des Verbrechensopfers, 2007; *Schmidt-Aßmann* HStR II, § 26 Rn. 71; *Schmidt-Jortzig* FS 50 Jahre BVerfG II, 2001, S. 505 ff. Zum Ausschluss nachteiliger Folgen redlich erstatteter Strafanzeigen BVerfGE 74, 257 (262); BVerfG (K) NJW 2001, 3474 (3475).

[877] BVerfGE 130, 372 (391); allgemein zur Durchsetzbarkeit *Papier* HStR VIII, § 176 Rn. 24.

[878] Vgl. etwa BVerfGE 103, 21 (34); 107, 299 (325); für Zusammenhang mit der Gewaltenteilung BVerfGE 139, 245 Rn. 57 ff.

[879] Weitergehend BVerfGE 120, 274 (331 ff.); 125, 260 (337 f.); 141, 220 Rn. 172 ff., 235; *Voßkuhle* HGR V, § 131 Rn. 33 ff.; ablehnend für Blutentnahmen BVerfG (K) NJW 2008, 3053 (3054).

[880] BVerfGE 107, 395 (401 ff., 407); 108, 341 (347 ff.).

[881] BVerfGE 116, 135 (150); zu den Problemen → Art. 19 Rn. 136.

[882] BVerfGE 3, 377 (381): „kein Richter in eigener Sache"; auch BVerfGE 14, 56 (69): „unbeteiligt".

[883] BVerfGE 37, 57 (65); *Stern,* StaatsR I, S. 847.

[884] BVerfGE 38, 105 (113); 110, 1 (31); das Persönlichkeitsrecht betonen BVerfGE 56, 37 (41 ff.); 95, 220 (241 f.); s. ferner BVerfG (K) NJW 2002, 1411 f.; 2005, 352 f.; 2014, 3506; BVerwG NVwZ-RR 2007, 691 Rn. 60 ff.; *Stern,* StaatsR I, S. 848; *Robbers* BK, Art. 20 (2010) Rn. 2926 ff.; ausführlich *Verrel,* Die Selbstbelastungsfreiheit im Strafverfahren, 2001; auch *Böse* GA 2002, 98 f.; zu den Grenzen vgl. BVerfGE 80, 109 (121 f.); BVerfG (K) NJW 1995, 1418; zum Steuerrecht BGHSt 47, 8 (12 ff.); BGH NJW 2002, 1134 f.; 1733 (1734); zum Verwaltungsverfahren *Bärlein/Pananonis* NJW 2002, 1825 ff. Heimliches Erlangen selbstbelastender Äußerungen soll nicht schlechthin ausgeschlossen sein, so BGHSt (GrSSt) 42, 139 (145 ff.); kritisch *Renzikowski* JZ 1997, 710 ff.; zuvor bereits *Roxin* NStZ 1995, 465 ff.; zur EMRK *Weiß* NJW 1999, 2236 f. Zur Geltung für juristische Personen → Art. 19 Rn. 70.

fairen Verfahrens als solches,[885] das bei einer Gesamtschau des Verfahrensrechts rechtsstaatlich unverzichtbare Elemente einschließt,[886] wie etwa Ansprüche auf Gehör bei nichtrichterlicher Entscheidung,[887] auf faire Handhabung des Beweisrechts,[888] auf Belehrung über die Möglichkeit der Wiedereinsetzung nach Justizfehlern,[889] auf angemessene Beschleunigung des Strafverfahrens[890] sowie im Strafverfahren freie Verteidigerwahl[891] bzw. Beiordnung einer Pflichtverteidigung in schwerwiegenden Fällen.[892] Zur Unschuldsvermutung s. → Art. 103 Rn. 46. Verständigungen im Strafprozess sind nur in engen gesetzlichen Grenzen zulässig.[893] Der Richter darf sich nicht widersprüchlich verhalten, aus ihm zuzurechnenden Fehlern keine Verfahrensnachteile ableiten und ist allgemein zur Rücksichtnahme gegenüber den Verfahrensbeteiligten verpflichtet.[894] Offen geblieben ist noch, ob die Überführung mittels polizeilicher Tatprovokation eine Verurteilung ausschließt.[895] In diesem Kontext gehört auch die Waffengleichheit der Prozessbeteiligten.[896]

**164**      Als Konsequenz des Gebots **effektiven Rechtsschutzes** müssen grundsätzlich eine umfassende Sach- und Rechtsprüfung[897] sowie als Ergebnis eine verbindliche[898] und ggf. vollstreckbare[899] Entscheidung garantiert sein, die auch nach durch Neuregelungen zu behebenden Gleichheitsverletzungen[900] in angemessener Zeit ergehen muss.[901] Diskutiert werden ferner eine Begründungspflicht für Entscheidungen[902] und Maximen wie die Mündlichkeit oder die Öffentlichkeit des Verfahrens.[903] Nicht garantiert sieht das BVerfG einen Instanzenzug;[904] werden Rechtsmittel zugelassen,

---

[885] BVerfGE 39, 156 (163), stRspr, BVerfGE 103, 44 (64); 130, 1 (25 f.); 144, 20 Rn. 416 ff.; BVerfG (K) NJW 2014, 205; BeckRS 2015, 41992 Rn. 13 f.; NJW 2015, 1235 Rn. 19 ff.; NStZ 2016, 422 (423); BGH NStZ 2005, 115 f.; BVerwGE 128, 189 Rn. 26; BAGE 117, 370 Rn. 14 ff.; insbesondere zum Strafverfahren *Hartmann/Apfel* Jura 2008, 495 ff. Vgl. unter Rückgriff auf Art. 6 I EMRK BVerfGE 140, 317 Rn. 98 ff.; BGHSt 45, 321 (335 ff.); 47, 44 (47 f.); EGMR (GK) NJW 2009, 3565 ff. (polizeiliche Anstiftung); allgemein *Dorn* (Fn. 867), S. 328 ff.; *Grabenwarter*, Verfahrensgarantien in der Verwaltungsgerichtsbarkeit, 1997, S. 595 ff. Rechtsvergl. *Weissbrodt/Wolfrum* (Eds.), The right to a Fair Trial, 1997. Zum Parteiverbotsverfahren → Art. 21 Rn. 184 (zu BVerfGE 107, 339 ff.).

[886] Vgl. bei Rücksicht auch auf die Wirksamkeit der Strafrechtspflege BVerfGE 122, 248 (271 ff.); 133, 168 Rn. 59; BVerfG (K) NJW 2015, 1083 Rn. 31 f.

[887] BVerfGE 101, 397 (405) (für Entscheidungen des Rechtspflegers).

[888] BVerfGE 106, 28 (48); 117, 202 (240); BVerfG (K) NJW 2001, 2245 (2246 f.); NVwZ 2005, 1175 f.; s. auch EGMR NJW 2003, 2893 f.; BVerwGE 135, 24 Rn. 20; 140, 199 Rn. 18; BGHSt 49, 112 (118 ff.). Zur Notwendigkeit einer tragfähigen Grundlage der Strafzumessung BVerfGE 118, 212 (230 ff.). Gegen notwendige Unverwertbarkeit rechtsfehlerhaft gewonnener Beweise BVerfGE 130, 1 (25 ff.); BVerfG (K) EuGRZ 2011, 183 Rn. 10; VerfGH RhPf NJW 2014, 1434 (1438); s. allgemein auch *Jahn*, Gutachten C zum 67. DJT, 2008, Band I; Referate zum 67. DJT 2008, Band II/1, L 9 ff. bzw. 23 ff. bzw. 45 ff.; *Beulke* Jura 2008, 653 ff.; *Rogall* JZ 2008, 818 ff.; *Muthorst*, Das Beweisverbot, 2009.

[889] BVerfGE 110, 339 (342); BVerfG (K) NJW 2005, 2137 (2138); 3629 f.; *Robbers* BK, Art. 20 (2010) Rn. 2645.

[890] Vgl. für Strafverfahren BVerfGE 117, 71 (121, 124 f.); 122, 248 (279 f.); zur Berücksichtigung von Verzögerungen bei der Strafzumessung s. BVerfG (K) NStZ 1997, 591; s. auch BGH NJW 2008, 860 ff.; zur Verfahrensdauer allgemein → Rn. 164.

[891] BVerfGE 133, 168 Rn. 63.

[892] BVerfGE 39, 238 (243); 46, 202 (210 f.); 63, 380 (391); 110, 226 (261); auch BVerfGE 70, 297 (322 f.), bei Unterbringung; *Stern*, StaatsR I, S. 847 f.; zur Akteneinsicht im Haftprüfungsverfahren BVerfG (K) NJW 1994, 3219 (3220). S. zu Art. 6 EMRK EGMR (GK) NJW 1999, 2353 f.; NJW 2009, 3707 ff.; allgemein *Rzepka*, Zur Fairness im deutschen Strafverfahren, 2000.

[893] BVerfGE 133, 168 Rn. 64 ff.; auch BVerfG (K) NJW 2014, 3506 f.; NStZ 2015, 172 (173). Dazu etwa *Kudlich* NStZ 2013, 379 ff.; *F. Meyer* NJW 2013, 1850 ff.; *Weigend* StV 2013, 424 ff.; zu empirischen Grundlagen *Altenhain/Dietmeier/May*, Die Praxis der Absprachen in Strafverfahren, 2013.

[894] BVerfGE 78, 123 (126); BVerfG (K) NJW 1996, 3202; 1998, 2044 f.; 2008, 2167 (2168) (bei Normverkündungsfehler); BVerwG NVwZ 2001, 94 ff.

[895] BVerfG (K) NJW 2015, 1083 Rn. 34.

[896] BVerfGE 52, 131 (144, 156 f.); 108, 150 (162); 110, 226 (252 f.); BVerfG (K) NJW 2018, 3631 Rn. 12 ff.; 3634 Rn. 25 ff.; restriktiv BVerfGE 122, 248 (272, 275); näher *Degenhart* HStR V, § 115 Rn. 20, 40; *Sachs* HStR VIII, § 183 Rn. 111 f.

[897] BVerfGE 54, 277 (291); 84, 366 (369); 85, 337 (345); 101, 275 (294 f.); BVerfG (K) LKV 2005, 116.

[898] BVerfGE 54, 277 (291); 85, 337 (345); 88, 118 (124); für Art. 19 IV 1 vgl. BVerfGE 60, 253 (269 f.); s. auch *Schmidt-Aßmann* HStR II, § 26 Rn. 74.

[899] *Schmidt-Aßmann* HStR II, § 26 Rn. 74; auch → zu Fn. 874.

[900] BVerfG (K) NVwZ 2018, 1138 Rn. 10 ff.

[901] Vgl. etwa BVerfGE 88, 118 (124); 93, 99 (107 f.); BVerfG (K) EuGRZ 2009, 695 ff.; NJW-RR 2010, 207 ff.; NJW 2013, 3432 Rn. 17 ff.; BGHZ 200, 20 Rn. 25; OVG SachsAnh NVwZ 2012, 1637 (1638); drängend EGMR NJW 2010, 3355 ff.; *Papier* HStR VIII, § 176 Rn. 21 f. Zur Bedeutung für die Rechtssicherheit → Rn. 122. Zur Frage der Ausstattung der Gerichte → Art. 19 Rn. 12. Zum ÜberlVfRSchG mit Entschädigungsanspruch in Reaktion auf EGMR NJW 2006, 2389 ff.; 2010, 3355, *Althammer/Schäuble* NJW 2012, 1 ff.; *Guckelberger* DÖV 2012, 289 ff.; *W.-R. Schenke* NVwZ 2012, 257 ff.; *Barczak* AöR 138 (2013), 536 ff.; *Pietron*, Die Effektivität des Rechtsschutzes gegenüber überlanger Verfahrensdauer, 2016; *Schubert*, Vorgaben des Grundgesetzes und der Europäischen Menschenrechtskonvention für einen Rechtsschutz gegen überlange Gerichtsverfahren, 2016; *Eleftheriadis*, Der Entschädigungsanspruch gemäß § 198 bei überlangen Gerichtsverfahren, 2018.

[902] Vgl. BVerfGE 40, 276 (286); 71, 122 (135 f.); BVerfG (K) NVwZ-Beilage I, 1999, 10 (11); auch BVerfGE 55, 205 (206); gegen Begründungspflicht bei im Instanzenzug unanfechtbaren Gerichtsentscheidungen BVerfGE 50, 287 (289 f.); 94, 166 (210); BVerfG (K) NJW 2004, 1371 (1372); allgemein zur Begründung als Rechtsstaatselement

ist grundsätzlich in allen Instanzen wirksamer Rechtsschutz zu gewähren.[905] Auch gilt der Grundsatz der Rechtsmittelklarheit; diesbezügliche Defizite können eine Rechtsmittelbelehrung gebieten.[906] S. auch zu Art. 19 IV → Art. 19 Rn. 143 ff.

Auch für das **Verwaltungsverfahren** werden dem Rechtsstaatsprinzip Mindestanforderungen ent- **165** nommen,[907] die heute in den VwVfG weitgehend berücksichtigt sind[908] und zumeist als Ausdruck der Verfahrensfairness erscheinen,[909] vgl. insbes. §§ 20, 21, 28 und § 39 VwVfG.[910] Zu Vorwirkungen der Rechtsweggarantie → Art. 19 Rn. 140, → Art. 19 Rn. 143a. Sanktionslosigkeit von Verfahrensfehlern relativiert die Bedeutung der rechtsstaatlich gebotenen Verfahrensbindungen; es ist daher nicht unbegrenzt zulässig, die Verletzung von Verfahrensvorschriften gesetzlich von allen nachteiligen Rechtsfolgen freizustellen. Die Erweiterung der Heilungsmöglichkeit[911] und des Ausschlusses des Aufhebungsanspruchs durch die neue Fassung der §§ 45, 46 VwVfG für Verfahrensmängel von Verwaltungsakten bedarf verfassungskonform restriktiver Auslegung, um die Grenzen des rechtsstaatlich noch Vertretbaren nicht zu überschreiten.[912] Das BVerfG sieht die relativ unbestimmten Leitlinien des Rechtsstaatsprinzips für VwVf auch bei der Ausgestaltung des Flughafenverfahrens in Asylsachen gewahrt.[913] Aus dem Wesen rechtsstaatlicher Planung wird das auch verfahrensbezogene Gebot einer umfassenden Abwägung abgeleitet.[914]

# H. Das Widerstandsrecht (Abs. 4)

## I. Entstehung und allgemeine Bedeutung

Das Widerstandsrecht gegen den pflichtvergessenen Herrscher war seit der Antike anerkannt und bis **166** zum Absolutismus vielfach auch verbrieft. In der Unabhängigkeitserklärung der USA und in Art. 2 der Französischen Déclaration 1789 noch anerkannt, erlangte es im deutschen Konstitutionalismus kaum mehr Bedeutung.[915] Die Herrschenden sollten an die Verfassungen gebunden, diese anderweitig geschützt werden. Für ein Widerstandsrecht sah man auch **im** demokratischen **Verfassungsstaat** von Weimar keinen Raum.[916]

Nach den Erfahrungen mit dem NS-System[917] wurden in den **Landesverfassungen** von Hessen, **167** Art. 147 I, und Bremen, Art. 19, das Recht und sogar die Pflicht zum Widerstand festgelegt.[918] Doch entschied sich der **ParlRat** wegen der Schwierigkeiten der praktischen Ausführung dagegen, ein Widerstandsrecht auch in das Grundgesetz aufzunehmen.[919] Unabhängig davon hat das BVerfG im

---

Lücke, Begründungszwang und Verfassung, 1987, S. 39 ff., insbesondere 88 ff.; *Sobota* (Fn. 43), S. 484, 503 f.; *Kischel,* Die Begründung, 2003, S. 63 ff.

[903] Dazu grds. BVerfGE 103, 44 (63 ff.); BVerfG (K) NJW 2012, 1863 Rn. 32 ff.; NJW 2015, 1235 Rn. 19 ff.; auch → Rn. 18; zur Entscheidung ohne mündliche Verhandlung unter dem Aspekt des Art. 103 I BVerfGE 60, 175 (211 f.); 89, 381 (391); gegen Verfassungsgrundsätze BVerfGE 15, 303 (307); wN bei *Robbers* BK, Art. 20 (2010) Rn. 2950 ff.; *Stern,* StaatsR I, S. 848 f.

[904] StRspr., BVerfGE 4, 74; 89, 381 (390); 118, 212 (239 f.); BVerfG (K) NZA 2019, 1649 Rn. 5; s. auch → Art. 19 Rn. 120; → Art. 103 Rn. 48; *Robbers* BK, Art. 20 (2010) Rn. 2720 ff.

[905] BVerfGE 122, 248 (271) mwN; BVerfG (K) NJW 2009, 572 (573); 2018, 3699 Rn. 11; auch → Art. 19 Rn. 121, Art. 19 Rn. 143; *Robbers* BK, Art. 20 (2010) Rn. 2735 ff.

[906] BVerfGE 107, 395 (416 f.) (Plenum), im Anschluss an BVerfGE 93, 99 (108); BGHZ 150, 390 (393 ff.); *Britz/Pfeifer* DÖV 2004, 245 ff.

[907] So jenseits gesetzlicher Regelungen etwa BVerfGE 153, 48 Rn. 12 zu dienstlichen Beurteilungen.

[908] Im Überblick *Schmitz* SBS VwVfG, § 1 Rn. 42.

[909] *Stern,* StaatsR I, S. 825 Fn. 377; für Prüfungsverfahren etwa BVerwGE 107, 363 (368 f., 376).

[910] Vgl. *Schmidt-Aßmann* HStR II, § 26 Rn. 76; insges. hierzu *Schmitz* SBS VwVfG, § 1 Rn. 42.

[911] Gegen Heilung bei Fehlen rechtsstaatlich gebotener Anhörung BVerwGE 113, 112 (113).

[912] Näher *Sachs* SBS VwVfG, § 45 Rn. 13, 103 ff., § 46 Rn. 5 ff.; restriktiv auch *Langenbach,* Der Anhörungseffekt, 2017. Zum Eigenwert des Verwaltungsverfahrens *Gurlit* und *Fehling* VVDStRL 70 (2011), 227 ff. bzw. 278 ff.

[913] BVerfGE 94, 166 (202 ff.) mit abwM, ebda. 223 (239 f.).

[914] BVerwGE 41, 58 (68 f.); 144, 284 Rn. 41, auch zur materiellen Seite: s. ferner → Rn. 137, → Rn. 155.

[915] S. immerhin den in § 21 Hs. 2 VU Württ. 1819 geforderten (nur) „verfassungsmäßigen Gehorsam".

[916] Vgl. zur (Ideen-)Geschichte des Widerstandsrechts *Wolzendorff,* Staatsrecht und Naturrecht in der Lehre vom Widerstandsrecht des Volkes gegen rechtswidrige Ausübung der Staatsgewalt, 1916, S. 6 ff.; *Isensee,* Das legalisierte Widerstandsrecht, 1969, S. 7 ff.; *Stern,* StaatsR II, S. 1488 ff.; *Höfling* HGR V, § 121 Rn. 1 ff.; *Robbers* BK, Art. 20 (2014) Rn. 3401 ff.; *Schmahl* JöR nF 55 (2007), 99 (100 ff.); *Sommermann,* Staat 54 (2015), 575 ff.; *Schieder,* Ethisch motivierter Rechtsungehorsam, 2018; Beiträge in Zehnpfennig (Hrsg.), Politischer Widerstand, 2017; *Schweikard* ua (Hrsg.), Ein Recht auf Widerstand gegen den Staat?, 2018; zum Völkerrecht *Elpel,* Das Widerstandsrecht, 2017.

[917] *Stern,* StaatsR II, S. 1498; *B. Koch,* Rechtsbegriff und Widerstandsrecht, 1985, S. 80 ff.

[918] *Wührer,* Das Widerstandsrecht in den deutschen Verfassungen nach 1945, 1973, S. 67 ff. Vgl. auch Art. 4 I 3 DDR-Verf. 1949: „ [...] gegen Maßnahmen, die den Beschlüssen der Volksvertretung widersprechen [...]"; Art. 6 II Verf. Mark Bbg 1947: „Gegen Gesetze, die gegen Moral und Menschlichkeit verstoßen, [...]." Art. 4 II DDR-Verf. 1949 sah jeden Bürger verpflichtet, die Verfassung „gegen ihre Feinde zu verteidigen." S. heute ferner Art. 36 III BlnVerf; eng an Art. 20 IV angelehnt Art. 114 SachsVerf; Art. 21 V LSAVerf Dazu und international vergleichend *Robbers* BK, Art. 20 (2014) Rn. 3453 ff.

[919] *Stern,* StaatsR II, S. 1497; *Höfling* HGR V, § 121 Rn. 5.

KPD-Urteil erwogen, „ein Widerstandsrecht gegen ein evidentes Unrechtsregime [...] in der grundgesetzlichen Ordnung anzuerkennen".[920] Seine **Positivierung** wurde und wird mit Recht bis heute
überwiegend **skeptisch** gesehen.[921]

**168**     Dennoch wurde in der Notstandsverfassung aufgrund eines politischen Tauschgeschäfts[922] in Art. 20
IV ein praktisch kaum relevantes Widerstandsrecht verankert (→ Rn. 176); dies war ein Stück **sym-
bolischer Verfassungsgesetzgebung,** mit der das Grundgesetz für den Fall des Versagens seiner
Vorkehrungen die Mitglieder des Staatsvolkes auf sich selbst verweist.[923]

**169**     Zumindest im Rahmen des Grundgesetzes ist das Widerstandsrecht ungeachtet häufiger sprachlicher
Verquickung[924] von den in der gegenwärtigen Situation praktisch ungleich wichtigeren (primär gewis-
sensgetragenen [dazu → Art. 4 Rn. 108] oder auch nur als dramatisches Mittel der Einwirkung auf den
Prozess der öffentlichen Meinungsbildung eingesetzten) Verhaltensweisen eines **„zivilen Ungehorsams"** klar zu trennen,[925] dessen Rechtfertigung jedenfalls nicht aufgrund des Art. 20 IV möglich ist.[926]

## II. Voraussetzungen und Rechtsfolgen

**170**     **1. Voraussetzungen.** Die **Widerstandsberechtigung** ist (nur) **allen Deutschen** eingeräumt, also
den Mitgliedern des Staatsvolks, dessen verfassunggebende Entscheidung bedroht wird. Ein Ausschluss
der Statusdeutschen des Art. 116 I oder eine Beschränkung auf Wahlberechtigte[927] ist vor dem Wortlaut der Verfassung jedenfalls heute nicht mehr zu rechtfertigen. Juristische Personen des Privatrechts
können nach Art. 19 III Träger des Rechts sein (→ Art. 19 Rn. 86). Staatsorgane können sich nicht
auf Art. 20 IV stützen.[928] Zu den spezifisch grundrechtsgeschützten Aufgaben ör Rundfunkanstalten
und Hochschulen (→ Art. 19 Rn. 96 f.) gehört der Widerstand nicht.[929]

**171**     Die **Widerstandssituation** ist mit vier Merkmalen beschrieben. Das **Schutzobjekt** umfasst die
„verfassungsmäßige Ordnung" des Abs. 3 in ihrer wesensmäßigen Gesamtheit, für die die Grundsätze des Art. 20 I–III konstituierend sind.[930] Die **Beseitigung** „dieser Ordnung" ist (schon und erst)
mit dem zumindest faktischen Ausfall eines der Kernelemente der Verfassung anzunehmen.[931] Allerdings genügt ein entsprechendes **Unternehmen,** also der Versuch – nicht schon die Vorbereitungs-
handlung[932] – oder die Vollendung – nicht mehr nach Beendigung.[933] **Unternehmender** kann

---

[920] BVerfGE 5, 85 (376).

[921] *H. H. Klein* DÖV 1968, 865 (867); *Kröger,* Widerstandsrecht und demokratische Verfassung, 1971; *Stern,*
StaatsR II, S. 1498; *Schnapp,* in: v. Münch/Kunig I, Art. 20 Rn. 79; *Sommermann* MKS II, Art. 20 Rn. 339; *Schwarz*
HStR XII, § 282 Rn. 28 f.; insges. positiv *Robbers* BK, Art. 20 (2014) Rn. 3379 ff.; *Weyand,* in: Schneider/Wahl
(Hrsg.), Herausforderungen für das Recht der zivilen Sicherheit in Europa, 2016, S. 247 ff.; wohl auch *Höfling* HGR
V, § 121 Rn. 9 ff.; *Grzeszick,* in: Maunz/Dürig, Art. 20 IX (2014) Rn. 2.

[922] Näher *H. H. Klein* DÖV 1968, 865 ff.; *Böckenförde* JZ 1970, 168 ff.; *Schmahl* JöR nF 55 (2007), 99 (104 ff.);
*Stern,* StaatsR II, S. 1503 ff.; *Robbers* BK, Art. 20 (2014) Rn. 3442 ff.; wohl abweichend *Johst,* Begrenzung des
Rechtsgehorsams, 2016, S. 213 ff.

[923] *Isensee* (Fn. 916), S. 33; s. auch *Stern,* StaatsR II, S. 1510; positiv *Fletcher* KritV Sonderheft 2000, S. 50 ff;
*Robbers* BK, Art. 20 (2014) Rn. 3397 f.; wohl auch *Wittreck,* in: Dreier II, Art. 20 IV (Widerstandsrecht) Rn. 15:
„Verfassungserwartung".

[924] Vgl. aus der Diskussion etwa Saladin/Sitter (Hrsg.), Widerstand im Rechtsstaat, 1988; *Kleger,* Der neue
Ungehorsam, 1993; *Hennecke* FS Mahrenholz, 1994, S. 187 ff.; *Dobler,* Recht auf demokratischen Ungehorsam, 1995;
*v. Arnim* DVBl 2012, 879 ff.; *ders.* (Hrsg.), Widerstand, 2012.

[925] BVerfGE 73, 206 (250), betont den Unterschied zum Widerstandsrecht gegenüber einem Unrechtssystem,
dem Art. 20 IV vorbeugen soll; ferner etwa *Laker,* Ziviler Ungehorsam, 1986, S. 98 ff., 118 f.; *Enders* Staat 25 (1986),
351 ff.; *Robbers* BK, Art. 20 (2014) Rn. 3581 ff.; auch *Johst* (Fn. 922), S. 227 ff.

[926] So auch *Höfling* HGR V, § 121 Rn. 32; *Schwarz* HStR XII, § 282 Rn. 5; *Wittreck,* in: Dreier II, Art. 20 IV
(Widerstandsrecht) Rn. 25; *Grzeszick,* in: Maunz/Dürig, Art. 20 IX (2014) Rn. 24. Gegen die (juristische) Recht-
fertigungsfähigkeit für Sitzblockaden BVerfGE 73, 206 (259 ff.); für demonstrativen Rauschmittelbesitz BVerfG (K)
NStZ 1997, 498.

[927] So noch *Isensee* (Fn. 916), S. 50 ff.; *Stern,* StaatsR II, S. 1514 f.; aA *Schnapp,* in: v. Münch/Kunig I, Art. 20
Rn. 80; *Grzeszick,* in: Maunz/Dürig, Art. 20 IX (2014) Rn. 14; auch *Schwarz* HStR XII, § 282 Rn. 24; (gegenüber
Altersgrenzen) *Robbers* BK, Art. 20 (2014) Rn. 3544.

[928] *Schmahl* JöR nF 55 (2007), 99 (115); *Höfling* HGR V, § 121 Rn. 17, 33; *Grzeszick,* in: Maunz/Dürig, Art. 20
IX (2014) Rn. 15; auch → Rn. 172.

[929] Anders zumal für Rundfunkanstalten *Sommermann* MKS II, Art. 20 Rn. 344; *Schwarz* HStR XII, § 282
Rn. 25; undeutlich *Grzeszick,* in: Maunz/Dürig, Art. 20 IX (2014) Rn. 16.

[930] Ähnlich *Stern,* StaatsR II, S. 1512 f.; *Höfling* HGR V, § 121 Rn. 20; wohl enger *Schmahl* JöR nF 55 (2007), 99
(110); mit Art. 79 III gleichsetzend *Murswiek* FS Fiedler, 2011, S. 251 (255); *ders.* FS Kloepfer, 2013, S. 121 (130);
*Schwarz* HStR XII, § 282 Rn. 17.

[931] Zustimmend *Höfling* HGR V, § 121 Rn. 21; *Grzeszick,* in: Maunz/Dürig, Art. 20 IX (2014) Rn. 20; im
Ergebnis wie hier auch *Robbers* BK, Art. 20 (2014) Rn. 3493; wohl *Schmahl* JöR nF 55 (2007), 99 (110 ff.); weiter
*Stern,* StaatsR II, S. 1517, 1512 f.

[932] *Isensee* (Fn. 916), S. 25; *Schwarz* HStR XII, § 282 Rn. 20; *Grzeszick,* in: Maunz/Dürig, Art. 20 IX (2014)
Rn. 21; auch *Schmahl* JöR nF 55 (2007), 99 (112 m. Fn. 93).

[933] Vgl. *Stern,* StaatsR II, S. 1516; *Heinemann,* in: Thiel (Hrsg.), Wehrhafte Demokratie, 2003, S. 99 (114 ff.);
anders *Höfling* HGR V, § 121 Rn. 24; *Schwarz* HStR XII, § 282 Rn. 21; *Grzeszick,* in: Maunz/Dürig, Art. 20 IX
(2014) Rn. 22; *Robbers* BK, Art. 20 (2014) Rn. 3521.

„jeder" sein; die Formulierung umfasst alle natürl. und juristischen Personen im In- und Ausland,[934] unabhängig davon, ob sie unter Missbrauch ihnen übertragener oder angemaßter Organschaft und der damit verknüpften Staatsgewalt agieren oder nicht.[935]

Entscheidende Bedeutung gegenüber einem Ausufern des Widerstandsrechts hat die **Subsidiaritäts-** 172 **klausel.** Andere Abhilfe meint die wirksame Vereitelung des Unternehmens durch Staatsorgane[936] im Rahmen ihrer Befugnisse.[937] Ihre Unmöglichkeit hängt nicht (nur) vom Fehlen aussichtsreicher Rechtsbehelfe ab,[938] sondern davon, dass zur Abhilfe berufene Staatsorgane dazu nicht willens oder fähig sind.[939] Die objektive Unmöglichkeit anderweitiger Abhilfe impliziert zwar nicht die oft geforderte Evidenz;[940] doch geht das Risiko der Fehleinschätzung zu Lasten des irrig Widerstand Leistenden.[941]

**2. Rechtsfolgen.** „Das Recht zum Widerstand" hat die Wirkung, andernfalls **verbotenes Ver-** 173 **halten zu rechtfertigen.**[942] Das in Frage kommende Tun oder Unterlassen muss „zum Widerstand" erfolgen, also mit der Absicht, die Beseitigung der verfassungsmäßigen Ordnung zu behindern.[943] Von dieser Absicht nicht gedeckte Rechtsverstöße sind nicht gerechtfertigt; dies entspricht – auf der subjektiven Ebene – der Erforderlichkeit der Notwehrhandlung[944] und schließt deren Eignung ein. Dagegen kann Proportionalität mit Rücksicht auf die Beschränkung der Richtung des Widerstandes (→ Rn. 174 f.) nicht verlangt werden.[945]

Nach der Formulierung des Abs. 4 darf sich der Widerstand nur gegen die Person richten, die die 174 Verfassung zu beseitigen sucht, nicht gegen ihre Bemühungen schlechthin. Gerechtfertigt werden daher unter Durchbrechung der grundrechtlichen Schutzpflicht[946] **nur Beeinträchtigungen der Rechte des Angreifers;** zusätzlich können Verstöße gegen die **(nur) objektive staatliche Rechtsordnung** einbezogen werden, deren Grundlagen gerettet werden sollen.

Dagegen bietet Art. 20 IV **keine Grundlage für Übergriffe in Rechte Dritter.**[947] Die Freigabe 175 aller (!) Rechte Unbeteiligter für den allenfalls durch Verhältnismäßigkeitserwägungen gehemmten Widerstandseingriff jedes (!) Deutschen widerspricht der – daran gemessen großen – Behutsamkeit, mit der das Grundgesetz die Grundrechtsbindung der Staatsgewalt zum Zwecke der Verteidigung der Verfassungsordnung und des Bestandes des Staates generell und selbst im Verteidigungsfall lockert.[948] Danach mag die Effektivität des Widerstandsrechts problematisch sein,[949] doch gibt das Grundgesetz selbst in der extremen Situation des Art. 20 IV nicht die Grundrechte preis, deren Wahrung doch seine ratio essendi ist.

Das vorbehaltlos garantierte Widerstandsrecht kann gesetzlich mangels begrenzender Verfassungs- 176 bestimmungen weder unmittelbar verkürzt noch behördlichen Einschränkungen unterworfen werden; dahingehende Staatsakte könnten als Verletzungen eines grundrechtsgleichen Rechts (→ vor Art. 1 Rn. 17) mit der **Verfassungsbeschwerde** nach Art. 93 I Nr. 4a gerügt werden, ohne dass der Widerstandsfall eingetreten sein müsste.[950] Auch wegen Widerstandshandlungen verhängte Sanktionen,

---

[934] So auch *Höfling* HGR V, § 121 Rn. 22, 25; *Stern,* StaatsR II, S. 1517 f., der Besatzungsmächte ausnimmt, ebda, S. 1519; auch überstaatl. Gebilde kommen in Betracht. Für Anwendung des Art. 20 IV gegenüber der Judikatur des EuGH *Fisahn* juridikum 2012, 302 (312).

[935] *Stern,* StaatsR II, S. 1518.

[936] *Stern,* StaatsR II, S. 1520.

[937] So *Isensee* (Fn. 916), S. 32 f.; *Schwarz* HStR XII, § 282 Rn. 23; für Abhilfepflicht iR der jew. Kompetenzen *Murswiek* FS Kloepfer, 2013, S. 121 (130); eine Überschreitung der Befugnisse zur Rettung der Verfassung, auch eine „Abhilfe" durch das BVerfG außerhalb seiner Zuständigkeiten, vgl. BVerfGE 89, 155 (180), ist selbst Widerstandshandlung der Organwalter.

[938] Hierauf bezogen BVerfGE 5, 85 (377); 89, 155 (180); 123, 267 (333); auch *Schnapp,* in: v. Münch/Kunig I, Art. 20 Rn. 82. Gegen eine Verfassungsbeschwerde zwecks Abhilfe (dafür *Murswiek* FS Fiedler, 2011, S. 251 [256 ff.]) BVerfGE 135, 317 Rn. 132; *Sachs* FS Stern, 2012, S. 597 (609 ff.).

[939] *Stern,* StaatsR II, S. 1520 f.; *Schwarz* HStR XII, § 282 Rn. 23.

[940] Dafür etwa *Stern,* StaatsR II, S. 1521; *Sommermann* MKS II, Art. 20 Rn. 349; *Schmahl* JöR nF 55 (2007), 99 (116).

[941] Ausdrücklich *Höfling* HGR V, § 121 Rn. 26; *Schwarz* HStR XII, § 282 Rn. 23.

[942] *Isensee* (Fn. 916), S. 87 ff.; *Schwarz* HStR XII, § 282 Rn. 27; *Grzeszick,* in: Maunz/Dürig, Art. 20 IX (2014) Rn. 22; *Wittreck,* in: Dreier II, Art. 20 IV (Widerstandsrecht) Rn. 16.

[943] Ähnlich *Robbers* BK, Art. 20 (2014) Rn. 3558 ff.

[944] Dazu *Isensee* (Fn. 916), S. 70 ff.; *Stern,* StaatsR II, S. 1521 f.

[945] Anders *Isensee* (Fn. 916), S. 73 ff.; *Stern,* StaatsR II, S. 1521 f.; *Sommermann* MKS II, Art. 20 Rn. 352; *Robbers* BK, Art. 20 (2014) Rn. 3576; gegen den „Tyrannenmord" *Bertram,* Das Widerstandsrecht des Grundgesetzes, 1970, S. 83 ff.

[946] *Sachs* FS Azrak, 2008, S. 293 (304); zustimmend *Höfling* HGR V, § 121 Rn. 29.

[947] Wie hier *Frankenberg,* AK GG, Art. 20 Abs. 4 (2001) Rn. 12; *Höfling* HGR V, § 121 Rn. 30; *Schwarz* HStR XII, § 282 Rn. 27; wohl auch *Grzeszick,* in: Maunz/Dürig, Art. 20 IX (2014) Rn. 27; gegen „tiefergehende Einwirkungen" *Weyand* (Fn. 921), S. 260; anders *Stern,* StaatsR II, S. 1522; *Robbers* BK, Art. 20 (2014) Rn. 3577 f.; mit der alleinigen Ausnahme der Tötung Unbeteiligter *Blank,* Die strafrechtliche Bedeutung des Art. 20 IV GG (Widerstandsrecht), 1982, S. 122 ff.; ähnlich *Schmahl* JöR nF 55 (2007), 99 (117).

[948] Vgl. *Sachs,* in: Stern, StaatsR III/2, S. 434.

[949] *Isensee* (Fn. 916), S. 99 ff.

[950] Dem folgend *Höfling* HGR V, § 121 Rn. 12; auch *Robbers* BK, Art. 20 (2014) Rn. 3475.

wie namentlich Strafurteile, wären als Verstöße gegen Art. 20 IV unzulässig und notfalls mit der Vb zu bekämpfen, was freilich bei Erfolg des Widerstands vielfach nicht nötig sein dürfte, andernfalls kaum Erfolg verspräche. Der Versuch, die verfassungsmäßige Ordnung zu beseitigen, kann nicht als Verletzung des Art. 20 IV gerügt werden.[951]

## Art. 20a [Schutz der natürlichen Lebensgrundlagen und der Tiere]

**Der Staat schützt auch in Verantwortung für die künftigen Generationen die natürlichen Lebensgrundlagen und die Tiere im Rahmen der verfassungsmäßigen Ordnung durch die Gesetzgebung und nach Maßgabe von Gesetz und Recht durch die vollziehende Gewalt und die Rechtsprechung.**

**Entstehungsgeschichte:** G zur Änd. des GG v. 27.10.1994 (BGBl I 3146; dazu BT-Dr 12/6633, 12/8165, 12/6000; BT-Prot 12/18 087, 12/20 947); G zur Änd. des GG v. 26.7.2002 (BGBl S. 2862; dazu BT-Dr 14/8860, 14/9090; BT-Prot 14/23 656).

**Historische Verfassungstexte: WRV:** Art. 150 (1) Die Denkmäler der Kunst, der Geschichte und der Natur sowie die Landschaft genießen den Schutz und die Pflege des Staates.

**Geltende Landesverfassungen:** *BW*Verf Art. 3a; *Bay*Verf Art. 3 II, 141; *Bln*Verf Art. 31; *Bbg*Verf Art. 39, 40; *Brem*Verf Art. 11a; *Hmb*Verf Präambel; *Hess*Verf Art. 26a, 62; *MV*Verf Art. 2, 12; *Nds*Verf Art. 1 II; *NRW*Verf Art. 29a; *RhPf*Verf Art. 69; *Saar*Verf Art. 59a; *Sachs*Verf Art. 1, 10; *LSA*Verf Art. 2, 35; *SchlH*Verf Art. 11; *Thür*Verf Art. 31, 44.

**Supra- und internationale Texte:** Erklärung der Konferenz der Vereinten Nationen über die Umwelt des Menschen (Stockholmer Deklaration) vom 16.6.1972, Grundsätze 1–7; Erklärung von Rio zu Umwelt und Entwicklung (Rio-Deklaration) von 1992, Grundsätze 1, 2, 7, 8; World Charta for Nature; AEUV Art. 11, 13, 191; EUGrundRCharta Art. 37.

**Gesetzgebung:** AtG, BImSchG, BNatSchG, ChemG, GenTG, KrWG, TierSchG, WHG, UVPG; weitere s. *Kloepfer*, Umweltschutz, Textsammlung.

**Schrifttum: Allgemeines und Umweltschutz:** *I. Appel*, Staatliche Zukunfts- und Entwicklungsvorsorge, 2005; *T. Brönneke*, Umweltverfassungsrecht, 1999; *F. E. Ekardt*, Praktische Probleme der Art. 20a GG in Verwaltung, Rechtsprechung und Gesetzgebung, SächsVBl. 1998, 49; *H.-G. Henneke*, Der Schutz der natürlichen Lebensgrundlagen in Art. 20a GG, NuR 1995, 325; *T. Linke*, Der Schutz der natürlichen Lebensgrundlagen (Art. 20a GG) im Spiegel der Rechtsprechung, Jb. UTR 2017, S. 25; *D. Murswiek*, Umweltschutz – Staatszielbestimmung oder Grundsatznorm?, ZRP 1988, 14; *ders.*, Staatsziel Umweltschutz (Art. 20a GG), NVwZ 1996, 222; *A. Schink*, Umweltschutz als Staatsziel, DÖV 1997, 221; *B. Söhnlein*, Landnutzung im Umweltstaat des Grundgesetzes, 1999; *H. Steiger*, Verfassungsrechtliche Grundlagen, in: Grundzüge des Umweltrechts, hrsg. vom Arbeitskreis Umweltrecht, 2. Aufl. 1997, Abschnitt 02; *R. Steinberg*, Der ökologische Verfassungsstaat, 1998; *T.-J. Tsai*, Die verfassungsrechtliche Umweltschutzpflicht des Staates, 1996; *A. Uhle*, Das Staatsziel „Umweltschutz" im System der grundgesetzlichen Ordnung. Zu dem von der Verfassungskommission empfohlenen neuen Art. 20a GG, DÖV 1993, 947; *K. Waechter*, Umweltschutz als Staatsziel, NuR 1996, 321; *S. Westphal*, Art. 20a GG – Staatsziel „Umweltschutz", JuS 2000, 339; *R. Wolf*, Gehalt und Perspektiven des Art. 20a GG, KritV 1997, 280. – **Tierschutz:** *J. Caspar/M. Geissen*, Das neue Staatsziel „Tierschutz" in Art. 20a GG, NVwZ 2002, 913; *R. Faller*, Staatsziel „Tierschutz", 2005; *J. Glock*, Das deutsche Tierschutzrecht und das Staatsziel „Tierschutz" im Lichte des Völkerrechts und des Europarechts, 2004; *G. Hager*, Das Tier in Ethik und Recht, 2015; *T. M. Spranger*, Auswirkungen einer Staatszielbestimmung „Tierschutz" auf die Forschungs- und Wissenschaftsfreiheit, ZRP 2000, 285.

## Übersicht

---

[951] BVerfGE 123, 367 (333), ohne eindeutige Stellungnahme zum (ebda, S. 313 f.) geltend gemachten außerordentlichen Rechtsbehelf auf andere Abhilfe; auch schon BVerfGE 89, 155 (180); zuletzt wieder BVerfG (K) NVwZ 2019, 161 f. Gegen solche Rügen etwas ausfällig auch *Wittreck*, in: Schweikard ua (Fn. 916), S. 49 (62 f. mit Fn. 84).

# A. Allgemeines

## I. Entstehung

Im Rahmen der durch die Wiedervereinigung ausgelösten Verfassungsreformbestrebungen ist **1** Art. 20a auf Vorschlag der GemVerfKom, die – der Empfehlung von Art. 5 EV entsprechend – auch Überlegungen zur Aufnahme von Staatszielen in das GG anzustellen hatte, durch das **Gesetz vom 27.10.1994** in das GG aufgenommen worden. Der Tierschutz wurde 2002 hinzugefügt.

**1. Vorgeschichte.** Seit zu Beginn der 70er Jahre die Umweltkrise ins Bewusstsein der Allgemein- **2** heit und der Politiker gestiegen ist, wurde immer wieder die **Forderung** erhoben, den **Umweltschutz im Grundgesetz zu „verankern".**[1] Die von den Bundesministern des Innern und der Justiz eingesetzte **Sachverständigenkommission** „Staatszielbestimmungen/Gesetzgebungsaufträge" schlug in ihrem Bericht von 1983 vor, ein Staatsziel Umweltschutz in Art. 20 I einzubauen.[2]

In der **Staatsrechtslehre** ist nicht nur die Forderung nach Schaffung eines Umwelt-Grundrechts **3** auf nahezu einhellige Ablehnung gestoßen,[3] sondern auch die Stellungnahmen zu einem Staatsziel Umweltschutz fielen ganz **überwiegend skeptisch** bis warnend aus.[4] Noch Anfang 1986 lehnte daher die CDU/CSU-Fraktion die Änderung des GG zugunsten eines Staatsziels Umweltschutz entschieden ab.[5] Nach der Bundestagwahl 1987 jedoch einigten sich die Koalitionsparteien, den Umweltschutz als Staatsziel in das GG aufzunehmen.[6] Die Sozialdemokraten hatten ihre ursprüngliche Forderung nach einem Umweltgrundrecht längst fallengelassen und setzten sich ebenfalls für eine Staatszielbestimmung ein.[7] Dennoch kam in der 11. Legislaturperiode keine Verfassungsänderung zustande.[8]

---

[1] Zur Vorgeschichte des Art. 20a mN der diskutierten Entwürfe *Soell* NuR 1985, 205 f.; *Michel,* Staatszwecke, Staatsziele und Grundrechtsinterpretation unter besonderer Berücksichtigung der Positivierung des Umweltschutzes im Grundgesetz, 1986, S. 269 ff.; *ders.* NuR 1988, 272 (273 f.); *Bock,* Umweltschutz im Spiegel von Verfassungsrecht und Verfassungspolitik, 1990, S. 53 ff.; zuletzt ausf. *Brönneke,* Umweltverfassungsrecht, 1999, S. 37 ff.

[2] *BMI/BMJ* (Hrsg.), Staatszielbestimmungen/Gesetzgebungsaufträge. Bericht der Sachverständigenkommission, 1983, Rn. 130 ff.

[3] Begründung z. B. bei *Steinberg,* Der ökologische Verfassungsstaat, 1998, S. 420 ff.; aA *Steiger,* Mensch und Umwelt, 1975, S. 62 ff., 73 ff.; *Maus* JA 1979, 287 (291 ff.); eingehend *Kotulla* KJ 2000, 22 ff.

[4] Vgl. z. B. *Benda* UPR 1982, 241 (244); *Friesenhahn,* Verh. 50. DJT, Teil G, S. 1 (21 f.); *Kloepfer* DVBl 1979, 639 (644 f.); *Sendler* JuS 1983, 255 (258); *Rupp* DVBl 1985, 990 ff.; *Soell* NuR 1985, 205 (212 f.); *Rauschning* DÖV 1986, 489 ff.; *Depenheuer* DVBl 1987, 809 (813 f.); *Stern* NWVBl 1988, 1 (6); *Mursiwiek* ZRP 1988, 14 (16 ff.); *H. H. Klein,* DVBl 1991, 729 (736 ff.).

[5] BT-Prot 10/14 254 ff.

[6] Vgl. die Regierungserklärung von BKanzler *Kohl,* BullBReg Nr. 27 v. 19.3.1987, S. 205 (212).

[7] Vgl. die Anträge BT-Dr 10/1502, 11/10. – Nur die GRÜNEN hielten noch an ihrer Forderung nach einem Umwelt-Grundrecht fest, vgl. den Entw. BT-Dr 11/604.

[8] Eingehend zur Vorgeschichte *Steiger,* in: Salzwedel, Grundzüge des Umweltrechts, 2. Aufl. 1997, 02 Rn. 15 ff.

**4**     Sämtliche **Bundesländer** haben inzwischen, mit recht unterschiedlichen Formulierungen, den Umweltschutz als Staatsziel in ihre Verfassung inkorporiert.[9] Im **Ausland** war die Schweiz mit der Aufnahme des Staatsziels Umweltschutz in ihre Verfassung (1971) vorangegangen. Es folgten Griechenland (1975), Portugal (1976), Schweden (1976), Spanien (1978) sowie die Niederlande (1983) und Österreich (1984).[10]

**5**     **2. Die Beratungen des Art. 20a.** Die GemVerfKom hielt parteiübergreifend die verfassungsrechtliche Verankerung eines Staatsziels Umweltschutz für erwünscht, weil es sich beim Umweltschutz um ein existenzielles, langfristiges Interesse des Menschen handele und es um eine **„hochrangige, grundlegende" Aufgabe** gehe, die den in Art. 20 I genannten Staatszielen und Strukturprinzipien in Rang und Gewicht gleichkomme.[11] Drei zentrale Fragen waren jedoch heftig umstr.:[12]
– die anthropozentrische oder ökozentrische Formulierung des Staatsziels,
– eine Vorrangklausel sowie
– ein Gesetzesvorbehalt.

**6**     Die CDU/CSU forderte eine **anthropozentrische Ausrichtung** des Staatsziels Umweltschutz: „Die natürlichen Lebensgrundlagen *des Menschen* stehen unter dem Schutz des Staates." Die SPD andererseits hielt die anthropozentrische Sichtweise für eine massive Einschränkung des Umweltschutzes; aktuelle wirtschaftliche Interessen würden so für alle Abwägungen das Übergewicht bekommen.

**7**     Dem Vorschlag der SPD, die natürlichen Lebensgrundlagen unter den **„besonderen Schutz"** des Staates zu stellen, hielt die CDU/CSU entgegen, das Staatsziel Umweltschutz müsse anderen Staatszielen gleichgeordnet sein.

**8**     Die CDU/CSU hielt einen **Ausgestaltungsvorbehalt** zugunsten des Gesetzgebers für zwingend notwendig. Der Umweltschutz könne keine einseitige Priorität beanspruchen. Der Ausgleich des Staatsziels Umweltschutz mit den anderen Staatsaufgaben könne nur durch politische Entscheidung des Gesetzgebers, nicht von Fall zu Fall durch Verwaltung und Gerichte, erfolgen.

**9**     Dagegen argumentierte die SPD, der Umweltschutz werde durch einen gesetzgeberischen Konkretisierungs- und Aktualisierungsprimat zur Disposition des Gesetzgebers gestellt. Das Sozialstaatsprinzip unterliege keinem Gesetzesvorbehalt. Es sei nicht einzusehen, weshalb dies ausgerechnet bei Umweltschutz anders sein solle. Der **Umweltschutz dürfe** gegenüber anderen Staatszielen **nicht relativiert werden** und müsse sich gleichrangig auch an Verwaltung und Rspr. richten.

**10**   Die schließlich von der GemVerfKom beschlossene und 1994 unverändert ins GG übernommene Formulierung ist das **Ergebnis eines mühsamen Kompromisses** zwischen den beiden oben (→ Rn. 8 f.) skizzierten Positionen.

**11**   Eine besondere Staatszielbestimmung über den **Tierschutz,** der nach Auffassung der GemVerfKom im Schutz der natürlichen Lebensgrundlagen jedenfalls nicht vollständig enthalten sei, wurde zunächst nicht beschlossen,[13] dann jedoch im Jahre 2002 durch Einfügung der Worte „und die Tiere" nach dem Wort „Lebensgrundlagen" in Art. 20a aufgenommen.[14]

## II. Grundsätzliche Bedeutung

**12**   **1. Umweltschutz als Staatszweck und Staatsziel.** Ausweislich der Entstehungsgeschichte normiert Art. 20a ein **Staatsziel.** Im Unterschied zu einem Grundrecht handelt es sich nicht um einen subjektiven Anspruch des Einzelnen, sondern (nur) um eine objektive Verpflichtung des Staates,[15] aber eben um eine **Verpflichtung, nicht lediglich** um einen unverbindlichen **Programmsatz.**

**13**   Staatszielbestimmungen sind „Verfassungsnormen mit **rechtlich bindender Wirkung,** die der Staatstätigkeit die fortdauernde Beachtung oder Erfüllung bestimmter Aufgaben – sachlich umschriebener Ziele – vorschreiben. Sie umreißen ein bestimmtes Programm der Staatstätigkeit und sind dadurch eine Richtlinie oder **Direktive** für das staatliche Handeln, auch für die Auslegung von Gesetzen und sonstigen Rechtsvorschriften."[16]

---

[9] Dazu iE *Brönneke* (Fn. 1); speziell zu Art. 12 MVVerf *Westphal* NordÖR 1999, 140 ff.

[10] Zum Umweltschutz in den Verfassungen der EU-Mitgliedstaaten vgl. *Thym* NuR 2000, 557 ff.

[11] Bericht der GemVerfKom BT-Dr 12/6000, S. 65.

[12] GemVerfKom (Fn. 11), S. 66 f.

[13] GemVerfKom (Fn. 11), S 68 ff.; auch in der 13. Legislaturperiode blieben Versuche, den Tierschutz im GG zu verankern (BT-Dr 13/9723, 13/8597, 13/8249, 13/8678) erfolglos. – Ausführlicher zur Entstehungsgeschichte *Meyer-Teschendorf* ZRP 1994, 73 ff.; *Henneke* NuR 1995, 325 ff.; *Kloepfer* BK, Art. 20a (2005) Rn. 1 ff.; *Scholz,* in: Maunz/Dürig, Art. 20a (2002) Rn. 19 ff.

[14] Zur verfassungspolitischen Kontroverse über die Aufnahme des Tierschutzes in das GG vgl. z. B. befürwortend *Caspar* ZuR 1998, 177 (182 f.); abl. *Kloepfer/Rossi* JZ 1998, 369 (insb. 375 ff.).

[15] Ganz h. M., vgl. z. B. BVerwG NVwZ 1998, 1080 (1081); *Schink* DÖV 1997, 221 (222 f.); ausf. *Scholz* (Fn. 13), Rn. 32 ff.; Andeutungen in eine subjektivrechtliche Richtung bei *Kloepfer,* Verfassungsänderung statt Verfassungsreform, 2. Aufl. 1996, S. 45.

[16] SachVerstKom (Fn. 2), Rn. 7.

Der Umweltschutz war bereits vor Inkrafttreten des Art. 20a zweifellos eine außerordentlich wichti- **14** ge **Staatsaufgabe,**[17] die Bund und Länder auf der Grundlage einer Vielzahl von Gesetzen und RVOen wahrgenommen haben. Er ist darüber hinaus unabhängig von jeder Normierung ein fundamentaler **Staatszweck:** Die Legitimität des Staates hängt davon ab, dass er diese Aufgabe in ausreichendem Maße erfüllt.[18]

Art. 20a nimmt diesen Staatszweck in das positive Verfassungsrecht hinein und weist damit aus- **15** drücklich dem Schutz der natürlichen Lebensgrundlagen eine **hervorragende Bedeutung** zu. Damit wird dem Umweltschutz auch positivrechtlich der Rang zugewiesen, der ihm unter dem Aspekt der Staatstheorie ohnehin gebührt,[19] nämlich der Rang eines Verfassungsprinzips, das als solches nicht zur Disposition der Staatsorgane steht.[20] Und das besondere Gewicht, das dem Umweltschutz unter dem Aspekt faktischer Notwendigkeiten ohnehin zukommt, wird verfassungsrechtlich besonders hervorgehoben. Der Tierschutz hat keine ähnlich fundamentale Funktion wie der Umweltschutz,[21] erhält aber durch die Aufnahme in Art. 20a denselben formalen Rang. Dies darf nicht zu dem Missverständnis verleiten, beide Staatsziele seien gleich wichtig; insbes. muss von vornherein jedem Versuch entgegengetreten werden, bei der Auslegung von Art. 20a die Schicksalsaufgabe Umweltschutz auf das Bedeutungsniveau des Tierschutzes herabzustufen.[22]

Unabhängig von positiven Rechtsfolgen hat Art. 20a die **Funktion,** die Staatstätigkeit wie auch die **16** allgemeine Bewusstseinsbildung auf die Erhaltung der natürlichen Lebensgrundlagen programmatisch auszurichten und den Staatsorganen bei allen ihren Entscheidungen – nicht nur im Bereich des Umweltrechts im engeren Sinne, sondern an allen Feldern der Politik, etwa auch der Verkehrs- oder Wirtschaftspolitik – ihre fundamentale Bedeutung vor Augen zu führen. In thematisch sehr eingeschränkter Weise gilt entsprechendes für den zwar nicht fundamentalen, aber nach der Wertung der Verfassung doch wichtigen Tierschutz.

**2. Der Rechtscharakter der Staatszielbestimmung.** Eine typische Staatszielbestimmung (das **17** GG enthält neben Art. 20a nur das soziale Staatsziel des Art. 20 I, das Europaziel in Art. 23 I und das Ziel des gesamtwirtschaftlichen Gleichgewichts gem. Art. 109 II) gibt den Staatsorganen ein grundlegendes **Ziel** vor, das anzustreben sie verfassungskräftig verpflichtet sind. Die Wahl der **Mittel** zur Zielverwirklichung steht ihnen frei, und auch die Konkretisierung des unbestimmt formulierten Ziels ist ihnen überlassen. Daraus ergibt sich ein **weiter Gestaltungsspielraum für den Gesetzgeber,** im Rahmen dessen die Verwirklichung des Staatsziels nicht justitiabel ist.[23]

Art. 20a ist **tätigkeitsbezogen** formuliert, beschreibt eher eine Aufgabe (die Tätigkeit des Schüt- **18** zens) als ein Ziel (das geforderte Ergebnis dieser Tätigkeit), aber die geforderte Tätigkeit lässt sich nur im Hinblick auf die Ziele verstehen, die in der Norm mitgemeint sind, nämlich die – ausreichende – Integrität der natürlichen Lebensgrundlagen[24] sowie der individuellen Tiere.

Diese Ziele unterscheiden sich freilich strukturell von herkömmlichen, insbes. von den bereits zuvor **19** im GG normierten Staatszielen: Diese älteren Ziele bezeichnen, wie dies im strengen Sinne auch dem Begriff des Ziels entspricht, einen Zustand, der noch nicht – jedenfalls nicht vollständig – erreicht ist bzw. bei Inkrafttreten der Norm erreicht war und durch politische Gestaltung erst herbeizuführen ist. Demgegenüber sind die natürlichen Lebensgrundlagen etwas, das ohne jedes menschliche Zutun und insbes. ohne jede politisch-gestaltende Tätigkeit des Gesetzgebers vorhanden war, also nicht erst durch politische Aktionen hervorgebracht wurde oder hervorzubringen ist. Vielmehr geht es um die **Wahrung der Integrität** der Lebensgrundlagen, also um die Vermeidung ihrer Beeinträchtigung oder gar ihrer Zerstörung, sowie um die Wiederherstellung durch menschliche Tätigkeit zerstörter und geschädigter natürlicher Lebensräume und Lebensbedingungen.[25] Entsprechendes gilt für die Tiere.

Auch dies kann man als Ziele bezeichnen, nämlich als etwas, was durch staatliche Tätigkeit **20** angestrebt werden muss. Aber es sind doch Ziele ganz anderer Art als die Herbeiführung eines ohne politisch-gestaltende Tätigkeit gar nicht vorhandenen Zustands. Die natürlichen Lebensgrundlagen und die Tiere sind **konkrete Schutzobjekte,** und die Verpflichtung des Staates besteht in erster Linie

---

[17] Vgl. z. B. *Rauschning,* VVDStRL 38 (1980), 167 ff.; *Hoppe* ebda, S. 211 ff.

[18] *Murswiek,* Umweltschutz als Staatszweck. Die ökologischen Legitimitätsgrundlagen des Staates, 1995, S. 31 ff.; zust. *Sommermann,* in: v. Münch/Kunig I, Art. 20a Rn. 1; *Epiney,* in: von Mangoldt/Klein/Starck II, GG, Art. 20a Rn. 13. – Zur Unterscheidung der Begriffe Staatsziel, -zweck, -aufgabe *Murswiek,* aaO, S. 10 ff. mwN – *Calliess,* Rechtsstaat und Umweltstaat, 2001, S. 100 ff., begreift den Umweltschutz als Bestandteil des Staatszwecks Sicherheit, nicht als eigenständigen Staatszweck, verkennt dabei allerdings, dass Umweltschutz als Schutz öffentlicher Umweltgüter mehr ist als Individualrechtsschutz und insoweit vom Staatszweck Sicherheit umfasst ist.

[19] Dazu *Murswiek* (Fn. 18), S. 31 ff., 71 ff.

[20] Vgl. Bericht der GemVerfKom (Fn. 11), S. 65: Hochrangige, grundlegende Aufgabe, die den in Art. 20 I genannten Staatszielen und Strukturprinzipien in Rang und Gewicht gleichkomme.

[21] Ebenso *Faller,* Staatsziel „Tierschutz", S. 189 f., 267.

[22] Vgl. *Kloepfer/Rossi* JZ 1998, 369 (373).

[23] Vgl. z. B. BVerfGE 118, 79 (110); BFH BB 1997, 1399 (1401); *Tsai,* Die verfassungsrechtliche Umweltschutzpflicht des Staates, 1996, S. 154 ff.

[24] Zust. *Kube,* Eigentum an Naturgütern: Zuordnung und Unverfügbarkeit, 1999, S. 270.

[25] Zust. *Kluth* NuR 1997, 105 (107); *Krings,* in: Hofmann/Henneke, Art. 20a Rn. 9.

darin, Beeinträchtigungen dieser Schutzobjekte zu unterlassen bzw. abzuwehren.[26] *Insofern* gleicht die Struktur der Norm eher den Grundrechten als den anderen im GG normierten Staatszielen.[27]

21    **3. Verhältnis zu den grundrechtlichen Schutzpflichten.** Nach dem Willen des verfassungsändernden Gesetzgebers soll Art. 20a den verfassungsrechtlichen Umweltschutz verbessern.[28] Deshalb
**darf** diese Bestimmung **nicht so ausgelegt werden, dass sie** staatliche **Umweltschutzpflichten,**
die sich **aus den Grundrechten** ergeben, **abschwächt.** Die Pflicht des Staates, Leben und körperliche
Unversehrtheit sowie andere Rechtsgüter vor schädlichen Umwelteinwirkungen zu schützen (→ Art. 2
Rn. 24 ff., → Art. 2 Rn. 188 ff., → Art. 2 Rn. 198 ff.), ist präziser gefasst und mit einem subjektiven
Anspruch verbunden. Sie steht selbständig neben dem Staatsziel und wird durch dessen Konkretisie-
rungsbedürftigkeit und dessen einschränkende Kautelen nicht relativiert.

## B. Der Schutz der natürlichen Lebensgrundlagen und der Tiere

### I. Der Begriff der natürlichen Lebensgrundlagen

22    **1. Anthropozentrische oder ökozentrische Perspektive?** Der verfassungsändernde Gesetzgeber
hat sich bewusst dagegen entschieden, den Schutzauftrag auf die „natürlichen Lebensgrundlagen *des
Menschen*" zu beschränken (→ Rn. 6, → Rn. 10). Geschützt werden sollen die natürlichen Lebensgrundlagen schlechthin, also auch die Grundlagen tierischen und pflanzlichen Lebens. Die **natürliche
Umwelt** soll also nicht nur insoweit geschützt werden, als sie Lebensgrundlage des Menschen ist,
sondern sie ist **eigenständiges Schutzobjekt** und wird vom GG in ihrem **Eigenwert** respektiert.[29]

23    Dennoch steht der **Schutz der Lebensgrundlagen des Menschen im Mittelpunkt.** Dies ergibt
sich schon daraus, dass das ganze GG auf den Schutz des menschlichen Individuums und seiner Würde
ausgerichtet ist.[30] Der Schutz der Umwelt gegen Beeinträchtigungen ist um so wichtiger, je stärker
fundamentale Lebensbedingungen des Menschen betroffen sind.[31] Andererseits ist es unzutr., aus der
Garantie der Menschenwürde (Art. 1 I) zu schließen, das GG lasse es nicht zu, die Natur auch um ihrer
selbst willen zu schützen, bzw. Art. 20a könne nur anthropozentrisch verstanden werden.[32] Vielmehr
entspricht es durchaus der Würde des Menschen, seine natürliche Umwelt unabhängig von seinen
eigenen Interessen und Bedürfnissen zu achten und zu schützen.[33]

24    Auch die These, wegen der Bezugnahme auf „künftige Generationen" sei der Schutz der Lebensgrundlagen anthropozentrisch zu verstehen,[34] ist verfehlt. Denn zum einen ist ja Art. 20a nicht rein
ökozentrisch formuliert, verlangt ja nicht, dass die Natur nur um ihrer selbst willen und nicht auch
oder sogar in erster Linie um des Menschen willen zu schützen ist. Zum anderen mag es durchaus im
Interesse **künftiger Generationen** liegen, dass diesen die natürliche Umwelt auch insoweit erhalten
bleibt, als sie nicht unmittelbaren menschlichen Verwertungsinteressen dient.[35]

25    Die Entscheidung des Art. 20a dafür, die Natur *auch* um ihrer selbst willen zu schützen, hat vor
allem **edukatorische Funktion:**[36] Sie soll die Staatsorgane, aber auch die Allgemeinheit anleiten, die
natürliche Umwelt in ihrem Eigenwert zu respektieren und nicht allein unter dem Aspekt der – insbes.
ökonomischen – Nutzungsinteressen des Menschen.

26    IÜ ist der **Streit** um den anthropozentrischen oder ökozentrischen Ansatz des Umweltschutzes, der
in der Literatur mit Heftigkeit geführt wurde,[37] **eher akademischer Natur,** gibt es doch gute Gründe
dafür, dass die Umwelt auch dort aus menschlichem Interesse geschützt werden muss, wo sich ein
konkreter menschlicher Nutzen nicht erkennen lässt. Der wichtigste Grund ist der, dass die empirisch
belegte Erkenntnis der Grenzen unserer Erkenntnis, die Einsicht, dass wir über ökologische Zusam-

---

[26] Zust. *Steiger* (Fn. 8), 02 Rn. 42.

[27] Jetzt ebenso Epiney (Fn. 18), Rn. 35; vert. *Brönneke* (Fn. 1), S. 228 ff., der die grundrechtlichen Kategorien des
Schutzbereichs und des staatlichen Eingriffs für die dogmatische Durchdringung des Staatsziels Umweltschutz fruchtbar macht.

[28] Vgl. GemVerfKom (Fn. 11), S. 65.

[29] Ebenso *Hoppe*, FS Kriele, 1997, S. 219 (227); *Kuhlmann* NuR 1995, 1 (2); *Kahl/Gärditz,* UmweltR, 11. Aufl.
(2019), § 3 Rn. 7; *Wolf,* in: AK GG, Art. 20a Rn. 23; aA *Bernsdorff* NuR 1997, 328 (331); *Scholz* (Fn. 13), Rn. 39 f.

[30] Vgl. GemVerfKom (Fn. 11), S. 67.

[31] Vgl. *Müller-Bromley,* Staatszielbestimmung Umweltschutz im Grundgesetz?, 1990, S. 109 f.

[32] So aber SachVerstKom (Fn. 2), Rn. 144; *Scholz* ET 1993, 342 (343 f.); *Uhle* DÖV 1993, 947 (953); *Meyer-
Teschendorf* ZRP 1994, 73 (77); für den Tierschutz *Faller* (Fn. 21), S. 110.

[33] Vgl. *Rauschning* VVDStRL 38 (1980), 169; *Steiger* (Fn. 8), 02 Rn. 51; *ders.,* FS Kiss, 1998, S. 479 (484);
*Murswiek* ZRP 1988, 14 (16); zust. *Brönneke* (Fn. 1), S. 184.

[34] *Brohm* JZ 1994, 213 (219).

[35] Vgl. auch *Steiger* (Fn. 8), 02 Rn. 51, 53.

[36] Zust. *Schulze-Fielitz,* in: Dreier II, Art. 20a Rn. 25; skeptisch *Hahn,* Das Staatsziel Umweltschutz – Art. 20a
Grundgesetz –, 1996, S. 159.

[37] Vgl. für die ökozentrische Position z. B. *Stone,* Should Trees Have Standing? 2. Aufl. 1988, deutsch: Umwelt
vor Gericht, 2. Aufl. 1992; *Leimbacher,* Die Rechte der Natur, 1988; *Bosselmann* KJ 1985, 345 ff., 1986, 1 ff.; für die
anthropozentrische Position z. B. *Gethmann/Kloepfer,* Anthropozentrisches und ökozentrisches Denken im Umweltstaat, 1995.

menhänge und über die Auswirkungen unseres Tuns nur sehr wenig wissen, uns dazu anleiten muss, möglichst wenig in die Natur einzugreifen, und vor allem dauerhafte, irreversible Schäden zu vermeiden.[38]

**2. Die natürlichen Lebensgrundlagen.** Der Begriff der natürlichen Lebensgrundlagen ist **bedeu-** 27 **tungsgleich mit dem Begriff der Umwelt,** wie er im Kontext des Umweltschutzes verstanden wird.[39] Er stellt lediglich klar, dass nicht der Schutz der psycho-sozialen, sondern nur der natürlichen Umwelt gemeint ist.[40] Der Begriff ist nicht inhaltlich enger gefasst als derjenige der Umwelt.[41] Die GemVerfKom hat ihn synonym mit dem Begriff der Umwelt gebraucht.[42] Die Sachverständigen- kommission hatte den „Schutz der natürlichen Lebensgrundlagen des Menschen" dem „Umwelt- schutz" vorgezogen, um eine anthropozentrische Ausrichtung zu erreichen.[43] Da dem Art. 20a diese Ausrichtung fehlt, ist kein inhaltlicher Unterschied feststellbar. Insbes. beschränkt Art. 20a sich nicht auf den Schutz der absolut notwendigen Lebensvoraussetzungen i. S. eines ökologischen Existenz- minimums.[44] Vielmehr sind **alle Umweltgüter** geschützt, die Grundlage menschlichen, tierischen und pflanzlichen Lebens sind.

Der Begriff der **„natürlichen" Lebensgrundlagen** soll diese von sozialen, ökonomischen, kultu- 28 rellen oder technischen Lebensgrundlagen unterscheiden. **Natur** ist alles, was nicht auf menschlicher Hervorbringung beruht.[45] Dies setzt nicht voraus, dass die Gegenstände der Natur vom Menschen nicht beeinflusst oder verändert sind. Auch vom Menschen kultivierte Landschaften beispielsweise sind „Natur",[46] nicht hingegen Lebensprozesse, die in dem Sinne vom Menschen produziert werden, dass sie durch seine Aktivität gezielt hervorgebracht werden und von seiner ständigen Einflussnahme abhängig sind, wie etwa von Dünger- und Pestizidzufuhr abhängige Agrarkulturen.[47]

Ob **gentechnisch verändert**e oder hergestellte **Organismen** unter den Schutzbereich von 28a Art. 20a GG fallen, sofern sie nur in die Biosphäre Eingang gefunden haben,[48] ist zweifelhaft. Bei wertender Betrachtung dürfte hier der Aspekt der technischen Herstellung gegenüber dem natürlichen Aspekt überwiegen. Sie sind nicht menschlich kultivierte Natur, sondern technisch-industrielle Pro- dukte. Dies muss zumindest für solche Lebewesen gelten, denen aufgrund menschlicher Eingriffe die Fähigkeit zur Selbstreproduktion fehlt. Ein weiteres Indiz dafür, Organismen als Industrieprodukte im Unterschied zu Umweltgütern zu begreifen, könnte ihre Patentierbarkeit sein.

Natürliche Lebensgrundlagen sind alle natürlichen Voraussetzungen, von denen das Leben des 29 Menschen, aber auch der Tiere und Pflanzen abhängt. Dazu gehören alle Umweltgüter, ohne die das Leben nicht über längere Zeiträume fortbestehen könnte,[49] darüber hinaus aber auch diejenigen natürlichen Güter, ohne die ein physiologisch gesundes Leben nicht möglich ist.[50] Mit „Leben" ist nicht irgendeine Form von Existenz gemeint, die nur in einem Dahinsiechen besteht, sondern geschützt sind die **natürlichen Grundlagen der Vitalität insgesamt.** Der Begriff umfasst „die für die Erhaltung des Lebens, seiner Weitergabe und seiner Evolution in der Vielfalt der Arten notwendi- gen biotischen und abiotischen Voraussetzungen, Bedingungen, Lebensfunktionen und -prozesse".[51]

Zu den natürlichen Lebensgrundlagen zählen somit die sogenannten **„Umweltmedien"** Luft, 30 Wasser und Boden, außerdem z. B. **Pflanzen, Tiere** und Mikroorganismen in ihren **Lebensräu- men,**[52] auch alle natürlichen Lebensmittel, die klimatischen Bedingungen oder die Ozonschicht. Einen Hinweis auf einzubeziehende Umweltfaktoren bietet auch der in Konkretisierung des Art. 20a GG ergangene § 1 BNatSchG (nF), der als Lebensgrundlagen des Menschen 1. die biologische Vielfalt; 2. die Leistungs- und Funktionsfähigkeit des Naturhaushalts einschließlich der Regenerationsfähigkeit und nachhaltigen Nutzungsfähigkeit der Naturgüter sowie 3. die Vielfalt, Eigenart und Schönheit sowie der Erholungswert von Natur und Landschaft bezeichnet. Auch die **ästhetische Gestalt der Landschaft** ist zu schützen;[53] es ist ein verkürztes materialistisches Verständnisses des Begriffs „Lebens-

---

[38] Vgl. *Murswiek* (Fn. 18), S. 40 f.; *Müller-Bromley* (Fn. 31), S. 107 f.; *Hahn* (Fn. 36), S. 143 ff.; *Ekardt* SächsVBl 1998, 49 (52); *Westphal* JuS 2000, 339 (341).

[39] Ebenso *Jarass,* in: Jarass/Pieroth, Art. 20a Rn. 3; *Epiney* (Fn. 18), Rn. 16.

[40] Vgl. SachVerstKom (Fn. 2), Rn. 146.

[41] Ebenso *Krings* (Fn. 25) Rn. 21; aA *Hoffmann* NuR 2011, 389 (395).

[42] Vgl. GemVerfKom (Fn. 11), S. 65 ff.

[43] Vgl. SachVerstKom (Fn. 2), Rn. 144, 155.

[44] Vgl. bereits SachVerstKom (Fn. 2), Rn. 155; ebenso *Kloepfer* (Fn. 13), Rn. 64; *Schink* DÖV 1997, 221 (360).

[45] Rechtsphilosophische Kritik an dieser grundgesetzlichen Naturauffassung übt *Waechter* FS Pieper, 1998 S. 607 ff.

[46] Vgl. *Wolf* KritV 1997, 280 (289).

[47] Vgl. *Steiger* (Fn. 8), 02 Rn. 62 f.; zust. *Epiney* (Fn. 18), Rn. 18.

[48] So offenbar *Waechter* NuR 1996, 321 (323); *Huster/Rux,* in: Epping/Hillgruber, Art. 20a Rn. 14; vgl. hierzu auch *Wolf* (Fn. 29), Rn. 20.

[49] Vgl. *Müller-Bromley* (Fn. 31), S. 104.

[50] Zum Gesundheitsbegriff vgl. *Murswiek/Rixen,* Art. 2 Rn. 149 f.

[51] *Steiger* (Fn. 8), 02 Rn. 65 m. ausführlicher Begründung Rn. 55 ff.

[52] *Jarass* (Fn. 39), Rn. 3.

[53] Vgl. BVerwG NJW 1995, 2648 (2649); zust. *Mauss,* Vom Naturrecht zum Natur-Recht, 1998, 105 ff.; *Jarass* (Fn. 39), Rn. 3; *Schulze-Fielitz* (Fn. 36), Rn. 32 mwN; *Heselhaus,* in: Rehbinder/Schink, Grundzüge des UmweltR,

grundlagen", nur auf physische Wirkungen auf das menschliche Leben abzustellen und psychische zu ignorieren.

**30a** Umstr. ist, ob auch **Bodenschätze** zu den durch Art. 20a GG geschützten Gütern gehören. Dagegen wird eingewandt, sie hätten keine unmittelbare Funktion im Rahmen biosystemarer Zusammenhänge.[54] Jedoch ist dies kein Kriterium des GG. Bodenschätze sind Naturgüter, gehören also zur natürlichen, im Unterschied zur technisch hervorgebrachten Umwelt. Sie gehören auch zu den Lebensgrundlagen des modernen Menschen.[55]

**31** Zum Schutz der natürlichen Lebensgrundlagen gehört – anders als der Artenschutz – **nicht** der **Tierschutz,** nämlich der Schutz *individueller* Tiere vor nicht artgemäßer Haltung, vermeidbaren Leiden und Zerstörung ihrer Lebensräume. Nur der letzte Aspekt ist im Hinblick auf freilebende[56] Tiere im ersten Schutzgut des Art. 20a impliziert.[57]

**31a** Auch **außerhalb der Bundesrepublik** befindliche natürliche Lebensgrundlagen sind geschützt,[58] soweit sie von der deutschen Jurisdiktion unterliegenden Verhaltensweisen beeinträchtigt werden oder soweit ihre Existenz auch für das Leben in Deutschland von Bedeutung ist.

## II. Zum Zweck des Tierschutzes

**31b** Indem das GG den Schutz auf die Tiere erstreckt, verpflichtet es die Staatsorgane über den Artenschutz hinaus auch zum **ethischen Tierschutz,** dh zum **Schutz individueller Tiere** vor Schmerzen, Leiden und Schäden. Die Schutzpflicht bezieht sich vor allem auf höher entwickelte Tiere, deren Leidens- und Empfindungsfähigkeit – wie der verfassungsändernde Gesetzgeber formuliert hat – ein ethisches Mindestmaß für einen sittlich verantworteten Umgang mit Tieren erfordert. Die Tiere sollen in ihrer „Mitgeschöpflichkeit" geachtet werden. Dieser Begriff wird zwar – entgegen früheren Entwürfen – im Text der Vorschrift nicht verwendet, jedoch in der Begründung, die zudem an § 1 TierSchG anknüpft.[59] Die Tiere als „Mitgeschöpfe" zu verstehen, begründet eine ethische Verantwortung, nicht jedoch eine ethische oder gar rechtliche Gleichstellung der Tiere mit den Menschen.[60]

## III. Die Verantwortung für die künftigen Generationen

**32** Die natürlichen Lebensgrundlagen sollen so geschützt werden, dass sie auch künftigen Generationen erhalten bleiben.[61] Die **Zukunftsverantwortung,** die den Staatsorganen hier für die Umwelt auferlegt wird, ist Ausdruck des Nachhaltigkeitsprinzips (→ Rn. 37 f.). Sie hat vor allem vier rechtliche Konsequenzen, die Art und Umfang des gebotenen Schutzes konkretisieren: Hinsichtlich der rechtlichen Bewertung der Belastung von Umweltgütern mit Schadstoffen darf nicht nur auf die aktuellen Auswirkungen abgestellt werden, sondern die Akkumulation der Schadstoffbelastung über Jahre hinweg ist in Betracht zu ziehen; mit nichterneuerbaren Ressourcen ist sparsam umzugehen; die Nutzung erneuerbarer Ressourcen ist auf das Ausmaß ihrer Regeneration beschränkt; und bei der Bewertung von Risiken ist zu berücksichtigen, dass schädliche Wirkungen von Umwelteingriffen, die wir heute vornehmen, möglicherweise erst nach vielen Jahren erkennbar werden. Langzeitrisiken, wie sie bei der Endlagerung von Atommüll,[62] aber auch z. B. bei jeder Mülldeponierung entstehen, müssen dabei besonders berücksichtigt werden.[63]

## IV. Der Umfang des Schutzauftrags

**33** **1. Achtungs- und Schutzpflicht.** Der Staat ist verpflichtet, die natürlichen Lebensgrundlagen und die Tiere zu schützen. Dazu gehören die **Abwehr** ihrer Schädigung durch Dritte und die **Unterlas-**

---

5. Aufl. (2018), 1 Rn. 28; krit. dazu *Vesting* NJW 1996, 1111 (1113); abl. auch *Steiger* (Fn. 8), 02 Rn. 66; *Wolf* KritV 1997, 280 (286); *Groß* NVwZ 2011, 129 (133).

[54] *Söhnlein,* Landnutzung im Umweltstaat des Grundgesetzes, 1999, S. 93 f.; *Wolf* KritV 1997, 280 (287 f.); *ders.* (Fn. 29), Rn. 23.

[55] Zust. *Epiney* (Fn. 18), Rn. 18; *Heselhaus* (Fn. 53) Rn. 27.

[56] Mit dieser Beschränkung auch *Schulze-Fielitz* (Fn. 36), Rn. 34; *Kloepfer/Rossi* JZ 1998, 369 (370).

[57] GemVerfKom (Fn. 11), S. 69 f.; vgl. auch *Händel* ZRP 1996, 137 (140); *Loeper* ZRP 1996, 143 ff.; Schelling NuR 2000, 188 (191); *Steiger* (Fn. 8), 02 Rn. 60, 67 ff.; aA *Kuhlmann* NuR 1995, 1 (3 ff.); *ders.* ZRP 1997, 463; *Ekardt* SächsVBl 1998, 49 (52).

[58] *Epiney* (Fn. 18), Rn. 23; *Steiger,* FS Kiss, 1998, S. 479 (486 ff.).

[59] BT-Drs 14/8860, S. 3.

[60] AA *Spranger* ZRP 2000, 285 (287) mit der Befürchtung, der Fleischverzehr könnte als verfassungswidrig gewertet werden.

[61] Zu philosophischen und rechtstheoretischen Fragen intertemporaler Gerechtigkeit vgl. z. B. *Ekardt,* Zukunft in Freiheit, 2004; *Appel,* Staatliche Zukunfts- und Entwicklungsvorsorge, S. 79 ff.; zu Demokratieproblemen der Langfristverantwortung ebd. S. 85 ff. – Die Zukunftsverantwortung erstreckt sich, entgegen dem missverständlichen Wortlaut – nicht auf den Tierschutz, *Gärditz,* in: Landmann/Rohmer, UmweltR, GG Art. 20a (Feb. 2013) Rn. 17.

[62] Vgl. z. B. *H. Hofmann,* Rechtsfragen der atomaren Entsorgung, 1981.

[63] Allg. zur Langzeitverantwortung aus philosophischer, juristischer und ökonomischer Sicht *Gethmann/Kloepfer/ Nutzinger,* Langzeitverantwortung im Umweltstaat, 1993.

**sung** der Schädigung durch staatliches Handeln. „Schutz" i. S. von Art. 20a umfasst aber auch **positives Handeln** zur Beseitigung bereits eingetretener Schäden sowie die Pflege von natürlichen Lebensgrundlagen, die ohne menschliches Handeln nicht erhalten blieben.[64] Der Begriff des Umwelt-Schutzes, insb. des Natur-Schutzes, hat diese Komponente immer enthalten.

**2. Verbot der Förderung von Umweltbeeinträchtigungen.** Ist der Staat nach Art. 20a ver- **34** pflichtet, die natürlichen Lebensgrundlagen zu schützen, so **darf er erst recht nicht ihre Zerstörung fördern.** Andererseits ist es nicht rechtlich ausgeschlossen, Aktivitäten zu fördern, die mit Umwelt-belastungen verbunden sind (z. B. Wohnungs- oder Sportplatzbau). Jedoch darf nicht die Umwelt-beeinträchtigung als solche gefördert werden. Dies ist der Fall, wenn der Staat die Inanspruchnahme (Verschmutzung, Verbrauch usw.) von Umweltgütern indirekt subventioniert, indem er sie zulässt, ohne dem Verursacher die damit verbundenen Folgekosten anzulasten, die statt dessen dem Steuerzah-ler oder den Betroffenen aufgebürdet werden (z. B. Waldschäden, Gesundheitsschäden durch Ver-kehrslärm).[65]

Daraus folgt, dass Art. 20a die konsequente Verwirklichung des **Verursacherprinzips** als **Kosten-** **35** **zurechnungsprinzip** fordert.[66] Das sogenannte Gemeinlastprinzip ist als Prinzip der Zurechnung der Kosten von Umweltbelastungen grundsätzlich verfassungswidrig. Es lässt sich nur dann rechtfertigen, wenn und soweit die Verwirklichung des Verursacherprinzips aus tatsächlichen Gründen nicht möglich oder nicht praktikabel ist.[67]

**3. Schadensverhütung. a) Umweltschutz.** Schutz ist also **in erster Linie Verhütung der** **36** **Schädigung natürlicher Lebensgrundlagen.** Dazu gehören

– die Vermeidung solcher Aktivitäten, die mit Sicherheit Umweltgüter schädigen würden,
– Gefahrenabwehr und Gefahrenvorsorge sowie die
– Risikovorsorge unterhalb der Gefahrenschwelle.[68]

Art. 20a verpflichtet allerdings weder zu einem absoluten noch zum bestmöglichen Umweltschutz. Es kann durchaus mit dieser Vorschrift vereinbar sein, im Einzelfall erhebliche Risiken, Gefahren oder sogar Schäden an einzelnen Umweltgütern in Kauf zu nehmen.[69]

**b) Tierschutz.** Der Zweck des Staatsziels „Tierschutz" ist identisch mit dem des § 1 TierSchG. **36a** Schutz heißt hier Verhütung von Schmerzen, Leiden oder Schäden für das einzelne Tier.

**4. Ressourcenschonung.** Neben der Vermeidung von Schäden an Umweltgütern durch Schad- **37** stoffbelastung oder sonstige Eingriffe gehört zum Schutz der natürlichen Lebensgrundlagen, dass sie durch ihre wirtschaftliche Nutzung nicht einer weiteren künftigen Nutzung entzogen werden. In diesem Sinne verlangt Art. 20a eine **nachhaltige Ressourcenbewirtschaftung.**[70] Richtschnur nicht nur für die Umweltschutzpolitik, sondern für alle Politikbereiche ist daher das **Nachhaltigkeits-** **prinzip,** das seit der UN-Konferenz für Umwelt und Entwicklung von Rio (1992) als Leitbild für die Ressourcennutzung angesehen wird. Nicht von Art. 20a thematisiert sind demgegenüber die sozial-ökonomische und die entwicklungspolitische Komponente des Konzepts der „nachhaltigen Entwick-lung" (Sustainable Development).[71]

**Nachhaltige Bewirtschaftung erneuerbarer Ressourcen** bedeutet, dass ihre Abbaurate bzw. das **38** Ausmaß ihrer Beeinträchtigung auf Dauer die natürliche Wachstums- bzw. Regenerationsrate nicht überschreiten darf (**Nachhaltigkeitsgrundsatz ieS**).[72] Es muss sichergestellt werden, dass geerntete Rohstoffe im Prinzip in gleicher Menge wieder nachwachsen. Z. B. dürfen die Meere nicht „über-fischt" werden, sondern die Fangmengen müssen so begrenzt werden, dass die Bestände sich regenerie-ren können. Wälder sind nach Holzeinschlag wieder aufzuforsten.[73] Landwirtschaftliche Böden sind so

---

[64] Vgl. *Jarass* (Fn. 39), Rn. 5.

[65] Zust. *Westphal* JuS 2000, 339 (340); näher zum Subventionscharakter kostenloser Umweltnutzungsbefugnisse *Murswiek* ARSP-Beiheft 71, 1997, S. 208 (219 f.).

[66] So zuerst *Murswiek* NVwZ 1996, 222 (225 f.); zust. *Koenig* DÖV 1996, 943 (944); auch *Ekardt* SächsVBl 1998, 49 (53 f.); *Epiney* (Fn. 18), Rn. 74. Überwiegend wird diese Auffassung abgelehnt, vgl. z. B. *Bernsdorff* NuR 1997, 328 (333); *H. Hofmann* FS 50 Jahre BVerfG II, 2001, S. 873 (882 ff.); *Kloepfer* (Fn. 13), Rn. 49; *Leisner,* in: Sodan, Art. 20a Rn. 9; *Scholz* (Fn. 14), Rn. 35; *Schink* DÖV 1997, 221 (226).

[67] Sozialstaatliche Verteilungspolitik kann das Gemeinlastprinzip nicht rechtfertigen (aA wohl *Schulze-Fielitz* (Fn. 36), Rn. 51; *Wolf* (Fn. 29), Rn. 23); sie wird durch Art. 20a nicht ausgeschlossen, sondern auf andere Instru-mente verwiesen.

[68] BVerfGE 128, 1 (37): Der in Art. 20a GG enthaltene Auftrag kann sowohl die Gefahrenabwehr als auch die Risikovorsorge gebieten; zustimmend *D. Winkler* ZUR 2011, 137 (138); *Heselhaus* (Fn. 53) Rn. 56 ff.

[69] Zum gebotenen Schutzniveau Rn. 39 ff.

[70] Dazu etwa *Steiger* (Fn. 8), 02 Rn. 101 ff.; *Bundesministerium für Umwelt, Naturschutz und Reaktorsicherheit* (Hrsg.), Umweltgesetzbuch (UGB-KomE), 1998, S. 453 f.; *Kahl/Gärditz* (Fn. 29); skeptisch hingegen *Bückmann/Rogall* UPR 2001, 121 (123).

[71] Zu diesem Konzept z. B. *Schröder* AVR 34 (1996), 251 ff.; *Streinz* Die Verwaltung 31 (1998), 449 ff.

[72] Vgl. dazu Stockholmer Deklaration, Grundsatz 3; UGB-KomE (Fn. 70) § 4 Nr. 2; *W. Winkler,* HdUR II, 2. Aufl. 1994, Sp. 1427 f.

[73] Vgl. dazu auch den programmatischen Gesetzeszweck des BWaldG in § 1 Nr. 1.

zu behandeln, dass ihre Fruchtbarkeit erhalten bleibt und nicht etwa durch Intensivwirtschaft dauerhaft verlorengeht. – Der Eintrag von Stoffen und die Freisetzung von Energie in die Umwelt dürfen auf Dauer die natürliche Aufnahme- bzw. Anpassungskapazität der Umwelt nicht überschreiten.[74] – Das Zeitmaß anthropogener Einträge bzw. Eingriffe in die Umwelt soll in einem ausgewogenen Verhältnis zum Zeitmaß der für das Reaktionsvermögen der Umwelt relevanten natürlichen Prozesse stehen. – Mit **nicht erneuerbaren Ressourcen,** insbes. Bodenschätzen (Erdöl, Kohle usw.), ist sparsam umzugehen,[75] damit künftige Generationen diese Güter noch nutzen können **(Sparsamkeitsprinzip).** Anzustreben ist, dass nicht erneuerbare Ressourcen auf die Dauer gesehen nur in dem Umfang verbraucht werden, in dem funktional adäquater Ersatz (etwa durch – gezielt zu fördernde – Entwicklung neuer Stoffe oder Technologien) geschaffen wird. *Waechter* argumentiert, Art. 115 I erlaube es nur in dem Umfang, künftige Generationen mit Schulden zu belasten, in welchem ihnen entsprechende Werte in Form von Investitionen hinterlassen würden; ebenso folge aus der Zukunftsverantwortung, dass auch hinsichtlich des Naturhaushalts Ressourcenverbrauch und Ressourcenerneuerung umfassend ausgeglichen sein müsse.[76] – Insges. gesehen sind somit die sogenannten **Managementregeln,** die zur Konkretisierung des internationalen Nachhaltigkeitskonzepts formuliert worden sind,[77] im wesentlichen durch Art. 20a der Politik vorgegeben.

**39**   **5. Das Problem des Schutzniveaus.** Art. 20a sagt nur, dass die natürlichen Lebensgrundlagen und die Tiere zu schützen sind, **gibt das Ziel und** damit **das gebotene Niveau des Schutzes** jedoch **nicht genauer an** und lässt damit die rechtlich entscheidende Frage offen: Welches Maß an Schutz ist geboten? Daher ist die Vorschrift nicht nur äußerst unbestimmt gefasst, sondern ihre Direktivkraft insges. steht damit in Frage.

**40**   **a) Umweltschutz.** Unproblematisch ist lediglich, dass der Staat sich nicht vollständig aus dem Umweltschutz zurückziehen dürfte. Er muss auf jeden Fall in irgendeiner Weise die natürlichen Lebensgrundlagen schützen, und zwar sämtliche. Insofern lässt sich Art. 20a ein – vor allem den Gesetzgeber betreffendes – **Verbot des Rückzugs** aus dem Umweltschutz entnehmen,[78] das aber keineswegs eine Bestandsgarantie für die geltenden Gesetze bedeutet[79] und angesichts des überparteilichen Grundkonsenses hinsichtlich der Notwendigkeit des Umweltschutzes nur theoretische Bedeutung hat. Politisch umstr. ist dagegen, *wieviel* Umweltschutz wir brauchen. Und auf diese Frage gibt die Formulierung des Art. 20a keine Antwort.

**41**   **aa) Der Integritätsmaßstab.** Art. 20a schützt die **Integrität der natürlichen Lebensgrundlagen,** sagt jedoch nichts über das gebotene Integritätsniveau. Aus Zweck, Entstehungsgeschichte und Regelungszusammenhang lassen sich nur wenige, aber doch wichtige Anhaltspunkte gewinnen: **Erstens** sollen die **Umweltgüter als Grundlagen des Lebens** erhalten bleiben. Daraus folgt als Minimalanforderung, dass alle Güter, die auf die Dauer Voraussetzung für menschliches Leben sind, erhalten bleiben müssen, und zwar in einem solchen Umfang, dass nicht nur eine geringe Zahl, sondern zumindest die der heutigen Bevölkerung entsprechende Zahl von Menschen auf dieser Grundlage leben kann. Für die heimischen Tiere und Pflanzen müssen zumindest diejenigen Bedingungen erhalten bleiben oder wiederhergestellt werden, die ihr Überleben als Art – und zwar unter artgemäßen Bedingungen und ohne dauerhafte Schädigung – ermöglichen.

**42**   **Zweitens** ist ein **maximaler Umweltschutz,** der die Umwelt von jedem menschlichen Eingriff freihalten und jede Schadstoffbelastung der Umweltgüter ausschließen wollte, eindeutig **nicht geboten.** Art. 20a setzt die Existenz der Industriegesellschaft voraus und damit auch ein gewisses Maß an Umweltbelastungen, ohne das diese Gesellschaftsstruktur und die mit ihr verbundene Lebensform nicht möglich ist.

**43**   **Drittens** soll nach dem Willen des verfassungsändernden Gesetzgebers die Staatszielbestimmung des Art. 20a zu einer **Verbesserung der Umweltsituation** führen. Aus den Materialien ergibt sich, dass man Art. 20a in das GG aufgenommen hat, weil man der Auffassung war, dass zum einen der Umwelt-

---

[74] Vgl. z. B. *Schulze-Fielitz* (Fn. 36), 39; *Stein/Frank* Staatsrecht, 21. Aufl. 2010, § 22 IV; *Wolf* KritV 1997, 280 (296).

[75] Ebenso Stockholmer Deklaration, Grundsatz 5; UGB-KomE (Fn. 70) § 4 Nr. 1; sowie z. B. *Bernsdorff* NuR 1997, 328 (332); *Kluth* NuR 1997, 105 (108); strenger *Gassner* NuR 2011, 320 (322); *ders.* DVBl 2013, 547 (549): Der Verbrauch soll nur insoweit zulässig sein, als dieser aus Sicht lebender Generationen als „notwendig" gerechtfertigt werden kann.

[76] NuR 1996, 321 (326).

[77] Abschlußbericht der Enquete-Kommission „Schutz des Menschen und der Umwelt", Die Industriegesellschaft gestalten, 1994, Rn. 31 f. – Die dort formulierten vier Managementregeln finden sich – mit Abwandlungen insb. hinsichtlich des Substitutionserfordernisses für nicht erneuerbare Ressourcen – in vielen späteren Berichten und Abhandlungen. Eine fünfte, risikobezogene Managementregel, wie sie vom *Sachverständigenrat für Umweltfragen* (Umweltgutachten 1994, BT-Drs 12/6995, S. 83) vorgeschlagen worden ist, gehört nicht in den vorliegenden systematischen Zusammenhang, ist aber ebenfalls von Art. 20a (o. Rn. 36) und Art. 2 II (s. *Murswiek/Rixen*, Art. 2 Rn. 160 f., 175 ff., 198 ff.) geboten.

[78] Vgl. *B. Becker* ZG 3 (1992), 223 (228).

[79] Für Pflicht zur Beibehaltung des Schutzniveaus *Epiney* (Fn. 18), Rn. 68.

schutz verfassungsrechtlich noch erhebliche Schutzlücken aufwies, zum anderen als Konsequenz der Einführung des Staatsziels eine Verbesserung des tatsächlich praktizierten Umweltschutzes zu erwarten sei.[80] Es würde der Funktion und der Dignität der Verfassung widersprechen, wenn man annähme, der verfassungsändernde Gesetzgeber habe mit Art. 20a nur „symbolische Politik" betreiben und das Volk mit einer inhaltsleeren Geste als Ersatz für effektive Umweltpolitik abspeisen wollen. Vielmehr muss der verfassungsändernde Gesetzgeber mit seiner Intention, etwas Wesentliches zur Verbesserung des Umweltschutzes zu tun, ernst genommen werden.

Daraus folgt jedenfalls, dass Art. 20a ein allgemeines **Verschlechterungsverbot** zu entnehmen ist: **44** Wenn die im Zeitpunkt der Verabschiedung dieser Norm bestehende Umweltsituation als unbefriedigend verstanden und Art. 20a zu ihrer Verbesserung als notwendig erachtet wurde, dann kann die Umweltsituation im Jahre 1994 als Referenzlage angesehen werden, anhand derer die Umweltpolitik verfassungsrechtlich beurteilt werden kann. Die amtliche Politik ist im Prinzip verpflichtet, dafür zu sorgen, dass sich dieser Zustand verbessert. Sie hat auf jeden Fall dafür zu sorgen, dass er sich nicht insges. verschlechtert.[81] – Das Verschlechterungsverbot bezieht sich jedoch nicht auf jedes konkrete Umweltgut: Jeder Bau einer Straße, einer Fabrik usw. hat am konkreten Ort Verschlechterungen zur Folge. Dies verstößt nicht gegen das allgemeine Verschlechterungsverbot, wenn für solche Eingriffe ein adäquater Ausgleich geschaffen wird, also Verbesserungen an anderer Stelle vorgenommen werden. Die naturschutzrechtliche Eingriffsregelung entpuppt sich in dieser Perspektive als einfachrechtlich konkretisiertes Verfassungsrecht.[82]

**Viertens** ergibt sich für den Umgang mit nachwachsenden Rohstoffen aus dem Prinzip der **Nach- 45 haltigkeit** (→ Rn. 37 f.) ein konkreter Maßstab für das Schutzniveau.

**Fünftens** sind **Eingriffe** in die Integrität der Schutzgüter **rechtfertigungsbedürftig.** Dies folgt **46** daraus, dass Art. 20a nicht ein Ziel, sondern ein **Schutzgut** normiert (→ Rn. 19 f.). Zwar sind die natürlichen Lebensgrundlagen nicht absolut geschützt, ebenso wenig wie die Schutzgüter der Grundrechte. Jede Beeinträchtigung der natürlichen Lebensgrundlagen muss aber anhand eines Gemeinwohlzwecks bzw. anhand der Notwendigkeit zur Verwirklichung privater Freiheit legitimiert werden, also zur Erreichung dieser Zwecke geeignet und erforderlich sein.[83]

Daher verstößt im Prinzip jede vermeidbare Umweltbeeinträchtigung gegen Art. 20a.[84] Zumindest **47** dann, wenn zur Verwirklichung eines öffentlichen oder privaten Zwecks verschiedene gleichwertige Alternativen zur Verfügung stehen, von denen eine die Umwelt weniger belastet, muss die **umweltfreundlichere Alternative** gewählt werden.[85] Dies setzt voraus, dass solche Alternativen zunächst ermittelt werden. – Ist eine Alternative zur Verwirklichung des Zwecks gleich gut geeignet, aber teurer als die weniger umweltfreundliche, so ist sie mit ihr im obigen Sinne gleichwertig.[86] Deshalb kommt das verfassungsrechtliche Belastungsminimierungsgebot nur in den wenigen Fällen zum Tragen, in denen die umweltfreundlichere Alternative nicht die teurere ist.

Mehr als diese fünf Eckdaten lässt sich für die Bestimmung des Schutzniveaus aus Art. 20a wohl **48** nicht entnehmen. In welchem Umfang der Umweltschutz zu verbessern ist, sagt diese Vorschrift nicht. Somit ist die **weitere Konkretisierung des Schutzziels in die Hand der zuständigen Staatsorgane gelegt.**

**bb) Das Restrisiko.** Selbstverständlich umfasst der Schutzauftrag des Art. 20a im Prinzip auch **49** **Gefahrenabwehr und Risikovorsorge,** nicht lediglich die Verhütung von Schäden, die ohne staatliches Einschreiten mit Sicherheit eintreten würden.[87] Allerdings lässt sich im Hinblick auf den Schutz von Umweltgütern nicht generell sagen, wann Gefahrenabwehr oder Risikovorsorge geboten

---

[80] Vgl. zunächst SachVerstKom (Fn. 2), Rn. 142 f., sodann GemVerfKom (Fn. 11), S. 65, Abg. Dr. *Jahn,* BT-Prot 12/20 949(B), Abg. *Eylmann,* BT-Prot 12/21 014(C) (zurückhaltend hinsichtlich der faktischen Auswirkungen), Abg. Dr. *Schmude,* BT-Prot 12/21 020(B).

[81] Zuerst *Murswiek* NVwZ 1996, 222 (226 f.); heute hM, vgl. z. B. VG Frankfurt NVwZ-RR 1997, 92 (95) (bezogen auf das gesetzliche Umweltschutzniveau); *Bernsdorff* NuR 1997, 328 (332); *Ekardt* SächsVBl 1998, 49 (54); *Epiney* (Fn. 18), Rn. 65; *Schmidt-Radefeld,* Ökologische Menschenrechte, 2000, S. 249 f.; *Czybulka,* in: Bauer ua (Hrsg.), Umwelt, Wirtschaft und Recht, 2002, S. 103; *Storm,* in: Storm, Umweltrecht, 10. Aufl. (2015), Rn. 171; *Kahl/Gärditz* (Fn. 29) § 3 Rn. 8; vorsichtig *Kloepfer,* UmweltR, 4. Aufl. (2016), § 3 Rn. 49; *Zippelius/Würtenberger,* § 13 Rn. 24; *Heselhaus* (Fn. 53) Rn. 49; aA *Tettinger* NuR 1997, 1 (6); *Steinberg* (Fn. 3), S. 143; *Sommermann* (Fn. 18), Rn. 40; *Leisner* (Fn. 66), Rn. 8; *Krings* (Fn. 25) Rn. 25; *Gärditz* (Fn. 61) Rn. 53; skeptisch *Steiger* (Fn. 8), 02 Rn. 94; zurückhaltend auch *Söhnlein* (Fn. 54), S. 122 f. – Für den Tierschutz lässt sich weder ein Verbesserungsgebot noch ein Verschlechterungsverbot begründen, vgl. *Faller* (Fn. 21), S. 179 ff., insb. S. 204 f.; aA *Hirth/Maisack/ Moritz,* Tierschutzgesetz, 2. Aufl. (2007), Art. 20a GG, Rn. 13.

[82] In diesem Sinne auch *Schulze-Fielitz* (Fn. 36), Rn. 48. – Zu den verschiedenen Kompensationslösungen eingehend und umfassend *Voßkuhle,* Das Kompensationsprinzip, 1999, S. 103 ff.

[83] Zust. *Franz,* ZfBR 2001, 445 f.; ähnl. *Waechter* NuR 1996, 321 (325); aA *Tettinger* NuR 1997, 1 (6).

[84] Ebenso *Bernsdorff* NuR 1997, 328 (333); *Groß* VerwArch 88 (1997), 89 (109); *Kniep* GewArch 1996, 142; krit. *Epiney* (Fn. 18), Rn. 67.

[85] Zust. *Schulze-Fielitz* (Fn. 36), Rn. 47; iE auch *Epiney* (Fn. 18), Rn. 62, 67, 82.

[86] Vorausgesetzt allerdings, dass die Kosten der Alternativen nicht ökologisch verzerrt sind, vgl. Rn. 34 f. zum Verursacherprinzip.

[87] In diesem Sinne auch BVerfGE 128, 1 (37); BVerwG NVwZ 1998, 952 f.

sind. Insofern ist die verfassungsrechtliche Determinierung des staatlichen Handelns weniger genau als in bezug auf den Schutz der menschlichen Gesundheit gem. Art. 2 II. Dort ist die Vermeidung von Gefahren der verfassungsrechtlich gebotene Mindeststandard (vgl. → Art. 2 Rn. 175 ff., → Art. 2 Rn. 198). Hier können u. U. auch Schäden an Umweltgütern, sogar die Zerstörung einzelner Umweltgüter (Abholzung eines Waldes) in Kauf genommen werden, somit erst recht auch die Gefährdung einzelner Güter.

**50**      Welche Risiken für Umweltgüter vermieden werden müssen und wie groß das verbleibende **Restrisiko**[88] ihrer Schädigung oder Zerstörung sein darf, hängt von ihrer Bedeutung als Lebensgrundlagen ab. Hier kann der Verhältnismäßigkeitsgrundsatz nur eine sehr grobe Orientierung geben, die noch vielerlei Wertungsspielräume offenlässt: Je wichtiger das betroffene Umweltgut als Grundlage des Lebens und je weniger die potentielle Schädigung reversibel ist, desto geringer muss das verbleibende Restrisiko sein. Wenn es um Umweltgüter geht, ohne die menschliches Leben auf die Dauer nicht oder nicht ohne eine Häufung schwerwiegender Krankheiten möglich ist, reicht schon eine sehr geringe Wahrscheinlichkeit der Zerstörung dieses Umweltguts aus, um eine staatliche Handlungspflicht auszulösen. Der Wertungs- und Entscheidungsspielraum der Staatsorgane wird regelmäßig groß sein, wenn es um ein konkretes örtliches Umweltgut geht (z. B. einen bestimmten Wald), und er wird hinsichtlich des Ob schützenden Einschreitens auf Null reduziert, wenn eine Lebensgrundlage im ganzen gefährdet ist (z. B. die Wälder in Deutschland).

**51**      **cc) Das Maß der Sparsamkeit.** Was die Ausbeutung nicht erneuerbarer Ressourcen angeht, lässt Art. 20a das **Maß der** gebotenen **Sparsamkeit** offen.

**51a**      **b) Tierschutz.** Einen absoluten Schutz für Tiere gibt es nicht. Art. 20a will nur ein **„ethisches Mindestmaß"** sicherstellen.[89] Die Tötung von Tieren ist nach wie vor ebenso zulässig wie etwa Tierversuche. Jedoch darf niemand einem Tier „ohne vernünftigen Grund" Schmerzen, Leiden und Schäden zufügen (§ 1 Satz 2 TierSchG); dies impliziert, dass vermeidbare Schmerzen und Leiden vermieden werden müssen.[90] – Mit der Einfügung in das GG wollte der verfassungsändernde Gesetzgeber jedoch nicht den Tierschutz inhaltlich über das Niveau des Tierschutzgesetzes hinaus verbessern. Ziel der Grundgesetzänderung war es vielmehr, den einfachgesetzlich schon vorhandenen Tierschutz verfassungsrechtlich aufzuwerten.[91] Damit erhält nicht etwa der gesamte Inhalt des Tierschutzgesetzes Verfassungsrang. Die Grundsätze dieses Gesetzes in der bei Verabschiedung der Verfassungsänderung geltenden Fassung können jedoch zur Auslegung des Staatsziels herangezogen werden, denn der verfassungsändernde Gesetzgeber hat auf die einfachrechtliche Gesetzeslage ausdrücklich Bezug genommen.[92] Zu diesen Grundsätzen gehört ein abgestufter Schutz: Wirbeltiere sind stärker geschützt als Wirbellose, Warmblüter stärker als Wechselwarme, sinnesphysiologisch höher entwickelte stärker als sinnesphysiologisch niedriger entwickelte Tiere.[93]

**51b**      Da die Vorgaben des Art. 20a sehr ungenau sind, ist der **Gestaltungsspielraum** des Gesetzgebers bezüglich seiner Tierschutzaufgabe besonders weit. Nur eine völlig unzulängliche Tierschutzgesetzgebung könnte verfassungsgerichtlich beanstandet werden.[94]

**52**      **6. Zielkonflikte.** Zwischen Umweltschutz, Wirtschafts-, Verkehrs- und Energiepolitik sowie vielen anderen Aktivitäten mit Umweltrelevanz sind **vielfältige Zielkonflikte** möglich. Auch wenn der am häufigsten beschworene Konflikt zwischen Ökologie und Ökonomie sich gesamtwirtschaftlich weitgehend auflösen lässt zugunsten einer umweltverträglichen Ökonomie, bleiben viele Konflikte bestehen, die nur in der Weise gelöst werden können, dass im konkreten Fall ein Interesse gegenüber dem anderen zurückgestellt wird.

**53**      Art. 20a ist sehr unbestimmt formuliert worden, um nicht auf verfassungsrechtlicher Ebene abstrakt-generell den Vorrang des Umweltschutzes gegenüber anderen Zielen und Aufgaben festzuschreiben. Dies spricht dafür, das Staatsziel als **Optimierungsgebot** zu verstehen:[95] Die natürlichen Lebensgrundlagen sind – im Rahmen der oben genannten Eckdaten (Rn. 41–48) – so gut zu schützen, wie dies rechtlich und faktisch möglich ist, ohne die Verwirklichung anderer öffentlicher Aufgaben (in dem angestrebten Umfang) unmöglich zu machen.

**54**      Normative Kraft kann dieses Optimierungsgebot allerdings nur in dem Maße entfalten, in dem verbindliche Kriterien für die **Gewichtung der konfligierenden Ziele** aus dem GG abgeleitet werden können. Denn wenn dem Gesetzgeber (oder dem sonst zuständigen Staatsorgan) völlig frei-

---

[88] Zu diesem Begriff z. B. *Murswiek,* HdUR II, 2. Aufl. 1994, Sp. 1719 ff.

[89] Vgl. BT-Dr 14/8860, S. 1, 3; zum tierschutzrechtlichen Minimum vgl. auch *Faller* (Fn. 21), S. 166 ff.; *Caspar/ Geissen* NVwZ 2002, 913 (914), die auch ein tierschutzrechtl. Verschlechterungsverbot postulieren.

[90] Nach BVerwG, NJW 3096 (Rn. 20, 26) ist der Begriff des „vernünftigen Grundes" im Lichte des Art. 20a auszulegen.

[91] Vgl. BT-Dr 14/8860, S. 1, 3.

[92] BT-Dr 14/8860, S. 3.

[93] Vgl. *Kloepfer/Rossi* JZ 1998, 369 (370) mN

[94] *Faller* (Fn. 21), S. 179 ff., insb. S. 190 f.; *Epiney* (Fn. 18), Rn. 88.

[95] Zust. *Schulze-Fielitz* (Fn. 36), Rn. 23; *Epiney* (Fn. 18), Rn. 62.

steht, darüber zu entscheiden, in welchem Umfang dem Umweltschutz entgegenstehende Ziele verwirklicht werden sollen, läuft das Optimierungsgebot leer: Praktisch jede Umweltbeeinträchtigung ließe sich mit irgendeinem konfligierenden Ziel rechtfertigen.

Art. 20a aber stellt **für die Lösung solcher Zielkonflikte kein Entscheidungskriterium** zur   55 Verfügung. Der Umweltschutz soll gleichen Rang mit anderen Verfassungszielen haben. Aus dem verfassungsrechtlichen Rang des Umweltschutzes folgt aber nicht, dass der Umweltschutz stets Vorrang gegenüber Zielen haben müsse, die nicht im GG festgelegt sind. Der Umweltschutz genießt – sofern nicht die Existenz einer Lebensgrundlage im ganzen berührt ist (Rn. 41) – **weder absoluten noch** auch nur **relativen Vorrang** gegenüber anderen Zielen.[96] Entsprechendes gilt für den Tierschutz.

Anders als Konflikte zwischen Umweltschutz und anderen Zielen lassen sich **Umweltnutzungs-**  55a **konflikte** beziehungsweise **Konflikte zwischen verschiedenen Umweltschutzzielen** anhand von Art. 20a GG im Prinzip klar entscheiden; Einschätzungs- und Bewertungsspielräume können sich aber aus der Inkommensurabilität abzuwägender Umweltgüter ergeben. Da Art. 20a GG darauf abzielt, den Zustand der Umwelt zu verbessern und jedenfalls nicht zu verschlechtern (→ Rn. 43 f.), müssen bei solchen Konflikten Vorteile und Nachteile für die Umwelt abgewogen werden. Wenn zu Umweltschutzzwecken eine Technologie eingesetzt wird, die ihrerseits die Umwelt schädigt, ist das mit Art. 20a GG nur vereinbar, sofern der Nutzen, den die als Mittel des Umweltschutzes eingesetzte Technologie für die Umwelt hat, größer ist als der Schaden, den sie der Umwelt zufügt. Beispielsweise ließe sich der massive Ausbau der Windenergie im Hinblick auf die durch Windkraftanlagen verursachten Schäden (Tötung von Vögeln, Verunstaltung von Landschaften, Gesundheitsgefährdung durch Infraschall usw.) nur rechtfertigen, wenn sich zeigen ließe, dass der behauptete ökologische Nutzen (Abwendung von Umweltschäden infolge der durch anthropogene $CO_2$-Emissionen verursachten Erderwärmung) größer als diese Schäden ist. Bei dieser **Kosten-Nutzen-Analyse** kommt es nicht auf eine abstrakte Gegenüberstellung von Zielen („Artenschutz" oder „Landschaftsschutz" gegen „Klimakatastrophe") an, sondern auf eine **konkrete Abwägung:** Wieviele Vögel welcher Arten werden getötet? In welchem Umfang wird die Landschaft beeinträchtigt? Welche erderwärmungsbedingten Umweltschäden werden durch diejenigen $CO_2$-Substitutionen vermieden, die durch die betreffenden Windkraftanlagen erzielt werden? Eine solche konkrete Abwägung zu unterlassen, ist mit Art. 20a GG nicht vereinbar.

**7. Europarechtliche Prägung.** Das deutsche Umweltrecht wird immer stärker durch das **euro-**  55b **päische Umweltrecht** vorgeprägt. Eine Vielzahl von Rechtsakten der EU, vor allem Richtlinien, gibt den Mitgliedstaaten auf den einzelnen Gebieten des Umweltschutzrechts wie auch auf mittelbar den Umweltschutz betreffenden Rechtsgebieten sowohl die einzuhaltenden materiellen Standards als auch Instrumente und Verfahren des Umweltschutzes vor. Daran sind die deutschen Gesetzgebungsorgane gebunden. Diese Bindungen engen die Gestaltungsfreiheit, die dem Gesetzgeber im Rahmen des Art. 20a bleibt, wesentlich ein. Sie führen dazu, dass die Konkretisierung des Staatsziels Umweltschutz durch die europäische Rechtsetzung wesentlich mitgeprägt wird.[97] Diese hat nach Art. 3 III EUV, 191 II AEUV ein „hohes" Umweltschutzniveau anzustreben. – Auch das **Tierschutzrecht** ist weitgehend durch europäische Richtlinien vorgeprägt.[98]

## C. Die Adressaten und die Grenzen der Pflichten zum Umweltschutz und zum Tierschutz

Die Staatsziele Umweltschutz und Tierschutz sind mit einigen **überflüssigen Kauteln** versehen   56 worden, die der Furcht entsprungen sind, die Gerichte könnten aufgrund der Staatszielbestimmung die Initiative in der Umweltpolitik an sich reißen und den Gesetzgeber überspielen. Im Gesetzgebungsverfahren sind die betreffenden Formulierungen daher als „Angstklausel" bezeichnet worden.[99] Dass auch der Schutz der natürlichen Lebensgrundlagen und der Tierschutz nicht anders als „im Rahmen der verfassungsmäßigen Ordnung durch die Gesetzgebung und nach Maßgabe von Gesetz und Recht durch die vollziehende Gewalt und die Rspr." erfolgen können, ist eine bare Selbstverständlichkeit (Art. 20 III).[100]

Art. 20a **verpflichtet nur den Staat,** nicht Individuen, private Wirtschaftsunternehmen oder die   56a Gesellschaft im ganzen.[101] Entgegen einigen Stimmen in der Literatur[102] ist dies auch nicht zu

---

[96] Die Formulierung, die natürlichen Lebensgrundlagen stünden unter dem „besonderen Schutz" des Staates, zu einen relativen Vorrang sichern sollte, war am Widerstand der CDU/CSU gescheitert, vgl. Bericht der GemVerfKom (Fn. 11), S. 65 f.; vgl. auch *Würtenberger* VVDStRL 58 (1999), 139 (156).

[97] Dazu *Schulze-Fielitz* (Fn. 36), Rn. 14 ff.

[98] Dazu eingehend *Faller* (Fn. 21), S. 38 ff.; *Caspar*, Zur Stellung des Tieres im Gemeinschaftsrecht, 2001.

[99] Vgl. Abg. Dr. *Hirsch*, BT-Prot 12/18 113(C); Abg. *Kleinert*, BT-Prot 12/18 100(B).

[100] Ausführlicher hierzu *Murswiek* NVwZ 1996, 222 f.; aA *Gärditz* (Fn. 61) Rn. 33.

[101] Anders einige landesverfassungsrechtliche Umweltschutzbestimmungen, vgl. BayVerf Art. 141 I 1, BrandVerf Art. 39 I, MVVerf Art. 12 III, SaarlVerf Art. 59a, SächsVerf Art. 10 I 1, LSAVerf Art. 35 II, ThürVerf Art. 31.

[102] Vgl. *Hoffmann-Riem* GewArch 1996, 1 (2); *Kloepfer* DVBl 1996, 72 (74 f.).

bedauern, obwohl Belastungen der Umwelt in erster Linie von Privaten, nicht vom Staat, verursacht werden. Denn die Funktion der Verfassung ist es, die Staatsgewalt zu organisieren, im Verhältnis zu den Bürgern zu begrenzen und diesen diesbezügliche Rechte zu geben, nicht jedoch, unmittelbar die Bürger in Pflicht zu nehmen. Die notwendigen Bürgerpflichten sind durch einfache Gesetze zu normieren. Dies kann ohne Verlust an Rechtsstaatlichkeit auch in bezug auf den Umweltschutz und den Tierschutz nicht anders sein. Art. 20a ist also nur Staatsziel, nicht auch Gesellschaftsziel. Dies schließt nicht aus, sondern impliziert, dass auf der Ebene des einfachen Gesetzes auch die Bürger, insbes. die Unternehmen, zu umweltgerechtem Verhalten bzw. zu verantwortlichem Umgang mit Tieren verpflichtet werden. Dabei ist es dem Gesetzgeber unbenommen, durch Setzung geeigneter Rahmenbedingungen den Umweltschutz in erheblichem Umfang gesellschaftlicher Selbstregulierung zu überlassen und so in die Verantwortung gesellschaftlicher Akteure zu stellen.[103] Auf der Ebene der Verfassung wird dadurch der Umweltschutz nicht zum „Gesellschaftsziel"; das GG enthält keine Verbürgung des umweltpolitischen Kooperationsprinzips.[104] Der Staat allein bleibt für das vom GG geforderte Umweltschutzniveau verfassungsrechtlich verantwortlich. Dementsprechend kann aus Art. 20a u. U. auch die Verpflichtung erwachsen, die rechtlichen Rahmenvorgaben für den funktionell bzw. materiell privatisierten Umweltschutz zu verschärfen oder – äußerstenfalls – den Umweltschutz insoweit wieder zu verstaatlichen.[105]

57    Art. 20a normiert nicht nur einen Gesetzgebungsauftrag, sondern eine **an alle Staatsorgane** in Bund, Ländern[106] und Gemeinden **adressierte Pflicht**, die von diesen selbstverständlich nur **im Rahmen ihrer jeweiligen Kompetenzen** wahrzunehmen ist. An der vorgegebenen Kompetenzordnung ändert er nichts.[107] Dies gilt auch für die Gemeinden, die nicht unter Berufung auf Art. 20a GG Aufgaben an sich ziehen dürfen, die nicht zum örtlichen Wirkungskreis gehören.[108] Daraus ergibt sich, dass angesichts der Konkretisierungsbedürftigkeit der sehr unbestimmt gefassten Norm **in erster Linie der Gesetzgeber zum Handeln berufen** ist und Exekutive wie Rspr. an die gesetzlichen Konkretisierungen des Art. 20a gebunden sind. Aufgabe der Rspr. kann es im Verhältnis zum Gesetzgeber nur sein, die Einhaltung der wenigen, aber nicht unbeachtlichen Grenzen des gesetzgeberischen Gestaltungsspielraums zu kontrollieren.

57a    Da Art. 20a ein für alle Staatsorgane verbindliches Staatsziel formuliert, kann er nicht etwa als eine verfassungsrechtliche Spezialbestimmung für den Sektor Umweltschutz verstanden werden. Seine Anforderungen sind nicht nur im Rahmen der Umweltpolitik, im Zuständigkeitsbereich des Bundesumweltministeriums und der entsprechenden Landesministerien, zu beachten, sondern auch bei der Gestaltung der Politik in allen anderen Bereichen, etwa in der Wirtschafts-, Finanz- oder Verkehrspolitik. Art. 20a verpflichtet also zur **Integration der ökologischen Zielsetzung in alle Politikbereiche.** Insofern hat er die gleiche Funktion wie im europäischen Gemeinschaftsrecht die **Querschnittsklausel** des Art. 11 AEUV.

## I. „Im Rahmen der verfassungsmäßigen Ordnung"

58    Mit „verfassungsmäßiger Ordnung" ist hier (wie in Art. 20 III, dazu → Art. 20 Rn. 101) die **Gesamtheit der Normen des Grundgesetzes** (für den Landesgesetzgeber auch der jeweiligen Landesverfassung) gemeint. Die Formulierung soll ausdrücklich klarstellen, dass die Schutzziele des Art. 20a **nicht** anderen Verfassungsnormen und anderen Staatszielen **übergeordnet** werden, sondern mit anderen Verfassungsrechtsgütern und -prinzipien in Ausgleich zu bringen sind.[109]

59    Die **„prinzipielle Gleichordnung"** des Umweltschutzes **mit anderen Verfassungsprinzipien**[110] schließt allerdings nicht aus, dass in bezug auf konkrete Probleme und Kollisionslagen ein eindeutiger Vorrang des Umweltschutzes gegeben sein kann. Geht es nicht nur um die Lebensqualität in einer möglichst unberührten Umwelt oder um Vorsorge im Vorfeld der Gefahrenabwehr, sondern um die **menschlichen Lebensgrundlagen als solche,** dann sind diese **gegenüber anderen Verfassungsprinzipien und -gütern fundamental.**[111]

## II. „Durch die Gesetzgebung"

60    Diese Formulierung hebt die **Konkretisierungsprärogative des Gesetzgebers** (Rn. 17, 57) hervor und betont zugleich seine besondere Verantwortung: Vom Handeln des Gesetzgebers hängt es in

[103] Vgl. *Hoffmann-Riem* Die Verwaltung 28 (1995), 425 (430 ff.); auch *Sommermann* (Fn. 18), Art. 20a Rn. 17 u. 23.

[104] *Murswiek* ZUR 2001, 7 (12); *Wolf* (Fn. 29), 13.

[105] *Söhnlein* (Fn. 54), S. 149 ff.

[106] Zur Geltung des Art. 20a auch für die Länder *Brönneke* (Fn. 1), S. 431 ff.

[107] Vgl. z. B. *Gramm* DÖV 1999, 540 (545).

[108] Vgl. BVerwG NVwZ 2006, 595 (596).

[109] GemVerfKom (Fn. 11), S. 67 f.

[110] GemVerfKom (Fn. 11), S. 67.

[111] Vgl. *Murswiek* (Fn. 18), S. 78 f.; zust. *Ekardt* SächsVBl 1998, 49 (55); ähnl. *Epiney* (Fn. 18), Rn. 50; vgl. auch *Wolf* KritV 1997, 280 (302 f.).

erster Linie ab, ob und inwieweit der Staat seinen Auftrag zum Schutz der natürlichen Lebensgrundlagen und der Tiere erfüllt. Der weite Gestaltungsspielraum des Gesetzgebers folgt aus der Unbestimmtheit des Schutzniveaus (→ Rn. 39 ff.) und aus dem Umstand, dass Art. 20a die Lösung von Zielkonflikten offen lässt (→ Rn. 52 ff.).[112] Die Pflichten des Art. 20a stehen jedoch **nicht unter Gesetzesvorbehalt.**[113] Soweit sich also Art. 20a überhaupt verbindliche Direktiven entnehmen lassen, stehen diese nicht zur Disposition des Gesetzgebers, sondern binden auch ihn.[114]

### III. „Durch die vollziehende Gewalt und die Rechtsprechung"

Vollziehende Gewalt und Rspr. sind an Gesetz und Recht gebunden. Für die **Verwaltung** hat **61** Art. 20a als Direktive nur dort eigenständige Bedeutung, wo das Gesetz ihr Entscheidungsspielräume offen lässt. Dies ist im Bereich der gesetzesfreien (Leistungs-)Verwaltung oder im Rahmen von Ermessens- oder Beurteilungsspielräumen und von planerischen Gestaltungsspielräumen der Fall. Die Verwaltung darf aber nicht unter Berufung auf Art. 20a eine gesetzliche Regelung überspielen.[115] Auch kann Art. 20a nicht als Ermächtigungsgrundlage für Eingriffe in Freiheit oder Eigentum dienen.[116]

An die **Regierung** richtet sich der Auftrag des Art. 20a im Hinblick auf Gesetzesinitiativen und ihre **62** Vorbereitung einschließlich der umfassenden Umweltbeobachtung und auch im Hinblick auf Initiativen im Rahmen der Europäischen Union sowie auf der Ebene des Völkerrechts. Besonders wichtig ist auch die Konkretisierung und nähere Ausgestaltung gesetzlicher Anforderungen durch RVOen und Verwaltungsvorschriften.

Auch für die **Rechtsprechung** ist Art. 20a unmittelbar anwendbares Recht, doch haben die **63** Gerichte sich darauf zu beschränken, Legislative und Exekutive dort zu korrigieren, wo sie ihre Pflichten aus Art. 20a verletzen.[117] Dies ist nur insoweit möglich, als diese Pflichten in Art. 20a materiell festgelegt sind (dazu → Rn. 39 ff.). Soweit das GG den Umfang der Aufgabe, die natürlichen Lebensgrundlagen bzw. die Tiere zu schützen, unbestimmt lässt und dem Gesetzgeber oder der Exekutive zur Konkretisierung überweist, dürfen die Gerichte ihre eigene Vorstellung über den „richtigen" Umwelt- oder Tierschutz nicht an die Stelle der Entscheidung der zuständigen Staatsorgane setzen.[118]

## D. Einzelheiten zu den rechtlichen Auswirkungen

### I. Materiellrechtliche Auswirkungen

**1. Gesetzgebungspflichten.** Da nach der hier vertretenen Auffassung das **Verursacherprinzip** **64** gesetzlich umgesetzt werden muss, soweit dies auf praktikable Weise möglich ist, muss insoweit zunächst eine umfassende Bestandsaufnahme gemacht werden. Hier sind etliche Defizite durch gesetzliche Regelungen zu beseitigen.

Ein Beispiel sind die durch weiträumige Immissionen bedingten **Waldschäden.** Hier bleibt nach **65** geltendem Recht noch immer der Geschädigte ohne Entschädigung. Ist eine Verwirklichung des Verursacherprinzips nur durch einen Entschädigungsfonds möglich, in den diejenigen einzahlen, die durch Umweltbelastungen Beiträge zu dem betreffenden Risiko leisten, dann ist der Gesetzgeber verpflichtet, eine Fondslösung zu regeln. Er bleibt selbstverständlich frei hinsichtlich der Ausgestaltung im einzelnen. – Ein weiteres Beispiel sind die Immissionen des Straßenverkehrs, deren schädliche Wirkungen bei weitem noch nicht vollständig den Verursachern angelastet werden.

**Defizite** der Umweltgesetzgebung werden in der Literatur **auch** auf den Gebieten Naturschutz, **65a** Klimaschutz, Schutz von Böden und Gewässern vor Schadstoffeinträgen aus dem Verkehr gesehen.[119] – *Steinberg* hält die **gebundene Erlaubnis** (z. B. nach § 6 BImSchG) für unvereinbar mit Art. 20a.[120] Dies wäre zutr., wenn sich das von Art. 20a vorgegebene Umweltschutzziel nicht anders als durch eine freie, auf einem planerischen Gestaltungsspielraum oder einem Abwägungsermessen beruhende Genehmigungsentscheidung erreichen ließe. Lässt sich dies nicht belegen, bleibt dem Gesetzgeber auch insoweit seine Gestaltungskompetenz erhalten.

**2. Auslegung unbestimmter Rechtsbegriffe.** Soweit unbestimmte Rechtsbegriffe des Umwelt- **66** rechts offen für zukunftsbezogene **Vorsorge** sind, ist bei ihrer Auslegung insbes. die Verantwortung für künftige Generationen zu berücksichtigen. Beispiele sind der atomrechtliche Sicherheitsstandard

---

[112] Dazu auch *Erbguth/Stollmann* DÖV 1999, 929 (930 f.).

[113] Ein solcher wurde in der GemVerfKom abgelehnt, s. o. Rn. 9; unzutr. *Meyer-Teschendorf* ZRP 1994, 73 (77).

[114] Ebenso z. B. *Kloepfer* DVBl 1996, 73 (79); *Schink* DÖV 1997, 221 (225).

[115] Vgl. z. B. *Brohm* JZ 1994, 219; auch BVerwG NVwZ 1998, 1080 (1081).

[116] Vgl. SachVerstKom (Fn. 2), Rn. 162; *Jarass* (Fn. 39), Rn. 15; *Maurer*, Staatsrecht I, § 6 Rn. 13.

[117] Einen Überblick über die bisherige Rspr. zu Art. 20a bieten *Murswiek*, Die Verwaltung 33 (2000), 241 (263 ff.), *Petersen*, Jb. UTR 2001, S. 59 (80 ff.) und besonders ausführlich *Linke*, Jb. UTR 2017, S. 25 ff.

[118] Vgl. BFHE 184, 226 (231).

[119] Vgl. *Schmalz*, Staatsrecht, 4. Aufl. 2000, Rn. 312.

[120] NJW 1996, 1985 (1993).

des § 7 II Nr. 3 AtG oder das immissionsschutzrechtliche Vorsorgegebot des § 5 I Nr. 2 BImSchG. Unter Berücksichtigung von Art. 20a heißt Vorsorge auch, dass heute keine Umweltbelastungen vorgenommen werden dürfen, die zwar jetzt als unschädlich erscheinen, aber bei künftigen Generationen zu Gesundheitsschäden führen oder ihnen die Lebensgrundlagen zerstören.

67      Da somit bei allen Umweltbeeinträchtigungen, die sich im Laufe der Zeit akkumulieren und daher durch Summierung vieler kleiner Schadstoffbeiträge irgendwann zu einer Überschreitung der Schädlichkeitsschwelle führen werden, das **Beeinträchtigungsminimierungsgebot** gilt, muss **§ 5 I Nr. 2 BImSchG** so ausgelegt werden, dass unabhängig von einer aktuellen Risikolage die Emissionen nach dem Stand der Technik so gering wie möglich gehalten werden müssen.[121]

68      Bei der Anwendung aller Normen, die im Tatbestand auf das **öffentliche Interesse** oder **öffentliche Belange** abstellen, ist künftig der Auftrag des Art. 20a zu berücksichtigen.

68a      Wenig spektakulär, aber im Hinblick auf die **Alltagsrelevanz** des Art. 20a durchaus bemerkenswert sind Rechtsprechungsfälle, in denen Art. 20a zur Konkretisierung der (tatbestandlich überaus unbestimmten) Straßenverkehrssicherungspflichten herangezogen worden ist – mit dem umweltgerechten Ergebnis, dass der Verkehrssicherungspflichtige für den „gelegentlichen natürlichen Astabbruch" nicht einzustehen hat.[122]

68b      Der VGH Kassel hat gefordert, bei der Auslegung von § 4a II Nr. 2 TierSchG im Hinblick auf das Tierschutz-Staatsziel dem Tierschutz bei der Abwägung mit der Religionsfreiheit im Hinblick auf die Voraussetzungen einer Ausnahmegenehmigung vom Verbot des betäubungslosen Tötens warmblütiger Tiere (Auslegung des Begriffs der „zwingenden Vorschriften") größeres Gewicht zu verschaffen.[123] Das BVerwG hat festgestellt, dass die Einfügung des Tierschutzes in Art. 20a GG nichts an der Verfassungsmäßigkeit des **§ 4a II Nr. 2 TierSchG** ändere; allerdings sei jetzt nicht nur zu prüfen, ob die Versagung der Ausnahmegenehmigung Grundrechte des Klägers verletzt, sondern auch, ob ihre Erteilung mit Art. 20a GG vereinbar ist. Der Tierschutz genieße aber keinen Vorrang gegenüber anderen Verfassungsgütern. Es sei vorrangig Aufgabe des Gesetzgebers, dieses Anliegen zu einem gerechten Ausgleich mit etwa widerstreitenden Grundrechten zu bringen.[124]

68c      Auch die Auslegung unbestimmter Rechtsbegriffe des **Zivilrechts** kann durch Art. 20a GG beeinflusst werden, etwa, wenn der Finder eines verletzten Tieres von der Gemeinde Erstattung von Tierarztkosten wegen Geschäftsführung ohne Auftrag verlangt.[125]

69      **3. Ermessensausübung.** Die Ermessensausübung hat sich am Zweck der Ermessensermächtigung zu orientieren. Da die speziellen Umwelt- und Tierschutzgesetze ohnehin dem Schutz der natürlichen Lebensgrundlagen bzw. der Tiere dienen, wird Art. 20a hier kaum Auswirkungen haben. Bei Gesetzen, die andere Zwecke verfolgen, könnte der unmittelbar auch an die Verwaltung adressierte Auftrag, die natürlichen Lebensgrundlagen sowie die Tiere zu schützen, als **Direktive** für die Ermessensausübung wirken.[126] Da es der Gesetzgeber in der Hand hat, den Umfang der Ermessensermächtigung zu bestimmen, setzt dies voraus, dass das betreffende Gesetz nicht abschließend die in Betracht kommenden Ermessensgesichtspunkte festgesetzt hat.

70      **4. Planerische Abwägung.** Versteht man den Schutzauftrag des Art. 20a als **Optimierungsgebot** (Rn. 53), dann muss sich dies auch auf die planerische Abwägung auswirken.[127] Wo der Umweltschutz im Gesetz lediglich als ein abwägungserheblicher Belang unter anderen ausgewiesen ist, wird man die Regelung – sofern der Gesetzgeber nicht eindeutig eine andere Entscheidung getroffen hat – im Lichte des Art. 20a künftig im Sinne eines planerischen Optimierungsgebots[128] verstehen müssen.

71      In der Literatur wird i. Ü. die Auffassung vertreten, dass Art. 20a das **Gewicht** des Umweltschutzes **in der planerischen Abwägung** vergrößert.[129] Die Aufnahme des Umweltschutzes als Staatsziel in die Verfassung soll in der Tat seine besondere Bedeutung zum Ausdruck bringen (Rn. 5, 15). Ob sich daraus aber entnehmen lässt, wie groß das Gewicht der betroffenen Umweltbelange in einer konkreten Planungssituation ist, muss bezweifelt werden.[130] Vielleicht wird die neue Verfassungsnorm

---

[121] So bereits vor Inkrafttreten des Art. 20a *Murswiek* WiVerw 1986, 179 (201); dagegen die h. M., vgl. z. B. *Jarass,* BImSchG, 12. Aufl. 2017, § 5 Rn. 60.

[122] OLG RhPf AgrarR 1999, 16; OLG Koblenz VersR 1998, 865.

[123] NJOZ 2006, 953 (962 ff.); dazu *Kluge* NVwZ 2006, 650 ff.

[124] BVerwGE 127, 183 (Rn. 12); krit. dazu *Traulsen* NuR 2007, 800 ff.; *Cirsovius* NuR 2008, 237 ff.

[125] *Oechsler,* in: JuS 2016, 215.

[126] Vgl. die Auswertung der Rspr. zur Ermessensausübung im Konfliktbereich zwischen Denkmal- und Klimaschutz, *Grothmann* ZfBR-Beilage 2012, 100 ff.

[127] Dazu eingehend *Brönneke* (Fn. 1), S. 421 ff., insbes. 425 ff.; *Blasberg,* S. 125 ff.; vgl. auch BayVerfGH, 31.5.2006 – Vf. 1-VII-05: Nichtigkeit eines Bauleitplans wegen Außerachtlassung des Staatsziels Umweltschutz in der Abwägung.

[128] Vgl. BVerwGE 71, 163 (165), sowie z. B. *Funke* DVBl 1987, 511 (516).

[129] Vgl. schon die SachVerstKom (Fn. 2), Rn. 162; außerdem z. B. *Peters* NuR 1987, 293 (295). Nach *Schulze-Fielitz* (Fn. 36), Rn. 45 soll das rechtsstaatl. Abwägungsgebot unter dem Eindruck des Art. 20a sogar zu einem spezifisch umweltstaatlichen Abwägungsgebot mutieren und die Abwägungsfehlerlehre entsprechend „ökologisiert" worden sein.

[130] Vgl. *Henneke* NuR 1995, 325 (333 f.); *Murswiek* NVwZ 1996, 222 (227 ff.).

Planungsbehörden und Gerichte dazu anleiten, dem Umweltschutz diejenige Bedeutung in der planerischen Abwägung zu geben, die er aufgrund der Problemlage eigentlich ohnehin schon hätte haben müssen.

**5. Legitimation von Grundrechtseingriffen und Ungleichbehandlungen.** Art. 20a kann als  **72**
„**verfassungsimmanente Schranke**" Eingriffe in solche Grundrechte legitimieren, die keinem ausdrücklichen Gesetzesvorbehalt unterliegen.[131] Dies dürfte die wichtigste Funktion des Staatsziels Tierschutz sein. Der ethische Tierschutz konfligiert nämlich z. B. mit der Religionsfreiheit (Schächten)[132] sowie vor allem mit der Wissenschaftsfreiheit (Tierversuche). Beschränkungen dieser Grundrechte aus Gründen des Tierschutzes waren vor Aufnahme des Tierschutzes in Art. 20a prinzipiell nicht möglich[133] und ließen sich allenfalls mit sehr problematischen Begründungen rechtfertigen.[134] Die bisher wissenschaftsfreundliche Auslegung tierschutzrechtlicher Bestimmungen durch die Gerichte[135] kann sich jetzt zugunsten des Tierschutzes verschieben.[136] Die Lösung des Konflikts zwischen Wissenschaftsfreiheit und Tierschutz ist in erster Linie Sache des Gesetzgebers. Einen abstrakten Vorrang der Wissenschaftsfreiheit[137] einerseits oder des Tierschutzes andererseits gibt es nicht.

Rspr. und Literatur bemühen Art. 20a GG außerdem, um **Eingriffe in unter Gesetzesvorbehalt**  **72a**
**stehende Grundrechte** oder die gesetzliche Ausgestaltung des Eigentums zu legitimieren[138] oder Ungleichbehandlungen am Maßstab des Willkürverbots zu rechtfertigen.[139] Da der Umweltschutz und der Tierschutz ohne Zweifel auch unabhängig von Art. 20a Gemeinwohlziele sind, könnte die Rechtfertigung solcher Eingriffe ohne Art. 20a genauso gut gelingen. Verfehlt ist auch die häufig geäußerte Ansicht,[140] Art. 20a **verstärke das Gewicht** dieser Gemeinwohlbelange in der Abwägung mit der Grundrechtsposition, in die eingegriffen wird. Denn das Gewicht eines Abwägungsbelangs lässt sich nur konkret ermitteln; ein abstrakt noch so hochrangiges Gut hat geringes Gewicht, wenn es nur marginal tangiert ist.[141]

## II. Verfahrensrechtliche Auswirkungen

**1. Gerichtlicher Rechtsschutz.** Art. 20a gewährt **kein subjektives Recht**.[142] Weder der einzelne  **73**
Bürger[143] noch etwa Umwelt- oder Tierschutzverbände[144] können wegen Verletzung der Umwelt- oder Tierschutzpflicht Klage erheben. Deshalb kann sich Art. 20a auch nicht auf die einfachgesetzliche Klagebefugnis auswirken: Vorschriften, die keinen „drittschützenden" Charakter haben, erhalten diesen nicht dadurch, dass sie den Schutzauftrag des Art. 20a erfüllen bzw. konkretisieren.[145]

Aufgrund anderer subjektiver Rechte bereits **bestehende Klagebefugnisse** können durch Art. 20a  **74**
allerdings in ihrer Reichweite **erweitert** werden: Wo nämlich der Staat in Freiheit oder Eigentum eingreift, hat der Betroffene einen – grundrechtlich verbürgten – subjektiven Anspruch darauf, dass der Eingriff nicht nur in Übereinstimmung mit den tangierten Grundrechten steht, sondern auch sonst in jeder Hinsicht verfassungsmäßig ist. Somit kann der Betroffene gerichtlich geltend machen, der

---

[131] So für die Kunstfreiheit BVerwG NJW 1995, 2648 (2649); NJW 1996, 1163; für die Religionsfreiheit BVerwG NuR 1997, 440; für die Wissenschaftsfreiheit BVerfGE 128, 1 (41 f., 85).

[132] Jedenfalls bei dem bisherigen sehr weiten Schutzbereichsverständnis der Religionsfreiheit, die das Handeln in Übereinstimmung mit der religiösen Überzeugung impliziert (grundlegend BVerfGE 24, 236 – Aktion Rumpelkammer), vgl. z. B. → Art. 4 Rn. 69; aA BVerwGE 99, 1 (7 f.) und z. B. *Preuss,* AK I, Art. 4 Rn. 4. In seinen Entscheidungen zum Schächten hat das BVerfG (BVerfGE 104, 337 und [K] NJW 2002, 1485) jedoch nicht die Religionsfreiheit zum unmittelbaren Maßstab genommen.

[133] So z. B. *Hobe* WissR 31 (1998), 309 (323 ff.); *Schelling* NuR 2000, 188 ff.

[134] Begründungsversuche z. B. bei *Lorenz* FS Lerche, 1993, S. 267 ff.; *Lübbe* NuR 1994, 469 ff.

[135] Vgl. etwa BVerfG (K), NVwZ 1994, 869; VGH Kassel NJW 1994, 1608 (1609).

[136] Vgl. *Kloepfer/Rossi* JZ 1998, 369 (377); *Caspar/Geissen* NVwZ 2002, 913 (915 f.); aA *Spranger* (Fn. 60), S. 288 ff.; differenzierend *Stelkens* NuR 2010, 105 (106).

[137] So aber *Spranger* (Fn. 60), S. 288 ff.; für relativen Vorrang *Huster/Rux* (Fn. 48), Rn. 46; *Lindner* NordÖR 2009, 329 ff.; *Gärditz* DVBl 2010, 1048 ff.

[138] Vgl. BVerfGE 128, 1 (38); BVerfG (K), NVwZ 1997, 159; NJW 1998, 367 (368); sowie z. B. *Jarass* (Fn. 39), Rn. 15; *Schulze-Fielitz* (Fn. 36), Rn. 73; Art. 20a unterstreiche die „Umweltpflichtigkeit des Eigentums": *Führ* NuR 1998, 6 (11); ausf. zum Verhältnis von Art. 20a zu Art. 14 GG *Blasberg,* Inhalts- und Schrankenbestimmungen des Grundeigentums zum Schutz der natürlichen Lebensgrundlagen, 2008, insb. S. 61 ff.

[139] Vgl. *Epiney* (Fn. 18), Rn. 92; *Stein/Frank* (Fn. 74), § 22 III; *Schulze-Fielitz* (Fn. 36), Rn. 70.

[140] Vgl. z. B. BVerfGE 102, 1 (18) – Altlasten; *Schulze-Fielitz* (Fn. 36), Rn. 70, 78, 80.

[141] So wird sich der nicht in der Verfassung hervorgehobene Denkmalschutz wegen seiner Objektgebundenheit regelmäßig gegen klimapolitisch motivierte Auflagen durchsetzen können, vgl. *Winkler* EurUP 2013, 206 f.

[142] Vgl. z. B. BVerwG NVwZ 1998, 1080 (1081).

[143] Vgl. BVerfGE 101, 73 (81 f.); 104, 367 (370); BVerwG NVwZ 1998, 398 (399). Die willkürliche Außerachtlassung der Umweltschutzpflicht verletzt den Einzelnen auch nicht in seinem Recht aus Art. 3 I, aA BayVerfGH BayVBl 1986, 298 (300).

[144] Vgl. BVerwGE 101, 73 (81 f.); 104, 367 (370); BVerwG NVwZ 1998, 398 (399); NVwZ 2001, 1148 (1149).

[145] Vgl. auch *Hahn* (Fn. 36), S. 158; aA *Epiney* (Fn. 18), Rn. 38, 93; *Söhnlein* NuR 2008, 251 (254) unter dem Aspekt des Willkürverbots.

staatliche Eingriff in sein Eigentum oder sein Recht auf körperliche Unversehrtheit sei rechtswidrig, weil der Eingriff (bzw. die dazu ermächtigende Norm) gegen Art. 20a verstoße.[146]

**74a** Aus Art. 20a lässt sich nichts zum Umfang der gerichtlichen Kontrolle entnehmen. Soweit das Rechtsstaatsprinzip oder die Grundrechte dem nicht entgegenstehen, kann der Gesetzgeber den Behörden Beurteilungs- oder Konkretisierungsermächtigungen erteilen, ohne dass das Umwelt- oder das Tierschutzstaatsziel dem entgegenstehen.[147]

**75** **2. Verwaltungsverfahren.** Auch für das Verwaltungsverfahren wirkt sich Art. 20a auf die Rechtsstellung des Einzelnen nicht unmittelbar aus. Allerdings kann im **Einwendungsverfahren** – z. B. nach § 10 IV, VI BImSchG – die Verletzung von Art. 20a gerügt werden. Ferner muss die **Begründung** von Ermessens- und Planungsentscheidungen erkennen lassen, in welcher Weise den Anforderungen des Art. 20a Genüge geleistet wurde. Insges. gewährleistet und fordert Art. 20a solche Verfahrensabläufe und -rechte, die zur Verwirklichung seines Schutzauftrags unabdingbar sind.[148]

**76** **3. Gesetzgebungsverfahren.** Da die Rechtsetzung – ob förmliche Gesetzgebung oder Erlass von RVOen – sich für alle Entscheidungen rechtfertigen muss, welche zur Beeinträchtigung der natürlichen Lebensgrundlagen führen (→ Rn. 46), gilt auch für sie insoweit eine **Begründungspflicht.** Die Rechtfertigung kann nur dann gelingen, wenn zuvor die potentiellen Auswirkungen der vorgesehenen Rechtsnorm auf die Umwelt überprüft worden sind. Die Begründung muss die hierzu angestellten Überlegungen und Untersuchungen erkennen lassen.[149] Der Gesetzgeber muss die verfügbaren Daten ernsthaft aufarbeiten und verwerten.[150]

**77** Dies gilt auch für den Erlass von **Verwaltungsvorschriften** und von **privat erzeugten technischen Regelwerken,** sofern diese als Grundlage für staatliche Entscheidungen mit Außenwirkung, insbes. für die Genehmigung oder Planfeststellung umweltbelastender Vorhaben, dienen sollen. Jede **Setzung von Umweltstandards** oder von umweltrelevanten technischen Standards, die jedenfalls mittelbar im staatlichen Entscheidungsprozess Verbindlichkeit erlangt, muss verfahrensrechtlich so ausgestaltet sein, dass in nachvollziehbarer Weise deutlich wird, nicht nur *dass,* sondern auch *wie* die jeweilige Norm den Anforderungen von Art. 20a Rechnung trägt. Mit Art. 20a nicht vereinbar ist daher ein Normsetzungsverfahren auch z. B. dann, wenn es nicht hinreichend transparent ist, wenn bei pluralistischer Zusammensetzung Umweltinteressen nicht repräsentiert sind, wenn wissenschaftliche Mindermeinungen nicht berücksichtigt werden oder wenn aufgrund struktureller Gegebenheiten des Normungsverfahrens die Vertreter der Umweltinteressen keine gleiche Chance der Einflussnahme haben.[151]

**78** Normiert ein einfaches Gesetz für den Erlass von **Rechtsverordnungen Verfahrensanforderungen,** die der Verwirklichung der Ziele des Art. 20a GG dienen, verletzt ein Verstoß gegen eine solche Verfahrensvorschrift nach Auffassung des BVerfG zugleich Art. 20a GG.[152]

## Art. 21 [Parteien]

(1) **Die Parteien wirken bei der politischen Willensbildung des Volkes mit. Ihre Gründung ist frei. Ihre innere Ordnung muß demokratischen Grundsätzen entsprechen. Sie müssen über die Herkunft und Verwendung ihrer Mittel sowie über ihr Vermögen öffentlich Rechenschaft geben.**

(2) **Parteien, die nach ihren Zielen oder nach dem Verhalten ihrer Anhänger darauf ausgehen, die freiheitliche demokratische Grundordnung zu beeinträchtigen oder zu beseitigen oder den Bestand der Bundesrepublik Deutschland zu gefährden, sind verfassungswidrig.**

(3) **Parteien, die nach ihren Zielen oder dem Verhalten ihrer Anhänger darauf ausgerichtet sind, die freiheitliche demokratische Grundordnung zu beeinträchtigen oder zu beseitigen oder den Bestand der Bundesrepublik Deutschland zu gefährden, sind von staatlicher Finanzierung ausgeschlossen. Wird der Ausschluss festgestellt, so entfällt auch eine steuerliche Begünstigung dieser Parteien und von Zuwendungen an diese Parteien.**

(4) **Über die Frage der Verfassungswidrigkeit nach Absatz 2 sowie über den Ausschluss von staatlicher Finanzierung nach Absatz 3 entscheidet das Bundesverfassungsgericht.**

[146] Ebenso z. B. *Kloepfer* (Fn. 13), Rn. 23; *Tsai* (Fn. 23), S. 71 ff.; *Westphal* JuS 2000, 339 (340); differenzierend *Steinberg* (Fn. 3), S. 323 f.
[147] AA OVG Brem, 1 A 180/10 v. 11.2.2012, juris Rn. 146 f.
[148] Vgl. ähnl. *Epiney* (Fn. 18), Rn. 79 ff.; *Ekardt* SächsVBl 1998, 49 (54); ferner *Jarass* (Fn. 39), Rn. 22; zur Kompensation materiellrechtl. Schwächen durch Prozeduralisierung *Steinberg* (Fn. 3), S. 418 ff.
[149] So auch *Söhnlein* (Fn. 54), S. 68 ff.; *Schulze-Fielitz* (Fn. 36), Rn. 73.
[150] Dazu eingehend mit einem ausgeklügelten Kontrollsystem *Calliess* (Fn. 18), S. 125 ff., 131 f.
[151] Ähnl. *Steinberg* NJW 1996, 1985 (1993 f.).
[152] BVerfGE 127, 293 (329 f.) zur Nichtanhörung der Tierschutzkommission (§ 16b TierSchG); dazu kritisch *Durner* DVBl 2011, 97 (98) sowie *Ketterer* NuR 2011, 417 (419).

(5) **Das Nähere regeln Bundesgesetze.**

**Entstehungsgeschichte: Erstfassung:** JöR nF. 1 (1951), S. 202 – **Änderung:** 35. G. zur Änd. des GG v. 21.12.1983 (BGBl I 1481), 61. G. zur Änd. des GG v. 13.7.2017 (BGBl I 2346).
**Historische Verfassungstexte: – GG 1949:** (1) Die Parteien wirken bei der politischen Willensbildung des Volkes mit. Ihre Gründung ist frei. Ihre innere Ordnung muß demokratischen Grundsätzen entsprechen. Sie müssen über die Herkunft ihrer Mittel öffentlich Rechenschaft geben. Parteien, die nach ihren Zielen oder nach dem Verhalten ihrer Anhänger darauf ausgehen, die freiheitliche demokratische Grundordnung zu beeinträchtigen oder zu beseitigen oder den Bestand der Bundesrepublik Deutschland zu gefährden, sind verfassungswidrig. Über die Frage der Verfassungswidrigkeit entscheidet das Bundesverfassungsgericht. (3) Das Nähere regeln Bundesgesetze.
Geltende Landesverfassungen: *Bay*Verf Art. 15; *Bln*Verf Art. 39 II; *Bbg*Verf Art. 20; *MV*Verf Art. 3 IV; *NRW*Verf Art. 32; *Saar*lVerf Art. 8; *Thür*Verf Art. 9 Satz 2.
**Gesetzgebung:** PartG; BWahlG §§ 18 ff., 45 ff.; EuWG §§ 8 ff.; BVerfGG §§ 43 ff., 63 ff.
**Europarecht:** AEUV Art. 224; EUV Art. 10 IV (zuvor EGV Art. 191).
**Leitentscheidungen:** BVerfGE 2, 1 (SRP-Verbot); BVerfGE 5, 85 (KPD-Verbot); BVerfGE 8, 51 (Steuerliche Abzugsfähigkeit von Parteispenden); BVerfGE 20, 56 (Parteienfinanzierung I); BVerfGE 24, 300 (Parteiengesetz); BVerfGE 34, 160 (Sendezeiten); BVerfGE 40, 287 (Bezeichnung einer Partei als verfassungsfeindlich); BVerfGE 41, 399 (Wahlkampfkostenerstattung für Einzelbewerber); BVerfGE 47, 198 (Verfassungswidrige Wahlwerbung); BVerfGE 52, 63 (Parteienfinanzierung II – „Niedersachsen-Urteil"); BVerfGE 69, 92 (Absetzbarkeit von Spenden an Wählervereinigungen I); BVerfGE 69, 257 (Zurückweisung von Wahlwerbespots); BVerfGE 73, 1 (Globalzuschüsse an parteinahe Stiftungen); BVerfGE 73, 40 (Parteienfinanzierung III); BVerfGE 78, 350 (Absetzbarkeit von Spenden an Wählervereinigungen II); BVerfGE 85, 264 (Parteienfinanzierung IV); BVerfGE 91, 262 (Parteienbegriff I – „Nationale Liste"); BVerfGE 91, 276 (Parteienbegriff II – „FAP"); BVerfGE 104, 14 (Parteifähigkeit von Gebietsverbänden); BVerfGE 107, 339 (NPD-Verbot); BVerfGE 111, 54 (Folgen eines fehlerhaften Rechenschaftsberichts); BVerfGE 111, 382 (Drei-Länder-Quorum); BVerfGE 120, 82 (5 %-Klausel bei Kommunalwahlen); BVerfGE 129, 300 (5 %-Klausel bei Europawahlen); BVerfGE 134, 141 (Beobachtung von Abgeordneten); BVerfGE 135, 259 (3 %-Klausel bei Europawahlen); BVerfGE 138, 102 (Neutralitätsgebot für Mitglieder der Bundesregierung); BVerfGE 140, 1 (Mittelzuweisung an Fraktionen); BVerfGE 144, 20 (NPD-Verbot); BVerwGE 110, 126 (Observation politischer Parteien); BVerwGE 126, 254 (Anonyme Parteispende).

**Schrifttum: Zu A. (Allgemeines):** *H. H. v. Arnim,* Politische Parteien, DÖV 1985, 593; *ders.,* Parteien in der Kritik, DÖV 2007, 221; *W. Henke,* Das Recht der politischen Parteien, 2. Aufl. 1972; *ders.,* Die Parteien und der Ämterstaat, NVwZ 1985, 616; *K. Hesse,* Die verfassungsrechtliche Stellung der Parteien im modernen Staat, VVDStRL 17 (1959), 11; *J. Ipsen* (Hrsg.), Parteiengesetz – Kommentar, 2018; *ders,* Der Staat der Mitte – Verfassungsgeschichte der Bundesrepublik Deutschland, 2009; *ders.* (Hrsg.), 40 Jahre Parteiengesetz. Symposium im Deutschen Bundestag, 2009; *H. Kelsen,* Vom Wesen und Wert der Demokratie, 2. Aufl. 1929 (Neudr. 1981); *J. Kersten/S. Rixen* (Hrsg.), Parteiengesetz (PartG) und Europäisches Parteienrecht, 2009; *J.-D. Kühne,* Parteienrechtliche Bundeskompetenz und Föderalismusadäquanz, FS Schiedermair, 2001, S. 304; *S.-C. Lenski,* Parteiengesetz und Recht der Kandidatenaufstellung, 2011; *G. Leibholz,* Verfassungsrechtliche Stellung und innere Ordnung der Parteien, Verh. des 38. DJT, 1951, C 2; *ders.,* Strukturprobleme der modernen Demokratie, 3. Aufl. 1967; *ders.,* Die Repräsentation in der Demokratie, 1973; *H.-J. Rinck,* Der verfassungsrechtliche Status der politischen Parteien in der Bundesrepublik, FS Leibholz II, 1966, S. 305; *K.-H. Seifert,* Die politischen Parteien im Recht der Bundesrepublik Deutschland, 1975; *F. Shirvani,* Das Parteienrecht und der Strukturwandel im Parteiensystem, 2010; *M. Stolleis,* Parteienstaatlichkeit – Krisensymptome des demokratischen Verfassungsstaats?, VVDStRL 44 (1986), 7; *H. Triepel,* Die Staatsverfassung und die politischen Parteien, 1927; *D. T. Tsatsos/M. Morlok,* Parteienrecht, 1982. – **Zu B. (Der verfassungsrechtliche Status der politischen Parteien):** *H. H. v. Arnim,* Der strenge und der formale Gleichheitssatz, DÖV 1984, 85; *Th. Koch,* Neutralitätspflicht und Chancengleichheit bei Leistungen an politische Parteien, ZParl 2002, S. 694; *K. Kröger,* Schematische Parteiengleichheit als Grundbedingung der modernen Demokratie, FS Grewe, 1981, S. 507; *H.-R. Lipphardt,* Die Gleichheit der politischen Parteien vor der öffentlichen Gewalt, 1975; *A. Mauersberger,* Die Freiheit der Parteien, 1994; *K. Stein,* Die Parteifähigkeit der Untergliederungen politischer Parteien im verfassungsgerichtlichen Bundesorganstreitverfahren, 2012; *J. Risse,* Der Parteiausschluß, 1985; *H. Schiedermair,* Parteiausschluß und gerichtlicher Rechtsschutz, AöR 104 (1979), 200; *H. Sodan,* Innerparteilicher Minderheitenschutz durch „Stimmenhäufung", DÖV 1988, 828; *U. Stoklossa,* Der Zugang zu den politischen Parteien im Spannungsfeld zwischen Vereinsautonomie und Parteienstaat, 1989; *H. Trautmann,* Innerparteiliche Demokratie im Parteienstaat, 1975; *D. T. Tsatsos,* Ein Recht auf innerparteiliche Opposition?, FS Mosler, 1983, S. 997; *R. Wolfrum,* Die innerparteiliche demokratische Ordnung nach dem Parteiengesetz, 1974. – **Zu D. (Parteienfinanzierung und Rechenschaftspflicht):** *H. H. v. Arnim,* Verfassungsfragen der Parteienfinanzierung, ZRP 1982, 294; *ders.,* Zur Neuordnung der Parteienfinanzierung – Teil 1 –, DÖV 1983, 486; *ders.,* Zum Ausschluß kommunaler Wählergemeinschaften von der steuerlichen Spenden- und Beitragsbegünstigung, NJW 1985, 1005; *ders.,* Politikfinanzierung in der europäischen Union, 2005; *H. H. v. Arnim/M. Schurig,* Die EU-Verordnung über die Parteienfinanzierung, 2004; *F. Boyken,* Die neue Parteienfinanzierung – Entscheidungsprozeßanalyse und Wirkungskontrolle, 1998; *M. Cornils,* Das Sanktionensystem des Parteiengesetzes: verfassungsmäßige Grundlage einer Kürzung des Anspruchs auf staatliche Teilfinanzierung?, VerwArch 91 (2000), 327; *O. Depenheuer/B. Grzeszick,* Zwischen gesetzlicher Haftung und politischer Verantwortlichkeit – Sanktionen des Parteiengesetzes bei Verletzung des Transparenzgebotes, DVBl 2000,

736; *T. Drysch,* Parteienfinanzierung: Österreich, Schweiz, Bundesrepublik Deutschland, 1998; *S. Helmes,* Spenden an politische Parteien und an Abgeordnete des Deutschen Bundestages, 2014; *H. Hofmann,* Die staatliche Teilfinanzierung der Parteien, NJW 1994, 691; *P. M. Huber,* Das parteienrechtliche Transparenzgebot und seine Sanktionierung, DÖV 2000, 745; *J. Ipsen,* Steuerbegünstigung und Chancenausgleich, JZ 1984, 1060; *ders.,* Globalzuschüsse statt Wahlkampfkostenerstattung, JZ 1992, 753; *ders.,* Transparenzgebot und „Sanktionensystem" bei der staatlichen Parteienfinanzierung, JZ 2000, S. 685; *ders.,* Abgeordnetenspenden – eine Regelungslücke des Parteiengesetzes?, NVwZ 2003, 14; *H. H. Klein,* Parteien sind gemeinnützig – das Problem der Parteienfinanzierung, NJW 1982, 735; *ders.,* Die Rechenschaftspflicht der Parteien und ihre Kontrolle, NJW 2000, 1441; *T. Koch,* Verlust der Teilhabe an staatlicher Parteienfinanzierung bei fehlerhaftem Rechenschaftsbericht?, NJW 2000, 1004; *ders.,* Rechtsfolgen fehlerhafter Rechenschaftsberichte politischer Parteien, AöR 127 (2002), 165; *B. Küstermann,* Das Transparenzgebot des Art. 21 Abs. 1 Satz 4 GG und seine Ausgestaltung durch das Parteiengesetz, 2003; *P. Kulitz,* Unternehmerspenden an politische Parteien, 1983; *C. Landfried,* Parteifinanzen und politische Macht, 1990; *M. Morlok,* Spenden – Rechenschaft – Sanktionen. Aktuelle Rechtsfragen der Parteienfinanzierung, NJW 2000, 761; *ders./S. Lehmann,* Der Anspruch auf Bekanntgabe von Rechenschaftsberichten politischer Parteien, NVwZ 2015, 470; *K. Muthers,* Rechtsgrundlagen und Verfahren zur Festsetzung staatlicher Mittel zur Parteienfinanzierung, 2004; *W. Rudzio,* Die Parteifinanzen und die Zukunft des Parteiensystems, ZParl 2000, 428; *F. Saliger,* Parteiengesetz und Strafrecht, 2005; *H. Sendler,* Verfassungsgemäße Parteienfinanzierung, NJW 1994, 365; *U. Volkmann,* Verfassungsrecht und Parteienfinanzierung, ZRP 1992, 325; *G. Wewer,* Ungenügende Rechenschaftspflicht der Parteien, ZRP 1983, 86; *ders.* (Hrsg.), Parteienfinanzierung und politischer Wettbewerb, 1990. – **Zu E. (Das Verbot verfassungswidriger Parteien):** *M. J. Alter,* Die Eingriffsschwelle beim Verbot extremistischer Parteien und Vereine in Deutschland und England, 2016; *ders.,* Das Parteiverbot: Weltanschauungsvorsorge oder Gefahrenabwehr?, AöR 140 (2015), 571; *T. A. Gelberg,* Das Parteiverbotsverfahren nach Art. 1 Abs. 2 GG am Beispiel des NPD-Verbotsverfahrens, 2009; *C. Gusy,* Verfassungswidrigkeit, aber nicht verboten!, NJW 2017, 601; *W. Henke,* Verteidigung der Demokratie durch Parteiverbot oder Parteiquarantäne, JZ 1973, 293; *J. Ipsen,* Parteiverbot und „politisches Ermessen", FS Maurer, 2001, S. 163; *ders.,* Rechtsfragen des NPD-Verbots, NJW 2002, 866; *ders.,* Das Ende des NPD-Verbotsverfahrens, JZ 2003, 485; *ders.,* Verfassungswidrig, aber nicht verboten. Das NPD-Urteil des Bundesverfassungsgerichts, RuP 1/2017, S. 3; *T. Koch,* Parteiverbote, Verhältnismäßigkeitsprinzip und EMRK, DVBl 2002, 1388; *J. Kölble,* Inwieweit schützt das Parteienprivileg des Art. 21 Abs. 2 GG auch Nebenorganisationen von Parteien?, AöR 87 (1962), 48; *M. Kriele,* Feststellung der Verfassungsfeindlichkeit von Parteien ohne Verbot, ZRP 1975, 201; *D. Lorenz,* Verfassungswidrige Parteien und Entscheidungsmonopol des Bundesverfassungsgerichts, AöR 101 (1976), 1; *H. Maurer,* Das Verbot politischer Parteien, AöR 96 (1971), 203; *H. Meier,* Parteiverbote und demokratische Republik, 1993; *C.-F. Menger,* Parteienprivileg und Zugang Radikaler zum öffentlichen Dienst, VerwArch 67 (1976), 105; *R. C. v. Ooyen,* Das Parteiverbotsverfahren vor dem Bundesverfassungsgericht, in: ders./H. W. Möllers (Hrsg.), Handbuch Bundesverfassungsgericht im politischen System, 2015, S. 525; *H. Rapp,* Das Parteienprivileg des Grundgesetzes und seine Auswirkungen auf das Strafrecht, 1970; *T. Schmidt,* Die Freiheit verfassungswidriger Parteien und Vereinigungen, 1983; *W. Schmidt,* Das Parteienprivileg zwischen Legalität und Opportunität, DÖV 1978, 468; *F. Shirvani,* Parteiverbot und Verhältnismäßigkeitsgrundsatz, JZ 2014, 1074; *K. Stein,* Parteiverbote in der Weimarer Republik, 1999; *dies.,* Parteiverbote vom Vormärz bis zum Ende der Weimarer Republik, ZParl 2001, 536; *F. Stollberg,* Die verfassungsrechtlichen Grundlagen des Parteiverbots, 1976; *U. Volkmann,* Dilemmata des Parteiverbots, DÖV 2007, 577; *K. v. Wolter,* Parteiverbote in der Rechtsprechung des EGMR, EuGRZ 2016, 92; *A. Zirn,* Das Parteiverbot nach Art. 21 Abs. 2 GG im Rahmen der streitbaren Demokratie des Grundgesetzes, Diss. Tübingen 1988. – **Zu F. (Der Ausschluss von der Parteienfinanzierung):** *K.-A. Schwarz,* Der Ausschluss verfassungsfeindlicher Parteien von der staatlichen Parteienfinanzierung, NVwZ-Beilage 2017, 39. – **Zu G. (Gesetzgebungszuständigkeit und Gesetzgebungsauftrag):** *A. Harms,* Die Gesetzgebungszuständigkeit des Bundes aus Art. 21 III GG in Abgrenzung zum Zuständigkeitsbereich der Länder, 1986. – **Zu H. (Politische Parteien in der Europäischen Union):** *G. Jasmut,* Die politischen Parteien und die europäische Integration, 1995; *C. Lange/C. Schütz,* Grundstrukturen des Rechts der europäischen politischen Parteien i. S. d. Art. 138a EGV, EuGRZ 1996, 299; *V. Neßler,* Deutsche und europäische Parteien, EuGRZ 1998, 191; *T. Papadopoulou,* Politische Parteien auf europäischer Ebene, 1999; *D. T. Tsatsos,* Europäische politische Parteien?, EuGRZ 1994, 45; *ders.,* Verfassung – Parteien – Europa, 1999.

## Übersicht

# A. Allgemeines

## I. Entstehung

**1**   **1. Vorgeschichte.** Art. 21 ist ohne Beispiel in der deutschen Verfassungsgeschichte. In der **Weimarer Reichsverfassung** fand sich der Begriff „Partei" nur in Art. 130 I, der feststellte, die Beamten seien „Diener der Gesamtheit, nicht einer Partei". Der **Herrenchiemseer Grundgesetzentwurf** enthielt dagegen im Abschnitt über den BT einen Artikel (47), in dem die Gründungsfreiheit der politischen Parteien und ihre Mitwirkung bei der politischen Willensbildung niedergelegt waren (Abs. 1, 2) sowie bestimmt wurde, dass Parteien durch das BVerfG für verfassungswidrig erklärt werden konnten (Abs. 4). Der Gesetzgeber wurde überdies ermächtigt, eine Sperrklausel von 5 % einzuführen (Abs. 5).[1]

**2**   Der Entwurf wurde in den Sitzungen des Organisationsausschusses mehrfach geändert, wobei die Sperrklausel im Vordergrund der Überlegungen stand.[2] Der Allgemeine Redaktionsausschuss empfahl in seinem Vorschlag vom 10.11.1948, die Vorschriften über das Parteiwesen an anderer Stelle, etwa im Anschluss an die Vorschrift über die Ausübung der Staatsgewalt, in das GG aufzunehmen.[3] In seinem Vorschlag vom 16.11.1948 legte der Ausschuss eine veränderte Fassung der (statt mit Art. 46) nunmehr mit Art. 21a bezeichneten Fassung vor. Die im Vorschlag vom 13.12.1948 vorgelegte Fassung entsprach dem geltenden Art. 21 I 1 und 2 und wurde in der 3. Lesung im Plenum (10. Sitzung vom 8.5.1949) auf Antrag des Abgeordneten *Zinn* (SPD) um die (geltenden) Sätze 3 und 4 ergänzt.[4]

**3**   Der Absatz über das Verbot verfassungswidriger Parteien wurde ebenfalls im Organisationsausschuss und im Allgemeinen Redaktionsausschuss mehrfach geändert, bis er im Hauptausschuss in 4. Lesung (5.5.1949) in seiner bis zum 19.7.2017 geltenden Fassung beschlossen wurde.[5] Die Ursprungsfassung galt unverändert bis zum 1.1.1984.

**4**   **2. Änderung des Art. 21 I 4.** Durch das **35. Gesetz zur Änderung des Grundgesetzes** vom 21.12.1983 (BGBl I 1481) ist Art. 21 I geändert worden. Während sich die Rechenschaftspflicht der Parteien bis dahin auf die **„Herkunft ihrer Mittel"** beschränkte, wurde sie nunmehr auf die **Verwendung der Mittel** und das **Vermögen** erweitert. Die Änderung des Art. 21 I 4 geht auf einen Vorschlag der Sachverständigen-Kommission zur Neuordnung der Parteienfinanzierung zurück[6] und steht in engem Zusammenhang mit dem „Gesetz zur Änderung des Parteiengesetzes und anderer Gesetze" vom 22.12.1983 (BGBl I 1577).

**4a**   **3. Änderung des Art. 21 II und Einfügung der Absätze 3 und 4.** Durch das **61. Gesetz zur Änderung des Grundgesetzes** vom 13.7.2017 (BGBl. I 2346) ist Art. 21 II geändert und sind die Absätze 3 und 4 eingefügt worden. Nach Art. 21 III sind Parteien, die darauf ausgerichtet sind, die freiheitliche demokratische Grundordnung zu beeinträchtigen oder zu beseitigen oder den Bestand der BRD zu gefährden, von der staatlichen Finanzierung ausgeschlossen. Wird der Ausschluss festgestellt, so entfällt auch eine steuerliche Begünstigung dieser Parteien und von Zuwendungen an diese Parteien. Über die Frage der Verfassungswidrigkeit einer Partei nach Absatz 2 sowie den Ausschluss einer Partei

---

[1] JöR nF 1 (1951), 202, 207; umfassend zur Entstehungsgeschichte *H. H. Klein*, in: Maunz/Dürig, Art. 21 (2012) Rn. 108 ff.; *J. Ipsen* Der Staat der Mitte, S. 143 ff.; *Rixen*, in: Kersten/Rixen, PartG Einl. Rn. 27 ff.

[2] JöR nF 1 (1951), 203 f.

[3] JöR nF 1 (1951), 205.

[4] JöR nF 1 (1951), 205.

[5] JöR nF 1 (1951), 207.

[6] Bericht zur Neuordnung der Parteienfinanzierung, 1983, S. 182.

von staatlicher Finanzierung nach Abs. 3 entscheidet das BVerfG (Art. 21 IV nF). Der Gesetzesvorbehalt findet sich nunmehr in Abs. 5.

## II. Grundsätzliche Bedeutung

**1. Verfassungsrechtlicher Status der politischen Parteien.** Durch Art. 21 I werden die politi- 5 schen Parteien als für die **politische Willensbildung des Volkes** notwendig anerkannt. Ihnen wird ein **verfassungsrechtlicher Status** eingeräumt, den *H. Triepel* vorausgesagt hat,[7] der vom Verfassungsgeber der WRV aber bewusst vermieden worden war.[8]

Für Teile der **Weimarer Staatsrechtslehre** stellten die Parteien eine „extrakonstitutionelle Erschei- 6 nung" dar,[9] nach einem Wort *G. Radbruchs* die *„partie honteuse"* des deutschen Staatsrechts.[10] Auf Grund der fehlenden Anerkennung durch die Verfassung galten die Parteien als Musterbeispiel für das **Auseinanderfallen** von **Verfassung** und **Verfassungswirklichkeit.**[11] *G. Radbruch* hat demgegenüber darauf hingewiesen, dass die WRV in mehreren Bestimmungen die Existenz und Funktion politischer Parteien voraussetzte und eine Vielzahl einfacher Gesetze in Reich und Ländern Folgeregelungen enthielten.[12] *H. Kelsen* hat in seiner Auseinandersetzung mit *H. Triepel* zutreffend festgestellt, dass politische Parteien zu den Wesensmerkmalen einer parlamentarischen Demokratie gehörten und ihre Ablehnung in Wahrheit eine Ablehnung der modernen Demokratie bedeute.[13]

Vor dem Hintergrund der Weimarer Kontroverse ist die Entscheidung des Verfassungsgebers für 7 Art. 21 verfassungs*politisch* zwingend und verfassungs*rechtlich* folgerichtig. Die **systematische Stellung** des Art. 21 verdeutlicht, dass die politischen Parteien **notwendige Bestandteile** des in Art. 20 I verfassten „demokratischen und sozialen Bundesstaates" sind. Die für die Demokratie existentielle **Volkssouveränität** (Art. 20 II 1) und die **Willensbildung des Volkes** in Gestalt von Wahlen und Abstimmungen (Art. 20 II 2) setzen die Existenz und das Funktionieren politischer Parteien voraus. Die politischen Parteien werden deshalb bereits durch **Art. 20 I, II garantiert** und nehmen an der **Bestandsgarantie des Art. 79 III** teil.[14] Art. 21 kommt die Funktion zu, den durch Art. 20 I und II begründeten **verfassungsrechtlichen Status** der politischen Parteien zu entfalten.[15]

Das BVerfG hat die politischen Parteien als **„Faktoren des Verfassungslebens"**[16] bzw. **„integrie-** 8 **rende Bestandteile des Verfassungsaufbaus"**[17] bezeichnet und ihnen als verfassungsrechtlich notwendigen Instrumenten für die politische Willensbildung des Volkes[18] den **„Rang einer verfassungsrechtlichen Institution"** zugeschrieben.[19]

**2. Der Standort der Parteien im politischen System.** Der verfassungsrechtliche Status der 9 Parteien bedeutet nicht, dass sie Teil der organisierten Staatlichkeit wären. Im **politischen System,** das die staatliche Organisation ebenso wie den nichtstaatlichen (gesellschaftlichen) Bereich umschließt, sind sie letzterem zuzuordnen.[20] Das BVerfG bezeichnet sie zutreffend als „frei gebildete, im gesellschaftlich-politischen Bereich wurzelnde Gruppen", die berufen seien, in den Bereich der **institutionalisierten Staatlichkeit** hineinzuwirken, diesem Bereich aber nicht angehörten.[21]

Die Begründung dafür, dass die politischen Parteien dem Bereich des Gesellschaftlichen zuzuordnen 10 sind, folgt aus Art. 21 selbst. Der **verfassungsrechtliche Status** bezieht sich auf *alle* politischen Vereinigungen, die den **Parteibegriff** erfüllen; nur wenige Parteien aber wirken in den Bereich der organisierten Staatlichkeit hinein, denn die Möglichkeit, staatliche Willensbildungsprozesse zu beeinflussen, beschränkt sich naturgemäß auf Parteien, die **Erfolge bei Wahlen** erzielt haben. Die politischen Parteien haben deshalb nicht *als solche* teil an der Ausübung staatlicher Gewalt, sondern allein auf Grund ihrer **besonderen Legitimation durch Wahlen.**

Auf Grund dieser Legitimation (oder weiterer Legitimationsakte) übernehmen die Parteikandidaten 11 **staatliche Ämter,** die mit unterschiedlichen Kompetenzen ausgestattet sind und besonderen recht-

---

[7] Die Staatsverfassung und die politischen Parteien, 1927, S. 8 („verfassungsmäßige Inkorporation").

[8] Vgl. *E. R. Huber,* Deutsche Verfassungsgeschichte seit 1789, Bd. VI, 1981, S. 136 f.

[9] So insbes. *Triepel,* Die Staatsverfassung und die politischen Parteien, 1927, S. 24.

[10] So *Radbruch* Die politischen Parteien im System des deutschen Verfassungsrechts, HdBDStR I, S. 288.

[11] Vgl. BVerfGE 1, 208 (225) mwN.

[12] Vgl. *Radbruch,* HdBDStR I, S. 290 f.

[13] Vgl. *Kelsen,* Vom Wesen und Wert der Demokratie, 2. Aufl. 1929 (Neudr. 1981), S. 107 f.; *Triepel* verzichtete in der Tat auf jedes Modell demokratischer Willensbildung und zog sich auf eine von ihm selbst als „romantisch" bezeichnete „organische Staatsauffassung" zurück: vgl. *Triepel* (Fn. 9), S. 31.

[14] Zustimmend *Streinz* MKS II, Art. 21 Rn. 7; *Morlok,* in: Dreier II, Art. 21 Rn. 19; *H. H. Klein,* in: Maunz/ Dürig, Art. 21 (2014) Rn. 178; *J. Ipsen,* in: Ipsen, PartG § 1 Rn. 2; *Kersten,* in: Kersten/Rixen, PartG § 1 Rn. 11.

[15] So auch *Streinz* MKS II, Art. 21 Rn. 7

[16] BVerfGE 1, 208 (227).

[17] BVerfGE 1, 208 (225); 5, 85 (133); 9, 162 (165); 11, 239 (241); 13, 54 (81 f.).

[18] So BVerfG, NVwZ 2019, 1432 (1434).

[19] BVerfGE 2, 1 (73); 5, 85 (133); 11, 239 (241); 44, 125 (145); 73, 40 (85).

[20] Vgl. hierzu *Grimm* HdbVerfR, § 14 Rn. 18 ff.

[21] So BVerfGE 20, 56 (101) unter Rückgriff auf eine Formulierung von *Hesse* VVDStRL 17 (1959), 33 („Verbot einer Einfügung der Parteien in die organisierte Staatlichkeit"); s. ferner BVerfGE 148, 11 (24 in Rn. 41 mwN).

lichen Bindungen unterliegen. Die **Willensbildung des Volkes,** an der alle politischen Parteien nach Art. 21 I 1 mitwirken, ist deshalb von der durch die besonderen Organe der Gesetzgebung, der vollziehenden Gewalt und der Rspr. ausgeübten **Staatsgewalt** (Art. 20 II 2) strikt zu trennen. *Als solche* sind die politischen Parteien nur berufen, an der **Willensbildung des Volkes** mitzuwirken. Die Einwirkung auf die staatlichen Willensbildungsprozesse setzt dagegen neben der besonderen Legitimation durch Wahlen eine **Metamorphose** der Parteienvertreter in Gestalt der **Übernahme staatlicher Ämter** voraus.[22] Versuche, die politischen Parteien schlechthin in die Nähe der staatlichen Organisation zu rücken, beruhen auf einer mit Art. 21 unvereinbaren Verengung des Blickwinkels. Da Art. 21 unterschiedslos *alle* politischen Parteien erfasst, schließt schon der systematische Zusammenhang mit Art. 20 I und II aus, dass diese der organisierten Staatlichkeit zuzurechnen sind.

12　　**3. Das Verhältnis von Art. 21 zu anderen Vorschriften des Grundgesetzes.** Auf der Basis der vorstehenden Überlegungen lässt sich Art. 21 auch den **anderen Vorschriften des GG,** insbesondere **Art. 38** zuordnen. Der durch Art. 21 bekräftigte verfassungsrechtliche Status der politischen Parteien lässt den Einfluss bei der Vergabe politischer Ämter als legitim erscheinen, zumal es zu den wichtigsten Funktionen der politischen Parteien gehört, Kandidaten für **politische Führungsämter** zur Verfügung zu stellen. Art. 21 legitimiert demgegenüber nicht die Vorstellung, dass die Inhaber staatlicher Ämter lediglich Vertreter der sie nominierenden Partei sind und ihr Amt dementsprechend auszuüben hätten. Die insbesondere von *G. Leibholz* beschworenen Konsequenzen des **„Parteienstaates"**[23] sind durch das GG ersichtlich nicht gezogen worden. Dies gilt auch für die **Abgeordneten des Deutschen Bundestages,** die „Vertreter des ganzen Volkes, an Aufträge und Weisungen nicht gebunden und nur ihrem Gewissen unterworfen" sind (Art. 38 I 2).

13　　Entgegen der von *G. Leibholz* vertretenen Auffassung[24] stellt diese Bestimmung kein bloßes Relikt aus der Gedankenwelt des 19. Jahrhunderts dar. Art. 38 I 2 enthält vielmehr die **verfassungsrechtliche Bindung der Abgeordneten** an das Gemeinwohl und eine aus der Zugehörigkeit zu einem obersten Staatsorgan folgende **verselbständigte Rechtsstellung,** die im Konfliktfall auch der Partei, der der Abgeordnete angehört, entgegengesetzt werden kann.[25] Ähnliche **rechtliche Bindungen,** die jeweils durch einen Amtseid bekräftigt werden, bestehen für die Inhaber anderer politischer Ämter, insbesondere den BPräs (Art. 56), den BKanzler und die BMin (Art. 64 II). Vor diesem Hintergrund kann ein rechtlich bedeutsames **„Spannungsverhältnis"**[26] zwischen Art. 21 und anderen Vorschriften des Grundgesetzes **nicht festgestellt** werden.[27]

14　　**4. Die Diskussion über den „Parteienstaat".** Die bis in die Weimarer Zeit zurückreichende[28] Diskussion um den **„Parteienstaat",** die auch in der Staatsrechtslehre der Gegenwart wichtige Impulse erhalten hat,[29] kann sinnvoll nur geführt werden, wenn das Begriffsverständnis offengelegt wird. Soweit unter „Parteienstaat" die Demokratie westlichen Typs verstanden wird, in deren politischem System die Parteien die beherrschende Rolle spielen, ist der Begriff der **„Parteiendemokratie"**[30] vorzugswürdig, weil der des Parteienstaates die besonderen rechtlichen Bindungen der Amtswalter vernachlässigt. Wird der Begriff hingegen mit polemischer Färbung gebraucht, so liegen dem gewöhnlich **diffuse Gemeinwohl- und Harmonievorstellungen** zugrunde, die die Wirklichkeit des politischen Systems und die prozesshafte Struktur politischer Entscheidungsfindung nicht zu erfassen vermögen.[31] Konstruktiv vermag der Begriff nur zu wirken, wenn er als Mahnung und zugleich als Aufforderung verstanden wird, diejenigen Bereiche organisierter Staatlichkeit abzugrenzen, die von Verfassungs wegen dem Einfluss der politischen Parteien entzogen sind, und hierfür das rechtliche Instrumentarium bereitzustellen.[32]

---

[22] Ähnlich wie hier: *Henke* BK, Art. 21 (1991) Rn. 73 ff.; zustimmend *Streinz* MKS II, Art. 21 Rn. 12. Vgl. auch *J. Ipsen,* in: Ipsen, PartG § 1 Rn. 6.

[23] Vgl. *Leibholz,* Verh. 38. DJT, Teil C, S. 9 ff.; dazu eingehend *Grimm* HdbVerfR, § 14 Rn. 25 ff.

[24] Vgl. *Leibholz,* Verh. 38. DJT, Teil C, S. 20.

[25] Vgl. insbes. *Badura* BK, Art. 38 (2008) Rn. 72; vgl. auch *Leibholz* Verh. 38. DJT, Teil C, S. 18 („Funktion des Art. 38 GG [...], die äußersten Konsequenzen des Parteienstaates abzuwenden").

[26] Vgl. BVerfGE 2, 1 (72).

[27] So auch *H. H. Klein,* in: Maunz/Dürig, Art. 21 (2012) Rn. 200; *Streinz* MKSII, Art. 21 Rn. 31; *Morlok,* in: Dreier II, Art. 21 Rn. 167.

[28] Vgl. *E. R. Huber* (Fn. 8), Bd. VI, 1981, S. 134 f.; *Gusy* Der Staat 32 (1993), 57 f. Der Begriff des „Parteienstaates" geht auf *Koellreutter,* Der deutsche Staat als Bundesstaat und als Parteienstaat, 1927, zurück. Vgl. auch *Kersten,* in: Kersten/Rixen, PartG § 1 Rn. 19 f.

[29] Vgl. insbes. *Stolleis* VVDStRL 44 (1986), 7 ff.

[30] Vgl. etwa *Haungs,* Parteiendemokratie in der Bundesrepublik Deutschland, 2. Aufl. 1981.

[31] Zustimmend *Streinz* MKS II, Art. 21 Rn. 30; *J. Ipsen* (Fn. 1), S. 144 f.

[32] Vgl. auch *Streinz* MKS II, Art. 21 Rn. 82 ff.

## B. Die verfassungsrechtliche Stellung der politischen Parteien

### I. Der Begriff der politischen Partei (Abs. 1 S. 1)

**1. Die Notwendigkeit eines eigenständigen verfassungsrechtlichen Parteibegriffs.** Art. 21 **15** I 1 setzt den **Parteibegriff** voraus, ohne ihn selbst zu definieren. Eine **Definition auf Verfassungsebene** erweist sich jedoch als **notwendig**, weil positiv nur den politischen Parteien die Aufgabe zugewiesen ist, an der politischen Willensbildung des Volkes mitzuwirken. Negativ sind allein politische Parteien von dem Verbot verfassungswidriger Vereinigungen nach Art. 9 II ausgenommen und unterliegen den besonderen Verfahren nach Art. 21 II und III. Nur den politischen Parteien kommt überdies nach der (probl.) Rspr. des BVerfG prozessual die Parteifähigkeit im Organstreitverfahren zu, während allen anderen Vereinigungen allein die Verfassungsbeschwerde als verfassungsprozessuale Verfahrensart offensteht.

Die Festlegung des Parteibegriffs kann **nicht** dem **einfachen Gesetzgeber** überlassen bleiben, der **16** nach Art. 21 V „das Nähere" durch Bundesgesetze regelt. Zu Recht hat sich schon die Parteienrechtskommission gegen die Vorstellung gewandt, der Begriff der politischen Partei könne durch einfaches Gesetz festgelegt werden.[33] Eine Definitionskompetenz des Gesetzgebers könnte zu Einengungen des Parteibegriffs führen, die die Sicherungen des Art. 21 wirkungslos werden ließen. So wäre vorstellbar, dass ein bestimmtes Stimmenquorum bei Wahlen als Begriffsmerkmal der politischen Partei festgelegt würde. Es entspricht deshalb h. M., dass der Gesetzgeber an den aus der Verfassung gewonnenen Parteibegriff gebunden ist.[34]

**2. Die Begriffsdefinition des Parteiengesetzes und ihre verfassungsrechtliche Problematik.** Nach **§ 2 I 1 PartG** sind Parteien **17**

„Vereinigungen von Bürgern, die dauernd oder für längere Zeit für den Bereich des Bundes oder eines Landes auf die politische Willensbildung Einfluß nehmen und an der Vertretung des Volkes im Deutschen Bundestag oder einem Landtag mitwirken wollen, wenn sie nach dem Gesamtbild der tatsächlichen Verhältnisse, insbesondere nach Umfang und Festigkeit ihrer Organisation, nach der Zahl ihrer Mitglieder und nach ihrem Hervortreten in der Öffentlichkeit eine ausreichende Gewähr für die Ernsthaftigkeit dieser Zielsetzung bieten."

Diese Begriffsbestimmung geht auf die Vorarbeiten der **Parteienrechtskommission** zurück[35] und **18** berücksichtigt Elemente aus der **Rechtsprechung** des **BVerfG.** Das BVerfG hat mehrfach festgestellt, dass die Definition der des GG entspricht.[36] Auch der in § 2 II PartG vorgesehene Verlust der Rechtsstellung für Parteien, die sich sechs Jahre weder an einer Bundestagswahl noch an einer Landtagswahl mit eigenen Wahlvorschlägen beteiligt haben, soll bereits aus Art. 21 I folgen.[37]

Die Übereinstimmung der Legaldefinition in § 2 I 1 PartG mit dem Parteibegriff des GG ist **19** entgegen der Auffassung des BVerfG zweifelhaft. Da Art. 21 I 1 als prägendes Begriffsmerkmal die **Mitwirkung an der Willensbildung** des Volkes nennt, müssen folgerichtig alle politischen Vereinigungen unter den Parteibegriff fallen, die an der Volkswillensbildung mitwirken. Die Willensbildung des Volkes vollzieht sich jedoch nicht allein bei Bundestags- und Landtagswahlen, sondern in gleicher Weise bei **Kommunalwahlen** und **Wahlen** zum **Europäischen Parlament.** Mit einer „Sonderrolle", die den kommunalen Gebietskörperschaften[38] und den Kommunalwahlen[39] in der früheren Rspr. des BVerfG zugewiesen wurde, lässt sich die Einengung des Parteibegriffs nicht länger begründen. Da der in Art. 20 II und Art. 28 I 2 verwandte Begriff des Volkes nach Auffassung des BVerfG identisch ist und die Einheitlichkeit der demokratischen Legitimationsgrundlage für alle Gebietskörperschaften auf dem Territorium der BRD gewährleisten soll,[40] gehören auch Kommunal- und Europawahlen zur „politischen Willensbildung des Volkes". Insofern bleibt das Ergebnis unabweisbar, dass zwischen dem verfassungsrechtlichen Begriff und der Begriffsbestimmung des § 2 I 1 PartG **keine völlige Kongruenz** besteht.[41] Das bedeutet nicht, dass kommunale Wählervereinigungen *notwendig* politische Parteien sind. Es kann an dem Element der Dauer fehlen, insbesondere aber an der Festigkeit der Organisation. Dies wird regelmäßig der Fall sein, wenn sich kommunale Wählervereinigungen aus Mitgliedern unterschiedlicher Parteien zusammensetzen.

Die Definition des Parteibegriffs in § 2 I 1 PartG widerspricht überdies Art. 10 IV EUV, dem- **20** zufolge politische Parteien auf **europäischer Ebene** zur Herausbildung eines europäischen politischen

---

[33] Vgl. dazu *Henrichs* DVBl 1958, 229 mwN.

[34] Vgl. *Klein,* in: Maunz/Dürig, Art. 21 (2014) Rn. 222; *Kunig,* in: v. Münch/Kunig I, Art. 21 Rn. 12; *Streinz* MKS II, Art. 21 Rn. 47; *Ipsen,* in: Ipsen, PartG § 2 Rn. 2; *Wißmann,* in: Kersten/Rixen, PartG § 2 Rn. 16.

[35] Vgl. *Henrichs* DVBl 1958, 228.

[36] BVerfGE 47, 198 (222); 89, 266 (269 f.); 91, 262 (266 f.); 91, 276 (284).

[37] BVerfGE 24, 260 (265); 24, 300 (361).

[38] BVerfGE 2, 1 (76).

[39] BVerfGE 6, 367 (372 f.).

[40] BVerfGE 83, 37.

[41] Vgl. *Kunig* HStR III³, § 40 Rn. 80; *Streinz* MKS II, Art. 21 Rn. 45 ff.; *Morlok,* in: Dreier II, Art. 21 Rn. 34; *Ipsen* in: Ipsen, PartG, § 2 Rn. 7; a. M. *Klein,* in: Maunz/Dürig, Art. 21 (2014) Rn. 239; *Lenski,* PartG § 2 Rn. 12 ff.

Bewusstseins und zum Ausdruck des Willens der Bürgerinnen und Bürger der Union beitragen. Da § 2 I 1 PartG die Teilnahme an den Wahlen zum Europäischen Parlament für sich genommen nicht ausreichen lässt, um den Parteibegriff zu erfüllen, liegt ein offenkundiger Widerspruch zum Unionsrecht vor.[42] Wegen des klaren Wortlauts der Vorschrift ist eine **verfassungskonforme** bzw. **unionsrechtskonforme Auslegung** nicht möglich, so dass § 2 I 1 PartG insoweit nichtig ist, als politische Vereinigungen auf kommunaler Ebene und „Europaparteien" aus der Definition ausgeschlossen werden.

21   **3. Neubestimmung der „Ernsthaftigkeitsklausel" durch das BVerfG.** Nach der Rspr. des BVerfG soll die Teilnahme politischer Gruppierungen an Wahlen zur Annahme der Parteieigenschaft nicht in jedem Fall ausreichen. Vereinigungen,

> „die nach ihrem Organisationsgrad und ihren Aktivitäten offensichtlich nicht imstande sind, auf die politische Willensbildung des Volkes Einfluß zu nehmen, bei denen die Verfolgung dieser Zielsetzung erkennbar unrealistisch und aussichtslos ist und damit nicht (mehr) als ernsthaft eingestuft werden kann",

seien nicht als Parteien anzusehen.[43] Die vom BVerfG für erforderlich gehaltene „Gesamtwürdigung der tatsächlichen Verhältnisse einer Partei"[44] vermag nicht darüber hinwegzutäuschen, dass an die Stelle der „Ernsthaftigkeit" der Zielsetzung die **Erfolgsaussichten** der Verfolgung politischer Ziele einer Gruppierung getreten sind. Hinzu kommt, dass die Parteieigenschaft die Teilnahme an Wahlen voraussetzt und durch die Wahlorgane bejaht werden muss,[45] nach Ansicht des BVerfG damit aber noch nicht feststeht.[46] Die Neubestimmung der „Ernsthaftigkeitsklausel" durch das BVerfG hat deshalb zu schwer erträglicher **Unsicherheit** hinsichtlich des Parteibegriffs geführt.[47]

## II. Mitwirkung an der politischen Willensbildung des Volkes als verfassungsrechtliche Aufgabe der Parteien

22   Der den Parteien durch Art. 21 I 1 eingeräumte verfassungsrechtl. Status schließt die **Zuweisung bestimmter Aufgaben** ein, die im Einzelnen gesetzlicher Regelung bedürfen und im Wesentlichen in § 1 II PartG aufgezählt werden. Die Erfüllung dieser Aufgaben durch die Parteien kann allerdings nicht erzwungen werden. Letztendlich verliert eine politische Partei ihre Parteieigenschaft, wenn sie sich an der **politischen Willensbildung** nicht mehr beteiligt.

23   **1. Beteiligung an Wahlen.** Da das Volk an der Ausübung der Staatsgewalt in Gestalt von Wahlen und Abstimmungen teilnimmt (Art. 20 II 2) und die Parteien bei der politischen Willensbildung des Volkes mitwirken, ist ihre **zentrale Rolle bei Wahlen** verfassungskräftig festgelegt. Die in Art. 20 II normierte Teilhabe des Volkes an der Ausübung der Staatsgewalt ist zugleich Ausdruck und Ausformung des in Art. 20 I niedergelegten **Demokratieprinzips**, so dass Art. 21 I iVm Art. 20 I, II zugleich festlegt, dass die vom GG verfasste Demokratie eine **Parteiendemokratie** ist.[48] Das BVerfG hat die Bedeutung der politischen Parteien für die demokratischen Wahlen stets hervorgehoben,[49] mit dem Begriff der **„Wahlvorbereitungsorganisation"**[50] die den Parteien durch die Verfassung zugewiesenen Aufgaben jedoch in bedenklicher Weise verkürzt.[51]

24   **2. Auslese und Ausbildung des politischen Führungspersonals.** Das BVerfG hat diese Aufgabe dahin umschrieben, dass die politischen Parteien in der modernen Massendemokratie „entscheidenden Einfluss auf die Besetzung der obersten Staatsämter" ausübten.[52] Diese Umschreibung erweist sich als zu eng, weil den Parteien durch Art. 21 I iVm Art. 20 I, II die umfassende Aufgabe zufällt, auf **allen Ebenen** der Willensbildung des Volkes Personal bereitzustellen, das zur Mandatsübernahme bereit und hierzu befähigt ist.[53] Dem Paradigma einer **„Mehrebenendemokratie"** entsprechen deshalb notwendig die **„Mehrebenenparteien"**.

25   Nicht von dieser Aufgabe gedeckt ist die Einflussnahme der politischen Parteien auf die Vergabe staatlicher Ämter, die keiner politischen Bindung unterliegen und damit ausschließlich nach persönl. Eignung zu übertragen sind (Art. 33 II). Es ist eine bislang **unbewältigte Aufgabe** der Rspr. –

---

[42] So auch *Morlok*, in: Dreier II, Art. 21 Rn. 14; *Klein*, in: Maunz/Dürig, Art. 21 (2014) Rn. 242; *Streinz* MKS II, Art. 21 Rn. 59; *Wißmann*, in: Kersten/Rixen, PartG § 2 Rn. 39.

[43] So BVerfGE 91, 262 (271 f.); ähnlich BVerfGE 91, 276 (289).

[44] So BVerfGE 91, 262 (271).

[45] Vgl. die Zurückweisung der Wahlprüfungsbeschwerden in BVerfGE 89, 266; 89, 276.

[46] Vgl. BVerfGE 91, 262 (271): „Gesamtbild der tatsächlichen Verhältnisse".

[47] Kritisch auch *Streinz* MKS II, Art. 21 Rn. 68; *Ipsen*, in: Ipsen, PartG § 2 Rn. 11; *Wietschel* ZRP 1996, 210 f.; aM *Klein*, in: Maunz/Dürig, Art. 21 (2014) Rn. 229.

[48] BVerfGE 4, 144 (149): „Parteienstaatliche Demokratie".

[49] BVerfGE 8, 51 (63); 13, 54 (82); 52, 63 (82 f.); 61, 1 (11); 91, 276 (285).

[50] BVerfGE 8, 51 (63); 20, 56 (113); 61, 1 (11).

[51] Relativierend BVerfGE 91, 276 (286).

[52] BVerfGE 52, 63 (83).

[53] Vgl. *Klein*, in: Maunz/Dürig, Art. 21 (2012) Rn. 196.

insbesondere des BVerfG –, die von der Verfassung vorgegebene und durch die Gesetzgebung konkretisierte Trennung zwischen Ämtern, auf deren Vergabe die Parteien einen legitimen Einfluss ausüben, und solchen, die von Verfassungs wegen dem Einfluss der Parteien entzogen sind, in der Einstellungspraxis durchzusetzen.[54]

**3. Parteiprogramm und Artikulationsaufgabe.** In untrennbarem Zusammenhang mit der Wil- **26** lensbildung des Volkes steht die Aufgabe der Parteien, ihre **politischen Zielsetzungen** in **Parteiprogrammen** oder anderen Publikationen niederzulegen und damit die politische Auseinandersetzung zu ermöglichen. Nicht zweifelsfrei ist die vom BVerfG mehrfach gebrauchte,[55] auf *G. Leibholz* zurückgehende[56] Metapher des „Sprachrohrs", weil hierdurch der komplexe Prozess der Volkswillensbildung zu stark verkürzt wird. Die Aufgabe der Parteien ist deshalb dahin zu umschreiben, dass sie sowohl **konkurrierende Gemeinwohlentwürfe** anbieten und damit den Wählern Entscheidungsmöglichkeiten eröffnen als auch **konkrete Problemlösungen** vorschlagen. Die Artikulation der politischen Parteien erschöpft sich nicht in Parteiprogrammen, sondern beinhaltet die ständige Aufgabe der Kommunikation mit den Bürgern. Sie ist Voraussetzung für die **Klärung von Alternativen** und somit für die Standortbestimmung der politischen Parteien.[57]

**4. Integrationsaufgabe.** Die Integrationsaufgabe erweist sich als besonders bedeutsam, weil auf **27** Grund des Mehrheitsprinzips die Entscheidungen der Staatsorgane nicht notwendig von der Mehrheit oder einer wesentlichen Minderheit der **Bevölkerung** geteilt werden, so dass die **Artikulation abweichender Positionen** durch die politischen Parteien – insbesondere durch die **Oppositionspartei(en)** – die Möglichkeit der **Identifikation** eröffnet.[58] In der Identifikation mit unterschiedlichen Gemeinwohlentwürfen und der Chance ihrer Durchsetzung liegt eine wesentliche Voraussetzung für die Stabilität des demokratisch-parlamentarischen Regierungssystems.

## III. Die Grundrechte der Parteien

**1. Parteienfreiheit.** Die in Art. 21 I 2 normierte **Gründungsfreiheit der Parteien** schließt aus, **28** dass die Gründung von Parteien von staatlichen Zulassungsakten abhängig gemacht wird. Insbesondere sind die Lizenzierung oder Eintragung in ein Register als Voraussetzung für die Entstehung einer Partei unzulässig.[59] Sofern die Parteien eine besondere Rechtsform anstreben (eingetragener Verein), finden die **allgemeinen Rechtsvorschriften** Anwendung.[60] Diese Vorschriften schränken die Gründungsfreiheit nicht ein, weil die Gründung der Parteien nicht von der Eintragung in das Vereinsregister abhängt.

Art. 21 I 2 ist mit der h. M. als **Individualgrundrecht** zu qualifizieren.[61] Dies folgt zum einen aus **29** dem Umstand, dass Parteien nur von *Bürgern* gegründet werden können, zum anderen aus der Rspr. des BVerfG, nach der Art. 21 gegenüber Art. 9 eine *lex specialis* darstellt. Das BVerfG hat zwar in erster Linie die Spezialität des Art. 21 II gegenüber Art. 9 II hervorgehoben,[62] indes auch den gesamten Art. 21 als **Spezialvorschrift** angesehen.[63] Für diese Annahme spricht entscheidend, dass die Gründungsfreiheit andernfalls das Grundrecht der Vereinigungsfreiheit im Hinblick auf politische Parteien (lediglich) objektivierte. Die fehlende Erwähnung des Art. 21 in Art. 93 I Nr. 4a steht dieser Qualifikation nicht entgegen, weil das Verhältnis der Spezialität nicht ausschließt, dass sich die Gründungsfreiheit als Individualgrundrecht aus der allgemeinen Vereinigungsfreiheit entwickelt hat.[64]

Insbesondere die **Betätigungsfreiheit** ist ein der **Partei zustehendes Grundrecht**.[65] Es gibt **30** keinen überzeugenden Grund, nicht auch die Betätigung in einer politischen Partei unbeschadet ihrer Bezogenheit auf den *status activus* als Inanspruchnahme grundrechtlicher Freiheit der **Mitglieder** zu begreifen; hieraus folgt zugleich die Grundrechtsberechtigung der Korporation (Art. 19 III).

Zudem ergibt sich die Grundrechtsqualität der Betätigungsfreiheit **notwendig** aus dem Verhältnis **31** der **Spezialität** gegenüber Art. 9. Das BVerfG vertritt in stRspr die Auffassung, dass die Vereinigungs-[66] und die Koalitionsfreiheit[67] auch den Bestand und die Tätigkeit der Vereinigungen bzw. Koalitionen

---

[54] Vgl. *Ipsen,* in: Ipsen, PartG, § 1 Rn. 11; *Stolleis* VVDStRL 44 (1986), 23 f. mwN.

[55] BVerfGE 1, 208 (224); 20, 56 (101).

[56] Vgl. *Leibholz* Verh. 38. DJT, Teil C, S. 7.

[57] Vgl. *Grimm* HdbVerfR, § 14 Rn. 12 ff.; *Ipsen,* in: Ipsen, PartG, § 1 Rn. 12 mwN.

[58] Vgl. *Hesse* VVDStRL 17 (1959), S. 21 f.

[59] Vgl. *Klein,* in: Maunz/Dürig, Art. 21 (2012) Rn. 273; *Kunig,* in: v. Münch/Kunig II, Art. 21 Rn. 45.

[60] Vgl. *Klein,* in: Maunz/Dürig, Art. 21 (2012) Rn. 274; *Kunig* HStR III³, § 40 Rn. 24 ff.

[61] Vgl. *Henke* BK, Art. 21 (1991) Rn. 216; *Seifert,* Die politischen Parteien im Recht der Bundesrepublik Deutschland, 1975, S. 111; *Streinz* MKS II, Art. 21 Rn. 99 mwN.

[62] BVerfGE 2, 1 (13, 78); 12, 296 (304); 13, 174 (177); 17, 155 (166).

[63] BVerfGE 25, 69 (78).

[64] So zutreffend *Seifert* (Fn. 61), S. 111; *Henke* BK, Art. 21 (1991) Rn. 216 („echtes Grundrecht"); vgl. aber *Klein,* in: Maunz/Dürig, Art. 21 (2012) Rn. 264.

[65] Vgl. *Klein,* in: Maunz/Dürig, Art. 21 (2012) Rn. 280; *Streinz* MKS II, Art. 21 Rn. 107.

[66] BVerfGE 13, 174 (175); 84, 372 (378); stRspr.

[67] BVerfGE 4, 96 (101); 84, 212 (224); 103, 293 (304); stRspr.

schützen. Die existentielle Bedeutung der politischen Parteien für das demokratisch verfasste Gemeinwesen schließt aus, dass der Schutz des Art. 21 hinter dem des Art. 9 zurückbleibt.

**32**    Die Betätigungsfreiheit der politischen Parteien lässt sich in die **Programmfreiheit,**[68] **Wettbewerbsfreiheit**[69] und **Finanzierungsfreiheit**[70] segmentieren, ohne dass sie damit erschöpft wäre. Die Betätigungsfreiheit schützt vielmehr alle **spezifisch parteipolitischen Betätigungen,** die nicht durch andere Grundrechte gewährleistet sind.[71]

**33**    **2. Parteiengleichheit.** Die **Parteiengleichheit** ist ebenfalls als **Grundrecht** der politischen Parteien zu qualifizieren.[72] Das BVerfG lokalisiert die „Chancengleichheit" in Art. 21 I und rechnet sie dem **verfassungsrechtlichen Status** der politischen Parteien zu.[73] Die Ableitung aus Art. 21 I ist dogmatisch zwingend, weil Art. 3 I als **Willkürverbot** die Chancengleichheit nicht hätte gewährleisten können.[74] Der ebenfalls formal zu verstehende Grundsatz der **Wahlrechtsgleichheit** (Art. 38 I 1) ist in seinem Anwendungsbereich zu stark eingeengt, um eine umfassende Chancengleichheit der Parteien garantieren zu können. Der Grundsatz der Chancengleichheit ist folglich „zwischen" dem materialen Gleichheitssatz und der Wahlrechtsgleichheit zu verorten.[75]

**34**    Art. 38 I 1 wirkt sich insofern auf die Chancengleichheit der Parteien aus, als diese **formal gleich** behandelt werden müssen und für eine Ungleichbehandlung **zwingende Gründe** erforderlich sind.[76] Der Gesetzgeber ist jedoch nicht verpflichtet, vorgegebene und sich aus den tatsächlichen Verhältnissen ergebende Unterschiede in den Wettbewerbschancen der Parteien auszugleichen.[77]

**35**    Das BVerfG hat den Grundsatz der Chancengleichheit insbesondere im Hinblick auf den **Wahlkampf,** die **Zulassung zu Wahlen** und die **Auswirkungen von Wahlen** konkretisiert. Als Verstoß gegen den Grundsatz der Chancengleichheit ist es angesehen worden, wenn **Staatsorgane** als solche **parteiergreifend** zugunsten oder zulasten einer politischen Partei oder von Wahlbewerbern auf den Wahlkampf einwirken.[78] Ein parteiergreifendes Einwirken von Staatsorganen auf die Wahlen zur Volksvertretung ist auch nicht zulässig in der Form von **Öffentlichkeitsarbeit,** die dort ihre Grenze findet, wo die Wahlwerbung beginnt.[79]

**36**    Im Hinblick auf die Gewährung von **Sendezeiten** durch öffentlich-rechtliche Rundfunkanstalten fordert der Grundsatz der Chancengleichheit nach Auffassung des BVerfG grundsätzlich, dass jeder Partei die gleichen Möglichkeiten in Wahlkampf und Wahlverfahren und damit die gleiche Chance im **Wettbewerb um die Wählerstimmen** gewährleistet sind.[80] Allerdings sei das verfassungsrechtlich legitime Ziel, den Charakter der Wahl als das entscheidenden Integrationsvorgangs bei der politischen Willensbildung des Volkes zu sichern, als wichtiger Grund anzusehen, der eine **Abweichung von der formalen Chancengleichheit** erlaube.[81] Dem könne dadurch Rechnung getragen werden, dass die besondere Bedeutung der Parteien,

„durch deren Gegen- und Miteinanderwirken die bisherige Entwicklung entscheidend geprägt worden ist, und deren mehr oder minder großer Einfluß auf die staatliche Willensbildung voraussichtlich die weitere Entwicklung bestimmen wird, der Aktivbürgerschaft auch bei der Wahlwerbung im Rundfunk durch eine Abstufung der Sendezeiten vor Augen geführt und vergegenwärtigt wird."[82]

**37**    **§ 5 PartG,** der es zulässt, dass bei der Gewährung öffentlicher Leistungen nach der Bedeutung der Parteien differenziert wird und diese insbesondere nach den Ergebnissen der vorausgegangenen Wahlen zu Volksvertretungen bemisst (§ 5 I 3 PartG), ist demgemäß vom BVerfG für **verfassungsmäßig** erklärt worden.[83] Der **Ausschluss** einzelner politischer Parteien von Wahlsendungen ist hingegen als **nicht statthaft** angesehen worden. Die von den Rundfunkanstalten ausgestrahlten Wahlwerbesendungen der Parteien unterliegen einer rechtlichen Prüfung durch die **Intendanten,** die sich auf die evidente Verletzung von Strafnormen beschränkt.[84] Die Rundfunkanstalten sind **nicht befugt,** die

---

[68] Vgl. *Grimm* HdbVerfR, § 14 Rn. 32.
[69] Vgl. *Seifert* (Fn. 61), S. 119.
[70] Vgl. *Jochum,* in: Ipsen, PartG, § 25 Rn. 3; *Kersten,* in: Kersten/Rixen, PartG, § 25 Rn. 12.
[71] Vgl. *Seifert* (Fn. 61), S. 118 f.; *Grimm* HdbVerfR, § 14 Rn. 33; s. ferner *Streinz* MKS II, Art. 21 Rn. 107.
[72] BVerfGE 6, 273 (280); 7, 99 (107); 111, 54 (104); *Seifert* (Fn. 61), S. 132; *Henke* BK, Art. 21 (1991) Rn. 218; *Kunig* HStR III³, § 40 Rn. 93; *Ipsen,* in: Ipsen, PartG, § 5 Rn. 3; aA offenbar *Pieroth,* in: Jarass/Pieroth, Art. 21 Rn. 17.
[73] BVerfGE 1, 208 (241); 73, 40 (65); 82, 322 (335); stRspr.
[74] Grundlegend *Lipphardt,* Die Gleichheit der politischen Parteien vor der öffentlichen Gewalt, 1975, S. 113 f.; vgl. auch *v. Arnim* DÖV 1984, 85; *Augsberg,* in: Kersten/Rixen, PartG, § 5 Rn. 18.
[75] Vgl. *Ipsen,* StaatsR I, Rn. 162.
[76] BVerfGE 6, 273 (280); 8, 51 (64 f.); 73, 40 (88 f.); stRspr.
[77] BVerfGE 14, 121 (134); 20, 56 (118); 69, 92 (109); weitergehend *Th. Koch* ZParl 2002, 694 (698 ff.).
[78] BVerfGE 44, 125 (LS 3) mit abwM *Rottmann* (S. 181 ff.).
[79] BVerfGE 44, 125 (LS 4).
[80] BVerfGE 14, 121 (LS 2).
[81] BVerfGE 14, 121 (136).
[82] BVerfGE 14, 121 (136).
[83] BVerfGE 24, 300 (354 f.). Vgl. zur abgestuften Chancengleichheit ausf. *Ipsen,* in: Ipsen, PartG, § 5 Rn. 3 ff.
[84] BVerfGE 47, 198 (LS 1, 230 f.); 69, 257 (269); s. ferner OVG NRW, B. v. 26.4.2019 – 5 B 543/19, Rn. 7; BayVGH, B. v. 13.5.2019 – 7 CE 19.943, Rn. 12 f.

Ausstrahlung von Wahlwerbesendungen zu verweigern, weil sie verfassungsfeindliche Äußerungen enthalten.[85]

Das **Erfordernis eines Unterschriftenquorums** als Voraussetzung zur Zulassung von Parteien zu **38** Wahlen verstößt nach Auffassung des BVerfG grds. nicht gegen die Chancengleichheit.[86] Es rechtfertige sich daraus, dass es Aufgabe der Wahlen sei, **funktionsfähige Mehrheiten** zu bilden. Differenzierungen seien im Hinblick auf Parteien zulässig, bei denen zweifelhaft sei, ob sie bei der Bildung funktionsfähiger Mehrheiten und Regierungen mitzuwirken geeignet seien.[87] Eine gesetzliche Differenzierung zwischen alten und neuen politischen Parteien im Hinblick auf das Unterschriftenquorum könne ebenfalls nicht als willkürlich angesehen werden.[88]

Eine Befreiung von für den Landtag kandidierenden Parteien, die dort bereits mit Mandaten **39** vertreten waren, vom Erfordernis des Unterschriftenquorums ist nach Ansicht des BVerfG ebenfalls sachgerecht.[89] Sofern der Gesetzgeber in einem Kommunalwahlgesetz die in einem Bundes- oder Landesparlament vertretenen Parteien vom Unterschriftenquorum befreit, soll es hingegen gegen den Grundsatz der Gleichheit (der Wahl) verstoßen, wenn die in der Kommunalvertretung mit Sitz und Stimme vertretenen Parteien nicht ebenfalls befreit werden.[90] Für die **Wahlen zum 12. Deutschen Bundestag** hat das BVerfG im Wege der einstw. Anordnung Parteien unter besonderen Voraussetzungen von der Beibringung der Unterschriften befreit, um einen möglichen Verstoß gegen den Grundsatz der Chancengleichheit bei den ersten gesamtdeutschen Wahlen zu verhindern.[91]

Das BVerfG hält **Sperrklauseln** für mit dem Grundsatz der Chancengleichheit vereinbar, soweit **40** dies zur Sicherung des Charakters der Wahl als eines Integrationsvorgangs bei der politischen Willensbildung des Volkes im Interesse der Einheitlichkeit des ganzen Wahlsystems und zur Sicherung der mit der Parlamentswahl verfolgten staatspolitischen Ziele unbedingt erforderlich sei.[92] Bei Wahlen zu kommunalen Vertretungskörperschaften, die keine gesetzgeberische Tätigkeit ausüben, sei eine Sperrklausel zur Sicherung klarer Mehrheiten i. d. R. dagegen nicht zu rechtfertigen.[93] Die Ausnahme von der Sperrklausel zugunsten von Parteien, die drei Direktmandate errungen haben (§ 6 VI 1 BWahlG), hält das BVerfG für mit dem Gleichheitssatz vereinbar.[94] Die in § 2 VII EuWG vorgeschriebene Sperrklausel von 5 % ist vom BVerfG als mit Art. 21 I unvereinbar angesehen worden, weil der schwerwiegende Eingriff in die Wahlrechtsgleichheit unter den gegebenen rechtlichen und tatsächlichen Verhältnissen nicht zu rechtfertigen sei.[95] Auch die Herabsetzung der Sperrklausel auf 3 % ist vom BVerfG ebenfalls als verfassungswidrig angesehen worden.[96]

Die **Rspr. des BVerfG** zum Grundsatz der Chancengleichheit ist von **inneren Widersprüchen** **41** gekennzeichnet, insbesondere wird der Grundsatz nicht in **formaler Weise** angewandt. Hieraus folgt zugleich, dass § 5 I PartG **nicht als verfassungsmäßig** angesehen werden kann. Die Durchbrechungen der Parteiengleichheit durch Sperrklauseln und Unterschriftenquoren sind durch den zwingenden Grund gerechtfertigt, dass auf Grund von Wahlen **funktionsfähige Regierungen** gebildet werden müssen. Im Übrigen vermag die Begründung des BVerfG für **Differenzierungen** nach der Stärke der Parteien bei der Gewährung **öffentlicher Leistungen** nicht zu überzeugen.[97] So steht die Differenzierung zwischen Parteien bei der Einräumung kostenloser Sendezeiten zu den vorgeschriebenen Unterschriftenquoren bzw. Sperrklauseln in einem doppelten Gegensatz.

Zum einen lässt sich eine Abstufung nach der „Bedeutung" der politischen Parteien nicht formal **42** handhaben, sondern erfordert eine **Bewertung.** Damit büßt der Grundsatz der Chancengleichheit seine formale Natur notwendig ein und lässt Raum für **Ermessenserwägungen.** Gravierender noch ist der Umstand, dass der Staat mit der Einräumung unterschiedlich bemessener Sendezeiten in die **Willensbildung des Volkes** selbst **eingreift** und diese **beeinflusst.** Kostenlose Sendezeiten in öffentlich-rechtlichen Rundfunkanstalten bedeuten **Darstellungschancen** für die politischen Parteien. Werden sie unterschiedlich bemessen, insbesondere kleinen Parteien nur geringe Darstellungschancen eingeräumt, so beeinflusst der Staat die politische Willensbildung des Volkes.

Das BVerfG hat diesen Zusammenhang durchaus erkannt, meinte ihn jedoch mit der Sicherung der **43** Wahl als des entscheidenden **Integrationsvorgangs** des Volkes rechtfertigen zu können.[98] Indes macht es einen wesentlichen Unterschied, ob durch Gesetz der Nachweis einer Zahl **potentieller**

[85] BVerfGE 47, 198 (LS 3, 228 f.).
[86] BVerfGE 3, 19 (26 f.); 3, 383 (LS 2).
[87] BVerfGE 4, 375 (383 f.).
[88] BVerfGE 3, 383 (398 f.).
[89] BVerfGE 4, 375 (383).
[90] BVerfGE 12, 10 (28).
[91] BVerfGE 82, 353 (369).
[92] BVerfGE 1, 208 (256); 3, 383 (394); 4, 31 (40); 4, 375 (380); 5, 77 (83); 6, 84 (92).
[93] BVerfGE, 120, 82 (109 ff.).
[94] BVerfGE 95, 408 (421 f.); vgl. bereits BVerfGE 6, 84 (95).
[95] So BVerfGE 129, 300 mit abw.M. *DiFabio* und *Mellinghoff* (S. 346 ff.).
[96] BVerfGE 135, 259.
[97] Dazu *Koch*, ZParl 2002, 694 (712 f.).
[98] So BVerfGE 14, 121 (136); vgl. aber auch BVerfGE 24, 300 (352).

**Wähler** als Voraussetzung für die Teilnahme an der Wahl und eine Mindestzahl **tatsächlicher Wähler** für die Mandatsverteilung festgesetzt wird oder ob im Vorfeld der Wahlen **unterschiedliche Darstellungschancen** zugeteilt werden. Im ersteren Fall ist die Willensbildung des potentiellen wie des tatsächlichen Wählers abgeschlossen, bevor staatliche Maßnahmen erfolgen. Im zweiten Fall zielen die **staatlichen Maßnahmen** gerade darauf ab, die **Willensbildung des Wählers** zugunsten der im Parlament vertretenen Parteien zu **beeinflussen**. Es liegt auf der Hand, dass hierin ein Verstoß gegen die **Parteiengleichheit** liegt.[99]

44    Hieraus folgt, dass politische Parteien, die sich an Wahlen beteiligen, im Wahlkampf durch die staatlichen Organe strikt gleich behandelt werden müssen. Soweit § 5 I PartG **Abstufungen** zulässt, bestehen **Zweifel an der Verfassungsmäßigkeit** der Vorschrift.[100] Die Vorschriften der Landesrundfunk- bzw. Landesmediengesetze, mit denen die privaten Rundfunkveranstalter verpflichtet werden, politischen Parteien „besondere Sendezeiten" einzuräumen und die § 5 I PartG für entsprechend anwendbar erklären,[101] sind ebenfalls **verfassungsrechtlich problematisch**.[102] Offen bleibt nur die Frage, ob eine formal gleiche Einräumung von Sendezeiten ihrerseits nicht nur staatspolitisch unerwünscht, sondern **verfassungswidrig** sein kann,[103] insbesondere wenn sie der Sicherung des Charakters der Wahl als des entscheidenden Integrationsvorgangs bei der politischen Willensbildung des Volkes zuwiderläuft.

45    **3. Weitere Grundrechte der politischen Parteien.** Die politischen Parteien sind darüber hinaus **Träger aller Grundrechte**, die **ihrem Wesen nach** auf sie anwendbar sind (Art. 19 III).[104] Nach anfänglichem Zögern[105] hat das BVerfG die Grundrechtsträgerschaft politischer Parteien ohne Rücksicht auf ihre Rechtsform anerkannt.[106] Ihrem Wesen nach anwendbar sind auf politische Parteien die **Meinungs-, Presse- und Rundfunkfreiheit** (Art. 5 I 1, 2)[107] und die **Versammlungsfreiheit** (Art. 8),[108] während die Vereinigungsfreiheit (Art. 9) durch Art. 21 I verdrängt wird.[109] Zu bejahen ist die Anwendbarkeit überdies beim **Brief-, Post- und Fernmeldegeheimnis** (Art. 10), bei der **Freizügigkeit** (Art. 11) und der **Unverletzlichkeit der Wohnung** (Art. 13).[110]

46    Diese Grundrechte stellen zugleich unverzichtbare Voraussetzungen für die Parteiarbeit dar. Ihrem Wesen nach anwendbar auf politische Parteien ist auch die **Eigentumsgarantie** (Art. 14),[111] wobei es eine Frage der Rechtsfähigkeit ist, ob den Parteien die von Art. 14 geschützten vermögenswerten Rechte selbst zustehen. Nicht anwendbar sind dagegen die personenbezogenen Grundrechte.[112] Abzulehnen ist auch die Anwendung des Grundrechts der **Berufsfreiheit** (Art. 12), weil die Betätigungsfreiheit bereits durch Art. 21 I geschützt wird.[113] Soweit Parteien Betriebe gewerblicher Art unterhalten, dürften diese regelmäßig in einem Zusammenhang mit der Parteiarbeit stehen und somit von der allgemeinen Parteienfreiheit geschützt sein. Eine **Grundrechtsverwirkung** (Art. 18) kommt für die politischen Parteien nicht in Betracht, weil Art. 21 II insoweit eine abschließende Regelung darstellt.[114]

47    Für die einzelnen Grundrechte gelten die dem jeweiligen Grundrecht zugeordneten **Grundrechtsbegrenzungen** und **Grundrechtsschranken**. Den Parteien kommt bei der Ausübung grundrechtlich geschützter Freiheiten **kein Privileg** zu, auf Grund dessen die Grundrechtsbegrenzungen oder -schranken enger auszulegen wären als für andere Grundrechtsträger. Soweit allerdings Ermessensspielräume bestehen, darf der verfassungsrechtliche Status der Parteien nicht unbeachtet bleiben.

### IV. Verfassungsprozessuale Stellung der Parteien

48    **1. Die Rechtsprechung des BVerfG zur Parteifähigkeit politischer Parteien im Organstreitverfahren.** Das BVerfG räumt den politischen Parteien in stRspr die **Parteifähigkeit im**

---

[99] Vgl. bereits *Weber* DÖV 1962, 254.

[100] Ähnlich *Seifert* (Fn. 61), S. 149; *Streinz* MKS II, Art. 21 Rn. 126 mwN; aA BVerfGE 24, 300 (355); *Klein*, in: Maunz/Dürig, Art. 21 (2012) Rn. 315 („unbedenklich bis auf § 5 I 4 PartG").

[101] Vgl. die Nachw. bei *Streinz* MKS II, Art. 21 Rn. 137 und *Ipsen*, StaatsR I, Rn. 166, Fn. 37.

[102] Nachw. bei *Volkmann*, Politische Parteien und öffentliche Leistungen, S. 293 ff.

[103] Bejahend *Koch*, ZParl 2002, 694 (713).

[104] Vgl. *Henke* BK, Art. 21 (1991) Rn. 218; *Seifert*, (Fn. 61), S. 394; *Kunig* HStR III³, § 40 Rn. 90 f.; *Bethge* AöR 104 (1979), 78 f.; *Kersten*, in: Kersten/Rixen, PartG, § 1 Rn. 132 ff.; nicht eindeutig: *Hesse* VVDStRL 17 (1959), 25; *Grimm* HdbVerfR, § 14 Rn. 30; unentschieden *Remmert*, in: Maunz/Dürig, Art. 19 Abs. 3 (2009) Rn. 41.

[105] BVerfGE 3, 19 (22).

[106] BVerfGE 3, 383 (391); 84, 290 (299); stRspr.

[107] Vgl. NdsStGH, NdsVBl 2005, 296.

[108] Vgl. *Henke* BK, Art. 21 (1991) Rn. 218; *Streinz* MKS II, Art. 21 Rn. 144.

[109] Siehe o. Rn. 29.

[110] Vgl. BVerfGE 84, 290 (299); *Streinz* MKS II, Art. 21 Rn. 144.

[111] BVerfGE 84, 290 (299); *Klein*, in: Maunz/Dürig, Art. 21 (2012) Rn. 283; *Streinz* MKS II, Art. 21 Rn. 144 mwN.

[112] So *Henke* BK, Art. 21 (1991) Rn. 218.

[113] *Streinz* MKS II, Art. 21 Rn. 144; a. M. *Klein*, in: Maunz/Dürig, Art. 21 (2012) Rn. 283.

[114] Vgl. *Seifert* (Fn. 61), S. 394 f.; *Streinz* MKS II, Art. 21 Rn. 144.

**Organstreitverfahren** (Art. 93 I Nr. 1, §§ 13 Nr. 5, 63 ff. BVerfGG) ein. Diese auch in neuerer Zeit **bekräftigte Rechtsprechung**[115] geht auf eine frühe Entscheidung des **Zweiten Senats** zurück, der zufolge die politischen Parteien von der Anrufung des Verfassungsgerichts angesichts der durch Art. 21 vollzogenen Legalisierung des Parteienstaates nicht ausgeschlossen werden dürften.[116] Die abw. Rspr. des **Ersten Senats**[117] führte zu einer Vorlage des Zweiten Senats an das **Plenum** (§ 16 I BVerfGG), das sich der Rspr. des Zweiten Senats anschloss.[118] In der Begründung wird darauf abgestellt, dass Art. 21 die Parteien „zu notwendigen Bestandteilen des Verfassungsaufbaus" gemacht habe; daraus folge, dass sie **Funktionen eines Verfassungsorgans** ausübten, wenn sie bei der politischen Willensbildung des Volkes mitwirkten.[119] Parteien sind danach im Organstreitverfahren parteifähig, soweit sie sich auf ihren besonderen verfassungsrechtlichen Status aus Art. 21 GG berufen.[120]

**2. Verfassungsbeschwerde politischer Parteien.** Sofern die Verletzung von Rechten durch Verwaltungsmaßnahmen gerügt wird, ist nach der Rspr. des BVerfG die **Verfassungsbeschwerde** der statthafte Rechtsbehelf.[121] So hat das BVerfG beim Streit um die **Zuteilung von Sendezeiten**,[122] die **Ablehnung von Wahlwerbespots**[123] oder die **Teilnahme an Fernsehdiskussionen**[124] der ör Rundfunkanstalten jeweils die Vb. zugelassen. Leitend war stets die Begründung, dass Grundrechte, die den Parteien „**wie jedermann**" zustehen könnten, als solche nicht zu der durch Art. 21 geschützten Rechtsstellung gehörten; ihre Verletzung könne nur auf dem **Rechtsweg** und letztlich mit der Verfassungsbeschwerde abgewehrt werden.[125] Nicht zu verwechseln mit der Vb. ist die durch Art. 93 I Nr. 4c eingeführte „Nichtanerkennungsbeschwerde", mit der sich politische Vereinigungen gegen die Nichtanerkennung als Partei für die Wahl zum BT zur Wehr setzen können. 49

**3. Kritische Würdigung der Rechtsprechung des BVerfG.** Die **Parteifähigkeit** politischer Parteien im **Organstreitverfahren** wird zu Recht in der Literatur nahezu einhellig **abgelehnt**.[126] Der Zweite Senat berief sich zur Begründung seiner Auffassung auf die Rechtsprechung des **StGH für das Deutsche Reich**,[127] der den politischen Parteien ebenfalls die Parteifähigkeit im Organstreitverfahren eingeräumt hatte.[128] Diese Rspr. beruhte auf der Lehre von den „**Verfassungsfaktoren**", deren Rechtsbeziehungen von der Verfassungsgerichtsbarkeit zu entscheiden waren.[129] Sie erklärt sich allerdings vor allem aus dem Umstand, dass das Verfassungsprozessrecht seinerzeit die Vb. nicht kannte.[130] 50

Nicht überzeugend ist zudem, „daß es jedenfalls dem Rang der politischen Parteien in der heutigen parlamentarischen Demokratie nicht entsprechen würde, sie auf diesen letzten Rechtsbehelf zu verweisen, der dem Bürger gegen den Staat nach Erschöpfung aller anderen Rechtswege eingeräumt ist."[131] In klarem **Widerspruch** zu dieser Begründung wurde alsbald die Vb. als **statthaft** angesehen,[132] weil sich der Rechtsschutz durch die Organstreitigkeit als unzureichend erwies. Überdies widerlegte das BVerfG die theoretische Grundlage seiner Rechtsprechung, indem es die Parteien als „frei gebildete, im gesellschaftlich-politischen Bereich wurzelnde Gruppen" qualifizierte, die nicht zum Bereich der „institutionalisierten Staatlichkeit" gehörten.[133] 51

Der innere Widerspruch in der Rspr. zur Vb. setzt sich bis ins Paradoxe fort.[134] Die Vb. nämlich soll statthaft sein, wenn Verletzungen von Grundrechten, die Parteien unabhängig von ihrem verfassungsrechtlichen Status „**wie jedermann**" zustehen können, gerügt werden.[135] Die im Verfassungsbeschwerdeverfahren ergangenen Entscheidungen des BVerfG betrafen ausnahmslos den „**verfassungsrechtlichen Status**" der politischen Parteien, nämlich den aus Art. 21 I hergeleiteten Grundsatz 52

---

[115] BVerfGE 73, 40 (66); 82, 322 (335); 84, 290 (298); 85, 264 (284); 120, 82 (100); 148, 11 (19 in Rn. 27); zur Entwicklung vgl. auch *Ipsen* (Fn. 1), S. 149 f.
[116] BVerfGE 1, 208 (226).
[117] BVerfGE 3, 19 (22); 3, 383 (390 f.).
[118] BVerfGE 4, 27.
[119] BVerfGE 4, 27 (30).
[120] BVerfGE 148, 11 (19 in Rn. 27 mwN).
[121] BVerfGE 7, 99 (103).
[122] BVerfGE 7, 99; 14, 121; 67, 149.
[123] BVerfGE 47, 198.
[124] BVerfGE 82, 54; BVerfG NJW 2002, 2939.
[125] BVerfGE 84, 290 (299).
[126] Vgl. nur *Henke* BK, Art. 21 (1991) Rn. 221; *Streinz* MKS II, Art. 21 Rn. 147; *Kunig* HStR III³, § 40 Rn. 127; *Ipsen,* StaatsR I, Rn. 886; aM *Klein,* in: Maunz/Dürig, Art. 21 (2014) Rn. 401 („Festhalten an der Rspr. aus pragmatischen Gründen").
[127] BVerfGE 1, 208 (224).
[128] Vgl. RGZ 118, Anh. S. 29 = Lammers-Simons, Bd. I, S. 401.
[129] Vgl. *Huber* (Fn. 8), Bd. VI, 1981, S. 545.
[130] Vgl. *Schlaich/Korioth,* Rn. 92.
[131] So BVerfGE 1, 208 (226).
[132] Vgl. BVerfGE 7, 99; 14, 121.
[133] BVerfGE 20, 56 (101).
[134] Deutlich: *Henke* BK, Art. 21 (1991) Rn. 254.
[135] Vgl. BVerfGE 7, 99 (103); 14, 121 (129); 67, 149 (151); 84, 290 (299).

der Chancengleichheit.[136] Die (formal zu verstehende) Parteiengleichheit ist jedoch kein Grundrecht, das „jedermann", sondern als „Chancengleichheit" nur den politischen Parteien zustehen kann.[137] Gegenständlich ging es stets um Privilegierungen, die allein den politischen Parteien zukommen (§ 5 PartG), also ebenfalls nicht von „jedermann" beansprucht werden können. Die Entscheidung des Plenums, auf Grund derer der Zweite Senat – und damit der Richter *Leibholz*[138] – die Zuständigkeit für Streitigkeiten auf dem Gebiet des Parteiwesens behielt,[139] bedarf dringend der Korrektur.[140] Das Verfassungsbeschwerdeverfahren bietet für Parteien keinen geringeren Rechtsschutz als das Organstreitverfahren, schließt indes im Gegensatz zu letzterem die Möglichkeit ein, dass eine angegriffene Norm für nichtig erklärt wird.[141]

## C. Die innere Ordnung der Parteien (Abs. 1 S. 3)

### I. Innerparteiliche Demokratie als Verfassungsgebot

#### 1. Der Zusammenhang zwischen Mitwirkungsaufgabe und innerparteilicher Demokratie.

53 Das **Gebot innerparteilicher Demokratie** stellt sich als notwendige Ergänzung der den Parteien zugewiesenen **Mitwirkungsaufgabe** dar. Die durch Art. 20 I und II als demokratisch bestimmte Willensbildung des Volkes würde an einem **inneren Widerspruch** leiden, wenn sie in der inneren Ordnung der Parteien keine Entsprechung fände. Eröffnete das GG die Möglichkeit, dass sich der innerparteiliche Willensbildungsprozess nach anderen Grundsätzen vollzöge als die staatlich-parlamentarische Willensbildung, so müsste diese zum einen an Glaubwürdigkeit verlieren. Sie würde zudem eine andere Gestalt annehmen, sofern ihr keine Artikulation unterschiedlicher Standpunkte und kein Ausgleich der Interessen innerhalb der Partei vorangegangen wäre. Einer verfassungsrechtlichen Festlegung bedurfte es deshalb, weil ein demokratischer Aufbau für Parteien in der Demokratie zwar folgerichtig ist, wegen der vermeintlich größeren politischen Effizienz aber auch eine andere Binnenstruktur denkbar wäre. Art. 21 I 3 schneidet durch das kategorische Gebot demokratischer Willensbildung jede Diskussion über ein mögliches Spannungsverhältnis zwischen Mitwirkungsaufgabe und Parteiautonomie ab. Die in der Politikwissenschaft vertretene These, die innerparteiliche Demokratie sei dysfunktional, ist deshalb verfassungsrechtlich nicht haltbar.[142]

54 **2. Der Inhalt der „demokratischen Grundsätze".** Die „demokratischen Grundsätze" iSd Art. 21 I 3 bedürfen der **inhaltlichen Präzisierung,** weil das Verfassungsgebot kategorisch ist und einfachgesetzliche Bestimmungen, Parteisatzungen und Beschlüsse hieran zu messen sind. Sie sind nicht identisch mit der „freiheitlichen demokratischen Grundordnung" iSd Art. 21 II 1. Während die freiheitliche demokratische Grundordnung den Staat in seiner Gesamtheit erfasst, betreffen die „demokratischen Grundsätze" nur die **innere Ordnung** der politischen Parteien und haben insofern einen eingeschränkten Anwendungsbereich.

55 Unzulässig wäre es auch, Art. 21 I 3 mit bestimmten **„Demokratietheorien"** zu überfrachten, wie sie in der Vergangenheit diskutiert worden sind.[143] Da das Gebot innerparteilicher Demokratie für alle politischen Parteien verpflichtend ist, kann nicht angenommen werden, dass der Verfassungsgeber diesem Gebot eine bestimmte Theorie („Basisdemokratie" oder ähnliches) unterlegt hat. Art. 21 I 3 umfasst folglich nicht ein je nach politischem Standort wünschbares demokratisches *Maximum,* das zu verwirklichen Sache jeder einzelnen Partei ist, sondern ein für alle Parteien geltendes demokratisches *Minimum.*

56 Unter diesen Voraussetzungen schreibt Art. 21 I 3 **folgende Grundsätze** vor:

– **Parteiämter** können nur auf Grund von **Wahlen** vergeben werden. In Anlehnung an Art. 20 II 1 muss grds. eine demokratische Legitimation bestehen. Sie ist nicht nur für Parteiämter ieS (Vorstand, Beisitzer), sondern auch für Wahlkandidaten erforderlich.[144] Nicht erfasst wird das **Personal** der politischen Parteien, soweit es weisungsabhängig ist und Hilfsdienste leistet. Die Mitarbeiter der politischen Parteien werden *ausgewählt,* aber nicht *gewählt.*

---

[136] BVerfGE 7, 99 (Rundfunkwerbung); 14, 121 (Rundfunkwerbung); 47, 198 (Ablehnung von Wahlwerbespots); 67, 149 (Teilnahme an Fernsehdiskussionen); weit. Nachw. bei *Henke* BK, Art. 21 (1991) Rn. 254 m. Fn. 158 f.

[137] Siehe o. Rn. 33 ff.

[138] Bislang ist zu wenig beachtet worden, dass die Entscheidung über die statthafte Verfahrensart zugleich eine solche über die Senatszuständigkeit war (vgl. aber *Lipphardt* [Fn. 78], S. 214 ff.). Nach § 14 Abs. 1 G über das BVerfG v. 12.3.1951 (BGBl I S. 243) war der Zweite Senat für Organstreitigkeiten (§ 13 Nr. 5 BVerfGG) zuständig. Eine Befassung des Zweiten Senats (und seines Mitglieds G. *Leibholz*) mit dem Parteienrecht setzte deshalb die Parteifähigkeit politischer Parteien im Organstreitverfahren voraus. Seit der Novelle des BVerfGG vom 21.7.1956 (BGBl I 662) ist der Zweite Senat auch für Vb. aus dem Bereich des Wahlrechts zuständig.

[139] BVerfGE 4, 27.

[140] *Ipsen,* StaatsR I, Rn. 170, 886; *Streinz* MKS II, Art. 21 Rn. 147 mwN.

[141] § 95 III 1 BVerfGG.

[142] Vgl. *Grimm* HdbVerfR, § 14 Rn. 38 mwN.

[143] Nachweise bei *Henke* BK, Art. 21 (1991) Rn. 263.

[144] Vgl. *Streinz* MKS II, Art. 21 Rn. 156 mwN.

– In engem Zusammenhang mit dem Erfordernis demokratischer Wahlen steht das **Vorschlagsrecht** 57
für Wahlkandidaten, sei es für Parteiämter oder Parlamentsmandate. Ein demokratischen Grundsätzen genügendes Vorschlagsrecht schließt aus, dass nur über Wahlvorschläge eines Parteivorstandes
oder engeren Parteigremiums entschieden wird. Der Grundsatz demokratischer Wahlen wirkt auf
das Wahlvorschlagsrecht insoweit zurück, als die **Wahlversammlung** selbst die Möglichkeit haben
muss, Wahlvorschläge zu machen.[145] Anderenfalls würde es sich im Innenbereich der politischen
Parteien nicht um demokratische *Wahlen,* sondern um eine *Akklamation* für von engeren Parteigremien festgelegte Vorschlagslisten handeln. Die Festlegung von Unterstützungsquoren in den Parteisatzungen ist verfassungsrechtlich unbedenklich, wird aber durch die WahlG zum Teil ausgeschlossen.[146]

– Die Wahlämter dürfen nur auf Zeit vergeben werden, weil es zu den demokratischen Grundsätzen 58
gehört, dass **periodische Wahlen** stattfinden und die durch sie legitimierte Machtausübung zeitlich
begrenzt ist.[147] Die Inhaber von Parteiämtern sind verpflichtet, gegenüber ihren Wählern nach
Ablauf der Wahlperiode Rechenschaft abzulegen.[148]

– Zu den demokratischen Grundsätzen gehören ebenfalls das **Mehrheitsprinzip** und der **Minderhei-** 59
**tenschutz.** Das Mehrheitsprinzip ergibt sich aus dem Grundsatz des gleichen Wahlrechts und ist
Voraussetzung dafür, dass Wahlakte überhaupt eine Art. 20 II entsprechende Legitimation vermitteln
können. Der Minderheitenschutz ist die notwendige Ergänzung des Mehrheitsprinzips und findet
seine Begründung in dem der Demokratie innewohnenden Wettbewerbsgedanken.[149] Da in einer
Demokratie Machtausübung nur auf Zeit legitimiert ist und nach Ablauf des Zeitraums wiederum
Wahlen stattfinden, muss die unterlegene Gruppierung in der Lage sein, überhaupt am Wettbewerb
teilzunehmen. Kämen der Minderheit nicht spezifische **Minderheitenrechte** zu, könnte sie sich auf
Dauer nicht artikulieren und würde als politische Kraft nicht in Erscheinung treten. Damit aber wäre
die im demokr. Prinzip angelegte **Chance eines Machtwechsels** gemindert oder gar verhindert.

– Demokratische Grundsätze verlangen auch eine **vertikale Gliederung** politischer Parteien mit 60
jeweils eigenen Organen und eigenen Zuständigkeiten. Um eine Willensbildung „von unten nach
oben"[150] zu erreichen, muss das einzelne Parteimitglied reale Partizipationschancen haben. Werden
die Untergliederungen politischer Parteien zu groß dimensioniert, kann von einer solchen Partizipation keine Rede sein, so dass ein demokratischer Grundsatz verletzt ist.

**3. Homogenität, nicht Identität der inneren Ordnung.** Art. 21 I 3 schreibt vor, dass die innere 61
Ordnung der Parteien demokratischen Grundsätzen *entsprechen* muss. Damit wird die gleiche sprachliche Wendung gewählt, wie sie sich in Art. 28 I 1 für das Verhältnis der Landesverfassungen zum GG
findet. Art. 28 I 1 kann deshalb zur Auslegung des Art. 21 I 3 herangezogen werden.[151] Insofern ist
verfassungsrechtlich Raum gelassen für **unterschiedliche organisatorische Modelle** und **parteispe-**
**zifische Gestaltungsformen,** sofern sie nicht gegen demokratische Grundsätze verstoßen. Das Gebot
innerparteilicher Demokratie ist geeignet, sich auch *zwischen* den politischen Parteien auszuwirken.
Trotz aller programmatischen Unterschiede kann die Bindung aller politischen Parteien an demokratische Grundsätze ein **Mindestmaß** an **Homogenität** erzeugen, das dem Prozess der politischen
Willensbildung förderlich ist.[152]

## II. Ausformungen des Demokratiegebots durch einfaches Gesetz

**1. Die Vorschriften des Parteiengesetzes über die innere Ordnung der Parteien.** Jede Partei 62
muss eine **schriftliche Satzung** und ein **schriftliches Programm** haben. Die Gebietsverbände
regeln ihre Angelegenheiten durch eigene Satzungen, soweit die Satzung des jeweils höheren Gebietsverbandes hierüber keine Vorschriften enthält (§ 6 I PartG). Die Satzungen müssen außer dem Namen,
dem Sitz und dem Tätigkeitsgebiet der Partei Bestimmungen über Aufnahme und Austritt der Mitglieder, Rechte und Pflichten der Mitglieder, zulässige Ordnungsmaßnahmen sowie über Beschlussfassungen der Organe enthalten (§ 6 II PartG).

Parteien gliedern sich in **Gebietsverbände,** deren Größe und Umfang durch die Satzung festgelegt 63
werden. Die gebietliche Gliederung muss so weit ausgebaut sein, dass den einzelnen Mitgliedern eine
angemessene Mitwirkung an der Willensbildung der Partei möglich ist (§ 7 I 3 PartG).[153] Beschränkt

---

[145] Vgl. HmbVerfG DVBl 1993, 1072; *Ipsen,* in: Ipsen, PartG, § 17 Rn. 9.
[146] Vgl. §§ 21 III 2 BWahlG, 10 III 2 EuWG und → Rn. 69 ff.
[147] Vgl. *Henke* BK, Art. 21 (1991) Rn. 264.
[148] Vgl. *Seifert* (Fn. 61), S. 192 mwN.
[149] Vgl. *Hesse* VVDStRL 17 (1959), S. 46; *Ipsen,* in: Ipsen, PartG, § 15 Rn. 9; grundlegend: *Hofmann/Dreier,* in:
Schneider/Zeh, § 5 Rn. 60 ff.
[150] BVerfGE 2, 1 (40). Vgl. auch *Ipsen,* in: Ipsen, PartG, § 7 Rn. 6 ff.; *Lenski,* PartG, § 7 Rn. 9.
[151] Vgl. *Kunig* HStR III³, § 40 Rn. 33; zurückhaltend: *Klein,* in: Maunz/Dürig, Art. 21 (2012) Rn. 334 („strukturelle Homogenität").
[152] *Kersten,* in: Kersten/Rixen, PartG, § 1 Rn. 67.
[153] Vgl. zu den Anforderungen *Ipsen,* in: Ipsen, PartG, § 7 Rn. 7 ff.; *Augsberg,* in: Kersten/Rixen, PartG, Rn. 13 ff.

sich die Organisation einer Partei auf das Gebiet eines **Stadtstaates,** braucht sie **keine Gebietsverbände** zu bilden (§ 7 I 4 PartG). Soweit in einer Partei Landesverbände nicht bestehen, gelten die für Landesverbände getroffenen Regelungen für die der (Bundes-)Partei folgenden nächstniedrigen Gebietsverbände (§ 7 II PartG).

**64**   Gebietsverbände können **eigene Rechtsfähigkeit** besitzen, sind als Untergliederungen der (Bundes-)Parteien aber im Organstreitverfahren nicht parteifähig.[154] Soweit das BVerfG Landesverbänden politischer Parteien die Parteifähigkeit zugestanden hat, hat es sich nicht um *bundes*verfassungsrechtliche Streitigkeiten gehandelt, sondern um „Binnenländerstreitverfahren" (Art. 93 I Nr. 4)[155] bzw. um durch Landesgesetz dem BVerfG zugewiesene Streitigkeiten innerhalb eines *Landes* (Art. 99).[156] Fühlen sich Parteiuntergliederungen durch Gesetze oder andere Hoheitsakte in *ihren* Grundrechten verletzt, steht ihnen die Vb zur Verfügung (Art. 93 I Nr. 4a).

**65**   **Mitgliederversammlung** und **Vorstand** sind notwendige Organe der Partei und der Gebietsverbände (§ 8 I 1 PartG). Durch Satzung kann bestimmt werden, dass in den überörtlichen Verbänden an die Stelle der Mitgliederversammlung eine **Vertreterversammlung** tritt, deren Mitglieder für höchstens zwei Jahre durch Mitglieder- oder Vertreterversammlungen der nachgeordneten Verbände gewählt werden (§ 8 I 2 PartG). Die Mitglieder- oder Vertreterversammlung (Parteitag, Hauptversammlung) ist das **oberste Organ** des jeweiligen Gebietsverbandes (§ 9 I 1 PartG). Sie führt bei Gebietsverbänden höherer Stufen die Bezeichnung **„Parteitag"**, bei Gebietsverbänden der untersten Stufe die Bezeichnung **„Hauptversammlung"**, wobei die Bestimmungen über den Parteitag auch für die Hauptversammlung gelten (§ 9 I 2 PartG).

**66**   Die Parteitage treten mindestens in jedem 2. Kalenderjahr einmal zusammen (§ 9 I 3 PartG). Der **Parteitag** beschließt im Rahmen der Zuständigkeiten des Gebietsverbandes über die **Parteiprogramme,** die **Satzung,** die **Beitragsordnung,** die **Schiedsgerichtsordnung,** die **Auflösung** sowie die **Verschmelzung** mit anderen Parteien (§ 9 III PartG). Der Parteitag wählt den **Vorstand** des Gebietsverbandes, die **Mitglieder** etwaiger **anderer Organe** und die **Mitglieder** in den **Organen höherer Gebietsverbände** (§ 9 IV PartG). Der Parteitag nimmt mindestens alle zwei Jahre einen **Tätigkeitsbericht des Vorstandes** entgegen und fasst über ihn Beschluss (§ 9 V 1 PartG). Der finanzielle Teil des Berichts ist durch vom Parteitag gewählte **Rechnungsprüfer** zu überprüfen (§ 9 V 2 PartG).

**67**   Der **Vorstand** wird mindestens in jedem 2. Kalenderjahr gewählt (§ 11 I 1 PartG). Er leitet den Gebietsverband und führt dessen Geschäfte nach Gesetz und Satzung sowie den Beschlüssen der ihm übergeordneten Organe (§ 11 III 1 PartG). Zur Durchführung der Beschlüsse des Vorstands sowie zur Erledigung der laufenden und der besonders dringlichen Vorstandsgeschäfte kann aus der Mitte des Vorstands ein **geschäftsführender Vorstand** (Präsidium) gebildet werden, dessen Mitglieder auch vom Vorstand gewählt oder durch Satzung bestimmt werden können (§ 11 IV PartG).

**68**   Die Organe fassen ihre Beschlüsse mit **einfacher Stimmenmehrheit,** soweit nicht durch Gesetz oder Satzung erhöhte Stimmenmehrheit vorgeschrieben ist (§ 15 I PartG). Die **Wahlen** der Vorstandsmitglieder und der Vertreter zu Vertreterversammlungen und zu Organen höherer Gebietsverbände sind **geheim.** Bei den übrigen Wahlen kann offen abgestimmt werden, wenn sich auf Befragen kein Widerspruch erhebt (§ 15 II PartG). Das **Antragsrecht** ist so zu gestalten, dass eine **demokratische Willensbildung** gewährleistet bleibt, insbesondere auch **Minderheiten** ihre Vorschläge ausreichend zur Erörterung bringen können. In den Versammlungen höherer Gebietsverbände ist mindestens den Vertretern der Gebietsverbände der beiden nächstniedrigen Stufen ein Antragsrecht einzuräumen. Bei Wahlen und Abstimmungen ist eine Bindung an Beschlüsse anderer Organe unzulässig (§ 15 III PartG).

### 2. Die Bestimmungen des Bundeswahlgesetzes über die Aufstellung von Parteibewerbern.

**69**   Bei Bundestagswahlen kann als **Wahlkreisbewerber** einer Partei nur benannt werden, wer in einer **Mitgliederversammlung** zur Wahl eines Wahlkreisbewerbers oder in einer besonderen oder allgemeinen **Vertreterversammlung** hierzu gewählt worden ist (§ 21 I 1 BWahlG). Die Mitgliederversammlung zur Wahl eines Wahlkreisbewerbers wird gebildet aus den Mitgliedern der Partei, die zum Zeitpunkt des Zusammentritts im Wahlkreis zum Deutschen Bundestag **wahlberechtigt** sind (§ 21 I 2 BWahlG). Besondere und allgemeine Vertreterversammlungen sind aus der Mitte von Mitgliederversammlungen für bevorstehende Wahlen bestellte Versammlungen (§ 21 I 3, 4 BWahlG).

**70**   Die Bewerber und die Vertreter für die Vertreterversammlungen werden in **geheimer Abstimmung** gewählt (§ 21 III 1 BWahlG). Jeder stimmberechtigte Teilnehmer der Versammlung ist hierbei vorschlagsberechtigt (§ 21 III 2 BWahlG). Den Bewerbern ist Gelegenheit zu geben, sich und ihr Programm der Versammlung in angemessener Zeit vorzustellen (§ 21 III 3 BWahlG). Der gesetzliche Ausschluss von Unterstützungsquoren ist als gesetzgeberische Reaktion auf evidente Missstände bei der Kandidatenaufstellung zu verstehen, in den Konsequenzen aber nicht unbedenklich, weil die Arbeit von Parteitagen durch das jedem Delegierten zustehende Vorschlagsrecht und das Vorstellungsrecht des Vorgeschlagenen erheblich erschwert werden kann.[157]

---

[154] So BVerfGE 104, 14. Vgl. dazu *Stein* DÖV 2002, 713; *Lenski,* PartG, § 3 Rn. 21.
[155] Vgl. BVerfGE 4, 375 (378); 6, 367 (373 f.); 27, 10 (17); 66, 107 (115); 67, 65 (69); 75, 34 (39).
[156] Vgl. BVerfGE 13, 1 (10); 60, 53 (62).
[157] Vgl. *Ipsen* DVBl 2004, S. 533 f.; *Lenski,* PartG, § 21 BWahlG Rn. 53.

Die Wahlen dürfen frühestens 32 Monate, für die Vertreterversammlungen frühestens 29 Monate  71
nach Beginn der Wahlperiode des Deutschen Bundestages stattfinden; dies gilt nicht, wenn die Wahlperiode vorzeitig endet (§ 21 III 4 BWahlG). Das Nähere über die Wahl der Vertreter für die Vertreterversammlung sowie über das Verfahren für die Wahl des Bewerbers regeln die Parteien durch ihre
**Satzungen** (§ 21 V BWahlG).

**3. Die Bestimmungen des Europawahlgesetzes über die Aufstellung von Parteibewerbern.**
Nach § 10 I EuWG kann als Bewerber oder Ersatzbewerber in einem Wahlvorschlag nur benannt  72
werden, wer nicht Mitglied einer anderen Partei ist und in einer besonderen oder allgemeinen **Vertreterversammlung** der Partei oder in einer **Mitgliederversammlung** zur Wahl der Bewerber hierzu
gewählt worden ist. Die Mitglieder- bzw. Vertreterversammlungen zur Wahl der Bewerber setzen sich
aus denjenigen Mitgliedern bzw. Vertretern zusammen, die im Zeitpunkt ihres Zusammentritts in dem
betreffenden Land zum Europäischen Parlament **wahlberechtigt** sind (§ 10 II EuWG). Die Vertreter
für die Vertreterversammlungen und die Bewerber werden in **geheimer Abstimmung** gewählt; dies
gilt auch für die Festlegung der Reihenfolge der Bewerber in einem Wahlvorschlag (§ 10 III 1 EuWG).
Jeder stimmberechtigte Teilnehmer der Versammlung ist hierbei vorschlagsberechtigt (§ 10 III 2
EuWG). Den Bewerbern ist Gelegenheit zu geben, sich und ihr Programm der Versammlung in
angemessener Zeit vorzustellen (§ 10 III EuWG). Der hierdurch bewirkte Ausschluss von Unterstützungsquoren ist – ebenso wie bei der Kandidatenaufstellung für die Bundestagswahlen – nicht unbedenklich, weil er die Möglichkeit einschließt, die Beschlussfassung hinauszuzögern und zu erschweren.[158]

## III. Das Rechtsverhältnis von Partei und Parteimitglied

**1. Zuordnung zum Zivilrecht.** Die **Parteimitgliedschaft** ist ein durch wechselseitige Rechte  73
und Pflichten gekennzeichnetes **zivilrechtliches Rechtsverhältnis,** das durch Parteiengesetz, vereinsrechtliche Vorschriften des BGB und Parteisatzung näher ausgeformt ist. Das Gebot innerparteilicher Demokratie hat nicht zur Folge, dass das Mitgliedschaftsverhältnis dem öffentlichen Recht
zuzuordnen wäre.[159] Die Zuordnung zum Zivilrecht folgt vielmehr zwingend daraus, dass die politischen Parteien *als solche* nicht zum Bereich der institutionalisierten Staatlichkeit gehören.[160]

**2. Zuständigkeit der Zivilgerichte.** Streitigkeiten zwischen Parteien und Parteimitgliedern sind  74
**bürgerliche Rechtsstreitigkeiten,** für die grds. die ordentlichen Gerichte zuständig sind (§ 13
GVG). Zur Schlichtung und Entscheidung von Streitigkeiten der Partei oder eines Gebietsverbandes
mit einzelnen Mitgliedern und Streitigkeiten über Auslegung und Satzung sind bei
der Partei und den Gebietsverbänden der jeweils höchsten Stufe Schiedsgerichte zu bilden (§ 14 I 1
PartG). Soweit deren Zuständigkeit reicht, kann gegen die Anrufung ordentlicher Gerichte die Einrede
der Schiedsgerichtsbarkeit mit der Folge erhoben werden, dass eine Klage als unzulässig abzuweisen ist
(§ 1032 I ZPO). Erst nach Erschöpfung des innerparteilichen Rechtswegs können staatliche Gerichte
angerufen werden, die in ihrer Kontrollfunktion jedoch auf offensichtliche Rechtsfehler beschränkt
sind.[161] Die Partei kann ohne Rücksicht auf ihre Rechtsfähigkeit klagen und verklagt werden (§ 3 S. 1
PartG). Das Gleiche gilt für ihre Gebietsverbände der jeweils höchsten Stufe, sofern die Satzung der
Partei nichts anderes bestimmt (§ 3 S. 2 PartG). Hieraus folgt nicht, dass die Parteifähigkeit nachgeordneter Gebietsverbände ausgeschlossen würde.[162]

**3. Das Problem der innerparteilichen Grundrechtsgeltung.** In der älteren Literatur ist dis-  75
kutiert worden, ob im **Verhältnis von Parteimitgliedern** und **Partei** die **Grundrechte** Anwendung
fänden. Hierbei ließen sich grundrechtsfreundliche und grundrechtsskeptische Tendenzen feststellen,
zu denen jeweils vermittelnde Auffassungen traten. *Hesse* hielt die Grundrechtsgeltung im Verhältnis
von Parteimitglied und Partei nicht für eine Frage der **Drittwirkung,** sondern siedelte das Problem im
Fragenkreis der „besonderen Gewaltverhältnisse" an.[163] Ähnlich verneinte *Seifert,* dass es sich um ein
Problem der Drittwirkung handele und folgerte die innerparteiliche Grundrechtsgeltung geradlinig aus
Art. 21 I 3.[164] Vergleichbare Positionen fanden sich bei *Wolfrum*[165] und *Trautmann,*[166] die ebenfalls
entscheidend auf den Demokratiebegriff in Art. 21 I 3 abstellten. Die **Gegenposition** vertrat *Maunz,*
der prinzipiell zwischen Innen- und Außenverhältnis unterschied.[167] Einen ähnlichen Begründungs-

---

[158] Vgl. *Ipsen* DVBl 2004, S. 533 f.
[159] AA *Hesse* VVDStRL 17 (1959), S. 44.
[160] BVerfGE 20, 56 (101); ausführlich dazu *Ossege,* Das Parteienrechtsverhältnis, S. 49 ff.
[161] Vgl. unten Rn. 87.
[162] Näher *Ipsen,* in: Ipsen, PartG, § 3 Rn. 8 ff.; s. ferner OVG Bln-Bbg, Urt. v. 13.10.2016 – OVG 3 B 10.15,
Rn. 19.
[163] Vgl. *Hesse* VVDStRL 17 (1959), S. 32 f.
[164] Vgl. *Seifert* (Fn. 61), S. 214.
[165] Vgl. *Wolfrum,* Die innerparteiliche demokratische Ordnung nach dem Parteiengesetz, 1974, S. 136 f.
[166] Vgl. *Trautmann,* Innerparteiliche Demokratie im Parteienstaat, 1975, S. 184 f.
[167] Vgl. *Maunz,* in: Maunz/Dürig (Stand: 1987), Art. 21 Rn. 90.

ansatz wählte *Henke,* der die Partei als **„politische Kampfgemeinschaft"** kennzeichnete, in der um ihres geschlossenen Auftretens willen die meisten Freiheitsrechte nicht gelten könnten.[168]

76    Die in der frühen Literatur vertretenen **Lösungsansätze** sind mittlerweile überholt. Da die politischen Parteien nicht zur institutionalisierten Staatlichkeit zu rechnen sind und keine öffentliche Gewalt ausüben, können sie folgerichtig nicht unmittelbare Adressaten staatsgerichteter Abwehrrechte (Art. 1 III) sein.[169] Da die Partei selbst grundrechtsberechtigt ist, besteht das von Art. 1 III vorausgesetzte Verhältnis von Grundrechtsträger und Grundrechtsadressaten *nicht.* Eine Partei könnte sich nämlich gegenüber der Berufung ihrer Mitglieder auf Grundrechte ihrerseits auf Grundrechte berufen, so dass unterschiedliche Grundrechtspositionen einander gegenüberstünden und nach einem Ausgleich verlangten.[170]

77    Der **Ausgleich** unterschiedlicher, auch konträrer **Freiheitssphären** und die Abgrenzung von Rechtspositionen ist **Aufgabe des Zivilrechts.** Würde man im Verhältnis von Grundrechtsträgern zueinander die Grundrechtsgeltung postulieren, müssten sich zwangsläufig **Konfliktlösungsmodelle** herausbilden, die in ihrer Substanz keine anderen sein könnten als die des Zivilrechts, aber mit **Verfassungsrang** versehen wären.[171] Abgesehen von den kompetenziellen Folgen – einem weiteren Zuwachs der Zuständigkeiten des BVerfG – würde das Verfassungsrecht insgesamt überfrachtet, suchte man in den Grundrechten jeweils auch den Ausgleich individueller Freiheitssphären. Die Annahme der Grundrechtsgeltung unter Privaten führt deshalb notwendig auf das Zivilrecht und die in ihm gespeicherten Problemlösungsmodelle zurück.

78    Unter dieser Prämisse entpuppt sich die innerparteiliche Grundrechtsgeltung als **Scheinproblem.** Kann die Partei als Grundrechtsträger nicht gleichzeitig Grundrechtsadressat sein, so können sich Parteimitglieder gegenüber der Partei auch nicht auf Grundrechte berufen. Die Zuordnung des Rechtsverhältnisses zum Zivilrecht und die damit verbundene Gleichordnung von Partei und Mitglied schließt eine Berufung der Mitglieder auf Grundrechte grds. aus. Dies bedeutet jedoch nicht, dass das einzelne **Parteimitglied** gegenüber der Partei und ihren Organen **rechtlos** wäre oder – in Anlehnung an die überholte Lehre vom „besonderen Gewaltverhältnis"[172] – einen Status geminderter Rechte einnähme. In der Diskussion um das Verhältnis von Grundrechten und Privatrecht ist vielfach übersehen worden, dass die **„Privatautonomie"** nichts anderes als ein **Status rechtlicher Freiheit** ist.

79    Im Gegensatz zu den Grundrechten, die aus historischen und rechtsdogmatischen Gründen segmentiert sind, ist diese Freiheit unbenannt. Die „Privatautonomie" wird zwar vorwiegend *sub specie* des Abschlusses von Rechtsgeschäften gesehen, es kann jedoch kein Zweifel daran bestehen, dass es sich um eine der Verfassung vorgelagerte **Entfaltungsfreiheit** handelt, die zugleich die Grundlage des Privatrechts bildet. Diese *Freiheit* – nicht das *Grundrecht*[173] – ist auch in Privatrechtsverhältnissen wirksam, kann aber auf Grund rechtsgeschäftlicher Verpflichtung eingeschränkt werden.

80    Die entscheidende Frage lautet also nicht, ob das Parteimitglied sich gegenüber der Partei auf seine *Freiheit* (nicht auf seine Grundrechte!) berufen kann, sondern wie weit umgekehrt die **Freiheit** und **Selbstbestimmung** des Parteimitgliedes auf Grund des Mitgliedschaftsverhältnisses **einschränkbar** ist. Konkret stellt sich dieses Problem jeweils, wenn die Partei auf ein bestimmtes Verhalten von Parteimitgliedern mit Ordnungsmaßnahmen bzw. dem Parteiausschluss reagiert, weil sie eine **Verletzung der Mitgliedspflichten** für gegeben hält. Soweit gegen Ordnungsmaßnahmen von Parteiorganen die staatlichen Gerichte angerufen werden können, haben diese die **Ausstrahlungswirkung der Grundrechte** auf das Privatrecht[174] und das Gebot innerparteilicher Demokratie zu beachten.

81    Auf der Grundlage der hier skizzierten Überlegungen erscheint die früher von *Hesse* vertretene Position[175] nicht länger vertretbar, weil das Mitgliedschaftsverhältnis in politischen Parteien in der Sache nach öffentlich-rechtlichen Maßstäben beurteilt worden ist. Auch die entgegengesetzte Meinung von *Henke*[176] vermag nicht zu überzeugen, weil sie zu wenig berücksichtigt, dass jedes Parteimitglied über den Status der Selbstbestimmung verfügt, der allein durch die Parteimitgliedschaft eingeschränkt werden kann. Nicht angängig ist es auch, mit *Seifert*[177] die einzelnen Grundrechte in ihrem – gegebenenfalls geminderten – Geltungsumfang zu benennen. Eine derartige Segmentierung ist dem Status der Selbstbestimmtheit (Privatautonomie), der das Privatrecht beherrscht, fremd.

---

[168] So *Henke* BK, Art. 21 (1991) Rn. 268.
[169] Vgl. *Starck* MKS I, Art. 1 Abs. 3 Rn. 252; *Ipsen,* StaatsR II, Rn. 67 ff. m. w. N; *ders,* in: Ipsen, PartG, § 10 Rn. 14; *Ossege* (Fn. 160), S. 88.
[170] Ähnlich wie hier *Streinz* MKS II, Art. 21 Rn. 162.
[171] Vgl. insbes. *Stern,* StaatsR III/1, S. 1579; *Ipsen,* StaatsR II, Rn. 69.
[172] Vgl. *Hesse* VVDStRL 17 (1959), S. 32.
[173] Vgl. *Ipsen,* StaatsR II, Rn. 68 ff.; *ders.* JZ 1997, 473 ff.; vgl. hierzu auch *Volkmann,* in: Friauf/Höfling, Art. 21 Rn. 42 Fn. 248; *Ossege* (Fn. 160), S. 98 ff.
[174] BVerfGE 7, 198 (206 f.); 46, 325 (334); 148, 267 (279 ff. in Rn. 31 ff.); stRspr.
[175] VVDStRL 17 (1959), 32.
[176] BK, Art. 21 (1991) Rn. 268.
[177] Die politischen Parteien im Recht der Bundesrepublik Deutschland, 1975, S. 214.

Im Gegensatz zur *Freiheit* ist die *Gleichheit* kein dem Privatrecht vorgelagertes Prinzip, auf das sich das **82** einzelne Parteimitglied gegenüber der Partei und ihren Organen berufen könnte. Die Privatautonomie schließt vielmehr grds. die willkürliche Auswahl von Vertragspartnern ein. Allerdings können durch Gesetz und Satzung, die das Mitgliedschaftsverhältnis ausgestalten, Ansprüche auf Gleichbehandlung eingeräumt werden, die gegenüber der Partei geltend gemacht werden können.[178] Soweit dies nicht oder in einem zu geringen Maße der Fall ist, kann die Übereinstimmung der inneren Ordnung mit demokratischen Grundsätzen, die auch ein gewisses Maß an Gleichheit verbürgen, zweifelhaft sein. Auch beschränkt das Bundesverfassungsgericht im Rahmen der Ausstrahlungswirkung der Grundrechte auf das Privatrecht die zivilrechtlichen Befugnisse nicht zuletzt mit Blick auf die „gesellschaftliche Bedeutung bestimmter Leistungen.[179] Mit Blick auf den besonderen Status der politischen Parteien lässt sich daraus aber nicht ableiten, dass für den Ausschluss von der Mitwirkung in einer Partei generell ein sachlicher Grund zu fordern wäre (→ Rn. 84 f.).

## IV. Erwerb und Verlust der Parteimitgliedschaft

**1. Aufnahme von Parteimitgliedern.** Der Rechtsnatur der politischen Parteien als (rechtsfähige **83** oder nicht rechtsfähige) Vereine entsprechend ist die **Aufnahme** in die Partei ein **zivilrechtliches Rechtsgeschäft,** auf das die bürgerlich-rechtlichen Vorschriften über Willenserklärungen Anwendung finden. Nach § 10 I 1 PartG entscheiden die zuständigen Organe der Partei nach näherer Bestimmung der Satzung **frei** über die Aufnahme von Mitgliedern. Die Ablehnung eines Aufnahmeantrags braucht nicht begründet zu werden (§ 10 I 2 PartG). **Allgemeine,** auch befristete **Aufnahmesperren** sind **nicht zulässig** (§ 10 I 3 PartG). Personen, die infolge Richterspruchs die Wählbarkeit oder das Wahlrecht nicht besitzen, können nicht Mitglieder einer Partei sein (§ 10 I 4 PartG).

Ein **Aufnahmeanspruch** nach § 10 I PartG ist **ausgeschlossen,** weil die zuständigen Organe **84** „frei" über die Aufnahme von Mitgliedern entscheiden. Der BGH hat § 10 I 1 PartG zu Recht für **verfassungsmäßig** gehalten und es abgelehnt, aus dem **Demokratiegebot** des Art. 21 I 3 einen Aufnahmeanspruch von Bewerbern um die Mitgliedschaft abzuleiten.[180] Wie das Gericht zutreffend ausführt, liege es im eigenen Interesse der politischen Parteien, eine möglichst große Zahl von Mitgliedern und damit unterstützungsbereiten Wählern zu gewinnen. Mit dieser Eigenart sei ein auch nur grds. Aufnahmeanspruch, der notwendig durch staatliche Gerichte durchgesetzt werden müsste, nicht vereinbar.[181]

Die in der **Literatur** für einen Aufnahmeanspruch ins Feld geführten Gesichtspunkte[182] vermögen **85** nicht zu überzeugen. Eine Partei kann nicht von Staats wegen zu einem Pluralismus in der Mitgliedschaft gedrängt werden. Gegen Oligarchietendenzen müssen die Parteimitglieder selbst vorgehen. Aus den „demokratischen Grundsätzen" ist nur abzuleiten, dass eine Partei grds. für die Aufnahme neuer Mitglieder und damit für neue Anregungen und politische Initiativen offen sein muss. Dem dient das **Verbot allgemeiner,** auch befristeter **Aufnahmesperren** (§ 10 I 3 PartG), die notwendig den Prozess offener Willensbildung beeinträchtigen würden.[183] Soweit diese Voraussetzungen erfüllt sind, ist den verfassungsrechtlichen Anforderungen genügt. Jede weitere staatliche Reglementierung – sei es durch Gesetz oder Richterrecht – würde gegen die Parteienfreiheit verstoßen. Den Parteien muss es als frei gebildeten Gruppierungen überlassen bleiben, ihr politisches Profil auch durch die Aufnahme bzw. Nichtaufnahme von Mitgliedern zu verdeutlichen.[184]

**2. Verlust der Mitgliedschaft.** Nach § 10 II 3 PartG sind Mitglieder jederzeit zum **sofortigen 86 Austritt** aus der Partei **berechtigt.** Ein Mitglied kann nur aus der Partei **ausgeschlossen** werden, wenn es vorsätzlich gegen die Satzung oder erheblich gegen Grundsätze oder Ordnung der Partei verstößt und ihr damit schweren Schaden zufügt (§ 10 IV PartG). Über den **Ausschluss** entscheidet das nach der Schiedsgerichtsordnung zuständige **Schiedsgericht** (§ 10 V 1 PartG). Die Berufung an ein Schiedsgericht höherer Stufe ist zu gewährleisten (§ 10 V 2 PartG), dessen Entscheidungen schriftlich zu begründen sind (§ 10 V 3 PartG). In dringenden und schwerwiegenden Fällen, die sofortiges Eingreifen erfordern, kann der Vorstand der Partei oder eines Gebietsverbandes ein Mitglied von der Ausübung seiner Rechte bis zur Entscheidung des Schiedsgerichts ausschließen (§ 10 V 4 PartG). Gegen die Entscheidungen der Schiedsgerichte können **staatliche Gerichte** angerufen werden. Zuständig sind die ordentlichen Gerichte (§ 13 GVG).

---

[178] Vgl. auch *Morlok,* in: Dreier II, Art. 21 Rn. 135.

[179] Vgl. BVerfGE 148, 267 (280 f. in Rn. 33).

[180] BGHZ 101, 193 (200 ff.).

[181] Vgl. BGHZ 101, 193 (204 f.).

[182] Vgl. *Knöpfle* Der Staat 9 (1970), S. 321; *Wolfrum* (Fn. 165), S. 156 ff.; *Trautmann* (Fn. 166), S. 196 ff.; vgl. auch *Grimm* HdbVerfR, § 14 Rn. 40.

[183] *Seifert* (Fn. 61), S. 210, hält § 10 I PartG wegen Verstoßes gegen die Parteienfreiheit für verfassungswidrig; *Lenski,* PartG, § 10 Rn. 12.

[184] Ähnlich BGHZ 101, 193 (205); vgl. auch *Klein,* in: Maunz/Dürig, Art. 21 (2012) Rn. 373 ff.; *Ipsen,* in: Ipsen, PartG, § 10 Rn. 6; *Wißmann,* in: Kersten/Rixen, PartG, § 10 Rn. 7; *Ossege* (Fn. 160), S. 129 f.

87    Nach der Rspr. des BGH werden die Entscheidungen der Parteischiedsgerichte nur daraufhin überprüft, ob sie **offensichtlich unbillig** sind.[185] Der Gesetzgeber habe in § 10 IV PartG zwar eine abschließende Regelung über die Beendigung der Mitgliedschaft gegen den Willen des Mitglieds getroffen, diese Vorschrift solle aber den staatlichen Gerichten nicht die uneingeschränkte Nachprüfung von Parteiausschlüssen eröffnen. Der BGH begründet dies einerseits mit der Notwendigkeit, die Ordnungsmaßnahmen in der Parteisatzung zu regeln, andererseits aber auch mit dem **Beurteilungsspielraum** der Schiedskommission.[186] Soweit nicht allgemein gültige Grundsätze verletzt worden seien, könne es nicht Sache der staatlichen Gerichte sein, *ihre* Beurteilungen an die Stelle der politischen und sonstigen, an innerparteilichen Maßstäben ausgerichteten Wertungen zu setzen. Da ein Ausschluss umso eher als offensichtlich unbillig erscheinen könne, je bedeutsamer die Vereinszugehörigkeit für das Mitglied sei, lasse sich auch bei begrenzter Nachprüfbarkeit von Parteibeschlüssen eine dem **berechtigten Schutzbedürfnis** des betroffenen Mitglieds und dem berechtigten Anspruch der Partei auf **Selbstbestimmung** genügende Lösung finden.[187]

## V. Rechtsfolgen von Verstößen gegen das Demokratiegebot

88    **1. Unwirksamkeit von Satzungen und Beschlüssen.** Das **Demokratiegebot** des Art. 21 I 3 wirkt sich als (grund-)gesetzliches Verbot nicht-demokratischer innerer Ordnung aus. Bestimmungen der Parteisatzungen, die gegen das Demokratiegebot verstoßen, sind gem. **§ 134 BGB** nichtig. Auf ihrer Grundlage gefasste Beschlüsse sind unwirksam.[188] Werden Beschlüsse gefasst, die unter Verletzung der Parteisatzung gegen demokratische Grundsätze verstoßen, so sind diese ebenfalls gem. § 134 BGB iVm Art. 21 I 3 unwirksam.

89    Der Verstoß von **Satzungsbestimmungen** und darauf gestützter **Beschlüsse von Parteigremien** gegen demokratische Grundsätze kann einen **Wahlfehler** iSd Wahlprüfungsrechts darstellen und sich gegebenenfalls auf den Bestand von Parlamentswahlen auswirken. Das BVerfG hat – insoweit übereinstimmend mit dem Hamb. Verfassungsgericht[189] – festgestellt, dass Wahlfehler nicht allein durch Wahlorgane, sondern auch durch „**Dritte**" bei der Aufstellung von Kandidaten begangen werden können.[190]

90    Diese Auffassung ist zwingend, weil unwirksame Beschlüsse von Parteigremien im Ergebnis geheilt würden, wenn es für die Nachprüfung durch staatliche Organe genügte, dass die formellen Voraussetzungen der Kandidatenaufstellung vorlägen.[191] Dadurch würde der oben bezeichnete innere Widerspruch zwischen dem staatlichen und dem nichtstaatlichen Bereich entstehen, dem Art. 21 I 3 vorbeugen soll.[192] Die **Wahlorgane** sind deshalb **verpflichtet**, das **Verfahren** zur Aufstellung von Wahlkandidaten bzw. Vertretern in Vertreterversammlungen auf die Übereinstimmung mit demokratischen Grundsätzen **zu überprüfen**. Die hierfür notwendigen rechtlichen Maßstäbe sind der Rspr. des BVerfG zu entnehmen.[193] Insbesondere ist zu gewährleisten, dass eine allgemeine Vertreterversammlung nur aus den zum Deutschen Bundestag im Zeitpunkt ihrer Durchführung wahlberechtigten Parteimitgliedern des Wahlkreises besteht.[194]

91    Vom Vorliegen eines Wahlfehlers und seinen Rechtsfolgen zu unterscheiden ist die **Mandatsrelevanz**, dh die Auswirkung des Wahlfehlers auf das Wahlergebnis. Soweit auf Grund eines hypothetischen Kausalverlaufs den Wahlfehlern Mandatsrelevanz zukommt, kann ein **Mandatsverlust** eintreten.[195] Liegen Dritten zuzurechnende Wahlfehler nur bei *einer* kandidierenden Partei vor, sind deren Auswirkungen streng zu begrenzen.[196] Auf Grund eines Wahlfehlers *einer* Partei bei der Kandidatenaufstellung ist es im Allgemeinen ausgeschlossen, dass die *gesamten* Wahlen für nichtig erklärt werden.[197] Dies folgt nicht zuletzt aus dem Grundsatz, dass je weiter die Wirkungen einer wahlprüfungsrechtlichen Entscheidung reichen, desto schwerer der Wahlfehler wiegen muss, auf den der Eingriff gestützt wird.[198] Liegt ein qualifizierter Rechtsverstoß von **staatlichen Wahlorganen** bei der Zulassung einer

---

[185] BGHZ 75, 158 (159) unter Hinw. auf die st. vereinsrechtliche Rspr., vgl. BGHZ 47, 381 (385); s. ferner KG, DVBl 2014, S. 259 (260) mit krit. Anm. *Bull.*

[186] Vgl. BGHZ 75, 158 (159).

[187] BGHZ 75, 158 (159 f.).

[188] Vgl. *Henke* BK, Art. 21 (1991) Rn. 260; *Kunig*, in: v. Münch/Kunig II, Art. 21 Rn. 56; *ders.* HStR III³, § 40 Rn. 35; *Streinz* MKS II, Art. 21 Rn. 173; *Wolfrum* (Fn. 165), S. 203.

[189] HmbVerfG DVBl 1993, 1070.

[190] BVerfGE 89, 243 (LS 1). Vgl. auch *Ipsen*, in: Ipsen, PartG, § 17 Rn. 11 ff. mwN.

[191] Vgl. *Ipsen* ZParl 1994, 236 f.

[192] S. o. Rn. 53.

[193] Vgl. BVerfGE 89, 243 (251 ff.).

[194] Vgl. Saarl OVG, Urt. v. 12.7.2017 – 1 U 80/17, Rn. 55.

[195] Vgl. *Ipsen* ZParl 1994, 237 f.

[196] BVerfGE 89, 243 (253).

[197] AA HmbVerfG DVBl 1993, 1073; die festgestellte Mandatsrelevanz ist verfassungsrechtlich unhaltbar; vgl. *Ipsen* ZParl 1994, 238 f.

[198] So BVerfGE 103, 111 (LS 1).

Partei vor, der sich auf die Sitzverteilung auszuwirken vermag, sind Neuwahlen hingegen nicht ausgeschlossen.[199]

### 2. Einzelfälle.

– Der BGH hält **Blockwahlen,** bei denen die Delegierten so viele Stimmen abgeben können, wie    92
  Bewerber zu wählen sind, grds. für vereinbar mit dem Grundsatz der innerparteilichen Demokra-
  tie.[200] Die (durch Satzung vorgeschriebene) Ungültigkeit von Stimmzetteln, auf denen weniger
  Kandidaten angekreuzt sind, als zu wählen waren, soll demgegenüber mit Art. 21 I 3 unvereinbar
  sein.[201] Dem ist mit der Erwägung zuzustimmen, dass der Verstoß gegen demokratische Grundsätze
  in der **Verletzung der Wahlfreiheit** liegt, die auch bei Blockwahlen einschließen muss, dass der
  Wähler nur die ihm genehmen Kandidaten zu wählen braucht, nicht aber durch die Sanktion der
  Ungültigkeit seiner Stimmabgabe dazu gezwungen werden darf, weitere – ihm *nicht* genehme –
  Kandidaten zu wählen. Die sich hieraus ergebenden Folgen für die innerparteiliche Kräfteverteilung
  sind durch demokratische Grundsätze gedeckt und müssen hingenommen werden.[202]

– Die **Stimmenkumulation** hält der BGH bei Blockwahlen nur unter engen Voraussetzungen für    93
  zulässig.[203] Es bedarf hiernach einer **besonderen Satzungsbestimmung,** dass der einzelne Wahlberechtigte eine Mehrzahl von Stimmen für einen Kandidaten abgeben kann oder sie für diesen
  gezählt werden. Ohne eine solche Satzungsbestimmung kann jeder Wahlberechtigte für jeden
  Kandidaten nur *eine* Stimme abgeben, und es ist ohne Verstoß gegen Art. 21 I 3 zulässig, dass eine
  Mehrzahl von Stimmen, die ein Wahlberechtigter für einen Kandidaten abgegeben hat, als *eine*
  Stimme gerechnet wird.[204]

– Das Hamb. Verfassungsgericht hat die durch Satzung vorgesehene **Beschränkung von Wahlvor-**    94
  **schlägen** in der Vertreterversammlung als mit dem Demokratiegebot unvereinbar angesehen.[205] Die
  entsprechende Parteisatzung sah vor, dass Gegenvorschläge aus der Mitte der Vertreterversammlung
  erst zugelassen worden waren, nachdem die Wahlvorschläge der Wahlausschüsse zweimal nacheinander abgelehnt worden waren.

– Nach Auffassung des BVerfG wirkt sich der von demokratischen Grundsätzen geforderte **Minder-**    95
  **heitenschutz** in der den Kandidaten einzuräumenden Möglichkeit aus, sich persönlich vorzustellen
  und **programmatische Aussagen** machen zu können.[206] Eine Beschränkung der Redezeit auf drei
  Minuten verstößt demnach gegen fundamentale Verfahrensgrundsätze einer demokratischen Wahl.[207]
  Allerdings sind Zielkonflikte nicht ausgeschlossen, wenn das Vorschlagsrecht zugleich jedem Mitglied einer Vertreterversammlung zukommt.[208]

## D. Parteienfinanzierung und Rechenschaftspflicht

### I. Verfassungsrechtliche Determinanten der Parteienfinanzierung

**1. Kein verfassungsrechtlicher Anspruch auf staatliche Zuwendungen.** Art. 21 I begründet    96
**keinen Anspruch** der politischen Parteien auf **staatliche Zuwendungen.** Ein solcher Anspruch
findet weder im Wortlaut noch in der Entstehungsgeschichte eine Stütze und kann auch nicht aus der
„öffentlichen Aufgabe" oder dem „verfassungsrechtlichen Status" der politischen Parteien abgeleitet
werden. Da die Parteien frei gebildete, im gesellschaftlich-politischen Bereich wurzelnde Gruppen
sind, die zwar berufen sind, bei der politischen Willensbildung des Volkes mitzuwirken und in den
Bereich der institutionalisierten Staatlichkeit hineinzuwirken, selbst aber nicht zu diesem Bereich
gehören, ist der Staat zu ihrer Finanzierung nicht verpflichtet.[209]

  Ein (verfassungsrechtlicher) Anspruch auf staatliche Parteienfinanzierung kann nicht auf die Erwä-    97
gung gestützt werden, andernfalls seien die Parteien nicht in der Lage, die ihnen zugewiesenen
Aufgaben zu erfüllen. Das BVerfG hat zu Recht festgestellt, dass den Parteien das **Risiko des Fehl-**
**schlagens** eigener Bemühungen um ihre Finanzierung nicht abgenommen werden könne, die
freiheitliche Demokratie vielmehr prinzipiell die Risiken in Kauf nehme, die darin lägen, dass die
politische Willensbildung der Urteilskraft und der Aktivität der Bürger anvertraut sei.[210] Ein verfassungsrechtlicher Anspruch auf staatliche Zuwendungen kann auch nicht damit begründet werden,

---

[199] Vgl. SächsVerfGH NVwZ 2019, 1829 ff.
[200] BGH NJW 1974, 183.
[201] BGH NJW 1974, 184.
[202] BGH NJW 1974, 185. Zur Frage der Blockwahlen vgl. auch *Ipsen* DVBl 2004, 534 f; *ders.*, in: Ipsen, PartG, § 15 Rn. 8.
[203] BGHZ 106, 67 (72).
[204] BGHZ 106, 67 (73 ff.).
[205] HmbVerfG DVBl 1993, 1072.
[206] BVerfGE 89, 243 (260).
[207] BVerfGE 89, 243 (259).
[208] Vgl. *Ipsen* DVBl 2004, 533 f.
[209] BVerfGE 20, 56 (101); 52, 63 (86); 73, 40 (86); 111, 54 (98 f.).
[210] BVerfGE 20, 56 (103); 52, 63 (86); 73, 40 (86); 85, 264 (287); 111, 54 (99).

die Parteien müssten von privater Finanzierung unabhängig sein, um ihre Aufgabe bei der politischen Willensbildung des Volkes zu erfüllen. Das BVerfG sieht durch Art. 21 gerade *keine* Unabhängigkeit von privater Finanzierung gewährleistet, vielmehr werde durch die **Rechenschaftspflicht** Vorsorge dafür getroffen, dass die Öffentlichkeit Kenntnis über die Herkunft der Mittel erhalte und somit erkennen könne, wer hinter den politischen Gruppierungen stehe.[211]

98     Nach der Gegenauffassung soll der Staat jedenfalls verpflichtet sein, ein funktionsfähiges Parteiensystem durch die Bereitstellung von Mitteln zu gewährleisten.[212] Die hiermit verbundene Annahme, der „Staat" – nämlich der Bund – könnte die im Haushalt ausgewiesenen Zuwendungen an die politischen Parteien kürzen oder gar streichen, ist indes vollkommen hypothetisch, weil das Budgetrecht beim BT liegt und die Begrenzung der Mittelzuweisung auf Entscheidungen des BVerfG zurückzuführen war.[213] Soweit aus Art. 21 I über eine „Institutsgarantie" hinaus subjektive Rechte auf Finanzierung abgeleitet werden, ist dies dem Einwand ausgesetzt, dass derartige Ansprüche für **alle politischen Parteien** gelten müssten und eine Differenzierung nach ihrer Bedeutung nicht mehr statthaft wäre.[214] Allerdings ist mit dem in Abs. 3 eingefügten Begriff der „staatlichen Finanzierung" eine Legitimation der bisher geübten Praxis der Parteienfinanzierung verbunden. Da diese auf Vorgaben des BVerfG beruht, kommt der Änderung des Art. 21 insoweit nur affirmative Bedeutung zu.

99     **2. Parteienfreiheit als Determinante staatlicher Parteienfinanzierung.** Auf der anderen Seite enthält Art. 21 **kein Verbot staatlicher Zuwendungen** an die politischen Parteien.[215] Soweit der Gesetzgeber eine staatliche Parteienfinanzierung vorsieht, ist er an die aus Art. 21 folgenden **Grundrechte der Parteien** – die Parteienfreiheit und die Parteiengleichheit – sowie an andere Verfassungsbestimmungen gebunden. Das BVerfG hat diese Determinanten in einer Reihe von Entscheidungen präzisiert, ohne dass diese Rspr. gradlinig verlaufen wäre.[216] Seit dem Parteienfinanzierungsurteil vom 19.7.1966 ist jedoch stets der Grundsatz der **„Staatsfreiheit"** betont worden.[217] Dieser wurde zunächst dahin akzentuiert, dass die politischen Parteien von staatlicher Einflussnahme verschont bleiben müssten, der Prozess der Meinungs- und Willensbildung grds. „staatsfrei" bleiben müsse.[218]

100     Dem ist insoweit zuzustimmen, als die staatliche Parteienfinanzierung kein Instrument des Staates zur Einwirkung auf die Parteien sein darf. Die **Abwehrfunktion der Parteienfreiheit** ist indes durch die Parteienfinanzierung nie herausgefordert worden. Der „Staat" tritt den politischen Parteien nicht als Organisationsform gegenüber, die einen unabhängig von ihnen gebildeten Willen über das Medium der Finanzmittel durchzusetzen in der Lage wäre.[219] Erwägt man, was vom „Staat" übrig bliebe, wenn die politischen Parteien aus dessen Organisation hinweggedacht würden, so zeigt sich, dass die vom BVerfG zunächst beschworene Gefahr eines (illegitimen) staatlichen Einflusses auf die politischen Parteien durch finanzielle Zuwendungen der realen Grundlage entbehrt.[220]

101     Das BVerfG hat in seiner späteren Judikatur das Dogma von der „Staatsfreiheit" der politischen Parteien und die hieraus folgende Begrenzung staatlicher Zuschüsse damit begründet, die Parteien dürften sich ihrer **mitgliedschaftlichen Basis** unter der Bürgerschaft insgesamt **nicht entfremden**.[221] Der Grundsatz der Staatsfreiheit ist damit im Kern eine Vorkehrung gegen eine zu starke Verselbständigung der politischen Parteien, die infolge der staatlichen Parteienfinanzierung unter Umständen auf Mitgliedsbeiträge oder Spenden nicht mehr angewiesen sein könnten.[222] Mit dieser Rspr. des BVerfG tritt die subjektiv-rechtliche Dimension der Parteienfreiheit in den Hintergrund und wird von einer **institutionellen Sicht** überlagert, aus der das Gericht konkrete, die Gesetzgebung bindende Grundsätze ableitet:

102     – Aus dem Grundsatz der Staatsfreiheit soll zunächst der **Vorrang der selbständigen Finanzierung** vor der Staatsfinanzierung folgen. Dies bedeutet, dass die staatlichen Zuwendungen die Einnahmen aus anderen Quellen nicht übersteigen dürfen. Bei dieser **„relativen Obergrenze"** sind Zuschüsse an Parlamentsfraktionen und parteinahe Stiftungen sowie Steuervorteile nicht zu berücksichtigen.[223]

103     – Der Vorrang der Selbstfinanzierung vor der Staatsfinanzierung soll überdies eine **Begrenzung der Höhe staatlicher Zuwendungen** erfordern. Diese müssten sich auf das beschränken, was zur

---

[211] BVerfGE 20, 56 (105 f.); 24, 300 (332 f., 356); 52, 63 (87); 85, 264 (319).

[212] *Klein,* in: Maunz/Dürig, Art. 21 (2014) Rn. 434; *Morlok,* in: Dreier II, Art. 21 Rn. 44.

[213] Vgl. insbes. BVerfGE 85, 264.

[214] Vgl. auch die Skepsis von *Streinz* MKS II, Art. 21 Rn. 182; ablehnend auch *Koch,* in: Ipsen, PartG, Vor §§ 18 ff. Rn. 47.

[215] BVerfGE 85, 264 (285); vgl. schon BVerfGE 20, 56 (113).

[216] Vgl. *Steinberger,* Bitburger Gespräche 1993/II, S. 25 ff.; *Koch,* in: Ipsen, PartG, Vor §§ 18 ff. Rn. 1 ff.

[217] BVerfGE 20, 56 (102).

[218] BVerfGE 20, 56 (99).

[219] Vgl. *Ipsen* JZ 1984, 1064; *ders.* JZ 1992, 756 mwN.

[220] Vgl. *Ipsen* JZ 1984, 1064 mwN; a. M. *Klein,* in: Maunz/Dürig, Art. 21 (2014) Rn. 425, der „Staatsabhängigkeit" als „Mehrheitsabhängigkeit" versteht. Indes würde sich auch eine Mehrheitspartei selbst benachteiligen, wenn sie durch Gesetz die staatliche Finanzierung einschränken würde.

[221] BVerfGE 85, 264 (287 ff.).

[222] BVerfGE 85, 264 (287).

[223] BVerfGE 85, 264 (289).

Aufrechterhaltung der Funktionsfähigkeit der Parteien unerlässlich sei und von den Parteien nicht selbst aufgebracht werden könne.[224] Das BVerfG quantifiziert diese aus Art. 21 abgeleitete „**absolute Obergrenze**", anhand der den Parteien in den Jahren 1989 bis 1992 zugeflossenen Mittel,[225] hält eine Erhöhung des Gesamtvolumens auf Grund veränderter Verhältnisse aber für denkbar.[226]

– Aus dem Grundsatz der Staatsfreiheit folgert das BVerfG auch die Maßstäbe, nach denen die **104** staatlichen Zuschüsse zu gewähren sind. Diese müssten grds. **erfolgsabhängig** sein, wobei sich der Erfolg aus dem Wahlerfolg, der Summe der Mitgliedsbeiträge und dem Umfang der Spenden ergebe.[227]

**3. Parteiengleichheit und Bürgergleichheit als Determinanten staatlicher Parteienfinan- 105 zierung.** Jede staatliche Parteienfinanzierung muss der **Parteiengleichheit** genügen. Der aus Art. 21 abzuleitende Grundsatz der (formalen) „Chancengleichheit" lässt nur **zwingende Ausnahmen** zu. Gesetzliche Regelungen staatlicher Parteienfinanzierung sind deshalb daran zu messen, ob sie den formal zu verstehenden Grundsatz der Parteiengleichheit einhalten.[228]

Die staatliche Parteienfinanzierung muss mit dem **Grundsatz gleicher Teilhabe des Bürgers** am **106** politischen Prozess, den das BVerfG aus Art. 38 I 1 ableitet,[229] übereinstimmen. Dieser – ebenfalls formal auszulegende – Gleichheitssatz schränkt die gesetzgeberische Ermessensfreiheit insoweit ein, als die – unmittelbare oder mittelbare – Parteienfinanzierung keinen unterschiedlichen Einfluss auf den politischen Prozess einräumen darf.[230] Der Grundsatz der gleichen Teilhabe am politischen Prozess hat sich in der Rspr. des BVerfG in erster Linie bei der mittelbaren Parteienfinanzierung durch steuerliche Begünstigungen ausgewirkt.[231]

**4. Rechenschaftspflicht.** Bereits in der Ursprungsfassung des Art. 21 I 4 war den Parteien eine **107** **Pflicht zur Rechenschaft** über „**die Herkunft ihrer Mittel**" aufgegeben. Durch das 35. G. zur Änd. des GG vom 21.12.1983 ist die Rechenschaftspflicht auf die **Verwendung der Mittel** sowie auf das **Vermögen** erstreckt worden.[232] Der Umstand, dass die Rechenschaftspflicht gleichberechtigt neben dem verfassungsrechtlichen Status, der Gründungsfreiheit und dem Gebot innerparteilicher Demokratie steht, lässt deutlich werden, welch hoher Rang der **Transparenz der Parteienfinanzie-rung** durch den Verfassungsgeber zugewiesen worden ist.[233] Dieser verfassungsrechtlichen Bedeutung sind weder die Gesetzgebung noch das BVerfG in seiner Rspr. gerecht geworden.[234]

Bis zum In-Kraft-Treten des Parteiengesetzes vom 24.7.1967 gab es **keine gesetzlichen Regelun- 108 gen** über die Rechenschaftslegung der politischen Parteien; Rechenschaftsberichte wurden nicht erstellt. In der **Literatur** wurde hierzu die Auffassung vertreten, Art. 21 I 4 sei kein unmittelbar geltendes Recht, wie überhaupt die Tendenz vorherrschte, die Rechenschaftspflicht in ihrer Bedeutung zu relativieren.[235] Das Parteiengesetz enthielt im 5. Abschnitt „Rechenschaftslegung" eine Reihe detaillierter Bestimmungen über Prüfungsverfahren und Form der Rechenschaftsberichte (§§ 23 bis 31 PartG aF); gem. § 25 PartG aF waren die Spender jedoch nur zu nennen, wenn bei natürlichen Personen die Spende im Kalenderjahr 20 000,– DM, bei juristischen Personen 200 000,– DM überstieg.

Das BVerfG hat diese Vorschrift insoweit für verfassungswidrig erklärt, als sie Spenden juristischer **109** Personen bis zur Höhe von 200 000,– DM von der Rechenschaftspflicht ausnahm, weil sich hierfür „ein vernünftiger, aus der Natur der Sache sich ergebender oder sonstwie einleuchtender Grund nicht finden" ließe.[236] Auch die **Anhebung** des Betrages von 20 000,– DM auf 40 000,– DM, wie sie der Gesetzgeber im 5. Gesetz zur Änderung des Parteiengesetzes und anderer Gesetze vom 22.12.1988 (BGBl I 2615) vorgenommen hatte, ist vom BVerfG für **verfassungswidrig** erklärt worden.[237] Das BVerfG begründet seine Entscheidung damit, dass durch Geldleistungen oder geldwerte Zuwendungen in Höhe von 20 000,– DM auf **örtlicher** und **Kreisebene** ein nicht unerheblicher politischer Einfluss ausgeübt werden könne.[238]

---

[224] BVerfGE 85, 264 (290).
[225] BVerfGE 85, 264 (291); krit. zur Ableitung eines konkreten Betrages aus dem GG *Volkmann* ZRP 1992, 325 (328 f.).
[226] BVerfGE 85, 264 (291).
[227] BVerfGE 85, 264 (292 f.).
[228] BVerfGE 8, 51 (65); 20, 56 (117); 24, 300 (341); 52, 63 (89); 73, 40 (89); 85, 264 (297); 111, 54 (105).
[229] BVerfGE 8, 51 (68 f.).
[230] BVerfGE 8, 51.
[231] BVerfGE 8, 51; 24, 300; 52, 63.
[232] S. → Rn. 4.
[233] BVerfGE 20, 56 (106); 24, 300 (356); 85, 264 (321).
[234] *Seifert* (Fn. 61), S. 317.
[235] Typisch etwa *Roesch* DVBl 1958, 598 f. (mwN in Fn. 17); dagegen schon zu Recht *Hoffmann* DVBl 1958, 856.
[236] BVerfGE 24, 300 (357).
[237] BVerfGE 85, 264 (266 f.).
[238] BVerfGE 85, 264 (323).

**110**    Gesetzgebung und Rspr. des BVerfG sind den **normativen Anforderungen** des Art. 21 I 4 bislang **nicht gerecht** geworden. Solange mangels gesetzlicher Regelung Rechenschaftsberichte der politischen Parteien nicht erstellt wurden, handelte es sich um einen **verfassungswidrigen Zustand,** weil das Gebot des Art. 21 I 4 in seiner kategorischen Fassung unmittelbare Geltung entfaltet hatte.[239] Die gesetzliche **Einführung von Publizitätsgrenzen** für Einzelspenden verstößt – von Bagatellbeträgen abgesehen – ebenfalls gegen den Grundsatz der Rechenschaftspflicht, weil die Parteien in diesen Fällen entgegen dem Verfassungsgebot *nicht* Rechenschaft über die „Herkunft ihrer Mittel" geben.

**111**    Der vom BVerfG zunächst gebilligte Ansatz, eine Publizität nur solcher Spenden für verfassungsrechtlich geboten zu halten, die **politischen Einfluss** versprechen,[240] ist aus Art. 21 I 4 nicht abzuleiten. Die kategorische Fassung zielt vielmehr darauf ab, eine **Transparenz der Finanzierung** zu erreichen, die folgerichtig auch **Kleinspenden** einschließt. Überdies ist die vom BVerfG zunächst gebilligte Gleichsetzung von Spenden und politischem Einfluss schon deshalb nicht durchzuhalten, weil – wie das Gericht in seinem Parteienfinanzierungsurteil von 1992 eingeräumt hat[241] – an untere Parteigliederungen gerichtete Zuwendungen bereits in relativ geringer Höhe politischen Einfluss versprechen.[242]

**112**    Die gegenwärtig vorgesehene Publizitätsgrenze in Höhe von 10 000,– Euro (§ 25 III 1 PartG) bedarf deshalb erneuter Überprüfung. Hierbei ist davon auszugehen, dass das GG die **Rechenschaftspflicht** – nicht die vom BVerfG aus Art. 21 I im Übrigen abgeleiteten Grundsätze – zum **zentralen Rechtsinstitut** der Parteienfinanzierung erhoben hat. Das Interesse von Spendern, ungenannt zu bleiben, und das insoweit synchrone Interesse der politischen Parteien, ihre Finanzquellen *nicht* offen zu legen, sind durch die Verfassung als nicht schutzwürdig angesehen worden. Insofern besteht auch gegenwärtig das kategorische Gebot nach Transparenz der Parteifinanzen, das durch die gesetzliche Regelung nur unzureichend erfüllt wird.[243]

**113**    Das Transparenzgebot erstreckt sich seit dem 35. Gesetz zur Änderung des Grundgesetzes auf die **Verwendung der Mittel** und das **Parteivermögen.** Verfassungsrechtlich geboten sind deshalb gesetzliche Vorschriften, die die Parteien auch in dieser Hinsicht zu einer Rechnungslegung verpflichten, die – außer Bagatellbeträgen – das Haushaltsgebaren *und* die Vermögenslage wiedergibt. Bilanzrechtliche Grundsätze sind nur insoweit heranzuziehen, als sie nicht dem verfassungsrechtlichen Transparenzgebot widerstreiten.

**114**    Verfassungsrechtlich geboten sind überdies **Sanktionen** für Verstöße gegen das Transparenzgebot. Das Parteiengesetz sah zunächst nur Nachteile in Gestalt einer Zahlungssperre für den Fall einer verspäteten Vorlage bzw. der Nichtvorlage des Rechenschaftsberichts vor.[244] Durch die Parteiengesetznovelle vom 22.12.1983 ist eine Sanktion für den Fall eingeführt worden, dass eine Partei rechtswidrige Spenden vereinnahmte bzw. Spenden nicht im Rechenschaftsbericht ausgewiesen waren (§ 23a PartG aF, jetzt § 31c PartG).[245] Für den Fall, dass hinsichtlich der Verwendung der Mittel und des Vermögens gegen das Transparenzgebot verstoßen wurde, fehlte es an gesetzlichen Sanktionen, so dass eine verfassungswidrige Gesetzeslücke bestand. Die Praxis der Bundestagsverwaltung, einen im Hinblick auf Vermögensbestandteile unvollständigen Rechenschaftsbericht als nicht rechtzeitig abgegeben anzusehen,[246] ist umstritten gewesen,[247] im Ergebnis aber vom BVerfG gebilligt worden.[248]

**114a**   In der gegenwärtigen Fassung sieht das Parteiengesetz Sanktionen für unzutreffende Rechenschaftsberichte sowie auch für das Verschweigen von Vermögensgegenständen vor.[249] Überdies sind in Gestalt des § 31d PartG Straftatbestände eingeführt worden.[250] Durch die Novelle zum PartG v. 22.12.2015 (BGBl. I, S. 2563) ist die Bestimmung eingefügt worden, dass eine Partei ihre Rechtsstellung verliert, wenn sie sechs Jahre lang keinen Rechenschaftsbericht hat (§ 2 II 2 PartG). Die Feststellung trifft der Präsident des BT in entspr. Anwendung des § 19a PartG. Auch können die Parteien nunmehr durch Zwangsgelder zur Abgabe von Rechenschaftsberichten angehalten werden (§ 38 II PartG).

---

[239] Vgl. schon *Henke* BK, Art. 21 (1991) Rn. 324.

[240] BVerfGE 24, 300 (356).

[241] BVerfGE 85, 264 (323).

[242] Zustimmend *Morlok,* in: Dreier II, Art. 21 Rn. 117; *Streinz* MKS II, Art. 21 Rn. 208; *Jochum,* in: Ipsen, PartG, § 25 Rn. 25; aA *Pieroth,* in: Jarass/Pieroth, Art. 21 Rn. 42.

[243] Kritisch auch *Seifert* (Fn. 61), S. 317; *v. Arnim* ZRP 1982, 295 f.; aus politikwissenschaftlicher Sicht: *Naßmacher* APuZ 1982, B 14–15, 3 ff.; *Wewer* ZRP 1983, 86 ff.

[244] Vgl. § 23 III PartG idF v. 24.7.1967 (BGBl I 773).

[245] BGBl I 1577.

[246] Einzelheiten bei *Muthers,* Rechtsgrundlagen und Verfahren zur Festsetzung staatlicher Mittel zur Parteienfinanzierung, S. 144 ff.

[247] Vgl. einerseits *Depenheuer/Grzeszick* DVBl 2000, 738 f.; *Ipsen* JZ 2000, 687 ff.; *Koch* AöR 127 (2002), 189 ff.; *ders.,* in: Ipsen, PartG, § 19a Rn. 4 ff.; andererseits *Morlok* NJW 2000, 765 ff.; *Klein* NJW 2000, 1448 f.

[248] BVerfGE 111, 54 (92 ff.).

[249] § 31b S. 1 und 2 PartG.

[250] Grundlegend: *Saliger,* Parteiengesetz und Strafrecht, 2005, S. 605 ff.; *ders.,* in: Ipsen, PartG, § 31d; zur Geschichte der Parteienfinanzierung in Deutschland vgl. *Koch,* in: Ipsen, PartG, Vor § 18 Rn. 1 ff.; *Schwarz,* in: Kersten/Rixen, PartG, § 18 Rn. 9ff; *Ipsen* (Fn. 1), S. 150 ff.

## II. Gesetzgeberische Regelungen der Parteienfinanzierung im Spiegel der Judikatur des BVerfG

**1. Steuerliche Begünstigung von Parteispenden und Beiträgen.** Durch das Gesetz zur Neu- **115** ordnung von Steuern vom 16.12.1954 (BGBl I 373) wurde die **steuerliche Abzugsfähigkeit** von Ausgaben zur Förderung „religiöser und wissenschaftlicher Zwecke" um „staatspolitische Zwecke" erweitert und auf 10 % des Gesamtbetrags der Einkünfte festgesetzt. Eine entsprechende Fassung enthielt das Körperschaftsteuergesetz 1955 (BGBl I 467). In der EStDV 1955 (BGBl I 756) wurden die „Ausgaben zur Förderung staatspolitischer Zwecke" in der Weise definiert, dass diese einer im Bundestag oder einem Landtag vertretenen Partei oder einer juristischen Person zugewendet werden mussten, die entweder die politischen Parteien ausschließlich unterstützte oder auf die „allgemeine Förderung des demokratischen Staatswesens" ausgerichtet war (§ 49 EStDV 1955).

Das BVerfG verwarf im (ersten) Parteienfinanzierungsurteil die prozentuale Abzugsgrenze mit der **116** Begründung, sie stelle einen **Verstoß gegen die Chancengleichheit** dar, weil die gesetzliche Regelung die **kapitalkräftigen Kreisen** nahe stehenden Parteien begünstige.[251] Zwar sei der Gesetzgeber nicht verpflichtet, **faktische Unterschiede** der Parteien zu beseitigen; er sei jedoch an Regelungen gehindert, die eine schon bestehende faktische Ungleichheit der Wettbewerbschancen verschärften. Durch die gesetzliche Regelung würden – trotz formaler Gleichheit aller politischen Parteien – diejenigen Parteien begünstigt, die große Spenden einwerben könnten, und ihr Gewicht im politischen Konkurrenzkampf dadurch verstärkt.[252]

Die Verfassungswidrigkeit der Vorschriften des EStG und KStG wurde zum anderen damit begrün- **117** det, dass sie den Bürgern einen **unterschiedlich großen Einfluss** auf die politische Willensbildung einräumten, obwohl der Staat an den streng formal auszulegenden **Gleichheitssatz** gebunden sei. Da auf Grund der gesetzlichen Regelung die Bezieher großer Einkommen einen absolut und relativ höheren Betrag an Steuern ersparten als diejenigen kleiner Einkommen, werde die politische Meinung der Ersteren „sozusagen prämiert".[253]

Nach der teilweisen Nichtigerklärung der §§ 10b EStG und 11 Ziff. 5 KStG enthielt das Steuerrecht **118** zunächst keine Norm, nach der Spenden an politische Parteien steuerlich zu begünstigen waren. Eine **Änderung der Rechtslage** trat erst mit Erlass des **Parteiengesetzes** ein, mit dem die steuerlichen Vorschriften in der Weise geändert wurden, dass Parteispenden bis zu einem **Höchstbetrag von 600,– DM** (bei Zusammenveranlagung 1200,– DM) steuermindernd berücksichtigt werden konnten (§ 34 PartG aF). Eine entsprechende Änderung des KStG sah § 35 PartG aF vor. Die Regelungen wurden vom BVerfG im (dritten) Parteienfinanzierungsurteil vom 3.12.1968 mit der Begründung für **verfassungsgemäß** erklärt, bei einer steuerlichen Begünstigung von maximal 300,– DM könne ein Prämierungseffekt für die Bezieher großer Einkommen nicht angenommen werden.[254] Auch die Einbeziehung juristischer Personen in die Steuerermäßigung erklärte das BVerfG für verfassungsgemäß.[255]

Auf den Normenkontrollantrag des Landes Niedersachsen erklärte das BVerfG die §§ 10b II EStG **119** 1977 und 9 Nr. 3b KStG 1977 auch insofern für **verfassungsgemäß,** als die **Abzugsfähigkeit** auf 600,– DM (bei Zusammenveranlagung 1200,– DM) **beschränkt** war.[256] Das Gericht wiederholte die Grundlinien seiner Rspr. und erklärte es für verfassungsrechtlich nicht geboten, die Abzugsfähigkeit von Beiträgen und Spenden an politische Parteien großzügiger zu bemessen; dies sei vielmehr eine **„politische Frage",** deren Beantwortung dem Gesetzgeber obliege.[257] Als Reaktion auf das **„Niedersachsen-Urteil"** wurden die absetzbaren Beiträge durch Gesetz vom 18.8.1980 (BGBl I 1537) verdreifacht, so dass vom Veranlagungszeitraum 1980 an Parteispenden und -beiträge bis zu einer Höhe von **1800,– DM** (bei Zusammenveranlagung: 3600,– DM) im Jahr **als Sonderausgaben** berücksichtigt werden konnten. Bei dieser Höchstgrenze, die ihre Entsprechung in § 9 Ziff. 3b KStG fand, blieb es bis zum 31.12.1983.

Mit dem Gesetz zur Änderung des Parteiengesetzes und anderer Gesetze vom 22.12.1983 (BGBl I **120** 1577) wurde im Wesentlichen die Rechtslage wiederhergestellt, die *vor* dem ersten Parteienfinanzierungsurteil bestanden hatte. Gesetzestechnisch wurde dies durch die Neufassung des § 10b II EStG erreicht, der Spenden zur **Förderung staatspolitischer Zwecke** als „Mitgliedsbeiträge und Spenden an politische Parteien im Sinne des § 2 des Parteiengesetzes" definierte. Eine entsprechende Regelung enthielt der geänderte § 9 Nr. 3 KStG. Ohne Vorbild im bis dahin geltenden Steuerrecht war **§ 34g EStG,** der für Parteispenden und -beiträge einen hälftigen Abzug von der **Steuerschuld** bis zu einem Höchstbetrag von 600,– DM (bei Zusammenveranlagung von 1200,– DM) ermöglichte.

---

[251] Vgl. BVerfGE 8, 51 (66).
[252] BVerfGE 8, 51 (67).
[253] BVerfGE 8, 51 (69).
[254] BVerfGE 24, 300 (353).
[255] BVerfGE 24, 300 (360).
[256] BVerfGE 52, 63.
[257] So BVerfGE 52, 63 (94).

**121** Da die steuerrechtlichen Regelungen wiederum dem Verdikt der Verfassungswidrigkeit unterfallen wären, wurden sie durch den **„Chancenausgleich"** ergänzt (§ 22a PartG aF), der in der Sache darauf abzielte, aus dem Spenden- und Beitragsaufkommen der politischen Parteien den (durch die Steuerbegünstigung verursachten) Staatsanteil herauszurechnen und ihn durch staatliche Zuwendungen – jeweils in Relation zu den errungenen Zweitstimmen – an das Niveau der beitrags- bzw. spendenstärksten Partei („Maßstabspartei") heranzuführen. Die sich durch das Verhältnis von „Staatsquote" und Zahl der Zweitstimmen (bei der Bundestagswahl) ergebende höchste Zahl wurde zur „Maßstabszahl", die – multipliziert mit der Zweitstimmenzahl – den Betrag der Staatsquote bei einem (fiktiv) gleichen Spenden- und Beitragsaufkommen im Verhältnis zur Zweitstimmenzahl ergab. Die Differenz zwischen diesem (fiktiven) Betrag und dem (ebenfalls fiktiven) Staatsanteil an dem realen Beitrags- und Spendenaufkommen wurde den Parteien jährlich als „Chancenausgleich" ausgezahlt.[258]

**122** Das BVerfG erklärte in seinem (fünften) Parteienfinanzierungsurteil vom 14.7.1986 die steuerrechtlichen Bestimmungen insoweit für mit dem GG **vereinbar**, als die Abzugsfähigkeit von Spenden an Parteien absolut und nicht durch Prozentsätze festgesetzt worden war.[259] Die steuerlich begünstigungsfähigen Beiträge und Spenden wurden vom Gericht selbst auf einen Höchstbetrag von **100 000,– DM** festgesetzt und ein Verfassungsverstoß – nämlich gegen das Recht des Bürgers auf gleiche Teilhabe am politischen Prozess – erst bei Überschreitung dieses Betrages angenommen;[260] durch den staatlichen Steuerverzicht „noch verbleibende Ungleichheiten" zwischen den Bürgern verlören „ihre verfassungsrechtliche Relevanz".[261]

**123** Durch das Fünfte Gesetz zur Änderung des Parteiengesetzes und anderer Gesetze vom 22.12.1988 (BGBl I 2615) wurde der **Höchstbetrag** der als **Sonderausgaben** abzugsfähigen Mitgliedsbeiträge und Spenden an politische Parteien auf **60 000,– DM** (bei Zusammenveranlagung: 120 000,– DM) begrenzt, soweit nicht eine Steuerermäßigung nach § 34g EStG gewährt wurde (§ 10b II EStG). Das Körperschaftsteuergesetz erhielt eine entsprechende Fassung (§ 9 Nr. 3 KStG). Der **Chancenausgleich** wurde in der Weise geändert, dass nicht nur die Zweitstimmenzahl, sondern auch die Mitgliederzahl (im Verhältnis zu den Mitgliedsbeiträgen) berücksichtigt wurde und die Ausgangsbeträge jeweils getrennt für das Verhältnis von Beiträgen und Mitgliedern bzw. Spenden und Zweitstimmen festgestellt, dann aber zusammengerechnet und durch zwei geteilt wurden (§ 22a II PartG aF).

**124** Im (sechsten) Parteienfinanzierungsurteil vom 9.4.1992 hat das BVerfG die früheren Rechtsprechungsgrundsätze wieder aufgenommen und teilweise **verschärft**. Erstmals wird aus dem formalen Gleichheitssatz „in Verbindung mit dem demokratischen Prinzip" abgeleitet, dass **Körperschaftsspenden** steuerlich nicht berücksichtigt werden dürften.[262] Begründet wird diese **Rechtsprechungsänderung** damit, dass den natürlichen Personen, die hinter den Körperschaften stünden, auf diese Weise eine doppelte – vom Staat begünstigte – Einflussmöglichkeit auf die politischen Parteien eröffnet werde.[263]

**125** Für verfassungswidrig hielt das BVerfG nunmehr auch die in § 10b II EStG enthaltenen Höchstbeträge von 60 000,– DM bzw. 120 000,– DM, weil diese **oberhalb des jährlichen Durchschnittseinkommens** und damit erst recht des für Spenden verfügbaren Teils des Einkommens der meisten Spender liegen.[264] Steuerliche Vorteile für Zuwendungen natürlicher Personen erklärte das Gericht nur insoweit für verfassungsrechtlich unbedenklich, „als diese Zuwendungen innerhalb einer Größenordnung verbleiben, die für den durchschnittlichen Einkommensempfänger erreichbar ist".[265] Die steuerliche Begünstigung von Parteispenden bzw. Beiträgen nach § 34g EStG wurde demgegenüber ausdr. für verfassungsgemäß erklärt, und zwar auch unter dem Gesichtspunkt, dass sie nur Einkommensbeziehern (weil nur diese steuerpflichtig sind) zugute käme.[266] Der **Chancenausgleich** wurde in der gleichen Entscheidung für insgesamt **verfassungswidrig** erklärt.[267]

**126** **2. Unmittelbare staatliche Parteienfinanzierung.** Seit dem Haushaltsjahr 1958 waren im Bundeshaushalt jeweils Mittel vorgesehen, die nach ihrer Zweckbestimmung die Parteien bei der Wahrnehmung ihres Auftrags, an der politischen Willensbildung des Volkes mitzuwirken, unterstützen sollten. Diese Mittel stiegen bis zu einer Höhe von 38 Mio. DM an (Haushaltsjahr 1965) und wurden auf die vier im BT vertretenen Parteien entsprechend ihrer Stärke aufgeteilt.[268] Das BVerfG erklärte das Haushaltsgesetz 1965 insoweit für nichtig, als es zu entsprechenden Zahlungen an die politischen Parteien ermächtigte. Das Gericht hielt schon seinerzeit eine **völlige** oder nur **überwiegende**

---

[258] Vgl. *Koch*, in: Ipsen, PartG, Vor §§ 18 ff. Rn. 12 ff.; *Ipsen* JZ 1984, 1060 mwN.
[259] BVerfGE 73, 40 (41 f.).
[260] BVerfGE 73, 40 (83 f.).
[261] So BVerfGE 73, 40 (84).
[262] BVerfGE 85, 264 (315).
[263] BVerfGE 85, 264 (315).
[264] BVerfGE 85, 264 (316).
[265] So BVerfGE 85, 264 (316).
[266] BVerfGE 85, 264 (317).
[267] BVerfGE 85, 264 (296 ff.).
[268] Vgl. BVerfGE 20, 56 (59).

**Deckung** des Geldbedarfs der Parteien aus öffentlichen Mitteln für **unvereinbar** mit der **Staats-freiheit** der Parteien.[269] Demgegenüber sei es verfassungsrechtlich gerechtfertigt, wenn unter Beach-tung der Grundsätze der Parteienfreiheit und der Chancengleichheit den politischen Parteien die notwendigen **Kosten eines angemessenen Wahlkampfes** ersetzt würden.[270]

Hierzu entwickelte das BVerfG Grundsätze, die davon ausgingen, dass die Tätigkeit der Parteien im **127** Wahlkampf insbes. wegen seiner zeitlichen Begrenzung von anderen Tätigkeiten abgrenzbar und die Kosten von der Sache her bestimmbar seien. Zu berücksichtigen seien nicht allein die im BT ver-tretenen Parteien; der Gesetzgeber könne den Ersatz der Wahlkampfkosten vielmehr davon abhängig machen, dass die anspruchsberechtigte Partei einen **Mindestanteil an Stimmen** erreiche, der freilich „erheblich unterhalb der 5 v. H. -Grenze liegen" müsse.[271]

Mit dem ParteienG vom 24.7.1967 (BGBl I 773) wurde eine gesetzliche Grundlage für die **128** unmittelbare Parteienfinanzierung geschaffen. Nach dessen § 18 I waren die notwendigen Kosten eines angemessenen Wahlkampfs den Parteien, die sich an der Bundestagswahl mit eigenen Wahlvorschlägen beteiligt hatten, zu erstatten. Die **Wahlkampfkosten** wurden mit einem Betrag von **2,50 DM** je **Wahlberechtigten** bei der Bundestagswahl **pauschaliert.** Die Wahlkampfkostenpauschale wurde auf die Parteien verteilt, die nach dem endgültigen Wahlergebnis mindestens 2,5 % der im Wahlgebiet abgegebenen gültigen Zweitstimmen erreicht hatten.

Parteien, die bei der jeweils vorausgegangenen Bundestagswahl einen Anspruch auf Wahlkampf- **129** kostenerstattung hatten, konnten auf Antrag **Abschlagszahlungen** erhalten, die im zweiten Jahr der Wahlperiode 10 %, im dritten 15 % und im Wahljahr 35 % des Erstattungsbetrages nicht überschreiten durften (§ 20 PartG aF). Die Länder wurden ermächtigt, Wahlkampfkosten von Landtagswahlen im Rahmen der Vorschriften des PartG zu erstatten (§ 22 PartG aF).

Das BVerfG billigte die gesetzliche Regelung im Wesentlichen, hielt aber die Beschränkung auf **130** Parteien mit einem **Mindeststimmenanteil** von **2,5 %** für **verfassungswidrig** und legte nahe, das Quorum für die Wahlkampfkostenerstattung auf 0,5 % festzulegen.[272] Die Pauschalierung der Wahl-kampfkosten wurde auch für den Fall gebilligt, dass die Parteien im Einzelfall höhere Erstattungsbeträge erhalten konnten, als ihre Aufwendungen tatsächlich ausmachten.[273] Auch die Möglichkeit von Ab-schlagszahlungen in Höhe von 60 % des letzten Erstattungsbetrages wurde als verfassungsgemäß angesehen.[274]

Zu der Wahlkampfkostenerstattung und dem durch das Änderungsgesetz vom 22.12.1983 (BGBl I **131** 1577) eingeführten Chancenausgleich[275] trat mit der 5. Parteiengesetznovelle vom 22.12.1988 (BGBl I 2615) ein **„Sockelbetrag",** der allen Parteien gewährt wurde, die mindestens 2 % der im Wahlgebiet abgegebenen gültigen Zweitstimmen erreicht hatten (§ 18 VI 1 PartG aF).[276] Der Sockelbetrag betrug für jede anspruchsberechtigte Partei 6 % der Wahlkampfkostenpauschale, durfte aber 80 % ihres **Anteils** an der Wahlkampfkostenpauschale nicht übersteigen (§ 18 VI 2 PartG aF). Das BVerfG erklärte im (sechsten) Parteienfinanzierungsurteil vom 9.4.1992 den Sockelbetrag mit der Begründung für **ver-fassungswidrig,** dass der Gesetzgeber gegen den Grundsatz der Staatsfreiheit der Parteien verstoßen habe, weil der Sockelbetrag unabhängig vom Wahlerfolg der empfangsberechtigten Parteien gewährt werde.[277]

Die durch das G v. 28.6.2002 (BGBl I 2268) mit Wirkung zum 1.1.2005 geänderte Fassung des § 18 **132** IV PartG, nach der der Anspruch einer Partei auf den so genannten „Zuwendungsanteil" (§ 18 III 1 Nr. 3 PartG) davon abhängig sein sollte, dass die Partei bei den jeweils letzten Europa- oder Bundestagswahlen 0,5 % oder bei mindestens *drei* der jeweils letzten Landtagswahlen 1,0 % oder bei *einer* der jeweils letzten Landtagswahlen 5,0 % der gültigen Listenstimmen erreicht hatte, ist vom BVerfG für nichtig erklärt worden.[278] Nach der Begründung des (interfraktionellen) Gesetzentwurfs sollte das Drei-Länder-Quorum sicherstellen, dass eine Partei, die an der vollen staatlichen Parteien-finanzierung unter Berücksichtigung ihrer bundesweit erlangten Zuwendungen teilnähme, auch eine „wahrnehmbare bundespolitische Bedeutung" habe.[279] Das BVerfG hat diese Begründung nicht für überzeugend gehalten und im „Drei-Länder-Quorum" eine Verletzung der Chancengleichheit gesehen.[280]

**3. Kritische Würdigung der Rechtsprechung des BVerfG zur staatlichen Parteienfinanzie- 133 rung.** Als beständig hat sich in der Rspr. des BVerfG die Grundthese erwiesen, dass die politischen

---

[269] BVerfGE 20, 56 (102).
[270] BVerfGE 20, 56 (115).
[271] BVerfGE 20, 56 (118).
[272] BVerfGE 24, 300 (342).
[273] BVerfGE 24, 300 (335 f.).
[274] BVerfGE 24, 300 (350).
[275] S. → Rn. 121.
[276] Vgl. insb. *v. Arnim,* Die neue Parteienfinanzierung, 1989, S. 60.
[277] BVerfGE 85, 264 (294 f.).
[278] BVerfGE 111, 382.
[279] BT–Dr 14/8778 S. 20.
[280] BVerfGE 111, 382 (397 ff.).

Parteien im **gesellschaftlich-politischen Bereich** wurzeln und nicht der institutionalisierten Staatlichkeit zuzurechnen sind. Die überragende Bedeutung der politischen Parteien in der Demokratie ist jedoch verkannt worden, soweit sie als **„Wahlvorbereitungsorganisationen"** gekennzeichnet wurden[281] und hieraus die Beschränkung staatlicher Parteienfinanzierung auf die Erstattung der Wahlkampfkosten gefolgert wurde. Abgesehen davon, dass die gesetzlichen Regelungen (Abschlagszahlungen für Bundestags-, Europa- und Landtagswahlen, Sockelbetrag) den Erstattungscharakter alsbald zur **Fiktion** werden ließen,[282] musste es als paradox erscheinen, dass der Staat gerade jenen Teil der Parteiarbeit finanzierte, der in seiner Eigenart parteiegoistisch ist und sich – auf Grund der Professionalisierung der Wahlkampagnen – zunehmend von rationaler politischer Auseinandersetzung entfernte.

134      Nicht hinreichend begründet worden ist überdies, warum die gesellschaftliche Verwurzelung der Parteien eine Teilfinanzierung durch den Staat notwendig *ausschloss*. Hinzuweisen ist auf eine Fülle **gemeinnütziger Organisationen,** die ebenfalls zum nichtstaatlichen Bereich gehören, denen aber gleichwohl staatliche Mittel zufließen.[283] Der im zweiten Parteienfinanzierungsurteil enthaltene Gedanke, dass die politischen Parteien nicht *überwiegend* aus öffentlichen Mitteln finanziert werden dürften,[284] wäre auch ohne die Fiktion der Wahlkampfkostenerstattung tragfähig gewesen und ist nicht zufällig vom BVerfG in einer späteren Entscheidung wieder aufgegriffen worden.[285]

135      Kritikwürdig ist weiterhin, dass das BVerfG den in der Verfassung enthaltenen Lösungsansatz für die Parteienfinanzierung – die **Rechenschaftspflicht** – nicht vollständig durchgesetzt hat. Die kategorische Fassung des Art. 21 I 4 hätte es ausschließen müssen, die Publizitätsgrenze auf einen Betrag von 20 000,– DM (nunmehr 10 000,– Euro) im Jahr festzulegen. Da Zuwendungen, die erheblich unter dieser Grenze liegen, für Parteigliederungen von großem Interesse sind und Zugang zu den Entscheidungsträgern verschaffen, wäre es auch auf Grund der *ratio legis* allein folgerichtig gewesen, nur **Bagatellbeträge** von der Rechenschaftspflicht auszunehmen.

136      Nachhaltig zu kritisieren ist die **mangelnde Kontinuität** in der Rspr. des BVerfG zur steuerlichen Begünstigung von Parteispenden. Es musste in hohem Maße verwirren, dass ohne Änderung der dogmatischen Grundlagen Höchstgrenzen als verfassungsgemäß angesehen worden sind, die innerhalb von zwei Jahrzehnten (im Falle der Zusammenveranlagung) von 1200,– DM auf 200 000,– DM angestiegen sind. Bedenklich ist letztlich, dass das BVerfG in seinen Entscheidungen jeweils Modelle der staatlichen Parteienfinanzierung entworfen und als verfassungsgefordert ausgegeben hat, ohne dass diese praktisch erprobt worden wären oder sich ihre Folgen hätten abschätzen lassen. Die **Vorformung von Parteienfinanzierungsmodellen,** die dem Selbstverständnis des Gerichts als **Gegenspieler** der politischen Parteien im Bereich der Parteienfinanzierung entspricht, lässt das BVerfG auch für ihr Scheitern als mitverantwortlich erscheinen.

## III. Mittelbare und unmittelbare Parteienfinanzierung nach geltendem Recht

137      **1. Steuerliche Begünstigung von Parteispenden und -beiträgen.** Nach § 10b II 1 EStG sind **1650,– Euro** – bei Zusammenveranlagung von Ehegatten 3300,– Euro – an Parteispenden bzw. -beiträgen im Kalenderjahr als **Sonderausgaben abzugsfähig,** soweit (für diese Zuwendung) nicht eine Steuerermäßigung nach § 34g EStG gewährt worden ist. Gem. § 34g I 1, II 1 EStG ermäßigt sich bei Mitgliedsbeiträgen und Spenden an politische Parteien die tarifliche Einkommensteuer um 50 v. H. der Ausgaben, höchstens jedoch um 825,– Euro, im Falle der Zusammenveranlagung von Ehegatten um höchstens 1650,– Euro. Damit stehen eine **progressionsabhängige** (§ 10b II EStG) und eine **progressionsunabhängige Begünstigung** (§ 34g EStG) nebeneinander und können kumulativ in Anspruch genommen werden. In diesem Falle beträgt der **steuerbegünstigte Höchstbetrag** für Mitgliedsbeiträge und Spenden 3300,– Euro bzw. – bei Zusammenveranlagung von Ehegatten – 6600,– Euro. Es ist **zweifelhaft,** ob sich diese Beträge im Rahmen der Größenordnung halten, die das BVerfG im 6. Parteienfinanzierungsurteil vorgegeben hat.[286]

138      Durch Art. 5 Ziff. 1 des Sechsten G z. Änderung des Parteiengesetzes und anderer Gesetze vom 4.2.1994 (BGBl I 147) ist § 9 KStG in der Weise novelliert worden, dass **Spenden von Körperschaften** an politische Parteien **nicht** länger **abzugsfähig** sind.

139      **2. Globalzuweisungen an die politischen Parteien.** Nach § 18 I 1 PartG gewährt der Staat den Parteien Mittel als **Teilfinanzierung** der ihnen nach dem GG obliegenden Tätigkeiten, wobei der Erfolg, den eine Partei bei Europa-, Bundestags- und Landtagswahlen erzielt, sowie die Summe ihrer Mitglieds- und Mandatsträgerbeiträge und der Umfang der von ihr eingeworbenen Spenden den Maßstab bilden (§ 18 I 2 PartG). Das **jährliche Volumen** der staatlichen Mittel ist im Jahre

---

[281] BVerfGE 8, 51 (63); 20, 56 (113); anders in BVerfGE 91, 276 (285).
[282] BVerfGE 85, 264 (286) unter Hinw. auf BVerfGE 73, 40 (116) – abwM *Böckenförde*.
[283] Vgl. *Klein* NJW 1982, 735.
[284] BVerfGE 20, 56 (102).
[285] BVerfGE 85, 264 (287 f.).
[286] BVerfGE 85, 264 (316).

2018[287] für das Jahr 2019 auf **190 Mio. Euro** festgesetzt worden (**absolute Obergrenze, § 18 II 2 PartG**). Es erhöht sich jährlich um einen Prozentsatz, um den sich der Preisindex der für eine Partei typischen Ausgaben im Anspruchsjahr erhöht hat (§ 18 II 3 PartG). Auf diese Weise ist eine **flexible** – wenngleich absolute – **Obergrenze** geschaffen worden. Die Vereinbarkeit des derzeit geltenden Höchstbetrages mit den Vorgaben aus der Rspr. des BVerfG[288] ist im Gesetzgebungsverfahren kontrovers diskutiert worden,[289] unter Anerkennung einer gesetzgeberischen **Einschätzungsprärogative** aber zu bejahen.[290]

Berechnungsgrundlage für die Festsetzung der Höhe der staatlichen Mittel sind die von den 140 anspruchsberechtigten Parteien bis einschließlich 31. Dezember des Anspruchsjahres erzielten gültigen Stimmen bei der jeweils letzten Europa- und Bundestagswahl sowie der letzten Landtagswahl (§ 18 II 1 PartG). Die Parteien erhalten jährlich grds. **0,83 Euro** für jede für ihre jeweilige Liste bei diesen Wahlen abgegebene **gültige Stimme** (§ 18 III 1 Nr. 1 PartG). Der Präsident des BT fasst die erzielten gültigen Stimmen jeder Partei in einem **„Stimmenkonto"** zusammen und schreibt dieses fort (§ 19a II 2 PartG). Ein Anspruch auf den „Wählerstimmenanteil" setzt voraus, dass die Partei bei den jeweils letzten Europa- oder Bundestagswahlen mindestens 0,5 v. H. oder bei Landtagswahlen 1,0 v. H. der für Listen abgegebenen gültigen Stimmen erreicht hat (§ 18 IV I PartG). Bleibt eine Partei unterhalb dieses Quorums, bleibt das entsprechende Wahlergebnis auf dem Stimmenkonto unberücksichtigt und löst demgemäß keine Zahlungen aus.

Abweichend von diesen Regelungen erhalten die Parteien für die von ihnen jeweils erzielten bis zu 141 4 Mio. gültigen Stimmen 1 Euro je Stimme (§ 18 III 2 PartG). Die **degressive Staffelung** der Globalzuschüsse hat Zweifel an der Vereinbarkeit mit dem Grundsatz der **Chancengleichheit** und der gleichen Teilhabe der Bürger am politischen Prozess hervorgerufen.[291] Da alle Parteien für die von ihnen erzielten ersten 4 Mio. Stimmen zwar gleichmäßig 1 Euro pro Stimme erhalten, sich aber ungleiche Beträge ergeben, wenn die Zuwendungen durch die Gesamtstimmenzahl dividiert werden, stellt sich die Frage nach der Vereinbarkeit mit dem Grundsatz der Chancengleichheit und der gleichen Teilhabe der Bürger am politischen Prozess (Art. 38 I 1).[292]

Die Durchbrechung des formalen Gleichheitssatzes lässt sich dadurch rechtfertigen, dass *alle* Parteien 142 zunächst die **Grundkosten** für ihren bürokratischen Apparat decken müssen, die kleineren Parteien aber im Vergleich zu den größeren dadurch benachteiligt wären, dass ihnen für andere Aufgaben verhältnismäßig geringe Mittel verbleiben.[293] Gegen die Degression kann nicht eingewendet werden, sie führe zu einem verfassungswidrigen „Sockelbetrag".[294] Auch soweit § 18 III 2 PartG einen erhöhten Betrag vorsieht, bezieht er sich auf die einzelne Wählerstimme und ist insofern in vollem Umfang **erfolgsabhängig**.[295]

Nach § 18 III 1 Nr. 3 PartG erhalten die Parteien zusätzlich 0,45 Euro für jeden Euro, den sie als 143 **Zuwendung** (eingezahlter Mitglieds- oder Mandatsträgerbeitrag oder rechtmäßig erlangte Spende) erhalten haben. Dieses – ausländischem Vorbild folgende – Modell der Parteienfinanzierung ist vom BVerfG als verfassungsrechtlich *notwendige* Vorkehrung angesehen worden, um die Verwurzelung der politischen Parteien im Volke zu erhalten. Anspruch auf die (jährlichen) Zuweisungen haben nur Parteien, die nach der letzten Europa- oder Bundestagswahl mindestens 0,5 v. H. oder bei *einer* Landtagswahl 1,0 v. H. der für die Listen abgegebenen gültigen Stimmen erreicht haben (§ 18 IV 1 PartG). Im Unterschied zu den auf Grund der Stimmenzahlen ausgelösten Zuweisungen (**„Wählerstimmenanteil"**, § 18 IV 1 Hs. 2 PartG) reicht es für Zuschüsse auf Grund des Spenden- und Beitragsaufkommens („Zuwendungsanteil") aus, dass *eines* der Quoren überschritten worden ist. Der mit dem 8. PartGÄndG unternommene Versuch, ein sogenanntes „Drei-Länder-Quorum" einzuführen, ist gescheitert (→ Rn. 132).

Für die staatlichen Zuweisungen werden nur Mitglieds- bzw. Mandatsträgerbeiträge oder recht- 144 mäßig erlangte Spenden bis zur Höhe von 3300,– Euro je natürliche Person berücksichtigt (§ 18 III 1 Nr. 3 PartG). Diese Bestimmung entspricht der Ansicht des BVerfG, nach der die (verfassungsrechtlich als geboten angesehene) **Subventionierung** von Spenden und Mitgliedsbeiträgen nur insoweit mit dem formalen Gleichheitssatz vereinbar ist, wie diese auch steuerlich berücksichtigungsfähig sind. Die vom BVerfG reklamierte **„Verwurzelung im Volk"** wird hierdurch allerdings nicht prämiert; vielmehr wird auf Grund der Plafondierung nur **ein Teil** der Spenden erfasst und auf diese Weise das tatsächliche Geldaufkommen der Parteien aus Spenden und Mitgliedsbeiträgen nivelliert. Überdies besteht die Gefahr von **Umgehungspraktiken**.[296]

---

[287] BGBl I S. 1116.
[288] BVerfGE 85, 264 (29).
[289] BT-Prot 19/40, S. 3916 ff.
[290] *Koch*, in: Ipsen, PartG, § 18 Rn. 9b.
[291] Vgl. *Sendler* NJW 1994, 366.
[292] Dazu *Klein*, in: Maunz/Dürig, Art. 21 (2012) Rn. 458 f.; *Streinz* MKS II, Art. 21 Rn. 197; *Koch*, in: Ipsen, PartG, § 18 Rn. 35; *Lenski*, PartG, § 18 Rn. 7 f.
[293] Vgl. *Ipsen* ZParl 1994, 405.
[294] Vgl. aber *Sendler* NJW 1994, 366; *Drysch* NVwZ 1994, 291.
[295] Vgl. *Ipsen* ZParl 1994, 403.
[296] Vgl. *Ipsen* JZ 1992, 760; *Rudzio* ZParl 1994, 400.

145    Gemäß § 18 V I PartG darf die staatliche Teilfinanzierung bei einer Partei die Summe der von ihr selbst jährlich erwirtschafteten Mittel (§ 24 IV Nr. 1–7 PartG) nicht übersteigen (**relative Obergrenze**). Überschreitet die Summe der Ansprüche auf die staatliche Förderung die absolute Obergrenze, werden die Anteile der anspruchsberechtigten Partei nach Maßgabe des § 19a V PartG verhältnismäßig gekürzt. Entsprechendes gilt für die Überschreitung der relativen Obergrenze. Diese Kürzung kann im Einzelfall dazu führen, dass sich der gemäß § 19a III 3 PartG auf Grund eines nicht rechtzeitig abgegebenen Rechenschaftsberichts eintretende Verlust des auf die Zuwendung bezogenen Teils der staatlichen Mittel im wirtschaftlichen Ergebnis nicht vollständig oder überhaupt nicht niederschlägt.[297]

## E. Das Verbot verfassungswidriger Parteien (Abs. 2)

### I. Parteiverbot als Ausprägung der „streitbaren Demokratie"

146    Art. 21 II ist nach den Worten des **BVerfG**

„Ausdruck des bewußten verfassungspolitischen Willens zur Lösung eines Grenzproblems der freiheitlichen demokratischen Staatsordnung, Niederschlag der Erfahrungen eines Verfassunggebers, der in einer bestimmten historischen Situation das Prinzip der Neutralität des Staates gegenüber den politischen Parteien nicht mehr rein verwirklichen zu dürfen glaubte, Bekenntnis zu einer – in diesem Sinne –, streitbaren Demokratie"„.[298]

Die Vorschrift steht in engem systematischen Zusammenhang mit Art. 9 II und Art. 18.

147    **1. Parteiverbote in der Weimarer Republik.** Die rechtliche Möglichkeit zum **Verbot verfassungsfeindlicher Parteien** bestand bereits unter der **Weimarer Reichsverfassung** und wurde in mehreren Fällen genutzt. Rechtsgrundlagen waren insbesondere die beiden Republikschutzgesetze vom 21.7.1922 (RGBl I 585) und vom 25.3.1930 (RGBl I 91). Das erste Republikschutzgesetz ermächtigte zum Verbot „einer staatsfeindlichen Verbindung, die die Bestrebung verfolgt, die verfassungsmäßig festgestellte republikanische Staatsform des Reichs oder eines Landes zu untergraben" (§ 14 I RepSchG). Der Reichsinnenminister konnte die zuständigen Landesbehörden um das Verbot ersuchen, gegen das Rechtsschutz vor dem Staatsgerichtshof zum Schutze der Republik (später dem Reichsgericht) erlangt werden konnte. Auf Grund des Republikschutzgesetzes ist in den Ländern eine **Mehrzahl von Verboten** – ua gegen die NSDAP – ergangen.[299] Zusätzlich wurden Parteiverbote auf Art. 48 II WRV gestützt, deren Aufhebung der Reichstag am 26.7.1924 verlangte.

148    **2. Das „Parteienprivileg" des GG.** Die in Art. 21 II getroffene Regelung unterscheidet sich von der Weimarer Rechtslage in dreifacher Hinsicht:

– erstens ist eine **Spezialregelung** auf **Verfassungsebene** getroffen worden, während in der Weimarer Zeit Parteiverbote entweder auf Spezialgesetze oder auf die allgemeine Notstandsklausel des Art. 48 II WRV gestützt wurden;

– zweitens ist ein **Entscheidungsmonopol** beim BVerfG geschaffen worden, während in der Weimarer Republik Reichs- und Landesbehörden nebeneinander zuständig waren; und

– drittens ist die in dem Verbotsverfahren getroffene **Entscheidung endgültig**, während die in der Weimarer Republik ergangenen Parteiverbote ggf. wieder aufgehoben werden mussten.

149    Vor dem Hintergrund der Weimarer Verbotspraxis ist Art. 21 II 2 als **„Parteienprivileg"** bezeichnet worden.[300] Die „privilegierende" Wirkung der Vorschrift ist darin gesehen worden, dass politische Parteien im Gegensatz zu anderen Vereinigungen (Art. 9 II) nur vom BVerfG verboten werden können.[301] Der Begriff des „Parteienprivilegs" ist geeignet, Missverständnisse zu erwecken und sollte deshalb vermieden werden. Abgesehen davon, dass Unterschiede in der Verbotszuständigkeit und dem -verfahren schwerlich als „Privileg" bezeichnet werden können, fehlt es bereits an der **Vergleichbarkeit** mit anderen Verbotsverfahren. Politische Parteien sind auf Grund der Spezialvorschrift des Art. 21 **keine Vereinigungen** i. S. d. Art. 9, so dass ein von Art. 9 II abweichend geregeltes Verbotsverfahren folgerichtig nicht als „Privileg" angesprochen werden kann.[302] Überdies ist der Begriff geeignet, Missverständnisse im Hinblick auf den verfassungsrechtlichen Status der politischen Parteien allgemein hervorzurufen, der ebenfalls nicht als „Privileg" missdeutet werden darf.

150    **3. Parteiverbot als Begrenzung der Parteienfreiheit – Doppelte Schutzwirkung des Art. 21 II.** Art. 21 II begrenzt die **Parteienfreiheit** in der Weise, dass es politischen Parteien nicht gestattet ist, darauf auszugehen, die **freiheitliche demokratische Grundordnung** zu **beeinträchtigen** oder zu **beseitigen** oder den **Bestand** der BRD zu **gefährden**. Die **konstitutive Wirkung** der Entscheidung

---

[297] Vgl. dazu eingehend *Koch*, in: Ipsen, PartG, § 19a Rn. 52 ff.; *Lenski*, PartG, § 19a Rn. 23 ff.

[298] So BVerfGE 5, 85 (139).

[299] Vgl. *Huber* (Fn. 8), Bd. VI, 1981, S. 152 f.; umfassend: *Stein*, Parteiverbote in der Weimarer Republik, 1999.

[300] BVerfGE 12, 296 (304 f.); 17, 155 (166); 47, 130 (139); *Kunig* HStR III³, § 40 Rn. 36; *Seifert* (Fn. 61), S. 483.

[301] Vgl. *v. Münch*, in: v. Münch/Kunig II, 3. Aufl. 1995, Art. 21 Rn. 96.

[302] Das BVerfG (BVerfGE 47, 130 [139]) spricht gelegentlich vom „sogenannten Parteienprivileg"; distanziert auch *Henke* BK, Art. 21 (1991) Rn. 367 („Sperrwirkung").

des BVerfG[303] ändert nichts daran, dass derartige Parteien von vornherein verfassungswidrig *sind*.[304] Die Begrenzung der Parteienfreiheit wird um eine **Zuständigkeitszuweisung** ergänzt, die das (gerichtsförmliche) Verfahren einschließt (Art. 21 II 2).

Mit Art. 21 II löst das GG den in den Freiheitsgewährungen angelegten **Grundwiderspruch,** dass **151** die Freiheit zur Abschaffung von Freiheiten missbraucht und somit gegen sich selbst gekehrt werden kann. Der innere Widerspruch liegt also nicht darin, dass das GG einerseits eine freiheitliche und demokratische Grundordnung verfasst, andererseits aber das Verbot verfassungswidriger Parteien vorsieht; der Widerspruch besteht vielmehr darin, dass derartige Parteien die ihnen eingeräumte Freiheit dazu ausnutzen, um die Freiheit „anderer" (Parteien) zu beseitigen. Das Parteiverbot ist folglich eine **Freiheitsbegrenzung,** die dem **Missbrauch der Freiheit** vorbeugen soll und vor dem Hintergrund des Art. 79 III – der „Ewigkeitsklausel" – zu sehen ist.

Art. 21 II beschränkt sich nicht auf die Begrenzung der Parteienfreiheit, sondern entfaltet eine **152** **Schutzwirkung** auch *für* die politischen Parteien, die solange als verfassungsmäßig zu behandeln sind, wie das BVerfG ihre Verfassungswidrigkeit nicht festgestellt hat. Die einerseits im Hinblick auf den Staat, andererseits für die Parteien selbst eintretende **doppelte Schutzwirkung** bildet das Spezifikum des Art. 21 II.[305]

## II. Die Tatbestandsvoraussetzungen der Verfassungswidrigkeit von Parteien

**1. Begriff der politischen Partei.** Nur **politische Parteien** i. S. des Art. 21 I können den Tat- **153** bestand der Verfassungswidrigkeit iSd Abs. 2 erfüllen. Das BVerfG hat in zwei Parteiverbotsverfahren erhöhte Anforderungen an das Ernsthaftigkeitskriterium gestellt und setzt seitdem neben der Beteiligung an Wahlen ein Mindestmaß an Erfolgsaussichten der politischen Zielsetzung voraus.[306] Das Vorgehen gegen **Nebenorganisationen,** die den Parteibegriff selbst nicht erfüllen, richtet sich ausschließlich nach Art. 9 II.[307]

**Ersatzorganisationen,** deren Verbot mit der Feststellung der Verfassungswidrigkeit einer Partei **154** notwendig verbunden ist (§ 46 III 1 BVerfGG), erfüllen demgegenüber den Parteibegriff; gleichwohl findet ein **erneutes Verfahren** nach Art. 21 II **nicht statt.** Soweit die Ersatzorganisation bereits vor dem Verbot der verfassungswidrigen Partei bestanden hat *oder* im BT *oder* in einem LTag vertreten ist, stellt das BVerfG fest, dass es sich um eine verbotene Ersatzorganisation handelt (§ 33 II PartG). Die **Rechtsfolgen** sind die gleichen wie beim **Parteiverbot.** Wenn die Voraussetzungen des § 33 II PartG *nicht* vorliegen, kann gegen die Ersatzorganisationen nach § 8 II VereinsG eingeschritten werden, obwohl der Parteibegriff erfüllt ist (§ 33 III PartG).

**2. Gesamttendenz der Ziele und des Verhaltens ihrer Anhänger.** Zur Feststellung der Ver- **155** fassungswidrigkeit einer Partei ist zunächst auf ihre „**Ziele**" abzustellen. Die Zielsetzungen einer Partei ergeben sich regelmäßig aus dem **Programm** und den sonstigen **parteiamtlichen Erklärungen,** aus den Schriften der von ihr als maßgebend anerkannten Autoren über die politische Ideologie der Partei, aus den Reden der führenden Funktionäre, aus dem in der Partei verwendeten Schulungs- und Propagandamaterial sowie aus den von ihr herausgegebenen oder beeinflussten Zeitungen und Zeitschriften.[308]

Die Ziele müssen jedoch nicht notwendig in Programm oder Manifesten niedergelegt sein. **156** Angesichts der Gefahr des Parteiverbots werden politische Parteien die Ziele, aus denen sich ihre Verfassungswidrigkeit ergeben könnte, regelmäßig nicht offen verkünden.[309] Auch **geheime Zielsetzungen** und **nachträgliche** tatsächliche **Änderungen** ursprünglich verlautbarter Zielsetzungen sind deshalb rechtserheblich, sofern sie nachweisbar sind.[310] Nach der Rspr. des BVerfG kommt es auf die **Gesamttendenz** der Partei an, die die Bedeutung ihrer Teilziele entscheidend bestimmt.[311]

Da Parteien begrifflich Vereinigungen von Bürgern sind, kommt es entscheidend auf das **Verhalten** **157** **der Parteianhänger** an, das neben den Zielen ein gleichrangiges Erkenntnismittel für die Verfassungswidrigkeit einer Partei darstellt.[312] Voraussetzung ist, dass die Parteianhänger *als solche* agieren; nicht jedes Verhalten ihrer Anhänger kann der Partei zugerechnet werden. Politische Aktionen von Mitgliedern, die mit der Absicht unternommen werden, die freiheitliche demokratische Grundordnung zu beeinträchtigen, begründen kein Parteiverbot, wenn es sich um **Einzelfälle** bei sonst loyaler

---

[303] BVerfGE 12, 296 (304 f.).
[304] BVerfGE 2, 1 (73, 76); *Seifert* (Fn. 61), S. 471; *Stein,* in: Ipsen, PartG, Vor §§ 32, 33 Rn. 3 ff. mwN.
[305] Zustimmend *Streinz* MKS II, Art. 21 Rn. 215.
[306] So BVerfGE 91, 262 (271 f.); 91, 276 (289); → Rn. 21.
[307] BVerfGE 2, 1 (13, 78); 12, 296 (304); zum Begriff der Nebenorganisation: *Henke* BK, Art. 21 (1991) Rn. 307; *Stein,* in: Ipsen, PartG, § 32 Rn. 8 mwN.
[308] BVerfGE 5, 85 (144); zur Rechtsstellung der Nebenorganisationen s. ferner NdsOVG NdsVBl 2019, S. 327 ff.
[309] BVerfGE 2, 1 (20).
[310] BVerfGE 5, 85 (144).
[311] BVerfGE 5, 85 (336).
[312] Vgl. *Seifert* (Fn. 61), S. 468.

Haltung der politischen Partei selbst handelt.[313] Das Verhalten der Mitglieder muss durch die Partei selbst bestimmt sein und aus einer „**Grundtendenz**" erwachsen, die bewiesen werden muss.[314]

**158**     An das Tatbestandsmerkmal „**darauf ausgehen**" hat das BVerfG ursprünglich keine hohen Anforderungen gestellt.[315] Es erklärt sich entstehungsgeschichtlich daraus, dass die Ziele einer Partei und das Verhalten ihrer Anhänger gleichermaßen zur Erkenntnis der Verfassungswidrigkeit sollten führen können und deshalb die im Herrenchiemseer Entwurf verwandte Fassung („… die sich… zum Ziel gesetzt haben…") aus stilistischen Gründen nicht mehr in Betracht kam.[316]

**159**     Mit dem Urteil vom 17.1.2017 hat das BVerfG eine prinzipielle Rechtsprechungsänderung vollzogen. Unter ausdr. Aufgabe der früheren Rspr. soll das Tatbestandsmerkmal „darauf ausgehen" nunmehr einschließen, dass die verfassungswidrigen Ziele der Partei eine **Chance der Verwirklichung** haben.[317] Dieses Tatbestandsmerkmal, das erkennbar von der Rechtsprechung des EGMR zur Geltung des Verhältnismäßigkeitsprinzips bei Parteiverboten[318] beeinflusst wurde,[319] lässt sich jedoch weder grammatisch noch genetisch in der vom Zweiten Senat vorgenommenen Weise aus Art. 21 II herauslesen. Das BVerfG hat Art. 21 II vielmehr faktisch ein zusätzliches Tatbestandsmerkmal hinzugefügt, so dass die Bestimmung zukünftig wie folgt zu lesen ist:

„Parteien, die nach ihren Zielen oder dem Verhalten ihrer Anhänger darauf ausgehen, die freiheitliche demokratische Ordnung zu beeinträchtigen oder zu beseitigen oder den Bestand der Bundesrepublik Deutschland zu gefährden, und die über die Möglichkeit verfügen, diese Ziele zu erreichen, sind verfassungswidrig."[320]

**159a**     **Nicht erforderlich** ist hingegen ein strafrechtlich relevantes oder anderweitig gesetzwidriges Handeln in der Vergangenheit, da Art. 21 II GG einen primär präventiven Charakter hat.[321] Dem Ziel, einem **Missbrauch** grundrechtlich geschützter Freiheit zu deren Abschaffung entgegenzuwirken, entspricht vielmehr, dass auch die Inanspruchnahme der grundrechtlich geschützten Freiheit verbotsrelevant sein kann.[322]

### 3. Beeinträchtigung oder Beseitigung der freiheitlichen demokratischen Grundordnung.

**160**     Die geltende Fassung des Art. 21 II trat an die Stelle der zunächst verwandten Formulierungen „freiheitliche *und* demokratische Grundordnung" bzw. „freiheitliche *oder* demokratische Grundordnung".[323] Die Konjunktion ist fallen gelassen worden, um die Untrennbarkeit beider Bestandteile der Grundordnung, nämlich der (demokratischen) **Willensbildung** und der (durch Menschenrechte gesicherten) **freiheitlichen Rechtsstellung des Einzelnen,** zu unterstreichen. Die freiheitliche demokratische Grundordnung umfasst die Kernsubstanz der Verfassung. Sie ist identisch mit den in den „Artikeln 1 und 20 niedergelegten Grundsätzen", die durch **Art. 79 III** der Grundgesetzänderung entzogen sind.[324]

**161**     Mit dem BVerfG lässt sich die **freiheitliche demokratische Grundordnung** als eine Ordnung bestimmen,

„die unter Ausschluß jeglicher Gewalt- und Willkürherrschaft eine rechtsstaatliche Herrschaftsordnung auf der Grundlage der Selbstbestimmung des Volkes nach dem Willen der jeweiligen Mehrheit und der Freiheit und Gleichheit darstellt. Zu den grundlegenden Prinzipien dieser Ordnung sind mindestens zu rechnen: die Achtung vor den im Grundgesetz konkretisierten Menschenrechten, vor allem vor dem Recht der Persönlichkeit auf Leben und freie Entfaltung, die Volkssouveränität, die Gewaltenteilung, die Verantwortlichkeit der Regierung, die Gesetzmäßigkeit der Verwaltung, die Unabhängigkeit der Gerichte, das Mehrparteienprinzip und die Chancengleichheit für alle politischen Parteien mit dem Recht auf verfassungsmäßige Bildung und Ausübung einer Opposition."[325]

**162**     Die Tatbestandsmerkmale „**beeinträchtigen**" und „**beseitigen**" ergänzen einander und bezeichnen den **Erfolg**, den die Partei anstrebt. Einigkeit besteht darüber, dass der Begriff des „Beeinträchtigens" im Vergleich zu dem des „Beseitigens" der weitere ist, letzteren deshalb besonderer Präzisierung bedarf.[326] Bei weitem Verständnis bezeichnet die Beeinträchtigung jede **Minderung der Funktionsfähigkeit** der freiheitlichen demokratischen Ordnung. Da eine solche Minderung auch bei Regierungskrisen (Art. 63 IV, 68 I) oder anderen Verfassungsstörungen (Art. 81) vorliegt, ist eine **engere Auslegung** des Begriffs angezeigt. Hinzu kommt, dass beide Tatbestandsmerkmale zueinander im Verhältnis der Steigerung stehen, ersichtlich aber ein vergleichbares Gewicht haben sollen.

---

[313] BVerfGE 5, 85 (143).
[314] BVerfGE 5, 85 (143).
[315] Vgl. BVerfGE, 5, 85 (143).
[316] Vgl. BVerfGE, 5, 85 (142).
[317] BVerfGE 144, 20 (224 ff. in Rn. 585 ff.).
[318] Vgl. *Koch*, DVBl 2002, S. 1388.
[319] Ebenso *Streinz* MKS II, Art. 21 Rn. 233b, 251.
[320] So *Ipsen* RuP 1/2017, 5.
[321] BVerfGE 5, 85 (143); 144, 20 (221 f. in Rn. 578).
[322] BVerfGE 144, 20 (222 in Fn. 579).
[323] Vgl. JöR nF 1 (1951), 210; vgl. auch *Stein*, in: Ipsen, PartG, Vor § 32 Rn. 1; *Rixen*, in: Kersten/Rixen, PartG, § 32 Rn. 9.
[324] Str.; wie hier: *Streinz* MKS II, Art. 21 Rn. 224.
[325] BVerfGE 2, 1 (12 f.).
[326] Vgl. *Streinz* MKS II, Art. 21 Rn. 228 mwN.

Die „Beeinträchtigung" ist deshalb die **teilweise Beseitigung** der freiheitlichen demokratischen 163
Grundordnung.[327] Mit dieser Auslegung wird dem Umstand Rechnung getragen, dass alle Bestandteile
der freiheitlichen demokratischen Grundordnung miteinander zusammenhängen und die Beseitigung
eines Bestandteils *notwendig* die anderer zur Folge hat. Deshalb genügt es, wenn eine Partei auf die
Beseitigung einzelner Bestandteile der freiheitlichen demokratischen Grundordnung ausgeht, um auf
die Absicht ihrer **gänzlichen Beseitigung** zu schließen. Hierdurch wird die Möglichkeit versperrt,
dass Parteien sich zu einzelnen Bestandteilen der freiheitlichen demokratischen Grundordnung bekennen, um auf diese Weise der Gefahr des Verbots zu entgehen.[328]

„**Beseitigung**" der freiheitlichen demokratischen Grundordnung ist die Ersetzung des parlamenta- 164
rischen Regierungssystems westlicher Prägung durch ein Regierungssystem, das sich an die in der
freiheitlichen demokratischen Grundordnung maßgebenden Maximen nicht für gebunden hält.[329]

**4. Gefährdung des Bestandes der Bundesrepublik Deutschland.** Als Tatbestandsalternative 165
steht neben der Beeinträchtigung oder Beseitigung der freiheitlichen demokratischen Grundordnung
die **Gefährdung** des Bestandes der BRD. Während die „freiheitliche demokratische Grundordnung"
die **innere Verfassung** bezeichnet, schützt die Tatbestandsalternative die BRD in ihrer **territorialen
Integrität.**[330] Das Territorium der BRD besteht aus den in der Präambel des GG aufgeführten
Ländern und erschöpft sich in diesen.[331]

Zweifelhaft ist, wie weit durch den Begriff „Bestand" neben der territorialen Integrität auch die 166
**Souveränität** geschützt wird. Eine eigenständige Bedeutung erlangt die Tatbestandsalternative des
Schutzes der territorialen Integrität neben der „freiheitlichen demokratischen Grundordnung" nur,
wenn letztere unangetastet bleibt. Soweit eine Beeinträchtigung oder Beseitigung der **inneren Ord-
nung** beabsichtigt ist, bedarf es des Rückgriffs auf den „Bestand der Bundesrepublik" *nicht*. Die
Tatbestandsalternative ist deshalb als Schutz gegen **separatistische Bestrebungen** auszulegen, die
darauf abzielen, einzelne Länder von der BRD abzutrennen, ohne die freiheitlich-demokratische
Grundordnung zu beeinträchtigen.[332]

Parteien, die ihrer Zielsetzung nach einen **europäischen Bundesstaat** anstreben, gefährden den 167
Bestand der BRep iSd Art. 21 II *nicht*. Da die Verfassung selbst das Bekenntnis zu einem vereinten Europa
enthält (Präambel, Art. 23 I 1), rechtfertigt es kein Verbot, wenn eine Partei auf die Abschaffung auch
(souveräner) europäischer Nationalstaaten abzielt, mag auch der Rahmen des nach dem GG Zulässigen
mit einem solchen „Identitätswechsel" verlassen werden.[333] Da die **Staatsqualität** der BRep in einem
europ. Bundesstaat erhalten bliebe, wird deren Staatlichkeit hierdurch auch nicht in Frage gestellt.[334]

Die Gefährdung des Bestands der BRD braucht **nicht eingetreten**, sondern nur **beabsichtigt** zu 168
sein. Die sprachliche Fassung der Vorschrift lässt keinen anderen Schluss zu, als dass es ausreicht, wenn
eine Partei darauf ausgeht, den Bestand der BRD zu „**gefährden".** Deuten die Ziele der Partei oder
das Verhalten ihrer Anhänger darauf hin, dass eine Änderung der territorialen Integrität angestrebt
wird, ist das Tatbestandsmerkmal bereits erfüllt.[335]

**5. Verfassungswidrigkeit.** Sofern eine politische Partei den oben genannten Tatbestand erfüllt, *ist* 169
sie **verfassungswidrig.** Der Tatbestand der Verfassungswidrigkeit ergibt sich damit *ipso iure;* die in
den Tatbestandsmerkmalen bezeichneten Handlungen der Partei werden von Verfassungs wegen **missbilligt.** Mit anderen Worten stellt die Verfassungswidrigkeit **keine Rechtsfolge** dar, die bei der
Erfüllung der Tatbestandsmerkmale eintreten würde. Durch den Begriff der Verfassungswidrigkeit
werden die Tatbestandsmerkmale des Art. 21 II vielmehr zusammengefasst und die **rechtliche Missbilligung** ausgedrückt.[336]

Der Begriff der „Verfassungswidrigkeit" ist insofern unglücklich gewählt, als er üblicherweise für 170
jede Nichtübereinstimmung von Staatsakten mit der Verfassung verwendet wird,[337] hier aber die
**aktive und kämpferische Haltung** gegenüber der Grundsubstanz der Verfassung bezeichnet. Der
Begriff ist gewählt worden, um den historisch besetzten Begriff des **Parteiverbots** zu vermeiden
(→ Rn. 147). Gleichwohl ist materiell das **Parteiverbot** die vom BVerfG auszusprechende **Rechtsfolge,** wenn die Tatbestandsmerkmale des Art. 21 II erfüllt sind.[338]

---

[327] Vgl. auch *Streinz* MKSII, Art. 21 Rn. 228.
[328] Zustimmend *Klein,* in: Maunz/Dürig, Art. 21 (2018) Rn. 531; *Streinz* MKS II, Art. 21 Rn. 228.
[329] *Klein,* in: Maunz/Dürig, Art. 21 (2018) Rn. 531.
[330] Vgl. *Seifert* (Fn. 61), S. 459.
[331] Vgl. *Ipsen,* StaatsR I, Rn. 30.
[332] *Streinz* MKS II, Art. 21 Rn. 230; s. ferner *Klein,* in: Maunz/Dürig, Art. 21 (2018) Rn. 532.
[333] Vgl. BVerfGE 123, 267 (331 f.).
[334] So zutreffend *Wollenschläger,* in: Dreier II, Art. 23 Rn. 18.
[335] Ähnlich *Klein,* in: Maunz/Dürig, Art. 21 (2018) Rn. 532.
[336] Vgl. dazu *Klein,* in: Maunz/Dürig, Art. 21 (2018) Rn. 555; *Stein,* in: Ipsen, PartG, Vor §§ 32, 33 Rn. 3.
[337] Vgl. *Ipsen,* Rechtsfolgen der Verfassungswidrigkeit von Norm und Einzelakt, 1980, S. 147 f.
[338] So auch *Streinz* MKS II, Art. 21 Rn. 239; ähnlich *Morlok,* in: Dreier II, Art. 21 Rn. 155.

171    **6. Ungeschriebene Tatbestandsmerkmale?** Art. 21 II lässt **keinen Raum** für die Annahme, dass zu den ausdr. genannten Tatbestandsmerkmalen eine **konkrete Gefahr** des Erfolgs verfassungsfeindlicher Bestrebungen hinzukommen müsse.[339] Das frühe Stadium, in dem ein Eingreifen nach Art. 21 II ermöglicht wird, ist vom Verfassungsgeber beabsichtigt gewesen.[340] Es beruht auf der historischen Erfahrung eines *principiis obsta* und der pragmatischen Einsicht, dass radikale Bestrebungen umso schwerer zu bekämpfen sind, je mehr sie an Boden gewinnen. Es widerspricht daher auch dem Rechtsinstitut des Parteiverbots in seiner Anlage, eine **objektive Gefährlichkeit** der Partei im Sinne einer „Potentialität" zu fordern (→ Rn. 159).[341]

172    Auch der Gesichtspunkt des Übermaßverbots vermag die Eingriffsvoraussetzungen nicht zu erhöhen. Die Entscheidung, dass politische Parteien, die die Voraussetzungen des Art. 21 II erfüllen und deshalb verfassungswidrig *sind,* das Verbot mithin verhältnismäßig *ist,* ist vom Verfassungsgeber selbst getroffen und damit auch als verhältnismäßig angesehen worden.[342] Das BVerfG hat in seinem zweiten NPD-Urteil ausdr. verneint, dass Art. 21 II ungeschriebene Tatbestandsmerkmale enthalte und eine Prüfung der Verhältnismäßigkeit eines Parteiverbots geboten sei.[343] Die Verhältnismäßigkeitsprüfung wird indes im Gewand des ungeschriebenen Tatbestandsmerkmals der „Potentialität" vorgenommen, weil nach Ansicht des Senats eine als verfassungswidrig einzustufende Partei gleichwohl nicht zu verbieten sei, wenn ihr die Möglichkeit zur Erreichung der verfassungswidrigen Ziele fehle, mit anderen Worten ein Verbot zum Schutz der in Art. 21 II genannten Rechtsgüter nicht *erforderlich* ist.[344]

### III. Das Verfahren zur Feststellung der Verfassungswidrigkeit von Parteien (Verbotsverfahren)

173    Im Gegensatz zu Art. 9 II wird der Begriff des „Verbots" in Art. 21 II vermieden. Maßgebend für die bes. Behutsamkeit in der Wortwahl waren die in der Zeit ab 1933 verhängten Parteiverbote, die mit der Verwendung des Verbotsbegriffs hätten assoziiert werden können. Wenn dem BVerfG die Zuständigkeit zugewiesen wird, „über die Frage der Verfassungswidrigkeit" zu entscheiden (Art. 21 IV), so handelt es sich aber in der Sache um ein **Verbotsverfahren.**[345]

174    **1. Antragsberechtigung (§ 43 BVerfGG).** Antragsberechtigt sind der **BT,** der **BRat** und die **BReg** (§ 43 I BVerfGG). Dieses Antragsrecht ist unabhängig von der räumlichen Ausdehnung der betreffenden Partei. Zusätzlich ist den **LReg** das Antragsrecht gegen Parteien eingeräumt worden, deren Organisation sich auf das Gebiet ihres Landes beschränkt (§ 43 II BVerfGG). Die Aufzählung der antragsberechtigten Organe in § 43 I BVerfGG folgt der Gliederung des GG und hat keine rechtliche Bedeutung, insbesondere gibt es unter den antragsberechtigten Organen **keine Subsidiarität.** Wegen ihrer besseren Erkenntnismöglichkeiten kommt in erster Linie die BReg als Antragstellerin in Betracht, die in der Staatspraxis das Verbot der SRP[346] und der KPD[347] (allein) beantragt hat. Die Antragsberechtigten können auch gemeinsam oder getrennt in Bezug auf die gleiche Partei einen Verbotsantrag stellen. Letzteres ist im ersten Verbotsverfahren gegen die NPD der Fall gewesen.[348] Im zweiten Verbotsverfahren gegen die NPD war alleiniger Antragsteller der BRat.

175    **2. Das Problem des Ermessens.** Das BVerfG hat die Antragstellung einerseits dem „pflichtgemäßen Ermessen" der BReg zugewiesen,[349] an anderer Stelle von einer **„Frage des politischen Ermessens"** gesprochen.[350] Im Schrifttum herrscht die Auffassung vor, dass den antragsberechtigten Organen hinsichtlich der Antragstellung ein **Ermessen** zustehe.[351] Die Gegenmeinung geht von einer **Antragspflicht** der antragsberechtigten Organe aus.[352] Vermittelnde Auffassungen machen die

---

[339] Insoweit abl. auch BVerfGE 144, 20 (223 f. in Rn. 581 ff.).

[340] Vgl. *Seifert* (Fn. 61), S. 456: „Bestrebungstatbestand von ausgeprägtem Präventivcharakter".

[341] So aber BVerfGE 144, 20 (224 ff. in Rn. 585 ff.); s. ferner *Henke* BK, Art. 21 (1991) Rn. 356; *Maurer* AöR 96 (1971), 229; wie hier: *Seifert* (Fn. 61), 464 f.

[342] Vgl. *Ipsen* FS Maurer, 2001, S. 172.

[343] BVerfGE 144, 20 (230 ff. in Rn. 599 ff.), auch die EMRK zwingt hierzu nicht, vgl. ebd., S. 240 ff. in Rn. 622 ff.

[344] Vgl. *Ipsen,* RuP 1/2017, 5 f.

[345] So zutreffend *Seifert* (Fn. 61), S. 449.

[346] BVerfGE 2, 1 (2).

[347] BVerfGE 5, 85 (86).

[348] BVerfGE 107, 339. Vgl. dazu *Ipsen* JZ 2003, 485. Eingehend auch *Gelberg,* Das Parteiverbotsverfahren nach Art. 21 Abs. 2 GG am Beispiel des NPD-Verbotsverfahrens, 2009.

[349] BVerfGE 5, 85 (113); 40, 287 (291).

[350] BVerfGE 5, 85 (129).

[351] Vgl. *Henke* BK, Art. 21 (1991) Rn. 359; *Kunig,* in: v. Münch/Kunig I, Art. 21 Rn. 89; *ders.* HStR III³, § 40 Rn. 60; *Klein,* in: Maunz/Dürig, Art. 21 (2018) Rn. 545 f.; *Stern,* StaatsR I, S. 207; *Maurer* AöR 96 (1971), S. 225; *Meier,* Parteiverbote und demokratische Republik, 1993, S. 227.

[352] Vgl. *Sattler,* Die rechtliche Bedeutung der Entscheidung für die streitbare Demokratie, 1982, S. 86 f.; *Seifert* (Fn. 61), S. 490 ff.; *Streinz* MKS II, Art. 21 Rn. 245; *Stein,* in: Ipsen, PartG Vor §§ 32, 33 Rn. 4.

Antragspflicht von einer besonderen Gefährdungslage bzw. der Evidenz der Verfassungswidrigkeit[353] abhängig.[354]

Die Diskussion leidet darunter, dass die h. M. eine Formel des BVerfG aus dem **KPD-Urteil**  **176** benutzt, sie aus dem Zusammenhang löst und sich im Übrigen einer eigenständigen Begründung enthoben sieht. Der Begriff des „politischen Ermessens" findet sich im KPD-Urteil als Entgegnung auf den Einwand der KPD, ein Parteiverbot mache die Wiedervereinigung unmöglich.[355] Das BVerfG hielt das „politische Ermessen" nicht für „eindeutig überschritten", weil durch ein Verbotsurteil nicht jeder denkbare Weg zur Wiedervereinigung verschlossen werde.[356] Die in einer singulären historischen Situation wie der des geteilten Deutschlands anzustellenden Überlegungen zu außenpolitischen Folgewirkungen eines Antrags und ggf. eines Verbotsurteils lassen sich nicht verallgemeinern und sind deshalb ungeeignet, die **Ermessensthese** zu stützen. Auch aus dem Wortlaut des § 43 I BVerfGG („kann") lässt sich nicht zwingend auf ein Antragsermessen schließen, weil die Wortfassung auch auf die Antragsberechtigung selbst hindeuten könnte.[357] Das Problem der Antragspflicht muss deshalb auf Grund weiterer Überlegungen gelöst werden.

Vorauszusetzen ist, dass die Frage, ob eine politische Partei die Tatbestandsmerkmale des Art. 21 II  **177** erfüllt und insofern verfassungswidrig *ist,* nicht Gegenstand von Opportunitätserwägungen sein kann. Die antragsberechtigten Organe haben vielmehr nach den ihnen vorliegenden Erkenntnissen zu prüfen, ob die Tatbestandsmerkmale des Art. 21 II vorliegen. Da mit einem unzureichend begründeten oder gar leichtfertigen Verbotsantrag zum einen ein nicht gewollter Auftrieb für die inkriminierte Partei verbunden sein kann, andererseits ein Klima allgemeiner Verunsicherung entstehen könnte, sind an die Überzeugung von der Verfassungswidrigkeit der Partei **erhebliche Anforderungen** zu stellen.[358] Die Antragstellung ist nicht bloße Subsumtion unter Tatbestandsmerkmale. Sie erfordert eine Prognose über das Entscheidungsverhalten des BVerfG, weshalb dem antragstellenden Organ ein **Prognosespielraum** zuzugestehen ist. Sofern sich die Beweislage als unsicher darstellt, kommt ein Antrag nach § 43 BVerfGG nicht in Betracht.[359]

Sofern der Tatbestand des Art. 21 II erfüllt ist und hinreichendes Beweismaterial vorliegt, besteht  **178** hingegen eine **verfassungsrechtliche Pflicht zur Antragstellung.** Diese dürfte sich auf die **BReg** beschränken, weil BT und BRat eine vergleichbare Ermittlung und Bewertung idR nicht möglich ist. Die Verpflichtung der BReg ergibt sich daraus, dass mit der Agitation einer Partei, die nach gesicherten Erkenntnissen den Tatbestand des Art. 21 II erfüllt, ein von der Verfassung selbst als verfassungswidrig bezeichneter Zustand herrscht, für dessen Beseitigung sowohl ein Verfahren wie eine Zuständigkeit vorgesehen sind. Sofern das antragsberechtigte Organ diesen Zustand anhalten lässt, ist ihm die **anhaltende Verfassungswidrigkeit** zuzurechnen, mit anderen Worten verstößt die BReg in einem solchen Fall durch ihr **Unterlassen** gegen das GG.[360]

Vertieft wird der Verstoß gegen das GG durch die dem Unterlassen eigentümliche Folge, dass die als  **179** verfassungswidrig erkannte Partei von den Staatsorganen im Übrigen als **verfassungsmäßig** behandelt werden muss. Zum einen hat jede politische Partei, die das gesetzliche Quorum überschreitet, vorbehaltlich eines Vorgehens nach Art. 21 III einen Anspruch auf staatliche Parteienfinanzierung.[361] Zum anderen steht ihr nach bisher h. M. ein Anspruch auf Zuteilung von Sendezeiten bzw. anderen öffentlichen Leistungen zu.[362] Durch die unterlassene Antragstellung wird folglich der verfassungswidrige Zustand nicht nur *geduldet,* sondern durch positives Handeln des Staates *gefördert,* zumal inhaltliche Einwirkungen auf die Wahlwerbung – ausgenommen bei Überschreitung der Strafbarkeitsgrenze – nicht statthaft sind.[363] Mit anderen Worten wird die **Schutzwirkung** des Art. 21 II nicht nur **unterlaufen,** die Staatsorgane wären umgekehrt sogar verpflichtet, die **verfassungswidrigen Ziele** durch positives Handeln zu **fördern.** Ein sich derart bis ins Paradoxe steigernder **innerer Widerspruch der Verfassung** vermag auch durch einen (diffusen) Ermessensbegriff nicht gerechtfertigt zu werden.[364]

Der mit Art. 21 II verbundene Schutz setzt prinzipiell voraus, dass die Frage der Verfassungswidrig-  **180** keit einer Partei nicht auf Dauer offen bleibt. Je offensichtlicher nämlich die Erfüllung des Tatbestands des Art. 21 II ist, desto mehr müssen sich Staatsorgane verpflichtet und Staatsbürger herausgefordert fühlen, diese Partei zu bekämpfen. Gegen **faktische Nachteile** vermag sich die Partei nicht zur Wehr zu setzen, zumal das BVerfG die Rechtsschutzmöglichkeiten begrenzt hat.[365]

---

[353] So etwa *Stollberg,* Die verfassungsrechtlichen Grundlagen des Parteiverbots, 1976, S. 76.
[354] Vgl. zur Problematik auch *W. Schmidt* DÖV 1978, 468.
[355] BVerfGE 5, 85 (129).
[356] BVerfGE 5, 85 (129 f.).
[357] Vgl. *Maurer* AöR 96 (1971), S. 225.
[358] Vgl. *Seifert* (Fn. 61), S. 491.
[359] Ebenso *Streinz* MKS II, Art. 21 Rn. 243.
[360] Vgl. *Ipsen* FS Maurer, 2001, S. 174.
[361] S. o. Rn. 139.
[362] S. o. Rn. 36.
[363] S. o. Rn. 37.
[364] Zust. *Streinz* MKS II, Art. 21 Rn. 245; s. ferner *Stein,* in: Ipsen, PartG Vor §§ 32, 33 Rn. 4.
[365] BVerfGE 40, 287 (291 f.).

181    So gehört der **Vorwurf der Verfassungsfeindlichkeit** bereits zum politischen Ritual, erreicht aber eine neue Dimension, wenn eine Rechtspflicht zur Antragstellung verneint wird. Das **geschärfte Verfassungsbewusstsein** in der BRep könnte dann ins politische Kalkül der Antragsberechtigten einbezogen werden, ohne das selbst die Probe aufs Exempel zu machen brauchten. Mit anderen Worten kann ein – gar „politisches" – Ermessen im Hinblick auf den Verbotsantrag zu dem gewissermaßen potenzierten **rechtlichen Paradoxon** führen, dass das Wirken einer Partei (materiell) verfassungs*widrig* ist, der Verzicht auf den Verbotsantrag dagegen verfassungs*mäßig*. Die Förderung derselben Partei durch staatliche Leistungen würde sich wiederum als verfassungs*mäßig* darstellen, während faktische Nachteile, die die Partei durch die öffentliche Gewalt erleidet, ebenfalls verfassungs*mäßig* wären, wenn sie nicht als verfassungsgeboten angesehen würden. Derart absurde Konsequenzen lassen sich nur durch die Annahme einer **Antragspflicht** ausschließen.[366]

182    Selbst wenn man wie der früher h. M. von einem Ermessensspielraum der antragsberechtigten Organe ausginge, könnte es sich nur um ein „pflichtgemäßes" Ermessen handeln. Dies bedeutet nach allgemeinen Grundsätzen, dass nur **sachgerechte Erwägungen** die Entscheidung zu tragen vermögen.[367] Angesichts der Schutzwirkungen des Art. 21 II sind aber schwerlich Erwägungen denkbar, die den **Verzicht** auf einen Antrag zu **rechtfertigen** vermögen. Geringe Erfolgsaussichten für ein Verbot durch das BVerfG rechnen nicht hierzu, weil in derartigen Fällen bereits die Erfüllung des Tatbestands verneint wird und Ermessenserwägungen nicht anzustellen sind (→ Rn. 177). Ermessensfehlerfrei dürfte allenfalls der Verzicht auf die Antragstellung gegenüber Gruppierungen sein, die den Parteibegriff erfüllen, in ihrer Zielsetzung aber völlig bedeutungslos und deshalb ohne „Potenzialität" sind. Soweit die **Quoren der Parteienfinanzierung** nicht erreicht werden, würde sich der oben dargestellte Widerspruch als weniger gravierend darstellen.

183    Nicht sachgerecht ist es demgegenüber, die **politische Bekämpfung** als dem Verbotsantrag gleichgeordnete Alternative bei **manifester Verfassungswidrigkeit** einer Partei anzusehen.[368] Insbesondere ist die **Observation** durch **Verfassungsschutzbehörden** kein Mittel, das im Vergleich zum Parteiverbot weniger belastend, zur Bekämpfung des Extremismus aber gleich geeignet wäre. Ein Konzept des **„dulde und observiere"** ist mit Art. 21 II unvereinbar und muss deshalb auch als Ermessenserwägung ausscheiden. Die Observation stellt keine Alternative zum Parteiverbot, sondern nur eine das Parteiverbot vorbereitende Maßnahme dar.[369] Sie ist grds. unzulässig, weil sie Parteien – zumindest mittelbar – in ihrer Betätigungsfreiheit einschränkt. Auch die – ausschließlich – „politische" Auseinandersetzung vermag die gekennzeichneten Widersprüche und das **Versagen der Schutzwirkung** des Art. 21 II nicht auszugleichen und schließt überdies die Möglichkeit ein, dass aus parteitaktischem Kalkül auf einen Verbotsantrag verzichtet wird.

184    **3. Vorbereitung des Verbotsantrags.** Soweit ein Verbotsantrag von den antragsberechtigten Organen erwogen wird, müssen alle zur Verfügung stehenden Erkenntnisquellen ausgewertet werden, um ihn zu begründen. Hierzu sind alle Erkenntnisse über die Aktivitäten der Partei und ihrer Mitglieder, soweit sie der Partei zugerechnet werden können, heranzuziehen.[370] Dazu gehören auch die mit **nachrichtendienstlichen Mitteln**, insbesondere durch **„Observation"** gewonnenen Informationen, soweit die Informationsbeschaffung sich innerhalb der rechtsstaatlichen Grenzen hält.[371] Im ersten NPD-Verbotsverfahren hat eine Senatsminderheit zusätzlich dafür ausgesprochen, dass spätestens mit der öffentlichen Bekanntgabe der Absicht, einen Verbotsantrag zu stellen, in den Vorständen einer politischen Partei tätigen V-Leute „abgeschaltet" werden und Kontakte zu ihnen unterbleiben müssten.[372] Die insoweit postulierte **„Staatsfreiheit"** der inkriminierten Partei erweist sich im Kern als Ausprägung des rechtsstaatlichen Fairnessgebots.[373] Wenn die antragsberechtigten Staatsorgane mit dem Verbotsverfahren erreichen wollen, dass die **Existenz der Partei** beendet wird, widerspricht es dem **Fairnessgebot**, während des Verfahrens die Partei weiterhin auszuspähen und Kontakte zu V-Leuten – möglicherweise auf Vorstandsebene – zu unterhalten.[374] Durch das Postulat der „Staatsfreiheit" dürfen allerdings die Hürden für ein Verbotsverfahren nicht in einer mit Art. 21 II unvereinbaren Weise erhöht werden. Da das Antragsrecht von BReg, BT und BRat unabhängig voneinander besteht, nicht jedes Organ aber die Möglichkeit der Einwirkung auf die **Behörden des Verfassungsschutzes** hat, muss die Pflicht zur sorgfältigen Vorbereitung ihre Grenzen in dem jew. Kompetenzbereich finden.[375] Mit Art. 21 II unvereinbar wäre es demgegenüber, ein Verbotsverfahren

---

[366] Zustimmend *Streinz* MKS II, Art. 21 Rn. 245.
[367] Vgl. *Ipsen* FS Maurer, 2001, S. 170 f.
[368] Bedenklich deshalb: BVerfGE 40, 287 (291 f.).
[369] Vgl. *Ipsen* FS Maurer, 2001, S. 173, großzügiger offenbar BVerwGE 110, 126 („besondere Rechtfertigung im Hinblick auf den Grundsatz der Verhältnismäßigkeit").
[370] Vgl. *Klein*, in: Maunz/Dürig, Art. 21 (2018) Rn. 535 ff.
[371] Ausführlich *Klein*, in: Maunz/Dürig, Art. 21 (2018) Rn. 577 ff. mwN.
[372] BVerfGE 107, 339 (369).
[373] BVerfGE 107, 339 (365 ff.).
[374] BVerfGE 107, 339 (369).
[375] Die Pflicht der Antragsteller zur sorgfältigen Vorbereitung postuliert ausdr. BVerfGE 107, 339 (369).

schon deshalb scheitern zu lassen, weil nachrichtendienstliche Kontakte außerhalb des Verantwortungs-
bereichs des Antragstellers bestehen.[376]

**4. Vorverfahren und Voruntersuchung (§§ 45, 47 BVerfGG).** Nach § 45 BVerfGG findet ein 185
**Vorverfahren** statt, in dem das BVerfG den Vertretungsberechtigten Gelegenheit zur Äußerung gibt
und alsdann beschließt, ob der Antrag als unzulässig oder nicht hinreichend begründet zurückzuweisen
oder ob die Verhandlung durchzuführen ist. Das Vorverfahren dient dem Schutz der inkriminierten
Partei und soll verhindern, dass es allein in der Hand der Antragsteller liegt, ob ein Verbotsverfahren
mit obligatorischer mündlicher Verhandlung durchgeführt wird.[377] An der Zulässigkeit kann es fehlen,
wenn das BVerfG über einen Antrag gegen denselben Antragsgegner bereits sachlich entschieden hat
und keine neuen Tatsachen vorgelegt werden (§ 47 iVm § 41 BVerfGG). Im Vorverfahren kann eine
mündliche Verhandlung stattfinden.[378]

Das BVerfG kann zur Vorbereitung der mündlichen Verhandlung eine **Voruntersuchung** anord- 186
nen (§ 47 iVm § 38 II 1 BVerfGG). Die Durchführung der Voruntersuchung ist einem Richter des
nicht zur Entscheidung in der Hauptsache zuständigen Senats zu übertragen (§ 38 II 2 BVerfGG).
Dieses, der früheren Voruntersuchung im Strafverfahren nachgebildete Institut soll ein **Höchstmaß
an Objektivität** gewährleisten. In den Verbotsverfahren gegen die SRP und die KPD war eine
Voruntersuchung gesetzlich noch nicht vorgesehen, im Verfahren gegen die NPD ist von dieser
Möglichkeit kein Gebrauch gemacht worden.

Nach § 38 I iVm § 47 BVerfGG kann das BVerfG eine **Beschlagnahme** oder **Durchsuchung** 187
nach den Vorschriften der Strafprozessordnung anordnen. Die Anordnung kann erfolgen, bevor dem
Antragsgegner Gelegenheit zur Äußerung gegeben worden ist. Von der Möglichkeit der Durchsuchung und Beschlagnahme hat das BVerfG in den Verfahren gegen die SRP und die KPD Gebrauch
gemacht.[379] Behördliche Maßnahmen bzw. gerichtliche Entscheidungen, die sich im Hinblick auf das
anhängige Verbotsverfahren gegen die NPD richteten, sind hingegen durch das BVerfG aufgehoben
worden.[380]

Der Beschluss gem. § 45 BVerfGG, dass die Verhandlung durchzuführen ist, bedarf einer Mehrheit 188
von zwei Dritteln der Mitglieder des Senats, weil es sich um eine dem Antragsgegner nachteilige
Entscheidung handelt (§ 15 IV 1 BVerfGG). Das BVerfG hat im NPD-Verbotsverfahren darüber
hinaus entschieden, dass die Ablehnung eines (nicht ausdr. gestellten) Antrags auf Einstellung des
Verfahrens ebenfalls eine dem Antragsgegner „nachteilige Entscheidung" im Sinne des § 15 IV 1
BVerfGG sei und deshalb einer qualifizierten Mehrheit bedürfe.[381] Diese Auffassung vermag nicht zu
überzeugen, weil mit der Ablehnung, einen Vorteil zu gewähren, lediglich der *Status quo ante* erhalten
bleibt, der durch den Beschluss nach § 45 BVerfGG begründet worden ist.[382]

**5. Einstweilige Anordnungen (§ 32 BVerfGG).** Die (wenigen) Spezialvorschriften über das 189
Parteiverbotsverfahren sind nicht abschließend, weil das BVerfG einen Zustand durch **einstweilige
Anordnung** vorläufig regeln kann, wenn dies zur Abwehr schwerer Nachteile, zur Verhinderung
drohender Gewalt oder aus einem anderen wichtigen Grund zum gemeinen Wohl dringend geboten
ist (§ 32 I BVerfGG). Im Wege der einstweiligen Anordnung kann dem Antragsgegner im Verfahren
gemäß Art. 21 II jegliche **politische Tätigkeit untersagt** werden. Im Verbotsverfahren gegen die
SRP hat das BVerfG von dieser Möglichkeit Gebrauch gemacht und der Partei nach Abschluss der
mündlichen Verhandlung jegliche Betätigung im Wege der einstweiligen Anordnung verboten.[383]

**6. Hauptverfahren.** Im Hauptverfahren ist eine **mündliche Verhandlung** durchzuführen, für die 190
die allgemeinen Vorschriften (§§ 25 f. BVerfGG) gelten.

**7. Entscheidung des BVerfG.** Erweist sich der Antrag als **begründet,** so stellt das BVerfG fest, 191
dass die politische Partei **verfassungswidrig** ist (§ 46 I BVerfGG). Mit der Feststellung ist die
**Auflösung der Partei** und das **Verbot**, eine **Ersatzorganisation** zu gründen, zu verbinden (§ 46
III 1 BVerfGG). Fakultativ kann die **Einziehung des Vermögens** der Partei zugunsten des Bundes
oder – bei auf ein Bundesland beschränkten Parteien – zugunsten des betreffenden Landes zu
gemeinnützigen Zwecken ausgesprochen werden (§ 46 III 2 BVerfGG). Das BVerfG hat in den
Parteiverbotsverfahren gegen die SRP[384] und die KPD,[385] die zu einem Verbot führten, die Einziehung
des Vermögens zugunsten der BRD ausgesprochen.

---

[376] Zum Einsatz nachrichtendienstlicher Mittel vgl. auch *Klein,* in: Maunz/Dürig, Art. 21 (2018) Rn. 579.
[377] Vgl. *Streinz* MKS II, Art. 21 Rn. 246.
[378] Vgl. *Seifert* (Fn. 61), S. 494.
[379] BVerfGE 2, 1 (7); 5, 85 (107).
[380] So BVerfGE 104, 38; 104, 39; 104, 41; 104, 42.
[381] BVerfGE 107, 339 (357).
[382] Vgl. *Ipsen* JZ 2003, 486 f.
[383] BVerfGE 1, 349.
[384] BVerfGE 2, 1 (2 sub I 5).
[385] BVerfGE 5, 85 (87 sub I 4).

**192**     Die **Vollstreckung der Entscheidung** richtet sich in erster Linie nach § 32 PartG. Zuständig für die Vollstreckung sind die von den Landesregierungen bestimmten Behörden (Abs. 1), wobei der Bundesminister des Innern die für eine einheitliche Vollstreckung erforderlichen Anordnungen trifft (Abs. 2). Das BVerfG kann die Vollstreckung **abweichend** von diesen Vorschriften regeln (Abs. 3). **Rechtsbehelfe** gegen die Vollstreckungsmaßnahmen haben **keine aufschiebende Wirkung** (Abs. 4 S. 1). Soweit sie Gegenstand verwaltungsgerichtlicher Verfahren sind, ist das Verfahren ggf. auszusetzen und die Entscheidung des BVerfG einzuholen (Abs. 4 S. 2). Dieses entscheidet auch über Einwendungen gegen die Art und Weise der Durchführung der von ihm angeordneten Vollstreckungsmaßnahmen (Abs. 4 S. 3).

## IV. Rechtswirkungen der Entscheidung

**193**     **1. Verlust des Parteistatus.** Eine nach § 46 I BVerfGG für verfassungswidrig erklärte Partei **verliert** ihren **Parteistatus** und fällt damit aus dem Gewährleistungsbereich des Art. 21 heraus. Die Verkündung der Entscheidung des BVerfG beendet ihre rechtliche Existenz. Diese Rechtswirkung tritt *ipso iure* ein und bedarf **keiner Vollstreckung.** Die mit der Feststellung der Verfassungswidrigkeit notwendig zu verbindende **Auflösung** (§ 46 III 1 BVerfGG) bezieht sich demgegenüber auf die Zerschlagung der Parteiorganisation, insbesondere der Untergliederungen.[386] Da sie notwendig mit der Feststellung der Verfassungswidrigkeit zu verbinden ist und hiergegen keinerlei verfassungsrechtliche Einwände zu erheben sind,[387] kann die genaue Abgrenzung offen bleiben.

**194**     **2. Verbot von Ersatzorganisationen.** Auch das **Verbot von Ersatzorganisationen** stellt sich als notwendige Rechtswirkung der Entscheidung dar, weil anderenfalls die für verfassungswidrig erklärte Partei stets unter anderem Namen erscheinen und wiederum die Schutzwirkung des Art. 21 in Anspruch nehmen könnte. Die Entscheidung des BVerfG, der es unter Umständen bedarf, um den Charakter als Ersatzorganisation festzustellen (§ 33 II PartG), ist **deklaratorisch.**[388] Sie ist gleichwohl verfassungsrechtlich geboten, weil eine politische Gruppierung, die die Begriffsmerkmale einer Partei erfüllt und *vor* dem Parteiverbot bestanden hat, sich grds. auf die Schutzwirkung des Art. 21 II berufen kann. Eine verfassungsgerichtliche Entscheidung ist auch erforderlich, wenn die Ersatzorganisation über Parlamentsmandate verfügt. § 33 II PartG bedarf insoweit der Ergänzung, als auch Mandate im Europäischen Parlament eine Entscheidung des BVerfG erforderlich machen.

**195**     Für die Durchführung des Verfahrens vor dem BVerfG bedarf es eines erneuten Antrags nach § 43 BVerfGG. Die Vorschriften der §§ 38, 41, 44 und 46 III BVerfGG sowie § 32 PartG sind auf dieses Verfahren entsprechend anzuwenden (§ 33 II PartG). Sofern die Voraussetzungen des § 33 II PartG nicht vorliegen, kann die Exekutive gegen Ersatzorganisationen mit oder ohne Parteicharakter auf Grund des Vereinsgesetzes einschreiten (§ 33 III PartG).

**196**     **3. Mandatsverlust.** Die **Abgeordneten** einer für verfassungswidrig erklärten Partei verlieren ihre **Mandate.** Dies wird durch § 46 I 1 Nr. 5 BWahlG, § 22 II Nr. 5 EuWG und die Landeswahlgesetze der Länder[389] bestimmt. Obwohl das BVerfG den Mandatsverlust für Mandatsträger in kommunalen Vertretungsorganen nicht als zwingend angesehen hat,[390] schreiben die Kommunalwahlgesetze der Länder überwiegend ebenfalls den Mandatsverlust vor.[391] Die Feststellung über den Verlust der Mitgliedschaft erfolgt bei Bundestagsabgeordneten durch **Beschluss des Ältestenrats** des BT (§ 47 I Nr. 2 BWahlG), bei Mitgliedern des Europäischen Parlaments ebenfalls durch Entscheidung des Ältestenrats des BT (§ 23 I Nr. 2 EuWG), im Übrigen nach den Vorschriften des jeweiligen Landesgesetzes.[392]

**197**     Das BVerfG hat im **SRP-Urteil** die Auffassung vertreten, dass „der Mandatsverlust sich unmittelbar aus Art. 21 ergibt".[393] Da es zu diesem Zeitpunkt an einer gesetzlichen Regelung fehlte, ordnete das

---

[386] Vgl. *Seifert* (Fn. 61), S. 495 f.

[387] BVerfGE 5, 85 (391).

[388] Vgl. *Henke* BK, Art. 21 (1991) Rn. 363; *Stein,* in: Ipsen, PartG, § 33 Rn. 6; *Rixen,* in: Kersten/Rixen, PartG, § 32 Rn. 12.

[389] BW: § 49 S. 1 LWahlGBW; Bay: Art. 59 I BayLWahlG; Bbg: §§ 41 I Nr. 7, 45 I BbgLWahlG; Brem: § 35 I BremWahlG; Hmb: § 12 I HmbBüWG; Hess: § 41 I HessLWahlG; MV: §§ 47 I, 59 I Nr. 5 LKWGMV; Nds: § 8 I Nr. 4 NRW; NRW: § 5 Nr. 3, 38 LWahlG; RhPf: § 60 I LWahlG; Saarl: § 41 I Nr. 5 LWahlG; Sachs: § 45 I Nr. 4, Abs. 4 SächsWahlG; SachsAnh: §§ 7 I Nr. 7, 44 LWahlGLSA; SchlH: § 52 I 1 LWahlGSchlH; Thür: §§ 46 I 1 Nr. 4, Abs. 4 ThürLWahlG.

[390] BVerfGE 2, 1 (76).

[391] Bay: Art. 49 BayGLKrWG; Bbg: § 62 BbgKWahlG; Hmb: § 1 HmbBezVWG, § 12 HmbBüWG; Hess: § 35 HessKWahlG; MV: §§ 47 I, 65 I Nr. 5 LKWGMV; Nds: § 44 III NdsKWahlG; NRW: §§ 37 Nr. 3, 46 KWahlGNRW; RhPf: § 46 KWahlGRhPf; Saarl: § 50 KWahlGSaarl; SachsAnh: § 47 Abs. 2 KWahlGLSA; SchlH: § 45 KWahlGSchlH; Thür: § 30 IV ThürKWahlG.

[392] Vgl. etwa Bay: Art. 59 IV BayLWahlG; MV: § 45 III Nr. 4 LWahlGMV; Nds: § 8 II NdsLWahlG; RhPf: § 60 II LWahlGRhPf; Sachs: § 46 I Nr. 2 SächsLWahlG; SachsAnh: § 7 II 2 LWahlGLSR; SchlH: § 52 I 2 LWahlGSchlH; Thür: § 47 I Nr. 1 ThürLWahlG.

[393] BVerfGE 2, 1 (75).

BVerfG den Mandatsverlust durch Anordnung nach § 35 BVerfGG an.[394] Diese Rspr. ist nicht unwidersprochen geblieben. Der NdsStGH ist ihr – ebenso wie die Verfassungsgerichte anderer Länder – mit einem Vorlagebeschluss (Art. 100 III) entgegengetreten.[395] Die **Gegenmeinung** stützte sich insbesondere auf den im Repräsentationsprinzip wurzelnden **Grundsatz des freien Mandats** (Art. 38 I 2), der eine Verknüpfung zwischen Partei und Parlamentsmandat ausschließen soll.[396]

Dem BVerfG kann nicht gefolgt werden, soweit es den Mandatsverlust **unmittelbar** aus Art. 21 **198** ableitet. Die Materialien ergeben keinen Anhaltspunkt dafür, dass der Verfassungsgeber die Frage in diesem Sinne hätte entscheiden wollen. Da das Problem des Schicksals von Parlamentsmandaten bei Parteiverboten seit der Weimarer Zeit bekannt war,[397] hätte eine Entscheidung auf Verfassungsebene im Wortlaut des Art. 21 zum Ausdruck kommen müssen.

Ebenso wenig kann angenommen werden, dass der Mandatsverlust durch Art. 38 I 2 ausgeschlossen **199** wird.[398] Der **Grundsatz des freien Mandats** begründet zwar eine **relative Unabhängigkeit** des Abgeordneten gegenüber dem Parteiapparat, so dass weder der Parteiaustritt noch der –ausschluss den Mandatsverlust zur Folge hat.[399] Die auf Grenzfälle beschränkte Unabhängigkeit bedeutet jedoch nicht, dass Art. 38 die Fiktion eines von Parteibindungen freien Abgeordneten aufstellte, die notwendig mit der Realität des politischen Systems kontrastieren müsste.[400] Die Entscheidung, ob das Mandat im Falle des Parteiverbots eher der Partei oder im Sinne des überkommenen Repräsentationsprinzips dem einzelnen Abgeordneten zugerechnet wird, obliegt folglich dem **einfachen Gesetzgeber.**

Der Mandatsverlust stellt sich im Falle des Parteiverbots jedoch als **verfassungspolitische Notwen-** **200** **digkeit** dar. Die Parteiverbote in der Weimarer Zeit waren in ihrer Wirksamkeit eingeschränkt, weil die Abg. der verbotenen Parteien im Reichstag weiterhin agitieren konnten. Versehen mit **Immunität** und **Indemnität** hatten sie die Möglichkeit, im Zentrum der staatlichen Willensbildung gerade diejenigen Ziele zu verfolgen, um deretwegen die Parteien als Organisationen verboten worden waren. Der „Freifahrtschein" (Art. 40 WRV) galt geradezu als Symbol für die Schwäche der Weimarer Republik, die ihre Gegner nur halbherzig bekämpfte.[401]

Da der Mandatsverlust nicht zwingend aus Art. 21 II folgt, sind die entsprechenden Regelungen **201** nicht dem **Parteienrecht,** für das eine ausschließliche Gesetzgebungszuständigkeit des Bundes besteht (Art. 21 III), sondern dem jeweiligen **Parlamentsrecht** zuzuordnen.[402] Insofern bestehen keine kompetenzrechtlichen Bedenken, dass die Länder die entsprechenden Regelungen in eigener Zuständigkeit getroffen haben.[403] Auch die Vorschriften der Kommunalwahlgesetze[404] sind kompetenzrechtlich unbedenklich.

## V. Das Problem der „verfassungsfeindlichen Parteien"

**1. Schutzwirkung des Art. 21 II und „Verfassungsfeindlichkeit".** Da Art. 21 II eine doppel- **202** te **Schutzwirkung** zukommt, die sich zugunsten der politischen Parteien und ihrer Anhänger entfaltet (→ Rn. 152), erweist sich die Annahme einer **„Verfassungsfeindlichkeit"** von Parteien als verfassungsrechtlich problematisch. Die „Verfassungsfeindlichkeit" ist ursprünglich kein Rechtsbegriff, sondern hat sich in der öffentlichen Diskussion als Kennzeichnung politischer Parteien mit extremer Programmatik herausgebildet, für die es an einem Verbotsantrag bzw. einer entsprechenden Feststellung des BVerfG fehlte.[405] Mit zunehmender Tendenz erscheint die „verfassungsfeindliche" Partei als **selbständige rechtliche Kategorie**[406] neben der i. S. d. Art. 21 II „verfassungswidrigen" Partei.[407] Bei der Frage nach der Vereinbarkeit einer solchen Einschätzung mit Art. 21 II muss danach unterschieden werden, ob es sich um rechtlich erhebliche oder nur tatsächliche Folgen handelt.

Gegen die **Bezeichnung** als „radikal" ist eine Partei durch Art. 21 II nicht geschützt. Es handelt **203** sich hier um **Einschätzungen von Staatsorganen,** die auf Erkenntnisse gestützt sind und der Aufklärung der Bevölkerung dienen. Zutreffend ist von der Rspr. ein **Unterlassungsanspruch** der

---

[394] BVerfGE 2, 1 (77).

[395] NdsStGHE 1, 34 (49 f.); vgl. dazu auch NdsStGHE 1, 53 (Erledigung in der Hauptsache).

[396] Nachw. bei *Henke* BK, Art. 21 (1991) Rn. 106 m. Fn. 91.

[397] Vgl. *Huber* (Fn. 8), Bd. VI, 1981, S. 154.

[398] So aber *Morlok*, in: Dreier II, Art. 21 Rn. 156; zweifelnd auch *Streinz* MKS II, Art. 21 Rn. 249.

[399] Vgl. *Badura* BK, Art. 38 (2008) Rn. 72.

[400] Vgl. *Ipsen*, StaatsR I, Rn. 292; ähnlich *Klein*, in: Maunz/Dürig, Art. 21 (2018) Rn. 568.

[401] Vgl. *Huber* (Fn. 8), Bd. VI, 1981, S. 155 f.

[402] Zustimmend *Klein*, in: Maunz/Dürig, Art. 21 (2018) Rn. 569.

[403] S. → Rn. 196 Fn. 378.

[404] S. → Rn. 196 Fn. 380.

[405] Vgl. *Kriele* ZRP 1975, 201; *Wiese* DVBl 1976, 317; *Henke* BK, Art. 21 (1991) Rn. 366.

[406] Vgl. das Gesetz zum Ausschluss verfassungsfeindlicher Parteien von der Parteifinanzierung vom 18.7.2017, BGBl I S. 2730; auch die dem zugrunde liegende Änderung von Art. 21 GG zielt auf „verfassungsfeindliche" Parteien, vgl. BT-Dr 18/12357 v. 16.5.2017.

[407] Vgl. *Pieroth*, in: Jarass/Pieroth, Art. 21 Rn. 63; widersprüchlich *Henke* BK, Art. 21 (1991) Rn. 366 (einerseits: „Alternative zur Verfassungswidrigkeit", andererseits: „kein Rechtsbegriff").

betroffenen Partei **verneint** worden.[408] Im Übrigen erfordert der Grundsatz der Chancengleichheit der Parteien die Beachtung des Gebots staatlicher Neutralität,[409] so dass weitergehenden Bewertungen und Maßnahmen staatlicher Stellen enge Grenzen gezogen sind.

204      Die **Anwendung nachrichtendienstlicher Mittel** erweist sich demgegenüber als problematisch. Soweit nur allgemein zugängliche Publikationen der Partei gesammelt und ausgewertet werden, bestehen keine rechtlichen Bedenken. Die **nachrichtendienstliche Observation** ist hingegen eine exekutivische Maßnahme mit **faktischer Rückwirkung** auf die **Parteienfreiheit** und bedarf deshalb besonderer **Rechtfertigung**.[410] Sie gehört zu dem (historischen) Arsenal exekutivischer Maßnahmen, das durch Art. 21 II prinzipiell ausgeschlossen werden sollte. Hierbei macht es keinen Unterschied, dass in der Vergangenheit eine polizeiliche Überwachung üblich war, nunmehr aber eine nachrichtendienstliche Observation stattfindet.

205      Nachrichtendienstliche Mittel lassen sich nur insoweit rechtfertigen, als andere Erkenntnisquellen keinen eindeutigen Schluss im Hinblick auf den **Tatbestand nach Art. 21 II** zulassen und ein **Verbotsantrag** erwogen wird. Mit anderen Worten dürfen nachrichtendienstliche Mittel nur mit dem Ziel einer **Antragstellung** verwendet werden, letztlich also, um die **Erkenntnislücke** zu füllen, die auf Grund der Schutzwirkung des Art. 21 II anderenfalls verbliebe und die Erfolgsaussichten eines Antrags unsicher erscheinen ließe. Eine ständige Observation politischer Parteien verstößt dagegen gegen Art. 21 II iVm dem Grundrecht der Parteienfreiheit.[411] Eine abschließende Klärung dieser Frage durch das BVerfG steht noch aus.[412]

206      Unvereinbar mit Art. 21 II ist es ebenfalls, die Mitgliedschaft in einer als „verfassungsfeindlich" eingestuften Partei zur Begründung der Ablehnung einer **Einstellung** in den **öffentlichen Dienst** heranzuziehen.[413] Nach Art. 33 II hat jeder Deutsche nach seiner Eignung, Befähigung und fachlichen Leistung gleichen Zugang zu jedem öffentlichen Amt. Dieses grundrechtsgleiche Recht würde verletzt, wenn schon allein die bloße Mitgliedschaft in einer politischen Partei die Ablehnung eines Bewerbers rechtfertigen würde. Es handelt sich hierbei um einen *rechtlichen* Nachteil, der an die Mitgliedschaft in einer Partei geknüpft wird. Derartige Nachteile sind mit der Schutzwirkung des Art. 21 II unvereinbar.[414]

207      Die entgegen gesetzte Rspr. des BVerfG[415] vermag in ihrer Kompromisshaftigkeit nicht zu überzeugen. Es handelt sich hierbei nicht um das Problem der „Radikalen im Öffentlichen Dienst", deren Einstellung verfassungs- wie beamtenrechtlich ausgeschlossen ist.[416] Vielmehr geht es um die Frage, ob allein die bloße Zugehörigkeit zu einer nicht verbotenen Partei die Ablehnung einer Einstellung rechtfertigt. Dies ist eindeutig zu verneinen, wobei auf die hier angenommene **Rechtspflicht** zur Antragstellung hingewiesen sei;[417] der an die Mitgliedschaft geknüpfte Nachteil für die betroffene Person schlägt ggf. auf die Bereitschaft zur Mitwirkung in der unverbotenen Partei durch und beeinträchtigt damit mittelbar die Parteienfreiheit. Unberührt bleibt die Möglichkeit, dienstrechtliche Konsequenzen aus anderweitigen Emanationen fehlender Verfassungstreue oder anderen Verstößen gegen beamtenrechtliche Pflichten zu ziehen.[418]

208      **2. Gefahren für die Schutzwirkung des Art. 21 II.** Der in der Staatspraxis über einen längeren Zeitraum feststellbare **Verzicht auf Parteiverbotsverfahren** und die damit einhergehende „**politische Bekämpfung**" verfassungsfeindlicher Tendenzen drohte die **Schutzwirkung** des Art. 21 II 2 in beiden Richtungen auszuhebeln und die Glaubwürdigkeit des politischen Systems zu untergraben. Wurden nämlich die Gefahren des politischen Extremismus für die freiheitlich-demokratische Grundordnung ständig berufen, so musste es als inkonsequent erscheinen, die verfassungsrechtlich vorgesehenen Instrumente zu ihrer Bekämpfung nicht zu nutzen, den extremistischen Parteien aber staatliche Förderung zuteil werden zu lassen. Zudem bestand die Gefahr darin, die **Schutzwirkung für die Parteien** zu unterlaufen, indem deren vorgebliche Verfassungsfeindlichkeit zur Grundlage exekutivischer Maßnahmen gemacht wurde. Es war dies der Zustand, der durch Art. 21 II verhindert werden sollte.[419]

---

[408] BVerfGE 40, 287 (291 f.).

[409] Vgl. BVerfGE 148, 11 (25 in Rn. 46); s. ferner BerlVerfGH LKV 2019, 120 (121 in Rn. 39).

[410] So zutr. BVerwGE 110, 126 (LS 2).

[411] Die verwaltungsgerichtl. Rechtsprechung ist bislang nicht einheitlich, vgl. NdsOVG NJW 1994, 746; BayVGH NJW 1994, 748; OVG NRW NVwZ 1994, 588; VGH BW NVwZ 1994, 794. Soweit die Verfassungsschutzgesetze eine niedrigere Eingriffsschwelle vorsehen, ist ihre Vereinbarkeit mit Art. 21 I GG (Parteienfreiheit) zweifelhaft.

[412] Vgl. hierzu auch *Klein*, in: Maunz/Dürig, Art. 21 Rn. 577 ff.

[413] Vgl. nur *Seifert* (Fn. 61), S. 482 f. mwN; *Henke* BK, Art. 21 (1991) Rn. 178 mwN; vgl. auch *Klein*, in: Maunz/Dürig, Art. 21 (2018) Rn. 583 f.

[414] Ebenso *Streinz* MKS II, Art. 21 Rn. 218 ff. mwN.

[415] BVerfGE 39, 334 (360).

[416] Art. 33 II GG, §§ 4 I Nr. 2 BRRG, 7 I Nr. 2 BBG.

[417] Der EGMR hat die Entlassung einer Lehrerin wegen Zugehörigkeit zur DKP als Verstoß gegen Art. 10 und 11 EMRK angesehen und diesen ua damit begründet, die Partei sei nicht verboten: so EGMR EuGRZ 1995, 590 (598).

[418] Vgl. LG Karlsruhe, Urt. v. 13.8.2018 – RDG 1/17 (juris): Entfernung eines BT-Mitgliedes aus dem Beamtenverhältnis.

[419] Siehe o. Rn. 150 ff.

Das NPD-Urteil vom 17.1.2017 hat **Verbotsverfahren** nach Art. 21 II weiter erschwert. Waren **209** schon bislang die antragsberechtigten Organe – BReg, BT und BRat – aufgrund unsicherer Erfolgsaussichten schwerlich zur Antragstellung zu bewegen, so müsste in Zukunft die „Potentialität" bzgl. des Erreichens verfassungswidriger Ziele zusätzlich nachgewiesen werden. Ein nicht zu übersehener Widerspruch in dem Urteil besteht darin, dass die reale Möglichkeit einer Partei, ihre verfassungswidrigen Ziele zu erreichen, eine so hohe **Gefährdung** der freiheitlich demokratischen Grundordnung voraussetzt, dass die antragsberechtigten Organe möglicherweise schon deshalb nicht willens oder in der Lage sind, ein Verbotsverfahren anzustrengen.

Andererseits wird durch das Urteil die **doppelte Schutzwirkung** des Verbotsverfahrens unter- **210** laufen, weil die Staatsorgane durch die Feststellung der Verfassungswidrigkeit der NPD geradezu aufgerufen werden, Maßnahmen gegen die zwar verfassungswidrige, aber nicht *verbotene* Partei zu ergreifen, insbesondere die Bereitstellung öffentlicher Einrichtungen oder die Gewährung öffentlicher Leistungen (§ 5 I PartG) zu verweigern. Das BVerwG sah sich bereits zu der Klarstellung veranlasst, dass die Pflicht der Exekutive zur Gleichbehandlung aller nicht verbotenen Parteien von der schlichten Feststellung der Verfassungswidrigkeit einer Partei unberührt bleibt, dieser Umstand insbesondere keine **Ungleichbehandlung** rechtfertigt.[420]

## VI. Parteiverbot und EMRK

Parteiverbote sind mehrfach Gegenstand der Rspr. des EGMR gewesen, der zur rechtlichen Prüfung **211** Art. 10 (Meinungsfreiheit) und 11 (Vereinigungsfreiheit) EMRK herangezogen hat.[421] Die **Europäische Kommission für Menschenrechte** hatte auf Beschwerde der verbotenen KPD die Vereinbarkeit des Art. 21 II mit der EMRK festgestellt.[422] Der **EGMR** prüft Parteiverbote auch im Hinblick auf ihre „Notwendigkeit", sowie die „Proportionalität" der Beeinträchtigung der Vereinigungsfreiheit.[423] Auch unter Berücksichtigung der neueren Rspr. des EGMR dürfte Art. 21 II den Voraussetzungen des Art. 11 II 1 EMRK („... in einer demokratischen Gesellschaft ... notwendig ...") entsprechen und keine zusätzliche Prüfung am Maßstab des Übermaßverbots erfordern.[424]

## F. Der Ausschluss von der Parteienfinanzierung (Abs. 3)

### I. Die Grundgesetzänderung als Folge des NPD-Urteils

Mit der Neufassung von Art. 21 III ist der Gesetzgeber einem Hinweis des BVerfG gefolgt, dass statt **212** des nach Art. 21 II vorgesehenen **Parteiverbotes** auch die Möglichkeit in Betracht zu ziehen sei, Parteien von der **staatlichen Finanzierung** auszuschließen.[425] Damit wurde dem verfassungsändernden Gesetzgeber ein Ausweg aus der mit dem NPD-Urteil geschaffenen Aporie gewiesen, dass eine als verfassungswidrig erklärte Partei aufgrund der Neuinterpretation des „darauf Ausgehens" weiterhin Anspruch auf staatliche Zuwendungen gehabt hätte, der Staat also weiterhin verpflichtet gewesen wäre, verfassungsfeindliche Bestrebungen zu finanzieren. Nach der Grundgesetznovelle gibt es in Zukunft zwei unterschiedliche Verfahren, mit denen die antragsberechtigten Organe auf verfassungsfeindliche Bestrebungen politischer Parteien reagieren können.

### II. Tatbestandsvoraussetzungen des Ausschlusses von der Parteienfinanzierung

Nach Art. 21 III **sind** Parteien, die darauf **ausgerichtet** sind, die freiheitliche demokratische **213** Grundordnung zu beeinträchtigen oder zu beseitigen oder den Bestand der BRD zu gefährden, von **staatlicher Finanzierung** ausgeschlossen. Damit ist der Wortlaut des Art. 21 II hinsichtlich der **Schutzgüter** übernommen worden, so dass auf die Kommentierung zu Art. 21 II verwiesen werden kann (→ Rn. 160 ff.). Der Wortlaut des Art. 21 II Satz 1 aF ist nur dahingehend geändert worden, dass die inkriminierten Parteien „darauf ausgerichtet" sein statt „darauf ausgehen" müssen, die freiheitliche demokratische Grundordnung zu beeinträchtigen oder zu beseitigen oder den Bestand der BRD zu gefährden. Bei unbefangener Auslegung besteht kein wesentlicher Unterschied darin, ob Parteien

[420] BVerwG NJW 2019, S. 1317 (1320 f. in Rn. 36 ff.); s. ferner (zu Wahlwerbung) BayVGH, B. v. 13.5.2019 – 7 CE 19.943, Rn. 14.
[421] Vgl. EGMR, Entsch. v. 30.1.1998, Case of United Communist Party of Turkey and Others v. Turkey, EGMRE 1998, S. 1 ff.; Entsch. v. 25.5.1998, Case of Socialist Party and Others v. Turkey, EGMRE 1998, S. 1233 ff.; Entsch. v. 8.12.1999, Case of Freedom and Democracy Party (ÖZDEP) v. Turkey, EGMRE 1999-VIII, S. 293 ff.; Entsch. v. 13.2.2003, Case of Refah Partisi (The Welfare Party) and Others v. Turkey, EGMRE 2003-II, S. 267 ff.
[422] Entsch. EMRK v. 20.7.1957, EA 1957, 10 127.
[423] Vgl. EGMR, Entsch. v. 30.1.1998, Case of United Communist Party of Turkey and Others v. Turkey, EGMRE 1998, S. 1 ff., in §§ 45 ff.; Entsch. v. 13.2.2003, Case of Refah Partisi (The Welfare Party) and Others v. Turkey, EGMRE 2003-II, S. 267 ff. Zur Rechtsprechung des EGMR eingeh. BVerfGE 144, 20 (234 ff. in Rn. 607 ff.).
[424] Vgl. BVerfGE 144, 20 (240 ff. in Rn. 623 ff.).
[425] Vgl. BVerfGE 144, 20 (202 in Rn. 527 und 242 in Rn. 625).

„darauf ausgehen", die freiheitliche demokratische Grundordnung zu beeinträchtigen oder zu beseitigen oder den Bestand der BRD zu gefährden oder ob sie „darauf ausgerichtet" sind. Bei der Begriffsauslegung muss jedoch berücksichtigt werden, dass der Zweite Senat des BVerfG im NPD-Urteil dem Verbum „darauf ausgehen" unter Aufgabe der früheren Rspr. das – ungeschriebene – Tatbestandsmerkmal der „Potentialität", also der realen Möglichkeit, die verfassungsfeindlichen Ziele zu erreichen, zugeordnet hat (→ Rn. 159). Aus der Entstehungsgeschichte folgt deshalb zwingend, dass die Wendung „darauf ausgerichtet sind" sich zwar gegen die gleichen Schutzgüter richten muss wie das „darauf Ausgehen", diesen Bestrebungen jedoch nicht die reale Möglichkeit der Zielerreichung eigen sein muss. Im Übrigen sind die vom BVerfG zur Auslegung der Begriffe „Ziele" und „Verhalten ihrer Anhänger" entwickelten Grundsätze anwendbar. Folie einer solchen Prüfung ist das NPD-Urteil, in dem sämtliche Tatbestandsmerkmale des Art. 21 II als erfüllt angesehen wurden, der Partei indes nur die „Potentialität" zur Erreichung ihrer Ziele abgesprochen wurde.[426]

## III. Rechtsfolgen einer Feststellung nach Art. 21 III

214    Im Verfahren nach Art. 21 III ist zunächst festzustellen, ob die betreffende Partei darauf ausgerichtet ist, die freiheitliche demokratische Grundordnung zu beeinträchtigen oder zu beseitigen oder den Bestand der BRD zu gefährden. Insoweit stimmen die Verfahren nach Art. 21 II und III überein. Während im Verfahren nach Abs. 2 dem Wortlaut nach nur die **Verfassungswidrigkeit** festgestellt wird (§ 45 I BVerfGG) und die Rechtsfolgen sich erst aus dem BVerfGG (§ 46 III) ergeben, ist die Rechtsfolge des Ausschlusses von staatlicher Finanzierung in Art. 21 III 1 ausdr. festgelegt. Mit dem Begriff „staatliche Finanzierung" ist die in §§ 18 ff. PartG geregelte **unmittelbare Parteienfinanzierung** durch finanzielle Leistungen aufgrund der **Wählerstimmenzahl** (§ 18 III 1 Nr. 1 PartG) und nach Maßgabe der **Zuwendungen** von Mitgliedern oder Mandatsträgern (§ 18 III 1 Nr. 3 PartG) gemeint (→ Rn. 140). Als Rechtsfolge dieser Feststellung entfällt auch die steuerliche Begünstigung dieser Parteien und von Zuwendungen an diese Parteien (Art. 21 III 2), die als mittelbare Parteienfinanzierung bezeichnet wird (→ Rn. 137 f.). Nach dem eindeutigen Wortlaut der Bestimmung entfallen steuerliche Begünstigungen jeder Art, gleichgültig ob sie den Parteien selbst oder dritten Personen zukommen.

215    In Abs. 3 ist damit die gleiche Konstruktion wie in Abs. 2 gewählt worden. Werden die Tatbestandsvoraussetzungen – „Ausrichtung" der genannten Art – bejaht, ist zwingend der Ausschluss von staatlicher Finanzierung festzustellen. Wie in Abs. 2 vermittelt der Wortlaut der Vorschrift zwar den Eindruck, dass die Rechtsfolgen *ipso iure* eintreten. Davon kann indes keine Rede sein, weil der Feststellung ein **Antrag** der antragsberechtigten Organe und ein Verfahren mit den ihm eigenen Verfahrensgarantien vorangehen muss. Die indikativische Formulierung bedeutet, dass das für die Entscheidung zuständige BVerfG **kein Ermessen** bei der Anordnung der Rechtsfolge hat, sondern bei Bejahung der Tatbestandsvoraussetzungen zwingend den Ausschluss von der staatlichen Finanzierung anordnen muss.

## IV. Das Ausschlussverfahren

216    Für das Ausschlussverfahren ist in Art. 21 IV lediglich bestimmt, dass das BVerfG über den Ausschluss einer Partei von staatlicher Finanzierung nach Abs. 3 entscheidet. Das BVerfGG musste deshalb um eine neue Verfahrensart ergänzt werden, was in § 13 Nr. 2a BVerfGG geschehen ist. Weiterhin bedurfte es einer Zuordnung beider Verfahren zur Abwehr verfassungsfeindlicher Bestrebungen. Die Antragsberechtigung nach § 43 I BVerfGG – BT, BRat, BReg – gilt nach § 43 I 1 BVerfGG auch für das Ausschlussverfahren. Eine Besonderheit weist § 43 I 2 BVerfGG auf, demzufolge der Antrag auf Entscheidung über den Ausschluss von staatlicher Finanzierung **hilfsweise** zu einem Antrag auf Entscheidung, ob eine Partei verfassungswidrig ist, gestellt werden kann. Diese Vorschrift ist ersichtlich dem Verlauf und Ergebnis des NPD-Verfahrens nachgebildet, in dem das BVerfG die Tatbestandsvoraussetzungen des Art. 21 II – und nunmehr des Abs. 3 – festgestellt hat und auf einen Hilfsantrag den Ausschluss von der Parteienfinanzierung beschlossen haben würde.

217    Nach § 46 BVerfGG ist ein **§ 46a eingefügt** worden. Die Partei und etwaige Ersatzparteien sind danach bei einem begründeten Antrag nach Art. 21 III für die Dauer von 6 Jahren von der staatlichen Parteienfinanzierung ausgeschlossen (§ 46a I 1 und 2 BVerfGG). Der Ausschluss kann auf Antrag einer antragsberechtigten Stelle – auch mehrfach – um weitere 6 Jahre verlängert werden.

218    Durch die **Befristung** unterscheidet sich das Ausschlussverfahren grds. vom Verbotsverfahren. Das Verbot einer Partei gilt zeitlich unbegrenzt. Für die Feststellung, dass es sich bei neugegründeten Parteien um eine verbotene Ersatzorganisation handelt, ist ein besonderes verfassungsgerichtliches Verfahren vorgesehen (§ 33 II PartG → Rn. 195). Auch für das Ausschlussverfahren gilt das Verbot von Ersatzorganisationen (§ 46a I 2 BVerfGG). Auch entscheidet das BVerfG darüber, ob es sich bei einer Partei um eine Ersatzpartei handelt (§ 46a I 3 BVerfGG). Die Parallelität beider Verfahren wird

---

[426] BVerfGE 144, 20 (368 f. in Rn. 1009).

jedoch dadurch in Frage gestellt, dass der Ausschluss von der staatlichen Finanzierung auf sechs Jahre befristet ist und die Partei im Übrigen ungehindert agieren kann. Statt den Umweg über eine Ersatzorganisation zu gehen, erscheint es näherliegend, dass die betroffene Partei sich während der Sechs-Jahres-Frist in ihrer Propaganda und ihrem öffentlichen Auftreten mäßigt, um nach Fristablauf wieder in den Genuss staatlicher Mittel zu gelangen. Eine solche „Katharsis" ist keineswegs undenkbar und entspricht möglicherweise dem Vorstellungsbild des Gesetzgebers. Allerdings widerspricht die Wandlung einer extremistischen Partei, die die Tatbestandsvoraussetzungen des Art. 21 III erfüllt, aller historischen Erfahrung mit der Folge, dass die Vereinbarkeit der Befristung mit dem Grundgesetz zweifelhaft ist.

Hinzu kommt, dass nach § 47 BVerfGG die Vorschriften der §§ 38 und 41 BVerfGG entsprechend **219** gelten. Da der Zweite Abschnitt nach der Gesetzesnovelle mit „Verfahren in den Fällen des § 13 Nr. 2 und 2a" überschrieben ist, ist die entsprechende Geltung des § 41 BVerfGG auch für das Ausschlussverfahren unzweifelhaft. Nach § 41 BVerfGG kann ein Antrag gegen den selben Antragsgegner nur wiederholt werden, wenn er auf neue Tatsachen gestützt wird. Da ein Verlängerungsantrag nach § 46a II 1 BVerfGG als Wiederholungsantrag im Sinne des § 41 BVerfGG zu qualifizieren sein dürfte, könnte er nur auf solche Tatsachen gestützt werden, die sich während der Sechs-Jahres-Frist ergeben haben. Die praktische Konsequenz wäre die einer dauernden Observation der inkriminierten Partei durch Verfassungsschutzorgane, die wiederum aufgrund der durch Art. 21 I gewährleisteten Parteienfreiheit problematisch ist.

§ 18 VII PartG ist der Satz hinzugefügt worden, dass der Ausschluss von der staatlichen Finanzierung **219a** ab dem Zeitpunkt der Entscheidung des BVerfG nach § 46a BVerfGG gilt. Dies hat zur Folge, dass **Abschlagszahlungen** für Zeiträume nach Ergehen des Urteils nach allgemeinen Bestimmungen zurückzuzahlen sind (§ 20 II PartG).[427]

Der Ausschluss von der steuerlichen Begünstigung, wie er in Art. 21 III 2 bestimmt ist, wird nicht **220** eigens durch das BVerfG tenoriert, sondern ergibt sich als Rechtsfolge der Entscheidung aus den entsprechenden Steuergesetzen. So ist § 10b II 1 EStG ebenso wie § 34g 1 der Halbsatz hinzugefügt worden „sofern die jeweilige Partei nicht gemäß § 18 Absatz 7 des Parteiengesetzes von der staatlichen Teilfinanzierung ausgeschlossen ist". Entsprechende Ergänzungen finden sich in § 5 I Nr. 7 KGSt, § 13 I Nr. 18a ErbStG und § 4 Nr. 18a UStG.

## V. Rechtspolitische Bewertung der Novelle zu Art. 21

Durch die Änderung des Art. 21 ist eine Lücke geschlossen worden, die durch die Rspr. des BVerfG **221** entstanden ist. Seit dem Inkrafttreten der Novelle gibt es in der BRep zwei unterschiedliche Verfahren zur Bekämpfung extremistischer Parteien. Da das Verbotsverfahren nach Art. 21 II nie sehr populär gewesen ist und sich das BVerfG seiner nur zögernd angenommen hat, ist absehbar, dass die antragsberechtigten Organe kaum erneut das **Verbot** einer extremistischen Partei nach Art. 21 II beantragen werden. Schon bei dem zweiten NPD-Verbotsverfahren hatten sich Bundestag und Bundesregierung nicht zu einem Antrag entschließen können, so dass der BRat alleiniger Antragsteller war. Die ersten Anfragen des BVerfG hinsichtlich der „Abschaltung" von V-Personen wiesen darauf hin, dass die Hürden für ein Parteiverbot sehr hoch angesiedelt werden würden. Wenn auch aufgrund der überwältigenden Beweislage für die gegen die freiheitliche demokratische Grundordnung gerichteten Bestrebungen eine Verneinung der Tatbestandsvoraussetzungen des Art. 21 II nicht in Betracht kam, so fand das BVerfG doch den Ausweg, über eine Neuinterpretation des Merkmals „darauf ausgehen" den Antrag auf ein Verbot der NPD zurückzuweisen. Ob hierfür die Konnotation des Parteiverbots mit Diktaturen oder die Sorge vor einer für Deutschland ungünstigen Entscheidung des EGMR ausschlaggebend war, muss dahingestellt bleiben. Eine Gesamtschau *beider* NPD-Verfahren lässt indes darauf schließen, dass das **Verbotsverfahren** nach Art. 21 II nur noch von verfassungsgeschichtlichem Interesse sein wird.

Das **Ausschlussverfahren** nach Art. 21 III und eine entsprechende Feststellung des BVerfG berührt **222** nicht die von der betroffenen Partei errungenen Parlamentsmandate, so dass deren Abgeordnete weiterhin durch Diäten alimentiert werden und Fraktionen entsprechende Zuschüsse erhalten. Damit ist die für die Weimarer Republik kennzeichnende Lage entstanden, dass trotz der Verbote von Parteien deren Abgeordnete im Reichstag agitieren konnten und ihre weiterhin genossenen Privilegien (so der „Freifahrtschein" nach Art. 40 WRV) als sichtbare Zeichen für die Schwäche des Staates bei der Bekämpfung des Extremismus angesehen wurden. Wenn auch die innenpolitische Lage in der BRep unvergleichbar ist, so muss doch festgehalten werden, dass das zur Bekämpfung des Extremismus bestimmte Instrument des Parteienverbotes aufgrund der Rspr. des BVerfG nunmehr obsolet geworden sein dürfte und das Ausschlussverfahren nach Art. 21 III aufgrund seiner Befristung keine dem Verbotsverfahren vergleichbare Wirkung zu entfalten vermag.

---

[427] Vgl. *Koch*, in: Ipsen, PartG, § 18 Rn. 44.

## G. Gesetzgebungskompetenz und Gesetzgebungsauftrag (Abs. 5)

223    Art. 21 V bestimmt, dass Bundesgesetze „das Nähere" regeln. Hierdurch wird eine **ausschließliche Bundeskompetenz** für das Recht der politischen Parteien begründet.[428] Im Bereich der ausschließlichen Gesetzgebung des Bundes haben die **Länder** die Befugnis zur Gesetzgebung nur, wenn und soweit sie hierzu in einem Bundesgesetz ausdr. ermächtigt werden (Art. 71). Von dieser Möglichkeit machte der Bundesgesetzgeber in Gestalt des § 22 PartG i. d. F. vom 24.7.1967 (BGBl. I 773) Gebrauch und ermächtigte die Länder, durch Gesetz Vorschriften über die Erstattung von Wahlkampfkosten für Landtagswahlen zu erlassen. Gegenwärtig sieht das PartG keine derartigen Ermächtigungen zugunsten des Landesgesetzgebers mehr vor, so dass das Recht der politischen Parteien abschließend durch Bundesgesetze normiert wird.

224    Neben dem PartG enthalten das BWahlG, das EuWG, das BVerfGG und verschiedene Steuergesetze (EStG, KStG, ErbStG, UStG) Bestimmungen, die die politischen Parteien betreffen. Allerdings folgt die Bundeszuständigkeit für *diese* Gesetze nicht notwendig aus Art. 21 V, sondern richtet sich nach der jeweils speziellen Kompetenznorm.[429] Soweit diese Grundgesetzbestimmungen Raum für die Landesgesetzgebung lassen (Landeswahlrecht, Parlamentsrecht), gibt es auch ausschließliche Landeszuständigkeiten, die das Parteiwesen berühren.

225    Im Unterschied zu den Kompetenztiteln nach Art. 73, von denen der Bund Gebrauch machen kann, aber nicht muss, enthält Art. 21 V einen **Gesetzgebungsauftrag.**[430] Der Bundesgesetzgeber war also verfassungsrechtlich **verpflichtet,** ein Parteiengesetz zu erlassen, weil ohne ein solches Gesetz Art. 21 in wesentlichen Teilen wirkungslos bleiben musste. Da der Bundesgesetzgeber dieser Verpflichtung erst in Gestalt des Parteiengesetzes vom 21.7.1967 nachkam, herrschte bis zu diesem Zeitpunkt ein **verfassungswidriger Zustand.** Er zeigte sich insbesondere darin, dass die politischen Parteien bis zum In-Kraft-Treten des Parteiengesetzes mangels einschlägiger Vorschriften keine Rechenschaftsberichte abgegeben haben (vgl. → Rn. 107).

226    Der Umfang des in Art. 21 V enthaltenen Kompetenztitels und des damit verbundenen Gesetzgebungsauftrags richtet sich nach dem normativen Gehalt des Art. 21 I bis III. Er lässt sich schlagwortartig als Regelung des **„Parteiwesens"** oder des **„Rechts der politischen Parteien"** bezeichnen.

## H. Politische Parteien in der Europäischen Union

227    Bestimmungen in Bezug auf die „politischen Parteien auf europäischer Ebene" enthält das Primärrecht in Art. 10 IV EUV[431] sowie Art. 224 AEUV; damit ist die zuvor in Art. 191 EGV enthaltene Regelung[432] auf zwei Vorschriften verteilt worden. Nach Art. 10 IV EUV tragen die politischen Parteien auf europäischer Ebene zur Herausbildung eines europäischen politischen Bewusstseins und zum Ausdruck des Willens der Bürgerinnen und Bürger bei. Der rechtliche Gehalt dieser Vorschriften war und ist umstritten.[433] Hierbei soll es sich um eine Aufgabenzuweisung handeln.[434] Richtigerweise wird man die Norm aber als deskriptive Funktionsbeschreibung[435] bzw. „normative Zielvorgabe"[436] zu interpretieren haben, mit der zugleich die Anerkennung politischer Parteien auf europäischer Ebene erfolgt ist.[437] Gegenwärtig kann indes von „Europaparteien" im eigentlichen Sinne noch nicht die Rede sein. Für die Wahlen zum EuParl stellen weiterhin die politischen Parteien in den Mitgliedstaaten die Kandidaten auf. Auch fehlt es den auf Unionsebene gebildeten **Parteien** bislang noch an den für politische Parteien kennzeichnenden Strukturen.[438]

228    Art. 224 AEUV sieht vor, dass das EuParl und der Rat durch Verordnung die Regelungen für die politischen Parteien auf europäischer Ebene „und insbesondere die Vorschriften über ihre Finanzierung" festlegen. Dies geschah zunächst mit der Verordnung (EG) Nr. 2004/2003 vom 4. November 2003 über die Regelungen für die politischen Parteien auf europäischer Ebene und ihre Finanzierung,[439] die mit Wirkung zum 1. Januar 2017 durch die EU-Parteien-Statut-VO vom 22.10.2014[440] ersetzt wurde.

---

[428] So BVerfGE 24, 300 (354).

[429] Vgl. *Streinz* MKS II, Art. 21 Rn. 256 mwN.

[430] Vgl. *Morlok,* in: Dreier II, Art. 21 Rn. 161; *Streinz* MKS II, Art. 21 Rn. 253, 255.

[431] Eine dem teilweise entsprechende Regelung findet sich in Art. 12 II EUGRCh.

[432] Ausführlich zur Entwicklungsgeschichte bis zum Vertrag von Lissabon *Kersten,* in: Kersten/Rixen, PartG, Art. 191 EGV Rn. 2 ff.

[433] Vgl. *Klein,* in: Maunz/Dürig, Art. 21 (2014) Rn. 97 f.; *Streinz* MKS II, Art. 21 Rn. 42.

[434] *Hölscheidt* GHN, Art. 224 AEUV Rn. 17; s. ferner *Ruffert,* in: Calliess/Ruffert, Art. 10 EUV Rn. 21 f.

[435] In diese Richtung auch *Stentzel* EuR 1997, 174 (180 ff., 182).

[436] So *Huber,* in: Streinz, EUV/AEUV, Art. 10 EUV Rn. 58.

[437] *Koch,* MIP 24 (2018), S. 71 mwN.

[438] Vgl. *Streinz* MKS II, Art. 21 Rn. 42.

[439] ABlEU v. 15.11.2003, Nr. L 297/1.

[440] VO (EU/Euratom) Nr. 1141/2014, ABlEU v. 4.11.2014, Nr. L 317/1.

Mit der EU-Parteien-Statut-VO ist der primärrechtlich durch Art. 10 IV EUV vorgegebene Aus- **229** druck „politische Partei auf europäischer Ebene" durch die Bezeichnung „europäische politische Partei" ersetzt worden. Diese wird als politische Ziele verfolgendes politisches Bündnis verstanden (Art. 2 Nr. 3 EU-Parteien-Statut-VO), bei dem es sich wiederum um eine strukturierte Zusammenarbeit zwischen Bürgerinnen und Bürgern und/oder politischen Parteien handelt (Art. 2 Nr. 2 EU-Parteien-Statut-VO); damit wird eine gleichzeitige Mitgliedschaft von Parteien und Einzelpersonen ermöglicht.

Gegen die Zulassung von Bündnissen politischer Parteien bestehen aus Sicht des Primärrechts keine **230** Bedenken. Art. 10 IV EUV enthält kaum konkretisierende Merkmale des Parteienbegriffs, was zwangsläufig in einen gewissen (Aus–) Gestaltungsspielraum bei der Erfüllung des Regelungsauftrags aus Art. 224 AEUV münden muss. Im Übrigen haben sich auf Gemeinschafts- bzw. Unionsebene in den EU-Parteiverbünden stets mitgliedstaatliche Parteien organisiert. Es ist nicht ersichtlich, dass der Gemeinschaftsgesetzgeber dies unterbinden wollte.[441]

Als europäische politische Parteien gelten nur noch solche politischen Bündnisse, die bei einer eigens **231** eingerichteten europäischen Behörde für europäische politische Parteien und politische Stiftungen registriert wurden. Hierfür ist ua erforderlich, dass das Programm einer europäischen politischen Partei mit grundlegenden Werten der Union in Einklang steht (Art. 3 Abs. 1 lit. c) EU-Parteien-Statut-VO). Dagegen ist ebenfalls nichts zu erinnern, denn auch die EU ist nicht verpflichtet, Organisationen an der Willensbildung und politischen Gestaltung mitwirken zu lassen, die sich gegen grundlegende Werte der Union wenden;[442] eine europafreundliche Position wird zudem nicht gefordert.[443]

## Art. 22 [Hauptstadt, Bundesflagge]

(1) **Die Hauptstadt der Bundesrepublik Deutschland ist Berlin. Die Repräsentation des Gesamtstaates in der Hauptstadt ist Aufgabe des Bundes. Das Nähere wird durch Bundesgesetz geregelt.**

(2) **Die Bundesflagge ist schwarz-rot-gold.**

**Entstehungsgeschichte:** JöR nF 1 (1951), 211. – **Änderung:** 52. Gesetz zur Änderung des Grundgesetzes vom 28.8.2006 (BGBl. I 2034) – Föderalismusreform.
**Historische Verfassungstexte: RV 1849: § 71 (Sitz)** Die Residenz des Kaisers ist am Sitze der Reichsregierung. Wenigstens während der Dauer des Reichstages wird der Kaiser dort bleibend residieren. ... Die Bestimmungen über den Sitz der Reichsregierung bleiben einem Reichsgesetz vorbehalten. **RV 1871: Art. 55** Die Flagge der Kriegs- und Handelsmarine ist schwarz-weiß-roth. – **WRV: Art. 3** Die Reichsfarben sind schwarz-rot-gold. Die Handelsflagge ist schwarz-weiß-rot mit den Reichsfarben in der oberen inneren Ecke.
**Leitentscheidungen:** BVerfGE 81, 278 (Verunglimpfung der Bundesflagge); BVerfGE 81, 298 (Verunglimpfung des Deutschlandliedes).

**Schrifttum: zu Abs. 1:** *V. Busse,* Hauptstadt Berlin und Bundesstadt Bonn: Modell oder Provisorium?, DÖV 2006, 631; *M. Heintzen,* Der Bund und die Finanzen seiner neuen Hauptstadt, FS Raue, 2006, S. 83 ff.; *O. Pagenkopf,* Eine Hauptstadt für das Grundgesetz, ZRP 2005, 85; **zu Abs. 2:** *C. Burkiczak,* Geschichte und Rechtsgrundlagen der deutschen Staatssymbole, Jura 2003, 806; *N. Gross,* Bundesadler in der Residenz des Rechts, NJW 2011, 718; *H. Hattenhauer,* Deutsche Nationalsymbole, 4. Aufl. 2006; *G. Hoog,* Deutsches Flaggenrecht, 1982; *F. Hufen,* Entscheidung über Parlaments- und Regierungssitz der Bundesrepublik Deutschland ohne Gesetz?, NJW 1991, 1321; *E. Kuhn,* Einigkeit und Recht und Freiheit, 1991; *W. Klein,* „Einigkeit und Recht und Freiheit" ins Grundgesetz?, ZRP 2016, 12; *F. Meinel,* Berlin statt Bonn, AöR 138 (2013), 584 ff.; *P. Lerche,* Verfassungsfragen der Festlegung eines Parlaments- und Regierungssitzes – Erforderlichkeit eines Gesetzes, ZG 1991, 193; *H. Quaritsch,* Die Selbstdarstellung des Staates, 1977; *M. Weigert,* Einiges zur Geschichte von Schwarz-Rot-Gold, BayVBl. 2007, 363; *J. Wieland,* Die Entstehung der deutschen Nationalsymbole, FS Hollerbach, 2001, S. 81 ff.

### Übersicht

---

[441] Vgl. *Huber,* in: Streinz, EUV/AEUV, EUV Art. 10 Rn. 61; *Szczekalla* PNH, Art. 224 AEUV Rn. 6; *Kluth,* in: Calliess/Ruffert, Art. 224 AEUV Rn. 2; *Koch* FS Rengeling, S. 307 (309 f.); aA *Stentzel,* EuR 1997, S. 174 (183 f.).
[442] *Koch,* MIP 24 (2018), S. 71 (73 f.); ähnlich *Heselhaus* PNH, Art. 10 EUV Rn. 51.
[443] *Kluth,* in: Calliess/Ruffert AEUV Art. 224 Rn. 4.

# A. Die Hauptstadt-Klausel (Abs. 1)

## I. Grundsatz

1    Seit 2006 enthält Art. 22 in seinem ersten Absatz die sog. Hauptstadt-Klausel, der die schon zuvor geltende Rechtlage kodifiziert hat. Schon der Einigungsvertrag hatte Berlin mit Wirkung zum 3. Oktober 1990 den Status der Bundeshauptstadt verliehen (Art. 2 I 1 EV).[1] Inhaltlich ist diese Festlegung vor allem dadurch mit Leben erfüllt worden, dass – mit Ausnahme des Bundesverfassungsgerichts – alle Verfassungsorgane des Bundes (Bundespräsident, Bundestag,[2] Bundesregierung sowie Bundesrat[3]) ihren Sitz in Berlin genommen haben – freilich aufgrund jeweils autonomer Entscheidungen.

## II. Die Repräsentation des Gesamtstaates

2    Der Bund besitzt **kraft Natur der Sache** die Kompetenz, die Repräsentation des Gesamtstaates zu regeln, zu verwalten und zu finanzieren (Art. 104a I). Diese – nicht auf Berlin beschränkte – Kompetenz ist durch die Einfügung von Abs. 1 weder angetastet noch modifiziert worden.[4] Sie ermöglicht es dem Bund, Einrichtungen von nationaler Bedeutung wie Mahn- und Gedenkstätten (Konzentrationslager Buchenwald, Otto-von-Bismarck-Stiftung, Stiftung Reichspräsident-Friedrich-Ebert-Gedenkstätte, Stiftung Bundeskanzler-Adenauer-Haus, Stiftung Bundespräsident-Theodor-Heuss-Haus, Bundeskanzler-Willy-Brandt-Stiftung[5]), ggf. aber auch kulturelle Großereignisse wie die Bayreuther Festspiele ua zu unterhalten. Dabei ist es grundsätzlich – bis zur Grenze der Willkür – auch seine Sache, über die nationale Bedeutung einer Einrichtung zu entscheiden und darüber, ob und inwieweit ihr Betrieb und ihre Unterhaltung der Repräsentation des Gesamtstaates dienen.

2a    Die dem Bund kraft Natur der Sache zustehende Kompetenz zur Repräsentation des Gesamtstaates umfasst die Gesetzgebungs- wie die Verwaltungszuständigkeit. Insoweit trifft ihn entsprechend Art. 104a I auch die ausschließliche bzw. – bei aufteilbaren Einrichtungen – die anteilige **Finanzierungslast.** Die in der Staatspraxis anzutreffende Mischverwaltung und -finanzierung nationaler Erinnerungs- und Gedenkstätten[6] und Kulturereignisse findet in der Verfassung keine Grundlage und missachtet die grundgesetzliche Kompetenzverteilung.[7]

3    Für die Repräsentation des Gesamtstaates **in Berlin** trifft S. 2 eine ausdrückliche Regelung. Er hebt die Verantwortung des Bundes für die Hauptstadt nicht nur symbolisch hervor, sondern bestimmt zugleich, dass Darstellung und Erhaltung des Gesamtstaats in der Hauptstadt **ausschließlich Sache des Bundes** ist.[8] Dies hat – sofern nicht, wie für die Museumsinsel oder die Preußische Staatsbibliothek etc. die spezielleren Bestimmungen über die „Stiftung Preußischer Kulturbesitz" anwendbar sind (Art. 135 IV) – zur Folge, dass der Bund die entsprechenden Einrichtungen (Neue Wache, Holocaust-Mahnmal[9] etc.) und ihre Unterhaltung grundsätzlich allein finanzieren muss. Kofinanzierungen schließt S. 2 aus, es sei denn, eine Einrichtung lässt sich in einen gesamtstaatlichen und einen landesbezogenen Anteil aufteilen.

4    Die Sichtbarkeit des Gesamtstaates in der Hauptstadt in Gebäuden, Veranstaltungen oder Symbolen dient – wie die Besucherschlangen vor dem Reichstag belegen – der Integration des Volkes in die und der Identifikation mit der Bundesrepublik Deutschland. Sie ist, wie die staatliche Repräsentation insgesamt, **Verfassungsvoraussetzungspflege.**[10]

4a    Bei der Bestimmung von Art und Umfang der in Berlin aufzuwendenden Repräsentation genießt der Bund einen **weiten Einschätzungs- und Gestaltungsspielraum.**[11] Vor diesem Hintergrund umfasst S. 2 auch die Ermächtigung, zu diesem Zweck neue Einrichtungen zu schaffen, besondere Veranstaltungen ins Leben zu rufen oder Einrichtungen des Landes Berlin mit nationaler Bedeutung in

---

[1] BT-Dr. 12/815; Berlin/Bonn-Gesetz v. 26.4.1994, BGBl. I, 918; krit. *Wiegand* Staat 45 (2006), 599 (615 ff.).

[2] Beschl. v. 20.6.1991 „Vollendung der Einheit Deutschlands", BT-Dr 12/815; Berlin/Bonn-Gesetz v. 26.4.1994, BGBl. I 918; *Herles,* Das Berlin-Bonn-Gesetz, 1994; *Scholz* NVwZ 1995, 35.

[3] Beschl. v. 27.9.1996, BR-Dr. 345/96; zunächst hatte der BRat allerdings beschlossen, in Bonn zu bleiben, Beschl. v. 5.7.1991, BT-Dr. 12/914.

[4] Im Einzelnen *Lenski,* Öffentliches Kulturrecht, 2013, S. 114 ff.

[5] BGBl I 1994, 3128.

[6] Ein Überblick in: Die Enquete-Kommission „Überwindung der Folgen der SED-Diktatur im Prozess der deutschen Einheit", im Deutschen Bundestag I, 1999, S. 634 f.

[7] *Huber,* Gutachten D 65. DJT, D 24.

[8] Ob die Hauptstadtklausel über den Status quo ante hinaus geht, ist umstr.: einerseits *Beilke* NJ 2007, 297; andererseits *Heintzen* LKV 2007, 49 ff.

[9] Das Holocaust-Mahnmal wird von einer bundesunmittelbaren Stiftung des öffentlichen Rechts getragen, die Zuwendungen von dritter Seite annehmen darf, Gesetz zur Errichtung einer „Stiftung Denkmal für die ermordeten Juden Europas", BGBl. I 2000, 212.

[10] Dazu *Uhle,* Freiheitlicher Verfassungsstaat und kulturelle Identität, 2004, S. 353 ff.

[11] *Lenski* (Fn. 4), S. 106; *Wieland,* in: Dreier, Supplementum 2007, Art. 22 Rn. 32.

die bundeseigene Verwaltung zu übernehmen. Der Bund hat dies etwa mit der **Akademie der Künste** getan (§ 2 AdKG),[12] nicht jedoch mit der **Staatsoper unter den Linden.** Sie kann freilich unter S. 2 fallen, wenn sie der Bund tatsächlich in nennenswertem Umfang für Anlässe gesamtstaatlicher Repräsentation nutzt. Dagegen kann die Humboldt-Universität zu Berlin nicht zur „**Bundesuniversität**" erhoben werden. Selbst wenn sie Staatsgästen aufgrund ihrer räumlichen Lage häufiger als andere Universitäten ein Forum für Ansprachen etc. bietet, rechtfertigen ihre Funktion und ihr Auftrag doch keine Zuordnung zum Bund.

Art und Umfang der gesamtstaatlichen Repräsentation, ihre Verwaltung und Finanzierung werden nach S. 3 durch **Bundesgesetz** geregelt, welches nicht der Zustimmung des Bundesrates bedarf. **5**

Vor diesem Hintergrund erscheint die **Staatspraxis,** die Hauptstadtförderung durch Verträge oder **5a** Verwaltungsvereinbarungen zwischen dem Bund und der Hauptstadt zu regeln,[13] problematisch. Auch für § 5 II und III Berlin/Bonn-Gesetz, der eine vertraglich auszugestaltende Verpflichtung des Bundes normiert, das Land Berlin bei der Wahrnehmung der ihm vom Bund übertragenen Aufgaben gesamtstaatlicher Repräsentation zu unterstützen, gilt der Vorrang der Verfassung – in formeller wie materieller Hinsicht. Die Hauptstadtfinanzierungsverträge 2007 und 2017 berufen sich zwar auf Art. 22 und Art. 106 VIII; den Versuch, die Zuständigkeiten von Bund und Ländern zu trennen und Konsequenzen aus den unterschiedlichen verfassungsrechtlichen Ermächtigungen zu ziehen, unternehmen sie jedoch nicht.

Von der Hauptstadtklausel unberührt bleibt dagegen die **Rolle Berlins im Bund-Länder-Finanz-** **6** **ausgleich.**[14] Weder seine Teilhabe am sog. Stadtstaatenprivileg[15] noch eine besondere Berücksichtigung der mit der Hauptstadtfunktion verbundenen und vom Bund nicht nach Abs. 1 getragenen besonderen Lasten werden durch S. 2 ausgeschlossen – wenn sie konkret nachweisbar sind (vgl. Art. 106 VIII). Eine undifferenzierte Privilegierung Berlins aufgrund seines Hauptstadtstatus scheidet dagegen aus.[16]

## B. Die Bundesflagge und andere nationale Symbole

Nationale Symbole dienen nach innen der **Integration und Identifikation der Bevölkerung** **6a** mit dem Staat, nach außen seiner Repräsentation.[17] Als auf die Akzeptanz seiner Bevölkerung angewiesener Staat bedarf die Bundesrepublik Deutschland eigenständiger Integrationsverfahren und geeigneter Identifikationsobjekte. Deren Bedeutung ist umso wichtiger, je heterogener und pluralistischer die Gesellschaft wird. Je fragmentierter sich diese in ethnischer, kultureller und religiöser Hinsicht darstellt, umso größer ist das Bedürfnis nach Einheit stiftenden und Zusammenhalt sichernden Instrumenten. Neben dem mittlerweile entsprechend aufgeladenen Grundgesetz selbst ist dies die vorrangige Funktion der nationalen Symbole. Sie sind nichts anderes als eine zeichenhafte und sinnlich wahrnehmbare Verkörperung des Staates, seiner Geschichte und der Ideen und Werte, auf die er sich gründet. Zwar hat die Verwendung nationaler Symbole durch Verfassungsorgane und Behörden seit der Jahrtausendwende zugenommen. Im internationalen Vergleich bewegt sich Deutschland insoweit gleichwohl nach wie vor auf einem sehr niedrigen Niveau.[18] Das erweist sich vor allem bei der Integration von Migrantinnen und Migranten immer wieder als signifikanter Nachteil, weil Staat und Gesellschaft insoweit keine ausreichenden Identifikationsmöglichkeiten anbieten.

## I. Die Bundesflagge

Abs. 2 bestimmt **schwarz-rot-gold** zur Bundesflagge. Diese Farben, die in ihren Wurzeln bis zu **7** den mittelalterlichen Standarten des Hl. Römischen Reiches Deutscher Nation zurückgehen, haben ihren konkreten Ursprung in den Befreiungskriegen gegen Napoleon und konkret in den Uniformen der Lützowschen Jäger. Nach dem Sieg über Napoleon immatrikulierten sich Angehörige dieses Freikorps an der Universität Jena und wählten die Farben ihrer Uniform – schwarzes Tuch, rote Tressen, goldene Knöpfe – 1815 zum Kennzeichen der Jenenser Urburschenschaft.[19] Von dort aus

---

[12] Gesetz zur Errichtung der Akademie der Künste vom 1.5.2005, BGBl. I 1218; krit. dazu *Lenski* (Fn. 4), S. 116 f.

[13] Vertrag über die Zusammenarbeit der Bundesregierung und des Senats von Berlin zum Ausbau Berlins als Hauptstadt der Bundesrepublik Deutschland und zur Erfüllung seiner Funktion als Sitz des Deutschen Bundestages und der Bundesregierung v. 25.8.1992, AbgHaus-Drs. 12/1276; Anschlussvertrag v. 30.6.1994; Vertrag über die aus der Hauptstadtfunktion Berlins abgeleitete Kulturfinanzierung v. 9.12.2003; Vertrag über die aus der Hauptstadtfunktion Berlins abgeleitete Kulturfinanzierung und die Abgeltung von Sonderbelastungen der Bundeshauptstadt – Hauptstadtfinanzierungsvertrag 2007 vom 30.11.2007; Hauptstadtfinanzierungsvertrag 2017 v. 8.5.2017.

[14] Zur Rechtlage bis 2017 BVerfGE 116, 327 – Sonderzuweisungen Berlin; *Heintzen* FS Raue, 2006, S. 83 ff.

[15] Siehe *Huber* MKS III, Art. 107 Rn. 134 f.

[16] *Huber* MKS III, Art. 107 Rn. 139.

[17] Allgemein BVerfGE 81, 278 (293), *Klein* HStR II, § 19 Rn. 1.

[18] Kritisch *Klein* HStR II, § 19 Rn. 3 ff.

[19] *E. R. Huber,* Verfassungsgeschichte I, 2. Aufl. 1990, S. 709.

fanden die Farben rasche Verbreitung (Wartburgfest 1817, Hambacher Fest 1832, Paulskirche 1848/49) und wurden zum Symbol für die Forderungen von Studenten und Bürgertum nach Freiheit, Demokratie und nationaler Einheit. Das Scheitern der Paulskirche verhinderte zunächst ihre endgültige Anerkennung. Erst nach dem Sturz der Monarchie bestimmte Art. 3 WRV 1919 schwarz-rot-gold zu Reichsfarben, wenn auch nur halbherzig. Den Gegnern von Republik und Demokratie blieben sie verhasst und verschwanden 1933 mit der Machtübernahme des NS-Regimes.[20]

8  Angesichts dieser Vorgeschichte und der durch sie symbolisierten Werte stand die Wahl der Farben schwarz-rot-gold für den **Verfassungsgeber des Grundgesetzes** nie in Frage. Die Diskussionen im Parlamentarischen Rat kreisten lediglich um Details.[21]

9  Abs. 2 legt sowohl die Farben der Bundesflagge als auch ihre Reihenfolge fest. Die historisch überlieferte, längsgestreifte **vertikale Anordnung** kann angesichts der bald 70- bzw. 100-jährigen Staatspraxis als gewohnheitsrechtlich verfestigt gelten.

10  Mit der Übernahme der Farben schwarz-rot-gold stellt das Grundgesetz die Bundesrepublik Deutschland in die Tradition der liberalen und nationalen Bewegung des 19. Jahrhunderts, namentlich in die der Revolution von 1848 und der Paulskirche. Die Farben sind damit zugleich ein **Symbol für die mit dem GG errichtete Wertordnung.**[22]

## II. Leitfunktion für andere nationale Symbole

10a  Über die bloße Regelung der Bundesflagge hinaus besitzt die Festlegung der Farben schwarz-rot-gold auch eine inhaltliche **Leitfunktion**[23] für andere nationale Symbole.[24]

11  Mittelbar bestimmt Abs. 2 auch die Farben des Bundes. So zeigt das **Bundeswappen** den einköpfigen schwarzen Adler, den Kopf nach rechts gewendet, die Flügel offen, aber mit geschlossenem Gefieder, Schnabel, Zunge und Fänge in roter Farbe auf goldgelbem Grund.[25]

## C. Festlegung weiterer nationaler Symbole

### I. Kompetenzen

12  Art. 22 ist insoweit bewusst unvollständig konzipiert,[26] als er zwar die Bundessymbole Hauptstadt, Flagge und Farben vorgibt, sich im Übrigen aber verschweigt. Über die ausdrücklich geregelten Symbole hinaus **legitimiert er jedoch die Festlegung und Ausgestaltung nationaler Symbole** schlechthin. Das gilt auch für Gedenktage etc.

13  Diese Festlegung nationaler Symbole fällt in die **(Verbands-)Kompetenz des Bundes.**[27] Für Flagge, Farbe und Hauptstadt ist dies angesichts der ausdrücklichen Regelung im GG nur insoweit von Bedeutung, als deren nähere Ausgestaltung den zuständigen Bundesorganen überlassen bleibt.[28] Ob es im Übrigen noch des Rückgriffs auf eine ungeschriebene Kompetenz „kraft Natur der Sache" bedarf, oder ob die Verbandskompetenz des Bundes nicht schon aus dem Gesamtzusammenhang des Art. 22 abgeleitet werden kann, ist umstritten,[29] letztlich aber ohne praktische Bedeutung.

14  Die Festlegung und Ausgestaltung nationaler Symbole ist **primär Sache des Gesetzgebers.**[30] Für die Repräsentation des Gesamtstaates in Berlin ist das in Abs. 1 S. 3 ausdrücklich geregelt; im Übrigen folgt dies aus dem Vorrang des Gesetzes (Art. 20 III GG). Entsprechend der Wesentlichkeitsdoktrin[31] (→ Art. 20 Rn. 116 f.) kann die Gesetzesform in bestimmten Fällen sogar geboten sein. Das VG

[20] Kurzer historischer Abriss bei *Weigert* BayVBl. 2007, 363; *Wieland* FS Hollerbach, 2001, S. 81 (82 ff.).

[21] JöR 1 nF (1951), 211 ff.; *Klein* BK, Art. 22 (2019) Rn. 73 f.

[22] BVerfGE 81, 278 (293 f.); *Classen* MKS II, Art. 22 Rn. 21; *Klein* HStR II, § 19 Rn. 8.

[23] *Heck*, in: v. Münch/Kunig I, Art. 22 Rn. 20; *Klein* BK, Art. 22 (2019) Rn. 202. Zurückhaltender *Classen* MKS II, Art. 22 Rn. 28: jedenfalls Ausschluss der Farben schwarz-weiß-rot.

[24] AA *Hoog*, in: v. Münch/Kunig I, 5. Aufl. 2001, Art. 22 Rn. 7 unter Hinw. auf das „Eiserne Kreuz" von Bundeswehrfahrzeugen. Das „Eiserne Kreuz", wie es sich auf der Quadriga über dem Brandenburger Tor findet und von den Land-, See- und Luftfahrzeugen der Bundeswehr geführt wird, fügt sich in diese Leitfunktion ein. In den Befreiungskriegen gestiftet, steht es trotz des Missbrauchs während der NS-Herrschaft dieselben Werte, für die auch die Farben schwarz-rot-gold stehen: Nationale Einheit und Freiheit.

[25] Bekanntmachung betreffend das Bundeswappen und den Bundesadler v. 20.1.1950, BGBl. I 1950, 26. Auch insoweit steht die Symbolik der Bundesrepublik Deutschland in der Tradition der Weimarer Republik, vgl. *Gross* NJW 2011, 718 (718 f.) unter Hinweis auf RGBl. 1919, 1877.

[26] JöR 1 nF (1951), 211 ff.

[27] H. M. *Klein* HStR II, § 19 Rn. 20; aA *Gröschner* KritV 1993, 360 für den 3. Oktober.

[28] Vgl. BGBl. I 1950, 26, 205; 1956, 447, 788; 1964, 285.

[29] *Scholz*, in: Maunz/Dürig, Art. 22 (2014), Rn. 44; Natur der Sache: *Bothe* AK II, Art. 22 Rn. 6; *Classen* MKS II, Art. 22 Rn. 23; *Heck*, in: v. Münch/Kunig I, Art. 22 Rn. 21; *Jarass*, in: Jarass/Pieroth, Art. 22 Rn. 4; *Sannwald* SHH, Art. 22 Rn. 27; *Klein* BK, Art. 22 (2019) Rn. 110; differenzierend *ders.* HStR II, § 19 Rn. 20.

[30] Siehe insoweit Art. 2 I 1 EV (Hauptstadt), Art. 2 II EV (3.10.) oder das Gesetz über Titel, Orden und Ehrenzeichen (BGBl. I 1955 S. 1844).

[31] Vgl. BVerfGE 45, 400 (417 f.); 47, 46 (78 ff.); 48, 210 (221); 49, 89 (126 f.); 58, 257 (269 ff.); 61, 260 (275); 83, 130 (142, 151 f.); 91, 148 (162 f.); 101, 1 (34); 136, 69 (114 Rn. 102); 139, 19 (45 Rn. 52).

Frankfurt/M. hat den Begriff des Bundesadlers i. S. d. MedaillenVO deshalb mit Blick auf Art. 103 II restriktiv ausgelegt.[32]

Soweit Vorrang und Vorbehalt des Gesetzes nicht entgegenstehen, verfügt der **Bundespräsident** 15 über die (Auffang-)Kompetenz zur Festlegung nationaler Symbole.[33] Er verkörpert die Einheit des Staates und ihm kommen – über die ihm von der Verfassung ausdrücklich zugewiesenen Befugnisse hinaus – allgemeine Repräsentations- und Integrationsaufgaben zu.[34] Als oberster Repräsentant des Staates (Art. 59 I) ist er in besonderem Maße dazu berufen, Integration und Identifikation der Bevölkerung mit der Bundesrepublik Deutschland zu fördern, nicht zuletzt durch die Festlegung nationaler Symbole. In der mittlerweile 68-jährigen Staatspraxis ist dies wiederholt geschehen, etwa durch die Stiftung des Bundesverdienstkreuzes oder die Bestimmung des 27. Januar zum Gedenktag für die Opfer des Nationalsozialismus. Dieser Staatspraxis kommt erhebliches, auch normatives Gewicht zu.[35]

Schließlich beinhaltet die **Organisationsgewalt der Verfassungsorgane** – vorbehaltlich anderweitiger gesetzlicher oder präsidialer Anordnungen[36] – grundsätzlich auch die Befugnis zur Konkretisierung von Staatssymbolen für ihren jeweiligen Binnenbereich. Das gilt auch für Entscheidungen über ihren Sitz.[37]

## II. Weitere Symbole

**Nationalhymne** der Bundesrepublik Deutschland ist die dritte Strophe des Deutschlandliedes. 17 Derselben Epoche entstammend wie die Farben der Bundesflagge, bringt auch der von *Hoffmann v. Fallersleben* 1841 auf Helgoland gedichtete Text – insbesondere die Beschwörung von *„Einigkeit und Recht und Freiheit"* – die Hoffnung auf nationale Einheit, Freiheit, Rechtsstaatlichkeit und Demokratie zum Ausdruck.[38] Die Festlegung der Nationalhymne beruht heute auf dem 1991 geführten Briefwechsel zwischen Bundespräsident *v. Weizsäcker* und Bundeskanzler *Kohl*[39] bzw. auf der in diesem Briefwechsel enthaltenen Anordnung des Bundespräsidenten.[40]

**Nationalfeiertag** ist der 3. Oktober, der Tag der Deutschen Einheit (Art. 2 II EV). 18

## III. Deutsche Sprache

Die deutsche Sprache gehört zu den wichtigsten ungeschriebenen Verfassungsvoraussetzungen. 19 Mehr als alles andere stiftet sie Identität (*E. M. Arndt*), ist sie Voraussetzung für die Selbstverständigung der Gesellschaft sowie ein zentraler Baustein jeder Integration.[41] Insoweit ist die deutsche Sprache auch ein überragendes **Rechts- und Kulturgut**.[42] Ein nationales Symbol ist sie jedoch nicht.[43] Daran würde auch ihre Verankerung im GG nichts ändern.

## D. Nationale Symbole in der Rechtsordnung

Die **Verwendung** der Staatssymbole ist Aufgabe von **Verfassungsorganen, Behörden und** 20 **Gerichten** des Bundes wie der Länder die dadurch zugleich Verfassungsvoraussetzungspflege betreiben und zur Integration der Gesellschaft beitragen.[44] Ihre parteipolitische Instrumentalisierung durch Amtswalter ist unzulässig.[45]

---

[32] VG Frankfurt/M., Urteil v. 24.4.2008 – 1 E 4183/07 (V). Zur Frage, ob die Festlegung des Parlaments- und Regierungssitzes dem Vorbehalt des Gesetzes unterfiel *Hufen* NJW 1991, 1321 (1324); *Lerche* ZG 1991, 193.

[33] *Badura* Staatsrecht, D 28; *Stern*, StaatsR I, S. 278 ff.; *Hellenthal* NJW 1988, 1294 (1301); *Heck,* in: v. Münch/Kunig I, Art. 22 Rn. 21; *Klein* BK, Art. 22 (2019) Rn. 112 ff.; *Sannwald* SHH, Art. 22 Rn. 28; krit. *Hoog,* in: v. Münch/Kunig II, 5. Aufl. 2001, Art. 22 Rn. 21; *Classen* MKS II, Art. 22 Rn. 24, die übersehen, dass dem Bundespräsidenten diese Zuständigkeit (auch) gewohnheitsrechtlich zugewiesen ist.

[34] BVerfGE 136, 277 (310 Rn. 94) – Bundesversammlung.

[35] BVerfGE 81, 298 (309).

[36] Zur Kontroverse um den Dienststander des Präsidenten des BVerfG *Sannwald* SHH, Art. 22 Rn. 29.

[37] *Lerche* (Fn. 33), 193 ff.; aA *Hufen* NJW 1991, 1321 ff.

[38] BVerfGE 81, 298 (309).

[39] BGBl. I 1991, 2135; abgedr. in: *Kuhn,* Einigkeit und Recht und Freiheit, 1991, S. 147; zur früheren Rechtsgrundlage dem Briefwechsel zwischen Bundespräsident *Heuss* und Bundeskanzler *Adenauer* vgl. Bull BReg Nr. 51 vom 6.5.1952, S. 537.

[40] Nach BVerfG NJW 1990, 1985 (1986) kollidiert die Staatspraxis der Verwendung der Dritten Strophe des Deutschlandliedes als Nationalhymne zumindest nicht mit geschriebenem Verfassungsrecht. Siehe auch *Klein* ZRP 2016, 12 (14), der die Nationalhymne als verfassungsgewohnheitsrechtlich geltend ansieht.

[41] *Dietz* BayVBl. 2007, 40; *Kahl* VVDStRL 65 (2006), 386 (417 ff.).

[42] Dazu *Schweizer* VVDStRL 65 (2006), 346; *Kahl* VVDStRL 65 (2006), 386.

[43] *Schweizer* (Fn. 45), 346 (360 ff.).

[44] Dazu *Sacksofsky* VVDStRL 68 (2009), 7; *Möllers* VVDStRL 68 (2009), 47.

[45] BVerfGE 136, 323 – Spinner; 138, 102 ff. – Schwesig; BVerfG, Urteil vom 27.2.2018 – 2 BvE 1/16 –, juris – Wanka; *Huber* FS Morlok, 2019, 551.

**21**    Die Verwendung der Staatssymbole durch die **Bürger** ist von der Verfassung gewollt und grundsätzlich durch Art. 2 und 5 geschützt. Verbindlich ist sie nur nach Maßgabe gesetzlicher Anordnung (z. B. §§ 1 ff. FlaggenrechtsG). Umgekehrt missbilligt die Rechtsordnung im Interesse einer ungebrochenen Integrations- und Identifikationswirkung den **Missbrauch der Symbole** (§ 90a StGB, § 124 OWiG, § 12 II MünzG, § 5 MedaillenVO[46]). Bei der Anwendung der Vorschriften des einfachen Rechts, insbesondere des Strafrechts, ist neben dem besonderen Bestimmtheitsgebot des Art. 103 II vor allem Art. 5 I und III zu beachten. Das zwingt insbesondere zu einer „werkgerechten" und kontextabhängigen Interpretation von Arbeiten der politischen Satire sowie zu einer konkreten Abwägung der widerstreitenden Verfassungsbelange.[47] Eine generelle Preisgabe des strafrechtlichen Schutzes der Staatssymbole ist damit nicht vorgegeben.[48] Eine böswillige Verächtlichmachung, die im konkreten Fall symbolisch in Frage stellt, was die Bundesrepublik Deutschland grundlegend prägt, ist auch in Ansehung der Meinungsfreiheit strafbar.[49]

## Art. 23 [Verwirklichung der Europäischen Union, Beteiligung des Bundestages und des Bundesrates]

(1) **Zur Verwirklichung eines vereinten Europas wirkt die Bundesrepublik Deutschland bei der Entwicklung der Europäischen Union mit, die demokratischen, rechtsstaatlichen, sozialen und föderativen Grundsätzen und dem Grundsatz der Subsidiarität verpflichtet ist und einen diesem Grundgesetz im wesentlichen vergleichbaren Grundrechtsschutz gewährleistet. Der Bund kann hierzu durch Gesetz mit Zustimmung des Bundesrates Hoheitsrechte übertragen. Für die Begründung der Europäischen Union sowie für Änderungen ihrer vertraglichen Grundlagen und vergleichbare Regelungen, durch die dieses Grundgesetz seinem Inhalt nach geändert oder ergänzt wird oder solche Änderungen oder Ergänzungen ermöglicht werden, gilt Artikel 79 Abs. 2 und 3.**

(1a) **Der Bundestag und der Bundesrat haben das Recht, wegen Verstoßes eines Gesetzgebungsakts der Europäischen Union gegen das Subsidiaritätsprinzip vor dem Gerichtshof der Europäischen Union Klage zu erheben. Der Bundestag ist hierzu auf Antrag eines Viertels seiner Mitglieder verpflichtet. Durch Gesetz, das der Zustimmung des Bundesrates bedarf, können für die Wahrnehmung der Rechte, die dem Bundestag und dem Bundesrat in den vertraglichen Grundlagen der Europäischen Union eingeräumt sind, Ausnahmen von Artikel 42 Abs. 2 Satz 1 und Artikel 52 Abs. 3 Satz 1 zugelassen werden.**

(2) **In Angelegenheiten der Europäischen Union wirken der Bundestag und durch den Bundesrat die Länder mit. Die Bundesregierung hat den Bundestag und den Bundesrat umfassend und zum frühestmöglichen Zeitpunkt zu unterrichten.**

(3) **Die Bundesregierung gibt dem Bundestag Gelegenheit zur Stellungnahme vor ihrer Mitwirkung an Rechtsetzungsakten der Europäischen Union. Die Bundesregierung berücksichtigt die Stellungnahmen des Bundestages bei den Verhandlungen. Das Nähere regelt ein Gesetz.**

(4) **Der Bundesrat ist an der Willensbildung des Bundes zu beteiligen, soweit er an einer entsprechenden innerstaatlichen Maßnahme mitzuwirken hätte oder soweit die Länder innerstaatlich zuständig wären.**

(5) **Soweit in einem Bereich ausschließlicher Zuständigkeiten des Bundes Interessen der Länder berührt sind oder soweit im übrigen der Bund das Recht zur Gesetzgebung hat, berücksichtigt die Bundesregierung die Stellungnahme des Bundesrates. Wenn im Schwerpunkt Gesetzgebungsbefugnisse der Länder, die Einrichtung ihrer Behörden oder ihre Verwaltungsverfahren betroffen sind, ist bei der Willensbildung des Bundes insoweit die Auffassung des Bundesrates maßgeblich zu berücksichtigen; dabei ist die gesamtstaatliche Verantwortung des Bundes zu wahren. In Angelegenheiten, die zu Ausgabenerhöhungen oder Einnahmeminderungen für den Bund führen können, ist die Zustimmung der Bundesregierung erforderlich.**

(6) **Wenn im Schwerpunkt ausschließliche Gesetzgebungsbefugnisse der Länder auf den Gebieten der schulischen Bildung, der Kultur oder des Rundfunks betroffen sind, wird die Wahrnehmung der Rechte, die der Bundesrepublik Deutschland als Mitgliedstaat der Euro-**

---

[46] VG Frankfurt/M., Urt. v. 24.4.2008 – 1 E 418 307.

[47] BVerfG (K) NJW 2009, 908 f. – „Schwarz-Rot-Senf"; zur Weimarer Vorgeschichte RG JW 1929, 2352 (Nr. 16): Beschimpfung der Reichsfarben durch ihre Bezeichnung als „Mostrichfahne"; *Oborniker* Die Justiz 1925/26, S. 320 (321 f.).; *Gusy*, Die Weimarer Reichsverfassung, 1997, S. 86 ff.

[48] BVerfGE 81, 298 (304 ff.); 278 (290 ff.); BGH NJW 1986, 1271; LG Aachen NJW 1995, 894 – Bundesfahne im Pferdemist.

[49] Zu weitgehend daher BVerfG (K) NJW 2012, 1273, Rn. 24, wonach eine Straftat erst bei Gefährdung des Bestandes der Bundesrepublik Deutschland, der Funktionsfähigkeit der staatlichen Organe oder der Friedlichkeit vorliegen soll. Es privilegiert im Übrigen vor allem jene, die besonders leicht erregbar sind.

päischen Union zustehen, vom Bund auf einen vom Bundesrat benannten Vertreter der Länder übertragen. Die Wahrnehmung der Rechte erfolgt unter Beteiligung und in Abstimmung mit der Bundesregierung; dabei ist die gesamtstaatliche Verantwortung des Bundes zu wahren.

(7) Das Nähere zu den Absätzen 4 bis 6 regelt ein Gesetz, das der Zustimmung des Bundesrates bedarf.

**Entstehungsgeschichte: Erstfassung:** JöR nF 1 (1951), 217. – **Änderung:** Erstfassung aufgehoben durch EinigungsvertragsG v. 23.9.1990 (BGBl II 885); Neufassung eingefügt durch 38. G zur Änd. des GG v. 21.12.1992 (BGBl I 2086), Art. 1 Nr. 1 (dazu BT-Dr 12/3338 [Entwurf], 12/3896, 12/6000 [BerGemVerfKom]; BT-Prot. 12/9315, 10 809, BR-Dr 501/92, 809/92; BR-Prot 92/419, 488, 638, 687); Abs. 6 Satz 1 neu gefasst durch 52. G zur Änd des GG v. 28.8.2006 (BGBl I 2034), Art. 1 Nr. 2 (dazu BT-Dr 16/813; BT-Dr 16/2010; Zur Sache 1/2005, S. 153 ff.); Abs. 1a eingefügt durch 53. G zur Änd. des GG v. 8.10.2008 (BGBl I 1926), Art. 1 (dazu BT-Dr 16/8488).

**Historischer Verfassungstext: GG 1949:** Dieses Grundgesetz gilt zunächst im Gebiete der Länder Baden, Bayern, Bremen, Groß-Berlin, Hamburg, Hessen, Niedersachsen, Nordrhein-Westfalen, Rheinland-Pfalz, Schleswig-Holstein, Württemberg-Baden und Württemberg-Hohenzollern. In anderen Teilen Deutschlands ist es nach deren Beitritt in Kraft zu setzen.

**Geltende Landesverfassungen:** *BW*Verf Art. 34a; *Bay*Verf Art. 3a S. 1, Art. 70 IV; *Bln*Verf Art. 50; *Bbg*Verf Art. 94 S. 2; *Brem*Verf Art. 64, 65 II, 79 III 2; *Hmb*Verf Art. 32a; *MV*Verf Art. 11, 39 I 2; *Nds*Verf Art. 1 II, 25 S. 2; NRWVerf Art. 40; *RhPf*Verf Art. 74a; *Sachs*Verf Art. 12; *Saarl*Verf Art. 60 II 1; *LSA*Verf Art. 62 I 2; *SchlH*Verf Art. 22 I 2; *Thür*Verf Art. 67 IV.

**Gesetzgebung:** G über die Zusammenarbeit von BReg und Deutschem BTag in Angelegenheiten der EU (EUZBBG) v. 12.3.1993 (BGBl I 311), Neufassung v. 4.7.2013 (BGBl I 2170); G über die Zusammenarbeit von Bund und Ländern in Angelegenheiten der EU (EUZBLG) v. 12.3.1993 (BGBl I 313), zul. geänd. durch Art. 1 ÄndG v. 22.9.2009 (BGBl I 3031); G über die Wahrnehmung der Integrationsverantwortung des BTag und des BRat in Angelegenheiten der EU (Integrationsverantwortungsgesetz – IntVG) v. 22.9.2009 (BGBl I 3022), geänd. durch Art. 1 ÄndG v. 1.12.2009 (BGBl I 3822); Vereinbarung zwischen der BReg und den Regierungen der Länder zur Regelung weiterer Einzelheiten der Zusammenarbeit von Bund und Ländern in Angelegenheiten der EU (§ 9 Satz 2 EUZBLG) v. 10.6.2010; Vereinbarung zwischen dem Deutschen BTag und der BReg über die Zusammenarbeit in Angelegenheiten der EU in Ausführung des § 6 (aF) des G über die Zusammenarbeit von BReg und Deutschem BTag in Angelegenheiten der EU v. 28.9.2006, BGBl I 2177. GGO §§ 37, 74, 75, 76 III 1c.

**Leitentscheidungen: Zu Art. 24 I** (Europäische Integration): BVerfGE 22, 293 (VB gegen EG-VO); BVerfGE 31, 145 (Anwendungsvorrang des Gemeinschaftsrechts); BVerfGE 37, 271 (Solange I); BVerfGE 52, 187 (Vielleicht); BVerfGE 73, 339 (Solange II); BVerfGE 75, 223 (BFH); BVerfGE 92, 203 (Fernsehrichtlinie); BVerfG EuR 1989, 270 (Tabak). – **Zu Art. 23 nF:** BVerfGE 89, 155 (Maastricht); BVerfGE 97, 350 (Euro); BVerfGE 102, 147 (Bananenmarkt); BVerfGE 113, 273 (Europäischer Haftbefehl); BVerfGE 118, 79 (Treibhausgas-Emissionshandel); BVerfGE 123, 267 (Lissabon); BVerfGE 126, 286 (Honeywell); BVerfGE 129, 124 (EFSF); BVerfGE 129, 300 (5%-Klausel EuWG); BVerfGE 130, 318 (Sondergremium); BVerfGE 131, 152 (Unterrichtungspflicht ESM/Euro-Plus-Pakt); BVerfGE 134, 366 (Vorlage an EuGH – OMT-Programm der EZB); BVerfGE 135, 259 (3%-Klausel EuWG); BVerfGE 135, 317 (ESM-Vertrag); BVerfGE 140, 317 (Identitätskontrolle I); BVerfGE 142, 25 (Parlamentarische Minderheitenrechte); BVerfGE 142, 123 (OMT-Urteil); BVerfGE 146, 216 (Vorlage an EuGH – Anleihenkaufprogramm der EZB); BVerfGE 147, 364 (Europ. Haftbefehl – Rumänien); BVerfGE 151, 202 (Bankenunion); BVerfG NJW 2020, 300 (Recht auf Vergessen I); BVerfG NJW 2020, 314 (Recht auf Vergessen II); BVerfG EuZW 2020, 324 (Einheitl. Patentgericht); BVerfG NJW 2020, 1647 (PSPP-Urteil).

**Schrifttum:** *M. Abels,* Das Bundesverfassungsgericht und die Integration Europas, 2011; *P. Altmeier,* Die Subsidiaritätskontrolle der nationalen Parlamente und das Subsidiaritätsprotokoll zum EU-Verfassungsvertrag, FS J. Meyer, 2006, S. 301; *A. v. Arnauld,* Beteiligung des Deutschen Bundestages an gemischten völkerrechtlichen Abkommen, AöR 141 (2016), 268; *ders./U. Hufeld* (Hrsg.), Systematischer Kommentar zu den Lissabon-Begleitgesetzen, 2. Aufl. 2018; *F. Baach,* Parlamentarische Mitwirkung in Angelegenheiten der Europäischen Union, 2008; *P. Badura,* Bewahrung und Veränderung demokratischer und rechtsstaatlicher Verfassungsstruktur in den internationalen Gemeinschaften, VVDStRL 23 (1966), 34; *ders.,* Die „Kunst der föderalen Form" – Der Bundesstaat in Europa und der europäische Föderalismus, FS Lerche, 1993, S. 369; *ders.,* Das Staatsziel „Europäische Integration" im Grundgesetz, FS Schambeck, 1994, S. 887; *C. Baier,* Bundesstaat und Europäische Integration: Die „Europatauglichkeit" des deutschen Föderalismus, 2006; *B. Bakó,* The Zauberlehrling Unchained?, ZaöRV 78 (2018), 863; *A. Berger,* Anwendungsvorrang und nationale Verfassungsgerichte, 2015; *H. Bethge,* Deutsche Bundesstaatlichkeit und Europäische Union, FS Friauf, 1996, S. 55; *Bickenbach,* Das Subsidiaritätsprinzip in Art. 5 EUV und seine Kontrolle, EuR 2013, 523; *A. von Bogdandy,* Prinzipien der Rechtsfortbildung im europäischen Rechtsraum, NJW 2010, 1; IPE II; *F. Brand,* Europapolitische Kommunikation zwischen Bundestag und Bundesregierung, 2015; *R. Breuer,* Die Sackgasse des neuen Europaartikels (Art. 23 GG), NVwZ 1994, 417; *C. Calliess,* Das Ringen des Zweiten Senats mit der Europäischen Union, ZEuS 2009, 569; *ders.,* Parlamentarische Integrationsverantwortung, ZG 2010, 1; *ders.,* 70 Jahre Grundgesetz und europäische Integration, NVwZ 2019, 684; *C. D. Classen,* Verbesserung der Europatauglichkeit, in: C. Starck (Hrsg.), Föderalismusreform, 2007, S. 103; *M. Cornils,* Artikel 23 Abs. 1 GG: Abwägungsposten oder Kollisionsregel, AöR 129 (2004), 336; *B. Daiber,* Das Integrationsverantwortungsgesetz in der Praxis des Deutschen Bundestages, ZParl 2012, 293; *dies.,* Die Umsetzung des Lissabon-Urteils des Bundesverfassungsgerichts durch Bundestag und Bundesrat, DÖV 2010, 293; *dies.,* Zur Verfassungsmäßigkeit nach Maßgabe der Gründe bei Zustimmungsgesetzen zu völkerrechtlichen Verträgen, DÖV 2007, 334; *H.-G. Dederer,* Die Grenzen des Vorrangs des Unionsrechts, JZ 2014, 313; *C. Diehr,* Die Bewahrung der demokratischen und föderalen Struktur der Bundesrepublik im europäischen Integrationsprozeß: Der neue Artikel 23 GG, 1998; *G. Dieterich,* Rechtsschutz der deutschen Bundesländer vor dem Bundesverfassungsgericht in Angelegenheiten der Europäischen Union, 1998; *S. Dietz,* Die europarechtsfreundliche Verfassungsidentität in der Kontrolltrias des Bundesverfassungsgerichts, AöR 142 (2017), 79; *U. Di Fabio,* Der neue Art. 23 des Grundgesetzes,

Staat 32 (1993), 191; *D. Dörr*, Der europäisierte Rechtsschutzauftrag deutscher Gerichte, 2003; *W. Durner*, Verfassungsbindung deutscher Europapolitik HStR X § 216; *B. Eberbach-Born/S. Kropp/A. Stucklik/W. Zeh* (Hrsg.), Parlamentarische Kontrolle und Europäische Union, 2013; *U. Everling*, Bundesverfassungsgericht und Gerichtshof der Europäischen Gemeinschaften, GS Grabitz, 1995, S. 57; *ders.*, Überlegungen zur Struktur der Europäischen Union und zum neuen Europaartikel des Grundgesetzes, DVBl 1993, 936; *B. Faßbender*, Der offene Bundesstaat, 2007; *T. Flint*, Die Übertragung von Hoheitsrechten …, 1998; *W. Frenz*, Die Verfassungskonformität der 3-Prozent-Klausel für Europawahlen, NVwZ 2013, 1059; *ders.*, Europarechtsabwehr vor dem BVerfG, VerwArch 2009, 475; *H.-P. Folz*, Quis custodiet – Die ultra vires-Kontrolle durch das Bundesverfassungsgericht nach Honeywell, EuZA 2011, 308; *K. H. Friauf/R. Scholz*, Europarecht und Grundgesetz, 1990; *M. Fromont*, Souveränität und Europa: Ein Vergleich der deutschen und französischen Verfassungsrechtsprechung, DÖV 2011, 457; *J. Frowein*, Das Maastricht-Urteil und die Grenzen der Verfassungsgerichtsbarkeit, ZaöRV 54 (1994), 1; *ders.*, Die Europäisierung des Verfassungsrechts, FS 50 Jahre BVerfG I, 2001, S. 209; *K. F. Gärditz/C. Hillgruber*, Demokratie ernst genommen – Zum Lissabon-Urteil des BVerfG, JZ 2009, 872; *Geerlings*, Die Akzeptanz europäischen Rechts aus deutscher Perspektive, DÖV 2019, 253; *R. Geiger*, Zur Beteiligung des Gesetzgebers gemäß Art. 23 Abs. 1 GG bei Änderung und Erweiterung der Europäischen Union, ZG 2003, 193; *ders.*, Die Mitwirkung des deutschen Gesetzgebers an der Entwicklung der Europäischen Union, JZ 1996, 1093; *T. Giegerich* (Hrsg.), Der „offene" Verfassungsstaat des Grundgesetzes nach 60 Jahren. Anspruch und Wirklichkeit einer großen Errungenschaft, 2010; *ders.*, Europäische Verfassung und deutsche Verfassung im transnationalen Konstitutionalisierungsprozess, 2003; *S. Gröning-von Thüna*, Die neuen Begleitgesetze zum Vertrag von Lissabon aus Sicht des Deutschen Bundestages, integration 33 (2010), 312; *A. Greulich*, Der Landesminister als Vertreter der Bundesrepublik Deutschland im Rat der Europäischen Union, 1997; *C. Grabenwarter*, Europäisches und nationales Verfassungsrecht, VVDStRL 60 (2001), 290; *ders.*, Staatliches Unionsverfassungsrecht, in: A. v. Bogdandy/J. Bast (Hrsg.), Europäisches Verfassungsrecht, 2. Aufl. 2009, S. 121; *C. Grimm*, Landesparlamente im Mehrebenensystem, in: D. Merten (Hrsg.), Die Zukunft des Föderalismus in Deutschland und Europa, 2007, S. 187; *D. Grimm*, Das Grundgesetz als Riegel vor einer Verstaatlichung der Europäischen Union, Staat 48 (2009), 475; *ders.*, Die Verfassung im Prozess der Entstaatlichung, FS Badura, 2004, S. 145; *T. Groß*, Erlaubt das Grundgesetz einen Austritt aus der EU?, EuR 2018, 387; *F. Grotz*, Europäisierung und nationale Staatsorganisation, 2007; *B. Grzeszick*, Völkervertragsrecht in der parlamentarischen Demokratie. CETA als Präzedenzfall für die demokratischen Anforderungen an völkerrechtliche Verträge, NVwZ 2016, 1753; *A. Guckelberger*, Grundgesetz und Europa, ZEuS 2012, 1; *M. Günther*, Die Mitwirkung des Bundesrates in Angelegenheiten der Europäischen Union nach Art. 23 GG, 1998; *P. Häberle*, Gemeineuropäisches Verfassungsrecht, EuGRZ 1991, 261; *ders.*, Europaprogramme neuerer Verfassungen und Verfassungsentwürfe, FS Everling, 1995, S. 355; *ders./Kotzur*, Europäische Verfassungslehre, 8. Aufl. 2016; *J.-U. Hahn*, Die Mitwirkungsrechte von Bundestag und Bundesrat in EU-Angelegenheiten, EuZW 2009, 758; *J. Hanisch/D. Eisenhut*, Der Vertrag von Lissabon und seine Begleitgesetze, BayVBl 2010, 204; *S. Hansmeyer*, Die Mitwirkung des Deutschen Bundestages an der europäischen Rechtsetzung, 2001; *F. Hauck*, Mitwirkung des Bundestages in Angelegenheiten der EU, 1999; *M. Herdegen*, „Föderative Grundsätze" in der Europäischen Union, FS Steinberger, 2002, S. 1193; *C. Herrmann*, Die Bewältigung der Staatsschuldenkrise an den Grenzen des deutschen und europäischen Währungsverfassungsrechts, EuZW 2012, 805; *C. Hillgruber*, Der Nationalstaat in der überstaatlichen Verflechtung HStR II, § 32; *S. Hölscheidt*, Die Verantwortung des Bundestags für die europäische Integration, DÖV 2012, 105; *S. Hölscheidt/T. Schotten*, Die Erweiterung der Europäischen Union als Anwendungsfall des neuen Europaartikels 23 GG?, DÖV 1995, 187; *S. Holtscheidt/S. Menzenbach/B. Schröder*, Das Integrationsverantwortungsgesetz – ein Kurzkommentar, ZParl 2009, 758; *J. M. Hoffmann*, Unionsgrundrechte als verfassungsrechtlicher Prüfungsmaßstab, NVwZ 2020, 33; *R. Hoffmann*, „Europafähigkeit" der Bundesrepublik, in: Holtschneider/Schön (Hrsg.), Die Reform des Bundesstaates, 2007, S. 225; *R. Hofmann*, Zurück zu Solange II!, FS Steinberger, 2002, S. 1207; *T. P. Holterhus*, Die Rolle des Deutschen Bundestags in der auswärtigen Handelspolitik der Europäischen Union, EuR 2017, 234; *P. Hommelhoff/P. Kirchhof* (Hrsg.), Der Staatenverbund der Europäischen Union, 1994; *A. Horsch*, Die Integrationsverantwortung der Länderparlamente, ThürVBl 2012, 241; *R. Hrbek*, Der deutsche Bundesstaat in der EU, FS Zuleeg, 2005, S. 256; *P. M. Huber*, Das Verhältnis des Europäischen Gerichtshofes zu den nationalen Gerichten HGR VI/2, § 172; *ders.*, Der Bundesstaat in Europa – was bleibt für die Stadtstaaten?, NordÖR 2012, 161; *ders.*, Die Europatauglichkeit des Art. 23 GG, in: D. Merten (Hrsg.), Die Zukunft des Föderalismus in Deutschland und Europa, 2007, S. 209; *ders.*, Europäische Verfassungs- und Rechtsstaatlichkeit in Bedrängnis, Staat 56 (2017), 389; *ders.*, Europäisches und nationales Verfassungsrecht, VVStRL 60 (2001), S. 194; *ders.*, Maastricht – Ein Staatsstreich?, 1993; *ders.*, Recht und Nationale Identität, FS Jarass, 2015, S. 205; *U. Hufeld*, Die Verfassungsdurchbrechung, 1997; *A. Ingold*, Die verfassungsrechtliche Identität der Bundesrepublik Deutschland, AöR 140 (2015), 1; IPE II; *H. P. Ipsen*, Die Bundesrepublik Deutschland in den Europäischen Gemeinschaften HStR VII[1], § 181; *J. Isensee* (Hrsg.), Europa als politische Idee und als rechtliche Form, 2. Aufl. 1994; *ders.*, Integrationswille und Integrationsresistenz des Grundgesetzes, ZRP 2010, 33; *T. Jestaedt*, Warum in die Ferne schweifen, wenn der Maßstab liegt so nah?, Staat 48 (2009), 497; *J. H. Kaiser*, Bewahrung und Veränderung demokratischer und rechtsstaatlicher Verfassungsstruktur in den internationalen Gemeinschaften, VVDStRL 23 (1966), 1; *K. Kaiser/I. Schübel-Pfister*, Europarechtsfreundlichkeit: Trick oder Treat?, in: Leitentscheidungen BVerfG II, 2011, S. 545; *H.-G. Kamann*, Die Mitwirkung der Parlamente der Mitgliedstaaten an der europäischen Gesetzgebung, 1997; *W. Kanther*, Verfassungsrechtliche Vorgaben zur europäischen Asylpolitik, ZRP 2018, 47; *M. Kaufmann*, Europäische Integration und Demokratieprinzip, 1997; *U. Karpenstein/M. Kottmann*, Vom Gegen- zum Mitspieler – Das BVerfG und die Unionsgrundrechte, EuZW 2020, 185; *L. Ketterer*, Zustimmungserfordernis beim europäischen Stabilitätsmechanismus, 2016; *T. Kingreen*, Die Grundrechte des Grundgesetzes im europäischen Grundrechtsföderalismus, JZ 2013, 801; *F. Kirchhof*, Nationale Grundrechte und Unionsgrundrechte, NVwZ 2014, 1537; *P. Kirchhof*, Der Europäische Staatenverbund, in: A. v. Bogdandy/J. Bast (Hrsg.), Europäisches Verfassungsrecht, 2. Aufl. 2009, S. 1009; *E. Klein*, Der Verfassungsstaat als Glied einer europäischen Gemeinschaft, VVDStRL 50 (1991), 56; *ders.*, Grundrechtsdogmatische und verfassungsprozessuale Überlegungen zur Maastricht-Entscheidung, GS Grabitz, 1995, S. 271; *W. Kluth* (Hrsg.), Europäische Integration und nationales Verfassungsrecht, 2007; *D. Knop*, Völker- und Europarechtsfreundlichkeit als Verfassungsgrundsätze, 2014; *D. König*, Die Übertragung von Hoheitsrechten im Rahmen des europäischen Integrationsprozesses, 2000; *J. Kokott*, Deutschland im Rahmen der Europäischen Union, AöR 119 (1994), 207; *dies.*, Die Staatsrechtslehre und die Veränderung ihres Gegenstandes, VVDStRL 63 (2004), 7; *M. Kottmann/C. Wohlfahrt*, Der gespaltene Wächter? Demokratie, Verfassungsidentität und Integrationsverantwortung, ZaöRV 69 (2009), 443; *J. Kranz,* Gibt es ein Demokratiedefizit in der Europäischen Union?, AVR 51 (2013), 403; *K. Kruis,* Der neue Artikel 23 GG und das Bund-Länder-Verhältnis, FS Knöpfle, 1996, S. 161; *H. Kube,* Nationale Budgethoheit und Europäische Integration, AöR 137 (2012), 205; *J. Kühling,* Das „Recht auf Vergessenwerden" vor dem BVerfG, NJW 2020, 275; *P. Kunig,* Mitwirkung der Länder bei der europäischen Integration: Art. 23 des Grundgesetzes im Zwielicht, FS Heymanns Verlag 1995, 591; *R. Lang,* Die Mitwirkungsrechte des Bundesrates und des Bundestages in Angelegenheiten der Europäischen Union gemäß Artikel 23 Abs. 2 bis 7 GG, 1997; *F. Lange,* Verschiebungen im europäischen Grundrechtssystem?, NVwZ 2014, 169; *C. Lauser,* Die Bindung der Verfassungsorgane an den Grundsatz der Europarechtsfreundlichkeit, 2018; *R. Lehner,* Die „Integrationsverfassungsbeschwerde" nach Art. 38 Abs. 1 Satz 1 GG, Staat 52 (2013), 535; *C. O. Lenz,* Beschränkt das Grundgesetz die Übertragung weiterer Befugnisse auf die Europäische Union?, EWS 2018, 121; *ders.,* Die Bundesrepublik Deutschland als gleichberechtigtes Glied in einem vereinten Europa, FS Ress, 2005, S. 615; *A. Lenze,* Das soziale Wirken der Bundesrepublik bei der Entwicklung der Europäischen Union gem. Art. 23 Abs. 1 GG, FS Zuleeg, 2005, S. 240; *P. Lerche,* Europäische Staatlichkeit und Identität des Grundgesetzes, FS Redeker, 1993, S. 131; *ders.,* Zur Position der deutschen Länder nach dem neuen Europa-Artikel des Grundgesetzes, FS Schambeck, 1994, S. 753; *J. F. Lindner,* Das Lissabon-Urteil des Bundesverfassungsgerichts, BayVBl 2010, 193; *A. Lorz/H. Sauer,* Ersatzunionsrecht und Grundgesetz, DÖV 2012, 573; *S. Magiera,* Die Grundgesetzänderung von 1992 und die Europäische Union, Jura 1994, 1; *L.-K. Mannefeld,* Verfassungsrechtliche Vorgaben für die europäische Integration, 2017; *M. Martini/Q. Weinzierl,* Nationales Verfassungsrecht als Prüfungsmaßstab des EuGH?, NVwZ 2017, 177; *F. C. Mayer,* Kompetenzüberschreitung und Letztentscheidung, 2000; *ders.,* Rashomom in Karlsruhe, NJW 2010, 714; *ders./M. Wendel,* Die verfassungsrechtlichen Grundlagen des Europarechts, in: Hatje/Müller-Graff (Hrsg.), Enzyklopädie Europarecht, Bd. I, 2014, § 4; *M. Mayer,* Die Europafunktion der nationalen Parlamente in der Europäischen Union, 2012; *C. Mellein,* Subsidiaritätskontrolle durch nationale Parlamente, 2007; *L. Michael,* Die Wiedervereinigung und die europäische Integration in der Rechtsprechung des BVerfG, AöR 124 (1999), 583; *W. Michl,* Die Neuausrichtung des Bundesverfassungsgerichts in der digitalisierten Grundrechtslandschaft, JURA 2020, 479; *C. Möllers/J. Reinhardt,* Verfassungsrechtliche Probleme bei der Umsetzung des Europäischen Fiskalvertrages, JZ 2012, 693; *T. M. J. Möllers/K. Redcay,* Das Bundesverfassungsgericht als europäischer Gesetzgeber oder als Motor der Union?, EuR 2013, 409; *R. Morawitz/W. Kaiser,* Die Zusammenarbeit von Bund und Ländern bei Vorhaben der Europäischen Union, 1994; *P. C. Müller-Graff,* Das Karlsruher Lissabon-Urteil, integration 32 (2009), 329; *ders.,* Die Europatauglichkeit der grundgesetzlichen Föderalismusreform, FS Scholz, 2007, S. 705; *R. Müller-Terpitz,* Die Beteiligung des Bundesrats am Willensbildungsprozeß der Europäischen Union, 1999; *D. Murswiek,* Die heimliche Entwicklung des Unionsvertrags zur Europäischen Oberverfassung, NVwZ 2009, 481; *ders.,* Die Ultra-vires Kontrolle im Kontext der Integrationskontrolle, EuGRZ 2017, 327; *ders.,* Maastricht und der Pouvoir constituant, Staat 32 (1993), 161; *M. Nettesheim,* Die Integrationsverantwortung, NJW 2010, 177; *ders.,* Europäischer Verfassungsverbund?, FS Isensee, 2007, S. 733; *G.-B. Oschatz/H. Risse,* Die Bundesregierung an der Kette der Länder?, DÖV 1995, 437; *F. Ossenbühl,* Maastricht und das Grundgesetz, DVBl 1993, 629; *E. Pache,* Das Ende der europäischen Integration?, EuGRZ 2009, 285; *H.-J. Papier,* Das Subsidiaritätsprinzip – Bremse des europäischen Zentralismus?, FS Isensee, 2007, S. 691; *A. Pautsch,* Der Abschluss des Comprehensive Economic and Trade Agreement (CETA) als „gemischtes Abkommen" – ein Anwendungsfall des Art. 23 I GG?, NVwZ – Extra 18/2016, 1; *M. Pechstein/J. Cirkel,* EuGH-Zuständigkeit für deutsches Verfassungsrecht?, DÖV 1997, 365; *I. Pernice,* Deutschland in der Europäischen Union HStR VIII[1], § 191; *ders.,* Europäisches und nationales Verfassungsrecht, VVDStRL 60 (2001), S. 148; *M. Polzin,* Das Rangverhältnis von Verfassungs- und Unionsrecht nach der neuesten Rechtsprechung des BVerfG, JuS 2012, 1; *A. Puttler,* Die deutschen Länder in der Europäischen Union HStR VI[3], § 142; *T. Rademacher,* Die „Verfassungsidentität" als Grenze der Kompetenzübertragung auf die Europäische Union, EuR 2014, 140; *C. Rath,* Entscheidungspotenziale des Deutschen Bundestages in EU-Angelegenheiten, 2001; *H. Rathke/S. Vollrath,* Beteiligungsrechte des Deutschen Bundestages im Rahmen der Gemeinsamen Außen- und Sicherheitspolitik der EU, DÖV 2017, 565; *M. Ruffert,* Das Bundesverfassungsgericht als Akteur im Prozess der europäischen Integration, EuGRZ 2017, 241; *G. Roller,* Die Mitwirkung der deutschen Länder und der belgischen Regionen in EG-Entscheidungen, AöR 123 (1998), 21; *M. Ruffert,* An den Grenzen des Integrationsverfassungsrechts, DVBl 2009, 1197; *H. Sauer,* Jurisdiktionskonflikte in Mehrebenensystemen, 2008; *ders.,* Der novellierte Kontrollzugriff des Bundesverfassungsgerichts auf das Unionsrecht, EuR 2017, 186; *O. Sauer,* Können die Länder aus Art. 23 II, IV ff. GG eigene Beteiligungsrechte ableiten?, NVwZ 2008, 53; *K. A. Schachtschneider,* Die existenzielle Staatlichkeit der Völker Europas und die staatliche Integration der Europäischen Union, in: W. Blomeyer/K. A. Schachtschneider (Hrsg.), Die Europäische Union als Rechtsgemeinschaft, 1995, S. 75; *H. Schambeck,* Subsidiarität und europäische Integration, FS Isensee, 2007, S. 707; *C. Schede,* Bundesrat und Europäische Union, 1994; *D. H. Scheuing,* Deutsches Verfassungsrecht und europäische Integration, EuR Beiheft 1/1997, S. 7; *B. Schiffbauer,* Über Hoheitsrechte und deren „Übertragbarkeit", AöR 141 (2016), 551; *M.-L. Schöne,* Die Europaministerkonferenz der Länder, 2018; *S. Simon,* Grenzen des Bundesverfassungsgerichts im europäischen Integrationsprozess, 2016; *U. Schliesky,* Souveränität und Legitimität von Herrschaftsgewalt, 2004; *S. Schmahl,* Grundrechtsschutz im Dreieck von EU, EMRK und nationalem Verfassungsrecht, EuR Beiheft 1/2008, S. 7; *K. Schmalenbach,* Der neue Europaartikel 23 des Grundgesetzes im Lichte der Arbeit der Gemeinsamen Verfassungskommission, 1996; *A. Schmitt Glaeser,* Grundgesetz und Europarecht als Elemente Europäischen Verfassungsrechts, 1996; *T. Schmitz,* Integration in der supranationalen Union, 2001; *K. Schneider,* Der Ultra-vires-Maßstab im Außenverfassungsrecht, AöR 139 (2014), 196; *C. Schönberger,* Die Europäische Union zwischen „Demokratiedefizit" und Bundesstaatsverbot, Staat 48 (2009), 535; *R. Scholz,* Grundgesetz und europäische Einigung, NJW 1992, 2593; *ders.,* Europäische Union und deutscher Bundesstaat, NVwZ 1993, 817; *ders.,* Europäische Union und Verfassungsreform, NJW 1993, 1690; *ders.,* Nationale und europäische Grundrechte: Umgekehrte „Solange"-Regel?, DVBl 2014, 197; *ders.,* Zur nationalen Handlungsfähigkeit in der Europäischen Union, oder: die notwendige Reform des Art. 23 GG, FS Zuleeg, 2005, S. 274; *F. Schorkopf,* Die Europäische Union im Lot, EuZW 2009, 718; *ders.,* Die Grenzen des Grundgesetzes für die Übertragung von Hoheitsrechten, in: R. T. Baus/M. Borchard/K. Gelinsky/G. Krings (Hrsg.), Die Finanzkrise als Juristische Zeitenwende?, 2013, S. 89; *ders.,* Grundgesetz und Überstaatlichkeit, 2007; *B. Schriewer,* Zur Theorie der internationalen Offenheit und Völkerrechtsfreundlichkeit einer Rechtsordnung, 2017; *M. Schröder,* Das Bundesverfassungsgericht als Hüter des Staates im Prozeß der europäischen Integration, DVBl 1994, 316; *ders.,* Das Karlsruher Konzept der europäischen Integration, FS Fiedler, 2011, S. 675; *E. Schwanengel,* Integrationsverantwortung im Bundesstaat, DÖV 2014, 93; *J. Schwarze,* Das Kooperationsverhältnis des BVerfG mit dem EuGH, FS 50 Jahre BVerfG I, 2001, S. 223; *ders.*, Die verordnete Demokratie, EuR 2010, 108; *A. Schwerdtfeger*, Europäisches Unionsrecht in der Rechtsprechung des BVerfG, EuR 2015, 219; *M. Seidel*, Stärkung der parlamentarischen Komponente in der EU und in den Nationalstaaten, in: B. Rill (Hrsg.), Von Nizza nach Lissabon – neuer Aufschwung für die EU, 2010, S. 87; *C. Seiler*, Der souveräne Verfassungsstaat zwischen demokratischer Rückbindung und überstaatlicher Einbindung, 2005; *F. Shirvani*, Die europäische Subsidiaritätsklage und ihre Umsetzung ins deutsche Recht, JZ 2010, 753; *W. v. Simson / J. Schwarze*, Europäische Integration und Grundgesetz, 1992; *K.-P. Sommermann*, Offene Staatlichkeit: Deutschland, IPE II, 2008, S. 3; *ders.*, Staatsziel „Europäische Union". Zur normativen Reichweite des Art. 23 Abs. 1 S. 1 GG nF, DÖV 1994, 596; *H. Steinberger*, Der Verfassungsstaat als Glied einer Europäischen Gemeinschaft, VVDStRL 50 (1991), 9; *ders.*, Die Europäische Union im Lichte der Entscheidung des Bundesverfassungsgerichts vom 12. Oktober 1993, FS Bernhardt, 1995, S. 1313; *U. Steiner*, Richterliche Grundrechtsverantwortung in Europa, FS Maurer, 2001, S. 1005; *E. Stoiber*, Die Mitwirkungsrechte der Länder in EU-Angelegenheiten gemäß Art. 23 GG, FS Scholz, 2007, S. 747; *R. Streinz*, Bundesverfassungsgerichtlicher Grundrechtsschutz und Europäisches Gemeinschaftsrecht, 1989; *ders.*, Bundesverfassungsgerichtliche Kontrolle über die deutsche Mitwirkung am Entscheidungsprozeß im Rat der Europäischen Gemeinschaften, 1990; *ders.*, Das Europaverfassungsrecht in der deutschen Föderalismuskommission, FS Schäffer, 2006, S. 835; *ders.*, Das Grundgesetz: Europafreundlichkeit und Europafestigkeit, ZfP 2009, 467; *ders.*, Das „Kooperationsverhältnis zwischen Bundesverfassungsgericht und Europäischem Gerichtshof nach dem Maastricht-Urteil, FS Heymanns Verlag, 1995, S. 633; *ders.*, Das Lissabon-Urteil des Bundesverfassungsgerichts und seine nationalen und europäischen Konsequenzen, in: B. Rill (Hrsg.), Von Nizza nach Lissabon, 2010, S. 37; *ders.*, Der Kontrollvorbehalt des BVerfG gegenüber dem EuGH, FS Stern, 2012, 963; *ders.*, Die Bindung der Vertreter Bayerns im Bundesrat durch Gesetz, FS Vedder, 2017, S. 770; *ders.*, Die Europäische Union als Rechtsgemeinschaft – Rechtsstaatliche Anforderungen an einen Staatenverbund, FS Merten, 2007, S. 395; *ders.*, Die Europarechts-Rechtsprechung des Bundesverfassungsgerichts und ihre Rezeption in der Politik, EWS 2019, 241; *ders.*, Die Kompetenzordnung in der föderalen Europäischen Union, in: I. Härtl (Hrsg.), Handbuch Föderalismus IV, § 85; *ders.*, Die Verfassungsidentität der Mitgliedstaaten und das Recht der Europäischen Union, FS Müller-Graff, 2015, S. 1193; *ders.*, Grundrechtsschutz im europäischen Mehrebenensystem, FS Jarass, 2015, S. 133; *ders.*, Mangold nicht hinreichend qualifiziert ultra vires, FS G. H. Roth, 2011, S. 823; *ders.*, Streit um den Grundrechtsschutz?, FS Dauses, 2014, S. 429; *ders.*, (EG-)Verfassungsrechtliche Aspekte des Vertrags von Nizza, ZÖR 58 (2003), 137; *ders.*, Verfassungsvorbehalte gegenüber Gemeinschaftsrecht – eine deutsche Besonderheit?, FS Steinberger, 2002, S. 1437; *ders.*, Vollzug des europäischen Rechts durch deutsche Staatsorgane HStR XI³, § 218; *ders.*, Was bleibt vom Budgetrecht des Bundestages in der „Fiskalunion"?, FS Wendt, 2015, S. 677; *ders.*, Zur Europäisierung des Grundgesetzes, in: P. M. Huber (Hrsg.), Das Grundgesetz zwischen Stabilität und Veränderung, 2007, S. 33; *ders. / C. Herrmann*, Der Anwendungsvorrang des Gemeinschaftsrechts und die „Normverwerfung" durch nationale Behörden, BayVBl 2008, 1; *ders. / C. Ohler / C. Herrmann*, Der Vertrag von Lissabon zur Reform der EU, 3. Aufl. 2010; *J. P. Terhechte*, Souveränität, Dynamik und Integration, EuZW 2009, 724; *D. Thym*, Die Begründung einer europäischen Verteidigungspolitik, DVBl 2000, 676; *ders.*, Europäische Integration im Schatten souveräner Staatlichkeit, Staat 48 (2009), 559; *ders.*, Die Reichweite der EU-Grundrechte-Charta – Zu viel Grundrechtsschutz?, NVwZ 2013, 889; *M. Tischendorf*, Europa unter deutscher Supervision, EuR 2018, 695; *ders.*, Theorie und Wirklichkeit der Integrationsverantwortung deutscher Verfassungsorgane, 2017; *C. Tomuschat* (Hrsg.), Mitsprache der dritten Ebene in der europäischen Integration: Der Ausschuß der Regionen, 1995; *R. Uerpmann-Wittzack*, Frühwarnsystem und Subsidiaritätsklage im deutschen Verfassungssystem, EuGRZ 2009, 461; *ders. / A. Edenharter*, Subsidiaritätsklage als Minderheitenrecht, EuR 2009, 313; *S. Uhrig*, Die Schranken des Grundgesetzes für die europäische Integration, 2000; *R. C. van Ooyen*, Die Staatstheorie des Bundesverfassungsgerichts und Europa, 4. Aufl. 2011; *A. Thiele*, Die Integrationsidentität des Art. 23 Abs. 1 GG als (einzige) Grenze des Vorrangs des Europarechts, EuR 2017, 367; *T. Vesting*, Die Staatsrechtslehre und die Veränderung ihres Gegenstandes, VVDStRL 63 (2004), 41; *A. Voßkuhle*, Der europäische Verfassungsgerichtsverbund, NVwZ 2010, 1; *ders.*, Die Rolle der Landesparlamente im europäischen Integrationsprozess, FS Papier, 2013, S. 195; *ders.*, Verfassungsgerichtsbarkeit und europäische Integration, NVwZ 2013, Beilage, 1, 27; *R. Wahl*, Die Schwebelage im Verhältnis von Europäischer Union und Mitgliedstaaten, Staat 48 (2009), 587; *M. Walter*, Integrationsgrenze Verfassungsidentität – Konzepte und Kontrolle aus europäischer, deutscher und französischer Perspektive, ZaöRV 72 (2012), 177; *M. Wendel*, Permeabilität im europäischen Verfassungsrecht, 2011; *P. Wiater*, Föderalismus „hoch zwei": Zur Rolle der deutschen Länder bei der Ausgestaltung der gemeinsamen Handelspolitik der EU, AöR 139 (2014), 497; *A. Weber*, Die Europäische Union unter Richtervorbehalt?, JZ 2010, 157; *J. H. H. Weiler*, The state „über alles" – Demos, Telos and the German Maastricht Decision, FS Everling, 1995, S. 1651; *W. Weiß*, Die Integrationsverantwortung der Landtage, JuS 2019, 97; *ders.*, Die Integrationsverandwortung der Verfassungsorgane, JuS 2018., 1046; *M. Wienbracke*, Verfassungsrechtliche Grundlagen und Grenzen der deutschen EU-Integration (Art. 23 I GG), DVP 2013, 227 und 315; *P. Wilhelm*, Europa im Grundgesetz: Der neue Artikel 23, BayVBl 1992, 705; *I. Winkelmann*, Die Bundesregierung als Sachwalter von Länderrechten, DÖV 1996, 1; *ders.* (Hrsg.), Das Maastricht-Urteil des Bundesverfassungsgerichts vom 12. Oktober 1993, 1994; *D. Wolff*, Der Einzelne in der offenen Staatlichkeit, 2020; *F. Wollenschläger*, Völkerrechtliche Flankierung des EU-Integrationsprogramms als Herausforderung für den Europa-Artikel des Grundgesetzes (Art. 23 GG), NVwZ 2012, 713; *M. Zuleeg*, Das Recht der Europäischen Gemeinschaften im innerstaatlichen Bereich, 1969; *ders.*, Der rechtliche Zusammenhalt der Europäischen Union, 2004. Sonderhefte zum Lissabon-Urteil des BVerfG: EuR Beiheft 1/2010; ZEuS Heft 4/2009; GLJ 10 (2009) no. 8.

## Übersicht

# A. Allgemeines

## I. Entstehung

Der in der Präambel verankerten verfassungsrechtlichen Grundentscheidung[1] zur Einigung Europas **1** entspr. beteiligte sich die BRD an der Gründung der EGen (EGKS 1951; EWG und EAG 1957) und an deren Fortentwicklung (insbes. EEA 1986).[2] Letztere hatte von Anfang an das Ziel der Errichtung einer **EU**, wenngleich über deren konkreten Inhalt unterschiedliche Vorstellungen bestanden und nach wie vor bestehen.[3] Diese Bestrebungen mündeten in der „Gründung"[4] der „Europäischen Union" durch den Vertrag von **Maastricht**, der am 1.11.1993 in Kraft getreten ist.[5]

Wenngleich der damalige Unionsvertrag weit davon entfernt war,[6] eine echte politische Union oder **2** gar einen europ. Bundesstaat mit europ. Regierung und europ. Volksvertretung[7] herbeizuführen,[8]

---

[1] BVerfGE 73, 339 (386); 123, 267 (346); → Präamb Rn. 43 ff.; *Zuleeg* AK GG, Präamb Rn. 22.

[2] BGBl II 1986, 1102.

[3] Vgl. dazu *Scholz*, in: Maunz/Dürig, Art. 23 (2019) Rn. 11 ff.; *Oppermann/Classen/Nettesheim*, Europarecht, 8. Aufl. 2018, § 4, Rn. 3 ff.; *Schweitzer/Hummer/Obwexer* Europarecht, 2007, Rn. 1 ff.; *Streinz* Europarecht, 11. Aufl. 2019, § 2, Rn. 19 ff., Rn. 70.

[4] Vgl. Art. 1 I EUV, BGBl 1992 II, 1253 (Sart. II, Nr. 145).

[5] BGBl 1993 II 1947. Geänd. durch den Vertrag von Amsterdam v. 2.10.1997 (BGBl II 1998, 387), in Kraft seit 1.5.1999, durch den Vertrag von Nizza v. 26.2.2001 (BGBl II 2001, 1667), in Kraft seit 1.2.2003 (BGBl II 1503), durch den Beitrittsvertrag v. 16.4.2003 (BGBl II 1408), in Kraft seit 1.5.2004 (BGBl II 1102), durch den Beitrittsvertrag v. 25.4.2005 (BGBl 2006 II 1146), in Kraft seit 1.1.2007 (BGBl II 127), durch den Vertrag von Lissabon v. 13.12.2007 (BGBl II 2008, 1038, in Kraft seit 1.12.2009 (BGBl II 2009, 1223), zul. durch den Beitrittsvertrag v. 9.12.2011 (BGBl 2013 II 586), in Kraft seit 1.7.2013 (BGBl II 680). Art. 136 Abs. 3 AEUV eingefügt durch Beschl. des Rates vom 11.7.2012 (ABl EU Nr. L 204/131), in Kraft seit 1.1.2014. Zum Vertrag von Lissabon vgl. *Streinz/ Ohler/Herrmann,* Der Vertrag von Lissabon zur Reform der EU. Einführung mit Synopse, 3. Aufl. 2010.

[6] Daran hat die Änderung durch den Vertrag von Lissabon im Prinzip nichts geändert.

[7] Vgl. dazu *Schachtschneider*, in: Blomeyer/Schachtschneider (Hrsg.), Die Europäische Union als Rechtsgemeinschaft, 1995, S. 75 ff. (111 ff.).

[8] Vgl. zur Struktur der EU vor dem Vertrag von Lissabon *Pechstein/Koenig,* Die Europäische Union, 3. Aufl. 2000, Rn. 56 ff.; *Streinz* ZfRV 1995, 1 (2 ff.). Zur Struktur der nach dem Vertrag von Lissabon einheitlichen Rechtspersönlichkeit der Union (vgl. Art. 1 III, 47 EUV) vgl. HKP, Rn. 54 ff.; *Herdegen*, Europarecht, 21. Aufl. 2019, § 5; *Classen* MKS II, Art. 23 Rn. 3a, 10. Zur Würdigung aus verfassungsrechtlicher Sicht unter Zurückweisung der Einwände der Beschwerdeführer vgl. BVerfGE 123, 267 (370 ff.).

sondern eine „Staatengemeinschaft"[9] begründete, die vom BVerfG als **„Staatenverbund"** bezeichnet wurde,[10] brachte er doch mit dem durch einen Zeitplan, Institutionen und materielle Vorgaben konkretisierten Ziel der Errichtung einer Wirtschafts- und Währungsunion,[11] der Stärkung der Rolle des EuParl,[12] der Einführung der Unionsbürgerschaft[13] und der Zuweisung weiterer Kompetenzen Änderungen,[14] die es angezeigt erscheinen ließen, nicht nur die unerlässlichen Verfassungsänderungen zur Ermöglichung der EZB[15] und des Kommunalwahlrechts für Staatsangehörige aus anderen Mitgliedstaaten im Aufenthaltsstaat[16] vorzunehmen, sondern auch die verfassungsrechtliche Ermächtigung zur deutschen Beteiligung an der europ. Integration insges. auf eine neue Grundlage zu stellen. Im Hinblick auf die mittlerweile erreichte Kompetenzfülle der Union kann man – allerdings nur mutatis mutandis im Bewusstsein der einzigartigen Struktur der Union[17] – von „staatsähnlichen Zügen"[18] sprechen.

3    Bis dahin stützte sich die Mitwirkung Deutschlands an den EGen auf **Art. 24 I.** Betrachtet man die bereits damals erreichte Dichte der Integration,[19] erscheint eine Regelung, die die Übertragung von Hoheitsrechten auf „zwischenstaatliche Einrichtungen" gestattet, doch etwas mager.[20] Es bedurfte der Rspr. des BVerfG, um diese Bestimmung durch „sachgerechte Auslegung"[21] für die eigentümliche Verzahnung von Gemeinschaftsrecht und nationalem Recht[22] handhabbar zu machen, aber auch, um der Integration die nötigen Schranken zu setzen.[23] Diese durch die Rspr. entwickelten Schranken sind jetzt im Wesentlichen in Art. 23 I kodifiziert.

4    Zugleich wurde die Gelegenheit genutzt, die Mitwirkung der durch die europ. Integration in ihren Kompetenzen zwangsläufig beeinträchtigten Länder[24] an diesem Integrationsprozess auf eine verfassungsrechtliche Grundlage zu stellen (Art. 23 II, IV und VI). Nach unterschiedlichen Versuchen seit den Zustimmungsgesetzen zu den Gründungsverträgen[25] hatte man im EEAG[26] mit dem **neuen**

---

[9] So *Ipsen* EuR 1994, 1 (8 f.).

[10] BVerfGE 89, 155 (186, 188) im Anschluss an *P. Kirchhof* HStR VII[1], § 183 Rn. 69. Präzisiert in BVerfGE 123, 267 (LS 1): „Der Begriff des Verbundes erfasst eine enge, auf Dauer angelegte Verbindung souverän bleibender Staaten, die auf vertraglicher Grundlage öffentliche Gewalt ausübt, deren Grundordnung jedoch allein der Verfügung der Mitgliedstaaten unterliegt und in der die Völker – das heißt die staatsangehörigen Bürger – der Mitgliedstaaten die Subjekte demokratischer Legitimation bleiben". Vgl. zu diesem Begriff *Scholz*, in: Maunz/Dürig, Art. 23 (2019) Rn. 45; *P. Kirchhof* HStR X, § 214 Rn. 1 ff. Vgl. auch HKP, Rn. 58 f. Die Kritik daran ist berechtigt, soweit dadurch die Einbindung der Bürger als Rechtssubjekte in einer „Union der Bürger und der Staaten" (vgl. *D. T. Tsatsos* JöR nF 49 (2001) 63/67) verdeckt wird. Zutr. *Classen* MKS II, Art. 23 Rn. 6. Vgl. auch *Streinz*, Vom Marktbürger zum Unionsbürger, in: M. Breuer ua. (Hrsg.), Im Dienste des Menschen: Recht, Staat und Staatengemeinschaft, 2009, S. 63 (67 ff.). Zur jeweiligen Spezifität der Begriffe „Staatenverbund", „Verfassungsverbund", „Rechtsgemeinschaft" und „Verwaltungsverbund" *Streinz*, in: ders., EUV/AEUV, Art. 4 EUV Rn. 30.

[11] Vgl. dazu *Streinz* (Fn. 3), Rn. 1139 ff. mwN.

[12] Vgl. Art. 251 EGV, jetzt Art. 289 I, Art. 294 AEUV („ordentliches Gesetzgebungsverfahren").

[13] Vgl. Art. 17 EGV, jetzt Art. 9 EUV, Art. 20 AEUV.

[14] Vgl. dazu den Überblick bei *Streinz* (Fn. 3), Rn. 37 ff.

[15] Art. 88 S. 2. → Art. 88 Rn. 25 ff.

[16] Art. 28 I 3. → Art. 28 Rn. 24 ff.

[17] Vgl. dazu *Streinz* FS Nehlsen, 2008, 750 (758 ff.).

[18] So bereits *Scholz* NVwZ 1993, 818 f.; *ders.,* in: Maunz/Dürig, Art. 23 (2019) Rn. 42: Tendenz zur „eigenstaatlichen Einrichtung" immanent, „prästaatliche" Formation, ebd. Rn. 46 nach *Di Fabio*, Staat 32 (1993), 197, aber keine Verfassungsautonomie und damit kein europäischer (Bundes-) Staat, ebd. Rn. 47 ff.: nach *Zuleeg* AK GG, Art. 23 Rn. 15 fehle der EU für die Staatsqualität nur die Zwangsgewalt, die sich die Mitgliedstaaten vorbehalten hätten. Nach wie vor zutr. zur Staatsqualität auch in der Entwicklungsperspektive des Unionsvertrages *Randelzhofer*, in: Maunz/Dürig, Art. 24 I (1992) Rn. 84 Fn. 257 mwN. Vgl. auch BVerfGE 123, 267 (371): kein „staatsanaloger" Aufbau.

[19] In BVerfGE 89, 155 (172 f.) werden Äußerungen des früheren Präsidenten der Komm. *Delors* und des Mitglieds der Komm. *Bangemann* zitiert, wonach schon vor dem Unionsvertrag nahezu 80 % aller Regelungen im Bereich des Wirtschaftsrechts durch das Gemeinschaftsrecht festgelegt bzw. nahezu 50 % der deutschen Gesetze durch das Gemeinschaftsrecht veranlasst seien. Zur tatsächlichen Äußerung *Delors* vgl. *Streinz* ThürVBl 1997, 73 (80), Fn. 83. Der tatsächliche Umfang der Determinierung deutschen Rechts durch das Unionsrecht ist (je nach Berechnungsweise) str.; vgl. dazu eingehend und kritisch *A. K. Mangold*, Gemeinschaftsrecht und deutsches Recht. Die Europäisierung der deutschen Rechtsordnung in historisch-empirischer Sicht, 2011, S. 304 ff.), aber jedenfalls erheblich. Vgl. auch BVerfGE 123, 267 (408).

[20] So *Jarass*, in: Jarass/Pieroth, Art. 23 Rn. 1. Die Verfassungskomm. war der Auffassung, dass das im Unionsvertrag niedergelegte Integrationsstadium über das einer „zwischenstaatlichen Einrichtung" hinausgehe und im Verhältnis zu dieser ein „Aliud" darstelle, vgl. *Randelzhofer*, in: Maunz/Dürig, Art. 24 I (1992) Rn. 200 mN in Fn. 641; *Scholz*, in: Maunz/Dürig, Art. 23 (2019) Rn. 10; *Hillgruber*, in: Hofmann/Henneke, Art. 23 Rn. 2. Krit. *Steinberger*, FS Bernhardt, 1995, S. 1318.

[21] So ausdr. BVerfGE 31, 145 (174).

[22] Vgl. dazu *Streinz* HStR X, § 218 Rn. 9 ff.

[23] So ausdr. abwM BVerfGE 37, 271/291 (296); BVerfGE 58, 1 (40); in der Sache ebenso BVerfGE 37, 271 (279 f.); 73, 339 (375); 75, 223 (240).

[24] Vgl. dazu *Streinz* (Fn. 3), Rn. 187 ff. mwN.

[25] Art. 2 des VertragsG zum EWGV und EAGV, BGBl 1957 II, 753. S. dazu *Schweitzer/Dederer*, StaatsR III, Rn. 740 ff. Zur Entwicklung der Länderbeteiligung am Einigungsprozess vgl. *Schmidt-Meinecke*, Bundesländer und Europäische Gemeinschaft, 2. Aufl. 1988; *Kabel* GS Grabitz, 1995, S. 241 ff.

[26] Art. 2; aufgehoben durch § 15 EUZBLG (→ Rn. 111).

**Bundesratsverfahren** einen praktikablen, aber verfassungsrechtlich nicht ganz unproblem.[27] Weg gefunden. Die verfassungsrechtlichen Einwände konnten nur durch eine Regelung in der Verfassung selbst entkräftet werden, die materiell zT über das EEAG hinausgeht und zugleich ohne Hilfskonstruktionen[28] die Kontrolle durch das BVerfG eröffnet, da die möglicherweise verletzten Rechte der Länder bzw. des BRat durch die Verfassung selbst gewährleistet werden (Art. 23 II, IV bis VI).

Schließlich erkannte auch der **BTag,** dass er in gleicher Weise auf den Kompetenzverlust an die EG **5** (jetzt EU), der innerstaatlich notwendig mit einer Kompetenzverlagerung auf die BReg verbunden ist, da nur diese insbes. über den Rat in den Unionsorganen mitwirkt,[29] durch seine Einbeziehung in den nationalen Entscheidungsprozess zur Vorbereitung der Beschlüsse auf Unionsebene und durch die Kontrolle über die BReg reagieren muss.[30] Dies führte zur Einfügung der Art. 23 II, III.[31]

Die Konkretisierung der Beteiligungsrechte von BTag und BRat, aber auch der Schranken der **6** Integrationsermächtigung, war umstr. und führte zu **Kompromissformeln,** die nicht nur die sprachliche Fassung der Vorschrift, sondern auch ihre inhaltliche Klarheit beeinträchtigen (→ Rn. 106). In der Föderalismuskomm. wurden weitreichende Änderungen in gegenteilige Richtungen von der Stärkung der Mitwirkungsrechte der Länder bis hin zur Streichung des Art. 23 VI im Sinne eines Alleinvertretungsrechts des Bundes in der EG diskutiert.[32] Herausgekommen ist allein die marginale, aber immerhin klarstellende Änderung des Abs. 6 (→ Rn. 114). Im Zusammenhang mit dem Vertrag von Lissabon wurde Abs. 1a eingefügt (→ Rn. 135). Zur Erfüllung der Anforderungen des Lissabon-Urteils des BVerfG[33] wurde das IntVG erlassen (→ Rn. 62, 66 ff.). Ferner wurden die AusführungsG EUZBBG (vgl. Abs. 3 S. 3) und EUZBLG (vgl. Abs. 7) geändert (→ Rn. 111).

Der Platz des Art. 23 wurde für die neue Vorschrift gewählt, weil dessen **alte Fassung,** die **7** Aussagen zum räumlichen Geltungsbereich des GG und zum Beitritt deutscher Gebiete einschl. der damit verbundenen Gesetzgebungsaufgaben enthielt,[34] im Zuge der Wiedervereinigung aufgehoben wurde[35] und der Artikel somit unbesetzt war. Systematisch passt die neue Vorschrift zu Art. 24 bis 26.

## II. Bedeutung

**1. Sedes materiae der Mitwirkung an der EU.** Art. 23 I sieht die deutsche[36] Mitwirkung an der **8** Entwicklung der EU vor. Dieser Begriff knüpfte an den Unionsvertrag von Maastricht an,[37] ist aber dynamisch und umfasst jetzt die einheitliche EU i. d. F. des Vertrags von Lissabon sowie die fortbestehende EAG.

Die Vorschrift wurde „für die europäische Integration und deren Fortgang" geschaffen.[38] Art. 23 I 2 **9** verdrängt hinsichtlich des genannten Anwendungsbereichs (→ Rn. 54) als **lex specialis** Art. 24 I[39] und Art. 32 (→ Art. 32 Rn. 9a) und hinsichtlich der gesteigerten Anforderungen auch Art. 59 II.[40] Er konkretisiert insoweit den Grundsatz der offenen Staatlichkeit (→ Art. 24 Rn. 6).

Die Präzisierung und Verstärkung der verfassungsrechtl. Grundentscheidung in der Präambel für die **10** Einigung Europas (→ Rn. 1) in Art. 23 I 1 enthält eine **Staatszielbestimmung**[41] und einen **rechts-**

---

[27] Krit. z. B. *Bethge,* Die Rolle der Länder im deutschen Bundesstaat und die rechtlichen Einflußmöglichkeiten auf die nationale Gemeinschaftspolitik, in: Kremer (Hrsg.), Die Bundesrepublik Deutschland und das Königreich Spanien 1992 – Die Rolle der Länder und der Comunidades Autónomas, 1989, S. 22 ff. (43 ff.); *Ress* EuGRZ 1987, 361.

[28] Vgl. dazu *Streinz,* Bundesverfassungsgerichtliche Kontrolle über die deutsche Mitwirkung am Entscheidungsprozess im Rat der Europäischen Gemeinschaften, 1990, S. 64 ff.: Die Rechte aus Art. 2 EEAG bedurften einer verfassungsrechtlichen Fundierung (Binnenwirkung des Art. 24 I), um gem. § 64 I BVerfGG rügefähig zu sein.

[29] Vgl. jetzt Art. 15 II EUV (Europ. Rat) und Art. 16 II EUV (Rat). Zur Bestellung der Komm. vgl. Art. 17 VII EUV, zur Ernennung der Richter und Generalanwälte Art. 19 II UAbs. 3 S. 2 EUV. Zur Beteiligung des Richterwahlausschusses s. u. Rn. 138.

[30] Vgl. zu dem lange Zeit fehlenden Problembewusstsein des BTag *Streinz* DVBl 1990, 949 (961) mwN, und *Hänsch* EA 41 (1986), 191 (197).

[31] Bezeichnend ist, dass diese Bestimmungen erst nach Einbringung des Gesetzentw. durch die BReg in das Verfahren eingeführt wurden. Vgl. *Randelzhofer,* in: Maunz/Dürig, Art. 24 I (1992) Rn. 205 mwN.

[32] Vgl. dazu zur Sache 1/2005, S. 153 ff.; *Streinz* FS Schäffer, 2006, S. 847 ff.

[33] BVerfGE 123, 267.

[34] Vgl. BVerfGE 82, 316 (320 f.); 85, 360 (374).

[35] EinigungsvertragsG, BGBl 1990 II, 885 (Sart. II, Nr. 605).

[36] Zur Rechtslage in den anderen Mitgliedstaaten vgl. IPE II, Berichte §§ 14–25 und *Huber,* Vergleich, § 26; *Hobe,* in: Friauf/Höfling, Art. 23 (2011) Rn. 90 ff.; *Wollenschläger,* in: Dreier II, Art. 23 Rn. 21 ff.; vgl. auch *Classen* MKS II, Art. 23 Rn. 4, 4a, Art. 24 Rn. 2b; zu Frankreich ausf. *Spiegels* EuR 2003, 119.

[37] Zum dadurch begründeten Umfang s. 5. Aufl., Art. 23 Rn. 8.

[38] BVerfGE 89, 155 (172).

[39] *Jarass,* in: Jarass/Pieroth, Art. 23 Rn. 4; *Scholz,* in: Maunz/Dürig, Art. 23 (2019) Rn. 4, 66; *Uerpmann-Wittzack,* in: v. Münch/Kunig I, Art. 23 Rn. 2.

[40] *Wollenschläger,* in: Dreier II, Art. 23 Rn. 179; *Uerpmann-Wittzack,* in: v. Münch/Kunig I, Art. 23 Rn. 4. Zur Tragweite der Verdrängung des Art. 24 I als l. sp. → Rn. 196.

[41] So die amtliche Begründung, BR-Dr 501/92, S. 4 (11). Vgl. auch *Randelzhofer,* in: Maunz/Dürig, Art. 24 I (1992) Rn. 202 Fn. 644; *Zuleeg* AK GG, Art. 23 Rn. 10 mwN; *F. C. Mayer* EuGRZ 2002, 111 (117 ff.).

**verbindlichen Auftrag,**[42] zur Verwirklichung des vereinten Europas durch Mitwirkung an der Entwicklung der EU beizutragen.[43] Dies setzt der Wahrnehmung des jetzt ausdr. in Art. 50 EUV verankerten Austrittsrechts verfassungsrechtl. Schranken.[44]

11     Für dessen politische Umsetzung bestehen allerdings weite **Gestaltungsspielräume** innerhalb der Grenzen der Schranken der Integrationsermächtigung (→ Rn. 16 ff., → Rn. 75 ff.) einerseits, einer *grds.* integrationsfeindlichen Politik andererseits. Ferner ist zu berücksichtigen, dass im Unterschied zu den Staatszielen des Art. 20 und Art. 20a die EU nicht allein durch das Tätigwerden der rechtlich verpflichteten deutschen Organe zu erreichen ist, sondern des Zusammenwirkens mit den zuständigen Organen anderer Mitgliedstaaten bedarf. Daher kann Art. 23 I 1 nur eine Verpflichtung zum Tätigwerden in Richtung auf dieses Ziel, nicht jedoch die Verpflichtung auf den Erfolg enthalten. Wie ein vereintes Europa rechtlich konstruiert zu sein hat, ergibt sich aus der Staatszielbestimmung nicht; eine Verpflichtung auf einen Bundesstaat, einen Staatenbund bzw. eine Zwischenform lässt sich ihm nicht entnehmen.[45]

12     **2. Schranken der Integrationsermächtigung.** Art. 23 I 1 bestimmt mit den verfassungsrechtlichen Anforderungen an die EU die **materiellen Schranken** der Integrationsermächtigung. Art. 23 I 3 fügt als absolute Schranke Art. 79 III hinzu (→ Rn. 92). Diese waren bereits vom BVerfG zu Art. 24 I herausgearbeitet worden.[46] Der wesentliche Inhalt dieser Rspr., konkret vor allem zum Grundrechtsschutz, wurde nunmehr kodifiziert. Daher kann die Rspr. zu Art. 24 I insoweit auch zur Interpretation des Art. 23 I 1 herangezogen werden.

13     Art. 23 I 2 und die Bezugnahme auf Art. 79 II in Art. 23 I 3 bestimmen die formellen **Anforderungen** an das Integrationsgesetz.

14     **3. Beteiligung von BTag und BRat sowie der Länder an der Europäischen Integration.** Die mit der Kompetenzübertragung auf die EGen verbundenen Kompetenzverluste, insbes. aber die dadurch verursachte innerstaatliche **Kompetenzverschiebung** zugunsten des Bundes und innerhalb dessen zugunsten der BReg verlangten nach binnenstaatlichen Ausgleichsmaßnahmen („Kompensationen"). Diese wurden zuvor aus Binnenwirkungen des Art. 24 I hergeleitet.[47] Art. 23 II bis VI legt sie nun mit Verfassungsrang fest. Gem. Art. 23 VII wurde das Nähere durch Bundesgesetze geregelt (→ Rn. 111).

# B. Mitwirkung der Bundesrepublik Deutschland an der EU

## I. Funktionen des Art. 23 I

15     Für die Mitwirkung der BRD an der EU stellt Art. 23 I 1 nach innen gerichtete Anforderungen an die Struktur dieser Union **(„Strukturklausel")**.[48] Art. 23 I 2 hebt als besonders intensive Form der Mitwirkung die „Übertragung von Hoheitsrechten" hervor und stellt dafür die formelle Anforderung der Zustimmung des BRat zu einem Übertragungsgesetz **(„Kompetenzübertragungsklausel")**. Art. 23 I 3 bestimmt formelle und materielle Schranken für Verfassungsänderungen, die durch die Mitwirkung an der Begründung und Fortentwicklung der EU verursacht werden **(„Verfassungs-**

---

[42] Deutlich BVerfGE 123, 267 (346 f.): „bedeutet für die deutschen Verfassungsorgane, dass es nicht in ihrem Belieben steht, sich an der europäischen Integration zu beteiligen oder nicht".

[43] BT-Dr 12/3338, S. 6. Vgl. auch *Classen,* MKS Art. 23 Rn. 7 mwN; *Wollenschläger,* in: Dreier II, Art. 23 Rn. 36; *Heyde,* in: Umbach/Clemens, GG, Art. 23 Rn. 18 ff.

[44] Zutr. *Hillgruber,* in: Hofmann/Henneke, Art. 23 Rn. 10; *Jarass,* in: Jarass/Pieroth, Art. 23 Rn. 12; *Wolff,* in: Hömig/Wolff, Art. 23 Rn. 8; *Groß,* EuR 2018, 390, 403 f. Unionsrechtlich besteht ein einseitiges Austrittsrecht ohne Anknüpfung an Bedingungen, es muss allein das Verfahren des Art. 50 EUV eingehalten werden. Vgl. dazu *Streinz,* in: Streinz, EUV/AEUV, Art. 50 EUV, Rn. 3; *ders.,* Brexit – Weg, Ziele, Lösungsmöglichkeiten, in: Kramme/Baldus/Schmidt-Kessel (Hrsg.), Brexit, 2. Aufl. 2020, S. 37 (42 f.); *Thiele* EuR 2016, 281 (296 f.). Zu den jeweiligen innerstaatlichen Anforderungen im Vereinigten Königreich, Deutschland und Österreich vgl. *Michl* NVwZ 2016, 1365 (1366).

[45] Vgl. *Sommermann* DÖV 1994, 598; *Classen* MKS II, Art. 23 Rn. 6, 6a. Zur Offenheit des Integrationsprogramms vgl. *Scholz,* in: Maunz/Dürig, Art. 23 (2019) Rn. 50 ff., 60: „Keine institutionelle Unions-Gewährleistung"; *Streinz,* Die Finalität der Europäischen Union und der Vertrag von Lissabon, Politische Studien 1/2009, S. 52 (53 ff.); *Schorkopf,* § 2 Rn. 156 mwN. Zur verfassungsrechtlichen Zulässigkeit der Begründung eines Europ. Bundesstaates → Rn. 93.

[46] Vgl. dazu *Streinz,* Bundesverfassungsgerichtlicher Grundrechtsschutz und Europäisches Gemeinschaftsrecht, 1989, S. 231 ff.

[47] Vgl. *Streinz* (Fn. 28), S. 25 f. mwN.

[48] Vgl. *Rojahn,* in: v. Münch/Kunig II, 5. Aufl. 2001, Art. 23 Rn. 18 I. Ü. wird der Ausdruck „Struktursicherungsklausel" verendet, vgl. *Uerpmann-Wittzack,* in: v. Münch/Kunig, Art. 23 Rn. 12; *Scholz,* in: Maunz/Dürig, Art. 23 (2019) Rn. 70. Wenn *Schorkopf* BK, Art. 23 (2011) Rn. 38 von einer „wechselseitigen Strukturgewährleistung im föderalen Verbund" bzw. einer „Homogenitätsklausel" (ebd. Rn. 39) spricht, ist zu beachten, dass sich dies nur auf grundlegende „Werte" der EU (Art. 2 II EUV), die allen Mitgliedstaaten „gemeinsam" sein sollen, beziehen kann, die Verfassungsstruktur der Mitgliedstaaten im Übrigen unberührt lässt (vgl. Art. 4 II EUV). → Rn. 18.

**bestandsklausel").**[49] Diese Verfassungsbindungsklausel entfaltet ihre Bedeutung zwar vor allem bei der Übertragung von Hoheitsrechten, gilt aber für alle Formen der Mitwirkung an der EU.

## II. Anforderungen an die Struktur der EU

**1. Zweck der Strukturklausel.** Die Strukturklausel des Art. 23 I 1 bezieht und beschränkt damit **16** zugleich die Integrationsermächtigung auf eine EU, „die demokratischen, rechtsstaatlichen, sozialen und föderativen Grundsätzen und dem Grundsatz der Subsidiarität verpflichtet ist und einen diesem Grundgesetz im Wesentlichen vergleichbaren Grundrechtsschutz gewährleistet". Damit wird nicht nur „dokumentiert, welche Strukturen die Bundesrepublik Deutschland im vereinten Europa anstrebt",[50] sondern die zuständigen deutschen Organe werden verfassungsrechtlich auf die Mitwirkung nur an einer solchen Union verpflichtet. Der **Maßgabevorbehalt** für das politische Gestaltungsermessen (→ Rn. 11) ist somit zugleich positiv-richtungsweisend und negativ-grenzziehend.[51]

Diese verfassungsrechtlichen Forderungen können sich zwar zwangsläufig nur auf europäischer **17** Ebene entfalten. Sie sind aber **allein binnengerichtet** und können schon wegen des möglichen Adressaten von nationalem Verfassungsrecht auch nur dieses sein.[52] Sie sind nicht nur Verhaltensnorm (Handlungsmaßstab) der Integrationsgewalt, sondern (dies bezieht sich zumindest hauptsächlich auf die schrankensetzende Funktion) auch Beurteilungsnorm (Urteilsmaßstab) zu ihrer Kontrolle.[53] Auf die Unionsorgane und andere Mitgliedstaaten wirken sie nur insoweit mittelbar, als sie die verfassungsrechtlichen Grenzen deutscher Integrationsmöglichkeit dokumentieren. Bei ihrer inhaltlichen Konkretisierung muss im Auge behalten werden, dass Art. 23 I 1 die Integration wünscht und Deutschland nicht integrationsunfähig werden soll.

Sie beziehen sich (abgesehen von den Vorgaben des Art. 2 EUV)[54] **nicht** auf die Binnenstruktur **18** **anderer** Mitgliedstaaten.[55] Die EU setzt zwar, wie insbes. der Ausschuss der Regionen zeigt, staatliche Ebenen unterhalb des Nationalstaats voraus, ist aber durch Art. 4 II EUV daran gehindert, den Mitgliedstaaten diesbezüglich Vorgaben zu machen.[56]

Die Strukturforderungen gelten bereits **jetzt** und beziehen sich nicht auf ein angestrebtes End- **19** stadium.[57] Ihr konkreter Inhalt kann sich freilich mit wachsender Integration verändern.[58]

**2. Demokratische, rechtsstaatliche, soziale und föderative Grundsätze. a) Strukturange- 20 passte Grundsatzkongruenz mit dem GG.** Die Strukturklausel des Art. 23 I 1 erinnert auf den ersten Blick an Art. 20 I, weist aber bereits im Wortlaut deutliche Unterschiede auf. So ist von „föderativen", nicht von bundesstaatlichen Grundsätzen die Rede; zu Recht, weil speziell Art. 23 I 1 nicht als Ermächtigung zu einem europäischen (Bundes-)Staat auszulegen ist (→ Rn. 93) und generell jede Parallele zu einem Staat zu verfehlten Schlüssen verleitet. Daher wurde auch zu Recht im Gegensatz zu den Anforderungen an den Grundrechtsschutz darauf verzichtet, hinsichtlich dieser Grundsätze eine wesentliche Vergleichbarkeit mit dem GG zu fordern.

Verlangt wird weder eine Homogenität noch eine strukturelle Kongruenz mit den an einen Staat **21** gerichteten Vorgaben des GG,[59] sondern die Erfüllung von rechtsstaatlichen[60] und demokratischen Anforderungen an die Ausübung von Herrschaftsgewalt, wie sie den Mitgliedstaaten der EU und **gemeineuropäischer Verfassungskultur** gemeinsam sind,[61] zu denen aus gegebenem Anlass (Ge-

---

[49] Diese von *Breuer* NVwZ 1994, 421 f., entwickelte Terminologie differenziert treffend: Die „Struktur- (sicherungs)klausel" des Art. 23 I 1 setzt bei der „Offensive der Europäisierung", die „Verfassungsbindungsklausel" bei der „Defensive des Grundgesetzes" an.

[50] So die BReg, BT-Dr 12/3338, S. 4.

[51] *Uerpmann-Wittzack*, in: v. Münch/Kunig I, Art. 23 Rn. 13.

[52] *Schmalenbach*, Der neue Europaartikel 23 des Grundgesetzes im Lichte der Arbeit der Gemeinsamen Verfassungskommission, 1996, S. 60 f.; *Classen* MKS II, Art. 23, Rn. 8; *Heintschel von Heinegg*, in: Epping/Hillgruber, Art. 23 Rn. 10; *Scholz*, in: Maunz/Dürig, Art. 23 (2019) Rn. 71; vgl. auch *Schorkopf* BK Art. 23 (2011) Rn. 40. Davon zu unterscheiden sind entspr. *unionsrechtliche* Verpflichtungen, wie z. B. das in Art. 5 III EUV verankerte Subsidiaritätsprinzip.

[53] *Uerpmann-Wittzack*, in: v. Münch/Kunig I, Art. 23 Rn. 13.

[54] S. dazu auch *Classen* MKS II Art. 23 Rn. 16a: Art. 2 EUV werde „begrenzt verfassungsrechtlich bewehrt".

[55] *Schmalenbach* (Fn. 52), S. 60; *Uerpmann-Wittzack*, in: v. Münch/Kunig I, Art. 23 Rn. 22.

[56] *Uerpmann-Wittzack*, in: v. Münch/Kunig I, Art. 23 Rn. 22. S. u. Rn. 36.

[57] So aber *Everling* DVBl 1993, 994.

[58] Vgl. *Uerpmann-Wittzack*, in: v. Münch/Kunig I, Art. 23 Rn. 13: „Optimierungsgebot". Zur Geltung für weitere Entwicklungen der EU *Scholz*, in: Maunz/Dürig, Art. 23 (2019) Rn. 72. Vgl. auch BVerfGE 89, 155 (184 f.).

[59] Zutr. *Uerpmann-Wittzack*, in: v. Münch/Kunig I, Art. 23 Rn. 12 mwN.

[60] Der Begriff macht den Wortbestandteil „staatlich" unvermeidbar, soll aber nicht zu verfehlten etatistischen Vorstellungen verleiten und zwingt auch nicht dazu.

[61] Ebenso, ungeachtet unterschiedlicher Terminologie, z. B. *Uerpmann-Wittzack*, in: v. Münch/Kunig I, Art. 23 Rn. 12; *Randelzhofer*, in: Maunz/Dürig, Art. 24 I (1992) Rn. 202 („Mindestmaß an Verfassungshomogenität"); *Classen* MKS II, Art. 23 Rn. 16 mwN; *Breuer* NVwZ 1994, 422; *Everling* DVBl 1993, 944; *Ossenbühl* DVBl 1993, 633; *Schmalenbach* (Fn. 52), S. 61, 204 („Mindestmaß an Homogenität"); *A. Schmitt Glaeser*, Grundgesetz und Europarecht als Elemente Europäischen Verfassungsrechts, 1996, S. 72 ff., 77 („Kongruenz der Grundüberzeugungen"). Auch *Schorkopf* BK, Art. 23 (2011) Rn. 39 bezieht die „Homogenität" allein auf die Grundanforderungen, so

gensteuerung gegen ökonomische Einseitigkeit und Zentralismus) soziale und föderative Forderungen hinzugefügt wurden.

22    Bei der Konkretisierung der Anforderungen ist der gegenüber einem Staat andersartigen Struktur einer – auch intensiven – Integrationsgemeinschaft Rechnung zu tragen (**„strukturangepasste Grundsatzkongruenz"**).[62] Das BVerfG hat diesen Ansatz im Maastricht-Urteil hinsichtlich des Demokratieprinzips deutlich bestätigt, wenn es konzediert, dass bei der Mitgliedschaft Deutschlands in einer zu eigenem hoheitlichen Handeln befähigten Staatengemeinschaft, der die Wahrnehmung eigenständiger Hoheitsbefugnisse eingeräumt wird, demokratische Legitimation nicht in gleicher Form hergestellt werden könne wie innerhalb einer durch eine Staatsverfassung einheitlich und abschließend geregelten Staatsordnung.[63]

23    Neben dem Einwand des fehlenden Adressaten (→ Rn. 17) ist dies ein weiteres Argument **gegen den Vorwurf eines „Grundgesetzimperialismus"** oder eines „Blockadepotentials".[64]

24    **b) Demokratiegebot.** Das Demokratiegebot fordert in seiner strukturangepassten Modifikation eine **doppelgleisige** demokratische Legitimation.

25    Seit der Direktwahl des EuParl[65] besteht zwar auf Gemeinschafts- bzw. jetzt Unionsebene ein unmittelbar demokratisch legitimiertes Organ. Ungeachtet seiner Kontrollbefugnis und seiner Beteiligung an der Gesetzgebung bis hin zum jetzt grds. gleichberechtigten Mitgesetzgeber mit dem Rat (Art. 14 I 1, Art. 16 I 1 EUV; „ordentliches Gesetzgebungsverfahren gem. Art. 289 I, Art. 294 AEUV) ist das EuParl aber nicht *die* Legislative der Europäischen Union, und es ist fraglich, ob es dazu überhaupt geeignet wäre.[66] Deswegen und wegen der Struktur einer „Union der Völker Europas",[67] die ungeachtet des hohen Integrationsgrades letztlich von den Mitgliedstaaten getragen wird,[68] bedarf die Union jedoch „zuvörderst" der **demokratischen Legitimation über die Staatsvölker der Mitgliedstaaten,** die durch die Zustimmungsgesetze zu den Integrationsverträgen und laufend über die Rückkoppelung des Rates als des Organs, das aus Staatenvertretern besteht (Art. 16 II EUV), an die nationalen Parlamente (vgl. für Deutschland → Rn. 99 ff.) erfolgt. Diese positive Rolle der nationalen Parlamente hebt jetzt Art. 12 EUV ausdr. hervor.[69]

26    Dies schließt eine Erweiterung und insbes. Systematisierung der Befugnisse des EuParl[70] nicht aus. Im Gegenteil, sie ist für die EU als „Union von Völkern und von Staaten"[71] notwendiger Bestand-

---

dass sachlich kein Widerspruch bestehen dürfte. Zur gemeineurop. Dimension vgl. bereits *Häberle* EuGRZ 1991, 261. Vgl. dazu auch *Pernice,* in: Dreier II, 2. Aufl. 2006, Art. 23 Rn. 17. Vgl. dazu jetzt BVerfGE 123, 267 (344 f., 365 f.). Zur wechselseitigen Strukturgewährleistung der Mitgliedstaaten (vgl. Art. 2 EUV) und zu Art. 23 Abs. 1 S. 1 GG als „Homogenitätsklausel" vgl. *Schorkopf,* § 2 Rn. 159 f.

[62] Vgl. *Streinz* (Fn. 46), S. 254 ff.

[63] BVerfGE 89, 155 (182). Vgl. auch BVerfG NJW 1995, 2216 (Verteilung der Sitze im EuParl). Bestätigt in BVerfGE 123, 267 (371 ff.): Die EU „entspricht demokratischen Grundsätzen, weil sie bei qualitativer Betrachtung ihrer Aufgaben- und Herrschaftsorganisation gerade nicht staatsanalog aufgebaut ist". Vgl. dazu *Scholz,* in: Maunz/ Dürig, Art. 23 (2019) Rn. 74. Zu Zulässigkeit und Grenzen von Modifikationen des „demokratischen Legitimationsniveaus" jüngst BVerfGE 151, 202 Ls. 1–3 (Bankenunion). S. dazu *Scholz,* in: Maunz/Dürig, Art. 23 (2019) Rn. 155c.

[64] Zutr. *Breuer* NVwZ 1994, 421 f.

[65] Eingeführt durch Akt zur Einführung allg. unmittelbarer Wahlen der Abgeordneten der Versammlung v. 20.9.1976 (DWA, ABl EG Nr. L 278/1), jetzt Art. 14 II–IV EUV. Vgl. ausf. *Schreiber* NVwZ 2004, 21.

[66] Vgl. auch *Hillgruber,* in: Hofmann/Henneke, Art. 23 Rn. 9: „verbietet sich für die EU von vornherein die Annahme eines monistischen Parlamentsvorbehalts"; iE ebenso *Schorkopf* BK Art. 23 (2011) Rn. 47.

[67] So angesichts der feststehenden Verteilung der Mandate auf die Mitgliedstaaten an sich nach wie vor zutr. Art. 1 II EUV aF; ebenso BVerfGE 123, 267 (373 f.); 129, 300 (318 f.). Diese Zuteilung ist gegenüber dem Wahlrecht der Unionsbürger im Aufenthaltsstaat, das die jetzige Formulierung in Art. 14 II 1 EUV rechtfertigen könnte, dominant. Vgl. dazu *Streinz* (Fn. 3), Rn. 309., 1024. Die den Besonderheiten der EU als Union der Bürger und der Staaten angepasste Struktur des EuParl und seines Wahlrechts hat auch *verfassungsrechtliche* Folgen. Daher lässt sich z. B. hinsichtlich der Wahlen zum EuParl eine Sperrklausel, die den Erfolgswert einer Stimme beschränkt, nicht rechtfertigen, zutr. daher jdf. im Ergebnis BVerfGE 129, 300 (324 ff.) zur 5 % Klausel. Für die daraufhin eingeführte 3 %-Klausel trifft dies ebenso zu, BVerfGE 135, 259. Die Ermächtigung (nicht Vorgabe!) in Art. 3 Direktwahlakt (Fn. 65) konnte daran nichts ändern. S. dazu *Will* NJW 2014, 1421; *Sachs* JuS 2014, 572. Näher dazu *Streinz* MKS II, Art. 21 Rn. 135b. Daraufhin wurde durch Beschluss (EU, Euratom) 2018/994 des Rates v. 13.7.2018 (ABl L 178/1) Art. 3 II DWA (Fn. 65) eingefügt, wonach Mitgliedstaaten, denen mehr als 35 Abgeordnete im EP zustehen (Deutschland hat 96) eine Mindestschwelle vorsehen *müssen,* die nicht weniger als 2 % und nicht mehr als 5 % der abgegebenen gültigen Stimmen betragen darf. Hinsichtlich der 2 %-Klausel besteht wegen des Anwendungsvorrangs unionsrechtlich eine zwingende Umsetzungspflicht, darüber hinaus besteht weiterhin eine uneingeschränkte verfassungsrechtliche Prüfung. Vgl. dazu *Streinz* (Fn. 3), Rn. 308; *ders.* EWS 2019, 242; *Giegerich* ZEuS 2018, 145 (159 ff.); *Haratsch* EuGRZ 2019, 177

[68] Vgl. *Streinz,* in: ders., EUV/AEUV, Art. 4 EUV Rn. 10.

[69] Vgl. ferner das Prot. über die Rolle der nat. Parlamente in der EU, ABl EU 2010 Nr. C 83/203; 2016 Nr. C 202/203.

[70] Der Vertrag von Lissabon stärkte das EuParl erheblich, vgl. *Seidel,* Stärkung der parlamentarischen Komponente in der EU und in den Nationalstaaten, in: B. Rill (Hrsg.), Von Nizza nach Lissabon – neuer Aufschwung für die EU, 2010, S. 87 (90 ff.); *Ohler,* in: Streinz/Ohler/Herrmann (Fn. 5), S. 63 ff. Es könnte darüber hinaus auch das Initiativrecht im Gesetzgebungsverfahren erhalten, was bislang aber bei keiner Vertragsänderung aufgegriffen wurde.

[71] *D. T. Tsatsos* JöR nF 49 (2001) 63 (67).

teil[72] der erforderl. **doppelgleisigen Legitimation,**[73] die aber immer auch des zweiten „tragenden Pfeilers"[74] der genannten **Rückkoppelung** bedarf. Dass die Kontrolle der nationalen Parlamente über die Vertreter im Rat angesichts der Möglichkeit von Mehrheitsentscheidungen in diesem[75] im Endeffekt nicht immer durchgreift, muss und darf als notw. Folge einer handlungsfähigen Integrationsgemeinschaft, die Art. 23 will, hingenommen werden.[76]

**c) Rechtsstaat.** Die Bindung der Union an rechtsstaatliche Grundsätze, die in Art. 6 III EUV und  **27** jetzt in der Charta der Grundrechte der EU (vgl. insbes. Art. 41 GRCh) ihren Ausdruck auch in einem Gründungsvertrag gefunden hat, wurde vom EuGH seit langem postuliert und in st. Rspr. konkretisiert (insbes. Rechtssicherheit, Verhältnismäßigkeit, effektiver Rechtsschutz).[77] Auch hier dürfen spezifisch auf Staaten zugeschnittene Anforderungen systemadäquat modifiziert werden.[78]

Größeres Augenmerk sollte auch aus rechtsstaatlichen Erwägungen der Forderung, dass Durchgriffs-  **28** befugnisse für den einzelnen und die staatlichen Rechtsanwendungsorgane im Vertrag (Primärrecht) **voraussehbar** und hinreichend **bestimmbar** normiert sein müssen,[79] und allg. einer größeren Übersichtlichkeit des Unionsrechts[80] gewidmet werden.

Neben der **GASP** war auch die frühere ZBJI bis zum Vertrag von Amsterdam der Zuständigkeit des  **29** EuGH gänzlich entzogen. Danach bestand eine fakultative, von einer entspr. Unterwerfungserklärung der Mitgliedstaaten (vgl. Art. 35 II EUV aF) abhängige Zuständigkeit des EuGH für die **PJZS.**[81] Durch den Vertrag von Lissabon wurde die Zuständigkeit des EuGH, abgesehen von den den Mitgliedstaaten vorbehaltenen Materien (vgl. Art. 276 AEUV), auf den gesamten Raum der Freiheit, der Sicherheit und des Rechts (RFSR) erstreckt. Für die GASP ist der EuGH grds. nach wie vor nicht zuständig (Art. 275 I AEUV), abgesehen von der Entscheidung über Abgrenzungsfragen zu sonstigen Materien der EU (Art. 40 EUV) und Klagen von Individuen gegen Sanktionen (Art. 275 II AEUV).

**d) Soziale Grundsätze.** Soziale Grundsätze sind auf der Ebene der EU in Art. 3 III EUV allg.  **30** festgelegt. Sie haben in Art. 157 AEUV (gleiches Entgelt; Gleichbehandlung) und in auf Art. 157 III AEUV bzw. seine Vorgängervorschriften gestützten RLen seit langem für einen speziellen Bereich, die Gleichstellung von Mann und Frau im Arbeitsleben, einen effektiven Ansatzpunkt.[82] Ihre Realisierung wurde als flankierende Maßnahme des Binnenmarktprogramms allg. spürbar verstärkt, ohne dass von der Herstellung einer „Sozialunion" oder auch nur der Schaffung entsprechender Ermächtigungsgrundlagen gesprochen werden könnte.[83]

In der verfassungsrechtlichen Verankerung liegt sicherlich eine **Aufwertung der sozialen Dimen-**  **31** **sion** der EU, die in ihrer *verbindlichen* Kraft freilich auf entspr. Förderungspflichten deutscher Organe beschränkt bleibt und auch diesen keinesfalls ein bestimmtes „Sozialstaatsmodell", etwa die Anhebung des europäischen Sozialstandards auf den deutschen, vorschreibt.[84]

**e) Föderative Grundsätze.** Die Verpflichtung auf föderative Grundsätze entsprang der Sorge der  **32** Länder vor einer Aushöhlung ihrer Kompetenzen und einer Gefährdung ihres Bestandes. Da dieser aber verfassungsrechtl. bereits durch die Integrationsschranke des Art. 79 III gesichert ist, muss Art. 23 I 1 die weitergehende Bedeutung zukommen, dass die Bundesorgane zu einer Förderung des föderativen Elements innerhalb der Union verpflichtet sind.[85]

---

[72] Zutr. betont von *Zuleeg* AK GG, Art. 23 Rn. 25.

[73] Deutlich jetzt Art. 10 II UAbs. 2 EUV. Vgl. dazu *Classen* MKS II, Art. 23 Rn. 22 ff.; *Hobe,* in: Friauf/Höfling, Art. 23 (2011) Rn. 18; *Wollenschläger,* in: Dreier II, Art. 23 Rn. 67 ff.; *Schorkopf,* BK Art. 23 (2011), Rn. 43; *Uerpmann-Wittzack,* in: v. Münch/Kunig II, Art. 23 Rn. 14 ff.

[74] Am Maastricht-Urteil des BVerfG wurde zu Recht kritisiert, dass das BVerfG die Rolle des EuParl als bloße „Stütze" sieht. Zutr. weist das BVerfG aber den staatsanalogen Maßstab zurück, was im Lissabon-Urteil noch deutlicher wird (BVerfGE 123, 267/366 ff., 368), und trägt damit dem besonderen Charakter der EU Rechnung. Das EuParl unterscheidet sich strukturell vom Parlament eines Staates, ist insoweit ein „Aliud", aber keineswegs „minderwertig", kann wegen der Distanz zu anderen Organen der EU in mancher Hinsicht der Idee und dem Namen eines „Parlaments" sogar eher gerecht werden.

[75] Vgl. Art. 16 III, IV EUV und Art. 114, 289 I, 294 AEUV.

[76] Vgl. zu alledem BVerfGE 89, 155 (182 ff.); *Casper* ZRP 2002, 214 (217 ff.).

[77] Vgl. dazu *Schweitzer/Hummer/Obwexer* (Fn. 3), Rn. 1118.

[78] Vgl. *Streinz* HStR X, § 218 Rn. 64 ff.; *Schorkopf* BK, Art. 23 (2011) Rn. 49.

[79] Vgl. BVerfGE 89, 155 (187 f.), und *Rojahn,* in: v. Münch/Kunig I, Art. 24 Rn. 70; *Heyde,* in: Umbach/Clemens, GG, Art. 23 Rn. 31.

[80] Vgl. *Uerpmann-Wittzack,* in: v. Münch/Kunig I, Art. 23 Rn. 19.

[81] S. dazu 5. Aufl. Art. 23 Rn. 29.

[82] Vgl. *Streinz* (Fn. 3), Rn. 1201 ff. mwN; s. zu den Auswirkungen auf das deutsche Recht ebda, Rn. 507, 513.

[83] Vgl. *Rojahn,* in: v. Münch/Kunig II, 5. Aufl. 2001, Art. 23 Rn. 26 f. m wN; *Scholz,* in: Maunz/Dürig, Art. 23 (2019) Rn. 79. Zur Gestaltungsfreiheit der Mitgliedstaaten in ihrer Sozialpolitik und ihren unionsrechtlichen Schranken vgl. *Classen* MKS II, Art. 23 Rn. 36; *Pernice,* in: Dreier II, 2. Aufl. 2006, Art. 23 Rn. 64.

[84] Vgl. *Pernice,* in: Dreier II, 2. Aufl. 2006, Art. 23 Rn. 64; *Schorkopf* BK, Art. 23 (2011) Rn. 51. Zu den Anforderungen des Art. 23 I 1 GG und ihre Erfüllung durch den Vertrag von Lissabon s. BVerfGE 123, 267 (362 f. bzw 427 ff.).

[85] *Rojahn,* in: v. Münch/Kunig II, 5. Aufl. 2001, Art. 23 Rn. 29; *Heyde,* in: Umbach/Clemens, Art. 23 Rn. 37.

33     Konkrete Vorgaben, wie etwa eine Erweiterung der Kompetenzen des durch den Unionsvertrag geschaffenen **Ausschusses der Regionen** (AdR; Art. 300 I, III–V, Art. 305–307 AEUV), lassen sich daraus aber nicht ableiten.[86] Möglich ist dies nur durch eine Vertragsänderung (Art. 48 EUV). Durch den Vertrag von Lissabon erhielt der AdR das Klagerecht wegen Verletzung des Subsidiaritätsprinzips (Art. 263 III AEUV; Art. 8 II Subsidiaritätsprot.).[87]

34     Die föderativen Grundsätze gelten **allein für die EU** und betreffen ihr Verhältnis zu den Mitgliedstaaten dahin, dass sie eine zentralistische Organstruktur abwehren.[88] Zusammen mit dem Subsidiaritätsprinzip (→ Rn. 37 ff.) wirken sie auf die Kompetenzverteilung ein.

35     Die Verpflichtung der Union auf föderative Grundsätze beruht auf der Einsicht, dass der Gestaltungsreichtum des **Föderalismus** nicht auf einen Bundesstaat oder gar einen Bundesstaat bestimmten Zuschnitts beschränkt bleibt.[89] Sie können auch auf supranationaler (zwischenstaatlicher) Ebene verwirklicht werden.[90] Auf **Unionsebene** zeigen sie sich allg. in der Verpflichtung, die nationale Identität der Mitgliedstaaten zu achten, wozu auch deren Staatlichkeit und Verfassungsautonomie im Innern gehört,[91] was jetzt in Art. 4 II EUV ausdr. betont wird. Ferner kommt dies im Grundsatz loyaler Zusammenarbeit zwischen Union und Mitgliedstaaten (Art. 4 III EUV),[92] in der Zusammensetzung von Europ. Rat (Art. 15 II EUV) und Rat (Art. 16 II EUV) sowie im dezentralen Vollzug des Unionsrechts[93] zum Ausdruck.

36     Die **Achtung der inneren Verfassungsstruktur der Mitgliedstaaten** (Art. 4 II EUV) verbietet es aber gerade, den Mitgliedstaaten selbst eine föd. Binnenstruktur aufzuzwingen.[94]

37     **f) Subsidiarität.** Dem Anliegen der Länder, ihre Eigenständigkeit zu wahren (s. o. Rn. 32), ferner dem Schutz der kommunalen Selbstverwaltung in der BRD dient die Verankerung des Grundsatzes der Subsidiarität.[95] Dieser Ansatz war umstr.[96] Durch den Vertrag von Lissabon wird das Subsidiaritätsprinzip aber ausdr. auch auf die regionale oder lokale Ebene bezogen (Art. 5 III UAbs. 1 EUV), was in den konkreten Auswirkungen aber von den unterschiedlichen innerstaatlichen Strukturen abhängt.[97]

38     Der **Verfassungsauftrag** des Art. 23 I 1 liegt vor allem in der **präventiven Kontrolle** supranationaler Kompetenzausübung.[98] Dies betrifft hauptsächlich den deutschen Vertreter im Rat und dessen Kontrolle durch BTag und BRat.[99] Länder und Kommunen haben darüber hinaus eine, wenngleich wegen dessen beschränkter Kompetenzen (Anhörungsrecht, Art. 307 AEUV; jetzt immerhin Klagerecht, → Rn. 33) geringe Einflussmöglichkeit über den Ausschuss der Regionen.[100] Ferner wird im Subsidiaritätsprinzip auch eine Schranke für die Übertragung weiterer Hoheitsrechte auf die Union gesehen.[101]

39     Das **unionsrechtliche Subsidiaritätsprinzip** (Art. 5 I 2, III EUV) beschränkt die Ausübung übertragener und damit bestehender Befugnisse im Bereich der nicht ausschließlichen Unionskompetenzen (deren Bestimmung gemäß der Zuordnung durch Art. 4 AEUV dadurch gesteigerte Bedeutung erlangt). Ungeachtet der notwendigen Einschätzungsprärogative des Unionsgesetzgebers besteht für diesen die rechtliche Verpflichtung, eine objektiv nachvollziehbare, dem sachlichen Regelungs-

---

[86] Abl. auch *Breuer* NVwZ 1994, 425; krit. auch *Badura* FS Lerche, 1993, S. 383.

[87] ABl EU 2010 Nr. C 83/206; 2016 Nr. C 212/206.

[88] *Uerpmann-Wittzack*, in: v. Münch/Kunig I, Art. 23 Rn. 22; *Schorkopf* BK, Art. 23 (2011) Rn. 57; *Hobe*, in: Friauf/Höfling, Art. 23 (2011) Rn. 31; *Zuleeg* AK GG, Art. 23 Rn. 29; *Jarass*, in: Jarass/Pieroth, Art. 23 Rn. 18; *Everling* DVBl 1993, 945. *Wollenschläger*, in: Dreier II, Art. 23 Rn. 76 mit Hinw. auf die durch Art. 79 Abs. 3 GG *verfassungs*rechtl. untersagte Entwicklung zu einem europ. Bundesstaat → Rn. 93, die *Pernice*, in: Dreier II, 2. Aufl. 2006, Art. 23 Rn. 65 aus *europa*rechtl. Perspektive als mögliche Gestaltungsform ansieht.

[89] *Badura* (Fn. 86), S. 371, 381 ff.

[90] Vgl. *H.-J. Blanke*, Föderalismus und Integrationsgewalt, 1991.

[91] Vgl. *Badura* (Fn. 86), S. 382; *Hilf* VVDStRL 53 (1994), 7 (17); *Randelzhofer*, in: Maunz/Dürig (1992), Art. 24 I Rn. 203; *Schorkopf* BK Art. 23 (2011) Rn. 57 f.; BT-Dr 12/3338, S. 6.

[92] Vgl. zum Grundsatz der Gemeinschaftstreue BVerfGE 89, 155 (202).

[93] Vgl. dazu *Streinz* (Fn. 3), Rn. 592, 597 ff., 606 ff.

[94] Zutr. *Uerpmann-Wittzack*, in: v. Münch/Kunig I, Art. 23 Rn. 22, gegen missverständliche Äußerungen von *Scholz* NJW 1992, 2599. Klarstellend *Scholz*, in: Maunz/Dürig, Art. 23 (2019) Rn. 95. Vgl. auch *Pernice*, in: Dreier II, 2. Aufl. 2006, Art. 23 Rn. 66.

[95] BT-Dr 12/3896, S. 17. Vgl. dazu *Hobe*, in: Friauf/Höfling, Art. 23 (2011) Rn. 33.

[96] Krit. zum Schutz der kommunalen Selbstverwaltung *Pernice*, in: Dreier II, 2. Aufl. 2006, Art. 23 Rn. 69; zurückhaltend auch *Hobe/Biehl/Schroeter* DÖV 2003, 803 (808); *Schink* DVBl 2005, 861 (864 f.); zust. dagegen *Papier* DVBl 2003, 686 (691 f.).

[97] Zur Unterscheidung zwischen verfassungsrechtl. und unionsrechtl. Subsidiaritätsprinzip vgl. *Classen* MKS II, Art. 23 Rn. 40; *Schorkopf* BK, Art. 23 (2011) Rn. 61 f.

[98] Vgl. *Uerpmann-Wittzack*, in: v. Münch/Kunig I, Art. 23 Rn. 13; *Classen* MKS II, Art. 23 Rn. 40; *Pernice*, in: Dreier II, 2. Aufl. 2006, Art. 23 Rn. 71; *Scholz*, in: Maunz/Dürig, Art. 23 (2019) Rn. 111.

[99] Vgl. BVerfGE 89, 155 (211 f.).

[100] Zur Zusammensetzung der deutschen Vertreter vgl. § 14 EUZBLG (→ Rn. 111, Rn. 33); zu diesbzgl. Perspektiven des Verfassungsvertrages (ABl EG 2004 Nr. C 310/1) *Schladebach* LKV 2005, 95.

[101] Vgl. *Uerpmann-Wittzack*, in: v. Münch/Kunig I, Art. 23 Rn. 23; *Classen* MKS II, Art. 23 Rn. 40; *Pernice*, in: Dreier II, 2. Aufl. 2006, Art. 23 Rn. 70.

bereich angemessene Begründung (vgl. Art. 296 AEUV) für die Erforderlichkeit eines unionalen Rechtssetzungsaktes zu erbringen.[102] Anders als das Protokoll des Amsterdamer Vertrags über die Anwendung der Grundsätze der Subsidiarität und der Verhältnismäßigkeit[103] verfolgt das gleichnamige Protokoll zum Vertrag von Lissabon[104] einen prozeduralen Ansatz.[105] Entscheidend ist, dass man sich in der Praxis dieser Rechtfertigungslast nicht in formalistischer Weise entledigt.

Als Rechtspflicht ist die Einhaltung des Subsidiaritätsprinzips prinzipiell justitiabel.[106] Der praktische  **40** Wert hängt von der Intensität der Kontrolle durch den EuGH ab. Hier stimmt die bisherige Praxis eher skeptisch.[107]

**g) Grundrechtsschutz.** Die Forderung eines dem GG **im Wesentlichen vergleichbaren Grund-**  **41** **rechtsschutzes** knüpft an die sog. „Solange-Rspr." des BVerfG an,[108] geht aber wohl zumindest vom Wortlaut her über die aufgeweichte Formel des Solange II-Beschlusses („Maß an Grundrechtsschutz, das nach Konzeption, Inhalt und Wirkungsweise dem Grundrechtsstandard des Grundgesetzes im Wesentlichen gleich zu achten ist"; der „nach dem Grundgesetz unabdingbare Grundrechtsschutz" müsse „generell gewährleistet" sein)[109] hinaus, womit aber die mit der Rspr. des BVerfG verbundenen Auslegungsprobleme[110] nicht gelöst sind und fortbestehen.[111] Diese Frage nach der Konkretisierung des materiellen Standards erlangt solange keine praktische Bedeutung, wie die Rspr. von EuGH und BVerfG insoweit übereinstimmt.[112]

Insoweit besitzt die Strukturklausel eine **institutionell-verfahrensrechtliche** Dimension, die ins-  **42** bes. die Klärung des **Verhältnisses von BVerfG und EuGH** erfordert. Dies betrifft neben der Grundrechtskontrolle (→ Rn. 43) die sog. Identitätskontrolle (→ Rn. 99) und die Ultra-vires-Kontrolle (→ Rn. 101).

Im **Bananenmarktordnung-Beschluss** hat das BVerfG, anknüpfend an den Solange II-Beschluss,  **43** entschieden, dass Vb (Art. 93 I Nr. 4a) und Vorlagen von Gerichten (Art. 100 I), die eine Verletzung in Grundrechten des GG durch sekundäres Unionsrecht geltend machen, von vornherein unzulässig sind, wenn ihre Begründung nicht darlegt, dass die europ. Rechtsentwicklung einschließlich der Rspr. des EuGH nach Ergehen der Solange II-Entscheidung unter den erforderlichen Grundrechtsstandard abgesunken ist.[113] Deshalb müsse die Begründung iE darlegen, dass der jeweils als unabdingbar gebotene Grundrechtsschutz *generell* nicht gewährleistet sei. Dies erfordere eine Gegenüberstellung des Grundrechtsschutzes auf nationaler und auf Unionsebene in der Art und Weise, wie sie das BVerfG im Solange II-Beschluss[114] geleistet habe.[115] Darin liegt offenbar ein grds. Verzicht auf eine Einzelfallkontrolle von Grundrechtsverstößen europäischer Organe,[116] wobei fraglich bleibt, wie ein „generelles" Absinken ohne Einzelfallprüfungen festgestellt werden soll.[117] Damit hat das BVerfG eine hohe, praktisch kaum überwindbare Hürde für den verfassungsgerichtlichen Grundrechtsschutz in Unionsrechtssachen er-

---

[102] Vgl. auch *Classen* MKS II, Art. 23 Rn. 41.

[103] ABl EG 1997 Nr. C 340/105; BGBl II 1998, 434.

[104] ABl EU 2010 Nr. C 83/206; 2016 Nr. C 202/206.

[105] Vgl. dazu *Streinz*, in: ders. EUV/AEUV, Art. 5 EUV Rn. 27, 33 ff.; *Uerpmann-Wittzack* EuGRZ 2009, 461; *Mager* ZEuS 2003, 471.

[106] Art. 8 des Prot. über die Anwendung der Grundsätze der Subsidiarität und der Verhältnismäßigkeit (ABl EU 2010 Nr. C 83/206; 2016 Nr. C 202/206) sieht ausdrückl. eine Subsidiaritätsklage vor (→ Rn. 136).

[107] Zu Problemen in der praktischen Anwendung vgl. *Streinz*, in: ders., EUV/AEUV, Art. 5 EUV Rn. 39 ff.; *Classen* MKS II, Art. 23 Rn. 41; *Heintschel von Heinegg*, in: Epping/Hillgruber, Art. 23 Rn. 16.1; *Scholz*, in: Maunz/Dürig, Art. 23 (2019) Rn. 105; *Jennert* NVwZ 2003, 936 (942); *Albin* NVwZ 2006, 629; aA *Schorkopf* BK, Art. 23 (2011) Rn. 60.

[108] BT-Dr 12/6000, S. 21.

[109] BVerfGE 73, 339 (378, 384). Vgl. dazu *Streinz* (Fn. 46), S. 67 ff.

[110] Vgl. die eingehende Analyse von *Randelzhofer*, in: Maunz/Dürig, Art. 24 I (1992) Rn. 68 ff.

[111] Ebenso *Rojahn*, in: v. Münch/Kunig II, 5. Aufl. 2001, Art. 23 Rn. 38. Vgl. auch *Scholz*, in: Maunz/Dürig, Art. 23 (2019) Rn. 93: bedarf „weiterer interpretatorischer Klärung"; *Uerpmann-Wittzack*, in: v. Münch/Kunig I, Art. 23 Rn. 28: das Schutzniveau muss über den Minimalschutz des Art. 79 III hinausgehen, der geforderte „vollwertige Grundrechtsschutz" lässt aber aus integrationspolitischen Gründen Abweichungen im Detail zu. Zur Klärung des Prüfungsgegenstands → Rn. 52; zur Erweiterung des Prüfungsmaßstabs um die EUGRCh → Rn. 51; zur Klarstellung bisheriger und Entwicklung neuer Ansätze durch die „Recht auf Vergessenwerden"-Urteile des BVerfG → Rn. 52a.

[112] Vgl. dazu *Streinz* (Fn. 46), S. 365 ff.

[113] BVerfGE 102, 147 (164) und LS 1. Vgl. die Anm. *Classen* JZ 2000, 1157; *Emmerich-Fritsche* BayVBl 2000, 755; *Lindner* BayVBl 2000, 758; *F. C. Mayer* EuZW 2000, 685. Ebenso für richtliniengebundene nationale Rechtsakte BVerfG (K) NJW 1990, 974; NVwZ 1993, 883; NJW 2001, 1267 (1268); NVwZ 2004, 1346; dazu *Masing* NJW 2006, 264 (264 f.); abl. *Weidemann* NVwZ 2006, 623 (627 ff.).

[114] BVerfGE 73, 339 (378–381).

[115] BVerfGE 102, 147 (164) und LS 2. Zur Praxis in anderen Mitgliedstaaten vgl. *Classen* MKS II, Art. 23 Rn. 4 und 4a mwN; *P. M. Huber*, IPE II, § 26 Rn. 29 ff.

[116] Vgl. *F. C. Mayer* EuZW 2000, 685 (688) mwN. Vgl. auch bereits *Classen* MKS II, Art. 23 Rn. 43 f.; *Wollenschläger*, in: Dreier II, Art. 23 Rn. 86. Zur Einzelfallprüfung bei der Identitätskontrolle → Rn. 43a.

[117] Vgl. *Streinz* (Fn. 3), Rn. 256; krit. auch *Nettesheim* NVwZ 2002, 932 (933 ff.). *Scholz* DVBl 2014, 199 fordert im Hinblick auf den gebotenen Individualrechtsschutz die Einzelfallprüfung dahingehend, ob in offenkundiger

richtet[118] und zugleich den latenten Konflikt zwischen BVerfG und EuGH entschärft.[119] Diesen Ansatz hat das BVerfG im Beschl. über das Treibhausgas-EmmissionshandelsG (TEHG), das die EG-RL 2003/87 (ABl. EU 2003 Nr. L 275/32) umsetzt, ausdr. auf EU-Richtlinien erstreckt. Auch eine innerstaatliche Rechtsvorschrift, die eine RL in deutsches Recht umsetzt, wird danach insoweit nicht an den Grundrechten des GG gemessen, als das Unionsrecht keinen Umsetzungsspielraum lässt, sondern zwingende Vorgaben macht. Die Bindung an zwingende Vorgaben einer RL nach Art. 288 III AEUV befinde sich in Übereinstimmung mit den in Art. 23 I GG genannten Rechtsgrundsätzen des GG, wenn und solange auf Unionsebene ein im Wesentlichen dem grundgesetzlichen Standard entspr. Rechtsschutzsystem vorhanden ist.[120] Daraus folgt, dass Vorlagen eines Gesetzes, das Recht der EU umsetzt, gem. Art. 100 I an das BVerfG unzulässig sind, wenn das vorlegende Gericht nicht geklärt hat, ob das von ihm als verfassungswidrig beurteilte Gesetz in Umsetzung eines dem nationalen Gesetzgeber durch das Unionsrecht verbleibenden Gestaltungsspielraum ergangen ist. Hierfür muss jedes Gericht ggf. ein Vorabentscheidungsverfahren zum EuGH gem. Art. 267 I AEUV einleiten.[121] Der weniger zurückhaltenden Linie, die das BVerfG im Darkazanli-Urteil gegenüber Maßnahmen im Bereich der damals in der sog. „Dritten Säule" im EUV geregelten PJZS (Europ. Haftbefehl) verfolgt hat,[122] ist durch deren Integration in den RFSR in Art. 82–89 AEUV mit Beteiligung des EuParl und Kontrolle durch den EuGH die argumentative Grundlage entzogen.[123]

**43a**   Ungeachtet der Solange-Rspr. hat das BVerfG aber eine Verletzung von Art. 1 I GG aufgrund einer konkret und substantiiert begründeten Vb gegen den deutschen Vollzugsakt eines Europ. Haftbefehls uneingeschränkt und im Einzelfall am Maßstab der **Identitätskontrolle** (s. dazu und zum Verhältnis zur Grundrechtskontrolle → Rn. 99 ff.) geprüft und im Ergebnis bejaht.[124] Dabei verneinte es einen Konflikt zwischen dem EuropaR und dem GG durch entsprechende Auslegung des EU-Rahmenbeschlusses über den Europäischen Haftbefehl und sah unter Berufung auf die acte clair- Rspr. des EuGH[125] von einer Vorlage ab.[126] Für die Aktivierung der Identitätskontrolle bei einer Übergabe aufgrund eines Europ. Haftbefehls verlangen die „strengen Voraussetzungen", dass eine Vb. im Einzelnen substantiiert darlegen muss, inwieweit im konkreten Fall die durch Art. 1 Abs. 1 GG geschützte Garantie der Menschenwürde verletzt ist.[127]

**44**   **Materiell** bestehen auf Unionsebene die **Unionsgrundrechte**. Seit dem Inkrafttreten des Vertrags von Lissabon sind diese in der EUGRCh in der modif. Fassung v. 7.12.2007[128] kodifiziert; die durch Art. 6 I UAbs. 1 EUV als rechtlich mit EUV und AEUV gleichrangig Bestandteil des Primärrechts wurde.

---

(evidenter) und *typischer* Form durch einen Rechtsakt des EU-Rechts ein nationales Grundrecht beeinträchtigt wird; ebenso *ders.*, in: Maunz/Dürig, Art. 23 (2019) Rn. 93.

[118] Praktisch dürfte dies auf einen vollständigen Rückzug hinauslaufen. Plastisch *Steiner* FS Maurer, 2001, 1005 (1013), Fn. 43: „Das BVerfG ist jedenfalls in Bezug auf den Schutz der Grundrechtsberechtigten in Deutschland in der Rolle des „Edelreservisten" ohne ernsthafte Aussicht auf Spieleintritt". S. aber → Rn. 43a.

[119] *Streinz* (Fn. 3), Rn. 256; vgl. auch *Zuleeg* AK GG, Art. 23 Rn. 43. Gleichwohl bleibt der theoretische Prüfungsvorbehalt, der auch gegenüber Kompetenzüberschreitungen am Maßstab des durch das deutsche ZustimmungsG Übertragenen und des am Maßstab des Art. 23 Übertragbaren für das grds. Verhältnis von Unionsrecht und nationalem Recht von Bedeutung ist, vgl. *Streinz* (Fn. 3), Rn. 227 ff. und *ders.* FS Steinberger, 2002, 1437 (1445 ff.). Bestätigung dieses „Vorbehalts" durch BVerfG EuZW 2019, 1035 Ls 2 S. 2 – Recht auf Vergessenwerden II → Rn. 52a. Zur sog. Identitätskontrolle → Rn. 99, zur Ultra-vires-Kontrolle → Rn. 99, 101.

[120] BVerfGE 118, 79 (95 ff.); bestätigt z. B. in BVerfG (K), UPR 2007, 344; BVerfGE 129, 186 (199). Zur Klärung durch Vorlagen der Fachgerichte oder den BVerfG → Rn. 52a.

[121] BVerfGE 129, 186 (198 ff.) und Ls. 1 und 2. Hinsichtlich der EU-DatenschutzRL hat das BVerfG den Umsetzungsspielraum allerdings ohne Vorlage an den EuGH selbst beurteilt, BVerfGE 125, 260 (307 ff.) – Vorratsdatenspeicherung → Fn. 140, 157.

[122] BVerfGE 113, 273 (300 ff.) – Europ. Haftbefehl. Vgl. dazu 5. Aufl., Art. 23 Rn. 41.

[123] Vgl. dazu *Streinz* ZfP 2009, 477.

[124] BVerfGE 140, 317, Rn. 34, 49 – Identitätskontrolle I (zum Teil wegen des Prüfungsvorbehalts des BVerfG als „Solange III" bezeichnet, vgl. dazu *Schorkopf*, § 2 Rn. 210). BVerfG JZ 2016, 1113 m. Anm. *Gärditz* hat klargestellt, dass allein bei Verletzung des Kernbereichs eines Grundrechts (hier: nemo tenetur-Grundsatz) ein Auslieferungshindernis besteht.

[125] EuGH, 283/81, Rn. 10 ff. – CILFIT. Vgl. dazu *Kühling/Drechsler* NJW 2017, 2950 (2952 f.).

[126] Ebd., Rn. 84 ff., 125. Vgl. dazu *Sachs* JuS 2016, 373; *Bender* ZJS 2016, 260; *Burchardt* ZaöRV 76 (2016), 527; *Eßlinger/Herzmann* JURA 2016, 852; *Nettesheim* JZ 2016, 424; *Satzger* NStZ 2016, 514; *Sauer* NJW 2016, 1134; *Schönberger* JZ 2016, 422; *Dietz* AÖR 2017, 86 ff. Der EuGH hat jüngst seine Rspr. zum Europ. Haftbefehl in Richtung einer verstärkten Grundrechtsprüfung präzisiert, EuGH C-404/15 und C-659/15 PPU – Aranyosi und Căldăraru, NJW 2016, 1709 mAnm *Böhm;* vgl. *Ruffert* JuS 2016, 853 (855); *Meyer* JZ 2016, 621; *Schwarz* EuR 2016, 421; *Reinbacher/Wendel* EuGRZ 2016, 333. Zuletzt EuGH (GK) C-216/18 PPU – LM (Justizreform in Polen); *Payandeh* JuS 2018, 919; C-508/18 und C-82/19 PPU – OG und PI (Weisungsgebundenheit deutscher Staatsanwälte. S. auch → Fn. 144.

[127] BVerfGE 147, 364, Rn. 30. Die Folgenabwägung fällt hier aber dahingehend aus, dass eine einstweilige Anordnung erlassen wird (ebd., Rn. 41).

[128] Text der EUGRCh 2000 (ABl EG 2000 Nr. C 364/1) mit Komm. in EuGRZ 2001, 554; JöR nF 49 (2001), 31; Text der EUGRCh 2007 in ABl EU 2007 Nr. C 303/1 und ABl EU 2016 Nr. C 202/389; EuGRZ 2007, 747 ff.; Sart. II Nr. 150.

Daneben bestehen gem. Art. 6 III EUV die vom EuGH als allg. Rechtsgrundsätze des Unionsrechts entwickelten Grundrechte[129] fort. Danach achtet die Union die Grundrechte, wie sie in der Europäischen Konvention zum Schutze der Menschenrechte und Grundfreiheiten[130] gewährleistet sind und wie sie sich aus den gemeinsamen Verfassungsüberlieferungen der Mitgliedstaaten als allg. Grundsätze des Unionsrechts ergeben. Sobald die EU wie in Art. 6 II EUV vorgesehen der EMRK beitritt,[131] bindet die EMRK die Union und ihre Organe unmittelbar und unterliegt die EU der Kontrolle durch den EGMR.[132]

Wenngleich die **GrundrechtsRspr. des EuGH** zu Recht als dessen „bislang eindrucksvollste **45** Leistung"[133] bezeichnet wurde,[134] stieß sie doch in einigen Punkten auf Kritik, insbes. hinsichtlich Berechenbarkeit und Transparenz.[135] Bedenklich stimmte, dass der EuGH die Grundrechtsrelevanz von Maßnahmen des Rates zT nicht erkannt und deren unionslegitimes Ziel überhaupt nicht geprüft hat, weil er dem Rat eine umfassende Einschätzungsprärogative einräumte.[136] Positive Ansätze[137] sind die erstmals erfolgte teilweise Ungültigerklärung einer EU-RL wegen Verstoßes gegen den Grundsatz der Verhältnismäßigkeit und damit gegen ein Grundrecht,[138] das Postulat einer im „ordentlichen Gesetzgebungsverfahren" (vgl. Art. 289 I, Art. 294 AEUV), dh bereits bisher grds. im Verfahren der Mitentscheidung des EuParl (Art. 251 EGV) erfolgten Rechtsetzung in „wesentlichen" Fragen entspr. der sog. „Wesentlichkeitstheorie" des BVerfG (vgl. → Art. 20 Rn. 117)[139] sowie die überzeugende und relativ intensive Grundrechtsprüfung im Fall Schecke,[140] die zur Ungültigerklärung der betreffenden EU-VO wegen Verstoßes gegen Art. 7 und Art. 8 EUGRCh führte, ebenso die Ungültigerklärung der EU-RL über Vorratsdatenspeicherung,[141] generell die strikte Rspr. zum

---

[129] Vgl. dazu die Übersicht bei *Schweitzer/Hummer/Obwexer* (Fn. 3), Rn. 1119. Zur fortwirkenden Bedeutung neben der EUGRCh vgl. *Gundel* EuR 2015, 80 (zu EuGH, C-141/12 und C-372/12 – Y. S. und M. und S./ Minister voor Immigratie) hinsichtlich Art. 41 GRCh, der den Verwaltungsvollzug des Unionsrechts durch die Mitgliedstaaten nicht erfasst.

[130] EMRK v. 4.11.1950, BGBl II 1952, 685, 693 (aktualisiert in Sart. II, Nr. 130).

[131] Dies war unionsrechtlich bislang nicht möglich, vgl. EuGH Gutachten 2/94, Rn. 27 ff. – EMRK. In der EMRK wurde der Beitritt der EU durch das 14. ZP zur EMRK (BGBl II 2006, 138) ermöglicht.

[132] Der EuGH hat allerdings den ausgehandelten Entwurf des Beitrittsabkommens, das ua die Frage des Verhältnisses EuGH/EGMR und des Verhältnisses EU/Mitgliedstaaten in Verfahren vor dem EGMR behandeln sollte, für mit dem EU-Primärrecht unvereinb. erklärt und durch seine Anforderungen einen Beitritt blockiert, Gutachten 2/13 – EMRK Beitrittsabkommen. Vgl. dazu *Streinz* JuS 2015, 567; *Wendel* NJW 2015, 921. Der Kontrolle des EGMR unterliegen allerdings bereits jetzt Maßnahmen der Mitgliedstaaten als Vertragsparteien der EMRK auch beim Vollzug von EU-Recht, wobei der EGMR eine „Vermutung" der Einhaltung der EMRK durch den EuGH annimmt, vgl. EGMR (GK), EuGRZ 2007, 622 – Bosphorus/Irland.

[133] *Steinberger* VVDStRL 50 (1991), 24; ausf. dazu im Hinblick auf die EUGRCh *Jarass/Kment*, EU-Grundrechte, 2. Aufl. 2019. Nachw. der jew. Rspr. des EuGH hinsichtlich der einzelnen Artikel bei *Streinz*, EUV/AEUV, GR-Charta. Komm. auch in *Calliess/Ruffert*, EUV/AEUV, *Schwarze*, EU-Kommentar, *von der Groeben/Schwarze/Hatje*, EU-Kommentar, 7. Aufl. 2015 und *Pechstein/Nowak/Häde*, EUV/GRC/AEUV, 2017. Ausf. Komm. in *Jarass*, EUGRCh, *Meyer/Hölscheidt*, EUGRCh, *Holoubek/Lienbacher* (Hrsg.), GRC-Kommentar, 2. Aufl. 2019 und *Stern/Sachs*, EUGRCh.

[134] Vgl. auch *Uepmann-Wittzack*, in: v. Münch/Kunig I, Art. 23 Rn. 29 mwN.

[135] Vgl. *Streinz* (Fn. 46), S. 425 ff. Krit. auch *Huber* HGR VI/2, § 172, Rn. 95 ff. Zum Problem der Vergleichbarkeit *Classen* MKS II, Art. 23 Rn. 45.

[136] EuGH C-306/93, Rn. 21 – Winzersekt/Rheinland-Pfalz. Auf dem Gebiet der gemeinsamen Agrarpolitik verfüge der Gemeinschaftsgesetzgeber über ein weites Ermessen, so dass eine in diesem Bereich erlassene Maßnahme nur dann als rechtswidrig angesehen werden könne, wenn sie zur Erreichung des verfolgten Ziels offensichtlich ungeeignet ist. Zu Recht sehr krit. dazu *Nettesheim* EuZW 1995, 106 ff. Vgl. zuletzt EuGH C-134/15 – Lidl. S. dazu *Streinz* JuS 2017, 798.

[137] Positive Bewertung der GrundrechtsRspr. des EuGH z. B. bei *Classen* MKS II, Art. 23 Rn. 45; *Hobe*, in: Friauf/Höfling, Art. 23 (2011) Rn. 36; *Pernice*, in: Dreier II, 2. Aufl. 2006, Art. 23 Rn. 77.

[138] Vgl. EuGH C-453/03, C-11/04, C-12/04 und C-194/04 – ABNA ua – offene Deklaration; dazu *Gundel* EWS 2006, 65. Die Gerichte mehrerer Mitgliedstaaten hatten im Verfahren vorl. Rechtsschutzes den Vollzug dieser RL wegen Verstoßes gegen (Gemeinschafts-)Grundrechte ausgesetzt (vgl. z. B. BayVGH BayVBl 2005, 280). Dies war gemeinschaftsrechtl. zulässig und verfassungsrechtl. geboten, vgl. BVerfG NVwZ 2005, 1346. Vgl. dazu *Streinz* FS Merten, 401 ff. mwN.

[139] Vgl. EuGH C-66/04 – Vereinigtes Königreich/EuParl und Rat); JZ 2006, 358 m. Anm. *Ohler;* vgl. *Streinz* JuS 2006, 445.

[140] EuGH C-92/09 und C-93/09 – Volker und Markus Schecke GbR und Eifert/Land Hessen) – Publikation der Empfänger von Agrarbeihilfen; *Streinz* JuS 2011, 278.

[141] EuGH C-293/12 und C-594/12 – Digital Rights Ireland ua; dazu *Kühling* NVwZ 2014, 681; *Streinz* JuS 2014, 758. BVerfGE 125, 260 (308 f.) hielt im Rahmen der den Mitgliedstaaten eröffneten Spielräume eine verfassungskonforme Umsetzung für möglich und daher eine Vorlage an den EuGH gem. Art. 267 III AEUV mangels Entscheidungserheblichkeit für nicht veranlasst, erklärte die Umsetzung in §§ 113a und 113b TKG aF aber für verfassungswidrig. Die daraufhin erfolgte Neufassung von § 113a I iVm § 113b I und III TKG (BGBl I 2015, 2218) hielt das OVG NRW NVwZ-RR 2018, 43 Rn. 21 ff. für mit dem Unonsrecht unvereinbar und erließ eine e. A., was zur Aussetzung der Regelung führte. Es berief sich dabei auf EuGH C-203/15 und C-698/15 – Tele2Sverige AB und Watson. Der EuGH erklärte eine nationale (schwedische und britische) Regelung zur Umsetzung der RL 2002/58/EG idF der RL 2009/136/EG, „die für Zwecke der Bekämpfung von Straftaten eine allgemeine und unterschiedslose Vorratsspeicherung sämtlicher Verkehrs- und Standortdaten aller Teilnehmer und registrierter Nutzer in Bezug auf alle elektronischen Kommunikationsmittel vorsieht" bzw. „die den Schutz und die Sicherheit der

Datenschutz,[142] ferner die relativ eingehende Verhältnismäßigkeitsprüfung hinsichtlich des Wirtschaftsgrundrechts des Art. 16 I EUGRCh am Maßstab des Art. 51 EUGRCh im Fall Sky Österreich,[143] schließlich die Forderung nach einem effektiven Grundrechtsschutz selbst gegenüber Vollzugsmaßnahmen von Sanktionsbeschlüssen der Vereinten Nationen.[144] Die EU-Grundrechte setzen auch den EU-Grundfreiheiten[145] und der Durchsetzung des Unionsrechts in den Mitgliedstaaten Schranken.[146] Es gibt allerdings auch nach Inkrafttreten der EUGRCh Gegenbeispiele, z. B. die dürftige, wenn nicht gänzlich fehlende Grundrechtsprüfung im Fall Deutsches Weintor[147] und im Fall Melloni,[148] wo dies besonders bedenklich ist, weil angesichts des Vorrangs des Unionsrechts gegenüber dem EU-Rahmenbeschluss zum Europäischen Haftbefehl eine Schutzverstärkung durch nationale Grundrechte gemäß Art. 53 ausscheidet.[149] Gerade dann ist aber eine entsprechendes Niveau auf Unionsebene gefordert.[150]

45a       Der Grundrechtsschutz muss einerseits mit der Weiterentwicklung der europ. Integration **fortentwickelt** werden.[151] Primärer Prüfungsmaßstab ist jetzt die EUGRCh, auf die bereits vor ihrem Inkrafttreten von den Gemeinschaftsorganen einschließlich des EuGH Bezug genommen wurde.[152] Die entspr. Bestimmungen der EMRK sind gemäß Art. 52 III EUGRCh zu berücksichtigen, was unterschiedlich geschieht.[153] Entscheidend bleibt die Realisierung des Grundrechtsschutzes in der Praxis, letztlich in der Rspr. des EuGH.[154] Andererseits muss dies im Anwendungsbereich des Unionsrechts methodisch nachvollziehbar erfolgen und muss sich der EuGH vor allem hinsichtlich Maßnahmen der Mitgliedstaaten an die **Beschränkung** des Art. 51 I 1 EUGRCh („ausschließlich bei der Durchführung des Rechts der Union") halten, deren Tragweite allerdings umstritten ist.[155] Die Kontroverse zwischen dem EuGH und dem BVerfG anlässlich des Urteils Åkerberg Fransson[156] erfordert eine einschränkende Konkretisierung[157]

---

Verkehrs- und Standortdaten, insbesondere den Zugang der zuständigen nationalen Behörden zu den auf Vorrat gespeicherten Daten zum Gegenstand hat, ohne im Rahmen der Bekämpfung von Straftaten diesen Zugang ausschließlich auf die Bekämpfung einer schweren Straftat zu beschränken, ohne den Zugang einer vorherigen Kontrolle durch ein Gericht oder eine unabhängige Verwaltungsbehörde zu unterwerfen oder vorzusehen, dass die betreffenden Daten im Gebiet der Union auf Vorrat zu speichern sind", für unvereinbar mit Art. 7, 8, 11 sowie Art. 52 I EUGRCh. Das OVG NRW sah zudem Art. 16 EUGRCh (Unternehmerische Freiheit) verletzt. Das gegen ein entsprechendes Urteil des VG Köln (9k 7417/17) angerufene BVerwG NVwZ 2020, 1108 hat Zweifel, ob damit die Vorratsdatenspeicherung generell verboten ist und ob die deutsche Regelung gegen die Vorgaben des EuGH verstößt und legte daher diesem gemäß Art. 267 III AEUV entsprechende Fragen vor (EuGH C-793/19). Das BVerfG NVwZ 2016, 1240 hat eine e. A. abgelehnt und die verfassungsrechtliche Prüfung der Hauptsacheentscheidung vorbehalten. BVerfG NVwZ Beilage 2/2020, 55 Rn. 266 – Bestandsdatenauskunft II hat § 113 TKG für verfassungswidrig erklärt. S. dazu *Graulich,* NVwZ Beilage 2/2020, 47.
[142] EuGH C-131/12 – Google (sog. „Recht auf Vergessen"); *Streinz* JuS 2014, 1140; EuGH C-362/14 – Schrems (USA kein „Safe harbor"); *Streinz* JuS 2016, 182; EuGH C-311/18 – Schrems II (Privacy Shield entspricht nicht dem von VO (EU) 2016/679 (ABl EU 2016 Nr. L 119/1) – DS-GVO im Lichte der EUGRCh geforderten gleichwertigen Datenschutz-Niveau.
[143] EuGH C-283/11, Rn. 47 ff. – Sky Österreich/ORF; EuZW 2013, 347 m. Anm. *G. Ziegenhorn.*
[144] EuGH (GK) C-584/10 P – Kadi II. Durch den Vertrag von Lissabon wurden diese Maßnahmen ausdr. der Kontrolle durch den EuGH unterworfen, Art. 275 II AEUV. Vgl. auch z.B. EuGH C-550/09 – Strafverfahren gegen E und F.
[145] EuGH C-112/00 Rn. 51 ff. – Schmidberger: Meinungs- und Versammlungsfreiheit (Art. 11 und Art. 12 EUGRCh) gegenüber Warnverkehrs- und Dienstleistungsfreiheit.
[146] EuGH (GK) C-752/18 Rn. 34 ff. – Deutsche Umwelthilfe/Freistaat Bayern, EuZW 2020, 189 m. Anm. *S. Kaufmann:* Art. 47 I (effektiver Rechtsschutz) iVm Art. 6 und Art. 52 I GRCh steht ohne hinreichende gesetzliche Grundlage einer Zwangshaft entgegen.
[147] EuGH C-544/10 – Deutsches Weintor/Land-Rheinland-Pfalz; *Streinz* JuS 2013, 369 (371).
[148] EuGH (GK) C-399/11 – Melloni; *Streinz* JuS 2013, 661 (663). Vgl. jetzt aber EuGH C-404/15 und C-659/15 PPU – Aranyosi und Căldăraru (→ Fn. 125).
[149] Vgl. dazu *Hoppe,* in: Meyer/Hölscheidt, EUGRCh, Art. 53 Rn. 13 mwN.
[150] Vgl. dazu *Streinz* FS Dauses 2014, S. 439. Bemerkenswert ist der vom EuGH nicht kommentierte Ansatz von Generalanwalt Bot (Schlussanträge, Nr. 139) einer möglichen Berufung auf Art. 4 II EUV, somit auf den Solange II-Vorbehalt (→ Rn. 41 und Rn. 49).
[151] Vgl. *Rojahn,* in: v. Münch/Kunig II, 5. Aufl. 2001, Art. 23 Rn. 39 mwN: „Positiv-richtungweisende" neben der „negativ-grenzziehenden" (vgl. ebd., Rn. 38) Funktion des Art. 23 I 1. Vgl. auch *Pernice,* in: Dreier II, 2. Aufl. 2006, Art. 23 Rn. 74. Zur EUGRCh als Prüfungsmaßstab des BVerfG → Rn. 51, 52a.
[152] Vgl. z.B. EuGH C-540/03, Rn. 38 – EuParl/Rat. Auch das BVerfG hat darauf Bezug genommen, vgl. BVerfGE 104, 214 (219); 107, 395 (409); 110, 339 (342). Vgl. zur Rezeption der EUGRCh *Streinz/Ohler/Herrmann* (Fn. 5), S. 127 f. mwN.
[153] Vgl. einerseits EuGH C-92/09 und C-93/09, Rn. 51 f. – Schecke, andererseits *Ziegenhorn,* EuZW 2013, 352 zu EuGH C-283/11 – Sky Österreich/ORF. Zum Zusammenspiel der Grundrechtsquellen vgl. *Streinz* ZÖR 2013, 663.
[154] Vgl. auch *Uerpmann/Witzack,* in: v. Münch/Kunig I, Art. 23 Rn. 27.
[155] Vgl. dazu *Schwerdtfeger,* in: Meyer/Hölscheidt, EUGRCh, Art. 51 Rn. 36 ff., 44 ff. *Jarass,* EUGRCh Art. 51 Rn. 16 f.; *Streinz* ZÖR 2013, 663 (668 f.) mwN.
[156] EuGH (GK) C-617/10 – Åkerberg Fransson; *Streinz* JuS 2013, 568. Einschränkende Reaktion des BVerfGE 133, 277 Rn. 91 – Antiterrordatei; *Sachs* JuS 2013, 952 (zust. *Scholz* DVBl 2014, 201 f.; *Käß* BayVBl 2013, 709 (710 f.; abl. *Latzel* FAZ v. 3.5.2013, S. 7).
[157] So, in grds. Bestätigung des Urteils Åkerberg-Fransson, EuGH C-198/13 – Hernández. Vgl. dazu *Streinz* JuS 2015, 281 mwN auf weitere Urteile des EuGH.

und eine pragmatische Annäherung i. S. einer Abgrenzung der Grundrechtsbereiche, deren Trennung Art. 53 EUGRCh („in dem jeweiligen Anwendungsbereich") selbst vorsieht.[158]

Eine **Doppelbindung** der deutschen Organe an die EUGRCh und an das GG besteht bei der    **45b** Umsetzung von EU-Richtlinien insoweit, als der Umfang des Umsetzungsspielraums und seiner Vorgaben einschließlich eines grundrechtlichen Mindeststandards[159] am Unionsrecht zu messen und ggf. durch Vorlagen an den EuGH zu klären sind,[160] während für die Ausformung des danach verbleibenden Umsetzungsspielraums die Grundrechte des GG maßgeblich sind.[161]

Soweit die Rspr. des EuGH wie im Antidiskriminierungsrecht über das traditionell aus dem GG    **46** Abgeleitete hinausgeht, stellt sich das Problem der Vereinbarkeit mit der Privatautonomie.[162] Dies kann neue verfassungsrechtliche Fragen aufwerfen.

**Institutionell** wird der Grundrechtsschutz gegenüber Akten der Unionsorgane auf Unionsebene    **47** durch den EuGH gewährleistet. Dies geschieht auch dann, wenn Akte der Unionsorgane, insbes. EU-VOen und EU-RLen (Art. 288 II, III AEUV), von deutschen Organen unmittelbar oder in ihrer umgesetzten Form (deutsche Umsetzungsgesetze zu RLen) von deutschen Behörden vollzogen werden und dagegen vor deutschen Gerichten Rechtsschutz gesucht wird. Denn die deutschen Gerichte dürfen Unionsrecht nicht von sich aus unangewendet lassen, sondern müssen die Frage seiner Gültigkeit dem EuGH vorlegen.[163] Das BVerfG hat klargestellt, dass die Fachgerichte die unionsrechtlichen Vorgaben an den Unionsgrundrechten messen und ggf. ein Vorabentscheidungsverfahren nach Art. 267 AEUV durchführen müssen. Wenn der EuGH eine RL für ungültig erklärt hat, bestehe Raum für eine Prüfung an den deutschen Grundrechten und ggf. für eine Vorlage nach Art. 100 I GG.[164]

Das Unterlassen der Vorlage an den EuGH kann einen Verstoß gegen **Art. 101 I 2** darstellen.[165]    **48**

Erst wenn (aber auch dann wenn) auf diesem Wege der vom GG als unabdingbar gebotene Grund-    **49** rechtsstandard nicht verwirklicht werden sollte, kann das BVerfG angerufen werden.[166] Das BVerfG

---

[158] Vgl. dazu *Streinz* FS Dauses 2014, S. 437 ff. mwN. Zu Abgrenzungsproblemen vgl, *Thym* NVwZ 2013, 891 f. Kritisch zum Inhalt von Art. 53 GRCh und zur Gefahr von Missverständnissen *Hoppe,* in: Meyer/Hölscheidt, EUGRCh Art. 53 Rn. 13 f. mwN. Ansatzpunkt für eine Differenzierung kann auch sein, inwieweit auf nationaler Ebene Grundrechtsschutz besteht, dessen Defizite im konkreten Fall wohl das schwedische Gericht zur Vorlage im Fall Åkerberg Fransson bewogen. Vgl. zur Schließung von „Schutzlücken" auch *Lange* NVwZ 2014, 173.

[159] Vgl. dazu *Streinz* FS Dauses 2014, 439 ff. mwN zu den kontroversen Ansichten.

[160] Hinsichtlich der Vorratsdatenspeicherung sah das BVerfG ohne Vorlage an den EuGH eine unionsrechtskonforme Umsetzungsmöglichkeit und daher für eine Vorlage keine Entscheidungserheblichkeit, BVerfGE 125, 260 (307 ff.). Zur verfassungsrechtlichen Verpflichtung deutscher Instanzgerichte, die Tragweite von unionsrechtlichen Vorgaben des Sekundärrechts (insbes. Richtlinien) vor einer Normenkontrollvorlage (Art. 100 Abs. 1 GG) an das BVerfG durch entsprechende Vorlagen an den EuGH zu klären BVerfG NJW 2012, 45, Rn. 48 ff.

[161] Vgl. zur Doppelbindung *Streinz/Michl,* in: Streinz, EUV/AEUV, GR-Charta Art. 51 Rn. 15 ff. Ebenso das BVerfG nach Aufgabe des strikten Trennungsprinzips → Rn. 52a.

[162] Vgl. dazu *Classen* MKS II, Art. 23 Rn. 45. Zum Problem mehrpoliger Grundrechtsverhältnisse vgl. *Streinz/ Michl,* in: *Streinz,* EUV/AEUV, GR-Charta Art. 53 Rn. 7 und *Kingreen,* in: Calliess/Ruffert, EUV/AEUV, GRCh Art. 51 Rn. 14.

[163] EuGH C-314/85 – Foto-Frost. Zum Problem vorl. Rechtsschutzes s. EuGH C-143/88 und C-92/89, Rn. 14 ff. – Zuckerfabrik Süderdithmarschen/HZA Itzehoe und EuGH C-465/93, Rn. 19 ff. – Atlanta/Bundesamt für Ernährung und Forstwirtschaft und zul. EuGH C-453/03 ua, Rn. 99 ff. – ABNA ua: die vorl. Nichtanwendung von EU-Sekundärrecht bleibt den nat. Gerichten vorbehalten im sehr eng. Verwaltungsbehörden nicht zu. Innerhalb der vom EuGH vorgezeichneten Linie bewegt sich auch BVerfG EuZW 1995, 126 (Importlizenzen für Bananen). Vgl. dazu *Streinz* (Fn. 3), Rn. 729 ff. Nach der Entscheidung des EuGH über die Vorlage des HessVGH EuZW 1995, 222 (Importlizenzen für Bananen), C-68/95, Rn. 62 – T-Port/Bundesanstalt für Landwirtschaft und Ernährung sind die nat. Gerichte nicht befugt, im Rahmen eines Verfahrens zur Gewährung vorl. Rechtsschutzes vorl. Maßnahmen zu erlassen, bis die Komm., gestützt auf Ermächtigungen in sekundärem Unionsrecht, einen Rechtsakt zur Regelung der bei den Marktbeteiligten vorliegenden Härtefälle erlassen hat. Denn die Kontrolle der Untätigkeit der Komm. falle ausschl. in die Zuständigkeit des EuGH. Insoweit ist dies durchaus nachvollziehbar; vgl. *Zuleeg* NJW 1997, 1201 (1206). Fraglich ist aber, ob die Möglichkeiten des EuGH, vorl. Rechtsschutz im Rahmen von Untätigkeitsklagen (Art. 265 AEUV) zu gewähren, hinreichend sind. Erforderlich wäre eine Regelungsanordnung mit vorl. Verpflichtungswirkung, wozu der EuGH seine Rspr. zu Art. 279 AEUV fortentwickeln müsste. Zu Recht krit. daher *Koenig* EuZW 1997, 206 (207 f.) und *Ohler/Weiß* NJW 1997, 2221 f.

[164] BVerfGE 118, 79 (97 f.).

[165] BVerfGE 73, 339 (366 ff.); 75, 223 (233 f.); BVerfG EuZW 2001, 255 (255 f.); BVerfG NJW 2011, 288 (288 f.) – Geräteabgabe; BVerfG BayVBl 2016, 576 – diskriminierende Benutzungsgebühren einer öffentlichen Einrichtung; BVerfG ZLR 2017, 472 m. Anm. *Streinz* – Auslegung von Art. 14 Abs. 9 VO 178/2002 (sog. Lebensmittelrecht-BasisVO). Vgl. dazu und zu den Kriterien eines „willkürlichen" Entzugs *Streinz* (Fn. 3), Rn. 268 und 736 ff. und *Degenhardt,* Art. 101, Rn. 19. BVerfGE 135, 155, Rn. 177 – Filmförderungsgesetz hat einerseits dies bestätigt, andererseits als Folge des Åkerberg-Fransson-Urteils (→ Fn. 156) auch in einer Vorlage gem. Art. 267 AEUV trotz fehlender Zuständigkeit eine mögl. Verletzung des Art. 101 I 2 gesehen, wobei der gesetzl. Richter, dem man entzogen wird, wohl das BVerfG selbst wäre. Krit. dazu *Latzel* JZ 2014, 392 (kein Vorlageverbot); *Streinz/Michl,* in: Streinz, EUV/AEUV, EUGR-Charta Art. 51 Rn. 27. Zur Intensivierung des Kooperationsverhältnisses → Rn. 52a.

[166] So ausdr. BVerfG EuR 1989, 270 (273). Zur Reduktion der Anrufungsmöglichkeiten nach BVerfGE 102, 147 und BVerfGE 118, 79 → Rn. 43.

übt insoweit also den Grundrechtsschutz in einem von ihm selbst so genannten „**Kooperationsver-hältnis**" zum EuGH aus.[167]

50 **Prüfungsmaßstab** für den **EuGH** sind die Grundrechte und rechtsstaatlichen Grundsätze des Unionsrechts, **Prüfungsgegenstand** Akte der Unionsorgane, also EU-VOen, RLen und Beschlüsse (bisher: Entscheidungen).

51 **Prüfungsmaßstab** für das **BVerfG** ist das GG, das allerdings über Art. 23 I systemimmanente Relativierungen in den Begründungsakten zugunsten der Übertragung von Hoheitsrechten auf die EU zulässt, was konsequenterweise auch zugunsten der Vollzugsakte gelten muss (einheitlicher Prüfungs-maßstab gegenüber Begründungs- und Vollzugsakten).[168] Jüngst hat das BVerfG den Prüfungsmaßstab hinsichtlich deutscher Vollzugsakte von EU-Recht auf die EUGRCh erweitert (→ Rn. 52a).

52 **Prüfungsgegenstand** sind, da nur Maßnahmen der deutschen öff. Gewalt der Judikatur des BVerfG unterliegen, allein die Begründungs- und Vollzugsakte von Unionsrecht eines deutschen Organs. Soll die verfassungsrechtliche Unbedenklichkeit von Akten der Unionsorgane geprüft werden, kann dies nur inzident über das Zustimmungsgesetz zu dem Gründungsvertrag erfolgen, das diese Akte ermöglicht.[169] Das BVerfG prüft auch mögliche Handlungspflichten von Bundesorganen, die ihrer fortwährenden Integrationsverantwortung mittels konkreter Maßnahmen nachkommen müssten.[170] Die prozessuale Behandlung solcher Kollisionsfälle bedarf (auch angesichts der offenbar unterschiedli-chen Relevanz (→ 43, 43a) nach wie vor der Präzisierung[171] sowie der Abstimmung hinsichtlich der unterschiedlichen, sich aber auch überlappenden Kontrollmaßstäbe (→ Rn. 99 ff.).

52a Durch die Urteile zum „Recht auf Vergessenwerden" hat das BVerfG die EUGRCh differenziert als Prüfungsmaßstab gegenüber deutschen Vollzugsakten von Unionsrecht einbezogen. Bei der An-wendung unionsrechtlich vollständig vereinheitlichter Regelungen kontrolliert das BVerfG diese wegen des Anwendungsvorrangs des EU-Rechts allein am Maßstab der EUGRCh und begründet dies mit der Wahrnehmung seiner aus Art. 23 I folgenden „Integrationsverantwortung" iVm seinen Auf-gaben für den Grundrechtsschutz zur Verhinderung von „Schutzlücken".[172] Insoweit übt es seine Kontrolle „in enger Kooperation mit dem EuGH" durch (abgesehen von „offenkundigen" Fällen) Vorlagen gemäß Art. 267 III AEUV aus.[173] Unionsrechtlich nicht vollständig determiniertes inner-staatliches Recht prüft das BVerfG „primär" am Maßstab des GG, gestützt auf die Annahme, „dass das Unionsrecht dort, wo es den Mitgliedstaaten fachrechtliche Gestaltungsspielräume einräumt, regel-mäßig nicht auf eine Einheitlichkeit des Grundrechtsschutzes zielt, sondern Grundrechtsvielfalt zu-lässt", wobei die Vermutung greife, dass das Schutzniveau der EUGRCh durch die Anwendung der Grundrechte des GG „mitgewährleistet" ist. Eine Ausnahme bestehe nur dann, „wenn hierfür konkrete und hinreichende Anhaltspunkte vorliegen".[174]

52b Die Neuausrichtung des 1. Senats des BVerfG wurde in der Literatur grds. begrüßt, da darin eine Chance gesehen wird, dass sich das BVerfG, das einerseits durch Mitgestaltung seine Rolle stärken möchte, andererseits durch Aufgabe des strikten Trennungsprinzips und betonte Kooperation den EuGH für den entwickelten Ansatz gewinnen möchte, und der EuGH annähern. Ob diese von beiden

---

[167] BVerfGE 89, 155 (175). Krit. dazu z. B. *Zuleeg* JZ 1994, 1 ff., und *Streinz* FS Heymanns Verlag, 1995, S. 683 ff.; *Scholz*, in: Maunz/Dürig, Art. 23 (2019) Rn. 85, 94. Vgl. auch *Uerpmann-Wittzack*, in: v. Münch/Kunig I, Art. 23 Rn. 36 mwN; *Bergmann* EuGRZ 2004, 620 (624 ff.); *Jaeger* EuGRZ 2005, 193 (194). Bestätigt (mit als Zulässigkeits-voraussetzung konstruierter Reduktion des Prüfungsmaßstabs, → Rn. 43) in BVerfGE 102, 147 (163) und BVerfGE 118, 79 (95). Zur seitherigen Entwicklung und zur gegenseitigen Kooperationsbereitschaft von nat. Gerichten und EuGH vgl. *Huber* HGR VI/2, § 172, Rn. 86 ff. Im Honeywell-Beschluss hat das BVerfG dieses Kooperationsver-hältnis auf die Ultra-vires-Kontrolle erstreckt, BVerfGE 126, 286 (303) und dies durch die erstmalige Vorlage an den EuGH im EZB/OMT-Fall (BVerfGE 134, 366 Rn. 24) bestätigt → Rn. 101.
[168] *Streinz* (Fn. 3), Rn. 255, 261; *ders.* (Fn. 46), S. 247 ff., 295. Str., vgl. zum Streitstand die ausf. Analyse von *Randelzhofer*, in: Maunz/Dürig, Art. 24 I (1992) Rn. 68 ff., und dessen eigenen Ansatz ebda, Rn. 95 ff., 102 ff. (Grundrechtsabw.). Zur generell „europarechtsfreundlichen" Anwendung → Rn. 101.
[169] *Streinz* (Fn. 3), Rn. 251 ff., 227; *ders.* (Fn. 46), S. 154 ff., 293 f. Die Unklarheiten, die durch das Maastricht-Urteil (BVerfGE 89, 155/175) wegen der ausdr. Abweichung von der bisherigen Rspr. (BVerfGE 58, 1 (27), tendenziell auch BVerfG (K) NVwZ 2006, 1403) entstanden waren, sind durch BVerfGE 118, 79 (95) und zuletzt deutlich durch BVerfGE 142, 123, Rn. 97 ff. (OMT) beseitigt worden: Maßnahmen von Unionsorganen (einschließ-lich der EZB) können nicht als solche, sondern allein *mittelbar* als Grundlage deutscher Maßnahmen durch das BVerfG überprüft werden.
[170] BVerfGE 142, 123, Rn. 164, 171 (OMT). Vgl. dazu *Classen* EuR 2016, 529; *Ohler* JM 2016, 418; *Ruffert* JuS 2016, 756. Vgl. zuletzt BVerfGE 146, 216 Rn. 69 ff. (Anleihekaufprogramm der EZB). Vgl. *Ruffert*, JuS 2017, 1229. Im darauf erlassenen Urteil des EuGH C-493/17 – Weiss (s. dazu *Ruffert*, JuS 2019, 181) sah BVerfG NJW 2020, 1647 einen Ultra-vires-Akt, untersagte den deutschen Staatsorganen einschließlich der Bundesbank, an deren Zu-standekommen, Umsetzung, Vollziehung oder Operationalisierung mitzuwirken und verpflichtete BReg und BTag, auf eine Verhältnismäßigkeitsprüfung der wirtschaftspolitischen Wirkungen des PSPP hinzuwirken. S. dazu *Ruffert*, JuS 2020, 574; ferner zB *Haltern* NVwZ 2020, 817 sowie die kontroversen Beiträge in EuZW 2020, 489–544.
[171] Vgl. dazu *Uerpmann-Wittzack*, in: v. Münch/Kunig I, Art. 23 Rn. 33; *Schlaich/Korioth*, Rn. 360d (S. 297).
[172] BVerfG EuZW 2019, 1035 Ls 1 und 2 und Rn. 53 ff. – Recht auf Vergessenwerden II. Vgl. *Sachs* JuS 2020, 284 (285 f.). Ls 2 S. 3 hält den verfassungsrechtlichen Restvorbehalt (→ Rn. 43, 101) ausdrücklich aufrecht.
[173] BVerfG EuZW 2019 Ls 3 und Rn. 70. Zur CILFIT-Rspr. des EuGH → Fn. 125.
[174] BVerfG EuZW 2019, 1021 Ls 1 – Recht auf Vergessenwerden II; *Sachs* JuS 2020, 282.

Seiten genutzt wird, muss sich allerdings erst erweisen, was eines der gesehenen Probleme und möglichen Konfliktpotentiale ist.[175] Seitens des BVerfG setzt dies eine entsprechende Vorlagebereitschaft voraus, die zwar bekräftigt, aber eher zurückhaltend praktiziert wird.[176] Seitens des EuGH muss der beschränkte Anwendungsbereich der EUGRCh deutlich präzisiert werden. Dafür gibt es nach Åkerberg-Fransson, wo die der Differenzierung des BVerfG ähnliche Ansatz des Generalanwalts nicht aufgegriffen wurde, Ansätze, die einen „Grundrechtspluralismus" bei Fehlen zwingender unionsrechtlicher Vorgaben ermöglichen.[177] Dass eine VB entgegen der bisherigen Rspr.[178] uf Verletzungen der EUGRCh gestützt werden kann, bedürfte einer klarstellenden Ergänzung von Art. 93 I Nr. 4a und § 90 I BVerfGG.[179] Schließlich ist das Verhältnis zu Vorlagen bislang letztinstanzlicher Gerichte sowie zur Rspr. des 2. Senats des BVerfG zu klären.

Die Tatsache, dass die Strukturanforderung **Grundrechtsschutz** von EuGH und BVerfG erfüllt  53
wird, darf nicht darüber hinwegtäuschen, dass der **Auftrag** des Art. 23 I 1 sich auch insoweit nicht an diese, sondern an die **Organe der Integrationsgewalt,** insbes. BReg, BTag und BRat, richtet.[180]

### III. Übertragung von Hoheitsrechten

**1. Begriff.** Obwohl der Begriff „Übertragung von Hoheitsrechten" als sprachlich missglückt  54
erkannt wurde,[181] übernimmt ihn Art. 23 I 2. Damit ergeben sich auch hier die zu Art. 24 I (→ Art. 24 Rn. 18) bekannten Interpretationsprobleme.

Unter **„Hoheitsrechten"** ist die Ausübung öff. Gewalt im innerstaatlichen Bereich durch Gesetz-  55
gebung, Exekutive und Rspr. zu verstehen.[182] Im Bereich der Rspr. gilt dies auch für die Rechtsfortbildung, „wie sie in jahrhundertelanger gemeineuropäischer Rechtsüberlieferung und Rechtskultur ausgeformt worden" ist.[183] Das BVerfG respektiert dabei „unionseigene Methoden der Rechtsfindung, an die sich der Gerichtshof gebunden sieht und die der „Eigenart" der Verträge und den ihnen eigenen Zielen Rechnung tragen" und konzediert dem EuGH einen „Anspruch auf Fehlertoleranz".[184]

Maßgebliches Kriterium für Hoheitsrechte zwischenstaatlicher Einrichtungen wie auch der EU ist  56
der **Durchgriff** in den staatlichen Herrschaftsbereich. Dadurch unterscheiden sich „supranationale" Organisationen von „herkömmlichen" internationalen Organisationen.[185] Rechtsakte, die auf übertragenen Hoheitsrechten beruhen, entfalten unmittelbar, dh ohne gesonderten staatlichen Umsetzungsakt, Rechtswirkungen im innerstaatlichen Bereich. So gelten z.B. EU-VOen nicht *für die,* sondern *in den* Mitgliedstaaten.[186]

Ähnlich wie zu Art. 24 (→ Art. 24 Rn. 14) wurde darüber hinaus eine **„zweite Fallgruppe"**  56a
entwickelt, die bei der Intensität einer nicht-deutschen Regelung ansetzt und diese „nach ihrer Einwirkung auf die deutsche Rechtsordnung und ihre Rechtssubjekte" beurteilt und als „Ausübung von Hoheitsrechten" einordnet, „wenn die Handlungen einer zwischenstaatlichen Einrichtung in einer wesentlichen, qualifizierten Weise auf Rechtsgüter im deutschen Hoheitsgebiet einwirken".[187] Das

---

[175] *Karpenstein/Kottmann* EuZW 2020, 188; *Kühling* NJW 2020, 277 ff; *Hoffmann* NVwZ 2020, 34 ff.; *Michl* JURA 2020, 489 f.; *Peifer* GRUR 2020, 34 (35 ff.); *Streinz* DuD 2020, 353 (359); *Kämmerer/Kotzur* NVwZ 2020, 177 (179 ff.).

[176] Kritisch zur unterbliebenen Vorlage im Fall Recht auf Vergessen II *Kühling* NJW 2020, 279 f. Zur zwingenden Erweiterung auf Gültigkeitsfragen, wenn der Verstoß von EU-Sekundärrecht gegen die EUGRCh gerügt wird, *Michl* JURA 2020, 486 f.

[177] EuGH C-198/13 Rn. 37 – Hernández; C-157/17 Rn. 34 – Consorzio Italian Management; C-178/17 Rn. 21 -Demarchi Gino. Vgl. *Michl* JURA 2020, 488, 489 f. Zuletzt EuGH C-609/17 und C-610/10 – TSN; *Streinz* JuS 2020, 373 und EuZA 2020, 355 (359 ff.).

[178] BVerfGE 110, 141 (154 f.) Rn. 55; BVerfGE 115, 276 (299 f.) Rn. 77.

[179] *Michl,* JURA 2020, 485.

[180] Zur Frage der Bindung deutscher Vertreter bei der Mitwirkung an Rechtsetzungsakten des Rates an Grundrechte des GG vgl. *Streinz* (Fn. 28), S. 22 ff.; *Cornils* AöR 129 (2004), 336 (341 ff.). Zur auf Art. 23 I nach dessen Einschätzung gestützten „Integrationsverantwortung" des BVerfG → Rn. 52a.

[181] *Randelzhofer,* in: Maunz/Dürig, Art. 24 I (1992) Rn. 1 mwN; *Sauer* BK (2019), Art. 24 GG Rn. 37 f. → Art. 24 Rn. 18.

[182] *Jarass,* in: Jarass/Pieroth, Art. 23 Rn. 22; *Scholz,* in: Maunz/Dürig, Art. 23 (2019) Rn. 65; *Schiffbauer* AöR 2016, 553 ff. → Art. 24 Rn. 12.

[183] BVerfGE 75, 223 (243). Vgl. auch BVerfGE 123, 267 (351 f.): Wer auf Integration baut, muss mit eigenständiger Willensbildung der Unionsorgane rechnen.". Zur Abgrenzung zur Kompetenzerweiterung vgl. BVerfGE 89, 155 (210) und zul. BVerfGE 126, 286 (305 f.).

[184] BVerfGE 126, 286 (307) mit abwM Landau, ebd. 318 ff., so zuletzt auch BVerfGE 142, 123, Rn. 149 (OMT).

[185] BVerfGE 37, 271 (280); 73, 339 (374); aA *Wollenschläger,* in: Dreier II, Art. 23 Rn. 44. Zu den durch die Rspr. des BVerfG aufgeworfenen Fragen, die die EU nicht betreffen → Art. 24 Rn. 28, 30 ff. Vgl. auch EuGH C-6/64 – Costa/ENEL, Slg. 1964, 1251 (1269). Aus der Lit. vgl. z.B. *Randelzhofer,* in: Maunz/Dürig, Art. 24 I (1992) Rn. 30; *Rojahn,* in: v. Münch/Kunig I, Art. 24 Rn. 25; *Tomuschat* BK, Art. 24 (1981/1985) Rn. 8; *Zuleeg* AK GG, Art. 23 Rn. 45. *Mosler* HStR VII¹, § 175 Rn. 19 ff.; *Rauser,* Die Übertragung von Hoheitsrechten auf ausländische Staaten, 1991, S. 109, sowie zu Art. 23 *Schorkopf* BK, Art. 23 (2011) Rn. 65 (supranationale Eigenschaft der unmittelbaren Anwendbarkeit und des Anwendungsvorrangs des Unionsrechts als „Muster für diese Fallgruppe").

[186] Vgl. *Schweitzer/Hummer/Obwexer* (Fn. 3), Rn. 261.

[187] So *Schorkopf* BK, Art. 23 (2011) Rn. 65.

BVerfG sieht dies im ESM-Urteil wohl ebenso. Danach ist „jede Zuweisung von Aufgaben und Befugnissen an die Europ. Union und/oder ihre Organe … in der Sache eine Übertragung von Hoheitsrechten, und zwar auch dann, wenn die Organe für die Erledigung der Aufgabe „nur" im Wege der Organleihe in Anspruch genommen und mit Befugnissen ausgestattet werden".[188] Zwar geht es in diesem Urteil im Wesentlichen darum, zur Wahrung der Rechte des BTag den Begriff „Angelegenheiten der Europ. Union" iSv Art. 23 II über Vertragsänderungen und entsprechende Änderungen auf der Ebene des Primärrechts sowie Rechtsetzungsakte der EU auf völkerrechtliche Verträge zu erstrecken, wenn diese „in einem Ergänzungs- oder sonstigen besonderen Näheverhältnis" zum Recht der EU stehen, wofür eine „Gesamtbetrachtung der Umstände, einschließlich der Regelungsinhalte, -ziele und -wirkungen" maßgeblich ist.[189] Jedoch spricht das BVerfG ausdrücklich von einer „Übertragung von Hoheitsrechten" und führt als Argument „die mit der Einräumung von Aufgaben und Befugnissen im Wege der Organleihe verbundene und von den Vertragsparteien offenkundig gewünschte Möglichkeit der Organe" an, diese „kohärent mit den Einzelermächtigungen aus dem Bereich des in den Verträgen niedergelegten Integrationsprogramms auszuüben und auf diese Weise eine Struktur zu schaffen, in der die Unterschiede zwischen „weichen" Steuerungsinstrumentarien und imperativen Rechtsetzungs- und Aufsichtsakten verschwimmen", belegt durch die „Anhaltung des Gouverneursrats", seine Entscheidungen im zwischenstaatlichen Rahmen mit dem Verfahren im Überwachungsrahmen der EU zu verzahnen.[190] Der Beurteilungsmaßstab für diese Fallgruppe ist zwar deutlich unbestimmter, ihre Einbeziehung entspricht aber dem Zweck, „jede Form der Verlagerung politischer Herrschaft" auf die EU mit den besonderen materiellen und verfahrensrechtlichen Sicherungen zu versehen.[191] Jüngst hat das BVerfG diesen Ansatz mit dem Demokratieprinzip verknüpft und einer auf Art. 38 I 1 gestützten Vb (→ Rn. 100) gegen das Zustimmungsgesetz zum Übereinkommen über ein Einheitliches Patentgericht (EPGÜ/UPCA) stattgegeben, weil die vom BVerfG darin gesehene Übertragung von Hoheitsrechten (Gerichtsbarkeit) ohne die in Art. 23 I 2 und 3, Art. 79 II Zweidrittelmehrheit des BTag erfolgte.[192]

**57** Die für Art. 24 I str. Frage, ob auch **Hoheitsrechte der Länder** darunter fallen (→ Art. 24 Rn. 26), wird für Art. 23 durch Art. 23 V 2, VI 1 eindeutig bejaht.[193] Materiell könnten alle Gegenstände betroffen sein, z. B. auch der Verteidigungsbereich.[194]

**58** Zu beachten ist, dass die Angelegenheiten der EU nicht nur in der Ausübung von Hoheitsrechten bestehen. Während die PJZS[195] in den RFSR einbezogen wurde (Art. 67 ff., Art. 82–89 AEUV) bleibt die **GASP**, deren Sonderstellung Art. 24 I UAbs. 2 EUV deutlich macht, nach wie vor **intergouvernemental** strukturiert und auf das Tätigwerden der in der EU verbundenen Mitgliedstaaten angewiesen, wenngleich das Kohärenzgebot (Art. 21 III UAbs. 2 EUV; Art. 7 AEUV) und die zu seiner Realisierung vorgesehenen Maßnahmen die EU auch insoweit zu deutlich mehr als einem bloßen intergouvernementalen Kooperationsforum machen.[196] Damit stellt sich die Frage, inwieweit auch hier, wo mangels Hoheitsrechtsübertragung (oder ggf. gleichgestellten Fällen → Rn. 56a) Art. 23 I 2 nicht einschlägig ist,[197] die Vorgaben des Art. 23 greifen (→ Rn. 80).

**59** Der Begriff der **„Übertragung"** darf, wie das BVerfG ausdr. hervorhebt, „nicht wörtlich genommen werden".[198] Wesentlich ist, dass aus dem Begriff nicht verfehlte Schlussfolgerungen, wie z. B. die sog. „Hypothekentheorie", gezogen werden; diese müssen allerdings wiederum klar von den bestehenden Schranken der Integrationsermächtigung und ihren Folgen unterschieden werden.[199]

**60** Zutr. wird der **„Übertragungsakt"** dahingehend gedeutet, dass durch das IntegrationsG (→ Rn. 63) Art. 23 I 2 (wie auch Art. 24 I→ Art. 24 Rn. 18) als Verfassungsbestimmung aktualisiert wird, welche „die deutsche Rechtsordnung derart öffnet, dass der ausschließliche Herrschaftsanspruch der Bundesrepublik Deutschland im Geltungsbereich des Grundgesetzes zurückgenommen und der unmittelbaren Geltung und Anwendbarkeit eines Rechts aus anderer Quelle innerhalb des staatlichen Herrschaftsbereichs Raum gelassen wird".[200]

---

[188] BVerfGE 131, 152 (218).

[189] BVerfGE 131, 152, Ls. 1. Diese Zielrichtung wird aus den Anträgen im Organstreitverfahren sowie den Ls. 2–4 deutlich. Vgl. auch bereits BVerfGE 129, 124 (171 f.) (Griechenlandhilfe); *Sachs* JuS 2012, 271.

[190] BVerfGE 131, 152 (218).

[191] Zutr. *Schorkopf* BK, Art. 23 (2011) Rn. 65.

[192] BVerfG EuZW 2020, 324 Ls. 1–3 m. Anm. *D. Möller*: Verstoß gegen Art. 38 I1 iVm Art. 20 I und II iVm Art. 79 II. AbwM König, Langenfeld, Maidowski.

[193] So jetzt ausdrücklich auch Art. 70 IV 2 BV. Zur Tragweite *Streinz* FS Vedder, S. 788 ff.

[194] Vgl. BVerfGE 68, 1 (93) zu Art. 24 I. Auf die EU wurden insoweit aber auch durch den Vertrag von Lissabon noch keine Hoheitsrechte übertragen, da die in Art. 23–46 EUV geregelte GASP auch nach der insoweit nur formalen Überwindung der Säulenstruktur „der letzte intergouvernemental geprägte Politikbereich der Union" (HKP, Rn. 1403) geblieben ist. Grds. aA *Zuleeg* AK GG, Art. 23 Rn. 12 ff. mwN.

[195] Zur PJZS vor dem Vertrag von Lissabon vgl. 5. Aufl. Art. 23 Rn. 56.

[196] Vgl. HKP, Rn. 67 ff.

[197] *Geiger* JZ 1996, 195.

[198] BVerfGE 37, 271 (279). Vgl. auch *Randelzhofer*, in: Maunz/Dürig, Art. 24 I (1992) Rn. 55: „irreführend".

[199] Vgl. dazu *Randelzhofer* ebda, Rn. 56; *Streinz* (Fn. 46), S. 258 f., 382 f.; vgl. auch *A. Schmitt Glaeser* (Fn. 61), S. 101.

[200] BVerfGE 37, 271 (280); 58, 1 (28); 59, 63 (90). Vgl. auch BVerfGE 73, 339 (374 f.).

Damit wird nicht nur die **unmittelbare Geltung des Unionsrechts** in Deutschland ermöglicht, **61** sondern auch dessen **Vorrang** vor nationalem Recht, soweit das UnionsR unmittelbare Wirkung entfaltet.[201] Die praktischen Folgen, dass deutsche Gerichte (und Behörden[202]) unionsrechtswidrige Gesetze ohne Vorlage gem. Art. 100 I außer Anwendung lassen dürfen und müssen, hat das BVerfG deutlich gemacht. Denn Art. 24 I besage bei sachgerechter Auslegung nicht nur, „dass die Übertragung von Hoheitsrechten auf zwischenstaatliche Einrichtungen überhaupt zulässig ist, sondern auch, dass die Hoheitsakte ihrer Organe … vom ursprünglich ausschließlichen Hoheitsträger anzuerkennen sind".[203] Dies gilt ebenso für Art. 23 I 2.

### 2. Formelle Voraussetzungen. a) Bundesgesetz mit Zustimmung des BRat (Art. 23 I 2).
Gem. Art. 23 I 2 ist für die Übertragung von Hoheitsrechten ein **Bundesgesetz** erforderlich. Dies **62** entspricht Art. 24 I und stellt wie dort (→ Art. 24 Rn. 24) nur eine notw., aber keine hinreichende Bedingung dar. Denn der erste Schritt einer Übertragung von Hoheitsrechten muss auf völkerrechtl. Ebene durch den Abschluss eines völkerrechtl. Vertrages zur Gründung einer supranationalen Organisation (bzw. eines Organs, vgl. → Art. 24 Rn. 19) mit Durchgriffsbefugnissen bzw. zu einer entspr. Änderung des Gründungsvertrages erfolgen.[204] Soweit auf unionaler Ebene vereinfachte Vertragsänderungsverfahren ohne Ratifikationsverfahren vorgesehen sind, obliegt nach dem Lissabon-Urteil des BVerfG neben der BReg den gesetzgebenden Körperschaften (BTag und BRat) eine bes. Verantwortung im Rahmen der Mitwirkung, die in Deutschland innerstaatlich den Anforderungen des Art. 23 I GG genügen muss **(Integrationsverantwortung)**[205] und ggf. in einem verfassungsgerichtlichen Verfahren eingefordert werden kann.[206] Ein Gesetz i. S. d. Art. 23 I 2 ist nicht erforderlich, soweit spezielle Brückenklauseln sich auf Sachbereiche beschränken, die durch den Vertrag von Lissabon bereits hinreichend bestimmt sind. Auch in diesen Fällen obliegt es allerdings dem BTag und ggf. dem BRat, „seine Integrationsverantwortung in anderer geeigneter Weise wahrzunehmen".[207] Die vom BVerfG konkretisierten und diff. Anforderungen[208] wurden im IntVG umgesetzt (→ Rn. 66 ff.).

Jedenfalls hinsichtlich der Gründung und Änderung der EU regeln der Gründungsvertrag und seine **63** Änderungen wegen der Bedeutung der Angelegenheit auch die politischen Beziehungen des Bundes, so dass ein **Vertragsgesetz gem. Art. 59 II 1** erforderlich ist (→ Art. 59 Rn. 29). Aus der bloßen Existenz des Art. 23 I 2 geht jedoch hervor, dass dieses Vertragsgesetz allein nicht die Übertragung von Hoheitsrechten herbeiführen kann, es dafür vielmehr eines **Integrationsgesetzes** bedarf.[209] Da aber insges. nur ein Gesetz erlassen wird, hat dieses eine **Doppelfunktion.**[210]

---

[201] Deutlich BVerfGE 73, 339 (375), zu Art. 24 I. Für Art. 23 I 2 gilt dasselbe, s. die Bestätigung in BVerfGE 123, 267 (401 f.); BVerfGE 126, 286 (301 f.). Vgl. auch *Jarass*, in: Jarass/Pieroth, Art. 23 Rn. 40. Ausführlich zum Zusammenspiel zwischen Unionsrecht und nat. Verfassungsrecht bei der Begründung des Anwendungsvorrangs *Hufeld* HStR X, § 215 Rn. 4 ff.

[202] Vgl. *Streinz* HStR X³, § 218 Rn. 74. Zutr. BKartA, Entsch. v. 23.8.2006 (B 10–92713-Kc-148/5 – Lotterieannahmestellen), S. 10. Zum Problem der gebotenen Realisierung angesichts des Falles der Erteilung einer Genehmigung des Betriebs einer Präsenzapotheke an DocMorris durch das Saarland wegen des Vorrangs der Niederlassungsfreiheit (Art. 49 AEUV) für Gesellschaften (Art. 54 AEUV) gegenüber dem „Fremdbesitzverbot" des deutschen ApothekenG vgl. *Streinz/Herrmann* EuZW 2006, 455 (458 f.) und *dies.* BayVBl 2008, 1 (1 ff.) mwN Der EuGH hat einen Verstoß gegen das Unionsrecht verneint (EuGH C-171/07 und C-172/07 – DocMorris) und konnte daher der Frage nach dem für mitgliedstaatl. Behörden gebotenen Prüfungsmaßstab ausweichen. Vgl. auch z. B. *M. Martini* DVBl 2007, 10; *W. Semmroth* NVwZ 2006, 1378; *F. Becker* CMLRev 44 (2007), 1035. In der Praxis dürfte der Anwendungsvorrang des Unionsrechts allein bei den nationalen Gerichten und nur selten bei Behörden zum Tragen kommen. Vgl. zur Realität des Anwendungsvorrangs *T. Kruis*, Der Anwendungsvorrang des EU-Rechts in Theorie und Praxis. Seine Durchsetzung in Deutschland. Eine theoretische und empirische Untersuchung anhand der Finanz- und Verwaltungsgerichte und Behörden, 2013. Aktuell sind wegen der „Inkohärenz" des deutschen Rechts Probleme des Glücksspielrechts, vgl. dazu *Streinz* ZfWG 2013, 305 (312 ff.); *Streinz/Michl,* in: Streinz/Liesching/Hambach, Glücks- und Gewinnspielrecht in den Medien 2014, S. 495 (508 ff.); *Hilf/Umbach,* in: Becker ua, Glücksspielregulierung 2017, S. 925 (946 ff.) mwN. Der EuGH bejaht einerseits den Anwendungsvorrang des EU-Rechts und lehnt abw. Übergangsregelungen ab (EuGH C-409/06, Rn. 55 ff. – Winner Wetten), eröffnet andererseits erhebliche Spielräume (EuGH C-186/11 und C-209/11 – Stanleybet; EuZW 2012, 820 m. Anm. *Ziegenhorn; Streinz* JuS 2013, 275), die zu einer uneinheitlichen Praxis geführt haben. Zu den praktischen Folgen vgl. zuletzt EuGH C-336/14, Rn. 63, 94 – Sebat Ince: Keine Strafbarkeit (§ 284 StGB) der Vermittlung von Sportwetten ohne Erlaubnis, wenn das Konzessionserteilungsverfahren unionsrechtswidrig ist. Vgl. *Streinz* JuS 2016, 568.

[203] BVerfGE 31, 145 (174) – Lütticke.

[204] *Randelzhofer,* in: Maunz/Dürig, Art. 24 I (1992) Rn. 60 ff.; *Rojahn,* in: v. Münch/Kunig I, Art. 24 Rn. 31 f.

[205] Vgl. dazu *Weiß,* JuS 2018, 1046 ff.

[206] BVerfGE 123, 267 LS 2a. Vgl. dazu *Hufeld,* in: v. Arnauld/Hufeld (Hrsg.), Systematischer Kommentar zu den Lissabon-BegleitG – IntVG/ EUZBBG/EUZBLG/ESMFinG, 2. Aufl. 2018, S. 39 ff.; *Spörer* ebda, S. 257 ff.

[207] BVerfGE 123, 267 LS 2b.

[208] BVerfGE 123, 267 (434 ff.).

[209] Vgl. *Scholz,* in: Maunz/Dürig, Art. 23 (2019) Rn. 68.

[210] Insoweit allg. M., vgl. z. B. *Uerpmann-Wittzack,* in: v. Münch/Kunig I, Art. 23 Rn. 45; *Fastenrath/Groh,* in: Friauf/Höfling, Art. 59 (2007) Rn. 18; *Schweitzer/Dederer,* StaatsR III, Rn. 116 zu Art. 24 I, wobei die Differenzierung nach staatsrechtlicher und völkerrechtlicher Funktion auch hinsichtlich Art. 23 I 2 zutrifft. Insoweit verdrängt Art. 23 den Art. 59 nicht (für generell lex. specialis BVerfGE 123, 267 (387); *Geiger* JZ 1996, 1093; *Wollenschläger,* in:

**64**    Erforderlich ist ein **formelles Gesetz des Bundes.** Ländern ist die Übertragung von Hoheitsrechten auf die Union weder über Art. 23 noch über Art. 24 I oder Art. 32 III gestattet.[211] Gem. Art. 24 Ia können sie Hoheitsrechte auf grenznachbarliche Einrichtungen übertragen (→ Art. 24 Rn. 37 ff.).

**65**    Das Bundesgesetz bedarf (anders als bei Art. 24 I → Art. 24 Rn. 25) in jedem Fall der **Zustimmung des BRat.**

**66**    **b) Vorbehalt eines Gesetzes bzw. Beschlusses bei vereinfachten bzw. besonderen Vertragsänderungsverfahren und gleichgestellten Fällen. Regelung im IntVG.** Das BVerfG verlangt bei allen Vertragsänderungen und den von ihm gleichgestellten Fällen eine Beteiligung von BTag und BRat, die deren „Integrationsverantwortung" (→ Rn. 62) genügt. Soweit die betroffenen Materien nach Ansicht des BVerfG durch den Vertrag von Lissabon bereits hinreichend bestimmt sind, genügt dazu ein **Beschluss.** Im Übrigen bedarf es dazu eines Gesetzes i. S. d. Art. 23 I 2, ggf. Art. 23 I 3 (→ Rn. 74). In allen diesen Fällen ist **Einstimmigkeit** im Europ. Rat bzw. im Rat erforderlich, so dass es auf die Zustimmung oder Enthaltung (die den gleichen Effekt hat; vgl. Art. 235 I UAbs. 3, Art. 238 IV AEUV) des deutschen Vertreters ankommt. Dies gilt auch bei den sog. **Brückenklauseln,** deren Aktivierung den Übergang von der Einstimmigkeit zur qualifizierten Mehrheit im Rat zur Folge hat. Dabei wird einstimmig beschlossen, dass in den betroffenen Fällen künftig mit qualifizierter Mehrheit beschlossen werden kann. Das bloße Ablehnungsrecht der nationalen Parlamente, das der Vertrag von Lissabon in Art. 48 VII UAbs. 3 EUV und Art. 81 III UAbs. 3 AEUV vorsieht (s. dazu § 10 IntVG) hält das BVerfG für nicht hinreichend.[212]

**67**    Ein **Gesetz i. S. d. Art. 23 I** ist danach erforderlich:

- Im **vereinfachten Vertragsänderungsverfahren** (Art. 48 VI UAbs. 2 und 3 EUV) für die Zustimmung Deutschlands zum dazu erforderlichen Beschl. des Europ. Rates (§ 2 IntVG). Dies betrifft die internen Politikbereiche der EU, Art. 26–197 AEUV).
- In den **besonderen Vertragsänderungsverfahren** für die Zustimmung Deutschlands zum dazu erforderlichen Beschl. des Rates (§ 3 I und II IntVG). Dies betrifft den Beitritt der EU zur EMRK gem. Art. 6 II EUV (Art. 218 VIII UAbs. 2 AEUV),[213] das System der Eigenmittel der EU (Art. 311 III AEUV), die Ergänzung der Rechte der Unionsbürger (Art. 25 II AEUV), die Bestimmungen für die allg. unmittelbare Wahl des EuParl nach einem einheitlichen Verfahren (Art. 223 I UAbs. 2 AEUV) und die Schaffung von Rechtstiteln zum geistigen Eigentum (Art. 262 AEUV).
- Für die Zustimmung oder Enthaltung des deutschen Vertreters im Europ. Rat (dies ist der BKanzler) zur Aktivierung der **allg. Brückenklausel** gem. Art. 48 VII UAbs. 1 S. 1 oder UAbs. 2 EUV (§ 4 I IntVG). Dies betrifft den Übergang von der Einstimmigkeit zur qualifizierten Mehrheit im Rat in den entspr. Ermächtigungsnormen des AEUV oder der Art. 21–46 EUV (GASP).
- Für die Zustimmung oder Enthaltung des deutschen Vertreters im Rat (dies ist der jeweilige Fachminister) zur Aktivierung der **Brückenklausel** des Art. 81 III UAbs. 2 AEUV (§ 4 I IntVG). Dies betrifft den Übergang von einem besonderen zum ordentlichen Gesetzgebungsverfahren, was den Übergang von der Einstimmigkeit zur qualifizierten Mehrheit im Rat zur Folge hat, hinsichtlich der Bestimmung der Aspekte des Familienrechts mit grenzüberschreitendem Bezug, die Gegenstand von Rechtsakten sein können.
- Für die Zustimmung oder Enthaltung des deutschen Vertreters im Rat zur **Erweiterung der Kompetenzen** gem. Art. 83 I UAbs. 3 oder Art. 86 IV AEUV (§ 7 I IntVG). Dies betrifft die Erweiterung der Kriminalitätsbereiche, für die die EU Mindestvorschriften erlassen kann, bzw. die Ausdehnung der Befugnisse der Europ. Staatsanwaltschaft.
- Für die Zustimmung oder Enthaltung des deutschen Vertreters im Rat zu Änderungen der Satzung der **Europ. Investitionsbank** gem. Art. 308 III AEUV (§ 7 II IntVG).
- Für die Zustimmung oder Enthaltung des deutschen Vertreters im Rat zum Erlass von Vorschriften gem. der sog. **Flexibilitätsklausel** des Art. 352 AEUV (§ 8 IntVG).

**68**    Ein **Beschluss des BTag** ist danach erforderlich:

---

Dreier II, Art. 23 Rn. 179; *Jarass,* in: Jarass/Pieroth, Art. 23 Rn. 4; *Schorkopf* BK, Art. 23 (2011) Rn. 73. Wie hier offenbar die Praxis, vgl. BT-Dr 16/8300 und BR-Dr 928/07 zum Zustimmungsgesetz zum Vertrag von Lissabon: Art. 59 II 1 und Art. 23 I 3 iVm Art. 79 II. Jdf. einschlägig ist Art. 59 I 2 hins. der Beteiligung des BPräs.

[211] Vgl. *Uerpmann-Wittzack,* in: v. Münch/Kunig I, Art. 23 Rn. 4.

[212] BVerfGE 123, 267 (435 f.): „Ein Schweigen von BTag und BRat reicht daher nicht aus, diese Verantwortung wahrzunehmen". Ablehnungsrecht „kein ausreichendes Äquivalent zum Ratifikationsvorbehalt". Krit. dazu *Classen* MKS II, Art. 23 Rn. 12.

[213] Str. ist, ob Art. 23 I 2 und ggf. 3 GG auf Vertragsteile gemischter Abkommen (so werden jetzt CETA und TTIP eingestuft), welche Unionskompetenzen betreffen, anzuwenden ist. Dafür *Weiß* EuZW 2016, 286 (290); dagegen mit Verweis auf Art. 218 IX AEUV *Möllers/Tischbirek,* BTag-Ausschuss für Wirtschaft und Technologie, Dr 18(9)933, S. 3; *Grzeszick,* NVwZ 2016, 1759 ff. Vgl. dazu auch BVerfGE 143, 65 Rn. 58 – CETA; vgl. *Ruffert* JuS 2016, 1141; *Schorkopf,* § 2 Rn. 212.

– Für die Zustimmung oder Enthaltung des deutschen Vertreters im Europ. Rat bei dessen Beschluss zur Einführung einer gemeinsamen Verteidigung gem. Art. 42 II UAbs. 1 S. 2 EUV (§ 3 III 1 IntVG). Der Verweis auf die verfassungsrechtlichen Vorschriften der Mitgliedstaaten in Art. 42 UAbs. 1 S. 3 EUV wird in § 3 III 1 IntVG dahingehend konkretisiert, dass die Zustimmung Deutschlands nach diesem Beschl. des Europ. Rates (zusätzlich) durch ein Gesetz gem. Art. 23 I zu erfolgen hat.

– Für die Zustimmung oder Enthaltung des deutschen Vertreters im Europ. Rat bei **besonderen Brückenklauseln** (Folge: Übergang von der Einstimmigkeit zur qualifizierten Mehrheit). Dies betrifft Beschlüsse des Rates im Bereich der GASP (Art. 31 III EUV), wobei allerdings Beschlüsse „mit militärischen oder verteidigungspolitischen Bezügen" generell ausgeschlossen sind (Art. 31 IV EUV), sowie zur Festlegung des mehrjährigen Finanzrahmens gem. Art. 312 II UAbs. 2 AEUV (§ 5 I IntVG).

– Für die Zustimmung oder Enthaltung des deutschen Vertreters im Rat bei **besonderen Brückenklauseln** (§ 6 I IntVG). Dies betrifft den Erl. von Mindestvorschriften in bestimmten Bereichen der Verbesserung der Arbeitsumwelt und des sozialen Schutzes der Arbeitnehmer (Art. 153 II UAbs. 4 AEUV), bestimmte Maßnahmen zum Umweltschutz (Art. 192 II UAbs. 2 AEUV) sowie Maßnahmen zur verstärkten Zusammenarbeit eines Teils der Mitgliedstaaten (Art. 333 I, II AEUV).

Unter den Voraussetzungen des § 5 II IntVG (Gesetzgebungskompetenz der Länder oder Bundes- **69** gesetze, die der Zustimmung des BRat bedürfen) ist in den Materien der §§ 5 und 6 IntVG **zusätzlich** zum Beschluss des BTag ein **Beschluss des BRat** erforderlich.

Soweit nicht konkrete unionsrechtliche Vorgaben (wie z.B. hinsichtlich der Besetzung der Organe) **70** bestehen, können die Mitgliedstaaten die Organisation der Mitwirkung ihrer Vertreter in den Unionsorganen bestimmen. Sie müssen dabei allerdings das Gebot gegenseitiger Loyalität (Art. 4 III UAbs. 1 EUV) beachten. Daher darf der durch die vereinfachten Vertragsänderungsverfahren angestrebte Beschleunigungseffekt nicht konterkariert werden. Das BVerfG hat daher den Erlass der geforderten Gesetze und Beschlüsse innerhalb einer an die Zwecksetzung der unionsrechtlichen Vorschriften angelehnten **angemessenen Frist** verlangt.[214] § 1 II IntVG greift dies – ohne nähere Präzisierung – auf.

**c) Erfordernis der für Verfassungsänderungen vorgesehenen Mehrheit (Art. 23 I 3 iVm** **71** **Art. 79 II).** Auch wenn sie nicht nur für diese Form der Integration gelten, sind vor allem bei der Übertragung von Hoheitsrechten die formellen Schranken bedeutsam, die Art. 23 I 3 dem Integrationsgesetzgeber setzt (→ Rn. 76 ff.). Diese werfen insoweit die Frage auf, ob für die Ermächtigung in Art. 23 I 2 ein Anwendungsbereich bleibt, in dem für die Übertragung von Hoheitsrechten durch einfaches Gesetz unterhalb der Schwelle von Art. 79 III Raum ist.[215]

Ein Gesetz, das der EU im Wege der Vertragsänderung künftig „Hoheitsrechte überträgt", ändert **72** zwangsläufig die Zuständigkeitsordnung des GG. Damit unterfällt **jede Übertragung von Hoheitsrechten** iSv Art. 23 I 2 den Anforderungen des Art. 23 I 3.[216]

Dagegen wird eingewandt, dass dann Art. 23 I 2 seine Bedeutung verliere. Es sei daher auf den **73** materiell-rechtlichen Gehalt der jeweiligen Hoheitsrechtsübertragung abzustellen.[217] Einer solchen Abgrenzung ermangelt es jedoch an hinreichender Bestimmtheit.[218] Der **Regelungsgehalt des Art. 23 I 2** beschränkt sich auf die Ermächtigung zur Übertragung einschließlich der nach wie vor durch dessen Interpretation zu gewinnenden (→ Rn. 54 ff.) rechtlichen Grundstrukturen des Über-

---

[214] BVerfGE 123, 267 (435 f.).
[215] Vgl. *Uerpmann-Wittzack,* in: v. Münch/Kunig I, Art. 23 Rn. 52 mwN.
[216] Ebenso *Uerpmann-Wittzack* ebda; *Schorkopf* BK, Art. 23 (2011) Rn. 81; *Hillgruber,* in: Hofmann/Henneke, Art. 23 Rn. 35; grundsätzlich auch *Classen* MKS II, Art. 23 Rn. 14; *Wilhelm* BayVBl 1992, 707; *Fischer* ZParl 1993, 40; *Oschatz/Risse* DÖV 1995, 439; *König,* Die Übertragung von Hoheitsrechten im Rahmen des europäischen Integrationsprozesses, 2000, S. 303 ff., 309; *Geiger* ZG 2003, 193 (201 f.); ebenso die Rechtsauffassung des BRat, vgl. *Schmalenbach* (Fn. 52), S. 94. Vgl. zu dem Problem auch *Schweitzer/Dederer,* StaatsR III, Rn. 134 f. und zum (damaligen) Streitstand *Breuer* NVwZ 1994, 423 mwN. Zu „Integrationsgesetzgebung als Verfassungsänderung" vgl. *Hufeld* (Fn. 206), S. 30 f. mwN.
[217] So *Scholz* NVwZ 1993, 821 f.; *ders.,* in: Maunz/Dürig, Art. 23 (2019) Rn. 118; *Hobe,* in: Friauf/Höfling, Art. 23 (2011) Rn. 49; *Wollenschläger* NVwZ 2012, 713 (715); ebenso *Jarass,* in: Jarass/Pieroth, Art. 23 Rn. 31 (andernfalls hätte die Zwei-Drittel-Mehrheit des Art. 79 II in Art. 23 I 2 festgeschrieben werden können); *Heintschel von Heinegg,* in: Epping/Hillgruber, Art. 23 Rn. 25; vgl. auch *Magiera* Jura 1994, 9; ebenso die Rechtsauffassung der BReg, vgl. *Schmalenbach* (Fn. 52), S. 93. Für eine restriktive Auslegung auch *Pernice,* in: Dreier II, 2. Aufl. 2006, Art. 23 Rn. 90; *Zuleeg* AK GG, Art. 23 Rn. 48.
[218] Ebenso *Fischer* ZParl 1993, 40. *Pernice,* der für seine restriktive Auslegung (→ Fn. 217) ebenfalls auf die Verfassungsintensität des betr. Integrationsakts abstellt, reduziert die Anwendung von Art. 23 I 3 daher auf die Verlagerung von ausdr. vom GG zugewiesene Kompetenzen (z. B. Art. 88), die inhaltl. Modifikation von Rechten und Regelungen (z. B. Art. 16a, Art. 19 III) oder die Berührung von Grundsätzen der Verfassung (z. B. Art. 20 II 1 iVm Art. 28 I 3). Zu verfassungsändernden und (bloß) vertragsimmanenten Hoheitsrechtsübertragungen, vergleichbaren Regelungen und Fallgruppen zur Abgrenzung von Art. 23 I 3 zu Art. 23 I 2 Scholz, in: Maunz/Dürig, Art. 23 (2019) Rn. 119–121.

tragungsaktes, ferner auf die mitgliedstaatliche Mitwirkung bei der Realisierung von sog. Evolutiv-klauseln, wenn dadurch Hoheitsrechte nicht übertragen, sondern nur ausgefüllt werden und dies keine (spezifische) Verfassungsänderung erfordert.[219] Zum Problem der Inanspruchnahme **übertragener** Hoheitsrechte → Rn. 85.

74    Hinsichtlich Vertragsänderungen im **vereinfachten Verfahren und gleichgestellten Fällen** unterscheidet das BVerfG: Ein „Zustimmungsgesetz nach Art. 23 I 2 **und ggf. S. 3**" (ohne Letzteres zu präzisieren) hält es in den Fällen der primärrechtlichen Änderungen im vereinfachten Verfahren (Art. 48 VI EUV) sowie den „entsprechenden Änderungsvorschriften" in Art. 42 II UAbs. 1 EUV und Art. 25 II, Art. 218 VIII UAbs. 2 S. 2, Art. 223 I UAbs. 2, Art. 262 und Art. 311 III AEUV für erforderlich. In den Fällen der allg. Brückenverfahren (Art. 48 VII UAbs. 3 EUV) sowie der speziellen Brückenklausel nach Art. 81 III UAbs. 3 AEUV verlangt es eine Ermächtigung durch ein Gesetz iSv Art. 23 I 2, ebenso beim Gebrauchmachen von der Flexibilitätsklausel des Art. 352 AEUV.[220]

75    **3. Materielle Vorgaben.** Materiell sind bei der Übertragung von Hoheitsrechten die **Struktur-klausel** des Art. 23 I 1 (→ Rn. 16 ff.) und die Schranken des Art. 79 III (→ Rn. 92 ff.) zu beachten. Letzteres führt insbes. dazu, dass die Übertragung von Hoheitsrechten nicht in einem Ausmaß geschehen darf, dass die EU die Schwelle zu einem europ. Bundesstaat überschreitet (→ Rn. 93).

## IV. Die Schranke der Verfassungsänderung

76    **1. Formelle Anforderungen (Art. 23 I 3 iVm Art. 79 II).** Art. 23 I 3 setzt dem Integrations-gesetzgeber neben der materiellen **Schranke** des Art. 79 III (→ Rn. 92) auch die **formelle des Art. 79 II** (verfassungsändernde Mehrheit von zwei Dritteln der Stimmen der Mitglieder des BTag und des BRat). Lediglich auf die Beachtung des Art. 79 I (keine Verfassungsänderung ohne Ver-fassungstextänderung) wird verzichtet.[221] Dies gilt dann, wenn es um die Gründung der EU sowie um Änderungen ihrer vertraglichen Grundlagen und vergleichbare Regelungen geht, durch die dieses GG seinem Inhalt nach geändert oder ergänzt wird oder solche Änderungen oder Ergänzungen ermöglicht werden.

77    Diese Vorschrift entsprang offensichtlich einem **politischen Kompromiss**, ist in ihrer inhaltlichen Präzision von entspr. Qualität und wirft eine Reihe von Streitfragen auf. Der erste Streitfall ergab sich bereits bei der Erweiterung der EU um Finnland, Österreich und Schweden und zeitigte nur deshalb keine praktischen Folgen, weil über die Sachfrage politisch Einstimmigkeit herrschte.[222]

78    Der **Gründung** der EU wurde durch das mit der für Verfassungsänderungen erforderlichen Mehr-heit beschlossene Gesetz v. 28.12.1992[223] zugestimmt. Der Vertrag von Lissabon führt zwar durch das Verschmelzen von EU und EG zur einheitlichen Union (Art. 1 III EUV) zu erheblichen Änderun-gen,[224] aber nicht zu einer Neugründung der Union, sondern zu einer Vertragsänderung, was auch im Titel des Vertrages zum Ausdruck kommt. Damit ist die Vorschrift insoweit erschöpft und wirft keine praktisch relevanten Fragen mehr auf.

79    Letztere ergeben sich aber für die beiden weiteren Fallgruppen, nämlich **Vertragsänderungen** und **vergleichbare Regelungen.** Hier stellt sich zunächst die Frage, ob sich der Relativsatz, wonach eine materielle Verfassungsänderung oder deren Ermöglichung das Erfordernis einer verfassungsändernden Mehrheit auslöst, auf beide oder nur auf die letztgenannte Gruppe bezieht. In letzterem Fall bedürfte jede Änderung der vertragl. Grundlagen der EU, unabhängig von den Auswirkungen auf das GG, einer Zustimmung mit Zweidrittelmehrheit gem. Art. 79 II. Sowohl der Zweck der Vorschrift als auch die Entstehung belegen aber, dass sich der Relativsatz auf alle drei Fallgruppen (von denen die erste erschöpft ist → Rn. 78) bezieht.[225]

80    Es stellt sich die weitere Frage, ob diese Forderung für **alle Integrationsakte** oder nur für die Übertragung von Hoheitsrechten gilt. Für letzteres könnte geltend gemacht werden, dass Sätze 2 und 3 des Art. 23 I als Einheit zu sehen seien, wonach Satz 2 den Grundtatbestand einer Übertragung von Hoheitsrechten darstelle und Satz 3 bestimme, welche Hoheitsrechtsübertragungen einer Zweidrittel-mehrheit bedürfen.[226] Sinn und Zweck des Art. 23 I 3 ist aber, für den Fall der EU allen „Verfassungs-durchbrechungen", die im Rahmen der bisher maßgeblichen Bestimmungen des Art. 24 I als grds.

---

[219] Vgl. auch *Scholz,* in: Maunz/Dürig, Art. 23 Rn. 119; *Jarass,* in: Jarass/Pieroth, Art. 23 Rn. 32; *Heintschel von Heinegg,* in: Epping/Hillgruber, Art. 23 Rn. 26.
[220] BVerfGE 123, 267 (434 ff.). Kritisch zu dessen Auswahl (insbes. fehlende Beteiligung des BRat in Budget-fragen) *Classen* MKS II, Art. 23 Rn. 13a ff.
[221] Vgl. dazu *Schweitzer/Dederer,* StaatsR III, Rn. 147.
[222] Vgl. *Hölscheidt/Schotten* DÖV 1995, 187 ff.; zur Frage der Erweiterung ausf. *Geiger* ZG 2003, 193 (205 ff.); *Schladebach* LKV 2004, 10 (14).
[223] BGBl II 1992, 1253.
[224] Vgl. *Ohler* (Fn. 70), S. 45 f.
[225] Vgl. *Hölscheidt/Schotten* DÖV 1995, 189 mwN. Ebenso *Wollenschläger,* in: Dreier II, Art. 23 Rn. 52; *Scholz,* in: Maunz/Dürig, Art. 23 (2019) Rn. 118.
[226] Vgl. *Hölscheidt/Schotten* DÖV 1995, 189 f. Zu der auch dann noch verbleibenden weit. Streitfrage → Rn. 66 f.

möglich und damit auch verfassungsrechtlich legitimiert galten (→ Art. 24 Rn. 28), vorzubeugen.[227] Jdf. einzubeziehen ist die wegen der bedeutenden Auswirkungen vom BVerfG „in der Sache" der Übertragung von Hoheitsrechten gleichgestellte „zweite Fallgruppe" (→ Rn. 56a).[228]

Damit stellt die Übertragung von Hoheitsrechten zwar den wichtigsten Anwendungsfall der Vor- **81** schrift dar, erschöpft sie aber nicht. Vielmehr ist die entscheidende Frage, wann eine **Verfassungsänderung**[229] vorliegt.

Wie gezeigt (→ Rn. 72), ist dies bei **jeder Übertragung von Hoheitsrechten** der Fall. Diese **82** wurde mit der Einräumung von Durchgriffsbefugnissen definiert (→ Rn. 56) und um eine „zweite Fallgruppe" erweitert (→ Rn. 56a).

Mit Durchgriffsbefugnissen wird zugleich die Ermächtigung zu ihrem Gebrauchmachen als Teil des **83** vertragl. **Integrationsprogramms** eingeräumt. Dieses muss hinr. bestimmt sein, vor allem die Grenzen der Durchgriffsbefugnisse der EU bestimmbar normieren.[230] Ist dies der Fall, bedarf es keiner Vertragsänderung, damit auch keiner verfassungsänd. Mehrheit.[231]

Davon zu unterscheiden sind die sog. **Evolutivklauseln** von EUV und AEUV, auf die die Fall- **84** gruppe der **„vergleichbaren Regelungen"** verweist.[232] Diese lassen eine Ergänzung des Unionsrechts durch einstimmigen Ratsbeschluss mit anschließender Annahme nach den Verfassungsvorschriften der Mitgliedstaaten zu. Beispiele: Wahlen des EuParl (mit dessen Zustimmung: Art. 223 I UAbs. 2 AEUV); System der Eigenmittel der EU (nach Anhörung des EuParl: Art. 311 III AEUV); neue Inhalte der Unionsbürgerschaft (mit Zustimmung des EuParl: Art. 25 II AEUV). Weil unionsrechtlich kein ergänzendes nationales Verfahren erforderlich ist, stellt Art. 352 AEUV (ungeachtet der breiten, aber eben schon *übertragenen* Kompetenz) keine Evolutivklausel dar.[233] Soweit die Realisierung der Evolutivklausel verfassungsändernde Wirkung hat, gilt auch für diese das Erfordernis verfassungsändernder Mehrheiten.[234]

Dies ist nach der hier generell vertretenen Auffassung (→ Rn. 79) der Fall, wenn durch die **85** Realisierung der Evolutivklausel Hoheitsrechte übertragen werden. Hier stellt sich das Problem, die **Realisierung** bereits übertragener Hoheitsrechte von einer **weiteren Übertragung** abzugrenzen.[235] Entscheidend ist insoweit, ob erst durch die Realisierung der Evolutivklausel Befugnisse mit Durchgriffswirkung eingeräumt werden.

Dies ist auch der Fall, wenn die Realisierung der **Evolutivklausel** eine Verfassungsänderung **86** erfordert. Ein Beispiel war die durch die Vergemeinschaftung (Art. 100c VI aF EGV) der Asylpolitik gem. Art. K. 9 iVm Art. K. 1 Nr. 1 aF EUV veranlasste Änd. des Art. 16a.[236]

Eine Verfassungsänderung liegt ferner vor, wenn die Stellung Deutschlands in der EU, ohne dass im **87** eigentlichen Sinne Hoheitsrechte übertragen werden, **grds. verändert** wird. Beispiel: Grds. Änderung der Rechtssetzungsbefugnisse des EuParl, z. B. durch Ausweitung des ordentlichen Gesetzgebungs-

---

[227] *Scholz* NVwZ 1993, 821; zur Entstehungsgeschichte vgl. BT-Dr 12/6000, S. 21 und *Schmalenbach* (Fn. 52), S. 87 ff.

[228] Vgl. zum Fiskalpakt *Möllers/Reinhardt* JZ 2012, 694 (700); Art. 23 I 3. Für Art. 23 I 2 insoweit *Lorz/Sauer* DÖV 2012, 581 f.

[229] Gegen das Verständnis als Verfassungsänderung *Hain* DVBl 2002, 149 (151 ff.).

[230] Vgl. BVerfGE 89, 155 (187 f., 191); BVerfGE 123, 267 (351 f.). Zu Art. 24 → Art. 24 Rn. 23.

[231] Insoweit zutr. *Pernice*, in: Dreier II, 2. Aufl. 2006, Art. 23 Rn. 89 (vgl. auch ebd., Rn. 84): Was bereits vertragsimmanent ist, muss nicht erst „übertragen" werden. Für die von *Scholz*, in: Maunz/Dürig, Art. 23 (2019) Rn. 119 und *Lerche* FS Schambeck, 1994, S. 760, herausgearbeitete Kategorie der „vertragsausfüllenden" bzw. „vertragsimmanenten" Hoheitsrechtsübertragungen ist ein (gesondertes) ZustimmungsG grds. gar nicht erforderlich, es sei denn, das EU-Primärrecht stellt dies ausdr. vor (→ Rn. 84). Nur dann stellt sich wegen der Fallgruppe der „vergleichbaren Regelungen" die Frage des Art. 23 I 3 (worauf sich die Differenzierung von *Scholz* und *Lerche* wohl auch bezieht, vgl. *Jarass*, in: Jarass/Pieroth, Art. 23 Rn. 32).

[232] *Uerpmann-Wittzack*, in: v. Münch/Kunig I, Art. 23 Rn. 48; *Schmalenbach* (Fn. 52), S. 205.

[233] Zutr. *Pernice*, in: Dreier II, 2. Aufl. 2006, Art. 23 Rn. 88; *Uerpmann-Wittzack*, in: v. Münch/Kunig I, Art. 23 Rn. 48; iE ebenso *Zuleeg* AK GG, Art. 23 Rn. 49. AA *Scholz*, in: Maunz/Dürig, Art. 23 (2019) Rn. 24; *Badura*, EuR-Beiheft 1/1994, S. 9 (14). Das BVerfG verlangt aber verfassungsrechtlich ein Gesetz iSv Art. 23 I 2, also mit einfacher Mehrheit in BTag und BRat, BVerfGE 123, 267 (486). → Rn. 67.

[234] Vgl. *Hufeld* HStR X, § 215 Rn. 37; *Uerpmann-Wittzack*, in: v. Münch/Kunig I, Art. 23 Rn. 48.

[235] Der erste Streitfall ergab sich bereits hinsichtlich des Entw. eines G (BT-Dr 13/382) zu dem Beschl. des Rates v. 31.7.1994 über das System der Eigenmittel der EG (ABl EG 1994 Nr. L 293/9; BGBl II 1995, 499; Sart. II, Nr. 225). Der BRat war der Auffassung, dass dieses Gesetz wegen der Übertragung von Hoheitsrechten seiner Zustimmung gem. Art. 23 I 3 iVm Art. 79 II bedarf. Die BReg, der allerdings entgegen der hier vertretenen Auffassung (→ Rn. 79) eine „qualifizierte Verfassungsbedeutung" verlangt, sah in der Aufnahme von Rechtssetzungsbefugnissen (Art. 8 II Eigenmittelbeschluss) „lediglich Änderungen in den Modalitäten", wodurch Kompetenzen abgerundet würden, die bereits zugunsten der EG begründet gewesen seien (BT-Dr 13/382, S. 20). Die Beschlussempfehlung des Haushaltsausschusses (BT-Dr 13/828) ging zwar von der Übertragung von Hoheitsrechten aus, hielt jedoch allein Art. 23 I 2 und Art. 59 II 1 für einschlägig. Ungeachtet der unterschiedlichen Auffassungen wurde das G am 23.6.1995 beschlossen (BGBl II 498). Dem aktuellen Eigenmittelbeschl. 2014/335/EU, Euratom des Rates v. 26.5.2014 (ABl Nr. L 168/105) wurde durch das gemäß § 3 I IntVG erforderliche (→ Rn. 67) G iSv Art. 23 I v. 28.5.2015 (BGBl II 798) zugestimmt.

[236] Vgl. *Scholz* NVwZ 1993, 822; *ders.*, in: Maunz/Dürig Art. 23 (2019) Rn. 120; *Wollenschläger*, in: Dreier II, Art. 23 Rn. 53 ff.

verfahrens (Art. 289 I, Art. 294).[237] Gegenbeispiel: Lediglich lineare (anders eine systemändernde → Rn. 89 Anpassung des Gewichts Deutschlands in den Organen im Rahmen einer Erweiterung der EU.[238]

88  Grds. könnte dies **auch** durch die Realisierung einer **Evolutivklausel** geschehen. Art. 223 I UAbs. 2 AEUV dürfte dafür aber **allein nicht hinreichend** sein, weil mit der Änderung des Wahlverfahrens noch keine Änderung der Rechtsstellung des EuParl verbunden ist, sondern dies allein Anlass für eine solche sein könnte (die dann isoliert anhand des Kriteriums Verfassungsänderung beurteilt werden müsste).

89  Während das Zustimmungsgesetz zum Vertrag von **Amsterdam**[239] wegen erheblicher Hoheitsrechtsübertragungen (insbes. Asyl- und Einwanderungspolitik, Art. 61 ff. EGV, jetzt Art. 67, Art. 77 ff. AEUV) unstreitig der verfassungsändernden Mehrheit gem. Art. 23 I 3 bedurfte,[240] war und bleibt dies hinsichtlich des Zustimmungsgesetzes zum Vertrag von **Nizza** zwischen BTag und BRat einerseits, der BReg andererseits umstr.[241] Nach hier vertretener Auffassung erforderte bereits die (geringfügige) Hoheitsrechtsübertragung in Art. 181a EGV (jetzt Art. 212 AEUV)[242] die verfassungsändernde Mehrheit gem. Art. 23 I 3. Ferner führten die institutionellen Reformen im Hinblick auf die (Ost-) Erweiterung (Neuverteilung des Stimmengewichts im Rat, Einführung eines dritten Quorums für die qualifizierte Mehrheit, Neuordnung der Komm.) zu einer Systemänderung, die über eine bloße lineare Fortschreibung (→ Rn. 87) deutlich hinausging und wegen ihrer Auswirkungen auf die Position Deutschlands in der EU relevante Rückwirkungen auf die grundgesetzliche Ordnung hatte. Einer verfassungsändernden Mehrheit bedurften das Zustimmungsgesetz zum Vertrag über eine Verfassung für Europa[243] und das Zustimmungsgesetz zum Vertrag von Lissabon.[244]

90  Das Europ. Polizeiamt **(Europol)** ist mittlerweile eine Agentur der EU mit Rechtspersönlichkeit.[245] Zum **Fiskalpakt** → Rn. 56a, → Rn. 80.

91  Das juristische Gegenstück **Eurojust** wurde nach der Etablierung einer auf einem bloßen Beschl. des Rates v. 14.12.2000 und somit auf schwacher Rechtsgrundlage beruhenden Vorgängerorganisation durch Beschl. des Rates v. 28.2.2002,[246] gestützt auf Art. 31 II und Art. 34 II lit. c EUV aF, geschaffen. Die Aufgabe von Eurojust mit Sitz in Den Haag ist vor allem die Förderung und Verbesserung der Koordinierung der Zusammenarbeit der nationalen Strafverfolgungsbehörden.[247] Hoheitsbefugnisse wurden, anders als für die in Art. 86 AEUV vorgesehene Europ. Staatsanwaltschaft[248], nicht übertragen. Zur Durchführung wurde in Deutschland das Eurojust-Gesetz[249] erlassen.

---

[237] Ebenso *Hillgruber,* in: Hofmann/Henneke, Art. 23 Rn. 36. AA *Zuleeg* AK GG, Art. 23 Rn. 48; *Jarass,* in: Jarass/Pieroth, Art. 23 Rn. 33.

[238] Vgl. dazu *Hölscheidt/Schotten* DÖV 1995, 192. Vgl. auch *Pernice,* in: Dreier II, 2. Aufl. 2006, Art. 23 Rn. 82; *Schorkopf* BK, Art. 23 (2011) Rn. 81; *Scholz,* in: Maunz/Dürig, Art. 23 (2019) Rn. 68. Weitergehend („in jedem Fall") *Geiger* JZ 1996, 1097; Beitrittsverträge beziehen *Hillgruber,* in: Hofmann/Henneke, Art. 37 Rn. 25 und *Rojahn,* in: v. Münch/Kunig II, 5. Aufl. 2001, Art. 23 Rn. 47a ein. Nach *Uerpmann-Wittzack,* in: v. Münch/Kunig I, Art. 23 Rn. 46 soll Beitrittsverträge (Art. 49 II 2 EUV) und die vereinfachte Vertragsänderung (Art. 48 VI EUV) grds. allein Art. 59 II 1 regeln. Damit entfiele insoweit aber auch die verfassungsrechtlich (Art. 23 II-VI) gesicherte gesteigerte Mitwirkung von BTag und BRat. Zutr. dagegen BVerfGE 123, 267 (355, 387, 434).

[239] BGBl II 1998, 386.

[240] Vgl. *Bothe/Lohmann* ZaöRV 58 (1998), 36 ff., 44. Vgl. auch *Pernice,* in: Dreier II, 2. Aufl. 2006, Art. 23 Rn. 82.

[241] Vgl. BT-Dr 14/6146, S. 55; BR-Dr 200/01, S. 1.

[242] Kompetenz zur wirtschaftlichen, finanziellen und technischen Zusammenarbeit mit Drittländern. Nach aA habe diese Kompetenz aber bereits auf der Basis des Art. 308 EGV (jetzt Art. 352 AEUV) bestanden, vgl. *K. H. Fischer,* Der Vertrag von Nizza, 2001, S. 128. Selbst dies könnte aber nicht lediglich als „vertragsausfüllend" betrachtet werden, vgl. *Geiger* JZ 1996, 1097.

[243] BT-Dr 15/4900. Aufgrund einer anhängigen Vb wurde das Gesetz vom BPräs nicht ausgefertigt, die Ratifikation nicht vollzogen. Durch das Scheitern des EVV (→ Fn. 5) wurde das Gesetz hinfällig.

[244] Der BTag hat das ZustimmungsG (BGBl II 2008, 1038) am 24.4.2008 mit deutlicher ²/₃-Mehrheit verabschiedet, der BRat hat am 23.5.2008 bei Enthaltung von Mecklenburg-Vorpommern zugestimmt. Nach Erfüllung der Vorgaben des BVerfG (→ Rn. 66 ff.) wurde der Vertrag am 25.9.2009 ratifiziert.

[245] VO (EU) 2016/794 des EP und des Rates v. 11.5.2016 über die Agentur der EU für die Zusammenarbeit auf dem Gebiet der Strafverfolgung (ABl 2016 Nr. L 135/53; Sart. II Nr. 300). Zu deren Anwendung wurde das EuropolG v. 23.6.2017 (BGBl I 1882; Sart. II Nr. 300a) erlassen. Zur Entwicklung der 1995 durch einen völkerrechtlichen Vertrag im Rahmen der ZBJI und damit mit EU-Bezug (zu dessen verfassungsrechtlichen Bewertung s. 8. Aufl., Rn. 90) geschaffenen Einrichtung, der 2009 durch den Europol-Beschluss des Rates und jetzt durch die VO (EU) 2016/794 (mit Übergangsbestimmungen) mit jeweiliger Rechtsnachfolge ersetzt wurde, *Streinz* (Fn. 3), Rn. 1059.

[246] Beschl. 2002/187/JI, ABl 2002 Nr. L 63/1. Geändert durch Beschl. 2009/426/JI des Rates v. 16.12.2008 zur Stärkung von Eurojust (ABl EU 2009 Nr. L 138/14).

[247] Vgl. zu Eurojust *Satzger,* Internationales und Europäisches Strafrecht, 8. Aufl. 2018, § 10 Rn. 11 ff.; HKP, Rn. 1148 ff.

[248] Im Wege einer verstärkten Zusammenarbeit von 20 Mitgliedstaaten wurde zu deren Errichtung die VO (EU) 2017/1939 des Rates v. 12.10.2017 (ABl Nr. L 283/1) erlassen. S. dazu *Dannecker,* in: Streinz, EUV/AEUV, Art. 86 AEUV Rn. 18 ff.; *Streinz* (Fn. 3), Rn. 1058.

[249] BGBl I 2004, 902. Vgl. dazu *Esser/Herbold* NJW 2004, 2421.

**2. Materielle Anforderungen (Art. 23 I 3 iVm Art. 79 III).** Art. 23 I 3 setzt mit Art. 79 III eine **92** **absolute Verfassungsschranke** für die Integrationsermächtigung. Während Art. 23 I 1 die Schranken der Integrationsgewalt in Bezug auf den Übertragungsadressaten bezeichnet, erfolgt diese Schrankenziehung mit Blick auf den **Übertragungsgegenstand** und schließt die Grundrechte, Rechtsstaatlichkeit, das Bundesstaatlichkeit und Sozialstaatlichkeit, soweit sie von Art. 79 III gewährleistet sind, als übertragbare Hoheitsrechte aus. Der deutsche Gesetzgeber darf seine Integrationsgewalt nicht so weit ausdehnen, dass eines dieser fundamentalen Verfassungsprinzipien ausgehöhlt wird.[250]

Trotz des unterschiedlichen Ansatzpunktes (positive Vorgaben/negative Grenzen) hängen die For- **93** derungen der Art. 23 I 1 und 3 zusammen. Die in der Verfassungsbestandsklausel des Art. 23 I 3 iVm Art. 79 III enthaltenen Sicherungen finden sich auch in der Strukturklausel des Art. 23 I 1 mit Ausnahme von zwei Forderungen, die sich allerdings mittelbar insoweit auch auf die Struktur der EU auswirken, als dem deutschen Integrationsgesetzgeber die Mitwirkung an einer EU, die deren Preisgabe fordern würde, verwehrt ist: Die **souveräne Staatlichkeit** der BRD darf nicht durch Übertragung der **Kompetenz-Kompetenz** aufgegeben werden (auch nicht durch einen „**Identitäts-wechsel**" als Gliedstaat in einem **europ. Bundesstaat**),[251] und der Kernbereich der **deutschen Bundesstaatlichkeit** (Mindestausstattung der Länder an Gesetzgebungs- und Regierungsgewalt, unentziehbarer Kern eigener Aufgaben als „Hausgut")[252] muss erhalten bleiben.[253]

Nach Ansicht des BVerfG setzt das **Demokratieprinzip** der Übertragung von Hoheitsrechten **94** weitere „inhaltliche Grenzen, die nicht bereits aus der Unverfügbarkeit der verfassungsgebenden Gewalt und der staatlichen Souveränität folgen".[254] Dem BTag müssten „eigene Aufgaben und Befugnisse von substantiellem politischem Gewicht" verbleiben oder die dem BTag verantwortliche BReg müsse „maßgeblichen Einfluss auf europäische Entscheidungsverfahren" ausüben können.[255] Dies bedeute „für sich genommen nicht, dass eine von vornherein bestimmbare Summe oder bestimmte Arten von Hoheitsrechten in der Hand des Staates bleiben müssten."[256] Mit der Währungshoheit wurde durch den Vertrag von Maastricht ja bereits ein für die staatliche Souveränität grdl. Recht übertragen. Den Mitgliedstaaten müsse aber „ein **ausreichender Raum zur politischen Gestaltung** der wirtschaftlichen, kulturellen und sozialen Lebensverhältnisse" bleiben, und zwar sowohl wegen des Grundrechtsschutzes als auch wegen der politischen Partizipation der Bürger.[257] Als besonders „**sensible Gebiete**"[258] nennt das BVerfG „unter anderem die Staatsbürgerschaft, das zivile und militärische Gewaltmonopol, Einnahmen und Ausgaben einschließlich der Kreditaufnahme[259] sowie die für die Grundrechtsverwirklichung maßgeblichen Eingriffstatbestände, vor allem bei intensiven Grundrechts-

---

[250] Zutr. *Randelzhofer,* in: Maunz/Dürig, Art. 24 I (1992) Rn. 204. Deutlich BVerfGE 123, 267 (348): Art. 79 III als „absolute Grenze".

[251] So jetzt ausdr. BVerfGE 123, 267 (349 f.) in Reaktion auf entspr. Rügen der Beschwerdeführer (vgl. ebd. S. 310: „Verlust der Staatlichkeit"); in BVerfGE 89, 155 (188) noch offen gelassen, da angesichts des Unionsvertrags nicht entscheidungsbedürftig. Str., wie hier *Randelzhofer,* in: Maunz/Dürig, Art. 24 I (1992) Rn. 204 mw N; *Hillgruber* HStR II³, § 32 Rn. 108; *ders.,* in: Hofmann/Henneke, Art. 39 Rn. 27; *Hufeld* HStR X, § 215 Rn. 78; *Jarass,* in. Jarass/Pieroth, Art. 23 Rn. 37; *P. Kirchhof* HStR X, § 214 Rn. 52; *Schorkopf* BK, Art. 23 (2011) Rn. 69, 88; *ders.,* § 2 Rn. 165. AA *Pernice,* in: Dreier II, 2. Aufl. 2006, Art. 23 Rn. 36, 65; *Hobe,* in: Friauf/Höfling, Art. 23 (2011) Rn. 53 f.; *Zuleeg* AK GG, Art. 23 Rn. 51 ff.; *Classen* MKS II, Art. 23 Rn. 19; *F. C. Mayer* HdbParl, § 43 Rn. 49 ff.; *Kirchner/Haas* JZ 1993, 762; *Lenz* EWS 2018, 121; vgl. auch *Pernice* HStR VIII¹, § 191 Rn. 62. Differenziert *Durner* HStR X³, § 216 Rn. 21; *Uerpmann-Wittzack,* in: v. Münch/Kunig I, Art. 23 Rn. 60: Die gebotene Staatlichkeit wäre auch als Gliedstaat in einem europ. Bundesstaat gewahrt. Nicht ausgeschlossen ist freilich ein Rückgriff auf den **„pouvoir constituant",** dh ein Volksentscheid über das Aufgehen des durch das GG verfassten Staates in einer EU. Vgl. dazu und zu den Problemen der damit verbundenen Abänderung oder Aufhebung von Art. 79 III *P.M. Huber,* Recht der Europäischen Integration, 2. Aufl. 2002, S. 48 ff. Ebenso iE auch *Scholz,* in: Maunz/Dürig, Art. 23 (2019) Rn. 123, der allein (zu Recht) Art. 146 insoweit für „ohne Belang" hält (ebd., Rn. 124), die staatliche Identität der BRD aber den Verfassungsgarantien des Art. 79 III iVm (insbes.) Art. 20 unterstellt, so dass für einen europ. Bundesstaat eine eigenständige Verfassungsstruktur und damit auch Verfassungsgebung erforderlich sei (ebda, Rn. 47 f.). Vgl. dazu auch *Bethge* HStR VIII¹, § 199 Rn. 26. Zum Verw. des BVerfG auf Art. 146 GG *Michael* BK, Art. 146 Rn. 263 ff. Zur Rügefähigkeit der „Entstaatlichung" → Rn. 100.

[252] BVerfGE 34, 9 (19 f.).

[253] *Jarass,* in: Jarass/Pieroth, Art. 23 Rn. 37; *Randelzhofer,* in: Maunz/Dürig, Art. 24 I (1992) Rn. 204. Ggf. erfordert dies innerstaatliche Kompensationsmaßnahmen (vgl. *Uerpmann-Wittzack,* in: v. Münch/Kunig, Art. 23 Rn. 58; *Scholz,* in: Maunz/Dürig, Art. 23 (2019) Rn. 125: prinzipielle Substanzgewährleistung mit der „Europäischen Innenpolitik" angepassten Modifikationen), wie sie auch erfolgt sind (→ Rn. 116 ff.).

[254] BVerfGE 123, 267 (357).

[255] BVerfGE 123, 267 (356) im Anschl. an BVerfGE 89, 155 (207).

[256] BVerfGE 123, 267 (357).

[257] BVerfGE 123, 267 (358).

[258] *Jarass,* in: Jarass/Pieroth, Art. 23 Rn. 36.

[259] Von den genannten Materien ist das **Budgetrecht** des BTag sicher die bedeutendste, konkretisiert in BVerfGE 129, 124 (177 ff. und Ls. 2 und 3), bekräftigt in BVerfGE 130, 318 (344) und BVerfGE 131, 152 (205 f.). Die Wahrnehmung der Budgetverantwortung obliegt dabei weitgehend der politischen Gestaltungsfreiheit des BTag, dieser darf sie nur nicht „durch unbestimmte haushaltspolitische Ermächtigungen auf andere Akteure übertragen". Vgl. dazu *Thym* JZ 2011, 1011; *Streinz* FS Wendt, S. 683 ff.

eingriffen wie dem Freiheitsentzug in der Strafrechtspflege oder bei Unterbringungsmaßnahmen", aber „auch kulturelle Fragen wie die Verfügung über die Sprache, die Gestaltung der Familien- und Bildungsverhältnisse, die Ordnung der Meinungs-, Presse- und Versammlungsfreiheit oder der Umgang mit dem religiösen oder weltanschaulichen Bekenntnis".[260]

95      Art. 23 I 3 bindet den Integrationsgesetzgeber bei der Zustimmung zu Vertragsänderungen und vergleichbaren Regelungen. Bei der Mitwirkung an der Ausübung *übertragener* Befugnisse in Organen der EU sind die deutschen Vertreter im Rat[261] an Art. 23 I 1 (→ Rn. 16 f.) und im Rahmen ihrer **Doppelstellung** an das GG gebunden, wobei die Integrationsoffenheit des GG Modifizierungen gegenüber einer rein binnenstaatlichen Betrachtungsweise der Vorschriften zulässt und erfordert.[262]

## V. Folgen der Überschreitung der Verfassungsvorgaben und der übertragenen Kompetenzen – Kontrolle durch das BVerfG

96      Ein **Verstoß** gegen Art. 23 I 3 iVm Art. 79 II oder III macht das deutsche Vertragsgesetz nichtig. Die völkerrechtliche und damit auch unionsrechtliche Beachtlichkeit des Verstoßes bestimmt sich nach Art. 27 und 46 WVRK (→ Art. 59 Rn. 70). Darauf gestützte Maßnahmen sind jedenfalls innerstaatlich unwirksam.[263]

97      Die Vorgaben des Art. 23 I können **nicht durch innerstaatliche Maßnahmen kompensiert** werden.[264] Solche Maßnahmen können aber erforderlich sein, um der spezif. Struktur der EU als supranationaler Einrichtung verfassungskonform gerecht zu werden. Beispiel: Doppelgleisige demokr. Legitimation über EuParl und Kontrolle durch die nationalen Parlamente.[265]

98      Die im Lissabon-Urteil bestätigten und konkretisierten **Prüfvorbehalte des BVerfG** in Fragen des Unionsrechts, für dessen Auslegung allein der EuGH zuständig ist (→ Rn. 101), beruhen auf der für den Vorrang des Unionsrechts notwendigen, aber auch an Bedingungen und damit Schranken gebundenen verfassungsrechtlichen Ermächtigung[266] zur Übertragung von Hoheitsrechten durch das Zustimmungsgesetz zu den jeweiligen Integrationsverträgen als **„Brücke",**[267] über die das Unionsrecht Bestandteil der in Deutschland geltenden und wirkenden Rechtsordnung wird. **Prüfungsgegenstand** ist somit (jedenfalls letztlich) das jeweilige Zustimmungsgesetz,[268] **Prüfungsmaßstab** ist allein Art. 23 I.[269]

99      Dieser Prüfvorbehalt erstreckt sich auf die vom BVerfG zuerst postulierte **Grundrechtskontrolle**[270] und die in der Sache schon lange angesprochene,[271] im Lissabon-Urteil erstmals ausdr. so genannte **„Identitätskontrolle".**[272] Während sich diese Prüfmaßstäbe unmittelbar aus Art. 23 I herleiten lassen, da es sich um Schranken des **Übertragbaren** handelt, bedarf die sog. **Ultra-vires-Kontrolle,** die sich auf die Überschreitung des durch das ZustimmungsG **Übertragenen** bezieht,[273] eines verfassungsrechtl. fundierten Anknüpfungspunkts. Das BVerfG sieht diesen in der im Prinzip der begrenzten Einzel-

---

[260] BVerfGE 123, 267 (358). Krit. dazu z. B. *v. Bogdandy* NJW 2010, 3 f.; *Calliess* ZEuS 2009, 570 ff.; *Hufeld* HStR X, § 215 Rn. 47 ff.; *Schönberger* German Law Journal 2009, 1201 (1210 f.): *Schröder* FS Fiedler, 2011, S. 684. Allerdings reagiert das BVerfG auf entspr. Vorbringen der Bf. und bemüht sich um eine Umschreibung dessen, was „Essentialia" sein sollen (*Streinz* ZfP 2009, 479 f.). Probleme könnten insoweit die im Rahmen der Stabilisierung der Staatsfinanzen vorgesehenen unionalen Eingriffe in das Budgetrecht der nationalen Parlamente aufwerfen. Diese müssen grds. auf die Einhaltung der allgemeinen Vorgaben der WWU beschränkt bleiben und dürfen nicht konkr. Einzelmaßnahmen vorschreiben.

[261] Zur Bindung der BReg und damit des deutschen Vertreters im Rat BVerfGE 151, 202 Ls. 4 (Bankenunion). Zur dort erfolgten Verschärfung der Prüfungsmaßstäbe *Karpenstein/Langer* EuZW 2020, 270 (272 f.). In der Komm. und im Gerichtshof gibt es keine deutschen „Vertreter", da deren Mitglieder allein der Union verpflichtet sind, vgl. Art. 245 I, Art. 253 I AEUV. Die Abgeordneten des EuParl sind unabhängige Vertreter des Deutschen Volkes einschließlich der in Deutschland wahlberechtigten Unionsbürger, vgl. Art. 14 II EUV.

[262] Im Grundsatz hM, vgl. z. B. *Uerpmann-Wittzack,* in: v. Münch/Kunig I, Art. 23 Rn. 11 mwN. Das Ausmaß der Verfassungsbindung iE ist str., vgl. ebda, und *Streinz* (Fn. 28), S. 22 ff. und *Cornils* AöR 129 (2004), 336 (341 ff.).

[263] BVerfGE 123, 267 (354). Ebenso *Jarass,* in: Jarass/Pieroth, Art. 23 Rn. 38; *Hobe,* in: Friauf/Höfling, Art. 23 (2011) Rn. 55.

[264] AA *Jarass,* in: Jarass/Pieroth, Art. 23 Rn. 38.

[265] Vgl. BVerfGE 89, 155 (182 ff.) → Rn. 24 ff.

[266] So ausdr. BVerfGE 123, 267 (397). Deutlich bereits BVerfGE 73, 339 (383 ff.).

[267] *P. Kirchhof* HStR X, § 214, Rn. 158 ff.; *ders.* JZ 1998, 966. Vgl. dazu *Hillgruber,* in: Hofmann/Henneke, Art. 23 Rn. 19.

[268] Dazu und zur Erweiterung des Prüfungsgegenstands durch das OMT-Urteil des BVerfG → Rn. 52.

[269] Vgl. dazu *Streinz* (Fn. 3), Rn. 255 ff.; zu den Kontrollmaßstäben ebd. Rn. 261, Schaubild 2; *ders.,* EWS 2019, 246 ff. mwN.

[270] BVerfGE 37, 271 (Solange I); 73, 339 (Solange II); 102, 104 (Bananenmarktordnung).

[271] Vgl. BVerfGE 37, 271 (279); „Grundstruktur der Verfassung, auf der ihre Identität beruht". Vgl. auch die Hinweise auf die eigene Rspr. in BVerfGE 123, 267 (353 f.).

[272] BVerfGE 123, 267 (353).

[273] Vgl. bereits BVerfGE 75, 223 (240, 242). Vgl. dazu *E. Klein* VVDStRL 50 (1991), 68 f., und *Streinz* DVBl 1990, 954. Deutlich in BVerfGE 89, 155 (188); 123, 267 (353 f.) und LS 4 S. 1. Vgl. dazu *Streinz* EWS 2019, 243, 246 ff. Zu einer möglichen Überschneidung zwischen Identitätsgarantie und Ultra-vires-Kontrolle im „innersten Schutzbereich des Art. 79 Abs. 3 GG" *Hufeld* HStR X, § 215 Rn. 64.

ermächtigung zum Ausdruck kommenden „verfassungsrechtlichen Integrationsverantwortung"[274] und letztlich im Demokratieprinzip.[275]

Als **Verfahrensarten** kommen die abstrakte (Art. 93 I Nr. 3) und konkrete (Art. 100 I) Normen- **100** kontrolle, der Organstreit (Art. 93 I Nr. 1), der Bund-Länder-Streit (Art. 93 I Nr. 2) und die VB (Art. 93 I Nr. 4a) in Betracht.[276] Für letztere hat das BVerfG Art. 38 I als rügefähiges Recht anerkannt.[277] Dabei kann auch wegen der „Entwertung" des Wahlrechts zum Deutschen BTag die „Entstaatlichung" Deutschlands durch Identitätswechsel in einen europ. Bundesstaat gerügt werden.[278] Aus dem Demokratieprinzip wird somit über Art. 38 I GG eine Grundrechtsposition hergeleitet.[279] Die Anregung des BVerfG, durch Gesetz ein „zusätzliches, speziell auf die Ultra-vires- und die Identitätskontrolle zugeschnittenes verfassungsgerichtliches Verfahren" zu schaffen,[280] wurde zu Recht nicht aufgegriffen.[281] Zum Schutz der **Funktionsfähigkeit der Unionsrechtsordnung** hat das BVerfG praeter legem,[281] aber in Einklang mit dem Rechtsgedanken des Art. 100 I die Feststellung Ultra-vires-Handlungen oder einer Verletzung der Verfassungsidentität bei ihm **monopolisiert**.[282]

Diesem Schutz der Unionsrechtsordnung dienen im Bewusstsein der nachteiligen Folgen einer **101** verfassungsrechtl. gebotenen Nichtanwendung von Unionsrecht[283] auch die Maßnahmen, die das BVerfG im Hinblick auf die „Europarechtsfreundlichkeit" des GG[284] zur **Vermeidung von Konflikten mit dem EuGH** entwickelt hat. Das BVerfG übt seine Kontrollbefugnis und sein darauf beruhendes „Letztentscheidungsrecht"[285] in verfassungsrechtlichen Fragen in Anerkennung der unionsrechtlichen Zuständigkeit des EuGH für die Wahrung des Rechts bei der Auslegung und Anwendung der Verträge (Art. 19 I UAbs. 1 S. 2 EUV) und in grds. Vertrauen auf die entspr. Aufgabenwahrnehmung durch den EuGH[286] in einem **Kooperationsverhältnis** mit dem EuGH[287] aus. Daher ist zunächst auf europ. Ebene Abhilfe zu suchen. Erst wenn diese erfolglos bleibt, kann das BVerfG angerufen werden.[288] Im Honeywell Beschluss hat das BVerfG klargestellt, dass es vor der Feststellung eines Ultra-vires-Akts dem EuGH durch Vorlage gem. Art. 267 III AEUV Gelegenheit zur Abwendung eines möglichen Konflikts geben muss.[289] Dies muss auch für die Grundrechtskontrolle und die Identitätskontrolle gelten. Die Kontrolle durch das BVerfG ist „ultima ratio" in Ausübung einer **„Reservekompetenz"**.[290] Dies führt zu einer Reduktion des Prüfungsmaßstabs und zu prozessualen Vorkehrungen. Durch den Verzicht auf eine Einzelfallkontrolle[291] und schwer zu erfüllende Darlegungslasten hat es die **Grundrechtskontrolle** insoweit praktisch wohl ausgeschlossen (→ Rn. 43; vgl. aber zur Identitätskontrolle → Rn. 43a). Bzgl. der **Ultra-vires-Kontrolle** hat es den Prüfungsmaßstab auf eine Evidenzkontrolle beschränkt und zusätzlich gefordert, dass der Verstoß dahingehend „hinreichend qualifiziert ist", dass er „gewichtige Verschiebungen im Kompetenzgefüge" herbeiführt, also

---

[274] BVerfGE 123, 267 (352).

[275] Vgl. *Streinz* ZfP 2009, 480. Vgl. zu dessen zunehmender Bedeutung *Calliess* NVwZ 2019, 687 ff.

[276] BVerfGE 123, 267 (354 f.).

[277] BVerfGE 89, 155 LS 1, 5; 123, 267 (328 ff.); 129, 124 (167 ff.). Das BVerfG (ebd., S. 169 f.) hält daran trotz der dort zitierten Kritik (vgl. ferner z. B. *Oppermann* FS Stern, 2012, S. 869; *Tomuschat* DVBl 2014, 640) ausdrücklich fest. Es stellt aber (ebd., S. 174 ff.) fest, dass Handlungen der BReg im Rat oder als Teil der im Rat vereinigten Vertreter der Euro-Länder mangels unmittelbarer Betroffenheit nicht mit der VB angegriffen werden können. Vgl. zuletzt BVerfGE 135, 317 (386 ff.). – ESM und BVerfGE 142, 123, Rn. 77 (OMT-Urteil). – Die Zulässigkeit der VB wurde im OMT-Vorlagebeschluss mit 6:2 Stimmen bejaht, BVerfGE 134, 366 Rn. 17 ff., 34 f.; abwM Lübbe-Wolff, Rn. 11 ff. und Gerhardt, Rn. 1 ff., die die auf Art. 38 I iVm Art. 1 I, 20 I, 79 III und 146 GG gestützten Anträge der VB für unzulässig hielten. Vgl. dazu *Ruffert* JuS 2014, 373; *Gött* EuR 2014, 514; *Heun* JT 2014, 33; *Wendel* ZaöRV 74 (2014), 615. Kritisch zur Verknüpfung mit Art. 1 GG *Tischendorf* EuR 2018, 717 ff.

[278] BVerfGE 123, 267 (332).

[279] Vgl. zuletzt BVerfGE 142, 123 Rn. 77 (OMT-Urteil).

[280] BVerfGE 123, 267 (355). Vgl. dazu *H. Sauer* ZRP 2009, 195 (197 f.).

[281] *Isensee* ZRP 2010, 35.

[282] BVerfGE 123, 267 (354); BVerfGE 140, 317, Rn. 43 (Identitätskontrolle I).

[283] BVerfGE 123, 267 (354).

[284] BVerfGE 123, 267 (347) und LS 4, ferner S. 354, 400 f.: Europarechtsfreundliche Anwendung des Kontrollvorbehalts. Vgl. dazu *Streinz* ZfP 2009, 475 f.

[285] So ausdr. BVerfGE 123, 267 (381).

[286] BVerfGE 123, 267 (399).

[287] BVerfGE 89, 155 LS 7. Zur Erweiterung → Rn. 52a.

[288] Für den Grundrechtsschutz verdeutlicht durch BVerfG EuR 1989, 270 (273).

[289] BVerfGE 126, 286 (304). In einem solchen Fall wäre die Frage nämlich anders als in den Fällen, in denen das BVerfG eine verfassungskonforme Umsetzung einer EU-RL für möglich hält (so z. B. in BVerfGE 125, 260 (308 f.) – Vorratsdatenspeicherung), entscheidungserheblich. Die erste Vorlage des BVerfG an den EuGH erfolgte im OMT-Beschl., BVerfGE 134, 366. Die abwM von *Lübbe-Wolff* und *Gerhardt*, die die Anträge der Vb für unzulässig hielten (→ Fn. 277), hatten auf die Zulässigkeit der Vorlage an den EuGH keine Auswirkungen, da die Entscheidungserheblichkeit grds. der Beurteilung des vorlegenden Gerichts obliegt, so auch in diesem Fall, EuGH C-62/14, Rn. 28 – Gauweiler. Vgl. dazu *Ruffert* JuS 2015, 758; *Ohler* NVwZ 2015, 1001; *Herrmann/Dornacher* EuZW 2015, 579.

[290] BVerfGE 123, 267 (401).

[291] BVerfGE 102, 147 (164) und LS 2; bestätigt in BVerfGE 118, 79 (95 ff.). Vgl. zu damit verbundenen Problemen 5. Aufl., Art. 23 Rn. 89.

quasi „systemrelevant" ist.[292] Jedenfalls bei der Identitätskontrolle führt dies aber nicht zu Parallelen zum Bananenmarktordnungsbeschl. (→ Rn. 43),[293] da bei dieser sowohl die proz. Anforderungen geringer als auch die Kontrollintensität dichter ist.[294]

102　　Zur **Entschärfung des Konfliktpotentials** trägt zumindest zT auch der EuGH durch Rücksichtnahme auf verfassungsrechtliche Besonderheiten bei, wozu er im Rahmen des Art. 4 III UAbs. 1 EUV auch verpflichtet ist.[295]

## C. Beteiligung von BTag, BRat und Ländern

### I. Grundlagen

103　　**Art. 23 II 1** bestimmt, dass in Angelegenheiten der EU der BTag und durch den BRat die Länder „mitwirken".[296] Die **„Mitwirkung"** erfolgt neben BPräs und BReg und geht deutlich über die allg. Beteiligung der gesetzgebenden Körperschaften in Fragen der Außenpolitik (Art. 59 II → Art. 59 Rn. 20 ff.) hinaus. Der Vertrag von Lissabon betont die **Bedeutung der nationalen Parlamente** und deren aktiven Beitrag „zur guten Arbeitsweise der Union" durch die Beteiligung an Vertragsänderungen (Art. 12 lit. d EUV) wie an der EU-Gesetzgebung allg. (Art. 12 lit. a EUV) und speziell im Bereich des Raums der Freiheit, der Sicherheit und des Rechts (Art. 12 lit. c EUV) sowie hinsichtlich der Beachtung der Grundsätze der Subsidiarität und der Verhältnismäßigkeit (Art. 12 lit. c EUV).[297] Art. 8 des **Subsidiaritätsprotokolls**[298] eröffnet dazu eine spezielle Klage eines Mitgliedstaats, die ggf. im Namen seines nationalen Parlaments oder einer Kammer dieses Parlaments erhoben werden kann. Dies greift **Art. 23 Ia 1 und 2** auf (→ Rn. 135). Zur realistischen Wahrnehmung der **durch das Unionsrecht** eingeräumten Rechte durch BTag und BRat lässt Art. 23 Ia 3 Ausnahmen von Art. 42 II 1 bzw. Art. 52 III 1 dahin zu, dass Rechte des BTag bzw. BRat auf den Europaausschuss bzw. die Europakammer übertragen werden können (→ Rn. 139; zu Haushaltsfragen → Rn. 139a).

104　　BTag und insbes. BRat (vgl. Art. 23 VI) wird eine **aktive Rolle** zugewiesen. Dies erfolgt zum einen, wie bereits in den Vorgängerregelungen (→ Rn. 4 f.), zum binnenstaatlichen Ausgleich von Kompetenzverlusten,[299] zum anderen in der Erkenntnis, dass Fragen der europ. Integration nicht wie „herkömmliche" auswärtige Angelegenheiten behandelt werden können, sondern **Bestandteil innerstaatlichen Rechts und innerstaatlicher Politik** sind, woran Parlament und Länder entspr. beteiligt werden müssen. Die – ohnehin differenziert zu bewertende – (→ Art. 59 Rn. 27) – Prärogative, die das BVerfG der BReg aus einem funktionellen Verständnis der Gewaltenteilung heraus in auswärtigen Angelegenheiten zubilligt, kann keinesfalls uneingeschränkt übertragen werden, wenngleich der Gedanke „funktionsgerechter Organstruktur" auch hier zum Tragen kommt.[300]

105　　Die BReg hat BTag und BRat in Angelegenheiten der EU (§ 1 II 2 EUZBBG)[301] umfassend und zum frühestmöglichen Zeitpunkt zu **unterrichten** (Art. 23 II 2). Dadurch sollen „Informationsasymmetrien" zwischen BReg und BTag so weit wie möglich ausgeglichen werden.[302]

---

[292] BVerfGE 126, 286 (304 ff.); vgl. dazu *Hufeld* HStR X, § 215 Rn. 60 f. Vgl. die Ausführungen dazu in der Vorlage zum OMT-Programm der EZB in BVerfGE 134, 366 Rn. 36 ff. und in der Vorlage zum Anleihekaufprogramm der EZB, BVerfGE 146, 216 Rn. 63 ff. Vgl. *Ruffert* JuS 2017, 1229.

[293] Vgl. zu möglichen Parallelen *Streinz* FS Roth 2011, S. 829 f. Zur Darlegungslast einer auf Art. 38 gestützten Vb vgl. BVerfGE 129, 124 (170). Im BTag zugebilligten Einschätzungsspielraum (ebd., Ls. 5) sieht *Thym* JZ 2011, 1011 (1014) eine Prozeduralisierung der Identitätskontrolle.

[294] Im OMT-Urteil, BVerfGE 142, 123, Rn. 150, hat das BVerfG für die Annahme einer „offensichtlichen" Kompetenzüberschreitung nicht vorausgesetzt, dass dazu keine unterschiedlichen Rechtsauffassungen vertreten werden; es genügt, „wenn sie das Ergebnis einer sorgfältigen und detailliert begründeten Auslegung ist." Identitätskontrolle und Ultra-vires-Kontrolle sind danach eigenständige, nebeneinander anwendbare Prüfverfahren. Wenn hinreichend qualifizierte Kompetenzüberschreitungen zugleich die Identität berühren, stelle die Ultra-vires-Kontrolle einen besonderen Anwendungsfall des allgemeinen Schutzes der Verfassungsidentität dar (ebd., Rn. 153). Vgl. auch BVerfGE 146, 216 Rn. 128 ff. BVerfG NJW 2020, 1647 beanstandete erstmals Ultra-vires-Akte von EZB und EuGH (→ Fn. 170). Zur Vereinheitlichung aller drei Kontrollinstrumente vgl. *Dederer* JZ 2014, 313; *Thiele* EuR 2017, 367 ff.; zu Unterschieden von Interessenlage, Wirkung und Kontrollobjekten vgl. *Burchardt* ZaöRV 76 (2016), 527 (544 ff.). Zur Systematisierung der Rügen des BVerfG *Schorkopf*, § 2 Rn. 215 ff. mwN. Vgl. auch *Calliess*, in: Maunz/Dürig, Art. 24 I (2016) Rn. 97 ff.

[295] Vgl. dazu *Streinz*, in: ders., EUV/AEUV, Art. 4 EUV Rn. 19.

[296] „Grundsatz der Mitwirkung", BT-Dr 12/3338, S. 7; auch, aber wohl mehr als nur eine „systematisierende Einleitungsformel" (so *Breuer* NVwZ 1994, 426).

[297] BVerfGE 131, 152 (198): Art. 23 II korrespondiert mit Art. 12 EUV.

[298] ABl EU 2010 Nr. C 83/206; ABlEU 2016 Nr. C 202/206.

[299] Zum Kompensationsgedanken vgl. *Lang,* Die Mitwirkungsrechte des Bundesrates und des Bundestages in Angelegenheiten der Europäischen Union gem. Artikel 23 Abs. 2 bis 7 GG, 1997, S. 131 ff. bzw. S. 279 ff.

[300] Vgl. (mit unterschiedlicher Akzentsetzung) *Scholz,* in: Maunz/Dürig, Art. 23 (2019) Rn. 131 ff., 136; *Pernice*, in: Dreier II, 2. Aufl. 2006, Art. 23 Rn. 100; *Zuleeg* AK GG, Art. 23 Rn. 54; *Bartelt* DÖV 2005, 894 (896); *Uerpmann-Wittzack,* in: v. Münch/Kunig I, Art. 23 Rn. 71.

[301] Der Begriff ist weit zu verstehen, BVerfGE 131, 152 (199 ff.). § 1 II 2 EUZBBG folgt dem Urt. des BVerfG (→ Rn. 56a) und erfasst auch völkerrechtl. Verträge und Vereinbarungen, die in einem Ergänzungs- oder sonstigen besonderen Näheverhältnis zum Recht der EU stehen, z. B. den Fiskalpakt oder den ESM-Vertrag (→ Rn. 56a);

Die Unterrichtung muss grds. **schriftlich**[303] und grds. **umfassend** sein (§ 3 I 1 EUZBBG; § 2 **106** EUZBLG) und bezieht sich auf alle Vorhaben (§ 3 II, III EUZBBG), die für die BRD bzw. die Länder von Interesse sein könnten (§ 2 EUZBLG). Sie muss umso intensiver sein, je bedeutsamer und komplexer ein Vorgang ist.[304] Sie erfasst insbes. **Rechtsetzungsvorhaben** der EU. Dass § 5 I Nr. 4 EUZBBG hinsichtlich der Unterrichtung des BTag nur EU-Gesetzgebungsakte iSv Art. 289 III AEUV nennt, kann die in Art. 23 II 2 verfassungsrechtlich angeordnete umfassende Unterrichtungspflicht nicht einschränken, so dass auch über andere Rechtsetzungsakte informiert werden muss.[305] Die BReg muss auch über den (wegen des gebotenen Einflusses von BTag und BRat vorläufigen[306]) Stand der Beratungen sowie ihre Willensbildung informieren (§ 3 II 1 EUZBBG).[307] Sie beschränkt sich nicht auf Informationen, die die BReg besitzt, sondern erfasst auch Informationen der Vertretung in Brüssel.[308] Ggf. sind erforderliche Informationen einzuholen.[309] Soweit eine Information aufgrund Unionsrechts (Art. 12 lit. a EUV) erfolgt, muss die BReg nicht mehr über den Text, jedoch über ihre Bewertung desselben unterrichten (vgl. § 6 III EUZBBG).[310]

Die Unterrichtung muss aber auch **sachgerecht,** dh angesichts der Informationsflut im Rahmen der **107** europ. Rechtsetzung und Politik faktisch bewältigbar erfolgen.[311] Dabei können BTag und BRat Vorgaben für die **Schwerpunktbildung** liefern (vgl. § 3 V EUZBBG).[312] Sie müssen aber auch **organisatorische Vorkehrungen** für die Verarbeitung der Informationen treffen. Dies ist ua gem. der Verpflichtung aus Art. 45 S. 1 durch die Bestellung eines **BTag-Ausschusses** für die Angelegenheiten der EU geschehen, der auf Grund Art. 45 S. 2[313] im Einzelfall und unter Vorbehalt eines Beschl. des BTag ermächtigt wurde, die Rechte des BTag gem. Art. 23 gegenüber der BReg wahrzunehmen (§ 93b GOBT).[314] Adressat der Unterrichtung ist der BTag als Ganzes, die weitere interne Behandlung insb. durch den Ausschuss ist Sache des BTag.[315] Gem. Art. 52 III a wurde eine entspr. **Europakammer des BRat** gebildet, der in Eilfällen oder bei zu wahrender Vertraulichkeit Beratungsgegenstände zur Wahrnehmung der Mitwirkungsrechte des BRat zugewiesen werden können (§§ 45b–k GOBRat; Zuständigkeit gem. § 45d GOBRat).[316]

---

A. Koch, in: v. Arnauld/Hufeld (Fn. 206), § 10 Rn. 14 f. Bei gemischten Abkommen (z. B. die Freihandelsabkommen CETA, TTIP) unterliegt der Informationspflicht unstr. der die Unionskompetenz betreffende Teil, während für die in der Kompetenz der Mitgliedstaaten verbliebenen Teile Art. 59 II GG einschlägig ist. Aus Gründen der Praktikabilität ist die Information aber jdf. zu koordinieren. Für Unterrichtungspflicht hinsichtlich des gesamten Vertrags bei gemischten Abkommen als „hybriden Verträgen" *v. Arnauld* AöR 141 (2016), 272; *Koch,* § 10 Rn. 33.

[302] BVerfGE 131, 152 (203).

[303] BVerfGE 131, 152 (214).

[304] BVerfGE 131, 152 (206 ff.). Beispiel: Europ. Stabilitätsmechanismus angesichts der haushaltspolitischen Gesamtverantwortung des BTag (ebd., S. 220).

[305] Vgl. auch *Koch* (Fn. 301), § 10 Rn. 16, § 12 Rn. 9. Im Übrigen ist der Katalog des § 5 EUZBBG zwar umfangreich, aber nicht abschließend, ebda, § 10 Rn. 17 ff. Vgl. dazu auch (mit Beispielen) *Schorkopf* BK, Art. 23 (2011) Rn. 139 f., 152 ff.

[306] Zutr. *Brenner* ThürVBl 1993, 201.

[307] Vgl. zum Begriff Vorhaben (§ 5 EUZBBG) *Koch* (Fn. 301), § 12 Rn. 9. Obwohl im EUZBLG eine entspr. Vorschrift fehlt, muss wegen des Zwecks der Unterrichtung gegenüber dem BRat dasselbe gelten (vgl. *Koch* (Fn. 301), § 10 Rn. 39; aA *Classen* MKS II, Art. 23 Rn. 75; (→ Rn. 116), außer wenn die Vorgänge Länderbelange unter keinem Gesichtspunkt berühren können (so einschränkend *Uerpmann-Wittzack,* in: v. Münch/Kunig I, Art. 23 Rn. 78). Für eine generelle Einschränkung der Unterrichtungspflicht unter den Gesichtspunkten der Gewaltenteilung bzw. des Schutzes eines Kernbereichs exekutivischer Eigenverantwortung zugunsten der BReg (§ 3 IV EUZBBG) *Scholz,* in: Maunz/Dürig, Art. 23 (2019) Rn. 157. Sicher kann nicht die Offenbarung von Interna der Willensbildung verlangt werden, vgl. *Zuleeg,* AK GG, Art. 23 Rn. 55 mwN. Vgl. zu den Grenzen der Unterrichtungspflicht auch BVerfGE 131, 152 (206).

[308] Es kommt nicht darauf an, ob die BReg die Informationen auf offiziellem Wege oder auf andere Weise erlangt hat, BVerfGE 131, 152 (207 f.);

[309] *Jarass,* in: Jarass/Pieroth, Art. 23 Rn. 54; *Wollenschläger,* in: Dreier II, Art. 23 Rn. 123; aA *Kamann,* Die Mitwirkung der Parlamente der Mitgliedstaaten an der europäischen Gesetzgebung, 1997, S. 74; *Pernice,* in: Dreier II, 2. Aufl. 2006, Art. 23 Rn. 102; *F. C. Mayer* HdbParl, § 43 Rn. 161 (aber BTag kann Auftrag an BReg erteilen).

[310] *Classen* MKS II, Art. 23 Rn. 75; *Görlitz* ZG 2004, 249 (257 ff.).

[311] Vgl. dazu BVerfGE 131, 152 (208 f.). Zur Ausübung der Mitwirkungsrechte *Sensburg* HdbParl, § 44 Rn. 56 ff.

[312] Zur Auswahl der EU-Vorlagen und EU-Dokumente („Informationsmanagement") *Koch* (Fn. 301), S. 323 f.; *Kamann* (Fn. 309), S. 83 f.; *Wollenschläger,* in: Dreier II, Art. 23 Rn. 123 mwN.

[313] Art. 23 Ia 3 bezieht sich allein auf Wahrnehmung von Rechten, die durch das *Unionsrecht* eingeräumt sind (→ Rn. 134).

[314] § 2 EUZBBG wiederholt auch nach seiner Änderung 2013 inhaltlich Art. 45. Vgl. zum Europaausschuss des BTag *Baddenhausen,* in: v. Arnauld/Hufeld (Fn. 206), § 15 Rn. 23 ff. Von der Delegation wurde bislang – im Gegensatz zur Europakammer des BRat – nicht „komplett Gebrauch" gemacht, ktitisch *Scholz,* in: Maunz/Dürig, Art. 23 (2019) Rn. 155. Grund dafür sind nicht zul. die Egoismen der Fachausschüsse des BTag, die gem. § 93b II 2 GOBT ein Widerspruchsrecht haben, sowie Zurückhaltung gegenüber weitergehender institutioneller Spezialisierung und eine nachgeordnete interparlamentarische Bedeutung des Europaausschusses, so *Schorkopf,* § 5 Rn. 114.

[315] BVerfGE 131, 152 (213).

[316] Vgl. zur Europakammer des BRat *Halsdorfer,* in: v. Arnauld/Hufeld (Fn. 206), § 16 Rn. 7 ff.; zum Ausschuss des BRat für Fragen der EU ebd., Rn. 13 ff. Die weitgehende Befugnis der Europakammer wurde durch § 45d

**108**     Europaausschuss bzw. -kammer von BTag und BRat können auch **vertraulich** unterrichtet werden.[317] Dies ist geboten, soweit eine entspr. unionsrechtl. Pflicht der BReg[318] besteht.

**109**     Die Unterrichtung muss **frühestmöglich** erfolgen, damit BTag und BRat Gelegenheit zu Stellungnahmen haben, die noch berücksichtigt werden können.[319] Die BReg hat kein Ermessen hinsichtlich des Zeitpunkts der Weiterleitung.[320] Selbstverständlich muss dies vor der Beschlussfassung im Rat und auch vor der Festlegung des Abstimmungsverhaltens der BReg sein.[321] Soweit möglich, muss auch über Vorentwürfe der Komm. informiert werden, da ein effektiver Einfluss auf die Unionsrechtssetzung oft bereits in diesem Stadium erfolgen muss. Dies wurde von Interessengruppen (Lobbyisten) seit langem erkannt und kann sich durchaus auch positiv (Erkenntniszuwachs) auf die Rechtsetzung auswirken.

**110**     Die Mitwirkung über den BRat kann die **Kompetenzverluste** der einzelnen Länder und insbes. der Landesparlamente **nicht kompensieren.**[322] Dem BRat kommt hinsichtlich der Wahrung der Interessen der Länder nach Art eines „Treuhänders" eine **Sachwalterrolle** zu, die er mit seiner Funktion als Gesetzgebungsorgan des Bundes vereinbaren muss.[323] Wie die Erfahrung aus den Vorgängerregelungen gezeigt hat, muss dies hingenommen werden, da angesichts der zu bewältigenden Aufgabenflut und der durch den unionalen Rechtsetzungsprozess bedingten Zeitvorgaben (vgl. z. B. die Fristen in Art. 294 AEUV) nur über das Bundesratsverfahren eine effektive Mitwirkung der Länder realisiert werden kann.

**111**     Die Einzelheiten der Mitwirkung wurden gem. **Art. 23 VII** durch das **EUZBBG**[324] und das **EUZBLG**[325] geregelt. Soweit dabei über die in Art. 23 vorgesehenen Beteiligungsrechte hinausgegangen wurde, sind die Gesetze verfassungskonform einschränkend auszulegen.[326] Dies gilt nicht, soweit das EUZBLG unabhängig von den Vorgaben des Art. 23 weitergehende Regelungen trifft, sofern diese im Übrigen verfassungsrechtlich unbedenklich sind. Dies ist der Fall bei der Verpflichtung der BReg zur **Prozessführung im Länderinteresse** (§ 7 EUZBLG) und bei der Ermächtigung zur Einrichtung sog. **Länderbüros** als ständigen Verbindungen zur EU ohne diplomatischen Status (§ 8 EUZBLG). Einzelheiten der Unterrichtung und Beteiligung der Länder nach dem EUZBLG und dem IntVG sind jetzt in einer Anlage zu § 9 EUZBLG geregelt. Weitere Einzelheiten bleiben einer Vereinbarung zwischen Bund und Ländern vorbehalten (§ 9 S. 2 EUZBLG). Die Unterrichtungspflicht nach EUZBBG und EUZBLG bleibt von der auf die Materien des IntVG (→ Rn. 66 ff.) bezogenen Unterrichtungspflicht unberührt (§ 13 I 2 IntVG).

---

GeschOBRat dahin relativiert, dass ihre Zuständigkeit auf Eilfälle sowie Fälle zu wahrender Vertraulichkeit beschränkt bleibt und das Plenum des BRat vor der Beschlussfassung durch die Europakammer einen dieser zugewiesenen Beratungsgegenstand jederzeit wieder an sich ziehen oder den Ausschüssen zuweisen kann, vgl. *Weckerling-Wilhelm*, in: Umbach/Clemens, Art. 52 Rn. 10; *Halsdorfer*, § 16 Rn. 8 („konservierende Delegation").

[317] BVerfGE 131, 152 (208).

[318] Vgl. Art. 6 der GeschO des Rates der EU (ABl EU 2009 Nr. L 325/35; Sart. II, Nr. 237).

[319] § 3 I 1 EUZBBG; vgl. zur wortgleichen Vorgängernorm BT-Dr 12/3896, S. 24.

[320] BVerfGE 131, 152 (212).

[321] BVerfGE 131, 152 (206, 127): nach Abschluss der internen Willensbildung der BReg, aber vor Abgabe außenwirksamer Erklärungen.

[322] Vgl. dazu *Stein* VVDStRL 53 (1994), 26 (37); *Magiera* Jura 1994, 9; *Grimm/Hummrich* DÖV 2005, 280. Zur Rolle der Landtage und deren unterschiedliche Beteiligung vgl. *Schorkopf*, § 4 Rn. 93 ff.; *Voßkuhle* FS Papier, 2013, S. 195 ff. Zur Vereinbarkeit von Weisungen an die Vertreter im BRat gem. Art. 70 IV 1 BV mit Art. 51 I 1 GG *Streinz* FS Vedder, S. 770 ff.; *Weiß* JuS 2019, 99 ff. Zur Ablehnung eines entsprechenden Volksbegehrens in Bayern hinsichtlich CETA BayVerfGH BayVBl 2017, 407.

[323] *Schorkopf* BK, Art. 23 (2011) Rn. 177; *Tomuschat*, in: Magiera/Merten (Hrsg.), Bundesländer und Europäische Gemeinschaften, 1988, S. 38. AA *Classen* MKS II, Art. 23 Rn. 72: BRat kein Treuhänder der Länderinteressen, sondern Mitwirkung als Bundesorgan an der Außenvertretung des Bundes.

[324] G über die Zusammenarbeit von BReg und Deutschem BTag in Angelegenheiten der EU v. 4.7.2013, BGBl I 2170 (Neuverkündung nach Änderungen). Das hinsichtlich des Verfassungsvertrages beschlossene G über die Ausweitung und Stärkung der Rechte des BTag und des BRat in Angelegenheiten der EU v. 17.11.2005 (BGBl I 3178) verstieß nach Ansicht des BVerfG insoweit gegen Art. 38 I iVm Art. 23 I, als Beteiligungsrechte des BTag und des BRat nicht in dem erforderlichen Umfang ausgestaltet worden sind (BVerfGE 123, 267 (432). Dies betraf im Wesentlichen die Übertragung von Hoheitsrechten im vereinfachten Verfahren und gleichgestellte Fälle (hinsichtlich der Rechtsetzung Art. 352 AEUV), was im IntVG entspr. den Vorgaben des BVerfG geregelt wurde (→ Rn. 66 ff.). Hinsichtlich des EUZBBG wurde allein die in Ausführung des § 6 EUZBBG aF geschlossene Vereinbarung zwischen BReg und BTag (BGBl 2006 I 2177) sowohl wegen ihrer nicht eindeutigen Rechtsnatur als auch wegen ihres Inhalts beanstandet (BVerfGE 123, 267 (433)). Die Vereinbarung wurde daher durch das ÄndG in das EUZBBG aufgenommen (vgl. dazu *H. Schröder*, in: v. Arnauld/Hufeld (Fn. 206), § 11 Rn. 2 f.), das auch nach der zwischenzeitlich erfolgten Neuverkündung alle relevanten Vorschriften selbst enthält.

[325] G über die Zusammenarbeit von Bund und Ländern in Angelegenheiten der EU v. 12.3.1993, BGBl I 313, geänd. durch Art. 1 ÄndG v. 22.9.2009 (BGBl I 3031).

[326] Vgl. auch *Uerpmann-Wittzack*, in: v. Münch/Kunig I, Art. 23 Rn. 113. → Rn. 114 und Rn. 124 ff.

Hs. 1). Allerdings ist dabei die gesamtstaatliche Verantwortung des Bundes[349] zu wahren (Art. 23 V 2 Hs. 2) und in Angelegenheiten, die zu Ausgabenerhöhungen oder Einnahmeminderungen für den Bund führen können, die Zustimmung der BReg erforderlich (Art. 23 V 3). Diese Vorschrift zählt sowohl in den Tatbestandsvoraussetzungen als auch in den Rechtsfolgen zu den umstrittensten in der Regelung des Art. 23.

Eine **Betroffenheit „im Schwerpunkt"** kann nur im Einzelfall unter sorgfältiger Abwägung der **121** Einzelelemente und des Regelungszweckes der Unionsmaßnahme festgestellt werden, was zwangsläufig potentielle Streitpunkte in sich birgt.[350] Die Einrichtung von Behörden oder Verwaltungsverfahren der Länder sind „betroffen" und nicht nur „berührt", wenn sich Rechtsetzungsverfahren der Union unmittelbar auf die Verwaltungsorganisation oder Verfahrensabläufe auswirken werden.[351]

**Maßgebliche Berücksichtigung** bedeutet im Unterschied zur „schlichten" Berücksichtigung **122** gem. Art. 23 V 1 jedenfalls einen höheren Bindungsgrad gegenüber der Stellungnahme des BRat. Daher geht hier (anders als im Fall des Art. 23 V 1 → Rn. 119) im Konfliktfall die Ansicht des BRat der des BTag vor.[352] Eine verbreitete Ansicht sieht darin sogar ein **„Letztentscheidungsrecht" des BRat.**[353]

Davon geht – allerdings in diff. Form – auch § 5 II 3–5 EUZBLG aus: Stimmt die Auffassung der **123** BReg nicht mit der Stellungnahme des BRat überein, ist ein Einvernehmen anzustreben. Zu dessen Herbeiführung erfolgt erneute Beratung der BReg mit Vertretern der Länder. Kommt ein Einvernehmen nicht zustande und bestätigt der BRat daraufhin seine Auffassung mit Zweidrittelmehrheit **(„Beharrungsbeschluss"),**[354] so ist die Auffass. des BRat maßgebend. Was gilt, wenn der BRat seine Stellungnahme nur mit einf. Mehrheit gefasst hat, bleibt offen.

**Gegen** dieses „Letztentscheidungsrecht" des BRat werden Einwände erhoben, die aber haupt- **124** sächlich rechtspolitischer und nur zum Teil rechtlicher Art sind.[355] Die Annahme eines solchen Letztentscheidungsrechts im Sinne einer strikten Bindung der BReg an die Auffassung des BRat überdehnt aber die in Art. 23 V 2 enthaltene Verpflichtung zu zwar „maßgeblicher", aber doch eben nur **„Berücksichtigung".** § 5 II 3–5 EUZBLG sind **verfassungskonform einschränkend auszulegen.**[356] Für die Differenzierung nach der Mehrheit im BRat bietet die maßgebliche Vorschrift des Art. 23 V 2 keinen Anhaltspunkt, so dass auch eine Zweidrittelmehrheit im BRat dessen Auffassung nicht „maßgebend" im Sinne von strikt bindend machen kann.[357] Ein Letztentscheidungsrecht des BRat hätte man ebenso eindeutig formulieren können und müssen wie das Erfordernis der Zustimmung der BReg (Letztentscheidungs- bzw. Vetorecht) in Art. 23 V 3.[358] Zu Art. 352 AEUV→ Rn. 74.

Die Pflicht zur Wahrung der **gesamtstaatlichen Verantwortung** des Bundes (Art. 23 V 2 Hs. 2; **125** § 5 II 2 EUZBLG) trifft sowohl BReg als auch BRat.[359] Daher eignet sich diese Bestimmung nicht als Ausnahmetatbestand,[360] der ggf. zur Lösung von Konflikten zwischen BTag und BReg zugunsten letzterer gegenüber einem Letztentscheidungsrecht des BRat eingesetzt werden könnte.[361] Nach der

[349] Gem. § 5 II 2 EUZBLG einschließlich außen-, verteidigungs- und integrationspolitisch zu bewertenden Fragen. Vgl. zur Besonderheit dieser Materien *Scholz,* in: Maunz/Dürig, Art. 23 (2019) Rn. 171.

[350] *Randelzhofer,* in: Maunz/Dürig, Art. 24 I (1992) Rn. 208; vgl. auch *Schorkopf* BK, Art. 23 (2011), Rn. 195; *Uerpmann-Wittzack,* in: v. Münch/Kunig I, Art. 23 Rn. 97.

[351] *Wilhelm* BayVBl 1992, 709 mit Beispielen; ebenso *Lang* (Fn. 299), S. 174; *Uerpmann-Wittzack,* in: v. Münch/Kunig I, Art. 23 Rn. 97.

[352] Ebenso *Rojahn,* in: v. Münch/Kunig I, 5. Aufl. 2001, Art. 23 Rn. 72; *Scholz* NVwZ 1993, 823, *Jarass,* in: Jarass/Pieroth, Art. 23 Rn. 58; *Wollenschläger,* in: Dreier II, Art. 23 Rn. 150. AA *Schorkopf* BK, Art. 23 (2011) Rn. 190; *Classen* MKS II, Art. 23 Rn. 94, der auf die innerstaatl. Kompetenzverteilung abstellt.

[353] *Randelzhofer,* in: Maunz/Dürig, Art. 24 I (1992) Rn. 208; *Scholz* NJW 1993, 1691; *ders.,* in: Maunz/Dürig, Art. 23 (2019) Rn. 169; *Jarass,* in: Jarass/Pieroth, Art. 23 Rn. 64; *Hobe,* in: Friauf/Höfling, Art. 23 Rn. 79; *Wollenschläger,* in: Dreier II, Art. 23 Rn. 147; *Saberzadeh* (Fn. 347), § 13 Rn. 82, 87 ff; *Breuer* NVwZ 1994, 427; *Wilhelm* BayVBl 1992, 709; *Wiater,* AöR 139 (2014), 530 f.; *Kamann* (Fn. 309), S. 89; *Lang* (Fn. 299), S. 179 f.; *Schede,* Bundesrat und Europäische Union, 1994, S. 139; *Sachs* VVDStRL 58 (1999), 39 (68); *Schmalenbach* (Fn. 52), S. 207; *König* (Fn. 216), S. 347, mit engen Ausnahmen, ebd., S. 350 ff.

[354] *Lang* (Fn. 299), S. 179. Bislang ohne praktische Bedeutung, vgl. ebda, S. 183 f. und → Fn. 339.

[355] Vgl. die Nachw. bei *Rojahn,* in: v. Münch/Kunig II, 5. Aufl. 2001, Art. 23 Rn. 71; *Bartelt* DÖV 2005, 894 (897 f.).

[356] Ebenso *Rojahn* ebda; *Heintschel von Heinegg,* in: Epping/Hillgruber, Art. 23 Rn. 46; *F. C. Mayer* HdbParl, § 43 Rn. 205 ff; *Uerpmann-Wittzack,* in: v. Münch/Kunig I, Art. 23 Rn. 99. Zur Maßgeblichkeit der *verfassungs*rechtlichen Regelung vgl. *Pernice,* in: Dreier II, 2. Aufl. 2006, Art. 23 Rn. 112 ff.; *Zuleeg* AK GG, Art. 23 Rn. 60; aA *Füßer* BayVBl 2003, 513 (518).

[357] Zweifelnd an der Verfassungsmäßigkeit dieser in der Praxis ohnehin (bis auf einen erfolglosen Versuch) bedeutungslosen Vorschrift *Classen* MKS II, Art. 23 Rn. 93. *Schorkopf* BK, Art. 23 Rn. 189 hält das Beschlussquorum im Rahmen der verfassungsrechtlichen Ermächtigung, misst der Stellungnahme des BRat aber gegenüber der des BTag nur eingeschränkte Wirkung zu, vgl. ebd. Rn. 190.

[358] Vgl. zu dieser am Rechtsgedanken des Art. 113 I orientierten Bestimmung *Lang* (Fn. 299), S. 185 f.

[359] *Lang* (Fn. 299), S. 186.

[360] So *Di Fabio* Staat 32 (1993), 208.

[361] Vgl. zu diesem Ansatz *Schede* (Fn. 353), S. 142 ff., aber auch *Lang* (Fn. 299), S. 187 ff. Vgl. auch *Hobe,* in: Friauf/Höfling, Art. 23 (2011) Rn. 81.

hier vertretenen Auffassung stellt sich dieses Problem nicht, da ein Letztentscheidungsrecht des BRat nicht besteht (→ Rn. 124).

126 Eine innerstaatl. Bindung der BReg ist zwar unionsrechtlich zulässig, da Art. 16 II EUV von weisungsgebundenen Staatenvertretern ausgeht[362] und die Frage, wer zur Weisung berechtigt ist, sich nach innerstaatl. Verfassungsrecht richtet. Allerdings setzt das Entscheidungsverfahren im Rat einen gewissen **Entscheidungsspielraum** der einzelnen Delegationen voraus.

127 Diesen lässt Art. 23 V 2 der BReg aber in jedem Fall. „**Maßgebliche Berücksichtigung**" heißt nur, aber immerhin, dass die BReg sich mit allen Mitteln für den Standpunkt des BRat einsetzen muss, von diesem aber – ggf. nach Unterrichtung des BRat über das konkrete Verhandlungsergebnis und dem Bemühen um eine Verständigung für das weitere Vorgehen – begründet abweichen darf, wenn anders ein notwendiger Kompromiss im Rat, zumal bei der Gefahr des Überstimmtwerdens, nicht erreichbar ist.[363]

## IV. Wahrnehmung mitgliedstaatlicher Rechte der Bundesrepublik Deutschland durch einen Ländervertreter

128 Am weitesten geht die Beteiligung der Länder in den Fällen, in denen im Schwerpunkt (→ Rn. 121) ihre ausschließlichen Gesetzgebungsbefugnisse auf den Gebieten der schulischen Bildung, der Kultur und des Rundfunks betroffen sind. Hier ist die Wahrung der Mitgliedschaftsrechte der BRD in der EU vom Bund auf einen vom BRat benannten **Vertreter der Länder** zu übertragen (Art. 23 VI 1). Dieser vertritt allerdings, wie Art. 16 II EUV zeigt („befugt ist, für die Regierung des von ihm vertretenen Mitgliedstaats verbindlich zu handeln"), auf Unionsebene den Bund.[364] Daher sind Benennungsrecht und Vertretungsrecht zu unterscheiden.[365] Der von der Föderalismuskomm. aufgegriffenen[366] Kritik (→ Rn. 133) an der ursprünglichen Vorschrift, die sich als Sollvorschrift auf den gesamten Bereich der ausschließlichen Gesetzgebungskompetenz der Länder erstreckte, wurde insoweit entsprochen, als eine Reduktion auf die drei ausdr. genannten Bereiche erfolgte, in denen die Übertragung jetzt aber zwingend „ist". § 6 II EUZBLG wurde durch Art. 2 des Föderalismusreform-BegleitG v. 5.9.2006 (BGBl I 2098) entspr. angepasst.

129 Damit wird verfassungsrechtl. von einer durch den Vertrag von Maastricht erfolgten Neufassung des urspr. Art. 146 I EWGV (dann EGV; Art. 203 I EGV/Amsterdam; jetzt Art. 16 II EUV; vgl. auch Art. 116 EAGV) eröffnete Möglichkeit Gebrauch gemacht. Der Vertreter ist vom BRat gem. Art. 52 III 1 zu benennen.[367] Art. 16 II EUV fordert den Status als Landes**minister;**[368] diese Qualifikation bestimmt sich nach dem jew. Landesverfassungsrecht.[369]

130 **Ausnahmen** sind geboten, wenn es um die Ausübung von Rechten der BRD als Vorsitz im Rat[370] (§ 6 III 1 EUZBLG) geht. Hinsichtlich TOPen des Rates, die dieser ohne Aussprache genehmigt, weil eine Einigung bereits im Ausschuss der Ständigen Vertreter (Art. 16 VII EUV; Art. 240 AEUV) erzielt worden ist, genügt für die sachgerechte Beteiligung der Länder die vorhergehende Abstimmung mit deren Vertreter. Dem trägt § 6 IV EUZBLG Rechnung.[371] Weitere Ausnahmen bedürfen einer besonderen Begründung. Administrative oder politische Opportunität[372] genügt nicht.[373]

131 Die Wahrnehmung der Rechte erfolgt unter Beteiligung und in Abstimmung mit der BReg, wobei die gesamtstaatliche Verantwortung des Bundes zu wahren ist (Art. 23 VI 2). Vertreter der BReg und der Ständigen Vertretung in Brüssel nehmen an allen Sitzungen und förmlichen Außenkontakten teil.

---

[362] Vgl. dazu *Streinz* (Fn. 28), S. 33 f.

[363] Das Urt. des BVerfG zur EG-FernsehRL (BVerfGE 92, 203) hatte zwar als Beurteilungsmaßstab noch nicht Art. 23, sondern Art. 70 I iVm Art. 24 I und dem Verfassungsgrundsatz des bundesfreundlichen Verhaltens (ebda, S. 230). Gleichwohl lassen sich ihm zumindest Anhaltspunkte auch für die jetzige Rechtslage entnehmen. So muss die BReg *alles* unternehmen, darf also keinesfalls im Rat zustimmen, was das Verfassungsprinzip der Bundesstaatlichkeit (Art. 79 III) entgegensteht; sie darf jedenfalls vom Rechtsstandpunkt des BRat abweichen, wenn sie sich für ihre Rechtsauffassung auf eine gefestigte Auslegung des Unionsrechts durch den EuGH berufen kann (ebda, S. 236 ff.). Im Übrigen stellt das BVerfG auf qualifizierte Bemühenspflichten um Verständigung und nicht auf ein „Letztentscheidungsrecht" ab (vgl. ebda, S. 236 f., 245).

[364] *Classen* MKS II, Art. 23 Rn. 97; *Scholz*, in: Maunz/Dürig, Art. 23 (2019) Rn. 177; *Schorkopf* BK, Art. 23 (2011) Rn. 205. AA *König* (Fn. 216), S. 364.

[365] *Scholz*, in: Maunz/Dürig, Art. 23 (2019) Rn. 177. Zur Verantwortlichkeit → Rn. 133.

[366] Vgl. *Streinz* FS Schäffer, 2006, S. 849.

[367] *Jarass*, in: Jarass/Pieroth, Art. 23 Rn. 68; *Heintschel von Heinegg*, in: Epping/Hillgruber, Art. 23 Rn. 50.

[368] Dem trägt § 6 II 1 EUZBLG Rechnung.

[369] Zur Frage, inwieweit der EuGH die korrekte Besetzung des Rates auch insoweit nachprüft, vgl. *Pechstein/Cirkel* DÖV 1997, 365 (369).

[370] Vgl. Art. 16 IX EUV; Art. 236 AEUV. Anders als im Europ. Rat (vgl. Art. 15 V EUV) bleibt es im Rat wie bisher beim Rotationssystem.

[371] Daraus lässt sich schließen, dass Art. 23 VI GG, § 6 II EUZBLG auf den Ausschuss der Ständigen Vertreter keine Anwendung findet.

[372] So aber die Ansicht der BReg, BR-Dr 501/92, S. 23.

[373] Zutr. *Rojahn*, in: v. Münch/Kunig II, 5. Aufl. 2001, Art. 23 Rn. 74. Kritisch zu § 7 EUZBLG wegen der generellen Zuweisung der Prozessführung beim EuGH an die BReg *Classen* MKS II, Art. 23 Rn. 104.

Der (mangels politischer Einigung gewählte) Begriff der „Abstimmung" wird wenig erhellend mit „weniger als Einvernehmen und mehr als Benehmen" definiert.[374]

Außerhalb des Bereichs des Art. 23 VI ist eine Hinzuziehung von Landesvertretern in den **Bera-** **132** **tungsgremien** von Komm. und Rat möglich[375] und in § 6 I EUZBLG vorgesehen.

Die Bestimmung wird als system- und sachwidriger **Einbruch in die Bundeskompetenz** für die **133** Außen- und Europapolitik kritisiert.[376] Dem ist entgegenzuhalten, dass die innerstaatliche Vorbereitung der Beteiligung an supranationalen Rechtsetzungsbefugnissen nicht an den Kriterien herkömmlicher Bereiche der auswärtigen Gewalt gemessen werden kann.[377] Bedenklicher erscheint die „Desorientierung der parlamentarischen Verantwortung",[378] weil der vom BRat benannte Vertreter, obwohl er den Bund vertritt, als solcher nicht dem BTag, sondern seinem Landesparlament verantwortlich ist, das wiederum wegen der Vertretung des Bundes im „Auftrag" der „Summe aller Länder" wenn insoweit überhaupt[379] so jedenfalls nicht die allein berechtigte Kontrollinstanz sein kann.[380] Zur Änderung der Vorschrift im Rahmen der „Föderalismusreform" → Rn. 128.

## V. Umsetzung der unionsrechtlich BTag und BRat gewährleisteten Rechte

Wie bereits im Verfassungsvertrag vorgesehen, verleiht der Vertrag von Lissabon, insbes. durch das **134** sog. Parlamentsprotokoll[381] und das sog. Subsidiaritätsprotokoll,[382] die Bestandteile der Verträge sind (Art. 51 EUV), den Parlamenten der Mitgliedstaaten und damit BTag und BRat (der idS eine „Kammer" eines Parlaments ist[383]) **direkte Mitwirkungsrechte** gegenüber den Organen der EU.[384] Dies betrifft speziell die Subsidiaritätskontrolle, Informationsrechte sowie die Beteiligung am vereinfachten Vertragsänderungsverfahren (Art. 48 VI, VII EUV). Um für die Wahrung dieser Rechte die innerstaatlichen Voraussetzungen zu schaffen, wurde das GG geändert[385] sowie ein Gesetz über die Ausweitung und Stärkung der Rechte des BTag und des BRat in Angelegenheiten der EU[386] beschlossen, das vom BVerfG im Lissabon-Urteil als der Integrationsverantwortung von BTag und BRat nicht genügend und daher für verfassungswidrig erklärt wurde.[387] Daraufhin wurde das IntVG erlassen (→ Rn. 66 ff.) und wurden EUZBBG und EUZBLG geändert.

Nach **Art. 23** I wurde **Absatz 1a** eingefügt, der BTag und BRat zur Klageerhebung vor dem **135** EuGH ermächtigt und auf Antrag eines Viertels seiner Mitglieder[388] verpflichtet. Das Recht des BTag wurde nicht auf den Europaausschuss (Art. 45) delegiert (→ Rn. 139).

Die in Art. 8 Subsidiaritätsprotokoll vorgesehene sog. **Subsidiaritätsklage** wird BTag und BRat **136** eröffnet (S. 1). Bei dieser Sonderform der Nichtigkeitsklage (Art. 263 AEUV) „übermittelt" die BRD als Mitgliedstaat „entsprechend der jeweiligen innerstaatlichen Rechtsordnung" „im Namen seines nationalen Parlaments oder einer Kammer dieses Parlaments" die Klage.[389] S. 2 legt besondere Rege-

---

[374] *Scholz,* in: Maunz/Dürig, Art. 23 (2019) Rn. 179; *Magiera* Jura 1994, 10; *Wilhelm* BayVBl 1992, 710; *Schmalenbach* (Fn. 52), S. 139; krit. *Randelzhofer,* in: Maunz/Dürig, Art. 24 I (1992) Rn. 209. Vgl. dazu auch *Lang* (Fn. 299), S. 210 ff. Zur Abstimmung mit der BReg s. § 6 II 4 und 5 EUZBLG und Ziffer V.5 der Anlage zu § 9 EUZBLG.

[375] *Randelzhofer* ebda; *Jarass,* in: Jarass/Pieroth, Art. 23 Rn. 69.

[376] *Breuer* NVwZ 1994, 428 mwN; *Herdegen* EuGRZ 1992, 589 (593). Vgl. auch *F. Mayer* HdbParl, § 43 Rn. 218, der daher Rechenschaftspflicht gegenüber dem BReg, enge Anwendung und Letztentscheidung des Bundes fordert.

[377] Zutr. *Rojahn,* in: v. Münch/Kunig II, 5. Aufl. 2001, Art. 23 Rn. 76. Vgl. auch *Schmalenbach* (Fn. 52), S. 206 f.

[378] So *Badura* FS Redeker, 1993, S. 126 f.; *Breuer* NVwZ 1994, 428.

[379] Verneinend *Jarass,* in: Jarass/Pieroth, Art. 23 Rn. 69 (da Vertreter *aller* Länder); *Uerpmann-Wittzack,* in: v. Münch/Kunig II, Art. 23 Rn. 109 mwN; Kontrolle im Bund, wobei aber BReg in Frage kämen.

[380] Die parlamentarische Verantwortlichkeit des vom BRat benannten Vertreters der Länder ist ungelöst und str. vgl. *Scholz,* in: Maunz/Dürig, Art. 23 (2019) Rn. 178: zumindest „mittelbar" dem BTag verantwortlich; *Classen* MKS II, Art. 23 Rn. 103: am ehesten wohl gegenüber dem BRat; gegenüber der BReg Rechenschaftspflicht bei abw Abstimmung von deren Stellungnahme, ebda. Rn. 102); *Jarass,* in Jarass/Pieroth, Art. 23 Rn. 68: gegenüber BRat; *F. Mayer* HdbParl, § 43 Rn. 217: gegenüber Landtag und BRat; ferner *Hobe,* in: Friauf/Höfling, Art. 23 (2011) Rn. 88; *Pernice,* in: Dreier II, 2. Aufl. 2006, Art. 23 Rn. 116; *Schorkopf* BK, Art. 23 Rn. 206; *Zuleeg* AK GG, Art. 23 Rn. 62; *Kamann* (Fn. 309), S. 93 f. mwN.; *Lang* (Fn. 299), S. 242 ff. mwN; *Schede* (Fn. 353), S. 194.

[381] Prot. über die Rolle der nationalen Parlamente in der EU, ABl EU 2010 Nr. C 83/203.

[382] Prot. über die Anwendung der Grundsätze der Subsidiarität und der Verhältnismäßigkeit, ABl EU 2010 Nr. C 83/206.

[383] Vgl. *Ohler* (Fn. 70), S. 76 mwN.

[384] Vgl. dazu ebda 72 ff.

[385] 53. G zur Änd. des GG (Art. 23, 45 und 93) v. 8.10.2008, BGBl I 1926.

[386] BT-Dr 16/8489.

[387] BVerfGE 123, 267 (268).

[388] BVerfGE 142, 25 Ls. 4 – Parlamentarische Minderheiten: Kein Anspruch auf Absenkung der in der Verfassung vorgeschriebenen Quoren. Vgl. *Sachs* JuS 2016, 764. Kritisch zur Ausgestaltung als Minderheitenrecht wegen Beeinträchtigung der Effektivität des Unionsrechts Classen MKS II, Art. 23 Rn. 61 mwN. Die Regelung ist ebenso wie die in Frankreich aber vom Unionsrecht nicht ausgeschlossen und sachgerecht, weil sie der Verbindung von BReg und der sie tragenden parlamentarischen Mehrheit Rechnung trägt, zutr. *F. Mayer* HdbParl, § 43 Rn. 236.

[389] Die Rolle der BReg (Kläger oder Prozessstandschaft) ist str., vgl. *Ohler* (Fn. 70), S. 75. Gem. § 12 IV IntVG liegt die Prozessführung bei BTag oder BRat, je nachdem, wer die Klage beschlossen hat. Zwischen Antragsteller und

lungen für die Erhebung dieser Klage durch den BTag fest und enthält nicht nur eine Modifizierung des Mehrheitsprinzips (vgl. Art. 42 II 1), sondern begründet darüber hinaus im Interesse des Minderheitenschutzes die Verpflichtung, auf Antrag eines Viertels der Mitglieder des BTag eine entspr. Klage zu erheben. Das Quorum orientiert sich an Art. 93 I Nr. 2 (neu) und Art. 44 I 1 und soll durch seine Höhe einerseits Minderheitsschutz gewährleisten, andererseits eine missbräuchliche Ausübung des Minderheitsrechts verhindern. S. 3 enthält die Möglichkeit, durch ein Gesetz, das der Zustimmung des BRat bedarf, für Beschlussfassungen des BTag und des BRat über die Wahrnehmung der besonderen Rechte, die ihnen in den vertraglichen Grundlagen der EU eingeräumt sind (und nur dieser), Ausnahmen von dem in Art. 42 II 1 und Art. 52 III 1 geregelten Mehrheitsprinzip vorzusehen. Dazu können der in Art. 45 vorgesehene Ausschuss des BTag für die Angelegenheiten der EU (sog. Europaausschuss → Rn. 139) bzw. die in Art. 52 II a vorgesehene Europakammer des BRat ermächtigt werden.

137    Art. 6 des Subsidiaritätsprot. sieht für die nationalen Parlamente eine **Subsidiaritätsrüge** vor, die gem. § 11 IntVG von BTag oder BRat erhoben werden kann.[390]

138    Die Vorschläge für die **Ernennung zu Richtern und Generalanwälten** des EuGH (Art. 253, 254 AEUV) erfolgen jetzt seitens der BReg im Einvernehmen mit dem Richterwahlausschuss (§ 1 III RiWG).

139    Der **Europaausschuss** (Art. 45) kann von BTag gem. § 2 S. 2 EUZBBG ermächtigt werden, für ihn Stellungnahmen abzugeben. Wegen der vorgesehenen Anforderungen an die Beschlussfassung sind das Recht auf Erhebung der Subsidiaritätsklage (§ 12 IntVG) sowie das Zurückweisungsrecht von autonomen Vertragsänderungen (§ 10 IntVG zu Art. 48 VII UAbs. 3 EUV; Art. 81 III UAbs. 3 AEUV) nicht delegierbar.

139a    Auch in EU-Angelegenheiten können Befugnisse entsprechend anerkannter Staatspraxis auch auf den **Haushaltsausschuss** des BTag übertragen werden,[391] allerdings nur eingeschränkt und mit der Pflicht zu besonderer Rechtfertigung aus Gründen der Funktionsfähigkeit des Parlaments. Denn Budgetrecht und haushaltspolitische Verantwortung des BTag werden grds. durch Verhandlung und Beschlussfassung im Plenum wahrgenommen. Die damit verbundene Beschränkung der Statusrechte der gewählten Abgeordneten und die damit verbundene Ungleichbehandlung darf nicht weiter reichen, als dies unbedingt erforderlich ist. Das BVerfG hat daher das durch § 3 III StabMechG eingerichtete „Sondergremium" wegen Verstoßes gegen Art. 38 I 2 für weitgehend verfassungswidrig erklärt.[392]

## VI. Verfassungsgerichtliche Sicherung der Beteiligungsrechte

140    Als durch das GG übertragene Rechte sind die Beteiligungsrechte durch BTag und BRat im Organstreit (Art. 93 I Nr. 1), durch die Länder im Bund-Länder-Streit (Art. 93 I Nr. 3) rügefähig (§ 64 I, § 64 I iVm § 69 BVerfGG). Das BVerfG hat die aus Art. 70 I iVm Art. 24 I und dem Verfassungsgrundsatz der Bundestreue hergeleiteten Pflichten der BReg, die verfassungsmäßigen Rechte der Länder im EU-Rechtsetzungsprozess zu wahren, im **Fernsehrichtlinienurteil** konkretisiert.[393] Mutatis mutandis kann diese Rspr. auf Art. 23 übertragen werden.

## Art. 24 [Zwischenstaatliche Einrichtungen; kollektives Sicherheitssystem]

(1) **Der Bund kann durch Gesetz Hoheitsrechte auf zwischenstaatliche Einrichtungen übertragen.**

(1a) **Soweit die Länder für die Ausübung der staatlichen Befugnisse und die Erfüllung der staatlichen Aufgaben zuständig sind, können sie mit Zustimmung der Bundesregierung Hoheitsrechte auf grenznachbarschaftliche Einrichtungen übertragen.**

(2) **Der Bund kann sich zur Wahrung des Friedens einem System gegenseitiger kollektiver Sicherheit einordnen; er wird hierbei in die Beschränkungen seiner Hoheitsrechte einwilligen, die eine friedliche und dauerhafte Ordnung in Europa und zwischen den Völkern der Welt herbeiführen und sichern.**

(3) **Zur Regelung zwischenstaatlicher Streitigkeiten wird der Bund Vereinbarungen über eine allgemeine, umfassende, obligatorische, internationale Schiedsgerichtsbarkeit beitreten.**

---

Prozessführer ist zu unterscheiden, weshalb besonderer Abstimmungsbedarf besteht. Vgl. dazu *Kötter*, in: v. Arnauld/Hufeld (Fn. 206), § 8 Rn. 7, 54, 71 f.

[390] S. dazu *Kötter* (Fn. 389), § 8 Rn. 60 ff.; *Schorkopf* BK, Art. 23 Rn. 100 ff.
[391] BVerfGE 129, 124 (185 f.) – EFSF. Zum Haushaltsausschuss vgl. *Sensburg* HdbParl, § 43 Rn. 60 f.
[392] BVerfGE 130, 318 (356 ff.).
[393] BVerfGE 92, 203.

**Entstehungsgeschichte: Erstfassung:** JöR nF 1 (1951), 222. – **Änderung:** 38. G. zur Änd. des GG v. 21.12.1992 (BGBl I 2086), Art. 1 Nr. 2 (dazu: BT-Dr 12/3338 [Entw.]; BT-Prot 12/9315, 10 809; BR-Dr 501/92, 809/92; BR-Prot 92/419, 488, 638, 687).
**Historischer Verfassungstext: GG 1949:** Bis auf den eingefügten Abs. 1a wie geltende Fassung.
**Geltende Landesverfassungen:** *Bbg*Verf Art. 2 I; *MV*Verf Art. 11; *Saarl*Verf Art. 60 II 2; *Sachs*Verf Art. 12.
**Leitentscheidungen:** Zur europäischen Integration s. Art. 23; ferner BVerfGE 58, 1 (EUROCONTROL); BVerf-GE 68, 1 (Pershing); BVerfGE 77, 170 (C-Waffen); BVerfGE 90, 286 (AWACS/Somalia); BVerfGE 104, 151 (NATO-Konzept); BVerfGE 118, 244 (Tornado-Einsatz Afghanistan); BVerfGE 121, 135 (AWACS/Türkei); BVerf-GE 124, 267 (Kosovo); BVerfGE 140, 160 (Evakuierungseinsatz Libyen); BVerfGE 149, 346 (Europ. Schule Frankfurt/M.).

**Schrifttum:** Zur europäischen Integration s. Art. 23; *C. Arndt,* Verfassungsrechtliche Anforderungen an internationale Bundeswehreinsätze, NJW 1994, 2197; *C. Athenstaedt,* Aktuelle Tendenzen in der kommunalen Entwicklungszusammenarbeit, DÖV 2013, 835; *H. Aust,* Das Recht der globalen Stadt, 2017; *B. K. W. Bähr,* Verfassungsmäßigkeit des Einsatzes der Bundeswehr im Rahmen der Vereinten Nationen, 1994; *M. Baldus,* Die Übertragung von Hoheitsrechten auf ausländische Staaten im Bereich der Sicherheitsverwaltung, Verwaltung 32 (1999), 481; *J. Bauer/M. Hartwig,* Verträge der Länder der Bundesrepublik Deutschland mit ausländischen Staaten über Fragen der kommunalen Zusammenarbeit, NWVBl 1994, 41; *A. Beck,* Übertragung von Hoheitsrechten auf kommunale grenzbarschaftliche Einrichtungen, 1995; *F. Becker,* Grenzüberschreitende Reichweite deutscher Grundrechte HStR XI, § 240; *U. Beyerlin,* Rechtsprobleme der lokalen grenzüberschreitenden Zusammenarbeit, 1988; *ders.,* Zur Übertragung von Hoheitsrechten im Kontext dezentraler grenzüberschreitender Zusammenarbeit, ZaöRV 54 (1994), 587; *A. Bleckmann,* Zur Funktion des Art. 24 Grundgesetz, FS Doehring, 1989, S. 63; *D. Blumenwitz,* Der Einsatz deutscher Streitkräfte nach der Entscheidung des BVerfG vom 12. Juli 1994, BayVBl 1994, 641; *ders.,* Der nach außen wirkende Einsatz deutscher Streitkräfte nach Staats- und Völkerrecht, NZWehrR 1988, 133; *A. von Bogdandy,* Prinzipien von Staat, supranationalen und internationalen Organisationen HStR XI, § 232; *M. Bothe,* Die parlamentarische Kontrolle von Auslandseinsätzen der Streitkräfte, FS H.-P. Schneider, 2008, S. 165; *M. Brenner/D. Hahn,* Bundeswehr und Auslandseinsätze, JuS 2001, 729; *E. Brissa,* Bundeswehr und Bundestag, DÖV 2012, 137; *C. Chapuis,* Die Übertragung von Hoheitsrechten auf supranationale Organisationen, Diss. Basel 1993; *F. Czerner,* Das völkerrechtliche Anschlusssystem der Art. 59 II, I, 25 und 24 I GG und deren Inkorporierungsfunktion zugunsten der EMRK-Geltung, EuR 2007, 537; *O. Depenheuer,* Der verfassungsrechtliche Verteidigungsauftrag der Bundeswehr, DVBl 1997, 685; *U. Di Fabio,* Das Recht offener Staaten, 1998; *K. Doehring,* Systeme kollektiver Sicherheit HStR[1], § 177; *O. Dörr,* Das Schengener Durchführungsübereinkommen – ein Fall des Art. 24 Abs. 1 GG, DÖV 1993, 696; *K. D. Eichen,* Die NATO – Ein System gegenseitiger kollektiver Sicherheit im Sinne des Art. 24 Abs. 2 GG?, NZWehrR 1984, 221; *C. Eick,* Die Anerkennung der obligatorischen Gerichtsbarkeit des Internationalen Gerichtshofs durch Deutschland, ZaöRV 68 (2008), 763; *C. Enders,* Offene Staatlichkeit unter Souveränitätsvorbehalt, FS Böckenförde, 1995, S. 29; *B. Fassbender,* Der offene Bundesstaat, 2007; *ders.,* Art. 19 Abs. 4 GG als Garantie innerstaatlichen Rechtsschutzes gegen Individualsanktionen des UN-Sicherheitsrats, AöR 132 (2007), 257; *ders.,* Militärische Einsätze der Bundeswehr HStR XI, § 244; *M. Frenzel,* Sekundärrechtsetzungsakte internationaler Organisationen, 2011; *H. Frister/M. Korte/C. Kreß,* Die strafrechtliche Rechtfertigung militärischer Gewalt in Auslandseinsätzen auf der Grundlage eines Mandats der Vereinten Nationen, JZ 2010, 10; *J. Frowein/T. Stein* (Hrsg.), Rechtliche Aspekte einer Beteiligung der Bundesrepublik Deutschland an Friedenstruppen der Vereinten Nationen, 1990; *R. Geiger/D. Khan,* Befriedung Sylvaniens durch die Vereinten Nationen, Jura 1992, 434; *T. Giegerich* (Hrsg.), Der „offene Verfassungsstaat" des Grundgesetzes nach 60 Jahren, 2010; *G. Gilch,* Das Parlamentsbeteiligungsgesetz, Diss. Würzburg 2005; *G. Gornig,* Die Verfassungsmäßigkeit der Entsendung von Bundeswehrsoldaten zu „Blauhelm"-Einsätzen, JZ 1993, 123; *C. Gramm,* Glaubwürdigkeitsdefizite der Wehrverfassung, NZWehrR 2007, 221; *ders.,* Verfassungsrechtliche Grenzen der Zusammenarbeit mit auswärtigen Staaten im Hoheitsbereich, DVBl 1999, 1237; *S. Griller,* Die Übertragung von Hoheitsrechten auf zwischenstaatliche Einrichtungen, 1989; *S. Grotefels,* Die Novellierung des Art. 24 GG, DVBl 1994, 785; *G. Halmes,* Rechtsgrundlagen für den regionalen Integrationsprozeß in Europa, DÖV 1996, 933; *H. Heberlein,* Grenznachbarschaftliche Zusammenarbeit auf kommunaler Basis, DÖV 1996, 100; *J. Hecker,* Grundgesetz und horizontale Öffnungen des Staates, AöR 127 (2002), 291; *M. Heimann,* Zur Verfassungsmäßigkeit des Einsatzes Wehrpflichtiger außerhalb der Landesverteidigung, ZRP 1996, 20; *S. Hobe,* Der offene Verfassungsstaat zwischen Souveränität und Interdependenz, 1998; *O. Hoffmann,* Bundeswehr und UN-Friedenssicherung, 1991; *F. Kirchhof,* Deutsche Verfassungsvorgaben zur Befehlsgewalt und Wehrverwaltung in multinationalen Verbänden, NZWehrR 1998, 152; *E. Klein,* Bemerkungen zur Rechtsprechung des Bundesverfassungsgerichts zum Auslandseinsatz deutscher Streitkräfte, FS Bothe, 2008, S. 157; *ders.,* Rechtsprobleme einer deutschen Beteiligung an der Aufstellung von Streitkräften der Vereinten Nationen, ZaöRV 34 (1974), 429; *E. Klein/S. Schmahl,* Die neue NATO-Strategie und ihre völkerrechtlichen und verfassungsrechtlichen Implikationen, RuP 35 (1999), 198; *T. Kleinlein,* Kontinuität und Wandel in Grundlegung und Dogmatik des wehrverfassungsrechtlichen Parlamentsvorbehalts, AöR 142 (2017), 43; *M. Kotzur,* Grenznachbarschaftliche Zusammenarbeit in Europa, 2004; *C. Kreß,* Die Rettungsoperation der Bundeswehr in Albanien am 14. März 1997 aus völker- und verfassungsrechtlicher Sicht, ZaöRV 57 (1997), 329; *M. Limpart,* Auslandseinsätze der Bundeswehr, 2002; *T. Lott,* Neue Formen grenzüberschreitender Zusammenarbeit, 1999; *W. März,* Bundeswehr in Somalia, 1993; *J. M. Mössner,* Bundeswehr in blauen Helmen. Verfassungsrechtliche Aspekte des Einsatzes von Bundeswehrsoldaten im Rahmen von UN-Peace-Keeping-Forces, FS Schlochauer, 1981, S. 97; *H. Mosler,* Das Grundgesetz und die internationale Streitschlichtung HStR VII[1], § 179; *ders.,* Die Übertragung von Hoheitsgewalt HStR VII[1], § 175; *ders.,* „Eine allgemeine, umfassende, obligatorische, internationale Schiedsgerichtsbarkeit", FS Doehring, 1989, S. 607; *D. Murswiek,* Die Fortentwicklung völkerrechtlicher Verträge: verfassungsrechtliche Grenzen und Kontrolle im Organstreit, NVwZ 2007, 1130; *C.-W. Neubert,* Bundeswehreinsatz im Südsudan, DÖV 2017, 141; *M. Niedobitek,* Das Recht der grenzüberschreitenden Verträge, 2001; *ders.,* Grenzüberschreitende Zusammenarbeit in Europa: Konkurrenz zwischen Europäischer Union und Europarat, JöR 62 (2014), 61; *G. Nolte,* Bundeswehreinsätze in kollektiven Sicherheitssystemen, ZaöRV 54 (1994), 652; *ders.,* Das Verfassungsrecht vor den Herausforderungen der Globalisierung, VVDStRL 67 (2008), 129; *ders.,* Die „neuen Aufgaben" von NATO und WEU, ZaöRV 54 (1994), 95; *K. Oellers-*

*Frahm,* Probleme und Grenzen der obligatorischen internationalen Gerichtsbarkeit, AVR 27 (1989), 442; *S. Oeter,* Systeme kollektiver Sicherheit HStR XI³, § 243; *Paulus/Jacobs,* Neuere Entwicklungen bei der Parlamentsbeteiligung für den Auslandseinsatz der Bundeswehr, Friedens-Warte 87 (2012), 23; *M. Payandeh,* Evakuierungseinsätze der Bundeswehr und Parlamentsbeteiligung, DVBl 2011, 325; *M. Plog,* Grundrechtsschutz gegenüber internationalen Organisationen ohne Durchgriffsbefugnisse, 2008; *R. Poscher,* Das Verfassungsrecht vor den Herausforderungen der Globalisierung, VVDStRL 67 (2008), 160; *A. Proelß,* Bundesverfassungsgericht und überstaatliche Gerichtsbarkeit, 2014; *F. Pudlas/U. Brinkmann,* Der Schutz deutscher Staatsbürger im Ausland als verfassungsrechtliche Aufgabe der Streitkräfte im Rahmen der Personalverteidigung, Jura 2012, 426; *M. Rahe,* Die Tornado-Entscheidung des Bundesverfassungsgerichts zwischen Friedenswahrung und Angriffskrieg, KJ 2007, 404; *K. T. Rauser,* Die Übertragung von Hoheitsrechten auf ausländische Staaten, 1991; *K. Rennert,* Grenznachbarschaftliche Zusammenarbeit, FS Böckenförde, 1995, S. 199; *G. Ress,* Verfassungsrechtliche Auswirkungen der Fortentwicklung völkerrechtlicher Verträge, FS W. Zeidler II, 1987, S. 1775; *N. K. Riedel,* Der Einsatz deutscher Streitkräfte im Ausland, 1989; *V. Röben,* Außenverfassungsrecht, 2007; *ders.,* Der Einsatz der Streitkräfte nach dem Grundgesetz, ZaöRV 63 (2003), 585; *A. Ruppert,* Die Integrationsgewalt, 1969; *M. Saalfeld,* Die Entwicklung rechtlicher Bedingungen für militärische Einsätze im VN-Rahmen, NZWehrR 1994, 147; *H. Sauer,* Das Verfassungsrecht der kollektiven Sicherheit, in: H. Renner/S. Brink (Hrsg.), Linien der Rechtsprechung des Bundesverfassungsgerichts, 2009, S. 585; *R. Schmidt-Radefeldt,* Parlamentarische Kontrolle der internationalen Streitkräfteintegration, 2005; *F. Schorkopf,* Grundgesetz und Überstaatlichkeit, 2007; *F. Schröder,* Das parlamentarische Zustimmungsverfahren zum Auslandseinsatz der Bundeswehr in der Praxis, 2005; *M. Schröder,* Grundsatzfragen des Art. 24 Abs. 1a GG, ThürVBl 1998, 97; *W. Schroeder,* Verfassungs- und völkerrechtliche Aspekte friedenssichernder Bundeswehreinsätze, JuS 1995, 398; *J. Schwarze,* Die Übertragung von Hoheitsrechten auf grenznachbarschaftliche Einrichtungen i. S. d. Art. 24a GG, FS Benda, 1995, S. 311; *I. Seidl-Hohenveldern,* Die Übertragung von Hoheitsrechten auf zwischenstaatliche Einrichtungen, FS Carstens I, 1984, S. 497; *H. Steiger,* Staatlichkeit und Überstaatlichkeit, 1966; *T. Stein/H. Kröninger,* Bundeswehreinsatz im Rahmen von NATO-, WEU- bzw. VN-Militäraktionen, Jura 1995, 254; *K. Stern,* Außenpolitischer Gestaltungsspielraum und verfassungsgerichtliche Kontrolle, NWVBl 1994, 241; *K. Stock,* Verfassungswandel in der Außenverfassung, 2017; *P.-T. Stoll,* Das Verfassungsrecht vor den Herausforderungen der Globalisierung, DVBl 2007, 1064; *C. Tomuschat,* Staatsrechtliche Entscheidung für die internationale Offenheit HStR XI, § 226; *K. Vogel,* Die Verfassungsentscheidung für die internationale Zusammenarbeit, 1964; *S. Vöneky/R. Wolfrum,* Die Reform der Friedensmissionen der Vereinten Nationen und ihre Umsetzung nach deutschem Verfassungsrecht, ZaöRV 62 (2002), 570; *K. U. Voss,* Rechtsstaat ad hoc? Anwendung von Gesetzesvorbehalt und Parlamentsvorbehalt bei Auslandseinsätzen der Bundeswehr, ZRP 2007, 78; *A. Voßkuhle/A.-K. Kaufhold,* Grundwissen – Öffentliches Recht: Offene Staatlichkeit, JuS 2013, 309; *R. Wahl,* Der offene Staat und seine Rechtsgrundlagen, JuS 2003, 1145; *F. Waitz v. Eschen,* Grundgesetz und internationale Zusammenarbeit, BayVBl 1991, 321; *C. Walter,* Grundrechtliche und rechtsstaatliche Bindungen der Bundeswehr beim Einsatz im Ausland, FS E. Klein, 2013, S. 351; *ders.,* Grundrechtsschutz gegen Hoheitsakte internationaler Organisationen, AöR 129 (2004), 39; *ders./A. von Ungern-Sternberg,* Piratenbekämpfung vor Somalia, DÖV 2012, 861; *D. Walz,* Zur Auslegung und Anwendung des GG Art. 24 Abs. 1, NZWehrR 1985, 112; *D. Weingärtner* (Hrsg.), Einsatz der Bundeswehr im Ausland, 2007; *W. Weiß,* Die Beteiligung des Bundestags bei Einsätzen der Bundeswehr im Ausland, NZWehrR 2005, 100; *J. Wieland,* Ausländische Vorgesetzte deutscher Soldaten in multinationalen Verbänden, NZWehrR 1999, 133; *ders.,* Verfassungsrechtliche Grundlagen und Grenzen für einen Einsatz der Bundeswehr, DVBl 1991, 1174; *D. Wiefelspütz,* Das Lissabon-Urteil des Bundesverfassungsgerichts und das Wehrverfassungsrecht, DÖV 2010, 73; *ders.,* Der Auslandseinsatz der Bundeswehr und das Parlamentsbeteiligungsgesetz, 2. Aufl. 2012; *ders.,* Der Einsatz bewaffneter deutscher Streitkräfte im Ausland, AöR 132 (2007), 44; *ders.,* Die Beteiligung der Bundeswehr am Kampf gegen Piraterie. Völkerrecht und Verfassungsrecht, NZWehrR 2009, 137; *ders.,* Verteidigung und Terrorismusbekämpfung durch die Streitkräfte, NZWehrR 2007, 12; *M. Wild,* Verfassungsrechtliche Möglichkeiten und Grenzen für Auslandseinsätze der Bundeswehr nach dem Kosovo-Krieg, DÖV 2000, 622; *H. A. Wolf,* Der verfassungsrechtliche Rahmen für die Verwendung der Streitkräfte zur Abwehr von Piraterie, ZG 2010, 209; *R. Wolfrum,* Das Grundgesetz und die internationale Streitschlichtung HStR XI, § 242; *ders.,* Deutschland in Verteidigungsbündnissen HStR X, § 221; *F. Wollenschläger,* Völkerrechtliche Flankierung des EU-Integrationsprogramms als Herausforderung für den Europa-Artikel des Grundgesetzes (Art. 23 GG), NVwZ 2012, 713; *N. Wühler,* Die internationale Schiedsgerichtsbarkeit in der völkerrechtlichen Praxis der Bundesrepublik Deutschland, 1985; *M. Zimmer,* Einsätze der Bundeswehr im Rahmen kollektiver Sicherheit, 1995.

## Übersicht

# A. Allgemeines

## I. Entstehung

Art. 24 ist ein **Novum** im deutschen Verfassungsrecht. Weder die RV 1871 noch die WRV **1** enthielten eine ihm entsprechende Bestimmung.[1] Singulär ist er aber nicht. Eine Reihe europäischer Staaten, ganz überwiegend Mitgliedstaaten der EU, haben in ihren Verfassungen Bestimmungen, die ungeachtet von Unterschieden im Kern und in der Tendenz, oft mit Bezugnahme auf den europäischen Integrationsprozess, vergleichbar sind.[2]

Wie Art. 24 sind diese nach dem Zweiten Weltkrieg erlassen oder eingefügt worden, zum Teil **2** speziell zur Errichtung der EU.[3] Dies geschah, abgesehen von der bes. Situation Deutschlands nach dem Zweiten Weltkrieg aus denselben Motiven, die den HCh-Konvent[4] und den ParlRat[5] zur Aufnahme der Vorschrift in das GG veranlassten: Die Schaffung internationaler Organe zu **erleichtern,** um mit deren Wirkung für die Gebiete der beteiligten Staaten Angelegenheiten zu besorgen, die bisher ausschließlich den verschiedenen nationalen Souveränitäten überlassen waren. Namentlich wurde dabei bereits an eine Montanunion gedacht.[6]

Dies bezog in Deutschland ausdr. den **Verteidigungsbereich** ein, der als Folgerung aus dem **3** Verzicht auf den Krieg als Mittel der Politik (vgl. Art. 26), aber nicht auf die Wehrhaftigkeit, die Aufnahme des Bundes in ein System kollektiver Sicherheit erforderte, die ihm den Frieden gewährleistete. Die Beschränkung der Hoheitsrechte sei dabei eine Vorleistung, die aber angesichts der unmittelbaren deutschen Vergangenheit und zu erwartender entspr. Leistungen der anderen beteiligten Staaten geboten sei.

Bis zuletzt strittig war das **Erfordernis** der Zustimmung des BRat und qualifizierter Mehrheiten.[7] **4** Auf beides wurde schließlich verzichtet, um die Übertragung von Hoheitsrechten auf zwischenstaatliche Einrichtungen zu erleichtern.[8]

Trotz der erheblichen Entwicklung der europäischen Integration und der damit verbundenen **5** Rechtsfragen[9] blieb Art. 24 bis 1992 unverändert. Durch das Gesetz zur Änderung des GG v. 21.12.1992[10] wurde mit Art. 23 eine **neue Rechtsgrundlage** für die europäische Integration, die bis

---

[1] v. Mangoldt/Klein I, 2. Aufl., Art. 24 Anm. II 1; Deiseroth, in: Umbach/Clemens, Art. 24 Rn. 1.

[2] Randelzhofer, in: Maunz/Dürig, Art. 24 I (1992) Rn. 1. Vgl. z. B. § 20 Dän. Verf.; Art. 88–1–88–4 Franz. Verf.; Art. 28 II, III Griech. Verf.; Art. 29 IV Nr. 2 ff. Irl. Verf.; Art. 11 Ital. Verf.; Art. 49 bis Luxemb. Verf.; Art. 92 Niederl. Verf.; Art. 9 II Österr. B-VG; Art. 8 III Port. Verf.; Art. 93 Span. Verf. Vgl. die Übersicht bei Wollenschläger, in: Dreier II, Art. 24 Rn. 14 ff.; Classen MKS II, Art. 24 Rn. 2b. Ausf. rechtsvergleichende Hinweise bei Sauer BK, Art. 24 (2019) Rn. 1 ff.; Hobe, in: Friauf/Höfling, Art. 24 (2012) Rn. 80 ff.; Deiseroth, in: Umbach/Clemens, Art. 24 Rn. 7 ff.; vgl. auch Wahl JuS 2003, 1145 (1148 f.).

[3] Vgl. Art. 88–1–Art. 88–4 Franz. Verf.

[4] Vgl. HChE, Bericht, S. 23 f., zit. in JöR nF 1 (1951), 222 f. Vgl. zur Entstehungsgeschichte Hobe, in: Friauf/Höfling, Art. 24 (2012) Rn. 2 ff.; Sauer BK, Art. 24 (2019) Rn. 14 ff.

[5] Vgl. JöR nF 1 (1951), S. 223 ff.

[6] Vgl. Abg. Schmid JöR nF 1 (1951), 223 f.

[7] HChE Art. 23 III; Entw. des GSA des ParlRat Art. 24 II, vgl. JöR nF 1 (1951), 222 f.: Mehrheit der gesetzlichen Mitgliederzahl von BTag und BRat; Antrag DP: für Hoheitsübertragungen (Art. 24 I) Zustimmung von 2/3 des BRat, da Verfassungsänderung, vgl. ebda, S. 228.

[8] So ausdr. Abg. Eberhard ebda. Anders Art. 23 I 2 → Rn. 25.

[9] Insbes. Rangfrage und Schranken der Integrationsermächtigung. Die Enquete-Komm. Verfassungsreform wollte dies weiterhin der Rspr. überlassen und schlug (bei abl. Sondervotum Kewenig ua) allein das Erfordernis der Zustimmung des BRat bei Übertragung von Hoheitsrechten der Länder vor, vgl. Zur Sache 2/77, Beratungen und Empfehlungen zur Verfassungsreform (II), S. 234 ff., 250 f., 284.

[10] BGBl I 1992, 2086.

dahin Hauptanwendungsgebiet des Art. 24 I gewesen war,[11] geschaffen (→ Art. 23 Rn. 3) sowie Art. 24 Ia eingefügt.[12]

## II. Bedeutung

**6** Art. 24 bezweckt zusammen mit der Präambel, Art. 1 II, 9 II, 23 sowie 25 und 26 die Einordnung Deutschlands als gleichberechtigtes, friedliches Glied in die „Völkerrechtsordnung der Staatengesellschaft"[13] und ermöglicht zu diesem Zweck den Beitritt zu besonders qualifizierten internationalen Einrichtungen. Wegen letzterem wird Art. 24 eine herausragende Rolle für die aus einer Zusammenschau der genannten Bestimmungen hergeleitete Entscheidung des GG für die **„offene Staatlichkeit",**[14] für die „internationale Offenheit"[15] und – neben Art. 25 (→ Art. 25 Rn. 9) – für den Auslegungsgrundsatz der **Völkerrechtsfreundlichkeit**[16] zugesprochen.[17] Eine in Art. 24 besonders zum Ausdruck kommende Gemeinsamkeit dieser Bestimmungen ist sicherlich die Reaktion auf die europäische Geschichte der ersten Hälfte des 20. Jahrhunderts, deren Ergebnisse zusammen mit neu hinzugekommenen grenzüberschreitenden Problemen „heute gebieterisch intensive internationale Zusammenarbeit" fordern.[18]

**7** Diese Konsequenz haben auch die **Verfassungen anderer Staaten** gezogen (→ Rn. 1). Dies ist wichtig, weil sich Art. 24 (wie Art. 23 → Art. 23 Rn. 11, 17) nur an die deutsche Staatsgewalt richten kann, aber mit den zwischenstaatlichen Einrichtungen (Abs. 1), dem System gegenseitiger kollektiver Sicherheit (Abs. 2) und der internationalen Schiedsgerichtsbarkeit (Abs. 3) Sachverhalte betrifft, die der Mitwirkung anderer Staaten bedürfen. Art. 24 kann hier nur die Absicht aussprechen und die Befugnis geben, an solchen Einrichtungen mitzuwirken, nicht aber zu einem bestimmten Ergebnis verpflichten.[19]

**8** Dies gilt es auch bei der Beurteilung der **Qualität der Norm** zu berücksichtigen. Die in Art. 24 in unterschiedlicher Intensität (Abs. 1 und 2: „kann"; Abs. 3: „wird") vorgesehene internationale Kooperation wird im Ansatz übereinstimmend, in der Akzentsetzung und der rechtlichen Tragweite aber nicht unwesentlich unterschiedlich, als Gestaltungsauftrag,[20] verfassungspolitisches Programm und Staatsziel,[21] Verfassungsziel[22] sowie (meist) als **Staatszielbestimmung**[23] bezeichnet. In ihr wird wegen der Angewiesenheit auf die Mitwirkung anderer Staaten zur Erreichung des Ziels eine „Option", bzw. eine „Intention" gesehen.[24]

**9** Dies ergibt sich aber nicht nur aus diesem Auslandsbezug, sondern die „Option" besteht in gewisser Weise auch nach innen. Zwar erschöpft sich die Vorschrift trotz des „kann" auch in Abs. 1 und 2 nicht in einer politisch-programmatischen Ermächtigungsnorm, sondern ist zielgerichtet, also nicht nur „Option", sondern auch „Intention". Dieses „verfassungsrechtliche Mandat"[25] bleibt aber in seiner Direktionskraft deutlich hinter Verfassungsaufträgen wie z. B. Art. 4 III, 6 V, 14 I 2 oder 21 III[26] zurück und überlässt den zuständigen Organen der auswärtigen Gewalt ein weiteres politisches und rechtliches **Gestaltungsermessen,**[27] das sich allerdings von der Richtlinie für das staatliche Handeln leiten lassen muss.

---

[11] Vgl. *Rojahn,* in: v. Münch/Kunig I, Art. 24 Rn. 44 und 58 ff.; *Randelzhofer,* in: Maunz/Dürig, Art. 24 I (1992) Rn. 173 und 129 ff.

[12] Zur Entstehung *Kotzur,* Grenznachbarschaftliche Zusammenarbeit in Europa, 2004, S. 124 ff.

[13] BVerfGE 63, 343 (370); vgl. auch BVerfGE 111, 307 (318); 113, 154 (162).

[14] *Vogel,* Die Verfassungsentscheidung für die internationale Zusammenarbeit, 1964, S. 42; den Titel dieser grundl. Arbeit Vogels greift BVerfGE 58, 1 (41) auf: „Verfassungsentscheidung für eine internationale Zusammenarbeit". Vgl. auch *Hobe,* Der offene Verfassungsstaat zwischen Souveränität und Interdependenz, 1998; *Di Fabio,* Das Recht der offenen Staaten: Grundlinien einer Staats- und Rechtstheorie, 1998; *Fassbender,* Der offene Bundesstaat, 2007. Vgl. auch *Calliess,* in: Maunz/Dürig (2016), Art. 24 Rn. 16: „paradigmatisch" als „Quellnorm" für den „offenen Verfassungsstaat"; ebd. Rn. 20: „Schlüsselnorm des gesamten Grundgesetzes". Einschränkend *Classen* MKS II, Art. 23 Rn. 4a: „Offenheit der Staatlichkeit", aber kein Staatsziel → Fn. 23.

[15] *Tomuschat* HStR XI, § 226 Rn. 1.

[16] Vgl. *Rojahn,* in: v. Münch/Kunig I, Art. 24 Rn. 2 ff. mwN.

[17] Vgl. ebda, Rn. 1; *Jarass,* in: Jarass/Pieroth, Art. 24 Rn. 1; *Hillgruber,* in: Hofmann/Henneke, Art. 24 Rn. 1; *Tomuschat* BK, Art. 24 (1981/1985) Rn. 2 f.; *Wollenschläger,* in: Dreier II, Art. 24 Rn. 18.

[18] *Randelzhofer,* in: Maunz/Dürig, Art. 24 I (1992) Rn. 2.

[19] Vgl. auch *Randelzhofer* ebda. Zu Rspr. des BVerfG und Praxis der Exekutive vgl. die Beiträge in *Giegerich,* S. 73 ff.

[20] *Vogel* (Fn. 14), S. 44.

[21] *Mosler* HStR VII[1], § 175 Rn. 1, 8.

[22] *Tomuschat* HStR XI[3], § 226 Rn. 46.

[23] *Randelzhofer,* in: Maunz/Dürig, Art. 24 I (1992) Rn. 17, 21; *Tomuschat* BK, Art. 24 (1981/1985) Rn. 5; *Calliess,* in: Maunz/Dürig, Art. 24 I (2016) Rn. 24 mwN. AA *Sommermann,* IPE II § 14 Rn. 13; *Classen* MKS II, Art. 23 Rn. 4; *Sauer* BK, Art. 24 (2019) Rn. 30.

[24] *Stern,* StaatsR I, S. 519 f.; ihm folgend *Rojahn,* in: v. Münch/Kunig I, Art. 24 Rn. 9; *Randelzhofer,* in: Maunz/Dürig, Art. 24 I (1992) Rn. 2.

[25] So *Stern,* StaatsR I, S. 520.

[26] Vgl. dazu *Stern,* StaatsR I, S. 85, 122.

[27] Vgl. auch *Rojahn,* in: v. Münch/Kunig I, Art. 24 Rn. 9, 15; *Randelzhofer,* in: Maunz/Dürig, Art. 24 I (1992) Rn. 18. Zum rechtsverbindlichen Auftrag zur Mitwirkung bei der Entwicklung der EU → Art. 23 Rn. 10 f.

**Konkrete Verpflichtungen** werden sich daraus aber **kaum** ableiten lassen, wenngleich zumindest 10
theoretisch ein Verstoß bei einer grds. integrationsfeindlichen Politik denkbar wäre.[28] Subjektive
Rechte begründet die Norm ohnehin nicht.[29]

Durch Art. 23 nF wurde der **bedeutendste Anwendungsfall** des Art. 24 I, die **EU**, auf eine **neue** 11
**Grundlage** gestellt. Die dazu entwickelten Grundsätze, die die Auslegung des Art. 24 I in besonders
starkem Maße geprägt haben,[30] bleiben aber von Bedeutung und sind – freilich differenziert nach der
jeweiligen Integrationsform – auch für die anderen zwischenstaatlichen Einrichtungen anwendbar
sowie unter Berücksichtigung der dort vorgenommenen ausdrücklichen Konkretisierungen auch auf
Art. 23 übertragbar (→ Art. 23 Rn. 3, → Art. 23 Rn. 41).[31] Art. 24 II erfuhr durch die intensivere
Beteiligung des rechtlich uneingeschränkt souverän gewordenen wiedervereinigten Deutschlands am
System kollektiver Sicherheit der **Vereinten Nationen eine gesteigerte Bedeutung**.[32] Für Art. 24
III findet sich nach wie vor kein praktischer Anwendungsfall (→ Rn. 87).

## B. Übertragung von Hoheitsrechten (Abs. 1 und Abs. 1a)

## I. Begriff

**1. Hoheitsrechte.** Der aus der staatlichen Verfassungsordnung entnommene Begriff ist gleichbe- 12
deutend mit der **Ausübung öffentlicher Gewalt** durch Legislative, Exekutive oder Judikative (vgl.
Art. 20 III).[33] Er gilt einheitlich für Art. 24 I und Art. 24 Ia und entspricht dem in Art. 23 I 2, der ihn
übernahm (→ Art. 23 Rn. 52 ff.).

Maßgebliches Kriterium ist der **Durchgriff** in den staatlichen Herrschaftsbereich. Wenngleich dies 13
vor allem anhand der jetzt Art. 23 unterfallenden EG/EU entwickelt wurde (vgl. dazu und zur
Erstreckung der Fälle der „Organleihe" durch BVerfGE 131, 152 [218] → Art. 23 Rn. 54), bleibt es
nicht auf diese beschränkt, sondern gilt grds. allgemein.[34]

Allerdings hat das BVerfG im **Pershing-Urteil**[35] ausgeführt, Art. 24 I könne nicht entnommen 14
werden, dass eine Übertragung von Hoheitsrechten nur dann anzunehmen sei, wenn der Einrichtung
eine Durchgriffsbefugnis gegenüber Einzelnen eingeräumt werde. Dies ist im Schrifttum verbreitet als
Bruch mit der bish. Dogmatik gewertet worden.[36] Dies trifft aber nur insoweit zu, als zu der durchaus
bestätigten bisherigen Position[37] eine **weitere Fallgruppe** für die Funktion des Art. 24 I als Gesetzesvorbehalt hinzugefügt[38] bzw. Art. 24 I unabhängig von Durchgriffswirkungen auf die Hoheitsausübung
im deutschen Rechtsraum erstreckt wurde.[39]

Dabei gehen das BVerfG und der überwiegende Teil der ihm folgenden Lit. davon aus, dass die 15
Befugnisse durch bzw. **für die zwischenstaatliche Einrichtung ausgeübt** werden.[40] Im konkret
entschiedenen Fall war dem aber nicht so. Die Befugnis wurde durch den US-Präsidenten der
Vereinigten Staaten ausgeübt. Hält man dies für unbedenklich, so wird die Übertragung von Hoheitsrechten auch auf andere Staaten für zulässig erachtet (→ Rn. 19, → Rn. 36).

Unabhängig davon, ob dies für den konkreten Fall (NATO) überzeugen kann (→ Rn. 36), verdient 16
dieser Ansatz insoweit Zustimmung, als er der sog. **Wesentlichkeitsrechtsprechung** des BVerfG bei

---

[28] Vgl. ebda, Rn. 19; *Stern*, StaatsR I, S. 520. Zur parall. Rechtslage bei Art. 23 → Art. 23 Rn. 11.

[29] *Stern*, StaatsR I, S. 520.

[30] Vgl. *Rojahn*, in: v. Münch/Kunig I, Art. 24 Rn. 10 mwN.

[31] Zur Rspr. des BVerfG zu Art. 24 I hinsichtlich der EWG bzw. EG vgl. *Calliess*, in: Maunz/Dürig (2016) Art. 24
I Rn. 76 ff.

[32] Vgl. BVerfGE 90, 286 (344 ff.). → Rn. 56 ff.

[33] *Jarass*, in: Jarass/Pieroth, Art. 24 Rn. 4; *Randelzhofer*, in: Maunz/Dürig, Art. 24 I (1992) Rn. 33; *Rojahn*, in:
v. Münch/Kunig I, Art. 24 Rn. 23; *Sauer* BK, Art. 24 (2019) Rn. 33; *Classen* MKS II, Art. 24 Rn. 5; *Hobe*, in:
Friauf/Höfling, Art. 24 (2012) Rn. 12.

[34] Vgl. *Rojahn*, in: v. Münch/Kunig I, Art. 24 Rn. 7, 25 f.; *Classen* MKS II, Art. 24 Rn. 6; *Hobe*, in: Friauf/
Höfling, Art. 24 (2012) Rn. 17; *Pernice*, in: Dreier II, 2. Aufl. 2006, Art. 24 Rn. 20; *Sauer* BK, Art. 24 (2019)
Rn. 43; *Calliess*, in: Maunz/Dürig, Art. 24 I (2016) Rn. 42 ff., 45; zu den Ansichten in der Literatur ebd. Rn. 46 ff.;
zum Begriff vgl. auch *Hecker* AöR 2002, 291 (301 ff.).

[35] BVerfGE 68, 1 (94).

[36] Vgl. *Bryde* Jura 1986, 363 (368 f.); *Eckertz* EuGRZ 1985, 165 (167 ff.); *Rauschning* JuS 1985, 863 (866 f.);
*Tomuschat* BK, Art. 24 (1981/1985) Rn. 113a.

[37] Vgl. BVerfGE 37, 271 (280) – Solange I, mit dem nach dem Pershing-Urteil ergangenen Solange-II-Beschluss,
BVerfGE 73, 339 (374).

[38] So *Randelzhofer*, in: Maunz/Dürig, Art. 24 I (1992) Rn. 31, 41; vgl. auch *Rojahn*, in: v. Münch/Kunig I,
Art. 24 Rn. 26: Das BVerfG habe (bestätigt in BVerfGE 90, 186 [350 f.]) eine weitere „Fallgruppe" nicht geschaffen,
aber die Ansätze zur Entwicklung weiterer Fallgruppen im Schrifttum nachhaltig beeinflusst (→ Fn. 39). Vgl. auch
*Nolte* ZaöRV 54 (1994), 663, der zutr. darauf hinweist, dass die faktisch im Krisenfall unwiderrufliche Erlaubnis an
den US-Präsidenten, den Einsatz der in Deutschland stationierten Mittelstreckenraketen freizugeben, die „echte"
Übertragung von Hoheitsrechten in ihrer praktischen Wirkung übertrifft. Zur parallelen Entwicklung hinsichtlich
Art. 23 (mit dem speziellen Motiv der Erstreckung des Art. 23 II) → Art. 23 Rn. 56a.

[39] So *Mosler* HStR VII[1], § 175 Rn. 20; *Hillgruber*, in: Hofmann/Henneke, Art. 24 Rn. 6; *Jarass*, in: Jarass/Pieroth,
Art. 24 Rn. 5. Vgl. auch *Classen* MKS II, Art. 24 Rn. 6a.

[40] Vgl. BVerfGE 68, 1 (94), wo dies allerdings nicht ganz klar ausgesprochen wird.

der Bestimmung der „funktionsgerechten Organstruktur" Rechnung trägt,[41] wohingegen die Übertragung von Hoheitsrechten auf andere Staaten abzulehnen ist (→ Rn. 19). Von diesem Ansatz ausgehend kann auch schlicht-hoheitliches Handeln unter den Begriff der Hoheitsrechtsübertragung fallen, sofern es dadurch zu faktischen Grundrechtsbeeinträchtigungen kommt, die im innerstaatlichen Recht wegen der „Wesentlichkeit" zu einem Gesetzesvorbehalt führen würden.[42] Allerdings werden damit auch die Unwägbarkeiten der Wesentlichkeitsrechtsprechung übernommen, und neben das relativ klare Kriterium des Durchgriffs tritt ein mit diesen Unwägbarkeiten behaftetes.[43]

17    Angesichts dessen ist jedenfalls **Zurückhaltung** angebracht, zumal wenn sich konkrete Fälle problemloser lösen lassen.[44]

18    **2. Übertragung.** Der Begriff darf, wie zu Art. 23 ausgeführt (→ Art. 23 Rn. 57 ff.), nicht wörtlich genommen werden und ist als **Öffnung der deutschen Rechtsordnung** für die unmittelbare Geltung und Anwendbarkeit eines Rechts aus anderer Quelle, das das deutsche Recht insoweit verdrängt,[45] zu deuten. Dies muss zwar nicht unwiderruflich (zum verfassungsrechtlichen Erfordernis der Rückholbarkeit → Rn. 29), aber von einer gewissen Dauer und Festigkeit sein.[46]

19    **3. Zwischenstaatliche Einrichtungen.** Dem klaren Wortlaut nach dürfen Hoheitsrechte nur auf zwischenstaatliche Einrichtungen übertragen werden. Dies sind zwischen Staaten durch völkerrechtlichen Vertrag gegründete Organe, insbes. (ab einer bestimmten Organisationsstruktur) **internationale Organisationen,** einschl. den von solchen Organisationen im Rahmen ihrer Befugnisse geschaffenen Organisationen oder Organen.[47] Organe sind erforderlich, damit Hoheitsrechte ausgeübt werden können.

20    **Nicht** erfasst werden nichtstaatliche Organisationen (sog. NGOs),[48] Körperschaften, die einem Staat eingegliedert sind,[49] und Staaten.[50] Letzteres steht auch dem Aufgehen Deutschlands *auf Grund des Art. 24* in einem Staat, auch in einem Bundesstaat, entgegen.[51]

21    Der Bund darf sich in der zwischenstaatlichen Einrichtung keiner **diskriminierenden Behandlung** unterwerfen.[52] Dies schließt nicht aus, dass verbindl. Entscheidungen mit Mehrheit ohne Zustimmung

[41] Vgl. *Randelzhofer,* in: Maunz/Dürig, Art. 24 I (1992) Rn. 42; iE entwickelt von *Rauser,* Die Übertragung von Hoheitsrechten auf ausländische Staaten, 1991, S. 75 ff. Zu dieser Verknüpfung von WesentlichkeitsRspr. und funktionsgerechter Organstruktur in anderem Zusammenhang → Art. 59 Rn. 26 f.

[42] *Rauser* (Fn. 41), S. 109, vgl. auch *Rojahn,* in: v. Münch/Kunig I, Art. 24 Rn. 24, 37 mwN; *Wollenschläger* in: Dreier II, Art. 24 Rn. 29. Zur zutreff. Erstreckung des Art. 23 im Hinblick auf die konkreten Auswirkungen → Art. 23 Rn. 56a.

[43] Daher iE abl. *Randelzhofer,* in: Maunz/Dürig, Art. 24 I (1992) Rn. 42. Konturlosigkeit und Aushöhlung rechtlicher Substanz war aber gerade dem Pershing-Urteil vorgeworfen worden, vgl. *Bryde* Jura 1986, 369 und *Eckertz* EuGRZ 1985, 168. *Rauser* (Fn. 41), S. 99 ff., erkennt das Problem und bemüht sich um Eingrenzungen dieser Fallgruppe. Zutr. gegen eine Überdehnung des Anwendungsbereichs der Norm, um gegenüber Art. 59 II und Art. 24 eine eigenständige Funktion zu bewahren *Calliess,* in: Maunz/Dürig (2016), Art. 24 I Rn. 52.

[44] Wie dies im Pershing-Fall über Art. 24 II geboten gewesen wäre, vgl. *Randelzhofer,* in: Maunz/Dürig, Art. 24 I (1992) Rn. 42 aE und Art. 24 II Rn. 37. Für Festhalten am Kriterium der Durchgriffswirkung (erfasst alle Maßnahmen, die an sich der Personal- und/oder Territorialhoheit der BRD unterfallen) *Classen* MKS, Art. 24 Rn. 7; *ders.,* DÖV 2018, 253 ff; *Sauer* BK, Art. 24 (2019) Rn. 48 ff.

[45] Eingehend dazu in Abgrenzung zu (bloßem) amtlichem Tätigwerden ausländischer Amtsträger *Hecker* AöR 2002, 291 (299 ff.).

[46] *Rojahn,* in: v. Münch/Kunig I, Art. 24 Rn. 41; *Jarass,* in: Jarass/Pieroth, Art. 24 Rn. 5.

[47] *Rojahn,* in: v. Münch/Kunig I, Art. 24 Rn. 20; *Randelzhofer,* in: Maunz/Dürig, Art. 24 I (1992) Rn. 44; *Hillgruber,* in: Hofmann/Henneke, Art. 24 Rn. 12; *Hobe,* in: Friauf/Höfling, Art. 24 (2012) Rn. 21. Diese sind von den Organen der zwischenstaatlichen Einrichtung, die im Gründungsvertrag selbst vorgesehen sind, zu unterscheiden, vgl. *Tomuschat* BK, Art. 24 (1981/1985) Rn. 39.

[48] *Rojahn,* in: v. Münch/Kunig I, Art. 24 Rn. 20; *Classen* MKS II, Art. 24 Rn. 20; *Hobe,* in: Friauf/Höfling, Art. 24 (2012) Rn. 21; *Wollenschläger,* in: Dreier II, Art. 24 Rn. 33; *Zuleeg* AK GG, Art. 24 Abs. 1, 1a, Rn. 6; *Calliess,* in: Maunz/Dürig, Art. 24 I (2016) Rn. 30.

[49] H.M., vgl. BVerfGE 2, 347 (348); *Randelzhofer,* in: Maunz/Dürig (1992), Art. 24 I Rn. 52.

[50] H. M., vgl. *Rojahn,* in: v. Münch/Kunig I, Art. 24 Rn. 21; *Hobe,* in: Friauf/Höfling, Art. 24 (2012) Rn. 22; *Wollenschläger,* in: Dreier II, Art. 24 Rn. 33; *Zuleeg* AK GG, Art. 24 Abs. 1, 1a, Rn. 6. Vgl. dazu und zu entsprechenden Schutzpflichten *Huber,* abwM BVerfGE 142, 234/257 Rn. 20 ff. – Europaratsübereinkommen über Computerkriminalität. AA *Rauser* (Fn. 41), S. 246 ff.; *Classen* MKS II, Art. 24 Rn. 66. Davon zu unterscheiden ist die Nutzung von Organen eines Mitgliedstaates durch die zwischenstaatliche Einrichtung, die das BVerfG für zulässig hält, vgl. BVerfGE 58, 1 (42); *Geiger,* StaatsR III, S. 130 f.; zur europ. Flugsicherung (Art. 87d) als Sonderfall *Sauer* BK, Art. 23 (2019) Rn. 109; *Rojahn,* in: v. Münch/Kunig I, Art. 24 Rn. 21 mwN; *Classen* MKS II, Art. 24 Rn. 2; ferner die Begründung von Kooperationsformen, die die Ausübung fremder Staatsgewalt auf Bundesgebiet gestatten bzw. dulden, vgl. *Rojahn* in: Münch/Kunig I, Rn. 30 mwN.; vgl. auch *Classen* ebd Rn. 69.

[51] *Randelzhofer,* in: Maunz/Dürig, Art. 24 I (1992) Rn. 53 mwN; *Rojahn,* in: v. Münch/Kunig I, Art. 24 Rn. 21; *Tomuschat* BK, Art. 24 (1981/1985) Rn. 46; *Deiseroth,* in: Umbach/Clemens, Art. 24 Rn. 34. Zu Art. 23 → Art. 23 Rn. 68, 84. Der Aufgabe der souveränen Staatlichkeit steht auch Art. 79 III entgegen. Sie bedürfte einer Entscheidung des Verfassungsgebers.

[52] *Jarass,* in: Jarass/Pieroth, Art. 24 Rn. 7; *Wollenschläger,* in: Dreier II, Art. 24 Rn. 45; dazu und zum Kriterium der Gegenseitigkeit *Randelzhofer,* in: Maunz/Dürig, Art. 24 I (1992) Rn. 50; *Calliess,* in: Maunz/Dürig, Art. 24 I (2016) Rn. 36 f. AA *Classen* MKS II, Art. 24 Rn. 21.

der deutschen Vertreter beschlossen werden, da gerade dies zum Wesen supranationaler Organisationen gehört.[53] Das BVerfG hat im Pershing-Urteil bei Vorliegen sachlicher Gründe selbst ein formelles Mitwirkungsrecht Deutschlands als entbehrlich angesehen.[54]

## II. Bedingungen

**1. Formelle Anforderungen.** Art. 24 I fordert ein **Bundesgesetz im formellen Sinn**.[55] 22 Dieser Parlamentsvorbehalt wird jedoch dadurch gelockert, dass von diesem Gesetz gedeckte Vollzugsschritte eines Integrationsprogramms nicht eines gesonderten Gesetzes bedürfen. Dies ist insoweit zutreffend, als Art. 24 auch Integrationsgemeinschaften mit einer gewissen Entwicklungsdynamik ermöglichen will. Probl. ist aber die Abgrenzung von im Integrationsprogramm angelegten Schritten von **wesentlichen Änderungen** dieses Programms,[56] die eines erneuten Gesetzes bedürfen.[57]

Das BVerfG hat im Pershing-Urteil die Anforderungen an die **hinreichende Bestimmtheit des** 23 **Integrationsprogramms** nicht nur von der besonderen Vertragsmaterie, sondern auch von der durch Art. 24 I „ermöglichten Gestaltungsfreiheit und ihrer Praktikabilität im internationalen Bereich" abhängig gemacht[58] und damit die im Eurocontrol-Beschluss vorgenommene Begrenzung auf technisch-instrumentale Hoheitsrechte[59] fallengelassen. Dieser bedenklichen Aufweichung des Gesetzesvorbehalts[60] steht die Forderung des Maastricht-Urteils entgegen, das Übertragungsgesetz müsse die Grenzen zwischenstaatlicher Durchgriffsbefugnisse bestimmbar normieren.[61] Letzteres ist in der Tat geboten.[62]

Wie bei Art. 23 (→ Art. 23 Rn. 60 f.) kann das „Übertragungsgesetz" die Übertragung der Hoheits- 24 rechte nur zusammen mit einem völkerrechtlichen Vertrag bewirken.[63] Dieser erfordert nach Maßgabe des Art. 59 II ein Vertragsgesetz. Dies ist generell der Fall, da angesichts der Bedeutung einer Hoheitsrechtsübertragung die politischen Beziehungen des Bundes iSv Art. 59 II 1 geregelt (→ Art. 59 Rn. 29) werden.[64] Da aber nur *ein* Gesetz erlassen wird, hat dieses eine **Doppelfunktion**.[65]

Im Gegensatz zu Art. 23 I 2 bedarf das Vertragsgesetz iSv Art. 24 I nicht der Zustimmung des BRat. 25 Dies gilt auch dann, wenn Hoheitsrechte der Länder übertragen werden.[66] Allerdings kann sich die **Zustimmungsbedürftigkeit** des einheitlichen Gesetzes aus Art. 59 II 1 ergeben, und zwar dann, wenn der völkerrechtliche Vertrag Bestimmungen enthält, die als innerstaatliches Gesetz nur als zustimmungsbedürftiges Gesetz erlassen werden könnten.[67]

Ob für die „Rückholung" von Hoheitsrechten durch **Kündigung oder Austritt** ein Gesetz 25a erforderlich ist, ist wie bei der Kündigung völkerrechtlicher Verträge (→ Art. 59 Rn. 46) umstr.

---

[53] Zutr. BVerfGE 89, 155 (183), zu Art. 23. Insoweit zutr. *Classen* MKS II Art. 24 Rn. 22.

[54] BVerfGE 68, 1 (95). Vgl. dazu *Randelzhofer,* in: Maunz/Dürig, Art. 24 I (1992) Rn. 50; *Deiseroth,* in: Umbach/Clemens, Art. 24 Rn. 30; *Calliess,* in: Maunz/Dürig, Art. 24 I (2016) Rn. 31. Vgl. auch den UN-Sicherheitsrat, dazu *Classen* MKS II, Art. 24 Rn. 22.

[55] BVerfGE 58, 1 (35); *Jarass,* in: Jarass/Pieroth, Art. 24 Rn. 8; *Sauer* BK, Art. 24 (2019) Rn. 83 ff.; *Wollenschläger,* in: Dreier II, Art. 24 Rn. 35; *Classen* MKS II, Art. 24 Rn. 23; *Zuleeg* AK GG, Art. 24 Abs. 1, 1a, Rn. 5.

[56] Vgl. zu diesem Problem *Rojahn,* in: v. Münch/Kunig I, Art. 24 Rn. 38 mwN.

[57] BVerfGE 58, 1 (37).

[58] BVerfGE 68, 1 (99). Bestätigt in BVerfGE 77, 170 (232).

[59] BVerfGE 58, 1 (38).

[60] Zutr. *Rojahn,* in: v. Münch/Kunig I, Art. 24 Rn. 38 mwN.

[61] BVerfGE 89, 155 (187 f.).

[62] Zu Recht gegen BVerfGE 68, 1 (97) *Jarass,* in: Jarass/Pieroth, Art. 24 Rn. 8; *Deiseroth,* in: Umbach/Clemens, Art. 24 Rn. 70; *Sauer* BK, Art. 23 (2019) Rn. 89: *Wollenschläger,* in: Dreier II Art. 23 Rn. 38. Zu den reduzierten Anforderungen „an die Bestimmtheit und Dichte" von Vertragsregelungen im internationalen Bereich im Vergleich zum Parlamentsvorbehalt im rein nationalen Bereich und zur Unterscheidung von Vertragsauslegung und Vertragserweiterung vgl. BVerfGE 90, 286 (361 ff.) und BVerfGE 104, 151 (199 ff.), BVerfGE 118, 224 (258 ff.) und BVerfGE 121, 135 (157 ff.). Vgl. dazu *Pernice,* in: Dreier II, 2. Aufl. 2006, Art. 24 Rn. 29; *Rojahn,* in: v. Münch/Kunig I, Art. 24 Rn. 66; *Calliess,* in: Maunz/Dürig, Art. 24 I (2016) Rn. 64 ff. mwN; *Murswiek* NVwZ 2007, 1130 (1131 f.). Zum korrespondierenden Parlamentsvorbehalt für Einsatzermächtigungen vgl. BVerfGE 104, 151 (208) und BVerfGE 121, 135 (160 ff.); → Rn. 76b.

[63] Vgl. dazu *Rojahn,* in: v. Münch/Kunig I, Art. 24 Rn. 31 ff.

[64] Ebenso *Jarass,* in: Jarass/Pieroth, Art. 24 Rn. 8.

[65] Vgl. dazu *Rojahn,* in: v. Münch/Kunig I, Art. 24 Rn. 39; *Calliess,* in: Maunz/Dürig, Art. 24 I (2016) Rn. 54 ff. mwN. auch zu anderen Erklärungsmodellen; *Schweitzer/Dederer,* StaatsR III, Rn. 116.

[66] H. M., vgl. *Rojahn,* in: v. Münch/Kunig I, Art. 24 Rn. 40 mwN; *Deiseroth,* in: Umbach/Clemens, Art. 24 Rn. 72. Nach *Jarass,* in: Jarass/Pieroth, Art. 24 Rn. 8 unter Hinweis auf BVerfGE 92, 203 (230 f.) sei hier aber „eine enge Zusammenarbeit zwischen Bund und Ländern geboten".

[67] *Randelzhofer,* in: Maunz/Dürig, Art. 24 I (1992) Rn. 66; *Calliess,* in: Maunz/Dürig, Art. 24 I (2016) Rn. 57; *Jarass,* in: Jarass/Pieroth, Art. 24 Rn. 8; *Hobe,* in: Friauf/Höfling, Art. 24 (2012) Rn. 36; *Deiseroth,* in: Umbach/Clemens, Art. 24 Rn. 73; *Tomuschat* BK, Art. 24 (1981/1985) Rn. 28; *Wollenschläger,* in: Dreier II, Art. 23 Rn. 36; ebenso wohl *Rojahn,* in: v. Münch/Kunig I, Art. 24 Rn. 40. AA *Pernice,* in: Dreier II, 2. Aufl. 2006, Art. 24 Rn. 30; *Classen* MKS II, Art. 23 Rn. 23: Art. 24 I lex specialis gegenüber Art. 59 II.

Wegen der fundamentalen Bedeutung (→ Rn. 24) darf nicht allein der BReg überlassen bleiben, die von BTag (und gegebenenfalls BRat) gebilligte Hoheitsrechtsübertragung zu beenden.[68]

26 **Rechte der Länder**[69] dürfen bis zur Schranke des Art. 79 III (→ Art. 23 Rn. 84) übertragen werden, da ansonsten Deutschland insoweit „integrationsunfähig" wäre.[70]

27 **2. Materielle Anforderungen: Schranken der Übertragungsermächtigung.** Anders als jetzt Art. 23 enthält Art. 24 I keine ausdrückl. Schranken der Übertragungsermächtigung. Gleichwohl lässt auch Art. 24 I die Übertragung von Hoheitsrechten auf zwischenstaatliche Einrichtungen „**nicht schrankenlos**" zu.[71] Er eröffnet nach der Rspr. des BVerfG nicht den Weg, „die Grundstruktur der Verfassung, auf der ihre Identität beruht, ohne Verfassungsänderung, nämlich durch Gesetzgebung der zwischenstaatlichen Einrichtung zu ändern".[72]

28 Das **BVerfG** hat sich bemüht, die Schranken der Ermächtigung durch Art. 24 I und die **Relativierungsspielräume,** die er eröffnet,[73] zu präzisieren,[74] ohne dass endgültige Klarheit besteht.[75] Dies erfolgte hauptsächlich zur EWG, die wegen ihrer Supranationalität von Anfang an einen Sonderfall darstellte, für den im Zusammenhang mit dem Vertrag von Maastricht und der Neuordnung in EG/EU in Art. 23 I als Schranken der *Integration*sermächtigung kodifiziert wurden, die im Wesentlichen auf den vom BVerfG zu Art. 24 I postulierten Grundanforderungen beruhen (→ Art. 23 Rn. 6, → Art. 23 Rn. 12). Das BVerfG greift daher in seiner Rspr. zu anderen zwischenstaatlichen Einrichtungen auf diesen Fundus zurück.[76] Angesichts der Besonderheit der EU ist jedoch zu prüfen, inwieweit die dazu entwickelten Schranken der Integrationsermächtigung (→ Art. 23 Rn. 20 ff.: Strukturanforderungen; → Art. 23 Rn. 24 ff.: Demokratie; → Art. 23 Rn. 27 ff.: Rechtsstaat; 41 ff.: Grundrechtsschutz; → Art. 23 Rn. 83 f.: Art. 79 III; 85: Bindung der deutschen Vertreter in zwischenstaatlichen Einrichtungen an das GG; 86 ff.: Folgen der Überschreitung der Verfassungsvorgaben und der übertragenen Kompetenzen) für die konkrete zwischenstaatliche Einrichtung relevant bzw. ob insoweit abweichende Bewertungen geboten sind.[77]

29 Wie das BVerfG sieht die Lit. die Schranken in den **zentralen Verfassungsstrukturen,** deren Schutz insbesondere in **Art. 79 III** zum Ausdruck kommt.[78] Da dieser der nationalen Änderung des GG Grenzen setzt, eignet er sich nicht zur „schlichten" Anwendung für in einen völkerrechtlichen Vorgang und dessen Besonderheiten eingebettete Maßnahmen.[79] Soweit die von ihm durch Verweis auf die in den Art. 1 und 20 niedergelegten Grundätze geschützten Bereiche betroffen sind, stellt er eine absolute Schranke dar, auf der aufbauend die Grenzen für die Übertragung von Hoheitsrechten

---

[68] Insoweit h. M., *Wollenschläger,* in: Dreier II, Art. 24 Rn. 27; *Sauer* BK, Art. 24 Rn. 90 mwN. AA *Classen* KMS II, Art, 24 Rn. 33.

[69] Die Länder selbst dürfen Hoheitsrechte nur nach Maßgabe des Art. 24 Ia übertragen → Rn. 37 ff.

[70] H. M., *Randelzhofer,* in: Maunz/Dürig, Art. 24 I (1992) Rn. 37 f. mwN in Fn. 135 und 150 mit fundierter Kritik an der damals h. M. und Nachw. der Gegenansicht ebda, Rn. 39; *Calliess,* in: Maunz Dürig, Art. 24 I (2016) Rn. 27; *Sauer* BK, Art. 24 (2019) Rn. 35 mwN.

[71] BVerfGE 58, 1 (40), st. Rspr.

[72] BVerfGE 37, 271 (279), bestätigt in BVerfG (K) GRUR 2010, 1031. Im Grundsatz ebenso BVerfGE 58, 1 (40); 73, 339 (375 f.).

[73] Vgl. BVerfGE 37, 271 (280); 58, 1 (40). Zuletzt BVerfGE 149, 346 – Europ. Schule mwN auf die stRspr.

[74] Vgl. dazu *Streinz,* Bundesverfassungsgerichtlicher Grundrechtsschutz und Europäisches Gemeinschaftsrecht, 1989, S. 231 ff.

[75] Vgl. dazu *Sauer* BK, Art. 24 (2019) Rn. 158 ff.

[76] Deutlich BVerfGK 17, 266 Rn. 10, 12 ff. anlässlich einer VB gegen eine Prüfungsentscheidung des Europ. Patentamts: Die aufgeworfenen verfassungsrechtlichen Fragen seien durch die Rspr. des Senats (BVerfGE 73, 339 [387] – Solange II; BVerfGE 102, 147 [164] – Bananenmarktordnung) geklärt. Das BVerfG entschied parallel zu BVerfGE 89, 155 (157) – Maastricht – hinsichtlich des Prüfungsgegenstands („Auswirkungen für die Grundrechtsberechtigten können Rechtsakte internationaler Organisationen haben, denen Hoheitsrechte nach Art. 24 I oder Art. 23 I 2 GG übertragen wurden. Die dem BVerfG übertragene Aufgabe des Grundrechtsschutzes erstreckt sich dementspr. auch auf abgeleitete Akte von solchen Organisationen, denen die BR Deutschland Hoheitsgewalt mit Wirkung auf ihrem Staatsgebiet übertragen hat. Damit sind alle zwischenstaatlichen Einrichtungen iSd Art. 24 I GG einbezogen, deren Rechtsakte in die nationale Rechtsordnung hineinwirken und dadurch Rechte von Grundrechtsberechtigten in Deutschland betreffen können" → Art. 23 Rn. 56a) und parallel zu BVerfGE 102, 147 (164) – Bananenmarktordnung – bzgl. des Prüfungsmaßstabs („Der Beschwerdeführer legt nicht dar, dass der Rechtsschutz gegen Zulassungsentscheidungen das vom GG geforderte Ausmaß an Rechtsschutz generell und offenkundig unterschreitet" → Art. 23 Rn. 43). Hinreichend dagegen die Begründung der VB in BVerfGE 140, 317, Rn. 34 – Identitätskontrolle I → Art. 23 Rn. 43a. Vgl. insges. auch *Walter* AöR 2004, 39 (45 ff.). Ebenso zuletzt BVerfGE 149, 346 Rn. 27 ff. – Europ. Schule: Anwendung der Solange-Rspr. auch hinsichtlich der Beschwerdekammer als „Gericht", Erfordernis eines „strukturell bedingten Regelungsdefizits" und nicht nur einer „Fehlentscheidung im Einzelfall" (ebd. Rn. 56, 61). Offenbar als Leitentscheidung gedacht, da die Verwerfung der VB aus formalen Gründen neun Jahre dauerte. S. dazu *Ruffert* JuS 2018, 1249; *Gärditz* EuGRZ 2018, 530. Krit. Zum Ergebnis *Gruber* NJW 2018, 1549.

[77] Vgl. *Calliess,* in: Maunz/Dürig, Art. 24 I (2016) Rn. 171 ff., 215 mwN; *Sauer* BK, Art. 24 (2019) Rn. 168 ff., 216.

[78] *Jarass,* in: Jarass/Pieroth, Art. 24 Rn. 9.

[79] Zutr. *E. Klein,* VVDStRL 50 (1990), 56 (69 ff.). Insoweit zutr. auch *Sauer* BK, Art. 24 (2019) Rn. 172 ff., 216.

entwickelt werden können.[80] Grenzen zieht auch die Entscheidung für die Friedenspolitik (→ Art. 26 Rn. 5).[81] Die Übertragungsschranken betreffen den **Umfang** der übertragbaren Hoheitsrechte und ihre Rückholbarkeit[82], die **Struktur** (Organisation und Verfahren) der zwischenstaatlichen Einrichtung[83] sowie vor allem die inhaltliche und institutionelle Absicherung ihrer **Grundrechtsbindung.**[84] Die Übertragung judikativer Hoheitsrechte muss mit der dauerhaften Gewährleistung eines **effektiven Rechtsschutzes** einhergehen.[85]

## III. Beispiele

Neben den EGen (jetzt der EU), die seit 1992 Art. 23 unterfallen (→ Art. 23 Rn. 3), gibt es eine **30** Reihe weiterer zwischenstaatlicher Einrichtungen, an denen Deutschland beteiligt ist.[86] Genannt seien hier nur: **Eurocontrol,**[87] das aber durch die Einführung einer opting out-Klausel (fehlende Dauer und Festigkeit → Rn. 18) und den Wegfall von Durchgriffsbefugnissen[88] keine Hoheitsrechte mehr besaß und solche nur eingeschränkt durch den Vertrag zwischen Deutschland, Belgien, den Niederlanden, Luxemburg und Eurocontrol v. 25.11.1986[89] (wieder-)übertragen bekam;[90] **Europäische Kernenergie-Agentur**[91] **Moselkommission** und Zentralkommission für die **Rheinschifffahrt;**[92] EPO,[93] die **Europäischen Schulen,**[94] der IStGH mit Sitz in Den Haag.[95]

---

[80] Vgl. zu Art. 79 III als Grundlage für die „Interpretation" der Anforderungen des BVerfG *Klein* (Fn. 79), 71. Zu den Ansätzen der Lit. *Sauer* BK, Art. 24 (2019) Rn. 165 ff., 168 ff., 215; *Randelzhofer,* in: Maunz/Dürig, Art. 24 I (1992) Rn. 69 ff.; *Rojahn,* in: v. Münch/Kunig I, Art. 24 Rn. 59 ff. mwN; *Jarass,* in: Jarass/Pieroth, Art. 24 Rn. 9 ff.; *Classen* MKS II, Art. 24 Rn. 14 ff.; *Hobe,* in: Friauf/Höfling, Art. 24 (2012) Rn. 40 f.; *Pernice,* in: Dreier II, 2. Aufl. 2006, Art. 24 Rn. 32; *Deiseroth,* in: Umbach/Clemens, Art. 24 Rn. 83 ff. mwN.

[81] *Klein* (Fn. 79), 71; *Robbers* NJW 1989, 1325 (1326).

[82] Nur einzelne Hoheitsrechte, vgl. *Sauer* BK, Art. 24 (2019) Rn. 36; *Classen* MKS II, Art. 24 Rn. 9; *Wollenschläger,* in: Dreier II, Art. 24 Rn. 27 mwN. Die Beendigung der Übertragung muss möglich sein, *Sauer* BK, Art. 24 (2019) Rn. 182 mwN.

[83] Zu Unterschieden gegenüber den in Art. 23 I 1 explizit normierten Strukturanforderungen zutr. *Calliess,* in: Maunz/Dürig, Art. 24 I (2016) Rn. 178 ff. Erforderlich ist eine hinreichende demokratische Legitimation, vgl. *Sauer* BK, Art. 24 (2019) Rn. 195 ff. und die Einhaltung rechtsstaatlicher Grundsätze, vgl. *Classen* MKS II, Art. 24 Rn. 31.

[84] Vgl. dazu iE *Randelzhofer,* in: Maunz/Dürig, Art. 24 I (1992) Rn. 95 ff.; *Rojahn,* in: v. Münch/Kunig I, Art. 24 Rn. 59; *Classen* MKS II, Art. 24 Rn. 25 ff.

[85] *Sauer* BK, Art. 24 (2019) Rn. 207 ff. Zu den Anforderungen zuletzt BVerfGE 149, 246 Rn. 33 ff. mit Orientierung an Art. 6 I EMRK und der Rspr. des EGMR.→ Fn. 76.

[86] Vgl. die eingehenden Darstellungen bei *Randelzhofer,* in: Maunz/Dürig, Art. 24 I (1992) Rn. 173 ff.; *Rojahn,* in: v. Münch/Kunig I, Art. 24 Rn. 43 ff.; *Hobe,* in: Friauf/Höfling, Art. 24 (2012) Rn. 24 ff.; *Classen* MKS II, Art. 24 Rn. 59 ff.; *Deiseroth,* in: Umbach/Clemens, Art. 24 Rn. 109 ff.; *Sauer* BK, Art. 24 (2019) Rn. 112 ff. Die im Rahmen des sog. Euro-Rettungsschirms durch völkerrechtlichen Vertrag geschaffenen Einrichtungen fallen – soweit sie überhaupt Hoheitsgewalt ausüben – nicht in den Anwendungsbereich von Art. 23; *Lorz/Sauer* DÖV 2012, 573 (576 ff.); *Möllers/Reinhardt* JZ 2012, 693 (694 ff.); *Wollenschläger* NVwZ 2012, 713 (714 ff.). → Art. 23 Rn. 54.

[87] Internationales Übereinkommen über Zusammenarbeit zur Sicherung der Luftfahrt v. 13.12.1960, BGBl II 1962, 2274.

[88] Prot. v. 12.2.1981, BGBl II 1984, 71, und Vereinbarung v. 12.2.1981, BGBl II 1984, 109. Der HessVGH NVwZ-RR 1996, 287 (288) nimmt eine Beschränkung der opting-out-Klausel auf Mehrheitsbeschlüsse und daher ein Fortbestehen der Durchgriffswirkung an.

[89] BGBl II 1989, 667.

[90] Einzelheiten bei *Randelzhofer,* in: Maunz/Dürig, Art. 24 I (1992) Rn. 176 ff., 181; *Calliess,* in: Maunz/Dürig, Art. 24 I (2016) Rn. 83 ff.; *Rojahn,* in: v. Münch/Kunig I, Art. 24 Rn. 43; *Hobe,* in: Friauf/Höfling, Art. 24 (2012) Rn. 23 f.; *Classen* MKS II, Art. 24 Rn. 60; *Deiseroth,* in: Umbach/Clemens, Art. 24 Rn. 109; *Tomuschat* BK, Art. 24 (1981/1985) Rn. 112 ff.; *Sauer* BK, Art. 24 (2019) Rn. 123 ff.

[91] Übereinkommen über die Errichtung einer Sicherheitskontrolle auf dem Gebiet der Kernenergie v. 20.12.1957, BGBl II 1959, 586. S. dazu *Randelzhofer,* in: Maunz/Dürig, Art. 24 I (1992) Rn. 183; *Rojahn,* in: v. Münch/Kunig I, Art. 24 Rn. 45; *Classen* MKS II, Art. 24 Rn. 59; *Deiseroth,* in: Umbach/Clemens, Art. 24 Rn. 114; *Sauer* BK, Art. 24 (2019) Rn. 130.

[92] Vertrag über die Schiffbarmachung der Mosel v. 27.10.1956, BGBl II 1956, 1838; revidierte Rheinschifffahrtsakte vom 17.10.1968 (Mannheimer Akte), BGBl II 1969, 597. S. dazu *Randelzhofer,* in: Maunz/Dürig, Art. 24 I (1992) Rn. 186, der allerdings die Anwendung des Art. 24 I auf die Mannheimer Akte (nur) deshalb ablehnt, weil Art. 24 keine Rückwirkung entfalten soll, ebda, Rn. 185; *Rojahn,* in: v. Münch/Kunig I, Art. 24 Rn. 52, 57; *Hobe,* in: Friauf/Höfling, Art. 24 Rn. 30, 32; *Classen* MKS II, Art. 24 Rn. 59; *Deiseroth,* in: Umbach/Clemens, Art. 24 Rn. 125 bzw. 134; *Tomuschat* BK, Art. 24 (1981/1985) Rn. 108 f.; *Sauer* BK, Art. 24 (2019) Rn. 131 f.

[93] Art. 4 I des Übereinkommens über die Erteilung Europäischer Patente (EPÜ) v. 5.10.1973, BGBl II 1976, 649, 826 ff. S. dazu BVerfGK 17, 266 mwN.; BGHZ 102, 118, (122); BayVGH GRUR 2007, 444 (445); BayVGH BayVBl 2019, 710, Rn. 19 ff. *Randelzhofer,* in: Maunz/Dürig, Art. 24 I (1992) Rn. 188 ff.; *Calliess,* in: Maunz/Dürig, Art. 24 I (2016) Rn. 158; *Rojahn,* in: v. Münch/Kunig I, Art. 24 Rn. 46; *Hobe,* in: Friauf/Höfling, Art. 24 (2012) Rn. 26; *Classen* MKS II, Art. 24 Rn. 61; *Deiseroth,* in: Umbach/Clemens, Art. 24 Rn. 116; *Sauer* BK, Art. 24 (2019) Rn. 127. Vgl. zum gebotenen Rechtsschutz BVerfGK 8, 325 (329); BVerfGK 17, 266 (→ Fn. 76). Zum geplanten Europ. Patentgericht *Sauer* BK, Art. 24 (2019) Rn. 121 f. Die erforderliche Ratifikation der BRD wird vom BVerfG blockiert (→ Art. 23 Rn. 56).

[94] Prot. v. 13.4.1962 über die Gründung Europäischer Schulen, BGBl II 1969, 1302 und Zusatzprot. v. 15.12.1975, BGBl II 1978, 994. Satzung der Europäischen Schule v. 12.4.1957, BGBl II 1965, 1041; ersetzt durch

**31**     Die **Vereinten Nationen** (UN)werden, da auch ihre verbindlichen Beschlüsse (vgl. Art. 25, 41 ff.
SVN) nur die Mitgliedstaaten verpflichten, mangels Durchgriffswirkung nicht als zwischenstaatliche
Einrichtung angesehen.[96] Durchgriffswirkung entfalten jedoch die durch Beschlüsse des UN-Sicherheitsrats geschaffenen internationalen Strafgerichtshöfe für das ehem. Jugoslawien und Ruanda und das
an Individuen gerichtete Sanktionssystem („smart sanctions") zur Terrorismusbekämpfung. Da diese
Entwicklung akzeptiert wurde (zur Kompetenzerweiterung durch nachfolgende Praxis vgl. Art. 31 I
lit. b WVRK) und Beschlüsse der Sicherheitsrats als Organ der UN diesen zuzurechnen sind, ist darin
die Übertragung von Hoheitsrechten auf diese zu sehen.[97] Hoheitsrechte wurden auf die Meeres-
bodenbehörde und den Internationalen Seegerichtshof durch die VN-Seerechtskonvention v.
10.12.1982 übertragen.[98] Strittig ist dies hinsichtlich der im Rahmen der UN geschaffenen internationalen Zivilluftfahrt-Organisation.[99]

**31a**    Mangels Durchgriffswirkung wurden auf die **Organe der EMRK**[100] einschließlich des EGMR
keine Hoheitsrechte übertragen.[101] Zwar besteht gegenüber den Urteilen des **EGMR** eine Handlungspflicht der Organe der Mitgliedstaaten (Art. 46 I EMRK),[102] nach der Rspr. des BVerfG eine grds.
Befolgungspflicht der deutschen Gerichte.[103] In dieser mit der Individualbeschwerde (Art. 34 EMRK)
herbeigeführten Wirkung auf die deutsche Rechtsordnung sieht ein Teil der Lit. die Übertragung von
Hoheitsrechten.[104] Jedoch erlangt die Rspr. des EGMR diese innerstaatliche Bedeutung erst aufgrund
und nach Maßgabe des innerstaatlichen Rechts.[105]

**32**     Keine Durchgriffsbefugnisse hat **Interpol**, weshalb es von denjenigen, die den Durchgriff als
zwingendes Tatbestandsmerkmal der Art. 24 I ansehen, nicht als zwischenstaatliche Einrichtung
angesehen wird.[106] Wegen der Befugnis zur Speicherung, Verwendung und Weitergabe von personenbezogenen Daten wird im Schrifttum zT aber ein Übertragungsgesetz iS v Art. 24 I für erforderlich

Vereinbarung v. 21.6.1994, BGBl II 1996, 2558. *Sauer* BK, Art. 24 (2019) Rn. 117 ff., 118: Durchgriffswirkung jdf.
gegenüber den Schülern (Prüfungen). Davon gehen inzident BGHZ 182, 10 Rn. 41 ff. und BVerfGE 149, 346 Ls. 1
und Rn. 27 ff. aus. Ebenso BayVGH BayVBl 1990, 469 (470, 471); *Deiseroth,* in: Umbach/Clemens, Art. 24
Rn. 118; *Gärditz,* EuGRZ 2018, 530 (531). AA Voraufl.; *Rojahn,* in: v. Münch/Kunig I, Art. 24 Rn. 47; BayVGHE
49 (1996), 35 (41 ff.); vgl. auch BVerwGE 91, 126 (127). Zur Rechtsnatur der Europäischen Schulen *J. Gruber*
ZaöRV 65 (2005), 1015 (1024 f.).
    [95] Statut vom 17.7.1998, ILM 37 (1998), 999; deutsche Übersetzung in EuGRZ 1998, 618; BGBl II 2000, 1394;
in Kraft mit Wirkung vom 1.7.2002 nach Hinterlegung der 60. Ratifikationsurkunde am 11.4.2002. Deutschland hat
am 11.12.2000 ratifiziert. Gesetz zum Römischen Statut des IStGH v. 17.7.1998 (IStGH-Statutgesetz, Sart. II,
Nr. 35) v. 4.12.2000, BGBl II 2000, 1393. Vgl. dazu *Classen* MKS II, Art. 24 Rn. 62; *Hobe,* in: Friauf/Höfling,
Art. 24 (2012) Rn. 34; *Zuleeg* AK GG, Art. 24 Abs. 3/Art. 25 Rn. 57; *Sauer* BK, Art. 24 (2019) Rn. 137 mwN;
*Gärditz* HStR XI, § 245, Rn. 14 ff; *Satzger,* Internationales und Europäisches Strafrecht, 8. Aufl. 2018, § 14. Vgl.
auch Art. 16 II 2.
    [96] *Tomuschat* BK, Art. 24 (1981/1985) Rn. 114; *Rojahn,* in: v. Münch/Kunig I, Art. 24 Rn. 55
    [97] *Sauer* BK, Art. 24 (2019) Rn. 135. Hinsichtlich der internationalen Strafgerichtshöfe ebenso *Classen* MKS II,
Art. 24 Rn. 62; *Wollenschläger,* in: Dreier II, Art. 24 Rn. 34 („punktuelle Übertragung"); *Herdegen,* Völkerrecht,
17. Aufl. 2018, § 41 Rn. 38. *Rojahn,* in: v. Münch/Kunig, Art. 24 Rn. 51 mwN sieht die Strafgerichtshöfe selbst als
zwischenstaatliche Einrichtungen. Die Pflicht, Urteile des IGH zu befolgen (BVerfG EuGRZ 2006, 684 (690),
beinhaltet wie beim EGMR (→ Rn. 31a) keine Übertragung von Hoheitsrechten.
    [98] BGBl II 1994, 1799 (Sart. II, Nr. 350) iVm dem Übereinkommen v. 28.7.1994, BGBl II 1994, 2566. S. dazu
*Rojahn,* in: v. Münch/Kunig I, Art. 24 Rn. 48; *Deiseroth,* in: Umbach/Clemens, Art. 24 Rn. 132; *Tomuschat* BK,
Art. 24 (1985) Rn. 114.
    [99] ICAO-Abkommen v. 7.12.1944 über die internationale Zivilluftfahrt, BGBl II 1956, 412 (Sart. II, Nr. 399).
Dafür *Rojahn,* in: v. Münch/Kunig I, Art. 24 Rn. 55; *Deiseroth,* in: Umbach/Clemens, Art. 24 Rn. 135 AA
*Sauer* BK, Art. 24 (2019) Rn. 140; *Frenzel,* Sekundärrechtsetzungsakte internationaler Organisationen, 2011,
S. 195 ff.
    [100] S. dazu *Tomuschat* BK, Art. 24 (1981/1985) Rn. 115; *Sauer* BK, Art. 24 (2019) Rn. 128 ff. Zur Beurteilung
nach der Neuordnung des EGMR und des EMRK-Verfahrens nach dem seit 1.11.1998 in Kraft befindlichen Prot.
Nr. 11 (BGBl II 1995, 579) vgl. auch *Hillgruber,* in: Hofmann/Henneke, Art. 24 Rn. 29; *Hobe,* in: Friauf/Höfling,
Art. 24 (2012) Rn. 27; *Rojahn,* in: v. Münch/Kunig I, Art. 24 Rn. 4 und *Deiseroth,* in: Umbach/Clemens, Art. 24
Rn. 115. Anders für den Europarat nun *Everling* EuR 2005, 411 (416 ff.). Nach *Deiseroth,* in: Umbach/Clemens,
Art. 24 Rn. 117 ist der Europarat eine zwischenstaatliche internationale Organisation, aber ohne Durchgriffsbefug-
nisse, so dass Art. 24 I nicht einschlägig ist.
    [101] *Sauer* BK, Art. 24 (2019) Rn. 128.
    [102] S. dazu und zur Differenzierung nach Legislative, Exekutive und Judikative *Breuer,* in: Karpenstein/Mayer,
Art. 46 Rn. 33 ff.
    [103] BVerfGE 111, 307 (322 ff.) – Görgülü; BVerfGE 128, 326. Vgl. dazu *Breuer,* in: Karpenstein/Mayer, Art. 46
Rn. 47 ff.
    [104] *Wollenschläger,* in: Dreier II, Art. 24 Rn. 34; *Hobe,* in: Friauf/Höfling, Art. 24 (2012) Rn. 27.
    [105] *Sauer* BK, Art. 24 (2019) Rn. 129. Deutlich wird dies (und der Unterschied zum Anwendungsvorrang des
EU-Rechts) in BVerfGE 148, 296 Rn. 126 ff, 133 ff. – Streikverbot für Beamte (→ Art. 59 Rn. 65a, 65b).
    [106] *Randelzhofer,* in: Maunz/Dürig, Art. 24 I (1992) Rn. 174 f.; *Rojahn,* in: v. Münch/Kunig I, Art. 24 Rn. 50;
*Hobe,* in: Friauf/Höfling, Art. 24 (2012) Rn. 29; auch *Tomuschat* BK, Art. 24 (1981/1985) Rn. 117a; s. aber
→ Fn. 109. Gleiches galt für **Europol** (vgl. dazu 5. Aufl. Art. 24 Rn. 32 Fn. 99) vor der Regelung durch EU-Recht
(→ Art. 23 Rn. 90).

gehalten.[107] Dies kommt bei Zugrundelegung der sog. zweiten Fallgruppe neben dem Durchgriff (→ Rn. 14) in Betracht. Unter dieser Prämisse stellt sich dann die Frage, ob der faktische Grundrechtseingriff die aus Gründen der jedenfalls gebotenen Einschränkung des Tatbestandes verlangte besondere Qualität hat.[108] Insoweit wird man aber einer polizeilichen Datensammlung gegenüber den von jeder Organisation vorgenommenen Datensammlungen[109] eine solche Qualität einräumen können. Folgt man diesem Ansatz, ist Interpol als zwischenstaatliche Einrichtung iSv Art. 24 I einzustufen.[110]

Strittig war wegen des unklaren Wortlauts die Stellung des Exekutivausschusses gem. dem **Schengen** 33 **II-Abkommen** v. 19.6.1990; strittig bleibt, ob dies nach dem Wechsel der verfassungsrechtlichen Ermächtigungsgrundlage von Art. 24 I auf Art. 23 I[111] fortwirkt.[112]

Besonders strittig ist die Einstufung der **NATO** als zwischenstaatliche Einrichtung. Diese wurde bis 34 zum Pershing-Urteil des BVerfG von der ganz h. M.[113] verneint, weil der NATO keine Durchgriffsbefugnisse eingeräumt worden sind.[114] Diejenigen, die den Durchgriff nach wie vor als notwendiges Tatbestandsmerkmal des Art. 24 I ansehen, halten auch nach dem Pershing-Urteil konsequent an ihrer Auffassung fest.[115]

Das **BVerfG** hat im **Pershing-Urteil** „das Zusammenwirken von Washingtoner-Vertrag, Aufent- 35 haltsvertrag und Deutschlandvertrag in seinen Auswirkungen auf die deutsche Gebietshoheit als Einräumung von Hoheitsrechten iSd Art. 24 I qualifiziert".[116] Art. 24 I setze weder die Unwiderruflichkeit der Zurücknahme deutscher Hoheitsgewalt (Problem der Dauer und Festigkeit → Rn. 18) voraus, noch stehe dem entgegen, dass die aktuelle Inanspruchnahme übertragener Hoheitsrechte von der Bewertung bestimmter Arten internationaler Lagen in bestimmter Weise durch die Mitgliedstaaten je für sich abhängen dürfe.[117] Dies lässt sich als „faktischer Befehlsdurchgriff"[118] oder als Erstreckung des Art. 24 I auf ein schlicht-hoheitliches Handeln der zwischenstaatl. Einrichtung, das zu einer als wesentlich (Bedeutung des beeinträchtigten Rechtsguts und Art, Schwere und Wahrscheinlichkeit des drohenden Eingriffs) einzustufenden faktischen Einwirkung in den innerstaatl. Rechtsraum führt,[119] deuten.[120]

Auf dieser Basis sieht das BVerfG die **NATO als zwischenstaatliche Einrichtung** an, weil ihr von 36 der BRD die Letztentscheidung über die Einsatzfreigabe und den militärisch-operativen Einsatz auf Bundesgebiet stationierter nuklearer Waffensysteme übertragen worden sei,[121] was sich auch im Rahmen des dem NATO-Vertrag zugrunde liegenden Bündnisprogramms halte.[122] Dafür sprechen

---

[107] So *Eick/Trittel* EuGRZ 1985, 83; *Deiseroth,* in: Umbach/Clemens, Art. 24 Rn. 123 f.; *Sauer* BK, Art. 24 (2019) Rn. 142; zw. auch *Tomuschat* BK, Art. 24 (1981/1985) Rn. 117a aE.

[108] Vgl. *Rauser* (Fn. 41), S. 99 ff. und → Rn. 16.

[109] Vgl. *Tomuschat* BK, Art. 24 (1981/1985) Rn. 117a, der deswegen, um den Tatbestand „supranationale Organisationen" nicht uferlos werden zu lassen, die „zweite Fallgruppe" ablehnt, aber aE doch wieder darauf zurückkommt.

[110] Ebenso *Wollenschläger,* in: Dreier II Rn. 34; *Deiseroth,* in: Umbach/Clemens, Art. 24 Rn. 124; *Sauer* BK, Art. 24 (2019) Rn. 142 f.

[111] Vgl. dazu *Pernice,* in: Dreier II, 2. Aufl. 2006, Art. 24 Rn. 24.

[112] Vgl. dazu 6. Aufl. Art. 24 Rn. 33 mwN; *Rojahn,* in: v. Münch/Kunig I Art. 24 Rn. 54; *Sauer* BK, Art. 24 (2019) Rn. 116.

[113] Als aA wird *Badura* VVDStRL 23 (1966), 34 ff. (52 f.) zitiert; vgl. *Rojahn,* in: v. Münch/Kunig I, Art. 24 Rn. 53. Dies ist aber zumindest zw. Die Gegenüberstellung zu den EGen und die zutr. beschriebenen Einschränkungen (vgl. insbes. ebda, S. 50) legen eher das Gegenteil nahe.

[114] Vgl. *Tomuschat* BK, Art. 24 (1981/1985) Rn. 113 mwN; *K. Ipsen* JöR nF 21 (1971), 51; *F. Kirchhof* HStR IV, § 84 Rn. 44. Die gegenteilige Behauptung des BVerfG, die Qualifizierung der NATO als zwischenstaatliche Einrichtung iSd Art. 24 I sei „im wissenschaftlichen Schrifttum weithin unbestritten" (BVerfGE 68, 1 [93]), konnte somit auch nur ohne Nachw. aufgestellt werden, vgl. *Schweitzer,* Staatsrecht III, 5. Aufl. 1995, Rn. 212.

[115] Vgl. z. B. *Randelzhofer,* in: Maunz/Dürig, Art. 24 I (1992) Rn. 187, 42; *Rojahn,* in: v. Münch/Kunig I, Art. 24 Rn. 53 (wegen der Widerruflichkeit der Assignierung der nationalen Streitkräfte, so dass den im Spannungsfall durchaus bestehenden Durchgriffsbefugnissen [„operational command"] die für Art. 24 I geforderte Dauer und Festigkeit (→ Rn. 18) fehle); *Tomuschat* BK, Art. 24 (1981/1985) Rn. 113; *Schweitzer/Dederer,* Staatsrecht III, Rn. 1171; *Hobe,* in: Friauf/Höfling, Art. 24 (2012) Rn. 31; *Pernice,* in: Dreier II, 2. Aufl. 2006, Art. 24 Rn. 27; abl. auch *Classen* MKS II, Art. 24 Rn. 64; *Sauer* BK, Art. 24 (2019) Rn. 141.

[116] So die Interpretation von BVerfGE 68, 1 (80 f., 93 ff.) in BVerfGE 90, 286 (350). Das Somalia-Urteil stellt dann aber ausschließlich auf Art. 24 II ab.

[117] BVerfGE 68, 1 (93 f.).

[118] Vgl. *Nolte* ZaöRV 54 (1994), 115 ff.; *Rojahn,* in: v. Münch/Kunig I, Art. 24 Rn. 53.

[119] So *Rauser* (Fn. 41), S. 83, 108; *Geiger,* StaatsR III, S. 130 f. Zu dieser „zweiten Fallgruppe" → Rn. 14. Zur Schwere des Eingriffs vgl. auch *Zuleeg* AK GG, Art. 24 Abs. 1, 1a, Rn. 6.

[120] Der Auffassung des BVerfG folgen iE auch z. B. *Wolfrum* HStR XI, § 221 Rn. 19; *Hillgruber,* in: Hofmann/Henneke, Art. 24 Rn. 28; *Wollenschläger,* in: Dreier II, Art. 24 Rn. 34; wenn auch nur hinsichtlich dieses Ansatzes – *Jarass,* in: Jarass/Pieroth, Art. 24 Rn. 6; *Bothe* KritV 1993, 53 (74 f.); *Wieland* DVBl 1991, 1174 (1178). *Deiseroth,* in: Umbach/Clemens, Art. 24 Rn. 127 ff. stimmt dem BVerfG hinsichtlich der Qualifikation der NATO als zwischenstaatlicher Einrichtung iSd Art. 24 I zu, verneint aber die erforderliche Hoheitsrechtsübertragung „durch Gesetz".

[121] BVerfGE 68, 1 (93 ff.); 77, 170 (232).

[122] BVerfGE 68, 1 (97 ff.); 77, 170 (232). *Calliess,* in: Maunz/Dürig, Art. 24 I (2016) Rn. 43 sieht in der Einstufung der NATO als System kollektiver Sicherheit durch BVerfGE 90, 286 (350) die Aufgabe des früheren Standpunkts. Das BVerfG verweist aber nur darauf, dass die Frage des Systems kollektiver Sicherheit im Pershing-

zwar die Argumente für eine zweite Fallgruppe neben dem Durchgriff (→ Rn. 13 f.). Das BVerfG wird aber zu Recht wegen der Verwässerung der Bestimmtheitsanforderung an das Integrationsprogramm[123] und der Konstruktion, dass der Präsident der USA als „Organ" der NATO handle,[124] **kritisiert.** Wegen letzterem ist die NATO selbst dann, wenn man der „zweiten Fallgruppe" folgt, keine zwischenstaatl. Einrichtung iSv Art. 24 I.[125]

36a      Stellt man auf die organisatorische Verfestigung des Zentrums und nicht auf die fallspezifische Zusammensetzung der Schiedsgerichte ab, fällt wegen der Übertragung Judikative auch das International Centre for the Settlement of Investment Disputes **(ICSID)** unter Art. 24 I.[126]

## IV. Übertragung von Hoheitsrechten durch die Länder (Abs. 1a)

37      **1. Ermächtigung.** Der neu eingefügte (→ Rn. 5) Art. 24 Ia ermächtigt **erstmals**[127] **auch die Länder,** deren bisherige grenzüberschreitende Zusammenarbeit auf Kooperation und Konzertation beschränkt war,[128] zur Übertragung von Hoheitsrechten.

38      Der **Begriff** entspricht dem in Art. 24 I (→ Rn. 12 ff.),[129] wofür bereits die Einfügung der Vorschrift spricht. Möglicher Adressatenkreis sind aber nicht zwischenstaatliche, sondern grenznachbarschaftliche Einrichtungen. Damit muss der **Träger** grenznachbarlicher Hoheitsgewalt nicht notwendig eine völkerrechtliche Einrichtung sein.[130] Die Wahrnehmung von Hoheitsrechten erfordert dessen Rechtsfähigkeit.[131]

39      Str. ist dagegen, ob die Übertragung von Hoheitsrechten einer **völkerrechtlichen Grundlage** bedarf, was auch auf Seiten der Vertragspartner die bei den deutschen Ländern gegebene (→ Art. 32 Rn. 6) zumindest partielle Völkerrechtsfähigkeit voraussetzen würde.[132] Der Wortlaut „grenznachbarschaftliche" kann als lediglich einen lokalen Bezug fordernd verstanden werden, ohne – anders als das Wort „zwischenstaatlich" in Art. 24 I – den Rechtscharakter der Parteien festzulegen.[133] Zw. ist dagegen, ob die ins Auge gefassten Anwendungsfälle (→ Rn. 50) dafür sprechen, dass nicht notwendig an völkerrechtliche Vereinbarungen gedacht wurde.[134] Ausschlaggebend dürfte sein, dass Art. 24 Ia gerade auch die Übertragung von Hoheitsrechten[135] und nicht nur darunter liegende Formen grenzüberschreitender Zusammenarbeit erleichtern wollte, der Anwendungsbereich der Vorschrift aber bei der Forderung einer Völkerrechtsfähigkeit des Vertragspartners erheblich eingeschränkt würde.[136]

40      **Adressaten** der Übertragungsermächtigung sind die Länder als Gliedstaaten der BRD, nicht aber die Gemeinden, Gemeindeverbände und Landkreise.[137]

41      Art. 24 Ia lässt die **bisher mögliche grenzüberschreitende Zusammenarbeit** unberührt. Selbst wenn man entgegen der hier vertretenen Auffassung (→ Rn. 38 f.) für die Übertragung von Hoheits-

---

Urteil offen geblieben sei, wobei das BVerfG dies darauf bezog, ob die NATO *auch* so klassifiziert werden könne (BVerfGE 68, 1 [95]) und damit offenbar von einer Kumulation von Art. 24 I und II ausging.

[123] Insoweit abl. auch *Jarass,* in: Jarass/Pieroth, Art. 24 Rn. 8; vgl. auch die abwM des Richters *Mahrenholz,* BVerfGE 68, 1, 111 (112 ff.).

[124] Vgl. *Rauser* (Fn. 41), S. 189 ff. Zur Stellung des US-Präsidenten vgl. bereits *Tomuschat* BK, Art. 24 (1981/1985) Rn. 161. Vgl. auch *Frank* AK GG, Art. 24 Abs. 2 Rn. 12; *Deiseroth,* in: Umbach/Clemens, Art. 24 Rn. 35 f. Zur Verklammerung der Hierarchien und nationalen und NATO-Befugnissen vgl. *F. Kirchhof* HStR IV³, § 84 Rn. 44.

[125] In Frage käme allein die – hier abgelehnte (→ Rn. 19 f.) Übertragung von Hoheitsrechten auf ausländische Staaten. Vgl. dazu *Rauser* (Fn. 41), S. 185 ff., 214 ff.; *Classen* MKS II, Art. 24 Rn. 64, 68.

[126] So *Sauer* BK, Art. 24 (2019) Rn. 144.

[127] Zur Unzulässigkeit von Hoheitsrechtsübertragungen durch die Länder auf Grund des Art. 24 I, der ausdr. den Bund meint, vgl. *Rojahn,* in: v. Münch/Kunig I, Art. 24 Rn. 86 und Art. 32 Rn. 37; *Sauer* BK, Art. 24 (2019) Rn. 228. Zu den Motiven der Einfügung des Abs. 1a vgl. *Calliess,* in: Maunz/Dürig, Art. 24 Ia (2016) Rn. 1 ff.

[128] Vgl. *Rojahn* in: v. Münch/Kunig I, Art. 24 Rn. 86 und in: v. Münch/Kunig I, Art. 32 Rn. 66.

[129] Vgl. *Schwarze* FS Benda, 1995, S. 316 ff.; *Classen* MKS II, Art. 24 Rn. 70; *Sauer* BK, Art. 24 (2019) Rn. 232.

[130] *Rojahn,* in: v. Münch/Kunig I, Art. 24 Rn. 90; *Classen* MKS II, Art. 24 Rn. 71; *Calliess,* in: Maunz/Dürig, Art. 24 Ia (2016) Rn. 21; *Jarass,* in: Jarass/Pieroth, Art. 24 Rn. 17. AA *Sauer* BK, Art. 24 (2019) Rn. 239.

[131] *Calliess,* in: Maunz/Dürig, Art. 24 Ia (2016) Rn. 21; *Sauer* BK, Art. 24 (2019) Rn. 236.

[132] Vgl. dazu eingehend *Schwarze* FS Benda, 1995, S. 322 ff.; *Sauer* BK, Art. 24 (2019) Rn. 235 ff.

[133] *Randelzhofer,* in: Maunz/Dürig, Art. 24 I (1992) Rn. 197.

[134] So aber *Randelzhofer* ebda.

[135] Für die *Rojahn,* in: v. Münch/Kunig I, Art. 24 Rn. 92 wegen der erforderlichen Institution offenbar einen völkerrechtlichen Vertrag verlangt. I. E. ebenso *Sauer* BK, Art. 24 (2019) Rn. 239.

[136] *Schwarze* FS Benda, 1995, S. 323. Ebenso iE *Rojahn,* in: v. Münch/Kunig I, Art. 24 Rn. 93; *Pernice,* in: Dreier II, 2. Aufl. 2006, Art. 24 Rn. 47; *Jarass,* in: Jarass/Pieroth, Art. 24 Rn. 18; *Deiseroth,* in: Umbach/Clemens, Art. 24 Rn. 155; *Calliess,* in: Maunz/Dürig, Art. 24 Ia (2016) Rn. 20 f.

[137] *Rojahn,* in: v. Münch/Kunig I, Art. 24 Rn. 87; *Deiseroth,* in: Umbach/Clemens, Art. 24 Rn. 156; *Jarass,* in: Jarass/Pieroth, Art. 24 Rn. 18, der allerdings eine generelle Ermächtigung durch Landesrecht für zulässig hält (dagegen *Deiseroth,* aaO, Rn. 157); ebenso wohl *Zuleeg* AK GG, Art. 24 Abs. 1, 1a, Rn. 9. Ebenso *Schwarze* FS Benda, 1995, S. 325 ff. AA mit dem Argument der Verfassungsautonomie und der Organisationshoheit der Länder *Classen* MKS II, Art. 24 Rn. 73. Nach *Pernice,* in: Dreier II, 2. Aufl. 2006, Art. 24 Rn. 43 ist für jede konkrete Hoheitsrechtsübertragung durch eine Gemeinde oder einen Gemeindeverband ein besonderes Landesgesetz erforderlich. Zustimmung *Wollenschläger,* in: Dreier II, Art. 24 Rn. 58. Zur kommunalen Entwicklungszusammenarbeit s. *Athenstaedt* DÖV 2013, 835 ff.

rechten als Vertragspartner ein Völkerrechtssubjekt fordert, ist die Schaffung grenznachbarschaftlicher Einrichtungen durch ör Vereinbarungen nicht-völkerrechtlicher Natur mit nachgeordneten (Gebiets-) Körperschaften eines Nachbarstaates möglich.[138] Solche Abkommen können, da und soweit keine Hoheitsrechte übertragen werden, auch auf deutscher Seite von Kommunen geschlossen werden.

Deren grenzüberschreitende Kompetenzen können auch in einem **völkerrechtlichen Dachver-** 42 **trag** zwischen dem Nachbarstaat und einem Land der BRD geregelt werden, ohne dass dies den Kommunen Völkerrechtssubjektivität verleiht oder ihnen Hoheitsrechte überträgt oder zu deren Übertragung ermächtigt.[139]

**2. Voraussetzungen.** Erforderlich ist eine Vereinbarung des Landes mit einem oder mehreren 43 ausländischen Vertragspartnern. „Grenznachbarlich" heißt, dass ein regionaler Bezug gegeben sein muss, der nicht nur den Wirkungskreis der Einrichtung,[140] sondern auch die möglichen Vertragspartner geographisch auf **grenznahe** (zumindest in der Regel gemeinsame Staatsgrenze) einschränkt.[141] Die Einfügung der Regelung in Art. 24 und nicht in Art. 23 zeigt, dass keine Beschränkung auf Mitgliedstaaten der EU gewollt ist.[142]

Das Wort „grenznachbarliche Einrichtung" spricht ferner dafür, dass in ihr alle Beteiligten vertreten 44 sind **(Gemeinsamkeit der Aufgabenerledigung).** Dies schließt die Übertragung von Hoheitsrechten auf rein ausl. Einrichtungen aus, wobei jedoch das Hineinwachsen von Körperschaften des öff. Rechts eines Nachbarstaats in den Rechtsstatus einer grenznachbarschaftlichen Einrichtung nicht ausgeschlossen ist, wenn zugleich die rechtl. Voraussetzungen für eine gemeinsame Willensbildung der beteiligten nationalen Hoheitsträger geschaffen werden.[143]

Auch für die Länder gelten grds. die zu Art. 24 I entwickelten Schranken der Übertragungsermäch- 45 tigung (→ Rn. 27 ff.).[144]

Die Vereinbarung bedarf der vorherigen **Zustimmung der BReg,** um die Wahrung der gesamt- 46 staatlichen Belange der BRD durch präventive Bundesaufsicht sicherzustellen.[145] Der Bund ist grds. zur Zustimmung verpflichtet und kann diese nur aus (schwerwiegenden) rechtlichen oder außenpolitischen Gründen versagen, wobei die BReg die Darlegungslast trägt. Das Land ist vorher zu hören.[146] Auf der Ebene der Länder bestimmen sich die innerstaatliche Zuständigkeit und das Verfahren der Hoheitsrechtsübertragung nach den Vorschriften der jew. Landesverfassung. Angesichts der Bedeutung der Übertragung von Hoheitsrechten (Durchgriffswirkung auch gegenüber Individuen) dürfte die „Wesentlichkeitstheorie" iVm der Homogenitätsforderung des Art. 28 I zumindest grds. die **Zustimmung der LT** erfordern.[147]

Für den Anwendungsbereich der Vorschrift ist die **Zuständigkeit der Länder** für die Ausübung 47 der staatlichen Befugnisse und die Erfüllung der staatlichen Aufgaben maßgeblich. Durch diese Anknüpfung an Art. 30 geht Art. 24 Ia über Art. 32 III hinaus, der allein an die Gesetzgebungskompetenz anknüpft (→ Art. 32 Rn. 54), und bezieht auch die Befugnisse der rechtsprechenden und der vollziehenden Gewalt ein.[148]

Während der Bereich der ausschließlichen **Gesetzgebungszuständigkeit** der Länder unprobl. ist, 48 muss bei der konkurrierenden Kompetenz beachtet werden, dass der Bund nach Art. 72 die Länder von der Gesetzgebung ausschließen und bestehendes Landesrecht gem. Art. 31 brechen kann. Die Gültigkeit erfolgter Hoheitsrechtsübertragungen mit Durchgriffswirkung wird davon jedoch nicht

---

[138] *Rojahn,* in: v. Münch/Kunig I, Art. 24 Rn. 93; *Deiseroth,* in: Umbach/Clemens, Art. 24 Rn. 158; *Classen* MKS II, Art. 24 Rn. 73; *Calliess,* in: Maunz/Dürig, Art. 24 Ia (2016) Rn. 21.

[139] Vgl. *Rojahn,* in: v. Münch/Kunig I, Art. 24 Rn. 94 mwN.

[140] *Rojahn,* in: v. Münch/Kunig I, Rn. 90; *Sauer* BK, Art. 24 (2019) Rn. 234 mwN.

[141] *Schwarze* FS Benda, 1995, S. 327 f. Für zwingende Voraussetzung einer gemeinsamen Grenze *Sauer* BK, Art. 24 (2019) Rn. 234; *Calliess,* in: Maunz/Dürig, Art. 24 Ia (2016) Rn. 19 mwN; *Jarass,* in: Jarass/Pieroth, Art. 24 Rn. 17. AA *Zuleeg* AK GG, Art. 24 Abs. 1, 1a, Rn. 7; *Niedobitek,* Das Recht der grenzüberschreitenden Verträge, 2001, S. 448 f.

[142] BR-Dr 501/92, S. 25; *Schwarze* FS Benda, 1995, S. 315; *Sauer* BK, Art. 24 (2019) Rn. 234 mwN.

[143] Ebenso *Rojahn,* in: v. Münch/Kunig I, Art. 24 Rn. 91 mwN. Für Zulässigkeit der Übertragung auch an ausländische Hoheitsträger unter Voraussetzung einer grds. gleichberechtigten Mitwirkung der deutschen Seite *Jarass,* in: Jarass/Pieroth, Art. 24 Rn. 17; *Wollenschläger,* in: Dreier II, Art. 24 Rn. 60. Weitergehend *Bauer/Hartwig* NWVBl 1994, 48; *Schwarze* FS Benda, 1995, S. 329 ff. Vgl. zu dem Problem → Art. 24 Rn. 19 f.

[144] *Classen* MKS II, Art. 24 Rn. 74; *Calliess,* in: Maunz/Dürig, Art. 24 Ia (2016) Rn. 27; *Sauer* BK, Art. 24 (2019) Rn. 245 f., wobei die Garantie der kommunalen Selbstverwaltung hinzukommt (ebda, Rn. 247).

[145] BT-Dr 12/6000, S. 25; *Rojahn,* in: v. Münch/Kunig I, Art. 24 Rn. 95; *Deiseroth,* in: Umbach/Clemens, Art. 24 Rn. 167 ff.

[146] *Rojahn,* in: v. Münch/Kunig I, Art. 24 Rn. 95; *Pernice,* in: Dreier II, 2. Aufl. 2006, Art. 24 Rn. 49; *Jarass,* in: Jarass/Pieroth, Art. 24 Rn. 18. Für Ermessen der BReg *Sauer* BK, Art. 24 (2019) Rn. 250.

[147] Ebenso *Schröder* ThürVBl 1998, 99; *Calliess,* in: Maunz/Dürig, Art. 24 Ia (2016) Rn. 26 („wenn gewichtige Zuständigkeiten übertragen werden"); *Sauer* BK, Art. 24 (2019) Rn. 252. AA *Randelzhofer,* in: Maunz/Dürig, Art. 24 I (1992) Rn. 198.

[148] *Rojahn,* in: v. Münch/Kunig I, Art. 24 Rn. 89; *Wollenschläger,* in: Dreier II, Art. 24 Rn. 59; *Calliess,* in: Maunz/Dürig, Art. 24 Ia (2016) Rn. 23. Die Übertragung von Rechtsprechungskompetenzen ist angesichts der Verknüpfung von Bundes- und Landeskompetenzen in diesem Bereich allerdings zw., vgl. *Jarass,* in: Jarass/Pieroth, Art. 24 Rn. 16.

berührt. Daher ist bei der Hoheitsrechtsübertragung ein entspr. Kündigungsrecht vorzusehen,[149] auf dem die BReg bei der Genehmigung bestehen müsste.

49    Im Bereich der **Verwaltungszuständigkeiten** ist allein der Vollzug von Landesrecht unprobl., wegen der Beschränkung des Bundes auf Rechtsaufsicht (Art. 84 III) wohl auch der Vollzug von Bundesrecht als eigene Angelegenheit. Im Falle der Bundesauftragsverwaltung kommt auf Grund der Fachaufsicht des Bundes bei ausgeübten Gesetzgebungszuständigkeiten (vgl. Art. 85 III) eine Übertragung nicht in Frage, da ein Land sich nicht durch diese der Weisungsbefugnis des Bundes entziehen kann.[150]

## V. Anwendungsbereiche

50    Die BReg hat als **mögliche Anwendungsfälle** grenzüberschreitender Zusammenarbeit iSv Art. 24 Ia das Schul- und Hochschulwesen, das Polizeirecht sowie die Abfall- und Abwasserbeseitigung genannt.[151] Ferner wurde auf bestehende Abkommen über grenzüberschreitende Zusammenarbeit mit den Niederlanden und Frankreich hingewiesen.[152] Als **übertragbare Hoheitsrechte** ist an die Befugnis, Gebührenverordnungen zu erlassen und Gebühren einzuziehen, ferner an grenzüberschreitende Pläne in den Bereichen Landesentwicklung, Landschaftsplanung, Abfallentsorgung und Abwasserbeseitigung zu denken.[153]

# C. Beschränkung von Hoheitsrechten zur Einordnung in ein System gegenseitiger kollektiver Sicherheit (Abs. 2)

## I. Allgemeines

51    **1. Ermächtigung und Verpflichtung.** Art. 24 II ermächtigt („**kann**") den Bund (nicht die Länder),[154] sich einem System gegenseitiger kollektiver Sicherheit einzuordnen, verpflichtet ihn dazu aber nicht, sondern lässt innerhalb der grds. Integrationsbereitschaft (→ Rn. 10)[155] und materieller Schranken (→ Rn. 53 f.) einen außenpolitischen Gestaltungsspielraum.[156] Eine Verpflichtung („**wird**") besteht nur hinsichtlich der Einwilligung in die Beschränkung von Hoheitsrechten,[157] wobei aber die unbestimmten Rechtsbegriffe der Zweckbestimmung („die eine friedliche und dauerhafte Ordnung in Europa und zwischen den Völkern der Welt herbeiführen und sichern") auch hier erheblichen Gestaltungs- und Entscheidungsspielraum lassen.[158]

52    **2. Form der Einordnung.** Die Einordnung kann durch Gründung eines solchen Systems oder den Beitritt zu einem bestehenden erfolgen. In jedem Fall ist ein **völkerrechtlicher Vertrag** erforderlich. Damit ist aber nach Maßgabe des Art. 59 II – wegen der grundl. Bedeutung liegt eine Regelung der politischen Beziehungen des Bundes und somit Art. 59 II 1 1. Alt. immer vor, eventuell auch 2. Alt.[159] – ein „einfaches" **Vertragsgesetz** erforderlich,[160] aber, wie die Klarstellung[161] in Art. 24 II zeigt, auch genügend.

---

[149] Ebenso *Classen* MKS II, Art. 24 Rn. 73.

[150] AA *Hillgruber*, in: Hofmann/Henneke, Art. 24 Rn. 32. Wohl aA *Randelzhofer*, in: Maunz/Dürig, Art. 24 I (1992) Rn. 199.

[151] BT-Dr 12/3338, S. 10.

[152] Vgl. *Randelzhofer*, in: Maunz/Dürig, Art. 24 I (1992) Rn. 196; *Hillgruber*, in: Hofmann/Henneke, Art. 24 Rn. 40; zu grenzüberschreitender Raumordnung vgl. *Moersch* BayVBl 2004, 40 (44 f.); zu EU-Regionen vgl. *Röper* VerwArch 2004, 301 (314 ff.); *Calliess*, in: Maunz/Dürig, Art. 24 Ia (2016) Rn. 13.

[153] Vgl. *Rojahn*, in: v. Münch/Kunig I, Art. 24 Rn. 86. Zur bisher fehlenden praktischen Bedeutung des Art. 24 Ia vgl. *Classen* MKS II, Art. 24 Rn. 70; *Calliess*, in: Maunz/Dürig, Art. 24 Ia (2016) Rn. 15 mwN; *Sauer* BK, Art. 24 (2019) Rn. 230 f. Zum Europäischen Verbund für territoriale Zusammenarbeit/EVTZ vgl. *Schorkopf*, § 4 Rn. 71 f.; *M. Krzymuski/P. Kunicki* NVwZ 2014, 1338 und *Pechstein/Deja* EuR 2011, 357.

[154] *Calliess*, in: Maunz/Dürig, Art. 24 (2018) Rn. 51; *Classen* MKS II, Art. 24 Rn. 85; *Sauer* BK, Art. 24 (2019) Rn. 255.

[155] Vgl. *Randelzhofer*, in: Maunz/Dürig, Art. 24 II (1992) Rn. 4 ff.

[156] Vgl. zu Art. 24 I → Rn. 7 ff.; *Calliess*, in: Maunz/Dürig, Art. 24 II (2018) Rn. 56; *Rojahn*, in: v. Münch/Kunig I, Art. 24 Rn. 96; *Hobe*, in: Friauf/Höfling, Art. 24 (2012) Rn. 60; *Wollenschläger*, in: Dreier II, Art. 24 Rn. 70; *Sauer* BK, Art. 24 (2019) Rn. 253. AA *Bleckmann*, Grundgesetz und Völkerrecht, 1975, S. 231 („Beitrittspflicht"); *Grewe* HStR III¹, § 77 Rn. 77.

[157] *Frank* AK GG, Art. 24 Abs. 2 Rn. 13 mwN.; *Rojahn*, in: v. Münch/Kunig I, Art. 24 Rn. 103; *Classen*, in: MKS II, Art. 24 Rn. 91; *Wollenschläger*, in: Dreier II, Art. 24 Rn. 71; *Calliess*, in: Maunz/Dürig, Art. 24 II (2018), Rn. 69.

[158] Vgl. auch *Randelzhofer*, in: Maunz/Dürig, Art. 24 II (1992) Rn. 39; diese Auffassung dürfte deshalb letztlich auch die Bedenken von *Jarass*, in: Jarass/Pieroth, Art. 24 Rn. 24 und *Tomuschat* BK, Art. 24 (1981/1985) Rn. 167 mwN, nicht treffen.

[159] Vgl. dazu *Randelzhofer*, in: Maunz/Dürig, Art. 24 II (1992) Rn. 24, 27; *Calliess*, in: Maunz/Dürig, Art. 24 II (2018) Rn. 58; *Hobe*, in: Friauf/Höfling, Art. 24 (2012) Rn. 67.

[160] *Rojahn*, in: v. Münch/Kunig I, Art. 24 Rn. 96 mwN; zur Frage auch der Fortentwicklung eines solchen Systems *Classen* MKS II, Art. 24 Rn. 93; *Wollenschläger*, in: Dreier II, Art. 24 Rn. 72 f.; *Frank* AK GG, Art. 24 Abs. 2 Rn. 14.

[161] Vgl. dazu *Randelzhofer*, in: Maunz/Dürig Art. 24 II (1992) Rn. 26; Ergänzung und Klarstellung der Art. 32 und Art. 59, vgl. *Schweitzer/Dederer*, StaatsR III, Rn. 524. Davon zu unterscheiden ist der eigenständige Regelungsgehalt des Art. 24 II, vgl. *Frank* AK GG, Art. 24 Abs. 2 Rn. 10 und *Pernice*, in: Dreier II, 2. Aufl. 2006, Art. 24 Rn. 60.

**3. Materielle Schranken.** Die Einfügung darf ausschließlich „**zur Wahrung des Friedens**" erfol-  53
gen. Dies ist schon zur Übereinstimmung mit Art. 26 erforderlich.[162]

Ferner darf es nicht zu einer Veränderung der **Grundstrukturen der Verfassungsordnung** der  54
BRD kommen. Da Art. 24 II nicht zur Übertragung von Hoheitsrechten mit Durchgriffswirkung
ermächtigt,[163] kommt es einerseits nicht zu den bei Art. 23 und Art. 24 I möglichen Konflikten
(→ Art. 23 Rn. 16 ff., → Art. 23 Rn. 68, → Art. 23 Rn. 83 ff.; → Art. 27 ff.), kann andererseits Art. 24
II aber auch nicht die dort möglichen Modifikationen des deutschen Verfassungsrechts (→ Rn. 28)
rechtfertigen.[164] Dies wirft Fragen der Grundrechtsbindung bei der Ausübung von Hoheitsgewalt im
Rahmen eines Systems kollektiver Sicherheit bzw. generell bei Auslandseinsätzen (→ Rn. 54b) auf.
Ferner können Reaktionspflichten bei völkerrechtswidrigem Verhalten der fremden Hoheitsgewalt im
deutschen Herrschaftsbereich bestehen.[165]

Die durch Art. 1 III angeordnete **Grundrechtsbindung** aller deutscher Staatsgewalt ist nicht territo-  54a
rial beschränkt, sondern **umfassend.**[166] Die Grundrechte gelten daher auch für das Handeln deutscher
Organe im Ausland und auch für militärische Einsätze der Bundeswehr, wenn und soweit sie dabei
deutsche Hoheitsgewalt ausübt.[167]

Die Grundrechtsfrage stellte sich praktisch bzgl. der rechtlichen Voraussetzungen der Festnahme und  54b
Übergabe von Piraten an ausl. Strafverfolgungsbehörden durch die deutsche Marine im Rahmen der
gem. einer vom Rat der EU beschlossenen Gemeinsamen Aktion durchgeführten Operation „Atalanta".
Das VG Köln hielt zwar die (zu Recht) als Akt deutscher Staatsgewalt angesehene Übergabe an die
kenianischen Strafverfolgungsbehörden wegen Widerspruchs zu dem völkerrechtlich gebotenen Mindeststandard der Haftbedingungen für rechtswidrig, war aber der Auffassung, dass das Gebot des Art. 104
III 1, das mangels Anwesenheit eines Richters auf dem Schiff nicht beachtet werden konnte, „bei einem
derartigen Einsatz von Bundeswehrkräften auf Hoher See zur Pirateriebekämpfung nicht ohne Modifikationen zur Anwendung kommen" könne.[168] Es hält unter den konkreten Umständen die „unverzüglich"
(vgl. Art. 104 III 2[169]) innerhalb der bzgl. Art. 5 III EMRK[170] und Art. 9 III IPBPR als vertretbar
angesehenen Frist herbeigeführte Vorführung vor den Richter für eine zulässige Modifikation. Dabei
kann weder die insoweit offen gelassene Zuordnung (→ Rn. 63b) noch methodisch der Hinweis auf die
„Völkerrechtsfreundlichkeit" des GG[171] überzeugen. Denn dem Anliegen eines effektiven Beitrags
Deutschlands zu derartigen politisch gewünschten Aktionen könnte durch eine entspr. Differenzierung
der Fristregelung in Art. 100 III 2 für solche Fälle Rechnung getragen werden.[172] Generell wäre eine
verfassungsrechtliche und darauf aufbauend einfachgesetzliche **Regelung der Auslandseinsätze der
Bundeswehr** angebracht.[173]

---

[162] BVerfGE 104, 151 (212 f.); 118, 244 (270 f.); *Schweitzer/Dederer,* StaatsR III, Rn. 524; *Schorkopf,* § 2 Rn. 191.
Eingehend dazu *Frank* AK GG, Art. 24 Abs. 2, Rn. 10 ff.; *Deiseroth,* in: Umbach/Clemens, Art. 24 Rn. 238 ff.; *Sauer*
BK, Art. 24 (2019) Rn. 267 ff. mwN.

[163] BVerfGE 90, 286 (346 f.). Vgl. dazu *Pernice,* in: Dreier II, 2. Aufl. 2006, Art. 24 Rn. 51, 60 und → Rn. 65 ff.;
*Calliess,* in: Maunz/Dürig, Art. 24 II (2018) Rn. 61. Zur Komplementarität mit Art. 24 I → Rn. 55.

[164] Vgl. auch *Tomuschat* BK, Art. 24 (1981/1985) Rn. 153; *Wollenschläger,* in: Dreier II, Art. 24 Rn. 76: umfängliche Verfassungsbindung: ebenso iE *Sauer* BK, Art. 24 (2019) Rn. 302. AA *Hobe,* in: Friauf/Höfling, Art. 24 (2012)
Rn. 71: Grenze nur Grundstrukturen.

[165] S. dazu (z. B. Einsatz von Kampfdrohnen) *Sauer* BK, Art. 24 (2019) Rn. 308–311b mwN; OVG NRW DöV
2019, 753.

[166] Vgl. z. B. *Badura* HGR II, § 47 Rn. 18; *Zimmermann* ZRP 2012, 116 (117): Eine der „Kernentscheidungen"
des GG; *Walter* HStR X, § 237 Rn. 50 gegenüber BVerfGE 100, 313 (362), das in Art. 1 III keine abschließende
Festlegung der räumlichen Geltungsreichweite der Grundrechte sah. Für territoriale Beschränkung *Krieger* ZaöRV 62
(2002), 669 (672). Vgl. zu Modifikationen und Differenzierungen *Schorkopf,* § 6 Rn. 91 ff.

[167] *Rojahn,* in: v. Münch/Kunig I, Art. 24 Rn. 113; *Poscher* VVDStRL 67 (2008), 160 (190 ff.); *Fassbender* HStR
XI, § 244 Rn. 151. Eingehend zur Grundrechtsbindung *D. Wolff,* Der Einzelne in der offenen Staatlichkeit, 2020,
104 ff. Str., in vielem „ungeklärt und ungesichert" ist allerdings, ob, wie und in welchem Umfang Beschränkungen
grundrechtlicher Gewährleistungen in militärischen Auslandseinsätzen begründbar sind, vgl. dazu ebd. Rn. 151 ff.
mwN.

[168] VG Köln JZ 2012, 366 (368) m. Anm. *C. Globke.* Zust. *Wiefelspütz* NZWehrR 2009, 133 (149 ff.).

[169] Art. 104 III 3 setzt allerdings eine zusätzl., absolute Grenze → Art. 104 Rn. 35 mN.

[170] Vgl. dazu EGMR, Urt. v. 10.7.2008, Nr. 3394/03, Rn. 65 ff. (Medvedeyev) NJOZ 2011, 231. Vgl. dazu
*Schmahl,* in: Hofmann/Hopfauf, Art. 24 Rn. 18; *dies.* AöR 136 (2011), 44 (48).

[171] Insoweit (rechtspolit. angesichts der gegenwärtigen Rechtslage verständlich) zust. *Aust* DVBl 2012, 484 (487),
der allerdings (zutr.) die Berufung auf Art. 5 III EMRK unter Hinweis auf Art. 53 EMRK ablehnt. Gegen Anpassung
des GG durch Auslegung gegen den eindeutigen Wortlaut *Walter/v. Ungern-Sternberg* DÖV 2012, 867. Zur Pirateriebekämpfung auch *Ladiges* NZWehrR 2012, 56 (60 ff.); *Schorkopf,* § 6 Rn. 64 ff.; *Sauer,* StaatsR III, § 5 Rn. 16b–16g
mwN.

[172] Vgl. *Sauer,* StaatsR III, § 5 Rn. 16e.

[173] Vgl. dazu *Sauer* BK, Art. 24 (2019) Rn. 324; *Walter/v. Ungern-Sternberg* DöV 2012, 868; *Zimmermann* ZRP
2012, 116 (119) mit Hinw. auf entspr. Regelungen in Österreich, Finnland, Frankreich und Schweden. Zur
erforderlichen Rechtssicherheit und zur Diskussion über ein Bundeswehreinsätzegesetz vgl. *Schorkopf,* § 6 Rn. 88
mwN.

**55**     **4. Verhältnis zu anderen Vorschriften des Grundgesetzes.** Mit **Art. 26** besteht Einklang
(→ Rn. 53). Zu **Art. 24 I** besteht keine Exklusivität, sondern Komplementarität dahingehend, dass einem
System kollektiver Sicherheit auch Hoheitsrechte übertragen werden können, dieses dann aber über eine
zwischenstaatliche Einrichtung iSv Art. 24 I verfügen muss, auf die dies nach Maßgabe dieser Vorschrift
erfolgen kann.[174] Zu **Art. 24 III** besteht nicht nur ein textlicher Zusammenhang.[175] Am prakt. bedeutsamsten ist neben der Frage der Grundrechtsbindung (→ Rn. 54a) die des Verhältnisses zu Art. 87a.

**56**     Das mögliche **Spannungsverhältnis zwischen Art. 87a und Art. 24 II**[176] rührt daher, dass ein
System kollektiver Sicherheit im Regelfall die Möglichkeit, wenn nicht die grds. Verpflichtung des
Einsatzes der Streitkräfte gerade auch außerhalb des eigenen Staatsgebietes beinhaltet, weshalb Art. 24 II
tendenziell den Einsatz der Bundeswehr erleichtert, während die Tendenz des Art. 87a auf Beschränkung
gerichtet ist.

**57**     Gem. Art. 87a II dürfen die Streitkräfte außer zur Verteidigung nur eingesetzt werden, soweit das GG
es ausdr. zulässt. Ob Art. 24 II eine solche **ausdrückliche Vorschrift** darstellt, ist str.[177]

**58**     Unabhängig davon und auch vom Streit um die Auslegung der Begriffe „Einsatz" und „Verteidigung"
(→ Art. 87a Rn. 15 ff.) steht Art. 87a aber einem Einsatz bewaffneter Streitkräfte (der Bundeswehr) im
Rahmen eines Systems kollektiver Sicherheit **nicht entgegen,** da durch diese später eingefügte Vor-
schrift die (damals noch nicht aktuellen) Mitwirkungsrechte Deutschlands in den Vereinten Nationen als
unstrittigem System kollektiver Sicherheit (→ Rn. 62) nicht geschmälert werden sollten.[178] Es wäre mit
dem Grundsatz der Einheit der Verfassung nicht vereinbar, Art. 87a II in einer Weise auszulegen, dass die
BRD verfassungsrechtlich daran gehindert wäre, die zentrale völkerrechtliche Verpflichtung in einem
System kollektiver Sicherheit, nämlich dem Opfer eines bewaffneten Angriffs zu Hilfe zu kommen
(→ Rn. 62 f., → Rn. 73), zu erfüllen.[179]

**59**     Zur angesichts der Aussetzung der Wehrpflicht[180] derzeit nicht aktuellen Frage des (verfassungsrechtlich unzulässigen) Einsatzes von **Wehrpflichtigen** (Art. 12a) im Rahmen eines Systems kollektiver
Sicherheit auch gegen ihren Willen (vgl. auch § 6a WPflG) s. 7 Auflage, Rn. 59.

## II. Begriff „System gegenseitiger kollektiver Sicherheit"

**60**     Der Begriff ist zwar genuin kein verfassungsrechtlicher, sondern verweist auf das **Völkerrecht;** durch
seine Aufnahme in das GG ist er aber verfassungsrechtlicher Interpretation zugänglich. Die wichtigste
verfassungsrechtliche Qualifizierung ist die Beschränkung auf **defensive** Systeme durch die Zweckbestimmung „zur Wahrung des Friedens" und Art. 26 (→ Rn. 53). Dem defensiven Charakter steht nicht entgegen, dass das System auf Grund einer schwerwiegenden militärischen Gefahrenlage im erforderlichen
Umfang präventiv tätig werden darf, wenn der Zweck der Handlung die Wiederherstellung des Friedens ist.

**61**     Der **völkerrechtliche Begriff** hatte weder zur Zeit der Entstehung des GG noch hat er heute einen
eindeutigen, allgemein anerkannten Inhalt.[181] Umstritten ist vor allem, ob darunter nur Systeme verstanden werden sollen, in denen sich die Mitgliedstaaten zur friedlichen Beilegung ihrer Streitigkeiten
sowie zu gegenseitigem Nichtangriff und damit zur Sicherheit verpflichten, wobei der Friedenszustand
notfalls durch Einsatz von Streitkräften wiederhergestellt wird (z. B. UNO), oder auch solche Systeme,
die die gegenseitige Unterstützung im Falle eines von außen erfolgenden Angriffs auf einen Mitgliedstaat
vorsehen (z. B. NATO).[182]

---

[174] *Calliess* in: Maunz/Dürig, Art. 24 II (2018) Rn. 62, 98 mwN; *Jarass,* in: Jarass/Pieroth, Art. 24 Rn. 20; *Rojahn,*
in: v. Münch/Kunig I, Art. 24 Rn. 100; *Deiseroth,* in: Umbach/Clemens, Art. 24 Rn. 248. Vgl. auch BVerfGE 68, 1
(89, 95) und 90, 286 (350).

[175] Vgl. *Randelzhofer,* in: Maunz/Dürig, Art. 24 III Rn. 4; *Calliess,* in: Maunz/Dürig, Art. 24 III (2019) Rn. 56.

[176] Vgl. dazu eingehend *Randelzhofer,* in: Maunz/Dürig, Art. 24 II (1992) Rn. 43 ff.; *Deiseroth,* in: Umbach/
Clemens, Art. 24 Rn. 249 ff.

[177] Vgl. *Randelzhofer,* in: Maunz/Dürig, Art. 24 II (1992) Rn. 57; *Hillgruber,* in: Hofmann/Henneke, Art. 24
Rn. 47. → Fn. 178.

[178] BVerfGE 90, 286 (356); → Art. 87a Rn. 14; krit. *Deiseroth,* in: Umbach/Clemens, Art. 24 Rn. 252 f. und
*Kutscha* KJ 2004, 228 (234).

[179] *Randelzhofer,* in: Maunz/Dürig, Art. 24 II (1992) Rn. 46. Bestätigt durch BVerfGE 90, 286 (355 ff.). Vgl. auch
BVerwGE 103, 361 (364). Vgl. dazu auch *Rojahn,* in: v. Münch/Kunig I, Art. 24 Rn. 105 mwN; *Jarass,* in: Jarass/
Pieroth, Art. 24 Rn. 23; *Classen* MKS II, Art. 24 Rn. 88 f.; *Hobe,* in: Friauf/Höfling, Art. 24 (2012) Rn. 61; *Wollenschläger,* in: Dreier II, Art. 24 Rn. 74 f. Zur Akzeptanz der Rspr. des BVerfG *Calliess,* in: Maunz/Dürig, Art. 24 II
(2018) Rn. 72 ff.

[180] WehrRÄndG v. 28.4.2011 (BGBl. I, 678). Gem. § 2 WPflG (Sart. I Nr. 620) gelten die §§ 3–53 WPflG nur
im Spannungs- oder Verteidigungsfall. Die besondere Auslandsverwendung von jetzt gem. § 58b SoldG freiwillig
Wehrdienstleistenden bedarf gem. § 58e I 2 SoldG einer gesonderten schriftlichen Verpflichtungserklärung.

[181] Vgl. *Randelzhofer,* in: Maunz/Dürig, Art. 24 II Rn. 10 ff. Feststellen lässt sich allenfalls ein überwiegender
völkerrechtlicher Sprachgebrauch, vgl. *Jarass,* in: Jarass/Pieroth, Art. 24 Rn. 21. Von einem eindeutigen völkerrechtlichen Begriff gehen *Classen* MKS II, Art. 24 Rn. 77 und *Hobe,* in: Friauf/Höfling, Art. 24 (2012) Rn. 53 aus.
Eingehend dazu *Calliess,* in: Maunz/Dürig, Art. 24 II (2018) Rn. 8 ff. mwN: „Begriffskonfusion", ebda. Rn. 16.

[182] Vgl. *Schweitzer/Dederer,* StaatsR III, Rn. 1168 ff.; *Randelzhofer,* in: Maunz/Dürig, Art. 24 II (1992) Rn. 17 ff.
mwN.; *Wolfrum* HStR VIII¹, § 192 Rn. 48; *Calliess,* in: Maunz/Dürig, Art. 24 II (2018) Rn. 14–17.

Das BVerfG hat in die Definition des **verfassungsrechtlichen Begriffs** zu Recht letztere einbezo- **62** gen, soweit sie dem maßgeblichen Kriterium des Art. 24 II, nämlich der Friedenswahrung (→ Rn. 53),[183] dienen. Damit unterfällt auch die **NATO** dem Begriff des Art. 24 II.[184]

Gleiches gilt für die **WEU**,[185] die nach vollständiger Überleitung ihrer Aufgaben auf die Gemeinsame **63** Sicherheits- und Verteidigungspolitik **(GSVP) der EU** (Art. 42 ff. EUV) zum 30.6.2011 aufgelöst wurde und in der EU (ohne ausdr. Rechtsnachfolge) aufgegangen ist.[186] Nach Ansicht des BVerfG soll die EU gleichwohl (noch) kein System gegenseitiger kollektiver Sicherheit iSv Art. 24 II sein.[187] In der zwar umfassend und kräftig, aber wohl bewusst unklar[188] formulierten Beistandspflicht des Art. 42 Abs. 7 EUV sieht das BVerfG offenbar, soweit es um den Einsatz milit. Mittel geht, allenfalls eine politische und keine rechtliche Schuld.[189]

Folgt man der Ansicht des BVerfG, scheidet Art. 24 II als Grundlage für eine Beteiligung an Aktionen **63a** der GASP aus,[190] so dass sich die Frage der verfassungsrechtlichen Rechtfertigung stellt.[191] Als Ansatz- punkt kommt Art. 23 I 1 in Frage.[192] Denn die „Mitwirkung" Deutschlands an der EU erfasst auch Fälle außerhalb der Übertragung von Hoheitsrechten (→ Art. 23 Rn. 8). Die im Rahmen solcher Einsätze erfolgenden Maßnahmen sind den deutschen Staatsorganen zuzurechnen, die dabei ein die deutschen Grundrechte (→ Rn. 54a und 54b) und, da es bei der Durchführung gemeinsamer Aktionen (vgl. Art. 25 lit. b i)) um die Durchführung von Unionsrecht geht, gemäß Art. 51 I 1 EUGRCh auch an die Unionsgrundrechte gebunden sind.[193] Art. 23 I schließt die Aktivierung des Parlamentsvorbehalts (→ Rn. 76) nicht aus,[194] soweit die Beteiligung Deutschlands an der GASP mit entsprechenden Kautelen versehen wird, was Art. 42 VII EUV zulässt.[195]

**Kollektiv** bedeutet, dass (wegen der primär angesprochenen Abwehr des Angriffs eines Mitglieds **64** → Rn. 62) mehr als zwei Parteien an dem Bündnis beteiligt sind. **Gegenseitigkeit** bezieht sich lediglich auf die wechselseitige Beistandspflicht der Vertragsparteien, fordert aber nicht eine völlige Gleichheit der Rechte und Pflichten.[196]

---

[183] *Calliess,* in: Maunz/Dürig, Art. 24 II (2018) Rn. 26–31. Vgl. dazu bereits *Randelzhofer,* in: Maunz/Dürig, Art. 24 II (1992) Rn. 21.

[184] BVerfGE 90, 286 (347 ff.), 350 f.); 104, 151 (209); 118, 244 (261 f.); inzw. wohl h. M.; vgl. bereits *Randelzhofer,* in: Maunz/Dürig, Art. 24 II (1992) Rn. 20 f. mwN.; *Jarass,* in: Jarass/Pieroth, Art. 24 Rn. 21; *F. Kirchhof* HStR IV, § 84 Rn. 83; *Rojahn,* in: v. Münch/Kunig I, Art. 24 Rn. 97 mwN auch zur Gegenansicht; *Schorkopf,* § 6 Rn. 39. Grds. aA *Frank* AK GG, Art. 24 Abs. 2 Rn. 7; *Deiseroth,* in: Umbach/Clemens, Art. 24 Rn. 282 ff., 286 f.; *Classen* MKS II, Art. 24 Rn. 79 f. mit dem (in der Sache an sich zutr.) Hinw. auf den Unterschied zwischen Systemen kollekt. Sicherheit und kollekt. Verteidigung.

[185] *Rojahn,* in: v. Münch/Kunig I, Art. 24 Rn. 98; *Tomuschat* BK, Art. 24 (1981/1985) Rn. 182.

[186] Vgl. dazu *Kaufmann-Bühler* GHN, Art. 42 EUV (2011) Rn. 56 ff., 60, 67.

[187] BVerfGE 123, 267 (361, 425 f.) – Lissabon. Zutr. krit. dazu *Fassbender* HStR X, § 244 Rn. 72 ff. Vgl. auch *Schorkopf,* § 6 Rn. 39: EU hat Schwelle bereits überschritten, ist aber noch kein militärisches Bündnis.

[188] Vgl. dazu *Kaufmann-Bühler* GHN, Art. 42 EUV (2011) Rn. 68 mit Hinw. auf die Sonderstellung neutraler EU-Staaten, insbes. Irlands.

[189] *Kaufmann-Bühler* GHN, Art. 42 EUV (2011) Rn. 69; *Marquardt/Gaedtke,* in: von der Groeben/Schwarze/Hatje, EU-Recht, Art. 42 EUV Rn. 16. Str., aA („echte Rechtspflicht") *Cremer,* in: Calliess/Ruffert, EUV/AEUV, Art. 42 EUV Rn. 16; *Calliess,* in: Maunz/Dürig, Art. 24 II (2018) Rn. 49; *Sauer* BK, Art. 24 (2019) Rn. 277; *Herdegen,* Europarecht, 21. Aufl. 2019, § 28 Rn. 12 weist allerdings darauf hin, dass entgegen BVerfGE 123, 267 (424) Art. 42 Abs. 7 EUV der umfassenden Beistandspflicht des Art. V WEU-Vertrag und nicht dem weicher gefassten Art. 5 NATO-Vertrag („Maßnahmen, … die sie für erforderlich erachtet") entspricht. Im Ergebnis trifft die Auffassung des BVerfG, dass die Mitgliedstaaten der primärrechtliche Möglichkeit abgesichert haben, „sich gegenüber der Beistandspflicht auf prinzipielle inhaltliche Vorbehalte zu berufen", allerdings zu. Vgl. dazu *Regelsberger/Kugelmann,* in: Streinz, EUV/AEUV, Art. 42 EUV Rn. 11: Zwar Rechtspflicht, aber mit Opt-Out Möglichkeit. Zu den problematischen Folgen für Einsätze der Bundeswehr im Rahmen von Aktionen wie der EU-Mission Atalanta → Rn. 63b.

[190] Zu Recht krit. dazu *Fassbender* HStR XII, § 244 Rn. 73 mwN.

[191] *Sauer* BK, Art. 24 (2019) Rn. 279; *ders.,* StaatsR III, § 5 Rn. 9. Vgl. zur kontrov. Diskussion *Wiefelspütz* NZWehrR 2009, 133 (137 ff.), der selbst in Art. 25 iVm Art. 100 SRÜ eine hinreich. verfassungsrechtl. Grundlage sieht (S. 146 ff.).

[192] Ebenso *Fassbender* HStR, § 244 Rn. 74.

[193] Zutreffend *Walter/v. Ungern-Sternberg* DÖV 2012, 861 (863). Zu dieser Doppelbindung → Art. 23 Rn. 45b. Entgegen *Sauer,* StaatsR III, § 5 Rn. 16c, Fn. 204, bestünde bei restriktiven Maßnahmen der EU, die selbst Individualrechte verletzen, wegen der Ausnahme in Art. 275 II AEUV Rechtsschutz durch den EuGH im Wege der Nichtigkeitsklage gem. Art. 263 IV AEUV, vgl. *Regelsberger/Kugelmann,* in: Streinz, EUV/AEUV, Art. 275 AEUV Rn. 7.

[194] Zutr. *Fassbender* HStR XI, § 244 Rn. 74 mit entspr. Deutung von BVerfGE 123, 267 (425).

[195] BVerfGE 123, 267 (422 ff.). S. auch → Rn. 63a und Rn. 76a.

[196] *Randelzhofer,* in: Maunz/Dürig, Art. 24 II (1992) Rn. 22; *Rojahn,* in: v. Münch/Kunig I, Art. 24 Rn. 99; *Classen* MKS II, Art. 24 Rn. 81.

### III. Beschränkung von Hoheitsrechten

**65**   **1. Begriff.** Die in Art. 24 II vorgesehene Beschränkung von Hoheitsrechten ist aus textlichen und systematischen Gründen als ein **Minus zur Übertragung** von Hoheitsrechten gem. Art. 24 I auszulegen.[197] Andererseits muss die verfassungsrechtlich ausdr. vorgesehene „Beschränkung von Hoheitsrechten" über die mit jedem völkerrechtlichen Vertrag verbundene hinausgehen.

**66**   Während völkerrechtl. Verträge über Art. 59 II 1 generell verfassungsrechtlich den Rang einfachen Gesetzesrechts erhalten und damit der lex posterior-Regel ausgesetzt sind – ungeachtet dessen, dass ein vertragswidriges Gesetz einen Völkerrechtsverstoß darstellt (→ Art. 59 Rn. 64a), erlangen die i. R. des Art. 24 II durch den Gründungsvertrag und spätere, von den gesetzgebenden Körperschaften gem. Art. 59 II 1 gebilligte Änderungen eingegangenen rechtlichen Bindungen (nicht aber RVOen und VVen, die zur Durchführung von Verpflichtungen aus einem System kollektiver Sicherheit erlassen worden sind) einen **Rang über den Gesetzen** mit der Folge, dass ihnen auch verfassungsrechtl. durch entgegenstehende lex posterior nicht derogiert werden kann.[198]

**67**   Die Beschränkungen selbst folgen nicht aus Art. 24 II, sondern **aus dem völkerrechtlichen Vertrag** und sind von dessen Bestehen abhängig.[199]

**68**   **Beschränkung von Hoheitsrechten** bedeutet anders als deren Übertragung nicht das Öffnen des deutschen Rechtsraums für das von einem anderen Hoheitsträger gesetzte Recht (→ Art. 23 Rn. 58 f.), sondern die Übernahme der Handlungs- und Unterlassungspflichten, die im Vertragswerk des Systems ausdr. enthalten oder angelegt sind.[200] Dazu gehören auch Einschränkungen der Handlungsfreiheit hinsichtlich des Territorialprinzips, die mit einem Bündnis zur Gewährleistung kollektiver Sicherheit verbunden sind, nämlich die Duldung der Ausübung fremder Hoheitsgewalt auf dem Boden der BRD.[201]

**69**   Allerdings würde eine rechtliche Bindung, auf Dauer und ohne irgendeine Kündigungsmöglichkeit die Stationierung fremder Truppen im Bundesgebiet hinzunehmen, die Schranken des Art. 24 II (Grundlagen der Verfassungsordnung → Rn. 54) überschreiten, da dies eine die Grundlage der Staatlichkeit berührende **Beeinträchtigung der Souveränität** wäre.[202]

**70**   **2. Anwendungsfälle.** Handlungsbeschränkungen bzw. Unterlassungspflichten sind z.B. die **Rüstungsbeschränkungen,** die Deutschland mit dem Beitritt zur **WEU** übernommen hat.[203]

**71**   Im Rahmen der **NATO** wurde ausländischen Vorgesetzten (widerruflich, was allerdings faktisch eingeschränkt sein dürfte) die **Befehls- und Kommandogewalt** über deutsche Truppen eingeräumt, ferner die Zulassung der **Stationierung fremder Truppen** auf Bundesgebiet und die Stationierung von **Atomwaffen.**[204] Die umstrittene Zustimmung der BReg zur Aufstellung von Nuklearraketen auf Bundesgebiet und zur Befugnis des Präsidenten der USA, den militärischen Einsatz dieser Waffensysteme freizugeben, lässt sich somit zwar nicht auf Art. 24 I (→ Rn. 36), wohl aber grds. auf Art. 24 II stützen.[205] Strittig ist allerdings, ob diese Maßnahme noch vom NATO-Vertrag nebst NATO-Truppenstatut und Zusatzabkommen gedeckt war oder nicht.[206]

**72**   Art. 24 II ermächtigt iVm dem jew. völkerrechtlichen Vertrag auch zum **Einsatz der Bundeswehr außerhalb des Bundesgebietes** im Rahmen von NATO und UNO. Denn die Ermächtigung berechtigt den Bund nicht nur zum Eintritt in ein System gegenseitiger kollektiver Sicherheit und zur Einwilligung in damit verbundene Beschränkungen seiner Hoheitsrechte, sondern bietet auch die verfassungsrechtliche Grundlage für die Übernahme der mit der Zugehörigkeit **typischerweise verbunde-**

---

[197] Vgl. BVerfGE 90, 286 (346). *Sauer* BK, Art. 24 (2019) Rn. 289: „Stufenverhältnis".

[198] *Tomuschat* BK, Art. 24 (1981/1985) Rn. 169; *Rojahn,* in: v. Münch/Kunig I, Art. 24 Rn. 103; *Jarass,* in: Jarass/Pieroth, Art. 24 Rn. 24; *Wollenschläger,* in: Dreier II, Art. 24 Rn. 71; wohl auch *Bleckmann* (Fn. 156), S. 231.

[199] Vgl. iE *Randelzhofer,* in: Maunz/Dürig, Art. 24 II (1992) Rn. 32 ff.

[200] *Randelzhofer,* in: Maunz/Dürig, Art. 24 II (1992) Rn. 30 ff.; *Rojahn,* in: v. Münch/Kunig I, Art. 24 Rn. 100 f.; *Tomuschat* BK, Art. 24 (1981/1985) Rn. 167 f.

[201] *Randelzhofer,* in: Maunz/Dürig, Art. 24 II (1992) Rn. 31; *Tomuschat* BK, Art. 24 (1981/1985) Rn. 158; *Pernice,* in: Dreier II, 2. Aufl. 2006, Art. 24 Rn. 62 f.; *Sauer* BK, Art. 24 (2019) Rn. 287 f.: Erlaubnis zum Handeln im deutschen Hoheitsbereich.

[202] Ebenso jedenfalls iE *Tomuschat* BK Art. 24 (1981/1985) Rn. 159; *v. Mangoldt/Klein I,* 2. Aufl., Art. 24 Anm. IV 2b; *Frank* AK GG, Art. 24 Abs. 2 Rn. 12 f. (um die Verantwortlichkeit für die Einlösung des Friedensauftrags im innerstaatlichen Bereich zu belassen); *Jarass,* in: Jarass/Pieroth, Art. 24 Rn. 21; *Sauer* BK, Art. 24 (2019) Rn. 312.

[203] *Randelzhofer,* in: Maunz/Dürig, Art. 24 II (1992) Rn. 35. Prot. Nr. II–IV, BGBl II 1955, 262, 266, 274. Vgl *Rojahn,* in: v. Münch/Kunig I, Art. 24 Rn. 101. Zur Auflösung der in der GSVP der EU aufgegangenen WEU → Rn. 63a.

[204] Einzelheiten bei *Tomuschat* BK, Art. 24 (1981/1985) Rn. 157 ff.; *Rojahn,* in: v. Münch/Kunig I, Art. 24 Rn. 53; *Schmidt-Radefeldt,* Parlamentarische Kontrolle der internationalen Streitkräfteintegration, 2005, S. 54 ff. Vgl. auch *Sauer* BK, Art. 24 GG (2019) Rn. 292 ff.

[205] *Randelzhofer,* in: Maunz/Dürig, Art. 24 II (1992) Rn. 37; *Rojahn,* in: v. Münch/Kunig I, Art. 24 Rn. 101 mwN.

[206] Vgl. *Randelzhofer,* in: Maunz/Dürig, Art. 24 II (1992) Rn. 38; *Tomuschat* BK, Art. 24 (1981/1985) Rn. 160 mwN.

**nen Aufgaben** und damit auch für eine Verwendung der Bundeswehr zu Einsätzen, die im Rahmen und nach den Regeln dieses Systems stattfinden.[207]

Ein System gegenseitiger kollektiver Sicherheit stützt sich regelmäßig auch auf Streitkräfte, die dazu **73** beitragen, den Auftrag des Systems zu erfüllen, und als ultima ratio gegen einen Friedensstörer eingesetzt werden können. Die Mitgliedstaaten müssen daher grds. bereit sein, der Sicherheitsorganisation zur Wahrung oder Wiederherstellung des Friedens auch **militärische Mittel** zur Verfügung zu stellen.[208]

Die **Zustimmung des Gesetzgebers** (Art. 59 II 1) zur Einordnung in ein System gegenseitiger koll. **74** Sicherheit ergreift auch die Eingliederung von Streitkräften in integrierte Verbände des Systems oder eine Beteiligung von Soldaten an milit. Aktionen des Systems unter dessen milit. Kommando, soweit Eingliederung oder Beteiligung in Gründungsvertrag oder Satzung, die der Zustimmung unterlegen haben, bereits angelegt sind (Problem der Bestimmtheit).[209]

Die darin liegende Einwilligung in die Beschränkung von Hoheitsrechten umfasst auch die Betei- **75** ligung deutscher Soldaten an milit. Unternehmungen auf der Grundlage des **Zusammenwirkens von Sicherheitssystemen** in deren jew. Rahmen (NATO im Rahmen der UNO), wenn sich Deutschland mit gesetzlicher Zustimmung diesen Systemen eingeordnet hat.[210]

Das BVerfG hat allerdings aus den Bestimmungen über die Wehrverfassung und aus der deutschen **76** Verfassungstradition das Erfordernis einer (grds. Vorheriger → Art. 87a Rn. 38) **konstitutiven Zustimmung des BTag** (durch Parlamentsbeschluss gem. Art. 42 II) für jeden Einsatz bewaffneter Streitkräfte hergeleitet.[211] Die auf die Streitkräfte bezogenen Regelungen des GG seien darauf angelegt, die Bundeswehr nicht als Machtpotenzial allein der Exekutive zu überlassen, sondern sie als „Parlamentsheer" in die demokratische und rechtsstaatliche Verfassungsordnung einzufügen.[212]

Obwohl das BVerfG darauf *nicht* abstellte, entspricht dies den Forderungen der sog. „Wesentlichkeits- **76a** theorie", sollen hier nicht schwer verständliche Wertungswidersprüche entstehen.[213] Das Verfahren der Zustimmung des BTag regelt nunmehr das Parlamentsbeteiligungsgesetz **(ParlBG).**[214] Dieser Parlamentsvorbehalt kann in Konflikt mit völkerrechtlichen[215] oder im Rahmen der GSVP (→ Rn. 63) unionsrechtlichen Verpflichtungen geraten. Da er aber nach Ansicht des BVerfG „integrationsfest" ist,[216] müssen BReg und BTag solche Konflikte durch entspr. Gestaltung der betreff. völkerrechtl. Verträge ausschließen.[217] Eine über die Konkretisierung des verfassungsrechtlich gewährleisteten Parlamentsvorbehalts durch das ParlBG hinausgehende Einschränkung desselben kann nur durch eine Änderung des GG erfolgen.[218]

---

[207] BVerfGE 90, 286 (345) und LS 1; 118, 244 (261 f.). Vgl. die Parallele zur „sachgerechten Auslegung" des Art. 24 I in BVerfGE 31, 145 (174). → Art. 23 Rn. 59. Überwiegend stimmt die Lit. dem BVerfG zu, *Calliess,* in: Maunz/Dürig, Art. 24 II (2018) Rn. 73 ff. mwN.

[208] BVerfGE 90, 286 (345) mwN. Vgl. dazu *Fassbender* HStR X Rn. 60 ff., der einerseits zu einer insoweit vorsichtigen Anwendung des Art. 24 II mahnt, andererseits zutr. den durch das BVerfG angenommenen Ausschluss von EU-Aktionen kritisiert (ebd. Rn. 69).

[209] BVerfGE 90, 286 (351 ff.); BVerfGE 104, 151 (199 ff.). Vgl. zum ähnl. gelagerten Problem der Bestimmtheit des „Integrationsprogramms" bei Art. 24 I → Rn. 23.

[210] BVerfGE 90, 286 (351 ff.) und LS 6. Zur Abgrenzung dieser Beschränkung von Hoheitsrechten zu deren Übertragung (Art. 24 I), die bei Unwiderruflichkeit gegeben wäre, aber auch bei der angenommenen bloßen Beschränkung durch „operational command" oder „operational control" (vgl. dazu BVerfG 90, 286 [308]) faktisch naheliegt, vgl. *Nolte* ZaöRV 54 (1994), 665. Vgl. auch *Jarass,* in: Jarass/Pieroth, Art. 24 Rn. 22. Zur bisherigen Praxis der BRD *Deiseroth,* in: Umbach/Clemens, Art. 24 Rn. 256 ff.

[211] BVerfGE 90, 286 (381 ff.) und LS 3; vgl. auch BVerfGE 108, 34 (42 f.); BVerfGE 121, 135 (161 f.); BVerfGE 124, 267 (275 f.). Krit. dazu z. B. *Nolte* ZaöRV 54 (1994), 674 f.; *Stein/Kröninger* Jura 1995, 261; *Fassbender* HStR X, § 244 Rn. 98. Vgl. auch *F. Kirchhof* HStR IV, § 84 Rn. 35 f.; *Rojahn,* in: v. Münch/Kunig I, Art. 24 Rn. 112; *Hobe,* in: Friauf/Höfling, Art. 24 (2012) Rn. 61 mwN; *Calliess,* in: Maunz/Dürig, Art. 24 II (2018) Rn. 79 ff.; *Sauer* BK, Art. 24 (2019) Rn. 317 ff.; *Brissa* DÖV 2012, 137 (140 ff.); *Fischer-Lescano* NVwZ 2003, 1474 (1475 ff.); *Nolte* NJW 2003, 2359; *Krajewski* AVR 2003, 419; *Sauer* JA 2004, 19; *Kutscha* KJ 2004, 228 (234 f.); *Schmidt-Radefeldt* (Fn. 204), S. 151 ff. Vgl. zur Kritik und zur Reaktion des BVerfG darauf *Schorkopf,* § 6 Rn. 74 ff. Zur aktuellen Entwicklung *Kleinlein* AöR 142 (2017), 44 ff.

[212] BVerfGE 121, 135 Rn. 57.

[213] Vgl. auch → Art. 87a Rn. 35 ff., 38 f. → Art. 59 Rn. 27. Zur Orientierung an der Wesentlichkeitstheorie vgl. auch *Hobe,* in: Friauf/Höfling, Art. 24 (2012) Rn. 91; *Calliess,* in: Maunz/Dürig, Art. 24 II (2018) Rn. 91; *Sauer* BK, Art. 24 (2019) Rn. 328. Krit. zu diesem Befund *Schmidt-Radefeldt* (Fn. 204), S. 152 ff.

[214] Parlamentsbeteiligungsgesetz vom 18.3.2005, BGBl I, 775; vgl. dazu *G. Gilch,* Das Parlamentsbeteiligungsgesetz – Die Auslandsentsendung der Bundeswehr und ihre verfahrensrechtliche Ausgestaltung, Diss. Würzburg 2005; *F. Schröder,* Das parlamentarische Zustimmungsverfahren zum Auslandseinsatz der Bundeswehr in der Praxis, 2005; *Gramm* NZWehrR 2005, 133 (137); *W. Weiß* NZWehrR 2005, 100; *Wiefelspütz,* Das Parlamentsheer, 2005; zu Entstehung und Hintergrund *Burkiczak* ZRP 2003, 82; *Dreist* KritV 2004, 79; *ders.* ZG 2004, 39; *Pofalla* ZRP 2004, 221.

[215] Vgl. auch *Nolte* ZaöRV 54 (1994), 676 f.

[216] BVerfGE 123, 267 (360 f.). Vgl. dazu auch *Hobe,* in: Friauf/Höfling, Art. 24 (2012) Rn. 62; *Sauer* BK Art. 24 (2019) Rn. 341.

[217] Art. 42 VII EUV ist entsprechend flexibel ausgestaltet, → Rn. 63 und *Regelsberger/Kugelmann,* in: Streinz, EUV/AEUV, Art. 42 EUV Rn. 11.

[218] Vgl. die Bezugnahmen auf die Rspr. des BVerfG in der Begründung des Entwurfs eines Gesetzes zur Fortentwicklung der parlamentarischen Beteiligung bei der Entscheidung über den Einsatz bewaffneter Streitkräfte im

**76b**   Der wehrverfassungsrechtliche Parlamentsvorbehalt ist nicht auf Einsätze bewaffneter Streitkräfte innerhalb von Systemen gegenseitiger kollektiver Sicherheit beschränkt, sondern gilt allgemein für bewaffnete Einsätze deutscher Soldaten im Ausland und unabhängig davon, ob diese einen kriegerischen oder kriegsähnlichen Charakter haben.[219] Er greift ein, wenn nach dem jew. Einsatzzusammenhang und den einzelnen rechtlichen und tatsächlichen Umständen die Einbeziehung deutscher Soldaten in **bewaffnete Auseinandersetzungen** konkret „qualifiziert zu erwarten", nicht nur „möglich" ist. Entscheidend ist eine Prognose darüber, ob es im konkreten Fall zur „Anwendung von Waffengewalt" kommen wird.[220] Dies ist gerichtlich voll überprüfbar.[221] Somit bedürfen *alle* Auslandseinsätze der Bundeswehr grds. eines **vorherigen konstitutiven Parlamentsbeschlusses.** Lediglich bei Gefahr im Verzug (Voraussetzungen durch das BVerfG voll überprüfbar) ist die BReg ausnahmsweise berechtigt, den Einsatz bewaffneter Streitkräfte vorläufig allein zu beschließen. In diesem Fall muss sie den BTag umgehend mit dem fortdauernden Einsatz befassen und die Streitkräfte auf Verlangen des Bundestages zurückrufen. Ist dieser Einsatz zum frühestmöglichen Zeitpunkt einer nachträglichen Befassung des BTag bereits beendet und eine rechtserhebliche parlamentarische Einflussnahme auf die konkrete Verwendung der Streitkräfte deshalb nicht mehr möglich, ist die BReg nicht verpflichtet, eine Entscheidung des BTag über den Einsatz herbeizuführen; sie muss den BTag jedoch unverzüglich und qualifiziert über den Einsatz unterrichten.[222]

**76c**   Das BVerfG sieht im Parlamentsvorbehalt, der wegen der Verantwortungsteilung zwischen BTag und BReg („Entscheidungsverbund" zwischen BReg und BTag[223]) nicht restriktiv und im Zweifel parlamentsfreundlich auszulegen sei, ein „wesentliches Korrektiv" für die Grenzen der parl. Verantwortungsübernahme im Bereich der auswärtigen Sicherheitspolitik, die sich in der Befugnis der BReg zur Ausgestaltung des Integrationsprogramms (→ Rn. 23) zeige.[224] Dadurch würden die Rechte des Btag gerade auch im Rahmen der bündnispolitischen Konstellation gewahrt. Die rechtliche und politische Verantwortung des BTag erschöpfe sich insoweit nicht in einem einmaligen Zustimmungsakt, sondern erstrecke sich auf den weiteren Vertragsvollzug, ungeachtet der Kompetenz der BReg, den Vertrag in den Formen des Völkerrechts fortzuentwickeln.[225]

**76d**   Der **„Einsatz bewaffneter Streitkräfte"** ist ein verfassungsrechtlicher Begriff, dessen Konkretisierung von der völkerrechtlichen Grundlage des konkreten Einsatzes nicht unmittelbar abhängt und der auch nicht von einem im Rang unter dem GG stehenden Gesetz (vgl. § 2 ParlBG) verbindlich konkretisiert werden kann, wenn auch die gesetzliche Ausgestaltung des Instituts im Einzelfall Hinweise für seine verfassungsunmittelbare Reichweite geben mag.[226] Einsätze bewaffneter Streitkräfte im Rahmen von Sicherheitsratsresolutionen sind stets zustimmungsbedürftig, unabhängig davon, ob den Streitkräften Zwangsbefugnisse nach Kap. VII (Art. 39 ff.) SVN eingeräumt sind und wie die Kommandobefugnisse ausgestaltet sind (Argument: Abgrenzungsproblem).[227] Für Maßnahmen der Bundeswehr rein humanitären Charakters, die bereits über Art. 32 I legitimiert werden können, soweit die deutschen Truppen dabei nicht in bewaffnete Unternehmungen einbezogen sind, ist eine Einschaltung des BTag nicht notwendig.[228] Da der Parlamentsvorbehalt für *alle* Auslandseinsätze der Bundeswehr gilt (→ Rn. 76a), muss der BTag auch einem (auch bzgl. der verfassungsrechtl. Grundlage problematischen[229]) Einsatz zur Evakuierung deutscher Staatsbürger im Ausland zustimmen.[230]

---

Ausland im Zuge fortschreitender Bündnisintegration, BT-Dr 18/7360, S. 5 ff. Der Entwurf wird insoweit unterschiedlich beurteilt, vgl. *Neubert* DÖV 2017, 143 f., 147 und die kontroversen Meinungen bei der Expertenanhörung im Bundestag vom 13.4.2016. Da sich die Regierungsparteien CDU/CSU und SPD nicht einig waren, wurde das Gesetz nicht beschlossen. S. dazu *Sauer* BK, Art. 24 (2019) Rn. 336 mwN.

[219] BVerfGE 140, 160, Ls 1 – Evakuierungseinsatz Libyen („Operation Pegasus"). Vgl. dazu *Sachs* JuS 2016, 94; *Glawe* NVwZ 2015, 1602; *Fischer/Ladiges* NVwZ 2016, 32; *Sauer* JZ 2016, 46; *Payandeh/Sauer* ZRP 2016, 34; *Calliess,* in: Maunz/Dürig, Art. 24 II (2018) Rn. 83 f.

[220] BVerfGE 140, 160 Rn. 72. *Schweitzer/Dederer* StaatsR III, Rn. 1271 f.; *Sauer,* StaatsR III, § 5 Rn. 13.

[221] BVerfGE 121, 135 (168 f.) und Ls. Anhand dieser Maßstäbe hat das BVerfG die Rechte des BTag durch die unterbliebene Einholung seiner Zustimmung zum AWACS-Einsatz der Bundeswehr in der Türkei im Rahmen des Irakkrieges 2003 als verletzt angesehen (ebd. 169 f.). Vgl. aber zur Grenze verfassungsgerichtl. Überprüfung im Organstreitverfahren BVerfGE 124, 267 (279 f.): gebotener Evidenzmaßstab.

[222] BVerfGE 140, 160, Ls 2–4.

[223] BVerfGE 140, 160, Rn. 70 und 83.

[224] BVerfGE 121, 135 (161 ff.).

[225] BVerfGE 121, 135 (157 f.). Zu kompensatorischen Funktionen des Parlamentsvorbehalts *Sauer* BK, Art. 24 (2019) Rn. 319 f. mwN; *Kleinlein* AöR 142 (2017), 48 ff., 54 ff.

[226] BVerfGE 121, 135 (156 f.).

[227] BVerfGE 121, 135 Rn. 59.

[228] BVerfGE 90, 286 [388]); *Schweitzer/Dederer,* StaatsR III, Rn. 1272; *Calliess,* StaatsR III, S. 163.

[229] Vgl. dazu → Art. 87a, Rn. 27; *Sauer,* StaatsR III, § 5 Rn. 9; *Schweitzer/Dederer,* StaatsR III, Rn. 1276. *Fassbender* HStR X, § 244 Rn. 77, sieht eine verfassungsrechtliche Grundlage in der Schutzpflicht aus Art. 2 II 1. Ein anderes Ergebnis als die Zulässigkeit solcher Rettungsaktionen wäre politisch nicht zu vermitteln.

[230] BVerfGE 140, 160 – Operation Pegasus (Lybien). Bislang str., vgl. 7. Aufl. Art. 24 Rn. 76c, Fn. 217. Zur Anwendung des Parlamentsvorbehalts auf Auslandsentsendung von Einheiten des BGS, jetzt BPol (abl.) *Fischer-Lescano* AöR 128 (2003), 52 (84 ff.). Vgl. dazu *Sauer* BK, Art. 24 (2019) Rn. 321.

## D. Beitritt zu allgemeiner, umfassender, obligatorischer, internationaler Schiedsgerichtsbarkeit (Abs. 3)

### I. Zweck

Das **Gebot friedlicher Streiterledigung** ergänzt im Völkerrecht das Gewaltverbot.[231] Prozedural **77** erfolgt friedliche Streiterledigung entweder durch Mittel der diplomatischen Streitbeilegung, Beschlüsse der Organe internationaler Organisationen oder durch die Entscheidung internationaler Gerichte und Schiedsgerichte.[232]

Gleichwohl ist eine Beschränkung auf die **Kriegsverhütung** nicht zwingend. Die Entwicklung des **78** modernen Völkerrechts spricht vielmehr dafür, auch Streitigkeiten im **Wirtschafts- und Umweltvölkerrecht** einzubeziehen.[233]

Art. 24 III steht wegen des Bezugs zur Kriegsverhütung in **Wechselwirkung** mit Art. 26 und Art. 24 **79** II. Wegen der Beschränkung auf die Regelung zwischen*staatlicher* Streitigkeiten fehlt es notwendig am Durchgriff, so dass die – ansonsten mögliche, vgl. EuGH – Kombination mit Art. 24 I ausscheidet.[234]

### II. Begriff

Der Begriff „internationale Schiedsgerichtsbarkeit" iSd Art. 24 III umfasst nicht nur den entspr. **80** völkerrechtlichen Terminus, sondern **auch die internationale Gerichtsbarkeit.**[235] Beiden Arten von Spruchkörpern ist gemeinsam, dass ihre Entscheidungen bindend sind.

Lehnt man wie hier die Beschränkung des Zwecks auf die Kriegsverhütung ab (→ Rn. 78), kann der **81** Begriff trotz des Wortlauts zwischen*staatlich* auch auf **internationale Organisationen** ausgedehnt werden,[236] zw. denen solche Streitigkeiten auch ausgetragen werden. In Frage kommen aber nur Streitigkeiten zwischen Völkerrechtssubjekten, so dass dies zur hier vertretenen Ablehnung einer Durchgriffswirkung (→ Rn. 79) nicht in Widerspruch steht.

**Allgemein** bedeutet, dass die Gerichtsbarkeit allen Staaten zum Beitritt offensteht und zumindest die **82** begründete Aussicht besteht, dass die für das Inkrafttreten der Vereinbarung erforderliche Anzahl von Ratifikationen erreicht wird.[237] Daraus wird zT geschlossen, dass sich Art. 24 III nicht auf regionale Abmachungen bezieht.[238] Dies ist jedoch nicht zwingend. Der Zweck des Art. 24 III, die Wahrung des Friedens, spricht vielmehr dafür, **auch regionale Systeme** einzubeziehen,[239] die eher realisierbar sein dürften.

**Umfassend** bedeutet, dass die Schiedsgerichtsbarkeit grds. alle wesentlichen Sachgebiete möglicher **83** internationaler Streitigkeiten einbezieht.[240]

**Obligatorisch** ist eine Gerichtsbarkeit, deren Zuständigkeit im Streitfall bereits durch die Anrufung **84** durch eine Vertragspartei und nicht erst durch Einigung zwischen den Streitparteien oder Unterwerfungserklärung entsteht.[241]

---

[231] Vgl. Art. 2 III und Art. 2 IV SVN. Vgl. zu diesem Zusammenhang, der Grundprobleme des Völkerrechts der Gegenwart erklärt, *Randelzhofer,* in: Maunz/Dürig, Art. 24 III (1992) Rn. 2; *Deiseroth,* in: Umbach/Clemens, Art. 24 Rn. 326 ff.

[232] Vgl. dazu *Bernhardt* EPIL, Bd. 1, Settlement of Disputes, 1981.

[233] Wie hier *Deiseroth,* in: Umbach/Clemens, Art. 24 Rn. 347 und wohl auch *Zuleeg* AK GG, Art. 24 Abs. 3/ Art. 25 Rn. 53 („beliebigen Gegenstand"). Abl. wohl *Randelzhofer,* in: Maunz/Dürig, Art. 24 III (1992) Rn. 9.

[234] *Randelzhofer,* in: Maunz/Dürig, Art. 24 III (1992) Rn. 3; *Rojahn,* in: v. Münch/Kunig I, Art. 24 Rn. 116. Auch die vom BVerfG entwickelte weitere Fallgruppe neben dem Durchgriff (→ Rn. 14) ist hier nicht einschlägig.

[235] Allg. Meinung, vgl. *Calliess,* in: Maunz/Dürig, Art. 24 III (2019) Rn. 5; *Jarass,* in: Jarass/Pieroth, Art. 24 Rn. 25; *Classen* MKS II, Art. 24 Rn. 96; *Rojahn,* in: v. Münch/Kunig I, Art. 24 Rn. 115; *Hobe,* in: Friauf/Höfling, Art. 24 (2012) Rn. 73; *Deiseroth,* in: Umbach/Clemens, Art. 24 Rn. 336 f.; *Wolfrum* HStR XI, § 242 Rn. 9.

[236] Vgl. die Nachw. für diese Ansicht bei *Tomuschat* BK, Art. 24 (1981/1985) Rn. 197; ferner *Classen* MKS II, Art. 24 Rn. 97; *Calliess,* in: Maunz/Dürig, Art. 24 III (2019) Rn. 15 ff. AA *Randelzhofer,* in: Maunz/Dürig, Art. 24 III (1992) Rn. 9; *Rojahn,* in: v. Münch/Kunig I, Art. 24 Rn. 116; *Sauer* BK, Art. 24 (2019) Rn. 350; iE auch *Tomuschat,* ebda.

[237] *Rojahn,* in: v. Münch/Kunig I, Art. 24 Rn. 117; *Tomuschat* BK, Art. 24 (1981/1985) Rn. 200; *Calliess,* in: Maunz/Dürig, Art. 24 III (2019) Rn. 24. Zu einem engeren bzw. weiteren Verständnis ebda Rn. 21–23.

[238] Vgl. die Nachw. bei *Randelzhofer,* in: Maunz/Dürig, Art. 24 III (1992) Rn. 10; *Classen* MKS II, Art. 24 Rn. 98.

[239] So *Randelzhofer* ebda, Rn. 11; *Tomuschat* BK, Art. 24 (1981/1985) Rn. 201; *Rojahn,* in: v. Münch/Kunig I, Art. 24 Rn. 117; *Calliess,* in: Maunz/Dürig, Art. 24 III (2019) Rn. 25 f.

[240] Einzelne Ausnahmen, z.B. durch Vorbehalte, sind aber unschädlich, vgl. *Calliess* in: Maunz/Dürig, Art. 24 III (2019) Rn. 27 f.; *Rojahn,* in: v. Münch/Kunig I, Art. 24 Rn. 118; *Deiseroth,* in: Umbach/Clemens, Art. 24 Rn. 347; *Tomuschat* BK, Art. 24 (1981/1985) Rn. 202.

[241] Allg. Meinung, vgl. *Calliess,* in: Maunz/Dürig, Art. 24 III (2019) Rn. 29 mwN., sowie mit für dieses Ergebnis unerheblichen Differenzierungen *Rojahn,* in: v. Münch/Kunig I, Art. 24 Rn. 119 mwN.

## III. Folgen

85  Sind diese Voraussetzungen gegeben, entsteht eine **Pflicht** des Bundes (nicht der Länder)[242] **zum Beitritt.** Der Bund ist nicht verpflichtet, eine derartige Schiedsgerichtsbarkeit zu schaffen, darf eine mögliche Entwicklung dahin aber nicht behindern und hat sie ggf. im Rahmen seines Ermessens zu fördern.[243]

86  Der Beitritt erfolgt durch einen **völkerrechtlichen Vertrag,** der eines **Vertragsgesetzes** gem. Art. 59 II 1 bedarf.[244]

87  Bislang besteht eine Schiedsgerichtsbarkeit iSd Art. 24 III nicht, und ihre Verwirklichung erscheint gegenwärtig unwahrscheinlich.[245] Der **Internationale Gerichtshof** (IGH) ist kein Fall des Art. 24 III, da seine Gerichtsbarkeit jedenfalls nicht obligatorisch ist.[246] Der **EGMR** fällt jedenfalls bzgl. der Individualbeschwerde (Art. 34 EMRK) nicht darunter, weil es sich hierbei um keine zwischen*staatliche* Streitigkeit handelt.[247] Gleiches gilt für den **IStGH.**[248] Gleiches gilt auch für Investor-Staat-Streitigkeiten.[249]

## Art. 25 [Allgemeines Völkerrecht als Bestandteil des Bundesrechts]

**Die allgemeinen Regeln des Völkerrechtes sind Bestandteil des Bundesrechtes. Sie gehen den Gesetzen vor und erzeugen Rechte und Pflichten unmittelbar für die Bewohner des Bundesgebietes.**

**Entstehungsgeschichte: Erstfassung:** JöR nF 1 (1951), 229.
**Historischer Verfassungstext:** WRV: Art. 4 Die allgemein anerkannten Regeln des Völkerrechts gelten als bindende Bestandteile des deutschen Reichsrechts.
**Geltende Landesverfassungen:** *Bay*Verf Art. 84; *Bbg*Verf Art. 2 III (Menschenrechte); *Brem*Verf Art. 122; *Hess*Verf Art. 67.
**Leitentscheidungen:** BVerfGE 6, 309 (Konkordat); BVerfGE 15, 25 (Jugoslawische Militärmission); BVerfGE 16, 27 (Iranische Botschaft); BVerfGE 18, 441 (Lastenausgleichsabgaben I); BVerfGE 23, 288 (Lastenausgleichsabgaben II); BVerfGE 46, 342 (Philippinische Botschaft); BVerfGE 75, 1 (ne bis in idem); BVerfGE 92, 277 (DDR-Spionage); BVerfGE 94, 315 (Zwangsarbeit); BVerfGE 95, 96 (Mauerschützen); BVerfGE 96, 68 (Botschafterstraftat); BVerfGE 109, 13; 109, 38 (Auslieferung bei „Entführung" durch List); BVerfGE 112, 1 (SBZ-Enteignungen III – Bodenreform); BVerfGE 113, 154 (Auslieferung bei drohender lebenslanger Freiheitsstrafe ohne Möglichkeit einer Strafaussetzung); BVerfGE 117, 141 (Argentinien-Anleihen I – Botschaftspfändung); BVerfGE 118, 124 (Argentinien-Anleihen II – Staatsnotstand); BVerfGE 141, 1 (Treaty Override).

---

[242] Vgl. dazu und zur möglichen Beteiligung von Ländern an völkerrechtlichen Institutionen der Streitbeilegung *Randelzhofer,* in: Maunz/Dürig, Art. 24 III (1992) Rn. 6; *Calliess,* in: Maunz/Dürig, Art. 24 III (2019) Rn. 10; *Sauer* BK, Art. 24 (2019) Rn. 359.

[243] *Calliess,* in: Maunz/Dürig, Art. 24 III (2019), Rn. 6–9. Vgl. dazu und zu konkreten Fragen (verfassungsrechtliche Pflicht, eine Erkl. gem. Art. 36 II IGH-Statut [Sart. II, Nr. 2] abzugeben) *Rojahn,* in: v. Münch/Kunig I, Art. 24 Rn. 120 mwN. Deutschland hat am 1.5.2008 eine Unterwerfungserklärung gem. Art. 36 II IGH-Statut abgegeben (BGBl. II 2008, 713). S. dazu *Eick* ZaöRV 68 (2008), 763 (768 ff.).

[244] *Calliess,* in: Maunz/Dürig, Art. 24 III (2019) Rn. 31; *Wollenschläger,* in: Dreier II, Art. 24 Rn. 81. Str. für den Fall, dass eine Unterwerfungserklärung hinzukommen muss, ob erneut (so *Calliess,* in: Münch/Kunig, Art. 24 III (2019), Rn. 40 ff., 45) oder erst dann (so *Sauer* BK, Art. 24 (2019) Rn. 362) erforderlich.

[245] *Randelzhofer,* in: Maunz/Dürig, Art. 24 III (1992) Rn. 14 ff. Dazu und zu evtl. weitergehenden verfassungsrechtlichen Folgen *Sauer* BK, Art. 24 (2019) Rn. 351 ff.

[246] *Randelzhofer* ebda, Rn. 18; *Rojahn,* in: v. Münch/Kunig I, Art. 24 Rn. 120; *Jarass,* in: Jarass/Pieroth, Art. 24 Rn. 25; *Wollenschläger,* in: Dreier II, Art. 24 Rn. 79; *Calliess,* in: Maunz/Dürig, Art. 24 III (2019) Rn. 17 ff., der allerdings aus der Förderungs- eine Beitrittspflicht herleitet (ebda Rn. 38). Nach *Mosler* HStR VII[1], § 179 Rn. 37 kommt der IGH der Zielvorstellung des Art. 24 III am nächsten. Nach *Classen* MKS II, Art. 24 Rn. 100 erfüllt der IGH die Voraussetzungen des Art. 24 III, da eine Gerichtsbarkeit bereits dann obligatorisch sei, wenn ihr Statut die Möglichkeit vorsieht, sich ihr generell durch eine besondere Erklärung zu unterwerfen und dann auch ausgeübt werden kann, wenn im Hinblick auf die Unterwerfung Gegenseitigkeit der Unterwerfung gewährleistet ist (ebd., Rn. 99); ihm folgend *Deiseroth,* in: Umbach/Clemens, Art. 24 Rn. 354; so bereits *Menzel* BK, Art. 24 (Erstbearb.) Erl. II 10 aE Gegen eine Kumulation der Anforderungen mit der Möglichkeit, den IGH und den Internationalen Seegerichtshof einzubeziehen, *Zuleeg* AK GG, Art. 24 Abs. 3/Art. 25 Rn. 58. Zur innerstaatlichen Wirkung von Urteilen des IGH vgl. BVerfG NJW 2007, 499 (501 ff.). – Belehrung ausländischer Beschuldigter: Die verfassungsunmittelbare Pflicht der deutschen Gerichte, einschlägige Judikate der für Deutschland zuständigen internat. Gerichte zur Kenntnis zu nehmen und sich mit ihnen auseinanderzusetzen, trifft die Fachgerichte auch bzgl. der Rspr. des IGH zum Konsularrecht.

[247] Zutr. *Zuleeg* AK GG, Art. 24 Abs. 3/Art. 25 Rn. 53; *Calliess,* in: Maunz/Dürig, Art. 24 III (2019) Rn. 51: wegen Beschränkung auf EMRK auch nicht umfassend. Zu weiteren Schiedsgerichten vgl. *Calliess,* in: Maunz/Dürig Art. 24 III (2019) Rn. 46 ff.

[248] *Zuleeg* AK GG, Art. 24 Abs. 3/Art. 25 Rn. 57; *Rojahn,* in: v. Münch/Kunig I, Art. 24 Rn. 116 mwN. Zum IStGH → Rn. 30.

[249] Vgl. dazu *Bungenberg* KSzW 2016, 122; *Ohler* JZ 2015, 337; *Calliess,* in: Maunz/Dürig, Art. 24 III (2019) Rn. 53.

**Schrifttum:** *M. Baumert,* Völker- und verfassungsrechtliche Fragen der Rückübernahme deutscher IS-Anhänger aus dem Ausland, NVwZ 2020, 110; *A. Bleckmann,* Der Grundsatz der Völkerrechtsfreundlichkeit der deutschen Rechtsordnung, DÖV 1996, 137; *ders.,* Grundgesetz und Völkerrecht, 1975; *P. Becker,* Rechtsprobleme des Einsatzes von Drohnen zur Tötung von Menschen, DÖV 2013, 493; *H. Bungert,* Einwirkung und Rang von Völkerrecht im innerstaatlichen Rechtsraum, DÖV 1994, 797; *M. T. Charalambos,* Die Allgemeinen Regeln des Völkerrechts im Sinne des Art. 25 GG und die deutschen Grundrechte, Europäische Zeitschrift des Öffentlichen Rechts 11 (1999), 1185; *H.-J- Cremer,* Allgemeine Regeln des Völkerrechts HStR XI, § 235; *D. Deiseroth,* Verstrickung der Airbase Ramstein in den globalen US-Drohnenkrieg und die deutsche Mitverantwortung, DVBl 2017, 985; *K. Doehring,* Die allgemeinen Regeln des völkerrechtlichen Fremdenrechts und das deutsche Verfassungsrecht, 1963; *O. Dörr,* Staatliche Immunität auf dem Rückzug?, AVR 41 (2003), 137; *C. Engel,* Völkerrecht als Tatbestandsmerkmal deutscher Normen, 1989; *A. Fischer-Lescano/F. Hanschmann,* Subjektive Rechte und völkerrechtliches Gewaltverbot – Eine völker- und verfassungsrechtliche Analyse, in: Becker/Braun/Deiseroth (Hrsg.), Frieden durch Recht?, 2010, S. 169 f.; *A. Funke,* Keine Abwägung im Auswärtigen, DÖV 2016, 833; *W. K. Geck,* Das Bundesverfassungsgericht und die allgemeinen Regeln des Völkerrechts, FG BVerfG II, 1976, S. 125; *R. Grabosch,* Die Rezeption des Völkerrechts durch die deutschen Zivilgerichte, KJ 2013, 30; *R. Hofmann,* Art. 25 GG und die Anwendung völkerrechtswidrigen ausländischen Rechts, ZaöRV 49 (1989), 41; *ders.,* Zur Bedeutung von Art. 25 GG für die Praxis deutscher Behörden und Gerichte, FS Zeidler II, 1987, S. 1885; *H. Jahrreiß,* Völkerrecht und Bonner Grundgesetz, FS Apelt, 1958, S. 159; *H. D. Jarass,* Probleme der extraterritorialen Geltung verwaltungsrechtlicher Gesetze, RIW 2017, 642; *W. Jellinek,* Kritische Betrachtungen zur Völkerrechtsklausel in den deutschen Verfassungsurkunden, FG E. Kaufmann, 1950, S. 181; *A. Kees,* Bricht Völkerrecht Landesrecht?, Staat 54 (2015), 62; *B. Kessler/T. R. Salomon,* Die Klagebefugnis aufgrund Völkergewohnheitsrechts im Verwaltungsprozess am Beispiel des Gewaltverbots, DÖV 2014, 283; *D. Knop,* Völker- und Europarechtsfreundlichkeit als Verfassungsgrundsätze, 2013; *P. Kunig,* Die Quellen des Völkerrechts aus der Sicht des Grundgesetzes, Jura 1989, 667; *ders.,* Völkerrecht und staatliches Recht, in: Graf Vitzthum (Hrsg.), Völkerrecht, 7. Aufl. 2016, S. 61 ff.; *H. Mosler,* Das Völkerrecht in der Praxis der deutschen Gerichte, 1957; *C. Ohler/T. Kruis,* Die Bekanntgabe inländischer Verwaltungsakte im Ausland, DÖV 2009, 93; *M. Payandeh,* Grenzen der Völkerrechtsfreundlichkeit: Der Treaty Override-Beschluss des BVerfG, NJW 2016, 1279; *K. J. Partsch,* Die Anwendung des Völkerrechts im innerstaatlichen Recht: Überprüfung der Transformationslehre, BDGesVR 6 (1964), 13; *R. Pfeffer,* Das Verhältnis von Völkerrecht und Landesrecht, 2009; *W. Pigorsch,* Die Einordnung völkerrechtlicher Normen in das Recht der Bundesrepublik Deutschland, 1959; *W. Rudolf,* Völkerrecht und deutsches Recht, 1967; *Reiling,* Die Anwendung des Grundsatzes der Völkerrechtsfreundlichkeit auf rechtsunverbindliche internationale Standards, ZaöRV (2018), 311; *T. Reinbacher/M. Wendel,* Menschenwürde und Europäischer Haftbefehl, EuGRZ 2016, 333; *S. Schmahl,* Das Verhältnis der deutschen Rechtsordnung zu Regeln des Völkerrechts, JuS 2013, 961; *M. Schweitzer/A. Weber,* Handbuch der Völkerrechtspraxis der Bundesrepublik Deutschland, 2004; *I. Seidl-Hohenveldern,* Transformation or adoption of international law into municipal law, ICLQ 12 (1962), 88; *M. Silagi,* Die allgemeinen Regeln des Völkerrechts als Bezugsgegenstand in Art. 25 GG und Art. 26 EMRK, EuGRZ 1980, 632; *H. Steinberger,* Allgemeine Regeln des Völkerrechts HStR VII¹, § 173; *N. Sternberg,* Der Rang von Menschenrechtsverträgen im deutschen Recht unter besonderer Berücksichtigung von Art. 1 Abs. 2 GG, 1999; *M. Stöber,* Zur verfassungs- und europarechtlichen (Un-)Zulässigkeit von Treaty Overrides, DStR 2016, 1889; *S. Talmon,* Die Grenzen der Anwendung des Völkerrechts im deutschen Recht, JZ 2013, 12; *K. Vogel,* Die Verfassungsentscheidung des Grundgesetzes für eine internationale Zusammenarbeit, 1964; *W. Weiß,* Allgemeine Rechtsgrundsätze des Völkerrechts, AVR 39 (2001), 394; *M. Will,* Völkerrecht und nationales Recht, Jura 2015, 1164; *D. Wolff,* Der Einzelne in der offenen Staatlichkeit, 2020. Jährliche Berichte „Deutsche Rechtsprechung in völkerrechtlichen Fragen" und „Völkerrechtliche Praxis der Bundesrepublik Deutschland" in ZaöRV, zuletzt für 2017 in ZaöRV 79 (2019), 325 und 2018 in ZaöRV 80 (2020), 147.

## Übersicht

# A. Allgemeines

## I. Entstehung

**1**    Die **Geltung allgemeinen Völkerrechts in der deutschen Rechtsordnung** regelte erstmals Art. 4 WRV.[1] Zuvor war allg. Völkerrecht innerstaatlich nur anwendbar, wenn und soweit es durch Reichsrecht rezipiert worden war. Darüber hinaus hatte das RG unter Berufung auf ungeschriebenes Verfassungsrecht Völkerrecht angewandt, soweit es mit nationalem Recht vereinbar war.[2] Art. 4 WRV erklärte in bewusster Abgrenzung von der bis dahin vertretenen grds. Unverbindlichkeit des allg. Völkerrechts *im* innerstaatl. Bereich (es galt nur *für* den Staat Deutsches Reich) die allg. anerkannten Regeln des Völkerrechts zu bindenden Bestandteilen des deutschen Reichsrechts.

**2**    Diese **weite Öffnung** der nationalen Rechtsordnung für die Völkerrechtsordnung hatte den angelsächsischen Rechtssatz *Customary international law is part of the law of the land*[3] zum Vorbild[4] und reichte über die meisten kontinentaleurop. Verfassungen der Zeit hinaus.[5] Dieser Beweggrund des Bestehenden („sind“) musste hervorgehoben werden, um der Vermutung, das Deutsche Reich wolle „erst jetzt“ das Völkerrecht beachten, entgegenzutreten.[6]

**3**    Nach Rspr. und hL setzte eine „allgemeine“ Anerkennung zwar nicht die Anerkennung durch jeden Staat der Welt, jedenfalls aber die durch das Deutsche Reich voraus.[7] Diese **Anerkennung** konnte, insbes. durch kollidierendes Reichsgesetz, zurückgenommen werden. Damit verlor das Völkerrecht aber seine Maßstabsfunktion für den nationalen Gesetzgeber und konnte nationalem Gesetzesrecht oder gar Verfassungsrecht gegenüber keinen Vorrang entfalten.[8] Eine unmittelbare Berechtigung oder Verpflichtung des Einzelnen aus einer Völkerrechtsregel sollte stets eine spezielle Transformation voraussetzen.[9] Damit wurde im Wege der „Auslegung“ Art. 4 WRV funktionslos.

**4**    Um eine Wiederholung dessen zu verhindern, den Streitfragen zur WRV den Boden zu entziehen und zugleich den Willen des deutschen Volkes zum Ausdruck zu bringen, im Völkerrecht eine auch den Einzelnen verpflichtende Ordnung zu sehen, formuliert bereits Art. 22 **HChE**: „Die allgemeinen Regeln des Völkerrechts sind Bestandteil des Bundesrechts und erzeugen Rechte und Pflichten unmittelbar für alle Bewohner des Bundesgebietes“.

**5**    Die im **ParlRat** folgende kontroverse Diskussion entzündete sich vor allem am Begriff „allgemeine Regeln“, mit dem auf eine Anerkennung verzichtet wurde. Trotz Bedenken wegen dessen Unbestimmtheit und den damit verbundenen Auslegungs- und Anwendungsproblemen wurde zur Vermeidung der für Art. 4 WRV eingetretenen Funktionslosigkeit an der ursprünglichen Fassung festgehalten.[10]

**6**    Ein weiterer Schwerpunkt der Auseinandersetzung war die Formulierung **„Bestandteil des Bundesrechts“**. Der Beschl. des HA des ParlRates, das Wort „Bundesrecht“ durch „Bundesverfassungsrecht“ zu ersetzen, wurde wieder revidiert, da dies eine Änderung des Völkerrechts durch verfassungsänderndes Gesetz zulasse.[11] Um dies auszuschließen, wurde zudem in Art. 25 S. 2 der Vorrang vor

---

[1] Demgegenüber wurde der Abschluss völkerrechtl. Verträge bereits in § 77 RV 1849 und Art. 11 III RV 1871 normiert. → Art. 59 Rn. 1.

[2] Vgl. zB RGZ 16, 263; 62, 165; 67, 251 (256); 89, 315; 90, 378 (380 f.); RGSt 2, 17 (18); 16, 165 (167 f.); 17, 51; 23, 266; 29, 22 (24); 36, 345 (347 f.); 44, 403 (404 f.); 49, 194 (196). S. dazu *Walz*, Völkerrecht und staatliches Recht, 1933, S. 297.

[3] Vgl. zu dieser auf *Blackstone* zurückgehenden Theorie *Brownlie*, Principles of Public International Law, 7. Aufl. 2008, S. 41 ff.

[4] Vgl. *Anschütz* WRV, Art. 4 Anm. 1.

[5] Rechtsvergleichende Hinw. bei *Rudolf*, Völkerrecht und deutsches Recht, 1967, S. 241.

[6] Vgl. dazu *Anschütz* WRV, Art. 4 Anm. 1.

[7] *Anschütz* WRV, Art. 4 Anm. 4.

[8] Str., vgl. *Anschütz* WRV, 13. Aufl. 1930, Art. 4 Anm. 7.

[9] Ebda, Anm. 2.

[10] Vgl. JöR nF 1 (1951), 229 (232).

[11] So Abg. *v. Mangoldt* JöR nF 1 (1951), 234 f. Dies kann selbstverständlich nicht für das Völkerrecht an sich, sondern nur für seine Geltung in Deutschland gemeint sein.

Gesetzen festgeschrieben in der Annahme, dass damit das Völkerrecht unter allen Umständen dem Bundesrecht, auch dem Bundesverfassungsrecht, vorgehe.[12]

Das Bestreben, die Entscheidung, ob ein Bundes- oder Landesgesetz dem Völkerrecht nicht ent-   **7** spricht, nicht dem Einzelnen zu überlassen und die Gefahr der individuellen Gehorsamsverweigerung gegenüber deutschen Gesetzen zu vermeiden, führte zu dem Vorschlag, die **Klärung von Zweifels-fragen** Gerichten zu übertragen.[13] Trotz Ablehnung dieses Vorschlags wurde diesem Anliegen zT mit Art. 100 II Rechnung getragen, wonach das BVerfG entscheidet, ob eine Regel des Völkerrechts Bestandteil des Bundesrechts ist und ob sie unmittelbar Rechte und Pflichten für den Einzelnen erzeugt.

## II. Bedeutung

**1. Verfassungsrechtliche und verfassungspolitische Bedeutung.** Art. 25 öffnet die deutsche   **8** Rechtsordnung zum Völkerrecht, das nur Völkerrechtssubjekte, insbes. Staaten,[14] berechtigt und ver-pflichtet, also keine unmittelbare Rechtswirkung *im* innerstaatlichen Bereich beanspruchen kann. Die **verfassungsrechtliche** Bedeutung des Art. 25 besteht deshalb darin, den allgemeinen Regeln des Völkerrechts im deutschen Recht **Geltung** zu verleihen.[15] Alle staatlichen Organe werden dadurch verpflichtet, diese Regeln zu beachten und anzuwenden sowie das gesamte innerstaatliche Recht völkerrechtsfreundlich zu interpretieren.[16]

In diesen Verpflichtungen liegt zugleich die **verfassungspolitische** Bedeutung des Art. 25. Es   **9** sollen zwischen nationalem und Völkerrecht ein **Gleichklang** sichergestellt, Völkerrechtsverletzungen durch deutsche Staatsorgane ausgeschlossen[17] und die Berechtigung, aber auch Verpflichtung jedes Einzelnen betont werden.[18] Im Vergleich zu Art. 4 WRV begegnet Art. 25 der Völkerrechtsordnung somit weit aufgeschlossener.[19] Dies erschließt sich aus dem Sinnzusammenhang mit der Präambel und den Art. 1 II, 23, 24, 26 und 59, in welchen sich die „Verfassungsentscheidung für eine internationale Zusammenarbeit"[20] offenbart, wobei in diesem Kontext der „Grundsatz der Völkerrechtsfreundlichkeit des GG"[21] in Art. 25 seinen prägnantesten Ausdruck findet.

Während die Verfassungen kontinental-westeurop. Staaten und die neuen Verfassungen der Staaten   **9a** Mittel- und Osteuropas mehrheitlich Vorschriften zum Verhältnis von allg. Völkerrecht und Landesrecht mit einer Tendenz zur Aufwertung des Völkerrechts enthalten und der Vorrang der allg. Regeln des Völkerrechts vor den Gesetzen durch ausdrückl. Anordnung,[22] aber auch ohne konkrete Norm in den Staaten Westeuropas allgemein gilt, haben im anglo-amerikanischen Recht (Vereinigtes Königreich, USA, Länder mit Common-Law-Tradition) später erlassene staatl. Normen nach der lex posterior Regel Vorrang vor dem Völkerrecht, das nach der auf Blackstone zurückgehenden Formel „part of the law of the land" ist.[23]

**2. Einbeziehung des Völkerrechts in das deutsche Recht.** Art. 25 regelt (in einem Teilbereich,   **10** → Rn. 29) die **Einbeziehung** von Völkerrecht in das deutsche Recht.

---

[12] So Abg. *v. Brentano* JöR nF 1 (1951), 235.

[13] Vgl. *Menzel* BK, Art. 25 (Erstbearb.) Anm. I 2; Abg. *v. Mangoldt* JöR nF 1 (1951), 235. Zur fortwirkenden Bedeutung der Entstehungsgeschichte *Schorkopf*, § 3, Rn. 3 ff., 8.

[14] Vgl. *Schweitzer/Dederer*, StaatsR III, Rn. 1034 ff.; zur Völkerrechtssubjektivität von Individuen vgl. ebda, Rn. 533; *v. Arnauld*, Völkerrecht, 4. Aufl. 2019, Rn. 66 ff.

[15] Vgl. *Rojahn* in: v. Münch/Kunig I, Art. 25 Rn. 1. Selbst wenn dieser Rechtsanwendungsbefehl *verfassungs*rechtlich nur deklaratorisch ist, vgl. *Rudolf* (Fn. 5), S. 259 f., erfolgt immerhin eine wichtige Klarstellung.

[16] BVerfGE 23, 288 (316); 46, 342 (363); 63, 343 (373); 75, 1 (18 f.); 112, 1 (24); *Rojahn*, in: v. Münch/Kunig I, Art. 25 Rn. 2; *Stern*, StaatsR I, S. 475 f.; *Tomuschat* HStR XI, § 226 Rn. 36 ff. Zudem wird von jedem Einzelnen verlangt, sich den Regeln des allg. Völkerrechts gemäß zu verhalten.

[17] Vgl. dazu *Cremer* HStR XI, § 235 Rn. 7.

[18] Vgl. dazu JöR nF 1 (1951), 230.

[19] *Mosler,* Das Völkerrecht in der Praxis der deutschen Gerichte, 1957, S. 35.

[20] Begriff geprägt von *Vogel,* Die Verfassungsentscheidung des Grundgesetzes für eine internationale Zusammenarbeit, 1964, S. 35 f.

[21] BVerfGE 6, 309 (362); 18, 112 (121); 31, 58 (75 f.); 58, 1 (41); 63, 343 (379 f.); 112, 1 (25 f.); *Cremer* HStR XI, § 235 Rn. 1; *Engel,* Völkerrecht als Tatbestandsmerkmal deutscher Normen, 1989, S. 53; *Bleckmann* DÖV 1996, 137; *Tomuschat* BK, Art. 25 (2019) Rn. 6. Krit. zum Begriff „Völkerrechtsfreundlichkeit" *Kunig,* in: Graf Vitzthum (Hrsg.), Völkerrecht, 7. Aufl. 2016, S. 61 (72), Rn. 10, 18 ff. Gegen einen „inflationären Umgang" mit dem Begriff zu Recht *Herdegen,* in: Maunz/Dürig, Art. 25 (2016) Rn. 8 unter Hinweis auf BVerwGE 75, 285 (288). Zur „verfassungsrechtlichen Grundentscheidung für die offene Staatlichkeit" s. *Proelß* in: *Rensen/Brink,* Linien der Rechtsprechung des Bundesverfassungsgerichts, 2009, S. 553 (554 f.). Zu Ansatz und Praxis der Völkerrechtsfreundlichkeit vgl. auch die Beiträge in *Giegerich* (Hrsg.), Der „offene Verfassungsstaat" des Grundgesetzes nach 60 Jahren, 2010, S. 73 ff.

[22] So Art. 28 I GriechVerf., gegenüber Ausländern mit dem Vorbehalt der Gegenseitigkeit.

[23] Vgl. dazu *Wollenschläger,* in: Dreier II, Art. 25 Rn. 11 ff. mwN. Eingehende rechtsvergleichende Hinweise bei *Hobe,* in: Friauf/Höfling, Art. 25 (2011) Rn. 37 ff.; *Herdegen,* in: Maunz/Dürig, Art. 25 (2016) Rn. 19 ff.; *Tomuschat* BK, Art. 25 (2019) Rn. 136 ff.

**11**    Das **Verhältnis** von Völkerrecht und innerstaatlichem Recht ist bis heute umstritten,[24] ebenso wie die **Methode der Einbeziehung** von Völkerrecht in den innerstaatlichen Bereich.[25]

**12**    Nach der **monistischen Lehre** bilden Völkerrecht und Landesrecht Teile einer einheitlichen Rechtsordnung, wobei heute nur noch die Auffassung vertreten wird, dass das Völkerrecht Vorrang habe (Primat des Völkerrechts). Der radikale Monismus sieht völkerrechtswidriges innerstaatliches Recht stets als nichtig an, der gemäßigte begnügt sich mit einem Anwendungsvorrang des Völkerrechts.

**13**    Demgegenüber versteht die **dualistische Lehre** Völkerrecht und innerstaatl. Recht als zwei selbständige Rechtsordnungen. Der früher vertretene radikale Dualismus schloss Kollisionen zwischen beiden Rechtskreisen *per definitionem* aus, weshalb einander widersprechendes nationales und Völkerrecht als nebeneinander fortgeltend betrachtet werden konnten. Der gemäßigte Dualismus erkennt dagegen Überschneidungen beider Rechtskreise an, wobei Konflikte durch Kollisionsnormen gelöst werden müssten. Völkerrechtswidriges nationales Recht gelte nur vorläufig, weil die Staaten verpflichtet seien, ihre Rechtsordnung völkerrechtskonform zu gestalten.

**14**    Monismus und Dualismus in den heute vertretenen gemäßigten Formen sind sich darin **einig,** dass sich ein Staat seinen völkerrechtlichen Verpflichtungen nicht unter Berufung auf entgegenstehendes nationales Recht entziehen darf, sondern verpflichtet ist, in seiner Rechtsordnung eine dem Völkerrecht entspr. Lage herzustellen. Auf welche Weise er dabei das Völkerrecht in den innerstaatl. Bereich einbezieht, liegt jedoch in seinem Ermessen. Lehre und Praxis haben hierzu verschiedene Formen entwickelt.

**15**    Nach der **Adoptionstheorie** gelten die Rechtssätze des Völkerrechts kraft einer nationalen Geltungsanordnung auch innerstaatlich als Völkerrecht mit der Folge, dass sie nach völkerrechtl. Grundsätzen auszulegen und anzuwenden sind. Zu demselben Ergebnis kommt die **Vollzugslehre** (die daher auch als nur andere Bezeichnung derselben Theorie gesehen werden kann), wonach ein innerstaatl. Vollzugsbefehl die Einbeziehung von Völkerrecht als solchem in die nationale Rechtsordnung bewirkt. Beide Theorien werden meist an den **Monismus** gebunden, was aber nicht zwingend ist.[26]

**16**    Nach der **Transformationstheorie,** die notwendig mit dem **Dualismus** verbunden ist, bedarf die innerstaatl. Geltung von Völkerrecht seiner Umwandlung in nationales Recht durch einen inhaltlich identischen nationalen Rechtssatz. Um Probleme des Inkrafttretens, der Auslegung und der Beendigung einer völkerrechtl. Norm sachgerecht zu lösen, erachtet die gemäßigte Transformationstheorie dafür das Völkerrecht als maßgeblich, wobei die Transformation jedoch zu einem Wechsel der Normadressaten vom Staat als solchem zu seinen Organen und zu Individuen führe.[27]

**17**    Keine der Theorien sagt für sich gesehen etwas über den **Rang** des für anwendbar erklärten Völkerrechts in der innerstaatl. Normenhierarchie aus. Dieser ist der Adoptionsnorm bzw. dem Vollzugsbefehl, ggf. in Verbindung mit besonderen Verfassungsnormen,[28] bzw. der Transformationsnorm zu entnehmen. Sieht man als Transformationsnorm das ZustimmungsG (VertragsG) an, so richtet sich der Rang des transformierten Völkerrechts nach diesem. Einen höheren als den Rang eines einfachen Gesetzes kann aber auch nach der Adoptions- bzw. Vollzugslehre nur eine Verfassungsnorm zuweisen.

**18**    Art. 25 regelt das Verhältnis zwischen Völkerrecht und innerstaatl. Recht **nicht ausdrücklich** und bringt nur dahingehend Klärung, dass die beiden ohnehin nicht mehr vertretenen Lehren des Monismus mit Primat des nationalen Rechts und des radikalen Dualismus mit dem in Art. 25 S. 2 Hs. 1 normierten Vorrang der allg. Regeln des Völkerrechts vor Gesetzen nicht vereinbar sind.

**19**    Im Übrigen kann Art. 25 als deklaratorische Kodifikation des **gemäßigten Monismus,**[29] aber auch im Sinne des **gemäßigten Dualismus** als generelle Übernahme der allgemeinen Regeln des Völkerrechts als Bestandteil der autonomen deutschen Rechtsordnung gesehen werden.[30] Für letzteres sprechen die Entstehungsgeschichte im ParlRat, die Begrenzung auf „allgemeine Regeln", welche der das gesamte Völkerrecht erfassenden monistischen Sicht zuwiderläuft, die Vorrangklausel des Art. 25 S. 2 Hs. 1 sowie die Entscheidungskompetenz des BVerfG gem. Art. 100 II.[31]

**20**    Gleichwohl trifft Art. 25 **keine Entscheidung zwischen Monismus und Dualismus.** Dies ist auch nicht notwendig, da die herrschenden gemäßigten Lehren iE darin übereinstimmen, dass das Völkerrecht (zumindest faktisch) vorrangig ist und entgegenstehendes nationales Recht (vorläufig) wirksam bleibt.[32]

---

[24] Instruktiv zum Streitstand *Bleckmann,* Völkerrecht, 2001, S. 135 ff. (Rn. 399 ff.); *Geiger,* StaatsR III, S. 14 ff.; *Doehring,* Völkerrecht, 2. Aufl. 2004, S. 302 ff. (Rn. 696 ff.); *Kunig* (Fn. 21), S. 77 ff. (Rn. 46 ff.); *Schweitzer/Dederer,* StaatsR III, Rn. 41 ff.; *Tomuschat* BK, Art. 25 (2019) Rn. 60 ff.; *Verdroß/Simma,* Universelles Völkerrecht, 3. Aufl. 1984, §§ 71 ff. Darstellung und Würdigung bei *Pfeffer,* S. 81 ff.

[25] Instruktiv dazu *Geiger,* StaatsR III, S. 143 ff.

[26] Ebenso *Partsch* BDGesVR 6 (1964), 24 ff. und 157 (These 5); *Meng,* Das Recht der internationalen Organisationen – eine Entwicklungsstufe des Völkerrechts, 1979, S. 39 f. Vgl. auch → Art. 23 Rn. 60.

[27] *Rudolf* (Fn. 5), S. 164 ff.; *Schweitzer/Dederer,* StaatsR III, Rn. 810.

[28] Zur verfassungsrechtl. Begründung des Vorrangs des Unionsrechts → Art. 23 Rn. 61.

[29] So wohl *Brockmeyer,* in: Schmidt-Bleibtreu/Klein, 10. Aufl. 2004, Art. 25 Rn. 1b („ohne eine Transformation").

[30] *Rudolf* (Fn. 5), S. 262; *Hillgruber,* in: Hofmann/Henneke, Art. 25 Rn. 2; *v. Arnauld* (Fn. 14), Rn. 520.

[31] Vgl. *Menzel* BK, Art. 25 (Erstbearb.) Anm. II 1; *Schweitzer/Dederer,* StaatsR III, Rn. 60 ff.

[32] *Schweitzer/Dederer,* StaatsR III, Rn. 51. Vgl. auch *Hobe,* in: Friauf/Höfling, Art. 25 (2011) Rn. 15 f.; *Herdegen,* in: Maunz/Dürig, Art. 25 (2016) Rn. 5.

Gleiches gilt für die **Methode der Übernahme** des Völkerrechts in das deutsche Recht. Art. 25  **21**
kann dahin verstanden werden, dass die allg. Regeln des Völkerrechts als solche Bestandteil der
deutschen Rechtsordnung werden (Adoptions- bzw. Vollzugstheorie).[33] Andererseits deutet gerade die
Wendung „Bestandteil des Bundesrechts" auf eine antizipierte Umwandlung in nationales Recht hin.[34]
Dem Zweck des Art. 25, den Einklang zwischen Völkerrecht und nationalem Recht zu gewährleisten
(→ Rn. 9), werden aber beide Auffassungen gleichermaßen gerecht, die *in praxi* auch zu gleichen
Ergebnissen führen. Wegen der einfacheren Zweckerfüllung ist aber auch hier[35] der **Vollzugslehre**
der Vorzug zu geben.[36]

## B. Die allgemeinen Regeln des Völkerrechts

### I. Begriff

**Regeln** sind generell abstrakte *Rechts*sätze **des Völkerrechts.** Mangels Verbindlichkeit scheiden  **22**
Beschlüsse der Generalversammlung der VN aus, da diese außerhalb des Binnenbereichs nur Empfeh-
lungen abgeben kann.[37] Gleiches gilt für außerrechtl. Verpflichtungen *(soft law),* wie zB die KSZE-
Schlussakte (jetzt OSZE-Beschlüsse), sowie Völkermoral oder Völkersitte.[38]

Nicht erforderlich ist dagegen, dass es sich um zwingende Normen des Völkerrechts *(ius cogens)*  **23**
handelt.[39] Eine solche, wegen der geringen Anzahl zwingender Normen des Völkerrechts weitreichende Einschränkung würde den Zweck, einen Einklang zwischen nationaler und Völkerrechtsordnung
herzustellen (→ Rn. 9), verfehlen.

Das Merkmal **allgemein** bezieht sich nicht auf den Inhalt, sondern auf die allg. Verbindlichkeit der  **24**
Regel für die Völkerrechtssubjekte.[40] Allg. Regeln sind solche, die von allen Völkerrechtssubjekten
oder der überwieg. Mehrheit[41] anerkannt werden. Die Mehrheit wird nicht nur nach der Zahl,
sondern auch nach wertenden Gesichtspunkten wie der verfassungsrechtl. und polit. Ausrichtung der
Staaten bestimmt, sodass sich universelles Völkergewohnheitsrecht nicht gegen den Widerstand einer
relevanten Staatengruppe bilden kann.[42] Dadurch wird eine Majorisierung durch Staaten mit „verfassungswidrigen" Wertvorstellungen hinreichend begegnet.

Die **Anerkennung** dieser Regel **durch Deutschland** wird im Gegensatz zu Art. 4 WRV nicht  **25**
gefordert.[43] Gleichwohl setzt sie das völkerrechtl. Bindung an solche Regeln deren stillschweigende
Anerkennung voraus, da nach völkerrechtl. Grundsätzen Deutschland die Bindungswirkung durch
beharrl. Rechtsverwahrung von Anfang an (als *persistent objector*)[44] ausschließen kann.[45]

---

[33] *Geiger,* StaatsR III, S. 144, 151; *Leibholz/Rinck/Hesselberger,* Art. 25 Rn. 21 f.; *Mosler* (Fn. 19), S. 40; *Partsch*
BDGesVR 6 (1964), 48 ff.; *Steinberger* HStR VII¹, § 173 Rn. 43; *Zuleeg* AK GG, Art. 24 Abs. 3/Art. 25 Rn. 12, 14;
vielleicht auch BVerfGE 46, 342 (363, 403 f.).

[34] *Kimminich* AöR 93 (1968), 500; *Rudolf* (Fn. 5), S. 262.

[35] Vgl. zum Vorrang des Unionsrechts → Art. 23 Rn. 61.

[36] Ebenso *Jarass,* in: Jarass/Pieroth, Art. 25 Rn. 2; *Koenig/König* MKS II, Art. 25 Rn. 43; *Wollenschläger,* in: Dreier
II, Art. 25 Rn. 2; *Hofmann,* in: Umbach/Clemens, Art. 25 Rn. 18; *Geiger,* StaatsR III, S. 157 (Adoption); *Tomuschat*
BK, Art. 25 (2019) Rn. 68 ff. (Adoptions- oder Vollzugslehre, die sich „mehr in der Terminologie als in der Sache
unterscheiden").

[37] Vgl. Art. 10–14 SVN; *Verdroß/Simma* (Fn. 24), § 635. Zur „pränormativen Erheblichkeit" solcher Beschlüsse
vgl. *Steinberger* HStR VII¹, § 173 Rn. 21 f.; *Hobe,* in: Friauf/Höfling, Art. 25 (2011) Rn. 24. *Herdegen,* in: Maunz/
Dürig, Art. 25 (2016) Rn. 34.

[38] *Herdegen,* in: Maunz/Dürig, Art. 25 (2016) Rn. 34; *Rojahn,* in: v. Münch/Kunig I, Art. 25 Rn. 6; *Tomuschat*
HStR XI³, § 226 Rn. 24; *Heintschel von Heinegg,* in: Epping/Hillgruber, Art. 25 Rn. 12. Insoweit ebenso VG Berlin
NVwZ-Beilage 7/1996, 51 (54), das allerdings außerhalb von Art. 25 eine Bindung an soft law als Richtlinie für die
Ermessensausübung annimmt (sehr zweifelhaft).

[39] So aber *Silagi* EuGRZ 1980, 645 ff., der dies aus dem in Art. 25 S. 2 angeordneten Gesetzesvorrang folgert.
BVerfG, NJW 1988, 1462 (1463) stellt unter Bezugnahme auf seine bisherige Rspr. (BVerfGE 15, 25 (34); 16, 27
(35); 23, 308 (317)) ausdr. neben das *ius cogens* das Völkergewohnheitsrecht und die allg. Rechtsgrundsätze iSd Art. 38
I lit. c. IGH-Statut. Vgl. zu diesem Verweis auf die allg. Rechtsquellenlehre (außer dem Vertragsrecht)
*Hofmann,* in: Umbach/Clemens, Art. 25 Rn. 12.

[40] BVerfGE 117, 141 (148); *Geck* FG BVerfG II, 1976, S. 128; *Rojahn,* in: v. Münch/Kunig I, Art. 25 Rn. 10;
*Rudolf* (Fn. 5), S. 240; *Cremer* HStR XI, § 235 Rn. 10; *Steinberger* HStR VII¹, § 173 Rn. 28.

[41] BVerfGE 25 (34); 23, 288 (316 f.); 117, 141 (148): „überwiegende Mehrheit der Staaten"; BVerfGE 16, 27
(33): „weitaus größeren Zahl"; BVerfGE 94, 315 (332): dauernde und einheitliche Übung „unter weit gestreuter und
repräsentativer Beteiligung".

[42] Vgl. dazu *Tomuschat* BK Art. 25 (2019) Rn. 59. *Verfassungsrechtler* „Kautelen" bedarf es daher in der Tat nicht.

[43] BVerfGE 15, 25 (34); 16, 27 (33); 23, 288 (317); 31, 145 (177). Vgl. *Rojahn,* in: v. Münch/Kunig I, Art. 25
Rn. 13; *Tomuschat* BK, Art. 25 (2019) Rn. 54.

[44] Vgl. IGH, Vereinigtes Königreich/Norwegen (Fischereistreit), ICJ Reports 1951, 115 (131). Vgl. *Schweitzer/
Dederer,* StaatsR III, Rn. 477.

[45] BVerfGE 46, 342 (389); *Schweitzer/Dederer,* StaatsR III, Rn. 477, 875. Zutr. betont *Steinberger* HStR VII¹, § 173
Rn. 36, dass der Rechtfertigungsgrund für den Ausschluss der Bindungswirkung auf der *Völkerrechtsebene* gegeben sein
muss. Vgl. auch *Herdegen,* in: Maunz/Dürig, Art. 25 (2016) Rn. 37. Zu Problemen dieser str. Rechtsfigur vgl. *von*

26　　Str. ist, ob auch **partikuläres** und **regionales Völkerrecht** „allgemein" iSd Art. 25 sein kann. Der Zweck des Art. 25, den Einklang zwischen deutscher und Völkerrechtsordnung zu gewährleisten (→ Rn. 9), spricht für die Einbeziehung, der Wortlaut steht nicht entgegen.[46]

27　　Hingegen wird **bilaterales** Völkergewohnheitsrecht[47] von Art. 25 nicht erfasst. Denn es kommt einem Vertragsverhältnis nahe und genügt nicht dem Kriterium der Allgemeinheit.[48]

## II. Arten

28　　Die „allgemeinen Regeln des Völkerrechts" bilden keine eigenständige Völkerrechtsquelle. Vielmehr ist auf die **Rechtsquellen** zurückzugreifen, welche in der Völkerrechtsordnung gegenwärtig vorzufinden sind.[49] Diese haben grds. in **Art. 38 I IGH-Statut**[50] ihren Ausdruck gefunden.[51] Danach kommen Völkervertragsrecht, Völkergewohnheitsrecht und allg. Rechtsgrundsätze in Betracht.

29　　**1. Völkervertragsrecht (Art. 38 I lit. a IGH-Statut).** Die Bestimmungen völkerrechtl. Verträge scheiden in dieser Eigenschaft (→ Rn. 31) als allg. Regeln des Völkerrechts aus.[52] Sie erlangen innerstaatl. Geltung über **Art. 59 II,** der als *lex specialis* Art. 25 verdrängt. Dies ist schon deshalb geboten, damit nicht Verwaltungsabk. einen höheren Rang erhalten als Verträge, die eines Vertragsgesetzes bedürfen (→ Art. 59 Rn. 29, → Art. 59 Rn. 76), wodurch ein unerträglicher Wertungswiderspruch entstünde.[53]

30　　Auch die allg. Völkerrechtsregel *pacta sunt servanda* bewirkt **nicht,** dass völkerrechtl. **Verträge selbst zu allgemeinen Regeln** werden und damit die Rangerhöhung des Art. 25 S. 2 erfahren.[54]

31　　Soweit völkerrechtl. Verträge **Völkergewohnheitsrecht kodifizieren**[55] oder Völkervertragsrecht auch zu Völkergewohnheitsrecht wird,[56] tritt dieses **neben** den völkerrechtl. Vertrag und kann als solches als allg. Regel des Völkerrechts über Art. 25 Bestandteil des Bundesrechts werden.[57]

32　　**2. Völkergewohnheitsrecht (Art. 38 I lit. b IGH-Statut).** Allgemeine Regeln des Völkerrechts iSd Art. 25 entstammen hauptsächlich dem **Völkergewohnheitsrecht.**[58] Dieses entsteht durch eine

---

*Arnauld* (Fn. 14), Rn. 257 f.; *Tomuschat* BK, Art. 25 (2019) Rn. 55 ff. mwN. Zur eingeschränkten Wirkung *Stein/von Buttlar*, Völkerrecht, 13. Aufl. 2012, Rn. 197, 138 ff.

[46] Ebenso *Koenig/König* MKS II, Art. 25 Rn. 31; *Wollenschläger*, in: Dreier II, Art. 25 Rn. 24; *Zuleeg* AK GG, Art. 24 Abs. 3/Art. 25 Rn. 16; *Hofmann*, in: Umbach/Clemens, Art. 25 Rn. 15; *Schweitzer/Dederer*, StaatsR III, Rn. 877 f.; *Stein/von Buttlar* (Fn. 45), Rn. 198; *Silagi* EuGRZ 1980, 644; *Steinberger* HStR VII¹, § 173 Rn. 28; *Tomuschat* HStR XI, § 226 Rn. 15; *ders.* BK, Art. 25 (2019) Rn. 21; *Verdroß/Simma* (Fn. 24), §§ 570, 855; wohl auch *Cremer* HStR XI, § 235 Rn. 17. AA offenbar BVerfG NJW 1988, 53; BVerfGE 94, 315 (328); 96, 68 (86); 117, 141 (149) („universell" geltendes Völkergewohnheitsrecht; *Herdegen*, in: Maunz/Dürig, Art. 25 (2016) Rn. 39; *Jarass*, in: Jarass/Pieroth, Art. 25 Rn. 8; *Rojahn*, in: v. Münch/Kunig I, Art. 25 Rn. 15 mwN; *Kunig* (Fn. 21), S. 130, Rn. 140; *Bleckmann* DÖV 1996, 137; *Hillgruber*, in: Hofmann/Henneke, Art. 25 Rn. 7; *Geck* FG BVerfG II, 1976, S. 127 f.; *Papadimitriu*, Die Stellung der allgemeinen Regeln des Völkerrechts im innerstaatlichen Recht, Diss. Berlin 1972, S. 73; *Rudolf* (Fn. 5), S. 275 ff.; *Heintschel von Heinegg*, in: Epping/Hillgruber, Art. 25 Rn. 20.

[47] Vgl. dazu *Verdroß/Simma* (Fn. 24), § 569.

[48] Ebenso *Tomuschat* HStR XI, § 226 Rn. 16; *ders.* BK, Art. 25 (2019) Rn. 22; aA *Schweitzer/Dederer*, StaatsR III, Rn. 876 ff.

[49] BVerfG NJW 1988, 1462; *Hofmann*, in: Umbach/Clemens, Art. 25 Rn. 12 ff.

[50] BGBl II 1973, 505 (Sart. II Nr. 2).

[51] Vgl. dazu *Schweitzer/Dederer*, StaatsR III, Rn. 269 f.

[52] BVerfGE 100, 266 (269); 117, 141 (149); 141, 1 (18 f.); *Cremer* HStR XI, § 235 Rn. 10. Auch universelle Verträge (*Herdegen*, in: Maunz/Dürig, Art. 25 [2016] Rn. 44) und die EMRK (*Herdegen*, in: Maunz/Dürig, Art. 25 (2016) Rn. 22). Zur EMRK *Tomuschat* BK, Art. 25 (2019) Rn. 41.

[53] *Rojahn*, in: v. Münch/Kunig I, Art. 25 Rn. 18 mwN; *Koenig/König* MKS II, Art. 25 Rn. 23.

[54] BVerfGE 6, 309 (363); 31, 145 (177 f.); 41, 88 (120 f.); 73, 339 (411 f.); *Rojahn*, in: v. Münch/Kunig I, Art. 25 Rn. 18 mwN; *Steinberger* HStR VII¹, § 173 Rn. 9; *Cremer* HStR XI, § 235 Rn. 22; *Zuleeg* AK GG, Art. 24 Abs. 3/Art. 25 Rn. 25. Dies und die Möglichkeit eines sog. Treaty Override im Zusammenhang mit Doppelbesteuerungsabk. bestätigte BVerfGE 141, 1 Rn. 49 ff. Zwar beschreibe der Grundsatz *pacta sunt servanda* eine besondere (völkerrechtl.) Pflichtenstellung des Staates gegenüber dem jew. Vertragspartner; er bewirke jedoch nicht, dass alle Bestimmungen völkerrechtl. Verträge zu allg. Regeln des Völkerrechts werden. Kritik von *Lehner* IStR 2016, 217 (218 f.), der Zurückhaltung des Gesetzgebers beim Erlass völkerrechtswidriger Gesetze fordert: Treaty Override sei nur als ultima ratio zuzulassen; schließlich umfasse der Grundsatz *pacta sunt servanda* das Bemühen der Vertragsparteien, den Bestand völkerrechtl. Verträge aufrecht zu erhalten. Zuvor hatte der BFH in einem Vorlagebeschluss (BFHE 236, 304 Rn. 12 ff.) das Treaty Override in Parallele zur Rspr. des BVerfG zur EMRK (→ Art. 59 Rn. 65a) für verfassungswidrig gehalten und forderte die Ausdehnung der Görgülü-Rspr. (BVerfGE 111, 307) auf alle völkerrechtl. Verträge. Zum Treaty Override-Urteil des BVerfG und Kritik hieran → Art. 59 Rn. 63.

[55] So zB grds. (Ausnahme zB Art. 20 IV WVRK) die WVRK (BGBl II 1985, 626).

[56] ZB der Kellogg-Pakt, vgl. *Berber*, Völkerrecht II, 2. Aufl. 1969, S. 35.

[57] *Rojahn*, in: v. Münch/Kunig I, Art. 25 Rn. 19 mwN; *Hobe*, in: Friauf/Höfling, Art. 25 (2011) Rn. 26; *Hofmann*, in: Umbach/Clemens, Art. 25 Rn. 17; *Jarass*, in: Jarass/Pieroth, Art. 25 Rn. 11; *Tomuschat* BK, Art. 25 (2019) Rn. 39 f., 83 f; *Koenig/König* MKS II, Art. 25 Rn. 24; *Steinberger* HStR VII¹, § 173 Rn. 15; *Cremer* HStR XI, § 235 Rn. 26. Vgl. auch BVerwGE 72, 241 (247).

[58] Vgl. BVerfGE 15, 25 (34); 16, 27 (33); 23, 288 (317); 31, 145 (177); 66, 39 (64 f.); 109, 13 (27 f.).

allgemeine, gefestigte Übung der Völkerrechtssubjekte *(consuetudo),* die von Rechtsüberzeugung *(opinio iuris)* getragen ist.[59] Für die Übung sind die Akte aller Staatsorgane maßgeblich, die Sachverhalte mit Auslandsberührung regeln, wobei es maßgeblich auf das Verhalten der Organe der auswärtigen Gewalt ankommt.[60]

Zur Verhinderung der Bindung an Völkergewohnheitsrecht durch den *persistent objector* → Rn. 25. **33** Wer sich erst im Nachhinein einer ihn bereits bindenden Norm widersetzt, begeht jedoch eine Völkerrechtsverletzung. Sein abw. Verhalten kann aber zur allg., als Recht anerkannten Übung werden, so dass **neues** Gewohnheitsrecht entsteht *(subsequent objector).*[61]

**3. Allgemeine Rechtsgrundsätze (Art. 38 I lit. c IGH-Statut). Allgemeine Rechtsgrund- 34 sätze** des Völkerrechts sind die Grundsätze, die übereinstimmend in den Rechtsordnungen der Staaten zu finden und auf den völkerrechtlichen Verkehr übertragbar sind.[62] Nach hM treten die allg. Grundsätze des Völkerrechts hinzu, die aus der Struktur der durch Vertrags- und Gewohnheitsrecht gegliederten Völkerrechtsordnung abgeleitet werden, wie zB der Grundsatz *„pacta sunt servanda".*[63]

Ob die allg. Rechtsgrundsätze **über Art. 25 innerstaatliche Geltung** entfalten, ist strittig. Teils **35** wird angenommen, sie seien bereits Bestandteil der deutschen Rechtsordnung und ihre Einbeziehung über Art. 25 sei daher nicht möglich bzw. überflüssig.[64] Dem ist jedoch entgegenzuhalten, dass die deutsche Rechtsordnung nicht stets auch die allg. Rechtsgrundsätze enthalten muss (→ Rn. 25).[65] Außerdem verleiht ihnen erst Art. 25 S. 2 Vorrang vor Gesetzen.[66] Dem Zweck des Art. 25 (→ Rn. 9) würde es nicht gerecht, gerade den allg. Rechtsgrundsätzen diesen Rang zu versagen.[67] Sie sind daher zugleich allg. Regeln des Völkerrechts.[68]

Allerdings kommt den allg. Rechtsgrundsätzen eben wegen ihrer Allgemeinheit im Wesentlichen **36** nur eine ergänzende und damit **subsidiäre** Funktion gegenüber den spezielleren Normen des Vertrags- und Gewohnheitsrechts zu, insbes. für die Auslegung und Lückenfüllung.[69]

## III. Umfang

Die mögliche innerstaatliche Geltung allg. Regeln des Völkerrechts bestimmt sich nach dem **37 jeweiligen Bestand völkerrechtlicher Geltung.**[70] Ob es sich also bei einer Regel um eine solche des Völkergewohnheitsrechts oder um einen allg. Rechtsgrundsatz handelt, beurteilt sich nach dem Völkerrecht selbst.[71] Art. 25 kann den Anwendungsbereich der durch den aktuellen Stand der Völkerrechtsentwicklung bestimmten allg. Regeln weder einschränken noch erweitern.[72] Ist zB eine Regel des Völkergewohnheitsrechts zulässigerweise völkervertraglich abbedungen worden,[73] so kann Art. 25 nicht ihre innerstaatliche Geltung bewirken.[74]

---

[59] IGH, Dänemark, Niederlande/BRep. Deutschland (Nordsee-Kontinentalsockel), ICJ Reports 1969, 3 (42 ff.); Burkina Faso/Mali, ICJ Reports 1985, 6 (29 f.); Nicaragua/USA, ICJ Reports 1986, 14 (97 f.); BVerfGE 16, 27 (34); 66, 39 (64 f.); 68, 1 (83); 92, 277 (320); 95, 96 (129); 96, 68 (87).

[60] BVerfGE 46, 342 (367 f.); 117, 141 (150 f.); *Geiger,* StaatsR III, S. 76 f.

[61] *Verdroß/Simma* (Fn. 24), §§ 573 ff.; *Graf Vitzthum,* in: ders. (Fn. 21), S. 1 (51), Rn. 133 ff.

[62] *Schweitzer/Dederer,* StaatsR III, Rn. 497; *Verdroß/Simma* (Fn. 24), § 602.

[63] BVerfGE 117, 141 (149); *Verdroß/Simma* (Fn. 24), § 605; abl. *Schweitzer/Dederer,* StaatsR III, Rn. 501, 903 f., wonach pacta sunt servanda als auch nationaler allg. Rechtsgrundsatz unter diesem Aspekt ein allg. Rechtsgrundsatz iSv Art. 38 I lit. c IGH-Statut sei. Zur Einbeziehung spezif. Grundsätze des Völkerrechts wie estoppel und acquiescence *Tomuschat* BK, Art. 25 (2019) Rn. 35 ff.

[64] *v. Mangoldt/Klein* II, Art. 25 Anm. III 3b; *Rudolf* (Fn. 5), S. 255 ff.; vgl. dazu *Schweitzer/Dederer,* StaatsR III, Rn. 503, 903 ff.

[65] *Steinberger* HStR VII[1], § 173 Rn. 18, Fn. 61; *Heintschel von Heinegg,* in: Epping/Hillgruber, Art. 25 Rn. 21.

[66] *Rojahn,* in: v. Münch/Kunig I, Art. 25 Rn. 23; *Steinberger* HStR VII[1], § 173 Rn. 19.

[67] Vgl. auch *Geiger,* StaatsR III, S. 148.

[68] BVerfGE 15, 25 (34); 16, 27 (33); 23, 288 (317); 31, 145 (177); 66, 39 (64 f.); 96, 68 (86); 141, 1 (17 f.); BVerfG (K) 2019, 2761 Rn. 31, 33; *Jarass,* in: Jarass/Pieroth, Art. 25 Rn. 10; *Koenig/König* MKS II, Art. 25 Rn. 26 ff.; *Herdegen,* in: Maunz/Dürig, Art. 25 (2016) Rn. 42; *Hofmann,* in: Umbach/Clemens, Art. 25 Rn. 16; *Wollenschläger,* in: Dreier II, Art. 25 Rn. 25; *Rojahn,* in: v. Münch/Kunig I, Art. 25 Rn. 22; *Zuleeg* AK GG, Art. 24 Abs. 3/Art. 25 Rn. 18; *Doehring,* StaatsR, S. 129; *Steinberger* HStR VII[1], § 173 Rn. 9; *Cremer* HStR XI, § 235 Rn. 15; *Schorkopf,* § 3 Rn. 18; *Tomuschat* BK, Art. 25 (2019) Rn. 31 ff.; ungeachtet von Einwänden letztlich auch *Schweitzer/Dederer,* StaatsR III, Rn. 903 f.

[69] Vgl. die in Fn. 68 zit. Entscheidungen des BVerfG; *Steinberger* HStR VII[1], § 173 Rn. 20; *Verdroß/Simma* (Fn. 24), §§ 608 ff.

[70] BVerfGE 15, 25 (31 f.); 16, 27 (32 f.); 18, 441 (448); 41, 126 (160); 46, 342 (363); *Mosler* (Fn. 19), S. 40, 44; *Tomuschat* BK, Art. 25 (2019) Rn. 20.

[71] BVerfGE 117, 141 (149); *Jarass,* in: Jarass/Pieroth, Art. 25 Rn. 8.

[72] *Hillgruber,* in: Hofmann/Henneke, Art. 25 Rn. 15; *Rojahn,* in: v. Münch/Kunig I, Art. 25 Rn. 26; *Steinberger* HStR VII[1], § 173 Rn. 7. Zur Einbeziehung von „general international law" als vom IGH entwickelter eigenständiger neuer Gattung *Tomuschat* BK, Art. 25 (2019) Rn. 13. Nicht einbezogen sind wegen fehlender rechtlicher Verbindlichkeit „Soft law", ebd. Rn. 42 f., und Resolutionen des UN-Sicherheitsrats, ebd. Rn 44.

[73] Dies ist möglich, soweit sie nicht dem *ius cogens* angehört.

[74] BVerfGE 18, 441 (448); *Hillgruber,* in: Hofmann/Henneke, Art. 25 Rn. 15; *Mosler* (Fn. 19), S. 44; *Steinberger* HStR VII[1], § 173 Rn. 34.

## C. Die allgemeinen Regeln des Völkerrechts als Bestandteil des Bundesrechts

### I. Begriff, Bedeutung und Umfang

**38**    Indem Art. 25 S. 1 die allg. Regeln des Völkerrechts zum Bestandteil des Bundesrechts erklärt, ordnet er ihre **innerstaatliche Geltung** an. Die bislang nur auf der Ebene des Völkerrechts geltenden Regeln werden durch einen verfassungsrechtl. **Vollzugsbefehl** (andere Deutungen: **Adoptionsnorm, genereller Transformator,** → Rn. 21) in das innerstaatl. Recht einbezogen. Als Teil der deutschen Rechtsordnung sind sie von allen staatlichen Organen zu beachten und ggf. anzuwenden (Art. 20 III). Sie gelten nicht als fremdes Recht iSd gerichtl. Verfahrensvorschriften, sondern unterfallen dem Grundsatz *iura novit curia*.[75] Nach der Rspr. hat diese Pflicht, das Völkerrecht zu respektieren, „drei Elemente": Erstens sind die deutschen Staatsorgane verpflichtet, das Völkerrecht nicht zu verletzen. Zweitens hat der Gesetzgeber zu gewährleisten, dass „durch eigene Staatsorgane begangene Verstöße korrigiert werden können". Drittens können die Staatsorgane verpflichtet sein, „das Völkerrecht im eigenen Verantwortungsbereich zur Geltung zu bringen, wenn andere Staaten es verletzen".[76] Ferner kann bei Vorliegen bestimmter Voraussetzungen jeder Einzelne durch eine allg. Regel des Völkerrechts berechtigt und verpflichtet werden.

**39**    Von der Anordnung innerstaatlicher Geltung zu unterscheiden ist die Frage, ob eine Regel auch **unmittelbare Wirkung** entfaltet. Das ist der Fall, wenn sie keiner gesetzlichen Konkretisierung bedarf, so dass Behörden und Gerichte unmittelbar aus ihr Rechtsfolgen für den Einzelfall ableiten können bzw. sich der Einzelne vor Behörden und Gerichten auf sie berufen kann (*self-executing*-Norm, vgl. dazu → Art. 59 Rn. 68). Ob eine Regel darüber hinaus **subjektive Rechte und Pflichten** für den Einzelnen begründet, hängt vom jeweiligen Inhalt der Norm ab (→ Art. 59 Rn. 69).

**40**    Da zwischen unmittelbarer Geltung und unmittelbarer Anwendbarkeit zu unterscheiden ist, gelten nicht nur *self-executing*-Normen, sondern alle allg. Regeln des Völkerrechts als Bestandteil des Bundesrechts, also auch die **ausschließlich staatsgerichteten Regeln.**[77] Andernfalls würde mit letzteren der wohl bedeutendste Teil des Völkerrechts von der innerstaatl. Geltung ausgeschlossen und der Zweck des Art. 25 (→ Rn. 9) in diesem Bereich verfehlt.[78] Praktische Bedeutung hat dies dahingehend, dass solche Regeln bei gerichtl. Vorfragen und im Rahmen von Verfassungsstreitigkeiten zwischen Staatsorganen ein von Amts wegen zu beachtender Beurteilungsmaßstab sind.[79]

### II. Arten

**41**    Die Anordnung des Art. 25 S. 1, dass die allg. Regeln des Völkerrechts Bestandteil des Bundesrechts sind, sagt noch nichts darüber aus, wer dadurch iE berechtigt und verpflichtet wird. Aus Art. 25 S. 2 Hs. 2 folgt, dass Rechte und Pflichten *auch* für den Einzelnen entstehen können. Entspr. können die **im innerstaatlichen Bereich geltenden Völkerrechtssätze** danach unterschieden werden, ob sie ausschließlich an den Staat, direkt an den Einzelnen oder als im Völkerrecht staatsgerichtete Normen innerstaatlich auch an den Einzelnen gerichtet sind.

**42**    **1. Ausschließlich staatsgerichtete Regeln.** Der überwiegende Teil der allg. Regeln des Völkerrechts richtet sich allein an Staaten bzw. im innerstaatlichen Bereich an deren Organe. Regeln dieser Art sind ihrem Inhalt nach auf Individuen schlechthin nicht anwendbar.[80] Dennoch sind sie nach Art. 25 S. 1 **Bestandteil des objektiven Bundesrechts,** beanspruchen innerstaatl. Geltung und verpflichten alle Organe der Exekutive, Judikative und Legislative, die an sie gerichteten Normen von Amts wegen zu beachten und ggf. anzuwenden (→ Rn. 40).

**43**    Dies betrifft vom Gegenstand her vor allem die **Organe der auswärtigen Gewalt.** Mittelbar bindet diese zwar bereits die völkerrechtliche Verpflichtung der BRD. Doch erst die Geltungsanordnung des Art. 25 S. 1 begründet eine entspr. Verpflichtung auch für den innerstaatlichen Bereich.[81]

---

[75] *Hofmann,* in: Umbach/Clemens, Art. 25 Rn. 19 mit Hinweis auf die praktischen Folgen für den Rechtsschutz (dazu → Rn. 94 ff.); *Steinberger* HStR VII[1], § 173 Rn. 48. Zur Pflicht der Berücksichtigung von Urt. des EGMR und des IGH → Rn. 83.

[76] BVerfGE 112, 1 (26); *Sachs* JuS 2005, 552; *Hillgruber,* in: Hofmann/Henneke, Art. 25 Rn. 14.

[77] Ebenso *Herdegen,* in: Maunz/Dürig, Art. 25 (2016) Rn. 72; *Cremer* HStR XI, § 235 Rn. 30. AA sind diejenigen Autoren, die diese Diff. nicht vornehmen (vgl. zum Meinungsstand *Schweitzer/Dederer,* StaatsR III, Rn. 817 ff.) und diejenigen Autoren, die die „unmittelbare Anwendbarkeit" einer Regel zur Voraussetzung ihrer innerstaatlichen Geltung machen, zB *W. Jellinek* FG E. Kaufmann, 1950, S. 181 (186); *Partsch* BDGesVR 6 (1964), 20 ff.; *Pigorsch,* Die Einordnung völkerrechtlicher Normen in das Recht der Bundesrepublik Deutschland, 1959, S. 82 f.; *Rudolf* (Fn. 5), S. 172 f., 258.

[78] Vgl. *Rojahn,* in: v. Münch/Kunig I, Art. 25 Rn. 27 ff.; *Geiger,* StaatsR III, S. 151 f.; *Steinberger* HStR VII[1], § 173 Rn. 45 f.; *Hobe,* Einführung in das Völkerrecht, 11. Aufl. 2020, S. 199; *Stern,* StaatsR I, S. 492.

[79] BVerfGE 46, 342 (363, 403 f.); 63, 343 (373 f.); *Zuleeg* AK GG, Art. 24 Abs. 3/Art. 25 Rn. 29; *Steinberger* HStR VII[1], § 173 Rn. 5; *Stern,* StaatsR I, S. 492.

[80] *Rojahn,* in: v. Münch/Kunig I, Art. 25 Rn. 32, 52; *Doehring,* Staatsrecht, S. 155 f.

[81] *Rojahn,* in: v. Münch/Kunig I, Art. 25 Rn. 34; *Mosler* (Fn. 19), S. 38.

**Verwaltungsbehörden und Gerichte** müssen alle allg. Regeln des Völkerrechts als bindendes  **44**
Recht iSd Art. 20 III beachten, gleichgültig, ob sie an den Staat, den Einzelnen oder beide
gerichtet sind (→ Rn. 38).[82] Sie sind bei behördl. Ermessensentscheidungen in den Abwägungsvorgang einzustellen. Innerstaatl. Recht ist völkerrechtskonform auszulegen.[83] Praktisch bes. bedeutsam sind verfahrensbezogene Regeln, wie die Immunität fremder Staaten vor nationalen Gerichten.[84]

Die Geltungsanordnung des Art. 25 S. 1 bindet als Verfassungsvorschrift zwar auch den **Gesetz-**  **45**
**geber.**[85] Die Nichtanwendbarkeit von Gesetzen, die den allg. Grundsätzen des Völkerrechts widersprechen, führt aber erst Art. 25 S. 2 Hs. 1 herbei.[86]

**2. Individualgerichtete Regeln.** Die (seltenen)[87] allg. Regeln des Völkerrechts, die sich direkt an  **46**
Individuen wenden und diese durch unmittelbare Berechtigung oder Verpflichtung selbst zu Völkerrechtssubjekten machen, werden bereits über Art. 25 S. 1 Bestandteil des Bundesrechts. Art. 25 S. 2 ist
insoweit „gegenstandslos", da bereits bestehende Rechte und Pflichten nicht mehr „erzeugt" werden
können.[88] Allerdings dispensiert dies nicht von den verfassungsrechtl. Forderungen des **Gesetzesvor-**
**behalts** für die Auferlegung von Pflichten für den Einzelnen.[89]

**3. Staatsgerichtete Regeln, die Rechte und Pflichten des Einzelnen erzeugen.** Diese Kate-  **47**
gorie allg. Regeln des Völkerrechts ist auf völkerrechtl. Ebene zwar nur an Staaten gerichtet, kann im
innerstaatl. Bereich aber **unmittelbare Wirkung** zugunsten des Einzelnen entfalten. Im Unterschied
zu den nur staatsgerichteten Regeln wird der Einzelne unmittelbar, dh ohne dass es einer gesetzlichen
Konkretisierung bedürfte, berechtigt und verpflichtet. Dies bewirkt aber nicht wie bei den indivi-
dualgerichteten Regeln schon der Völkerrechtssatz selbst,[90] sondern erst Art. 25 S. 2 Hs. 2, dem für die
deutsche innerstaatl. Rechtsordnung, **konstitutive** Bedeutung zukommt, als er die im Völkerrecht
gleichsam individualbezogene Reflexwirkung innerstaatlich zu subj. Rechten und Pflichten verstärkt.[91]
Das BVerfG ging in seinem Urteil zur Bodenreform (2004) davon aus, dass in der vom GG
verfassten staatl. Ordnung geboten sein kann, Völkerrechtsverstöße – unabhängig vom Bestehen von
Ansprüchen von Einzelpersonen – als subj. Rechtsverletzungen kraft Völkerrechts geltend machen zu
können, wenn völkerrechtl. Regeln einen engen Bezug zu individuellen hochrangigen Rechtsgütern
(wie Eigentum) aufweisen. Der völkerrechtl. Schutz sei dann zumindest in seiner Wirkung subjektiv
gerichtet.[92] Darauf berief sich das BVerwG und erkannte Art. 25 S. 2 Hs. 2 mehr als eine nur
deklaratorische Bedeutung zu. Die Vorschrift erweitere nach ihrem Sinn und Zweck den Kreis der
Adressaten der allg. Regeln des Völkerrechts von Staaten auf Individuen, indem sie staatengerichtete
Regeln „mit Blick auf die von der Schutzwirkung erfassten Individuen zu individuellen Rechten
umformt".[93] Es unterschied zwischen **drei unterschiedlichen Arten von Regeln:** Nur an Staaten
gerichtete (→ Rn. 51 ff.); bereits auf völkerrechtl. Ebene individualbezogene (→ Rn. 68 ff.); zwar auf
völkerrechtl. Ebene nur an Staaten gerichtete, die ihrem Inhalt und Zweck nach aber auch der
Begründung von Rechten oder Pflichten des Individuums zugänglich sind (→ Rn. 75 ff.). Unter diese
Kategorie subsumierte es bestimmte Normen des völkerrechtl. Enteignungsrechts, des humanitären

---

[82] Vgl. *Rojahn,* in: v. Münch/Kunig I, Art. 25 Rn. 36; *Hofmann,* in: Umbach/Clemens, Art. 25 Rn. 25.
[83] BVerfGE 63, 343 (373); 75, 1 (18 f.). S. auch → Rn. 8.
[84] Vgl. *Rojahn,* in: v. Münch/Kunig I, Art. 25 Rn. 35. Vgl. insb. BVerfGE 46, 342 (363).
[85] Vgl. *Zuleeg* AK GG, Art. 24 Abs. 3/Art. 25 Rn. 21; *Partsch* BDGesVR 6 (1964), 23; *Cremer* HStR XI, § 235
Rn. 30.
[86] Vgl. *Rojahn,* in: v. Münch II, 2. Aufl. 1983, Art. 25 Rn. 16.
[87] Vgl. *Schweitzer/Dederer,* StaatsR III, Rn. 887, 889 f.; *Verdroß/Simma* (Fn. 24), §§ 424 ff.
[88] *Rojahn,* in: v. Münch/Kunig I, Art. 25 Rn. 41; *Herdegen,* in: Maunz/Dürig, Art. 25 (2016) Rn. 85; *Koenig/*
*König* MKS II, Art. 25 Rn. 60; *Doehring,* StaatsR, S. 157 f.; *Steinberger* HStR VII[1], § 173 Rn. 67.
[89] *Herdegen,* in: Maunz/Dürig, Art. 25 (2016) Rn. 85 mit Kritik an der Begründung von BVerfGE 95, 96 (133,
135) – „Mauerschützen"; *Steinberger* HStR VII[1], § 173 Rn. 68; *Tomuschat* HStR XI, § 226 Rn. 19; *Wollenschläger,* in:
Dreier II, Art. 25 Rn. 31, 37. Einschränkend *Pernice,* in: Dreier II, 2. Aufl. 2006, Art. 25 Rn. 30, da bereits die nach
Art. 25 übernommene Regel die fragliche Belastung legitimiere, weshalb der Gesetzesvorbehalt nur dann greife,
wenn eine völkerrechtliche Regel innerstaatlich mit einer weiteren Belastung kombiniert werde (zB, wenn einer
Regel des Völkerstrafrechts ein konkreter Strafrahmen verliehen wird). AA *Hillgruber,* in: Hofmann/Henneke, Art. 25
Rn. 21, da Art. 25 S. 2 und der Gesetzesvorbehalt auf gleicher verfassungsrechtl. Ebene stünden und die Anordnung
einer unmittelbaren Verpflichtung von Individuen aufgrund Völkergewohnheitsrechts, wie Art. 25 S. 2 sie trifft, als
*lex specialis* vorgehe.
[90] Vgl. zu dieser Unterscheidung *Verdroß/Simma* (Fn. 24), § 424.
[91] Für konstitutive Bedeutung jedenfalls *Doehring,* StaatsR, S. 157 f.; *Koenig/König* MKS II, Art. 25 Rn. 61;
*Herdegen,* in: Maunz/Dürig, Art. 25 (2016) Rn. 88; *Pernice,* in: Dreier II, 2. Aufl. 2006, Art. 25 Rn. 30; *Rojahn,* in:
v. Münch/Kunig I, Art. 25 Rn. 46; *Zuleeg* AK GG, Art. 24 Abs. 3/Art. 25 Rn. 31; *Papadimitriu* (Fn. 46), S. 26 f.;
*Hillgruber,* in: Hofmann/Henneke, Art. 25 Rn. 20 f.; *Cremer* HStR XI, § 235 Rn. 32; *Wollenschläger,* in: Dreier II,
Art. 25 Rn. 36, wonach nur Individualrechte oder -pflichten (reflexartig) berührt werden.
[92] BVerfGE 112, 1 (21 f.).
[93] BVerwGE 154, 328 Rn. 40, 45 (US-Drohneneinsätze; Klagebefugnis im konkreten Fall verneint).

Kriegsvölkerrechts, Freiheiten der Hohen See (Begründung von Fischereirechten von Individuen) und Mindestregeln des völkerrechtl. Fremdenrechts.[94]

**48**      Nach der Gegenansicht[95] hat Art. 25 S. 2 Hs. 2 auch innerstaatlich nur **deklaratorische,** aber immerhin (angesichts der Kontroverse um Art. 4 WRV, vgl. → Rn. 1, 4, durchaus nicht unwichtige) klarstellende Bedeutung,[96] da die Rechte und Pflichten des Einzelnen bereits über Art. 25 S. 1 Bestandteil des Bundesrechts werden und nicht mehr „begründet" werden müssen, darüber hinaus aber auch nicht konstitutiv (→ Rn. 47) begründet werden.[97]

**49**      Ob und in welchem Umfang **Individualrechte und -pflichten** im Einzelfall erzeugt werden, ist der jew. staatsgerichteten Norm zu entnehmen.[98] Bei der Begründung von Pflichten bleiben aber rechtsstaatl. Anforderungen (→ Rn. 46) insbes. das strafrechtl. Bestimmtheitsgebot bestehen. In diesen Fällen ist daher eine **gesetzliche Konkretisierung** erforderlich.[99]

**50**      „**Bewohner des Bundesgebiets**" sind alle natürlichen und jur. Personen, die sich im Bundesgebiet aufhalten bzw. ihren Sitz haben.[100] Die allg. Regeln des Völkerrechts beanspruchen die gleiche territoriale Geltung wie sonstiges innerstaatl. Recht.

### III. Einzelfälle

**51**      **1. Ausschließlich staatsgerichtete Regeln. a) Territoriale Souveränität.** Das Völkerrecht begrenzt die staatl. Souveränitätsbereiche auf das jew. **Staatsgebiet.** Zu dessen Abgrenzung hat die Rspr. vereinzelt allg. Regeln des Völkerrechts festgestellt. Wenn das Ufer eines Gewässers eine Staatsgrenze bildet, gehören Anlandungen zum Gebiet des Uferstaates.[101] Nicht zum deutschen Staatsgebiet gehören – unbeschadet der Flaggenhoheit – Schiffe unter deutscher Flagge.[102] Allg. Regeln sind der Begriff der Basislinie zur seewärtigen Begrenzung der Küstenmeer-, Fischerei- und Wirtschaftszonen sowie die Methoden zu seiner Bestimmung.[103]

**52**      Nach dem Grundsatz der Territorialität ist die Vornahme **staatlicher Hoheitsakte im Ausland** verboten, sofern sie nicht durch den fremden Staat zugelassen oder völkerrechtlich gerechtfertigt ist.[104] Hoheitl. Leistungen sollen dagegen von diesem Verbot ausgenommen sein, weil mit ihnen kein Zwang verbunden sei.[105] Der bloße Erlass von Hoheitsakten mit Wirkung über die Staatsgrenzen hinaus ist zulässig.[106]

**53**      Auch die *inländische* **Gerichtsbarkeit** darf nicht ohne weiteres auf Sachverhalte im Ausland erstreckt werden. Erforderlich sind vielmehr hinreichende Anknüpfungspunkte zum Inland, welche die Ausübung der Gerichtsbarkeit nicht als willkürlich erscheinen lassen.[107] Andernfalls liegt eine Einmischung

---

[94] Ebenda, Rn. 42 ff. Krit. dazu *Gärditz* DVBl. 2015, 849 (857 f.), der bezweifelt, ob die Aussagen des BVerfG zum atypischen Fall der Bodenreform verallgemeinert werden können.

[95] Vgl. zum Streitstand OVG NRW DVBl 2015, 515. Vgl. auch *Tomuschat* BK, Art. 25 (2019) Rn. 102 f.

[96] Die Norm bewirke gerade keinen Adressatenwechsel, vgl. BVerfGE 15, 25 (30 f.); 27, 253 (274); 41, 126 (160); eine konstitutive Erweiterung des Adressatenkreises offenlassend BVerfGE 46, 342 (363); 63, 343 (373 f.); für diese BVerfGE 112, 1 (21 f.) – SBZ-Enteignungen III – Bodenreform. *v. Mangoldt/Klein* II, Art. 25 Anm. VI 1; *Menzel* BK, Art. 25 (Erstbearb.) Anm. II 5; *Pernice,* in: Dreier II, 2. Aufl. 2006, Art. 25 Rn. 29; *Hofmann,* in: Umbach/Clemens, Art. 25 Rn. 26; *Geck* (Fn. 40), S. 138; *Geiger,* StaatsR III, S. 152; *Steinberger* HStR VII¹, § 173 Rn. 70 f.

[97] Auf diese mit dieser (von ihm *nicht* vertretenen) Auffassung verbundene Reduktion weist zutr. *Herdegen,* in: Maunz/Dürig, Art. 25 (2016) Rn. 88 hin.

[98] Vgl. BVerfGE 46, 342 (362); 63, 343 (373 f.); *Jarass,* in: Jarass/Pieroth, Art. 25 Rn. 17; *Herdegen,* in: Maunz/Dürig, Art. 25 (2016) Rn. 89.

[99] Vgl. BVerfGE 46, 342 (362 f.); *Jarass,* in: Jarass/Pieroth, Art. 25 Rn. 20; *Koenig/König* MKS II, Art. 25 Rn. 63; *Rojahn,* in: v. Münch/Kunig I, Art. 25 Rn. 51; *Wollenschläger,* in: Dreier II, Art. 25 Rn. 31; *Hillgruber,* in: Hofmann/Henneke, Art. 25 Rn. 21 weist darauf hin, dass die Norm hinreichend bestimmt sein muss. Lassen sich konkrete Sanktionen weder aus dem Völkergewohnheitsrecht selbst noch unter Rückgriff auf konkretisierende Normen der deutschen Rechtsordnung bestimmen, werde die Verpflichtung zur bloßen Naturalobligation. Zum besonderen Fall internationaler Strafgerichte, die auf Resolutionen des UN-Sicherheitsrats gestützt sind, vgl. ebd., Rn. 26, 30 mwN. *Zuleeg* AK GG, Art. 24 Abs. 3/Art. 25 Rn. 31. Diff. *Pernice,* in: Dreier II, 2. Aufl. 2006, Art. 25 Rn. 30.

[100] *Jarass,* in: Jarass/Pieroth, Art. 25 Rn. 21; *v. Mangoldt/Klein* II, Art. 25 Anm. VI 2; *Tomuschat* BK, Art. 25 (2019) Rn. 97; *Herdegen,* in: Maunz/Dürig, Art. 25 (2016) Rn. 83; *Rojahn,* in: v. Münch/Kunig I, Art. 25 Rn. 40; *Koenig/König* MKS II, Art. 25 Rn. 57 mit der Begründung des Geltungsbereichs des deutschen Rechts. Vgl. auch die abweichende Formulierung in Art. 100 II („Rechte und Pflichten für den Einzelnen"), der ausdr. auf Art. 25 Bezug nimmt.

[101] NdsOVG OVGE 29, 487 (488).

[102] FG SchlH EFG 1971, 578.

[103] BVerfG NVwZ-RR 1992, 521 (522). Vgl. jetzt die vertragliche Regelung in Art. 2 ff. des Seerechtsübereinkommens der VN vom 10.12.1982, BGBl II 1994, 1799 (Sart. II Nr. 350).

[104] BGH NJW 1969, 1428. Dies gilt sogar für die bloße Zustellung von inländischen VAen, besonders wenn diese bereits Zwangsmaßnahmen androhen; *Ohler/Kruis* DÖV 2009, 93 (100).

[105] BVerfGE 14, 221 (237): Entschädigung von im Ausland eingetretenen Unfällen; BVerfGE 31, 288; 51, 1 (27 f.); BSGE 33, 280 (284): Erfüllung von Witwenrentenabfindungen im Ausland.

[106] FG BW EFG 2005, 461 (463).

[107] BVerfGE 63, 343 (369); BGH NJW 1969, 1428.

in die inneren Angelegenheiten eines fremden Staates und somit ein Verstoß gegen das Interventionsverbot vor, das selbst eine allg. Regel des Völkerrechts ist.[108]

Auch die **Gesetzgebung** ist in ihrem Geltungsbereich auf das eigene Staatsgebiet begrenzt. Eine **54** extraterritoriale Wirkung von Gesetzen setzt hinreichende inländ. Anknüpfungspunkte voraus, die Willkür ausschließen. **Beispiele:** Die Sozialversicherungspflicht darf sich auf zeitweilig, nicht hingegen auf nicht nur vorübergehend im Ausland tätige Arbeitnehmer erstrecken.[109] Ähnlich setzt zwar die Besteuerung des gesamten Einkommens einer Person einen gewissen Bezug dieser Person zum besteuernden Staat voraus, die Festlegung der Art dieses Bezugs steht gleichwohl im Ermessen des Gesetzgebers.[110] Die Anzeigepflicht eines inländ. Kreditinstituts wegen Vermögens, das bei einer unselbständigen ausländ. Zweigniederlassung verwaltet wird, ist völkerrechtlich zulässig, da sich die Maßnahme an ein inländ. Rechtssubjekt richtet und nur im Inland erzwungen werden kann.[111] Das **Strafrecht** kann über Inlandstaten (Territorialitätsprinzip, § 3 StGB) hinaus bei Beachtung der völkerrechtl. Schranken der Territorial- und Personalhoheit auf im Ausland von Deutschen, eingeschränkt auch auf von Ausländern begangene Taten Anwendung finden (vgl. § 5 StGB – Auslandstaten gegen inländ. Rechtsgüter; § 6 – Auslandstaten gegen international geschützte Rechtsgüter;[112] § 7 – Auslandstaten in anderen Fällen mit personalem oder territorialem Inlandsbezug; § 9 – Ort der Tat, sog. Ubiquitätsprinzip).[113]

**b) Immunität.** Während **Staaten** im Bereich **hoheitlicher Tätigkeit** *(acta iure imperii)* uneinge- **55** schränkte **Immunität** genießen,[114] gilt dies nicht für ihre **nichthoheitliche Betätigung** *(acta iure gestionis).*[115] Für die Abgrenzung zwischen beiden Betätigungsformen ist bzgl. des Erkenntnisverfahrens die Art des staatlichen Handelns, bzgl. des Vollstreckungsverfahrens der Zweck entscheidend.[116] Daher können Klagen gegen einen ausländ. Staat auf Bewilligung einer Grundbuchberichtigung bzgl des Eigentums am Gesandtschaftsgrundstück, Eintragung einer Arresthypothek[117] und Klagen wegen Forderungen aus Reparaturarbeiten am Botschaftsgebäude erhoben werden,[118] gilt das BetrVG für Betriebe der ehem. sowj. Stationierungsstreitkräfte[119] und ist die Zwangsvollstreckung gegen ein rechtsfähiges Unternehmen eines fremden Staates zulässig.[120] Unzulässig ist dagegen die Zwangsvollstreckung in Botschaftskonten,[121] in ein für dipl. Zwecke genutztes Grundstück[122] oder in ein von der Deutschen Bundesbank verwaltetes Konto, das Währungsreserven eines ausländ. Staates enthält.[123] Soweit kein Verzicht auf Staatenimmunität vorliegt, sind deutsche Gerichte unzuständig, über die Erhebung einer Steuer durch einen ausländ. Staat von einem in Deutschland lebenden Bürger dieses Staates zu entscheiden.[124] Hoheitlich handelnde **Amtsträger** werden von der Staatenimmunität ebenfalls mit umfasst, da Letztere sonst durch gerichtl. Zugriff auf das handelnde staatliche Organ ausgehöhlt werden könnte.[125] Keine Einschränkung der Immu-

---

[108] VG Köln NVwZ 1992, 811.

[109] BSGE 7, 257 (263 ff.); 17, 173 (177 ff.); 20, 69 (70).

[110] BFH v. 24.1.2001, I R 100/99, BFH/NV 2001, 1402 (1403 f.); danach muss insbesondere für eine Besteuerung des Welteinkommens nicht der Lebensmittelpunkt im besteuernden Staat liegen, ein einfacher Wohnsitz reicht aus, vgl. auch *Pahlke*, in: Koenig, AO, 3. Aufl. 2014, § 2 Rn. 11.

[111] BFHE 215, 520 (525 f.). Zum Geldwäsche*G Jarass* RIW 2017, 642.

[112] Sog. „Weltrechtsprinzip"; ggf. Verfolgungs*pflicht* auch ohne zusätzlichen legitimierenden Anknüpfungspunkt, der Täter oder Tat mit Deutschland verbindet, auf Grund zwischenstaatlicher Abk., vgl. § 6 Nr. 9 StGB. Vgl. dazu BGHSt 46, 292 (297, 307) unter Aufgabe von BGH NStZ 1999, 236.

[113] Vgl. dazu BVerfG NStZ 2001, 240 (242, 243); BGH NJ 1998, 326 (327); BGH NStZ 1999, 236; BGHSt 53, 238 Rn. 47. Vgl. auch *Ambos* NStZ 2001, 628 ff.; *Kotzur* DÖV 2002, 195 ff. Zu sog. Straftaten im Internet vgl. BGHSt 46, 212. Krit. dazu *A. Koch* JuS 2002, 123 (125 f., 127).

[114] BVerwG DVBl 1989, 261; BGH NJW 1979, 1101; BVerfG EuGRZ 2006, 105 (106); BAG RIW 2011, 167. Vgl. zur Staatenimmunität *Roeder* JuS 2005, 215.

[115] BVerfGE 16, 27 (33); 46, 342 (364); 64, 1 (44); 117, 141 (152 f.); BVerfG NJW 2014, 1723 (1723 f.); BGH NJW-RR 2003, 1218 (1219); BAG NZA 2013, 468 Rn. 14; NJW 2013, 2461 Rn. 14; zur Entwicklung in der Rspr. US-amerikanischer Gerichte *Trimble* Tulane Journal of International & Comparative Law 2008, 543.

[116] *Schweitzer/Dederer*, StaatsR III, Rn. 1132, 1134; zu eingeschränkten Beweisanforderungen bezüglich der hoheitlichen Tätigkeit BGH NJW-RR 2003, 1218 (1220). Das Verfahren zur Vollstreckbarerklärung eines Schiedsspruchs ist dem Erkenntnisverfahren zuzurechnen, BGH NJW 2013, 3184 Rn. 10.

[117] OLG Köln FGPrax 2004, 100.

[118] BVerfGE 15, 25 (42 f.); 16, 27 (33).

[119] LAG Berlin BB 1993, 141.

[120] BVerfGE 64, 1 (22).

[121] BVerfGE 46, 342 (364).

[122] BGH NJW-RR 2003, 1218; vgl. auch BGH NJW-RR 2006, 198 – Pfändung ör Gebührenansprüche eines fremden Staates; BGH NJW-RR 2006, 425 – Pfändung diplomatischen Funktionen dienender Ansprüche; BVerfG NJW 2012, 293 (295). Nachträgliche Zweckbestimmung ist möglich, BGH RIW 2017, 138. Vgl. auch IGH, Deutschland v. Italien (Staatenimmunität), ICJ Reports 2012, 99 (146 ff.).

[123] BGH NJW-RR 2013, 1532 Rn. 11.

[124] BVerfG NJW 2014, 1723: Aufhebung von BAG NZA 2013, 468.

[125] House of Lords, Urt. v. 14.6.2006 – Jones v. Saudi Arabia, The Weekly Law Reports 2006, 1424; BGH NJW 1979, 1101 – Leiter des New Scotland Yard; *Herdegen*, Völkerrecht, 17. Aufl. 2018, § 37 Rn. 3.

nität besteht bei Ansprüchen aufgrund von Kriegshandlungen oder schweren Menschenrechtsverletzungen.[126]

**55a**     Ein pauschaler **Immunitätsverzicht,** wie er etwa im Kontext von Staatsanleihen üblicherweise in den Anleihebedingungen formuliert wird, führt zwar zur Aufhebung der *Staaten*immunität im Erkenntnis- und Vollstreckungsverfahren vor den nationalen Gerichten,[127] genügt jedoch nicht zur Aufhebung der *diplomatischen* Immunität von Botschaftskonten.[128] Bei *Staaten*immunität und *diplomatischer* Immunität handelt es sich um zwei voneinander zu trennende völkerrechtl. Institute, weshalb der pauschale Verzicht auf Erstere sich nicht auch zugleich auf Letztere auswirkt. Ein Verzicht auf die *diplomatische* Immunität soll zwar aufgrund der Willensfreiheit und Selbstbestimmung der Staaten ebenfalls möglich sein, muss jedoch ausdr. formuliert werden.[129]

**55b**     **Staatsoberhäupter** genießen während ihrer Amtszeit *ratione persone* vollständige Immunität auf dem Gebiet eines anderen Staates,[130] nach Ablauf der Amtszeit allein *ratione materiae* für ihre amtl. Tätigkeiten, während private Handlungen (auch solche, die während ihrer Amtszeit begangen wurden) straf- und zivilrechtl verfolgt werden können. Die Immunität *ratione materiae* (und nur diese) wird nach einer vordringenden Tendenz eingeschränkt und steht der straf- und zivilgerichtl. Verfolgung solcher „Amtshandlungen" nicht entgegen, die zugleich Verbrechen gegen die Menschlichkeit oder Kriegsverbrechen sind.[131] Die Immunität *ratione personae* wird allein durch einen ausdr. Verzicht mittels eines völkerrechtl. Vertrages eingeschränkt.[132]

**56**     **c) Ausländische Hoheitsakte.** Zur **Überprüfung der Völkerrechtmäßigkeit ausländischer Hoheitsakte** sind Behörden und Gerichte berechtigt. Die *Act of State Doctrine,* die dies untersagt, ist keine allg. Regel des Völkerrechts.[133] Sie sind zudem verfassungsrechtlich (nicht völkerrechtlich)[134] verpflichtet, alles zu unterlassen, was einer unter Verstoß gegen allg. Regeln des Völkerrechts oder

---

[126] IGH, Deutschland v. Italien (Staatenimmunität), ICJ Reports 2012, 99 (135, 145). Auslöser des Verfahrens vor dem IGH war ua die Entscheidung des ital. Kassationshofs im Ferrini-Fall im Rahmen einer Klage gegen die BRD wegen völkerrechtswidriger Deportationen, Rivista di diritto internazionale 2004, 539. Vgl. dazu *v. Arnauld* (Fn. 14), Rn. 333 ff. Die Beschränkung der Immunität bereits zuvor im Distomo-Fall entgegen dem griechischen Areopag (KJ 2000, 472 (474)) ablehnend EGMR, Urt. v. 12.12.2002 (Kalegoropoulou ua/Griechenland und Deutschland), NJW 2004, 273 (*Dörr* JuS 2004, 513): Im jetzigen Zeitpunkt ist ein völkerrechtlicher Grundsatz, wonach sich Staaten gegenüber Schadensersatzklagen wegen Verbrechen gegen die Menschlichkeit nicht auf ihre Immunität berufen dürfen, nicht nachgewiesen; BGHZ 155, 279 (283 ff.); bestätigend BVerfG EuGRZ 2006, 105 (106 f.). Vgl. *Schweitzer/Dederer,* StaatsR III, Rn. 1133; *Schweitzer/Weber,* Handbuch der Völkerrechtspraxis, 2004, Rn. 912 f.; *Epping,* in: Ipsen, Völkerrecht, hrsg. von Epping/Heintschel von Heinegg, 7. Aufl. 2018, S. 215 ff. (§ 7 Rn. 273 ff.); *Cremer* AVR 41 (2003), 137. Eine Tendenz zur Erosion der Staatenimmunität sieht *N. Paech* AVR 47 (2009), 36 (89). Zu individuellen Haftungsansprüchen s. *Fischer-Lescano* AVR 45 (2007), 299 (340 ff.). Gegen einen Anspruch auf Schadensersatz bei Verstoß gegen das als *ius cogens* anerkannte Folterverbot – unter ausdr. Ablehnung der Urteile im Distomo-Fall und im Ferrini-Fall – House of Lords, Urt. v. 14.6.2006 – Jones v. Saudi Arabia, The Weekly Law Reports 2006, 1424 (1441 ff.).

[127] Ein solcher Immunitätsverzicht ist weitestgehend nur deklaratorisch, da ein Staat im Falle kommerziellen (nichthoheitlichen) Handelns ohnehin keine Immunität genießt. Konstitutiv ist er dagegen, soweit damit auch die Immunität im Vollstreckungsverfahren gegen im Vollstreckungsstaat belegene Vermögenswerte ermöglicht wird, die der Erfüllung hoheitlicher Zwecke dienen, BVerfGE 117, 141 (152 ff., 154 f.). Staatenimmunität besteht bei Klagen auf Rückzahlung von Staatsanleihen, wenn das haftungsbegründende Verhalten in einer hoheitlichen Maßnahme (Gesetz) des ausländischen Staates liegt, BGH NJW 2018, 854 m. Anm. *Müller.*

[128] BVerfGE 117, 141 (157 ff.) – Argentinien-Anleihen I. Vgl. auch *Kleinlein* AVR 44 (2006), 405 (417 ff.).

[129] BVerfGE 117, 141 (155 ff.); BGH NJW-RR 2007, 1498; vgl. auch Art. 32 II, IV WÜD für die Person des Diplomaten sowie andere, nach diesem Übereinkommen besonders geschützte Personen. Vgl. auch *Ohler* JZ 2005, 590 (595 f.). Zur Formulierung einer solchen Verzichtsklausel *Kleinlein* NJW 2007, 2591 (2593).

[130] § 20 II GVG iVm Art. 25 GG, vgl. BGHSt 33, 97 (98) – Fall Honecker. Vgl. auch OLG Köln NStZ 2000, 667 (667) – Fall Saddam Hussein. Diese Immunität erstreckt sich auch auf andere Regierungsmitglieder, vgl. IGH, Urt. v. 14.2.2002 – Dem. Rep. Kongo/Belgien (Arrest Warrant) –, ILM 41 (2002), 536, Nr. 47 ff. – Außenminister. Zur Immunität von Diplomaten und Konsuln → Rn. 79.

[131] Grundl. House of Lords, Urt. v. 24.3.1999 – Ex parte Pinochet, The Weekly Law Reports 1999, 827. Vgl. dazu *Wirth* Jura 2000, 70 ff. Enger nun jedoch House of Lords, Urt. v. 14.6.2006 – Jones v. Saudi Arabia, The Weekly Law Reports 2006, 1424 (1435). Einschränkung nur für die strafgerichtliche Verfolgung. S. auch Sondergericht für Sierra Leone, Beschl. v. 31.5.2004, SCS L-2003-01-I; dazu *Klingenberg* GYIL 46 (2003), 537; *Nouwen* Leiden Journal of International Law 18 (2005), 645; *Hillgruber,* in: Hofmann/Henneke, Art. 25 Rn. 35; *v. Arnauld* (Fn. 14), Rn. 330 ff.; *Doehring* (Fn. 24), S. 290 f. (Rn. 670 ff.); *Epping,* in: Ipsen (Fn. 126), S. 226 ff. (§ 7 Rn. 289 ff.); *Kau,* in: Graf Vitzthum (Fn. 21), S. 133 (152 ff.), Rn. 49 ff.; *Herdegen,* (Fn. 125), § 37 Rn. 15 mwN Vgl. zul. IGH, Urt. v. 14.2.2002 – Dem. Rep. Kongo/Belgien –, ILM 41 (2002), 536, Nr. 47 ff. und dazu auch *Epping,* aaO, S. 225 f., § 7 Rn. 287.

[132] Art. IV Konvention über die Verhütung und Bestrafung des Völkermordes vom 9.12.1948 (BGBl II 1954, 730; Sart. II Nr. 18); Art. 27 des Römischen Statuts für einen Internationalen Strafgerichtshof (BGBl II 2000, 1394; Sart. II Nr. 35). Zumindest unklar daher OLG Köln NStZ 2000, 667 (667 f.). Vgl. dazu die Anm. von *Wirth* NStZ 2001, 665 (666 f.). Gewohnheitsrechtliche Geltung bejaht durch IStGH, 6.5.2019, The Prosecutor v. Omar Hassan Ahmad Al-Bashir. S. dazu *v. Arnauld* (Fn. 14), Rn. 332.

[133] BVerfGE 46, 214 (219 f.); 92, 277 (322); 95, 96 (129); BGHSt 39, 1 (5); *Wollenschläger,* in: Dreier II, Art. 25 Rn. 50; missverständlich *Pernice,* in: Dreier II, 2. Aufl. 2006, Art. 25 Rn. 32, Fn. 144.

[134] OLG Bremen AVR 9 (1961/1962), 351 ff.; LG Hamburg AWD 1973, 163.

gegen den deutschen *ordre public,*[135] der auch allg. Regeln des Völkerrechts gem. Art. 25 umfassen kann,[136] vorgenommenen Handlung nichtdeutscher Hoheitsträger im Geltungsbereich des GG Wirksamkeit verschafft, und gehindert, an einer gegen die allg. Regeln des Völkerrechts verstoßenden Handlung nichtdeutscher Hoheitsträger bestimmend mitzuwirken.[137] Bedeutsam ist dies zB bei **Enteignungen** oder **Auslieferungen** (→ Rn. 62 ff.).[138] Weiterhin ist die BRD verpflichtet, sich nicht am Völkerrechtsverstoß eines fremden Staates zu bereichern, bei Verstößen fremder Hoheitsgewalt gegen *ius cogens* im Wege erfolgsbezogener Zusammenarbeit einen Zustand näher am Völkerrecht zu erreichen, sowie die durch einen solchen Verstoß geschaffene Lage nicht anzuerkennen.[139]

**d) Personalhoheit.** Die Personalhoheit eines Staates erstreckt sich auf **alle Staatsangehörigen,** 57 selbst wenn sie sich im Ausland befinden.[140] Dort genießen sie den dipl. Schutz ihres Staates. Dieser kann aber nur dann Ansprüche für sie geltend machen, wenn sie zur Zeit der Schädigung und der Anspruchserhebung seine Staatsangehörigkeit besessen haben.[141] Jeder Heimatstaat ist verpflichtet, seine eigenen Staatsangehörigen aufzunehmen.[142]

Die **Staatsangehörigkeit** einschließlich der Anwendung staatsangehörigkeitsrechtl. Vorschriften 58 regelt jeder Staat selbst, wobei er völkerrechtlich im Wesentlichen nur durch das Verbot des Rechtsmissbrauchs (Willkür) gebunden und beschränkt ist.[143]

Wenngleich die Staatenlosigkeit völkerrechtlich unerwünscht ist und es Bestrebungen gibt, insoweit 59 die Regelungsbefugnis der Staaten zu limitieren,[144] besteht keine allg. Völkerrechtsregel, die **Staatenlosigkeit** oder **Ausbürgerung** verbietet.[145] Die Rücknahme einer erschlichenen Einbürgerung ist daher möglich.[146]

Nach der Rspr. des BVerfG besteht keine allg. Regel des Völkerrechts, die es dem Gerichtsstaat 60 geböte, ein Strafverfahren einzustellen, wenn der Angeklagte unter Verletzung der Gebietshoheit eines fremden Staates durch Einsatz eines sog. Lockspitzels mit List zur Tatbegehung und zur Einreise in den Gerichtsstaat veranlasst oder gar in diesen **entführt** worden ist.[147]

**e) Auslieferung, Durchlieferung, Abschiebung.** Als allg. Regel des Völkerrechts gilt bei **Aus-** 61 **lieferungen** der Grundsatz der Spezialität, wonach der Ausgelieferte nur wegen der Straftaten verfolgt werden darf, wegen deren die Auslieferung bewilligt wurde.[148]

Wegen des Interesses Deutschlands an zwischenstaatl. Kooperation im Auslieferungsrecht haben 62 deutsche Gerichte grds. von der Wirksamkeit eines dem Auslieferungsersuchen zugrunde liegenden Strafurteils auszugehen. Sie sind aber nicht gehindert und bei konkreten Anhaltspunkten sogar verpflichtet, dieses daraufhin zu überprüfen, ob es den menschen- und fremdenrechtlichen Mindeststandard des allg. Völkergewohnheitsrechts (→ Rn. 68 ff.) wahrt, der nach Art. 25 zu beachten ist, ferner die Einhaltung der unabdingbaren verfassungsrechtlichen Grundsätze der öff. Ordnung (ordre public).[149] Den zuständigen deutschen Organen ist es daher untersagt, an der Auslieferung eines Ver-

---

[135] Vgl. BVerfGE 31, 58 (75 f.).

[136] BVerfGE 59, 83.

[137] BVerfG EuGRZ 1985, 634; BVerfGE 75, 1 (19); 112, 1 (27). Vgl. auch *Rojahn,* in: v. Münch/Kunig I, Art. 25 Rn. 39 mwN.

[138] Vgl. *Zuleeg* AK GG, Art. 24 Abs. 3/Art. 25 Rn. 39 f.; *Rojahn,* in: v. Münch/Kunig I, Art. 25 Rn. 38, 39.

[139] BVerfGE 112, 1 (27 ff.); *Hillgruber,* in: Hofmann/Henneke, Art. 25 Rn. 14, möchte die Pflicht zur Nichtanerkennung nicht auf Verstöße gegen *ius cogens* beschränken.

[140] BayObLGZ 1971, 90 (94).

[141] BGH RzW 1963, 327.

[142] *Baumert* NVwZ 2020, 110 (111 ff.) mwN.

[143] BVerwG Buchholz 130 § 8 RuStAG Nr. 48. Vgl. *Schweitzer/Dederer,* StaatsR III, Rn. 1052 ff. Zu den Rechten anderer Staaten und den Menschenrechten als Schranken vgl. *Doehring* (Fn. 24), S. 31 ff.

[144] ZB durch die Konvention zur Verminderung der Staatenlosigkeit vom 30.8.1961, BGBl II 1977, 597 mit 46 Vertragsparteien, FNB, 2012, S. 548.

[145] VGH BW InfAuslR 1994, 243 (24). Vgl. *Schweitzer/Dederer,* StaatsR III, Rn. 1057. Zu Versuchen bzw. Tendenzen, diese Freiheit der Staaten einzuschränken, vgl. *Doehring* (Fn. 24), S. 37 ff. (Rn. 74 ff.).

[146] BVerfGE 116, 24 (30).

[147] BVerfG NJW 1995, 651; BVerwG NJW 1986, 1427 (1428). Ebenso U. S. Supreme Court, United States v. Humberto Alvarez-Machain, 112 S. Ct. 2188, 2196 (1992) – „male captus, bene detentus". Krit. dazu *Baker/Röben* ZaöRV 53 (1993), 657 mwN; *Schlimm* ZRP 1993, 262; eine mittlerweile geänderte Staatenpraxis nimmt *Wilske* ZStW 107 (1995) 48 (81) an. Zur Völkerrechtswidrigkeit der Entführung selbst vgl. *Herdegen* (Fn. 125), § 23 Rn. 3.

[148] BVerfGE 9, 174 (181 f.); 57, 9 (28); BVerfG BayVBl 1995, 399; BVerfG NStZ 2001, 203 (204). Zweck des Grundsatzes der Spezialität ist die Gewährleistung der Beachtung der (tatbezogenen) Auslieferungsvoraussetzungen und -hindernisse, BVerfG(K), NStZ 2017, 43, Rn. 59. Zum Europ. Haftbefehl → Art. 23 Rn. 43a und → Art. 16 Rn. 45 ff.

[149] BVerfGE 75, 1 (19 ff.); BVerfG DVBl 2001, 796 (797); BVerfG DVBl 2004, 695; BVerfG StV 2004, 440 (441); BVerfGE 113, 154 (162); BVerfG NStZ-RR 2017, 226 Rn. 27; OLG Düsseldorf AVR 37 (1999), 463 (464); *Rojahn,* in: v. Münch/Kunig I, Art. 25 Rn. 39 mwN. Vgl. auch § 73 IRG. Zur insoweit erfolgenden Überprüfung ausländischer Hoheitsakte vgl. → Rn. 56. Zum Grundsatz gegenseitigen Vertrauens und seiner Grenzen im allg. völkerrechtl. Auslieferungsverkehr und bzgl. der Sonderregelung Europ. Haftbefehl vgl. BVerfGE 140, 317, Rn. 73 f. –

folgten mitzuwirken, wenn die strafrechtl. Ahndung seiner Taten mit dem völkerrechtl. Mindeststandard unvereinbar wäre.[150]

**63**     Einer Auslieferung steht nicht entgegen, dass der Verfolgte wegen desselben Lebenssachverhalts, der Gegenstand des Auslieferungsersuchens ist, bereits in einem dritten Staat eine Freiheitsentziehung erlitten hat und deren Dauer bei einer neuerl. Verurteilung im ersuchenden Staat nicht angerechnet oder berücksichtigt wird.[151] Jedoch findet keine Auslieferung statt, wenn der Betreffende weder von Durchführung noch Abschluss eines Strafverfahrens gegen ihn in irgendeiner Weise unterrichtet war (→ Rn. 70) oder keine wirksame Möglichkeit besteht, sich nach Erlangung dieser Kenntnis nachträglich rechtl. Gehör zu verschaffen.[152] Bzgl. der Umstände, unter denen der Verfolgte nach Deutschland gelangt ist, besteht kein Auslieferungshindernis im Fall eines Herauslockens des Verfolgten aus seinem Heimatstaat in den ersuchten Staat durch List, dh ohne Beeinträchtigung seiner Entscheidungsfreiheit.[153] Die Auslieferung ist ebenso möglich bei drohender lebenslanger Freiheitsstrafe ohne Möglichkeit einer Strafaussetzung zur Bewährung.[154]

**64**     Es besteht auch kein allg. völkerrechtl. Verbot der Auslieferung, wenn mit der **Verurteilung zum Tode** zu rechnen ist, nach umstr. Auffassung des BVerfG auch kein verfassungsrechtliches.[155] Jedoch: Die Gefahr der Folter oder unmenschlicher oder erniedrigender Behandlung steht einer Auslieferung entgegen, gleiches gilt für eine entspr. unmenschliche Vollstreckung einer an sich zulässigen Strafe.[156]

**65**     Es gibt keine allg. Regel des Völkerrechts, die einen Durchlieferungsstaat zur Rückführung des Verfolgten verpflichtet, wenn die **Durchlieferung** aus Rechtsgründen undurchführbar wird.[157] Ebenso wenig verbietet eine allg. Regel des Völkerrechts die **Abschiebung** von Bürgerkriegsflüchtlingen.[158]

**66**     f) **Handeln im völkerrechtlichen Verkehr.** Die in der WVRK kodifizierten Bestimmungen für völkerrechtl. Verträge sind allg. Regeln des Völkerrechts.[159] Die Vertragsauslegung richtet sich nach völkerrechtl. Grundsätzen.[160]

**67**     Der Grundsatz **pacta sunt servanda** ist zB zu beachten, wenn in einem Rechtsstreit die Vorfrage nach der völkerrechtl. Wirksamkeit eines Vertrages zu beantworten ist.[161] Zur fehlenden Berechtigung für Individuen → Rn. 83.

---

Identitätskontrolle I, worauf auch BVerfG(K) NStZ 2017, 43 Rn. 41 und BVerfG(K) NStZ-RR 2017, 226 Rn. 28 ff. Bezug nehmen.

[150] BVerfG EuGRZ 1996, 324; NStZ 2001, 100 (101); BVerfG 108, 129 (136); 113, 154 (162); BVerfG (K) 2 BvR 841/19, Rn. 17; OLG München InfAuslR 1995, 382.

[151] BVerfGE 75, 1 (18); VG Düsseldorf ZaöRV 66 (2006), 1019. S. auch → Rn. 72.

[152] BVerfG DVBl 2004, 695; anders, wenn sich der Betroffene nach Kenntnis durch Flucht entzieht.

[153] BVerfG 109, 13 (28); ausdr. offen gelassen wurde der Fall der Gewaltanwendung zur Verbringung in den Gerichtsstaat oder den ersuchten Staat. Zust. *Vogel* JZ 2004, 412, krit. *Dickersbach* StV 2004, 435.

[154] BVerfGE 113, 154 (162 f.); BVerfG JuS 2010, 839 f. m. Anm. *Sachs.*

[155] BVerfGE 18, 112 (119 ff.); *Herdegen,* in: Maunz/Dürig, Art. 25 (2016) Rn. 62; *Koenig/König* MKS II, Art. 25 Rn. 70; *Pernice,* in: Dreier II, 2. Aufl. 2006, Art. 25 Rn. 37; Zu Recht krit. zur Begründung des BVerfG *Kunig,* in: v. Münch/Kunig II, Art. 102 Rn. 13 mwN. BVerfGE 60, 348 (354) ließ ausdr. offen, ob an der früheren Entscheidung „noch in vollem Umfang festzuhalten wäre". Jedenfalls sei eine Auslieferung zulässig, wenn der ersuchende Staat zusichere, dass die Todesstrafe nicht verhängt werde, vgl. auch *Wollenschläger,* in: Dreier II, Art. 25 Rn. 49, Fn. 233. Einfachgesetzlich verboten durch § 8 des Gesetzes über die internationale Rechtshilfe in Strafsachen (IRG), BGBl I 1982, 2071. Zum Erfordernis der Vereinbarung entspr. Vorbehalte in Auslieferungsverträgen vgl. *Doehring* (Fn. 24), S. 404, Rn. 919. Vgl. dazu Art. 11 Europ. Auslieferungsabk. (BGBl II 1964, 1369, 1371) und Art. 12 Auslieferungsabk. Deutschland/USA (BGBl II 1980, 646, 1300) sowie dazu OLG Karlsruhe NStZ 1999, 252. Für ein Auslieferungsverbot bei drohender Todesstrafe mit regionalem Völkergewohnheitsrecht im Bereich der EMRK oder zumindest der EU (vgl. Art. 2 II EUGRCh) *Koenig/König* MKS II, Art. 25 Rn. 70 unter Hinweis auf EGMR EuGRZ 1989, 314 (323) – Fall Soering, wobei allerdings nicht die Grausamkeit der Todesstrafe als solcher, sondern das sog. „death row phenomenon" („Todeszellensyndrom") für den angenommenen Verstoß gegen Art. 3 EMRK entscheidend war. Zur jetzigen Überlagerung des fremdenrechtlichen Mindeststandards durch den menschenrechtlichen Mindeststandard und den unabdingbaren verfassungsrechtlichen Grundsätzen ebd. mwN.

[156] BVerfGE 108, 129 (136); BVerfG StV 2004, 440 (441); vgl. dazu *Otterbein* DRiZ 2004, 74. Nach BVerfGE 108, 129 (*Sachs* JuS 2004, 239) ist die Auslieferung aber auch in einen Staat zulässig, in dem Folter eine häufig von der Polizei angewandte Vernehmungsmethode und der Großteil der Gefangenen unter menschenunwürdigen Bedingungen untergebracht ist, wenn dieser Staat mit der BRD einen Auslieferungsvertrag geschlossen hat, in dem die Einhaltung menschenrechtlicher Mindeststandards im Strafverfahren festgelegt ist. Jüngst BVerfG 4.12.2019, 2 BvR 1258/19, 2 BvR 1479/19: Unzureichende Zusicherung der USA hinsichtlich Art. 3 EMRK entsprechenden Haftbedingungen. Zu den Grenzen der Auslieferung aufgrund eines Europ. Haftbefehls BVerfGE 140, 317 Rn. 73 f. und EuGH C-404/15, Rn. 88 ff., 92, 98 ff. – Aranyosi und Caldararu; s. dazu → *Streinz,* Art. 23 Rn. 43a.

[157] BVerfGE 10, 136 (140).

[158] BVerfG DVBl 1994, 930; BVerfG NVwZ 1994, 1114. Zum Verbot der Abschiebung nach Art. 3 EMRK vgl. EGMR NVwZ 1997, 1093 ff. – Fall Chahal.

[159] BVerfGE 52, 391 (406).

[160] BVerfGE 4, 157 (168); 46, 342.

[161] Vgl. BVerfGE 6, 309 (363); 31, 145 (178).

Der **Staatsnotstand** ist als Einrede völkergewohnheitsrechtlich anerkannt. Dies gilt allerdings nur   **67a**
für Rechtsverhältnisse, die ausschließlich dem Völkerrecht unterliegen. Eine Berufung auf den Staatsnotstand durch den Schuldnerstaat gegenüber privaten Gläubigern zur Verweigerung der Erfüllung
fälliger Zahlungsansprüche scheidet deshalb aus.[162]

    **g) Gewaltverbot.** Art. 25 ordnet die innerstaatl. Geltung des völkergewohnheitsrechtl. Gewaltver-   **67b**
bots[163] an.[164] Daraus kann sich zB eine Grenze militärischen Gehorsams ergeben.[165] Wegen der
Anknüpfung des Art. 25 an die bestehende Völkerrechtsordnung (→ Rn. 28) werden auch die völker-
rechtl. Schranken des Gewaltverbots (Recht auf individuelle und kollektive Selbstverteidigung, Art. 51
SVN; Zwangsmaßnahmen gem. Art. 39 ff. SVN) einbezogen. Äußerst str. ist die sog. **humanitäre
Intervention** ohne Mandat der VN.[166] Nach Auffassung des BVerfG verstößt die Aufstellung von
**Atomwaffen** auf dem Bundesgebiet nicht gegen das völkerrechtl. Gewaltverbot oder andere Grund-
sätze des Völkergewohnheitsrechts.[167]

    **2. Individualgerichtete Regeln. a) Rechte.** Als **Individualrechte,** die dem Einzelnen unmittel-   **68**
bar als Völkerrechtssubjekt zustehen, kommen vor allem die **Menschenrechte** in Betracht. Allerdings
dürften sie kaum praktische Bedeutung erlangen,[168] zum einen im Hinblick auf die Grundrechte des
GG, zum anderen wegen des völkervertragl. Menschenrechtsschutzes,[169] der über Art. 59 II Bestandteil
des Bundesrechts wird (→ Rn. 29). Letzteres schließt allerdings die Einbeziehung über Art. 25 nicht
aus, soweit diese Verträge **Gewohnheitsrecht** kodifizieren oder zu diesem geworden sind (→ Rn. 31).

    Gegenüber der **gewohnheitsrechtlichen Geltung universeller Menschenrechte** besteht das   **69**
Problem eines tatsächl. universellen Konsenses über ihren Inhalt,[170] das allerdings auch das Vertragsrecht betrifft. Von der Rspr. anerkannt wurden als „allgemeine Regeln" das Recht auf Leben[171] und
das Folterverbot,[172] vereinzelt ein Recht auf Eheschließung[173] und auf Privateigentum.[174]

    Dazu gehört auch der **völkerrechtliche Mindeststandard** an elementarer **Verfahrensgerechtig-**   **70**
**keit,** dem zufolge ein Anspruch auf angemessenen Rechtsschutz besteht.[175] Im Strafverfahren hat ein
Angeklagter grds. ein Recht auf Anwesenheit. Entzieht er sich einem Verfahren, über das er in
Kenntnis gesetzt wurde, durch Flucht und konnte er von einem ordnungsgemäß bestellten Strafverteidiger unter Achtung rechtsstaatl. Mindestbedingungen vertreidigt werden, darf das Verfahren auch in
Abwesenheit des Angeklagten durchgeführt werden.[176] Bei Verurteilung in Abwesenheit zu lebenslanger Freiheitsstrafe sowie bei Auslieferung zur Vollstreckung eines Abwesenheitsurteils sind nach

---

[162] BVerfGE 118, 124 (135 ff.); aA jedoch die abwM *Lübbe-Wolf* BVerfGE 118, 124 (146 ff., 156 ff.): auch allg.
Rechtsgrundsatz. Die Existenz eines gewohnheitsrechtlich geltenden Einwands abl. *Ohler* JZ 2005, 590 (594 f.). Vgl.
auch *Reinisch* ZaöRV 68 (2008), 3; *Schill* ZaöRV 68 (2008), 45.

[163] Vgl. IGH, USA/Nicaragua (Military and Paramilitary Activities), ICJ Reports 1986, 13 (99 ff.) – sogar *ius
cogens.*

[164] Vgl. BVerfG EuGRZ 2001, 643 (661).

[165] BVerwGE 127, 302 (316).

[166] Vgl. *Herdegen,* in: Maunz/Dürig, Art. 25 (2016) Rn. 51; *Herdegen* (Fn. 125), § 34 Rn. 35 ff.; *Bothe,* in: Graf
Vitzthum (Fn. 21), S. 591 (610 ff.), Rn. 22 mwN; *Doehring* (Fn. 24), S. 444 ff. (Rn. 1008 ff.); *Merkel* (Hrsg.), Der
Kosovo-Krieg und das Völkerrecht, 2000. Zu Recht krit. zB *Simma* EJIL 10 (1999), S. 1 ff.; *Deiseroth,* in: Umbach/
Clemens, Art. 24 Rn. 317 ff. mwN. Vgl. auch AG Tiergarten NStZ 2000, 144 (145): Aufforderung zur Fahnenflucht
und zur Gehorsamsverweigerung (§§ 16, 20 WStG) an die am Jugoslawien- (Kosovo-)Einsatz beteiligten Soldaten der
Bundeswehr. Vgl. auch BVerwGE 127, 302 (*Sachs* JuS 2006, 167): Weigerung aus Gewissensgründen, den als
völkerrechtswidrig (Gewaltverbot als allg. Rechtsgrundsatz iSd Art. 25) beurteilten Irak-Krieg mittelbar zu unterstützen. S. a. → Art. 24 Rn. 59 und → Art. 26 Rn. 20.

[167] BVerfGE 66, 39 (64 f.); 68, 1 (83); OVG NRW NZWehrR 2013, 214 Rn. 12. Zur Völkerrechtswidrigkeit des
Einsatzes von Atomwaffen vgl. das Rechtsgutachten des IGH vom 8.7.1996 (Legality of the Threat or Use of Nuclear
Weapons), ICJ Reports 1996, 226 ff. und dazu *Bothe,* in: Graf Vitzthum (Fn. 21), S. 591 (650 f.), Rn. 75 f. Zur
Verantwortlichkeit für vom eigenen Hoheitsgebiet ausgehenden völkerrechtswidrigen Akten *Deiseroth* DVBl 2017,
987 ff.

[168] Vgl. *Rojahn,* in: v. Münch/Kunig I, Art. 25 Rn. 42. Zur Zulässigkeit einer auf Art. 2 I gestützten VB wegen
Verletzung einer allg. Regel des VölkerR iSv Art. 25 BVerfG NVwZ 2018, 1224 (1225 f.); *Sachs,* JuS 2018, 731.

[169] Internationaler Pakt über bürgerliche und politische Rechte, BGBl I 1973, 1534 (Sart. II Nr. 20); Internationaler Pakt über wirtschaftliche, soziale und kulturelle Rechte, BGBl II 1973, 1570 (Sart. II Nr. 21); Europäische
Konvention zum Schutz der Menschenrechte und Grundfreiheiten (EMRK), BGBl II 1952, 686, 953, mit Zusatzprot., FNB, 2012, S. 388 ff. (Sart. II Nr. 130 ff.).

[170] Vgl. *Seiler,* Der souveräne Verfassungsstaat zwischen demokratischer Rückbindung und überstaatlicher Einbindung, 2005, S. 172 ff.

[171] BVerfGE 19, 1 (5).

[172] BVerfG StV 2004, 440 (441); OLG München InfAuslR 1995, 383.

[173] OLG Stuttgart FamRZ 1993, 39. AA KG Berlin NJW 1961, 2206 (2211); *Pernice,* in: Dreier II, 2. Aufl. 2006,
Art. 25 Rn. 36, der allerdings erwägt, ob es sich angesichts Art. 12 EMRK um regionales Völkergewohnheitsrecht
handelt.

[174] BFHE 76, 824; 77, 267.

[175] BVerfGE 60, 253 (303 ff.); 67, 43 (63).

[176] BVerfG NJW 1987, 830; BVerfG DVBl 2004, 695; OLG Hamm StV 1997, 366; anders bei unzureichender
Kenntnis vom Verfahren, vgl. ThürOLG StV 1999, 265; OLG Düsseldorf AVR 37 (1999), 463 (466 f.); OLG

deutschem Verfassungsrecht die Menschenwürde nach Art. 1 I und der Anspruch auf rechtl. Gehör nach Art. 103 I zu beachten.[177]

71     Ein der jew. Gerichtssprache nicht hinreichend mächtiger Angeklagter hat Anspruch auf Beiziehung eines **Dolmetschers** jedenfalls für die mündl. Verhandlung.[178]

72     Der Anspruch auf angemessenen Rechtsschutz besagt nicht, dass Ausländer den Inländern völlig **gleichzustellen** wären.[179] Die Verurteilung zu einer Freiheitsentziehung in einem dritten Staat und die Verbüßung dieser Strafe schließt nicht aus, dass eine Person wegen desselben Lebenssachverhalts in einem anderen Staat erneut angeklagt und verurteilt werden darf; selbst die Zeit der im dritten Staat erlittenen Freiheitsentziehung muss bei neuerlicher Verurteilung nicht angerechnet oder berücksichtigt werden (kein allg. Völkerrechtsgrundsatz **ne bis in idem**).[180]

73     Zwar im strengen Sinne keine völkerrechtl., aber doch eine unmittelbar Individuen zugutekommende Berechtigung des Einzelnen enthält der **Mindeststandard des völkerrechtlichen Fremdenrechts**.[181] Bestandteil des Bundesrechts sind über Art. 25 danach der Schutz von Leben, Freiheit und Eigentum sowie das Folterverbot,[182] nicht aber das Recht auf freie berufl. Tätigkeit,[183] polit. Mitwirkung oder auf Inländergleichbehandlung[184] oder ein Grundsatz der Gegenseitigkeit.[185]

74     **b) Pflichten.** Das Völkerrecht kennt nur wenige allg. Regeln, die dem Einzelnen unmittelbar **Pflichten** auferlegen. So sind Piraterie, Blockadebruch und Angriffe auf ausländische Staatsoberhäupter und Diplomaten untersagt,[186] ferner bestehen Pflichten des Kriegsrechts.[187] Die Pflichten schränken als Bestandteil der verfassungsmäßigen Ordnung iSd Art. 2 I die allg. Handlungsfreiheit des Einzelnen ein. Die Strafbarkeit bedarf gem. **Art. 103 II** aber des Erlasses eines **Gesetzes**.[188]

75     **3. Staatsgerichtete Regeln, die Rechte und Pflichten des Einzelnen erzeugen. a) Regeln, die Rechte des Einzelnen erzeugen,** sind durch die Rspr. in zahlreichen Fällen ausdrücklich **verneint** worden:

76     Kein Verbot der **Besteuerung von Ausländern** für ihr in der BRD gelegenes Vermögen, selbst wenn diese zum internen Ausgleich von Kriegslasten dient;[189] **völkerrechtliche Deliktsansprüche** kann der Einzelne nicht selbst, sondern nur sein Staat für ihn geltend machen;[190] dies schließt jedoch parallele Ansprüche des Einzelnen nach nationalem Recht nicht aus.[191] Auf völkerrechtl. Ebene besteht kein subj. Recht von Staatsangehörigen auf **diplomatischen Schutz**.[192]

77     Keine Verpflichtung des Heimatstaates eines Kriegsgefangenen, für die im Gewahrsam fremder Mächte verbrachte Zeit eine **Entschädigung** zu gewähren;[193] keine Verpflichtung des besetzten Staates, den Bewohnern seines Gebietes für durch die Besatzungsmacht verursachte Schäden Ersatz zu leisten;[194]

---

Zweibrücken NStZ 2007, 109. Vgl. zum Europ. Haftbefehl EuGH C-339/11 – Melloni und *Streinz* JuS 2013, 661. Zu den rechtsstaatlichen Anforderungen nach dt. VerfR → Art. 16 Rn. 45 ff. und → Art. 23 Rn. 43a.

[177] BVerfGE 59, 280 (286); BVerfG NJW 1991, 1411; ThürOLG StV 1999, 265; OLG Düsseldorf AVR 37 (1999), 463; OLG Zweibrücken NStZ 2007, 109. Vgl. auch → Rn. 62.

[178] BVerfGE 64, 135 (145 ff.); BVerfG NJW 1988, 1462 f.

[179] BVerfGE 67, 43 (63).

[180] BVerfGE 75, 1 (18). Vgl. dagegen Art. 4 I Prot. Nr. 7 zur EMRK v. 22.11.1984 (Sart. II Nr. 135; von Deutschland noch nicht ratifiziert); Art. 54 SDÜ (Sart. II Nr. 280). Zu Art. 50 GRCh vgl. EuGH C-617/10 – Åkerberg Fransson.

[181] Vgl. *Verdroß/Simma* (Fn. 24), §§ 423 f.

[182] BVerfGE 59, 280 (283); 63, 332 (338).

[183] BVerwGE 56, 254 (261).

[184] BVerwG DÖV 1958, 425; BVerfG EuGRZ 2006, 105 (107).

[185] BGHSt 30, 55 (63).

[186] *Rojahn*, in: v. Münch/Kunig I, Art. 25 Rn. 45; *Zuleeg* AK GG, Art. 24 Abs. 3/Art. 25 Rn. 43, der insoweit jedoch Art. 25 S. 2 Hs. 2 anwendet.

[187] Zum Völkerstrafrecht vgl. *Dörr* in: Ipsen (Fn. 126), S. 627 (§ 29 Rn. 4), S. 690 (§ 31 Rn. 7); *Schröder*, in: Graf Vitzthum (Fn. 21), S. 539 (558 ff.), Rn. 38 ff.; *Herdegen* (Fn. 125), § 61 Rn. 1 ff.; *Satzger*, Internationales und Europäisches Strafrecht, 8. Aufl. 2018, §§ 12–17.

[188] Vgl. *Steinberger* HStR VII¹, § 173 Rn. 68 Fn. 188; *Talmon* JZ 2013, 12 (18 f.). Vgl. auch → Rn. 46, 49.

[189] BVerfGE 16, 276; 23, 288 (300); BVerfG DVBl 1965, 474.

[190] BVerfGE 94, 315 (329); HessVGH ESVGH 11, 77; BVerfG EuGRZ 2006, 105 (106); EuGRZ 2013, 563 (566 f.); BGH NVwZ 2017, 87 (88).

[191] BVerfG NJW 2004, 3257 (3258); OLG Köln NJW 2005, 2860 (2861); danach sind die Regeln des deutschen Staatshaftungsrechts insbes. anwendbar bei Verletzung der primärrechtlichen Ansprüche des Einzelnen auf Einhaltung des humanitären Völkerrechts, zu beachten ist jedoch ein weiter Ermessensspielraum der beteiligten deutschen Staatsorgane. BGH NVwZ 2017, 87 (89 ff.): Keine Anwendung des deutschen Amtshaftungsrechts unter Geltung des GG auf Auslandseinsätze deutscher Streitkräfte im Rahmen bewaffneter Konflikte (Fall Kundus). Kritisch dazu *T. Ackermann* NVwZ 2017, 95; *Schmahl* NJW 2017, 128.

[192] BVerfGE 94, 315 (329 f.); BGH RzW 1959, 254; 1963, 368; 1964, 76. Die deutsche Rechtsordnung gewährt jedoch ein Recht auf pflichtgemäße Ermessensausübung, BVerfGE 55, 349 (364 f.); vgl. dazu *Geiger*, StaatsR III, S. 269, und *Giegerich* ZaöRV 57 (1997), 409 (548 ff., 550 f.).

[193] BVerfGE 23, 312; BVerwG NJW 1958, 1601.

[194] BVerfGE 27, 253 (273 f.); 41, 126 (160); BVerwGE 8, 4; BGH NJW 1970, 191.

keine allg. Regel des Völkerrechts, nach der Entschädigungsregelungen im Zusammenhang mit Kriegsfolgen nur im Rahmen von völkerrechtl. Verträgen, insb. von Friedensverträgen getroffen werden könnten oder bestehende Verträge über solche Entschädigungen abschließend wären;[195] keine Pflicht eines Staates zur individuellen Wiedergutmachung von besatzungs- und völkerrechtswidrigen Enteignungen, die von ihm nicht zu verantworten sind;[196] keine Pflicht der BRD zur Rückgängigmachung von entschädigungslosen Enteignungen deutschen[197] oder ausländischen[198] Vermögens durch die DDR, bzw. die Sowjetische Militäradministration in der SBZ.[199]

Es gibt keine allg. Völkerrechtsregel, die **nationalen Minderheiten** eine Sonderstellung für die **78** Vertretung im Parlament des Staats einräumt.[200] Aus dem Übereinkommen zur Verminderung der Staatenlosigkeit iVm Art. 25 folgt kein Anspruch auf **Einbürgerung.**[201] Ein vom Entsendestaat ernannter **Wahlkonsul** hat gegenüber der BRD kein subj. Recht auf Zulassung oder nur auf ermessensfehlerfreie Entscheidung.[202] Staatsoberhäupter und Mitglieder ausländ. Regierungen haben keinen Anspruch auf Einreise in das Bundesgebiet und die Ausübung amtl. Funktionen in Deutschland.[203] Bei der innerstaatl. Normierung des **Wiedergutmachungsrechts** ist eine Berücksichtigung politischer Verschiedenheiten zwischen den Heimatstaaten der Verfolgten nicht durch den völkerrechtl. Gleichheitssatz verboten.[204]

Die **persönliche Immunität der Diplomaten und Konsuln,** die neben der vertragl. Regelung **79** in den Wiener Übereinkommen über diplomatische bzw. konsularische Beziehungen auch völkergewohnheitsrechtlich gilt, besteht im Interesse des Entsendestaates, nicht des Diplomaten bzw. Konsuln selbst. Sie ist daher gem. Art. 25 S. 1 zu beachten, erzeugt aber keine Rechte iSd Art. 25 S. 2.[205] Soweit sich diese vor Gericht darauf berufen, machen sie ein Recht des Staates geltend, auf das auch nur dieser verzichten kann.

Daher kann die Immunität zwar das Amt,[206] nicht aber die Existenz des Staates **überdauern.** **80** Deshalb kann keine allg. Regel des Völkerrechts, dass Repräsentanten eines fremden Staates auch nach Ablauf ihrer Amtszeit vollständige Immunität für während ihrer Amtszeit vorgenommene Handlungen genießen.[207]

Ferner besteht keine Völkerrechtsregel, nach der die fortwirkende diplomatische Immunität über **81** Art. 39 II 2 WÜD hinaus auch gegenüber **Drittstaaten** wirkte;[208] auch geht die Pflicht zur Beachtung der fortwirkenden Immunitäten nach Art. 39 II 2 WÜD nicht im Wege der völkerrechtl. **Staatennachfolge** auf einen anderen Staat über.[209]

Keine Immunität gilt für **Spionage** in Friedenszeiten, da sie einen Eingriff in die Gebietshoheit des **82** betroff. Staats darstellt. Dieser darf sich gegen nachrichtendienstl. Aktivitäten mit den Mitteln des Strafrechts zur Wehr setzen.[210] Es steht daher keine allg. Regel des *Völkerrechts* entgegen, die hauptamtl. Mitarbeiter fremder Geheimdienste wegen Landesverrats und geheimdienstl. Agententätigkeit strafrechtlich zu verfolgen, selbst wenn diese nur vom Gebiet ihres Staates aus tätig wurden.[211] Probleme bestehen dagegen aus *verfassungs*rechtl. und *rechtspolitischer* Sicht.[212]

Der Rechtssatz **pacta sunt servanda** gewährt dem Einzelnen nicht das Recht, von der BRD die **83** Einhaltung ihrer völkerrechtl. Verpflichtungen zu fordern.[213] Aus Art. 25 folgt keine Bindungswirkung deutscher Gerichte an Entscheidungen des EGMR, die zu einem Recht des Beschuldigten auf Akteneinsicht führen könnte.[214] Jedoch sind die deutschen Gerichte gem. Art. 20 III verpflichtet, dessen

---

[195] BVerfGE 94, 315 (331 ff.).
[196] BVerwG Buchholz 428 § 1 VermG Nr. 76.
[197] BVerwG ZIP 1998, 968.
[198] BVerwG NJW 1999, 3354 f.
[199] BVerfGE 112, 1 (28 ff.); *Sachs* JuS 2005, 552; vgl. dazu *Schweisfurth* NVwZ 2005, 1261. Es lag auch kein Verstoß gegen die EMRK vor, so EGMR NJW 2005, 2530 (*Dörr* JuS 2006, 350).
[200] BVerfGE 1, 208 (239 ff.).
[201] BayVGH EzAR 271 Nr. 21, S. 3.
[202] BVerwG DVBl 1963, 728.
[203] BVerfG NJW 2017, 1166: Auftritt des türkischen Ministerpräsidenten in Deutschland. Vgl. dazu *Jacob* NVwZ 2017, 1173; *Penz* BayVBl 2017, 630.
[204] BVerfGE 23, 288 (313 f.); 38, 128 (134).
[205] Ebenso *Rojahn,* in: v. Münch/Kunig I Art. 25 Rn. 53; aA *Zuleeg* AK GG, Art. 24 Abs. 3/Art. 25 Rn. 43.
[206] Vgl. *Verdroß/Simma* (Fn. 24), § 910.
[207] BVerfG DtZ 1992, 216; BVerfGE 95, 96 (129); BGHSt 39, 1 (6). S. a. → Rn. 55b.
[208] BVerfGE 96, 68 (78 f., 86 ff.) und LS 3.
[209] BVerfGE 96, 68 (78 f., 94 f.) und LS 4.
[210] BVerfGE 92, 277 (277); BayObLGSt 1991, 127 (133). Vgl. zu den Aktionen der NSA *Ewer/Thienel* NJW 2014, 30 (31).
[211] BVerfGE 92, 277 (320 ff.); BGHSt 37, 305 (307 f.); BGH NJW 1991, 2498 f.; BGHSt 39, 260 (262 ff.) zur Strafverfolgung von DDR-Agenten. Vgl. dazu auch *Simma/Volk* NJW 1991, 871 ff.
[212] BVerfGE 92, 277 (323 ff., 325 ff.); s. dazu *Arndt* NJW 1995, 1803 f.; vgl. auch *Rittstieg* NJW 1994, 912 ff.; *Lippold* NJW 1992, 18 ff.; *G. Schuster* ZaöRV 51 (1991), 651.
[213] FG Hamburg EFG 1970, 145; 1970, 196; FG München EFG 1970, 144.
[214] Insoweit zutr. LG Mainz NJW 1999, 1271. Zu den Defiziten dieser Entscheidung (fehlende konventionskonforme Interpretation des § 147 StPO oder des Art. 103 GG) vgl. *Dörr* JuS 2000, 287 f.

Urteile iRd methodisch vertretbaren Gesetzesauslegung zu berücksichtigen[215] (→ Art. 59 Rn. 65a).

84    **b) Regeln, die Pflichten des Einzelnen erzeugen,** sind allein deshalb selten, weil Art. 25 S. 2 Hs. 2 staatsgerichtete Pflichten erfasst, zu deren Erfüllung der Einzelne idR schon faktisch nicht in der Lage ist.[216] Manche staatsgerichteten Regeln aber, zB der Grundsatz der friedl. Durchfahrt in der Schifffahrt, können zugleich den Einzelnen verpflichten, sich dieser völkerrechtl. Norm entspr. zu verhalten.[217]

## D. Der Rang der allgemeinen Regeln des Völkerrechts

### I. Rangverhältnis zum GG

85    Die Einordnung des Völkerrechts in die innerstaatl. Normenhierarchie bedarf einer Rangzuweisung im nationalen Recht. Art. 25 S. 2 Hs. 1 bestimmt hierzu, dass die allg. Regeln des Völkerrechts **„den Gesetzen"** vorgehen. Aufgrund dieser mehrdeutigen Formulierung ist bis heute str., welchen Rang die Völkerrechtssätze im Verhältnis zum GG einnehmen.

86    Der Wortlaut kann auch dahingehend verstanden werden, dass das GG selbst zu den nachrangigen Gesetzen gehöre. Von diesem **Überverfassungsrang** ging der Verfassungsgeber aus.[218]

87    **Dagegen** spricht aber, dass die Einräumung eines Vorrangs gegenüber dem GG als höchste Rangstufe innerhalb der deutschen Rechtsordnung durch diese selbst ausdrücklich hätte erfolgen müssen,[219] ferner die Entscheidungskompetenz des BVerfG gem. Art. 100 II sowie die Nichterwähnung des Art. 25 im Katalog des Art. 79 III.[220]

88    Rspr. und hL nehmen einen **Zwischenrang** zwischen GG und einfachen Gesetzen an.[221] Begründet wird dies hauptsächlich mit Einwänden gegen einen Verfassungsrang: Unvereinbarkeit mit Art. 79 I 1, wonach das GG stets in seinem Wortlaut feststehen müsse;[222] Gefahr, dass Art. 25 zur Aushebelung eines effekt. Grundrechtsschutzes missbraucht werde.[223]

89    Letzterer Besorgnis kann entgegengehalten werden, dass auch insoweit der **Verfassungskern durch Art. 79 III geschützt** wäre und die Bindung an „verfassungswidriges" Völkerrecht durch *„persistent objection"* vermieden werden kann (→ Rn. 25). Art. 79 I 1 schließt auch bei der Übertragung von Hoheitsrechten gem. Art. 23 I 2 und Art. 24 I Modifizierungen der materiellen Verfassung nicht aus.[224]

90    Mangels anderer Anhaltspunkte ist davon auszugehen, dass die Norm, die einen Rechtsanwendungsbefehl erteilt, der anzuwendenden völkerrechtl. Norm die gleiche Rangstufe zuweist.[225] Nach alledem ist davon auszugehen, dass die **allgemeinen Regeln des Völkerrechts ranggleich neben dem GG** stehen.[226] Allenfalls bei *ius cogens* wäre eine Bindung auch des Verfassungsgesetzgebers und damit ein Überverfassungsrang zu erwägen.[227]

91    Vor **Landesverfassungsrecht** besteht bereits wegen der Zuweisung zum Bundesrecht ein Vorrang gem. Art. 31.[228]

---

[215] BVerfGE 111, 307 (323 f.); 128, 326 (369); 131, 268 (295 f.); *Sachs* JuS 2005, 164. Vgl. auch BVerfGK 9, 174 = EuGRZ 2006, 684 zu Urteilen des IGH.

[216] *Rojahn,* in: v. Münch/Kunig I, Art. 25 Rn. 52.

[217] *Rojahn* ebda; *Doehring,* StaatsR, S. 104.

[218] Vgl. *v. Mangoldt* und *v. Brentano,* zit. in JöR nF 1 (1951), 234 f. Ebenso *v. Mangoldt/Klein* II, Art. 25 Anm. V 3; so noch *Menzel* BK, Art. 25 (Erstbearb.) Anm. II 3, 4, aA aber *Tomuschat* BK, Art. 25 (Zweitbearb.) Rn. 85. Zu *ius cogens* vgl. → Rn. 90.

[219] Vgl. auch *Koenig/König* MKS II, Art. 25 Rn. 53; *Herdegen,* in: Maunz/Dürig, Art. 25 (2016) Rn. 78; *Rojahn,* in: v. Münch/Kunig I, Art. 25 Rn. 56; *Rudolf* (Fn. 5), S. 265 f. mwN.

[220] Vgl. *Koenig/König* MKS II, Art. 25 Rn. 53; *Hofmann,* in: Umbach/Clemens, Art. 25 Rn. 22.

[221] BVerfGE 6, 309 (363); 37, 271 (279); ausdr. BVerfGE 141, 1 Rn. 41 – Treaty Override; BFHE 157, 39 (43); *Hillgruber,* in: Hofmann/Henneke, Art. 25 Rn. 11; *Jarass,* in: Jarass/Pieroth, Art. 25 Rn. 18; *Herdegen,* in: Maunz/Dürig, Art. 25 (2016) Rn. 78; *Hofmann,* in: Umbach/Clemens, Art. 25 Rn. 23; *Steinberger* HStR VII[1], § 173 Rn. 58; *Geiger,* StaatsR III, S. 152 f.; *Mosler* (Fn. 19), S. 44; *Stern,* StaatsR I, S. 493; *Wollenschläger,* in: Dreier II, Art. 25 Rn. 30; *Koenig/König* MKS II, Art. 25 Rn. 55; *Tomuschat* BK, Art. 25 (2019) Rn. 93.

[222] *Partsch* BDGesVR 6 (1964), 61; *Stern,* StaatsR I, S. 493.

[223] *Zuleeg* AK GG, Art. 24 Abs. 3/Art. 25 Rn. 23.

[224] Vgl. *Cremer* HStR XI, § 235 Rn. 27.

[225] *Koenig* MKS II, 6. Aufl. 2010, Art. 25 Rn. 55; *Doehring* (Fn. 24), S. 315 f. (Rn. 730); *Steinberger* HStR VII[1], § 173 Rn. 62.

[226] Ebenso *Cremer* HStR XI, § 235 Rn. 27. Für Verfassungsrang *Herzog* EuGRZ 1990, 483 (486); *Proelß* HStR XI, § 227 Rn. 22 f.; mit Ausnahme der „vorrangigen Prinzipien des Verfassungsrechts" *Bleckmann* DÖV 1996, 141. Für dispositives Recht ebenso *Hobe,* in: Friauf/Höfling, Art. 25 (2011) Rn. 34; *Pernice,* in: Dreier II, 2. Aufl. 2006, Art. 25 Rn. 25 f.

[227] So *Pernice,* in: Dreier II, 2. Aufl. 2006, Art. 25 Rn. 25 f.; ebenso *Hobe,* in: Friauf/Höfling, Art. 25 (2011) Rn. 33; *Zuleeg* AK GG, Art. 24 Abs. 3/Art. 25 Rn. 24; *Wollenschläger,* in: Dreier II, Art. 24 Rn. 30 spricht von einem möglichen faktischen Rang zwischen Verfassung und unveräußerlichen Verfassungsgrundsätzen; gegen eine Diff. *Hillgruber,* in: Hofmann/Henneke, Art. 25 Rn. 13.

[228] Vgl. BVerfGE 1, 208 (233). *Jarass,* in: Jarass/Pieroth, Art. 25 Rn. 17; *Pernice,* in: Dreier II, 2. Aufl. 2006, Art. 25 Rn. 23. AA *Wollenschläger,* in: Dreier II, Art. 25 Rn. 29 sowie Art. 32 Rn. 11, wonach sich der Vorrang ggü.

Die Rangfrage gegenüber dem GG hat bisher **keine praktische Bedeutung** gehabt.[229]	92

## II. Vorrang vor einfachen Gesetzen

Der in Art. 25 S. 2 Hs. 1 normierte Vorrang vor Gesetzen gilt in jedem Fall gegenüber **einfachen**	93
**Gesetzen.** In diesem Umfang verdrängen die allg. Regeln des Völkerrechts alle Normen aus deutscher
Rechtsquelle, die hinter ihnen zurückbleiben oder ihnen widersprechen.[230] Eine Kollision ist möglichst
durch völkerrechtskonforme Auslegung und Anwendung des deutschen Rechts zu vermeiden.[231] Ist
dies nicht möglich, ist das nationale Recht außer Anwendung zulassen **(Anwendungsvorrang),** ein
angefochtener nationaler Rechtsakt aufzuheben;[232] das nationale Recht ist aber nicht nichtig.[233] Vorrang besteht an sich auch ggü. den **Zustimmungsgesetzen** zu völkerrechtl. Verträgen. Dabei ist aber
zu berücksichtigen, dass Völkergewohnheitsrecht, soweit es nicht dem *ius cogens* angehört, durch
Verträge abbedungen werden kann. Insoweit geht das Zustimmungsgesetz als *lex specialis* vor.[234]

## E. Rechtsschutz

Die deutschen Gerichte müssen die allg. Regeln des Völkerrechts **von Amts wegen** beachten; da	94
sie Bestandteil des Bundesrechts sind, gilt der Grundsatz *iura novit curia* (→ Rn. 38). Allg. Regeln des
Völkerrechts, die schon kraft Völkerrechts (→ Rn. 46) oder mittels Art. 25 S. 2 Hs. 2 (→ Rn. 47 f.)
subj. Rechte begründen, unterfallen der Rechtsschutzgarantie des Art. 19 IV 1.[235] Die Nichtbeachtung oder fehlerhafte Anwendung völkerrechtl. Normen durch deutsche Gerichte unterliegt einer
**umfassenden Nachprüfung** durch das BVerfG im Rahmen seiner Gerichtsbarkeit.[236]

Ist in einem anhängigen Rechtsstreit zw., ob eine allg. Regel des Völkerrechts Bestandteil des	95
Bundesrechts ist und ob sie unmittelbar Rechte und Pflichten des Einzelnen erzeugt, so hat das Gericht
die Entscheidung des BVerfG einzuholen (Art. 100 II, §§ 83, 84 BVerfGG). Dieses **Normverifikati-
onsverfahren** muss immer dann eingeleitet werden, wenn ernst zu nehmende Zweifel objektiv
gegeben sind und die Frage für das Ausgangsverfahren entscheidungserheblich ist.[237]

Verletzt ein Gericht willkürlich die Vorlagepflicht und beruht seine Entscheidung hierauf, so kann	96
die dadurch beschwerte Partei **Verfassungsbeschwerde** wegen Entzugs des gesetzl. Richters
(Art. 101 I 2) erheben.[238] Ein die Vb begründender Verstoß liegt allerdings nur vor, wenn bzgl. des
Bestehens oder der Tragweite einer allg. Regel des Völkerrechts objektive ernst zu nehmende Zweifel
vorliegen, wobei das Fachgericht nicht – wie bei der ihm anvertrauten Anwendung und Auslegung des
Gesetzesrechts – einen Vertretbarkeitsspielraum bei der Würdigung ernst zu nehmender Zweifel hat.
Für die wirklich rechtsirrtüml. Verstöße gegen die Vorlagepflicht, die nicht Art. 101 I 2 verletzen,
bleibt hiernach nur wenig Raum.[239] Auf einen Verstoß gegen Art. 25 kann eine Vb **nicht** gestützt
werden, weil den Einzelnen unmittelbar berechtigende Völkerrechtsnormen keine Grundrechte

---

Landesverfassungsrecht direkt aus Art. 25 GG ergibt und kein Umweg über die Qualifikation als Bundesrecht iVm
Art. 31 GG erforderlich ist. Diese Frage darf nicht mit der Frage der Fortgeltung der Art. 84 BayVerf, Art. 122
BremVerf, Art. 67 HessVerf gegenüber Art. 25 GG verwechselt werden. S. dazu *Schweitzer/Dederer,* StaatsR III,
Rn. 956; *Steinberger* HStR VII[1], § 173 Rn. 3; vgl. auch BVerfGE 36, 342 (360 ff.).

[229] *Schweitzer/Dederer,* StaatsR III, Rn. 893.

[230] Vgl. BVerfGE 6, 309 (363).

[231] BVerfGE 109, 13 (26).

[232] Vgl. BVerfGE 23, 288 (316).

[233] Ebenso *Zuleeg* AK GG, Art. 24 Abs. 3/Art. 25 Rn. 24; *Herdegen,* in: Maunz/Dürig, Art. 25 (2016) Rn. 79;
*Cremer* HStR XI, § 235 Rn. 29. Für Nichtigkeit bei Verstößen gegen *ius cogens Steinberger* HStR VII[1], § 173 Rn. 55.
Bei einem Verstoß gegen den zwingenden Menschenrechtsstandard lässt sich dies verfassungsrechtlich über Art. 1 II
begründen, vgl. *Herdegen,* aaO.

[234] *Jarass,* in: Jarass/Pieroth, Art. 25 Rn. 9. Zum Verhältnis von Völkergewohnheitsrecht gegenüber Beschlüssen
des UN-Sicherheitsrates zur Friedenssicherung, an welche die BRD über Art. 24 II iVm Art. 59 II 1 gebunden ist, s.
*Heintschel von Heinegg,* in: Epping/Hillgruber, Art. 25 Rn. 29 ff.: grds. Vermutung der Rechtmäßigkeit, soweit nicht
offensichtlich gegen *ius cogens* verstoßen wird. Einen Vorrang von *ius cogens* nahm auch EuG T-315/01, Rn. 226
Kadi/Rat u. Komm. (wenn auch mit einer im Folgenden nur sehr oberflächlichen Prüfung). Der EuGH C-402/05 P
und C-415/05 P, Rn. 327 f., 371 ff. – Kadi und Al Barakaat/Rat, hat dieses Urteil aufgehoben und bzgl. Vollzugsmaßnahmen der EU einen strengeren Prüfungsmaßstab, der dem Niveau der EU als Rechtsgemeinschaft entsprechen
muss, gefordert. Dem folgte EuG T-85/09, bestätigt durch EuGH C-584/10P und C-595/10P- Komm. und VK/
Kadi. Vgl. dazu *Streinz* JuS 2014, 376.

[235] *Herdegen,* in: Maunz/Dürig, Art. 25 (2016) Rn. 95. Zur Klagebefugnis vgl. BVerwG DVBl 2016, 849 mAnm
*Gärditz.* Krit. dazu *Deiseroth* DVBl 2017, 990 ff.

[236] BVerfGE 59, 63 (89); 64, 1 (14 f.); 76, 1 (78); *Steinberger* HStR VII[1], § 173 Rn. 77; *Cremer* HStR XI, § 235
Rn. 41 ff.

[237] BVerfGE 64, 1 (14 f., 17); 75, 1 (11 f.); 109, 13 (22 ff.). S. dazu → Art. 100 Rn. 26 ff.

[238] BVerfGE 15, 25 (35); 18, 441 (447); 23, 288 (319 f.); 64, 1 (12); 96, 68 (77); 109, 13 (22). Auf die Verletzung
von Art. 101 I 2 kann sich auch ein ausländ. Staat stützen, BVerfG NJW 2014, 1723.

[239] BVerfGE 64, 1 (21); 96, 68 (77 f.). Vgl. BVerfG NJW 2014, 1723 (1725): Nichtigkeit eines Urteils, das den
Grundsatz der Staatenimmunität „grob fehlerhaft und insofern willkürlich" verkennt.

sind.[240] Allerdings liegt eine Verletzung des Art. 2 I oder eines speziellen Grundrechts vor, wenn ein den Einzelnen belastender innerstaatl. Rechtsakt gegen eine allg. Regel des Völkerrechts verstößt.[241] Dies gilt auch unabhängig davon, ob die Regel Individualrechte erzeugt, in solchen Konstellationen, in denen die völkerrechtl. Regelungen einen engen Bezug zu individuellen hochrangigen Rechtsgütern aufweisen.[242] Insoweit ist eine Vb statthaft.

97     Die völkergewohnheitsrechtl. Verpflichtung zur **Wiedergutmachung** (Restitution) völkerrechtl. Unrechts[243] findet keine Anwendung über Art. 25 bei der Verletzung eines bestimmten Vertrages, da andernfalls Wiedergutmachungspflichten einen höheren innerstaatl. Geltungsrang hätten als die verletzte Primärpflicht. Art. 25 gebietet jedoch die Berücksichtigung der im Völkergewohnheitsrecht angelegten Restitutionspflichten iS einer völkerrechtskonformen Gesetzesauslegung. Wenn sich Deutschland vertraglich der Zuständigkeit eines internationalen Gerichts (oder Schiedsgerichts) für Vertragsverletzungen unterworfen hat, liefert das deutsche Zustimmungsgesetz in der Regel auch die Rechtsgrundlage für eine vertraglich gebotene Umsetzung einer solchen Gerichtsentscheidung im innerstaatl. Recht.[244] Fehlt ein abw. Vertragsregime, so gebietet die Pflicht zur Wiedergutmachung über Art. 25 bei rechtskräftigen Urteilen, die nach der Entscheidung eines internationalen Gerichts (oder Schiedsgerichts) gegen allg. Regeln des Völkerrechts (wozu nicht völkerrechtl. Verträge gehören, → Rn. 29) verstoßen, dass der unterlegenen Partei eine Restitutionsklage oder ein Wiederaufnahmeverfahren offensteht.[245]

## Art. 26 [Verbot des Angriffskrieges]

(1) **Handlungen, die geeignet sind und in der Absicht vorgenommen werden, das friedliche Zusammenleben der Völker zu stören, insbesondere die Führung eines Angriffskrieges vorzubereiten, sind verfassungswidrig. Sie sind unter Strafe zu stellen.**

(2) **Zur Kriegführung bestimmte Waffen dürfen nur mit Genehmigung der Bundesregierung hergestellt, befördert und in Verkehr gebracht werden. Das Nähere regelt ein Bundesgesetz.**

**Entstehungsgeschichte: Erstfassung:** JöR nF 1 (1951), 235.
**Geltende Landesverfassungen:** *Bay*Verf Art. 119; *Bln*Verf Art. 30 I; *Hess*Verf Art. 69; *MV*Verf Art. 18a.
**Supra- und internationale Texte:** Zwei-plus-Vier-Vertrag Art. 2, 3 I; AEUV Art. 346; Vertrag über die Ächtung des Krieges (Briand-Kellogg-Pakt) Art. I; IPBürgR Art. 20; IStGH-Statut Art. 8bis.
**Gesetzgebung:** StGB §§ 80, 80a; KWKG.
**Leitentscheidungen:** BVerfGE 77, 170 (C-Waffen); BVerwGE 61, 25 (Kriegswaffengenehmigung); BVerwG NJW 1982, 194 (Spendensammlung/Oman); BVerwG BayVBl 1982, 571 (Spendensammlung/ZANU); BVerfGE 100, 266 (Kosovo); BVerfGE 110, 33 (Zollkriminalamt); BVerfGE 137, 185 (Rüstungsexportkontrolle).

**Schrifttum:** *E. Benda,* Frieden und Verfassung, AöR 109 (1984), 1; *J. Beschorner,* Die Ausfuhrkontrolle von Rüstungsgütern, ZVglRWiss 90 (1991), 262; *A. Bleckmann,* Grundgesetz und Völkerrecht, 1975; *R. Böttner,* Von Nürnberg über Rom nach Kampala. Das Verbrechen der Aggression vor dem IStGH, AVR 51 (2013), 201; *P. Busche,* Grundrechtlicher Schutz des Herstellens, Beförderns und Inverkehrbringens von Kriegswaffen, 2017; *J. J. Claßen,* Das Kontrollverfahren beim Export von Kriegswaffen aus Deutschland, 2017; *K. Doehring,* Verfassungsrecht und Völkerrecht, FS Berber, 1973, S. 139; *ders.,* Das Friedensgebot des Grundgesetzes HStR VII¹, § 178; *H. Düx,* Verfassungswidriges Verhalten des Gesetzgebers durch Nichterfüllung des Verfassungsauftrages aus Art. 26 Abs. 1 GG, in: H. Hannover/ M. Kutscha/K. Skrobanek (Hrsg.), Staat und Recht in der Bundesrepublik, 1987, S. 369; *R. Effinowicz,* Aktuelles Gesetzgebungsverfahren: Neufassung des Verbrechens der Aggression, JuS 2017, 24; *V. Epping,* Der Kriegsbegriff des Grundgesetzes, Staat 31 (1992), 39; *ders.,* Grundgesetz und Kriegswaffenkontrolle, Diss. Bochum 1993; *ders.,* Nachbetrachtung: Der Kosovo-(Kampf-)Einsatz der Bundeswehr, FS K. Ipsen 2000, S. 285; *ders.,* Novellierungsbedarf im Bereich des Kriegswaffenexportrechts?, RIW 1996, 453; *U. Fink,* Kollektive Friedenssicherung, 1999; *G. Frank,* Abwehr völkerfriedensgefährdender Presse durch innerstaatliches Recht, Diss. Konstanz 1974; *E. Haas-Traeger,* Sammeln für den Krieg?, DÖV 1983, 105; *P. Heinemann,* US-Drohneneinsätze vor deutschen Verwaltungsgerichten, NVwZ 2019, 1580; *W. Hermsdörfer,* Zur Strafbarkeit des Umgangs mit Antipersonenminen nach dem Kriegswaffenkontrollgesetz, FS Dau 1999, S. 87; *J.-U. Hinder,* Die Ausfuhrverantwortlichkeit im Außenwirtschafts- und Kriegswaffenkontrollrecht, 1999; *D. Holthausen,* Das Kriegswaffenexportrecht als Verfassungsauftrag des Art. 26 Abs. 2 GG, RIW 1997, 369; *ders.,* Der Verfassungsauftrag des Art. 26 II GG und die Ausfuhr von Kriegswaffen, JZ 1995, 284; *K. Ipsen,* Frieden, Streitkräfte und Rüstungssteuerung im Grundgesetz, Zeitschrift für Sozialreform 1984, 188; *ders.,*

---

[240] BVerfGE 4, 110 (111 f.); 6, 389 (440); 18, 441 (451); 23, 288 (300).
[241] BVerfGE 23, 288 (300); 31, 145 (177); 46, 342 (363); 66, 39 (64); 96, 68 (96); BVerfG EuGRZ 1985, 634. Vgl. auch *Herdegen,* in: Maunz/Dürig, Art. 25 (2016) Rn. 97.
[242] BVerfGE 112, 1 (22); BVerfG NVwZ 2018, 1224 (1225 f.); *Sachs,* JuS 2019, 731; *Hillgruber,* in: Hofmann/ Henneke, Art. 25 Rn. 25.
[243] Vgl. dazu *Verdroß/Simma* (Fn. 24), §§ 1294 ff.; *Dörr,* in: Ipsen (Fn. 126), S. 678 ff. (§ 30 Rn. 76 ff.); *Schröder* (Fn. 21), S. 550, Rn. 31.
[244] *Herdegen,* in: Maunz/Dürig, Art. 25 (2016) Rn. 13. Vgl. zur EMRK BVerfG NJW 1986, 1425. § 359 Nr. 6 StPO sieht jetzt die Wiederaufnahme von Strafverfahren bei konventionswidrigen Urteilen im Anschluss an eine Entscheidung des EGMR vor, § 580 Nr. 8 ZPO die Restitutionsklage, worauf auch § 173 VwGO verweist.
[245] *Herdegen,* in: Maunz/Dürig, Art. 25 (2016) Rn. 96.

Kriegswaffenkontrolle von Auslandsgeschäften, FS Bernhardt, 1995, S. 1041; *U. Karpenstein,* Europäisches Exportkontrollrecht für Dual-Use-Güter, 1998; *C. Kreß,* Strafrecht und Angriffskrieg im Licht des „Falles Irak", ZStW 115 (2003), 294; *H. Krieger,* Die Umsetzung des völkerrechtlichen Aggressionsverbrechens in das deutsche Recht, DÖV 2012, 449; *A. Kunze,* Der Stellenwert des Art. 26 I GG innerhalb des grundgesetzlichen Friedensgebotes, Diss. Bielefeld 2004; *M. E. Kurth,* Der Angriffskrieg und seine völkerstrafrechtliche Bewertung, NZWehrR 2005, 59; *D. S. Lutz,* Krieg und Frieden als Rechtsfrage im Parlamentarischen Rat 1948/49, 1982; *T. Maunz,* Die innerstaatliche Sicherung des äußeren Friedens durch das Grundgesetz der Bundesrepublik Deutschland, FS C. Schmitt I, 1968, S. 285; *F. C. Mayer,* Angriffskrieg und europäisches Verfassungsrecht, AVR 41 (2003), 394; *F. Meinel,* Organisation und Kontrolle im Bereich der Regierung, DÖV 2015, 717; *F. Müller,* Die Pönalisierung des Angriffskrieges im GG und im StGB der Bundesrepublik Deutschland, Diss. Heidelberg 1970; *I. v. Münch,* Äußerer und innerer Frieden im Grundgesetz, FS Graf Baudissin, 1985, S. 39; *H. Pathe/J. Wagner,* Kriegswaffenkontrollrecht, in: K. Bieneck (Hrsg.), Handbuch des Außenwirtschaftsrechts, 2. Aufl. 2005, §§ 33 ff.; *D. Pietsch,* Das Kriegswaffenkontrollgesetz, in: H. Hohmann/K. John (Hrsg.), Ausfuhrrecht, Kommentar, 2002, S. 2033; *K. Pottmeyer,* Kriegswaffenkontrollgesetz (KWKG). Kommentar, 2. Aufl. 1994; *A. Proelß,* Das Friedensgebot des Grundgesetzes HStR XI, § 227; *S. Schiedermair,* Der internationale Frieden und das Grundgesetz, Diss. Mainz 2006; *M. N. Schmitt,* Angriffe im Computernetz, NZWehrR 1999, 177; *H.-P. Schneider,* Das Grundgesetz als Verfassung des Völkerfriedens, RuP 1985, 138; *J. Schulze,* Zwischen Anspruch und Wirklichkeit: Die verfassungsrechtliche Rechtfertigung des Irak-Einsatzes, DÖV 2015, 992; *B. Schünemann,* Das Strafrecht im Zeichen der Globalisierung, GA 2003, 299; *C. Starck,* Frieden als Staatsziel, FS Carstens II, 1984, S. 867; *J. Stratmann,* Das grundgesetzliche Verbot friedensstörender Handlungen, 1971; *R. Streinz,* Wo steht das Gewaltverbot heute?, JöR nF 52 (2004), 219; *F. Wollenschläger,* Die Einführung des Aggressionsverbrechens in das Völkerstrafgesetzbuch, FS Vedder, 2017, S. 792; *A. Zimmermann/E. Henn,* Das Aggressionsverbrechen und das deutsche Strafrecht, ZRP 2013, 240.

## Übersicht

# A. Allgemeines

## I. Entstehung

Unter dem Eindruck der **nationalsozialistischen Diktatur** und des **Zweiten Weltkriegs** sah 1 Art. 26 HChE erstmals in der deutschen Verfassungsgeschichte eine verfassungsrechtliche Handhabe gegen Störungen des friedlichen Zusammenlebens der Völker vor, insbesondere mit dem Ziel, die für solche Störungen Verantwortlichen zur Rechenschaft ziehen zu können.[1] Art. 26 I übernahm mit zwei Änderungen (→ Rn. 2) diese Bestimmung, der der ParlRat den Genehmigungsvorbehalt für zur Kriegführung bestimmte Waffen (Art. 26 II) anfügte.

Der Streit, ob es bei den verbotenen Handlungen auf die Eignung oder die Absicht zur Friedens- 2 störung ankommen solle, wurde durch Kumulation der Voraussetzungen beigelegt.[2] Gegenüber der Fassung von Art. 26 HChE wurde das Verdikt **auf Angriffskriege beschränkt,** da kein Volk das Recht habe, „sich der Pflicht zu seiner Verteidigung zu entziehen".[3]

---

[1] HChE, Bericht, S. 24; vgl. JöR nF 1 (1951), 236; für verfassungsvergl. Hinweise und zu europarechtl. Bindungen vgl. *Mayer* AVR 41 (2003), 394.

[2] Vgl. JöR nF 1 (1951), 236 ff.

[3] So Abg. *Dehler,* vgl. JöR nF 1 (1951), 240. Diese Auffassung setzte sich gegen die Position des Abg. *Schmid* durch, dass jegl. Kriegsvorbereitung unterbunden werden solle, weil bislang wohl für jede ein Verteidigungszweck geltend

**3**     Auch der Streit über die **Rechtsfolgen** – Strafbarkeit durch Gesetz oder Verfassungswidrigkeit als Ausdruck der stärksten rechtl. Verurteilung eines Tuns – wurde, um Letzteres zu betonen, ohne eine *lex imperfecta* zu haben, durch Kumulation gelöst.[4]

**4**     Das Verbot des **Art. 26 II** sollte urspr. „Kriegsgerät jeder Art" umfassen.[5] Wegen der Befürchtung, dass hierunter auch Rohstoffe und Arbeitsgeräte wie zB Drehbänke verstanden werden könnten, wurde dies auf „zur Kriegführung bestimmte[6] Waffen" eingegrenzt.[7] Die zunächst beschlossene Streichung des Genehmigungsvorbehalts zugunsten der BReg[8] wurde nach der Klarstellung revidiert, dass ein absolutes Verbot selbst die Herstellung von Waffen für die Polizei unmöglich machen würde.[9]

## II. Bedeutung

**5**     Art. 26 trägt als gleichermaßen nach innen wie nach außen gerichtetes Friedensbekenntnis **programmatischen Charakter.**[10] Er beschränkt sich aber nicht darauf, sondern erklärt als **unmittelbar verbindliche Rechtsnorm**[11] die inkriminierten Handlungen sowohl des Staates als auch von Individuen für verfassungswidrig (Art. 26 I 1). Dies wird von einem Verfassungsauftrag zur Strafbewehrung (Art. 26 I 2) und der Restriktion bzgl. Kriegswaffen (Art. 26 II) flankiert.

**6**     Innerhalb der Bestimmungen des GG, denen sich ein Friedensgebot entnehmen lässt,[12] kommt Art. 26 die Funktion der **Gefahrenabwehr** zu.[13]

**7**     Aus diesem Friedensgebot allein können über das bereits aus Art. 25 folgende Verbot eines Angriffskriegs hinaus **keine konkreten Handlungsanweisungen** gefolgert werden.[14] Dies gilt es auch zu beachten, wenn man das Friedensgebot als „verfassungsrechtliche Leitlinie"[15] oder Staatszielbestimmung[16] bei der Auslegung des GG und der Entscheidungsfindung im konkreten Fall maßgeblich heranziehen möchte.[17]

**8**     Mit der Verfassungswidrigerklärung aller staatl. und privaten Handlungen, die geeignet sind und in der Absicht vorgenommen werden, das friedl. Zusammenleben der Völker zu stören, und der Verpflichtung zu ihrer Bestrafung sowie der Restriktion bzgl. Kriegswaffen geht Art. 26 **weit über** den noch in Kraft befindl. **Briand-Kellogg-Pakt**[18] hinaus, in dessen Art. I die Vertragsparteien den Krieg als Mittel für die Lösung internationaler Streitfälle verurteilen und auf ihn als Werkzeug nationaler Politik verzichten. Die Regelung des Art. 26 I wurde in Art. 2 des **Zwei-plus-Vier-Vertrages**[19] wiederholt und durch die Regierungen der BRD und der damaligen DDR bekräftigt.

---

gemacht worden sei und Gewalt allenfalls noch als Akt des kollekt. Selbstschutzes aller Nationen (vgl. Art. 39 ff. SVN gegenüber Art. 51 SVN) ausgeübt werden solle, vgl. ebda, S. 237; zum späteren Versuch, die Bestimmung durch eine sog. antifaschistische Klausel zu ergänzen, vgl. *Brenner* ThürVBl 2003, 241.

[4] Vgl. JöR nF 1 (1951), 239; *Fink* MKS II, Art. 26 Rn. 3.

[5] So der GSA, vgl. JöR nF 1 (1951), 241.

[6] Die Fassung „geeignete" wurde abgelehnt, da auch dies nicht leichter zu bestimmen sei als die Absicht des Einsatzes, vgl. JöR nF 1 (1951), 243.

[7] Vgl. ebda, S. 242 f.

[8] So der GSA, vgl. JöR nF 1 (1951), 241.

[9] Abg. *v. Brentano*, vgl. JöR nF 1 (1951), 242.

[10] *Bleckmann*, Grundgesetz und Völkerrecht, 1975, S. 233; *Herdegen*, in: Maunz/Dürig, Art. 26 (2017) Rn. 3; ebda., Rn. 6 („verfassungsrechtliche Wertentscheidung"); *Hobe*, in: Friauf/Höfling, Art. 26 (2011) Rn. 1; *v. Mangoldt/Klein* I, Art. 26 Anm. II 2.

[11] *Bleckmann* (Fn. 10), S. 233; *v. Mangoldt/Klein* I, Art. 26 Anm. II 3; *Fink* MKS II, Art. 26 Rn. 6; *Hillgruber*, in: Hofmann/Henneke, Art. 26 Rn. 16; *Bothe* BK, Art. 26 (2019) Rn. 34; *Hartwig*, in: Umbach/Clemens I, Art. 26 Rn. 11; *Herdegen*, in: Maunz/Dürig, Art. 26 (2017) Rn. 3; kritisch *Maunz*, in: Maunz/Dürig, Art. 26 (Erstbearb.) Rn. 1.

[12] Präambel, Art. 1 II, 9 II, 24, 25; vgl. dazu *Epping*, Grundgesetz und Kriegswaffenkontrolle, 1993, S. 66; *Herdegen*, in: Maunz/Dürig, Art. 26 (2017) Rn. 2; *Schiedermair*, Der internationale Frieden im Grundgesetz, Diss. Mainz 2006, S. 61; *Stratmann*, Das grundgesetzliche Verbot friedensstörender Handlungen, 1971, S. 4 ff. Zum Verhältnis des Art. 26 zu themenbezogenen Bestimmungen des LVerfRechts vgl. *Hernekamp*, in: v. Münch/Kunig II, Art. 26 Rn. 1 mwN. Zu Recht krit. bzgl. der rechtl. Substanz eines solchen Friedensgebots *Doehring* HStR VII[1], § 178 Rn. 41.

[13] *Fink* MKS II, Art. 26 Rn. 6; *Hernekamp*, in: v. Münch/Kunig I, Art. 26 Rn. 1.

[14] *Doehring* HStR VII[1], § 178 Rn. 14 und 41; *Proelß* HStR XI, § 227 Rn. 2; *Hillgruber*, in: Hofmann/Henneke, Art. 26 Rn. 3; *Stern*, StaatsR I, S. 510 f.

[15] Vgl. zu dem Begriff *Stern*, StaatsR I, S. 476 f.; *Maunz*, in: Maunz/Dürig, Art. 26 (Erstbearb.) Rn. 5 spricht von einem „verfassungsrechtlichen Leitsatz".

[16] So *Frank* AK GG, Art. 26 Rn. 30 ff. mwN; *Bothe* BK, Art. 26 (2019), Rn. 53 ff.; *Herzog* HStR IV, § 72 Rn. 30. Dagegen *Hernekamp*, in: v. Münch/Kunig I, Art. 26 Rn. 1 mwN.

[17] So wohl *Frank* AK GG, Art. 26 Rn. 4 („Grundsatznorm des gesamten staatlichen Zusammenlebens"); vgl. auch *Bleckmann* (Fn. 10), S. 233; *v. Mangoldt/Klein* I, Art. 26 Anm. II 4. Dagegen zu Recht kritisch *Doehring* HStR VII[1], § 178 Rn. 14, 41.

[18] Vertrag über die Ächtung des Krieges vom 27.8.1928, RGBl II 1929, 97 (Sart. II, Nr. 47).

[19] Vertrag über die abschließende Regelung in Bezug auf Deutschland vom 12.9.1990, BGBl II, 1318 (Sart. II, Nr. 610). Vgl. dazu *Herdegen*, in: Maunz/Dürig, Art. 26 (2017) Rn. 9.

## B. Verbot friedensstörender Handlungen (Abs. 1)

### I. Störung des friedlichen Zusammenlebens der Völker

**1. Friedliches Zusammenleben.** Im Vergleich zum primär politischen und daher normativ kaum **9** fassbaren Begriff „Frieden" sucht die Formulierung „das friedliche Zusammenleben der Völker" das **Schutzgut des Art. 26 I** zu präzisieren.[20] Gleichwohl gibt es auch über dessen Inhalt bis heute eine Fülle divergierender Ansichten, die sich in eine einschränkende und eine erweiternde Auslegung kategorisieren lassen. Erstere setzt im Kern bei einem sog. „negativen Friedensbegriff" iSd Abwesenheit von militärischer Gewalt an.[21] Letztere geht von einem sog. „positiven Friedensbegriff" aus und leitet daraus eine Pflicht zur aktiven Friedensbemühung ab.[22]

Die Vertreter einer **erweiternden Auslegung** verstehen das friedl. Zusammenleben der Völker als **10** eine erst zu verwirklichende Gerechtigkeitsordnung.[23] **Dagegen** sprechen der Wortlaut (*Störung* einer bestehenden Ordnung) und der mögl. Zweck einer durch Verfassungswidrigkeit und Strafbarkeit sanktionierten Norm, der nicht in der Gewährleistung gutnachbar. Verhaltens[24] oder aktiver Friedensbemühungen liegen kann, sowie der unklare Inhalt.[25] Zielvorstellungen wie „Emanzipation des Individuums, Freiheit, Gerechtigkeit und Überwindung der Ausbeutung"[26] entwerten das Friedensgebot durch Relativierung[27] und ideolog. Verbrämung[28] und sind verfassungskonform **nicht justitiabel,** worauf Art. 26 I aber abzielt.[29]

Art. 26 I 1 obliegt die Störungsabwehr zur **Friedenserhaltung,** während die **Friedensgestal- 11 tung** andere Normen des GG wie Art. 1 II und Art. 24 leisten.[30] Der Begriff „friedliches Zusammenleben der Völker" ist daher anhand der gegenwärtigen internat. Friedensordnung zu bestimmen, wobei Fortentwicklungen des völkerrechtl. Friedensbegriffs zu berücksichtigen sind.[31] Ausgangspunkt ist das **Gewaltverbot des Art. 2 IV SVN.**[32] Soweit der Schutzbereich des Art. 26 I 1 darüber hinausgehen soll, muss die Schwere der Sanktionen berücksichtigt werden und die beabsichtigte Justitiabilität gewährleistet bleiben. In Frage kommt die Einbeziehung des völkerrechtl. **ius cogens** und völkerrechtl. Verbrechen **(„international crimes"),**[33] da deren Tatbestandsvoraussetzungen eine friedensgefährdende Wirkung auf die internat. Ordnung implizieren,[34] sowie die Menschenrechte und das Selbstbestimmungsrecht der Völker (vgl. auch → Rn. 12).[35] Schließlich der Schutz vor Bedrohungen durch international agierende Terrororganisationen[36] als „neue Formen" der Friedensbedrohung, weil sie durchgehend durch eine völkerrechtswidrige Ausübung von Gewalt gekennzeichnet sind und dadurch die strukturelle Nähe zum völkerrechtl. Gewaltverbot des Art. 2 IV SVN gewahrt bleibt.[37]

---

[20] *Hernekamp,* in: v. Münch/Kunig I, Art. 26 Rn. 3 mwN. Zum Friedensbegriff des Völkerrechts vgl. *Proelß* HStR XI, § 227 Rn. 5 ff.

[21] *Hernekamp,* in: v. Münch/Kunig I, Art. 26 Rn. 6, 8; *E. Klein* ZVglRWiss 77 (1978), 79 (84).

[22] *Frank* AK GG, Art. 26 Rn. 5 ff., 9 ff. mwN; *H.-P. Schneider* RuP 1985, 141. Einschränkend *Bleckmann* (Fn. 10), S. 235: Pflicht zur „Entspannungspolitik", „wenn dadurch berechtigte Interessen nicht beeinträchtigt werden", wobei diese Einschätzung aber der BReg obliege. Vgl. auch *Bleckmann* DÖV 1996, 144: „Pflicht zur Kooperation in allen Bereichen des internationalen Verkehrs".

[23] *Frank* AK GG, Art. 26 Rn. 10; *Bothe* BK, Art. 26 (2003), Rn. 19; deutlich gegen eine Anreicherung oder Aufladung des „Schlüsselbegriffs" im Hinblick auf das justiziable Verbot, das dem rechtsstaatl. Bestimmtheitsgebot genügen muss, jetzt *ders.* BK, Art. 26 (2019), Rn. 38.

[24] So aber *Menzel* BK, Art. 26 (Erstbearb.) Anm. II 1 unter Berufung auf Präambel und Art. 1 II SVN; ihm folgend *v. Mangoldt/Klein* I, Art. 26 Anm. III 1; *v. Schlabrendorff* FS Gebhard Müller, 1970, S. 404 f.; ähnlich, jedoch nicht ausdr. auch *Bothe* BK, Art. 26 (2003), Rn. 19; deutlich einschränkend jetzt *ders.* BK, Art. 26 (2019) Rn. 38.

[25] *Geiger* StaatsR III, S. 322. Zu Recht weist *Herdegen,* in: Maunz/Dürig, Art. 26 (2017) Rn. 13 auf Missbrauchsgefahren wie die „Rechtfertigung" von Interventionen gegen sog. „Pariastaaten" hin.

[26] Vgl. *Frank* AK GG, Art. 26 Rn. 10.

[27] *Tomuschat* HStR XI, § 226 Rn. 68.

[28] *Hernekamp,* in: v. Münch/Kunig I, Art. 26 Rn. 5.

[29] *Fink* MKS II, Art. 26 Rn. 12; *Hernekamp,* in: v. Münch/Kunig I, Art. 26 Rn. 5 f. Zum Problem des Art. 103 II vgl. *Killinger,* Feindliche Handlungen Privater gegen fremde Staaten, Diss. Hamburg 1967, S. 83 f. Vgl. auch *Frank* AK GG, Art. 26 Rn. 12, 24, der die Sicherung durch Strafrecht daher auf den „negativen Frieden" beschränkt.

[30] Zutreffend *Hernekamp,* in: v. Münch/Kunig I, Art. 26 Rn. 7.

[31] *Fink* MKS II, Art. 26 Rn. 14 ff.

[32] Ebda, Art. 26 Rn. 8; *Herdegen,* in: Maunz/Dürig, Art. 26 (2017) Rn. 17; *Jarass,* in: Jarass/Pieroth, Art. 26 Rn. 2.

[33] So *Geiger,* StaatsR III, S. 322 f. Neben dem Gewaltverbot sind dies insbes. die Verbote von Sklaverei, Völkermord und Apartheid sowie von massiver Verseuchung der Atmosphäre und des Meeres.

[34] Vgl. *Verdroß/Simma,* Universelles Völkerrecht, 3. Aufl. 1984, § 1263.

[35] *Fink* MKS II, Art. 26 Rn. 17 f.; vgl. auch *Wollenschläger,* in: Dreier II, Art. 26 Rn. 22.

[36] Die Anschläge vom 11.9.2001 wurden durch die Resolution 1368 (2001) des UN-Sicherheitsrats (VN 2001, 197) implizit als „bewaffneter Angriff" i. S. von Art. 51 SVN eingestuft.

[37] *Herdegen,* in: Maunz/Dürig, Art. 26 (2017) Rn. 17.

**12**     **2. Völker.** Nach der Rspr. betrifft Art. 26 nur den **zwischenstaatlichen Bereich** und schützt nicht das friedl. Zusammenleben innerhalb eines Staates.[38] Diese Gleichsetzung des Begriffes „Völker" mit dem der „Staaten" ist jedoch zweifelhaft, wenn man den Sinn des Art. 26, den Weltfrieden störende Aktivitäten zu unterbinden, sowie die Tatsache im Auge hat, dass dieser Weltfriede heute überwiegend durch **innerstaatliche Konflikte** bedroht ist.[39] Der Schutzbereich des Art. 26 I 1 kann sich zwar nicht auf interne Unruhen und Spannungen aller Art erstrecken, wohl aber auf **Bürgerkriege** und sog. **Befreiungskämpfe.**[40] Zu den Rechtsfolgen → Rn. 30.

**13**     **3. Störung.** Die **Störung** muss sich auf das **Schutzgut** des Art. 26 I 1 beziehen und wird wie dieses unterschiedlich gesehen.[41] Entspr. der hiesigen Auffassung ist jede Verletzung der fundamentalen Rechtsgüter der internat. Friedensordnung, dh jeder Verstoß gegen *ius cogens* und jedes völkerrechtl. Verbrechen als Störung zu qualifizieren.[42]

**14**     **Störung** ist die primäre[43] Verursachung einer Verletzung der genannten Rechtsgüter, einschließlich Anstiftung und Beihilfe (→ Rn. 21). Das genannte Beispiel der Vorbereitung der Führung eines Angriffskrieges zeigt, dass nur eine **schwerwiegende, ernste und nachhaltige Beeinträchtigung** gemeint ist.[44]

**15**     **Nicht** erfasst werden Abwehr- und Schutzmaßnahmen, die sich iRd „großen" bzw. „kleinen" Selbstverteidigung gegen bewaffnete Angriffe (Art. 51 SVN) bzw. Grenzzwischenfälle (sog. „kleine Gewalt") richten.[45] Gleiches gilt für den Beitritt zu Systemen kollektiver Sicherheit bzw. Verteidigung (Art. 24 II).[46] Allerdings muss Deutschland als NATO-Mitglied alles unterlassen, was den Verteidigungscharakter des Bündnisses verändern würde.[47] Zulässig ist auch eine deutsche Beteiligung an internationalem Krisenmanagement und (ggf. auch militärisch-„robusten") friedenserhaltenden (ggf. auch friedensschaffenden) Maßnahmen,[48] allerdings nur iRd des völkerrechtlich Zulässigen.[49] Strittig ist die völkerrechtl. Zulässigkeit der sog. „Humanitären Intervention" (→ Rn. 20).

**16**     **Störungen sind** dagegen Kriegspropaganda und jedes Eintreten für nationalen, rassischen oder religiösen Hass, durch das zu Diskriminierung, Feindseligkeit oder Gewalt aufgestachelt wird.[50] Der-

---

[38] BVerwG NJW 1982, 194 (195); BVerwG BayVBl 1982, 571; vgl. auch BVerwGE 61, 24 (31).

[39] Vgl. *Epping* (Fn. 12), S. 66 f.

[40] *Epping* (Fn. 12), S. 66 ff.; *Haas-Traeger* DÖV 1983, 105 (108); *Hobe*, in: Friauf/Höfling, Art. 26 (2011) Rn. 5; *Hartwig*, in: Umbach/Clemens I, Art. 26 Rn. 17; *Herdegen*, in: Maunz/Dürig, Art. 26 (2017) Rn. 19. Zum Begriff „Bürgerkrieg" *Verdroß/Simma* (Fn. 34), § 502, zum Begriff „Befreiungskampf" *Doehring* in: Simma (Hrsg.), Charta der Vereinten Nationen, 1990, nach Art. 1 Rn. 55 f.

[41] Vgl. Rn. 9 ff. Demzufolge: Verstöße gegen Grundsätze der internationalen Ordnung (*v. Mangoldt/Klein* I, Art. 26 Anm. III 3b; *Menzel* BK, Art. 26 (Erstbearb.) Anm. II 3; Verstöße gegen Pflichten zur aktiven Friedensbemühung (vgl. *Frank* AK GG, Art. 26 Rn. 35 ff., 49 ff., 57 ff.); Herbeiführung militärischer Konfliktlagen iSd Art. 2 IV SVN (*Doehring* HStR VII[1], § 178 Rn. 33; *Hernekamp*, in: v. Münch/Kunig I, Art. 26 Rn. 18); Kriegsgefahr erzeugende Handlungen eines gewissen Gewichts (*Wolff*, in: Hömig/Wolff, Art. 26 Rn. 2); Verletzung fundamentaler Rechtsgüter der internationalen Gemeinschaft, Situationen im Sinne des Art. 39 SVN, orientiert an der Auslegungspraxis des Sicherheitsrats (*Bothe* BK, Art. 26 (2019), Rn. 38).

[42] Ebenso *Geiger*, StaatsR III, S. 323; *Hobe*, in: Friauf/Höfling, Art. 26 (2011) Rn. 4.

[43] Weitergehend *Hernekamp*, in: v. Münch/Kunig I, Art. 26 Rn. 13: auch späteres „(Mit-)Stören".

[44] BVerwG NJW 1982, 194 (195); BVerwG BayVBl 1982, 571 f.; *Bleckmann* (Fn. 10), S. 235; *Geiger* StaatsR III, S. 323; *Jarass*, in: Jarass/Pieroth, Art. 26 Rn. 3; *v. Mangoldt/Klein* I, Art. 26 Anm. III 3b; *Hernekamp*, in: v. Münch/Kunig I, Art. 26 Rn. 16. Ebenso für den Bereich der Privatpersonen *Fink* MKS II, Art. 26 Rn. 29; *Wollenschläger*, in: Dreier II, Art. 26 Rn. 24; einschränkend *Bothe* BK, Art. 26 (2019), Rn. 41: Schwelle darf wegen der „Gefahr einer Verharmlosung friedensgefährdender Aktivitäten … nicht zu hoch angesetzt werden", aA *Frank* AK GG, Art. 26 Rn. 21; *Stern*, StaatsR I, S. 510.

[45] *Hernekamp*, in: v. Münch/Kunig I, Art. 26 Rn. 13. AA *Bleckmann* (Fn. 10), S. 233 f., der die Tatbestandsmäßigkeit bejaht, die Maßnahme aber als durch Art. 65a, 80a, 87a und b und vor allem Art. 115a ff. gerechtfertigt ansieht.

[46] *Hernekamp*, in: v. Münch/Kunig I, Art. 26 Rn. 13; *Hillgruber*, in: Hofmann/Henneke, Art. 26 Rn. 8; *Fink* MKS II, Art. 26 Rn. 22; *Risse*, in: Hömig, 10. Aufl. 2013, Art. 26 Rn. 2; *Hobe*, in: Friauf/Höfling, Art. 26 (2011) Rn. 6.

[47] *Hernekamp*, in: v. Münch/Kunig I, Art. 26 Rn. 24. Vgl. auch BVerfG EuGRZ 2001, 643 (661). Weitergehend *Frank* AK GG, Art. 26 Rn. 42, der ein positives Wirken zur Erhaltung des Verteidigungskonzeptes verlangt. Nach BVerfGE 118, 244 (270 f.) habe sich die NATO durch ihr Zusammenwirken mit der Operation Enduring Freedom nicht von ihrer friedenswahrenden Zwecksetzung abgekoppelt.

[48] *Wolff*, in: Hömig/Wolff, Art. 26 Rn. 2; *Hernekamp*, in: v. Münch/Kunig I, Art. 26 Rn. 13; vgl. auch BVerfGE 90, 286 (345, 349).

[49] Letzteres betont zu Recht *Fink* MKS II, Art. 26 Rn. 26. Vgl. auch *Pernice*, in: Dreier II, 2. Aufl. 2006, Art. 26 Rn. 17. Nach *Herdegen*, in: Maunz/Dürig, Art. 26 (2017) Rn. 44 bildet aber „nicht jede mögliche Überschreitung des Selbstverteidigungsrechts eine verfassungsrechtl. relevante Störungshandlung". In der Tat wäre es merkwürdig, die völkerrechtl. lange Zeit umstr. (ebda., Rn. 32 mwN in Fn. 5) Rettung eigener Staatsangehöriger unter Einsatz (verhältnismäßiger) Gewalt als verfassungswidrig und daher verboten anzusehen. Zur deutschen Evakuierungsaktion in Albanien v. 14.3.1997 s. BT-Dr. 13/7265.

[50] Ähnlich *Hernekamp*, in: v. Münch/Kunig I, Art. 26 Rn. 17 mwN; *v. Mangoldt/Klein* I, Art. 26 Anm. III 3b; *Menzel* BK, Art. 26 (Erstbearb.) Anm. II 3; *Herdegen*, in: Maunz/Dürig, Art. 26 (2017) Rn. 45. Der HCh-Bericht zählte die „militärische und nationalistische Verhetzung der Gemüter" zu den zu verbietenden Handlungen, vgl. JöR nF 1 (1951), 236.

artige Handlungen, deren gesetzl. Verbot **Art. 20 IPBürgR**[51] fordert, können die geistige Ursache für Verstöße gegen *ius cogens* und für völkerrechtl. Verbrechen darstellen. Demgegenüber vermögen weder die bloße Berichterstattung durch die Medien noch die Kritik an der Politik eines fremden Staates oder an ausländischen Politikern[52] Störungscharakter anzunehmen, es sei denn, sie erreichen die og Tatbestände.[53]

## II. Vorbereitung der Führung eines Angriffskrieges

Die Kriegsschulddiskussion und die Urteile des Internationalen Militärgerichtshofes in Nürnberg **17** nach dem Zweiten Weltkrieg waren dem Verfassungsgeber Anlass, die Vorbereitung der Führung eines Angriffskrieges eigens hervorzuheben.[54] Trotz gegenteiliger Äußerungen im ParlRat[55] ist dies auf Grund der eindeutigen Wortwahl („insbesondere") als **Sonderfall einer Friedensstörung** zu qualifizieren.[56]

Der vom Nürnberger Militärgerichtshof geprägte Begriff **„Angriffskrieg"**, der keineswegs klar **18** war,[57] ist völkerrechtlich zu bestimmen. Eine Orientierungshilfe hierfür bietet die **Aggressionsdefinition** der Generalversammlung der VN.[58] Nach deren Art. 1 bedeutet Aggression die Anwendung von Waffengewalt durch einen Staat gegen die Souveränität, die territoriale Unversehrtheit oder politische Unabhängigkeit eines anderen Staates oder auf eine andere mit der SVN nicht vereinbare Weise. Gemäß Art. 2 begründet die erste Anwendung von Waffengewalt einen (widerlegbaren) Beweis des ersten Anscheins für eine Angriffshandlung. Art. 3 zählt beispielhaft verschiedene Erscheinungsformen direkter und indirekter Gewalt auf, die durch den Sicherheitsrat gemäß Art. 4 ergänzt werden können. Da das Römische Statut des IStGH[59] dessen subsidiäre Zuständigkeit zur Verfolgung des Verbrechens der Aggression vorsieht (Art. 15$^{bis}$, Art. 15$^{ter}$), bedarf es dafür einer Definition, über die 2010 in Kampala eine Einigung erzielt wurde (Art. 8$^{bis}$).[60]

**Krieg** iSd Art. 26 I 1 ist im Lichte dieser Aggressionsdefinition eine bewaffnete (nicht bloß **19** politische oder wirtschaftliche) Auseinandersetzung zwischen Staaten.[61]

**Kein Angriff** liegt bei **Zwangsmaßnahmen nach Art. 42 SVN** sowie bei einem **durch Art. 51 20 SVN gerechtfertigten Verteidigungskrieg** vor, von dessen Zulässigkeit Art. 26 I 1 ausgeht, was durch Art. 65a, 80a, 87a und b sowie Art. 115a ff. bestätigt wird.[62] In diesem Rahmen kann auch eine präventive Verteidigung zulässig sein, wenn ein Angriff unmittelbar bevorsteht und jede andere Gegenwehr versagen würde.[63] Die Maßnahmen müssen sich aber strikt in den Grenzen des Völkerrechts halten (→ Rn. 15). Besonders probl. sind insoweit sog. „humanitäre Interventionen" ohne Mandat der VN (vgl. → Art. 25 Rn. 67b).[64]

---

[51] IPBürgR 19.12.1966, BGBl II 1973, 1534 (Sart. II, Nr. 20); vgl. auch Art. 119 BayVerf

[52] Vgl. *Hernekamp,* in: v. Münch/Kunig I, Art. 26 Rn. 17; *v. Mangoldt/Klein* I, Art. 26 Anm. III 3b; *Menzel* BK, Art. 26 (Erstbearb.) Anm. II 3.

[53] Auch *Maunz,* in: Maunz/Dürig, Art. 26 (Erstbearb.) Rn. 20, nimmt „gewisse äußerste Grenzen" der Kritik an. Diese sind wie hier zu präzisieren. Zum Problem des Missbrauchs von die Meinungsfreiheit beschränkenden Tatbeständen vgl. auch *Frank* AK GG, Art. 26 Rn. 61.

[54] Vgl. die Abg. *Schmid* und *v. Brentano,* JöR nF 1 (1951), 237.

[55] Vgl. Abg. *Schmid,* JöR nF 1 (1951), 239.

[56] *Frank* AK GG, Art. 26 Rn. 38; *Hernekamp,* in: v. Münch/Kunig I, Art. 26 Rn. 22; *Maunz,* in: Maunz/Dürig, Art. 26 (Erstbearb.) Rn. 12 („Hauptbeispiel"); *Fink* MKS II, Art. 26 Rn. 32; *Herdegen,* in: Maunz/Dürig, Art. 26 (2017) Rn. 20 („Leitfall"); zu sonstigen Störungshandlungen vgl. ebd., Rn. 40 ff.

[57] Die gegenteilige Behauptung *v. Brentanos,* vgl. JöR nF 1 (1951), 237, war objektiv unzutreffend. Zur Klärungsbedürftigkeit im Völkerrecht *Herdegen,* in: Maunz/Dürig, Art. 26 (2017) Rn. 21 mwN.

[58] UN Doc. A/Res. 3314 (XXIX) vom 14.12.1974, abgedr. in AVR 16 (1974/75), 398 ff. (Sart. II, Nr. 5). Ebenso *Fink* MKS II, Art. 26 Rn. 34 ff.; *Herdegen,* in: Maunz/Dürig, Art. 26 (2017) Rn. 23 f.

[59] BGBl 2000 II S. 1394; Sart. II Nr. 35.

[60] Art. 8bis IStGH-Statut wurde von Deutschland 2013 ratifiziert (BGBl II 2013, 139). Vgl. dazu *Herdegen,* in: Maunz/Dürig, Art. 26 (2017) Rn. 15; *Zimmermann/Henn* ZRP 2013, 240; *Böttner* AVR 51 (2013), 201; *Barriga* ZIS 2010, 644. Mit Wirkung vom 1.1.2017 wurde § 13 in das Völkerstrafgesetzbuch (VStGB – BGBl 2002 I S. 2254) Verbrechen der Agression eingefügt (BGBl I 2016, 3150).

[61] Bürgerkriege und Befreiungskämpfe sind nach hier vertretener Auffassung vom Schutzgut des friedlichen Zusammenlebens der Völker umfasst, → Rn. 12.

[62] BVerfGE 83, 60 (65); *Bleckmann* (Fn. 10), S. 233; *Stern,* StaatsR I, S. 509; *Fink* MKS II, Art. 26 Rn. 22 ff. mwN.

[63] *Hillgruber,* in: Hofmann/Henneke, Art. 26 Rn. 8; *Herdegen,* in: Maunz/Dürig, Art. 26 (2017) Rn. 30 (mit diff. Stellungnahme zur zumindest sehr umstr. Nationalen Sicherheitsdoktrin der USA). AA *v. Bülow,* Der Einsatz der Streitkräfte zur Verteidigung, 1984, S. 128 f. Zum völkerrechtlichen Problem vgl. *Verdroß/Simma* (Fn. 34), § 471; *Streinz* JöR 52 (2004), 219 (226 f.).

[64] Zutr. problematisiert von *Fink* MKS II, Art. 26, Rn. 26. Vgl. auch *Wollenschläger,* in: Dreier II, Art. 26 Rn. 32 f.; *Hartwig,* in: Umbach/Clemens I, Art. 26 Rn. 17b f. m. w. N; eingehend *Deiseroth,* in: Umbach/Clemens I, Art. 24 Rn. 300 ff., sowie (rechtfertigend) *Herdegen,* in: Maunz/Dürig, Art. 26 (2017) Rn. 33. Nicht unprobl. ist insoweit – ungeachtet des erforderl. Korrektivs, vgl. *Hernekamp,* in: v. Münch/Kunig I, Art. 26 Rn. 19 – das Abstellen auf das subj. Tatbestandselement („Absicht", vgl. → Rn. 28) bei *Hobe,* in: Friauf/Höfling, Art. 26 (2011) Rn. 10, da in der Regel jeder Krieg als „Verteidigungskrieg" hingestellt wird. Zum NATO-Einsatz im Kosovo-

**21**      Art. 26 I 1 verbietet nicht erst die Führung, sondern bereits die **Vorbereitung** eines Angriffskriegs und erweitert damit den Anwendungsbereich der Norm auf Vorbereitungshandlungen (zB eine auf Angriff ausgerichtete Rüstung)[65] und Unterstützungshandlungen für Angriffskriege dritter Staaten[66] sowie das Handeln natürlicher oder juristischer Personen, die selbst keine Kriege führen können.[67]

### III. Adressaten

**22**      Da Art. 26 I 1 seinen Anwendungsbereich nicht näher eingrenzt, richtet er sich an alle Rechtssubjekte im räuml. oder persönl. Geltungsbereich des GG.[68] Dazu gehören **alle staatlichen Organe** der Legislative, Exekutive und Judikative sowie juristische Personen des öff. Rechts und beliehene Unternehmen,[69] aber auch alle **Privatpersonen** (natürliche und juristische Personen, sonstige Vereinigungen aller Art).[70]

**23**      Dies schließt auch **Handlungen Deutscher im Ausland (Personalhoheit)**[71] und Handlungen von **Ausländern und Staatenlosen im Geltungsbereich des GG (Territorialitätsprinzip)**[72] ein. Seinem Zweck zufolge will Art. 26 generell vermeiden, dass von deutschem Gebiet Friedensgefährdungen ausgehen.[73]

### IV. Inkriminierte Handlungen

**24**      **1. Vornahme von Handlungen.** Art. 26 I 1 verbietet **Handlungen,** also positives Tun, nicht Unterlassungen.[74] Ihm kann daher weder ein Gebot zu einer bestimmten polit. Linie noch (abgesehen vom Strafbewehrungsauftrag des Art. 26 I 2) eine Pflicht zu bestimmten Aktivitäten entnommen werden.[75] Erfasst wird die Teilnahme an Handlungen Dritter, nicht deren bloße Billigung.[76] Unerheblich ist, gegen wen sich die Vornahme einer Handlung richtet.

---

Konflikt vgl. *Hernekamp,* in: v. Münch/Kunig I, Art. 26 Rn. 13 mwN. Nach *Hillgruber,* in: Hofmann/Henneke, Art. 26 Rn. 8 fehlt der humanitären Intervention wegen ihrer auf den Menschenrechtsschutz zielenden Motivation der von Art. 26 I 1 vorausgesetzte verwerfliche Charakter, so dass sie davon nicht erfasst werde. Zur Bewertung von Auslandseinsätzen der Bundeswehr (Kosovo 1999; Afghanistan; Bekämpfung des IS in Syrien; mittelbare Beteiligung am Irakkrieg 2003) im Lichte des Art. 26 *Bothe* BK, Art. 26 (2019) Rn. 24 ff. mwN.

[65] *Frank* AK GG, Art. 26 Rn. 42; *Fink* MKS II, Art. 26 Rn. 39; *Bleckmann* (Fn. 10), S. 234. Zum Problem einer konkreten Fassbarkeit des Norm in diesem Punkt → Rn. 30.

[66] *Bleckmann* (Fn. 10), S. 234; *Doehring* HStR VII[1], § 178 Rn. 34; *Hernekamp,* in: v. Münch/Kunig II, Art. 26 Rn. 13 („Mitstören"); *Jarass,* in: Jarass/Pieroth, Art. 26 Rn. 5 („Anstiftung und Beihilfe"); *Herdegen,* in: Maunz/Dürig, Art. 26 (2017) Rn. 39 mit der Einschränkung, dass der bloße Schutz militärischer Einrichtungen des Drittstaates im Inland nicht darunter fiele und keine Pflicht bestehe, sicherzustellen, dass in Deutschland stationierte Streitkräfte oder hier gelagerte Waffen nie zu völkerrechtswidrigen Zwecken eingesetzt werden (unter Berufung auf BVerfGE 77, 170 [233 f.]). Zur Frage der Bereitstellung von Militärstützpunkten aufgrund vorab, dh unabhängig vom konkreten Anlass, bestehender Verpflichtungen im Irakkrieg vgl. ebd. und *Hobe,* in: Friauf/Höfling, Art. 26 (2011) Rn. 10. BVerwGE 127, 302 hat die Rechtmäßigkeit der insoweit bestehenden Beteiligung Deutschlands (vgl. ebd., S. 373) offen gelassen (ebd., S. 309, 318, 343 ff.), da der Soldat, der sich auf Art. 4 I (Gewissen) berief, freigesprochen wurde. Vgl. zuletzt OVG NRW NVwZ 2019, 1624: Schutzpflicht gegen völkerrechtswidrigen Drohneneinsatz US-amerikanischer Streitkräfte von deutschem Staatsgebiet aus (Revision zum BVerwG 6 C 7.19). Abl. *Heinemann,* NVwZ 2019, 1580.

[67] Vgl. *Frank* AK GG, Art. 26 Rn. 42 f.; *Hernekamp,* in: v. Münch/Kunig I, Art. 26 Rn. 24; einschränkend *Maunz,* in: Maunz/Dürig, Art. 26 (Erstbearb.) Rn. 22.

[68] *Geiger,* StaatsR III, S. 324; *Hillgruber,* in: Hofmann/Henneke, Art. 26 Rn. 15; *Hernekamp,* in: v. Münch/Kunig I, Art. 26 Rn. 9.

[69] *Hernekamp* ebda; *Maunz,* in: Maunz/Dürig, Art. 26 (Erstbearb.) Rn. 17.

[70] BVerwG NJW 1982, 194 (195); *Frank* AK GG, Art. 26 Rn. 42 f.; *Jarass,* in: Jarass/Pieroth, Art. 26 Rn. 6; *Hernekamp,* in: v. Münch/Kunig I, Art. 26 Rn. 10; *Herdegen,* in: Maunz/Dürig, Art. 26 (2017) Rn. 49 (mit der auch von *Spranger* NZWehrR 2005, 68 [71 ff.)] vertretenen Einschränkung bzgl. des Verbots der Vorbereitung eines Angriffskrieges). Zur Vorbereitung eines Angriffskrieges können aber auch Privatakte (Rüstungsunternehmen) beitragen; iU werden Akte des internationalen Terrorismus auch als „Angriffskrieges" eingestuft, vgl. o. Fn. 36.

[71] *Bleckmann* (Fn. 10), S. 236; *Haas-Traeger* DÖV 1983, 107; *Jarass,* in: Jarass/Pieroth, Art. 26 Rn. 6; *Herdegen,* in: Maunz/Dürig, Art. 26 (2017) Rn. 50; *Wollenschläger,* in: Dreier II, Art. 26 Rn. 24. AA *K.-H. Weber* NJW 1979, 1282 f.

[72] *Jarass,* in: Jarass/Pieroth, Art. 26 Rn. 6; *v. Mangoldt/Klein* I, Art. 26 Anm. III 2; *Hillgruber,* in: Hofmann/Henneke, Art. 26 Rn. 15; *Menzel* BK, Art. 26 (Erstbearb.) Anm. II 2.

[73] Vgl. bereits HChE, S. 24, vgl. JöR nF 1 (1951), 236 und zuletzt die Erklärung in Art. 2 Satz 1 Zwei-plus-Vier-Vertrag (Fn. 19), dass „von deutschem Boden nur Frieden ausgehen wird".

[74] *Hernekamp,* in: v. Münch/Kunig II, Art. 26 Rn. 11; *Jarass,* in: Jarass/Pieroth, Art. 26 Rn. 4 mwN.

[75] *Hernekamp,* in: v. Münch/Kunig II, Art. 26 Rn. 11; *Brockmeyer,* in: Schmidt-Bleibtreu/Klein, 10. Aufl. 2004, Art. 26 Rn. 1; *Hartwig,* in: Umbach/Clemens I, Art. 26 Rn. 22; *Stern,* StaatsR I, S. 510 f.; aA *Frank* AK GG, Art. 26 Rn. 9 mwN; *Menzel* BK, Art. 26 (Erstbearb.) Anm. III 3; für eine Berücksichtigung in Abwägungsvorgängen *Bothe* BK, Art. 26 (2019), Rn. 53.

[76] *Doehring* HStR VII[1], § 178 Rn. 34; *Haas-Traeger* DÖV 1983, 108. Für eine Einbeziehung auch bloßer Billigung *Bleckmann* (Fn. 10), S. 234.

**2. Eignung zur Friedensstörung.** Diese Handlungen müssen objektiv geeignet, dh **tauglich** sein, 25
das friedliche Zusammenleben der Völker zu stören.

Da bereits die Eignung zur Friedensstörung ausreicht, braucht diese noch nicht eingetreten zu sein. 26
Umstr. ist jedoch, ob eine **abstrakte Gefährdung** genügt[77] oder ob eine konkrete erforderlich ist.[78]
Der vorverlagerte Rechtsgüterschutz spricht insbes. im Hinblick auf das hervorgehobene Beispiel der
Vorbereitung eines Angriffskrieges und den generellen Genehmigungsvorbehalt für Kriegswaffen
(Art. 26 II) für das Genügen einer abstrakten Gefährdung.

Deren **Vorliegen** kann als Tatbestandsvoraussetzung nicht vom Richter nach freiem Ermessen 27
beurteilt werden,[79] sondern muss anhand objektiver Erfahrungen und der hieraus zu entnehmenden
internationalen Praxis bestimmt werden.[80]

**3. Absicht der Friedensstörung.** Art. 26 I 1 fordert eine friedensstörende Absicht **(subjektiver** 28
**Tatbestand).**[81] Dies ist das notwendige Korrektiv gegenüber dem bei der Bewertung der Eignung
absehbaren Risiko einer missbräuchl. Anwendung in einem bestimmten außenpolit. Sinn.[82] Da häufig
eine Friedensstörung nur das Mittel zur Erreichung anderer polit. Ziele ist, muss sie, um den
Anwendungsbereich des Art. 26 I 1 nicht zu sehr einzuschränken, nicht Beweggrund und Ziel der
Handlung sein, sondern es genügt, wenn das friedl. Zusammenleben der Völker bewusst und gewollt
aufs Spiel gesetzt wird.[83]

Allein aus dem Streben nach Status-quo-Veränderung kann keine Störungsabsicht hergeleitet 29
werden, insbes. wenn es den Grundsätzen friedlichen Wandels **(peaceful change)** folgt.[84]

**4. Einzelfälle.** In der **Rechtsprechung** wurde, soweit ersichtlich, in den unmittelbar zu Art. 26 30
I 1 ergangenen Entscheidungen der **Anwendungsbereich** der Vorschrift nur **negativ abge-**
**grenzt.**[85] So dürfe sich ein Soldat nicht unter Berufung auf Art. 26 I über das **Uniformverbot** bei
polit. Veranstaltungen (§ 15 III SG) hinwegsetzen.[86] Art. 26 I ist jedenfalls unterhalb der Schwelle
der Verhinderung eines Angriffskrieges kein Grund für die Rechtfertigung oder sonstige Straffrei-
stellung allg. strafbaren Verhaltens.[87] **Sammlungen** zugunsten einer bewaffneten Opposition in
fremden Staaten dürfe nicht schon wegen dieses Zwecks die Sammlungserlaubnis versagt werden.[88]
Die **Stationierung chemischer Waffen** in der BRD mit dem Ziel, einen mögl. Gegner von einem
C-Waffen-Einsatz abzuhalten, und ein etwaiger völkerrechtsgemäßer Zweiteinsatz dieser Waffen verstoße nicht gegen Art. 26 I.[89] Art. 26 (und Art. 25) begründen keine subj. Rechtsposition, den
Abzug möglicherweise in Deutschland iRd „nuklearen Teilhabe" gelagerter Atomwaffen zu verlangen, die Einschätzung, wie der Frieden zu sichern sei und welche Folgen mit der Stationierung
von Atomwaffen verbunden seien, obliege den für die Außen- und Verteidigungspolitik zuständigen
Bundesorganen.[90] Diese und andere Entscheidungen zu Massenvernichtungswaffen[91] offenbaren die

---

[77] *Hernekamp,* in: v. Münch/Kunig I, Art. 26 Rn. 15; *Bothe* BK, Art. 26 (2019), Rn. 40. Diff. *Frank* AK GG,
Art. 26 Rn. 17: Bei legislativen Handlungen und deren Überprüfung durch die Rspr. genüge eine abstrakte Gefährdung, bei einzelnen Handlungen und deren Überprüfung sei eine konkrete erforderlich.

[78] Dafür *v. Mangoldt/Klein* I, Art. 26 Anm. II 3, 3a; *Hobe,* in: Friauf/Höfling, Art. 26 (2011) Rn. 9; *Fink* MKS II,
Art. 26 Rn. 27; *Herdegen,* in: Maunz/Dürig, Art. 26 (2017) Rn. 41; *Potrykus* NJW 1963, 941; im Hinblick auf die
Justiziabilität *Proelß* HStR XI, § 227 Rn. 24.

[79] So aber *v. Mangoldt/Klein* I, Art. 26 Anm. III 3a; *Menzel* BK, Art. 26 (Erstbearb.) Anm. II 3.

[80] BVerwG NJW 1982, 194 (195); BayVBl 1982, 571 f.; *Hernekamp,* in: v. Münch/Kunig I, Art. 26 Rn. 16; *Bothe*
BK, Art. 26 (2019) Rn. 42.

[81] Nach überwiegender Ansicht genügt dolus eventualis, so *Jarass,* in: Jarass/Pieroth, Art 26 Rn. 4; *Frank* AK GG,
Art. 26 Rn. 19; *Hernekamp,* in: v. Münch/Kunig I, Art. 26 Rn. 19; für dolus directus *Hobe,* in: Friauf/Höfling,
Art. 26 (2011) Rn. 10.

[82] *Hernekamp,* in: v. Münch/Kunig I, Art. 26 Rn. 19; *Fink* MKS II, Art. 26 Rn. 30; *Geiger,* StaatsR III,
S. 323 f.

[83] *Hernekamp,* in: v. Münch/Kunig I, Art. 26 Rn. 19.

[84] *Hernekamp* ebda, Rn. 20; *Fink* MKS II, Art. 26 Rn. 31 mwN.

[85] Vgl. aber die Erwähnung in LG Stuttgart NJW 1994, 1077.

[86] BVerfGE 57, 29 (38).

[87] AG Schwäbisch-Gmünd NJW 1985, 211. Vgl. dazu *Hernekamp,* in: v. Münch/Kunig I, Art. 26 Rn. 21. Vgl.
auch BVerfGE 100, 209 (213).

[88] BVerwG NJW 1982, 194 (195 f.); BVerwG BayVBl 1982, 571 (572). Zu Recht krit. dazu *Haas-Traeger* DÖV
1983, 197 ff.; *v. Münch,* FS Baudissin, 1985, 39. Entgegen der Ansicht des BVerwG betrifft Art. 26 I 1 auch
Bürgerkriege und sog. Befreiungskämpfe (→ Rn. 12) und verbietet die nicht humanitär begründete Unterstützung
einer Bürgerkriegspartei (ebenso *Frank* AK GG, Art. 26 Rn. 41).

[89] BVerfGE 77, 170 (233 f.).

[90] VG Köln, Urt. v. 19.7.2011, Az. 26 K 3869/10, bestätigt durch OVG NW NVwZ-RR 2013, 789.

[91] BVerfGE 66, 39 (64 f.): Die Bereitstellung und Lagerung von Waffen, deren Einsatz das VölkerR nicht untersagt,
verletze nicht Art. 26. Vgl. auch BVerfGE 68, 1 (103) – Pershing II; BVerfGE 100, 209 (210 ff.). Ebenso *v. Münch*
NJW 1984, 577 (581); *Tomuschat* HStR XI, § 226 Rn. 25. Zur völkerrechtl. Problematik des Einsatzes von
Atomwaffen → Art. 25 Rn. 67b. Vgl. auch BVerfG NVwZ 2018, 1124: Erfolglose Vb gegen Stationierung von US-
Atomwaffen auf Fliegerhorst Büchel.

**geringe Direktionskraft** der Norm, die gerade auch bzgl. der Justitiabilität freilich in der Natur der Sache liegt.[92]

30a     Allerdings wurde aus Art. 26 I eine mögliche gesetzliche Mitteilungspflicht über friedensgefährdende Forschungsergebnisse hergeleitet;[93] sog. Laserspiele, soweit sie (para)militärisch tötungssimulierend sind, wurden als von Art. 26 erfasst angesehen.[94] Weiterhin wurde Art. 26 I eine potenzielle Grenze soldatischer Gehorsamspflicht entnommen.[95] Im Zusammenhang mit dem auch aus Art. 26 abgeleiteten Friedensgebot (→ Rn. 6) wurde eine soldatische Dienstpflichtverletzung (§§ 7, 8, 17 II 1 SoldG) durch Zurschaustellung von NS-Symbolen angenommen.[96]

## V. Rechtsfolgen

31     **1. Verfassungswidrigkeit (Abs. 1 S. 1).** Die in Art. 26 I 1 angeordnete Verfassungswidrigkeit friedensstörender Handlungen hat, wenn sie von **staatlichen Organen** begangen werden, deren **Nichtigkeit** zur Folge, wobei deren gerichtl. Feststellung (bei Gesetzen durch das BVerfG gem. Art. 100 I) nur deklaratorisch ist.[97] Privatpersonen können gegen solche Maßnahmen gerichtl. Rechtsschutz geltend machen.[98] Ggf. ist eine Präsidentenanklage (Art. 61) möglich. Auch kommen Schadensersatzpflichten aus nationalem wie aus Völkerrecht in Betracht.[99] Dagegen verleiht Art. 26 I 1 GG dem BTag keine eigenen Rechte, die im Organstreit geltend gemacht werden könnten.[100]

32     Gegen Art. 26 I verstoßende und damit verfassungswidrige Handlungen von **Privatpersonen** sind rechtswidrig mit ggf. den Folgen der §§ 134, 138 BGB (Nichtigkeit)[101] oder § 826 BGB (Schadenersatzpflicht). *A fortiori* folgt aus Art. 26 I 2 die Verpflichtung aller Staatsorgane, gegen derartige Handlungen **einzuschreiten.**[102] Art. 26 I **beschränkt die Grundrechte,** insb. Art. 5 und ausdr. Art. 9 (vgl. Art. 9 II).[103]

33     **2. Strafbarkeit (Abs. 1 S. 2).** Der Verfassungsauftrag des Art. 26 I 2, der dem Strafrecht als Materie der konkurr. Gesetzgebung nach Art. 74 I Nr. 1 zuzuordnen ist,[104] wurde durch **§§ 80, 80a**

---

[92] Vgl. zu diesem Problem auch *Frank* AK GG, Art. 26 Rn. 49 ff.; *Hernekamp,* in: v. Münch/Kunig II, Art. 26 Rn. 24.

[93] BVerfGE 47, 327 (382).

[94] OVG NRW DVBl 1996, 819; vgl. auch *Tettinger* TWE, § 33i Rn. 30; zu sog. Laserdromes vgl. OVG RhPf NVwZ-RR 1995, 30 – Quasar. Einen Verstoß gegen die öffentliche Ordnung nimmt insoweit *Pernice,* in: Dreier II, 2. Aufl. 2006, Art. 26 Rn. 18 an. Zur Stützung eines gesetzlichen Verbotes von Kriegsspielzeug auf Art. 26 abl. *v. Münch* NJW 1982, 2644; *Herdegen,* in: Maunz/Dürig, Art. 26 (2017) Rn. 45; bejahend *Künschner/Walther* NJW 1983, 2182.

[95] BVerwG NJW 2006, 77 (81); *Sachs* JuS 2006, 167.

[96] BVerwG NVwZ 2004, 354 (356).

[97] Vgl. *Frank* AK GG, Art. 26 Rn. 23; *Hernekamp,* in: v. Münch/Kunig I, Art. 26 Rn. 25; *Herdegen,* in: Maunz/Dürig, Art. 26 (2017) Rn. 51 (bei klar erkennbarem Verstoß mit der Folge des § 44 I, II Nr. 5 VwVfG); *Hartwig,* in: Umbach/Clemens I, Art. 26 Rn. 39. Für bloße Rechtswidrigkeit und damit Aufhebbarkeit *Maunz,* in: Maunz/Dürig, Art. 26 (Erstbearb.) Rn. 35.

[98] *Jarass,* in: Jarass/Pieroth, Art. 26 Rn. 7. Wegen der Möglichkeit dieses Rechtsschutzes ist ein Rückgriff auf das Widerstandsrecht des Art. 20 IV, wie ihn *Tomuschat* HStR XI, § 226 Rn. 25, befürwortet, abzulehnen. Vgl. auch BVerfGE 89, 155 (180).

[99] *v. Mangoldt/Klein* I, Art. 26 Anm. III 4b; *Hartwig,* in: Umbach/Clemens I, Art. 26 Rn. 30.

[100] Vgl. *Hillgruber,* in: Hofmann/Henneke, Art. 26 Rn. 19. Offen gelassen von BVerfGE 100, 266 (269 f.). Vgl. aber BVerfGE 118, 244 (254 ff., 271), wonach im Rahmen eines Auslandseinsatzes der Bundeswehr auf Grundlage des NATO-Vertrags nur die Einhaltung der Mitwirkungsrechte des BTag aus Art. 59 II iVm Art. 24 II geltend gemacht werden können. Ein Verstoß gegen das Gebot zur Friedenswahrung sei damit nur bedeutsam, um zu beurteilen, inwieweit die verfassungsrechtlichen Grenzen des Integrationsprogramms eines Systems der kollektiven Sicherheit noch eingehalten sind, ohne so eine allg. Kontrolle der Völkerrechtskonformität solcher militärischen Einsätze der NATO zu ermöglichen.

[101] *Hernekamp,* in: v. Münch/Kunig I, Art. 26 Rn. 25 mwN; *Jarass,* in: Jarass/Pieroth, Art. 26 Rn. 7; *Herdegen,* in: Maunz/Dürig, Art. 26 (2017) Rn. 52; *Hobe,* in: Friauf/Höfling, Art. 26 (2011) Rn. 11.

[102] Vgl. *Jarass,* in: Jarass/Pieroth, Art. 26 Rn. 7; *Fink* MKS II, Art. 26 Rn. 46; *Pernice,* in: Dreier II, 2. Aufl. 2006, Art. 26 Rn. 19. *Wollenschläger,* in: Dreier II, Art. 26 Rn. 37 weist darauf hin, dass sich eine etwaige Pflicht zum staatlichen Einschreiten nach allgemeinen sicherheitsrechtlichen Grundsätzen bestimmt; für eine bloße Möglichkeit behördlichen Einschreitens *Hernekamp,* in: v. Münch/Kunig I, Art. 26 Rn. 25. Gegen jegliches Einschreiten der Staatsorgane unmittelbar auf Grund des Art. 26 I *Gusy* JZ 1982, 657 (659).

[103] Vgl. dazu *Hernekamp,* in: v. Münch/Kunig I, Art. 26 Rn. 33; *Fink* MKS II, Art. 26 Rn. 47 ff.; *Hobe,* in: Friauf/Höfling, Art. 26 (2011) Rn. 11 mwN; umstritten ist die Konstellation eines auf Art. 26 I gestützten Verbots neonazistischer Demonstrationen, abl. BVerfG NJW 2001, 2069 (2070); *Arndt* BayVBl 2002, 653 (656 ff.); im Ergebnis auch *Rühl* NVwZ 2003, 531 (534); zustimmend OVG NRW NJW 2001, 2111; *Battis/Grigoleit* NVwZ 2001, 121 (123); *dies.* NJW 2001, 2051 (2054). Vgl. zum Ganzen auch *Kunze,* Der Stellenwert des Art. 26 I GG innerhalb des grundgesetzlichen Friedensgebotes, Diss. Bielefeld 2004, S. 125 ff.

[104] *Hernekamp,* in: v. Münch/Kunig I, Art. 26 Rn. 26; *Fink* MKS II, Art. 26 Rn. 56; *Maunz,* in: Maunz/Dürig, Art. 26 (Erstbearb.) Rn. 40 zieht zusätzl. Art. 73 Nr. 1 heran.

**StGB**[105] nur unvollständig erfüllt (nur Angriffskrieg, an dem die BRD beteiligt sein soll, mit dem Erfordernis der Herbeiführung einer Kriegsgefahr für diese), da alle nach Art. 26 I 1 verfassungswidrigen Handlungen unter Strafe zu stellen sind.[106]

Darüber hinaus tragen, obgleich nicht zu seiner Ausführung erlassen, dem Verfassungsauftrag aber **34** auch das Gesetz über den Beitritt zur **Völkermord-Konvention**[107] und Tatbestände des **VStGB**[108] wie § 6 VStGB (Völkermord), seit 1.1.2017 auch § 13 VStGB (Verbrechen der Agression) Rechnung.[109] Ferner sind Vereinigungen, welche friedensstörende Handlungen vornehmen, nach **Art. 9 II** verboten,[110] und lässt der konkrete Verdacht einer Straftat nach §§ 80, 80a StGB die Beschränkung des Brief-, Post und Fernmeldegeheimnisses zu (§ 3 I Nr. 1 G 10).[111] Außerhalb des Strafrechts gehört zu den Aufgaben der Verfassungsschutzbehörden des Bundes und der Länder, Bestrebungen, die gegen den Gedanken der Völkerverständigung (Art. 9 II), insb. gegen das friedl. Zusammenleben der Völker (Art. 26 I) gerichtet sind, zu beobachten (§ 3 I Nr. 4 BVerfSchG).[112]

## C. Kriegswaffenverbot (Abs. 2)

### I. Zweck der Vorschrift

Der Umgang mit Kriegswaffen wird als bes. Gefährdung des Völkerfriedens der Kontrolle durch die **35** BReg unterworfen. Art. 26 II ist daher insoweit Konkretisierung und **lex specialis zu Art. 26 I.**[113] Er erfasst auch die für einen Verteidigungskrieg bestimmten Kriegswaffen.[114]

### II. Zur Kriegführung bestimmte Waffen

Unwiderleglich entscheidend[115] dafür, was „zur Kriegführung bestimmte Waffen" sind, ist gem. § 1 **36** I KWKG[116] die Auflistung in der Anl. zu diesem Gesetz **(Kriegswaffenliste).** Diese ist nach Maßgabe des § 1 II KWKG von der BReg mit Zustimmung des BRat derart zu ändern und zu ergänzen, dass der Verfassungsbegriff des Art. 26 II 2 iSd Schutzgutes des Art. 26 I (→ Rn. 9 ff.) ausgefüllt wird.[117] Damit kann auch neueren Entwicklungen nicht nur technischer Art (zB Umwelt als Waffe) Rechnung getragen werden.[118]

---

[105] Eingef. durch das 8. StrafrechtsreformG v. 25.6.1968, BGBl I 1968, 741; über Art. 26 I hinaus (→ Rn. 23) werden von § 80 StGB (und § 6 VStGB) auch Auslandstaten von Ausländern erfasst (§ 5 Nr. 1 StGB, § 1 VStGB). Zur Strafbarkeit nach § 80 StGB bzgl. der möglichen Beteiligung Deutschlands am dritten Golfkrieg vgl. Entschließ. des GBA v. 21.3.2002, JZ 2003, 908 m. Anm. *Kreß* JZ 2003, 911.

[106] *Doehring* HStR VII¹, § 178 Rn. 36; *Proelß* HStR XI, § 227 Rn. 28; *Hernekamp,* in: v. Münch/Kunig I, Art. 26 Rn. 26; *Jarass,* in: Jarass/Pieroth, Art. 26 Rn. 7; *Fink* MKS II, Art. 26 Rn. 57; *Hobe,* in: Friauf/Höfling, Art. 26 (2011) Rn. 12; *Pernice,* in: Dreier II, 2. Aufl. 2006, Art. 26 Rn. 19; *Hillgruber,* in: Hofmann/Henneke, Art. 26 Rn. 20; *Bothe* BK, Art. 26 (2019) Rn. 47; *Herdegen,* in: Maunz/Dürig, Art. 26 (2017) Rn. 53 (dort auch zum Problem einer wegen des strafrechtlichen Bestimmtheitsgebots gebotenen Beschränkung des Tatbestandes auf „eindeutig völkerrechtswidrige und zugleich massive Anwendung militärischer Gewalt"). AA *Maunz,* in: Maunz/Dürig, Art. 26 (Erstbearb.) Rn. 37.

[107] G über den Beitritt zur Konvention über die Verhütung und Bestrafung des Völkermordes v. 9.8.1954, BGBl II 1954, 729, und BGBl II 1955, 210 (Sart. II Nr. 18).

[108] G zur Einführung des VStGB v. 26.6.2002, BGBl I 2002, 2254; vgl. *Satzger* NStZ 2002, 125.

[109] Vgl. *Hernekamp,* in: v. Münch/Kunig I, Art. 26 Rn. 26 mwN; *Geiger,* StaatsR III, S. 325: den Schutzbereich betreffen darüber hinaus § 130 StGB (Aufstachelung zum Rassenhass) und Bestimmungen des Nebenstrafrechts (§ 34 VI AWG, § 19 II Nr. 2b KWG); *Fink* MKS II, Art. 26 Rn. 57 mwN, der eine Generalklausel fordert, die den Verfassungsauftrag des Art. 26 I 2 vollständig umsetzt, da die Tatbestände des Strafrechts und des Nebenstrafrechts nicht alle von Art. 26 I erfassten Fälle der Friedensstörung pönalisierten.

[110] Vgl. BVerwG DVBl 2005, 590 (591); im Zusammenhang mit dem Verbot eines kurdischen Fernsehsenders, BVerwG NVwZ 2000, 459; Vorabentscheidung des EuGH C-244/10 – Mesopotamia Broadcast.

[111] G 10 v. 26.6.2001 BGBl I 2001, 1254.

[112] Eingefügt durch Art. 1 Nr. 1 lit. a G zur Bekämpfung des internationalen Terrorismus v. 9.1.2002, BGBl I, 361; vgl. insbesondere zu kompetenzrechtlichen Problemen *Paeffgen* StV 2002, 336 (338); *Baldus* ZRP 2002, 400 (401). Die urspr. Befristungen sind weggefallen. G zur Erg. des Terrorismusbekämpfungsgesetzes, zul. geänd. durch Art. 6 Nr. 3 G zur Änd. des BVerfSchG vom 7.12.2011 (BGBl I, 2576), das BVerfSchG zul. geänd. durch G v. 30.6.2017 (BGBl I, 2097/2128).

[113] Ebenso *Fink* MKS II, Art. 26 Rn. 58; *Hartwig,* in: Umbach/Clemens I, Art. 26 Rn. 13. AA *Hobe,* in: Friauf/Höfling, Art. 26 (2011) Rn. 13.

[114] *Herdegen,* in: Maunz/Dürig, Art. 26 (2017) Rn. 55; *Frank* AK GG, Art. 26 Rn. 44.

[115] So BVerwGE 61, 24 (29); OLG Karlsruhe NJW 1992, 1057 mwN; *Hernekamp,* in: v. Münch/Kunig I, Art. 26 Rn. 27 f.; *Fink* MKS, Art. 26 Rn. 61; *Hobe,* in: Friauf/Höfling, Art. 26 (2011) Rn. 14. AA BayObLG NJW 1971, 1375.

[116] G über die Kontrolle von Kriegswaffen v. 20.4.1961 (BGBl I, 444) idF der Bek. v. 22.11.1990 (BGBl I 1990, 2506), zuletzt geändert durch G v. 13.4.2017 (BGBl I, 872/889); Sart. I, Nr. 823.

[117] Ebenso *Hernekamp,* in: v. Münch/Kunig I, Art. 26 Rn. 27; *Hobe,* in: Friauf/Höfling, Art. 26 (2011) Rn. 14; *Epping* (Fn. 12), S. 77 mwN; *Frank* AK GG, Art. 26 Rn. 46.

[118] Vgl. *Holthausen* DVBl 1994, 1375, gegenüber den Bedenken von *Epping* (Fn. 12), S. 28, 36 f., 77.

**37**    **Kriegführung** iSd Art. 26 II umfasst auch den Verteidigungskrieg, da kaum eine Waffe nur zur Verteidigung verwendbar sein wird,[119] sowie entgegen der in § 1 II KWKG vorgenommenen Beschränkung auf bewaffnete Auseinandersetzungen zwischen *Staaten* auch **Bürgerkriege** und **Befreiungskämpfe**,[120] die objektiv eine Störung des friedlichen Zusammenlebens der Völker darstellen, dessen Schutz das Kriegswaffenverbot bezweckt.[121]

**38**    Die **Bestimmung** zur Kriegführung kann als subjektive Zweckbestimmung oder objektive Eignung verstanden werden.[122] Überließe man die Qualifikation von Kriegswaffen als solchen aber der subjektiven Beurteilung des jeweiligen Besitzers,[123] liefe der Genehmigungsvorbehalt leer.[124]

**39**    Allerdings ist bei Bürgerkriegen und Befreiungskämpfen kaum ein Gegenstand nicht auch als Waffe verwendbar.[125] Daher wird man dem Zweck des Art. 26 genügend auf die **allgemeine Eignung zur Kriegführung** abstellen müssen.[126] Sog. **ambivalente Waffen**, die der Armee wie der Polizei, somit dem Staat sowie Privaten dienen,[127] wird man nach der mögl. Verwendung zur Kriegführung beurteilen müssen und ihre Überlassung zu polizeil. oder privaten Zwecken der Genehmigung anheim stellen.[128] Einzubeziehen sind auch solche Einzelteile, die zwar selbst nicht von der Kriegswaffenliste erfasst sind, die aber mit allg. gebräuchl. Werkzeugen ohne großen Arbeitsaufwand wieder zusammengefügt werden können (sog. „Bausatztheorie").[129]

## III. Herstellen, Befördern und Inverkehrbringen

**40**    **Herstellen** ist sowohl die Neuanfertigung als auch der Zusammen- oder Umbau, nicht dagegen eine bloße Ausbesserung.[130] Forschung und Entwicklung sind genehmigungsfrei, solange in ihrem Verlauf keine Kriegswaffen (auch Versuchsstücke oder Prototypen) entstehen.[131] Hersteller ist nicht der einzelne Beschäftigte, sondern nur der Geschäftsherr (vgl. § 5 KWKG).[132]

**41**    **Befördern** ist jede Art von Transport außerhalb der Produktionsstätte (vgl. §§ 3, 4 KWKG).[133]

**42**    Ein **Inverkehrbringen** liegt zur Erreichung des Zwecks des Art. 26 II, eine möglichst umfassende Kontrolle zu gewährleisten, bereits dann vor, wenn der Inhaber der tatsächlichen Verfügungsgewalt über eine Kriegswaffe anderen die Zugriffsmöglichkeit darauf eröffnet (vgl. § 2 II KWKG).[134]

---

[119] Vgl. auch *Hernekamp,* in: v. Münch/Kunig I, Art. 26 Rn. 28 aE; *Jarass,* in: Jarass/Pieroth, Art. 26 Rn. 8; *Hartwig,* in: Umbach/Clemens I, Art. 26 Rn. 34; *Maunz,* in: Maunz/Dürig, Art. 26 (Erstbearb.) Rn. 41.

[120] AA *Hernekamp,* in: v. Münch/Kunig I, Art. 26 Rn. 28.

[121] Ebenso *Doehring* HStR VII¹, § 178 Rn. 39; *Epping* (Fn. 12), S. 66 ff.; *Haas-Traeger* DÖV 1983, 108; *Hobe,* in: Friauf/Höfling, Art. 26 (2011) Rn. 14.

[122] Zur etymolog. Doppeldeutigkeit des Begriffs vgl. *Epping* (Fn. 12), S. 72 f., und die Diskussion im ParlRat um die Änderung in „zur Kriegführung geeignete Waffen", JöR nF 1 (1951), 242 f.

[123] So noch *Füßlein,* in: Seifert/Hömig, 4. Aufl. 1991, Art. 26 Rn. 2; *v. Mangoldt/Klein* I, Art. 26 Anm. IV 2.

[124] *Epping* (Fn. 12), S. 75. Ebenso *Hobe,* in: Friauf/Höfling, Art. 26 (2011) Rn. 14; *Pathe/Wagner,* in: Bieneck (Hrsg.), Handbuch des Außenwirtschaftsrechts, 2. Aufl. 2005, § 38 Rn. 3.

[125] Vgl. *Maunz,* in: Maunz/Dürig, Art. 26 (Erstbearb.) Rn. 46.

[126] Vgl. dazu auch *Epping* (Fn. 12), S. 81.

[127] Dazu bereits *v. Mangoldt/Klein* I, Art. 26 Anm. IV 2; *Menzel* BK, Art. 26 (Erstbearb.) Anm. II 6a.

[128] Ebenso *Hobe,* in: Friauf/Höfling, Art. 26 (2011) Rn. 14. Dabei kommt auch eine generelle Befreiung von der Genehmigungspflicht in Frage, wie sie § 15 KWKG hinsichtlich der Bundeswehr, der Polizeien des Bundes und des Zollgrenzdienstes sowie eingeschränkt für die übrigen bei der Aufrechterhaltung der öffentlichen Sicherheit zuständigen Behörden oder Dienststellen und die Behörden des Strafvollzugs vornimmt; ebenso *Wollenschläger,* in: Dreier II, Art. 26 Rn. 47, wonach die Möglichkeit der (auch) friedlichen Nutzung die Eigenschaft als Kriegswaffe nicht beseitigt. Anders *Fink* MKS II, Art. 26 Rn. 63; *Herdegen,* in: Maunz/Dürig, Art. 26 (2017) Rn. 62; *Jarass,* in: Jarass/Pieroth, Art. 26 Rn. 8 und *Pernice,* in: Dreier II, 2. Aufl. 2006, Art. 26 Rn. 23: Dual use-Güter, die sowohl ziviler als auch militärischer Nutzung zugänglich sind, stellten (generell) keine Kriegswaffen dar, da ihre „Bestimmung zur Kriegführung" erst aus der Entscheidung des Nutzers ergebe, und fielen daher nicht unter Art. 26 II, ggf. könne aber Art. 26 I zum Tragen kommen. Zur Beschränkung grenzüberschreitender Transaktionen von sog. dual use-Gütern im Hinblick auf EU-rechtliche Vorgaben *Bothe* BK, Art. 26 (2019) Rn. 52.

[129] BGHSt 41, 348 (354); OLG Düsseldorf NStZ 1987, 566; *Hobe,* in: Friauf/Höfling, Art. 26 (2011) Rn. 14; *Wollenschläger,* in: Dreier II, Art. 26 Rn. 47; *Pathe/Wagner* (Fn. 124), § 38 Rn. 28 ff. Kritisch *Epping* (Fn. 12), S. 87 ff., 93.

[130] *Hernekamp,* in: v. Münch/Kunig I, Art. 26 Rn. 30; *Epping* (Fn. 12), S. 130 differenziert zwischen genehmigungspflichtiger Wiederherstellung (Instandsetzung) und genehmigungsfreier Ausbesserung (Instandhaltung).

[131] *Epping* (Fn. 12), S. 133 ff.; *Jarass,* in: Jarass/Pieroth, Art. 26 Rn. 9. AA *Pernice,* in: Dreier I, 2. Aufl. 2006, Art. 26 Rn. 24, der lediglich in Konsequenz der von ihm vertretenen Ansicht zu dual use-Gütern (vgl. Fn. 128) die Großforschung ausnimmt. Nach *Hernekamp,* in: v. Münch/Kunig I, Art. 26 Rn. 30, und *Maunz,* in: Maunz/Dürig, Art. 26 (Erstbearb.) Rn. 48, ist das Anfertigen von Versuchsstücken (anders Prototypen) keine „Herstellung".

[132] *Frank* AK GG, Art. 26 Rn. 48, sieht in § 5 KWKG eine Erstreckung der Genehmigung auf die Angestellten. Eine Erstreckung auf leitende Angestellte und Konstrukteure erwägt angesichts der weiten Fassung des Art. 26 II 1 *Maunz,* in: Maunz/Dürig, Art. 26 (Erstbearb.) Rn. 50; iE ebenso *Pathe/Wagner* (Fn. 124), § 40 Rn. 7 f.

[133] Die Einordnung von Testflügen und -fahrten mit Prototypen ist strittig, vgl. *Epping* (Fn. 12), S. 165 (Befördern), und *Hernekamp,* in: v. Münch/Kunig I, Art. 26 Rn. 30 (Tests fallen unter „Herstellung").

[134] *Epping* (Fn. 12), S. 198 ff.; *Holthausen* JZ 1995, 287 f.; *Fink* MKS II, Art. 26 Rn. 72; *Pernice,* in: Dreier II, 2. Aufl. 2006, Art. 26 Rn. 27; *Hobe,* in: Friauf/Höfling, Art. 26 (2011) Rn. 17. Wohl ebenso *Hernekamp,* in: v. Münch/Kunig I, Art. 26 Rn. 30; *Herdegen,* in: Maunz/Dürig, Art. 26 (2017) Rn. 65.

Genehmigungspflichtig sind ferner die **Ein-, Aus- und Durchfuhr** von Kriegswaffen, worin 43
sowohl ein Befördern als auch ein Inverkehrbringen liegen kann.[135] Diesem Auslandsbezug des Art. 26
II steht das Territorialitätsprinzip nicht entgegen,[136] da ein völkerrechtlich hinreichender Inlandsbezug[137] vorliegt. Dadurch wird eine der Zielsetzung umfassender Kontrolle zuwiderlaufende Aufspaltung einheitlicher Lebensvorgänge vermieden.[138]

Die Genehmigungspflicht gilt auch für das Herstellen, Befördern und Inverkehrbringen durch 44
**Deutsche im Ausland,**[139] da sich die Kontrolle nicht nur auf den Vorgang, sondern auch auf
dessen Vornahme bezieht. Art. 26 II ist nicht allein objektbezogen.[140] Völkerrechtlich ist dies auf
Grund der Personalhoheit zulässig. Im Geltungsbereich des GG unterliegen auf Grund des Territorialitätsprinzips auch **Ausländer und Staatenlose** dem Art. 26 II und damit der Genehmigungspflicht.

## IV. Genehmigung der Bundesregierung (Abs. 2 S. 1)

Die Qualifizierung des Genehmigungsvorbehalts als **repressives Verbot mit Befreiungsvor-** 45
**behalt**[141] oder als präventives Verbot mit Erlaubnisvorbehalt[142] ist nach wie vor umstritten.[143] Im ersten
Fall wirkt die Genehmigung konstitutiv als Ausnahmebewilligung einer grds. verbotenen Tätigkeit, im
zweiten besteht ein Anspruch auf Genehmigung einer grds. erlaubten, nur vorläufig verbotenen Tätigkeit.[144] Dem Zweck des Art. 26 wird auf Grund der erheblichen Gefährdungspotentials von Kriegswaffen nur ein repressives Verbot gerecht. Daher besteht nach § 6 I KWKG **kein Anspruch auf die**
**Erteilung einer Genehmigung.**

Genehmigung iSd Art. 26 II ist nur die **vorherige Zustimmung.**[145] Sie wird von der **Bundes-** 46
**regierung als Kollegium** (Art. 62) erteilt; die in § 11 KWKG vorgesehene und in § 1 durch VO
zum KWKG vom 1.7.1961[146] realisierte Delegation auf einzelne Minister bzw. bei bedeutenden
Entscheidungen auf den sog. **Bundessicherheitsrat** ist insoweit verfassungswidrig.[147] Die bisher

[135] *Holthausen* JZ 1995, 286 ff. Ebenso *Herdegen,* in: Maunz/Dürig, Art. 26 (2017) Rn. 66. Die Streichung der
vom Abg. *Eberhard* vorgeschlagenen Tatbestände der Einfuhr und Ausfuhr (sowie der Lagerung) durch den ParlRat
erfolgte angesichts des unveränderten Regelungsziels aus Vereinfachungsgründen und sollte keine inhaltliche Reduzierung bedeuten, vgl. JöR nF 1 (1951), 241; ebenso *Holthausen* JZ 1995, 285.
[136] So aber *Epping* (Fn. 12), S. 175 ff., der nur die zugehörige inländische Beförderung bis zur Grenze erfassen
möchte; *ders.* RIW 1996, 456 f. Wie hier *Fink* MKS II, Art. 26 Rn. 70; *Pernice,* in: Dreier II, 2. Aufl. 2006, Art. 26
Rn. 26; *Herdegen,* in: Maunz/Dürig, Art. 26 (2017) Rn. 66.
[137] Vgl. dazu *Verdroß/Simma* (Fn. 34), § 1183.
[138] *Holthausen* JZ 1995, 286 ff.; *ders.* NJW 1995, 441 f.; *ders.* RIW 1997, 372 f.; *Hartwig,* in: Umbach/Clemens I,
Art. 26 Rn. 37; *Herdegen,* in: Maunz/Dürig, Art. 26 (2017) Rn. 66. Vgl. auch die „Politische(n) Grundsätze der
Bundesregierung für den Export von Kriegswaffen und sonstigen Rüstungsgütern" vom 28.4.1982, Bull BReg
1982, 309; neu gefasst in den „Politischen Grundsätzen" vom 19.1.2000 (BAnz Nr. 19/2000, 1299) und zuletzt in
den „Politischen Grundsätzen" vom 26.6.2019 (BT-Dr 19/11300). Zudem ist die Ein- und Ausfuhr bestimmter
Kriegswaffen an das VN-Waffenregister zu melden, wozu am 24.1.1995 auf Grund des § 12a KWKG die Kriegs-
waffenmeldeverordnung (KWMV) erlassen wurde, BGBl I 1995, 92 (jetzt i. F. der VO vom 9.6.1999, BGBl I,
1266).
[139] *Fink* MKS II, Art. 26 Rn. 73 mwN; *Herdegen,* in: Maunz/Dürig, Art. 26 (2017) Rn. 67; *Hernekamp,* in: v.
Münch/Kunig I, Art, 26 Rn. 30. A. A: *Epping* RIW 1996, 456 f.; *Pottmeyer,* § 2 KWKG, Rn. 38 f. mwN; *Jarass,* in:
Jarass/Pieroth, Art. 26 Rn. 9 (einer einfachgesetzl. Genehmigungspflicht stehe dies aber nicht entgegen); wohl auch
*Holthausen* RIW 1997, 371, allerdings ausschließlich unter dem Aspekt des Territorialitätsprinzips, unter dem seine
Ansicht zuträfe; ebenso, allerdings zu Auslandsgeschäften nach § 4a KWKG, *K. Ipsen* FS Bernhardt, 1995, S. 1041
(1053 f.).
[140] So aber *Epping* (Fn. 12), S. 140 ff. mwN.
[141] So *Frank* AK GG, Art. 26 Rn. 47; *Hernekamp,* in: v. Münch/Kunig I, Art. 26 Rn. 29; *Jarass,* in: Jarass/Pieroth,
Art. 26 Rn. 11; *Fink* MKS II, Art. 26 Rn. 75 mwN; *Hobe,* in: Friauf/Höfling, Art. 26 (2011) Rn. 18; *Wollenschläger,*
in: Dreier II, Art. 26 Rn. 48. Wohl h.M., vgl. *Herdegen,* in: Maunz/Dürig, Art. 26 (2017) Rn. 68 mwN. Nicht
eindeutig BVerwGE 61, 24 (31 f.); *Hillgruber,* in: Hofmann/Henneke, Art. 26 Rn. 21.
[142] So *Epping* (Fn. 12), S. 110 ff.; *K. Ipsen* (Fn. 139), S. 1053; *v. Mangoldt/Klein* I, 2. Aufl., Art. 26 Anm. IV 1.
Für einen Anspruch auf willkürfreie Ermessensentscheidung (Art. 3 I), aber bei äußerst weitem Einschätzungsspielraum der Exekutive *Herdegen,* in: Maunz/Dürig, Art. 26 (2017) Rn. 68.
[143] Auch das BVerfG hat die Frage nach der Natur des Genehmigungsvorbehaltes offengelassen, vgl. BVerfGE 137,
185 Rn. 182.
[144] Ausführlich zur Terminologie und ihrer Bedeutung *Epping* (Fn. 12), S. 104 ff. Gegen eine Überwertung des
Unterschiedes *Wolff/Bachof/Stober/Kluth,* Verwaltungsrecht I, 12. Aufl. 2007, § 46 Rn. 40.
[145] Also die Einwilligung iSd § 183 BGB, vgl. *Maunz,* in: Maunz/Dürig, Art. 26 (Erstbearb.) Rn. 43; *Hobe,* in:
Friauf/Höfling, Art. 26 (2011) Rn. 18.
[146] BGBl 1961 I, 649.
[147] *Epping* (Fn. 12), S. 215 ff.; *Jarass,* in: Jarass/Pieroth, Art. 26 Rn. 10; *Fink* MKS II, Art. 26 Rn. 76; *Pernice,* in:
Dreier II, 2. Aufl. 2006, Art. 26 Rn. 28; *Herdegen,* in: Maunz/Dürig, Art. 26 (2017) Rn. 69. AA *Frank* AK GG,
Art. 26 Rn. 47; *Risse,* in: Hömig, 10. Aufl. 2013, Art. 26 Rn. 4; *Hernekamp,* in: v. Münch/Kunig I, Art. 26 Rn. 29
mwN; *Pathe/Wagner* (Fn. 124), § 41 Rn. 4. Von BVerfGE 137, 185 Rn. 147 offengelassen, da die Genehmigungsentscheidungen sowohl des Bundessicherheitsrats als auch einzelner Minister nach Art. 26 II 1der BReg zuzuordnen
seien und diese jedenfalls dem BTag gegenüber zu verantworten seien.

erteilten Genehmigungen sind rechtswidrig, aber nicht nichtig und daher bestandskräftig.[148] Ebensowenig ist die Genehmigungsfiktion des § 27 KWKG für zwischenstaatliche Vertragspflichten mit Art. 26 II vereinbar.[149] Die BReg hat für ihre Genehmigungspraxis beim Export von Kriegswaffen und sonstigen Rüstungsgütern politische Grundsätze aufgestellt.[150]

**46a**    Die Beratung und Beschlussfassung im Bundessicherheitsrat unterfallen nach Ansicht des BVerfG dem „Kernbereich exekutiver Eigenverantwortung". Dies und die außenpolit. Bedeutung schließt das Frage- und Informationsrecht des BTag gegenüber der BReg nicht aus. Es wird aber durch das Gewaltenteilungsprinzip, das Staatswohl und Grundrechte Dritter (Rüstungsunternehmen) begrenzt. Verweigert die BReg die Auskunft über eine erteilte Genehmigung oder über die in diesem Rahmen mitzuteilenden Generalia des Exportgeschäfts, so hat sie dies zu begründen.[151] Die jährl. veröffentl. Rüstungsexportberichte genügen nicht, um das berechtigte parlamentarische Informationsinteresse zu befriedigen, da sie nicht hinreichend präzise sind und ein allg. Bericht dem Interpellationsrecht strukturell grds. nicht gleichwertig ist.[152]

## V. Gesetzgebungsauftrag (Abs. 2 S. 2)

**47**    In Ausführung des Gesetzgebungsauftrags des Art. 26 II 2[153] wurde das **KWKG**[154] erlassen. Sein Kontrollregime, das wegen des Kriegswaffenbegriffs (s. o. Rn. 36 ff.) nicht das gesamte Spektrum von Rüstungsproduktion und -transfer deckt, wird ergänzt durch das Rüstungsexport-Regime des allg. Außenwirtschaftsrechts, insb. durch das AWG,[155] auf dessen Grundlage (§ 27 AWG) zB die zur (weiteren, vgl. zur Kompetenz der EU Art. 215 AEUV)[156] Durchführung von Embargomaßnahmen der VN erforderl. Akte (AußenwirtschaftsVO)[157] erlassen werden.[158] Darüber hinaus hat die BRD insb. auf die Herstellung von **ABC-Waffen** verzichtet.[159] Weitere **Rüstungsbeschränkungen** enthalten eine Reihe univers. Übereinkommen: Atomsperrvertrag,[160] Atomteststopp-Vertrag,[161] B- und C-Waffen-Übereinkommen,[162] Genfer Giftgasprotokoll,[163] Prot. II und IV zum VN-Waffenübereinkommen,[164] Antiper-

---

[148] *Pernice*, in: Dreier II, 2. Aufl. 2006, Art. 26 Rn. 28; *Fink* MKS II, Art. 26 Rn. 76; *Herdegen*, in: Maunz/Dürig, Art. 26 (2017) Rn. 69.

[149] Ebenso *Jarass*, in: Jarass/Pieroth, Art. 26 Rn. 10; *Beschorner* ZVglRWiss 90 (1991), 286; aA *Hernekamp*, in: v. Münch/Kunig I, Art. 26 Rn. 29; *Hartwig*, in: Umbach/Clemens I, Art. 26 Rn. 41.

[150] Bull BReg 1982, 309. Unter neuer Akzentsetzung (Hervorhebung der menschenrechtl. Komponente, nicht mehr bloßer tradit. Verzicht auf Kriegswaffenexporte in Spannungsgebiete) neu gefasst in den „Politischen Grundsätzen der BReg für den Export von Kriegswaffen und sonstigen Rüstungsgütern" vom 19.1.2000 (BAnz Nr. 19/2000, 1299; Anlage 1 zum Bericht der BReg über ihre Exportpolitik für konventionelle Rüstungsgüter im Jahre 2011) unter Einbeziehung des EU-Verhaltenskodex für Waffenausfuhren vom 8.6.1998 (BAnz. Nr. 19/2000, 1300) – vgl. jetzt den Gemeinsamen Standpunkt 2008/944/GASP des Rates v. 8.12.2008 (Anlage 2 zum Rüstungsexportbericht 2011 der BReg) – und der „Prinzipien zur Regelung des Transfers konventioneller Waffen" der OSZE vom 15.11.1993. Vgl. dazu *Hernekamp*, in: v. Münch/Kunig II, Art. 26 Rn. 29 mwN; *Pathe/Wagner* (Fn. 124), § 36 Rn. 9 ff. Am 26.6.2019 wurden die Politischen Grundsätze der BReg für den Export von Kriegswaffen und sonstigen Rüstungsgütern neu beschlossen (BT-Dr 19/11300).

[151] BVerfGE 137, 185 Ls. und Rn. 236 ff., 158 ff., 167 f., 135 ff., 149 ff., 153 ff. Vgl. dazu *Sachs* JuS 2015, 87; *Glawe* NVwZ 2014, 1632; *Meinel* DÖV 2015, 717; *Stemmler* DÖV 2015, 139. Vgl. zur Auskunftspflicht der BReg gegenüber dem BTag zul. BVerfGE 146, 1 Rn. 83 ff. (V-Leute); *Achenbach* JZ 2017, 1170.

[152] BVerfGE 137, 185 Rn. 202 ff.

[153] Ausschließliche Kompetenz des Bundes, *v. Mangoldt/Klein* I, Art. 26 Anm. IV 5; *Menzel* BK, Art. 26 (Erstbearb.) Anm. II 6a.

[154] S. o. Fn. 116; vgl. zu Entstehung und Strafbarkeitsregeln *Lehmann* JR 2002, 492 (493 f.).

[155] AWG v. 28.4.1961, BGBl I, 481, 495, 1555. Zul. geänd. durch G zur Modernisierung des AußenwirtschaftsR v. 6.6.2013 (BGBl I S. 1482), Inkrafttreten gem. Art. 3 Abs. 1 des G am 1.9.2013.

[156] Vgl. dazu *Pernice*, in: Dreier II, 2. Aufl. 2006, Art. 26 Rn. 11; *Streinz*, Europarecht, 11. Aufl. 2019 Rn. 1323 ff.

[157] Bek. vom 22.11.1993, BGBl I, 1934, 2493, zuletzt geändert durch G v. 2.8.2013 (BGBl I, 2865)

[158] Vgl. dazu *Hernekamp*, in: v. Münch/Kunig I, Art. 26 Rn. 32 mwN; *Fink* MKS II, Art. 26 Rn. 77. Zur kontroversen Diskussion über das Erfordernis eines Rüstungsexportkontrollgesetzes *Keul*, ZRP 2018, 155 und *Wolffgang*, ZRP 2018, 155.

[159] Protokoll III über die Rüstungskontrolle v. 24.3.1955, BGBl II 1955, 256, 267 ff.; Art. 3 I Zwei-plus-Vier-Vertrag (→ Fn. 19).

[160] Vertrag v. 1.7.1968 über die Nichtweiterverbreitung von Kernwaffen, BGBl II 1974, 785, verlängert am 11.5.1995, BGBl II 1995, 984 (Sart. II, Nr. 60).

[161] Vertrag v. 5.8.1963 über das Verbot von Kernwaffenversuchen in der Atmosphäre, im Weltraum und unter Wasser, BGBl II 1964, 906 (Sart. II, Nr. 59).

[162] Übereinkommen v. 10.4.1972 über das Verbot der Entwicklung, Herstellung und Lagerung von bakteriologischen (biologischen) und Toxin-Waffen sowie über die Vernichtung solcher Waffen, BGBl II 1983, 132 (Sart. II, Nr. 64); Übereinkommen v. 13.1.1993 über das Verbot der Entwicklung, Herstellung, der Lagerung und des Einsatzes chemischer Waffen und über die Vernichtung solcher Waffen, BGBl II 1994, 807 (Sart. II, Nr. 63).

[163] Genfer Protokoll v. 17.6.1925 über das Verbot der Verwendung von erstickenden, giftigen oder ähnlichen Gasen sowie von bakteriologischen Mitteln im Kriege, RGBl 1929, 174 (Sart. II, Nr. 46a).

[164] Protokoll II in der am 3.5.1996 geänderten Fassung und Protokoll IV v. 13.10.1995 zum VN-Waffenübereinkommen (Antipersonenminen; blindmachende Laserwaffen), BGBl II 1997, 806, 827. Vgl. *Borchmann* NJW 1998,

sonenminen-Übereinkommen,[165] Weltraum-Vertrag,[166] Antarktis-Vertrag,[167] Vertrag über die Lagerung von Massenvernichtungswaffen auf dem Meeresboden,[168] Umweltübereinkommen.[169] BTag und BRat haben das Gesetz zu dem von Deutschland am 3.6.2013 unterzeichneten UN-Waffenhandelsvertrag vom 2.4.2013[170] beschlossen.[171]

Derartige Rüstungsbeschränkungen werden durch **Europäisches Unionsrecht** nur marginal berührt, da Art. 346 I lit. b AEUV[172] den Mitgliedstaaten erlaubt, bei der Erzeugung von und dem Handel mit Waffen, Munition und Kriegsmaterial Maßnahmen zur Wahrung ihrer wesentl. Sicherheitsinteressen zu ergreifen. Danach sind zB nationale Aus- und Einfuhrbeschränkungen, soweit sie von den Art. 34 ff. AEUV überhaupt erfasst werden, regelmäßig zulässig.[173] Die EU selbst hat bislang nur vereinzelt Rechtsakte erlassen, die den Anwendungsbereich des Art. 26 II tangieren.[174] **48**

## Art. 27 [Handelsflotte]

**Alle deutschen Kauffahrteischiffe bilden eine einheitliche Handelsflotte.**

**Entstehungsgeschichte: Erstfassung:** JöR nF 1 (1951), 243.
**Historische Verfassungstexte: RV 1871: Art. 54** (1) Die Kauffahrteischiffe aller Bundesstaaten bilden eine einheitliche Handelsmarine. – **WRV: Art. 81** Alle deutschen Kauffahrteischiffe bilden eine einheitliche Handelsflotte.
**Supra- und internationale Texte:** Genfer Übereinkommen über die Hohe See v. 1958 (BGBl 1972 II 1091), Art. 4–7; VN-Seerechtsübereinkommen v. 1982 – SRÜ – (BGBl 1994 II 1799), Art. 90–94.
**Gesetzgebung:** FlaggenrechtsG.
**Leitentscheidungen:** BVerfGE 92, 26 (Zweitregister).

**Schrifttum:** *H.-J. Abraham,* Das Seerecht, 4. Aufl. 1974; *W. Däubler,* Das zweite Schiffsregister, 1988; *D. Dörr,* Die deutsche Handelsflotte und das Grundgesetz, 1988; *ders.,* Das Zweitregistergesetz, ArchVölkR 26 (1988), 366; *W. Erbguth,* Die Zweitregisterentscheidung des BVerfG, JuS 1996, 18; *W. Höfft,* Zweitregister oder Ausflaggen?, NJW 1995, 2329; *R. Lagoni,* Koalitionsfreiheit und Arbeitsverträge auf Seeschiffen, JZ 1995, 499; *M. Satow,* Alle deutschen Kauffahrteischiffe bilden eine einheitliche Handelsflotte, 1957.

## A. Entstehung

Die Vorschrift geht auf eine **längere verfassungsrechtliche Überlieferung** zurück. Eine ähnliche **1** Regelung fand sich schon in der RV 1871 (Art. 54 I), eine wortgleiche Bestimmung enthielt die WRV (Art. 81).

---

19 (20). Im Rahmen der GASP hat der Rat der EU am 28.11.1997 eine Gemeinsame Aktion zum Internationalen Übereinkommen v. 18.9.1997 über das Verbot des Einsatzes, der Lagerung, der Herstellung und der Weitergabe von Antipersonenminen und über deren Vernichtung (BGBl II 1998, 779) beschlossen (ABlEG 1997 Nr. L 338, S. 1). Der BTag hat am 30.4.1998 das Zustimmungsgesetz beschlossen (BGBl II 1998, 778), in Kraft getreten am 3.12.1998 (BGBl II 1999, 2).

[165] Übereinkommen über das Verbot des Einsatzes, der Lagerung, der Herstellung und der Weitergabe von Antipersonenminen und über deren Vernichtung vom 18.9.1997, BGBl 1998 II, 779 (Sart. II, Nr. 58). Für Deutschland in Kraft getreten am 1.3.1999 (BGBl 1998 II, 3004).

[166] Weltraum-Vertrag v. 27.1.1967, BGBl II 1969, 1967 (Sart. II, Nr. 395).

[167] Antarktis-Vertrag v. 1.12.1959, BGBl II 1968, 1518 (Sart. II, Nr. 390).

[168] Vertrag v. 11.2.1971 über das Verbot der Anbringung von Nuklear- und anderen Massenvernichtungswaffen auf und unter dem Meeresboden, BGBl II 1972, 326 (Sart. II, Nr. 62).

[169] Übereinkommen v. 18.5.1977 über das Verbot der militärischen oder einer sonstigen feindseligen Nutzung umweltverändernder Techniken, BGBl II 1983, 125.

[170] Arms Trade Treaty, UN-Doc A/CONF 217/2013/L3. Durch Resolution 68/31 der UN-Generalversammlung mit 154 gegen 3 Stimmen bei 23 Enthaltungen gebilligt, Stand Januar 2014 von 116 Staaten unterzeichnet, von 9 der 65 erforderlichen Staaten ratifiziert.

[171] Gesetzentwurf der BReg BT-Dr 17/13834; danach bleiben die Regeln dieses Vertrags hinter den deutschen Regelungen im Zusammenhang mit dem KWKG, dem AWG und dem WaffG sowie den EU-Regeln zurück, so dass grds. (abgesehen von Informationspflichten) kein Änderungsbedarf zur Durchführung des Vertrags bestehe. Zustimmung BTag am 27.6.2013, Billigung durch BRat am 20.9.2013.

[172] Die Ausnahmevorschrift ist allerdings restriktiv zu interpretieren. Der Mitgliedstaat, der die Ausnahmen in Anspruch nehmen möchte, muss nachweisen, dass die betreffenden Befreiungen nicht die Grenzen der genannten Tatbestände überschreiten, EuGH C-414/97 Rn. 21 f. – Kommission/Spanien; C-372/05 Rn. 72 – Kommission/Deutschland. Vgl. dazu *Kokott,* in: Streinz, EUV/AEUV, Art. 346 AEUV Rn. 20 f.

[173] Dazu *Proelß* HStR XI, § 227 Rn. 32 unter Hinweis auf EuGH C-367/89 Rn. 22 – *Richardt; Beschorner* ZVglRWiss 90 (1991), 271. Vgl. auch *Fink* MKS II, Art. 26 Rn. 78; *Wollenschläger,* in: Dreier II, Art. 26 Rn. 13; *Herdegen,* in: Maunz/Dürig, Art. 26 (2017) Rn. 59.

[174] Einige Verordnungen enthalten bestimmte Ein- und Ausfuhrbeschränkungen, vgl. die Hinweise bei *Beschorner,* ebda.; näher *Jestaedt/v. Behr* EuZW 1995, 137 ff. Zum UN-Waffenhandelsvertrag (Fn. 164) vgl. die Entschließung des Europ. Parl. v. 13.6.2012, ABl 2013 Nr. C 332/E/58.

## B. Grundsätzliche Bedeutung

2 **Völkerrechtlich** macht die Vorschrift für die Bundesrepublik von dem Recht Gebrauch, Schiffe unter eigener Flagge auf Hoher See fahren zu lassen (vgl. Art. 90 SRÜ); die „echte Verbindung zum Staat" (Art. 91 I SRÜ) wird über die Person des Schiffseigners hergestellt, § 1 I, II FlaggenrechtsG; auch ist deutschen Schiffen verboten, eine weitere Flagge zu führen (Art. 92 SRÜ, § 6 FlaggenrechtsG).[1] Das Führen der Bundesflagge zieht die ausschließliche Geltung der deutschen Hoheitsgewalt (für die Schiffe) auf Hoher See nach sich, was insbes. im Führen eines staatlichen Schiffsregisters Ausdruck findet (Art. 94 SRÜ).[2]

3 Infolge von Art. 27 können die Schiffe nicht den (einzelnen) Bundesländern zugeordnet werden.[3] Die Vorschrift hat aber **keine Auswirkungen auf die Kompetenzverteilung** zwischen Bund und Ländern;[4] sie sperrt allerdings – wegen der Einheitlichkeit – die Gesetzgebung der Länder auf dem Gebiet des Art. 74 I Nr. 21.[5]

4 **Pflichten des Einzelnen,** etwa iS eines Ausflaggungsverbots,[6] lassen sich aus Art. 27 **nicht** ableiten.[7] Eine entsprechende Pflicht könnte nur deutsche Eigentümer treffen. Diese Voraussetzung kann aber durch Übertragung des Eigentums am Schiff oder den Wechsel der Staatsangehörigkeit des Eigentümers entfallen. Bedenken gegen derartige Pflichten rühren überdies aus dem Bestimmtheitsgebot.[8] **Abzulehnen** ist daher auch die Annahme, Art. 27 garantiere die **Gleichbehandlung** aller deutschen Handelsschiffe.[9] Art. 27 kann daher bestenfalls als verfassungsrechtliche Legitimation für die insoweit einschlägigen Regelungen des FlaggenrechtsG angesehen werden.[10]

## C. Näherer Regelungsgehalt

5 Der heutzutage nicht mehr gebräuchliche Ausdruck **Kauffahrteischiff** beschreibt die im Mittelalter übliche Verbindung zwischen Seegeschäft und Reedereigeschäft.[11] Unter Zugrundelegung dieser mittlerweile überholten Vorstellung hat sich die Auffassung durchgesetzt, dass der Anwendungsbereich des Art. 27 sich auf alle dem Erwerb durch Seefahrt dienende Schiffe erstreckt: **gewerbsmäßige Seefahrt.**[12] Ausgeschlossen sind damit Seefahrzeuge mit Hoheitsaufgaben iSd Völkerrechts (Kriegsschiffe, andere staatliche Schiffe mit hoheitlichen Aufgaben, wie Polizei- und Umweltschutzschiffe) sowie nicht zum Erwerb genutzte private Schiffe (Privatyachten) und Binnenschiffe.[13]

6 Ein Schiff ist als **deutsch** iSv Art. 27 zu qualifizieren, wenn es die deutsche Flagge führen muss bzw. darf, was sich nach dem FlaggenrechtsG beurteilt,[14] dessen kompetenzielle Grundlage Art. 27 iVm Art. 22 bildet.[15] Diese „Staatsangehörigkeit"[16] der Schiffe folgt grds. der ihres Eigentümers.[17] Die Eintragung in das Schiffsregister hat insoweit bloße Nachweisfunktion.[18]

7 Die Handelsflotte ist **nicht** als **staatliche Einrichtung** der Bundesrepublik zu verstehen.[19] Sie stellt jedenfalls keine organisatorische Einheit iS eines staatlichen Verkehrsunternehmens dar.[20] Vielmehr

---

[1] Zum Vorstehenden *Hillgruber,* in: Hofmann/Henneke, Art. 27 Rn. 2 f.; *Durner,* in: Friauf/Höfling, Art. 27 Rn. 4; *Wollenschläger,* in: Dreier II, Art. 27 Rn. 3; Kommentierung des FlaggenrechtsG bei *P. Ehlers,* Recht des Seeverkehrs, 2017; zum neuen FlaggenrechtsG auch *Berger/Zink* NordÖR 2013, 192.

[2] Näher *Hillgruber,* wie vor, Art. 27 Rn. 8 f.; auch *Erbguth* GS Tettinger, 2007, S. 397, 398 ff.

[3] *Durner,* in: Friauf/Höfling, Art. 27 Rn. 6.

[4] *Heintschel v. Heinegg,* in: Epping/Hillgruber, Art. 27 Rn. 3; *Jarass,* in: Jarass/Pieroth, Art. 27 Rn. 2; *Vöneky* BK, Art. 27 (2017) Rn. 19.

[5] *Wollenschläger,* in: Dreier II, Art. 27 Rn. 15; *Hillgruber,* in: Hofmann/Henneke, Art. 27 Rn. 4; *Wolff,* in: Hömig/Wolff, Art. 27 Rn. 2.

[6] So *Dörr,* Die deutsche Handelsflotte und das Grundgesetz, 1988, S. 2; s. noch Rn. 7.

[7] *Durner,* in: Friauf/Höfling, Art. 27 Rn. 7; *Jarass,* in: Jarass/Pieroth, Art. 27 Rn. 2.

[8] *Durner,* in: Friauf/Höfling, Art. 27 Rn. 7; *Vöneky* BK, Art. 27 (2017) Rn. 21; allg. → Art. 20 Rn. 126 ff.

[9] So aber *Hillgruber,* in: Hofmann/Henneke, Art. 27 Rn. 7; wie hier *Durner,* in: Friauf/Höfling, Art. 27 Rn. 7, mit zutr. Verweis auf die Entstehungsgeschichte; *Wollenschläger,* in: Dreier II, Art. 27 Rn. 13; *Koenig/König* MKS II, Art. 27 Rn. 9

[10] *Bothe* AK GG, Art. 27 Rn. 3.

[11] Schiff, mit dem der Schiffseigner eigene Waren beförderte, näher *Kämmerer,* in: v. Münch/Kunig I, Art. 27 Rn. 7.

[12] *Wollenschläger,* in: Dreier II, Art. 27 Rn. 7; *Durner,* in: Friauf/Höfling, Art. 27 Rn. 10; weiter *Leisner,* in: Sodan, Art. 27 Rn. 1: auch Non-profit-Verkehr.

[13] *Heintschel v. Heinegg,* in: Epping/Hillgruber, Art. 27 Rn. 1; *Durner,* in: Friauf/Höfling, Art. 27 Rn. 10.

[14] Dazu *Wollenschläger,* in: Dreier II, Art. 27 Rn. 8; *Kämmerer,* in: v. Münch/Kunig I, Art. 27 Rn. 10; eingehend *P. Ehlers,* Recht des Seeverkehrs, 2017, Kommentierung zu §§ 1, 2, 10 f. FlaggenrechtsG.

[15] *Leisner,* in: Sodan, Art. 27 Rn. 2; auch Rn. 2.

[16] *Heintschel v. Heinegg,* in: Epping/Hillgruber, Art. 27 Rn. 2.

[17] Oder derjenigen der Inhaber des gesellschaftsrechtlich begründeten Bestimmungsrechts, *Leisner,* in: Sodan, Art. 27 Rn. 2; Ausnahmen in §§ 2, 10, 11 FlaggenrechtsG.

[18] *Heintschel v. Heinegg,* in: Epping/Hillgruber, Art. 27 vor Rn. 1; zum Schiffsregister Rn. 2.

[19] *Leisner,* in: Sodan, Art. 27 Rn. 3; abw. wohl *Heintschel v. Heinegg,* in: Epping/Hillgruber, Art. 27 vor Rn. 1: durch die Verfassung geschützte Einrichtung.

[20] *Kämmerer,* in: v. Münch/Kunig I, Art. 27 Rn. 13; *Koenig/König* MKS II, Art. 27 Rn. 9.

dokumentiert sich die **Einheitlichkeit** der Handelsflotte in der gemeinsamen Staatszugehörigkeit und der Unterwerfung unter die Flaggenhoheit der Bundesrepublik.[21] Wie erwähnt, ist Art. 27 aber **kein Verbot des Ausflaggens** zu entnehmen.[22] Erst recht verbietet Art. 27 nicht die Einführung eines zusätzlichen Registers für Seeschiffe unter der Bundesflagge im internationalen Verkehr **(Internationales Seeschifffahrtsregister – ISR)** – sog. Zweitregistergesetz,[23] zumal die dort eingetragenen Schiffe Bestandteil der einheitlichen Handelsflotte bleiben.[24] Eingeschränkt wird nur die allg. Geltung des deutschen Rechts an Bord, insbes. gegenüber dort tätigen ausländischen Seeleuten.[25]

Teilw. wird aus Art. 27 eine **verfassungsrechtliche Einrichtungsgarantie** bzgl. der deutschen 8 Handelsflotte hergeleitet.[26] Daraus ergäbe sich eine **Schutzpflicht des Staates** für den Fall, dass die Funktionsfähigkeit und/oder der Bestand der deutschen Handelsflotte beeinträchtigt wären.[27] Dem widerspricht indes bereits die verfassungsrechtliche Grundentscheidung für eine staatsferne, also privatwirtschaftliche Seeschifffahrt.[28] Art. 27 knüpft nur an die Existenz von Schiffen unter deutscher Flagge an, fordert aber nicht den Schutz ihres Bestandes.[29] Auch wäre der Minimalstandard einer solchen Gewährleistung nur schwierig zu bestimmen.[30] Schließlich bietet die Entstehungsgeschichte für eine derartige Interpretation keine Anhaltspunkte.[31]

Das **BVerfG** lässt es in seinem Urteil zum Zweitregister offen, ob die Erhaltung einer deutschen 9 Handelsflotte durch Art. 27 den Rang eines verfassungsrechtlich geschützten Gutes erhält.[32] Dem dürfte schon der Wortlaut der Verfassungsnorm entgegenstehen.

## Art. 28 [Verfassungsmäßige Ordnung in den Ländern, Wahlrecht, kommunale Selbstverwaltung, Gewährleistung durch den Bund]

**(1) Die verfassungsmäßige Ordnung in den Ländern muß den Grundsätzen des republikanischen, demokratischen und sozialen Rechtsstaates im Sinne dieses Grundgesetzes entsprechen. In den Ländern, Kreisen und Gemeinden muß das Volk eine Vertretung haben, die aus allgemeinen, unmittelbaren, freien, gleichen und geheimen Wahlen hervorgegangen ist. Bei Wahlen in Kreisen und Gemeinden sind auch Personen, die die Staatsangehörigkeit eines Mitgliedstaates der Europäischen Gemeinschaft besitzen, nach Maßgabe von Recht der Europäischen Gemeinschaft wahlberechtigt und wählbar. In Gemeinden kann an die Stelle einer gewählten Körperschaft die Gemeindeversammlung treten.**

**(2) Den Gemeinden muß das Recht gewährleistet sein, alle Angelegenheiten der örtlichen Gemeinschaft im Rahmen der Gesetze in eigener Verantwortung zu regeln. Auch die Gemeindeverbände haben im Rahmen ihres gesetzlichen Aufgabenbereiches nach Maßgabe der Gesetze das Recht der Selbstverwaltung. Die Gewährleistung der Selbstverwaltung umfaßt auch die Grundlagen der finanziellen Eigenverantwortung; zu diesen Grundlagen gehört eine den Gemeinden mit Hebesatzrecht zustehende wirtschaftskraftbezogene Steuerquelle.**

**(3) Der Bund gewährleistet, daß die verfassungsmäßige Ordnung der Länder den Grundrechten und den Bestimmungen der Absätze 1 und 2 entspricht.**

**Entstehungsgeschichte: Erstfassung:** JöR nF 1 (1951), 244. – **Änderungen:** 38. G. zur Änd. des GG v. 21.12.1992 (BGBl I 2086), Art. 1 Nr. 3 (dazu BT-Dr 12/3338; BT-Prot 12/9315, 10 809; BR-Dr 501/92; BR-Prot 92/419, 488, 638, 687); 42. G. zur Änd. des GG v. 27.10.1994 (BGBl I 3146), Art. 1 Nr. 3 (dazu: BT-Dr 12/6633; BT-Prot 12/18 086, 20 947; BR-Dr 886/93, 742/94, 834/94; BR-Prot 93/623, 94/462, 505); 44. G zur Änd. des

---

[21] *Wollenschläger,* in: Dreier II, Art. 27 Rn. 9; dem korrespondiert der Ausschluss von Handelsflotten der Länder, s. bereits → Rn. 3.

[22] *Herdegen,* in: Maunz/Dürig, Art. 27 Rn. 22; *Durner,* in: Friauf/Höfling, Art. 27 Rn. 7; *Wollenschläger,* in: Dreier II, Art. 27 Rn. 12; *Kämmerer,* in: v. Münch/Kunig I, Art. 27 Rn. 10.

[23] Zur Verfassungsmäßigkeit des durch das ZweitregisterG eingefügten § 21 IV FlaggenrechtsG BVerfGE 92, 26 ff.; dazu *Lagoni* JZ 1995, 499; *Erbguth* JuS 1996, 18.

[24] *Kämmerer,* in: v. Münch/Kunig I, Art. 27 Rn. 10; *Herdegen,* in: Maunz/Dürig, Art. 27 Rn. 24; *Durner,* in: Friauf/Höfling, Art. 27 Rn. 12; aA *Däubler,* Das zweite Schiffsregister, 1988, S. 33 ff.

[25] *Heintschel v. Heinegg,* in: Epping/Hillgruber, Art. 27 Rn. 2.

[26] *Dörr* (Fn. 6), S. 150 ff.; *Vöneky* BK, Art. 27 (2017) Rn. 22; *Sachs,* in: Stern, StaatsR III/1, S. 376; dagegen *Koenig/König* MKS II, Art. 27 Rn. 16; *Durner,* in: Friauf/Höfling, Art. 27 Rn. 8, der allenfalls eine Institutsgarantie des Flaggenrechts annehmen will; ähnlich *Wollenschläger,* in: Dreier II, Art. 27 Rn. 11.

[27] *Dörr* ArchVölkR 26 (1988), 366 (380 f.).

[28] Abl. *Durner,* in: Friauf/Höfling, Art. 27 Rn. 8; *Kämmerer,* in: v. Münch/Kunig I, Art. 27 Rn. 16.

[29] *Kämmerer,* in: v. Münch/Kunig I, Art. 27 Rn. 16; *Jarass,* in: Jarass/Pieroth, Art. 27 Rn. 2.

[30] Dass der Vorschrift diesbezüglich keine Hinweise zu entnehmen sind, konstatiert auch die gegenteilige Auffassung, etwa *Heintschel v. Heinegg,* in: Epping/Hillgruber, Art. 27 Rn. 5.

[31] Ebenso wenig begründet Art. 27 einen Anspruch auf Schaffung oder Erhaltung von Schifffahrtseinrichtungen, *Leisner,* in: Sodan, Art. 27 Rn. 3.

[32] BVerfGE 92, 26 (43); bereits bei Fn. 19; dafür etwa *Dörr* (Fn. 6), S. 150 ff.; *Heintschel v. Heinegg,* in: Epping/Hillgruber, Art. 27 vor Rn. 1.

GG v. 20.10.1997 (BGBl I 2470), Art. 1 Nr. 1 (dazu BT-Dr 13/8340, 13/8348, 13/8488; BT-Prot 13/189, 17 173A; BR-Dr 687/97; BR-Prot 97/716, 361).

**Historische Verfassungstexte: RV 1849:** § 184 Jede Gemeinde hat als Grundrechte ihrer Verfassung: a. die Wahl ihrer Vorsteher und Vertreter; b. die selbstständige Verwaltung ihrer Gemeindeangelegenheiten mit Einschluß der Ortspolizei, unter gesetzlich geordneter Oberaufsicht des Staates; c. die Veröffentlichung ihres Gemeindehaushaltes; d. Oeffentlichkeit der Verhandlungen als Regel. § 186 (1) Jeder deutsche Staat soll eine Verfassung mit Volksvertretung haben. (2) Die Minister sind der Volksvertretung verantwortlich. § 194 Keine Bestimmung in der Verfassung oder in den Gesetzen eines Einzelstaates darf mit der Reichsverfassung in Widerspruch stehen. § 195 Eine Aenderung der Regierungsform in einem Einzelstaate kann nur mit Zustimmung der Reichsgewalt erfolgen. Diese Zustimmung muß in den für Änderungen der Reichsverfassung vorgeschriebenen Formen gegeben werden. – **WRV: Art. 17** (1) Jedes Land muß eine freistaatliche Verfassung haben. Die Volksvertretung muß in allgemeiner, gleicher, unmittelbarer und geheimer Wahl von allen reichsdeutschen Männern und Frauen nach den Grundsätzen der Verhältniswahl gewählt werden. Die Landesregierung bedarf des Vertrauens der Volksvertretung. (2) Die Grundsätze für die Wahlen zur Volksvertretung gelten auch für die Gemeindewahlen. Jedoch kann durch Landesgesetz die Wahlberechtigung von der Dauer des Aufenthalts in der Gemeinde bis zu einem Jahr abhängig gemacht werden. **Art. 127** Gemeinden und Gemeindeverbände haben das Recht der Selbstverwaltung innerhalb der Schranken der Gesetze. – **GG 1949:** Bis auf Abs. 1 S. 3 und Abs. 2 S. 3 wie geltende Fassung.

**Geltende Landesverfassungen: Zu Art. 28 I GG:** *BW*Verf Art. 26, 72; *Bay*Verf Art. 10–12 I; *Bbg*Verf Art. 2, 22; *MV*Verf Art. 3 III; *Nds*Verf Art. 8 I, 57 II; *RhPf*Verf Art. 50, 76; *Saarl*Verf Art. 121; *Sachs*Verf Art. 4, 86; *LSA*Verf Art. 42, 89; *SchlH*Verf Art. 2 II 2, Art. 3; *Thür*Verf Art. 95. – **Zu Art. 28 II GG:** *BW*Verf Art. 26 VIII 69, 71–76; *Bay*Verf Art. 9–12, 83; *Bbg*Verf Art. 2 IV 2, 97–100; *Brem*Verf Art. 143–149; *Hess*Verf Art. 137 f.; *MV*Verf Art. 3 II, 72–74; *Nds*Verf Art. 57–59; *NRW*Verf. Art. 78 f.; *RhPf*Verf Art. 49; *Saarl*Verf Art. 117–124; *Sachs*Verf Art. 82 I u. II, 84–89; *LSA*Verf Art. 3 II, 87–90; *SchlH*Verf Art. 46–49; *Thür*Verf Art. 91–95.

**Supra- und internationale Texte:** Art. 4 II 1, 5 III 1 EUV; Art. 20, 22 I 2 Hs. 2, 106 II, 263 III, 300, 305 ff. AEUV; Art. 40 GRCh iVm Art. 6 EUV; EKC mit deutschem ZustimmungsG v. 22.1.1987 (BGBl II 1987, 65; 1988, 653).

**Gesetzgebung:** Kommunalverfassungen, -ordnungen bzw. KommunalselbstverwaltungsG (Gemeinde- und Kreisordnungen, teilw. Amtsordnungen, Verwaltungsgemeinschaftsordnungen), BezirksverwaltungsG (Stadtstaaten), G über kommunale Zusammenarbeit bzw. Gemeinschaftsarbeit oder ZweckverbandsG, KommunalwahlG und -ordnungen der Länder.

**Leitentscheidungen: Zu Art. 28 I:** BVerfGE 36, 342 (Nds. Landesbesoldungsgesetz); BVerfGE 83, 37 (Ausländerwahlrecht SchlH); BVerfGE 83, 60 (Ausländerwahlrecht Hamb); BVerfGE 93, 37 (Mitbestimmungsgesetz SchlH); BVerfGE 93, 373 (Gemeinderat); BVerfGE 96, 345 (Landesverfassungsgerichte); BVerfGE 99, 1 (Wahlrechtsgleichheit in den Ländern) – **Zu Art. 28 II:** BVerfGE 45, 63 (Stadtwerke Hameln); BVerfGE 50, 50 (Laatzen); BVerfGE 52, 95 (Ämter SchlH); BVerfGE 59, 216 (Namensänderung); BVerfGE 61, 82 (Grundrechtsfähigkeit Sasbach); BVerfGE 76, 107 (Landes-Raumordnungsprogramm Nds); BVerfGE 77, 288 (Flächennutzungsplan); BVerfGE 78, 331 (Kommunalaufsicht); BVerfGE 79, 127 (Rastede); BVerfGE 83, 363 (Krankenhausumlage); BVerfGE 86, 90 (Rück-Neugliederung); BVerfGE 91, 70 (Isserstedt); BVerfGE 91, 228 (Gleichstellungsbeauftragte); BVerfGE 93, 373 (Gemeinderat); BVerfGE 95, 1 (Südumfahrung Stendal); BVerfGE 99, 69 und 84 (Wählergemeinschaften); BVerfGE 98, 106 (kommunale Verpackungssteuer); BVerfGE (K) NVwZ 1999, 520 (Durchleitung Telekommunikation); BVerfGE 103, 332 (Finanz- und Planungshoheit); BVerfGE 107, 1 (Kommunalreform Sachs Anh); BVerfGE 107, 59 (funktionale Selbstverwaltung); BVerfGE 110, 370 (Klärschlamm-Entschädigungsfonds); BVerfGE 112, 216; BVerfGE 125, 141 (Gewerbesteuerhebesatzrecht); BVerfGE 119, 331 (Hartz IV-Arbeitsgemeinschaften); BVerfGE 137, 108 (Optionskommunen); BVerfGE 138, 1 (Schulnetzplanung); BVerfGE 147, 148 (Kinderbetreuung). **Zu Art. 28 III:** BVerfGE 8, 122 (Volksbefragung Hessen).

**Schrifttum: Zum Homogenitätsgebot:** *E.-W. Böckenförde/R. Grawert,* Kollisionsfälle und Geltungsprobleme im Verhältnis von Bundesrecht und Landesverfassung, DÖV 1971, 119; *H. J. Boehl,* Landesverfassungsgebung im Bundesstaat, Staat 30 (1991), 572; *ders.,* Verfassunggebung im Bundesstaat, 1997; *W. Erbguth/B. Wiegand,* Über Möglichkeiten und Grenzen von Landesverfassungen im Bundesstaat, DÖV 1992, 770; *R. Grawert,* Die Bedeutung gliedstaatlichen Verfassungsrechts in der Gegenwart, NJW 1987, 2329; *T. Groß,* Gliedstaatliche Verfassungsautonomie im Vergleich, FS v. Zezschwitz, 2005, S. 16; *H. Hestermeyer,* Verschränkte Verfassungsräume. Das Homogenitätsprinzip in Bund und Land, Jahrbuch des Föderalismus 2011, 127; *F. Hufen,* Die Bedeutung gliedstaatlichen Verfassungsrechts in der Gegenwart, BayVBl 1987, 513; *P.M. Huber,* Bundesverfassungsrecht und Landesverfassungsrecht, NdsVBl 2011, 233; *J. Isensee,* Chancen und Grenzen der Landesverfassung im Bundesstaat, SächsVBl 1994, 28; *W. Kanther,* Die neuen Landesverfassungen im Lichte der Bundesverfassung, 1993; *J. Kersten,* Homogenitätsgebot und Landesverfassungsrecht, DÖV 1993, 896; *F. J. Lindner,* Bundesverfassung und Landesverfassung, AöR 143 (2018), 437; *ders.,* Bindung der Landesverfassungsgerichte an die Rechtsprechung des Bundesverfassungsgerichts?, JZ 2018, 369; *S. Magiera,* Verfassungsgebung der Länder als Gliedstaaten der Bundesrepublik Deutschland, in: Stern (Hrsg.), Deutsche Wiedervereinigung, Bd. III, 1992, S. 141; *J. Menzel,* Landesverfassungsrecht, 2002; *D. Merten,* Grundgesetz und Verfassungen der neuen deutschen Länder, in: W. Blümel/S. Magiera/D. Merten/K. P. Sommermann, Verfassungsprobleme im vereinten Deutschland, 1993, S. 47; *M. Möstl,* Landesverfassungsrecht – zum Schattendasein verurteilt?, AöR 130 (2005), 350; *C. Graf v. Pestalozza,* Die Bedeutung gliedstaatlichen Verfassungsrechts in der Gegenwart, NVwZ 1987, 744; *J. Rozek,* Das Grundgesetz als Prüfungs- und Entscheidungsmaßstab der Landesverfassungsgerichte, 1993; *M. Sachs,* Die Bedeutung gliedstaatlichen Verfassungsrechts in der Gegenwart, DVBl 1987, 861; *ders.,* Die Landesverfassung im Rahmen der bundesstaatlichen Rechts- und Verfassungsordnung, ThürVBl 1993, 121; *U. Sacksofsky,* Landesverfassungen und Grundgesetz, NVwZ 1993, 235; *H.-P. Schneider,* Verfassungsrecht der Länder – Relikt oder Rezept?, DÖV 1987, 749; *S. Storr,* Verfassunggebung in den Ländern, 1995; *W. Graf Vitzthum,* Die Bedeutung gliedstaatlichen Verfassungsrechts in der Gegenwart, VVDStRL 46 (1988), 7; *P. Werner,* Wesensmerkmale des Homogenitätsprinzips und ihre Ausgestaltung im Bonner Grundgesetz, 1967. – **Zum Wahlrecht:** *H. H. v. Arnim,* Die Unhaltbarkeit der Fünfprozentklausel bei Kommunalwahlen nach der Reform der Kommunalverfassungen, FS Vogel, 2000, S. 453; *K. Barley,* Das Kommunalwahlrecht für Ausländer nach der Neuordnung des Art. 28 Abs. 1 S. 3

GG, 1997; *M. Degen,* Die Unionsbürgerschaft nach dem Vertrag über die europäische Union unter besonderer Berücksichtigung des Wahlrechts, DÖV 1993, 749; *A. Grube/G. Ullrich,* Der Ausschluß nichtdeutscher Unionsbürger vom Wahlrecht in den Ämtern der kommunalen Verwaltungsspitzen, BayVBl 1998, 746; *H. Meyer,* Grundgesetzliche Demokratie und Wahlrecht für ansässige Nichtdeutsche, JZ 2016, 121; *M. Krajewski,* Kommunalwahlrechtliche Sperrklauseln im föderativen System, DÖV 2008, 345; *R. Röger,* Der neue Artikel 28 Absatz 1 Satz 3 GG, VR 1993, 137; *V. Mehde,* Die Funktionsfähigkeit kommunaler Vertretungen in der verfassungsgerichtlichen Rechtsprechung zu Sperrklauseln, VerwArch 109 (2018), 336; *Schwarz,* Erweiterungen des Kreises der Wahlberechtigten für Ausländer auf Landes- und Kommunalebene?, AöR 138 (2013), 411. – **Zur kommunalen Selbstverwaltung:** *W. Blümel,* Gemeinden und Kreise vor den öffentlichen Aufgaben der Gegenwart, VVDStRL 36 (1978), 171; *W. Brohm,* Selbstverwaltung der Gemeinden im Verwaltungsaufbau der Bundesrepublik, DVBl 1984, 293; *M. Burgi,* Künftige Aufgaben der Kommunen im sozialen Bundesstaat, DVBl 2007, 70; *C. Brüning,* Die Verfassungsgarantie der kommunalen Selbstverwaltung aus Art. 28 Abs. 2 GG, Jura 2015, 592 ff.; *H. P. Bull,* Kommunale Selbstverwaltung heute – Idee, Ideologie und Wirklichkeit, DVBl 2008, 1; *J. Burmeister,* Verfassungstheoretische Neukonzeption der kommunalen Selbstverwaltungsgarantie, 1977; *T. Clemens,* Kommunale Selbstverwaltung und institutionelle Garantie, NVwZ 1990, 834; *D. Ehlers,* Die verfassungsrechtliche Garantie der kommunalen Selbstverwaltung, DVBl 2000, 1301; *ders./W. Krebs* (Hrsg.), Grundfragen des Verwaltungsrechts und des Kommunalrechts, 2000; *A. Engels,* Die Verfassungsgarantie kommunaler Selbstverwaltung, 2014; *ders.,* Kommunale Selbstverwaltung nach Art. 28 II GG, JA 2014, 1; *H.-U. Erichsen* (Hrsg.), Kommunale Selbstverwaltung im Wandel, 1999; *M. Falk,* Die kommunalen Aufgaben unter dem Grundgesetz, 2006; *W. Frenz,* Gemeindliche Selbstverwaltungsgarantie und Verhältnismäßigkeit, Verwaltung 28 (1995), S. 33 ff.; *I. Gebhardt,* Das kommunale Selbstverwaltungsrecht, 2007; *A. Gern/C. Brüning,* Deutsches Kommunalrecht, 4. Aufl. 2019; *R. Grawert,* Gemeinden und Kreise vor den öffentlichen Aufgaben der Gegenwart, VVDStRL 36 (1978), 277; *J. Hellermann,* Örtliche Daseinsvorsorge und gemeindliche Selbstverwaltung, 2000; *J. Henkel,* Die Kommunalisierung von Staatsaufgaben, 2010; *R. Hendler,* Selbstverwaltung als Ordnungsprinzip, 1984; *H.-G. Henneke,* (Hrsg.), Organisation kommunaler Aufgabenerfüllung, 1998; *ders.,* Verfassungsrechtlicher Schutz der Gemeindeverbände vor gesetzlichem Aufgabenentzug im dualistischen und monistischen Aufgabenmodell, ZG 2002, 72; *ders.* (Hrsg.), Künftige Funktionen und Aufgaben der Kreise im sozialen Bundesstaat, 2004; *ders.,* Kommunale Aufgaben und Strukturen im europäischen Bundesstaat, DVBl 2012, 257; *ders.,* Gefährdungen kommunaler Selbstbestimmung in Deutschland, DÖV 2013, 825; *ders.* (Hrsg.), Kommunale Selbstverwaltung in der Bewährung, 2013; *ders.,* Meilensteine und Wendepunkte der Kreis- und Landkreistagsgeschichte, DÖV 2016, 701; *ders./H. Maurer/F. Schoch,* Die Kreise im Bundesstaat, 1994; *ders./Meyer* (Hrsg.), Kommunale Selbstverwaltung zwischen Bewahrung, Bewährung und Entwicklung, FG Gernot Schlebusch, 2006; *ders./H. Pünder/C. Waldhoff* (Hrsg.), Recht der Kommunalfinanzen, 2006; *A. Heusch,* Demokratischer Wettbewerb auf kommunaler Ebene, NVwZ 2017, 1325; *ders./F. Dickten,* Zum verfassungsrechtlichen Status der Kommunen, NVwZ 2018, 1265; *H. Hill,* Soll das kommunale Satzungsrecht gegenüber staatlicher und gerichtlicher Kontrolle gestärkt werden?, Gutachten D für den 58. DJT, 1990; *M. Hoffmann/Kromberg/Roth/Wiegand* (Hrsg.), Kommunale Selbstverwaltung im Spiegel von Verfassungsrecht und Verwaltungsrecht, 1996; *F. Hufen,* Die Zukunft der kommunalen Selbstverwaltung, FS Maurer, 2011, S. 1177; *M. Inhester,* Kommunaler Finanzausgleich im Rahmen der Staatsverfassung, 1997; *J. Ipsen,* Schutzbereich der Selbstverwaltungsgarantie und Einwirkungsmöglichkeiten des Gesetzgebers, ZG 1994, 194; *ders.,* Möglichkeiten, Grenzen und Kontrolle wirtschaftlicher Betätigung der Kommunen, NdsVBl. 2015, 121; *A. Katz/K. Ritgen,* Bedeutung und Gewicht der kommunalen Selbstverwaltungsgarantie, DVBl 2008, 1525; *M. Kenntner,* Zehn Jahre nach „Rastede": zur dogmatischen Konzeption der kommunalen Selbstverwaltung im Grundgesetz, DÖV 1998, 701; *W. Kluth,* Der grundgesetzliche Schutz der Landkreise vor Aufgabenübertragung und Aufgabenentzug, ZG 2008, 292; *F.-L. Knemeyer,* Kommunale Selbstverwaltung im Wandel, FS Scupin, 1983, S. 797; *ders./M. Wehr,* Die Garantie der kommunalen Selbstverwaltung nach Art. 28 Abs. 2 GG in der Rechtsprechung des Bundesverfassungsgerichts, VerwArch 92 (2001), 317; *ders.,* Staat – Kommunen, Gemeinden – Landkreise, Staat 29 (1990), 406; *D. Krausnick,* Erosionen der örtlichen Selbstverwaltung, VerwArch 102 (2011), 359; *J. Kronisch,* Aufgabenverlagerung und gemeindliche Aufgabengarantie, 1993; *J.-D. Kühne,* Zur Kernbereichsbestimmung bei der kommunalen Selbstverwaltungsgarantie, FS Faber, 2007, S. 35; *K. Lange,* Kommunalrecht, 2. Aufl. 2019; *ders.,* Öffentlicher Zweck, öffentliches Interesse und Daseinsvorsorge als Schlüsselbegriffe des kommunalen Wirtschaftsrechts, NVwZ 2014, 616; *ders.,* Die finanzielle Mindestausstattung und die angemessene Finanzausstattung der Kommunen, DVBl 2015, 457; *ders.,* Von der Steuerungskraft des Art 28 Abs. 2 GG, ZG 2018, 75; *F. Lohse,* Kommunale Aufgaben, kommunaler Finanzausgleich und Konnexitätsprinzip, 2006; *W. Loschelder,* Kommunale Selbstverwaltungsgarantie und gemeindliche Gebietsgestaltung, 1967; *ders.,* Die Befugnis des Gesetzgebers zur Disposition zwischen Gemeinde- und Kreisebene, 1986; *U. Lusche,* Die Selbstverwaltungsaufgaben der Landkreise, 1998; *C. Maas,* Die verfassungsrechtliche Entfaltung kommunaler Finanzgarantien, 2004; *H. Maurer,* Verfassungsrechtliche Grundlagen der kommunalen Selbstverwaltung, DVBl 1995, 1037; *H. Meyer,* Gebiets- und Verwaltungsreformen des letzten Jahrzehnts im Spiegel der Verfassungsrechtsprechung, NVwZ 2013, 1177; *ders.,* Aktuelle Entwicklungen zu Gebiets- und Funktionalreformen, ZG 2017, 247; *S. Mückl,* Finanzverfassungsrechtlicher Schutz der kommunalen Selbstverwaltung, 1998; *A. v. Mutius,* Sind weitere rechtliche Maßnahmen zu empfehlen, um den notwendigen Handlungs- und Entfaltungsspielraum der kommunalen Selbstverwaltung zu gewährleisten?, Gutachten E zum 53. DJT, 1980; *M. Nierhaus,* Der kommunale Finanzausgleich – die Maßstäbe des Verfassungsgerichts des Landes Brandenburg, FS Maurer, 2001, S. 239; *ders.,* Art. 97 LV Bbg als kommunale Aufgabenverteilungsnorm im Spiegel der Rechtsprechung des Verfassungsgerichts des Landes Brandenburg, FG VerfG Bbg, 2003, S. 75; *ders.* Verfassungsrechtlicher Anspruch der Kommunen auf finanzielle Mindestausstattung, LKV 2005, 1; *ders.,* Zur Hochzonung der Flächennutzungsplanung auf die Ämter im Lande Brandenburg – ein neues Rastede?, GS Burmeister, 2005, S. 245; *ders./I. Gebhardt,* Zur Ausfallhaftung des Staates für zahlungsunfähige Kommunen, 1999; *dies.,* Kommunale Selbstverwaltung zur gesamten Hand. Von der Samt- und Verbandsgemeinde zur Orts- und Amtsgemeinde?, 2000; *J. Oebbecke,* Reaktionen des Rechts auf kommunale Finanzprobleme, DVBl 2013, 1409; *H.-J. Papier,* Kommunale Daseinsvorsorge im Spannungsfeld zwischen nationalem Recht und Gemeinschaftsrecht, DVBl 2003, 686; *ders.,* Kommunale Selbstverwaltung in der Europäischen Union, EurUP 2018, 56; *K. Ritgen,* Aufgabenverteilung im kreisangehörigen Raum, ZG 2016, 263; *ders.,* Kommunale Gebietsneugliederung und direkte Demokratie, ZG 2017, 357; *ders.,* Das Recht der kommunalen Selbstverwaltung in den Verfassungsräumen von Bund und Ländern, NVwZ 2018, 114; *A. Schink,* Kommunale Selbstverwaltung im kreisangehörigen Raum, VerwArch 81 (1990), 385; *S. Schmahl,* Europäisierung der kommunalen Selbstverwaltung, DÖV 1999, 852; *T. I. Schmidt,* Kommunale Kooperation, 2005; *ders.,* „In dubio pro municipio?". Zur Aufgabenverteilung zwischen Landkreisen und Gemeinden, DÖV 2013, 509; *E. Schmidt-Aßmann,* Kommunale Selbstverwaltung „nach Rastede" – Funktion und Dogmatik des Art. 28 Abs. 2 GG in der neueren Rechtsprechung, FS Sendler, 1991, S. 121; *ders.,* Perspektiven der Selbstverwaltung der Landkreise, DVBl 1996, 533; *ders.,* Die Garantie der kommunalen Selbstverwaltung, FS BVerfG II, 2001, S. 803; *ders.,* Stellung und Aufgaben der Landkreise im Spiegel älterer kommunalwissenschaftlicher Literatur, DVBl 2016, 1001; *E. Schmidt-Jortzig,* Kommunale Organisationshoheit, 1979; *ders.,* Die Selbstverwaltungsbereiche von Kreisen und kreisangehörigen Gemeinden nach der Verfassung, DÖV 1984, 821; *ders./A. Schink,* Subsidiaritätsprinzip und Kommunalordnung, 1982; *F. Schoch,* Zur Situation der kommunalen Selbstverwaltung nach der Rechtsprechung des Bundesverfassungsgerichts, VerwArch 81 (1990), 18; *ders.,* Finanzverantwortung beim kommunalen Verwaltungsvollzug bundes- und landesrechtlich veranlaßter Aufgaben, ZG 1994, 246; *ders.* (Hrsg.), Selbstverwaltung der Kreise in Deutschland, 1996; *ders.,* Verfassungsrechtlicher Schutz der kommunalen Finanzautonomie, 1997; *ders.,* Der verfassungsrechtliche Schutz der kommunalen Selbstverwaltung, Jura 2001, 121; *ders.,* Das landesverfassungsrechtliche Konnexitätsprinzip im Wandel der Rechtsprechung, DVBl 2001, 1007; *ders.,* Kommunalrecht als Gegenstand rechtswissenschaftlicher Forschung, DVBl 2018, 1; *ders.,* Schutz des Kernbereichs kommunaler Finanzausstattung durch Art 28 Abs. 2 S. 3 GG, ZG 2019, 114; *K.-A. Schwarz,* Finanzverfassung und kommunale Selbstverwaltung, 1995; *P. J. Tettinger,* Europarecht und kommunale Selbstverwaltung, in: GS Burmeister, 2005, S. 439; *G.-C. v. Unruh,* Die verfassungsrechtliche Stellung der kommunalen Selbstverwaltung nach dem Grundgesetz, JA 1992, 110; *R. Wendt,* Finanzierungsverantwortung für gesetzgeberisch veranlasste kommunale Aufgaben, FS Stern, 1997, S. 603; *ders.,* Darf ein Land seine Kommunen in die Verschuldung zwingen?, VerwArch 93 (2002), 187; *K. Waechter,* Verfassungsrechtlicher Schutz der gemeindlichen Selbstverwaltung gegen Eingriffe durch Gesetz, AöR 135 (2010), 327; *U. Volkmann,* Der Anspruch der Kommunen auf finanzielle Mindestausstattung, DÖV 2001, 497; *C. Waldhoff,* Kommunale Selbstverwaltung als juristischer Bewegungsbegriff, DVBl 2016, 1022; *J. Ziekow,* Funktional- und Kommunalreformen auf dem Prüfstand des Verfassungsrechts, VerwArch 110 (2019), 68, 218. – **Zur Gewährleistung des Bundes:** *H. Bethge,* Die Grundrechtssicherung im föderalen Bereich, AöR 110 (1985), 169; *J.-A. Frowein,* Die selbständige Bundesaufsicht nach dem Grundgesetz, 1961; *H. v. Mangoldt,* Vom heutigen Standort der Bundesaufsicht, 1965; *H.-D. Pötschke,* Bundesaufsicht und Bundeszwang nach dem Grundgesetz, 1967.

## Übersicht

## A. Allgemeines und systematische Zusammenhänge

Im Bundesstaat des GG haben die Länder Verfassungsautonomie. Diese Verfassungshoheit bildet ein **1** Herzstück sowohl des föderalistischen Prinzips (Art. 20 I) als auch der Eigenstaatlichkeit der Länder. Die doppelte Staatlichkeit von Bund und Ländern im Bundesstaat („duplex regimen") weist auch den Ländern die Kompetenz zu, ihre Staatsorganisation und Staatsziele selbstständig iR einer eigenen gliedstaatlichen Verfassung festzulegen.[1] Der insoweit bestehende Gestaltungsspielraum der Länder ist groß, aber nicht unbeschränkt.[2] Das bundes- und gliedstaatliche Verfassungsgefüge verlangt ein gewisses **Mindestmaß** an verfassungsstruktureller und materieller **Übereinstimmung.**[3] Dieses Minimum an Homogenität[4] zu sichern, das für das Funktionieren eines Bundesstaates unerlässlich ist, ist der Zweck des allgemein als **Normativbestimmung** verstandenen Art. 28 I.[5] Die Vorschrift betrifft demnach das bundesrechtl. Verhältnis der Länder zum Bund und sichert die Homogenität der verfassungsmäßigen Ordnung, indem sie den Ländern Pflichten gegenüber dem Bund auferlegt.[6] Das BVerfG hat sich für eine enge Interpretation des Art. 28 I ausgesprochen: Die Vorschrift wolle dasjenige Mindestmaß an struktureller Homogenität zwischen Gesamtstaat und Gliedstaaten gewährleisten, das für das Funktionieren eines Bundesstaates unerlässlich ist.[7]

Nach Art. 28 III trifft den Bund die **Gewährleistungspflicht,** dafür zu sorgen, dass die verfassungs- **2** mäßige Ordnung der Länder – neben den Bundesgrundrechten – den Bestimmungen des Art. 28 I und II entspricht. Die Garantie der kommunalen Selbstverwaltung (Art. 28 II) gehört dabei allerdings nicht zu der Kategorie der Normativbestimmungen, sondern zu den sog. bundesverfassungsrechtlichen **Durchgriffsnormen** (→ Rn. 39).[8]

Das System der in die LVerf. hineinwirkenden Bundesverfassung[9] ist von der – iE schwankenden – **3** Rspr. des BVerfG geprägt worden. Zwei Kernaussagen sind von besonderer Bedeutung: Zum einen die in st. Rspr. herausgebildete Formel, dass in dem so betont föderal ausgestalteten Staat der BRD die Verfassungsbereiche des Bundes und der Länder prinzipiell „nebeneinander" stehen,[10] zum anderen der – rätselhafte und nebulöse[11] – Satz, dass „die Verfassung der Gliedstaaten eines Bundesstaates [...] nicht in der Landesverfassungsurkunde allein enthalten [ist], sondern auch Bestimmungen der Bundesverfassung [in sie hinein wirken]. Beide Elemente zusammen machen erst die Verfassung des Gliedstaates aus."[12] In einer Art **„ebenenübergreifende[r] Dogmatik"**[13] kennzeichnen prinzip. Trennung und begrenztes Zusammenspiel das föderative Verfassungsgeflecht.[14]

Den grundgesetzlichen **Ingerenzbestimmungen,** die im Zusammenwirken mit der „Parallel- **4** regelung"[15] des Art. 28 das Gebot materieller und struktureller Kongruenz verwirklichen sollen, liegt folgendes System zugrunde: Neben dem **Homogenitätsgebot i. e. S.** des Art. 28 I (→ Rn. 7 ff.) existieren **Durchgriffsnormen** und **Bestandteilsnormen** (i. S. eher Bestandteilstheorie).[16] Dabei sind Durchgriffsnormen dadurch gekennzeichnet, dass sie die Landesstaatsgewalt unmittelbar, dh ohne Transformationsakt, binden. Zu dieser „verfassungsrechtlichen Konkordanzmasse"[17] werden ua ge-

---

[1] Zur Verfassungsautonomie der Länder BVerfGE 4, 178 (189); 36, 342 (361); 64, 301 (317); 90, 60 (84); 96, 345 (368 ff.); 103, 332 (350); 107, 1 (10); ausf. dazu *Mann* BK, Art. 28 (2016), Rn. 20 ff. Zur Bedeutung des gliedstaatlichen Verfassungsrechts ferner *Graf Vitzthum* VVDStRL 46 (1988), 7 ff.; *Funk* ebd., 75 ff.; *Schmidt* ebd., 92 ff.; *Hufen* BayVBl 1987, 513 ff.; *Grawert* NJW 1987, 2329 ff.; *Pestalozza* NVwZ 1987, 744 ff.; *Sachs* DVBl 1987, 861 ff.; *Schneider* DÖV 1987, 749 ff.; *Boehl* Staat 30 (1991), 572 ff.

[2] Dazu mwN *Rozek,* Das Grundgesetz als Prüfungs- und Entscheidungsmaßstab der Landesverfassungsgerichte, 1993, S. 36 ff.

[3] *Stern,* StaatsR I, S. 704.

[4] BVerfGE 9, 268 (279); 36, 342 (361); 41, 88 (119); 60, 175 (207 f.); 90, 60 (84).

[5] BVerfGE 4, 178 (189); s. dazu *Dreier,* in: Dreier II, Art. 28 Rn. 50; ferner *Stern,* StaatsR I, S. 705; *Kersten* DÖV 1993, 896 ff. jeweils mwN.

[6] Grundl. BVerfGE 1, 208 (236); 6, 104 (111).

[7] BVerfGE 90, 60 (85).

[8] *Stern,* StaatsR I, S. 704; *Rozek* (Fn. 2), S. 106; *Graf Vitzthum* VVDStRL 46 (1988), 7 (11); *Nierhaus* FG Brand-Verf, 2003, S. 75 (76 ff.); abw. *Löwer,* in: v. Münch/Kunig I, Art. 28 Rn. 37 f. (Homogenitätsnorm und Normativbestimmung); s. dazu auch *Menzel,* Landesverfassungsrecht, 2002, S. 263 ff.

[9] *Rozek* (Fn. 2), S. 100 ff., spricht von einem „Phänomen".

[10] BVerfGE 4, 178 (189); 6, 376 (381 f.); 22, 267 (270); 41, 88 (118); 60, 175 (209); 64, 301 (317); 96, 345 (368 f.); 98, 145 (157); 103, 332 (350); 107, 1 (10).

[11] *Bethge* DÖV 1972, 336 (339); *ders.* AöR 110 (1985), 169 (197); *Graf Vitzthum* VVDStRL 46 (1988), 7 (11).

[12] BVerfGE 1, 208 (232); 27, 44 (45); ferner BVerfGE 4, 375 (378); 6, 367 (375); 13, 54 (79 f.); 23, 33 (39); 27, 10 (17); 60, 53 (61); 66, 107 (114); 103, 332 (353); 120, 82 (104).

[13] *Mehde,* in: Maunz/Dürig, Art. 28 Abs. 2 (2012) Rn. 26.

[14] S. BVerfGE 103, 332 (351 f.): keine „Bezuglosigkeit" des selbstständigen Nebeneinanders der Verfassungsräume, sondern „Modifizierungen und Durchbrechungen des Trennungsprinzips".

[15] Begriff nach *Herbert Kraus* (zit. nach *Kruse* FS Kraus, 1954, S. 127 Fn. 46).

[16] S. dazu *Mann* BK, Art. 28 (2016), Rn. 27 ff.; ferner *Kersten* DÖV 1993, 896 (897 ff.).

[17] *Grawert* NJW 1987, 2329 (2331).

zählt: Art. 1 III iVm den Grundrechten, Art. 31, 142, 25, 26, 33 V, 34, 80 I 2, 92, 97 und 101–104.[18]

**5**     Darüber hinaus hat das BVerfG eine dritte Kategorie kreiert, die ohne „Durchgriffswirkung" in die LVerf. „hineinwirkt", und zwar nach der Terminologie des BVerfG in verschiedenen **Bestandteilsnormen:**[19] Die LVerf. können danach teils aus BundesverfassungsR bestehen. So gibt es Bestimmungen des GG, die zugleich und unmittelbar auch Bestandteil des (förmlichen) LVerfR sind.[20] Daneben sind bundesverfassungsrechtl. Vorschriften anerkannt, die das (materielle, über die formelle Verfassungsurkunde hinausreichende) LVerfR ergänzen.[21]

**6**     Umstr. ist, ob Durchgriffsnormen und Bestandteilsnormen Prüfungsmaßstab der LVerfG[22] sein können oder ob diese allein auf die Überprüfung am Maßstab des formellen LVerfR beschränkt sind.[23] In einer Grundsatzentscheidung hat das BVerfG zu klären versucht, ob auch die Verteilung der **Gesetzgebungskompetenzen der Art. 70 ff.** in das LVerfR hineinwirkt, und daraus in einer Auseinandersetzung mit der zuvor divergierenden Rspr. der VerfG von NRW,[24] Bayern[25] und Hessen[26] Konsequenzen für Normenkontrollkompetenzen der LVerfG gezogen:[27] Danach können die Vorschriften der Art. 30 und Art. 70 ff. nur dann in die LVerf. **„hineingelesen"** werden, wenn es entspr. landesverfassungsrechtl. Inkorporationsnormen („Trichternormen") gibt. Bestimmungen, die ein Land nur zum Gliedstaat der BRD erklären, reichen hingegen nicht aus. Liegt indes eine kompetenzrechtl. Inkorporationsnorm vor, haben die LVerfG insoweit zwar eine **Prüfungs-,** mit Blick auf den klaren Wortlaut der Art. 93 I Nr. 2 und Art. 100 I iVm III dagegen aber **keine Verwerfungskompetenz.**[28]

## B. Das Homogenitätsgebot des Abs. 1

### I. Bedeutung

**7**     Nach Art. 28 I 1 muss die verfassungsmäßige Ordnung in den Ländern den Grundsätzen des republikanischen, demokratischen und sozialen Rechtsstaates im Sinne des GG entsprechen; S. 2 konkretisiert das Demokratieprinzip des S. 1 für das Wahlrecht in den Ländern, Kreisen und Gemeinden. S. 3 enthält eine „Öffnungsklausel" für das Kommunalwahlrecht der EU-Bürger. Bereits nach seinem Wortlaut hat Art. 28 I 1, der keine Verpflichtung der Länder zur förmlichen Verfassungsgebung begründet,[29] eine **Doppelbedeutung:** Zum einen begrenzt er die konstitutionelle Gestaltungsfreiheit der Länder durch seine vier Normativbestimmungen, zum anderen erkennt das GG damit zugleich die Verfassungsautonomie der Länder als wesentlichen Bestandteil ihrer Eigenstaatlichkeit an.[30] Nach dem BVerfG steht außer Streit, dass Art. 28 I 1 und 2 nicht Konformität oder gar Uniformität, sondern nur, aber immerhin eine „gewisse Homogenität durch Bindung an die leitenden Prinzipien" fordert.[31]

---

[18] Zum Rechtsstaatsprinzip BVerfGE 2, 380 (403); zu Art. 33 V BVerfGE 4, 115 (135); zu Art. 80 I 2 BVerfGE 41, 251 (266); 54, 143 (144); 55, 207 (226); 73, 388 (400); zum Ganzen *Rozek* (Fn. 2), S. 103. Zu den Durchgriffsnormen werden unabhängig von Art. 28 I auch Art. 20 II und III gezählt, um Art. 28 I 1 nicht zu einer deklaratorischen Norm zu degradieren, s. *Stern,* StaatsR I, S. 704; *März,* Bundesrecht bricht Landesrecht, 1989, S. 179; aA *Schwarz* MKS II, Art. 28 Rn. 30; *Dreier,* in: Dreier II, Art. 28 Rn. 53.

[19] Nach *Schwarz* MKS II Art. 28 Rn. 32; *Dreier,* in: Dreier II, Art. 28 Rn. 54; *Mehde,* in: Maunz/Dürig Art. 28 Abs. 1 (2014) Rn. 17; *Pieroth,* in: Jarass/Pieroth, Art. 28 Rn. 1, ist das Konstrukt der Bestandteilsnormen wegen unzulässiger Umgehung bzw. Verkehrung des Art. 28 I abzulehnen.

[20] Zu Art. 1 I BerlVerfGH NJW 1993, 515 (516).

[21] Zu Art. 21 etwa BVerfGE 1, 208 (227); 4, 375 (378); 6, 367 (375); s. auch BVerfGE 23, 33 (39); 27, 10 (17); 60, 53 (61); 66, 107 (114); 85, 353 (359); krit. *Rozek* (Fn. 2), S. 177 ff.; zu Art. 5 I 2 BVerfGE 13, 54 (79 f.); zust. *Rozek* aaO, S. 104. Zusammenfassend BVerfGE 103, 332 (352 f.); ferner BVerfGE 120, 82 (101).

[22] Die Verfassungsgerichtsbarkeiten des Bundes und der Länder stehen grds. nebeneinander, s. BVerfGE 41, 88 (118 f.); 96, 345 (368 f.); 103, 332 (350 ff.); dazu auch *Mann* BK, Art. 28 (2016), Rn. 25 f. Entscheidungen der LVerfG über die Vereinbarkeit einer Norm des Landesrecht mit der LVerf. prüft das BVerfG angesichts der Grenzen der Entscheidungsgewalt der LVerfG (auch) auf ihre Vereinbarkeit mit den in Art. 3 I verankerten Willkürverbot, s. BVerfG NVwZ-RR 2016, 521 (523), wonach – gewissermaßen umgekehrt – Zweifel an der Auffassung bestehen, dass Verstöße von Landesrecht gegen Bundesrecht nur dann als Verstoß gegen die LVerf. anzusehen sind, wenn der Widerspruch offen zutage tritt und als schwerwiegender, besonders krasser Eingriff in die Rechtsordnung zu werten ist; s. dazu auch *Möstl* BayVBl 2017, 659 ff.

[23] S. dazu *Löwer,* in: v. Münch/Kunig I, Art. 28 Rn. 12, *Dreier,* in: Dreier II, Art. 28 Rn. 57.

[24] NRWVerfGH DVBl 1992, 1290 ff.

[25] BayVerfGHE 41, 59 ff.; 43, 107 (120 f.); 45, 33 (40 f.); 51, 94 (99 f.); BayVerfGH NVwZ 1999, 1 ff.

[26] HessStGH, ESVGH 32, 20 ff.

[27] BVerfGE 103, 332 (353 ff.).

[28] *Klein,* in: Benda/Klein/Klein, § 2 Rn. 54 mwN.

[29] *Pieroth,* in: Jarass/Pieroth, Art. 28 Rn. 3; *Dreier,* in: Dreier II, Art. 28 Rn. 52/43; *Mehde,* in: Maunz/Dürig, Art. 28 Abs. 1 (2014) Rn. 32; *Schwarz* MKS II, Art. 28 Rn. 22; zur Gewährleistung von Grundrechten ferner BVerfGE 103, 332 (349).

[30] S. nur *Hufen* BayVBl 1987, 513 (516 f., 518); *Grawert* NJW 1987, 2329 (2331 ff.); *Pestalozza* NVwZ 1987, 744 (747); *Sachs* DVBl 1987, 857 (864); *Erbguth/Wiegand* DÖV 1992, 770 (776).

[31] BVerfGE 9, 268 (279); ferner etwa BVerfGE 24, 367 (390 f.); 27, 44 (55 f.); 36, 342 (361); 41, 88 (116); 83, 37 (58); 90, 60 (84 f.).

## II. Vier Grundprinzipien des Art. 28 I 1

Art. 28 I 1 äußert sich zu **Inhalt** und **Geltungsobjekt** der Homogenitätsklausel dahin, dass die für 8
die „verfassungsmäßige Ordnung" der Länder aufgestellten, ausfüllungsbedürftigen Grundsätze solche
„im Sinne dieses Grundgesetzes" sind. Der Begriff der „verfassungsmäßigen Ordnung in den Ländern"
ist in einem weiteren Sinne zu verstehen, was sich insbes. aus dem Wortlaut („in den" und nicht „der"
Länder[n]) und der Gewährleistungspflicht des Bundes nach Art. 28 III ergibt. Die Interpretation des
Begriffs „als konkreter Gesamtzustand politischer Einheit und sozialer Ordnung, also unter Einschluss
der sog. Verfassungswirklichkeit",[32] hat sich durchgesetzt.[33] Umfasst wird dabei das gesamte (auch
einfache) Landesrecht.[34] Die **Rückverweisung** des Art. 28 I auf die Grundsätze des republikanischen,
demokratischen und sozialen Rechtsstaates i. S. des GG wird unterschiedlich interpretiert, denn Art. 28
I 1 definiert die vier Prinzipien als „leitende Rechtssätze" nicht selbst.[35]

Diesbezügliche Auslegungsbemühungen müssen sich vor allem an zwei – durchaus gegenläufigen –  9
Topoi orientieren, nämlich sowohl an dem Grundsatz der **Einheit der Verfassung** als auch an dem
„Selbststand" und der Eigenart des Art. 28 I 1 als **Normativbestimmung** und **Homogenitätsklausel.** Damit ist einerseits ein Rückgriff auf die freiheitlich-demokratische Grundordnung des GG
ebenso zulässig wie eine Bezugnahme auf die durch Art. 79 III geschützten Grundsätze der Art. 1 und
20. Andererseits muss die Eigenart des Homogenitätsgebotes beachtet werden, das ein einheitlich-
unitarisches Verständnis der Grundsätze „föderal ausfiltert".[36]

Wenn Art. 28 I 1 nicht Uniformität, sondern nur ein **Mindestmaß an grds. Übereinstimmung** 10–12
verlangt, kann eine (vollständige) Identität der Grundsätze der Art. 20 und 28 I 1 nicht gewollt sein.
Die eingeschränkte Regelungsdichte der Homogenitätsgrundsätze – spiegelbildlich: der Freiraum der
Länder bei ihrer Ausgestaltung[37] – verlangt eine einzelfallbezogene und flexible (nämlich länderfreundliche) Bestimmung dessen, was die „grundsätzlichen" republikanischen, rechtsstaatlichen, demokratischen und sozialen Vorgaben des GG für die Verfassungshoheit der Länder darstellen.[38]

## III. Einzelfragen

Einzelfälle offenkundig **unzulässiger Abweichungen** von der föderalen Homogenität der „Gleich- 13
gestimmtheit"[39] sind ua:[40]

**Republikanisches Prinzip:** Einführung eines erblichen Staatsoberhauptes (Monarchie) oder der 14
Aristokratie; auch eine parl. Monarchie wäre grundgesetzwidrig.[41]

**Demokratieprinzip:** Die Grundentscheidung des Art. 20 II GG für die Volkssouveränität und die 15
daraus folgenden Grundsätze der demokratischen Organisation und Legitimation von Staatsgewalt sind
auch für die verfassungsmäßige Ordnung in den Ländern verbindlich.[42] Unzulässig sind demnach die
Einführung einer Volksdemokratie, Räterepublik, einer wie auch immer gearteten Partei- oder Klassen-
herrschaft (Diktatur), ein weitgehendes NotverordnungsR der Exekutive (etwa i. S. von Art. 48 II
WRV),[43] die Abschaffung des demokr. Mehrheitsprinzips, das ruhende Mandat[44] und der Ausschluss
jeglicher parl. Minderheitenrechte. Namentlich parlamentarische Untersuchungsausschüsse werden als
„Essentialen des demokratischen Prinzips" ebenfalls für unverzichtbar gehalten.[45] Die Bestimmungen
über den Status der Bundestagsabgeordneten (und die Stellung des Bundestages) sind hingegen nicht in

---

[32] *Stern* BK, Art. 28 (1964) Rn. 20.
[33] S. nur *Löwer,* in: v. Münch/Kunig I, Art. 28 Rn. 11; *Bothe* AK GG, Art. 28 Abs. 1 I Rn. 4; ferner *Mann* BK,
Art. 28 (2016), Rn. 39 ff.
[34] *Mehde,* in: Maunz/Dürig, Art. 28 Abs. 1 (2014) Rn. 46; *Pieroth,* in: Jarass/Pieroth, Art. 28 Rn. 3.
[35] S. zum Streitstand *Kersten* DÖV 1993, 896 (898 f. m. Fn. 44 ff.).
[36] In Anlehnung an den Begriff „föderaler Filter", den *Kersten* DÖV 1993, 896 (899) unter Berufung auf *Werner,*
Wesensmerkmale des Homogenitätsprinzips und ihre Ausgestaltung im Bonner Grundgesetz, 1967, S. 69 f., *Stern* BK,
Art. 28 (1964) Rn. 21 und *März* (Fn. 18), S. 179 gebraucht.
[37] Vgl. auch BVerfGE 96, 345 (368 f.); 99, 1 (11); 102, 224 (234 f.); 103, 332 (350).
[38] S. *Werner* (Fn. 36), S. 58 ff.; dazu im Einzelnen aber auch *Kersten* DÖV 1993, 896 (899 ff.). Zu in diesem
Zusammenhang aus dem wahlrechtlichen Homogenitätsgebot folgenden Anforderungen an das (Kommunal-)Wahl-
recht BVerfGE 99, 1 (11); BVerwGE 118, 345 (347 f.).
[39] *Lerche* VVDStRL 21 (1964), 66 (87): in Abgrenzung zur „zentralen Durchgestimmtheit" und „partiellen Abge-
stimmtheit".
[40] S. zum Folgenden auch *Mehde,* in: Maunz/Dürig, Art. 28 Abs. 1 (2014) Rn. 50 ff.; *Mann* BK, Art. 28 (2016),
Rn. 43 ff.; ferner *Henneke* in: Hofmann/Henneke, Art. 28 Rn. 12 ff.; *Pieroth,* in: Jarass/Pieroth, Art. 28 Rn. 4.
[41] *Ley* VR 1985, 312 (315); *Isensee* DVBl 2001, 1161 (1164, 1165): das republikanische Prinzip als Grenze für
leichtere Hürden für Volksbegehren und Volksentscheid; dazu aber auch ThürVerfGH LKV 2002, 83 (86 f.).
[42] BVerfGE 9, 268 (281); 47, 253 (272); 83, 60 (71); 93, 37 (66).
[43] *Pieroth,* in: Jarass/Pieroth, Art. 28 Rn. 5.
[44] S. dazu HessStGH ESVGH 27 (1978), 193 (200 ff.); das ruhende Mandat, wie es die Verfassungen Bremens
(Art. 108 II) und Hamburgs (Art. 38a II) vorsehen, verstößt sowohl gegen die Unmittelbarkeit als auch die Gleichheit
der Wahl, s. *Schwarz* MKS II, Art. 28 Rn. 89; *Dreier,* in: Dreier II, Art. 28 Rn. 71. Fraglich ist, ob dies auch für ein
Rotationsprinzip gilt, s. dazu NdsStGH NJW 1985, 2319 ff.
[45] BVerwGE 79, 339 (345); 109, 258 (263).

ihren konkreten Ausgestaltungen, sondern nur in ihren Grundsätzen für die Verfasstheit der Länder von Bedeutung.[46] Während nach der Rspr. des BVerfG überdies Art. 21 unmittelbar in die Verfassungsordnungen der Länder hineinwirkt,[47] gibt Art. 28 I 1 den Ländern kraft des Demokratieprinzips auch auf, ein Verfahren zur Prüfung ihrer Parlamentswahlen einzurichten.[48] Des Weiteren erhebt ganz grds. das parl. Regierungssystem des GG zwar keinen Ausschließlichkeitsanspruch.[49] Abweichungen von der repräsentativen Demokratie in Formen unmittelbarer Demokratie (Volksinitiative, -begehren, -entscheid) sind zulässig,[50] allerdings nur, wenn der Vorrang des Parlaments(-Gesetzes) und seiner Budgethoheit gewahrt bleibt.[51] Die Länder dürfen auch keine Volksbefragungen zu Themen durchführen, die zur Bundeskompetenz gehören.[52] Schließlich ist auch die Bestimmung der Regeln, nach denen sich die Bildung der Landesverfassungsorgane, ihre Funktionen und ihre Kompetenzen bemessen, Sache der Länder. Sie haben etwa die Freiheit zur Einführung eines Präsidialsystems[53] oder eines Zwei-Kammer-Systems[54] sowie zur Festlegung der Dauer der Legislaturperiode.[55] Gleiches gilt für ein Selbstauflösungsrecht der LParl,[56] die Möglichkeit zur Abwahl des Regierungschefs,[57] die Ministeranklage[58] und den Ausschluss des konstruktiven Misstrauensvotums (etwa nach Art. 44 III 2 BayVerf).[59]

**16**    **Sozialstaatsprinzip:** Das Verbot eines unsozialen Systems erscheint wirklichkeitsfremd, weil dem Bund und nicht den Ländern die Gesetzgebungskompetenz für die Sozialordnung zusteht.[60]

**17**    **Rechtsstaatsprinzip:** Ein unrechtsstaatliches System würde sich insbes. dadurch „auszeichnen", dass es die Geltung der Grundrechte außer Kraft setzt,[61] die Rechtsbindung der staatlichen Gewalten und ihrer Hoheitsakte oder den Rechtsschutz abschafft. Die Geltung des Rechtsstaatsprinzips in den Ländern ist dadurch sichergestellt, dass gemäß Art. 1 III eine umfassende Grundrechtsbindung auch für die Länderstaatsgewalten besteht und Art. 19 IV ihnen gegenüber effektiven Rechtsschutz garantiert. Das BVerfG zählt zu den von den Ländern zu beachtenden rechtsstaatlichen Grundsätzen ferner das Prinzip der Gewaltenteilung.[62] Hinzu kommt das Postulat einer selbständigen politischen Entscheidungsgewalt der Regierung, ihrer Funktionsfähigkeit und Sachverantwortung gegenüber Volk und Parlament.[63] Des Weiteren bedürfen belastende Staatsakte auch in den Ländern einer gesetzlichen Grundlage, wobei die wesentlichen Entscheidungen i. S. eines Parlamentsvorbehalts vom Parlament selbst zu treffen sind.[64] Eine bestimmte Form ist dem Rechtsstaatsprinzip dabei allerdings nicht zu entnehmen.[65] Die Grundsätze des Rechtsstaates verlangen des Weiteren, dass Gesetze „zugänglich publiziert" werden.[66] Gleiches gilt für das Bestimmtheitsgebot.[67] Die in Art. 80 I 2 festgelegten, aus dem rechtsstaatl. und demokratischen Verfassungssystem des GG folgenden Grundsätze sind ebenfalls auch für die Landesgesetzgebung verbindlich.[68] Als Ausprägung des Rechtsstaatsprinzips zählt schließ-

---

[46] Zum passiven Wahlrecht BVerfGE 98, 145 (160); zur Abgeordnetenentschädigung BVerfGE 102, 224 (235 ff.); zur Freiheit von exekutiver Beobachtung, Beaufsichtigung und Kontrolle BVerfGE 134, 141 Rn. 104.

[47] BVerfGE 1, 208 (227); 4, 375 (378); 6, 367 (375); 23, 33 (39); 60, 53 (61); 66, 107 (114); 103, 332 (353).

[48] BVerfGE 85, 148 (159); 99, 1 (18); 103, 111 (134).

[49] Siehe auch BVerfGE 27, 44 (56).

[50] S. dazu BVerfGE 60, 175 (208). Nach der Rspr. verstößt das kommunalrechtliche Institut des Einwohnerantrags weder gegen das Demokratieprinzip noch das Prinzip der Volkssouveränität, da insoweit keine Ausübung von Staatsgewalt in Rede steht, s. ThürVerfGH NVwZ-RR 2019, 129 ff.

[51] ThürVerfGH LKV 2002, 83 (90 ff.) mwN; dazu krit. *Sachs* LKV 2002, 249 ff.; s. auch BremStGH NVwZ-RR 2001, 1 ff., wonach plebiszitäre Gesetzgebung im Wesentlichen die Funktion hat, Defizite der parlamentarischen Gesetzgebung zu mildern oder auszugleichen; ferner HmbVerfG NVwZ 2005, 685 (687) zuletzt dazu auch HmbVerfG JZ 2017, 360 ff. mit krit. Anm. *Groß*; restriktiv zu Art. 41 II SchlHVerf BVerfGE 102, 176 ff.; ferner BbgVerfG LVerfGE 12, 119 ff.; großzügiger SächsVerfGH LVerfGE 13, 315 ff.

[52] BVerfGE 8, 104 (117 f.); BayVerfGH DVBl 1990, 692 (693 ff.); HessStGH ESVGH 32, 20 (24).

[53] *Pieroth,* in: Jarass/Pieroth, Art. 28 Rn. 7; *Klein* FS Kriele, 1997, S. 573 (578); s. aber auch *Löwer,* in: v. Münch/Kunig I, Art. 28 Rn. 15.

[54] *Mehde,* in: Maunz/Dürig, Art. 28 Abs. 1 (2014) Rn. 58; *Pieroth,* in: Jarass/Pieroth, Art. 28 Rn. 7.

[55] BVerfGE 1, 14 (34); zur Amtsperiode des Regierungschefs BVerfGE 27, 44 (56).

[56] BlnVerfGH NVwZ 2002, 594 (596).

[57] *Dreier,* in: Dreier II, Art. 28 Rn. 58; *Pieroth,* in: Jarass/Pieroth, Art. 28 Rn. 8.

[58] *Löwer,* in: v. Münch/Kunig I, Art. 28 Rn. 15.

[59] Allg. zum Misstrauensvotum BVerfGE 9, 268 (281).

[60] *Bothe* AK GG, Art. 28 Abs. 1 I Rn. 13.

[61] Dies gilt nach dem BVerfG allerdings nicht für die „Institutsgarantie des freien Eigentums", BVerfGE 103, 332 (349). Spiegelbildlich dazu dürfen die Länder freilich über das GG hinausgehende, vornehmlich auch soziale Grundrechte in ihre Verfassungen aufnehmen, s. *Dreier,* in: Dreier II, Art. 28 Rn. 59; *Pieroth,* in: Jarass/Pieroth, Art. 28 Rn. 9.

[62] BVerfGE 2, 307 (319); 34, 52 (58).

[63] BVerfGE 9, 268 (281).

[64] S. dazu BVerfGE 41, 251 (266); 90, 60 (85).

[65] BVerfGE 90, 60 (85).

[66] BVerfGE 90, 60 (85 f.).

[67] BVerfGE 103, 111 (135).

[68] BVerfGE 55, 207 (226); 58, 257 (277); 102, 197 (222); 107, 1 (15); 139, 19 Rn. 56. Das Zitiergebot des Art. 80 I 3 gehört dagegen nicht zu den zwingenden Rechtsinstituten, die unmittelbar auch für das LVerfR gelten, s. BVerwGE 157, 54 Rn. 28.

lich Art. 20 III zu den verbindlichen Bestimmungen, wenngleich daraus keine in allen Einzelheiten eindeutig bestimmten Gebote oder Verbote abgeleitet werden können.[69]

## IV. Anforderungen an das Wahlrecht (Sätze 2–4)

**1. Für die Länder, Kreise und Gemeinden.** Nach Art. 28 I 2 muss das Volk in den Ländern, **18** Kreisen und Gemeinden eine Vertretung haben, die aus **allgemeinen, unmittelbaren, freien, gleichen und geheimen Wahlen** hervorgegangen ist.[70] Dadurch erhält die **Kommunalverwaltung** – anders als die funktionale Selbstverwaltung[71] – eine **doppelte demokratische Legitimation:** zum einen die sachlich-inhaltliche Legitimation der Gesetzesbindung (Art. 20 III), zum anderen über die Volkswahl der Vertretung (meist auch der Hauptverwaltungsbeamten) eine eigene unmittelbare demokratische Legitimation.[72] Mit den Wahlrechtsgrundsätzen des Art. 28 I 2 sind diejenigen des Art. 38 I 1 gemeint.[73] Durch alle LVerf., LWahlG, Gemeinde- und Landkreisordnungen sowie KommunalwahlG ist das in der Vorschrift enthaltene und das Demokratieprinzip konkretisierende Homogenitätsgebot erfüllt und damit zugleich die Einheitlichkeit der demokratische Legitimationsgrundlage im Staatsaufbau sichergestellt.[74] Die Stellung der gewählten Kommunalvertreter ist anders als diejenige der Mitglieder der LParl dabei allerdings nicht verfassungsrechtlich, aber immerhin einfachgesetzlich abgesichert.[75] Sie stehen in einem Mandatsverhältnis eigener Art, das nach dem BVerwG in den Grundzügen durch Art. 28 I 2 vorgezeichnet ist: Der Gemeinderat repräsentiert, auch wenn er kein Parlament ist, die Gemeindebürger.[76] Dem muss die gesetzliche Ausgestaltung der Rechtsstellung seiner Mitglieder Rechnung tragen.[77] Ihnen wird daher vornehmlich die **Freiheit**[78] und **Gleichheit**[79] **des Mandats** zuerkannt. Gemeindeverbände, die keine kommunalen Gebietskörperschaften sind, müssen hingegen keine Volksvertretung haben.[80] Schließlich ist die unmittelbare Wahl anderer Kommunalorgane (namentlich der Bürgermeister und Landräte) vom GG aber auch nicht verboten.[81] Allerdings ist zu berücksichtigen, dass das GG auch für die Gemeinden eine demokr. Organisation der Staatsgewalt vorschreibt. Ihre Organe und Vertretungen (namentlich die Gemeindebezirke) bedürfen, soweit sie Staatsgewalt ausüben, daher einer Legitimation, die sich auf die Gesamtheit der Bürger als das Volk, von dem alle Gewalt ausgeht, zurückführen lässt.[82]

Die Verpflichtungen nur auf Wahlrechts*grundsätze* und der damit einhergehende Verzicht auf **19** bindende wahltechnische Einzelregelungen erlauben eine unterschiedliche Ausgestaltung des Landes- und Kommunalwahlrechts.[83] Allerdings soll sich Art. 28 I 2 unter dem Gesichtspunkt verdichten, dass durch BundesverfassungsR gestaltete Rechtsbegriffe möglichst einheitlich anzuwenden

---

[69] S. dazu BVerfGE 1, 208 (223); 2, 380 (403); ferner BVerfGE 90, 60 (86).

[70] Rathausparteien und Wählervereinigungen haben bei Kommunalwahlen das Recht auf chancengleiche Teilnahme, s. BVerfGE 11, 266 ff.

[71] Dazu BVerfGE 107, 59 (87 ff.).

[72] S. *Schmidt-Aßmann* FS BVerfG II, 2001, S. 803 (811 f.).

[73] BVerfGE 120, 82 (102).

[74] BVerfGE 83, 37 (55); s. auch *Mann* BK, Art. 28 (2016), Rn. 68 ff. Auch dem Vorhaben, bezüglich der Zusammensetzung des Wahlvolkes auf Landesebene abweichende Regelungen zu treffen und Unionsbürgern ein Wahlrecht einzuräumen, hat die Rspr. aufgrund des Homogenitätsgebots eine Absage erteilt, s. BremStGH NVwZ-RR 2014, 497 ff.

[75] Dazu BVerfGE 78, 344 (348); auch Art. 28 I 2 können gewählte Kommunalvertreter nicht geltend machen, s. BVerfGE 99, 1 (7 f.); BVerfG NVwZ-RR 2005, 494 f.; NVwZ 2009, 776 f.; NVwZ-RR 2012, 2 f.

[76] S. dazu auch BVerfGE 47, 253 (272).

[77] BVerwGE 90, 104 (105). Nach dem BVerwG ist es überdies nicht zweifelhaft, dass Kommunalvertreter namentlich während der Sitzungen des Gemeinderats nicht ihr Recht zur freien Meinungsäußerung verlieren, s. BVerwG NVwZ 1988, 837 f.

[78] Zur Bildung von Gemeinderatsfraktionen als Ausdruck des freien Mandats BVerwGE 90, 104 ff.; zur Unzulässigkeit von Film- und Tonaufnahmen während der Sitzungen des Gemeinderats ferner BVerwG NJW 1991, 118 f.

[79] Zur Geltung des Spiegelbildlichkeitsgrundsatzes bei der Besetzung von Ausschüssen der Gemeindevertretung BVerwGE 119, 305 ff.; BVerwG NVwZ-RR 1993, 209; NVwZ 2010, 834 ff.; Fraktionen und fraktionslosen Gemeindevertretern steht insoweit kein Grundmandat zu, s. BVerwG DVBl 1993, 890 f. Aus der Mandatsgleichheit folgt allerdings keine streng formale Gleichheit der Fraktionen im Hinblick auf Zuwendungen, s. BVerwGE 143, 240 Rn. 18 f.; 162, 284 Rn. 33.

[80] BVerfGE 52, 95 (110); zu Ämtern BbgVerfG LVerfGE 8, 71 ff.; SchlHVerfG NordÖR 2010, 155 ff. Auch Bezirksvertretungen fallen grds. nicht in den Anwendungsbereich des Art. 28 Abs. 1 S. 2, s. BVerfGE 47, 253 (275).

[81] Die direkte Wahl von Bürgermeistern und Landräten wird nicht von Art. 28 I 2 erfasst, s. SächsVerfH NVwZ-RR 1998, 124 (125); ferner *Pieroth*, in: Jarass/Pieroth, Art. 28 Rn. 10; grundl. zur Zulässigkeit ihrer Abwahl BVerfGE 7, 155 ff.; BVerwGE 20, 160 ff.

[82] BVerfGE 38, 258 (271); 47, 253 (272).

[83] BVerwGE 94, 288 (290, 291); ferner BVerfGE 4, 31 (45). Bspw. die Festlegung des Mindestalters für das aktive Wahlrecht auf 16 Jahre bei Kommunalwahlen steht nach der Rspr. mit dem GG im Einklang, s. BVerwGE 162, 244 ff.; ferner VGH BW NVwZ-RR 2018, 404 ff. Dazu, dass das Homogenitätsgebot des Art. 28 I 2 nicht erfordert, dass der sog. „Erheblichkeitsgrundsatz" (i. S. gewichtiger Wahlfehler) namentlich auf die Direktwahl eines Bürgermeisters angewendet werden muss, BVerwGE 118, 101 (103 ff.); s. dazu ferner BVerwGE 29, 154 (163); BVerwGE 104, 323 (329 f.).

sind.[84] Grenzen des weiten Entscheidungsspielraums, den das GG den Ländern bei der Gestaltung des WahlR einräumt, ergeben sich ferner aus der Verpflichtung, das Wahlsystem in seinen Grundelementen folgerichtig zu gestalten.[85] Ausgehend davon steht es den Ländern frei, abweichend von dem personalisierten Verhältniswahlsystem des Bundes,[86] ein reines Mehrheits- oder Verhältniswahlsystem einzuführen oder beide Wahlsysteme miteinander zu verbinden.[87] Des Weiteren kommen unterschiedl. Berechnungsmethoden zur Anwendung, wobei auch das d'Hondtsche Höchstzahlenverfahren für zulässig erachtet wird.[88] Überdies können die Länder abweichend vom Bundeswahlsystem **Panaschieren** und **Kumulieren** zulassen,[89] vom BundesR abw. Unterschriftenquoren vorsehen[90] und namentlich auch die **Briefwahl** abschaffen.[91] Die Abschaffung der **Stichwahl** bei den Wahlen der Bürgermeister und Landräte hat der NRWVerfGH demgegenüber zuletzt für unvereinbar mit dem Demokratiprinzip gehalten.[92]

20   Wegen des strikt formellen Charakters des Grundsatzes der **Wahlrechtsgleichheit** gesteht das BVerfG (auch) dem (Landes)Gesetzgeber allerdings nur einen „eng" bemessenen Spielraum für Differenzierungen zu.[93] Eine bundesgesetzlich angeordnete Zusammenlegung von Bundes- und Landtagswahlen wird daher für unzulässig gehalten.[94] Zur Wahrung der Grundsätze der Gleichheit der Wahl und der Chancengleichheit der Wahlbewerber muss bei Kommunalwahlen die Einteilung des Wahlgebiets zudem zu möglichst gleich großen Wahlbereichen führen.[95] Der Sache nach besteht (von Besonderheiten für Parteien der dänischen und sorbischen Minderheit in Schleswig-Holstein[96] und Brandenburg sowie der 3 %-Klausel bei der Wahl zu den Berliner Bezirksverordnetenversammlungen[97] abgesehen) ferner eine prinzipielle Homogenität der kommunalen Wahlrechtssysteme i. S. eines (personalisierten) Verhältniswahlsystems. Anders als auf Bundes- und Landesebene standen (gewissermaßen umgekehrt) in der Vergangenheit allerdings vornehmlich Sperrklausel der Kommunalwahlgesetze auf dem (landes)verfassungsgerichtl. Prüfstand und wurden für (landes)verfassungswidrig erklärt.[98] Auch das BVerfG hielt die Sperrklausel des § 10 I SchlHGKWG aF wegen Verstoßes gegen die Wahlrechtsgleichheit und die Chancengleichheit für verfassungswidrig.[99] Um einer Zersplitterung der kommunalen Parlamente entgegenzuwirken und deren Funktionsfähigkeit sicherzustellen, wurde mit Art. 78 I 3 LV NRW gleichwohl eine 2,5 %-Sperrklausel bei Kommunalwahlen wieder eingeführt, vom NRWVerfGH allerdings für unzulässig gehalten: Da der Grundsatz der Gleichheit der Wahl änderungsfester Bestandteil des Demokratieprinzips sei, nach dem differenzierende Regelungen stets eines besonderen, sachlich legitimierten, „zwingenden" Grundes bedürften, bestehe auch kein spezifischer Spielraum des landesverfassungsändernden Gesetzgebers; dass die 2,5 %-Sperrklausel zur Sicherung der

---

[84] BVerwGE 118, 345 (348).

[85] BVerfGE 120, 82 (103 f.); ausf. zum Gestaltungsspielraum der Landesgesetzgeber *Mann* BK, Art. 28 (2016), Rn. 78 ff.

[86] S. dazu *Stern,* StaatsR I, S. 301 ff.

[87] BVerfGE 120, 82 (103); s. auch *Bothe,* AK GG, Art. 28 Abs. 1 I Rn. 9.

[88] BayVerfGH NVwZ-RR 1994, 107 ff.; NVwZ-RR 2010, 257 ff.; ferner BVerwG NVwZ-RR 1989, 496 f.; zur Besetzung von Ausschüssen BVerwG NVwZ-RR 1994, 109. Zum Proportionalverfahren nach Hare/Niemeyer OVG NRW DVBl 1981, 874 ff.; dazu aber auch BVerwG NVwZ 1992, 488 f.

[89] Dazu *Stern,* StaatsR I, S. 297 ff.; *Dreier,* in: Dreier II, Art. 28 Rn. 72; *Pieroth,* in: Jarass/Pieroth, Art. 28 Rn. 11.

[90] BVerfGE 3, 383 (394 ff.); 12, 132 (133 f.); 12, 135 (137 ff.).

[91] BVerfGE 12, 139 (142 f.); 15, 165 (167).

[92] NWVerfGH NWVBl 2020, Sonderheft, 30 ff.: anders zuvor noch NWVerfGH NVwZ 2009, 1096 ff.; dazu *Henneke/Ritgen* DÖV 2010, 665 ff.

[93] BVerfGE 34, 81 (99). Ein Verbot gleichzeitiger Mitgliedschaft früherer Ehegatten im Gemeinderat ist nach dem BVerfG mit der Wahlrechtsgleichheit nach Art 28 I 2 nicht vereinbar, s. BVerfGE 93, 373 ff.; überdies kann die Wahrung der Fähigkeit des Gemeinderates, seine gesetzlichen Aufgaben wahrzunehmen, den Ausschluss eines Kommunalvertreters aus dem Gemeinderat rechtfertigen, wohingegen die Absicht, das Ansehen des Gemeinderates oder das Vertrauen der Wähler in dessen Integrität zu schützen, hierzu nicht ausreicht, s. BVerwGE 151, 179 ff.

[94] *Stern,* StaatsR I, S. 710; zur Zulässigkeit der Zusammenlegung von LTags- und BTagswahlen durch die *Landesregierung* RhPfVerfGH DVBl 1984, 676 ff.; zur Notwendigkeit einer gesetzl. Grundlage für die Zusammenlegung von Kommunal- und BTagswahlen BWVGH VBlBW 1995, 22 ff.; zum Grundsatz der Chancengleichheit insoweit NRWVerfGH NVwZ 2009, 1101 ff.; zur Zusammenlegung von Kommunal- und Europawahlen BVerfG (K) NVwZ 1994, 893 f.; ferner NWVerfGH DÖV 2009, 676 ff.

[95] BVerwGE 132, 166 ff.

[96] S. dazu BVerfG (K) NVwZ 2005, 205 ff. Das SchlHVerfG NVwZ 2013, 1546 f. hält sowohl eine 5 %-Klausel für Landtagswahlen als auch die Befreiung der Parteien der dänischen Minderheit von einer 5 %-Klausel für verfassungsgemäß.

[97] Dazu BlnVerfGH DVBl 2013, 848 ff.

[98] Nach dem NWVerfGH NVwZ 2000, 666 (667 ff.) beeinträchtigten kleinere Parteien und Wählervereinigungen zum damaligen Entscheidungszeitpunkt nicht die Arbeitsfähigkeit der Kommunalvertretungen; s. dazu auch BerlVerfGH LVerfGE 6, 32 (41 ff.); für eine Pflicht zur Überprüfung der Sperrklauseln MVVerfG LKV 2001, 270 (274 ff.); s. aber auch HmbVerfG LVerfGE 9, 157 (163 ff.). Für die Entscheidung, ob eine Sperrklausel aufrechterhalten oder eine solche eingeführt wird, soll grds. nicht von Bedeutung sein, ob andere Länder auch ohne sie auskommen, s. BVerfGE 107, 286 (295 f.).

[99] BVerfGE 120, 82 (106 ff.). Zu kommunalwahlrechtlichen Sperrklauseln auch *Krajewski* DÖV 2008, 345 ff. Zur Unzulässigkeit sog. Einsitzklauseln ferner VerfGH DVBl 2009, 250 ff.

# C. Die kommunale Selbstverwaltung (Abs. 2)

## I. Grundlagen

**1. Geschichte.** Die kommunale Selbstverwaltung ist ein traditioneller **(Kern-)Bestandteil** des 32 deutschen Staatsrechts, der in Art. 28 II grundgesetzlich abgesichert ist. Der Gedanke der bürgerschaftlichen Selbstverwaltung kam zu Beginn des 19. Jahrhunderts (wieder) auf und kulminierte nach den sog. *Stein/Hardenbergschen* Reformen in der preußischen Städteordnung von 1808. Der Staat sollte durch die demokratische Mitwirkung der Bürger vor Ort von „innen" bzw. von „unten" lebendiger gestaltet werden.

Aus der Sicht der Selbstverwaltung als Aufbauprinzip der „Demokratie von unten nach oben"[129] 33 stellt Art. 28 II eine **Staatsfundamentalnorm** dar. Die Selbstverwaltungsgarantie des GG steht in der Verfassungstradition des § 184 RV 1849 und des Art. 127 WRV, welche das SelbstverwaltungsR im Spannungsverhältnis von Staat (Monarchie) und Gesellschaft (noch) bei letzterer als Grundrecht ansiedelten.[130] Der Wandel des GG ist nicht nur durch die Umprägung der kommunalen Selbstverwaltung in eine **institutionelle Garantie** gekennzeichnet (→ Rn. 39 ff.). Art. 28 II regelt erstmals sachgehaltiger auch die **Inhalte** der kommunalen Selbstverwaltung und die **Zuständigkeitsabgrenzung** zwischen **Gemeinden** und **Gemeindeverbänden.** Dabei geht Art. 28 II (mit einigen LVerf) von einem **dualistischen Aufgabenmodell** aus, während andere Länder nach dem Vorbild des sog. **Weinheimer Entwurfs** v. 1948 eine **monistische Aufgabenstruktur** zugrunde legen.

**2. Bedeutung und Funktionen.** Die Selbstverwaltung ist janusköpfig in einem politischen und 34 juristischen Sinne.[131] Sie enthält (primär) ein verfassungsrechtliches **Staatsaufbauprinzip** und bedeutet (sekundär) politisch-administrative **Dezentralisation.**[132] Im Verfassungsmodell des GG überschneiden sich beide Elemente und lassen sich zu einer Doppelfunktion kommunaler Verwaltung zusammenführen:[133] Die demokratische Dezentralisation verfeinert die **gegliederte Demokratie**[134] nach „unten"; die föderalen Strukturen der Länder bauen auf den Selbstverwaltungskörperschaften auf.[135] Dabei bedeutet kommunale Selbstverwaltung ihrem Wesen und ihrer Intention nach primär die Aktivierung der Beteiligten für ihre eigenen Angelegenheiten.[136] Indem der Verfassungsgeber die kommunale Selbstverwaltung in den Aufbau des politisch-demokratischen Gemeinwesens des GG eingefügt hat, hat er ihr nämlich eine spezifisch demokratische Funktion beigemessen.[137] Diese wird maßgeblich durch das Prinzip der Partizipation geprägt. Aus diesem Grund verlangt Art. 28 II eine mit „wirklicher Verantwortlichkeit" ausgestattete Einrichtung der Selbstverwaltung.[138] Gemeinden und Kreise gehören (von Besonderheiten des Finanzverfassungsrechts abgesehen) nichtsdestotrotz staatsorganisationsrechtlich auf die Seite der Länder,[139] so dass nicht von einem dreigliedrigen Staatsaufbau gesprochen werden kann.[140] Dabei sind die Gemeinden, obgleich ihnen das Recht der Selbstverwaltung gewährleistet ist, als Träger öff. Gewalt selbst ein Stück „Staat",[141] das nicht mehr in einer Abwehrstellung zur Staatsorganisation steht.[142] Leicht missverständlich werden die Gemeinden und Kreise deshalb der **„mittelbaren Staatsverwaltung"** zugeordnet, was aber ihren spezifischen Selbstverwaltungsstatus im Bereich bürgerschaftlicher Selbstbestimmung eher vernebelt als erhellt.[143]

Das System **dezentraler Konzentration** – eigenverantwortl. Selbsterfüllung aller Angelegenheiten 35 der örtl. Gemeinschaft je für sich – verbindet sich mit dem hergebrachten Grundsatz der **Subsidiarität** (→ Rn. 68), nach dem die höhere Körperschaft (Kreis) nur die Aufgaben erledigen (oder an sich ziehen) darf, welche die niedrigere (Gemeinde) in ihrer Leistungsfähigkeit überfordern.[144] Die aus Art. 28 II 1 folgende Garantie eigenverantwortl. Aufgabenwahrnehmung führt nach der Rspr. des

---

[129] BVerfGE 79, 127 (149).
[130] Zu den Traditionslinien kommunaler Selbstverwaltung *Hufen* FS Maurer, 2001, S. 1177 ff.; zur Evolution von Inhalt und Verständnis kommunaler Selbstverwaltung *Waldhoff* DVBl 2016, 1022 ff.
[131] Ausf. dazu *Engels,* Die Verfassungsgarantie kommunaler Selbstverwaltung, 2014, S. 177 f., 179 ff.
[132] *Püttner* HStR VI, 3. Aufl. 2008, § 144 Rn. 1.
[133] *Schmidt-Aßmann* FS Sendler, 1991, S. 121 (126); *ders.* FS BVerfG II, 2001, S. 803 (806 ff.); ausf. dazu auch *Mann* BK, Art. 28 (2018), Rn. 132 ff.
[134] BVerfGE 52, 95 (111 f.); 83, 37 (54).
[135] BVerfGE 52, 95 (111 f.); 79, 127 (148); 83, 37 (54).
[136] BVerfGE 11, 266 (275); 79, 127 (149); 107, 1 (12).
[137] BVerfGE 47, 253 (275 ff.); 91, 228 (244); 138, 1 Rn. 52.
[138] BVerfGE 138, 1 Rn. 52; 147, 185 Rn. 77; ferner BVerfGE 7, 155 (167); 11, 266 (275 f.); 52, 95 (111 f.); 79, 127 (150); 91, 228 (238); 107, 1 (12). Ausf. dazu *Engels* (Fn. 131), S. 163 ff.
[139] BVerfGE 8, 122 (132); 86, 148 (215).
[140] Dazu *Dreier,* in: Dreier II, Art. 28 Rn. 95.
[141] BVerfGE 73, 118 (191); ferner etwa BVerfGE 22, 180 (203); 39, 96 (109); 45, 63 (79 f.); 61, 82 (103); 79, 127 (148 f.); 83, 37 (54); 83, 363 (375); 86, 148 (215); 107, 1 (11); s. dazu auch *Mann* BK, Art. 28 (2018), Rn. 136 ff.
[142] BVerfGE 83, 37 (54).
[143] Krit. auch *Stern,* StaatsR I, S. 402; s. aber auch *Dreier,* in: Dreier II, Art. 28 Rn. 85.
[144] Allg. *Herzog* Staat 2 (1963), 399 ff.; *Isensee,* Subsidiaritätsprinzip und Verfassungsrecht, 1968.

BVerfG zur **Unzulässigkeit einer Mischverwaltung,** wie sie etwa § 44b SGB II mit der Schaffung von Arbeitsgemeinschaften aus Bund und Kommunen für die Erfüllung von Aufgaben nach dem SGB II vorsah.[145] Der verfassungswidrige Zustand wurde dadurch behoben, dass das VerfassungsR der einfachgesetzl. Rechtslage angepasst und mit Art. 91e I das Zusammenwirken von Bund, Ländern und Kommunen auf dem Gebiet der Grundsicherung für Arbeitsuchende ausdr. für zulässig erklärt wurde.[146]

35a    Die verfassungsrechtl. Garantie der Selbstverwaltung gewährleistet das kompetenzbegründende Recht der Selbstverwaltung, enthält aber zugleich i. S. einer kompetenznegierenden **ne-ultra-vires-Regel** eine **Beschränkung** auf die Erledigung der örtlichen (in Abgrenzung zu den überörtlichen und außerörtlichen) Aufgaben.[147] Ein **allgemeinpolitisches Mandat** kann weder den örtl. noch den überörtl. Aufgaben entnommen werden (→ Rn. 46).[148] Ortsbezug und ne-ultra-vires-Regel müssen jeweils zu prakt. Konkordanz gebracht werden; dabei ist zwischen (engerer) *Entscheidungs*kompetenz und (weiterer) *Befassungs*kompetenz zu unterscheiden.[149]

36    **3. Kommunale Selbstverwaltung und Europäisches Unionsrecht.** Die Garantie der komm. Selbstverwaltung schützt prinzipiell nicht gegenüber Rechtsakten der EU. Die Kommunen haben vielmehr zum einen Rechtsnormen der EU auch gegen nationales Recht anzuwenden.[150] Das UnionsR hat zum anderen Anwendungsvorrang vor nationalem VerfassungsR (auch vor Art. 28 II) und von den Kommunen gesetztem Recht.[151]

37    Da Art. 28 II nicht von der „Ewigkeitsgarantie" des Art. 79 III umfasst und die EU weitgehend „**kommunalblind**"[152] ist, wird man die **kommunale Selbstverwaltung** als grds. **nicht „europafest**"[153] einstufen müssen. Die Europaresistenz soll sich ebenso wenig aus dem **Demokratieprinzip**[154] oder der **föderativen Ordnung** der BRD[155] herleiten lassen,[156] noch aus der nicht zum UnionsR zählenden „Europäischen Charta der kommunalen Selbstverwaltung".[157] Aus der Prägung der Selbstverwaltung durch das Demokratieprinzip i. S. einer „Demokratie von unten nach oben" ergibt sich allerdings ein gewisser **Bestandsschutz für die kommunale Selbstverwaltung,** der wegen der **(demokratischen) Struktursicherungsklausel** des Art. 23 I 1 nicht ausgehöhlt werden darf.[158]

38    Ansatzpunkte dafür waren und sind aus europarechtl. Sicht ua das **Subsidiaritätsprinzip** (Art. 5 EUV)[159] und die Erwähnung der **Bürgernähe** (Art. 1 EUV), hingegen nicht die gemeinsame Verfassungstradition der Mitgliedstaaten.[160] Auch Art. 106 II AEUV vermag keinen prinzip. Schutz für die komm. Daseinsvorsorge zu bieten.[161]

38a    Mit dem „Vertrag von Lissabon" erfolgte nur eine partielle Neujustierung des Verhältnisses von europ. und komm. Ebene, ua die ausdr. Achtung des komm. SelbstverwaltungsR als Bestandteil der nationalen Identität der EU-Mitgliedstaaten (Art. 4 II 1 EUV), eine Ausdehnung der Subsidiaritäts- und Verhältnismäßigkeitskontrolle auf die komm. Ebene (Art. 5 III 1 EUV) und eine Stärkung des

[145] BVerfGE 119, 331 ff.; dazu *Brosius-Gersdorf* VSSR 2005, 335 ff.; *Mempel,* Hartz IV – Organisation auf dem verfassungsrechtlichen Prüfstand – Zulässigkeit der Mischverwaltung zwischen Bund und Kommunen im SGB II, 2007; *Robra,* Organisation der SGB II-Leistungsträger im Schnittbereich zwischen Staatsorganisations-, Finanzverfassungs- und kommunalem Selbstverwaltungsrecht, 2007.

[146] S. dazu etwa *Engels,* in: Friauf/Höfling, Art. 91e (2015) Rn. 2 ff.

[147] *Mehde,* in: Maunz/Dürig, Art. 28 Abs. 2 (2012) Rn. 54; anders mit Blick auf die komm. Wirtschaftstätigkeit *Hellermann,* Örtliche Daseinsvorsorge und gemeindliche Selbstverwaltung, 2000, S. 155 ff., 209 ff., 314 ff., 347 f.

[148] Allg. BVerfGE 79, 127 (147); zu grenzüberschreitenden Städtepartnerschaften BVerwGE 87, 237 (238 f.).

[149] S. insbes. *v. Komorowski* Staat 37 (1998), S. 122 ff.; ferner *Schmidt-Aßmann* FS BVerfG II, 2001, S. 803 (809 ff.).

[150] EuGH NVwZ 1990, 649 (650).

[151] Zur Europäisierung der komm. Selbstverwaltung etwa *Schmahl* DÖV 1999, 852 ff.; zur Einflussnahme von Kommunen in Europa demgegenüber *Schneider,* Kommunaler Einfluß in Europa, 2004.

[152] Und zwar in einem doppelten Sinne, s. *Hellermann,* in: Epping/Hillgruber, Art. 28 Rn. 26.

[153] S. *Rengeling* DVBl 1990, 893 (897); *Tettinger* GS Burmeister, 2005, S. 439 (444 ff.); *Blanke* DVBl 1993, 819 (822); *Faber* DVBl 1991, 1126 (1131 f.); ferner *Dreier,* in: Dreier II, Art. 28 Rn. 32, 37; *Mann* BK, Art. 28 (2018), Rn. 156 ff.; aA *Martini/Müller* BayVBl 1993, 161 (169).

[154] So aber *Zuleeg* FG v. Unruh, 1983, S. 91 (93). Dagegen spricht jedoch, dass in vielen demokr. Staaten keine komm. Selbstverwaltung besteht, s. *Vogelgesang,* in: Friauf/Höfling, Art. 28 (2002) Rn. 187; *Schwarz,* MKS II, Art. 28 Rn. 149.

[155] *Martini/Müller* BayVBl 1993, 161 (166).

[156] Dazu *Hellermann* (Fn. 147), S. 66 ff.

[157] S. aber auch *Knemeyer* BayVBl 2000, 449 (453); anders *Vogelgesang,* in: Friauf/Höfling, Art. 28 (2002) Rn. 188. Grundl. zur Europ. Charta der komm. Selbstverwaltung *Knemeyer* DÖV 1988, 997 ff.; *ders.* (Hrsg.), Die Europäische Charta der kommunalen Selbstverwaltung, 1989; *Schaffarzik,* Handbuch der Europäischen Charta der kommunalen Selbstverwaltung, 2002.

[158] Näher *Hobe/Biehl/Schroeter* DÖV 2003, 803 (808); *Meyer* NVwZ 2007, 20 (24); anders *Vogelgesang,* in: Friauf/Höfling, Art. 28 (2002) Rn. 185 mwN.

[159] Krit. dazu noch *Hobe/Biehl/Schroeter* DÖV 2003, 803 (806).

[160] Näher *Hobe/Biehl/Schroeter* DÖV 2003, 803 (806); *Schwarz,* MKS, Art. 28 Rn. 147 ff.

[161] *Hobe/Biehl/Schroeter* DÖV 2003, 803 (806 f.). Zur komm. Daseinsvorsorge in Europa auch *Schink* DVBl 2005, 861 ff.

Ausschusses der Regionen mit eigenem Klagerecht vor dem EuGH (Art. 263 III AEUV).[162] Dabei handelt es sich immerhin um die erstmalige ausdr. Anerkennung der **Union** als **Mehrebenensystem** unter Einschluss von Mitgliedstaaten mit unterer komm. Ebene.[163]

**4. Dogmatische Struktur: Institutionelle Garantie und subjektives Recht.** Art. 28 II 1 ver-  **39** langt, dass den Gemeinden das Recht gewährleistet sein muss, alle Angelegenheiten der örtl. Gemeinschaft iR der Gesetze in eigener Verantwortung zu regeln.[164] Diese Vorschrift ist im Gegensatz zu Art. 28 I **keine Normativbestimmung** mit der Befugnis einer gesetzl. Ausformung, sondern eine **Durchgriffsnorm,** dh Bund und Länder **unmittelbar bindendes Verfassungsrecht.**[165] Das LandesR darf demnach keine Regelungen enthalten, die mit Art. 28 II nicht vereinbar sind, und landesverfassungsrechtl. Garantien der komm. Selbstverwaltung dürfen in der autoritativen Auslegung der LVerfG wesentliche Gewährleistungsinhalte von Art. 28 II nicht fehlen.[166] Insofern stellt Art. 28 II im Kontext der im Bund-Länder-Verhältnis geltenden Normativbestimmungen der Abs. 1 u. 3 einen Fremdkörper dar.[167] Die von Abs. 3 intendierte Gewährleistungsfunktion tritt völlig hinter die Rechtsschutzgarantie des Art. 93 I Nr. 4b (komm. Vb) zurück.

Art. 28 II 1 enthält **kein Grundrecht** oder grundrechtsgleiches Recht;[168] **Gemeinden** sind nach  **40** Art. 19 III selbst auch **nicht grundrechtsfähig.**[169] Als staatsrechtl. Prinzip verbindet die Selbstverwaltung die demokr. mit der grundrechtl. Freiheitsidee.[170] Allerdings wird der verfassungsrechtlichen Gewährleistung gemeindlicher Selbstverwaltung sowohl eine (gesetzlich) ausfüllungsbedürftige **Einrichtungsgarantie** als auch ein **subjektives Recht** entnommen.[171] Art. 28 II 1 entfaltet Wirkung i. S. eines „Rundumschutzes" auch gegenüber benachbarten Gemeinden, Ämtern[172] und Landkreisen.[173] Zu Eingriffen gegenüber Dritten ermächtigt Art. 28 II 1 indes nicht. Die Vorschrift, die im II. Abschnitt des GG über das Bund-Länder-Verhältnis platziert ist, hat eine **ausschließlich staatsgerichtete Funktion** und entfaltet **keine Wirkung im Staat-Bürger-Verhältnis.**[174] Nach überkommener Systematik sind **drei Garantieebenen** zu unterscheiden, in denen die objektiv- und subjektivrechtlichen Elemente sichtbar werden und die die Eigenart der Selbstverwaltungsgarantie als institutionelle Garantie kennzeichnen:[175]

**a) Institutionelle Rechtssubjektsgarantie mit beschränkt individueller Wirkung.** Sie ge-  **41** währleistet die **Institution** der Gemeinde als **politische Einheit;**[176] Kraft Bundesverfassungsrechts muss es überhaupt Gemeinden als Basis des Verwaltungsaufbaus geben. Gemeinden sind dabei Ge-

---

[162] S. dazu *Zimmermann* KommJur 2008, 41 ff.; *Blanke* DVBl 2010, 1333 ff.

[163] *Mehde,* in: Maunz/Dürig, Art. 28 Abs. 2 (2012) Rn. 9.

[164] Zur höchstrichterlichen Rspr. *Dieckmann* FG BVerwG, 2003, S. 815 ff.

[165] S. bereits BVerfGE 1, 167 (173 f.); ferner *Vogelgesang,* in: Friauf/Höfling, Art. 28 (2002) Rn. 92; *Mann* BK, Art. 28 (2018), Rn. 144 ff.

[166] BVerfGE 147, 185 Rn. 49 m. Anm. *Lindner* DÖV 2018, 235 ff., wonach verfassungsprozessual der Grundsatz der Subsidiarität der KommunalVb keine Anwendung findet, sofern landesverfassungsrechtl. Garantien der komm. Selbstverwaltung hinter dem Gewährleistungsniveau des Art 28 II zurückbleiben.

[167] *Stern* BK, Art. 28 (1964) Rn. 1; s. auch *Kronisch,* Aufgabenverlagerung und gemeindliche Aufgabengarantie, 1993, S. 25 ff.: Normativbestimmung und eigenständige Verbürgung mit Vorrang des Art. 28 II vor den landesverfassungsrechtlichen Garantien.

[168] BVerfGE 45, 63 (78 f.); *Schmidt-Aßmann* FS BVerfG II, 2001, S. 803 (806 f.); s. aber auch BayVerfGH BayVBl 1976, 589 (592), wonach Art. 11 II BayVerf ein grundrechtsähnl. Recht enthält, das im Wege der Popularklage geltend gemacht werden kann. Zur Grundrechtsbindung der Gemeinden ferner BVerfGE 83, 37 (50 ff.); s. auch BVerfG NJW 2016, 3153 ff. Zur komm. Selbstverwaltung als subj. Recht *Maurer* DVBl 1995, 1037 (1041 ff.); *ders.,* in: Schoch (Hrsg.), Selbstverwaltung der Kreise in Deutschland, 1996, S. 1 (10 ff.).

[169] BVerfGE 61, 82 (100 ff.); BVerfG (K) NVwZ 2007, 1176 ff.; zu Vertrauenspersonen eines Bürgerbegehrens BVerfG NVwZ 2019, 642 ff.; ferner *Knemeyer/Wehr* VerwArch 92 (2001), 317 (325 ff.); ausf. *Mann* BK, Art. 28 (2018), Rn. 139 ff.; auch insoweit anders BayVerfGH BayVBl 1976, 589 (590 f.). Grundrechte ihrer Einwohner können Gemeinden ebenfalls nicht in Anspruch nehmen, s. BVerfGE 61, 82 (103 f.); BVerwGE 111, 108 (115). Gemeindl. Eigentum soll allerdings durch Art. 28 II geschützt sein, sofern es Gegenstand und Grundlage komm. Betätigung ist, s. BVerwGE 97, 143 (151).

[170] Zum SelbstverwaltungsR im Spannungsfeld zwischen institut. Garantie und grundrechtl. Freiheit s. *Bethge* FG v. Unruh, 1983, S. 149 ff.; *Schmidt-Aßmann* FS Sendler, 1991, S. 121 (125); *J. Ipsen* ZG 1994, 194 ff.

[171] *Ehlers* DVBl 2000, 1301 ff.; s. auch *Knemeyer/Wehr* VerwArch 92 (2001), 317 (332); *Schoch* Jura 2001, 121 (124).

[172] BrandVerfG NVwZ-RR 1997, 352 ff.

[173] BVerfGE 79, 127 (150).

[174] S. zum Streitstand *Hellermann* (Fn. 147), S. 138.

[175] *Stern* BK, Art. 28 (1964) Rn. 66; *ders.,* StaatsR I, S. 409 ff.; ausf. auch *Mann* BK, Art. 28 (2018), Rn. 148 ff.; *Mehde,* in: Maunz/Dürig, Art. 28 Abs. 2 (2012) Rn. 39 bezeichnet diese Garantieebenen als „Allgemeingut". Kritisch dazu *Kronisch,* Aufgabenverlagerung und gemeindliche Aufgabengarantie, 1993, S. 31 ff. Einen anderen Interpretationsversuch i. S. eines grundrechtsähnl. Schutzbereichs unternimmt *Ipsen* ZG 1994, 194 ff.; zur kompetenzrechtl. Interpretation des Art. 28 II ferner *Waechter* Verwaltung 29 (1996), 47 (63 ff.); s. auch *Knemeyer* FG v. Unruh, 1983, S. 209 ff.; zum Versuch einer prinzipientheoretischen Interpretation des Art. 28 II schließlich *Engels* (Fn. 131), S. 103 ff.

[176] Grundl. *Stern* BK, Art. 28 (1964) Rn. 63.

**bietskörperschaften des öffentlichen Rechts** – auf personaler Mitgliedschaft zu einem bestimmten Gebiet und unabhängig vom Wechsel ihrer Mitglieder bestehende Verbände. Sie sind demzufolge **rechtsfähig** und verfügen als Gebietskörperschaften zudem über **Gebietshoheit.**[177]

42  Plastisch, aber missverständlich ist die Aussage des BVerfG, dass Gemeinden **nicht individuell, sondern nur institutionell** garantiert sind.[178] Zwar entzieht der institutionelle Charakter des Art. 28 II in der Tat der einzelnen Gemeinde den Kernbereichsschutz.[179] Namentlich gegen Auflösungen und Eingemeindungen im Zuge komm. **Gebietsreformen** sind Gemeinden demzufolge nicht absolut geschützt. Indes gehört nach der Rspr. des BVerfG zum verfassungsrechtlich garantierten Kernbereich der komm. Selbstverwaltung, dass Bestands- und Gebietsänderungen nur aus Gründen des öff. Wohls und nach Anhörung der betroffenen Gebietskörperschaften[180] zulässig sind. Der Gesetzgeber muss dabei den erheblichen Sachverhalt zutreffend und vollständig ermitteln und dem Gesetz zugrunde legen. Er muss alle Gemeinwohlgründe sowie die Vorteile und Nachteile umfass. und in nachvollziehbarer Weise abwägen. Zudem muss der gesetzgeberische Eingriff geeignet, erforderlich und verhältnismäßig sein und die Gebote der Sachgerechtigkeit und Systemgerechtigkeit beachten.[181] Insoweit enthält Art. 28 II 1 auch eine **beschränkt individuelle Rechtssubjektsgarantie,**[182] aus der (nicht nur im Kontext komm. Gebietsreformen) **subjektive Abwehrrechte** (s. Art. 93 I Nr. 4b, → Rn. 45) und auch **Ansprüche** (z. B. auf finanz. Mindestausstattung, → Rn. 84 ff.) abgeleitet werden können. Folglich schützt Art. 28 II 1 die Gemeinden **sowohl institutionell als auch subjektiv-individuell.**[183]

43  Die grds. institutionelle, in Grenzen aber auch individuelle Rechtssubjektsgarantie wirkt sich jenseits komm. Gebietsreformen bei Einschränkungen des SelbstverwaltungsR einzelner Gemeinden (**Einzeleingriff** im Gegensatz zu **allgemeinen Einschränkungen des Selbstverwaltungsrechts**)[184] dahingehend aus, dass ein derartiges Sonderopfer nur verfassungsgemäß ist, wenn dieses durch überörtl. Interessen von höherem Gewicht gerechtfertigt und auch i. Ü. verhältnismäßig sowie frei von willkürl. Erwägungen ist.[185] Die beschränkt individuelle Rechtssubjektsgarantie kommt überdies in einer **zurückgenommenen verfassungsgerichtlichen Kontrolldichte** (im Falle komm. Gebietsreformen) zum Ausdruck: Die Kontrolle hat sich auf die Prüfung zu beschränken, „ob der gesetzgeberische Eingriff in den Bestand einer einzelnen Gemeinde offenbar ungeeignet oder unnötig ist, um die mit ihm verfolgten Ziele zu erreichen, oder ob er zu ihnen deutlich außer Verhältnis steht und ob das Gesetz frei von willkürlichen Erwägungen und Differenzierungen ist. Soweit Ziele, Wertungen und Prognosen des Gesetzgebers in Rede stehen, hat das Verfassungsgericht darauf zu achten, ob diese offensichtlich fehlsam oder eindeutig widerlegbar sind oder ob sie den Prinzipien der verfassungsrechtlichen Ordnung widersprechen.“[186]

---

[177] S. dazu BVerfGE 52, 95 (117 f.).

[178] BVerfGE 86, 90 (107); s. dazu auch *Stern,* StaatsR I, S. 409 ff.

[179] S. BVerfGE 56, 298 (313); 76, 107 (119); 103, 332 (366); ferner *Schmidt-Aßmann* FS Sendler, 1991, S. 121 (135).

[180] Die Anhörung dient der prozeduralen Absicherung des gemeindl. SelbstverwaltungsR und soll eine umfass. Ermittlung des Sachverhalts gewährleisten, s. BVerfGE 50, 195 (202); ferner BVerfGE 50, 50 (51); 86, 90 (108 f.); dazu *Vetzberger* LKV 2004, 433 ff. Der Sache nach müssen die Gemeinden zwar nicht von allen Einzelheiten, wohl aber vom wesentl. Inhalt der Gebietsreform und ihrer Begründung Kenntnis erhalten, weswegen sie insb. erneut angehört werden müssen, wenn ein Vorhaben in wesentl. Punkten geändert wird, s. BVerfGE 50, 195 (203). Zur Rechtzeitigkeit der Anhörung mit Blick auf die Zuordnung von Gemeinden zu Verwaltungsgemeinschaften überdies BVerfGE 107, 1 (25 f.). Zur Notwendigkeit einer Anhörung im Falle der Änderung des Namens von Gemeinden ferner BVerfGE 59, 216 (227 f.). Zum AnhörungsR bei Eingriffen in die gemeindl. Planungshoheit durch die Auferlegung von Sonderopfern schließlich BVerfGE 56, 298 (313, 319 ff.); 76, 107 (119, 122 f.); 95, 1 (26 f.). Allg. zur Anwendbarkeit des Gedankens des Rechtsgüterschutzes durch Verfahren BVerfGE 137, 108 Rn. 112; 138, 1 Rn. 60.

[181] BVerfGE 50, 50 (55 f.); 50, 195 (202 f.); BVerfG (K) DVBl 1995, 286 (287); mit Blick auf die Zuordnung von Gemeinden zu Verwaltungsgemeinschaften BVerfGE 107, 1 (24). Zu Rück-Neugliederungsgesetzen s. BVerfGE 86, 90 (109 ff.); 91, 70 (77 ff.); 82, 310 (313 ff.); dazu auch *Starck* FS Thieme, 1993, S. 845 ff.; *Knemeyer* LKV 1992, 313 f. Allg. zu komm. Gebietsreformen etwa *Wieland* FS Bull, 2011, S. 923 ff.; *Oebbeke* ebd., S. 715 ff.; *Meyer* NVwZ 2013, 1177 ff.; zum VorschaltG zur Durchführung der Gebietsreform in Thüringen ThürVerfGH LVerfGE 28, 499 ff.; zur rhpf Gemeindegebietsreform RhPfVerfGH DVBl 2015, 1057 ff.; LKRZ 2015, 429; zur sog. passiven Fusionspflicht leitlinienkonformer Gemeinden insoweit RhPfVerfGH DVBl 2016, 574 ff.; zur mv Kreisgebietsreform VerfG M-V DVBl 2007, 1102 ff.; NordÖR 2011, 537 ff., 549 ff.; zur Neugliederung der Gemeinden in Sachsen-Anhalt VerfGLSA NVwZ-RR 2012, 3 ff.

[182] Grundl. *Röhl,* in: Schoch (Hrsg.), Besonderes Verwaltungsrecht, 15. Aufl. 2013, 1. Kap. Rn. 11; s. etwa auch BrandVerfG LVerfGE 2, 93 (101); LVerfGE 10, 237 (253); ThürVerfGH LVerfGE 5, 391 (411) spricht von einer „*(relativierten)* beschränkt-individuellen Rechtssubjektsgarantie".

[183] S. auch *Schmidt-Aßmann* FS BVerfG II, 2001, S. 803 (808); *Ehlers* DVBl 2000, 1301 (1305); *Knemeyer/Wehr* VerwArch 92 (2001), 317 (340).

[184] S. dazu *Knemeyer/Wehr* VerwArch 92 (2001), 317 (340, 341).

[185] Mit Blick auf die komm. Planungshoheit BVerfGE 26, 228 (241); 56, 298 (313); 59, 298 (313 f.); 76, 107 (119 f.); zu abstrakt-generellen Eingriffen in die Planungshoheit auch BVerfGE 103, 332 (376 f.); zur Änderung des Namens von Gemeinden ferner BVerfGE 59, 216 (231).

[186] BVerfGE 86, 90 (109); ferner BVerfGE 50, 50 (51); 76, 107 (121 f.).

**b) Objektive Rechtsinstitutionsgarantie.** Gewährleistet ist die „Einrichtung ‚Kommunale Selbst- **44** verwaltung'"[187] und damit zugleich die Befugnis der Gemeinden, alle Angelegenheiten der örtlichen Gemeinschaft eigenverantwortlich zu erledigen.[188] Die (Unter-)Elemente dieser objektiven Garantie sind die Angelegenheiten der örtlichen Gemeinschaft (**Allzuständigkeit,** → Rn. 48), die Regelung dieser Aufgaben in eigener Verantwortung (**Eigenverantwortlichkeit,** → Rn. 52 ff.) und der Vorbehalt der gesetzlichen Ausformung („im Rahmen der Gesetze", **Gesetzesvorbehalt,** → Rn. 59 ff.), der allerdings nicht schrankenlos ist (**Schranken,** → Rn. 64 ff.).

**c) Subjektive Rechtsstellungsgarantie.** Sie gewährleistet als „Rechtsdurchsetzungsgarantie"[189] **45** **Rechtsschutz** gegenüber Verletzungen der mit der (institutionellen, begrenzt individuellen) Rechtssubjektsgarantie (→ Rn. 41 ff.) und der (obj.) Rechtsinstitutionsgarantie (→ Rn. 44) verbundenen Rechte der Gemeinden. Abseits verwaltungsgerichtl. Rechtsschutzmöglichkeiten steht im Vordergrund des gemeindl. Rechtsschutzes die **kommunale Verfassungsbeschwerde** nach Art. 93 I Nr. 4b, § 91 BVerfGG.[190] Sie ist der spezif. Rechtsbehelf zur Verteidigung der durch **Art. 28 II** verliehenen Rechte und zur Rüge der Verletzung anderer **Verfassungsnormen,** wenn und soweit sie ihrem Inhalt nach das verfassungsrechtl. **Bild der Selbstverwaltung mitzubestimmen geeignet** sind und sich als Konkretisierungen des Art. 28 II darstellen.[191]

## II. Angelegenheiten der örtlichen Gemeinschaft

Der Begriff der **„Angelegenheiten der örtlichen Gemeinschaft"** hat eine **Doppelfunktion:** **46** Zum einen will er die gemeindl. Zuständigkeit von derjenigen der allg. Politik abgrenzen. Die Unzuständigkeit der Gemeinden wurde etwa für örtl. Volksbefragungen festgestellt, die sich mit der Frage der Ausrüstung der Streitkräfte mit Atomwaffen schlechthin befassen, wobei nach der Rspr. etwas anderes gelten kann, wenn eine konkrete Absicht zur Stationierung von Atomwaffen gerade im Gemeindegebiet in Rede steht.[192] Zum anderen legt der Begriff das Betätigungsfeld der Bürger fest, das ihnen wegen der grundgesetzlich gewollten Teilnahme an der öff. Verwaltung offensteht. „Hiernach sind Angelegenheiten der örtlichen Gemeinschaft diejenigen Bedürfnisse und Interessen, die in der örtlichen Gemeinschaft wurzeln oder auf sie einen spezifischen Bezug haben,[193] die also den Gemeindeeinwohnern gerade als solchen gemeinsam sind, indem sie das Zusammenleben und -wohnen der Menschen in der (politischen) Gemeinde betreffen".[194] Entgegen seiner früheren Auffassung[195] kommt es nach dem BVerfG dabei nicht auf die Verwaltungskraft der Gemeinde an, obschon in der Rspr. nicht auf den einschränkenden Zusatz verzichtet wird, die örtliche Gemeinschaft müsse die betreffenden Aufgaben bei typisierender Betrachtung eigenverantwortlich und selbstständig erledigen können.[196] Auch die Finanzkraft der Gemeinden kann auf die Bestimmung der Angelegenheiten der örtl. Gemeinschaft keinen Einfluss. Den Gemeinden müssen vielmehr ggf. die Mittel zur Verfügung gestellt werden, die sie zur Erfüllung ihrer Aufgaben benötigen.[197]

Die **verfassungsunmittelbare Aufgabendefinition** vornehmlich der „Rastede"-Entscheidung **47** des BVerfG[198] umfasst einen breit angelegten Wirkungsbereich, der recht. und zeitl. Veränderungen

---

[187] BVerfGE 76, 107 (119).

[188] *Stern,* StaatsR I, S. 411 f.

[189] *Mehde,* in: Maunz/Dürig, Art. 28 Abs. 2 (2012) Rn. 45. Das BVerfG hat demgegenüber bislang offen gelassen, ob sich Gemeinden auch auf Art. 19 IV berufen können, s. zul. BVerfGE 140, 99 Rn. 19.

[190] Zur Zulässigkeit der komm. Vb gegen landesrechtl. RVO vor dem BVerfG s. BVerfGE 107, 1 (9 ff.); gerichtl. Entscheidungen können im Verfahren der komm. Vb hingegen nicht dem BVerfG zur Überprüfung vorgelegt werden, s. zul. BVerfG NVwZ 2016, 1630 f.

[191] BVerfGE 1, 161 (181); 56, 298 (310); 71, 25 (37); 91, 228 (242); verneinend mit Blick auf Art. 84 I aF BVerfGE 119, 331 (356); krit. dazu *Korioth* DVBl 2008, 812 (813 f.); *Schoch* DVBl 2008, 937 (941 f.); bejahend im Falle von Art. 84 I 7 zuletzt BVerfG NVwZ 2020, 1342 ff. Zur Prüfung der (Landes-)Gesetzgebungskompetenz iR der Komm. Vb BbgVerfG LKV 2003, 372 (373).

[192] BVerfGE 8, 122 (134); zur Erklärung des Gemeindegebiets zur „atomwaffenfreien Zone" auch BVerwGE 87, 228 (230); dazu *Schoch* JuS 1991, 728 ff.

[193] Vgl. BVerfGE 8, 122 (134); 50, 195 (201); 52, 95 (120).

[194] BVerfGE 79, 127 (151 f.); ferner BVerfGE 8, 122 (134); 50, 195 (201); 52, 95 (120); 110, 370 (400); 137, 108 Rn. 163; 138, 1 Rn. 65; 147, 195 Rn. 70; aus der Rspr. des BVerwG etwa BVerwGE 92, 56 (62); 122, 157 (162); s. auch BVerwGE 122, 350 (354 f.), wonach – im Sinne einer funktionsbezogenen Betrachtungsweise – darauf abzustellen ist, ob ein Bezug zur Gemeindebevölkerung oder zum Gemeindegebiet besteht, wem also namentlich eine iR der Daseinsvorsorge wahrgenommene Tätigkeit zugute kommt. Schließlich hat der BGH mit Blick auf den gemeindl. Aufgabenbereich nach Art. 28 II 1 entschieden, dass Gemeinden nicht berechtigt sind, komm. Amtsblätter kostenlos im Gemeindegebiet zu verteilen, wenn diese presseähnlich aufgemacht sind und redakt. Beiträge enthalten, die das Gebot der Staatsferne der Presse verletzen, s. BGH NJW 2019, 763 ff.

[195] BVerfGE 8, 122 (134); 52, 95 (120).

[196] BVerfGE 79, 127 (151 f.); 110, 370 (400); 138, 1 Rn. 53.

[197] BVerfGE 138, 1 Rn. 53; 147, 185 Rn. 78.

[198] S. dazu *Clemens* NVwZ 1990, 834 ff.; *Schoch* VerwArch 81 (1990), 18 ff.; *Schink* ebd., 385 ff.; *Schmidt-Aßmann* FS Sendler, 1991, S. 121 ff.; eingehend zum Ganzen *Mann* BK, Art. 28 (2018) Rn. 172 ff.

ausgesetzt ist und deshalb nicht abschließend–enumerativ, sondern nur aus dem Zweck des Art. 28 II bestimmt werden kann, bürgerschaftl. Engagement zu ermöglichen. Wegen der unterschiedl. Einwohnerzahl, flächenmäßigen Ausdehnung sowie Wirtschafts- und Sozialstruktur der Gemeinden lassen sich die örtl. Angelegenheiten folglich nicht als ein für alle Zeit feststehender und für alle Gemeinden identischer Aufgabenkreis umschreiben.[199] Aufgrund des Wandels der örtl. Bezüge enthält Art. 28 II 1 auch keine Garantie des Status quo im Sinne eines einmal erreichten Aufgabenbestands.[200] Eine Aufgabe muss sich überdies auch nicht bzgl. aller ihrer Teilaspekte als eine Angelegenheit der örtl. Gemeinschaft darstellen. Sie kann vielmehr auch nur zT als örtlich anzusehen sein. Insoweit darf der Gesetzgeber typisieren. Seine Einschätzungsprärogative ist dabei allerdings umso enger und die gerichtl. Kontrolle umso intensiver, je mehr als Folge einer gesetzl. Regelung die Selbstverwaltung der Gemeinden an Substanz verliert.[201] Bei der Bestimmung der örtl. Bezüge einer Aufgabe muss überdies der geschichtl. Entwicklung und den verschiedenen histor. Erscheinungsformen komm. Selbstverwaltung Rechnung getragen werden. Es kommt insoweit darauf an, ob eine Aufgabe für das Bild der typischen Gemeinde charakteristisch ist.[202] Dieses Aufgabenverständnis weicht von der urspr. Konzeption des BVerwG[203] und eines Teils der Lit.[204] namentlich für das **Verhältnis der kreisangehörigen Gemeinden zu den Kreisen** ab:[205] Die Kreise werden zu Recht aus dem Gewährleistungsgehalt des Art. 28 II 1 ausgeschlossen; im kreisangehörigen Raum gibt es keinen gemeinsamen komm. Aufgabenbestand.[206] („lokal–örtlichen" und „übergemeindlich–örtlichen") Aufgabenbestand.[206]

48    Alle Angelegenheiten mit relevantem Ortsbezug fallen demnach in den gemeindlichen Aufgabenbereich. Hat eine Aufgabe hingegen keinen oder keinen relevanten örtlichen Charakter, ist der Gesetzgeber in seiner Zuordnung frei.[207] Diesen Gewährleistungsgehalt des Art. 28 II 1 umschreiben die Begriffe der **Allzuständigkeit** der Gemeinden bzw. der **Universalität** ihres Wirkungskreises. Der Gesetzgeber kann allerdings auf Grund des Gesetzesvorbehalts (→ Rn. 59 ff.) Aufgabenverlagerungen vornehmen sowie neue Zuständigkeiten und Aufsichtsbefugnisse[208] begründen; dabei ist er indes bestimmten verfassungsunmittelbaren Schranken unterworfen (→ Rn. 68 ff.). Aus der Allzuständigkeit der Gemeinden folgt auch das fundamentale und originäre Recht, sich ohne besonderen Kompetenztitel aller Angelegenheiten der örtlichen Gemeinschaft anzunehmen, die nicht durch Gesetz bereits anderen Trägern öff. Verwaltung übertragen sind (**Zugriffs-** bzw. **Aufgabenerfindungsrecht** als **Kernbestandteil** der Selbstverwaltungsbefugnis, → Rn. 64 ff.).[209] Spiegelbildlich dazu hat das BVerwG aus Art. 28 II 1 allerdings auch eine Pflicht der Gemeinden deduziert, ihren Aufgabenbereich zu sichern und zu wahren, um eine wirkungsvolle Selbstverwaltung und Wahrnehmung der örtlichen Angelegenheiten zu gewährleisten.[210] Die Begriffe der **Privatisierung** und **Rekommunalisierung**[211] sind Stichworte des entstehenden Spannungsverhältnisses.

49    Umstritten ist insb., wie weit das gemeindliche **Recht auf wirtschaftliche Betätigung** reicht. Einfachrechtlich wird die komm. Wirtschaftsbetätigung regelmäßig vom Vorliegen eines öffenlichen Zwecks,[212] einem angemessenen Verhältnis zur Leistungsfähigkeit der Gemeinde sowie vom Grundsatz der Subsidiarität abhängig gemacht.[213] Namentlich mit Blick auf den öff. Zweck der komm. Wirt-

---

[199] BVerfGE 79, 127 (153 f.); 110, 370 (401); BVerwG NVwZ 2006, 595 (596).
[200] BVerfGE 78, 331 (340); 138, 1 Rn. 47; 147, 185 Rn. 72.
[201] BVerfGE 79, 127 (153); 83, 363 (382); 110, 370 (400 f.); 138, 1 Rn. 56; 147, 185 Rn. 81; BVerfG (K) NVwZ 1999, 520 (520 f.); s. aber auch NRW VerfGH NVwZ-RR 2001, 617 (618), wonach die gesetzgeberische Einschätzung der örtlichen Wurzeln und Bezüge einer Aufgabe vertretbar sein muss.
[202] BVerfGE 59, 216 (226); 91, 228 (238); 125, 141 (167); 138, 1 Rn. 46; 147, 185 Rn. 71.
[203] BVerwGE 67, 321 ff.
[204] Zu abweichenden Modellen etwa *Stern,* StaatsR I, S. 424 ff.; *Vogelgesang,* in: Friauf/Höfling, Art. 28 (2002) Rn. 104.
[205] Zu den diesbezüglichen Gemengelagen und Wanderungsprozessen *Schmidt-Jortzig* DÖV 1993, 973 ff.; ferner *Schmidt* DÖV 2013, 509 ff.
[206] Eindringlich BVerfGE 147, 185 Rn. 61 f., 85.
[207] BVerfGE 110, 370 (400); BVerwG NVwZ 2006, 595 (596).
[208] BVerfGE 78, 331 (340 f.).
[209] BVerfGE 79, 127 (146).
[210] Folge davon ist ein materielles Privatisierungs*verbot,* s. mit Blick auf einen kulturell, sozial und traditionsmäßig bedeutsamen Weihnachtsmarkt, der zuvor in alleiniger komm. Verantwortung betrieben wurde, BVerwG DVBl 2009, 1382 ff. m. Anm. *Ehlers* DVBl 2009, 1456 f.; krit. *Schoch* DVBl 2009, 1533 ff. mwN. Nach dem BVerwG verpflichtet der Grundsatz der Eigenverantwortlichkeit die Gemeinde ferner dazu, ihre Aufgaben grds. durch eigene Verwaltungseinrichtungen wahrzunehmen, weswegen Verwaltungstätigkeiten ohne gesetzl. Ermächtigung nicht auf Private übertragen werden dürfen, s. BVerwGE 140, 245 (250).
[211] S. dazu *Brüning* VerwArch 100 (2009), 453 ff.; *Bogumil/Kuhlmann* (Hrsg.), Kommunale Aufgabenwahrnehmung im Wandel. Kommunalisierung, Regionalisierung und Territorialreform in Deutschland und Europa, 2010; *Bauer* DÖV 2012, 329 ff.; *Budäus/Hilgers* DÖV 2013, 701 ff.; *Guckelberger* VerwArch 104 (2013), 161 ff.; *Leisner-Egensperger* NVwZ 2013, 1110 ff.
[212] Zum Beurteilungsspielraum der Gemeinden insoweit BVerwGE 39, 329 (334); s. aber auch SchlHOVG NordÖR 2013, 528 (532).
[213] Eine einfache Subsidiaritätsklausel sehen etwa § 91 III 1 BbgKV und § 94a I 1 Nr. 3 SächsGO vor. Hingegen haben andere Länder die Nachrangigkeit gemeindl. Wirtschaftstätigkeit im Sinne qualifizierter Subsidiaritätsklauseln

schaftsbetätigung dürfte eine strikte Bindung an die Angelegenheiten der **örtlichen Gemeinschaft** zu fordern sein.[214] Eine Gewinnerzielung im Allgemeinen ist jedenfalls kein legitimer Zweck,[215] was eine bloße Gewinnmitnahme sowie Randnutzung (s. etwa § 91 V BrandKV) allerdings nicht ausschließt.[216] Die örtl. Kompetenzbeschränkung des Art. 28 II 1 lässt – was das KommunalR der Länder nur selten berücksichtigt[217] – des Weiteren eine wirtschaftliche Betätigung **außerhalb des Gemeindegebietes** grds. nicht zu,[218] es sei denn, mit Zustimmung der betroffenen Nachbargemeinde(n) und wegen des Gesetzesvorbehalts des Art. 28 II 1 nur kraft ausdr. Bestimmung;[219] die bloße Genehmigungspflichtigkeit durch die Kommunalaufsicht reicht ebenso wenig aus wie die Wahrung „berechtigter Interessen"[220] der betroffenen komm. Gebietskörperschaften (so aber z. B. Art. 87 II 1 BayGO).[221] Gegenüber der **Privatwirtschaft** darf Art. 28 II als „den Staatsaufbau und die Grenze staatlicher Organisations- und Ordnungsvollmacht"[222] betreffend nicht im Wege einer „Drittwirkung" zu Lasten privater Konkurrenz pervertiert werden.[223] Art. 28 II gewährt daher auch keinen Schutz der Kommunalwirtschaft vor einer Konkurrenz durch Private.[224]

Die Frage nach dem **Rechtsschutz Privater** gegen komm. Konkurrenz ist bis heute noch nicht **50** endgültig beantwortet. **Ursprünglich** waren Unterlassungsklagen Privater vor den VG erfolglos, da den kommunalrechtl. Schranken der komm. Wirtschaftsbetätigung drittschützende Wirkung abgesprochen wurde und die Grundrechte – namentlich Art. 12 und 14 GG – nur bei erdrosselnder Wirkung oder unerlaubter Monopolstellung zur Anwendung gebracht wurden.[225] Die Zivilgerichte sahen anfänglich demgegenüber durch den Verstoß gegen kommunalrechtl. Vorschriften zugleich die Sittenwidrigkeit gemäß § 1 UWG aF[226] begründet.[227] Die **Gegenbewegung** dazu wurde durch den BGH eingeleitet, der das Zuwiderhandeln gegen kommunalrecht. Vorschriften nicht als sittenwidrig i. S. von § 1 UWG aF einstufte.[228] Die Verwaltungsgerichtsbarkeit reagierte darauf zunächst mit der Anerkennung der (partiellen) drittschützenden Wirkung kommunalwirtschaftl. Normen.[229] Der dazu

---

[214] *Grawert* FS Blümel, 1999, S. 119 ff.; s. aber auch *Burmeister/Staebe* EuR 2004, 810 ff.; *Frenz* GewArch 2006, 100 ff., denen zufolge die europarechtlichen Grundfreiheiten und die Wettbewerbsfreiheit eine Aufgabe des Örtlichkeitsprinzips verlangen, sofern dieses nicht für die komm. Aufgabenerledigung zwingend ist; aA *Knauff* VR 2005, 145 (149); *Weiß* DVBl 2003, 564 ff.

[215] Mit Blick auf die einfachgesetzliche Rechtslage BVerfGE 61, 82 (107 f.); BVerwGE 39, 329 (333 f.); anders *Otting* DVBl 1997, 1258 (1262).

[216] Zur Randnutzung OVG NRW NVwZ 2003, 1520 ff.; ferner RhPfVerfGH NVwZ 2000, 801 (803); allg. *Britz* NVwZ 2001, 380 (382 f.); s. auch *Rennert* JZ 2003, 385 (390), der außerdem die mit bloßer Erwerbswirtschaft errungene „mittelbare" Gemeinwohlförderung ablehnt; aA *Cremer* DÖV 2003, 921 (922).

[217] Zu den kommunalrechtlichen Regelungen im Überblick etwa *Heilshorn* VerwArch 96 (2005), 88 ff.

[218] *Mehde,* in: Maunz/Dürig Art. 28 Abs. 2 (2012) Rn. 95; aA *Hellermann* (Fn. 147), S. 155 ff., 209 ff., 314 ff., 347 f.

[219] *Brosius-Gersdorf* AöR 130 (2005), 393 (405 ff.); s. ferner *Oebbecke* ZHR 164 (2000), 375 (386 ff.), der Art. 28 II 1 keine strikte Begrenzung auf das Gemeindegebiet, sondern die Notwendigkeit einer Ausrichtung auf die Gemeindeeinwohner entnimmt, gleichwohl aber in der Versorgung Gebietsfremder außerhalb des Gemeindegebiets gegen den Willen der betroff. Gemeinde einen Eingriff in deren SelbstverwaltungsR sieht; ähnl. *Schmidt-Aßmann* FS Ulmer, 2003, S. 1015 (1023); *Heintzen* NVwZ 2000, 743 (745), der verlangt, dass die außerkomm. Betätigung den öff. Zwecken der Trägerkommune entsprechen müsse. Für eine Territorialbindung mit Blick auf die gemeindl. Energieversorgung dagegen *Dreier,* in: Dreier II, Art. 28 Rn. 137; allg. auch *Rennert* JZ 2003, 385 (390 f.). Zur Rechtmäßigkeit der in Art. 87 II BayGO geregelten Expansionsklausel *Scharpf* NVwZ 2005, 148 ff.; zu Expansionsklauseln allg. *Becker* DÖV 2000, 1032 ff.; *Guckelberger* BayVBl 2006, 293 ff. Zur Wirtschaftstätigkeit im Ausland überdies *Wolff* DÖV 2011, 721 ff.

[220] Dazu *Brosius-Gersdorf* AöR 130 (2005), 392 (400 f.).

[221] Diff. *Eisenblätter,* Die extraterritoriale Kommunalwirtschaft, 2007; s. auch *Nierhaus,* in: Mann/Püttner (Hrsg.), HKWP Bd. 2, 3. Aufl. 2010, S. 35 (51 ff.).

[222] *Badura* DÖV 1998, 818 (823).

[223] Vgl. *Schmidt-Aßmann* FS Ulmer, 2003, S. 1015 (1021); *dens.* FS BVerfG II, 2001, S. 803 (809).

[224] *Ehlers* DVBl 2000, 1301 (1305 f.); anders *Wieland/Hellermann* DVBl 1996, 401 (407 ff.); *Pagenkopf* GewArch 2000, 177 (178).

[225] BVerfGE 34, 252 (256); 55, 261 (269); 105, 252 (265); BVerwGE 39, 329 (336 ff.); 71, 183 (193); BVerwG NJW 1995, 2938 (2939).

[226] Das Merkmal der „Sittenwidrigkeit" aus § 1 UWG aF findet sich jetzt – inhaltlich gleichbedeutend – im Tatbestandsmerkmal der „Unlauterkeit" gemäß § 3 UWG nF, s. BT-Dr 15/1487, S. 16.

[227] Vgl. BGH DVBl 1965, 362 (363); OLG Düsseldorf NWVBl 1997, 353 (354) m. krit. Anm. *Moraing;* OLG Hamm JZ 1998, 576 (577); ferner OLG Düsseldorf DVBl 2001, 1283 (1284 f.); NVwZ 2000, 714 (714); dazu *Otting* DÖV 1999, 549 ff..

[228] BGHZ 150, 343 (346 ff.); BGH NJW 2003, 586 (587); BGHZ 156, 379 (390); BGH WRP 2004, 382 (385). S. dazu *Papier* DVBl 2003, 686 (690); *Knauff/Nolte* VR 2003, 3 (6 ff.); *Wieland* Verwaltung 36 (2003), 225 (235 ff.).

[229] NWOVG DVBl 2004, 133 (134) m. krit. Anm. *Schliesky,* wobei der drittschützende Charakter auf das Merkmal des öff. Zweckes gestützt wird, obwohl dieser wohl eher der Subsidiaritätsklausel zu entnehmen ist; s. dazu *Antweiler* NVwZ 2003, 1466 ff.; *Schmidt-Aßmann* FS Ulmer, 2003, S. 1015 (1029 f.); *Grooterhorst/Törnig* DÖV 2004, 685 (686 f.); ferner BWVGH DÖV 2006, 831 (832); NVwZ-RR 2013, 328 (329); DVBl 2015, 106 (108).

gegenläufigen, **wieder in die Richtung der vormaligen Verwaltungsrechtsprechung tendierenden** Entwicklung[230] ist zu widersprechen. Für die Gewährleistung effekt. Rechtsschutzes gem. Art. 19 IV ist es erforderlich, dass ein **Eingriff durch kommunalwirtschaftliche Konkurrenz** in Grundrechte Privater nicht erst bei erdrosselnder Wirkung oder unerlaubtem Monopol angenommen wird.[231]

51    Hinsichtlich bestimmter, durch komm. Unternehmen erbrachter Versorgungsleistungen, die früher als gemeindl. Aufgaben qualifiziert wurden, stellt sich heute überdies die Frage, ob diese überhaupt noch örtl. Charakter haben. Für Telekommunikationslinien hat das BVerfG dies abgelehnt;[232] im Hinblick auf die Energie- sowie Wasserver- und -entsorgung scheint die Frage hingegen noch nicht abschließend geklärt zu sein.[233] Bei der Abfallentsorgung stellt sich zudem die Frage, ob die durch das KrWG vorgenommene Verteilung der Entsorgungspflichten überhaupt noch eine zusätzl. wirtschaftl. Betätigung der Kommunen zulässt.[234]

## III. Eigenverantwortlichkeit

52    Den Gemeinden wird die „Regelung" ihrer Angelegenheiten „in eigener Verantwortung" garantiert. Eigenverantwortlichkeit bedeutet allg. die Freiheit von staatl. Reglementierung bzgl. der Art und Weise der Aufgabenerledigung[235] – die das „Ob, Wann und Wie" der Aufgabenwahrnehmung umfasst. Gewährleistet wird die Entschließungsfreiheit der Gemeinden, die ihrer Verbandskompetenz unterliegenden Aufgaben ohne staatl. Einflussnahme so zu erfüllen, wie dies – im Rahmen der Rechtsordnung – ihrem Gestaltungswillen entspricht.[236] Durch Auferlegung oder Übertragung von sog. **pflichtigen Selbstverwaltungsangelegenheiten, Pflichtaufgaben zur Erfüllung nach Weisung** und (staatlichen) **Auftragsangelegenheiten** hat der (Bundes- und Landes-)Gesetzgeber den komm. Handlungs- und Gestaltungsspielraum stark eingeengt.[237] Die Streitfrage, ob Pflichtaufgaben zur Erfüllung nach Weisung zu den Auftragsangelegenheiten[238] oder den (pflichtigen) Selbstverwaltungsaufgaben zählen[239] bzw. eine eigene Aufgabenkategorie darstellen,[240] dürfte dahingehend zu beantworten sein, dass **Pflichtaufgaben zur Erfüllung nach Weisung** jedenfalls dann, wenn es sich zugleich um eine Aufgaben mit relevantem örtl. Charakter handelt, als Selbstverwaltungsaufgaben zu qualifizieren sind, jedoch, weil mit einem tatbestandlich begrenzten Weisungsrecht belastet, als **„Selbstverwaltungsangelegenheiten in abgeschwächter Form".**[241]

53    Der (Rest-)Bestand an Eigenverantwortung wird gemeinhin in sog. **Gemeindehoheiten** aufgegliedert:[242] das **Recht zur Führung eines bestimmten Namens**,[243] die **Gebiets-**,[244] **Organisations-**,[245]

---

[230] HessVGH DÖV 2005, 210 (211); NdsOVG NdsVBl 2008, 1008 f.; OVG SA NVwZ-RR 2009, 347 (348); differenzierend mit Blick auf die Art der landesrechtl. Subsidiaritätsklausel *Jungkamp* NVwZ 2010, 546 ff.

[231] S. auch *Kluth* WiVerw 2000, 184 ff.; *Schmidt-Aßmann* FS Ulmer, 2003, S. 1015 (1019 f., 1025 f.); diff. nach freiwilliger wirtschaftlicher Betätigung und pflichtiger Aufgabenerfüllung NWOVG NVwZ-RR 2005, 738 f.

[232] Zur unentgeltlichen Wegenutzung für Telekommunikationslinien BVerfG (K) NVwZ 1999, 520; ferner *König/Siewer* NVwZ 2000, 609 (613); *Leidinger* DÖV 1999, 861 (864); *Schütz* NVwZ 1996, 1053 ff. Das BVerwG hat dazu festgestellt, dass sich die Unentgeltlichkeit auf die gesamte Nutzung, also auch auf die Errichtung bezieht, BVerwG DVBl 2001, 1373 ff.

[233] Das BVerwG zählt die örtliche Energieversorgung zu den nach Art. 28 II gewährleisteten Selbstverwaltungsangelegenheiten mit relevantem örtlichem Charakter, s. BVerwGE 98, 273 (275 f.); 122, 157 (162 f.); dazu auch BVerfG NJW 1990, 1783. Zum Abschluss von Konzessionsverträgen nach § 46 EnWG ferner BGHZ 199, 289 ff.; dazu *Wieland* DÖV 2015, 169 ff. Zur Abwasserbeseitigung BVerfGE 110, 370 (401). Zur Wasserversorgung BVerfGE 38, 258 (270 f.); 45, 63 (78); 58, 45 (62); s. etwa auch BVerwGE 122, 350 (354). Ferner aber auch HessVGH, RdE 93, 143 (144), wonach die Wasserversorgung nicht zwingend eine gemeindliche Aufgabe darstellt.

[234] S. dazu *Frenz* DÖV 2000, 802 ff.; *Fluck* DÖV 2000, 657 ff.; zur Abfallentsorgung BVerfGE 38, 258 (270 f.); 79, 127 (156 f.); zur Verwertung des in der Gemeinde anfallenden Klärschlamms als Aufgabe mit örtlichen Bezügen BVerfGE 110, 370 (401).

[235] BVerfGE 83, 363 (382) 91, 228 (245); 107, 1 (14); 119, 331 (362); s. dazu *Mann* BK, Art. 28 (2018), Rn. 184 ff.

[236] RhPfVerfGH DÖV 1983, 113.

[237] S. umf. dazu *v. Mutius,* Gutachten E zum 53. DJT, 1980.

[238] BVerfGE 6, 104 (116).

[239] NWVerfGH DVBl 1985, 685 (687); *Rietdorf* DVBl 1958, 344 (345 ff.); *Grawert,* VVDStRL 36 (1978), S. 277 (283); *Broken* DÖV 1989, 429 (432); *Vietmeier* DVBl 1992, 413 (416).

[240] NWOVG OVGE 13, 356 (359).

[241] BrandVerfG LVerfGE 5, 79 (86 ff.); *Nierhaus,* in: Nierhaus (Hrsg.), Kommunale Selbstverwaltung, 1996, S. 45 (57, 67).

[242] Ausf. dazu *Mann* BK, Art. 28 (2018), Rn. 196 ff.

[243] BVerfGE 59, 216 (226); ferner BVerfG (K) NVwZ 2001, 317 (317), wobei dies offengelassen wurde, ob das Namensrecht auch das Recht zur Führung eines eigenen Wappens umfasst; zum (ör) Schutz des Gemeindenamens BVerwGE 44, 351 ff.; zum Schutz des Gemeindenamens nach § 12 BGB BGH DÖV 2007, 128 f.; ferner BGH NJW 2006, 146 ff.; NJW 2007, 682 ff.

[244] BVerfGE 50, 50 f.

[245] Grundl. BVerfGE 8, 256 (258); 38, 258 (279); ferner BVerfGE 83, 363 (382); 91, 228 (237 f.); 107, 1 (12); s. auch *Schmidt-Jortzig,* Kommunale Organisationshoheit, 1979; *Schliesky* Verwaltung 38 (2005), 339 ff.; *Frenz* Ver-

(positive und negative) **Kooperations-,**[246] **Personal-,**[247] **Satzungs-,**[248] **Planungs-**[249] und **Finanz-**einschließlich der **Steuer- und Abgabenhoheit**[250] sowie schließlich die **Sparkassenhoheit.**[251] Diese – verstanden als Erfüllungsmodalität und nicht als „Kompetenzblöcke"[252] – sollen je für sich, wenngleich nicht in allen Einzelheiten, aber immerhin als sog. **Hoheitsbündel** den Wesenskern der Selbstverwaltung (überwiegend) im Bereich der Eigenverantwortlichkeit ausmachen.[253] Im Einzelnen umfasst Art. 28 II 1 die

– **Gebietshoheit** als Befugnis, im Gemeindegebiet Hoheitsgewalt i. S. gebietsbezogener Allzuständigkeit auszuüben,[254]
– **Organisationshoheit** als Befugnis zur Ausgestaltung der inneren Verwaltungsorganisation nach eigenem kommunalpolitischem Ermessen (→ Rn. 54), namentlich zur Festlegung der Verfahrensabläufe und Entscheidungszuständigkeiten für die Aufgabenwahrnehmung[255] einschließlich der Freiheit, nach eigenen Vorstellungen Behörden, Einrichtungen und Dienststellen zu errichten, zu ändern und aufzuheben, diese auszustatten, zu beaufsichtigen und die Steuerungsmechanismen festzulegen[256] sowie der Möglichkeit, für die Wahrnehmung einzelner Verwaltungsaufgaben aus vom Gesetzgeber zur Verfügung gestellten Organisationsformen auswählen zu können,[257]
– (positive oder negative) **Kooperationshoheit** als Befugnis, Selbstverwaltungsaufgaben in eigener Verantwortung oder zusammen mit anderen Verwaltungsträgern durch Schaffung gemeinschaftlicher Handlungs- und Organisationsinstrumente (insb. Zweckverbände) wahrzunehmen,[258]
– **Personalhoheit** als Befugnis zur Entscheidung über die Schaffung von Stellen und deren haupt- oder ehrenamtliche Besetzung sowie zur Auswahl, Anstellung, Beförderung sowie Entlassung von Personal,[259]
– **Satzungshoheit** als (einfachgesetzlich oft ausdr. auf den eigenen Wirkungskreis beschränkte) Befugnis, die eigenen Angelegenheiten mit rechtsverbindl. Wirkung durch OrtsR (Satzungsautonomie) zu regeln,[260] wobei eine solche Rechtsetzungstätigkeit der Gemeinden im System der Gewaltenteilung dem Bereich der Verwaltung zuzuordnen ist[261] und demzufolge (abseits anderer rechtsstaatlicher Absicherungen) insb. einer bes. gesetzl. Ermächtigung bedarf, sofern mit ihr Grundrechtseingriffe einhergehen,[262]

wArch 86 (1995), 378 ff. Die Organisationshoheit bietet allerdings nur Schutz gegen direkte Eingriffe und schützt nicht gegen nur mittelbare Einflüsse, die namentlich von Finanzierungsregelungen ausgehen, s. BVerfG NVwZ 1987, 123 (124).

[246] BVerfGE 119, 331 (362); s. auch BVerfGE 138, 1 Rn. 49; 147, 185 Rn. 86, wonach ein grds. Vorrang der interkomm. Zusammenarbeit vor der Hochzonung gemeindl. Aufgabe besteht; ferner BVerfG (K) NVwZ 1987, 123 (124); grundl. *Schmidt,* Kommunale Kooperation, 2005.

[247] BVerfGE 1, 167 (175); 7, 358 (364); 8, 332 (359); 9, 268 (289 f.); 17, 172 (181 f.); 91, 228 (245).

[248] BVerfGE 52, 95 (117); 65, 283 (290); BVerfG DVBl 1982, 27 (28). Dazu *Hill,* Gutachten D für den 58. DJT, 1990; *Henneke* ZG 1994, 212 ff.

[249] BVerfGE 56, 298 (312 f.); 76, 107 (118 f.), 103, 332 (358); ferner BVerwGE 40, 323 (329); 90, 96 (100); 100, 388 (392).

[250] BVerfGE 23, 353 (369); 26, 228 (244); 52, 95 (117); 71, 25 (36); 125, 141 (159).

[251] Begriff nach *Hoppe* DVBl 1982, 45 (51); ausf. *Nierhaus/Stern,* Regionalprinzip und Sparkassenhoheit im europ. Bankenbinnenmarkt, 1992, S. 212 ff.; aus der Rspr. BVerfGE 75, 192 (197 ff.); BVerfG (K) NVwZ 1995, 370 f.; BrandVerfG LVerfGE 2, 93 (100 ff.); SächsVerfGH DVBl 2001, 293 ff.; dazu *Becker* SächsVBl 2001, 109 ff.; *ders.* LKV 2001, 201 ff.

[252] *Schmidt-Aßmann* FS BVerfG II, 2001, S. 803 (821).

[253] BVerfGE 56, 298 (312). Die gemeindl. Hoheitsrechte hat das BVerfG in ihrem Grundbestand zuletzt zu dem durch Art. 28 II 1 verbürgten Kernbereich gezählt, s. BVerfGE 138, 1 Rn. 59.

[254] BVerfGE 52, 95 (118).

[255] BVerfGE 91, 228 (236).

[256] BVerfGE 119, 331 (362).

[257] BVerfGE 137, 108 Rn. 117.

[258] Nach der Rspr. soll die Garantie kommunaler Selbstverwaltung auch dann verletzt sein, wenn der Landesgesetzgeber das bisher den amtsfreien Gemeinden zustehende Recht, ihren Vertreter in der Mitgliedsversammlung eines Zweckverbandes selbst frei zu wählen, zu Gunsten einer von Gesetzes wegen zwingenden Vertretung durch den Amtsdirektor ablöst, s. BbgVerfG DVBl 2017, 500 ff.

[259] BVerfGE 9, 268 (289 f.); 17, 172 (182); 91, 228 (245). Zum Kernbereich der kommunalen Selbstverwaltungsgarantie gehören dabei die Dienstherrenfähigkeit und die eigene Personalauswahl, s. BVerfGE 119, 331 (362). Näher zur Personalhoheit *Lecheler* FG v. Unruh, 1983, S. 541 ff.; *Wolff* VerwArch 100 (2009), 280 ff.

[260] S. ausf. dazu *Schmidt-Aßmann,* Die kommunale Rechtssetzung im Gefüge der administrativen Handlungsformen und Rechtsquellen, 1981.

[261] BVerfGE 65, 283 (289); 78, 344 (348); 120, 82 (112); zur Einordnung des Gemeinderats als Parlament und zur Anwendung parlamentarischer Rechtsgrundsätze aber etwa auch *Dolderer* DÖV 2009, 146 ff.

[262] S. mit Blick auf die Anordnung eines Anschluss- und Benutzungszwangs etwa BVerwGE 90, 359 (363); 125, 68 (70 f.); zu § 16 EEWärmeG als bundesrechtliche Befugnisnorm zum Anschluss- und Benutzungszwang an kommunale Fernwärmeeinrichtungen zum Zwecke des Klima- und Ressourcenschutzes ferner BVerwGE 156, 102 ff. Unsicher scheint die Notwendigkeit einer gesetzl. Ermächtigung allerdings für die Regelung der Benutzung öff. Einrichtungen: Das BVerwG fordert etwa mit Blick auf die Vorgabe, dass auf einem komm. Friedhof nur Grabmale aufgestellt werden dürfen, die nachweislich ohne ausbeuterische Kinderarbeit hergestellt wurden, wegen der damit

– **Planungshoheit** als Befugnis namentlich zur eigenverantwortl. Ordnung und Gestaltung des Gemeindegebietes im Hinblick auf die Art der baulichen Nutzung (→ Rn. 56),[263]
– **Finanzhoheit** als Befugnis zu eigenverantwortl. Einnahmen- und Ausgabenwirtschaft iR eines gesetzl. geordneten Haushaltsrechts einschl. der **Steuer- und Abgabenhoheit** als Berechtigung, die Gemeindeeinwohner (aufgrund einer spezif. Ermächtigung gem. Art. 105 IIa) aus eigenem Recht, das sowohl die Ertragshoheit als auch eine gewisse Regelungsbefugnis umfasst,[264] zu den aus der Aufgabenerfüllung resultierenden Lasten heranzuziehen,[265] und die
– **Sparkassenhoheit** als Befugnis zur Gründung und zum Betreiben von Sparkassen als durch Art. 28 II 1 abgesicherte Betätigung.[266]

54    Namentlich die **kommunalen Organisationsbefugnisse** haben in der Rspr. des BVerfG eine Präzisierung erfahren: Die **Organisationshoheit** enthält danach kein Prinzip der Eigenorganisation der Gemeinde, wonach jede staatl. Vorgabe einer spezif. Rechtfertigung bedarf. Gleichwohl sind dem Gesetzgeber bei der Ausgestaltung der gemeindl. Organisation in zweifacher Hinsicht Grenzen gesetzt: Die Gewährleistung des Kernbereichs der komm. Selbstverwaltung untersagt zum einen Regelungen, die eine eigenständige organisatorische Gestaltungsfähigkeit der Kommunen ersticken. Zum Kernbereich gehört allerdings nicht die grds. freie Bestimmung über die Organisation der Gemeinde überhaupt. Insbesondere die Entscheidung über die Grundstrukturen der Gemeinden ist Sache des Gesetzgebers. Im sog. Randbereich verpflichtet Art. 28 II 1 den Gesetzgeber zum anderen, bei der Ausgestaltung des KommunalR den Gemeinden eine Mitverantwortung für die organisat. Bewältigung ihrer Aufgaben einzuräumen. Er hat den Gemeinden einen hinreichenden organisat. Spielraum für die Wahrnehmung der einzelnen Aufgabenbereiche offen zu halten.[267] Zum SelbstverwaltungsR gehört schließlich auch die **Funktionsfähigkeit** der Gemeindeorgane mit der Folge, dass sie funktionsfähig und in der Lage bleiben müssen, eigenständig und selbstverantwortlich über Angelegenheiten der Gemeinde zu entscheiden.[268]

55    Zur sog. **Kooperationshoheit** hat das BVerfG des Weiteren mit Blick auf **Hartz IV-Arbeitsgemeinschaften** ausgeführt, dass die Befugnis, darüber zu befinden, ob eine bestimmte Aufgabe eigenständig oder gemeinsam mit anderen Verwaltungsträgern wahrgenommen wird und ob zu diesem Zweck gemeinsame Institutionen gegründet werden, eine Ausprägung der komm. Selbstverwaltungsgarantie darstellt. Zwar wird der Kernbereich dieser Kooperationshoheit nicht dadurch verletzt, dass die verwaltungsmäßige Besorgung gemeindl. Aufgaben auf einen anderen Träger übertragen wird, da der Gesetzgeber im Wege organisatorischer Rahmensetzung auf eine effekt. Aufgabenerledigung hinwirken kann. Für die verfassungsrechtliche Prüfung ist allerdings auch entscheidend, ob die Verwaltungszuständigkeiten von Bund und Ländern gemäß Art. 83 ff. eingehalten sind. Die eigenverantwortl. Aufgabenwahrnehmung der Gemeinden und Gemeindeverbände wird daher wegen eines Verstoßes gegen das Verbot der Mischverwaltung in verfassungswidriger Weise beeinträchtigt, wenn der Gesetzgeber die gleichzeitige Aufgabenwahrnehmung verschiedener Verwaltungsträger von Bund und Kommunen verbindlich anordnet.[269]

56    Überdies hat das BVerfG bislang die Frage offengelassen, ob die **Planungshoheit** zum Kernbereich der Selbstverwaltungsgarantie gehört. Da der Kernbereich nur institutionell, nicht jedoch für einzelne Gemeinden gewahrt sein muss (→ Rn. 42), soll er jedenfalls dann nicht verletzt sein, wenn die Planungshoheit einzelner Gemeinden in räumlich abgegrenzten Gebieten eingeschränkt wird.[270] Selbst

---

einhergehenden Beeinträchtigung der Berufsfreiheit eine gesetzl. Ermächtigung, s. BVerwGE 148, 133 Rn. 24 ff.; dazu *Krajewski* DÖV 2014, 721 ff.; allg. *Ehlers* Jura 2012, 692 (696). Zur Befugnis des Gemeinderats, komm. Flächen nur noch für Zirkusbetriebe zur Verfügung zu stellen, die keine Tiere wildlebender Arten mit sich führen, ferner NdsOVG NVwZ 2017, 728 ff.

[263] Zur Bauleitplanung als Gegenstand der gemeindl. Selbstverwaltungsgarantie etwa BVerfGE 56, 298 (310, 317 f.); 76, 107 (117); 103, 332 (367); zur Bedeutung der Planungshoheit mit Blick auf § 203 BauGB BVerwGE 130, 52 ff.; zum Schutz der Planungshoheit durch § 36 BauGB BVerwGE 122, 13 ff.; ferner *Schoch* NVwZ 2012, 777 ff.

[264] BVerwGE 145, 378 Rn. 16 f.

[265] Grenzen ergeben sich im Bereich der Steuerhoheit vor allem aus steuerrechtl. Grundsätzen im Allgemeinen (etwa dem Verbot von Lenkungssteuern, dem Begriff der örtl. Verbrauchs- und Aufwandsteuern i. S. des Art. 105 IIa sowie dem (ebenfalls dort normierten) Gleichartigkeitsverbot, s. mit Blick auf die Erhebung einer Kultur- und Tourismusförderabgabe BVerwGE 143, 301 ff. Bzgl. der Abgabenhoheit statuiert das BVerwG überdies ein Äquivalenzprinzip, wonach Gebühren nicht in einem groben Missverhältnis zu der abgegoltenen Leistung stehen dürfen, s. BVerwGE 118, 123 (125 f.); ein Grundsatz der Leistungsproportionalität wird hingegen nicht angenommen, s. BVerwGE 112, 297 (301 f.); auch eine Gebührenerhebung nach sozialen Maßstäben wird für zulässig erachtet, s. etwa BVerfGE 97, 332 ff.

[266] S. dazu BVerfGE 75, 179 (199 f.); ferner BVerfG (K) NVwZ 1995, 370 f.; NWVerfGH DÖV 1980, 691 ff. m. Anm. *Blümel;* zu den Herausforderungen für ör Sparkassen zuletzt *Kemmler* Verwaltung 49 (2016), 397 ff.

[267] BVerfGE 107, 1 (13 f.); ferner BVerfGE 83, 363 (382); 91, 228 (238 ff.); 119, 331 (362 f.).

[268] BayVerfGH DVBl 1998, 136 (137).

[269] BVerfGE 119, 331 (362 f.); dazu *Brosius-Gersdorf* VSSR 2005, 335 ff. Zur Kooperationshoheit allg. BVerfGE 138, 1 Rn. 49; ferner BVerfG (K) NVwZ 1987, 123 (124). Zur negativen Kooperationshoheit als Abwehrrecht gegenüber dem zwangsweisen Anschluss an einen Zweckverband BVerfGE 26, 228 (238).

[270] BVerfGE 56, 298 (313); 76, 107 (118 f.); dazu *Clemens* NVwZ 1990, 834 (838).

wenn der Kernbereich die Planungshoheit umfassen sollte, soll dies nur für deren „Wesensgehalt" und nicht für die Planungshoheit in „vollem Umfang" und „all ihren Erscheinungsformen" gelten.[271] Jedenfalls die **Bebauungsplanung** wird danach zum Kernbereich gehören, während dies für die **Flächennutzungsplanung** unsicher ist.[272] Allerdings darf die Planungshoheit auch außerhalb des Kernbereichs durch den Gesetzgeber nicht beliebig eingeschränkt werden. Wird einzelnen Gemeinden bzgl. ihrer Planungshoheit eine besondere Einschränkung i. S. eines Sonderopfers (→ Rn. 43) auferlegt, ist zu prüfen, ob überörtl. Interessen von höherem Gewicht den Eingriff in die Planungshoheit erfordern. Auch wenn der Gesetzgeber abstrakt-generell in die Planungshoheit eingreift, indem er für alle Gemeinden unmittelbar regelnde Vorgaben setzt, ist der allg. verfassungsrechtl. Grundsatz der Verhältnismäßigkeit zu beachten.[273]

Schließlich umfasst die Planungshoheit nach dem BVerwG auch das Recht, sich gegen **Planungen** **56a** **anderer Stellen** zur Wehr zu setzen, die die eigene Planungshoheit verletzen.[274] Gegen überörtliche Fachplanungen sollen sich Gemeinden allerdings nur wehren, insbesondere auf das Gebot der Koordination unter mehreren hoheitl. Planungsträgern berufen können, wenn ihnen die Erfüllung eigener Aufgaben unmöglich gemacht oder in konkreter Weise erheblich erschwert wird oder wenn das jew. Vorhaben hinreichend konkrete gemeindl. Planungen nachhaltig beeinträchtigt.[275] Ferner erachtet das BVerwG das interkomm. Abstimmungsgebot des § 2 II BauGB als Ausformung der gemeindl. Planungshoheit.[276]

In dogmatischer Hinsicht nahm das BVerfG ursprünglich an, dass Art. 28 II 1 den Gemeinden einen **57** **grundsätzlich alle Angelegenheiten der örtlichen Gemeinschaft umfassenden Aufgaben- bereich sowie die Eigenverantwortlichkeit in diesem Bereich sichert.**[277] Nunmehr unterscheidet es zwischen den „sachlichen Aufgaben" der Gemeinden einerseits und einem „der Aufgabenerfüllung vorgelagerten, gemeindeinternen Bereich" andererseits. Namentlich der **Organisationshoheit hat das BVerfG dadurch über den eigenen Wirkungskreis hinaus Geltung verschafft.** Das Recht zur Organisation leitet sich auf der Grundlage einer Unterscheidung zwischen der (weiten) „organisatorischen" Eigenverantwortlichkeit und der (engen) „inhaltlichen" Autonomie danach aus der Garantie **der eigenverantwortlichen Regelung nicht nur bezüglich bestimmter Sachaufgaben, sondern für die gesamte Verwaltung her.**[278]

Art. 28 II 1 spricht von eigenverantwortl. **Regelung.** Eine Beschränkung der Gemeinden auf eine **58** bestimmte Handlungsform (z. B. Satzungen) ist damit nicht verbunden. Der Begriff umfasst das gesamte Spektrum zulässiger komm. Handlungsformen.[279]

## IV. Gesetzesvorbehalt

Das Selbstverwaltungsrecht ist nur „**im Rahmen der Gesetze**" gewährleistet, was sich bereits aus **59** der Gesetzesbindung des Art. 20 III ergibt. Dieser „unglückselige" **Gesetzesvorbehalt**[280] bezieht sich trotz seiner sprachl. Platzierung zwischen Universalitätsprinzip und Eigenverantwortlichkeit nach nahezu unumstrittener Meinung auf *beide* Garantieelemente.[281] Dementspr. überantwortet das BVerfG die Kompetenz zur Konkretisierung der örtl., sozialen und funktionalen Elemente der Selbstverwaltung dem Gesetzgeber. Die in Art. 28 II 1 liegende Garantie der Einrichtung gemeindlicher Selbstverwal-

---

[271] BVerfGE 103, 332 (366); allg. auch BVerfGE 138, 1 Rn. 59. Neben der Planungshoheit soll die Gemeinde auch eine Planungspflicht treffen, s. *Moench* DVBl 2005, 676 ff.; zur Erstplanungspflicht der Gemeinde auch BVerwG NVwZ-RR 2004, 220 ff.

[272] *Dreier,* in: Dreier II, Art. 28 Rn. 130; s. aber auch *Schmidt-Aßmann* FS BVerfG II, 2001, S. 803 (822), der den Kernbereichsschutz nicht am Bebauungsplan festmacht. Zum Flächennutzungsplan als Gegenstand des Kernbereichs BWStGH DÖV 1976, 595 (597); anders HessStGH NVwZ-RR 2004, 713 (717 f.). Gemäß § 203 II BauGB iVm § 67 II RhPfGO steht die Flächennutzungsplanung in vollem Umfang der Verbandsgemeinde zu, s. RhPfOVG NVwZ-RR 2005, 647 ff. Zur Hochzonung der Flächennutzungsplanung ferner BrandVerfG LKV 2002, 516 ff.; krit. dazu *Nierhaus* FG BrandVerfG, 2003, S. 75 (80 ff.); *ders.* GS Burmeister, 2005, S. 245 ff.

[273] Den Gemeinden wird diesbezüglich auch ein verfassungsunmittelbarer Anspruch auf Anhörung und Berücksichtigung ihrer Interessen zuerkannt, → Rn. 73a.

[274] Grundlegend BVerwGE 40, 323 (328 ff.).

[275] S. etwa BVerwGE 74, 124 (132); 77, 128 (138); 77, 134 (138); 81, 95 (106); 84, 209 (215); 90, 96 (100); 97, 203 (211 f.); 100, 388 (394); 117, 25 (32); 118, 181 (185 ff.); 127, 259 Rn. 31. Zum über die Planungshoheit hinausgehenden Selbstgestaltungsrecht der Gemeinden BVerwG NVwZ-RR 1999, 554 (555); NVwZ 2006, 1055 (1059); NVwZ 2008, 1237.

[276] Dazu insb. BVerwGE 40, 323 (330); 84, 209 (214 ff.), 117, 25 (31 ff.).

[277] BVerfGE 21, 117 (128 f.); 23, 353 (365); 26, 228 (237 f.); 50, 195 (201); 56, 298 (312); 59, 216 (226); 79, 127 (143).

[278] BVerfGE 83, 363 (382); 91, 228 (241); 107, 1 (14); ferner BVerfG (K) NVwZ 2001, 317 f. Mit Blick auf die Finanzhoheit ebenso BVerfG NVwZ 1999, 520 (520).

[279] BVerwGE 6, 247 (252).

[280] BVerfGE 79, 127 (143); *Löwer,* in: v. Münch/Kunig I, Art. 28 Rn. 59, entnimmt dem „gesetzlichen Rahmen" des Art. 28 II vier Schichten: Eingriffsneutrale rechtliche Formung, Gesetzesvorbehalt, Gesetzesvorbehalt für exekutive Eingriffe, Gesetzesbindung der Exekutive.

[281] BVerfGE 22, 180 (204 ff.); 23, 353 (365 f.); 50, 195 (201) 56, 298 (312); 79, 127 (146); 107, 1 (12).

tung bedarf danach der „gesetzlichen Ausgestaltung und Formung".[282] Überholt ist dies allerdings insofern, als Art. 84 I 7, 85 I 2 inzwischen ausdr. untersagen, durch BundesG Aufgaben auf die Gemeinden zu übertragen.

60    Der Gesetzesvorbehalt wird teilweise als Regelungs- oder Ausgestaltungsvorbehalt interpretiert, der Parallelen zur Befugnis des Gesetzgebers aufweisen soll, Inhalt und Schranken des Eigentums näher zu bestimmen (Art. 14 I 2).[283] Während Rspr. und Lit. auch im Übrigen (vornehmlich mit Blick auf den Kernbereichsschutz und das Übermaßverbot) die Grundrechtsdogmatik fruchtbar machen wollen,[284] hat das BVerfG in seiner „Rastede"-Entscheidung keine strukturellen Parallelen zwischen der Aufgabenausstattung der Gemeinden und der Eigentumsinhaltsbestimmung gezogen.

61    Es stellt vielmehr auf die Schranken des Kernbereichs und – im Falle der Hochzonung von Angelegenheiten der örtl. Gemeinschaft – auf das sich aus Art. 28 II 1 ergebende Aufgabenverteilungsprinzip sowie zuletzt den Verhältnismäßigkeitsgrundsatz ab (→ Rn. 68 ff.). Danach hat der in Art. 28 II 1 normierte **Gesetzesvorbehalt** eine **ambivalente Doppelfunktion** als **Ausgestaltungsauftrag** und **Eingriffsvorbehalt:**[285] Aus übergeordneten Gemeinwohlgründen sollen in angemess. Umfang Aufgabenverlagerungen vorgenommen und komm. Handlungsspielräume eingeengt werden können; zugleich aber soll der Gesetzesvorbehalt (z.B. im Hinblick auf die Bestimmtheitsanforderungen) den Schutz vor administr. Eingriffen in die komm. Selbstverwaltung optimieren.[286]

62    Sofern nicht (ausnahmsweise) das GG den Bund für zuständig erklärt, sind grds. die **Länder** zuständig für die Ausgestaltung der Selbstverwaltung der Kommunen.[287] Die bundesgesetzl. Zuweisung der Bauleitplanung an die Gemeinden als pflichtige Selbstverwaltungsangelegenheit (§ 2 II BauGB) hat das BVerfG (vor Inkrafttreten der Art. 84 I 7, 85 I 2) für zulässig erklärt, weil es sich – so die vormals gängige Formulierung – (nur) um eine „**punktuelle Annexregelung**" zu einer zur Zuständigkeit des **Bundesgesetzgebers** gehörenden materiellen Regelung" handelt, die **für** einen **wirksamen Gesetzesvollzug notwendig** ist.[288] Zuletzt hat das BVerfG das grundgesetzl. Aufgabenübertragungsverbot der Art. 84 I 7, 85 I 2 keiner einschränkenden Auslegung für zugänglich gehalten und Art. 125a I 1 als eng auszulegende Ausnahmevorschrift verstanden, die den Bund zu Änderungen an bundesgesetzl. den Kommunen zugewiesenen Aufgaben berechtigt, sofern diese dadurch keine andere Bedeutung und Tragweite erhalten.[289]

63    Aus Gründen des effekt. Rechtsschutzes wird der **Gesetzesbegriff im materiellen Sinn** verstanden. Darunter fallen nicht nur förml. Gesetze, sondern auch RVO, Satzungen (auch der Kreise),[290] Raumordnungsprogramme und GewohnheitsR.[291] Nach dem BVerwG wird der Begriff „im Rahmen der Gesetze" schließlich auch (iS koll. Verfassungsrechts) durch Vorschriften der Verfassung ausgefüllt.[292]

## V. Schranken

64    **1. Kernbereich.** Zum Kernbereich (Wesensgehalt) der komm. Selbstverwaltung gehört kein gegenständlich fest umschriebener **Aufgabenbestand** und **Eigenverantwortlichkeitsstandard,**[293] obwohl das BVerfG in Einzelfällen (etwa zur Dienstherrnfähigkeit und eigenen Personalauswahl) mitunter deutlicher wird.[294] Ihm zugehörig sind vielmehr die identitätsbestimmenden Merkmale komm. Selbstverwaltung, die deren Struktur und Typus bestimmen.[295] Die Institution komm. Selbstverwaltung darf

---

[282] BVerfGE 79, 127 (143); ferner BVerfGE 76, 107 (118); 107, 1 (19); 119, 331 (362 f.); dazu *Schoch* VerwArch 81 (1990), 18 (26 ff.); *ders.*, in: Henneke/Maurer/Schoch, Die Kreise im Bundesstaat, 1994, S. 9 (23).

[283] Z.B. *Schoch* VerwArch 81 (1990), 18 (26 ff.); *Schink* ebd., 385 (402). Demgegenüber weisen *Knemeyer/Wehr* VerwArch 92 (2001), 317 (332), darauf hin, dass anders als bei Art. 14 I 1 mit der in Art. 28 II 1 normierten Allzuständigkeit (der Gemeinden) und der Eigenverantwortlichkeit (der Kommunen insgesamt) bereits inhaltl. Bestimmungen des SelbstverwaltungsR vorgegeben sind; so auch *Heusch,* Der Grundsatz der Verhältnismäßigkeit im Staatsorganisationsrecht, 2003, S. 202 f.

[284] BVerfGE 56, 298 (312 f.); s. dazu *Blümel* FG v. Unruh, 1983, S. 265 (269 ff.); ausf. *Ipsen* ZG 1994, 194 ff.

[285] *Schmidt-Aßmann* FS BVerfG II, 2001, S. 803 (818). s. auch *Ehlers* DVBl 2000, 1301 (1310), der die verfassungsrechtl. Gewährleistung gemeindl. Selbstverwaltung als ausgestaltungsbedürftige Einrichtungsgarantie einerseits und subj. Recht mit einem verfassungsunmittelbar bestimmten Schutzbereich andererseits qualifiziert. Ausf. zur Ausgestaltungsbedürftigkeit des Art. 28 II 1 *Engels* (Fn. 131), S. 137 ff.

[286] Vgl. *v. Mutius* FG v. Unruh, 1983, S. 227 (252); s. auch *Blümel* ebd., S. 265 (298 ff.).

[287] BVerfGE 1, 167 (176); 26, 172 (181); 56, 298 (310); BVerfG DVBl 1982, 27 (28).

[288] BVerfGE 22, 180 (209 f.); 77, 288 (298 f.); ferner BVerfGE 119, 331 (356), wonach die Rüge einer Verletzung des Art. 84 I aF im Verfahren der komm. Vb allerdings nicht zulässig war.

[289] BVerfG NVwZ 2020, 1342 ff.

[290] BVerwGE 101, 99 (110 f.).

[291] BVerfGE 26, 228 (237); 56, 298 (309); 71, 25 (34); 76, 107 (117 f.) 107, 1 (15); *Löwer,* in: v. Münch/Kunig I, Art. 28 Rn. 68.

[292] BVerwG DVBl 1979, 116 (117).

[293] BVerfGE 79, 127 (146); 107, 1 (11 f.); 138, 1 Rn. 59. Ausf. zu den Methoden der Kernbereichsermittlung *Kühne* FS Faber, 2007, S. 35 ff.

[294] BVerfGE 119, 331 (362).

[295] BVerfGE 17, 172 (182); 23, 353 (366); 59, 216 (226); 76, 107 (118); 83, 363 (381); 103, 332 (365); 107, 1 (12).

demnach nicht rechtlich oder faktisch völlig beseitigt oder derart ausgehöhlt werden, dass die Gemeinden keinen ausreichenden Spielraum ihrer Ausübung mehr haben, wenn also die Selbstverwaltung nur noch ein Schattendasein führen könnte.[296] Dieser unantastbare **Wesensgehalt** bildet für den Gesetzgeber die **äußerste Schranke**. Bei seiner Bestimmung ist vor allem der **geschichtlichen Entwicklung** und den **traditionellen sowie aktuellen Erscheinungsformen der Selbstverwaltung** Rechnung zu tragen.[297] Allerdings sind Änderungen, die auf der Linie einer vernünftigen Fortentwicklung des überkommenen Systems liegen, zulässig, wenn sie nicht zur Aushöhlung der Selbstverwaltung der Gemeinden führen.[298] Bzgl. der Angelegenheiten der örtl. Gemeinschaft definiert das BVerfG den Kernbereich als die Befugnis, sich aller dieser Angelegenheiten, die nicht durch Gesetz bereits anderen Trägern öff. Verwaltung übertragen sind, ohne Kompetenztitel anzunehmen (**„Universalität des gemeindlichen Wirkungskreises"**).[299] Dieses komm. **Zugriffs- oder Aufgabenerfindungsrecht** stellt indes nur eine besonders hervorgehobene Ausprägung des Wesensgehalts dar.[300]

Anknüpfend an die (inzwischen allerdings in die Defensive geratene) landesverfassungsgerichtl. **65** Rspr.[301] zählt namentlich das BVerwG inzwischen auch eine finanz. Mindestausstattung (näher → Rn. 84 ff.) zum unantastbaren Kernbereich, die angemessene Finanzausstattung hingegen zum Randbereich.[302] Obschon die Unterscheidung zwischen Kern- und Randbereich auch auf die Eigenverantwortlichkeit angewendet wird,[303] hat das BVerfG abgesehen von der Organisationshoheit (→ Rn. 53 und 54) und Planungshoheit (→ Rn. 53 und 56) insoweit bislang keine dem Kernbereich des gemeindl. Aufgabenkreises vergleichbaren allg. Aussagen zum Wesensgehalt der Eigenverantwortlichkeit getroffen.[304]

Die Kernbereichsgarantie degeneriert damit zum Schutz vor nur hypothetisch denkbaren, krassen **66** Verletzungen, die in dem Entzug der Allzuständigkeit einer Entmündigung der Gemeinden oder einem Unterschreiten der Garantie der finanz. Mindestausstattung liegen können. Die **Unzulänglichkeit** des **Kernbereichsschutzes** wird vollends deutlich, wenn man – wie anfangs das BVerwG – nach der sog. **Subtraktionsmethode** eine bilanzierende Bewertung vornimmt und danach fragt, welche Handlungsmöglichkeiten den Gemeinden *nach* einem Eingriff (Aufgabenentzug) noch verbleiben.[305]

So **läuft die Wesensgehaltsgarantie weitgehend leer** und bestätigt die Erkenntnis, dass der **67** Kernbereichsbegriff letztlich ein „definiens indefinibilis" ist. Dieser Negativbefund muss durch **effektive Gewährleistungsschranken** im sog. **Randbereich** kompensiert werden.[306]

**2. Verfassungsrechtliches Aufgabenverteilungsprinzip: Vorrang der Gemeinden vor den** **68** **Kreisen.** Wegen der politisch-demokratischen Funktion der Selbstverwaltung und des Strukturprinzips des Aufbaus der Demokratie von unten nach oben hat Art. 28 II 1 einen betont dezentralen Sinngehalt. Daraus entwickelte das BVerfG in seiner „Rastede"-Entscheidung über den Kernbereichschutz hinaus zugunsten der (namentlich gegenüber den Kreisen) verfassungsgewollt prinzipiell vorrangig zuständigen Gemeinden vor einer zentral und damit staatlich determinierten Aufgabenwahrnehmung ein Regel-Ausnahme-Verhältnis, das nicht Ausdruck einer bloßen Rechtstechnik, sondern eines materiell verstandenen Prinzips dezentraler Aufgabenansiedlung[307] und der Subsidiarität[308] ist. **Während bei einer**

[296] BVerfGE 1, 167 (174 f.); 38, 258 (278 f.); 56, 298 (312); 76, 107 (118); 79, 127 (146); 83, 363 (381); 86, 90 (107); 91, 228 (238); 103, 332 (366). Die Formulierung geht auf den Staatsgerichtshof für das Deutsche Reich, RGZ 126, Anh. 14 (22 f.), zurück; dazu auch *Clemens* NVwZ 1990, 834 (837, 839).

[297] BVerfGE 7, 358 (364); 8, 332 (360); 11, 266 (274); 50, 195 (201); 59, 216 (226); 76, 107 (118); s. auch *Mehde*, in: Maunz/Dürig, Art. 28 Abs. 2 (2012) Rn. 113 ff.

[298] BVerfGE 38, 258 (279); 52, 95 (117).

[299] BVerfGE 79, 127 (146); ferner BVerfGE 107, 1 (12), 138, 1 Rn. 59.

[300] S. auch *Schmidt-Aßmann* FS Sendler, 1991, S. 121 (134 f.).

[301] S. noch ThürVerfGH NVwZ-RR 2005, 685 (667 ff.); HessStGH NVwZ 2013, 1151 (1152). Grundl. zuvor NdsStGH DVBl 1998, 185 ff. m. Anm. *Kirchhof;* BayVerfGH BayVBl 1997, 303 (304); BayVerfGH NVwZ-RR 1997, 301 (302 f.); s. nunmehr aber auch NdsStGH NdsVBl 2008, 152 (154 f.); BayVerfGH BayVBl 364 (366 f.); BayVerfGH BayVBl 2008, 172 (175 f.); BayVerfGH ZFSH/SGB 2008, 82 (85).

[302] BVerwGE 145, 378 Rn. 19 f.; s. dazu auch schon *Henneke* DÖV 1998, 330 ff.; *Nierhaus* LKV 2005, 1 ff.; *Hufen* DÖV 1998, 276 ff.; *Wendt/Elicker* VerwArch 93 (2002), 187 (207 ff.); ausf. *Schoch,* Verfassungsrechtlicher Schutz der kommunalen Finanzautonomie, 1997, S. 142 ff.

[303] Zur Organisationshoheit BVerfGE 91, 228 (242 f.); ferner BVerfGE 52, 95 (116 ff.); 107, 1 (13); zur Planungshoheit BVerfGE 56, 298 (313 f.); 76, 107 (199 f.); 103, 332 (366); zur Finanzhoheit BVerfGE 125, 141 (168).

[304] Zum Kernbereichsschutz aller kommunalen Hoheiten in ihrem Grundbestand BVerfGE 138, 1 Rn. 59.

[305] BVerwGE 6, 19 (25); 6, 342 (345); 67, 321 (322); s. dazu *Stern,* StaatsR I, S. 416 f.; krit. *Schoch* VerwArch 81 (1990), 18 (30 f.); *Schink* ebd., 385 (397 f.); ferner *Schmidt-Jortzig,* Die Einrichtungsgarantie der Verfassung, 1979, S. 40 f.; *Knemeyer* FG v. Unruh, 1983, S. 209 (212 f., 217).

[306] Krit. zur Unterscheidung zwischen Kern- u. Randbereich *Ehlers* DVBl 2000, 1301 (1307); *Schwarz,* MKS II, Art. 28 Rn. 199 ff., geht wohl deshalb nicht mehr von einem Kernbereich aus, sondern definiert „Schutzzonen und -dimensionen der institutionellen Garantie".

[307] BVerfGE 79, 127 (149).

[308] Die Regel-Ausnahme-Systematik soll nichts anderes als das Subsidiaritätsprinzip darstellen, auch wenn das BVerfG diesen Begriff vermeidet (s. aber der Sache nach BVerfGE 58, 177 [196]; 79, 127 [152]; 110, 370 [400]); ferner BrandVerfG LVerfGE 2, 93 (101); NdsOVG DÖV 1980, 417 (418); NWVerfGH DÖV 1980, 691 (692) m. zust. Anm. *Blümel;* s. auch *dens.* VerwArch (1984), 197 (208 f.); *Häberle* AöR 119 (1994), 169 (188 f.); aA

**freiwilligen Aufgabenübertragung eine Verletzung von Art. 28 II 1 von vornherein ausscheiden soll,**[309] darf der Gesetzgeber den Gemeinden eine Aufgabe mit relevantem örtlichen Charakter nur aus Gründen des Gemeininteresses, vor allem etwa dann entziehen, wenn anders die ordnungsgemäße Aufgabenerfüllung nicht sicherzustellen wäre und wenn die den Aufgabenentzug tragenden Gründe gegenüber dem verfassungsrechtlichen Aufgabenverteilungsprinzip überwiegen.[310]

69    Dieser Abwägungsgrundsatz wird um weitere wichtige Grenzmarkierungen für die gesetzliche Konturierung des gemeindlichen Aufgabenarsenals ergänzt: Das bloße Ziel der Verwaltungsvereinfachung oder der Zuständigkeitskonzentration scheidet als Rechtfertigung für einen Aufgabenentzug aus. Denn dieses zielt ausschließlich auf die Beseitigung eines Umstandes, der gerade durch die vom GG gewollte dezentrale Aufgabenansiedlung bedingt ist. Auch Gründe der **Wirtschaftlichkeit** und **Sparsamkeit** der öff. Verwaltung rechtfertigen eine „Hochzonung" nicht schon aus sich heraus, sondern erst dann, wenn ein Belassen der Aufgabe bei den Gemeinden zu einem unverhältnismäßigen Kostenanstieg führen würde.[311]

70    Das BVerfG überprüft die gesetzgeberischen Entscheidungen nur auf ihre **Vertretbarkeit** und das **Fehlen sachfremder Erwägungen.**[312]

71    Gewissermaßen umgekehrt dazu kann sich auch eine **Aufgabenübertragung** sowie Auferlegung von Pflichtaufgaben als rechtfertigungsbedürftiger Eingriff auswirken.[313] Denn nicht nur der Entzug von Aufgaben kann den Schutzbereich des Art. 28 II 1 berühren, sondern auch die Zuweisung neuer Aufgaben, wenn dadurch die Möglichkeit eingeschränkt wird, Selbstverwaltungsaufgaben wahrzunehmen, die zum verfassungsrechtlich geschützten Aufgabenbestand gehören.[314] Teils wird in der Lit. daher angenommen, dass Art. 28 II 1 seinen abwehrrechtl. Gehalt dann entfaltet, wenn der Gesetzgeber neue Aufgaben zuweist, ohne für eine aufgabenangemessene Finanzierung Sorge zu tragen (näher → Rn. 88 ff.).[315] Die Auferlegung von Aufgaben soll nach dem BVerfG wegen der nur mittelbaren Folgen allerdings nicht gegen die gemeindl. Finanzhoheit verstoßen.[316] Nichtsdestotrotz liegt wohl auch in der mittelbaren Beeinträchtigung durch überbordende Aufgabenzuweisungen aber eine Gefährdung der komm. Eigenverantwortung.[317]

72    **3. Übermaßverbot.** Abgesehen von der Formulierung „unverhältnismäßiger Kostenanstieg" (→ Rn. 69) vermied das BVerfG in seiner „Rastede"-Entscheidung Bezugnahmen auf das Übermaßverbot. Dies und die nachfolgende Feststellung, dass im Falle der Aufgabenentziehung im Vergleich zum Grundsatz der Verhältnismäßigkeit strengere Anforderungen zu beachten sind,[318] gab Anlass zu der Annahme, das dass BVerfG vom Übermaßverbot im Anwendungsbereich des Art. 28 II 1 Abschied genommen habe,[319] einer Schranke immerhin, die sich angesichts der Unzulänglichkeit des Kernbereichsschutzes (→ Rn. 64 f.) als das **wirkungsvollste Schutzelement** der komm. Selbstverwaltung erwiesen hatte.[320]

---

v. Mutius, Gutachten E z. 53. DJT, 1980, S. 28 ff.; ausf. *Schmidt-Jortzig,* Subsidiaritätsprinzip und Kommunalordnung, 1982.

[309] BVerwG NVwZ 2007, 584 (585); BVerwGE 130, 52 Rn. 31.

[310] BVerfGE 79, 127 (152 ff.).

[311] BVerfGE 79, 127 (153) – darin liegt eine gewisse Relativierung der Aussage, dass es bei der Qualifizierung des Ortsbezuges einer Aufgabe nicht auf die Leistungsfähigkeit bzw. Verwaltungskraft der Gemeinde ankomme (→ Rn. 46).

[312] BVerfGE 79, 127 (154).

[313] Grundl. BVerfGE 83, 363 (381); ferner *Dreier,* in: Dreier II, Art. 28 Rn. 120; *Schwarz,* MKS II, Art. 28 Rn. 231. Die Wahrnehmung der Aufgaben des übertragenen Wirkungskreises stellt gerade keine Angelegenheit der örtlichen Gemeinschaft dar, s. BVerfGE 78, 331 (341). Zur Zulässigkeit der Aufgabenentziehung im übertragenen Wirkungskreis BVerfGE 10, 89 (101).

[314] BVerfGE 119, 331 (354); dazu *Henneke,* in: Hofmann/Henneke, Art. 28 Rn. 65 f., 50a, 76, 77; ferner NWVerfGH NVwZ-RR 1993, 486 (487); NVwZ 1997, 793 f.; RhPfVerfGH DÖV 2001, 601 (602); SächsAnhVerfGH NVwZ-RR 1999, 393 (396). Nach *Hufen* DÖV 1998, 276 (279 ff.), liegt in jeder zusätzlich auferlegten Pflichtaufgabe der Entzug einer freiwilligen Aufgabe, sobald die „freie Spitze" zur Erledigung freiwilliger Selbstverwaltungsaufgaben unter 5 % sinkt.

[315] *Volkmann* DÖV 2001, 497 (499); anders *Remmert* VerwArch 94 (2003), 459 (469 ff.). Nach dem BVerfG bietet Art. 28 II gegen die Auferlegung von Aufgaben jedenfalls solange keinen Schutz, wie die Finanzausstattung der Gemeinden nicht in Frage gestellt wird, s. BVerfGE 23, 353 (369, 371 f.); 26, 228 (244); 83, 363 (386).

[316] BVerfGE 83, 363 (386); 103, 332 (359 ff.); BVerfG (K) NVwZ 1987, 123 f.; LKV 1994, 145.

[317] *Schmidt-Aßmann* FS BVerfG II, 2001, S. 803 (824 f.).

[318] BVerfGE 103, 332 (367).

[319] S. *Schoch* VerwArch 81 (1990), 18 (32 ff.); *Clemens* NVwZ 1990, 834 (835, 840); *Schmidt-Aßmann* FS Sendler, 1991, S. 121 (134 ff.); *dens.* FS BVerfG II, 2001, S. 803 (819); ferner *Frenz* Verwaltung 28 (1995), S. 33 ff.; für eine differenzierte Verhältnismäßigkeitsprüfung *Ehlers* DVBl 2000, 1301 (1308).

[320] Mit Blick auf die Auferlegung von Sonderopfern s. BVerfGE 26, 228 (241); 56, 298 (313); 59, 216 (231); 76, 107 (119 f.); ferner *v. Mutius* FG v. Unruh, 1983, S. 227 (252); *Blümel* ebda, S. 265 (283 f.). Der NWVerfGH DVBl 1997, 121 (123) m. Anm. *Henneke,* behandelt den Verhältnismäßigkeitsgrundsatz und das Willkürverbot hingegen als Elemente der Selbstverwaltungsgarantie.

Die Einschätzung, das BVerfG habe insoweit seine Rspr. grundl. geändert, ist unzutreffend, weil **73** übersehen wird, dass in der „Rastede"-Entscheidung weniger ein konkreter Einzeleingriff in das komm. SelbstverwaltungsR als vielmehr abstrakt (und typisierend) das verfassungsunmittelbare inter-komm. Aufgabenverteilungssystem als solches zur verfassungsgerichtl. Beurteilung anstand.[321] Während das BVerfG den Grundsatz der Verhältnismäßigkeit anfänglich als „übergreifende Leitregel" und Ausprägung des Rechtsstaatsprinzips qualifiziert,[322] diese im StaatsorganisationsR allerdings für unanwendbar erklärt hatte,[323] brachte das BVerfG lange Zeit nur mit Blick auf komm. Gebietsreformen[324] und komm. Sonderopfer[325] den Verhältnismäßigkeitsgrundsatz zur Anwendung. Hinsichtlich der (generellen) Aufgabenverteilung war demgegenüber die Regel-Ausnahme-Systematik maßgeblich.[326] Zuletzt hat das BVerfG ausdr. ganz allgemein die Anwendbarkeit des Verhältnismäßigkeits-grundsatzes im Randbereich anerkannt: Eingriffe in die von Art. 28 II 1 geschützten Aufgaben-bestand unterliegen danach den Anforderungen des Verhältnismäßigkeitsgrundsatzes, dem als Ausprä-gung des Rechtsstaatsprinzips auch dort Bedeutung beigemessen wird, wo – wie im Falle der komm. Selbstverwaltung – Träger öff. Gewalt mit Rechten gegenüber dem Staat ausgestattet sind.[327]

Der Vertrauensschutz (einschl. des Rückwirkungsverbots) und das Bestimmtheitsgebot gelten als **73a** weitere Schranken-Schranken.[328] Unter Hinweis auf den Gedanken des **Rechtsgüterschutzes durch Verfahren** hat das BVerfG überdies ein Mitwirkungsrecht statuiert, sofern Aufgaben mit relevanter komm. Bedeutung auf eine andere staatl. Ebene verlagert werden,[329] zugleich aber ausgeführt, dass Benehmenserfordernisse nicht genügen, um den Entzug komm. Kompetenzen zu rechtfertigen.[330] Bereits zuvor hatte das BVerfG die Notwendigkeit einer prozeduralen Absicherung der komm. Selbst-verwaltung im Wege der Anhörung mit Blick auf komm. Gebietsreformen anerkannt.[331] Hinzu kommen **Anhörungsrechte** und das Recht auf fehlerfreie **Abwägung** bei Eingriffen namentlich in die komm. Planungshoheit durch die Auferlegung von Sonderopfern.[332] Schließlich wirken (nach Art. 91 IV Thür-Verf und Art. 97 IV BbgVerf ausdr.) auch die komm. Spitzenverbände im Normsetzungsverfahren mit.[333]

## VI. Ergänzungsgarantien

Die komm. Selbstverwaltungsgarantie wird von weiteren **Ergänzungs- und Erstreckungsgaran- 74 tien** umhegt. Dazu zählen ua:

– **Finanzgarantien** (insb. Art. 106 III, V 1, 3, Va, VI 1, 2, VII 1, 2, VIII 1).                   **75**
– **Durchgriffsverbot des Bundes auf die Kommunen** (Art. 84 I 7, Art. 85 I 2), das gemäß Art. 125a I allerdings **75a** vormalige Aufgabenübertragungen unberührt lässt.[334]
– **Option kommunaler Trägerschaft der Grundsicherung für Arbeitsuchende (Optionskommunen)** in **75b** alleiniger Verantwortung (Art. 91e II): Art. 91e II räumt nach der Rspr. des BVerfG den Gemeinden und Gemeindeverbänden eine Chance ein, die Leistungen der Grundsicherung für Arbeitsuchende, die keine Aufgabe der örtl. Gemeinschaft ist, alleinverantwortlich wahrzunehmen, deren gesetzl. Ausgestaltung unter Berücksichti-gung des Willkürverbotes in Gestalt des Gebotes interkomm. Gleichbehandlung erfolgen muss und deren Wahr-nehmung in den Schutzbereich des Art. 28 II fällt.[335]

---

[321] S. *Schoch* VerwArch 81 (1990), 18 (27); ferner *Papier* DVBl 1984, 453 (455).

[322] BVerfGE 23, 127 (133); ähnlich BVerfGE 38, 348 (368); 43, 242 (288); 76, 1 (50 f.).

[323] BVerfGE 81, 310 (338).

[324] BVerfGE 50, 50 (51); 50, 195 (203); 86, 90 (109); 107, 1 (24).

[325] BVerfGE 56, 298 (313); 59, 216 (231); 76, 107 (119); 103, 332 (366 f.).

[326] S. auch *Dreier,* in: Dreier II, Art. 28 Rn. 128 f., der dem Aufgabenverteilungssystem die Funktion des Verhält-nismäßigkeitsprinzips zuweist; ähnl. *Heusch* (Fn. 283), S. 204 ff.; ferner *Knemeyer/Wehr* VerwArch 92 (2001), 317 (341); *Ehlers* DVBl 2000, 1301 (1307 f.); *Schoch* Jura 2001, 121 (126 f.); s. aber auch die Schutzzonen und -dimensio-nen bei *Schwarz* MKS II Art. 28 Rn. 199 ff.

[327] BVerfGE 138, 1 Rn. 55; 147, 285 Rn. 80; s. auch schon BVerfGE 125, 141 (167).

[328] S. dazu *Mehde,* in: Maunz/Dürig, Art. 28 Abs. 2 (2012) Rn. 125 ff.

[329] BVerfGE 138, 1 Rn. 60; ferner BVerfGE 137, 108 Rn. 112, wonach die Zulassung als Optionskommune in einem willkürfreien, transparenten und nachvollziehbaren Verfahren erfolgen und dem Gebot interkomm. Gleichbe-handlung entsprechen muss.

[330] BVerfGE 147, 185 Rn. 87.

[331] BVerfGE 50, 50 (51); 50, 195 (203); 86, 90 (108 f.); 107, 1 (24 f.).

[332] BVerfGE 56, 298 (313, 319 ff.); 76, 197 (119, 122 f.); 95, 1 (26 f.).

[333] Zu den Rechtsfolgen eines Verstoßes gegen Art. 91 IV ThürVerf ThürVerfGH LKV 2005, 259 ff.; dazu *Vetzberger* LKV 2005, 246 f. Auch im Anwendungsbereich landesverfassungsrechtl. Konnexitätsprinzipien wirken die komm. Spitzenverbände mit, etwa nach Art. 83 VIII 2 BayVerf sowie Art. 78 III 5 NRWVerf.; dazu NRWVerfGH NVwZ-RR 2010, 705 (709).

[334] Grdl. dazu BVerfG NVwZ 2020, 1342 ff.

[335] BVerfGE 137, 108 Rn. 101 ff., wonach der verfassungsändernde Gesetzgeber mit Art. 91e eine umfass. Sonderregelung geschaffen hat, die sowohl Art. 83 ff. als auch Art. 104a verdrängt, eine unmittelbare Finanzbezie-hung zwischen Bund und Optionskommunen begründet und eine Finanzkontrolle ermöglicht, die sich von der staatl. Aufsicht wie auch von der Finanzkontrolle durch den BRH unterscheidet.

**75c** – **Interkommunales Gleichbehandlungsgebot:** Obwohl das Grundrecht des Art. 3 I nicht für jur. Personen des öR gilt, ist im Verhältnis von Hoheitsträgern ein verfassungsrechtl. Willkürverbot als Element des Grundsatzes der Rechtsstaatlichkeit im Verhältnis zu Hoheitsträgern zu beachten.[336]

**76** – **Selbstverwaltungsgarantien in den Ländern:** Art. 28 II enthält eine **bundesverfassungsrechtliche Mindestgarantie** (→ Rn. 39) der komm. Selbstverwaltung; sie darf modifiziert und erweitert, aber (als Grenze der Verfassungsautonomie der Länder nach Art. 28 I 1) nicht unterschritten werden. Wesentl. Gewährleistungsinhalte, die im LandesR nicht fehlen dürfen, sind nach dem BVerfG solche, die ohne hinweggedacht werden können, ohne dass die institutionelle Garantie der komm. Selbstverwaltung substantiell verändert würde. Dazu gehören die Gewährleistung eines eigenen Aufgabenbereichs der Gemeinden sowie die Eigenverantwortlichkeit der Aufgabenerfüllung, zudem die Eigenständigkeit der Gemeinden auch und gerade gegenüber den Kreisen, das verfassungsrechtl. Aufgabenverteilungsprinzip bzgl. aller Angelegenheiten der örtl. Gemeinschaft zugunsten der Gemeinden und die für die Entziehung einer solchen Angelegenheit geltenden Rechtfertigungsanforderungen.[337] Ein Zurückbleiben hinter Art. 28 II 1 kann allerdings zumeist durch eine bundesverfassungskonforme Auslegung des LVerR ausgeglichen werden.[338]

**76a** – **Konnexitätsprinzipien** (→ Rn. 88 ff.) als Ausprägung der Selbstverwaltungsgarantien in den Ländern (Art. 71 III BWVerf; Art. 83 III BayVerf; Art. 87 III BbgVerf; Art. 137 VI HessVerf; Art. 72 III MVVerf; Art. 57 IV NdsVerf; Art. 78 III NWVerf.; Art. 49 V RhPfVerf; Art. 120 SaarlVerf; Art. 85 II SachsVerf; Art. 87 III LSAVerf; Art. 49 II SchlHVerf; Art. 93 I 2 ThürVerf).

**77** – **Grundsatz des gemeindefreundlichen Verhaltens:** Namentlich die Staatsaufsicht muss so ausgeübt werden, dass sie dem Schutz der Gemeinden dient, ihre Entschlusskraft und Verantwortungsbereitschaft fördert sowie Erfahrungen bei der Lösung komm. Aufgaben vermittelt.[339] Dieses „dirigierende Prinzip" darf nicht – etwa nach Art einer „Vormundschaft" – zu einer „Einmischungsaufsicht" degenerieren;[340] es ist akzess. Natur und begründet keine selbständigen Pflichten.[341]

**77a** – **Grundsatz der Rechtsaufsicht** als verfassungsrechtlich gebotenes Korrelat der Selbstverwaltung:[342] Die verfassungsrechtlich gewährleistete **Eigenverantwortlichkeit** verlangt, dass die Staatsaufsicht über die Selbstverwaltungstätigkeit der Gemeinden bloße **Rechtsaufsicht** ist.[343] Nur bei Pflichtaufgaben zur Erfüllung nach Weisung darf der Gesetzgeber ein tatbestandlich begrenztes Weisungsrecht vorsehen (sog. **Sonderaufsicht**); bei (staatl.) Auftragsangelegenheiten besteht ausnahmsweise ein unbeschränktes, auch Zweckmäßigkeitsfragen umfass. Weisungsrecht (sog. **Fachaufsicht**).[344] Probl. ist das präventive Aufsichtsmittel der **Genehmigung** als sog. staatlich-kommunales **Kondominium,** das aufsichtsbehördl. Zweckmäßigkeitserwägungen zulässt.[345]

## VII. Das Selbstverwaltungsrecht der Gemeindeverbände (Satz 2)

**78** 1. **Grundsätzliches.** Art. 28 I 2, II 2 enthält eine verwirrende Begriffsvielfalt. Abgesehen davon, dass neben dem Begriff der Gemeinden auch derjenige der Gemeindeverbände nicht legaldefiniert wird,[346] erwähnt Art. 28 I 2 Gemeinden und Kreise, während Art. 28 II 2 auf den Begriff der Gemeindeverbände Bezug nimmt. Offensichtlich werden damit unterschiedliche Organisationsformen auf Gemeindeverbandsebene vorausgesetzt. Das BVerfG geht ganz in diesem Sinne davon aus, dass jedenfalls die Kreise Gemeindeverbände sind, der Begriff der Gemeindeverbände aber nicht auf die Organisationsform der Kreise beschränkt ist.[347]

---

[336] BVerfGE 23, 353 (372 f.); 26, 228 (244); 76, 107 (119); 83, 363 (393); 137, 108 Rn. 107 ff.; ferner BVerfGE 150, 1 Rn. 213 f.

[337] BVerfGE 147, 185 Rn 59.

[338] So NWVerfGH DÖV 1979, 637; DÖV 1980, 691 (692) m. Anm. *Blümel;* ebenso BrandVerfG LVerfGE 2, 93 (101); 5, 79 (91); LKV 2002, 516 (518); dazu *Nierhaus* FG BrandVerfG, 2003, S. 75 (79 ff.); s. auch *v. Mutius* Jura 1982, 28 (29); *Knemeyer* FG v. Unruh, 1983, S. 209 (213 f.).

[339] Grundl. *Macher,* Der Grundsatz des gemeindefreundlichen Verhaltens, 1971; zur verfassungsrechtl. Ableitung aus Art. 28 II *Stern,* StaatsR I, S. 418 f.; *Mehde,* in: Maunz/Dürig, Art. 28 Abs. 2 (2012) Rn. 177.

[340] BVerfGE 78, 331 (341 f.).

[341] NWVerfGH DVBl 2001, 1595 (1599).

[342] BVerfGE 6, 104 (118); 78, 331 (341). S. zur staatlichen Rechtsaufsicht über die Kommunen *Schoch* Jura 2006, 188 ff. Zur Ersetzung des Legalitätsprinzips durch das Opportunitätsprinzip in Bayern *Wehr* BayVBl 2001, 705 ff.

[343] Demzufolge kann die Kommunalaufsicht solche Maßnahmen nicht beanstanden, die nur VV widersprechen, s. etwa RhPfOVG NVwZ-RR 2007, 702 (702); ferner *Leisner-Egensperger* DÖV 2006, 761 ff.

[344] S. dazu *Schoch* Jura 2006, 358 ff.; *Oebbecke* DÖV 2001, 406 ff.; ausf. *Brüning/Vogelgesang,* Die Kommunalaufsicht, 2. Aufl. 2009; im Hinblick auf das UnionR *Ehlers* DÖV 2001, 412 ff.

[345] Grundl. *Humpert,* Genehmigungsvorbehalte im Kommunalverfassungsrecht, 1990; *Schrapper,* Kommunale Selbstverwaltungsgarantie und staatliches Genehmigungsrecht, 1992; s. auch *Lang* DVBl 1995, 657 ff.; ferner NRWOVG DVBl 1988, 796; NWVBl 1990, 121 ff.; BayVerfGH DÖV 1989, 306 ff.

[346] Gemeindeverbände sind nach dem BVerfG Gebietskörperschaften und diesen nach Umfang und Gewicht der Selbstverwaltungsangelegenheiten vergleichbare Zusammenschlüsse, s. BVerfGE 52, 95 (109 ff.); eine gewählte Volksvertretung i. S. von Art. 28 I 2 soll hingegen nicht zu den Anforderungen an Gemeindeverbände zählen, s. BVerfGE 79, 127 (151); dazu aber auch BrandVerfG LVerfGE 8, 71 (74 ff.). Danach sind Ämter (SchlHVerfG NordÖR 2010, 155 ff.), Samtgemeinden (NdsStGH NdsVBl 2008, 37 [38]), Verbandsgemeinden (RhPfVerfGH NVwZ-RR 2015, 761 [762]), Verwaltungsgemeinschaften (BVerfGE 107, 1 [19]) sowie Landschaftsverbände (NWVerfGH DVBl 2001, 1595 [1596 f.]; dazu aber auch *Ehlers* DVBl 2001, 1601 ff.) Gemeindeverbände, nicht aber Zweckverbände (BVerfGE 52, 95 [110, 116]; BVerwGE 140, 245 Rn. 13). Ausf. zum verfassungsrechtl. Status von Samt-, Verbands-, Orts- und Amtsgemeinden auch *Nierhaus/Gebhardt,* Kommunale Selbstverwaltung zur gesamten Hand?, 2000.

[347] BVerfGE 52, 95 (111); 79, 127 (151); 103, 332 (359).

Das SelbstverwaltungsR ist den Gemeindeverbänden in deutlicher Abweichung von Art. 28 II 1 nur **79** iR des ihnen vom Gesetzgeber übertragenen Aufgabenbereiches nach Maßgabe der Gesetze gewährleistet.[348] Während Gemeinden und Gemeindeverbänden die Eigenverantwortlichkeit gleichermaßen gewährleistet wird,[349] enthält Art. 28 II 2 für die Gemeindeverbände folglich keine Aufgabengarantie; die Zuweisung von Aufgaben obliegt vielmehr dem Gesetzgeber.[350] Dieser muss allerdings namentlich den Kreisen einen Mindestbestand an Aufgaben zuweisen, den diese unter Ausschöpfung der auch ihnen gewährten Eigenverantwortlichkeit erledigen können.[351] Es muss sich dabei um einem dem Herkommen entspr., angemessenen eigenen Wirkungskreis handeln,[352] der für sich genommen und im Vergleich zu den zugewiesenen staatlichen Aufgaben ein Gewicht hat, das der Rechtsstellung der Kreise gerecht wird und nicht nur randständige, in Bedeutung und Umfang nebensächl. Selbstverwaltungsaufgaben umfasst.[353]

Aus Art. 28 I 2 ist – i. S. einer „strukturanalogen Legitimation"[354] – gefolgert worden, dass das GG **80** zumindest eine Gemeindeverbandsebene institutionell garantiert, die **der herkömmlichen Kreisorganisation nahe** kommt.[355] Das BVerfG hat anfänglich Art. 28 I 2 nur dahingehend umschrieben, dass die Kreise unter den Gemeindeverbänden besonders hervorgehoben werden,[356] inzwischen die Kreise allerdings als institutionell garantiert anerkannt.[357] Andere Gemeindeverbände können sich demnach nicht auf eine institutionelle Rechtssubjektsgarantie berufen.[358] Die **Abschaffung der Kreise zugunsten** von sog. **„Regionen"** bzw. **„Regionalkreisen"**[359] wäre demzufolge ua wegen Demokratie- und Partizipationsdefiziten (ehrenamtliche Tätigkeit, Vertretung möglichst vieler gesellschaftl. Gruppen in den Kreistagen, Prinzip der **Überschaubarkeit**) verfassungswidrig.[360] Die Garantiewirkung des Art. 28 II 2 besteht daher nur, aber immerhin darin, dass die Kreise als Institution erhalten bleiben und mit einem Aufgabenbestand ausgestattet sein müssen, der eine sinnvolle und leistungsfähige Selbstverwaltung ermöglicht.[361] Sie haben insoweit „das Recht der Selbstverwaltung", das in seinen Schutz*elementen* institutionelle **Rechtssubjektsgarantie** (→ Rn. 41 ff.) und subj. **Rechtsstellungsgarantie** (→ Rn. 45) mit der gemeindl. Selbstverwaltungsgarantie weitgehend identisch ist.[362]

Im Hinblick auf die (objektive) **Rechtsinstitutionsgarantie** gilt iE: Da den Kreisen gerade kein **81** bestimmter Aufgabenbereich zugesichert ist, kann der aufgabenverteilende Gesetzgeber stärker als bei den Gemeinden den Aufgabenbestand der Kreise (um)gestalten.[363] Zudem bindet den Gesetzgeber das kommunalspezifische Aufgabenverteilungsprinzip (→ Rn. 68 ff.) gerade gegenüber den Kreisen zugunsten der vorrangig zuständigen Gemeinden und eine Übertragung („Hochzonung") von Gemeindeaufgaben auf die Kreise ist nur nach Maßgabe der Kern- und Randbereichsdoktrin zulässig. Außerhalb des den Kreisen verfassungsrechtlich zuerkannten Mindestbestandes an Selbstverwaltungsaufgaben schützt Art. 28 II 2 diese mithin weder gegen einen Aufgabenentzug noch gegen eine Aufgabenübertragung.[364]

**2. Einzelfragen.** Zum traditionellen Aufgabenbestand der Kreise werden die **übergemeindlichen, 82 ergänzenden** und **ausgleichenden Aufgaben** gezählt. Nach der „Rastede"-Entscheidung des BVerfG waren die Ergänzungs- und Ausgleichsaufgaben der Kreise zunächst in eine verfassungsrecht-

---

[348] Grundl. BVerfGE 23, 353 (365).

[349] BVerfGE 79, 127 (143); ferner BVerfGE 21, 117 (129); 83, 363 (383).

[350] BVerfGE 79, 127 (150 f.); s. auch BVerfGE 21, 117 (128 f.); 23, 353 (365 f.); 83, 363 (383); 119, 331 (353); 137, 108 Rn. 164. Art. 97 II BbgVerf und Art. 78 II NWVerf. räumen den Gemeinden und Gemeindeverbänden hingegen die Befugnis ein, alle Aufgaben der örtlichen Gemeinschaft zu erfüllen bzw. bezeichnen diese als alleinige Träger der öff. Verwaltung.

[351] BVerfGE 83, 363 (383 f.); 119, 331 (353); 137, 108 Rn. 164.

[352] S. dazu BVerwGE 6, 19 (23).

[353] BVerfGE 119, 331 (353 f.); 137, 108 Rn. 114.

[354] *Dreier*, in: Dreier II, Art. 28 Rn. 167 (allerdings wenig überzeugend: Kreise als „eher […] maßstabsvergrößerte Gemeinden").

[355] *Stern*, Der Kreis I, 1972, S. 156 (170); *Schwarz* MKS II, Art. 28 Rn. 240; s. aber auch *Löwer*, in: v. Münch/Kunig I, Art. 28 Rn. 96 ff.

[356] BVerfGE 79, 127 (151)

[357] BVerfGE 119, 331 (353).

[358] S. NdsStGH DVBl 1981, 214 f.; *Löwer*, in: v. Münch/Kunig I, Art. 28 Rn. 93 ff.; *Pieroth*, in: Jarass/Pieroth, Art. 28 Rn. 53.

[359] S. dazu *Kasper* DÖV 2006, 598 f.; *Mehde* NordÖR 2007, 331 ff.

[360] Mit Blick auf Kreisgebietsreformen MVVerfG DVBl 2007, 1102 ff.; dazu *Meyer* NVwZ 2007, 1024 ff.; *Stüer* DVBl 2007, 1267 ff.; *Meyer* NVwZ 2008, 24 ff.; *Erbguth* DÖV 2008, 152 ff.; zur Kreisgebietsreform in Sachsen-Anhalt s. *Miller* LKV 2005, 478 ff.; allg. *Rothe*, Kreisgebietsreform und ihre verfassungsrechtlichen Grenzen, 2004.

[361] *Maurer* DVBl 1995, 1037 (1046); ebenso *Knemeyer/Wehr* VerwArch 92 (2001), 317 (333).

[362] Zur Geltung etwa der für gemeindliche Gebietsreformen entwickelten Vorgaben auch für Kreisgebietsreformen BVerfG (K) DVBl 1995, 286 (287); zu den Anforderungen an Bestandsänderungen von Verbandsgemeinden, obschon diese nicht institutionell garantiert sein sollen, RhPfVerfGH NVwZ-RR 2015, 761 (762 ff.).

[363] S. aber auch *Henneke* DÖV 2002, 463 (467 f.); *ders.* ZG 2002, 72 (93 ff.).

[364] BVerfGE 119, 331 (352 ff.).

liche **Legitimationskrise** geraten.[365] Das BVerwG hat mit Blick auf die Erhebung der Kreisumlage die Landesgesetzgeber trotz Art. 28 II 1 allerdings für befugt erachtet, den Kreisen durch eine an die mangelnde Leistungsfähigkeit der kreisangehörigen Gemeinden anknüpfende Generalklausel **Ergänzungs- und Ausgleichsaufgaben** zuzuweisen.[366] Unter der **ergänzenden Aufgabenwahrnehmung** und den sich **in finanziellen Hilfen erschöpfenden Ausgleichsaufgaben** versteht das BVerwG Kreisaufgaben, die zwar die in Art. 28 II 1 den Gemeinden zugewiesenen Angelegenheiten der örtlichen Gemeinschaft betreffen, aber gleichwohl vom Kreis wahrgenommen werden, um die Einwohner im Kreisgebiet gleichmäßig zu versorgen und zu betreuen.[367]

83   *(nicht belegt)*

## VIII. Finanzhoheit und Finanzausstattung der Gemeinden und Kreise (Satz 3)

84   Nach der Rspr. des BVerfG gehört zum Garantiebereich des Art. 28 II auch die **Finanzhoheit** der Gemeinden und Gemeindeverbände.[368] Sie umfasst die Befugnis zur eigenverantwortl. Einnahmen- und Ausgabenwirtschaft iR des gesetzl. geordneten Haushaltswesens sowie das Recht, in diesem Rahmen über die Verwendung der zur Verfügung stehenden Finanzmittel frei zu disponieren (→ Rn. 53).[369] Das BVerfG ist bislang stets der von der Finanzhoheit terminologisch und systematisch zu unterscheidenden Frage ausgewichen, ob darüber hinaus auch die **angemessene (aufgabengerechte) Finanzausstattung** der Gemeinden **(Randbereich)** *und* eine **finanzielle Mindestausstattung** zum Gewährleistungsgehalt **(Kernbereich)** der grundgesetzlichen komm. Selbstverwaltungsgarantie gehörten.[370] Geklärt ist in der Rspr. des BVerfG nur, dass Art. 28 II keinen Schutz bietet, solange die Finanzausstattung der Kommunen (insgesamt) nicht in Frage gestellt wird.[371] Ferner hat das BVerfG offen gelassen, ob Art. 48, 49 I SchlHVerf, die ausdr. eine finanz. Mindestausstattung der Gemeinden garantieren, die Vorgaben des GG „aufgreifen" oder nur „ergänzen".[372] In der Rspr. der LVerfG ist aufgrund des oft „gesprächigeren" LVerfR[373] ein gemeindl. Finanzausstattungsanspruch demgegenüber prinzipiell anerkannt, häufig allerdings unter den Vorbehalt der Leistungsfähigkeit des Landes gestellt worden.[374] In Weiterentwicklung seiner Rspr.[375] hat das BVerwG demgegenüber eine

---

[365] S. etwa *Schmidt-Jortzig* DÖV 1993, 973 (981); anders *Schink* VerwArch 81 (1990), 385 (411 ff.); zum Ganzen *Henneke,* Aufgabenzuständigkeit im kreisangehörigen Raum, 1992; ferner *Schoch,* in: Henneke/Maurer/Schoch, Die Kreise im Bundesstaat, 1994, S. 9 (27 ff.).

[366] BVerwGE 101, 99 ff.; ferner BVerwG NVwZ 1998, 63 ff.; zust. *Henneke* NVwZ 1996, 1181 f.; krit. *Schwarz* NVwZ 1996, 1182 ff.; *Erlenkämper* NVwZ 1997, 546 (551); *Wimmer* NVwZ 1998, 28 ff.; s. auch *Ehlers* DVBl 1997, 225 ff.

[367] BVerwGE 101, 99 (108 ff.).

[368] BVerfGE 71, 25 (36 f.); 83, 363 (386); 119 331 (362); ferner BVerfGE 22, 180 (207 f.); 23, 353 (365 ff.); 26, 172 (180 ff.); 26, 228 (244); 52, 95 (117). Vgl. zu den landesverfassungsrecht. Finanzgarantien *Schmitt* DÖV 2013, 492 ff.

[369] Art. 28 II steht allerdings Maßnahmen der Kommunalaufsicht, mit welchen eine landesrechtlich zur Erhebung von Straßenbeiträgen verpflichtete Gemeinde zum Erlass einer Straßenbeitragssatzung angehalten wird, nicht entgegen, s. zuletzt etwa BVerwG NVwZ 2019, 1528 ff.

[370] BVerfGE 26, 172 (181); 71, 25 (36 f.); 83, 363 (386); 119, 331 (361); BVerfG (K) DVBl 1987, 697 (698); LKV 1994, 145; NVwZ 1995, 370; BayVBl 1999, 243 (244); ferner BVerfGE 125, 141 (159 ff.); zuletzt thematisierte das BVerfG allenfalls beiläufig, dass die Finanzkraft einzelner Gemeinden auf die Bestimmung der Angelegenheiten der örtlichen Gemeinschaft grds. keinen Einfluss hat und „vielmehr [...] der Staat gemäß Art. 28 Abs. 2 Satz 3 GG den Gemeinden gegebenenfalls die Mittel zur Verfügung stellen [muss], die sie zur Erfüllung ihrer Aufgaben benötigen", s. BVerfGE 138, 1 Rn. 53. Für einen entspr. Anspruch *Mehde,* in: Maunz/Dürig, Art. 28 Abs. 2 (2012) Rn. 146; ferner *Mückl* Finanzverfassungsrechtlicher Schutz der kommunalen Selbstverwaltung, 1998, S. 64 ff.; *Schoch,* in: Ehlers/Krebs (Hrsg.), Grundfragen des Verwaltungsrechts und des Kommunalrechts, 2000, S. 93 (102); s. auch *Volkmann* DÖV 2001, 497 (499); aufgrund der Rspr. der Landesverfassungsgerichtsbarkeit ferner *Nierhaus* LKV 2005, 1 ff.; ausf. auch *Henneke* DÖV 2008, 857 ff.; *Wieland* FS Schmidt-Jortzig, 2011, S. 221 ff.; *Schmidt* DÖV 2012, 8 ff.; *Lange* DVBl 2015, 457 ff.

[371] BVerfGE 83, 363 (386), s. auch BVerfGE 23, 353 (369, 371 f.); 26, 228 (244). Ausgehend davon kann sich eine Gemeinde dann gegen finanz. Belastungen durch staatl. Handeln wenden, wenn sie eine nachhaltige, von ihr nicht mehr zu bewältigende und hinzunehmende Einengung ihrer Finanzspielräume darlegt und nachweist, s. BVerfG NVwZ 1999, 520 (521); ferner BVerfG NVwZ 2006, 280 (287); 112, 253 (258); 140, 34 Rn. 22.

[372] BVerfGE 103, 332 ff.; BVerfG (K) NVwZ-RR 2007, 435 (436).

[373] Zur Herleitung eines entspr. Anspruchs aus dem LandesverfassungsLVerfR etwa BayVerfGH NVwZ-RR 1997, 301 (302); NVwZ-RR 2008, 601 (601); ferner NRWVerfGH DVBl 1993, 1205 (1205); DVBl 1998, 1280 (1281).

[374] NWVerfGH DVBl 1985, 685 ff.; DVBl 1989, 151 (152); DVBl 1993, 1205 (1205); DVBl 1999, 391 (392); DVBl 2011, 1155 (1156); DVBl 2012, 837 (838); DVBl 2014, 918 (920); BWStGH DVBl 1994, 301 (302); DVBl 1999, 1351 (1355); SachsAnhVerfG NVwZ-RR 1999, 393 (397); NVwZ-RR 1999, 464 (466); NVwZ-RR 2000, 1 (6); DVBl 2012, 1560 (1560 f.); MVLVerfG LKV 2006, 461 (462); RhPfVerfGH, NVwZ 2006, 1050 (1051); DVBl 2012, 432 (432 f.); SaarlVerfGH NVwZ-RR 1995, 153 (154); SächsVerfGH LKV 2001, 223 ff.; s. auch NdsStGH DVBl 1995, 1175 (1177 f.); DVBl 1998, 185 (187); NVwZ-RR 2001, 553 (556 f.); NdsVBl 2008, 152 (154 ff.); BayVerfGH BayVBl 2007, 364 (366 f.); BayVBl 2008, 172 (175 f.); ZFSH/SGB 2008, 82 (85); einen Vorbehalt der Leistungsfähigkeit (noch) ablehnend BayVerfGH BayVBl 1997, 303 (304); NVwZ-RR 1997, 301 (302 f.); ferner etwa ThürVerfGH NVwZ-RR 2005, 665 (668); HessStGH NVwZ 2013, 1151 (1152); s. auch BbgVerfG NVwZ-RR 2000, 129 (130); NVwZ-RR 2008, 292; DVBl 2013, 1180 (1181).

[375] BVerwGE 106, 280 (287); 127, 155 (157); 140, 34 (39).

**verfassungsfeste finanzielle Mindestausstattung** (wohl) jeder einzelnen Kommune[376] als aufgabenakzessorisch anerkannt (dazu → Rn. 89). Weder eine gesetzl. Regelung noch insb. die Erhebung der Kreisumlage darf danach zu einer strukturell unzureichenden Finanzausstattung der Gemeinden führen.[377] Die Länder haben abseits des komm. Finanzausgleichs (→ Rn. 89 ff.)[378] insoweit die Möglichkeit, die Anzahl der übertragenen Aufgaben zu verringern, ihre Erfüllung durch Vereinfachung gesetzl. Vorgaben zu verbilligen oder neue komm. Einnahmequellen zu erschließen.[379]

Mit verfassungsänderndem Gesetz v. 27.10.1994 ist Art. 28 II um Satz 3 Hs. 1 und durch ÄndG v. **85** 4.8.1997 um Hs. 2 ergänzt worden: „Die Gewährleistung der Selbstverwaltung umfasst auch die Grundlagen der finanziellen Eigenverantwortung; zu diesen Grundlagen gehört eine den Gemeinden zustehende wirtschaftskraftbezogene und mit Hebesatzrecht ausgestattete Steuerquelle."[380]

Mit der Neufassung des Art. 28 II 3 Hs. 1 sind folgende **Klarstellungen** verbunden: Eine Bezug- **86** nahme auf die finanzverfassungsrechtl. Vorschriften des X. Abschnitts ist nicht erforderlich, weil bereits der Grundsatz der Einheit der Verfassung eine isolierte Interpretation des Art. 28 II 3 verbietet; die Vorschrift muss vielmehr iR der Bestimmungen über das Finanzwesen ausgelegt werden (→ Rn. 75). Ziel der ausdr. Aufnahme der komm. Finanzhoheit war es, die **Grundlagen** der **finanziellen Eigenverantwortung** der Gemeinden *und* Kreise zu wahren und **zu stärken**. Eine Finanzausstattungsgarantie durch den Bund ist aus Art. 28 II 3 Hs. 1 allerdings ebenso wenig abzuleiten wie eine finanz. Inpflichtnahme des Bundes über die Möglichkeiten und Grenzen des X. Abschnitts hinaus.[381] Gleichwohl spricht das BVerfG als Ergebnis einer Gesamtschau der Art. 28 II 3, 106 V, Va von einer **„gestärkten finanzwirtschaftlichen Unabhängigkeit und Verselbstständigung der Kommunen"**, die „die bisherige **Zweistufigkeit der Finanzverfassung modifiziert**".[382] Die als Folge des Zweigliedrigkeitsdogmas hervorgehobene Verantwortlichkeit der Länder (als primäre Leistungsadressaten) für „ihre" Kommunen[383] erfährt dadurch gewisse Irritationen, letztlich dürfte aber nur die im GG zunächst (nur) als Bestandteil der komm. Selbstverwaltungsgarantie (Art. 28 II 1) gewährleistete Finanzhoheit durch Art. 106 VI und sodann durch Art. 28 II 3 „konstitutiv verstärkt" worden sein.[384]

Zu den von der Selbstverwaltungsgarantie umfassten Grundlagen der finanz. Eigenverantwortung **87** gehört eine (nur) den Gemeinden zustehende[385] **wirtschaftskraftbezogene und mit Hebesatzrecht ausgestattete Steuerquelle** (Art. 28 II 3 Hs. 2). Hierbei handelt es sich nicht um einen neuen finanzverfassungsrechtl. Tatbestand[386] und Art. 28 II 3 Hs. 1 und 2 gewährt auch **kein originäres Steuererfindungsrecht** der Gemeinden (→ Art. 105 Rn. 46, 48). Anlass der diesbezgl., erneuten Verfassungsänderung war die Abschaffung der den Kommunen zufließenden GewerbekapitalSt (als Substanzbesteuerung)[387] bei gleichzeitiger Kompensation durch Beteiligung der Gemeinden am Um-

---

[376] BVerwGE 106, 280 (287); s. dazu ferner RhPfVerfGH DVBl 1993, 894 (897); NVwZ-RR 1998, 607 (607); NdsStGH NVwZ-RR 2001, 553 (558); NdsVBl 2008, 152 (154, 155); BbgVerfG NVwZ-RR 2000, 129 (134 f.); anders NRWVerfGH DVBl 1999, 391 (393); DVBl 2001, 1595 (1600); DVBl 2011, 1155 (1157), wonach eine Verletzung der Finanzausstattungspflicht des Landes gegenüber einer einzelnen Gemeinde nicht in Betracht kommt, sofern den Gemeinden insgesamt ein ausreichendes Gesamtvolumen zur Verfügung gestellt und in verfassungsrechtlich nicht zu beanstandender Weise auf die Gemeinden verteilt wird; zum Ganzen *Nierhaus* FS Maurer, 2001, S. 239 ff.; *ders.* LKV 2005, 1 (2, 5 f.); *Schoch* FG Schlebusch, 2006, S. 11 (56); ausf. mit Blick auf eine „Zahlungsunfähigkeit" der Kommunen ferner *Schwarz,* Staatsgarantie für kommunale Verbindlichkeiten bei „faktischem Konkurs von Kommunen"?, 1998; *Engelsing,* Zahlungsunfähigkeit von Kommunen und anderen juristischen Personen des öffentlichen Rechts, 1999, S. 273 f.; *Lehmann,* Die Konkursfähigkeit juristischer Personen des öffentlichen Rechts, 1999, S. 91 ff.; s. auch *Oebbecke,* in: Erichsen (Hrsg.), Kommunale Selbstverwaltung im Wandel, 1999, S. 165 ff.; *Korioth/Müller* VerwArch 107 (2016), 380 (399 f., 404 ff.).
[377] BVerwGE 145, 378 ff. m. Anm. *Henneke* DVBl 2013, 651 ff. Ausdr. offen gelassen hat das BVerwG zuletzt, ob auch den Gemeindeverbänden ein Recht auf eine aufgabenadäquate finanz. Ausstattung sowie eine abwägungsfeste finanz. Mindestausstattung im Kernbereich ihrer Selbstverwaltungsgarantie zukommt, s. BVerwGE 152, 188 (201 f.).
[378] Allg. zu Entschuldungs- und Konsolidierungshilfen der Länder *Göhring/Müller/Meffert/Wagenführer* LKRZ 2011, 1 ff.; *Meffert/Müller* LKRZ 2012, 227 (228 f.); *Keilmann/Duve/Gnädinger* DÖV 2013, 631 ff.; zum StärkungspaktG NRW ferner NRWVerfGH NWVBl 2015, 336 ff.
[379] Dazu ThürVerfGH NVwZ-RR 2005, 665 (670); kritisch NWVerfGH NWVBl 2017, 23 (27).
[380] BT-Dr 12/6000, S. 16, 46 ff.; s. dazu *Mann* BK, Art. 28 (2018), Rn. 268 ff.; krit. *Henneke,* in: Henneke/Maurer/Schoch, Die Kreise im Bundesstaat, 1994, S. 61 ff.; ferner *Sannwald* ZRP 1993, 103 (105 f.); *Jahn* DVBl 1994, 177 (182); *Scholz* ZG 1994, 1 (16 f.).
[381] BT-Drr. 12/6000, 47 f.; ebenso *Jahn* DVBl 1994, 177 (182).
[382] BVerfGE 101, 158 (230). S. dazu *Kirchhof* NJW 2002, 1549 f.; *Hidien,* Die Berücksichtigung der Finanzkraft und des Finanzbedarfs der Gemeinden (Gemeindeverbände) im Finanzausgleich nach Art. 107 II 1 GG, 2000, S. 210; krit. *Wendt/Elicker* DÖV 2001, 762 (768 ff.); *Schneider/Berlit* NVwZ 2000, 841 (846).
[383] S. BVerfGE 86, 148 (218 f.).
[384] BVerfGE 125, 141 (159 ff.).
[385] Der Forderung nach einer Beteiligung auch der Landkreise am Umsatzsteueraufkommen wurde unter Hinweis auf den Kompensationszweck der Neuregelung für die den Gemeinden aus der Gewerbesteuersenkung zugefügten Verluste nicht entsprochen, s. BT-Drs. 13/1685, S. 4.
[386] S. auch *Dreier,* in: Dreier II, Art. 28 Rn. 25, der eine „bloße Klarstellung" anerkennt; ferner *Mehde,* in: Maunz/Dürig, Art. 28 Abs. 2 (2012) Rn. 146.
[387] S. BT-Drs. 13/8348; 13/8488; dazu auch *Hidien* DVBl 1998, 617 (620, 626).

satzsteueraufkommen. Als wirtschaftskraftbezogene Steuerquelle kommen derzeit nur die Gewerbeertrag- und EinkommenSt in Betracht (vgl. Art. 106 V, VI).

**87a**      Nach dem BVerfG gewährleistet Art. 106 VI 2 nur das Recht zur Festlegung der **Hebesätze für die Grund- und Gewerbesteuer.** Das Hebesatzrecht der Gemeinden ist insoweit aber nicht gegen den Wegfall seines Gegenstandes (der beiden sog. Realsteuern) geschützt. Art. 28 II 3 Hs. 2 enthält eine derartige Garantie ebenfalls nicht. Gewährleistet wird aber, dass die wirtschaftskraftbezogene Gewerbesteuer nicht abgeschafft werden darf, ohne dass die Gemeinden an ihrer Stelle eine andere wirtschaftskraftbezogene Steuerquelle mit Hebesatzrecht erhalten (**Bestandsgarantie einer wirtschaftskraftbezogenen Steuerquelle** und **kommunale Ertragshoheit,** wenn auch nicht der Höhe nach).[388] Angesichts des Gesetzesvorbehalts in Art. 106 VI 2 ist das Hebesatzrecht der Gemeinden zudem dem Umfang nach (etwa durch die Festlegung eines **Mindesthebesatzes** gemäß § 16 IV 2 GewStG) einschränkbar.[389]

**88**      Einen besonderen Problemschwerpunkt bildet die **Finanzausstattung** von Kreisen und Gemeinden **bei landesrechtlich veranlassten Aufgaben und deren Zweckausgaben.**[390] Bis zur **Föderalismusreform** waren auch die durch Bundesgesetz veranlassten Aufgaben und deren Zweckausgaben problembefangen.[391] Während ein solcher „Durchgriff" nunmehr in Ansehung des bundesverfassungsrechtl. Aufgabenübertragungsverbots der Art. 84 I 7, 85 I 2 grds. nicht mehr möglich ist, reagierten die Länder auf die finanz. Belastungen der Gemeinden durch pflichtige Selbstverwaltungs- und Auftragsangelegenheiten mit der Einführung bzw. Verschärfung landesverfassungsrechtl. Konnexitätsprinzipien:[392] Die Verfassungen aller Flächenländer unterscheiden **dualistisch** die allg. Finanzgewährleistungspflicht iR des komm. Finanzausgleichs und die Verpflichtung zu Kostenerstattungs- bzw. Mehrbelastungsausgleichsregelungen für den Fall landesgesetzl. Aufgabenübertragungen.[393] Die Konnexitätsprinzipien verpflichten i. S. einer **Gesetzeskausalität** die aufgabenübertragenden Landesgesetzgeber in ihrer Mehrzahl zu einem **vollständigen** („entsprechenden") **finanziellen Ausgleich** der durch die Aufgabenübertragung entstehenden Kosten (**striktes Konnexitätsprinzip**). Wenige LVerf. regeln nur einen „angemessenen" Ausgleich (**relatives Konnexitätsprinzip**),[394] überwiegend wurden derartige Regelungen durch Verfassungsänderungen (etwa des Art. 57 IV NdsVerf und Art. 78 III NRWVerf.) inzwischen aufgegeben.[395] Strikte Konnexitätsprinzipien verlangen einen aufgabenbezogenen und zugleich finanzkraftunabhängigen Mehrbelastungsausgleich.[396] Dadurch stellen sie nicht nur die komm. Finanzausstattung sicher,[397] vielmehr sollen sie auch schon die Entscheidung über die Aufgabenübertragung auf die Gemeinden beeinflussen.[398]

---

[388] BVerfGE 125, 141 (161); s. ferner *Dreier,* in: Dreier II, Art. 28 Rn. 153; *Mehde,* in: Maunz/Dürig, Art. 28 Abs. 2 (2012) Rn. 147.

[389] BVerfGE 125, 141 (163). Zu den Grenzen der Ausübung des Hebesatzrechts zuletzt etwa BVerwG ZKF 2017, 69; ferner *Lange* NVwZ 2015, 695 ff. Nach dem BVerwG schließt es die komm. Finanzhoheit zudem nicht aus, im Wege der staatl. Kommunalaufsicht eine Senkung der Realsteuerhebesätze zu beanstanden, wenn die betreff. Gemeinde sich in einer anhaltenden Haushaltsnotlage befindet und das von ihr vorgelegte Haushaltssicherungskonzept nicht erkennen lässt, wie der Einnahmeverlust ausgeglichen werden soll, s. BVerwGE 138, 89 ff.; allg. dazu auch *Oebbecke* DVBl 2013, 1409 (1410 ff.).

[390] Ausf. dazu *Schoch/Wieland,* Finanzierungsverantwortung für gesetzgeberisch veranlasste kommunale Aufgaben, 1995; *Schoch* (Fn. 302); *ders.,* in: Ehlers/Krebs (Hrsg.), Die finanzverfassungsrechtlichen Grundlagen der kommunalen Selbstverwaltung, 2000, S. 93 ff.; *Schwarz,* Finanzverfassung und kommunale Selbstverwaltung, 1996; *Mückl* (Fn. 370); *ders.* DÖV 1999, 841 ff.

[391] Dazu etwa *Remmert* VerwArch 94 (2003), 459 (463 ff.); ausf. ferner *Henneke,* in: Henneke/Pünder/Waldhoff (Hrsg.), Recht der Kommunalfinanzen, 2006, § 4, Rn. 30 ff. Zum Versuch einer Anwendung des Art. 104a I auch im Verhältnis zwischen Bund und Kommunen *Schmidt-Jortzig* DÖV 1981, 393 (395 f.); *Hoppe* DVBl 1992, 117 (122); dazu ferner *Schoch* ZG 1994, 246 (254); *Hufen* DÖV 1998, 276 (279); s. aber auch *Huber/Storr,* Der kommunale Finanzausgleich als Verfassungsproblem, 1999, S. 61 ff.

[392] Umf. dazu *Engelken,* Das Konnexitätsprinzip im Landesverfassungsrecht, 2. Aufl. 2012.

[393] Zur Unterscheidung zwischen monistischem und dualistischem Modell grundlegend etwa *Mückl* DÖV 1999, 841 (842 f.); *Schoch,* in: Ehlers/Krebs (Hrsg.), Grundfragen des Verwaltungsrechts und Kommunalrechts, 2000, S. 93 (105 ff.); zusf. *ders.* DVBl 2016, 1007 (1008).

[394] Zur Begründung komm. Interessenquoten noch NdsStGH DVBl 1998, 185 (186); NVwZ-RR 2001, 553 (554); SachsAnhVerfG NVwZ-RR 1999, 96 (98); NVwZ-RR 1999, 393 (394); NVwZ-RR 1999, 464 (465); BrandVerfG DÖV 1998, 336 (336 f.).

[395] Die Neufassung etwa des Art. 78 III NRWVerf. erfolgte dabei ausdr. als Reaktion auf die restriktive Rspr. des NRWVerfGH, s. NRWVerfGH NVWZ-RR 2010, 705 (707); kritisch zur vormaligen Rspr. des NRWVerfGH *Schoch,* in: Ehlers/Krebs (Hrsg.), Grundfragen des Verwaltungsrechts und Kommunalrechts, 2000, S. 93 (104, 110); zur Unterscheidung zwischen strikten und relativen Konnexitätsprinzipien ferner *Schoch/Wieland* (Fn. 390), S. 160 ff.; s. auch BWStGH DÖV 1999, 73 (75); VerfGLSA NVwZ-RR 1999, 96 (98); NVwZ-RR 1999, 393 (395); NVwZ-RR 1999, 464 (465); SächsVerfGH LKV 2001, 223 (224); BbgVerfG LKV 2002, 323 (324).

[396] Grdlg. *Schoch/Wieland* (Fn. 390), S. 154 ff.; *Mückl* (Fn. 370), S. 77 ff.

[397] Zu den Funktionen landesverfassungsrechtlicher Konnexitätsprinzipien *Gallwas* FS Schmidt, 2006, S. 677 (678); *Schoch* FS v. Arnim, 2004, S. 411 ff.; *ders.* VBlBW 2006, 122 (124 f.); *Macht/Scharrer* DVBl 2008, 1150 ff.; *Worms* DÖV 2008, 353 ff.; ferner etwa NWVerfGH DVBl 2010, 1561 (1564).

[398] BVerfGE 103, 332 (363); BWStGH DVBl 1998, 1276 (1279); SächsVerfGH LKV 2001, 223 (225).

Bzgl. ihrer tatbestandlichen Reichweite und Rechtsfolgen zeigen sich föderale Unterschiede – **88a**
„das" Konnexitätsprinzip gibt es nicht.[399] Im LVerfR werden tatbestandlich regelmäßig eine Aufgabenübertragung sowie eine Mehrbelastung der (Gesamtheit der betroffenen) Gemeinden vorausgesetzt.[400] Maßgeblich dürfte insoweit ein Vergleich der Rechtslagen vor und nach dem Inkrafttreten der betreffenden Regelungen sein.[401] Schwierige Abgrenzungsfragen ergeben sich vornehmlich im föderalen Mehrebenensystem[402] etwa mit Blick auf Aufgaben, die inhaltlich durch Bundesrecht ausgeformt und durch Landesrecht auf die Kommunen übertragen werden.[403] Maßgeblich soll dabei sein, ob den Ländern ein eigener Gestaltungsspielraum verbleibt.[404] Namentlich landesrechtliche Zuständigkeitsregelungen machen dementspr. einen Mehrbelastungsausgleich erforderlich.[405] Hinsichtlich der Mehrbelastung dürften den Kommunen überdies oft nicht unerhebliche Darlegungsschwierigkeiten drohen.[406] Ein im LVerfR ausdr. normierter Wesentlichkeitsvorbehalt wird des Weiteren als Bagatellschwelle verstanden[407] und auch iÜ sollen unwesentl. Belastungen nicht ausgleichspflichtig sein.[408]

Auf Rechtsfolgenseite sind oft zugleich normierte Pflichten zur Kostendeckungsregelung und zum **88b**
Mehrbelastungsausgleich nicht als eigenständig anzusehen.[409] Ein unmittelbares Junktim statuieren Konnexitätsprinzipien ferner zwar nicht, gleichwohl sind angesichts ihrer Funktion Kostendeckungsregelungen im unmittelbaren Zusammenhang mit der Aufgabenübertragung zu verlangen.[410] Dementspr. notw. Prognosen sind mit Schwierigkeiten belastet[411] und implizieren – eingebettet in prozedurale Absicherungen (→ Rn. 73a) – grds. einen Prognosespielraum.[412] Eine Spitzabrechnung verlangen Konnexitätsprinzipien jedenfalls nicht.[413] Indes muss nach der (zustimmungswürdigen) Rspr. des BrandVerfG ungeachtet zulässiger Typisierungen und Pauschalierungen jeder Gemeinde die realistische und nicht nur theoretische Möglichkeit eingeräumt werden, durch zumutbare eigene Anstrengungen zu einem vollständigen Mehrbelastungsausgleich zu gelangen.[414] Erforderlich ist daher insb. eine fundierte Prognose über die entstehenden Kosten.[415] Eine diesen Anforderungen genügende Kostenfolgeabschätzung ist allerdings selbst dann nicht landesverfassungswidrig, wenn sie sich nicht bewahrheitet.[416]

---

[399] Zu den Einzelheiten des LVerfR im Überblick *Lange*, Kommunalrecht, 2. Aufl. 2019, S. 1050 ff.; ferner *Schnelle* DVBl 2015, 1141 ff.; *Schoch* DVBl 2016, 1007 (1009 ff.).

[400] Zur weitergehenden Differenzierung zwischen *konnexitätsrelevanter Verpflichtung* und *konnexitätsrelevanter Aufgabenübertragung* etwa NRWVerfGH NVwZ 2010, 1561 (1562); dazu *Henneke* DVBl 2011, 125 ff.

[401] Dazu etwa SachsAnhVerfG DVBl 2004, 434 (435); NRWVerfGH DVBl 2010, 1561 (1564); s. aber auch BbgVerfG DÖV 1998, 336 (336 f.); LKV 2002, 323 (324) mit der weitergehenden Annahme eines Verschlechterungsverbotes; ferner BrandVerfG NVwZ-RR 2009, 185 (186), wonach auch die Schaffung einer neuen Rechtsgrundlage einen Anwendungsfall strikter Konnexitätsprinzipien darstellt.

[402] Zur völkerrechtl. induzierten schulischen Inklusion *Höfling/Engels* NWVBl 2014, 1 ff.; allg. *Jäger* NWVBl 2013, 121 ff.

[403] Ausf. *Ziekow* DÖV 2006, 489 ff.; ferner *Schoch* DVBl 2016, 1007 (1011 f.); zu bundesrecht. Aufgabenerweiterungen *Engelken* DÖV 2015, 184 ff.; zum Zusammenspiel von bundesverfassungsrechtl. Aufgabenübertragungsverbot (Art. 84 I 7, 85 I 2) und landesverfassungsrechtl. Konnexitätsprinzipien *Engels* (Fn. 131), S. 362 ff.

[404] S. etwa NRWVerfGH DVBl 2010, 1561 (1563); ausf. *Ziekow* DÖV 2006, 489 (492 f.); anders *Engelken* (Fn. 392), S. 47 ff.; *ders.* NVwZ 2010, 618 ff.; *ders.* DÖV 2011, 745 (747).

[405] Dazu etwa NRWVerfGH DVBl 2010, 1561 (1562); ferner *Engelken* NWVBl 2011, 413 ff.; *Henneke* DVBl 2011, 125 ff.; zum Unterlassen einer landesrechtl. Rückholung von Aufgaben hingegen NRWVerfGH NVwZ 2015, 368 ff.; RhPfVerfGH DVBl 2015, 1581 ff.; dazu *Engelken* NVwZ 2015, 342 ff.; *ders.* NVwZ 2016, 589 ff.; s. aber auch BbgVerfG DVBl 2013, 852 ff.

[406] Ausf. dazu *Höfling* FS Wendt, 2015, S. 585 ff.

[407] S. etwa NRWVerfGH DVBl 2010, 1561 (1562).

[408] *Kluth* LKV 2009, 337 (341).

[409] *Gallwas* FS Schmidt, 2006, S. 677 (680 f.).

[410] BVerfGE 103, 322 (362 ff.); ferner SachsAnhVerfG NVwZ-RR 2000, 1 (3); SächsVerfGH LKV 2001, 223 (224); NWVerfGH DVBl 2010, 1561 (1561); zuletzt NRWVerfGH NVwZ 2017, 780 (782); dazu auch *Kluth* LKV 337 (341).

[411] SächsVerfGH LKV 2001, 223 (226).

[412] BbgVerfG LKV 2002, 323 (325); NRWVerfGH NVwZ-RR 2010, 705 (708).

[413] SächsVerfGH LKV 2001, S. 223 (225 f.); NRWVerfGH NVwZ-RR 2010, 705 (708, 709).

[414] BbgVerfG LKV 2002, 323 (325). S. aber auch NRWVerfGH NVwZ-RR 2010, 705 (708), wonach Einschätzungen und Prognosen des Landesgesetzgebers über die Auswirkungen einer gesetzl. Regelung nur dann zu beanstanden sein sollen, wenn sie im Ansatz oder in der Methode offensichtlich fehlerhaft oder eindeutig widerlegbar sind.

[415] ThürVerfGH NVwZ-RR 2005, 665 (671, 672); SachsAnhVerfG NVwZ-RR 1999, 393 (395 f.).

[416] BWStGH DVBl 1998, 1276 (1279); DÖV 1999, 73 (77); SächsVerfGH LKV 2001, 223 (224); ferner BbgVerfG LKV 2002, 323 (325), wonach allerdings eine Nachbesserungspflicht des Landesgesetzgebers besteht; s. dazu auch *Schoch* FG Schlebusch, 2006, S. 11 (55); anders RhPfVerfGH DVBl 2015, 1581 (1582). Eine Anpassung des Mehrbelastungsausgleichs für die Zukunft sieht Art. 78 Abs. 3 S. 4 LV NW ausdr. vor. Gem. Art. 71 Abs. 3 LV BW sind zudem „spätere nicht vom Land veranlasste Änderung[en] der Kosten" konnexitätsrelevant; dazu *Kemmler* DÖV 2008, 983 (988).

**89**     Die wichtigsten Entwicklungen in der kaum noch überschaubaren **landesverfassungsgericht-lichen Finanzausgleichsrechtsprechung**[417] lassen sich wie folgt zusammenfassen: Abseits der Frage nach einem Vorbehalt der Leistungsfähigkeit ist den Gemeinden und Gemeindeverbänden jedenfalls dem Grunde nach eine finanz. Mindestausstattung gewährleistet (→ Rn. 84). Gewährleistet wird diese Mindestausstattung (aufgrund des Art. 106 VII) vornehmlich im Wege des komm. Finanzausgleichs.[418] Nach dem BVerwG müssen die Kommunen über so große Finanzmittel verfügen, dass sie ihre pflichtigen Aufgaben ohne nicht nur vorübergehende Kreditaufnahme erfüllen können und darüber hinaus noch über eine freie Spitze verfügen, um zusätzlich freiwillige Selbstverwaltungsaufgaben in einem bescheidenen, aber doch merklichen Umfang wahrzunehmen.[419] Maßstabbildend dürfte inso-weit sein, ob trotz sparsamster Wirtschaftsführung und Ausschöpfung aller Einnahmemöglichkeiten ein finanz. Spielraum für ein Mindestmaß an komm. Selbstverwaltung verbleibt.[420] Abweichend davon wird eine „freie Spitze"[421] auch als prozentualer Anteil des Gesamtumfangs des komm. Finanzaus-gleichs konzipiert und dadurch in unterschiedl. Höhe[422] ein rechnerisch quantifizierbarer Anspruch der Kommunen auf eine finanzielle Mindestausstattung suggeriert.[423]

**90**     Indes anerkennt die Landesverfassungsgerichtsbarkeit weder zahlenmäßig festgelegte Beträge noch bestimmte Quoten als verfassungsrechtlich festgeschrieben und auch ein verfassungsrechtl. Anspruch auf Beibehaltung eines einmal erreichten komm. Finanzausgleichs wird verneint.[424] Mehr noch: Den Landesgesetzgebern wird – nicht zuletzt vor dem Hintergrund des Vorbehaltes der Leistungsfähigkeit – ein **weiter Gestaltungsspielraum** eingeräumt, wie sie die komm. Finanzausstattung sicherstellen. Ihre Einschätzungen sollen nur daraufhin zu überprüfen sein, ob sie unter dem Gesichtspunkt der Sachgerechtigkeit vertretbar sind. Zudem dürften die gewählten Maßstäbe nicht im Widerspruch zueinander stehen und nicht ohne Grund verlassen werden. Beanstandet werden könnten Regelungen letztlich nur dann, wenn sie im Ansatz oder der Methode offensichtlich fehlerhaft oder eindeutig widerlegbar seien.[425]

**91**     Vor diesem Hintergrund ist verschiedentlich eine **Prozeduralisierung** vorgeschlagen worden. Namentlich der BWStGH hält eine „von außen [...] bestimmte Festlegung der in einer konkreten Situation für verfassungsrechtliche Mindestausstattung der Gemeinden und Gemeindeverbände erforderlichen Mittel" für unzulässig. Daher müssten mit der Entscheidungs*findung* wesentliche Determinanten des Entscheidungs*ergebnisses* indirekt überprüft werden; notwendig sei eine auf das Gesetz-gebungsverfahren gerichtete Überprüfung, die materielle Gesichtspunkte mittelbar einbeziehe.[426] Ganz in diesem Sinne werden die Länder auch noch in anderer (nämlich nachgeschalteter) Hinsicht stärker in die Pflicht genommen: Etwa der HessStGH betonte, dass diese dem Anspruch der Kommunen auf eine finanz. Mindestausstattung nur gerecht werden könnten, wenn sie die Höhe der zur Aufgaben-

---

[417] S. dazu *Henneke,* in: Henneke/Pünder/Waldhoff (Hrsg.), Recht der Kommunalfinanzen, 2006, § 25; ferner *Schmidt* DÖV 2012, 8 ff. Grundlegend zum komm. Finanzausgleich überdies *Goerlich/Lenk,* Kommunaler Finanz-ausgleich im Freistaat Sachsen, 1999; *Henneke,* Die Kommunen in der Finanzverfassung des Bundes und der Länder, 1998; *Huber/Storr,* Der kommunale Finanzausgleich als Verfassungsproblem, 1999; *Inhester,* Kommunaler Finanz-gleich im Rahmen der Staatsverfassung, 1998; *Ipsen,* Kommunale Aufgabenerfüllung im Zeichen der Finanzkrise, 1995; *Kirchhof/Meyer,* Kommunaler Finanzausgleich im Flächenbundesland, 1996; *v. Mutius/Henneke,* Kommunal-finanzausstattung und Verfassungsrecht, 1995.

[418] Zu den Funktionen des komm. Finanzausgleichs HessStGH NVwZ 2013, 1151 (1152): „[D]ie Hauptfunk-tionen [des] [...] kommunalen Finanzausgleichs [bestehen] darin, die Finanzmittel der Kommunen (vertikal) aufzusto-cken, damit sie ihre Aufgaben erfüllen können (fiskalische Funktion), sowie die Finanzkraftunterschiede zwischen den Kommunen (horizontal) auszugleichen (redistributive Funktion)".

[419] BVerwG 145, 378 Rn. 19 f.; zuvor schon BVerwGE 106, 280 (287); 140, 34 (39); s. dazu auch *Schoch* FG Schlebusch, 2006, S. 11 (57).

[420] S. dazu BbgVerfG NVwZ-RR 2000, 129 (134); ferner NdsStGH NdsVBl 2008, 152 (154); näher *Cromme* DVBl 2000, 459 ff.; *Nierhaus* FS Maurer, 2001, S. 239 ff.; *ders.* LKV 2005, 1 (4 ff.).

[421] Dazu auch *Schoch* (Fn. 302), S. 153 f.; *ders./Wieland* (Fn. 390), S. 189 f.; *Hufen* DÖV 1998, 276 (280); *Geis* FS Maurer, 2001, S. 79 (85).

[422] S. etwa *Schmidt-Jortzig* DÖV 1993, 973 (978); *Schoch* (Fn. 302), 153 f.; *ders./Wieland* (Fn. 390), 189 f.; *Wendt* FS Stern, 1997, S. 603 (625); *Hufen* DÖV 1998, 276 (280).

[423] Kritisch BWStGH DVBl 1999, 1351 (1355 ff.); s. auch NRWVerfGH DVBl 1999, 391 (392); MVVerfG LKV 2006, 461 (462 f.); ferner BVerfG NVwZ-RR 2007, 435 (436).

[424] NRWVerfGH DVBl 1998, 1280 (1281); ferner etwa NRWVerfGH DVBl 1993, 1205, (1205); s. auch Sächs-VerfGH LKV 2001, 223 (227); NdsStGH DVBl 1998, S. 185 (187); NdsVBl 2008, S. 152 (156). Auch das BVerfG anerkennt einen weiten Spielraum für die Ausgestaltung des Finanzausgleichs, s. grundlegend BVerfGE 23, 353 (369).

[425] S. insb. NWVerfGH DVBl 1998, 1280 (1282); DVBl 2011, 1155 (1156 f.); zur Zulässigkeit typisierender und pauschalierender Regelungen BayVerfGH BayVBl 1998, 207 (208).

[426] BWStGH DVBl 1999, 1351 (1356 f.) mit krit. Anm. *Goerlich.* S. dazu auch *Henneke* ZG 1999, 256 ff.; *Schoch,* in: Ehlers/Krebs (Hrsg.), Grundfragen des Verwaltungsrechts und des Kommunalrechts, 2000, S. 93 (127 ff.); *Volkmann* DÖV 2001, 497 (501); ferner ThürVerfGH NVwZ-RR 2005, 665 (671); ähnlich BayVerfGH ZFSH/SGB 2008, 82 (86); im Übrigen wird zwar kein formalisiertes Verfahren, zumindest aber eine Bedarfsanalyse gefordert und den Landesgesetzgebern eine Begründungspflicht auferlegt, s. etwa NdsStGH NdsVBl 2010, 236 (241); RhPfVerfGH DVBl 2012, 432 (434); krit. hingegen SachsAnhVerfG NVwZ-RR 2000, 1 (7 f.); SächsVerfGH LKV 2001, 223 (227).

wahrnehmung notw. Finanzmittel kennen. Demzufolge müssten sie zum einen den Finanzbedarf der Kommunen zur Wahrnehmung der pflichtigen Aufgaben realitätsgerecht ermitteln – wobei Pauschalierungen und Angemessenheitsprüfungen zulässig seien –, zum anderen müssten sie insofern aber auch einer Beobachtungs- und ggf. Nachbesserungspflicht gerecht werden.[427]

Ungeachtet der Frage nach einer finanz. Mindestausstattung der Kommunen und deren Bemessung **92** wird der komm. Finanzausgleich weiterer Determinanten unterworfen: Zuvörderst müssen die Länder den **Grundsatz der Verteilungssymmetrie** wahren,[428] der „dem Land und den Kommunen die jeweils verfügbaren Finanzmittel gleichermaßen aufgabengerecht zukommen" lässt und verhindern soll, dass „in Zeiten knapper Finanzen an Stelle einer gleichmäßigen Verteilung des Defizits primär das Land betroffen wird"; ein solches „Gebot einer gerechten und gleichmäßigen Verteilung bestehender Lasten"[429] stützt sich auf den Grundsatz der Gleichwertigkeit von Bundes- und Landesaufgaben einerseits sowie der Aufgaben der Gemeinden andererseits,[430] die allerdings nur als prinzip. Gleichrangigkeit verstanden wird und nicht jede am Maßstab veränderter Rahmenbedingungen und gewandelter Präferenzvorstellungen orientierte Diff. ausschließt.[431] Hinzu kommt, dass ein Verfassungsverstoß bei der Bemessung des Finanzbedarfs der Kommunen nur dann festzustellen sein soll, wenn die vom Gesetzgeber geforderte typisierende Bedarfsanalyse evidente Fehler aufweist und die Gesamtbewertung der finanz. Situation von Land und Kommunen nur beanstandet werden können soll, wenn sie offensichtlich fehlerhaft oder eindeutig widerlegbar ist.[432]

Geltung beansprucht bei der Ausgestaltung des vertikalen komm. Finanzausgleichs überdies der **93** **kommunale Gleichbehandlungsgrundsatz** (→ Rn. 75c).[433] Etwa der NWVerfGH stellt dazu fest, dass es „dem rechtsstaatlich determinierten Gleichheitssatz widerspricht [...], bei der Ausgestaltung des kommunalen Finanzausgleichs bestimmte Gemeinden oder Gemeindeverbände sachwidrig zu benachteiligen oder zu bevorzugen. Dieses interkommunale Gleichbehandlungsgebot verbietet willkürliche, sachlich nicht vertretbare Differenzierungen."[434] Demzufolge sind bestehende Finanzkraftunterschiede der Kommunen i. S. eines Harmonisierungsgebotes zu mildern, sie dürfen i. S. eines Nivellierungsverbotes aber auch nicht völlig eingeebnet, sondern nur abgemildert werden.[435]

Der Gedanke des komm. Finanzausgleichs ist von den Ländern allerdings nicht nur entspr. der **94–95** Regelung des Art. 106 VII im Verhältnis zwischen Land und Kommunen verwirklicht worden. Vielmehr haben die Länder oft auch einen **horizontalen kommunalen Finanzausgleich** zwischen finanzstarken und finanzschwächeren Kommunen geschaffen. Hierzu werden sie (von der Landesverfassungsgerichtsbarkeit) grds. als berechtigt angesehen.[436] Entspr. Finanzausgleichsumlagen sind allerdings ebenfalls (nur) solange zulässig, wie auch die zur Unterstützung finanzschwächerer Kommunen herangezogenen abundanten Kommunen noch über eine finanz. Mindestausstattung verfügen und das im Kontext des komm. Finanzausgleichs entwickelte Nivellierungsverbot Beachtung findet.[437]

---

[427] HessStGH NVwZ 2013, 1151 (1153); zur Umsetzung dieser Vorgaben *Duve/Neumeister* DÖV 2016, 848 ff.; s. auch NRWVerfGH DVBl 2014, 918 (919); NWVBl 2017, 23 (25), wonach der Gesetzgeber die Grundlagen seiner Bewertungen und Prognosen regelmäßig überprüfen muss und verpflichtet ist, die weitere Entwicklung zu beobachten.

[428] Dazu etwa NdsStGH DVBl 1998, 185 (187); NVwZ-RR 2001, 553 (556 f.); NdsVBl 2008, 152 (156 f.); ferner NRWVerfGH DVBl 2011, 1155 (1156); DVBl 2014, 918 (920); NWVBl 2017, 23 (25); ausf. zuletzt RhPfVerfGH DVBl 2012, 432 ff., wonach das Ergebnis eines rechn. Symmetrievergleichs zwischen Kommunen und Land im Einzelfall aus Gründen der Verteilungsgerechtigkeit zu korrigieren sein kann; s. aber auch NWVerfGH DVBl 1998, 1280 (1282), wonach Regelungen, die die Finanzausstattung mindern oder beeinträchtigen, dem Grundsatz der Verhältnismäßigkeit genügen müssen.

[429] NdsStGH NVwZ-RR 2001, 553 (556 f.); NdsVBl 2008, 152 (156); s. auch ThürVerfGH NVwZ-RR 2005, 665 (668).

[430] NdsStGH DVBl 1998, 185 (187); NVwZ-RR 2001, 553 (556 f.); ferner LSAVerfG NVwZ-RR 2000, 1 (5, 6).

[431] NRWVerfGH DVBl 1993, 1205 (1206); LSAAnhVerfG NVwZ-RR 2000, 1 (6); ähnlich BayVerfGH NVwZ-RR 1997, 301 (303); s. auch RhPfVerfGH DVBl 2012, 432 (433); zum einnahmenorientierten Milbradtschen Gleichmäßigkeitsgrundsatz BbgVerfG NVwZ-RR 2000, 129 (131); MWVerfG LKV 2006, 461 (465 f.).

[432] S. insb. NdsStGH NdsVBl 2008, 152 (157); ferner BVerwGE 152, 188 (203).

[433] S. dazu auch MVVerfG NordÖR 2011, 391 (392 f.); RhPfVerfGH NVwZ-RR 1998, 607 (607); DVBl 2012, 432 (434).

[434] NWVerfGH DVBl 1998, 1280 (1282).

[435] Ausf. dazu etwa NRWVerfGH DVBl 1985, 685 (686); DVBl 1989, 151 (153); DVBl 1993, 1205 ff.; DVBl 1998, 1280 (1282); s. auch NRWVerfGH DVBl 2011, 1155 (1157); DVBl 2014, 918 (919); NWVBl 2017, 23 (25 f.); zum Harmonisierungsgebot einerseits und Nivellierungsverbot andererseits auch BayVerfGH BayVBl 1998, 207 ff.; RhPfVerfGH NVwZ-RR 1998, 607 ff.; DVBl 2012, 432 (434); NdsStGH NVwZ-RR 2001, 553 (559); NdsVBl 2010, 236 (239 ff.); MWVerfG NordÖR 2011, 391 (395); allg. ferner BVerwGE 106, 280 (287).

[436] Das BVerfG hat jedenfalls Umlagen, deren Aufkommen im komm. Raum verbleibt, für zulässig erachtet, s. BVerfGE 83, 363 (389 ff.); 106, 280 (283 ff.). Zu Finanzausgleichsumlagen aus landesverfassungsrechtl. Perspektive ferner NdsStGH NVwZ-RR 2001, 553 ff.; NWVerfGH DVBl 2016, 1323 ff.

[437] Grundlegend NdsStGH NVwZ-RR 2001, 553 (558); LSAVerfG NVwZ 2007, 78 ff.; ferner etwa MVVerfG NVwZ-RR 2012, 377 ff.; BbgVerfG DVBl 2013, 1180 ff.; NWVerfGH DVBl 2016, 1323 ff.; zu sog. Kompensationsumlagen HessStGH NVwZ 2013, 1151 (1155 f.); zum Ganzen *Thormann* NVwZ 2014, 1548 ff.; *Lange* DVBl 2015, 457 (462 f.).

**96**    Unsicher waren in der Vergangenheit schließlich oft die **Grenzen der** dem Grunde nach unzweifelhaften **Befugnis zur Erhebung der Kreisumlage**.[438] Die Erhebung der Kreisumlage von den kreisangehörigen Gemeinden zur Erzielung der für die Erledigung der Kreisaufgaben notw. Finanzmittel wird für mit dem SelbstverwaltungsR der Gemeinden vereinbar gehalten. Sie ist ein Instrument des Finanzausgleichs zwischen den Gemeindeverbänden und ihren kreisangehörigen Gemeinden.[439] Die Zuständigkeit der Kreise zur Aufgabenerfüllung wird dabei als Vorbedingung mit der Umlagebefugnis „normativ verknüpft",[440] so dass nur Aufgaben aus der Zuständigkeit der Kreise die aus der Leistungsunfähigkeit der Gemeinden folgende Einschränkung ihres Betätigungsfeldes rechtfertigen können.[441] Entspr. sind namentlich auch die **Ergänzungs- und Ausgleichsaufgaben** (→ Rn. 82 f.) der Kreise aus der Kreisumlage finanzierbar.[442] Allerdings darf die Erhebung der Kreisumlage den Grundsatz des finanz. Gleichrangs nicht missachten und die Grundentscheidung für eine gemeindl. Steuerhoheit nicht entwerten sowie schließlich die verfassungsgebotene finanz. Mindestausstattung der Gemeinden nicht verletzen.[443] Eine Verpflichtung, die umlagepflichtigen Gemeinden vor der Entscheidung über die Höhe des Kreisumlagesatzes förmlich anzuhören, lässt sich nach dem BVerwG dem GG nicht entnehmen.[444]

## D. Die Gewährleistungspflicht des Bundes nach Abs. 3

**97**    Nach Art. 28 III gewährleistet der Bund, dass die verfassungsmäßige Ordnung der Länder den Grundrechten, den Normativbestimmungen des Abs. 1 und der Garantie der kommunalen Selbstverwaltung nach Abs. 2 entspricht.[445]

### I. Rechtspflicht

**98**    Aus der Formulierung „gewährleisten" – der stärksten Form einer Inpflichtnahme – folgt, dass der Bund auf die Einhaltung der Gewährleistungsobjekte **nicht** nur i. S. einer **Ermessensermächtigung** dringen darf, sondern auch muss. Abs. 3 statuiert die **Pflicht**, alle notw. und erforderlichen Maßnahmen zu ergreifen, um deren Einhaltung durch die Länder sicherzustellen.[446] Ein „Rügeverfahren" ist nicht vorgeschaltet.

### II. Subjektive Durchsetzungsrechte

**99**    Streitig ist, ob der objektiven Eingriffsverpflichtung des Bundes ein **subjektives Recht** der Länder, der Kommunen und auch der Bürger gegenüber dem Bund entspricht, den verfassungsmäßigen Zustand in den Ländern (wieder) herzustellen.[447]

---

[438] Trotz der inzwischen ergangenen Kreisumlageurteile, s. BVerwGE 101, 99 ff.; 145, 378 ff.; BVerwG NVwZ 1998, 66; s. auch BVerfGE 23, 353 (367 ff.); 83, 363 (391 f.); ferner etwa SchlHOVG NVwZ-RR 1995, 690 ff.; BayVGH DVBl 1993, 893 ff.; BbgOVG LKV 1998, 23 ff. m. Anm. *Henneke* LKV 1998, 1 ff.; RhPfOVG DÖV 1994, 79 ff.; SaarlOVG DÖV 1994, 438; zur „kompensatorischen" Funktion der Kreisumlage RhPfVerfGH DÖV 1998, 505 ff.; zum Ganzen *Ehlers* DVBl 1997, 225 (229 ff.); *Henneke* Landkreis 1998, 168 ff.; *Kirchhof*, in: Schoch (Hrsg.) Selbstverwaltung der Kreise in Deutschland, 1995, S. 57 ff.; *ders.*, Rechtsmaßstäbe der Kreisumlage, 1995; *Knemeyer* NVwZ 1996, S. 29 ff. Zur Erhebung der nds. Samtgemeindeumlage überdies BVerwGE 127, 155 ff.; zur Zulässigkeit der Beitragspflicht zu Wasser- und Bodenverbänden BVerwG NVwZ 1985, 271 ff.

[439] Allg. dazu BVerfGE 83, 363 (391 f.).

[440] BbgOVG LKV 1998, 23 ff.; anders NRWOVG DÖV 2005, 568 (569), wonach der Einwand mangelnder Wahrnehmungszuständigkeit des Landkreises nicht gegenüber dem Umlagebescheid, sondern nur gegen die rechtswidrige Aufgabenwahrnehmung als solche erhoben werden kann.

[441] S. dazu SchlHOVG DVBl 1995, 469 (470); RhPfOVG DÖV 1994, 79 ff.; SaarlOVG DÖV 1994, 438; BayVGH DVBl 1993, 893 ff.; NdsOVG DVBl 1986, 1063 ff.; BbgOVG LKV 1998, 23 ff.; ferner *Henneke*, Aufgabenzuständigkeit im kreisangehörigen Raum, 1992, 71 f.; *dens.* LKV 1996, 257 ff.; *Kirchhof*, Die Rechtsmaßstäbe der Kreisumlage, 1995, S. 23 f.; *Schmidt-Jortzig/Schliesky* AfK 1994, 265 (269); *Schoch*, Die aufsichtsbehördliche Genehmigung der Kreisumlage, 1995, S. 88 f.

[442] S. dazu BVerwGE 101, 99 (109 f.).

[443] Ausf. BVerwGE 145, 378 ff. Spiegelbildlich dazu hat das BVerwG eine aufsichtsbehördliche Anweisung nicht beanstandet, die aufgrund einer anhaltenden Haushaltsnotlage eine Festsetzung des Kreisumlagesatzes auf das unter Berücksichtigung der Belange der kreisangehörigen Gemeinden Höchstmögliche einfordert, s. BVerwGE 152, 188 ff.

[444] BVerwG NVwZ 2019, 1279 f.

[445] Zur Entstehungsgeschichte sowie zur Entwicklung zur Gewährleistungspflicht *Dreier*, in: Dreier II, Art. 28 Rn. 16 ff.

[446] Ebenso *Löwer*, in: v. Münch/Kunig I, Art. 28 Rn. 116; *Dreier*, in: Dreier II, Art. 28 Rn. 167.

[447] Ablehnend *Löwer*, in: v. Münch/Kunig I, Art. 28 Rn. 117 ff.; wegen der spezifisch bundesstaatlichen Zielsetzung der Verfassungsnorm zurückhaltend *Schwarz*, in: MKS II, Art. 28 Rn. 267; zum Ganzen *Stern*, StaatsR I, S. 711 f.; *Dreier*, in: Dreier II, Art. 28 Rn. 172; *Pieroth*, in: Jarass/Pieroth, Art. 28 Rn. 54; ferner auch BVerfGE 1, 208 (236); 9, 268 (277).

### III. Gewährleistungsmittel

Art. 28 III legt nur die Gewährleistungsobjekte und die Gewährleistungspflicht des Bundes fest. Er **100** enthält keine Aussagen über die Gewährleistungsmittel. Deshalb sowie zum Schutz der Verfassungshoheit der Länder und der Bewahrung einer bloßen **Reservefunktion** des Bundes bildet die Vorschrift **keine** Rechtsgrundlage für eine **selbstständige Bundesaufsicht**.[448] Als **Mittel** zur Durchsetzung der Gewährleistung kommen neben politischen Einwirkungsmöglichkeiten vor allem in Betracht: **verfassungsgerichtliche Verfahren** nach Art. 93 I Nr. 2, 3 und 4, die **Bundesintervention** (Art. 35 II u. III, 87a III u. IV, 91 I u. II), die **Zustimmungsverweigerung** nach Art. 32 III sowie der **Bundeszwang** gemäß Art. 37, wobei der verfassungsgerichtlichen Streitschlichtung der Vorrang vor dem einseitigen Bundeszwang einzuräumen ist.[449] Die Verfahren der Bundesaufsicht (Art. 84 III u. IV, 85 IV, 108 III) scheidet hingegen aus, da Art. 28 I kein Bundesgesetz ist, das von den Ländern „ausgeführt" wird.[450]

## Art. 29 [Neugliederung des Bundesgebietes]

(1) **Das Bundesgebiet kann neu gegliedert werden, um zu gewährleisten, daß die Länder nach Größe und Leistungsfähigkeit die ihnen obliegenden Aufgaben wirksam erfüllen können. Dabei sind die landsmannschaftliche Verbundenheit, die geschichtlichen und kulturellen Zusammenhänge, die wirtschaftliche Zweckmäßigkeit sowie die Erfordernisse der Raumordnung und der Landesplanung zu berücksichtigen.**

(2) **Maßnahmen zur Neugliederung des Bundesgebietes ergehen durch Bundesgesetz, das der Bestätigung durch Volksentscheid bedarf. Die betroffenen Länder sind zu hören.**

(3) **Der Volksentscheid findet in den Ländern statt, aus deren Gebieten oder Gebietsteilen ein neues oder neu umgrenztes Land gebildet werden soll (betroffene Länder). Abzustimmen ist über die Frage, ob die betroffenen Länder wie bisher bestehen bleiben sollen oder ob das neue oder neu umgrenzte Land gebildet werden soll. Der Volksentscheid für die Bildung eines neuen oder neu umgrenzten Landes kommt zustande, wenn in dessen künftigem Gebiet und insgesamt in den Gebieten oder Gebietsteilen eines betroffenen Landes, deren Landeszugehörigkeit im gleichen Sinne geändert werden soll, jeweils eine Mehrheit der Änderung zustimmt. Er kommt nicht zustande, wenn im Gebiet eines der betroffenen Länder eine Mehrheit die Änderung ablehnt; die Ablehnung ist jedoch unbeachtlich, wenn in einem Gebietsteil, dessen Zugehörigkeit zu dem betroffenen Land geändert werden soll, eine Mehrheit von zwei Dritteln der Änderung zustimmt, es sei denn, daß im Gesamtgebiet des betroffenen Landes eine Mehrheit von zwei Dritteln die Änderung ablehnt.**

(4) **Wird in einem zusammenhängenden, abgegrenzten Siedlungs- und Wirtschaftsraum, dessen Teile in mehreren Ländern liegen und der mindestens eine Million Einwohner hat, von einem Zehntel der in ihm zum Bundestag Wahlberechtigten durch Volksbegehren gefordert, daß für diesen Raum eine einheitliche Landeszugehörigkeit herbeigeführt werde, so ist durch Bundesgesetz innerhalb von zwei Jahren entweder zu bestimmen, ob die Landeszugehörigkeit gemäß Absatz 2 geändert wird, oder daß in den betroffenen Ländern eine Volksbefragung stattfindet.**

(5) **Die Volksbefragung ist darauf gerichtet festzustellen, ob eine in dem Gesetz vorzuschlagende Änderung der Landeszugehörigkeit Zustimmung findet. Das Gesetz kann verschiedene, jedoch nicht mehr als zwei Vorschläge der Volksbefragung vorlegen. Stimmt eine Mehrheit einer vorgeschlagenen Änderung der Landeszugehörigkeit zu, so ist durch Bundesgesetz innerhalb von zwei Jahren zu bestimmen, ob die Landeszugehörigkeit gemäß Absatz 2 geändert wird. Findet ein der Volksbefragung vorgelegter Vorschlag eine den Maßgaben des Absatzes 3 Satz 3 und 4 entsprechende Zustimmung, so ist innerhalb von zwei Jahren nach der Durchführung der Volksbefragung ein Bundesgesetz zur Bildung des vorgeschlagenen Landes zu erlassen, das der Bestätigung durch Volksentscheid nicht mehr bedarf.**

(6) **Mehrheit im Volksentscheid und in der Volksbefragung ist die Mehrheit der abgegebenen Stimmen, wenn sie mindestens ein Viertel der zum Bundestag Wahlberechtigten umfaßt. Im übrigen wird das Nähere über Volksentscheid, Volksbegehren und Volksbefragung durch ein Bundesgesetz geregelt; dieses kann auch vorsehen, daß Volksbegehren innerhalb eines Zeitraumes von fünf Jahren nicht wiederholt werden können.**

---

[448] *Stern,* StaatsR I, S. 712 f.; *Löwer,* in: v. Münch/Kunig I, Art. 28 Rn. 104; anders *Frowein,* Die selbstständige Bundesaufsicht nach dem GG, 1961, S. 66 f.; dazu *Vogel* FS Stern, 1997, S. 819 (822 f.).

[449] So *Dreier,* in: Dreier II, Art. 28 Rn. 185; *Pieroth,* in: Jarass/Pieroth, Art. 28 Rn. 33; *Löwer,* in: v. Münch/Kunig I, Art. 28 Rn. 103.

[450] S. *Stern* BK, Art. 28 (1964) Rn. 200 f. unter Hinw. auf BVerfGE 6, 309 (329); 8, 122 (131); ebenso *Schwarz* MKS II, Art. 28 Rn. 271; aA *Vogelgesang,* in: Friauf/Höfling, Art. 28 (2002) Rn. 198; *Pieroth,* in: Jarass/Pieroth, Art. 28 Rn. 33.

(7) Sonstige Änderungen des Gebietsbestandes der Länder können durch Staatsverträge der beteiligten Länder oder durch Bundesgesetz mit Zustimmung des Bundesrates erfolgen, wenn das Gebiet, dessen Landeszugehörigkeit geändert werden soll, nicht mehr als 50 000 Einwohner hat. Das Nähere regelt ein Bundesgesetz, das der Zustimmung des Bundesrates und der Mehrheit der Mitglieder des Bundestages bedarf. Es muß die Anhörung der betroffenen Gemeinden und Kreise vorsehen.

(8) Die Länder können eine Neugliederung für das jeweils von ihnen umfaßte Gebiet oder für Teilgebiete abweichend von den Vorschriften der Absätze 2 bis 7 durch Staatsvertrag regeln. Die betroffenen Gemeinden und Kreise sind zu hören. Der Staatsvertrag bedarf der Bestätigung durch Volksentscheid in jedem beteiligten Land. Betrifft der Staatsvertrag Teilgebiete der Länder, kann die Bestätigung auf Volksentscheide in diesen Teilgebieten beschränkt werden; Satz 5 zweiter Halbsatz findet keine Anwendung. Bei einem Volksentscheid entscheidet die Mehrheit der abgegebenen Stimmen, wenn sie mindestens ein Viertel der zum Bundestag Wahlberechtigten umfaßt; das Nähere regelt ein Bundesgesetz. Der Staatsvertrag bedarf der Zustimmung des Bundestages.

**Entstehungsgeschichte: Erstfassung:** JöR nF 1 (1951), 262. – **Änderungen:** 25. G. zur Änd. des GG v. 19.8.1969 (BGBl I 1241 f.), Art. I (dazu: BT-Dr V/2470 [Entwurf]; BT-Prot V/7894; BR-Dr 455/69; BR-Prot 69/207); 33. G. zur Änd. des GG v. 23.8.1976 (BGBl I 2381), Art. I Nr. 1 (dazu: BT-Dr 7/4958 [Entwurf], 7/5491; BR-Dr 96/76, 462/76; BR-Prot 76/89, 323); 42. G. zur Änd. des GG v. 27.10.1994 (BGBl I 3146), Art. 1 Nr. 4 (dazu: BT-Dr 12/6633 [Entwurf], 12/6000, 12/8165, 12/8423; BT-Prot 12/18 086, 20 947; BR-Dr 886/93 [Entwurf], 800/93, 742/94, 834/94; BR-Prot 93/623, 94/462, 505).

**Historische Verfassungstexte: WRV: Art. 18** (1) Die Gliederung des Reichs in Länder soll unter möglichster Berücksichtigung des Willens der beteiligten Bevölkerung der wirtschaftlichen und kulturellen Höchstleistung des Volkes dienen. Die Änderung des Gebiets von Ländern und die Neubildung von Ländern innerhalb des Reichs erfolgen durch verfassungsänderndes Reichsgesetz. (2) Stimmen die unmittelbar beteiligten Länder zu, so bedarf es nur eines einfachen Reichsgesetzes. (3) Ein einfaches Reichsgesetz genügt ferner, wenn eines der beteiligten Länder nicht zustimmt, die Gebietsänderung oder Neubildung aber durch den Willen der Bevölkerung gefordert wird und ein überwiegendes Reichsinteresse sie erheischt. (4) Der Wille der Bevölkerung ist durch Abstimmung festzustellen. Die Reichsregierung ordnet die Abstimmung an, wenn ein Drittel der zum Reichstag wahlberechtigten Einwohner des abzutrennenden Gebiets es verlangt. (5) Zum Beschluß einer Gebietsänderung oder Neubildung sind drei Fünftel der abgegebenen Stimmen, mindestens aber die Stimmenmehrheit der Wahlberechtigten erforderlich. Auch wenn es sich nur um Abtrennung eines Teiles eines preußischen Regierungsbezirkes, eines bayerischen Kreises oder in anderen Ländern eines entsprechenden Verwaltungsbezirkes handelt, ist der Wille der Bevölkerung des ganzen in Betracht kommenden Bezirkes festzustellen. Wenn ein räumlicher Zusammenhang des abzutrennenden Gebietes mit dem Gesamtbezirke nicht besteht, kann auf Grund eines besonderen Reichsgesetzes der Wille der Bevölkerung des abzutrennenden Gebiets als ausreichend erklärt werden. (6) Nach Feststellung der Zustimmung der Bevölkerung hat die Reichsregierung dem Reichstag ein entsprechendes Gesetz zur Beschlußfassung vorzulegen. (7) Entsteht bei der Vereinigung oder Abtrennung Streit über die Vermögensauseinandersetzung, so entscheidet hierüber auf Antrag einer Partei der Staatsgerichtshof für das Deutsche Reich. – **GG 1949:** (1) Das Bundesgebiet ist unter Berücksichtigung der landsmannschaftlichen Verbundenheit, der geschichtlichen und kulturellen Zusammenhänge, der wirtschaftlichen Zweckmäßigkeit und des sozialen Gefüges durch Bundesgesetz neu zu gliedern. Die Neugliederung soll Länder schaffen, die nach Größe und Leistungsfähigkeit die ihnen obliegenden Aufgaben wirksam erfüllen können. (2) In Gebietsteilen, die bei der Neubildung der Länder nach dem 8. Mai 1945 ohne Volksabstimmung ihre Landeszugehörigkeit geändert haben, kann binnen eines Jahres nach Inkrafttreten des Grundgesetzes durch Volksbegehren eine bestimmte Änderung der über die Landeszugehörigkeit getroffenen Entscheidung gefordert werden. Das Volksbegehren bedarf der Zustimmung eines Zehntels der zu den Landtagen wahlberechtigten Bevölkerung. Kommt das Volksbegehren zustande, so hat die Bundesregierung in den Gesetzentwurf über die Neugliederung eine Bestimmung über die Landeszugehörigkeit des Gebietsteiles aufzunehmen. (3) Nach Annahme des Gesetzes ist in jedem Gebiete, dessen Landeszugehörigkeit geändert werden soll, der Teil des Gesetzes, der dieses Gebiet betrifft, zum Volksentscheid zu bringen. Ist ein Volksbegehren nach Absatz 2 zustande gekommen, so ist in dem betreffenden Gebiete in jedem Falle ein Volksentscheid durchzuführen. (4) Soweit dabei das Gesetz mindestens in einem Gebietsteil abgelehnt wird, ist es erneut bei dem Bundestage einzubringen. Nach erneuter Verabschiedung bedarf es insoweit der Annahme durch Volksentscheid im gesamten Bundesgebiete. (5) Bei einem Volksentscheide entscheidet die Mehrheit der abgegebenen Stimmen. (6) Das Verfahren regelt ein Bundesgesetz. Die Neugliederung soll vor Ablauf von drei Jahren nach Verkündung des Grundgesetzes und, falls sie als Folge des Beitrittes eines anderen Teiles von Deutschland notwendig wird, innerhalb von zwei Jahren nach dem Beitritt geregelt sein. (7) Das Verfahren über jede sonstige Änderung des Gebietsbestandes der Länder regelt ein Bundesgesetz, das der Zustimmung des Bundesrates und der Mehrheit der Mitglieder des Bundestages bedarf.

**Geltende Landesverfassungen:** BlnVerf Art. 97; BbgVerf Art. 116; SchlHVerf Art. 70 II.

**Gesetzgebung:** G. v. 30.7.1979 (BGBl I 1317); G. v. 30.7.1979 (BGBl I 1325).

**Leitentscheidungen:** BVerfGE 1, 14 (Südweststaat); BVerfGE 4, 250 (Lippe-Detmold); BVerfGE 5, 34 (Heimatbund Badenerland); BVerfGE 13, 54 (Neugliederung Hessen).

**Schrifttum:** *A. Benz/J. Detemple/W. Erbguth/T. Köhler/K. Lammers/H. Mäding/R. Timmer,* Neugliederung des Bundesgebietes – oder Kooperation der Bundesländer?, Arbeitsberichte der ARL 16, 2015; *D. Bloch/C. Brüning/B. Pfannkuch,* Verfassungsreform in Schleswig-Holstein – Kooperation norddeutscher Länder statt Nordstaat, NordÖR 2014, 101; *J. Dietlein,* Länderfusion und verfassungsgebende Gewalt „in statu nascendi", Der Staat 1999, 547; *W. Ernst,* Ein Beitrag zum Problem der Neugliederung des Bundesgebiets, DVBl 1986, 981; *S. Greulich,* Länderneugliederung und Grundgesetz, 1995; *P. Häberle,* Ein Zwischenruf zur föderalen Neugliederungsdiskussion in Deutschland – gegen die Entleerung von Art. 29 Abs. 1 GG, FS Gitter, 1995, S. 315; *A. Hinsch,* Neugliederung des Bundesgebiets und europäische Regionalisierung, 2002; *H. Klatt,* Deutsche Einheit und bundesstaatliche Ordnung, VerwArch 82 (1991), 430; *K. G. Meyer-Teschendorf,* Territoriale Neugliederung nicht nur durch Bundesgesetz, sondern auch durch Staatsvertrag, DÖV 1993, 889; *ders.,* Neugliederung und Bundesverfassung, in: Nomos und Ethos, Hommage an Josef Isensee, 2002, S. 341 ff.; *G. Müllenbach,* Föderalismus – Finanzausgleich – Neugliederung, Überlegungen in geschichtlicher und aktueller Beleuchtung, JöR 63 (2015), 251; *G. Püttner,* Die Länderneugliederung als Problem der politischen Machtverteilung im Gesamtstaat, DÖV 1971, 540; *Sachverständigenausschuß (sog. Luther-Kommission),* Bundesministerium des Inneren (Hrsg.), Die Neugliederung des Bundesgebietes, Gutachten, 1955; *Sachverständigenkommission für die Neugliederung des Bundesgebietes (sog. Ernst-Kommission),* Bundesministerium des Inneren (Hrsg.), Vorschläge zur Neugliederung des Bundesgebietes gemäß Art. 29 des Grundgesetzes, 1973; *J. Sanden,* Die Weiterentwicklung der föderalen Strukturen der Bundesrepublik Deutschland, 2005; *F. W. Scharpf/A. Benz,* Kooperation als Alternative zur Neugliederung, 1991; *U. Scheuner,* Eine zweckrationale Gestaltung der föderalen Ordnung, DÖV 1974, 16; *E. Schmidt-Jortzig,* Neugliederung des Bundesgebiets. Verfassungsreformanstrengungen und die Mitwirkung des Jubilars dabei, FS Scholz, 2007, S. 729; *G. Seele,* Alte und neue Konzepte der Länderneugliederung, Der Landkreis 1993, 113; *U. Stelkens,* Art. 79 Abs. 3 GG und die Neugliederung des Bundesgebietes (unter besonderer Berücksichtigung der Möglichkeit einer Auflösung des Saarlandes), FS Fiedler, 2011, S. 295; *ders.,* Neugliederung des Bundesgebiets und künftige Entwicklung des föderativen Systems, in: H. Westermann ua (Hrsg.), Raumplanung und Eigentumsordnung, FS Ernst, 1980, S. 463; *W. Graf Vitzthum,* (Hrsg.), Europäischer Föderalismus – Supranantionaler, subnationaler und multiethischer Föderalismus in Europa, 2000; *C. Vondenhoff,* Grundgesetzliche Begründung und Voraussetzung eines gleichgewichtigen Föderalismus, DÖV 2000, 949; *Wilms,* Überlegungen zur Reform des Föderalismus in Deutschland, ZRP 2003, 86; *T. Würtenberger,* Neugliederung, in: HStR VI, § 132.

## Übersicht

# A. Entstehung

Vorgängervorschrift zu Art. 29 war in der WRV Art. 18. Auf dessen Grundlage sollte die geschicht- **1** lich gewachsene deutsche Kleinstaaterei einer gebietlichen Neuordnung zugeführt werden, um modernen Verhältnissen zu entsprechen; insbes. aber war an eine Aufteilung Preußens wegen seines Übergewichts (zwei Drittel des Reichsgebiets) gedacht.[1] Zu der angestrebten umfassenden Neugliederung kam es unter Geltung der WRV indes nicht.[2]

Im Rahmen der Beratungen über das GG stellte die Abfassung des Art. 29 einen der auch im **2** Grundsätzlichen überaus strittigen Punkte dar.[3] Einigkeit herrschte allerdings insoweit, als von der Notwendigkeit einer alsbaldigen Neugliederung des Bundesgebiets wegen des unbefriedigenden, von **Zufälligkeiten** bestimmten **Zuschnitts der Länder** durch die Besatzungsmächte ausgegangen wurde.[4] Die zunächst von den Alliierten in ihrem Genehmigungsschreiben zum GG[5] suspendierte Vorschrift wurde mit Inkrafttreten des sog. Deutschland-Vertrages bzw. Generalvertrages[6] am 5.5.1955

---

[1] Näher *Lucas* AöR 42 (1922), 50 ff.; eingehend zur Entstehungsgeschichte *Dietlein* BK, Art. 29 (2007) Rn. 1–20.
[2] *Ernst* FS Hoppe, 2000, S. 255 (256 f.); näher *Timmer,* in: Handwörterbuch der Raumordnung, 2005, S. 552 (553).
[3] Eingehend *Umbach,* in: Umbach/Clemens I, Art. 29 Rn. 14 ff.; s. dazu auch *Dietlein* BK, Art. 29 (2007) Rn. 9 f.
[4] Näher *Kunig,* in: v. Münch/Kunig I, Art. 29 Rn. 2.
[5] Schreiben v. 12.5.1949, vgl. *v. Münch,* Dokumente des geteilten Deutschland, 1968, S. 130; *Würtenberger* HStR VI, § 132 Rn. 31.
[6] Vertrag über die Beziehungen zwischen der Bundesrepublik Deutschland und den Drei Mächten v. 26.5.1952 idF v. 23.10.1954, BGBl 1955 II 305.

besatzungsrechtlich „entsperrt". Art. 29 ist bislang dreimal geändert worden, und zwar zunächst mit Wirkung zum 19.8.1969,[7] sodann durch Gesetz vom 23.8.1976[8] und im Zusammenhang mit den Verfassungsänderungen vom 27.10.1994.[9]

3     An **Bemühungen zur Neugliederung** des Bundesgebiets hat es unter Geltung des Art. 29 – jedenfalls bis zu seiner vorletzten Neufassung – nicht gefehlt. Zustande gekommen ist sie indes nur in einem Fall – und das nicht auf Grund von Art. 29, sondern im Gefolge der Sonderregelung in Art. 118, die von der Suspendierung durch die Besatzungsmächte ausgenommen war:[10] 1952 kam es zur Vereinigung der Länder Baden, Württemberg-Baden und Württemberg-Hohenzollern zum Land Baden-Württemberg.[11] Ansonsten erfolgten lediglich Grenzkorrekturen im Anwendungsbereich des Art. 29 VII.[12]

4     Nähere Untersuchung und wiss. Begleitung hatte die Neugliederungsfrage im Auftrag der BReg durch die sog. **Luther-**Kommission[13] bereits im Jahre 1955 gefunden, deren Arbeit zum Ergebnis kam, dass ein neuer Zuschnitt der Länder nur in Mittelwestdeutschland erforderlich sei. Demgegenüber empfahl die vom BMI eingesetzte Sachverständigenkommission für die Neugliederung des Bundesgebiets (sog. **Ernst-**Kommission)[14] in ihrem Abschlussbericht aus dem Jahr 1972[15] eine grundlegende räumliche Neuordnung des Bundesgebiets, und zwar vornehmlich aus Gründen fehlender wirtschaftlicher und finanzieller Leistungskraft einiger Länder und der Zerschneidungseffekte von Landesgrenzen.[16]

5     Im Zuge des überraschenden Zustandekommens der Deutschen Einheit am 3.10.1990 und der damit verbundenen Wiedererrichtung der Länder im „Beitrittsgebiet" wurde die **Neugliederungsdiskussion** erneut **belebt,** zum einen wegen des Hinzutritts von neuen Ländern als solchem, zum anderen auf Grund der teilw. geringen Bevölkerungszahl, Kleinräumigkeit und der zu erwartenden langfristigen Finanzschwäche jener Länder.[17] Eine gewisse Anstoßfunktion kam Art. 5 Spiegelstrich 2 EV zu, der den gesetzgebenden Körperschaften die Neugliederung des Raums Berlin-Brandenburg, allerdings „abweichend von den Vorschriften des Artikel 29 des Grundgesetzes durch Vereinbarungen der beteiligten Länder", nahelegt.[18]

6     Die letzte Änderung des Art. 29 aus dem Jahre 1994[19] hat die Geringfügigkeitsschwelle des Abs. 7 S. 1 auf 50 000 Einwohner heraufgesetzt (Rn. 62); ferner ist nunmehr eine Neugliederung auch durch **Staatsvertrag der Länder,** der freilich der Zustimmung des Bundestags bedarf, eröffnet, Art. 29 VIII (→ Rn. 67 ff.).[20]

7     Jegliche **Neugliederungsdebatte** wird zwangsläufig und zunehmend von der Entwicklung zu einem vereinten **Europa** beeinflusst. Das betrifft verfassungsrechtlich die Interpretation der sog. Richtbegriffe in Art. 29 I (dazu → Rn. 13 ff.), unionsrechtlich das Konzept der europäischen Regionen, deren Staatsgrenzen überschreitender Zuschnitt auch vor den Grenzen der Länder nicht Halt macht.[21] Das Subsidiaritätsprinzip in Art. 5 III EUV und die Einbeziehung der Regionen in das institutionelle System der EU[22] (beratender Ausschuss der Regionen)[23] können einen europäisch bedingten Neuglie-

---

[7] 25. G zur Änd. des GG v. 19.8.1969, BGBl I 1241.

[8] 33. G zur Änd. des GG v. 23.8.1976, BGBl I 2381.

[9] 42. G zur Änd. des GG v. 27.10.1994, BGBl I 3146.

[10] *Kunig,* in: v. Münch/Kunig I, Art. 29 Rn. 1 f.

[11] G über die Neugliederung in den Ländern Baden, Württemberg-Baden und Württemberg-Hohenzollern v. 4.5.1951, BGBl I 284; BVerfGE 1, 14; dazu *Würtenberger* HStR VI, § 132 Rn. 32 ff.

[12] *Kunig,* in: v. Münch/Kunig I, Art. 29 Rn. 1.

[13] Genannt nach ihrem Vorsitzenden, dem ehemaligen Reichskanzler *Luther,* noch Fn. 66.

[14] Genannt nach dem früheren Staatssekretär *Ernst.*

[15] Sachverständigenkommission für die Neugliederung des Bundesgebiets, Vorschläge zur Neugliederung des Bundesgebiets gemäß Artikel 29 des Grundgesetzes, 1973.

[16] Näher zu den Vorschlägen der Ernst-Kommission *Sannwald,* in: Hofmann/Henneke, Art. 29 Rn. 13 f.; *Timmer* (Fn. 2), S. 552 (555); *Ernst* FS Hoppe, 2000, S. 255 (259 f.).

[17] Die Wiedereinführung der Länder in den Grenzen von 1952 war kein historisches Gebot, weil ältere Traditionen weniger und größere Länder nahegelegt hätten: Mecklenburg, Brandenburg, Sachsen-Thüringen; zu den Gründen, warum ein genereller Länderneuzuschnitt nicht möglich war, *Bernet* LKV 1991, 2 (3); zur Kritik am gegenwärtigen Zuschnitt der neuen Länder *Rutz/Scherf/Strenz,* Die fünf neuen Bundesländer, 1993, S. 113 ff.; allg. zur Wiedererrichtung der Länder *Bayer* DVBl 1991, 1014.

[18] Zu den Vorschlägen iE *Gobrecht* RuP 1990, 72; *Seele* Der Landkreis 1993, 113; *Greulich,* Länderneugliederung und Grundgesetz: Entwicklungsgeschichte und Diskussion der Länderneugliederungsoption nach dem GG, 1995; für Norddeutschland auch *Scharpf/Benz,* Kooperation als Alternative zur Neugliederung, 1991, S. 17 ff.; *Bloch/Brüning/Pfannkuch* NordÖR 2014, 101.

[19] Vgl. Fn. 9; zu vorangegangenen Änderungen der Vorschrift *Timmer* (Fn. 2), S. 552 (556).

[20] Zu Einzelheiten der Genese *Meyer-Teschendorf* DÖV 1993, 889; zu weitergehenden Vorstellungen, etwa mit Blick auf die Forderung, zur Neugliederungspflicht zurückzukehren, Bericht der *GemVerfKom.,* BR-Dr 800/93, S. 44; dort auch, ebda, zum Zusammenhang der Änderung der Neugliederungsvorschriften mit der Neuordnung des Finanzausgleichs; insoweit BVerfGE 86, 148 (270) und Rn. 74 mit Fn. 209.

[21] *Ernst* DVBl 1991, 1024 (1029); vgl. die Beiträge von *Hilf, Stein, Schweitzer, Schindler* VVDStRL 53 (1994), 8 ff.

[22] Art. 13 IV EUV, Art. 300, 305 ff. AEUV; zu den Ländern als Regionen iSd EU *Schink* DÖV 1992, 385.

[23] Skeptisch zu Letzterem *Badura* FS Lerche, 1993, S. 369 (383).

derungsschub nach sich ziehen, und zwar zum Schutz und zur Gewährleistung der nationalen Bundesstaatlichkeit im supranationalen „Staatenverbund".[24]

## B. Allgemeines

Art. 29 kommt aus verfassungsrechtlicher Sicht Bedeutung für die grundgesetzliche Ausgestaltung **8** des **Bundesstaats-** und des **Demokratieprinzips** zu.[25] Indem die Vorschrift eine Neugliederung des Bundesgebiets ermöglicht, und zwar von einer Änderung des gebietlichen Zuschnitts der Länder bis hin zu einer Reduzierung ihrer Anzahl[26] – Letzteres allerdings wegen Art. 79 III nicht bis zu einer gänzlichen Beseitigung der Länder[27] –, kommt zum Ausdruck, dass die bundesstaatliche Prägung des GG keine Existenzgarantie des gegenwärtigen Bestandes an Ländern umfasst („**labiler Bundesstaat**"[28] oder genauer: „stabiler Bundesstaat mit labilen Bundesländern").[29]

Art. 29 bringt iÜ **plebiszitäre Elemente** in das ansonsten zumindest primär repräsentativ geprägte **9** Demokratieprinzip des GG ein – und dies in breiter Auffächerung: Volksentscheid, Volksbegehren, Volksbefragung.[30] In allg. Ausformung unmittelbarer Demokratie stellt der **Volksentscheid** die Abstimmung des Volkes über einen Gesetzentwurf oder eine Sachfrage dar.[31] Als Regelungsgegenstand des Art. 29 II, III, VIII dient er der Bestätigung eines (Bundes-)Gesetzes (sofern die nach Art. 29 VI 1 erforderliche Mehrheit erreicht wird) bzw. eines Staatsvertrages der Länder (Abs. 8); es handelt sich also um eine Variante des Gesetzesreferendums.[32] Beim **Volksbegehren** geht es um einen „Antrag aus dem Volk an das Volk".[33] IdS stellt sich das Volksbegehren des Art. 29 IV als Gesetzesinitiative dar.[34] Die in Art. 29 IV, V vorgesehene **Volksbefragung** will eine Vorklärung der öffentlichen Meinung erreichen und dem Bundesgesetzgeber eine politische Entscheidungshilfe geben.[35]

Ob Art. 29 der einzige Hort plebiszitärer Ausformungen des Demokratieprinzips unter Geltung des **10** GG ist, lässt sich der Vorschrift nicht entnehmen; solches muss vielmehr aus einer Gesamtschau der einschlägigen verfassungsrechtlichen Bestimmungen erschlossen werden.[36] Insofern ist bei aller **Plebiszitfeindlichkeit,** welche die Genese des GG angesichts schlechter Erfahrungen mit Formen unmittelbarer Demokratie in der Weimarer Zeit kennzeichnete,[37] die zwischenzeitliche Konsolidierung des demokratischen Systems gebührend zu berücksichtigen, so dass die Verfassungswirklichkeit die „Gespenster von Weimar"[38] weniger bedrohlich erscheinen lässt.

## C. Näherer Regelungsgehalt (Abs. 1)

### I. Grundlegende Voraussetzungen für Neugliederungsmaßnahmen

Unter **Neugliederung** ist die räumliche (territoriale, innerrepublikanische) Umgestaltung des **11** Bundesgebiets idS zu verstehen, dass die Einteilung in Länder oder ihr Gebietsumfang verändert wird.[39] Denkbare Konstellationen sind: Länderfusion, Länderspaltung, Übertragung einzelner Gebiete

---

[24] Zum Begriff BVerfG EuGRZ 1993, 429; vgl. zum Ganzen auch *Hinsch,* Neugliederung des Bundesgebiets und Regionalisierung, 2002, S. 185 ff.; *Erbguth* JZ 2011, 433 (438).

[25] Vgl. nur *Kunig,* in: v. Münch/Kunig I, Art. 29 Rn. 1; *Wollenschläger,* in: Dreier II, Art. 29 Rn. 11 f.

[26] *Scholz,* in: Maunz/Dürig, Art. 29 Rn. 20.

[27] Nach hM müssen wegen Art. 79 III mindestens 3 Länder übrig bleiben (*Dreier,* in: ders. II, Art 79 III Rn. 21; *Haratsch,* in: Sodan, GG, Art. 79 Rn. 21), nach anderer Auffassung reichen zwei (*Maunz/Dürig,* in: Maunz/Dürig, Art 79 (1960), Rn. 34); dazu (skeptisch) *Sachs* → Art. 79 Rn. 42. Umgekehrt soll auch eine Vermehrung der Länderzahl nicht ausgeschlossen sein, *Pernice,* in: Dreier II², Art. 29 Rn. 27.

[28] BVerfGE 5, 34 (38); krit. *Leisner,* in: Sodan, Art. 29 Rn. 1; vgl. auch *Isensee* HStR VI, § 126 Rn. 29: „relatives verfassungsrechtliches Recht auf Bestand".

[29] Auch *Meyer-Teschendorf* MKS II, Art. 29 Rn. 2.

[30] Zu Erweiterungsmöglichkeiten und den diesbezüglichen verfassungsrechtlichen Maßgaben vgl. (grds. positiv) *Kühling* JuS 2009, 777; zur Grundrechtsbindung des (dann) gesetzgebenden Bürgers *Hartmann,* Volksgesetzgebung und Grundrechte, 2005; zur Volksgesetzgebung im Verhältnis zur Mitwirkung der Länder an der Gesetzgebung, Art. 79 III, *Engelken* DÖV 2006, 550; anderer Ansatz bei *Leisner,* in: Sodan, Art. 29 Rn. 2: nicht Ausdruck des Demokratieprinzips, sondern der Bundesstaatlichkeit bzw. völkerrechtlicher Praxis, ggf. bereits des Gewohnheitsrechts bei (neuen) Grenzziehungen; instruktiv zu „Treuepflichten im Nebeneinander von plebiszitärer und repräsentativer Demokratie" *Rossi/Lenski* DVBl 2008, 416.

[31] *Hellermann,* in: Epping/Hillgruber, Art. 29 Rn. 4.

[32] *Kunig,* in: v. Münch/Kunig I, Art. 29 Rn. 7.

[33] BayVerfGH BayVBl 1978, 334 (336).

[34] *Kunig,* in: v. Münch/Kunig I, Art. 29 Rn. 7.

[35] Begr. der BReg, BT-Dr 7/4958, S. 8; eingeh. *Dietlein* BK, Art. 29 (2007) Rn. 70 ff.

[36] Vgl. *Bleckmann* JZ 1978, 217 (223); *Pestalozza* NJW 1981, 733 (734); aA *Stern,* StaatsR I, S. 621; vgl. auch *Bugiel,* Volkswille und repräsentative Entscheidung, 1991.

[37] Hierzu eingehend *Schwieger,* Volksgesetzgebung in Deutschland, 2005, S. 270 ff.

[38] *Hernekamp,* Formen und Verfahren direkter Demokratie, 1979, S. 336; auch *Pestalozza,* Der Popularvorbehalt, 1981, S. 9 ff.; ders. NJW 1981, 733.

[39] *Scholz,* in: Maunz/Dürig, Art. 29 Rn. 20; vgl. auch *Pieroth,* in: Jarass/Pieroth, Art. 29 Rn. 2; BayVGH NVwZ-RR 1991, 332 (333).

und Neubildung eines Landes aus Teilen bestehender Länder.[40] Keine Neugliederung stellt die lediglich landesinterne Veränderung der Verwaltungsstrukturen dar (etwa Neuzuschnitt von Verwaltungsbezirken oder der Grenzen von Selbstverwaltungsträgern);[41] ebenso wenig ist durch Neugliederungsmaßnahmen eine Schaffung bundesunmittelbarer Territorien möglich, weil Art. 29 (nur) den Gebietsstand der Länder im Verhältnis zueinander erfasst.[42] Deshalb bezieht sich die Vorschrift auch nicht auf die Änderung der Grenzen der Bundesrepublik Deutschland und der Länder gegenüber dem Ausland.[43]

12      Mit **„Bundesgebiet"** ist das Territorium der Bundesrepublik gemeint. Seegebiete außerhalb des Küstenmeers, der Festlandsockel und die Ausschließliche Wirtschaftszone gehören hierzu nicht; sie können auf Neugliederungsmaßnahmen allerdings sachlich Einfluss nehmen, etwa über den Begriff „Leistungsfähigkeit"[44] nach Art. 29 I (→ Rn. 18).

13      Art. 29 I enthält keinen Zwang zur Neugliederung (mehr), sondern eine diesbezügliche **„Kann"**-Bestimmung.[45] Eine Ermessensreduzierung auf Null und damit eine verfassungsrechtliche Verpflichtung zur Neugliederung soll es nicht geben.[46] Dem wird insoweit zuzustimmen sein, als eine strukturelle und dauerhafte Haushaltsnotlage eines Landes allein keine derartige Verengung des Spielraums nach sich ziehen kann; solchen Entwicklungen ist mit den Mitteln der Finanzverfassung (Finanzausgleich) zu begegnen.[47] Anders stellen sich die Dinge hingegen dar, wenn sich ländergebietsübergreifend oder für eine nicht unbeträchtliche Zahl der Länder Notlagen dieser Art dauerhaft abzeichnen. Ansonsten gilt: Wird von jener Ermächtigung[48] Gebrauch gemacht, wirken nach überwiegender Auffassung die materiellen Maßgaben des Art. 29 I (Größe, Leistungsfähigkeit, landsmannschaftliche Verbundenheit, kulturelle Zusammenhänge etc.) als **„Richtbegriffe",**[49] die dem nach Abs. 2 zur Neugliederungsinitiative befugten Bundesgesetzgeber Beurteilungsspielräume[50] bzw. Ermessensfreiräume[51] belassen sollen.

14      Zutreffender erscheint es hingegen, zum einen entsprechend der Regelungssystematik des Art. 29 I zwischen dem **„Ob"** der Neugliederung – mit den hierauf gerichteten Anforderungen (Größe, Leistungsfähigkeit, Abs. 1 S. 1) – und ihrem **„Wie",** dh der näheren Gestaltung des gebietlichen (Neu-)Zuschnitts – mit den insoweit berücksichtigungsbedürftigen Belangen (landsmannschaftliche Verbundenheit, geschichtliche und kulturelle Zusammenhänge ua m., Abs. 1 S. 2) – zu unterscheiden.[52] Schon diese aus dem (Bau-)Planungsrecht vertraute Differenzierung („Ob" und „Wie" der Planung, vgl. § 1 III, V, VI, VII BauGB), insbes. aber der Neugliederungsmaßnahmen typisierende originäre Gestaltungsauftrag[53] zur Schaffung von zur Erfüllung ihrer staatlichen Aufgaben leistungsfähigen Ländern legen es zum anderen nahe, die Neugliederung als **planerische Tätigkeit** anzusehen[54] – mit der Konsequenz, die „Richtbegriffe" des Art. 29 I planungsrechtlichen Kategorien zuzuordnen.

15      Damit geht keine Verkehrung des Vorrangverhältnisses zwischen Verfassung und einfachem Recht einher; denn die Maßstäbe planerischen Handelns finden ihre Grundlage im Rechtsstaats- und Sozialstaatsprinzip,[55] so dass ein solches Vorgehen mit dem Auslegungsprinzip der Einheit der Verfassung[56] in Einklang steht. Auch widerstreitet einem planerischen Verständnis nicht der Wortlaut[57] des Art. 29 I; Satz 1 der Vorschrift lässt sich nämlich unschwer als Regelung der **Planrechtfertigung,**[58] also als Erforderlichkeit („Ob") der Neugliederung verstehen. Die vorgeschriebene Bindung an eine Verbes-

---

[40] *Wollenschläger,* in: Dreier II, Art. 29 Rn. 16; *Hellermann,* in: Epping/Hillgruber, Art. 29 Rn. 6.

[41] *Meyer-Teschendorf* MKS II, Art. 29 Rn. 20.

[42] *Kunig,* in: v. Münch/Kunig I, Art. 29 Rn. 14; *Kölble* DÖV 1964, 219 (222).

[43] *Leisner,* in: Sodan, Art. 29 Rn. 1; *Dietlein* BK, Art. 29 (2007) Rn. 27.

[44] *Kunig,* in: v. Münch/Kunig I, Art. 29 Rn. 8; zur Ausdehnung des Küstenmeers etc. im Gefolge des UN-Seerechtsübereinkommens anhand des ROG 2004 *Erbguth* NuR 2004, 91 (93 ff. mwN.).

[45] Krit. dazu *v. Münch* NJW 2000, 2644 (2644); Verzicht auf Neugliederung kann freilich angesichts der Inadäquanz von Finanzausgleich und Bundeshilfen verfassungswidriges Unterlassen bedeuten, *Kunig,* in: v. Münch/Kunig I, Art. 29 Rn. 10; vgl. bereits BVerfGE 1, 117: Finanzausgleich soll lebensunfähige Länder nicht künstlich am Leben erhalten; auch BVerfGE 86, 148; *Timmer* (Fn. 2) S. 552 (559 f.); noch Rn. 73 ff.

[46] *Hellermann,* in: Epping/Hillgruber, Art. 29 Rn. 10 mwN auch gegenteiliger Auffassungen.

[47] BVerfGE 116, 327 (386 f.); vgl. aber auch *Erbguth* JZ 2011, 433 (436 ff.).

[48] Befugnis, *Scholz,* in: Maunz/Dürig, Art. 29 Rn. 19.

[49] Diese allg. verwandte Begrifflichkeit stammt aus der *Luther-Kommission* Neugliederung (Fn. 66), S. 21; vgl. nur *Sannwald,* in: Hofmann/Henneke, Art. 29 Rn. 36.

[50] *Bothe* AK GG, Art. 29 Rn. 12.

[51] *Scholz,* in: Maunz/Dürig, Art. 29 Rn. 39.

[52] IdS *Scholz,* in: Maunz/Dürig, Art. 29 Rn. 39; auch *Wollenschläger,* in: Dreier II, Art. 29 Rn. 17.

[53] Näher zur Typisierung der Planung *Erbguth* DVBl 1992, 398; *Burgi* JZ 1994, 654 (661 f.); *Durner,* Konflikte räumlicher Planung, 2005, S. 269 ff.

[54] Dem folgend *Dietlein* BK, Art. 29 (2007) Rn. 32; abl. *Würtenberger* HStR VI, § 132 Rn. 61.

[55] Vgl. *Hoppe,* in: Hoppe/Bönker/Grotefels, Öffentliches Baurecht, 4. Aufl. 2010, § 7 Rn. 1; *Erbguth/Schubert,* Öffentliches Baurecht, 6. Aufl. 2015, § 5 Rn. 133.

[56] *Hesse* Grundzüge, Rn. 71.

[57] Zu dieser Grenze jeglicher Verfassungsinterpretation *Hesse,* Grundzüge, Rn. 77.

[58] Dazu BVerwGE 34, 301; demgegenüber (allg.) *P. Müller,* Abschied von der Planrechtfertigung, 2005.

serung der Leistungsfähigkeit der Länder (uam.) ordnet jene Maßgaben dann rechtsdogmatisch als Planungsdirektiven iSv (generellen) **Planungszielen**[59] ein, hinsichtlich derer dem (Bundes-)Gesetzgeber entgegen der Rspr. zur Bauleitplanung[60] allerdings ein Beurteilungs-, genauer: Gestaltungsspielraum zustehen muss: Anders als im städtebaulichen Planverfahren wird auf Grund Art. 29 II ein Legislativorgan tätig; überdies erweist sich auch städtebaurechtlich die volle Nachprüfbarkeit der Rechtsbegriffe in § 1 III, V, VI BauGB als kaum noch haltbar.[61]

S. 2 des Art. 29 I enthält in Konsequenz dessen als Abwägungsdirektiven konkrete **Planungsleit-** 16 **linien**[62] für die nähere Ausgestaltung der Neugliederung, also für das „Wie" des gebietlichen Neuzuschnitts; ergänzend sind die Planungsziele des Art. 29 I 1 zu berücksichtigen.[63] IÜ gelten die Anforderungen an jegliche **rechtsstaatlich gebotene Abwägung.** Diese verlangen kumulativ, dass eine Abwägung überhaupt stattfindet, dass in die Abwägung an Belangen eingestellt wird, was nach Lage der Dinge in sie eingestellt werden muss, und dass weder die Bedeutung der Belange noch der Ausgleich zwischen ihnen in einer Weise vorgenommen wird, der zur objektiven Gewichtigkeit einzelner Belange außer Verhältnis steht.[64]

## II. Planungsziele der Neugliederung

**„Größe"** iSd Art. 29 I ist nicht absolut zu verstehen und beinhaltet auch keine Forderung nach 17 einer möglichst gleichen Größe der Länder. Vielmehr ist sie in Relation zu den Aufgaben und zur Leistungsfähigkeit des fraglichen Gebiets zu bestimmen.[65] „Größe" bezieht sich des Weiteren weder ausschließlich auf die Gebietsfläche noch allein auf die Einwohnerzahl.[66]

**„Leistungsfähigkeit"** meint zuvörderst **wirtschaftlich-finanzielles** Leistungsvermögen der Län- 18 der, und zwar auch mit Blick auf das künftige Wirtschaftsniveau; verlangt wird insoweit nicht Autarkie, wohl aber, dass die Länderneugliederung steuerstarke und steuerschwache Gebiete zusammenführt, damit finanzielle Gefälle innerhalb eines Landes möglichst ausgeglichen werden.[67] Das dem Abbau finanzieller Abhängigkeiten der Länder dienende Ziel der Leistungsfähigkeit kann auch der beste Finanzausgleich nicht erreichen.[68] Letzterer vermag allenfalls die Zeit bis zur Durchführung einer Art. 29 I entsprechenden Neugliederung zu überbrücken; danach muss sich der Finanzausgleich auf einen sog. „Spitzenausgleich" beschränken.[69] Gleichwohl nimmt die überwiegende Auffassung einen Vorrang des Art. 29 vor Art. 107 – jedenfalls nach der Neufassung des Art. 29 aus dem Jahr 1976 – nicht an.[70]

Zum finanziell-wirtschaftlichen Leistungsvermögen muss eine entsprechende administrative und 19 politische Kraft hinzukommen, die aber regelmäßig durch die wirtschaftliche Leistungskraft wenn nicht bewirkt, so doch gefördert wird.[71] Dabei findet sich unter **Verwaltungskraft** die Fähigkeit zu einer möglichst bedarfsgerechten und wirtschaftlichen Erfüllung der öffentlichen Aufgaben verstanden, unabhängig von der Art der Verwaltungsaufgaben und der Art ihrer Erledigung (gesetzesakzessorische und gesetzesfreie Verwaltung, Landeseigenverwaltung und Auftragsverwaltung, unmittelbare und mittelbare Verwaltung durch Anstalten, Körperschaften etc.).[72] Auch hier handelt es sich um keine absolute Größe; vielmehr ist die administrative Leistungskraft in Relation zu den Gesamtaufgaben des Landes zu bemessen.[73]

**Politisches Leistungsvermögen** wird als Fähigkeit zur politischen Gestaltung begriffen; Elemente 20 sind insbes. die Integrations- und Handlungsfähigkeit. Das Land muss nicht nur die Fähigkeit besitzen, aus eigener Kraft landespolitische Probleme zu erkennen und zu bewältigen; es muss auch in der Lage sein, auf Grund einer entspr. qualifizierten personellen Ausstattung im Regierungsbereich nachhaltig

---

[59] Zur Begrifflichkeit *Hoppe* (Fn. 55), § 7 Rn. 24; eingeh. *ders.* DVBl 1994, 1033.

[60] BVerwGE 34, 301 (308).

[61] *Hoppe* (Fn. 55), § 7 Rn. 26.

[62] Zur Begrifflichkeit *Hoppe* (Fn. 55), § 7 Rn. 24; vgl. auch *Dietlein* BK, Art. 29 (2007) Rn. 30.

[63] So bereits *Evers* BK, Art. 29 (1980) Rn. 37.

[64] BVerwGE 34, 301 (309); 45, 309; 48, 56; eingeh. *Hoppe* DVBl 1994, 1033 (1034 ff.).

[65] *Ernst-Kommission* Neugliederung (Fn. 15), Tz. 126 ff.

[66] *Kunig*, in: v. Münch/Kunig I, Art. 29 Rn. 16; *Ernst-Kommission* Neugliederung (Fn. 15), Tz. 127; dort auch zu weiteren Einzelheiten, ebda, Tz. 129 ff.; *Sachverständigenausschuss* (sog. Luther-Kommission), Bundesministerium des Innern (Hrsg.), Die Neugliederung des Bundesgebietes, Gutachten, 1955, S. 36 ff.

[67] Ähnlich *Dietlein* BK, Art. 29 Rn. 36.

[68] BVerfGE 1, 117 (134); BVerfGE 86, 148 (270); *Dietlein* BK, Art. 29 (2007) Rn. 36; Rn. 74.

[69] *Kunig*, in: v. Münch/Kunig I, Art. 29 Rn. 17; *Reschke* DVBl 1973, 728 (729); auch *Erbguth* JZ 2011, 433 (435 f.).

[70] *Feuchte* DÖV 1968, 456; *ders.* DÖV 1974, 9; *Grawert* Der Staat 7 (1968), 63.

[71] *Luther-Kommission* Neugliederung (Fn. 66), S. 43; *Ernst-Kommission* Neugliederung (Fn. 15), Tz. 168 ff.; *Hellermann*, in: Epping/Hillgruber, Art. 29 Rn. 8; auch *Dietlein* BK, Art. 29 (2007) Rn. 36 unter zusätzlichem Hinweis auf die Wettbewerbsfähigkeit der Länder in einem „Europa der Regionen"; s. zuletzt die (Defizit-)Analyse bei *Benz/Detemple/Erbguth/Köhler/Lammers/Mäding/Timmer*, Neugliederung des Bundesgebietes – oder Kooperation der Bundesländer?, Arbeitsberichte der ARL 16, 2015, S. 8 f.

[72] *Kunig*, in: v. Münch/Kunig I, Art. 29 Rn. 19.

[73] *Kunig*, in: v. Münch/Kunig I, Art. 29 Rn. 19.

in die bundespolitische Auseinandersetzung eingreifen zu können.[74] Nicht unbestr., zumindest aber mit Blick auf die gewachsenen Anforderungen an die politische Leistungsfähigkeit der Länder und auf den europ. Einigungsprozess zutreffend ist die weitere Forderung, die Dimension des Landes und diejenige der zu bewältigenden Aufgaben müssten so bemessen sein, dass Provinzialismus verhindert werde, und dass die Dimension „zu einer gewissen Weite des Blicks nötigt und befähigte Politiker anzuziehen vermag".[75]

21      Weit sind auch die **Aufgaben** zu verstehen, welche die Länder nach Art. 29 I erfüllen sollen. Die Kompetenzverteilung nach Art. 70 ff., 83 ff. ua m. gibt insoweit nur schwache Anhaltspunkte, zumal die dort vorzufindenden Kataloge lediglich eine Momentaufnahme darstellen, was die Abänderbarkeit der Zuweisungen[76] und das tatsächliche Hinzutreten neuer Aufgaben (Gentechnik, Bodenschutz, Leistungs- und Planungsaufgaben uä) verdeutlichen. Angesichts dessen ist im Anwendungsbereich des Art. 29 I 1 das Modell eines Bundesstaates mit kräftigem föderalistischem Einschlag zugrunde zu legen.[77]

### III. Abwägungsleitlinien der Neugliederung

22      Die (näheren) **Abwägungsleitlinien** des Art. 29 I 2 lassen sich in solche, die an subjektive Gesichtspunkte anknüpfen, und jene, die auf **objektive** Gegebenheiten ausgerichtet sind, unterscheiden.[78]

23      **1. Subjektive Abwägungsleitlinien.** Das die erstgenannten Abwägungsleitlinien verbindende Element der Subjektivität rührt aus dem **Zusammengehörigkeitsgefühl**,[79] das sich konkret herausgebildet haben muss. Der hohe Stellenwert, der verfassungsrechtlich diesem geistig-seelischen Band, das die Bevölkerung eines Raumes miteinander und mit jenem Raum verbindet,[80] beigemessen wird, zeigt sich in der durch Art. 29 III 3, 4, V 3, 4 festgeschriebenen Durchsetzungsfähigkeit des (diesbezüglichen) Volkswillens.[81]

24      In Anbetracht dessen können die einzelnen Begriffe definitorisch nicht trennscharf voneinander gesondert werden. Dergestalt ist **„landsmannschaftliche Verbundenheit"** gekennzeichnet durch heimatliche, sprachlich-mundartliche und wohnsitzbezogene Zusammengehörigkeit und ein (dem) entsprechendes Gefühl des Gemeinsamen. Zusammengehörigkeitsgefühl idS kann sich auch neu bilden, ist also nicht statisch zu verstehen, insbes. nicht an ein Alterserfordernis gebunden.[82] Ferner muss es nicht um die Zugehörigkeit zu einer bestimmten Volksgruppe gehen.[83]

25      Inhaltlich eng hiermit verknüpft ist die Abwägungsleitlinie der **„geschichtlichen Zusammenhänge"**.[84] Der Begriff umfasst allerdings auch ein statisches Element, nämlich das Abgeschlossene,[85] „rettet bewusst ein Stück Museum und bewahrt vor einem unüberlegten, völligen Aussteigen aus der Geschichte".[86] Geschichtliche Zusammenhänge beruhen auf mannigfaltigen historischen Entwicklungen und Gegebenheiten;[87] dazu zählen: Stammesgemeinschaft(en), staatliche und kirchliche Organisationen, wirtschaftliche Zusammenhänge und kulturelle Ausstrahlungen führender Mittelpunkte.[88] Angesichts des Elements der Abgeschlossenheit finden sich allerdings zurecht Interpretationen kritisiert,[89] die solche geschichtlichen Zusammenhänge allein dann für berücksichtigungsfähig halten, wenn ihnen noch nachhaltig prägende Kraft zukommt,[90] oder die ein Zusammengehörigkeitsgefühl im

---

[74] Näher *Ernst-Kommission* Neugliederung (Fn. 15), Tz. 168 ff.

[75] *Evers* BK, Art. 29 (1980) Rn. 41; ähnlich *Timmer* (Fn. 2), S. 552 (559): politisch-administrative Leistungsfähigkeit; aA *Scheuner* DÖV 1974, 16 (17): zu starke subjektive Elemente.

[76] Deutlich der bisherige Aufgabentransfer auf den Bund im Bereich der Gesetzgebung und die Folgen der Föderalismusreform 2006, dazu näher *Degenhart*, Erl. zu Art. 70 f.; früher *Erbguth* FS Carl Heymanns, 1995, S. 549 (563 f.).

[77] *Scholz*, in: Maunz/Dürig, Art. 29 Rn. 41.

[78] *Scholz*, in: Maunz/Dürig, Art. 29 Rn. 27; allgemeiner *Hellermann*, in: Epping/Hillgruber, Art. 29 Rn. 9: Maßgaben für das „Wie" einer Neugliederung.

[79] Ähnlich *Dietlein* BK, Art. 29 (2007) Rn. 37; *Ernst-Kommission* Neugliederung (Fn. 15), Tz. 197.

[80] *Evers* BK, Art. 29 (1980) Rn. 44; ähnlich *Dietlein* BK, Art. 29 (2007) Rn. 38 f.

[81] *Scholz*, in: Maunz/Dürig, Art. 29 Rn. 28.

[82] *v. Münch*, in: v. Münch II², Art. 29 Rn. 25.

[83] *Hellermann*, in: Epping/Hillgruber, Art. 29 Rn. 9.1.

[84] *Kunig*, in: v. Münch/Kunig I, Art. 29 Rn. 22.

[85] *Ernst-Kommission* Neugliederung (Fn. 15), Tz. 203.

[86] *v. Münch*, in: v. Münch II², Art. 29 Rn. 25.

[87] *Luther-Kommission* Neugliederung (Fn. 66), S. 30; *v. Münch*, in: v. Münch II², Art. 29 Rn. 25: Mosaikbegriff aus verschiedenen schwammigen Einzelteilen.

[88] *Luther-Kommission* Neugliederung (Fn. 66), S. 30; konkrete Bsp. bei *Scholz*, in: Maunz/Dürig, Art. 29 Rn. 30: Staatengründungen der Napoleonischen Zeit, Rheinbundzeit.

[89] *v. Münch*, in: v. Münch II², Art. 29 Rn. 26.

[90] *Ernst-Kommission* Neugliederung (Fn. 15), Tz. 85, die ohnehin die Leitlinie der geschichtlichen Zusammenhänge eher stiefmütterlich behandelt; vgl. *Scholz*, in: Maunz/Dürig, Art. 29 Rn. 30 Fn. 1.

Anwendungsbereich des Art. 29 nur dann als relevant einschätzen, wenn es heute noch Staatenbildungen tragen könnte.[91]

    „**Kulturelle Zusammenhänge**" meinen Kulturlandschaften, gemeinsame Kulturdenkmäler, -mit- **26** telpunkte uä, und zwar iS gelebter und damit lebendiger (kultureller) Verbindungen: religiöses Leben, Erziehung, Unterricht, Kunst und Wissenschaft („Einzugsbereiche" von Hochschulen, Bischofssitzen, Museen, Theatereinrichtungen ua m.).[92] Als Indizien bzw. Elemente sollten Volkstumsprägung, Bräuche, Trachten etc. nicht von vornherein abgelehnt werden, weil sie kein gemeinsames Bewusstsein in dem Grad erzeugten, der zu einer Staatenbildung veranlassen könnte;[93] gemeinsam mit anderen Attributen kultureller Gemeinsamkeiten erscheint Letzteres keineswegs ausgeschlossen. IÜ soll der Begriff Kultur als konventionell geläufig hinzunehmen sein, wobei sich die diesbezüglichen Zusammenhänge eher als Ausstrahlungsgebiete beherrschender Punkte denn als abgegrenzte, erfüllte Räume erwiesen.[94] Bei aller Abstraktion kann jenen Umschreibungen jedenfalls entnommen werden, dass die Betonung des Kulturellen emotionale Bindungen als Kriterium bei Neugliederungsmaßnahmen einbringt, womit rein technokratisch orientierten gebietlichen Neuordnungen eine Absage erteilt ist.[95]

    Zueinander stehen die subjektiven Abwägungsleitlinien (wie jene objektiver Art und die Planungs- **27** ziele) im Verhältnis der **Gleichrangigkeit.** Regelmäßig werden sie ohnehin nicht konfligieren, weil sie sich angesichts des sämtlichen Leitlinien zugrundeliegenden Gedankens der Zusammengehörigkeit wechselseitig bedingen und ergänzen.[96] Angesichts dessen dürfte auch die These kaum begründbar sein, der zufolge Kultur „aus ihrer textlich bloß nebensätzlichen (und scheinbar nebensächlichen) Bedeutung ins Zentrum des Art. 29 GG zu rücken" sei.[97]

    **2. Objektive Abwägungsleitlinien.** Rationale, dh an objektive Kriterien anknüpfende Abwä- **28** gungsleitlinien liefert Art. 29 I 2 in Form der „**wirtschaftlichen Zweckmäßigkeit**" und der „**Erfordernisse der Raumordnung und Landesplanung**" (→ Rn. 22). Beide Kriterien sind ebenfalls inhaltlich verknüpft, weil raumordnerische Erfordernisse vielfach die maßgeblichen Erkenntnisse für den Begriff der Wirtschaftlichkeit in Art. 29 I 2 liefern.[98] Letzterer verbietet eine betriebswirtschaftliche Sicht und auch eine solche rein rational-wirtschaftlicher Art. Gemeint ist eine **volkswirtschaftliche Zweckmäßigkeit** iSd genannten Zusammenspiels der Vorgänge des privaten und öff. Wirtschaftsbereichs, wie sie auch dem „gesamtwirtschaftlichen Gleichgewicht" nach Art. 109 II zugrunde liegt:[99] gesamtwirtschaftliche Zweckmäßigkeit in gebietlicher Bezogenheit.[100]

    Die „**Erfordernisse der Raumordnung und Landesplanung**" sind im Wege der Neufassung **29** des Art. 29 aus dem Jahre 1976 eingefügt worden. Die Begriffe Raumordnung und Landesplanung wurden früher weitgehend synonym verwandt.[101] Raumordnungsrecht idS findet seine Grundlage im ROG des Bundes und den Landesplanungsgesetzen der Länder. Im Gefolge der Föderalismusreform 2006 wurde die Raumordnung in die konkurrierende Gesetzgebungskompetenz des Bundes überführt und unterliegt nicht mehr der Erforderlichkeitsklausel des Art. 72 II; hingegen unterfällt sie fortan der Abweichungsgesetzgebung der Länder gem. Art. 72 III 1 Nr. 4.[102] „Erfordernisse" der Raumordnung stellen nach § 3 I Nr. 1 ROG den Oberbegriff für Grundsätze, Ziele und sonstige Erfordernisse der Raumordnung dar.[103]

    **Grundsätze** der Raumordnung finden sich in § 2 II ROG und in einigen Landesplanungsgesetzen **30** bzw. hochstufigen Programmen und Plänen der Länder. Sie sind nach Maßgabe der übergeordneten raumordnerischen Leitvorstellung einer nachhaltigen Raumentwicklung (§ 1 II ROG) in Abwägungs- und Ermessensentscheidungen regelmäßig von staatlichen bzw. kommunalen Stellen, unter den Voraussetzungen des § 4 I 2 ROG auch bei raumbedeutsamen Planungen und Maßnahmen, die Personen des Privatrechts in Wahrnehmung öffentlicher Aufgaben durchführen, zu berücksichtigen (§§ 3 I Nr. 3, 4 I ROG).

---

[91] *Scholz,* in: Maunz/Dürig, Art. 29 Rn. 30, der eine solche Kraft der Rheinbundzeit nicht zubilligt.

[92] Weiter Begriff der Kultur, *Hellermann,* in: Epping/Hillgruber, Art. 29 Rn. 9.1.

[93] So aber *Scholz,* in: Maunz/Dürig, Art. 29 Rn. 31.

[94] *Luther-Kommission* Neugliederung (Fn. 66), S. 31; wiedergegeben insoweit auch bei *Kunig,* in: v. Münch/Kunig I, Art. 29 Rn. 23.

[95] Zu Recht *Kunig,* in: v. Münch/Kunig I, Art. 29 Rn. 24; *Greulich* (Fn. 18), S. 179; so auch *Sannwald,* in: Hofmann/Henneke, Art. 29 Rn. 38; *Kilian* VVDStRL 52 (1993), Ltr. 177.

[96] Vgl. nur *Scholz,* in: Maunz/Dürig, Art. 29 Rn. 32: Addition bzw. Subtraktion.

[97] *Häberle,* Kulturverfassungsrecht im Bundesstaat, 1980, S. 64, sowie mit der Forderung nach einer kulturverfassungsrechtl., nicht nur kulturstaatlichen Sicht, S. 71.

[98] *Kunig,* in: v. Münch/Kunig I, Art. 29 Rn. 25; auch *Dietlein* BK, Art. 29 (2007) Rn. 40: keine Trennschärfe.

[99] *Kunig,* in: v. Münch/Kunig I, Art. 29 Rn. 25; *Pernice,* in: Dreier II², Art. 29 Rn. 32.

[100] *Ernst-Kommission* Neugliederung (Fn. 15), Tz. 86; *Luther-Kommission* Neugliederung (Fn. 66), S. 32 f.

[101] So weiterhin *Dietlein* BK, Art. 29 (2007) Rn. 41; näher *Erbguth/Schoeneberg,* Raumordnungs- und Landesplanungsrecht, 2. Aufl. 1992, Rn. 40; anders zwischenzeitlich das (Bundes-)Raumordnungsgesetz: Raumordnung in den Ländern (2. Abschnitt ROG), Raumordnung im Bund (3. Abschnitt ROG).

[102] Näher *Kment,* in: ders. (Hrsg.), ROG, 2019. Teil 1: Grundlagen, B. Gesetzgebungskompetenzen; *Erbguth,* FS Rengeling, 2008, S. 35 (46 ff.). Neufassung des ROG im Gefolge der Föderalismusreform v. 22.12.2008, BGBl. I 2986, zul. geänd. durch G v. 20.7.2017, BGBl. I 2808.

[103] Vgl. § 3 I Nr. 1–4 ROG.

31     **Ziele der Raumordnung** als Gegenstand und Inhalt landesweiter bzw. regionaler Raumordnungs-
pläne (§ 13 I ROG) stellen demgegenüber verbindliche Vorgaben in Form von räumlich und sachlich
bestimmten oder bestimmbaren, vom Träger der Raumordnung abschließend abgewogenen textlichen
oder zeichnerischen Festlegungen zur Entwicklung, Ordnung und Sicherung des Raums dar (§ 3 I
Nr. 2 ROG). Sie sind von öffentlichen Stellen bei deren raumbedeutsamen Planungen und Maßnahmen zu beachten, § 4 I 1 ROG; nach näherer Maßgabe des § 4 I 2 ROG gilt dies auch gegenüber
Personen des Privatrechts in Wahrnehmung öffentlicher Aufgaben (Rn. 30).

32     Bei den **„sonstigen Erfordernissen"** der Raumordnung handelt es sich um in der Aufstellung
befindliche Ziele der Raumordnung, Ergebnisse förmlicher landesplanerischer Verfahren wie des
Raumordnungsverfahrens und landesplanerische Stellungnahmen (§ 3 I Nr. 4 ROG); sie sind wie die
(Raumordnungs-)Grundsätze zu berücksichtigen (§ 4 I 1 ROG).

## D. Das Verfahren (Abs. 2 bis 8)

33     Die **Initiative** zum Verfahren der Neugliederung geht regelmäßig vom Bundesgesetzgeber aus
(Art. 29 II); Neugliederungsmaßnahmen können aber auch aus dem Volk, also in Form unmittelbarer
Demokratie, auf den Weg gebracht werden, nämlich durch Volksbegehren nach Maßgabe des Art. 29
IV, und schließlich durch Staatsverträge der Länder, Art. 29 VIII.

### I. Neugliederungsverfahren im Gefolge eines Bundesgesetzes (Abs. 2 und 3)

34     Neugliederung nach Abs. 2, 3 des Art. 29 ist **Bundessache,**[104] erfolgt also im Interesse des Gesamtstaates;[105] sie dient weder den Interessen bestehender noch denen ehemaliger Länder.[106]

35     **1. Gesetzgebung des Bundes.** Art. 29 II verlangt deshalb **(formelle) Bundesgesetzgebung** für
die Neugliederung; dem Bund steht insoweit die ausschließliche Legislativkompetenz zu.[107] Verträge
zwischen Bund und Ländern können eine Neugliederung nicht bewirken.[108] Da die Neugliederung
nicht uno actu erfolgen muss (vgl. die „Maßnahmen" in Art. 29 II 1), kommen auch mehrere
aufeinander folgende Gesetze des Bundes in Betracht.[109] Dem entspricht es, dass seit der Neufassung
des Art. 29 aus dem Jahr 1976 eine Gesamtkonzeption für die Neugliederung nicht mehr vorgeschrieben ist.[110] Allerdings fragt sich, wie sinnvolle Neugliederungsmaßnahmen im Bundesgebiet ohne
gesamtstaatsbezogene konzeptionelle Überlegungen durchgeführt werden sollen.[111]

36     Bundesgesetze iSd Art. 29 II 1 sind weder verfassungsändernde noch – aus Gründen der Neugliederung – zustimmungsbedürftige Gesetze; es gelten vielmehr die **„normalen" verfassungsrechtlichen Anforderungen** an das Gesetzgebungsverfahren (Art. 76 ff., 84 I);[112] ergänzende Bestimmungen enthält Art. 29 in Abs. 2 S. 1 (Volksentscheid) und in Abs. 2 S. 2 – Anhörung der Länder (dazu
nachfolgend).

37     **2. Anhörung der Länder.** Nach Art. 29 II 2 sind die **„betroffenen Länder"** im Gesetzgebungsverfahren des Bundes zu hören; eine derartige Betroffenheit liegt bei Ländern vor, „aus deren Gebieten
oder Gebietsteilen ein neues oder neu umgrenztes Land gebildet werden soll" (Art. 29 III 1). Die 1976
eingeführte Regelung will die Interessen der in ihrer Existenz berührten Länder durch Beteiligung im
Verfahren schützen.[113]

38     Welches **Verfassungsorgan** der Länder anhörungsberechtigt ist, beurteilt sich wegen des diesbezüglichen Schweigens in Art. 29 nach **Landesverfassungsrecht.**[114] Der gegenteiligen Auffassung, der

---

[104] *Dietlein* BK, Art. 29 Rn. 46; *Ernst-Kommission* Neugliederung (Fn. 15), Tz. 72; jew. zu Art. 29 idF von 1976;
*Kunig,* in: v. Münch/Kunig I, Art. 29 Rn. 26; *Würtenberger* HStR VI, § 132 Rn. 49.
[105] Vgl. aber noch Rn. 45 ff., 67.
[106] BVerfGE 13, 54 (74) zur urspr. Fassung des Art. 29 (Rn. 2); BVerfGE 49, 13; 49, 20.
[107] BVerfGE 13, 54 (73).
[108] *Scholz,* in: Maunz/Dürig, Art. 29 Rn. 21; *Meyer-Teschendorf* MKS II, Art. 29 Rn. 33; zur staatsvertraglichen
Lösung im Verhältnis der Länder im Gefolge von Art. 29 VIII s. u. Rn. 67 ff.
[109] BVerfGE 5, 34, 40; *Kunig,* in: v. Münch/Kunig I, Art. 29 Rn. 27: phasenweise Neugliederung.
[110] Vgl. Begr. der BReg zur Neufassung des Art. 29, BT-Dr 7/4958, S. 7: „Die Vergangenheit hat gezeigt, dass
die nach der Rspr. des BVerfG durch Art. 29 GG geforderte Neugliederung auf der Grundlage einer einheitlichen
und umfassenden – wenn auch ggf. in Phasen zu verwirklichenden – Gesamtkonzeption keine konkreten Neugliederungsmaßnahmen hat zustande kommen lassen. Die Neufassung sieht daher von diesem Erfordernis ab …".
[111] So zu Recht *Kunig,* in: v. Münch/Kunig I, Art. 29 Rn. 27; anders *Dietlein* BK, Art. 29 (2007) Rn. 45:
entbehrlich.
[112] *Ernst-Kommission* Neugliederung (Fn. 15), Tz. 19, 72; *Kunig,* in: v. Münch/Kunig I, Art. 29 Rn. 28; zu
Art. 29 aF BVerfGE 5, 34 (41); 13, 54 (73, 77); *Meyer-Teschendorf* DÖV 1993, 889 (890).
[113] Vgl. Bericht des Rechtsausschusses, BT-Dr 7/5491, S. 4. Weitergehendes iS eines nicht nur verfahrensrechtlichen, sondern auch materiellen Rechts auf Mitwirkung sahen Art. 18 WRV und Art. 118 GG vor, *Meyer-Teschendorf*
DÖV 1993, 889 (890).
[114] *Hellermann,* in: Epping/Hillgruber, Art. 29 Rn. 14.1; *Wollenschläger,* in: Dreier II, Art. 29 Rn. 21; anders
*Dietlein* BK, Art. 29 (2007) Rn. 47: nicht notwendig auf der Ebene des Verfassungsrechts.

zufolge die Landesparlamente deshalb anzuhören sein sollen, weil sie ansonsten anders als die Landesregierungen (über den Bundesrat) und anders als das Volk im Verfahren der Neugliederung überhaupt nicht beteiligt würden,[115] kann vor diesem Hintergrund nur entnommen werden, dass eine Einschaltung der Parlamente sinnvoll erscheint;[116] schon angesichts des Wortlauts in Art. 29 II 2 vermag sie aber keine Pflicht zur Anhörung der Landtage zu begründen. Anderenfalls käme es überdies zu einem unzulässigen Eingriff in die Verfassungsautonomie der Länder.[117]

Anhörung nach Art. 29 II 2 bedeutet wie bei Art. 32 II[118] **Information** der Länder über die **39** geplante Neugliederungsmaßnahme (Ergebnis und Erwägungen) und Gelegenheit der Länder zur **Stellungnahme.** Ferner hat die Anhörung effektiv zu sein, dh sie muss die Inhalte der Neugliederung beeinflussen können; daraus und aus der Bundestreue folgt das Gebot einer **möglichst frühzeitigen Beteiligung** der Länder, ohne dass Art. 29 insoweit ein genauer Zeitpunkt zu entnehmen ist.[119]

**3. Volksentscheid.** Das Neugliederungsgesetz bedarf insgesamt[120] der Bestätigung durch **Volks- 40 entscheid** (Art. 29 II 1); Entsprechendes gilt für die einzelnen Gesetze in Fällen phasenweiser Neugliederung (Rn. 35). Ohne positiven Volksentscheid kommt das Bundesgesetz nicht zustande, darf also weder ausgefertigt noch verkündet werden.[121] Führt der Volksentscheid zu keiner Bestätigung, ist die Neugliederung gescheitert; einer Aufhebung des Gesetzesbeschlusses bedarf es dann nicht.[122]

Die **Durchführung** des Volksentscheids regelt Art. 29 III iVm dem Gesetz über das Verfahren bei **41** Volksentscheid, Volksbegehren und Volksbefragung nach Art. 29 VI des Grundgesetzes[123] wie folgt:

**Abstimmungsgebiet** ist dasjenige der betroffenen Länder;[124] § 2 G Art. 29 VI bestimmt Abstim- **42** mungsbereiche dahingehend, dass – erstens – jeder Gebietsteil, der eine neue Landeszugehörigkeit erhalten soll, und – zweitens – der übrige Teil jedes betroffenen Landes jeweils einen eigenen Abstimmungsbereich bilden.[125]

**Abstimmungsgegenstand** ist die konkrete Neugliederungsmaßnahme des Bundesgesetzes; die **43** Abstimmungsfrage wird durch Art. 29 III 2 festgelegt, und zwar dahingehend, „ob die betroffenen Länder wie bisher bestehen bleiben sollen oder ob das neue oder neu umgrenzte Land gebildet werden soll".[126] Die der Bewahrung vor Veränderung[127] dienende Reihenfolge der Alternativen soll der gewachsenen Staatlichkeit und dem entsprechenden Zusammengehörigkeitsgefühl in den „jungen" Ländern Rechnung tragen, also jenen, deren Zuschnitt durch die Besetzung Deutschlands und nicht historisch bedingt war.[128]

Der Volksentscheid für die Bildung eines neuen oder neu umgrenzten Landes **kommt** nach der **44** sprachlich verschlungenen[129] Formulierung des Art. 29 III 3 **zustande,** wenn sich sowohl im künftigen Gebiet des neuen oder neu umgrenzten Landes als auch in der „Umgliederungsmasse", also in den ihre Landeszugehörigkeit entsprechend (das besagt die Wendung „im gleichen Sinne") ändernden Gebieten oder Gebietsteilen des abgebenden Landes, die Mehrheit der Stimmberechtigten für die Neuordnung ausspricht[130] – wobei die Stimmrechtsgrundsätze des Art. 38 I 1 beachtlich sind.[131] Die Möglichkeit des Durchzählens („insgesamt") besteht nur in der Neugliederungsmasse, sofern diese mehrere Gebiete oder Gebietsteile umfasst, und zwar auch solche ohne räumlichen Zusammenhang.[132]

Lehnt die Mehrheit im Gesamtgebiet eines betroffenen Länder die Änderung ab, kommt der **45** Volksentscheid nicht zustande, auch wenn ansonsten die Mehrheiten nach Art. 29 III 3 erreicht

---

[115] *Scholz,* in: Maunz/Dürig, Art. 29 Rn. 53.
[116] *Kunig,* in: v. Münch/Kunig I, Art. 29 Rn. 30.
[117] *v. Münch,* in: v. Münch II², Art. 29 Rn. 36.
[118] Vgl. → Art. 32 Rn. 44.
[119] *Kunig,* in: v. Münch/Kunig I, Art. 29 Rn. 31; vgl. auch *Meyer-Teschendorf* MKS II, Art. 29 Rn. 37; weitergeh. *Scholz,* in: Maunz/Dürig, Art. 29 Rn. 54: vor der endgültigen Kabinettsvorlage.
[120] *Sannwald,* in: Hofmann/Henneke, Art. 29 Rn. 40.
[121] *Kunig,* in: v. Münch/Kunig I, Art. 29 Rn. 29; *Meyer-Teschendorf* MKS II, Art. 29 Rn. 35; *Evers* BK, Art. 29 (1980) Rn. 67.
[122] *Evers* BK, Art. 29 (1980) Rn. 67.
[123] V. 30.7.1979, BGBl I 1317: G Art. 29 VI.
[124] *Scholz,* in: Maunz/Dürig, Art. 29 Rn. 58.
[125] Dazu *Dietlein* BK, Art. 29 (2007) Rn. 53.
[126] *Meyer-Teschendorf* MKS II, Art. 29 Rn. 39; so auch § 1 S. 2 G Art. 29 VI.
[127] *Hellermann,* in: Epping/Hillgruber, Art. 29 Rn. 17.
[128] Bericht des Rechtsausschusses, BT-Dr 7/5491, S. 415.
[129] *Kunig,* in: v. Münch/Kunig I, Art. 29 Rn. 36.
[130] *Kunig,* in: v. Münch/Kunig I, Art. 29 Rn. 36.
[131] BVerfGE 49, 15 (19).
[132] *Dietlein* BK, Art. 29 (2007) Rn. 58; *Scholz,* in: Maunz/Dürig, Art. 29 Rn. 66; näher zum Durchzählen § 14 I 8 G Art. 29 VI; Bsp. insoweit bei *Kunig,* in: v. Münch/Kunig I, Art. 29 Rn. 36: „Sollen durch Neugliederung drei Gebietsteile eines Landes einem anderen Land zugeschlagen werden, so ist die erforderliche Mehrheit auch dann erreicht, wenn in zweien dieser Teile die Mehrheit sich gegen die Neugliederungsmaßnahme ausgesprochen hat, aber die Gesamtzahl der abgegebenen Stimmen in allen drei Teilen zusammen eine Mehrheit für die Neugliederungsmaßnahme ergibt".

worden sind, Art. 29 III 4 Hs. 1.[133] Dabei handelt es sich indes um ein **überwindbares Vetorecht** der Länder zur Verhinderung der Abtrennung, aber auch der Angliederung eines Gebietsteils.[134] Denn es ist, um der Bevölkerung des zur Neugliederung vorgesehenen Gebiets als hierdurch am stärksten betroffener Personengruppe eine besondere Position einzuräumen,[135] unbeachtlich, wenn in einem Gebietsteil, dessen Zugehörigkeit zu dem betroffenen Land geändert werden soll, eine Mehrheit von zwei Dritteln der Änderung zustimmt, Art. 29 III 4 Hs. 2. Der Begriff „Gebietsteil" wird hier synonym mit dem der „Gebiete und Gebietsteile" in Art. 29 III 3 verwandt.[136]

46    Überstimmt werden kann nach Art. 29 III 4 Hs. 2 nur ein Abtrennungsveto, nicht aber ein Angliederungsveto:[137] Im Falle der mit der Neugliederung intendierten Angliederung fehlt es an einer Zugehörigkeit des Gebietsteils zum betroffenen Land.[138]

47    Allerdings hat es mit der Überstimmung des Vetos nicht zwingend sein Bewenden. Die $^2/_3$-Mehrheit des Gebietsteils kann wiederum durch eine Mehrheit von zwei Dritteln im Gesamtgebiet des betroffenen Landes, mit der die Änderung abgelehnt wird, aufgehoben werden. In diesem durch Art. 29 III 4 Hs. 3 festgeschriebenen **Letztentscheidungsrecht** kommt eine grundgesetzliche Aufwertung der bestehenden Länderstaatlichkeit zum Ausdruck.[139]

## II. Neugliederungsverfahren durch Initiative der Bevölkerung (Abs. 4 und 5)

48    Aufgrund der vorletzten Neufassung des Art. 29 (Rn. 2) ist neben die Neugliederung im Gefolge eines Bundesgesetzes die Möglichkeit einer solchen von unten, nämlich auf **Initiative** der Bevölkerung **durch Volksbegehren** getreten, Art. 29 IV.

49    **1. Volksbegehrensraum.** Den „**Volksbegehrensraum**"[140] bestimmt Art. 29 IV 1 als einen „zusammenhängenden, abgegrenzten Siedlungs- und Wirtschaftsraum, dessen Teile in mehreren Ländern liegen und der mindestens eine Million Einwohner hat". Angeknüpft wird an gegenwärtige[141] sozioökonomische Verflechtungsbereiche.[142] Konkretisieren lässt sich der Begriff anhand des Leitbildes der Neugliederung nach Art. 29 I,[143] insbes. von Erkenntnissen der Raumforschung und Raumordnung, so dass vornehmlich Ober-, ggf. auch Mittelzentren mit ihren Einzugsbereichen in Betracht kommen werden.[144]

50    Der Streit darum, ob idS Art. 29 IV nur industrielle Ballungsgebiete umfasst oder ob „Volksbegehrensraum" auch agrarisch geprägte ländliche Bereiche sein können,[145] dürfte durch die zwischenzeitliche demographische Entwicklung zu **Städtelandschaften** überholt sein. Zutreffend erscheint angesichts dessen die Einschätzung, der zufolge sich Verflechtungsbereiche regelmäßig aus einem Ballungsraum und seinem – durchaus auch ländlich strukturierten – Einzugsbereich zusammensetzen werden.[146] Der Sache nach geht es vornehmlich um durch Landesgrenzen durchschnittene Problemgebiete.[147] Beachtlich ist, dass das BVerfG die Annahme eines abgegrenzten Siedlungs- und Wirtschaftsraums verneint, wenn zwischen dem fraglichen Neugliederungsraum und Teilen seines Umlandes erhebliche Pendlerbewegungen stattfinden.[148]

51    Dass die Teile des zusammenhängenden Siedlungs- und Wirtschaftsraums in „**mehreren**" **Ländern** zu liegen haben, bedeutet zum einen, dass mindestens zwei Länder räumlich erfasst sein müssen.[149] Zum anderen reicht eine geringfügige Grenzüberschreitung (in ein anderes Land) nicht

---

[133] Dazu und zum Nachfolgenden *Hellermann*, in: Epping/Hillgruber, Art. 29 Rn. 18.

[134] Vgl. dazu *Dietlein* BK, Art. 29 (2007) Rn. 59; *Scholz*, in: Maunz/Dürig, Art. 29 Rn. 67; *Kunig*, in: v. Münch/Kunig I, Art. 29 Rn. 37.

[135] Begr. der BReg, BT-Dr 7/4598, S. 8.

[136] *Scholz*, in: Maunz/Dürig, Art. 29 Rn. 68.

[137] Zu diesen Alternativen vorstehend.

[138] *Kunig*, in: v. Münch/Kunig I, Art. 29 Rn. 37.

[139] *Kunig*, in: v. Münch/Kunig I, Art. 29 Rn. 38: „Ausdruck der in Art. 29 insges. angelegten bewahrenden Tendenz"; auch *Dietlein* BK, Art. 29 Rn. 59; deutlicher *Würtenberger* HStR VI, § 132 Rn. 77 ff.: „Neugliederungsfeindlichkeit".

[140] Begrifflichkeit bei *Kunig*, in: v. Münch/Kunig I, Art. 29 Rn. 39; § 18 G Art. 29 VI: „Neugliederungsraum".

[141] *Scholz*, in: Maunz/Dürig, Art. 29 Rn. 72.

[142] Krit. *Timmer* FS Ernst, 1980, S. 463 (491): zu unbestimmt.

[143] *Dietlein* BK, Art. 29 Rn. 61 ff.

[144] Großräumiger Verflechtungsraum „mit oberzentralen Funktionen iSd in Raumordnung und Landesplanung entwickelten Begriffe", vgl. Begr. zu § 18 G Art. 29 VI, BT-Dr 8/1646; *Ernst-Kommission* Neugliederung (Fn. 15), Tz. 212 ff.; *Bothe* AK GG, Art. 29 Rn. 16; *Kluczka*, Zentrale Orte und zentralörtliche Bereiche mittlerer und höherer Stufe in der Bundesrepublik Deutschland, 1970.

[145] Allein für industrielle Ballungsräume *Scholz*, in: Maunz/Dürig, Art. 29 Rn. 75; dem folgend *Engelken* BayVBl 1995, 556 (558 f.); anders *Evers* BK, Art. 29 (1980) Rn. 63; vermittelnd *v. Münch*, in: v. Münch II², Art. 29 Rn. 48.

[146] So tendenziell *Kunig*, in: v. Münch/Kunig I, Art. 29 Rn. 39.

[147] *Scholz*, in: Maunz/Dürig, Art. 29 Rn. 75; *Evers* BK, Art. 29 (1980) Rn. 20; *Engelken* (Fn. 145), 559.

[148] BVerfGE 96, 139 (150); hierzu auch *Meyer-Teschendorf* MKS II, Art. 29 Rn. 46.

[149] *Scholz*, in: Maunz/Dürig, Art. 29 Rn. 76; *Kunig*, in: v. Münch/Kunig I, Art. 29 Rn. 39.

aus;[150] die Teile dürfen also nicht von gänzlich unerheblicher Größe sein.[151] Mit der zahlenmäßigen Größenordnung erfasst Art. 29 IV die Wohnbevölkerung; gemeint sind nicht die Wahlberechtigten.[152]

**2. Verfahren.** Im Ablauf setzt die Volksinitiative zunächst einen Antrag auf Zulassung zur Durch- 52 führung eines Volksbegehrens, also einen **Zulassungsantrag**, voraus (Quorum: persönliche und handschriftliche Unterzeichnung von mindestens einem Prozent der bei der letzten Bundestagswahl wahlberechtigten Einwohner des Raums, für den das Volksbegehren beantragt wird, – jedoch nicht mehr als 7000 Einwohner).[153] Im Zulassungsantrag ist auf Grund einfach-gesetzlicher Anordnung „die für den Raum begehrte Landeszugehörigkeit" anzugeben;[154] insoweit kann es auch um die Bildung eines neuen Landes gehen.[155]

Der diese und weitere Vorgaben[156] beachtende Zulassungsantrag öffnet den Weg für die **Betei-** 53 **ligung** am Volksbegehren, die durch Eintragung in Eintragungslisten erfolgt.[157] Das für ein erfolgreiches Volksbegehren mit dem Ziel der Herbeiführung einer einheitlichen Landeszugehörigkeit des fraglichen Raums erforderliche **Quorum** liegt bei einem Zehntel[158] der in ihm zum Bundestag Wahlberechtigten;[159] maßgeblicher Zeitpunkt für jene Bestimmung der Wahlberechtigten ist derjenige des Endes der Eintragungsfrist.[160]

Ein **erfolgreiches Volksbegehren** verpflichtet den Bundesgesetzgeber, innerhalb von zwei Jahren 54 ein Bundesgesetz zu erlassen. Fristbeginn ist die Veröffentlichung der Feststellung über das Zustandekommen des Volksbegehrens.[161] Bei Fristüberschreitung ist das Bundesgesetz allerdings nicht unwirksam; es handelt sich um keine Ausschlussfrist.[162] Das Bundesgesetz muss nach Art. 29 IV entweder bestimmen, dass die Landeszugehörigkeit gem. Art. 29 II geändert wird, oder dass in den betroffenen Ländern eine Volksbefragung stattfindet; auf Grund dieser Anweisung bestehen für den Bund **drei Regelungsmöglichkeiten,** nämlich die Landeszugehörigkeit beizubehalten, sie entsprechend dem Volksentscheid zu ändern oder eine Volksbefragung über die Änderung stattfinden zu lassen.[163] Untätig bleiben darf der Bundesgesetzgeber hingegen nicht – ohne dass dies freilich verfassungsgerichtlich sanktionierbar wäre.[164]

Bei seiner **(Auswahl-)Entscheidung** hat sich der Bundesgesetzgeber an den Abwägungsdirektiven 55 des Art. 29 I (→ Rn. 16 ff.) zu orientieren. Diese können eine Neugliederung verbieten.[165] Entscheidet sich das Bundesgesetz dergestalt gegen eine Änderung, ist das Neugliederungsverfahren beendet und kann allenfalls – unter Wahrung der Karenzzeit des Art. 29 VI 2 – neu in Gang gesetzt werden.[166] Geht die Entscheidung des Bundesgesetzgebers hingegen positiv, also für die Änderung aus, so gilt für das weitere Verfahren, dass entweder ein Volksentscheid nach Art. 29 II, III (→ Rn. 40 ff.) durchgeführt wird oder dass in den betroffenen Ländern[167] eine Volksbefragung stattfindet.

Die **Volksbefragung** (im Gesamtgebiet der durch die Neugliederung betroffenen Länder[168]) – als 56 politische Entscheidungshilfe für den Bundesgesetzgeber[169] – richtet sich auf die Feststellung, „ob eine in dem Gesetz vorzuschlagende Änderung der Landeszugehörigkeit Zustimmung findet", Art. 29 V 1. Gemeint ist, dass den Gegenstand der Volksbefragung das gem. Art. 29 IV beschlossene Gesetz bildet, mit dem eine Änderung der Landeszugehörigkeit vorgeschlagen wird.[170] IdS kann das Gesetz höchstens zwei (Neugliederungs-)Vorschläge der Volksbefragung unterbreiten, Art. 29 V 2. Dabei ist die Frage hinreichend konkret zu formulieren.[171]

---

[150] Anders *Dietlein* BK, Art. 29 (2007) Rn. 65; wie hier *Evers* BK, Art. 29 (1980) Rn. 62.

[151] *v. Münch,* in: v. Münch II², Art. 29 Rn. 49.

[152] *Scholz,* in: Maunz/Dürig, Art. 29 Rn. 77.

[153] § 19 I S. 2 G Art. 29 VI.

[154] § 20 Nr. 2 G Art. 29 VI; nach Art. 29 IV ist eine solche konkrete Anordnung weder geboten noch verboten, *Scholz,* in: Maunz/Dürig, Art. 29 Rn. 80; *v. Münch,* in: v. Münch II², Art. 29 Rn. 53.

[155] *Dietlein* BK, Art. 29 (2007) Rn. 67.

[156] §§ 19–26 G Art. 29 VI.

[157] Näher §§ 27–37 G Art. 29 VI.

[158] Zur Diskussion in Thüringen, ob Quoren unter 10 % dem Republik- und/oder Demokratieprinzip zuwiderlaufen, *Degenhart* ThürVBl 2001, 201 (201 ff.); *Gröschner* ThürVBl 2001, 193 (194 ff.); vgl. auch *Sachs,* in: Neumann/v. Raumer (Hrsg.), Die verfassungsrechtliche Ausgestaltung der Volksgesetzgebung, 1999, S. 135 (158 ff.).

[159] Die Wahlberechtigung als solche folgt aus Art. 38, *Kunig,* in: v. Münch/Kunig I, Art. 29 Rn. 40.

[160] § 36 III 2 G Art. 29 VI.

[161] *Scholz,* in: Maunz/Dürig, Art. 29 Rn. 85.

[162] *Dietlein* BK, Art. 29 (2007) Rn. 70.

[163] *Scholz,* in: Maunz/Dürig, Art. 29 Rn. 86 ff.; *Kunig,* in: v. Münch/Kunig I, Art. 29 Rn. 43.

[164] BVerfGE 49, 15 (22); krit. *Leisner,* in: Sodan, Art. 29 Rn. 6; näher *Kunig,* in: v. Münch/Kunig I, Art. 29 Rn. 42; *Dietlein* BK, Art. 29 (2007) Rn. 70; zur urspr. Fassung des Art. 29 auch BVerfGE 13, 54 (92).

[165] *Dietlein* BK, Art. 29 (2007) Rn. 72.

[166] *Kunig,* in: v. Münch/Kunig I, Art. 29 Rn. 43.

[167] Zum Begriff der betroffenen Länder → Rn. 37.

[168] *Hellermann,* in: Epping/Hillgruber, Art. 29 Rn. 21.

[169] *Sannwald,* in: Hofmann/Henneke, Art. 29 Rn. 54.

[170] § 38 I 1 G Art. 29 VI.

[171] Vgl. näher § 38 I 2, 3 G Art. 29 VI; auch *Dietlein* BK, Art. 29 (2007) Rn. 74; die Reihenfolge der Fragestellung ist bedenkenfrei, weil Art. 29 III 2 nicht, auch nicht entspr. auf Art. 29 V 2 anwendbar ist; aA *Scholz,* in: Maunz/Dürig, Art. 29 Rn. 92; dagegen *Kunig,* in: v. Münch/Kunig I, Art. 29 Rn. 44 in Fn. 150.

57    Welche **Konsequenzen** die Volksbefragung nach sich zieht, ist abhängig von den erreichten Mehrheitsverhältnissen, Art. 29 V 3, 4.[172] Wird **keine Mehrheit** für den Neugliederungsvorschlag (oder für einen von ihnen) erreicht, ist das Änderungsverfahren beendet; der (Bundes-)Gesetzgeber kann deklaratorisch feststellen, dass es bei der bisherigen Länderzugehörigkeit bleibt.[173]

58    Stimmt eine **einfache Mehrheit** für eine vorgeschlagene Änderung der Landeszugehörigkeit, ist durch Bundesgesetz innerhalb von zwei Jahren zu entscheiden, „ob die Landeszugehörigkeit gem. Absatz 2 geändert wird", Art. 29 V 3. Der Bundesgesetzgeber muss also iR dieser Zeitspanne entweder die Neugliederungskonzeption zum Volksentscheid stellen oder bestimmen, dass es bei der bisherigen Länderzugehörigkeit verbleibt.[174] Im ersteren Fall ist er nicht an die Änderungskonzeption, welche die Mehrheit in der Volksbefragung gefunden hat, gebunden. Vielmehr kann (bundes)gesetzlich auch ein hiervon abw. Neugliederungsvorschlag dem Volksentscheid unterbreitet werden; das folgt aus dem offenen, nicht auf das Ergebnis der Volksbefragung bezogenen Verweis auf Art. 29 II in Abs. 5 S. 3 der Vorschrift.[175]

59    Kommt es in der Volksbefragung zu einer **qualifizierten Mehrheit** (Art. 29 III 3, 4), ggf. für einen von zwei unterbreiteten Vorschlägen, trifft den Bundesgesetzgeber eine unbedingte Neugliederungspflicht: Innerhalb von zwei Jahren nach Durchführung der Volksbefragung ist ein Bundesgesetz zu erlassen, das der Bestätigung durch Volksentscheid nicht mehr bedarf, Art. 29 V 4. Der Gesetzgeber ist dabei inhaltlich auf die in der Volksbefragung mit qualifizierter Mehrheit angenommene Neugliederungskonzeption verpflichtet.

### III. Ergänzende Regelungen (Abs. 6)

60    **1. Mehrheitsbegriff.** Art. 29 VI 1 bestimmt, was unter – einfacher oder qualifizierter – **Mehrheit** beim Volksentscheid und bei der Volksbefragung zu verstehen ist, und zwar bundesweit und bundeseinheitlich, weil die Neugliederung insoweit Sache des Bundes ist (→ Rn. 34, → Rn. 45 ff., → Rn. 67). Hiernach ist Mehrheit die Mehrheit der abgegebenen Stimmen. Als Quorum wird vorgeschrieben, dass mindestens ein Viertel der zum Bundestag Wahlberechtigten erreicht sein muss; jene Wahlberechtigung ergibt sich aus Art. 38 II. Einfach-gesetzlich wird zudem Sesshaftigkeit im Abstimmungsgebiet gefordert.[176] IdS ist Mehrheit die einfache (Art. 29 III 3, IV Hs. 1, V 3) bzw. die Zwei-Drittel-Mehrheit (Art. 29 III 4 Hs. 2, 3, V 4).

61    **2. Karenzzeit.** Der Bundesgesetzgeber hat in dem Ausführungsgesetz zu Art. 29 VI 2 Hs. 1[177] von der ihm durch Art. 29 VI 2 Hs. 2 eingeräumten Möglichkeit Gebrauch gemacht, eine sog. **Karenzzeit** vorzuschreiben. Hiernach dürfen Volksbegehren innerhalb eines Zeitraums von fünf Jahren nicht wiederholt werden.[178] Die Bestimmung will einer kurzfristigen Wiederauflage von Volksbegehren entgegenwirken, um die hiermit einhergehenden fortwährenden Beunruhigungen in den betroffenen Gebieten oder Gebietsteilen bzw. deren Ländern auszuschließen.[179] Die Fünf-Jahres-Frist beginnt mit der amtlichen Feststellung des Ergebnisses der Volksbefragung.[180]

### IV. Gebietsänderungen unterhalb der Schwelle einer Neugliederung (Abs. 7)

62    Art. 29 VII regelt sonstige Änderungen des Gebietszuschnitts der Länder, die wegen ihrer Geringfügigkeit nicht dem aufwändigen Verfahren einer Neugliederungsmaßnahme unterworfen werden sollen. Für die Geringfügigkeit und damit für das vereinfachte Verfahren wird eine **Obergrenze** bestimmt: Das Gebiet, dessen Landeszugehörigkeit geändert werden soll, darf nicht mehr als 50 000 Einwohner haben, Art. 29 VII 1 Hs. 2.[181] Die Heranziehung der letzten amtlichen Volkszählung zur Bestimmung der Einwohnerzahl[182] ist angesichts des (möglichen) Zeitablaufs und der wegen der geringen Bezugsgröße prinzipiell relevanten Binnenwanderung nicht unbedenklich,[183] dürfte aber die einzig praktikable Möglichkeit darstellen.

---

[172] Zum Nachfolgenden auch *Leisner,* in: Sodan, Art. 29 Rn. 7.

[173] Begr. der BReg, BT-Dr 7/4958, S. 8.

[174] Begr. der BReg, BT-Dr 7/4958, S. 8.

[175] *Kunig,* in: v. Münch/Kunig I, Art. 29 Rn. 46; *Hellermann,* in: Epping/Hillgruber, Art. 29 Rn. 22.1; *Dietlein* BK, Art. 29 (2007) Rn. 75; anders *Scholz,* in: Maunz/Dürig, Art. 29 Rn. 96.

[176] § 4 I G Art. 29 VI.

[177] Einspruchs-, kein ZustimmungsG, *Hellermann,* in: Epping/Hillgruber, Art. 29 Rn. 24.

[178] § 28 I G Art. 29 VI.

[179] *Scholz,* in: Maunz/Dürig, Art. 29 Rn. 99.

[180] §§ 39, 17 G Art. 29 VI.

[181] Grund der Anhebung von 10 000 auf 50 000 ist die Verbesserung der praktischen Handhabbarkeit der Vorschrift, vgl. BReg, BT-Dr 12/7109, S. 9.

[182] *Dietlein* BK, Art. 29 (2007) Rn. 79.

[183] *v. Münch,* in: v. Münch II², Art. 29 Rn. 71; keine Bedenken bei *Dietlein* BK, Art. 29 (2007) Rn. 79.

Eine **Untergrenze** für Gebietsänderungen enthält Art. 29 VII nicht, so dass auch kleinsträumige 63 Modifizierungen seinen Verfahrensvorgaben unterfallen; die gegenteilige Auffassung[184] verfängt schon deshalb nicht, weil es in jenen Fallkonstellationen nach allg. verfassungsrechtlichen Grundsätzen einer vertraglichen Vereinbarung bedürfte, die ohnehin zu den von Art. 29 VII bereitgestellten (Verfahrens-) Alternativen zählt.[185] Allerdings unterfällt Art. 29 VII – wie bei der Neugliederung (o. Rn. 11) – keine Änderung der Außengrenzen der Länder, die zugleich die Staatsgrenze der Bundesrepublik Deutschland zu ausländischen Staaten bilden; ebenso wenig findet das Verfahren für sonstige Gebietsänderungen auf bloße Markierungsberichtigungen des Grenzverlaufs zwischen Ländern Anwendung, weil hierdurch nichts verändert, sondern der vorhandene Grenzverlauf nur verdeutlicht wird – und auch nicht auf Streitigkeiten über den Verlauf einer Grenzlinie.[186]

Als **Verfahrensalternativen** der „Neugliederung im Kleinen" schreibt Art. 29 VII 1 Staatsverträge 64 der beteiligten Länder oder ein Bundesgesetz mit Zustimmung des Bundesrats vor.[187] Die Reihenfolge ist bewusst gewählt worden, um zum Ausdruck zu bringen, dass die Gebietsänderung möglichst durch Einigung der fraglichen Länder vorgenommen werden soll.[188] Eine rechtlich verbindliche Subsidiarität des Vorgehens durch Bundesgesetz kann hierin wegen der offenen Alternativität („oder") allerdings nicht gesehen werden.[189]

Wie für Neugliederungsmaßnahmen (→ Rn. 35) gilt für Gebietsänderungen nach Art. 29 VII, dass 65 sie keinen einmaligen Vorgang darstellen (müssen), sondern nach Maßgabe eines entspr. Bedürfnisses auch **mehrmals bzw. verschiedentlich** durchgeführt werden können;[190] hier gilt nicht die Karenzzeit des Art. 29 VI 2 Hs. 2.

Das nach Art. 29 VII 2 erlassene Gesetz über das Verfahren bei sonstigen Änderungen des Gebiets- 66 bestandes der Länder[191] schreibt im Gefolge der verfassungsrechtlichen Vorgabe des Art. 29 VII 3 die **Anhörung** der betroffenen Gemeinden und Kreise[192] vor.[193] Ob damit das – im Vergleich zur Neugliederung bestehende – Demokratiedefizit der Gebietsänderungen ausreichend kompensiert wird, erscheint zweifelhaft.[194]

## V. Neugliederung durch Staatsvertrag der Länder (Abs. 8)

Der im Jahr 1994 eingefügte Abs. 8 des Art. 29 lockert erstmalig den bislang eindeutig auf den 67 Gesamtstaat bezogenen Neugliederungsauftrag. Die Vorschrift ähnelt Art. 118, 118a, gilt aber generell[195] und folgt der Systematik des Art. 29.[196] Nach S. 1 können die Länder eine Neugliederung für ihr Gebiet oder für Teilgebiete „abweichend von den Vorschriften der Absätze 2 bis 7" durch **Staatsvertrag** regeln;[197] die Anforderungen, insbes. die „Richtbegriffe" des Art. 29 I[198] gelten also. Aus der (Mit-)Nennung des Abs. 7 (→ Rn. 62 ff.) ist zu entnehmen, dass mit Neugliederung iSd Art. 29 VIII sowohl eigentliche Neugliederungen nach Abs. 2–6 als auch sonstige Gebietsänderungen gem. Art. 29 VII gemeint sind.[199] Die (Abschluss-)Zuständigkeit richtet sich nach Landesverfassungsrecht.[200]

Das durch den Länderneuzuschnitt betroffene Bundesinteresse wird dadurch gewahrt, dass der 68 Staatsvertrag der **Zustimmung des Bundestages** bedarf, Art. 29 VIII 6. Angesichts weitreichender Auswirkungen auf das gesamte bundesstaatliche Gefüge wird jedenfalls bei „echten" Neugliederungsmaßnahmen die Entscheidung über die Erteilung der Zustimmung durch Gesetzesbeschluss erfolgen müssen.[201] Wenn insoweit die Entschließung des Bundestages auch negativ ausfallen kann, bleibt es

---

[184] *Scholz,* in: Maunz/Dürig, Art. 29 Rn. 20, 107.

[185] *Kunig,* in: v. Münch/Kunig I, Art. 29 Rn. 51.

[186] *Kunig,* in: v. Münch/Kunig I, Art. 29 Rn. 51 unter Hinw. auf *Lagoni,* Ländergrenzen in der Elbemündung und der Deutschen Bucht, 1982, S. 75 f.

[187] Übersicht bei *Kunig,* in: v. Münch/Kunig I, Art. 29 nach Rn. 60.

[188] Rechtsausschuss, BT-Dr 7/5491, S. 5; vgl. auch *Meyer-Teschendorf* MKS II, Art. 29 Rn. 62.

[189] Wie hier *Wolff,* in: Hömig/Wolff, GG, Art. 29 Rn. 6; anders *Scholz,* in: Maunz/Dürig, Art. 29 Rn. 109.

[190] Auch vor und nach einer Neugliederung gem. Art. 29 II, vgl. BVerfGE 5, 34 (39).

[191] G v. 30.7.1979, BGBl I 1325: G Art. 29 VII.

[192] Subjektives Recht, *Hellermann,* in: Epping/Hillgruber, Art. 29 Rn. 26 mwN.

[193] § 3 I G Art. 29 VII.

[194] Vgl. auch *Meyer-Teschendorf* MKS II, Art. 29 Rn. 61; für eine darüber hinausgehende Beteiligung der Bevölkerung bereits *Evers* BK, Art. 29 (1980) Rn. 84; anders *v. Münch,* in: v. Münch II², Art. 29 Rn. 74; eingeh. zur Geringfügigkeitsklausel *Ernst* DVBl 1986, 981.

[195] Und verlangt anders als Art. 118, 118a eine Zustimmung des BTages, vgl. Rn. 68.

[196] *Wolff,* in: Hömig/Wolff, Art. 29 Rn. 7.

[197] Kein Neugliederungsgebot, Begr. BReg, BT-Dr 12/7109, S. 9; eröffnet werden sollen flexiblere Lösungen bei der Neugliederung, BT-Dr ebda; auch *Pieroth,* in: Jarass/Pieroth, Art. 29 Rn. 8.

[198] Dazu Rn. 11 ff., 13 ff.

[199] Krit. zur Sinnhaftigkeit *Jutzi* BayVBl 1997, 97 (98 f.).

[200] Etwa *Hellermann,* in: Epping/Hillgruber, Art. 29 Rn. 25.

[201] Uneingeschränkt idS *Leisner,* in: Sodan, Art. 29 Rn. 10; die Begr. der BReg ist insoweit offen: Parlamentsbeschluss, BT-Dr 12/7109, S. 9; anders GemVerfKom. (Fn. 20), S. 45: schlichter Parlamentsbeschluss; der von der GemVerfKom. im Falle des Gesetzesbeschlusses befürchtete „verfassungspolitisch bedenkliche Eingriff" in die Eigenstaatlichkeit der

doch bei einer rein kontrollierenden Aufgabenwahrnehmung, die hinter der originär gestaltenden Einflussnahme des Bundes im Fall der Neugliederung nach Abs. 2 ff. (→ Rn. 34 ff.), aber auch hinter jener im Zuge einer Neugliederungsinitiative aus dem Volk gem. Art. 29 IV (→ Rn. 48 ff.) deutlich zurückbleibt. Ferner sind die betroffenen Gemeinden und Kreise zu hören, Art. 29 VIII 2.

69    Der Staatsvertrag bedarf iÜ der Bestätigung durch **Volksentscheid,** und zwar in jedem der beteiligten Länder, sofern die Neugliederung Landesgebiete insgesamt erfasst, Art. 29 VIII 3; sind lediglich Teilgebiete von Ländern betroffen, reichen Volksentscheide in diesen Teilräumen aus, Art. 29 VIII 4 Hs. 1. Im letzteren Fall entscheidet die Mehrheit der abgegebenen Stimmen.[202] In der Konstellation einer Landesgebiete insgesamt erfassenden Neugliederung muss die Mehrheit mindestens ein Viertel der zum Bundestag Wahlberechtigten umfassen, Art. 29 VIII 4 Hs. 2 und S. 5 Hs. 1.[203]

70    **Einzelheiten** zum Volksentscheid sind der Regelung durch ein gesondertes Gesetz vorbehalten, Art. 29 VIII 5 Hs. 2, das freilich noch nicht erlassen worden ist. Dessen bedarf es nicht, wenn es nur um **Teilgebiete** von Ländern geht, Art. 29 VIII 4 Hs. 2.

71    Mit Blick auf die zwingend durchzuführenden Volksentscheide bestehen insoweit zwar nicht die grundsätzlichen, aus dem Demokratieprinzip folgenden Bedenken wie zu Art. 29 VII (→ Rn. 66); fraglich bleibt indessen, ob der „Umgliederungsmasse" (→ Rn. 44) nicht **plebiszitäre Mitwirkungsrechte** aus Gründen eines neugliederungsspezifischen „Minderheitenschutzes" verfassungsrechtlich hätten zugestanden werden müssen.[204]

# E. Kritik und Ausblick

72    Spätestens das unvorhergesehene Ereignis der Deutschen Einheit dürfte einen sachlichen Zwang zur Neugliederung auf Grund der finanziellen Schwäche, aber auch des Gebietszuschnitts der neuen Länder nach sich ziehen (→ Rn. 5); Entsprechendes gebieten die Herausforderungen eines „Europas der Regionen" (→ Rn. 7).[205] Ob der hierfür erforderliche Wille vorhanden ist bzw. sich absehbar einstellen wird, bleibt natürlich abzuwarten.[206] Jedenfalls zeigen die augenscheinlichen wirtschaftlichen und sonstigen Schwierigkeiten der ostdeutschen Länder wie durch ein Brennglas die besondere Bedeutung einer Neugliederung für das **Funktionieren des föderativen Systems** auf – auch und gerade vor dem Hintergrund der bislang (innerstaatlich) durch den kooperativen Föderalismus und (supranational) auf Grund unionsrechtlicher „Hochzonung" bedingten Erosion der Ländereigenstaatlichkeit (→ Rn. 7).[207]

73    Jene Entwicklungen unterstreichen die anderweitig eindrucksvoll und anhand umfangreichen Zahlenmaterials belegte These, dass nur eine Neugliederung der Länder das **Überleben des föderativen Systems** sichert.[208] Letzteres bedingt leistungsfähige und zweckmäßig abgegrenzte Länder, die aus eigener Kraft und ohne fremde Hilfe die ihnen obliegenden Aufgaben wahrnehmen können. Die wirtschafts- und finanzschwachen Länder der „alten" Bundesrepublik waren hierzu niemals in der Lage. Entsprechendes gilt für die Mehrzahl der neuen Länder.[209]

74    Der **Länderfinanzausgleich** kann jenen Befund nicht kompensieren (→ Rn. 18).[210] In Anbetracht dessen dürfte trotz aller Föderalismusreform[211] weiterhin die Einschätzung zutreffen, dass der „neue

---

Länder", ebda (auch *Jahn* DVBl 1994, 182), dürfte angesichts der nachhaltigen Ingerenz der staatsvertraglichen Neugliederung auf die Interessen des Gesamtstaates ausscheiden; vgl. *Meyer-Teschendorf* DÖV 1993, 889 (894).

[202] *Kunig,* in: v. Münch/Kunig I, Art. 29 Rn. 55; anders *Meyer-Teschendorf* MKS II, Art. 29 Rn. 70.

[203] In Anlehnung an Art. 29 VI, vgl. Begr. der BReg, BT-Dr 12/7109, S. 9; damit soll verhindert werden, dass bei einer geringen Wahlbeteiligung die Neugliederung möglicherweise nicht von der Mehrheit der Betroffenen mitgetragen wird, *Meyer-Teschendorf* DÖV 1993, 889 (894); für die Geltung des Quorums auch bei Teilgebietsänderungen *Jutzi* BayVBl 1997, 97 (99); *Pieroth,* in: Jarass/Pieroth, Art. 29 Rn. 8.

[204] Abl. *Meyer-Teschendorf* DÖV 1993, 889 (895).

[205] *Kunig,* in: v. Münch/Kunig I, Art. 29 Rn. 60; *Kisker,* in: Huhn/Witt (Hrsg.), Föderalismus in Deutschland, 1992, S. 217 (233); ohnehin fehlt der europäische Komponente in den „Richtbegriffen" des Art. 29 (→ Rn. 13 ff.); zur „Europäisierung" von Art. 29 *Häberle* FS Gitter, 1995, S. 315 (329 f.).

[206] Skeptisch *Schneider,* in: Huhn/Witt (Fn. 205), S. 239 (256), insbes. mit Blick auf das Zusammengehörigkeitsgefühl in den neuen Ländern; *Hinsch,* Neugliederung des Bundesgebiets und Regionalisierung, 2002, S. 219 ff.; zur Kooperation der Länder anstelle einer Neugliederung *Scharpf/Benz* (Fn. 18), S. 59 ff.; dazu auch *Benz* ua (Fn. 71), S. 21 ff.

[207] Näher *Erbguth* FS Carl Heymanns, 1995, S. 549; zu jenen Konsequenzen im Gefolge der deutschen Einheit *Klatt* VerwArch 82 (1991), 430 (443 ff.).

[208] Vgl. *Timmer* FS Ernst, 1980, S. 463 auch zum Nachfolgenden; Kooperation der Länder reicht nicht aus, *ders.* (Fn. 2), S. 552 (559); deutlich zu alldem *Schmidt-Jortzig,* FS Scholz, 2007, S. 729; ferner *Ernst* DVBl 1991, 1024 (1030); zurückhaltend *Leisner,* in: Sodan, Art. 29 Rn. 11: Föderalismusreform kann nur neue Impulse geben; skeptisch zum Einsparpotential einer Länderneuordnung *Thieme* DÖV 2001, 462 ff.; zum Stand der Diskussion *Erbguth* JZ 2011, 433; eindrucksvoll bereits *Leonardy,* in: Eckart/Jenkis (Hrsg.) Föderalismus in Deutschland, 2001, S. 9; *ders.* ZParl 2013, 329.

[209] S. dazu *Benz* ua (Fn. 71), S. 10 ff.

[210] Details bei *Timmer* FS Ernst, 1980, S. 463 (469 ff.); *ders.* (Fn. 2), S. 552 (557 f., 560); vgl. auch *Ernst* DVBl 1991, 1024 (1029); *Hofmann* ZRP 1999, 465 (465 ff.); *Sanden,* Die Weiterentwicklung der föderalen Strukturen der Bundesrepublik Deutschland, S. 831 ff.; tendenziell gegenteilig BVerfGE 86, 148 (270).

[211] Allg. → Art. 30 Rn. 29.

Föderalismus" einem **Dezentralismus** dergestalt gleicht, dass die Entscheidungen in wichtigen Aufgabenbereichen der Landespolitik weitgehend vom Bund oder von Bund-Länder-Kooperationen getroffen werden – und den Ländern allenfalls eine regionale und landsmannschaftliche Akzentsetzung verbleibt.[212]

Zur Wiederbelebung der verfassungsrechtlich durch Art. 20 I, 79 III verbürgten Bundesstaatlichkeit **75** dürfte daher – gerade wegen der zusätzlich in die Gesamtsicht einzubeziehenden unionsrechtlich bedingten Beschneidungen der Ländereigenstaatlichkeit[213] – eine **Neugliederung** der Länder **unausweichlich** sein.[214] Dabei gilt es, sich darauf zurückzubesinnen, dass die gebietliche Neuordnung – auch angesichts Art. 29 VIII (→ Rn. 67) – in erster Linie nicht den Interessen der Teilräume dient, sondern der Sicherung und Steigerung der Funktionsfähigkeit des Bundesstaats im Ganzen sowie der politischen Stabilität des föderativen Verfassungssystems.[215] Zutreffend ist freilich auch, dass Art. 29 diesem Postulat Hindernisse bereitet.[216] Die Neugliederung des Bundesgebiets und ein Absenken der hohen verfassungsrechtlichen Hürden für Länderfusionen waren gleichwohl weder Verhandlungsgegenstand der Kommission von Bundestag und Bundesrat zur Modernisierung der bundesstaatlichen Ordnung[217] noch Gegenstand der Föderalismusreform 2006.[218] Im Zusammenhang mit der Föderalismusreform II[219] wurde die (Neugliederungs-)Frage zwar diskutiert; zu Änderungsvorschlägen kam es indes nicht.[220] Abzuwarten bleibt weiterhin, ob die „föderative Öffnung" des Art. 29 VIII Neugliederungsaktivitäten staatsvertraglicher Art nach sich ziehen wird.

## Art. 30 [Kompetenzverteilung zwischen Bund und Ländern]

**Die Ausübung der staatlichen Befugnisse und die Erfüllung der staatlichen Aufgaben ist Sache der Länder, soweit dieses Grundgesetz keine andere Regelung trifft oder zuläßt.**

**Entstehungsgeschichte: Erstfassung:** JöR nF 1 (1951), 295.
**Historische Verfassungstexte: RV 1849:** § 5 Die einzelnen deutschen Staaten behalten ihre Selbstständigkeit, soweit dieselbe nicht durch die Reichsverfassung beschränkt ist; sie haben alle staatlichen Hoheiten und Rechte, soweit diese nicht der Reichsgewalt ausdrücklich übertragen sind. – **WRV: Art. 5** Die Staatsgewalt wird in Reichsangelegenheiten durch die Organe des Reichs auf Grund der Reichsverfassung, in Landesangelegenheiten durch die Organe der Länder auf Grund der Landesverfassungen ausgeübt. **Art. 14** Die Reichsgesetze werden durch die Landesbehörden ausgeführt, soweit nicht die Reichsgesetze etwas anderes bestimmen.
**Supra- und internationale Texte:** EUV Art. 4, 5, zuvor EGV Art. 5.
**Leitentscheidungen:** BVerfGE 12, 205 (Deutschland-Fernsehen); BVerfGE 22, 180 (Jugendhilfe); BVerfGE 44, 125 (Öffentlichkeitsarbeit der Bundesregierung); BVerfGE 55, 274 (Berufsbildungsabgabe); BVerfGE 108, 169 (Telekommunikationsgesetz).

**Schrifttum:** *A. Benz,* Föderalismus als dynamisches System, 1985; *ders.,* Neue Formen der Zusammenarbeit zwischen den Ländern, DÖV 1993, 85; *M. Bullinger,* Die Zuständigkeit der Länder zur Gesetzgebung, DÖV 1970, 761, 797; *ders.,* Ungeschriebene Kompetenzen im Bundesstaat, AöR 96 (1971), 237; *H. Eicher,* Der Machtverlust der Landesparlamente, 1988; *K. Eiselstein,* Verlust der Bundesstaatlichkeit? Kompetenzverlust der Länder im kulturellen Sektor von Art. 79 III GG, NVwZ 1989, 323; *G. Färber* (Hrsg.), Das föderative System in Deutschland, 2005; *B. Fassbender,* „Staatliche Befugnisse und Aufgaben" im Sinne von Art. 30 GG als innere und auswärtige Kompetenzen des Bundes und der Länder, DÖV 2011, 714; *U. Häde,* Föderalismusreform in Deutschland, JZ 2006, 930; *T. Herbst,* Gesetzgebungskompetenzen im Bundesstaat – Eine Rekonstruktion der Recht-

---

[212] *Timmer* FS Ernst, 1980, S. 463 (484).
[213] *Erbguth* FS Carl Heymanns, 1995, S. 549 (562 ff.).
[214] *Kloepfer* DÖV 2004, 566 (571); deutlich(st) *Papier* DVP 2005, 1 (5); in diese Richtung zielt auch der Vorschlag von *Ernst* FS Hoppe, 2000, S. 255 (269 f.), die BReg solle eine neue Sachverständigenkommission einsetzen, mit dem Auftrag, den Bericht der Ernst-Kommission aus dem Jahr 1972 auf den heutigen Stand fortzuschreiben und dabei auch Lösungen für das Gebiet der neuen Länder auszuarbeiten sowie das Verfahren zu reformieren; vgl. ferner die Neugliederungsvorschläge von *Sanden,* Die Weiterentwicklung der föderalen Strukturen der Bundesrepublik Deutschland, S. 816 ff.; auch *Erbguth* JZ 2011, 433; zuletzt im Kontext weitergehender Überlegungen zur Reform des Föderalismus *Benz* ua (Fn. 71), S. 25 ff.; deutlich krit. gegenüber einer Neugliederung und den „Eigenwert" der einzelnen Länder betonend *Huber,* in: Verhandlungen des fünfundsechzigsten Deutschen Juristentages, Band I: Gutachten, 2004, D 125 ff.
[215] *Timmer* FS Ernst, 1980, S. 463 (486 f.); zur Haushaltsnotlage Bremens, des Saarlandes und Berlins *ders.* (Fn. 2), S. 552 (560); zu Berlin insoweit aber BVerfGE 116, 327.
[216] Näher *Timmer* FS Ernst, 1980, S. 463 (491 f.); *Rennert* Der Staat 32 (1993), 269 (275); *Würtenberger* HStR VI, § 132 Rn. 77 ff.; *Benz* ua (Fn. 71), S. 16 ff.
[217] Vgl. hierzu die Dokumentation der Kommission von Bundestag und Bundesrat zur Modernisierung der bundesstaatlichen Ordnung, 2005, S. 988 ff.; *Kirchhof* ZG 2004, 209 (213) führt als Grund für die „Tabuisierung" die fehlende Diskussionsbereitschaft und Existenzangst kleiner Länder an.
[218] Vgl. allg. → Art. 30 Rn. 1, 10, 29; hierzu auch *Hennecke,* in: Henneke (Hrsg.), Föderalismusreform in Deutschland, 2005, S. 13 (40); krit. gegenüber einer normativ angestoßenen Neugliederung *Schultze-Fielitz,* in: Henneke, aaO, S. 213 (217 f.).
[219] Dazu etwa *Wernsmann* ThürVBl 2010, 121.
[220] *Wolff,* in: Hömig/Wolff, Art. 29 Rn. 1.

sprechung des Bundesverfassungsgerichts, 2014; *R. Holtschneider/W. Schön,* Die Reform des Bundesstaates, 2006; *G. Kisker,* Kooperation im Bundesstaat, 1971; *M. Kloepfer,* Bemerkungen zur Föderalismusreform, DÖV 2004, 566; *P. Lerche,* Die Gesetzgebungskompetenz von Bund und Ländern auf dem Gebiet des Presserechts, JZ 1972, 468; *M. Möstl,* Neuordnung der Gesetzgebungskompetenzen von Bund und Ländern, ZG 2003, 297; *F. Ossenbühl,* Föderalismus und Regionalismus in Europa. Landesbericht Bundesrepublik Deutschland, in: F. Ossenbühl (Hrsg.), Föderalismus und Regionalismus in Europa, 1990, S. 117; *S. Pfahl,* Staatliche Wirtschaftsteilnahme und Art. 30 GG, 2016; *J. Pietzcker,* Zuständigkeitsordnung und Kollisionsrecht im Bundesstaat HStR VI, § 134; *H.-J. Rinck,* Zur Abgrenzung und Auslegung der Gesetzgebungskompetenzen von Bund und Ländern, in: FS Gebhard Müller, 1970, S. 289; Sachverständigenrat für Umweltfragen, Der Umweltschutz in der Föderalismusreform, Stellungnahme, Februar 2006; *J. Sanden,* Die Weiterentwicklung der föderalen Strukturen der Bundesrepublik Deutschland, 2005; *R. Scholz,* Ausschließliche und konkurrierende Gesetzgebungskompetenz von Bund und Ländern in der Rechtsprechung des Bundesverfassungsgerichts, in: FG BVerfG II, 1976, S. 252; *W. Schwanengel,* Die Malaise des deutschen Bundesstaats, DÖV 2004, 553; *W. Graf Vitzthum,* Die Bedeutung gliedstaatlichen Verfassungsrechts in der Gegenwart, VVDStRL 46 (1988), 7; *T. Weber,* Die föderale Kompetenzverteilung als Beispiel für Pfadabhängigkeit, DÖV 2016, 761; *Wilms,* Überlegungen zur Reform des Föderalismus in Deutschland, ZRP 2003, 86; *H.-J. Wipfelder,* Die Theoreme „Natur der Sache" und „Sachzusammenhang" als verfassungsrechtliche Zuordnungsbegriffe, DVBl 1982, 477.

**Übersicht**

## A. Entstehung

**1**     Art. 30 hatte im **Herrenchiemsee**-Entwurf folgende Fassung: „Soweit nicht dieses Grundgesetz die Zuweisung an den Bund anordnet oder zulässt, sind die staatlichen Befugnisse und Aufgaben Sache der Länder und der in ihnen bestehenden Selbstverwaltungen. Dies gilt insbes. für die Gesetzgebung, die Verwaltung, die Rechtspflege, die Inanspruchnahme von Einnahmequellen und die Bestreitung öffentlicher Aufgaben".[1] Ihre endgültige Fassung erhielt die Vorschrift[2] auf der Sitzung des HA am 19.11.1948.[3] Nicht durchsetzen konnten sich historisch begründete Formulierungsvorschläge, die insbes. die verbleibende Länderstaatlichkeit hervorheben wollten.[4] Die Beibehaltung der endgültigen Fassung fand sich damit begründet, dass Art. 30 für das Rechtsverhältnis zwischen Bund und Ländern „die Grundlage des Bundesstaates" darstelle.[5] Von nachfolgenden Änderungen des GG ist die Bestimmung bis zum gegenwärtigen Zeitpunkt – auch im Gefolge der **Föderalismusreform 2006**[6] – verschont geblieben. Ihr verfassungsrechtliches Umfeld hat sich indes verschoben.[7]

## B. Grundsätzliche Bedeutung

### I. Art. 30 als Teil der bundesstaatlichen Kompetenzverteilung

**2**     **1. Staatlichkeit der Länder.** Art. 30 GG kommt grundlegende Bedeutung für das Bundesstaatsprinzip zu.[8] Bundesstaatlichkeit verlangt nach verfassungsrechtlicher Verteilung der staatl. Kompeten-

---

[1] *Dennewitz* BK, Art. 30 (Erstbearb.) Anm. I; zur verfassungsgeschichtlichen Entwicklung insges. *März* MKS II, Art. 30 Rn. 3 ff.

[2] Rechtssatz mit nicht nur deklaratorischer Aussagekraft, so der Abg. *Laforet* anlässlich der Verhandlungen, zit. nach *Dennewitz* BK, Art. 30 (Erstbearb.) Anm. I.

[3] Zur Entstehung des GG → Einf. Rn. 13 ff.

[4] *v. Mangoldt,* Art. 30 Anm. 1.

[5] So der Abg. *Laforet,* zit. nach *v. Mangoldt,* Art. 30 Anm. 1; zum vorangegangenen Streit um die Kompetenzabgrenzung zwischen Bund und Ländern *Mußgnug* HStR I, § 8 Rn. 71 ff.

[6] G zur Änd. des GG (Artikel 22, 23, 33, 52, 72, 73, 74, 74a, 75, 84, 85, 87c, 91a, 91b, 93, 98, 104a, 104b, 105, 107, 109, 125a, 125b, 125c, 143c) v. 28.8.2006, BGBl I, 2034; dazu im hier interessierenden Kontext etwa *Hillgruber* BK, Art. 30 (2006) Rn. 29 ff.; näher Rn. 10, 29.

[7] Vgl. u. Rn. 29; näher zum Vorstehenden *März* MKS II, Art. 30 Rn. 3 ff.; allg. auch *Korioth,* in: Maunz/Dürig, Art. 30 Rn. 1–3, 7 ff. und Rn. 4 ff. zum geschichtlichen Hintergrund.

[8] BVerfGE 12, 205 (244); 108, 169 (178); *Hellermann,* in: Epping/Hillgruber, Art. 30 Rn. 2.

zen zwischen Gesamtstaat und Gliedstaaten.[9] Denn auch Letzteren eignet **Staatsqualität,** so dass ihnen entspr. Aufgabenwahrnehmungen iSd Kompetenzbegriffs[10] zustehen bzw. zugestanden werden müssen.[11] Die Eigenstaatlichkeit der Länder entspricht ganz herrsch. Auffassung.[12]

Ihre Hoheitsmacht mag gegenständlich auf Grund der Kompetenzverteilung (nachfolgend) beschränkt sein; sie ist indes nicht vom Bund abgeleitet, sondern als **eigene Hoheitsmacht**[13] von ihm anerkannt.[14] Die Ausübung der Staatsgewalt erfolgt in den Ländern durch eigene Gesetzgebung, Verwaltung und Rspr. Die Länder verfügen über **Hoheitsgebiet** und könn(t)en **Staatsangehörigkeitsgesetze** erlassen.[15] Auch der pointierte Satz, dass die Glieder eines Bundesstaates bei voller Staatlichkeit eine Staatlichkeit besonderer Art haben (zusammen- und eingeordnete Staaten, eben Gliedstaaten),[16] stellt jene Annahme nicht in Frage. Anforderungen wie die der Souveränität (als absolute und dauernde Gewalt des Staates) und jene der Verfassungsautonomie vermögen hieran nichts zu ändern: **3**

Das primär völkerrechtliche Kriterium der **Souveränität**[17] ist keine Voraussetzung für die Annahme von Staatlichkeit – und ohnehin angesichts des Zusammenwachsens der Staatengemeinschaft, insbes. der Entwicklung zur EU, neu zu überdenken.[18] Ähnliches gilt gegenüber dem Kriterium der **Verfassungsautonomie;** insoweit war auch der Bund bis zum Zwei-plus-Vier-Vertrag keineswegs frei, ohne dass es Zweifel an seiner Staatlichkeit gegeben hätte.[19] **4**

Aus der Art. 30 zu entnehmenden, iÜ wohl bereits aus dem Begriff des Bundesstaates folgenden Staatlichkeit der Länder rührt das Erfordernis einer Zustimmung durch das betroffene Land (bzw. mehrerer berührter Länder) im Falle eines völkerrechtlichen Vertrages, in dem der Bund eine **Gebietsabtretung** – etwa im Gefolge einer Grenzkorrektur – mit einem auswärtigen Staat vereinbart.[20] Das Zustimmungserfordernis ergibt sich nicht aus Art. 32,[21] wohl aber aus dem Betroffensein des Staatsgebietes als essentiellem Element der Ländereigenstaatlichkeit nach Art. 30 bzw. auf Grund der bundesstaatlichen Ordnung.[22] Ähnliches, nämlich die Staatlichkeit der Länder, dürfte den Grund für die Ausnahme von **Konkordaten** zwischen dem Heiligen Stuhl und den Bundesländern von (dem Zustimmungsvorbehalt des) Art. 32 III liefern;[23] es geht um die Wahrung der Eigenständigkeit der Länder in ihren schulischen Angelegenheiten und denjenigen des Kirchenwesen.[24] Die Konkordate beruhen daher auf Art. 30 iVm Art. 70.[25] **5**

**2. Art. 30 als länderfreundliche Auslegungsregel.** Bundesstaatlichkeit idS verlangt nach **lückenloser Kompetenzverteilung,** im Verhältnis Bund – Länder (vertikal) und zwischen den Ländern (horizontal).[26] In vertikaler Hinsicht regeln dies verfassungsrechtliche Sondervorschriften, und zwar für die Gesetzgebung(szuständigkeiten) Art. 70 ff.,[27] für die Verwaltung(skompetenzen) Art. 83 ff.,[28] für die Rechtsprechung(saufgaben) Art. 92 ff. und für die Zuständigkeit zur Erzielung der Staatseinnahmen (und für die Lastentragung bzgl. der Staatsaufgaben) Art. 104 a ff.[29] Mit Ausnahme der zuletzt **6**

---

[9] Vgl. nur *Bothe* AK GG, Art. 30 Rn. 1 ff.; eingeh. zu den Regeln föderativer Kompetenzverteilung *Hillgruber* BK, Art. 30 Rn. 73 ff.

[10] *Hesse* Grundzüge, Rn. 27.

[11] Es handelt sich um Konsequenzen jener Staatlichkeit, Art. 30 wirkt insoweit nicht konstitutiv; betont *März* MKS II, Art. 30 Rn. 15: keine Aussagen zu Ursprung und Reichweite der Staatsgewalt von Bund und Ländern; *Hellermann,* in: Epping/Hillgruber, Art. 30 Rn. 4.

[12] BVerfGE 1, 14 (34); 34, 9 (19); aus der Literatur nur *Stern,* StaatsR I, S. 667; zu Zweifeln vgl. *Isensee* HStR VI, § 126 Rn. 65 mN

[13] BVerfGE 1, 14 (34); *Korioth,* in: Maunz/Dürig, Art. 30 Rn. 21.

[14] BVerfGE 1, 14 (34); näher *Leisner,* in: Sodan, Art. 30 Rn. 2.

[15] Drei-Elemente-Lehre, *Stern,* StaatsR I, S. 669.

[16] Dazu *Graf Vitzthum* VVDStRL 46 (1988), 7 (27).

[17] Beziehungen zwischen den Gliedstaaten eines Bundesstaats sind staatsrechtlicher, nicht völkerrechtlicher Natur, BVerfGE 34, (346); *P. Kirchhof* HStR V, § 99 Rn. 43: Kompetenzordnung modifiziert staatliche Souveränität.

[18] Überzeugend *v. Münch,* StaatsR I (6. Aufl. 2000), Rn. 508.

[19] *Graf Vitzthum* VVDStRL 46 (1988), 7 (18).

[20] *Stern,* StaatsR I, S. 249.

[21] Vgl. → Art. 32 Rn. 46.

[22] *Jarass,* in: Jarass/Pieroth, Art. 32 Rn. 9; abl. etwa *Rojahn,* in: v. Münch/Kunig I, Art. 32 Rn. 31; *Streinz,* wie vor, jeweils mwN.

[23] BVerfGE 6, 309 (362).

[24] Kulturhoheit als Kernstück der Ländereigenständigkeit, BVerfGE 6, 309 (346 f.); *Graf Vitzthum* VVDStRL 46 (1988), 7 (51).

[25] BVerfGE 2, 347 (369 ff.); 6, 309 (362).

[26] BVerfGE 12, 244; 61, 205; *Bothe* AK GG, Art. 30 Rn. 1; zu diesbezüglich widerläufigen Entwicklungen zu Lasten der Länder in der Organisation der Sozialversicherung mit überzeugender Kritik *Schnapp* GS Tettinger, 2007, S. 505 (515).

[27] Eingehend *Rengeling* HStR VI, § 135.

[28] Und zwar für die gesetzesakzessorische wie für die gesetzesfreie Verwaltung (BVerfGE 12, 244 (246); 22, 180 (217); noch → Rn. 32), unabhängig davon, ob öffentl. oder private Mittel verwendet werden (BVerfGE 12, 244); auch Förderaufgaben durch Hingabe von Fördergeldern, BVerfGE 22, 180 (216); näher zu kompetenzieller Absicherung und Praxis der Bundesförderung *Wolff,* in: Hömig/Wolff Art. 30 Rn. 5.

[29] Dazu *Bothe* AK GG, Art. 30 Rn. 5.

genannten Zuständigkeit (Steuern) und der dem Bund in Art. 32 I zugewiesenen Kompetenz für die Pflege der auswärtigen Beziehungen[30] folgen die verfassungsrechtlichen Verteilungsvorschriften dem Modell des Art. 30,[31] der allg., also ungeachtet einzelner staatlicher Aufgabenbereiche, die Länder für zuständig erklärt, es sei denn, das GG hält eine abw. Regelung vor.

7   Art. 30 wird daher zu Recht als **Generalklausel der Kompetenzverteilung** im Bundesstaat des GG begriffen.[32] Wenn sich hieraus und aus dem Verhältnis des Art. 30 zu den vorgenannten Sonderregelungen des GG verbreitet abgeleitet findet, die Vorschrift beinhalte als Generalklausel zugleich eine **Zuständigkeitsvermutung** zugunsten der Länder,[33] kann dem nicht gefolgt werden.[34] Eine solche Vermutung verträgt sich nicht mit der Lückenlosigkeit der Kompetenzverteilung (→ Rn. 6). So wird die Generalklausel des Art. 30 schon verfassungsunmittelbar durch die geschilderten Spezialregelungen der Kompetenzzuweisung in den jeweiligen staatlichen Aufgabenbereichen spezifiziert – und damit zugleich verdrängt. Deren (ebenfalls) generalklauselartige Verfasstheit (Art. 70, 83 etc.) erfährt eine weitgehende Konkretisierung durch die nachfolgende Enumeration der Ausnahmetatbestände (vgl. insbes. Art. 73 ff.).

8   Für Art. 30 bleibt nur ein minimaler,[35] freilich nicht unwichtiger Restbestand kompetenzieller Verteilung,[36] insbes. bzgl. der gesetzesfreien Verwaltung.[37] Auch insoweit geht es indes um keine Beweislastverteilung, sondern um Auslegungsfragen, gerade um diejenige, ob dem Bund durch das GG im fraglichen Bereich Aufgaben zugewiesen worden sind. Dass im Rahmen solcher Auslegung Zweifel bzgl. der kompetenzrechtlichen Zuordnung verbleiben können, ist zutr., begründet aber keine Einordnung des Art. 30 als Zuständigkeitsvermutung:[38] Vermutungen, auch sog. Rechtsvermutungen, beeinflussen nur die Beweislast für Tatsachen;[39] darum geht es bei der Auslegung von Normen, hier mit Blick auf die Kompetenzzuweisung im Verhältnis von Bund und Ländern, nicht.[40] Wenn Zweifel an der Zuständigkeit auftauchen, ist im Wege allg. Rechtsgewinnungskriterien, vor allem der Auslegung, zu prüfen, ob eine Materie den Bundeskompetenzen zugeordnet werden kann; andernfalls sind die Länder zuständig.[41]

9   Art. 30 enthält demnach eine **länderfreundliche Auslegungsrichtlinie** für solche Fälle, in denen trotz Einsatzes der Auslegungsmethodik Zweifel an der Annahme einer Bundeskompetenz verbleiben.[42] Dann – und nur dann – begründet Art. 30 „im Zweifel" eine Zuständigkeit der Länder.[43] IdS hat auch das BVerfG zu Art. 70 ff. betont, die Systematik des GG erfordere eine „strikte" Interpretation,[44] also das hier fragliche Verständnis der Art. 30, 70, 83 als Unterfall der Auslegung von Ausnahmevorschriften angesehen.[45] Ausnahmevorschriften sind weder eng noch weit, sondern richtig, sachgemäß und funktionsgerecht zu interpretieren, wobei Regelungszweck und Regelungsabsicht der Norm maßgeblich sind.[46] Dass insoweit die Kompetenzen des Bundes (etwa nach Art. 74) teilw. verfassungsgerichtlich recht weit verstanden worden sind,[47] mag Anlass zur Kritik am jew. interpretativen Vor-

---

[30] Vertragsabschlusskompetenz auch im Bereich ausschließlicher Länder(gesetzgebungs)kompetenzen, so dass dann Vertragsabschluss- und Transformationszuständigkeit auseinanderfallen; str., wie hier *Friehe* JA 1983, 117 (121); aA *Grewe* VVDStRL 12 (1954), 129 (167); zum Lindauer Abkommen insoweit → Rn. 14 und näher → Art. 32 Rn. 35 ff.; *Nettesheim,* in: Maunz/Dürig, Art. 32 Rn. 72 ff.; *Rojahn,* in: v. Münch/Kunig I, Art. 32 Rn. 49 ff.; *Papier,* DÖV 2003, 265.

[31] Das gilt auch für Art. 92 ff.; allg. *Korioth,* in: Maunz/Dürig, Art. 30 Rn. 1.

[32] Für die gesamte staatliche Tätigkeit, *Gubelt,* in: v. Münch/Kunig I, Art. 30 Rn. 7; *Hillgruber* BK, Art. 30 (2006) Rn. 35; gegen eine (materielle) Kompetenzverteilung durch Art. 30 GG hingegen *März* MKS II, Art. 30 Rn. 17; differenzierend *Korioth,* in: Maunz/Dürig, Art. 30 Rn. 1, 21.

[33] BVerfGE 42, 20 (28) mit allerdings unzutr. Berufung auf BVerfGE 15, 1 (17), vgl. *Bothe* AK GG, Art. 30 Rn. 11 Fn. 9; BVerfGE 85, 342; auch BVerwG, DVBl 2008, 258 (260) ohne Begr.; auch *Stern,* StaatsR I, S. 672; deutlich idS *Leisner,* in: Sodan, Art. 30 Rn. 3.

[34] Zutr. *März* MKS II, Art. 30 Rn. 23; *Hellermann,* in: Epping/Hillgruber, Art. 30 Rn. 11; *Korioth,* in: Maunz/Dürig, Art. 30 Rn. 25; *Pieroth,* in: Jarass/Pieroth, Art. 30 Rn. 1; jeweils mwN.

[35] *Korioth,* in: Maunz/Dürig, Art. 30 Rn. 21.

[36] *Pernice,* in: Dreier II², Art. 30 Rn. 15; näher *Pietzcker* HStR VI, § 134 Rn. 8: Auffangklausel; restriktiv hingegen *Korioth,* in: Maunz/Dürig, Art. 30 Rn. 1, 21: Kompetenzverteilung erfolgt vollständig durch andere Normen.

[37] *Hellermann,* in: Epping/Hillgruber, Art. 30 Rn. 20; andere Bereiche sind str., etwa Erlass der Landesverfassungen (*März* MKS II, Art. 30 Rn. 38; krit. *Hellermann,* wie vor, Rn. 20.2), Regelung von Organisation und Verfahren der Landesgesetzgebung etc. (*März,* wie vor; krit. *Korioth,* in: Maunz/Dürig, Art. 30 Rn. 21).

[38] Vgl. in Fn. 33.

[39] *Pietzcker* HStR VI, § 134 Rn. 15.

[40] *März* MKS II, Art. 30 Rn. 23; anders Hillgruber BK, Art. 30 (2006) Rn. 51 ff.

[41] Näher *Tillmanns* AöR 132 (2007), 582 (595), zugleich gegen ein Verbot, Bundeszuständigkeiten weit auszulegen (so aber BVerfGE 26, 246 (254); deutlich zu Art. 70 *Pestalozza* in MKP Art. 70 Rn. 77 ff.

[42] Auch *Hellermann,* in: Epping/Hillgruber, Art. 30 Rn. 11; *Wittreck,* in: Dreier II, Art. 30 Rn. 29.

[43] Ähnlich *Bothe* AK GG, Art. 30 Rn. 11.

[44] BVerfGE 37, 363 (405); krit. *Wittreck,* in: Dreier II, Art. 30 Rn. 29.

[45] *Bothe* AK GG, Art. 30 Rn. 11; ähnlich *Hellermann,* in: Epping/Hillgruber, Art. 30 Rn. 2: Regel-Ausnahme-Verhältnis.

[46] BVerfGE 37, 363 (405); *Pernice,* in: Dreier II², Art. 30 Rn. 17; *Korioth,* in: Maunz/Dürig, Art. 30 Rn. 25. Unter letzterem Aspekt ist der in Art. 30 bzw. 70 enthaltene Schutzgedanke zugunsten der Länder berücksichtigungsfähig, *Bullinger* DÖV 1970, 797 (798 f.).

[47] Dazu auch *Bothe* AK GG, Art. 30 Rn. 11.

gehen geben, ändert indes nichts an der prinzipiellen Einordnung des Art. 30 als Auslegungsregel in Zweifelsfällen.

**3. Art. 30 als Ausdruck zwingender Kompetenzverteilung.** Fügt sich die Vorschrift dergestalt **10** in die bundesstaatliche Kompetenzverteilung ein, ist zum einen zu konstatieren, dass dem Bund im Bereich der **Gesetzgebung** durch Art. 73 und 74 weitreichende Zuständigkeiten zugewiesen worden sind; das Schwergewicht der Gesetzgebung liegt – auch nach den Änderungen des GG im Gefolge der Föderalismusreform von 2006[48] – beim Gesamtstaat. Kompetenzen werden den Ländern durch das GG im Wege der Negativabgrenzung **zugewiesen;** sie stellen also keine unkonturierten bloßen Residualzuständigkeiten dar. Den Ländern kamen bislang Gesetzgebungsbefugnisse im Wesentlichen auf den Gebieten des Kommunalrechts, des Kulturrechts (einschließlich Schul- und Hochschulwesen) und des Rechts der allg. Gefahrenabwehr sowie des Bauordnungsrechts, der (Länder-)Staatsangehörigkeit und des Erschließungsbeitragsrechts zu. Die **Föderalismusreform 2006** hat insoweit zu einer Ausweitung der Kompetenzen der Länder – vor allem im Wege der Exemtion aus dem Katalog konkurrierender Gesetzgebung (Art. 74 I) – geführt. Hinzugetreten sind insbes. die Materien der Beamtenbesoldung und -versorgung, des Versammlungsrechts, des Strafvollzugs (und Untersuchungshaftvollzugs), des Ladenschlussrechts, des Gaststättenrechts, des landwirtschaftlichen Grundstücksverkehrs, der Flurbereinigung, des Siedlungs- und Heimstättenwesens, des Schutzes vor verhaltensbezogenem Lärm, ferner im Gefolge des gänzlichen Wegfalls der Rahmengesetzgebung nach Art. 75[49] das Presserecht. Umgekehrt sind dem Bund neben (zT „hochzonenden") Erweiterungen der ausschließlichen legislativen Zuständigkeit[50] aus den früheren Rahmenzuständigkeiten konkurrierende Gesetzgebungskompetenzen zugewachsen, die teilw. von der verfassungsgerichtlich strikt interpretierten Erforderlichkeitsklausel[51] freigestellt,[52] dann aber zum Teil einer Abweichungskompetenz der Länder unterstellt worden sind,[53] die keineswegs durchgängig einen abweichungsfesten Kern an Bundeszuständigkeit zu wahren hat.[54] Im Bereich der **Verwaltungskompetenzen überwiegt die Länderzuständigkeit.** Das gilt (weiterhin) nach besagter Föderalismusreform, die im Wesentlichen der bisherigen Zustimmungsbedürftigkeit von Bundesgesetzen, welche die Behördeneinrichtung und das Verwaltungsverfahren (mit) regeln, dadurch entgegenwirkt, dass grds. den Ländern die diesbezügliche Zuständigkeit zugewiesen wird, sofern sie das jew. Bundesgesetz als eigene Angelegenheit ausführen, Art. 84 I 1. Davon gibt es indes wiederum wechselseitige Abweichungsmöglichkeiten (Art. 84 I 2) unter Fristsetzung in entspr. Anwendung des Art. 72 III 2, 3 (Art. 84 I 3, 4). Unter Zustimmungsvorbehalt der Länder (wie nach früherer Rechtslage) finden sich als Ausnahmefall abweichungsfeste Regelungen des Verwaltungsverfahrens „wegen eines besonderen Bedürfnisses nach bundeseinheitlicher Regelung" gestellt (Art. 84 I 5, 6).[55] Eine Durchführung von Landesgesetzen durch Bundesbehörden ist aber mit Art. 30 unvereinbar.[56] In der **Rspr.** sind regelmäßig die Revisionsinstanzen Bundesgerichte, die Instanzgerichte solche der Länder.

Zum anderen gilt für den in die bundesstaatliche Zuständigkeitszuweisung eingebundenen Art. 30, **11** dass diese Verteilung der Kompetenzen **zwingend** ist.[57] Weder Bund noch Länder können, sei es durch Gesetz, sei es durch Vereinbarung, ihre Zuständigkeiten auf die jeweils andere Seite übertragen.[58] Ebenso wenig dürfen wechselseitig Mitverantwortungen eingeräumt werden. Beides steht unter dem Vorbehalt einer ausdrücklichen (gegenteiligen) Zulassung durch die Verfassung selbst.[59] Eine solche Ermächtigung des Bundes zur Delegation an die Länder ist für den Bereich der ausschließlichen Gesetzgebung vorgesehen, Art. 71 Hs. 2, und folgt hinsichtlich der konkurrierenden Gesetz-

---

[48] Vgl. Rn. 1 mit Fn. 6; dazu *Ipsen* NJW 2006, 2801; *Rengeling* DVBl 2006, 1537; vgl. auch Rn. 29.

[49] Vgl. dazu Rn. 29.

[50] Melde- und Ausweiswesen, Art. 73 I Nr. 3, Schutz deutschen Kulturgutes gegen Abwanderung, Art. 73 I Nr. 5a, Abwehr länderübergreifender Gefahren des internationalen Terrorismus, Art. 73 I Nr. 9a (zustimmungspflichtig, Art. 73 II), Waffen- und Sprengstoffrecht, Art. 73 I Nr. 12, Kriegsbeschädigte und -hinterbliebene, ehemalige Kriegsgefangene, Art. 73 I Nr. 13, Kernenergie, Art. 73 I Nr. 14.

[51] BVerfGE 106, 62; BVerfG NJW 2004, 2803; BVerfG NJW 2005, 493; vgl. auch *Pestalozza* NJW 2004, 1840.

[52] Etwa: Immissionsschutz, Abfallwirtschaft, Naturschutz, Wasserhaushalt.

[53] Art. 72 III 1: ua Naturschutz, Raumordnung, Wasserhaushalt, Recht der Hochschulzulassung und der Hochschulabschlüsse; näher anhand des Raumordnungs- und Umweltrechts etwa *Erbguth* FS Rengeling, 2008, S. 35.

[54] ZB nicht im Bereich der Raumordnung (dazu *Kment,* in: ders. (Hrsg.), ROG, 2019, Teil 1: Grundlagen, B. Gesetzgebungskompetenzen, Rn. 13 ff.), der Bodenverteilung und der Hochschulzulassung/-abschlüsse; zur Föderalismusreform 2006 noch Rn. 29.

[55] Die Begr. zum Gesetzentwurf, BT-Dr 16/813, S. 15, meint, hierüber ließen sich regelmäßig Regelungen des Umweltverfahrensrechts kompetenzrechtlich absichern; es dürfte aber eine Übertragung der restriktiven Rspr. des BVerfG zu Art. 72 II aF (vgl. vorstehend im Text) nicht auszuschließen sein.

[56] BVerfGE 12, 205 (221); 21, 312 (325).

[57] BVerfGE 4, 115 (139); 41, 291 (311); das muss auch im Verhältnis des staatsleitenden Informationshandelns zwischen Bund und Ländern gelten, anders BVerfGE 105, 271; 105, 307; noch → Rn. 39 aE.

[58] BVerfGE 26, 281 (296); 32, 145 (156); 63, 1 (39); *Wolff,* in: Hömig/Wolff Art. 30 Rn. 7; eingehend *Hillgruber* BK, Art. 30 (2006) Rn. 59 ff.; auch – diff. – *Pietzcker* HStR VI, § 134 Rn. 33 ff.; im Verhältnis der Länder zueinander gilt Art. 30 allerdings nicht, vgl. nur *Leisner,* in: Sodan Art. 30 Rn. 4.

[59] Vgl. etwa *Leisner,* in: Sodan Art. 30 Rn. 4; allg. zum Verbot der Mischverwaltung *Huber* DÖV 2008, 844.

gebungszuständigkeit aus dem Fehlen einer Bundesregelung, Art. 72 I Hs. 2, bzw. aus einer bundesgesetzlichen Freigabe, sofern die Erforderlichkeit einer bundesweiten Regelung entfallen ist, Art. 72 IV.[60] Hinzu zählen lässt sich auch das durch Art. 72 III GG eingeräumte Abweichungsrecht der Länder.

12     Umgekehrt verhindert Art. 30 eine Delegation von Legislativbefugnissen der Länder an den Bund. Angesichts dessen waren sog. **dynamische Verweisungen** des Länderrechts auf Bundesgesetze in den neuen Ländern – einigungsbedingt und als Übergangsregelungen – verfassungsrechtlich tolerierbar, ansonsten aber bedenklich;[61] denn die damit einhergehende Anpassungsautomatik bei Änderungen des Bundesrechts schließt eigengesetzlich bestimmtes Landesrecht aus. Bsp. finden sich im allg. Verwaltungsverfahrensrecht.[62] Die Rspr. des BVerfG ist schwankend: Dynamische Verweisungen des Landesrechts auf Bundesgesetze sollen nicht durchweg, wohl aber teilw. verfassungswidrig sein.[63]

13     Im Bereich der Landesverwaltung sind Mitentscheidungsrechte des Bundes nur in den ausdr. erfassten Konstellationen der Art. 91a und 91b zugelassen. Ansonsten ziehen Art. 30, 83 ein **Verbot der Mischverwaltung** nach sich.[64] Dem stehen überdies neben demokratischen auch rechtsstaatliche (genauer: gewaltenteilend-ressortspezifische) Maßgaben entgegen: Vom Gebot eigenverantwortlicher Aufgabenerledigung durch den zuständigen Verwaltungsträger kann nur ausnahmsweise bei bes. sachlichem Grund abgewichen werden; an sich unzuständige Träger dürfen daher nur bei eng umgrenzten Verwaltungsmaterien und unter besonderen Voraussetzungen herangezogen werden.[65] Ansonsten ist eine über die nach vorstehenden Verfassungsnormen ausdrücklich eröffneten Felder hinausgehende Übertragung der Ausführung von Landesgesetzen auf den Bund verwehrt,[66] es sei denn, der Gesetzesvollzug wäre ansonsten ausgeschlossen (beispielsweise, wenn es um eine auf Grund Landesrechts im Ausland zu treffende Maßnahme geht, Art. 32).[67] Im Einklang mit der Verfassung stehen, weil dadurch keine Kompetenzverschiebung erfolgt, indes wechselseitige Unterstützungen zu Fragen der Rechts-, Amtshilfe sowie Organleihe[68] – und auch im Wege der sog. „Betrauung".[69]

14     Nicht unbedenklich, weil mit der strikten Kompetenzverteilung und dem Gebot der landesfreundlichen Auslegung iSd Art. 30 schwerlich zu vereinbaren, erscheint die Akzeptanz der überwiegenden Auffassung gegenüber **Formen kooperativer Vereinbarung** bei unklaren Kompetenzabgrenzungen zwischen Bund und Ländern[70] (etwa: Lindauer Abkommen über Fragen des völkerrechtlichen Vertragsabschlusses in Bereichen der Länder[gesetzgebungs]zuständigkeiten und das sog. Flurbereinigungsabkommen zu Fragen der gesamtstaatlichen Repräsentation).[71] Schließlich soll Art. 30 (auch) einer Kompetenzverlagerung **zwischen den Ländern**, insbes. der Schaffung eines neuen zwischenstaatlichen Hoheitsträgers entgegenstehen.[72] Das ist indes nicht Gegenstand der auf die bundesstaatliche Kompetenzverteilung, nämlich diejenige zwischen Gesamtstaat und Gliedstaaten, ausgerichteten[73] und damit hierauf begrenzten Regelungsintention der Vorschrift.[74]

15     **4. Art. 30 und Kompetenzabgrenzung im Bundesstaat.** Entsprechendes gilt gegenüber einer generellen Anerkennung von potenziellen **Kompetenzüberschneidungen** bzw. von **Doppel-**

---

[60] Art. 72 III aF; vgl. des Weiteren Art. 125a II.

[61] Auch *Hellermann*, in: Epping/Hillgruber, Art. 30 Rn. 23.2.

[62] *Bothe* AK GG, Art. 30 Rn. 23.

[63] BVerfGE 47, 285 (311 ff.); 67, 348 (363 f.); krit. *Leisner*, in: Sodan Art. 30 Rn. 4; abl. auch Pestalozza in MKP Art. 70 Rn. 87; für eine grundsätzliche Unvereinbarkeit *März* MKS II, Art. 30 Rn. 29.

[64] Auch *Oeter*, Integration und Subsidiarität im deutschen Bundesstaatsrecht, 1998, S. 451 ff.; zur Ausnahmeregelung des Art. 108 ausführlich *ders.* ThürVBl 1997, 1.

[65] BVerfGE 119, 331 (366 f.) gegenüber den sog. Arbeitsgemeinschaften von Bundesbehörden und Kommunen nach § 44b SGB II: unzulässige Mischverwaltung auch wegen Zwangs zur einheitlichen Aufgabenwahrnehmung, wechselseitiger Beschränkungen der Personalhoheit, mangelnder Konfliktlösungsinstrumente und unklarer Aufsichtsstrukturen, aaO, 367 ff.; dazu *Schnapp* Jura 2008, 241; eingehend *Cornils* ZG 2008, 184, insbes. 197 ff. Allg. offener nach Maßgabe des Verhältnismäßigkeitsgrundsatzes *B. Küchenhoff*, Die Grenzen der Mischverwaltung, 2010.

[66] BVerfGE 21, 312 (325 f.).

[67] *Bothe* AK GG, Art. 30 Rn. 25.

[68] *Jaeckel*, in: Hofmann/Henneke, Art. 30 Rn. 46; die Organleihe wird insoweit teilw. wegen ihrer Nähe zur Mischverwaltung auf Ausnahmefälle beschränkt, vgl. BVerfGE 63, 1 (33 ff., 36, 41).

[69] BVerfGE 63, 1 (30 ff.); *Bothe* AK GG, Art. 30 Rn. 24.

[70] Ähnlich, wenn auch zurückhaltender, *Pietzcker* HStR VI, § 134 Rn. 35; zulässig ist dagegen die Selbstkoordination der Länder auch in Abstimmung mit dem Bund, BVerfGE 98, 218 (248 f.); *Kopke*, Rechtschreibreform und Verfassungsrecht, 1995, S. 79 f.; dazu *Bauer/Möllers* JZ 1999, 697 (697 ff.).

[71] Vgl. etwa *Bothe* AK GG, Art. 30 Rn. 24; *März* MKS II, Art. 30 Rn. 31; *Stern*, StaatsR I, S. 673, 696 ff.; *Rudolf* HStR IV², § 105 Rn. 11; zum Verhältnis des Lindauer Abkommens zur Ländermitwirkung nach Art. 23 *Clostermeyer/Lehr* DÖV 1998, 148.

[72] BerlVerfGH NVwZ 2007, 813 (815 f.); *Pernice*, in: Dreier II², Art. 30 Rn. 23; *Pieroth*, in: Jarass/Pieroth, Art. 30 Rn. 8.

[73] Vgl. → Rn. 2 ff.

[74] Skeptisch auch *März* MKS II, Art. 30 Rn. 31; *Hellermann*, in: Epping/Hillgruber, Art. 30 Rn. 24.5.

**zuständigkeiten** im Gefolge der bundesstaatlichen Ordnung.[75] Zutreffend ist zwar, dass die Kompetenzen von Bund und Ländern sich vielfältig berühren; auch mag man diese Gegebenheit **Kompetenzverschränkung** nennen.[76] Hierbei handelt es sich indes lediglich um die Konsequenz der lückenlosen Kompetenzverteilung nach Maßgabe eines Mischsystems[77] einerseits sowie der Interdependenz der Lebenssachverhalte und damit der Kompetenzmaterien andererseits.

Dass auf Grund dieser vielfältigen Berührungspunkte zwischen Bundes- und Länderzuständigkeiten,[78] gerade im Verwaltungsvollzug, für Bund wie Länder aus dem Grundsatz der Bundestreue (besser: Bundesstaatstreue) ein **Gebot der gegenseitigen Rücksichtnahme** erwächst und dass für die insoweit erforderlichen Anpassungsregelungen im Verhältnis der Bundes- und Landeszuständigkeiten nicht einseitig entweder der Bund oder die Länder, sondern potenziell beide Seiten – eben im Wege besagter Rücksichtnahme – zuständig sind,[79] ist daher ebenso richtig wie naheliegend. **16**

Kompetenzüberschneidungen im eigentlichen, also idS, dass Bund wie Länder für denselben Kompetenzbereich – und sei es auch nur teilw. – gleichermaßen zuständig sind, lassen sich aber mit dem **Grundsatz lückenloser und strikter Kompetenzverteilung**, soweit eine gegenteilige Anordnung im GG fehlt, nicht vereinbaren. Dem kann nicht entgegengehalten werden, Art. 31 wäre sonst gegenstandslos.[80] Hauptanwendungsfall des Art. 31 ist – und bleibt – Art. 72 I, demzufolge verfassungsmäßiges Gebrauchmachen des Bundes von seiner konkurrierenden Gesetzgebungskompetenz vorher gültig gesetztes Landesrecht verdrängt;[81] iÜ löst Art. 31 nicht zu bereinigende Auslegungs- und Zuordnungsfragen im Bereich der Gesetzgebung zugunsten des gesamtstaatlichen Rechts. **17**

Die **Entstehungsgründe** jener als Kompetenzüberschneidung gekennzeichneten Abgrenzungsproblematik[82] liegen nicht zuletzt in der **Verwendung** sehr **unterschiedlich strukturierter Begriffe** innerhalb der Kompetenzkataloge des GG. Insbes. ist der Anknüpfungspunkt bei der Aufzählung etwa der Gesetzgebungsmaterien uneinheitlich.[83] Teils werden bestimmte Rechtsgebiete oder Gesetze als Unterscheidungsmerkmal verwandt (etwa: Personenstandswesen, Art. 74 I Nr. 2, Freizügigkeit, Art. 73 I Nr. 3), zuweilen auch der Tätigkeitsbereich bestimmter Organe (Eisenbahnen des Bundes, Art. 73 I Nr. 6a, im Gegensatz zu anderen Schienenbahnen, Art. 74 I Nr. 23) und teilw. bestimmte Ziele (etwa Verhütung des Missbrauchs wirtschaftlicher Machtstellung, Art. 74 I Nr. 16). **18**

Die Abgrenzung wird zusätzlich dadurch erschwert, dass die aufgezählten Materien **quantitativ nicht gleichwertig** sind. Kompetenzkataloge enthalten einerseits unübersehbar große Gebiete (vor allem das Recht der Wirtschaft, Art. 74 I Nr. 11) und andererseits vergleichsweise kleine Bereiche (z. B. Personenstandswesen nach Art. 74 I Nr. 2). In zahlreichen Katalogpunkten finden sich des Weiteren mehrere Sachgebiete oder Teile davon. Auf anderen, im Grunde einheitlichen Sachgebieten treffen Kompetenznormen unterschiedlicher Intensität zusammen, wie etwa das Bsp. des Schienenverkehrs zeigt.[84] **19**

Eine begriffliche Subsumtion unter den tatbestandlichen Ermächtigungsrahmen einer Kompetenzvorschrift muss – soweit sie überhaupt möglich ist – wegen dieser Divergenzen erheblichen Schwierigkeiten begegnen. Die Rspr. des BVerfG wie die Literatur gehen übereinstimmend von **materiellen Kriterien** der Zuordnung aus. **20**

Das **BVerfG** prüft ua, ob das Kompetenzthema unmittelbarer und nicht nur mittelbarer Regelungsgegenstand ist,[85] ob es sich bei der Regelung um einen Haupt- oder Nebenzweck der Kompetenznorm handelt[86] oder ob das Kompetenzthema als solches[87] und „nicht nur als Reflex"[88] oder „speziell" und nicht lediglich „zwangsläufig"[89] berührt wird.[90] **21**

---

[75] Näher *Hillgruber* BK, Art. 30 (2006) Rn. 73 ff.; Ausnahmen sind wenig überzeugend, etwa bei der Informationskompetenz der BReg (BVerfGE 105, 252 [270 f.]) oder im administrativen Bereich (*Pieroth,* in: Jarass/Pieroth, Art. 30 Rn. 7).

[76] *Bothe* AK GG, Art. 30 Rn. 28.

[77] *Hesse* Grundzüge, Rn. 235.

[78] Bsp. bei *Bothe* AK GG, Art. 30 Rn. 28: Landeswahlrecht und Bundesparteienrecht, Landesdenkmalschutzrecht und Bundesfernstraßenrecht, Landesraumordnung und Bundesfachplanung.

[79] *Bothe* AK GG, Art. 30 Rn. 28.

[80] So aber *Bothe* AK GG, Art. 30 Rn. 27; zu Art. 31 auch *H.-J. Vogel* HdbVerfR, § 22 Rn. 40 ff.

[81] Deutlich Pestalozza in MKP, Art. 72 Rn. 303 ff., der jedoch die Anwendung des Art. 31 bei „Doppelzuständigkeit" nicht ausschließt; in diese Richtung auch *Graf Vitzthum* VVDStRL 46 (1988), 7 (30 f.): stärkere kompetenzrechtliche Anbindung des Art. 31; aA, dh gegen eine Heranziehung des Art. 31 im Anwendungsbereich des Art. 72 I, *Stern,* StaatsR I, S. 720 f.; *März,* Bundesrecht bricht Landesrecht, 1989, S. 136, 144, 157, 164, 204.

[82] *Pietzcker* HStR VI, § 134 Rn. 10; ferner *Stern,* StaatsR I, S. 676: „Doppelzuständigkeiten".

[83] Vgl. auch *Degenhart,* StaatsR I, Rn. 170 f.

[84] Ausf. zu alldem *Pestalozza* in MKP, Art. 70 Rn. 54 ff.

[85] BVerfGE 8, 104 (116 f.); 26, 281 (298); 28, 119 (149); 34, 139 (144); 36, 193 (205).

[86] BVerfGE 8, 143 (148 ff.); 13, 181 (196 ff.); 13, 367 (371 f.); 14, 76 (99).

[87] BVerfGE 8, 143 (148 ff.); 29, 402 (409).

[88] BVerfGE 28, 119 (149).

[89] BVerfGE 14, 197 (200); 15, 1 (9, 22); 7, 29 (39, 44).

[90] Zum Ganzen *Scholz* FG BVerfG II, 1976, S. 252 (267); eingehend *Herbst,* Gesetzgebungskompetenzen im Bundesstaat, 2014.

**22**    Einer inhaltlichen Strukturanalyse der fraglichen Regelungsmaterien entspricht es auch, dass Überschneidungen im Verhältnis von Art. 75 aF zu Art. 73 f. vielfach mit Hilfe des Gesichtspunkts der **„Spezialität"** gelöst worden sind.[91] So fanden sich die beteiligten Kompetenzmaterien zueinander und zu dem umstrittenen Regelungsgegenstand in Beziehung gesetzt. Die „speziellere" und „stärkere" Sachbeziehung zu dem Regelungsgegenstand gab dann den Ausschlag für das Überwiegen eines sachlichen Zusammenhangs, der über die kompetenzielle Zuordnung einer Gesetzesmaterie entscheiden kann.[92]

**23**    Das **Schrifttum** behandelt die Frage der „Überschneidungen" kompetenzrechtlicher Art vielfach von vornherein als spezifische Auslegungsfrage von Kompetenznormen.[93] Der kompetenzrechtliche und speziell bundesstaatlicher Tradition erwachsene Sondersinn der Kompetenzauslegung aus dem sachlichen Zusammenhang sei es „zu ermitteln, wie weit Bundes- und Landeskompetenzen auf die zu ihrer zweckgemäßen, sachgemäßen Verwirklichung dienlichen Regelungen oder Verwaltungsmaßnahmen erstreckt werden können, ohne die zweckentsprechende, sachgemäße Verwirklichung einer anderen Bundes- oder Landeskompetenz zu verhindern".[94]

**24**    Zutreffend erscheint, dass eine an allg. teleologischen Auslegungskriterien orientierte funktionale Interpretation der Kompetenzmaterien **Sinn und Zweck des Regelungsgegenstandes,** um dessen kompetenzmäßige Zuordnung es geht, berücksichtigen muss. Dergestalt findet sich betont, zur Feststellung der erforderlichen Relation zwischen beiden seien Sinn und Zweck von Regelungsgegenstand und Kompetenzmaterie in Beziehung zu setzen: Die gesonderte Auslegung einzelner Kompetenzgebiete soll wenig aufschlussreich sein; den Ausschlag gebe die funktionale Beziehung zwischen Regelungsgegenstand und Kompetenzmaterie, aus der sich die Bestimmung des engeren Zusammenhangs und damit die Zuordnung unter eine Kompetenznorm herleite.[95]

**25**    Die spezifische Qualität einer Regelung als kompetenzthematisches **„Sonderrecht"** entscheidet mithin nach Sinn und Zweck der Regelung über ihre kompetenzmäßige Zuordnung.[96] Die Berührung eines Kompetenzbereichs, die nur anlässlich einer (anderen sonderrechtlichen) Regelung erfolgt, reicht für die Zuordnung unter diese Kompetenznorm nicht aus. Der Zuständigkeitsbereich wird nur allg. und nicht sonderrechtlich betroffen.

**26**    Jene Unterscheidung zwischen (kompetenzunerheblichem) allg. Recht und (kompetenzentscheidendem) Sonderrecht findet sich der Sache nach auch in den Entscheidungen des **BVerfG** wieder:[97] Wenn das Gericht für die kompetenzielle Zuordnung des Regelungsgegenstandes einen notwendigen inneren sachlichen oder unmittelbaren Zusammenhang mit der betreffenden Kompetenzmaterie verlangt oder wenn es (noch deutlicher) davon spricht, dass die Kompetenzmaterie ausschließlich, als solche und nicht nur als Reflex geregelt werden müsse (→ Rn. 21), so wird eben die Abgrenzung zwischen „Sonderrecht" und (nur) „allg. Recht" zum Entscheidungskriterium gemacht.

**27**    Die fragliche Abgrenzungsproblematik hat danach nichts mit „Überschneidungsbereichen" zwischen Bundes- und Landeskompetenzen zu tun; vielmehr geht es allein um – zugegebenermaßen nicht einfache – **Auslegungsfragen** im Verhältnis der Zuständigkeiten des Bundes zu jenen der Länder. Interpretativen Schwierigkeiten kann insoweit nach den vorstehend skizzierten Maßgaben begegnet werden: Die kompetenzrechtliche Zuordnung eines Sachverhalts erfolgt unter Ermittlung des „alleinigen oder hauptsächlichen" Gesetzeszwecks und dessen unmittelbarer und primärer Subsumtion (Subsumierbarkeit) unter ein spezielles Kompetenzthema.[98] Die Behandlung der „Überschneidungsfälle" weist von daher deutliche Parallelen zu dem Fragenkreis der „ungeschriebenen" Gesetzgebungs- bzw. Verwaltungskompetenzen auf.[99]

**28**    Die bundesstaatliche Kompetenzverteilung bringt es mit sich, dass die Länder an kompetenzgerechtes Handeln des Bundes gebunden sind, wie auch der Bund einer Bindung an zuständigkeitsgemäßes Tun der Länder unterliegt.[100] Auf Grund der geschilderten Kompetenzverschränkung (→ Rn. 15 ff.) muss dabei indes die spezifische Aufgabenwahrnehmung der jeweils betroffenen Seite gewahrt bleiben, darf also zumindest der **Kernbereich des Zuständigkeitsbereichs** nicht berührt werden. Das folgt

---

[91] BVerfGE 7, 29 (39, 44); weit. Nachw. bei *Scholz,* FG BVerfG II, 1976, S. 252 (270 Fn. 127).

[92] BVerfGE 7, 29 (39, 44); 24, 300 (353 f.); *Wipfelder* DVBl 1982, 477 (479); zu ähnlichen Fragen im Zusammenhang mit den sog. „ungeschriebenen" Kompetenzen u. Rn. 27, 38 f.

[93] *Bullinger* AöR 96 (1971), 237 (247 f.); *Scholz* FG BVerfG II, 1976, S. 252 (272 ff.); Kritik am Begriff bei *Leisner,* in: Sodan Art. 30 Rn. 5; zur strikten Auslegung vom Kompetenznormen *Lerche* FS Maurer, 2001, S. 205 (205 ff.).

[94] *Bullinger* AöR 96 (1971), 237 (248).

[95] *Pestalozza* DÖV 1972, 181 (182); zu formal und einseitig auf die gesetzgeberische Zielsetzung abstellend BVerwG DVBl 2008, 259 (261 f.).

[96] *Scholz,* FG BVerfG II, 1976, S. 252 (268); *Pestalozza* DÖV 1972, 181 (183).

[97] Hierzu *Lerche* JZ 1972, 468; *Bettermann* AöR 83 (1958), 91.

[98] *Scholz* FG BVerfG II, 1976, S. 252 (273).

[99] Dazu → Rn. 38 f.

[100] Näher *Hellermann,* in: Epping/Hillgruber, Art. 30 Rn. 6 mwN.

verfassungsrechtlich – erneut (vgl. → Rn. 16) – aus dem der Bundestreue zu entnehmenden Gebot der Rücksichtnahme,[101] des Weiteren aus dem verfassungsrechtlichen Prinzip der praktischen Konkordanz.[102]

## II. Art. 30 und Entwicklungen in der Verfassungswirklichkeit; Föderalismusreform 2006

Neben der apriorischen Schwäche der neuen Länder[103] ist die vom GG im Gefolge der Art. 30, 70, **29** 83 angelegte und von der Verfassungsrechtswissenschaft in der Vergangenheit betonte[104] Aufgabentrennung zwischen Bund und Ländern – separativer Föderalismus[105] – in der Verfassungswirklichkeit durch vielfältige Formen des kooperativen Föderalismus[106] mit unitarischen Konsequenzen verwischt worden, wobei dieser Prozess durch Wellenbewegungen[107] gekennzeichnet ist.[108] Der hierdurch bewirkte Substanzverlust der Ländereigenständigkeit, der vornehmlich zu Lasten der Länderparlamente geht,[109] wird verschärft durch Kompetenzverschiebungen zugunsten der EU.[110] Diese **kumulative Zangenbewegung** der nationalen Entwicklung einerseits und jener europarechtlicher Art andererseits wirft Bedenken unter dem Gesichtspunkt der Vereinbarkeit mit Art. 79 III auf.[111] Der Befund einer weitgehenden Erosion des bundesdeutschen Föderalismus führte im Jahr 2003 zur Einsetzung einer Kommission von Bundestag und Bundesrat zur Modernisierung der bundesstaatlichen Ordnung mit dem Ziel, die Zuständigkeiten von Bund und Ländern zu entflechten. Die **Föderalismusreform** scheiterte zunächst im Dezember 2004; unter veränderten politischen Vorzeichen wurde sie im Jahr 2006 schließlich zum Abschluss gebracht.[112] Wesentliche Eckpfeiler der Verfassungsreform sind folgende:[113] Die Zustimmungsrechte des Bundesrates (Art. 84) wurden reduziert, indem die Länder bei der Ausführung von Bundesgesetzen als eigene Angelegenheit die Einrichtung der Behörden und das Verwaltungsverfahren regeln.[114] Des Weiteren ist eine Neuordnung der Gesetzgebungskompetenzen vorgenommen worden, welche die Rahmengesetzgebung des Bundes nach Art. 75 aF vollständig gestrichen und Bund und Ländern mehr eigenständige Kompetenzen zugewiesen hat.[115] Als Reaktion auf die strenge Auslegung der Erforderlichkeitsklausel des Art. 72 II durch das BVerfG[116] wurden zahlreiche Kompetenztitel des Art. 74 von diesem Kriterium ausgenommen.[117] Zudem ist ein neuer Kompetenztypus bzw. eine Variante in die konkurrierende Gesetzgebung eingeführt worden: Nach Art. 72 III können die Länder nunmehr im Bereich der konkurrierenden Gesetzgebung auf enumerativ bestimmten Gebieten (vornehmlich im Raumordnungs- und Umweltrecht[118]) von bundesrechtlichen Regelungen durch eigene Gesetze abweichen.[119] Schließlich wurde die Finanzverantwortung entflochten; allerdings finden sich im wissenschaftlichen Forschungsbereich doch finanzielle Vernetzungen in Form von Bund-Länder-Vereinbarungen zur Förderung von Einrichtungen und Vorhaben außerhalb der und an Hochschulen und von Forschungsbauten an Hochschulen einschließlich Großgeräten eröffnet (Art. 91b I 1). Die Finanzverfassung hat kaum durchgreifende Neuregelung durch die sog. Föderalismusreform II gefunden.[120] Ob angesichts (all) dessen die Reformanstrengungen ausreichen, der besagten Krise wirkungsvoll zu begegnen, kann bezweifelt werden. Dies gilt vor allem mit

---

[101] BVerfGE 12, 205 (255 f.); *Bothe* AK GG, Art. 30 Rn. 33; *Stern,* StaatsR I, S. 699 ff.

[102] *Bothe* AK GG, Art. 30 Rn. 33.

[103] Eingehend *Klatt* VerwArch 82 (1991), 430 (443 ff.); *Akademie für Raumforschung und Landesplanung* (Hrsg.), Materialien zur Fortentwicklung des Föderalismus in Deutschland, 1993, insbes. S. 58 ff.; auch → Art. 29 Rn. 5, 72.

[104] Vgl. *v. Münch,* StaatsR I (6. Aufl. 2000), Rn. 594.

[105] *Ossenbühl,* in: ders. (Hrsg.), Föderalismus und Regionalismus in Europa, 1990, S. 117 (132).

[106] Zur geschichtlichen Entwicklung des Begriffs *Kisker,* Kooperation im Bundesstaat, 1971, S. 1; eingehend *Rudolf* HStR VI, § 141.

[107] Eingehend *Klatt* VerwArch 82 (1991), 430 (445 f.).

[108] *Hesse* Grundzüge, Rn. 220 f.

[109] *Klatt,* Das Parlament, Beilage, B. 28/86 v. 12.7.1986, 9, 13 ff.; *Benz,* Föderalismus als dynamisches System, 1985, S. 57; dazu und zum Folgenden auch *Schubert,* in: Kronenberg/Horneber (Hrsg), Die repräsentative Demokratie in Anfechtung und Bewährung, 2019, S. 165 (166 ff.) mwN.

[110] Vgl. hierzu → Art. 23 Rn. 54 ff.; → Art. 24 Rn. 26; s. auch *Korioth* BayVBl 2017, 469.

[111] Vgl. dazu *Ossenbühl* (Fn. 105), S. 117 (140 ff.); *Dröll,* Die deutschen Bundesländer und die Europäische Gemeinschaft, 1992; *Benz* DÖV 1993, 85; *Klatt* VerwArch 78 (1987), 186; *Rudolf* HStR VI, § 141 Rn. 92 ff.; näher *Erbguth,* FS Carl Heymanns, 1995, S. 549 (558 ff.).

[112] Vgl. → Rn. 10.

[113] Bereits → Rn. 10.

[114] Vgl. näher → Rn. 10.

[115] Näher → Rn. 10.

[116] Dazu → Rn. 10.

[117] Vgl. → Rn. 10.

[118] Zum diesbezüglichen Inhalt der Föderalismusreform und zu den Konsequenzen *Erbguth* FS Rengeling, 2008, S. 35 mwN; zu europarechtlichen Aspekten *Huber* ZG 2006, 354.

[119] Vgl. näher → Rn. 10; zu den Tücken dieser Abweichungsgesetzgebung anschaulich *Schmitz/Jornitz* DVBl 2013, 741.

[120] Dazu *Wernsmann* ThürVBl 2010, 121; *Korioth* ZG 2007, 1; *Ekardt/Buscher* DÖV 2007, 89.

Blick auf die Zugriffsmöglichkeit der Länder nach Art. 72 III im Bereich der konkurrierenden Gesetzgebung (vgl. vorstehend), die das Bestreben, eine Kompetenzentflechtung zwecks Regelungs- und Verantwortungsklarheit herbeizuführen, eher konterkarieren dürfte.[121]

## C. Näherer Regelungsgehalt

**30**     Art. 30 bestimmt für das Bundesstaatsprinzip **„grundlegend"**[122] die Ausübung staatlicher Befugnisse und die Erfüllung staatlicher Aufgaben[123] als Ländersache, soweit das GG keine andere Regelung trifft oder zulässt.[124]

## I. Ausübung staatlicher Befugnisse und Erfüllung staatlicher Aufgaben

**31**     Die Begriffe „Ausübung staatlicher Befugnisse" und „Erfüllung staatlicher Aufgaben" lassen sich allenfalls schwerpunktartig voneinander sondern; hiernach sind unter **staatlichen Befugnissen** solche Funktionen zu verstehen, die Staatsorgane zu Eingriffen berechtigen (Steuerwesen, Polizei: hoheitliche Tätigkeiten[125]), während der Begriff „Aufgaben" Tätigkeitsbereiche erfasst, zu deren Wahrnehmung der Staat teilw. – etwa im Gefolge des Sozialstaatsprinzips – verpflichtet, zT aber auch nur berechtigt ist (etwa im Bereich der gesetzesfreien Aufgaben).[126]

**32**     Ein näheres Hinterfragen oder eine differenzierte Vertiefung der definitorischen Abgrenzung ist entbehrlich, weil Art. 30 als Grundsatznorm der Kompetenzverteilung im Bundesstaat von einem umfassenden Verständnis der staatlichen Aufgaben und Befugnisse ausgehen muss, folglich die **Gesamtheit staatlicher Tätigkeit** meint.[127] Vorbehaltlich der Sonderregelungen in Art. 70 ff., 83 ff., 92 ff., des Weiteren in Art. 104 a ff., 21 III, 38 III, 32 I,[128] werden sämtliche drei Bereiche der Staatsgewalt erfasst, im Bereich der Exekutive die gesetzesakzessorische wie die gesetzesfreie staatliche Gewalt,[129] die hoheitliche Tätigkeit, aber auch die sonstige Erfüllung öff. Aufgaben, unabhängig davon, ob dies mit Mitteln bzw. in Formen des öff. Rechts oder des Privatrechts erfolgt.[130]

**33**     Im Vordringen befindet sich die Auffassung, dass darüber hinaus auch das rein **fiskalische** und zudem das **erwerbswirtschaftliche Handeln** des Staates Art. 30 unterfällt.[131] Dem ist in Anbetracht dessen zuzustimmen, dass fiskalische (Hilfs-!)Geschäfte der Zweckbindung an die grundgesetzlich vorgesehenen Verwaltungstätigkeiten unterliegen und erwerbswirtschaftliches Handeln der Länder wegen Art. 134 f. solches des Bundes nicht ausschließt.[132] In dem gebotenen weiten Sinne (vorstehend) sind zu den von Art. 30 erfassten Kompetenzen überdies **Fördermaßnahmen** durch Hingabe von Haushaltsmitteln zu zählen;[133] entgegen der überwiegend vertretenen Auffassung können wegen ihres vorwirkenden Charakters auch sog. „anregende"[134] und „informelle"[135] Tätigkeiten im Vorfeld von Festlegungen rechtlicher und faktischer Art nicht ausgespart bleiben.[136] Da hinsichtlich der **Ausführung des Europäischen Unionsrechts** die innerstaatliche Kompetenzverteilung unberührt bleibt, gilt Art. 30 insoweit gleichermaßen.[137] Str. ist die Geltung der Vorschrift für Auslandsaktivitäten öffentlicher Unternehmen.[138]

---

[121] Dazu *Erbguth* FS Rengeling, 2008, S. 35.
[122] BVerfGE 12, 205 (244); 36, 342 (365 f.).
[123] S. allg. → Rn. 1.
[124] S. → Rn. 36 ff.
[125] *Leisner,* in: Sodan, Art. 30 Rn. 6.
[126] So die Definition bei *Gubelt,* in: v. Münch/Kunig I, Art. 30 Rn. 6, die sich weitgehend durchgesetzt hat, vgl. etwa *Pieroth,* in: Jarass/Pieroth, Art. 30 Rn. 3; *Wittreck,* in: Dreier II, Art. 30 Rn. 17; eingehend *Hillgruber* BK, Art. 30 (2006) Rn. 146 ff.
[127] Im Ansatz einhellige Meinung, *Bothe* AK GG, Art. 30 Rn. 17; *Jaeckel,* in: Hofmann/Henneke, Art. 30 Rn. 13; *Pieroth,* in: Jarass/Pieroth, Art. 30 Rn. 3: der Oberbegriff ist Kompetenz; Letzterem folgend *Wittreck,* in: Dreier II, Art. 30 Rn. 17; dem Grunde nach auch informelles Staatshandeln uä, vgl. *Hillgruber* BK, Art. 30 (2006) Rn. 160 ff.; abw. *Korioth,* in: Maunz/Dürig, Art. 30 Rn. 8.
[128] Vgl. *Pietzcker* HStR VI, § 134 Rn. 11.
[129] BVerfGE 12, 205 (246 f.); 22, 180 (217); 39, 96 (109).
[130] Zu Letzterem BVerfGE 12, 205 (244 ff.); *Hillgruber* BK, Art. 30 (2006) Rn. 155.
[131] *Hillgruber* BK, Art. 30 Rn. 156 ff.; *Bothe* AK GG, Art. 30 Rn. 17; *Wittreck,* in: Dreier II, Art. 30 Rn. 18; *Jaeckel,* in: Hofmann/Henneke, Art. 30 Rn. 16; s. auch *Gubelt,* in: v. Münch/Kunig I, Art. 30 Rn. 8, der das fiskalische Verwaltungshandeln nicht Art. 30 unterworfen wissen will; eingehend *Pfahl,* Staatliche Wirtschaftsteilnahme und Art. 30 GG, 2016.
[132] *Bothe* AK GG, Art. 30 (2006) Rn. 17; krit. unter Hinw. auf die weitreichende Privatisierung staatlichen Handelns *Hellermann,* in: Epping/Hillgruber, Art. 30 (2006) Rn. 9.2.
[133] BVerfGE 22, 180 (216); *Pieroth,* in: Jarass/Pieroth, Art. 30 Rn. 3; vgl. auch *Gubelt,* in: v. Münch/Kunig I, Art. 30 Rn. 8.
[134] BVerfGE 22, 180 (216).
[135] *Hillgruber* BK, Art. 30 Rn. 160 ff.; *Leisner,* in: Sodan, Art. 30 Rn. 6.
[136] *Korioth,* in: Maunz/Dürig, Art. 30 Rn. 19; *Leisner,* in: Sodan, Art. 30 Rn. 6.
[137] *März* MKS II, Art. 30 Rn. 58.
[138] Dafür *Pieroth,* in: Jarass/Pieroth, Art. 30 Rn. 3; dagegen *Hellermann,* in: Epping/Hillgruber, Art. 30 Rn. 9.2 mwN.

## II. Vorbehalt einer anderweitigen Regelung

Die Regelzuweisung der Kompetenzen an die Länder steht nach Art. 30 unter dem **Vorbehalt** 34 **einer anderen Regelung** zugunsten des Bundes, und zwar durch „dieses Grundgesetz".

Aus Letzterem folgt zunächst, dass Ausnahmen **im Text des GG** vorfindbar sein müssen; 35 Gewohnheitsrecht reicht nicht aus.[139] Auch Gesetzes- oder Regelungsvorbehalte im GG (etwa Art. 2 II 3, 5 II, 8 II, 10 II, 12 I 2) sind grds. keine solchen zugunsten des Bundes. Ebenso wenig stellen Staatszielbestimmungen Kompetenzbegründungen für den Bund dar.[140] Wird eine Aufgabe dem „Bund" zugewiesen, ist nach allgemeinen verfassungsrechtlichen Maßstäben zu entscheiden, ob es sich dabei um eine solche zur Gesetzgebung oder der Verwaltung handelt.[141] Aus dem Bund (insbes.) nach Art. 87 ff. zugewiesenen Verwaltungskompetenzen kann keine Regelung iSd Art. 30 zugunsten seiner Gesetzgebungszuständigkeiten gefolgert werden; vielmehr gilt umgekehrt, dass die äußersten Grenzen der Verwaltungsbefugnisse des Bundes durch seine Gesetzgebungskompetenzen gezogen werden.[142]

Die sybillinische Wortwahl des Ausnahmetatbestandes in Art. 30, demzufolge das GG die Regelung 36 zugunsten des Bundes „treffen" oder „zulassen" muss, lässt sich zunächst dahingehend erhellen, dass mit **„treffen"** eine ausdrückliche Bestimmung zugunsten des Bundes gemeint ist, sei es in spezifischer Ausprägung („Das Nähere regelt ein Bundesgesetz", „Aufgabe des Bundes ist es …" oä), sei es im Wege impliziter Mitregelung (Art. 95 I: „Für die Gebiete der ordentlichen, der Verwaltungs-, der Finanz-, der Arbeits- und der Sozialgerichtsbarkeit errichtet der Bund als oberste Gerichtshöfe …").[143] Wird – wie im letzten Bsp. – lediglich der „Bund" für zuständig erklärt, beurteilt sich die Frage, ob es sich um eine Gesetzgebungs- oder Verwaltungskompetenz handelt, anhand des Vorbehalts des Gesetzes.[144]

Zuständigkeitszuweisungen dieser und ähnlicher Art finden sich nicht nur in Art. 74, 87 ff., 105, 37 108 (den Kompetenzkatalogen), sondern etwa auch in Art. 4 III, 21 III, 26 II, 29 II, 38 III, 41 III, 45b, 48 III, 54 VII, 59 II, 93 III, 94 II, 95 III, 96 V, 98 I, 107 I und II, 110 II, 114 II, 115, 131, 134 IV, 135 V.[145] Andere Regelungen stellen auch Art. 23 I und 24 I dar.[146]

Zurückhaltendere Anforderungen als ein ausdrückliches Bestimmen scheint das **„Zulassen"** iSd 38 Art. 30 nach sich zu ziehen. Das erklärt die Diskussion um sog. „ungeschriebene Bundeszuständigkeiten" als „andere" Regelung im Gefolge jener Variante.[147] Zutr. erscheint, dass es im eigentlichen Sinne **„ungeschriebene"**, dh außerhalb des GG begründete Bundeskompetenzen angesichts der Bezugnahme des „Zulassens" auf „dieses Grundgesetz" schon nach dem Wortlaut des Art. 30 nicht geben kann;[148] anderenfalls würde zudem das Regel-Ausnahme-Verhältnis der Vorschrift, mithin Sinn und Zweck des Art. 30, verkehrt.[149]

Angesichts dessen muss das „Zulassen" in Abgrenzung vom „Treffen" (einer anderen Regelung) 39 so verstanden werden, dass durch das GG nicht unmittelbar eine Bundeszuständigkeit bestimmt, sondern dem Bund eine Ermächtigung eingeräumt wird – insoweit ausdrücklich[150] –, eine eigene Kompetenz durch weiteren Hoheitsakt zu begründen;[151] solche grundgesetzlichen Konstellationen finden sich im Bereich der Verwaltungskompetenzen, vgl. Art. 87 III.[152] Eine weitere Interpretation der Alternative geht dahin, es sei die Übertragung von Aufgaben und Befugnissen an außerhalb der bundesstaatlichen Hoheitsgewalt stehende Kompetenzträger gemeint.[153] Jedenfalls muss jegliche Bundeskompetenz, auch die nach Art. 30 „zugelassene", ihre **Grundlage im GG** haben, so dass es keine ungeschriebenen, sondern allenfalls verfassungsrechtlich, und sei es stillschweigend, mitgeschriebene Zuständigkeiten des Bundes gibt.[154] Bundeskompetenzen „kraft Sachzusammen-

---

[139] *Hillgruber* BK, Art. 30 Rn. 182.

[140] *Pietzcker* HStR VI, § 134 Rn. 12; anders *Ehlers*, Verwaltung in Privatrechtsform, 1984, S. 115, 120.

[141] BVerfGE 24, 155 (167).

[142] BVerfGE 15, 1 (16); *Gubelt*, in: v. Münch/Kunig I, Art. 30 Rn. 11 mwN.

[143] *Gubelt*, in: v. Münch/Kunig I, Art. 30 Rn. 12; *Rengeling* HStR IV², § 100 Rn. 109; zum Streit insoweit näher *Hillgruber* BK, Art. 30 (2006) Rn. 183 ff.

[144] BVerfGE 24, 155 (167).

[145] *März* MKS II, Art. 30 Rn. 50 ff.; *Wittreck*, in: Dreier II, Art. 30 Rn. 21.

[146] *Pieroth*, in: Jarass/Pieroth, Art. 30 Rn. 4; *Hellermann*, in: Epping/Hillgruber, Art. 30 Rn. 16.

[147] *Korioth*, in. Maunz/Dürig, Art. 30 Rn. 23; *März* MKS II, Art. 30 Rn. 60 ff.; krit. *Hillgruber* BK, Art. 30 (2006) Rn. 188 ff.; vgl. *Cremer* ZG 2005, 29.

[148] *Gubelt*, in: v. Münch/Kunig I, Art. 30 Rn. 15 f.: Gewohnheitsrechtliche Regelungen scheiden im Anwendungsbereich des Art. 30 aus; abw. wohl *Korioth*, in: Maunz/Dürig, Art. 30 Rn. 23.

[149] Näher *Hellermann*, in: Epping/Hillgruber, Art. 30 Rn. 15 mwN; *März* MKS II, Art. 30 Rn. 63.

[150] Und keinesfalls iSd bloßen Duldens und Gewährenlassens, *Maunz*, in: Maunz/Dürig, Art. 30 (1982) Rn. 20; abl. *Korioth*, in: Maunz/Dürig, Art. 30 Rn. 23.

[151] *Leisner*, in: Sodan, Art. 30 Rn. 8: impliziter Transfer; *Pestalozza* MKP Art. 70 Rn. 36; anders *Pietzcker* HStR VI, § 134 Rn. 13 f.

[152] *Bothe* AK GG, Art. 30 Rn. 12.

[153] *März* MKS II, Art. 30 Rn. 58; krit. demgegenüber *Korioth*, in: Maunz/Dürig, Art. 30 Rn. 23.

[154] Großzügiger *Wolff*, in: Hömig/Wolff Art. 30 Rn. 3.

hangs"[155] bzw. iSd „Annexes" oder jene „kraft Natur der Sache" müssen sich daher im Wege der Auslegung aus spezifischen Zuweisungen des GG oder aus dem Gesamtkontext der Verfassung entnehmen lassen.[156] Einer extensiven Interpretation zugunsten des Bundes steht Art. 30 dabei entgegen.[157] Angesichts dessen lässt sich das **Informationshandeln** der (Bundes-)Regierung im Zusammenhang mit Krisen im Agrar- und Lebensmittelbereich oder mit als gefährlich eingestuften Bewegungen (Jugendsekten uä) kaum unter Hinweis auf die generelle Zuweisung staatsleitender Aufgabenverantwortung durch Art. 62 ff., 65 kompetenzrechtlich absichern.[158]

## D. Rechtsschutz

**40**    Kompetenzverstöße – auch solche gegen Art. 30[159] – können **verfassungsgerichtlich** im Verfahren des Art. 93 I Nr. 3 **geltend gemacht werden,** ferner im Normenkontrollverfahren nach Art. 93 I Nr. 2 und nach Art. 93 I Nr. 2a, sofern es um die Voraussetzungen des Art. 72 II zur Gesetzgebung geht.[160] Als Gültigkeitsvoraussetzung von Rechtsnormen lässt sich die Legislativkompetenz schließlich bei jeder Art von Normenkontrolle (Art. 100, 93 I Nr. 4a[161]) überprüfen.[162] Verstößt ein Gesetz unmittelbar gegen Art. 30, so führt bereits die Sperrwirkung jener Norm zur Nichtigkeit, ohne dass Art. 31 herangezogen werden müsste.[163]

## Art. 31 [Vorrang des Bundesrechts]

**Bundesrecht bricht Landesrecht.**

**Entstehungsgeschichte:** Erstfassung: JöR nF 1 (1951), 298.
**Historische Verfassungstexte: RV 1849:** § 66 Reichsgesetze gehen den Gesetzen der Einzelstaaten vor, insofern ihnen nicht ausdrücklich eine nur subsidiäre Geltung beigelegt ist. – **RV 1871: Art.** 2 S. 1 Innerhalb dieses Bundesgebietes übt das Reich das Recht der Gesetzgebung nach Maßgabe des Inhalts dieser Verfassung und mit der Wirkung aus, daß die Reichsgesetze den Landesgesetzen vorgehen. – **WRV: Art. 13** (1) Reichsrecht bricht Landrecht. (2) Bestehen Zweifel oder Meinungsverschiedenheiten darüber, ob eine landesrechtliche Vorschrift mit dem Reichsrecht vereinbar ist, so kann die zuständige Reichs- oder Landeszentralbehörde nach näherer Vorschrift eines Reichsgesetzes die Entscheidung eines obersten Gerichtshofs des Reichs anrufen.
**Leitentscheidungen:** BVerfGE 36, 342 (Inhaltsgleiches Landesverfassungsrecht); BVerfGE 96, 345 (Landesverfassungsgerichte); BVerfGE 98, 106 (Kommunale Verpackungssteuer).
**Schrifttum:** *P. Badura,* Supranationalität und Bundesstaatlichkeit durch Rangordnung des Rechts, in: *C. Starck* (Hrsg.), Rangordnung der Gesetze, 1995, S. 107; *E. W. Böckenförde/R. Grawert,* Kollisionsfälle und Geltungsprobleme im Verhältnis von Bundesrecht und Landesverfassung, DÖV 1971, 119; *Chr. v. Coelln,* Anwendung von Bundesrecht nach Maßgabe der Landesgrundrechte, 2001; *Chr. Enders,* Die neue Subsidiarität des Bundesverfassungsgerichts, JuS 2001, 462; *K. Engelbrecht,* Die Kollisionsregel im föderalen Ordnungsverbund, 2010; *P. M. Huber,* Bundesverfassungsrecht und Landesverfassungsrecht, NdsVBl. 2011, 233; *J. Ipsen,* Die Kompetenzverteilung zwischen Bund und Ländern nach der Föderalismusnovelle, NJW 2006, 2801; *C. Jabloner,* Stufung und „Entstehung" des Rechts, ZÖR 60 (2005), 163; *S. Jutzi,* Landesverfassungsrecht und Bundesrecht, 1982; *B. Lemhöfer,* Landesverfassungsgerichte als kleine Bundesverfassungsgerichte?, NJW 1996, 1714; *W. März,* Bundesrecht bricht Landesrecht, 1989; *M. Möstl,* Landesverfassungsrecht – zum Schattendasein verurteilt?, AöR 130 (2005), 350; *M. Nierhaus/S. Rademacher,* Die große Staatsreform als Ausweg aus der Föderalismusfalle?, LKV 2006, 385; *J. Rozek,* Das Grundgesetz als Prüfungs- und Entscheidungsmaßstab der Landesverfassungsgerichte, 1993; *M. Sachs,* Die Landesverfassung im Rahmen der bundesstaatlichen Rechts- und Verfassungsordnung, ThürVBl. 1993, 121; *U. Sacksofsky,* Landesverfassungen und Grundgesetz, NVwZ 1993, 235; *R. Uerpmann,* Landesrechtlicher Grundrechtsschutz und Kompetenzordnung, Der Staat 35 (1996), 428; *E. Wiederin,* Bundesrecht und Landesrecht, Wien 1995; *F. Wittreck,* Nachrangklauseln und „normative Selbstbescheidung" der Landesverfassung: Konsequenz oder Umgehung des Art. 31 GG?, DVBl. 2000, 1492.

---

[155] Unter engen Voraussetzungen möglich, vgl. BVerfGE 98, 265 (299); krit. dazu *Starck* FS Maurer, 2001, S. 281 (281 ff.); eingehend *U. J. Schröder,* Kriterien und Grenzen der Gesetzgebungskompetenz kraft Sachzusammenhangs nach dem Grundgesetz, 2007.
[156] Hierzu näher *Bullinger* AöR 96 (1971), 237 ff.; *März* MKS II, Art. 30 Rn. 63; *Wipfelder* DVBl 1982, 477 (482).
[157] Vgl. Rn. 9; BVerfGE 26, 246 (254); *März* MKS II, Art. 30 Rn. 62; *Hillgruber* BK, Art. 30 Rn. 191.
[158] Anders die Rspr., vgl. BVerfGE 105, 268; 105, 301.
[159] *Wittreck,* in: Dreier II, Art. 30 Rn. 32; *Hellermann,* in: Epping/Hillgruber, Art. 30 Rn. 5; *Gubelt,* in: v. Münch/Kunig I, Art. 30 Rn. 25.
[160] Das diesbezüglich erforderliche subjektive Recht wird sich bei fehlenden speziellen Kompetenzvorschriften oä aus Art. 30 ableiten lassen, BVerfGE 21, 312 (328); *Wittreck,* in: Dreier II, Art. 30 Rn. 32; krit. *Korioth,* in: Maunz/Dürig, Art. 30 Rn. 24.
[161] Etwa *Leisner,* in: Sodan, Art. 30 Rn. 9.
[162] *Maunz,* in: Maunz/Dürig, Art. 30 (1982) Rn. 18.
[163] *Wittreck,* in: Dreier II, Art. 30 Rn. 32.

# A. Allgemeines
## I. Entstehungsgeschichte

Der Wortlaut von Art. 31 ist Art. 13 WRV nachempfunden.[1] „Weichere" Formulierungen, wie **1** „Bundesrecht geht vor Landesrecht" oder „Bundesrecht bricht entgegenstehendes Landesrecht", fanden im ParlRat keine Mehrheit.[2] Nachdem der Hauptausschuss auf Vorschlag des Abg. *Kaufmann* zunächst in das Protokoll aufgenommen hatte, dass die Wendung „Bundesrecht bricht Landesrecht" nur entgegenstehendes Landesrecht ausschließen solle, setzte sich mit der 3. Lesung am 9.2.1949 ein stärker **unitarisch geprägtes Verständnis** durch (*Hoch* und *Dehler* gegen *Laforet*). Nach nochmaliger Befassung des Fünferausschusses berichtete *v. Brentano,* dass mit Art. 31 der von Art. 13 WRV überkommene „fest umrissene Inhalt" übernommen werden solle, von dem der Fünferausschuss weder abgehen noch ihn einschränken wolle.

## II. Funktionen, Anwendungsbereich und Reichweite der Vorrangregelung

**1. Kollisionsnorm.** Kollisionen zwischen Bundes- und Landesrecht sind jeder bundesstaatlichen **2** Ordnung immanent. Zu ihrer Auflösung bedarf es deshalb einer griffigen Formel, die im Interesse von Rechtssicherheit und demokratischer Verantwortungszurechenbarkeit[3] Streit über die Vorrangfrage möglichst vermeiden soll.[4] Dies ist die wichtigste Funktion von Art. 31 **(Kollisionsnorm).**[5]

**2. Grundsatznorm.** Die Funktion, Kollisionen zwischen Bundes- und Landesrecht aufzulösen, fällt **3** jedoch auch **anderen Vorschriften** zu. Art. 31 wird insoweit durch speziellere Normen verdrängt und durchbrochen. Gegenüber diesen ist er subsidiär und wird daher zu Recht als **„Grundsatznorm"**[6] bezeichnet.

So richtet sich der **Vorrang der Verfassung** gegenüber dem Landesrecht nach den allgemeinen **4** Regeln und muss in aller Regel nicht über Art. 31 vermittelt werden. Durch Art. 1 III werden auch die Länder an die Grundrechte des Grundgesetzes gebunden, durch Art. 20 III an die verfassungsmäßige Ordnung, an Gesetz und Recht und durch Art. 70 ff. an die grundgesetzliche Kompetenzverteilung. Grundrechtswidrige Normen des Landesrechts sind daher schon wegen Verstoßes gegen Art. 1 III nichtig,[7] kompetenzwidrige Regelungen wegen Verstoßes gegen die Art. 70 ff. und landesverfassungsrechtliche Bestimmungen mitunter wegen Verletzung spezifischer Vorgaben des Grundgesetzes. So verstieß etwa Art. 61 S. 2 BremLV gegen den Grundsatz der Gewaltenteilung (Art. 20 II 2), weil er die Durchsetzung eines verfassungskräftigen Anspruchs in das politische Ermessen des Parlaments stellte,[8] während Art. 21 I 2 HessVerf, der noch immer die Todesstrafe vorsieht, Art. 102 iVm Art. 20 III und Art. 1 I GG zuwiderläuft. Die landesverfassungsrechtliche Verankerung eines Sezessionsrechts[9] wäre hingegen mit Art. 20 I iVm Art. 79 III iVm d. Präambel unvereinbar.[10]

---

[1] Zu den ideen- und verfassungsgeschichtlichen Aspekten *Dreier,* in: Dreier II, Art. 31 Rn. 1 ff.
[2] JöR nF 1 (1951), 298.
[3] *Huber,* Gutachten D 65. DJT 2004, D 70 ff.
[4] *Hoch,* HA-Sten. Prot. 626 f., zit. nach JöR ebda, S. 299.
[5] BVerfGE 26, 116 (135); 36, 342 (363).
[6] BVerfGE 36, 342 (365 f.) – im Hinblick auf unterschiedliche Rechtsfolgen; *Dreier,* in: Dreier II, Art. 31 Rn. 18.
[7] In diese Richtung *Bothe* AK I, Art. 31 Rn. 13.
[8] BVerfGE 139, 321 Rn. 123 ff. – Zeugen Jehovas II – Verleihung des Körperschaftsstatus an Religionsgesellschaften durch Parlamentsgesetz; siehe auch *Sachs* JuS 2015, 1048; *Groß* Staat 55 (2016), 489; *Beckermann* DÖV 2016, 112; *Möllers* JZ 2015, 1103.
[9] Vgl. Art. 1 ThürVerfE-LL-PDS von 1991; siehe auch *Baldus,* in: Linck ua, E5: Thüringer Landesverfassungsrecht und Bundesverfassungsrecht, S. 101 ff.; *Storr,* Verfassungsgebung in den Ländern, 1995, S. 132 ff.
[10] BVerfG (K) BeckRS 2016, 110070.

**4a**     Keine Bedeutung besitzt Art. 31 ferner im Anwendungsbereich von Art. 23 I 1, der den *Bundesgesetzgeber* zur Einräumung eines **Anwendungsvorrangs** für das Unionsrecht ermächtigt,[11] im Bereich von Art. 24 I oder – mit Blick auf die allgemeinen Regeln des Völkerrechts – im Bereich von Art. 25. Gegenüber dem Unionsrecht und den allgemeinen Regeln des Völkerrechts tritt das Landesrecht, wie das Bundesrecht auch, nach diesen spezielleren Kollisionsregeln zurück.

**5**     **Speziellere, spezifisch auf das bundesstaatliche Rechtsverhältnis zugeschnittene Kollisionsnormen** finden sich im Homogenitätsgebot des Art. 28 I 1 mit Blick auf die dort genannten Grundsätze des demokratischen, sozialen und republikanischen Rechtsstaates, sowie in Art. 72 III 3, 84 I 4, 125a I 2 und Art. 142.

**6**     Mit der Einführung der sog. **Abweichungsgesetzgebung** im Zuge der Föderalismusreform I im Jahre 2006 hat erstmals seit der Gründung des deutschen Nationalstaats eine Regelung Eingang in das Verfassungsrecht gefunden, die es dem Landesgesetzgeber in den in Art. 72 III aufgeführten Bereichen sowie bei bundesgesetzlichen Regelungen über die Einrichtung der Behörden und das Verwaltungsverfahren der Länder (Art. 84 I) erlaubt, von gültigem Bundesrecht abweichende Regelungen zu treffen.[12] Mit der Formulierung, dass im Verhältnis von bundesgesetzlicher Regelung und landesgesetzlicher Abweichung bzw. landesgesetzlicher Regelung und bundesgesetzlicher Abweichung „das jeweils spätere Gesetz vor[geht]" (Art. 72 III 3, 84 I 4), wird **Art. 31 in zweifacher Weise modifiziert:**[13] Zum einen wird anstelle des Vorrangs des Bundesrechts der Lex-posterior-Grundsatz für maßgeblich erklärt; zum anderen wird der Vorrang des späteren Gesetzes als Anwendungs- und nicht als Geltungsvorrang ausgestaltet.[14] Das bedeutet, dass das frühere Gesetz bei einer späteren Neuregelung nicht nichtig, sondern lediglich (temporär) unanwendbar wird: Hebt der Landesgesetzgeber daher eine abweichende Regelung wieder auf, gilt das frühere Bundesrecht wieder und umgekehrt. Tritt ein späteres Bundesgesetz außer Kraft, ist die frühere landesrechtliche Regelung wieder anzuwenden.

**7**     **3. Rangordnungsnorm.** Ungeachtet der begrenzten Durchbrechung durch die Abweichungsmöglichkeit nach Art. 72 III 3 und 84 I 4 ist Art. 31 Ausdruck der Unterordnung des Landesrechts unter das Bundesrecht und insofern auch **Rangordnungsnorm.**[15] Dies beruht – dem nationalstaatlichen Selbstverständnis Deutschlands entsprechend (→ Präambel Rn. 23 f.) – auf der Entscheidung des Verfassungsgebers für die Fortführung der historisch gewachsenen Struktur des deutschen Bundesstaates und ist Ausdruck eines im Kern unitarischen Demokratiekonzepts. Das Grundgesetz ist – der staatsrechtlichen Tradition seit 1867/1871 entsprechend – einem zweigliedrigen Bundesstaatsbegriff verpflichtet, in dem der Bund den Ländern übergeordnet ist.[16] Dies zeigt auch der Umstand, dass die Länder ihre Staatlichkeit von der Bundesverfassung ableiten (→ Präambel Rn. 23) und ihr Fortbestand jeweils unter dem Vorbehalt bundesgesetzlicher Regelung steht (Art. 29). Man mag dies als „verfassungsrechtliches Fossil" und Ausdruck eines „abgelegten Staatsverständnisses" kritisieren;[17] darüber hinwegsetzen kann man sich nicht. Im Übrigen zeigt die Staatspraxis vor allem des letzten Jahrzehnts, dass die Länder der kontinuierlichen Auszehrung ihrer Staatlichkeit und ihrer Verwandlung in Zuwendungsempfänger des Bundes keinen nennenswerten Widerstand entgegensetzen (können).[18]

**8**     Dem Vorrang des Bundesrechts ist bei der **Anwendung des Bundesrechts durch die Behörden und Gerichte der Länder** Rechnung zu tragen. Dabei darf die an sich zutreffende Unterscheidung zwischen „Normerzeugung" und „Normanwendung"[19] nicht dazu führen, dass über die Anknüpfung

---

[11] BVerfGE 126, 286 (302 f.); *Huber,* Recht der Europäischen Integration, 2. Aufl. 2002, § 7 Rn. 12.

[12] Zu dieser *Degenhart* NVwZ 2006, 1209 (1212 f.); *Ipsen* NJW 2006, 2801 (2803 f.); *Wollenschläger* RdJB 2007, Heft 1. Kritisch *Nierhaus/Rademacher* LKV 2006, 385 (389 f.). Hierbei sind die Übergangsregelungen des Art. 125b I 3, II zu beachten.

[13] *Franzius* NVwZ 2008, 492 (493 f.).

[14] So die Begr. des Entwurfs des Gesetzes zur Änderung des GG, BT-Dr. 16/813, S. 11 f.; *Papier* NJW 2007, 2145 (2147) spricht von „alternierendem Anwendungsvorrang".

[15] *Clemens,* in: Umbach/Clemens I, Art. 31 Rn. 10; *Dreier,* in: Dreier II, Art. 31 Rn. 18; *Gubelt,* in: v. Münch/Kunig I, Art. 31 Rn. 3. Deshalb ist es missverständlich, wenn man das BVerfG davon spricht, die Verfassungsräume von Bund und Ländern stünden nicht über-, sondern nebeneinander; so BVerfGE 6, 376 (381); 99, 1 (7); BVerfG (K), Beschl. v. 8.7.2008 – 2 BvR 1223/08, Rn. 6 (juris); SächsVerfGH NJW 1996, 1736 (1737); *März* MKS II, Art. 31 Rn. 18.

[16] Vgl. zum Verständnis des Bundesstaats für die RV 1871 und die WRV *Holste,* Der deutsche Bundesstaat im Wandel (1867–1933), 2002, S. 243 ff., 513 ff.; *Meyer/Anschütz,* Lehrbuch des deutschen Staatsrechts, 6. Auflage 1905, S. 203 f.; *Thoma,* in: Anschütz/ders. (Hrsg.), Das Reich als Bundesstaat, HdbDStR I, 1930, S. 169 (175 f.).

[17] So *Korioth,* in: Maunz/Dürig, Art. 31 (2007) Rn. 7; *Dreier,* in: Dreier II, Art. 31 Rn. 10, 40 f. argumentiert denn auch damit, dass „man" sich von der Interpretation der WRV und den Vorstellungen des Parlamentarischen Rates entfernt habe. Wie das möglich sein soll, bleibt allerdings offen. Der Wortlaut wurde übernommen, Systematik und Telos ausweislich der Entstehungsgeschichte ebenso. Ein Verfassungswandel liegt fern, da es insoweit kein konsolidiertes neues Verständnis gibt, sondern allenfalls punktuelle und inkonsistente Äußerungen auf einer Metaebene.

[18] *Henneke* Der Landkreis 87 (2017), 235 (236 f., 238 ff.).

[19] BVerfGE 96, 345 (364); *Lotz* FS 50 Jahre BayVerfGH, 1997, S. 115 (124); *Pietzcker* HStR IV, § 134 Rn. 44.

an den Anwendungsakt der Rang des Bundesrechts in Frage gestellt wird.[20] Deshalb ist etwa für die Berücksichtigung landesrechtlicher Maßstäbe bei der Anwendung des Bundesrechts durch Behörden und Gerichte der Länder nur insoweit Raum, als das Bundesrecht keine abschließende Regelung getroffen hat.[21]

Das BVerfG hat die Anwendbarkeit von – mit dem Grundgesetz inhaltsgleichen – **Landesgrund-** 8a **rechten in bundesrechtlich geregelten Verfahren (ZPO, StPO, VwGO)** vor den Gerichten der Länder dementsprechend mit den vom Bundesrecht gelassenen Spielräumen begründet.[22] Sind die bundesrechtlichen Regelungen dagegen abschließend, bleibt für einen Rückgriff auf das Landesrecht kein Raum. Alles andere[23] liefe auf einen regional differenzierten Vollzug des Bundesrechts hinaus, den der Bundesgesetzgeber gerade nicht wollte und der tendenziell auch mit Art. 3 I in Konflikt geriete.[24]

**Rechtswidrige, dh gegen das bundesgesetzliche Normprogramm verstoßende Behörden-** 9 **und Gerichtsentscheidungen** der Länder beruhen freilich nicht auf Bundesrecht. Ist etwa eine richterliche Verfahrenshandlung nicht durch das Prozessrecht des Bundes gedeckt, so kann darin nicht nur ein Verstoß gegen die Art. 101, 103 etc. liegen, sondern auch gegen inhaltsgleiche Landesgrundrechte.

## B. Der Regelungsgehalt von Art. 31

### I. Tatbestandsvoraussetzungen

**1. Bundesrecht.** Der Begriff „Bundesrecht" bezeichnet alle Rechtsnormen, die von einem **Organ** 10 **des Bundes** herrühren.[25] Die Bundesgesetze, einschließlich der Zustimmungsgesetze nach Art. 23 I 2, 24 I, 59 II,[26] bundesrechtliche Rechtsverordnungen, Satzungen, normkonkretisierende Verwaltungsvorschriften und das dem Kompetenzbereich des Bundes zuzuordnende Richter- und Gewohnheitsrecht[27] haben gleichermaßen am Vorrang des Bundesrechts teil. Auf Richtlinien und (sonstige) Verwaltungsvorschriften[28] findet Art. 31 dagegen ebenso wenig Anwendung wie auf Verwaltungsakte oder nichtstaatliche Normen (z. B. Tarifverträge).[29]

Art. 31 gilt (theoretisch) auch für das **GG selbst,** das Teil des Bundesrechts ist. Das folgt aus der 11 Zweigliedrigkeit des deutschen Bundesstaates, der neben Bundes- und Landesrecht keine weiteren (nationalen) Rechtsmassen kennt,[30] aus dem ebenso schlichten wie umfassenden Wortlaut von Art. 31 sowie – systematisch – aus der Regelung von Art. 142, die die Kollision von Landesgrundrechten mit den Grundrechten des GG offenkundig als Anwendungsfall von Art. 31 begreift. Praktische Bedeutung hat dies wegen der Existenz spezieller Vorschriften jedoch nicht (→ Rn. 4).

Art. 31 setzt die Existenz **gültigen Bundesrechts** voraus und findet deshalb nur auf Normen 12 Anwendung, die formell und materiell mit höherrangigem Recht übereinstimmen, also nicht bereits gegen andere Kollisionsnormen verstoßen.[31]

---

[20] Krit. *Enders* JuS 2001, 462 (465); eine landesverfassungskonforme Interpretation des Bundesrechts kommt daher in keinem Fall in Betracht; aA *Erbguth/Wiegand* DV 29 (1996), 159 (170).

[21] HessStGH ESVGH 34, 12 (13); 40, 75; HessStGH NVwZ 1994, 64; NJW 1999, 49 – st. Rspr.; BbgVerfG NJW 1995, 1018 f. – ZPO; RhPfVerfGH NJW 1995, 544; *Erbguth/Wiegand* DV 29 (1996), 159 (168 ff.); *Fröhlich* BayVBl. 2013, 1 (3 f.); *Jachmann* BayVBl. 1997, 321 (323); *Klein/Haratsch* JuS 1994, 559 (560 f.); *Poscher* NJ 1996, 351 (356); *Uerpmann* Staat 35 (1996), 428 (438 f.); *v. Zezschwitz* NJW 1999, 17 (20).

[22] BVerfGE 96, 345 (366 f., 373); vgl. auch BayVerfGH 26, 127; 27, 33; BayVerfGH NJW 1993, 518; 1994, 1857 f.; BayVBl. 1997, 80; BayVBl. 2013, 688 ff. – die Überprüfung landesgerichtlicher Entscheidungen am Maßstab der Verfahrensgrundrechte der BayVerf lässt sich mit entsprechenden Spielräumen in den bundesrechtlichen Verfahrensordnungen begründen; HessStGH NJW 1999, 49 (50); für das *materielle Bundesrecht* hat BVerfGE 96, 345 (363) die Möglichkeit eines Rückgriffs auf Landesgrundrechte ausdrücklich offen gelassen. Die strukturelle Vergleichbarkeit von materiellem und Verfahrensrecht betonen zu Recht *v. Zezschwitz* NJW 1999, 17 (19); *Schwan* ThürVBl. 2012, 121 (125).

[23] SaarlVerfGH BeckRS 2016, 51118; VerfGHBW BeckRS 2016, 50312; BayVerGH NVwZ-RR 2014, 121 (122); BerlVerfGH LVerfGE 1, 44 (52) – StPO; 1, 56 (62 f.) – Honnecker; 3, 38 (40) – ZPO; BerlVerfGH DVBl. 1994, 1189 – AuslG; NJW 1995, 1344 – ZPO; SächsVerfGH NJW 1996, 1736 – Vorlagebeschluss – ZPO.

[24] Zur Gewährleistung des Gleichheitssatzes im Bundesstaat BVerfGE 70, 35 (57); 76, 1 (73); *P. Kirchhof* HStR V, § 124 Rn. 181; *Wollenschläger* MKS I, Art. 3 Rn. 68; *Starck* FS 50 Jahre BayVerfGH, 1997, S. 229 (236).

[25] *Bernhardt/Sacksofsky* BK, Art. 31 (1998) Rn. 35.

[26] *März* MKS II, Art. 31 Rn. 33; für die EMRK *Maierhöfer* NVwZ 2007, 1155 (1156).

[27] *Jutzi*, Landesverfassungsrecht und Bundesrecht, 1982, S. 15; *Sannwald*, in: Hofmann/Henneke, Art. 31 Rn. 14 f.; aA *Gubelt*, in: v. Münch/Kunig I, Art. 31 Rn. 6, der zusätzlich eine bundesweite Geltung verlangt.

[28] *Pieroth*, in: Jarass/Pieroth, Art. 31 Rn. 2; aA zu Recht für normkonkretisierende Verwaltungsvorschriften *Bothe* AK I, Art. 31 (1989) Rn. 18 f.; *März* MKS II, Art. 31 Rn. 32, 38.

[29] *Korioth*, in: Maunz/Dürig, Art. 31 (2007) Rn. 18; *Bernhardt/Sacksofsky* BK, Art. 31 (1998) Rn. 34 – anders Erklärung nach § 5 TVG – BVerwGE 80, 355 (358).

[30] *Isensee* HStR VI, § 126 Rn. 171 f.

[31] BVerfGE 147, 253 (356 f. Rn. 237 f.) – Numerus clausus III.

**13**    **2. Landesrecht.** „Landesrecht" ist das von **Landesorganen** herrührende Recht. Die Landesverfassungen[32] fallen ebenso hierunter wie die Gesetze, Rechtsverordnungen und Satzungen der Länder und ihrer Selbstverwaltungsträger. Das gilt auch dann, wenn die erlassenen Vorschriften auf einer bundesgesetzlichen Ermächtigung (Art. 80) beruhen.[33]

**14**    Der Vorrang des Bundesrechts gilt unabhängig von seiner Stufe **gegenüber jedem Rechtssatz des Landesrechts.** Soweit dies nicht durch speziellere Vorschriften geregelt wird (Art. 28 I, 70 ff., 142),[34] erfasst Art. 31 deshalb auch das Verhältnis zwischen Bundesrecht und **Landesverfassungsrecht.**[35] Nur **gültiges Landesrecht** kann nach Art. 31 gebrochen werden.

**15**    **3. Die grundgesetzliche Kompetenzordnung.** Da die Anwendbarkeit von Art. 31 gültige Rechtssätze des Bundes- wie des Landesrechts voraussetzt, gehört die Einhaltung der grundgesetzlichen **Kompetenzvorschriften** (Art. 70 ff., 80, 84 f., 104a, 105) zu den Tatbestandsvoraussetzungen von Art. 31. Nur kompetenzmäßiges Bundesrecht kann Landesrecht brechen.[36] Dagegen ist kompetenzwidriges Landesrecht schon wegen des Kompetenzverstoßes nichtig.[37]

**16**    Für das **Landesverfassungsrecht** wird eine Bindung an die grundgesetzliche Kompetenzverteilung vielfach mit der Begründung abgelehnt, die Verfassungsräume von Bund und Ländern stünden nicht über-, sondern nebeneinander[38] und/oder die Kompetenzordnung betreffe nur die (einfache) Gesetzgebung.[39] Das überschätzt die Gestaltungsfreiheit der Länder. Verfassungsgebung in den Ländern ist, da sie nur innerhalb des grundgesetzlichen Rahmens erfolgen kann, ein Fall der Gesetzgebung.[40] Andernfalls könnten die Länder die Kompetenzordnung des Grundgesetzes dadurch unterlaufen, dass sie eine beliebige Regelung in den Rang eines Verfassungssatzes erheben.

**17**    Wieweit die **Vorgaben der Art. 70 ff. für das Landesverfassungsrecht** reichen, bedarf allerdings sorgfältiger Analyse. Der in Art. 28 I anerkannten Verfassungsautonomie der Länder lässt sich entnehmen, dass der Landesverfassungsgeber grundsätzlich einen weiten Gestaltungsspielraum genießen soll, der sich im Wesentlichen mit jenem deckt, der auch dem verfassungsändernden Gesetzgeber auf Bundesebene zukommt (vgl. insoweit Art. 79 III).[41] Diese Grundentscheidung würde unterlaufen, wenn die Landesverfassung nur regeln dürfte, was zu einem bestimmten Zeitpunkt nicht bundesrechtlich geregelt ist, wenn maW jede normkonkretisierende Verwaltungsvorschrift des Bundes über die Reichweite der Regelungskompetenz des Landesverfassungsgebers entscheiden könnte. Da die Art. 70 ff. andererseits auch die Länder binden, beschränkt sich die Verfassungsautonomie der Länder auf Gegenstände, die einer Regelung durch die Länder prinzipiell zugänglich sind. Das betrifft all jene Gegenstände, die nicht ausschließlich dem Bund vorbehalten sind:[42] (fast)[43] das Staatsorganisationsrecht der Länder, die Garantie von Grundrechten (Art. 142), die Gegenstände der konkurrierenden Gesetzgebung (Art. 72 I), die Gegenstände der Landesgesetzgebung (Art. 70) sowie die Einrichtung ihrer Behörden (Art. 84 I) und deren Verwaltungsverfahren. Ausgeschlossen sind dagegen Regelungen der Bundesverfassung (Art. 79 II), des Parteienrechts (Art. 21 III), der Bundeshauptstadt (Art. 22 I 3), die Integrationskompetenz (Art. 23,[44] 24 I, Ia) oder das Wahlrecht auf Bundesebene (Art. 38 III), weil sie

---

[32] Im Grundsatz unstr. *Sachs* KritV 1996, 125 (134 f.).

[33] BVerfGE 18, 407 (414).

[34] BVerfGE 36, 342 (362); aA *Badura*, Supranationalität und Bundesstaatlichkeit durch Rangordnung des Rechts, in: Starck (Hrsg.), Rangordnung der Gesetze, 1995, S. 107 (113 f.).

[35] BVerfGE 26, 116 (135); 36, 342 (363); 96, 345 (364); 139, 321; *Korioth*, in: Maunz/Dürig, Art. 31 (2007), Rn. 24; *Enders* JuS 2001, 462 (463).

[36] BVerfGE 26, 116 (135); 36, 342 (363); 96, 345 (364); 98, 145 (159); 14, 253 (356 Rn. 237); *Böckenförde/Grawert* DÖV 1971, 119 (122); *Dreier*, in: Dreier II, Art. 31 Rn. 23.

[37] BVerfGE 36, 342 (364); 77, 288 (289); BayObLG NJW 1986, 1002; *Badura*, Supranationalität und Bundesstaatlichkeit durch Rangordnung des Rechts, in: Starck (Hrsg.), Rangordnung der Gesetze, 1995, S. 107 (113); *Ipsen*, Staatsrecht I, Rn. 724; *Jarass* NVwZ 1996, 1041 (1043); *Korioth*, in: Maunz/Dürig, Art. 31 (2007) Rn. 11; probl. BayVGH BayVBl 1995, 116 (117), der Art. 31 und Art. 84 I undifferenziert nebeneinander anwendet; aA *Erichsen* Jura 1993, 385 (386).

[38] *Jutzi* KritV 1996, 138 (139 f.); *Lotz* FS 50 Jahre BayVerfGH, 1997, S. 115 (122); *Storr,* Verfassunggebung in den Ländern, 1995, S. 210 ff.

[39] *Dreier*, in: Dreier II, Art. 31 Rn. 29.

[40] BVerfGE 96, 345 (368 f.); allgemein *März,* Bundesrecht bricht Landesrecht, 1989, S. 185; *Korioth*, in: Maunz/Dürig, Art. 31 (2007) Rn. 24; *Rozek*, Das Grundgesetz als Prüfungs- und Entscheidungsmaßstab der Landesverfassungsgerichte, 1993, S. 132 f.; *Sachs* ThürVBl. 1993, 121 (122); *Graf Vitzthum* VVDStRL 46 (1988), 7 (31).

[41] *Huber*, Volksgesetzgebung und Ewigkeitsgarantie, 2003, S. 23 f.

[42] *Lemhöfer* NJW 1996, 1714 (1718); *Sachs* DVBl. 1987, 857 (863); *ders.* ThürVBl. 1993, 121 (122); *Uerpmann* Staat 35 (1996), 428 (438 f.).

[43] Zum Hineinwirken des Grundgesetzes in das Landesverfassungsrecht siehe BVerfGE 1, 208 (227); 4, 375 (378); 6, 367 (375); 13, 54 (80); 23, 33 (39); 60, 53, (61); 66, 107 (114); 103, 332 (352 f.). – Landesnaturschutzgesetz SchlH; BVerfG NVwZ 2013, 1468, Rn. 103 ff. – Abgeordnetenbeobachtung; ThürVerfGH, LVerfGE, 5, 391 – zu Art. 28 II; *Huber*, in: ders. (Hrsg.), ThürStVerwR, 2000, 1. Teil Rn. 85.

[44] Regelungen, die wie Art. 70 IV 2 BayVerf darauf Zielen, das Abstimmungsverhalten der Staatsregierung im Bundesrat in Angelegenheiten der EU zu bestimmen, bedürfen daher einer restriktiven Auslegung, sollen sie nicht gegen Art. 51 III, 52 III GG verstoßen, BVerfGE 106, 310 (330).

für eine landes(verfassungs)rechtliche Regelung von vornherein nicht in Betracht kommen. Gegenstände der ausschließlichen Bundesgesetzgebung kann eine Landesverfassung nur regeln, wenn ein Bundesgesetz ausdrücklich dazu ermächtigt (Art. 71).

## II. Kollision und Kollisionsgefahr

Art. 31 kommt zur Anwendung, wenn dieselbe Rechtsfrage sowohl durch Bundes- als auch durch **18** Landesrecht geregelt ist (Gegenstandsgleichheit) und zwischen beiden Normen eine Kollision besteht. Das ist dann der Fall, wenn ihre Anwendung auf den konkreten Sachverhalt, auf dasselbe Rechtsverhältnis, **zu unterschiedlichen Rechtsfolgen** führen würde.[45] Sind dagegen völkerrechtliche Verträge des Bundes nach Art. 59 II nicht vollständig oder nur mit Vorbehalten ratifiziert worden, scheidet eine Kollision insoweit aus als es den völkerrechtlichen Verträgen an der innerstaatlichen Wirksamkeit[46] fehlt.[47]

Ob eine Kollision vorliegt, bestimmt sich nach dem **Regelungsgehalt der Norm** und lässt sich **19** nicht durch die Fiktion einer „normativen Selbstbeschränkung" des Landesrechts umgehen. Ein solcher Kunstgriff, wie er etwa in Italien eingesetzt wird, um den Anwendungsvorrang des Unionsrechts vor italienischem Recht sicherzustellen,[48] ließe Art. 31 praktisch leer laufen, umginge seine Rechtsfolgen und stellte eine erhebliche Beeinträchtigung der Rechtssicherheit dar.[49] Sofern die landesgesetzlichen Bestimmungen aber Auslegungsspielräume offen lassen, verdient die Interpretation den Vorzug, nach der sie noch im Einklang mit bundesgesetzlichem Vorgaben stehen. Geboten ist insoweit eine geltungserhaltende verfassungskonforme Auslegung des Landesrechts.[50]

Der Vorrang des Bundesrechts gilt gegenüber **entgegenstehendem Landesrecht.**[51] **20**

Er kommt darüber hinaus auch gegenüber **inhaltsgleichem Landesrecht** zur Anwendung.[52] Das **21** wird für das einfache Recht überwiegend bejaht.[53]

Strittig ist dagegen, ob der Vorrang des Bundesrechts auch gegenüber inhaltsgleichem **Landes-** **22** **verfassungsrecht** Platz greift. Dies wird überwiegend mit der Begründung verneint, dass die Verfassungsräume von Bund und Ländern gleichrangig nebeneinander stünden und sich inhaltsgleiche Regelungen daher nicht widersprechen könnten.[54] Darüber hinaus wird die „Dignität" des Landesverfassungsrechts beschworen. Das BVerfG hat in einer Entscheidung vom 29.1.1974 für einen Fall, in dem es um das Verhältnis der inhaltlich übereinstimmenden Vorschriften von Art. 46 II NdsVerf aF und Art. 33 Abs. 5 GG ging, das Vorliegen einer Kollision dagegen verneint.[55] Zu überzeugen vermag dies jedoch nicht. Vielmehr sprechen die besseren Gründe für die grundsätzliche Einbeziehung **auch** inhaltsgleichen Landes**verfassungsrechts** in den Regelungsbereich von Art. 31:[56] der Wortlaut von Art. 31, der von einem generellen und uneingeschränkten Vorrang des Bundesrechts vor jeglichem Landesrecht ausgeht und nicht zwischen einfachem Landesrecht und Landesverfassungsrecht differenziert; die systematische Erwägung, dass nur bei dieser Auslegung eine Redundanz von Art. 142 verhindert werden kann (→ Art. 142 Rn. 2);[57] der Blick auf die Entstehungsgeschichte,[58] vor allem aber die Überlegung, dass Art. 31 seinen vorrangigen Zweck – die Gewährleistung von Rechtssicherheit im Bundesstaat – nur erfüllen kann, wenn das Risiko eines disparaten Vollzugs des Bundesrechts durch Behörden und Gerichte verhindert.[59] Auch vermeidet diese Lösung unklare Verhältnisse nach einem Rückzug des Bundes (Art. 72 I, IV, 125a II)[60] und sichert den Ländern die Möglichkeit zu einer problemadäquaten Neuordnung der Rechtslage.[61] Ihre Verfassungsautonomie wird dadurch in der Sache nicht mehr beeinträchtigt als durch die Konzeption der hM, die angesichts

---

[45] BVerfGE 36, 342 (363); 96, 345 (364); 98, 145 (159); 121, 317 (348 f.).

[46] Dazu BVerfGE 141, 1 (18 f. Rn. 43 f.) – Treaty Override.

[47] OVG NRW DVBl. 2007, 1442 Rn. 36 ff., zur Frage der Studienbeitragsfreiheit des Erststudiums.

[48] Corte Costituzionale Nr. 170/84, Foro Italiano 1984, I-2062, 2074 ff.; *Huber* VVDStRL 60 (2001), 194 (217).

[49] *Wittreck* DVBl. 2000, 1492 (1496 ff.).

[50] BVerfGE 147, 253 (354 Rn. 232) – Numerus clausus III; 121, 317 (349) mwN.

[51] BVerfGE 36, 342 (366) – zum Landesverfassungsrecht.

[52] Offen gelassen in BVerfGE 36, 342 (367); 40, 296 (327); 96, 345 (364) – für einfaches Landesrecht; bejahend *Badura* (Fn. 38), S. 107 (113); *Uerpmann* Staat 35 (1996), 428 (437); verneinend *Jarass* NVwZ 1996, 1041 (1042 f.); *Pieroth*, in: Jarass/Pieroth, Art. 31 Rn. 4 ff.; *Bernhardt/Sacksowsky* BK, Art. 31 (1998) Rn. 53; *Dreier*, in: Dreier II, Art. 31 Rn. 40; *März* MKS II, Art. 31 Rn. 42; *Korioth*, in: Maunz/Dürig, Art. 31 (2007) Rn. 14.

[53] *Pietzecker* HStR VI, § 134 Rn. 60; *Krings*, in: Friauf/Höfling, Art. 31 (2008) Rn. 22; BVerfGE 7, 111 (117); aA: *Gubelt*, in: v. Münch/Kunig, Art. 31 Rn. 23; *Dreier*, in: Dreier II, Art. 31 Rn. 40.

[54] BVerfGE 36, 342 (362 f.); 40, 296 (327); 96, 445 (464); *Pietzcker* HStR VI, § 134 Rn. 61.

[55] BVerfGE 36, 342 (366).

[56] *Pietzcker* HStR VI, § 134 Rn. 60 – zum einfachen Recht.

[57] *Enders* JuS 2001, 462 (466); *Wiedern*, Bundesrecht und Landesrecht, 1995, S. 377 ff.; aA BVerfGE 36, 342 (362); allg. BVerfGE 1, 14 (32 f.) – Südweststaat.

[58] *Hoch, Dehler, v. Brentano* JöR nF 1 (1951), 299 f. – in der Endphase.

[59] AA *v. Coelln*, Anwendung von Bundesrecht nach Maßgabe der Landesgrundrechte?, 2001, S. 189, der die Zielsetzung der Rechtssicherheit bezweifelt.

[60] *Böckenförde/Grawert* DÖV 1971, 119 (124).

[61] Ähnl. *Uerpmann* Staat 35 (1996), 428 (437).

des Vorrangs den Ländern kaum zusätzliche Gestaltungsmöglichkeiten eröffnet,[62] ihre Kompetenz zur „Verfassungslyrik" jedoch durch Einbußen an Rechtssicherheit und -klarheit zu teuer erkauft. Schließlich dürfte die eher diplomatische als dogmatisch angelegte Formel von den nebeneinander stehenden Verfassungsräumen von Bund und Ländern mit der Nichtigerklärung von Art. 61 S. 2 BremLV[63] wegen Verstoßes gegen Art. 20 II 2 endgültig widerlegt sein.

## III. Derogation als Rechtsfolge

23    „Brechen" bedeutet die endgültige Beseitigung bestehenden und die Verhinderung zukünftigen Landesrechts.[64] Das „gebrochene" Landesrecht ist **nichtig** und lebt auch nach einer Beseitigung des Bundesrechts[65] oder der nachträglichen Einführung einer Abweichungsbefugnis zugunsten der Länder[66] nicht wieder auf.

24    Dies gilt auch für das **Landesverfassungsrecht.** Die Annahme, dass kollidierendes Landesverfassungsrecht aus Respekt vor der Landesverfassung und unter Berufung auf deren „Reservefunktion" nicht gebrochen, sondern lediglich „überlagert" werde,[67] scheitert schon am Wortlaut von Art. 31, der nicht zwischen Landesverfassungsrecht und sonstigem Landesrecht differenziert.[68]

24a   Das BVerfG[69] hat Art. 31 mit Blick auf andere Kollisionsregelungen (Art. 25, lex specialis etc.) lange als **Grundsatznorm** verstanden, die alle nur denkbaren Techniken zur Behebung von Normenkollisionen umfasst und deshalb auch unterschiedliche Rechtsfolgen ermöglichen soll. In seiner Entscheidung vom 29.1.1974 hat es die Offenheit des Tatbestandsmerkmals „brechen" betont, das je nach Kollisionslage ganz Unterschiedliches bedeuten könne, um – nicht ganz widerspruchsfrei – fortzufahren: „Durch Art. 31 GG gebrochen kann danach nur Landesverfassungsrecht werden, das inhaltlich mit dem Bundesverfassungsrecht unvereinbar ist".[70]

25    Bezeichnenderweise lässt sich die „reguläre" Rechtsfolge des Art. 31, die Nichtigkeit des Landesrechts, in der 67-jährigen Rechtsprechung des BVerfG nicht ein einziges Mal nachweisen. Besinnt man sich hingegen auf das Gebot, Verfassungsnormen so auszulegen, dass sie ihre Wirkkraft weitestmöglich entfalten, so lassen sich dem GG durchaus **klare und widerspruchsfreie Vorgaben für die Kollisionslösung im Bund-Länder-Verhältnis** entnehmen. Dazu bedarf es zwar nicht des methodisch fragwürdigen Postulats, dass „brechen" unterschiedliche Begriffsinhalte haben könne, wohl aber der Einsicht, dass andere Rechtsfolgen dann möglich sind, wenn Art. 31 durch speziellere Kollisionsregelungen verdrängt wird.[71] Solche spezielleren Regelungen finden sich in den Zustimmungsgesetzen nach Art. 23 I und Art. 24 I, in Art. 25, 72 III 3, 84 I 4, 125a I 2, II 2, oder in Art. 142. Art. 72 III 3, 84 I 4, 125a I 2, II 2, 125b I 3, II gestatten es den Ländern etwa, gültiges Bundesrecht durch eigene Regelungen zu ersetzen. Statt der Derogation gilt hier der „Lex-posterior-Satz".

## IV. Prozessuale Fragen

26    Die Entscheidung, ob Landesrecht mit Bundesrecht vereinbar ist, ist für **formelle Gesetze** weitgehend beim BVerfG konzentriert. Art. 93 I Nr. 2 sieht die abstrakte Normenkontrolle als prinzipale Überprüfungsmöglichkeit vor. Stellt sich die Frage in einem Rechtsstreit vor den Fachgerichten, so sind sie verpflichtet, die Gültigkeit des Landesrechts gem. Art. 100 I 2 durch das BVerfG überprüfen zu lassen.[72]

27    Eine Ausnahme gilt allerdings für solche Normen des GG, die **in das Landesverfassungsrecht hineinwirken** und damit als dessen Bestandteil erscheinen.[73] Die Rechtsprechung hat dies etwa für die Garantie der Menschenwürde in Art. 1 I,[74] die Grundsätze der bundesstaatlichen Kompetenzverteilung,[75]

---

[62] Entlarvend BVerfGE 36, 342 (368 f.).

[63] BVerfGE 139, 321 ff. – Zeugen Jehovas II.

[64] Entgegen *Anschütz* WRV, 4. Aufl. 1926, Art. 13 Anm. 1, wird auch späteres Landesrecht beseitigt, unmittelbar nach Inkrafttreten; vgl. *Wiederin* (Fn. 54), S. 368.

[65] BVerfGE 26, 116 (135); 121, 317 (349) 147, 253 (353 Rn. 231) – Numuerus clausus III; *Korioth,* in: Maunz/Dürig, Art. 31 (2007), Rn. 23.

[66] BVerfGE 147, 253 (354 f. Rn. 233 f.) – Numerus clausus III, mit Blick auf die 2006 erfolgte Einführung von Art. 72 III.

[67] *Poscher* NJ 1996, 351 (352 f.); *Sacksofsky* NVwZ 1993, 235 (239); *v. Coelln* (Fn. 58), S. 192 ff., mit Plädoyer für die dem Unionsrecht entlehnte Figur des „Anwendungsvorranges"; die Bundesrepublik ist aber kein Staatenverbund, was ua an den Rechtsfolgen des Art. 31 deutlich wird.

[68] *Wittreck* DVBl 2000, 1492 (1495 f.).

[69] BVerfGE 36, 342 (365 f.).

[70] BVerfGE 36, 342 (366).

[71] BVerfGE 36, 342 (365 f.).

[72] Zuletzt BVerfGE 138, 1 ff. – sächsische Schulnetzplanung; einschränkend BVerfGE 10, 124 (128) für den Fall, dass ein später erlassenes Bundesgesetz das Landesgesetz verdrängt.

[73] BVerfGE 1, 208 (232 f.); 27, 44 (55); 103, 332 (352 f.); BVerfG (K) NVwZ-RR 2016, 521 Rn. 54; *Huber,* in: ders. (Hrsg.), ThürStVerwR, 2000, 1. Teil Rn. 85.

[74] Zu Art. 1 I: Berl.VerfGH, NJW 1993, 515 – Honecker.

[75] Zu Art. 70 ff.: BVerfGE 60, 175 (206); VerfGH NRW DVBl. 1992, 1290; BayVerfGH VGHE nF 26 (1973), 28 (33 f.).

die Gleichheit der Wahl,[76] Regelungen über die Stellung von Parteien[77] und Abgeordneten[78] oder Art. 28 II[79] angenommen. In diesen Fällen können Normen des Grundgesetzes auch den Landesverfassungsgerichten als Prüfungsmaßstab dienen, mit der Konsequenz, dass Landesgesetze insoweit auch am Vorrang der „Landesverfassung" scheitern können. Dabei ist allerdings Art. 100 III zu beachten.[80]

**Untergesetzliche Rechtsvorschriften** des Landesrechts können hingegen vor jedem Gericht auf **28** ihre Übereinstimmung mit dem Bundesrecht geprüft und für „gebrochen" befunden werden, sei es prinzipal (§ 47 VwGO), sei es inzident.

## C. Anwendungsfälle von Art. 31

Die Anwendung von Art. 31 setzt voraus, dass **Bund und Länder gleichermaßen zur Gesetz- 29 gebung** berufen sind.

Im Bereich von **Art. 73 und 74** kann Landesrecht – vorbehaltlich des Art. 72 III – jedoch nur **30** erlassen werden, solange und soweit der Bund von seiner Kompetenz noch keinen Gebrauch gemacht hat (Art. 72 I) bzw. wenn dies durch Bundesgesetz ausdrücklich zugelassen ist (Art. 71, 72 IV). Auch die nachträgliche Inanspruchnahme von Bundeskompetenzen führt – vorbehaltlich der Spezialregelung in Art. 72 III 3, 84 I 4 – zur Nichtigkeit des Landesrechts wegen (nunmehr) fehlender Kompetenz, ohne dass es insoweit eines Rückgriffs auf Art. 31 bedürfte.[81] In beiden Bereichen kann es jedoch zu Kompetenzüberschneidungen kommen, wenn der Bund seine Kompetenzen nicht ausgeschöpft, den Ländern gleichwohl inhaltliche Vorgaben für die Konkretisierung gemacht hat. Deren Beachtung wird dann durch Art. 31 gewährleistet.[82]

Im Bereich der **Grundsatzgesetzgebung** (z.B. Art. 109 IV) sind Kompetenzüberschneidungen **31** ebenso möglich wie beim **Zusammentreffen von Sach- und Steuergesetzgebungskompeten- zen.**[83] Hier ist Art. 31 anzuwenden, wenn sich die Länder über bundesrechtlich vorgeschriebene Grundsätze hinwegsetzen,[84] oder wenn landesrechtlich geregelte Lenkungsabgaben gegen sachgesetzliche Vorgaben des Bundesrechts verstoßen. Insoweit bildet der Fall der kommunalen Verpackungssteuer, in dem eine landesrechtliche Regelung gegen das KrW-/AbfG des Bundes verstieß, einen geradezu exemplarischen Anwendungsfall von Art. 31 GG.[85] Einen praktisch relevanten Anwendungsfall stellen schließlich nach Art. 125 I 1 fortgeltende **Rahmengesetze iSv Art. 75 aF** dar, wenn der Landesgesetzgeber bzw. ein Staatsvertrag der Länder den durch das Bundesgesetz gezogenen Rahmen überschreitet. Die insoweit begrenzte Gesetzgebungsbefugnis des Bundes spricht allerdings im Zweifel dafür, dass eine rahmenrechtliche Regelung auf Ausfüllung durch den Landesgesetzgeber angelegt ist.[86]

Art. 31 kommt schließlich im Verhältnis zwischen Bundesrecht und **Landesverfassungsrecht** zur **32** Anwendung. Kontrollmaßstab sind dabei – vom GG abgesehen, dessen Vorrang durch speziellere Vorgaben abgesichert wird (→ Rn. 4) – alle Normen des Bundesrechts.[87]

## Art. 32 [Auswärtige Beziehungen]

(1) **Die Pflege der Beziehungen zu auswärtigen Staaten ist Sache des Bundes.**

(2) **Vor dem Abschlusse eines Vertrages, der die besonderen Verhältnisse eines Landes berührt, ist das Land rechtzeitig zu hören.**

(3) **Soweit die Länder für die Gesetzgebung zuständig sind, können sie mit Zustimmung der Bundesregierung mit auswärtigen Staaten Verträge abschließen.**

**Entstehungsgeschichte: Erstfassung:** JöR nF 1 (1951), 300, 340.

---

[76] Zu Art. 3 I iVm Art. 28 I 1: BVerfG (K) NVwZ-RR 2016, 521 Rn. 54 ff.; VerfGH NRW NVwZ 2000, 666 (667); NWVBl. 1996, 58 (58); NVwZ 1995, 579 (580).

[77] Zu Art. 21: BVerfGE 60, 53 (61); 1, 208 (227); 4, 375 (378); 60, 53 (61).

[78] Zu Art. 38 I 2 iVm Art. 28 I 1: BVerfGE 134, 141 (177 Rn. 104 ff.); Zu Art. 48 III: BVerfGE 40, 296 (319).

[79] Zu Art. 28 II: BVerfGE 6, 367 (375); 13, 54 (80); 23, 33 (39); 66, 107 (114); 103, 332 (352 f.) – Landesnaturschutzgesetz SH; ThürVerfGH, LVerfGE, 5, 391; ein Hineinwirken ablehnend LVerfG LSA vom 20.10.2015 – LVG 2/14 – Rn. 127 ff. (juris).

[80] BVerfG (K) NVwZ-RR 2016, 521 Rn. 54.

[81] Str., aA *Ipsen* Staatsrecht I, Rn. 726: „Anwendungsfall des Art. 31 GG".

[82] *Bothe* AK I, Art. 31 Rn. 14; *Jarass* NVwZ 1996, 1041 (1043, 1047); aA *Pietzcker* HStR VI, § 134 Rn. 57.

[83] BVerfGE 98, 83 (93); 98, 106 (118) – umweltrechtliche Lenkungsabgaben der Länder; dazu BVerfGE 141, 1 (35 Rn. 81) – Treaty Override.

[84] AA *Wiederin* (Fn. 54), S. 333.

[85] Es ist allerdings bezeichnend, dass Art. 31 weder in BVerfGE 98, 83 noch in BVerfGE 98, 106 auch nur erwähnt wird, das Gericht stattdessen – ambitionierter – auf ein rechtsstaatliches Gebot der „Widerspruchsfreiheit der Rechtsordnung" zurückgreift; s. *Huber,* in: ders. (Hrsg.), ThürStVerwR, 1. Teil Rn. 52.

[86] BVerfGE 147, 253 (353 f. Rn. 231 f.) – Numerus clausus III.

[87] BVerfGE 1, 264 (281); BVerfGE 96, 345 (364).

**Historische Verfassungstexte: RV 1849: § 6** (1) Die Reichsgewalt ausschließlich übt dem Auslande gegenüber die völkerrechtliche Vertretung Deutschlands und der einzelnen deutschen Staaten aus. (2) Die Reichsgewalt stellt die Reichsgesandten und die Consuln an. Sie führt den diplomatischen Verkehr, schließt die Bündnisse und Verträge mit dem Auslande, namentlich auch die Handels- und Schifffahrtsverträge, sowie die Auslieferungsverträge ab. Sie ordnet alle völkerrechtlichen Maaßregeln an. **§ 7** (1) Die einzelnen deutschen Regierungen haben nicht das Recht, ständige Gesandte zu empfangen oder solche zu halten. (2) Auch dürfen dieselben keine besonderen Consuln halten. Die Consuln fremder Staaten erhalten ihr Exequatur von der Reichsgewalt. (3) Die Absendung von Bevollmächtigten an das Reichsoberhaupt ist den einzelnen Regierungen unbenommen. **§ 8** (1) Die einzelnen deutschen Regierungen sind befugt, Verträge mit anderen deutschen Regierungen abzuschließen. (2) Ihre Befugniß zu Verträgen mit nicht-deutschen Regierungen beschränkt sich auf Gegenstände des Privatrechts, des nachbarlichen Verkehrs und der Polizei. **§ 9** Alle Verträge nicht rein privatrechtlichen Inhalts, welche eine deutsche Regierung mit einer anderen deutschen oder nichtdeutschen abschließt, sind der Reichsgewalt zur Kenntnißnahme und, insofern das Reichsinteresse dabei betheiligt ist, zur Bestätigung vorzulegen. – **RV 1871: Art. 11** (abgedruckt bei Art. 59). – **WRV: Art. 78** (1) Die Pflege der Beziehungen zu den auswärtigen Staaten ist ausschließlich Sache des Reichs. (2) In Angelegenheiten, deren Regelung der Landesgesetzgebung zusteht, können die Länder mit auswärtigen Staaten Verträge schließen; die Verträge bedürfen der Zustimmung des Reichs. (3) Vereinbarungen mit fremden Staaten über Veränderung der Reichsgrenzen werden nach Zustimmung des beteiligten Landes durch das Reich abgeschlossen. Die Grenzveränderungen dürfen nur auf Grund eines Reichsgesetzes erfolgen, soweit es sich nicht um bloße Berichtigung der Grenzen unbewohnter Gebietsteile handelt. (4) Um die Vertretung der Interessen zu gewährleisten, die sich für einzelne Länder aus ihren besonderen wirtschaftlichen Beziehungen oder ihrer benachbarten Lage zu auswärtigen Staaten ergeben, trifft das Reich im Einvernehmen mit den beteiligten Ländern die erforderlichen Einrichtungen und Maßnahmen.

**Geltende Landesverfassungen:** *Bay*Verf Art. 181; *Brem*Verf Art. 151. S. im Übrigen (hinsichtlich Art. 32 III) bei Art. 59.

**Gesetzgebung:** Verständigung zwischen der Bundesregierung und den Staatskanzleien der Länder über das Vertragsschließungsrecht des Bundes vom 14.11.1957 (sog. Lindauer Abkommen), BullBReg 1957, S. 1966, abgedruckt u. Rn. 35.

**Leitentscheidungen:** BVerfGE 2, 347 (Kehler Hafen); BVerfGE 6, 309 (Konkordat); BVerfGE 98, 218 (249 f.) (Rechtschreibreform).

**Schrifttum:** *C. Athenstaedt,* Aktuelle Tendenzen in der kommunalen Entwicklungszusammenarbeit DÖV 2013, 835; *H. P. Aust,* „Global Cities" und das Grundgesetz: Kommunales Selbstverwaltungsrecht und auswärtige Gewalt, in: M. P. Neubauer ua (Hrsg.), L'Etat, c'est quoi? Staatsgewalt im Wandel, 2014, 215; *J. Bauer/M. Hartwig,* Verträge der Länder der Bundesrepublik Deutschland mit ausländischen Staaten über Fragen der kommunalen Zusammenarbeit, NWVBl 1994, 41; *R. Bernhardt,* Der Abschluß völkerrechtlicher Verträge im Bundesstaat, 1957; *G. Biehler,* Auswärtige Gewalt, 2005; *A. Bleckmann,* Grundgesetz und Völkerrecht, 1975; *ders.,* Die innerstaatliche Zuständigkeit für die Ausübung der durch die Wiener Vertragsrechtskonvention geregelten Rechte, DVBl 1983, 297; *R. Bleicher,* Staatsgrenzen überschreitende Raumordnung und Landesplanung, 1981; *D. Blumenwitz,* Der Schutz innerstaatlicher Rechtsgemeinschaften beim Abschluß völkerrechtlicher Verträge, 1972; *ders.,* Die deutsch-polnischen Städtepartnerschaftsabkommen im Lichte des Staats- und Verfassungsrechts, 1980; *C. Calliess,* Auswärtige Gewalt HStR IV, § 83; *C.-P. Clostermeyer/S. Lehr,* Ländermitwirkung bei völkervertraglichem Handeln auf EU-Ebene – Brauchen wir ein „Lindau II"?, DÖV 1998, 148; *A. Dittmann/M. Kilian* (Hrsg.), Kompetenzprobleme der Auswärtigen Gewalt, 1982; *Faber,* Die kommunalen Befassungskompetenzen bei europa- und völkerrechtlichen Fragestellungen, DVBl 2016, 855; *B. Fassbender,* Auswärtige Zuständigkeiten bundesstaatlicher Gliedstaaten, JöR 53 (2005), 207; *ders.,* „Staatliche Befugnisse und Aufgaben" im Sinne von Art. 30 GG als innere und auswärtige Kompetenz des Bundes und der Länder, DÖV 2011, 714; *ders.* Völkerrechtsfähigkeit und Völkerrechtsvergesslichkeit der deutschen Länder, JZ 2016, 280; *U. Fastenrath,* Kompetenzverteilung im Bereich der auswärtigen Gewalt, 1986; *H.-W. Frenz,* Die Verdrängung des Lindauer Abkommens durch Art. 23 GG, DVBl 1999, 945; *J. Friehe,* Kleines Problemkompendium zum Thema: „Kulturabkommen des Bundes", JA 1983, 117; *A. Funke,* Keine Abwägung im Auswärtigen, DÖV 2016, 833; *W. G. Grewe,* Auswärtige Gewalt HStR III¹, § 77; *ders.,* Die auswärtige Gewalt der Bundesrepublik, VVDStRL 12 (1954), 129; *B. Hartung,* Die Praxis des Lindauer Abkommens, 1984; *H. Heberlein,* Die Rechtsprechung des BVerfG und des BVerwG zur „kommunalen Außenpolitik", NVwZ 1992, 543; *C. Hirsch,* Kulturhoheit und auswärtige Gewalt, 1968; *S. Hobe,* Die Auswärtige Gewalt, JA 1996, 818; *M. Krajewski,* Zur Bindung der Bundesländer an das Völkerrecht, SuP, 2010, 250; *J. Kersten,* Standortmarketing für die Bundesrepublik, VerwArch 99 (2008), 30; *M. Lüke/B. Kaplonek,* Zur Zulässigkeit die Bundesgrenze überschreitender kommunaler Projekte, SächsVBl 2000, 149; *S. Magiera,* Außenkompetenzen der deutschen Länder, in: K. Lüder (Hrsg.), Staat und Verwaltung, 1997, 97; *Meindl,* Die Kompetenzen der Länder im Bereich der auswärtigen Gewalt und im EU-Entscheidungsprozess, Diss. Münster 2014; *E. Menzel,* Die auswärtige Gewalt der Bundesrepublik, VVDStRL 12 (1954), 179; *H. Mosler,* Die auswärtige Gewalt im Verfassungssystem der Bundesrepublik Deutschland, FS Bilfinger, 1954, S. 243; *ders.,* Die völkerrechtliche Wirkung bundesstaatlicher Verfassungen, FS Thoma, 1950, S. 129; *H.-J. Papier,* Abschluß völkerrechtlicher Verträge und Föderalismus, DÖV 2003, 265; *G. H. Reichel,* Die auswärtige Gewalt nach dem Grundgesetz, 1967; *W. Rudolf,* Internationale Beziehungen der deutschen Länder, AVR 13 (1966/67), 53; *ders.,* Völkerrechtliche Verträge über Gegenstände der Landesgesetzgebung, FS Armbruster, 1976, S. 59; *ders.,* Mitwirkung der Landtage bei völkerrechtlichen Verträgen und bei der EG-Rechtsetzung, FS Carstens II, 1984, S. 757; *ders.,* Bundesstaat und Völkerrecht, AVR 27 (1989), 1; *A. Schulz,* Parastaatliche Verwaltungsträger im Verfassungs- und Völkerrecht, 2000; *F. Schorkopf,* Grundgesetz und Überstaatlichkeit, 2007; *P. Seidel,* Die Zustimmung der Bundesregierung zu Verträgen der Bundesländer mit auswärtigen Staaten gemäß Art. 32 III GG, 1975; *M. Sonn,* Die Auswärtige Gewalt des Gliedstaates im Bundesstaat, 1960; *K. Stern,* Auswärtige Gewalt und Lindauer Abkommen, FS Heymanns-Verlag, 1995, S. 251;, *W. Weißauer,* Völkerrechtliches Vertragswesen – Zusammenwirken von Bund und Ländern, FS Bengl, 1984, S. 149; *P. Wiater,* Föderalismus „hoch zwei": Zur Rolle der deutschen Länder bei der Ausgestaltung der gemeinsamen Handelspolitik der EU, AöR 139 (2014), 497; *I. Winkelmann,* Innerstaatliche

Kompetenzverteilung bei Vertragsabschlüssen in Angelegenheiten der Europäischen Union, DVBl 1993, 1128; *V. Zellweger,* Völkerrecht und Bundesstaat, 1992. S. auch Schrifttum zu Art. 59.

## Übersicht

# A. Allgemeines

## I. Entstehung

Art. 32 regelt mit der **Aufteilung der Kompetenzen für die Ausübung der auswärtigen** **1** **Gewalt zwischen Bund und Ländern (Verbandskompetenz;** vertikale Gewaltenteilung) eine in jedem Bundesstaat zu klärende Frage, die das Völkerrecht dem nationalen Verfassungsrecht überlässt.[1] Den Überlieferungen der Verfassungen der Paulskirche, des Kaiserreichs von 1871[2] und der WRV folgend, stattet das GG – im Gegensatz zu den meisten bundesstaatlichen Verfassungen der Gegenwart[3] – die Länder mit Zuständigkeiten im Bereich der auswärtigen Gewalt aus.[4] Es geht dabei über Art. 78 WRV dahingehend hinaus, dass in Abs. 1 nicht mehr von einer „ausschließlichen" Sache des Gesamtstaates gesprochen wird und in Abs. 2 die Anhörung der Länder ausdrücklich verankert ist.[5]

## II. Grundsätzliche Bedeutung

**1. Grundnorm der Verteilung der Verbandskompetenz im Bereich der auswärtigen Ge-** **2** **walt.** Art. 32 regelt die Verteilung der **Verbandskompetenz** (vertikale Gewaltenteilung). Hinsichtlich der Organkompetenz (horizontale Gewaltenteilung) für die auswärtige Gewalt ist Art. 59 einschlägig.

---

[1] Vgl. *Verdroß/Simma,* Universelles Völkerrecht, 3. Aufl. 1984, § 395. Zu anderen Bundesstaaten vgl. ausführlich *Fastenrath/Groh,* in: Friauf/Höfling, Art. 32 (2014) Rn. 111 ff.; *Fassbender* BK, Art. 32 (2011) Rn. 203 ff.; ferner *Weber,* in: Umbach/Clemens, Art. 32 Rn. 8.

[2] Vgl. dazu *P. Laband,* Deutsches Reichsstaatsrecht, 7. Aufl. 1919, S. 316 ff.

[3] Vgl. *Geiger,* StaatsR III, S. 111. Rechtsvgl. Hinw. bei *Wollenschläger,* in: Dreier II, Art. 32 Rn. 10 ff.

[4] Vgl. *Kempen* MKS II, Art. 32 Rn. 4; *Papier* DÖV 2003, 265 (266). Ausführlich zur Entstehungsgeschichte *Fassbender* BK (2011), Art. 32 Rn. 25 ff.

[5] Vgl. zur Streitfrage, inwieweit darin materielle Unterschiede zu sehen sind, einerseits *v. Mangoldt/Klein* II, Art. 32 Anm. II 2, andererseits *Maunz,* in: Maunz/Dürig, Art. 32 (Erstbearb.) Rn. 13 und 40.

3    Die sog. „**auswärtige Gewalt**" ist keine zu den drei klassischen Gewalten hinzutretende und im Gegensatz zu diesen (vgl. Art. 20 II 2, III) im GG auch nicht als solche verankert. Gegen den Begriff[6] sind auch verschiedene Einwände vorgebracht worden.[7] Diese wären insoweit berechtigt, als versucht würde, allein aus ihm Exemtionen aus dem allgemeinen System der Gewaltenteilung zu deduzieren.[8] Vermeidet man sie, ist es durchaus sinnvoll, diesen Begriff aus Gründen der Zweckmäßigkeit zu verwenden zur Zusammenfassung aller staatlichen Vorschriften, die sich auf die Teilnahme des Staates am völkerrechtlichen Verkehr beziehen, einschließlich der staatlichen Vorschriften über die Willensbildung, die dem Handeln in auswärtigen Angelegenheiten vorangeht.[9]

4    Die **Grundlagen dieser auswärtigen Gewalt** sind im GG nicht zusammengefasst, sondern verstreut geregelt: Art. 23 und Art. 24 können als besonderer Fall einer „Integrationsgewalt"[10] angesehen werden (→ Art. 23 Rn. 3, → Art. 23 Rn. 9; → Art. 24 Rn. 5); Art. 24 Ia gibt eine besondere und daher von Art. 32 I, III nicht erfasste Übertragungs- und damit auch Vertragsschlusskompetenz bzgl. grenznachbarschaftl. Einrichtungen;[11] Art. 26 setzt der auswärtigen Gewalt allg. Grenzen (→ Art. 26 Rn. 5); Art. 45 (→ Art. 45 Rn. 1 ff.), Art. 45a (→ Art. 45a Rn. 2) und Art. 52 III a (→ Art. 52 Rn. 16 f.) gebieten bzw. ermöglichen die Schaffung von Einrichtungen im Binnenbereich, die die laufenden auswärtigen Angelegenheiten seitens des Parlaments betreuen (Ausschuss für auswärtige Angelegenheiten) bzw. die laufende Mitwirkung von BTag und BRat an der EU (→ Art. 23 Rn. 103 ff.) gewährleisten sollen, was realistischerweise nur dann möglich ist, wenn – und dies bedingt eine verfassungsrechtl. Ermächtigung – sie die Rechte von BTag und BRat selbst ausüben können (Ausschuss für Angelegenheiten der EU des BTag, Europakammer des BRat); Art. 73 Nr. 1 weist dem Bund die ausschließl. Gesetzgebung über „die auswärtigen Angelegenheiten" zu, worunter nur die Materien des auswärtigen Verkehrs im engeren Sinne zu verstehen sind (weitergeh. → Art. 73 Rn. 3 ff. und → Art. 73 Rn. 37; der Auswärtige Dienst wird gemäß Art. 87 I 1 in bundeseigener Verwaltung geführt); Art. 123 II regelt die Fortgeltung der vom Deutschen Reich abgeschlossenen Staatsverträge (→ Art. 123 Rn. 13 ff.). Letztlich gehört zu den auswärtigen Beziehungen auch der Verteidigungsfall, für den besondere Regelungen gelten (vgl. Art. 115a und → Art. 115a Rn. 1 ff.; zum Einsatz von Streitkräften im Rahmen internationaler Organisationen → Art. 24 Rn. 58 ff.; → Art. 87a Rn. 21 ff.).

5    Auswärtige Gewalt betrifft die Gestaltung der Außenbeziehungen der BRD. Durch ihre **Wirkung nach außen gegenüber rechtlich Gleichgeordneten**[12] unterscheidet sie sich von den übrigen Bereichen materieller Staatstätigkeit. Zu den Besonderheiten der auswärtigen Gewalt, insbes. bzgl. der gerichtl. Kontrolle, → Art. 59 Rn. 72.

6    **2. Doppelte Bedeutung der Norm für die Länder.** Die Bedeutung des Art. 32 erschöpft sich nicht in der Kompetenzaufteilung zwischen Bund und Ländern. Da das Völkerrecht vom Bild des **Einheitsstaates** ausgeht und nur den Bund als Völkerrechtssubjekt ansieht,[13] sind Gliedstaaten nur in dem Maße potentiell völkerrechtsfähig, wie es die Verfassungsurkunde des Staates bestimmt. Art. 32 hat daher für die Länder die weitere Bedeutung, ihnen eine – begrenzte – **Völkerrechtssubjektivität** zuzubilligen. Damit ist Abs. 3 im Gegensatz zu Abs. 1 konstitutiv.[14] Ohne ihn wäre eine Ausübung auswärtiger Gewalt durch die Länder nicht möglich. Art. 32 III hat somit für die Länder **doppelte Bedeutung,** da er die Grundlage zum einen für die verfassungsrechtliche Kompetenz, zum anderen für die völkerrechtliche Vertragsfähigkeit bildet. Diese konstitutive Wirkung beschränkt sich allerdings auf die verfassungsrechtliche Seite.[15] Ob sie realisiert wird, hängt völkerrechtlich davon ab, ob die

---

[6] Vgl. zu dessen Entstehung *Grewe* HStR III[1], § 77 Rn. 1 sowie *Biehler,* Auswärtige Gewalt, 2005, S. 7 ff.; *Schorkopf,* § 4 Rn. 3.

[7] Vgl. die Nachw. bei *Grewe* HStR III[1], § 77 Rn. 4; *Schorkopf,* § 4 Rn. 12.

[8] Zutreffend *Grewe* HStR III[1], § 77 Rn. 6. Kritisch zu OVG NRW NVwZ 2017, 648 *Jungbluth,* Die „Erdogan-Entscheidung", NVwZ 2017, 604 (606 f.). Zutreffend zur Rechtfertigung der Untersagung des Auftritts eines ausländischen Staatsoberhaupts BVerfG NJW 2017, 1166; *Edwards,* Erdogan live! Entscheidungsbefugnis der Bundesregierung, ZRP 2017, 91.

[9] So *Geiger,* StaatsR III, S. 108 f. Ebenso *Kempen* MKS II, Art. 32 Rn. 5; *Nettesheim,* in: Maunz/Dürig, Art. 32 (2007) Rn. 10 („hilfreicher Sammelbegriff"); *Wollenschläger,* in: Dreier II, Art. 32 Rn. 15 („auch heute noch von Wert"); aA *Pernice,* in: Dreier II, 2. Aufl. 2006, Art. 32 Rn. 18: „verzichtbar", da kein eigener Erklärungswert; ebenso *Fassbender* BK (2011), Art. 32 Rn. 15.

[10] Vgl. *Grewe* HStR III[1], § 77 Rn. 69.

[11] Vgl. *Weber,* in: Umbach/Clemens Art. 32 Rn. 13.

[12] Vgl. zur souveränen Gleichheit der Staaten *Verdroß/Simma* (Fn. 1), § 454.

[13] Vgl. *Rudolf* AVR 27 (1989), 1 (6 f.); *Zuleeg* AK GG, Art. 32 Rn. 4; *Kempen* MKS II, Art. 32 Rn. 9.

[14] Ebenso *Jarass,* in: Jarass/Pieroth, Art. 32 Rn. 1; *Wollenschläger,* in: Dreier II, Art. 32 Rn. 7; *Fastenrath/Groh,* in: Friauf/Höfling, Art. 32 (2014) Rn. 14; *Calliess* HStR IV, § 83, Rn. 55; *Nettesheim,* in: Maunz/Dürig, Art. 32 (2020) Rn. 94. AA *Faßbender* DÖV 2011, 720 („klarstellende Wirkung").

[15] Vgl. *Wollenschläger,* in: Dreier II, Art. 32 Rn. 7: „innerstaatliche Zuerkennung"; Schweitzer/Dederer, StaatsR III, Rn. 292: „rein innerstaatliche Regelung".

Völkerrechtssubjektivität der Länder von anderen Völkerrechtssubjekten anerkannt wird.[16] Dies ist durch den Abschluss völkerrechtlicher Verträge mit den Ländern geschehen.[17]

## III. Verhältnis des Art. 32 zu Art. 30

Art. 32 trifft unstreitig für den Bereich der auswärtigen Gewalt eine **von Art. 30 abweichende** 7 **Regelung,** da Abs. 1 eine Zuweisung dieser Gewalt an den Bund enthält. Fraglich ist aber, ob es sich dabei um *eine* oder um *die* Regel der Zuweisung auswärtiger Gewalt an den Bund handelt. Diese Bestimmung des Verhältnisses zwischen Art. 30 und Art. 32 ist für die Auslegung von Art. 32 praktisch bedeutsam (→ Rn. 34).

Ginge man davon aus, dass Art. 30 die Regel für die Zuweisung *aller* staatlichen Gewalt ist, so wäre 8 Art. 32 eine Ausnahmevorschrift für den in ihm geregelten Bereich der *auswärtigen* Gewalt. Dies hätte zur Folge, dass beim Auftreten von Zweifelsfragen in der Auslegung von Art. 32 auch für den Bereich des Auswärtigen auf die Grundregel des Art. 30 zurückzugreifen wäre.[18] Man kann das Verhältnis der Normen aber auch als das von **lex specialis zu lex generalis** dahingehend verstehen, dass in Art. 32 eine abschließende Regelung der Zuständigkeitsverteilung für den Bereich der auswärtigen Gewalt liegt,[19] mit der Folge, dass bei Zweifelsfragen nicht auf die Kompetenzvermutung des Art. 30 abgestellt werden dürfte.

Der Auffassung, dass Art. 30 und Art. 32 strikt zu trennende Anwendungsbereiche haben und 9 **Art. 32** insoweit für die Verbandskompetenz eine **abschließende Regelung für den Bereich der auswärtigen Gewalt** mit einer Kompetenzvermutung zugunsten des Bundes trifft, ist zuzustimmen.[20] Dafür spricht die Besonderheit der auswärtigen Gewalt im Vergleich zur Hoheitsausübung nach innen (auf die sich Art. 30 dann beschränkt), die vor allem in der völkerrechtl. Gebundenheit besteht (→ Rn. 5). Das Völkerrecht geht aber auch für einen Bundesstaat vom Auftritt als Einheitsstaat nach außen aus;[21] gemäß der zur Auslegung heranzuziehenden Völkerrechtsfreundlichkeit des GG[22] sind Art. 30 und 32 so zu interpretieren, dass dieser Ansatz respektiert wird. Dies bestätigt Art. 32 III, der die Vertragsschlusskompetenz der Länder der Zustimmung der Bundesregierung unterstellt. Unterstützt wird dies durch ein systematisches Argument: Art. 32 steht im Abschnitt II des GG, der die sowohl für den Bund als auch für die Länder wesentlichen Staatsstrukturmerkmale behandelt und die Grundlagen des Staates BRD sowohl für innen (zB Art. 20–22, 29–31, 37) als auch für die Beziehungen nach außen (Art. 23–26, 32) festlegt, so dass **Art. 30 und Art. 32 Grundnormen im jeweiligen Regelungsbereich** darstellen. Dementsprechend erfolgt die für die Vermutung des Art. 30 wesentliche Regelung der Ausübung staatlicher Befugnisse und Aufgaben erst in den Art. 70 ff., 83 ff., 92 ff. und 104a ff.

## IV. Verhältnis des Art. 32 zu Art. 23

Bzgl. der Mitwirkung an der Entwicklung der EU wird Art. 32 durch Art. 23 als lex specialis in 9a dessen Anwendungsbereich (alle Materien der EU, → Art. 23 Rn. 8) verdrängt (→ Art. 23, Rn. 9).[23] Dies hat zur Folge, dass für die Mitwirkung der Länder in Angelegenheiten der EU nicht das Lindauer Abkommen (→ Rn. 35), sondern Art. 23 IV bis VI und das EUZBLG sowie das IntVG (→ Art. 23 Rn. 116 ff.) maßgeblich sind.[24] Dies gilt auch für völkerrechtl. Abkommen der EU mit Drittstaaten im ausschließl. Zuständigkeitsbereich der EU, während bei sog. gemischten Abkommen[25] das Lindauer Abkommen auf die Vertragsmaterien Anwendung findet, die nicht von den Unionskompetenzen

---

[16] Insoweit ist die Anerkennung konstitutiv, vgl. *Schweitzer/Dederer,* StaatsR III, Rn. 292.

[17] *Rojahn,* in: v. Münch/Kunig I, Art. 32 Rn. 7; *Schweitzer/Dederer,* StaatsR III, Rn. 293; vgl. *Beyerlin/Lejeune,* Sammlung der internationalen Vereinbarungen der Länder der Bundesrepublik Deutschland, 1994.

[18] Vgl. die Problemdarstellung bei *Nettesheim,* in: Maunz/Dürig, Art. 32 (2020) Rn. 23; vgl. dazu auch *Blumenwitz,* Der Schutz innerstaatlicher Rechtsgemeinschaften beim Abschluss völkerrechtlicher Verträge, 1972, S. 97.

[19] Vgl. zB *Bernhardt,* Der Abschluss völkerrechtlicher Verträge im Bundesstaat, 1957, S. 131 f.; *Mosler* FS Bilfinger, 1954, S. 257.

[20] Ebenso jedenfalls iE BVerfGE 6, 309 (362); *Rojahn,* in: v. Münch/Kunig I, Art. 32 Rn. 8; *Hillgruber,* in: Hofmann/Henneke, Art. 32 Rn. 3; *Zuleeg* AK GG, Art. 32 Rn. 20; *Jarass,* in: Jarass/Pieroth, Art. 32 Rn. 1 f.; *Kempen* MKS II, Art. 32 Rn. 13; *Wollenschläger,* in: Dreier II, Art. 32 Rn. 60; *Fastenrath/Groh,* in: Friauf/Höfling, Art. 32 (2014) Rn. 19 f. (mit zutr. Betonung der Beschränkung auf den Bereich des Art. 32); *Bleckmann,* Grundgesetz und Völkerrecht, 1975, S. 204; *Grewe* HStR III[1], § 77 Rn. 81; *Hirsch,* Kulturhoheit und auswärtige Gewalt, 1968, S. 114, 144; *Kölble* DÖV 1965, 145 (146); *Mosler* (Fn. 19), S. 257; grds zust., aber aA bzgl. der Kompetenzvermutung *Nettesheim,* in: Maunz/Dürig, Art. 32 (2020) Rn. 23.

[21] BVerfGE 2, 347 (378); *Schweitzer/Dederer,* StaatsR III, Rn. 294.

[22] Vgl. *Stern,* StaatsR I, S. 475 f.

[23] *Jarass,* in: Jarass/Pieroth, Art. 23 Rn. 4, Art. 32 Rn. 2; *Kempen* MKS II, Art. 32 (2007) Rn. 14; *Rojahn,* in: v. Münch/Kunig I, Art. 32 Rn. 9 mwN; *Nettesheim,* in: Maunz/Dürig, Art. 32 (2020) Rn. 24; *Wollenschläger,* in: Dreier II, Art. 32 Rn. 21, 60; im Ergebnis ebenso *Pernice,* in: Dreier II, 2. Aufl. 2006, Art. 32 Rn. 24 mit der (fragwürdigen) Begründung, Art. 32 I sei gar nicht einschlägig, da die EU weder „auswärtig" noch „Staat" sei.

[24] *Rojahn,* in: v. Münch/Kunig I, Art. 32 Rn. 9; *Papier* DÖV 2003, 265 (270).

[25] Vgl. dazu *Schweitzer/Dederer,* StaatsR III, Rn. 781 ff.; *Streinz,* Europarecht, 11. Aufl. 2019 Rn. 537 ff.

erfasst werden.[26] Für die Beziehungen zu den anderen Mitgliedstaaten der EU gilt außerhalb der durch das Unionsrecht erfassten Bereiche das allg. Völkerrecht und damit Art. 32 als verfassungsrechtl. Bezugsnorm.[27] Sie sind insoweit zumindest rechtlich nach wie vor „Ausland" („auswärtige Staaten").[28]

9b    Die auf der Grundlage des Art. 23 (früher Art. 24 I) erfolgte Übertragung von Hoheitsrechten (→ Art. 23 Rn. 54 ff.) hat zum Übergang einzelner Bereiche vormals selbstständiger deutscher Außenpolitik in die ausschließliche oder konkurrierende Zuständigkeit der EU (insbesondere gemeinsame Handelspolitik, Art. 207 AEUV; Mitwirkung in der Welthandelsorganisation WTO)[29] bzw. zu unionsrechtlichen Bindungen im Rahmen der *gemeinsamen* Außen- und Sicherheitspolitik (GASP) geführt.[30] Für beides ist verfassungsrechtlich, auch was die Mitwirkung der Länder angeht, Art. 23 maßgeblich.[31]

# B. Anwendungsbereich der Norm

## I. Anwendung im grenzüberschreitenden Verkehr zwischen Völkerrechtssubjekten

10    **1. Nur grenzüberschreitender Verkehr.** Art. 32 betrifft unstreitig den **Verkehr zwischen Völkerrechtssubjekten** (zur Frage der grenzüberschreitenden Beziehungen außerhalb der völkerrechtlichen Ebene → Rn. 17 ff.), wegen des Begriffs „auswärtigen" allerdings nur den grenzüberschreitenden. Verträge zwischen den Ländern, die ja auch – partielle – Völkerrechtssubjekte sind,[32] und zwischen den Ländern und dem Bund[33] sind davon nicht umfasst.[34]

11    **2. Nur zur Erfüllung öffentlicher Aufgaben.** Die Zuständigkeitsverteilung des Art. 32 ist nur einschlägig für ein Verhalten, das dem Völkerrecht als öffentlichem Recht zuzuordnen ist. Es muss sich um Maßnahmen, insbesondere um Verträge handeln, die nur in Ausübung hoheitlicher Rechte getroffen bzw. erfüllt werden können und Bund bzw. Länder als Träger **hoheitlicher** Staatsgewalt ansprechen (sog. *acta iure imperii*). Für zivilrechtliches, allein fiskalisches Verhalten (sog. *acta iure gestionis*) ist Art. 32 nicht einschlägig, weil sich hier das Problem der Abgrenzung der Kompetenz zwischen Bund und Ländern nicht stellt, vielmehr jeder Rechtsträger im Rahmen seiner Rechtsmacht zuständig ist.[35] Die **Grenzlinie** verläuft allerdings nicht zwischen öffentlichem und privatem Recht,[36] sondern nach dem Gegenstand des Vertrages gemäß dem Kriterium, ob es um die Erfüllung staatlicher Aufgaben geht, die im Einzelfall auch in Formen des Privatrechts erfolgen kann.[37]

12    **3. Keine Begrenzung auf rechtsverbindliche Akte.** Wie bereits die Formulierung „Pflege der Beziehungen" in Art. 32 I zeigt, regelt Art. 32 nicht nur die Kompetenz zum Vertragsschluss, sondern zu **jeder Art von Tätigkeit im internationalen Verkehr.** Unstreitig ist dies für ein- oder mehr-

[26] *Rojahn,* in: v. Münch/Kunig I, Art. 32 Rn. 9; *Jarass,* in: Jarass/Pieroth, Art. 32 Rn. 2; *Winkelmann* DVBl 1993, 1128 (1134 f.); *Clostermeyer/Lehr* DÖV 1998, 148 (151). AA (gänzliche Verdrängung des Lindauer Abkommens) *Frenz* DVBl 1999, 945 (951 ff.); *Heyde,* in: Umbach/Clemens, GG, Art. 23 Rn. 85.

[27] *Pernice,* in: Dreier II, 2. Aufl. 2006, Art. 32 Rn. 24; vgl. zur Einordnung der Auslieferung aufgrund des europäischen Haftbefehlsgesetzes aus dem Unionsrecht Art. 23 und nicht mehr den auswärtigen Beziehungen iSd Art. 32 unterfallend *Gerhardt,* abwM BVerfGE 113, 273/339 (348); zweifelnd *Seitz* NStZ 2004, 546 (547).

[28] Dies bestätigt das Erfordernis der partiellen, wenngleich mittlerweile weitgehenden Gleichstellung von „Unionsbürgern" (Art. 20 AEUV) mit Inländern (zB Freizügigkeit mit *Beschränkungen und Bedingungen,* vgl. Art. 20 II AEUV; *Kommunal-* und *Europawahlrecht,* vgl. Art. 22 AEUV). Vgl. zur Unterscheidung → Art. 16 Rn. 12 ff. Vgl. auch Art. 52 I AEUV („Sonderregelung für Ausländer"). AA jedenfalls vom Begrifflichen *Häberle/Kotzur,* Europäische Verfassungslehre, 8. Aufl. 2016, Rn. 78 f., 966, 1260.

[29] Vgl. dazu *Streinz* (Fn. 25), Rn. 153, 1230, 1251, 1262 ff., 1287 ff.

[30] *Kempen* MKS II, Art. 32 Rn. 14; *Wollenschläger,* in: Dreier II, Art. 32 Rn. 9; *Rojahn,* in: v. Münch/Kunig I, Art. 32 Rn. 9.

[31] *Kempen* MKS II, Art. 32 Rn. 14; *Wollenschläger,* in: Dreier II, Art. 32 Rn. 8 f.; *Rojahn,* in: v. Münch/Kunig I, Art. 32 Rn. 9; *Fastenrath/Groh,* in: Friauf/Höfling, Art. 32 (2014) Rn. 25 f.; *Winkelmann* DVBl 1993, 1128 (1132 f.). Zu den Mitwirkungsrechten der Länder bei der Ausgestaltung der GHP der EU vgl. *Wiater* AöR 139 (2014), 511 ff., 527 f.; str. ist der Umfang der Länderbeteiligung bei der innerstaatlichen Behandlung des in der Kompetenz der Mitgliedstaaten verbliebenen Teils bei gemischten Abkommen, vgl. dazu ebd. S. 526 mwN.

[32] Vgl. *Schweitzer/Dederer,* StaatsR III, Rn. 1042 und → Rn. 6; *Stumpf* DÖV 2003, 1030 (1031).

[33] Vgl. zur Zulässigkeit solcher Verträge *Rojahn,* in: v. Münch/Kunig I, Art. 32 Rn. 33; *Bortnikov,* Staatsverträge der Länder, JuS 2017, 27.

[34] Es gelten die allgemeinen Regeln über die Kompetenzverteilung, BVerfGE 34, 216 (231). *Rojahn,* in: v. Münch/Kunig I, Art. 32 Rn. 33 mwN; *Fastenrath/Groh,* in: Friauf/Höfling, Art. 32 (2014) Rn. 41; *Jarass,* in: Jarass/Pieroth, Art. 32 Rn. 6.

[35] *Rojahn,* in: v. Münch/Kunig I, Art. 32 Rn. 17; *Hillgruber,* in: Hofmann/Henneke, Art. 32 Rn. 13; *Fastenrath,* Kompetenzverteilung im Bereich der auswärtigen Gewalt, 1986, S. 61.

[36] So *Fastenrath* (Fn. 35), S. 114.

[37] Ebenso *Kempen* MKS II, Art. 32 Rn. 32. Vgl. auch *Rojahn,* in: v. Münch/Kunig I, Art. 32 Rn. 17, der auf den „Vertragszweck" abstellt. Im Ergebnis dürfte dies aber auf dasselbe hinauslaufen. Das Kriterium Vertragsgegenstand wird hier – entsprechend der Abgrenzung von *acta iure imperii* und *acta iure gestionis* im Recht der Staatenimmunität, vgl. *Schweitzer/Dederer,* StaatsR III, Rn. 1132 – deshalb vorgezogen, weil der Zweck einseitig subjektiv bestimmt werden könnte.

seitige rechtsverbindliche Akte wie Versprechen oder Kündigung.[38] Die weite Fassung bezieht aber auch nichtverbindliche Akte, wie Besuche oder politische Kontakte, ein.[39]

*Fastenrath* möchte dagegen Art. 32 auf **„völkerrechtsförmliche Akte"** beschränken.[40] Dies hätte **13** den Vorteil, durchaus bestehende und vielleicht gerade deshalb wenig problematisierte Einwände gegen die vielfältig geübte Praxis internationaler Kontakte von Ländern und Kommunen (zB Reden und öffentliche Äußerungen von Ministerpräsidenten der Länder, parlamentarischen Delegationsleitern, Universitätsrektoren, Gerichtspräsidenten, Bürgermeistern), deren grundsätzliche Zulässigkeit sich in der Realität schwerlich ernsthaft bestreiten ließe,[41] entfallen zu lassen. Allerdings würde dies durch komplementäre Schwierigkeiten für die Begründung entsprechender Kompetenzen des Bundes erkauft;[42] zudem lassen sich die Probleme auch anderweitig lösen (→ Rn. 52).

**4. Keine Begrenzung auf Staaten.** Obwohl Art. 32 stets nur von Beziehungen bzw. Verträgen **14** mit *Staaten* spricht, erfasst sein Anwendungsbereich **alle Völkerrechtssubjekte** (mit Ausnahme des Heiligen Stuhls, → Rn. 16). Die einschränkende Formulierung lässt sich aus der Anlehnung an Art. 78 WRV erklären, der auf den Staat als „geborenes" Völkerrechtssubjekt fixiert war. Die internationalen Organisationen haben als Völkerrechtssubjekte verstärkt erst in neuerer Zeit Bedeutung erlangt.[43] Neben den mit Völkerrechtssubjektivität ausgestatteten internationalen Organisationen,[44] die keineswegs „staatsähnlich" sein müssen und in der Regel auch nicht sind,[45] fallen unter Art. 32 auch zB anerkannte Exilregierungen und als Kriegführende anerkannte Aufständische, ferner (partiell) völkerrechtsfähige Gliedstaaten anderer Bundesstaaten, wie zB die Kantone der Schweiz. Sieht man im Begriff „auswärtige Staaten" eine globale staatsrechtliche Verweisung auf die jeweils im Völkerrecht anerkannten Rechtsträger,[46] so können auch neue Völkerrechtssubjekte hinzukommen.[47]

Die Frage, ob die **DDR** ein „auswärtiger Staat" im Sinne von Art. 32 ist,[48] hat sich durch die **15** Wiedervereinigung erledigt.

Ausgenommen sind nach der Rechtsprechung des BVerfG die Beziehungen zum **Heiligen Stuhl.**[49] **16** Begründet wird dies mit der Entstehungsgeschichte[50] und mit dem Unterschied zwischen einer weltlichen völkerrechtlichen Subjektivität und einer geistlichen, die sich von der im Politischen wurzelnden des Staates abhebe,[51] was das Wort „Staaten" ausdrücken sollte.[52] Die nicht unumstrittene[53]

---

[38] Vgl. zu den einseitigen völkerrechtlichen Rechtsgeschäften *Schweitzer/Dederer*, StaatsR III, Rn. 532 ff.

[39] *Rojahn*, in: v. Münch/Kunig I, Art. 32 Rn. 3 mwN; *Zuleeg* AK GG, Art. 32 Rn. 6; *Kempen* MKS II, Art. 32 Rn. 35; *Geiger*, StaatsR III, S. 113. Einschränkend für Akte, in denen die BRD offiziell repräsentiert wird, *Jarass*, in: Jarass/Pieroth, Art. 32 Rn. 12 und *Wollenschläger*, in: Dreier II, Art. 32 Rn. 22.

[40] *Fastenrath* (Fn. 35), S. 83 ff.; *Fastenrath/Groh*, in: Friauf/Höfling, Art. 32 (2014) Rn. 45 ff.; ebenso *Weber*, in: Umbach/Clemens, GG, Art. 32 Rn. 17. Die Ansicht von *Geiger*, StaatsR III, S. 111, dass Art. 32 I auch die Aufgabe der gesamtstaatlichen „politischen Repräsentanz" erfasst, bezieht sich allein auf den Bund und schließt politisches Handeln der Landesregierungen im Bereich ihrer Zuständigkeiten nicht aus, ebda, S. 113.

[41] Vgl. *Grewe* HStR III¹, § 77 Rn. 82.

[42] Zutreffend *Grewe* HStR III¹, § 77 Rn. 82.

[43] Vgl. *Schweitzer/Dederer*, StaatsR III, Rn. 1152 ff.

[44] Vgl. zur Völkerrechtssubjektivität internationaler Organisationen *Schweitzer/Dederer*, StaatsR III, Rn. 1160 ff.

[45] Zu eng daher BVerfGE 1, 351 (374).

[46] *Nettesheim*, in: Maunz/Dürig, Art. 32 (2007) Rn. 33; *Mosler*, FS Bilfinger, 1954, S. 259; *Strebel* ZaöRV 33 (1973), 161 ff. Vgl. auch *Kempen* MKS II, Art. 32 Rn. 24 ff.; *Rojahn*, in: v. Münch/Kunig I, Art. 32 Rn. 11; *Wollenschläger*, in: Dreier II, Art. 32 Rn. 20 f.; *Pernice*, in: Dreier II, 2. Aufl. 2006, Art. 32 Rn. 21 f., der allerdings einen „staatlichen Charakter" fordert und daher neben Privatpersonen auch zB den Souveränen Malteser-Ritterorden oder das Internationale Komitee vom Roten Kreuz ausschließt.

[47] Ebenso *Fastenrath/Groh*, in: Friauf/Höfling, Art. 32 (2014) Rn. 37. Sie müssen allerdings für spezifisch vertragliche Beziehungen zu einem Staat geeignet sein, so dass Individuen ungeachtet ihrer partiellen Völkerrechtssubjektivität (Menschenrechte, vgl. dazu *Verdroß/Simma* [Fn. 1], §§ 423 ff.) ausscheiden dürften (insoweit zutreffend BVerfGE 1, 351 [374]). Offener *Kempen* MKS II, Art. 32 Rn. 29, allerdings zu Recht ablehnend für juristische Personen des Privatrechts, da der Ansatz, diesen (partielle) Völkerrechtssubjektivität zuzubilligen, sich in der Praxis nicht durchgesetzt hat (ebd., Rn. 30). Insoweit ebenso *Rojahn*, in: v. Münch/Kunig I, Art. 32 Rn. 16 mwN und *Nettesheim*, in: Maunz/Dürig, Art. 32 (2020) Rn. 38.

[48] S. dazu *Rojahn*, in: v. Münch II, 2. Aufl. 1983, Art. 32 Rn. 11; *Kempen* MKS II, Art. 32 Rn. 27.

[49] BVerfGE 6, 309 (362).

[50] S. *Kempen* MKS II, Art. 32 Rn. 31; *Fassbender* BK, Art. 32 (2011) Rn. 75; *Reichel*, Die auswärtige Gewalt nach dem Grundgesetz, 1967, S. 93; JöR nF 1 (1951), 300 (301).

[51] *Rojahn*, in: v. Münch/Kunig I, Art. 32 Rn. 12. Insoweit (nur hinsichtlich der Begründung) aA *Nettesheim*, in: Maunz/Dürig, Art. 32 (2020) Rn. 35.

[52] Vgl. JöR nF 1 (1951), 300 (301). Dies lag bereits der Formulierung der WRV zugrunde, vgl. *Fleischmann*, HdbDStR I, S. 209 (210 f.).

[53] Dem BVerfG folgen zB *Kempen* MKS II, Art. 32 Rn. 31; *Jarass*, in: Jarass/Pieroth, Art. 32 Rn. 3; *Wollenschläger*, in: Dreier II, Art. 32 Rn. 21; *Nettesheim*, in: Maunz/Dürig, Art. 32 (2020) Rn. 35. AA zB *Weber*, in: Umbach/Clemens, GG, Art. 32 Rn. 15; *Zuleeg* AK GG, Art. 32 Rn. 8, der aber die Rechtsprechung des BVerfG als gefestigte Praxis akzeptiert (ebda. und Rn. 14). Kritisch auch *Fastenrath/Groh*, in: Friauf/Höfling, Art. 32 (2014) Rn. 38, die auch darauf hinweisen, dass Verträge mit anderen Religionsgemeinschaften, denen die Völkerrechtssubjektivität fehlt, aus dem sachlichen Anwendungsbereich des Art. 32 herausfallen.

Ansicht des BVerfG hat zur Folge, dass die Länder im Rahmen ihrer Kompetenzen (Art. 30, 70) Konkordate unter Befreiung vom Zustimmungserfordernis nach Art. 32 III abschließen können.[54]

## II. Anwendung auf grenzüberschreitende Beziehungen außerhalb der völkerrechtlichen Ebene

**17**     **1. Beziehungen zwischen Bund oder Ländern einerseits und ausländischen Personen und Körperschaften andererseits.** Neben den Beziehungen zu Völkerrechtssubjekten, die die Erfüllung öff. Aufgaben zum Gegenstand haben, sind zahlreiche **weitere Formen grenzüberschreitender Kontakte** der deutschen staatl. Ebene (Bund und Länder) mit ausländischen natürl. oder jur. Personen des öff. oder des Privatrechts denkbar.[55] Nach BVerfGE 2, 347 (374) ist Art. 32 für Beziehungen mit ausländischen Körperschaften des öff. Rechts, die nur dem innerstaatlichen Recht unterstehen, nicht anwendbar. Fraglich ist, ob dies generell zutreffend ist, somit Art. 32 ausschließlich die Beziehungen zu Völkerrechtssubjekten regelt, oder ob man nach der Art der Beziehungen unterscheiden muss.

**18**     Die Beziehungen zu **nachgeordneten öffentlichen Einheiten** sind keine völkerrechtlichen, soweit diesen keine Völkerrechtssubjektivität zuerkannt wird und auch nicht zuerkannt werden kann. Partielle Völkerrechtssubjektivität setzt nämlich die verfassungsrechtl. Ermöglichung voraus, zu der völkerrechtlich die Anerkennung durch andere Völkerrechtssubjekte hinzukommen muss (→ Rn. 6). Allein der Vertragsschluss der ausländischen Person oder Körperschaft mit dem Bund oder einem Land, also mit einem Völkerrechtssubjekt, führt somit nicht zur Völkerrechtssubjektivität.[56]

**19**     Fraglich ist aber, ob die **Völkerrechtssubjektivität der Gegenseite** notwendige Bedingung sein soll. Soweit es nämlich um die Erfüllung öffentlicher Aufgaben geht, wird die Vereinbarung auf der deutschen Seite im Namen des Staates (Bund und Länder) geschlossen. Sieht man in Art. 32 eine abschließende Regelung der Verteilung der Verbandskompetenz für die Ausübung hoheitlicher Befugnisse und die Erfüllung staatlicher Aufgaben im Rahmen auswärtiger Gewalt (→ Rn. 8), so kann diese deutsche Kompetenzverteilung nicht von der inneren Organisation anderer Staaten abhängig gemacht werden. Daher darf es für die Frage der Einschlägigkeit der Regelung des Art. 32 nicht darauf ankommen, ob zB der Bund zur Erfüllung einer hoheitlichen Aufgabe einen Vertrag mit dem ausländischen Staat direkt oder mit einer nachgeordneten Körperschaft des öffentlichen Rechts zu schließen hat, weil diese nach der internen Organisation des anderen Staates zuständig ist.

**20**     Wenn dagegen eingewandt wird, diese Beziehungen stellten keine Betätigung auswärtiger Gewalt im Sinne einer unmittelbaren Einflussnahme auf die völkerrechtlichen Beziehungen der BRD dar,[57] so wird dem Begriff der auswärtigen Gewalt zusätzlich zu dem Kennzeichen der Wahrnehmung staatlicher Aufgaben noch die Berührung einer sozusagen „hohen Außenpolitik" abverlangt. Dagegen spricht aber, dass dafür anders als bei der Formulierung „politische Beziehungen" in Art. 59 II in Art. 32 **keine Anhaltspunkte** vorliegen.

**21**     Letztlich geht es wie bei der Erstreckung des Begriffs „auswärtige Staaten" auf alle Völkerrechtssubjekte (→ Rn. 14) auch bei der Einbeziehung grenzüberschreitender Kontakte des Bundes und der Länder zu ausländischen Personen ohne Völkerrechtssubjektivität um eine **Angleichung** der Vorschrift **an die tatsächliche Entwicklung.**[58] Der Einwand, dass der Vorschlag der Enquêtekommission „Verfassungsreform" des BTag zur Neufassung des Art. 32 I („Die Pflege der auswärtigen Beziehungen ist Sache des Bundes"),[59] der beide Ausweitungen umfassen würde, durch die seitherigen Verfassungsänderungen, insbesondere die durch Art. 5 EV vorgesehene „Verfassungsreform", nicht aufgegriffen wurde, beträfe daher beide erweiternde Auslegungen des Art. 32. Ihm gegenüber greifen aber die teleologischen und systematischen Argumente, insbesondere das der Wahrung der Einheit des Bundesstaates im Verkehr mit dem Ausland, durch.

---

[54] *Rojahn,* in: v. Münch/Kunig I, Art. 32 Rn. 12; *Kempen* MKS II, Art. 32 Rn. 31. Vgl. auch *Schweitzer/Dederer,* StaatsR III, Rn. 306.

[55] Vgl. zB die „Absprache" vom 12.10.1992 zwischen einigen Ländern und einigen franz. Departements, denen auch keine partielle Völkerrechtssubjektivität zukommt, über polizeil. Zusammenarbeit in Grenzgebieten, abgedr. bei *Beyerlin/Lejeune* (Fn. 17), S. 117; zu EU-Regionen vgl. *Röper* VerwArch 2004, 301 (302).

[56] Erwogen wird dies allein hinsichtlich transnat. Unternehmen, vgl. *Böckstiegel,* Der Staat als Vertragspartner ausländischer Privatunternehmen, 1971; hinsichtlich der Völkerrechtssubjektivität zu Recht ablehnend *Epping,* in: K. Ipsen, Völkerrecht, 7. Aufl. 2018, S. 450 f., § 11 Rn. 19, und *Stein/von Buttlar,* Völkerrecht, 13. Aufl. 2012, Rn. 492. Vgl. auch *Streinz* Jura 1987, 310 (314). Vgl. auch → Fn. 47.

[57] Vgl. *Geiger,* StaatsR III, S. 112.

[58] Vgl. zu diesem Aspekt *Aust,* „Global Cities" und das Grundgesetz: Kommunales Selbstverwaltungsrecht und auswärtige Gewalt, in: M. P. Neubauer ua (Hrsg.), L' Etat, c'est quoi? Staatsgewalt im Wandel, 2014. S. 232 f.: Verständnis der Verfassungsnormen, die sich wie Art. 32 mit internationalen Bezügen des GG befassen, als dynamische Verweisung auf den jeweiligen internationalen Entwicklungsstand.

[59] Zur Sache 3/76, Beratungen und Empfehlungen zur Verfassungsreform (I), 1976, S. 251; *Schweitzer/Dederer,* Staatsrecht III, 11. Aufl. 2016, Rn. 849; *Papier* DÖV 2003, 265 (269).

Somit erfasst Art. 32 **alle Beziehungen des Bundes und der Länder zum Ausland,** soweit sie 22 der **Erfüllung öffentlicher Aufgaben** dienen.[60] Praktische Konsequenz ist die Geltung des Zustimmungserfordernisses des Art. 32 III (→ Rn. 61 ff.).

Zu beachten ist auch hier (→ Rn. 11), dass es auf die Erfüllung öffentlicher Aufgaben und nicht 23 darauf ankommt, ob der Partner der Beziehung dem öffentlichen oder dem Privatrecht zuzuordnen ist. Daher unterfallen insbesondere **Konzessionsverträge,** die auch völkerrechtlich spezielle Probleme aufwerfen,[61] dem Art. 32.

**2. Unterstaatliche grenzüberschreitende Zusammenarbeit.** Grenzüberschreitende Kontakte 24 können auch auf deutscher Seite durch Privatpersonen oder Körperschaften des öffentlichen Rechts begründet werden. Zu denken ist hier zB an die zahlreichen Gemeinde- oder Universitätspartnerschaften. Solche unterstaatliche Zusammenarbeit fällt nach der Rechtsprechung des BVerfG nicht unter Art. 32.[62] Insoweit ist dem BVerfG zu folgen, da es Art. 32 allein um die Ausübung auswärtiger Gewalt durch Bund und Länder geht,[63] unterstaatliche Zusammenarbeit aber **nicht im Namen des Staates** geschieht.[64] Rechtliche Bindungen hierfür ergeben sich aus allgemeinen kompetenzrechtlichen Grundsätzen (Einhaltung des gemeindlichen Wirkungskreises,[65] Verpflichtung zu bundes- bzw. länderfreundlichem Verhalten). Die Länder sind verpflichtet, insoweit auf die Kommunen einzuwirken.[66]

## C. Regelungsgegenstand im Einzelnen

### I. Kompetenz des Bundes zur Ausübung der auswärtigen Gewalt (Abs. 1)

**1. Im Bereich der Gesetzgebungskompetenz des Bundes.** Art. 32 I überträgt die Pflege der Be- 25 ziehungen zu ausländischen Rechtsträgern (→ Rn. 14, → Rn. 19 ff.) im Rahmen der Erfüllung öffentlicher Aufgaben (→ Rn. 11) dem Bund. Damit kommt ihm unstreitig eine Kompetenz zur Gestaltung dieser Beziehungen in den Bereichen zu, in denen er über **Kompetenzen gemäß Art. 72 ff.** verfügt.

Dazu gehören zunächst die Materien der **ausschließlichen Gesetzgebung** (Art. 73). In Betracht 26 kommen insbesondere: Art. 73 Nr. 1 („auswärtige Angelegenheiten"), wozu nur die Materien des auswärtigen Verkehrs im engeren Sinne zu rechnen sind (deutscher diplomatischer und konsularischer Dienst im Ausland, s. Art. 87 I 1, und Regelung der Rechtsverhältnisse der entsprechenden ausländischen Vertretungen im Inland,[67] worunter als Annex allerdings auch in geringem Umfang Materien fallen können, die an sich der Kompetenz der Länder zugehören);[68] Art. 73 Nr. 3 (Freizügigkeit, Passwesen, Ein- und Auswanderung[69] und Auslieferung); Art. 73 Nr. 5 (Einheit des Zoll- und

---

[60] Im Ergebnis wie hier *Zuleeg* AK GG, Art. 32 Rn. 7, 9. AA die hM BVerfGE 2, 347 (374); *Fastenrath/Groh,* in: Friauf/Höfling, Art. 32 (2014) Rn. 32; *Jarass,* in: Jarass/Pieroth, Art. 32 Rn. 3; *Kempen* MKS II, Art. 32 Rn. 28; *Nettesheim,* in: Maunz/Dürig, Art. 32 (2020) Rn. 49; *Rojahn,* in: v. Münch/Kunig I, Art. 32 Rn. 61 (ungeachtet seiner Erwägung in Rn. 17).

[61] Vgl. *Verdroß/Simma* (Fn. 1), §§ 448, 1220.

[62] BVerfGE 2, 347 (374). Ebenso *Rojahn,* in: v. Münch/Kunig I, Art. 32 Rn. 66; *Jarass,* in: Jarass/Pieroth, Art. 32 Rn. 19 mwN; *Kempen* MKS II, Art. 32 Rn. 21; *Wollenschläger,* in: Dreier II, Art. 32 Rn. 22, 31; *Grewe* HStR III[1], § 77 Rn. 83.

[63] *Aust* (Fn. 58), S. 232, 235 bezweifelt, dass die Aktivitäten von Gemeinden und Städten ausgeklammert werden können und schlägt vor, zwischen auswärtiger Gewalt im engeren (Art. 32) und im weiteren Sinn (Teilhabe von Städten und Gemeinden) zu unterscheiden; vgl. dazu bereits *Fastenrath* (Fn. 35), S. 70 f.; für gewohnheitsrechtlich anerkannte völkerrechtliche Vertragsfähigkeit von Kommunen als Untergliederungen der Länder *Nettesheim,* in: Maunz/Dürig, Art. 32 (2020) Rn. 127a. Zur Ausnahme der Auslandsarbeit der Kommunen aus dem persönlichen Anwendungsbereich des Art. 32 vgl. *Athenstaedt,* DÖV 2013, 835 (837) sowie bereits *Pernice,* in: Dreier II, 2. Aufl. 2006, Art. 32 Rn. 29.

[64] Vgl. auch *Zuleeg* AK GG, Art. 32 Rn. 26.

[65] Vgl. BVerwGE 87, 228 (231). Von Art. 28 II 1 können auch vom Standpunkt der BReg abweichende Stellungnahmen (zB zu Handelsabkommen wie TTIP, CETA) gedeckt sein, wenn sich diese auf konkrete Auswirkungen auf die kommunale Aufgabenwahrnehmung beschränken, zutr. *Schorkopf,* § 4 Rn. 77 mwN.

[66] Vgl. *Grewe* HStR III[1], § 77 Rn. 83; *Rojahn,* in: v. Münch/Kunig I, Art. 32 Rn. 67 mwN; *Kempen* MKS II, Art. 32 Rn. 22; *Nettesheim,* in: Maunz/Dürig, Art. 32 (2020) Rn. 129; *Bausback/Poplutz* JA 2004, 897 und – in anderem Zusammenhang – BVerfGE 8, 122 (137 f.).

[67] Vgl. *Rojahn,* in: v. Münch/Kunig I, Art. 32 Rn. 18 mwN. Vgl. zB §§ 18 ff. GVG iVm den Wiener Übereinkommen über diplomatische (BGBl II 1964, 957; Sart. II, Nr. 325) und konsularische (BGBl II 1969, 1558; Sart. II, Nr. 326) Beziehungen sowie das Gesetz über die Konsularbeamten, ihre Aufgaben und Befugnisse v. 11.9.1974, BGBl I 2317.

[68] ZB Gründung deutscher Schulen im Ausland (Kompetenz kraft Sachzusammenhangs mit Art. 87 I 1), allerdings nur insoweit, als diese Schulen ausschließlich oder ganz überwiegend für die Kinder von Botschaftsangehörigen oder im Ausland stationierten Soldaten bestimmt sind und der Bund aus Gründen der Fürsorgepflicht zur Verfügung stellen muss, zutreffend *Fastenrath* (Fn. 35), S. 179, und *Jutzi,* Die deutschen Schulen im Ausland, 1977, S. 146 ff. Vgl. hinsichtlich auswärtiger Kulturpolitik *Nettesheim,* in: Maunz/Dürig, Art. 32 (2020) Rn. 55.

[69] Dabei bestehen aber im Verhältnis zu Mitgliedstaaten der EU, zum Teil wegen Assoziationsabkommen der EG (jetzt EU), zB mit der Türkei, auch gegenüber Drittstaaten Bindungen aus dem EU-Recht, vgl. *Hailbronner,* Asyl- und Ausländerrecht, 3. Aufl. 2014, Rn. 58, 119, 1463 ff. Vgl. → Rn. 9b.

Handelsgebietes, Handels- und Schifffahrtsverträge, Freizügigkeit des Warenverkehrs und Waren- und Zahlungsverkehr mit dem Auslande);[70] Art. 73 I Nr. 5a (Schutz des deutschen Kulturgutes gegen Abwanderung ins Ausland); Art. 73 Nr. 10 (internationale Verbrechensbekämpfung). Für die auswärtige Kulturpolitik besteht eine Kompetenz des Bundes aus der Natur der Sache.[71]

27    Dazu gehören ferner die Materien der **konkurrierenden Gesetzgebung.** In Betracht kommt insbesondere Art. 74 I Nr. 4 (Aufenthalts- und Niederlassungsrecht der Ausländer);[72] Dabei ist der Bund nicht an die in Art. 72 II gegebenen Kriterien für die Kompetenzwahrnehmung gebunden, weil diese für den internationalen Bereich keine Rolle spielen.[73]

28    Bei der konkurr. Gesetzgebung stellt sich das Problem, wie sich ein **späterer Vertrag des Bundes** auf früher abgeschloss. Verträge der Länder auswirkt, soweit darin Abweichendes bestimmt wird. Völkerrechtlich bleiben die Verträge **parallel** in Kraft,[74] wobei der Bund sogar für die Erfüllung der Verträge der Länder haftet.[75] Innerstaatlich gelten die Verträge der Länder nicht mehr, da die Vertrags- bzw. Durchführungsgesetze der Länder gemäß Art. 31 durch das Vertragsgesetz („Zustimmungsgesetz") des Bundes wirkungslos werden;[76] sonst könnten die Länder einer beabsichtigten Bundesgesetzgebung durch Abschluss eines Vertrags zuvorkommen.[77]

29    Als **Formen** der Verträge lassen sich politische Abkommen, Verträge, die einer innerstaatlichen Gesetzgebung bedürfen, und reine Verwaltungsabkommen unterscheiden, vgl. Art. 59. Diese Formen müssen nicht zu den Gesetzgebungs- und Verwaltungszuständigkeiten im Innern parallel laufen. So kann der Bund zB in Bereichen seiner Gesetzgebungskompetenz auch ein Verwaltungsabkommen schließen.

30    Die Beschränkungen der Kompetenz der BRD und damit auch des Bundes im Bereich der auswärtigen Gewalt durch das **Besatzungsrecht** bzw. die Vorbehalte bzgl. Deutschlands als Ganzem[78] sind seit der Wiedererlangung der vollen Souveränität Deutschlands durch die Wiedervereinigung obsolet geworden.[79] Zu beachten sind aber die **Bindungen an das Recht der EU,** insb. die Übertragung von Kompetenzen (zB für die gemeinsame Handelspolitik, Art. 207 AEUV) an diese (→ Rn. 9b; → Art. 23 Rn. 54 ff.).

31    **2. Im Bereich der Gesetzgebungskompetenz der Länder.** In der Theorie bislang ungelöst ist die **zentrale Frage,** ob und inwieweit der Bund auch dort eine Kompetenz zum Abschluss völkerrechtlicher Verträge hat, wo die Länder über ausschließliche Gesetzgebungskompetenzen verfügen. Art. 32 III gibt den Ländern eine Abschlusskompetenz, besagt aber nicht, ob diese neben eine solche des Bundes tritt oder exklusiv ist. Die Auffassungen dazu sind geteilt, und zwar selbst zwischen den deutschen Ländern.[80]

32    Eine sog. **föderalistische** Ansicht will den Ländern im Bereich ihrer ausschließlichen Gesetzgebungskompetenz eine exklusive, den Bund ausschließende Vertragsschlusskompetenz zugestehen. Begründet wird dies ua mit Folgendem: Andernfalls bestehe hier die Gefahr, dass die Länderkompetenzen ausgehöhlt würden;[81] Art. 32 III enthalte eine Verweisung auf die Gesetzgebungszuständig-

---

[70] Hierbei sind allerdings EU-rechtliche Bindungen (zB Art. 34 AEUV) und Kompetenzübertragungen auf die EU (Art. 207 AEUV: Gemeinsame Handelspolitik; → Rn. 9b) zu beachten.
[71] Vgl. *Rojahn,* in: v. Münch/Kunig I, Art. 32 Rn. 24; hinsichtlich der Ausstrahlung von Rundfunksendungen in das Ausland ebda, Rn. 22d. Vgl. auch *Fastenrath* (Fn. 35), S. 181 f.
[72] Hier sind EU-rechtliche Vorgaben und Bindungen zu beachten; vgl. Fn. 69.
[73] *Bernhardt* (Fn. 19), S. 139; *Schweitzer/Dederer,* StaatsR III, Rn. 301; *Kempen* MKS II, Art. 32 Rn. 40. AA *Maunz,* in: Maunz/Dürig, Art. 32 (Erstbearb.) Rn. 28; *Rojahn,* in: v. Münch/Kunig I, Art. 32 Rn. 15.
[74] *Schweitzer/Dederer,* StaatsR III, Rn. 301; *Kempen* MKS II, Art. 32 Rn. 43; *Nettesheim,* in: Maunz/Dürig, Art. 32 (2020) Rn. 57; *Wollenschläger,* in: Dreier II, Art. 32 Rn. 52; *Zuleeg* AK GG, Art. 32 Rn. 13. AA *Rojahn,* in: v. Münch/Kunig I, Art. 32 Rn. 32; *Kunig,* in: Graf Vitzthum (Hrsg.), Völkerrecht, 7. Aufl. 2016, S. 61 (91 f.), Rn. 67; *Geiger,* StaatsR III, S. 113 f.
[75] *Schweitzer/Dederer,* StaatsR III, Rn. 294; diff. *Menzel* BK, Art. 32 (Erstbearb.) Anm. II 7. AA *Kempen* MKS II, Art. 32 Rn. 44: Garantiehaftung des Bundes scheide wegen des fehlenden Zurechnungszusammenhangs aus; verfR Haftungsregelung in Art. 104a VI.
[76] *Nettesheim,* in: Maunz/Dürig, Art. 32 (2020) Rn. 57; *Mosler* FS Thoma, 1950, S. 168 f.; nach *Rojahn,* in: v. Münch/Kunig I, Art. 32 Rn. 32 verliert das Land insoweit seine völkerrechtliche Handlungsfähigkeit.
[77] *Maunz,* in: Maunz/Dürig, Art. 32 (Erstbearb.) Rn. 51; vgl. auch *Zuleeg* AK GG, Art. 32 Rn. 13.
[78] Vgl. dazu *Rojahn,* in: v. Münch/Kunig II, 3. Aufl. 1995, Art. 32 Rn. 9 mwN; *Geiger,* StaatsR III, S. 50 ff., 60 ff.; *Schweitzer,* Staatsrecht III, 10. Aufl. 2010, Rn. 614 ff., 638 ff.
[79] Vgl. Art. 7 des Vertrages über die abschließende Regelung in Bezug auf Deutschland vom 12.9.1990 („Zwei-plus-Vier-Vertrag"), BGBl 1990 II, S. 1318 (Sart. II, Nr. 610), und *Schweitzer/Dederer,* Staatsrecht III, Rn. 399 mwN.
[80] Vgl. *Rudolf,* Völkerrecht und deutsches Recht, 1967, S. 185 f.; *Schweitzer/Dederer,* Staatsrecht III, Rn. 310; *Fastenrath* (Fn. 35), S. 115 ff.; *Kempen* MKS II, Art. 32 Rn. 48; *Rojahn,* in: v. Münch/Kunig I, Art. 32 Rn. 41; *Wollenschläger,* in: Dreier II, Art. 32 Rn. 34 ff. Eingehend dazu *Fassbender* BK, Art. 32 (2011) Rn. 95 ff. Vgl. auch die Unterscheidung der anlässlich des Abkommens zwischen der BRD und den Niederlanden über die Einrichtung eines „Kleinen Grenzverkehrs" (BR-Dr 266/54) 1956/57 vertretenen Rechtspositionen bei *Stern* FS Heymanns Verlag, 1995, S. 257. Zur Frage der Mitwirkung der Länder bei der Rücknahme einmal erklärter Vertragsvorbehalte vgl. *Peter* ZAR 2002, 144 (150).
[81] *Geiger,* StaatsR III, S. 115: Gefahr als Folge der Verdichtung der internationalen Beziehungen mit Erfassung bislang allein innerstaatlicher Angelegenheiten; vgl. auch *Heintschel von Heinegg,* in: Epping/Hillgruber, Art. 32 Rn. 9.1.

keiten der Länder und damit auf die Verteilung der Zuständigkeit zwischen Bund und Ländern;[82] ansonsten fielen die Vertragsschluss- und die Transformationskompetenz auseinander, da der Bund nach innen die Verträge über Gegenstände der ausschließlichen Landesgesetzgebung nicht umsetzen könne,[83] wodurch die Gefahr bestehe, dass der Bund völkerrechtliche Verpflichtungen eingehen könne, die innerstaatlich durchzusetzen er nicht in der Lage sei, was wiederum der völkerrechtsfreundlichen Haltung des GG zuwiderlaufe.[84] Wegen dieser Überlegung gestehen einige Vertreter der föderalistischen Theorie dem Bund eine Abschlusskompetenz in Materien ausschließl. Landeszuständigkeit zu, wenn der Bund sich nicht zu konkreten Maßnahmen verpflichtet, so dass eine Transformation durch LandesG nicht erforderlich wird.[85]

Die sog. **zentralistische** Ansicht versteht Art. 32 III nicht als ausschließliche Zuweisung der Vertragsschlusskompetenz an die Länder. Dafür werden ua folgende Argumente vorgebracht: Art. 32 III nehme nur auf die Gesetzgebungszuständigkeiten der Länder Bezug, nicht aber auf die Kompetenzverteilung zwischen Bund und Ländern; der Vorschlag des HChE, die Zuständigkeit nach außen parallel zu der Gesetzgebungszuständigkeit nach innen zu regeln, sei gerade nicht übernommen worden;[86] Art. 32 III formuliere nicht, dass „nur" die Länder die Zuständigkeit hätten; die einschränkende Formulierung „können" lege vielmehr nahe, dass auch der Bund zum Vertragsschluss befugt sei;[87] ansonsten wäre auch die Fähigkeit des Bundes zur Außenpolitik eingeschränkt.[88] Schließlich spreche dafür auch das Prinzip der Einheit des Bundesstaates nach außen.[89] **33**

Insgesamt spricht einiges für die Auffassung, dass Art. 32 III von einer **konkurrierenden Vertrags- schlusskompetenz von Bund und Ländern** ausgeht.[90] Allerdings muss dies zur Wahrung der Rechte der Länder mit einigen **Bedingungen** hinsichtlich der Ausübung des Vertragsschlussrechts durch den Bund (vorherige Anhörung der Länder) und hinsichtlich der Transformation der durch den Bund geschlossenen Verträge (Verbleiben der Transformationskompetenz bei den Ländern) verbunden werden. Dem kann nicht die Regel des Art. 30 entgegengehalten werden, da diese von Art. 32 getrennt zu sehen ist (→ Rn. 7). **34**

Dem entspricht auch der für die Lösung des Problems in der Praxis gefundene *modus vivendi* des sog. **Lindauer Abkommens** vom 14.11.1957,[91] das folgenden Wortlaut hat: **35**

„1. Der Bund und die Länder halten an ihren bekannten Rechtsauffassungen über die Abschluss- und Transformationskompetenz bei völkerrechtlichen Verträgen, die ausschließliche Kompetenzen der Länder berühren, fest.
2. Die Länder halten ein Entgegenkommen bei der Anwendung der Art. 73 Ziff. 1 und 5 und 74 Ziff. 4 des Grundgesetzes für möglich:
 Eine Zuständigkeit des Bundes könnte danach zB für
 A. Konsularverträge,
 B. Handels- und Schiffahrtsverträge, Niederlassungsverträge sowie Verträge über den Waren- und Zahlungsverkehr,
 C. Verträge über den Beitritt zu oder die Gründung von internationalen Organisationen
 auch insoweit anerkannt werden, als diese Verträge Bestimmungen enthalten, bei denen es zweifelhaft sein könnte, ob sie im Rahmen eines internationalen Vertrages unter die ausschließliche Landesgesetzgebung fallen, wenn diese Bestimmungen
 a) für solche Verträge typisch und in diesen Verträgen üblicherweise enthalten sind oder
 b) einen untergeordneten Bestandteil des Vertrages bilden, dessen Schwerpunkt im Übrigen zweifelsfrei im Bereich der Zuständigkeit des Bundes liegt.
 Hierzu gehören Bestimmungen über Privilegien bei auswärtigen Staaten und internationalen Einrichtungen hinsichtlich des Steuer-, Polizei- und Enteignungsrechts (Immunitäten) sowie über die nähere Ausgestaltung der Rechte von Ausländern in Handels-, Schifffahrts- und Niederlassungsverträgen.
3. Beim Abschluss von Staatsverträgen, die nach Auffassung der Länder deren ausschließliche Kompetenzen berühren und nicht nach Ziff. 2 durch die Bundeskompetenz gedeckt sind, insbesondere bei Kulturabkommen, wird wie folgt verfahren:
 Soweit völkerrechtliche Verträge auf Gebieten der ausschließlichen Zuständigkeit der Länder eine Verpflichtung des Bundes oder der Länder begründen sollen, soll das Einverständnis der Länder herbeigeführt werden. Dieses

---

[82] *Geiger*, StaatsR III, S. 115; vgl. auch *Bernhardt* (Fn. 19), S. 154.
[83] *Geiger*, StaatsR III, S. 115.
[84] *Rojahn*, in: v. Münch/Kunig I, Art. 32 Rn. 45: Kongruenz der völkerrechtlichen und der innerstaatlichen („föderalistischen", vgl. ebd., Rn. 42 ff.) Rechtslage.
[85] *Geiger*, StaatsR III, S. 115 (zu Kulturabkommen); *Rojahn*, in: v. Münch/Kunig I, Art. 32 Rn. 47 mN aus der Praxis; vgl. auch *Bernhardt* (Fn. 19), S. 156, der eine Verpflichtung des Bundes, den Ländern ein bestimmtes Tätigwerden nahezulegen, für zulässig erachtet.
[86] *Grewe* VVDStRL 12 (1954), 129 (177); *Menzel* BK, Art. 32 (Erstbearb.) Anm. I.
[87] Vgl. näher *Zuleeg* AK GG, Art. 32 Rn. 20.
[88] Näher *Zuleeg* AK GG, Art. 32 Rn. 20.
[89] Vgl. *Schweitzer/Dederer*, StaatsR III, Rn. 311.
[90] Ebenso im Ergebnis zB *Kempen* MKS II, Art. 32 Rn. 49 ff.; *Wollenschläger*, in: Dreier II, Art. 32 Rn. 35, 37. AA *Rojahn*, in: v. Münch/Kunig I, Art. 32 Rn. 42 ff.
[91] Verständigung zwischen der BReg und den Staatskanzleien der Länder über das Vertragsschließungsrecht des Bundes, BullBReg 1957, S. 1966; BT-Dr 7/5924, S. 236. Vgl. dazu *Schorkopf*, § 4 Rn. 52 ff.; *Schweitzer/Dederer*, StaatsR III, Rn. 312 ff.; *Bücker/Köster* JuS 2005, 976 (977 f.); *C. Herrmann/A. Hofmann* JuS 2012, 543.

Einverständnis soll vorliegen, bevor die Verpflichtung völkerrechtlich verbindlich wird. Falls die Bundesregierung einen solchen Vertrag dem Bundesrat gemäß Art. 59 Abs. 2 GG zuleitet, wird sie die Länder spätestens zum gleichen Zeitpunkt um die Erteilung des Einverständnisses bitten.

Bei den in Abs. 1 Satz 2 genannten Verträgen sollen die Länder an den Vorbereitungen für den Abschluss möglichst frühzeitig, in jedem Fall rechtzeitig vor der endgültigen Festlegung des Vertragstextes beteiligt werden.

4. Es wird weiter vereinbart, dass bei Verträgen, welche wesentliche Interessen der Länder berühren, gleichgültig, ob sie die ausschließliche Kompetenz der Länder betreffen oder nicht,

    a) die Länder möglichst frühzeitig über den beabsichtigten Abschluss derartiger Verträge unterrichtet werden, damit sie rechtzeitig ihre Wünsche geltend machen können,

    b) ein ständiges Gremium aus Vertretern der Länder gebildet wird, das als Gesprächspartner für das Auswärtige Amt oder die sonst zuständigen Fachressorts des Bundes im Zeitpunkt der Aushandlung internationaler Verträge zur Verfügung steht,

    c) durch die Information dieses Gremiums und die von ihm abgegebenen Erklärungen die Vereinbarung nach Ziff. 3 nicht berührt wird.“

5. Der Sonderfall des Art. 32 Abs. 2 GG wird durch Ziff. 4 nicht erfasst.“

**36**     Wird die „Soll“-Bestimmung der Ziff. 3 beachtet, so sind einerseits die Interessen der Länder hinreichend gewahrt und werden andererseits diese zur **Transformation** der vom Bund eingegangenen völkerrechtlichen Bindungen verpflichtet. Denn die Länder würden sich zu ihrem eigenen Verhalten in Widerspruch setzen *(venire contra factum proprium)* und gegen die Pflicht zu bundesfreundlichem Verhalten verstoßen, wenn sie ihr Einverständnis zu einem völkerrechtlichen Vertrag erteilen, dessen innerstaatliche Erfüllung aber später verweigern.[92] Zu beachten ist, dass die Beteiligung des Bundesorgans BRat von der Erteilung des **Einverständnisses der Länder** strikt zu trennen ist, also selbst eine einstimmige Zustimmung des BRat nicht als Einverständnis der Länder gewertet werden kann.[93]

**37**     Die strikte Beachtung der „Soll“-Bestimmung ist jedenfalls insoweit geboten, als das Problem eines **Auseinanderfallens von Abschluss- und Transformationskompetenz** gelöst werden muss. Denn ein Schluss von der Vertragsschlusskompetenz auf eine Transformationskompetenz des Bundes[94] wäre unzulässig, da dadurch in der Tat die im GG vorgenommene Verteilung der Gesetzgebungskompetenzen zwischen Bund und Ländern durch völkerrechtliche Verträge des Bundes ausgehöhlt werden könnte.[95] Weder aus Art. 32 I noch aus Art. 73 Nr. 1 lässt sich die Transformationsbefugnis des Bundes für Verträge auf Gebieten ausschließlicher Länderkompetenz herleiten.[96] Art. 32 I regelt nur die Zuständigkeit für nach außen gesetzte Rechtsakte, nicht für innerstaatliche Akte.[97] Materien werden nicht schon dann „auswärtige Angelegenheiten“, wenn der Erlass eines Gesetzes zum Vollzug erforderlich ist, da ansonsten die ausdrückliche Regelung in Art. 73 Nr. 5 gegenstandslos wäre.[98] Art. 73 Nr. 1 betrifft nur den auswärtigen Dienst und die Stellung ausländischer Gesandter im Inland (→ Rn. 4). Art. 59 II 1 kann dem Bund keine Transformationskompetenz einräumen, da er nicht die Verbands-, sondern die Organkompetenz innerhalb des Bundes regelt (→ Rn. 2). Daher wird allgemein davon ausgegangen, dass der Bund in den Materien, die der ausschließlichen Gesetzgebungskompetenz der Länder unterliegen, jedenfalls keine Transformationskompetenz hat,[99] was für die sog. zentralistische Ansicht zwangsläufig zu einem Auseinanderfallen von Abschluss- und Transformationskompetenz führt („Trennungsprinzip“).[100]

**38**     Dieses Auseinanderfallen ist aber nur hinnehmbar, wenn sich der Bund jedenfalls vor dem Eingehen einer völkerrechtlichen Verpflichtung, deren Erfüllung ein gesetzgeberisches Tätigwerden der Länder erfordert,[101] des **Einvernehmens der Länder** vergewissert. Hat der Bund dies nicht getan und sich damit nicht ländertreu verhalten, kann er sich den Ländern gegenüber nicht auf Bundestreue beru-

---

[92] *Bleckmann* (Fn. 20), S. 209; *Rojahn*, in: v. Münch/Kunig I, Art. 32 Rn. 55 mwN; *Papier* DÖV 2003, 265 (267 f.), *Krajewski* SuP 2010, 250 (253 f.).

[93] Ebenso *Fastenrath/Groh*, in: Friauf/Höfling, Art. 32 (2014) Rn. 63 mwN.

[94] Diese vertreten der Bund und ein Teil der (älteren) Literatur. Vgl. die Nachw. bei *Fastenrath* (Fn. 35), S. 116. Vgl. auch *Stern*, FS Heymanns Verlag, 1995, S. 257, wonach diese sog. (extrem) „zentralistische Auffassung“ 1957 vom Bund und von Berlin vertreten wurde, während die hier als „zentralistisch“ bezeichnete (sog. norddeutsche) Auffassung (Bremen, Hamburg, Niedersachsen, Schleswig-Holstein) das unbeschränkte Abschlussrecht des Bundes mit der Trennung von Abschluss- und Transformationskompetenz verbindet.

[95] Dieses Argument wird daher auch für die föderalistische Ansicht vorgebracht, vgl. o. Fn. 80; ihm kann nur, dann aber auch durchgreifend, mit der Trennung von Abschluss- und Transformationskompetenz begegnet werden, zutreffend *Zuleeg* AK GG, Art. 32 Rn. 21.

[96] Vgl. dazu *Bleckmann* (Fn. 20), S. 205.

[97] Vgl. *Nettesheim*, in: Maunz/Dürig, Art. 32 (2020) Rn. 70; näher dazu *Reichel* (Fn. 50), S. 217 f. mwN zur Gegenansicht.

[98] *Rojahn*, in: v. Münch/Kunig I, Art. 32 Rn. 16.

[99] Vgl. *Fastenrath/Groh*, in: Friauf/Höfling, Art. 32 (2014) Rn. 67 ff. mwN. Das Vertragsgesetz des Bundes hat in diesen Fällen auch keine Doppelfunktion (vgl. → Art. 59 Rn. 57 ff.); zur dogmatischen Begründung dafür vgl. *Fastenrath* (Fn. 35), S. 134 ff.

[100] Vgl. *Zuleeg* AK GG, Art. 32 Rn. 21.

[101] Etwas anderes gilt insoweit, wenn der Bund zB beim Abschluss von Kulturabkommen sich mit unverbindlichen Formulierungen begnügt, vgl. *Zuleeg* AK GG, Art. 32 Rn. 21. Insoweit kommt aber die „Soll“-Bestimmung des Lindauer Abkommens bzgl. des Einvernehmens der Länder zum Tragen.

fen.[102] In diesem Fall wäre auch der ansonsten grundsätzlich mögliche Einsatz des Bundeszwanges (Art. 37) zur Anhaltung der Länder, die vom Bund eingegangenen völkerrechtlichen Verpflichtungen zu erfüllen,[103] unzulässig.

Die **Verfassungsmäßigkeit des Lindauer Abkommens** ist umstritten.[104] Während aus der Sicht   39 der föderalistischen Theorie eingewandt werden könnte, dass eine Kompetenzübertragung auf den Bund nur durch Verfassungsänderung möglich wäre, besteht aus zentralistischer Sicht das Bedenken der Einräumung rechtswidriger Beteiligungsrechte der Länder.[105]

Die Bedenken sind jedoch jedenfalls dann **nicht begründet,** wenn man der hier grundsätzlich   40 vertretenen sog. zentralistischen Ansicht folgt. Denn danach wird eine Abschlusskompetenz auf den Bund schon deshalb nicht übertragen, weil er über diese ohnehin verfügt. Bzgl. der Transformationskompetenz machen die Länder in Ziff. 2 nur Zugeständnisse bei der Auslegung von Art. 73 Nr. 1 und Art. 74 Nr. 4, was sich iRd vom GG offen gelassenen Interpretationsspielraums bewegt. Durch die Erklärung des Einverständnisses übertragen die Länder nicht die Transformationskompetenz, sondern erklären sich nur ihrerseits zur Transformation bereit.[106]

Folgt man der – hier nicht vertretenen – sog. föderalistischen Ansicht, so könnte man im Lindauer   41 Abkommen hinsichtlich der verfassungsrechtlich bedenklichen Ziff. 3 eine Übertragung des Vertragsschlussrechts der Länder oder lediglich seiner Ausübung auf den Bund im Einzelfall sehen und diese, da es sich nicht um eine unstreitig unzulässige[107] generelle und pauschale Kompetenzübertragung handelt, mit der verfassungsrechtlich erstrebten **Einheitlichkeit des Auftretens nach außen rechtfertigen.**[108]

Damit sind dem **Bund auch im Bereich der Gesetzgebungskompetenz der Länder Vertrags-**   42 **schlusskompetenzen eingeräumt.** Der Bund muss sich allerdings **vor Abschluss des Vertrages des Einverständnisses aller 16 Länder vergewissern.** In der Form des Vertrages (Erfordernis eines Vertragsgesetzes, Verwaltungsabkommen) besteht durch Art. 32 III keine Einschränkung; diese richtet sich nach Art. 59 II.

## II. Anhörung bei besonderer Berührung (Abs. 2)

**1. Berührung der besonderen Verhältnisse.** Art. 32 II sieht vor, dass ein Land bei Berührung   43 seiner *besonderen* Verhältnisse durch einen Vertrag des Bundes anzuhören ist. Die „Besonderheit" muss sich auf die spezifischen Verhältnisse in einem Land (Gebiet, Verfassung, Rechtslage, wirtschaftliche Interessen, kulturelle Eigenart) beziehen.[109] Sind alle Länder grundsätzlich gleich betroffen, bleibt es bei der allgemeinen Regelung des Art. 59 II.[110] **Beispiel:** Beim Abschluss eines Abkommens über den Festlandsockel sind die Küstenländer stärker berührt als die Binnenländer.[111] Dies wird offenbar eng gesehen, weil zB das sicher stärker als andere Länder betroffene Nordrhein-Westfalen beim Abschluss des EGKS-Vertrages (Montanunion) nicht gehört wurde.[112] Ob eine besondere Berührung vorliegt, ist von den Organen des Bundes zu beurteilen, da diese die Länder anhören müssen. Sie haben dabei aber kein Ermessen,[113] sondern es handelt sich um einen unbestimmten Rechtsbegriff, der ggf. einer verfassungsgerichtlichen Überprüfung unterliegt.[114]

---

[102] Vgl. *Zuleeg* AK GG, Art. 32 Rn. 28; *Rojahn,* in: v. Münch/Kunig I, Art. 32 Rn. 55.

[103] *Rojahn,* in: v. Münch/Kunig I, Art. 32 Rn. 55. Str., aA *Fastenrath* (Fn. 35), S. 133 mwN; *Reichel* (Fn. 50), S. 231 f.

[104] Vgl. *Fastenrath* (Fn. 35), S. 136 ff.; *Schweitzer/Dederer,* StaatsR III, Rn. 314 f.; *Kempen* MKS II, Art. 32 Rn. 60 ff.; *Rojahn,* in: v. Münch/Kunig I, Art. 32 Rn. 53 f.; *Papier* DÖV 2003, 265 (268 f.). Bestritten wird bereits die Rechtsgeltung, vgl. *Oppermann* Kulturverwaltungsrecht, 1969, S. 607 Fn. 168; ähnlich *Hillgruber,* in: Hofmann/ Henneke, Art. 32 Rn. 30 („keine verfassungsrechtliche Relevanz"). Vgl. dazu auch *Stern* FS Heymanns Verlag, 1995, S. 259 f. Zu Vorschlägen einer rechtlich verbindlichen Regelung im Sinne des Lindauer Abkommens vgl. *Weber,* in: Umbach/Clemens Art. 32 Rn. 28.

[105] Vgl. dazu *Schweitzer/Dederer,* StaatsR III, Rn. 314 f.

[106] Vgl. im Einzelnen *Fastenrath* (Fn. 35), S. 138 f.

[107] Vgl. BVerfGE 4, 115 (139); 63, 1 (39).

[108] *Rojahn,* in: v. Münch/Kunig I, Art. 32 Rn. 54 mwN auch zu den beiden Varianten Kompetenzübertragung im Einzelfall und Ermächtigung der Bundesregierung zur Ausübung der Kompetenz. Für Verfassungskonformität auch *Nettesheim,* in: Maunz/Dürig, Art. 32 (2020) Rn. 74. Ablehnend *Fastenrath* (Fn. 35), S. 139 f., der darin in jedem Fall eine unzulässige, weil im GG nicht zur Disposition gestellte, Kompetenzübertragung sieht. Ebenso *Kempen* MKS II, Art. 32 Rn. 62.

[109] Zutreffend *Wollenschläger,* in: Dreier II, Art. 32 Rn. 46; *Fastenrath/Groh,* in: Friauf/Höfling, Art. 32 (2014) Rn. 75.

[110] *Pernice,* in: Dreier II, 2. Aufl. 2006, Art. 32 Rn. 32. Vgl. auch *Jarass,* in: Jarass/Pieroth, Art. 32 Rn. 9; *Nettesheim,* in: Maunz/Dürig, Art. 32 (2020) Rn. 89; *Menzel* BK, Art. 32 (Erstbearb.) Anm. II 3; *Rojahn,* in: v. Münch/Kunig I, Art. 32 Rn. 30; *Zuleeg* AK GG, Art. 32 Rn. 11.

[111] Vgl. *Schweitzer/Dederer,* StaatsR III, Rn. 316.

[112] *v. Mangoldt/Klein* II, Art. 32 Anm. VI. 2. Kritisch dazu *Kempen* MKS II, Art. 32 Rn. 75.

[113] AA *Menzel* BK, Art. 32 (Erstbearb.) Anm. II 3.

[114] *Rojahn,* in: v. Münch/Kunig I, Art. 32 Rn. 30 mwN; *Kempen* MKS II, Art. 32 Rn. 75.

**44**     **2. Anhörung.** Sinn der Anhörung ist es, die Berücksichtigung der Interessen des besonders betroffenen Landes zu ermöglichen. Damit wird länderfreundliches Verhalten in einem Teilbereich normiert.[115] Dies erfordert die **rechtzeitige** Einholung der Stellungnahme, nicht aber eine Bindung des Bundes an sie.[116] Die Norm soll die Gelegenheit zu Anregungen, nicht notwendig die inhaltliche Mitgestaltung des Vertrages garantieren.[117]

**45**     Um ihren Zweck zu erreichen, muss die Anhörung zu einem **Zeitpunkt** erfolgen, zu dem nicht nur der Vertrag noch nicht abgeschlossen ist, sondern noch eine inhaltliche Berücksichtigung der Stellungnahme im Vertragstext möglich ist,[118] also vor der Paraphierung.[119]

**46**     **3. Zustimmung bei Gebietsabtretungen.** Sofern man für diese Fälle Art. 32 überhaupt genügen lässt,[120] ist strittig, ob bei Verträgen über Gebietsabtretungen, für die gemäß Art. 32 I der Bund zuständig ist, zu denen das betroffene Land aber selbstverständlich angehört werden muss, darüber hinaus dessen Zustimmung erforderlich ist. Soweit dafür als Argument angeführt wird, dass die **Rechtslage gegenüber Art. 78 III 1 WRV** nicht habe geändert werden sollen, kann man dem entgegenhalten, dass eine entsprechende Bestimmung eben doch im GG weggelassen wurde. Somit bleibt die Frage, ob eine durch Rückgriff auf die WRV zu schließende Lücke besteht[121] oder ob von der WRV bewusst abgewichen wurde.[122] Die Entstehungsgeschichte spricht zwar eher dafür, dass für Gebietsabtretungen keine Sonderregelung geschaffen werden sollte, lässt sich aber auch anders deuten.[123] Entscheidend ist, dass sich im gültigen Verfassungstext keine Anhaltspunkte für ein Zustimmungserfordernis finden lassen.[124] Dem Argument, ein Zustimmungserfordernis ergebe sich aus dem Staatscharakter der Länder,[125] lässt sich entgegenhalten, dass auch Art. 29 II 2 für Gebietsveränderungen der Länder im Rahmen einer Neugliederung des Bundesgebietes nur eine Anhörung erfordert.[126]

## III. Kompetenzen der Länder bei der Ausübung auswärtiger Gewalt (Abs. 3)

**47**     Art. 32 III **ermächtigt** die Länder, soweit sie für die Gesetzgebung zuständig sind, mit Zustimmung der BReg mit auswärtigen Staaten Verträge abzuschließen.

**48**     **1. Zuständigkeitsbereich. a) Mögliche Vertragspartner.** Der Begriff des auswärtigen Staates ist ebenso zu verstehen wie hinsichtlich Art. 32 I. Er umfasst alle Arten von Völkerrechtssubjekten (→ Rn. 14) und erstreckt sich auch auf grenzüberschreitende Beziehungen außerhalb der völkerrechtlichen Ebene, soweit es um die Erfüllung öffentlicher Aufgaben geht (→ Rn. 11). Letzteres kommt aber nur insoweit zum Tragen, als solche Beziehungen unter den Begriff des **Vertrages** subsumiert werden können, auf den Art. 32 III die Länder im Gegensatz zum Bund („Pflege der auswärtigen Beziehungen") beschränkt (→ Rn. 49).

**49**     **b) Nur Abschluss von Verträgen.** Art. 32 III ermächtigt die Länder allein zum Abschluss von **Verträgen.** Damit wird ihnen nur ein Teilbereich der „Pflege der Beziehungen zu auswärtigen Staaten" im Sinne von Art. 32 I eröffnet. Während der Begriff „Beziehungen" für den Bund eine ausdehnende Definition der Kompetenz auf alle grenzüberschreitenden Kontakte zulässt (→ Rn. 12), kommt dies für den Begriff „Verträge", zumal er in derselben Bestimmung (Art. 32) verwendet wird, nicht in Frage. Allerdings sind unstreitig alle grenzüberschreitenden **Kontakte** zulässig, **die mit einem**

---

[115] *Rojahn,* in: v. Münch/Kunig I, Art. 32 Rn. 29.

[116] Ebenso *Jarass,* in: Jarass/Pieroth, Art. 32 Rn. 9; *Kempen* MKS II, Art. 32 Rn. 77 f.; *Wollenschläger,* in: Dreier II, Art. 32 Rn. 47; *Rojahn,* in: v. Münch/Kunig II, Art. 32 Rn. 29; *Zuleeg* AK GG, Art. 32 Rn. 11.

[117] Vgl. *Menzel* BK, Art. 32 (Erstbearb.) Anm. II 4.

[118] Ebenso *Rojahn,* in: v. Münch/Kunig I, Art. 32 Rn. 29; *Jarass,* in: Jarass/Pieroth, Art. 32 Rn. 9.

[119] Ebenso *Wollenschläger,* in: Dreier II, Art. 32 Rn. 47; *Fastenrath/Groh,* in: Friauf/Höfling, Art. 32 (2014) Rn. 79 mwN; *Nettesheim,* in: Maunz/Dürig, Art. 32 (2020) Rn. 92. *Kempen* MKS II, Art. 32 Rn. 77 hält die Anhörung vor der Paraphierung zwar für sinnvoll, aber nicht zwingend (vor der Ratifikation könne genügen).

[120] Vgl. zu dieser Streitfrage *Rojahn,* in: v. Münch/Kunig I, Art. 32 Rn. 31 mwN; *Schweitzer/Dederer,* StaatsR III, Rn. 1086; *Nettesheim,* in: Maunz/Dürig, Art. 32 (2020) Rn. 90 mwN.

[121] So zB *Bernhardt* (Fn. 19), S. 197; *Bleckmann* (Fn. 20), S. 223. Nach *Isensee* HStR IV, § 98 Rn. 28 könne dem GG nicht unterstellt werden, dass es sogar noch hinter der WRV habe zurückbleiben wollen.

[122] So zB *Ule* NJW 1963, 1436.

[123] Vgl. *Fastenrath* (Fn. 35), S. 155 mwN.

[124] Ebenso *Fastenrath* (Fn. 35), S. 155; *Fastenrath/Groh,* in: Friauf/Höfling, Art. 32 (2014) Rn. 78. Die Staatspraxis hat bislang ein Zustimmungserfordernis verneint, vgl. die Nachw. bei *Graf Vitzthum* HStR I, § 16 Rn. 33, Fn. 126 und *Isensee* HStR IV, § 98 Rn. 27, Fn. 53. Für ein Zustimmungsrecht des BRat bei vertraglichen Änderungen der Bundesgrenzen zum Ausland, die sich im Rahmen von Art. 29 VII halten *Rojahn,* in: Münch/Kunig I, Art. 32 Rn. 31. Für Zustimmungsrecht des BRat, weil es sich um politische Verträge iSd Art. 59 II handelt *Fastenrath/Groh,* aaO.

[125] *Jarass,* in: Jarass/Pieroth, Art. 32 Rn. 9 mwN.

[126] Vgl. auch *Graf Vitzthum* HStR II, § 18 Rn. 35. Zum Verfahren im Binnenbereich (Anhörung von Gemeinden und Kreisen, Volksbefragungen, Volksabstimmungen) vgl. *Fastenrath* (Fn. 35), S. 157 f. *Pernice,* in: Dreier II, 2. Aufl, Art. 32 Rn. 33 fordert eine analoge Anwendung von Art. 29 II und III. Dagegen *Kempen* MKS II, Art. 32 Rn. 80.

**Vertragsschluss zusammenhängen,** also zB einseitige Rechtsakte wie die Kündigung oder Auslandsreisen zu einer (konkreten) Vertragsanbahnung.[127]

Der Hinweis auf die Gesetzgebungszuständigkeit in Art. 32 III könnte dahingehend verstanden 50 werden, dass die Länder nur solche Verträge schließen dürfen, die der innerstaatlichen Umsetzung durch ein Gesetz bedürfen, nicht aber Verwaltungsabkommen. Dies trifft jedoch nicht zu.[128] Anders als in Art. 59 II ist in Art. 32 III nicht von Verträgen die Rede, die sich auf Gegenstände der Gesetzgebung beziehen. Der Hinweis auf die Gesetzgebungszuständigkeit in Art. 32 III dient allein dazu, den Zuständigkeitsbereich inhaltlich zu umschreiben.[129] Damit dürfen die Länder auch Verwaltungsabkommen schließen, die ebenfalls völkerrechtliche Verträge sind.[130]

**c) Andere auswärtige Kontakte der Länder.** Geht man aber zu Recht davon aus, dass sich die 51 vielfältigen Kontakte, die die Länder unabhängig von konkreten Vertragsverhandlungen mit dem Ausland auch zur Wahrnehmung öffentlicher Aufgaben (→ Rn. 11) pflegen **(„Besuchsdiplomatie"),**[131] nicht mehr als Ausfluss der Vertragsgewalt nach Art. 32 III deuten lassen,[132] so stellt sich, will man mit *Fastenrath* diese Akte, da nicht völkerrechtsförmlich, gänzlich vom Anwendungsbereich des Art. 32 ausnehmen,[133] die Frage, wie diese Praxis verfassungsrechtlich gerechtfertigt werden kann. Denn einfach zu sagen, solche Kontakte seien eben nicht zulässig, ginge nicht nur an der Verfassungswirklichkeit vorbei, sondern würde auch legitime Interessen der Länder vernachlässigen.[134]

Als verfassungsrechtliche Grundlage kommt allein eine **Kompetenz aus der Natur der Sache** in 52 Betracht.[135] Diese greift aber auch durch, da die Eigenstaatlichkeit der Länder einen Kern eigener Aufgaben als „Hausgut" gewährleistet,[136] was auch ein Mindestmaß an auswärtigen Beziehungen umfasst. Denn anders ließen sich die Verhältnisse zu Anrainerstaaten nicht befriedigend gestalten. Die Bedeutung einer grenzüberschreitenden Zusammenarbeit verdeutlicht jetzt Art. 24 I a, wonach die Länder mit Zustimmung der Bundesregierung sogar Hoheitsrechte auf grenznachbarschaftliche Einrichtungen übertragen können (→ Art. 24 Rn. 37 ff.). Dass die auswärtigen Kontakte der Länder nicht auf Verträge beschränkt bleiben sollen, zeigt jetzt – ungeachtet der Besonderheit der Beziehungen zur EU[137] – das auf Grund von Art. 23 VII erlassene Gesetz über die Zusammenarbeit von Bund und Ländern in Angelegenheiten der EU,[138] das in § 8 den Ländern ständige Verbindungen unmittelbar zu Einrichtungen der EU gestattet, soweit dies zur Erfüllung ihrer *staatlichen* (→ Rn. 11) Befugnisse und Aufgaben nach dem GG dient. Dabei wird ausdrücklich bestimmt, dass die (bereits vorher) zu diesem Zweck errichteten Länderbüros keinen diplomatischen Status erhalten. Die Hervorhebung der Verträge in Art. 32 III schließt andere Kontakte nicht aus; sie dürfte auch deshalb erfolgt sein, weil der Abschluss eines völkerrechtlichen Vertrages – neben den ausgeschlossenen (→ Rn. 53) diplomat. Beziehungen – die intensivste Form von Auslandskontakten ist.[139]

Die erwähnte Klarstellung in § 8 S. 2 EUZBLG (vgl. hierzu → Rn. 52) zeigt einen Aspekt der 53 Grenzen dieser Befugnis, die durch ausschließliche Kompetenzen des Bundes (Art. 73 Nr. 1, 87 I) und den Grundsatz der Bundestreue abgesteckt werden. Die Länder dürfen daher **keine selbstständige**

[127] *Bleckmann* (Fn. 20), S. 204; *Geiger*, StaatsR III, S. 113; *Zuleeg* AK GG, Art. 32 Rn. 22, der zu Recht ein konkretes Vertragsvorhaben verlangt; aA (Aufnahme und Festigung von Beziehungen) *Rojahn,* in: v. Münch/Kunig I, Art. 32 Rn. 59.

[128] Ebenso BVerfGE 2, 347 (369 f.); *Bleicher,* Staatsgrenzen überschreitende Raumordnung und Landesplanung, 1981, S. 201.

[129] BVerfGE 2, 347 (369 f.); *Fastenrath* (Fn. 35), S. 140 mwN.

[130] BVerfGE 2, 347 (369); *Zuleeg* AK GG, Art. 32 Rn. 14.

[131] Vgl. dazu *Fastenrath* in: Dittmann/Kilian (Hrsg.), Kompetenzprobleme der auswärtigen Gewalt, 1982, S. 1 ff. (2 ff., 43 ff.).

[132] Zu Recht *Zuleeg* AK GG, Art. 32 Rn. 22; *Rojahn,* in: v. Münch II, 2. Aufl. 1983, Art. 32 Rn. 23, gegen *R. Beck* DÖV 1966, 20 (23).

[133] Vgl. → Rn. 13 und Argumente, die dagegen sprechen, ebda.

[134] Vgl. auch *Grewe* HStR III¹, § 77 Rn. 83; *Röper* VerwArch 2004, 301 (331 ff.). Besonders zeigt sich dies im Verhältnis zu Anrainerstaaten, vgl. *Bleicher,* in: Dittmann/Kilian (Fn. 131), S. 61 ff. Informationsbesuche gestehen den Landesorganen auch *Kölble* DÖV 1965, 145 (150) und *T. Stein,* Amtshilfe in auswärtigen Angelegenheiten, 1975, S. 34 zu.

[135] *Zuleeg* AK GG, Art. 32 Rn. 23; *Kempen* MKS II, Art. 32 Rn. 89. Kritisch dazu *Fastenrath/Groh,* in: Friauf/Höfling, Art. 32 (2014) Rn. 48. AA *Pernice,* in: Dreier II, 2. Aufl. 2006, Art. 32 Rn. 38: verfassungswidrig, aber „stillschweigende Duldung" der BReg. Einschränkend *Wollenschläger,* in: Dreier II, Art. 32 Rn. 28, wonach auf die Kompetenz kraft Natur der Sache nur bei einer fehlenden spez. Kompetenzen bezogenen Repräsentation des Landes nach außen zurückzugreifen ist. Für eine Bindung an Art. 32 III *Rojahn,* in: v. Münch/Kunig I, Art. 32 Rn. 58.

[136] BVerfGE 34, 9 (20).

[137] Vgl. *Rojahn,* in: v. Münch/Kunig I, Art. 32 Rn. 62: Notwendigkeit einer eigenen Interessenvertretung der Länder gegenüber Organen einer Gemeinschaftsgewalt, deren Rechtssetzungsakte die Länder unmittelbar oder mittelbar in ihrer Stellung als staatliche Aufgabenträger betreffen. Vgl. auch *Wollenschläger,* in: Dreier II, Art. 32 Rn. 28.

[138] BGBl I 1993, 313, geändert durch G. v. 22.9.2009 (BGBl. I, 3026). Vgl. zu den Länderbüros *Fassbender* BK (2011), Art. 24 Rn. 76.

[139] Vgl. *Nettesheim,* in: Maunz/Dürig, Art. 32 (2020) Rn. 110, der die „a maiore ad minus" von der Vertragsschlusskompetenz auf die Zulässigkeit von Auslandskontakten unterhalb dieser Schwelle schließt.

**Außenpolitik** betreiben,[140] die Außenpolitik des Bundes nicht durchkreuzen oder behindern, **keinen eigenen auswärtigen Dienst** einrichten und **keinen diplomatischen oder konsularischen Verkehr** zu auswärtigen Staaten und anderen Völkerrechtssubjekten unterhalten.[141] Um Kompetenzüberschreitungen, die das einheitliche Auftreten des Bundes nach außen nachhaltig schädigen können,[142] vorzubeugen, ist eine eingeschränkte analoge Anwendung des Art. 32 III (Zustimmung der BReg) geboten.[143]

54    **d) Bereich der Gesetzgebungszuständigkeit.** Die Vertragsschlussbefugnis der Länder beschränkt sich auf die Bereiche, in denen ihnen Gesetzgebungskompetenzen zukommen.

55    Dazu gehören unstreitig die Materien der **Landesgesetzgebung** und des Vollzugs von Landesrecht. Denn auch im Bereich des **Landesvollzugs** kommt den Ländern Gesetzgebungshoheit zu.[144] Art. 32 III ist nicht so zu verstehen, als wolle er der Landesgesetzgebung die Landesverwaltung gegenüberstellen.[145]

56    Im Bereich der **Bundeszuständigkeiten** kommt es darauf an, inwieweit die Länder (noch) für die Gesetzgebung zuständig sind. Bei den **ausschließlichen** Kompetenzen des Bundes kommt ein Vertragsschlussrecht den Ländern insoweit zu, als der Bund sie ausdrücklich ermächtigt (Art. 71).[146] Eine Ermächtigung zur Gesetzgebung umfasst dabei die Ermächtigung zum Abschluss völkerrechtlicher Verträge,[147] wobei diese als Minus zur Gesetzgebung auch isoliert erfolgen kann.[148] Bei den **konkurrierenden** Zuständigkeiten besteht keine Vertragsschlusskompetenz, soweit der Bund bereits tätig geworden ist (Art. 72 I)[149] und kein sog. Freigabegesetz gemäß Art. 72 IV[150] vorliegt. Im Bereich der früheren Rahmengesetzgebung, die durch die Streichung des Art. 75 durch die sog. Föderalismusreform[151] aufgehoben wurde, haben die Rahmenvorschriften des Bundes die Vertragsschlusskompetenz der Länder eingeengt.[152] Fraglich ist, ob die sog. „Abweichungsgesetzgebungskompetenz" der Länder in den in Art. 72 III genannten Materien Spielräume eröffnet und, wenn ja, ob der Bund in solchen Fällen die gemäß Art. 32 III erforderliche Zustimmung erteilen wird. Ferner haben die Länder eine Vertragsschlusskompetenz im Bereich der **Verordnungsgebung,** die den Landesregierungen gemäß Art. 80 I 1 delegiert worden ist.[153]

57    Strittig ist, ob die Länder im Bereich des **Landesvollzugs von Bundesrecht** als eigene Angelegenheiten (Art. 84) oder im Auftrag des Bundes (Art. 85) befugt sind, Verwaltungsabkommen abzuschließen, solange nicht der Bund von seinen Befugnissen nach Art. 84 II, Art. 85 II zum Erlass von allgemeinen Verwaltungsvorschriften Gebrauch gemacht hat.[154]

58    Die Befürworter einer solchen Kompetenz berufen sich auf die Parallelität von Innen- und Außenkompetenz im Bereich der auswärtigen Gewalt auch hinsichtlich der Zuständigkeiten der Länder.[155] Ein solches **Konvergenzprinzip**[156] liegt aber dem Art. 32, wie die grundsätzliche Allzuständigkeit des Bundes gemäß Art. 32 I zeigt, nicht zugrunde.[157] Dem Argument, Art. 32 III spreche selbst nur von der Gesetzgebung,[158] können die Befürworter zwar zu Recht entgegenhalten, dass es dabei nicht um den Gegensatz zwischen Landesgesetzgebung und Landesverwaltung, sondern um die Abgrenzung zwischen Bundes- und Landeszuständigkeiten geht (→ Rn. 50). Die Schlussfolgerung, dass Art. 32 III deshalb auch als Verweis auf die Verwaltungszuständigkeiten der Länder zu verstehen

---

[140] BVerfGE 2, 347 (379). Vgl. auch *Kempen* MKS II, Art. 32 Rn. 89; *Wollenschläger,* in: Dreier II, Art. 32 Rn. 29; *Rojahn,* in: v. Münch/Kunig I, Art. 32 Rn. 58.

[141] *Zuleeg* AK GG, Art. 32 Rn. 23 mwN.

[142] Vgl. zu dieser Besorgnis *Rojahn,* in: v. Münch II, 2. Aufl. 1983, Art. 32 Rn. 23 mwN.

[143] *Zuleeg* AK GG, Art. 32 Rn. 24 mwN. Im Ergebnis ähnlich mit Art. 32 I als Grundlage *Rojahn,* in: v. Münch/Kunig I, Art. 32 Rn. 64; ähnlich auch *Calliess* HStR IV, § 83 Rn. 60, der auf die Gewährleistung der Rückholmöglichkeit des Bundes abstellt.

[144] *Bleicher* (Fn. 128), S. 202; *Reichel* (Fn. 50), S. 163.

[145] Vgl. BVerfGE 2, 347 (369 f.); *Blumenwitz* (Fn. 18), S. 107; *Fastenrath* (Fn. 35), S. 140 mwN; *Mosler* (Fn. 76), S. 151.

[146] *Rojahn,* in: v. Münch/Kunig I, Art. 32 Rn. 14; *Kempen* MKS II, Art. 32 Rn. 83; *Wollenschläger,* in: Dreier II, Art. 32 Rn. 52.

[147] *v. Mangoldt/Klein* II, 2. Aufl. 1964, Art. 32 Anm. VI 3a; *Nettesheim,* in: Maunz/Dürig, Art. 32 (2020) Rn. 115; *Menzel* BK, Art. 32 (Erstbearb.) Anm. II 5.

[148] *Fastenrath* (Fn. 35), S. 143 Fn. 681 mwN. Zustimmend *Heintschel von Heinegg,* in: Epping/Hillgruber, Art. 32 Rn. 25.

[149] BVerfGE 2, 347 (375).

[150] Vgl. dazu → *Degenhart,* Art. 72 Rn. 45 ff.; *Pieroth,* in: Jarass/Pieroth, Art. 72 Rn. 24 ff.

[151] Gesetz zur Änderung des Grundgesetzes v. 31.8.2006, BGBl. I, S. 2034.

[152] Vgl. dazu *Menzel* BK, Art. 32 (Erstbearb.) Anm. II 5; *Fastenrath* (Fn. 35), S. 142 f.; *Rojahn,* in: v. Münch/Kunig I, Art. 32 Rn. 15; zum Fall Raumordnung vgl. *Moersch* BayVBl 2004, 40 (42, 44 f.).

[153] *Fastenrath* (Fn. 35), S. 143; *Rojahn,* in: v. Münch/Kunig I, Art. 32.

[154] Vgl. *Rojahn,* in: v. Münch/Kunig I, Art. 32 Rn. 35; zum Streitstand *Fastenrath* (Fn. 35), S. 143 f. mwN.

[155] *Maunz,* in: Maunz/Dürig, Art. 32 (Erstbearb.) Rn. 70; *Blumenwitz* (Fn. 18), S. 108. Weitere Nachw. bei *Bleicher* (Fn. 128), S. 203 Fn. 2.

[156] Vgl. dazu im anderen Zusammenhang *Grewe* HStR III[1], § 77 Rn. 84.

[157] *Rojahn,* in: v. Münch/Kunig I, Art. 32 Rn. 35.

[158] So *Rojahn* ebda.; *Pernice,* in: Dreier II, 2. Aufl. 2006, Art. 32 Rn. 40.

sei,[159] geht aber zu weit. Das Argument trägt zwar die Ablehnung der Auffassung, den Ländern sei der Abschluss von Verwaltungsabkommen verwehrt (→ Rn. 50), kann aber das Abstellen auf die Gesetzgebungszuständigkeit bei der Bestimmung des Kompetenz*rahmens* nicht überspielen.[160] Soweit die Gegner einer solchen Kompetenz auf die Behinderung der Einwirkungsmöglichkeiten des Bundes hinweisen,[161] übersehen sie, dass dieses Problem keine Besonderheit dieser Fallkonstellation ist, sondern überall dort entsteht, wo Bund und Länder konkurrierend zuständig sind. Im Bereich der konkurrierenden Gesetzgebungszuständigkeit bleiben frühere Verträge der Länder völkerrechtlich wirksam; nur innerstaatlich geht die Bundesregelung vor (→ Rn. 28). Nichts anderes gilt aber für VV.[162] Zur Lösung dieses Problems kann in allen Fällen allein das in Art. 32 III verankerte Erfordernis der Zustimmung der BReg beitragen.

Letztlich entsteht die Streitfrage meist durch das Übersehen der Tatsache, dass dem Erfordernis der **59** Gesetzgebungszuständigkeit der Länder auch im Bereich des Landesvollzugs nach Art. 84, 85 Genüge getan ist, weil die Länder hier zwar nicht über materielle, wohl aber über **formelle Gesetzgebungskompetenzen** bezüglich der Einrichtung der Behörden und des Verwaltungsverfahrens verfügen (Art. 84 I, Art. 85 I). Es ist aber nicht einsichtig, warum Art. 32 III auf eine *materielle* Regelungskompetenz beschränkt sein soll.[163]

Damit steht den Ländern eine **Kompetenz zu Verwaltungsabkommen auch** zu, **soweit sie 60 Bundesrecht ausführen.** Anknüpfungspunkt dafür ist aber nicht die Verwaltungs-, sondern die formelle Gesetzgebungskompetenz in diesen Bereichen.[164]

**2. Zustimmung der BReg.** Die Länder haben bei Abschluss eines völkerrechtlichen Vertrages **61** die Zustimmung der BReg einzuholen. Diese dient einer **präventiven Bundesaufsicht** zur Vermeidung eines Widerspruchs zwischen Verträgen der Länder und Bundesinteressen.[165] Die BReg hat hinsichtlich der Erteilung der Zustimmung ein **politisches Ermessen** mit der Grenze des Rechtsmissbrauchs (generelle Verweigerung der Zustimmung zur Blockade des Vertragsrechts).[166]

Der Vorschrift ist Genüge getan, wenn das Land die Zustimmung **vor der endgültigen völker- 62 rechtlichen Bindungserklärung (Unterzeichnung bzw. Ratifikation)**[167] nachfragt. Die Entstehungsgeschichte zeigt, dass die Zustimmung nicht bereits zur Einleitung von Vertragsverhandlungen nötig ist.[168] Aus praktischen Gründen empfiehlt sich allerdings eine frühzeitige Beteiligung der BReg, um den Vertrag mit ihren Bedenken abzustimmen.

Wird die Zustimmung nicht eingeholt, ist der Vertrag **innerstaatlich unwirksam,**[169] wobei jedoch **63** eine Genehmigung den Mangel nachträglich heilt.[170] Nach h. M. ist der Vertrag **auch völkerrechtlich unwirksam,** da die Völkerrechtsfähigkeit der Länder sich nach der innerstaatlichen Verfassung richtet (vgl. → Rn. 6) und damit die Zustimmung der BReg auch eine völkerrechtliche Voraussetzung sei.[171] Die Gegenansicht[172] beruft sich darauf, dass die Länder auf Grund ihrer internen Rechtsstellung vom Völkerrecht, nicht vom Landesrecht, als Völkerrechtssubjekte für diese Vertragsschlüsse anerkannt worden seien. Träfe dies zu, müsste man in der Tat die Beachtlichkeit des Nichtvorliegens der Zustimmung für das Völkerrecht nicht anders als die allgemeine Relevanz innerstaatlicher Kompetenz-

---

[159] Nachw. bei *Fastenrath* (Fn. 35), S. 144 (Fn. 685).

[160] Im Ergebnis übereinstimmend *Reichel* (Fn. 50), S. 164.

[161] Vgl. *Zuleeg* AK GG, Art. 32 Rn. 14.

[162] Vgl. BVerwGE 70, 127 (131).

[163] So aber *Zuleeg* AK GG, Art. 32 Rn. 14; *Reichel* (Fn. 50), S. 165; *Rudolf* AVR 13 (1966/67), 1 (65); wohl auch *Bernhardt* (Fn. 19), S. 160. Wie hier *Fastenrath* (Fn. 35), S. 144.

[164] Insoweit trifft diesen Ansatz die Kritik von *Zuleeg* AK GG, Art. 32 Rn. 14, nicht. Wie hier *Kempen* MKS II, Art. 32 Rn. 84; *Rojahn*, in: v. Münch/Kunig I, Art. 32 Rn. 35.

[165] BVerfGE 2, 347 (370); *Schweitzer/Dederer*, StaatsR III, Rn. 308.

[166] *Rojahn*, in: v. Münch/Kunig I, Art. 32 Rn. 39 mwN; *Kempen* MKS II, Art. 32 Rn. 90; *Faßbender* BK, Art. 32 (2011) Rn. 176. Weitergehend über eine reine Rechtsmissbrauchskontrolle hinaus *Pernice*, in: Dreier II, 2. Aufl. 2006, Art. 32 Rn. 45: Zustimmung darf nur verweigert werden, wenn das Kohärenzziel gefährdet ist, der Vertrag also konkret im Widerspruch zu einer manifestierten außenpolitischen Festlegung oder Strategie des Bundes steht. Ähnlich *Wollenschläger*, in: Dreier II, Art. 32 Rn. 57: Entscheidend, ob der Vertragsschluss den außenpolitischen Interessen des Bundes zuwiderläuft.

[167] Zutreffend *Rojahn*, in: v. Münch/Kunig I, Art. 32 Rn. 38; *Kempen* MKS II, Art. 32 Rn. 90.

[168] *Menzel* BK, Art. 32 (Erstbearb.) Anm. I.

[169] BVerfGE 2, 347 (371).

[170] *Rojahn*, in: v. Münch/Kunig I, Art. 32 Rn. 38 mwN. *Wollenschläger*, in: Dreier II, Art. 32 Rn. 59; *Nettesheim*, in: Maunz/Dürig, Art. 32 (2020) Rn. 134. Ablehnend *Kempen* MKS II, Art. 32 Rn. 91, wegen der durch die schwebende Unwirksamkeit verursachten Rechtsunsicherheit; zweifelnd daher auch *Pernice*, in: Dreier II, 2. Aufl. 2006, Art. 32 Rn. 46. Das Problem stellt sich hinsichtlich der Heilung der völkerrechtlichen Unwirksamkeit, s. u. Fn. 176.

[171] *Jarass*, in: Jarass/Pieroth, Art. 32 Rn. 16 mwN; *Rojahn*, in: v. Münch/Kunig I, Art. 32 Rn. 40 mwN; *Zuleeg* AK GG, Art. 32 Rn. 18.

[172] Von *Maunz*, in: Maunz/Dürig, Art. 32 (Erstbearb.) Rn. 57 im Jahr 1961 noch als „herrschende Lehre" bezeichnet.

bindungen für das Völkerrecht (→ Art. 59 Rn. 70) beurteilen.[173] Auf dieser Basis ist strittig, ob gemäß dem **Rechtsgedanken des Art. 46 WVRK** (der auf Gliedstaaten keine unmittelbare Anwendung finden soll)[174] „Offenkundigkeit" vorliegt oder nicht.[175] Da aber die Völkerrechtssubjektivität von Gliedstaaten kumulativ verfassungsrechtliche und völkerrechtliche Voraussetzungen hat (→ Rn. 6), die verfassungsrechtlichen aber das Zustimmungserfordernis mit umfassen, sind die von den Ländern ohne Zustimmung der BReg geschlossenen Verträge mangels Völkerrechtssubjektivität als *ultra vires* und damit völkerrechtlich unwirksam anzusehen.[176]

## Art. 33 [Gleichstellung als Staatsbürger, öffentlicher Dienst]

(1) **Jeder Deutsche hat in jedem Lande die gleichen staatsbürgerlichen Rechte und Pflichten.**

(2) **Jeder Deutsche hat nach seiner Eignung, Befähigung und fachlichen Leistung gleichen Zugang zu jedem öffentlichen Amte.**

(3) **Der Genuß bürgerlicher und staatsbürgerlicher Rechte, die Zulassung zu öffentlichen Ämtern sowie die im öffentlichen Dienste erworbenen Rechte sind unabhängig von dem religiösen Bekenntnis. Niemandem darf aus seiner Zugehörigkeit oder Nichtzugehörigkeit zu einem Bekenntnisse oder einer Weltanschauung ein Nachteil erwachsen.**

(4) **Die Ausübung hoheitsrechtlicher Befugnisse ist als ständige Aufgabe in der Regel Angehörigen des öffentlichen Dienstes zu übertragen, die in einem öffentlich-rechtlichen Dienst- und Treueverhältnis stehen.**

(5) **Das Recht des öffentlichen Dienstes ist unter Berücksichtigung der hergebrachten Grundsätze des Berufsbeamtentums zu regeln und fortzuentwickeln.**

**Entstehungsgeschichte:** Erstfassung: JöR nF 1 (1951), 305.
**Historische Verfassungstexte: RV 1849: § 132** Jeder Deutsche hat das deutsche Reichsbürgerrecht. Die ihm Kraft dessen zustehenden Rechte kann er in jedem deutschen Lande ausüben. Ueber das Recht, zur deutschen Reichsversammlung zu wählen, verfügt das Reichswahlgesetz. **§ 134** Kein deutscher Staat darf zwischen seinen Angehörigen und andern Deutschen einen Unterschied im bürgerlichen, peinlichen und Prozeß-Rechte machen, welcher die letzteren als Ausländer zurücksetzt. **§ 137** (1) Vor dem Gesetze gilt kein Unterschied der Stände. Der Adel als Stand ist aufgehoben. (2) Alle Standesvorrechte sind abgeschafft. (3) Die Deutschen sind vor dem Gesetze gleich. (4) Alle Titel, insoweit sie nicht mit einem Amte verbunden sind, sind aufgehoben und dürfen nie wieder eingeführt werden. (5) Kein Staatsangehöriger darf von einem auswärtigen Staate einen Orden annehmen. (6) Die öffentlichen Aemter sind für alle Befähigten gleich zugänglich. (7) Die Wehrpflicht ist für Alle gleich; Stellvertretung bei derselben findet nicht statt. **§ 146** Durch das religiöse Bekenntniß wird der Genuß der bürgerlichen und staatsbürgerlichen Rechte weder bedingt noch beschränkt. Den staatsbürgerlichen Pflichten darf dasselbe keinen Abbruch thun. – **RV 1871: Art. 3** (1) Für ganz Deutschland besteht ein gemeinsames Indigenat mit der Wirkung, dass der Angehörige (Unterthan, Staatsbürger) eines jeden Bundesstaates in jedem anderen Bundesstaate als Inländer zu behandeln und demgemäß zum festen Wohnsitz, zum Gewerbebetriebe, zu öffentlichen Aemtern, zur Erwerbung von Grundstücken, zur Erlangung des Staatsbürgerrechtes und zum Genusse aller sonstigen bürgerlichen Rechte unter denselben Voraussetzungen wie der Einheimische zuzulassen, auch in Betreff der Rechtsverfolgung und des Rechtsschutzes demselben gleich zu behandeln ist. (2) Kein Deutscher darf in der Ausübung dieser Befugniß durch die Obrigkeit seiner Heimath, oder durch die Obrigkeit eines anderen Bundesstaates beschränkt werden... – **WRV: Art. 110** (1) Jeder Landesangehörige ist zugleich Bundesangehöriger. (2) Jeder Deutsche hat in jedem Lande die gleichen Rechte und Pflichten wie die Angehörigen des Landes selbst. **Art. 128** (1) Alle Staatsbürger ohne Unterschied sind nach Maßgabe der Gesetze und entsprechend ihrer Befähigung und ihren Leistungen zu den öffentlichen Ämtern zuzulassen. **Art. 129** (1) Die Anstellung der Beamten erfolgt auf Lebenszeit, soweit nicht durch Gesetz etwas anderes bestimmt ist. Ruhegehalt und Hinterbliebenenversorgung werden gesetzlich geregelt. Die wohlerworbenen Rechte der Beamten sind unverletzlich. Für die vermögensrechtlichen Ansprüche der Beamten steht der Rechtsweg offen. (2) Die Beamten können nur unter den gesetzlich bestimmten Voraussetzungen und Formen vorläufig ihres Amtes enthoben, einstweilen oder endgültig in den Ruhestand oder in ein anderes Amt mit geringerem Gehalt versetzt werden. (3) Gegen jedes dienstliche Straferkenntnis muß ein Beschwerdeweg und die Möglichkeit eines Wiederaufnahmeverfahrens eröffnet sein. In die Nachweise über die Person des Beamten sind Eintragungen über ihm ungünstigen Tatsachen erst vorzunehmen, wenn dem Beamten Gelegensich über sie zu äußern. Dem Beamten ist

---

[173] So *Maunz*, in: Maunz/Dürig, Art. 32 (Erstbearb.) Rn. 57, unter Berufung auf *Mosler* (Fn. 76), S. 151. Ebenso *Hillgruber*, in: Hofmann/Henneke, Art. 32 Rn. 64.
[174] Vgl. *Berber*, Völkerrecht I, 2. Aufl. 1975, S. 467.
[175] Vgl. *Hillgruber*, in: Hofmann/Henneke, Art. 32 Rn. 64 einerseits, *Maunz*, in: Maunz/Dürig, Art. 32 (Erstbearb.) Rn. 56, andererseits; geht man mit *Berber* (Fn. 174), S. 167, davon aus, dass wegen der Besonderheiten bei Gliedstaaten den Vertragsparteien gewisse Informationspflichten zukommen, könnte man die Beachtlichkeit bejahen. So *Nettesheim*, in: Maunz/Dürig, Art. 32 (2020) Rn. 133.
[176] Im Ergebnis ebenso *Geiger*, StaatsR III, S. 114; *Kempen* MKS II, Art. 32 Rn. 91 (evidenter Mangel iSv Art. 27 iVm Art. 46 WVRK); *Wollenschläger*, in: Dreier II, Art. 32 Rn. 59. Die Heilung der völkerrechtlichen Unwirksamkeit parallel zur innerstaatlichen (s. o. Fn. 170), die zur Wirksamkeit des Vertrages selbst erforderlich ist, muss die Rechtsunsicherheit gegenüber der Vertragspartei berücksichtigen. *Pernice*, in: Dreier II, 2. Aufl. 2006, Art. 32 Rn. 46., fordert daher, dass ein entsprechender Vorbehalt ausdrücklich vereinbart wurde.

Einsicht in seine Personalnachweise zu gewähren. (4) Die Unverletzlichkeit der wohlerworbenen Rechte und die Offenhaltung des Rechtswegs für die vermögensrechtlichen Ansprüche werden besonders auch den Berufssoldaten gewährleistet. Im übrigen wird ihre Stellung durch Reichsgesetz geregelt. **Art. 130** (1) Die Beamten sind Diener der Gesamtheit, nicht einer Partei. (2) Allen Beamten wird die Freiheit ihrer politischen Gesinnung und die Vereinigungsfreiheit gewährleistet. (3) Die Beamten erhalten nach näherer reichsgesetzlicher Bestimmung besondere Beamtenvertretungen. **Art. 136** (2) Der Genuß bürgerlicher und staatsbürgerlicher Rechte sowie die Zulassung zu öffentlichen Ämtern sind unabhängig von dem religiösen Bekenntnis. – **GG 1949:** Wie geltende Fassung ohne die Wörter „und fortzuentwickeln".

**Geltende Landesverfassungen:** *BW*Verf Art. 77–78; *Bay*Verf Art. 94–97; *Bln*Verf Art. 13; *Bbg*Verf Art. 3, 21; *Brem*Verf Art. 128; *Hmb*Verf Art. 59; *Hess*Verf Art. 59, 134–135; *MV*Verf Art. 71; *Nds*Verf Art. 46; *NRW*Verf Art. 80; *RhPf*Verf Art. 125–127; *Saar*lVerf Art. 113–116; *Sachs*Verf Art. 91–92; *LSA*Verf Art. 8; *Thür*Verf Art. 96.

**Supra- und internationale Texte:** UN-Charta Art. 8, 101 III; AMRE Art. 21 Nr. 2; Art. 25 lit. c IPBürgR; NiederlAbk. Art. 13; Prot. über die Vorrechte u. Befreiungen der EG Art. 12–16, Anh. zu Art. 28 des Abk. über gemeinsame Organe für die EG v. 8.4.1965.

**Gesetzgebung:** BBG §§ 7 ff., 52–56, 61, 64, 72, 74, 79 ff.; §§ 2 ff. BeamtVG; BLV §§ 1 ff.; BBesG §§ 3 ff., 18 ff.; BeamtStG §§ 7 ff., 25–31, 34, 38, 46.

**Leitentscheidungen:** BVerfGE 3, 58 (Willkürverbot und NS-Zeit); BVerfGE 39, 334 (Radikalenbeschluss); BVerfGE 92, 140 (Volkspolizei); BVerfGE 105, 73 (Besteuerung von Pensionen und Renten); BVerfGE 119, 247 (Antragslose Teilzeitbeschäftigung); BVerfGE 121, 205 (Führungspositionen auf Zeit); BVerfGE 130, 76 (Maßregelvollzug); BVerfGE 130, 263 (W2 Besoldung); BVerfGE 131, 239 (Familienzuschlag Lebenspartner); BVerfGE 138, 296 (Kopftuch der Lehrerin II); BVerfGE 139, 19 (Altersdiskriminierung); BVerfGE 139, 64 (R-Besoldung); BVerfGE 140, 240 (A-Besoldung); BVerwGE 138, 102 (Konkurrentenklage); EuGH 66/85; *Lawrie-Blum*, Freizügigkeit, Arbeitnehmerbegriff; C-187/15 – *Pöpperl*, Nachversicherung, EuGH C-159/10, C-160/10 (Altersgrenze).

**Schrifttum:** *Bull,* Öffentlicher Dienst und öffentliches Dienstrecht im Wandel, FS Battis, S. 537; *Bundesministerium des Innern* (Hrsg.), Studienkommission für die Reform des öffentlichen Dienstrechts, Bericht der Kommission, 1973; *C. Demmke/T. Moilanen,* Civil services in the EU of 27, 2010; H.-U. Derlien/B. G. Peters (Hrsg.) The State at Work I, II 2008; *H. Hattenhauer,* Geschichte des deutschen Beamtentums, 2. Aufl. 1993; *T. Hebeler,* Verwaltungspersonal, 2008; *J. Isensee* HdbVerfR, § 32 Öffentlicher Dienst; *ders.,* Amtswalter und Grundrechtsträger in Personalunion: Der Beamte – Verfassungsrechtliche Sphären und Grenzen, FS Battis, S. 557; *H. Lecheler,* Das Berufsbeamtentum, in: FS 50 Jahre BVerfG II, 2001, S. 359; *W. Leisner,* Legitimation des Berufsbeamtentums aus der Aufgabenerfüllung, 1988; *Leissner-Egensperger* DV 2018,1, Das Recht des Öffentlichen Dienstes- Grundlagen und neuere Entwicklungen; S. Magiera/H. Siedentopf (Hrsg.), Das Recht des öffentlichen Dienstes in den Mitgliedsstaaten der EG, 1994; *D. Merten,* in: HGR V, § 114 Berufsfreiheit des Beamten und Berufsbeamtentum; *A. Voßkuhle,* in: GVwR III, § 43 Personal.

<h2 style="text-align:center">Übersicht</h2>

# A. Allgemeines

## I. Entstehung

1    Die Entwurfsartikel zu den Abs. 1 und 2 des späteren Art. 33 sollten ursprünglich im **Grundrechtsteil** und die der Abs. 3 bis 5 in den **Normativbestimmungen für die Landesverfassungen** geregelt werden. Der jetzige Abs. 1 basiert auf dem Entwurfsartikel 13, der sich an Art. 110 WRV anlehnte.

2    Den von *v. Mangoldt* als **Grundrecht** verstandenen Artikel empfahl der ARA ebenso wie den des Entwurfsartikels zum Abs. 2 (Art. 15, später 19) in den Abschnitt „Bund und Länder" aufzunehmen. Das führte dazu, dass diese Materie mit der Regelung der verfassungsrechtlichen Stellung des öffentlichen Dienstes in Art. 33 zusammengefasst wurde.[1]

3    Mit der Aufnahme des Begriffs **„Deutscher"** i. S. des späteren Art. 116 anstelle von „Bundesangehöriger" bejahte der Hauptausschuss, dass auch Bewohner der Gebiete außerhalb der westlichen Besatzungszone bei Erfüllung der Voraussetzungen des Wahlgesetzes das volle Wahlrecht haben sollten.

4    Der **Entwurfsartikel** (Art. 15, später Art. 19 I) zum Abs. 2 bestimmte:

„Jeder Deutsche hat zu jedem öffentlichen Amt im Rahmen der gesetzlichen Bestimmungen über die Vorbildung und nach seiner charakterlichen Eignung, seiner Befähigung und seinen Leistungen gleichen Zugang."[2]

„Im Rahmen der gesetzlichen Bestimmungen über die Vorbildung" wurde gestrichen, um die Privilegierung eines bestimmten Bildungswegs zu vermeiden. Der Zusatz „charakterlich" entfiel wegen des Missbrauchs dieses Begriffs in der Vergangenheit. „Weil der Begriff des Staatsbürgers... für das ganze Verfassungsrecht nicht genügend festzustehen schien", ersetzte der Entwurf den Begriff „Alle Staatsbürger" aus Art. 128 WRV durch „Jeder Deutsche".[3]

5    Für die Festschreibung des **Berufsbeamtentums** im Entwurfsartikel (Art. 13 HChE, später Art. 27b I) zum Abs. 4 wurden die Abgrenzung zur sowjetischen Besatzungszone und die Gewährleistung der Gesetzmäßigkeit und Neutralität der Verwaltung angeführt. *Ehlers* (SPD) wies auf die Gefahr hin, dass eine solche Bestimmung für politisch belastete Beamte Vorteile hätte. Bereits der Entwurf sah vor, dass nur dauernde Aufgaben in Ausübung öffentlicher Gewalt grundsätzlich an Berufsbeamte zu übertragen seien, womit die Möglichkeit offengehalten wurde, solche Aufgaben auch Angestellten und Ehrenbeamten zu übertragen.

6    Der Entwurf des Abs. 5 (Art. 27b II) fixierte die Berücksichtigung der **„hergebrachten Grundsätze über die Rechtsstellung des Berufsbeamtentums"** durch den künftigen Gesetzgeber. Dies sollte einerseits sicherstellen, dass die traditionellen und institutionellen Grundzüge des bisherigen Beamtenrechts erhalten blieben, darüber hinausgehend aber auch die Beachtung der neueren Grundsätze für die im öffentlichen Dienst stehenden Angestellten einschließen. Auf eine strenge Bindung an die hergebrachten Grundsätze wurde mit Blick auf die notwendige Gestaltung eines neuen Beamtentums und Beamtenrechts verzichtet. Durch G v. 28.8.2006[4] – Föderalismusreform I – ist Abs. 5 um die Worte „und fortzuentwickeln" ergänzt worden. Vorschläge, Art. 33 V ersatzlos zu streichen oder auch Art. 33 IV zu verändern, haben sich in der Föderalismuskommission I nicht durchsetzen können.[5]

## II. Systematik

7    **1. Interne Systematik.** Gestützt auf die Entstehungsgeschichte wird traditionell der Zwiespalt innerhalb von Art. 33 betont: einerseits die besonderen, Art. 3 I ausprägenden **Gleichheitssätze** der Abs. 1 bis 3, andererseits rechtssystematisch weit entfernt[6] Abs. 4 und 5. Die Vorschrift kann als Scharnier verstanden werden zwischen grundrechtlicher Gleichheit und staatlicher Organisationshoheit.[7]

8    Die Abs. 2 bis 5 verbindet das **republikanische Amt**.[8] Die Abs. 2 und 3 schützen jeden Deutschen vor Diskriminierungen beim Zugang zum Amt und bei der Ausübung des Amtes, als dem kleinsten

---

[1] JöR nF 1 (1951), 305 (306 ff.); zur Entstehungsgeschichte s. a. *Badura,* in Maunz/Dürig, Art. 33 I.
[2] JöR nF 1 (1951), 311.
[3] Ebda, S. 311.
[4] BGBl I 2034.
[5] BT-BR (Hrsg.), Zur Sache 1/2005, S. 239 ff.
[6] So *Maunz,* in: Maunz/Dürig 1966, Art. 33 Rn. 1; *Kunig,* in: v. Münch/Kunig I, Art. 33 Rn. 3, 65; krit. *Trute* AK GG, Art. 33 I–III Rn. 2.
[7] So *Grigoleit,* in: Stern/Becker, Art. 33 Rn. 1, 8.
[8] *Höfling* BK, Art. 33 I–III Rn. 8; *Pieper,* in: Hofmann/Henneke, Art. 33 Rn. 1; *Isensee,* in: Gröschner/Lembcke (Hrsg.) Freistaatlichkeit, 2011, S. 163 *Stellmacher,* Das Prinzip der Republik, 2018.

Baustein der Staatsorganisation.[9] In den Abs. 4 und 5 werden die Grundstrukturen für den die republikanische Amtsherrschaft[10] mit verwirklichenden **Öffentlichen Dienst** festgelegt. Insoweit kann durchaus zwischen den Abs. 2 bis 5 ein inniges Verhältnis konstatiert werden.[11] Zusätzlich zu seiner föderalistischen Zielrichtung kann der die Chancengleichheit im Bundesstaat gewährleistende besondere Gleichheitssatz des Abs. 1 als Ausdruck der privilegienfeindlichen demokratischen Republik verstanden werden.[12]

**2. Externe Systematik.** Der auf Art. 116 (Deutscheneigenschaft) aufbauende, die Freizügigkeit 9 (Art. 11) im Bundesstaat sichernde besondere Gleichheitssatz des **Art. 33 I** steht zu Art. 3 I im Verhältnis der Spezialität (str.) und ergänzt Art. 3 II, III. Ihm geht vor der speziellere Art. 36.[13] Spezieller sind auch Art. 131 und 139 sowie hinsichtlich der Dienstleistungspflicht Art. 12 II, 12a.

Der besondere Gleichheitssatz des **Art. 33 II** ist komplementär zu Art. 3 II, III, 33 I, 36. Zwischen 10 Art. 33 II, Art. 3 II 2 und dem Sozialstaatsprinzip (Art. 20 I) kann ein Spannungsverhältnis bestehen.

Der besondere Gleichheitssatz des **Art. 33 III,** der die Garantie der Glaubens-, Gewissens-, 11 Bekenntnis- und Religionsfreiheit des Art. 4 I, II ergänzt, wiederholt die Begründungs- und Rechtfertigungsverbote des Art. 3 III, 33 II und wird seinerseits teilweise nochmals durch Art. 140 GG iVm Art. 136 II WRV wiederholt.[14]

Die organisations- und personalrechtlichen Grundentscheidungen der **Art. 33 IV** – Funktionsvor- 12 behalt für Beamte – und **Art. 33 V** – hergebrachte Grundsätze des Berufsbeamtentums – sind bei der Ausübung der Gesetzgebungskompetenz gem. Art. 73 I Nr. 8, 74 I Nr. 26 und der Verwaltungskompetenzen (Art. 87 ff., 143a, 143b) umzusetzen. Art. 33 IV, V werden ergänzt durch Art. 137 I – Beschränkung der Wählbarkeit von öffentlichen Bediensteten – und durch die an politische Systemwechsel anknüpfenden Übergangsvorschriften der Art. 131, 132 sowie Art. 20 EV. Als grundrechtsähnlicher, gegenüber Art. 12, 14 vorrangiges Recht kann **Art. 33 V** ebenso wie die besonderen Gleichheitssätze der Abs. 1, 2, 3 gerichtlich (Art. 19 IV), letztlich mit der Verfassungsbeschwerde geltend gemacht werden (Art. 93 I Nr. 4a).

## III. Wirkkraft der Vorschrift

Die sich überschneidenden Begründungs- und Rechtfertigungsverbote der besonderen Gleichheits- 13 sätze des Art. 33, aber auch die der Art. 3, 140 GG iVm Art. 136 II WRV sind seit der Paulskirchenverfassung **Ausdruck historischer Konfliktlagen,** die schon mit Beginn der Neuzeit (Religionskriege, landesherrliche Partikulierung) die deutsche Geschichte geprägt haben. In der „parteienstaatlichen" Demokratie der Gegenwart stellt die Ämterpatronage durch Parteien und Verbände die Wirkkraft des in Art. 33 II garantierten, für den öffentlichen Dienst konstitutiven Leistungsprinzips in Frage. Zum Teil unionsrechtlich induzierte Organisations- und Aufgabenprivatisierungen (Flugsicherung, Bahn-, Post-Nachfolgeunternehmen, Dienstleistungsverwaltungen von Ländern und Kommunen) beeinflussen die Wirkkraft des hinsichtlich seines Gestaltungsumfangs umstrittenen Beamtenvorbehalts innerhalb des zweispurigen öffentlichen Dienstes.[15] Art. 3 II 2 verwirklichende Gleichstellungsaktivitäten können mit Art. 33 II konfligieren.

## B. Staatsbürgerliche Rechte- und Pflichtengleichheit (Abs. 1)

### I. Normzweck

Anknüpfend an Art. 110 II WRV und nach dem Vorbild des **gemeinsamen Indigenats** des Art. 3 14 RV 1871 verpflichtet Art. 33 I die Länder, alle Deutschen in ihren staatsbürgerlichen Rechten und Pflichten gleich zu behandeln. Spezieller als der allg. Gleichheitssatz (Art. 3 I) ist Art. 33 I beschränkt auf die staatsbürgerliche Gleichheit, und zwar aller Deutschen. Wer Deutscher ist, bestimmt Art. 116. Für Ausländer und Staatenlose gilt Art. 33 I nicht.[16]

Der weit auszulegende Begriff „staatsbürgerliche Rechte und Pflichten" umfasst das gesamte 15 Rechtsverhältnis des Staatsbürgers zum Staat,[17] wie Wahl- und Abstimmungsrecht, Zugang zu staatlichen Aus- und Weiterbildungsstätten, Sozialrechte, Abgaben- und Dienstleistungspflichten. Art. 33 I setzt voraus, dass die staatsbürgerlichen Rechte und Pflichten anderweitig durch Rechtssatz festgelegt

---

[9] *Isensee* HdbVerfR, § 32 Rn. 16; *Robbers* FS Herzog, 2009, 379 (388); weiterführend: *Bucheim,* Der neuzeitliche republikanische Staat 2013.

[10] Dazu *Henke* HStR I[1] , § 21 Rn. 17, 25.

[11] So *Ridder,* AK I, 2. Aufl., Art. 33 I–III Rn. 4.

[12] Vgl. *Henke* HStR I[1] , § 21 Rn. 31.

[13] *Höfling* BK, Art. 33 I–III Rn. 58.

[14] *Jachmann/Kaiser* MKS II, Art. 33 Rn. 24b.

[15] Dazu *Thiele* DSt 2010, 274.

[16] *Kunig,* in: v. Münch/Kunig I, Art. 33 Rn. 8; *Jachmann/Kaiser* MKS II, Art. 33, I, Rn. 4; weiter *Lecheler,* in: Friauf/Höfling Art. 33 Rn. 11 – auch EU-Bürger.

[17] *Badura,* in: Maunz/Dürig, Art. 33 Rn. 6 ff.; *Kunig,* in: von Münch/Kunig, Art. 33 Rn. 11.

sind.[18] Das zwingende „**Erstreckungsgebot**"[19] wird kraft Verfassungssatzes ohne weiteren Erwerbs- oder Vollzugsakt wirksam.

16      Die **praktische Bedeutung** von Art. 33 I ist gering, was wegen des Fehlens einer eigenen Landes-staatsangehörigkeit auch gerechtfertigt ist.[20] Schon unter dem gemeinsamen Indigenat des Art. 3 RV 1871 ist die Gleichheit des „bürgerlichen Status" und der Erlangung der (Landes) Staatsbürgerschaft aller Deutschen innerhalb des Reichsgebietes durchgesetzt worden.[21] In der Rechtsprechung des BVerfG spielt Art. 33 I GG keine Rolle.[22]

## II. Zulässige Differenzierungen

17      Art. 33 I verbietet den Ländern, aus dem In- oder Ausland zugezogene Deutsche, die Angehörige eines anderen Landes sind, gegenüber **Landeskindern** zu diskriminieren. Art. 33 I verpflichtet nicht zur „Gleichheit der Länder", auch nicht, wenn dadurch die Einwohner eines Landes mehr belastet oder begünstigt werden als die eines anderen Landes.

18      Str. ist die Zulässigkeit von wohnsitzabhängigen Studienplätzen.[23] Soweit Art. 33 I überhaupt als Maßstab herangezogen wird, soll anders als Geburt, Abstammung oder langjähriger Wohnsitz das Anknüpfen an die **bloße Wohnsitznahme** entweder als sachlicher Grund[24] oder als zulässiges Diffe-renzierungskriterium i. S. von Art. 33 I zu bewerten sein.[25] Aus der Schulhoheit der Länder folgt aber, dass Landeskinder gegenüber Kindern aus anderen Ländern beim Zugang zu öffentlichen Schulen bevorzugt werden dürfen.[26] Unzulässig ist es zu den Gebühren bei Nichtlandeskindern zu erheben[27] oder studierende Unionsbürger bei Fahrtkostenerstattung zu diskriminieren.[28] Unstr. ist, dass Art. 33 I GG nicht verbietet, gesetzliche Regelungen zum Wahlrecht oder zur Wählbarkeit zu erlassen, die an die Wohnsitznahme anknüpfen, z. B. nw WahlG § 1 Nr. 3, Art. 75 I 2, 107 IV Bremer Verfassung.[29] Ebenso verstößt es nicht gegen Art. 33 I GG, Fördermaßnahmen zugunsten von Unternehmen von einem (Wohn)sitz oder einer ständigen Arbeitsstätte im Land abhängig zu machen[30] oder eine landes-gesetzliche Regelung von Rechten und Pflichten daran anzuknüpfen.[31]

## C. Gleicher Zugang zu öffentlichen Ämtern (Abs. 2)

### I. Normzweck

19      Durch die für jeden Deutschen geltende Garantie des gleichen Zugangs zu jedem öffentlichen Amt verwirklicht Art. 33 II die **Chancengleichheit**. Die **Bestenauslese**[32] allein nach Eignung, Befähi-gung und fachlicher Leistung schützt zum einen den Bewerber vor ungerechtfertigten Benachteiligun-gen und zum anderen das öffentliche Interesse an einer dem Leistungsprinzip verpflichteten funktions-tüchtigen Verwaltung und Rechtsprechung.

20      Art. 33 II hat eine **grundrechtsgleiche**[33] und eine **staatsorganisationsrechtliche** Komponente.[34] Der besondere Gleichheitssatz des Art. 33 II enthält Begründungs- und Rechtfertigungsverbote, die ineinandergreifen mit den nach Art. 3 II, III und 33 I verpönten Gesichtspunkten.[35] Das Recht auf diskriminierungsfreien[36] gleichen Zugang setzt ein besetzbares öffentliches Amt und den Willen des Trägers der Personalhoheit voraus, dieses Amt zu besetzen.

---

[18] *Badura*, in: Maunz/Dürig, Art. 33 Rn. 10; *Stern*, StaatsR III/2, S. 1046.

[19] BVerfGE 13, 54 (91).

[20] *Masing*, in: Dreier, GG II Art. 33, Rn. 30; *Sachs* HStR VIII, § 182 Rn. 133; *Grigoleit*, in: Stern/Becker, Art. 33 Rn. 18.

[21] Dazu *Trute* AK GG, Art. 33 I–III Rn. 4 bis 6.

[22] BVerfGE 33, 303 (351) – Hochschulzugang, BVerfGE BVerfGE 112, 74 (86 ff.) – Ersatzschulförderung Bremen, BVerfGE 134, 1 Rn. 54 ff. – Hochschulgebühren Bremen – stellen jeweils nicht auf Art. 33 I, sondern auf Art. 3 I und Art. 12 GG ab.

[23] Verneinend HmbOVG NVwZ 2006, 949; *Pieper*, in: Hofmann/Henneke, Art. 33 Rn. 9; *Badura*, in: Maunz/ Dürig, Art. 33 Rn. 16, BVerfGE 147, 323/334; dazu *Mehde* DVBl 2019, 1025.

[24] So *Caspar* RdJB 2003, 48 ff.

[25] So *Pieroth* WissR 2007, 229 (241); *Pfütze*, Die Verfassungsmäßigkeit von Landeskinderklauseln, 1998, S. 127.

[26] OVG RhP NVwZ 2008, 1241; *Hufen* JuS 2009, 369; s. auch BVerfGE 112, 74/83 – Förderung von Pri-vatschulen.

[27] BVerfGE 134, 1; zu Gemeindeverfremden, BVerfG NVwZ 2016, 1553/1555; *Mehde* DVBl 2019, 1025.

[28] EuGH, C-233/14.

[29] BremStGH BremGBl 1994, 119.

[30] *Kunig*, in: v. Münch/Kunig I, Art. 33 Rn. 13; *Höfling* BK, Art. 33 I–III Rn. 35.

[31] BVerwG NVwZ 1983, 223 (224) – Zulassung zur externen Prüfung in Abgrenzung zu BVerfGE 33, 303 (352) – NC; krit. wegen Nichtberücksichtigung von Art. 33 I GG *Pfütze* (Fn. 25), S. 195.

[32] Dazu *M. Wagner*, Das Prinzip der Bestenauslese im öffentlichen Dienst gemäß Art. 33 Abs. 2 GG, 2009; *von Roetteken*, ZBR 2012, 390.

[33] BVerfG NJW 1990, 501.

[34] *Badura*, in: Maunz/Dürig, Art. 33 Rn. 19; *Grigoleit*, in: Stern/Becker, Art. 33 Rn. 22.

[35] *Sachs* HStR VIII, § 182 Rn. 166; aA *Isensee* HdbVerfR, § 32 Rn. 40: Ausschluss von Art. 3 III durch 33 II.

[36] Ausf. *Ridder* AK I, 2. Aufl., Art. 33 I–III Rn. 14 bis 38; s. a. *Stern* FS Ule, 1977, S. 197.

Der diese organisations- und haushaltsrechtlichen sowie personalwirtschaftlichen Vorgaben voraus-　21
setzende Art. 33 II begründet also **kein Recht auf Einrichtung oder Besetzung von Dienstposten**
im öffentlichen Dienst.[37] Haushalts- oder beschäftigungspolitische Vorentscheidungen über die Einrichtung von Ämtern liegen außerhalb des Schutzbereiches von Art. 33 II.[38] Jedoch dürfen haushalts-
oder beschäftigungspolitische Erwägungen wegen des Begründungsverbots von Art. 33 II in die Entscheidung über die Besetzung eines Amtes mit einem Amtswalter nicht einfließen.[39]

Die Beachtung der allein relevanten Eignungsmerkmale des Art. 33 II ist unter Wahrung des der　22
Exekutive eingeräumten **Beurteilungsspielraums** gerichtlich überprüfbar. Auch wenn Art. 33 II
keinen Anspruch auf Übernahme in ein öffentliches Amt gibt,[40] so kann ausnahmsweise doch jede
andere Entscheidung als die Einstellung eines bestimmten Bewerbers rechtswidrig sein.[41]

## II. Deutscheneigenschaft

Das Recht auf gleichen Zugang steht jedem Deutschen iSv Art. 116 zu. Art. 45 ff. AEUV, Art. 15　23
II EU-GRCharta vermittelt den Schutz durch Art. 33 II auch für Unionsbürger, deren Rechtsstellung
gem. § 7 I Nr. 1a BeamtStG, § 4 I Nr. 1 BBG Deutschen grundsätzlich gleich steht.[42]

## III. Öffentliches Amt

Der **Begriff** des öffentlichen Amtes wird weit ausgelegt. Er umfasst alle Ämter der Verwaltung, der　24
Bundeswehr und der Rechtsprechung in Bund und Ländern, die mit haupt- oder nebenamtlichen
Beamten, (Tarif)Beschäftigten, Richtern, Soldaten, Notare[43] oder ehrenamtlich Tätigen zu besetzen
sind einschließlich privatrechtlicher von Hoheitsträgern errichteter Organisationen, die hoheitliche
Aufgaben wahrnehmen,[44] nicht aber Insolvenzverwalter.[45] Bei der Besetzung von Richterstellen sind
zusätzlich zu Art. 33 II die in das jeweilige Wahlverfahren einfließenden Prinzipien (Demokratie, ggf.
föderaler Proporz) zu berücksichtigen.[46]

**Eingeschränkt** sind solche Ämter auf staatlicher[47] oder kommunaler Ebene, die durch demokrati-　25
sche Wahlen der Wahlbürger oder von diesen gewählter Wahlkörper besetzt werden, z. B. Amt eines
kommunalen Wahlbeamten,[48] nicht aber bei Beförderungsentscheidungen des Gemeinderates.[49]
Art. 33 II gilt nicht für Religionsgemeinschaften, wohl aber für die Beleihung,[50] für das besondere
Amt des Notars[51] und allenfalls entsprechend für die Stellenbesetzung nach Privatisierung.[52] Ausbildungsplätze in Ausbildungsstätten, die nur auf den öffentlichen Dienst vorbereiten, fallen unter
Art. 33 II,[53] nicht aber solche, die nicht ausschließlich der Vorbereitung auf den öffentlichen Dienst
dienen, z. B. juristisches Referendariat.[54] Für letztere gilt nur der nicht zur Bestenauslese verpflichtende
Art. 12.

Art. 33 II gilt **nicht nur für Eingangsämter,** sondern auch für die Besetzung von Ämtern inner-　26
halb des öffentlichen Dienstes, z. B. Beförderungen, Aufstieg, nicht aber für Umsetzungen.[55] Im
Verlauf einer Berufslaufbahn kann jedoch den einzelnen Auslesekriterien unterschiedliches Gewicht
zukommen, z. B. abnehmendes Gewicht der Examensnoten bei Beförderung.[56]

---

[37] *Lecheler* HStR V, § 110 Rn. 7; BVerwGE 101, 112; OVG NRW DÖD 2018, 258.
[38] Einschränkend *Isensee* HdbVerfR, § 32 Rn. 37.
[39] *Lecheler* HStR V, § 110 Rn. 7; BVerwG DÖD 2001, 89.
[40] BVerfGE 39, 334 (354); 108, 314; 75, 133 (135).
[41] S. a. Rn. 41.
[42] *Jarass*, in: Jarass/Pieroth, Art. 33 II Rn. 15; krit. *Höfling* BK, Art. 33 I–III Rn. 269; *Merten* HGR § 114 Rn. 40
zur Rekrutierung von Nicht-EU-Bürgern *Tabarra* ZBR 2013, 109.
[43] BVerfG NVwZ- RR 2005, 1433; *Mehde* DVBl 2019, 1025/1027
[44] BAG AP Art. 33 Abs. 2 GG Nr. 78 m. Anm. v. *Battis/Kümper* JZ 2017, 105.
[45] BVerfGE 116, 1 (13).
[46] OVG SchlH NJW 2003, 159; VGH BW VBlBW 1999, 305; *Grigoleit/Siehr* DÖV 2002, 455; zum „Mischsystem" bei Bundesrichterwahlen BVerfG NVwZ 2017, 313; s. a. *Eckertz-Höfer* RuP 2017, 99; NdsOVG NVwZ
2016, 786; krit. *Gärditz* ZBR 2015, 323, 326; s. a. → Art. 36 Rn. 8.
[47] OVG LSA DVBl 2012, 1450 – Parlamentswahl, Stasibeauftragter.
[48] *Grigoleit*, in: Stern/Becker, Art. 33 Rn. 24; *Mußgnug* FS Schenke, 243 (253); OVG SchlH NVwZ 1993, 1124;
ThürOVG ThürVBl 2007, 187 (188); NdsOVG NdsVBl 2008, 133; krit. *Kämmerling* ZBR 2016, 524; *Jaeckel*
VerwArch 97 (2006), 220; OVG MV, NVwZ-RR 2015, 708; offengelassen von BbgVerfG NJW 1997, 2942 –
Schöffenliste; OVG Brem NordÖR 2002, 131.
[49] OVG Saarl PersV 2008, 31.
[50] *Grigoleit*, in: Stern/Becker, Art. 33 Rn. 25.
[51] BVerfGE 110, 304 (320 ff.); *Sachs* JuS 2004, 815.
[52] S. *Grigoleit*, in: Stern/Becker, Art. 33 Rn. 26; weitergeh. *Trute*, AK, Art. 33 Rn. 26; *Masing*, in: Dreier II,
Art. 33 Rn. 42; ab *Höfling* BK, Art. 33 I–III Rn. 82.
[53] *Maunz*, in: Maunz/Dürig 1966, Art. 33 Rn. 15; aA *Kunig*, in: v. Münch/Kunig II, Art. 33 Rn. 4.
[54] AA *Ridder* AK I, 2. Aufl., Art. 33 I–III Rn. 53.
[55] BVerfG (K) NJW 2008, 909 – Richter, grundsätzlich auch für Versetzungen.
[56] *Lecheler*, in: Friauf/Höfling, Art. 33 Rn. 21; s. a. BVerfGE 110, 304 (326 ff.).

## IV. Leistungsprinzip

**27**     **1. Auslesekriterien.** Die verbindlichen Zugangskriterien des Art. 33 II verwirklichen das **Leistungsprinzip.**[57] Alle drei Kriterien der **Bestenauslese** werden unter dem Oberbegriff der **Eignung iwS** zusammengefasst als der Gesamtheit der Eigenschaften, die das zu vergebende Amt von seinem Inhaber fordert.[58]

**28**     **Eignung ieS** erfasst Persönlichkeit und anlage- und entwicklungsbedingte Persönlichkeitsmerkmale, psychische und physische Kräfte, emotionale und intellektuelle Voraussetzungen, die für das zu vergebende Amt von Bedeutung sind (§ 2 II BLV).[59] Darunter fallen z. B. die Vorbildfunktion einer Lehrerin[60] oder die körperliche Leistungsfähigkeit für den Polizeidienst.[61] Ausgeschlossen ist die Berücksichtigung der in § 8 I 1 BBG verpönten Merkmale. Zum Streit dazu, ob und wann einer Lehrerin das Tragen eines muslimischen Kopftuches verboten werden darf, → Rn. 43.

**29**     Die **gesundheitliche Eignung** fehlt, wenn tatsächliche Anhaltspunkte. die Annahme rechtfertigen dass mit überwiegender Wahrscheinlichkeit vom Eintritt der Dienstunfähigkeit vor Erreichen der Altersgrenze auszugehen ist.[62] Verdeckte HIV-Tests sind im Rahmen der erforderlichen ärztlichen Untersuchung unzulässig.[63]

**30**     Die **Befähigung** umfasst die für die dienstliche Verwendung wesentlichen Fähigkeiten, Kenntnisse, Fertigkeiten und sonstigen Eigenschaften, z. B. motivierende Neigungen und Interessen des Beamten (§ 2 III BLV), meint also auch das auf entsprechender Vorbildung und ggf. auf Berufstätigkeit beruhende fachliche, aber auch allgemeine Wissen, Erfahrungsgut und das berufliche Können.

**31**     Die **fachliche Leistung** besteht in den nach den dienstlichen Anforderungen bewerteten Arbeitsergebnissen (s. a. § 2 IV BLV). Es geht um Fachwissen, Fachkönnen und Bewährung im Fach.[64]

**32**     **2. Verfassungstreue.** Zur Eignung i. w. S. zählt auch die **Verfassungstreue,**[65] die verfassungsrechtlich ausdrücklich in Art. 5 III 2 für Hochschullehrer und einfachgesetzlich, z. B. in § 7 I Nr. 2 BBG, § 7 I BeamtStG, für Beamte festgelegt ist. § 60 I 3 BBG, § 33 Abs. 1 S. 2 BeamtStG verlangen, dass der Beamte sich durch sein gesamtes Verhalten zur freiheitlich demokratischen Grundordnung des GG bekennen und für deren Einhaltung eintreten muss. Die Pflicht zur Verfassungstreue des Beamten ist ein **hergebrachter Grundsatz des Berufsbeamtentums** iSv Art. 33 V.

**33**     Str. ist, welche **Konsequenzen** im Einzelfall aus der Pflicht zur Verfassungstreue zu ziehen sind, etwa bei bloßer Mitgliedschaft in einer von den Behörden als verfassungsfeindlich, nicht aber vom BVerfG gem. Art. 21 II als verfassungswidrig verbotenen Partei.[66] Gelten für alle Beamten dieselben Regeln oder kann je nach Funktion differenziert werden?[67] Der EGMR hat zwar bei Beamten auf Probe die Argumentation des BVerfG vom Vorrang der Verfassungstreue vor Art. 5 III gebilligt,[68] aber abw. v. Kammerbeschl. – 2 BvR 2034/89 v. 7.8.1990 – mehrlich im Fall der bloßen Mitgliedschaft in der DKP ohne konkrete Pflichtverstöße bei Beamten auf Lebenszeit der Meinungs- und Vereinigungsfreiheit Vorrang vor der Verfassungstreue eingeräumt.[69]

**34**     Die **Herleitung** und Konkretisierung der Verfassungstreuepflicht ist, angesichts der im 20. Jahrhundert durch Staats- und Verfassungsumbrüche gekennzeichneten Geschichte Deutschlands, nach wie vor problematisch.[70] Wegen der grundlegend geänderten Verfassungslage ist der Rückgriff auf die

---

[57] Dazu *H. Krüger,* Das Leistungsprinzip im öffentlichen Dienst, 1957; *Isensee,* FG BVerwG, 1978, S. 337; *Schmidt-Aßmann* NJW 1980, 16; *Laubinger* VerwArch 83 (1992), 246.

[58] BVerfGE 47, 330 (336); *Isensee* HdbVerfR, § 32 Rn. 38.

[59] BVerfGE 110, 304/322 – Notar; BVerfGE 81, 369; krit. *Höfling* BK, Art. 33 I–III Rn. 116; zur charakterlichen Eignung BVerwG NVwZ-RR 2016, 831.

[60] BVerfGE 96, 171 (182).

[61] Körpergröße.

[62] BVerwG ZBR 2014, 89; VG Hannover ZBR 2019, 354 – Eignung trotz HIV- Infektion.

[63] EuGH C-404/92 P.; zur Gendiagnostik *Kersten* PersV 2011, 4. u. 84.

[64] Siehe BVerfGE 110, 304 (322).

[65] BVerfGE 39, 334 (348).

[66] BVerfGE 73, 263; BAG NJW 1983, 779; *Schrader,* Rechtsbegriff und Rechtsentwicklung der Verfassungstreue im öffentlichen Dienst, 1985; *Siegel/Hartwig* NVwZ 2017, 590/597 zu BVerfG NJW 2017, 611 – NPD.

[67] Verneinend BVerfGE 39, 334 (355); BVerwG DVBl 1988, 346; VGH BW NVwZ-RR 2008, 149 (151) – zur Kritik der International Labour Organisation *Voegele,* Völkerrecht und Berufsverbote in der BRD, 1995; differenzierend BAG NJW 1987, 1100; BSG ZBR 1986, 121; *Kunig,* in: v. Münch/Kunig I, Art. 33 Rn. 34; *Höfling* BK, Art. 33 I–III (1998) Rn. 156; *Trute* AK GG, Art. 33 Rn. 54; *Grigoleit,* in: Stern/Becker, Art. 33 Rn. 37.

[68] NJW 1986, 3005; billigend auch EuGH Rs 180/83, 540; zum Rechtsvergleich s. *Böckenförde/Tomuschat/Umbach* (Hrsg.), Extremisten im öffentlichen Dienst, 1981.

[69] NJW 1996, 375 – Vogt; dazu *Häde/Jachmann* ZBR 1997, 8; BVerwG NJW 1999, 1649 – keine Wiederaufnahme des Disziplinarverfahrens; VG Sigmaringen NVwZ 1998, 1104 – keine Wiedereinstellung.

[70] S. a. *Ridder* AK I, 2. Aufl., Art. 33 I–III Rn. 14; *Schlink* Der Staat 15 (1976), 335.

konstitutionelle oder gar absolutistische[71] Monarchie[72] ungeeignet, die Verfassungstreuepflicht zu konkretisieren. Die Praxis der Weimarer Republik war uneinheitlich und nie gefestigt.[73]

Soweit **BVerfGE 39, 349** aus der streitbaren, wehrhaften, wertgebundenen Demokratie[74] die **35** politische Treuepflicht ableitet, ist einzuwenden, dass die diesem Verfassungsprinzip zugrunde liegenden Art. 18, 21 II, 9 II an ein aktives verfassungsfeindliches, kämpferisch aggressives Verhalten anknüpfen. Wird stattdessen auf die Funktion des Berufsbeamtentums bei der Erfüllung von Staatsaufgaben abgestellt,[75] dann ist beim außerdienstlichen Verhalten nach Aufgaben und Ämtern zu differenzieren.[76] Die Problematik schwelt auch nach dem Ende des kalten Bürgerkriegs in Deutschland weiter bei der Beurteilung der Eignung von Mitgliedern rechtsextremistischer nicht verbotener Parteien.[77] Die bayerische Staatsregierung hat nach dem Vorbild der Praxis zur politischen Treuepflicht Grundsätze für die Nichteignung von Mitgliedern der Scientology Church verabschiedet.[78]

Zweifel an der Verfassungstreue können auch durch **Tätigkeiten in der früheren SED,** in den von **36** ihr gelenkten Organisationen einschl. der Staatssicherheit begründet werden. Die bloße Mitgliedschaft oder untergeordnete Mitarbeit in der SED oder in einer der von ihr gelenkten Parteien und Massenorganisationen allein begründet solche Zweifel nicht. Das BVerfG[79] bestimmt die verfassungskonforme Intensität des „beamtenrechtlich hinnehmbaren Opportunismus" eher großzügig und verlangt eine Würdigung des gesamten Verhaltens vor und nach dem Beitritt. Unverzichtbar ist die Fähigkeit und innere Bereitschaft, „die dienstlichen Aufgaben und die Grundsätze der Verfassung wahrzunehmen und insbesondere die Freiheitsrechte der Bürger zu wahren und rechtsstaatliche Regeln einzuhalten."[80]

**3. Gleichstellungspolitik.** Art. 3 II S. 2 verpflichtet den Staat, die **tatsächliche Durchsetzung 37 der Gleichberechtigung** von Frauen und Männern zu fördern und auf die Beseitigung bestehender Nachteile hinzuwirken.[81] Str. ist, ob Art. 33 II die auf Art. 3 II aF oder nF gestützte Einführung von sogenannten **Frauenquoten** ausschließt.[82] Trotz mehrerer Richtervorlagen hat das BVerfG die Frage nicht entschieden. Demgegenüber hat der EuGH[83] nordrhein-westf. und hess. Vorschriften, die die bevorzugte Einstellung und Beförderung von Frauen bei gleicher Eignung, Befähigung und fachlicher Leistung und bei Wahrung einer individuellen Öffnungsklausel für mit dem Unionsrecht vereinbar erklärt und gegen unzulässig weitergehende Verfahrensquoten abgegrenzt.[84] Die vom BVerfG[85] zugelassene, Art. 3 III einschränkende Bevorzugung einer Frau bei der Bestellung zur Leiterin einer Mädchenschule auf Grund besserer Eignung lässt sich besser aus Gründen der Frauenförderung (Vorbild, besondere Pädagogik) rechtfertigen.

**4. Sozialstaatliche Einschränkungen.** Anders als bei Frauenbeauftragten[86] ist es fraglich, nur **38** Frauen für das Amt der Gleichstellungsbeauftragten (§ 19 I 1 BGleiG) geeignet zu halten.[87] Die das

---

[71] So aber BVerfGE 39, 351.

[72] Dazu *Zwirner,* Politische Treuepflicht des Beamten, Diss. Göttingen 1956, Neudr. 1987; *Rejewski,* Die Pflicht zur politischen Treue im preußischen Beamtenrecht (1815 bis 1919), 1973; *Schmahl,* Disziplinarrecht und politische Betätigung der Beamten in der Weimarer Republik, 1977.

[73] Dazu *Gusy,* 100 Jahre Weimarer Verfassung, 2018 S. 322; s. a. *Graf v. Kielmannsegg,* in: Schröder/von Ungern-Sternberg (Hrsg.), Zur Aktualität der Weimarer Staatsrechtslehre 2011, S. 143.

[74] Dazu *H. H. Klein* VVDStRL 37 (1979), 53; *Denninger* HdbVerfR, § 16 Rn. 25 ff., 65 f.

[75] So BVerwGE 47, 343.

[76] S. a. VGH BW, NVwZ-RR 2008, 151; aA *Domgörgen,* in Hömig/Wolff, Art. 33 Rn. 6.

[77] Dazu BVerwGE 123, 247 – Soldat; BayVGH DöD 2006, 43; VG Berlin ZBR 2006, 102; klar aber BVerfG E 144, 200; BVerwG DVBl 2018, 512; VGH Kassel NVwZ 2019, 248.

[78] B. v. 29.10.1996, KWMBl I S. 395; *Zuck* NJW 1997, 697; s. a. *Cremer/Kelm* NJW 1997, 832; wegen EGMR NJW 1996, 375 zu Recht abl; *Domgörgen,* in Hömig/Wolff, Art. 33 Rn. 6.

[79] BVerfGE 92, 140 dazu *Goerlich* JZ 1995, 900; zur Anwendung der Sonderkündigungsgründe des Einigungsvertrages BVerfGE 96, 152 u. 171.

[80] BVerfGE 92, 140 (151); zu § 15 I Nr. 3 SächsBeamtG s. BVerwG NJ 1999, 606 m. Anm. v. *Preschel.*

[81] *Nußberger,* Art. 3 Rn. 281 ff.; *Baer/Lehwald* DV 2007, 95 – Gender Mainstraming; zum Gesetz zur besseren Vereinbarkeit von Familie, Pflege und Beruf für Beamtinnen und Beamte. I, *Schwarz,* ZBR 2017, 77.

[82] Bejahend OVG NRW NVwZ 1996, 495; NdsOVG DVBl 1995, 962; *Isensee* HdbVerfR, § 32 Rn. 46; *Sachs* HStR VIII, § 182 Rn. 149f; *Di Fabio* AöR 122 (1997), 404 (418); *Jachmann* ZBR 1996, 161; *Starck,* FS Dietrich, 1999, S. 643;; *Badura,* in: Maunz/Dürig, Art. 33 Rn. 32; aA, *Battis/Schulte-Trux/Weber* DVBl 1991, 1165; *Sacksofsky,* Das Grundrecht auf Gleichberechtigung, 2. A. 1996; *Kokott* FS 50 Jahre BVerfG, 2001, S. 127 (148); *Masing,* in: Dreier II 2, Art. 33 Rn. 52; *Grigoleit,* in: Stern/Becker, Art. 33 Rn. 38; *Kunig,* in: von Münch/Kunig, I, Art. 33 Rn. 34; OVG SachsAnh DöD 2010, 199; OVG NRW DöD 2010, 298.

[83] EuGH C-409/95 – Marschall; dazu *Lenz* NJW 1998, 1619; krit. *Sachs* DVBl 1998, 184; EuGH C-158/97 – Badeck; krit. *Starck* JZ 2000, 670; *Merten* HGR V § 114, Rn. 40; s. a. EGMR NJW 2009, 2109 – Keine starre Quote; zur Wirksamkeit *Papier/Heidebach.* Frauenquoten im Öffentlichen Dienst, 2016; *Liebert,* Quotenregelungen im Öffentlichen Dienst 2018.

[84] EuGH C-450/93 – Kalanke; s. a. BAGE 82, 211; EuGH C-407/98 – Abrahamsson; *Baer/Wrase* KritVJ 2006, 401; *Wiese* ZBR 2007, 294.

[85] BVerfGE 39, 334 (368); krit. *Sachs* HStR VIII, § 182 Rn. 167 mwN.

[86] Billigend NdsStGH DÖV 1996, 659; offen gelassen von BVerfGE 91, 228 (245).

[87] Abl *Richter* NVwZ 2005, 636; aA *Sacksofsky* ZESAR 2004, 208.

Leistungsprinzip verwirklichende Bestenauslese wird zT überlagert durch gesetzliche Regelungen, die mit dem **Sozialstaatsprinzip** gerechtfertigt werden.[88] **Sonderregelungen** aus der Nachkriegszeit sind weitgehend gegenstandslos geworden, z.B. Berechtigte nach G 131, Heimkehrer[89] und seit Aussetzung der Wehrpflicht auch die Sonderregelungen[90] für Wehrpflichtige (§ 11a II ASG) und Zivildienstleistende (§ 78 I Nr. 1 ZDG). Angewendet werden weiterhin für Soldaten auf Zeit § 16a ASG und § 9 SVG. Die bevorzugte Einstellung gleich geeigneter Schwerbehinderter verletzt Art. 33 II GG nicht. Art. 3 III 2 und das Sozialstaatsprinzip erlauben jedoch keine Förderungsmaßnahmen, die das Leistungsprinzip beeinträchtigen.[91]

**39**    **5. Ämterpatronage.** Ungeachtet der verfassungsrechtlichen Vorgabe und der klaren gesetzlichen Ausformung wird das Leistungsprinzip in der Praxis des öffentlichen Dienstrechts höchst unvollkommen durchgesetzt. Hauptübel ist die **partei-,** aber auch **verbandspolitische Ämterpatronage,** dh der punktuelle, aber regelmäßige Eingriff in die Besetzung von Ämtern durch Ernennung, Beförderung oder günstige Versetzung nach partei- und/oder verbandspolitischen Gesichtspunkten. Ohne spektakuläre Entlassung der Parteigegner wie beim Beutesystem werden Vertrauensleute der Regierung systematisch bevorzugt. Diese **verfassungswidrige Praxis** stellt die Funktionsfähigkeit der Exekutive bei einem Regierungswechsel und in Sonderheit die Legitimation des Berufsbeamtentums[92] in Frage.[93] Keine Durchbrechung des Leistungsprinzips ist die Institution des politischen Beamten (§ 30 BeamtStG, § 36 BBG). Im parlamentarischen Regierungssystem können politische Anschauungen von Spitzenbeamten Teil ihrer Eignung iSv Art. 33 II zur Wahrnehmung politisch gestaltender Aufgaben sein.[94]

**40**    **6. Stärkung des Leistungsprinzips.** Ein Gegenmittel gegen die Ämterpatronage ist die **Ausschreibung** von zu besetzenden Stellen. Die Ausschreibung ist ein das grundrechtsgleiche Recht aus Art. 33 II sicherndes Verfahren, das zugleich das öffentliche Interesse an der Bestenauslese verwirklicht. Im Regelfall ist öffentlich auszuschreiben.[95] Ausnahmen bedürfen besonderer Rechtfertigung. § 8 BBG beschränkt die Ausschreibungspflicht nicht mehr auf die Fälle der Begründung eines Beamtenverhältnisses, wie dies der überkommenen Rspr. entsprach.[96] Vielmehr sind grundsätzlich auch nur behördenintern zu besetzende Stellen auszuschreiben.[97]

**41**    Ein Mittel gegen die Ämterpatronage ist der als **„Konkurrentenklage"**[98] bezeichnete Rechtsschutz des rechtswidrig in einem Besetzungs- oder Beförderungsverfahren benachteiligten Bewerbers. Der Rechtsschutz findet auch nach der von BVerfG und BVerwG durchgesetzten Neukonzeption des Konkurrentenschutzes[99] im Wesentlichen im vorläufigen Verfahren nach § 123 VwGO statt. Nach h.M. geht der Grundsatz der Ämterstabilität dem Rechtsschutzinteresse des sich auf Art. 33 II, 19 IV berufenen Klägers vor.[100] Nur wenn der unterlegene Bewerber daran gehindert worden ist, die Rechtsschutzmöglichkeiten zur Durchsetzung seines Bewerberverfahrensanspruchs vor der Ernennung auszuschöpfen, steht der Grundsatz der Ämterstabilität einer Klage des unterlegenen Bewerbers nicht entgegen.[101] Der Dienstherr ist verpflichtet im laufenden Verfahren die streitige Stelle nicht dauerhaft zu vergeben,[102] zur schriftlichen Dokumentation des Auswahlverfahrens,[103] zur Ermöglichung der Weiterverfolgung des Bewerbungsverfahrensanspruchs im Wege der Verfassungsbeschwerde[104] und zu Beweiserleichterungen.[105] Str. ist, ob die fiktive Stellenfort-

---

[88] Dazu *Schmidt-Aßmann* NJW 1980, 19.

[89] Dazu mwN *Goerlich* ZBR 1989, 240.

[90] Dazu *Röper* RiA 1988, 265; zu Recht restriktiv *Höfling* BK, Art. 33 I–III Rn. 237.

[91] Außer zur Erfüllung der Pflichtplatzquote, *Jachmann/Kaiser* MKS II, Art. 33 Rn. 21; weitergehend *Jarass,* in: Jarass/Pieroth, Art. 33 Rn. 30.

[92] Dazu BVerfGE 7, 155 (162); *Leisner,* Legitimation des Berufsbeamtentums, 1988, S. 80.

[93] *Eschenburg* Ämterpatronage, 1961; *Wagener* VVDStRL 37 (1979), 235; *Wichmann* ZBR 1988, 365.

[94] *Bracher* DVBl 2001, 19; *Kugele* ZBR 2007, 109; *Grigoleit,* in: Stern/Becker, Art. 33 Rn. 35; OVG Brem NordÖR 2009, 364; krit. *Lindner* DÖV 2018, 983.

[95] *Jarass,* in: Jarass/Pieroth, Art. 33 Rn. 23; *Jachmann/Kaiser* MKS II, Art. 33 Rn. 16; *Neuhäuser* NVwZ 2013, 176; einschränkend OVG RhPf DÖD 2018, 156.

[96] BVerwGE 49, 242 (243); 56, 342 (327).

[97] So schon SächsOVG ZBR 2001, 368 u. 372; offen gelassen von BVerfG NVwZ 2006, 1401 (1402).

[98] Dazu *Schnellenbach,* Konkurrenzen im Öffentlichen Dienst, 2. Aufl. 2018; *Bergmann/Paehlke-Gärtner* NVwZ 2018, 110*Laubinger* ZBR 2010, 289 u. 332; krit. *Wichmann/Langer,* Öffentliches Dienstrecht 8. Aufl. 2017 Rn. 314.

[99] BVerwGE 138, 102; zust. *Kenntner* ZBR 2016, 181 mwN; s. a. BVerfG NVwZ 2017, 46; BVerfG ZBR 2013, 346 – Topfwirtschaft; BAG AP, Art. 33 Abs. 2 GG Nr. 87 m. Anm. *Battis; Kümper* DÖV 2017, 414.

[100] BVerfG ZBR 2001, 171; BVerfG 115, 89; zweifelnd BVerwG DVBl 2002, 203; aA *Solte* ZBR 1972, 109; krit. *Thal,* Das Dogma rechtsschutzverkürzender Ämterstabilität, 2016.

[101] BVerwGE 138, 102; OVG NRW NVwZ-RR 2016, 549; OVG Saarl ZBR 2019, 321; zur Verwirkung des Anfechtungsrechts BVerwG NVwZ 2018, 1866, mAv Stuttmann.

[102] BVerwGE 118, 370; *Gundel* DV 2004, 401; krit. *Tegethoff* ZBR 2004, 341.

[103] BVerfG NVwZ 2016, 309; BVerwGE 141, 361; ZBR 2013, 246.

[104] BVerfG NVwZ 2007, 1178; BVerwG NVwZ 1998, 1082.

[105] BVerfG NVwZ 2006, 1401; ZBR 2002, 427; DöD 2004, 134.

schreibung (§ 33 Abs. 3 BLV) geeignet ist, Stellenblockaden zu vermeiden.[106] Aus der Einordnung des Konkurrentenstreits als Grundrechtsschutz im Verfahren[107] folgt ein Auskunftsanspruch des unterlegenen Bewerbers über das Auswahlverfahren einschließlich der rechtzeitigen Unterrichtung über den Namen des ausgewählten Bewerbers.[108] Der bei der Anwendung der Auslesekriterien gegebene Beurteilungsspielraum und das dem Dienstherrn kraft seiner Personalgewalt bei der Auswahl gleich geeigneter Bewerber obliegende Ermessen lassen grundsätzlich keinen Anspruch des Bewerbers auf Einstellung zu.[109] Der Bewerber hat nur das Recht auf sachgerechte, an die Kriterien des Leistungsgrundsatzes gebundene rechtsfehlerfreie Beurteilung der Bewerbung. Dieser gilt auch für Beförderungen.[110] Bei schuldhaftem Verhalten der Behörde, z. B. verspäteter oder unvollständiger Mitteilung der Auswahlentscheidung, kann der rechtswidrig abgewiesene Bewerber Schadensersatz aus Art. 33 II[111] oder aus Art. 34 GG, § 839 BGB geltend machen.[112] Ein bei einer Beförderung rechtswidrig übergangener Beamter kann Schadensersatz auch aus dem bestehenden Beamtenverhältnis verlangen.[113]

Obwohl das Leistungsprinzip der einzige benannte Grundsatz des Berufsbeamtentums ist, führte **41a** es im Dienstrecht lange Zeit eher ein Schattendasein. Traditionell hatte der Zeitfaktor Vorrang vor der Leistung, z. B. Dienstalter und/oder Lebensalter bei Beförderungen, Dienstaltersstufen in der Besoldung, Zeitfaktor statt Leistung bei der Mehrarbeit. Ziel des DienstrechtsreformG[114] war es, das Leistungsprinzip durch ein **Bündel dienstrechtlicher Instrumente** zu stärken. Dazu zählen die Einführung von Leistungsstufen, um das leistungsabhängige Aufsteigen oder Verbleiben in den Stufen des Grundgehaltes zu ermöglichen, die Einführung von Leistungsprämien und Leistungszulagen, als einem System sekundärer Personalführung unterhalb der Schwelle der Beförderung,[115] die obligatorische Erprobungszeit vor jeder mit einem Dienstposten verbundenen Beförderung und die obligatorische Vergabe von Führungspositionen auf Probe in einem besonderen Probebeamtenverhältnis (§ 4 III BeamtStG, § 24a BBG). § 4 II b BeamtStG erlaubt den Ländern, in personell und zeitlich beschränktem Umfang Führungspositionen auf Zeit[116] im Beamtenverhältnis auf Zeit zu vergeben. Die Vergabe von Führungspositionen auf Zeit fördert die politische Ämterpatronage. In einer Demokratie wird die öffentliche Verwaltung personell viel stärker von der Politik beeinflusst als die Wirtschaft. Politik schlägt sich ganz wesentlich in Personalpolitik nieder. Das gilt gerade für die kommunale Ebene. Auch das Gesetz zur Reform des Hochschullehrerdienstrechts[117] soll durch verschiedene Zulagen ua neue Formen leistungsbezogener Besoldung das Leistungsprinzip stärken.[118]

Die in der **Föderalismusreform** I durch Art. 74 I Nr. 27 GG nF zugewachsene Kompetenz zur **41b** Regelung von Laufbahnen, Besoldung und Versorgung haben die Länder dazu genutzt, das Laufbahnrecht zu modernisieren. Bayern und ihm folgend Rheinland-Pfalz haben die bisherigen vier Laufbahngruppen durch eine einheitliche Leistungslaufbahn mit vier Qualifikationsebenen zum Einstieg eingeführt.[119] Die fünf Küstenländer sowie Sachsen-Anhalt und Berlin haben zwei Laufbahnen nämlich eine mit und eine ohne Hochschulabschluss, Baden-Württemberg, Hessen, Saarland, Sachsen, Thüringen und Nordrhein-Westfalen haben drei Laufbahnen eingeführt. Alle Länder und der Bund haben die Zahl der Fachlaufbahnen stark reduziert.[120] Das Besoldungsrecht[121] ist durch die teilweise Reföderalisierung völlig zersplittert und driftet unter Verstoß gegen das Alimentationsprinzip (Art. 33 V GG) auseinander.[122]

---

[106] BVerwGE 155, 152; E 157, 161; einschränkend BVerwG DÖD 2018, 129; *Kenntner* NVwZ 2017, 417; *v. d. Weiden* ThürVBl 2017, 181 u. 210; *Bracher* DVBl. 2016, 1236; abl. OVG Münster DVBl. 2016, 1274; VGH Kassel NVwZ 2017, 1144 m. Anm. *Stuttmann;* OVG Koblenz DöD 2017, 235; Hufen JuS 2018, 831; *Battis ua* NVwZ 2018, 207/208 mwN; zu Topfwirtschaft BVerfG NVwZ 2016, 682 m. Anm. *Stuttmann.*

[107] BVerfG NJW 1990, 501; *Günther* DöD 1994, 14.

[108] BVerwG NVwZ-RR 2017, 736; krit. *Noack* NVwZ 2018, 1190

[109] Zur Organisations- und Personalhoheit des Dienstherrn *Badura,* in: Maunz/Dürig, Art. 33 Rn. 27.

[110] VGH Hessen NVwZ 2016, 1424 m. Anm. *Stuttmann.*

[111] BVerwGE 136, 140; u. NJW 2018, 1637 m. Anm. *Stuttmann.*

[112] BGH NJW 1995, 2344 m. Anm. von *Huber* JZ 1996, 149.

[113] BVerfG BayVBl 2010, 303; BVerwGE 124, 29; BVerwG NVwZ 2009, 787; OVG Brem ZBR 2019, 261; *Günther* FS Fürst, 2002, S. 141; *Laubinger* VerwArch 2008, 278.

[114] Vom 24.2.1997, BGBl I 322; dazu *Beus/Bredendiek* ZBR 1997, 201; *Lorse* VR 2017, 217; krit. *Lecheler* ZBR 1997, 206.

[115] Dazu *Kathke* ZBR 2006, 257; *S. Zeh,* Berufsbeamtentum und Leistungsgesellschaft, 2010; *Bull,* FS Siedentopf 2008, 189; *Demmke* dms 2009, 53, krit. *Lorse* RiA 2000, 219.

[116] Abl. BVerfGE 121, 205; *Lindner,* DVBl 2016; s. a. *Dorf* DÖV 2009, 14; BVerwG ZBR 2008, 46; aA BayVfGH, BayVBl 2015, 121; OVG NRW ZBR 2006, 424; *Voßkuhle* in GVwR, § 43 Rn. 121.

[117] BVerfGE 130, 263; Sondervotum *Gerhardt,* S. 313; BVerwGE 159, 375 – Anrechnung von Leistungsbezügen auf das Professorengehalt.

[118] S. *Lindner,* in: Hebeler/Kersten/Lindner, Handbuch des Besoldungsrechts § 12; *J. Koch,* Leistungsgerechte Professorenbesoldung, 2010; *Reich* ZBR 2016, 242 – Kürzung; krit. *Detmer* FS Leuze, 2003, S. 14.

[119] Dazu *Hüllmantel* ua, Leistungslaufbahngesetz 2011

[120] Dazu *Pechstein,* Laufbahnrecht in Bund und Ländern, 4. Aufl. 2017.

[121] Dazu *Hebeler ua* (Hrsg.), Handbuch des Besoldungsrechts; *Kümmel/Pohl* (Hrsg.), Bundesbesoldungsrecht (Losebl.).

[122] Überblick bei *Zinner* RiA 2019, 1; zum Versorgungsrecht *Hebeler/Sitzer* ZBR 2016, 115.

Ausgehend von Baden-Württemberg[123] haben der Bund[124] und mehrere Länder den Wechsel vom öffentlichen Dienst in die Wirtschaft durch das sog. Altersgeld erleichtert. Das Dienstrechtsneuordnungsgesetz des Bundes[125] hält (wie Brandenburg) an den Laufbahngruppen fest und ist, gestützt auf die Erfahrungen mit dem TVöD und dem TVL, hinsichtlich des Ausbaus der Leistungsbesoldung eher zurückhaltend. Das BDA wird durch Stufenaufstieg, der an Erfahrungszeiten gekoppelt ist, ersetzt. Mit dem BeamtStG anstelle des BRRG für alle Landesbeamten hat der Bund seine Kompetenz aus Art. 74 I Nr. 27 GG ausgeübt.[126] Entgegen vielen Erwartungen hat die teilweise Reföderalisierung des Beamtenrechts dessen laufbahnrechtliche Fortentwicklung befördert.

## D. Verbot der Diskriminierung aus religiösen und weltanschaulichen Gründen (Abs. 3)

### I. Allgemeines

42    Obwohl auch Art. 3 III 1, 33 II und 140 GG iVm Art. 136 II WRV die Diskriminierung aus religiösen und weltanschaulichen Gründen verbieten, wiederholt der besondere Gleichheitssatz des Art. 33 III dieses Begründungs- und Rechtfertigungsverbot in einer eigenen Vorschrift. Auf diese Weise verarbeitet das GG historische Erfahrungen der besonderen Gefährdung der Glaubens-, Gewissens-, Bekenntnis- und Religionsfreiheit (Art. 4 I, II). Art. 33 III geht gegenüber Art. 3 I, III, Art. 136 I, II WRV vor, zu Art. 33 II kann Idealkonkurrenz bestehen.[127] Abs. 3 S. 2 wiederholt in allgemeiner Form den Inhalt des umständlich formulierten, insoweit vom gemeinsamen Indigenat beeinflussten Abs. 3 S. 1. Da die **konfessionelle Patronage** gegenüber anderen Patronageformen (→ Rn. 39) an Einfluss verloren hat, ist die Bedeutung der Vorschrift in der Praxis eher gering.

### II. Tatbestandsmerkmale

43    Das **grundrechtsgleiche Recht** des Art. 33 III steht jedermann, nicht nur Deutschen zu. Die an überholter Begrifflichkeit orientierte Unterscheidung von „bürgerlichen und staatsbürgerlichen Rechten" ist angesichts der weiten Auslegung des Begriffs staatsbürgerlicher Rechte in Abs. 1 (→ Rn. 15) ohne Bedeutung. Der Begriff „öffentliche Ämter" ist wie in Art. 33 Abs. 2 (→ Rn. 24 ff.), der Begriff „öffentlicher Dienst" i. w. S. (→ Rn. 50) auszulegen. Zwischen „Zulassung" iSv Abs. 3 und „Zugang" iSv Abs. 2 besteht kein Unterschied.[128] Die Begriffe des „religiösen Bekenntnisses" und der „Weltanschauung" sind wie in Art. 4 I auszulegen.[129] Mit den Worten „sind unabhängig von" in Satz 1 und „Nichtzugehörigkeit" in Satz 2 wird der republikanische Grundsatz der **weltanschaulich-religiösen** Neutralität des Staates[130] auf die Ämterbesetzung ausgerichtet – Verbot von Konfessionsproporz. Aus diesem Anlass wird individuell die „negative Bekenntnisfreiheit" geschützt. Ein allgemeines gesetzliches Kopftuchverbot für Lehrerinnen in öffentlichen Einrichtungen ist verfassungswidrig, solange keine konkrete Gefahr für andere Rechtsgüter besteht.[131]

### III. Einzelfälle

44    Mit Abs. 3 ist unvereinbar die Berücksichtigung der Konfession von **Lehrern** bei einer öffentlichen Gemeinschaftsschule.[132] Das Tatbestandsmerkmal Eignung iSv Art. 33 II wird verwirklicht durch die Berücksichtigung der Konfession bei Religionslehrern[133] und bei weiteren konfessionsgebundenen

---

[123] VGH BaWü, NVwZ-RR 2019, 827; *Hebeler/Spitzlei* ZBR 2018, 365 *Drescher* RiA 2013, 103 u. 197, *Holzer* DÖV 2013, 890; zu Bayern Pflaum ZBR 2019, 151.

[124] Dazu *Hebeler* ZBR 2013, 291; *Drescher* DÖD 2013, 209.

[125] Dazu *Lenders/Peters* ua, Das Dienstrecht des Bundes, 2. Aufl. 2013; *Wolff* ZBR 2009, 73; *Battis* NVwZ 2009, 405; s. a. HessVGH ZBR 2011, 42 – FH Master genügt für höheren Dienst.

[126] *Reich,* Beamtenstatusgesetz, 3. Aufl. 2018; *Battis/Grigoleit* ZBR 2008, 1; Vergleichende Würdigung der Reformen durch *Demmke* ZBR 2013, 217; *Lorse* ZBR 2013, 79; *Reintjes,* Die Dienstrechtsreform der deutschen Länder 2019; *Leisner-Egensperger* DV 2018, 1, 2 zum neuen Mutterschutzrecht *Hamdan* NVwZ 2018, 1097; zur Neuregelung der Familien- und pflegezeit, *Tamm* PersV 2019, 164; zur Vereinbarkeit von Familie und Beruf in der EU *Kramer* RuP 2019, 323

[127] *Höfling* BK, Art. 33 I–III Rn. 310, 343.

[128] *Pieper,* in: *Hofmann/Henneke,* Art. 33 Rn. 70.

[129] *Kokott,* Art. 4 Rn. 18 f.

[130] Vgl. → Art. 4 Rn. 4 f.

[131] BVerfGE 138, 296, 335; dazu *Sacksofsky* DVBl 2015, 801; *Rusteberg* JZ 2015, 637; *Sachs* JuS 2015, 571; ebenso BVerfG DVBl. 2017, 124 – Kita m. krit. Anm. *Frenz;* krit. auch *Kokott* Art. 4 Rn. 68 f.; anders BVerfGE 108, 282; dazu *Beaucamp/Beaucamp* DÖV 2015, 174 mwN; konzeptionell anders EuGH C-157; C-188/15 – Arbeitnehmerin; dazu *Wagner* EuR 2018, 724; *Klein* NVwZ 2017, 920; zur Verbesserung der Chancen von Personen mit Migrationshintergrund *Ziekow* DÖV 2014, 756; s. auch BVerfG ZBR 2020, 249 – Gerichtsreferendarin; *Battis* ZBR 2020, 217.

[132] BVerwGE 81, 22 (24).

[133] BVerwGE 19, 252 (260); BayVerfGH DÖV 1966, 715; *Jarass,* in: Jarass/Pieroth, Art. 33 Rn. 38a.

Staatsämtern[134] wie Militär-, Polizei-, Krankenhaus- und Gefängnisgeistlichen,[135] Angehörigen staatlicher theologischer Fakultäten,[136] nicht aber Konkordatslehrstühlen.[137] BVerfGE 41, 29 (60); 41, 65 (87) hält die Rücksichtnahme auf das Bekenntnis der **Schüler** bei der anteiligen Besetzung von Lehrerstellen in einer staatlichen christlichen Gemeinschaftsschule für mit Art. 33 II vereinbar. Mit Abs. 3 unvereinbar sind ein **ausländisches Eheverbot** der Religionsverschiedenheit[138] und die Verwehrung der Ausübung eines kommunalen Mandats wegen **Verweigerung der Eidesleistung.**[139]

## E. Funktionsvorbehalt für Beamte (Abs. 4)

### I. Allgemeines

Art. 33 IV verpflichtet alle Träger öffentlicher Gewalt, die ständige Ausübung hoheitsrechtlicher **45** Befugnisse in der Regel Beamten zu übertragen – **Funktionsvorbehalt.** Die **Organisationsnorm**[140] enthält zusammen mit dem eng verknüpften Art. 33 V eine **institutionelle Garantie des Berufsbeamtentums**[141] und schreibt die **Zweispurigkeit des öffentlichen Dienstes** fest, also die Unterscheidung zwischen den in einem öffentlich-rechtlichen Dienst- und Treueverhältnis stehenden Berufsbeamten, Richtern und Berufssoldaten einerseits und den in einem arbeitsrechtlichen Vertragsverhältnis stehenden (Tarif-)Beschäftigten andererseits. Art. 33 IV soll verhindern, dass das Berufsbeamtentum nur noch eine untergeordnete Bedeutung bei der Ausübung der Staatsgewalt hat. Insoweit ist Art. 33 IV eine Schranke der Reform des öffentlichen Dienstrechts.[142] Die Organisationsnorm des Art. 33 IV gibt **keinen Anspruch** auf Übertragung einer Beamtenstelle.[143]

Das **öffentlich-rechtliche Beamtenverhältnis** wird maßgeblich einseitig und verbindlich durch **46** **Gesetz** und auf Grund eines Gesetzes geregelt, schließt aber ergänzende Regelungen durch öffentlich-rechtlichen Vertrag nicht aus.[144] Grundlage des Rechts der öffentlichen **Arbeitnehmer** ist die **Privatautonomie,** die aber im Wesentlichen durch die **Tarifautonomie** (Art. 9 III) der Gewerkschaften und der öffentlichen Arbeitgeber überlagert wird. Die für die Beamtenverhältnisse konstitutive, durch Art. 33 IV festgeschriebene **öffentlich-rechtliche Natur** unterscheidet das öffentlich-rechtliche Dienst- und Treueverhältnis formal eindeutig vom **privatrechtlichen Arbeitsverhältnis** der Beschäftigten. Durch insbesondere wechselseitige und unionsrechtliche Beeinflussung von Beamtenrecht und Arbeitsrecht des öffentlichen Dienstes hat jedoch materiell eine weitgehende **Angleichung** stattgefunden.[145] Daran haben TVöD und TVL per Saldo nichts Wesentliches geändert – trotz der Abkehr von der Verweisung auf die Beamtenpflichten aber gleichzeitigem Aufbau materiell gleichartiger Regelungen, z. B. Zuweisung, Leistungsvergütung.

Art. 33 IV sanktioniert die zunächst nur faktische, insbesondere seit dem 1. Weltkrieg eingetretene **47** **Zweiteilung** des öffentlichen Dienstes. Sie ist eine Reaktion auf die gewandelten Aufgaben der Verwaltung im daseinsvorsorgebetreibenden Sozialstaat. Mangels hinreichender rechtlicher Organisation und Legitimation hat die Entwicklung jedoch in Einzelfällen dysfunktionale Folgen.

Es lag in der **Logik des Beitritts** der DDR nach Art. 23 GG aF und des in Art. 2 des Vertrags für **48/49** die Schaffung einer Währungs-, Wirtschafts- und Sozialunion enthaltenen Bekenntnisses zur freiheitlich demokratischen, föderativen, rechtsstaatlichen und sozialen Grundordnung, auch die Grundentscheidung des GG für den zweispurigen öffentlichen Dienst in Art. 20 II 1 EV zu übernehmen.

### II. Regelungsgegenstand

**1. Öffentlicher Dienst.** Den **Begriff des öffentlichen Dienstes** legt das GG nicht fest. Statt der **50** Definition nach der Art der wahrgenommenen Tätigkeit oder nach der normativen Ausgestaltung des Dienstverhältnisses wird der Begriff des öffentlichen Dienstes **formell** verstanden. Entscheidend ist die Tätigkeit im Dienst einer juristischen Person des öffentlichen Rechts.[146] Innerhalb des so bestimmten

---

[134] Ausführlich *Jasper,* Religiöse und politisch gebundene öffentliche Ämter, 2015, S. 243; *Frhr. v. Campenhausen* FS Maunz, 1981, S. 27; aA *Ridder* AK I², Art. 33 I–III Rn. 74.

[135] *Mückl,* HdStR VII, § 161 Rn. 55–64; aA *Höfling* BK, Art. 33 I–III Rn. 331.

[136] BVerwGE 124, 310; *Frhr. v. Campenhausen,* HdStR VII, § 157 Rn. 67; *Jasper,* aaO, S. 257.

[137] *Jasper,* aaO, S. 273: *Jachmann/Kaiser* MKS II, Art. 33 Rn. 27; abl. *Unruh* MKS III, Art. 136 WRV, Rn. 28; diff. *Badura,* in: Maunz/Dürig, Art. 33 Rn. 40.

[138] BGHZ 56, 180 (191).

[139] BVerfGE 79, 69 (75).

[140] BVerfGE 39, 79 (147); BVerfG NVwZ 1988, 523; *Werres,* ZBR 2017, 109.

[141] *Lecheler* HStR V § 110 Rn. 6; vertiefend *Mager* Einrichtungsgarantien, 2003, S. 362; *Mainzer,* Die dogmatische Figur der Einrichtungsgarantie, 2003, S. 222 f.

[142] S. a. *Isensee* HdbVerfR, § 32 Rn. 50.

[143] BVerwG ZBR 2001, 89; OVG RhPf RiA 2000, 101; LAG Hannover NdsVBl 2000, 102.

[144] BVerfGE 110, 353.

[145] Dazu *Benz,* Beamtenverhältnis und Arbeitsverhältnis, 1969; *Bull* DÖV 2007, 1024; *Hebeler* Verwaltungspersonal, 2008, S. 349; *Demmke* ZBR 2013, 217; *F. Matthey,* Zur Rechtsangleichung bei Beamten und Angestellten im öffentlichen Dienst, 1971.

[146] BVerfGE 6, 267; BVerwGE 30, 87.

öffentlichen Dienstes wird unterschieden der öffentliche Dienst i. w. S., Beamte, (Tarif-)Beschäftigte, Richter, Soldaten und sonstige öffentliche Amtsträger, und der öffentliche Dienst i. e. S., Beamte und (Tarif-)Beschäftigte der juristischen Personen des öffentlichen Rechts.[147]

**51**    **2. Öffentlich-rechtliches Dienst- und Treueverhältnis.** Wichtigste Folge des öffentlich-rechtlichen Dienst- und Treueverhältnisses[148] ist die **beiderseitige Treuepflicht,**[149] die Dienstherr und Beamter einander schulden. Die Treuepflicht des Dienstherrn ist gemäß Art. 33 IV Richtschnur für den Gesetzgeber auch und gerade in ihrer Ausprägung als **Fürsorge- und Schutzpflicht,**[150] die als grundlegendes Auffangrecht der Beamten gesetzlich fixiert (§ 45 BeamtStG, § 78 BBG) ist.

**52**    Die **Treuepflicht** ist in den Vorschriften über die dienstlichen und außerdienstlichen Pflichten und die Rechte **des Beamten** sowie durch zahlreiche dazu ergangene Rechts- und Verwaltungsverordnungen weitgehend verrechtlicht worden. Trotz dieser fortschreitenden Tendenz zur Verrechtlichung des Beamtenverhältnisses dient die Treuepflicht als Generalklausel gemeinsam mit der Amtsführungs- und Folgepflicht (§ 60 I, § 62 BBG) zur Feinabstimmung der Pflichten des Beamten im Einzelfall. Ausgeschlossen ist aber der historische, lehnsrechtlich geprägte[151] Einsatz der Treuepflicht als Herrschaftsmittel, um Beamte innerhalb des besonderen Gewaltverhältnisses ohne klar nachprüfbare Rechtsgrundlage tätig werden zu lassen. Eine Erscheinungsform der allgemeinen Treuepflicht des Beamten ist die politische Treuepflicht, die in den §§ 60 I2 II, 7 I Nr. 2 BBG, § 7 I2, 33 I2 BeamtStG ausgestaltet ist (→ Rn. 32 ff.).

**53/54**    Aus dem öffentlich-rechtlichen Dienst- und Treueverhältnis folgt auch, dass das Beamtenverhältnis einseitig vom Dienstherrn ausgestaltet werden kann, dass der Beamte das öffentlich-rechtlich Geschuldete ebenso wenig wie ein Privater verweigern darf, insbesondere dass dem Beamten Streiks verboten sind.[152] An diesem hergebrachten Grundsatz des Berufsbeamtentums hat das BVerfG in Auseinandersetzung mit der Auslegung von Art. 11 EMRK durch den EGMR festgehalten.[153] Das Grundrecht der Beamten aus Art. 9 Abs. 3 GG werde nicht unzumutbar eingeschränkt, insbesondere weil die Beamten ihre amtsangemessene Alimentation inzwischen gerichtlich strikter überprüfen lassen können.[154] Die Reaktion des EGMR ist noch offen.[155] Das Streikverbot umschließt das Verbot von Demonstrationsstreiks und streikähnlichen Aktionen wie Dienst nach Vorschrift.[156] Die Zulässigkeit der Anordnung von vorübergehender **Streikarbeit von Beamten** beim Streik der Arbeitnehmer im öffentlichen Dienst hat das BVerfG[157] mangels erforderlicher gesetzlicher Regelung verneint.

**55**    **3. Hoheitsrechtliche Befugnisse.** Die Auslegung des Begriffs „hoheitsrechtliche Befugnisse" ist umstritten. Hoheitsrechtlich wird mit hoheitlich gleichgesetzt.[158] Die Entstehungsgeschichte des Art. 33 IV spricht eher dafür, hoheitsrechtlich auf die Eingriffsverwaltung zu begrenzen.[159] Traditionell wird hoheitsrechtlich angesichts der Wandlung von Struktur und Funktion öffentlicher Verwaltung seit dem Inkrafttreten des GG jedoch **extensiv interpretiert.**[160] Ausübung hoheitsrechtlicher Befugnisse bzw. Aufgaben sei die gesamte obrigkeitliche Tätigkeit zuzüglich aller Funktionen öffentlicher Verwaltung, einschließlich der Leistungsverwaltung, ausgenommen die reine Fiskalverwaltung, die privatrechtlichen Beschaffungsgeschäfte der öffentlichen Verwaltung, die erwerbswirtschaftliche Betätigung der öffentlichen Hand sowie rein mechanische Hilfsgeschäfte.[161]

---

[147] *Stern,* Staatsrecht I, S. 340; *Grigoleit,* in: Stern/Becker, Art. 33 Rn. 50; *Schwarz* JZ 2019, 276, zur Mindereinung öffentlicher Dienst = Recht der Arbeitnehmer, s. *Wacke* mwN bei *Ule,* in: BMI (Hrsg.), Studienkommission für die Reform des öffentlichen Dienstrechts, Bd. 5, S. 461.

[148] Dazu *Günther* DÖV 2013, 678.

[149] BVerwGE 12, 273; *Laubinger* FS Ule, 1987, S. 110; *Lecheler* AöR 103 (1978), 373.

[150] Dazu *Schnellenbach* VerwArch 2001, 2; *Leppek/Nübel* ZBR 2015, 414.

[151] Dazu *Wyluda,* Lehnsrecht und Beamtentum, 1969; *Graf v. Kielmannsegg,* in: Schröder/v. Ungern-Sternberg (Hrsg.) Zur Aktualität der Weimarer Staatsrechtslehre 2011, S. 143.

[152] *Isensee* Beamtenstreik, 1971; *Quaritsch,* 48. DJT 1970, Teil O 50; *Stern,* Staatsrecht I, S. 373; aA *Bendix,* Das Streikrecht der Beamten, 2. Aufl. 1922; *Däubler,* Der Streik im öffentlichen Dienst, 2. Aufl. 1971; *Ramm,* Das Koalitions- und Streikrecht der Beamten, 1970; *Bieback/Kutscha,* Politische Rechte der Beamten, 1984, S. 201.

[153] E 148, 296; *Battis* ZBR 2018, 289; *Lörse* ZBR 2018, 325; *Böhm* ZBR 2019, 73; *Tietze/Wolff* ZBR 2019, 78

[154] → Rn. 61

[155] bejahend *von Roetteken* ZBR 2018, 292; sa BVerwG ZBR 2014, 199; *Lörcher* AuR 2009, 229; *Seifert* KritV 2009, 957; *Gooren* ZBR 2011, 400; *Polakiewitz/Kessler* NVwZ 2018, 841; Zur Europäischen Sozialkarte Buchholtz, Streik im Europäischen Grundrechtsgefüge, 2018.

[156] BVerwGE 73, 97; BGHZ 69, 140; 70, 279; BAG NJW 1986, 210.

[157] BVerfGE 84, 212; *Jachmann* ZBR 1994, 1; *v. Münch* FS Mestmäcker, 1996, S. 1049; *Fuhrmann,* Beamteneinsatz bei Streiks von Arbeitnehmern im öffentlichen Dienst, 1999.

[158] Dazu *Leitges,* Die Entwicklung des Hoheitsbegriffes in Art. 33 Abs. 4 des Grundgesetzes, 1998, S. 193.

[159] *Stern* FS Ule, 1987, S. 205; *Schuppert* AK I², Art. 33 IV, Rn. 25.

[160] BVerwGE 34, 126; BVerwGE 47, 314 (Leistungsverwaltung); 49, 141 (Lehrtätigkeit); *Merten* HGR V § 114 Rn. 59.

[161] *F. Mayer,* in: Studienkommission (Fn. 147), S. 596; *Ule* ebda, S. 453; *Loschelder* ZBR 1977, 265 mit Unterschieden im Einzelnen; *Isensee* HdbVerfR, § 32 Rn. 58; sehr weit Art. 20 II EV: Gleichsetzung öffentlicher Aufgaben mit hoheitlicher Verwaltung.

Die **Gegenmeinung**,[162] die Hoheitsrechte letztlich darauf beschränkt, dass der Staat oder eine **56** andere öffentliche Körperschaft als Eingriffsverwaltung tätig wird, verfehlt die Entscheidung des Art. 33 IV für eine dualistische Personalstruktur. Sie ließe das Berufsbeamtentum infolge des Funktionswandels der öffentlichen Verwaltung verkümmern, entgegen der Wertung des Art. 33 V GG, derzufolge das Berufsbeamtentum eine Institution ist, „die gegründet auf Sachwissen, fachliche Leistung und loyale Pflichterfüllung eine stabile Verwaltung sichern und damit einen ausgleichenden Faktor gegenüber den das Staatsleben gestaltenden politischen Kräften darstellen soll".[163]

Der Begriff des Hoheitsrechtlichen umfasst daher über die Eingriffsverwaltung hinaus auch die **57** unmittelbare oder mittelbare Staatsverwaltung, die als daseinsvorsorgende Leistungsverwaltung in öffentlich-rechtlichen Rechtsformen solche Tätigkeiten erbringt, die kraft öffentlich-rechtlicher Legitimation durch Verwaltungsakt dem Bürger oder durch Weisung dem Organwalter gegenüber zu vollziehen sind, sowie sonstige staatliche Aufgaben, die ausdrücklich auf öffentlich-rechtlicher Grundlage erledigt werden.[164] Abzustellen ist aber nicht allein auf die Rechtsform, die angesichts der Wahlfreiheit der öffentlichen Hand Beliebigkeit nicht ausschließt, sondern auch auf den **Gehalt und die Bedeutung des jeweiligen Amtes,** nicht aber ganzer Verwaltungsbereiche.[165] Lehrer an öffentlichen Schulen müssen zwar nicht stets verbeamtet werden.[166] Die vom Lehrpersonal durchweg angestrebte Verbeamtung ist aber der in das öffentlichen Schulwesen eingegliederten Lehrtätigkeit adäquat.[167]

Die jüngere Privatisierungspraxis hat gezeigt,[168] dass dem Gesetzgeber, abgesehen von einem engen **58** Kernbereich von Staatsaufgaben,[169] mit Rücksicht auf unterschiedliche ordnungs- und gesellschafts-politische Belange ein erheblicher Spielraum verbleibt. Dem kommt der mehrfach eingeschränkte Wortlaut von Art. 33 IV – „Ausübung hoheitlicher Befugnisse", „ständige Aufgabe", „in der Regel" – [170] entgegen.

## III. Reform des öffentlichen Dienstes

In der **frühen Nachkriegszeit** war die Wiedereinführung des Berufsbeamtentums umstritten. Nach **59** dem Willen der Alliierten und gemäß den Verfassungen von Hessen, Groß-Berlin und Bremen sollte ein einheitliches Dienstrecht aller Beschäftigten des öffentlichen Dienstes auf arbeitsrechtlicher Grundlage eingerichtet werden. Die Verfassungen der (damals vier) süddeutschen Länder garantierten hingegen das Berufsbeamtentum. Der Konflikt wurde durch Art. 33 IV, V i. S. der Zweispurigkeit des öffentlichen Dienstes entschieden. In der DDR gab es keine Berufsbeamten. Für die Mitarbeiter in den staatlichen Organen galten aber zusätzliche Vorschriften zu dem für alle Werktätigen geltenden Arbeitsgesetzbuch.

Reformbestrebungen gipfelten 1970 in der Einsetzung einer **Studienkommission** für die Reform **60** des öffentlichen Dienstes.[171] Mit dem fast stimmengleichen Voten für ein Gesetzmodell bzw. für ein Gesetztarifmodell wurde die Arbeit der Kommission trotz der einmütige Forderung eines einheitlichen Dienstrechts und vieler brauchbarer Einzelvorschläge ein Musterbeispiel für ein politisch codiertes Patt.[172] Der von der Kommission vorgelegte Bericht veranlasste die Bundesregierung 1976, nicht zuletzt mit Rücksicht auf die seit der Ölkrise (1973) verschlechterte Haushaltslage, nur einen geringen Teil der Vorschläge in die politische Planung aufzunehmen.[173] In der Folgezeit standen statt Reform-gedanken **Sparmaßnahmen** zur Sicherung der öffentlichen Haushalte im Vordergrund, z. B. Vor-schläge der Sachverständigenkommission „Alterssicherungssysteme", denen zufolge die Beamtenver-sorgung der sozialrechtlichen Altersversorgung weitgehend eingegliedert werden sollte.[174]

---

[162] *Thieme,* in: Studienkommission (Fn. 147), S. 344; *Peine* DV 1984, 415; *Schuppert* FS Battis, S. 519; *Dörr* ZTR 1991, 182 u. 226; *Brosius-Gersdorf,* in: Dreier, Art. 33 Rn. 154.

[163] BVerfGE 7, 155 (162); BVerfGE 119, 247; *Lindner,* Zur politischen Legitimation des Berufsbeamtentums 2014; krit. *Bull* FS Battis, S. 533/543; zum Verhältnis zum demokratischen Prinzip, *Lindner* ZBR 2010, 26; *ders.,* ZBR 2013, 145 zur Unabhängigkeit des Berufsbeamtentums.

[164] So *Stern,* Staatsrecht I, S. 349; *Rudolf* VVDStRL 37 (1979), 203; s. auch *Badura* ZBR 1996, 321; weiter *Lecheler* HdbStR V³, § 110 Rn. 27.

[165] Dazu *Masing,* in: Dreier, Art. 33 Rn. 66.

[166] BVerfGE 119, 247 (267); aA *Leisner/Egensperger* DV 2018, 1/13; *Jachmann-Michel/Kaiser* M/K/S II Art. 33 Rn. 40; *Cremer,* Beamtenstatus für Lehrer als Verfassungsgebot, 2012.

[167] Dazu *Grigoleit,* in: Stern/Becker, Art. 33 Rn. 59; *Günther* ZBR 2014, 18.

[168] Dazu *Bauer* FS Erbguth 2019 S. 29; *Kämmerer* in Ehlers/Fehling/Pünder BVwR I 4 2019 § 13 Rn. 55 f.; *Gramm* Privatisierung und notwendige Staatsaufgaben, 2000, S. 107.

[169] *Di Fabio* JZ 1999, 585; *Jachmann/Strauß* ZBR 1999, 289; s. auch *Kutscha* LKV 2007, 306.

[170] S. BVerfGE 128, 157; BVerfGE 130, 76; dazu *Hippeli,* DVBl 2014, 1281; krit.: *Wiegand* DVBl 2012, 1134; restriktiv VGH München DVBl 2013, 174.

[171] S. Bericht der Studienkommission nebst 11 Anlagebänden, 1973; s. a. *Quaritsch/Thieme,* 48. DJT 1970, Teile D u. O; *Hattenhauer,* Geschichte des deutschen Beamtentums, 2. 1993, S. 524.

[172] *Luhmann* ZfP 1974, 264.

[173] Dazu *Siedentopf* ZBR 1986, 153.

[174] Dazu *Zacher/Bullinger,* Soziale Sicherheit im öffentlichen Dienst, 1982; *Loschelder* DÖV 1984, 1003; *Battis* (Hrsg.), Alterssicherungssysteme im Vergleich, 1988.

**61**   Nach der Ausweitung des öffentlichen Dienstes in den 1960er und 1970er Jahren setzte sich in allen OECD Staaten nicht zuletzt wegen der verschlechterten Haushaltslage die Forderung nach einem effektiveren und schlankeren öffentlichem Dienst durch.[175] Auf die Flexibilisierung des Dienstrechts zielten das Dienstrechtsreformgesetz[176], das Versorgungsreformgesetz 1998,[177] das Versorgungsände-rungsG,[178] das BesoldungsstrukturG,[179] das ProfessorenbesoldungsreformG[180] und das Dienstrechts NeuordnungsG[181] verbunden mit einschneidenden Kostensenkungen insbesondere wegen der hohen Versorgungslasten[182].[183] Die Umsetzung der Reform- und Spargesetze[184] hat zahlreiche Rechtsfragen aufgeworfen, wie die der Zulässigkeit der erweiterten Teilzeitbeschäftigung,[185] insbesondere der sog. Zwangsteilzeit,[186] der erweiterte Versetzung und Abordnung,[187] der Verfassungsmäßigkeit der Ver-sorgungsrücklage,[188] der Versorgungsabschlag,[189] der Veränderung der Lebensarbeitszeit,[190] der amtsan-gemessenen Besoldung bei begrenzter Dienstfähigkeit[191] der Übertragung von Führungsämtern auf Zeit,[192] der unzulässigen Einführung eines neuen Amtes eines Beamten auf Zeit[193] der Ministerial-zulage,[194] der Kürzungen des sogenannten Weihnachtsgeldes,[195] von Veränderungen der Arbeitszeit,[196] sowie der sog. „Privatbeamten" in den privatisierten Unternehmen von Bund, Ländern und Gemein-den.[197] Im „Sog der Gesundheitsreform" sind die Beihilfen in Krankheits-, Pflege-, Geburts- und Todesfällen mit Billigung der Rechtsprechung[198] gekürzt worden.[199] Trotz eindringlicher Grundsatz-kritik,[200] hat die höchstrichterliche Rspr. die Mehrzahl der Reformmaßnahmen gebilligt.

**61a**   Auch als Ausgleich für das Streikverbot hat das BVerfG „dem Alimentationsprinzip Zähne einge-setzt".[201] Der Gestaltungsspielraum des Gesetzgebers wird durch indizielle Prüfraster kontrolliert: 1. Differenz zwischen der Besoldungsentwicklung und der Tarifergebnisse der Tarifbeschäftigten im öffentlichen Dienst, 2. Entwicklung des Nominallohnindexes, 3. Verbraucherpreisindex, 4. Querver-gleich zwischen vergleichbaren Besoldungsgruppen und 5. Quervergleich der Besoldung des Bundes und/oder anderer Länder. Auf einer zweiten Prüfungsstufe kann die Vermutung durch eine Gesamt-abwägung überprüft werden.[202] Hinzu kommt eine prozessurale Begründungspflicht[203]. Das Besol-dungsstrukturenmodernisierungsG[204] soll die Wettbewerbsfähigkeit des Bundes auf dem Arbeitsmarkt sichern. Auch das Dienstrecht der Tarifbeschäftigten ist auf der Basis eines von den Repräsentanten der Tarifvertragsparteien ausgehandelten Eckpunktepapiers[205] grundlegend neu gestaltet worden. Der für

[175] Überblick über Reformthemen bei *Voßkuhle* GVwR III § 43 Rn. 53 ff., 93 ff.; *Demmke/Moilanen,* Civil Services in the EU of 27, 2010; *Demmke* ZBR 2013, 217; *Bull* FS Battis, S. 532/537.
[176] Vom 24.2.1997, BGBl I S. 322; → Rn. 41a.
[177] Vom 2.7.1998, BGBl I S. 1666; dazu BVerfGE 117, 372 – Versorgung aus dem letzten Amt.
[178] Vom 20.12.2001, BGBl I S. 3926; dazu BVerfGE 114, 258.
[179] Vom 21.6.2002, BGBl I S. 2140; dazu *Slowik/Wagner* ZBR 2002, 409; krit. *Lorse* ZBR 2001, 73.
[180] Vom 16.2.2002, BGBl I S. 96; → Rn. 41a.
[181] Vom 11.2.2009, BGBl I S. 160
[182] S. 6. Versorgungsbericht, BT–Dr. 18/10680.
[183] S. Rn. 41a; s. a. BVerfGE 131, 47 – Rückwirkung bei nicht gefestigter Rechtsprechung.
[184] Zu zulässigen Pensionskürzungen EGMR NVwZ 2016, 1307.
[185] Dazu *Lecheler* FS 50 Jahre BVerfG II, 2001, S. 359 (376); *Franke* FS Fürst, 2002, S. 101.
[186] BVerfGE 119, 247; BVerwG NVwZ 2013, 953; BVerwGE 110, 363; krit. *Bull* DVBl 2000, 1773.
[187] Dazu *Günther* ZBR 1996, 299; *Summer* ZBR 2012, 73; *Hebeler/Knappstein* ZBR 2010, 217; *Schönrock* ZBR 2010, 222.
[188] Dazu BVerfG ZBR 2007, 411 und NVwZ 2008, 195; BVerwG NVwZ-RR 2014, 39 s. a. Gesetz zur Änderung der Versorgungsrücklage v. 10.1.2017, BGBl. I 17; VerfGH RhPf, ZBR 2017, 199 m. Anm. v. *Tappe*.
[189] BVerfGE 114, 258; 2006, 342; NVwZ 2008, 195; BVerwG NVwZ 2005, 1080.
[190] OVG RhPf ZBR 2006, 57; DVBl 2008, 997 – Polizei.
[191] BverfG NVwZ 2019, 223 BVerwGE 120, 154; NVwZ 2005, 1082; *Tepke/Becker*, ZBR 2017, 27.
[192] BVerfGE 121, 205; *Lindner*, DVBl 2016, 816; *Dorf* DÖV 2009, 14; *Wichmann* ua ZBR 2008, 289; BVerwG ZBR 2008, 46.
[193] BVerfG ZBR 2019, 35; *Lindner* ZBR 2018, 361; *Wolff* ZBR 2017, 239
[194] BVerfG ZBR 2001, 204.
[195] BVerfG NVwZ 2008, 195; OVG Bln-Bbg DöD 2007, 255.
[196] BVerfG NVwZ 2008, 668; s. a. DVBl 2008, 448/450; *Ziemske* ZBR 2001, 1; VerfGH RhPf JZ 1997, 616 mit Anm. von *Olshausen*.
[197] → Art. 143a Rn. 9, Art. 143b, Rn. 8.
[198] BVerfG NJW 2008, 137; ZBR 2010, 165; BVerwG, ZBR 2011, 96.
[199] Krit. *Axer* DVBl 1997, 698; *Unverhau* ZBR 2004, 194; zur Bürgerversicherung *Axer*, GS Heinze, 2004, 1; *Unverhau* ZBR 2005, 154; *Lenze*, Staatsbürgerversicherung und Verfassung, 2005; zur Einbeziehung in die GKV *Lindner* ZBR 2018, 10.
[200] *Leisner-Egensperger* ZBR 2004, 331; *H. A. Wolff* DÖV 2003, 494; s. a. *Lenze* NVwZ 2006, 1229.
[201] So *Scheibel-Pfister* NJW 2015, 1920
[202] BVerfGE 139, 64; E 140, 240, NVwZ 2017, 392, NVwZ 2019, 89; verschärfend BVerwG ZBR 2018, 161; *Stuttmann* ZBR 2019, 162; sa Böhm ZBR 2018, 222; *Leisner-Egensperger* NVwZ 2019, 425, *dies./Eisele,* ThürVwBl 2019, 229; zur zeitnahen Geltendmachung BVerwG NVwZ 2019, 1217 mAv *Stuttmann*
[203] BVerfG NVwZ 2019, 89; *Lindner* ZBR 2019, 83 – 2. Säule des Alimentationsprinzips
[204] V. 9.12.2019, BGBl I S. 2053; s. auch *Vogt*, Der Personalgewinnungszuschlag des Bundes, 2019.
[205] *Lorse* DÖV 2005, 445.

Bund und Kommunen geltende TVöD und der für die Länder geltende TVL haben insbesondere leistungsorientierte Bezahlung, neue Eingruppierungen, Neuregelung von Führung auf Probe und auf Zeit, Versetzung, Abordnung, Zuweisung, Personalbestellung sowie Pflicht zur Qualifizierung.

Die durch die Föderalismusreform I 2006 in Art. 33 V GG eingefügte **Fortentwicklungsklausel**[206] **61b** eröffnen den Ländern für den Bereich Besoldung und Versorgung und Laufbahnrecht einen d Gestaltungsspielraum, den sie insbesondere hinsichtlich der Besoldung höchst unterschiedlich ausüben. Das Laufbahnrecht haben die Länder mit unterschiedlichen Akzenten überwiegend innovativ fortentwickelt.[207] Der Bund kann wie bisher seine besondere Verantwortung für das Dienstrecht gem. Art. 74 I Nr. 27 hinsichtlich der Statusrechte und -pflichten ausüben. Mit der Fortentwicklungsklausel wäre es unvereinbar das öffentlich-rechtliche Dienst- und Treueverhältnis so auszuhöhlen, wie das etwa die Vorschläge der *Bull*-Kommission[208] beabsichtigten.

Die Veränderungen des Dienstrechts[209] war lange Zeit eingebettet in eine international verbreitete, **62** als Ökonomisierung der Verwaltung[210] bezeichnete „Markt und Staat als Governance- Institutionen", begreifende[211] Entwicklung, die sich vornehmlich aus anglo-amerikanischen, aber auch aus niederländischen und schweizer Quellen gespeist hat.[212] In den Ländern, in denen „new public management" am weitesten gediehen ist, hat nach dem vermeintlichen Auszug aus der „Max-Weber-Welt"[213] eine **Rückbesinnung auf demokratische und rechtsstaatliche Werte,** auf Gemeinwohl,[214] Amt,[215] auf partEipolitische Neutralität, auf Verantwortung[216] und Uneigennützigkeit eingesetzt, gipfelnd in einer internationalen die EU und die OECD mit einbeziehenden Debatte um die Bedeutung der Ethik im modernen öffentlichen Dienst, und dies gerade nicht nur wegen des Kampfes gegen die Korruption.[217]

Anstoß, aber auch Schranke für den beamtenrechtlichen Gesetzgeber ist zunehmend das **Europa- 63 recht** und seine Ausformung durch den EuGH, aber auch der EGMR.[218] Signifikante Beispiele sind die Auswirkungen der Richtlinie 76/207/EWG auf die deutsche Gleichstellungspolitik[219] und die Folgen der Garantie der Freizügigkeit der Arbeitnehmer. § 7 I Nr. 1, II BBG, § 7 I Nr. 1a, b, c, II BeamtenStG, die das Ende der ausschließlichen Definitionsmacht Deutschlands über den eigenen öffentlichen Dienst dokumentieren. Die europäischen Rechtsetzungsorgane und der EuGH betreiben gemeinsam die Weiterentwicklung des Dienstrechts.[220] Deutsche Gerichte nutzen zunehmend das Vorabentscheidungsverfahren, um Streitfragen wie die Altersdiskriminierung[221] vom EuGH entscheiden zu lassen. Dessen Entscheidungen betreffen vielfach nicht Beamte, sondern (sonstige) Arbeitnehmer. Aber der EuGH subsumiert grundsätzlich auch Beamte unter dem Begriff des Arbeitnehmers im Sinne des Primär- und des Sekundärrechts.[222]

Einen Schwerpunkt bilden **Entscheidungen zur** unmittelbaren oder mittelbaren **Diskriminie- 64 rung**[223] von teilzeitbeschäftigten Frauen beim Versorgungsabschlag,[224] z. B. ergangen auf Vorlage des

---

[206] S. → 68; Dazu zu restriktiv BVerfGE 121, 205; s. *Kersten,* Neues Arbeitskampfrecht 2012, S. 29 f.; *Schuppert* FS Battis, S. 519 (525).

[207] S. → Rn. 41b.

[208] „Zukunft des öffentlichen Dienstes – öffentlicher Dienst der Zukunft", 2003; dazu *Bull* DÖV 2004, 155; Gegenposition *Kutscha* RuP 2003, 145; *Remmert* JZ 2005, 53; *Nicksch* ZBR 2005, 285.

[209] Zuletzt durch G v 29.11.2018 BGBl. I 2032 – Präzisierung insbesondere der Rechten und Pflichten sowie Brexitklausel s Schwarz NVwZ 2019, 10.

[210] S. *Bull* FS Battis, S. 533; *Weiß,* dms 2013, 231; *Musil,* Wettbewerb in der öffentlichen Verwaltung, 2005, S. 218 ff.; *Bogumil/Grohs* ua (Hrsg.), 10 Jahre Neues Steuerungsmodell 2007.

[211] So *König* VerwArch 2001, 475 (500).

[212] GB: *Ridley* DÖV 1995, 569; *Johnson* DÖV 2001, 317; CH: *Buschor,* in: Bundesakademie für öffentliche Verwaltung (Hrsg.), Öffentliche Verwaltung von morgen, 1995, S. 46; *Henneberger/Sudjana* ZBR 2006, 14; NL: *Hendriks/Tops* VerwArch 92 (2001), 560.

[213] *Sanier,* in: Handke/Mommsen (Hrsg.), Max Webers Herrschaftssoziologie, 2002, S. 325;

[214] *Isensee* HdStR IV § 71.

[215] *Depenheuer,* HdStR III § 36; *Heyen* FS K. König, 2004, S. 49; *Ziller* DÖV 2006, 233/240.

[216] *Di Fabio,* FS F.K. Fromme, 2002, S. 15.

[217] *K. König,* Moderne öffentliche Verwaltung, 2008, 838; *Huberts/Maeschalck/Urkiewicz,* Ethics and Integrity of Governance, 2008; *Weibezahn,* Ethische Standards in der Verwaltung 2012; *Heywood* IRAS 2012, 474; *van der Meer/ van den Berg/Dijkstra,* ebd. 2013, 91; resümierend Hammerschmid ua, New Public Management Reform in Europe and their Effects – IRAS https://doi.org/10.1177/002085 2317751632.; *Ritz* dms 2019, 176; *Bouckaert,* in Rubel/ Ziekow (Hrsg.) Die Verwaltung und ihr Recht, 2019 S. 99, 100.

[218] Dazu *Widmaier* ZBR 2002, 244; *Ullrich,* The Law of the International Civil Service, 2018; *Reithmann* EuR 2018, 191; *ders.* Die dienstrechtliche Fürsorgepflicht in der Rechtsprechung des Gerichts für den öffentlichen Dienst der EU, 2019.

[219] S. Rn. 37; s. a. EuGH DVBl 2002, 394 – Pensionen; BVerwG ZBR 2006, 95 – Sonderzuwendung.

[220] Dazu *Klaß,* Die Fortentwicklung des deutschen Beamtenrechts durch das europäische Recht, 2014; *Wolff* ZBR 2014, 1; *Korn* ZBR 2013, 155; *Alber* ZBR 2002, 225.

[221] EuGH NJW 2018, 1805; *Krawik* ZBR 2016, 404.

[222] Dazu mwN *Demmke* ZTR 2005, 2; *Kämmerer* DV 2004, 353; *Hillgruber* ZBR 1997, 1.

[223] EuGH C-229/08 – Höchstaltersgrenze Einstellung; dazu *Seifert,* EuR 2010, 803; C-250/09; C-268/09 – Altersgrenze Professoren; EuGH C-546/11NVwZ 2013, 1401 – Freistellungsgehalt; ZBR 2019, 304 – Einstellungsdienstalter.

[224] EuGH C-300/06; BVerfGE 121, 241.

VG Frankfurt/M. gegen die Rechtsprechung des BVerwG[225] und zu sozialen Standards mit Folgen für Besoldung,[226] Arbeitszeit[227] und Urlaub[228] sowie die vom EuGH eingeleitete Gleichbehandlung von beamteten Partnern einer nichtehelichen Lebensgemeinschaft.[229] Schließlich seien beispielhaft genannt Entscheidungen des EuGH zur Pensionierung[230] und zur Mobilität zwischen den nationalen öffentlichen Diensten innerhalb der EU fördern.[231] Die EU ist aber keine Sozialunion.[232]

## F. Hergebrachte Grundsätze des Berufsbeamtentums (Abs. 5)

### I. Normzweck

65     Die Strukturgarantie[233] des Art. 33 V ist **unmittelbar geltendes Recht,**[234] also nicht nur Programmsatz. Die Festschreibung eines **„Kernbestandes von Strukturprinzipien"**[235] enthält einen **Regelungsauftrag an den Gesetzgeber** und, wie Art. 33 IV, eine **Einrichtungsgarantie des Berufsbeamtentums.**[236] Die institutionelle Komponente des Art. 33 V rechtfertigt **Grundrechtsbegrenzungen.**[237] Obwohl Art. 33 V[238] im Unterschied zu Art. 129 WRV bewusst nicht „wohl erworbene Rechte" der Beamten schützt, sondern von der Erhaltung der Institution im Interesse der Allgemeinheit ausgeht, ist aus Art. 33 V ein subjektives, durch Verfassungsbeschwerde verfolgbares **grundrechtsgleiches Individualrecht** abzuleiten.[239] Auf diese Weise kann der einzelne Beamte, der nicht mittels Tarifautonomie und kollektiver Kampfmaßnahmen die Ausgestaltung seines Rechtsverhältnisses, insbesondere die Höhe seines Gehaltes erstreiten kann, vor dem BVerfG seine verfassungsmäßige Stellung wahren.[240]

66     Der gegen Trivialisierung nicht gefeite[241] Art. 33 V überlagert Art. 14, den aus dem Rechtsschutzprinzip abgeleiteten Vertrauensschutz,[242] Art. 12[243] und das Sozialstaatsprinzip.[244] Die auf Art. 33 V gestützte Verfassungsbeschwerde kann nicht nur gegen Gesetze,[245] sondern auch gegen Einzelmaßnahmen gerichtet werden.[246]

### II. Wirkkraft der Strukturgarantie

67     Die hergebrachten Grundsätze sind bei der Regelung und Fortentwicklung des Rechts des öffentlichen Dienstes **zu berücksichtigen.** Das ist mehr als nur in Erwägung ziehen, aber weniger als beachten.[247] Das BVerfG[248] unterscheidet zwischen hergebrachten Grundsätzen, die nur zu berücksichtigen sind, und „besonders wesentlichen" hergebrachten Grundsätzen, die **zu beachten** sind. Die Unterscheidung war schon nach dem alten Wortlaut angreifbar.[249] Sie trifft im Ergebnis aber die von

---

[225] NVwZ 1999, 767; anders dann BVerwG NVwZ 2005, 1080.

[226] EuGH, C–501/12 – Beamte; G–20/13 – Richter; BVerwG NVwZ-RR 2017, 700 – Frist.

[227] BVerwGE 140, 351 – Feuerwehr; ZBR 2016, 199 gegen E143, 381 – Mehrarbeit; u NVwZ 2018, 419, u NVwZ 2018, 1314 mAv Schunder.

[228] EuGH, C- 619/16 – Urlaubsverfall; C–509/16 – Rechtsnachfolge; *Baßlsperger* ZBR 2019, 181; *Rudkowski* NJW 2019, 476 – Elternurlaub; BVerwG, NVwZ 2013, 129; BVerwG, ZBR 2016, 138 – Blockmodell – Abgeltung wegen Krankheit nicht genommenen Urlaubs; OVG Bautzen SächsVBl 2016, 181; BVerwGE 152, 308 – Ausgleich für Vorgriffsstunden.

[229] C–267/06 – Maruko; dazu *Classen* FPR 2010, 200; EuGH, C–124/11 ua – Beihilfe; BVerfGE 124, 199 – Betriebliche Hinterbliebenenversorgung; dazu *Sachs* JuS 2010, 561; *T. Hoppe* DVBl 2010, 1506; krit. *Hillgruber* JZ 2010, 41; s. a. BVerfG NJW 2011, 1400, NJW 2013, 2257; anders aber EGMR NJW 2011, 1421

[230] EuGH NJW 2019, 1109 m. A. *v Klatt* – Zwangspensionierung von Richtern; EuGH G 49/18 – Kürzung der Bezüge.

[231] C–187/15 – Pöppel; dazu *Eichenhofer* ZBR 2019, 237; *Tietze,* LKV 2016, 498; *Ruland* NVwZ 2017, 422; *Seiwerth,* ZESAR 2016, 26; *Bokeloh* DÖV 2017, 378; ZBR 2004, 315 m. Anm. *Kingreen* JZ 2005, 43 – Beihilfe.

[232] EuGH, C–299/14; dazu *Frenz* DVBl. 2016, 501.

[233] *Isensee* HdbVerfR, § 32 Rn. 62.

[234] BVerfGE 8, 1 (11); 9, 268 (286); 11, 203 (210).

[235] BVerfGE 8, 332 (343); 107, 218 (237); 119, 247 – nds. Zwangsteilzeit.

[236] BVerfGE 8, 332 (343); 43, 154; 44, 322 (330).

[237] BVerfGE 19, 303 (322); 39, 334; *Sachs,* in: Stern, StaatsR III/2, S. 522.

[238] Zur landesverfassungsrechtlichen Garantien des Berufsbeamtentums, *Lindner* ZBR 2018, 181.

[239] BVerfGE 8, 1 (11, 17 f.); 99, 300/314; 117, 330 (344); 130, 263 (292); *Jachmann/Kaiser* MKS II, Art. 33 V Rn. 40; *Grigoleit,* in: Stern/Becker, Art. 33 V Rn. 67; krit. *Kunig,* in: v. Münch/Kunig, Art. 33 Rn. 55; *Schuppert* FS Battis, S. 519 (526 f.).

[240] BVerfGE 8, 1 (17).

[241] *Maunz,* in: Maunz/Dürig 1966, Art. 33 Rn. 43; für Neukategorisierung *Budjarek* ZBR 2010, 229.

[242] BVerfGE 52, 303 (345); 67, 1 (14); 71, 275 (272); 131, 20 (40).

[243] BVerfGE 73, 301 (315); *Jarass,* in: Jarass/Pieroth, Art. 12 Rn. 7, 85.

[244] BVerfGE 17, 337 (355); 58, 68 (78).

[245] Zu deren Subsidiarität BVerfG ZBR 2001, 207, 208.

[246] BVerfGE 43, 154; aA *Wandt/Niebler* ebda, Sondervotum, S. 177.

[247] *Ule* (Fn. 159), S. 721.

[248] BVerfGE 8, 1 (16, 25) – st. Rspr.; s. a. *Lecheler* HStR V 3. Aufl. § 110 Rn. 55.

[249] *Kunig,* in: v. Münch/Kunig I, Art. 33 Rn. 59.

der Strukturgarantie des Art. 33 V gewollte Unantastbarkeit der Essentialia des Berufsbeamtentums. Auch die Fortentwicklungsklausel **verbietet strukturelle Veränderungen,**[250] also der „Grundsätze, die nicht hinweggedacht werden können, ohne damit zugleich die Einrichtung selbst in ihrem Charakter grundlegend zu verändern", die also Substanziabilität und Traditionalität verkörpern.[251] Dies gilt auch nach der Ergänzung um die Fortentwicklungsklausel.[252]

Schon vor Einführung der Fortentwicklungsklausel stand Art. 33 einer gesetzlichen **Weiterent-** **68** **wicklung des Beamtenrechts** auf Grund veränderter sozialer Verhältnisse, z. B. Einführung der Teilzeitbeamtenverhältnisse, nicht entgegen. Das BVerfG[253] macht seit langem hergebrachte Grundsätze einer steten Fortentwicklung zugänglich, indem es diese durch Auslegung den veränderten Umständen anpasst. Die dabei gewonnene Konkretisierung des hergebrachten Grundsatzes braucht selbst nicht als hergebracht erwiesen zu sein. Hinsichtlich der den sozialen Status des Beamten betreffenden Grundsätze, z. B. Fürsorgepflicht, Alimentation, wird die konkretisierende Fortentwicklung der hergebrachten Grundsätze gestützt durch eine Zusammenschau des Art. 33 V mit der in Art. 6 und im Sozialstaatsprinzip enthaltenen Wertentscheidung der Verfassung.[254] Die Entwicklungsoffenheit des Berufsbeamten findet auch unter der Geltung der Fortentwicklungsklausel ihre unabdingbare Grenze im Kernbereich der Strukturprinzipien des Art. 33 V GG. Die Bund und Länder bindende[255] Fortentwicklungsklausel erledigt unzutreffende, aber verbreitete Vorurteile zu Art. 33 V GG.[256]

## III. Berechtigte

Berechtigte iSv Art. 33 V sind nur **Berufsbeamte und Richter,** wobei sich für letztere Besonder- **69** heiten aus dem Richteramtsrecht ergeben.[257] Bei Hochschullehrern muss der Gesetzgeber die für das Hochschulwesen bestimmenden strukturellen Besonderheiten sachgerecht berücksichtigen.[258] Art. 33 V gilt nicht für Berufssoldaten.[259] Bei vergleichbarer Sachlage ist jedoch ein Rückgriff auf Art. 33 V GG möglich.[260] Art. 33 V gilt nicht für (Tarif-)Beschäftigte im öffentlichen Dienst, öffentlich-rechtliche Amtsverhältnisse[261], Kassenärzte,[262] Mitglieder der kommunalen Vertretungskörperschaften[263] und Privatdozenten.[264]

## IV. Hergebrachte Grundsätze

Art. 33 V räumt dem Gesetzgeber einen erheblichen **Gestaltungsspielraum** ein. Die Meinungen **70** darüber, was im Einzelnen ein hergebrachter Grundsatz ist, sind recht unterschiedlich.[265] Der Rechtsprechung des BVerfG[266] wird vorgeworfen, dass sie reine Detailaspekte aus dem Besoldungs- und Versorgungsrecht zu hergebrachten Grundsätzen erkläre.[267] Der Versuch, den Kreis der hergebrachten Grundsätze exakt und abschließend festzulegen, ist wegen der Möglichkeit zur Konkretisierung und Fortentwicklung problematisch.

Ein **Katalog** hergebrachter Grundsätze des Berufsbeamtentums lautet gemäß *F. Meyer:*[268] Beamten- **71** verhältnis als ein öffentlich-rechtliches Dienstverhältnis in Form eines besonderen Gewaltverhältnisses mit Funktionsvorbehalt; beiderseitige besondere öffentlich-rechtliche Treuepflicht. Für den Beamten: jederzeitiges Eintreten für den Staat und seine verfassungsmäßige Ordnung, Neutralitätsgebot und

---

[250] BVerfG NVwZ 2017, 392 – Wartefrist m. Anm.v. *Stuttmann; Lindner* ZBR 2017, 181; *Isensee* HdbVerfR, § 32 Rn. 62; *Badura,* in: Maunz/Dürig, Art. 33 Rn. 62.

[251] BVerfG ZBR 2017, 247 (249); u. ZBR 2018, 238/244; *Lindner* DVBl 2016, 816.

[252] BVerfGE 119, 247/272; s. auch Sondervotum S. 287; krit. *Koch* DVBl 2008, 805; s. a. Rn. 61a.

[253] BVerfGE 43, 168; 67, 14; ebenso *F. Mayer,* in: Studienkommission (Fn. 147), S. 614; *Voßkuhle* GVwR § 43 Rn. 74.

[254] BVerfGE 44, 267; 81, 376; *Stern,* StaatsR I, S. 353; krit. *Isensee* HdbVerfR, Rn. 70.

[255] *Höfling* BK, Art. 33 Abs. 1–3, Rn. 8; aA *Brosius-Gersdorf,* in: Dreier, Art. 33 Rn. 207.

[256] *Thieme* 48. DJT 1970 D12; *Rottmann* FS Zeidler II 1987, 1097; *Schuppert* AK I², Art. 33 IV, V Rn. 6.

[257] BVerfGE 26, 72 u. 79; 38, 1 (12); 139, 64; 140, 240 – Besoldung; BVerfGE 56, 87 u. 146 – Amtsbezeichnung u NJW 2019, 1428 – Bereitschaftsdienst mAv Krumm.

[258] BVerfGE 35, 23 – Emeriti-Bezüge; BVerfGE 62, 323 – Amtsbezeichnung; BVerfGE 43, 242 (277) – Berufungsvereinbarungen; BVerfGE 67, 1 (14) – Altersgrenze; BVerfGE 57, 174 – Unterrichtsgeldpauschale; OVG RhPf ZBR 2019, 61 – Berufungszusagen; *Bäcker* AöR 135 (2010), 78.

[259] BVerfGE 3, 288 (334); 16, 94 (111); 31, 212 (221).

[260] BVerwGE 83, 345 (348) – Verfassungstreuepflicht; *Pieroth,* in: Jarass/Pieroth, Art. 33 Rn. 13.

[261] Dazu *Frenzel* ZBR 2008, 243; *Grigoleit,* in Stern/Becker, Art. 33 Rn. 69.

[262] BVerfGE 11, 30 (39).

[263] BVerfGE 6, 376 (385).

[264] BVerwGE 55, 78 (81).

[265] Sehr zurückhaltend, *v. Münch,* in: Studienkommission (Fn. 147), S. 110 f.; *Thieme* ebda, S. 317.

[266] Dazu *v. Münch,* in: Studienkommission (Fn. 147), S. 104; *Jachmann/Kaiser* MKS II, Art. 33 Rn. 43–55; *Merten* HGR V, § 114, Rn. 80–163.

[267] So *v. Münch,* in: Studienkommission (Fn. 147), S. 109; *Mayer,* ebda, S. 603.

[268] In: Studienkommission (Fn. 159), S. 308; zustimmend *Stern,* Staatsrecht I, S. 354.

Wahrnehmung der Interessen der Gesamtheit sowie Wahrnehmung der Interessen des Dienstherrn. Für den Dienstherrn: wohlwollende Behandlung des Beamten, Förderung und Schutz sowie allgemeine Fürsorgepflicht, besondere öffentlich-rechtliche Dienstleistungspflicht des Beamten unter dauerndem und vollständigem Einsatz der gesamten Persönlichkeit, persönliche Verantwortlichkeit und Gehorsamspflicht; einseitige Regelung des Dienstverhältnisses durch den Gesetzgeber, unmittelbare individuelle Rechtsbeziehung zum Dienstherrn und Personalentscheidung nur durch den Dienstvorgesetzten; Laufbahnprinzip; Lebenszeitprinzip und Hauptberuflichkeit sowie fachliche Vorbildung; amtsmäßiges persönliches Verhalten (Amtsverschwiegenheit und achtungswürdiges Verhalten); gerichtlicher Schutz des Beamtenverhältnisses und Beschwerdemöglichkeiten; eigenes Disziplinarrecht sowie Verlust des Amtes, Ruhestandsversetzung sowie Versetzung in ein Amt mit geringerem Endgrundgehalt nur unter den vom Gesetz ausdrücklich festgelegten Voraussetzungen und Formen; Leistungsprinzip; besonders ausgestaltete Amtshaftung; Transparenz der Personalentscheidung für den Betroffenen mit Einsicht in die Personalakte; Streikverbot; amtsmäßiger Unterhalt für den Beamten und seine Familie; amtsmäßige Versorgung des Beamten und seiner hinterbliebenen Familienmitglieder auf der Grundlage der zuletzt innegehabten Amtsbezüge; Recht auf Beihilfe im Krankheitsfall, bei Geburts- und Todesfällen; Recht auf Personalvertretung, Vereinigungsfreiheit und Freiheit der politischen Gesinnung.

**72**  Das **BVerfG** rechnet zB **nicht** zu den hergebrachten Grundsätzen: den Höchstversorgungssatz von mindesten 75 % der ruhegehaltsfähigen Dienstbezüge,[269] die Verpflichtung des Gesetzgebers die Besoldungs- und Versorgungsbezüge parallel anzupassen sowie die Bezüge regional zu differenzieren,[270] die Ruhegehaltsfähigkeit von Dienstbezügen zwischen – oder überstaatlicher Dienstherren[271] die Gewährung von Beihilfen[272] die Einrichtung des Zeitbeamten, des Teilzeitbeamten,[273] des Wahlbeamten, des Beamten im Vorbereitungsdienst, hinsichtlich des sozialen Status: das sogenannte 13. Monatsgehalt,[274] Urlaubsgeld, Vergütung für Überstunden, Arbeitszeitverkürzung, dass die regelmäßige wöchentliche Arbeit mit 40 Stunden nicht überschreiten darf,[275] Zuschuss von Essenskosten, die Gestattung von Nebentätigkeiten,[276] Leistungszulagen irgendwelcher Art,[277] die Ministerialzulage,[278] das Verbot der Herabsetzung der Bezüge[279] oder der Kürzung der Versorgungsansprüche,[280] gleich bleibende besoldungsrechtliche Verhältnisse eines übertragenen Amtes zu anderen Ämtern,[281] das Recht am Amt i. S. eines Rechts auf unveränderte Ausübung der übertragenen Aufgaben,[282] dass Lehrer[283] oder Professoren[284] Beamte sein müssen, das Gebot, nach dem für verheiratete Kinder dem Beamten Kinderzuschlag zu gewähren ist,[285] dass eine Anrechnung von Renten auf Versorgungsbezüge unzulässig ist,[286] ein Haftungsprivileg im Umweltstrafrecht,[287] den Schutz von beamteten badischen Richternotaren durch die Ausschreibung freiberuflicher Notarstellen[288] und das Verbot als Richter im Dienst anderer Länder zu stehen,[289] die Ausübung von Dienstbefugnissen durch Beamte.[290] Offen geblieben ist, ob das personalvertretungsrechtliche Gruppenprinzip unter Art. 33 V GG fällt.[291]

**73**  Als hergebrachte Grundsätze hat das **BVerfG** z. B. **anerkannt:** das Beamtenverhältnis als besonderen Status,[292] die Einstellung grundsätzlich auf Lebenszeit[293], die die Vergabe von Ämtern in leitender Funktion im Beamtenverhältnis auf Zeit ausschließt,[294] sowie die hauptberufliche Bindung,[295] das

---

[269] BVerfGE 114, 258; dazu *Wolff* ZBR 2005, 361; *Hufen* JuS 2006, 361.
[270] BVerfGE 117, 330/344.
[271] BVerwG NVwZ 2017, 1849 – NATO; unzulässig aber Anrechnung berufsständischer Versorgung oder Lebensversicherung BayVerfGH NVwZ 2018, 584.
[272] BVerfGE 44, 263; 58, 77; 83, 89; 96, 133; 106, 225 (232).
[273] BVerfGE 44, 249 (252); ZBR 2007, 381; aA *Lübbe-Wolff,* in: Dreier II¹, Art. 33 Rn. 68.
[274] BVerfGE 130, 52 (67).
[275] BVerfG DVBl 2008, 448.
[276] BVerfGE 44, 262; 55, 238.
[277] BVerfGE 36, 378; BVerfGE 64, 169 – Anspruch auf Dienstzeitprämien.
[278] BVerfG DVBl 2001, 719.
[279] BVerfGE 18, 165.
[280] BVerfGE 3, 160; 17, 349; BVerfG NVwZ 1985, 333; BVerfGE 44, 263; 49, 261.
[281] BVerfGE 56, 162; 64, 386.
[282] BVerfGE 8, 345; 43, 283; 52, 354.
[283] BVerfGE 119, 247 (267).
[284] BVerfGE 130, 263 (297); s. a. *Wahlers* ZBR 2013, 230.
[285] BVerfGE 29, 9.
[286] BVerfGE 46, 97; BVerfG NVwZ 1982, 443.
[287] BVerfG NJW 1995, 186; s. a. *Battis,* BBG, 4. Aufl. 2009, § 4 Rn. 14 mwN.
[288] BVerfG NJW 2008, 638.
[289] BVerfG LKV 2007, 79.
[290] BVerfG, ZBR 2016, 306 – Telekom.
[291] BVerfGE 93, 37.
[292] BVerfGE 35, 146; 43, 167.
[293] BVerfGE 9, 268/286; 141, 56/71; BVerfG ZBR 2018, 304 – Hochschulkanzler.
[294] BVerfGE 121, 205 (220).
[295] BVerfGE 9, 268.

Leistungsprinzip,[296] das Alimentationsprinzip,[297] das Abstandsgebot zwischen den Besoldungsgruppen,[298] das Laufbahnprinzip,[299] das Streikverbot,[300] das Recht auf amtsangemessene Amtsbezeichnung,[301] das Verbot, unfreiwillig ständig mit unterwertigen Aufgaben betraut zu werden,[302] die parteipolitische Neutralität des Beamten,[303] die Verfassungstreuepflicht des aktiven[304] wie des Ruhestandsbeamten,[305] die Verknüpfung von Status und Funktion,[306] die Pflicht zur Amtsverschwiegenheit,[307] das Haftungsprivileg des Beamten,[308] die Berücksichtigung des durch Beförderung erworbenen Status bei einer Neuregelung der Besoldung,[309] einschließlich des Abstandsgebotes gegenüber sozialen Transferleistungen[310] den Anspruch auf amtsangemessene Besoldung[311] und Versorgung,[312] dass in der Lebenswirklichkeit die Beamten sich für ihre Familie, ohne Rücksicht auf deren Größe, „annähernd das Gleiche leisten" können,[313] den Grundsatz der Gesetzesbindung der Besoldung und Versorgung,[314] die Berechnung der Versorgungsbezüge des Beamten auf der Grundlage der ruhegehaltsfähigen Dienstbezüge seines letzten Amtes,[315] die Regelung jeder Beendigung des Beamtenverhältnisses unmittelbar durch Gesetz,[316] die Fürsorgepflicht des Dienstherrn,[317] die grundsätzliche Alleinentscheidungsbefugnis der vorgesetzten Dienstbehörde in Personalangelegenheiten.[318]

## V. Grundrechtsbegrenzungen

Die Grundrechte gelten auch im öffentlich-rechtlichen Dienst- und Treueverhältnis. Die überkom- **74** mende Rechtsfigur des besonderen Gewaltverhältnisses kann also nicht die Geltung der Grundrechte außer Kraft setzen[319]. Allerdings kann die Grundrechtsausübung von Beamten durch die Einrichtungsgarantie des Art. 33 V begrenzt werden. Das Ausmaß der **Grundrechtsbegrenzung** ist im Einzelfall, im Hinblick auf den Aufgabenbereich und die Dienststellung des Beamten unter Beachtung des Grundsatzes der Verhältnismäßigkeit zu bestimmen.[320]

Dabei ist zu unterscheiden, ob der Beamte als **Amtswalter,** also als Organ öffentlicher Verwaltung, **75** als Teil der Staatsorganisation oder in seiner **persönlichen Rechtsstellung** innerhalb oder außerhalb des Dienstes betroffen ist. Als Amtswalter ist der Beamte kein Grundrechtsträger.[321] So steht Art. 10 der Registrierung dienstlicher Telefonate nicht entgegen.[322] Auch ein Postbeamter darf nicht unter Berufung auf Art. 4 sich weigern, Postwurfsendungen der Scientology-Kirche zu verteilen.[323] Ist der Beamte in seiner persönlichen Rechtsstellung betroffen, so ist der Grundrechtsschutz im **außerdienstlichen Bereich** ausgeprägter als im **innerdienstlichen.**[324] Das Tragen einer Anti-Atomkraft-Plakette kann einem Lehrer im Dienst,[325] nicht aber außerhalb desselben verboten werden. Ob und wann Lehrerinnen das Tragen eines muslimischen Kopftuchs im Unterricht verboten werden kann, ist

---

[296] BVerfGE 8, 15; 64, 385; 121, 205 (226).
[297] BVerfGE 99, 300 (314); 119, 247; 130, 263 (292).
[298] BVerfG NVwZ 2017, 1689.
[299] BVerfGE 62, 383; 64, 351.
[300] BVerfGE 8, 17; 44, 264; s. a. Rn. 54.
[301] BVerfGE 43, 167; 62, 383; 64, 351; 38, 12 – Richter.
[302] BVerfGE 47, 411.
[303] BVerfGE 7, 162.
[304] BVerfGE 39, 346.
[305] BVerfGE 9, 345.
[306] BVerfGE 70, 265 – Schulleiter auf Zeit; s. a. BVerfGE 119, 247; BVerwG NVwZ 2008, 318.
[307] BVerfGE 28, 201.
[308] BVerfG DVBl 1977, 562.
[309] BVerfGE 56, 163; 61, 57; 64, 385.
[310] BVerfGE 99, 300 (316).
[311] BVerfGE 8, 16; 44, 249 (264); 99, 300, 315; 130, 263 (293).
[312] BVerfGE 8, 160 u. 342; 130, 263/301.
[313] BVerfGE 44, 264; 81, 376; 99, 300 (321).
[314] BVerfGE 8, 15 u. 35; 130, 263 (299); s. a. BVerwGE 123, 175; *Summer* DÖV 2006, 249.
[315] BVerfGE 11, 210; 61, 58; 117, 373; dazu *Leisner-Egensperger* ZBR 2008, 9.
[316] BVerfGE 8, 352.
[317] BVerfGE 43, 154; s. a. *Schnellenbach* VerwArch 2001, 2; *Günther* ZBR 2013, 14.
[318] BVerfGE 9, 268; NJW 2015, 1935; NVwZ 2016, 233.
[319] BVerfGE 33, 1; zur Grundrechtssicherung durch das Berufsbeamtentum *Lindner* ZBR 2006, 1.
[320] *Lecheler* HStR V³, § 110 Rn. 78.
[321] *Isensee* HdbVerfR, § 32 Rn. 81; *ders.* FS Battis, S. 557.; *Schwabe* FS Quaritsch, 2000, S. 333.
[322] OVG Bremen NJW 1980, 606; BVerwG NJW 1982, 840; VGH BW NJW 1991, 272; *Erichsen* VerwArch 71 (1980), 429.
[323] Nur im Ergebnis ebenso BVerwG NJW 2000, 88.
[324] Zur Begrenzung der Meinungsäußerungsfreiheit durch Art. 33 V GG bei Kritik am Dienstvorgesetzten BVerfG NVwZ 2008, 416; bedenklich BVerfGE 127, 302 – Offizier; dazu *Graf v. Kielmannsegg,* Grundrechte im Näheverhältnis 2012, S. 445.
[325] BVerwGE 84, 292; ebenso hinsichtlich Baghwan-Kleidung BVerwG NVwZ 1998, 937; BayVGH NVwZ 1986, 405; *Stock* JuS 1989, 654; krit. *Lecheler* JuS 1992, 473; *Sachs* ZBR 1994, 133 (137); *Isensee* FS Battis, S. 557/559.

streitig.[326] Männlichen Polizeibeamten darf eine bestimmte Haartracht oder bestimmter Ohrschmuck im Dienst nur verboten werden, wenn die Einsatzfähigkeit dadurch beeinträchtigt wird.[327] Die Regelung des zulässigen Ausmaßes von Tätowierungen bedarf einer hinreichend bestimmten gesetzlichen Grundlage[328]. Im außerdienstlichen Bereich kann die Rücksichtnahme auf das Amt Begrenzungen rechtfertigen.[329] Begrenzt werden kann z. B. Art. 2 II (Recht auf Leben und körperliche Unversehrtheit), insofern von Polizeibeamten und Feuerwehrleuten der Einsatz von Leben, aber nicht nur zum Schutz von Sachen und Gesundheit verlangt werden kann,[330] von sonstigen Beamten auch, sich zur Wiederherstellung der Dienstfähigkeit einer Operation oder Schutzimpfung zu unterziehen, Art. 8 (Versammlungsfreiheit) und Art. 9 (Vereinigungsfreiheit) insofern, als diese Grundrechte durch die politische Treuepflicht und Pflicht zur Mäßigung und Zurückhaltung bei politischer Betätigung und das Streikverbot limitiert werden sowie Art. 12 I GG insoweit als die gesetzlich normierte Folgepflicht eine hinreichende Grundlage für eine Umsetzung mit Wechsel des Dienstortes ist.[331]

76    Anders als in vorkonstitutioneller Zeit kann das **besondere Gewaltverhältnis** nicht mehr gemäß der Lehre von der Impermeabilität dazu dienen, die Nichtgeltung des Vorbehalts des Gesetzes und der Grundrechte sowie den Ausschluss des Rechtsschutzes[332] zu rechtfertigen.[333] Gleichwohl kann das Dienst- und Treueverhältnis weiterhin als besonderes Gewaltverhältnis verstanden werden.[334] Unmissverständlicher ist jedoch die Klassifikation als Verwaltungsrechtsverhältnis,[335] oder als Sonderrechtsverhältnis.[336] Dementsprechend billigt das BVerfG sowohl die Verwendung von Generalklauseln zur Bestimmung von grundrechtsbegrenzenden Beamtenpflichten[337] als auch funktional im Rückgriff auf Art. 33 IV.[338] Das Besondere des Verwaltungsrechtsverhältnisses der Beamten zeigt sich auch darin, dass einseitig und ohne Gesetzesänderung die Arbeitszeit erhöht werden[339] oder dass die Gehorsamspflicht auch bei verfassungswidrigen Weisungen bestehen kann.[340]

## Art. 34 [Haftung bei Amtspflichtverletzungen]

**Verletzt jemand in Ausübung eines ihm anvertrauten öffentlichen Amtes die ihm einem Dritten gegenüber obliegende Amtspflicht, so trifft die Verantwortlichkeit grundsätzlich den Staat oder die Körperschaft, in deren Dienst er steht. Bei Vorsatz oder grober Fahrlässigkeit bleibt der Rückgriff vorbehalten. Für den Anspruch auf Schadensersatz und für den Rückgriff darf der ordentliche Rechtsweg nicht ausgeschlossen werden.**

**Entstehungsgeschichte: Erstfassung:** JöR nF 1 (1951), 324.
**Historische Verfassungstexte: WRV:** Art. 131 (1) Verletzt ein Beamter in Ausübung der ihm anvertrauten öffentlichen Gewalt die ihm einem Dritten gegenüber obliegende Amtspflicht, so trifft die Verantwortlichkeit grundsätzlich den Staat oder die Körperschaft, in deren Dienste der Beamte steht. Der Rückgriff gegen den Beamten bleibt vorbehalten. Der ordentliche Rechtsweg darf nicht ausgeschlossen werden. (2) Die nähere Regelung liegt der zuständigen Gesetzgebung ob.
**Reichsbeamtenhaftungsgesetz** v. 22.5.1910 (RGBl 798), geänd. durch das AuslandsverwendungsG v. 28.7.1993 (BGBl I 1394).
**StHG der DDR und Gesetze in den neuen Ländern:** StaatshaftungsG vom 12.5.1969 (DDR GBl I 329); grds. Fortgeltung nach EV, Art. 9 iVm Anl II B Kap III Sachgebiet B Abschn. III (BGBl II 1168). FolgeGesGebung: *Berlin:* StHG DDR außer Kraft gesetzt im Ex-Ostteil von Berlin durch G vom 21.9.1995 (GVBl 607); *Brandenburg:* G

---

[326] S. Rn. 43; zu Verschleierungsverboten (§ 61 I 4 BBG); *Grigoleit* in Battis (Hg.), BBG 5. Aufl. 2017, § 61 Rn. 14; *Michael/Dunz,* DÖV 2017, 125; s. a. BVerfG NVwZ 2017, 227 – Burkini.
[327] *Siewecke* ZBR 2010, 37; BVerwGE 125, 85; HessVGH NJW 1996, 1164; aA OVG RhPf NJW 2003, 3793
[328] BVerwG ZBR 2018, 257; u NVwZ 2019, 1291; zu Haar- und Barttrachten Schmidt, Das äußere Erscheinungsbild von Beamtenbewerbern, 2017.
[329] BVerfG DVBl 2018, 379 – Politische Meinungsäußerung; NVwZ-RR 2008, 330 –Soldat.
[330] *Doehring,* FS Mosler, 1983, S. 145; *Rupprecht* FS Samper, 1982, S. 51; krit. *Sachs* BayVBl 1983, 460 und 489; *Hofmann* ZBR 1998, 196.
[331] BVerfG NVwZ 2008, 547.
[332] BVerwG NVwZ-RR 2001, 671 – Soldat/Schmuck zur Uniform.
[333] Ausf. *Schnapp,* Amtsrecht und Beamtenrecht, 1977; *Wenninger,* Geschichte der Lehre vom besonderen Gewaltverhältnis, 1982; *Graf v. Kielmannsegg* (s. Fn. 73), S. 143.
[334] *F. Mayer,* in: Studienkommission (Fn. 159), S. 608; *Dürig* VVDStRL 37 (1979), 321; *Ronellenfitsch,* in: Merten (Hrsg.), Das besondere Gewaltverhältnis, 1985, S. 33; aA *Luthe,* 1986, 440; *Obermayer* NJW 1987, 2642 (2645); *Leuze* ZBR 1998, 187 (188).
[335] So *J. Ipsen,* FS K. Ipsen, 2000, S. 711.
[336] So *Maurer/Waldhoff,* Allgemeines Verwaltungsrecht, 19. Aufl. 2017, § 8 Rn. 30; s. a. *Stern,* Staatsrecht I S. 378 – Sonderstatus; *Loschelder,* Vom besonderen Gewaltverhältnis zur öffentlich-rechtlichen Sonderbindung, 1982.
[337] BVerfG PersV 1985, S. 35; BVerfG NVwZ 1985, 410; BVerfG NVwZ 1988, 1119 – Sicherheitsüberprüfung; dazu *Bäumler* NVwZ 1989, 505; *Kutscha* DVBl 1988, 531; BVerfG NJW 1991, 1477 – Ohrschmuck eines Zollbeamten.
[338] BVerfGE 19, 322; 39, 334; 43, 167; BVerfG NJW 1983, 2691.
[339] BVerfG DVBl 2008, 448 (450); BayVerfGH ZBR 1995, 379; aA *Thieme* RdJB 1995, 6.
[340] BVerfG DVBl 1995, 99 – unzulässiger Streikeinsatz.

zur Neuordnung der ordentlichen Gerichtsbarkeit und zur Ausführung des GVG vom 14.6.1993 (GVBl I 199); *Mecklenburg-Vorpommern:* G zur Ausführung des GerichtsstrukturG und zur Änderung von Rechtsvorschriften vom 10.6.1992 (GVBl 314, 362); *Sachsen:* StHG DDR außer Kraft gesetzt durch das RechtsbereinigungsG vom 17.4.1998 (GVBl 151); *Sachsen-Anhalt:* G zur Regelung von Entschädigungsansprüchen idF d. B. vom 1.1.1997 (GVBl 13); *Thüringen:* Erstes Thüringer G zur Änd des StHG vom 22.4.1997 (GVBl 165).

**Supra- und internationale Texte:** AEUV Art. 340 II; EuratomV Art. 188 II; EMRK Art. 5 V.

**Leitentscheidungen:** BVerfGE 61, 149 (StaatshaftungsG).

**Schrifttum: Allgemeines:** *M. Baldus/B. Grzeszick/S. Wienhues,* Staatshaftungsrecht, 5. Aufl. 2018; *H.J. Bonk,* Betrachtungen zum Staatshaftungsrecht in Deutschland, FS Klein, 2013, S. 17; *M. Breuer,* Staatshaftung für judikatives Unrecht. Eine Untersuchung zum deutschen Recht, zum Europa- und Völkerrecht, 2011; *C. Cloeren/ P. Itzel,* Amts- und Staatshaftung – öffentlich-rechtliche Problemfelder, LKRZ 2010, 47; *S. Detterbeck/K. Windthorst/H.-D. Sproll,* Staatshaftungsrecht, 2000; *A. Gromitsaris,* Die staatshaftungsrechtliche Dimension der Grundrechts, DÖV 2006, 288; *B. Grzeszick,* Rechte und Ansprüche, 2002; *B.J. Hartmann,* Öffentliches Haftungsrecht, 2013; *W. Hoffmann-Riem/E. Schmidt-Aßmann/A. Voßkuhle* (Hrsg.), Grundlagen des Verwaltungsrechts, Bd. III, 2. Aufl. 2013, §§ 51–55 *(Ch. Enders, W. Höfling, L. Osterloh, M. Morlok); M. Kriele,* Zur Amtshaftung der Kirchen, Sonderheft für H. Weber, NVwZ 2001, 28; *A. v. Komorowski,* Amtshaftungsansprüche von Gemeinden gegen andere Verwaltungsträger, VerwArch 93 (2002), 62; *B. Kümper,* Amtshaftungsrechtlicher Vertrauensschutz, VerwArch 104 (2013), 104; *F. Ossenbühl,* Öffentlich-rechtliche Entschädigung in Verfassung, Gesetz und Richterrecht, DVBl 1994, 977; *ders,* Die vergessene Grundrechtshaftung, FS Stern, 2012, S. 535; *F. Ossenbühl/M. Cornils,* Staatshaftungsrecht, 6. Aufl. 2013; *H.-J. Papier,* Staatshaftung HStR VIII, § 180; *A. Schäfer/H.J. Bonk,* Staatshaftungsgesetz, 1982; *H. Schumacher,* Die Kommunalhaftung, 5. Aufl. 2015; *F. Shirvani,* Staatshaftungsrecht. Bericht über den Amtshaftungsanspruch in den Jahren 2007–2017, DV 50 (2017), 571; *Ch. Stein/P. Itzel/K. Schwall,* Praxis-Handbuch des Amts- und Staatshaftungsrechts, 2. Aufl. 2012; *U. Stelkens,* Zum Erfordernis einer Staatshaftung gegenüber juristischen Personen des öffentlichen Rechts, DVBl 2003, 22; *ders,* Amtshaftung und Regress bei Schädigungen durch Verwaltungshelfer, JZ 2004, 656; *ders,* Staatshaftungsreform im Mehrebenensystem, DÖV 2006, 770; *B. Tremmel/M. Karger/M. Luber,* Der Amtshaftungsprozess, 4. Aufl. 2013; *A. Thiele,* Staatshaftungsrecht, 5. Aufl. 2018; *M. Will/B. Quarch,* Staatshaftungsrecht, 2018; *F. Wittreck/S. Wagner,* Der Amtshaftungsanspruch nach Art. 34 S. 1 GG/§ 839 I 1 BGB, Jura 2013, 1213. – **Zum Staatshaftungsrecht der DDR und in den neuen Bundesländern:** *K.H. Boujong,* Zum Staatshaftungsrecht im Gebiet der früheren DDR, FS Gelzer, 1991, S. 273; *C. Christoph,* Die Staatshaftung im beigetretenen Gebiet, NVwZ 1991, 536; *B. Grzeszick,* Grundfragen der Staatshaftung unter Bezugnahme auf § 1 StHG DDR, JZ 2006, 795; *E. Herbst/H. Lühmann,* Die Staatshaftungsgesetze der neuen Länder, Kommentar, 1997. – **Staatshaftung und EU-Recht:** *S. Beljin,* Staatshaftung im Europarecht, 2000; *S. Burger,* Zur Passivlegitimation im europäischen Staatshaftungsrecht, DVBl 2012, 207; *S. Detterbeck,* Haftung der Europäischen Gemeinschaft und gemeinschaftsrechtliche Staatshaftungsansprüche, AöR 125 (2000), 202; *C. Dörr,* Der gemeinschaftsrechtliche Staatshaftungsanspruch in der Rechtsprechung des Bundesgerichtshofs, DVBl 2006, 598; *ders,* Der unionsrechtliche Staatshaftungsanspruch in Deutschland zwanzig Jahre nach Francovich, EuZW 2012, 86; *J. Gundel,* Die Bestimmung des richtigen Anspruchsgegners der Staatshaftung für Verstöße gegen Gemeinschaftsrecht, DVBl 2001, 95; *M. Kling,* Die Haftung der Mitgliedstaaten der EG bei Verstößen gegen das Gemeinschaftsrecht, Jura 2005, 298; *P. Nacimiento,* Gemeinschaftsrechtliche und nationale Staatshaftung in Deutschland, Italien und Frankreich, 2006; *J.-T. Oskierski,* Schadensersatz im Europäischen Recht, 2010; *B. Schöndorf-Haubold,* Die Haftung der Mitgliedstaaten für die Verletzung von EG-Recht durch nationale Gerichte, JuS 2006, 112; *D. Tietjen,* Das System des gemeinschaftsrechtlichen Staatshaftungsrechts, 2010.

## Übersicht

# A. Allgemeines

## I. Rechtssystematische Bedeutung des Art. 34

**1**   **1. Verfassungsrechtliche Staatsunrechtshaftung.** Art. 34 ist die **grundlegende u. zentrale VerfNorm** für die Haftung des Staates auf allen staatl. Ebenen von Bund, Ländern u. Kommunen bei pflichtwidriger Ausübung öffentl. Gewalt. Die Funktion von Art. 34 ist vor allem aus der hist. Entwicklung des AmtshaftungsR in Dtl. u. der Vorläuferregelung des Art. 131 WRV (Text vor Rn. 1) zu verstehen. Nachdem das StHG 1981[1] vom BVerfG[2] wegen (damals) fehlender GesGebungskompetenz des Bundes für nichtig erklärt wurde, ist es in der Folgezeit zu wenigen u. zögerl. Versuchen zur Schaffung einheitl. u. vollst. gesetzl. Regelungen gekommen, mit denen das nur zT gesetzl. geregelte u. daher **weitgehend richterrechtl. geprägte StaatshaftungsR** auf klare gesetzl. Rechtsgrundl. gestellt werden sollte. Da dies bislang nicht gelungen ist, kommt der einschlägigen Rspr. nach wie vor eine zentrale Bedeutung zu. Rechtssystematisch ist die Staatshaftung eine bes. **Ausprägung des RStaatspr.** (→ Rn. 5). Art. 34 ergänzt den in Art. 19 IV gewährleisteten **(primären) RSchutz** der RMäßigkeitskontrolle durch die Gerichte durch eine Grundsatzregelung der Schadenskompensation bei hoheitl. Unrecht **(sekundärer RSchutz).**

**2**   **2. Bindungswirkungen für alle staatlichen Ebenen.** Alle drei Teile des Art. 34 (S. 1 mit der Außenhaftung, S. 2 mit dem Innen-Rückgriffsvorbehalt, S. 3 mit der RWegregelung) enthalten nicht nur unverbindl. Programmsätze oder Staatszielbest., sondern entfalten – wie sich aus der Einordnung des Art. 34 in den Abschnitt II des GG („Bund und Länder") ergibt – **unmittelbare Bindungswirkungen für Bund, Länder u. Kommunen** mit ihren rechtl. selbständigen oder unselbst. Körperschaften, Anstalten, Stiftungen u. sonst Behörden einschließl. Beliehener. Art. 34 S. 1 begründet, selbst wenn er mit der tradition Auffassung nur als „haftungsverlagernde", § 839 BGB hingegen als „haftungsbegründende" Vorschrift verstanden wird,[3] bei verfkonf. Auslegung u. Anwendung auch ohne Ausführungsgesetzgebung als wesentl. **Bestandteil des RStaatspr.** eine tatbestandl. im Kern

---

[1] BGBl I S. 553; dazu etwa *Papier* NJW 1981, 2321; *Bonk* DVBl 1981, 801; *Schäfer/Bonk*, StHG, 1982.
[2] BVerfGE 61, 149 ff.
[3] So BVerfGE 61, 149 (198); hierzu noch → Rn. 3.

bereits hinreichend konkret beschriebene grundsätzl. Staatshaftungsgarantie bei Schädigungen infolge von hoheitl. Unrecht (→ Rn. 3 ff.).[4] Schädigendes rechtsw. Staatshandeln kann nicht ohne jede Kompensation bleiben, weil dies dem RStaatspr. widerspricht. Das dt. StaatshaftungsR ist auf der Grundl. von Art. 34 nach dem Scheitern der Bemühungen um eine Neuordnung des StaatshaftungsR nach wie vor ein **normstrukturelles Defizitgebiet,**[5] weil es zahlreiche Lücken u. Ungereimtheiten aufweist, die von der Rspr. durchweg im Wege richterl. RFortbildung geschlossen werden mussten. Probl. sind dabei nicht so sehr die Ergebnisse der Rspr., weil vor allem die Rspr. des BGH die vorhandenen Lücken des StaatshaftungsR im Wege **richterl. RFortbildung** durchweg durch vernünftige Entscheidungen geschlossen hat. Es fehlt vielmehr eine in sich geschlossene, von modernem Staats- u. VerfVerständnis getragene Kodifizierung des bisherigen Nebeneinanders von Verfassungs-, EU-, Gesetzes-, Richter- u. GewohnheitsR, um die es in erster Linie bei den Bemühungen um die Reform des StaatshaftungsR geht.

**3. Art. 34 S. 1 als Staatshaftungsmindestgarantie – mittelbare/unmittelbare Staatshaftung.** Art. 34 S. 1 ist – in Ergänzung zu Art. 19 IV – nach Wortlaut, Sinn u. Zweck sowie Entstehungsgesch. **3** eine verfrechtl. abgesicherte grundsätzl. Staatshaftungsgarantie, wenn die ö. Gewalt auf ihren verschiedenen Ebenen in Ausübung eines ihr anvertrauten „öffentlichen Amtes die ihr einem Dritten gegenüber obliegende Amtspflicht" verletzt. Satz 1 enthält eine **Haftungmindestgarantie,** die der zust. Gesetzgeber **nicht beseitigen** darf. Er darf die von Art. 34 S. 1 garantierte, tatbestandl. bereits hinreichend konkret umschriebene Staatshaftung **nicht unterschreiten,** könnte aber aufgrund einfachgesetzl. Regelung zugunsten der Bürger auch darüber **hinausgehen** u. eine schärfere Staatshaftung einführen.[6] Art. 34 S. 1 begründet nach trad. Auffassung wegen der „Anseilung" dieser Norm als „haftungsüberleitende" Norm an den „haftungsbegründenden" § 839 BGB eine bloß befreiende „Schuldübernahme" einer persönl. Haftung des Beamten, die auf den Staat übergeleitet wird.[7] Diesem trad. Verständnis steht entgegen, dass Art. 34 S. 1 schon nach seinem Wortlaut **keine bloße Zurechnungsnorm** ist. Vielmehr formuliert diese Vorschrift abw. von § 839 I 1 BGB ein zentrales Tatbestandsmerkmal des Amtshaftungsanspr. Dies betrifft die Person des Amtswalters (jemand). Erschöpfte sich die Bedeutung des Art. 34 S. 1 darin, eine nach § 839 BGB begründete (private) Haftung auf den Staat überzuleiten, wäre nicht erklärbar, weshalb der Staat auch für Personen, die von vornherein nicht in den Anwendungsbereich des § 839 BGB fallen, haften sollte. Richtigerweise ist **Art. 34 zusammen mit § 839 BGB anspruchsbegründend** u. ordnet insoweit eine **unmittelb. Staatshaftung** an.[8] Art. 34 S. 1 steht wegen seiner Mindestgarantiefunktion nach der Rspr. des BVerfG bereits in seiner derzeitigen Fassung der Einführung einer **unmittelb. Staatshaftung** jedenfalls nicht entgegen.[9] Art. 34 S. 1 hat die Staatshaftung, wie sich aus dem Wort **grundsätzl.** ergibt, aber nicht zum lückenlosen Prinzip verdichtet, sondern lässt begründete Ausnahmen mit Raum für einfachgesetzl. Regelungen zu, die Vorauss. u. Umfang der ör Haftungseinstandspflicht modifizieren, sofern nur die grds. Verantwortlichkeit des Staates für hoheitl. Unrecht nicht in Frage gestellt ist.[10] Art. 34 S. 1 erfasst – ähnlich wie Art. 19 IV – **nur ör Verhalten** (Handeln u. Unterlassen) des Staates auf seinen verschiedenen Ebenen, bezieht sich daher nicht auch auf die Haftung des Staates bei zivilrechtl. Tätigkeit in zivilrechtl. Formen.[11]

**4. Art. 34 S. 1 als Bestandteil des sekundären Rechtsschutzes und des Rechtsstaatsprinzips.** Art. 34 gewährleistet bundeseinheitl. für alle staatl. Ebenen von Bund, Ländern u. Kommunen **4** die grds. Staatshaftung in Form des sog. **sekundären RSchutzes.**[12] Insow. ist Art. 34 S. 1 eine notwendige **Ergänzung des primären RSchutzes nach Art. 19 IV,**[13] denn dieser sichert nur den RSchutz in Form der RMäßigkeitskontrolle, dh die Überprüfbarkeit der RMäßigkeit u. ggf. die Kassation rechtsw. Akte der ö. Gewalt durch unabhängige Gerichte, soweit jemand durch die ö. Gewalt in seinen Rechten verletzt sein kann.

---

[4] Vgl. BVerfGE 61, 149 (199); *Jarass,* in: Jarass/Pieroth, Art. 34 Rn. 1; *Pieper,* in: Hofmann/Henneke, Art. 34 Rn. 3; bereits *Dagtoglou* BK, Art. 34 (1970) Rn. 31.

[5] Vgl. etwa *Masing,* in: Umbach/Clemens, Art. 34 Rn. 16: „veraltete Struktur" mit „anachronistischen Zügen"; *Höfling* GVwR III, § 51 Rn. 1: „gewachsenes Chaos".

[6] BVerfGE 61, 149 (199); BVerfG (K) NVwZ 1998, 271 (272); BVerwGE 137, 377 Rn. 17; *Morlok* GVwR III, § 54 Rn. 42; *Wieland,* in: Dreier II, Art. 34 Rn. 33.

[7] BVerfGE 61, 149 (198); BVerfG (K) NVwZ 1998, 271 (272); BVerwGE 13, 17 (23); 25, 138 (145 f.); BGHZ 34, 99 (104 ff.); *Ossenbühl/Cornils,* S. 11 f.; *Rüfner,* in: Friauf/Höfling, Art. 34 Rn. 13 f.; *Papier,* in: Maunz/Dürig, Art. 34 Rn. 11 mwN; nach aA begründet Art. 34 S. 1 eine unmittelb. Staatshaftung, die durch § 839 BGB ledigl. konkretisiert werde, *Jarass* (Fn. 4); *Pieper* (Fn. 4); *Maurer/Waldhoff,* AllgVwR, 19. Aufl. 2017, § 26 Rn. 8; *Bettermann* JZ 1954, 299 (300); vermittelnd *Windthorst* DWS, § 8 Rn. 4 f.; *Morlok* GVwR III, § 54 Rn. 42.

[8] Ebenso *Jarass* (Fn. 4), Art. 34 Rn. 1; *Windthorst* DWS, § 8 Rn. 4.

[9] BVerfGE 61, 149 (198 ff.).

[10] BVerfGE 61, 149 (199); BVerfG (K) NVwZ 1998, 271 (272); BVerwGE 137, 377 Rn. 17.

[11] Dazu Rn. 19 ff.

[12] Zum primären u. sekund. RSchutz. im öR vgl. die Beiträge von *Erbguth, Höfling* u. *Streinz,* VVDStRL 61 (2002); ferner *Epiney* DVBl 2001, 1813.

[13] Zur staatshaftungsrechtl. Funktion der GrundR vgl. *Gromitsaris* DÖV 2006, 688; ähnl. *Stelkens* DÖV 2005, 772.

5    Art. 34 S. 1 enthält zugl. eine **Konkretisierung des Rechtsstaatsprinzips** (Art. 20 III, 28 I 1).[14] Denn dieses gebietet in Ergänzung zum primären RSchutz nach Art. 19 IV, dass der Staat grds. die Folgen seines rechtsw. Verhaltens soweit wie möglich behebt u. der durch rechts(pflicht)w. ausgeübte ö. Gewalt geschädigte Bürger grundsätzl. **nicht ohne angemessenen Schadensausgleich** bleiben darf.[15] Daher ist es dem Staat verwehrt, die Haftung für hoheitl. Unrecht mit Schadensfolgen insges. dem Grunde nach zu verneinen oder es bei einer allein persönl. u. zivilrechtl. Haftung der ö. Bediensteten zu belassen. Insofern ist Art. 34 S. 1 für die Staatshaftung eine **Haftungsüberleitungs- u. -zurechnungsnorm,** zugl. aber auch eine die Haftung des Staates hinreichend konkret begründende **AnsprNorm,** weil er gewährleistet, dass der Staat für Pflichtverl. seiner Organe u. Organwalter grds. verantwortl. ist, also für eine Schadenskompensation idR einzustehen hat (Rn. 3). Auch wenn es § 839 BGB nicht gäbe, bestünde nach dem klaren Wortlaut des Art. 34 S. 1 unter den dort genannten Vorauss. von Verfassungs wegen eine grds. Staatshaftung. Insofern hat diese VerfNorm eine **Doppelnatur:**[16] Sie ist wegen der Bindungswirkung für alle staatl. Ebenen u. des Verbots einer Abschaffung der Staatshaftung eine grds. **institutionelle Staatshaftungsgarantie.**[17] Zugl. verschafft sie dem von der ö. Gewalt Betroffenen ein **subj. Recht.**[18] Allerdings verbürgt Art. 34 S. 1 weder ein GrundR noch ein grundrechtsgl. Recht, das mittels VB durchgesetzt werden könnte.[19]

6    **5. Kompetenzregelung; Begriffe Amts-/Staatshaftungsrecht. a) Art. 74 I Nr. 25.** Das BVerfG hat mit Urt. vom 19.10.1982[20] entschieden, dass Art. 34 (bei damals fehlendem Art. 74 I Nr. 25) weder eine offene noch eine verdeckte GesGebungskompetenz für den Bund zur Regelung des gesamten StaatshaftungsR enthalte. Vor allem deshalb wurde das StHG vom 26.6.1981,[21] das erstmals ein in sich geschlossenes Haftungssystem für Unrecht der dt. Staatsgewalt geschaffen hatte, vom BVerfG für nichtig erklärt.

7    Diese Kompetenzlage hat **Art. 74 I Nr. 25** beseitigt.[22] Danach hat der Bund nunmehr eine konkurrierende GesGebungszuständigkeit[23] für das StaatshaftungsR erhalten. Mit dieser Regelung wird man endgültig davon auszugehen haben, dass sich das Recht der Haftung des Staates für hoheitl. Unrecht auf seinen verschiedenen Ebenen aus den hist. Wurzeln des ZivilR gelöst hat[24] u. zumindest jetzt Bestandteil des öR geworden ist.[25] Dieses GesGebungsR des Bundes ist an die strengen Voraussetzungen der Erforderlichkeit nach Art. 72 II gebunden.[26]

8    **b) Begriffe Amts-/Staatshaftungsrecht.** Der in Art. 74 I Nr. 25 verwendete Begriff „Staatshaftungsrecht" ist nicht identisch mit dem Begriff des AmtshaftungsR iSd § 839 BGB, sondern geht darüber hinaus. Er umfasst im Kern die Haftung des Staates für rechts(pflicht)w. ausgeübte ö. Gewalt, darüber hinaus auch alle anderen Anspruchsgrundl., die herkömml. diesem RGebiet rechtssystemat. zugeordnet werden.[27] Auch die BReg hat in ihren Vorschlägen gegenüber der GemVerfKom keinen

---

[14] BGHZ 11, 192 (197); 22, 383 (388); *v. Danwitz* MKS, Art. 34 Rn. 40 ff.; *Papier* (Fn. 7), Art. 34 Rn. 12; *Ossenbühl,* FS Stern, 2012, S. 543 ff.; vgl. auch BVerwGE 94, 100 (103).
[15] *Papier* (Fn. 7), Art. 34 Rn. 12; *Stern,* StaatsR I, S. 855; *Ossenbühl,* FS Stern, 2012, S. 543; ersichtl. auch BVerwGE 94, 100 (103); aA *Haack* DVBl 2012, 1480.
[16] Ebenso *Windthorst* DWS, § 8 Rn. 4.
[17] Ebenso *Papier* (Fn. 7), Art. 34 Rn. 13, 87; aA *Wieland* (Fn. 6), Art. 34 Rn. 31.
[18] *Jarass* (Fn. 4), Art. 34 Rn. 1.
[19] BVerfGE 2, 336 (338 f.); *v. Danwitz* (Fn. 14), Art. 34 Rn. 39; *Papier* (Fn. 7), Art. 34 Rn. 13, 87; *Jarass* (Fn. 4), Art. 34 Rn. 1; *Wieland* (Fn. 6), Art. 34 Rn. 31; *Dietlein,* in: Stern, StaatsR IV/2, S. 2032; eingehend *Pfab,* Staatshaftung in Deutschland, 1997, S. 52 ff.; vgl. auch *Rüfner* (Fn. 7), Art. 34 Rn. 11; *Ossenbühl/Cornils,* S. 14; aA *Windthorst* GWC, Art. 34 Rn. 20: grundrechtsgleiches Recht, aber nicht mittels VB durchsetzbar; *Sachs,* in: Stern, StaatsR III/1, S. 378 (grundrechtsähnl. R); *Höfling* VVDStRL 61 (2002), 282; zum entstehungsgeschichtl. Hintergrund der Diskussion *Ossenbühl,* FS Stern, 2012, S. 541 ff.
[20] BVerfGE 61, 149 ff.
[21] BGBl I S. 553; zur Entstehungsgesch. ausführl. *Schäfer/Bonk,* StHG, 1982, Einf. Rn. 26–303.
[22] Eingefügt in das GG durch ÄnderungsG vom 27.10.1994, BGBl I S. 3146.
[23] Zur Folgeprobl. *Durner* BK, Art. 74 Abs. 1 Nr. 25 (2019) Rn. 41 ff.
[24] Zur hist. Entwicklung der Staatshaftung vgl. u. Rn. 9 ff.
[25] So ausdrückl. BVerfGE 61, 149 (176): „Nach heutiger Auffassung gehört die Frage der Haftung des Staates, seiner Verantwortlichkeit für die Folgen pflichtwidriger Ausübung öffentlicher Gewalt, zum öffentlichen Recht, das vom Privatrecht zu unterscheiden ist."
[26] Näher *Rüfner* (Fn. 7), Art. 34 Rn. 23 ff.; *Höfling* GVwR III, § 51 Rn. 117.
[27] Vgl. → Art. 74 Rn. 106; näher zu den versch. von Art. 74 I Nr. 25 erfassten Haftungsinstituten *Durner* BK, Art. 74 Abs. 1 Nr. 25 (2007) Rn. 14 ff, 24 ff.; hierzu gehört der EU-rechtl. Staatshaftungsanspr. auch, wenn er richtigerweise nicht ausschließl. auf Art. 34, § 839 BGB gestützt wird, dazu Rn. 96 ff. Die in den einschlägigen LandesG geregelten speziellen polizei- u. ordnungsrechtl. Staatshaftungsanspr. dazu *Ossenbühl/Cornils,* S. 485 ff, werden in diesem Zusammenhang nicht einmal erwähnt. Dies beruht offenbar darauf, dass das Polizei- u. OrdnungsR zur ausschließl. Gesetzgebungskomp. der Länder gehört. Dies schließt partielle BKompetenz auch auf diesem Gebiet aufgr. eines speziellen Kompetenztitels allerd. nicht aus, vgl. nur § 34 II StHG-1981, der das Außerkrafttreten bestimmter landesrechtl. Vorschr. betr. polizei- und ordnungsrechtl. Staatshaftungsanspr. anordnete, dazu u. auch zur Frage der GesGebungskomp. *Schäfer,* in: Schäfer/Bonk, StHG, 1982, § 34 Rn. 14; vgl. aber *Pestalozza* MKP, Art. 74 Rn. 1844.

Bezug zw. Art. 74 I Nr. 25 u. Art. 34 hergestellt u. damit klargestellt, dass auf der neuen Kompetenz-grundl. auch ohne Änderung des jetzigen Art. 34 ein umfassendes StHG geschaffen werden kann u. ein solches nicht auf den Regelungsgegenstand des § 839 BGB beschränkt werden muss.[28]

## II. Historische Entwicklung der Amtshaftung in Deutschland

Die auf der Grundl. von Art. 34 iVm § 839 BGB vertretene Haftungsübernahmekonstruktion einer **9** für den Staat **fremden Schuld** beruht gedankl. auf die römisch-rechtl. **Mandatsth.**, wonach der sein Mandat überschreitende Beamte mit der Verletzung seiner dem Herrscher gegenüber bestehenden Innenpfl. nicht als Amtsträger handelt, sondern als Privatperson eine **persönl. zivilrechtl. unerlaubte (deliktische) Handlung** begeht. Daher hatte der das Amt übertragende Herrscher mit der unerl. Handlung des Beamten wegen den Herrscher unterstellten Unrechtsunfähigkeit haftungsmäßig nach der These „the king can do no wrong" nichts zu tun.[29] Danach war eine persönl. Haftung mögl., eine Staatshaftung indes ausgeschlossen.

**§ 839 BGB** mit der Eigenhaftung des Beamten war ein mehrfacher Kompromiss für alle staatl. **10** Ebenen:[30] Er ordnete reichseinheitl. die subsidiäre u. verschuldensabhängige Eigenhaftung der Beamten an, überließ aber durch **Art. 77 EGBGB** dem Reich u. den Ländern die Entscheidung, ob die zum Schutz der Beamten an strenge Vorauss. geknüpfte persönl. Haftung auf den Staat (Reich bzw. Länder) übergeleitet wird oder nicht. Immerhin war als Mindestgarantie reichs-einheitl. jedenfalls die persönl. Haftung des Beamten nach Maßgabe von § 839 BGB gewährleistet. Den Beginn der befreienden Überleitung der Eigenhaftung des Beamten auf den Staat mit der sog. Verlagerung der Passivlegitimation stellte **§ 12 der Reichsgrundbuchordnung** von 1897[31] dar. Dieser Regelung folgten im Jahr 1899 zunächst die Länder Bayern, Baden u. Württemberg, im Jahr 1909/1910 Preußen bzw. das Reich, in der Folgezeit weitere Länder mit unterschiedl. Regelungen.[32]

**Art. 131 WRV** beseitigte die unterschiedl. Haftungsübernahmeregelungen in den Ländern u. **11** ordnete reichseinheitl. im Außenverh. die grds. Übernahme der Haftung durch die jew. Anstellungs-körperschaft an. Das Reichsgericht sah diese Vorschrift in st. Rspr. als unmittelb. anwendb. Norm an u. deutete Art. 131 WRV im Zusammenspiel mit § 839 BGB als reichseinheitl. geltende grds. Schuld-überwälzung auf den Staat. Diejenigen Vorschr. der Länder, die eine Haftung des Staates nur subsidiär zu einer Haftung des Beamten zugelassen hatten, wurden im Hinblick auf Art. 131 WRV für unanwendbar erklärt u. eine unmittelb. Inanspruchnahme des Beamten nicht zugelassen.[33] Damit war zwar die persönl. Haftung des Beamten grds. beseitigt, die Konstruktion der bloßen Haftungsver-lagerung auf den Staat im Wege einer befreienden Schuldübernahme für fremdes Amtswalterhandeln blieb aber aufrechterhalten.

**Art. 34 S. 1** übernahm diesen mat. RZustand ohne inhaltl. Änderungen, ersetzte aber den Begriff **12** des Beamten in Art. 131 WRV durch die weite u. neutrale Fassung des Begriffs „jemand". Die Konzipierung der Haftung des Staates für hoheitl. Unrecht als GrundR wurde in den parlament. Beratungen zwar diskutiert, aber nicht realisiert. Auch die Haftungskonstruktion der mittelb., sub-sidiären u. verschuldensabhängigen befreienden Schuldübernahme wurde nicht geändert.[34] Der Rück-griff ist in **Satz 2** auf Vorsatz u. grobe Fahrlässig. beschränkt, die RWegregelung in **Satz 3** wurde zugunsten der ordentl. Gerichte beibehalten. Zu den Reformbemühungen im StaatshaftungsR seit 1970 vgl. die Nw. in Rn. 13 ff. der 6. Aufl.

## III. Staatshaftungsrecht in den neuen Bundesländern

Im **Einigungsvertrag**[35] ist das StHG der Ex-DDR vom 12.5.1969[36] inhaltl. zT geändert, aber als **13** LandesR aufrechterhalten worden, so dass insoweit in den **neuen Ländern** bei der Ausübung von Landesstaatsgewalt, also auch im Rahmen der BundesauftragsVw. u. landeseigenen Vw. bei der Aus-führung von BundesR durch Landesbehörden, eine Anspruchskonkurrenz zw. Art. 34, § 839 BGB u.

---

[28] Vgl. GemVerfKom, StenBer 21, 13 ff.; BT-Dr 12/6000, 116; Arbeitsunterl. 14 der GemVerfKom mit Schreiben des StBMJ (zur Sitzung v. 7.5.1992).

[29] Vgl. *Zoepfl*, Grundsätze des gemeinen deutschen Staatsrechts, Zweiter Theil, 5. Aufl. 1863, S. 802; *Zachariä* ZStW 19 (1863), 582 f.; *Gierke*, Die Genossenschaftstheorie und die deutsche Rechtsprechung, 1887, S. 794 ff.; *J. Kohl*, Die Lehre von der Unrechtsunfähigkeit des Staates, 1977, S. 78 ff.; *Pfab*, (Fn. 19), S. 4 ff.; zur hist. Entwick-lung ferner *Rohlfing* AL 2019, 123 ff.; BVerfGE 61, 149 (178 ff.) mwN.

[30] Zur parlament. Beratung zu § 839 BGB im Reichstag BVerfGE 61, 149 (178 ff.) mN.

[31] RGBl S. 139.

[32] Näher *H. Delius*, Die Beamtenhaftpflichtgesetze des Reiches und der Länder, 3. Aufl. 1921, S. 39 ff.

[33] RGZ 102, 391 (393); 103, 429 (430); 105, 334 (335); 106, 34 (35) mit GKraft; zust. *Anschütz*, WRV, Art. 131 Anm. 1; *W. Jellinek*, Verwaltungsrecht, 3. Aufl. 1931, S. 321.

[34] Vgl. die Protokolle des ParlRates, JöR nF 1 (1951), 324–330; BVerfGE 61, 149 (198 f.).

[35] BGBl 1990 II S. 889 (1168) zu Anl. II B Kap. III Sachgebiet B Abschnitt III.

[36] GBl DDR 34.

dem in den neuen Ländern unterschiedl. fortgeltenden StHG der Ex-DDR u. seiner dort vorgesehenen unmittelb. Rechtswidrigkeitshaftung besteht.[37]

14    In denjenigen neuen Ländern, die das als jew. LandesR fortgeltende modif. StHG-DDR nicht aufgehoben haben,[38] gelangt es neben dem beitrittsbedingt übernommenen bundesrepublikan. StaatshaftungsR zur Anwendung.[39] Es gilt danach in den neuen Ländern bei Ausübung von Landesstaatsgewalt ein doppeltes StaatshaftungsR, nämlich ergänzend zum herkömml. (westl.) StaatshaftungsR das durch den EinigungsV modif. StHG der DDR, nach dessen § 1 bei rechtsw. Zufügung von Schäden durch Mitarbeiter u. Beauftragte in Ausübung staatl. Tätigkeit eine unmittelb. Staatshaftung vorgesehen ist.[40]

## IV. Verhältnis des Art. 34 zu anderen Staatshaftungs- und Entschädigungsinstituten

15    Neben der Amtshaftung nach Art. 34 S. 1 iVm § 839 BGB sind von der Rspr. u. Lit. zahlreiche weitere ör Haftungs- u. Entschädigungsinstitute entwickelt worden, insbes. um Haftungslücken im Wege der RFortbildung richterrechtl. zu schließen, die vom beschränkten Anwendungsber. des Art. 34, § 839 BGB nicht erfasst werden. Außerdem enthalten die Polizei-, Sicherheits- u. OrdnungsG der Länder spezielle Vorschr. über Ausgleichsanspr. für Schäden, die durch Handeln der Polizei-, Sicherheits- u. Ordnungsbeh. verursacht worden sind.[41] Zwischen dem Amtshaftungsanspr. aus Art. 34, § 839 BGB u. den anderen ör Staatshaftungsanspr. besteht kein Ausschlussverh., sondern grds. Idealkonkurrenz.[42] Von einer Kommentierung der anderen staatshaftungsrechtl. Institute wird abgesehen. Sie liegen außerhalb des Anwendungsbereichs des Art. 34. Hinsichtl. der Einzelheiten dieser Staatshaftungsinstitute wird deshalb auf das einschlägige Spezialschrifttum verwiesen.[43] Zur Haftung des Staates für **privatrechtl. Handeln** Rn. 22.

## B. Die Tatbestandsmerkmale des Art. 34 S. 1

### I. Handeln (Unterlassen) in Ausübung eines öffentlichen Amtes

16    **1. Jemand.** Erstes haftungsbegründendes Merkmal ist nach Art. 34 S. 1 die Verletzung einer Amtspfl. durch **„jemand".** Diese neutrale Umschreibung **erweitert** den in § 839 BGB enthaltenen Begriff des **Beamten** im status- u. dienstrechtl. Sinne. Ausreichend ist, dass irgendjemand für einen Träger ö. Gewalt gehandelt hat. Der in diesem Zusammenh. häufig verwendete Begriff des Beamten im haftungsrechtl. Sinn[44] ist zwar plakativ, aber ohne weiteren Erklärungswert.[45] Unter den Begriff des „jemand" fallen Amtswalter, aber auch Privatpersonen, die bei der Erfüllung hoheitl. Aufgaben mitwirken. Dazu gehören zunächst einzelne Bedienstete, etwa Beamte, Soldaten u. Richter iS des ö. Dienst- u. StatusR (auf Lebenszeit, auf Zeit, auf Probe oder Widerruf) sowie Tarifbeschäftigte des ö. Dienstes. Auch Personen in bes. ör Amtsverhältnissen wie Minister,[46] Mitgl. von Kommunalvertretungen[47] u. Parlamentsabg.[48] gehören dazu. Das Gleiche gilt für **Beliehene,** also Privatpersonen, denen durch oder aufgr. Gesetzes Hoheitsbefugnisse übertragen wurden,[49] ebenso für sog. **VwHelfer,** denen bloße Hilfstätigkeiten übertragen sind,[50] u. sonstige Privatpers., deren sich der Staat bei der Erfüllung seiner hoheitl. Aufgaben bedient.[51] Es ist einerlei, ob es sich dabei um **legislat., normat.,**

---

[37] Vgl. hierzu BGH ZIP 1994, 988; ZIP 1994, 1487; *Ossenbühl/Cornils*, S. 569 ff.; *Ossenbühl* NJW 1991, 1201; *Boujong,* FS Gelzer, 1991, S. 536; zu offenen Fragen *Lässig* LKV 1999, 81; zur (geringen) prakt. Bedeutung *Herbst/ Lühmann,* Die Staatshaftungsgesetze der neuen Länder, Kommentar, 1997, S. 149 ff.; *dies.* LKV 1998, 49 mwN.

[38] Aufgehoben für Ostberlin, Sachsen u. Meckl-Vorp., in anderen Ländern modifiziert.

[39] Dazu ausführl. *Ossenbühl/Cornils*, S. 554–591.

[40] Zu § 1 StHG-DDR im einzelnen BGHZ 166, 22; NJW 1994, 2684.

[41] Näher *Ossenbühl/Cornils*, S. 484 ff.; *Buchberger/Sailer,* in: Lisken/Denninger, Handbuch des PolizeiR, 6. Aufl. 2018, Kap. M; *Will* VerwArch 106 (2015), 15 ff.

[42] *Ossenbühl/Cornils*, S. 118 f.; *Windthorst* DWS, § 11 Rn. 30 ff.

[43] *Ossenbühl/Cornils; Will/Quarch,* Staatshaftungsrecht, 2018; *Detterbeck/Windthorst/Sproll; Hoffmann-Riem/Schmidt-Aßmann/Voßkuhle* (Hrsg.) GVwR III, §§ 51 ff.; *Baldus/Grzeszick/Wienhues,* Staatshaftungsrecht, 5. Aufl. 2018; *A. Thiele,* Staatshaftungsrecht, 5. Aufl. 2018; *Maurer/Waldhoff* (Fn. 7), §§ 25 ff.; *Detterbeck,* Allgemeines Verwaltungsrecht, 18. Aufl. 2020, Rn. 1052 ff.; Überblick: *Kratzlmeier* Jura 2018, 1239 ff.; *Michl/Joseph* AL 2019, 101 ff.; zu den Entschädigungsanspr. für Eigentumseingriffe → Art. 14 Rn. 148 ff.

[44] ZB *Rüfner* (Fn. 7), Art. 34 Rn. 38; *v. Danwitz* (Fn. 14), Art. 34 Rn. 57; *Windthorst* DWS, § 9 Rn. 3 f.; *Schlick* NJW 2008, 128.

[45] Kritisch auch *Wieland* (Fn. 6), Art. 34 Rn. 35: „aus verfassungsrechtlicher Sicht … verfehlt".

[46] BGHZ 14, 319 (321); 63, 319; 78, 41 (44); *Gurlit,* in: v. Münch/Kunig I, Art. 34 Rn. 12.

[47] BGHZ 84, 192 (197); 106, 323 (330).

[48] BGHZ 87, 321 (335); 102, 350 (367); *Rüfner* (Fn. 7), Art. 34 Rn. 38 mwN.

[49] Für Beliehene vgl. etwa BGHZ 39, 358; 49, 108; 59, 310; 121, 161; BVerwG NVwZ 2011, 368.

[50] BGH NVwZ-RR 2019, 830 ff., den Begriff des VwHelfers aber sehr weit auslegend; *Ossenbühl/Cornils*, S. 20 ff.; *Rinne* NJW 2008, 128; *Stelkens* JZ 2004, 656.

[51] ZB von der Polizei beauftragte Abschleppunternehmer, BGHZ 121, 161 ff.; 200, 188 Rn. 6; sog. staatl. bestellte Verifizierer, die zwar nicht von den Behörden, sondern von Privaten beauftragt werden, aber gleichwohl auch

**exekut. oder judikat. Tätigkeit** auf dem Gebiet des öR handelt. Der weitgefasste Jemand-Begriff schließt auf der TBEbene daher eine Haftung für legislat. Unrecht des GesGebers oder normat. Unrecht der Regierungen bzw. Ministerien nicht von vornherein aus. Ob eine Haftung in solchen Fällen eintreten kann, hängt vor allem davon ab, ob mit der Normgebung eine drittgerichtete Pflicht verletzt wurde.[52]

Auch ein **Unterlassen** kann Amtshaftungsanspr. auslösen. Dies folgt schon aus § 839 II 2 BGB. So  **17** verhält es sich etwa, wenn der zust. Amtswalter einen Antrag des Bürgers nicht bearbeitet oder diesen auf einen wichtigen rechtl. Aspekt nicht hinweist. Die Frage, ob eine Pflicht zum Tätigwerden bestand, stellt sich erst beim TBMerkmal „Bestehen einer Amtspflicht".

Mit der Ersetzung des Wortes „Beamter" in § 839 BGB durch „jemand" in Art. 34 wird klar zum  **18** Ausdruck gebracht, dass die Staatshaftung an **personenbezogenes individ. Fehlverhalten** anknüpft.[53] Auch iFd mittlerweile allg. anerkannten organisatorischen Fehlverhaltens muss auf einzelne Amtswalter abgestellt werden.[54] Jemand iSd Art. 34 S. 1 ist nicht die Beh. u. schon gar nicht die jurist. Person des öR, für die der Amtswalter gehandelt hat. Dies folgt zwingend aus Wortlaut u. Systematik des Art. 34 S. 1. Die versch. Funktionseinheiten der jurist. Personen des öR wie Ämter, Behörden u. Organe stehen nicht im Dienste einer jurist. Person. Art. 34 S. 1 liegt insow. ersichtl. die Konstruktion der Verlagerung der haftungsrechtl. Verantwortlichkeit für individ. Fehlverhalten auf den Staat zugrunde.[55] Wenn gelegentl. Beh., Organe oder Körperschaften unter den Jemand-Begriff subsumiert werden,[56] handelt es sich ledigl. um eine sprachl. Ungenauigkeit. Gemeint sind stets die handelnden Amtswalter.

**2. Öffentliches Amt = öffentlich-rechtliche Tätigkeit.** Eine Haftung des Staates nach Art. 34  **19** S. 1 setzt voraus, dass jemand in Ausübung eines „öffentl. Amtes" gehandelt hat. Dieser in § 839 BGB nicht enthaltene Begriff beschränkt die haftungsrechtl. Verantwortlichkeit auf ör **Tätigkeit** u. dementsprechende ör (Amts-)Pfl., weil der Staat als Träger ö. Gewalt SonderR in Anspr. nimmt u. im Hinblick auf die GrRBindungen u. das RStaatspr. (Art. 1 III, 20 III, 28 I 1) für fehlsames ör Tun oder Unterl. einer besond. Einstandspflicht mit einem haftungsrechtl. Sonderregime unterliegt.[57] Insofern führen rpflichtw. ausgeübte **ör Befugnisse** zu speziellen, zT vom ZivilR abw. oder Kompensationspfl. Ör Tätigkeit als „öffentl. Amt" iS von Art. 34 S. 1 kann **auf allen staatl. Ebenen** von Bund, Ländern u. Kommunen ausgeübt werden. Nach der Rspr. des BGH „kommt auch eine Haftung ö-r Religionsgemeinschaften bei ör Handeln in Betracht".[58]

Sofern der Staat in **privatrechtl. RFormen** u. mit privatrechtl. Mitteln handelt, scheidet eine  **20** Haftung nach Art. 34 GG aus. Die Frage nach der Abgrenzung zw. ör u. privatrechtl. Handeln richtet sich nach den herkömml. Abgrenzungsmerkmalen, insbes. der sog. **Subordinations- u. Subjektstheorie** mit ihren unterschiedl. Ansätzen.[59] Tendenziell wird die Zuordnung in den einen oder anderen Bereich von BGH u. BVerwG weitgehend übereinst. nach dem **Gegenstand u. Zweck** sowie der Zuordnung der **streitentscheidenden Normen** in das ö. oder private Recht vorgenommen. Führt dies zu keinem klaren Ergebnis, sind nach hM die den Sachverhalt u. Streitgegenstand prägenden Normen unter bes. Berücksichtigung des Schwerpunkts u. des Gesamtcharakters in Rede stehenden RVerhältnisses maßgebend **(sog. Geprägetheorie).**[60] Bei **erwerbswirtschaftl. u. fiskal.** Handeln (Bedarfsdeckungsgeschäfte) des Staates – auch durch privatisierte Unternehmen – haftet der Staat trotz seiner unmittelb. GrundRBindung[61] nach Maßgabe der allg. zivilrechtl. Vorschr., wenn er wie ein PrivatRSubjekt auftritt u. kein SonderR in Anspr. nimmt.

behördl. Aufgaben erfüllen, ohne VwHelfer oder Beliehene zu sein, BGH NVwZ 2012, 381 ff.; vgl. auch BGH, 17.12.2009-III ZB 47/09, BeckRS 2010, 00862; näher *Shirvani* DV 47 (2014), 57 ff.

[52] Dazu Rn. 42 f.

[53] Ausdrückl. BGHZ 170, 260 Rn. 18; vgl. demgegenüber *Jarass* (Fn. 4), Art. 34 Rn. 8; *v. Danwitz* (Fn. 14), Art. 34 Rn. 58; Technische Anlagen als solche können jedenfalls nicht unter den Begriff des „jemand" subsumiert werden, BGHZ 55, 219 (234); *Papier* (Fn. 7), Art. 34 Rn. 100.

[54] BGHZ 170, 260 Rn. 22: „Direktor des AG …, die Präsidenten des … LG und des OLG", dann aber „das Justizministerium"; KG NVwZ-RR 2016, 724 Rn. 6, 9.

[55] So nahezu wörtl. BGHZ 170, 260 Rn. 18.

[56] BGHZ 170, 260 Rn. 22: Justizministerium; NJW 2017, 397 Rn. 19: Stadt (Bekl.).

[57] HM, etwa BGHZ 42, 176 (179); 69, 128 (132); 108, 230 (232); 110, 253 (255); 154, 54 (57); 181, 65 (67); *Papier* (Fn. 7), Art. 34 Rn. 103; *Jarass* (Fn. 4), Art. 34 Rn. 11; *Maurer/Waldhoff* (Fn. 7), § 26 Rn. 12; für die Einbeziehung auch privatrechtl. Handelns aufgr. einer funktionellen Interpretation des Amtsbegriffs *Gurlit* (Fn. 46), Art. 34 Rn. 17; *Ossenbühl/Cornils*, S. 30 f.; *Kemmler* JuS 2015, 334 (aber nicht bei fiskal. Hilfsgeschäften); vgl. *Windthorst* (Fn. 7), § 9 Rn. 28 ff.; zur Haftung im VwPrivatR *U. Stelkens*, Verwaltungsprivatrecht, 2005, S. 1045 ff., 1066, 1080.

[58] BGHZ 22, 383 (388); 154, 54 (57 f.); VersR 1961, 437; NJW-RR 1989, 921; aA u. für Haftung analog § 823 iVm §§ 31, 89 I BGB *Shirvani* VerwArch 111 (2020), 201 ff.

[59] Dazu etwa *Ramsauer*, in: Kopp/Ramsauer, VwVfG, § 1 Rn. 5 ff.; *Ruthig*, in: Kopp/Schenke, VwGO, § 40 Rn. 11 ff.; *Schmitz* SBK, VwVfG § 1 Rn. 83 ff.

[60] GemSenOGB NJW 1986, 2359; BVerwGE 92, 56 (58); 96, 326 (329); 111, 162 (164); BGHZ 108, 284 (286); 116, 339 (342); NVwZ 2003, 371 (372); NVwZ 2012, 381 Rn. 13, 19 f.

[61] BVerfGE 128, 226 (244 ff.).

21    Nicht abschl. geklärte Fragen ergeben sich vor allem im Bereich des **VerwaltungsprivatR,**[62] also dort, wo der Staat (zunehmend) ö. Aufgaben in privatrechtl. Formen u. mit privatrechtl. Mitteln wahrnimmt. Hier nimmt die hM an, dass bei Fehlen ausdrückl. Regelungen die **PrivatROrdnung** (insbes. das BGB) gelte, die aber durch ör Bindungen – insbes. die GrR, das Gleichbehandlungsgebot u. das Verhältnismäßigkeitspr. – **ergänzt, modifiziert u. überlagert** werde, ohne dass deshalb das VwHandeln selbst dem öR zuzuordnen wäre.[63]

22    Wird Dritten durch die ö. Hand bei privatrechtl. Handeln ein Schaden zugefügt, ist zw. schuldrechtl. u. delikt. Schadensersatzanspr. zu unterscheiden.[64] Insow. gelten auch für den Staat grds. die einschlägigen privatrechtl. Vorschr. Bei schuldrechtl. Handeln eines Organs kommen neben §§ 31, 89 BGB[65] insbes. die §§ 241 II, 280 ff., 320 ff. BGB zur Anwendung, bei der Gehilfenhaftung die gleichen Vorschr. iVm § 278 BGB. Bei einer unerl. Handlung gelten für die Organhaftung des Staates §§ 823, 31, 89 BGB, bei der Haftung für einen Verrichtungsgehilfen § 831 BGB. Eine Haftung für Vorsatz kann der Staat nicht im Voraus ausschließen (§ 276 III BGB); grobe Fahrl. kann nur bei Wahrung des Verhältnismäßigkeitspr. u. unter Berücksichtigung strenger Anforderungen an die Erforderlichkeit ausgeschl. werden.[66] Die Verkehrssicherungspfl. für ö. Sachen u. damit auch die Straßenverkehrssicherungspfl. für ö. Straßen wird in der Rspr. zwar als privatrechtl. Pflicht qualifiziert, kann aber, wie in allen BLändern mit Ausnahme von Hessen geschehen, gesetzl. als ör Pflicht ausgeformt werden.[67]

23    Für eine Organhaftung des Staates nach §§ 31, 89 BGB ohne Exkulpationsmöglichk. ist eine Tätigkeit verfassungsmäßig berufener Vertreter notwendig (sog. Repräsentantenhaftung). Dazu gehören diejenigen Personen, deren maßgebl. RStellung durch die Verf. der jew. Organisation bestimmt wird. Die persönl. Haftung von Nichtbeamten nach § 823 BGB u. die von Beamten nach § 839 BGB bleibt in diesem Fall unberührt. Sie tritt neben die Haftung des Staates für den Handelnden. Bei einer privatrechtl. Eigenhaftung des Beamten nach § 839 BGB gilt allerd. die Subsidiaritätsklausel des § 839 I 2 BGB uneingeschr. weiter.[68] Im Falle eines Rückgriffs findet Art. 34 S. 2 keine Anwendung.[69]

24    **3. In Ausübung.** Die Haftung bei ör Tätigkeit tritt – insoweit wie nach §§ 31, 89, 278, 831 BGB – nur ein, wenn die Pflichtverl. „in Ausübung" des ö. Amtes erfolgt ist, dh wenn zw. der Amtshandlung u. der Schädigung ein **äußerer u. innerer sachl. Zusammenh.** besteht, so dass die Handlung ebenfalls noch dem Bereich hoheitl. Betätigung angehörend angesehen werden muss. Es reicht also nicht aus, wenn die Handlung nur **bei Gelegenheit** der Amtstätig. erfolgt ist, bei der der innere Zurechnungszusammenh. zw. dem Amt u. der schädigenden Handlung nicht (mehr) besteht.[70] Dieses Merkmal „in Ausübung" darf nicht zu eng interpretiert werden, denn gerade in den für den Bürger bes. gravierenden Fällen von Amtsmissbrauch unter Ausnutzung der dienstl. Stellung von Organwaltern ist der Bürger jedenfalls deshalb bes. schutzbedürftig, weil er sich die zust. Behörden u. Bediensteten nicht selbst aussuchen kann.[71] Vorsätzl. Fehlverhalten des Amtswalters schließt den erforderl. äußeren u. inneren Zusammenh. nicht aus. Art. 34 S. 2 u. § 839 I 2 BGB setzen die Möglichk. einer Amtshaftung für vorsätzl. Fehlverhalten voraus.

25    Das Merkmal „in Ausübung" ist bereits **Bestandteil des TBMerkmals „ör Tätigkeit".**[72] Denn das Schaden verursachende Verhalten muss ör Natur sein. Das ist es aber nicht, wenn zw. dem schädigenden Verhalten u. der Amtsausübung der erforderl. äußere u. innere Zusammenh. nicht besteht.

## II. Verletzung der einem Dritten gegenüber obliegenden Amtspflicht

26    **1. Amtspflichten/Rechtspflichten des öffentlichen Rechts.** Die in Art. 34 S. 1 genannte Verl. einer Amtspfl. knüpft an die Terminologie des § 839 I 1 BGB an. Ausgangspunkt sind die gegenüber dem Dienstherrn oder der Anstellungskörperschaft bestehenden **Innenpfl.** (Amtspfl.). Deshalb begründen auch **VwVorschriften,** die nur für den vwinternen Binnenbereich gelten, Amtspfl. Allerd. ist eine **zentrale Innenpfl.** des Amtswalters gegenüber seinem Dienstherrn, keine Rechte außenstehen-

---

    [62] Dazu *Gurlit* (Fn. 46), Art. 34 Rn. 17; *Ossenbühl/Cornils,* S. 30 f.

    [63] Hierzu etwa BGHZ 91, 84 (96); 155, 166 (173); *Stelkens* SBK, S. 23 ff., 35 f., 660 ff., 904 ff.; *Stober* WBSK, § 23 Rn. 61 ff.

    [64] Dazu die Übersicht von *Detterbeck* (Fn. 43), Rn. 1107.

    [65] Dazu näher *Grzeszick,* in: Ehlers/Pünder, Allgemeines Verwaltungsrecht, 15. Aufl. 2016, § 44 Rn. 41.

    [66] BGHZ 61, 7; NVwZ 2008, 238.

    [67] S. nur BGH NVwZ-RR 2014, 252 Rn. 12; dazu im einzelnen *Ossenbühl/Cornils,* S. 31 ff.; *Scheidler* LKRZ 2013, 273 ff.; dazu die Erwiderung von *Itzel* LKRZ 2013, 456 ff.

    [68] BGHZ 85, 393 (395 f.); 89, 263 (273 f.) betr. selbstliquidierende beamtete Krankenhausärzte.

    [69] Näher Rn. 81 ff.

    [70] Vgl. BGHZ 11, 181 (185 f.); 69, 128 (132 f.); 108, 230; NJW 1994, 660 (661); NJW 2002, 3172; NJW 2009, 3509; BVerwGE 96, 45 (57); *Hartmann/Tieben* JA 2014, 403; *Detterbeck* (Fn. 43), Rn. 1059 f. m. Bsp.; *Papier,* in: MünchKomm-BGB, § 839 Rn. 162 ff.

    [71] BVerwGE 96, 45 (57); BGHZ 108, 230 (232); *Dagtoglou* (Fn. 4), Art. 34 Rn. 99.

    [72] Vgl. BGH NJW 2009, 3509 Rn. 33; *Windthorst* DWS, § 9 Rn. 49 f.

der Dritter zu verletzen. Das führt dazu, dass letztl. **sämtliche RPflichten im Außenverh.** auch Amtspfl. im haftungsrechtl. Sinn darstellen.

Die Rechte u. Pflichten der Amtswalter im Einzelfall hängen von der Ausgestaltung des jew. **FachR** ab. Da das öR aus einer Vielzahl von RGebieten mit einer Vielzahl von Gesetzen, Verordnungen u. sonst. Normen besteht, gibt es zum Merkmal der Amts(Rechts)pfl. in der Rspr. eine breit gefächerte **Kasuistik.** Aus der Vielzahl der spezialgesetzl. Regelungen lässt sich dennoch eine Reihe von allg. Amts-/Rechtspfl. ausmachen, die nicht nur in einem best. Bereich gelten, sondern **fachgebietsübergreifend in grds. allen Bereichen hoheitl. Tätigkeit** unabhängig vom VwZweig u. der Hierarchiestufe zu beachten sind. Folgende allg. RPflichten sind bes. bedeutsam:[73]

Auf der Grundl. von Art. 1 III, Art. 20 III, 28 I 1 ist die wichtigste Pflicht diejenige zu **rechtm. u. verhältnism. Amtsausübung.** Dies schließt die **Beachtung der GrundR** ein. Diese allg. Amtspfl. gilt wegen der RStaatspr. u. der dadurch bewirkten Bindung der Legislat. an die verfm. Ordnung, der Exekut. u. Judikat. an Gesetz u. Recht im Grds. für alle staatl. Ebenen von Bund, Ländern u. Kommunen. Dies bedeutet, dass sich alle staatl. Organe u. Organwalter an die bestehenden Normen halten müssen (posit. Wirkung) u. sich bei der Amtsausübung aller rechtsw. Verhaltensweisen durch Tun oder Unterlassen zu enthalten haben (negat. Wirkung).[74] Dies schließt die Pflicht ein, unerl. Handlungen u. **Amtsmissbrauch** zu unterlassen.[75] Inhalt u. Umfang der Pflicht zu rechtm. Verhalten hängen maßgebl. von dem jew. geltenden FachR u. seinen spez. Regelungen ab.[76] Die Pflicht zu rechtm. Verhalten besteht nicht nur aufgr. nation. Rechts, sondern auch nach dem EU-R. Das schließt die Pflicht zur richtigen Anwendung u. rechtzeitigen u. vollständigen Umsetzung von EU-R ein.

Jeder Träger ö. Gewalt mit seinen Organen u. Organwaltern ist im Rahmen des Erforderl. u. Zumutbaren zur hinreichenden **Aufklärung des** entscheidungserhebl. **Sachverhalts** verpflichtet, um vollst. Entscheidungsgrundl. zu erhalten u. rechtsw. Entsch. zu vermeiden.[77]

Die Pflicht zu rechtm. Amtsausübung schließt die Pflicht zur Wahrung der **Zuständigkeits-**[78] u. **VfVorschriften**[79] ein. Haftungsrelevant kann dies dann sein, wenn durch solche Fehler Schäden entstehen.[80]

In der Rspr. des BGH ist auch die Pflicht **zur fehlerfreien Ermessensausübung** als allg. RPflicht anerkannt.[81] Die frühere Rspr, wonach eine Amtspflichtverl. erst bei Willkür oder völliger Unvereinbarkeit mit den an eine ordnungsgem. Vw. zu stellenden Anforderungen vorliege,[82] wurde mit Recht aufgegeben. Nunmehr kann eine Pflichtverl. auch bei Ermessensfehlern (§ 40 VwVfG, § 114 VwGO) in Betracht kommen u. einen Amtshaftungsanspr. auslösen. Dasselbe gilt für die Verl. des Gleichbehandlungsgebots u. des Verhältnismäßigkeitspr.[83]

Eine weitere allg. Pflicht ist diejenige zu **konsequentem** u. widerspruchsfreiem **Verhalten** sowie die hiervon gesonderte Pflicht zu **rascher SachE.**[84] Die erstgenannte Pflicht stellt eine Ausprägung des RStaatspr u. des Grds. der Gesetzmäßigkeit der Vw. dar u. soll dem Schutz des Vertrauens dienen, das der Bürger in die Beständigkeit behördl. Verhaltens gesetzt hat.[85] Die Anforderungen dürfen hier aber nicht überspannt werden. Es bedarf daher im konkr. Fall der Prüfung, inwieweit die Beh. einen VertrauensTB gesetzt hat u. ob etwaiges Vertrauen schutzwürdig ist.[86] Die Pflicht zu möglichst rascher

---

[73] *Ossenbühl/Cornils,* S. 45 ff.; *v. Danwitz* (Fn. 14), Art. 34 Rn. 77 f.

[74] Vgl. etwa BGHZ 69, 128; 78, 274; VersR 1986, 289; NVwZ-RR 2003, 166.

[75] BGH NJW 1994, 1950 u. 2415; NVwZ 2001, 465; NJW 2002, 3172; NVwZ-RR 2003, 714.

[76] Zur Haftungsrelevanz im prakt. bedeutsamen BauR, etwa wg. Erteilung einer rechtsw. Baugen. BGH NJW 2001, 3054; wg. Versagung einer sanierungsrechtl. Genehmigung BGH NVwZ 2001, 1074; wg. der Verzögerung einer Baugen. mangels gemeindl. Einvernehmens BGH UPR 2001, 224; wg. verzögerter Bearb. einer Bauvoranfrage BGH NVwZ 2002, 124; wg. Zurückstellung eines Baugesuchs BGH NVwZ 2002, 123; wg. nicht erteilten Bauvorbescheids BGH NVwZ 2005, 1457; wg. Rücknahme gemeindl. Einvernehmens BGH NVwZ 2006, 117; wg. verweigerten Einvernehmens nach § 36 BauGB BGHZ 187, 51; NVwZ 2013, 167; BGH DÖV 2003, 295 f. ist damit überholt; dazu näher *J. A. Schmidt,* Das Einvernehmen der Gemeinde nach § 36 BauGB, 2012; *Schlarmann/Krappel* NVwZ 2011, 217; *Greim/Michl* Jura 2012, 374 ff.; *Bohnert* VBlBW 2015, 369 ff.; abl. *Singbartl/Wehowsky* NVwZ 2013, 1525 ff.; zur rechtsw. Verzögerung einer Baugen. BGH NVwZ 2007, 485.

[77] BGH VersR 1988, 963; ZBR 1988, 347; NJW 1989, 99; zu Pflichten des Vormundschaftsrichters BGH NJW 1986, 2829; des Versteigerungsger. BGH DVBl 2001, 1778; von RPflegern BGHZ 104, 139; ZIP 1986, 319; NJW 1988, 2037; NJW 1992, 1884; der BauVw zB BGHZ 105, 52; 123, 171; NJW 1988, 2884; der Bundesagentur für Arbeit BGH MDR 2010, 167.

[78] BGH NJW 1992, 3229.

[79] BGHZ 63, 319 (325); *Ossenbühl/Cornils,* S. 47 f., zugl. zur Erheblichkeit von VfFehlern.

[80] Zur vwrechtl. Relevanz von Form- und VfFehlern §§ 45, 46 VwVfG.

[81] BGHZ 74, 144; 75, 120; NJW 1992, 2691; NVwZ 1994, 405; für die Beschränkung auf Willkür und evidente Fehlerhaftigk. noch BGHZ 45, 143 (146).

[82] BGHZ 45, 143 (146).

[83] BGH VersR 1983, 37; ZIP 1990, 805.

[84] BGHZ 20, 178 (182); 30, 19 (26 ff.); NVwZ 1993, 299: 3-Monatsfrist des § 75 VwGO ist unerhebl.; NVwZ 2007, 485.

[85] BGHZ 76, 343 (351); NVwZ-RR 1989, 600; näher *Kümper* VerwArch 104 (2013), 104 ff.

[86] Tendenziell zurückhaltend BGHZ 84, 297; 92, 34; WM 1978, 37; DVBl 1986, 1264; NVwZ 2006, 1207 (1208). Zu Altlasten BGHZ 106, 323; 108, 224; 109, 380; NJW 1990, 1038.

SachE hat durch die Einführung des **Zügigkeitsprinzips** in § 10 S. 2 VwVfG eine ausdrückl. bundesgesetzl. RGrundlage erhalten. Daraus folgt zugl., dass Entsch. nicht ohne hinr. Grund hinausgezögert
werden dürfen.[87] Wann diese Pflicht verletzt ist, hängt von den Umst. des Einzelfalles ab.[88]

33    Strenge Anforderungen gelten für **Auskünfte** (§ 25 VwVfG) u. Belehrungen: Erteilte Auskünfte
müssen – selbst wenn der Bedienstete zur Erteilung im Einzelfall nicht verpfl. war – **richtig, klar,
eindeutig u. vollständig** sein, weil das Vertrauen des Bürgers vor allem dann schutzwürdig sein kann,
wenn die Auskunft Grundl. von Vermögensdispositionen ist.[89] Diese Amtspfl. kann sogar gegenüber
Personen bestehen, die nicht Adressat der Auskunft sind.[90] Gleiches gilt erst recht für behördl. Mitteilungen u. Bescheinigungen.[91]

34    Als weitere allg. RPflicht wird diejenige zur **Beachtung höchstrichterl. Rspr.** genannt.[92] Insoweit
kommt es maßgebl. darauf an, ob u. gegenüber wem die Entsch. rechtl. Bindungswirkungen entfaltet.
Revisionsgerichtl. Entsch. oberster BGerichte dienen, soweit sie nicht nur Umst. eines Einzelfalls
betreffen, regelm. der REinheit u. RFortbildung, so dass ihnen grds. über den Einzelfall hinausgehende
Bedeutung zukommt. Allerd. haben sie idR keine GesKraft u. entfalten auch keine rechtl. Bindungsw.
für ParallelVf. Unterschiede können sich insbes. im Sachverhalt u. im Geltungsbereich der Norm
ergeben, so dass der vorgenannte Grds. in seiner Wirkung begrenzt ist.[93] Bindungsw. u. GesKraft
kommen vor allem Entsch. des BVerfG insbes. in NormenkontrollVf. nach § 31 BVerfGG zu.
Zivilger. sind in Amtshaftungssachen zwar nicht an bestandskräftige VA von Beh., aber an rechtskr.
Entsch. von VwGer. gebunden.[94]

35    **2. Verletzung der Amtspflicht.** Die **RWidrigkeit** der schädigenden Handlung des Amtswalters
ist kein TBMerkmal eines Amtshaftungsanspr. Erforderl. ist (nur) die Amtspflichtwidrigkeit, dh der
Verstoß gegen die Amtspfl. Auch auf Verschulden kommt es in diesem Zusammenh. nicht an. Rechts-
u. Amtspflichtwidrigkeit sind **in aller Regel deckungsgleich**. Denn auch amtspflichtgem. – etwa auf
rechtsw. innerdienstl. Weisung beruhendes –, aber obj. rechtsw. Handeln stellt grds. eine Amtspflichtverl. iSd Art. 34 S. 1 dar.[95] Etwas anderes gilt, wenn der Angewiesene ordnungsgem. nach § 36 II
BeamtStG u. den anderen gleichlautenden beamtenrechtl. Best. erfolglos remonstriert hat.[96] Umgekehrt stellt weisungsw. Verhalten eines Amtswalters, zu dem er objektivrechtl. verpflichtet ist u. das
deshalb obj. rechtm. ist, keine Amtspflichtverl. dar.

36    **3. Drittgerichtetheit der Amtspflicht.** Die Staatshaftung tritt nach Art. 34 S. 1 nicht schon bei
einer obj. Pflicht- u. Rechtsw. einer schadensverursachenden Maßn. der ö. Gewalt ein. Diese
VerfNorm knüpft an § 839 BGB an u. setzt ebenso wie dieser voraus, dass eine Pflicht verletzt worden
ist, die dem Amtswalter **einem Dritten gegenüber obliegt.** Das Erfordernis der Drittbezogenheit
der Amtspfl. berücksichtigt die Grenzen des subj. RSchutzes u. dient insofern der Harmonisierung des
primären u. sekund. RSchutzes. Zugl. hat dieses Merkmal eine haftungsbegrenzende Funktion u. stellt
daher auf den **Schutzzweck** der verl. Amtspfl. ab.[97] Der GesGeber könnte einfachgesetzl. auf das
Erfordernis der Verl. einer drittschützenden Amtspfl. verzichten u. sich mit der Feststellung der obj.
Rechtsw. begnügen, weil Art. 34 S. 1 nur eine Mindestgarantie enthält u. Haftungsverschärfungen
zugunsten Geschädigter nicht verbietet.[98]

37    Der BGH hat inzw. dieses haftungsbegrenzende Merkmal des Schutzzwecks der verletzten Amtspfl.
auf § 1 StHG-DDR übertragen[99] u. insoweit Divergenzen zu § 839 BGB beseitigt. Auch Schadensersatzanspr. aus Verl. der beamtenrechtl. (Fürsorge-)Pfl. setzen Drittrichtung dieser Pflicht gegenüber
dem geschädigten Beamten voraus.[100]

38    Ob der Amtswalter eine drittger. Pflicht verletzt hat, richtet sich danach, ob die Amts-(Rechts-)Pfl.,
wenn auch nicht ausschließl., so doch **auch den Zweck** hat, gerade dem (individuellen) Drittinteresse
zu dienen. Nur wenn sich aus die den Amtspfl. begründenden u. sie umreißenden Bestimmungen

---

[87] BGH NVwZ 1993, 299; NVwZ 2002, 124.

[88] Vgl. BGH NJW 2007, 830 zur Personal- und Finanzausstattung von (Justiz-)Behörden.

[89] St. Rspr., etwa BGH NJW 1992, 1230; NJW 1993, 3204; DVBl 1994, 1134; NVwZ 1996, 512; BauR 2001,
1404; NVwZ 2006, 245; NVwZ-RR 2006, 634; NJW 2013, 3370 Rn. 20.

[90] BGH NVwZ 2018, 1333 ff.

[91] Dazu BGH NJW 2013, 604 Rn. 23, 25; *Kümper* DVBl 2013, 1022 ff.

[92] Hierzu *Ossenbühl/Cornils*, S. 53.

[93] Zu Streitfragen im Zusammenh. mit sog. Nichtanwendungserlassen des BMF betr. Entsch. des BFH BGHZ 30,
19 (22); NJW 1983, 1453 (1454) und sehr differenzierung zw. schlichten Übersehen oder grundloser Ignorierung
aus sachw. Gründen; hierzu *Papier/Peine* NVwZ 1985, 166 ff.; *Rüfner* DRiZ 1992, 459; *Lange* NJW 2002, 3657.

[94] Hierzu BGHZ 90, 17 (22); 118, 253 (255); 127, 223 (225); hierzu noch → Rn. 88 ff. mwN.

[95] *Ossenbühl/Cornils*, S. 59; aA BGHZ 205, 63 Rn. 18; NJW 1977, 713 f.; NVwZ 1985, 682 f.; NVwZ 2020, 90
Rn. 22 ff.; jedoch handelt der Amtswalter dann idR nicht schuldhaft.

[96] Näher *Detterbeck* (Fn. 43), Rn. 1076; vgl. BGH NVwZ 2020, 90 Rn. 37 ff., wonach die beamtenrechtl.
Remonstrationspfl. grds. nicht drittschützend sind.

[97] BGHZ 195, 277 Rn. 15; NJW 1994, 3013; NVwZ 2020, 90 Rn. 40; *Kümper* NVwZ 2015, 1739 ff.

[98] BVerfGE 61, 149 (198 f.); BVerfG (K) NVwZ 1998, 271.

[99] Vgl. BGHZ 166, 22 = JZ 2006, 794 m. Anm.*Grzeszick* zu § 1 ThürStHG; offen BGH NJW 1994, 2684.

[100] OVG NRW DVBl 2016, 447 (448).

sowie aus der bes. Natur des Amtsgeschäfts ergibt, dass der Geschädigte zu dem Personenkreis zählt, dessen Belange nach dem **Zweck u. der rechtl. Bestimmung der Amtshandlung geschützt oder gefördert** werden sollen, besteht nach der Rspr. des BGH eine ihm gegenüber obliegende AmtsPfl. Der Geschädigte muss sich also **von der Allgemeinheit unterscheiden** u. zu einem **individualisierbaren Personenkreis** gehören, dessen subj. Belange geschützt werden sollen.[101] Hingegen wird anderen Personen gegenüber, selbst wenn sich die Amtspflichtverl. für sie mehr oder weniger nachteilig ausgewirkt hat, eine Ersatzpfl. nicht begründet.[102] Es ist demnach jew. zu prüfen, ob gerade das im Einzelfall berührte Interesse nach dem Zweck u. der rechtl. Bestimmung des Amtsgeschäfts geschützt werden soll. Es kommt damit für eine Kompensationspfl. auf den Schutzzweck der Amtspfl. an (**sog. Schutzzwecktheorie).**[103]

Ob eine drittgerichtete Pflicht verletzt ist, muss durch **Auslegung** der jew. in Betracht kommenden **39** Amtspfl. **im Einzelfall** ermittelt werden u. objektiv feststehen, also nicht nur mögl. sein. Die Frage, ob der Einzelne vom Schutzzweck der verl. Amtspfl. erfasst wird, ist nicht nur im Wege einfachgesetzl. Interpretation zu beantworten, sondern auch unter Berücksichtigung **grundrechtl. RPositionen.**[104] Denn einem „Dritten" gegenüber bestehende Amtspfl. können sich nach Art. 1 III auch u. gerade aus den ihn schützenden GrundR ergeben.[105]

Wann eine Norm eine solche drittschützende Wirkung hat, hängt von der **Ausgestaltung des 40 FachR** u. seiner konkret einschlägigen Vorschriften ab u. ist Gegenst. einer nahezu unübersehbaren **Kasuistik** in einer Vielzahl von Fachgebieten.[106] Eine drittger. Amtspfl. setzt kein (einklagbares) subj. öR auf Befolgung der Amtspfl. voraus.[107] Deshalb können sogar behördeninterne **VwVorschr.** drittger. Amtspfl. begründen.[108] Vorauss. hierfür ist, dass die VwVorschr. obj. rechtm. ist u. dem Schutz eines erkennbar abgegrenzten Kreises individualisierbarer Bürger dient.[109] Der GesGeber kann auch **ausdrückl. bestimmen,** ob eine Norm drittschützende Wirkung hat u. wem gegenüber diese besteht.[110]

Drittger. Amtspfl. können auch **gegenüber anderen VwTrägern** bestehen. Vorauss. ist, dass die **41** beiden VwTräger bei der Erfüllung der in Rede stehenden ö. Aufgabe nicht gleichgerichtet zusammenmenwirken, sondern sich gegenüberstehen, wie es für das Staat-Bürger-Verhältnis charakteristisch ist.[111] Dies ist insbes. im Verhältnis zw. SelbstVwKörperschaften u. dem Staat, wenn er durch seine Behörden die RAufsicht ausübt, der Fall.[112]

In der Rspr. des BGH wird bei **sog. normativem Unrecht** der Drittbezug von Normen (formelle **42** Gesetze u. untergesetzl. RNormen) idR mit folgendem Argument verneint: Der Normgeber werde beim Erlass von RNormen grundsätzl. nur im **Allgemeininteresse** u. nicht auch im Interesse best. Personen oder Personengruppen tätig. Die Pflicht zum Erlass rechtm. RNormen bestehe grds. nur im Allgemeininteresse. Deshalb könne der Erlass rechtsw. RNormen oder der rechtsw. Nichterlass von RNormen grds. nur das Allgemeininteresse missachten, aber keine drittger. Amtspfl. verletzen.[113] Nur

---

[101] BGH NJW 2013, 3370 Rn. 14 ff. mwN; NJW 2017, 397 Rn. 21; NJW 2018, 2264 Rn. 11; NVwZ 2018, 1333 Rn. 25; NVwZ 2020, 90 Rn. 41 ff.

[102] Nach BGH NJW 2017, 397 Rn. 16 ff. begründet aber § 24 II 1 SGB VIII, obwohl er nur den Kindern u. nicht den Eltern einen Anspr. auf Zurverfügungstellung eines Kita-Platzes einräumt, eine Amtspfl. auch gegenüber den Eltern; dazu *Kümper* NVwZ 2015, 1739 ff.

[103] BGHZ 56, 40 (45); 69, 128 (136); 93, 87 (90 f.); 106, 323 (331); 108, 224 (227); 110, 1; 162, 49; 195, 276 Rn. 15; DVBl 1994, 1132; NJW 1995, 1828 u. 1830; NJW 2000, 2672; NVwZ 2001, 1074; NVwZ 2002, 1276; NJW-RR 2002, 307; NJW-RR 2003, 714; NJW 2013, 3370 Rn. 14.

[104] Allg. hierzu *Dietlein,* Die Lehre von den grundrechtl. Schutzpflichten, 1992; *Wiegand* BayVBl 1994, 609.

[105] Zur Schutzfunktion der GrundR in der Staatshaftung vgl. *Gromitsaris* DÖV 2006, 688; *Dietlein* (Fn. 19), S. 2005 ff.

[106] Hierzu die Nw. bei *Ossenbühl/Cornils,* S. 62 ff.; *Palandt/Sprau,* § 839 Rn. 89 ff.

[107] BGHZ 195, 276 Rn. 15; NJW 2018, 2264 Rn. 11; *Papier* (Fn. 7), Art. 34 Rn. 182.

[108] BGH NVwZ-RR 2000, 747 (r. Sp.); NVwZ 2001, 3056 sub 6; *Ossenbühl/Cornils,* S. 45.

[109] BGHZ 75, 120; NJW 1971, 1699; NJW 1984, 2216; DVBl 1993, 718; NVwZ-RR 2000, 746; NJW 2001, 3054; NJW 2013, 3370 Rn. 14. Zur Haftungsrelevanz der sog. Nichtanwendungserlasse des BMF zu Urt. des BFH vgl. Rn. 34.

[110] Vgl. BGHZ 39, 358 (363); 100, 313 (317); 106, 323 (331); DVBl 1996, 1129; NJW 2005, 745.

[111] BGHZ 116, 312 (315 f.); 148, 139 (147); 153, 198 (201) zur Haftung einer RAufsichtsbeh. gegenüber einer Gemeinde als Dritter; BGH NVwZ 2014, 389 Rn. 7 ff.: Amtshaftung des Landes gegenüber dem Bund – auch nicht durch Art. 104a II, V 1 ausgeschl.; abl. BGH NVwZ 2004, 127 für das Verh. Gemeinde/Finanzamt im GewerbesteuerVf.; abl. auch BGH NVwZ-RR 2002, 54 für das Verh. zw. aufgabenabgebender und aufgabenübernehmender Körpersch.; näher *Hoppenstedt,* Die amtshaftungsrechtlichen Beziehungen zwischen juristischen Personen des öffentlichen Rechts, 2010; gegen eine Staatshaftung zw. VwTrägern *Stelkens* DVBl 2003, 22 ff.; dagegen *v. Komorowski* VerwArch 93 (2002), 71 ff.; zu Amtshaftungsanspr. von Gemeinden gegen die Rechts- u. Fachaufsicht *Brinktrine* DV 43 (2010), 273 ff.

[112] So zu den Gemeinden und kommun. Zweckverbänden gegenüber den RAufsichtsbeh. BGHZ 153, 198 (202); NVwZ-RR 2013, 896 Rn. 19 f.; dazu weiterf. *Th. M. Pfeiffer,* Haftung für Pflichtverletzungen der Kommunalaufsichtsbehörde, 2006.

[113] BGHZ 56, 40 (44); 87, 321 (335); 102, 350 (365); 134, 30 (32); dazu *Wroblewski,* Die Staatshaftung in Deutschland für legislatives Unrecht, 2005; *Kleinert/Podewils* BB 2008, 2329; ebenso OVG NRW DVBl 2016, 447 (448) für diesbezügl. Anspr. aus Verl. der beamtenrechtl. Fürsorgepfl.

in Ausnahmefällen, etwa bei sog. Maßnahme- u. EinzelfallG könnten Belange best. einzelner Personen unmittelbar berührt werden, so dass sie als Dritte angesehen werden könnten.[114] Etwas anderes gilt auch für B-Pläne (§ 10 BauGB). Die Plan- u. Normadressaten sind individualisierbar. Deshalb können beim Erlass von B-Plänen auch drittgerichtete Amtspfl. bestehen, deren Verletzung Amtshaftungsanspr. auslösen kann.[115]

43  **Große Teile der Lit.** lehnen die restrikt. Rspr. des BGH ab u. befürworten die Verl. einer drittger. Amtspfl., wenn RNormen erlassen werden, die gegen GrR verstoßen.[116] Zuzustimmen ist dem BGH.[117] Denn der AmtshaftungsTB des Art. 34 iVm § 839 BGB setzt eine **individualisierte Beziehung**[118] zw. dem Hoheitsträger u. der von diesem verl. Amtspfl. u. dem Geschädigten voraus. Ein derartiges **Näheverhältnis** besteht beim Erlass generell-abstrakter RNormen idR nicht. Das schließt nicht aus, den jew. **Vollzugsakt** gegenüber Einzelnen darauf zu prüfen, ob die verl. Norm im Einzelfall drittschützend ist. Insofern kann ein Schutzzweck auch zugunsten Einzelner nicht schlechthin verneint werden.[119] Allerd. handelt der Amtsträger, der eine rechtsw. RVorschr. anwendet, insoweit idR nicht schuldhaft. Besonderheiten gelten, wenn die RVorschr. gegen EU-R verstößt (→ Rn. 96, → Rn. 102).

44  Neben der Drittgerichtetheit der verl. Amtspfl. ist nach der Rspr. des BGH zusätzl. Erforderl., dass das beeinträchtigte Interesse oder RGut des Geschädigten u. sein **Schaden in den Schutzbereich** der verletzten Norm fallen (→ Rn. 47).

## III. Verursachung eines Schadens

45  **1. Schadensbegriff/Schutzbereich.** Art. 34 S. 1 setzt als selbstverständl. voraus, dass bei Pflichtverl. in Ausübung eines ö. Amtes ein Schaden entstanden sein muss. Deshalb ist dort von der grundsätzl. „Verantwortlichkeit" des Staates oder der jew. Körperschaft für die Verl. einer einem Dritten gegenüber obliegenden Amtspfl. die Rede. Insoweit ist unstr., dass mit **„Verantwortlichkeit"** nur eine nach Art u. Höhe nicht näher bestimmte grundsätzl. **Einstands- u. Kompensationspfl.** gemeint ist. Erst aus der Zugehörigkeit des § 839 BGB zum Regelungskomplex der unerl. Handlung folgt die Anwendbarkeit der §§ 249 ff. BGB.

46  **Schaden** ist nach allg. RGrds. die Differenz zweier materieller oder immaterieller RGüterlagen vor u. nach der Pflichtverl.[120] Zum Schaden gehören im Grds. **alle Einbußen an vermögenswerten u. nichtvermögenswerten (immateriellen) Rechten**, insbes. bei Verl. der GrundR des Art. 2 II, also von Leben, Freiheit u. körperl. Unversehrtheit. Hiervon zu unterscheiden ist die Frage nach Art u. Umfang des Schadensausgl. (Rn. 75 f.).

47  Selbst wenn ein Schaden eingetreten ist, folgt daraus nicht eine zwangsl. Kompensationspfl. Denn nach der Rspr. des BGH muss neben dem **(adäquaten) Kausalzusammenh.** zw. Pflichtverl. u. Schaden zusätzl. noch geprüft werden, ob der Schaden in den **Schutzbereich** der verl. Norm fällt. Man kann das als Einschränkung des Schadensbegriffs oder der Ersatzfähigkeit des Schadens auffassen, ebenso aber auch als Begrenzung der Ersatzpfl. gegenüber Dritten u. damit dieses Merkmal dem Drittbezug zuordnen.[121] Diese Beschränkung ist im Grds. unbedenkl., weil Art. 34 S. 1 nur die grundsätzl. Verantwortlichkeit des Staates für hoheitl. Unrecht garantiert, für die Ausgestaltung der Art u. Weise der Einstandspfl. aber Spielräume offen lässt. Deshalb ist **von Verf. wegen** auch keine Schadensausgleichpfl. iS vollen Schadensersatzes – wie im ZivilR nach §§ 249 ff. BGB – geboten, sondern auch eine vom jew. Einzelfall abhängige, dem Verhältnismäßigkeitspr. Rechnung tragende Folgenbeseitigung durch **Naturalrestitution oder angemessene Entschädigung in Geld** zul. (→ Rn. 75 f.).

48  **2. Kausalzusammenhang.** Zw. der Pflichtverl. u. dem Schaden muss ein Ursachenzusammenh. bestehen. Maßgebl. ist der voraussichtl. Geschehensverlauf im Falle pflichtgem. Verhaltens des Amtswalters. Nur wenn die RGüter- u. Vermögenslage des Betroffenen bei pflichtgem. Verhalten günstiger

---

[114] BGHZ 102, 350 (367 f.); 134, 30 (32); NVwZ 1993, 601; so verhält es sich etwa beim gesetzl. verordneten Atomausstieg, *Schmitt/Werner* NVwZ 2017, 26.

[115] BGHZ 84, 292 (300); 92, 34 (51 ff.); 106, 323 (331 f.); 108, 224 (227 f.); NJW 1984, 2519; näher *Hebeler* VerwArch 98 (2007), 136 ff.

[116] ZB *Gurlit* (Fn. 46), Art. 34 Rn. 27; *Papier* (Fn. 7), Art. 34 Rn. 195; *Rüfner* (Fn. 7), Art. 34 Rn. 60; *Höfling* GVwR III, § 51 Rn. 69; *Windthorst* DWS, § 19 Rn. 157 ff.; *Fetzer* Die Haftung des Staates für legislatives Unrecht, 1994, S. 88 ff.; *Hartmann*, Öffentliches Haftungsrecht, 2013, S. 172 ff.; *Hartmann/Jansen* DVBl 2015, 755 ff.; nur unter best. Vorauss. auch *Morlok* GVwR III, § 54 Rn. 63; differenz. *Schmitt/Werner* NVwZ 2017, 24 ff.

[117] Ebenso *Jarass* (Fn. 4), Art. 34 Rn. 16; *v. Danwitz* (Fn. 14), Art. 34 Rn. 112 ff.; *Ossenbühl/Cornils*, S. 106.

[118] BGHZ 108, 224 (227); NJW 2005, 74; NVwZ-RR 2012, 54 Rn. 14; NJW 2013, 3370 Rn. 14; NJW 2018, 2264 Rn. 11: „besondere Beziehung zwischen der verletzten Amtspflicht und dem geschädigten Dritten"; NVwZ 2018, 1333 Rn. 25; *Jarass* (Fn. 4), Art. 34 Rn. 15; *Ossenbühl/Cornils*, S. 106.

[119] *Ossenbühl/Cornils*, S. 108 f.; *Gurlit* (Fn. 46), Art. 34 Rn. 27; *Baumeister/Ruthig* JZ 1999, 117 ff.

[120] Vgl. BGHZ 110, 196 (200); 111, 125 (133); 126, 217 (219); 141, 129 (136); NVwZ 2006, 246.

[121] Für letzteres BGH NJW 2017, 397 Rn. 33 f.

als die tatsächl. eingetretene sein würde, hat die Pflichtverl. den Schaden verursacht u. ist haftungsrelevant.[122]

Der Kausalzusammenh. zw. Amtspflichtverl. u. Schaden ist – wie im übrigen SchadensersatzR – nur **49** zu bejahen, wenn der Schaden iSd maßgebl. **Adäquanztheorie** Folge der Pflichtverl. ist. Völlig ungewöhnl. u. unvorhersehbare Geschehensabläufe bleiben außer Betracht.[123] Nicht erforderl. ist, dass der Verlauf der Ereignisse, die den Schaden bewirkt haben, im Detail vorauszusehen war.[124] Der Geschädigte trägt nach allg. Grds. die **Beweislast** für den Kausalzusammenh. zw. Pflichtverl. u. Schaden.[125] Im Falle einer **fehlerhaften ErmessensE** darf Kausalität nur angenommen werden, wenn **feststeht,** dass der Schaden nicht eingetreten wäre, wenn der Amtsträger pflichtgem. gehandelt hätte.[126] Besteht die Amtspflichtverl. in einem **Unterl.**, darf Kausalität nur dann angenommen werden, wenn der Schaden bei amtspflichtgem. Verhalten **mit an Sicherheit grenzender Wahrscheinlichkeit** nicht eingetreten wäre.[127]

## IV. Verschuldens(un)abhängigkeit der Staatshaftung

Aus Art. 34 S. 1 selbst ergibt sich nicht, dass der Amtshaftungsanspruch verschuldensabh. ist. Das **50** Verschuldenserford. folgt daraus, dass Art. 34 S. 1 zusammen mit § 839 BGB die Anspruchsgrundl. des Amtshaftungsanspr. ist (→ Rn. 3) – bzw. dass nach herkömml. Auffassung § 839 BGB die haftungsbegründende Vorschr. u. Art. 34 S. 1 die haftungsüberleitende Vorschr. ist.[128] Da Art. 34 aber nur eine staatshaftungsrechtl. Mindestgarantie enthält,[129] könnte der GesGeber von dem Verschuldenserford. im AmtshaftungsR absehen.[130]

Bereits jetzt stellt die Rspr. bei dem Verschuldenserford. des § 839 I 1 BGB nicht auf die individ. **51** Kenntnisse u. Fähigkeiten des handelnden Bediensteten ab, sondern auf die an einen pflichtgetreuen Durchschnittsbed. gestellten Anforderungen, dh auf eine obj. erforderl. Sorgfalt.[131] Insow. ist das eigentl. subj. Verschulden **entindividualisert.**[132] Auf Amtsträger, die zur Gefahrenabwehr handeln, ist § 680 BGB (Haftungsbeschränkung auf Vorsatz u. grobe Fahrlässig) nicht analog anwendbar.[133] Mangelhafte RKenntnis ist grds. ein relevanter PflVerstoß,[134] es sei denn, die RLage war völlig ungeklärt oder ein aus mehreren Berufsrichtern bestehendes Kollegialger. hatte das Verhalten des Amtstr. als rechtm. oder amtspflichtgem. beurteilt, so dass von Beh. u. ihren Bediensteten keine bessere RKenntnis erwartet werden konnte (sog. **Kollegialgerichtsklausel**).[135] Allerd. gilt diese Kollegialgerichtsklausel nur, wenn der Amtstr. eine zweifelhafte u. nicht leicht zu beurteilende RLage beantworten musste.[136] Außerdem gilt sie vor allem dann nicht (kein Verschuldensausschlussgrund), wenn die Entsch. des Kollegialger., die das Handeln des Amtstr. gebilligt hat, evident falsch ist,[137] wesentl. rechtl. Gesichtspunkte nicht berücksichtigt hat oder auf einer unzureichenden tatsächl. u. rechtl. Bewertungsgrundl. beruht,[138] nach ledigl. summarischer Prüfung erfolgt ist (insbes. gem. §§ 80 V, 123 VwGO)[139] oder wenn vom handelnden Amtstr. besond. Sachverstand zu verlangen ist.[140]

---

[122] BGHZ 96, 157 (171); NVwZ 1997, 714; NVwZ 2001, 1193; BeckRS 2006, 07551. Zum adäquaten Kausalzusammenh. bei Unterl. BGH VersR 1983, 1031; VersR 1984, 333; NVwZ 1994, 823. Zur Kausalität bei VfFehlern BGHZ 63, 319 (325). Zur haftungsausfüllenden Kausalität BGH NJW-RR 1994, 1171; NJW-RR 1995, 248; NJW-RR 1996, 625.

[123] BGH NJW 1989, 99; NJW 1992, 2086; NVwZ 1994, 825; BeckRS 2006, 07551.

[124] BGH NJW 1982, 572; NJW 1990, 176; NJW 1992, 2086; NVwZ 2002, 1143. Zu den Beweiserleichterungen nach § 287 ZPO BGH NJW 2003, 3049.

[125] BGH NJW 1983, 2241 (2242); NJW 1995, 2344 (2345); zu Fällen der BewNot und BewErleichterung *Will/Quarch* (Fn. 43), § 3 Rn. 21 ff.

[126] BGH VersR 1982, 275; NVwZ 1985, 682; NVwZ 1994, 409; BVerwG NVwZ 1989, 1156; *Papier* (Fn. 7), Art. 34 Rn. 214; vgl. aber BGH NVwZ 2009, 787 Rn. 24: Maßgeblichk. des voraussichtl hypothet. Kausalverl.

[127] BGH NJW 2005, 71; *Papier* (Fn. 7), Art. 34 Rn. 215.

[128] BVerfGE 61, 149 (198).

[129] BVerfGE 61, 149 (199).

[130] Vgl. BVerfGE 61, 149 (198 f.); BVerfG(K) NVwZ 1998, 271.

[131] BGHZ 73, 161 (164); 119, 365; 130, 332; 132, 181; 134, 268 (274); 139, 200 (203); NVwZ 2020, 90 Rn. 49.

[132] So zu Recht *v. Danwitz* (Fn. 14), Art. 34 Rn. 95.

[133] BGH NJW 2018, 2723 Rn. 53 ff.; ebenso für Sportlehrer, die bei einem im Sportunterricht eintretenden Notfall tätig werden, BGH NJW 2019, 1809 Rn. 27 ff. – auch zu den Vorauss. einer (analogen) Anwendung des § 680 BGB auf Amtshaftungsanspr.

[134] Vgl. etwa BGHZ 117, 240 (249); NJW 1993, 3065 (3066); NVwZ 2020, 90 Rn. 49.

[135] BGH NVwZ 2001, 465; NVwZ 2002, 124; NVwZ 2002, 1793; NVwZ-RR 2003, 166; BVerwGE 97, 214 (222 f.); NVwZ 1985, 265; NJW 1994, 3158; NVwZ 2006, 212 (213); sie ist auch auf andere verschuldensunabh. Haftungsinstitute des öR anwendbar wie zB auf Schadensersatzanspr. aus Verletzung von Pflichten aus dem Beamtenverh., BVerwGE 124, 99 (105 ff.); OVG NRW DVBl 2016, 447 (449).

[136] BGH JZ 2011, 471 Rn. 37.

[137] BGH NJW 1980, 1679.

[138] BGH NJW 2003, 1311; BVerwG NVwZ 2006, 212 Rn. 30.

[139] BGHZ 117, 240 (250); NJW 1986, 2954; anders, wenn das Ger. eine eingeh. Prüfung vorgenommen hat, BVerwG NVwZ 2006, 212 Rn. 29.

[140] BVerwG NVwZ 2006, 212 Rn. 28; OLG Koblenz NVwZ 2002, 765; VGH Kassel NVwZ 2012, 1351.

**52**     Das nach § 839 I 1 BGB erforderl. Verschulden muss sich nur auf die Amtspflichtverl. beziehen, nicht auch auf den eingetr. Schaden u. die Kausalität der Amtspflichtverl. für den Schaden.[141] Für die RVerfolgung brauchen Namen von Bediensteten nicht angegeben zu werden; es reicht der Hinweis auf das Behördenhandeln.[142]

**53**     Der BGH hat durch die RFigur des **Organisationsverschuldens** zusätzl. (einzelfallabhängig) auch **Ausstattungs-, Ausbildungs- u. Aufsichtsmängel** dem RTräger angelastet.[143] Allerd. wird auch in diesen Fällen letztl. wieder auf das Fehlverhalten derjenigen Personen abgestellt, die für den Organisationsmangel verantwortl. sind.

## C. Die Haftungsfolgen nach Art. 34 S. 1

### I. Grundsätzliche Verantwortlichkeit der öffentlichen Gewalt

**54**     Die RFolge pflichtw. Ausübung ö. Gewalt besteht nach dem Wortlaut des Art. 34 S. 1 in der grds. Verantwortlichkeit des passivlegitimierten Trägers ö. Gewalt (→ Rn. 77 ff.), also in seiner **Einstands- u. Kompensationspfl.** für den dadurch entstandenen Schaden. Darunter ist kein best. Schadensausgl. für Einbußen an vermögenswerten oder nichtvermögenswerten Rechten zu verstehen, auch nicht eine best. Art u./oder Mindesthöhe. Der Schadensausgl. kann vielmehr durch grds. vollen oder teilw. **Schadensersatz oder angem. Entschädigung** in Geld, durch Naturalrestitution u./oder durch sonst **Folgenbeseitigung**, auch durch eine Kombination verschiedener Schadensausgleichsarten erfolgen. Anderes kann sich allerd. aus § 839 BGB u. den §§ 249 ff. BGB ergeben.

**55**     Art. 34 S. 1 schließt zugl. eine persönl. **delikt.** Haftung des Amtsträgers für hoheitl. Handeln aus.[144] Für andere Anspr. gilt dies nicht.[145]

### II. Ausnahmen von der Staatshaftung

**56**     **1. Die Vorgabe des Art. 34 S. 1.** Aus dem Wort „grundsätzlich" in Art. 34 S. 1 folgt, dass die Staatshaftung bei vorangegangenem hoheitl. Unrecht nicht zum lückenlosen Prinzip verdichtet ist, sondern **Ausnahmen zul.** sind, die Raum für **gesetzl.** Regelungen lassen, von der Einstandspfl. des Staates ganz oder zT abzusehen, ggf. stattdessen eine persönl. Haftung des hoheitl. handelnden Organs bzw. Organwalters vorzusehen, sofern der Geschädigte trotz hoheitl. Unrechts nicht völlig schutzlos gestellt wird. Daher verstoßen Haftungsbeschr. oder -ausschlüsse nicht von vornherein gegen das GG, sofern **gewichtige sachl. Gründe** des Allgemeinwohls eine Ausnahme von der Staatshaftung fordern, ihr Kern mit einer angem. Entschädigung unberührt bleibt u. die Grds. der Gleichbehandlung gleichgelagerter Fälle u. der Verhältnism. beachtet sind.[146]

**57**     **2. Haftungsausschlüsse und -beschränkungen in § 839 BGB.** Im geltenden AmtshaftungsR findet sich bereits in § 839 BGB eine Reihe von Haftungsausschlüssen u. -beschränkungen, nämlich die Subsidiaritäts- (§ 839 I 2), die Gerichts- (§ 839 II BGB) u. die RMittelklausel (§ 839 III BGB). Die Haftungsminderung bei **Mitversch.** nach § 254 BGB,[147] die **Vorteilsausgleichung** u. die **Verjährung** (§§ 194 ff. BGB)[148] sind keine Haftungsausschl. oder -beschr., sondern entsprechen allg. Schadensersatzgrds. u. stellen keine Besonderh. des StaatshaftungsR dar. Hiervon zu unterscheiden sind die Beschr. der Haftung durch Sonderregelungen außerh. des § 839 BGB (→ Rn. 71 ff.).

**58**     **a) Subsidiaritätsklausel (§ 839 I 2 BGB).** Die Subsidiarität der Amtshaftung bei Fahrlässigkeit war ursprüngl. eine beamtenschützende Vorschr. **(sog. Beamtenprivileg).** Nach der Haftungsübernahme durch den Staat kommt diese Regelung iE dem Staat zugute u. ist insoweit **Fiskalprivileg.** Sie wird desh. überw. als antiquiert angesehen, weil die ursprüngl. ratio legis entfallen ist.[149] Sie war desh. im StHG 1981/BRD auch nicht mehr enthalten. § 839 I 2 BGB gilt zugunsten des **persönl.**

---

[141] BGH NJW 2003, 1312.

[142] BGHZ 106, 323 (330); NVwZ 1986, 504.

[143] BGHZ 66, 302 (312); NJW 1964, 41 (44); DVBl 1978, 146 (147); UPR 1986, 306 (308); zur Personal- und Finanzausstattung von (Justiz-)Beh. BGH NJW 2007, 830; *Schlick* NJW 2008, 130.

[144] BGH NJW 2014, 2577 Rn. 7.

[145] BGHZ 29, 38 (43 ff.) zu Anspr. aus § 7 StVG (dazu *Ogorek* JA 2016, 285 f.); NJW 2014, 2577 Rn. 8 ff.; so auch BGH NJW 1992, 1311 zum urheberrechtl. Unterlassungsanspr.; schuldrechtl. Anspr. scheiden allerd. idR desh. aus, weil zw. dem Amtstr. und dem Geschädigten kein Schuldverh. besteht, vgl. BGH NVwZ 2012, 381 ff.

[146] BVerfGE 61, 149 (199); ebenso BGHZ 9, 289; 12, 89; 13, 241; 61, 7 (14); 62, 372 (377); 76, 375 (379); 99, 62 (64); NJW 1988, 129; *Papier* (Fn. 7), Art. 34 Rn. 240; *Dagtoglou* (Fn. 4), Art. 34 Rn. 34; ferner *Ossenbühl/Cornils,* S. 80 ff.; vgl. BVerfG NVwZ 1991, 661 zur Gegenseitigkeitsverbürgung im StaatshaftungsR; dazu Rn. 73 f.

[147] § 254 BGB wird vom BGH in einem weiten Sinne zur Erzielung sachgerechter Ergebnisse im Einzelfall verwendet, BGH NJW 1992, 1953; NJW 1994, 2087; NJW 1995, 865; zum BauR BGH NJW 2002, 432; NJW 2002, 1266; NVwZ 2003, 501; NJW 2008, 2502; *Rinne/Schlick* NJW 2004, 1928; *Schlick* DVBl 2007, 457; NJW 2009, 3139 jeweils mwN.

[148] Hierzu noch Rn. 92; zur Verjährung im StaatshaftungsR *Heselhaus* DVBl 2004, 411.

[149] Vgl. *v. Danwitz* (Fn. 14), Art. 34 Rn. 100 mwN.

haftenden Beamten bei privatrechtl. Handeln uneingeschr. fort.[150] § 839 I 2 BGB ist nur auf Amts-haftungsanspr. anwendbar, nicht auch auf andere (konkurrierende) Anspr. gegen die ö. Hand wie etwa vertragl. Anspr.[151] Die Rspr. des BGH hat den Anwendungsber. des § 839 I 2 BGB stark **eingeengt,** aber nicht grds. in Frage gestellt.[152] Eine anderw. Ersatzmöglichk. entfällt etwa im Bereich der Teil-nahme am allg. Straßenverkehr mit Behördenfahrzeugen, da der Straßenverkehr auf der Gleichheit der Rechte u. Pflichten für alle Verkehrsteiln. beruht u. der Staat nicht besser als Private stehen soll, sofern nicht von hoheitl. SonderR im Straßenverkehr Gebrauch gemacht wird.[153] Der Wegfall des Ver-weisungsprivilegs gilt auch für die als Amtspfl. zu erfüllende Straßenverkehrssicherungspfl.[154]

Nach der Rspr. des BGH gilt die Verweisungsmöglichk. nicht, wenn sich der anderw. Ersatzanspr. **59** gegen eine gesetzl. oder private Versicherung richtet u. auf eigenen Leistungen (Arbeitsaufwand, Geldleistungen) des geschädigten AnsprStellers beruht (zB Anspr. auf Lohnfortzahlung, Kranken-, Lebens-, Kasko-, RSchutzversicherung).[155] Dasselbe gilt für die gesetzl. Unfall- u. Rentenversiche-rungsanspr.[156] Insges. hält sich der BGH die Möglichk. zu differenzierender Betrachtung je nach Sachlage im Einzelfall, etwa bei den Altlastenfällen u. der Verweisung auf Bauträger u. Grundstücks-verkäufer,[157] offen.[158] Unanwendbar ist § 839 I 2 BGB generell, wenn sich der anderw. Ersatzanspr. gegen denselben oder einen anderen Hoheitstr. richtet.[159] Die ö. Hand wird als **Haftungseinheit** behandelt.

Die Verweisung auf Leistungen Dritter setzt für den Geschädigten stets voraus, dass anderw. Ersatz **60** alsbald, dh **in absehbarer angemessener Zeit** erreichbar u. desh. eine **zumutbare Alternat.** ist; auf unsichere u. iE zweifelhafte Vorgehensweisen gegen Dritte muss sich der Geschädigte nicht verweisen lassen.[160] Maßgebend für das Bestehen einer anderw. Ersatzmöglichk. ist grds. der Zeitpunkt der Klageerhebung.[161]

**b) Richterspruchprivileg (§ 839 II BGB).** Beruht die Amtspflichtverl. auf einem fehlerhaften **61** gerichtl. Urt., besteht nach § 839 II 1 BGB ein Amtshaftungsanspr. nur, wenn die Pflichtverl. zugl. eine Straftat ist (Richterbestechlichkeit, § 332 II StGB, u. RBeugung, § 339 StGB). § 839 II 1 BGB bezweckt die Sicherung der RKraft gerichtl. Entsch.[162] Sachl. erstreckt sich diese Vorschr. desh. nicht nur auf Urt. im rechtstechnischen Sinn, sondern auch auf andere **gerichtl. Entsch., die rkraftfähig sind.** Dies gilt nicht nur für sog. urteilsvertretende Beschl., sondern auch für Beschl. in Vf. des vorl. RSchutzes (zB §§ 80, 80a, 123 VwGO).[163] Auch solche Beschl. sind rkraftfähig.

§ 839 II 1 BGB gilt schließl. auch für **richterl. Maßn.,** die die Grundl. für eine unter § 839 II 1 **62** BGB fallende Entsch. schaffen sollen, wie zB Beweisbeschl. oder das Verlesen von Schriftstücken, die den Angekl. eines StrafVf. betreffen.[164] Andere richterl. Maßn., die keinen derartigen inneren Zu-sammenh. mit einer rkraftfähigen Entsch. aufweisen, wie zB Entsch. im KostenfestsetzungsVf. oder über Prozesskostenhilfeantr. oder die pflichtw. Nichtbearbeitung von Gerichtsakten (dazu § 839 II 2 BGB),[165] sind nicht durch § 839 II 1 BGB privilegiert.[166] Verletzt ein Richter durch eine derartige Maßn. seine Amtspfl., haftet er bzw. die dahinter stehende Körperschaft schon bei Fahrlässigk. Der Hinweis auf die in Art. 97 I GG garantierte Unabhängigkeit der Ri. vermag eine Haftungsbeschr. auf Fälle grob fahrl. Amtspflichtverl. nicht zu begründen.[167]

---

[150] BGHZ 85, 393 (395 f.); 89, 263 (273 f.).

[151] BGHZ 6, 3 (23); NJW 1983, 1374 (1378); NJW 1988, 2946; *Palandt/Sprau,* § 839 Rn. 55.

[152] BGH NJW 1992, 911; NVwZ 2006, 117; *Schlick* NJW 2008, 132.

[153] BGHZ 68, 217; 85, 225; 113, 164; NVwZ 2001, 835; *Ogorek* JA 2016, 285 f.

[154] BGHZ 123, 102 (104); NVwZ-RR 2014, 252 Rn. 21; zu Verkehrsüberwachungspfl. BGH NJW 1984, 2097; VersR 1984, 1190; VersR 1989, 526; → Rn. 22.

[155] BGHZ 62, 380 (383 f.); 79, 26 (31 ff.); 79, 35 (36 f.); 85, 230 (232 ff.); NJW 2018, 2264 Rn. 22.

[156] BGH NJW 1983, 2191; NJW 1992, 2041; NJW 1992, 2691; NJW 1995, 1558; *Schlick/Rinne* NVwZ 1997, 1171 ff. mwN auch zu § 46 BeamtVG, § 91a SVG.

[157] Hierzu BGH NJW 1991, 2900; NJW 1992, 1953.

[158] BGH NJW 1981, 518; *Kreft,* RGRK-BGB, § 839 Rn. 490 ff.; *Ossenbühl/Cornils,* S. 82 ff.; ferner die Nw. bei *Palandt/Sprau,* § 839 Rn. 54 ff.; *Schlick/Rinne* NVwZ 1997, 1174 f.

[159] BGHZ 13, 88 (101 ff.); 50, 271 (273); 62, 394 (396 ff.); DÖV 2003, 253 f.

[160] BGH DVBl 1993, 602; NJW-RR 1995, 248; NJW 2002, 1266; BGH-Report 2007, 962.

[161] BGH BeckRS 2006, 05112; *Schlick* NJW 2008, 132.

[162] BVerfG (K) NJW 2013, 3630 Rn. 35; *Ossenbühl/Cornils,* S. 102; *Windthorst* DWS, § 10 Rn. 42; verfehlt EuGH NJW 2003, 3540 Rn. 39.

[163] So auch BGH JZ 2005, 679 m. zust. Anm. *Schenke* zu einstw. AO durch § 123 VwGO sowie Arrestbeschl. und einstw. Verfügungen nach §§ 922, 935 f ZPO; zust. *Meyer* NJW 2005, 864 f.; *Ossenbühl/Cornils,* S. 103; aA BGHZ 155, 306 ff. zu einer einstw. AO nach §§ 70h, 69f I FGG; *Wollweber* DVBl 2004, 511.

[164] Dazu BGH NJW 2011, 1072 Rn. 13; billigend BVerfG (K) NJW 2013, 3630 Rn. 34 f.

[165] Zu Letzterem ausführl. *Remus* NJW 2012, 1403 ff.

[166] OLG Dresden SächsVBl 2009, 293, das einen Regressanspr. des Dienstherrn geg. den Richter nach Art. 34 S. 2 bejahte; *Ossenbühl/Cornils,* S. 103; krit. und aA für Entsch. im ProzesskostenhilfeVf. *Tombrink* NJW 2002, 1324 ff. Die Grenze zw. § 839 II 1 u. 2 BGB ist allerd. fließend, dazu BVerfG (K) NJW 2013, 3630; BGH NJW 2011, 1072; *Steinbeiß-Winkelmann* NJW 2014, 1276 ff.

[167] So aber BGHZ 155, 306 (309 f.) – freilich zu einem Gerichtsbeschl., der nach hier vertr. Auffassung unter § 839 II 1 BGB fällt; NJW 2011, 1072 Rn. 14; OLG Frankfurt NJW 2001, 3270 f. unter Hinw. auf BGH NJW-RR 1992,

**63**     Auch soweit es um andere, keiner mat. R.Kraft fähige Entsch. der Justiz geht, bleibt es bei der allg. Haftung. Dazu gehören etwa Maßn. der **JustizVw** einschl. der freiw. Gerichtsbarkeit, der Gerichtsvollz.[168] sowie der Staatsanwaltschaft,[169] ferner in Vf. zur Bewilligung von Vorschüssen u. die Bemessung von Stundensätzen bei der Vergütung von Sachverständigen,[170] Beschl. im Vollstreckungs- u. InsolvenzVf.,[171] im FGG-UnterbringungsVf.[172] u. bei der Genehmigung von R.Geschäften nach §§ 1915, 1821 BGB.[173]

**64**     **c) Rechtsmittel(nicht)gebrauch (§ 839 III BGB).** Nach § 839 III BGB tritt die Ersatzpfl. nicht ein, wenn der Verletzte vorsätzl. oder fahrl. unterlassen hat, den Schaden durch Gebrauch eines RM abzuwenden. Nach der Rspr. des BGH wird diese Vorschrift als **Ausprägung** der allg. Grunds. **des Mitverschuldens** (§ 254 BGB) u. der Pflicht zur Schadensminderung verstanden[174] u. – anders als beim Verschuldenserfordernis für Amtshaftungsanspr. (→ Rn. 50 ff.) – stark einzelfallbezogen (→ Rn. 70) angewendet, wobei die **Zumutbarkeit** des konkr. R.MGebrauchs eine wichtige Rolle spielt.[175]

**65**     Bei ör Betrachtung hat diese Regelung in erster Linie die Funktion, das Prinzip des **Vorrangs des primären R.Schutzes** zur Schadensabwendung durch den Gebrauch von RB u. RM vor demjenigen des sekund. R.Schutzes durch Schadenskompensation sicherzustellen: Denn wenn u. soweit eine Schadensabwendung durch RMGebrauch mögl. u. zumutbar war, besteht kein vernünftiger Grund für eine Kompensationspfl. des Staates. § 839 III ist daher verfrechtl. unbedenkl.

**66**     **RM** iSd Rspr. des BGH sind alle nach der gesetzl. Ordnung zugelassenen ordentl. u. außerordentl. RB, die sich **unmittelbar** gegen die schädigende Amtshandl. oder Unterl. richten u. zur Schadensabwendung geeignet sind,[176] also nicht nur vwgerichtl. Klagen, sondern auch vorl. R.Schutzmittel nach § 80 VwGO[177] oder § 123 VwGO,[178] ferner der Widerspr. nach § 68 VwGO, Antr. nach § 51 VwVfG[179] oder Antr. nach § 108 I StVollzG[180] u. – was nicht überzeugt – auch nichtförml. Gegenvorstellungen, Dienst- u. Fachaufsichtsbeschw.[181] Die VB ist nach BGH kein RM iSv § 839 III BGB.[182]

**67**     Wird ein **RB fehlerhaft oder unvollst.** eingelegt, rechtfertigt dies nicht die Anwendung des Abs. 3; nur wenn jede Begründung fehlt u. dies dazu führt, dass von einer ernsthaften RBEinlegung keine Rede sein kann, ist ein Amtshaftungsanspr. ausgeschl.[183] RBVf. gegen Dritte, die den aus der Amtspflichtverl. drohenden Schäden begegnen oder schon eingetretene Schäden wiedergutmachen sollen, fallen nicht darunter.[184] Erforderl. ist nur, dass **ein** geeigneter RB ergriffen wird. Eine **RWegerschöpfung,** wie sie § 90 II 1 BVerfGG vorsieht, verlangt § 839 III BGB nicht. Der Geschädigte darf sich aber nicht mit einem schwächeren u. ineffektiveren RM begnügen.[185]

**68**     Der RB muss sich **unmittelbar** gegen die Amtspflichtverl. richten.[186] RB, die auf die Beseitigung eines bereits eingetr. Schadens gerichtet sind, fallen deshalb nicht unter § 839 III BGB.[187] Dies gilt insbes. für die Geltendmachung eines FBA.[188] Er kann sich zwar auch gegen eine amtspflichtw. Handlung (zB einen VA) richten, ist aber primär ein Anspr. auf die Beseitigung der rechtsw. Folgen ör

---

919 f.; NJW 1987, 225; dageg. zu Recht *Brüning* NJW 2011, 1077; *Zuck* JZ 2011, 477; *Schlaeger* NJW 2001, 3244; vgl. auch BVerfG (K) NJW 2013, 3630 Rn. 35.

[168] BGH NJW-RR 2009, 658.

[169] BGH NJW 2003, 3693; NVwZ-RR 2005, 154.

[170] BGH VersR 1984, 77.

[171] BGH ZIP 1986, 319; WM 1986, 652; NJW 2000, 3358.

[172] BGH DVBl 2004, 510.

[173] BGH WM 1986, 1151; vgl. aber BGH NJW-RR 1995, 248 zu Bezirksnotaren als Vormundschaftsri.

[174] BGHZ 56, 57 (63); NJW 2013, 3237 Rn. 28.

[175] Etwa BGHZ 45, 290; 56, 57; 113, 17 (22); NVwZ 2001, 709; NJW-RR 2007, 449; NJW 2013, 3176 Rn. 20; ebenso BVerwGE 162, 253 Rn. 33 ff.

[176] BGHZ 123, 1 (7); 137, 11 (23); 181, 199 Rn. 25; NJW 2013, 3176 Rn. 19; NJW 2013, 3237 Rn. 18.

[177] BGH NJW 1986, 1107 (1109); BGH NVwZ 2001, 352.

[178] BGH NJW 1995, 2918.

[179] *Rohlfing,* Die Nachprüfbarkeit bestandskräftiger Verwaltungsakte im Amtshaftungsprozeß, 2000, S. 215 ff.

[180] BGH NJW 2013, 3176 Rn. 19 (Verlegungsantr. eines Strafgefangenen).

[181] BGH WM 1985, 336 (338); VersR 1985, 358 (359); NJW 1986, 1924; NJW 1993, 3061 (3063); NJW 2013, 3237 Rn. 18; ebenso BVerwGE 162, 253 Rn. 26 ff.; gegen die uferl. Ausdehnung auf idR frist-, form- und fruchtl. Gegenvorst. und Dienstaufsichtsbeschw. und – mit Recht – für die Begrenzung auf förml. RB etwa *Schoch* Jura 1988, 650; *v. Danwitz* (Fn. 14), Art. 34 Rn. 104; *Papier* (Fn. 7), Art. 34 Rn. 270; so ausdrückl. auch § 6 S. 1 StHG-1981.

[182] BGHZ 30, 18 (28); zust. *Ossenbühl/Cornils,* S. 96; *Maurer/Waldhoff* (Fn. 7), § 26 Rn. 32.

[183] BGHZ 56, 57 (59).

[184] BGH NJW 1960, 1718 (1719); NJW 1978, 1522 (1523); NVwZ 1994, 409 (410).

[185] BGH NJW 2013, 3176 Rn. 22.

[186] Nw. in Fn. 176.

[187] AA BVerwGE 162, 253 Rn. 26.

[188] BGH NJW 2013, 3237 Rn. 17 ff., 23 ff. zum sozialrechtl. Herstellungsanspr.; *Ossenbühl/Cornils,* S. 397; *Windthorst* DWS, § 10 Rn. 59 f., § 11 Rn. 31; *Sproll,* ebenda, § 18 Rn. 3; *Tremml/Karger/Luber,* Der Amtshaftungsprozess, 4. Aufl. 2013, Rn. 431; *Thiele* (Fn. 43), S. 64; aA *Pieper* (Fn. 4), Art. 34 Rn. 82.

Handelns. Allerd. kann der Geschädigte analog § 254 II 1 BGB auf einen ihm zustehenden FBA verwiesen werden, soweit die Naturalrestitution für die haftende Körperschaft wirtschaftl. günstiger u. dem Geschädigten, auch unter Berücksichtigung eines etwaigen verbleibenden Restamtshaftungsanspr., zumutbar ist.[189]

Zw. der Nichtnlegung des RB u. dem Eintritt des Schadens muss ein **adäquater Kausalzusam-** **69** **menh.** bestehen, dh der RB muss bei normalem Verlauf geeignet gewesen sein, den eingetr. Schaden abzuwenden oder zu mindern.[190] Nur wenn u. soweit ein (zul.) RB zur Schadensabwehr geeignet war, kann der Nichtgebr. haftungsrelevant sein. Für die Anwendung des Abs. 3 reicht es aus, dass der RB zwar nicht zur vollen, aber zur **teilw.** Schadensabwendung oder -minderung geführt hätte.[191] Insow. besteht dann kein Amtshaftungsanspr.

Ferner muss die Nichteinlesung des RB **schuldhaft**, also vorsätzl. oder fahrl. gewesen sein.[192] Dabei **70** ist auf die objektiv-individ. Verhältnisse des Betroffenen abzustellen, so dass nach der Rspr. des BGH nur das Maß an Einsicht u. Umsicht gefordert werden kann, das Angehörigen des betr. Kreises abverlangt werden kann; der Betr. muss unter diesen Vorauss. – auch wenn RKenntnisse fehlen – ggf. rkundigen Rat einholen.[193] Der RBGebrauch muss ferner wesentl. schneller zum Ziel führen.[194] Verschulden des Anwalts ist dem Verletzten zuzurechnen.[195] Soweit § 839 III BGB anwendbar ist, führt er – anders als § 254 BGB – zu einem vollst. Haftungsausschl.[196]

### 3. Haftungsbeschränkungen und -ausschlüsse durch Spezialgesetze. a) Grundsatz. Haf- **71**
tungsausschl. u. -beschr. sind **durch Ges. oder aufgr. Gesetzes** zul., weil das Prinzip der Staatshaftung durch Art. 34 (wie das Wort „grundsätzlich" belegt) nicht zum lückenlosen Prinzip verdichtet ist u. Ausnahmen zulässt.[197] Diese müssen aber durch gewichtige **sachl. Gründe** geboten sein, dem **Verhältnismäßigkeitspr.** entsprechen und dürfen den **Kern** der Staatshaftung nicht berühren.[198] Landesrechtl. Vorschr., die die Staatshaftung beschr. oder ausschließen, sind daher im Grds. in Kraft geblieben.[199] **Gemeindl. Satzungen** ohne spezielle Ermächtigungsgrundl. im Bundes- oder LandesR reichen für eine Haftungsbeschr. nach § 839 BGB nicht aus.[200]

### b) Sog. Gebührenbeamte und Notare. Nach § 5 Nr. 1 RBHaftG entfällt die Schuldübernahme **72**
bei den sog. Gebührenbeamten. Das sind Amtstr., die die für ihre Amtshandlungen anfallenden Entgelte nicht an den Staat abführen müssen, sondern für sich behalten dürfen. Wenn sie damit in finanzieller Hinsicht wie Privatpers. gestellt sind, obwohl sie durch Ges. oder aufgr. Ges. hoheitl. Aufgaben in eigenem Namen u. eigener Verantwortung wahrnehmen, ist es sachl. gerechtfertigt, sie auch haftungsmäßig wie Privatpers. zu behandeln.[201] **Notare** sind Beliehene. Sie erfüllen durch die Urkundstätigkeit hoheitl. Aufgaben u. sind damit Teil mittelb. StaatsVw. Sie haften nach § 19 BNotO persönl.; eine Haftungsüberleitung auf den Staat findet nicht statt.[202] Zur Abdeckung des Schadensrisikos müssen sie eine Berufshaftpflichtvers. abschließen (§§ 19a, 67 II Nr. 3 BNotO).[203]

### c) Staatshaftung gegenüber Ausländern. Nach § 7 RBHaftG aF u. entspr. (inhaltl. unterschiedl.) **73**
LandesG stand den Angehörigen eines ausländ. Staates ein Amtshaftungsanspr. nur insoweit zu, wie nach einer im BGBl enthaltenen Bekanntmachung (jetzt: des zust. BMJ) durch die GesGebung des ausländ. Staates oder durch Staatsvertr. die **Gegenseitigkeit** verbürgt war. Diese Regelung ist von der Rspr. des BVerfG ausdrückl. als verfassungsm., insbes. mit dem Gleichheitssatz vereinbar, bestätigt worden.[204] Die Gegenseitigkeit ist verbürgt, wenn eine dem dt. Recht sachl. gleichwertige Regelung die Befriedigung von Staatshaftungsanspr. Deutscher sicherstellt; nur fakt. geübte Gegenseitigkeit genügt nicht.[205]

---

[189] BGH NJW 2013, 3237 Rn. 29.

[190] BGH NJW 1993, 3061.

[191] BGH NJW 1986, 1924.

[192] BGHZ 108, 224 (230). Beim Mitversch. nach § 254 BGB müssen nach BVerfG (K) NJW 2003, 125 f. die GrR beachtet werden.

[193] BGH NVwZ 1991, 915; zur Vorwerfbarkeit von Nichtstun BGH NJW 1977, 1287 (1288); zur Frage der Unsicherheit der Erfolgsauss. von RB BGHZ 122, 363; NJW 1984, 2516 (2520); NVwZ 2001, 709.

[194] BGHZ 128, 346.

[195] St. Rspr. seit RGZ 138, 114 (117); 163, 121 (125).

[196] BGH NJW 2013, 3176 Rn. 25.

[197] Vgl. BVerfGE 61, 149 (198); abl *Maurer/Waldhoff* (Fn. 7), § 26 Rn. 41.

[198] BVerfGE 61, 149 (199); BGHZ 62, 372 (376 f.); 99, 62 (64); *Papier* (Fn. 7), Art. 34 Rn. 240.

[199] BVerfGE 61, 149 (199); BGHZ 9, 289; 12, 89; 13, 241; 76, 375 (379).

[200] BGHZ 61, 7; NVwZ 2008, 238; *Papier* (Fn. 7), Art. 34 Rn. 242; *Jarass* (Fn. 4), Art. 34 Rn. 23; aA BayVGH NVwZ 1985, 344; *Reiter* BayVBl 1990, 771.

[201] S. bereits RGZ 134, 178 (180); BGHZ 62, 372 (378); 135, 354 (356).

[202] BGH NVwZ 2002, 373; näher *Haug*, Die Amtshaftung des Notars, 1997.

[203] Zu Besonderh. für die Notare im Dienst des Landes BW § 51 II BW AGBGB idF vom 15.12.1986, GBl S. 467; vgl. auch BGH NJW-RR 1995, 248.

[204] BVerfG NVwZ 1983, 89; NVwZ 1991, 661; NJW 2006, 2542; ebenso BGHZ 76, 375 (381); 76, 387 (389); 99, 62 (64 ff.); NJW 1985, 1287. Nachträgl. Erwerb der dt. Staatsangehörigkeit hindert den Haftungsausschl., vgl. BGHZ 77, 11.

[205] BGH NJW 1981, 518; NJW 1985, 1287 (1288).

74      Durch Art. 6 des AuslandsverwendungsG vom 28.7.1993[206] wurde **§ 7 RBHaftG** geändert, wonach grds. jeder Ausländer mit **Wohnsitz oder ständigem Aufenthalt** in Dtl. einen nach Art. 34 S. 1 übergeleiteten Staatshaftungsanspr. hat, sofern nicht von der – gegenüber den Mitgliedstaaten der EU unzulässigen – Retorsion Gebrauch gemacht worden ist.[207] Die nach Art. 1 II, 77 EGBGB fortbestehenden LandesG haben danach die früheren Haftungsbeschr. gegenüber Ausländern zunehmend abgebaut.[208] Der EuGH hat iÜ entschieden, dass das Diskriminierungsverbot einer Berufung auf das Fehlen einer Gegenseitigkeitsverbürgung gegenüber **EU-Bürgern** entgegensteht, weil dadurch die Dienstleistungsfreiheit betroffen sei.[209] Auf Schäden, die dt. Streitkräfte bei bewaffneten Auslandsein-sätzen ausländ. Bürgern zufügen, ist das dt. AmtshaftungsR nicht anwendbar.[210] Auf militär. Kampf-handlungen zumal im Ausland ist der allg. AmtshaftungsTB ebensowenig zugeschnitten wie der richterrechtl. allg. Aufopferungsanspruchs. Die Einräumung entspr. Entschädigungs- u. Ausgleichs-anspr. bedarf einer parlament. spezialgesetzl. Regelung.[211]

### III. Art und Umfang der Staatshaftung

75      **1. Keine Beschränkung auf Geldausgleich.** Art. 34 sieht auf der RFolgenseite für Art u. Umfang der staatl. Ersatzleistungen keine best. Regelungen vor, sondern beschränkt sich auf die Feststellung der grds. **Verantwortlichkeit** des haftenden Trägers ö. Gewalt. Dieser Begriff ist, da Art. 34 nicht die primären, sondern nur den sekund. RSchutz. gewährleistet, in einem weiten Sinne von **Haftung bzw. Schadenskompensation** zu verstehen: Da Art. 34 eine ör Haftungsregelung ist u. nur einen Haf-tungsmindeststandard gewährleistet, muss im Grds. auch im Rahmen der herkömml., durch Art. 34 garantierten Amtshaftung ein **angem. Schadensausgleich** erfolgen, u. zwar durch **Naturalrest.,** in **Geld** oder durch sonstige **Folgenbeseitigung.**[212] Die trad. Auffassung des BGH, im Rahmen der Amtshaftung könne – wegen der durch Art. 34 S. 1 begründeten Haftungsüberleitung auf den Staat – nur Schadensers. in Geld (nach § 251 BGB) geleistet werden, weil der Handelnde als Privater keine Amtshandlung erbringen könne,[213] überzeugt aus den oben genannten Gründen (→ Rn. 3) schon dogm. nicht. Außerdem führt § 839 BGB zur Anwendung des § 249 BGB, der primär auf Wieder-herst. des früheren Zustandes gerichtet ist. Maßstab für Art u. Umfang der Verantwortlichkeit nach Art. 34 muss die Wiederherst. des Zustandes sein, der ohne die Pflichtverl. bestehen würde. Ob der Schaden im Einzelfall durch Geld oder/u. durch Naturalrest. oder durch eine Kombination beider zu erfolgen hat, hängt von den Umst. des Einzelfalls ab. Auch **reale Handlungen** u./oder **ö. Willens-erklärungen auf Unterl., Widerruf u./oder Richtigstellung** gehören entgegen der BGH-Rspr. dazu. Art. 34 S. 1 lässt Spielraum auch für unterschiedl. Ausgestaltungen des Schadensausgl.

76      **2. Grundsatz der angemessenen Kompensation.** Nach Art. 34 S. 1 iVm §§ 839, 249 ff. BGB ist derjenige Zustand wiederherzustellen, der bei pflichtgem. Amtsausübung bestanden hätte. Daher ist voller Schadensers. zu leisten, der nach §§ 252, 253 BGB auch den entgangenen Gewinn u. ggf. eine Kompensation für immat. Schäden **(Schmerzensgeld)** umfasst.[214] Allein für sich genommen gebietet Art. 34 keinen vollen Schadensers., sondern nur einen nicht auf Geld festgeschriebenen **angem. Schadensausgl.** unter Berücksichtigung der allg. VerfPr. der **Verhältnismäßigk.** u. der **Gleichbe-handl.** Angem. Entschädigung muss indes nicht notwendig geringer sein als Schadensers.[215] Die Grds. über das **Mitversch.** (§ 254 BGB) u. die **Vorteilsausgleichung** sind als allg. RGrunds. auch im StaatshaftungsR anzuwenden.[216]

---

[206] BGBl I S. 1394.
[207] Dazu *Papier* (Fn. 7), Art. 34 Rn. 283; *Ossenbühl/Cornils,* S. 97 ff.
[208] Übers. zu den LandesG bei *Papier* (Fn. 7), Art. 34 Rn. 284; *Ossenbühl/Cornils,* S. 100.
[209] EuGH NJW 1989, 2183; dazu *Hackspiel* NJW 1989, 2166; *Hauschka* NVwZ 1990, 1155.
[210] BGH NJW 2016, 3656 Rn. 19 ff.; *Raap* NVwZ 2013, 554; *ders.* VR 2017, 198 f.; *Schmalenbach* JZ 2017, 425 ff.; vgl. auch BGHZ 155, 279 ff.; 169, 348 ff.; krit. *Schmahl* NJW 2017, 128 ff.; *Ackermann* NVwZ 2017, 95 f.; aA z. B. OLG Köln NJW 2005, 2862; *Sauer* DÖV 2019, 720 ff.; *Dutta* AöR 133 (2008), 210 f.
[211] BGH NJW 2016, 3656 Rn. 39; *Jutzi,* FS Schlick, 2015, S. 41 f.
[212] BVerfG (K) NJW 2006, 1580 (1581).
[213] St. Rspr., BGHZ 34, 99 (104 f.); 67, 92 (100); 121, 367 (374); ebenso *Rüfner* (Fn. 7), Art. 34 Rn. 74; *Windthorst* DWS, § 11 Rn. 10.
[214] Zur Frage eines gesetzl. nicht geregelten Schmerzensgeldanspr. bei schwerw. Verletzungen des Allgem. Per-sönlichkeitsR nach § 823 I BGB u. Art. 2 I iVm Art. 1 I BVerfGE 34, 269 (286); BVerfGK 3, 49 (52); NJW 2000, 2187 f.; BGHZ 39, 124 (133); 161, 33 (36 f.); zum Schmerzensgeldanspr. für Freiheitsentziehungen gem. § 252 Abs. 2 BGB BVerfGK 16, 389 (394 ff.); NVwZ 2017, 317 Rn. 14 ff.
[215] Hierzu etwa BGHZ 170, 99; 170, 260.
[216] BGHZ 74, 103; 77, 151; 81, 271; NJW 1984, 229.

## IV. Die passivlegitimierten Stellen öffentlicher Gewalt

Nach Art. 34 S. 1 trifft die Verantwortlich. grds. den Staat oder die Körpersch., in deren Dienst er 77 (= jemand) steht. Der **Begriff der Körperschaft** wird weit ausgelegt. Erfasst sind alle jurist. Pers. des öR, auch rfähige Anstalten u. Stiftungen.[217]

Die verrechtl. Festlegung der Passivlegitimation hat zu einer umfangreichen Rspr. geführt: An- 78 spruchsverpflichtetes Haftungssubjekt kann nach dieser Norm nur ein **RTräger des öR** sein, nicht aber eine jurist. Pers. des PrivatR.[218] Da der offene Wortlaut Spielraum für unterschiedl. Regelungen lässt, sind für die Passivlegitimation vorrangig die einschlägigen **Bundes- u. LandesG** maßgebl.[219] Sofern nichts anderes geregelt ist, gilt Folgendes: Nach der früher vertr. **Anstellungsth.** ist derjenige Träger ö. Gewalt ersatzpfl., der den pflichtw. handelnden Bediensteten angestellt hat;[220] ob er auch Aufgaben des betr. Trägers wahrgenommen hat, ist danach unerhebl. Die ebenfalls früher vertretene **Funktionsth.** stellt darauf ab, wessen Aufgaben im konkr. Fall wahrgenommen worden sind,[221] so dass es unerhebl. ist, wer den betr. Bediensteten angestellt hat. In Anknüpfung an den Wortlaut des Art. 34 S. 1 gilt nunmehr nach der Rspr. des BGH eine Kombination beider Theorien, nämlich die **sog. Anvertrauens- oder Amtsübertragungsth.** Danach haftet **im Regelfall die Anstellungskörper- schaft**, weil diese dem Amtstr. das Amt, bei dessen Ausübung er fehlsam gehandelt hat, anvertraut hat. Nur wenn diese Anknüpfung versagt, weil kein Dienstherr oder mehrere Dienstherren vorhanden sind, haftet diejenige Körpersch., die dem Amtstr. die Aufgabe, bei deren Erfüllung er amtspflichtw. gehandelt hat, anvertraut hat.[222]

Im Falle der **Abordnung** zu einer anderen Beh. haftet daher die Stelle, die das neue Amt übertragen 79 hat. Auch im Falle des Fehlens eines Dienstverhältnisses zu einer jurist. Pers. des öR, bei der **Beleihung** von Privatpers. mit hoheitl. Aufgaben u. bei den sog. **VwHelfern**[223] kommt es darauf an, welche Körpersch. des ö R dem Amtstr. das Amt übertragen oder anvertraut hat. Für Amtspflichtverl. des **TÜV-Prüfers** haftet daher nicht er selbst, sondern das Land, das ihm die amtl. Anerkennung erteilt hat.[224] Beruht die anschl. Tätigkeit des zugelassenen bzw. bestellten Sachverst. auf einer weiteren individ. Beauftragung durch eine Beh., in deren Pflichtenkreis der Sachverst. sodann tätig wird, haftet nicht die Körpersch., deren Beh. die Zulassung oder Bestellung verfügt hat, sondern die Körpersch., deren Beh. die Beauftragung im Einzelfall ausgesprochen hat.[225]

ZT wendet der BGH der Sache nach die **Funktionsth.** an.[226] Konsequent ist das nicht.[227] Eine 80 **Kommune** haftet im Außenverh. für Bedienstete auch dann, wenn sie durch ihre Amtswalter nicht SelbstVwAngelegenh., sondern staatl. Auftragsangelegenh. erfüllt.[228] Leisten Amtstr. einer anderen Beh. **Amtshilfe**, so haftet für die dabei entstehende hoheitl. Unrecht nicht die ersuchende Beh., sondern die ersuchte Stelle, die die Amtshilfe geleistet hat.[229] Eine beamtenrechtl. Dienstherrnfähigkeit

---

[217] *Dagtoglou* BK, Art. 34 (1970) Rn. 232; *Maurer/Waldhoff* (Fn. 7), § 26 Rn. 43; zu den ör Religionsgemeinschaf- ten oben Rn. 19.

[218] BGH DÖV 1990, 1027; NVwZ 1994, 823; NVwZ 2007, 487; *Schlick* NJW 2008, 129.

[219] Vgl. BGH LKV 2007, 288; *Schlick* NJW 2008, 128.

[220] BGHZ 2, 350 (352 ff.); 6, 215 (219); 7, 75 (76).

[221] RGZ 158, 95 (99) in einem Sonderfall.

[222] BGHZ 53, 217 (218 f.); 99, 326 (330); NVwZ 2012, 381 Rn. 30; auf die danach im Regelfall haftende Anstellungskörpersch. abstellend auch BGH JZ 2011, 471 Rn. 10.

[223] Zu der von der Polizei beauftragten Abschleppunternehmen, die eigentl. keine VwHelfer sind, vgl. BGHZ 121, 161 (165); 200, 188 Rn. 7; BGH NVwZ 2006, 964.

[224] BGHZ 49, 108 (115); NJW 1993, 1784; NVwZ 2002, 375.

[225] BGHZ 39, 358 (360 f.): Für den Prüfingenieur für Baustatik haftet nicht die Körpersch., deren Beh. den Ing. als Prüfing. anerkannt (bestellt) hat – ein Landesministerium –, sondern die Körpersch., deren Beh. den Ing. mit der Prüfung einer statischen Berechnung im Einzelfall beauftragt hat – die Baugenehmigungsbeh., deren RTrägerin der Landkreis ist; wurde dageg. die Bauaufsicht in diesem Bereich dahingehend privatisiert, dass der vom Privaten beauftragte Prüfing. nunmehr eine vom beauftr. Privaten obliegende ör Verhaltenspfl. erfüllt, kommt zw. dem beauftr. Privaten und dem Prüfing. ein privatrechtl. Vertrag zustande, aufgr. dessen der Prüfing. privatrechtl. handelt, BGH NJW 2016, 2656 ff. m. zust. Anm. *Cornils;* ebenso zur wiederkehrenden Sachkundeprüfung von Kran- Unternehmern BGHZ 181, 65 ff.; vgl. demgeg. BGH, 17.12.2009 – III ZB 47/09, BeckRS 2010, 00862: zur Tätigkeit eines privatrechtl. gemeinnützigen Rettungsdienstunternehmens, das die zur Gefahrenabwehr und Gesund- heitsvorsorge gehörende Notfallversorgung übernommen hat; zur Gesamtprobl. *Shirvani* DV 47 (2014), 57 ff.

[226] BGH NVwZ 2012, 381 ff. (Rn. 30): Haftung der BRD für den von einem Privatpers. beauftr. privaten Verifizierer (Sachverst. nach § 9 II 6 TEHG). Die von einer Landesbeh. zugelassenen Verifizierer erfüllen aufgr. ör Vorschr. (TEHG) Aufgaben des BUmweltamtes. Die Angaben, die in einem an das BUmweltamt gerichteten Antrag auf Zuteilung von Emissionsberechtigungen enthalten sind, müssen von einem Verifizierer, der nicht vom BUmwelt- amt, sondern dem Antragst. beauftragt wird, vorab geprüft werden. Für Fehlverh. des Verifizierers haftet nach dieser Entsch. nicht das Land, dessen Beh. die Zulassung bzw. Bestellung des Verifizierers verfügt hat, sondern der Bund als RTräger des BUmweltamtes, in dessen Aufgabenerfüllung der Verifizierer eingeschaltet ist.

[227] Krit. auch *Rüfner* (Fn. 7), Art. 34 Rn. 78.

[228] St. Rspr., etwa BGHZ 6, 215 (219); 11, 192 (196 ff.); 49, 108 (116, 117); NJW 1984, 228; UPR 1986, 261; NVwZ 1994, 823.

[229] BGH MDR 1960, 827; vgl. hierzu § 7 II 2 VwVfG.

ist für die Amtshaftung nicht Vorauss.[230] Bei einer **Doppelstellung** eines Beamten, etwa zu Bund u. Land (beim OFDPräs.) oder zu Land u. Kommune, haftet die Körpersch., deren Aufgaben er im konkr. Fall wahrgenommen hat.[231] Verletzt er gleichzeitig die Pflicht beider Ämter, kann es auch eine gesamtschuldn. Haftung mehrerer Träger ö. Gewalt geben.[232] Die Rspr. des BGH zu weiteren Sonderfällen ist zT inkonsequent u. auch iE nicht überzeugend.[233] **Interne Ausgleichsanspr.** im Innenverh. der ö. RTräger richten sich nach dem anwendbaren Bundes- oder LandesR, hilfsw. im Haftungskern nach Art. 104a Abs. 5 GG.[234]

## D. Rückgriffsvorbehalt (Art. 34 S. 2)

**81**    Durch Art. 34 S. 2 wird ein Rückgriff im Innenverh. nicht vorgeschrieben, sondern nur vorbehalten. Ein Rückgriff bedarf daher einer **spezialgesetzl. Anordnung** im Bundes- bzw. LandesR oder einer tarifvertragl. Regelung.[235] Dies ist in § 75 BBG u. § 48 BeamtStG[236] geschehen. Der Rückgriff ist durch S. 2 auf Vorsatz u. grobe Fahrl. beschränkt. Diese VerfNorm enthält damit ein **Rückgriffs-verbot im Falle einfacher Fahrl.** (vgl. § 75 I 1 BBG u. § 48 I 1 BeamtStG). Mit dieser Beschränkung soll das „normale" u. „regelmäßige" Fehlverhalten der ö. **Bediensteten** sanktionslos bleiben, damit ihre Tätigkeit nicht übergroße Vorsicht zur Vermeidung von Haftungsrisiken gehemmt wird. Zum anderen ist die Haftungsbeschr. des Art. 34 S. 2 Ausdruck des **Gebots der Fürsorge gegenüber den ö. Bediensteten.**[237] Auch bei einem Rückgriff muss der jew. Dienstherr die Gebote der allg. **Fürsorgepfl.** beachten.[238] Daher können im Einzelfall bes. Umstände in der Person des ö. Bediensteten dazu führen, dass voller oder nur teilw. Ersatz gefordert, ggf. Ratenzahlung bewilligt oder Stundung gewährt wird.[239]

**82**    Wegen der Beschr. des Art. 34 S. 2 auf den ö. Dienst ist diese Vorschr. auf Private, deren sich der Staat zur Erfüllung seiner Aufgaben bedient, selbst dann nicht unmittelbar anwendbar, wenn sie hoheitl. tätig werden u. der Staat für sie nach Art. 34 S. 1 haftet.[240] Dies betrifft insbes. Beliehene,[241] VwHelfer u. privatrechtl. Beauftragte. Ein Rückgriff ist nicht ausgeschl., bedarf aber – ebenso wie im ö. Dienst – einer gesetzl. Regelung.[242]

**83**    Werden diese Personen für den Staat im Rahmen eines privat- oder ör Schuldverh., das im Innenverh. zw. ihnen besteht, tätig, gelangen die BGB-Vorschr. über Leistungsstörungen unmittelbar oder entspr. zur Anwendung.[243] Sie stellen die gesetzl. Rückgriffsregelungen dar; eine darüber hinausgehende spezialgesetzl. Rückgriffsregelung ist entbehrl. Da Art. 34 S. 2 nur auf Angehörige des ö. Dienstes unmittelbar anwendbar ist, besteht auch keine Beschr. der Rückgriffshaftung auf Vorsatz oder grobe Fahrl. Nur wenn gegenüber den nicht dem ö. Dienst angehörenden Pers. eine ähnl. staatl. Fürsorgepfl. besteht, ist Art. 34 S. 2 entspr. anwendbar.[244]

**84**    Art. 34 S. 2 setzt eine nach S. 1 begründete Haftung (Verantwortung) des Staates im Außenverh. voraus. Da S. 1 nur für ör amtspflichtw. Verhalten gilt, erstreckt sich die Rückgriffsbeschr. des S. 2 nicht auf Amtspflichtverl., die durch privatrechtl. Verhalten ö. Bediensteter begangen werden.[245] Durch § 75 BBG u. § 48 BeamtStG ist die frühere Differenzierung zw. privatrechtl. u. ör Regresshaftung beseitigt: Auch bei privatrechtl. Handeln wird seitdem **nur bei grober Fahrl. u. Vorsatz** Rückgriff genommen. Die RFigur der schadensgeneigten Tätigkeit für privatrechtl. Handeln, mit der früher die Haftung für einfache Fahrl. begrenzt werden sollte,[246] ist insoweit obsolet geworden. Das hat Auswirkungen auch auf Regressforderungen insbes. bei der Teilnahme am allg. Straßenverkehr mit Dienstfahrzeugen ohne Inanspruchnahme von hoheitl. SonderR.[247]

---

[230] BGH NVwZ 1992, 298.

[231] Vgl. etwa BGHZ 87, 202 (204); 99, 326 (330).

[232] BGHZ 134, 316; NJW 2003, 348.

[233] Näher *Detterbeck* (Fn. 43), Rn. 1097 mN.

[234] BVerwGE 96, 45; 100, 56; 128, 99; 131, 153; BSG LKV 2010, 231, wonach auch eine Schadensschätzung zul. ist.

[235] BVerwGE 137, 377 Rn. 16 f.; *Papier* (Fn. 7), Art. 34 Rn. 298 f.; *Rüfner* (Fn. 7), Art. 34 Rn. 82.

[236] Vgl. BVerwGE 100, 280 zur Anwendbarkeit bei in der Übergangszeit entstandenen, noch nicht abgewickelten Fällen.

[237] Zur Entstehungsgesch. u. Sinn u. Zweck des Art. 34 S. 2 BGHZ 161, 6 (11 ff.); BVerwGE 137, 377 Rn. 20 ff.

[238] BGH DVBl 1986, 142; BVerwGE 137, 377 Rn. 22.

[239] BGHZ 124, 15; *Schlick/Rinne* NVwZ 1997, 1180.

[240] BGHZ 161, 6 (11 ff.); BVerwGE 137, 377 Rn. 19 ff.

[241] AA *v. Danwitz* (Fn. 14), Art. 34 Rn. 124.

[242] BVerwGE 137, 377 Rn. 24 ff. zu den Beliehenen.

[243] BGHZ 161, 6 (9) zu einem als „(selbständiger) VwHelfer" bezeichneten beauftragten privaten Unternehmer; für VwHelfer und Beliehene *Ossenbühl/Cornils*, S. 119; *Rüfner* (Fn. 7), Art. 34 Rn. 82; speziell für Beliehene *v. Danwitz*, aaO; *v. Weschpfennig* DVBl 2011, 1137 ff. (zugl. krit. Bespr. von BVerwGE 137, 377); BVerwGE 137, 377 ff. ist hierauf mit keinem Wort eingegangen und hat eine Rückgriffshaftung des Beliehenen mangels gesetzl. Regelung abgelehnt.

[244] BGHZ 161, 6 (13 f.) mwN.

[245] *Papier* (Fn. 7), Art. 34 Rn. 303; *Jarass* (Fn. 4), Art. 34 Rn. 31.

[246] BAG NJW 1993, 1732; BAG GrS NJW 1995, 210 ff.

[247] Hierzu u. zum PflVersG BGHZ 124, 15; DVBl 1986, 142.

Aus Art. 34 S. 3 folgt, dass ein Rückgriff nach Art. 34 S. 2 iVm der erforderl. gesetzl. Regelung 85
nicht durch VA geltend gemacht werden darf.[248]

## E. Rechtsweg- und Verfahrensfragen (Art. 34 S. 3)

### I. Zuständigkeit der Zivilgerichte

Art. 34 S. 3 enthält für den Anspr. auf Schadensers. nach S. 1 u. den Rückgriff nach S. 2[249] eine 86
RWeggewährleistung zugunsten der Ziviler. Es handelt sich bei diesen Anspr. um eine Zuweisung
kraft VerfR, weil Amtshaftungsanspr. wegen ihrer Einordnung als unerl. Handl. (§ 839 BGB) als
Zivilsachen kraft Tradition galten. Dem ist einfachgesetzl. durch § 40 II 1 VwGO, § 17 II 2 GVG kraft
bundesgesetzl. Zuweisung zu den ordentl. Ger. Rechnung getragen. Der ZivilRWeg ist nur bei
Schadensersatzkl. des Bürgers gegen den Staat gegeben, nicht umgekehrt auch bei Klagen des Staates
gegen den Bürger.[250]

Die instanzielle Zuständigkeitsregelung findet sich in § 71 II Nr. 2 GVG mit der erstinstanzl. 87
Zuständigkeit der **LG** für sog. **Fiskussachen.** Sie gilt für Amtshaftungsanspr. (hierzu noch § 17 II 2
GVG), Anspr. aus Aufopferung u. Anspr. aus enteignungsgl. u. enteignendem Eingriff,[251] so dass
einheitl. Sachverhalte entschädigungsrechtl. weitgehend umfassend von den Zivilger. geprüft werden
können (vgl. aber § 17 II GVG). Demgegenüber ist der FBA im VwRWeg geltend zu machen.

### II. Bindung an verwaltungsgerichtliche Entscheidungen

Wegen der Zuständigk. der Zivilger. für Staatshaftungssachen müssen sie häufig ör **(Vor-) Fragen** 88
eigenst. u. unabh. entscheiden. Insofern sind wegen der vielfach vorangehenden VwVf. bei den
unterschiedlichsten VwBehörden **Divergenzen** zw. dem primären RSchutz der RMäßigkeitskontrolle
u. dem sekund. RSchutz der Staatshaftung denkbar.

War das Verhalten des Amtstr. Gegenst. einer mat. **rkräftigen vwgerichtl. Entsch.**, ist das 89
Zivilger. im nachfolgenden Amtshaftungspr. an die entscheidungstragenden vwgerichtl. Feststellungen
zur Frage der RMäßigk. der Amtshandl. gebunden.[252] Dies folgt aus der mat. RKraft der vwgerichtl.
Entsch.[253] Für Beschl. im Vf. des vorl. RSchutzes nach den §§ 80, 80a, 123 VwGO gilt dies nur
eingeschr. Zwar erwachsen auch sie in form. u. mat. RKraft.[254] Da sie aber nur vorl. Natur sind u. nicht
abschl. über die Rechtm. der Amtshandl. entscheiden, besteht keine Bindung an die diesbezügl.
vwgerichtl. Feststellungen.[255] In einem nachfolgenden Amtshaftungspr. darf das Zivilger. aber kein
behördl. Verhalten als amtspflichtw. qualifizieren, das in einer rkräftigen vwgerichtl. Eilentsch. für
rechtm. befunden wurde – etwa Bestätigung der behördl. Anordnung der sofortigen Vollziehbarkeit
eines VA –, oder zu dem die Beh. verpflichtet wurde – etwa vorläufige Nichtbesetzung eines Dienst-
postens.[256] Umgekehrt begeht ein Amtstr. eine Amtspflichtverl., wenn er entgegen den bindenden
Vorgaben einer gerichtl. Eilentsch. handelt.

Durch einen bestandskr. VA, der nicht durch eine rkräftige vwgerichtl. Entsch. bestätigt wurde, ist 90
die zivilgerichtl. Prüfungskompetenz nicht eingeschr.[257] Zum einen besteht zw. der RKraft einer
gerichtl. Entsch. u. der bloßen Bestandskr. eines VA ein grundl. Unterschied. Zum anderen folgt aus
§ 839 III BGB, dass die RWidrigk. eines bestandskr. VA in einem Amtshaftungspr. nur dann nicht
mehr geltend gemacht werden kann, wenn die Nichtergreifung von RB[258] gegen den VA vorsätzl.
oder fahrl. war – iÜ aber schon.

---

[248] *Papier* (Fn. 7), Art. 34 Rn. 326 f.; *Ossenbühl/Cornils,* S. 121; *v. Danwitz* (Fn. 14), Art. 34 Rn. 127.

[249] Näher *Papier* (Fn. 7), Art. 34 Rn. 325 ff.

[250] BVerwGE 18, 72 (78); 37, 231 (236); BGHZ 43, 277.

[251] § 71 II Nr. 2 GVG erfasst alle vermögensrechtl. Anspr. aus Verl. ör Pflichten, *Zimmermann,* in: Krüger/
Rauscher (Hrsg.), MüKo zur ZPO, Bd. 3, 4. Aufl. 2013, § 71 GVG Rn. 7; *Dagtoglou* BK, Art. 34 (1970) Rn. 358.

[252] BGHZ 9, 329 (331); 10, 220 (225); vgl. BGHZ 15, 17 (19); restrikt. BGHZ 20, 379 (382 f.); 134, 268 (273 f.):
Nur Bindung an die vwgerichtl. Feststellung der RWidrigk. bzw. RMäßigk., nicht aber an die hierfür genannten
Gründe.

[253] Näher *Detterbeck,* Streitgegenstand, S. 165 ff., 225 ff., 259 f.; *Windthorst* DWS, § 11 Rn. 22 ff.

[254] *Schoch* SSB, VwGO, § 80 Rn. 529, § 123 Rn. 168; *Clausing,* ebenda, § 121 Rn. 16; dies anerkennend BGH
JZ 2005, 679 f.

[255] BGH NVwZ 2001, 353; *Ossenbühl/Cornils,* S. 123.

[256] So zum AussetzungsVf. nach § 80 V VwGO *Ossenbühl/Cornils,* S. 123; *Ossenbühl,* Anm., LM BGB § 839 (J)
Nr. 15; *Rohlfing* MDR 2004, 1089 ff.; *Braun/Spannbrucker* DVBl 2009, 886; aA auch insow. BGH NVwZ 2001, 353 f.

[257] BGHZ 113, 17 ff.; 127, 223 (225); zust. *Beaucamp* DVBl 2004, 352 ff.; abl. *Windthorst* (Fn. 7), § 11 Rn. 27 ff.;
differenz. u. auf § 51 VwVfG abst. *Rohlfing* (Fn. 178), S. 222 ff.

[258] Hierzu gehören auch Antr. nach § 51 VwVfG, *Rohlfing* (Fn. 178), S. 215 ff.

### III. Kein Behördenvorverfahren

91   Auf Amtspflichtverl. gestützte Anspr. können im Streitfall grds. **ohne vorherige Anmeldung oder Geltendmachung** eines Staatshaftungsanspr. bei der Beh. bzw. ihrem RTräger **unmittelb. bei Ger.** geltend gemacht werden, weil es (anders als nach §§ 68 ff. VwGO) keine Vorschr. für ein behördl. VorVf. gibt. Allerd. besteht die Gefahr, dass Klagen, die ohne vorherige Antragsst. bei der Beh. bzw. ihrem RTräger mangels RSchutzbed. als unzul. abgewiesen wurden;[259] jedenfalls trägt der Kl. das Kostenrisiko, wenn die Beh. nach § 93 ZPO sofort anerkennt.

### F. Verjährung

92   Für die Verj. von Amtshaftungsanspr. gilt grds. die **dreijährige VerjFrist.** Für die Zeit bis 31.12.2001 ergab sich dies aus § 852 BGB aF, für die Zeit ab 1.1.2002 gelangen die neuen VerjVorschr. der §§ 194 ff. BGB zur Anwendung. Die regelm. VerjFrist von drei Jahren beginnt, sofern es sich um keinen Fall der absol. VerjFrist iSd § 199 BGB handelt, mit Schluss des Jahres, in dem der Anspr. entstanden ist u. der Gläubiger von den anspruchsbegr. Umständen u. der Person des Schuldners Kenntnis erlangt hat. Dafür genügt es nach der Rspr. des BGH, dass eine Amtshaftungskl. so aussichtsreich erschien, dass dem Geschädigten die Klageerhebung zugemutet werden konnte.[260] Die Inanspruchnahme vwbehördl. u. vwgerichtl. RSchutzes durch Erhebung von Widerspruch u. Klage hat regelm. eine **VerjHemmung** (früher: **VerjUnterbrechung**) zur Folge (§ 204 I Nr. 1, II BGB bzw. §§ 209, 211 BGB aF).[261] Von Bedeutung für den Fristenlauf ist § 203 BGB mit der dort vorgeschr. Hemmung der Verj. bei **Verhandlungen.** Dieser Begriff ist weit auszulegen u. spielt auch beim EU-rechtl. Staatshaftungsanspr. (→ Rn. 96) u. vorangehenden VorlageVf. eine wichtige Rolle.

### G. Beweislast

93   Die Beweislast trägt grds. der Anspruchsteller. Er ist beweislastpfl. für die Amtspflichtverl., das Verschulden, für den Eintritt u. die Höhe des geltend gemachten Schadens, die Kausalität sowie für das Fehlen einer anderw. Ersatzmöglichk. nach § 839 I 2 BGB. Die Beweislastumkehr nach § 280 I 2 BGB gilt grds. nicht. Von dieser Beweislastverteilung gibt es eine Reihe von Ausnahmen.[262] Dies betrifft etwa die entspr. Anw. des § 280 I 2 BGB für Amtspflichtverl. im Rahmen best. RVerhältnisse[263] oder die Anwendung der Verschuldensvermutung des § 832 I 2 BGB auf Amtshaftungsanspr. wegen Verletzung von Aufsichtspfl.[264] Auch die Grds. des Anscheinsbew. gelangen zur Anw. Beweist der Geschädigte einen Sachverhalt, der im Regelfall auf ein Verschulden des Amtsw. schließen lässt, spricht der erste Anschein für dessen Versch.[265]

### H. Nationale Staatshaftung und EU-Recht

### I. Grundkonstellation

94   Auch das nation. StaatshaftungsR wird durch das EU-R ergänzt u. überlagert.[266] Durch die Verträge über die EU ist eine **eigenständige ROrdnung** geschaffen worden, zu deren Gunsten die Mitgliedstaaten ihre SouveränitätsR – in Dtl. auf der Grundl. des **Art. 23**[267] – eingeschränkt haben. Dadurch entstand eine Verzahnung zw. dem nation. u. dem EU-R. Das EU-R als eigenst. ROrdnung bindet alle Staatsgew. u. hat in seinem Anwendungsber. gegenüber dem nat. Recht **Anwendungsvorrang.** Die Frage einer Haftung stellt sich vor allem, wenn nation. Stellen gegen EU-R verstoßen. Hier hat sich herausgestellt, dass das nation. HaftungsR lückenhaft ist. Im weiteren sind zwei Bereiche zu trennen, nämlich 1. die Haftung der Union bei eigenem EU-rechtsw. Handeln (**Eigenhaftung** der Union) u. 2. die Haftung der Mitgliedst. bzw. der sonstigen nation. Träger ö. Gewalt bei Verstößen gegen EU-R (**mitgliedstaatl. Haftung**). Für beide Haftungsbereiche hat der **EuGH** eine weit-

---

[259] Zur vergleichb. Probl. im Falle sofortiger vwgerichtl. allgem. LeistKl. *Detterbeck* (Fn. 43), Rn. 1393 mwN.

[260] BGHZ 170, 260; *Schlick* NJW 2008, 133 zugl. mwN zur Rspr. bei wiederholten unerl. Handlungen und bei Teilhandlungen.

[261] BGH NVwZ 2006, 117. Zur Hemmungs- u. Unterbrechungswirkung eines von der EU-Kommission eingel. VertragsverletzungsVf. vgl. die Vorlage BGH NVwZ 2007, 362; sodann EuGH NVwZ 2009, 771 (ua auch zur 3-jährigen VerjFrist), abschl. BGHZ 181, 199.

[262] Dazu *Tremml/Karger/Luber* (Fn. 188), Rn. 610; *Will/Quarch* (Fn. 124).

[263] *Tremml/Karger/Luber* (Fn. 188), Rn. 625 f.

[264] BGH JZ 2013, 362 m. Anm. *A. Schneider;* dazu auch *Förster* NJW 2013, 1201 ff.

[265] BGH NJW 2017, 397 Rn. 40 m. Anm. *Rixen;* vgl. NVwZ-RR 2013, 909 Rn. 16 mwN.

[266] Vgl. die Lit. vor Rn. 1; zusammenf. *Ossenbühl/Cornils*, S. 592 ff.; *Detterbeck* DWS, §§ 4, 6 f.; *Dietlein* (Fn. 19), S. 2104 ff.; *Thiele*, in: Terhechte, Europäisches Verwaltungsrecht, 2011, § 39.

[267] BVerfGE 123, 267.

gehend parallele Rspr. entwickelt, wonach es nicht davon abhängen könne, ob die EU selbst oder ein Mitgliedst. gegen EU-R verstoße.[268]

## II. Eigenhaftung der Europäischen Union

Für Haftungsanspr. gegen die EU bei Tätigkeit ihrer eigenen Organe u. Amtstr. enthält Art. 340 **95** AEUV eine ausdrückl. Haftungsregelung.[269] Dabei wird zw. der vertragl. u. der außervertragl. Haftung der EU unterschieden. Nach dessen Abs. 1 richtet sich die Haftung der Union für ihr vertragl. Handeln nach dem auf den betr. Vertrag anwendbaren Recht. Für die außervertragl. Haftung für die durch ihre Organe oder Bediensteten in Ausübung ihrer Amtstätigkeit verursachten Schäden nach Abs. 2 die allg. RGrundsätze maßgebend, die den ROrdnungen der Mitgliedst. gemeinsam sind. Abs. 2 gilt entspr. für die EZB u. ihre Bediensteten. Bei EU-rechtsw. Handeln außerhalb von Verträgen ist also eine Haftung nach Maßgabe der vom EuGH im Wege der RFortbildung entwickelten allg. RGrundsätze vorgesehen. Im Grds. bejaht er hier eine **unmittelbare u. verschuldensunabh. Haftung** der EU für in Ausübung ihrer Amtstätigkeit verursachte Schäden, sofern bestimmte tatbestandl. Vorauss. erfüllt sind, die so im nat. Recht zT nicht bestehen.

## III. Mitgliedstaatenhaftung bei Verstoß gegen EU-Recht

**1. Ausgangslage.** Verstößt ein Träger **dt. ö. Gewalt gegen EU-R** – z.B. wenn ein VA erlassen **96** wird, der gegen primäres EU-R oder gegen eine EU-VO verstößt, oder wenn eine EU-RL nicht oder nicht ordnungsgem. in dt. (Gesetzes-)Recht umgesetzt wird –, kommt ein Staatshaftungsanspr. nach Maßgabe des nation. HaftungsR, insbes. nach Art. 34 iVm § 839 BGB in Betracht. Denn die dt. Staatsgewalt muss nicht nur das dt. Recht, sondern auch das EU-R jedenfalls unter best. Vorauss. als unmittelbar geltendes u. wirkendes Recht beachten. Normen des EU-R können Amtspfl. des Amts-haftungsTB begründen. Allerd. sind in best. Fällen die TBVorauss. der dt. Staatshaftungsanspr. von vornherein nicht erfüllt. So verhält es sich insbes., wenn der formelle dt. GesGeber EU-rechtsw. handelt (Stichwort: keine Haftung für legislat. Unrecht).[270] Der Verstoß gegen EU-R bliebe deshalb haftungsrechtl. folgenlos, wenn kein EU-rechtl. Haftungsgebot bestünde.

Diese haftungsrechtl. Lücke hat der EuGH geschlossen. Zwar ist die Haftung der Mitgliedst. für **97** Verstöße gegen EU-R europarechtl. nicht geregelt. Jedoch hat der EuGH in st. Rspr. die Figur eines **sog. EU-rechtl. Staatshaftungsanspr.** entwickelt, der zu dem nat. StaatshaftungsR hinzutritt bzw. es **ergänzt u. modifiziert.** Danach ist es ein **allg. Grds. des EU-R,** dass die **Mitgliedst.** unter best. Vorauss. zum Ersatz der Schäden verpflichtet sind, die dem Einzelnen durch Verstöße der Mitgliedst. gegen das EU-R entstehen.[271]

**2. Rechtsgrundlagen.** Da das primäre u. sekund. EU-R keine ausdrückl. Regelungen enthält, hat **98** der **EuGH** diesen RGrundsatz in teilw. entspr. Anwendung der Eigenhaftung der EU nach Art. 340 AEUV sowie im Wege bestr., aber letztl. berechtigter **richterl. RSchöpfung u. RFortbildung** entwickelt. Der EuGH verweist auf das **Wesen** der mit den EU-Verträgen geschaffenen eigenständigen ROrdnung, ferner auf die Grds. der **Effektivität des EU-R** (effet utile) u. die **Gemeinschaftstreue.** Damit soll der Verpfl. der Mitgliedst. zur **Befolgung des EU-R** Nachdruck verliehen, zugl. auch der **Schutz der EU-Bürger** verstärkt werden.

Jedes Argument ist angreifbar.[272] Mittlerweile wird die Existenz des EU-rechtl. Staatshaftungsanspr. **99** aber allg. akzeptiert. Nach wie vor umstr. ist aber die **RNatur** des EU-rechtl. Staatshaftungsanspr. Nach der zutr. Auffassung handelt es sich um ein **selbständiges EU-rechtl. Haftungsinstitut,**[273] das zwar durch einzelne Elemente des nation. HaftungsR ergänzt wird[274] u. insoweit eine **Doppelnatur** bzw. Doppelspurigkeit aufweist,[275] aber neben den nation. Anspruchsgrundl. steht. Nach aA handelt es sich um einen ledigl. EU-rechtl. geforderten u. in Teilen EU-rechtl. geformten **nation. Anspr.**[276] Die

---

[268] EuGH Slg. 1996, I-1029 Rn. 42 – Brasserie; Slg. 2000, I-5291 Rn. 41 – Bergaderm; weiterf. für das gesamte dt. StaatshaftungsR *Hartmann* (Fn. 116), S. 228 ff.

[269] Zur inhaltgl. Vorläufervorschr. des Art. 288 EGV *Vesting,* Die vertragliche und außervertragliche Haftung der EG nach Art. 288 EGV, 2003.

[270] Ein Amtshaftungsanspr. scheitert nach gefest. Rspr. des BGH daran, dass keine drittger. Amtspfl. verletzt wird, Rn. 42 f. mN, das Institut des enteignungsgl. Eingriffs (→ Art. 14 Rn. 181 ff.) erfasst nach ebenfalls gefest. Rspr. des BGH kein legislat. Unrecht, BGHZ 100, 136 (145 ff.); 102, 350 (359); 134, 30 (33); NVwZ 2015, 1309 Rn. 38.

[271] EuGH Slg. 1991, I-5357 Rn. 37 – Francovich; Slg. 1996, I-1029 Rn. 17 – Brasserie; zusammenf. EuGH NVwZ 1999, 771 (772).

[272] Vgl. zum ganzen *Detterbeck* DWS, § 6 Rn. 18 ff.

[273] *Ossenbühl/Cornils,* S. 628; *Maurer/Waldhoff* (Fn. 7), § 31 Rn. 10; *Dietlein* (Fn. 19), S. 2110; *Detterbeck* DWS, § 6 Rn. 16 f.; *v. Danwitz,* Europäisches Verwaltungsrecht, 2008, S. 603; *Kluth* WBSK, § 70 Rn. 5; *Kischel* EuR 2005, 461.

[274] *Detterbeck* DWS, § 6 Rn. 48 ff.

[275] *Höfling* GVwR III, § 51 Rn. 53; *Detterbeck* DWS, § 6 Rn. 50; *Bonk,* FS E. Klein, 2013, S. 35.

[276] *Papier* (Fn. 7), Art. 34 Rn. 81; *Gurlit* (Fn. 46), Art. 34 Rn. 41; *Frenz/Götzkes* JA 2009, 764; *Schoch,* FS Maurer, 2001, S. 772; *Streinz* Jura 1995, 10; *Nettesheim* DÖV 1992, 999.

Rspr. des EuGH legt die erste Auffassung nahe.[277] Der BGH ist ihr gefolgt.[278] Von ihr geht nunmehr auch das BVerwG aus.[279]

**100**      Durch Verstoß gegen EU-R entstehende Staatshaftungsanspr. sind nach der Rspr. des EuGH **im Rahmen des nation. HaftungsR** zu beheben, so dass weiterhin die Zuständigkeit der Ger. u. das Vf. nation. bestimmt sind.[280] Da mit dem Anspr. der volle Schutz der den Einzelnen aus dem EU-R erwachsenen Rechte gewährleistet werden soll, dürfen die dort festgelegten mat. u. form. Vorauss. nicht ungünstiger sein als bei ähnl. Klagen, die nur nation. Recht betreffen **(Grds. der Gleichwertigkeit)**, u. nicht so ausgestaltet sein, dass die Erlangung von Entschädigung praktisch unmögl. oder übermäßig erschwert ist **(Grds. der Effektivität)**.[281] Diese zusätzl. Kriterien sind neu u. modifizieren den nach dt. Recht sonst bestehenden RSchutz. Durch sie wird verdeutlicht, dass der EU-rechtl. Staatshaftungsanspr. ein genuiner Anspr. ist, der zu den rein nat. Ansprüchen hinzutritt.

**101**      **3. Tatbestandsvoraussetzungen.** Ein Staatshaftungsanspr. wegen Verstoßes gegen EU-R besteht nach der Rspr. des EuGH, wenn folgende **drei Vorauss.** erfüllt sind:[282] (1) Verstoß gegen eine EU-RNorm, die bezweckt, dem Einzelnen Rechte zu verleihen, (2) hinreichend qualifizierter RVerstoß u. (3) unmittelbare Kausalität zw. dem EU-RVerstoß u. dem entstandenen Schaden. Zusätzl. Haftungsvorauss. nach Maßgabe des nation. HaftungsR, in dessen Rahmen die Folgen des entstandenen Schadens zu beheben sind, erlaubt das EU-R nicht.[283] Auch das spricht für die Qualifizierung dieses Staatshaftungsanspr. als selbst. EU-rechtl. Haftungsinstitut.

**102**      Bei dem notwendigen **Verstoß gegen EU-R** kann es sich um primäres oder sekund. EU-R handeln. Zum primären EU-R zählen nicht nur die Verträge selbst nebst Protokollen, sondern auch die allg. RGrundsätze des EU-R. Zum sekund. EU-R zählen vor allem die VO u. die RL. Der Verstoß kann in einem Tun oder Unterl. bestehen. In Betracht kommt – ebenso wie bei der außervertragl. Haftung der Union nach Art. 340 II AEUV – das Verhalten **aller Staatsgewalten**, also gleicherm. der Legislat., Exekut. u. Judikat.[284] Insofern wird eine Lücke des dt. StaatshaftungsR im Bereich des normativen, insbes. des legislat. Unrechts geschlossen (→ Rn. 42 f.). Auch **privatrechtl.** Handeln des Staates ist haftungsbegründend.[285]

**103**      Bei dem **Schutznormerfordernis** wird nicht die Verletzung subjektiver ö. Rechte verlangt; es reicht aus, dass die verl. Norm zumindest faktisch dem individuellen Interesse des Anspruchstellers dient. Insofern stellt der EuGH an das Individualinteresse keine hohen Anforderungen.[286] Das gilt auch bei der Nicht- oder Schlechtumsetzung von RL. Diese verleihen unmittelbar dem Einzelnen zwar noch keine Rechte. Da sie aber mehr sind als ledigl. unverbindl. Programmsätze, kann ihnen gleichwohl Schutznormcharakter zukommen.[287]

**104**      Das vom EuGH entwickelte Merkmal **„hinreichend qualifizierter RVerstoß"** ist ebenfalls der außervertragl. Haftung der EU entlehnt u. dient ersichtl. der Begrenzung einer sonst ausufernden Haftung. Nach der Rspr. des EuGH ist ein Verstoß gegen EU-R ua dann hinreichend qualifiziert, wenn das Organ, dessen Verhalten dem Mitgliedst. zugerechnet wird, **offenkundig u. in schwerwiegender Weise** gegen EU-R verstoßen hat.[288] Für den EU-rechtsw. Erlass bzw. Nichterlass von RVorschr. gilt eben dieser Maßstab.[289] Gleiches gilt für den behördl. Vollzug EU-rechtsw. Vorschr. u. dessen gerichtl. Bestätigung.[290]

**105**      Die Unbestimmth. der Formel des hinreichend qualif. RVerstoßes hängt oft mit dem Regelungsinhalt der EU-RNorm, gegen die verstoßen wurde, zusammen u. führt zu **Auslegungs- u. Anwendungsschwierigkeiten** in Einzelfällen, die sich ua in Vorlagebeschl. zum EuGH nieder-

---

[277] EuGH Slg. 1996, I-2553 Rn. 31 – Lomas: „Grundlage unmittelbar im Gemeinschaftsrecht"; Slg. 1996, I-1029 Rn. 67 – Brasserie; NZA 2011, 53 Rn. 62 – Fuß.

[278] BGHZ 134, 30 (36); NVwZ 2001, 466.

[279] BVerwGE 143, 381 Rn. 14 ff.: Der EU-rechtl. Anspr. steht selbst. neben dem nation. beamtenrechtl. Ausgleichsanspr.; der Amtshaftungsanspr. des Art. 34, § 839 BGB wurde auch nicht ledigl. umgeformt, denn in diesem Fall wäre der EU-rechtl. Staatshaftungsanspr. nach Art. 34 S. 3, § 17 II 2 GVG in die ausschließl. Zuständigk. der Zivilgerichtsbarkeit gefallen; ebenso BVerwGE 150, 234 Rn. 22 ff.; näher Rn. 113.

[280] Vgl. etwa EuGH NVwZ 2000, 303 Rn. 58 ff.; NVwZ 2001, 903; BGH NVwZ 2009, 795 Rn. 12.

[281] EuGH Slg. 1991, I-5357 Rn. 42 f. – Francovich; Slg. 1996, I-1029 Rn. 67 – Brasserie; EuGH NVwZ 2009, 771 (773); NZA 2011, 54 Rn. 62 – Fuß.

[282] EuGH NJW 1996, 1267; ferner EuGH Slg. 1996, I-274 Rn. 39 f.; Slg. 1996, I-435 Rn. 25 ff.; DVBl 1997, 111 Rn. 21; NVwZ 2001, 903 Rn. 36; NVwZ 2007, 1282 (1286); hierzu etwa BGHZ 134, 30 (37); 146, 153 (158); NJW 2005, 747; NVwZ-RR 2006, 28 (31).

[283] EuGH NZA 2011, 54 Rn. 66 – Fuß.

[284] EuGH NJW 2003, 3539 Rn. 31 ff. – Köbler; NZA 2011, 53 Rn. 46 – Fuß.

[285] *Papier* (Fn. 7), Art. 34 Rn. 77a; *Frenz/Götzkes* JA 2009, 765; vgl. *Detterbeck* DWS, § 6 Rn. 59 f.; differenzierend *Hidien*, Die gemeinschaftsrechtliche Staatshaftung der EU-Mitgliedstaaten, 1999, S. 42.

[286] EuGH Slg. 1967, 332 (354) – Kampffmeyer; *Detterbeck* DWS, § 6 Rn. 30 ff. mwN.

[287] Vgl. *Detterbeck* DWS, § 6 Rn. 34.

[288] EuGH Slg. 1996, I-1029 Rn. 45, 55 – Brasserie; Slg. 1996, I-1654 Rn. 42 – British Telcom.; Slg. 1996, I-4845 Rn. 25 – Dillenkofer; Slg. 2007, I-2157 Rn. 118 – Test Claimants; Slg. 2010, I-12167 Rn. 51 – Fuß.

[289] Vgl. BGH EuZW 2013, 194 Rn. 16.

[290] Vgl. BGH EuZW 2013, 194 Rn. 20.

schlagen.[291] Maßgebl. ist nach der EuGH-Rspr. im weiteren, welches Maß an Klarheit u. Genauigkeit die verletzte Vorschr. hat oder welcher Ermessensspielraum dem nation. GesGeber auf dem in Frage stehenden RGebiet zusteht, auch, ob der Schaden vorsätzl. oder fahrl. herbeigeführt wurde.[292]

Ein individ. **Verschulden** der Amtstr. darf bei der Frage, ob ein hinreichend qualif. Verstoß **106** vorliegt, berücksichtigt werden, ist aber keine darüber hinausgehende generelle Vorauss. dieses EU-rechtl. Ersatzanspr.[293] Ist eine RL inhaltl. in hohem Maße unbestimmt, ist ihre Missachtung zwar gleichwohl rechtsw.; die Rechtsw. ist dann aber idR nicht hinreichend qualifiziert. Bei administrat. Verst. gegen EU-R kann erhebl. sein, wie klar u. genau die verl. Vorschr. ist, insbes. ob sie versch. Auslegungsmöglichkeiten zulässt oder nicht. Von Bedeutung kann sein, ob einschl. Rspr. vor allem des EuGH existiert.

Die **unmittelbare Kausalität** verlangt ledigl., dass der EU-RVerstoß den eingetretenen Schaden **107** im Sinne der Adäquanzth. verursacht hat (→ Rn. 48 f.).[294]

**4. Haftungsfolgen.** Sind die genannten TBVorauss. erfüllt, kann der Geschädigte einen Schaden- **108** sausgl. nach den dafür im **nation. Recht** vorgesehenen Modalitäten in dem vorgesehenen RWeg geltend machen, ohne zuvor ein den Verstoß des Mitgliedst. gegen das EU-R feststellendes Urt. (des EuGH) abwarten zu müssen.[295] Der Mitgliedst. hat im Rahmen des nation. HaftungsR die Folgen des entstandenen Schadens unter Beachtung der oben genannten Grds. der Gleichwertigkeit nation. u. EU-rechtl. Haftungsanspr. u. der Effektivität des EU-rechtl. Haftungsanspr. zu beheben.

Daher sind im nation. StaatshaftungsR bestehende Regelungen, die einerseits eine hinreichende **109** förml. u. zeitl. Geltendmachung von Ausgleichs- u. Ersatzanspr. zulassen, diese aber unter Berücksichtigung der Umstände des Einzelfalls im Interesse der RSicherheit u. RKlarheit **inhaltl. u./oder zeitl.** angemessen **begrenzen,**[296] auch EU-rechtl. zulässig. Dazu gehören nach der Rspr. des EuGH etwa Vorschr. über eine grds. dreijährige **VerjFrist** nach §§ 194 ff. BGB einschl. der Hemmungsregelungen.[297] Der EuGH erkennt auch den Vorrang des primären RSchutzes an u. fordert für Staatshaftungsanspr. wegen EU-RWidrigkeit die **vorrangigen RMGebrauch** ähnl. wie § 839 III BGB, sofern dem Geschädigten der Gebrauch des RM **zumutbar** ist u. ihm keine überm. Schwierigkeiten aufgebürdet werden.[298] Er bezeichnet es – mit Recht – als allg. RGrunds. der Mitgliedst., dass sich ein Geschädigter zur Erhaltung von Ersatzanspr. in angem. Form um eine Schadensabwendung bemühen muss.

Unanwendbar ist der Verweis auf eine **anderw. Ersatzmöglichk.** (§ 839 I 2 BGB), weil diese **110** Regelung eine Folge der ursprüngl. auch persönl. Haftung des Amtswalters ist, die EU-rechtl. Staatshaftung hingegen von Anfang an eine unmittelbare Haftung der Mitgliedst. begründet.[299] Das schließt einen Vorteilsausgl. im Einzelfall nicht aus. Das **Richterspruchprivileg** des § 839 II BGB ist nach Maßgabe der Rspr. des EuGH unanwendbar. Nach ihr haftet der Staat für eine **letztinstanzl.** GerEntsch. bereits dann, wenn das Ger. **offenkundig** gegen EU-R verstoßen hat.[300]

Aus EU-rechtl. Sicht sind hinsichtl. **Art u. Höhe eines Schadensausgl.** nicht notwendig nur **111** Geldentsch. iSd §§ 249 ff. BGB, sondern auch reale Folgenbeseitigung oder ähnl. Ausgleichsleistungen mögl.[301] IdR wird eine **angemessene Entsch.** in Geld unter Berücksichtigung der Umstände des Einzelfalls ausreichen. Auch Naturalrestitution durch Widerrufs- oder Richtigstellungserklärung ist mögl.[302]

Wer **Anspruchsverpflichteter** ist, richtet sich nach Art. 34 S. 1.[303] Danach ist Anspruchsgegner **112** der RTräger derjenigen Stelle, die EU-rechtsw. gehandelt u. den Schaden verursacht hat. Das kann der Bund sein, weil er Vertragsstaat ist u. sich durch sein Tun oder Unterlassen – etwa im Zusammenhang mit einer umsetzungsbedürftigen RL – EU-rechtsw. verhalten hat. Hat der Bund jedoch nach der dt.

---

[291] Vgl. etwa BGH NVwZ 2007, 362.

[292] Vgl. BGHZ 134, 30 (37); DVBl 2001, 474 (475) = JZ 2001, 456 mit Anm. *Classen;* EuZW 2013, 194 Rn. 17 m. Anm. *Beyerbach.*

[293] EuGH NJW 1996, 3139 mit Bespr. *Streinz/Leible* ZIP 1996, 1931; NZA 2011, 54 Rn. 67 – Fuß; iE besteht aber kaum ein Unterschied zur verschuldensabh. Amtshaftung, ebenso *Ossenbühl/Cornils,* S. 617; vgl. schon *Detterbeck* VerwArch 85 (1994), 189, 200 f.

[294] Näher *Detterbeck* DWS, § 6 Rn. 45 f.

[295] EuGH NVwZ 2009, 771 Rn. 39.

[296] Siehe aber EuGH NZA 2011, 54 Rn. 66 – Fuß.

[297] Vgl. EuGH NVwZ 2009, 771 Rn. 32 f., wonach die 3-jährige VerjFrist des § 852 BGB aF angemessen und nicht EU-rechtsw. ist. Hierzu sodann BGHZ 181, 199 zum Fristenlauf und zur Hemmung der Verj.

[298] Vgl. EuGH NVwZ 2009, 771 Rn. 47 ff.; EuZW 2011, 54 Rn. 76 ff. – Fuß; dazu BGHZ 181, 199 ff.

[299] Vgl. *Detterbeck* DWS, § 6 Rn. 65.

[300] EuGH NJW 2003, 3539 Rn. 53 – Köbler; NJW 2006, 3337 Rn. 30 ff. – Tragetti (dazu krit. *Lindner* BayVBl 2006, 696 f.); die EuGH-Rspr. aufgreifend BGH NJW 2005, 747; ausführl. *Zantis,* Das Richterspruchprivileg in nationaler und gemeinschaftsrechtlicher Hinsicht, 2010.

[301] Etwa in Form von Freizeitausgl. für EU-rechtsw. Arbeitszeiten, so EuGH NZA 2011, 54 Rn. 94 – Fuß.

[302] *Will/Quarch* (Fn. 43), § 15 Rn. 73, § 16 Rn. 41 ff., 58 ff.; *Streinz* VVDStRL 61 (2002), 351; *Detterbeck* DWS, § 6 Rn. 71 ff.; *Otto* AL 2019, 120 f.

[303] BGHZ 161, 224 (236); BVerwG DVBl 2018, 248 Rn. 8; NVwZ 2017, 1627 Rn. 20.

Kompetenzordnung der Art. 30, 70 ff. keine Befugnisse, ist es EU-rechtl. nicht zu beanstanden, wenn nur die Länder oder andere rfähige Hoheitstr. in Anspr. genommen werden können.[304]

113 Die Frage des **RWeges** ist umstr. Wird der EU-rechtl. Staatshaftungsanspr. unter Rückgriff auf den Haftungsrahmen des § 839 BGB, Art. 34 geltend gemacht,[305] ist nach Art. 34 S. 3,[306] § 40 II 1 HS 1, 3. Var. VwGO der ZivilRWeg eröffnet. Obwohl es sich beim EU-rechtl. Staatshaftungsanspr. um eine unmittelb. u. nicht um eine auf den Staat nur übergel. Haftung handelt, sind gleichwohl die LG nach § 71 II Nr. 2 GVG zust. Denn diese Vorschr. gilt für alle Anspr., die unter Art. 34 fallen.[307] Nach aA, die ebenfalls von einem eigenst. EU-rechtl. Staatshaftungsanspr. ausgeht bzw. ausgehen muss, ist Art. 34 S. 3 nicht anwendbar, sondern ledigl. § 40 II 1 HS 1, 3. Var. VwGO. Dies hat zur Konsequenz, dass zwar auch der RWeg zu den Zivilger. eröffnet ist, dass aber die VwGer. nach § 17 II 1 GVG – § 17 II 2 GVG steht dann nicht entgegen – über den EU-rechtl. Staatshaftungsanspr. mitentscheiden müssen, wenn zugl. ein anderer ör Ersatzanspruch geltend gemacht wird, für den nach § 40 I VwGO der VwRWeg eröffnet ist.[308]

114 **5. Ergänzungsfunktion.** Der EU-rechtl. Staatshaftungsanspr. u. die nation. Staatshaftungsinstitute **ergänzen sich.** Dadurch werden **Defizite der nation. Haftungsinstitute** im Bereich des normat. u. judikat. Unrechts beseitigt, soweit es um Verstöße gegen EU-Recht geht. Dies sichert auch den **Anwendungsvorrang des EU-R u. seine strikte Beachtung.** IE entsteht dadurch ein gesplittetes, einerseits rein nation. HaftungsR bei Verstößen gegen die nation. ROrdnung, andererseits bei EU-rechtsw. Handeln ein vom EuGH im Wege richterl. RFortbildung geschaffenes europ. StaatshaftungsR mit unterschiedl., zT von der bisherigen Rspr. des BGH zu § 839 BGB abweichenden TBVorauss.

115 Da nach der Rspr. des EuGH bei EU-rechtsw. Verhalten für das Vf. u. die RFolgen bei Wahrung von Mindeststandards grds. das nation. Recht maßgebend ist, entsteht auf der **RFolgenseite** weitgehende Übereinstimmung bei haftungsrelevanten Verstößen gegen EU-R u. gegen nation. Recht.

## Art. 35 [Rechts- und Amtshilfe, kompetenzüberschreitendes Zusammenwirken bei Notfällen]

(1) **Alle Behörden des Bundes und der Länder leisten sich gegenseitig Rechts- und Amtshilfe.**

(2) **Zur Aufrechterhaltung oder Wiederherstellung der öffentlichen Sicherheit oder Ordnung kann ein Land in Fällen von besonderer Bedeutung Kräfte und Einrichtungen des Bundesgrenzschutzes zur Unterstützung seiner Polizei anfordern, wenn die Polizei ohne diese Unterstützung eine Aufgabe nicht oder nur unter erheblichen Schwierigkeiten erfüllen könnte. Zur Hilfe bei einer Naturkatastrophe oder bei einem besonders schweren Unglücksfall kann ein Land Polizeikräfte anderer Länder, Kräfte und Einrichtungen anderer Verwaltungen sowie des Bundesgrenzschutzes und der Streitkräfte anfordern.**

(3) **Gefährdet die Naturkatastrophe oder der Unglücksfall das Gebiet mehr als eines Landes, so kann die Bundesregierung, soweit es zur wirksamen Bekämpfung erforderlich ist, den Landesregierungen die Weisung erteilen, Polizeikräfte anderen Ländern zur Verfügung zu stellen, sowie Einheiten des Bundesgrenzschutzes und der Streitkräfte zur Unterstützung der Polizeikräfte einsetzen. Maßnahmen der Bundesregierung nach Satz 1 sind jederzeit auf Verlangen des Bundesrates, im übrigen unverzüglich nach Beseitigung der Gefahr aufzuheben.**

**Entstehungsgeschichte: Erstfassung:** JöR nF 1 (1951), 330. – **Änderungen:** 17. G. zur Erg. des GG v. 24.6.1968 (BGBl I 709), § 1 Nr. 8 (dazu: BT-Dr V/1879 [Entwurf], 2873; BT-Prot V/5856, 9313, 9413, 9606; BR-Dr 162/67, 303/68; BR-Prot 67/51, 68/138); 31. G. zur Änd. des GG v. 28.7.1972 (BGBl I 1305), Art. I Nr. 1 (dazu: BT-Dr VI/1479, 2653 [Entwürfe]; BT-Prot VI/4728, 11 425, 11 483; BR-Dr 463/70, 358/72; BR-Prot 72/597).

---

[304] EuGH Slg. 1999, I-3099 Rn. 63 f. – Konle; DVBl 2000, 1273 Rn. 29 ff. – Haim II; NZA 2011, 54 Rn. 61 – Fuß; BGHZ 161, 224 (234 ff.); *Detterbeck* DWS, § 6 Rn. 73 ff.

[305] Dazu näher *Detterbeck* DWS, § 6 Rn. 56 f.

[306] Ebenso *Berg*, in: Schwarze, Art. 340 Rn. 96; *Maurer/Waldhoff* (Fn. 7), § 31 Rn. 19; *Hartmann* (Fn. 116), S. 302; *Hidien* (Fn. 285), S. 74; *Otto* AL 2019, 111 f.; ebenso diejenigen, nach denen es keinen eigenst. EU-rechtl. Staatshaftungsanspr. gibt, sondern die dt. Haftungsinstitute ledigl. EU-rkonform anzuwenden sind, dazu bereits Rn. 99.

[307] *Kissel/Mayer*, GVG, 9. Aufl. 2018, § 71 Rn. 11.

[308] So *Tietjen*, Das System des gemeinschaftsrechtlichen Staatshaftungsrechts, 2010, S. 249 ff.; *Beljin*, Staatshaftung im Europarecht, 2000, S. 239 ff.; so verfährt auch BVerwGE 143, 381 ff., das einen EU-rechtl. und einen beamtenrechtl. Ausgleichsanspr. prüft; auf dieser Linie auch BVerwGE 150, 234 Rn. 22 ff.: Prüfung eines EU-rechtl. Staatshaftungsanspr. (und eines Entschädigungsanspr. nach § 15 II iVm § 24 Nr. 1 AGG) im Rahmen einer beamtenrechtl. Streits, für den nach § 54 I BeamtStG der VwRWeg eröffnet ist, obwohl dies nach Art. 34 S. 3 nicht für Amtshaftungsanspr. gilt u. über die deshalb trotz § 54 I BeamtStG die ordentl. Ger. entscheiden müssen; ebenso BVerwGE 158, 344 Rn. 47 ff.; 159, 245 ff.

**Historische Verfassungstexte: WRV: Art. 7** Das Reich hat die Gesetzgebung über:... 3. das gerichtliche Verfahren einschließlich des Strafvollzugs sowie die Amtshilfe zwischen Behörden. **– GG 1949: Art. 35** Alle Behörden des Bundes und der Länder leisten sich gegenseitig Rechts- und Amtshilfe.
**Gesetzgebung:** VwVfG §§ 4–8; SGB X §§ 3–7; AO §§ 111–115.
**Sonderregelung:** EinigungsV Art. 15 II, III.
**Leitentscheidungen: zu Abs. 2, 3:** BVerfGE 132, 1 (Unbewaffneter Streitkräfteeinsatz).
**Supra- und internationale Texte:** Europäisches Übereinkommen v. 24.11.1977 über die Zustellung von Schriftstücken in Verwaltungssachen im Ausland (BT-Dr 9/68); Europäisches Übereinkommen v. 15.3.1978 über die Erlangung von Auskünften und Beweisen in Verwaltungssachen im Ausland (BGBl II 1981, 533); Übereinkommen v. 27.9.1968 über die gerichtliche Zuständigkeit und die Vollstreckung gerichtlicher Entscheidungen in Zivil- und Handelssachen (BGBl II 1972, 774); Haager Übereinkommen v. 15.11.1965 über die Zustellung gerichtlicher und außergerichtlicher Schriftstücke im Ausland in Zivil- und Handelssachen (BGBl II 1977, 1453); Haager Übereinkommen über die Beweisaufnahme im Ausland in Zivil- und Handelssachen (BGBl II 1977, 1472).

**Schrifttum:** *M. Baldus,* Gefahrenabwehr in Ausnahmelagen. Das Luftsicherheitsgesetz auf dem Prüfstand, NVwZ 2006, 532; *K. Berg,* Grenzen der Amtshilfe zwischen den Bundesländern, Diss. Frankfurt/M. 1967; *A. Dietz,* Die Kompetenzverteilung des Grundgesetzes für Amtshilfe- und Unterstützungsmaßnahmen sowie Einsätze der Bundeswehr, DÖV 2012, 952; *M. Dreher,* Die Amtshilfe, 1959; *C. Calliess,* Die grundrechtliche Schutzpflicht im mehrpoligen Verfassungsrechtsverhältnis, JZ 2006, 321; *C. Gramm,* Der wehrlose Verfassungsstaat? – Urteilsanmerkung zur Entscheidung des BVerfG zum LuftSiG vom 15. Februar 2006 – 1 BvR 357/05, DVBl 2006, 433 –, DVBl 2006, 653; *S. Hentschel,* Die innerstaatliche Rechts- und Amtshilfe, 1958; *C. Hillgruber,* Der Staat des Grundgesetzes – nur bedingt abwehrbereit?, JZ 2007, 209; *D. Keidel,* Polizei und Polizeigewalt im Notstandsfall. Funktion, rechtliche Stellung und Befugnisse der Vollzugskräfte von Polizei, Bundesgrenzschutz und Bundeswehr bei den vom Grundgesetz vorgesehenen Einsätzen im Notstand, 1973; *E. Klein,* Das Gesetz zur Neuregelung von Luftsicherheitsaufgaben (LuftSiG) auf dem Prüfstand, ZG 2005, 289; *M. Ladiges,* Die Bekämpfung nicht-staatlicher Angreifer im Luftraum, 2007; *T. Linke,* Innere Sicherheit durch die Bundeswehr? Zu Möglichkeiten und Grenzen der Inlandsverwendung der Streitkräfte, AöR 129 (2004), 490; *U. Lucks,* Inhalt und Grenzen einer Amtshilfeleistung durch die Streitkräfte am Beispiel der Flüchtlingshilfe, NVwZ 2015, 1648; *K. Meyer-Teschendorf,* Die Amtshilfe, JuS 1982, 187; *W. Mitsch,* „Luftsicherheitsgesetz" – Die Antwort des Rechts auf den „11. September 2001", JZ 2005, 274; *L. Münkler,* Militarisierung der erweiterten Amtshilfe? Zur Verfassungsfortbildung durch das Bundesverfassungsgericht, ZG 2013, 376; *C. Pestalozza,* Inlandstötungen durch die Streitkräfte – Reformvorschläge aus ministeriellem Hause, NJW 2007, 492; *G. Robbers,* Die Befugnisse der Bundeswehr im Katastrophenfall, DÖV 1989, 926; *W.-R. Schenke,* Die Verfassungswidrigkeit des § 14 III LuftSiG (BVerfG, NJW 2006, 751), NJW 2006, 736; *U. Schliesky,* Die Europäisierung der Amtshilfe, 2008; *B. Schlink,* Die Amtshilfe, 1982; *S. Simitis,* Von der Amtshilfe zur Informationshilfe, NJW 1986, 2795; *C. Starck,* Anmerkung zu BVerfG vom 15.2.2006, JZ 2006, 417; *K. Wessel,* Verfassungs- und verwaltungsrechtliche Probleme der Amtshilfe im Bundesstaat, 1983; *D. Wiefelspütz,* Bundeswehr und innere Sicherheit, NWVBl 2006, 41; *D. Winkler,* Verfassungsmäßigkeit des Luftsicherheitsgesetzes, NVwZ 2006, 536.

## Übersicht

## A. Entstehung

Seine Aufnahme in das GG verdankt Art. 35 I **bundesstaatlichen Erfahrungen** der Vergangen-   **1** heit. Es sollte Klarheit darüber geschaffen werden, dass die Amtshilfe im Bundesstaat keiner besonderen Vereinbarung der Länder untereinander bedarf. Ebenso sollte eine spezielle Gesetzgebung entbehrlich gemacht werden, zumal die auf der Grundlage des Art. 7 Ziff. 3 WRV ergangenen einfach-gesetzlichen Tatbestände der Rechts- und Amtshilfe eine umfassende Ausdehnung auf alle Gebiete und Behörden erfahren haben.[1]

## B. Allgemeines

**2**     Im Vordergrund einer dogmatischen Erfassung der Bestimmung steht der Versuch, Art. 35 I auf ein allg. Prinzip zurückzuführen. Dabei wird im Wesentlichen auf die Einheit des Staates,[2] die **Einheit der Staatsgewalt** bzw. der Verwaltung,[3] aber auch auf das **Bundesstaatsprinzip**[4] abgestellt. Das Heranziehen der Einheit der Staatsgewalt dürfte indes verzichtbar sein. Denn einerseits erscheint vom soziolog. Befund die Existenz einer solchen Einheit fraglich. Andererseits besteht die Gefahr, in Art. 35 I Elemente überwundener Staatszwecklehren hineinzulesen,[5] um so dessen Anwendungsbereich – auch zu Lasten des Bürgers – ausdehnen zu können.

**3**     Demgegenüber ist die Zugehörigkeit der Regelung zum **Bundesstaatsprinzip** unverkennbar.[6] Wiewohl die Bestimmung nicht Ausfluss einer einheitlichen Staatsgewalt ist, soll sie doch auf Integration des auf verschiedene Träger verteilten Staatshandelns hinwirken[7] – womit zugleich die Grundsätze der Bundestreue bzw. des kooperativen Föderalismus angesprochen sind.[8]

**4**     Nicht übersehen werden darf ferner die **rechtsstaatliche Komponente** des Art. 35.[9] Rechts- und Amtshilfe haben auch die Aufgabe, das rechtsstaatliche Gebot größtmöglicher objektiver Richtigkeit staatlicher Entscheidungen vor allem hinsichtlich der Beschaffung von Entscheidungsgrundlagen zu fördern, was zugleich der funktionalen Effizienz[10] dient. Zugunsten Letzterer wird der Grundsatz strikter Kompetenzverteilung und damit eigenverantwortlicher Willensbildung des Entscheidungsträgers durchbrochen. Dergestalt kann Art. 35 als notwendige Konsequenz der vertikalen und horizontalen Gewaltenteilung bezeichnet werden.[11]

**5**     Nur mit Blick auf jene rechtsstaatliche Ausrichtung lässt sich Art. 35 I entgegen seiner systematischen Stellung im Abschnitt „Der Bund und die Länder" als Vorschrift verstehen, die auch zwischen **Bundesbehörden** bzw. **Behörden desselben Landes** Anwendung finden kann.[12] Die Verfassungshoheit der Länder steht einer solchen Sichtweise schon deshalb nicht entgegen, weil Art. 35 I insoweit als Konkretisierung des ohnehin über Art. 28 I die Länder bindenden Rechtsstaatsprinzips anzusehen ist. Die **internationale** Amtshilfe[13] und diejenige iRd **EU**[14] werden von Art. 35 **nicht** erfasst.[15]

## C. Einzelfragen zu Abs. 1

### I. Anwendungsbereich

**6**     **1. Behördenbegriff.** Adressaten der Amtshilfeverpflichtung sind alle **Behörden.** Schon aus dem Begriff der Rechtshilfe ergibt sich, dass Art. 35 I entgegen der sonstigen Terminologie einen über § 1 IV VwVfG hinausgehenden Behördenbegriff verfolgt;[16] erfasst wird jede Stelle, die unmittelbar staatliche bzw. öff. Aufgaben wahrnimmt.[17] Adressaten der Regelung sind mithin nicht nur sämtliche **Behörden der öffentlichen Verwaltung,** sondern auch die **Behörden der Staatsorgane,** wie etwa des BT und BRat.[18] Ferner umfasst der Behördenbegriff des Art. 35 I **die Gerichte** und – entgegen der zu engen Formulierung – darüber hinaus die **Behörden der Gemeinden.**[19] Gleiches gilt für die **Behörden anderer Träger mittelbarer Staatsverwaltung,** sofern ihre Einbindung in den Staats-

---

[1] Eingehend zur Entstehungsgeschichte *Dederer,* in: Maunz/Dürig, Art. 35 (2018) Rn. 1 ff,; *Ph. Reimer* BK, Art. 35 (2017) Rn. 20 ff.; *Schlink,* Die Amtshilfe, 1982.

[2] BVerfGE 7, 183 (190).

[3] BVerfGE 7, 183 (190); *Gubelt,* in: v. Münch/Kunig I, Art. 35 Rn. 1.

[4] BVerfGE 31, 43 (46); 42, 91 (95); *Leisner,* in: Sodan Art. 35 Rn. 1.

[5] Zutreffend *Bull,* AK I[2], Art. 35 I Rn. 1.

[6] *Dederer,* in: Maunz/Dürig, Art. 35 (2018) Rn. 19.

[7] In diesem Sinne zur Einheitsstiftung *Isensee* HStR VI, § 126 Rn. 228.

[8] Dazu *Rudolf* HStR VI, § 141 Rn. 25; auch → Art. 30 Rn. 16.

[9] *Bauer,* in: Dreier II, Art. 35 Rn. 10; überwiegend wird das Rechtsstaatsprinzip allein als Grenze der Amtshilfe verstanden, vgl. *Rudolf* HStR VI, § 141 Rn. 27.

[10] Vgl. *Schliesky,* in: Knack/Henneke, Vorb § 4 Rn. 7.

[11] *Wolff,* in: Hömig/Wolff, Art. 35 Rn. 1.

[12] *Gubelt,* in: v. Münch/Kunig I, Art. 35 Rn. 1; *Dederer,* in: Maunz/Dürig, Art. 35 (2018) Rn. 27 ff; aA, dh nur für das Verhältnis von Landesbehörden und im Verhältnis von Behörden verschiedener Länder, *Bauer,* in: Dreier II, Art. 35 Rn. 12; *Ph. Reimer* BK, Art. 35 (2017) Rn. 93.

[13] Völkerrechtl. nur punktuell ausgeprägt, vgl. *Epping,* in: Epping/Hillgruber, Art. 35 Rn. 3.2.

[14] Rechts- und Amtshilfe im Verhältnis der Union zu den Mitgliedstaaten wird aus dem Grundsatz der loyalen Zusammenarbeit abgeleitet, Art. 4 III EUV, vgl. EuGHE 1990, 3365 (3372); näher *Dederer,* in: Maunz/Dürig, Art. 35 (2018) Rn. 15 f.

[15] Vgl. nur *Münkler,* in: Hofmann/Henneke, Art. 35 Rn. 9.

[16] Etwa *Epping,* in: Epping/Hillgruber, Art. 35 Rn. 1; *Ph. Reimer* BK, Art. 35 (2017) Rn. 66.

[17] *Grzeszick,* in: Friauf/Höfling, Art. 35 Rn. 5.

[18] Nicht erfasst wird das Verhältnis von BT und BReg, → Rn. 7.

[19] BVerfG NJW 1971, 1308 (1309).

aufbau die Mitwirkung an staatlichen Entscheidungsprozessen vorsieht. Angesichts dessen beansprucht Art. 35 I keine Geltung gegenüber Kirchen[20] – und ebenso wenig gegenüber öff.-rechtlichen Rundfunkanstalten[21] und Universitäten, jedenfalls im Bereich ihres selbstverwaltungsrechtlichen Schutzes nach Art. 5 I, III.[22] Gegenteiliges gilt wiederum grds. für die Kammern (etwa Amtshilfe der Rechtsanwaltskammer in Gebührenstreitigkeiten).

Art. 35 gilt nicht im Verhältnis von BT und BReg, und zwar wegen der Besonderheiten parlamen-  7 tarischer Kontrolle.[23] Eine Sonderstellung nehmen allerdings die **Untersuchungsausschüsse** der Landtage sowie des BT (→ Art. 44 Rn. 11 ff.) ein. Auch sie sind unter den Behördenbegriff zu subsumieren, jedoch greifen regelmäßig spezielle Anordnungen ein.[24] Fehlen solche, findet für die Ausschüsse – auch für Untersuchungen innerhalb eines Landes – Art. 35 I Anwendung.[25]

Für die allg. Ablehnung, den Anwendungsbereich auf **Beliehene** zu erstrecken,[26] lässt sich zwar  8 anführen, dass Adressat einer staatsorganisationsrechtl. Vorschrift nur eine organisatorische Untergliederung des Staates sein kann. Nach Sinn und Zweck – auch iS einer rechtsstaatlichen Lesart – ist diese Begrenzung des Anwendungsbereichs indes nicht zwingend, weil uU gerade ein Beliehener über die durch das Amtshilfeersuchen angestrebte Sachkompetenz verfügt.[27] Freilich ist die bloße Erfüllung öff. Aufgaben noch nicht ausreichend, so dass **privatrechtlich organisierte Verwaltungsträger** ebenso wenig Adressaten des Art. 35 I sind wie **Verwaltungshelfer.** Auch auf politische Parteien ist Art. 35 nicht anwendbar.[28]

Keine Anwendung findet Art. 35 I schließlich auf das **Innenverhältnis** der Behörde.[29] Während diese  9 Frage für Verwaltungsbehörden wegen ihrer hierarchischen Gliederung und der damit bestehenden Weisungs- und Informationsmöglichkeit praktisch keine Rolle spielen dürfte, erscheinen jedenfalls Rechts- und Amtshilfe innerhalb der **Gerichte** denkbar und gerade angesichts zunehmender Vernetzungen von EDV-Anlagen problematisch. Die sich daraus ergebenden Fragen sind vor dem Hintergrund des nicht auf Gerichte zugeschnittenen Behördenbegriffs zu beantworten. Stellt man nämlich auf die Rechtshilfe iS richterlicher Tätigkeit ab, erfolgt diese regelmäßig durch das Gericht iSd einzelnen **Spruchkörper,**[30] also der Senate, Kammern oder Einzelrichter, die in ihrem Verhältnis zu anderen Spruchkörpern desselben Gerichts unabhängig sind, Art. 97 I. Hinsichtlich der Verwaltungstätigkeit und damit der Amtshilfe der Gerichte[31] scheidet eine **interne Amtshilfe** auf der Grundlage des Art. 35 I aus.

**2. Rechts- und Amtshilfe.** Unter **Rechts- und Amtshilfe** lässt sich die Hilfeleistung zwischen  10 Behörden unter Überwindung bestehender Kompetenz- und Zuständigkeitsgrenzen verstehen: ergänzender Beistand,[32] den eine Behörde einer anderen leistet, um dieser die Wahrnehmung ihrer Aufgaben zu ermöglichen oder zu erleichtern.[33] Dabei müssen die Befugnisse der ersuchten Behörde der ersuchenden Stelle nicht zustehen.[34] Vor diesem Hintergrund ist Art. 35 I subsidiär und kommt nicht zur Anwendung, wenn zwischen den Behörden eine anderweitige organisationsrechtliche Verknüpfung besteht, wie Delegation, Weisungsabhängigkeit oder Organleihe.[35] Letztere unterscheidet sich von der Amtshilfe auch dadurch, dass sie sich nicht auf Hilfestellung im Einzelfall beschränkt, sondern die Übernahme ganzer Aufgabenbereiche betrifft.[36]

Schwierig zu beurteilen ist im Einzelfall die **Unterscheidung** zwischen Rechts- und Amtshilfe.  11 Vielfach wird unter Bezugnahme auf den Wortlaut des Art. 35 I vertreten, eine Unterscheidung sei müßig.[37] Das trifft zwar mit Blick auf die Verpflichtung(en) des Art. 35 I selbst zu. Allerdings können sich nur iRd Rechtshilfe Spannungen zur Unabhängigkeit der Richter sowie zu den Justizgarantien ergeben. Deshalb wird vielfach von Rechtshilfe gesprochen, wenn die um Amtshilfe ersuchte Stelle ein **Gericht** und die begehrte Maßnahme eine gerichtliche, der rechtsprechenden Gewalt vorbehaltene Tätigkeit ist; alle sonstigen Konstellationen stellen sich dann als Amtshilfe dar.[38] Nach anderer Sicht

[20] Etwa *Leisner,* in: Sodan Art. 35 Rn. 1.
[21] BVerwG DÖV 1972, 720 (721); *Gubelt,* in: v. Münch/Kunig I, Art. 35 Rn. 3.
[22] *Dederer,* in: Maunz/Dürig, Art. 35 (2018) Rn. 34; weitergehend etwa *v. Danwitz* MKS II Art. 35 Rn. 14.
[23] BVerfGE 67, 100 (129); *Grzeszick,* in: Friauf/Höfling, Art. 35 Rn. 5.
[24] Den Untersuchungsausschüssen sind Gerichte und Verwaltungsbehörden zur Rechts- und Amtshilfe verpflichtet, Art. 44 III; dazu als Sonderregelung *Bauer,* in: Dreier II, Art. 35 Rn. 15.
[25] Anders allg. *Wolff,* in: Hömig/Wolff, Art. 35 Rn. 2: Ausübung parlamentarischer Kontrolle ist keine Amtshilfe; vgl. auch BVerfGE 67, 100 (128 f.).
[26] Vgl. *Leisner,* in: Sodan, Art. 35 Rn. 1.
[27] Wie hier *Bauer,* in: Dreier II, Art. 35 Rn. 15.
[28] BVerwGE 32, 333 (336).
[29] *Oebbecke* DVBl 1987, 866 (872).
[30] *Isensee* HStR VI, § 126 Rn. 227 Fn. 648.
[31] Dass es sich dann um Amtshilfe handelt, betont zutreffend *Münkler,* in: Hofmann/Henneke, Art. 35 Rn. 11.
[32] *Epping,* in: Epping/Hillgruber, Art. 35 Rn. 4.
[33] BVerfG (K) NVwZ 2011, 1254 (1255); *Wolff,* in: Hömig/Wolff, Art. 35 Rn. 2 mwN.
[34] *Leisner,* in: Sodan, Art. 35 Rn. 2.
[35] *Pieroth,* in: Jarass/Pieroth, Art. 35 Rn. 4; *Bauer,* in: Dreier II, Art. 35 Rn. 13.
[36] BVerfGE 63, 1 (32); *Wolff,* in: Hömig/Wolff, Art. 35 Rn. 2.
[37] Vor allem *Gubelt,* in: v. Münch/Kunig I, Art. 35 Rn. 9; *Isensee* HStR VI, § 126 Rn. 227 Fn. 648.
[38] Vgl. *Wolff,* in: Hömig/Wolff, Art. 35 Rn. 2 mwN, ua auf Art. 44 III; bereits o. Fn. 23.

kommt es auf die iSd Gewaltenteilungsprinzips **funktionelle** Einordnung der Hilfeleistung an – und nicht auf die organisationsrechtliche Zugehörigkeit der ersuchten Stelle.[39]

## II. Umfang der Rechts- und Amtshilfe

12    **1. Allgemeines.** Durch das Amtshilfeersuchen einer Behörde gegenüber einer anderen wird ein **Rechtsverhältnis** begründet, das auf **Gleichordnung** beruht („gegenseitig").[40] Deshalb kommt es nicht darauf an, an welcher Stelle in der Hierarchie die ersuchende oder ersuchte Behörde eingeordnet ist. Auch Ober- und Mittelbehörden sind unteren Behörden gegenüber zur Amtshilfe verpflichtet. Umgekehrt trifft untere Behörden nicht die Pflicht, iRd Hilfeleistung einen Dienstweg – etwa über die Aufsichtsbehörde – einzuhalten.[41]

13    Unstrittig folgt unmittelbar aus Art. 35 I eine **Pflicht** der ersuchten Behörde zur Amtshilfeleistung. Diese darf auch nicht die Recht- oder Zweckmäßigkeit des dem Ersuchen zugrunde liegenden Akts überprüfen; das liegt allein in der Zuständigkeit und im Verantwortungsbereich der ersuchenden Stelle.[42] Fraglich ist, inwieweit jener Verpflichtung ein („subjektives"[43]) **Recht** der ersuchenden Behörde korrespondiert.[44] Dazu gibt der Wortlaut des Art. 35 I nichts her; angesichts des Normzwecks, die funktionale Effizienz staatlicher Stellen sowie die Richtigkeit staatlicher Entscheidungen zu optimieren, erscheint es indes konsequent, der Verpflichtung eine Berechtigung der ersuchenden Behörde an die Seite zu stellen.

14    Nicht einbezogen werden in das Amtshilfeverhältnis dagegen **Dritte**, und zwar weder unbeteiligte Behörden noch Private – etwa iS eines Auskunftsanspruchs.[45]

15    **2. Begründung der Rechts- und Amtshilfeverpflichtung.** Die wirksame Verpflichtung einer Behörde nach Art. 35 I setzt zuvor ein ausdrückliches, auf eine hinreichend bestimmte Tat- oder Rechtsfrage zielendes **Ersuchen** voraus.[46] Eine **aufgedrängte Amtshilfe** ist grds. unzulässig, weil dadurch die Pflicht eigenverantwortlicher Aufgabenerfüllung der unterstützten Behörde verletzt würde. Zwar sind Fälle denkbar, in denen eine Hilfeleistung spontan erfolgen kann. Wegen der strikten Geltung der Zuständigkeitsordnung und der daher gebotenen engen Auslegung wird **Spontanhilfe** nicht von Art. 35 I erfasst.[47]

16    Aus eben diesem Grunde erscheint es **bedenklich**, eine spontan erfolgende Amtshilfehandlung, soweit sie keinen Eingriffstatbestand erfüllt, ohne weiteres für zulässig zu halten.[48] Denn auch dann bleibt es bei der Unverfügbarkeit von Kompetenzen fremder Behörden, so dass im Einzelfall ermittelt werden muss, inwieweit Zuständigkeiten durch die Hilfeleistung beeinträchtigt werden. Ggf. kann sich eine Befugnis zur Spontanhilfe – auch bzgl. der Rechtswirkung auf Dritte – aus ör GoA ergeben;[49] ebenso ist an eine Hilfeleistung auf Grund von (ungeschriebenen) Not- oder Eilkompetenzen bei Handlungsdefiziten der an sich zuständigen Behörde zu denken.

17    Wegen der grds. Durchbrechung der Kompetenzordnung[50] ist ferner eine **latente Amtshilfe**, etwa durch EDV-Vernetzung zwischen verschiedenen Behörden mit dauerhafter Zugriffsmöglichkeit auf Datenbestände, bedenklich. Nach Maßgabe obiger Grundsätze (→ Rn. 15) muss insoweit Folgendes gelten: Wegen des Erfordernisses eines ausdrücklichen Ersuchens und damit eines willentlichen Vorgangs im **Einzelfall** sind **dauerhafte Datenverbindungen**[51] mit ständiger Zugriffsmöglichkeit (Standleitungen etc.) grds. unzulässig. Nur in engen Grenzen kann für typische Fälle und Massenfälle von geringer Grundrechtsrelevanz in vorweggenommenes **generelles Ersuchen**[52] mit dem Korrespondieren der generalisierten Amtshilfe iS einer dauernden Zugriffsmöglichkeit auf Datenbestände ausreichen, wobei die ersuchte Behörde von dem jeweiligen Zugriff zu informieren ist.

18    Die konkrete Reichweite der geschuldeten Amtshilfe lässt sich Art. 35 I nicht entnehmen;[53] es handelt sich um eine rein **formelle Vorschrift**.[54] Doch richtet sich der Umfang zunächst nach dem konkreten Ersuchen, häufig auch nach **gesetzlichen Vorschriften**, welche die Bestimmung materiell ausfüllen.[55] Beispielsweise kann Amtshilfe durch Zurverfügungstellen von Personal- und Sachmitteln,

---

[39] So *Münkler*, in: Hofmann/Henneke, Art. 35 Rn. 11; aA *Bull*, AK I², Art. 35 Rn. 13; vgl. o. → Rn. 6.
[40] *Bauer*, in: Dreier II, Art. 35 Rn. 17.
[41] *Dederer*, in: Maunz/Dürig, Art. 35 (2018) Rn. 50.
[42] *Grzeszick*, in: Friauf/Höfling, Art. 35 Rn. 35.
[43] Etwa *Epping*, in: Epping/Hillgruber, Art. 35 Rn. 11.
[44] So vor allem *Schnapp/Friehe* NJW 1982, 1422 (1425); aA *Wendt* NWVBl 1987, 33 (40).
[45] *Leisner*, in: Sodan, Art. 35 Rn. 3.
[46] *Dederer*, in: Maunz/Dürig, Art. 35 (2018) Rn. 45.
[47] Anders *Schlink* (Fn. 1), S. 220 f.; wie hier BGH DÖV 1961, 308.
[48] AA *Gubelt*, in: v. Münch/Kunig I, Art. 35 Rn. 7.
[49] Vgl. dazu *v. Danwitz* MKS II Art. 35 Rn. 17.
[50] *Bull* DÖV 1979, 689 (692).
[51] Zur Diskussion bereits *Wiese* DVBl 1980, 867 f.
[52] Dazu *Meyer-Teschendorf* JuS 1981, 187 (190).
[53] BVerwGE 38, 336 (340); 50, 301 (310).
[54] Rahmenvorschrift, OLG Düsseldorf NJW 1957, 1037; *Bauer*, in: Dreier II, Art. 35 Rn. 18.
[55] Etwa § 14 VwGO, §§ 4 ff. VwVfG; §§ 111 ff. AO; §§ 3 ff. SGB X; § 156 GVG.

Auskünften, Akteneinsicht uä geleistet werden.[56] IE erweist sich Art. 35 I somit als eine auf das Grundsätzliche beschränkte Regelung, die in starkem Maße der Ausfüllung durch einfaches Gesetzesrecht bedarf.[57] Art. 35 ist insoweit Maßstabsnorm und ggf. Auslegungshintergrund.[58] Maßgeblich für die Unterstützungshandlung(en) ist das **Recht des ersuchenden Verbandes**, also des jew. Landes oder des Bundes. Diesem obliegt auch die fachliche Weisungsbefugnis.[59] Die Verteilung der **Kosten der Amtshilfe** richtet sich ebenfalls nach einfach-gesetzlichem Recht (vgl. § 8 VwVfG), welches ggf. entsprechend anzuwenden ist – so etwa das ZuSEG bei Amtshilfeleistungen einer Verwaltungsbehörde an ein Gericht.[60] Gebühren dürfen nicht erhoben werden; Auslagen sind indes zu erstatten.[61]

**3. Grenzen der Rechts- und Amtshilfe.** Grenzen der Amtshilfe können sich einerseits aus dem **19** **Amtshilfeverhältnis** selbst ergeben, andererseits aus dem **Verhältnis gegenüber Dritten**. Bzgl. des Amtshilfeverhältnisses muss vom Grundsatz der Nichtübertragbarkeit resp. Nichterweiterbarkeit[62] zugewiesener Kompetenzen als verfassungsrechtl. Gegengewicht ausgegangen werden; im Verhältnis zu betroffenen Bürgern sind der Vorbehalt des Gesetzes sowie (insbes.) Grundrechte zu beachten.[63]

Hinsichtlich des Amtshilfeverhältnisses selbst gilt es, **fakultative** und **obligatorische** Grenzen der **20** Amtshilfe zu unterscheiden. So braucht Amtshilfe nicht geleistet zu werden, wenn sich (1) eine andere bzw. die ersuchende Behörde besser zur Aufgabenerfüllung eignet, (2) die Hilfeleistung einen unverhältnismäßigen Aufwand erfordert oder (3) die Erfüllung der eigenen Aufgaben gefährdet ist.[64] Im Fall (1) ist die Behörde nicht zu einer Weiterleitung des Ersuchens verpflichtet, jedoch zu einem entsprechenden Hinweis an die ersuchende Behörde als **Nebenpflicht** des Amtshilfeverhältnisses.

Zwingend darf Amtshilfe nicht geleistet werden, wenn die ersuchte Behörde aus rechtlichen **21** Gründen dazu nicht in der Lage ist – die Vorschriften der §§ 5 II Nr. 1 VwVfG, 112 AO nehmen insoweit auf das allg. Prinzip der **Gesetzmäßigkeit der Verwaltung** Bezug, zumal Art. 35 I selbst keine eigenständigen (Ausnahme-)Befugnisse schafft. Gleiches gilt bei tatsächlicher Unmöglichkeit.[65] Auch begründet die Vorschrift aus sich heraus regelmäßig keine ausreichende Befugnis zur Weitergabe rechtmäßig erhobener personenbezogener Daten.[66]

Wegen der geschilderten Einschränkungen soll Art. 35 I für **Gebietskörperschaften** keine Befugnis **22** enthalten, außerhalb des Landes, in dem sie liegen, tätig zu werden.[67] Das trifft insoweit zu, als Art. 35 I der Gemeinde wegen der sich aus Art. 28 II 1 ergebenden Beschränkung der Aufgaben auf den örtlichen Wirkungskreis keine weiterreichenden Befugnisse verschaffen kann. Eine Anwendungsmöglichkeit für Art. 35 I ergibt sich aber, sofern Amtshilfeersuchen und Hilfeleistung jeweils eine **örtliche Angelegenheit** und damit eine originäre Zuständigkeit der Gemeinde betreffen – beispielsweise hinsichtlich der Bauleitplanung von Grenzgemeinden verschiedener Länder. Eines Verweises auf die Landesebene bedarf es dann nicht.

Bedenklich erscheinen ferner Versuche, Art. 35 I als Grundlage für länderübergreifende **Vollstre-** **23** **ckungshilfen** auch dann anzusehen, wenn ausfüllende materielle Vorschriften mit entspr. Befugnissen fehlen.[68] Auf keinen Fall dürfen selbstständige Vollzugsmaßnahmen vorgenommen werden.[69]

Begrenzt werden kann die Pflicht der ersuchten Behörde zur Hilfeleistung schließlich durch **be-** **24** **sondere Geheimhaltungspflichten**. Maßgeblich ist dafür die konkrete Auslegung der jeweils betroffenen speziellen Geheimhaltungsvorschriften.[70]

Bzgl. der fakultativen Grenzen der Amtshilfe ist iRd **Rechtshilfe**[71] besondere Restriktion geboten, **25** sofern sie sich unmittelbar auf die Rspr. bezieht. Denn wegen der rechtsstaatlichen **Justizgarantien** hat sich nach Möglichkeit der entscheidende und daher mit dem gesamten Prozessstoff vertraute gesetzliche, unabhängige Richter eine persönliche Überzeugung zu bilden (vgl. § 286 ZPO). Daher müssen strenge Maßstäbe an Ermittlungen ersuchter Richter (vgl. §§ 361 ZPO, 233 I, 225 StPO) gestellt werden. Im Zweifel hat das zuständige Gericht selbst zu ermitteln bzw. Beweis zu erheben.

---

[56] BGH NJW 1952, 305 (305); BVerfGE 7, 183 (190).
[57] Etwa durch §§ 156 ff. GVG, §§ 4 ff. VwVfG; auch OLG Düsseldorf NJW 1957, 1037.
[58] Ähnlich *Epping*, in: Epping/Hillgruber, Art. 35 Rn. 7.
[59] *Wolff*, in: Hömig/Wolff, Art. 35 Rn. 6; noch → Rn. 40.
[60] OLG Hamburg NStZ 1987, 131.
[61] *M. Winkler* JZ 2019, 99 (100 f.).
[62] *Epping*, in: Epping/Hillgruber, Art. 35 Rn. 8.
[63] Zur Grenzziehung durch das Grundrecht auf informationelle Selbstbestimmung ausführlich HmbVerfG NVwZ 1996, 1201 (1203 ff.).
[64] Vgl. Fn. 60 und *Meyer-Teschendorf* JuS 1981, 187 (191); vgl. auch §§ 5 III VwVfG, 112 AO.
[65] *Grzeszick*, in: Friauf/Höfling, Art. 35 Rn. 28; bereits *Moll* DVBl 1954, 697 (699).
[66] Wegen informationeller Selbstbestimmung (Art. 1 I, 2 I) idR spezialgesetzliche Ermächtigung erforderlich, vgl. BVerfGE 65, 1 (43 ff, 46); auch → Rn. 28 ff.
[67] BGHZ 54, 157 (163); *Pieroth*, in: Jarass/Pieroth, Art. 35 Rn. 1.
[68] S. dazu *Kopp/Kopp* BayVBl 1994, 229 (232).
[69] *Kopp/Kopp* BayVBl 1994, 229 (232).
[70] Dazu iE *Schnapp* NJW 1980, 2165.
[71] Allg. zu den Grenzen der Rechtshilfe § 158 II GVG.

Fiskalische Gesichtspunkte (Reisekosten, Zeugenentschädigung) können nur auf Grund einfachgesetzlicher Vorgaben iRd richterlichen Erwägungen Platz greifen.

26    **4. Außenwirkung.** Wegen der rein formellen Natur des Amtshilfeverhältnisses entfaltet dieses grds. **keine Rechtswirkungen** gegenüber Dritten; der Bürger besitzt keinen Anspruch darauf, dass eine Behörde um Amtshilfe ersucht oder die ersuchte Behörde Hilfe leistet.[72]

27    Davon zu trennen ist die Frage, ob die Amtshilfe Rechte Dritter beeinträchtigt; solche Rechtsbeeinträchtigungen können sowohl **Kompetenzübergriffe** als auch – im Verhältnis zum Bürger – (regelmäßig faktische) **Grundrechtseingriffe** sein. Ausgangspunkt bleibt, dass Art. 35 I nur die Aufgaben (wahrnehmungs)überschreitung im Verhältnis der beteiligten Behörden erlaubt. Kompetenzen anderer staatlicher Stellen dürfen wegen des fehlenden materiellen Gehalts von Art. 35 I ebenso wenig eingeschränkt werden wie Rechte Privater.[73] Erst recht eignet sich Art. 35 I **nicht** als (immanente) **Grundrechtsbegrenzung.** Insofern bedarf Art. 35 I auf Grund des Vorbehalts des Gesetzes einer Ergänzung durch gesetzliche Befugnisnormen.[74]

28    **5. Insbesondere: Amtshilfe und Datenverarbeitung.** Zunehmend wächst die Bedeutung der **elektronischen Datenverarbeitung** in Verwaltung und Rechtspflege. Das führt zu sich wandelnden Anforderungen an die Amtshilfetätigkeit und zu neuartigen Gefahren für Rechte Dritter.

29    In Anbetracht dessen besteht Streit, ob sich, jedenfalls hinsichtlich der Informationsweitergabe, der **Vorbehalt des Gesetzes** zu einem **Totalvorbehalt** verdichtet.[75] Das mag nach allg. Grundsätzen über Grundrechtsgefährdungen, die einem Eingriff gleichzustellen sind, haltbar sein. Der Hinweis der gegenteiligen Ansicht,[76] eine gesetzliche Regelung sei nur im Falle von Grundrechtseingriffen stets erforderlich, überzeugt nicht. Denn im Bereich des Rechts auf informationelle Selbstbestimmung sind weder klare Konturen des Schutzbereichs noch des zumeist ohnehin faktisch „en passant" erfolgenden Eingriffs erkennbar. Hier abweichend von der herkömmlichen Dogmatik einen Totalvorbehalt zu fordern, ist aus Gründen der Optimierung des Grundrechtsschutzes auf dem Gebiet des Datenschutzes geboten.[77]

30    Inhaltlich richtet sich die Zulässigkeit von Amtshilfehandlungen iSv **Informationshilfe**[78] nach den jeweiligen Aufgabenbeschreibungen der Behörden. Maßgeblich sind daher insbes. die geltenden einfach-gesetzlichen Verarbeitungsbefugnisse wie allg. aufgabenorientierte Zweckbindungen. Grds. muss aber in der bloßen Weitergabe oder Übermittlung von Daten selbst dann ein Grundrechtseingriff gesehen werden, wenn die Behörden den gleichen staatlichen Zuständigkeitsbereich besitzen.[79] Dies führt zu unterschiedlichen Anforderungen, die etwa für Meldebehörden geringer sind als für Sozialbehörden;[80] eine Ableitung verallgemeinernder Grundsätze ist darüber hinaus nicht möglich.

### III. Rechtsschutzfragen

31    Rechtsschutzfragen stellen sich zum einen im Verhältnis ersuchender/ersuchter Behörde sowie im Außenverhältnis zum betroffenen Bürger. Während früher durchgängig vertreten wurde, gegen die Ablehnung des Amtshilfeersuchens sei nur die Aufsichts- bzw. Dienstaufsichtsbeschwerde gegeben, muss nunmehr (§ 40 VwGO) differenziert werden. Zunächst bleibt die Verpflichtung, auch vor dem Hintergrund des Rechtsschutzbedürfnisses, sich an die **Aufsichtsbehörde** zu wenden (vgl. §§ 5 V 2 VwVfG, 4 V SGB X, 112 V AO). Bei Streitigkeiten über die Gewährung der Amtshilfe kommt es darauf an, welchem Rechtsgebiet die Hilfeleistung zuzuordnen ist, weil uU eine **Sonderzuweisung,** etwa zu den Sozialgerichten, eingreift.

32    Ferner stellt sich gerade im Hinblick auf den regelmäßig eröffneten Verwaltungsrechtsweg die Frage nach der richtigen Klageart. Sie hängt davon ab, ob im Amtshilfeersuchen oder in der Entscheidung über die Amtshilfeleistung ein Verwaltungsakt zu sehen ist.[81] Für die Durchsetzung des Amtshilfeanspruchs steht die **allgemeine Leistungsklage** zur Verfügung.[82] Bei der Amtshilfe zwischen Staatsorganen iR verfassungsrechtlicher Kompetenzen ist an Stelle des Verwaltungsrechtsweges das

---

[72] *Dederer,* in: Maunz/Dürig, Art. 35 (2018) Rn. 64; *Wolff,* in: Hömig/Wolff, Art. 35 Rn. 1.

[73] VerfGH NRW DÖV 1961, 183.

[74] In Betracht kommt etwa die polizeiliche Generalklausel, dazu anhand des Eingriffs in Art. 8 GG durch Aufklärungsflüge der Bundeswehr über einem Demonstranten-Camp BVerwGE 160, 169 Rn. 16 ff. mit krit. Anm. *Enders* JZ 2018, 464.

[75] So vor allem *Bull* AK I², Art. 35 I Rn. 34 ff.; *Schlink* (Fn. 1), S. 204 ff.

[76] Vgl. *Loschelder* Der Staat 20 (1981), 349 (359 ff.); differenzierend *v. Dannwitz* MKS II, Art. 35 Rn. 30.

[77] Krit. *Dederer,* in: Maunz/Dürig, Art. 35 (2018) Rn. 84.

[78] *Goebel,* Amtshilfe durch Informationshilfe, 1981.

[79] *Bull* DÖV 1979, 689 (693); *Denninger* VVDStRL 37 (1979), 7 (41); aA *R. Schmidt* ZRP 1979, 185 (189); *Gubelt,* in: v. Münch/Kunig I, Art. 35 Rn. 15.

[80] Vgl. dazu *Simitis* NJW 1986, 2795 (2799).

[81] Abl. *Schliesky,* in: Knack/Henneke, § 5 Rn. 70: ör Willenserklärungen ohne Regelungscharakter; ebenso für die Zurückweisung eines Amtshilfeersuchens BSGE 18, 277.

[82] *Dederer,* in: Maunz/Dürig, Art. 35 (2018) Rn. 77; Ausf. – auch zu den abw. Auffassungen – *Schnapp/Friehe* NJW 1982, 1422 (1427 ff.).

Bundesverfassungsgericht zuständig, Art. 93 I Nr. 1 bzw. Nr. 3; für die Rechtshilfe sieht § 159 I GVG die Beschwerde als Rechtsmittel vor.

Der Bürger kann Amtshilfeersuchen bzw. -handlungen – mangels Außenwirkung – grds. nur 33 **mittelbar** über die Anfechtung einer ihm gegenüber ergehenden Entscheidung rügen, wenn die Amtshilfe iR eines ihn betreffenden Verwaltungsverfahrens erfolgte (vgl. § 44a VwGO). Anderes gilt, wenn er außerhalb eines Verfahrens durch die – zB behördeninterne – Amtshilfehandlung unmittelbar in **subjektiv-öffentlichen Rechten** betroffen ist.[83] Wegen der Erweiterung des Eingriffsbegriffs auf faktische Beeinträchtigungen kann sich daher der – etwa durch Datenweitergabe – **Drittbetroffene** unmittelbar mit der Behauptung, in Grundrechten verletzt zu sein, gegen die Vornahme der Amtshilfehandlung, also gegen die ersuchte Behörde, wenden.[84]

## D. Sonderregelungen

Abs. 2 und 3 regeln **Spezialfälle der Amtshilfe** durch Polizei und Streitkräfte.[85] Sachlich sind sie 34 als **Bestandteil der Notstandsverfassung** in Zusammenhang mit Art. 91 zu sehen und gehören im Näheren zu den Vorschriften des GG, die iSd Art. 87a II den Einsatz der Streitkräfte außerhalb der Verteidigung[86] ausdrücklich zulassen (Verfassungsvorbehalt).[87] Es handelt sich hingegen nicht um Kompetenznormen für gesetzliche Ausführungsregelungen des Bundes.[88] IÜ gilt Landesrecht über die Gefahrenabwehr. Im einfachen Recht finden sich auch Ermächtigungsgrundlagen für Eingriffe gegenüber dem Bürger; Art 35 II, III bildet dafür allein keine Rechtsgrundlage.[89] Ferner enthalten die Bestimmungen keine abschl. Regelung; vielmehr können die dort genannten Kräfte, insb. die Bundeswehr, auch nach Art. 35 I Amtshilfe leisten.[90]

## I. Abs. 2 und 3

Abs. 2 unterscheidet zwei Fallgruppen: zum einen die Hilfe zur **Aufrechterhaltung oder Wieder-** 35 **herstellung der öffentlichen Sicherheit oder Ordnung** (S. 1), zum anderen die **Hilfe bei einer Naturkatastrophe** oder bei einem **besonders schweren Unglücksfall** in einem Land (S. 2). Abs. 3 enthält eine über Abs. 2 hinausgehende Eingriffsbefugnis der Bundesregierung, wenn der Unglücksfall oder die Naturkatastrophe das Gebiet **mehr als eines Landes** gefährdet.

**1. Hilfe zur Aufrechterhaltung oder Wiederherstellung der öffentlichen Sicherheit oder** 36 **Ordnung, Abs. 2 S. 1.** Der Begriff der öffentlichen Sicherheit und Ordnung entspricht dem des Polizeirechts.[91] Welche Fälle von besonderer Bedeutung sind, also den Normalfall überschreiten, unterliegt einem Beurteilungsspielraum der zuständigen Landesorgane, weil die Entscheidung regelmäßig nur auf Grund einer wertenden Lagebeurteilung ergehen kann.[92] S. 1 richtet sich auf den Einsatz der Bundespolizei, und zwar auf deren Kräfte und technische Einrichtungen; Näheres ergibt sich aus dem BPolG.

Keine Anwendung findet die Vorschrift iR von Arbeitskämpfen mit Ausnahme „wilder" oder 37 „politischer" Streiks (s. Art. 9 III 3).[93]

**2. Hilfe in Katastrophenfällen, Abs. 2 S. 2.** Nach Abs. 2 S. 2 kann ein Land bei Naturkatastro- 38 phen und besonders schweren Unglücksfällen zusätzlich zu Polizeikräften anderer Länder sowie Kräften und Einrichtungen anderer Verwaltungen und neben der Bundespolizei auch die Streitkräfte anfordern (Katastrophenhilfe), sofern es aus eigenen Kräften nicht zur Beseitigung des Vorfalls in der

---

[83] BayVGH BayVBl 1988, 341.

[84] Auch *Leisner*, in: Sodan, Art. 35 Rn. 3; anders BVerwGE 160, 169 Rn. 18: jedenfalls bei faktischen Eingriffen nur Überprüfung der Amtshilfehandlung iR eines Rechtsmittels gegen Hauptmaßnahme der ersuchenden Behörde; demgegenüber zu Recht krit. *Enders*, JZ 2018, 462 (466).

[85] Zweifelnd *Dederer*, in: Maunz/Dürig, Art. 35 (2018) Rn. 107: „dogmatisch sperrig".

[86] Wobei der Begriff im Gefolge gewandelter Bedrohungsszenarien zunehmend nicht allein auf den militärischen Angriff eines anderen Staates beschränkt wird, sondern auch von außen kommende nichtstaatliche terroristische Angriffe erfassen soll, sofern sie sich in ihren Auswirkungen nicht wesentlich von besagten Militärakten unterscheiden, vgl. *Wiefelspütz* NWVBl 2006, 41 (42 mwN in Fn. 18 auch auf gegenteilige bzw. herkömmliche Sichtweisen); aber auch bei → Rn. 38.

[87] Vgl. noch → Rn. 38.

[88] BVerfGE 132, 1 (5 f.); anders noch BVerfGE 115, 118 (141); *Wolff*, in: Hömig/Wolff, Art. 35 Rn. 6; wie hier *Dederer*, in: Maunz/Dürig, Art. 35 (2018) Rn. 112; *Münkler*, in: Hofmann/Henneke, Art. 35 Rn. 35, 52; *Epping*, in: Epping/Hillgruber, Art. 35 Rn. 19.1: bloße Begründung von Verwaltungskompetenzen.

[89] *Hase*, in: AK GG, Art. 35 Abs. 2, 3 Rn. 2.

[90] *Bauer*, in: Dreier II, Art. 35 Rn. 25; polizeiliche „Nachbarschaftshilfe" ist stets zulässig, vgl. *Götz* HStR III (1988), § 79 Rn. 38 ff.; dies gilt auch für nicht eingreifende Maßnahmen der Bundeswehr zur techn. Unterstützung, etwa iS von § 15 I 2 LuftSiG, BVerfGE 133, 241 Rn. 79 f.; s. auch BVerwGE 160, 169 Rn. 16 ff.; zur Amtshilfe iRd sog. Flüchtlingskrise *Lucks* NVwZ 2015, 1648.

[91] RhPfVerfGH DVBl 2007, 569 (571); *Grzeszick*, in: Friauf/Höfling, Art. 35 Rn. 43.

[92] *Bauer*, in: Dreier II, Art. 35 Rn. 27; krit. *Dederer*, in: Maunz/Dürig, Art. 35 (2018) Rn. 123.

[93] *Dederer*, in: Maunz/Dürig, Art. 35 (2018) Rn. 110; *Münkler*, in: Hofmann/Henneke, Art. 35 Rn. 33.

Lage ist.[94] Die Maßgaben bilden **Sonderfälle** einer Störung der öffentlichen Sicherheit und Ordnung; die Vorschrift geht daher S. 1 vor.[95] **Naturkatastrophen** sind durch Naturgewalten ausgelöste Schadensereignisse (Erdbeben, Überschwemmungen oder Waldbrände großräumiger Art, Massenerkrankungen[96]), **Unglücksfälle** gehen auf menschliches Einwirken zurück (Reaktorunfälle, Flugzeugabstürze etc.).[97] **Besondere Schwere** meint ein ungewöhnlich großes Ausmaß des Unglücks und eine besondere Betroffenheit der Öffentlichkeit (Flugzeugabsturz, Unfall in einem Kernkraftwerk).[98] Erfasst werden dabei nach überwiegender Ansicht – trotz Bedenken wegen der Grenzziehungen jeglicher Interpretation durch den Wortlaut – auch absichtlich herbeigeführte „Unglücksfälle",[99] etwa[100] **terroristische Anschläge**[101] oder **Flugzeugentführungen** (zum Zweck eines Einsatzes des Flugzeugs als Waffe gegen Menschen) und deren Folgen.[102] Zumindest sollte aber zwischen Schadensereignis und dessen Folgen (bzw. Wirkungen) unterschieden werden; Hilfe nach Art. 35 II 2 (und III) ist nur bei Letzteren eröffnet.[103] Als ausreichend findet sich ferner die diesbezügliche **Gefahr,** freilich als solche unmittelbar drohender Art, also die an Sicherheit grenzende Wahrscheinlichkeit des Eintritts derartiger Ereignisse,[104] angesehen, und zwar über den Fall der Naturkatastrophe[105] hinaus (nunmehr) auch mit Blick auf besonders schwere Unglücksfälle.[106] Das mag zwar Sinn und Zweck der Vorschrift dienen (können); mit dem Wortlaut[107] dürfte die Sichtweise aber kaum in Übereinstimmung zu bringen sein („bei" einem Unglücksfall).[108] Auch aus Sicht der hM stand – und steht – der Abschuss eines entführten Verkehrsflugzeuges, das zu einem Terroranschlag eingesetzt werden soll, durch Jagdflieger der Bundeswehr, wie es § 13 I iVm § 14 III **LuftSiG**[109] als ultima ratio vorsah, freilich nicht in Einklang mit der Verfassung.[110] Ob es sich dabei nicht um „Hilfe" bzw. „Unterstützung" iS von Abs. 2 S. 2 oder Abs. 3 des Art. 35 handelt(e), weil hierunter keine militärtypischen Einsätze fallen sollten,[111] sondern nur solche polizeilicher Art,[112] erschien entgegen jener verfassungsgerichtlichen Sicht wenig zwingend.[113] Inzwischen hat das Plenum des BVerfG den **Einsatz militärischer Kampfmittel** nicht mehr ausgeschlossen, allerdings auf Ausnahmefälle (katastrophische Vorfälle,[114] zur effektiven Gefahrenabwehr erforderlich – Abgrenzung, insbes. keine Erweiterung gegenüber dem inneren Notstand, Art. 87a GG[115]) beschränkt.[116] Ferner eröffnet Art. 35 II 2, III mit seinen Ausnahmebefugnissen zu Art. 87a II lediglich eine zeitlich punktuelle, nicht aber – wie vom LuftSiG insoweit vorgesehen – eine latent-dauerhafte Inanspruchnahme der Bundeswehr.[117] Sofern verfolgt wird, die Eingriffsbefugnisse der Bundeswehr im Wege der Verfassungsänderung dergestalt zu erweitern, dass mit Blick auf die Gefahr

---

[94] Ungeschriebenes Tatbestandsmerkmal, *Epping,* in: Epping/Hillgruber, Art. 35 Rn. 26.

[95] *M. Winkler,* JZ 2019, 99 (100); einfach-gesetzlich auch insofern, als das Hilfspotential nicht auf die Bundespolizei beschränkt ist, dazu *Wolff,* in: Hömig/Wolff, Art. 35 Rn. 5 f.

[96] *Bauer,* in: Dreier II, Art. 35 Rn. 24; *Stober/Eisenmenger,* NVwZ 2005, 121 (123).

[97] Weiter *Leisner,* in: Sodan, Art. 35 Rn. 5: alle übrigen schwerwiegenden Schadensfälle.

[98] „Katastrophische Dimensionen", BVerfGE 133, 241 Rn. 70; 132, 1 Rn. 43; 115, 118 (149); weitere Bsp. bei *Bauer,* in: Dreier II, Art. 35 Rn. 29.

[99] BVerfGE 132, 1 Rn. 36; 133, 241 Rn. 64; bereits BVerfGE 115, 118 (149); dem folgend etwa *Epping,* in: Epping/Hillgruber, Art. 35 Rn. 20; *Baldus* NVwZ 2004, 1278 (1282); *Schenke* NJW 2006, 736 (737).

[100] Vgl. nur *Wiefelspütz* NWVBl 2006, 41 (43): schwere Verkehrsunfälle, schwere Flugzeug- und Eisenbahnunglücke, Großbrände durch Brandstiftung, Unfälle in Kernenergieanlagen.

[101] Im Ansatz skeptisch gegenüber dieser Gleichsetzung und für eine entsprechende klarstellende Ergänzung in Art. 35 II, III *Wiefelspütz* NWVBl 2006, 41 (44).

[102] BVerfGE 115, 118 (143 f.); *Krings/Burkiczak* DÖV 2002, 501 (512); *Baldus* NVwZ 2004, 1278 (1282).

[103] *Sattler* NVwZ 2004, 1286 (1288 ff.); *Hase* DÖV 2006, 213 (216).

[104] BVerfGE 115, 118 (144); großzügiger *Schenke* NJW 2006, 736 (737).

[105] Etwa *Bauer,* in: Dreier II, Art. 35 Rn. 29.

[106] BVerfGE 132, 1 Rn. 42 f.; 133, 241 Rn. 65 ff.; bereits BVerfGE 115, 118 (144); *Bauer,* in: Dreier II, Art. 35 Rn. 29. Zu den Ansätzen beider Entscheidungen zu Unglücksfall und Schadenseintritt BVerfGE 133, 241 Rn. 67 f.: rein terminologische Unterschiede.

[107] Zum „Gebot strikter Texttreue" insoweit BVerfGE 90, 286 (357).

[108] Anders BVerfGE 115, 118 (145) mit Hinweis auf „gefährdet" gem. Art. 35 III 1 GG, der indes den Regelungsgehalt von Abs. 2 voraussetzt, nicht aber bestimmt; überdies dürfte die Vorschrift mit „gefährdet" das *Ausbreitungspotential* des Unglücksfalls anvisieren; vgl. insoweit → Rn. 41; dem BVerfG zustimmend *Epping,* in: Epping/Hillgruber, Art. 35 Rn. 21.1: das GG durchziehender Gedanke der Prävention; skeptisch hingegen *Krings/Burkiczak* NWVBl 2004, 249 (251).

[109] Das Luftsicherheitsgesetz war als Art. 1 G zur Neuregelung von Luftsicherheitsaufgaben v. 11.1.2005 (BGBl I S. 78) erlassen worden und am 15.1.2005 in Kraft getreten.

[110] BVerfGE 115, 118 (143).

[111] Vgl. auch → Rn. 40; dazu mwN *Hase* DÖV 2006, 213 (216); auch *Gramm* DVBl 2006, 653 (656).

[112] BVerfGE 115, 118 (146 f.)

[113] Anders etwa *Schenke* NJW 2006, 736 (737); *Depenheuer* ZG 2008, 1 (6 f.); dazu → Rn. 40.

[114] Dazu vorstehend im Text; Begriff nicht recht klar, *Ladiges* NVwZ 2012, 1225 (1227).

[115] BVerfGE 132, 1 Rn. 41, 44 ff.

[116] BVerfGE 132, 1 Rn. 23 ff. AbwM *Gaier,* ebda, Rn. 60 ff., vornehmlich anhand der Entstehungsgeschichte; dem im Wesentlichen folgend *Bünnigmann* DVBl 2012, 621; auch *Ladiges* NVwZ 2012, 1225 (1226); krit. *Münkler* ZG 2013, 376; nachfolgend BVerfGE 133, 241 Rn. 61 f.

[117] *Sattler* NVwZ 2004, 1286 (1287 ff.); abw. *Depenheuer* ZG 2008, 1 (9 f.).

terroristischer Anschläge ein Einsatz der Streitkräfte bereits dann zulässig sein soll, wenn polizeiliche Mittel nicht ausreichen, erscheint dies angesichts des Verteidigungsauftrags nicht unbedenklich. Jedenfalls änderte eine entsprechende Ergänzung des Art. 35 nichts an der Grundrechtsproblematik besagter Einsätze als Gegenstand der vorstehend behandelten Entscheidung des BVerfG zum LuftSiG.

Das ersuchende Land besitzt einen **Ermessensspielraum** dahingehend, zu entscheiden, an wen es **39** sich wendet.[118] Hinsichtlich der Verpflichtung der angegangenen Seite und der Position Dritter kann auf das bereits Dargestellte verwiesen werden.[119] Schließlich gilt, dass der verwendete **Polizeibegriff** formell verstanden werden muss, um eine eindeutige Abgrenzung zu ermöglichen;[120] er erfasst daher nicht die Ordnungsbehörden.

**3. Rechtsfolgen der Aufforderung zur Hilfeleistung.** Die Aufforderung eines Landes[121] be-  **40** gründet eine **Pflicht zur Hilfeleistung.** Sie kann nur aus verfassungsrechtlichen Gründen eingeschränkt werden, etwa wenn dem ersuchten Land selbst die Erfüllung der ihm obliegenden Aufgaben unmöglich würde. Organisatorisch bleiben die angeforderten Kräfte dem entsendenden Land zugeordnet. Materiell üben sie **Hoheitsgewalt des anfordernden Landes** aus, so dass sie beim Einsatz den fachlichen Weisungen des Einsatzlandes unterliegen – was auch für Bundespolizei und Bundeswehr gilt.[122] Deshalb findet keine Übertragung der spezialgesetzlichen Ermächtigungsgrundlagen statt; vielmehr richten sich die Befugnisse der angeforderten Kräfte nach dem Recht des anfordernden Landes – zumeist nach den jeweiligen Katastrophenschutzregelungen.[123] Der daraus abgeleiteten Beschränkung auf polizeiliche Befugnisse und Mittel[124] kann die von der Vorschrift ebenfalls verfolgte Effektivität der Hilfe entgegengehalten werden.[125] Der Plenarbeschluss des BVerfG lässt denn auch den Einsatz militärischer Mittel als ultima ratio zu.[126]

**4. Eingriffsbefugnis bei landesübergreifendem Notstand, Abs. 3.** Gefährdet der Unglücksfall  **41** oder die Naturkatastrophe das Gebiet mehr als eines Landes (überregionaler Katastrophennotstand),[127] ermächtigt Abs. 3 – **nur**[128] – die **BReg**[129] iR prognostischer Beurteilung[130] zum Einschreiten, soweit es zu deren wirksamer Bekämpfung erforderlich ist.[131] Das BVerfG lässt auch hier[132] die bloße Gefahr einer derartigen Katastrophe ausreichen. Tatsächlich spricht Art. 35 III 1 GG anders als Abs. 2 S. 2 der Vorschrift von „gefährdet". Bezogen findet sich dies indes nicht nur auf Naturkatastrophen und besonders schwere Unglücksfälle nach Art. 35 II 2 GG und das dortige „bei",[133] sondern auch und gerade auf die räumliche Reichweite des Unglücks („... das Gebiet mehr als eines Landes ..."); der Wortlaut geht folglich vom Eintritt der Katastrophe als solchem aus. Nach der **ersten Alt.** hat die BReg ein Weisungsrecht gegenüber den Landesregierungen, Polizeikräfte anderen Ländern zur Verfügung zu stellen; diese unterliegen dann dem Recht und der fachlichen Weisung des Einsatzlandes. Einsatzanweisungen des Bundes scheiden insoweit aus.[134] Nach der **zweiten Alt.** kann die BReg Einheiten der Bundespolizei und der Streitkräfte (ohne Verwendung militärischer Kampfmittel[135]) zum Einsatz bringen. Diese nehmen eine **echte Bundeskompetenz** wahr, so dass für die Hilfsmaßnahmen des Einsatzes Bundesrecht maßgeblich ist;[136] Entsprechendes gilt für fachliche Weisun-

---

[118] *Dederer*, in: Maunz/Dürig, Art. 35 (2018) Rn. 151.

[119] → Rn. 13 f., 20 ff.

[120] *Epping*, in: Epping/Hillgruber, Art. 35 Rn. 24; aA *Gubelt*, in: v. Münch/Kunig I, Art. 35 Rn. 24; *Dederer*, in: Maunz/Dürig, Art. 35 (2018) Rn. 145, unter Verweis auf die Effektivität der Gefahrenabwehr.

[121] Anforderungsberechtigt ist nur das betroffene Land, dh das nach Landesrecht zuständige Organ, nicht etwa eine Gemeinde, BVerwGE 162, 296 Rn. 17; *M. Winkler*, JZ 2019, 99 (100).

[122] So die hM, vgl. etwa *Gubelt*, in: v. Münch/Kunig I, Art. 35 Rn. 28; *Leisner*, in: Sodan, Art. 35 Rn. 4, der dies auch auf die Befehlsstruktur erstreckt; anders *Wiefelspütz* NWVBl 2006, 41 (43 f.); die überwi. Auffassung hat den rechtssystem. Bezug zu Art. 35 I auf ihrer Seite.

[123] *Epping*, in: Epping/Hillgruber, Art. 35 Rn. 19; allg. *Klückmann*, Die Bundeswehr im Recht der Amtshilfe, 1984, S. 149 ff.

[124] BVerfGE 115, 118 (146 f.).

[125] Vgl. näher *Baldus* NVwZ 2006, 532 (535).

[126] BVerfGE 132, 1 Rn. 23 ff.; näher → Rn. 38.

[127] BVerfGE 115, 118 (148 f.); näher zum Merkmal der Überregionalität *Dederer*, in: Maunz/Dürig, Art. 35 (2018) Rn. 136; *Ph. Reimer* BK, Art. 35 (2017) Rn. 284.

[128] Nicht aber einzelne Bundesminister, auch nicht in Eilfällen, BVerfGE 132, 1 Rn. 53 ff.; bereits BVerfGE 115, 118 (149); anders aus Effektivitätsgründen *Schenke* NJW 2006, 736 (737 f.); *Grzeszick*, in: Friauf/Höfling, Art. 35 Rn. 50; *Dederer*, in: Maunz/Dürig, Art. 35 (2018) Rn. 163.

[129] Kabinettskollegium, BVerfGE 115, 118 (149); 133, 241 Rn. 49.

[130] *Leisner*, in: Sodan, Art. 35 Rn. 6.

[131] Deshalb Subsidiarität der Bundesintervention, *Bauer*, in: Dreier II, Art. 35 Rn. 34; BVerfGE 132, 1 Rn. 48.

[132] Vgl. bereits → Rn. 38.

[133] Vgl. → Rn. 38.

[134] *Epping*, in: Epping/Hillgruber, Art. 35 Rn. 29.

[135] Vgl. → Rn. 40.

[136] Zutr. *Hase*, AK I², Art. 35 II u. III Rn. 8 mN; anders und ohne Differenzierung zwischen Alt. 1 und 2 *Leisner*, in: Sodan, Art. 35 Rn. 6; dem stehen indessen die vorausgesetzten Landesgrenzen überschreitenden Auswirkungen und der Einsatz ohne landesseitige Aufforderung (s. o. im Text) entgegen.

gen.[137] Auch werden die Handlungen dem Bund zugerechnet. **Eingriffsbefugnisse** zu Lasten des Bürgers müssen sich daher bereits aus den jeweiligen bundesrechtlichen Vorgaben ergeben. Ein genereller Verweis auf das Landesrecht (§ 10 II 1 BPolG) ist rechtsstaatlich bedenklich.[138] Gleichermaßen bedenklich ist das Fehlen entsprechender einfach-gesetzlicher **Befugnisse der Bundeswehr,**[139] auch wenn es sich zumeist um technische Hilfe oder Leistungen handeln dürfte; denn auch iR technischer Hilfe kann Grundrechtsrelevanz vorliegen.[140] Das (grundrechtseingreifende) LuftSiG (insbes. sein § 14 III, → Rn. 38) bietet wegen Verfassungswidrigkeit und Nichtigkeit keine solche Grundlage, weil es entgegen Art. 35 II 2 (→ Rn. 40), III militärische (Inlands-)Einsatzmöglichkeiten eröffnet (e).[141] Wegen Fehlens materieller Befugnisnormen ist ferner eine analoge Anwendung des UZwGBw zweifelhaft.[142]

42    Demgegenüber gilt für die **eingesetzten Polizeikräfte** anderer Länder das zu Abs. 2 Gesagte entsprechend (→ Rn. 40).

43    Wegen des Charakters einer **Notkompetenz** muss der Bund Rücksicht auf die Interessen der betroffenen Länder nehmen. Insbes. hat die BReg den Einsatz der Bundeseinheiten mit den zuständigen Landesbehörden abzustimmen.[143] Den Ländern muss die Befugnis zur Koordinierung der verschiedenen Kräfte überlassen werden.

44    Die getroffenen Maßnahmen sind „jederzeit" auf **Verlangen des BRates** aufzuheben, ansonsten unverzüglich nach Beseitigung der Gefahr (Abs. 3 S. 2). Ob die Gefahr beseitigt ist, hat die BReg zu entscheiden. Sie besitzt dabei keinen Ermessens- bzw. Beurteilungsspielraum.[144] Verschärft sich die Gefahrenlage nach dem Beschluss des BRates wieder, kann die BReg erneut von ihren Befugnissen nach Art. 35 III 1 Gebrauch machen.[145] Für den Rechtsschutz ist das Verfahren nach Art. 93 I Nr. 3 eröffnet.[146]

## II. Allgemeine Rechtsfolgen der Hilfeleistung

45    **Amtspflichtverletzungen** der unterstützenden Polizeikräfte sind dem unterstützten Land zuzurechnen. Ein dienstrechtlicher Regressanspruch kann jedoch nur gegenüber dem entsendenden Land entstehen; insoweit bleibt der Beamte personell dort eingebunden. Für Amtspflichtverletzungen der nach Abs. 3 eingesetzten Bundeskräfte haftet dagegen der Bund.

46    Die **Kosten der Hilfeleistung** trägt grds. das unterstützte Land; es hat die baren Auslagen zu ersetzen.[147] Doch können sich – da die Regelung gerade Katastrophenfälle betrifft – angesichts des Grundsatzes der Bundestreue je nach Lage der Dinge Ausnahmen ergeben.

### Art. 36 [Beschäftigte bei Bundesbehörden]

(1) **Bei den obersten Bundesbehörden sind Beamte aus allen Ländern in angemessenem Verhältnis zu verwenden. Die bei den übrigen Bundesbehörden beschäftigten Personen sollen in der Regel aus dem Lande genommen werden, in dem sie tätig sind.**

(2) **Die Wehrgesetze haben auch die Gliederung des Bundes in Länder und ihre besonderen landsmannschaftlichen Verhältnisse zu berücksichtigen.**

**Entstehungsgeschichte: Erstfassung:** JöR nF 1 (1951), 331. – **Änderung:** 7. G. zur Erg. des GG v. 19.3.1956 (BGBl I 111), Art. I Nr. 4 (dazu: BT-Dr II/124 [Entwurf], 2150; BT-Prot II/243, 6819, 6845; BR-Dr 89/56; BR-Prot 76/76).
**Historische Verfassungstexte: WRV:** Art. 16 Die mit der unmittelbaren Reichsverwaltung in den Ländern betrauten Beamten sollen in der Regel Landesangehörige sein. Die Beamten, Angestellten und Arbeiter der Reichsverwaltung sind auf ihren Wunsch in ihren Heimatgebieten zu verwenden, soweit dies möglich ist und nicht

---

[137] *Wolff,* in: Hömig/Wolff, Art. 35 Rn. 12.
[138] *Keidel,* Polizei und Polizeigewalt im Notstandsfall, 1973, S. 149 f.
[139] Vgl. *Keidel* (Fn. 138), S. 168.
[140] Vgl. nur BVerwGE 160, 169: faktischer Eingriff in die Versammlungsfreiheit durch Tiefflug eines Tornado-Kampfflugzeuges über Demonstranten-Camp zum Zweck der Aufklärung, dort freilich als Fall des Art. 35 I, krit. *Enders,* JZ 2018, 464 (467 f.).
[141] BVerfGE 115, 118 (150 f.); vgl. → Rn. 38; anderes gilt für § 15 I 2 LuftSiG, BVerfGE 133, 241 Rn. 79 f.; s. bereits → Rn. 34 mit Fn. 86.
[142] So aber *Rasch,* in: C. H. Ule (Hrsg.), Allgemeines Polizei- und Ordnungsrecht, 2. Aufl. 1982, Art. 35 II u. III Rn. 18 mwN; ablehnend *Robbers* DÖV 1989, 926 (929), der allg. für Anwendung des Landesrechts plädiert.
[143] Auch *Wolff,* in: Hömig/Wolff, Art. 35 Rn. 12; zu weitgehend erscheint es, ein Einvernehmen über die Beseitigung des Katastrophennotstands zu fordern, so aber *Epping,* in: Epping/Hillgruber, Art. 35 Rn. 32.
[144] Anders *Epping,* in: Epping/Hillgruber, Art. 35 Rn. 33; *Münkler,* in: Hofmann/Henneke, Art. 35 Rn. 63: Einschätzungsprärogative wie bei der Beurteilung der Erforderlichkeit des Einsatzes; wie hier *v. Danwitz* MKS II, Art. 35 Rn. 85.
[145] *Wolff,* in: Hömig/Wolff, Art. 35 Rn. 13.
[146] *Leisner,* in: Sodan, Art. 35 Rn. 6.
[147] BVerwG BayVBl 1973, 328; allg. bereits → Rn. 32.

Rücksichten auf ihre Ausbildung oder Erfordernisse des Dienstes entgegenstehen. Art. 79 Die Verteidigung des Reichs ist Reichssache. Die Wehrverfassung des deutschen Volkes wird unter Berücksichtigung der besonderen landsmannschaftlichen Eigenarten durch ein Reichsgesetz einheitlich geregelt. – **GG 1949:** Bis auf Art. 36 II wie geltende Fassung.

**Geltende Landesverfassungen:** BWVerf Art. 91.

**Supra- und internationale Texte:** UN Charta Art. 101 III; GV-Res. 31/26 v. 29.11.1976, 35/210 v. 17.12.1980, 41/206 v. 11.12.1986, 42/220 A III v. 11.12.1986; EG VO Nr. 259/68 v. 29.2.1968 (ABlEG 1968 Nr. L 56, S. 1; ABlEG 1972 Nr. C 100, S. 3; ABlEG 1988, Nr. L 354, S. 1); VO Nr. 91/86 der Kommission v. 13.1.1988 zur Festlegung der DB zu Art. 28a Statut der Beamten und Beschäftigungsbedingungen für die sonstigen Bediensteten (ABlEG 1988, Nr. L 11, S. 31).

**Schrifttum:** *A. C. Didczuhn,* Der Grundsatz der proportionalen föderalen Parität, 1990; *W. Klein,* Zur heutigen Bedeutung des Art. 36 Absatz 1 Satz 1 GG, ZBR 1988, 126; *Pleyer,* Förderative Gleichheit, 2005; *F. Schwidden,* Der Anteil der Beamten aus den Ländern bei den obersten Bundesbehörden gem. Art. 36 GG, RiA 1994, 57; *M. Spranger,* Bestenauslese und landschaftliche Verhältnisse nach Art. 36 II GG, RiA 1998, 163.

## Übersicht

# A. Allgemeines
## I. Entstehung

Der Inhalt des Entwurfsartikels zu Art. 36 I (Art. 43 HChE) geht bewusst abweichend von der **1** Praxis im Nationalsozialismus auf den in Art. 16 S. 1 bzw. Art. 79 S. 2 WRV enthaltenen **Grundsatz der proportionalen landsmannschaftlichen Zusammensetzung der obersten Bundesbehörden**[1] zurück. Dahinter steht der Gedanke, dass es zweckmäßig ist, in den obersten Bundesbehörden Beamte aus allen Ländern zu verwenden, weil diese die Verhältnisse und Eigenarten ihrer Herkunftsländer kennen.[2] Außerdem wird das regionale Vertrauen zur Bundesverwaltung gestärkt, wenn dieser nicht nur landsmannschaftlich Fremde angehören.[3]

Die Ursprungsfassung lautete: „Am Ende im dem sie tätig sind" Bei den **obersten** Bundesbehörden **2** sind Beamte aus allen Ländern in angemessenem Verhältnis zu verwenden. Die bei den **übrigen** Bundesbehörden beschäftigten Personen sollen in der Regel aus dem Lande genommen werden, in dem sie tätig sind.

Der Gesetzentwurf der Fraktionen von CDU/CSU, GB/BHE und DP zur Ergänzung des GG **3** durch Einfügung eines Art. 32a vom 4.12.1953 sah vor, dass die **Verteidigung** Sache des Bundes ist und bei ihrer gesetzlichen Regelung auch die Gliederung des Bundes in Länder und die besonderen landsmannschaftlichen Verhältnisse zu berücksichtigen sind.[4] Nach kontroverser Beratung zum landsmannschaftlichen Prinzip[5] wurde eine der jetzigen entsprechende Fassung als Art. 32a II verabschiedet.

## II. Interne und externe Systematik

Zur Festigung des Föderalismus verpflichtet die **Organisationsvorschrift** des Art. 36 I 1 den Bund, **4** bei der Besetzung oberster Bundesbehörden auf den **Grundsatz der proportionalen föderalen Parität**, in Abs. 1 S. 2 zur Beschäftigung von Beamten und Arbeitnehmern bei den übrigen Bundesbehörden nach dem **Heimatprinzip**[6] sowie in Abs. 2 bei der Organisation der **Bundeswehr** und Bundeswehrverwaltung dazu, die föderale Gliederung in Länder und das Heimatprinzip zu berücksichtigen.

Art. 36 gibt den **Ländern** einen gem. Art. 93 I Nr. 3 vor dem BVerfG durchsetzbaren **Anspruch 5** auf Einhaltung der unmittelbar geltenden Gebote, belässt zugleich aber dem Bund, insbesondere in

---

[1] Zur Praxis in der Weimarer Republik *Didczuhn,* Der Grundsatz der proportionalen föderalen Parität, 1990, S. 120; *Butzer,* in: Maunz/Dürig, Art. 36 Rn. 4–8.
[2] JöR nF 1 (1951), 331; *Schwidden* RiA 1994, 57.
[3] *v. Stralenheim* DÖV 1951, 628 f.; zweifelnd *Höfling* BK, Art. 36 (2006) Rn. 12.
[4] BT-Dr II/124; *Jess* BK, Art. 36 nF (Erstbearb.) Erl. II 1.
[5] BT-Plenum, 17. Sitz. am 26.2.54, Sten.Ber. S. 552 D, 553 A, Ausschuss-Dr 51/55; BT-Dr II/2150; Sten.Ber. S. 6826 D, 6849 A.
[6] *Grabendorf* DÖV 1952, 301 (302).

Abs. 1 S. 2 und Abs. 2 einen weiten Gestaltungsspielraum.[7] Art. 36 schränkt Art. 33 I ein. Art. 36 I 1 geht dem Leistungsprinzip des Art. 33 II nicht vor, sondern greift erst als Hilfskriterium bei gleicher Qualifikation.[8] Gleiches gilt für Art. 36 I 2.[9] Der Anwendungsbereich der Ausnahmeregelung des Art. 36 I 1 ist nicht auf Landesverwaltungen auszudehnen.[10]

### III. Wirkkraft der Vorschrift

6      Die Wirkkraft der Vorschrift hat in der alten Bundesrepublik stetig abgenommen. Seit 1965 wurde der Personalstand nach Art. 36 I nicht mehr erhoben.[11] Ein in der Gemeinsamen Verfassungskommission gestellter Antrag, Art. 36 I um die Verpflichtung zur dezentralen Verteilung von Bundesbehörden zu ergänzen, erhielt keine Mehrheit.[12] In der Kommission von BTag und BRat zur Modernisierung der bundesstaatlichen Ordnung wurde Art. 36 nicht behandelt. Gleichwohl hat im Zuge der Wiedervereinigung und auch der europäischen Einigung das landsmannschaftliche Bewusstsein.[13] Art. 36 gibt nur den Ländern, nicht aber dem einzelnen Beamten oder Soldaten kein einklagbares Recht.[14] Das Bundesministerium des Innern für Bau und Heimat sollte Art. 36 zur Stärkung der inneren Einheit Deutschlands,[15] aber auch der Gleichwertigkeit der Lebensverhältnisse nutzen

## B. Grundsatz der proportionalen föderalen Parität (Abs. 1 S. 1)

### I. Anwendungsbereich

7      Bei seinem Wortlaut gilt Abs. 1 S. 1 nur für **oberste Bundesbehörden,** also die keinem Exekutivorgan unterstehenden obersten Verwaltungsbehörden des Bundes: Bundeskanzleramt, Bundesministerien, Verwaltungen des Bundespräsidialamtes, des Deutschen Bundestages, des Bundesrates, Bundesrechnungshof und Bundesbank. Art. 36 I 1 gilt auch für Beamte des BVerfG und der obersten Bundesgerichte.[16]

8      **Bundes(verfassungs)richter** sind keine Beamte und werden in gesonderten Verfahren gewählt, in das auch landsmannschaftlicher Proporz einfließt.[17] **Bundesoberbehörden,** z.B. Eisenbahnbundesamt, Umweltbundesamt, sind zwar obersten Bundesbehörden nachgeordnet und von diesen zu unterscheiden, aber wegen ihrer bundesweiten Zuständigkeit wird bei ihnen statt des Heimatprinzips (Abs. 1 S. 2) gem. Abs. 1 S. 1 verfahren.[18] Als Folge der Marginalisierung der beamtenrechtlichen Folgepflicht durch das dienstrechtliche Begleitgesetz[19] ist bei den obersten Bundesbehörden und Bundesoberbehörden, deren Sitz verlagert worden ist, im einfachen und mittleren Dienst weitgehend und eingeschränkt auch im gehobenen und höheren Dienst der Grundsatz der proportionalen föderalen Parität durch das Heimatprinzip ersetzt worden. Trotz der Entstehungsgeschichte (→ Rn. 2) beschränkt der Wortlaut Abs. 1 S. 1 auf Beamte im statusrechtlichen Sinne (§ 4 BBG, § 3 I BeamtStG). Für Beamte auf Widerruf gilt Abs. 1 S. 1 nicht.[20] Bei (Tarif-)Beschäftigten sollte entsprechend Abs. 1 S. 1 verfahren werden.

---

[7] *Höfling* BK, Art. 36 Rn. 37, 54; *Gubelt,* in: v. Münch/Kunig I, Art. 36 Rn. 2; *Bauer,* in: Dreier II, Art. 36 Rn. 5, 10; *v. Danwitz* MKS II, Art. 36 Rn. 16, 19; *Sannwald,* in: Hofmann/Henneke, Art. 36 Rn. 2; aA zu Art. 36 II; *Bothe* AK I², Art. 36 Rn. 7; für institutionelle Garantie *Maunz,* in: Maunz/Dürig, Art. 36 Rn. 10; *Spranger* RiA 1998, 163 (164).

[8] *Didczuhn* (Fn. 1), S. 218; *Schwidden* RiA 1994, 57 (62); *Gubelt,* in: v. Münch/Kunig II, Art. 36 Rn. 10; *Pieroth,* in: Jarass/Pieroth, Art. 36 Rn. 1; *v. Danwitz* MKS II, Art. 36 Rn. 14; *Sannwald,* in: Hofmann/Henneke Art. 36 Rn. 3; aA *Maunz,* in: Maunz/Dürig 1996, Art. 33 Rn. 22; *Isensee* HStR IV, § 98 Rn. 53; *Klein* ZBR 1988, 126; *Sachs* ZBR 1994, 133 (134).

[9] Insoweit auch *Sachs* ZBR 1994, 133 (134).

[10] BVerwGE 68, 109 (113).

[11] *v. Danwitz* MKS II, Art. 36 Rn. 15.

[12] BT-Dr 12/6000, S. 43. Zur Behördenverteilung nach der Wiedervereinigung *Kroppenstedt* VerwArch 85 (1994), 281 ff.

[13] *v. Danwitz,* in: v. Mangoldt/Klein/Starck II, Art. 36 Rn. 17.

[14] *Butzer,* in: Maunz/Dürig Art. 36 Rn. 29, 65.

[15] s Bauer FS *Morlok* 2019, S. 637/655.

[16] *Gubelt,* in: v. Münch/Kunig I, Art. 36 Rn. 4; *Pieroth,* in: Jarass/Pieroth, Art. 36 Rn. 2; *Didczuhn* (Fn. 1), S. 153; *Schwidden* RiA 1994, 59; aA *Maunz,* in: Maunz/Dürig, Art. 36 Rn. 2; *v. Stralenheim* DÖV 1951, 628 (630).

[17] OVG Schleswig NJW 2003, 158; *Hellmann/Sievers* JuS 2002, 898; *Schulze-Fielitz* JZ 2002, 144; *Grigoleit/Siehr* DÖV 2002, 455.

[18] S. auch RdE BMI v. 9.4.1952, GMBl 75, ersetzt durch Rundschrb. BMI v. 1.6.2001, GMBl 394.

[19] Vom 30.6.1996, BGBl I 1183; dazu *Battis* NVwZ 1996, 1090; *Lecheler* LKV 1998, 137; zum Tarifrecht *Thiel* ZTR 1996, 397; deutlich aber § 62 II BBG nF; *Schwarz* NVwZ 2019, 10.

[20] *Didczuhn* (Fn. 1) S. 177; *Schwidden* RiA 1994, 58; *Butzer,* in: Maunz/Dürig Art. 36 Rn. 29; weitergehend *Jannasch,* in: Umbach/Clemens, Art. 36 Rn. 11.

## II. Bestimmung des Länderproporzes

Art. 36 I 1 legt nicht abschließend fest, welche Beamte welchem Land zuzuordnen und auf seinen  9 Anteil anzurechnen sind. Das ist hinnehmbar, da insoweit den Landesregierungen die **Definitionskompetenz** zusteht.[21] Vorrangiges Merkmal für die Landesbeziehung ist die vorangegangene Beschäftigung im unmittelbaren oder mittelbaren öffentlichen Dienst eines Landes.

**Ergänzende Anknüpfungspunkte** sind: langer Wohnsitz, Heimatbindung des Elternhauses, Schu-  10 le und Ausbildung.[22] Ausgangswert zur Bestimmung des angemessenen Verhältnisses iSv Abs. 1 S. 1 ist die Einwohnerzahl der Länder. Der unbestimmte Rechtsbegriff erlaubt jedoch eine flexible Handhabung.[23] Die neuen Länder sind wegen des anfängl. Fehlens eigener geeigneter Beamter der Vereinbarung zu Art. 36 I 1 (s. Fn. 21) zuerst nicht beigetreten.[24] Inzwischen ist die Durchführung des Art. 36 I 1 für alle Länder nichtförmlich geregelt worden.[25]

## C. Heimatprinzip (Abs. 1 S. 2)

Übrige Bundesbehörden iSv Abs. 1 S. 2 sind **Bundesmittelbehörden,** z.B. Wasser- und Schiff-  11 fahrtsdirektion, Bundespolizeipräsidium und **untere Bundesbehörden,** z.B. Hauptzollamt, Bundespolizeidirektion, sowie sonstige außerhalb des dreistufigen Verwaltungsaufbaus stehende Behörden[26] wie die Deutsche Rentenversicherung Bund und nicht rechtsfähige Bundesanstalten wie die Physikalisch-Technische Bundesanstalt.

Beschäftigte Personen sind **Beamte und (Tarif-)Beschäftigte.** Hinsichtlich der Bestimmung der  12 Landeszugehörigkeit s. o. Rn. 10. Die weite Fassung des Abs. 1 S. 2 – „sollen“, „in der Regel“ – erlaubt eine flexible Handhabung zur Verwirklichung einer optimalen Personalgewinnung, insbesondere hinsichtlich der Führungskräfte.[27]

## D. Bundeswehr und Bundeswehrverwaltung (Abs. 2)

Abs. 2 verpflichtet den Gesetzgeber in den Wehrgesetzen bei der Personal- und Territorialorganisa-  13 tion von Bundeswehr und Bundeswehrverwaltung föderale und landsmannschaftliche Belange zu berücksichtigen.[28] Die zwar verbindliche (str. → Rn. 4), aber spielraumeröffnende Vorschrift soll die Integration der Bundeswehr und der Bundeswehrverwaltung, die sich im Gefolge der Wiedervereinigung und des Ende des Kalten Krieges sowie durch die Aussetzung der Wehrpflicht in einem tiefgreifenden Wandel befindet, in Staat und Gesellschaft stärken. Die Berücksichtigung landsmannschaftlicher Verhältnisse (**Heimatprinzip,** → Rn. 5, → Rn. 11), z.B. bei der Rekrutierung einzelner Truppenverbände, spielt neben anderen zulässigen – „auch“ – organisations- und personalwirtschaftlichen Gesichtspunkten eine eher untergeordnete Rolle.

## Art. 37 [Bundeszwang]

(1) **Wenn ein Land die ihm nach dem Grundgesetze oder einem anderen Bundesgesetze obliegenden Bundespflichten nicht erfüllt, kann die Bundesregierung mit Zustimmung des Bundesrates die notwendigen Maßnahmen treffen, um das Land im Wege des Bundeszwanges zur Erfüllung seiner Pflichten anzuhalten.**

(2) **Zur Durchführung des Bundeszwanges hat die Bundesregierung oder ihr Beauftragter das Weisungsrecht gegenüber allen Ländern und ihren Behörden.**

**Entstehungsgeschichte: Erstfassung:** JöR nF 1 (1951), 334.
**Historische Verfassungstexte: RV 1871: Art. 19** Wenn Bundesmitglieder ihre verfassungsmäßigen Bundespflichten nicht erfüllen, können sie dazu im Wege der Exekution angehalten werden. Diese Exekution ist vom Bundesrathe zu beschließen und vom Kaiser zu vollstrecken. – **WRV: Art. 48** (1) Wenn ein Land die ihm nach der Reichsverfassung oder den Reichsgesetzen obliegenden Pflichten nicht erfüllt, kann der Reichspräsident es dazu mit Hilfe der bewaffneten Macht anhalten.... (3) Von allen gemäß Abs. 1 oder Abs. 2 dieses Artikels getroffenen Maßnahmen hat der Reichspräsident unverzüglich dem Reichstag Kenntnis zu geben. Die Maßnahmen sind auf Verlangen des Reichstags außer Kraft zu setzen...
**Leitentscheidungen:** BVerfGE 3, 52 – Weihnachtsgeld; BVerfGE 7, 367 – Volksbefragung.

---

[21] *Isensee* HStR VI, § 126 Rn. 4.
[22] S. auch Vereinbarung der Bundesregierung und der Landesregierungen über den Beamtenersatz bei den obersten Bundesbehörden, Bek. d. BMI v. 25.8.1954, GMBl 414; *Didczuhn* (Fn. 1), S. 204; *Schwidden* RiA 1994, 57 (60).
[23] Zur Praxis krit. *Didczuhn* (Fn. 1), S. 222; s. auch *Schwidden* RiA 1994, 57 (62).
[24] BT 157. Sitzung v. 12.5.1993, Sten.Ber. Anl. 6 S. 13355; s. a. *Schwidden* RiA 1994, 57 (64).
[25] Rundschrb. des BMI v. 1.6.01, GMBl 394.
[26] *Gubelt,* in: v. Münch/Kunig I, Art. 36 Rn. 8; *Sannwald,* in: Hofmann/Henneke, Art. 36 Rn. 14.
[27] Krit. *Höfling* BK, Art. 36 Rn. 53.
[28] *F. Kirchhof* HStR IV³, § 84 Rn. 65; ausführl. Butzer in *Maunz/Dürig* Art. 36 Rn. 52 ff.

**Schrifttum:** *J. Ennuschat,* Der Bundeszwang gem. Art. 37 GG – Handlungsmöglichkeiten des Bundes im Falle von Sezessionsbestrebungen eines Landes, NWVBl 2018, 309; *K. Haas,* Die Bundesaufsicht und der Bundeszwang, Diss. Heidelberg 1955; *P.-M. Mombaur,* Bundeszwang und Bundestreue, Diss. Köln 1964; *S. Nölting,* Der Bundeszwang – Art. 37 des Grundgesetzes, Diss. Göttingen 1956; *W. Pauly/C. Pagel,* Bundeszwang in der föderalen Finanzordnung – Zur Einsetzung eines Sparkommissars im Wege von Art. 37 GG, DÖV 2006, 1028; *H-D. Pötschke,* Bundesaufsicht und Bundeszwang nach dem Grundgesetz, Diss Würzburg 1967; *F. Shirvani,* Die Bundes- und Reichsexekution in der neueren deutschen Verfassungsgeschichte, Der Staat 50 (2011), 102; *G. A. Zinn,* Der Bund und die Länder, AöR 75 (1949), 291.

## A. Entstehung

**1**     Die Vorschrift geht auf Regelungen über die sog. **Reichsexekution** in Art. 19 RV 1871 und Art. 48 I WRV zurück. Ein Vergleich der früheren Regelungen mit der über den Bundeszwang, wie ihn das GG vorsieht, zeigt, dass sowohl bzgl. der Voraussetzungen, der Zuständigkeit, des Verfahrens als auch mit Blick auf die Wirkungen gravierende Unterschiede bestehen.[1]

## B. Grundsätzliche Bedeutung

**2**     Der Bundeszwang stellt das **schneidigste Schwert** dar, gegen ein renitentes Bundesland vorzugehen;[2] er kommt politisch – nicht rechtlich – nur als **ultima ratio** in Betracht.[3] Die Schärfe wird indes dadurch gemildert, dass die Vornahme an die Zustimmung des BRat gebunden ist.[4]

**3**     In der Geschichte der Bundesrepublik hat – im Gegensatz zur Weimarer Zeit – der Bundeszwang bisher noch keine Anwendung gefunden. Er ist trotzdem nicht als überflüssig zu erachten, gewährleistet er doch als „Knüppel im Sack" die Aufrechterhaltung und Sicherung der **bundesstaatlichen Ordnung,** wie sie in Art. 20 I, 79 III festgelegt ist.[5] Ferner kommt Art. 37 eine Reserve- und Auffangfunktion zu.[6]

**4**     Bei Art. 37 handelt es sich um ein Institut eigener Art; indem es sich von anderen Möglichkeiten der (Bundes-)Ingerenz unterscheidet, tritt es diesen gegenüber nicht zurück.[7] So geht der Bundeszwang über den Anwendungsbereich der Art. 84 und 85 hinaus, indem er nicht nur die Ausführung von Bundesgesetzen durch die Länder betrifft, sondern dem Bund die Abwehr der **Verletzung aller Bundespflichten** gestattet.[8] Ferner bietet er – bei Erfolglosigkeit des bundesaufsichtlichen Verfahrens nach Art. 84 III–V und Art. 85 III und IV – der Bundeszwang die Möglichkeit, auch Vollstreckungsmaßnahmen zu ergreifen.[9] Schließlich grenzt sich Art. 37 streng von der Notstandsverfassung (Art. 81, 91) ab.[10]

**5**     Die BReg kann gegen ein Bundesland überdies nach Art. 93 I Nr. 3 vorgehen. Für welchen der Wege sie sich entscheidet, steht in ihrem verfassungsgerichtlich nicht überprüfbaren Ermessen.[11] Allerdings erscheint eine **vorherige Anrufung des BVerfG** politisch zweckmäßig.[12] Wenn die BReg sich für die Anwendung des Art. 37 I entschieden hat, kann das Land gem. Art. 93 I Nr. 3 nachprüfen lassen, ob der Bundeszwang verfassungsgemäß ist.[13] Eine aufschiebende Wirkung kommt dem ver-

---

[1] *Klein,* in: Maunz/Dürig, Art. 37 Rn. 34 ff.; *Bauer,* in: Dreier II, Art. 37 Rn. 3.
[2] *Stern,* StaatsR I, S. 715.
[3] *Bauer,* in: Dreier II, Art. 37 Rn. 12; *Klein,* in: Maunz/Dürig, Art. 37 Rn. 65.
[4] *Gubelt,* in: v. Münch/Kunig I, Art. 37 Rn. 1.
[5] *Hellermann,* in: Epping/Hillgruber, Art. 37 Rn. 1; *Münkler,* in: Hofmann/Henneke, Art. 37 Rn. 2.
[6] Für den Fall einer Erosion des bundesstaatl. Konsenses und einer daraus rührenden Notwendigkeit zwangsweiser Konfliktlösung, *Bauer,* in: Dreier II, Art. 37 Rn. 6.
[7] Anders ohne Begr. *Leisner,* in: Sodan, Art. 37 Rn. 1: Art. 84 III-V, 91 haben Vorrang.
[8] *Stern,* StaatsR I, S. 714 f.
[9] *Gubelt,* in: v. Münch/Kunig I, Art. 37 Rn. 2.
[10] Näher *Hellermann,* in: Epping/Hillgruber, Art. 37 Rn. 3.2.
[11] BVerfGE 7, 367 (372).
[12] *Gubelt,* in: v. Münch/Kunig I, Art. 37 Rn. 1; *Münkler,* in: Hofmann/Henneke, Art. 37 Rn. 4.
[13] *Bauer,* in: Dreier II, Art. 37 Rn. 15; näher dazu *Klein,* in: Maunz/Dürig, Art. 37 Rn. 105 ff.

fassungsgerichtlichen Verfahren allerdings nicht zu; möglich ist lediglich der Erlass einer einstweiligen Anordnung (§ 32 BVerfGG).[14]

## C. Näherer Regelungsgehalt

**Art. 37 I** nennt zwar bestimmte Voraussetzungen, von denen die Zulässigkeit des Bundeszwangs **6** abhängt; die Norm ist aber hinsichtlich der zu treffenden Maßnahmen auf der Rechtsfolgenseite unscharf.[15] Nach **Abs. 2** kann die BReg oder ihr Beauftragter gegenüber den Ländern und ihren Behörden Weisungen erteilen, ohne auf das durch den Bundeszwang betroffene Bundesland beschränkt zu sein.

## I. Bundeszwang nach Abs. 1

**1. Verletzung von Bundespflichten.** Tatbestandsvoraussetzung ist, dass das Land seine Bundes- **7** pflichten aus dem GG (ausdrücklich etwa Art. 28 I, 35, 51 I, 84, 85, 104a ff.[16]) oder einem Bundesgesetz in zurechenbarer Weise verletzt.[17] Zurechenbar ist in erster Linie ein **Handeln oder Unterlassen**[18] aller **Verfassungsorgane** und der ihren Weisungen direkt unterstehenden Behörden mit Ausnahme der Rechtsprechung, bei der wegen ihrer Unabhängigkeit gem. Art. 97 I Bundeszwang nicht vorstellbar ist.[19] Pflichtwidrigkeiten von **jur. Personen des öff. Rechts,** also zB Gemeinden oder Gemeindeverbänden, die vom Land beaufsichtigt werden, fallen nicht unmittelbar unter Art. 37, werden aber dem Land insoweit zugerechnet, als es seiner Aufsichtspflicht nicht nachgekommen ist.[20]

Dem Begriff **Bundespflichten** lässt sich sowohl entnehmen, dass ein Nichtbeachten von bloßen **8** Hinweisen oder Empfehlungen,[21] als auch, dass es um bundesstaatliche Pflichten gehen muss.[22] Dazu können auch Pflichten zählen, die einem Land gegenüber anderen Ländern obliegen,[23] nicht jedoch solche gegenüber Einzelpersonen[24] oder ausländischen Staaten.[25] Der Wortlaut des Art. 37 I darf nicht dahingehend missverstanden werden, dass eine ausdrückliche Nennung der Bundespflichten im GG oder einem anderen Bundesgesetz gefordert wird.[26] Ausreichend ist, dass die Bundespflichten durch Auslegung ermittelt werden können.[27] An erster Stelle ist hierbei die Pflicht zur Bundestreue zu nennen, sofern sie im Einzelfall hinreichend konkretisierbar ist.[28] Hingegen reichen Pflichten aus Gewohnheitsrecht oder Staats- und Verwaltungsverträgen[29] nicht aus[30] – wohl aber aus Rechtsverordnungen.[31] Schließlich werden durch die Haushaltsnotlage eines Landes keine Bundespflichten verletzt.[32]

Es genügt die objektive Verwirklichung des Tatbestandes; **Verschulden** wird **nicht** vorausgesetzt.[33] **9** Die Annahme, auch drohende Pflichtverletzungen reichen aus,[34] findet im Wortlaut des Art. 37 I keine Stütze.

**2. Notwendige Maßnahmen.** Welche Maßnahmen zulässig sind, wird durch Art. 37 **nicht** be- **10** schrieben oder gar **enumerativ aufgezählt.** Ähnlich wie im Polizei- und Ordnungsrecht hat dies den Vorteil, dass die Bundesregierung nicht auf bestimmtes Handeln beschränkt ist, sondern ihr Eingreifen auf den speziellen Fall ausrichten kann.[35]

Allerdings darf sie nur die notwendigen Maßnahmen treffen. Aus dieser Formulierung wird ganz **11** überwiegend die Bindung an den **Grundsatz der Verhältnismäßigkeit** abgeleitet.[36]

---

[14] *Hellermann,* in: Epping/Hillgruber, Art. 37 Rn. 3.3.

[15] So auch *Stern,* StaatsR I, S. 715.

[16] *Bauer,* in: Dreier II, Art. 37 Rn. 10.

[17] Ggf. auch Teil- oder Schlechterfüllung, *v. Danwitz* MKS II, Art. 37 Rn. 19.

[18] Bei Pflicht zum Handeln, *Hellermann,* in: Epping/Hillgruber, Art. 37 Rn. 6.1.

[19] *Gubelt,* in: v. Münch/Kunig I, Art. 37 Rn. 3 f.

[20] BVerfGE 8, 122 (137 ff.); *Bauer,* in: Dreier II, Art. 37 Rn. 8.

[21] *Klein,* in: Maunz/Dürig, Art. 37 Rn. 47.

[22] *Stettner* BK, Art. 37 (2018) Rn. 71 ff.

[23] *Bauer,* in: Dreier II, Art. 37 Rn. 9.

[24] *Pieroth,* in: Jarass/Pieroth, Art. 37 Rn. 2; aA *Bothe* AK GG, Art. 37 Rn. 11.

[25] *Gubelt,* in: v. Münch/Kunig I, Art. 37 Rn. 5.

[26] *v. Danwitz* MKS II, Art. 37 Rn. 16.

[27] *Bothe* AK GG, Art. 37 Rn. 12.

[28] Bedenken insoweit bei *Pieroth,* in: Jarass/Pieroth, Art. 37 Rn. 3; *Bauer,* in: Dreier II, Art. 37 Rn. 10.

[29] Anders *Leisner,* in: Sodan, Art. 37 Rn. 2.

[30] *Gubelt,* in: v. Münch/Kunig I, Art. 37 Rn. 6.

[31] Wofür das Verständnis des Begriffs Bundesgesetze in Art. 83 spricht, *Hellermann,* in: Epping/Hillgruber, Art. 37 Rn. 5.3.

[32] *Pauly/Pagel* DÖV 2006, 1028 (1032 ff.).

[33] *Pieroth,* in: Jarass/Pieroth, Art. 37 Rn. 3; *Klein,* in: Maunz/Dürig, Art. 37 Rn. 54.

[34] *Leisner,* in: Sodan, Art. 37 Rn. 2.

[35] *Bauer,* in: Dreier II, Art. 37 Rn. 13.

[36] *Kunig,* Das Rechtsstaatsprinzip, 1986, S. 352; zweifelnd *Bauer,* Die Bundestreue, 1992, S. 242 Fn. 64; anders *Hellermann,* in: Epping/Hillgruber, Art. 37 Rn. 10: gilt nicht im rein innerstaatlichen Bereich; *v. Danwitz* MKS II, Art. 37 Rn. 30.

12    **Zulässige Maßnahmen**[37] sind solche, die sich auf die Herbeiführung des verfassungsmäßigen Zustands richten,[38] zB finanzieller und wirtschaftlicher Art, um zu diesem Zweck Druck auszuüben, einstweilige Weigerung der Erfüllung sonstiger Bundesaufgaben gegenüber dem Land, Ersatzvornahme der unterlassenen Handlung durch Bundesorgane oder durch Dritte,[39] die Einsetzung eines Bundesbeauftragten mit allgemeiner oder spezieller Vollmacht („Bundeskommissar") und die vorübergehende Ausübung administrativer oder legislativer Gewalt durch den Bund in dem jeweiligen Land. Ferner ist der Einsatz von Polizeikräften des betroffenen Landes zulässig.[40] Ein Einsatz der Bundespolizei bzw. von Polizeikräften anderer Länder[41] ist nur unter den Voraussetzungen des Art. 91 II verfassungsgemäß.[42]

13    **Unzulässige Maßnahmen** sind der Einsatz der Bundeswehr (Art. 87a II),[43] Eingriffe in die Unabhängigkeit der Judikative (arg. Art. 20 III, 97 I),[44] die Ausübung des Stimmrechts des Landes im BRat,[45] die Amtsenthebung der Landesregierung,[46] die Auflösung des Landtages (arg. Art. 20 II)[47] und die Liquidation des Landes (arg. Art. 29).[48]

      **Adressat** ist das pflichtwidrig handelnde **Land,** also regelmäßig die für dessen Verhalten verantwortliche Landesregierung, ggf. aber auch sein Parlament,[49] **nicht** aber die **Bevölkerung** jenes Landes,[50] weil sich der Bundeszwang auf das verbandliche bzw. organschaftliche Verhältnis im Bundesstaat beschränkt.[51]

14    **3. Verfahren.** Die ordnungsgemäße Anwendung des Art. 37 I setzt die Einhaltung von **fünf Verfahrensschritten** voraus.

15    Die **Feststellung,** ob die og Voraussetzungen für die Anordnung und Durchführung des Bundeszwanges[52] vorliegen, obliegt der BReg und wird von ihr in eigener Verantwortung getroffen. Somit bedarf es im Vorfeld keiner Entscheidung des BVerfG.[53] Es ist der BReg jedoch nicht verwehrt, eine solche einzuholen.[54] Eine Sonderregelung enthält Art. 84 IV, der einen Beschluss des BRates bzgl. der Frage fordert, ob das Land bei der Ausführung von Bundesgesetzen als eigene Angelegenheit das Recht verletzt hat oder nicht.[55]

16    Der Prüfung des Tatbestandes folgt in einem zweiten Schritt die **Einleitung** des Verfahrens. Wie der Formulierung „kann" zu entnehmen ist, hat die BReg bzgl. des **„Ob"** des Einschreitens einen Ermessensspielraum **(Entschließungsermessen).** Sie trifft diese Entscheidung somit weisungsunabhängig. Eine Ermessensreduzierung auf Null kommt nur ausnahmsweise, zB im Hinblick auf Art. 28 III, in Betracht.[56]

17    Hat sich die BReg dazu entschlossen, das Verfahren einzuleiten, muss sie in einem dritten Schritt entscheiden, **„wie"** sie gegen das Land vorzugehen gedenkt. Ihr steht insofern **Auswahlermessen** zu. Bei der Wahl unter den in Betracht kommenden Instrumenten ist die BReg auf solche Maßnahmen beschränkt, die zur Einhaltung der bundesstaatlichen Ordnung durch das Land geeignet sind.[57]

18    Sowohl hinsichtlich des „Ob" als auch des „Wie" muss die BReg vor einem Tätigwerden gegenüber dem bundesuntreuen Land die **Zustimmung des BRat** einholen.[58] Anderenfalls ist das weitere Vorgehen verfassungswidrig. Sinn und Zweck der Zustimmungsbedürftigkeit ist einerseits die Schaffung einer breiteren – und föderativen – Legitimationsgrundlage und andererseits der Schutz vor übereilten Handlungen.[59] Dem würde eine lediglich nachträgliche Billigung nicht genügen.[60] Da der

[37] Aufzählung nach *Gubelt,* in: v. Münch/Kunig I, Art. 37 Rn. 13.
[38] Also nicht lediglich strafende Maßnahmen, *Hellermann,* in: Epping/Hillgruber, Art. 37 Rn. 9.
[39] Auch ein anderes Land, *v. Danwitz* MKS II, Art. 37 Rn. 35.
[40] *Pieroth,* in: Jarass/Pieroth, Art. 37 Rn. 5; aA *Gubelt,* in: v. Münch/Kunig I, Art. 37 Rn. 14.
[41] AA *Stettner* BK, Art. 37 (2018) Rn. 96.
[42] *Stern,* StaatsR I, S. 717; anders *Hellermann,* in: Epping/Hillgruber, Art. 37 Rn. 9.2: Art. 91 II stellt keine abschließende Regelung dar.
[43] *Münkler,* in: Hofmann/Henneke, Art. 37 Rn. 12.
[44] *Pieroth,* in: Jarass/Pieroth, Art. 37 Rn. 6.
[45] *Stettner* BK, Art. 37 (2018) Rn. 97.
[46] *Schäfer* AöR 78 (1952/1953), 1 (45); *Münkler,* in: Hofmann/Henneke, Art. 37 Rn. 12.
[47] *Höfling* DÖV 1982, 889 (893 f.); aA wie vor.
[48] *Stern,* StaatsR I, S. 717.
[49] *Wolff,* in: Hömig/Wolff, Art. 37 Rn. 7.
[50] *Stettner* BK, Art. 37 (2018) Rn. 96; aA *Wolff,* in: Hömig/Wolff, Art. 37 Rn. 7.
[51] Zu entsprechenden Überlegungen im ParlRat *Klein,* in: Maunz/Dürig, Art. 37 Rn. 42 Fn. 116.
[52] Dazu → Rn. 7 ff.
[53] *Gubelt,* in: v. Münch/Kunig I, Art. 37 Rn. 8.
[54] Dazu → Rn. 5.
[55] Die Feststellung soll gegenüber Art. 37 verdrängende/ersetzende Wirkung haben, *Bauer,* in: Dreier II, Art. 37 Rn. 15; vgl. aber allg. → Rn. 4.
[56] *Bothe* AK GG, Art. 37 Rn. 16; aA *Gubelt,* in: v. Münch/Kunig I, Art. 37 Rn. 11.
[57] Dazu auch *Pieroth,* in: Jarass/Pieroth, Art. 37 Rn. 4 f.
[58] Nicht hinsichtlich der Feststellung, vgl. → Rn. 15.
[59] *Gubelt,* in: v. Münch/Kunig I, Art. 37 Rn. 17.
[60] *Dux,* Bundesrat und Bundesaufsicht, 1963, S. 129 ff.; *Bauer,* in: Dreier II, Art. 37 Rn. 11.

BRat nicht zur Erteilung der Zustimmung verpflichtet ist, kann nach allg. Auffassung die Zustimmung jederzeit widerrufen werden.[61] Die Prüfungskompetenz des BRates beschränkt sich nicht auf die Durchführung der Maßnahme,[62] wie der Wortlaut nahelegt, sondern umfasst auch die eigenverantwortliche Nachprüfung der tatbestandlichen Voraussetzungen. Sonst wäre dem BRat die Grundlage für eine sachgemäße Entscheidung entzogen.[63] Aus der Feststellung der BReg ergeben sich somit keine rechtlichen Bindungen.[64]

Den Abschluss bildet die **Durchführung** der angeordneten Maßnahme. Sie darf nur gegen das   **19** betroffene Land bzw. das Landesorgan gerichtet werden, das die zu beseitigende Pflichtverletzung begangen hat.[65]

**4. Kosten und Kontrolle.** Da eine allgemeine Kostenerstattungspflicht zwischen Bund und Län   **20** dern nicht existiert, ist grds. der **Bund** kosten(tragungs)pflichtig.[66] Etwas anderes gilt nur für den Fall, dass das Land durch die Maßnahme des Bundes die Aufwendung eigener Kosten erspart hat.[67]

Gegen den Bundeszwang ist der Bund-Länder-Streit nach **Art. 93 I Nr. 3** eröffnet, nachdem der BRat zugestimmt hat.[68] Die Voraussetzungen des Art. 37 werden vom Gericht voll überprüft, die Rechtsfolgeseite, also die vom Bund ergriffene(n) Maßnahme(n), unterliegt hingegen bloßer Ermessenskontrolle.[69]

## II. Weisungsrecht nach Abs. 2

Das in Abs. 2 geregelte Weisungsrecht bezieht sich nach dem eindeutigen Wortlaut nicht nur auf das   **21** Land, das Adressat des Bundeszwangs ist, sondern auch auf jedes andere Bundesland.[70] Dieses kann sowohl zur Hilfe als auch zur bloßen Nichteinmischung verpflichtet werden. Damit soll eine Umgehung des Bundeszwanges durch andere Länder verhindert werden.[71] Für die Weisungen ist **keine Zustimmung** des BRates erforderlich,[72] weil es sich nicht um Maßnahmen iSd Abs. 1 handelt; sie haben nur eine den Bundeszwang stützende Funktion.[73]

---

[61] Vgl. nur *Wolff*, in: Hömig/Wolff, Art. 37 Rn. 5.

[62] So aber *v. Mangoldt/Klein* II, Art. 37 Anm. IV 6a, f.

[63] *Leisner*, in: Sodan, Art. 37 Rn. 4; *Münkler*, in: Hofmann/Henneke, Art. 37 Rn. 13; anders *v. Danwitz* MKS II, Art. 37 Rn. 32; *Bauer*, in: Dreier II, Art. 37 Rn. 11.

[64] *Gubelt*, in: v. Münch/Kunig I, Art. 37 Rn. 18.

[65] *Klein*, in: Maunz/Dürig, Art. 37 Rn. 71; *Gubelt*, in: v. Münch/Kunig I, Art. 37 Rn. 19.

[66] *Gubelt*, in: v. Münch/Kunig I, Art. 37 Rn. 20; aA *Bothe* AK GG, Art. 37 Rn. 26; *Leisner*, in: Sodan, Art. 37 Rn. 4: das betreffende Land.

[67] *Gubelt*, in: v. Münch/Kunig I, Art. 37 Rn. 20; anders *Hellermann*, in: Epping/Hillgruber, Art. 37 Rn. 12.

[68] Vorher besteht noch keine Gefährdung von Rechtspositionen iSd §§ 69, 64 I BVerfGG, *Hellermann*, in: Epping/Hillgruber, Art. 37 Rn. 13.

[69] *v. Danwitz* MKS II, Art. 37 Rn. 41.

[70] Und seine Behörden, *Hellermann*, in: Epping/Hillgruber, Art. 37 Rn. 11; Durchgriffsrecht, BVerfGE 88, 203 (332).

[71] *Klein*, in: Maunz/Dürig, Art. 37 Rn. 101; *Gubelt*, in: v. Münch/Kunig I, Art. 37 Rn. 21.

[72] *Stettner* BK, Art. 37 (2018) Rn. 103; *Pieroth*, in: Jarass/Pieroth, Art. 37 Rn. 5; aA *Stern*, StaatsR I, S. 716.

[73] *Gubelt*, in: v. Münch/Kunig I, Art. 37 Rn. 16, 21.

# III. Der Bundestag

## Art. 38 [Bundestag, Abgeordnete, Wahlen]

(1) Die Abgeordneten des Deutschen Bundestages werden in allgemeiner, unmittelbarer, freier, gleicher und geheimer Wahl gewählt. Sie sind Vertreter des ganzen Volkes, an Aufträge und Weisungen nicht gebunden und nur ihrem Gewissen unterworfen.

(2) Wahlberechtigt ist, wer das achtzehnte Lebensjahr vollendet hat; wählbar ist, wer das Alter erreicht hat, mit dem die Volljährigkeit eintritt.

(3) Das Nähere bestimmt ein Bundesgesetz.

**Entstehungsgeschichte: Erstfassung:** JöR nF 1 (1951), 349. – **Änderung:** 27. G zur Änd. des GG v. 31.7.1970 (BGBl I 1161), Art. I Nr. 1 (dazu: BT-Dr VI/70, 304 [Entwürfe]; BT-Prot VI/548, 1646, 3279; BR-Dr 371/70; BR-Prot 70/138).

**Historische Verfassungstexte: RV 1849: § 93** Das Volkshaus besteht aus den Abgeordneten des deutschen Volkes. **§ 94** (1) Die Mitglieder des Volkshauses werden für das erste Mal auf vier Jahre, demnächst immer auf drei Jahre gewählt. (2) Die Wahl geschieht nach den in dem Reichswahlgesetze enthaltenen Vorschriften. **§ 96** Die Mitglieder beider Häuser können durch Instruktionen nicht gebunden werden. – **RV 1871: Art. 20** (1) Der Reichstag geht aus allgemeinen und direkten Wahlen mit geheimer Abstimmung hervor. (2) Bis zu der gesetzlichen Regelung, welche im § 5 des Wahlgesetzes vom 31. Mai 1869 (Bundesgesetzbl. 1869 S. 145) vorbehalten ist, werden in Bayern 48, in Württemberg 17, in Baden 14, in Hessen südlich des Main 6 Abgeordnete gewählt, und beträgt demnach die Gesamtzahl der Abgeordneten 382. **Art. 29** Die Mitglieder des Reichstages sind Vertreter des gesamten Volkes und an Aufträge und Instruktionen nicht gebunden. – **WRV: Art. 20** Der Reichstag besteht aus den Abgeordneten des deutschen Volkes. **Art. 21** Die Abgeordneten sind Vertreter des ganzen Volkes. Sie sind nur ihrem Gewissen unterworfen und an Aufträge nicht gebunden. **Art. 22** (1) Die Abgeordneten werden in allgemeiner, gleicher, unmittelbarer und geheimer Wahl von den über zwanzig Jahre alten Männern und Frauen nach den Grundsätzen der Verhältniswahl gewählt. Der Wahltag muß ein Sonntag oder öffentlicher Ruhetag sein. (2) Das Nähere bestimmt das Reichswahlgesetz. **Art. 125** Wahlfreiheit und Wahlgeheimnis sind gewährleistet. Das Nähere bestimmen die Wahlgesetze. – **GG 1949:** (1) und (3) wie geltende Fassung. (2) Wahlberechtigt ist, wer das einundzwanzigste, wählbar ist, wer das fünfundzwanzigste Lebensjahr vollendet hat.

**Geltende Landesverfassungen:** *BW*Verf Art. 26–28; *Bay*Verf Art. 13 f.; *Bln*Verf Art. 38 f., 45; *Bbg*Verf Art. 22 I, III, 55 f.; *Brem*Verf Art. 75, 83, 85; *Hmb*Verf Art. 6 f.; *Hess*Verf Art. 71–77; *MV*Verf Art. 3 III, 20, 22 I; *Nds*Verf Art. 8, 12; *NRW*Verf Art. 30 f.; *RhPf*Verf Art. 76 I, 79 f.; *Saar*Verf Art. 63 f., 65, 66 II; *Sachs*Verf Art. 4, 39, 41; *LSA*Verf Art. 41 f.; *SchlH*Verf Art. 3 f., 16 f.; *Thür*Verf Art. 46, 49, 52 f.

**Leitentscheidungen:** BVerfGE 1, 208 (7,5 %-Sperrklausel); BVerfGE 10, 4 (Redezeit); BVerfGE 21, 200 (Briefwahl); BVerfGE 40, 296 (Diäten); BVerfGE 47, 253 (Gemeindeparlament [Nordrhein-Westfalen] – Wahlrechtsgrundsätze); BVerfGE 51, 222 (5 %-Sperrklausel); BVerfGE 70, 324 (Haushaltskontrolle der Nachrichtendienste); BVerfGE 80, 188 (Wüppesahl – fraktionslose Abgeordnete); BVerfGE 83, 37 (Ausländerwahlrecht – Schleswig-Holstein); BVerfGE 84, 304 (PDS/Linke Liste – Gruppenstatus); BVerfGE 89, 155 (Maastricht – Wahlrecht); BVerfGE 95, 335 (Überhangmandat); BVerfGE 95, 408 (Grundmandat); BVerfGE 97, 317 (Überhangmandat – Nachrücker); BVerfGE 99, 1 (Wahlrechtsgleichheit in den Ländern); BVerfGE 118, 277 (Abgeordnetenmandat – Berufstätigkeit); BVerfGE 121, 266 (Wahlrecht: negatives Stimmgewicht); BVerfGE 123, 39 (Wahlcomputer); BVerfGE 123, 267 (Lissabon); BVerfGE 124, 161 (Informationsrecht – Nachrichtendienste); BVerfGE 130, 212 (Wahlkreiseinteilung); BVerfGE 130, 318 (Abgeordnetenrechte – Stabilisierungsmechanismus); BVerfGE 131, 316 (Mandatsverteilung; negatives Stimmgewicht; Überhangmandate); BVerfGE 132, 39 (Wahlberechtigung von Auslandsdeutschen); BVerfGE 134, 141 (Abgeordneten-Beobachtung); BVerfGE 137, 185 (Kriegswaffenexporte); BVerfGE 142, 25 (Effektive Opposition); BVerfGE 146, 1 (Frage- und Informationsrecht – Nachrichtendienste); BVerfGE 147, 50 (Informationsanspruch – Deutsche Bahn); BVerfGE 151, 1 (Wahlrechtsausschluss).

**Supra- und internationale Texte:** EUV Art. 14; AEUV Art. 223; EUGRCh Art. 39; Akt zur Einführung allgemeiner unmittelbarer Wahlen der Abgeordneten des Europäischen Parlaments Art. 1 ff.; Beschl. 2005/684/EG, Euratom des Europäischen Parlaments v. 28.9.2005 zur Annahme des Abgeordnetenstatuts des Europäischen Parlaments Art. 1 ff.; EuRat Art. 25 lit. a I; EMRK 1. ZP Art. 3; AMRE Art. 21 Ziff. 3; IPBürgR Art. 25 lit. b; AMRK Art. 23 I; AfrMRK Art. 13 I.

**Gesetzgebung:** AbgG; BWahlG; WahlstatistikG; BWahlO; GOBT.

**Schrifttum:** *P. Austermann/S. Schmahl* (Hrsg.), Abgeordnetengesetz, 2016; *A. Bäcker*, Der Ausschluss aus der Bundestagsfraktion, 2011; *P. Badura*, Die parlamentarische Demokratie HStR II³, § 25; *P. Badura*, Die „Gemeinpflichtigkeit" des freien Mandats des Abgeordneten und der „Status der Öffentlichkeit des Abgeordneten", FS H.-P. Schneider, 2008, S. 153; *E.-W. Böckenförde*, Demokratische Willensbildung und Repräsentation HStR II³, § 34; *M. Brenner*, Das Prinzip Parlamentarismus HStR III³, § 44; *M. Brenner*, Reichweite und Grenzen des parlamentarischen Fragerechts, 2009; *W. Demmler*, Der Abgeordnete im Parlament der Fraktionen, 1994; *K. V. Franz*, Das Wahlrecht zum Deutschen Bundestag, 2019; *B. Gausing*, Das Abgeordnetenmandat zwischen Staat und Gesellschaft, 2018; *S. Gelze*, Das Parlament der (qualifizierten) Großen Koalition, 2019; *G. Gornig/H.-D. Horn/D. Murswiek* (Hrsg.), Nationales Wahlrecht und internationale Freizügigkeit, 2015; *B. Grzeszick/H. Lang*, Wahlrecht als materielles Verfassungsrecht, 2012; *S. Hölscheidt*, Das Recht der Parlamentsfraktionen, 2001; *P. Huber*, Regierung und Opposition HStR III³, § 47; *A. Ingold*, Das „Amt" des Abgeordneten, JöR 64 (2016), 43; *H. H. Klein*, Stellung und Aufgaben des Bundestages HStR III³, § 50; *H. H. Klein*, Status des Abgeordneten HStR III³, § 51; *M. Kühn*, Verhaltensregeln für

Bundestagsabgeordnete, 2010; *S. Kürschner,* Das Binnenrecht der Bundestagsfraktionen, 1995; *W. Löwer,* Aktuelle wahlrechtliche Verfassungsfragen, 1996; *S. Magiera,* Parlament und Staatsleitung in der Verfassungsordnung des Grundgesetzes, 1979; *S. Magiera,* Rechte des Bundestages und seiner Mitglieder gegenüber der Regierung, in: Schneider/Zeh, § 52; *S. Magiera,* The Functions and Development of Parliaments, in: *C. Starck* (Hrsg.), Studies in German Constitutionalism, 1995, S. 141; *H. Meyer,* Wahlsystem und Verfassungsordnung, 1973; *H. Meyer,* Das parlamentarische Regierungssystem des Grundgesetzes, VVDStRL 33 (1975), 69; *H. Meyer,* Demokratische Wahl und Wahlsystem HStR III³, § 45; *H. Meyer,* Wahlgrundsätze, Wahlverfahren, Wahlprüfung HStR III³, § 46; *W. Mößle,* Regierungsfunktionen des Parlaments, 1986; *M. Morlok/U. Schliesky/D. Wiefelspütz* (Hrsg.), Parlamentsrecht, 2016; *T. Oppelland* (Hrsg.), Das deutsche Wahlrecht im Spannungsfeld von demokratischer Legitimität und politischer Funktionalität, 2015; *T. Oppermann,* Das parlamentarische Regierungssystem des Grundgesetzes, VVDStRL 33 (1975), 7; *N. Paschmanns,* Ausschuss für Wahlprüfung, Immunität und Geschäftsordnung HdbParlR, § 24; *H. Pfeil,* Der Abgeordnete und die Fraktion, 2008; *H. Ritzel/J. Bücker/H. J. Schreiner/H. Winkelmann,* Handbuch für die Parlamentarische Praxis (Loseblatt), Stand 2018; *J. Roschek,* Enthaltung und Nichtbeteiligung bei staatlichen Wahlen und Abstimmungen, 2003; *P. Schindler,* Datenhandbuch zur Geschichte des Deutschen Bundestages 1949 bis 1999, 3 Bde., 1999; *J. Schmidt,* Die demokratische Legitimationsfunktion der parlamentarischen Kontrolle, 2007; *E. Schmidt-Jortzig,* Regierungskontrolle durch die Parlamentsmehrheit, FS Rauschning, 2001, S. 143; *H.-P. Schneider,* Die parlamentarische Opposition im Verfassungsrecht der Bundesrepublik Deutschland, Bd. 1, 1974; *H.-P. Schneider,* Das parlamentarische System HdbVerfR, 2. Aufl. 1994, S. 537; *H.-P. Schneider,* Das Parlamentsrecht im Spannungsfeld von Mehrheitsentscheidung und Minderheitsschutz, FS 50 Jahre BVerfG II, 2001, S. 627; *H.-P. Schneider/W. Zeh* (Hrsg.), Parlamentsrecht und Parlamentspraxis in der Bundesrepublik Deutschland, 1989; *W. Schreiber,* BWahlG, 10. Aufl. 2017; *M. Schröder,* Grundlagen und Anwendungsbereich des Parlamentsrechts, 1979; *C. Starck,* Wahlen im demokratischen Verfassungsstaat, FS Winkler, 1997, S. 1099; *H. Steiger,* Organisatorische Grundlagen des parlamentarischen Regierungssystems, 1973; *H. Troßmann,* Parlamentsrecht des Deutschen Bundestages, 1977; *W. Zeh,* Parlamentarismus. 6. Aufl. 1997; *W. Zeh,* Gliederung und Organe des Bundestages HStR III³, § 52; *W. Zeh,* Parlamentarisches Verfahren HStR III³, § 53.

## Übersicht

## A. Regelungszusammenhang

**1**    Art. 38 bis 48 bilden – im Anschluss an die beiden Abschnitte über die Grundrechte sowie über den Bund und die Länder – den III. Abschnitt des GG über den BTag, dem die Abschnitte über die and. Bundesorgane (ua BRat, BPräs, BReg) nachfolgen. Damit wird – wie schon in der Weimarer Reichsverfassung und anders als noch in den Reichsverfassungen von 1849 und 1871 – die **politische Bedeutung des Parlaments** hervorgehoben. Eine rechtliche Vorrangstellung folgt daraus jedoch nicht, weil auch der BTag in die gewaltenteilende und -begrenzende Kompetenzordnung des GG eingebunden ist.[1]

**2**    Trotz seiner umfassenden Überschrift („Der Bundestag") beschränkt sich der **III. Abschnitt** im Wesentlichen auf Bestimmungen über die Wahl, die Organisation und das Verfahren des BTag (Art. 38 bis 45d)[2] sowie über den Status und die Rechte der Abg. (Art. 46 bis 48).[3] Die Rechtsstellung des BTag und seine Funktionen erschließen sich demgegenüber erst bei einer systematischen Heranziehung **weiterer Verfassungsbestimmungen,** insbes. über die Staatsgrundlagen (Art. 20), die Parteien (Art. 21), die Regierungsbildung (Art. 63), die Gesetzgebung (Art. 76 ff.) und den Bundeshaushalt (Art. 110 ff.).[4]

## B. Der Bundestag

### I. Bezeichnung

**3**    Im Unterschied zur Abschnittsüberschrift und zum übrigen Text des GG bezeichnet Art. 38 I 1 den BTag als **„Deutscher Bundestag".** Die Entstehungsgeschichte gibt über die Gründe für diese Differenzierung keinen Aufschluss, obwohl and. Bezeichnungen („Volkstag", „Reichstag") erörtert wurden.[5] In der Praxis wird die Bezeichnung „Deutscher Bundestag" als offizieller Name verwendet;[6] im Übrigen ist jedoch – auch in Gesetzen und and. Rechtsvorschriften – die Bezeichnung „Bundestag" gebräuchlich.[7]

### II. Rechtsstellung

**4**    **1. Volksvertretung.** Nach Art. 38 I setzt sich der BTag aus Abg. zusammen, die Vertreter des ganzen Volkes sind und – wie aus dem Zusammenhang mit Art. 20 II 2 folgt – vom (Deutschen)[8] Volk gewählt werden. Aus ihrer Legitimation durch die Volkswahl und ihrer Funktion als Vertreter des ganzen Volkes ergibt sich, dass die Abg. in ihrer Gesamtheit das Volk repräsentieren.[9] Nicht der einzelne Abg., sondern das Parlament als „besonderes Organ" (Art. 20 II 2) übt die vom Volk ausgehende Staatsgewalt aus.[10] Dementsprechend ist der BTag – als Parlament der Bundesrepublik Deutschland – die Vertretung des (Deutschen) Volkes oder – knapper – die **Volksvertretung.**[11]

**5**    **Vertretung** ist ein eigenständiger verfassungsrechtlicher Begriff und nicht im Sinne des bürgerlichen Rechts oder eines weisungsabhängigen Rechtsverhältnisses zu verstehen.[12] Dies folgt aus dem Wortlaut des Art. 38 I 2, wonach die Abg. an Aufträge und Weisungen nicht gebunden und nur ihrem Gewissen unterworfen sind (sog. freies Mandat).[13] Bemühungen im Schrifttum, den Begriff der „Vertretung" für das Verfassungsrecht zu spezifizieren und fruchtbar zu machen,[14] haben sich bisher nicht durchsetzen können.[15] Trotz des Sprachgebrauchs des GG werden die Besonderheiten der parl. Vertretung unter dem traditionellen Begriff der „Repräsentation" erörtert.[16] Dies ist so lange unschädlich, wie die parl. Vertretung aus dem GG heraus und nicht anhand eines an die Verfassung herangetragenen vorgefassten Begriffs der Repräsentation verstanden wird.

---

[1] Näher → Rn. 13.

[2] Näher → Rn. 16 ff., → Rn. 19 f., → Rn. 75 ff.

[3] Näher → Rn. 45 ff.

[4] Näher → Rn. 4 ff., → Rn. 21 ff.

[5] JöR nF 1 (1951), 347.

[6] *Stern,* StaatsR II, S. 40 f.

[7] Vgl. zB §§ 1 ff. AbgG; §§ 3, 5, 6, 43, 48 BVerfGG; §§ 1 ff. GOBT.

[8] Dazu → Rn. 105.

[9] BVerfGE 44, 308 (316); 56, 396 (405); 80, 188 (217); 92, 130 (135); 102, 224 (237); 104, 310 (329 f.); 118, 277 (324); 140, 115 Rn. 91; 142, 123 Rn. 173; *Magiera,* Parlament und Staatsleitung, 1979, S. 145; *Hofmann/Dreier,* in: Schneider/Zeh, § 5 Rn. 27; krit. *Demmler,* Der Abgeordnete, S. 81 ff.; aA *Leisner,* in: Sodan, GG, Art. 38 Rn. 4. – Zur faktischen Zusammensetzung des BTag *Hess,* in: Schneider/Zeh, § 24; *Hess* ZParl 1995, 567 ff.

[10] BVerfG ebda.

[11] Art. 10 II 2; BVerfGE 80, 188 (217); *Meyer,* in: Schneider/Zeh, § 4 Rn. 8.

[12] *Klein,* in: Maunz/Dürig, Art. 38 Rn. 41; *Badura* BK, Art. 38 (2018) Rn. 32 f.; *Trute,* in: v. Münch/Kunig I, Art. 38 Rn. 75; *Stern,* StaatsR II, S. 37.

[13] Näher u. Rn. 46 ff.

[14] *Meyer,* in: Schneider/Zeh, § 4 Rn. 10; *Schröder,* Grundlagen, S. 138 f.

[15] Dagegen *Demmler,* Der Abgeordnete, S. 80.

[16] Zu diesem Begriff und zur geschichtlichen Entwicklung *Hofmann/Dreier,* in: Schneider/Zeh, § 5; *Böckenförde* HStR III[3], § 34; *P. Müller* MKS II, Art. 38 Rn. 10 ff.; *Badura* BK, Art. 38 (2018) Rn. 2 ff.

**Repräsentation** als Volksvertretung im Sinne des GG bedeutet, dass der BTag das Volk vergegen- 6 wärtigt,[17] indem er durch seine in periodischen Volkswahlen und im ständigen Bürgerkontakt legitimierten Abg. für das Volk handelt.[18] Repräsentation setzt „Duplizität" zwischen Volk und Parlament bei der Herrschaftsausübung voraus und bildet den **Gegenbegriff zur Identität,** wonach das Volk die Herrschaft unmittelbar selbst ausübt.[19]

Damit grenzt sich Repräsentation von der unmittelbaren („plebiszitären") Demokratie ab, die im 7 Grundgesetz nur eng begrenzt verwirklicht ist.[20] Sie steht jedoch nicht im Gegensatz zur (pluralistisch-egalitären) Demokratie überhaupt, wie es ein auf das angebliche Ideal eines Honoratiorenparlaments verengtes Repräsentationsverständnis[21] nachzuweisen versucht.[22] Vielmehr erscheint Repräsentation unter dem Grundgesetz als Ausdruck des Prinzips der **mittelbaren** („repräsentativen") **Demokratie,** das durch die Volkswahl des BTag und dessen Funktion als Volksvertretung im Sinne der parl. Demokratie näher bestimmt wird.[23]

Handeln für das Volk bedeutet zum einen, dass der BTag **anstelle des Volkes** tätig wird.[24] Er wird 8 damit jedoch nicht zu einer Art „Ersatzvolk", sondern stellt ein eigenständiges Staatsorgan dar. Als solches verfügt er über eigene, sich unmittelbar aus dem GG ergebende Kompetenzen, die nicht nur eine Bündelung der Kompetenzen seiner Mitglieder darstellen.[25] Auch nimmt er nicht vom Volk in einem rechtl. Sinn abgeleitete Befugnisse wahr, die ihm kraft Delegation – der Substanz nach oder zur Ausübung – überlassen werden und beliebig entzogen werden können.[26] In der Verfassungsordnung des GG verfügt auch das Volk nur über begrenzte Kompetenzen und Handlungsmöglichkeiten, zu denen die Bundestagswahl[27] und bestimmte Abstimmungen[28] gehören, nicht jedoch weitere – rechtlich verbindliche – Einwirkungen auf den BTag.

Handeln für das Volk bedeutet zum anderen, dass der BTag **im Namen des Volkes** tätig wird. 9 Seine Willensäußerungen werden dem Volk zugerechnet, gelten als (hypothetischer) Wille des Volkes.[29] Von einer dadurch bewirkten Verpflichtung des Volkes lässt sich jedoch nur in einem politisch-ideologischen Sinn sprechen. Mit rechtlicher Verbindlichkeit kann der BTag als Staatsorgan allein den Staat, die Bundesrepublik Deutschland, verpflichten.[30] Die Verpflichtung tritt auch ein, wenn der Wille des BTag von dem vermeintlichen oder tatsächlich feststellbaren Willen des Volkes abweicht.[31] Rechtliche Bedeutung kann eine derartige **Willenskollision** im konkreten Fall jedoch nur erlangen, wenn das Volk – bei verfassungsrechtlich zulässigen Abstimmungen[32] – rechtlich verbindlich handelt.[33]

Handeln für das Volk setzt **Legitimation durch das Volk** voraus.[34] Diese wird dadurch gesichert, 10 dass die Abg. des BTag periodisch vom Volk gewählt werden und dass die Bürger darüber hinaus die Möglichkeit haben, über den Gebrauch der Meinungs-, Presse-, Versammlungs-, Parteienfreiheit ua ständig auf den parl. Willensbildungsprozess einzuwirken.[35] Damit wird einem allg. Auseinanderfallen von Parlaments- und Volkswillen entgegengewirkt und zugleich eine materielle Repräsentation des Volkes durch den BTag ermöglicht, die auf einen inhaltlichen Grundkonsens abzielt.[36]

Als **Vertretung des ganzen Volkes** repräsentiert der BTag das Deutsche Volk insgesamt und 11 ausschließlich.[37] In den Ländern, Kreisen und Gemeinden muss „das Volk" zwar auch eine gewählte

---

[17] *Klein,* in: Maunz/Dürig, Art. 38 Rn. 41; *Trute,* in: v. Münch/Kunig I, Art. 38 Rn. 75.

[18] Ähnl. – zwischen formaler und inhaltlicher Repräsentation unterscheidend – *Böckenförde* HStR III³, § 34 Rn. 28 f.; *Stern,* StaatsR I, S. 959 f.; *Hofmann/Dreier,* in: Schneider/Zeh, § 5 Rn. 23.

[19] *Klein,* in: Maunz/Dürig, Art. 38 Rn. 43; *Stern,* StaatsRII, S. 37; aA *Morlok,* in: Dreier II, Art. 38 Rn. 33.

[20] Art. 20 II 2 iVm Rn. 29, 118, 118a; vgl. *Krause* HStR III³, § 35; *Lammert* FS Papier, 2013, S. 147 ff.

[21] *Leibholz,* Das Wesen der Repräsentation, 1929, S. 175 f.; *Schmitt,* Verfassungslehre, 1928, S. 204 f., 218.

[22] Zur Kritik an diesem fragwürdigen „Repräsentations–Idealismus" *Hofmann/Dreier,* in: Schneider/Zeh, § 5 Rn. 10 f.; *Badura* BK, Art. 38 (2018) Rn. 24 ff.; *Scheuner* FS H. Huber, 1961, S. 222 (239).

[23] *Badura* BK, Art. 38 (2018) Rn. 1; *Badura* HStR III³, § 25; *Badura,* in: Leitgedanken I, § 58; *Krings,* ebda, § 63.

[24] *Stern,* StaatsR I, S. 961; *Stern,* StaatsR II, S. 37 f.; *H. H. Klein* HStR III³, § 50 Rn. 1.

[25] BVerfGE 117, 359 (368 f.); *Badura* BK, Art. 38 (2018) Rn. 31; *Stern,* StaatsR II, S. 38 f.; *Schneider* FS 50 Jahre BVerfG II, 2001, S. 627 (630 f.).

[26] *Klein,* in: Maunz/Dürig, Art. 38 Rn. 41; *Badura* BK, Art. 38 (2018) Rn. 31 f.; *Stern,* StaatsR II, S. 38; *Fuchs* ua DÖV 2009, 232.

[27] S. → Rn. 75 ff.

[28] Vgl. → Rn. 7.

[29] *Stern,* StaatsR II, S. 39; *H. H. Klein* HStR III³, § 50 Rn. 1; *Böckenförde* HStR III³, § 34 Rn. 26; krit. *Meyer,* in: Schneider/Zeh, § 4 Rn. 9; vgl. auch → Rn. 10.

[30] *Badura* BK, Art. 38 (2018) Rn. 31 ff.; *Schneider* AK GG, vor Art. 38 Rn. 1, Art. 38 Rn. 6.

[31] *Klein,* in: Maunz/Dürig, Art. 38 Rn. 41; *Badura* BK, Art. 38 (2018) Rn. 33; *Meyer,* in: Schneider/Zeh, § 4 Rn. 10 mit Fn. 23; *Stern,* StaatsR II, S. 39.

[32] Vgl. → Rn. 7.

[33] *Klein,* in: Maunz/Dürig, Art. 38 Rn. 43.

[34] *Stern,* StaatsR I, S. 962; *Badura* BK, Art. 38 (2018) Rn. 29; *Böckenförde* HStR III³, § 34 Rn. 16 ff.

[35] Vgl. Art. 5, 8, 21; ausf. *Schmitt Glaeser* HStR III³, § 38; *Magiera* (Fn. 9), S. 152 f., 104 f., 144.

[36] Zur inhaltl. Repräsentation näher *Böckenförde* HStR III³, § 34 Rn. 16 ff.; *Magiera* (Fn. 9), S. 120 f.

[37] *Stern,* StaatsR II, S. 41; *Schneider* AK GG, Art. 38 Rn. 5; *Klein,* in: Maunz/Dürig, Art. 38 Rn. 30, 37, 42; *Meyer,* in: Schneider/Zeh, § 4 Rn. 9; BVerfGE 6, 84 (99: unitarisches Verfassungsorgan).

Vertretung haben (Art. 28 I 2), die jedoch jeweils nur das betreffende (Teil-)Volk – in seiner territorialen Begrenzung – repräsentiert.[38]

**12**    **2. Staatsorgan.** Der BTag gehört zu den **besonderen Organen,** die gemäß Art. 20 II 2 die vom Volk ausgehende Staatsgewalt ausüben. Damit ist er ein Staatsorgan oder – genauer – ein Organ des Staates Bundesrepublik Deutschland als juristischer Person des öff. Rechts.[39]

**13**    Der BTag besitzt ferner die Stellung eines **obersten Bundesorgans** (Art. 93 I Nr. 1) bzw. eines **Verfassungsorgans** (§ 1 BVerfGG).[40] Er teilt diese jedoch mit and. Staatsorganen (ua BRat, BReg, BPräs), so dass ihm keine allg. Vorrangstellung – etwa im Sinne einer „Organsouveränität" – zukommt, sondern grds. Gleichordnung mit den and. Verfassungsorganen besteht.[41] Dem steht nicht entgegen, dass allein der BTag unmittelbar vom Volk gewählt wird und als dessen Repräsentativorgan ein „Vertretungsmonopol"[42] innehat. Denn auch die and. „besonderen Organe" sind unmittelbar von der Verfassung eingerichtet und in ihrer personellen Zusammensetzung mittelbar – über den BTag – vom Volk legitimiert.[43]

**14**    Der BTag ist eingebunden in die verfassungsrechtliche **Gewaltenteilung,** die – vertikal – zwischen Bund und Ländern sowie – horizontal – nach Organen und Funktionen der Gesetzgebung, der Vollziehung und der Rechtsprechung unterscheidet (Art. 20, 28). Ihr Sinn liegt nicht in einer scharfen Trennung der Gewalten, sondern in deren organadäquater und funktionsgerechter Zuordnung, um die Staatsmacht zu mäßigen und die Freiheit des Einzelnen zu schützen.[44] Dementsprechend ist der BTag zwar besonderes Organ der Gesetzgebung (Art. 20 II 2), aber nicht ausschließlich.[45] So sind an der Gesetzgebung auch and. Organe beteiligt, insbes. die BReg durch ihr Initiativ- (Art. 76 I) und Verordnungsrecht (Art. 80), und verfügt der BTag über weitere Funktionen, insbes. hinsichtlich der Volksvertretung[46] und der Regierungskontrolle.[47] Wie der Regierung[48] muss auch dem Parlament ein „Kernbereich" an selbstbestimmter Gestaltungsfähigkeit verbleiben, den auch die Gerichtsbarkeit zu beachten und zu schützen hat.[49]

**15**    Der BTag wird auch als **Körperschaft** bezeichnet (Art. 59 II 1). Jedoch besitzt er weder den Status einer Körperschaft des öff. Rechts noch Rechtsfähigkeit im Sinne des bürgerlichen Rechts.[50] Bei Teilnahme am allg. Rechtsverkehr berechtigt und verpflichtet er die Bundesrepublik Deutschland als deren Staatsorgan. Im Bereich des Verfassungsrechts kommt ihm demgegenüber Teilrechtsfähigkeit zu, insbes. über seine Geschäftsordnungsautonomie (Art. 40 I 2) und seine Stellung im Verfassungsprozess (Art. 93 I Nr. 1).[51]

## III. Organisation

**16**    Der BTag, der seinen **Sitz** 1999 von Bonn nach Berlin verlegt hat,[52] besteht – vorbehaltlich etwaiger Überhang- und Ausgleichsmandate[53] – aus 598 Abg. (§§ 1, 6 V BWahlG). Sie bilden das **Plenum,** durch das der BTag regelmäßig öff. und verbindlich handelt.[54] Zur Bewältigung seiner Aufgaben ist der BTag darüber hinaus auf kleinere **Gremien** und besondere **Einrichtungen** angewiesen, die seine Entscheidungen vorbereiten[55] oder auch bestimmte Entscheidungen anstelle des Plenums treffen.[56] Sie werden in der Gesetzessprache als „Organe" (Art. 10 II 2),[57] „Hilfsorgane" (Art. 10 II 2, 45b) oder

---

[38] BVerfGE 83, 37 (53).

[39] *Stern,* StaatsR II, S. 41; *Steiger,* Organisatorische Grundlagen, S. 50 ff.

[40] Näher zu diesen Begriffen *Stern,* StaatsR II, S. 42.

[41] Ausf. dazu *Magiera* (Fn. 9), S. 170 f.; *Stern,* StaatsR II, S. 42 f.; *H. H. Klein* HStR III³, § 50 Rn. 2; BVerfGE 49, 89 (124 f.).

[42] *Schneider* AK GG, Art. 38 Rn. 5; → Rn. 4 ff.

[43] BVerfGE 49, 89 (125); 68, 1 (86 f.); 137, 185 Rn. 131; *Magiera* (Fn. 9), S. 103 ff.; *H. H. Klein* HStR III³, § 50 Rn. 2; *Trute,* in: v. Münch/Kunig I, Art. 38 Rn. 7 („Legitimationsvorrang"); bedenklich *Morlok,* in: Dreier II, Art. 38 Rn. 35 („weitgehendes Legitimationsmonopol").

[44] Näher *Magiera* (Fn. 9), S. 88 ff.; *Mößle,* Regierungsfunktionen, S. 161 ff.; *H. H. Klein* HStR III³, § 50 Rn. 8 f.; BVerfGE 3, 225 (247); 7, 183 (188); 9, 268 (279); 22, 106 (111); 30, 1 (27 f.); 34, 52 (59); 68, 1 (86); 95, 1 (17); 137, 185 Rn. 130; 143, 1 Rn. 52.

[45] *Meyer,* in: Schneider/Zeh, § 4 Rn. 3.

[46] S. → Rn. 4 ff.

[47] S. → Rn. 35 ff.

[48] Vgl. → Rn. 31 und → Rn. 38.

[49] *Morlok/Kalb* JZ 2017, 670 ff.; *Risse* JZ 2018, 71 ff.

[50] *Klein,* in: Maunz/Dürig, Art. 38 Rn. 45; *Schneider* AK GG, Art. 38 Rn. 6.

[51] Ebda; *Stern,* StaatsR II, S. 44.

[52] Berlin/Bonn-Gesetz v. 26.4.1994 (BGBl I 918); *Schreiber,* in: Friauf/Höfling, Art. 38 Rn. 50.

[53] Dazu → Rn. 118.

[54] BVerfGE 142, 123 Rn. 173 (betr. die „Integrationsverantwrtung"); ausf. *Steiger,* Organisatorische Grundlagen, S. 81, 87; *Schürmann* HdbParlR, § 20.

[55] So in der Regel die Ausschüsse (§ 54 I 1 GOBT).

[56] So etwa der BTagPräs hinsichtlich des Hausrechts (Art. 40 II 1) oder der Ausschuss für die Angelegenheiten der EU (Art. 45).

[57] Vgl. auch BVerfGE 1, 144 (152).

„Organteile" (§ 63 BVerfGG), ferner auch als „Unterorgane"[58] bezeichnet, ohne dass dies für ihre rechtliche Stellung ausschlaggebend wäre.[59] Entscheidend ist insoweit vielmehr, ob und inwieweit sie durch das GG oder die Geschäftsordnung des BTag mit eigenen Rechten ausgestattet und damit beteiligtenfähig im Organstreitverfahren sind (Art. 93 I Nr. 1).

Die **Gliederung im Einzelnen** beruht auf den praktischen Bedürfnissen des Parlaments als Volks- 17 vertretung und Staatsorgan, die sich historisch herausgebildet haben und ständige Anpassungen im Rahmen des Verfassungsrechts erforderlich machen.[60] Sie ist teilweise im GG vorgegeben oder gesetzlich bestimmt und wird iÜ vom BTag auf Grund seiner Parlamentsautonomie in seiner GO näher festgelegt.[61] Von herausragender Bedeutung sind die funktionelle (aufgabenbezogene) Gliederung in **Ausschüsse** und die politische Gliederung in **Fraktionen.**[62]

Darüber hinaus verfügt der BTag über besondere **Leitungsorgane** (Präsident, Ältestenrat ua)[63] und 18 verschiedene **weitere Gremien und Einrichtungen,** wie die G 10-Kommission (Art. 10 II 2),[64] das Parlamentarische Kontrollgremium (Art. 45d) oder den Wehrbeauftragten (Art. 45b). Ferner ist er durch Entsendung von Abg. an Gremien beteiligt, die dem bundesstaatlichen Zusammenwirken (Art. 53a – GemAussch; Art. 54 III – BVers; Art. 77 II – Vermittlungsausschuss), der internationalen Zusammenarbeit (parl. Versammlungen ua des Europarates, der NATO)[65] oder der staatlichen Aufsicht (zB Rundfunkrat, Stiftungsrat der Kulturstiftung des Bundes, Kuratorium der Bundeszentrale für politische Bildung)[66] dienen.

## IV. Verfahren

Ebenso wie die Organisation ist das Verfahren des BTag teilweise in der Verfassung und in einfachen 19 Gesetzen, iÜ in der Geschäftsordnung geregelt.[67] Das **GG** enthält neben einigen Verfahrensvorschriften von allg. Bedeutung, wie etwa über die Verhandlungsöffentlichkeit (Art. 42 I, III) oder die erforderlichen Abstimmungsmehrheiten (Art. 42 II, 121), zahlreiche Bestimmungen zu Einzelfragen, die nicht nur im Abschnitt über den BTag selbst (zB Art. 39 III 3 – Sondersitzungen; Art. 43 II – Zutritt von Bundesrats- und Bundesregierungsmitgliedern; Art. 44 II 1 – Beweisaufnahme durch Untersuchungsausschüsse) niedergelegt, sondern über den gesamten Verfassungstext (zB Art. 63, 67, 68 – Wahl, Abwahl, Bestätigung des BKanzlers; Art. 76 ff. – Gesetzgebungsverfahren) verstreut sind.[68]

Parlamentarisches Verfahrensrecht findet sich in einfachen **Gesetzen,** die in Ausführung verfas- 20 sungsrechtlicher Vorgaben (zB zu Art. 41 – Wahlprüfung; Art. 45b – Wehrbeauftragter; Art. 45c – Petitionsausschuss; Art. 45d – Parlamentarisches Kontrollgremium), aber auch ohne ausdrückliche Verfassungsermächtigung (zB § 6 BVerfGG – Ausschuss für den Vorschlag zur Wahl der Richter des BVerfG) ergangen sind.[69] Die **Geschäftsordnung** des BTag, die ergänzt wird durch ungeschriebenes Parlamentsrecht,[70] regelt – unter Einbeziehung der verfassungsrechtlichen und gesetzlichen Vorgaben – das parl. Verfahren umfassend und systematisch. Im Einzelnen ist zu unterscheiden zwischen Verfahrensarten ua für die Konstituierung des BTag und die Regierungsbildung, für das Plenum sowie für die Ausschüsse und and. Gremien.[71]

## V. Funktionen

**1. Einteilungskriterien.** Anders als etwa für den BRat (Art. 50) enthält das GG für den BTag 21 **keine zusammenfassende Bestimmung** über dessen Funktionen (Aufgaben, Befugnisse). Auch einzelne Verfassungsbestimmungen geben nur begrenzte Hinweise auf die Parlamentsfunktionen. Diese müssen deshalb aus dem Zusammenhang der Verfassung, ihrem Ziel und Zweck sowie der im Rahmen des Verfassungstextes sich entwickelnden Praxis ermittelt werden. Nicht zulässig ist demgegenüber ein unmittelbarer Rückgriff auf frühere oder fremde Verfassungsordnungen oder sonstige außerverfassungsrechtliche Maßstäbe, wie etwa den bekannten Funktionenkatalog von *W. Bagehot.*[72]

---

[58] Vgl. zB *Schneider* AK GG, Art. 38 Rn. 6; BVerfGE 112, 118 (137).

[59] *Stern,* StaatsR II, S. 86 f.

[60] Ausf. *Magiera* (Fn. 9), S. 128 ff.; *Steiger,* in: Schneider/Zeh, § 25; BVerfGE 102, 224 (240 f.).

[61] *Stern,* StaatsR II, S. 86 ff.; *Zeh* HStR III[3], § 52.

[62] Näher u. Rn. 66 ff. (Fraktionen) und *Magiera,* Art. 40 Rn. 15 ff. (Ausschüsse).

[63] Näher → Art. 40 Rn. 5 ff.

[64] Näher zu deren Rechtsstellung und Funktion BVerfGE 143, 1 Rn. 34 ff.

[65] *Schweitzer,* in: Schneider/Zeh, § 61; *Zeh* HStR III[3], § 52 Rn. 58 ff.; *Schindler,* Datenhandbuch, Bd. II, S. 2306 ff., 2316 ff.; *Marschall,* Transnationale Repräsentation in Parlamentarischen Versammlungen, 2005, S. 191 ff.

[66] Ausf. *Zeh,* ebda, § 52 Rn. 62; *Schindler,* ebda, S. 2309 ff.

[67] Ausf. *Zeh* HStR III[3], § 53.

[68] *Zeh* HStR III[3], § 53 Rn. 2 ff.

[69] *Zeh* HStR III[3], § 53 Rn. 5, 9.

[70] Näher → Art. 40 Rn. 21 ff.

[71] Näher *Zeh* HStR III[3], § 53 Rn. 12 ff.

[72] Ausf. *Magiera* (Fn. 9), S. 20 ff.; allg. zu den Parlamentsfunktionen *Kotzur* BK, Vorb zu Art. 38–49 (2015) Rn. 41 ff.

22      Wenig ergiebig erscheint eine Unterscheidung der Parlamentsfunktionen nach der **Form** der parl. Willensbildung.[73] Der BTag handelt allg. durch Beschl. seiner Mitglieder (Art. 42 II). Nach ihrem Zustandekommen unterscheidet das GG zwischen Gesetzesbeschlüssen (Art. 77 II 1, 5), die im verfassungsrechtlich vorgeschriebenen Verfahren der Gesetzgebung (Art. 76 ff.) ergehen, und sonstigen – zumeist so genannten – einfachen oder schlichten Parlamentsbeschlüssen.[74] Inhaltlich werden die Bereiche des Parlamentsgesetzes und des schlichten Parlamentsbeschlusses jedoch nicht mit hinreichender Deutlichkeit nach einem übergreifenden Leitprinzip oder gemeinsamen Merkmalen voneinander getrennt.[75]

23      Nach dem **Inhalt** lassen sich als Hauptfunktionen des BTag allg. seine Mitwirkung an der Staatsleitung und im Einzelnen seine Repräsentations-, Gesetzgebungs-, Legitimations- und Kontrollfunktion unterscheiden.[76] Hierbei handelt es sich nicht um scharf voneinander abgegrenzte, sondern um ineinandergreifende Kategorien. Sie sind lediglich in ihrem Kern verfassungsrechtlich fixiert, in ihren Einzelheiten jedoch der Entwicklung im dynamischen Verfassungsprozess zugänglich.[77] Allg. ist der Bundestag verpflichtet, seine Funktionen so zu gestalten und wahrzunehmen, dass er seinen Aufgaben gerecht wird und eine „Entparlamentarisierung" nicht eintreten kann.[78]

24      **2. Staatsleitung.** Hauptfunktion des BTag als Volksvertretung und Staatsorgan in der Verfassungsordnung des GG ist seine Mitwirkung an der Staatsleitung.[79] Diese lässt sich bestimmen als der durch die Verfassung begründete und begrenzte Aufgabenbereich umfassender und grundlegender Planung, Festlegung und Durchführung der Organisation, der Ziele und Aufgaben sowie der Rechtsordnung des Staates.[80] An ihr sind grds. alle Verfassungsorgane, insbes. aber der BTag und die BReg, beteiligt. Sie ist **Ausdruck des parl. Regierungssystems** in seiner spezifischen Ausgestaltung durch das GG.[81]

25      Staatsleitung stellt sich folglich dar als **Zusammenwirken von BTag und BReg** auf Grund ihrer gegenseitigen Ergänzungsbedürftigkeit.[82] Diese hat ihren Grund in dem Informationsvorsprung der Regierung und ihres Verwaltungsunterbaus einerseits und in dem Wertungsvorsprung des Parlaments als repräsentativer Volksvertretung andererseits. Der Anteil des Parlaments an der Staatsleitung besteht zum einen in der Mitentscheidung zur Gewährleistung umfassender Wertberücksichtigung und zum anderen in der Kontrolle zur Gewährleistung umfassender Informationsvermittlung.

26      **3. Repräsentation.** Als Volksvertretung kommt dem BTag die Funktion zu, das Volk zu repräsentieren.[83] Seine Legitimation zur Repräsentation des Volkes folgt aus seiner **Wahl** durch das Volk, die eine umfassende Berücksichtigung aller im Volk vorhandenen Interessen sichern soll.[84] Notwendige Ergänzung der periodischen Volkswahl ist die permanente demokratische **Kommunikation** zwischen Volk und Parlament, um eine rationale Wahlentscheidung zu ermöglichen und die staatliche Willensbildung im Parlament an die politische Willensbildung im Volk zu binden.[85] Demokratische Kommunikation erschöpft sich deshalb nicht in einer eindimensionalen Ausrichtung vom Volk zum Parlament[86] oder gar umgekehrt,[87] sondern erfolgt in einem ständigen Dialog.[88] Sie bedarf deshalb der **Öffentlichkeit,** die durch die Verhandlungsöffentlichkeit des BTag zu gewährleisten ist (Art. 42 I, III).

---

[73] *Laband,* StaatsR I, S. 299; krit. auch *Stern,* StaatsR II, S. 48.

[74] *Magiera* (Fn. 9), S. 171 ff.; *Kühnreich,* Selbstorganisationsrecht, S. 91 ff.; *M. Sester,* Der Parlamentsbeschluß, 2007; *Wichmann* ZParl 2012, 278 ff.; *Luch* HdbParlR, § 10 Rn. 13 ff.

[75] *Magiera* (Fn. 9), S. 174 ff.

[76] Näher *Magiera,* in: *Starck* (Hrsg.), Studies in German Constitutionalism, 1995, S. 141 ff.; ähnl. *Stern,* StaatsR I, S. 977 ff.; *Stern,* StaatsR II, S. 47; *Schneider* AK GG, Art. 38 Rn. 9 ff.; *H. H. Klein* HStR III³, § 50 Rn. 15 ff.; stärker differenz. *Schliesky* HdbParlR, § 5.

[77] Zum dynamischen Verfassungs- und Parlamentsverständnis *Magiera* (Fn. 9), S. 27 ff.; *H. H. Klein* HStR III³, § 50 Rn. 5; *Meyer,* in: Schneider/Zeh, § 4 Rn. 6; zu möglichen Funktionsverlusten des Parlaments infolge zunehmender Komplexität und „Internationalisierung" der Entscheidungsprozesse vgl. *Klein* ZG 1997, 209 ff.; *Ruffert* DVBl 2002, 1145 ff.; *Soppe,* Parlamentarische Selbstentmachtung als faktische Wahlrechtsbeeinträchtigung, 2002; *Magiera* DÖV 2003, 578 ff.; *Kirchhof* FS Badura, 2004, S. 237 ff.; *Puhl* HStR III³, § 48.

[78] Näher dazu *P. Müller* MKS II, Art. 38 Rn. 39.

[79] Ausf. *Magiera* (Fn. 9), passim; vgl. auch – zur Beteiligung der Regierung – BVerfGE 138, 102 Rn. 139; *Friesenhahn* VVDStRL 16 (1958), 9 ff.; *Stern,* StaatsR I, S. 1002 ff.; *Mößle,* Regierungsfunktionen, passim; *Meyer,* in: Schneider/Zeh, § 4 Rn. 13; *Badura* FS Scholz, 2007, S. 3 ff.; *Sinner* ZParl 2012, 313 ff.; *P. Müller* MKS II, Art. 38 Rn. 16 ff.

[80] *Magiera* (Fn. 9), S. 83.

[81] Zum parl. Regierungssystem näher *Schneider* HdbVerfR, § 13; *Stern,* StaatsR I, S. 939 ff.; *Badura* HStR II³, § 25; *Brenner* HStR III³, § 44; *Oppermann* VVDStRL 33 (1975), 8 ff.; *Meyer* ebda, 69 ff.

[82] Näher – auch zum Folgenden – *Magiera* (Fn. 9), S. 218 ff.

[83] S. → Rn. 4 ff.

[84] Zum Grundsatz der allgemeinen und gleichen Wahl → Rn. 81 ff., → Rn. 95 ff.

[85] Näher *Magiera* (Fn. 9), S. 148 ff.; *Boewe,* Die parlamentarische Befassungskompetenz, 2001, S. 76 ff.

[86] So noch BVerfGE 20, 56 (99); *Groh* DVBl 2012, 1064 ff.

[87] *Krüger,* Allgemeine Staatslehre, 2. Aufl. 1966, S. 453 f.

[88] BVerfGE 44, 125 (139 f.); 102, 224 (239); 138, 102 Rn. 32 f.; *Magiera* (Fn. 9), S. 156; *Stern,* StaatsR I, S. 1006 f.; *H. H. Klein* HStR III³, § 50 Rn. 42.

**4. Gesetzgebung.** Die Gesetzgebung gehört – neben der vollziehenden Gewalt und der Recht- 27 sprechung – zu den drei Teilbereichen der Staatsgewalt, die von besonderen Organen ausgeübt wird (Art. 20 II 2). Die Bundesgesetze (Art. 72 ff.) werden regelmäßig vom BTag beschlossen (Art. 77 I 1),[89] der deshalb als **Hauptorgan** der Gesetzgebung bezeichnet werden kann. Mit der BReg, dem BRat und dem BPräs sind weitere Verfassungsorgane an dem **Verfahren** der Gesetzgebung beteiligt (Art. 76 ff.), das damit das aufwendigste Verfahren der Staatswillensbildung in der Verfassungsordnung des GG darstellt.[90]

Dementsprechend ist die Gesetzgebung zwar – wie alle Staatsgewalt – an die verfassungsmäßige 28 Ordnung gebunden; die in ihrem Verfahren erlassenen Gesetze besitzen jedoch **Vorrang** gegenüber der vollziehenden Gewalt und der Rechtsprechung (Art. 20 III).

Für bestimmte Materien verlangt das GG eine Regelung durch ein im Gesetzgebungsverfahren 29 erlassenes und damit vom BTag beschlossenes (förmliches/formelles) Gesetz (Parlamentsgesetz).[91] Ein solcher **Vorbehalt** des Gesetzes findet sich speziell in einzelnen Verfassungsbestimmungen, etwa im Bereich der Grundrechte (zB Art. 2, 8, 10, 11), der auswärtigen Gewalt und europäischen Integration (zB Art. 23, 24, 59),[92] der Staatsorganisation (zB Art. 84, 85, 87) oder des Haushaltswesens (zB Art. 110, 115).[93] Er liegt der Verfassung, wie sich aus Art. 20 III ergibt, auch allg. zugrunde, ohne dass jedoch sein Inhalt und seine Grenzen eindeutig festgelegt sind.[94] Insbes. im Bereich der Grundrechte erfasst er neben den „klassischen" Eingriffen in Freiheit und Eigentum alle wesentlichen Entscheidungen.[95]

Als Teilbereich der Staatsgewalt muss sich auch die Gesetzgebung innerhalb der vom Gewalten- 30 teilungsprinzip gezogenen **Grenzen** halten, dh ihre Funktionsbereiche der vollziehenden Gewalt und der Rechtsprechung beachten. Bedeutsame Entscheidungen sind nicht ausschließlich dem Gesetz-gebungsverfahren vorbehalten, sondern können, wie etwa die Auflösung des BTag (Art. 63 IV 3, 68) oder die Erklärung des Gesetzgebungsnotstandes (Art. 81) zeigen, auch and. Verfahren und Ver-fassungsorganen überantwortet sein.[96]

Insbes. muss der **Regierung,** damit sie ihrer Verantwortung gegenüber Parlament und Volk gerecht 31 werden kann, ein „Kernbereich exekutiver Eigenverantwortung" verbleiben.[97] Die genauere Grenz-ziehung kann nur im Einzelfall erfolgen.[98] Allg. gilt, dass staatliche Entscheidungen von denjenigen Organen zu treffen sind, die dafür nach ihrer Organisation, Zusammensetzung, Funktion und Ver-fahrensweise am besten geeignet sind.[99]

**5. Legitimationsvermittlung.** Der BTag ist als **Kreationsorgan**[100] beteiligt an der Bestellung der 32 Amtsinhaber and. oberster Bundesorgane. Dies entspricht dem Gebot, dass alle Staatsgewalt vom Volk ausgeht (Art. 20 II 1) und folglich alle mit der Ausübung von Staatsgewalt betrauten Organe und Amtswalter ihre Legitimation über eine **ununterbrochene Legitimationskette** zumindest mittelbar auf das Volk zurückführen müssen.[101] Allg. muss im Verfassungsstaat angemessenes demokrati-sches Legitimationsniveau der Staatsgewalt erreicht und bewahrt werden.[102]

Eine unmittelbare demokratische Legitimation durch Volkswahl besitzt auf Bundesebene allein der 33 BTag (Art. 38 I 1). Alle and. Organe und Amtsinhaber, die Staatsgewalt auf Bundesebene ausüben, bedürfen deshalb der **mittelbaren Legitimation.** Diese erfolgt über den BTag, auf Grund der bundesstaatlichen Struktur auch über die Volksvertretungen in den Ländern. Über letztere allein ist der BRat legitimiert (Art. 51 I 1, 28 I 2).

Der BTag **wählt** den BKanzler (Art. 63 I), nicht jedoch die BMinister (Art. 64 I), und wirkt mit an 34 der Wahl des BPräs (Art. 54 I 1, III), an der Wahl der Mitglieder des BVerfG (Art. 94 I 2)[103] sowie –

---

[89] Zu Ausnahmen vgl. Art. 81, 115e.

[90] BVerfGE 125, 104 (121 ff.); näher *Stern,* StaatsR II, S. 613 ff.; *Ossenbühl* HStR V³, § 102; *Bryde,* in: Schneider/ Zeh, § 30.

[91] Zur Terminologie *Magiera* (Fn. 9), S. 174 ff.; BVerfGE 57, 295 (321); 106, 1 (22).

[92] Näher zur „Europafunktion" des Bundestages *P. Müller* MKS II, Art. 38 Rn. 31 ff.

[93] Zur Ausübung des Budgetrechts BVerfGE 130, 318 (345 ff.).

[94] BVerfGE 40, 237 (248 f.); 49, 89 (126 f.); ausf. *Magiera* (Fn. 9), S. 174 ff.; *Ossenbühl* HStR V³, § 101 Rn. 35 ff.; *Stern,* StaatsR I, S. 801 ff.; *H. H. Klein* HStR III³, § 50 Rn. 22 ff.

[95] BVerfGE 40, 237 (248 f.); 47, 46 (78 f.); 49, 89 (126 f.); 61, 260 (275); 77, 170 (231); 83, 130 (142, 151 f.); 98, 218 (251); 111, 191 (215 ff.).

[96] BVerfGE 49, 89 (124 f.); 68, 1 (83 ff.); 90, 286 (357 ff.).

[97] BVerfGE 67, 100 (139); 68, 1 (87); 90, 286 (390); 104, 151 (207); 110, 199 (214); 124, 78 (120 ff.); 137, 185 Rn. 136.

[98] Näher *Stern,* StaatsR I, S. 815; *H. H. Klein* HStR III³, § 50 Rn. 22; BVerfGE 90, 286 (381 ff. – Parlaments-vorbehalt bei Einsatz bewaffneter Streitkräfte); vgl. auch u. Rn. 38.

[99] BVerfGE 68, 1 (86); 98, 218 (251 f.); BVerfGE 143, 101 Rn. 122 ff.; auch schon *Magiera* (Fn. 9), S. 88 ff.

[100] Zu diesem Begriff vgl. *G. Jellinek,* Allgemeine Staatslehre, 3. Aufl. 1914, S. 545.

[101] BVerfGE 47, 253 (275); 77, 1 (40); 93, 37 (66 f.); 107, 59 (87); 137, 185 Rn. 131; 139, 194 Rn. 107; 147, 50 Rn. 198.

[102] BVerfGE 83, 60 (72); 137, 185 Rn. 131; 139, 194 Rn. 107; 147, 50 Rn. 198.

[103] Zur bis zur Änd. des BVerfGG durch G v. 24.6.2015 (BGBl I 973) umstrittenen indirekten Wahl vgl. BVerfGE 131, 230 (233 ff.); *Wiefelspütz* DÖV 2012, 961 ff.

über den Richterwahlausschuss – an der Berufung der Richter der obersten Gerichtshöfe des Bundes (Art. 95 II). Darüber hinaus ist er durch Entsendung von Abg. an der Besetzung von Gremien der bundesstaatlichen und internationalen Zusammenarbeit sowie der staatlichen Aufsicht beteiligt.[104]

**35**  **6. Kontrolle.** Als unmittelbar vom Volk gewähltem Vertretungsorgan obliegt dem BTag die parl. Kontrolle über die and. Staatsorgane, insbes. die Regierung.[105] Erfasst wird das gesamte Regierungshandeln einschließlich der Tätigkeit der ihr nachgeordneten Behörden sowie von Unternehmen in Privatrechtsform, an denen sie mehrheitlich oder vollständig beteiligt ist.[106] Die **Kontrollfunktion des BTag** wird im GG im Zusammenhang mit dem Schutz der Unverletzlichkeit der Wohnung (Art. 13 VI) und dem Wehrbeauftragten (Art. 45b) sowie der Kontrolle der nachrichtendienstlichen Tätigkeit des Bundes durch das Parlamentarische Kontrollgremium (Art. 45d) erwähnt. Allg. ergibt sie sich aus verschiedenen Einzelbestimmungen (zB Art. 43 I – Zitierrecht; Art. 44, 45a II 1 – Untersuchungsrecht; Art. 45c – Petitionsüberprüfungsrecht) sowie den Prinzipien des parl. Regierungssystems und der Gewaltenteilung (Art. 38 I 2 iVm Art. 20 II 2 GG).[107]

**36**  Parlamentarische Kontrolle unter dem GG muss wirksam sein.[108] Ihr Ziel ist es, das Handeln der Regierung transparent und verantwortlich zu machen. Eine lediglich nachträgliche Kontrolle, die sich in einer kritischen Beurteilung des Regierungshandelns erschöpft, genügt diesen Anforderungen nicht. Erforderlich ist deshalb auch eine **mitwirkende Kontrolle** als Anteil des Parlaments an der gemeinsam mit der Regierung wahrzunehmenden Staatsleitung („Mitregierung").[109] Der BTag ist jedoch nicht als umfassendes „Rechtsaufsichtsorgan" über die BReg eingesetzt, um zu gewährleisten, dass jegliches materiell oder formell verfassungswidrige Verhalten der BReg unterbleibe.[110]

**37**  Zu unterscheiden ist zwischen der parl. Kontrolle der die Regierung tragenden **Parlamentsmehrheit** und der ihr als Opposition gegenüberstehenden **Parlamentsminderheit**.[111] Diese Differenzierung ist im parl. Regierungssystem des GG, das die Wahl und dauernde Unterstützung der Regierung durch eine Parlamentsmehrheit voraussetzt (Art. 63, 67, 68), verfassungsrechtlich und nicht nur faktisch-politisch angelegt. Sie führt dazu, dass parl. Kontrolle die öff. Regierungskritik durch die Parlamentsminderheit ebenso erfasst wie die interne Regierungsbeeinflussung durch die Parlamentsmehrheit.[112] Beide Kontrollmechanismen tragen zur Geltendmachung der Regierungsverantwortung durch das Volk bei, das in den Wahlen nicht zwischen Parlament und Regierung zu entscheiden hat, sondern zwischen den politischen Kräften, die die Regierung stützen, und denjenigen, die sie ablösen wollen.[113]

**38**  **Grenzen** ergeben sich für die parl. Kontrolle aus deren Ziel, das Regierungshandeln transparent und verantwortlich zu machen, nicht jedoch zu ersetzen.[114] Allg. muss der Regierung deshalb im Hinblick auf die erforderliche Gewaltenteilung zwischen den Staatsorganen ein „Kernbereich exekutiver Eigenverantwortung" verbleiben, damit sie ihrer Verantwortung gegenüber Parlament und Volk gerecht werden kann.[115] Dazu gehören etwa die interne Willensbildung und die Entscheidungsvorbereitung der Regierung.[116] Im Einzelnen trägt dazu das Erfordernis des konstruktiven Misstrauensvotums (Art. 67) bei, das den Regierungssturz als das stärkste Sanktionsmittel parl. Kontrolle an die Wahl eines neuen BKanzlers durch die Mehrheit der Bundestagsmitglieder bindet. Begrenzend wirkt ferner, dass schlichte Parlamentsbeschlüsse die Regierung rechtlich nur verpflichten, wenn dies in der Verfassung oder in verfassungskonformen Gesetzen vorgesehen ist, und iÜ auf eine politische Bindungswirkung beschränkt sind.[117]

---

[104] Vgl. → Rn. 18; auch – rechtsvergleichend – *U. Sieberer,* Parlamente als Wahlorgane, 2010.

[105] Auf die Vertretungsfunktion stellt entscheidend auch *Meyer,* in: Schneider/Zeh, § 4 Rn. 69, ab.

[106] BVerfGE 147, 50 Rn. 214 ff.; dazu *Gersdorf* DÖV 2018, 1 ff.; *Glauben* DVBl 2018, 751.

[107] BVerfGE 67, 100 (130); 146, 1 Rn. 84 ff.; 147, 50 Rn. 195; zur Kontrollfunktion näher *Magiera* (Fn. 9), S. 262 ff.; *Meyn,* Kontrolle als Verfassungsprinzip, 1982; *Krebs,* Kontrolle in staatlichen Entscheidungsprozessen, 1984; *Steffani,* in: Schneider Zeh, § 49; *J. Schmidt,* S. 63 ff.; *H.-P. Schneider* HGR III, § 76; *v. Achenbach* ZParl 2017, 491 ff.

[108] BVerfGE 67, 100 (130); 77, 1 (48); 110, 199 (215); 124, 78 (121); 137, 185 Rn. 131; 139, 194 Rn. 105; 146, 1 Rn. 86; 147, 50 Rn. 196.

[109] *Kewenig,* Staatsrechtliche Probleme parlamentarischer Mitregierung am Beispiel der Arbeit der Bundestagsausschüsse, 1970; *Magiera* (Fn. 9), S. 262 ff.; *H. H. Klein* HStR III³, § 50 Rn. 33 ff.; *Morlok,* in: Dreier II, Art. 38 Rn. 46; krit. *Schneider* HdbVerfR, § 13 Rn. 97.

[110] BVerfGE 126, 55 (68).

[111] *Magiera* (Fn. 9), S. 276 ff.; *Schmidt-Jortzig* FS Rauschning, 2001, S. 143 ff. (156); *P. Müller* MKS II, Art. 38 Rn. 26 ff.; *Gelze,* Parlament, S. 78 ff.

[112] BVerfGE 114, 121 (149 f.); *H. H. Klein* HStR III³, § 50 Rn. 34 f.; *Risse/Witt,* in: Hömig/Wolff, vor Art. 38 Rn. 3.

[113] *Magiera* (Fn. 9), S. 273 ff.

[114] BVerfGE 1, 372 (394).

[115] BVerfGE 67, 100 (139); 68, 1 (87); 90, 286 (390); 104, 151 (207); 110, 199 (214); 124, 78 (120); 124, 161 (189); 146, 1 Rn. 90 ff.; 147, 50 Rn. 227 ff.; NdsStGH NVwZ 1996, 1208; krit. *Schneider* FS 50 Jahre BVerfG II, 2001, S. 632.

[116] BVerfGE 110, 199 (214); 124, 78 (120 ff.); 137, 185 Rn. 136; BVerfGE 143, 1 Rn. 119 ff.

[117] Ausf. *Magiera* (Fn. 9), S. 210 ff.; vgl. auch BVerfGE 68, 1 (84 ff.); 90, 286 (381 ff.); 104, 151 (208 f.); 137, 185 Rn. 136.

Die **Instrumente** der parl. Kontrolle sind im GG und in der Geschäftsordnung des BTag ge-  39
regelt.[118] Sie sind äußerst vielfältig und einer Systematik nur schwer zugänglich. Eine erste Gruppe
betrifft die **Fremdinformation** des BTag über die BReg durch das Zitierrecht (Art. 43 I), das
Fragerecht (§§ 100 ff. GOBT – Große und Kleine Anfragen, Einzelfragen und Fragestunde, Aktuelle
Stunde, Befragung) oder das Unterrichtungsrecht (§§ 75 I lit. e, 77 II, 93 GOBT – Berichte und
sonstige Materialien).

Eine zweite Gruppe betrifft die **Selbstinformation** durch das Untersuchungsrecht (Art. 44, 45a  40
II 1), den Wehrbeauftragten (Art. 45b), den Petitionsausschuss (Art. 45c), das Parlamentarische Kontrollgremium (Art. 45d) und das Enqueterecht (§ 56 GOBT) oder öff. Anhörungen (§ 70 GOBT). Eine
dritte Gruppe betrifft **Mitwirkungsrechte** durch das Erfordernis von Parlamentsgesetzen oder schlichten Parlamentsbeschlüssen in unterschiedlichen Bereichen, wie etwa der auswärtigen Gewalt (Art. 59
II 1),[119] des Haushalts (Art. 110 II, 114, 115 I 1) oder der Verteidigung (Art. 87a I 2, 115a I, 115l).[120]

Das **Informationsrecht** ist nicht auf den BTag als solchen beschränkt, sondern hat seine Grundlage  41
im Verfassungsstatus der einzelnen Abg.[121] Es kann daher nicht nur von der Mehrheit, sondern auch
von einer Fraktion, einer Minderheit oder von einzelnen Abg. ausgeübt werden. Dabei sind die
Bedingungen der einzelnen Instrumente zu beachten, die sich aus dem GG oder den damit vereinbaren
Bestimmungen der Geschäftsordnung des BTag ergeben.[122] Dem parl. Informationsrecht entspricht
eine grds. Informationspflicht der BReg[123] Eine Auskunftsverweigerung ist von ihr zu begründen, ein
Nachschieben von Gründen nicht zulässig.[124]

**Ausnahmen,** die der Grenzziehung im Einzelfall[125] und einer Begründung[126] bedürfen, unterliegen  42
nicht dem Ermessen der Regierung, sondern müssen objektiv durch die Verfassung gerechtfertigt sein,
wie etwa solche aufgrund von Zuständigkeitsgrenzen[127] sowie zum Schutz individueller Rechte[128] oder
der Funktionsfähigkeit der Regierung.[129] Nicht darunter fällt das Wohl des Staates, da es nicht der
BReg allein, sondern ihr und dem BTag gemeinsam anvertraut ist.[130] Erfordert es das Staatswohl oder
ein anderes berechtigtes Geheimhaltungsinteresse, so muss der BTag jedoch die Geheimhaltung der
betreffenden Informationen gewährleisten.[131]

Zur **Durchsetzung** der parl. Kontrolle verfügt der BTag über politische und rechtliche Mittel.[132]  43
**Politisch** kann eine Auskunftsverweigerung der Regierung vor die (Parlaments-)Öffentlichkeit gebracht werden, und zwar auch von einer parl. Minderheit oder einzelnen Abg.[133] Ferner kann ein

---

[118] Näher *Achterberg,* Parlamentsrecht, 1984, S. 434 ff.; *H.-U. Geck,* Die Fragestunde im Deutschen Bundestag,
1986; *Stern,* StaatsR II, S. 51 ff.; *H. H. Klein* HStR III³, § 50 Rn. 36 ff.; *Magiera,* in: Schneider/Zeh, § 52; *Klein,* in:
Maunz/Dürig, Art. 43 Rn. 55; *Brenner,* Reichweite und Grenzen des parl. Fragerechts, 2009; *Glauben* DVBl 2014,
894 ff.; *Lorz/Richterich* HdbParlR, § 35 Rn. 67 ff.

[119] BVerfGE 68, 1 (83 ff.); 104, 151 (199 ff.); *Fuchs* DVBl 2019, 668 ff.

[120] BVerfGE 90, 286 (381 ff.); 104, 151 (208); 121, 135 (153 ff.); 124, 267 (275 ff.); 126, 55 (71); 140, 160
Rn. 67 ff.: „wehrverfassungsrechtlicher Parlamentsvorbehalt" für den Einsatz bewaffneter Streitkräfte bzw. der Bundeswehr als „Parlamentsheer"; BVerfGE 152, 8 Rn. 24 ff.; G über die parlamentarische Beteiligung bei der Entscheidung über den Einsatz bewaffneter Streitkräfte im Ausland (Parlamentsbeteiligungsgesetz – PBG) v. 18.3.2005
(BGBl I 775); *Wiefelspütz* NVwZ 2005, 496 ff.; *T. Schaefer,* Verfassungsrechtliche Grenzen des Parlamentsbeteiligungsgesetzes, 2005; *Bothe,* FS H.-P. Schneider, 2008, S. 165 ff.; *Wiefelspütz* ZParl 2008, 203; *Gramm* DVBl 2009,
1476 ff.; *Stein* ZEuS 2009, 681 ff.; *P. Scherrer,* Das Parlament und sein Heer, 2010; *T. Wagner,* Parlamentsvorbehalt
und Parlamentsbeteiligungsgesetz, 2010; *Brissa* DÖV 2012, 137 ff.; *Reiter,* Der konstitutive Parlamentsvorbehalt und
die Verwendung der Bundeswehr im Lichte des Wandels internationaler Sicherheitssysteme, 2015, S. 128 ff.; *Fischer/
Ladiges* NVwZ 2016, 32 ff.; *Fuchs* DVBl 2017, 1522; *Kleinlein* AöR 142 (2017), 43 ff.

[121] BVerfGE 70, 324 (355); 80, 188 (217 ff.); 110, 119 (225); 124, 161 (188); *Kotzur* Jura 2007, 52 ff.; zurückhaltend BVerfGE 92, 130 (136); aA *C. Teuber,* Parlamentarische Informationsrechte, 2007, S. 156 ff.; *Jungbauer,*
Parlamentarisierung der deutschen Sicherheits- und Verteidigungspolitik?, 2012, S. 93 ff.

[122] Vgl. → Rn. 39 f.; BVerfGE 92, 130 (136); 124, 161 (188); 137, 185 Rn. 129; 139, 194 Rn. 104; zur Praxis
*Siefken* ZParl 2010, 18 ff.

[123] BVerfGE 70, 324 (355); 92, 130 (136); 137, 185 Rn. 129; *Magiera,* in: Schneider/Zeh, § 52 Rn. 55; *Hölscheidt,*
Frage und Antwort im Parlament, 1992; *Glauben/Edinger* DÖV 1995, 941 ff.; *Gusy* JuS 1995, 878 ff.; *Raap* NJW
1997, 508 f.; *Kestler* ZParl 2001, 258 ff.; *Jutzi* ZParl 2003, 478 ff.; *Algermissen* ZParl 2004, 487 ff.; *Brüning* Der Staat 43
(2004), 531 ff.; *Edinger* ZParl 2004, 305 ff.; *Klein,* in: Maunz/Dürig, Art. 43 Rn. 83 ff.; *Lennartz/Kiefer* DÖV 2006,
185 ff.; *Beck/Schlikker* NVwZ 2006, 912 ff.; *Gusy* ZRP 2008, 36 ff.; *Kazele* VerwArch 101 (2010), 469 ff.; *Wolff* JZ
2010, 173 ff.; *Schnabel* NVwZ 2011, 604 ff.

[124] BVerfGE 146, 1 Rn. 106 ff.; 147, 50 Rn. 253 ff.

[125] BVerfGE 124, 78 (122); 124, 161 (189).

[126] BVerfGE 124, 161 (192 ff.); 124, 78 (123 f.); 137, 185 Rn. 156.

[127] BVerfGE 139, 194 Rn. 111.

[128] BVerfGE 65, 1 (42 ff.); 67, 100 (143 f.); 77, 1 (46 ff.); 124, 78 (123 f.); 137, 185 Rn. 153 ff.; 146, 1 Rn. 100 ff.;
147, 50 Rn. 233 ff.; *Burkholz* VerwArch 84 (1993), 203 ff.; *Raap* NJW 1997, 508 f.

[129] BVerfGE 9, 268 (281); 67, 100 (139); 68, 1 (87); 90, 286 (389 f.); 110, 199 (214 ff.); 124, 78 (123 ff.).

[130] BVerfGE 67, 100 (136); 124, 78 (123 f.); 137, 185 Rn. 149; 146, 1 Rn. 94 ff.; 147, 50 Rn. 246 ff.

[131] BVerfGE 124, 161 (189 ff.); 137, 185 Rn. 149; 146, 1 Rn. 96 ff.; 147, 50 Rn. 202 ff.; *Magiera,* in: Schneider/
Zeh, § 52 Rn. 66 ff.

[132] Ebda, § 52 Rn. 78 ff.; *Klein,* in Maunz/Dürig, Art. 43 Rn. 114 f.

[133] §§ 102, 105 mit Anl. 4 GOBT.

Viertel der Bundestagsmitglieder die Einsetzung eines Untersuchungsausschusses verlangen (Art. 44 I 1). Stärkere Mittel erfordern jedoch Mehrheitsentscheidungen, insbes. der Sturz der Regierung (Art. 67) oder ihre Verpflichtung durch Parlamentsgesetz, aber auch ihre – politische oder rechtliche – Bindung durch schlichten Parlamentsbeschluss.[134]

**44**  **Rechtlich** steht zur Durchsetzung der parl. Kontrolle das Organstreitverfahren vor dem BVerfG (Art. 93 I Nr. 1) zur Verfügung. Es kann vom BTag, also der Parlamentsmehrheit, aber auch von and. Beteiligten, die lediglich eine Minderheit bilden, insbes. von Fraktionen oder einzelnen Abg., eingeleitet werden.

## C. Die Abgeordneten

### I. Vertreter des ganzen Volkes

**45**  Die Abg. sind Vertreter des ganzen Volkes (Art. 38 I 2), nicht geographisch oder sonst abgegrenzter Volksteile, wie etwa eines Landes oder Wahlkreises, einer Berufsgruppe, Glaubensgemeinschaft oder politischen Partei.[135] Damit ist die Einbringung oder Verfolgung von Sonderinteressen durch einzelne Abg. nicht ausgeschlossen.[136] Das Allgemeininteresse wird dadurch gewahrt, dass die Abg. nur insgesamt – als BTag – für das Volk handeln können.[137] Dementsprechend repräsentieren sie das Volk in ihrer **Gesamtheit** („Kollektivrepräsentation"), nicht als Einzelne („Individualrepräsentation").[138] Daraus folgt jedoch nicht, dass die Abg. auf die Verfolgung von Sonderinteressen beschränkt sind und das Allgemeininteresse unberücksichtigt lassen dürfen.[139] Umfang und Grenzen ihrer Repräsentationsfunktion ergeben sich im Einzelnen aus ihrer Stellung als Träger eines freien Mandats und Inhaber eines öff. Amtes unter angemessener Berücksichtigung ihrer grundrechtlich geschützten Interessen und Belange als Privatperson.[140]

**46**  **1. Mandatsträger.** Die Abg. sind an Aufträge und Weisungen nicht gebunden und nur ihrem Gewissen unterworfen (Art. 38 I 2). Damit knüpft das GG an die Tradition des **freien Mandats**[141] an, das die Abg. von Instruktionen der Vertretenen unabhängig und die parl. Versammlung kompromiss- und entscheidungsfähiger machen sollte.[142] Vorrangiges Ziel ist es, die Abg. von Fremdbestimmung freizustellen und den Staatswillen rechtsverbindlich autonom im Parlament zu bilden.[143] Dieses Ziel wird auch im Informationsfreiheitsgesetz geschützt, indem es den Zugang zu amtlichen Informationen von Bundesorganen auf ör. Verwaltungsaufgaben begrenzt, die spezifisch parl. Aufgabenwahrnehmung des BTag[144] und damit auch der einzelnen Abg. jedoch ausnimmt.[145] Das freie Mandat steht somit im Gegensatz zu einem imperativen oder anderweit gebundenen Mandat.[146] Es befähigt die Abg. zur Wahrnehmung ihrer Repräsentationsfunktion,[147] insbesondere ihrer Kommunikationsbeziehungen mit dem Wahlvolk im Wechselspiel zwischen gesellschaftlicher und staatlicher Willensbildung.[148]

**47**  Die der Sicherung des freien Mandats dienenden Mittel, zu denen auch das Strafrecht gehört,[149] sind nicht begrifflich scharf abzugrenzen, sondern in ihrer Kumulation als nachdrückliche Mahnung zu verstehen, dass die Abg. ihr Mandat eigenverantwortlich wahrzunehmen haben. **Aufträge und Weisungen**[150] jeglicher Art und Herkunft sind deshalb rechtlich unverbindlich und darüber hinaus unzulässig.[151] Der Abg. kann sie jedoch freiwillig erfüllen.[152] Die Berufung auf das **Gewissen,** dh die

---

[134] Vgl. → Rn. 37 f.

[135] BVerfGE 131, 316 (341 f.); JöR nF 1 (1951), 353 f.; *v. Mangoldt/Klein* II, Art. 38 Anm. IV 3 (S. 888); *H. H. Klein,* in: Leitgedanken I, § 64 Rn. 1 ff.; *Wiefelspütz* HdbParlR, § 12 Rn. 1 ff.

[136] BVerfGE 5, 85 (233 f.); *Trute,* in: v. Münch/Kunig I, Art. 38 Rn. 77; *Stern,* StaatsR I, S. 1071.

[137] Vgl → Rn. 4.

[138] Ebenso *Risse/Witt,* in: Hömig/Wolff, Art. 38 Rn. 21; *P. Müller* MKS II, Art. 38 Rn. 46; krit. *Demmler,* Der Abgeordnete, S. 81 ff.; aA *Leisner,* in: Sodan, GG, Art. 38 Rn. 4.

[139] *Stern,* StaatsR I, S. 1071; *Schneider* AK GG, Art. 38 Rn. 19.

[140] BVerfGE 118, 277 (320, 324; ebenso abwM 378); zur Unterscheidung zwischen Amt und Mandat BVerfGE 40, 296 (314); 76, 256 (341); zum Abg als Mandatsträger und als Privatperson *Cornils* Jura 2009, 289 (293 ff.); *Ingold* JöR 64 (2016), 43 (72 ff.); *Gausing,* Abgeordnetenmandat, passim.

[141] Bedenken gegen den Begriff bei *Achterberg/Schulte* MKS II, Art. 38 Rn. 33, die deshalb die Bezeichnung „repräsentatives Mandat" vorziehen; dagg. *Stern,* StaatsR I, S. 1070.

[142] JöR nF 1 (1951), 354 f.; *Magiera* (Fn. 9), S. 137 f.; *Stern,* StaatsR I, S. 1070.

[143] *Scheuner* FS H. Huber, 1961, S. 222 (240).

[144] Vgl. → Rn. 23.

[145] § 1 I IFG v. 5.9.2005 (BGBl I 2722); *Kanarat,* Informationsfreiheit, S. 180 ff.

[146] *Stern,* StaatsR I, S. 1069 ff.

[147] Vgl. → Rn. 6.

[148] BVerfGE 134, 141 Rn. 92 ff.

[149] § 106 (Abgeordnetennötigung) und § 108e (Abgeordnetenbestechung) StGB; krit. zur gegenwärtigen Regelung der „Abgeordnetenkorruption" *Jäckle* ZRP 2012, 97 ff.; *S. Wolf* ZRP 2012, 251.

[150] Die Begriffe sind iE gleichbedeutend; vgl. *Trute,* in: v. Münch/Kunig I, Art. 38 Rn. 86; *Schneider* AK GG, Art. 38 Rn. 39.

[151] *Badura* BK, Art. 38 (2018) Rn. 53; *Trute,* in: v. Münch/Kunig I, Art. 38 Rn. 87; *Schneider* AK GG, Art. 38 Rn. 39; *H. H. Klein* HStR III³, § 51 Rn. 13; *Morlok,* in: Dreier II, Art. 38 Rn. 153.

[152] *Schneider* AK GG, Art. 38 Rn. 39.

politische Überzeugung des Abg.,[153] ist weder begründungsbedürftig noch rechtlich überprüfbar.[154] Sie schützt jedoch nur die Freiheit der Mandatsausübung und entbindet nicht von der Beachtung der Rechtsordnung,[155] insbes. ihn betreffender Gesetze oder gerichtlicher Entscheidungen. Nicht grds. ausgeschlossen ist die Überwachung des Abg. im Hinblick auf seinen Fernmeldeverkehr oder aus Gründen des Verfassungsschutzes.[156] Die damit verbundenen erheblichen Gefahren für die Ausübung des freien Mandats verlangen jedoch eine begründungsbedürftige Abwägung zwischen den betroffenen Interessen des Abg. und der Überwachungsorgane im konkreten Fall.[157] Eingriffe in das freie Mandat bedürfen danach einer Rechtfertigung durch and. Rechtsgüter von Verfassungsrang, etwa die Repräsentationsfunktion und die Funktionsfähigkeit des Parlaments oder den Schutz der freiheitlichen demokratischen Grundordnung, sowie einer gesetzlichen Rechtsgrundlage und unterliegen strengen Verhältnismäßigkeitsanforderungen.[158]

**Beispiele**[159] für Verstöße gegen das freie Mandat sind etwa Blankoverzichtserklärungen[160] und and. **48** Praktiken zur Umgehung des freiwilligen Mandatsverzichts,[161] wie das Rotationsprinzip,[162] das ruhende Mandat[163] oder Zahlungsversprechen für den Fall eines Parteiaustritts ohne Mandatsniederlegung,[164] Stimmenkaufverträge (auch bei Tarnung, zB als sog. Beraterverträge),[165] Mandatsverlust bei Austritt oder Ausschluss aus der Partei oder Fraktion, nicht jedoch bei einem Parteiverbot,[166] ferner Prozessstandschaft der Fraktion für ihre Abg.[167]

**Grenzen** des freien Mandats ergeben sich für die Abg. auf Grund ihrer Einbindung in die **49** Parlamentsarbeit, die durch ein Ineinandergreifen von Plenum, Fraktionen und Ausschüssen gekennzeichnet ist.[168] Verfassungsrechtlich zulässig sind Beschränkungen, die zur Sicherung des Ablaufs der Parlamentsarbeit geboten sind und die notwendige Entscheidungsfreiheit und Selbstverantwortlichkeit des einzelnen Abg. wahren.[169]

Vereinbar mit den Anforderungen des parl. Regierungssystems des GG erscheint auch eine – **50** kooperative – **Fraktionsdisziplin**, die auf der gleichberechtigten Beteiligung der Abg. an der Willensbildung der Fraktion beruht und ein geschlossenes Auftreten der Fraktion im Parlament ermöglichen soll.[170] Das Erfordernis der Solidarität und Gleichheit der einzelnen Abg. in der Fraktion schützt im Allg. vor einem – hierarchischen – **Fraktionszwang** durch die Fraktionsführung oder eine bestimmte Fraktionsmehrheit.[171] Im Konfliktfall hat jedoch das freie Mandat und damit die Entscheidungsfreiheit des Abg. Vorrang gegenüber einem Fraktionsbegehren.[172]

Umgekehrt ist es nicht ausgeschlossen, dass die Fraktion an ein Verhalten des Abg. **Sanktionen** **51** knüpft, wie etwa einen Ausschussrückruf,[173] einen Fraktionsausschluss[174] oder – über die Partei – eine

---

[153] Zur – str. – Begriffsabgrenzung *Demmler,* Der Abgeordnete, S. 123.

[154] *Trute,* in: v. Münch/Kunig I, Art. 38 Rn. 87 f.; *Schneider* AK GG, Art. 38 Rn. 40; *Schreiber,* in: Friauf/Höfling, Art. 38 Rn. 185.

[155] *Klein,* in: Maunz/Dürig, Art. 38 Rn. 195; *Schneider* AK GG, Art. 38 Rn. 40; *Pieroth,* in: Jarass/Pieroth, Art. 38 Rn. 47; *Kreutz* DÖV 2010, 599 ff. (betr. Rechtfertigung strafbarer Handlungen); *Pieroth/Meßmann* ZParl 2010, 535 ff. (betr. die Anwendbarkeit des BPersVG auf Mitarbeiter von Abg.).

[156] §§ 94 ff. StPO; G 10; BVerfSchG; *Basakoglu,* Die Beobachtung von Abgeordneten durch den Verfassungsschutz, 2017.

[157] Vgl. BVerfGE 124, 161 (195); ferner die unterschiedlichen Abwägungsergebnisse OVG NW, Urt. v. 12.2.2009 (16 A 845/08), und BVerwGE 137, 225; *Klatt* NVwZ 2011, 146 ff.

[158] BVerfGE 134, 141 Rn. 107 ff.; *Morlok* DÖV 2014, 405 ff.

[159] Zu weiteren Beispielen *Trute,* in: v. Münch/Kunig I, Art. 38 Rn. 102; *Stern,* StaatsR I, S. 1074 ff.; *Pieroth,* in: Jarass/Pieroth, Art. 38 Rn. 50.

[160] BVerfGE 2, 1 (74); *Schreiber,* in: Friauf/Höfling, Art. 38 Rn. 187.

[161] Zum Mandatsverzicht u. Rn. 89.

[162] Vgl. → Art. 39 Rn. 3.

[163] HessStGH NJW 1977, 2065 ff.; *H. H. Klein* HStR III[3], § 51 Rn. 21; *Versteyl,* in: Schneider/Zeh, § 14 Rn. 37.

[164] LG Braunschweig DVBl 1970, 591 f.

[165] Ausf. *Meessen,* FS Scheuner, 1973, S. 431 ff.; vgl. auch die Verhaltensregeln für Abg. (§ 44b AbgG iVm § 18 und Anl. 1 GOBT); *Badura* BK, Art. 38 (2018) Rn. 82.

[166] Dazu → Rn. 55.

[167] BVerfGE 135, 317 Rn. 155.

[168] Ausf. *Magiera* (Fn. 9), S. 128 ff.; *Rühl* Der Staat 39 (2000), 23 (44 ff.); *Schneider,* FS 50 Jahre BVerfG II, 2001, S. 627 (638 f.).

[169] BVerfGE 10, 1 (14); 118, 277 (324; ebenso abwM 382); zur Praxis *Arndt,* in: Schneider/Zeh, § 21 Rn. 29 ff.; *Hamm-Brücher,* in: Schneider/Zeh, § 22 Rn. 40 ff.

[170] BVerfGE 102, 224 (239 f.); BVerfG (K), 2 BvQ 55/13 v. 6.12.2013 Rn. 8 ff.; *Badura* BK, Art. 38 (2018) Rn. 91; *Stern,* StaatsR I, S. 1075 f.; *H. H. Klein* HStR III[3], § 51 Rn. 15; *Pieroth,* in: Jarass/Pieroth, Art. 38 Rn. 49; *P. Müller* MKS II, Art. 38 Rn. 56.

[171] BVerfGE 10, 1 (15); *Magiera* (Fn. 9), S. 131 f., 144 f.; zum Fraktionszwang *Badura* BK, Art. 38 (2018) Rn. 91; *Stern,* StaatsR I, S. 1075.

[172] BVerfGE 11, 266 (273); 112, 118 (135); *Stern,* StaatsR I, S. 1075.

[173] BVerfGE 80, 188 (233 f.); *H. H. Klein* HStR III[3], § 51 Rn. 18; *P. Müller* MKS II, Art. 38 Rn. 59 ff.; *Kasten,* Ausschussorganisation und Ausschussrückruf, 1983.

[174] *H. H. Klein* HStR III[3], § 51 Rn. 17; *Hölscheidt* ZParl 1994, 353 (364 ff.); *Schmidt* DÖV 2003, 846 ff.; *J. Ipsen* NVwZ 2005, 361 ff.; *Lenz* NVwZ 2005, 364 ff.; *Bäcker,* Der Ausschluss, 2011, S. 163 ff.; StGH Bremen DÖV 1970,

Nichtwiederaufstellung als Kandidaten bei der nächsten Wahl.[175] Die Angemessenheit derartiger Sanktionen, die das Mandat des Abg. nicht berühren und auch für die Fraktion infolge des Verlustes eines ihrer Mitglieder nachteilig sein können, ist weitgehend der politischen Opportunität überlassen. Die Respektierung des freien Mandats gebietet es jedoch, dass die Gründe für derart einschneidende Sanktionen von erheblichem Gewicht sind.[176] Äußerstenfalls ist die Ausübung unzulässigen Drucks auf den Abg. als Abgeordnetennötigung strafbar (§ 106 StGB).

**52**  **2. Amtsinhaber.** Als Träger des freien Mandats üben die Abg. in der Verfassungsordnung des GG zugleich ein **öff. Amt** aus (Art. 48 II 1).[177] Wie and. staatliche Amtsinhaber nehmen sie keine privaten Rechte gegenüber dem Staat wahr und können sie sich dementsprechend insoweit nicht auf den Schutz der Grundrechte berufen.[178] Vielmehr obliegen ihnen im Rahmen rechtlich geregelter Wahrnehmungszuständigkeiten die Erfüllung öff. Aufgaben und die Ausübung öff. Gewalt.

**53**  Sie sind jedoch nicht Teil des öff. Dienstes (Art. 33 IV, V),[179] sondern besitzen als Inhaber eines obersten Staatsamtes[180] einen eigenen **verfassungsrechtlichen Status.**[181] Dieser ergibt sich aus dem Zusammenhang verschiedener Verfassungsbestimmungen (ua Art. 38, 42, 46 bis 48, 20, 21) und ist gekennzeichnet durch eine Rechts- und Pflichtenstellung,[182] die den einzelnen Abg. Freiheit und Gleichheit bei der Mandatsausübung gewährleistet und Differenzierungen nur bei Vorliegen eines besonderen rechtfertigenden Grundes zulässt.[183]

**54**  Gegenstand des Abgeordnetenamtes ist die **Mitgliedschaft im BTag.**[184] Die Abg. sind Organwalter des BTag, dh ihr Handeln wird dem BTag als Organ und nur dessen Handeln wird dem Staat zugerechnet.[185] Amt bedeutet Dienst an der Allgemeinheit, nicht zum persönlichen Nutzen. Jedoch ist das Gemeinwohl keine vorgegebene Größe, sondern ein im parl. Verfahren durch das Zusammenwirken der Abg. anzustrebendes Ziel.[186]

**55**  Erwerb und Verlust der Mitgliedschaft im BTag bestimmen sich nach dem BWahlG (§ 1 AbgG).[187] Sie **beginnt** nicht schon mit der Wahl, sondern idR nach der abschließenden Feststellung des Wahlergebnisses durch den Bundeswahlausschuss mit der Eröffnung der ersten Sitzung des BTag nach der Wahl (§ 45 BWahlG), dh mit dem Zusammentritt des neuen BTag (Art. 39 I 2).[188] Außer durch Ablauf der Wahlperiode oder Tod des Abg. **endet** sie – unbeschadet and. gesetzlicher Verlustgründe (vgl. zB § 45 StGB) – bei Ungültigkeit der Wahl,[189] Neufeststellung des Wahlergebnisses, Wegfall der Wählbarkeit, Verzicht[190] oder Feststellung der Verfassungswidrigkeit der Partei durch das BVerfG (§§ 46 f. BWahlG),[191] nicht jedoch bei Austritt oder Ausschluss aus der Partei oder Fraktion.[192]

---

639 ff.; NdsOVG OVGE 4, 139 (143); VerfG Bbg DÖV 1997, 292 ff.; VerfG Bbg DÖV 2004, 205 ff.; VerfG RhPf v. 29.1.2019 (VGH O 18/18); *Jutzi* ZParl 2019, 299 ff.; *Leunig* ZParl 2019, 276 ff.

[175] *Arndt,* in: Schneider/Zeh, § 21 Rn. 24.

[176] BVerfGE 10, 1 (15); *Demmler,* Der Abgeordnete, S. 249 ff., dessen Ablehnung einer Orientierung an den Parteiausschlussgründen (§ 10 IV PartG) jedoch nicht überzeugt.

[177] BVerfGE 20, 56 (103); 40, 296 (314); 44, 308 (315); 56, 396 (405); 80, 188 (218); *Magiera* (Fn. 9), S. 109 ff.; *Stern,* StaatsR I, S. 1048 ff.; *H. H. Klein* HStR III³, § 51 Rn. 1; *Badura,* in: Schneider/Zeh, § 15 Rn. 59; *Depenheuer* HStR III³, § 36 Rn. 24; *K. Stein,* Die Verantwortlichkeit politischer Akteure, 2009, S. 391 ff.

[178] Vgl. *Demmler,* Der Abgeordnete, S. 41 ff.; BVerfGE 99, 19 (29); 118, 277 (320); *Ingold* JöR 64 (2016), 43 (67 f.).

[179] BVerfGE 40, 296 (314); 76, 256 (341).

[180] *Giese/Schunck,* Art. 38 Anm. II 1.

[181] BVerfGE 2, 143 (164 ff.); 4, 144 (149); 6, 445 (447 f.); 20, 56 (103); 40, 296 (311, 321); 60, 374 (379 f.); 94, 351 (366); 99, 19 (32); 114, 121 (148 f.).

[182] BVerfGE 76, 256 (341).

[183] BVerfGE 93, 195 (204); 94, 351 (368 f. – Verdacht auf „Stasi"-Tätigkeit ua als zulässiger Differenzierungsgrund gem. § 44c AbgG); 99, 19 (37 ff.); 112, 118 (133 ff.); *Häberle* NJW 1976, 537 (539).

[184] *Stern,* StaatsR I, S. 1051 f.

[185] Ebda.

[186] *H. H. Klein* HStR III³, § 51 Rn. 1; *Badura,* in: Schneider/Zeh, § 15 Rn. 59.

[187] Ausf. *Versteyl,* in: Schneider/Zeh, § 14 Rn. 22 ff.; *Sauer* HdbParlR, § 11; *Schmahl,* in: Austermann/Schmahl, § 1; *Austermann* DÖV 2018, 570.

[188] Eine förmliche Annahmeerklärung ist nach der Neuregelung von § 45 BWahlG durch das ÄndG v. 17.3.2008 (BGBl I 394) nur noch in besonderen Fällen (Listennachfolge, Wiederholungswahl) erforderlich. – Zur Vorwirkung bestimmter Rechte vor Konstituierung des BTag *Versteyl,* ebda, § 14 Rn. 28.

[189] Bei Ungültigkeit der Wahl in einem Wahlkreis bleibt der Abg. jedoch Mitglied des BTag, wenn er zugleich auf einer Landesliste der Partei gewählt war, aber insoweit unberücksichtigt geblieben ist (§ 46 II BWahlG).

[190] Zum Zeitpunkt des Wirksamwerdens BVerfG, 2 BvR 969/14 v. 15.8.2014.

[191] Der zuletzt genannte Verlustgrund ist umstritten; für seine Vereinbarkeit mit der Verfassung: BVerfGE 2, 1 (72 ff.); 5, 85 (392); *H. H. Klein* HStR III³, § 51 Rn. 20; *Stern,* StaatsR I, S. 1053, 1075; *Badura,* in: Schneider/Zeh, § 15 Rn. 32; *Schreiber,* in: Friauf/Höfling, Art. 38 Rn. 190; aA *Hesse,* Grundzüge, Rn. 601; *Grimm* HdbVerfR, § 14 Rn. 56.

[192] Dazu → Rn. 48. – Zur Zulässigkeit einer Mandatsaberkennung – im Unterschied zu einer Mandatsüberprüfung (Kollegialenquete; *Magiera,* Art. 44 Rn. 6) – wegen eines der Wahl des Abg. vorausgehenden Verhaltens („Stasi"-Zusammenarbeit) ablehnend ThürVerfGH ThürVBl 2000, 180 ff. mit krit. Anm. *Löwer,* ebda, 206 ff.; *Steinberg* Der Staat 39 (2000), 588 ff.; *Trute,* in: v. Münch/Kunig I, Art. 38 Rn. 82.

Aus dem Gewaltenteilungsprinzip und der Beanspruchung des Abg. durch sein Bundestagsmandat **56** als „full-time job", das damit im Mittelpunkt seiner Tätigkeit als Mitglied des BTag steht (§ 44a I 1 AbgG), folgt eine **Inkompatibilität** (Unvereinbarkeit) zwischen dem Amt des Abg. und bestimmten and. öff. Ämtern,[193] nicht jedoch einer sonstigen beruflichen Tätigkeit (Art. 48 II; § 44a I 2 AbgG).[194] Die Unvereinbarkeit gilt **ausdrücklich** im Verhältnis zu den Ämtern des BPräs (Art. 55 I) und der Mitglieder des BVerfG (Art. 94 I 3) sowie – bei entspr. gesetzlicher Regelung – der Angehörigen des öff. Dienstes (Art. 137).

**Im Übrigen** ist das Amt des Bundestagsabgeordneten traditionell vereinbar mit demjenigen des **57** BKanzlers oder eines BMinisters.[195] Begründete Zweifel bestehen hinsichtlich einer Vereinbarkeit mit dem Amt eines Parlamentarischen Staatssekretärs[196] oder eines Landtagsabgeordneten.[197] Unvereinbarkeit besteht mit dem Amt eines Europaabgeordneten[198] und ist ferner anzunehmen mit einer Mitgliedschaft im BRat[199] oder in einer Landesregierung.[200]

## II. Rechte und Pflichten

**1. Beteiligungsrechte. a)** Die Repräsentation des Volkes durch die Gesamtheit der Mitglieder des **58** BTag[201] setzt voraus, dass alle Abg. mit **gleichen Mitwirkungsbefugnissen** an der Arbeit des BTag teilnehmen.[202] Die parl. Beteiligungsrechte[203] des einzelnen Abg. müssen sich jedoch – als Mitgliedschaftsrechte – in die notwendig gemeinschaftliche Ausübung einfügen und unterliegen insoweit den **Beschränkungen,** die der BTag auf Grund seiner Geschäftsordnungsautonomie (Art. 40 I 2) näher festlegen kann.[204] Diese eröffnet dem BTag einen allg. weiten Gestaltungsspielraum, unterliegt jedoch Grenzen und Bindungen, die sich nach dem jeweiligen Regelungsgegenstand bestimmen.[205]

Die parl. Beteiligungsrechte umfassen die Befugnis des Abg., an den Verhandlungen und der **59** Beschlussfassung des BTag (Art. 42 I 1, II 1) mitzuwirken.[206] Dies gilt allg. für das **Plenum,** grds. aber auch für die **Ausschüsse,** in denen ein Großteil der Sacharbeit bewältigt wird.[207] Bei einer entspr. großen Zahl von Ausschusssitzen hat ein fraktionsloser Abg. einen Anspruch darauf, in einem Ausschuss mit Rede- und Antragsrecht, nicht jedoch notwendigerweise mit einem – überproportional wirkenden – Stimmrecht vertreten zu sein.[208]

Die Beteiligungsrechte haben ihre **verfassungsrechtliche Grundlage** in Art. 38 I 2 und sind **60** lediglich hinsichtlich der Art und Weise ihrer Ausübung in der Geschäftsordnung des BTag näher ausgestaltet.[209] Zu ihnen gehören vor allem das Stimmrecht, das Initiativrecht, das Rederecht, das Frage- und Informationsrecht, das Recht auf Fraktions- und Gruppenbildung sowie das Recht auf Opposition.[210]

---

[193] *Tsatsos,* in: Schneider/Zeh, § 23; *Stern,* StaatsR I, S. 1054 ff.; *H. H. Klein* HStR III[3], § 51 Rn. 26 ff.

[194] BVerfGE 118, 277 (323 ff.; ebenso – bei verfassungskonformer Auslegung iE – abwM 348 ff.); 40, 296 (314). – Allg. dazu *H. Z'graggen,* Die Professionalisierung von Parlamenten im historischen und internationalen Vergleich, 2009.

[195] Vgl. auch Art. 53a I 2 (arg. e contrario); *Morlok,* in: Dreier II, Art. 38 Rn. 148; zweifelnd *Dittmann* ZRP 1978, 52 ff.; aA *Meyer,* in: Schneider/Zeh, § 4 Rn. 29 ff. (38); *Epping* DÖV 1999, 529 (537 ff.).

[196] Für Inkompatibilität *Meyer,* in: Schneider/Zeh, § 4 Rn. 39 ff.; ihm folgend *Pieroth,* in: Jarass/Pieroth, Art. 38 Rn. 45; aA *S. Menzenbach,* Die Parlamentarischen, 2015, S. 82 ff.

[197] Für Inkompatibilität *Tsatsos,* in: Schneider/Zeh, § 23 Rn. 64; vgl. auch BVerfGE 42, 312 (327).

[198] Art. 6 II des Aktes zur Einführung allg. unmittelbarer Wahlen der Mitglieder des EUParl idF des Beschl. des Rates v. 25.6. und 23.9.2002, ABlEU 2002 Nr. L 283/1.

[199] Vgl. (deklaratorisch) § 2 GOBRat; *H. H. Klein* HStR III[3], § 51 Rn. 27; *Morlok,* in: Dreier II, Art. 38 Rn. 147.

[200] *Stern,* StaatsR I, S. 1056.

[201] Vgl. → Rn. 4.

[202] BVerfGE 80, 188 (218); 84, 304 (321); 102, 224 (237); 125, 104 (133); 130, 318 (342); 140, 115 Rn. 91.

[203] Es handelt sich um Kompetenzen (Organwalter-, Amtsträgerrechte); *Stern,* StaatsR I, S. 1057; *H. H. Klein* HStR III[3], § 51 Rn. 31.

[204] BVerfGE 80, 188 (218 ff.); 84, 304 (321 f.); 130, 318 (350 ff.).

[205] Ebda; *Klein* HdbParlR, § 18 Rn. 29.

[206] BVerfGE 70, 324 (355); *H.-J. Cremer,* Anwendungsorientierte Verfassungsauslegung – Der Status der Bundestagsabgeordneten im Spiegel der Rechtsprechung des Bundesverfassungsgerichts, 2000.

[207] BVerfGE 80, 188 (221 f.); BVerfGE 140, 115 Rn. 93; *Magiera* (Fn. 9), S. 134 ff.

[208] BVerfGE 80, 188 (222 ff.); aA – zum Stimmrecht – abwM ebda, 235 ff.; – zum Rede- und Antragsrecht – abwM ebda, 241 ff.; – zum grds. Anspruch eines jeden Abg. auf Mitgliedschaft in wenigstens einem Ausschuss § 57 I 2 GOBT; – zum Antragsrecht von Abg., die nicht Ausschussmitglieder sind § 71 II GOBT; – zum fraktionslosen Abg. *J. Kürschner,* Die Statusrechte des fraktionslosen Abgeordneten, 1984; *Klein/Morlok* ZParl 2004, 627 ff.; *Kluth,* in: Hofmann/Henneke, Art. 38 Rn. 85; *Schreiber,* in: Friauf/Höfling, Art. 38 Rn. 216 ff.

[209] BVerfGE 80, 188 (219 ff.); 84, 304 (324); 96, 264 (277 f.). Demgegenüber soll sich der Anspruch auf gleiche Entschädigung (Art. 48 III) aus Art. 38 I 1 und 2 ergeben; dazu BVerfGE 102, 224 (238).

[210] BVerfGE 80, 188 (218); 130, 318 (342); 140, 115 Rn. 92; *K. Abmeier,* Die parlamentarischen Befugnisse des Abgeordneten des Deutschen Bundestages nach dem Grundgesetz, 1984; *Schreiner,* in: Schneider/Zeh, § 18; zur Praxis vgl. *H. Schöne,* Alltag im Parlament, 2010.

61     **b)** Das **Stimmrecht** kann von jedem Abg. frei ausgeübt werden.[211] Wegen seiner fundamentalen Bedeutung für die Beschlüsse des BTag ist es grds. unentziehbar und unbeschränkbar.[212] Auch bei Selbstbetroffenheit des Abg. besteht grds. kein Abstimmungshindernis.[213] Durch die Geschäftsordnung können die technischen Formen und Modalitäten der Stimmrechtsausübung geregelt werden.[214]

62     **c)** Stärkeren Einschränkungen unterliegt demgegenüber das **Initiativrecht** (Antrags- und Wahlvorschlagsrecht) des Abg., das aus Gründen der Arbeitsfähigkeit des BTag in der Regel nur gemeinsam mit and. Abg. ausgeübt werden kann.[215]

63     **d)** Das **Rederecht** des Abg. ist eine in der Demokratie unverzichtbare Kompetenz zur Wahrnehmung parl. Aufgaben.[216] Es folgt aus Art. 38 I 2, nicht – als Freiheit des Bürgers gegenüber dem Staat – aus dem Grundrecht der Meinungsfreiheit (Art. 5 I) oder der allg. Handlungsfreiheit (Art. 2 I).[217] Um die Funktionsfähigkeit des BTag zu gewährleisten und seine Arbeit zu fördern, kann das Rederecht des einzelnen Abg. beschränkt werden, etwa durch Festlegung einer Gesamtredezeit oder Verteilung der Redezeit auf die Fraktionen und Gruppen nach deren Stärke[218] oder auch durch Verhängung von Ordnungsmaßnahmen.[219]

64     Ihre **Grenzen** finden solche Maßnahmen an der grds. Aufgabe des BTag, Forum für Rede und Gegenrede zu sein.[220] Dementsprechend muss der BTagPräs bei der Worterteilung darauf achten, dass die beschränkenden Maßnahmen – oder auch das jederzeitige Anhörungsrecht der Regierungsmitglieder (Art. 43 II 2) – nicht missbräuchlich gehandhabt werden[221] und insbes. auch fraktionslose Abg. angemessen berücksichtigt werden.[222]

65     **e)** Das **Frage- und Informationsrecht** des Abg., dem eine grds. Auskunftspflicht der BReg entspricht, ergibt sich aus der Notwendigkeit, dass der einzelne Abg. für eine sachverständige Mitwirkung an den Verhandlungen und Beschlüssen des BTag über die dafür erforderlichen Kenntnisse verfügen muss.[223]

66     **f)** Das **Recht auf Fraktionsbildung** ist verfassungsrechtlich verbürgt, weil sich ein erheblicher Teil der parl. Meinungs- und Willensbildung in den Fraktionen vollzieht.[224] Es lässt sich zurückführen auf die im GG (Art. 21, 38, 53a, 63, 67 f.) angelegte parteigeprägte Parlamentswahl und Parlamentsarbeit, in der sich Regierungs- und Oppositionslager gegenüberstehen.[225]

67     Mit der Anerkennung der Parteien in Art. 21 erkennt das GG auch die **Fraktionen** als notwendige Einrichtungen des Verfassungslebens an.[226] Sie sind als (partei)politische Gliederungen des BTag der organisierten Staatlichkeit eingefügt.[227] Dementsprechend kann ein Abg. nur einer einzigen Fraktion angehören und können Abg. einer Partei nur eine einzige Fraktion bilden (Verbot der Fraktionsvermehrung).[228] Aufgabe der Fraktionen ist es, den technischen Ablauf der Parlamentsarbeit zu steuern und zu erleichtern,[229] vor allem aber als maßgebliche Faktoren der politischen Willensbildung zu fungieren.[230]

---

[211] BVerfGE 10, 4 (12); 70, 324 (355).

[212] *Schneider* AK GG, Art. 38 Rn. 28; vgl. jedoch – für den fraktionslosen Abg. in den Ausschüssen –→ Rn. 59.

[213] *Achterberg* AöR 109 (1984), 505 ff.

[214] Näher *Schreiner,* in: Schneider/Zeh, § 18 Rn. 49 ff.

[215] BVerfGE 1, 144 (153); 72, 175 (192); 82, 316 (321); 84, 304 (328 ff.); *Schreiner,* in: Schneider/Zeh, § 18 Rn. 4 ff.; NWVerfGH DÖV 1999, 954 ff.

[216] BVerfGE 60, 374 (380); 136, 277 Rn. 100; zum Rederecht *Besch,* in: Schneider/Zeh, § 33; *H. H. Klein* FS Papier, 2013, S. 121 ff.

[217] BVerfGE 60, 374 (380); auch schon BVerfGE 10, 4 (12).

[218] BVerfGE 60, 4 (13 ff.); 96, 264 (284); zu Reformüberlegungen *Karcher/Korn* DÖV 2012, 725 ff.

[219] BVerfGE 60, 374 (380 ff.); VerfG MV NVwZ 2010, 958.

[220] Ebda; *H. H. Klein* FS Papier, 2013, S. 123 ff.

[221] BVerfGE 10, 14 (15, 18).

[222] BVerfGE 80, 188 (228 f.).

[223] Dazu → Rn. 35 ff.

[224] BVerfGE 43, 142 (149); 70, 324 (354); 112, 118 (135); *Streinz,* FS Berg, 2011, S. 398 ff.

[225] *Magiera* (Fn. 9), S. 129 ff. – Dem Recht auf Fraktionsbildung entspricht ein Recht aller der jeweiligen Partei angehörenden Abg. auf Fraktionsmitgliedschaft, sofern kein Ausschlussgrund (→ Rn. 51) vorliegt; str., ebenso *Morlok,* in: Dreier II, Art. 38 Rn. 191; ausf. *Hölscheidt,* Das Recht der Parlamentsfraktionen, 2001, S. 237 ff.; *Klein,* in: Maunz/Dürig, Art. 38 Rn. 237 ff.

[226] BVerfGE 10, 4 (14); 43, 142 (147); 70, 324 (350); 80, 188 (219); 84, 304 (322); 112, 118 (135); 102, 224 (239 f.); *Jekewitz,* in: Schneider/Zeh, § 37; *Demmler,* Der Abgeordnete, S. 149 ff.; *Pfeil,* Der Abgeordnete und die Fraktion, 2008, S. 36 ff.; *Klein/Krings* HdbParlR, § 17.

[227] BVerfGE 20, 56 (104); 70, 324 (350); 80, 188 (219); 84, 304 (322). – Eine gesetzliche Regelung erfolgte erstmals in §§ 45 bis 54 AbgG idF der ÄndG v. 11.3.1994 (BGBl I 526) mit Wirkung v. 1.1.1995; *Meyer* FS Mahrenholz, 1994, S. 319 ff.; *Schmidt-Jortzig/Hansen* NVwZ 1994, 1145 ff.; *Wolters,* Der Fraktions-Status, 1996, S. 138 ff. – Zur (partei-)politischen Mitgliederhomogenität *J. Ipsen* NVwZ 2006, 176 ff.

[228] *H. H. Klein/Krings* HdbParlR, § 17 Rn. 11; BTag, Wiss. Dienste, Zulässigkeit einer Fraktionsspaltung, WD 3 – 3000 – 174/16; iE auch *Lenz/Morlok/Nettesheim,* Zulässigkeit und Grenzen von „Parallelfraktionen", Gutachten für den LT BW v. 25.7.2016, die jedoch eine ausdrückliche Verbotsregelung in der GO des LT für erforderlich halten.

[229] BVerfGE 10, 4 (14); 43, 142 (149). – Zur interfraktionellen Kommunikation *Homann,* Die Zusammenarbeit der Fraktionen im Deutschen Bundestag, 2005.

[230] Art. 53a I 2; BVerfGE 70, 324 (350 f.); 80, 188 (219 f.); 84, 304 (322).

Nach §§ 50 bis 53 AbgG haben die Fraktionen Anspruch auf Geld- und Sachleistungen aus dem Bundeshaushalt, die nicht für Parteiaufgaben verwendet werden dürfen; folgerichtig sind sie zur Rechnungslegung verpflichtet und unterliegen der Rechnungsprüfung des Bundesrechnungshofs.[231] Als Zusammenschluss von Abg. ergibt sich ihre Rechtsstellung aus Art. 38 I, nicht – wie diejenige der Parteien – aus Art. 21.[232] Ihr Status entspricht deshalb grds. demjenigen der Abg., der von Freiheit und Gleichheit geprägt ist.[233]

**Einschränkungen** müssen verfassungsrechtlich gerechtfertigt sein, wie etwa die Nichtberücksich-  **68** tigung einzelner Fraktionen bei der Besetzung eines Ausschusses aus zwingenden Gründen des Geheimschutzes.[234] Verfassungsrechtlich zulässig, wenn auch nicht geboten, ist die in der GO des BTag (§ 10 I GOBT) traditionell festgelegte Fraktionsmindeststärke in Höhe von 5 % der Bundestagsmitglieder.[235]

**g)** Abg., die die Voraussetzungen für einen Fraktionszusammenschluss, wie sie in § 10 I GOBT  **69** verfassungskonform festgelegt sind, nicht erfüllen, haben auf Grund ihres freien Mandats jedoch das Recht, sich auf andere Weise, insbes. als **Gruppe** (§ 10 IV GOBT), zu gemeinsamer Arbeit zusammenzufinden und die dafür erforderlichen Befugnisse sowie sachlichen und personellen Mittel eingeräumt zu bekommen.[236]

**h)** Das Recht auf **Opposition** folgt aus der den Abg. gewährleisteten parl. Freiheit und Gleichheit  **70** (Art. 38 I 2).[237] Es beruht auf den vom Demokratie- und vom Rechtsstaatsprinzip (Art. 20 und 28) gewährleisteten Grundsätzen effektiver Opposition und Gewaltenteilung, die es der die Regierung nicht tragenden Parlamentsminderheit ermöglichen, die Regierungspolitik zu kontrollieren und die Chance wahrzunehmen, zur Mehrheit zu werden und die Regierung abzulösen.[238] Dementsprechend stehen ihr bestimmte, in der Verfassung garantierte **Minderheitsrechte** zu, die eine punktuelle Ausnahme von dem regelmäßigen demokratischen Mehrheitsprinzip bilden (Art. 42 II).[239] Dabei handelt es sich um Rechte unterschiedlich umgrenzter Minderheitsquoren, zB ein Viertel oder ein Drittel der Abg., nicht um spezielle Oppositionsrechte. Vielmehr können sich darauf Abg. der die Regierung nicht tragenden (oppositionellen) Fraktionen wie auch Abg. der Regierungsfraktionen berufen. Einer Begünstigung der Oppositionsfraktionen, auch bei einer sehr geringen Gesamtzahl ihrer Mitglieder, durch Absenkung der Quoren[240] – anders als etwa bei der Verteilung der Redezeit[241] – steht der klare Verfassungswortlaut entgegen.[242] Die Zuerkennung besonderer Oppositionsrechte, die – anders als der „Oppositionszuschlag"[243] – nur bestimmten Fraktionen gewährt würden, verstieße gegen die Gleichheit der Abgeordneten und der von ihnen gebildeten Fraktionen.[244]

---

[231] BVerfGE 140, 1 Rn. 69 ff.; 146, 327 Rn. 48 ff.; *Meyer* KritV 1995, 216 (227 ff.); *Becker* ZParl 1996, 189 ff.; *Fensch* KritV 1996, 379 ff.; *Wolters,* Der Fraktions-Status, 1996, S. 138 ff.; *Papier* BayVBl 1998, 513 ff.; *Hölscheidt* DÖV 2000, 712 ff.; *Linde,* Fraktionsfinanzierung in der parlamentarischen Demokratie, 2000; *Müller/Albrecht* DVBl 2000, 1315 ff.; *Braun/Benterbusch* ZParl 2002, 653 ff.; *Müssener* ZParl 2002, 669 ff.; *H. H. Klein* FS Badura, 2004, S. 263 ff.; *Schröder* NVwZ 2005, 1280 ff.; *Lenski* DÖV 2014, 585 (587 f.); *v. Arnim* DÖV 2016, 368 ff.; *Neumeier/Waldhoff* ZParl 2017, 163 ff.; *Hobusch* DÖV 2018, 552.
[232] BVerfGE 70, 324 (362 f.); 84, 304 (322); 93, 195 (203 f.), 135, 317 Rn. 153. – Nach § 46 AbgG sind sie rechtsfähige Vereinigungen von Abg. im Deutschen BTag, die klagen und verklagt werden können, jedoch nicht Teil der öff. Verwaltung sind und keine öff. Gewalt ausüben.
[233] Vgl. → Rn. 46 ff.; *Scherer* AöR 112 (1987), 189 ff.; *Morlok,* in: Dreier II, Art. 38 Rn. 184; BVerfGE 112, 118 (132 f.); 140, 115 Rn. 92.
[234] Vgl. BVerfGE 70, 324 (363 f.); SächsVerfGH DÖV 1996, 783 ff.; aA BVerfG, ebda (abw. M), 366 ff., 380 ff.; *Meyer,* in: Schneider/Zeh, § 4 Rn. 111; *Schneider,* in: Schneider/Zeh, § 38 Rn. 28; *Roth,* in: Umbach/Clemens, GG II, Art. 38 Rn. 124.
[235] BVerfGE 84, 304 (324 f.); 96, 264 (278 f.); *Görlitz* DÖV 2009, 261 ff.; *Grzeszick* NVwZ 2017, 985.
[236] BVerfGE 84, 304 (322 ff.); *R. Kassing,* Das Recht der Abgeordnetengruppe, 1988; *Böhm* ZParl 1992, 231 ff.; *P. Loibl,* Der Status der Abgeordnetengruppe im Deutschen Parlament, Diss. Köln 1995; *Besch,* FS K. Ipsen, 2000, S. 577 ff.; *Klein,* in: Maunz/Dürig, Art 38 Rn. 267 ff.; *Hölscheidt* DÖV 2015, 266 ff.; *Klein* HdbParlR, § 18; zum „Abstandsgebot" zwischen Fraktionen und Gruppen *Th. I. Schmidt* DÖV 2015, 261 ff.; *Hölscheidt/Mundil* DÖV 2018, 546; zum fraktionslosen Abg. o. Rn. 59.
[237] BVerfGE 142, 25 Rn. 89. dazu *H.-P. Schneider/K.-H. Schwarz,* Parlamentarische Opposition zwischen Effektivität und Egalität, 2017; vertiefend zur Rechtsstellung der parl. Opposition *H. P. Schneider,* Die parlamentarische Opposition im Verfassungsrecht der Bundesrepublik Deutschland, Bd. 1, 1974; *H.-P. Schneider,* in: Schneider/Zeh, § 38; *Haberland,* Die verfassungsrechtliche Bedeutung der Opposition nach dem Grundgesetz, 1995; *Poscher* AöR 122 (1997), 444 ff.; *Huber* HStR III³, § 47; *D. Mundil,* Die Opposition, 2014; *A. Ingold,* Das Recht der Oppositionen, 2015; *Starski* DÖV 2016, 750 ff.; *Waack* HdbParlR, § 22; *Volkmann* ZParl 2017, 473 ff.; *Uhle* ZG 2018, 1 ff.; *Gelze,* Parlament, S. 78 ff.
[238] BVerfGE 142, 25 Rn. 86 ff.; 143, 101 Rn. 97; *Cancik* ZParl 2017, 516 ff.
[239] Näher → Art. 42 Rn. 13.
[240] So – „Für die Dauer der 18. Wahlperiode" – § 126a GOBT idF des BT-Beschl. v. 3.4.2014 (BGBl. I 534); näher *Hölscheidt* ZG 2015, 246 ff.
[241] BVerfGE 142, 25 Rn. 104; *Schuster* DÖV 2014, 516 ff.
[242] BVerfGE 142, 25 Rn. 95 ff.
[243] § 50 II 1 AbgG, BVerfGE 142, 50 Rn. 105; ebenso *Gelze,* Parlament, S. 277 ff; aA *Klenner* DÖV 2018, 563 ff.
[244] BVerfGE 142, 25 Rn. 95 ff.; aA *Cancik* NVwZ 2014, 18 ff.; *Waack* HdbParlR, § 22 Rn. 83.

**71**   **2. Schutzrechte.** Zur Sicherung der Unabhängigkeit des Abg. und der gleichen Chance, zum Abg. gewählt zu werden,[245] sieht das GG verschiedene persönliche Schutzrechte vor. Dazu gehören vor allem die **Indemnität** und die **Immunität** des Abg. (Art. 46), sein **Zeugnisverweigerungsrecht** (Art. 47) und sein Anspruch auf angemessene **Entschädigung** (Art. 48 III) sowie – für Wahlbewerber – Anspruch auf **Urlaub** zur Wahlvorbereitung (Art. 48 I) und auf **Schutz gegen Behinderungen** bei der Amtsübernahme oder -ausübung (Art. 48 II).

**72**   **3. Pflichten.** Als Amtsträger obliegen dem Abg., obwohl er rechtlich keine Dienste schuldet, sondern in Unabhängigkeit sein Mandat wahrnimmt,[246] auch Pflichten.[247] Dazu gehört in erster Linie seine parl. **Anwesenheits- und Mitwirkungspflicht,** die jedoch nicht notwendigerweise stets im Plenum, sondern auch in den Ausschüssen und Fraktionen erfüllt wird.[248] Allg. ist er – selbstverständlich – an das Verfassungs-, Gesetzes- und parl. Geschäftsordnungsrecht gebunden. Insbes. muss er die Geheimschutzordnung (§ 44d AbgG; § 17 iVm Anlage 3 GOBT) und die Verhaltensregeln (§§ 44a, 44b AbgG; § 18 iVm Anlage 1 GOBT)[249] des BTag beachten.

**73**   Eine **Pflichtverletzung** kann – neben politischen Konsequenzen, wie der Nichtwiederaufstellung als Wahlkandidat – auch rechtliche Nachteile und Sanktionen mit sich bringen, wie etwa Kürzung der Kostenpauschale (§ 14 AbgG), Festsetzung eines Ordnungsgeldes oder Sitzungsausschluss (§ 44a AbgG),[250] Ordnungsmaßnahmen des Präsidenten (§§ 36 ff. GOBT),[251] Veröffentlichung bei Verstößen gegen die Verhaltensregeln (§ 8 der Anlage 1 GOBT) und Strafbarkeit bei Bestechlichkeit (§ 108e StGB) oder bei Verletzung der Verschwiegenheitspflicht (§ 353b II Nr. 1 StGB).[252]

**74**   **4. Rechtsschutz.** Eine Verletzung seines verfassungsrechtlichen Status und der damit verbundenen, unmittelbar in der Verfassung geregelten Rechte kann der Abg. grds. nur im **Organstreitverfahren** (Art. 93 I Nr. 1) geltend machen, und zwar selbst dann, wenn er zugleich eine Grundrechtsverletzung rügt.[253] Als kontradiktorische Parteistreitigkeit dient es vornehmlich der gegenseitigen Abgrenzung der Kompetenzen der Verfassungsorgane, nicht der Kontrolle der objektiven Verfassungsmäßigkeit des Organhandelns.[254] Das Verfahren der **Verfassungsbeschwerde** (Art. 93 I Nr. 4a) ist jedoch eröffnet, wenn der Abg. nicht seine organschaftliche Stellung gegenüber einem im Organstreitverfahren parteifähigen Verfassungsorgan, sondern gegenüber sonstigen Beeinträchtigungen der öff. Gewalt geltend macht.[255] Ausgeschiedene Abg.[256] und Wahlbewerber, die die Abgeordneteneigenschaft noch nicht erlangt haben,[257] sind auf die Verfassungsbeschwerde verwiesen.[258] Dies gilt jedoch nicht für ausgeschiedene Abg., wenn an der Klärung der verfassungsrechtlichen Frage ein objektives Interesse fortbesteht.[259] Das Organstreitverfahren steht auch den **Fraktionen** und den **Gruppen** bei Verletzung ihrer eigenen Rechte[260] und darüber hinaus – in Prozessstandschaft zum besonderen Schutz der Parlamentsminderheit – auch der Rechte des BTag[261] zur Verfügung.

---

[245] BVerfGE 40, 296 (317 f.).
[246] BVerfGE 40, 296 (316).
[247] *Stern,* StaatsR I, S. 1067 ff.; *H. H. Klein* HStR III³, § 51 Rn. 23 ff.; *Badura,* in: Schneider/Zeh, § 15 Rn. 41 ff.; *Badura,* FS H.-P. Schneider, 2008, S. 153 ff.; *Klein,* in: Maunz/Dürig, Art 38 Rn. 222 ff.; *Austermann* DÖV 2011, 352 ff.
[248] BVerfGE 44, 308 (317); 56, 396 (405); 90, 286 (343); 118, 277 (324 ff.); § 13 II GOBT.
[249] BVerfGE 118, 277 (358 ff.); *Kühn,* Verhaltensregeln, 2010.
[250] BVerfGE 152, 35 Rn. 32 ff.; *Borowy* ZParl 2012, 535 ff.; Bedenken bei *Ingold/Lenski* JZ 2012, 120 ff.; *H. H. Klein,* in: Leitgedanken I, § 64 Rn. 6.
[251] BVerfGE 60, 374 (380 f.).
[252] BVerfGE 67, 100 (135); 70, 324 (359); *Epp,* Die Abgeordnetenbestechung – § 108e StGB, 1997; *Stünker,* Strafbarkeit der Einflussnahme auf Volksvertreter, FS Meyer, 2006, S. 589 ff.; *Lohse* DVP 2006, 1 ff.; *Schnell* ZRP 2011, 4 ff.; *Hartmann,* Reformmodelle zur Abgeordnetenbestechung, 2013; *Satzger* JA 2014, 1022 ff.; *Eckhardt,* Novellierung der Abgeordnetenbestechung, 2016.
[253] BVerfGE 6, 445 (448 f.); 43, 142 (148); 64, 301 (312); 90, 286 (342 ff.); 97, 408 (414); 118, 277 (320); *Sauer* HdbParlR, § 16.
[254] BVerfGE 147, 31 Rn. 17 ff.; BVerfG, 2 BvE 4/19 v. 2.7.2019 Rn. 20.
[255] BVerfGE 108, 251 (266 ff.).
[256] BVerfGE 32, 157 (162).
[257] BVerfGE 40, 296 (308 f.); 63, 230 (241); 64, 301 (313).
[258] Krit. *Schneider* AK GG, Art. 38 Rn. 35.
[259] BVerfGE 140, 115 Rn. 85 ff.
[260] Fraktionen: BVerfGE 1, 351 (359); 90, 286 (336); 100, 266 (268); 146, 1 Rn. 80; *Kürschner* JuS 1996, 306 ff.; *Mückl* ebda, 760; Gruppen: BVerfGE 84, 304 (317 f.); 96, 264 (276 ff.).
[261] BVerfGE 90, 286 (343 f.) betr. Fraktionen und nicht „ganz kleine Gruppen"; BVerfGE 146, 1 Rn. 80; zum Verhältnis Parlamentsmehrheit und Parlamentsminderheit → Rn. 37, zu den Gruppenrechten → Rn. 69. – Kein Recht auf Prozessstandschaft für den BTag steht hingegen dem einzelnen Abg. zu; BVerfGE 117, 359 (366 ff.).

# D. Wahlen

## I. Begriff und Bedeutung

Nach Art. 38 I 1 werden die Abg. des Deutschen BTag in allg., unmittelbarer, freier, gleicher und **75** geheimer Wahl gewählt. Damit führt die Bestimmung den in Art. 20 II 2 niedergelegten demokratischen Grundsatz näher aus, wonach die vom Volk ausgehende Staatsgewalt von diesem in Wahlen und Abstimmungen ausgeübt wird. Unter **Wahlen** sind solche Abstimmungen zu verstehen, durch die eine oder mehrere Personen aus einem größeren Personenkreis ausgelesen werden; eine bloße Parteienwahl ist damit ausgeschlossen.[262] In ihnen fällt die Äußerung des Volkswillens mit der Bildung des Staatswillens zusammen.[263] Da Abstimmungen über Sachfragen auf Bundesebene nur sehr begrenzt vorgesehen sind,[264] kommt den Wahlen zum BTag für die demokratische Legitimation der Staatsgewalt entscheidende Bedeutung zu.[265]

Die Ausgestaltung und Durchführung der Wahlen ist eine **öff. Aufgabe,** die den Staatsorganen **76** obliegt.[266] Art. 38 legt dafür bestimmte Wahlrechtsgrundsätze und das Wahlalter fest, überlässt die Einzelheiten, insbes. hinsichtlich des Wahlsystems und des Wahlverfahrens, jedoch dem einfachen Gesetzgeber.[267] Die verfassungsrechtlichen Vorgaben werden ergänzt durch den für die Verantwortlichkeit der Abg. wichtigen Grundsatz der periodischen Wahl (Art. 39) und die Bestimmungen über die Wahlprüfung (Art. 41).

Die Wahl der Abg. ist keine isolierte Spontanentscheidung der Wähler, sondern eine **periodische 77 Zwischenentscheidung** im ständigen demokratischen Willensbildungsprozess des Volkes.[268] Sie umfasst neben dem eigentlichen Wahlakt (Stimmabgabe) die Wahlvorbereitung (Kandidatenaufstellung, Wahlkampf) und die Feststellung des Wahlergebnisses einschließlich der endgültigen Bestimmung der Gewählten.[269]

Die Wahl der Abg. ist ferner **parteigeprägt.**[270] Die Mitwirkung der Parteien bei der politischen **78** Willensbildung des Volkes (Art. 21 I 1) hat dazu geführt, dass die Auswahl der Abg. anhand der Angebote der organisierten Parteien stattfindet, die durch personale Elemente, insbes. ihre Spitzenkandidaten, ebenso wie durch sachbezogene Elemente, insbes. ihre Programme und zurückliegenden Leistungen, gekennzeichnet sind.[271]

## II. Wahlrechtsgrundsätze

**1. Anwendungsbereich und Ausgestaltung.** Die in Art. 38 I 1 für den BTag und in Art. 28 I 2 **79** für die Volksvertretungen in den Ländern, Kreisen und Gemeinden[272] ausdrücklich festgelegten Wahlrechtsgrundsätze gelten als **allg. Rechtsprinzipien** für Wahlen zu allen staatlichen und kommunalen Volksvertretungen sowie für sonstige politische Abstimmungen und Volksentscheide.[273] Darüber hinaus sind sie **in vergleichbaren Bereichen** zu beachten, zB bei Wahlen der Sozialversicherung,[274] der Personalvertretung[275] oder der Arbeitnehmerkammern,[276] falls nicht die Besonderheiten des Sachbereichs Einschränkungen gebieten, wie etwa bei Wahlen der Selbstverwaltungsorgane der Hochschulen,[277] der Richtervertretung[278] oder von Schülerräten.[279]

Bei der näheren Ausgestaltung des Wahlrechts lässt sich nicht jeder Wahlrechtsgrundsatz in voller **80** Reinheit verwirklichen, so dass der Gesetzgeber allg. einen weiten Gestaltungsspielraum hat,[280] der

---

[262] BVerfGE 47, 253 (276); 95, 335 (349); 97, 317 (323).
[263] BVerfGE 20, 56 (98).
[264] Vgl. → Rn. 7.
[265] BVerfGE 20, 56 (113); 131, 316 (334); *Morlok* FS 50 Jahre BVerfG II, 2001, S. 559 ff.; *Klein,* in: Maunz/Dürig, Art. 38 Rn. 67 ff.
[266] Ebda.
[267] BVerfGE 59, 119 (124).
[268] BVerfGE 20, 56 (114); *Magiera* (Fn. 9), S. 104 f.
[269] *Meyer* HStR III³, § 45 Rn. 17; *Schreiber,* in: Schneider/Zeh, § 12; *H. H. Klein* ZG 2010, 151 ff. (betr. den Bundeswahlausschuss).
[270] BVerfGE 20, 56 (113 f.).
[271] Ausf. *Magiera* (Fn. 9), S. 105 f.; *Meyer* HStR III³, § 45 Rn. 6 ff.
[272] Zur Trennung der beiden Verfassungsbestimmungen BVerfGE 99, 1 (7); BVerfG (K), 2 BvR 2174/10 v. 18.10.2010 (juris); BVerfG (K), 2 BvR 1913/09 v. 26.10.2010 (juris).
[273] BVerfGE 47, 253 (276 f.). – Zu den Wahlrechtsgrundsätzen *Kunig* Jura 1994, 554 ff.; *Bryde,* FS v. Arnim, 2004, S. 681 ff.; *Burkiczak* JuS 2009, 805 ff.; *Dietlein,* in: Stern, StaatsR IV/2, S. 181 ff.; *Guckelberger* JA 2012, 561 ff.; *Sacksofsky* HdbParlR, § 6 Rn. 26 ff.
[274] BVerfGE 30, 227 (246).
[275] BVerfGE 60, 162 (169); HessStGH ESVGH 44, 13.
[276] BVerfGE 71, 81 (94 f.); BVerfGE 111, 289 (300 ff.) für Aufsichtsratsmitglieder der Arbeitnehmer.
[277] BVerfGE 39, 247 (254); 54, 363 (388 f.).
[278] BVerfGE 41, 1 (12 f.).
[279] HambOVG DVBl 1979, 360 f.
[280] BVerfGE 3, 19 (24 f.); 5, 77 (81); 59, 119 (124); 95, 335 (349); 97, 317 (328).

jedoch im Bereich der Wahlrechtsgleichheit stark eingeschränkt ist.[281] Insbes. bei der Festlegung des Wahlsystems können sich **Modifizierungen** der Wahlrechtsgrundsätze als notwendig erweisen.[282]

81 **2. Allgemeine Wahl.** Allgemeinheit der Wahl bedeutet Gleichheit beim Zugang zur Wahl. Der Grundsatz der Allgemeinheit der Wahl ist – wie der Grundsatz der Gleichheit der Wahl – eine spezifische Ausprägung des allg. Gleichheitssatzes (Art. 3 I), die sich von diesem durch ihren **formalen Charakter** unterscheidet.[283] Er fordert, dass grds. jeder sein Wahlrecht in möglichst gleicher Weise ausüben kann.[284] Dementsprechend untersagt er den unberechtigten Ausschluss einzelner Staatsbürger von der Teilnahme an der Wahl überhaupt[285] und verbietet er den Ausschluss bestimmter Bevölkerungsgruppen von der Ausübung des Wahlrechts aus politischen, wirtschaftlichen oder sozialen Gründen.[286] Entsprechendes ist für die absoluten Diskriminierungsverbote (Art. 3 II u. III, 33 III) anzunehmen, die den allg. Gleichheitssatz formalisieren.[287]

82 Der Grundsatz der Allgemeinheit schützt das **aktive und passive Wahlrecht.**[288] Er bezieht sich auch auf das **Wahlvorschlagsrecht.**[289] Ferner gilt er nicht nur für die Einzelnen, sondern auch für **politische Parteien,** denen gesetzlich keine Bedingungen für die Wahlzulassung auferlegt werden dürfen, die nicht von jeder Partei erfüllt werden können.[290]

83 Die Formalisierung der Allgemeinheit im Bereich des Wahlrechts verbietet nicht jegliche Differenzierung, sondern erlaubt **Begrenzungen** der Allgemeinheit der Wahl, sofern für sie ein verfassungsrechtlich gleichgewichtig legitimierter zwingender Grund besteht.[291] Dazu zählt insbesondere die Sicherung der Wahl als Integrationsvorgang des Volkes und als Gewährleistung der Funktionsfähigkeit der Volksvertretung.[292] Einzelne Begrenzungen sind im GG ausdrücklich festgelegt, so hinsichtlich des **Mindestwahlalters** (Art. 38 II)[293] und bestimmter Inkompatibilitäten (Art. 55 I, 94 I, 137 I),[294] oder aus seinem Zusammenhang zu erschließen, wie die Deutschen-Eigenschaft.[295] IÜ wurde im Wesentlichen auf das Herkommen zurückgegriffen, insbes. für den Ausschluss vom Wahlrecht wegen geistiger Gebrechen, infolge Richterspruchs oder mangels Sesshaftigkeit im Wahlgebiet.[296]

84 Die fundamentale Bedeutung des Wahlrechts und der dynamische Charakter[297] des Grundsatzes der Allgemeinheit der Wahl erfordern jedoch eine ständige **Überprüfung und ggf. Anpassung** der Beschränkungsgründe an die sich ändernden Bedingungen für die Ausübung des Wahlrechts. Dementsprechend hat der einfache Gesetzgeber die Möglichkeit der Briefwahl eingeführt (§ 36 BWahlG) und die Anforderungen an die Sesshaftigkeit im Wahlgebiet (§ 12 II BWahlG) verschiedentlich geändert. Zunächst wurde die ursprüngliche Zehnjahresfrist[298] für den Auslandsaufenthalt gelockert, aber weiterhin – bei Aufenthalt in Staaten außerhalb des Europarats – auf 25 Jahre begrenzt,[299] bis sie auch insoweit abgeschafft wurde.[300] Die noch allein verbliebene Voraussetzung eines zuvor mindestens dreimonatigen Aufenthalts in der Bundesrepublik Deutschland wurde vom BVerfG jedoch als unzurei-

---

[281] BVerfGE 4, 375 (382 f.); 14, 121 (133); 69, 92 (106); 82, 353 (364); krit. dazu *Meyer* HStR III³, § 46 Rn. 29 ff.
[282] BVerfGE 3, 383 (394); *Klein,* in: Maunz/Dürig, Art. 38 Rn. 85.
[283] BVerfGE 99, 1 (8 ff.) unter Abkehr von der früheren Rspr., die von einem Anwendungsfall des allg. Gleichheitssatzes ausging; vgl. BVerfGE 11, 266 (271); 28, 220 (225); 36, 139 (141); BVerfGE 151, 1 Rn. 42.
[284] Ebda; BVerfGE 58, 202 (205); 99, 69 (77 f.); zur geschichtlichen Entwicklung *Würtenberger* FS H.-P. Schneider, 2008, S. 537 ff.
[285] BVerfGE 36, 139 (141); 58, 202 (205).
[286] BVerfGE 15, 165 (166 f.); 36, 139 (141); 58, 202 (205).
[287] *Trute,* in: v. Münch/Kunig I, Art. 38 Rn. 19; *Schneider* AK GG, Art. 38 Rn. 61; BVerfGE 151, 1 Rn. 49 ff. (zu Art. 3 III 2).
[288] *Meyer* HStR III³, § 46 Rn. 1, 14.
[289] BVerfGE 11, 266 (277); 60, 162 (167); 89, 243 (251).
[290] BVerfGE 3, 19 (31); 111, 382 (398).
[291] BVerfGE 11, 266 (272); 28, 220 (225); 36, 139 (141); 99, 69 (78); BVerfGE 151, 1 Rn. 43.
[292] BVerfGE 151, 1 Rn. 44 f.
[293] BVerfGE 42, 312 (341); vgl. → Rn. 106 f. – Zur Frage eines „Minderjährigenwahlrechts", das für die Bundestagswahl gem. Art. 38 II ausgeschlossen ist, iÜ von einer schwer einzuschätzenden Beurteilung der „Wahlmündigkeit" der in Betracht genommenen Altersgruppe abhängig wäre, *Hattenhauer* JZ 1996, 9 ff.; *Knödler* ZParl 1996, 553 ff.; *v. Münch* NJW 1995, 3165 f.; *Mußgnug* FS Roellecke, 1997, S. 165 ff.; *Oppermann/Walking* RuP 1995, 85 ff.; BVerfG, Beschl. v. 9.10.2000, NVwZ 2002, 69 f. mit Anm. *Breuer* ebda, 43 ff.; *Schreiber,* in: Friauf/Höfling, Art. 38 Rn. 250 ff.; *Westle* ZParl 2006, 96 ff.; *H. H. Klein* FS Scholz, 2007, S. 277 ff.
[294] Vgl. → Rn. 56 f.
[295] Dazu → Rn. 105.
[296] BVerfGE 36, 139 (141 f.); 58, 202 (205); krit. *Morlok,* in: Dreier II, Art. 38 Rn. 77; *Roth,* in: Umbach/Clemens, GG II, Art. 38 Rn. 41, 42, 45; *Sacksofsky* FS Bryde, 2013, S. 313 (324); *Schulte* ZRP 2012, 16 ff.; *Uerpmann-Wittzack* DÖV 2016, 608 ff.
[297] *Meyer* HStR III³, § 46 Rn. 2.
[298] BWahlG idF des 7. ÄndG v. 8.3.1985 (BGBl I 521); begr. Kritik an dieser nicht mehr zeitgemäßen Begrenzung des allg. Wahlrechts bei *Meyer* HStR III³, § 46 Rn. 5; *Trute,* in: v. Münch/Kunig II, Art. 38 Rn. 23; *Stern,* StaatsR I, S. 304; *Breuer,* Verfassungsrechtliche Anforderungen an das Wahlrecht der Auslandsdeutschen, 2001, S. 223 ff.
[299] BWahlG idF des 14. ÄndG v. 20.4.1998 (BGBl I 706).
[300] BWahlG idF des G zur Änd. des Wahl- und Abgeordnetenrechts v. 17.3.2008 (BGBl I 394).

chend und für verfassungswidrig erklärt.[301] Ebenfalls für verfassungsrechtlich unzulässig erklärt hat das BVerfG die Regelung über den Wahlrechtsausschluss von **Personen mit einer Behinderung** (§ 13 Nr. 2 und 3 BWahlG),[302] da ein solcher Ausschluss verfassungsrechtlich nur gerechtfertigt sein kann, wenn bei einer bestimmten Personengruppe davon auszugehen ist, dass die Möglichkeit der Teilnahme am für die Wahl erforderlichen Kommunikationsprozess zwischen Volk und Staatsorganen nicht in hinreichendem Maß besteht.[303] Die Neuregelung vom 18.6.2019 sieht vor, dass die Ausübung des Wahlrechts durch einen Vertreter unzulässig ist; ein Wahlberechtigter, der des Lesens unkundig oder wegen einer Behinderung an der von ihm selbst getroffenen und geäußerten Stimmabgabe gehindert ist, kann sich jedoch hierzu der technischen Hilfe einer anderen Person bedienen (§ 14 IV 2 und V BWahlG). Es fragt sich jedoch, ob die Hilfsperson nicht gesetzlich zur Einhaltung des Wahlgeheimnisses gegenüber dritten Personen verpflichtet werden sollte.

Die gesetzliche **Neuregelung zur Sesshaftigkeit im Wahlgebiet** hat nunmehr differenzierte **85** Voraussetzungen festgelegt.[304] Wahlberechtigt sind danach Auslandsdeutsche, wenn sie sich nach Vollendung des vierzehnten Lebensjahres mindestens drei Monate ununterbrochen im Bundesgebiet aufgehalten haben und der Aufenthalt nicht länger als 25 Jahre zurückliegt oder wenn sie aus and. Gründen persönlich und unmittelbar Vertrautheit mit den politischen Verhältnissen in Deutschland erworben haben und von diesen betroffen sind.

Die zweite Voraussetzung ist vergleichbar mit der **Empfehlung der Europäischen Kommis-** **86** **sion** an die Mitgliedstaaten der EU.[305] Im Unterschied zur nur schwer handhabbaren deutschen Lösung[306] schlägt die Europäische Kommission jedoch vereinfachend und damit der Rechtssicherheit dienlicher vor, dass die Verbundenheit mit den heimatlichen politischen Verhältnissen auch mit einem – ggf. regelmäßig zu wiederholenden – Antrag auf Verbleib im Wählerverzeichnis nachgewiesen werden könnte. Dies wäre in Deutschland leicht zu verwirklichen, weil auch auslandsdeutsche Wähler in einem deutschen Wählerverzeichnis eingetragen sein müssen (§§ 14 I, 17 BWahlG, § 16 BWO).

Für **Staatsangehörige der and. Mitgliedstaaten der EU** hat der verfassungsändernde Gesetz- **87** geber die Möglichkeit einer Beteiligung an den Kommunalwahlen eröffnet (Art. 28 I 3).[307]

**3. Unmittelbare Wahl.** Unmittelbarkeit der Wahl bedeutet die maßgebliche Bestimmung der Abg. **88** direkt – ohne Einschaltung von Wahlmännern oder and. Entscheidungsinstanzen – durch die **Wähler selbst**.[308] Ausgeschlossen ist damit jedes Wahlverfahren, bei dem zwischen Wähler und Wahlbewerber nach der Wahlhandlung eine Instanz eintritt, welche die Abg. nach ihrem Ermessen auswählt.[309] Damit ist auch das sog. **ruhende Mandat** unzulässig, das ein Abg. als Regierungsmitglied beibehalten und durch Rücktritt von diesem Amt unter Beendigung des Mandats seines (Listen-)Nachfolgers wieder aufleben lassen kann.[310]

Da die Wahl eines Bewerbers von der Mitwahl weiterer Bewerber abhängig gemacht werden kann, **89** ist auch eine **Listenwahl** zulässig, sofern die Wähler dabei das letzte und entscheidende Wort haben.[311] Damit unvereinbar ist eine nachträgliche Änd. oder Ergänzung der Liste durch die aufstellende Partei oder and. Instanzen.[312] Keine Beeinträchtigung der Unmittelbarkeit der Wahl liegt insoweit vor bei Nichtannahme der Wahl, späterem Rücktritt oder ähnl. Handlungen des Gewählten selbst.[313] Problematisch erscheint es deshalb, einen gewählten Listenbewerber bei der Nachfolge für einen aus-

---

[301] BVerfGE 132, 39; *Heydt* DÖV 2012, 974 ff.; *Felten* DÖV 2013, 466 ff.; *Wallrabenstein* JÖR 2018, 431 ff.

[302] Dazu *H. Lang* ZRP 2018, 19 ff.

[303] BVerfGE 151, 1 Rn. 45.

[304] BWahlG idF des 21. ÄndG v. 27.4.2013 (BGBl I 962); *Germelmann* Jura 2014, 310 ff.; *Grzeszick* ZG 2014, 239 (244 ff.); *Horn,* in: Gornig/Horn/Murswiek (Hrsg.), S. 55 (80 ff.).

[305] *Europäische Kommission,* Empfehlung v. 29.1.2014: Umgang mit den Konsequenzen des Entzugs des Wahlrechts der Unionsbürger, die von ihrem Recht auf Freizügigkeit Gebrauch machen, ABlEU 2014 L 32/34, und Mitteilung v. 29.1.2014, COM(2014) 33. – Zur EMRK vgl. *Lappin,* The right to vote for non-resident citizens in Europe, ICQL 2016, 859 ff.

[306] *Strelen,* in: Schreiber, BWahlG, § 12 Rn. 26.

[307] Ausf. dazu *Magiera,* in: Meyer/Hölscheidt, EUGRCh, 5. Aufl. 2019, Art. 40.

[308] BVerfGE 3, 45 (49 f.); 7, 63 (68); 7, 77 (84 f.); 47, 253 (279 f.); 121, 266 (307 f.) zur Unvereinbarkeit des negativen Stimmrechts (u. Rn. 101) mit dem Grundsatz der unmittelbaren Wahl.

[309] Ebda.

[310] HessStGH NJW 1977, 2065 (2066); *Trute,* in: v. Münch/Kunig I, Art. 38 Rn. 33.

[311] BVerfGE 3, 45 (49 f.); 7, 63 (68 f.); 7, 77 (85); 21, 355 (355 f.); 47, 253 (283 f.); 97, 317 (323 ff.); krit. *v. Arnim* JZ 2002, 578 ff.; *v. Arnim* JZ 2009, 813 (818 f.); zur „Sicherheit" von Listenplätzen *Manow/Nistor* ZParl 2009, 603 ff.

[312] BVerfGE 3, 45 (51); 7, 63 (72); 7, 77 (85); 47, 253 (280 f.). – Unzulässig war auch die Ersetzung eines ausgeschiedenen Wahlkreisabgeordneten einer Partei, die über ausgleichslose Überhangmandate (u. Rn. 100) verfügte, durch einen ihrer gewählten Listenkandidaten; BVerfGE 97, 317 (328) und dazu *Nicolaus* JuS 2000, 317 ff. sowie die Neufassung von § 48 BWahlG durch das ÄndG v. 17.3.2008 (BGBl I 394). – Mit Einführung sog. Ausgleichsmandate (→ Rn. 118) durch das ÄndG v. 3.5.2013 (BGBl I 1082) ist die Begrenzung durch Aufhebung von Art. 48 I 2 (aF) BWahlG entfallen.

[313] BVerfGE 3, 45 (50); 47, 253 (281); vgl. aber zum sog. Rotationsprinzip → Art. 39 Rn. 3.

geschiedenen Abg. oder Bewerber auch dann unberücksichtigt zu lassen, wenn er aus seiner Partei nicht freiwillig, sondern durch Parteiausschluss (§ 10 IV, V PartG) ausgeschieden ist.[314]

90    **4. Freie Wahl.** Freiheit der Wahl bedeutet Stimmrechtsausübung ohne Zwang und unzulässigen Druck im Rahmen eines freien und offenen Meinungsbildungsprozesses.[315] Der Grundsatz der freien Wahl ist mit demjenigen der geheimen Wahl eng verbunden,[316] hat jedoch **eigenständige Bedeutung,** insbes. im Hinblick auf die Willensbildung vor der Stimmabgabe und darauf, dass die öff. Nichtbeteiligung an der Wahl eine Stellungnahme enthalten kann, die über die (geheime) Stimmenthaltung bei der Wahl hinausgeht, selbst wenn der gezwungene Wähler im Hinblick auf die Stimmabgabe frei bleibt. Dementsprechend lässt sich eine **Wahlpflicht** mit dem Grundsatz der Wahlfreiheit nicht vereinbaren.[317]

91    Die Wahlfreiheit schützt vor allem die Freiheit der **Wahlbetätigung,** gestattet jedoch nicht die Herleitung von Grundsätzen für die technische Ausgestaltung der Wahlrechtsausübung im Einzelnen.[318] Sie wird deshalb nicht durch die Einführung starrer (gebundener) Listen berührt.[319] Sie verpflichtet weder zur Einführung der Briefwahl,[320] noch ist sie durch deren gesetzliche Regelung verletzt.[321]

92    Zur Wahlfreiheit gehört auch ein grds. freies **Wahlvorschlagsrecht** aller Wahlberechtigten.[322] Damit unvereinbar ist eine Monopolisierung des Wahlvorschlagsrechts bei den politischen Parteien.[323] Bei gebundenen Listen muss eine Auswahlmöglichkeit zwischen verschiedenen Listen erforderlich.[324] Ferner muss der Wähler die Möglichkeit haben, sich rechtzeitig mit den Wahlvorschlägen vertraut zu machen.[325]

93    Bei der Abgrenzung zwischen zulässiger und unzulässiger **Wahlbeeinflussung** ist zwischen amtl. (staatlichen) und nichtamtl. (privaten) Urhebern zu unterscheiden. Wahlbeeinflussung durch **staatliche Organe,** die parteiergreifend in den Wahlkampf hineinwirkt, verstößt gegen die Wahlfreiheit.[326] Sie ist abzugrenzen von der notwendigen Öffentlichkeitsarbeit der Regierung, die jedoch dort endet, wo die Wahlwerbung beginnt.[327] Wahlbeeinflussung durch **Private,** auch durch Kirchen, Gewerkschaften, Arbeitgeberverbände,[328] ist demgegenüber als Grundrechtsausübung und mangels eines Monopols der Parteien bei der politischen Willensbildung des Volkes (Art. 21 I 1) grds. mit der Wahlfreiheit vereinbar,[329] wenn nicht mit Mitteln des Zwangs oder Drucks oder ähnl. schwerwiegend auf die Wahlentscheidung Einfluss genommen wird.[330]

94    **Grenzen** ergeben sich allg. daraus, dass der Wähler vor Beeinflussungen geschützt werden soll, die geeignet sind, seine Entscheidungsfreiheit trotz bestehenden Wahlgeheimnisses ernstlich zu beeinträchtigen.[331] Eine konkrete Umschreibung haben sie in den Bestimmungen des Strafrechts über die Nötigung, Täuschung und Bestechung[332] von Wählern gefunden (§§ 108 ff. StGB).[333]

---

[314] § 48 I 2 BWahlG; dazu BVerfGE 7, 63 (72 f.); für Verfassungswidrigkeit bei Parteiausschluss *Pieroth,* in: Jarass/Pieroth, Art. 38 Rn. 15; *Trute,* in: v. Münch/Kunig I, Art. 38 Rn. 30; *Roth,* in: Umbach/Clemens, GG II, Art. 38 Rn. 48; dagg. *Morlok,* in: Dreier II, Art. 38 Rn. 83; *Schreiber,* in: Friauf/Höfling, Art. 38 Rn. 91; *Grzeszick,* in: Stern/Becker, Art. 38 Rn. 67 ff.

[315] BVerfGE 44, 125 (139); 7, 63 (69); 47, 253 (282); 66, 369 (380); 79, 161 (165 f.); 95, 335 (350); 103, 111 (130 f.).

[316] BVerfGE 5, 85 (232); 99, 1 (13).

[317] Ebenso iE *Klein,* in: Maunz/Dürig, Art 38 Rn. 108; *Trute,* in: v. Münch/Kunig I, Art. 38 Rn. 39; *Pieroth,* in: Jarass/Pieroth, Art. 38 Rn. 16; *Stern,* StaatsR I, S. 322 f.; *Morlok,* in: Dreier II, Art. 38 Rn. 83; *Schreiber,* in: Friauf/Höfling, Art. 38 Rn. 99; *Grzeszick,* in: Stern/Becker, Art. 38 Rn. 25; *Kluth,* in: Hofmann/Henneke, Art. 38 Rn. 26; *P. Müller* MKS II, Art. 38 Rn. 137; aA *Schneider* AK GG, Art. 38 Rn. 66; *Roscheck,* Enthaltung und Nichtbeteiligung, S. 68; *Merten* HGR II § 42 Rn. 238; *Risse/Witt,* in: Hömig/Wolf, Art. 38 Rn. 11.

[318] BVerfGE 7, 63 (69); 15, 165 (166).

[319] BVerfGE 7, 63 (69 f.); 47, 253 (283).

[320] BVerfGE 15, 165 (166).

[321] BVerfGE 21, 200 (204 f. – zu § 36 BWahlG von 1956). – Zu berechtigten Bedenken bei einem steigenden Anteil von Briefwählern *Klein,* in: Maunz/Dürig, Art. 38 Rn. 112; BVerfGE 59, 119 (127 f.). Demgegenüber erleichtert § 17 BWahlG idF des ÄndG v. 17.3.2008 (BGBl I 394) die Briefwahl durch die Möglichkeit der Erteilung eines Wahlscheins ohne Angabe und Glaubhaftmachung von Hinderungsgründen (vgl. die Gesetzesbegr., BT-Dr 16/7461 v. 11.12.2007, S. 16 zu Nr. 6).

[322] BVerfGE 41, 399 (417); 47, 253 (282); 71, 81 (100); 89, 243 (251); *Kluth,* in: Hofmann/Henneke, Art. 38 Rn. 24; *J. Ipsen* DVBl 2004, 532 ff.

[323] BVerfGE 41, 399 (417).

[324] BVerfGE 47, 253 (283).

[325] BVerfGE 79, 161 (166).

[326] BVerfGE 44, 125 (138 ff.), wo formal die Chancengleichheit der Parteien in den Vordergrund gestellt wird; krit. *Meyer* HStR III³, § 46 Rn. 24 mit Fn. 82; vgl. ferner BVerfGE 103, 111 (132); 148, 11 Rn. 39 ff.

[327] Zu Einzelheiten BVerfGE 44, 125 (147 ff.); 63, 230 (242 ff.); *Gusy* NVwZ 2015, 700 ff.; *Barczak* NVwZ 2015, 1014 ff.

[328] BVerfGE 42, 133 (139); *Klein* DÖV 1967, 615 ff.

[329] OVG NRW OVGE 18, 1 (4 ff.); *Trute,* in: v. Münch/Kunig I, Art. 38 Rn. 47; *Meyer* HStR III³, § 46 Rn. 25; *Holznagel* JZ 2012, 165 ff.

[330] BVerfGE 103, 111 (132 f.).

[331] BVerfGE 66, 369 (380).

[332] BVerfGE 21, 196 (198); *Trute,* in: v. Münch/Kunig I, Art. 38 Rn. 43.

[333] BVerfGE 66, 369 (380 – betr. § 108 StGB).

**5. Gleiche Wahl.** Gleichheit der Wahl bedeutet Ausübung des aktiven und passiven Wahlrechts in 95 formal möglichst gleicher Weise.[334] Im Unterschied dazu betrifft die Allgemeinheit der Wahl den gleichen Zugang zur Wahl.[335] Hinsichtlich des aktiven Wahlrechts verlangt der Grundsatz der Wahlrechtsgleichheit allg. eine gleiche Bewertung und den gleichen Einfluss aller abgegebenen Stimmen auf das Wahlergebnis, dh bei der Mehrheitswahl auf der Grundlage möglichst gleich großer (Ein-Personen-)Wahlkreise nur den gleichen **Zählwert** der Stimmen, bei der Verhältniswahl und bei gemischten Wahlsystemen auch den gleichen **Erfolgs(chancen)wert.**[336] Hinsichtlich des passiven Wahlrechts gewährleistet er allen Wahlbewerbern ein Recht auf **Chancengleichheit,** das auch den Parteien untereinander zukommt.[337]

Die Wahlrechtsgleichheit einschl. des Rechts auf Chancengleichheit[338] gilt nicht nur für den Wahl- 96 vorgang selbst, sondern für das **gesamte Wahlverfahren** von der Wahlvorbereitung über den Wahlkampf bis zur Feststellung des Wahlergebnisses und Zuteilung der Wahlmandate.[339] Erfasst werden ua das Wahlvorschlagsrecht,[340] die Wahlwerbung,[341] die Stimmenauszählung und Ermittlung des Wahlergebnisses[342] sowie – unter Einbeziehung des Vorfeldes der politischen Willensbildung[343] – die Wahlkampf- und Parteienfinanzierung (Erstattung von Wahlkampfkosten, Wettbewerb um Spenden, Steuervergünstigungen für Beiträge und Spenden).[344]

Der Grundsatz der Wahlrechtsgleichheit ist wegen des Zusammenhangs mit dem egalitären demo- 97 kratischen Prinzip, das eine Gleichbewertung aller Staatsbürger bei der Ausübung des Wahlrechts gebietet, im Sinne einer **strengen und formalen Gleichheit** zu verstehen.[345] Es handelt sich nicht um einen Anwendungsfall des allg. Gleichheitssatzes (Art. 3 I),[346] der bei Verstößen gegen die Wahlrechtsgleichheit auch außerhalb des Anwendungsbereichs des Art. 38[347] eine Verfassungsbeschwerde ermöglichen würde, sondern um eine Spezialregelung, in deren Anwendungsbereich nicht auf den allg. Gleichheitssatz zurückgegriffen werden kann.[348]

Der Grundsatz der formalen Wahlrechtsgleichheit belässt dem Gesetzgeber bei der Ordnung des 98 Wahlrechts nur einen eng bemessenen Spielraum für **Differenzierungen,** die zu ihrer Rechtfertigung stets einen „zwingenden", dh einen besonderen, sachlich legitimierten, Grund erfordern, sich jedoch nicht als zwangsläufig oder notwendig darstellen müssen.[349] Voraussetzung dafür ist, dass die Gründe für die Differenzierungen durch die Verfassung legitimiert und von einem der Wahlrechtsgleichheit entsprechenden Gewicht sind und dass die differenzierenden Regelungen zur Verfolgung ihrer Zwecke geeignet und erforderlich sind.[350] Gesetzlich verpflichtende **„paritätische Frauenquoten"** bei der Aufstellung von Wahllisten der politischen Parteien,[351] dürften – selbst bei Berücksichtigung der Aufgabe des Staates zur Förderung der Gleichberechtigung von Frauen und Männern (Art. 3 II 2 GG) – diesen Anforderungen angesichts entgegenstehender Verfassungsgrundsätze, wie insbesondere Wahlfreiheit, Parteifreiheit und Verhältnismäßigkeit, nicht genügen.[352] Unzulässig sind Differenzierungen hinsichtlich des Zählwerts der Stimmen; hinsichtlich des Erfolgswerts ergeben sie sich bei der

---

[334] BVerfGE 11, 266 (272); 85, 148 (157); 99, 69 (77 f.); 124, 1 (18); *Wild,* Die Gleichheit der Wahl, 2003.

[335] Vgl. → Rn. 81.

[336] BVerfGE 16, 130 (138 f.); 82, 322 (337); 95, 335 (353); 121, 266 (295 f.); 124, 1 (18); 130, 212 (225 f.); 131, 316 (336 f.); 146, 327 Rn. 59; *Schreiber,* in: Friauf/Höfling, Art. 38 Rn. 122 f.; *Kluth,* in: Hofmann/Henneke, Art. 38 Rn. 31; aA *Lenz* AöR 121 (1996), 337 (339, 353 ff. – nur „Erfolgschancengleichheit"). – Nach BVerfGE 95, 335 (353) und 95, 408 (417) muss die Stimme eines jeden Wahlberechtigten zusätzlich „die gleiche rechtliche Erfolgschance" haben, ohne dass hinreichend deutlich wird, wie sich diese von der Zählwertgleichheit bzw. der Erfolgswertgleichheit abgrenzt; krit. auch *Heintzen* DVBl 1997, 744 (747 f.); *Pauly* AöR 123 (1998), 232 ff. (241, 246 f.); *Bull* DVBl 2014, 1213 ff.; *Vogel* FS Morlok 2019, S. 467 ff. – Zu den verschiedenen Wahlsystemen → Rn. 113 ff.

[337] BVerfGE 41, 399 (413); 95, 408 (417); 104, 14 (19 f.); 111, 382 (398).

[338] BVerfGE 82, 322 (338); 85, 264 (297).

[339] *Stern,* StaatsR I, S. 304 f.; *Schreiber,* in: Friauf/Höfling, Art. 38 Rn. 125 ff.

[340] BVerfGE 11, 266 (272); 41, 399 (417); 89, 243 (251).

[341] BVerfGE 44, 125 (144); 47, 198 (225); BVerfG (K), 1 BvQ 43/19 v. 15.5.2019 Rn. 8 ff.; zu Wahlplakaten näher *Friehe* NVwZ 2016, 887 ff.

[342] BVerfGE 85, 148 (158).

[343] BVerfGE 8, 51 (68); 78, 350 (358); *Schneider* AK GG, Art. 38 Rn. 67; *Trute,* in: v. Münch/Kunig I, Art. 38 Rn. 56; *Pieroth,* in: Jarass/Pieroth, Art. 38 Rn. 6.

[344] BVerfGE 20, 56 (116); 41, 399 (413); 69, 92 (106 f.); 85, 264 (285 ff.); 121, 108 (120 ff.); 146, 327 89 ff.

[345] BVerfGE 41, 399 (413); 82, 322 (337); 95, 408 (417); 121, 266 (295); 146, 327 Rn. 60.

[346] So die frühere st. Rspr. des BVerfG; vgl. ua BVerfGE 1, 208 (241 ff.); 78, 350 (357); 85, 148 (157).

[347] Dazu → Rn. 81.

[348] BVerfGE 99, 1 (8 ff.); vgl. dazu *Tietje* JuS 1999, 957 ff.; *Trute,* in: v. Münch/Kunig I, Art. 38 Rn. 55; BVerfG, 2 BvR 1975/07 v. 14.1.2008, Rn. 19 ff., DVBl 2008, 236.

[349] BVerfGE 1, 208 (247 ff.); 69, 92 (106); 82, 322 (338); 93, 373 (377); 95, 408 (418); 124, 1 (19); 129, 300 (320); 131, 316 (338 f.); 146, 327 Rn. 61

[350] BVerfGE 95, 408 (418 f.); 121, 266 (297 f.); 124, 1 (19); 129, 300 (320).

[351] Vgl. die „geschlechterspezifische Landesliste" gem. § 25 bbg WahlG idF v. 12.2.2019 (bbg GVBl I 1); ferner zu geschlechtsparitätischen Wahlvorschlagsregelungen BayVerfGH v. 26.3.2018 – Vf. 15-VII-16.

[352] *Morlok/Hobusch* DÖV 2019, 14 ff.; NVwZ 2019, 1734 ff.; v. *Ungern-Sternberg* JZ 2019, 525 ff.; Burmeister/Greve ZG 2019, 154 ff.; Thür VerfGH, 2/20 v. 15.7.2020; aA *H. Meyer* NVwZ 1019, 1245 ff.

Mehrheitswahl zwangsläufig, da nur die für den siegreichen Kandidaten abgegebenen Stimmen zum Erfolg führen.[353] Demgegenüber soll die Verhältniswahl den politischen Willen der Wählerschaft im Parlament möglichst wirklichkeitsnah abbilden, so dass Differenzierungen nur aus den näher qualifizierten „zwingenden" Gründen gerechtfertigt sind.[354]

99     **Im Einzelnen**[355] sind mit der Wahlrechtsgleichheit Einschränkungen **vereinbar** auf Grund einer **Sperrklausel** (§ 6 III 1 BWahlG) bei der Verhältniswahl, um die Funktionsfähigkeit des Parlaments (stabile Regierungsmehrheiten) zu sichern[356] und bei funktionierender innerparteilicher Demokratie einen Anreiz zu staatsbürgerlicher Kompromissfähigkeit zu bieten.[357] Dabei ist ein Quorum von 5 % der Wählerstimmen (§ 6 VI 1 BWahlG) in aller Regel nicht zu beanstanden.[358] Die Einführung einer sog Eventualstimme zum Ausgleich der Stimmabgabe für eine an der Sperrklausel gescheiterte Partei ist verfassungsrechtlich nicht geboten.[359] Unter den bes. Umständen der ersten gesamtdeutschen Bundestagswahl war eine unveränderte Aufrechterhaltung der auf das ganze Wahlgebiet bezogenen 5 %-Sperrklausel (§ 6 VI 1 BWahlG aF) jedoch nicht zulässig.[360] Ausnahmen von der Sperrklausel zugunsten von Parteien nationaler Minderheiten (§ 6 III 2 BWahlG) sind erlaubt,[361] wenn auch nicht erforderlich,[362] zugunsten von (örtlichen Schwerpunkt-)Parteien, die eine Mindestzahl von Direktmandaten erringen (§ 6 III 1 BWahlG; sog. **Grundmandatsklausel**) jedoch zweifelhaft.[363]

100    Vereinbar mit der Wahlrechtsgleichheit sind **ferner** ua die Briefwahl,[364] die gebundene (starre) Liste,[365] das sog. Stimmensplitting,[366] die Verfahren der Stimmenverteilung nach d'Hondt oder Hare/Niemeyer[367] sowie die Bekanntgabe des vorläufigen Wahlergebnisses vor einer erforderlichen Nachwahl.[368] Unterschriftenquoren sind bei angemessener Begrenzung gerechtfertigt, um die Ernsthaftigkeit der Wahlvorschläge sicherzustellen.[369] Ausgleichslose Überhangmandate sind in engen Grenzen gestattet, weil und soweit sie aus dem besonderen Anliegen der personalisierten Verhältniswahl folgen, durch die Wahl von Wahlkreisbewerbern zumindest für die Hälfte der Abg. eine engere persönliche Beziehung zu ihrem Wahlkreis zu bewirken.[370] Zusätzliche Ausgleichsmandate sind grds. zulässig, dürfen jedoch die Wählerstimmen im Sitzzuteilungsverfahren nicht ungleich behandeln.[371]

---

[353] BVerfGE 1, 208 (244, 247); 85, 148 (157 f.).

[354] BVerfGE 1, 208 (244, 248 f.); 82, 322 (338).

[355] *Stern,* StaatsR I, S. 306 ff.; *Meyer* HStR III³, § 46 Rn. 36 ff.; *Schreiber,* in: Friauf/Höfling, Art. 38 Rn. 130 ff.; zum Problem der Nachwahl, wenn ein Wahlkreisbewerber nach Zulassung des Wahlkreisvorschlags, aber noch vor der Wahl stirbt (§ 43 Abs. 1 Nr. 2 BWahlG), wie es anlässlich der BTagswahl 2005 aufgetreten ist, *J. Ipsen* DVBl 2005, 1465 ff.; *Sodan/Kluckert* NJW 2005, 3241 ff.; Entw. eines G zur Änd. des BWahlG, BR-Dr 789/05 (Beschl.) v. 10.2.2006; BT-Dr 16/1036 mit abl. Stellungnahme der BReg; Abl. durch den BTag (Beschl. v. 24.1.2008, Plenarprot. S. 14 670 C); sowie Neufassung von § 43 BWahlG durch das ÄndG v. 17.3.2008 (BGBl I 394).

[356] BVerfGE 1, 208 (247 f.); 82, 322 (338); 95, 408 (419, 421 f.); 129, 300 (324, 335 f.); 146, 327 Rn. 62 ff.; aA zur Europawahl: BVerfGE 129, 300 (324 ff.); dagg. *Magiera,* in: Meyer/Hölscheidt, EUGRCh, 5. Aufl. 2019, Art. 39 Rn. 30.

[357] *Wendt* FS Schröder, 2011, S. 431 (451 ff.).

[358] BVerfGE 1, 208 (256); 82, 322 (338); 95, 408 (419); 120, 82 (110 ff.); 131, 316 (344); *E. Becht,* Die 5 %-Klausel im Wahlrecht, 1990; *Papier,* Die Legitimität der Fünfprozentsperrklausel, in: Oppelland (Hrsg.), S. 9 ff.; krit. *Trute,* in: v. Münch/Kunig I, Art. 38 Rn. 58 f.; *v. Arnim* JZ 2009, 813 (816 ff.); *Dietlein,* in: Stern, StaatsR IV/2, S. 209 f.

[359] BVerfGE 146, 327 Rn. 80 ff.; *P. Müller* MKS II, Art. 38 Rn. 15.

[360] BVerfGE 82, 322 (339 ff.).

[361] BVerfGE 5, 77 (83); 6, 84 (97); BVerfG (K), 2 BvL 1/05 v. 14.2.2005; SchlHVerfG 7/12 bzw. 9/12 v. 13.9.2013 Rn. 130 ff. bzw. 114ff; aA *Morlok,* in: Dreier II, Art. 38 Rn. 113.

[362] BVerfGE 4, 31 (42 f.).

[363] Für Verfassungswidrigkeit der Grundmandatsklausel ua *Meyer* HStR III³, § 46 Rn. 44; *Pieroth,* in: Jarass/Pieroth, Art. 38 Rn. 37; *Hoppe* DVBl 1995, 265 ff.; *Nicolaus* KritV 1996, 385 ff.; *Roth* NJW 1994, 3269 ff.; aA BVerfGE 4, 31 (40 f.); 5, 77 (83); 6, 84 (95 f.); 7, 99 (107); *Schneider* AK GG, Art. 38 Rn. 69; *Löwer,* Aktuelle wahlrechtliche Verfassungsfragen, S. 85 f.; ebenso BVerfGE 95, 408 (420 ff.) unter Ablehnung einer Begrenzung auf eine räumliche Nähe der erworbenen Mandate; krit. dazu *Heintzen* DVBl 1997, 744 (746 f.). – Zu Grundmandatsklauseln in and. europ. Staaten vgl. das Gutachten des *Max-Planck-Instituts für ausländisches öffentliches Recht und Völkerrecht* ZaöRV 1997, 615 ff.

[364] BVerfGE 21, 200 (204 f.); zu Rechtsproblemen bei der Auslandszustellung der Wahlunterlagen näher *Pautsch/Müller-Török* ZRP 2014, 88 ff.

[365] BVerfGE 7, 63 (70).

[366] BVerfGE 79, 161 (166 ff.).

[367] BVerfGE 79, 169 (170 f.). – Zu den für die BTagswahlen – zunächst nach d'Hondt, seit 1987 nach Hare/Niemeyer, ab 2008 nach Sainte-Laguë/Schepers (§ 6 II, VI BWahlG) – verwendeten und abl. Verfahren Entw. eines G zur Änd. des Wahl- und Abgeordnetenrechts der Fraktionen der CDU/CSU und SPD v. 11.12.2007, BT-Dr 16/7461; *Genssler,* Das d'Hondt'sche und andere Sitzverteilungsverfahren, 1984; *Strelen,* in: Schreiber, BWahlG, § 6 Rn. 8 ff.; *Pukelsheim* DÖV 2004, 405 ff.; *Pukelsheim* DVBl 2008, 889; *Sacksofsky* HdbParlR, § 6 Rn. 11 ff.; BVerfGE 96, 264 (282 f.) betr. Ausschussbesetzung.

[368] BVerfGE 124, 1 (21 ff.).

[369] BVerfGE 3, 19 (27); 82, 353 (364).

[370] BVerfGE 7, 63 (74 f.); 16, 130 (139 ff.); 79, 169 (171 f.); ebenso iE, wenn auch hinsichtlich der Zahl zulässiger Überhangmandate großzügig (Fünf-Prozent-Quorum „als Anhalt") und hinsichtlich der zunächst zugestandenen Abweichungsgrenze von 33 1/3 v. H. bei der Wahlkreisgröße (→ Rn. 117) einschränkend BVerfGE 95, 335 (358, 364 ff.); abwM, ebda (367 ff.), allerdings begrenzt auf Überhangmandate, die sich im Rahmen von Unschärfen halten,

**Unvereinbar** mit der Wahlrechtsgleichheit sind demgegenüber ua ein Nominierungsmonopol der 101
politischen Parteien,[372] der Ausschluss unabhängiger Bewerber von der Wahlkampfkostenerstattung,[373]
die Möglichkeit der Listenverbindung, um als bloße Zählgemeinschaft die 5%-Sperrklausel zu überwinden,[374] sowie der **Effekt des negativen Stimmgewichts,** der dazu führt, dass sich die Zweitstimme eines Wählers bei der Mandatsverteilung nicht zugunsten, sondern zulasten der gewählten
Partei auswirkt.[375]

**6. Geheime Wahl.** Geheime Wahl, die eine Stimmabgabe von mindestens drei wahlberechtigten 102
Personen voraussetzt,[376] bedeutet Stimmabgabe unter ausschließlicher Kenntnisnahmemöglichkeit des
Wählers von dem Inhalt seiner Wahlentscheidung und ist damit höchstpersönlich auszuüben. Sie ist
notwendig verbunden mit der freien Wahl und schützt auch die Entscheidungsfreiheit des Abg. vor
„Gegenleistungsforderungen"[377] der Wähler.[378] Eine Verletzung des Wahlgeheimnisses ist strafbar
(§ 107c StGB). Der Grundsatz der geheimen Wahl beschränkt sich nicht auf den Vorgang der **Stimm-
abgabe,** sondern erfasst auch die **Wahlvorbereitungen,** die notwendig zur Verwirklichung des
Wahlrechts gehören.[379] Er verpflichtet den Staat, die dafür erforderlichen Maßnahmen (zB verdeckter
Stimmzettel, sichtgeschützte Wahlzelle) zu gewährleisten.[380]

**Einschränkungen** sind, wie bei der Wahlrechtsgleichheit, nur aus zwingenden Gründen und nur 103
insoweit zulässig, wie es zur ordnungsgemäßen Durchführung der Wahl erforderlich ist.[381] Dies gilt
etwa für den Vermerk über die erfolgte Stimmabgabe im Wählerverzeichnis,[382] für die Überprüfung
von Wahlvorschlägen hinsichtlich der Echtheit der Unterschriften und der Wahlberechtigung der
Unterzeichner[383] sowie für die besonderen Regelungen der Stimmabgabe mit Hilfe einer Vertrauensperson[384] oder der **Briefwahl.**[385] Der Gesetzgeber muss jedoch für eine bestmögliche Sicherung und
Gewährleistung der Wahlrechtsgrundsätze sorgen und erforderlichenfalls, wie etwa bei der **Wahlstatistik,** Nachbesserungen vornehmen.[386] Wegen der notwendig und unverzichtbar geheimen
Stimmabgabe bestehen gegen eine freiwillige und nicht rückverfolgbare[387] **„Offenbarung"** der Wahl-

---

die mit jeder Zuteilung von Parlamentssitzen in einem Proportionalverfahren unausweichlich verbunden sind; weiter
– auf nicht mehr als eine halbe Fraktionsstärke – einschränkend BVerfGE 131, 316 (357 ff.); *Meyer* HStR III³, § 46
Rn. 45 ff.; *Meyer* KritV 1994, 312 ff.; *Mager/Uerpmann* DVBl 1995, 273 ff.; *Schreckenberger* ZParl 1995, 678 ff.; *Löwer,*
S. 86 ff.; *Nicolaus* ZParl 1996, 353 ff.; *Papier* JZ 1996, 265 ff.; *Backhaus* DVBl 1997, 737 ff.; *Badura* JZ 1997, 681 ff.;
*Ehlers/Lechleitner* JZ 1997, 761 ff.; *Lenz* NJW 1997, 1534 ff.; *J. Ipsen* JZ 2002, 469 ff.; *J. Ipsen* DVBl 2003, 1013 ff.;
*Scholz/Hofmann* ZRP 2003, 39 ff.; *H. H. Klein,* in: E. Jesse/E. Klein (Hrsg.), Das Parteienspektrum im wiederver-
einigten Deutschland, 2007, S. 33 ff.; *Behnke* ZParl 2012, 170 ff.; *Behnke* ZParl 2012, 675 ff.; *Grzeszick/Lang,* Wahlrecht, 2012, S. 60 ff.; *Haug* ZParl 2012, 658 ff.; *Strohmeier* ZParl 2013, 629 ff.
   [371] BVerfGE 131, 316 (353 ff.) zur für verfassungswidrig erklärten sog. Reststimmenverwertung gemäß § 6 IIa
BWahlG idF des 19. ÄndG v. 25.11.2011 (BGBl I 2313); *Holste* NVwZ 2012, 8 ff.; *Schreiber* DÖV 2012, 125 ff.);
→ Rn. 118.
   [372] BVerfGE 41, 399 (417); zur Quotierung – zB zugunsten von Frauen – bei der Listenaufstellung *v. Niedig* NVwZ
1994, 1171 ff.; *Trute,* in: v. Münch/Kunig I, Art. 38 Rn. 62; *J. Ipsen* DVBl 2004, 532 ff. (535 f.); ferner → Rn. 98.
   [373] BVerfGE 41, 399 (412).
   [374] BVerfGE 82, 322 (345 ff.). – Entsprechendes gilt für „verdeckt-gemeinsame Wahlvorschläge" durch Aufnahme
von Mitgliedern and. Parteien in den Wahlvorschlag einer Partei, die mit der Neufassung von § 21 BWahlG durch das
ÄndG v. 17.3.2008 (BGBl I 394) ausgeschlossen worden ist.
   [375] BVerfGE 121, 266 (298 ff.) zur für verfassungswidrig erklärten Sitzverteilungsregelung des § 7 III S. 2 iVm § 6
IV und V BWahlG idF des 17. ÄndG v. 11.5.2005 (BGBl I 674); *M. König* ZG 2009, 177 ff.; *Meyer* DVBl 2009,
137 ff.; *Nohlen* ZParl 2009, 179 ff.; *Behnke* ZParl 2010, 247 ff.; *Hettlage* BayVBl 2010, 33 ff.; *Holzner* ZG 2010, 167 ff.;
*Isensee* DVBl 2010, 269 ff.; *Lübbert* ZParl 2010, 278 ff.; *Pappi/M. Herrmann* ZParl 2010, 260 ff.; *Pukelsheim/Rossi* JZ
2010, 922 ff. und JZ 2011, 243 f.; *Lübbert/Arndt/Pukelsheim* ZParl 2011, 426 ff.; *Grzeszick* JZ 2011, 242 f.; *ders.,* in:
Stern/Becker, Art. 38 Rn. 95 f. – BVerfGE 131, 316 (339 ff.) zur ebenfalls für verfassungswidrig erklärten Ermittlung
der Ländersitzkontingente nach der Wählerzahl gemäß § 6 I 1 BWahlG idF des 19. ÄndG v. 25.11.2011 (BGBl I
2313); *Behnke* ZParl 2012, 675 ff.; *Grzeszick/Lang,* Wahlrecht, 2012; *Haug* ZParl 2012, 658 ff.; *C. Hesse* ZParl 2013,
177 ff.; *Th. Wolf,* Das negative Stimmgewicht als wahlgleichheitswidriger Effekt, 2016. – Eine Neuregelung erfolgte
durch das 22. ÄndG v. 3.5.2013 (BGBl I 1082); krit. zu dessen Entw. *Dehmel/Jesse* ZParl 2013, 201 ff.; *Behnke* ZParl
2014, 17 ff.
   [376] Vgl. dazu – mit Nachw. aus der Praxis – *Wittmann* NVwZ 2010, 1072 ff.
   [377] *Schneider* AK GG, Art. 38 Rn. 71.
   [378] BVerfGE 5, 85 (232); zur geschichtlichen Entwicklung vgl. *Niedzwicki* VerwRdsch 2010, 158 ff.
   [379] BVerfGE 4, 375 (386 f.); 12, 33 (35 f.); 12, 135 (139).
   [380] *Trute,* in: v. Münch/Kunig I, Art. 38 Rn. 66, 69 f.
   [381] BVerfGE 4, 375 (387); 5, 77 (82).
   [382] § 56 IV 3 BWahlO; *Trute,* in: v. Münch/Kunig I, Art. 38 Rn. 71.
   [383] BVerfGE 5, 77 (82); 12, 33 (36); 12, 132 (134).
   [384] Dazu → Rn. 86.
   [385] BVerfGE 21, 200 (204 ff.); 134, 25; zu begr. Bedenken hinsichtlich der (erleichterten) Briefwahl vgl. *P. Richter*
DÖV 2010, 606 ff.; *Dietlein,* in: Stern, StaatsR IV/2, S. 229 f.; *Schönberger* JZ 2016, 486 ff. (487 f.).
   [386] BVerfGE 59, 119 (127). – Zur Wahlstatistik G v. 21.5.1999 (u. Rn. 121), das die frühere Regelung in § 51
BWahlG abgelöst hat; zur Begr. des G vgl. BT-Dr 14/401; *Hahlen* FG Graßhof, 1998, S. 109 ff.
   [387] *Schönberger* JZ 2016, 486 ff. (487).

entscheidung durch den Wähler vor oder nach der Wahl keine Bedenken.[388] In der Wahlkabine darf daher nicht, auch nicht durch den Wähler, fotografiert oder gefilmt werden.[389] Unzulässig sind staatliche Maßnahmen (zB eine gerichtliche Beweiserhebung)[390] oder auch eine ernst zu nehmende Druckausübung Privater (Parteien, Arbeitgeber, Gewerkschaften) mit dem Ziel, den Wähler zur Preisgabe seiner Wahlentscheidung zu veranlassen.[391]

**104**    **7. Öffentliche Wahl.** Im Unterschied zu dem Grundsatz der geheimen Wahl, der den Inhalt der Stimmabgabe des einzelnen Wählers schützt, unterliegt das **Wahlverfahren** iÜ – von der Vorbereitung über die Durchführung der Wahl bis zur Ermittlung des Wahlergebnisses – dem Grundsatz der Öffentlichkeit.[392] Die Öffentlichkeit der Wahl ist unabdingbare Voraussetzung für die politische Willensbildung des Volkes entsprechend den verfassungsrechtlichen Grundentscheidungen für Demokratie, Republik und Rechtsstaat (Art. 38 iVm Art. 20 I und II). Danach muss das Wahlverfahren als Legitimationsgrundlage für die Ausübung staatlicher Hoheitsgewalt **ordnungsgemäß und überprüfbar** durchgeführt werden, um das notwendige Vertrauen der Bürger in die gewählten staatlichen Institutionen zu gewährleisten. Die dafür wesentlichen Bestimmungen sind vom parl. Gesetzgeber selbst zu regeln, dem insoweit ein grds. weiter Entscheidungsspielraum zusteht. Der Einsatz von elektronischen Wahlgeräten ist jedoch nur unter engen Voraussetzungen mit dem GG vereinbar, die sicherstellen müssen, dass die Stimmabgabe des einzelnen Wählers für diesen zuverlässig nachvollziehbar und überprüfbar ist.[393]

### III. Wahlrecht

**105**    **1. Subjektives Recht.** Art. 38 gewährleistet den wahlberechtigten Deutschen (Art. 116) das grundrechtsgleiche subjektive (öff.) Recht, an der Wahl der Abg. des BTag teilzunehmen und dadurch an der Legitimation der Staatsgewalt mitzuwirken.[394] Es handelt sich um einen Anspruch auf demokratische Selbstbestimmung, der jedoch nicht auf die inhaltliche Kontrolle demokratischer Prozesse, sondern nur deren Ermöglichung gerichtet ist.[395] Die Wahrnehmung dieses vornehmsten Rechts des Bürgers im demokratischen Staat stellt sich essentiell als Teilhabe an der Staatsgewalt, als ein Stück Ausübung von Staatsgewalt im status activus dar.[396] Es handelt sich deshalb um ein **staatsbürgerliches Recht** („politisches Grundrecht"),[397] das auf Grund des Zusammenhangs mit and. Verfassungsbestimmungen (Art. 20 II ua) nur **Deutschen** zusteht.[398]

**106**    Wegen seiner grundlegenden Bedeutung für die demokratische Legitimation der Staatsgewalt ist das Wahlrecht ein höchstpersönliches (unveräußerliches, unverzichtbares und unübertragbares) Recht,[399] das zum Kernbestand des in Art. 79 III gewährleisteten Demokratieprinzips gehört und jegliches Mehrfachstimmrecht unabänderlich ausschließt. Damit ist auch ein sog. **Eltern-, Familien- oder Stellvertreterwahlrecht** ausgeschlossen.[400]

**107**    Das Wahlrecht umfasst nach Art. 38 II die **Wahlberechtigung,** dh das Recht, die Bundestagsabgeordneten zu wählen (aktives Wahlrecht), und die **Wählbarkeit,** dh das Recht, zum Bundestagsabgeordneten gewählt zu werden (passives Wahlrecht). Das aktive Wahlrecht **beginnt** mit Vollendung des 18. Lebensjahres, dh mit Beginn des entsprechenden Geburtstages (§ 187 II 2 BGB), das passive Wahlrecht mit Eintritt der Volljährigkeit, dh ebenfalls mit Vollendung des 18. Lebensjahres (§ 2 BGB).

---

[388] *Meyer* HStR III³, § 46 Rn. 20; iE NdsOVG OVGE 12, 418 (418); VGH BW ESVGH 14, 11 (15).

[389] § 56 II 2 BWahlO idF v. 24.3.2017, BGBl. I 585.

[390] BVerwGE 49, 75 (76); BGH JZ 1981, 103 f. Zum WahlstatistikG (→ Rn. 121) vgl. *Schreiber*, in: Friauf/Höfling, Art. 38 Rn. 168.

[391] *Trute*, in: v. Münch/Kunig I, Art. 38 Rn. 68.

[392] Vgl. – auch zum Folgenden – BVerfGE 123, 39 (68 ff.); 121, 266 (291 f.); 130, 212 (223 f.).

[393] BVerfGE 123, 39 (71 ff.). – Zur elektronischen Wahl *Trute*, in: v. Münch/Kunig I, Art. 38 Rn. 72; *Kluth*, in: Hofmann/Henneke, Art. 38 Rn. 39; *S. Schiedermair* JZ 2007, 162 ff.; *Helbach* ua DUD 2007, 6 ff.; *Patella* Jura 2009, 776 ff.; *S. Schiedermair* JZ 2009, 572 ff.; *Will* NVwZ 2009, 700 ff.; *Richter*, Wahlen im Internet rechtmäßig gestalten, 2012.

[394] BVerfGE 89, 155 (171 f.); 123, 267 (330); 129, 124 (167 f.); 135, 317 Rn. 159; 142, 123 Rn. 81; BVerfG, 2 BvR 1685/14 v. 30.7.2019, Rn. 115 ff.; *Funke* Der Staat 46 (2007), 395 ff.; *Hartmann* AöR 134 (2009), 1 (11 ff.); *Dietlein*, in: Stern, StaatsR IV/2, S. 183; *K. V. Franz*, Das Wahlrecht, passim.

[395] BVerfG, 2 BvR 1685/14 v. 30.7.2019, Rn. 118.

[396] BVerfGE 1, 14 (33); 8, 104 (115) – bzgl. Volksabstimmung; 20, 56 (98); 83, 60 (71); 122, 304 (306 f.).

[397] BVerfGE 1, 208 (242); zur Terminologie *Sachs*, in: Stern, StaatsR III/1, S. 466 ff.

[398] BVerfGE 83, 37 (50 ff.); StGH Brem DVBl 2014, 1248; *Grzeszick*, in: Stern/Becker, Art. 38 Rn. 17; *Depenheuer*, in: Gornig/Horn/Murswiek (Hrsg.), S. 39 (45 ff.); aA *Meyer* HStR III³, § 46 Rn. 7 ff.; *Meyer* JZ 2016, 121 ff.; vgl. auch – für die Kommunalwahlen – Art. 28 I 3 idF des ÄndG v. 21.12.1992 (BGBl I 2086).

[399] *v. Mangoldt/Klein* II, Art. 38 Anm. III 1a (S. 877); *Klein*, in: Maunz/Dürig, Art. 38 Rn. 137 f.

[400] Str.; *Morlok*, in: Dreier II, Art. 38 Rn. 129; *Schreiber*, in: Friauf/Höfling, Art. 38 Rn. 40, 256 ff.; *Schroeder* JZ 2003, 917 ff.; *Oebbecke* JZ 2004, 987 ff.; *Schreiber* DVBl 2004, 1341 ff.; *Holste* DÖV 2005, 110 ff.; *H. H. Klein* FS Scholz, 2007, S. 283 ff.; *Rolfsen* DÖV 2009, 348 ff.; *Dietlein*, in: Stern, StaatsR IV/2, S. 191 ff.; *Grzeszick*, in: Stern/Becker, Art. 38 Rn. 42 ff.; *I. Rupprecht*, Das Wahlrecht der Kinder, 2012; *Meixner* ZParl 2013, 419 ff.; *S. Müller-Franken*, Familienwahlrecht und Verfassung, 2013.

Damit ist ein **Minderjährigenwahlrecht**[401] für die Bundestagswahl verfassungsrechtlich ausgeschlossen.

Die **abw. Formulierung** beruht darauf, dass die Altersgrenzen in der ursprünglichen Fassung des   **108**
GG unterschiedlich (Vollendung des 21. bzw. 25. Lebensjahres) festgelegt waren und durch die Verfassungsänderung von 1970[402] zwar herabgesetzt, aber nicht gleichzeitig angeglichen werden sollten. Bis zum Inkrafttreten der Neuregelung der Volljährigkeit am 1.1.1975[403] verringerte sich das passive Wahlalter deshalb lediglich auf die Vollendung des 21. Lebensjahres.

Das Wahlrecht gewährleistet auch die Einhaltung der in Art. 38 I 1 niedergelegten **Wahlrechts-**   **109**
**grundsätze sowie die Grundsätze des Demokratiegebots** (Art. 20 I, II; Art. 79 III)[404] und erstreckt sich über die Stimmabgabe hinaus auf die **Wahlvorbereitung,** insbes. die Beteiligung an Wahlvorschlägen.[405] Dementsprechend ist es ein Recht des einzelnen Wählers, aber auch von **Wählervereinigungen und politischen Parteien.**[406]

**Beeinträchtigungen** können sich nicht nur bei einer Verletzung der Wahlrechtsgrundsätze er-   **110**
geben,[407] sondern auch etwa bei einem Hinausschieben fälliger Wahlen.[408] Im Anwendungsbereich der Integrationsbestimmung des Art. 23 darf das Wahlrecht nicht durch Verlagerung von Aufgaben und Befugnissen des BTag so entleert werden, dass das Demokratieprinzip – wie auch das Sozialstaatsprinzip oder die Staatlichkeit selbst – in ihrem jeweiligen Kernbestand (Art. 79 III iVm Art. 20 I, II) verletzt werden.[409] Ob aus diesen Bestimmungen jedoch folgt, dass dem BTag Aufgaben und Befugnisse von substantiellem Gewicht verbleiben müssen,[410] erscheint zweifelhaft. Das Demokratieprinzip soll die demokratische Ausübung von – auch übertragbarer (Art. 23 I 1) – Staatsgewalt sichern, nicht jedoch enthält es einen Maßstab für den Umfang übertragbarer Hoheitsgewalt.[411]

**2. Rechtsschutz.** Bei Verletzungen des Wahlrechts steht einzelnen Wählern und Wählervereinigun-   **111**
gen die **Verfassungsbeschwerde** (Art. 93 I Nr. 4a) sowie politischen Parteien das **Organstreitver-**
**fahren** (Art. 93 I Nr. 1) offen.[412] Allerdings sind diese und and. Rechtsmittel dadurch eingeschränkt, dass Entscheidungen und Maßnahmen, die sich unmittelbar auf das Wahlverfahren beziehen, nur mit den im Bundeswahlgesetz und in der Bundeswahlordnung vorgesehenen **Rechtsbehelfen** sowie im **Wahlprüfungsverfahren** (Art. 41) angefochten werden können (§ 49 BWahlG).[413] Dazu gehört auch die Möglichkeit von Vereinigungen, Verfassungsbeschwerde gegen ihre Nichtanerkennung als Partei für die Wahl zum Bundestag einzulegen.[414]

## IV. Wahlsystem und Wahlverfahren

Das GG legt kein bestimmtes Wahlsystem fest.[415] Die Entscheidung darüber obliegt deshalb dem   **112**
**Bundesgesetzgeber,** der auch das Wahlverfahren auszugestalten hat (Art. 38 III).

**1. Mehrheitswahl und Verhältniswahl.** Anknüpfungsmöglichkeiten bieten die traditionellen Sys-   **113**
teme der Mehrheitswahl und der Verhältniswahl, die in der Praxis unterschiedlich ausgestaltet und miteinander kombiniert sein können.[416] Die **Mehrheitswahl** ist eine Personenwahl, bei der derjenige Bewerber gewählt ist, der die (relative oder absolute) Mehrheit der Stimmen auf sich vereinigt. Die für

---

[401] Vgl. → Rn. 83.
[402] 27. ÄndG v. 31.7.1970 (BGBl I 1161).
[403] § 2 BGB idF des G zur Neuregelung des Volljährigkeitsalters v. 31.7.1974 (BGBl I 1713).
[404] BVerfGE 89, 155 (171); 123, 267 (330, 340); 129, 124 (177); → Rn. 79 ff.
[405] *Klein,* in: Maunz/Dürig, Art. 38 Rn. 143; BVerfGE 11, 266 (272); 11, 351 (364); 12, 10 (27); 60, 162 (167); 69, 92 (106 f.).
[406] BVerfGE 4, 27 (30); 51, 222 (233). – Zum Wahlzugang insbes. kleiner Parteien vgl. *Frenzel* NVwZ 2009, 1349 ff.; *Meinel* ZParl 2010, 67 ff.
[407] Dazu → Rn. 79 ff.
[408] BVerfGE 1, 14 (33); 13, 54 (91).
[409] BVerfGE 89, 155 (172); 97, 350 (368 f.); 123, 267 (328 ff.); 134, 366 Rn. 51 ff.; 142,123 Rn. 126; BVerfG, 2 BvR 1685/14 v. 30.7.2019, Rn. 119 ff
[410] BVerfGE 89, 155 (172, 186); 123, 267 (328 ff.); 129, 124 (168 ff.); 134, 366 Rn. 51 ff.; 135, 317 Rn. 125; BVerfGE 142, 123 Rn. 81, 124 ff.; zustimmend *Morlok,* in: Dreier II, Art. 38 Rn. 56; *Murswiek* JZ 2010, 702; *Klein,* in: Maunz/Dürig, Art. 38 Rn. 146; krit. *Gassner* Der Staat 34 (1995), 429 ff. („materiell-demokratische Aufladung des Art. 38 GG"); *Pieroth,* in: Jarass/Pieroth, Art. 38 Rn. 9a; *Trute,* in: v. Münch/Kunig, Art. 38 Rn. 17; *Sachs* FS Stern, 2012, S. 597 ff.; *Risse/Witt,* in: Hömig/Wolff, Art. 38 Rn. 8.
[411] Näher zum nationalen und europ. Demokratieverbund *Schmahl* DÖV 2014, 501 (505 f.).
[412] BVerfGE 4, 27 (30 f.); 84, 290 (298 f.); krit. dazu *Morlok,* in: Dreier II, Art. 38 Rn. 59.
[413] BVerfGE 11, 329 (329 f.); 14, 154 (154 f.); 16, 128 (130); krit. *Meyer* HStR III³, § 46 Rn. 98 ff.; *Stern,* StaatsR I, S. 327.
[414] Art. 93 I Nr. 4c GG (eingef. durch ÄndG v. 11.7.2012 (BGBl I 1478); § 18 IVa BWahlG (eingefügt durch ÄndG v. 12.7.2012, BGBl I 1501); *Bechler/Neidhardt* NVwZ 2013, 1438 ff.; *P. Klein* DÖV 2013, 584 ff.
[415] BVerfGE 6, 84 (89); 6, 104 (111); 95, 335 (349); 121, 266 (296); 131, 316 (334 f.); str., *Grzeszick,* in: Stern/Becker, Art. 38 Rn. 27 f.; für eine Verankerung im GG *P. Robbe* ZRP 2014, 84 ff.
[416] *Erichsen* Jura 1984, 22 ff.; *Stern,* StaatsR I, S. 294 ff.; *Starck* FS G. Winkler, 1998, S. 1099 ff.; *Pauly* AöR 123 (1998), 235 ff.; krit. *Meyer* HStR III³, § 45 Rn. 22 ff.; *Trute,* in: v. Münch/Kunig I, Art. 38 Rn. 14 f.

die unterlegenen Bewerber abgegebenen Stimmen bleiben bei der Zusammensetzung des Parlaments unberücksichtigt.[417] Die **Verhältniswahl** ist eine Parteienwahl, bei der sich die Wähler zwischen Kandidatenlisten politischer Parteien entscheiden und die Parlamentssitze auf die Listen entsprechend dem jeweils errungenen Stimmenanteil verteilt werden. Damit soll erreicht werden, dass die Zusammensetzung des Parlaments möglichst genau dem Stärkeverhältnis der politischen Richtungen im Wahlvolk entspricht.[418]

114 Im **Unterschied** zur Mehrheitswahl,[419] die lediglich auf den gleichen Zählwert der Stimmen abstellt, ermöglicht die Verhältniswahl auch einen gleichen Erfolgswert der Stimmen.[420] Andererseits begünstigt sie gegenüber der Mehrheitswahl den Einzug kleiner Parteien in das Parlament, so dass die für dessen Funktionsfähigkeit und eine stabile Regierung erforderliche Mehrheitsbildung erschwert oder gefährdet werden kann.[421]

115 **2. Personalisierte Verhältniswahl.** Bei der Festlegung des Wahlsystems muss der Gesetzgeber somit verschiedenen **verfassungsrechtlichen Anforderungen** Rechnung tragen, so dass ihm ein weiter Gestaltungsspielraum verbleibt.[422] Dementsprechend kann er ein System der reinen Mehrheitswahl oder der reinen Verhältniswahl einführen oder ein Kombinationssystem aus Mehrheitswahl und Verhältniswahl schaffen.[423] Bei der näheren Ausgestaltung ist er allg. an die Wahlrechtsgrundsätze gebunden[424] und im Fall eines Kombinationssystems zur Folgerichtigkeit innerhalb eines jeden Teilbereichs verpflichtet.[425]

116 Tatsächlich hat sich der Bundesgesetzgeber für ein Kombinationssystem nach den Grundsätzen einer mit der Personenwahl verbundenen Verhältniswahl (§ 1 I 2 BWahlG) entschieden (§§ 1 bis 6 BWahlG). Diese sog. **personalisierte Verhältniswahl,** die die Verhältniswahl mit Elementen der Mehrheitswahl verbindet,[426] ist mit dem GG vereinbar,[427] aber wegen der in letzter Zeit erheblich vergrößerten Abgeordnetenzahl reformbedürftig.[428]

117 In den **Grundzügen**[429] ist sie dadurch gekennzeichnet, dass die Hälfte der 598 Abg. in (Ein-Personen-)Wahlkreisen, die and. Hälfte nach Landeslisten der Parteien gewählt wird (§§ 1 II, 27 I 1 BWahlG). Parteien, auch wenn sie eine Fraktionsgemeinschaft im BTag bilden wollen, steht es frei, in welchen Ländern sie Landeslisten aufstellen.[430] Jeder Wähler hat zwei Stimmen – eine Erststimme für die Wahl eines Wahlkreisbewerbers und eine Zweitstimme für die Wahl einer Landesliste (§ 4 BWahlG), die im Rahmen einer einheitlichen Wahlhandlung auf einem einheitlichen Stimmzettel abzugeben sind (§§ 30, 34 ff. BWahlG).[431] In den **Wahlkreisen,** die annähernd gleich groß sein müssen (§ 3 BWahlG), was regelmäßig zu überprüfen und erforderlichenfalls zu korrigieren ist,[432] ist jeweils derjenige Bewerber gewählt, der die meisten Stimmen erhält (§ 5 BWahlG). Die zunächst – bezogen auf die (deutsche) Wohnbevölkerung – gesetzlich festgelegte und vom BVerfG zugelassene maximale Abweichungsgrenze zwischen den Wahlkreisen von $33^1/_3$ v. H.[433] wurde im Anschluss an eine spätere Entscheidung des BVerfG auf regelmäßig 15 v. H., ausnahmsweise 25 v. H. verringert.[434] Die Anknüpfung nicht an die Wahlberechtigten, sondern an die deutsche Wohnbevölkerung als Bemessungsgrund-

---

[417] BVerfGE 1, 208 (248); 51, 222 (253).

[418] BVerfGE 1, 208 (248); 6, 84 (92); 82, 322 (338); 95, 335 (352).

[419] Zum Vergleich der Wahlsysteme *Stern,* StaatsR I, S. 299 f.; *Badura* BK, Anh. zu Art. 38 (2018) Rn. 44 ff.

[420] Vgl. → Rn. 95.

[421] BVerfGE 1, 208 (248).

[422] BVerfGE 3, 19 (24); 3, 383 (394); 95, 335 (349); 131, 316 (335 f.).

[423] BVerfGE 1, 208 (246); 6, 84 (90); 6, 104 (111); 11, 351 (362); 95, 335 (349 f., 354); 97, 317 (323); 121, 266 (296); 131, 316 (336); gegen die Zulässigkeit der Mehrheitswahl *Meyer* HStR III³, § 45 Rn. 35; für eine Präferenz der Verhältniswahl *Trute,* in: v. Münch/Kunig I, Art. 38 Rn. 15.

[424] BVerfGE 3, 19 (24); 3, 383 (394); 6, 84 (89); 95, 335 (354); 131, 316 (336 ff.); zu den Wahlrechtsgrundsätzen → Rn. 79 ff.

[425] BVerfGE 1, 208 (246); 4, 31 (44); 6, 84 (90); 13, 127 (129); 95, 335 (354).

[426] BVerfGE 6, 84 (90); 7, 63 (70); 16, 130 (139); 95, 335 (356).

[427] BVerfGE 1, 208 (246 f.); 21, 355 (355 f.); 66, 291 (304). Zu Reformbestrebungen *Strohmeyer, Decker, Schoen* ZParl 2007, 578 ff., 857 ff., 862 ff.; v. *Arnim,* ZParl 2009 (Sonderband), 183 ff.

[428] Dazu → Rn. 118; *Funk* ZG 2018, 35 ff.; *H. Meyer* AöR 143 (2018), 521 ff.; *Zeh* ZParl 2018, 744 ff.; *Pukelsheim* ZParl 2019, 469 ff.; *Jacob* ZParl 2019, 478 ff.; *Behnke* ZParl 2019, 630 ff.

[429] Zu Einzelheiten *Schreiber,* BWahlG, passim; *Seifert,* Bundeswahlrecht, 3. Aufl. 1976; *Meyer* HStR III³, § 46 Rn. 75 ff.

[430] VG Wiesbaden mit Anm *A. Schwerdtfeger,* NVwZ 2017, 841 und 894.

[431] BVerfGE 124, 1 (14); näher dazu *Morlok,* Das Verhältnis von Erst- und Zweitstimme aus juristischer Sicht, in: Oppelland (Hrsg.), S. 91 ff.; *Jesse,* Das Zweitstimmensystem in der Bundesrepublik Deutschland, ebda, S. 105 ff.; *Niendorf/Oppelland,* Zum Stellenwert der Persönlichkeitswahl im deutschen Zweitstimmen-Wahlsystem, ebda, S. 125 ff.

[432] BVerfGE 130, 212 (225 ff.).

[433] BVerfGE 13, 127 (128 f.); 16, 130 (139 ff.); 79, 169 (171 f.).

[434] BVerfGE 95, 335 (365); ÄndG zum BWahlG v. 15.11.1996 (BGBl I 1712); § 3 I 1 Nr. 3 BWahlG; krit. *Lenz* ZRP 1996, 345 ff. (348: maximal nur 10 v. H. zulässig); *Schreiber* ZRP 1997, 105 ff. – Zur Wahlkreiseinteilung in westlichen europ. Demokratien, USA und Kanada vgl. das Gutachten des *Max-Planck-Instituts für ausländisches öffentliches Recht und Völkerrecht* ZaöRV 1997, 633 ff.

lage ist zulässig, solange sich der Anteil der Minderjährigen in den einzelnen Ländern und Wahlkreisen nur unerheblich unterscheidet.[435]

Die übrigen Abgeordnetensitze werden gemäß einem äußerst komplexen Verfahren auf die **Landes-** 118 **listen** der Parteien entsprechend dem erreichten Zweitstimmenanteil verteilt (§ 6 BWahlG).[436] Dabei werden jedoch – außer Parteien nationaler Minderheiten – nur solche Parteien berücksichtigt, die im Wahlgebiet mindestens 5 % der Zweitstimmen erhalten oder in mindestens drei Wahlkreisen einen Sitz errungen haben (§ 6 III BWahlG).[437] Bei der Verteilung der Abgeordnetensitze auf die Parteien werden die Wahlkreismandate auf die Landeslisten angerechnet (§ 6 IV 1 BWahlG). Übersteigen die errungenen Wahlkreismandate die der Partei zustehenden Listenmandate, so verbleiben sie der Partei als sog. **Überhangmandate** (§ 6 IV 2 BWahlG). Diese erhöhen die regelmäßige Mitgliederzahl des BTag von 598 Abg. (§ 1 I 1 BWahlG) für die betreffende Wahlperiode und werden durch sog. **Ausgleichsmandate** zugunsten der and. Parteilisten entsprechend deren Zweitstimmenanteil kompensiert (§ 6 V bis VII BWahlG).[438] Dadurch erhöhte sich die Zahl der Abg. von der Ausgangszahl 598 auf insgesamt 631 bzw 709 in der 18. bzw 19. Wahlperiode.[439]

**3. Wahlverfahren.** Das **Wahlverfahren**, das ebenfalls – unter Beachtung des für die demokratische 119 politische Willensbildung des Volkes unentbehrlichen Grundsatzes der Öffentlichkeit der Wahl[440] – vom Bundesgesetzgeber zu regeln ist, umfasst als Hauptabschnitte die Vorbereitung der Wahl (§§ 16 bis 30 BWahlG), die Wahlhandlung (§§ 31 bis 36 BWahlG) und die Feststellung des Wahlergebnisses (§§ 37 bis 42 BWahlG).[441]

# E. Ausgestaltung durch Bundesgesetz

Nach Art. 38 III bestimmt ein Bundesgesetz das Nähere zu den in Art. 38 I und II enthaltenen 120 Grundregelungen. Der Gesetzgeber wird damit ermächtigt und zugleich **verpflichtet,** die Einzelheiten festzulegen.[442] Nicht ausgeschlossen ist dadurch die Regelung näherer Einzelheiten durch Rechtsverordnung auf Grund gesetzlicher Ermächtigung (Art. 80) oder and. Rechtsquellen, insbesondere die Geschäftsordnung oder ungeschriebenes Parlamentsrecht.[443]

Bei der Festlegung der Einzelheiten verfügt der Gesetzgeber über einen weiten **Gestaltungsspiel-** 121 **raum,**[444] der jedoch nur die Ausfüllung des verfassungsrechtlichen Rahmens und nicht davon abw. Regelungen gestattet.[445] Regelungsbedürftig durch den Gesetzgeber sind vor allem die Zahl der Bundestagsabgeordneten, das Wahlsystem und das Wahlverfahren sowie die Konkretisierung der Wahlrechtsgrundsätze (Art. 38 I 1),[446] ferner – unter Berücksichtigung weiterer Verfassungsvorgaben (vgl. insbes. Art. 46 bis 48) – die Rechtsstellung der Abg. (Art. 38 I 2).[447] Entsprechende Bestimmungen finden sich im Bundeswahlgesetz,[448] im Abgeordnetengesetz[449] und im Wahlstatistikgesetz.[450]

---

[435] BVerfGE 130, 212 (225 ff.).
[436] Zur Verfassungsmäßigkeit verschiedener Verfahren der Stimmenverteilung o. Rn. 100; zum Homogenitätsprinzip für Landeslisten *M. König* DÖV 2006, 423 ff.; *Brocker* ZG 2007, 73 ff.; zum Wahlrecht im Spannungsfeld zwischen Politik und Verfassungsgerichtsbarkeit *J. Ipsen* DVBl 2013, 265 ff.; zur Neuregelung durch das 22. ÄndG v. 3.5.2013 (BGBl I 1082) *Holste* NVwZ 2013, 529 ff.; *Grzeszick* ZG 2014, 239 ff.; *Hettlage* DÖV 2015, 329 ff. und 704 ff.; *H. Meyer* DÖV 2015, 700 ff.
[437] Dazu o. Rn. 99 f.
[438] Näher *Grotz,* Der Mandatsausgleich im neuen Bundestagswahlsystem, in: Oppelland (Hrsg.), S. 65 ff. – Zur Frage der Nachfolge bei Überhangmandaten → Rn. 89.
[439] Ausführlich dazu *Boehl* ZRP 2017. 197.
[440] Dazu → Rn. 104.
[441] Ausführungsbestimmungen in der BWahlO und in der BWahlgeräteVO (→ Rn. 121) sowie – zur verwaltungsmäßigen Durchführung – *Schreiber* DVBl 2007, 807 ff.; zum Bundeswahlausschuss *H. H. Klein* ZG 2010, 151 ff.
[442] *Klein,* in: Maunz/Dürig, Art. 38 Rn. 164; BVerfGE 95, 335 (349, 366).
[443] *Cancik* HdbParlR, § 9.
[444] Vgl. → Rn. 80, → Rn. 115.
[445] BVerfGE 142, 25 Rn. 107 ff.; *Trute,* in: v. Münch/Kunig I, Art. 38 Rn. 105.
[446] Dazu → Rn. 79 ff.
[447] Dazu → Rn. 45 ff.; zum möglichen Reformbedarf vgl. *Schreiber* DVBl 1999, 345 ff.
[448] BundeswahlG (BWahlG, BWG) v. 7.5.1956 (BGBl I 383) idF der Bek. v. 23.7.1993 (BGBl I 1288, ber. 1594), zul. geänd. durch Art. 1 G v. 18.6.2019 (BGBl I 834); vgl. auch BundeswahlO (BWahlO, BWO) v. 28.8.1985 (BGBl I 1769, ber. 1986 I 258) idF der Bek. v. 19.4.2002 (BGBl I 1376), zul. geänd. durch Art. 2 G v. 18.6.2019 (BGBl I 834; VO über den Einsatz von Wahlgeräten bei Wahlen zum Deutschen BTag und der Abg. des EUParl aus der Bundesrepublik Deutschland (BundeswahlgeräteVO – BWahlGV) v. 3.9.1975 (BGBl I 2459), zul. geänd. durch Art. 1 VO v. 20.4.1999 (BGBl I 749); diese VO ist vom BVerfG (BVerfGE 123, 39, 81 ff.) wegen Verstoßes gegen den Grundsatz der Öffentlichkeit der Wahl (→ Rn. 104) für verfassungswidrig erklärt worden.
[449] G über die Rechtsverhältnisse der Mitglieder des Deutschen BTag (Abgeordnetengesetz – AbgG) v. 18.2.1977 (BGBl I 297) idF der Bek. v. 21.2.1996 (BGBl I 326), zul. geänd. durch Art. 12 G v. 5.1.2017 (BGBl I 17).
[450] G über die allg. und die repräsentative Wahlstatistik bei der Wahl zum Deutschen BTag und bei der Wahl der Abg. des EUParl aus der Bundesrepublik Deutschland (Wahlstatistikgesetz – WStatG) v. 21.5.1999 (BGBl I 1023), zul. geänd. durch Art. 1a des 21. ÄndG zum BWahlG v. 27.4.2013 (BGBl I 962); vgl. dazu auch → Rn. 103.

## Art. 39 [Wahlperiode, Zusammentritt, Sitzungen]

(1) **Der Bundestag wird vorbehaltlich der nachfolgenden Bestimmungen auf vier Jahre gewählt. Seine Wahlperiode endet mit dem Zusammentritt eines neuen Bundestages. Die Neuwahl findet frühestens sechsundvierzig, spätestens achtundvierzig Monate nach Beginn der Wahlperiode statt. Im Falle einer Auflösung des Bundestages findet die Neuwahl innerhalb von sechzig Tagen statt.**

(2) **Der Bundestag tritt spätestens am dreißigsten Tage nach der Wahl zusammen.**

(3) **Der Bundestag bestimmt den Schluß und den Wiederbeginn seiner Sitzungen. Der Präsident des Bundestages kann ihn früher einberufen. Er ist hierzu verpflichtet, wenn ein Drittel der Mitglieder, der Bundespräsident oder der Bundeskanzler es verlangen.**

**Entstehungsgeschichte: Erstfassung:** JöR nF 1 (1951), 356. – **Änderung:** 33. G zur Änd. des GG v. 23.8.1976 (BGBl I 2381), Art. I Nr. 2 (dazu: BT-Dr 7/5307 [Entw.], 5491, 5527, 5535; BT-Prot 7/18093, 18384; BR-Dr 462/76; BR-Prot 76/323, 356); 46. G zur Änd. des GG v. 16.7.1998 (BGBl I 1822), Art. 1 (dazu: BT-Dr 13/9393 [Entw.], 10590; BT-Prot 13/19162, 19386, 21937, 21938, 21944 ff.; BR-Dr 476/98; BR-Prot 727/306).
**Historische Verfassungstexte: RV 1849:** § 94 (1) Die Mitglieder des Volkshauses werden für das erste Mal auf vier Jahre, demnächst immer auf drei Jahre gewählt. § 104 (1) Der Reichstag versammelt sich jedes Jahr am Sitze der Reichsregierung. Die Zeit der Zusammenkunft wird vom Reichsoberhaupt bei der Einberufung angegeben, insofern nicht ein Reichsgesetz dieselbe festsetzt. (2) Außerdem kann der Reichstag zu außerordentlichen Sitzungen jederzeit vom Reichsoberhaupt einberufe werden. § 108 Das Ende der Sitzungsperiode des Reichstages wird vom Reichsoberhaupt bestimmt. § 109 (1) Eine Vertagung des Reichstages oder eines der beiden Häuser durch das Reichsoberhaupt bedarf, wenn sie nach Eröffnung der Sitzung auf länger als vierzehn Tage ausgesprochen werden soll, der Zustimmung des Reichstages oder des betreffenden Hauses. (2) Auch der Reichstag selbst so wie jedes der beiden Häuser kann sich auf vierzehn Tage vertagen. – **RV 1871:** Art. 24 Die Legislaturperiode des Reichstages dauert drei Jahre (Verlängerung auf fünf Jahre durch Gesetz vom 19.3.1888, RGBl 110). Zur Auflösung des Reichstages während derselben ist ein Beschluß des Bundesrathes unter Zustimmung des Kaisers erforderlich. Art. 25 Im Falle der Auflösung des Reichstages müssen innerhalb eines Zeitraumes von 60 Tagen nach derselben die Wähler und innerhalb eines Zeitraumes von 90 Tagen nach der Auflösung der Reichstag versammelt werden. – **WRV: Art. 23** (1) Der Reichstag wird auf vier Jahre gewählt. Spätestens am sechzigsten Tage nach ihrem Ablauf muß die Neuwahl stattfinden. (2) Der Reichstag tritt zum ersten Male spätestens am dreißigsten Tage nach der Wahl zusammen. **Art. 24** (1) Der Reichstag tritt in jedem Jahre am ersten Mittwoch des November am Sitze der Reichsregierung zusammen. Der Präsident des Reichstags muß ihn früher berufen, wenn es der Reichspräsident oder mindestens ein Drittel der Reichstagsmitglieder verlangt. (2) Der Reichstag bestimmt den Schluß der Tagung und den Tag des Wiederzusammentritts. **Art. 25** (1) Der Reichspräsident kann den Reichstag auflösen, jedoch nur einmal aus dem gleichen Anlaß. (2) Die Neuwahl findet spätestens am sechzigsten Tage nach der Auflösung statt. – **GG 1949:** (1) Der Bundestag wird auf vier Jahre gewählt. Seine Wahlperiode endet vier Jahre nach dem ersten Zusammentritt oder mit seiner Auflösung. Die Neuwahl findet im letzten Vierteljahr der Wahlperiode statt, im Falle der Auflösung spätestens nach sechzig Tagen. (2) Der Bundestag tritt spätestens am dreißigsten Tage nach der Wahl, jedoch nicht vor dem Ende der Wahlperiode des letzten Bundestages zusammen. (3) wie geltende Fassung.
**Geltende Landesverfassungen:** *BW*Verf Art. 30; *Bay*Verf Art. 16 f.; *Bln*Verf Art. 42 I, II, 54, 97 III; *Bbg*Verf Art. 62, 64 I; *Brem*Verf Art. 75 f., 81, 88; *Hmb*Verf Art. 10 ff., 22; *Hess*Verf Art. 79 f.; *MV*Verf Art. 27 f.; *Nds*Verf Art. 9 ff.; *NRW*Verf Art. 34 ff., 38 III, IV; *RhPf*Verf Art. 83 f.; *Saar*Verf Art. 67 ff.; *Sachs*Verf Art. 44; *LSA*Verf Art. 43, 45; *SchlH*Verf Art. 19; *Thür*Verf Art. 50, 57 II.
**Supra- und internationale Texte:** EUV Art. 14 III; AEUV Art. 229; Akt zur Einführung allgemeiner unmittelbarer Wahlen der Mitglieder des Europäischen Parlaments Art. 5, 10, 11; EuRat Art. 15 lit. a II, 32, 34.
**Leitentscheidungen:** BVerfGE 62, 1 (Bundestagsauflösung/Vertrauensfrage Kohl); BVerfGE 114, 121 (Bundestagsauflösung/Vertrauensfrage Schröder).

**Schrifttum:** Vgl. das Schrifttum zu Art. 38; ferner *J. Jekewitz,* Der Grundsatz der Diskontinuität der Parlamentsarbeit im Staatsrecht der Neuzeit und seine Bedeutung unter der parlamentarischen Demokratie des Grundgesetzes, 1977; *A. Kochsiek,* Der Alt-Bundestag, 2002; *L. Michael,* Folgen der Beendigung: Elemente der Diskontinuität und Kontinuität HdbParlR, § 49; *M. Payandeh,* Konstituierung des Parlaments HdbParlR, § 7; *L.-A. Versteyl,* Beginn und Ende der Wahlperiode, Erwerb und Verlust des Mandats, in: Schneider/Zeh, § 14; *P. Weides,* Bestimmung des Wahltages von Parlamentswahlen, FS Carstens II, 1984, S. 933.

Übersicht

## A. Wahlperiode (Abs. 1)

### I. Dauer (Satz 1)

Der BTag wird vorbehaltlich der nachfolgenden Bestimmungen auf vier Jahre gewählt (Art. 39 I 1). **1** Damit legt das GG die Dauer der **Wahlperiode** (Art. 39 I 2) fest, dh die Zeitspanne, für welche die Abg. vom Volk als dessen Vertreter bestimmt und legitimiert werden. Die früher gebräuchliche Bezeichnung „Legislaturperiode" (Art. 24 RV 1871) ist demgegenüber enger, weil sie nur auf eine der Parlamentsfunktionen abstellt, und sollte deshalb nicht synonym verwendet werden.[1] Eine Aufteilung der Wahlperiode in „Sitzungsperioden" („Sessionen") kennt das GG dagegen nicht mehr.[2]

Bei der Dauer der Wahlperiode von vier Jahren handelt es sich seit der Änd. des GG von 1976[3] nicht **2** mehr um einen starren Zeitraum, sondern um eine **Regelzeitspanne.** Sie kann sich ausnahmsweise – im Verteidigungsfall (Art. 115h I 1) – verlängern und – bei Auflösung des BTags (Art. 39 I 4) – verkürzen. Ferner kann es auch infolge der flexiblen Termine für die Neuwahl (Art. 39 I 3) und für den ersten Zusammentritt des BTag nach einer Neuwahl (Art. 39 II) zu einer Verlängerung bis zu etwa einem Monat und zu einer Verkürzung bis zu etwa zwei Monaten kommen.[4]

Die Begrenzung der Amtszeit der Abg. ist ein unabdingbares, der Verfassungsänderung entzogenes **3** (Art. 79 III)[5] **Kernelement des Demokratieprinzips.** Die Herrschaft auf Zeit soll sicherstellen, dass die Abg. dem Volk gegenüber verantwortlich bleiben.[6] Deshalb gehört es zu den grundlegenden Prinzipien des freiheitlichen demokratischen Rechtsstaates, dass die Volksvertreter in regelmäßigen, im Voraus bestimmten Abständen durch Wahlen abgelöst und neu legitimiert werden.[7] Die Regelzeitspanne der Wahlperiode soll aber auch die **Arbeitsfähigkeit** des Parlaments gewährleisten,[8] die eine Mindestdauer der Mandatsausübung der Abg. voraussetzt und nicht durch damit unvereinbare Maßnahmen, wie das sog. Rotationsprinzip,[9] gefährdet werden darf.

Der ihnen durch die Volkswahl erteilte Auftrag auf Zeit kann deshalb von den Abg. über die **4** verfassungsrechtlich festgelegten Fristen hinaus für die laufende Wahlperiode **weder verlängert noch verkürzt** werden.[10] Beides liefe auf eine dem demokratisch-rechtsstaatlichen Repräsentationsprinzip widersprechende[11] und damit unzulässige Selbstermächtigung hinaus, eine Verkürzung zusätzlich auf ein Selbstauflösungsrecht, das im GG nicht vorgesehen ist.[12]

Grds. zulässig ist demgegenüber eine Verlängerung oder Verkürzung künftiger Wahlperioden im **5** Wege der Verfassungsänderung (Art. 79 I, II).[13] Bei der Festlegung der **angemessenen Dauer**[14] muss zwischen den Erfordernissen der Arbeitsfähigkeit und der Verantwortlichkeit des Parlaments abgewogen werden, die unterschiedlich für eine eher längere bzw. kürzere Wahlperiode sprechen.[15] Mit der vierjährigen Wahlperiode im gegenwärtigen Verfassungsrecht[16] ist – auch angesichts der geringen plebiszitären Instrumente auf Bundesebene[17] – ein akzeptabler Kompromiss gefunden worden.[18] Eine Verlängerung der Wahlperiode auf fünf Jahre[19] – wie inzwischen vielfach auf Landesebene – erscheint angesichts der schon mehrfach praktizierten vorzeitigen Auflösung des Bundestages[20] weniger überzeugend. In der EU ist die Wahlperiode der Parlamente in rund Zweidritteln der Mitgliedstaaten auf vier Jahre, in den übrigen Mitgliedstaaten und für das Europäische Parlament auf fünf Jahre festgelegt.[21]

---

[1] Zur Terminologie *Hölscheidt* BK, Art. 39 (2019) Rn. 27.

[2] Dazu → Rn. 23.

[3] 33. ÄndG v. 23.8.1976 (BGBl I 2381).

[4] Näher *Hölscheidt* BK, Art. 39 (2019) Rn. 36 und 190 (Liste der Wahlperioden).

[5] Ebenso *Schneider* AK GG, Art. 39 Rn. 4.

[6] BVerfGE 44, 125 (139).

[7] BVerfGE 18, 151 (154); 1, 14 (33); 13, 54 (91); 77, 1 (40).

[8] BVerfGE 62, 1 (32, 44).

[9] NdsStGH NJW 1985, 2319 ff.; *U. Schliesky* MKS II, Art. 39 Rn. 22; *Klein*, in: Maunz/Dürig, Art. 39 Rn. 26 f.

[10] Ebenso *Pieroth*, in: Jarass/Pieroth, Art. 39 Rn. 1a; *Schneider* AK GG, Art. 39 Rn. 11; *Brocker*, in: Epping/Hillgruber, Art. 39 Rn. 2 ff.; *U. Schliesky* MKS II, Art. 39 Rn. 20 f.; BVerfGE 1, 14 (33); 62, 1 (32); aA *Dicke*, in: Umbach/Clemens, GG II, Art. 39 Rn. 18 ff. (bei Verkürzung); *Klein*, in: Maunz/Dürig, Art. 39 Rn. 25 (nur bei Vorliegen „unabweisbarer Gründe").

[11] Vgl. → Rn. 3; BVerfGE 114, 121 (147, 152; abwM 178 ff.).

[12] Dazu → Rn. 10.

[13] BVerfGE 1, 14 (33); 62, 1 (32); zu deren Grenzen und möglichem Rechtsschutz *Hölscheidt* BK, Art. 39 (2019) Rn. 53.

[14] BVerfGE 13, 54 (91).

[15] *Hölscheidt* BK, Art. 39 (2019) Rn. 44 ff.; *Versteyl*, in: v. Münch/Kunig I, Art. 39 Rn. 5.

[16] Zu früheren Verfassungsregelungen *Hölscheidt* BK, Art. 39 (2019) Rn. 1 ff.; *Versteyl*, in: Schneider/Zeh, § 14 Rn. 2 ff.; verfassungsvergleichend in europ. Staaten *Flessner* FS Bothe, 2008, S. 897.

[17] Ber. der GemVerfKom. v. 5.11.1993, BT-Dr 12/6000, S. 94 f.

[18] *Hölscheidt* BK, Art. 39 (2019) Rn. 37, 43 ff.; *Stern*, StaatsR II, S. 71; *Schneider* AK GG, Art. 39 Rn. 5; *Lang*, in: Friauf/Höfling, Art. 39 Rn. 25 ff.; *Brocker*, in: Epping/Hillgruber, Art. 39 Rn. 2.5.

[19] Dafür *Versteyl*, in: v. Münch/Kunig I, Art. 39 Rn. 5.

[20] 1972, 1983, 2005; dazu → Rn. 9.

[21] Vgl. die Zusammenstellung bei *Hölscheidt* BK (2019), Art. 39 Rn. 12.

## II. Beginn und Ende (Satz 2)

**6**     Die Wahlperiode **beginnt** mit dem (erstmaligen) Zusammentritt der Abg. des neu gewählten BTag.[22] Dies ergibt sich nicht ausdrücklich, aber mittelbar aus dem Verfassungstext. Danach **endet** die Wahlperiode des BTag mit dem Zusammentritt des neuen BTag (Art. 39 I 2).

**7**     Die einzelnen Wahlperioden folgen seit der Änd. des GG von 1976 unmittelbar, dh ohne zeitlichen Zwischenraum, aufeinander.[23] Dementsprechend gibt es **keine „parlamentslose Zeit"**[24] mehr, so dass die dafür vorgesehenen Verfassungsbestimmungen (Art. 45 aF, 45a I 2, 49)[25] aufgehoben werden konnten.

**8**     Auch im Falle einer **Auflösung** des BTag (Art. 39 I 4) endet die Wahlperiode seit der Verfassungsänderung von 1976 dementsprechend erst mit dem Zusammentritt des anschl. (vorzeitig) neu gewählten BTag und nicht schon − wie zuvor − mit dem Wirksamwerden der Auflösungsanordnung durch den BPräs.[26] Die Bezeichnung „Auflösung" ist deshalb missverständlich geworden, entspricht jedoch dem sonstigen Sprachgebrauch des GG.[27]

**9**     Eine Auflösung des BTag ist im GG **nur** bei einer gescheiterten Wahl des BKanzlers (Art. 63 IV 3) oder einer erfolglosen Vertrauensfrage des BKanzlers (Art. 68 I 1) vorgesehen. Die dadurch bewirkte Verkürzung der grds. auf vier Jahre festgelegten Wahlperiode greift in den Status der Abg. (Art. 38 I 2, 39 I 1) ein und kann deren Stellung im politischen Gefüge schwächen sowie das Vertrauen in die Funktionsfähigkeit der parl. Demokratie beeinträchtigen.[28] Eine Auflösung gemäß Art. 68 muss deshalb den formellen Anforderungen wie auch dem Zweck dieser Verfassungsbestimmung entsprechen.[29] Zwischen Auflösung und Ende der Wahlperiode bleibt der BTag in Funktion und behalten die Abg. ihr Mandat.[30] Die Voraussetzungen, die für eine Auflösung gegeben sein müssen, schließen es jedoch aus, dass der BTag nach seiner Auflösung einen neuen BKanzler wählt (Art. 63, 67) oder über eine Vertrauensfrage des BKanzlers abstimmt (Art. 68).[31]

**10**    Ein **Selbstauflösungsrecht** des BTag ist verfassungsrechtlich ausgeschlossen,[32] verfassungspolitisch jedoch umstritten.[33] Sein Fehlen darf nicht durch einen Missbrauch der zulässigen Auflösungsmöglichkeiten umgangen werden.[34]

## III. Diskontinuität

**11**    Im Verhältnis der aufeinander folgenden Wahlperioden gilt der Grundsatz der Diskontinuität,[35] der die personelle, institutionelle und materielle **Zäsur** zum Ausdruck bringt, die mit der regelmäßigen Neuwahl der Abg. verbunden ist.

**12**    **Personelle Diskontinuität** bedeutet, dass die bisherigen Abg. ihr Mandat mit Ende der Wahlperiode verlieren[36] und die neu gewählten Abg. ihr Mandat mit Beginn der anschl. Wahlperiode erwerben. Die Neuwahl bewirkt einen vollständigen Wechsel in der personellen Zusammensetzung des BTag. Insofern kann von einem jeweils „neuen" BTag (Art. 39 I 2) bzw. von dem 1., 2., 3. usw. BTag gesprochen werden.

**13**    Aus der personellen Diskontinuität folgt zugleich die **institutionelle Diskontinuität** aller Einrichtungen des BTag, die nicht nur in ihrer personellen Besetzung, sondern auch in ihrer Existenz auf einer Entscheidung des BTag in seiner jeweils konkreten Zusammensetzung beruhen.[37] Zu ihnen gehören insbes. die (fakultativen) Ausschüsse und Enquete-Kommissionen (§§ 54 ff. GOBT). Als nicht-ständige Einrichtungen gelten sie mit dem Ende der Wahlperiode als aufgelöst. Gleiches gilt für die Fraktionen,

---

[22] *Pieroth,* in: Jarass/Pieroth, Art. 39 Rn. 2; *Schneider* AK GG, Art. 39 Rn. 12; *Klein,* in: Maunz/Dürig, Art. 39 Rn. 18; *Morlok,* in: Dreier II, Art. 39 Rn. 14.

[23] Zur früheren Verfassungsrechtslage *Klein,* in: Maunz/Dürig, Art. 39 Rn. 6 ff.

[24] Enquete-Kommission Verfassungsreform, Schlussbericht v. 9.12.1976, BT-Dr 7/5924, S. 36.

[25] Betr. den ständigen Ausschuss, die Ausschüsse für auswärtige Angelegenheiten und Verteidigung sowie die Rechte der Mitglieder dieser Ausschüsse und des Präsidiums zwischen den Wahlperioden.

[26] Art. 58 iVm Art. 63 IV 3, 68 I 1; die Auflösungsanordnung wird wirksam mit dem Zugang beim BTag; *Stern,* StaatsR II, S. 73; zu Beispielen aus der Praxis *Hölscheidt* BK (2019), Art. 39 Rn. 116 ff.

[27] Art. 58 S. 2, 63 IV 3, 68 I 1, 81 I, 115h III.

[28] BVerfGE 114, 121 (148 f., 152).

[29] Ebda, 149.

[30] *Klein,* in: Maunz/Dürig, Art. 39 Rn. 88; *Schneider* AK GG, Art. 39 Rn. 15.

[31] Ebenso *Schneider* AK GG, Art. 39 Rn. 15; *Maunz,* in: Maunz/Dürig (1982), Art. 39 Rn. 30; *Morlok,* in: Dreier II, Art. 39 Rn. 16; aA *Klein,* in: Maunz/Dürig, Art. 39 Rn. 90; *Kluth,* in: Hofmann/Henneke, Art. 39 Rn. 19.

[32] BVerfGE 62, 1 (41); *Versteyl,* in: v. Münch/Kunig I, Art. 39 Rn. 15 f.; *Schneider* AK GG, Art. 39 Rn. 16.

[33] Dafür Enquete-Kommission Verfassungsreform, Schlussbericht v. 9.12.1976, BT-Dr 7/5924, S. 33 f., 39 ff.; vgl. demgegenüber den Ber. der GemVerfKom. v. 5.11.1993, BT-Dr 12/6000, S. 86 ff. − Vgl. auch *Pieper* ZParl 2007, 287 (293 ff.); *Hölscheidt* BK (2019), Art. 39 Rn. 57 ff.

[34] BVerfGE 62, 1 (42 ff.); *U. Schliesky* MKS II, Art. 39 Rn. 32 ff.

[35] Ausf. *Jekewitz,* Der Grundsatz der Diskontinuität, passim; *Jekewitz,* JöR nF 27 (1978), 75 (78 ff.); *Steiger,* Organisatorische Grundlagen, S. 57 ff.; *Hölscheidt* FS Morlok 2019, S. 483 (496 ff.).

[36] Dies gilt auch bei einer vorzeitigen Beendigung durch Auflösung des BTag; → Rn. 8 f.

[37] *Schneider* AK GG, Art. 39 Rn. 7; *Pieroth,* in: Jarass/Pieroth, Art. 39 Rn. 4; *U. Schliesky* MKS II, Art. 39 Rn. 17.

deren Rechtsstellung mit dem Ende der Wahlperiode entfällt, jedoch innerhalb von 30 Tagen nach Beginn der neuen Wahlperiode durch entsprechende „Nachfolgefraktionen" wiederbelebt werden kann (§ 54 AbgG). Nicht betroffen ist die Verwaltung des BTag, die als oberste Bundesbehörde Dienstleistungen für den BTag zu erbringen hat.[38]

Unberührt von dem Wechsel in der personellen Zusammensetzung auf Grund der Neuwahl bleibt **14** jedoch die **Identität des BTag** als abstrakt-institutionell ständig vorhandenes Staatsorgan („Organ-Kontinuität").[39] Dementsprechend bleiben Rechtshandlungen des BTag mit Außenwirkung, wie etwa Verträge mit Dritten oder Prozesshandlungen in Gerichtsverfahren,[40] auch nach dem Ende der Wahlperiode wirksam.[41]

Die personelle und institutionelle Diskontinuität wird ergänzt und verstärkt durch die **materielle** **15** (sachliche) **Diskontinuität,** nach der mit dem Ende der Wahlperiode alle Beschlussvorlagen – vorbehaltlich der Petitionen – als erledigt gelten (§ 125 GOBT).[42] Sie ermöglicht dem neu gewählten und legitimierten Parlament eine unbelastete Arbeitsaufnahme und fördert damit Transparenz und Verantwortlichkeit des parl. Verfahrens. Auch kann der neue BTag unerledigte Vorlagen seines Vorgängers ohne weiteres wieder aufgreifen und weiterbehandeln.[43]

Zudem wird das Parlament gezwungen, die von ihm geplanten Vorhaben innerhalb einer zeitlich **16** überschaubaren Wahlperiode umzusetzen. Die Gründlichkeit der Arbeit muss darunter nicht leiden, wenn sich das Parlament auf seine wesentlichen Funktionen konzentriert.[44] Die materielle Diskontinuität ist Bestandteil der parl. Tradition und wegen ihrer Bedeutung für die demokratische Legitimation und Aufgabenerfüllung auch des BTag als inzwischen **verfassungs(gewohnheits)rechtlich** begründet anzusehen.[45]

### IV. Neuwahltermin (Sätze 3 und 4)

Die Neuwahl des BTag findet seit der Änd. des GG von 1998[46] regelmäßig zwischen 46 und 48 – **17** zuvor zwischen 45 und 47 – Monaten nach Beginn der Wahlperiode statt (Art. 39 I 3), im Falle einer Auflösung des BTag innerhalb von 60 Tagen (Art. 39 I 4). Die Neuregelung soll verhindern, dass die möglichen Wahltermine in die Zeit der Sommerferien fallen. Für die Fristberechnung gelten die §§ 187 ff. BGB.[47] Zuständig für die **Terminbestimmung** ist der BPräs (§ 16 S. 1 BWahlG). Seine Anordnung, die auf Vorschlag der BReg erfolgt, bedarf der Gegenzeichnung (Art. 58 S. 1 GG) und der Veröffentlichung im Bundesgesetzblatt (§ 76 I Nr. 5 GGO), mit der sie rechtswirksam wird.[48] Sie stellt einen Verfassungsrechtsakt dar und unterliegt der Kontrolle des BVerfG.[49]

Bei der Bestimmung des genauen Wahltermins steht dem BPräs innerhalb des verfassungsrechtlich **18** vorgegebenen Zeitrahmens ein **Ermessensspielraum** zu, der jedoch gesetzlich begrenzt sein kann.[50] So muss etwa der Wahltag auf einen – einzigen[51] – Sonntag oder gesetzlichen Feiertag (§ 16 S. 2 BWahlG)[52] gelegt und so rechtzeitig anberaumt werden, dass die Fristen für die Wahlvorbereitung (§§ 17 ff. BWahlG) eingehalten werden können. Eine **Verlegung** des einmal festgelegten Wahltermins kommt nur innerhalb des verfassungsrechtlich vorgegebenen Zeitrahmens und nur auf Grund außergewöhnlicher Umstände (zB Naturereignisse, Unruhen) in Betracht.[53]

Wird eine Wahl außerhalb des verfassungsrechtlich vorgesehenen Zeitrahmens **zu früh** durch- **19** geführt, so ist sie verfassungswidrig und ungültig.[54] Wird sie **zu spät** durchgeführt, so ist sie ebenfalls

---

[38] *Hölscheidt* BK (2019), Art. 39 Rn. 80.

[39] BVerfGE 4, 144 (152); *U. Schliesky* MKS II, Art. 39 Rn. 19; *Stern,* StaatsR II, S. 68.

[40] BVerfGE 79, 311 (327); *Wernsmann* Jura 2000, 344 ff.

[41] *Schneider* AK GG, Art. 39 Rn. 9; *Pieroth,* in: Jarass/Pieroth, Art. 39 Rn. 5; *Klein,* in: Maunz/Dürig, Art. 39 Rn. 50; *Morlok,* in: Dreier II, Art. 39 Rn. 25; *Brocker,* in: Epping/Hillgruber, Art. 39 Rn. 9.

[42] Zu Beispielen *Hölscheidt* BK (2019), Art. 39 Rn. 82 ff.

[43] *Hölscheidt* BK (2019), Art. 39 Rn. 95 f.

[44] Zu den Vor- und Nachteilen der materiellen Diskontinuität *Stern,* StaatsR II, S. 78 f.; *Versteyl,* in: v. Münch/Kunig I, Art. 39 Rn. 25 f.; *Schneider* AK GG, Art. 39 Rn. 8; *Klein,* in: Maunz/Dürig, Art. 39 Rn. 59 f.

[45] *Klein,* in: Maunz/Dürig, Art. 39 Rn. 61; *Stern,* StaatsR II, S. 76 mit Fn. 168; *U. Schliesky* MKS II, Art. 39 Rn. 15; aA *Versteyl,* in: v. Münch/Kunig I, Art. 39 Rn. 26; diff. *Michael* HdbParlR, § 49 Rn. 43.

[46] 46. ÄndG v. 16.7.1998 (BGBl I 1822).

[47] *Versteyl,* in: Schneider/Zeh, § 14 Rn. 11 f.

[48] *Stern,* StaatsR II, S. 70, 759.

[49] BVerfGE 62, 1 (32).

[50] Allg. zur Bestimmung des Wahltermins im Hinblick auf die Anforderungen des verfassungsrechtl. Demokratieprinzips *Droege* DÖV 2009, 649; *Waldhoff* JZ 2009, 144.

[51] Dies gebietet der Grundsatz der Wahlrechtsgleichheit; → Art. 38 Rn. 90 ff.; *Schneider* AK GG, Art. 39 Rn. 17; *Weides* FS Carstens II, 1984, S. 933 (940 f.); diff. *Klein,* in: Maunz/Dürig, Art. 39 Rn. 33 f.

[52] Dies entspricht dem Grundsatz der Allgemeinheit der Wahl; dazu → Art. 38 Rn. 79 ff.; *Weides* FS Carstens II, 1984, S. 933 (940).

[53] *Weides* FS Carstens II, 1984, S. 933 (949 ff.); *Brocker,* in: Epping/Hillgruber, Art. 39 Rn. 21; *Hölscheidt* BK (2019), Art. 39 Rn. 106 ff.

[54] Ebenso *Pieroth,* in: Jarass/Pieroth, Art. 39 Rn. 6; *Schneider* AK GG, Art. 39 Rn. 17; *Klein,* in: Maunz/Dürig, Art. 39 Rn. 39; zur Verfassungswidrigkeit → Rn. 4.

verfassungswidrig, aber dennoch als gültig anzuerkennen, da dies weniger schwer wiegt als eine – gleichfalls verfassungswidrige – Verlängerung der Wahlperiode des vorangegangenen BTag.[55]

## B. Zusammentritt (Abs. 2)

**20**    Der BTag tritt spätestens am 30. Tag nach der Wahl zusammen (Art. 39 II). Unter Zusammentritt ist die **erste (konstituierende) Sitzung** im Anschluss an die Neuwahl der Abg. zu verstehen, mit der die Wahlperiode des bisherigen BTag endet und diejenige des neuen BTag beginnt.[56] In Abgrenzung hierzu spricht das GG bei späteren Versammlungen des BTag vom „Wiederbeginn" seiner Sitzungen (Art. 39 III 1). Der Zusammentritt muss **spätestens** am 30. Tag nach der Wahl erfolgen.[57] Für die Fristberechnung gelten die Bestimmungen der §§ 187 ff. BGB.[58] Ein Zusammentritt unmittelbar nach der Wahl ist zulässig, aus technischen Gründen (Feststellung des Wahlergebnisses und der gewählten Abg., §§ 37 ff., 45 BWahlG) jedoch erst einige Zeit später möglich.[59]

**21**    Die **Einberufung** obliegt traditionell dem Präsidenten des bisherigen BTag (§ 1 I GOBT), der jedoch auf Grund des Selbstversammlungsrechts[60] des neugewählten BTag handelt und sich deshalb mit den Fraktionen über Termin und Ort verständigt.[61] Eine verfassungsrechtliche Bindung besteht insoweit lediglich durch die 30-Tage-Fristbegrenzung für den Zusammentritt, nicht jedoch in Bezug auf die Ortsbestimmung.[62] Auch eine Pflicht zur Einberufung des neuen BTag auf Verlangen des BKanzlers oder des BPräs kann nicht angenommen werden, da sie nur für den Wiederbeginn von Sitzungen besteht (Art. 39 III 3) und diesen Verfassungsorganen die Möglichkeit einer Verkürzung der Wahlperiode des bisherigen – noch einberufungsfähigen und ggfs. einzuberufenden – BTag einräumen würde, die im GG (Art. 63 IV, 68) nicht vorgesehen ist.[63]

**22**    Die Konstituierung beginnt mit der **Eröffnung** der Sitzung durch den **Alterspräsidenten,** dh durch das dem Bundestag am längsten angehörende Mitglied, das dazu bereit ist; dieser führt den Vorsitz bis der neugewählte Präsident oder einer seiner Stellvertreter das Amt übernimmt (§ 1 II GOBT).[64] Die Konstituierung ist **beendet,** wenn der BTag – in der Regel durch Übernahme der Geschäftsordnung des bisherigen BTag – seine Verfahrensbestimmungen festgelegt und seinen Präsidenten gewählt hat (Art. 40 I GG, § 1 IV GOBT).[65]

## C. Sitzungen (Abs. 3)

**23**    Im Anschluss an seinen ersten (konstituierenden) Zusammentritt (Art. 39 II) bestimmt der **BTag** den Schluss und den Wiederbeginn seiner Sitzungen (Art. 39 III 1). Er ist nicht an bestimmte Sitzungsperioden[66] („Sessionen")[67] gebunden, sondern tagt während der Wahlperiode mehr oder in Permanenz, wenn auch mit tatsächlichen Unterbrechungen.[68] Der BTag entscheidet – mit der Mehrheit der abgegebenen Stimmen (Art. 42 II 1) – selbständig über Termin und Dauer seiner Sitzungen, dh den Zeitraum seiner tatsächlichen Zusammenkünfte, und der sitzungsfreien Zeiten.[69] Schluss einer Sitzung bedeutet deshalb Unterbrechung durch Vertagung bis zum Beginn der nächsten Sitzung.[70] Dieses sog. **Selbstversammlungsrecht** ist Bestandteil der Parlamentsautonomie (Art. 40) und Aus-

[55] Ebenso iE *Pieroth,* in: Jarass/Pieroth, Art. 39 Rn. 6; *Schneider* AK GG, Art. 39 Rn. 17; *Klein,* in: Maunz/Dürig, Art. 39 Rn. 39; zur Verfassungswidrigkeit → Rn. 4.

[56] Ausf. *Payandeh* HdbParlR, § 7 Rn. 7 ff.

[57] BVerfGE 123, 39 (77); zu den Folgen einer Fristüberschreitung *Schneider* AK GG, Art. 39 Rn. 19; *Morlok,* in: Dreier II, Art. 39 Rn. 28; *Lang,* in: Friauf/Höfling, Art. 39 Rn. 54; *Hölscheidt* BK (2019), Art. 39 Rn. 133.

[58] *U. Schliesky* MKS II, Art. 39 Rn. 36.

[59] Zur Praxis *Ritzel/Bücker/Schreiner/Winkelmann,* Hdb. 2, § 1 Anm. I c GOBT (Stand: 2010).

[60] Dazu → Rn. 23.

[61] *Ritzel/Bücker/Schreiner/Winkelmann,* Hdb. 2, § 1 Anm. I e GOBT (Stand: 2014).

[62] Ebenso *Klein,* in: Maunz/Dürig, Art. 39 Rn. 47; *Versteyl,* in: v. Münch/Kunig I, Art. 39 Rn. 36; *Schneider* AK GG, Art. 39 Rn. 18; aA *Ritzel/Bücker/Schreiner/Winkelmann,* Hdb. 2, § 1 Anm. Ig GOBT (Stand: 2010). – Nunmehr auch § 2 I G zur Umsetzung des Beschl. des Deutschen BTag v. 20.6.1991 zur Vollendung der Einheit Deutschlands (Berlin/Bonn-Gesetz) v. 26.4.1994 (BGBl I 918): „Sitz des Deutschen Bundestages ist die Bundeshauptstadt Berlin"; *Kühnreich,* Selbstorganisationsrecht, S. 169 ff.

[63] Ebenso *Versteyl,* in: v. Münch/Kunig I, Art. 39 Rn. 35; *Stern,* StaatsR II, S. 79; *Klein,* in: Maunz/Dürig, Art. 39 Rn. 43; *Kluth,* in: Hofmann/Henneke, Art. 39 Rn. 18.

[64] Nicht ganz unumstr. Neufassung v. 1.6.2017 (BGBl. I 1877) aus Gründen der nötigen Parlamentserfahrung (BT-Dr 18/12376; BT-Prot 18/237, 24169 ff.) mit Wirkung ab der 19. Wahlperiode (2017–2021); zuvor wurde das Amt von dem dazu bereiten an Lebensjahren ältesten Mitglied des Bundestages ausgeübt; ausf. dazu *Klopp,* Das Amt des Alterspräsidenten im Deutschen Bundestag, 2000; *Hölscheidt* BK (2019), Art. 39 Rn. 137 ff.; zur Praxis *Troßmann,* Parlamentsrecht, § 1 Rn. 3 ff., insbes. 11.1 ff.

[65] IE str.; *Brocker,* in: Epping/Hillgruber, Art. 39 Rn. 11; *Hölscheidt* BK (2019), Art. 39 Rn. 135 ff.

[66] Vgl. zB Art. 31 RV 1871; Art. 37 WRV.

[67] Vgl. zB Art. 26 RV 1871.

[68] Zur Entstehungsgeschichte JöR nF 1 (1951), 358.

[69] Ebenso *Klein,* in: Maunz/Dürig, Art. 39 Rn. 6; *Hölscheidt* BK (2019), Art. 39 Rn. 173.

[70] *Klein,* in: Maunz/Dürig, Art. 39 Rn. 4.

druck der Volkssouveränität (Art. 20 II).[71] Die Einzelheiten seiner Wahrnehmung sind in der Geschäftsordnung des BTag geregelt.[72]

Die Termine der einzelnen Sitzungen werden, wenn der BTag nicht vorher darüber beschließt, **24** grds. im Ältestenrat vereinbart (§ 20 I GOBT). Der **Präsident** kann den BTag **früher** einberufen (Art. 39 III 2; §§ 20 I, 21 I GOBT). Diese **Befugnis** gilt nicht nur für die Vorverlegung eines Sitzungstermins, sondern auch für den Fall, dass ein Termin für die nächste Sitzung vom BTag oder im Ältestenrat nicht festgelegt wurde, da andernfalls eine Einberufung überhaupt nicht mehr möglich wäre.[73] Der Präsident ist darüber hinaus **verpflichtet,** den BTag früher einzuberufen, wenn ein Drittel der Mitglieder, der BPräs oder der BKanzler es verlangen (Art. 39 III 3; § 21 II GOBT).[74]

Da der BTag grds. selbst seine Sitzungstermine bestimmt (Art. 39 III 1), ist eine frühere Einberufung **25** durch den Präsidenten einschließlich eines darauf gerichteten Verlangens nur zulässig, wenn der BTag nicht (mehr) versammelt ist.[75] Die Einberufung auf Verlangen muss **unverzüglich,** dh zum verfahrenstechnisch nächstmöglichen Termin, erfolgen.[76] Dabei gebietet es die verfassungsrechtliche Stellung der Beteiligten, dass der Präsident dem BTag den Grund für das Verlangen mitteilt.

Die – fakultativ oder obligatorisch – vorzeitige Einberufung durch den Präsidenten verpflichtet den **26** BTag nur, zu der anberaumten Sitzung zusammenzukommen.[77] IÜ bleibt seine **Sitzungsautonomie** unberührt. So ist der BTag in der Entscheidung frei, ob er den der Einberufung zugrundeliegenden oder einen and. Beratungsgegenstand auf seine Tagesordnung setzt oder ob er sich sogleich wieder vertagt.[78] Verfassungsrechtlich verbürgte Rechte der Beteiligten, wie etwa das Recht der Mitglieder der Regierung, jederzeit – auch außerhalb der Tagesordnung[79] – gehört zu werden (Art. 43 II 2), sind jedoch, wie bei sonstigen Sitzungen, zu beachten.[80]

## Art. 40 [Präsident, Geschäftsordnung]

(1) **Der Bundestag wählt seinen Präsidenten, dessen Stellvertreter und die Schriftführer. Er gibt sich eine Geschäftsordnung.**

(2) **Der Präsident übt das Hausrecht und die Polizeigewalt im Gebäude des Bundestages aus. Ohne seine Genehmigung darf in den Räumen des Bundestages keine Durchsuchung oder Beschlagnahme stattfinden.**

**Entstehungsgeschichte: Erstfassung:** JöR nF 1 (1951), 358.
**Historische Verfassungstexte: RV 1849: § 110** Jedes der beiden Häuser wählt seinen Präsidenten, seine Vizepräsidenten und seine Schriftführer. **§ 114** (1) Jedes Haus hat das Recht, seine Mitglieder wegen unwürdigen Verhaltens im Hause zu bestrafen und äußersten Falls auszuschließen. Das Nähere bestimmt die Geschäftsordnung jedes Hauses. (2) Eine Ausschließung kann nur dann ausgesprochen werden, wenn eine Mehrheit von zwei Dritteln der Stimmen sich dafür entscheidet. **§ 116** Jedes Haus hat das Recht, sich seine Geschäftsordnung selbst zu geben. Die geschäftlichen Beziehungen zwischen beiden Häusern werden durch Uebereinkunft beider Häuser geordnet. – **RV 1871: Art. 27** Der Reichstag prüft die Legitimation seiner Mitglieder und entscheidet darüber. Er regelt seinen Geschäftsgang und seine Disziplin durch eine Geschäfts-Ordnung und erwählt seinen Präsidenten, seine Vizepräsidenten und Schriftführer. – **WRV: Art. 26** Der Reichstag wählt seinen Präsidenten, dessen Stellvertreter und seine Schriftführer. Er gibt sich seine Geschäftsordnung. **Art. 28** S. 1 Der Präsident übt das Hausrecht und die Polizeigewalt im Reichstagsgebäude aus. **Art. 38** (2) Eine Durchsuchung oder Beschlagnahme darf in den Räumen des Reichstags oder eines Landtags nur mit Zustimmung des Präsidenten vorgenommen werden.
**Geltende Landesverfassungen:** *BW*Verf Art. 32; *Bay*Verf Art. 20, 21; *Bln*Verf Art. 41; *Bbg*Verf Art. 68 ff.; *Brem*Verf Art. 86, 92, 105 f.; *Hmb*Verf Art. 18; *Hess*Verf Art. 84, 86, 99; *MV*Verf Art. 29; *Nds*Verf Art. 18, 20 f.; *NRW*Verf Art. 38 f.; *RhPf*Verf Art. 85; *Saar*Verf Art. 70 f.; *Sachs*Verf Art. 46 f. 52; *LSA*Verf Art. 46, 49; *SchlH*Verf Art. 20, 23, 32; *Thür*Verf Art. 57 62 f.
**Supra- und internationale Texte:** EUV Art. 14 IV; AEUV Art. 229, 232 I; EuRat Art. 28.
**Leitentscheidungen:** BVerfGE 1, 144 (GeschO-Autonomie); BVerfGE 44, 308 (Beschlussfähigkeit); BVerfGE 60, 374 (Ordnungsgewalt); BVerfGE 80, 188 (Wüppesahl – Fraktionslose Abg.); BVerfGE 84, 304 (PDS/Linke Liste – Gruppenstatus); BVerfGE 108, 251 (Durchsuchung und Beschlagnahme).

---

[71] BVerfGE 102, 224 (236).
[72] §§ 19 ff. GOBT; zur Sitzordnung und zum Sitzungsgebäude *Wefing,* Parlamentsarchitektur, 1995.
[73] Ebenso *Troßmann,* Parlamentsrecht, § 25 (aF) Rn. 4.
[74] Das Verlangen kann erforderlichenfalls zum Gegenstand eines Organstreits (Art. 93 I Nr. 1) gemacht werden.
[75] Ebenso iE *Klein,* in: Maunz/Dürig, Art. 39 Rn. 67; *Schneider* AK GG, Art. 39 Rn. 22; *Troßmann,* Parlamentsrecht, § 25 (aF) Rn. 10; aA *Ritzel/Bücker/Schreiner/Winkelmann,* Hdb. 2, § 21 Anm. II a GOBT (Stand: 1997).
[76] *Troßmann,* Parlamentsrecht, § 25 (aF) Rn. 6; *Stern,* StaatsR II, S. 80.
[77] Vgl. auch *Troßmann,* Parlamentsrecht, § 25 (aF) Rn. 6, in Auseinandersetzung mit dem insoweit missverständlichen § 25 III (aF) = § 21 III (nF).
[78] Ebenso iE *Klein,* in: Maunz/Dürig, Art. 39 Rn. 68 f.; *Versteyl,* in: v. Münch/Kunig I, Art. 39 Rn. 38; *Troßmann,* Parlamentsrecht, § 25 (aF) Rn. 7 ff.; *Stern,* StaatsR II, S. 80 f.; *Lang,* in: Friauf/Höfling, Art. 39 Rn. 71; aA *Ritzel/Bücker/Schreiner/Winkelmann,* Hdb. 2, § 21 Anm. II c, d GOBT (Stand: 1997/2004); *Hölscheidt* BK (2019), Art. 39 Rn. 184.
[79] BVerfGE 10, 4 (17).
[80] Ebenso *Troßmann,* Parlamentsrecht, § 25 (aF) Rn. 8; *Stern,* StaatsR II, S. 80.

**Gesetzgebung:** GOBT.

**Schrifttum:** Vgl. das Schrifttum zu Art. 38; ferner *K. Arndt,* Parlamentarische Geschäftsordnungsautonomie und autonomes Parlamentsrecht, 1966; *P. Blum,* Leitungsorgane HdbParlR, § 21; *C. v. Boetticher,* Parlamentsverwaltung und parlamentarische Kontrolle, 2002; *G. Bollmann,* Verfassungsrechtliche Grundlagen und allgemeine verfassungsrechtliche Grenzen des Selbstorganisationsrechts des Bundestages, 1992; *L. Brocker,* Parlamentsverwaltung HdbParlR, § 34; *J. Bücker,* Präsident und Präsidium, in: Schneider/Zeh, § 27; *J. Bücker,* Das parlamentarische Ordnungsrecht, in: Schneider/Zeh, § 34; *P. Cancik,* Rechtsquellen und Handlungsformen HdbParlR, § 9; *R. Dach,* Das Ausschußverfahren nach der Geschäftsordnung und in der Praxis, in: Schneider/Zeh, § 40; *M.-E. Geis,* Parlamentsausschüsse HStR III³, § 54; *W. Hoffmann-Riem/U. Ramcke,* Enquete-Kommissionen, in: Schneider/Zeh, § 47; *W. Kewenig,* Staatsrechtliche Probleme parlamentarischer Mitregierung am Beispiel der Arbeit der Bundestagsausschüsse, 1970; *G. Kretschmer,* Geschäftsordnungen deutscher Volksvertretungen, in: Schneider/Zeh, § 9; *M. Kühnreich,* Das Selbstorganisationsrecht des Deutschen Bundestages unter besonderer Berücksichtigung des Hauptstadtbeschlusses, 1997; *O. Moench,* Verfassungsmäßigkeit der Bundestagsausschüsse, 2017; *J. Pietzcker,* Schichten des Parlamentsrechts: Verfassung, Gesetze und Geschäftsordnung, in: Schneider/Zeh, § 10; *H.-A. Roll,* Der Ältestenrat, in: Schneider/Zeh, § 28; *T. Schürmann,* Plenarvorbehalt HdbParlR, § 19; *H. Schulze-Fielitz,* Parlamentsbrauch, Gewohnheitsrecht, Observanz, in: Schneider/Zeh, § 11; *T. Schwerin,* Der Deutsche Bundestag als Geschäftsordnungsgeber, 1998; *G. Theodossis,* Gerichtskontrolle der parlamentarischen Geschäftsordnungen in Griechenland, Frankreich und der Bundesrepublik Deutschland, 1996; *H. Winkelmann,* Parlamentarische Ausschussarbeit HdbParlR, § 23; *W. Zeh,* Das Ausschußsystem im Bundestag, in: Schneider/Zeh, § 39.

### Übersicht

## A. Parlamentsautonomie

**1**    Art. 40 ist Ausdruck der sog. **Parlamentsautonomie,**[1] die gewährleisten soll, dass der BTag seine Funktionen[2] unabhängig von den and. Verfassungsorganen wahrnehmen kann. Der Grundsatz der Parlamentsautonomie wurde ursprünglich der (monarchischen) Regierung in der Zeit des Konstitutionalismus abgerungen, hat aber Bedeutung auch für die gewaltenteilende Verfassungsordnung des GG.[3] Die Parlamentsautonomie verleiht dem BTag die Befugnis, seine Organisation und sein Verfahren – im Rahmen der verfassungsrechtlichen Grenzen – selbst zu gestalten und zu sichern **(Geschäftsordnungsautonomie).**[4] Sie erfasst den **Innenbereich,** für den sich der BTag eine Geschäftsordnung gibt und die erforderliche Organisation schafft (Art. 40 I), erstreckt sich aber auch auf den **Außenbereich,** insbes. durch Sicherung der räumlichen Integrität (Art. 40 II), der personellen Integrität (Art. 41, 46 bis 48) und des Selbstversammlungsrechts (Art. 39 III) des BTag gegenüber Dritten.

---

[1] Näher *Bollmann,* Selbstorganisationsrechts, S. 33 f.

[2] Vgl. → Art. 38 Rn. 21 ff.

[3] BVerfGE 70, 324 (360 f.); *Arndt,* Geschäftsordnungsautonomie, S. 18 ff., 50 ff.; *Klein,* in: Maunz/Dürig, Art. 40 Rn. 10 ff.

[4] BVerfGE 44, 308 (314 ff.); 80, 188 (220); 84, 304 (322); 102, 224 (235 f.); 104, 310 (332); 108, 251 (274); 130, 318 (348 ff.); 131, 152 (213 f.); BVerfG, 2 BvE v. 17.9.2019, Rn. 33; *Arndt,* Geschäftsordnungsautonomie, S. 64 ff., 71 ff.; *Pietzcker,* in: Schneider/Zeh, § 10 Rn. 3 ff., 20; *Brocker* BK, Art. 40 (2019) Rn. 81 ff.

# B. Organisation

## I. Überblick

Die Parlamentsautonomie schließt die Befugnis des BTag ein, sich für die Erfüllung seiner Funk- **2** tionen die erforderlichen organisatorischen Einrichtungen zu schaffen.[5] Diese sind teilweise im **GG** ausdrücklich vorgesehen, wie der Präsident, dessen Stellvertreter und die Schriftführer (Art. 40 I 1),[6] die (fakultativen) Untersuchungsausschüsse (Art. 44), die Ausschüsse für die Angelegenheiten der EU (Art. 45), für auswärtige Angelegenheiten und für Verteidigung (Art. 45a), der Wehrbeauftragte (Art. 45b), der Petitionsausschuss (Art. 45c) und das Parlamentarische Kontrollgremium (Art. 45d), teilweise in **Gesetzen,** wie der Wahlprüfungsausschuss,[7] der Wahlausschuss für die Richter des BVerfG,[8] die G 10-Kommission[9] und das Vertrauensgremium,[10] teilweise in der **Geschäftsordnung** des BTag, wie der Ältestenrat (§ 6 GOBT),[11] die (Fach- und Sonder-)Ausschüsse und die Enquete-Kommissionen (§§ 54 ff. GOBT).[12]

Eine Sonderstellung kommt den **Fraktionen** zu, die zwar ebenfalls Einrichtungen des BTag sind, **3** deren Mitglieder jedoch nicht vom BTag bestimmt werden, sondern sich nach ihrer Parteizugehörigkeit zusammenschließen.[13]

Die vielfältigen Einrichtungen des BTag werden unterschiedlich – als dessen Organe, Unterorgane, **4** Organteile, Hilfsorgane – bezeichnet,[14] weil ihr Handeln in der Regel dem BTag zugerechnet wird.[15] Weitere rechtliche Folgerungen lassen sich diesen Begriffen jedoch nicht entnehmen. Entscheidend ist insoweit, ob die einzelne Einrichtung auf Grund ihrer Rechtsgrundlage lediglich **vorbereitend** für den BTag tätig ist oder **eigene Entscheidungsbefugnisse** besitzt bzw. ob sie durch das GG oder in der Geschäftsordnung des BTag mit eigenen Rechten ausgestattet ist, so dass sie Beteiligte in einem Organstreitverfahren vor dem BVerfG (Art. 93 I Nr. 1)[16] sein kann.

## II. Leitungsorgane (Abs. 1 S. 1)

**1. Präsident und Präsidium.** Der BTag wählt seinen **Präsidenten** und dessen Stellvertreter in **5** geheimer Abstimmung (Art. 40 I 1; §§ 2, 49 GOBT). Parlamentarischer Übung entspricht es, dass der von der stärksten Fraktion für das Präsidentenamt vorgeschlagene Bewerber gewählt wird.[17] Davon geht auch die Geschäftsordnung aus, wenn sie bestimmt, dass der Präsident bei Verhinderung von einem seiner Stellvertreter „aus der zweitstärksten Fraktion" vertreten wird (§ 7 VI GOBT). Jede Fraktion ist durch mindestens einen **Stellvertreter** (Vizepräsidenten) im Präsidium vertreten (§ 2 I 2 GOBT).[18] Der Präsident und die Stellvertreter werden geheim und mit der Mehrheit der Stimmen des BTag in besonderen Wahlhandlungen für die **Dauer der Wahlperiode** (Art. 39 I) gewählt (§ 2 I 1, II 1 GOBT). Ohne Änd. dieser Bestimmung ist eine Abwahl nur bei Durchbrechung der Geschäftsordnung mit Zweidrittelmehrheit der anwesenden Mitglieder des BTag möglich (§ 126 GOBT).[19] Das Wahlverfahren kann dazu führen, dass sich für einen Kandidaten keine erforderliche Mehrheit findet. Weitere Wahlgänge mit einem selbst im dritten Wahlgang, der lediglich eine Mehrheit der abgegebenen Stimmen erfordert, erfolglosen Bewerber sind zwar – nach Vereinbarung im Ältestenrat – zulässig (§ 2 III GOBT), können aber ebenfalls erfolglos bleiben, wie die Praxis gezeigt

---

[5] Näher *Magiera,* Parlament und Staatsleitung in der Verfassungsordnung des Grundgesetzes, 1979, S. 128 ff.; *Zeh* HStR III³, § 52; *Kühnreich,* Selbstorganisationsrecht, S. 50 ff.; *Brocker* BK, Art. 40 (2019) Rn. 89 ff.; *Brocker* HdbParlR, § 34.

[6] Dazu näher → Rn. 5 ff.

[7] Vgl. → Art. 41 Rn. 10.

[8] § 6 BVerfGG.

[9] § 15 G 10.

[10] § 10a II BHO.

[11] Dazu → Rn. 12 ff.

[12] Dazu → Rn. 15 ff.

[13] Vgl. → Art. 38 Rn. 66 ff.

[14] Vgl. → Art. 38 Rn. 16.

[15] *Klein,* in: Maunz/Dürig, Art. 40 Rn. 82 f.

[16] Vgl. → Art. 93 Rn. 47.

[17] *Troßmann,* Parlamentsrecht, § 2 Rn. 2.1 ff.; *Ritzel/Bücker/Schreiner/Winkelmann,* Handbuch 2, § 2 Anm. I 1c GOBT (Stand: 2008); *Zeh* HStR III³, § 52 Rn. 28; *Blum* HdbParlR, § 21 Rn. 2. – Zum Alterspräsidenten vor der Wahl des Präsidenten → Art. 39 Rn. 22.

[18] IdF der Bek. v. 16.12.1994 (BGBl 1995 I 11); zur früheren Praxis *Schindler,* Datenhandbuch, Bd. I, S. 870 ff. – §§ 2 I 2 und 7 VI GOBT, die nur den Vizepräsidenten betreffen, sprechen gegen die Zulässigkeit eines „mandatslosen" Präsidenten des BTag; vgl. demgegenüber *Dach* BK, Art. 40 (1996) Rn. 47; wie hier *Brocker* BK, Art. 40 (2019) Rn. 141.

[19] Ebenso *Stern,* StaatsR II, S. 90 f.; *Morlok,* in: Dreier II, Art. 40 Rn. 25; *Klein,* in: Maunz/Dürig, Art. 40 Rn. 91; *Pieroth,* in: Jarass/Pieroth, Art. 40 Rn. 1; aA (einfache Mehrheit) *Versteyl,* in: v. Münch/Kunig I, Art. 40 Rn 4; *Brocker* BK, Art. 40 (2019) Rn. 151; allg. gegen eine Abwahl *Uhlitz* AöR 87 (1962), 296 (305 ff.); *Steiger,* in: Schneider/Zeh, § 25 Rn. 8.

hat.[20] Eine Erleichterung, jedenfalls für die Stellvertreter, auf deren Entsendung die Fraktionen einen Anspruch haben (§ 2 I 2 GOBT), ließe sich dadurch erreichen, dass diese Personen nicht gewählt, sondern – wie bei der Besetzung von Ausschüssen (§ 57 II GOBT) – von den Fraktionen benannt werden, zumal das Präsidium – als Ort der Kompromissfindung[21] – vor allem die loyale Zusammenarbeit bei der Aufgabenbewältigung des Parlaments bewahren und fördern soll.

**6**    Die **Aufgaben** des Präsidenten sind hinsichtlich der Gewährleistung der räumlichen Integrität des BTag (Art. 40 II) und der Einberufung der BVers (Art. 54 IV 2) im GG selbst bestimmt. IÜ sind sie in der Geschäftsordnung festgelegt. Danach ist der Präsident allg. verpflichtet, die Würde und die Rechte des BTag zu wahren und dessen Arbeit zu fördern (§ 7 I 2 GOBT).

**7**    Im Einzelnen hat er ua die **Vertretungsbefugnis,** insbes. für den Abschluss von Verträgen und die Führung von Rechtsstreitigkeiten[22] (§ 7 I 1, III 1 GOBT), die **Geschäftsführungsbefugnis,** insbes. für die Ausführung des Haushaltsplans und – als oberste Dienstbehörde – für die Verwaltung und die Bediensteten des BTag[23] (§ 7 I 1, III 2, IV, V GOBT) sowie die **Leitungs- und Ordnungsbefugnis** für die Verhandlungen des BTag[24] (§ 7 I 2 GOBT).[25] Bestimmte Rechtshandlungen des Präsidenten bedürfen des Benehmens mit den Stellvertretern oder der Zustimmung des Präsidiums (§ 7 III 1, IV 4 GOBT).[26]

**8**    Bei seiner Amtsausübung wird der Präsident für den BTag als Gesamtheit tätig.[27] Dementsprechend ist er zur **politischen Neutralität** zwischen den Interessen der einzelnen Abg. und Fraktionen verpflichtet, insbes. muss er die Verhandlungen gerecht und unparteiisch leiten (§ 7 I 2 GOBT).[28] Auf Grund der Rechtsstellung des BTag als Volksvertretung steht der BTagPräs **protokollarisch** an zweiter Stelle nach dem BPräs.[29]

**9**    Der Präsident und die Stellvertreter bilden das **Präsidium** (§ 5 GOBT). Ausdrücklich sieht die Geschäftsordnung nur eine Mitwirkung dieses Gremiums bei einigen bedeutsamen Geschäftsführungsmaßnahmen des Präsidenten vor (§ 7 III 1, IV 4 GOBT).[30] In der Praxis kommen dem Präsidium darüber hinaus eigenständige Funktionen zu, die insbes. der Vorklärung wichtiger Selbstverwaltungsfragen dienen, bevor der Ältestenrat tätig wird.[31]

**10**    **2. Schriftführer und Sitzungsvorstand.** Die vom GG vorgeschriebene Wahl der **Schriftführer** (Art. 40 I 1) erfolgt in der Praxis auf Grund interfraktioneller Vereinbarung, in der auch die Zahl der Schriftführer festgelegt wird, in offener Abstimmung (per Akklamation) und unter Berücksichtigung des Stärkeverhältnisses der Fraktionen (§ 3 GOBT).[32] Ihre Aufgabe besteht in der Unterstützung des Präsidenten bei der Erledigung der Sitzungsangelegenheiten (§ 9 GOBT).[33]

**11**    In den Sitzungen des BTag bilden der amtierende Präsident, dh der Präsident, einer seiner Stellvertreter oder bei deren Verhinderung der Alterspräsident, zusammen mit zwei Schriftführern, von denen in der Praxis üblicherweise einer der Mehrheit und der andere der Minderheit im Parlament angehört, den **Sitzungsvorstand** (§ 8 GOBT). Dieser ist bei der Feststellung der Beschlussfähigkeit des BTag und des Abstimmungsergebnisses beteiligt und kann die Stimmenzählung durch „Hammelsprung" anordnen (§§ 45, 51 GOBT).[34]

**12**    **3. Ältestenrat.** Obwohl er im GG nicht genannt wird, hat sich der Ältestenrat zum **wichtigsten Leitungs- und Verständigungsgremium** im fraktionsgeprägten BTag entwickelt.[35] Seine Zusammensetzung und Aufgaben sind in der Geschäftsordnung festgelegt.

---

[20] Zur Praxis *Lovens* ZParl 2008, 18 ff.; *Klein,* in: Maunz/Dürig, Art. 40 Rn. 114.

[21] *Klein,* in: Maunz/Dürig, Art. 40 Rn. 116.

[22] Zu Verfassungsrechtsstreitigkeiten BVerfGE 1, 115; zu Abweichungen in der Praxis *Troßmann,* Parlamentsrecht, § 7 Rn. 3 ff.

[23] Zur Bundestagsverwaltung *Schindler,* in: Schneider/Zeh, § 29; *v. Boetticher,* Parlamentsverwaltung HdbParlR S. 30 ff., 168 ff.

[24] Zur Ordnungsgewalt → Rn. 30 f.

[25] Zu Einzelheiten und weit. Aufgaben *Zeh* HStR III³, § 52 Rn. 30; *Bücker,* in: Schneider/Zeh, § 27 Rn. 11 ff.; *Brocker* BK, Art. 40 (2019) Rn. 152 ff.; *Wilrich* DÖV 2002, 152 (153 ff.).

[26] Vgl. auch – hinsichtlich des Wehrbeauftragten – § 7 V GOBT.

[27] BVerfGE 1, 144 (156); 27, 152 (157).

[28] BVerfGE 80, 188 (227); ferner *Bücker,* in: Schneider/Zeh, § 27 Rn. 11; *Partsch* AöR 86 (1961), 1 ff.

[29] *Bücker,* in: Schneider/Zeh, § 27 Rn. 5 f.

[30] Dazu → Rn. 7; ferner §§ 44a ff. AbgG iVm § 18 GOBT und den Verhaltensregeln für Mitglieder des Deutschen BTag (Anl. 1 zur GOBT).

[31] Näher *Bücker,* in: Schneider/Zeh, § 27 Rn. 19 ff.; *Brocker* BK, Art. 40 (2019) Rn. 195.

[32] *Troßmann,* Parlamentsrecht, § 3 Rn. 1; zur Beteiligung von Gruppen (§ 10 IV GOBT) *Dach* BK, Art. 40 (1996) Rn. 121.

[33] Zur Praxis *Ritzel/Bücker/Schreiner/Winkelmann,* Hdb. 2, § 9 Anm. 2 GOBT (Stand: 2003).

[34] Nicht überzeugend erscheint es, darin „keine eigenen besonderen Aufgaben" des Sitzungsvorstands, sondern nur Aufgaben des Präsidenten zu sehen; so aber *Ritzel/Bücker/Schreiner/Winkelmann,* Handbuch 2, § 8 Anm. I c GOBT (Stand: 2004).

[35] *Roll,* in: Schneider/Zeh, § 28 Rn. 57; *Zeh* HStR III³, § 52 Rn. 37; *Versteyl,* in: v. Münch/Kunig I, Art. 40 Rn. 10; *Blum* HdbParlR, § 21 Rn. 51 ff.

Er **besteht** aus dem Präsidenten, dessen Stellvertretern und 23 weiteren von den Fraktionen[36] nach **13** deren Stärkeverhältnis zu benennenden Mitgliedern (§ 6 I 1 GOBT).[37] Die Einberufung erfolgt durch den Präsidenten in der Regel während der Sitzungswochen oder zusätzlich auf Verlangen einer Fraktion oder von 5 % der Mitglieder des BTag (§ 6 I 2, 3 GOBT).[38]

Zu seinen **Aufgaben** gehört einerseits die – nicht rechtsverbindliche – Unterstützung des Prä- **14** sidenten bei der Geschäftsführung, indem er ua eine Verständigung über die Ausschussvorsitzenden und über den Arbeitsplan des BTag herbeiführt (§ 6 II GOBT). Andererseits beschließt er rechtsverbindlich über die inneren Bundestagsangelegenheiten, soweit sie nicht dem Präsidenten oder dem Präsidium vorbehalten sind,[39] insbes. über den Voranschlag für den Haushaltseinzelplan des BTag, von dem der Haushaltsausschuss nur im Benehmen mit dem Ältestenrat abweichen kann (§ 6 III GOBT). Für bestimmte Aufgaben, wie etwa Bibliotheksangelegenheiten, setzt er Unterausschüsse (Kommissionen) ein, denen auch and. Mitglieder des BTag angehören können (§ 6 IV GOBT).[40]

## III. Ausschüsse

**1. Bedeutung und Einteilung.** Neben den Fraktionen, in denen sich die Abg. nach ihrer partei- **15** politischen Zugehörigkeit zusammenfinden,[41] bilden die **für bestimmte Sachbereiche** zuständigen Ausschüsse die wichtigste Untergliederung des BTag.[42] Ihre Einrichtung beruht auf dem faktischen Zwang zur Arbeitsteilung angesichts der Aufgabenfülle, die vom Plenum allein nicht bewältigt werden könnte.[43] Zur **Entlastung des Plenums** bereiten die Ausschüsse dessen Beschlüsse im Allgemeinen lediglich vor, nehmen damit aber zugleich einen Teil des Entscheidungsprozesses vorweg.[44] Darüber hinaus können ihnen weitergehende Befugnisse übertragen sein.[45]

Der BTag verfügt über eine **Vielzahl** von Ausschüssen, deren Einrichtung ihm teilweise vorgegeben **16** ist, teilweise aber auch freisteht.[46] Zu Letzteren gehören Sonderausschüsse für einzelne Angelegenheiten, etwa der „Ausschuss Deutsche Einheit" in der 12. Wahlperiode, und sog. ständige, dh grds.[47] für die Dauer der Wahlperiode eingerichtete Ausschüsse (§ 54 I GOBT). Eine verfassungsrechtlich umstrittene Neuerung stellt der zu Beginn der 18. und der 19. Wahlperiode „bis zur Konstituierung der ständigen Ausschüsse" eingesetzte „Hauptausschuss" dar, dessen Zuständigkeiten durch Überweisungen des Plenums begründet wurden und der zugleich „Ausschuss im Sinne der Artikel 45, 45a und 45c des Grundgesetzes" war.[48] Die Aufgabenbereiche der besonderen Ausschüsse werden nach den konkreten Bedürfnissen des Parlaments festgelegt, ua in Parallele zur Regierungsgliederung,[49] wodurch die Beteiligung des Parlaments an der Staatsleitung, die ihm und der Regierung gemeinsam obliegt,[50] gefördert wird.

**2. Zusammensetzung.** Eine Entlastung des Plenums durch die Ausschüsse kann nur erreicht **17** werden, wenn sich das (partei)politische Kräfteverhältnis in beiden Gremien entspricht. Deshalb muss jeder Ausschuss grds. ein **verkleinertes Abbild des Plenums** sein und in seiner Zusammensetzung diejenige des Gesamtparlaments widerspiegeln.[51] Dieser Anforderung der Spiegelbildlichkeit genügt die Praxis der Ausschussbesetzung nach dem Stärkeverhältnis der Fraktionen (§ 12 GOBT), wenn auch vorhandene Gruppen (§ 10 IV GOBT)[52] entsprechend ihrer Stärke berücksichtigt werden.[53] Die Ausschussgröße muss in der Regel so bemessen sein, dass alle parl. Gruppierungen vertreten

---

[36] Zur Verfassungsmäßigkeit BVerfGE 80, 188 (227).
[37] Zur Beteiligung von Gruppen (§ 10 IV GOBT) *Brocker* BK, Art. 40 (2019) Rn. 197 ff. – Zusätzlich nimmt ein Vertreter der BReg an den Sitzungen teil; *Roll,* in: Schneider/Zeh, § 28 Rn. 8.
[38] Zur Praxis *Roll,* in: Schneider/Zeh, § 28 Rn. 10 ff.
[39] Dazu → Rn. 6 ff.
[40] Vgl. die Zusammenstellungen bei *Zeh* HStR III[3], § 52 Rn. 38; *Roll,* in: Schneider/Zeh, § 28 Rn. 17 ff.
[41] Vgl. → Art. 38 Rn. 66 ff.
[42] Näher *Magiera* (Fn. 5), S. 132 ff.; *Geis* HStR III[3], § 54; *Winkelmann* HdbParlR, § 23.
[43] BVerfGE 44, 308 (316 ff.); 130, 318 (350 f.).
[44] BVerfGE 44, 308 (318 f.); 70, 324 (363); 80, 188 (221).
[45] Vgl. → Rn. 18.
[46] Vgl. → Rn. 2.
[47] *Ritzel/Bücker/Schreiner/Winkelmann,* Handbuch 2, § 54 Anm. I 1c GOBT (Stand: 1987); *Steiger,* Organisatorische Grundlagen, S. 122 f.
[48] BT-Dr 18/101 bzw 19/85; BT-Plenarprot. 18/3, S. 80 bzw 19/2, S. 43; vertiefend *Fuchs* DVBl. 2014, 886; *Hadamek* ZG 2014, 353; *Kämmerer* NVwZ 2014, 29; *Koschmieder* NVwZ 2014, 852; *Hölscheidt* BK, Art. 39 (2019) Rn. 163 ff.; *Schorkopf* BK, Art. 45 (2018) Rn. 36.
[49] *Zeh,* in: Schneider/Zeh, § 39 Rn. 10 ff.; *Dach,* in: Schneider/Zeh, § 40 Rn. 1 ff.; *Fuchs* DVBl. 2015, 1337.
[50] Zur Funktion der Staatsleitung → Art. 38 Rn. 24 f.
[51] BVerfGE 80, 188 (222); 96, 264 (282); 112, 118 (133 ff.); 130, 318 (353 ff.); 140, 115 Rn. 93 ff.; *Röper* ZParl 1994, 5 ff.; *Lang* NJW 2005, 189 ff.; *Pukelsheim/Maier* ZParl 2005, 763 ff.; *Hermsdorf* ZParl 2008, 30 ff.; *Steinbach* DÖV 2016, 286.
[52] Vgl. → Art. 38 Rn. 69.
[53] BVerfGE 80, 188 (222 f.); 84, 304 (323 f.); 135, 317 Rn. 153; 137, 185 Rn. 152; zu fraktionslosen Abg. § 57 II 2 GOBT und → Art. 38 Rn. 59; zum Berechnungsverfahren *Schindler,* Datenhandbuch, Bd. II, S. 2081 ff.; *Ritzel/*

sind.[54] **Abweichungen** sind nur in sachlich begründeten und eng begrenzten **Ausnahmefällen,** etwa aus zwingenden Gründen des Geheimschutzes oder der parl. Mehrheitsbildung, zulässig.[55]

18    **3. Aufgaben und Verfahren.** Als vorbereitende Beschlussorgane sind die Ausschüsse verpflichtet, dem BTag bestimmte – mit „Ja" oder „Nein" zu beantwortende[56] – **Beschlüsse zu empfehlen,** die sich nur auf die ihnen überwiesenen Vorlagen oder damit unmittelbar zusammenhängenden Fragen beziehen dürfen (§ 62 I 2 GOBT). Darüber hinaus haben die Ausschüsse ein begrenztes **Selbstbefassungsrecht,** das ihnen die Befassung mit and. Fragen aus ihrem Geschäftsbereich erlaubt (§ 62 I 3 GOBT), nicht jedoch Beschlussempfehlungen an das Plenum oder gar nach außen, etwa an die Regierung, gerichtete Beschlüsse.[57] **Weitergehende Rechte** können ihnen jedoch durch das GG, ein Bundesgesetz, die Geschäftsordnung oder einen Beschl. des BTag übertragen sein (§ 62 I 4 GOBT).[58]

19    Die Ausschüsse bestellen ihre **Vorsitzenden** und deren Stellvertreter zwar selbst, aber unter Befolgung einer Vereinbarung im Ältestenrat, die nach dem Stärkeverhältnis der Fraktionen getroffen wird (§ 58 iVm §§ 6 II 2, 12 GOBT).[59] Sie sind zu baldiger Erledigung der ihnen überwiesenen Aufgaben verpflichtet (§ 62 I 1, II GOBT). Ihre Beratungen sind **grds. nicht öff.** (§ 69 I 1 GOBT).[60] Die Ausschüsse können jedoch Ausnahmen beschließen (§ 69 I 2 GOBT) oder zur Information über einen Beratungsgegenstand öff. Anhörungen von Sachverständigen und and. Auskunftspersonen vornehmen (§ 70 GOBT).[61] In Abstimmung mit dem Ältestenrat und den mitberatenden Ausschüssen sollen sie als Schlussberatung der überwiesenen Vorlagen öff. Aussprachen durchführen, in denen die Beschlussempfehlung und der Bericht des federführenden Ausschusses beschlossen werden (§ 69a I 1 GOBT).[62] Auf Grund ihrer Entlastungsfunktion für das Plenum, ihrer Zusammensetzung und ihrer Befugnisse muss sich der BTag die von den Ausschüssen erworbenen Kenntnisse zurechnen lassen; dies gilt ebenso im Verhältnis der Fraktionen und deren Ausschussmitgliedern.[63]

20    Zur Vorbereitung ihrer Arbeit können sie ferner aus ihrer Mitte **Unterausschüsse** mit bestimmten Aufträgen einsetzen (§ 55 GOBT).[64] Der BTag kann darüber hinaus zur Vorbereitung von Entscheidungen über umfangreiche und bedeutsame Sachkomplexe, etwa einer Grundgesetzreform, **Enquete-Kommissionen** einsetzen, die sich von den Ausschüssen dadurch unterscheiden, dass ihnen neben Abg. auch and. Personen angehören können (§ 56 GOBT).[65]

## C. Geschäftsordnung (Abs. 1 S. 2)

### I. Regelungsbereich

21    Die Parlamentsautonomie umfasst die Befugnis des BTag, sich eine Geschäftsordnung zu geben (Art. 40 I 2).[66] Diese **Geschäftsordnungsautonomie** soll das geordnete Funktionieren des Parlaments im Staats- und Verfassungsleben sichern.[67] Ihr Regelungsbereich bezieht sich auf die inneren Angelegenheiten des Parlaments, insbes. dessen Organisation, Verfahren und Disziplin. Bei der Abgrenzung der Regelungsgegenstände ist die parl. Tradition maßgeblich mitheranzuziehen.[68]

---

Bücker/Schreiner/Winkelmann, Hdb. 2, Anhang zu § 12 GOBT (Stand: 1986/1995/1999); BVerfGE 96, 264 (282f.); 112, 118 (136f., 145).

[54] BVerfGE 70, 324 (364).

[55] BVerfGE 70, 324 (358, 366); 112, 118 (140); 130, 318 (355); *Pieroth,* in: Jarass/Pieroth, Art. 40 Rn. 5f.; aA abwM, BVerfGE 70, 324 (366ff., 380ff.); *Meyer,* in: Schneider/Zeh, § 4 Rn. 111; *Schneider* AK GG, Art. 40 Rn. 9; *Morlok,* in: Dreier II, Art. 40 Rn. 30.

[56] *Ritzel/Bücker/Schreiner/Winkelmann,* Hdb. 2, § 62 Anm. I 2b GOBT (Stand: 2004).

[57] *Dach,* in: Schneider/Zeh, § 40 Rn. 38.

[58] Vgl. zB Art. 43 I, 44, 45, 45a, 45c, 45d; ferner BVerfGE 130, 318 (350ff.); *Ritzel/Bücker/Schreiner/Winkelmann,* Hdb. 2, § 62 Anm. I 5 GOBT (Stand: 2008); *Wiefelspütz* ZParl 2012, 227ff.; *Schürmann* HdbParlR, § 19 Rn. 20ff.; *Moench,* Bundestagsausschüsse, S. 128ff.; *Payandeh* FS Morlok 2019, S. 205ff.

[59] *Dach,* in: Schneider/Zeh, § 40 Rn. 7ff. – Gruppen müssen – anders als bei der Zusammensetzung der Ausschüsse (→ Rn. 17) – insoweit nicht berücksichtigt werden; BVerfGE 84, 304 (328). – Zu den Grenzen parteipolitischer Einflussnahme *Grigoleit/Kersten* DÖV 2001, 363f.

[60] Zur Diskussion um die damit verbundenen Vor- und Nachteile *Ritzel/Bücker/Schreiner/Winkelmann,* Vorb 3 zu § 54 GOBT (Stand: 1988); *Magiera* (Fn. 5), S. 148ff.

[61] *Schüttemeyer,* in: Schneider/Zeh, § 42.

[62] Allg. zum Ausschussverfahren *Heynckes* ZParl 2008, 459ff.

[63] BVerfGE 129, 356 (371).

[64] *Dach,* in: Schneider/Zeh, § 40 Rn. 6; *Ritzel/Bücker/Schreiner/Winkelmann,* Hdb. 2, Anm. zu § 55 GOBT (Stand: 1998/2004/2008).

[65] *Hoffmann-Riem/Ramcke,* in: Schneider/Zeh, § 47; *Ismayr* APuZ B 27/96 (1996), 29ff.; *Metzger,* Enquête-Kommissionen des Deutschen Bundestages, 1995; *Altenhof,* Die Enquete-Kommissionen des Deutschen Bundestages, 2002; *Schmidt-Jortzig* HdbParlR, § 32.

[66] GOBT idF der Bek. v. 2.7.1980 (BGBl I 1237) mit späteren Änderungen.

[67] BVerfGE 1, 144 (148); 80, 188 (218f.); 136, 277 Rn. 101; BVerfGE 152, 35 Rn. 33.

[68] BVerfGE 1, 144 (148f.); 44, 308 (314); 70, 324 (360).

Als parlamentsinterne Regelung bindet die Geschäftsordnung nur die **Mitglieder des BTag** als 22
Organwalter, nicht hingegen and. Staatsorgane oder gar die Bürger.[69] Sie kann jedoch drittwirkende
Bestimmungen enthalten, die auf eine besondere Verfassungsermächtigung gestützt sind.[70] Zeitlich gilt
die Geschäftsordnung gemäß dem Grundsatz der materiellen Diskontinuität[71] nur für die Dauer der
**Wahlperiode** des BTag, der sie beschlossen hat.[72] In der Praxis wird sie jedoch regelmäßig von dem
folgenden BTag – ausdrücklich oder stillschweigend – übernommen.[73]

## II. Regelungsform

Neben der **geschriebenen Geschäftsordnung,** die vom GG nicht ausdrücklich gefordert wird, 23
aber in der Praxis kaum entbehrlich ist, bestehen auch ungeschriebene Geschäftsordnungsregeln. Dazu
gehören insbes. das (parl.) **Gewohnheitsrecht** (Observanz) und der parl. **Brauch** (Übung).[74] Sie
unterscheiden sich durch ihre unterschiedliche – rechtliche bzw. faktische – Verbindlichkeit. Ihr
Nachweis ist zumeist mit Unsicherheit behaftet und nur für den Einzelfall auf Grund sorgfältiger
Analyse möglich.[75]

Sinn und Zweck der Parlamentsautonomie, die Unabhängigkeit des BTag gegenüber and. Ver- 24
fassungsorganen zu sichern, und die Kompetenzzuweisung an den BTag, sich eine Geschäftsordnung
zu geben (Art. 40 I 2), sprechen grds. gegen eine Beteiligung and. Verfassungsorgane an der Regelung
parl. Geschäftsordnungsangelegenheiten. Eine Regelung durch **Gesetz** kommt deshalb nur bei Vorliegen einer entsprechenden Verfassungsermächtigung in Betracht.[76]

## III. Rechtsnatur und Rang

Durch die Regelung seiner Geschäftsordnungsangelegenheiten schafft der BTag ergänzendes (se- 25
kundäres) Verfassungsrecht, dessen Einordnung in das allg. Rechtsquellensystem Schwierigkeiten
bereitet.[77] Da es sich um Rechtsnormen handelt, die für die inneren Angelegenheiten eines Verfassungsorgans gelten, lässt es sich als „**Verfassungssatzung**" bezeichnen, ohne dass sich daraus
jedoch konkrete Folgerungen ableiten lassen.

Als unmittelbar verfassungsermächtigtes Recht ist es der **Verfassung nachgeordnet,** nicht jedoch 26
den Gesetzen oder Rechtsverordnungen.[78] Diesen gegenüber besteht keine Rang-, sondern eine
Kompetenzabgrenzung, da jeweils unterschiedliche Sachmaterien zu regeln und unterschiedliche
Ermächtigungsgrundlagen zu beachten sind.[79]

Im Rahmen der Verfassung hat der BTag bei der Regelung seiner Geschäftsordnung[80] einen weiten 27
**Gestaltungsspielraum,** der insbes. durch die Prinzipien der repräsentativen Demokratie und der
Beteiligung aller Abg. an den parl. Aufgaben begrenzt wird.[81] Die Geschäftsordnung ist darüber hinaus
von großer Flexibilität gekennzeichnet, die – im Gegensatz zur „Unverbrüchlichkeit" des Gesetzes –
**Durchbrechungen** („Abweichungen") im Einzelfall mit Zweidrittelmehrheit der anwesenden Abg.
erlaubt (§ 126 GOBT).[82]

---

[69] BVerfGE 1, 144 (148); *Brocker* BK, Art. 40 (2019) Rn. 255; *Pieroth,* in: Jarass/Pieroth, Art. 40 Rn. 9; aA
*Schwerin,* Geschäftsordnungsgeber, S. 77 ff.; diff. *Klein,* in: Maunz/Dürig, Art. 40 Rn. 64 ff.

[70] Vgl. zB §§ 42, 68 GOBT iVm Art. 43 I; § 7 II GOBT iVm Art. 40 II 1.

[71] Vgl. → Art. 39 Rn. 15.

[72] BVerfGE 1, 144 (148).

[73] BVerfGE 1, 144 (148); *Arndt,* Geschäftsordnungsautonomie, S. 95, 126 ff.; *U. Schliesky* MKS II, Art. 40 Rn. 17;
*Klein,* in: Maunz/Dürig, Art. 40 Rn. 62 f.

[74] *Schulze-Fielitz,* in: Schneider/Zeh, § 11 Rn. 6 ff.; *Cancik* HdbParlR, § 9 Rn. 43 ff.

[75] *Schulze-Fielitz,* ebda, § 11 Rn. 10, 15, 33 ff.; *Brocker* BK, Art. 40 (2019) Rn. 127.

[76] AA BVerfGE 70, 324 (361); dagg. abwM BVerfGE 70, 324 (376 ff., 386 ff.); diff. BVerfGE 130, 318 (349 f.);
vgl. auch *Pietzcker,* in: Schneider/Zeh, § 10 Rn. 13 ff.; *U. Schliesky* MKS II, Art. 40 Rn. 23 f.; *Bollmann,* Selbstorganisationsrecht, S. 135 ff.; *Schwerin,* Geschäftsordnungsgeber, S. 46 ff.; *Brocker* BK, Art. 40 (2019) Rn. 262 f.;
*Klein,* in: Maunz/Dürig, Art. 40 Rn. 58 ff.

[77] Ausf. *Magiera* (Fn. 5), S. 123 f.; *Pietzcker,* in: Schneider/Zeh, § 10 Rn. 38 ff.; *Klein,* in: Maunz/Dürig, Art. 40
Rn. 72 ff.

[78] Str.; wie hier *Steiger,* Organisatorische Grundlagen, *U. Schliesky* MKS II, Art. 40 Rn. 22; *Klein,* in: Maunz/
Dürig, Art. 40 Rn. 74; *Bollmann,* Selbstorganisationsrecht, S. 185 ff.; *Schmidt* AöR 128 (2003), 608 (637); *Brocker* BK,
Art. 40 (2019) Rn. 257 f.; aA BVerfGE 1, 144 (148); *Pietzcker,* in: Schneider/Zeh, § 10 Rn. 41; *Pieroth,* in: Jarass/
Pieroth, Art. 40 Rn. 8; *Kühnreich,* Selbstorganisationsrecht, S. 79 ff.; *Morlok,* in: Dreier II, Art. 40 Rn. 17; *Kluth,* in:
Hofmann/Henneke, Art. 40 Rn. 43; *Schneider* FS 50 Jahre BVerfG II, 2001, S. 627 ff. (635).

[79] Ebda.

[80] Zur umfangreichen Beteiligung des Ausschusses für Geschäftsordnung („1. Ausschuss") *Paschmanns* HdbParlR,
§ 2 Rn. 2 ff.

[81] BVerfGE 80, 188 (220); 10, 4 (19); 44, 308 (315); 84, 304 (321). – Zur Gerichtskontrolle *Theodossis,* Gerichtskontrolle, S. 126 ff.; *Schmidt* AöR 128 (2003), 608 (643 ff.).

[82] Zu den – str. – Rechtsfolgen bei Verstößen gegen die GO *Magiera* (Fn. 5), S. 124 f.; *Pietzcker,* in: Schneider/
Zeh, § 10 Rn. 42; *Stern,* StaatsR II, S. 84; *Kluth,* in: Hofmann/Henneke, Art. 40 Rn. 51 ff.

## D. Räumliche Integrität (Abs. 2)

### I. Hausrecht und Polizeigewalt (Satz 1)

28     Zur Sicherung der Parlamentsautonomie übt der Präsident – als ihm unmittelbar von der Verfassung verliehene Befugnisse – das Hausrecht und die Polizeigewalt im Gebäude des BTag aus (Art. 40 II 1).[83] Da es um die Funktionsfähigkeit des Parlaments geht, erstrecken sich die Befugnisse des Präsidenten nicht nur auf die der Verwaltung des BTag unterstehenden Gebäude, Gebäudeteile und Grundstücke (§ 7 II 1 GOBT), sondern auf alle **Räumlichkeiten**, die dem BTag und seinen Einrichtungen[84] zu dienen bestimmt sind.[85] Zusätzlichen Schutz bieten die gesetzlichen Bestimmungen über den sog. **befriedeten Bezirk** um den BTag. In diesem Bereich dürfen öff. Versammlungen unter freiem Himmel und Aufzüge nur stattfinden, wenn sie vom BMI im Einvernehmen mit dem BTagPräs zugelassen sind.[86]

29     Das **Hausrecht** umfasst die sich aus dem Eigentum der öff. Hand ergebenden Befugnisse, zu denen die Genehmigung von Durchsuchungs- und Beschlagnahmemaßnahmen im Parlamentsgebäude (Art. 40 II 2) gehört.[87] Unter **Polizeigewalt** sind demgegenüber die öff.-rechtlichen Befugnisse zur Abwehr von Gefahren für die öff. Sicherheit und Ordnung zu verstehen. Die Übertragung der Polizeigewalt auf den BTagPräs schließt die Zuständigkeit der allg. Polizeibehörden für den räumlichen Bereich des BTag grds. aus. Diese können insoweit nur auf Ersuchen und nach Weisung des BTagPräs im Rahmen der Amtshilfe (Art. 35) tätig werden.[88] Hausrecht und Polizeigewalt erstrecken sich auf die Abg. wie auf alle sonstigen Personen im räumlichen Bereich des BTag.[89] Nähere Regelungen für die Ausübung enthält die vom Präsidenten erlassene **Hausordnung** des Deutschen BTag (§ 7 II 2 GOBT).[90]

### II. Ordnungsgewalt

30     Von dem Hausrecht und der Polizeigewalt zu unterscheiden ist die – für den BTag durch den Präsidenten in eigener Verantwortung und unabhängig ausgeübte – **Ordnungsgewalt** zur Wahrung eines ordnungsgemäßen Ablaufs der parl. Sitzungen. Gegenüber den **Abg.** ergibt sie sich – als die Indemnität (Art. 46 I) ausgleichende Disziplinargewalt – aus der Geschäftsordnungsautonomie des BTag (Art. 40 I 2).[91] Originärer Träger bzw Inhaber der Ordnungsgewalt bleibt jedoch der BTag, wie sich etwa daran zeigt, dass nicht der Präsident, sondern das Plenum über Einsprüche gegen Ordnungsmaßnahmen des Präsidenten entscheidet (§ 39 GOBT).[92] Eine Anrufung des Bundesverfassungsgerichts ist erst nach erfolgloser Inanspruchnahme des Einspruchsverfahrens statthaft.[93]

31     Gegenüber **and. Sitzungsteilnehmern,** wie Mitgliedern der BReg oder des BRates, und **Zuhörern,** auf die sich die GeschO als Innenrecht nicht erstreckt, lässt sie sich auf das Hausrecht und die Polizeigewalt stützen (Art. 40 II 1).[94] Eine nähere Regelung, insbes. zu den Disziplinarmaßnahmen gegenüber Abg. (ua Rüge,[95] Sach- und Ordnungsruf, Wortentziehung, Ausschluss von der Sitzung), findet sich in der GeschO des BTag.[96]

---

[83] Zur geschichtlichen Entwicklung vgl. *Igel/Feldkamp* ZParl 2013, 126 ff.

[84] Vgl. → Rn. 2 f.

[85] Vgl. dazu die „Zugangs- und Verhaltensregeln für den Bereich der Bundestagsliegenschaften" (zugänglich auf der Website des BTag); *Vogel*, in: Drews/Wacke/Vogel/Martens, Gefahrenabwehr, 9. Aufl. 1986, S. 72; *U. Schliesky* MKS II, Art. 40 Rn. 26; *Klein*, in: Maunz/Dürig, Art. 40 Rn. 165; *Morlok*, in: Dreier II, Art. 40 Rn. 37.

[86] § 3 G über befriedete Bezirke für Verfassungsorgane des Bundes v. 8.12.2008 (BGBl I 2366); dazu *Brocker* BK, Art. 40 (2019) Rn. 322 ff.

[87] BVerfGE 108, 251 (273). – Damit beschränkt sich das Hausrecht nicht auf die Wahrnehmung privatrechtlicher Befugnisse; *Versteyl*, in: v. Münch/Kunig, Art. 40 Rn. 23; *Brocker* BK, Art. 40 (2019) Rn. 289; für eine (rein) ör Natur des Hausrechts *Klein* in: Maunz/Dürig, Art. 40 Rn. 138 ff.; *U. Schliesky* MKS II, Art. 40 Rn 27.

[88] Ebenso *Schneider* AK GG, Art. 40 Rn. 16; *Pieroth*, in: Jarass/Pieroth, Art. 40 Rn. 14; eine Ausnahme bei Gefahr im Verzug wollen demgegenüber zulassen *Vogel*, in: Drews/Wacke/Vogel/Martens, Gefahrenabwehr, 9. Aufl. 1986, S. 72; *Versteyl*, in: v. Münch/Kunig, Art. 40 Rn. 24; *U. Schliesky* MKS II, Art. 40 Rn. 27; *Stern*, StaatsR II, S. 85 Fn. 222.

[89] *Klein*, in: Maunz/Dürig, Art. 40 Rn. 164; *Stern*, StaatsR II, S. 85.

[90] V. 11.7.1975 idF v. 7.8.2002 (BGBl I 3483), zul. geänd. durch Bek. v. 23.11.2018 (zugänglich auf der Website des BTag); *Ramm* NVwZ 2010, 1461 ff.; *Friehe* DÖV 2016, 521.

[91] BVerfGE 10, 4 (13); 44, 308 (314 f.); *Bücker*, in: Schneider/Zeh, § 34 Rn. 3, 11; *Glauben/Breitbach* DÖV 2018, 855 ff.

[92] BVerfGE 152, 35 Rn. 33.

[93] BVerfGE 152, 35 Rn. 39 ff.

[94] *Bücker*, in: Schneider/Zeh, § 34 Rn. 5; *Smets* ZParl 2015, 810 (812 f.); zur Strafbarkeit wegen Störung der Tätigkeit eines Gesetzgebungsorgans § 106b StGB.

[95] BVerfGE 60, 374 (381 ff.).

[96] §§ 7 I 2, 35 III, 36 bis 41, 59 III, 119 II GOBT; *Bücker*, in: Schneider/Zeh, § 34 Rn. 12 ff., 46 ff.; *Jacobs* DÖV 2016, 563.

## III. Durchsuchung und Beschlagnahme (Satz 2)

Die Parlamentsautonomie wird ferner dadurch gesichert, dass in den Räumen des BTag keine 32 Durchsuchung oder Beschlagnahme ohne Genehmigung des Präsidenten stattfinden darf (Art. 40 II 2). Erfasst werden alle **Räumlichkeiten,** die dem BTag oder seinen Einrichtungen zu dienen bestimmt sind,[97] sowie alle **Durchsuchungen und Beschlagnahmen,** unabhängig davon, ob sie von Strafverfolgungsbehörden (§§ 94 ff. StPO) oder von and. Hoheitsträgern vorgenommen werden.[98]

**Verhaftungen und Festnahmen** in den Räumlichkeiten des BTag sind wegen ihrer einer Durch- 33 suchung oder Beschlagnahme vergleichbaren Eingriffswirkung und wegen der Ausschließlichkeit der Polizeigewalt des Präsidenten in diesen Räumlichkeiten[99] in den Schutzbereich des Art. 40 II einzubeziehen.[100] Für Verhaftungen und Festnahmen von Abg. gelten darüber hinaus die besonderen Immunitätsbestimmungen (Art. 46 II bis IV).[101]

Eine wirksame Sicherung der Parlamentsautonomie in den Räumlichkeiten des BTag setzt voraus, 34 dass die **Genehmigung** des Präsidenten – entgegen dem Sprachgebrauch in § 184 I BGB – als vorherige Zustimmung ergeht[102] und ausdrücklich erteilt wird.[103] Außerdem müssen die für die beantragte Maßnahme erforderlichen gesetzlichen Voraussetzungen, zB eine richterliche oder sonst zulässige Anordnung (§§ 98 I, 105 I StPO), vorliegen. Die Genehmigung kann nur von dem Präsidenten erteilt werden, so dass ein etwa betroffener Abg. nicht wirksam auf sie verzichten kann.[104] Der einzelne Abg. hat nur einen Anspruch darauf, dass der Präsident bei Genehmigungsentscheidungen, die in seinem Ermessen stehen, den Abgeordnetenstatus iS einer Evidenzkontrolle nicht grob verkennt und sich nicht von sachfremden, willkürlichen Motiven leiten lässt.[105] Diesen Anspruch kann er im Organstreitverfahren (Art. 93 I Nr. 1) geltend machen.[106]

## Art. 41 [Wahlprüfung, Mandatsprüfung]

(1) **Die Wahlprüfung ist Sache des Bundestages. Er entscheidet auch, ob ein Abgeordneter des Bundestages die Mitgliedschaft verloren hat.**

(2) **Gegen die Entscheidung des Bundestages ist die Beschwerde an das Bundesverfassungsgericht zulässig.**

(3) **Das Nähere regelt ein Bundesgesetz.**

**Entstehungsgeschichte: Erstfassung:** JöR nF 1 (1951), 360.
**Historische Verfassungstexte: RV 1849:** § 112 Jedes Haus prüft die Vollmachten seiner Mitglieder und entscheidet über die Zulassung derselben. – **RV 1871: Art. 27** S. 1 Der Reichstag prüft die Legitimation seiner Mitglieder und entscheidet darüber. – **WRV: Art. 31** (1) Bei dem Reichstag wird ein Wahlprüfungsgericht gebildet. Es entscheidet auch über die Frage, ob ein Abgeordneter der Mitgliedschaft verlustig geht. (2) Das Wahlprüfungsgericht besteht aus Mitgliedern des Reichstags, die dieser für die Wahlperiode wählt, aus Mitgliedern des Reichsverwaltungsgerichts, die der Reichspräsident auf Vorschlag des Präsidiums dieses Gerichts bestellt. (3) Das Wahlprüfungsgericht erkennt auf Grund öff. mündlicher Verhandlung durch drei Mitglieder des Reichstags und zwei richterliche Mitglieder. (4) Außerhalb der Verhandlungen vor dem Wahlprüfungsgerichte wird das Verfahren von einem Reichsbeauftragten geführt, den der Reichspräsident ernennt. Im Übrigen wird das Verfahren von dem Wahlprüfungsgerichte geregelt. **Art. 166** Bis zur Errichtung des Reichsverwaltungsgerichts tritt an seine Stelle für die Bildung des Wahlprüfungsgerichts das Reichsgericht.
**Geltende Landesverfassungen:** *BW*Verf Art. 31; *Bay*Verf Art. 33; *Bbg*Verf Art. 22 III, 63; *Hmb*Verf Art. 9; *Hess*Verf Art. 78; *MV*Verf Art. 21; *Nds*Verf Art. 11 II, III, IV; *NRW*Verf Art. 33; *RhPf*Verf Art. 82; *Saar*Verf Art. 75; *Sachs*Verf Art. 45; *LSA*Verf Art. 44; *SchlH*Verf Art. 4 III, IV; *Thür*Verf Art. 49 III, IV.
**Gesetzgebung:** WPG
**Leitentscheidungen:** BVerfGE 4, 370 (Mandatsrelevanz); BVerfGE 40, 11 (Wahlteilnahme Berliner Bürger); BVerfGE 85, 148 (Substantiierung des Einspruchs); BVerfGE 103, 111 (Wahlprüfung Hessen); BVerfGE 121, 266 (Wahlrecht: negatives Stimmgewicht); BVerfGE 122, 304 (Ablauf einer Wahlperiode); BVerfGE 123, 39 („Wahlcomputer").

---

[97] Vgl. → Rn. 28.
[98] Ebenso *Versteyl,* in: v. Münch/Kunig I, Art. 40 Rn. 29.
[99] Dazu → Rn. 28 ff.
[100] Ebenso iE *Versteyl,* in: v. Münch/Kunig I, Art. 40 Rn. 29; *Stern,* Staatsrecht II, S. 86; *Klein,* in: Maunz/Dürig, Art. 40 Rn. 175; *Brocker* BK, Art. 40 (2019) Rn. 313 f.; aA *Pieroth,* in: Jarass/Pieroth, Art. 40 Rn. 16.
[101] Vgl. → Art. 46 Rn. 11 ff.; BVerfGE 108, 251 (274 ff.).
[102] Ebenso *Klein,* in: Maunz/Dürig, Art. 40 Rn. 175; *Stern,* StaatsR II, S. 86; *Versteyl,* in: v. Münch/Kunig II, Art. 40 Rn. 27, der jedoch eine Ausnahme bei Gefahr im Verzug zulassen will; BVerfGE 108, 251 (275).
[103] Ebenso *Brocker,* in: Epping/Hillgruber, Art. 40 Rn. 55; *Schneider* AK GG, Art. 40 Rn. 18, der jedoch eine Ausnahme bei gemeiner oder dringender Gefahr zulassen will; a. A *Pieroth,* in: Jarass/Pieroth, Art. 40 Rn. 16; *Köhler* DVBl 1992, 1577 (1581); zu Einzelheiten *D. Schroeder* Jura 2008, 95 ff.
[104] Ebenso *Versteyl,* in: v. Münch/Kunig I, Art. 40 Rn. 27; *Schneider* AK GG, Art. 40 Rn. 18; *Pieroth,* in: Jarass/Pieroth, Art. 40 Rn. 17.
[105] BVerfGE 108, 251 (273 ff.); *Ohler* NVwZ 2004, 696 ff.
[106] BVerfGE 108, 251 (270 ff.).

**Schrifttum:** Vgl. das Schrifttum zu Art. 38; ferner *W. Ewer,* Wahlprüfung HdbParlR., § 8; *H.-D. Horn,* Muß die Wahlprüfung Sache des Bundestages sein?, FS Isensee, 2007, S. 423 ff.; *G. Kretschmer,* Wahlprüfung, in: Schneider/Zeh, § 13; *H. Lang,* Subjektiver Rechtsschutz im Wahlprüfungsverfahren, 1997; *D. Rauber,* Wahlprüfung in Deutschland, 2005; *W. Schreiber,* Das Bundesverfassungsgericht als Wahlprüfungsgericht, DVBl 2010, 609 ff.; *M. Schulte/W. Zeh,* Der Ausschuß für Wahlprüfung, Immunität und Geschäftsordnung, in: Schneider/Zeh, § 43; *Uhlmann,* Individualrechtsschutz gegen Wahlverfahrensakte in parlamentarischen Wahlverfahren und Exklusivität der Wahlprüfung, 2016.

# A. Wahlprüfung (Abs. 1 S. 1 und Abs. 2)

## I. Bedeutung

1    Art. 41 überträgt die Wahlprüfung (ieS) und die Mandats(verlust)prüfung,[1] die zusammen als Wahlprüfung (iwS) bezeichnet werden können,[2] dem BTag (Abs. 1), gegen dessen Entscheidung die Beschwerde an das BVerfG zulässig ist (Abs. 2). Damit entspricht die Ausgestaltung der Wahlprüfung im GG einem Mischsystem,[3] das dem BTag gemäß dem Grundsatz der Parlamentsautonomie[4] zwar ein **Selbstprüfungsrecht** einräumt, dieses jedoch der Kontrolle des BVerfG unterstellt. Die nähere Regelung durch ein Bundesgesetz (Abs. 3) ist durch das Wahlprüfungsgesetz (WPG) erfolgt.[5]

2    Gegenstand der Wahlprüfung (ieS) ist die **Gültigkeit der Wahl** und nach dem Gesetz zur Verbesserung des Rechtsschutzes in Wahlsachen vom 12.7.2012[6] nunmehr – im Anschluss an die bisherige Praxis – ausdrücklich auch die **Verletzung von Rechten** bei der Vorbereitung oder Durchführung der Wahl, soweit sie der Wahlprüfung nach Art. 41 GG unterliegen (§ 1 I WPG).[7] Neben der Gewährleistung der gesetzmäßigen Zusammensetzung des Parlaments[8] dient das Wahlprüfungsverfahren damit auch der Verwirklichung des aktiven und passiven Wahlrechts **(Doppelfunktion).**[9] Die geltend gemachte Verletzung der subj. Rechte muss deshalb in einem wahlrechtlich relevanten Zusammenhang mit der Wahl stehen und nicht nur gelegentlich der Vorbereitung und Durchführung der Wahl eingetreten sein.[10] Die Wahlprüfung erstreckt sich nur auf die Wahlen zum BTag (Art. 38 I 1),[11] und zwar grds. nachdem diese stattgefunden haben[12] und vor Ende der betreffenden Wahlperiode,[13] nicht hingegen auf Abstimmungen (Art. 20 II 2)[14] oder auf (interne) Wahlen des BTag.[15] Sie betrifft die Entscheidungen und Maßnahmen, die sich unmittelbar auf das Wahlverfahren beziehen (§ 49 BWahlG).[16]

---

[1] Dazu → Rn. 18 f.

[2] Zum Begriff der Wahlprüfung *Klein,* in: Maunz/Dürig, Art. 41 Rn. 1.

[3] Zu and. Systemen und zur geschichtlichen Entwicklung *Glauben* BK, Art. 41 (2017) Rn. 1 ff.; JöR nF 1 (1951), 360 ff.; zu Alternativvorschlägen *Horn* FS Isensee, 2007, S. 423 (435 f.).

[4] Dazu → Art. 40 Rn. 1.

[5] Dazu → Rn. 20.

[6] Art. 2 (BGBl I 1501).

[7] Näher Deutscher BTag, Ausschuss für Wahlprüfung, Immunität und Geschäftsordnung, Ber. und Beschl.Empfehlung, BT-Dr 17/9733; vgl. auch *Uhlmann,* Individualrechtsschutz, passim.

[8] BVerfGE 1, 208 (238); 40, 11 (29); 66, 369 (378).

[9] BVerfGE 85, 148 (159); 99, 1 (18); auch schon BVerfGE 22, 277 (281); 34, 201 (203), wonach die Verletzung subjektiver Rechte „Anlass" für ein Wahlprüfungsverfahren sein kann; näher dazu *Klein,* in: Maunz/Dürig, Art. 41 Rn. 47 ff.; *Lang,* in: Friauf/Höfling, Art. 41 Rn. 36 ff.

[10] Deutscher BTag, Ausschuss für Wahlprüfung, Immunität und Geschäftsordnung, Ber. und Beschl.Empfehlung, BT-Dr 17/9733, S. 5 (II. zu Nr. 1 Buchstabe a).

[11] BVerfGE 34, 81 (94).

[12] BVerfGE 63, 73 (76). – Ausgenommen ist die Verfassungsbeschwerde von Vereinigungen gegen ihre Nichtanerkennung als Partei für die Wahl zum BTag; dazu → Rn. 4.

[13] BVerfGE 22, 277 (280 f.); 122, 304 (306); zur Wahlperiode → Art. 39 Rn. 1 ff.

[14] BVerfGE 42, 53 (63).

[15] *Lang,* in: Friauf/Höfling, Art. 41 Rn. 14.

[16] BVerfGE 11, 329 f.; 14, 154 (155); 28, 214 (219); 74, 96 (101); BVerfG (K) NVwZ 2009, 1367; *Roth* DVBl 1998, 214 ff.; *Morlok,* in: Dreier II, Art. 41 Rn. 11; *Hientzsch* DÖV 2010, 357.

Erfasst werden das **gesamte Wahlverfahren** von der Wahlvorbereitung (insbes. Kandidatenaufstel- 3 lung, §§ 16 ff. BWahlG) über die Wahlhandlung (Stimmabgabe, §§ 31 ff. BWahlG) bis zur Feststellung des Wahlergebnisses (§§ 37 ff. BWahlG) und die Handlungen der amtl. **Wahlorgane** (§§ 8 ff. BWahlG), aber auch von **Dritten**, soweit diese, wie etwa die Parteien bei der Kandidatenaufstellung (§§ 21, 27 BWahlG, § 17 PartG), unter Bindung an wahlgesetzliche Anforderungen kraft Gesetzes Aufgaben bei der Wahlorganisation erfüllen.[17]

Ziel der Wahlprüfung ist es, die **ordnungsgemäße Zusammensetzung** des BTag zu gewähr- 4 leisten.[18] Rechtserheblich sind deshalb nur solche Wahlfehler, die auf die Mandatsverteilung von Einfluss sind oder – nach der allg. Lebenserfahrung – sein können **(Mandatsrelevanz).**[19] Als Sonderregelung für die Korrektur von Wahlfehlern, einschließlich solcher, die eine Verletzung subj. Rechte enthalten, schließt die Wahlprüfung nach der Rspr. des BVerfG den Rechtsweg des Art. 19 IV ebenso aus wie den Rechtsbehelf der Verfassungsbeschwerde gemäß Art. 93 I Nr. 4a.[20] Zulässig ist jedoch eine Verfassungsbeschwerde von Vereinigungen gegen ihre Nichtanerkennung als Partei für die Wahl zum BTag gemäß Art. 93 I Nr. 4c.[21]

Entscheidungen und Maßnahmen, die sich unmittelbar auf das Wahlverfahren beziehen, können 5 danach – außer im Verfahren der Wahlprüfung – grds. nur mit den in den Wahlvorschriften vorgesehenen **Rechtsbehelfen** angefochten werden (§ 49 BWahlG).[22] Diese beziehen sich auf eng begrenzte Sachverhalte (zB Eintragung in das Wählerverzeichnis, Zurückweisung von Wahlvorschlägen) und erschöpfen sich zudem in einer verwaltungsinternen Kontrolle.[23]

Die Begrenzung der Wahlprüfung auf mandatsrelevante Fehler findet ihre **Ursache** in der Wahl als 6 einem Massenverfahren, das zügig durchgeführt und alsbald mit einem feststehenden Ergebnis abgeschlossen werden muss.[24] Dementsprechend muss die Verfolgung subjektiver Rechte Einzelner im Wahlprüfungsverfahren gegenüber der Notwendigkeit zurücktreten, die Stimmen einer Vielzahl von Bürgern zu einer einheitlichen, wirksamen Wahlentscheidung zusammenzufassen.[25]

Die Ausschließlichkeit der Wahlprüfung als einer gegenüber den allg. Rechtsschutzmöglichkeiten 7 besonderen Regelung ist jedoch auf deren Gegenstand und Ziel zu **begrenzen.** Soweit diese nicht beeinträchtigt werden, besteht keine Rechtfertigung für eine Verkürzung des Individualrechtsschutzes durch Vorenthaltung des Rechtswegs (Art. 19 IV) oder der Verfassungsbeschwerde (Art. 93 I Nr. 4a) im Wahlverfahren, insbes. im Rahmen der Wahlvorbereitung.[26] Die ergänzenden Regelungen durch das Gesetz zur Verbesserung des Rechtsschutzes in Wahlsachen[27] und die Einführung der Verfassungsbeschwerde bei Nichtanerkennung von Vereinigungen als Parteien für die Bundestagswahl[28] haben jedoch zu einer erheblichen oder auch ausreichenden Verbesserung des erforderlichen Rechtsschutzes geführt.[29]

## II. Verfahren

**1. Bundestag.** Das **zweistufig** angelegte Verfahren der Wahlprüfung[30] ist zunächst „Sache des 8 Bundestages" (Art. 41 I 1). Eine nähere Regelung enthält das Wahlprüfungsgesetz (WPG).[31]

Die Prüfung setzt einen **Einspruch** voraus,[32] den jeder Wahlberechtigte und jede Gruppe von 9 Wahlberechtigten sowie in amtl. Eigenschaft jeder Landeswahlleiter, der Bundeswahlleiter und der BTagPräs einlegen kann (§ 2 I, II WPG). Der Einspruch ist schriftlich beim BTag einzureichen und –

[17] BVerfGE 89, 243 (251); *Glauben* BK, Art. 41 (2017) Rn. 101; *Kuhl/Unruh* DVBl 1994, 1391 ff.; *Mager* DÖV 1995, 9 ff.; *Pauland/Rolfsen* Jura 2010, 677 ff.
[18] BVerfGE 4, 370 (LS, 372 f.); 89, 291 (304); 149, 374 Rn. 7; 149, 378 Rn. 9.
[19] BVerfGE 4, 370 (372 f.); 89, 291 (304); 121, 266 (310 f.); 123, 39 (87); 130, 212 (224 f.); *Schneider* AK GG, Art. 41 Rn. 3 ff.; *Koenig* ZParl 1994, 241 ff.; *Rauber,* Wahlprüfung, S. 73 ff.; *Lang,* in: Friauf/Höfling, Art. 41 Rn. 20 ff.
[20] BVerfGE 14, 154 (155); 22, 277 (281); 66, 232 (234); 149, 374 Rn. 8.
[21] IdF des ÄndG v. 11.7.2012 (BGBl I 1476); vgl. auch § 18 IV a BWahlG und §§ 13 Nr. 3a, 48 I, III, 96a bis 96d BVerfGG idF des ÄndG v. 12.7.2012 (BGBl I 1501); BVerfGE 134, 135 Rn. 3 ff.
[22] BVerfGE 11, 329 f.; 74, 96 (101).
[23] Ausf. *Glauben* BK, Art. 41 (2017) Rn. 103 ff.; *Meyer* HStR III[3], § 46 Rn. 99.
[24] BVerfGE 85, 148 (159).
[25] BVerfGE 34, 81 (97); 14, 154 (155).
[26] Ebenso iE *Versteyl,* in: v. Münch/Kunig I, Art. 41 Rn. 19; *Schneider* AK GG, Art. 41 Rn. 15; *Meyer* HStR III[3], § 46 Rn. 103 ff.; *Stern,* StaatsR I, S. 327; *Morlok,* in: Dreier II, Art. 41 Rn. 7 f., 11 ff.; *Roth,* FS Graßhof, 1998, S. 53 ff.; *Roth,* in: Umbach/Clemens, GG II, Art. 41 Rn. 17; *Morlok/Bäcker* NVwZ 2011, 1153 ff.; aA *Kretschmer,* in: Schneider/Zeh, § 13 Rn. 47.
[27] V. 12.7.2012 (BGBl. I 1501) betr. §§ 9, 18, 19, 52 BWahlG, §§ 1, 5, 11 WPG und §§ 13, 48, 96a bis 96d BVerfGG.
[28] G zur Änd. des GG (Art. 93) v. 11.7.2012 (BGBl. I 1478) betr. Art. 93 Nr. 4c GG.
[29] Ebenso iE *Klein,* in: Maunz/Dürig, Art. 41 Rn. 57 f.; *Badura* BK, Anh. zu Art. 38 (2013) Rn. 81.
[30] BVerfGE 2, 300 (306: „Instanzen"); BVerfG, 2 BvC 1/09 v. 5.5.2010, Abs. 2; vgl. auch → Rn. 1; krit. zum Wahlprüfungsverfahren *Meyer* KritV 1994, 312 (353 ff.); *Hoppe* DVBl 1996, 344 ff.
[31] S. → Rn. 20.
[32] Dieser bestimmt auch den Prüfungsumfang; BVerfGE 40, 11 (30); 66, 369 (378).

innerhalb der Einspruchsfrist substantiiert[33] – zu begründen (§ 2 III WPG). Er muss – vorbehaltlich von Ausnahmen zugunsten des BTagPräs – binnen einer Frist von zwei Monaten nach dem Wahltag beim BTag eingehen (§§ 2 IV, 14 WPG).

10 Die Entscheidung des BTag wird durch einen **Wahlprüfungsausschuss** (§ 3 WPG)[34] in drei Verfahrensschritten (Vorprüfung, mündliche und öff. Verhandlung,[35] Schlussberatung) vorbereitet (§§ 4 ff. WPG. Ein Ausschluss von Abg. wegen Befangenheit ist nicht vorgesehen.[36] Der Ausschuss muss eine Entscheidung über die Gültigkeit der angefochtenen Wahl und die sich aus einer Ungültigkeit ergebenden Folgerungen vorschlagen (§ 11 S. 1 und 2 WPG). Wurden bei der Vorbereitung oder Durchführung der Wahl Rechte der Einspruchspersonen verletzt, so wird dies in dem Beschl. festgestellt (§§ 1 II, 11 S. 3 WPG). Das **Plenum** des BTag trifft seine Entscheidung – in angemessener Frist[37] – mit einfacher Mehrheit durch Beschl., der den Beteiligten mit einer Rechtsmittelbelehrung zuzustellen ist (§ 13 WPG).[38]

11 **2. Bundesverfassungsgericht.** Gegen die Entscheidung des BTag ist die **Beschwerde** an das BVerfG zulässig (Art. 41 II). Für sie gelten die Vorschriften des Gesetzes über das BVerfG (§ 18 WPG).

12 **Beschwerdeberechtigt** ist der Abg., dessen Mitgliedschaft bestritten ist, eine wahlberechtigte Person oder eine Gruppe von wahlberechtigten Personen, deren Einspruch vom BTag verworfen worden ist,[39] eine Fraktion oder eine Minderheit des BTag, die wenigstens ein Zehntel der gesetzlichen Mitgliederzahl umfasst (§ 48 I BVerfGG[40]). Vereinbar mit der Verfassung ist der Ausschluss von Gruppen von Wahlberechtigten, die Einspruch beim BTag einlegen können;[41] entfallen ist die – umstrittene – Unterstützungspflicht von 100 weiteren wahlberechtigten Personen.[42] Nicht erforderlich ist ein Einspruch beim BTag vor Erhebung einer Verfassungsbeschwerde wegen Nichtanerkennung als Partei für die Wahl zum BTag (Art. 93 I Nr. 4c GG).[43]

13 Die Beschwerde gemäß § 48 I BVerfGG ist binnen einer **Frist** von zwei Monaten seit der Beschlussfassung des BTag[44] beim BVerfG zu erheben und innerhalb dieser Frist – substantiiert[45] – zu begründen. Es handelt sich um eine Ausschlussfrist, die nicht verlängerbar ist.[46] Die Beschwerde kann nur auf Gründe gestützt werden, die Gegenstand des Einspruchsverfahrens vor dem BTag waren.[47] Eine Antragsrücknahme steht wegen des objektivrechtlichen Gegenstands der Wahlprüfung einer Sachentscheidung nicht entgegen, wenn an dieser ein öff. Interesse besteht.[48] Die Verfassungsbeschwerde gemäß Art. 93 I Nr. 4c GG ist binnen einer Frist von vier Tagen nach Bekanntgabe der Entscheidung in der Sitzung des Bundeswahlausschusses zu erheben und zu begründen (§ 96a BVerfGG).

### III. Maßstäbe

14 Die Wahlprüfung ist eine **Rechtskontrolle**.[49] Ihre Maßstäbe sind nicht zusammenfassend geregelt, sondern ergeben sich aus ihrem Gegenstand und Ziel, die Gültigkeit der Wahl und die ordnungsgemäße Zusammensetzung des BTag zu kontrollieren und zu gewährleisten.[50] Sie sind in erster Linie enthalten im BWahlG[51] und in der BWahlO[52] sowie – für das Einspruchsverfahren[53] –

---

[33] BVerfGE 85, 148 (159).

[34] Ausf. *Paschmanns* HdbParlR, § 24 Rn. 18 ff.

[35] Zu den näheren Voraussetzungen BVerfGE 121, 39 (65 ff.).

[36] Nach BVerfGE 37, 84 (90) und 46, 196 (198) soll dies verfassungsrechtlich unbedenklich sein; ebenso *U. Schliesky* MKS II, Art. 41 Rn. 28 I, Art. 41 Rn. 24.

[37] Nicht ohne weiteres unangemessen ist eine Dauer von weniger als einem Jahr; BVerfGE 149, 378 Rn. 8.

[38] Ausf. *Kretschmer,* in: Schneider/Zeh, § 13 Rn. 22 ff.; *U. Schliesky* MKS II, Art. 41 Rn. 33 f.

[39] BVerfGE 128, 132 (324 f.).

[40] IdF des ÄndG v. 12.7.2012 (BGBl I 1501).

[41] BVerfGE 2, 300 (303 f.); 79, 47 (48).

[42] Für deren Zulässigkeit BVerfGE 1, 430 (432 f.); 79, 47 (48); *Klein*, in: Maunz/Dürig, Art. 41 (2004) Rn. 85; aA *Roth,* in: Umbach/Clemens, GG II, Art. 41 Rn. 41; *Lang,* in: Friauf/Höfling, Art. 41 Rn. 130 ff.

[43] § 13 Nr. 3a, 96a bis 96d BVerfGG; zu ersten Praxisfällen BVerfG, Pressemitteilung Nr. 47/2013 v. 24.7.2013.

[44] Auf die Zustellung an die Beteiligten (→ Rn. 10) soll es nicht ankommen; berechtigte Bedenken dagg. bei *Kretschmer,* in: Schneider/Zeh, § 13 Rn. 44 mit Fn. 51.

[45] BVerfGE 21, 359 (360 f.).

[46] BVerfGE 1, 430 (431); 58, 172.

[47] BVerfGE 16, 130 (144); 66, 369 (380); 79, 161 (165).

[48] BVerfGE 89, 291 (299); 122, 304 (306). – Zu weiteren Einzelheiten des Verfahrens vor dem BVerfG *Ortmann* ThürVBl 2006, 169 ff.; zur „A-Limine-Abweisung" (§ 24 BVerfGG) *Schreiber* DVBl 2018, 144.

[49] *Kretschmer,* in: Schneider/Zeh, § 13 Rn. 3; *Glauben* BK, Art. 41 (2017) Rn. 101; zum – begrifflichen – Streit, ob es sich bei der Wahlprüfung um „Rechtsprechung" (im materiellen Sinn) handelt, *U. Schliesky* MKS II, Art. 41 Rn. 35.

[50] Dazu → Rn. 1 ff.

[51] Vgl. → Art. 38 Rn. 121.

[52] Ebda.

[53] Dazu → Rn. 8 ff.

im WPG,[54] darüber hinaus in den verfassungsrechtlichen Wahlrechtsgrundsätzen (Art. 38 I 1)[55] und in sonstigen Rechtsvorschriften (zB §§ 107 ff. StGB, § 17 PartG).[56]

Die Prüfungsmaßstäbe gelten uneingeschränkt im Beschwerdeverfahren vor dem **BVerfG**, das auch **15** über die Einhaltung der Bestimmungen des Wahlprüfungsgesetzes durch den BTag im Einspruchs-verfahren[57] und über die Verfassungsmäßigkeit des einfachen Rechts[58] entscheidet. Mängel im Ver-fahren des BTag können jedoch nur dann beachtlich sein, wenn sie wesentlich sind und der Ent-scheidung die Grundlage entziehen.[59] Der **BTag** muss demgegenüber die geltenden Rechtsvorschrif-ten anwenden,[60] die er zwar verfassungskonform auszulegen hat, aber für die angefochtene Wahl nicht mehr ändern kann. Eine Vorlage an das BVerfG analog Art. 100 I scheidet aus, weil der BTag kein Gericht ist und in eigener Sache entscheidet.[61]

## IV. Folgen

Die Wahlprüfung kann zu dem Ergebnis führen, dass die angefochtene Wahl für gültig (rechtswirk- **16** sam) oder für ganz oder teilweise ungültig (nichtig) erklärt wird (§ 44 I BWahlG, § 1 II WPG). Nicht jede Verletzung der im Wahlverfahren zu beachtenden Rechtsvorschriften führt jedoch zur Nichtigkeit der Wahl. Für die Ungültigkeit einer gesamten Wahl bedarf es vielmehr eines so erheblichen Wahl-fehlers, dass ein Fortbestand der gewählten Volksvertretung unerträglich erschiene.[62] Gleiches gilt bei Verfassungswidrigkeit einer Wahlrechtsvorschrift.[63] Auch gibt es keine absoluten Nichtigkeitsgründe.[64] Vielmehr bestimmen sich die Folgen von Wahlrechtsverstößen (Wahlfehlern, Wahlmängeln) nach dem Grundsatz der **Verhältnismäßigkeit**.[65] Abzuwägen ist zwischen dem demokratiegebotenen Erforder-nis des Bestandsschutzes der gewählten Volksvertretung und den möglichen Auswirkungen des fest-gestellten Wahlfehlers.[66]

Da die Wahlprüfung die ordnungsgemäße Zusammensetzung des BTag gewährleisten soll, führen **17** nur solche Wahlfehler zu einer Nichtigkeit, die sich auf die Mandatsverteilung nach allg. Lebens-erfahrung zumindest auswirken können.[67] Die **Fehlerkorrektur** beschränkt sich auf das schonendste Mittel (Gebot des geringstmöglichen Eingriffs).[68] Eine mögliche Neuberechnung geht einer Neuwahl vor (sog. Verbesserungsprinzip).[69] Eine unvermeidliche Neuwahl findet nur insoweit statt, wie sie zur Behebung des Fehlers erforderlich ist (zB in nur einem oder einigen Wahlkreisen).[70] Wird eine Wahl insgesamt für ungültig erklärt, so verlieren die gewählten Vertreter ihr Mandat ex nunc (§ 47 II BWahlG, § 16 I WPG). An die Stelle des neuen müsste – mangels Alternative – der alte BTag treten,[71] wenn dieser nicht auf derselben – verfassungswidrigen – Rechtsgrundlage gewählt wurde. Die zwischenzeitlich gefassten Beschlüsse bleiben jedoch aus Gründen der Rechtssicherheit und Rechts-klarheit gültig.[72]

---

[54] Vgl. → Rn. 20.

[55] Vgl. → Art. 38 Rn. 79 ff.

[56] Einzelheiten bei *Ewer* HdbParlR, § 8 Rn. 27 ff.; zu einer Kodifizierung des materiellen Wahlprüfungsrechts *Schreiber*, FS G. Fischer, 2010, S. 423 (448 ff.).

[57] BVerfGE 89, 243 (249); 97, 317 (321 f.); 121, 266 (289 f.); 123, 39 (65); 132, 39 Rn. 22.

[58] BVerfGE 16, 130 (135 f.); 21, 200 (204); 121, 266 (295); 123, 39 (65, 68); 132, 39 Rn. 22.

[59] BVerfGE 89, 291 (299); 123, 39 (65).

[60] So die Praxis des BTag und die im Vordringen befindliche Ansicht im Schrifttum; *Kretschmer*, in: Schneider/ Zeh, § 13 Rn. 55; *Roth*, in: Umbach/Clemens, GG II, Art. 41 Rn. 24; *Klein*, in: Maunz/Dürig, Art. 41 Rn. 73; ferner BVerfGE 89, 291 (300) unter Hinweis auf § 31 I BVerfGG; BVerfGE 121, 266 (290); unentschieden noch BVerfGE 16, 130 (135 f.).

[61] BVerfGE 121, 266 (290); *Meyer* HStR III[3], § 46 Rn. 94; *Klein*, in: Maunz/Dürig, Art. 41 Rn. 73; *Glauben* BK, (2017) Art. 41 Rn. 99.

[62] BVerfGE 103, 111 (134 f.); 121, 266 (312).

[63] BVerfGE 3, 45 (52).

[64] *Klein*, in: Maunz/Dürig, Art. 41 Rn. 101 mwN; *Lang*, in: Friauf/Höfling, Art. 41 Rn. 33.

[65] BVerfGE 123, 39 (87); *Schneider* AK GG, Art. 41 Rn. 5; *U. Schliesky* MKS II, Art. 41 Rn. 47; *Pieroth*, in: Jarass/ Pieroth, Art. 41 Rn. 8; *Koch* DVBl 2000, 1093 ff.

[66] BVerfGE 89, 243 (253); 123, 39 (87).

[67] Vgl. → Rn. 4.

[68] BVerfGE 123, 39 (87).

[69] BVerfGE 34, 81 (102).

[70] BVerfGE 121, 266 (311); *U. Schliesky* MKS II, Art. 41 Rn. 49; *Klein*, in: Maunz/Dürig, Art. 41 Rn. 112; krit. *Versteyl*, in: v. Münch/Kunig I, Art. 41 Rn. 13.

[71] BVerfGE 3, 41 (44); *Pieroth*, in: Jarass/Pieroth, Art. 41 Rn. 8; *Schneider*, in: AK GG, Art. 38 Rn. 8; *Lang*, in: Friauf/Höfling, Art. 41 Rn. 97; zweifelnd *Klein*, in: Maunz/Dürig, Art. 41 Rn. 113; aA *Roth*, in: Umbach/Clemens, GG II, Art. 41 Rn. 30 ff.; *Glauben* BK, Art. 41 (2017) Rn. 137; *Brocker*, in: Epping/Hillgruber, Art. 41 Rn. 7; VerfG SchlH, LVerfG 1/10 v. 30.8.2010, Rn. 171 ff., NVwZ 2010, 1560 mit Anm. *F. Becker/Heinz*, ebda, 1524 ff.; *Morlok* JZ 2011, 234 ff.

[72] BVerfGE 3, 41 (44 f.); 121, 266 (311 ff.: Alternativenlosigkeit bei Verfassungswidrigkeit des BWahlG).

## B. Mandatsprüfung (Abs. 1 S. 2)

18    Der BTag entscheidet auch, ob ein Abg. des BTag die Mitgliedschaft verloren hat (Art. 41 I 2). Erfasst wird nur der (nachträgliche) **Verlust** des zunächst gültig erworbenen Mandats (§ 15 S. 1 WPG), während der (ursprüngliche oder spätere) Erwerb des Mandats der Wahlprüfung (ieS)[73] unterliegt (§§ 2 V, 14 WPG).

19    Die **Verlustgründe** sind in den Bestimmungen des Wahlrechts (§ 46 I BWahlG) und in and. Rechtsvorschriften enthalten.[74] Das **Verfahren** entspricht weitgehend dem der Wahlprüfung (§ 15 S. 1 WPG).[75] Abw. davon kann der Antrag auf Entscheidung jederzeit gestellt werden, es sei denn, der Ältestenrat oder der BTagPräs hat gemäß § 47 I und III BWahlG über den Verlust der Mitgliedschaft entschieden (§ 15 S. 2 WPG). Gegen eine derartige Entscheidung im sog. Vorverfahren[76] kann der Betroffene innerhalb von zwei Wochen nach Zustellung die Entscheidung des BTag im Wahlprüfungs-verfahren (iwS)[77] beantragen (§ 47 III 3 BWahlG).[78] Liegt ein Verlustgrund vor, so wird dahin ent-schieden, dass der Abg. seine Mitgliedschaft im BTag verloren hat bzw. sein Mandat erloschen ist.[79] Gegen die Entscheidung im Mandatsprüfungsverfahren kann der Abg. Beschwerde beim BVerfG erheben (§ 18 WPG iVm § 48 BVerfGG).

## C. Regelung durch Bundesgesetz (Abs. 3)

20    Die nähere Regelung der Wahl- und Mandatsprüfung erfolgt durch Bundesgesetz (Art. 41 III). Sie hat sich – selbstverständlich – im Rahmen des GG zu halten und auf dessen Ausgestaltung zu beschränken. Der Bundesgesetzgeber ist dem **Verfassungsauftrag**, der denjenigen zur näheren Be-stimmung der Wahl (Art. 38 III) ergänzt, durch Erlass des **Wahlprüfungsgesetzes** (WPG)[80] nach-gekommen. Darin sind jedoch im Wesentlichen nur die **Verfahrensbestimmungen** für die Wahl- und Mandatsprüfung durch den BTag enthalten.[81] Ergänzende Vorschriften finden sich im BWahlG für die Mandatsprüfung durch den BTag (§ 47 BWahlG) und für die Wahlwiederholung (§ 44 BWahlG) sowie im GG und im BVerfGG für die Beschwerdeverfahren (Art. 93 I Nr. 4c GG; §§ 13 Nr. 3 und 3a, 48, 96a bis 96d BVerfGG).[82]

21    Das **materielle Wahlprüfungsrecht** hat demgegenüber bisher keine zusammenfassende Regelung erfahren und musste deshalb unter Beachtung der vorhandenen Einzelregelungen und allg. Grundsätze in der Praxis des BTag und im Beschwerdeverfahren des BVerfG entwickelt werden.[83]

## Art. 42 [Öffentlichkeit, Mehrheitsprinzip, Berichterstattung]

(1) **Der Bundestag verhandelt öffentlich. Auf Antrag eines Zehntels seiner Mitglieder oder auf Antrag der Bundesregierung kann mit Zweidrittelmehrheit die Öffentlichkeit aus-geschlossen werden. Über den Antrag wird in nichtöffentlicher Sitzung entschieden.**

(2) **Zu einem Beschlusse des Bundestages ist die Mehrheit der abgegebenen Stimmen erforderlich, soweit dieses Grundgesetz nichts anderes bestimmt. Für die vom Bundestage vorzunehmenden Wahlen kann die Geschäftsordnung Ausnahmen zulassen.**

(3) **Wahrheitsgetreue Berichte über die öffentlichen Sitzungen des Bundestages und seiner Ausschüsse bleiben von jeder Verantwortlichkeit frei.**

**Entstehungsgeschichte: Erstfassung:** JöR nF 1 (1951), 362.
**Historische Verfassungstexte: RV 1849: § 98** (1) Zu einem Beschluß eines jeden Hauses des Reichstages ist die Theilnahme von wenigstens der Hälfte der gesetzlichen Anzahl seiner Mitglieder und die einfache Stimmenmehrheit erforderlich. (2) Im Falle der Stimmengleichheit wird ein Antrag als abgelehnt betrachtet. **§ 111** Die Sitzungen beider Häuser sind öffentlich. Die Geschäftsordnung eines jeden Hauses bestimmt, unter welchen Bedingungen vertrauliche Sitzungen stattfinden können. – **RV 1871: Art. 22** (1) Die Verhandlungen des Reichstages sind öffentlich. (2)

---

[73] Dazu → Rn. 1 ff.

[74] Vgl. → Art. 38 Rn. 55; *Glauben* BK, Art. 41 (2017) Rn. 143 ff.

[75] Dazu → Rn. 8 ff.

[76] Zu Bedenken wegen der Entscheidungsbefugnis *Pieroth,* in: Jarass/Pieroth, Art. 41 Rn. 10; dagg. – wegen der Überprüfungsmöglichkeit durch den BTag (§ 47 III 3 BWahlG) – zutreffend *Klein,* in: Maunz/Dürig, Art. 41 Rn. 140.

[77] Dazu → Rn. 1; ebenso *Schneider* AK GG, Art. 41 Rn. 18.

[78] Zur Beteiligung des betroffenen Abg. in diesem Verfahren § 17 WPG.

[79] *Glauben* BK, Art. 41 (2017) Rn. 153; zum Zeitpunkt der Wirkung § 47 II BWahlG, § 16 WPG.

[80] Wahlprüfungsgesetz v. 12.3.1951 (BGBl. I 166) mit späteren Änderungen; dazu auch *Winkelmann,* Komm. – Wahlprüfungsgesetz, in: Das Deutsche Bundesrecht, I A 21 (2009).

[81] Dazu → Rn. 8 ff. und → Rn. 18 f.

[82] Ebda.

[83] Vgl. → Rn. 14 ff.; *U. Schliesky* MKS II, Art. 41 Rn. 64; krit. *Versteyl,* in: v. Münch/Kunig, Art. 41 Rn. 51; zu Reformüberlegungen *Seifert* DVBl 2010, 606 (616 ff.).

Wahrheitsgetreue Berichte über Verhandlungen in den öffentlichen Sitzungen des Reichstages bleiben von jeder Verantwortlichkeit frei. **Art. 28** (1) Der Reichstag beschließt nach absoluter Stimmenmehrheit. Zur Gültigkeit der Beschlußfassung ist die Anwesenheit der Mehrheit der gesetzlichen Anzahl der Mitglieder erforderlich. (2) Bei der Beschlußfassung über eine Angelegenheit, welche nach den Bestimmungen dieser Verfassung nicht dem ganzen Reiche gemeinschaftlich ist, werden die Stimmen nur derjenigen Mitglieder gezählt, die in Bundesstaaten gewählt sind, welchen die Angelegenheit gemeinschaftlich ist (Abs. 2 aufgehoben durch G. vom 24.2.1873, RGBl 45). – **WRV: Art. 29** Der Reichstag verhandelt öffentlich. Auf Antrag von fünfzig Mitgliedern kann mit Zweidrittelmehrheit die Öffentlichkeit ausgeschlossen werden. **Art. 30** Wahrheitsgetreue Berichte über die Verhandlungen in den öffentlichen Sitzungen des Reichstags, eines Landtags oder ihrer Ausschüsse bleiben von jeder Verantwortlichkeit frei. **Art. 32** (1) Zu einem Beschlusse des Reichstags ist einfache Stimmenmehrheit erforderlich, sofern die Verfassung kein anderes Stimmenverhältnis vorschreibt. Für die vom Reichstag vorzunehmenden Wahlen kann die Geschäftsordnung Ausnahmen zulassen. (2) Die Beschlußfähigkeit wird durch die Geschäftsordnung geregelt.

**Geltende Landesverfassungen:** *BW*Verf Art. 33; *Bay*Verf Art. 22 f.; *Bln*Verf Art. 42 III, IV, 43 II, 52; *Bbg*Verf Art. 64 II, III, 65; *Brem*Verf Art. 90 f., 93; *Hmb*Verf Art. 16, 19, 21; *Hess*Verf Art. 88–90; *MV*Verf Art. 31 f.; *Nds*Verf Art. 21 IV, 22; *NRW*Verf Art. 42 f., 44 II; *RhPf*Verf Art. 86 f., 88 II; *Saarl*Verf Art. 72 f., 74 II; *Sachs*Verf Art. 48; *LSA*Verf Art. 50, 51 I; *SchlH*Verf Art. 21 f.; *Thür*Verf Art. 60, 61 II.

**Supra- und internationale Texte:** AEUV Art. 231 I; EuRat Art. 29 f., 35.

**Leitentscheidungen:** BVerfGE 70, 324 (Haushaltskontrolle der Nachrichtendienste); BVerfGE 150, 204 (Koch/Steinbrück-Papier 2).

**Schrifttum:** Vgl. das Schrifttum zu Art. 38; ferner *R. Dieterich*, Die Funktion der Öffentlichkeit der Parlamentsverhandlungen im Strukturwandel des Parlamentarismus, Diss. Tübingen 1970; *E. Flaig*, Die Mehrheitsentscheidung, 2013; *H. Gersdorf*, Parlamentsfernsehen des Deutschen Bundestages, 2008; *H. Hofmann/H. Dreier*, Repräsentation, Mehrheitsprinzip und Minderheitenschutz, in: Schneider/Zeh, § 5; *L. Kißler*, Parlamentsöffentlichkeit: Transparenz und Akulation, in: Schneider/Zeh, § 36; *F.-L. Klein*, Das Stenographische Protokoll, in: Schneider/Zeh, § 35; *N. Magsaam*, Mehrheit entscheidet, 2014; *S. Martenson*, Parlament, Öffentlichkeit und Medien, in: Schneider/Zeh, § 8; *S. Schüttemeyer*, Öffentliche Anhörungen, in: Schneider/Zeh, § 42; *M. Sester*, Der Parlamentsbeschluß, 2007.

## Übersicht

## A. Öffentlichkeit (Abs. 1)

### I. Grundsatz (Satz 1)

Art. 42 legt für den BTag den Grundsatz der Verhandlungsöffentlichkeit fest, der die Sitzungs- **1** öffentlichkeit (Abs. 1) und die Berichtsöffentlichkeit (Abs. 3) umfasst.[1] Parlamentarische Demokratie beruht auf dem Vertrauen des Volkes und setzt damit Transparenz des politischen Geschehens voraus.[2] Die Öffentlichkeit der parl. Auseinandersetzung und Entscheidungssuche ist **wesentliches Element des demokratischen Parlamentarismus**[3] und insoweit auch vor Verfassungsänderungen geschützt (Art. 79 III).[4] Sie dient dem Verständnis der staatlichen Willensbildung, das für die politische Willensbildung des Volkes, insbes. dessen Kontrollmöglichkeit und Wahlentscheidung, unentbehrlich ist.[5]

Wie sich aus der Gegenüberstellung von BTag und Ausschüssen (Art. 42 III, 43 I ua) ergibt, gilt der **2** verfassungsrechtliche Grundsatz der Verhandlungsöffentlichkeit nur für das **Plenum**.[6] Die Regelung der Öffentlichkeit von **Ausschusssitzungen** unterliegt damit, vorbehaltlich verfassungsrechtlicher (zB Art. 44 I, 45a III) oder gesetzlicher (zB §§ 8 I, 10 I WPG) Sonderbestimmungen, der Geschäfts-

---

[1] Zur – unterschiedlichen – Terminologie *U. Schliesky* MKS II, Art. 42 Rn. 19.

[2] BVerfGE 40, 296 (327); 130, 318 (344).

[3] BVerfGE 70, 324 (355); 84, 304 (329); 125, 104 (123 f.); 131, 152 (204 ff.); 137, 34 Rn. 77; 137, 185 Rn. 199 ff.; 150, 204 Rn. 82; 150, 345 Rn. 59; BVerfGE 152, 35 Rn. 41.

[4] Ebenso *Schneider* AK GG, Art. 42 Rn. 2; *Morlok*, in: Dreier II, Art. 42 Rn. 20; *Brocker*, in: Epping/Hillgruber, Art. 42 Rn. 1.1; *Müller-Terpitz* BK, Art. 42 (2013) Rn. 28.

[5] Zu den Funktionen der Parlamentsöffentlichkeit *Kißler*, in: Schneider/Zeh, § 36; *Bröhmer*, Transparenz als Verfassungsprinzip, 2004, S. 97 ff.; zu möglichen Nachteilen *Schnöckel* DÖV 2007, 676 (679 ff.).

[6] BVerfGE 1, 144 (152); *Klein*, in: Maunz/Dürig, Art. 42 Rn. 32 f.; *Brocker* ZParl 2016, 50 ff.; *Linke*, in: Friauf/Höfling, Art. 42 Rn. 56 ff.; aA – auch für Ausschüsse – *Morlok*, in: Dreier II, Art. 42 Rn. 24, was jedoch nicht der unterschiedlichen Funktion von Plenum und Ausschüssen gerecht wird; näher dazu → Art. 38 Rn. 16 ff.; zur parlamentarischen Transparenz im Rahmen des InformationsfreiheitsG (BGBl. 2005 I, 2722) *Schwarz/Fuchs* DVBl 2017, 541:

ordnungsautonomie des BTag.[7] Danach sind die Beratungen der Ausschüsse grds. nicht öff. (§ 69 I 1 GOBT).[8] Ausnahmen kann ein Ausschuss für einen bestimmten Verhandlungsgegenstand oder Teile desselben beschließen (§ 69 I 2 GOBT). Ferner kann er zur Information über einen Gegenstand seiner Beratung öff. Anhörungen von Sachverständigen, Interessenvertretern und and. Auskunftspersonen (sog. Hearings) vornehmen (§ 70 GOBT).[9] Schließlich soll er in Abstimmung mit dem Ältestenrat und den mitberatenden Ausschüssen als Schlussberatung der überwiesenen Vorlagen (erweiterte) öff. Aussprachen durchführen, in denen die Beschlussempfehlung und der Bericht des federführenden Ausschusses beschlossen wird (§ 69a I 1 GOBT).

3    Parlamentsverhandlungen sind **öffentlich,** wenn ihnen ein im Vorhinein nicht feststehender Personenkreis beiwohnen kann.[10] Ausschusssitzungen sind deshalb auch dann nicht öff., wenn an ihnen – wie im Regelfall – Mitglieder des BTag teilnehmen können, die dem Ausschuss nicht angehören (§ 69 II GOBT). Die Öffentlichkeit schließt unter den gewandelten Bedingungen der parl. Demokratie die Presse und and. Massenmedien, insbes. Hörfunk und Fernsehen, ein (§ 69 I 3 GOBT).[11] Dies muss auch für Direktübertragungen und die dafür erforderliche technische Ausrüstung gelten, falls diese nicht im BTag vorhanden ist und genutzt werden kann.[12] Grenzen ergeben sich für den Zugang auf Grund der verfügbaren Räumlichkeiten, die zwischen Medienvertretern, Diplomaten und sonstigen Zuhörern aufgeteilt und iÜ unter Wahrung des Gleichbehandlungsgrundsatzes vergeben werden dürfen.[13]

4    **Verhandeln** – in der Form von Rede und Gegenrede der einzelnen Abgeordneten[14] – bezieht sich auf den gesamten Prozess der Entscheidungsfindung und schließt die Beratungen ebenso ein wie die Beschlussfassung.[15] Die Verhandlungsöffentlichkeit verlangt jedoch nur den Zugang zu dem Verfahren selbst, nicht darüber hinausgehende Wahrnehmungsmöglichkeiten. Damit dürfte auch das nach langjähriger Praxis ausdrücklich in die Geschäftsordnung des BTag übernommene Verfahren vereinbar sein, unter bestimmten Voraussetzungen anstelle einer Aussprache in den Parlamentsgremien die schriftlichen Redetexte zu Protokoll zu nehmen (§ 78 VI GOBT).[16] Diese erweitern die Möglichkeit der Kenntnisnahme von parl. Auseinandersetzungen, die andernfalls aus Zeitgründen entfallen würde. Zulässig sind gleichfalls geheime Abstimmungen und Wahlen, die von nicht öff. Abstimmungen und Wahlen zu unterscheiden sind.[17] In der Praxis kennt der BTag allerdings nur geheime Wahlen (Wahlen „mit verdeckten Stimmzetteln", § 49 GOBT), nicht hingegen geheime (Sach-)Abstimmungen, die auch unter dem Aspekt demokratischer Kontrolle verfassungspolitisch bedenklich wären.[18]

## II. Ausnahmen (Sätze 2 und 3)

5    Für einzelne Fälle kann die Öffentlichkeit ausnahmsweise auf **Antrag** von den Verhandlungen des BTag ausgeschlossen werden (Art. 42 I 2, 3). Antragsberechtigt ist ein Zehntel der Mitglieder, dh der gesetzlichen Mitgliederzahl (Art. 121), des BTag oder die BReg, die als Kollegium (Art. 62) mit Stimmenmehrheit (§ 24 GOBReg) entscheidet (Art. 42 I 2).[19] Eine Begründung des Antrags ist wegen des Zwecks der Geheimhaltung nicht erforderlich.[20]

---

[7] Zur Geschäftsordnungsautonomie → Art. 40 Rn. 21.

[8] Zur Diskussion um die damit verbundenen Vor- und Nachteile näher *Magiera,* Parlament und Staatsleitung in der Verfassungsordnung des Grundgesetzes, 1979, S. 148 ff.; *H. H. Klein* HStR III[3], § 50 Rn. 42 ff.

[9] *Schüttemeyer,* in: Schneider/Zeh, § 42.

[10] Näher *Magiera* (Fn. 8), S. 150 f.

[11] Ebenso iE *Dieterich,* Öffentlichkeit, S. 118 ff.; *Ritzel/Bücker/Schreiner/Winkelmann,* Handbuch 2, § 19 Anm. 2b GOBT (Stand: 1981); *Versteyl,* in: v. Münch/Kunig I, Art. 42 Rn. 8; *Schneider* AK GG, Art. 42 Rn. 6 f.; *Binder* DVBl 1985, 1112 (1114 f.); *Kißler,* in: Schneider/Zeh, § 36 Rn. 74; *Morlok,* in: Dreier II, Art. 42 Rn. 27; *Brocker,* in: Epping/Hillgruber, Art. 42 Rn. 4; *Müller-Terpitz* BK, Art. 42 (2013) Rn. 38; *U. Schliesky* MKS II, Art. 42 Rn. 30; aA *Dicke,* in: Umbach/Clemens, GG II, Art. 42 Rn. 15; *Linke,* in: Friauf/Höfling, Art. 42 Rn. 65; zur Zulässigkeit eines eigenen Parlamentsfernsehens im Rahmen der Öffentlichkeitsarbeit des BTag *Gersdorf,* passim; *Goerlich/Laier* ZUM 2008, 475 ff.; *Müller-Terpitz* BK, Art. 42 (2013) Rn. 44.

[12] AA *Ritzel/Bücker/Schreiner/Winkelmann,* Handbuch 2, § 19 Anm. 2b GOBT (Stand: 1981); *Schneider* AK GG, Art. 42 Rn. 7.

[13] *Schneider* AK GG, Art. 42 Rn. 6.; *U. Schliesky* MKS II, Art. 42 Rn. 28; *Pieroth,* in: Jarass/Pieroth, Art. 42 Rn. 1a.

[14] BVerfGE 136, 277 Rn. 100; 140, 115 Rn. 92.

[15] BVerfGE 89, 291 (303); 150, 204 Rn. 81; 150, 345 Rn. 58; *Morlok,* in: Dreier II, Art. 42 Rn. 22.

[16] Ebenso *Linke,* in: Friauf/Höfling, Art. 42 Rn. 55; zur Entstehungsgeschichte *Ritzel/Bücker/Schreiner/Winkelmann,* Handbuch 2, § 78 Anm. VI GOBT (Stand: 2010); ablehnend *Kornmeier* DÖV 2010, 676 ff.; ferner – mangels ausdrücklicher Begrenzung der Neuregelung auf ihren Ausnahmecharakter – *M. Bauer* Der Staat 49 (2010), 587 ff. (602).

[17] *Klein,* in: Maunz/Dürig, Art. 42 Rn. 37; *Troßmann,* § 54 (aF) Rn. 2; *Schneider* AK GG, Art. 42 Rn. 3; *Versteyl,* in: v. Münch/Kunig I, Art. 42 Rn. 13; *Linke,* in: Friauf/Höfling, Art. 42 Rn. 59; aA *Linck* DVBl 2005, 793 ff.

[18] *Schneider* AK GG, Art. 42 Rn. 3; für verfassungsgewohnheitsrechtliche Unzulässigkeit *Pieroth,* in: Jarass/Pieroth, Art. 42 Rn. 1a; *U. Schliesky* MKS II, Art. 42 Rn. 26.

[19] Ebenso *Klein,* in: Maunz/Dürig, Art. 42 Rn. 48; *U. Schliesky* MKS II, Art. 42 Rn. 40.

[20] Ebenso *Klein,* in: Maunz/Dürig, Art. 42 Rn. 49 f.; *U. Schliesky* MKS II, Art. 42 Rn. 38; für kursorische Begr. *Versteyl,* in: v. Münch/Kunig I, Art. 42 Rn. 14; *Morlok,* in: Dreier II, Art. 42 Rn. 29.

Die **Entscheidung** über den Ausschluss der Öffentlichkeit bedarf einer Zweidrittelmehrheit 6 (Art. 42 I 2) der abgegebenen Stimmen, wobei Stimmenthaltungen unberücksichtigt bleiben. Dies ergibt sich aus dem Grundsatz des Art. 42 II 1,[21] der nur hinsichtlich der Höhe der Mehrheit, nicht jedoch hinsichtlich der Berechnungsgrundlage abgewandelt ist.[22] Die Entscheidung erfolgt in nichtöff. Sitzung (Art. 42 I 3) und bedarf – wie der Antrag – keiner Begründung.

Der **Ausschluss der Öffentlichkeit** betrifft alle Zuhörer, einschließlich der Massenmedien. Ein 7 nur teilweiser Ausschluss der Öffentlichkeit hinsichtlich bestimmter Personen oder Personengruppen, die sich im Rahmen des Hausrechts und der Ordnungsgewalt halten, erscheint demgegenüber als nicht gerechtfertigt.[23] Nicht erfasst werden – neben den Mitgliedern des BTag – die zu allen Sitzungen des BTag zutrittsberechtigten Amtsträger (Art. 43 II). Ein fehlerhafter Ausschluss der Öffentlichkeit stellt einen erheblichen Verfahrensmangel dar und führt zur Verfassungswidrigkeit und Nichtigkeit der in nichtöff. Sitzung gefassten Beschlüsse, insbes. bei der Gesetzgebung.[24]

## B. Mehrheitsprinzip (Abs. 2)

### I. Grundsatz (Satz 1 Hs. 1)

Nach Art. 42 II 1 Hs. 1 ist für einen Beschluss des BTag grds. die Mehrheit der abgegebenen 8 Stimmen erforderlich. **Beschluss** ist die Äußerungsform, in der der BTag seine Meinung und seinen Willen als Kollegialorgan erkennbar und verbindlich feststellt, insbes. seine Entscheidungen trifft.[25] Dazu gehören die Gesetzesbeschlüsse (Art. 77 II 1, 5) und die vom BTag vorzunehmenden Wahlen (Art. 42 II 2), aber auch alle and., zumeist sog. einfachen oder schlichten Parlamentsbeschlüsse,[26] die der BTag auf Grund der Verfassung, eines Gesetzes, der Geschäftsordnung oder sonstiger Rechtsvorschriften fasst.[27]

Auf die Rechtsverbindlichkeit kommt es insoweit nicht an, so dass auch sog. **Entschließungen** 9 (§ 88 GOBT) erfasst werden, die von erheblichem politischen Gewicht und damit rechtlich erheblich sein können.[28] Art. 42 II 1 sagt lediglich, wann ein Beschl. des BTag vorliegt,[29] nicht jedoch, ob dieser zulässig oder geboten ist und welche Wirkungen er hat. Dies ergibt sich vielmehr aus der jeweiligen Rechtsgrundlage.

**Mehrheit der abgegebenen Stimmen** bedeutet, dass die Ja-Stimmen die Nein-Stimmen über- 10 wiegen, wobei Stimmenthaltungen und ungültige Stimmen nach herkömmlichem Verständnis unberücksichtigt bleiben.[30] Diese (einfache) Abstimmungsmehrheit („einfache Mehrheit", § 48 II GOBT) ist für einen Beschl. des BTag grds., dh vorbehaltlich näher bestimmter Ausnahmen,[31] erforderlich und ausreichend.[32] Dies gilt auch für verkleinerte Abbildungen des BTag, insbesondere für seine Ausschüsse, selbst wenn dadurch ausnahmsweise vom Grundsatz der Spiegelbildlichkeit abgewichen werden muss.[33]

Die **Beschlussfähigkeit** des BTag ist – wie die von ihr abzugrenzende **Beratungsfähigkeit** bei 11 „Kernzeit-Debatten"[34] – nicht im GG, sondern auf Grund der Geschäftsordnungsautonomie (Art. 40 I 2) geregelt. Sie ist gegeben, wenn mehr als die Hälfte der Mitglieder des BTag im Sitzungssaal

---

[21] Vgl. → Rn. 10.

[22] Ebenso iE *Klein*, in: Maunz/Dürig, Art. 42 Rn. 50; *U. Schliesky* MKS II, Art. 42 Rn. 42; *Versteyl*, in: v. Münch/Kunig I, Art. 42 Rn. 17; aA *Ritzel/Bücker/Schreiner/Winkelmann*, Hdb. 2, § 19 Anm. 2 f. GOBT (Stand: 2002); *Morlok*, in: Dreier II, Art. 42 Rn. 29.

[23] Ebenso *Versteyl*, in: v. Münch/Kunig I, Art. 42 Rn. 18; *Morlok*, in: Dreier II, Art. 42 Rn. 30; *Klein*, in: Maunz/Dürig, Art. 42 Rn. 53; *Linke*, in: Friauf/Höfling, Art. 42 Rn. 81 aA *Pieroth*, in: Jarass/Pieroth, Art. 42 Rn. 2; *Brocker*, in: Epping/Hillgruber, Art. 42 Rn. 7.

[24] Str.; *Klein*, in: Maunz/Dürig, Art. 42 Rn. 55; *Dicke*, in: Umbach/Clemens, GG II, Art. 42 Rn. 25 ff.; *Müller-Terpitz* BK, Art. 42 (2013) Rn. 33; vgl. auch BVerfGE 112, 363 (366).

[25] *Magiera* (Fn. 8), S. 172.

[26] Ausf. *Magiera* (Fn. 8), S. 172 f.; *Sester*, Der Parlamentsbeschluß, 2007, passim; *Magsaam*, Mehrheit entscheidet, S. 157 f.

[27] Ebenso *Klein*, in: Maunz/Dürig, Art. 42 Rn. 80 f.; *Pieroth*, in: Jarass/Pieroth, Art. 42 Rn. 3.

[28] *Magiera* (Fn. 8), S. 172 ff., 210 ff.; *Stern*, StaatsR II, S. 48 mit Fn. 45; *H. H. Klein* HStR III[3], § 50 Rn. 13 f.; *Klein*, in: Maunz/Dürig, Art. 42 Rn. 80; *Pieroth*, in: Jarass/Pieroth, Art. 42 Rn. 20; *Morlok*, in: Dreier II, Art. 42 Rn. 32; aA *Versteyl*, in: v. Münch/Kunig I, Art. 42 Rn. 13; *Schneider* AK GG, Art. 42 Rn. 13; *U. Schliesky* MKS II, Art. 42 Rn. 54.

[29] BVerfGE 2, 143 (161); 90, 286 (388) und dazu *Wiefelspütz* ZParl 2007, 3 ff.

[30] *Troßmann*, Parlamentsrecht, § 54 (aF) Rn. 6; *Klein*, in: Maunz/Dürig, Art. 42 Rn. 84; *U. Schliesky* MKS II, Art. 42 Rn. 59; *Morlok*, in: Dreier II, Art. 42 Rn. 34; *Müller-Terpitz* BK, Art. 42 (2013) Rn. 74 f.; *Magsaam*, Mehrheit entscheidet, S. 163 f.; krit. *Versteyl*, in: v. Münch/Kunig I, Art. 42 Rn. 25; *Höfling/Burkiczak* Jura 2007, 561 (565 f.).

[31] Dazu → Rn. 13 ff.

[32] Zum Mehrheitsprinzip als parl. Entscheidungsregel und Ausprägung des Demokratieprinzips *Hofmann/Dreier*, in: Schneider/Zeh, § 5 Rn. 48 ff.; allg. zur Entstehung und kulturellen Dynamik *Flaig*, Die Mehrheitsentscheidung, passim.

[33] BVerfGE 112, 118 (140); 130, 318 (355); 140, 115 Rn. 100.

[34] § 45 IV GOBT; dazu *Ritzel/Bücker/Schreiner/Winkelmann*, Hdb. 2, § 45 Anm. IV GOBT (Stand: 2010).

anwesend sind, wird jedoch so lange vermutet, wie ihr Fehlen nicht von einer Fraktion oder von anwesenden 5 % der Mitglieder des BTag bezweifelt und in Verbindung mit der Abstimmung durch Zählen der Stimmen festgestellt wird (§ 45 GOBT). Diese Vermutungsregel, die dazu führen kann, dass Plenarbeschlüsse von nur wenigen Abg. getroffen werden, widerspricht nicht dem Grundsatz der repräsentativen Demokratie, solange gewährleistet ist, dass die Entscheidungen in den Fraktionen und Ausschüssen des arbeitsteiligen Parlaments vorbereitet und abgestimmt sind.[35]

12     Auch das **Verfahren** und die **Arten der Abstimmung** (Handzeichen, Stimmzettel, „Hammelsprung") sind nicht im GG, sondern auf Grund der Geschäftsordnungsautonomie (Art. 40 I 2) vom BTag geregelt (§§ 46 ff. GOBT).[36]

## II. Ausnahmen (Satz 1 Hs. 2 und Satz 2)

13     **1. Abstimmungen (Satz 1 Hs. 2).** Der Grundsatz, dass der BTag seine Beschlüsse mit einfacher Abstimmungsmehrheit fasst, gilt nur, soweit das GG nichts anderes bestimmt (Art. 42 II 1 Hs. 2). Der Verfassungstext enthält zahlreiche und vielfältige Ausnahmen, die gegenüber dem Grundsatz höhere, aber auch geringere Anforderungen stellen. Im Einzelnen verlangt das GG ua eine **qualifizierte Abstimmungsmehrheit** von zwei Dritteln der abgegebenen Stimmen, wobei Stimmenthaltungen traditionell nicht berücksichtigt werden[37] (Art. 42 I 2, 80a I 2), eine **einfache Abgeordnetenmehrheit,** dh eine Mehrheit der Mitglieder (der gesetzlichen Mitgliederzahl, Art. 121) des BTag (Art. 29 VII 2, 54 VI 1, 63 II 1, 63 IV 2 u. 3, 67 I 1, 68 I 1 u. 2, 77 IV 1, 80a III 2, 87 III 2), eine **qualifizierte Abgeordnetenmehrheit** von zwei Dritteln der Mitglieder des BTag (Art. 61 I 3, 79 II), eine **doppelt qualifizierte Mehrheit** (Art. 77 IV 2, 115a I 2), eine **relative**[38] **Stimmenmehrheit** (Art. 54 VI 2, 63 IV 1), dass sich die Mehrheit einer **Abgeordnetenminderheit** von einem Viertel (Art. 23 I a,[39] 44 I 1, 61 I 2) bzw einem Drittel (Art. 39 III 3) der Mitglieder des BTag fügt oder dass eine Abgeordnetenminderheit von einem Viertel der Mitglieder des BTag ein Normenkontrollverfahren beim BVerfG beantragen kann (Art. 93 I Nr. 2).

14     Die Geschäftsordnung des BTag kennt ferner eine (qualifizierte) **Anwesenheitsmehrheit** von zwei Dritteln der anwesenden Abg. (§§ 80 II, 81 I, 84 S. 1 lit. b, 126 GOBT), die im GG nicht ausdrücklich bestimmt ist und daher verfassungsrechtlich bedenklich erscheint, weil Ausnahmen von dem Grundsatz der einfachen Abstimmungsmehrheit auf Grund der Geschäftsordnung nur für Wahlen des BTag zulässig sind (Art. 42 II 2).[40]

15     **2. Wahlen (Satz 2).** Für die vom BTag vorzunehmenden Wahlen kann die GO Ausnahmen zulassen (Art. 42 II 2). Unter Wahlen sind die **Personalentscheidungen** zu verstehen, die der BTag zu treffen hat, zB hinsichtlich seines Präsidenten (Art. 40 I 1; § 2 GOBT) oder des Bundeskanzlers (Art. 63, 67, 68; §§ 4, 49, 97, 98 GOBT), nicht jedoch Sachentscheidungen, zB über den Sitz einer Bundesbehörde (§ 50 GOBT).[41] Trotz des insoweit offenen Wortlauts der Verfassungsbestimmung soll die GO nur erschwerende, nicht auch erleichternde Ausnahmen zulassen können, weil sonst die Anforderungen an Verfassungsänderungen (Art. 79) umgangen werden könnten.[42] Diese Begründung erscheint jedoch nicht überzeugend, da sie sich auch gegen erschwerende Ausnahmen anführen ließe, so dass die Verfassungsbestimmung insgesamt leerlaufen müsste. Vielmehr ist anzunehmen, dass die GO von dem Erfordernis der Mehrheit der abgegebenen Stimmen Abweichungen allg. zulassen kann, soweit das GG nicht selbst eine entsprechende Ausnahmeregelung (Art. 63, 67) trifft.[43]

---

[35] BVerfGE 44, 308 (315 f.); 123, 39 (67); krit. *Magsaam,* Mehrheit entscheidet, S. 164 ff.; *Linke,* in: Friauf/Höfling, Art. 42 Rn. 103 f.; zum Ineinandergreifen von Plenum, Fraktionen und Ausschüssen *Magiera* (Fn. 8), S. 128 ff.

[36] Zum „Hammelsprung" *Zähle* ZParl 2007, 276 ff.; *Feldkamp* ZParl 2008, 35 ff.

[37] S. → Rn. 10.

[38] Zum Unterschied zwischen einfacher und relativer Mehrheit *Ritzel/Bücker/Schreiner/Winkelmann,* Hdb. 2, § 48 Anm. 3b, c GOBT (Stand: 2013).

[39] Zur verfassungsrechtlichen Unbedenklichkeit, da keine Befugnis zu regelnder Entscheidung, sondern nur zur Anrufung eines Gerichts s. BVerfGE 123, 267 (432).

[40] Ebenso *Schneider* AK GG, Art. 42 Rn. 12, 15; *Klein,* in: Maunz/Dürig, Art. 42 Rn. 91; für Verfassungswidrigkeit *Pieroth,* in: Jarass/Pieroth, Art. 42 Rn. 4; *Höfling/Burkiczak* Jura 2007, 561 (567). – Verfassungsrechtlich unzulässig daher auch § 126a GOBT idF der Bek. v. 23.4.2014 (BGBl I 534); näher dazu → Art. 38 Rn. 70.

[41] Ebenso *Pieroth,* in: Jarass/Pieroth, Art. 42 Rn. 5; *Morlok,* in: Dreier II, Art. 42 Rn. 36 mit Fn. 101; aA *Schneider* AK GG, Art. 42 Rn. 15. – In der Praxis weicht § 50 (= 55 aF) GOBT nicht von dem Grundsatz des Art. 42 II 1 ab; zutreffend *Troßmann,* Parlamentsrecht, § 55 (aF) Rn. 2.

[42] So *Schneider* AK GG, Art. 42 Rn. 15; zweifelnd *Versteyl,* in: v. Münch/Kunig I, Art. 42 Rn. 31.

[43] *Dicke,* in: Umbach/Clemens, GG II, Art. 42 Rn. 72; *Klein,* in: Maunz/Dürig, Art. 42 Rn. 92; *Pieroth,* in: Jarass/Pieroth, Art. 42 Rn. 5; *Brocker,* in: Epping/Hillgruber, Art. 42 Rn. 20.2; *U. Schliesky* MKS II, Art. 42 Rn. 67; BVerfGE 112, 118 (136 f., 140 f.); zum Losverfahren *Buchstein* ZParl 2013, 384 ff.; *Lhotta* ZParl 2013. 404 ff.

## C. Berichterstattung (Abs. 3)

Nach Art. 42 III bleiben wahrheitsgetreue Berichte über die öff. Sitzungen des BTag und seiner **16** Ausschüsse von jeder Verantwortung frei. Die damit gewährleistete Berichtsöffentlichkeit verstärkt die Sitzungsöffentlichkeit (Art. 42 I) des Parlaments. Sie ist nicht lediglich ein **Parlamentsprivileg,** zumal der BTag nicht darauf verzichten kann, sondern wie die Sitzungsöffentlichkeit ein wesentliches Element des demokratischen Parlamentarismus.[44] Sie dient der Kommunikation zwischen dem Volk und seinen Repräsentanten und hat deshalb auch **Grundrechtsbezug,** insbes. zur Meinungsfreiheit und zur Freiheit der Berichterstattung durch die Massenmedien (Art. 5), unterliegt jedoch keiner entspr. gesetzlichen Einschränkbarkeit.[45]

Geschützt sind nur wahrheitsgetreue Berichte. Unter **Bericht** ist nach der klassischen Umschreibung **17** des RG die „erzählende Darstellung eines historischen Vorganges in seinem wesentlichen Verlaufe" zu verstehen.[46] Außer den Wortprotokollen des Sten. Dienstes des BTag (§§ 73, 116 GOBT)[47] gehören dazu alle selbständig gestalteten Geschehensdarstellungen unabhängig von ihrem Urheber (Abg.,[48] Journalisten, and. Zuhörer), ihrer Form (Wort, Schrift, Bild) oder ihrer Sprache (Original, Übersetzung).[49] Ausgenommen sind persönliche Bemerkungen und Bewertungen, die dem Bericht den Darstellungscharakter nehmen, aber – als eigene Stellungnahme erkenntlich – in den Schutzbereich der Meinungsfreiheit (Art. 5 I) fallen können.[50]

**Wahrheitsgetreu** ist ein Bericht, wenn er das gesamte Geschehen oder einen in sich abgeschlosse- **18** nen Teil richtig und inhaltlich vollständig wiedergibt.[51] Eine wortgetreue (wörtliche) Darstellung ist nicht erforderlich. Nicht geschützt sind jedenfalls Fälschungen, Entstellungen, irreführende Auslassungen. IÜ muss die Grenzziehung zwischen wahrheitsgetreuer („objektiver") und nicht wahrheitsgetreuer („subjektiver") Berichterstattung anhand der Umstände des Einzelfalls bestimmt werden.[52]

Geschützt sind nur Berichte über die **öff. Sitzungen**[53] des BTag und seiner Ausschüsse. Erfasst wird **19** insoweit das gesamte Geschehen, nicht – wie noch gemäß Art. 30 WRV – lediglich die Verhandlungen.[54]

**Freiheit von jeder Verantwortlichkeit** bedeutet, dass die wahrheitsgetreue Berichterstattung über **20** öff. Sitzungen des BTag und seiner Ausschüsse weder strafrechtlichen (§ 37 StGB) noch dienstrechtlichen, zivilrechtlichen, presserechtlichen oder sonstigen staatlichen Sanktionen unterliegt.[55]

## Art. 43 [Zitier-, Zutritts-, Anhörungsrecht]

(1) **Der Bundestag und seine Ausschüsse können die Anwesenheit jedes Mitgliedes der Bundesregierung verlangen.**

(2) **Die Mitglieder des Bundesrates und der Bundesregierung sowie ihre Beauftragten haben zu allen Sitzungen des Bundestages und seiner Ausschüsse Zutritt. Sie müssen jederzeit gehört werden.**

**Entstehungsgeschichte: Erstfassung:** JöR nF 1 (1951), 365.
**Historische Verfassungstexte: RV 1849:** § 121 Die Reichsminister haben das Recht, den Verhandlungen beider Häuser des Reichstages beizuwohnen und jederzeit von denselben gehört zu werden. § 122 Die Reichsminister haben die Verpflichtung, auf Verlangen jedes der Häuser des Reichstages in demselben zu erscheinen und Auskunft zu ertheilen oder den Grund anzugeben, weshalb dieselbe nicht erteilt werden könne. – **RV 1871: Art. 9** Jedes Mitglied des Bundesrathes hat das Recht, im Reichstag zu erscheinen und muß daselbst auf Verlangen jederzeit gehört werden, um die Ansichten seiner Regierung zu vertreten, auch dann, wenn dieselben von der Majorität des Bundesrathes nicht adoptiert worden sind. Niemand kann gleichzeitig Mitglied des Bundesrathes und des Reichstages sein. – **WRV: Art. 33** (1) Der Reichstag und seine Ausschüsse können die Anwesenheit des Reichskanzlers und jedes Reichsministers verlangen. (2) Der Reichskanzler, die Reichsminister und die von ihnen bestellten Beauftragten

---

[44] Dazu → Rn. 1; *Klein,* in: Maunz/Dürig, Art. 42 Rn. 57, 66; *Schneider* AK GG, Art. 42 Rn. 16; *Morlok,* in: Dreier II, Art. 42 Rn. 40.

[45] *Klein,* in: Maunz/Dürig, Art. 42 Rn. 67 ff.; ferner *Schneider* AK GG, Art. 42 Rn. 16.

[46] RGSt 18, 207 (210) (1888).

[47] *F.-L. Klein,* in: Schneider/Zeh, § 35.

[48] Art. 42 III ist neben Art. 46 anwendbar, da er Abg. für die „Berichterstattung aus dem Parlament" zusätzlichen Schutz gewährt; dazu → Art. 46 Rn. 5; aA *Brocker,* in: Epping/Hillgruber, Art. 42 Rn. 24.

[49] *Klein,* in: Maunz/Dürig, Art. 42 Rn. 59 ff.; *Schneider* AK GG, Art. 42 Rn. 17.

[50] Ebenso *Klein,* in: Maunz/Dürig, Art. 42 Rn. 59, 66 ff.; *Schneider* AK GG, Art. 42 Rn. 17; *Morlok,* in: Dreier II, Art. 42 Rn. 41; aA *Versteyl,* in: v. Münch/Kunig I, Art. 42 Rn. 35; *Müller-Terpitz* BK, Art. 42 (2013) Rn. 95.

[51] Vgl. schon *Anschütz,* WRV, Art. 30 Anm. 4.

[52] *Versteyl,* in: v. Münch/Kunig I, Art. 42 Rn. 33; *Morlok,* in: Dreier II, Art. 42 Rn. 43.

[53] Dazu → Rn. 3.

[54] Ebenso iE auch *Klein,* in: Maunz/Dürig, Art. 42 Rn. 56.

[55] Zur umstr. Rechtsnatur (Rechtfertigungsgrund, Strafausschließungsgrund) *Klein,* in: Maunz/Dürig, Art. 42 Rn. 70 f.; *Schneider* AK GG, Art. 42 Rn. 19; *Dicke,* in: Umbach/Clemens, GG II, Art. 42 Rn. 80; *Müller-Terpitz* BK, Art. 42 (2013) Rn. 107 f.

haben zu den Sitzungen des Reichstags und seiner Ausschüsse Zutritt. Die Länder sind berechtigt, in diese Sitzungen Bevollmächtigte zu entsenden, die den Standpunkt ihrer Regierung zu dem Gegenstande der Verhandlung darlegen. (3) Auf ihr Verlangen müssen die Regierungsvertreter während der Beratung, die Vertreter der Reichsregierung auch außerhalb der Tagesordnung gehört werden. (4) Sie unterstehen der Ordnungsgewalt des Vorsitzenden.

**Geltende Landesverfassungen:** *BW*Verf Art. 34; *Bay*Verf Art. 24; *Bln*Verf Art. 49; *Bbg*Verf Art. 66; *Brem*Verf Art. 98; *Hmb*Verf Art. 23; *Hess*Verf Art. 91; *MV*Verf Art. 38; *Nds*Verf Art. 23; *NRW*Verf Art. 45; *RhPf*Verf Art. 89; *Saarl*Verf Art. 76; *Sachs*Verf Art. 49; *LSA*Verf Art. 52; *SchlH*Verf Art. 27; *Thür*Verf Art. 66.

**Supra- und internationale Texte:** AEUV Art. 230.

**Leitentscheidungen:** BVerfGE 10, 4 (Redezeit).

**Schrifttum** Vgl. das Schrifttum zu Art. 38; ferner *J. Besch,* Rederecht und Redeordnung, in: Schneider/Zeh, § 33; *C.-P. Clostermeyer/A. Exo,* Bundesstaatsprinzip und parlamentarische Debatte: Zu den Beteiligungsrechten des Bundesrates im Bundestag, JbFöd 11 (2010), 212; *H.-R. Lipphardt,* Die kontingentierte Debatte – Parlamentsrechtliche Untersuchung zur Redeordnung des Bundestages, 1976; *R. A. Lorz/M. Richterich,* Rechtsstellung der Regierung im Parlament HdbParlR, § 35; *S. Magiera,* Rechte des Bundestages und seiner Mitglieder gegenüber der Regierung, in: Schneider/Zeh, § 52; *H.-W. Meier,* Zitier- und Zutrittsrecht im parlamentarischen Regierungssystem, 1982; *M. Schröder,* Rechte der Regierung im Bundestag, in: Schneider/Zeh, § 53.

**Übersicht**

## A. Zitierrecht (Abs. 1)

### I. Bedeutung

**1**     Nach Art. 43 I können der BTag und seine Ausschüsse die Anwesenheit jedes Regierungsmitglieds verlangen. Dieses sog. Zitierrecht (Zitierungs-, Herbeirufungsrecht) dient der parl. Kontrolle.[1] Es bedarf zu seiner Ausübung eines **Mehrheitsbeschlusses** (Art. 42 II 1, § 48 II GOBT) auf Antrag einer Fraktion oder von anwesenden 5 % der Mitglieder des BTag (§ 42 GOBT). Ein solcher Beschluss ist in der Praxis jedoch selten erforderlich,[2] weil die Regierung auf die Zusammenarbeit mit der Parlamentsmehrheit angewiesen ist und auch im eigenen Interesse einer formlosen Aufforderung nachzukommen pflegt.[3] Die Pflicht, vor dem Parlament zu erscheinen, schließt die Pflicht ein, ihm Rede und Antwort zu stehen.[4]

**2**     Von diesem Mehrheitsrecht zu unterscheiden ist das **allg. Fragerecht**[5] („Interpellationsrecht")[6] gegenüber der Regierung,[7] das diese zur Auskunft auch gegenüber einzelnen Abg. oder einer Minderheit verpflichtet und aus dem in Art. 38 I gewährleisteten Abgeordnetenstatus folgt.[8]

### II. Berechtigte

**3**     Zur Herbeirufung berechtigt sind der **BTag,** dh das Plenum (§ 42 GOBT), und seine **Ausschüsse** (§ 68 GOBT).[9] Dazu gehören auch Unterausschüsse,[10] sofern sie vom BTag selbst mit Aufgaben befasst werden,[11] und Enquete-Kommissionen,[12] obwohl ihnen neben Bundestagsabgeordneten auch vom

---

[1] *Schröder* BK, Art. 43 (2017) Rn. 20; *Schneider* AK GG, Art. 43 Rn. 2; zur parl. Kontrolle → Art. 38 Rn. 35 ff.

[2] Vgl. die Zusammenstellung bei *Schindler,* Datenhandbuch, Bd. I, S. 1255 ff.

[3] *Schröder* BK, Art. 43 (2017) Rn. 31.

[4] Dazu → Rn. 5 f.

[5] Vgl. → Art. 38 Rn. 39.

[6] Zu diesem – unterschiedlich gebrauchten – Begriff ausf. *Magiera,* Parlament und Staatsleitung in der Verfassungsordnung des Grundgesetzes, 1979, S. 308 f.; *U. Schliesky* MKS II, Art. 11.

[7] Ebenso *Schröder* BK, Art. 43 (2017) Rn. 22 ff.; *H. H. Klein* HStR III³, § 51 Rn. 33; aA (Fortentwicklung des Zitierrechts) *Stern,* StaatsR II, S. 55 f.

[8] Vgl. → Art. 38 Rn. 41.

[9] Zu den Ausschüssen → Art. 40 Rn. 15 ff.

[10] Vgl. → Art. 40 Rn. 20.

[11] *Troßmann,* Parlamentsrecht, § 73 (aF) GOBT Rn. 1; *Klein,* in: Maunz/Dürig, Art. 43 Rn. 53; *Pieroth,* in: Jarass/Pieroth, Art. 43 Rn. 1; *Linke,* in: Friauf/Höfling, Art. 43 Rn. 73; weitergehend *Versteyl,* in: v. Münch/Kunig I,

BTag bestellte weitere Personen als Sachverständige angehören können.[13] „Gemischten Ausschüssen" steht das Herbeirufungsrecht hingegen nur zu, wenn sie sich aus Bundestagsabgeordneten und aus Mitgliedern des BRat zusammensetzen (Vermittlungsausschuss, Art. 77 II; GemAussch, Art. 53a), weil auch den Letzteren ein (eigenes) Herbeirufungsrecht (Art. 53) zusteht.[14] Das Herbeirufungsrecht erstreckt sich auf den **gesamten Zuständigkeitsbereich** des jeweiligen Ausschusses (§ 62 GOBT), nicht nur auf die ihm vom Plenum konkret überwiesenen Aufgaben.[15]

## III. Verpflichtete

Verpflichtet, dem Herbeirufungsverlangen zu folgen, sind die Mitglieder der BReg, dh der **BKanz-** **4** **ler** und jeder **BMinister** (Art. 62). Eine Erweiterung auf and. Personen, insbes. die Parlamentarischen Staatssekretäre,[16] ist deshalb ausgeschlossen.[17] Eine Beschränkung des Herbeirufungsrechts auf den „(mit)zuständigen" BMin lässt sich Art. 43 I nicht entnehmen, zumal es dem Parlament – etwa bei Koalitionsregierungen – gerade auf die Stellungnahme eines nicht von Amts wegen mit der Angelegenheit befassten Regierungsmitglieds ankommen kann.[18]

## IV. Inhalt

Das Herbeirufungsverlangen verpflichtet das Regierungsmitglied zur Anwesenheit, dh zum **persön-** **5** **lichen Erscheinen** vor dem Plenum oder einem der Ausschüsse des BTag.[19] Die Pflicht zum Erscheinen entfällt, wenn das Regierungsmitglied objektiv (etwa aus Krankheitsgründen) oder wegen der Inanspruchnahme durch verfassungsrechtlich höher zu bewertende Pflichten verhindert ist.[20] Eine Vertretung kommt nur durch einen and. BMinister, mit Einverständnis des Parlaments auch durch and. Personen, insbes. den (beamteten oder Parlamentarischen) Staatssekretär in Betracht.[21]

Anwesenheit bedeutet nicht nur „stummes Dabeisitzen", sondern verpflichtet auch dazu, sich an **6** den parl. Verhandlungen zu beteiligen, insbes. den Abg. auf ihre Fragen „Rede und Antwort zu stehen".[22] Unabhängig von dem umstrittenen Verhältnis zwischen Zitier- und Interpellationsrecht[23] ergibt sich die **Mitwirkungs- und Auskunftspflicht** der Regierungsmitglieder daraus, dass das Zitierrecht ein Instrument der parl. Kontrolle ist[24] und diese wirksam sein muss.[25]

---

Art. 43 Rn. 7; *Morlok*, in: Dreier II, Art. 43 Rn. 9; *U. Schliesky* MKS II, Art. 6; ablehnend *Schröder* BK, Art. 43 (2017) Rn. 35

[12] Vgl. → Art. 40 Rn. 20.

[13] Ebenso *Schröder* BK, Art. 43 (2017) Rn. 37; *Schneider* AK GG, Art. 43 Rn. 4; *Pieroth*, in: Jarass/Pieroth, Art. 43 Rn. 1; *Morlok*, in: Dreier II, Art. 43 Rn. 9; *Kluth*, in: Hofmann/Henneke, Art. 43 Rn. 12; *Leisner*, in: Sodan, Art. 43 Rn. 2; *U. Schliesky* MKS II, Art. 43 Rn. 15; aA *Versteyl*, in: v. Münch/Kunig I, Art. 43 Rn. 11; *Stern*, StaatsR II, S. 53; *Metzger*, Enquête-Kommissionen des Deutschen Bundestages, 1995, S. 110; *Klein*, in: Maunz/Dürig, Art. 43 Rn. 54.

[14] Ebenso *Stern*, StaatsR II, S. 53, 177; *Versteyl*, in: v. Münch/Kunig I, Art. 43 Rn. 5 und 10; *Linke*, in: Friauf/Höfling, Art. 43 Rn. 73; einschränkend (für den GemAussch in Friedenszeiten) *Schröder* BK, Art. 43 (2017) Rn. 39; *U. Schliesky* MKS II, Art. 43 Rn. 17; *Klein*, in: Maunz/Dürig, Art. 43 Rn. 56 f.; *Pieroth*, in: Jarass/Pieroth, Art. 43 Rn. 1.

[15] *Magiera*, in: Schneider/Zeh, § 52 Rn. 7; *U. Schliesky* MKS II, Art. 43 Rn. 13.

[16] Vgl. dazu das ParlStG.

[17] Ebenso *Schröder* BK, Art. 43 (2017) Rn. 42; *Schneider* AK GG, Art. 43 Rn. 5; *Stern*, StaatsR II, S. 54; *U. Schliesky* MKS II, Art. 43 Rn. 20; aA *Wahl* Staat 8 (1969), 327 (346).

[18] Ebenso iE *Klein*, in: Maunz/Dürig, Art. 43 Rn. 61; *Stern*, StaatsR II, S. 54; *Meier*, Zitier- und Zutrittsrecht, S. 128; *Morlok*, in: Dreier II, Art. 43 Rn. 10; *Dicke*, in: Umbach/Clemens, GG II, Art. 43 Rn. 22; *Pieroth*, in: Jarass/Pieroth, Art. 43 Rn. 2; *Linke*, in: Friauf/Höfling, Art. 43 Rn. 89; aA *Schröder* BK, Art. 43 (2017) Rn. 41; *Versteyl*, in: v. Münch/Kunig I, Art. 43 Rn. 27; *Schneider* AK GG, Art. 43 Rn. 5; *U. Schliesky* MKS II, Art. 43 Rn. 19.

[19] *Klein*, in: Maunz/Dürig, Art. 43 Rn. 63; *Schröder* BK, Art. 43 (2017) Rn. 44; *Schneider* AK GG, Art. 43 Rn. 3; *U. Schliesky* MKS II, Art. 43 Rn. 22.

[20] *Klein*, in: Maunz/Dürig, Art. 43 Rn. 64 ff.; *Schröder* BK, Art. 43 (2017) Rn. 48; *Stern*, StaatsR II, S. 54 mit Fn. 62.

[21] Art 106 II 1 iVm Anlage 7 GOBT idF des BT-Beschl. v. 1.3.2019 (BGBl I 197); krit. dazu *v. Achenbach* Der Staat 2019, 325.

[22] So schon *Anschütz*, WRV, Art. 33 Anm. 1; ebenso *Klein*, in: Maunz/Dürig, Art. 43 Rn. 69 ff.; *Versteyl*, in: v. Münch/Kunig I, Art. 43 Rn. 26; *Schröder* BK, Art. 43 (2017) Rn. 49 f.; *Stern*, StaatsR II, S. 52; BVerfGE 104, 151 (208); aA *Linke*, in: Friauf/Höfling, Art. 43 Rn. 103.

[23] Vgl. → Rn. 2.

[24] Vgl. → Rn. 1; ferner – zu den Kontrollgrenzen – → Art. 38 Rn. 35 ff.; *Schröder* BK, Art. 43 (2017) Rn. 29.

[25] BVerfGE 67, 100 (130); 77, 1 (48); 110, 199 (215); ausf. *Magiera*, in: Schneider/Zeh, § 52 Rn. 55, 60; ebenso *Stern*, StaatsR II, S. 55; *Schneider* AK GG, Art. 43 Rn. 6; aA *Meier*, Zitier- und Zutrittsrecht, S. 134 ff.; *Lorz/Richterich* HdbParlR, § 35 Rn. 60; *Linke*, in: Friauf/Höfling, Art. 43 Rn. 103 ff.

## B. Zutrittsrecht (Abs. 2 S. 1)

### I. Bedeutung

7      Nach Art. 43 II 1 haben die Mitglieder des BRat und der BReg sowie ihre Beauftragten Zutritt zu allen Sitzungen des BTag und seiner Ausschüsse. Das Zutrittsrecht (Zugangs-, Anwesenheitsrecht) ergänzt zusammen mit dem Rederecht (Art. 43 II 2) das Zitierrecht des Parlaments (Art. 43 I). Es ist jedoch nicht nur dessen Gegenstück („Korrespondenzthese"), sondern geht darüber hinaus.[26] Zum einen dient es dem **staatsleitenden Dialog** zwischen Parlament und Regierung, zum anderen der **föderalen Kooperation** zwischen Parlament und BRat.[27]

### II. Berechtigte

8      Zutrittsberechtigt sind die (ordentlichen, im tatsächlichen Vertretungsfall auch stellvertretenden) Mitglieder des BRat (Art. 51 I)[28] und die Mitglieder der BReg (Art. 62)[29] sowie ihre Beauftragten. Die **Beauftragung** kann durch die einzelnen Mitglieder selbst, aber auch durch den BRat oder die BReg insgesamt erfolgen.[30] Eine Unterbeauftragung ist jedoch nicht zulässig.[31] In der **Praxis** wird das Zutrittsrecht im Plenum von den Mitgliedern der BReg und den (Parl. oder beamteten) Staatssekretären[32] sowie den Mitgliedern des BRat wahrgenommen, in den Ausschüssen von (qualifizierten) Ministerialbeamten des Bundes und der Länder.[33]

### III. Inhalt

9      Das Zutrittsrecht bezieht sich auf **alle Sitzungen** des BTag (Plenums) und seiner Ausschüsse[34] sowie auf Sitzungen von Enquete-Kommissionen[35] und – eingeschränkt – von „gemischten Ausschüssen", die sich aus Mitgliedern des BTag und des BRat zusammensetzen.[36] Erfasst werden auch nichtöff. Sitzungen und solche Ausschusssitzungen, für die Vertraulichkeit oder Geheimhaltung (§ 69 VII GOBT) beschlossen wurde. Um den Berechtigten die Teilnahme zu ermöglichen, sind die BReg und der BRat rechtzeitig über Ort, Zeit und Tagesordnung der Sitzungen zu unterrichten (§§ 20 II 1, 61 III GOBT). Die Sitzungsteilnehmer unterliegen dem Hausrecht und der Polizeigewalt des BTagPräs (Art. 40 II 1).[37]

10      Aus Gründen einer erforderlichen Geheimhaltung kann das Zutrittsrecht auf je ein Mitglied oder einen Beauftragten der BReg und des BRat **beschränkt** werden.[38] Darüber hinaus erscheint es gerechtfertigt, zumindest die von einer parl. Untersuchung betroffenen Mitglieder oder Beauftragten der BReg und des BRat von (nichtöff.) Beratungssitzungen eines Untersuchungsausschusses bzw. des Petitions-, Wahlprüfungs- oder Rechnungsprüfungsausschusses **auszuschließen.**[39]

## C. Anhörungsrecht (Abs. 2 S. 2)

### I. Inhalt

11      Die Zutrittsberechtigten[40] müssen jederzeit gehört werden (Art. 43 II 2). Das Anhörungsrecht (Rederecht) gilt im Plenum und in den sonstigen parl. Gremien, für die das Zutrittsrecht besteht (Art. 43 II 1).[41] Es steht den Regierungsmitgliedern auch zu, wenn sie auf Verlangen (Art. 43 I)[42]

---

[26] *Schröder* BK, Art. 43 (2017) Rn. 30 ff.; *Schneider* AK GG, Art. 43 Rn. 8; *Lorz/Richterich* HdbParlR, § 35 Rn. 12.

[27] Vgl. auch Art. 53 zum Verhältnis BReg/BRat.

[28] *Schröder* BK, Art. 43 (2017) Rn. 70 f.

[29] Vgl. → Rn. 4.

[30] Zu den damit verbundenen (str.) Folgen *Schröder* BK, Art. 43 (2017) Rn. 72 ff., 77 f; *Meier,* Zitier- und Zutrittsrecht, S. 154 f.; *U. Schliesky* MKS II, Art. 43 Rn. 30.

[31] *Schröder* BK, Art. 43 (2017) Rn. 73; *Pieroth,* in: Jarass/Pieroth, Art. 43 Rn. 4.

[32] § 14 II GOBReg

[33] *Schröder* BK, Art. 43 (2017) Rn. 76 f.; *Ritzel/Bücker/Schreiner/Winkelmann,* Handbuch 2, § 43 Anm. c GOBT (Stand: 1988); *Klein,* in: Maunz/Dürig, Art. 43 Rn. 127 f.; *Lorz/Richterich* HdbParlR, § 35 Rn. 13.

[34] Dazu → Rn. 3.

[35] Ebenso *Schröder* BK, Art. 43 (2017) Rn. 88; aA *Klein,* in: Maunz/Dürig, Art. 43 Rn. 131.

[36] *Schröder* BK, Art. 43 (2017) Rn. 70 f.; *U. Schliesky* MKS II, Art. 43 Rn. 46; *Meier,* Zitier- und Zutrittsrecht, S. 168 ff.; *Klein,* in: Maunz/Dürig, Art. 43 Rn. 132 ff.

[37] Vgl. → Art. 40 Rn. 28 f.; *Schröder* BK, Art. 43 (2017) Rn. 110 ff.; *Linke,* in: Friauf/Höfling, Art. 43 Rn. 170.

[38] BVerfGE 74, 7 (8); krit. *Schröder,* in: Schneider/Zeh, § 53 Rn. 11.

[39] Im Einzelnen str.; wie hier ebenfalls differenz. *Morlok,* in: Dreier II, Art. 43 Rn. 20; *Lorz/Richterich* HdbParlR, § 35 Rn. 16 ff.; *Schröder* BK, Art. 43 (2017) Rn. 81 ff.; *U. Schliesky* MKS II, Art. 43 Rn. 49 ff.; aA *Klein,* in: Maunz/Dürig, Art. 43 Rn. 137 ff.; *Brocker,* in: Epping/Hillgruber, Art. 43 Rn. 15 f.

[40] Vgl. → Rn. 8.

[41] Vgl. → Rn. 9.

[42] Vgl. → Rn. 5.

erscheinen.[43] Den Bundesratsmitgliedern steht es als Individualrecht zu, dh es handelt sich nicht um eine dem BRat als Verfassungsorgan insgesamt zustehende Befugnis.[44] Dieser kann jedoch seine Mitglieder beauftragen, seine Beschlüsse im BTag und in dessen Ausschüssen zu vertreten (§ 33 GOBRat). Das Recht besteht darin, abw. von der sich aus der Redeordnung des BTag (§§ 27 ff. GOBT) ergebenden Reihenfolge das Wort als **nächster Redner** zu erhalten.[45] Verfahrensmäßige Voraussetzung sind eine Wortmeldung und die Worterteilung durch den BTagPräs bzw. Ausschussvorsitzenden.[46]

Das Anhörungsrecht gewährt nur eine **Redebefugnis,** nicht auch eine Antragsbefugnis[47] oder eine **12** Befugnis zu Zwischenfragen und Zwischenbemerkungen oder zu Erklärungen zur Abstimmung.[48] **Jederzeit** bedeutet, dass die Redeberechtigten auch außerhalb der Tagesordnung und nach Schluss der Beratung das Wort ergreifen können,[49] dh vom Beginn bis zur Schließung einer Sitzung.[50]

## II. Grenzen

In **zeitlicher** Hinsicht unterliegt das Anhörungsrecht lediglich einem **Missbrauchsverbot,** das **13** eingreifen kann, wenn die Redebefugnis übermäßig oder sachfremd gebraucht wird, etwa um die Oppositionsabgeordneten an einer Darlegung ihres Standpunktes zu hindern oder sie von günstigen Fernsehempfangszeiten auszuschließen.[51]

Im Übrigen muss die **Redezeit der Regierung** nach der Rechtsprechung des BVerfG weder auf **14** die Redezeit der sie tragenden Mehrheitsfraktion(en) angerechnet werden noch zu einer Verlängerung der Redezeit der Oppositionsfraktion(en) führen.[52] Diese Bevorzugung des Organdualismus zwischen Regierung und Parlament gegenüber dem Parteiendualismus zwischen Regierungs- und Oppositionslager[53] ist auf **Kritik** gestoßen.[54] In der Praxis haben sich BTag, BReg und BRat auf eine Kompromisslösung geeinigt, die dem Parteiendualismus stärker Rechnung trägt und auch in der Geschäftsordnung des BTag (§§ 28 I 2, 35 II, 44 II GOBT) zum Ausdruck gekommen ist.[55]

**Inhaltlich** ergeben sich Grenzen aus der verfassungsrechtlichen Stellung und Aufgabe der Redebe- **15** rechtigten.[56] Der Regierung steht das Anhörungsrecht zu, um ihren Standpunkt im Parlament darzulegen und zu verteidigen,[57] nicht um für eine Fraktion oder Partei zu sprechen.[58] Auch die Mitglieder des BRat und ihre Beauftragten sind gehalten, den Standpunkt des BRat oder ihres Landes zu vertreten, nicht denjenigen einer Partei.[59] Schwierigkeiten parteipolitischer Neutralität entbinden nicht von der Pflicht zu parteipolitischer Zurückhaltung.

## Art. 44 [Untersuchungsausschüsse]

(1) **Der Bundestag hat das Recht und auf Antrag eines Viertels seiner Mitglieder die Pflicht, einen Untersuchungsausschuß einzusetzen, der in öffentlicher Verhandlung die erforderlichen Beweise erhebt. Die Öffentlichkeit kann ausgeschlossen werden.**

---

[43] *Klein,* in: Maunz/Dürig, Art. 43 Rn. 143.

[44] BVerfGE 125, 104 (129 f.); 150, 204 Rn. 99 f.; *Clostermeyer/Exo* JbFöd 11 (2010), 212 ff.

[45] Ebenso *Schröder* BK, Art. 43 (2017) Rn. 81 f.; *Schneider* AK GG, Art. 43 Rn. 15; aA *Lipphardt,* Kontingentierte Debatte, S. 73.

[46] *Schröder* BK, Art. 43 (2017) Rn. 99 f.; *Schneider* AK GG, Art. 43 Rn. 15.

[47] *Steiger,* Organisatorische Grundlagen, S. 95; *Schröder* BK, Art. 43 (2017) Rn. 96; *U. Schliesky* MKS II, Art. 43 Rn. 59; *Klein,* in: Maunz/Dürig, Art. 43 Rn. 145.

[48] *Schröder* BK, Art. 43 (2017) Rn. 97; *Schneider* AK GG, Art. 43 Rn. 13.

[49] BVerfGE 10, 4 (17).

[50] *Schröder* BK, Art. 43 (2017) Rn. 101; *Linke,* in: Friauf/Höfling, Art. 43 Rn. 135; aA *U. Schliesky* MKS II, Art. 43 Rn. 61 f.; zur Sitzungsdauer → Art. 39 Rn. 23.

[51] BVerfGE 10, 4 (18).

[52] BVerfGE 10, 4 (17 ff.).

[53] Zum Organ- und Parteiendualismus ausf. *Magiera* (Fn. 7), S. 228 ff.

[54] *Lipphardt,* Kontingentierte Debatte, S. 90 f.; *Schröder* BK, Art. 43 (2017) Rn. 106 f.; *Versteyl,* in: v. Münch/Kunig I, Art. 43 Rn. 38; vgl. auch BVerfGE 49, 70 (85 f.).

[55] *Ritzel/Bücker/Schreiner/Winkelmann,* Handbuch 2, §§ 28 Anm. I, 35 Anm. II, 44 Anm. II GOBT (Stand: 1999/2008/2013/2014); *Schneider* AK GG, Art. 43 Rn. 16; *Besch,* in: Schneider/Zeh, § 33 Rn. 22 ff. (29); *Morlok,* in: Dreier II, Art. 43 Rn. 25; *Klein,* in: Maunz/Dürig, Art. 43 Rn. 149 f.; *Lang* ZParl 2004, 295 ff.; *Schreiner* ZParl 2005, 573 ff.

[56] *Schneider* AK GG, Art. 43 Rn. 14; *Pieroth,* in: Jarass/Pieroth, Art. 43 Rn. 6.

[57] BVerfGE 10, 4 (18).

[58] BVerfGE 10, 4 (19); *Schneider* AK GG, Art. 43 Rn. 14; *Besch,* in: Schneider/Zeh, § 33 Rn. 18; *U. Schliesky* MKS II, Art. 43 Rn. 68.

[59] Näher *Schneider* AK GG, Art. 43 Rn. 14; großzügiger – bis zur Grenze des Missbrauchsverbots – *Klein,* in: Maunz/Dürig, Art. 43 Rn. 155 ff.; *Brocker,* in: Epping/Hillgruber, Art. 43 Rn. 30; *Linke,* in: Friauf/Höfling, Art. 43 Rn. 151.

(2) **Auf Beweiserhebungen finden die Vorschriften über den Strafprozeß sinngemäß Anwendung. Das Brief-, Post- und Fernmeldegeheimnis bleibt unberührt.**

(3) **Gerichte und Verwaltungsbehörden sind zur Rechts- und Amtshilfe verpflichtet.**

(4) **Die Beschlüsse der Untersuchungsausschüsse sind der richterlichen Erörterung entzogen. In der Würdigung und Beurteilung des der Untersuchung zugrunde liegenden Sachverhaltes sind die Gerichte frei.**

**Entstehungsgeschichte: Erstfassung:** JöR nF 1 (1951), 366.
**Historische Verfassungstexte: WRV: Art. 34** (1) Der Reichstag hat das Recht und auf Antrag von einem Fünftel seiner Mitglieder die Pflicht, Untersuchungsausschüsse einzusetzen. Diese Ausschüsse erheben in öffentlicher Verhandlung die Beweise, die sie oder die Antragsteller für erforderlich erachten. Die Öffentlichkeit kann vom Untersuchungsausschuß mit Zweidrittelmehrheit ausgeschlossen werden. Die Geschäftsordnung regelt das Verfahren des Ausschusses und bestimmt die Zahl seiner Mitglieder. (2) Die Gerichte und Verwaltungsbehörden sind verpflichtet, dem Ersuchen dieser Ausschüsse um Beweiserhebungen Folge zu leisten; die Akten der Behörden sind ihnen auf Verlangen vorzulegen. (3) Auf die Erhebungen der Ausschüsse und der von ihnen ersuchten Behörden finden die Vorschriften der Strafprozeßordnung sinngemäße Anwendung, doch bleibt das Brief-, Post-, Telegraphen- und Fernsprechgeheimnis unberührt.
**Geltende Landesverfassungen:** *BW*Verf Art. 35; *Bay*Verf Art. 25; *Bln*Verf Art. 48; *Bbg*Verf Art. 72; *Brem*Verf Art. 105 V; *Hmb*Verf Art. 26; *Hess*Verf Art. 92; *MV*Verf Art. 34; *Nds*Verf Art. 27; *NRW*Verf Art. 41; *RhPf*Verf Art. 91; *Saar*lVerf Art. 79; *Sachs*Verf Art. 54; *LSA*Verf Art. 54; *SchlH*Verf Art. 24; *Thür*Verf Art. 64.
**Supra- und internationale Texte:** AEUV Art. 226.
**Leitentscheidungen:** BVerfGE 49, 70 (Untersuchungsgegenstand); BVerfGE 67, 100 (Flick-Untersuchungsausschuss); BVerfGE 76, 363 (Ordnungsgeld und -haft); BVerfGE 77, 1 (Neue Heimat); BVerfGE 105, 197 (Parteispenden); BVerfGE 113, 113 (Visa-Untersuchungsausschuss); BVerfGE 124, 78 (BND-Untersuchungsausschuss); BVerfGE 138, 45 (Snowden-Untersuchungsausschuss); BVerfGE 143, 65 (NSA-Untersuchungsausschuss).
**Gesetzgebung:** PUAG.

**Schrifttum:** Vgl. das Schrifttum zu Art. 38; *P. Badura,* Das Recht der Minderheit auf Einsetzung eines parlamentarischen Untersuchungsausschusses, FS Helmrich, 1994, S. 191; *P. Badura,* Das parlamentarische Untersuchungsrecht in der Parteiendemokratie, FS Rudolf, 2001, S. 235; *C. Degenhart,* Verfassungsfragen der Fraktionsenquête, FS Schenke, 2011, S. 81; *S. Bräcklein,* Investigativer Parlamentarismus, 2006; *M.-E. Geis,* Untersuchungsausschuß HStR III[3], § 55; *P. Glauben/L. Brocker,* Das Recht der parlamentarischen Untersuchungsausschüsse in Bund und Ländern, 3. Aufl. 2016; *G. Hermes,* Das Minderheitsrecht auf eine parlamentarische Untersuchung, FS Mahrenholz, 1994, S. 349; *M. Köhler,* Umfang und Grenzen des parlamentarischen Untersuchungsrechts gegenüber Privaten im nichtöffentlichen Bereich, 1995; *T. Linke,* Entstehung und Fortbildung des Enquête- und Untersuchungsrechts in Deutschland, 2015; *D. Lucke,* Strafprozessuale Schutzrechte und parlamentarische Aufklärung in Untersuchungsausschüssen mit strafrechtlich relevantem Verfahrensgegenstand, 2009; *J. Masing,* Parlamentarische Untersuchungen privater Sachverhalte, 1998; *F. Ossenbühl,* Rechtsschutz im parlamentarischen Untersuchungsverfahren, GS Martens, 1987, S. 177; *B. Peters,* Untersuchungsausschussrecht, 2012; *J. Platter,* Das parlamentarische Untersuchungsverfahren vor dem Verfassungsgericht, 2004; *J. Plöd,* Die Stellung des Zeugen in einem parlamentarischen Untersuchungsausschuss des Deutschen Bundestages, 2003; *J. Rathje,* Der Ermittlungsbeauftragte des parlamentarischen Untersuchungsausschusses, 2004; *M. Schröder,* Untersuchungsausschüsse, in: Schneider/Zeh, § 46; *M. Schröder,* Untersuchungsausschüsse und Enquete-Kommissionen, FS Redeker, 1993, S. 173; *C. Waldhoff/K. Gärditz,* Gesetz zur Regelung des Rechts der Untersuchungsausschüsse des Deutschen Bundestages, 2015; *A. Weisgerber,* Das Beweiserhebungsverfahren parlamentarischer Ausschüsse des Deutschen Bundestages, 2003; *D. Wiefelspütz,* Untersuchungsausschüsse HdbParlR, § 31; *D. Wiefelspütz,* Das Untersuchungsausschussgesetz, 2003.

## Übersicht

## A. Untersuchungsrecht (Abs. 1 S. 1)

### I. Bedeutung

Nach Art. 44 I 1 hat der BTag das Recht und auf Antrag eines Viertels seiner Mitglieder die Pflicht, **1** einen Untersuchungsausschuss einzusetzen, der in öff. Verhandlung die erforderlichen Beweise erhebt. Das damit umschriebene Untersuchungsrecht (Enqueterecht) ermöglicht es dem Parlament, unabhängig von and. Staatsorganen und mit hoheitlichen Mitteln alle Sachverhalte zu prüfen, die es in Erfüllung seines Verfassungsauftrags als Vertretung des Volkes für aufklärungsbedürftig hält. Es dient – als Instrument im Rahmen der politischen Kontroverse – der **Aufklärung von Sachverhalten** im öff. Interesse, insbes. der parl. Eigeninformation und Regierungskontrolle.[1]

Die damit beauftragten Untersuchungsausschüsse üben – innerhalb der verfassungsrechtlichen **2** Schranken[2] – **öff. Gewalt** aus und gehören zu den Behörden, die sich gegenseitig Rechts- und Amtshilfe leisten (Art. 35 I).[3] Eine nähere gesetzliche Regelung – auch ohne ausdrücklichen Verfassungsauftrag wie etwa in Art. 38, 41 oder 48 – erschien deshalb empfehlenswert, wenn nicht geboten. Nach jahrzehntelangen Bemühungen und zahlreichen Vorarbeiten, insbes. seit dem als „IPA-Regeln" bekannten Entwurf aus der 5. Wahlperiode,[4] sowie nach dem Erlass entsprechender Gesetze in nahezu allen deutschen Ländern gelang es dem BTag in der 14. Wahlperiode, sich auf ein **Untersuchungsausschussgesetz** (PUAG) zu einigen.[5]

Das Untersuchungsrecht steht nicht nur der Parlamentsmehrheit zu, sondern kann gegen deren **3** Willen von einer **Parlamentsminderheit** durchgesetzt werden.[6] Dies entspricht dem Wandel des politischen Spannungsverhältnisses vom ursprünglichen Organdualismus zwischen Parlament und Regierung in Richtung auf einen Parteiendualismus zwischen Regierung und Mehrheitsfraktion(en) einerseits und Oppositionsfraktion(en) andererseits.[7] Der Wandel hat erhebliche Auswirkungen auf den Gegenstand des Untersuchungsrechts.[8]

### II. Gegenstand

Die Aufklärung von Sachverhalten durch Ausübung des parl. Untersuchungsrechts dient zwei **4** Hauptzwecken: als **Sachstandsenquete** der Informationsbeschaffung vor allem für den Bereich der Gesetzgebung (Gesetzgebungsenquete) und als **Missstandsenquete** der Aufdeckung von Missbräuchen und sonstigen Unzulänglichkeiten (Kontrollenquete).[9]

**Gesetzgebungsenqueten,** die dem Parlament die erforderlichen Kenntnisse bei umfangreichen und **5** schwierigen Gesetzgebungsvorhaben verschaffen sollen, und sonstige Sachstandsenqueten durch Untersuchungsausschüsse sind praktisch abgelöst – nicht jedoch ausgeschlossen[10] – worden durch die Einsetzung von Enquete-Kommissionen[11] (§ 56 GOBT), durch öff. Anhörungssitzungen („Hearings")[12] der Fachausschüsse (§ 70 GOBT) und Sonderregelungen, zB für die Technikfolgenabschätzung (§ 56a GOBT).[13]

**Kontrollenqueten** lassen sich einteilen in solche zur Wahrung des Ansehens des Parlaments **6** (Kollegialenqueten), zur Aufklärung von Missständen im staatlichen Bereich (Missstandsenqueten ieS) und in sonstigen Bereichen des öff. Lebens (Skandalenqueten).[14] **Kollegialenqueten** sind praktisch abgelöst worden durch das Wahlprüfungsverfahren (Art. 41) und das beim BTagPräs konzentrierte Verfahren zur Einhaltung der Verhaltensregeln für die Abg. (§ 44a, 44b AbgG, § 18 iVm Anlage 1

---

[1] BVerfGE 49, 70 (85); 105, 197 (222, 225 f.); 124, 78 (114); *Schneider* AK GG, Art. 44 Rn. 2; *Stern*, StaatsR II, S. 61; *Brocker*, in: Glauben/Brocker, UA, S. 1 ff.; *Bräcklein*, Investigativer Parlamentarismus, 2006, S. 31 ff.; *Kingreen* JA 2018, 880; zur Entwicklung *Linke*, Entstehung und Fortbildung, 2015.
[2] Dazu → Rn. 7 ff.
[3] BVerfGE 67, 100 (142); 76, 363 (387); 77, 1 (40); u. Rn. 25.
[4] Entw. eines G über Einsetzung und Verfahren von Untersuchungsausschüssen des BTag v. 14.5.1969, BT-Dr V/4209; BVerfGE 76, 363 (386); zu den landesrechtlichen Regelungen *Brocker*, in: Glauben/Brocker, UA, S. 37 ff.
[5] Beschl.Empfehlung und Begr. des Ausschusses für Wahlprüfung, Immunität und Geschäftsordnung (1. Ausschuss), BT-Dr 14/5790 v. 4.4.2001, S. 11 ff.; *Versteyl*, in: v. Münch/Kunig I, Art. 44 Rn. 48 ff.; *Mager* Der Staat 41 (2002), 599 ff.; *März*, in: ders. (Hrsg.), An den Grenzen des Rechts, 2003, S. 43 ff.; *Schulte* Jura 2003, 505 ff.; *Wiefelspütz*, Das Untersuchungsausschussgesetz, 2003, passim.
[6] BVerfGE 49, 70 (79 f.); näher → Rn. 13.
[7] BVerfGE 49, 70 (85 f.); 105, 197 (222 f.); BVerfGE 143, 101 Rn. 75; ausf. *Magiera*, Parlament und Staatsleitung in der Verfassungsordnung des Grundgesetzes, 1979, S. 228 ff.; *Badura* FS Rudolf, 2001, S. 235 ff.
[8] Dazu → Rn. 4 ff.
[9] *Schneider* AK GG, Art. 44 Rn. 3.
[10] Näher *Brocker*, in: Glauben/Brocker, UA, S. 19 f.
[11] Vgl. → Art. 40 Rn. 20; ferner *Schröder* FS Redeker, 1993, S. 173 ff.
[12] Vgl. → Art. 40 Rn. 19.
[13] *Schneider* AK GG, Art. 44 Rn. 3; *S. Unger* MKS II, Art. 44 Rn. 13 f.
[14] BVerfGE 77, 1 (44); *Glauben* BK, Art. 44 (2013) Rn. 35; *Glauben* DVBl. 2014, 894 ff.; *S. Unger* MKS II, Art. 44 Rn. 22.

GOBT).[15] Praktisch bedeutsam geblieben für die Einsetzung von Untersuchungsausschüssen sind demnach im Wesentlichen nur noch die **Missstandsenqueten** (ieS), insb. für den Bereich der Regierung und der ihr nachgeordneten Verwaltung, sowie die **Skandalenqueten** für sonstige – nichtstaatliche – Bereiche des öff. Lebens.[16]

## III. Grenzen

7    Das parl. Untersuchungsrecht ist auf den verfassungsrechtlichen **Zuständigkeitsbereich des BTag** beschränkt (sog. Korollartheorie; § 1 III PUAG).[17] Es darf deshalb von den Untersuchungsausschüssen nur innerhalb der Grenzen ausgeübt werden, die sich aus dem Kompetenzbereich des Bundes, aus der Gewaltenteilung und aus dem Grundrechtsschutz ergeben.[18]

8    **1. Bundeskompetenzen.** Das Untersuchungsrecht des BTag ist auf den Kompetenzbereich des Bundes begrenzt.[19] Ausgeschlossen sind damit alle Angelegenheiten, die in die ausschließliche Zuständigkeit der **Länder** (einschl. der Kommunen) fallen (Art. 30)[20] oder die der **Europäischen Union** zur ausschließlichen Wahrnehmung übertragen worden sind (Art. 23).[21]

9    **2. Gewaltenteilung und Staatswohl.** Das Untersuchungsrecht des BTag ist durch den Grundsatz der – organadäquaten und funktionsgerechten[22] – Gewaltenteilung (Art. 20 II 2) begrenzt.[23] Bei der **Regierungs- und Verwaltungskontrolle**[24] muss der „Kernbereich exekutiver Eigenverantwortung" beachtet werden, der einen grds. nicht ausforschbaren Initiativ-, Beratungs- und Handlungsbereich einschließt.[25] Deshalb erstreckt sich das parl. Untersuchungsrecht grds. nur auf bereits abgeschlossene Vorgänge.[26] Im Hinblick auf die starke Stellung der Regierung muss bei der erforderlichen Abwägung jedoch gewährleistet bleiben, dass die parl. Kontrolle wirksam und der Untersuchungsausschuss in der Lage ist, Zweifel an der Gesetzlichkeit oder Lauterkeit von Regierungs- oder Verwaltungsmaßnahmen aufzuklären.[27] Auch das Staatswohl einschließlich der Sicherheit des Staates und der Bevölkerung[28] bilden eine Grenze für das parl. Untersuchungsrechts. Diese sind allerdings dem Parlament und der Regierung gleichermaßen anvertraut.[29] Sie begrenzen deshalb nicht das Informationsrecht des Parlaments gegenüber der Regierung, verpflichten jedoch das Parlament zur Gewährleistung der erforderlichen Geheimhaltung[30] und die Regierung zur angemessenen Begründung der Geheimhaltungsbedürftigkeit.[31]

10    **3. Grundrechtsschutz.** Da die Untersuchungsausschüsse öff. Gewalt ausüben, haben sie neben den Schranken des Art. 44 II 2 die Grundrechte allg. zu beachten (Art. 1 III).[32] Diese können insbes. das **Beweiserhebungsrecht** im Untersuchungsverfahren begrenzen.[33] Darüber hinaus kann der Grundrechtsschutz Bedeutung für die Frage haben, ob ein Untersuchungsverfahren, das private Angelegenheiten zum Gegenstand hat, überhaupt **eingeleitet** werden darf.[34] Grds. sind Skandalen-

---

[15] *Roll*, in: Schneider/Zeh, § 19. – Sie sind jedoch ausnahmsweise bei Vorliegen besonderer Gründe weiterhin zulässig; BVerfGE 94, 351 (368 f.); 99, 19 (33 f.) jeweils zu § 44c AbgG (betr. Verdacht auf „Stasi –Tätigkeit" ua); krit. *Masing* JZ 1999, 1022 ff.; *Klein*, in: Maunz/Dürig, Art. 44 Rn. 158 ff.; *Geis* HStR III³, § 55 Rn. 43. – Zur Untersuchung des Verhaltens einer (Oppositions-)Fraktion einschließlich ihrer Abg. und Mitarbeiter vgl. VerfGH RhPf, NVwZ 2011, 115; *Degenhart*, S. 81 ff.

[16] Ebenso *Schneider* AK GG, Art. 3; BVerfGE 49, 70 (85); 76, 363 (381 f.); 77, 1 (43).

[17] § 1 II der sog. IPA-Regeln (→ Rn. 2); *Klein*, in: Maunz/Dürig, Art. 44 Rn. 99 ff.; *Versteyl*, in: v. Münch/Kunig I, Art. 44 Rn. 21 ff.; *Höpfner*, Parlamentarische Kontrolle in Deutschland und in der EU, 2004, S. 113 ff.; *Wiefelspütz*, Untersuchungsausschussgesetz, S. 31 ff.; *Glauben* DVBl 2012, 737 ff.

[18] BVerfGE 77, 1 (43 ff.); Beschl.Empfehlung und Begr. des Ausschusses für Wahlprüfung, Immunität und Geschäftsordnung, BT-Dr 14/5790 v. 4.4.2001, S. 13 f. (Begründung zu § 1 PUAG).

[19] BVerfGE 77, 1 (44).

[20] Ausf. *Klein*, in: Maunz/Dürig, Art. 44 Rn. 138; *S. Unger* MKS II, Art. 44 Rn. 31 ff.

[21] Art. 226 AEUV, der dem EuParl das Recht verleiht, zur Prüfung von behaupteten Verstößen gegen das Unionsrecht oder von Missständen bei dessen Anwendung nichtständige Untersuchungsausschüsse einzusetzen; *Kluth*, in: Hofmann/Henneke, Art. 44 Rn. 9.

[22] Vgl. → Art. 38 Rn. 14; *S. Unger* MKS II, Art. 44 Rn. 50 ff.

[23] *Klein*, in: Maunz/Dürig, Art. 44 Rn. 146; *S. Unger* MKS II, Art. 44 Rn. 42 ff.

[24] Zur Abgrenzung von der gerichtlichen Kontrolle → Rn. 28 f.

[25] BVerfGE 67, 100 (139); 124, 78 (120 ff.); BVerfGE 143, 101 Rn. 119; auch schon *Magiera* (Fn. 7), S. 321; ferner *Morlok*, in: Dreier II, Art. 44 Rn. 27; *A. Hecker*, FS v. Brünneck, 2011, S. 434 ff.; *S. Unger* MKS II, Art. 44 Rn. 43 ff.

[26] BVerfGE 67, 100 (139); 124, 78 (121); BVerfGE 143, 101 Rn. 120 f.; zur allg. – auch mitlaufenden – parl. Kontrolle → Art. 38 Rn. 36.

[27] BVerfGE 67, 100 (130); 68, 1 (89); 124, 78 (121 ff.); StGH Bremen NVwZ 1989, 953 (955).

[28] BVerfGE 143, 101 Rn. 122 ff.

[29] BVerfGE 67, 100 (136); 124, 78 (123 f.).

[30] Dazu → Rn. 19; *A. Hecker* FS v. Brünneck, 2011, S. 434 ff.

[31] BVerfGE 143, 101 Rn. 143 ff.

[32] BVerfGE 67, 100 (142); 76, 363 (387); 77, 1 (46); *Klenke* NVwZ 1995, 644 ff.

[33] Dazu → Rn. 21 ff.

[34] *Schröder*, in: Schneider/Zeh, § 46 Rn. 24; BayVerfGH NVwZ 1996, 1206 = JZ 1995, 826 mit Anm. *Di Fabio*; *Wiefelspütz* HdbParlR, § 31 Rn. 29.

queten[35] zur Aufklärung von Missständen im gesellschaftlichen Bereich zulässig, wenn daran ein öff. Interesse von hinreichendem Gewicht besteht.[36] Deshalb muss im Einzelfall unter Beachtung des Grundsatzes der Verhältnismäßigkeit geprüft werden, ob das Interesse der Allgemeinheit an einer parl. Untersuchung das Interesse des Einzelnen an dem grundrechtlichen Schutz seiner Privatsphäre überwiegt.[37]

## B. Untersuchungsausschuss (Abs. 1 S. 1)

### I. Rechtsstellung

Die Untersuchungsausschüsse sind, wie die Ausschüsse im Allg.,[38] grds. nur **unterstützend und** 11 **vorbereitend** für den BTag als dessen „Hilfsorgane" tätig.[39] Träger des Untersuchungsrechts und Herr des Untersuchungsverfahrens ist der BTag als Plenum,[40] der – vorbehaltlich des Schutzes der Parlamentsminderheit – über Einsetzung, Aufgabenabgrenzung und Auflösung eines Untersuchungsausschusses entscheidet.[41]

Im Unterschied zu den allein auf Grund der Geschäftsordnungsautonomie[42] eingesetzten Ausschüs- 12 sen verfügen die Untersuchungsausschüsse von Verfassungs wegen über **besondere Rechte** (Beweiserhebung, Rechts- und Amtshilfe; Art. 44 II, III).[43] Diese können nicht vom Plenum wahrgenommen werden, das sich deshalb auch nicht als Untersuchungsausschuss konstituieren darf.[44] Untersuchungsausschüsse können für den gesamten Zuständigkeitsbereich des BTag[45] eingesetzt werden mit Ausnahme des Gebietes der Verteidigung, für das allein der Ausschuss für Verteidigung zuständig ist (Art. 45a II 1, III).

### II. Einsetzung

Bei der Einsetzung von Untersuchungsausschüssen ist zwischen zwei grds. verschiedenen Varianten zu 13 unterscheiden: der **Mehrheitsenquete,** die auf einem Mehrheitsbeschluss des BTag gemäß Art. 42 II 1 beruht, und der **Minderheitsenquete,** die auf Verlangen eines Viertels der Mitglieder des BTag („konkrete Einsetzungsminderheit"[46]) durchzuführen ist (Art. 44 I 1, §§ 1 II, 2 I PUAG).[47] Auf Grund des Wandels im Spannungsverhältnis zwischen Parlament und Regierung[48] kommt vor allem der Minderheitsenquete praktische Bedeutung zu.[49] Einer Absenkung des dafür erforderlichen Quorums, wenn die parl. Minderheit – wie in der 18. Wahlperiode des BTag (2013–2017) – das Viertel-Quorum nicht erreicht,[50] steht allerdings der klare Verfassungswortlaut und die bewusste Entscheidung des Verfassungsgebers entgegen.[51] Zulässig ist aber eine sog. **Splitterenquete,** die auf Wunsch einer nicht qualifizierten Minderheit von weniger als einem Viertel der Mitglieder des BTag durch Mehrheitsbeschluss ermöglicht werden kann.[52] Diese einfache Minderheit kann jedoch im Ausschussverfahren nicht die qualifizierten Minderheitsrechte, sondern lediglich die Rechte der einzelnen Abgeordneten geltend machen.[53]

Inhaltlich setzt insoweit schon der **Antrag** voraus, dass der Untersuchungsgegenstand hinreichend 14 genau bestimmt ist[54] und die verfassungsrechtlichen Grenzen des Untersuchungsrechts des BTag[55]

[35] BVerfGE 76, 363 (384).

[36] BVerfGE 77, 1 (39, 43 f.); 76, 363 (381 f.); 67, 100 (140); ausf. *Köhler,* Untersuchungsrecht, S. 80 ff.; *Masing,* Parlamentarische Untersuchungen, passim; *Masing* Der Staat 27 (1988), 273 ff.; *Morlok,* in: Dreier II, Art. 44 Rn. 30 ff.; *Wiefelspütz* NVwZ 2002, 10 ff.; *Klein,* in: Maunz/Dürig, Art. 44 Rn. 110 ff.; *Geis* HStR III³, § 55 Rn. 41; *Glauben,* in: Glauben/Brocker, UA, S. 85 ff.; *S. Unger* MKS II, Art. 44 Rn. 24 ff.

[37] BVerfGE 67, 100 (143 f.); 76, 363 (388); 77, 1 (46 f.); 124, 78 (125).

[38] Vgl. → Art. 40 Rn. 15 ff.

[39] BVerfGE 49, 70 (85); 67, 100 (124); 77, 1 (41, 43); 113, 113 (120).

[40] *Glauben* BK, Art. 44 (2013) Rn. 37; *Schneider* AK GG, Art. 44 Rn. 7 f.

[41] Vgl. → Rn. 13 ff., → Rn. 26 f.

[42] Vgl. → Art. 40 Rn. 21.

[43] BVerfGE 67, 100 (124).

[44] Ebda; *Klein,* in: Maunz/Dürig, Art. 44 Rn. 62.

[45] Vgl. → Rn. 7 ff.

[46] BVerfGE 143, 101 Rn. 76.

[47] BVerfGE 105, 197 (222 ff.); *Glauben* BK, Art. 44 (2013) Rn. 72; *Schneider* AK GG, Art. 44 Rn. 4; *Kluth,* in: Hofmann/Henneke, Art. 44 Rn. 11.

[48] Vgl. → Rn. 3.

[49] *Schindler,* Datenhandbuch, Bd. II, S. 2184 ff.; *Badura* FS Helmrich, 1994, S. 191 ff.; *Hermes* FS Mahrenholz, 1994, S. 349 ff.; *Seidel* BayVBl 2002, 97 ff.; *Peters* ZParl 2012, 831 ff.

[50] So § 126a I Nr. 1 GOBT idF des BT-Beschl. v. 3.4.2014 (BGBl. I 534).

[51] BVerfGE 142, 25 Rn. 107 ff.; *Waldhoff,* in: Waldhoff/Gärditz, § 1 Rn. 47 ff.; *Gärditz,* ebda, § 2 Rn. 32; ebenso BVerfGE 143, 101 Rn. 97.

[52] BT-Beschl. v. 20.3.2014, BT-Prot 18/23, S. 1828, BT-Dr 18/843, betr. Untersuchungsausschuss Snowden, dessen Einsetzung vom BVerfG (BVerfGE 138, 45) nicht beanstandet wurde.

[53] *Brocker* DÖV 2014, 475 ff.

[54] *S. Unger* MKS II, Art. 44 Rn. 68; diff. (zwischen Minderheits- und Mehrheitsenquete) *Klein,* in: Maunz/Dürig, Art. 44 Rn. 85; *Geis* HStR III³, § 55 Rn. 35; Beschl.Empfehlung und Begr. des Ausschusses für Wahlprüfung, Immunität und Geschäftsordnung, BT-Dr 14/5790 v. 4.4.2001, S. 13 f. (Begründung zu § 1 PUAG).

[55] Vgl. → Rn. 7 ff.

einhält (§ 1 III PUAG).[56] Liegen die Voraussetzungen vor, so hat der BTag den Untersuchungsausschuss unverzüglich einzusetzen („Pflichtbeschluss"; § 2 I PUAG).[57] Wird der Antrag abgelehnt, so ist die Ablehnung angemessen zu begründen.[58]

15    Das Kontrollrecht, das der parl. Opposition auch im Interesse des demokratischen Staates zusteht, schließt das Recht ein, den **Gegenstand** der beantragten Untersuchung selbst zu bestimmen.[59] Dieser darf deshalb gegen ihren Willen von der Mehrheit grds. nicht verändert oder erweitert werden (§§ 2 II und III, 3 PUAG).[60] Umgekehrt muss er vom BTag auf Antrag der Minderheit verändert werden, wenn dies zur verfassungsmäßigen Durchführung der Untersuchung erforderlich ist.[61] Zulässig sind jedoch Zusatzfragen der Mehrheit, wenn sie den Untersuchungsgegenstand im Kern unverändert lassen und nur dazu dienen, ein umfassenderes und wirklichkeitsgetreueres Bild des angeblichen Missstandes zu vermitteln.[62]

## III. Zusammensetzung

16    Die Untersuchungsausschüsse setzen sich, wie die Ausschüsse im Allg., aber im Unterschied zu den Enquete-Kommissionen,[63] nur aus **Abg. des BTag** zusammen. Die Zahl der Mitglieder ist verfassungsrechtlich und auch durch das PUAG nicht fest bestimmt, muss aber der Arbeitsfähigkeit und zugleich den Mehrheitsverhältnissen des BTag gerecht werden (§ 4 PUAG).[64] Die Mitglieder werden nicht vom Plenum gewählt, sondern von den Fraktionen nach deren Stärkeverhältnis bestimmt (§ 5 PUAG; § 12 S. 1 GOBT). Verfassungsrechtliche Bedenken bestehen dagegen nicht, weil die Untersuchungsausschüsse ihre hoheitlichen Befugnisse für den BTag wahrnehmen und die dafür benannten Abg. durch ihre Volkswahl ausreichend legitimiert sind.[65] Die besonderen Rechte, die den Untersuchungsausschüssen zustehen, schließen jedoch eine Beteiligung von Abg. bei der Gefahr von **Interessenkollisionen** aus.[66]

17    Die Bestimmung der Mitgliedschaft nach dem Stärkeverhältnis der Fraktionen, die auch für den Ausschussvorsitz gilt (§ 6 PUAG), bewirkt, dass die Mehrheit im BTag auch die Mehrheit im Ausschuss bildet. Dem erforderlichen **Minderheitenschutz** trägt die Praxis dadurch Rechnung, dass der Stellvertreter des Vorsitzenden der Parlamentsminderheit angehört (§ 7 PUAG).[67] Dies ist auch verfassungsrechtlich bedeutsam, weil es bei geheimhaltungsbedürftigen Beweisunterlagen zulässig ist, dass diese zunächst nur von dem Vorsitzenden und dessen Stellvertreter gesichtet werden.[68]

## C. Verfahren

## I. Öffentlichkeit (Abs. 1 S. 2)

18    Während die Ausschüsse des BTag im Allg. und abweichend vom Plenum nicht öff. tagen,[69] gilt für die Untersuchungsausschüsse der – auf die Beweiserhebung beschränkte – Grundsatz, dass sie **öff.** verhandeln (Art. 44 I 1; §§ 12, 13 PUAG). Auch insoweit kann die Öffentlichkeit jedoch ausgeschlossen werden (Art. 44 I 2; § 14 PUAG).[70] Das Teilnahmerecht der dem Ausschuss nicht angehörenden Mitglieder des BTag (§ 69 GOBT) sowie der zutrittsberechtigten Vertreter der BReg und des BRat (Art. 43 II) bleibt davon grds. unberührt.[71]

---

[56] *Glauben* BK, Art. 44 (2013) Rn. 73; *Schröder,* in: Schneider/Zeh, § 46 Rn. 17.

[57] Ebenso *Schröder,* in: Schneider/Zeh, § 46 Rn. 26; *Wiefelspütz* HdbParlR, § 31 Rn. 39; *S. Unger* MKS II, Art. 44 Rn. 68.

[58] Ebenso *Schröder,* in: Schneider/Zeh, § 46 Rn. 21; *Pieroth,* in: Jarass/Pieroth, Art. 44 Rn. 5; *Morlok,* in: Dreier II, Art. 44 Rn. 36; aA BayVGHE 38, 165 (183 f.).

[59] BVerfGE 49, 70 (86 f.).

[60] BVerfGE 49, 70 (86); ausf. *Wiefelspütz* DÖV 2002, 803 ff.; *Caspar* DVBl 2004, 845 ff.; *Pofalla* DÖV 2004, 335 ff.

[61] BVerfGE 83, 175 (179 f.).

[62] BVerfGE 49, 70 (87 f.); *Schliesky* AöR 126 (2001), 244 ff.; *Gärditz,* in: Waldhoff/Gärditz, § 2 Rn. 20; krit. *S. Unger* MKS II, Art. 44 Rn. 7.

[63] Vgl. → Art. 40 Rn. 20.

[64] Zur Praxis (7 bis 15 ordentliche Mitglieder) *Schröder,* in: Schneider/Zeh, § 46 Rn. 27; vgl. auch BVerfGE 96, 264 (281 f.); *Klein,* in: Maunz/Dürig, Art. 44 Rn. 90.

[65] BVerfGE 77, 1 (39 ff.).

[66] Ebenso iE *Schneider* AK GG, Art. 44 Rn. 13; *Umbach,* in: Umbach/Clemens, GG II, Art. 44 Rn. 50; *Wiefelspütz,* S. 196 f.; zweifelnd *Klein,* in: Maunz/Dürig, Art. 44 Rn. 93; aA *Glauben* BK, Art. 44 (2013) Rn. 91.

[67] *Schindler,* Datenhandbuch, Bd. II, S. 2184 ff.

[68] BVerfGE 67, 100 (138 f.); 77, 1 (56).

[69] Vgl. → Art. 42 Rn. 2.

[70] *Schröder,* in: Schneider/Zeh, § 46 Rn. 30. – Zum grds. und damit verfassungsrechtlich nicht unproblematischen Ausschluss von Ton- und Bildaufnahmen sowie -übertragungen (§ 13 PUAG) *Brocker,* in: Glauben/Brocker, UA, S. 190 ff.; *Bräcklein* ZRP 2003, 348 ff.

[71] Vgl. → Art. 43 Rn. 9 f.

Für den **Ausschluss** der Öffentlichkeit genügt ein einfacher Mehrheitsbeschluss,[72] der verfassungs- 19
rechtlich keinen bestimmten Voraussetzungen unterliegt.[73] Ein Ausschluss der Öffentlichkeit und
besondere Vorkehrungen zur **Geheimhaltung** (§§ 17, 69 VII GOBT iVm Anlage 3: Geheimschutzordnung) – wie auch eine Verweisung an das parlamentarische Kontrollgremium (Art. 45d)[74] – können
geboten sein bei einer Gefährdung des Staatswohls oder grundrechtlich geschützter Daten (§§ 14 ff.
PUAG).[75] Zu berücksichtigen ist dabei jedoch die Bedeutung des Öffentlichkeitsprinzips im demokratischen Parlamentarismus, dem gerade für das parl. Untersuchungsverfahren, wie Art. 44 I zeigt,
besonderer Stellenwert zukommt.[76]

Die **BReg** kann den Ausschluss der Öffentlichkeit nicht erzwingen, ist jedoch zur Vorlage geheim- 20
haltungsbedürftiger Unterlagen nur verpflichtet, wenn der Ausschuss den notwendigen Geheimschutz
gewährleistet.[77] Ein **Gericht** darf beschlagnahmte Unterlagen, die grundrechtlich bedeutsame Daten
enthalten, zur Erörterung im Ausschuss erst freigeben, wenn etwa erforderliche Geheimschutzmaß-
nahmen sichergestellt sind.[78]

## II. Beweiserhebung (Abs. 2 und 3)

Der Untersuchungsausschuss **erhebt die erforderlichen Beweise** (Art. 44 I 1). Damit ist er befugt, 21
innerhalb der durch den Einsetzungsbeschluss[79] festgelegten Grenzen diejenigen Beweise zu erheben,
die er für erforderlich hält.[80] Eine Beweisbehauptung im strafprozessualen Sinn ist dafür nicht erforderlich; unzulässig sind jedoch Beweisanträge „ins Blaue hinein", dh zur Ausforschung ohne jegliche
tatsächliche Grundlage.[81] Im Falle einer Minderheitsenquete – wie auch im Rahmen einer Mehrheitsenquete – folgt aus dem Untersuchungsrecht der parl. Opposition,[82] dass das Beweisantragsrecht auch
einem Viertel der Ausschussmitglieder zusteht und von der Ausschussmehrheit zu beachten ist, soweit
es nicht sachwidrig oder missbräuchlich ausgeübt wird.[83] Beweisanträge müssen das Beweisthema und
die Beweismittel hinreichend genau bestimmen.[84]

Auf die Beweiserhebung finden die – jeweils geltenden[85] – Vorschriften über den Strafprozess (zB 22
StPO, GVG) sinngemäß Anwendung (Art. 44 II 1). Die Einzelheiten sind nunmehr im Untersuchungsausschussgesetz (§§ 17 ff. PUAG) geregelt. Unter **Beweiserhebung** ist das Verfahren der
strafprozessualen Sachverhaltsaufklärung, dh insbes. die Beschaffung, Sicherung und Verwertung von
Beweismitteln, zu verstehen.[86] Die Verweisung erfasst Befugnis begründende ebenso wie Befugnis
begrenzende Regelungen.[87] Zu seiner Unterstützung kann der Untersuchungsausschuss jederzeit einen
**Ermittlungsbeauftragten** ernennen, der – im Rahmen seines Auftrags – unabhängig die Untersuchung vorbereitet (§ 10 PUAG).[88]

Ihre **sinngemäße Anwendung** bedeutet, dass die Vorschriften über den Strafprozess nach Art und 23
Umfang entspr. dem Sinn und Zweck des parl. Untersuchungsrechts heranzuziehen sind.[89] Weitere
Grenzen können sich aus den Grundrechten ergeben.[90] Besondere Probleme stellen sich für den Schutz
des **Betroffenen**, da das parl. Untersuchungsrecht zwar keinen Beschuldigten kennt, jedoch nachteilige Wirkungen (Einleitung eines Strafverfahrens, Rufgefährdung) für einzelne Personen mit sich
bringen kann.[91]

---

[72] Vgl. → Art. 42 Rn. 10.
[73] BVerfGE 67, 100 (137); 77, 1 (47).
[74] *Grzeszick* DÖV 2018, 209.
[75] BVerfGE 67, 100 (134 ff., 144); 77, 1 (47 f., 53 f.); *Schröder,* in: Schneider/Zeh, § 46 Rn. 31; *S. Unger* MKS II,
Art. 44 Rn. 83 f.; krit. *Glauben* DÖV 2007, 149 ff.
[76] BVerfGE 77, 1 (48); 124, 78 (125 f.).
[77] BVerfGE 67, 100 (137).
[78] BVerfGE 77, 1 (55 ff.); 124, 78 (114 f.).
[79] Vgl. → Rn. 13 ff.
[80] BVerfGE 67, 100 (128); ausf. *Weisgerber,* Beweiserhebungsverfahren, S. 143 ff.; *Peters,* Untersuchungsausschussrecht, 2012, S. 129 ff.; *Peters* NVwZ 2012, 1574 ff.
[81] BVerfGE 124, 78 (116).
[82] Vgl. → Rn. 3.
[83] BVerfGE 105, 197 (224 f.); 124, 78 (106 f., 114 f.); 124, 78 (115); zu den Grenzen des Minderheitsrechts bei
einer Gegenüberstellung von Zeugen (§ 24 II PUAG) BGH NJW 2010, 3251.
[84] BVerfGE 138, 145 Rn. 35.
[85] BVerfGE 76, 363 (385 f.).
[86] BVerfGE 67, 100 (133); 77, 1 (49).
[87] BVerfGE 67, 100 (133); 76, 363 (387); 124, 78 (115); 124, 78 (115).
[88] Ausf. *Rathje,* Der Ermittlungsbeauftragte, S. 85 ff.; zur Praxis des ersten Ermittlungsbeauftragten *Hoppe* ZParl
2008, 477 ff.
[89] BVerfGE 67, 100 (128, 133 f.); 77, 1 (50); 93, 195 (205); ausf. *Lucke,* Strafprozessuale Schutzrechte, passim.
[90] Dazu und zu den sonstigen Grenzen des Untersuchungsrechts → Rn. 7 ff.
[91] *Schröder,* in: Schneider/Zeh, § 46 Rn. 38;; *S. Unger* MKS II, Art. 44 Rn. 90 ff; *Köhler,* Untersuchungsrecht,
S. 113 ff., 209 ff.; *Horn/Herbert* VR 1997, 163 ff.; *Kölbel/Morlok* ZRP 2000, 217 ff.; *Wolf,* Parlamentarischer Untersuchungsausschuss und Strafjustiz, 2005, S. 97 ff.; *Wolf.* ZParl 2005, 876 ff.; *Kerbein,* Individuelle Selbstbelastungs-

24     In Betracht kommen alle **Beweismittel** des Strafprozesses, wie der Zeugenbeweis (§§ 20 ff. PU-AG),[92] die Aktenvorlage (§ 18 PUAG)[93] oder die Beschlagnahme (§ 29 III PUAG).[94] **Zwangsmaß-nahmen** stehen unter Richtervorbehalt (§§ 27 II, 29 III PUAG).[95] Sie können von dem Unter-suchungsausschuss – vergleichbar der Staatsanwaltschaft im Strafverfahren – nur ausnahmsweise und vorläufig verhängt werden (§ 21 PUAG).[96] Unberührt bleibt das **Brief-, Post- und Fernmelde-geheimnis** (Art. 44 II 2), das somit auch nicht entsprechend Art. 10 II eingeschränkt werden darf.[97] Bei einer vorangegangenen Verletzung dieses Grundrechts erlangte Informationen unterliegen jedoch nicht einem allg. Verwertungsverbot im parl. Untersuchungsverfahren, insbes. wenn es dabei um die Aufklärung des Rechtsverstoßes geht.[98]

25     Deutsche Gerichte und Verwaltungsbehörden sind zur **Rechts- und Amtshilfe** verpflichtet (Art. 44 III). Damit wird sichergestellt, dass Untersuchungsausschüsse zu den Behörden gehören, die sich gemäß Art. 35 I gegenseitig entspr. Hilfe leisten.[99] Im Verhältnis zur BReg gilt für die Akten-vorlage jedoch nicht dieses Recht, sondern das parl. Kontrollrecht.[100] Eine Lücke besteht bei der Inanspruchnahme ausländischer Rechts- und Amtshilfe.[101]

## III. Beendigung

26     Das Untersuchungsverfahren endet regelmäßig mit **Erfüllung des** im Einsetzungsbeschluss fest-gelegten **Auftrags**.[102] Der Untersuchungsausschuss hat dem Plenum über den Verfahrensablauf, über die ermittelten Tatsachen sowie über das Ergebnis der Untersuchung schriftlich zu berichten; die Ausschussminderheit kann dem Bericht ihre abweichende Auffassung hinzufügen (§ 33 I und II PUAG). Personen, die durch die Veröffentlichung des Ausschussberichts in ihren Rechten erheblich beeinträchtigt werden können, ist vor Abschluss des Untersuchungsverfahrens Gelegenheit zur Stel-lungnahme zu geben, deren wesentlicher Inhalt in dem Bericht wiederzugeben ist (§ 32 PUAG).

27     Der BTag kann einen Untersuchungsausschuss auch vorzeitig **auflösen**, bei einer Minderheits-enquete jedoch nicht gegen den Willen eines Viertels seiner Mitglieder.[103] IÜ unterliegen Unter-suchungsausschüsse allg. dem **Diskontinuitätsgrundsatz**,[104] dh sie gelten mit dem Ende der Wahl-periode des BTag als aufgelöst,[105] haben aber – auch bei einer vorzeitigen Auflösung des BTag (Art. 67 GG)[106] – rechtzeitig einen Sachstandsbericht vorzulegen (§ 33 III PUAG). Der neu gewählte BTag kann jedoch einen neuen Untersuchungsausschuss mit dem ursprünglichen Auftrag einsetzen.

## D. Abgrenzung zur Gerichtsbarkeit (Abs. 4)

28     Die **Beschlüsse** der Untersuchungsausschüsse sind der richterlichen Erörterung entzogen (Art. 44 IV 1). Obwohl die Untersuchungsausschüsse öff. Gewalt ausüben,[107] unterliegen damit die Ergebnisse, zu denen sie in ihrem Schlussbericht (einschl. Minderheitsvotum) gelangen, abweichend von der allg. Rechtsweggarantie (Art. 19 IV) weder der gerichtlichen noch der verfassungsgerichtlichen Kontrolle.[108] Gerichtlich überprüfbar sind jedoch Beschlüsse und sonstige Maßnahmen der Untersuchungsausschüsse,

---

freiheit versus parlamentarisches Aufklärungsinteresse, 2004; VG Hamburg, 20 K 817/10 v. 18.5.2010 (juris); *Geiger* NVwZ 2015, 405 ff.

[92] BVerfGE 76, 363 (383 ff.); 93, 195 (205 ff.); *Koch* ZParl 1996, 405 ff.; *Plöd,* Die Stellung des Zeugen, S. 97 ff.; *Peters* DÖV 2014, 10 ff.; *Roßbach* JZ 2014, 975 ff.

[93] BVerfGE 67, 100 (127 ff.).

[94] BVerfGE 77, 1 (38 ff.); BVerfG (K *Wolf,*) NVwZ 1994, 54 (55); 124, 78 (115).

[95] BVerfGE 76, 363 (383); 77, 1 (51); AG Bonn JR 1994, 171 mit Anm. *Derksen* betr. Beugehaft.

[96] BVerfGE 76, 363 (385); 77, 1 (52 ff.).

[97] BVerfGE 124, 78 (126 ff.); ebenso *Klein,* in: Maunz/Dürig, Art. 44 Rn. 219; *Glauben* BK, Art. 44 (2013) Rn. 96; *Pieroth,* in: Jarass/Pieroth, Art. 44 Rn. 11; nach *Schneider* AK GG, Art. 44 Rn. 16, kommt Art. 44 II 2 gegenüber Art. 10 nur deklaratorische Bedeutung zu; vgl. auch HambVerfG DÖV 1989, 119 (120 – Beweisver-wertungsverbot); LG Kiel NJW 1996, 1976 mit Anm. *Damann* eb., 1946 = JZ 1996, 155 mit Anm. *Bäumler.*

[98] BVerfGE 124, 78 (127 f.); *Lucke,* Strafprozessuale Schutzrechte, S. 370 ff.; *Wiefelspütz* HdbParlR, § 31 Rn. 69.

[99] BVerfG NVwZ 1994, 54 (55); *Pieroth,* in: Jarass/Pieroth, Art. 44 Rn. 1; *Umbach,* in: Umbach/Clemens, GG II, Art. 44 Rn. 91; aA *Morlok,* in: Dreier II, Art. 44 Rn. 15; zu den Grenzen der Informationspflicht von Unter-suchungsausschüssen *Gärditz* NVwZ 2015, 1161 ff.

[100] BVerfGE 67, 100 (128 f.); zur Vorlage von „Stasi"-Unterlagen *Aulehner* DÖV 1994, 853 (861).

[101] *Hoppe* DVBl 2018, 1200.

[102] *Klein,* in: Maunz/Dürig, Art. 44 Rn. 97.

[103] *Klein,* in: Maunz/Dürig, Art. 44 Rn. 68; *S. Unger* MKS II, Art. 44 Rn. 80.

[104] Vgl. → Art. 39 Rn. 11 ff.

[105] *Klein,* in: Maunz/Dürig, Art. 44 Rn. 67; *Glauben* BK, Art. 44 (2013) Rn. 141.

[106] BVerfGE 113, 113 (126).

[107] S. → Rn. 2.

[108] *Klein,* in: Maunz/Dürig, Art. 44 Rn. 234; *Glauben* BK, Art. 44 (2013) Rn. 156 ff.; BVerfGE 99, 19 (34 f.); *S. Unger* MKS II, Art. 44 Rn. 134 ff.; aA HmbVerfG, HVerfG 5/14 v. 15.9.2015, NVwZ 2016, 61 ff.; *Buckler* DVBl 2018, 1190.

die unmittelbare Rechtswirkungen gegenüber Einzelnen haben, wie etwa eine Zeugenvorladung oder die Verhängung eines Ordnungsgeldes.[109] Zuständig für die verfahrensrechtliche Überprüfung der Ausschussarbeit ist der **Ermittlungsrichter** beim BGH (ua §§ 17 IV, 18 III und IV, 27 II, 29 III, 30 IV PUAG), gegen dessen Entscheidungen die Beschwerde zum **BGH** statthaft ist (§ 36 PUAG).[110] Unberührt bleibt die Zuständigkeit des **BVerfG** gemäß Art. 93 GG und § 13 BVerfGG (§ 36 I PUAG), etwa bei Streitigkeiten über die Einsetzung eines Untersuchungsausschusses (§§ 2 III, 36 II PUAG), die Ablehnung der Vorlage von Beweismitteln oder der Vernehmung von Amtsträgern durch die BReg (§§ 18 III, 20 II PUAG) oder die vorzeitige Beendigung der Ausschussarbeit durch Beschl. der Mehrheit gegen den Willen der qualifizierten Minderheit von einem Viertel der Mitglieder des Ausschusses.[111]

In der Würdigung und Beurteilung des der Untersuchung zugrundeliegenden **Sachverhalts** sind　29 die Gerichte frei (Art. 44 IV 2). Die Bindungswirkung erfasst somit nur die Existenz der gerichtsfreien Beschlüsse der Untersuchungsausschüsse („Tatbestandswirkung"), nicht aber deren Inhalt.[112] Die Gerichte können die Beweise anders würdigen und die Tatsachen anders beurteilen als die Untersuchungsausschüsse. Beide Verfahren sind voneinander unabhängig und können auch zeitlich nebeneinander durchgeführt werden.[113]

## Art. 45 [Ausschuss für die Angelegenheiten der Europäischen Union]

**Der Bundestag bestellt einen Ausschuß für die Angelegenheiten der Europäischen Union. Er kann ihn ermächtigen, die Rechte des Bundestages gemäß Artikel 23 gegenüber der Bundesregierung wahrzunehmen. Er kann ihn auch ermächtigen, die Rechte wahrzunehmen, die dem Bundestag in den vertraglichen Grundlagen der Europäischen Union eingeräumt sind.**

**Entstehungsgeschichte: Neufassung:** 38. G zur Änd. des GG v. 21.12.1992 (BGBl I 2086), Art. 1 Nr. 4 (dazu: BT-Dr 12/3338 [Entw.], 3896, 6000 [Ber. GemVerfKom.]; BT-Prot 12/9315, 10809; BR-Dr 501/92, 809/92; BR-Prot 92/419, 638). – **Änderung:** Ergänzung um Satz 3 durch 53. ÄndG v. 8.10.2008 (BGBl I 1926; dazu BT-Dr 16/8488 [Entw.], 8912 [Beschl.Empfehlung u. Ber.]; BT-Prot 16/157; BR-Dr 276/08; BR-Prot 844).
**Historische Verfassungstexte: GG 1949:** (1) Der Bundestag bestellt einen ständigen Ausschuß, der die Rechte des Bundestages gegenüber der Bundesregierung zwischen zwei Wahlperioden zu wahren hat. Der ständige Ausschuss hat auch die Rechte eines Untersuchungsausschusses. (2) Weitergehende Befugnisse, insbes. das Recht der Gesetzgebung, der Wahl des BKanzlers und der Anklage des BPräs stehen dem ständigen Ausschuß nicht zu.
**Leitentscheidungen:** BVerfGE 123, 267 (Lissabon).
**Gesetzgebung:** EUZBBG; IntVG.

**Schrifttum:** Vgl. das Schrifttum zu Art. 23 und 38; ferner *F. Baach,* Parlamentarische Mitwirkung in Angelegenheiten der Europäischen Union, 2008; *H. Baddenhausen,* Ausschuss für die Angelegenheiten der Europäischen Union HdbParlR, § 7; *J. Bila/U. Gehlen/H. Groos/B. Hasenjäger,* Der Ausschuß für die Angelegenheiten der Europäischen Union des Bundestages, 2. Aufl. 1998; *C. Freundorfer,* Die Beteiligung des Deutschen Bundestages an der Sekundärrechtsetzung der Europäischen Union, 2008; *C. Sterzing/S. Tidow,* Die Kontrolle der deutschen Europapolitik durch den EU-Ausschuss, integration 2010, 274.

## A. Rechtsstellung

Art. 45, der im Zusammenhang mit dem Vertrag von Maastricht über die EU[1] durch das ÄndG　1 vom 21.12.1992[2] neu eingefügt wurde,[3] verankert den Ausschuss für die Angelegenheiten der EU als **Pflichtausschuss** unmittelbar im GG. Er ergänzt zusammen mit der entsprechenden Bestimmung über die Europakammer des BRates (Art. 52 III a) die Grundlagenbestimmung über die EU (Art. 23).[4] Im Zusammenhang mit dem Vertrag von Lissabon über die EU (EUV) und über die Arbeitsweise der EU (AEUV)[5] wurde er durch das ÄndG vom 8.10.2008[6] um Satz 3 ergänzt. Weitere Anpassungen an

---

[109] *Klein,* in: Maunz/Dürig, Art. 44 Rn. 231; *Glauben* BK, Art. 44 (2013) Rn. 142 ff.; BVerfGE 79, 339 (340); OVG Bln OVGE 10, 163 (164); BVerfGE 99, 19 (34 f. – „Einhaltung der Verfahrensstandards").
[110] BVerfGE 138, 45 Rn. 37.
[111] BVerfGE 113, 113 (122 f.); 124, 78 (104 ff.);138, 45 Rn. 38 ff.; zum – problematischen – Verhältnis zwischen ordentlicher und Verfassungsgerichtsbarkeit *Risch* DVBl 2003, 1418 ff.; *Platter,* Untersuchungsverfahren, S. 150 ff.; *Brocker* NVwZ 2015, 410 ff.; allg. zum Rechtsschutz im Untersuchungsausschussverfahren *Glauben,* in: Glauben/Brocker, UA, S. 406 ff.; *Gärditz* ZParl 2005, 854 ff.; *Glauben* DVBl 2006, 1263 ff.
[112] *Klein,* in: Maunz/Dürig, Art. 44 Rn. 229; *Schneider* AK GG, Art. 44 Rn. 10.
[113] *Glauben* BK, Art. 44 (2013) Rn. 159; *Klein,* in: Maunz/Dürig, Art. 44 Rn. 229; *S. Unger* MKS II, Art. 44 Rn. 17 ff.
[1] V. 7.2.1992 (BGBl II 1253).
[2] BGBl I 2086.
[3] Zum ursprünglichen Art. 45 (betr. den Ständigen Ausschuss) → Art. 39 Rn. 7.
[4] Ausf. *Magiera* Jura 1994, 1 ff.; zur früheren Praxis des BTag *Uerpmann-Wittzack,* in: v. Münch/Kunig I, Art. 45 Rn. 1 f.; *Bila/Gehlen* ua, Ausschuß, S. 2 ff.
[5] V. 13.12.2007 (BGBl 2008 I 1038); konsol. Fassung in ABlEU C 202 v. 7.6.2016 S. 1.
[6] BGBl I 1926.

die neuen Vertragsgrundlagen der EU finden sich in Art. 23 I a, der – wie Art. 93 I Nr. 2 für die Organklage vor dem BVerfG – Erleichterungen für die Wahrnehmung von Minderheitsrechten im BTag (zu Art. 42 II 1) und im BRat (zu Art. 52 III 1) vorsieht, sowie in der begleitend dazu erlassenen Ausführungsgesetzgebung zu Art. 23.[7] Das Inkrafttreten der Änderungen des GG wie der Begleitgesetzgebung war an das Inkrafttreten des Vertrags von Lissabon gekoppelt und setzte somit dessen Ratifikation durch alle damals 27 Mitgliedstaaten der EU voraus.[8]

2 Ziel des Art. 45 ist eine Stärkung des BTag in Angelegenheiten der EU, insbes. die institutionelle Absicherung seiner Informations- und Mitwirkungsrechte (Art. 23 II, III), durch ein gegenüber dem Plenum kleineres, sachkundigeres und **reaktionsschnelleres Gremium,** das den Anforderungen der EU besser gewachsen ist.[9]

3 Wie die Ausschüsse im Allg.[10] ist auch der Ausschuss für die Angelegenheiten der EU grds. nur **unterstützend und vorbereitend** für den BTag als dessen „Hilfsorgan" tätig.[11] Von den auf Grund der Geschäftsordnungsautonomie[12] eingesetzten Ausschüssen unterscheidet er sich dadurch, dass der BTag ihn – wie die Ausschüsse gemäß Art. 45a und 45c – von Verfassungs wegen bestellen muss (Art. 45 S. 1) und ihn ermächtigen kann, die Rechte wahrzunehmen, die dem BTag gemäß Art. 23 gegenüber der BReg zustehen (Art. 45 S. 2) sowie den BTag in den vertraglichen Grundlagen der EU eingeräumt sind (Art. 45 S. 3).[13] Verfassungsrechtlich bedenklich ist daher die Hinauszögerung der Einsetzung des Ausschusses und die vorläufige Übertragung seiner Befugnisse auf einen „Hauptausschuss".[14] Zu seinen Sitzungen haben auch – vom Präsidenten des BTag auf Vorschlag der Fraktionen des BTag berufene – „mitwirkungsberechtigte", jedoch nicht stimmberechtigte deutsche Mitglieder des Europäischen Parlaments Zutritt (§ 93b VIII GOBT).[15]

# B. Befugnisse

4 Der BTag kann den Ausschuss für die Angelegenheiten der EU ermächtigen, seine Rechte gemäß Art. 23 gegenüber der BReg wahrzunehmen (Art. 45 S. 2). Diese Rechte bestehen darin, dass die BReg den BTag in Angelegenheiten der EU umfassend und unverzüglich unterrichtet sowie dessen Stellungnahmen berücksichtigt (Art. 23 II, III). Da sich die Angelegenheiten der EU auf nahezu alle staatlichen Aufgabenbereiche erstrecken, eröffnet Art. 45 S. 2 eine sehr **weitreichende Delegationsermächtigung.**[16]

5 Darüber hinaus kann der BTag den Ausschuss ermächtigen, die ihm in den vertraglichen Grundlagen der EU eingeräumten Rechte wahrzunehmen (Art. 45 S. 3), auf die auch in Art. 23 I a Bezug genommen wird. Mit dem Vertrag von Lissabon wurden den Parlamenten der Mitgliedstaaten und damit auch dem Deutschen BTag (und dem BRat) erstmals eigenständige und unmittelbar wahrzunehmende **Mitwirkungsrechte im Institutionengefüge der EU** eingeräumt.[17] Die damit angestrebte Einbindung der nationalen Parlamente in den Integrationsprozess mit dem beibehaltenen Ziel einer immer engeren Union der Völker Europas (Art. 2 II EUV) betrifft insbes. die Kontrolle der Einhaltung des Subsidiaritätsprinzips, die durch verbesserte Informationsrechte und ein Anhörungsrecht („Frühwarnsystem") sowie ein Klagerecht vor dem Europäischen Gerichtshof („Subsidiaritätsklage") ermöglicht werden soll.[18] Ferner erhalten die nationalen Parlamente Unterrichtungs- und Beteiligungsrechte

[7] Vgl. → Rn. 7.

[8] Art. 6 der Schlussbestimmungen des Vertrags von Lissabon, ABlEU C 306 v. 17.12.2007 S. 135. – In Deutschland wurde der Fortgang des vom BTag und BRat abgeschlossenen Gesetzgebungsverfahrens von BPräs auf Bitte des BVerfG bis zu dessen Entscheidung über die Verfassungsmäßigkeit des Zustimmungsgesetzes zum Vertrag von Lissabon zunächst zurückgestellt (Pressemitteilung des Bundespräsidialamts v. 30.6.2008). Am 8.10.2008 hatte der BPräs das Vertragsgesetz ausgefertigt, sich jedoch die Entscheidung über die Unterzeichnung der Ratifikationsurkunde bis zur Entscheidung des BVerfG, die am 30.6.2009 erging (BVerfGE 123, 267), vorbehalten.

[9] Ber. der GemVerfKom., BT-Dr 12/6000 v. 5.11.1993, S. 24; Beschl.Empfehlung und Ber. des Sonderausschusses „Europäische Union (Vertrag von Maastricht)", BT-Dr 12/3896 v. 1.12.1992, S. 21; *Pernice,* in: Dreier II, Art. 45 Rn. 1, 9; *Uerpmann-Wittzack,* in: v. Münch/Kunig I, Art. 45 Rn. 7; *S. Unger* MKS II, Art. 45 Rn. 7; *Sterzing/Tidow* integration 2001, 274 (277); *Janowski,* Die nationalen Parlamente und ihre Europa-Gremien, 2005, S. 88 ff.

[10] Vgl. → Art. 40 Rn. 15, → Art. 40 Rn. 18.

[11] BVerfGE 49, 70 (85); 67, 100 (124); 77, 1 (41, 43) betr. die insoweit vergleichbaren Untersuchungsausschüsse gemäß Art. 44; *Umbach/Dollinger,* in: Umbach/Clemens, GG II, Art. 45 Rn. 5; zur Kompetenzabgrenzung zwischen den Ausschüssen *Kluth,* in: Hofmann/Henneke, Art. 45 Rn. 8 f. – Zur Praxis *Bila/Gehlen* ua, Ausschuß, S. 31 ff.; *Sterzing/Tidow* integration 2001, 274 (278 ff.); *Ausschuss für die Angelegenheiten der EU,* Europaausschuss 2000, Texte und Materialien, Bd. 18, 2001, S. 3 ff.; *Europaausschuss* 1998 bis 2002, 2002, S. 9 ff.; *Fuchs* ZParl 2004, 3 ff.; *Freundorfer,* Beteiligung, S. 89 ff.

[12] Vgl. → Art. 40 Rn. 21.

[13] Zur Verfassungsmäßigkeit der Ermächtigungen BVerfGE 123, 267 (432).

[14] Vgl. → Art. 40 Rn. 16.

[15] *Baddenhausen* HdbParlR § 27 Rn. 36 f.

[16] BVerfGE 131, 152 (213 f.); 135, 317 Rn. 128 („plenarersetzende Ausschussentscheidungen").

[17] *Magiera* DÖV 2003, 578 ff.; *Hölscheidt* integration 2008, 254 ff.

[18] Art. 5 III, 12 lit. a und b EUV; Art. 352 AEUV; Prot (Nr. 1) über die Rolle der nationalen Parlamente in der EU; Prot (Nr. 2) über die Anwendung der Grundsätze der Subsidiarität und der Verhältnismäßigkeit.

im Rahmen des Raums der Freiheit, der Sicherheit und des Rechts einschließlich eines Vetorechts bei Aspekten des Familienrechts[19] sowie differenziert gestaltete Beteiligungs-, Vorschlags- und Vetorechte bei Vertragsänderungen,[20] bei der Aufnahme neuer Mitgliedstaaten in die EU[21] und bei der Zusammenarbeit mit dem Europäischen Parlament und den Parlamenten der and. Mitgliedstaaten.[22]

Die weitreichende Delegationsermächtigung wird durch das Normziel des Art. 45[23] **begrenzt.**  **6** Träger der Rechte gegenüber der BReg und im Rahmen der vertraglichen Grundlagen der EU sowie Herr des Verfahrens bleibt das Plenum.[24] Es kann die im Einzelfall oder generell delegierten Befugnisse deshalb jederzeit wieder an sich ziehen sowie die Beschlüsse des Ausschusses ändern oder aufheben.[25] IÜ sind bei der Delegation an den Ausschuss für die Angelegenheiten der EU und bei der Ausübung der delegierten Befugnisse durch den Ausschuss im Hinblick auf dessen Querschnittscharakter die Kompetenzen des Plenums, der Fachausschüsse und der sonstigen Gremien des BTag[26] sowie des BRates[27] zu achten.

## C. Verfahren

Einzelheiten zur Wahrnehmung der den Verfassungsorganen nach dem Lissabon-Urteil des  **7** BVerfG[28] obliegenden **Integrationsverantwortung** sind nunmehr verstärkt in der Ausführungsgesetzgebung zu Art. 23[29] enthalten. Sie werden für die Tätigkeit des BTag und seiner Ausschüsse ergänzt durch die ebenfalls angepasste GO mit detaillierten Bestimmungen über das Befassungsrecht der Ausschüsse mit Angelegenheiten der EU (§ 62 I 2 GOBT), über die Zuleitung und Überweisung (§ 93 GOBT) sowie die Ausschussberatung von Unionsdokumenten (§ 93a GOBT), über den Ausschuss für die Angelegenheiten der EU (§ 93b GOBT) sowie über die Subsidiaritätsrüge (§ 93c GOBT) und die Subsidiaritätsklage (§ 93d GOBT),[30] die den genannten Anforderungen nunmehr deutlicher gerecht werden.[31]

Danach kann der Ausschuss für die Angelegenheiten der EU in **Einzelfällen** ermächtigt werden, zu  **8** bestimmten Unionsdokumenten oder darauf bezogenen Vorlagen die Rechte des BTag gegenüber der BReg gemäß Art. 23 und die dem BTag in den vertraglichen Grundlagen der EU eingeräumten Rechte wahrzunehmen. Ausgenommen sind die Rechte des BTag, die im Anschluss an das Lissabon-Urteil des BVerfG[32] nach dem Integrationsverantwortungsgesetz[33] pflichtgemäß in Gesetzesform und damit vom Plenum des BTag wahrzunehmen sind. IÜ kann der Ausschuss die Rechte des BTag gegenüber der BReg auch **ohne Einzelermächtigung** wahrnehmen, sofern nicht einer der mitbeteiligten Ausschüsse widerspricht oder im Rahmen der EU der Bereich der Gemeinsamen Außen- und Sicherheitspolitik[34] sowie Beschlüsse im Rahmen des sog. Notbremsemechanismus[35] betroffen sind.[36]

---

[19] Art. 12 lit. c EUV; Art. 69, 70, 71, 81, 85, 88 AEUV.

[20] Art. 12 lit. d, 48 EUV.

[21] Art. 12 lit. e, 49 EUV.

[22] Art. 12 lit. f EUV; Art. 9 und 10 Prot (Nr. 1) über die Rolle der nationalen Parlamente in der EU.

[23] S. → Rn. 2.

[24] BVerfGE 131, 152 (213 f.); Berichte der GemVerfKom., BT-Dr 12/6000 v. 5.11.1993, S. 24; Beschl.Empfehlung und Ber. des Sonderausschusses „Europäische Union (Vertrag von Maastricht)", BT-Dr 12/3896 v. 1.12.1992, S. 21.

[25] *Krings*, in: Friauf/Höfling, Art. 45 Rn. 15; Uerpmann-Wittzack, in: v. Münch/Kunig, Art. 45 Rn. 3.

[26] Zum erforderlichen Zusammenwirken der Ausschüsse §§ 62 I 3, 93 ff. GOBT; *Scholz*, in: Maunz/Dürig, Art. 45 Rn. 9; *Baach*, Parlamentarische Mitwirkung, S. 205 ff.; *Krings*, in: Friauf/Höfling, Art. 45 Rn. 10.

[27] Art. 23 GG iVm §§ 3 ff. IntVG und G über die Zusammenarbeit von Bund und Ländern in Angelegenheiten der EU v. 12.3.1993 (BGBl I 313), zul. geänd. durch G v. 22.9.2009 (BGBl I 3031).

[28] BVerfGE 123, 267 (356 ff.: Integrationsverantwortung; 432 ff.: Begleitgesetzgebung).

[29] G über die Wahrnehmung der Integrationsverantwortung des BTag und des BRat in Angelegenheiten der EU – Integrationsverantwortungsgesetz – IntVG v. 22.9.2009 (BGBl I 3022), zul. geänd. durch G v. 1.12.2009 (BGBl I 3822); G über die Zusammenarbeit von BReg und Deutschem BTag in Angelegenheiten der EU – EUZBBG v. 4.7.2013 (BGBl I 2170); Vereinbarung zwischen dem Deutschen BTag und der BReg über die Zusammenarbeit in Angelegenheiten der EU in Ausführung des § 6 EUZBBG v. 28.9.2006 (BGBl I 2177); Deutscher BTag, Erster Ber. über die Anwendung der Begleitgesetze zum Vertrag von Lissabon, BT-Dr 17/14601 v. 30.8.2013; *Hölscheidt/Menzenbach/B. Schröder* integration 2009, 758 ff.; v. Arnauld/Hufeld (Hrsg.), Systematischer Kommentar zu den Lissabon-Begleitgesetzen, 2011.

[30] Änd. der GOBT v. 16.12.1994 (BGBl 1995 I 11), zul. geänd. durch Beschl. v. 1.6.2017 (BGBl I 1877); BTag, Ausschuss für Wahlprüfung, Immunität und Geschäftsordnung, Beschl.Empfehlung und Ber., BT-Dr 17/2394 v. 5.7.2010; *Gröning-von Thüna* integration 2010, 312 (329 ff.).

[31] Krit. zur vorherigen Ausgestaltung *Sterzing/Tidow* integration 2001, 274 (280 ff.); Einzelheiten zur Neufassung bei *Ritzel/Bücker/Schreiner/Winkelmann*, Handbuch 2, Anm. zu §§ 93 bis 93d GOBT (Stand: 2011/2013/2014); *Baddenhausen* HdbParlR § 27 Rn. 35 ff.

[32] BVerfGE 123, 267 (432 ff.).

[33] §§ 3 ff. IntVG; *Sterzing/Tidow* integration 2001, 274 (280 ff.).
BVerfGE 123, 267 (432 ff.).

[34] Art. 23 ff. EUV.

[35] Art. 9 IntVG iVm Art. 48 II 1, 82 III UAbs. I 1, 83 III UAbs. I 1 AEUV.

[36] § 93b GOBT iVm BT-Dr 16/9400 v. 30.5.2008 und 17/2394 v. 5.7.2010.

9      Die Entscheidung über die Erhebung einer nach dem Unionsrecht möglichen **Subsidiaritätsrüge**[37] trifft grds. der BTag als Plenum, im Rahmen der ihm eingeräumten Befugnisse auch der Ausschuss für die Angelegenheiten der EU.[38] Jeweils unter Beachtung der Minderheitenrechte eines Viertels der Mitglieder des BTag (Art. 23 I a) und der Klagefrist (Art. 263 VI AEUV) wird eine nach dem Unionsrecht ebenfalls mögliche **Subsidiaritätsklage**[39] grds. vom BTag als Plenum beschlossen und vom Ausschuss für die Angelegenheiten der EU – einschließlich der Prozessführung – durchgeführt.[40] Da die Klage nach Unionsrecht von dem jeweiligen Mitgliedstaat und damit von dessen Regierung einzureichen ist,[41] erscheint ein Beschluss des BTag auch im Falle eines Minderheitsantrags aus Gründen der Rechtsklarheit erforderlich; zur Einhaltung der Klagefrist kann es außerhalb des Zeitplans des BTag erforderlich sein, dass der Ausschuss für die Angelegenheiten der EU die Klageerhebung beschließt.[42]

10      **Bedenken** bestehen weiterhin dagegen, dass die Sitzungen des Ausschusses für die Angelegenheiten der EU auch dann **nicht regelmäßig öffentlich** sind, wenn er über Stellungnahmen gegenüber der BReg oder im Rahmen der vertraglichen Grundlagen der EU verhandelt.[43] Da der Ausschuss insoweit anstelle des Plenums tätig wird, wäre eine Gleichstellung mit den Untersuchungsausschüssen verfassungsrechtlich geboten und im Hinblick auf die erforderliche Transparenz des europäischen Integrationsprozesses verfassungspolitisch wünschenswert. Die Veröffentlichung der Stellungnahmen des Ausschusses als Bundestagsdrucksache (§ 93b VI GOBT) bietet keinen ausreichenden Ersatz, zumal eine Aussprache im Plenum nur ausnahmsweise – auf Verlangen einer Fraktion oder von 5 % der Bundestagsmitglieder – erfolgt.[44]

## Art. 45a [Ausschüsse für auswärtige Angelegenheiten und für Verteidigung]

(1) **Der Bundestag bestellt einen Ausschuß für auswärtige Angelegenheiten und einen Ausschuß für Verteidigung.**

(2) **Der Ausschuß für Verteidigung hat auch die Rechte eines Untersuchungsausschusses. Auf Antrag eines Viertels seiner Mitglieder hat er die Pflicht, eine Angelegenheit zum Gegenstand seiner Untersuchung zu machen.**

(3) **Artikel 44 Abs. 1 findet auf dem Gebiet der Verteidigung keine Anwendung.**

**Entstehungsgeschichte: Erstfassung:** Eingefügt durch 7. G zur Erg. des GG v. 19.3.1956 (BGBl I 111), Art. I Nr. 5 (dazu: BT-Dr II/124, 125, 171 [Entw.], 2150; BT-Prot II/243, 6819, 6845; BR-Dr 89/56; BR-Prot 56/76). – **Änderung:** 33. G zur Änd. des GG v. 23.8.1976 (BGBl I 2381), Art. I Nr. 3 (dazu: BT-Dr 7/5307 [Entw.], 5491, 5527, 5535; BT-Prot 7/18093, 18384, 18395; BR-Dr 96/76, 462/76; BR-Prot 76/89, 323, 356).
**Historische Verfassungstexte: WRV:** Art. 35 (1) Der Reichstag bestellt einen ständigen Ausschuß für auswärtige Angelegenheiten, der auch außerhalb der Tagung des Reichstags und nach der Beendigung der Wahlperiode oder der Auflösung des Reichstags bis zum Zusammentritte des neuen Reichstags tätig werden kann. Die Sitzungen dieses Ausschusses sind nicht öffentlich, wenn nicht der Ausschuß mit Zweidrittelmehrheit die Öffentlichkeit beschließt. (2) Der Reichstag bestellt ferner zur Wahrung der Rechte der Volksvertretung gegenüber der Reichsregierung für die Zeit außerhalb der Tagung und nach Beendigung einer Wahlperiode einen ständigen Ausschuß. (3) Diese Ausschüsse haben die Rechte von Untersuchungsausschüssen.
**Leitentscheidungen:** BVerfGE 90, 286 (AWACS/Somalia).

**Schrifttum:** Vgl. das Schrifttum zu Art. 38; ferner *M. Fuchs,* Auswärtiger Ausschuß HdbParlR, § 28; *H. Hilgers,* Der Verteidigungsausschuss als Untersuchungsausschuss gemäß Ar. 45a Abs. 2 des Grundgesetzes, 2015; *M.-Ch. Meier,* Öffentlichkeit im Vereidigungsausschuss als Untersuchungsausschuss gemäß Art. 45a GG, 2014; *V. Pilz,* Der Auswärtige Ausschuss des Deutschen Bundestages und die Mitwirkung an der auswärtigen und internationalen Politik, 2008; *H.-U. Gerland,* Verteidigungsausschuss HdbParlR, § 29.

## A. Rechtsstellung

1      Art. 45a wurde im Rahmen der sog. Wehrverfassung durch das ÄndG vom 19.3.1956[1] in das GG eingefügt. Als Ausdruck eines ausgeprägten Systems der parl. Kontrolle[2] in diesem Bereich verankert er

---

[37] Art. 6 Prot. (Nr. 2) über die Anwendung der Grundsätze der Subsidiarität und der Verhältnismäßigkeit.
[38] § 11 IntVG iVm § 93c GOBT.
[39] Art. 8 Prot. (Nr. 2) über die Anwendung der Grundsätze der Subsidiarität und der Verhältnismäßigkeit.
[40] § 12 IntVG iVm § 93d GOBT.
[41] Art. 8 Prot. (Nr. 2) über die Anwendung der Grundsätze der Subsidiarität und der Verhältnismäßigkeit.
[42] § 12 IntVG, § 93d GOBT; str., ausf. *Uerpmann-Wittzack,* EuGRZ 2009, 461 (465f); *Pernice,* in: Dreier II (Suppl. 2010), Art. 45 Rn. 4b.
[43] *H. H. Klein* FS Remmers, 1995, S. 195 (203); *Pernice,* in: Dreier II, Art. 45 Rn. 22; *Heintschel v. Heinegg,* in: Epping/Hillgruber, Art. 45 Rn. 3; *Uerpmann-Wittzack,* in: v. Münch/Kunig, Art. 45 Rn. 6; *Schorkopf* BK, Art. 45 (2018) Rn. 46 ff.; für eine Verbesserung der Öffentlichkeitsfunktion auch *Pflüger* integration 2000, 229 ff. (243 f.); *Sterzing/Tidow* integration 2001, 274 (286 f.).
[44] Zu deren regelmäßig öff. Sitzungen → Art. 44 Rn. 18.
[1] BGBl I 111.
[2] BVerfGE 90, 286 (385).

den Ausschuss für Verteidigung und den Ausschuss für auswärtige Angelegenheiten als Pflichtausschüsse unmittelbar in der Verfassung.[3] Durch ÄndG vom 23.8.1976 wurde Art. 45a I 2 („Die beiden Ausschüsse werden auch zwischen zwei Wahlperioden tätig.") infolge der Neufassung des Art. 39, die keine parlamentslose Zeit mehr kennt, aufgehoben.[4]

Wie die Ausschüsse im Allg.[5] sind auch die Ausschüsse für auswärtige Angelegenheiten und für **2** Verteidigung grds. nur **unterstützend und vorbereitend** für den BTag als dessen „Hilfsorgane" tätig.[6] Von den auf Grund der Geschäftsordnungsautonomie[7] eingesetzten Ausschüssen unterscheiden sie sich dadurch, dass sie – wie die Ausschüsse gemäß Art. 45 und 45c – von Verfassungs wegen für ihre Aufgabenbereiche bestellt werden müssen (Art. 45a I) und der Verteidigungsausschuss darüber hinaus die Rechte eines Untersuchungsausschusses hat (Art. 45a II, III).[8]

## B. Aufgaben

Die den beiden Ausschüssen obliegenden Aufgaben, die ihnen von Verfassungs wegen zustehen und **3** vom Plenum nicht auf and. Ausschüsse übertragen werden dürfen (Bestandsschutz),[9] ergeben sich aus der Umschreibung ihrer Zuständigkeitsbereiche in Art. 45a I.[10] And. Ausschüsse können jedoch mitberatend oder auch federführend einbezogen werden.[11] Diese Zuständigkeitsbereiche sollen nach verbreiteter Ansicht gleichbedeutend sein mit den entsprechenden Gesetzgebungskompetenzen in Art. 73 I Nr. 1. **Auswärtige Angelegenheiten** sind danach die Beziehungen, die sich aus der Stellung der Bundesrepublik als Völkerrechtssubjekt zu and. Staaten ergeben.[12] **Verteidigung** erfasst nur den militärischen Bereich, nicht auch den Schutz der Zivilbevölkerung.[13]

Diese Begriffsbestimmungen bedürfen jedoch zumindest der **Klarstellung.** Zu den auswärtigen **4** Angelegenheiten gehören auch die Beziehungen zu and. Völkerrechtssubjekten als Staaten, insbes. zu zwischenstaatlichen (internationalen) Organisationen.[14] Ausgenommen sind insoweit die Beziehungen zur **Europäischen Union,** für die nunmehr allg. der Ausschuss für die Angelegenheiten der Europäischen Union zuständig ist (Art. 45).[15]

Ferner darf aus der Bezugnahme auf Art. 73 I Nr. 1 nicht geschlossen werden, dass sich die **5** Aufgaben der beiden Ausschüsse auf den Bereich der Gesetzgebung beschränken.[16] Im Vordergrund steht vielmehr der Bereich der parl. **Kontrolle.**[17] Art. 45a soll dazu beitragen, eine verstärkte parl. Kontrolle der Streitkräfte und des Regierungshandelns im militärischen Bereich zu bewirken.[18] Entsprechendes gilt für die auswärtigen Angelegenheiten, die grds. zum Kompetenzbereich der Regierung gehören und deshalb in besonderem Maße der parl. Kontrolle bedürfen.[19]

## C. Untersuchungsrechte

Neben den allg. Ausschussbefugnissen[20] hat der Ausschuss für Verteidigung auf seinem Aufgaben- **6** gebiet auch die **Rechte eines Untersuchungsausschusses** (Art. 45a II 1).[21] Gemeint sind damit die besonderen Befugnisse, die den parl. Untersuchungsausschüssen gemäß Art. 44 zustehen.[22]

---

[3] Zu den Vorläufern *Müller-Terpitz* BK, Art. 45a (2015) Rn. 11 ff.; zur Entstehungsgeschichte *Hilgers,* Verteidigungsausschuss, S. 9 ff.

[4] Vgl. → Art. 39 Rn. 7.

[5] Vgl. → Art. 40 Rn. 15.

[6] BVerfGE 49, 70 (85); 67, 100 (124); 77, 1 (41, 43) betr. die insoweit vergleichbaren Untersuchungsausschüsse gemäß Art. 44.

[7] Vgl. → Art. 40 Rn. 21.

[8] Ferner gelten auch für sie – hinsichtlich Einsetzung, Verfahren ua – die Bestimmungen der GOBT; *Klein,* in: Maunz/Dürig, Art. 45a Rn. 14 ff.; *Müller-Terpitz* BK, Art. 45a (2015) Rn. 48.

[9] Zu – berechtigten – Bedenken im Hinblick auf den sog Hauptausschuss zu Beginn der 18. und der 19. Wahlperiode des BTag *Fuchs* HdbParlR, § 28 Rn. 7; *Gerland* HdbParlR, § 29 Rn. 6. *Klein,* in: Maunz/Dürig, Art. 45a Rn. 12; vgl. auch → Art. 40 Rn. 16.

[10] Zur Ausschusspraxis *Schindler,* Datenhandbuch, Bd. II, S. 2034 ff.; *Pilz,* Der Auswärtige Ausschuss, S. 68 ff.

[11] *Klein,* in: Maunz/Dürig, Art. 45a Rn. 20; *Krings,* in: Friauf/Höfling, Art. 45a Rn. 10.

[12] *Hernekamp,* in: v. Münch/Kunig I, Art. 45a Rn. 4, unter Bezugnahme auf BVerfGE 33, 52 (60).

[13] *Klein,* in: Maunz/Dürig, Art. 45a Rn. 21; *Hernekamp,* in: v. Münch/Kunig I, Art. 45a Rn. 6; *Müller-Terpitz* BK, Art. 45a (2015) Rn. 23; *Hilgers,* Verteidigungsausschuss, S. 110 ff.

[14] BVerfGE 1, 351 (362 f.).

[15] Vgl. → Art. 45 Rn. 5 f.

[16] *Müller-Terpitz* BK, Art. 45a (2015) Rn. 215 ff.; *Heun,* in: Dreier II, Art. 45a Rn. 5.

[17] Ausf. zur parl. Kontrolle → Art. 38 Rn. 35 ff.

[18] BVerfGE 90, 286 (384 f.).

[19] BVerfGE 68, 1 (85 f., 89); 90, 286 (357 f., 364); 121, 15 (153 ff.); ausf. zur Ausschusspraxis *Fuchs* HdbParlR, § 28 Rn. 16.

[20] Vgl. → Art. 40 Rn. 18 ff.

[21] Ausf. zur Praxis *Hilgers,* Verteidigungsausschuss, S. 156 ff.; *Meier,* Verteidigungsausschuss, S. 99 ff.

[22] Vgl. → Art. 44 Rn. 12, → Art. 44 Rn. 21 ff.; ebenso *Müller-Terpitz* BK, Art. 45a (2015) Rn. 58 ff.; *S. Unger* MKS II, Art. 45a Rn. 19.

7    Der Ausschuss kann sein Untersuchungsrecht auf Grund eines einfachen Mehrheitsbeschlusses wahrnehmen (Mehrheitsenquete; § 1 II PUAG). Auf Antrag eines Viertels seiner Mitglieder muss der Ausschuss eine Angelegenheit zum Gegenstand seiner Untersuchung machen (Minderheitsenquete; Art. 45a II 2). Auch bei einer Minderheitsenquete ist wegen der mit einer Untersuchung verbundenen besonderen Befugnisse ein förmlicher **Einleitungsbeschluss** für das Verfahren erforderlich (§ 34 I iVm § 2 I PUAG). Das Untersuchungsverfahren ist jedoch nur im Rahmen der verfassungsrechtlichen Zuständigkeit des BTag zulässig (Art. 1 III PUAG). Der Antrag kann deshalb – bei anzunehmender Verfassungswidrigkeit – beanstandet und abgelehnt, die Ablehnung im Organstreitverfahren (Art. 93 I Nr. 1) vor dem BVerfG angefochten werden.[23]

8    Art. 44 I findet auf dem Gebiet der Verteidigung keine Anwendung (Art. 45a III). Dementsprechend kann das Plenum auf diesem Gebiet keinen Untersuchungsausschuss einsetzen und gilt für die Beweiserhebung nicht der Grundsatz öff. Verhandlung. Für die Bejahung der äußerst str. Frage, ob der „Grundsatz" vom Ausschuss zu beschließende Ausnahmen zulässt, lässt sich die Feststellung des Bundesverfassungsgericht anführen, wonach im Parlamentarischen Rat „[f]ür den Verteidigungsausschuss als Untersuchungsausschuss nach Art. 45a GG … auf die Öffentlichkeit der Verhandlungen *im Grundsatz* verzichtet" wurde.[24] Die **ausschließliche Untersuchungszuständigkeit** des Ausschusses für Verteidigung (Enquetemonopol) verwehrt es dem Plenum auch, dem Ausschuss bindende Untersuchungsaufträge zu erteilen,[25] nicht jedoch, von dem Ausschuss Berichterstattung – unter Wahrung etwaiger Geheimschutzerfordernisse – zu verlangen (§ 34 IV 2 PUAG).[26]

## Art. 45b [Wehrbeauftragter]

**Zum Schutz der Grundrechte und als Hilfsorgan des Bundestages bei der Ausübung der parlamentarischen Kontrolle wird ein Wehrbeauftragter des Bundestages berufen. Das Nähere regelt ein Bundesgesetz.**

**Entstehungsgeschichte: Erstfassung:** Eingefügt durch 7. G zur Erg. des GG v. 19.3.1956 (BGBl I 111), Art. I Nr. 5 (dazu: BT-Dr II/124, 125, 171 [Entw.], 2150; BT-Prot II/243, 6819, 6845; BR-Dr 89/56; BR-Prot 56/76).
**Gesetzgebung:** WBeauftrG.

**Schrifttum:** Vgl. das Schrifttum zu Art. 38; ferner *E. Busch,* Der Wehrbeauftragte des Bundestages, in: Schneider/Zeh, § 51; *P. Wolf,* Wehrbeauftragter – Verlängerter Arm des Parlaments, 5. Aufl. 1990.

## A. Rechtsstellung

1    Art. 45b wurde im Rahmen der sog. Wehrverfassung durch das ÄndG vom 19.3.1956[1] in das GG eingefügt. Er hat wie Art. 45a, der einen Ausschuss für Verteidigung vorsieht, die **Stärkung der parl. Kontrolle** in diesem Bereich zum Ziel.[2] Zum Schutz der Grundrechte und als Hilfsorgan des BTag bei der Ausübung der parl. Kontrolle ist ein Wehrbeauftragter des BTag zu berufen (Satz 1).[3]

2    Das Nähere regelt ein **Bundesgesetz** (Satz 2). Dieses wurde am 26.6.1957 erlassen[4] und am 16.6.1982 als „Gesetz über den Wehrbeauftragten des Deutschen Bundestages (Gesetz zu Art. 45b des Grundgesetzes – WBeauftrG)" neu gefasst.[5] Wegen des knappen Verfassungstextes kommt ihm für dessen Verständnis erhebliche Bedeutung zu. Zusätzliche Bestimmungen sind in der **Geschäftsordnung** des BTag enthalten (§§ 113 ff. GOBT).

3    Der Wehrbeauftragte ist eine **Einrichtung des BTag,**[6] kein Verfassungsorgan mit Doppelstellung innerhalb und außerhalb des BTag.[7] Dies ergibt sich für die parl. Kontrolle aus der Bezeichnung als

---

[23] *Klein,* in: Maunz/Dürig, Art. 45a Rn. 38; *Müller-Terpitz* BK (2015) Art. 45a Rn. 79; *S. Unger* MKS II, Art. 45a Rn. 19.

[24] BVerfGE 67, 100 (137) [Hervorhebung hinzugefügt]; ebenfalls – unter Bezugnahme auf die Praxis – bejahend *Hilgers,* Verteidigungsausschuss, S. 224 ff.; verneinend *Müller-Terpitz* BK (2015), Art. 45a Rn. 44 ff.

[25] Ebenso *Klein,* in: Maunz/Dürig, Art. 45a Rn. 39; *Müller-Terpitz* BK, Art. 45a (2015) Rn. 62, 80; *S. Unger* MKS II. Art. 45a Rn. 21; *Pieroth,* in: Jarass/Pieroth, Art. 45a Rn. 2.

[26] Ebenso *Müller-Terpitz* BK, Art. 45a (2015) Rn. 64 f.; *Klein,* in: Maunz/Dürig, Art. 45a Rn. 43; *Heun,* in: Dreier II, Art. 45a Rn. 9; *Umbach,* in: Umbach/Clemens, Art. 45a Rn. 11; *Schmahl,* in: Sodan Art. 45a Rn. 4; *Hilgers,* Verteidigungsausschuss, S. 329 ff. aA *Hernekamp,* in: v. Münch/Kunig I, Art. 45a Rn. 10; *Brocker,* in: Epping/Hillgruber, Art. 45a Rn. 10.

[1] BGBl I 111.

[2] BVerfGE 90, 286 (385). – Zur Entstehungsgeschichte *Spranger* BK, Art. 45b (2014) Rn. 11 ff.; zur parl. Kontrolle → Art. 38 Rn. 35 ff.

[3] Ebenso (Pflichtbestellung) *Klein,* in: Maunz/Dürig, Art. 45b Rn. 4; *Pieroth,* in: Jarass/Pieroth, Art. 45b Rn. 1.

[4] BGBl I 652.

[5] BGBl I 677, zul. geänd. durch Art. 15 Abs. 68 des G v. 5.2.2009 (BGBl I 160).

[6] Allg. → Art. 38 Rn. 16 ff., → Art. 40 Rn. 2.

[7] Ebenso *Klein,* in: Maunz/Dürig, Art. 45b Rn. 12 ff.; *Heun,* in: Dreier II, Art. 45b Rn. 4; *Krings,* in: Friauf/Höfling, Art. 45b Rn. 12; jeweils mwN (auch zur – älteren – Gegenmeinung).

„Hilfsorgan des BTag", für den Schutz der Grundrechte aus der Bezeichnung als „Wehrbeauftragter des BTag" und aus der verfassungssystematischen Stellung im Abschnitt über den BTag.[8] Er wird vom BTag in geheimer Abstimmung mit der Mehrheit der Mitglieder für fünf Jahre gewählt und steht in einem öff.-rechtlichen Amtsverhältnis nach Maßgabe des Ausführungsgesetzes zu Art. 45b, das ua eine Inkompatibilität mit einem Regierungsamt oder Parlamentsmandat vorsieht (§§ 13 ff. WBeauftrG).

## B. Aufgaben und Befugnisse

Die Aufgaben des Wehrbeauftragten bestehen im **Schutz der Grundrechte** der Soldaten und in **4** der Unterstützung des BTag bei der Ausübung der **parl. Kontrolle** im Bereich der militärischen Verteidigung (Art. 45b S. 1, §§ 1 ff. WBeauftrG).[9] Die beiden Aufgaben stehen nicht als „Doppelfunktion" nebeneinander, sondern ergänzen sich. Der Schutz der Grundrechte und damit des einzelnen Soldaten ist als bedeutsamer Teilbereich der parl. Kontrolle hervorgehoben, der insbes. dem Wehrbeauftragten obliegt,[10] während sich der Ausschuss für Verteidigung (Art. 45a) in erster Linie auf die Bundeswehr als Institution konzentrieren kann.[11]

Als parl. Einrichtung verfügt der Wehrbeauftragte über **Informations- und Anregungsbefug- 5 nisse,** nicht jedoch über Weisungs- oder Eingriffsrechte gegenüber den Streitkräften oder der Bundeswehrverwaltung (§§ 3 ff. WBeauftrG).[12] Als Hilfsorgan bei der Ausübung der parl. Kontrolle unterliegt er den **Weisungen** des BTag oder des Verteidigungsausschusses (§ 1 II WBeauftrG).[13] Zum Schutz der Grundrechte – und der Grundsätze der Inneren Führung[14] – wird er nach pflichtgemäßem Ermessen auf Grund **eigener Entscheidung** tätig, soweit nicht der Verteidigungsausschuss den Vorgang selbst berät (§ 1 III WBeauftrG). Ihm obliegt die Erstattung eines jährlichen Gesamtberichts und von Einzelberichten (§ 2 WBeauftrG).[15]

## Art. 45c [Petitionsausschuss]

(1) **Der Bundestag bestellt einen Petitionsausschuß, dem die Behandlung der nach Artikel 17 an den Bundestag gerichteten Bitten und Beschwerden obliegt.**

(2) **Die Befugnisse des Ausschusses zur Überprüfung von Beschwerden regelt ein Bundesgesetz.**

**Entstehungsgeschichte: Erstfassung:** Eingefügt durch 32. G zur Änd. des GG v. 15.7.1975 (BGBl I 1901), Art. 1 (dazu: BT-Dr 7/580, 581 [Entwürfe], 3195, 3252, 3495, 3496, 3548, 3549; BT-Prot 7/2015, 10 531; BR-Dr 163/ 75, 164/75, 256/75, 257/75, 324/75, 325/75; BR-Prot 75/97, 119).
**Geltende Landesverfassungen:** *BW*Verf Art. 35a; *Bln*Verf Art. 46; *Bbg*Verf Art. 71; *Brem*Verf Art. 105 VI; *Hmb*Verf Art. 28 f.; *Hess*Verf Art. 94; *MV*Verf Art. 35; *Nds*Verf Art. 26; *NRW*Verf Art. 41a; *RhPf*Verf Art. 90a; *Saarl*Verf Art. 78; *Sachs*Verf Art. 53; *LSA*Verf Art. 61; *Schl*HVerf Art. 25; *Thür*Verf Art. 65.
**Supra- und internationale Texte:** AEUV Art. 227.
**Gesetzgebung:** G 45c.

**Schrifttum:** Vgl. das Schrifttum zu Art. 38; ferner *H. Bauer,* Partizipation durch Petition, DÖV 2014, 453; *J. Burmeister,* Das Petitionsrecht HStR II, § 32; *W. Finger,* Petitionsausschuss HdbParlR, § 26; *C. Langenfeld,* Das Petitionsrecht HStR III[3], § 39; *W. Graf Vitzthum/W. März,* Der Petitionsausschuß, in: Schneider/Zeh, § 45.

### Übersicht

## A. Rechtsstellung

Art. 45c, der durch das ÄndG vom 15.7.1975[1] in das GG eingefügt wurde, verankert den Petitions- **1** ausschuss – neben den Ausschüssen gemäß Art. 45 und 45a – als **Pflichtausschuss** unmittelbar in der

---

[8] Ebda.
[9] *Klein,* in: Maunz/Dürig, Art. 45b Rn. 26 ff.; *Busch,* in: Schneider/Zeh, § 51 Rn. 27, 30 ff.
[10] *Klein,* in: Maunz/Dürig, Art. 45b Rn. 26.
[11] *Busch,* in: Schneider/Zeh, § 51 Rn. 9.
[12] *Klein,* in: Maunz/Dürig, Art. 45b Rn. 58 ff.; *Busch,* in: Schneider/Zeh, § 51 Rn. 21 ff.
[13] Zur – geringen – Weisungspraxis *Busch,* in: Schneider/Zeh, § 51 Rn. 33; *Schindler,* Datenhandbuch, Bd. III, S. 3166 ff.; *Schmidt* BWV 2007, 97 (99).
[14] Zu dieser gesetzlich bestimmten Aufgabe *Spranger* BK, Art. 45b (2014) Rn. 72 ff.; *Dollinger,* in: Umbach/ Clemens, GG II, Art. 45b Rn. 18.
[15] Eine Übersicht über die Jahresberichte, die als BT-Dr veröffentlicht sind, findet sich bei *Schindler,* Datenhandbuch, Bd. III, S. 3168 ff.
[1] BGBl I 1901.

Verfassung. Ziel ist die verfahrensmäßige Absicherung und Stärkung des Petitionsrechts (Art. 17), das dem Parlament detaillierte Kenntnisse über Unzulänglichkeiten im staatlichen Bereich für Initiativen zum Schutz der Grundrechte, zur Verbesserung der Gesetzgebung und zur Kontrolle der Regierung[2] verschaffen kann.[3]

2    Wie die Ausschüsse im Allg.[4] ist auch der Petitionsausschuss eine Einrichtung des BTag und kein eigenständiges Verfassungsorgan.[5] Dementsprechend wird er grds. nur vorbereitend und unterstützend für den BTag tätig. Von den auf Grund der Geschäftsordnungsautonomie[6] eingesetzten Ausschüssen unterscheidet er sich jedoch dadurch, dass er von Verfassungs wegen bestellt werden muss[7] und über Aufgaben und Befugnisse verfügt, die ihm eine **Sonderstellung** einräumen. Dazu gehören seine ausschließliche Zuständigkeit für die Behandlung parl. Petitionen (Art. 45c I) und seine gesetzlich geregelten Überprüfungsbefugnisse bei Beschwerden (Art. 45c II).

## B. Behandlung von Bitten und Beschwerden (Abs. 1)

3    Dem Petitionsausschuss obliegt die Behandlung der nach Art. 17 an den BTag gerichteten Bitten und Beschwerden (Art. 45c I). Diese lassen sich unter dem Oberbegriff **„Petitionen"** zusammenfassen und stellen Eingaben dar, die ein materielles Anliegen („petitum") zum Gegenstand haben und sich nicht in Mitteilungen, Meinungsäußerungen o. ä. erschöpfen.[8] Neben Einzelpetitionen können auch Mehrfach-, Sammel- und Massenpetitionen sowie – seit Abschluss der am 1.9.2005 eingeleiteten Erprobungsphase nunmehr auf Dauer – öff. Petitionen von allg. Interesse eingereicht werden, die im Einvernehmen mit dem Petenten auf der Internetseite des Petitionsausschusses veröffentlicht und von weiteren Personen mitgezeichnet oder kommentiert werden können.[9] Ihre genaue Abgrenzung, die im Hinblick auf Art. 17 vernachlässigt werden kann, ist für das Petitionsverfahren unentbehrlich, da die zusätzlichen Ausschussbefugnisse gemäß Art. 45c II nur für Beschwerden vorgesehen sind.[10]

4    Unter **Beschwerden** sind Beanstandungen gegenüber einem konkreten staatl. Verhalten zu verstehen, das abgestellt oder geändert werden soll.[11] Bei **Bitten** handelt es sich um Wünsche nach einem bestimmten staatlichen Verhalten, insbes. um Vorschläge zur Gesetzgebung, die im Allgemeininteresse liegen und unabhängig von einer konkreten Betroffenheit bestehen.[12]

5    An den BTag **gerichtet** sind nicht nur Petitionen, die unmittelbar an ihn adressiert sind, sondern auch solche, die an ihn auftragsgemäß oder zuständigkeitshalber von and. parl. Einrichtungen, Abg. oder sonstigen Stellen weitergeleitet werden.[13]

6    **Behandlung** meint die **Durchführung des Petitionsverfahrens,** das sich – vorbehaltlich der zusätzlichen Befugnisse gemäß Art. 45c II[14] – nach den Bestimmungen des G 45c und der Geschäftsordnung des BTag (§§ 108 ff. GOBT) sowie den dazu erlassenen Grundsätzen des Petitionsausschusses richtet.[15] Es umfasst die Registrierung, Eingangsbestätigung und Vorprüfung durch den Ausschussdienst,[16] die Beratung und Berichterstattung des Petitionsausschusses, den Erledigungsbeschluss des Plenums und die Erledigungsmitteilung an den Petenten. Zusammen mit dem BTag unterliegt auch der Petitionsausschuss der personellen Diskontinuität; die nicht erledigten Petitionen fallen jedoch

---

[2] BVerfGE 67, 100 (129).

[3] Ausf. zu den Funktionen *Würtenberger* BK, Art. 45c (1995) Rn. 15 ff.; *Bauer*, in: Dreier II, Art. 45c Rn. 14 ff.

[4] Vgl. → Art. 40 Rn. 15.

[5] Auf die Bezeichnung („Organ", „Unterorgan", „Hilfsorgan") kommt es nicht an; → Art. 38 Rn. 16, → Art. 40 Rn. 4; *Klein*, in: Maunz/Dürig, Art. 45c Rn. 15.

[6] Vgl. → Art. 40 Rn. 21.

[7] Zu – berechtigten – Bedenken im Hinblick auf den sog Hauptausschuss zu Beginn der 18. und der 19. Wahlperiode des BTag vgl. → Art. 40 Rn. 16.

[8] Ziff. 2.1 (1) und 2.3 der „Grundsätze des Petitionsausschusses über die Behandlung von Bitten und Beschwerden (Verfahrensgrundsätze)" v. 8.3.1989 mit späteren Änd. (zugänglich auf der Website des BTag).

[9] Ziff. 2.2 (4) und 7.1 (4) der „Grundsätze des Petitionsausschusses über die Behandlung von Bitten und Beschwerden" iVm der „Richtlinie für die Behandlung von öff. Petitionen (öP) gem. Ziff. 7.1 (4) der Verfahrensgrundsätze" (zugänglich auf der Website des BTag); *Guckelberger* DÖV 2008, 85 ff.; *Lindner/Riehm* ZParl 2009, 495 ff.; *Jungherr/Jürgens* ZParl 2011, 523 ff.; *Klein*, in: Maunz/Dürig, Art. 45c Rn. 69a; *H. Bauer* FS Würtenberger, 2013, S. 639 (641 ff.); *ders.* DÖV 2014, 453; *Krüper* DÖV 2017, 800.

[10] *Würtenberger* BK, Art. 45c (1995) Rn. 128 f.; *Hernekamp*, in: v. Münch/Kunig I, Art. 45c Rn. 12; *Langenfeld* HStR III[3], § 39 Rn. 58.

[11] Ziff. 2.1 (3) der „Grundsätze des Petitionsausschusses über die Behandlung von Bitten und Beschwerden" (oben, Rn. 3); *Würtenberger* BK, Art. 45c (1995) Rn. 131.

[12] Ziff. 2.1 (2), ebda; *Würtenberger* BK, Art. 45c (1995) Rn. 132; *Kluth*, in: Hofmann/Henneke, Art. 45c Rn. 9.

[13] *Hernekamp*, in: v. Münch/Kunig I, Art. 45c Rn. 7; *Stein* AK GG, Art. 45c Rn. 6; *Bauer*, in: Dreier II, Art. 45c Rn. 24; *Röper* NVwZ 2017, 1821.

[14] Vgl. → Rn. 12 ff.

[15] Ausf. *Klein*, in: Maunz/Dürig, Art. 45c Rn. 34 ff.; *Würtenberger* BK, Art. 45c (1995) Rn. 78 ff.; *Finger* HdbParlR, § 26 Rn. 23 ff.; zu den Grundsätzen → Rn. 3.

[16] Zum Ausschussdienst näher → Rn. 9.

nicht unter die materielle (sachliche) Diskontinuität (§ 125 GOBT), sondern sind von dem nachfolgenden BTag und Petitionsausschuss weiterzubehandeln.[17]

Die Durchführung des Petitionsverfahrens liegt grds. in der **ausschließlichen Zuständigkeit** des **7** Petitionsausschusses[18] und darf nur ausnahmsweise vom Plenum selbst wahrgenommen oder auf den Ausschussdienst übertragen werden.[19] Betrifft die Petition einen Gegenstand der Beratung in einem Fachausschuss, so holt der Petitionsausschuss dessen Stellungnahme ein (§ 109 I 2 GOBT). Er kann nur auf Grund einer Petition, nicht aus eigener Initiative tätig werden. Inhaltlich richtet sich seine Zuständigkeit nach den persönlichen und sachlichen Voraussetzungen für das Petitionsrecht gemäß Art. 17.[20]

Der Begriff der „Behandlung" lässt es offen, ob darunter nur die **Vorbereitung** der Entscheidung **8** über die Petitionen oder auch die **endgültige Entscheidung** selbst zu verstehen ist.[21] In der Praxis ist der Petitionsausschuss darauf beschränkt, dem Plenum einen Bericht über die behandelten Eingaben mit einer Beschlussempfehlung in einer Sammelübersicht vorzulegen (§ 112 I GOBT).[22] Eine Übertragung auch der Entscheidungsbefugnis auf den Petitionsausschuss bedürfte wegen der damit verbundenen Außenwirkung ua gegenüber den Petenten der Regelung durch Gesetz, nicht nur durch die Geschäftsordnung.[23]

Die **Vielzahl der** jährlich zu erledigenden **Petitionen** – zB 14. Wahlperiode 1998–2002 knapp **9** 70 000,[24] jährliche Neueingänge zwischen 10.735 (1980) und 23.960 (1992), zuletzt 13.189 (2018)[25] – führt dazu, dass auch unter der gegenwärtigen Regelung die Entscheidung über die Petitionen in aller Regel materiell im Petitionsausschuss getroffen und im Plenum nur pauschal auf Grund einer Sammelübersicht (§ 112 I 1 GOBT) bestätigt wird.[26] Darüber hinaus muss sich auch der Petitionsausschuss zu seiner Arbeitsentlastung auf einen **Ausschussdienst** stützen. Dieser ist als „Unterabteilung für Petitionen und Eingaben" bei der Bundestagsverwaltung eingerichtet[27] und kann vom Petitionsausschuss mit begrenzten Vorprüfungsbefugnissen ausgestattet werden.[28]

Soweit Petitionen das Verhalten der Exekutive betreffen, umfasst ihre Behandlung als notwendigen **10** Bestandteil bzw. Annex des Petitionsrechts gemäß Art. 17 ein parl. Petitionsinformations- und Petitionsüberweisungsrecht.[29] Das **Petitionsinformationsrecht** besteht darin, von der Regierung oder von Verwaltungsbehörden, die ihr nicht verantwortlich sind, sowie von and. zuständigen Stellen (Art. 17) die erforderlichen Auskünfte für die ordnungsgemäße Erledigung der Petition zu erhalten.[30] Das **Petitionsüberweisungsrecht** ermöglicht es, der Regierung eine Petition unter Beifügung der eigenen Auffassung über die Erledigung (zur Berücksichtigung, Erwägung, Kenntnisnahme ua) zuzuleiten und anschl. darüber unterrichtet zu werden.[31]

Dem **Petenten,** der gemäß Art. 17 ein Recht auf Entgegennahme, sachliche Prüfung und Bescheidung hat, ist die Art der Erledigung seiner Eingabe unter regelmäßiger Beifügung einer Begründung **11** **mitzuteilen** (§ 112 III GOBT).[32]

---

[17] Vgl. → Art. 39 Rn. 15.

[18] *Würtenberger* BK, Art. 45c (1995) Rn. 45; *Bauer,* in: Dreier II, Art. 45c Rn. 22.

[19] Vgl. → Rn. 8 f. – Unberührt bleiben die Aufgaben und Befugnisse des Wehrbeauftragten (§ 108 I 2 GOBT); ausf. *Würtenberger* BK, Art. 45c (1995) Rn. 61 ff.; *Hernekamp,* in: v. Münch/Kunig I, Art. 45c Rn. 18

[20] *Würtenberger* BK, Art. 45c (1995) Rn. 45 f.; *Graf Vitzthum/März,* in: Schneider/Zeh, § 45 Rn. 5 ff.

[21] *Klein,* in: Maunz/Dürig, Art. 45c Rn. 24; *Würtenberger* BK, Art. 45c (1995) Rn. 117.

[22] Zu verfassungsrechtlichen Zweifeln wegen der nur „stichwortartigen Berichte" *Röper* ZParl 2002, 239 ff.; *Brink* NVwZ 2003, 953 ff.; *Krings,* in: Friauf/Höfling, GG, Art. 45c Rn. 20 f.

[23] *Würtenberger* BK, Art. 45c (1995) Rn. 119; *Bauer,* in: Dreier II, Art. 45c Rn. 23; *Klein,* in: Maunz/Dürig, Art. 45c Rn. 26; aA *Graf Vitzthum/März,* in: Schneider/Zeh, § 45 Rn. 32; *Krings,* in: Friauf/Höfling, Art. 45c Rn. 20.

[24] *Schindler,* Datenhandbuch, Bd. III, S. 3133 ff.; *Feldkamp,* Datenhandbuch zur Geschichte des Deutschen Bundestages 1994 bis 2003, 2005, S. 702 ff.; ferner *Langenfeld* HStR III³, § 39 Rn. 61 mit Anm. 174; *Bauer,* in: Dreier II, Art. 45c Rn. 15.

[25] BTag, Bericht des Petitionsausschusses v. 15.5.2019, BT-Dr 19/9900.

[26] *Klein,* in: Maunz/Dürig, Art. 45c Rn. 6; *Stein* AK GG, Art. 45c Rn. 7; *S. Unger* MKS II, Art. 45c Rn. 24.

[27] Ausf. *Graf Vitzthum/März,* in: Schneider/Zeh, § 45 Rn. 27; *Klein,* in: Maunz/Dürig, Art. 45c Rn. 21.

[28] BVerfG, 1 BvR 444/78 v. 13.7.1981, mit Anm. *Roll* ZParl 1982, 21 ff.; *Hernekamp,* in: v. Münch/Kunig I, Art. 45c Rn. 5; *Pieroth,* in: Jarass/Pieroth, Art. 45c Rn. 1; *Umbach,* in: Umbach/Clemens, GG II, Art. 45c Rn. 12; krit. *Würtenberger* BK, Art. 45c (1995) Rn. 84 ff.; *S. Unger* MKS II, Art. 45c Rn. 17 ff. – Näher zur Praxis Ziff. 7 der „Grundsätze des Petitionsausschusses über die Behandlung von Bitten und Beschwerden" (→ Rn. 3).

[29] *Stein* AK GG, Art. 45c Rn. 10; *Würtenberger* BK, Art. 45c (1995) Rn. 101 ff.; *Bauer,* in: Dreier II, Art. 45c Rn. 25 f.; vgl. auch BVerfGE 67, 100 (129).

[30] *Klein,* in: Maunz/Dürig, Art. 45c Rn. 49 f.; *Stein* AK GG, Art. 45c Rn. 10; *S. Unger* MKS II, Art. 45c Rn. 40; *Langenfeld* HStR III³, § 39 Rn. 62 ff.; *Brocker,* in: Epping/Hillgruber, Art. 45c Rn. 6 ff.

[31] *Klein,* in: Maunz/Dürig, Art. 45c Rn. 52 ff.; *Stein* AK GG, Art. 45c Rn. 10; *Langenfeld* HStR III³, § 39 Rn. 70 ff.

[32] BVerfGE 2, 225 (230), die jedoch eine Begr. für entbehrlich hält; zutreffend dagg. *Würtenberger* BK, Art. 45c (1995) Rn. 120 ff.; zur Praxis *Rühl* DVBl 1993, 14 ff.; zum Rechtsschutz *Kluth,* in: Hofmann/Henneke, Art. 45c Rn. 23 f.; *Brocker,* in: Epping/Hillgruber, Art. 45c Rn. 21 ff.

## C. Zusätzliche Befugnisse bei Beschwerden (Abs. 2)

12    Nach Art. 45c II werden die Befugnisse des Petitionsausschusses zur Überprüfung von Beschwerden durch Bundesgesetz geregelt.[33] Dementsprechend wurde am 19.7.1975 – unmittelbar im Anschluss an die Einfügung von Art. 45c in das GG – das „Gesetz über die Befugnisse des Petitionsausschusses des Deutschen Bundestages (Gesetz nach Art. 45c des Grundgesetzes)"[34] erlassen. Darin werden dem Petitionsausschuss **zusätzliche Befugnisse** eingeräumt, die über das allg. Petitionsinformationsrecht[35] hinausgehen und eine wirksamere Aufklärung der Sach- und Rechtslage bei der Behandlung von Petitionen ermöglichen sollen.[36] Die zusätzlichen Befugnisse beschränken sich allerdings – entsprechend dem Wortlaut und der Entstehungsgeschichte des Art. 45c – auf die Überprüfung von **Beschwerden,**[37] da bei einer Erweiterung auch auf die Überprüfung von Bitten eine nicht mehr abgrenzbare Zuständigkeit des Petitionsausschusses befürchtet wurde.[38]

13    **Im Einzelnen** umfassen die dem Petitionsausschuss durch das Ausführungsgesetz zu Art. 45c eingeräumten Befugnisse das Recht gegenüber der BReg,[39] den Bundesbehörden und den bundesunmittelbaren Körperschaften, Anstalten und Stiftungen des öff. Rechts, soweit diese der Aufsicht der BReg unterstehen, auf Aktenvorlage, Auskunftserteilung und Zutritt zu ihren Einrichtungen, das nur aus zwingenden Geheimhaltungsgründen verweigert werden darf (§§ 1 bis 3 G 45c), das Recht, Petenten, Zeugen und Sachverständige anzuhören, ohne diese jedoch zum Erscheinen oder zur Aussage zwingen zu können (§ 4 G 45c), und das Recht auf Amtshilfe durch Gerichte und Verwaltungsbehörden (§ 7 G 45c).[40]

14    Die zusätzlichen Befugnisse, die im einzelnen Auslegungs- und Abgrenzungsschwierigkeiten bereiten,[41] verleihen dem Petitionsausschuss **nicht** die Rechtsstellung eines **Untersuchungsausschusses.**[42] Dafür fehlen ihm vor allem das Initiativrecht und die Zwangsbefugnisse bei der Beweiserhebung, aber auch die für das gewandelte Verhältnis von Parlament und Regierung charakteristischen Minderheitsrechte.[43]

## Art. 45d Parlamentarisches Kontrollgremium

(1) **Der Bundestag bestellt ein Gremium zur Kontrolle der nachrichtendienstlichen Tätigkeit des Bundes.**

(2) **Das Nähere regelt ein Bundesgesetz.**

**Entstehungsgeschichte:** Eingefügt durch 55. G zur Änd. des GG v. 17.7.2009 (BGBl I 1977); dazu: BT-Dr 16/12412 (Entw.), 16/13220 (Beschl.Empfehlung und Ber.); BT-Prot 16/225, 24910 C; BR-Dr 560/09, 560/09 (B), BR-Prot 860/09, 279.
**Leitentscheidungen:** BVerfGE 70, 324 (Haushaltskontrolle der Nachrichtendienste); 124, 161 (Informationsrecht – Nachrichtendienste); BVerfGE 134, 141 (Abgeordneten-Beobachtung).
**Gesetzgebung:** PKGrG.

**Schrifttum:** *C. Arndt,* Parlamentarische Kontrolle der Nachrichtendienste, in: Schneider/Zeh, § 50; *M. Brenner,* Bundesnachrichtendienst im Rechtsstaat, 1990; *V. Christopeit/H. A. Wolff,* Die Reformgesetze zur parlamentarischen Kontrolle der Nachrichtendienste, ZG 2010, 77; *E. Hansalek,* Die parlamentarische Kontrolle der Bundesregierung im Bereich der Nachrichtendienste, 2006; *M. Hempel,* Der Bundestag und die Nachrichtendienste – eine Neubestimmung durch Art. 45d GG?, 2014; *A. Hirsch,* Die Kontrolle der Nachrichtendienste, 1996; *G. Hornung,* Parlamentarisches Kontrollgremium und G 10-Kommission HdbParlR, § 30; *T. Kumpf,* Die Kontrolle der Nachrichtendienste des Bundes, 2014; *G. Mayntz,* Die parlamentarische Kontrolle der Nachrichtendienste, 2. Aufl. 2004; *V. Neumann,* Die parlamentarische Kontrolle der Nachrichtendienste in Deutschland, in: N. Dörr/T. Zimmermann (Hrsg.), Die Nachrichtendienste der Bundesrepublik Deutschland, 2007; *F. Shirvani,* Reform der parlamentarischen Kontrolle der Nachrichtendienste, VBlBW 2010, 99; *J. Singer,* Praxiskommentar zum Gesetz über die parlamentarische Kontrolle nachrichtendienstlicher Tätigkeit des Bundes, 2016; *H. A. Wolff,* Der nachrichtendienstliche Geheimnisschutz und die parlamentarische Kontrolle, JZ 2010, 173.

---

[33] Zu Bedenken gegen diese „unbestimmte Generalklausel" (BRat) *Klein,* in: Maunz/Dürig, Art. 45c Rn. 77 f.
[34] BGBl I 1921; zuletzt geänd. durch Art. 4 V G v. 5.5.2004 (BGBl I 718).
[35] Vgl. → Rn. 10.
[36] *Hernekamp,* in: v. Münch/Kunig I, Art. 45c Rn. 13.
[37] Vgl. → Rn. 4.
[38] *Hernekamp,* in: v. Münch/Kunig I, Art. 45c Rn. 12; *Würtenberger* BK, Art. 45c (1995) Rn. 133.
[39] BVerfGE 67, 100 (129).
[40] Ausf. *Klein,* in: Maunz/Dürig, Art. 45c Rn. 58 ff.; *Würtenberger* BK, Art. 45c (1995) Rn. 138 ff.
[41] *Graf Vitzthum/März,* in: Schneider/Zeh, § 45 Rn. 40 f.
[42] Ebenso *Klein,* in: Maunz/Dürig, Art. 45c Rn. 18.
[43] Vgl. → Art. 44 Rn. 1 ff., → Art. 44 Rn. 13 ff., → Art. 44 Rn. 21 ff. – Zum Fehlen von Minderheitsrechten *Würtenberger* BK, Art. 45c (1995) Rn. 134 ff.; *Klein,* in: Maunz/Dürig, Art. 45c Rn. 48.

## A. Rechtsstellung

Mit Art. 45d wurde das „Gremium zur Kontrolle der nachrichtendienstlichen Tätigkeit des Bundes" **1** durch das ÄndG vom 17.7.2009[1] als **Pflichtgremium** des BTag unmittelbar im GG verankert.[2] Erstmals und bisher einmalig wurde die – gegenüber dem Normtext griffigere – Bezeichnung als „Parlamentarisches Kontrollgremium" in die amtl. Überschrift aufgenommen.[3] Ähnliches wäre etwa auch für den „Ausschuß für die Angelegenheiten der Europäischen Union" (Art. 45) wünschenswert gewesen, der seitdem unterschiedlich abgekürzt auch als „EU-Ausschuss" oder – in Anlehnung an die „Europakammer" des BRat (Art. 52 IIIa) – als „Europaausschuss" bezeichnet wird. Seine Anfänge lassen sich zurückführen auf den in den ersten beiden Wahlperioden eingerichteten Ausschuss zum Schutz der Verfassung, dem 1956 das **Parl. Vertrauensmännergremium** folgte.[4] Nachdem die Schaffung eines Ausschusses für Angelegenheiten der Nachrichtendienste durch Ergänzung des GG 1969 gescheitert war,[5] gelang schließlich 1978 auf gesetzlicher Grundlage die Errichtung der **Parl. Kontrollkommission,** die 1999 in Parl. Kontrollgremium umbenannt wurde.[6] Mit der Verankerung des Parl. Kontrollgremiums in Art. 45 I d I wurde zugleich dem Gesetzgeber in Art. 45d II die nähere Ausgestaltung der Organisation, Aufgaben, Befugnisse und Verfahren des Gremiums als Pflichtaufgabe[7] übertragen. Dementsprechend erging am 29.7.2009 das Gesetz zur Fortentwicklung der parl. Kontrolle der Nachrichtendienste des Bundes.[8] Es ersetzt mit seinem Art. 1 das Gesetz von 1978 durch das neue Gesetz über die parl. Kontrolle nachrichtendienstlicher Tätigkeit des Bundes (**Kontrollgremiumgesetz** – PKGrG).[9]

**Ziel** der Verankerung des Parl. Kontrollgremiums im GG ist es, das parl. Recht auf **Kontrolle der 2 BReg**[10] bzgl. der nachrichtendienstlichen Tätigkeit des Bundes zu stärken und verfassungsrechtlich abzusichern.[11] Die nachrichtendienstliche Tätigkeit dient der Wahrung der inneren und äußeren Sicherheit der Bundesrepublik Deutschland und damit auch der Freiheitsrechte der Bürger. Ihre Arbeitsweise, insbes. die verdeckte Sammlung von Informationen und der Einsatz spezifischer geheimhaltungsbedürftiger Instrumente und Methoden, fordert jedoch in einer parl., rechtsstaatlichen Demokratie zugleich besondere Kontrollmechanismen durch Einschaltung wirksamer parl. Einrichtungen und Verfahren.

Wie die Ausschüsse im Allg.[12] und auch die im GG (Art. 45, 45a, 45c) verankerten Pflichtausschüsse[13] **3** ist auch das Parl. Kontrollgremium nur grds. **unterstützend und vorbereitend** für den BTag als dessen „Hilfsorgan" tätig.[14] Die Rechte des BTag als Plenum, seiner Ausschüsse und der G 10-Kommission[15] bleiben ausdrücklich unberührt (§ 1 II PKGrG). Damit wird bestätigt, dass das Parl. Kontrollgremium ein zusätzliches Instrument parl. Regierungskontrolle ist, nicht jedoch die allg. parl. Informationsrechte

---

[1] BGBl I 1977.
[2] Zur str. Erforderlichkeit der verfassungsrechtlichen Verankerung *Wolff* BK, Art. 45d (2012) Rn. 60 ff.
[3] Krit. *Uerpmann-Wittzack,* in: v. Münch/Kunig, Art. 45d Rn. 1; *Wolff* BK, Art. 45d (2012) Rn. 17.
[4] Ausf. zur Entwicklung *Arndt,* in: Schneider/Zeh, § 50 Rn. 7 ff.; *Hirsch,* Die Kontrolle der Nachrichtendienste, S. 145 ff.; *Hansalek,* Parlamentarische Kontrolle, S. 30 ff.; *Klein,* in: Maunz/Dürig, Art. 45d Rn. 3 ff.; *Hermes,* in: Dreier II, Art. 45d Rn. 5 ff.; *Kluth,* in: Hofmann/Henneke, Art. 45d Rn. 2 f.; *Wolff* BK, Art. 45d (2012) Rn. 1 ff.; *Hempel,* Nachrichtendienste, S. 29 ff.; *Kumpf,* Kontrolle, S. 116 ff.
[5] BT-Dr V/4445; BT-Prot 246/13731.
[6] G über die parlamentarische Kontrolle nachrichtendienstlicher Tätigkeit des Bundes v. 11.4.1978 (BGBl I 453); geänd. durch G v. 17.6.1999 (BGBl I 1334).
[7] Ebenso *Klein,* in: Maunz/Dürig, Art. 45d Rn. 23.
[8] BGBl I 2346; *Huber* NVwZ 2009, 1321 ff.; *Peitsch/Polzin* NVwZ 2000, 387 ff.; *Singer,* Kontrolle, passim.
[9] V. 29.7.2009 (BGBl. I 2346); zul. geänd. durch Art. 13b G v. 9.12.2019 (BGBl I 2053); *Gärditz* DVBl 2017, 525; *Wolff,* Entwicklungslinien und Prinzipien der parlamentarischen Kontrolle der Nachrichtendienste, in: J.-H. Dietrich/K. D. Gärditz ua (Hrsg.), Nachrichtendienste im demokratischen Rechtsstaat, 2018, S. 69 ff.
[10] Ausf. → Art. 38 Rn. 35 ff.
[11] Vgl. – auch zum Folgenden – BT-Innenausschuss, Beschl.Empfehlung und Ber. (zu den Gesetzentwürfen BT-Dr 16/12412 [betr. Art. 45d GG] und 16/12411 [betr. Fortentwicklung der parl. Kontrolle der Nachrichtendienste]), BT-Dr 16/13220, S. 2 f.; *Bull* DÖV 2008, 751 ff.; *Gusy* ZRP 2008, 36 ff.; *Kluth,* in: Hofmann/Henneke, Art. 45d Rn. 6 ff.; *Shirvani* VBlBW 2010, 99 ff.; *Wolff* JZ 2010, 173 ff.; *Wolff* BK, Art. 45d (2012) Rn. 18 ff., 60 ff.; *Gusy* VwArch 2015, 437 ff.; BbgVerfG, VfGBbg 57/15 v. 19.2.2016, NVwZ 2016, 931.
[12] Vgl. → Art. 40 Rn. 15.
[13] Art. 45, 45a, 45c.
[14] So der GesetzEntw. zu Art. 45d, BT-Dr 16/12412, S. 5; vgl. auch – zu den insoweit vergleichbaren Untersuchungsausschüssen gem. Art. 44 – BVerfGE 49, 70 (85); 67, 100 (124); 77, 1 (41, 43); 124, 78 (114).
[15] Vgl. → Rn. 5.

verdrängt.[16] Von den auf Grund der Geschäftsordnungsautonomie des BTag[17] und auch den auf Grund and. Verfassungsbestimmungen eingesetzten Ausschüssen unterscheidet sich das Parl. Kontrollgremium jedoch infolge der besonderen Vertraulichkeit der ihm obliegenden Aufgaben vor allem dadurch, dass seine Beratungen – auch gegenüber dem Plenum – grds. geheim sind (§ 10 PKGrG), dass es nicht den Regeln der BT-GO, sondern denen des Kontrollgremiumgesetzes und der von ihm zu erlassenden eigenen GO unterliegt (§ 3 I 3 PKGrG), dass seine Mitglieder nicht nach dem Stärkeverhältnis der Fraktionen zu bestimmen (§§ 12, 57 GOBT), sondern von der Mehrheit der Mitglieder des BTag zu wählen sind (§ 2 III PKGrG), dass seine Tätigkeit nicht dem Grundsatz der Diskontinuität[18] unterliegt, sondern von ihm so lange ausgeübt wird, bis der nachfolgende BTag ein neues Gremium gewählt hat (§ 3 IV PKGrG).[19] Je nach Betonung der Gemeinsamkeiten oder der Unterschiede im Vergleich zu den traditionellen Ausschüssen lässt sich demnach das auf Verfassungsebene neu hinzugekommene Parl. Kontrollgremium als „einzigartig" (sui generis) oder als „Ausschuss" (iwS) verstehen.[20]

4      Die **Zusammensetzung** des Parl. Kontrollgremiums wird ebenso wie dessen Mitgliederzahl und Arbeitsweise vom BTag bestimmt, der auch die Gremiumsmitglieder aus seiner Mitte mit der Stimmenmehrheit seiner Mitglieder zu wählen hat (§ 2 PKGrG). Das für die Bewältigung der Aufgabenlast des BTag unabdingbare Zusammenwirken von Plenum, Ausschüssen und Fraktionen erfordert es grds., dass die Ausschüsse des BTag ein verkleinertes Abbild des Plenums darstellen und in ihrer Zusammensetzung diejenige des Gesamtparlaments widerspiegeln.[21] Die **Ausschussgröße** muss deshalb i. d. R. so bemessen sein, dass alle parl. Gruppierungen vertreten sind. Abweichungen sind nur in sachlich begründeten und eng begrenzten Ausnahmefällen, etwa aus zwingenden Gründen des Geheimschutzes oder der parl. Mehrheitsbildung, zulässig.[22] Dieses Regel-Ausnahme-Verhältnis gilt nicht nur für die trad. Ausschüsse, sondern auch für vom BTag eingerichtete besondere Gremien.[23] Zu ihnen gehört auf Grund der erforderlichen Vertraulichkeit seiner Arbeitsweise auch das Parl. Kontrollgremium, so dass eine Beschränkung seiner Mitgliederzahl und deren Wahl durch die Mehrheit der Mitglieder des BTag verfassungsrechtlich zulässig erscheint.[24] Gewährleistet bleiben muss jedoch die für das parl. System des GG unabdingbare Voraussetzung einer wirksamen **Beteiligung der Opposition** an der parl. Kontrolle.[25] Aus den Reihen der Oppositionsparteien für das Parl. Kontrollgremium vorgeschlagene Mitglieder dürfen deshalb nicht missbräuchlich von einer Mitwirkung ausgeschlossen, dh gänzlich oder willkürlich abgelehnt werden, wenn nicht erkennbare Gründe gegen ihre Eignung und Vertrauenswürdigkeit vorliegen.[26]

5      Neben dem nunmehr verfassungsrechtlich verankerten Parl. Kontrollgremium verfügt der BTag über weitere Einrichtungen für vertrauliche Kontrolltätigkeiten im Bereich nachrichtendienstlicher Tätigkeiten auf gesetzlicher Grundlage. Aus zwingenden Gründen des Geheimschutzes kann er gemäß § 10a BHO ausnahmsweise die Bewilligung von Ausgaben, die nach geheim zu haltenden Wirtschaftsplänen bewirtschaftet werden, im Haushaltsgesetzgebungsverfahren von der Billigung der Wirtschaftspläne durch ein **Vertrauensgremium** (aus Mitgliedern des Haushaltsausschusses) abhängig machen, das in entspr. Anwendung von § 2 PKGrG für die Dauer der Wahlperiode gewählt wird und über die gleichen Rechte wie das Parl. Kontrollgremium verfügt. Die gemäß § 15 G 10 geschaffene **G 10-Kommission** verfügt über eine Kontrollbefugnis, die sich auf die gesamte Erhebung, Verarbeitung und Nutzung der nach diesem Gesetz erlangten personenbezogenen Daten durch Nachrichtendienste des Bundes erstreckt. Sie besteht aus dem Vorsitzenden, der die Befähigung zum Richteramt besitzen muss, und aus drei Beisitzern sowie vier Stellvertretern. Die Mitglieder werden nach Anhörung der BReg von dem Parl. Kontrollgremium grds. für die Dauer der Wahlperiode des BTag bestellt. Sie nehmen ein öff. Ehrenamt wahr und sind in ihrer Amtsführung unabhängig.[27]

---

[16] BVerfGE 124, 161 (190) zur gleichlautenden Bestimmung des § 1 II PKGrG aF; vgl. auch BayVerfGH BayVBl 2014, 464 (466); *Christopeit/Wolff* ZG 2010, 77 (81, 86, 88); *Kluth,* in: Hofmann/Henneke, Art. 45d Rn. 14 f.; *Wolff* BK, Art. 45d (2012) Rn. 118 ff.

[17] Vgl. → Art. 40 Rn. 21.

[18] Vgl. → Art. 39 Rn. 11 ff.

[19] Ausf. *Wolff* BK, Art. 45d (2012) Rn. 81 ff.

[20] Näher zur Differenzierung *Klein,* in: Maunz/Dürig, Art. 45d Rn. 24 f.; *S. Unger* MKS II, Art. 45d Rn. 8, 12; *Mehde,* in: Epping/Hillgruber, Art. 45d Rn. 12; *Hermes,* in: Dreier II, Art. 45d Rn. 16 ff.; *Christopeit/Wolff* ZG 2010, 77 (83 f.); *Wolff* BK, Art. 45d (2012) Rn. 76 ff.; *Singer,* Kontrolle, S. 17 ff.

[21] Ausf. → Art. 40 Rn. 17.

[22] BVerfGE 70, 324 (358, 362 ff.); 112, 118 (140); aA abwM, BVerfGE 70, 324 (366 ff.), 380 ff.).

[23] BVerfGE 70, 324 (358 ff.).

[24] *Hansalek,* Parlamentarische Kontrolle, S. 264 ff.; *Klein,* in: Maunz/Dürig, Art. 45 Rn. 30 ff.; *Mehde,* in: Epping/Hillgruber, Art. 45d Rn. 12 ff.; *S. Unger* MKS II, Art. 45d Rn. 13; *Hermes,* in: Dreier II, Art. 45d Rn. 35 ff.

[25] Ausf. → Art. 38 Rn. 35 ff.

[26] Zum Missbrauchsverbot BVerfGE 70, 324 (365); zur Praxis vgl. den einvernehmlichen Einsetzungsbeschl. mit der Festlegung der Zahl von elf Mitgliedern für das Parl. Kontrollgremium (BT-Dr 17/208 v. 16.12.2009) und die erst im zweiten Wahlgang erfolgreiche Wahl eines Mitglieds einer Oppositionsfraktion (BT-Dr 17/209 v. 16.12.2009 iVm BT-Prot 17/12, 915 A v. 17.12.2009 und BT-Prot 17/14, 1145 C v. 19.1.2010).

[27] G zur Beschränkung des Brief-, Post- und Fernmeldegeheimnisses v. 26.6.2001 (Artikel 10-G – G 10) (BGBl. I 1254), zul. geänd. durch Art. 12 G 17.8.2017 (BGBl. I 3202); näher zur Rechtsstellung und Funktion der Kommission BVerfGE 143, 1 Rn. 34 ff.

## B. Aufgaben und Befugnisse

Art. 45d beschränkt sich darauf, den BTag zu verpflichten, ein Gremium zur parl. Kontrolle zu **6** bestellen und das Nähere gesetzlich zu regeln. Damit ist die inhaltliche Ausgestaltung weitgehend dem einfachen Recht überantwortet, das sich im **Rahmen des GG** halten muss, dort jedoch nur wenig konkrete Leitlinien vorfindet. Beratung und Erlass des erneuerten Kontrollgremiumgesetzes (PKGrG)[28] und von Änderungsbestimmungen zu weiteren nachrichtendienstlichen Bundesgesetzen[29] standen allerdings im engen zeitlichen und sachlichen Zusammenhang mit der Schaffung des Art. 45d. Dabei konnte auf eine jahrzehntelange Erfahrung mit nachrichtendienstlichen Tätigkeiten des Bundes sowie eine gefestigte Rspr. des BVerfG zurückgegriffen werden.[30] Dementsprechend kann grds. davon ausgegangen werden, dass die insoweit neu erlassenen oder angepassten Bestimmungen der betreffenden Gesetze, insbes. auch des KontrollgremiumG, den verfassungsrechtlichen Anforderungen entsprechen.[31]

Die Bestellung des Parl. Kontrollgremiums durch den BTag erfolgt „zur Kontrolle der nachrichten- **7** dienstlichen Tätigkeit des Bundes" (Art. 45d I). Nach dem gesetzlich näher umschriebenen **Kontrollrahmen** unterliegt insoweit die BReg der Kontrolle des Gremiums hinsichtlich der Tätigkeit des BfV, des MAD und des BND (§ 1 I PKGrG). Nicht in das Kontrollgremiumgesetz aufgenommen wurde die im Entwurf vorgeschlagene Einbeziehung nachrichtendienstlicher Aspekte der Tätigkeit auch des BKA und des ZKA.[32] Der gesetzlich festgelegte, aber änderbare[33] Kontrollrahmen für die Aufgabenwahrnehmung der Parl. Kontrollkommission umfasst damit den wesentlichen Teil der nachrichtendienstlichen Tätigkeit des Bundes, die vor allem im Sammeln und Auswerten sicherheitsrelevanter Informationen ohne polizeiliche oder sonstige Weisungsbefugnisse besteht.[34] Das **Bundesamt für Verfassungsschutz** (BfV) untersteht als Bundesoberbehörde dem BMI und ist – in Zusammenarbeit mit den Verfassungsschutzbehörden der Länder – zuständig bei verfassungsfeindlichen und sicherheitsgefährdenden Bestrebungen innerhalb Deutschlands.[35] Der **Bundesnachrichtendienst** (BND) ist eine Bundesoberbehörde im Geschäftsbereich des BKanzleramtes und zuständig für die Gewinnung von Erkenntnissen über das Ausland, die von außen- und sicherheitspolitischer Bedeutung für Deutschland sind.[36] Der **Militärische Abschirmdienst** (MAD) des BMVg ist zuständig für Informationen bei verfassungsfeindlichen und sicherheitsgefährdenden Bestrebungen, die sich gegen Personen und Einrichtungen im Geschäftsbereich des BMVg richten.[37]

Die dem Parl. Kontrollgremium obliegende **Kontrolle** gilt der BReg[38] und bezieht sich auf deren **8** politische wie rechtliche Verantwortlichkeit im Hinblick auf die nachrichtendienstliche Tätigkeit der gesetzlich benannten Behörden.[39] Grds. gelten auch für diese Kontrollwahrnehmung die allg. Voraussetzungen und Grenzen der Kontrolle der BReg durch den BTag gemäß den Anforderungen des im GG ausgestalteten parl. Regierungssystems.[40] Danach muss die Kontrolle wirksam sein, dh grds. nachträglich, erforderlichenfalls auch mitlaufend erfolgen sowie neben der Parlamentsmehrheit auch der Parlamentsminderheit (Opposition) reale Mitwirkungsrechte gewährleisten. Grenzen können sich ergeben zum Schutz der Funktionsfähigkeit der Regierung, individueller Rechte oder and. geheimhaltungsbedürftiger Informationen.[41]

Die der **BReg** obliegende **Informationspflicht** besteht darin, das Parl. Kontrollgremium umfassend **9** über die allg. Tätigkeit der drei Nachrichtendienste und über Vorgänge von bes. Bedeutung zu unterrichten sowie auf Verlangen des Gremiums auch über sonstige Vorgänge zu berichten (§ 4 I PKGrG).[42]

---

[28] Vgl. → Rn. 1.

[29] Vgl. → Rn. 7.

[30] Vgl. → Rn. 1 und → Rn. 4.

[31] *Klein,* in: Maunz/Dürig, Art. 45d Rn. 54; *Christopeit/Wolff* ZG 2010, 77 (84).

[32] § 1 II GesetzEntw., BT-Dr 16/12411; zur Begr. vgl. BeschlEmpf. und Ber., BT-Dr 6/13220, S. 9 („Konsequenz aus der Sachverständigenanhörung v. 25. Mai. 2009").

[33] Ebenso *Klein,* in: Maunz/Dürig, Art. 45d Rn. 40; *Wolff* BK, Art. 45d (2012) Rn. 103.

[34] Ausf. *Hermes,* in: Dreier II, Art. 45d Rn. 22 ff.; *Hempel,* Nachrichtendienste, S. 125 ff.; zur Koordinierung der einzelnen Dienste durch das BKanzleramt *Mayntz,* S. 10.

[35] G über die Zusammenarbeit des Bundes und der Länder in Angelegenheiten des Verfassungsschutzes und über das Bundesamt für Verfassungsschutz (Bundesverfassungsschutzgesetz – BVerfSchG) v. 20.12.1990 (BGBl I 2954, 2970), zul. geänd. durch Art. 2 G v. 30.6.2017 (BGBl. I 2097).

[36] G über den Bundesnachrichtendienst (BND-Gesetz – BNDG) v. 20.12.1990 (BGBl I 2954, 2979), zul. geänd. durch Art. 4 G v. 30.6.2017 (BGBl. I 2097); ausf. *Brenner,* Bundesnachrichtendienst im Rechtsstaat, 1990.

[37] G über den Militärischen Abschirmdienst (MAD-Gesetz – MADG) v. 20.12.1990 (BGBl I 2954, 2977), zul. geänd. durch Art. G 18.12.2018 (BGBl I 2639).

[38] Näher *Hempel,* Nachrichtendienste, S. 71 ff.

[39] Ebenso *Klein,* in: Maunz/Dürig, Art. 45d Rn. 33.

[40] Auch das Parl. Kontrollgremium übt „parl. Kontrolle" – infolge zwingender Geheimhaltungsgründe anstelle des Plenums, aber im Rahmen des BTag – aus, wie sich konkretisierend zum Wortlaut des Art. 45d I aus dem ausführenden G „über die parl. Kontrolle" nachrichtendienstlicher Tätigkeit des Bundes ergibt; iE ebenso *Christopeit/Wolff* ZG 2010, 77 (85); *Hempel,* Nachrichtendienste, S. 56 ff.; aA *Pieroth,* in: Jarass/Pieroth, Art. 45d Rn. 2.

[41] Ausf. → Art. 38 Rn. 35 ff.

[42] Ausf. *Klein,* in: Maunz/Dürig, Art. 45d Rn. 41 f.

Klarstellend wird hervorgehoben, dass davon die politische Verantwortung der BReg für die Nachrichtendienste unberührt bleibt (§ 4 II PKGrG). Dieses Recht auf Fremdinformation wird ergänzt um ein Recht auf **Selbstinformation**.[43] Danach kann das Parl. Kontrollgremium im Rahmen seines Kontrollrechts von der BReg und den Nachrichtendiensten verlangen, Akten und and. Schriftgut – auch im Original – herauszugeben, in Dateien gespeicherte Daten zu übermitteln, Zutritt zu den nachrichtendienstl. Behörden zu erhalten sowie Mitglieder und Mitarbeiter der BReg, Angehörige der Nachrichtendienste und Beschäftigte and. Bundesbehörden zu befragen oder von diesen schriftl. Auskünfte einzuholen; Gerichte und Behörden sind zudem zur **Rechts- und Amtshilfe** verpflichtet (§ 5 PKGrG).

10    Die umschriebene Informationspflicht der BReg ist grds. **begrenzt** auf Informationen und Gegenstände die der Verfügungsberechtigung der Nachrichtendienste des Bundes unterliegen (§ 6 I PKGrG). Ferner kann die BReg eine Unterrichtung verweigern oder untersagen, soweit dies aus zwingenden Gründen des Nachrichtenzugangs,[44] zum Schutz von Persönlichkeitsrechten Dritter oder des Kernbereichs der exekutiven Eigenverantwortung erforderlich ist. Dies ist von dem für den betroffenen Nachrichtendienst zuständigen Mitglied der BReg gegenüber dem Kontrollgremium – plausibel und nachvollziehbar[45] – zu **begründen** (§ 6 II PKGrG).[46]

11    An den BTag gerichtete **Eingaben** von Bürgern über ein sie betreffendes Verhalten der Nachrichtendienste können dem Parl. Kontrollgremium zur Kenntnis gegeben werden (§ 8 II PKGrG). Angehörige der Nachrichtendienste können sich mit einer Eingabe in dienstlichen Angelegenheiten – jedoch nicht in ihrem eigenen Interesse oder im Interesse and. Angehöriger ihrer Behörde – ohne Einhaltung des Dienstweges mit einer Eingabe unmittelbar an das Parl. Kontrollgremium wenden (§ 8 I PKGrG).

## C. Verfahren

12    Das Parl. Kontrollgremium wird durch einen **Ständigen Bevollmächtigten** unterstützt, der auf Vorschlag des Gremiums vom BTagPräs auf die Dauer von fünf Jahren ernannt wird; ihm obliegen die Vorbereitung der Sitzungen des Gremiums und der Berichte an das Plenum sowie auf Weisung des Gremiums die Prüfung von Sachverhalten (§ 5a und 5b PKGrG). Zur Wahrnehmung seiner Kontrollaufgaben kann das Parl. Kontrollgremium mit der Mehrheit von zwei Dritteln seiner Mitglieder nach Anhörung der BReg im Einzelfall einen **Sachverständigen** beauftragen, Untersuchungen durchzuführen und ihm darüber zu berichten. Mit derselben Mehrheit kann das Gremium beschließen, dem BTag zu den Untersuchungen und deren Ergebnis einen schriftlichen Bericht zu erstatten. Ferner kann das Gremium Berichte des Sachverständigen unter Wahrung des Geheimschutzes an enspr. andere parl. Gremien und Untersuchungsausschüsse übermitteln (§ 7 PKGrG).[47]

13    Zur Unterstützung ihrer Arbeit können die Mitglieder des Parl. Kontrollgremiums **Mitarbeiter** ihrer Fraktion nach Anhörung der BReg mit Zustimmung des Gremiums benennen. Diese sind befugt, Akten und Dateien einzusehen und die Beratungsgegenstände mit den Gremiumsmitgliedern zu erörtern, haben aber grds. keinen Zutritt zu den Gremiumssitzungen, sondern nur im Einzelfall mit Zustimmung von zwei Dritteln der Gremiumsmitglieder (§ 11 PKGrG). Zu seiner Unterstützung werden dem Parl. Kontrollgremium die erforderliche **Personal- und Sachausstattung** zur Verfügung gestellt und Beschäftigte der Bundestagsverwaltung beigegeben (§ 12 PKGrG).

14    Die **Beratungen** des Parl. Kontrollgremiums sind **geheim**.[48] Die Gremiumsmitglieder sind – auch nach Beendigung ihrer Tätigkeit – zur Geheimhaltung der ihnen bei ihrer Tätigkeit bekannt gewordenen Angelegenheiten verpflichtet (§ 10 I PKGrG). Dies gilt auch gegenüber dem Plenum und allen dem Gremium nicht angehörenden Mitgliedern des BTag.[49] Eine Ausnahme ist zulässig für Bewertungen bestimmter Vorgänge, wenn eine Mehrheit von zwei Dritteln der Gremiumsmitglieder zuvor zugestimmt hat. Einzelne Mitglieder können in diesem Fall – ohne zusätzliche Billigung des Gremiums[50] – eine abweichende Bewertung (Sondervotum) veröffentlichen (§ 10 II PKGrG).

---

[43] Zum Regel-Ausnahme-Verhältnis der beiden Informationsinstrumente *Magiera*, Rechte des BTag und seiner Mitglieder gegenüber der BReg, in: Schneider/Zeh, § 52 Rn. 57 ff.; ferner *Christopeit/Wolff* ZG 2010, 77 (92); ausf. zur Informationsbeschaffung *Hornung*, Parlamentarisches Kontrollgremium, § 30 Rn. 20 ff.

[44] Dazu gehört nicht eine Berufung auf das Staatswohl, das der BReg und dem BTag gemeinsam anvertraut und von beiden gleichermaßen zu schützen ist; → Art. 38 Rn. 42; BVerfGE 124, 161 (190 f.); *Klein*, in: Maunz/Dürig, Art. 45d Rn. 47c; *Hermes*, in: Dreier II, Art. 45d Rn. 53 f.; aA *Kluth*, in: Hofmann/Henneke, Art. 45d Rn. 27.

[45] BVerfGE 124, 161 (193).

[46] Zur verfassungsrechtlich gebotenen Begründungspflicht BVerfGE 124, 161 (192 ff.).

[47] Krit. zum Erfordernis einer Zweidrittelmehrheit in diesen Fällen *Gusy*, Anhörung im BT-Innenausschuss am 25.5.2009, BT-A-Dr 16(4)614 B, S. 5 f.; *Möllers*, ebda, BT-A-Dr 16(4)614 D, S. 5.

[48] Ausf. *Wolff* BK, Art. 45d (2012) Rn. 55 ff.

[49] Vgl. auch zur insoweit vergleichbaren Bestimmung des § 5 I PKGrG aF BVerfGE 124, 161 (190); zu den verbleibenden Kontrollrechten des Plenums und der sonstigen Mitglieder des BTag gegenüber der BReg → Rn. 3.

[50] *Christopeit/Wolff* ZG 2010, 77 (94); *Funke*, Anhörung im BT-Innenausschuss am 25.5.2009, BT-A-Dr 16(4)614 A, S. 2 f.

Eine **Berichterstattung** des Parl. Kontrollgremiums gegenüber dem BTag erfolgt in der Mitte und  15
am Ende jeder Wahlperiode. Ausdrücklich hat es dabei Stellung zu nehmen, ob die BReg gegenüber
dem Gremium ihren Pflichten, insbes. zur Unterrichtung über Vorgänge von besonderer Bedeutung,
nachgekommen ist (§ 13 PKGrG).

Über **Streitigkeiten** zwischen dem Parl. Kontrollgremium und der BReg entscheidet das BVerfG  16
auf Antrag von mindestens zwei Dritteln der Gremiumsmitglieder oder der BReg (§ 14 PKGrG) im
Wege des Organstreitverfahrens; die Entscheidung kann ohne mündliche Verhandlung ergehen
(§ 66a S. 2 BVerfGG).[51]

## D. Ausgestaltung durch Bundesgesetz

Gemäß Art. 45d II regelt ein Bundesgesetz das Nähere zu der in Art. 45d I enthaltenen Grund-  17
regelung, dass der BTag ein Gremium zur Kontrolle der nachrichtendienstlichen Tätigkeit des Bundes
bestellt. Wie die Einrichtung des Gremiums ist auch die nähere Ausgestaltung seiner Organisation,
Aufgaben, Befugnisse und Verfahren Sache und zugleich **Pflicht des BTag**.[52] Nicht ausgeschlossen ist
dadurch die Regelung nicht wesentlicher Einzelheiten durch Geschäftsordnungsrecht des BTag oder
des Parl. Kontrollgremiums.

Bei der Festlegung der Einzelheiten verfügt der Gesetzgeber über einen weiten **Gestaltungsspiel-**  18
**raum,** der jedoch auf die Ausfüllung des verfassungsrechtlichen Rahmens begrenzt ist und keine davon
abweichenden Regelungen gestattet.[53] Dieser Aufgabe ist der Gesetzgeber im Zusammenhang mit der
Einfügung des neuen Art. 45d in das GG durch Erneuerung des Kontrollgremiumgesetzes (PKGrG)[54]
und durch Änd. nachrichtendienstlicher Gesetze[55] sowie des BVerfGG[56] nachgekommen. Dabei sind
die wesentlichen Regeln in den Gesetzen niedergelegt worden, während weitere Einzelheiten der vom
Parl. Kontrollgremium zu erlassenden GO[57] vorbehalten sind (§ 3 I 3 PKGrG).

## Art. 46 [Indemnität und Immunität]

(1) **Ein Abgeordneter darf zu keiner Zeit wegen seiner Abstimmung oder wegen einer
Äußerung, die er im Bundestage oder in einem seiner Ausschüsse getan hat, gerichtlich oder
dienstlich verfolgt oder sonst außerhalb des Bundestages zur Verantwortung gezogen werden. Dies gilt nicht für verleumderische Beleidigungen.**

(2) **Wegen einer mit Strafe bedrohten Handlung darf ein Abgeordneter nur mit Genehmigung des Bundestages zur Verantwortung gezogen oder verhaftet werden, es sei denn, daß
er bei Begehung der Tat oder im Laufe des folgenden Tages festgenommen wird.**

(3) **Die Genehmigung des Bundestages ist ferner bei jeder anderen Beschränkung der
persönlichen Freiheit eines Abgeordneten oder zur Einleitung eines Verfahrens gegen einen
Abgeordneten gemäß Artikel 18 erforderlich.**

(4) **Jedes Strafverfahren und jedes Verfahren gemäß Artikel 18 gegen einen Abgeordneten,
jede Haft und jede sonstige Beschränkung seiner persönlichen Freiheit sind auf Verlangen
des Bundestages auszusetzen.**

**Entstehungsgeschichte: Erstfassung:** JöR nF 1 (1951), 371.
**Historische Verfassungstexte: RV 1849:** § 117 Ein Mitglied des Reichstages darf während der Dauer der Sitzungsperiode ohne Zustimmung des Hauses, zu welchem es gehört, wegen strafrechtlicher Anschuldigungen weder
verhaftet, noch in Untersuchung gezogen werden, mit alleiniger Ausnahme der Ergreifung auf frischer That. § 118 In
diesem letzteren Falle ist dem betreffenden Hause von der angeordneten Maaßregel sofort Kenntniß zu geben. Es
steht demselben zu, die Aufhebung der Haft oder Untersuchung bis zum Schlusse der Sitzungsperiode zu verfügen.
§ 119 Dieselbe Befugniß steht jedem Hause in Betreff einer Verhaftung oder Untersuchung zu, welche über ein
Mitglied desselben zur Zeit seiner Wahl verhängt gewesen, oder nach dieser bis zu Eröffnung der Sitzungen verhängt
worden ist. § 120 Kein Mitglied des Reichstages darf zu irgendeiner Zeit wegen seiner Abstimmung oder wegen der
in Ausübung seines Berufes gethanen Aeußerungen gerichtlich oder disciplinarisch verfolgt oder sonst außerhalb der
Versammlung zur Verantwortung gezogen werden. – **RV 1871: Art.** 30 Kein Mitglied des Reichstages darf zu
irgendeiner Zeit wegen seiner Abstimmung oder wegen der in Ausübung seines Berufes gethanen Aeußerungen
gerichtlich oder disciplinarisch verfolgt oder sonst außerhalb der Versammlung zur Verantwortung gezogen werden.
**Art. 31** (1) Ohne Genehmigung des Reichstages kann kein Mitglied desselben während der Sitzungsperiode wegen
einer mit Strafe bedrohten Handlung zur Untersuchung gezogen oder verhaftet werden, außer wenn es bei Ausübung

---

[51] Ausf. *Shirvani* VBlBW 2010, 99 (103); zum erforderlichen Minderheitenschutz *Hermes,* in: Dreier II, Art. 45d
Rn. 59.
[52] Vgl. → Rn. 1 und → Rn. 6.
[53] Vgl. → Rn. 6.
[54] Vgl. → Rn. 1.
[55] Vgl. → Rn. 7.
[56] Einfügung von § 66a S. 2 durch Art. 2 des G zur Fortentwicklung der parl. Kontrolle der Nachrichtendienste
des Bundes v. 29.7.2009 (BGBl I 2346).
[57] V. 29.7.2009 (BGBl I 2346), zul. geänd. durch Art. 13 G. v. 5.1.2017 (BGBl I 17).

der That oder im Laufe des nächstfolgenden Tages ergriffen wird. (2) Gleiche Genehmigung ist bei einer Verhaftung wegen Schulden erforderlich. (3) Auf Verlangen des Reichstages wird jedes Strafverfahren gegen ein Mitglied desselben und jede Untersuchungs- oder Civilhaft für die Dauer der Sitzungsperiode aufgehoben. **– WRV: Art. 36** Kein Mitglied des Reichstags oder eines Landtags darf zu irgendeiner Zeit wegen seiner Abstimmung oder wegen der in Ausübung seines Berufs getanen Äußerungen gerichtlich oder dienstlich verfolgt oder sonst außerhalb der Versammlung zur Verantwortung gezogen werden. **Art. 37** (1) Kein Mitglied des Reichstags oder eines Landtags kann ohne Genehmigung des Hauses, dem der Abg. angehört, während der Sitzungsperiode wegen einer mit Strafe bedrohten Handlung zur Untersuchung gezogen oder verhaftet werden, es sei denn, daß das Mitglied bei Ausübung der Tat oder spätestens im Laufe des folgenden Tages festgenommen ist. (2) Die gleiche Genehmigung ist bei jeder anderen Beschränkung der persönlichen Freiheit erforderlich, die die Ausübung des Abgeordnetenberufs beeinträchtigt. (3) Jedes Strafverfahren gegen ein Mitglied des Reichstags oder eines Landtags und jede Haft oder sonstige Beschränkung seiner persönlichen Freiheit wird auf Verlangen des Hauses, dem der Abg. angehört, für die Dauer der Sitzungsperiode aufgehoben.

**Geltende Landesverfassungen:** *BW*Verf Art. 37 f.; *Bay*Verf Art. 27 f.; *Bln*Verf Art. 51 I, III, IV; *Bbg*Verf Art. 57 f.; *Brem*Verf Art. 94 f.; *Hmb*Verf Art. 14 f.; *Hess*Verf Art. 95 f.; *MV*Verf Art. 24 I, II; *Nds*Verf Art. 14 f.; *NRW*Verf Art. 47 f.; *RhPf*Verf Art. 93 f.; *Saarl*Verf Art. 81 f.; *Sachs*Verf Art. 55; *LSA*Verf Art. 57 f.; *SchlH*Verf Art. 31 I, II; *Thür*Verf Art. 55.

**Leitentscheidungen:** BVerfGE 104, 310 (Aufhebung der Immunität eines Abg.).

**Supra- und internationale Texte:** Akt zur Einführung allgemeiner unmittelbarer Wahlen der Mitglieder des Europäischen Parlaments Art. 6 II iVm Protokoll über die Vorrechte und Befreiungen der Europäischen Union Art. 7 ff.; Allgemeines Abk. über die Vorrechte und Befreiungen des Europarats v. 2.9.1949/ZusatzAbk. zu diesem Abk. (BGBl 1954 II 454/501) Art. 14 u. 15/Art. Art. 3.

**Schrifttum:** Vgl. das Schrifttum zu Art. 38; *W. Härth,* Die Rede- und Abstimmungsfreiheit der Parlamentsabgeordneten in der Bundesrepublik Deutschland, 1983; *W. Kewenig/S. Magiera,* Umfang und Regelung der Indemnität von Abgeordneten insbesondere bei schriftlichen Fragen an die Regierung, ZParl 1981, 223; *U. Kischel,* Immunität als Recht des Abgeordneten, in: G. Manssen (Hrsg.), Die verfassungsrechtlich garantierte Stellung der Abgeordneten in den Ländern Mittel- und Osteuropas, 2009, S. 87; *H. H. Klein,* Indemnität und Immunität, in: Schneider/Zeh, § 17; *F. Lange,* Das parlamentarische Immunitätsprivileg als Wettbewerbsvorschrift, 2009; *D. Wiefelspütz,* Indemnität und Immunität HdbParlR, § 13; *R. Wurbs,* Regelungsprobleme der Immunität und der Indemnität in der parlamentarischen Praxis, 1988.

**Übersicht**

# A. Indemnität (Abs. 1)

## I. Bedeutung

1     Art. 46 enthält – neben Art. 47 und 48 – nähere Bestimmungen zu der in Art. 38 I allg. umschriebenen Rechtsstellung des Abg.[1] Er gewährleistet Indemnität (Abs. 1) und Immunität (Abs. 2 bis 4) zum Schutz vor Beeinträchtigungen der parl. Tätigkeit des Abg. und dient damit zugleich der Sicherung der Arbeits- und Funktionsfähigkeit des BTag, so dass ihm eine **Doppelfunktion** zukommt.[2] Unter Indemnität ist der Grundsatz der **Verantwortungsfreiheit** des Abg. für seine parl. Tätigkeit zu verstehen.[3] Mit Ausnahme von verleumderischen Beleidigungen darf er für seine Abstimmungen und Äußerungen im BTag oder in dessen Ausschüssen nicht außerhalb des BTag zur Verantwortung gezogen werden.

## II. Reichweite

2     Der Indemnitätsschutz des Art. 46 I gilt in persönlicher Hinsicht nur für **Abg. des BTag,** wie sich aus der systematischen Stellung der Bestimmung im Abschnitt über den BTag ergibt. Nicht erfasst werden and. Personen, die sich im BTag oder in dessen Ausschüssen äußern, wie etwa Mitglieder der

---

[1] Ausf. – auch zum Folgenden – *Magiera* BK, Art. 46 (2017) Rn. 79 ff.; zur allg. Rechtsstellung des Abg. → Art. 38 Rn. 45 ff.

[2] BVerfGE 104, 310 (325 ff.); *Trute,* in: v. Münch/Kunig I, Art. 46 Rn. 1, 23 („Doppelbezug"); *Klein,* in: Maunz/Dürig, Art. 46 Rn. 51 („Doppelbezüglichkeit"); *Schneider* AK GG, Art. 46 Rn. 2, 10; *Klein,* in: Schneider/ Zeh, § 17 Rn. 21, 39; *Wiefelspütz* DVBl 2002, 1229 ff.; *Trute* JZ 2003, 148 ff.

[3] *Schneider* AK GG, Art. 46 Rn. 2; *Klein,* in: Schneider/Zeh, § 17 Rn. 19. Zur Immunität → Rn. 11.

BReg, die nicht zugleich Bundestagsabgeordnete sind und in dieser Eigenschaft auftreten (zB bei der Beantwortung parl. Anfragen),[4] oder Mitglieder des BRates sowie Abg. in den Landtagen.[5]

Sachlich erstreckt sich der Indemnitätsschutz auf Abstimmungen und Äußerungen des Abg. **Ab-** **3** **stimmungen** sind Personal- und Sachentscheidungen, die der BTag oder seine Ausschüsse im Wege der Beschlussfassung treffen.[6] **Äußerungen** sind Mitteilungen von Tatsachen und Meinungen im weitesten Sinn und unabhängig davon, ob sie mündlich, schriftlich oder konkludent erfolgen.[7] Ausgenommen sind lediglich **verleumderische Beleidigungen**[8] (Art. 46 I 2; §§ 187, 188 StGB) sowie Tätlichkeiten[9] und Privatgespräche.[10]

Institutionell erfasst der Indemnitätsschutz die Bereiche des BTag und seiner Ausschüsse. **BTag** ist **4** das Plenum der Abg. unabhängig von Ort und Zweck des Zusammentritts. **Ausschüsse** sind alle Einrichtungen des BTag (Ausschüsse ieS, Gremien, Präsidium, Ältestenrat) einschließlich der Enquete-Kommissionen[11] sowie gemischte Ausschüsse, an denen Abg. als solche für den BTag teilnehmen, und Fraktionen.[12]

Keinen Indemnitätsschutz genießt der Abg. **in and. Bereichen,** etwa auf Partei- oder Wahlver- **5** anstaltungen, auch wenn seine Äußerungen mit der Ausübung seines Mandats zusammenhängen. Schriftliche Äußerungen (Anfragen, Anträge) sind **im parl. Bereich** getan, sobald der Abg. sie in den dafür vorgesehenen Geschäftsgang gegeben hat.[13] Ihre Weitergabe an die Presse oder Wiederholung an and. Stelle unterliegt nicht dem Indemnitätsschutz, kann aber als „Parlamentsberichterstattung" geschützt sein, wenn deren Voraussetzungen (Art. 42 III) vorliegen.[14]

Zeitlich bezieht sich der Indemnitätsschutz auf alle geschützten Verhaltensweisen des Abg. während **6** der Dauer seiner **Mitgliedschaft im BTag.**[15]

## III. Folgen

Soweit der Indemnitätsschutz reicht, darf ein Abg. **zu keiner Zeit,** dh auch nicht nach Beendigung **7** seines Mandats, gerichtlich oder dienstlich verfolgt oder sonst außerhalb des BTag zur Verantwortung gezogen werden. Der Abg. kann auf seine Indemnität weder verzichten, noch kann der BTag sie aufheben.[16]

Zur **gerichtlichen oder dienstlichen Verfolgung** gehören alle gegen den Abg. gerichteten Ver- **8** fahren vor staatlichen (zB Straf-, Ehren-, Zivil-)Gerichten oder Disziplinarbehörden.[17] **Sonst zur Verantwortung gezogen** wird der Abg. durch gegen ihn gerichtete Maßnahmen and. staatlicher Stellen (zB Polizei, Staatsanwaltschaft, Verfassungsschutz), selbst wenn es sich lediglich um Maßnahmen interner oder tatsächlicher Art handelt.[18] Sanktionsmaßnahmen von **Privaten** (zB Parteiausschluss, Vertragskündigung) werden demgegenüber nicht vom Indemnitätsschutz,[19] sondern allg. von der Mandatsfreiheit (Art. 38 I 2)[20] und speziell von der Sonderbestimmung des Art. 48 II erfasst.[21]

Die Verantwortungsfreiheit **außerhalb des BTag** schützt den Abg. nicht vor parl. Ordnungsmaß- **9** nahmen auf Grund der Geschäftsordnungsautonomie des BTag (Art. 40 I 2).[22]

---

[4] OVG NRW DVBl 1967, 51 (53); *Kluth,* in: Hofmann/Henneke, Art. 46 Rn. 12.

[5] Ausf. *Kewenig/Magiera* ZParl 1981, 223 (229 ff.); *Klein,* in: Schneider/Zeh, § 17 Rn. 5 f., 22; *Härth,* Rede- und Abstimmungsfreiheit, S. 98 ff.; *Schulze-Fielitz,* in: Dreier II, Art. 46 Rn. 11. *St. Storr* MKS II, Art. 46 Rn. 8.– Zum Landesrecht *Berger,* Das Immunitätsrecht der Mitglieder der Bremischen Bürgerschaft in Strafsachen, 2013.

[6] *Klein,* in: Maunz/Dürig, Art. 46 Rn. 38; *St. Storr* MKS II, Art. 46 Rn. 10 ff.

[7] *Schneider* AK GG, Art. 46 Rn. 6; *Trute,* in: v. Münch/Kunig I, Art. 46 Rn. 10; *Kluth,* in: Hofmann/Henneke, Art. 46 Rn. 3.

[8] Erforderlich ist deren Feststellung, nicht lediglich Glaubhaftmachung; *Heintzen* ZParl 1998, 728 ff. (entgegen OLG Hamb ZParl 1998, 317 f. mit Anm. *Wild* ebda, 318 ff.); zustimmend *Pieroth,* in: Jarass/Pieroth, Art. 46 Rn. 4; *Trute,* in: v. Münch/Kunig I, Art. 46 Rn. 20.

[9] BVerwGE 83, 1 (16).

[10] *St. Storr* MKS II, Art. 46 Rn. 10 ff.; *Klein,* in: Schneider/Zeh, § 17 Rn. 27.

[11] *Klein,* in: Maunz/Dürig, Art. 46 Rn. 37.

[12] Ausf. *Magiera* BK, Art. 46 (2017) Rn. 113 ff.; *Schneider* AK GG, Art. 46 Rn. 7; *St. Storr* MKS II, Art. 46 Rn. 14 ff.; *Schulze-Fielitz,* in: Dreier II, Art. 46 Rn. 15; *Umbach,* in: Umbach/Clemens, GG II, Art. 46 Rn. 36; weitergeh. – für Erklärungen vor der Presse – *Kluth,* in: Hofmann/Henneke, Art. 46 Rn. 7 f.

[13] Ausf. *Kewenig/Magiera* ZParl 1981, 227 ff.; *St. Storr* MKS II, Art. 46 Rn. 19; *Schulze-Fielitz,* in: Dreier II, Art. 46 Rn. 17; aA *Pieroth,* in: Jarass/Pieroth, Art. 46 Rn. 2.

[14] BGHZ 75, 384 (387 f.); *Kewenig/Magiera* ZParl 1981, 227 ff.; *Klein,* in: Schneider/Zeh, § 17 Rn. 27. *St. Storr* MKS II, Art. 46 Rn. 18.

[15] *St. Storr* MKS II, Art. 46 Rn. 6. – Zu Beginn und Ende der Mitgliedschaft im BTag → Art. 38 Rn. 55.

[16] *Klein,* in: Maunz/Dürig, Art. 46 Rn. 33; *St. Storr* MKS II, Art. 46 Rn. 7.

[17] *Schneider* AK GG, Art. 46 Rn. 8; *Klein,* in: Schneider/Zeh, § 17 Rn. 35 f.; *Härth,* Rede- und Abstimmungsfreiheit, S. 124 ff.

[18] *Schneider* AK GG, Art. 46 Rn. 8; *St. Storr* MKS II, Art. 46 Rn. 23; *Schulze-Fielitz,* in: Dreier II, Art. 46 Rn. 18; *Brenner* FS Badura, 2004, S. 25 ff. (39 ff.).

[19] AA *St. Storr* MKS II, Art. 46 Rn. 23.

[20] Vgl. → Art. 38 Rn. 46 ff.

[21] *Schneider* AK GG, Art. 46 Rn. 8; *Härth,* Rede- und Abstimmungsfreiheit, S. 124 ff.

[22] Vgl. → Art. 40 Rn. 30; *Härth,* Rede- und Abstimmungsfreiheit, S. 135 ff.

**10**     Die Indemnität schließt die Verfolgbarkeit des Abg. aus, nicht die Tatbestandsmäßigkeit, Rechtswidrigkeit oder Schuldhaftigkeit seines Handelns.[23] Im Bereich des Strafrechts wirkt sie sich zunächst als persönlicher Strafausschließungsgrund aus, der die Strafbarkeit and. Beteiligter unberührt lässt.[24] Darüber hinaus stellt sie allg. ein Verfahrenshindernis dar, das gegen den Abg. gerichtete Maßnahmen verbietet und deshalb als **persönlicher Verfolgungsausschlussgrund** bezeichnet werden kann.[25]

## B. Immunität (Abs. 2 bis 4)

### I. Bedeutung

**11**     Wie die Indemnität (Art. 46 I) dient auch die Immunität (Art. 46 II bis IV) dem Schutz des Abg. vor Beeinträchtigungen seiner parl. Tätigkeit und damit zugleich der Sicherung der Arbeits- und Funktionsfähigkeit des BTag **(Doppelfunktion).**[26] Immunität bedeutet **Verfolgungsfreiheit** des Abg. gegenüber staatlichen Maßnahmen, insbes. gegenüber strafrechtlicher Verfolgung und Freiheitsbeschränkungen.[27] Sie wirkt als persönliches Verfahrenshindernis, das Verfolgungsmaßnahmen gegenüber and. Beteiligten unberührt lässt.[28]

**12**     Der Immunitätsschutz beschränkt sich in persönlicher Hinsicht grds.[29] auf **Abg. des BTag**[30] und in zeitlicher auf die **Dauer des Mandats.**[31] Erfasst werden auch Verfolgungsmaßnahmen, die vor Mandatsbeginn eingeleitet wurden (sog. mitgebrachte Verfahren).[32] Zum Ausgleich ruht die Verfolgungs- und Vollstreckungsverjährung während der Dauer des Immunitätsschutzes (§§ 78b, 79a StGB). Mit dem Ende des Mandats endet auch – im Unterschied zur Indemnität – die Verfolgungsfreiheit.[33] Während der Dauer des Mandats kann der BTag die Immunität nach pflichtgemäßem Ermessen aufheben und auch wieder herstellen,[34] der Abg. jedoch nicht auf sie verzichten.[35]

### II. Schutz vor Strafverfolgung (Abs. 2)

**13**     Wegen einer mit Strafe bedrohten Handlung darf ein Abg., wenn er nicht bei Begehung der Tat oder im Laufe des folgenden Tages festgenommen wird, nur mit Genehmigung des BTag zur Verantwortung gezogen oder verhaftet werden (Art. 46 II).

**14**     Der verfassungsrechtliche Begriff der **Strafe** ist weit und unabhängig vom Strafrecht zu verstehen. Er umfasst Kriminalstrafen (einschließlich Maßregeln der Besserung und Sicherung) sowie Sanktionen des Disziplinar-,[36] des Standes- und des Ordnungswidrigkeitenrechts,[37] nicht jedoch – wegen ihres Bagatellcharakters – Verwarnungsgelder.[38]

**15**     **Zur Verantwortung gezogen** wird der Abg., wenn gegen ihn wegen einer strafbaren Handlung eine gerichtliche oder behördliche Untersuchung durchgeführt wird.[39] Nicht darunter fallen Ermittlungen, die lediglich der Feststellung dienen, ob die Verfolgungsgenehmigung des BTag[40] einzuholen ist, sowie die Entgegennahme von Anzeigen oder die Einstellung offensichtlich unzulässiger oder unbegründeter Verfahren.[41] Nicht erfasst werden auch gegen den Abg. gerichtete Zivilprozesse, selbst wenn die Klage auf Unterlassung oder Schadensersatz wegen einer strafbaren Handlung gestützt ist, und – mit Ausnahme von Freiheitsbeschränkungen[42] – Vollstreckungsmaßnahmen.[43]

---

[23] *Klein,* in: Maunz/Dürig, Art. 46 Rn. 32.

[24] *St. Storr* MKS II, Art. 46 Rn. 4.

[25] Ausf. *Magiera* BK, Art. 46 (2017) Rn. 160; ebenso *Schulze-Fielitz,* in: Dreier II, Art. 46 Rn. 10; ähnl. *Schneider* AK GG, Art. 46 Rn. 3.

[26] Vgl. → Rn. 1; *Wiefelspütz* HdbParlR, § 13 Rn. 18 ff.

[27] *Klein,* in: Maunz/Dürig, Art. 46 Rn. 52; *Schneider* AK GG, Art. 46 Rn. 9.

[28] BVerfGE 104, 310 (326); *Klein,* in: Maunz/Dürig, Art. 46 Rn. 52; *Schneider* AK GG, Art. 46 Rn. 10.

[29] Gem. Art. 60 IV findet Art. 46 II bis IV auf den BPräs entspr. Anwendung.

[30] Vgl. → Rn. 2.

[31] *Klein,* in: Maunz/Dürig, Art. 46 Rn. 53; *Klein,* in: Schneider/Zeh, § 17 Rn. 51; zur Mandatsdauer → Art. 38 Rn. 55.

[32] *Schneider* AK GG, Art. 46 Rn. 10; *St. Storr* MKS II, Art. 46 Rn. 41.

[33] BGH NJW 1992, 7 *St. Storr* MKS II, Art. 46 Rn. 40.

[34] Vgl. → Rn. 19 ff.

[35] BVerfGE 104, 310 (327); *Klein,* in: Maunz/Dürig, Art. 46 Rn. 50; *Trute,* in: v. Münch/Kunig I, Art. 46 Rn. 23; *Klein,* in: Schneider/Zeh, § 17 Rn. 39.

[36] BDHE 1, 184 (185 f.); aA BVerwGE 83, 1 (8 f.).

[37] AA OLG Düsseldorf NJW 1989, 2207; OLG Köln NJW 1988, 1606; wie hier *Trute,* in: v. Münch/Kunig II, Art. 46 Rn. 24.

[38] Ebenso iE *Schneider* AK GG, Art. 46 Rn. 12; *St. Storr* MKS II, Art. 46 Rn. 34 ff.; *Pieroth,* in: Jarass/Pieroth, Art. 46 Rn. 6; *Klein,* in: Schneider/Zeh, § 17 Rn. 41 ff.

[39] Vgl. schon RGSt 23, 184 (193); 24, 205 (209); ausf. *Magiera* BK, Art. 46 (2017) Rn. 145 ff.; vgl. auch OVG Bln-Bbg, OVG 3a B 5.11 v. 26.9.2011.

[40] Vgl. → Rn. 19 ff.

[41] *Klein,* in: Schneider/Zeh, § 17 Rn. 45; *Pieroth,* in: Jarass/Pieroth, Art. 46 Rn. 7.

[42] Vgl. → Rn. 22 ff.

[43] Ausf. *Magiera* BK, Art. 46 (2017) Rn. 151.

Eine **Verhaftung** des Abg. liegt, wie sich aus dem Zusammenhang mit Art. 46 III ergibt,[44] nicht **16** bei jeder Freiheitsbeschränkung vor, sondern nur bei Freiheitsentziehungen wegen einer mit Strafe bedrohten Handlung, dh insbes. bei Untersuchungshaft (§§ 112 ff. StPO).[45]

Ohne Genehmigung des BTag darf ein Abg. zur Verantwortung gezogen oder verhaftet werden, **17** wenn er **bei Begehung der Tat**, dh „auf frischer Tat" (§§ 127 I, 104 I StPO), oder **im Laufe des folgenden Tages** – bis 24 Uhr – festgenommen wird.[46] Unter **Festnahme** sind Freiheitsbeschränkungen im Zusammenhang mit der Verfolgung wegen einer mit Strafe bedrohten Handlung zu verstehen, insbes. die Untersuchungshaft (§§ 112 ff. StPO) und die vorläufige Festnahme (§ 127 StPO), aber auch die Sistierung zum Zweck der Blutentnahme (§ 81a StPO) oder zur Durchführung erkennungsdienstlicher Maßnahmen (§ 81b StPO).[47]

Da eine vorherige Untersuchung gegen den Abg. nicht genehmigungsfrei ist, muss die Festnahme **18** **ohne weitere Ermittlungen** gegen den Abg. möglich sein, dh ihre Voraussetzungen müssen in Gestalt eines dringenden Tatverdachts, der auf die Person des Abg. schließen lässt, offenkundig vorliegen.[48] Die ordnungsgemäße Festnahme bewirkt die Genehmigungsfreiheit des nachfolgenden Untersuchungsverfahrens, nicht jedoch der Vollstreckung einer etwaigen Freiheitsstrafe.[49] Auch ohne Festnahme genehmigungsfrei erscheinen **unaufschiebbare Sicherungsmaßnahmen**, wie etwa die Entnahme einer Blutprobe oder die Wegnahme des Führerscheins bei Trunkenheitsfahrt.[50]

Die Immunität eines Abg. kann durch **Genehmigung des BTag** eingeschränkt werden. Erforder- **19** lich ist eine **vorherige Zustimmung des Plenums.** Dem entspricht die parl. Praxis, soweit der Ausschuss für Wahlprüfung, Immunität und Geschäftsordnung anhand allg. Immunitätsgrundsätze in Einzelfällen Beschlussempfehlungen erarbeitet, über die das Plenum entscheidet (§ 107 iVm Anlage 6 GOBT).[51]

Nicht ganz bedenkenfrei erscheint demgegenüber die weitergehende Praxis, wonach der BTag **20** jeweils zu Beginn der Wahlperiode eine **generelle Genehmigung** zur Durchführung von Ermittlungsverfahren gegen alle seine Mitglieder wegen Straftaten (mit Ausnahme von Beleidigungen politischen Charakters) erteilt und den Immunitätsausschuss ua bei Verkehrsdelikten zu **Vorentscheidungen** ermächtigt, die grds. als Entscheidungen des BTag gelten.[52]

Die Genehmigung steht im **pflichtgemäßen Ermessen** des BTag und gilt – vorbehaltlich näherer **21** Bestimmung – nur für jeweils eine der Fallgruppen in Art. 46 II bzw. III (Strafverfolgung, Verhaftung, sonstige Freiheitsbeschränkung).[53] Der Abg. hat keinen Anspruch auf Erteilung oder Verweigerung der Genehmigung,[54] aber auf willkürfreie, ggf. im Organstreitverfahren (Art. 93 I Nr. 1) überprüfbare, Ermessensentscheidung.[55]

### III. Schutz vor Freiheitsbeschränkungen (Abs. 3)

Die Genehmigung des BTag[56] ist ferner gemäß Art. 46 III erforderlich bei jeder and., dh nicht **22** schon von Art. 46 II erfassten,[57] Beschränkung der persönlichen Freiheit des Abg. oder zur Einleitung eines Verfahrens gemäß Art. 18 gegen ihn.

Eine **Beschränkung der persönlichen Freiheit** setzt voraus, dass staatliche Maßnahmen die **23** körperlich-räumliche Bewegungsfreiheit aufheben (Freiheitsentziehung: zB Strafhaft, Ordnungshaft, Ersatzzwangshaft, Polizeigewahrsam, persönlicher Arrest) oder einschränken (Freiheitsbeschränkung ieS: zB Aufenthaltsbeschränkung, körperliche Durchsuchung).[58]

---

[44] Vgl. → Rn. 22 ff.

[45] *Schneider* AK GG, Art. 46 Rn. 13; *Klein,* in: Schneider/Zeh, § 17 Rn. 46.

[46] *Klein,* in: Maunz/Dürig, Art. 46 Rn. 70; *Schneider* AK GG, Art. 46 Rn. 13.

[47] *Schneider* AK GG, Art. 46 Rn. 13; *St. Storr* MKS II, Art. 46 Rn. 53; *Klein,* in: Schneider/Zeh, § 17 Rn. 47.

[48] *Schneider* AK GG, Art. 46 Rn. 13; *Pieroth,* in: Jarass/Pieroth, Art. 46 Rn. 8.

[49] *Klein,* in: Maunz/Dürig, Art. 46 Rn. 70.

[50] *Schneider* AK GG, Art. 46 Rn. 13; *St. Storr* MKS II, Art. 46 Rn. 53.

[51] *Klein,* in: Maunz/Dürig, Art. 46 Rn. 93; *Schneider* AK GG, Art. 46 Rn. 16; *St. Storr* MKS II, Art. 46 Rn. 42; *Glauben* DÖV 2012, 378 ff.

[52] *Klein,* in: Maunz/Dürig, Art. 46 Rn. 94; *Schneider* AK GG, Art. 46 Rn. 16; *St. Storr* MKS II, Art. 46 Rn. 46, 51; *Klein,* in: Schneider/Zeh, § 17 Rn. 53 f.

[53] *Pieroth,* in: Jarass/Pieroth, Art. 46 Rn. 9; *Schneider* AK GG, Art. 46 Rn. 16; *Klein,* in: Schneider/Zeh, § 17 Rn. 56.

[54] Zur (str.) Antrags-, Anhörungs- und Abstimmungsbefugnis des Abg. *St. Storr* MKS II, Art. 46 Rn. 49; *Wiefelspütz* DVBl 2002, 1229 ff. (1238); *Wiefelspütz* HdbParlR, § 13 Rn. 41 ff.; *Lang,* Gesetzgebung in eigener Sache, 2007, S. 472 ff.; *Kischel,* in: G. Manssen (Hrsg.), S. 87 (105 ff.); *Magiera* BK, Art. 46 (2017) Rn. 180 f., 183.

[55] BVerfGE 104, 310 (331 ff.); BVerfG, BvR 969/14 v. 15.8.2014 Rn. 26; *Klein,* in: Maunz/Dürig, Art. 46 Rn. 101; *Pieroth,* in: Jarass/Pieroth, Art. 46 Rn. 9; *Schneider* AK GG, Art. 46 Rn. 16; *Klein,* in: Schneider/Zeh, § 17 Rn. 52; *Schulze-Fielitz,* in: Dreier II, Art. 46 Rn. 41; *Wiefelspütz* HdbParlR, § 13 Rn. 21 ff.

[56] Vgl. → Rn. 19 ff.

[57] Vgl. → Rn. 16 ff.

[58] *Klein,* in: Maunz/Dürig, Art. 46 Rn. 73; *Schneider* AK GG, Art. 46 Rn. 14; *Schulze-Fielitz,* in: Dreier II, Art. 46 Rn. 33; *Böttger* ThürVBl 2002, 125 ff.

24     **Sonstige staatliche (Zwangs-)Maßnahmen,** wie die Ladung als Zeuge oder die Anordnung des persönlichen Erscheinens als Prozesspartei, die Festsetzung einer Haftstrafe oder die Vollstreckung and. als (Ersatz-)Freiheitsstrafen, fallen nicht darunter.[59] Ebenso wenig werden Durchsuchungen und Beschlagnahmen bei dem Abg., die Überwachung seines Fernmeldeverkehrs oder aus Gründen des Verfassungsschutzes erfasst.[60] Insoweit kommt jedoch ein Schutz gemäß Art. 46 II in Betracht (vgl. auch Art. 40 II 2, 47 S. 2).[61]

25     Das **Verfahren gemäß Art. 18,** in dem das BVerfG die Verwirkung bestimmter Grundrechte aussprechen kann, wird nicht erst durch die Eröffnung des Vorverfahrens (§ 37 BVerfGG), sondern schon mit der Antragstellung durch den BTag, die BReg oder eine Landesregierung (§ 36 BVerfGG) **eingeleitet.** Als noch genehmigungsfrei sind Ermittlungen anzusehen, die klären sollen, ob eine Antragstellung in Betracht kommt.[62]

## IV. Aussetzungsverlangen des Bundestages (Abs. 4)

26     Auf Verlangen des BTag sind jedes Strafverfahren und jedes Verfahren gemäß Art. 18 gegen einen Abg., jede Haft und jede sonstige Beschränkung seiner persönlichen Freiheit auszusetzen (Art. 46 IV). Dieses sog. **Anforderungs- oder Reklamationsrecht** sichert den in Art. 46 II und III gewährten Immunitätsschutz zusätzlich ab. Es ermöglicht dem BTag, den Immunitätsschutz eines Abg., der insoweit einen Anspruch auf willkürfreie Entscheidung hat,[63] jederzeit ganz oder teilweise (wieder) herzustellen.[64] Auf den Entstehungsgrund der gegen den Abg. eingeleiteten Maßnahmen (zB Strafverfahren ohne erforderliche Genehmigung; nicht genehmigungsbedürftige Festnahme; genehmigte Freiheitsbeschränkung) kommt es nicht an.[65]

## Art. 47 [Zeugnisverweigerungsrecht und Beschlagnahmeverbot]

**Die Abgeordneten sind berechtigt, über Personen, die ihnen in ihrer Eigenschaft als Abgeordnete oder denen sie in dieser Eigenschaft Tatsachen anvertraut haben, sowie über diese Tatsachen selbst das Zeugnis zu verweigern. Soweit dieses Zeugnisverweigerungsrecht reicht, ist die Beschlagnahme von Schriftstücken unzulässig.**

**Entstehungsgeschichte: Erstfassung:** JöR nF 1 (1951), 375.
**Historische Verfassungstexte: WRV: Art. 38** (1) Die Mitglieder des Reichstags und der Landtage sind berechtigt, über Personen, die ihnen in ihrer Eigenschaft als Abgeordneten Tatsachen anvertrauen, oder denen sie in Ausübung ihres Abgeordnetenberufs solche anvertraut haben, sowie über diese Tatsachen selbst das Zeugnis zu verweigern. Auch in Beziehung auf Beschlagnahme von Schriftstücken stehen sie den Personen gleich, die ein gesetzliches Zeugnisverweigerungsrecht haben. (2) Eine Durchsuchung oder Beschlagnahme darf in den Räumen des Reichstags oder eines Landtags nur mit Zustimmung des Präsidenten vorgenommen werden.
**Geltende Landesverfassungen:** *BW*Verf Art. 39; *Bay*Verf Art. 29; *Bln*Verf Art. 51 II; *Bbg*Verf Art. 59; *Brem*Verf Art. 96; *Hmb*Verf Art. 17; *Hess*Verf Art. 97; *MV*Verf Art. 24 III; *Nds*Verf Art. 16; *NRW*Verf Art. 49; *RhPf*Verf Art. 95; *Saar*Verf Art. 83; *Sachs*Verf Art. 56; *LSA*Verf Art. 59; *SchlH*Verf Art. 31 III; *Thür*Verf Art. 56.
**Leitentscheidungen:** BVerfGE 108, 251 (Zeugnisverweigerungsrecht, Durchsuchung und Beschlagnahme).
**Supra- und internationale Texte:** Akt zur Einführung allgemeiner unmittelbarer Wahlen der Mitglieder des Europäischen Parlaments Art. 6 II iVm Protokoll über die Vorrechte und Befreiungen der Europäischen Union Art. 1.

**Schrifttum:** Vgl. das Schrifttum zu Art. 38; ferner *K. Gabrian,* Das Zeugnisverweigerungsrecht der Abgeordneten, Diss. Köln 1953; *K. Schulte,* Volksvertreter als Geheimnisträger – Zeugnisverweigerungsrecht und Verschwiegenheitspflicht des Abgeordneten des Deutschen Bundestages, 1987; *D. Wiefelspütz,* Das Zeugnisverweigerungsrecht des Abgeordneten – Funktionsnotwendig für das Abgeordnetenmandat?, Der Staat 43 (2004), 543; *D. Wiefelspütz,* Zeugnisverweigerungsrecht und Beschlagnahmeverbot HdbParlR, § 14.

## A. Zeugnisverweigerungsrecht (Satz 1)

1     Gemäß Art. 47 S. 1 sind die Abg. berechtigt, über Personen, die ihnen in ihrer Eigenschaft als Abg. oder denen sie in dieser Eigenschaft Tatsachen anvertraut haben, sowie über diese Tatsachen selbst das Zeugnis zu verweigern. Neben Art. 46 und 48 enthält auch Art. 47 eine Ausprägung der in Art. 38 I

---

[59] *Klein,* in: Schneider/Zeh, § 17 Rn. 49.
[60] *St. Storr* MKS II, Art. 46 Rn. 60; *Schulze-Fielitz,* in: Dreier II, Art. 46 Rn. 34; *Umbach,* in: Umbach/Clemens, GG, Art. 46 Rn. 49; *Pieroth,* in: Jarass/Pieroth, Art. 46 Rn. 10; *Wiefelspütz* NVwZ 2003, 38 ff. (40 f.); aA *Kluth,* in: Hofmann/Henneke, Art. 46 Rn. 28 ff.; *Lange,* Das parlamentarische Immunitätsprivileg als Wettbewerbsvorschrift, 2009, S. 130 ff., 150 ff.
[61] BVerfG, BvR 969/14 v. 15.8.2014 Rn. 28; *Schneider* AK GG, Art. 46 Rn. 14.
[62] *Klein,* in: Maunz/Dürig, Art. 46 Rn. 80; *St. Storr* MKS II, Art. 46 Rn. 61.
[63] BVerfGE 104, 310 (331, 336).
[64] *Klein,* in: Maunz/Dürig, Art. 46 Rn. 82 f.; *Schneider* AK GG, Art. 46 Rn. 17.
[65] *Klein,* in: Maunz/Dürig, Art. 46 Rn. 82; *Schulze-Fielitz,* in: Dreier II, Art. 46 Rn. 42.

allg. gewährleisteten verfassungsrechtlichen Stellung der Abg.[1] Die Bestimmung schützt die ungehinderte **Kommunikation** zwischen Abg. und Bürgern und ermöglicht damit ein **Vertrauensverhältnis,**[2] das der Stärkung des freien Mandats, insbes. der Unabhängigkeit und Entscheidungsfreiheit der Abg., dient.[3] Mittelbar werden dadurch die Funktionsfähigkeit des Parlaments und die demokratische Willensbildung gestärkt.[4] Dementsprechend erfasst das Zeugnisverweigerungsrecht gemäß Art. 47 nur die „legale Kommunikation"[5] des Abg., nicht auch dessen rechtswidriges Verhalten.[6]

Als Ausprägung des verfassungsrechtl. Abgeordnetenstatus gewährleisten das Zeugnisverweigerungs- **2** recht und das ihm akzessorische Beschlagnahmeverbot[7] dem Abg. zwar kein Grundrecht, jedoch in Verbindung mit Art. 38 ein **öff.-rechtliches Individualrecht,** für das Rechtsschutz auch im Verfahren der Verfassungsbeschwerde geltend gemacht werden kann, wenn das grds. vorrangige Organstreitverfahren nicht statthaft ist, weil die Beeinträchtigung nicht von einem parteifähigen Verfassungsorgan, sondern etwa von einer fachgerichtl. Entscheidung ausgeht.[8]

Das Zeugnisverweigerungsrecht steht – als eine Art parl. Berufsgeheimnis[9] – den **Abg.** zu. Erfasst **3** werden nach dem systematischen Zusammenhang die Abg. nur des BTag, nach Sinn und Zweck auch – akzessorisch – deren Mitarbeiter (Sekretärin, Assistent ua).[10]

Indem die Abg. **berechtigt** sind, das Zeugnis zu verweigern, obliegt allein ihnen die Entscheidung **4** darüber, ob sie von dieser als subjektiv-öff. Recht ausgestalteten Befugnis Gebrauch machen oder nicht.[11] Anders als der Immunitätsschutz steht das Zeugnisverweigerungsrecht der Abg. nicht zur Disposition des BTag.[12] Auch ein Informant kann den Abg. weder hindern noch zwingen, das Zeugnisverweigerungsrecht wahrzunehmen.[13] Lediglich ein allg. (vorweggenommener) Verzicht des Abg. auf sein Zeugnisverweigerungsrecht erscheint als unzulässig, da er gegen das Erfordernis des jederzeit freien Mandats verstieße.[14]

Das Zeugnisverweigerungsrecht bezieht sich auf **Personen,** die den Abg. oder denen die Abg. **5** Tatsachen anvertraut haben, also auf Informanten wie Adressaten der Abg., sowie auf diese **Tatsachen** selbst. Die Tatsachen müssen **anvertraut,** dh vertraulich mitgeteilt worden sein, ohne selbst vertraulich sein zu müssen.[15] In ihrer **Eigenschaft als Abg.** sind die Abg. betroffen, wenn sich die Mitteilung auf den parl. – im Unterschied zum rein privaten oder geschäftlichen – Tätigkeitsbereich bezieht.[16]

Das Zeugnisverweigerungsrecht gilt gegenüber Zeugnis- und Auskunftspflichten in allen **gericht- 6 lichen und behördlichen Verfahren** kraft Verfassungsrechts unabhängig davon, ob es im einfachen Recht (zB § 53 I S. 1 Nr. 4 StPO) – deklaratorisch – anerkannt ist.[17] Trotz des missverständlichen Wortlauts überdauert es die Mandatszeit des Abg. und wirkt **zeitlich unbegrenzt.**[18]

## B. Beschlagnahmeverbot (Satz 2)

Gemäß Art. 47 S. 2 ist die Beschlagnahme von Schriftstücken unzulässig, soweit das Zeugnisver- **7** weigerungsrecht gemäß Art. 47 S. 1 reicht.[19] Das Beschlagnahmeverbot ergänzt das Zeugnisverweigerungsrecht, indem es gegenständlich verfestigte Mitteilungen, die iÜ den Anforderungen des Art. 47 S. 1 entsprechen, zusätzlich sichert. Die **Akzessorietät,** die der Abg. glaubhaft zu machen hat,[20] soll

---

[1] BVerfGE 108, 251 (266 f.); 129, 208 (265); zur allg. Rechtsstellung der Abg. vgl. → Art. 38 Rn. 45 ff.
[2] BVerfGE 28, 191 (204); 38, 312 (323); 108, 251 (266 ff.).
[3] *Klein,* in: Maunz/Dürig, Art. 47 Rn. 14; *Müller-Terpitz* BK, Art. 47 (2016) Rn. 16; *St. Storr* MKS II, Art. 47 Rn. 2.
[4] BVerfGE 108, 251 (269); *Schneider* AK GG, Art. 47 Rn. 2; *Pieroth,* in: Jarass/Pieroth, Art. 47 Rn. 1; *Schulze-Fielitz,* in: Dreier II, Art. 47 Rn. 5.
[5] *Klein,* in: Maunz/Dürig, Art 47 Rn. 24.
[6] Ausf. zu dieser (str.) Begrenzung *Wiefelspütz* HdbParlR, § 14 Rn. 12; *Müller-Terpitz* BK, Art. 47 (2016) Rn. 37 f.
[7] Vgl. → Rn. 6.
[8] BVerfGE 108, 251 (266 f.).
[9] *Klein,* in: Maunz/Dürig, Art. 47 Rn. 1.
[10] Grundlegend *Heitzer* NJW 1952, 89 f.; ebenso *Klein,* in: Maunz/Dürig, Art. 47 Rn. 17; *Pieroth,* in: Jarass/Pieroth, Art. 47 Rn. 2; *Schulze-Fielitz,* in: Dreier II, Art. 47 Rn. 6; *Kluth,* in: Hofmann/Henneke, Art. 47 Rn. 13.
[11] *Klein,* in: Maunz/Dürig, Art. 47 Rn. 14; *St. Storr* MKS II, Art. 47 Rn. 3; *Schulze-Fielitz,* in: Dreier II, Art. 47 Rn. 7. – Zum Verhältnis zwischen Zeugnisverweigerungsrecht und Verschwiegenheitspflichten der Abg. *Schulte,* Volksvertreter, passim.
[12] *Klein,* in: Maunz/Dürig, Art. 47 Rn. 20; *St. Storr* MKS II, Art. 47 Rn. 3.
[13] Ebenso *Schneider* AK GG, Art. 47 Rn. 3; *Müller-Terpitz* BK, Art. 47 (2016) Rn. 40; *Schulze-Fielitz,* in: Dreier II, Art. 47 Rn. 7; *Klein,* in: Maunz/Dürig, Art. 47 Rn. 21.
[14] Ebenso iE *Klein,* in: Maunz/Dürig, Art. 47 Rn. 20; *Schneider* AK GG, Art. 47 Rn. 4.
[15] *Müller-Terpitz* BK, Art. 47 (2016) Rn. 28.
[16] *Klein,* in: Maunz/Dürig, Art. 47 Rn. 24; *Müller-Terpitz* BK, Art. 47 (2016) Rn. 26 f.
[17] Ebenso *Pieroth,* in: Jarass/Pieroth, Art. 47 Rn. 3.
[18] *Klein,* in: Maunz/Dürig, Art. 47 Rn. 25; *St. Storr* MKS II, Art. 47 Rn. 9.
[19] Vgl. auch § 97 IV StPO; zum Rechtsschutz → Rn. 6.
[20] BVerfGE 108, 251 (270); *Wiefelspütz* HdbParlR, § 14 Rn. 19 f.

verhindern, dass der Zeugenbeweis durch einen Urkundenbeweis ersetzt und dadurch der Schutzbereich des Zeugnisverweigerungsrechts umgangen oder beeinträchtigt wird.[21]

8    Nach seinem Schutzzweck erfasst das Verbot der **Beschlagnahme** nicht nur die Beschlagnahme im engeren (technischen) Sinn (§ 94 II StPO), sondern auch entsprechend zielgerichtete Hoheitsmaßnahmen, wie die Herausgabeerzwingung (§ 95 StPO) oder die Durchsuchung (§§ 102 ff. StPO),[22] sowie „Zufallsfunde" anlässlich anderweitiger Durchsuchungen.[23]

9    Unter **Schriftstücken** sind gegenständlich verfestigte Mitteilungen unabhängig von Material und Art der Aufzeichnung (zB Hand-, Druckschriften, Bild-, Ton-, elektronische Datenträger) zu verstehen.[24] Da das Beschlagnahmeverbot nur so weit reicht wie das Zeugnisverweigerungsrecht, müssen sich die Schriftstücke im **Gewahrsam** des Abg. oder seiner Mitarbeiter befinden.[25] Maßgeblich dafür ist, ob sich die Gegenstände im funktionellen Herrschaftsbereich des Abg. befinden. Bei Gewahrsam eines Mitarbeiters ist dies der Fall, wenn dieser die Gegenstände für den Abg. unter dessen Direktionsrecht in den Räumen des BTag besitzt,[26] jedoch auch außerhalb des BTag anzunehmen, wenn entspr. Voraussetzungen gegeben sind, insbes. im Wahlkreisbüro des Abg.[27] Ferner müssen sie anvertraute Tatsachen im Sinne von Art. 47 S. 1[28] enthalten und darüber statt einer Zeugenaussage als **Beweismittel** dienen können. Schriftstücke, die selbst unmittelbarer Gegenstand eines Strafverfahrens (zB bei Urkundenfälschung, Hehlerei) sind, können demgegenüber – unter Beachtung der Voraussetzungen gemäß Art. 40 II 2, 46 II – beschlagnahmt werden.[29] Eine **Verletzung des Beschlagnahmeverbots** führt zur Rückgabepflicht und zum Verwertungsverbot der beschlagnahmten Schriftstücke.[30]

## Art. 48 [Urlaubsanspruch, Hinderungsverbot, Entschädigungsanspruch]

(1) **Wer sich um einen Sitz im Bundestage bewirbt, hat Anspruch auf den zur Vorbereitung seiner Wahl erforderlichen Urlaub.**

(2) **Niemand darf gehindert werden, das Amt eines Abgeordneten zu übernehmen und auszuüben. Eine Kündigung oder Entlassung aus diesem Grunde ist unzulässig.**

(3) **Die Abgeordneten haben Anspruch auf eine angemessene, ihre Unabhängigkeit sichernde Entschädigung. Sie haben das Recht der freien Benutzung aller staatlichen Verkehrsmittel. Das Nähere regelt ein Bundesgesetz.**

**Entstehungsgeschichte: Erstfassung:** JöR nF 1 (1951), 375.

**Historische Verfassungstexte: RV 1849:** § 95 Die Mitglieder des Reichstages beziehen aus der Reichskasse ein gleichmäßiges Tagegeld und Entschädigung für ihre Reisekosten. Das Nähere bestimmt ein Reichsgesetz. – **RV 1871: Art. 21** (1) Beamte bedürfen keines Urlaubs zum Eintritt in den Reichstag. **Art. 32** Die Mitglieder des Reichstages dürfen als solche keine Besoldung oder Entschädigung beziehen. (Seit dem ÄndG v. 21.5.1906 [RGBl 467]: „Die Mitglieder des Reichstags dürfen als solche eine Besoldung beziehen. Sie erhalten eine Entschädigung nach Maßgabe des Gesetzes.") – **WRV: Art. 39** (1) Beamte und Angehörige der Wehrmacht bedürfen zur Ausübung ihres Amtes als Mitglieder des Reichstags oder eines Landtags keines Urlaubs. (2) Bewerben sie sich um einen Sitz in diesen Körperschaften, so ist ihnen der zur Vorbereitung ihrer Wahl erforderliche Urlaub zu gewähren. **Art. 40** Die Mitglieder des Reichstags erhalten das Recht zur freien Fahrt auf allen deutschen Eisenbahnen sowie Entschädigung nach Maßgabe eines Reichsgesetzes.

**Geltende Landesverfassungen:** BWVerf Art. 29, 40; BayVerf Art. 30 f.; BlnVerf Art. 53; BbgVerf Art. 22 IV, V, 60; BremVerf Art. 82, 97; HmbVerf Art. 13; HessVerf Art. 76, 98; MVVerf Art. 22 III, 23; NdsVerf Art. 13; NRWVerf Art. 46, 50; RhPfVerf Art. 96 f.; SaarVerf Art. 84; SachsVerf Art. 42; LSAVerf Art. 56; SchlHVerf Art. 5, 17 III; ThürVerf Art. 51, 54, 105a.

**Supra- und internationale Texte:** Beschl. 2005/684/EG, Euratom des Europäischen Parlaments v. 28.9.2005 zur Annahme des Abgeordnetenstatuts des Europäischen Parlaments Art. 9 ff.; Beschl. 2009/C 159/01 des Präsidiums des Europäischen Parlaments v. 19.5. und 9.7.2008 mit Durchführungsbestimmungen zum Abgeordnetenstatut des Europäischen Parlaments.

---

[21] BVerfGE 20, 162 (188); 32, 373 (384 f.); *Schneider* AK GG, Art. 47 Rn. 6; *Schulze-Fielitz*, in: Dreier II, Art. 47 Rn. 10.

[22] *Klein*, in: Maunz/Dürig, Art. 47 Rn. 31.

[23] *Schneider* AK GG, Art. 47 Rn. 6 f.

[24] *Müller-Terpitz* BK, Art. 47 (2016) Rn. 46; *Trute*, in: v. Münch/Kunig I, Art. 47 Rn. 12.

[25] Ebenso *Klein*, in: Maunz/Dürig, Art. 47 Rn. 32 ff.; *Schneider* AK GG, Art. 47 Rn. 7; *St. Storr* MKS II, Art. 47 Rn. 12; *Pieroth*, in: Jarass/Pieroth, Art. 47 Rn. 5; *Trute*, in: v. Münch/Kunig I, Art. 47 Rn. 13; aA *Umbach*, in: Umbach/Clemens, GG II, Art. 46 Rn. 17.

[26] BVerfGE 108, 251 (269 f.).

[27] *Kluth*, in: Hofmann/Henneke, Art. 47 Rn. 14; *Ohler* NVwZ 2004, 696 ff.; *Wiefelspütz* Der Staat 43 (2004), 543 ff. (553 f.); *Klein*, in: Maunz/Dürig, Art. 47 Rn. 34; *Müller-Terpitz* BK, Art. 47 (2016) Rn. 54.

[28] Vgl. → Rn. 4.

[29] *Klein*, in: Maunz/Dürig, Art. 47 Rn. 28; *Trute*, in: v. Münch/Kunig I, Art. 47 Rn. 14; *Schneider* AK GG, Art. 47 Rn. 8; *St. Storr* MKS II, Art. 47 Rn. 13; *Pieroth*, in: Jarass/Pieroth, Art. 47 Rn. 5; *Schulze-Fielitz*, in: Dreier II, Art. 47 Rn. 13.

[30] Ebenso *Trute*, in: v. Münch/Kunig I, Art. 47 Rn. 16; *Schulze-Fielitz*, in: Dreier II, Art. 47 Rn. 15; *Klein*, in: Maunz/Dürig, Art. 47 Rn. 36.

**Gesetzgebung:** AbgG.

**Leitentscheidungen:** BVerfGE 32, 157 (Stichtagsregelung); BVerfGE 40, 296 (Diätenurteil); BVerfGE 42, 312 (Abgeordnetenmandat für Kirchenbeamte); BVerfGE 76, 256 (Beamtenversorgung – Unterschiede zur Abgeordnetenentschädigung); BVerfGE 102, 224 (Funktionszulagen für Parlamentarier); BVerfGE 118, 277 (Abgeordnetenmandat – Berufstätigkeit).

**Schrifttum:** Vgl. das Schrifttum zu Art. 38; ferner *H. H. v. Arnim,* Entschädigung und Amtsausstattung, in: Schneider/Zeh, § 16; *P. Austermann,* Die Anrechnungsbestimmungen im Abgeordnetenrecht des Bundes und der Länder, 2011; *S. Helmes,* Spenden an politische Parteien und an Abgeordnete des Deutschen Bundestages, 2014; *A. Käßner,* Nebentätigkeiten und Nebeneinkünfte der Mitglieder des Deutschen Bundestages, 2010; *H. Kühr,* Legalität und Legitimität von Mandatsträgerbeiträgen, 2014; *C. Lontzek,* Die Sonderbeiträge von Abgeordneten an Partei und Fraktion, 2012; *S. Schüttemeyer/E. Schmidt-Jortzig* (Hrsg.), Der Wert der parlamentarischen Repräsentation, 2014; *R. Stalbold,* Die steuerfreie Kostenpauschale der Abgeordneten, 2004; *J. v. Waldthausen,* Gesetzgeberische Gestaltungsfreiheit und öff. Kontrolle im Verfahren zur Festsetzung der Abgeordnetenentschädigung, 2000; *D. Wiefelspütz,* Entschädigungsanspruch und Versorgung des Abgeordneten HdbParlR, § 15.

## Übersicht

## A. Bedeutung

Art. 48 enthält – wie die Art. 46 und 47 – nähere Bestimmungen zu der in Art. 38 I allg. geregelten **1** verfassungsrechtlichen Stellung der Abg. des BTag.[1] Er **sichert die Bewerbung um ein Abgeordnetenmandat und dessen Ausübung** durch Leistungsansprüche, insbes. auf Wahlvorbereitungsurlaub (Abs. 1) und Abgeordnetenentschädigung (Abs. 3), sowie durch ein Hinderungsverbot bei der Mandatsübernahme und -ausübung (Abs. 2).

## B. Urlaubsanspruch (Abs. 1)

Wer sich um einen Sitz im BTag bewirbt, hat gemäß Art. 48 I Anspruch auf den zur Vorbereitung **2** seiner Wahl erforderlichen Urlaub.

Die **Bewerbung** setzt voraus, dass die betreffende Person das passive Wahlrecht zum BTag besitzt[2] **3** und sich tatsächlich, dh erkennbar und ernsthaft, um ihre Wahl bemüht. Dies ist in aller Regel bei Aufnahme in einen Wahlvorschlag als Wahlkreis- oder Listenbewerber (§§ 20, 27 BWahlG) der Fall, aber im Zweifel auch schon dann anzunehmen, wenn eine konkrete Aussicht besteht, in einen solchen Wahlvorschlag aufgenommen zu werden.[3]

Unter **Urlaub** ist die Freistellung von öff.-rechtl. oder privatrechtl. Dienstverpflichtungen gegen- **4** über Dritten zu verstehen.[4] Urlaubsberechtigt können deshalb nur unselbständig Beschäftigte sein,[5] nicht hingegen selbständig Tätige[6] oder gar Strafgefangene.[7] Der Umfang des **erforderlichen** Urlaubs bestimmt sich nach der Inanspruchnahme des Bewerbers durch die Vorbereitung seiner Wahl unabhängig von den Interessen des Dienstberechtigten.[8] Ein Zeitraum von bis zu zwei Monaten während der letzten zwei Monate vor dem Wahltag, wie er in § 3 S. 1 AbgG festgelegt ist, erscheint auf Grund der praktischen Erfahrungen als ausreichend.[9]

---

[1] Vgl. → Art. 38 Rn. 45 ff. Zur – über Art. 28 I 1 vermittelten – Geltung des Art. 48 für Landtagsabgeordnete BVerfGE 40, 296 (319); 98, 145 (158, 160); 102, 224 (234 f., 237); ausf. dazu *v. Arnim/Drysch* BK, Art. 48 (2019) Rn. 24 ff.; *Klein,* in: Maunz/Dürig, Art. 48 Rn. 42 ff.

[2] Vgl. → Art. 38 Rn. 101.

[3] *Klein,* in: Maunz/Dürig, Art. 48 Rn. 57 f.; *v. Arnim/Drysch* BK, Art. 48 (2019) Rn. 129; *St. Storr* MKS II, Art. 48 Rn. 1; *Schulze-Fielitz,* in: Dreier II, Art. 48 Rn. 10.

[4] *Klein,* in: Maunz/Dürig, Art. 48 Rn. 49; *v. Arnim/Drysch* BK, Art. 48 (2019) Rn. 127; *St. Storr* MKS II, Art. 48 Rn. 3.

[5] *Badura,* in: Schneider/Zeh, § 15 Rn. 68; *St. Storr* MKS II, Art. 48 Rn. 4 ff.; *Schulze-Fielitz,* in: Dreier II, Art. 48 Rn. 11.

[6] *St. Storr* MKS II, Art. 48 Rn. 9; *Pieroth,* in: Jarass/Pieroth, Art. 48 Rn. 2; BGHZ 94, 248 (255).

[7] BVerfG NVwZ 1982, 96; *Klein,* in: Maunz/Dürig, Art. 48 Rn. 53; *v. Arnim/Drysch* BK, Art. 48 (2019) Rn. 127; *St. Storr* MKS II, Art. 48 Rn. 7; *Trute,* in: v. Münch/Kunig I, Art. 48 Rn. 6; aA *Schneider* AK GG, Art. 48 Rn. 2.

[8] *Klein,* in: Maunz/Dürig, Art. 48 Rn. 62; *Schulze-Fielitz,* in: Dreier II, Art. 48 Rn. 13.

[9] *v. Arnim/Drysch* BK, Art. 48 (2019) Rn. 130; *Schneider* AK GG, Art. 48 Rn. 4; *St. Storr,* MKS II, Art. 48 Rn. 9.

**5**  Ein Anspruch auf **bezahlten Urlaub** besteht nicht (§ 3 S. 2 AbgG).[10] Dies kommt dem Erfordernis entgegen, nur ernsthafte Wahlbewerber freizustellen. Auch bei Vorliegen der Anspruchsvoraussetzungen muss der Urlaub **beantragt** und vom Dienstberechtigten gewährt werden (§ 3 S. 1 AbgG). Bei Verweigerung ist eigenmächtiges Fernbleiben nicht zulässig, sondern der Rechtsweg (ggf. im Eilverfahren) zu beschreiten.[11]

## C. Hinderungsverbot (Abs. 2)

**6**  Nach Art. 48 II darf niemand gehindert werden, das Amt eines Abg. zu übernehmen und auszuüben (S. 1). Eine Kündigung oder Entlassung aus diesem Grunde ist unzulässig (S. 2).

**7**  Dieses Hinderungsverbot enthält – wie das freie Mandat im Allgemeinen[12] – ein **Abwehrrecht** nicht nur gegenüber der öff. Gewalt, sondern entfaltet auch unmittelbare Drittwirkung gegenüber Privaten.[13] Dagegen verstoßende Willenserklärungen sind nichtig (§ 134 BGB)[14] und ggf. schadensersatzpflichtig (823 II BGB).[15]

**8**  Das Hinderungsverbot schützt die **Übernahme und Ausübung des Abgeordnetenamts**,[16] setzt also nach seinem Wortlaut voraus, dass die Wahl zum BTag schon erfolgt bzw. die Mitgliedschaft im BTag noch nicht beendet ist. Demgegenüber **erweitert** das AbgG im Einklang mit Sinn und Zweck der Verfassungsbestimmung den Kündigungsschutz zeitlich, so dass er schon mit der Aufstellung als Wahlbewerber beginnt und erst ein Jahr nach Mandatsbeendigung endet (§ 2 III 3 u. 4 AbgG); ferner erstreckt es das Hinderungsverbot auf Benachteiligungen am Arbeitsplatz im Zusammenhang mit der Wahlbewerbung (§ 2 II AbgG).[17]

**9**  Das **Hinderungsverbot erfasst** nach Ansicht des BVerfG nicht alles, was der Übernahme und der Ausübung des Abgeordnetenmandats „hinderlich ist", sondern nur das darauf gerichtete „Hindern".[18] Erforderlich ist ein Verhalten, das die Übernahme oder Ausübung des Mandats erschweren oder unmöglich machen soll („Intention"); nicht hingegen genügen Handlungen, die in eine ganz and. Richtung zielen und die Freiheit der Mandatsausübung und -übernahme nur unvermeidlich als tatsächliche Folge oder Wirkung beeinträchtigen.[19]

**10**  Diese gegenüber einem früheren Verständnis, das auch jeden mittelbaren Druck auf den Betroffenen einbezog,[20] **engere Auslegung** des Hinderungsverbots lässt sich mit dem Wandel des Abgeordnetenmandats zu einer Hauptbeschäftigung mit „Vollalimentation" aus der Staatskasse erklären.[21] Dadurch ist der Abg. unabhängiger und gegenüber mandatsbedingten Einschränkungen in seinem beruflich-wirtschaftlichen Bereich weniger empfindlich geworden.

**11**  Die „Absichtsformel" des BVerfG birgt jedoch die Gefahr verfassungsrechtlich bedenklicher **Schutzlücken,** die sich insbes. bei Kündigungen von Gesellschaftsverträgen und sonstigen Beeinträchtigungen freiberuflich tätiger Abg. verwirklichen können.[22]

**12**  Die Unzulässigkeit einer **Kündigung oder Entlassung** ist in Art. 48 II 2 besonders genannt, weil insoweit ein erhöhtes Schutzbedürfnis besteht. Die Abgrenzung zwischen den beiden Begriffen ist theoretisch schwierig, praktisch jedoch von geringer Bedeutung, weil es sich lediglich um Beispiele für das allg. Hinderungsverbot in Art. 48 II 1 handelt.[23] Gemeint ist das unfreiwillige Ausscheiden aus einem Dienst- oder Arbeitsverhältnis, dh von unselbständig Beschäftigten.[24] Nicht erfasst sein soll die Kündigung von Gesellschaftsverträgen selbständig Tätiger,[25] die jedoch unter das allg. Hinderungsverbot des Art. 48 II 1 fallen kann.[26]

**13**  Unzulässig ist eine Kündigung oder Entlassung nur, wenn sie **„aus diesem Grund"** erfolgt, dh wegen der Annahme oder Ausübung des Mandats (§ 2 III 1 AbgG). IÜ ist eine Kündigung nach dem

---

[10] Ebenso *Klein,* in: Maunz/Dürig, Art. 48 Rn. 67 ff.; *Pieroth,* in: Jarass/Pieroth, Art. 48 Rn. 2; *St. Storr* MKS II, Art. 48 Rn. 17 f.; *Trute,* in: v. Münch/Kunig I, Art. 48 Rn. 8; *Schulze-Fielitz,* in: Dreier II, Art. 48 Rn. 13; *Umbach,* in: Umbach/Clemens, GG II, Art. 48 Rn. 16; krit. *v. Arnim/Drysch* BK, Art. 48 (2019) Rn. 134; *Schneider* AK GG, Art. 48 Rn. 5.

[11] *Klein,* in: Maunz/Dürig, Art. 48 Rn. 66; *v. Arnim/Drysch* BK, Art. 48 (2019) Rn. 133; *St. Storr* MKS II, Art. 48 Rn. 19 ff.

[12] Vgl. → Art. 38 Rn. 46 ff.

[13] BVerfGE 42, 312 (328); *v. Arnim/Drysch* BK, Art. 48 (2019) Rn. 136.

[14] BGHZ 43, 384 (387).

[15] *Klein,* in: Maunz/Dürig, Art. 48 Rn. 109.

[16] Zum Amt des Abg. → Art. 38 Rn. 52 ff.; *Klein,* in: Maunz/Dürig, Art. 48 Rn. 28 ff.

[17] *St. Storr,* MKS II, Art. 48 Rn. 26 f; *v. Arnim/Drysch* BK, Art. 48 (2019) Rn. 138.

[18] BVerfGE 42, 312 (329); 118, 277 (334; näher diff. abwM 346 ff.).

[19] Ebda.

[20] BGHZ 43, 384 (387).

[21] Vgl. → Rn. 18 f.

[22] Vgl. → Rn. 12.

[23] BVerfGE 42, 312 (328).

[24] *Schneider* AK GG, Art. 48 Rn. 7; *Pieroth,* in: Jarass/Pieroth, Art. 48 Rn. 4.

[25] BGHZ 94, 248 (252 ff.); krit. *Kühne* ZParl 1986, 347 ff.; aA *Trute,* in: v. Münch/Kunig I, Art. 48 Rn. 13; *Klein,* in: Maunz/Dürig, Art. 48 Rn. 80, 100.

[26] Ebenso *Schulze-Fielitz,* in: Dreier II, Art. 48 Rn. 16; *Umbach,* in: Umbach/Clemens, GG II, Art. 48 Rn. 19.

Abgeordnetengesetz im Einklang mit dem verfassungsrechtlichen Schutzzweck nur aus wichtigem Grund zulässig (§ 2 III 2 AbgG).

**Nicht erfasst** von dem Hinderungsverbot werden verfassungsrechtlich zulässige Beeinträchtigungen **14** der Übernahme und Ausübung des Abgeordnetenmandats.[27] Dazu gehören etwa Beschränkungen der Wählbarkeit (Art. 137 I; Art. 38 iVm § 15 II BWahlG), der Ausschluss von Doppelmandaten im BTag und in einem Landtag oder dem Europäischen Parlament, die Kürzung von Diäten bei einem Doppelmandat, die Einstellung oder Kürzung von Zahlungen aus dem Dienst-, Arbeits- oder Gesellschaftsverhältnis an den Abg., soweit dieser seine beruflichen Pflichten nicht mehr erfüllt, oder die mit dem Immunitätsschutz (Art. 46 II bis IV) vereinbare straf- oder disziplinarrechtliche Verfolgung und Strafvollstreckung.[28]

**Demgegenüber** erscheint die Zulässigkeit wirtschaftlicher Unvereinbarkeitsbestimmungen oder **15** eines allg. Berufsausübungsverbots für Abg. ohne ausdr. Grundlage im GG zweifelhaft.[29]

## D. Entschädigungsanspruch (Abs. 3)

Nach Art. 48 III haben die Abg. Anspruch auf eine angemessene, ihre Unabhängigkeit sichernde **16** Entschädigung (Satz 1) und ein Recht der freien Benutzung aller staatlichen Verkehrsmittel (Satz 2). Das Nähere regelt ein Bundesgesetz (Satz 3).

## I. Alimentation und Amtsausstattung (Satz 1)

Die **Entschädigung** soll die **Unabhängigkeit** und damit die Entschließungsfreiheit des Abg. **17** gegenüber der öff. Gewalt und einflussreichen gesellschaftlichen Kräften, insbes. auch gegenüber seiner Fraktion und seiner Partei, sichern und es ihm ermöglichen, die sich aus seinem repräsentativen verfassungsrechtlichen Status ergebenden Rechte und Pflichten in Freiheit wahrzunehmen.[30]

Dabei ist von der Veränderung der tatsächlichen Verhältnisse auszugehen.[31] Sie hat dazu geführt, **18** dass die Inanspruchnahme des Abg. durch sein Mandat – zumindest auf gesamtstaatlicher Ebene – von einer Neben- zu einer **Hauptbeschäftigung** geworden ist, die eine Berufsausübung neben dem Abgeordnetenamt (Art. 48 II 1), wenn auch nur noch in eingeschränktem Umfang, verfassungsrechtlich unbestritten zulässt.[32]

Dementsprechend hat sich auch die Entschädigung von einem Ausgleich des mit dem Mandat **19** verbundenen besonderen Aufwands (Kostenerstattung) zu einer **Alimentation** (Entgelt, Bezahlung, Einkommen o. ä.) des Abg. und seiner Familie aus der Staatskasse gewandelt.[33] Dennoch übt der Abg. sein Mandat weiterhin in Unabhängigkeit aus und „schuldet" rechtlich keine Dienste.[34] Auch gewährleistet der Entschädigungsanspruch – im Unterschied zum Alimentationsprinzip für Beamte – **keine dauernde Vollalimentation**.[35] Vielmehr beschränkt er sich auf die Dauer der Parlamentszugehörigkeit, die in der Regel einen atypischen Abschnitt von durchschnittlich etwa zehn Jahren im Berufsleben des Abg. umfasst.[36]

Eine **angemessene, die Unabhängigkeit sichernde Entschädigung** muss so bemessen sein, dass sie **20** für den Abg. und seine Familie während der Dauer der Parlamentszugehörigkeit eine ausreichende Existenzgrundlage abgeben kann und außerdem der Bedeutung des Amtes gerecht wird.[37] Sie muss eine entsprechende Lebensführung ermöglichen, auch wenn der Abg. kein Einkommen aus einem Beruf hat.[38] And. Zwecken, wie etwa dem einer Mitfinanzierung der politischen Partei, darf sie nicht dienen.[39]

---

[27] BVerfGE 42, 312 (326).

[28] BVerfGE 42, 312 (326 ff.); *v. Arnim/Drysch* BK, Art. 48 (2019) Rn. 146 ff.; *Klein,* in: Maunz/Dürig, Art. 48 Rn. 89 ff.

[29] *Schneider* AK GG, Art. 48 Rn. 9; weitergehend (verfassungswidrig) BGHZ 72, 70 (75); *Pieroth,* in: Jarass/ Pieroth, Art. 48 Rn. 5; *Klein,* in: Maunz/Dürig, Art. 48 Rn. 94 f.; *Schulze-Fielitz,* in: Dreier II, Art. 48 Rn. 17; aA *v. Arnim/Drysch* BK, Art. 48 (2019) Rn. 153 f.

[30] BVerfGE 20, 56 (103); 4, 144 (150); 32, 157 (164); 40, 296 (311 ff.); 102, 224 (239); zum „Abgeordnetenbild" *Austermann* ZParl 2012, 719 ff.; zur Geschichte der Entschädigung *Austermann,* in: Schüttemeyer/Schmidt-Jortzig (Hrsg.), S. 103 ff.; zum internationalen Vergleich *Schüttemeyer und Haas,* ebda, S. 173 ff.

[31] Ausf. *v. Arnim/Drysch* BK, Art. 48 (2019) Rn. 60 ff.

[32] BVerfGE 40, 296 (312 f.); 32, 157 (164); 76, 256 (342); 118, 277 (323; abwM 340 ff.).

[33] BVerfGE 40, 296 (313 ff. – „Vollalimentation"); krit. *Schneider* AK GG, Art. 48 Rn. 11 f.

[34] BVerfGE 40, 296 (316); 76, 256 (341).

[35] BVerfGE 76, 256 (341 f.), in ausdrückl. Abweichung von BVerfGE 40, 296, die sich im Wesentl. auf die Alterssicherung beschränken dürfte; ebenso *v. Arnim,* in: Schneider/Zeh, § 16 Rn. 20.

[36] BVerfGE 76, 256 (342); 40, 296 (315).

[37] *v. Arnim/Drysch* BK, Art. 48 (2019) Rn. 196 ff., 209 f.

[38] BVerfGE 40, 296 (316); aA *Roth* AöR 129 (2004), 219 ff. (242 f.).

[39] BVerfGE 40, 296 (316). – Zu verfassungsrechtl. Bedenken gegenüber Sonderbeiträgen von Abg. an Parteien und Fraktionen *v. Arnim,* in: Schneider/Zeh, § 16 Rn. 97 ff.; *Becker* ZParl 1996, 377 ff.; *Meyer* KritV 1995, 242 ff.; *Schulze-Fielitz,* in: Dreier II, Art. 48 Rn. 27; *Lontzek,* Sonderbeiträge, passim; *Kühr,* Mandatsträgerbeiträge, passim.

21     Die Entschädigung mit Alimentationscharakter (Grundentschädigung) steht den Abg. auf Grund ihrer formalen Gleichstellung in **gleicher Höhe** zu.[40] Neben Aufwendungsersatz, der einen Ausgleich für sachlich begründeten, besonderen, mit dem Mandat verbundenen Aufwand darstellt,[41] sind Zusatzentschädigungen als Funktionszulagen zu öff. Mitteln, die ihre Grundlage allerdings nicht in dem Mandat, sondern in besonderen Wahl- und Bestellungsakten des Parlaments haben, nur zugunsten des Parlamentspräsidenten und seiner Stellvertreter sowie – auf Grund der inzwischen veränderten parl. Arbeitsbedingungen – auch zugunsten der Fraktionsvorsitzenden zulässig.[42] Darüber hinaus ist die „Amtszulage" auf die Vorsitzenden der Ausschüsse, der Untersuchungsausschüsse und der Enquete-Kommissionen ausgedehnt worden (§ 11 II AbgG).[43] Der verfassungsrechtliche Grundsatz der Gleichheit aller vor dem Gesetz (Art. 3 I) verlangt, dass die Grundentschädigung und eine Zusatzentschädigung – wie sonstiges Einkommen – der **Besteuerung unterworfen** werden.[44]

22     **Einkommen aus einer beruflichen Tätigkeit** des Abg. bleibt – wie diese selbst – grds. unberührt.[45] Zulässig, jedoch von Parteispenden abzugrenzen, sind auch Spenden an Abg. (§ 44a II 4 AbgG).[46] Unzulässig sind demgegenüber Bezüge aus einem Angestelltenverhältnis, einem sog. Beratervertrag oder Ähnlichem, die dem Abg. nur deshalb gezahlt werden, damit er die Interessen des Zahlenden im Parlament vertritt und durchzusetzen versucht, woraus sich besondere Offenlegungspflichten für den Abg. ergeben können.[47] Verfassungswidrig ist auch die Weiterzahlung des Gehalts oder die Zahlung eines Ruhegehalts an Beamte, die Abgeordnetenentschädigung erhalten.[48] Bei einem Zusammentreffen der Abgeordnetenentschädigung mit and. Bezügen aus öff. Kassen, zB als Minister oder Versorgungsempfänger, geht die Alimentationsverpflichtung nicht notwendig auf eine doppelte Aufbringung des angemessenen Lebensunterhalts, sondern sind gegenseitige Anrechnungen zulässig und geboten.[49]

23     In Ausführung des Regelungsauftrags durch ein Bundesgesetz (Art. 48 III 3) sieht das Abgeordnetengesetz Alimentationsleistungen und eine Amtsausstattung als Aufwandsentschädigung vor. Die **Alimentationsleistungen** umfassen eine monatliche Grundentschädigung (§ 11 AbgG), ein Übergangsgeld (§ 18 AbgG), eine Alters-, Invaliden- und Hinterbliebenenversorgung (§§ 19 ff. AbgG) sowie Beihilfen in Krankheits-, Pflege- und Geburtsfällen (§§ 27 f. AbgG).[50]

24     Die – steuerfreie – **Amtsausstattung** zur Abgeltung der durch das Mandat veranlassten Aufwendungen umfasst Geld- und Sachleistungen, insbes. ein eingerichtetes Büro am Sitz des BTag, Aufwendungen für die Beschäftigung von Mitarbeitern, die aus diesen Mitteln nur für die Parlaments- und nicht für die Wahlkampftätigkeit des Abgeordneten bezahlt werden dürfen,[51] sowie eine Kostenpauschale ua für Wahlkreisbüros außerhalb des Sitzes des BTag und für Mehraufwendungen am Sitz des BTag (§ 12 AbgG).[52] Eine infolge der Pauschalierung mögliche steuerliche Begünstigung der Abg. ist auf Grund des verfassungsrechtlich geschützten Mandats dem Grunde nach gerechtfertigt.[53] Die

---

[40] BVerfGE 40, 296 (317 f.); 102, 224 (237 f.) unter Erweiterung der Bezugsgrundlage von Art. 38 I 1 auf Art. 38 I 1 und 2 „soweit die Entschädigung der Abgeordneten in Rede steht", während iÜ für die Gleichheit ihres Status auf Art. 38 I 2 abgestellt wird (→ Art. 38 Rn. 60).

[41] BVerfGE 40, 296 (318); 102, 224 (242).

[42] BVerfGE 40, 296 (317 f.); 102, 224 (234 ff., insbes. 236 f., 240, 242); krit. zu dieser Beschränkung *Klein,* in: Maunz/Dürig, Art. 48 Rn. 168 ff.; *Trute,* in: v. Münch/Kunig I, Art. 48 Rn. 25; *Umbach,* in: Umbach/Clemens, GG II, Art. 48 Rn. 26; *Kretschmer* ZParl 2000, 787 ff.; *Hölscheidt* DVBl 2000, 1734 ff.; *Welti* DÖV 2001, 705 ff.; *Schmahl* AöR 130 (2005), 114 ff.; *Brocker/Messer* NVwZ 2005, 895 ff.; BremStGH NVwZ 2005, 929; vgl. demgegenüber *Hellermann* ZG 2001, 177 ff.; *Röper* DÖV 2002, 655 ff.

[43] Zur Begr. *Wiefelspütz* HdbParlR, § 15 Rn. 15 ff.

[44] BVerfGE 40, 296 (327 f.).

[45] BVerfGE 40, 296 (318 f.); 76, 256 (343).

[46] Ausf. *Austermann* ZParl 2010, 227 ff.; *Helmes,* Spenden, passim.

[47] BVerfGE 40, 296 (318 f.); 42, 312 (328). – Vgl. dazu die verfassungsrechtlich nicht bedenkenfreie Regelung in §§ 44a und 44b AbgG, § 18 iVm Anl. 1 GOBT (Verhaltensregeln für Mitglieder des Deutschen BTag) und die dazu vom Präsidenten des Deutschen BTag erlassenen Ausführungsbestimmungen, zul. v. 26.10.2017 (zugänglich auf der Website des BTag), die das BVerfG (BVerfGE 118, 277 [352 ff.; abwM 377 ff.]) nur bei Stimmengleichheit gemäß § 15 IV 3 BVerfGG gebilligt hat; BVerwGE 135, 77; *Badura* ZSE 2005, 167 ff.; *v. Arnim* NVwZ 2006, 249 ff.; *Waldhoff* ZParl 2006, 251 ff.; *Schnapp* NWVBl 2006, 401 ff.; *Janz/Latotzky* NWVBl 2007, 385 ff.; *v. Armin* DÖV 2007, 897 ff.; *Badura,* FS H.-P. Schneider, 2008, S. 153 ff.; *Linck* NJW 2008, 24; *van Aaken* Der Staat 49 (2010), 369; *Käß* VerwArch 101 (2010), 457 ff.; *Käßner,* Nebentätigkeiten, S. 136 ff.; *Kühn,* Verhaltensregeln, S. 98 ff.; *Piechaczek,* Lobbyismus im Deutschen Bundestag, 2014.

[48] BVerfGE 40, 296 (321 ff.); §§ 5 ff. AbgG; ausf. *v. Arnim/Drysch* BK, Art. 48 (2019) Rn. 271 ff.

[49] BVerfGE 40, 296 (329 f.); 76, 256 (343); § 29 AbgG; *v. Arnim,* in: Schneider/Zeh, § 16 Rn. 79 ff.; *Austermann,* Anrechnungsbestimmungen, S. 151 ff.; *Austermann* DÖV 2013, 187 ff.

[50] Ausf. *Klein,* in: Maunz/Dürig, Art. 48 Rn. 171 ff.; *Trute,* in: v. Münch/Kunig I, Art. 48 Rn. 31 ff.; *v. Arnim/Drysch* BK, Art. 48 (2019) Rn. 202 ff.

[51] BVerfGE 146, 327 Rn. 90, 112 ff.; *v. Arnim* DVBl. 2019, 8.

[52] ThürVerfGH LVerfGE 14, 458; *v. Arnim* DÖV 2011, 345 ff.

[53] BVerfGE, 2 BvR 2227/08 v. 26.7.2010; ebenso zuvor *Waldhoff* FR 2007, 225 ff.; BFH, VI R 13/06 v. 11.9.2008 Rn. 20 ff. mit abl. Anm. *Englisch* NJW 2009, 894 ff.; zu verfassungsrechtlichen Bedenken *Stalbold,* Die steuerfreie Kostenpauschale, S. 48 ff.

Regelung der Alimentationsleistungen und der Amtsausstattung ist trotz der Vorbehalte des BVerfG stark an das Beamtenrecht angelehnt und auch wegen der teilweise großzügigen Leistungsvoraussetzungen **verfassungsrechtlich nicht ganz zweifelsfrei.**[54]

## II. Benutzung staatlicher Verkehrsmittel (Satz 2)

Das Recht auf **freie Benutzung aller staatlichen Verkehrsmittel** (Art. 48 III 2) gehört ebenfalls **25** zur Amtsausstattung des Abg. (§ 12 IV AbgG). Staatliche Verkehrsmittel sind nur solche des Bundes, unabhängig von ihrer Rechtsform.[55] Der unentgeltliche Beförderungsanspruch besteht nach der näheren Regelung des AbgG nur noch für die Deutsche Bahn AG, hängt jedoch nicht davon ab, dass der Abg. in Ausübung seines Mandats reist (§ 16 I 1 AbgG).[56]

IÜ gelten Kosten für Fahrten in Ausübung des Mandats innerhalb des Bundesgebiet durch die **26** **Kostenpauschale** im Rahmen der Amtsausstattung als abgegolten (§ 12 II Nr. 3 AbgG). Flug- und Schlafwagenkosten sowie Kosten für sonstige schienengebundene Beförderungsmittel außerhalb des ÖPNV werden jedoch gegen Nachweis zusätzlich **erstattet** (§ 16 I 2 AbgG). Gesondert erstattungsfähig sind ferner bestimmte Kosten bei Dienstreisen, die jedoch der vorherigen Zustimmung des BTagPräs bedürfen (§ 17 AbgG).

## III. Regelung durch Bundesgesetz (Satz 3)

Die nähere Regelung der Abgeordnetenentschädigung – wie der gesamten Haushaltsmittel des **27** BTag[57] – erfolgt durch ein **Bundesgesetz** (Art. 48 III 3) und damit durch den BTag selbst.[58] Der Gestaltungsspielraum des Gesetzgebers ist in diesem Bereich weit bemessen[59] und durch die Besonderheit gekennzeichnet, dass die Abg. **in eigener, dh ausschließlich sie selbst betreffender, Sache** entscheiden.[60] Daher bedarf es wirksamer Verfahrensvorkehrungen zur Gewährleistung der erforderlichen demokratischen und rechtsstaatlichen Kontrolle. Das Parlament muss selbst, öff. und begründet, dh im Plenum sowie für die Allgemeinheit transparent und verständlich, beschließen.[61] Es darf sich diesen Anforderungen nicht dadurch entziehen, dass es die Bemessung der Abgeordnetenentschädigung an and. Einkommen (zB der Beamten oder Minister) koppelt oder sonst – durch Dynamisierung oder Indexierung – automatisiert.[62] Nicht frei von Kopplungs- und Automatisierungstendenzen ist das Abgeordnetengesetz durch Orientierung der Abgeordnetenentschädigung an der Besoldung von Richtern und durch die jährliche Anpassung der Entschädigung an die Entwicklung des vom Statistischen Bundesamt ermittelten Nominallohnindex sowie durch die jährliche Anpassung der Kostenpauschale für die Amtsausstattung an die Entwicklung der allg. Lebenshaltungskosten aller privaten Haushalte.[63] Demgegenüber empfiehlt die vom Ältestenrat des BTag eingesetzte „Unabhängige Kommission zu

---

[54] Ausf. *v. Arnim/Drysch* BK, Art. 48 (2019) Rn. 202 ff. (Grundentschädigung), Rn. 202 ff. (Übergangsgeld), Rn. 251 ff. (Altersversorgung), Rn. 301 ff (Amtsausstattung); *Schneider* AK GG, Art. 48 Rn. 13 f.; *Schulze-Fielitz,* in: Dreier II, Art. 48 Rn. 37 (betr. ausgeschiedene Abg.); *Klein,* in: Maunz/Dürig, Art. 48 Rn. 187 ff. (Amtsausstattung).

[55] *v. Arnim/Drysch* BK, Art. 48 (2019) Rn. 323.

[56] Zur Steuerpflichtigkeit privater Freifahrten *v. Arnim/Drysch* BK, Art. 48 (2019) Rn. 387.

[57] *Gröpl* DÖV 2018, 537.

[58] Vgl. das G über die Rechtsverhältnisse der Mitglieder des Deutschen BTag (Abgeordnetengesetz – AbgG) v. 18.2.1977 (BGBl I 297) idF der Bek. v. 21.2.1996 (BGBl I 326), zul. geänd. durch 30. ÄndG v. 11.7.2014 (BGBl I 906); dazu *v. Arnim* DVBl. 2014, 605 ff.; *Austermann* ZParl 2014, 270 ff.; *Patzelt* ZParl 2014, 282 ff.; *Welti* ZParl 2014, 258 ff.; *Schwarz* NVwZ 2016, 97 ff.

[59] BVerfGE 76, 256 (342).

[60] BVerfGE 40, 296 (327); *v. Arnim,* FS Kriele, 1997, S. 627 ff.; *Isensee,* FS Schiedermair, 2001, S. 181 ff.; *Streit,* Entscheidung in eigener Sache, 2006, S. 140 ff.; *Lang,* Gesetzgebung in eigener Sache, 2007, S. 50 ff.; *Schulze-Fielitz,* in: Dreier II, Art. 48 Rn. 34; *Klein,* in: Maunz/Dürig, Art. 48 Rn. 147 ff.; *v. Arnim/Drysch* BK, Art. 48 (2019) Rn. 159 ff.; *v. Arnim* DÖV 2015, 537 ff.; *S. Schönberger* FS Morlok 2019, S. 191.

[61] BVerfGE 40, 296 (316 f., 327); *v. Arnim/Drysch* BK, Art. 48 (2019) Rn. 166 ff.; *v. Waldthausen,* Gesetzgeberische Gestaltungsfreiheit und öffentliche Kontrolle im Verfahren zur Festsetzung der Abgeordnetenentschädigung, 2000, S. 192 ff.

[62] BVerfGE 40, 296 (316); *Schneider* AK GG, Art. 48 Rn. 13; *Umbach,* in: Umbach/Clemens, GG II, Art. 48 Rn. 35; *v. Arnim/Drysch* BK, Art. 48 (2019) Rn. 172 ff.; diff. *Klein,* in: Maunz/Dürig, Art. 48 Rn. 156 ff.; *Hoven* ZParl 2008, 233. – Zur Problematik sog. „Staffeldiäten" krit. *v. Arnim,* in: Schneider/Zeh, § 16 Rn. 38; *Pestalozza* NJW 1987, 818 ff.; BVerfGE 102, 224 (245).

[63] §§ 11 I, IV, 12 II 1 AbgG; dazu und zu der Entstehungsgeschichte, die eine gescheiterte Änd. des Art. 48 III einschließt, *Wiefelspütz* ZParl 2001, 765 ff.; krit. *v. Arnim* NJW 1996, 1233 ff.; *v. Arnim,* Das neue Abgeordnetengesetz, 1997, passim. – Zur Problemlösung wurde erneut vorgeschlagen, Art. 48 III dahin zu ändern, dass die Höhe der Entschädigung nicht mehr durch Parlamentsgesetz, sondern von einer unabhängigen, vom BPräs einzusetzenden Sachverständigenkommission festgelegt wird; vgl. den GesetzesEntw. der FDP-Fraktion v. 6.5.2008, BT-Dr 16/9055, und zu den damit verbundenen Schwierigkeiten im Hinblick auf Art. 79 III GG *Klein,* in: Maunz/Dürig, Art. 48 Rn. 203 ff.; *Schulze-Fielitz,* in: Dreier II, Art. 48 Rn. 36; *Sinner,* Abgeordnetenentschädigung, in: Austermann/Schmahl (Hrsg.), Abgeordnetengesetz, § 11 Rn. 64 ff.

Fragen des Abgeordnetenrechts", daran festzuhalten und zudem den Kreis der Empfänger von Funktionszulagen zu erweitern.[64]

## Art. 49 [Einrichtungen zwischen den Wahlperioden]

**GG 1949:** Für die Mitglieder des Präsidiums und des ständigen Ausschusses sowie für deren erste Stellvertreter gelten die Artikel 46, 47 und die Absätze 2 und 3 des Artikels 48 auch für die Zeit zwischen zwei Wahlperioden.

Aufgeh. durch das 33. G zur Änd. des GG v. 23.8.1976 (BGBl I 2381); dazu → Art. 39 Rn. 7.

---

[64] Ber. und Empfehlungen der Unabhängigen Kommission zu Fragen des Abgeordnetenrechts BT-Dr 17/12500 v. 19.3.2013: Dynamisierung/Indexierung der Entschädigung (S. 16 ff.) und der Kostenpauschale (S. 31 ff.), Funktionsvergütungen auch für Ausschussvorsitzende und für Inhaber von Fraktionsämtern (S. 32 ff.); dazu die Beiträge in *Schüttemeyer/Schmidt-Jortzig* (Hrsg.), Repräsentation; *Schmidt-Jortzig* ZParl 2014, 247 ff.; krit. *v. Arnim* NVwZ-Extra 8a/2013, 1 ff.

# IV. Der Bundesrat

## Art. 50 [Aufgaben]

**Durch den Bundesrat wirken die Länder bei der Gesetzgebung und Verwaltung des Bundes und in Angelegenheiten der Europäischen Union mit.**

**Entstehungsgeschichte: Erstfassung:** JöR nF 1 (1951), 381. – **Änderung:** 38. G. zur Erg. des GG v. 21.12.1992 (BGBl I 2086), Art. 1 Nr. 5 (dazu: BT-Dr 12/3338 [Entwurf]; BT-Prot 12/9315, 10 809; BR-Dr 501/92, 809/92; BR-Prot 92/419, 488, 638, 687).

**Historische Verfassungstexte: RV 1849:** § 85 Der Reichstag besteht aus zwei Häusern, dem Staatenhaus und dem Volkshaus. § 100 Ein Reichstagsbeschluß kann nur durch die Uebereinstimmung beider Häuser gültig zu Stande kommen. – **RV 1871: Art. 5** (1) Die Reichsgesetzgebung wird ausgeübt durch den Bundesrath und den Reichstag. Die Uebereinstimmung der Mehrheitsbeschlüsse beider Versammlungen ist zu einem Reichsgesetze erforderlich und ausreichend. (2) Bei Gesetzesvorschlägen über das Militairwesen, die Kriegsmarine und die im Artikel 35 bezeichneten Abgaben giebt, wenn im Bundesrathe eine Meinungsverschiedenheit stattfindet, die Stimme des Präsidiums den Ausschlag, wenn sie sich für die Aufrechterhaltung der bestehenden Einrichtungen ausspricht. **Art. 7** (1) Der Bundesrath beschließt: 1) über die dem Reichstage zu machenden Vorlagen und die von demselben gefaßten Beschlüsse; 2) über die zur Ausführung der Reichsgesetze erforderlichen allgemeinen Verwaltungsvorschriften und Einrichtungen, sofern nicht durch Reichsgesetz etwas Anderes bestimmt ist; 3) über Mängel, welche bei der Ausführung der Reichsgesetze oder der vorstehend erwähnten Vorschriften oder Einrichtungen hervortreten... – **WRV: Art. 60** Zur Vertretung der deutschen Länder bei der Gesetzgebung und Verwaltung des Reichs wird ein Reichsrat gebildet. – **GG 1949:** Durch den Bundesrat wirken die Länder bei der Gesetzgebung und Verwaltung des Bundes mit.

**Gesetzgebung:** GOBRat.

**Leitentscheidungen:** BVerfGE 1, 299 (Wohnungsbaumittel); BVerfGE 8, 104 (Volksbefragung Atomwaffen); BVerfGE 37, 363 (Zustimmungsbedürftigkeit); BVerfGE 106, 310 (Zuwanderungsgesetz).

**Schrifttum:** *Bundesrat,* Vierzig Jahre Bundesrat, 1989; *C. Dästner,* Zur Aufgabenverteilung zwischen Bundesrat, Landesregierungen und Landesparlamenten in Angelegenheiten der Europäischen Union, NWVBl 1994, 1; *C. Deecke,* Verfassungsrechtliche Anforderungen an die Stimmenverteilung im Bundesrat, 1998; *Deutscher Bundestag* (Hrsg.), Schlußbericht der Enquête-Kommission Verfassungsreform, BT-Dr 7/5924, Kapitel 7, 9; *ders.,* Dokumentation der Kommission von Bundestag und Bundesrat zur Modernisierung der bundesstaatlichen Ordnung, Zur Sache 1/2005; *R. Dolzer,* Das parlamentarische Regierungssystem und der Bundesrat – Entwicklungsstand und Reformbedarf, VVDStRL 58 (1999), 7; *A. Hanikel,* Die Organisation des Bundesrats, 1991; *R. Herzog,* Der Bundesrat HStR III, §§ 57, 58, 59; *K. Hesse,* Der unitarische Bundesstaat, 1962; *H. H. Klein,* Der Bundesrat im Regierungssystem der Bundesrepublik Deutschland, ZG 2002, 297; *H. Laufer,* Der Bundesrat, 1972; *ders.,* Abstimmungskonflikt im Bundesrat im Spiegel der Staatsrechtslehre, 2003; *C. Mellein,* Die Rolle von Bundesrat und Bundesrat in der Europäischen Union, EuR-Beiheft 2011, 13; *R. Morawitz,* Die Zusammenarbeit von Bund und Ländern bei Vorhaben der Europäischen Gemeinschaft, 1981; *D. Posser,* Der Bundesrat und seine Bedeutung HdbVerfR, § 24; *K. Reuter,* Bundesrat und Bundesstaat, 14. Aufl. 2009; *ders.,* Praxishandbuch Bundesrat, 2. Aufl. 2007; *A. Rührmair,* Der Bundesrat zwischen Verfassungsauftrag, Politik und Länderinteressen, 2001; *M. Sachs,* Das parlamentarische Regierungssystem und der Bundesrat – Entwicklungsstand und Reformbedarf, VVDStRL 58 (1999), 39; *T. I. Schmidt,* Der Bundesrat, Geschichte, Struktur, Funktion, Hdb Föderalismus I, 2012, S. 651; *U. Scholl,* Der Bundesrat in der deutschen Verfassungsentwicklung, 1982; *G. Ziller/G.-B. Oschatz,* Der Bundesrat, 10. Aufl. 1998

### Übersicht

## A. Allgemeines

### I. Historische Entwicklung

Die Institution des BRat knüpft in der Sache wie dem Namen nach an ältere föderale Organbildungen an und spiegelt so ein Kontinuum der deutschen Geschichte.[1] Stets waren territoriale Interessen institutionell auf gesamtdeutscher Ebene an der politischen Entscheidungsfindung beteiligt. Das galt schon für den Reichstag des Heiligen Römischen Reiches Deutscher Nation und die Bundesversammlung des Deutschen Bundes. **1**

---

[1] *Reuter,* Praxishandbuch Bundesrat, 2. Aufl. 2007, S. 2 Rn. 1.

2    Die Verfassung von **1848/49** sah als Teil des Reichstages neben dem Volkshaus ein Staatenhaus vor, das aus Vertretern der deutschen Staaten bestehen sollte (Art. 85, 86). In der Verfassung des Norddeutschen Bundes begegnet erstmals auch der Name Bundesrat für die Repräsentation der Mitglieder des Bundes (Art. 6); die Verfassung von **1871** führt dies fort (Art. 6). Allerdings kam diesen Organen eine im Vergleich zum heutigen BRat ungleich stärkere politische Leitungsfunktion im gesamtstaatlichen Zusammenhang zu. Die WRV von **1919** sah stattdessen einen Reichsrat zur Vertretung der deutschen Länder bei der Gesetzgebung und Verwaltung des Reiches vor (Art. 60), dessen Einfluss besonders bei der Gesetzgebung zwar nicht unerheblich, aber im Ganzen doch geringer war, weil als bloßes Einspruchsrecht ausgebildet war.

3    Die Gestalt des BRat im GG war Gegenstand intensiver Auseinandersetzungen im **Konvent von Herrenchiemsee** und im **ParlRat;** seine grds. Existenz erscheint allerdings faktisch vorgeprägt durch die auch von den Westalliierten geforderte föderale Struktur der Bundesrepublik Deutschland. Von starken Kräften war die Bildung eines Senats als föderatives Organ im Sinne einer echten Zweiten Kammer eines einheitlichen Gesetzgebungsorgans favorisiert worden, dessen Mitglieder von den LParl zu wählen gewesen wären.[2] Demgegenüber setzte sich, politisch vorbereitet durch die Übereinkunft zwischen dem bayerischen MinPräs *Ehard* (CSU) und dem stellv. Fraktionsvorsitzenden der SPD, *Menzel,* die Bundesratslösung durch.

4    Soweit **Vorgängerorganen** des BRat Zuständigkeiten zugewiesen waren, sind sie auf den BRat übergegangen.[3] Bei Zweifeln kommt es auf die konkreten Funktionen des Vorgängerorgans und auf die Vereinbarkeit der Kompetenzwahrnehmung mit der allgemeinen Stellung des BRat an.[4] In Fällen des Art. 129 I 1 entscheidet die BReg im Einvernehmen mit dem BRat.

## II. Stellung des Bundesrates

5    Der BRat ist ein oberstes Bundesorgan und **Verfassungsorgan des Bundes.**[5] Seine Stellung als Verfassungsorgan folgt daraus, dass Einrichtung und wesentliche Zuständigkeiten vom GG selbst festgelegt sind, und kommt unter anderem in den weitreichenden Selbstorganisationskompetenzen des BRat zum Ausdruck (Art. 52).[6]

6    Durch den BRat wirken die Länder auf **Bundesebene** mit; der BRat ist dabei aber nach ganz herrschender Meinung kein Organ der Länder.[7] Maßnahmen des BRat sind rechtlich ausschließlich dem Bund zuzurechnen.[8] Er unterliegt im Verhältnis zu anderen Bundesorganen der Verpflichtung zur Organtreue, nicht aber folgen für ihn bestimmte Abstimmungspflichten aus dem Grundsatz der Bundestreue der Länder.[9]

7    Der BRat wird durch Art. 50 konstituiert. Art. 79 III mag mit der Gewährleistung der grundsätzlichen Mitwirkung der Länder bei der Gesetzgebung die Existenz des BRat praktisch auch einer **Verfassungsänderung** entziehen, zwingend ist die konkrete Form der Institutionalisierung dieser Mitwirkung im BRat jedoch nicht.[10] Vor allem ist die Mitwirkung der Länder bei der Verwaltung des Bundes und in Angelegenheiten der Europäischen Union nicht von der Garantie des Art. 79 III erfasst. Auch der Umfang der Teilhabe an der Gesetzgebung bleibt jenseits eines Kernbestandes Veränderungen zugänglich.

8    Die Grundsatznorm des Art. 50 verweist zur näheren Bestimmung der Mitwirkungsbefugnisse auf weitere Normen, die sich vielfältig im GG verstreut finden. Auch zusätzliche einfachgesetzliche **Kompetenzzuweisungen** an den BRat sind nicht ausgeschlossen, soweit die Kompetenzordnung des GG gewahrt bleibt.[11] Art. 50 begründet selbst keine umfassende Mitwirkungsbefugnis; die konkreten Kompetenzen werden vielmehr vom GG enumerativ, wenngleich nicht abschließend aufgezählt. In diesen Einzelbestimmungen werden die Befugnisse begründet; konstitutive Funktion kommt dem Art. 50 selbst allerdings insoweit zu, als er die Existenz des BRat als solchen anordnet.

9    Die Zuweisung einer bloßen Mitwirkungsbefugnis versagt dem BRat trotz einzelner Initiativrechte wie bei der Gesetzgebung und im VerfassungsprozessR die Stellung eines primären politischen **Initiativorgans,** die aktiven Lenkungsaufgaben liegen eher bei BReg und BTag.

10   Das GG weist dem BRat nach dem BTag den **zweiten Platz** in der Reihe der bes. Organe zu, durch die das Staatsvolk die Staatsgewalt ausübt.[12] Bes. Konsequenzen besitzt dies kaum.

---

[2] Vgl. *Morsey,* in: Bundesrat (Hrsg.), Der Bundesrat als Verfassungsorgan und politische Kraft, 1974, S. 64 ff.; *Reuter* (Fn. 1), S. 62 Rn. 61; *Scupin* BK, Art. 50 (Erstbearb.) S. 1 ff.

[3] Vgl. *Schöbener* BK, Art. 50 (2010) Rn. 12.

[4] Vgl. *Blumenwitz* BK, Art. 50 (1987) Rn. 4.

[5] BVerfGE 1, 299 (311); 8, 104 (120); 84, 304 (335); *Reuter* (Fn. 1), S. 39 f. Rn. 12 f.

[6] Vgl. GeschO des BRat i. d. F. der Bek. v. 26.11.1993, BGBl I 2007; *Schöbener* BK, Art. 50 (2010) Rn. 7.

[7] BVerfGE 1, 299 (311); 8, 104 (120); *Maunz/Scholz,* in: Maunz/Dürig, Art. 50 Rn. 5.

[8] *Schöbener* BK, Art. 50 (2010) Rn. 9.

[9] *Lange,* FS Erwin Stein, 1983, S. 189 f.; *Schöbener* BK, Art. 50 (2010) Rn. 11.

[10] *Maunz/Scholz,* in: Maunz/Dürig, Art. 50 Rn. 9; *Reuter* (Fn. 1), S. 41 ff. Rn. 18.

[11] BVerfGE 1, 299 (311).

[12] Vgl. *Blumenwitz* BK, Art. 50 (1987) Rn. 2; *Stern,* StaatsR II, S. 125.

Die Mitwirkung bei Gesetzgebung, Verwaltung und in Angelegenheiten der EU gibt dem BRat im **11** Blick auf Grundsätze der **Gewaltenteilung** ein besonderes Gepräge. Er wirkt als Klammer zwischen Gesetzgebung, Verwaltung und integrationspolitischer Gewalt auf Bundesebene und trägt zugleich ein Element vertikaler Gewaltenteilung zwischen Bund und Ländern.

Zusätzlichen Einfluss erhält der BRat in **Notstands- und Verteidigungslagen,** bedingt durch **12** seine Basis in der Regierungsverantwortung in den Ländern (Art. 35 III 2, 87a IV 2, 91 II 2, 115a I 1, 115c I 2, III, 115d II, 115f II, 115k III 2, 115l II 1). Der für den Verteidigungsfall gebildete GemAussch von BTag und BRat besteht zu einem Drittel aus Mitgliedern des BRat (Art. 53a I 1).

Der BRat bündelt die **bundespolitischen Interessen** der Länder. Mit seinen erheblichen Kom- **13** petenzen stärkt er ihren Einfluss im Bund und hindert dabei zugleich desintegrierende Kräfte des föderativen Systems. Die Länder sind nicht auf die Wahrnehmung spezifischer Länderinteressen im BRat verwiesen; sie sind vielmehr gehalten, gerade auch Belange des Bundes als solche wahrzunehmen.[13] Die seit Bestehen der Bundesrepublik Deutschland beobachtete Tendenz zur Stärkung des Bundes auf Kosten von Länderkompetenzen haben die Länder durch eine gleichzeitige kontinuierliche Stärkung des BRat im Zusammenspiel der Bundesorgane jedenfalls teilweise kompensieren können.

Der BRat ist ein **dauerndes Bundesorgan.** Anders als der BTag kennt er keine Legislaturperioden, **14** das Diskontinuitätsprinzip gilt für ihn nicht. Der Wechsel seiner Mitglieder ist besonders, freilich nicht ausschließlich, von dem grundsätzlich nie den ganzen BRat erfassenden Wechsel der Regierungen in den Ländern abhängig. Im Grundsatz trägt der BRat deshalb ein Element der Kontinuität in das Zusammenwirken der Bundesorgane.

Der BRat ist zwar ein Bundesorgan, es sind jedoch die **Länder,** die durch ihn an Bundesangelegen- **15** heiten mitwirken. In der Konsequenz der deutschen Verfassungstradition, an die damit angeknüpft wird, liegt es, dass entspr. die Regierungen über die Mitglieder dieses Organs entscheiden. Ein Mangel an demokratischer Legitimation ist damit nicht gegeben.[14] Die Mitglieder des BRat unterliegen in ihren Ländern der parlamentarischen Verantwortung. Zudem liegt eher eine Stärkung demokratischer Elemente darin, dass über die föderalistische Verankerung die Vielfalt kultureller und politischer Vorstellungen zum Tragen gebracht wird.

Ein Verbot, über den BRat **parteipolitischen Einfluss** auf die Bundespolitik zu nehmen, besteht **16** nicht.[15] Es folgt auch nicht aus der Beschränkung der Mitwirkungsbefugnis auf die „Länder". Länderpolitische Interessen sind nach dem in Art. 21 besonders zum Ausdruck gebrachten Politikverständnis des GG durchaus durch die Mitwirkung politischer Parteien bestimmt.

Neben dem BRat bleiben **politische Koordinierungsgremien** von Bund und Ländern zulässig, **17** wie sie sich als Ministerpräsidenten- und Fachministerkonferenzen etabliert haben. Sie dürfen allerdings die Kompetenzen des BRat nicht beeinträchtigen. Soweit die Länder zuständig sind, können sie ihre Befugnisse auch gemeinsam, in Absprache untereinander oder im Zusammenwirken mit dem Bund und dessen Organen ausüben. Eine solche Länderkoordination gehört nicht in den Aufgabenbereich des BRat und kann deshalb auch die Kompetenzen dieses Bundesorganes nicht schmälern.[16]

Das GG selbst sieht eine unmittelbare **Beteiligung der Länder** und Länderorgane auch außerhalb **18** des BRat vor. So haben die Länder teil an der Wahl des BPräs durch die Bundesversammlung (Art. 54 III), über den Richterwahlausschuss an der Berufung der Richter an den obersten Gerichtshöfen des Bundes (Art. 95 II), an der Außenpolitik des Bundes über das Anhörungsrecht nach Art. 32 II, und sie besitzen das Antragsrecht gem. Art. 84 IV (vgl. auch Art. 89 III, 90 III, 138, 91b, 91, 35 II); im Übrigen bedurfte das GG der Annahme durch die Volksvertretungen in zwei Dritteln der Länder (Art. 144 I).

## B. Mitwirkung bei der Gesetzgebung

Der BRat wirkt vielfältig und zum Teil bestimmend neben BTag, BReg, BPräs und VermA bei der **19** **Gesetzgebung** mit. Ob man ihn als zweite Kammer eines einheitlichen Gesetzgebungsorgans bezeichnet,[17] hängt von einem außerverfassungsrechtlichen Bild der Gesetzgebung und ihrer Institutionalisierung ab. Wesentlich sind demgegenüber die konkreten Normierungen des GG. Jedenfalls besitzt der BRat kein allgemeines Kontroll- und Mitentscheidungsrecht.[18]

---

[13] *Blumenwitz* BK, Art. 50 (1987) Rn. 3.

[14] *H. H. Klein,* in: Bundesrat (Hrsg.), Vierzig Jahre Bundesrat, 1989, S. 102 f.; einschränkend *Jekewitz,* AK II, Vorb. Art. 50 Rn. 11.

[15] *Posser* HdbVerfR, § 24 Rn. 108 ff.; *Blumenwitz* BK, Art. 50 (1987) Rn. 57; *Ziller/Oschatz,* Der Bundesrat, 10. Aufl. 1998, S. 61; *H. H. Klein* DÖV 1971, 325 ff.; *Laufer,* Der Bundesrat, 1972, S. 8 f.; *Reuter* (Fn. 1), S. 65 ff. Rn. 67 ff.; kritisch *Maunz/Scholz,* in: Maunz/Dürig, Art. 50 Rn. 25; diff. *Hofmann,* in: Hofmann/Hopfauf, Art. 50 Rn. 35.

[16] *Blumenwitz* BK, Art. 50 (1987) Rn. 16; *Maunz/Scholz,* in: Maunz/Dürig, Art. 50 Rn. 11.

[17] *Stern,* Staatsrecht I, S. 743; *Wyduckel* DÖV 1989, 181; verneinend BVerfGE 37, 363 (380); *Pieroth,* in: Jarass/Pieroth, Art. 50 Rn. 3; *Hofmann,* in: Hofmann/Hopfauf, Art. 50 Rn. 7.

[18] BVerfGE 37, 363 (381); *Hofmann,* in: Hofmann/Hopfauf, Art. 50 Rn. 9.

20 Im Gesetzgebungsverfahren hat der BRat ein **Initiativrecht** (Art. 76 I), das sowohl für einfache Gesetze als auch für die Änderung des GG besteht. Ein Initiativrecht hat der BRat auch für die Aufhebung von Gesetzen des GemAussch im Zusammenhang mit dem Verteidigungsfall (Art. 115a I). Zu Vorlagen der BReg kann der BRat Stellung nehmen, bevor der Gesetzentwurf dem BTag zugeleitet wird (Art. 76 II). Dass dieses Recht umgangen werden kann, indem die BReg Gesetzentwürfe durch Abgeordnete der sie tragenden Mehrheit im BTag einbringen lässt, wird vielfach kritisiert,[19] gehört aber zum verfassungsrechtlich erlaubten Prozess politischer Auseinandersetzung.

21 Die Bundesgesetze werden vom BTag beschlossen. Dem BRat steht aber bei allen Bundesgesetzen das Recht zu, den **Vermittlungsausschuss** anzurufen (Art. 77 II 1) und hierüber Einfluss auf den Inhalt des vom BTag beschlossenen Gesetzes und den Zeitpunkt seines Inkrafttretens zu nehmen.

22 Der BRat kann jedenfalls gegen ein vom BTag beschlossenes Gesetz **Einspruch** einlegen, was nach der grundgesetzlichen Systematik der Regelfall für die Einflussnahme des BRat ist. Der BTag kann den Einspruch mit qualifizierten Mehrheiten allerdings zurückweisen (Art. 77 III, IV).

23 Zahlreiche Gesetze bedürfen demgegenüber der **Zustimmung des Bundesrates** (ua: Art. 23 I 2 und 3, VII, 29 VII, 73 II, 74 II, 80 II, 81 I, II, III, 79 II, 84 I, II, III und V 1, 85 I, 87 III 2, 87b I 3 und 4 und II 1 und 2, 87c, 87d II, 87f I, 91a I, 91c IV, 91e III, 96 V, 104a IV, V 2, VI 4, 105 III, 106 III–VI, 106a 2, 106b 2, 107 I, 108 II, IV, V, 109 IV, V, 109a, 115a ff., 120a I 1, 134 IV, Art. 135 V).[20] Es handelt sich dabei zumeist um Materien, die die Länderinteressen besonders stark zu berühren geeignet sind. Umgekehrt lässt sich aus einem besonderen Interesse der Länder allein aber kein Zustimmungsrecht des BRat ableiten. In der Praxis überwiegt heute die Zahl der Zustimmungsgesetze, was dem BRat eine auch politisch zentrale Position verschafft, die gerade bei unterschiedlichen parteipolitischen Mehrheiten in BTag und BRat über die ursprünglichen Vorstellungen des Verfassungsgebers hinausgehen dürfte.

24 Die auch verfassungssichernde Funktion des BRat zeigt besonders das Verfahren der **Verfassungsänderung,** wobei neben der Zustimmung von zwei Dritteln der Mitglieder des BTag die Zustimmung von zwei Dritteln der Stimmen des BRat erforderlich ist.

25 Im **Gesetzgebungsnotstand** vermag unter den Voraussetzungen des Art. 81 die Zustimmung des BRat zu einem Gesetzesentwurf der BReg, den diese als dringlich bezeichnet, einen Gesetzesbeschluss des BTag im Wege der Fiktion zu ersetzen. Dies weist ihm weniger die Funktion einer Legalitätsreserve[21] als vielmehr die einer Stabilitätsreserve in Fällen politischer Instabilität zu und trägt einen eher gubernativen Akzent des GG.

26 In einem weiteren Sinne gehört zur Mitwirkung an der Gesetzgebung des Bundes auch die Teilhabe an der gemeinsamen Beschlussfassung über **Geschäftsordnungen anderer Verfassungsorgane,** an denen der BRat beteiligt ist. Dies gilt für die GO des VermA (Art. 77 II 2) und des GemAussch (Art. 53a I 4) sowie die GO für die gemeinsame Beratung von BTag und BRat im Verteidigungsfall (Art. 115d II 4).

27 Im **Verteidigungsfall** bedürfen die Beschlüsse des BTag zur Feststellung und zur Beendigung des Verteidigungsfalles der Zustimmung des BRat (Art. 115a I 1, 115e II 1). Dasselbe gilt für die Aufhebung von Gesetzen des GemAussch (Art. 115e II 1).

28 Im allg. Gesetzgebungsverfahren können die Mitglieder des BRat über ihr **Zutritts- und Rederecht** in den Sitzungen des BTag gem. Art. 43 II Einfluss nehmen. Diese Rechte bestehen für alle Sitzungen des BTag ohne Rücksicht auf den Gegenstand der Verhandlung.

## C. Mitwirkung bei der Verwaltung

29 Die – auch praktisch sehr bedeutsame[22] – Mitwirkung des BRat bei der **Verwaltung** des Bundes betrifft vor allem allgemeine Leitungs- und Grundsatzentscheidungen. Der Begriff der Verwaltung besitzt gegenüber dem der vollziehenden Gewalt in Art. 1 III, 20 III keine besondere Bedeutung.[23]

30 Zahlreiche **Rechtsverordnungen** der BReg oder des zuständigen BMinisters bedürfen der Zustimmung des BRat. Ohne die Zustimmung des BRat kommt die RVO nicht zustande. Dies ist nach Art. 80 II der Fall für RVO zu bestimmten Fragen der Bereiche Postwesen, Telekommunikation und Eisenbahnen sowie für RVO auf Grund von Bundesgesetzen, die der Zustimmung des BRat bedürfen oder die von den Ländern im Auftrage des Bundes (Art. 85 GG) oder als eigene Angelegenheiten (vgl. Art. 84 GG) ausgeführt werden. Ebenfalls der Zustimmung des BRat bedürfen RVO gem. Art. 109 IV 3, 119 S. 1, 129 I 2, 130 I 2 (vgl. noch Art. 130 I 2, 132 IV).

31 Für RVO, die seiner Zustimmung bedürfen, besitzt der BRat gem. Art. 80 III darüber hinaus gegenüber der BReg ein eigenes **Initiativrecht.**

---

[19] Vgl. *Bryde,* in: v. Münch III, Art. 76 Rn. 21 ff.; *Maunz/Scholz,* in: Maunz/Dürig, Art. 50 Rn. 17.
[20] *Reuter* (Fn. 1), S. 114 f. Rn. 155.
[21] So aber *Maunz/Scholz,* in: Maunz/Dürig, Art. 50 Rn. 8; kritisch auch *Schöbener* BK, Art. 50 (2010) Rn. 63 ff.
[22] *Ziller/Oschatz* (Fn. 15), S. 47 ff.
[23] *Pieroth,* in: Jarass/Pieroth, Art. 50 Rn. 4.

Der Zustimmung des BRat bedürfen auch zahlreiche allgemeine **Verwaltungsvorschriften** gem. 32
Art. 84 II, 85 II 1 und 108 VII. Es handelt sich dabei um Verwaltungsvorschriften zu solchen
Gesetzen, die von den Behörden der Länder vollzogen werden.

Soweit dem Bund Aufsichtskompetenzen über die Landesbehörden zukommen, besitzt der BRat 33
**Entscheidungsbefugnisse** besonders dann, wenn die BReg Mängel der Ausführung feststellt. Der
BRat entscheidet, ob die BReg gegen den Willen des betroffenen Landes Beauftragte zur Sicherstellung rechtmäßiger Vollziehung von Bundesgesetzen in landeseigener Verwaltung an nachgeordnete
Landesbehörden entsenden darf (Art. 84 III 2). Der BRat beschließt auf Antrag der BReg oder des
Landes, ob das Land bei der Ausführung von Bundesgesetzen das Recht verletzt hat (Art. 84 IV 1), was
auch im entsprechenden Fall bei der Bundesauftragsverwaltung gem. Art. 85 IV zwar nicht erforderlich, wohl aber möglich ist.[24] Zum Mittel des **Bundeszwanges** kann die BReg nur mit Zustimmung
des BRat greifen (Art. 37 I).

Dem BRat stehen auch einzelne **Interzessionsrechte**[25] zu. Setzt die BReg im Katastrophen- oder 34
Unglücksfall gem. Art. 35 III 1 Bundesgrenzschutz (jetzt: Bundespolizei) oder Streitkräfte ein oder
weist sie die LReg an, Polizeikräfte anderen Ländern zur Verfügung zu stellen, sind diese Maßnahmen
auf Verlangen des BRat jederzeit aufzuheben (Art. 35 III 2). Dasselbe gilt, wenn die BReg bei
innerem Notstand Polizeikräfte der Länder ihren Weisungen unterstellt oder Einheiten des Bundesgrenzschutzes einsetzt (Art. 91 II 2). Der BRat kann verlangen, dass der Einsatz der Streitkräfte im
Innern gem. Art. 87a IV eingestellt wird. Weitere Interzessionsrechte besitzt der BRat gegenüber
Gesetzen und Maßnahmen im Rahmen des Verteidigungsfalles gem. Art. 115l I, insbesondere kann
der BRat einen gemeinsamen Beschluss von BRat und BTag über die Beendigung des Verteidigungsfalles herbeiführen (Art. 115l II 1 und 2).

Der BRat besitzt über die Zustimmungs- und Mitwirkungskompetenz gem. Art. 59 II Anteil an der 35
**auswärtigen Gewalt** des Bundes, was auch durch seine Mitwirkungsbefugnisse bei der Feststellung
und Beendigung des Verteidigungsfalles (Art. 115a, 115l) und bei Ergänzungen des Wortlautes des GG
im Zusammenhang mit Friedens-, besatzungsrechtlichen und verteidigungsregelungen (Art. 79 I 2, II)
zum Ausdruck kommt. Politisch wirksame Instrumente in diesem Bereich sind besonders auch das
Zitierungsrecht und die Informationspflicht der BReg (Art. 53), das Rederecht im BTag (Art. 43 II)
sowie die Befugnis zu eigener Stellungnahme des BRat.[26]

Gem. Art. 56 S. 1 leistet der **Bundespräsident** seinen Amtseid vor den versammelten Mitgliedern 36
des BTag und des BRat. Der Präsident des BRat ist der Vertreter des BPräs (Art. 57).

Der BRat wählt neben dem BTag die Hälfte der **Richter des Bundesverfassungsgerichts** 37
(Art. 94 I 2). Der BRat besitzt neben einfachgesetzlichen Verfahrensrechten vor dem BVerfG[27] von
Verfassungs wegen die Antragsbefugnis im Organstreitverfahren (Art. 93 I Nr. 1) und bei der Anklage
des BPräs wegen vorsätzlicher Verletzung der Verfassung (Art. 61 I).

Die weitgehende Mitverantwortung des BRat im Verfassungsleben kommt nicht zuletzt in den 38
**Kontrollkompetenzen** zum Ausdruck, die ihm in nicht unerheblichem Maße zustehen. Auch diese
Kontrolle wird von dem Begriff der „Verwaltung des Bundes" umfasst.

Art. 53 S. 3 verpflichtet die BReg, den BRat über die Führung der Geschäfte **auf dem Laufenden** 39
zu halten. Die Mitglieder der Regierung haben auf Verlangen des BRat die Pflicht, an dessen
Verhandlungen teilzunehmen (Art. 53 S. 1). Neben den Informationsrechten von BRat und Ge-
mAussch über bestimmte Maßnahmen der BReg im Verteidigungsfall gem. Art. 115f II besitzen der
GemAussch und damit auch die ihm zugehörenden Mitglieder des BRat das Recht, über die
Planungen der BReg für den Verteidigungsfall unterrichtet zu werden (Art. 53a II 1).

Der BMinister der Finanzen hat neben dem BTag dem BRat gem. Art. 114 I **Rechnung zu legen.** 40
Darüber hinaus erstattet der Bundesrechnungshof seinen jährlichen Prüfbericht neben BTag und BReg
auch dem BRat (Art. 114 II 2). Er ist deshalb Hilfsorgan nicht nur des BTag, sondern auch des BRat.

Umfangreich sind auch die dem BRat durch **einfaches Gesetz** zugewiesenen Mitwirkungsbefug- 41
nisse.[28]

Umstritten ist, ob der BRat sich weitere, im GG nicht ausdrücklich aufgezählte **Hilfsorgane** 42
schaffen kann.[29] Allgemein wird jedoch die Einrichtung von Untersuchungsausschüssen für zulässig
gehalten.[30]

---

[24] *Pieroth*, in: Jarass/Pieroth, Art. 85 Rn. 8; *Bull*, AK III, Art. 85 Rn. 18; aA *Stern*, Staatsrecht II, S. 814.

[25] *Herzog* HStR III, § 58 Rn. 40.

[26] Vgl. *Schöbener* BK, Art. 50 (2010) Rn. 113; *Oppermann*, in: Bundesrat (Hrsg.), Der Bundesrat als Verfassungsorgan und politische Kraft, 1974, S. 309.

[27] Vgl. *Pfitzer/Reuter*, Der Bundesrat, 3. Aufl. 1993, S. 80 ff.; *Fromme*, Gesetzgebung im Widerstreit, 2. Aufl. 1979,
S. 125 ff.

[28] Vgl. *Stern*, Staatsrecht II, S. 131, 150 f.

[29] Zweifelnd *Herzog* HStR III, § 50 Rn. 39.

[30] *Herzog* HStR III, § 50 Rn. 39; aA *Stern*, Staatsrecht II, S. 159.

## D. Mitwirkung in Angelegenheiten der Europäischen Union

**43**   Durch das 38. ÄndG zum GG v. 21.12.1992[31] ist dem BRat ausdrücklich auch die Mitwirkung in Angelegenheiten der **Europäischen Union** eingeräumt worden. Der verfassungsändernde Gesetzgeber reagierte damit vor allem auf Druck der Länder auf den schleichenden Kompetenzverlust der Länder durch die Übertragung von Hoheitsrechten auf die Europäischen Gemeinschaften. Die Kompetenzverluste der Länder werden damit durch Kompetenzgewinne des BRat, also eines Bundesorganes, kompensiert, ein weiteres Beispiel dieses seit langem zu beobachtenden Phänomens.[32] Art. 50 nimmt die ebenfalls später in das GG eingefügte Formulierung des Art. 23 II 1 auf: „In Angelegenheiten der Europäischen Union wirken der BTag und durch den BRat die Länder mit". Beide im Wesentlichen gleich lautende Normen besitzen den nämlichen Inhalt.

**44**   Die Mitwirkungsrechte des BRat im Einzelnen sind vor allem durch Art. 23 Ia, II, IV–VII näher geregelt, zur Vereinfachung des Verfahrens im BRat ist die **Europakammer** durch Art. 52 III a besonders ausgebildet worden. Durch das Verfahren gem. Art. 23 sind dem BRat Informations-, Kontroll-, Klage- und Mitwirkungsrechte zugewachsen. Näheres ist im EuZBLG[33] sowie im IntVG[34] geregelt. Durch den am 1.12.2009 in Kraft getretenen Vertrag von Lissabon wurden die bis dahin bestehenden Mitwirkungsbefugnisse des BRat in Angelegenheiten der EU ausgeweitet.

**45**   Die Begleitgesetze zum Lissabon-Vertrag[35] konkretisieren infolgedessen einfachgesetzlich die verfassungsrechtlichen Beteiligungsrechte sowohl des BTag als auch des BRat am europäischen Integrationsprozess.

## Art. 51 [Zusammensetzung]

**(1) Der Bundesrat besteht aus Mitgliedern der Regierungen der Länder, die sie bestellen und abberufen. Sie können durch andere Mitglieder ihrer Regierungen vertreten werden.**

**(2) Jedes Land hat mindestens drei Stimmen, Länder mit mehr als zwei Millionen Einwohnern haben vier, Länder mit mehr als sechs Millionen Einwohnern fünf, Länder mit mehr als sieben Millionen Einwohnern sechs Stimmen.**

**(3) Jedes Land kann so viele Mitglieder entsenden, wie es Stimmen hat. Die Stimmen eines Landes können nur einheitlich und nur durch anwesende Mitglieder oder deren Vertreter abgegeben werden.**

**Entstehungsgeschichte: Erstfassung:** JöR nF 1 (1951), 383. – **Änderung:** 36. G. zur Änd. des GG v. 31.8.1990 (EV) (BGBl II 885), Art. 4 Nr. 3 (dazu: BT-Dr 11/7760 [Entwurf; Denkschrift zum EV]; BT-Prot 11/17 483, 17 801; BR-Dr 600/90, 635/90; BR-Prot 90/438, 491).
**Historische Verfassungstexte: RV 1849:** § 86 Das Staatenhaus wird gebildet aus den Vertretern der deutschen Staaten. § 87 (1) Die Zahl der Mitglieder verteilt sich nach folgendem Verhältnis:

| | | |
|---|---:|---|
| Preußen | 40 | Mitglieder |
| Oesterreich | 38 | „ |
| Bayern | 18 | „ |
| Sachsen | 10 | „ |
| Hannover | 10 | „ |
| Württemberg | 10 | „ |
| Baden | 9 | „ |
| Kurhessen | 6 | „ |
| Großherzogthum Hessen | 6 | „ |
| Holstein (– Schleswig s. Reich § 1) | 6 | „ |
| Mecklenburg-Schwerin | 4 | „ |
| Luxemburg-Limburg | 3 | „ |

---

[31] BGBl I S. 2086; geändert durch G v. 8.10.2008, BGBl I S. 1926.
[32] Vgl. bereits *Hesse,* Der unitarische Bundesstaat, 1962, S. 22.
[33] BGBl 1993 I, 313.
[34] BGBl 2009 I 3022, 3822.
[35] BGBl 2009 I S. 3022, 3026, 303; insbesondere das Gesetz über die Wahrnehmung der Integrationsverantwortung des Bundestages und des Bundesrates in Angelegenheiten der Europäischen Union, das die Vorgaben des Lissabon-Urteils, BVerfGE 123, 267, vom 30.6.2009 umsetzt. Hierzu auch *Horsch,* ThürVBl. 2012, 242; *Mellein,* EuR-Beiheft 2011, 22 ff.

| | | |
|---|---|---|
| Nassau | 3 | „ |
| Braunschweig | 2 | „ |
| Oldenburg | 2 | „ |
| Sachsen-Weimar | 2 | „ |
| Sachsen-Coburg-Gotha | 1 | „ |
| Sachsen-Meiningen-Hildburghausen | 1 | „ |
| Sachsen-Altenburg | 1 | „ |
| Mecklenburg-Strelitz | 1 | „ |
| Anhalt-Dessau | 1 | „ |
| Anhalt-Bernburg | 1 | „ |
| Anhalt-Köthen | 1 | „ |
| Schwarzburg-Sondershausen | 1 | „ |
| Schwarzburg-Rudolstadt | 1 | „ |
| Hohenzollern-Hechingen | 1 | „ |
| Liechtenstein | 1 | „ |
| Hohenzollern-Sigmaringen | 1 | „ |
| Waldeck | 1 | „ |
| Reuß ältere Linie | 1 | „ |
| Reuß jüngere Linie | 1 | „ |
| Schaumburg-Lippe | 1 | „ |
| Lippe-Detmold | 1 | „ |
| Hessen-Homburg | 1 | „ |
| Lauenburg | 1 | „ |
| Lübeck | 1 | „ |
| Frankfurt | 1 | „ |
| Bremen | 1 | „ |
| Hamburg | 1 | „ |
| | 192 | Mitglieder |

(2) So lange die deutsch-österreichischen Lande an dem Bundesstaate nicht Theil nehmen, erhalten nachfolgende Staaten eine größere Anzahl von Stimmen im Staatenhause; nämlich:

| | |
|---|---|
| Bayern | 20 |
| Sachsen | 12 |
| Hannover | 12 |
| Württemberg | 12 |
| Baden | 10 |
| Großherzogthum Hessen | 8 |
| Kurhessen | 7 |
| Nassau | 4 |
| Hamburg | 2 |

**§ 88** (1) Die Mitglieder des Staatenhauses werden zur Hälfte durch die Regierung und zur Hälfte durch die Volksvertretung der betreffenden Staaten ernannt. (2) In denjenigen deutschen Staaten, welche aus mehreren Provinzen oder Ländern mit abgesonderter Verfassung oder Verwaltung bestehen, sind die durch die Volksvertretung dieses Staates zu ernennenden Mitglieder des Staatenhauses nicht von der allgemeinen Landesvertretung, sondern von den Vertretungen der einzelnen Länder oder Provinzen (Provinzialständen) zu ernennen. (3) Das Verhältniß, nach welchem die Zahl der diesen Staaten zukommenden Mitglieder unter die einzelnen Länder oder Provinzen zu vertheilen ist, bleibt der Landesgesetzgebung vorbehalten. (4) Wo zwei Kammern bestehen und eine Vertretung nach Provinzen nicht Statt findet, wählen beide Kammern in gemeinsamer Sitzung nach absoluter Stimmenmehrheit. **§ 89** (1) In denjenigen Staaten, welche nur Ein Mitglied in das Staatenhaus senden, schlägt die Regierung drei Candidaten vor, aus denen die Volksvertretung mit absoluter Stimmenmehrheit wählt. (2) Auf dieselbe Weise ist in denjenigen Staaten, welche eine ungerade Zahl von Mitgliedern senden, in Betreff des letzten derselben zu verfahren. **§ 90** Wenn mehrere deutsche Staaten zu einem Ganzen verbunden werden, so entscheidet ein Reichsgesetz über die dadurch etwa nothwendig werdende Abänderung in der Zusammensetzung des Staatenhauses. **§ 91** Mitglied des Staatenhauses kann nur sein, wer 1) Staatsbürger des Staates ist, welcher ihn sendet, 2) das 30ste Lebensjahr zurückgelegt hat, 3) sich im vollen Genuß der bürgerlichen und staatsbürgerlichen Rechte befindet. § 92 (1) Die Mitglieder des Staatenhauses werden auf sechs Jahre gewählt. Sie werden alle drei Jahre zur Hälfte erneuert. (2) Auf welche Weise nach den ersten drei Jahren das Ausscheiden der einen Hälfte Statt finden soll, wird durch ein Reichsgesetz bestimmt. Die Ausscheidenden sind stets wieder wählbar. (3) Wird nach Ablauf dieser drei Jahre und vor Vollendung der neuen Wahlen für das Staatenhaus ein außerordentlicher Reichstag berufen, so treten, so weit die neuen Wahlen noch nicht stattgefunden haben, die früheren Mitglieder ein. § 95 Die Mitglieder des Reichstages beziehen aus der Reichskasse ein gleichmäßiges Tagegeld und Entschädigung für ihre Reisekosten. Das Nähere bestimmt ein Reichsgesetz. § 96 Die Mitglieder beider Häuser können durch Instruktionen nicht gebunden werden. § 97 Niemand kann gleichzeitig Mitglied von beiden Häusern sein. § 117 Ein Mitglied des Reichstages darf während der Dauer der Sitzungsperiode ohne Zustimmung des Hauses, zu welchem es gehört, wegen strafrechtlicher Anschuldigungen weder verhaftet, noch in Untersuchung gezogen werden, mit alleiniger Ausnahme der Ergreifung auf frischer That. § 118 In diesem letzteren Falle ist dem betreffenden Hause von der angeordneten Maaßregel sofort Kenntniß zu geben. Es steht demselben zu, die Aufhebung der Haft oder Untersuchung bis zum Schlusse der Sitzungsperiode zu verfügen. § 119 Dieselbe Befugniß steht jedem Hause in Betreff einer Verhaftung oder Untersuchung zu, welche über ein Mitglied desselben zur Zeit seiner Wahl verhängt gewesen, oder nach dieser bis zur Eröffnung der Sitzungen verhängt worden ist § 120 Kein Mitglied des Reichstages darf zu irgendeiner Zeit wegen seiner Abstimmung oder wegen der in Ausübung seines Berufes gethanen Äeußerungen gerichtlich oder disciplinarisch verfolgt oder sonst außerhalb der Versammlung zur Verantwortung gezogen werden. § 123 Die Reichsminister können nicht Mitglieder des Staatenhauses sein. – **RV 1871: Art. 6** (1) Der Bundesrath besteht aus den Vertretern der Mitglieder des Bundes, unter welchen die Stimmführung sich in der Weise vertheilt, daß Preußen mit den ehemaligen Stimmen von

|  |  |  |  |
|---|---|---|---|
| Hannover, Kurhessen, Holstein, Nassau und Frankfurt |  | 17 | Stimmen |
| führt, | Bayern | 6 | „ |
|  | Sachsen | 4 | „ |
|  | Württemberg | 4 | „ |
|  | Baden | 3 | „ |
|  | Hessen | 3 | „ |
|  | Mecklenburg-Schwerin | 2 | „ |
|  | Sachsen-Weimar | 1 | „ |
|  | Mecklenburg-Strelitz | 1 | „ |
|  | Oldenburg | 1 | „ |
|  | Braunschweig | 2 | „ |
|  | Sachsen-Meiningen | 1 | „ |
|  | Sachsen-Altenburg | 1 | „ |
|  | Sachsen-Koburg-Gotha | 1 | „ |
|  | Anhalt | 1 | „ |
|  | Schwarzburg-Rudolstadt | 1 | „ |
|  | Schwarzburg-Sondershausen | 1 | „ |
|  | Waldeck | 1 | „ |
|  | Reuß ältere Linie | 1 | „ |
|  | Reuß jüngere Linie | 1 | „ |
|  | Schaumburg-Lippe | 1 | „ |
|  | Lippe | 1 | „ |
|  | Lübeck | 1 | „ |
|  | Bremen | 1 | „ |
|  | Hamburg | 1 | „ |
|  | zusammen | 58 | Stimmen |

(2) Jedes Mitglied des Bundes kann so viel Bevollmächtigte zum Bundesrathe ernennen, wie es Stimmen hat, doch kann die Gesammtheit der zuständigen Stimmen nur einheitlich abgegeben werden.[1] **Art. 9** Jedes Mitglied des

---

[1] Durch Reichsgesetz vom 31.5.1911 (RGBl 225), Art. I wurde folgende Vorschrift eingefügt: **Art. 6a** (1) „Elsaß-Lothringen führt im Bundesrate drei Stimmen, solange die Vorschriften im Artikel II § 1, § 2 Abs. 1 und 3 des Gesetzes über die Verfassung Elsaß-Lothringens vom 31. Mai 1911 in Kraft sind. (2) Die elsaß-lothringischen Stimmen werden nicht gezählt, wenn die Präsidialstimmen nur durch den Hinzutritt dieser Stimmen die Mehrheit für

Bundesrathes hat das Recht, im Reichstage zu erscheinen und muß daselbst auf Verlangen jederzeit gehört werden, um die Ansichten seiner Regierung zu vertreten, auch dann, wenn dieselben von der Majorität des Bundesrathes nicht adoptirt worden sind. Niemand kann gleichzeitig Mitglied des Bundesrathes und des Reichstages sein. **Art. 10** Dem Kaiser liegt es ob, den Mitgliedern des Bundesrathes den üblichen diplomatischen Schutz zu gewähren. – **WRV: Art. 61** (1) Im Reichsrat hat jedes Land mindestens eine Stimme. Bei den größeren Ländern entfällt auf eine Million Einwohner eine Stimme. Ein Überschuß, der mindestens der Einwohnerzahl des kleinsten Landes gleichkommt, wird einer vollen Million gleichgerechnet.[2] Kein Land darf durch mehr als zwei Fünftel aller Stimmen vertreten sein. (2) Deutschösterreich erhält nach seinem Anschluß an das Deutsche Reich das Recht der Teilnahme am Reichsrat mit der seiner Bevölkerung entsprechenden Stimmenzahl. Bis dahin haben die Vertreter Deutschösterreichs beratende Stimme. (3) Die Stimmenzahl wird durch den Reichsrat nach jeder allgemeinen Volkszählung neu festgesetzt. **Art. 63** (1) Die Länder werden im Reichsrat durch Mitglieder ihrer Regierungen vertreten. Jedoch wird die Hälfte der preußischen Stimmen nach Maßgabe eines Landesgesetzes von den preußischen Stimmen nach Maßgabe eines Landesgesetzes von den preußischen Provinzialverwaltungen bestellt. (2) Die Länder sind berechtigt, so viele Vertreter in den Reichsrat zu entsenden, wie sie Stimmen führen. – **GG 1949:** (1) und (3) wie geltende Fassung. (2) Jedes Land hat mindestens drei Stimmen, Länder mit mehr als zwei Millionen Einwohner haben vier, Länder mit mehr als sechs Millionen Einwohner fünf Stimmen.

**Geltende Landesverfassungen:** *BW*Verf Art. 49 II; *Nds*Verf Art. 37 II Nr. 2; *LSA*Verf Art. 68 III Nr. 2; *Sachs*Verf Art. 64 I; *Thür*Verf Art. 76 II S. 1.

**Leitentscheidung:** BVerfGE 106, 310 (Zuwanderungsgesetz).

**Schrifttum:** Vgl. bei Art. 50.

### Übersicht

## A. Mitgliedschaft (Abs. 1)

### I. Voraussetzungen der Mitgliedschaft

Nur vollberechtigte **Mitglieder der Regierungen** der Länder können Mitglied des BRat sein. Wer **1** zu den Regierungsmitgliedern zählt, bestimmt sich nach dem Recht der Länder. In Bayern, Baden-Württemberg und Sachsen gehören deshalb auch Staatssekretäre, in Baden-Württemberg auch zum Mitglied der LReg berufene Staatsräte dazu, sofern ihnen volles Stimmrecht verliehen ist. Bestellt werden können nur Mitglieder der eigenen LReg. Die Mitgliedschaft wird formal durch einen Bestellungsakt der LReg begründet,[3] der gem. §§ 1, 46 GOBRat dem Präsidenten des BRat mitzuteilen ist. Diesem steht ein Prüfungsrecht über die Frage zu, ob die bestellten Personen die Voraussetzungen der Bestellung erfüllen.[4]

Die Mitglieder **verlieren** ihre Mitgliedschaft durch Tod, Rücktritt und Verlust der Zugehörigkeit **2** zur Landesregierung. Der Wechsel des Ressorts berührt die Mitgliedschaft nicht, es sei denn, im Bestellungsakt wäre die Mitgliedschaft an das Ressort gebunden.

Die Abberufung wie die Bestellung als Mitglied des BRat ist Sache der **Landesregierung.** **3** Daran vermag auch eine Landesverfassung nichts zu ändern. Eine unmittelbare Wahl durch das Landesvolk oder durch den Landtag oder ein sonstiges anderes Organ ist nicht zulässig. Das Verfahren richtet sich nach Landesrecht; regelmäßig handelt es sich um Entscheidungen des Kollegiums, es kann aber die Richtlinienkompetenz des Regierungschefs, sofern sie besteht, durchschlagen.

Auch die **Stellvertreter** der Mitglieder müssen der LReg angehören. Sonstige Beauftragte können **4** lediglich in die Ausschüsse des BRat entsandt werden (Art. 52 IV).

Die Regierungen müssen **mindestens ein Mitglied** des BRat bestellen; die dem Land zustehende **5** Höchstzahl gem. Art. 51 II muss nicht ausgeschöpft werden. Umstritten ist, ob stellvertretende Mit-

---

sich erlangen oder im Sinne des Artikel 7 Abs. 3 Satz 3 den Ausschlag geben würde. Das Gleiche gilt bei der Beschlußfassung über Änderungen der Verfassung. (3) Elsaß-Lothringen gilt im Sinne des Artikel 6 Abs. 2 und der Artikel 7 und 8 als Bundesstaat."

[2] Durch Reichsgesetz vom 24.3.1921 (RGBl 440) erhielt Satz 2 folgende Fassung: „Bei den größeren Ländern entfällt auf 700 000 Einwohner eine Stimme." Eingefügt wurde als zusätzlicher Satz 3: „Ein Überschuss von mindestens 350 000 Einwohnern wird 700 000 gleichgerechnet."

[3] *Schöbener* BK, Art. 51 (2010) Rn. 36 ff.; *Stern*, Staatsrecht II, S. 135.

[4] *Maunz*, in: Bundesrat (Hrsg.), Der Bundesrat als Verfassungsorgan und politische Kraft, 1974, S. 195 (200).

glieder bestellt werden müssen.[5] Da aus Art. 51 I 1 die Verpflichtung jedes Landes zur Mitarbeit im BRat folgt, ist dies zur Sicherstellung solcher Mitarbeit zu bejahen. Im Übrigen lässt Art. 51 I 2 die Vertretung der ordentlichen Mitglieder durch andere Mitglieder der LReg zu; es ist dabei möglich, alle Kabinettsmitglieder zu Stellvertretern zu bestellen.[6]

## II. Inkompatibilitäten

6       Die ganz überwiegende Auffassung nimmt an, dass zwischen der Mitgliedschaft im BRat und im BTag **Inkompatibilität** besteht.[7] Gefolgert wird dies gemeinhin aus dem Konkurrenz- und Kontrollverhältnis zwischen beiden Organen. Dies allein kann eine Inkompatibilität jedoch nicht begründen. Eine vergleichbare Lage besteht auch zwischen BReg und BTag, ohne dass hier Inkompatibilität vorliegt. Auch müssen Inkompatibilitätsnormen wegen der in ihnen liegenden Politikbeschränkung einschränkend ausgelegt werden. Die Unvereinbarkeit zwischen der Mitgliedschaft im BRat und im BTag wird aber jedenfalls durch die Entstehungsgeschichte der Norm nahegelegt.[8] Gem. § 2 S. 2 GOBRat hat ein in den BTag gewähltes Mitglied des BRat dessen Präsidenten in angemessener Frist mitzuteilen, welches der beiden Ämter es niederlegt; danach besteht jedenfalls keine Ineligibilität von Bundesratsmitgliedern zum BTag.

7       **Ausdrückliche Inkompatibilität** besteht zwischen der Mitgliedschaft im BRat und dem Amt des BPräs (Art. 55 I) sowie der Zugehörigkeit zum BVerfG (Art. 94 I 3). Auch BKanzler und BMinister dürfen nach h. M. mit Rücksicht auf Art. 66 dem BRat nicht angehören.[9]

## III. Rechtsstellung der Mitglieder

8       Die **Rechtsstellung** der Mitglieder des BRat ist mit der der Abgeordneten des Deutschen BTag nicht vergleichbar. Sie besitzen in dieser Eigenschaft keine Immunität und keine Indemnität.[10] Ein erhöhter strafrechtlicher Schutz ergibt sich aber aus §§ 90b, 105, 106, 106b, 188 StGB und eine bevorzugte Stellung bei der Vernehmung als Zeuge, die am Sitz des BRat durchzuführen ist, aus §§ 382 II, 402 ZPO, §§ 50 I 1, 72 StPO. Zur Durchsetzung ihres grundgesetzlich begründeten Rechtsstatus besitzen die Mandatsträger ein eigenes Antragsrecht im Organstreitverfahren vor dem BVerfG.

9       Die Mitglieder des BRat haben zu allen Sitzungen des BTag und seiner Ausschüsse **Zutritt** und müssen jederzeit **gehört** werden (Art. 43 II).

Bei der Stimmabgabe sind die Mitglieder des BRat an die **Weisungen** ihrer Landesregierung gebunden. Dies folgt aus der ausdrücklichen Freistellung von Weisungen bei den Beratungen und Abstimmungen im VermA gem. Art. 77 II 3 und im GemAussch gem. Art. 53a I 3 sowie daraus, dass die Stimmen eines Landes nur einheitlich abgegeben werden können (Art. 51 III 2). Stimmen, die entgegen der Weisung abgegeben werden, bleiben aber gültig.[11]

10      Weisungen können nach ganz h. M. nur die **Landesregierungen** erteilen, nicht etwa der Inhaber einer möglicherweise vorhandenen Richtlinienkompetenz oder die Landtage;[12] Weisungen auf Grund von Volksabstimmungen sind ebenfalls unzulässig; entsprechend dürfen auch rechtlich unverbindliche förmliche Volksbefragungen zum Zweck der Meinungsbildung im BRat nicht durchgeführt werden.[13] Das Recht der Landesregierungen, die Mitglieder des BRat zu bestellen und abzuberufen, liefe leer, wenn nicht auch die Weisungsbefugnis für das Abstimmungsverhalten in ihren Händen läge. Dagegen ist die Festlegung in Koalitionsvereinbarungen nach ganz h. M. zulässig. Dies ist jedoch nicht bereits wegen der rechtlichen Unverbindlichkeit der Koalitionsvereinbarung der Fall,[14] die auch für Volksbefragungen gegeben sein kann, sondern weil sie darüber hinaus politische Bestandsvoraussetzung der LReg ist.[15]

---

[5] Bejahend *Herzog* HStR III, § 59 Rn. 4; *Pieroth,* in: Jarass/Pieroth, Art. 51 Rn. 2; verneinend *Maunz,* in: Maunz/Dürig, Art. 51 Rn. 12; *Hendrichs,* in: v. Münch II (2. Aufl.), Art. 51 Rn. 8.

[6] *Stern,* StaatsR II, S. 135.

[7] *Pieroth,* in: Jarass/Pieroth, Art. 51 Rn. 3; *Jekewitz,* AK II, Art. 51 Rn. 6; *Schöbener* BK, Art. 51 (2010) Rn. 74; *Maunz,* in: Maunz/Dürig, Art. 51 Rn. 19; *Hendrichs,* in: v. Münch II (2. Aufl.), Art. 51 Rn. 14; aA *Hamann jr.,* in: Hamann/Lenz, Art. 51 Anm. 2; *Krebs,* in: v. Münch II, Art. 51 Rn. 10.

[8] Vgl. die Ausführungen der *Abg. Dr. Süsterhenn* und *Dr. Fecht* im ARA des ParlRates, Dr 310 v. 26.11.1948, sowie JöR nF 1 (1951), 392 Fn. 11.

[9] *Pieroth,* in: Jarass/Pieroth, Art. 51 Rn. 3.

[10] *Hofmann,* in: Hofmann/Hopfauf, Art. 51 Rn. 6; *Risse,* in: Hömig, Art. 51 Rn. 1.

[11] *Blumenwitz* BK, Art. 51 (1987) Rn. 16; *Krebs,* in: v. Münch II, Art. 51 Rn. 14; *Pieroth,* in: Jarass/Pieroth, Art. 51 Rn. 6.

[12] BVerfGE 106, 310 (334); *Scholz* FS Carstens II, 1984, S. 831 (841 ff.); aA *Heyen* Staat 21 (1982), 191 (200).

[13] BVerfGE 8, 104 (120 f.); BWStGH DÖV 1986, 794 (795); *Pieroth,* in: Jarass/Pieroth, Art. 51 Rn. 6; *Maunz,* in: Maunz/Dürig, Art. 51 Rn. 18.

[14] So auch *Hofmann,* in: Hofmann/Hopfauf, Art. 51 Rn. 13.

[15] *Posser* HdbVerfR, § 24 Rn. 71 ff.

## B. Stimmenzahl (Abs. 2)

Die **Stimmenzahl** der einzelnen Länder richtet sich gem. Art. 51 II nach der **Bevölkerungszahl** 11
des Landes, also nach der Wohnbevölkerung, die auch Ausländer einschließt.[16] Maßgebend sind die
Volkszählung und deren amtliche Fortschreibung.

Gegenwärtig besteht folgende **Stimmverteilung:** 12

| | |
|---|---|
| Baden-Württemberg | 6 |
| Bayern | 6 |
| Berlin | 4 |
| Brandenburg | 4 |
| Bremen | 3 |
| Hamburg | 3 |
| Hessen | 5 |
| Mecklenburg-Vorpommern | 3 |
| Niedersachsen | 6 |
| Nordrhein-Westfalen | 6 |
| Rheinland-Pfalz | 4 |
| Saarland | 3 |
| Sachsen | 4 |
| Sachsen-Anhalt | 4 |
| Schleswig-Holstein | 4 |
| Thüringen | 4 |
| Gesamtstimmenzahl im Bundesrat | 69 |

## C. Stimmabgabe (Abs. 3)

Das Recht jedes Landes gem. Art. 51 III 1, so viele Mitglieder zu **entsenden,** wie es Stimmen hat, 13
bezieht sich anders als das Recht und die Pflicht zur Bestellung von Mitgliedern nach Abs. 1 auf die
einzelnen Sitzungen des BRat.[17]

Für die gültige Abgabe aller einem Land zustehenden Stimmen genügt es, wenn ein Mitglied des 14
Landes oder ein Vertreter anwesend ist und die Stimmen **gemeinsam** abgibt. Werden die Stimmen
nicht einheitlich abgegeben, sind alle Stimmen des Landes ungültig;[18] der klare Wortlaut lässt auch
keinen Raum für differenzierende Lösungen. Stimmenthaltungen sind zwar möglich. Da der BRat
seine Beschlüsse jedoch mit der Mehrheit seiner Stimmen, also stets mit absoluter Mehrheit fasst, führt
Stimmenthaltung im Ergebnis zu einer Abstimmung mit nein.

Treten Zweifel über den Inhalt der Stimmabgabe auf, muss der Bundesratspräsident sich,
gegebenenfalls durch wiederholte Nachfrage, über deren Inhalt vergewissern. Gem. den Grundsätzen der Verfassungsorgantreue wie der Bundestreue ist er gehalten, im Zweifel auf eine gültige
Stimmabgabe hinzuwirken und dabei nach Möglichkeit das jeweilige Landesverfassungsrecht zu
berücksichtigen.

## Art. 52 [Präsident, Verfahren, Europakammer, Ausschüsse]

(1) **Der Bundesrat wählt seinen Präsidenten auf ein Jahr.**

(2) **Der Präsident beruft den Bundesrat ein. Er hat ihn einzuberufen, wenn die Vertreter
von mindestens zwei Ländern oder die Bundesregierung es verlangen.**

---

[16] *Sachs* VVDStRL 58 (1999), 54; *Reuter,* Praxishandbuch Bundesrat, 2. Aufl. 2007, S. 190 Rn. 37.

[17] *Jekewitz,* AK II, Art. 51 Rn. 9; *Pieroth,* in: Jarass/Pieroth, Art. 51 Rn. 5; aA *Maunz,* in: Maunz/Dürig, Art. 51
Rn. 14.

[18] *Pieroth,* in: Jarass/Pieroth, Art. 51 Rn. 6; *Jekewitz,* AK II, Art. 51 Rn. 10; *Maunz,* in: Maunz/Dürig, Art. 51
Rn. 26; *Krebs,* in: v. Münch II, Art. 51 Rn. 13; aA *Blumenwitz* BK, Art. 51 (1987), Rn. 29; *Stern,* StaatsR II, S. 137.

(3) **Der Bundesrat faßt seine Beschlüsse mit mindestens der Mehrheit seiner Stimmen. Er gibt sich eine Geschäftsordnung. Er verhandelt öffentlich. Die Öffentlichkeit kann ausgeschlossen werden.**

(3a) **Für Angelegenheiten der Europäischen Union kann der Bundesrat eine Europakammer bilden, deren Beschlüsse als Beschlüsse des Bundesrates gelten; die Anzahl der einheitlich abzugebenden Stimmen der Länder bestimmt sich nach Artikel 51 Abs. 2.**

(4) **Den Ausschüssen des Bundesrates können andere Mitglieder oder Beauftragte der Regierungen der Länder angehören.**

**Entstehungsgeschichte: Erstfassung:** JöR nF 1 (1951), 381. – **Änderung:** 38. G. zur Erg. des GG v. 21.12.1992 (BGBl I 2086), Art. 1 Nr. 6 (dazu: BT-Dr 12/3338 [Entwurf], 12/3896; BT-Prot 12/9315, 10 809; BR-Dr 501/92, 809/92; BR-Prot 92/419, 488, 638, 687); G zur Änd. des GG v. 28.8.2006 (BGBl I 2034), Art. 1 Nr. 4 (dazu: BT-Dr 16/813 [Entwurf], 16/2010, BT-Prot 16/44, 4233; BR-Dr 462/06, BR-Prot 06/824, 203).

**Historische Verfassungstexte: RV 1849:** § 98 (1) Zu einem Beschluß eines jeden Hauses des Reichstages ist die Theilnahme von wenigstens der Hälfte der gesetzlichen Anzahl seiner Mitglieder und die einfache Stimmenmehrheit erforderlich. (2) Im Falle der Stimmengleichheit wird ein Antrag als abgelehnt betrachtet. § 104 (1) Der Reichstag versammelt sich jedes Jahr am Sitze der Reichsregierung. Die Zeit der Zusammenkunft wird vom Reichsoberhaupt bei der Einberufung angegeben, insofern nicht ein Reichsgesetz dieselbe festsetzt. (2) Außerdem kann der Reichstag zu außerordentlichen Sitzungen jederzeit vom Reichsoberhaupt einberufen werden. § 106 (1) Das Volkshaus kann durch das Reichsoberhaupt aufgelöst werden. (2) In dem Falle der Auflösung ist der Reichstag binnen drei Monaten wieder zu versammeln. § 107 (1) Die Auflösung des Volkshauses hat die gleichzeitige Vertagung des Staatenhauses bis zur Wiederberufung des Reichstages zur Folge. (2) Die Sitzungsperioden beider Häuser sind dieselben. § 108 Das Ende der Sitzungsperiode des Reichstages wird vom Reichsoberhaupt bestimmt. § 109 (1) Eine Vertagung des Reichstages oder eines der beiden Häuser durch das Reichsoberhaupt bedarf, wenn sie nach Eröffnung der Sitzung auf länger als vierzehn Tage ausgesprochen werden soll, der Zustimmung des Reichstages oder des betreffenden Hauses. (2) Auch der Reichstag selbst so wie jedes der beiden Häuser, kann sich auf vierzehn Tage vertagen. § 110 Jedes der beiden Häuser wählt seinen Präsidenten, seine Vicepräsidenten und seine Schriftführer. § 111 Die Sitzungen beider Häuser sind öffentlich. Die Geschäftsordnung jedes Hauses bestimmt, unter welchen Bedingungen vertrauliche Sitzungen stattfinden können. § 112 Jedes Haus prüft die Vollmachten seiner Mitglieder und entscheidet über die Zulassung derselben. § 113 Jedes Mitglied leistet bei seinem Eintritt den Eid: „Ich schwöre, die deutsche Reichsverfassung getreulich zu beobachten und aufrecht zu erhalten, so wahr mir Gott helfe." § 114 (1) Jedes Haus hat das Recht, seine Mitglieder wegen unwürdigen Verhaltens im Hause zu bestrafen und äußersten Falls auszuschließen. Das Nähere bestimmt die Geschäftsordnung jedes Hauses. (2) Eine Ausschließung kann nur dann ausgesprochen werden, wenn eine Mehrheit von zwei Dritteln der Stimmen sich dafür entscheidet. § 115 Weder Ueberbringer von Bittschriften noch überhaupt Deputationen sollen in den Häusern zugelassen werden. § 116 Jedes Haus hat das Recht, sich seine Geschäftsordnung zu geben. Die geschäftlichen Beziehungen zwischen beiden Häusern werden durch Uebereinkunft beider Häuser geordnet. – **RV 1871:** Art. 7 (2) Jedes Bundesglied ist befugt, Vorschläge zu machen und in Vortrag zu bringen, und das Präsidium ist verpflichtet, dieselben der Berathung zu übergeben. (3) Die Beschlußfassung erfolgt, vorbehaltlich der Bestimmungen in den Art. 5, 37 und 78, mit einfacher Mehrheit. Nicht vertretene oder nicht instruirte Stimmen werden nicht gezählt. Bei Stimmengleichheit giebt die Präsidialstimme den Ausschlag. (4) Bei der Beschlußfassung über eine Angelegenheit, welche nach den Bestimmungen dieser Verfassung nicht dem ganzen Reiche gemeinschaftlich ist, werden die Stimmen nur derjenigen Bundesstaaten gezählt, welchen die Angelegenheit gemeinschaftlich ist. Art. 8 (1) Der Bundesrath bildet aus seiner Mitte dauernde Ausschüsse 1) für das Landheer und die Festungen; 2) für das Seewesen; 3) für Zoll- und Steuerwesen; 4) für Handel und Verkehr; 5) für Eisenbahnen, Post und Telegraphen; 6) für Justizwesen; 7) für Rechnungswesen. (2) In jedem dieser Ausschüsse werden außer dem Präsidium mindestens vier Bundesstaaten vertreten sein, und führt innerhalb derselben jeder Staat nur Eine Stimme. In dem Ausschuß für das Landheer und die Festungen hat Bayern einen ständigen Sitz, die übrigen Mitglieder desselben, sowie die Mitglieder des Ausschusses für das Seewesen werden vom Kaiser ernannt; die Mitglieder der anderen Ausschüsse werden von dem Bundesrathe gewählt. Die Zusammensetzung dieser Ausschüsse ist für jede Session des Bundesrathes resp. mit jedem Jahre zu erneuern, wobei die ausscheidenden Mitglieder wieder wählbar sind. (3) Außerdem wird im Bundesrathe aus den Bevollmächtigten der Königreiche Bayern, Sachsen und Württemberg und zwei, vom Bundesrathe alljährlich zu wählenden Bevollmächtigten anderer Bundesstaaten ein Ausschuß für die auswärtigen Angelegenheiten gebildet, in welchem Bayern den Vorsitz führt. (4) Den Ausschüssen werden die zu ihren Arbeiten nöthigen Beamten zur Verfügung gestellt. **Art. 12** Dem Kaiser steht es zu, den Bundesrath und den Reichstag zu berufen, zu eröffnen, zu vertagen und zu schließen. **Art. 13** Die Berufung des Bundesrathes und des Reichstages findet alljährlich statt und kann der Bundesrath zur Vorbereitung der Arbeiten ohne den Reichstag, letzterer aber nicht ohne den Bundesrath berufen werden. **Art. 14** Die Berufung des Bundesrathes muß erfolgen, sobald sie von einem Drittel der Stimmenzahl verlangt wird. **Art. 15** (1) Der Vorsitz im Bundesrathe und die Leitung der Geschäfte steht dem Reichskanzler zu, welcher vom Kaiser zu ernennen ist. (2) Der Reichskanzler kann sich durch jedes andere Mitglied des Bundesrathes vermöge schriftlicher Substitution vertreten lassen. (Durch G. v. 28.10.1918 [RGBl 1274] wurden dem Art. 15 folgende Absätze hinzugefügt: (3) Der Reichskanzler bedarf zu seiner Amtsführung des Vertrauens des Reichstags. (4) Der Reichskanzler trägt die Verantwortung für alle Handlungen von politischer Bedeutung, die der Kaiser in Ausübung der ihm nach der Reichsverfassung zustehenden Befugnisse vornimmt. (5) Der Reichskanzler und sein Stellvertreter sind für ihre Amtsführung dem Bundesrat und dem Reichstag verantwortlich.) – **WRV:** Art. 62 In den Ausschüssen, die der Reichsrat aus seiner Mitte bildet, führt kein Land mehr als eine Stimme. **Art. 64** Die Reichsregierung muß den Reichsrat auf Verlangen von einem Drittel seiner Mitglieder einberufen. **Art. 65** S. 1 Den Vorsitz im Reichsrat und in seinen Ausschüssen führt ein Mitglied der Reichsregierung. **Art. 66** (2) Der Reichsrat regelt seinen Geschäftsgang durch eine Geschäftsordnung. (3) Die Vollsitzungen des Reichsrats sind öffentlich. Nach Maßgabe der Geschäftsordnung kann die Öffentlichkeit für einzelne Beratungsgegenstände ausgeschlossen werden. (4) Bei der Abstimmung entscheidet die einfache Mehrheit der Abstimmenden. – **GG 1949:** Bis auf Art. 52 IIIa wie geltende Fassung.

**Gesetzgebung:** GOBRat.

**Schrifttum:** Vgl. bei Art. 50.

### Übersicht

## A. Allgemeines

Die Norm begründet die verfassungsrechtliche **Autonomie** des BRat, die besonders in der Ge- 1
schäftsordnungskompetenz, aber auch in der Befugnis zum Ausdruck kommt, seinen Präsidenten selbst
zu wählen und Unterorgane zu bestellen.

## B. Der Präsident des Bundesrates (Abs. 1)

Die Wahl des **Bundesratspräsidenten** erfolgt ohne Aussprache durch die Mitglieder des BRat 2
selbst. Die Amtsdauer des Präsidenten beträgt ein Jahr. Gewählt ist, wer mindestens die Mehrheit der
Stimmen des BRat erhält (Art. 52 III 1).

**Wählbar** ist nach § 5 I GOBRat nur, wer Mitglied des BRat ist; gem. § 46 GOBRat gehören zu 3
den Mitgliedern auch die stellvertretenden Mitglieder.[1] Diese Beschränkung liegt jedenfalls im Rahmen der Geschäftsordnungsautonomie des BRat, wird aber auch durch die auf Rotation der Präsidentschaft angelegte kurze Amtsdauer nahegelegt und ergibt sich auch aus der Entstehungsgeschichte der
Norm.[2] Dagegen wird gelegentlich auch die Wählbarkeit von Nichtmitgliedern für verfassungsrechtlich möglich gehalten.[3]

Die **Wiederwahl** des Präsidenten ist zulässig. Die MinPräs der Länder haben sich im sog. **Königs-** 4
**steiner Abkommen** vom 30.8.1950[4] darauf geeinigt, dass jeweils der MinPräs des Landes mit der
nächstgeringeren Bevölkerungszahl gewählt wird. Dies ist seither geschehen. Zum ersten Präsidenten
des BRat wurde am 7.9.1949 der MinPräs des Landes NRW gewählt.

Das Amt **erlischt** durch Tod, Zeitablauf, Rücktritt oder Verlust der Mitgliedschaft im BRat. Der 5
Verlust des Ministerpräsidentenamtes berührt das Amt des Bundesratspräsidenten nicht.[5]

Wird eine **vorzeitige Neuwahl** erforderlich, kann sie für die regelmäßige Amtszeit von einem Jahr 6
erfolgen,[6] angesichts des nicht eindeutigen Wortlauts der Bestimmung liegt es aber in der Geschäftsordnungsautonomie des BRat, den Nachfolger aus demselben Land für den Rest der Amtszeit des
Vorgängers zu wählen.[7]

Der Präsident des BRat **vertritt** die Bundesrepublik Deutschland in allen Angelegenheiten des 7
BRat. Er ist oberste Dienstbehörde für die Beamten des BRat (§ 6 I GOBRat, § 176 BBG). Seine
besondere verfassungsrechtliche Stellung kommt auch darin zum Ausdruck, dass er der geborene
Vertreter des BPräs ist (Art. 57). Im Protokoll der Bundesrepublik Deutschland steht er nach BPräs,
Präsident des BTag und BKanzler an vierter Stelle vor dem Präsidenten des BVerfG.

Der Präsident beruft die **Sitzungen des Bundesrates** ein, bereitet sie vor und leitet sie; hierzu 8
gehört die Ordnungsgewalt innerhalb der Sitzungen. Er übt das Hausrecht über die der Verwaltung
des BRat unterstehenden Gebäude, Gebäudeteile und Grundstücke aus.

§ 5 I GOBRat sieht die Wahl von drei **Vizepräsidenten** des BRat vor, wobei sich die Reihenfolge 9
ebenfalls nach dem Königsteiner Abkommen bestimmt. Sie vertreten den Präsidenten im Fall seiner
Verhinderung. Mit ihm zusammen bilden sie das Präsidium des BRat, dem die Aufstellung des Haushaltsplanes des BRat nach Beratung mit dem Ständigen Beirat obliegt, sowie vorbehaltlich anderweitiger Regelung die Entscheidung der inneren Angelegenheiten des BRat.

---

[1] Gegen die Möglichkeit der Wahl von stellvertretenden Mitgliedern zum Präsidenten des BRat zu Recht *Schöbener*
BK, Art. 52 (2010) Rn. 54.

[2] Vgl. Art. 69 HChE; JöR nF 1 (1951), 392 Fn. 11; *Maunz/Scholz,* in: Maunz/Dürig, Art. 52 Rn. 5; *Schäfer,* Der
Bundesrat, 1955, S. 44 f.

[3] Vgl. *Pfitzer,* in: Bundesrat (Hrsg.), Der Bundesrat als Verfassungsorgan und politische Kraft, 1974, S. 181;
*Nawiasky,* Die Grundgedanken des Grundgesetzes für die Bundesrepublik Deutschland, 1950, S. 57.

[4] Sten. Ber. über die Ministerpräsidentenkonferenz in Königstein am 30.8.1950; vgl. auch *Pfitzer* (Fn. 3), S. 182
Fn. 24, 25.

[5] *Pieroth,* in: Jarass/Pieroth, Art. 52 Rn. 1; *Blumenwitz* BK, Art. 52 (1987) Rn. 19; *Maunz/Scholz* in: Maunz/
Dürig, Art. 52 Rn. 8; *Krebs,* in: v. Münch II, Art. 52 Rn. 3; aA *Jekewitz,* AK II, Art. 52 Rn. 2.

[6] AA *Maunz/Scholz,* in: Maunz/Dürig, Art. 52 Rn. 8.

[7] Vgl. zu der entsprechenden Praxis *Reuter,* Praxishandbuch Bundesrat, 2. Aufl. 2007, S. 314 Rn. 20.

## C. Einberufung (Abs. 2)

**10**     Der Präsident **beruft** den BRat **ein**. Ein Selbstversammlungsrecht besitzt der BRat nicht.[8] Art. 52 II 2 verpflichtet den Präsidenten zur Einberufung des BRat, wenn die Vertreter von mindestens zwei Ländern oder die BReg dies verlangen. Umstritten, wegen der Geschäftsordnungsautonomie des BRat aber zu bejahen, ist die Verfassungsmäßigkeit von § 15 I GOBRat, wonach der Präsident den BRat schon einzuberufen hat, wenn auch nur ein Land, das heißt die Vertreter eines Landes im BRat, dies verlangt.[9]

## D. Verfahren (Abs. 3)

**11**     Beschlüsse des BRat bedürfen mindestens einer **Mehrheit** der Stimmen des BRat, also der absoluten Mehrheit. Die bloß relative Mehrheit genügt in keinem Fall. In manchen Fällen ist eine Mehrheit von zwei Dritteln seiner Stimmen erforderlich, so für die Zustimmung zu einer Änderung des GG (Art. 79 II) und für den Beschluss auf Erhebung der Präsidentenanklage vor dem BVerfG (Art. 61 I 3). Bei der zurzeit bestehenden Gesamtstimmenzahl von 69 bedarf ein Beschluss daher mindestens 35 Stimmen, die Mehrheit von zwei Dritteln liegt bei 46 Stimmen.

**12**     Der BRat ist **beschlussfähig,** wenn die Mehrheit seiner Stimmen vertreten ist. Es genügt, dass je ein Vertreter der Länder anwesend ist, deren Stimmen zusammen die Mehrheit der Stimmen des BRat ergeben.

**13**     **Fraktionen** kennt der BRat nicht. Durch den Zwang zu einheitlicher Stimmabgabe kommt es aber gleichwohl zu einer gewissen Strukturierung des Stimmverhaltens bereits von Verfassungs wegen.

**14**     Die **Geschäftsordnungskompetenz** des BRat erweist seine Eigenschaft als Verfassungsorgan. Die Geschäftsordnung ist ein Rechtssatz sui generis,[10] im Rang unter den formellen Gesetzen. Sie steht der Satzung nahe, besitzt aber keine Rechtswirkung für Außenstehende, sondern bindet nur die Mitglieder des Organs. Zur Abweichung von Regelungen der Geschäftsordnung des BRat ist gem. § 48 GOBRat ein einstimmiger Beschluss erforderlich. Die Geschäftsordnung des BRat gilt anders als die des BTag mangels Legislaturperiode und Diskontinuitätsprinzip dauerhaft.

**15**     Der BRat verhandelt **öffentlich.** Die **Öffentlichkeit** kann ausgeschlossen werden (Art. 52 III 3, 4). Als Ausdruck des Demokratieprinzips trägt dies ein weiteres demokratisches Element zur Stellung des BRat bei. Öffentlichkeit verlangt die grundsätzliche Zugänglichkeit der Sitzungen für jedermann im Rahmen der Raumkapazität, die angemessen bereitgestellt werden muss. Es ist zulässig, bestimmte Platzkontingente in angemessenem Umfang für besondere Gruppen wie etwa Berichterstatter der Presse vorzusehen. Lediglich die Sitzung als solche muss grundsätzlich öffentlich sein, nicht das Abstimmungsverhalten des einzelnen Mitgliedes; deshalb sind geheime Abstimmungen und Wahlen zulässig.[11] Über den Ausschluss der Öffentlichkeit wird in nichtöffentlicher Sitzung beraten und beschlossen; die Wiederherstellung der Öffentlichkeit muss bekanntgegeben werden. Über die Verhandlungen in nichtöffentlicher Sitzung ist Vertraulichkeit zu wahren, soweit der BRat nichts anderes beschließt (§ 17 GOBRat).

## E. Europakammer (Abs. 3a)

**16**     Der mit ÄndG v. 21.12.1992[12] eingefügte Abs. 3a gibt die verfassungsrechtliche Grundlage der schon zuvor eingerichteten **Europakammer** des BRat. Sie dient insb. der möglichst einfachen Willensbildung und Zusammenarbeit mit den anderen beteiligten Verfassungsorganen im Rahmen des Art. 23. Anders als der notwendige Ausschuss für die Angelegenheiten der EU des BTag gem. Art. 45 ist die Bildung der Europakammer des BRat fakultativ.

**17**     Die Zuständigkeit der Europakammer beschränkt sich auf Angelegenheiten der Europäischen Union. Ihre Beschlüsse gelten als **Beschlüsse des Bundesrates.** Entsprechend besteht hier dieselbe Stimmenverteilung wie im Plenum. Auch hier können die Stimmen eines Landes nur einheitlich abgegeben werden. Die Europakammer kann Entscheidungen auch im schriftlichen Umfrageverfahren treffen.[13] Anders als in die Ausschüsse können deshalb auch in die Europakammer nur Mitglieder der Landesregierungen entsandt werden. Die kumulative Abgabe der Stimmen eines Landes durch nur einen Stimmführer ist ebenfalls zulässig. Da insofern in der Europakammer wie im Plenum dieselbe Praxis herrscht, unterscheiden sich die Sitzungen der Europakammer nicht wesentlich von Sitzungen des Plenums.

---

[8] Differenzierend *Hofmann,* in: Hofmann/Hopfauf, Art. 52 Rn. 7.

[9] Verfassungswidrig: *Pieroth,* in: Jarass/Pieroth, Art. 52 Rn. 2; *Maunz,* in: Maunz/Dürig, Art. 52 Rn. 18; verfassungsgemäß: *Krebs,* in: v. Münch II, Art. 52 Rn. 6; *Stern,* Staatsrecht II, S. 160; *Hofmann,* in: Hofmann/Hopfauf, Art. 52 Rn. 6; *Schöbener* BK, Art. 52 (2010) Rn. 62.

[10] Vgl. *Klein,* in: Maunz/Dürig, Art. 40 Rn. 61; *Krebs,* in: v. Münch II, Art. 52 Rn. 8; *Stern,* StaatsR II, S. 82 f. jeweils zu Art. 40.

[11] Differenzierend *Pieroth,* in: Jarass/Pieroth, Art. 42 Rn. 1.

[12] BGBl I 2086.

[13] BT-Dr 16/813, S. 10.

## F. Ausschüsse und sonstige Unterorgane (Abs. 4)

Gem. Art. 52 IV kann der BRat **Ausschüsse** einrichten. Zahl und Arbeitsgebiete liegen im 18 Rahmen der verfassungsrechtlichen Zuständigkeit des BRat in seiner Geschäftsordnungsautonomie. Obligatorische Ausschüsse gibt es für den BRat anders als für den BTag (Verteidigungsausschuss und Auswärtiger Ausschuss gem. Art. 45a, Ausschuss für die Angelegenheiten der EU gem. Art. 45, Petitionsausschuss gem. Art. 45c) nicht. Der BRat kann auch Untersuchungsausschüsse im Rahmen seiner verfassungsrechtlichen Kompetenzen bilden;[14] sie verfügen jedoch nicht über die besonderen Beweiserhebungskompetenzen der Untersuchungsausschüsse des BTag.

Die Besetzung der Ausschüsse des BRat folgt nicht den Regeln der Mitgliedschaft im BRat selbst. 19 Jedes Land hat in jedem Ausschuss **einen Sitz** und eine Stimme. Den Ausschüssen können neben den Mitgliedern des BRat und ihren Vertretern auch andere Mitglieder der Regierungen der Länder angehören; auch die Entsendung anderer Beauftragter der Landesregierungen, auch solcher ohne sonstiges besonderes Amt, ist möglich. Inkompatibilitäten werden lediglich durch das Innehaben anderer Ämter begründet (Art. 55, 66, 94 II 3). Zur Mitgliedschaft im BTag besteht keine Inkompatibilität. Die Ausschüsse dienen lediglich der Zuarbeit für das Plenum.

Zur Beratung und Unterstützung des Präsidenten und des Präsidiums des BRat bei der Vorbereitung 20 der Sitzungen und der Führung der Verwaltungsgeschäfte besteht der **Ständige Beirat** (§ 9 GOBRat). Ihm gehören die Bevollmächtigten der Länder an, die nicht notwendig Mitglieder des BRat oder deren Vertreter sein müssen. Er gilt nicht als Ausschuss des BRat.

Der BRat wählt aus seinen Mitgliedern für jedes Geschäftsjahr zwei **Schriftführer,** die den Prä- 21 sidenten in der Sitzung unterstützen (§ 10 GOBRat).

Alle Bediensteten des BRat bilden das **Sekretariat des Bundesrates** als einer obersten Bundes- 22 behörde, das der Direktor des BRat im Auftrag des Präsidenten leitet (§ 14 GOBRat).

## Art. 53 [Beteiligung der Bundesregierung]

**Die Mitglieder der Bundesregierung haben das Recht und auf Verlangen die Pflicht, an den Verhandlungen des Bundesrates und seiner Ausschüsse teilzunehmen. Sie müssen jederzeit gehört werden. Der Bundesrat ist von der Bundesregierung über die Führung der Geschäfte auf dem laufenden zu halten.**

**Entstehungsgeschichte: Erstfassung:** JöR nF 1 (1951), 381.
**Historische Verfassungstexte: RV 1849: § 121** Die Reichsminister haben das Recht, den Verhandlungen beider Häuser des Reichstages beizuwohnen und jederzeit von denselben gehört zu werden. **§ 122** Die Reichsminister haben die Verpflichtung, auf Verlangen jedes der Häuser des Reichstages in demselben zu erscheinen und Auskunft zu erteilen, oder den Grund anzugeben, weshalb dieselbe nicht erteilt werden könne. – **WRV: Art. 65** S. 2 Die Mitglieder der Reichsregierung haben das Recht und auf Verlangen die Pflicht, an den Verhandlungen des Reichsrats und seiner Ausschüsse teilzunehmen. Sie müssen während der Beratung auf Verlangen jederzeit gehört werden. **Art. 66** (1) Die Reichsregierung sowie jedes Mitglied des Reichsrats sind befugt, im Reichsrat Anträge zu stellen. **Art. 67** Der Reichsrat ist von den Reichsministerien über die Führung der Reichsgeschäfte auf dem Laufenden zu halten. Zu Beratungen über wichtige Gegenstände sollen von den Reichsministerien die zuständigen Ausschüsse des Reichsrats zugezogen werden.
**Gesetzgebung:** GOBRat.

**Schrifttum:** Vgl. bei Art. 50.

## A. Allgemeines

Die Bestimmung stützt die besonders **enge Beziehung** von BReg und BRat, die Art. 50 gerade 1 auch in der Teilhabe des BRat an der Verwaltung des Bundes und in Angelegenheiten der Europäischen Union beschreibt.[1] Dies bedingt besonders enge Kontakte und Informationen zwischen beiden Organen, durchaus über das hinaus, was dem BTag zusteht. Anderseits zeigt die Regelung auch, dass der BRat kein Regierungsorgan ist.

## B. Teilnahme-, Zitier- und Rederecht

Das **Zitierrecht** des BRat steht ihm als solchem, also dem Plenum, sowie seinen Ausschüssen zu. 2 Die Pflicht zum Erscheinen trifft nur die Mitglieder der BReg Eine Beschränkung nach Ressortzuständigkeiten besteht nicht.[2] Eine Vertretung durch Beauftragte ohne Zustimmung des BRat ist

---

[14] Vgl. *Herzog* HStR III, § 59 Rn. 16; aA *Stern,* StaatsR II, S. 159 f.
[1] *Herzog,* in: Bundesrat (Hrsg.), Vierzig Jahre Bundesrat, 1989, S. 168 f.; *Frowein* ebda, S. 285 ff.
[2] *Klein,* in: Maunz/Dürig, Art. 43 Rn. 61; aA *Schneider,* AK II, Art. 43 Rn. 5; *Blumenwitz* BK, Art. 53 (1987) Rn. 33; *Versteyl,* in: v. Münch II, Art. 43 Rn. 28 jeweils zu Art. 43.

nicht zulässig. Die Pflicht zur Teilnahme umfasst die Verpflichtung zur Anwesenheit während der Dauer der Verhandlung zu dem betreffenden Beratungsgegenstand und zur Beantwortung der damit im Zusammenhang stehenden und im Übrigen verfassungsrechtlich zulässigen Fragen.[3] Sie ist nicht auf die Teilnahme an den Sitzungen beschränkt.

3    Das **Zutritts- und Rederecht** nach Art. 53 steht nur den Mitgliedern der Regierung zu. Aufgrund seiner Geschäftsordnungsautonomie hat der BRat diese Befugnisse auch den Berichterstattern des VermA und den Staatssekretären des Bundes zugestanden; andere Personen bedürfen der Erlaubnis des Präsidenten (§ 18 I GOBRat). Zu den Verhandlungen der Ausschüsse und Unterausschüsse sind auch sonstige Beauftragte der BReg zugelassen (§ 40 GOBRat). Das Zutritts- und Rederecht gilt auch für nichtöffentliche Sitzungen; es umfasst einen Anspruch auf Information über Sitzungstermine, Tagesordnung und Ort der Verhandlungen.

4    Das **Teilnahmerecht** besteht für die Verhandlungen des BRat im Plenum und der Ausschüsse einschließlich der Unterausschüsse. Der VermA ist kein Ausschuss des BTag; das Teilnahmerecht ergibt sich insoweit aber daraus, dass es sowohl beim BTag als auch beim BRat besteht und deshalb auch für gemeinsam gebildete Organe gelten muss.[4] Es besteht aus den gleichen Erwägungen auch für den GemAussch. Wenngleich der Ständige Beirat kein Ausschuss des BRat ist, gilt das Teilnahmerecht auch insofern, weil sonst der BRat durch Konstituierung entsprechender Institutionen kraft Geschäftsordnungsautonomie die Rechte der BReg beschneiden könnte.[5]

5    Das **Rederecht** besteht als jederzeitiges dergestalt, dass die Mitglieder der BReg unmittelbar nach dem gerade Sprechenden das Wort erhalten müssen. Es besteht an den Verhandlungen und deshalb auch außerhalb der Tagesordnung[6] und darf durch den Schluss der Beratung nicht behindert werden. Es ist anders als der Zugang zum BTag (Art. 43 II) nicht auf die Sitzungen selbst beschränkt. Das Rederecht ist auch nicht für Wahlhandlungen des BRat ausgeschlossen, die auf Grund der Geschäftsordnung ohne vorherige Aussprache stattfinden,[7] weil das Geschäftsordnungsrecht die verfassungsrechtlichen Befugnisse Dritter nicht schmälern kann. Grenzen bestehen im Rahmen des Missbrauchsverbots, etwa bei übermäßiger Länge oder Verschleppen der Verhandlungen und bei Verfolgung sachfremder Ziele.[8]

Der Sprecher muss für **seine Institution** sprechen.[9]

## C. Unterrichtungspflicht

6    Die **Informationspflicht** der BReg dient der sachgemäßen Wahrnehmung der Kompetenzen des BRat und der gleichmäßigen Unterrichtung aller Mitglieder ohne Rücksicht auf deren Parteizugehörigkeit. Das Informationsrecht steht dem BRat als solchem zu, nicht den Ländern oder ihren Vertretern.[10] Die Information muss die BReg rechtzeitig, kontinuierlich, regelmäßig und von sich aus ohne jede Aufforderung leisten.[11] Die Verpflichtung betrifft grds. alle Tätigkeiten der BReg, durchaus auch, wenn sie sich erst im Stadium der Vorbereitung befinden. Da der BRat durch die Informationspflicht in die Lage versetzt werden soll, sich ein Bild von der Arbeit der Regierung, ihrer Ziele und Aussichten zu machen und entspr. zu reagieren,[12] umfasst sie nicht nur alle Gegenstände, zu denen der BRat sich zu äußern befugt ist, sondern überhaupt die gesamte staatsleitende Tätigkeit der BReg einschließlich der Ministerialverwaltung.[13]

---

[3] *Pieroth,* in: Jarass/Pieroth, Art. 43 Rn. 2 f.

[4] *Blumenwitz* BK, Art. 53 (1987) Rn. 3.

[5] So *Blumenwitz* BK, Art. 53 (1987) Rn. 4; *Pieroth,* in: Jarass/Pieroth, Art. 53 Rn. 1; aA *Hofmann,* in: Hofmann/Hopfauf, Art. 53 Rn. 9.

[6] So auch *Schöbener* BK, Art. 53 (2010) Rn. 16; aA *Blumenwitz* BK, Art. 53 (1987) Rn. 5.

[7] *Schöbener* BK, Art. 53 (2010) Rn. 16; aA noch *Blumenwitz* BK, Art. 53 (1987) Rn. 5.

[8] BVerfGE 10, 4 (17 f.).

[9] *Schneider,* AK II, Art. 43 Rn. 14; *Schröder* BK, Art. 43 (1982) Rn. 96; *Pieroth,* in: Jarass/Pieroth, Art. 43 Rn. 6; aA *Klein,* in: Maunz/Dürig, Art. 43 Rn. 160.

[10] *Hofmann,* in: Hofmann/Hopfauf, Art. 53 Rn. 11.

[11] *Hofmann,* in: Hofmann/Hopfauf, Art. 53 Rn. 11; *Krebs,* in: v. Münch II, Art. 53 Rn. 7; *Maunz,* in: Maunz/Dürig, Art. 53 Rn. 12.

[12] Vgl. *Korioth* MKS II, Art. 53 Rn. 11 f.

[13] *Reuter,* Praxishandbuch Bundesrat, 2. Aufl. 2007, S. 276 Rn. 38.

# IVa. Gemeinsamer Ausschuß

## Art. 53a [Zusammensetzung und Stellung]

(1) **Der Gemeinsame Ausschuß besteht zu zwei Dritteln aus Abgeordneten des Bundestages, zu einem Drittel aus Mitgliedern des Bundesrates. Die Abgeordneten werden vom Bundestage entsprechend dem Stärkeverhältnis der Fraktionen bestimmt; sie dürfen nicht der Bundesregierung angehören. Jedes Land wird durch ein von ihm bestelltes Mitglied des Bundesrates vertreten; diese Mitglieder sind nicht an Weisungen gebunden. Die Bildung des Gemeinsamen Ausschusses und sein Verfahren werden durch eine Geschäftsordnung geregelt, die vom Bundestage zu beschließen ist und der Zustimmung des Bundesrates bedarf.**

(2) **Die Bundesregierung hat den Gemeinsamen Ausschuß über ihre Planungen für den Verteidigungsfall zu unterrichten. Die Rechte des Bundestages und seiner Ausschüsse nach Artikel 43 Abs. 1 bleiben unberührt.**

**Entstehungsgeschichte: Erstfassung:** 17. G. zur Erg. des GG v. 24.6.1968 (BGBl I 709), § 1 Nr. 9; s. im Einzelnen vor Art. 115a.
**Historische Verfassungstexte:** Vgl. vor Art. 115a.
**Gesetzgebung:** GOGA.
**Leitentscheidungen:** BVerfGE 84, 304 (PDS/Linke Liste – Gruppenstatus).

**Schrifttum:** Vgl. vor Art. 115a.

### Übersicht

|  | Rn. |
|---|---|
| A. Allgemeines | 1 |
| B. Mitglieder | 3 |
| C. Verfahren | 11 |
| D. Stellung des Gemeinsamen Ausschusses | 16 |

## A. Allgemeines

Der GemAussch ist ein **Notparlament.** Mit ihm soll die demokratische Legitimation und die **1** Kontrolle der Exekutive auch während des Verteidigungsfalles dann gesichert werden, wenn der BTag nicht zusammentreten kann oder nicht beschlussfähig ist (Art. 115e I).

Der GemAussch ist ein oberstes Bundesorgan und **Verfassungsorgan.** Er besteht für den Ver- **2** teidigungsfall, also bereits und ständig im Frieden. Durch ihn werden die Rechte von BTag und BRat nicht beeinträchtigt, weil er nur bei Funktionsunfähigkeit des Parlaments dessen Rechte wahrnimmt. Der BTag übernimmt bei Beschlussfähigkeit jederzeit und ohne weiteres seine Entscheidungskompetenz wieder.

## B. Mitglieder

Die **Zahl der Mitglieder** des GemAussch leitet sich gem. Abs. 1 S. 3 iVm S. 1 aus der Zahl der **3** Länder ab. Jedes der 16 Länder bestellt ein Mitglied des BRat. Dadurch wird die **Bundesratsbank** gebildet, die nach Art. 53a I 1 ein Drittel der Mitglieder des GemAussch ausmacht. Der GemAussch besteht deshalb aus 48 Mitgliedern.

Die **32 Abgeordneten des Bundestages** im GemAussch werden vom BTag durch Beschluss **4** entsprechend der Stärke der Fraktionen bestimmt. Die Beschlussfassung obliegt dem gesamten BTag. Anders als bei den Ausschüssen des BTag bestimmen nicht die Fraktionen die Mitglieder, es bleibt ihnen aber unbenommen, Vorschläge für die Wahl in den GemAussch zu machen.[1] Zurzeit gilt das Verfahren gem. § 1 GOGA. Die Beschlussfassung ist frei; sie muss aber dem Stärkeverhältnis der Fraktionen entsprechen. Die Mehrheit im BTag darf die Minderheit nicht von der Beteiligung im GemAussch ausschließen, der gerade auch die Minderheitsrechte zu wahren zur Aufgabe hat, kann aber einzelnen von den Fraktionen vorgeschlagenen Personen der Entsendung verweigern.[2]

Durch Art. 53a I 2 ist die Existenz von **Fraktionen** im BTag verfassungsrechtlich verbürgt. Der **5** Begriff der Fraktion bestimmt sich nach § 10 GOBTag. Sie sind Vereinigungen von mindestens fünf vom Hundert der Mitglieder des BTag, die derselben Partei oder solchen Parteien angehören, die auf Grund gleichgerichteter politischer Ziele in keinem Land miteinander im Wettbewerb stehen. Abwei-

---

[1] *Delbrück/Hobe* BK, Art. 53a (1997) Rn. 11.
[2] *Herzog/Klein,* in: Maunz/Dürig, Art. 53a Rn. 21; *Delbrück/Hobe* BK, Art. 53a (1997) Rn. 11.

chend davon kann die Anerkennung als Fraktion durch Beschluss des BTag erfolgen. In diesem Fall besteht auch das Berücksichtigungsrecht für den GemAussch. Die mögliche Verschärfung der Voraussetzungen für die Bildung einer Fraktion schlägt auch auf die Besetzung des GemAussch durch; sie darf jedoch nicht zu einer Verletzung der Rechte parl. Minderheiten auf Bildung und Ausübung einer Opposition führen.[3]

6    Neben den Mitgliedern werden gem. § 1 II GOGA vom BTag und von den LReg jeweils **stellvertretende** Mitglieder bestimmt und bestellt. Sie haben die gleichen Rechte und Pflichten wie die Mitglieder des GemAussch, Stimm- und Antragsrecht haben sie nur im Fall der Vertretung (§ 5 I GOGA).

7    Kann der GemAussch auch unter Einbeziehung der Stellvertreter nicht mehr vollständig zusammentreten, so wird nach § 1 III GOGA die Zahl der Abgeordneten des BTag entsprechend dem Stärkeverhältnis der Fraktionen nach deren Vorschlägen aus den anwesenden und erreichbaren Abgeordneten **ergänzt.** Dagegen sind Bedenken geltend gemacht worden, weil Art. 53a I 2 die Bestimmung durch den BTag zwingend vorschreibe;[4] indessen deckt der Begriff „bestimmt" in dieser Norm auch diese Regelung durch die vom BTag mitbeschlossene Geschäftsordnung; jedenfalls ist sie verfassungskonformer Auslegung dahingehend zugänglich, dass dieses Verfahren nur eingreift, soweit andere Abhilfe nicht geschaffen werden kann.

8    Um eine zu enge Verbindung von Exekutive und Legislative zu vermeiden, bestimmt Art. 53a I 2 Hs. 2 die **Inkompatibilität** der Mitgliedschaft in der BReg und im GemAussch. Das Exekutivmoment ist im Übrigen schon durch die Mitgliedschaft von Angehörigen der LReg gegeben. Andererseits ist damit verfassungskräftig bestimmt, dass im Allgemeinen eine Inkompatibilität zwischen der Mitgliedschaft in der BReg und im BTag nicht besteht.

9    Im Übrigen behalten die vom BTag bestimmten Mitglieder des GemAussch ihre **besonderen Rechte** wie insbesondere Immunität, Indemnität, Zeugnisverweigerungsrechte und Schutz vor Behinderung der Mandatsausübung (Art. 46–48). Wegen Art. 115e I müssen diese Rechte entsprechend auch auf die vom BRat bestellten Mitglieder des GemAussch Anwendung finden, weil sie in erster Linie der Arbeitsfähigkeit des Parlaments dienen, in dessen Stellung der GemAussch unter den Voraussetzungen des Art. 115e I eintritt.

10    Die Mitglieder aus dem BRat werden nicht gewählt, sondern von den **Landesregierungen**[5] nach landesrechtlicher Regelung **bestellt.** Jedes Land entsendet ein Mitglied des BRat und gem. § 4 GOGA weitere Mitglieder als Stellvertreter. Auch stellvertretende Mitglieder des BRat können zum Mitglied des GeAussch bestellt werden.[6] Es muss sich um Mitglieder des BRat dieses Landes handeln, was sich aus der Notwendigkeit ergibt, alle Länder im GemAussch zu beteiligen, andernfalls das Notparlament den BRat als solchen nicht ersetzen könnte und die föderale Aufteilung der Bundesrepublik Deutschland erheblich verschoben würde. Entsprechend greifen Bedenken gegen die Konstruktion des GemAussch aus Art. 79 III nicht, weil die Mitwirkung der Länder an der Gesetzgebung durch sie gerade auch in Notzeiten gesichert wird.[7] Der Verlust der Mitgliedschaft im BRat führt ohne weiteres zum Verlust der Mitgliedschaft im GemAussch.

## C. Verfahren

11    Die Mitglieder des BRat im GemAussch sind anders als im BRat an **Weisungen** ihrer LReg nicht gebunden. Damit wird der Parlamentscharakter des Gremiums verstärkt; zudem wäre bei einer Weisungsgebundenheit die rasche Arbeit gefährdet, weil das Einholen der Weisung langwierig und im Verteidigungsfall bisweilen auch nicht möglich wäre. Außerdem wird dadurch sichergestellt, dass die vom BRat bestimmten Mitglieder des GemAussch in dieser Eigenschaft im Falle des Art. 115f I Nr. 2 keiner Weisung der BReg unterliegen.[8] Für die vom BTag bestimmten Mitglieder ergibt sich die Weisungsfreiheit bereits aus Art. 38 I 2.

12    Der GemAussch besitzt eine **Geschäftsordnung.** Anders als andere Verfassungsorgane gibt er sich diese allerdings nicht selbst, vielmehr ist sie vom BTag zu beschließen und bedarf der Zustimmung des BRat. Der Beschluss des BTag unterliegt nicht dem Diskontinuitätsprinzip. Zurzeit gilt die GO v. 23.7.1969 in der Fassung vom 20.7.1993. Unter den Voraussetzungen des Art. 115e II kann der GemAussch seine GO selbst ändern, weil die Kompetenzen von BTag und BRat auf ihn übergegangen sind und Art. 115e II lediglich Grundgesetzänderungen und Gesetze nach Art. 23 I 2, Art. 24 I und Art. 29 seiner Regelungsbefugnis entzieht, Art. 115g die Regelungsbefugnis in Fragen der Stellung des BVerfG einschränkt.

---

[3] *Delbrück/Hobe* BK, Art. 53a (1997) Rn. 9; BVerfGE 84, 304 (334 ff.); 96, 264 (280 f.).
[4] *Stern*, Staatsrecht II, S. 173; *Herzog/Klein*, in: Maunz/Dürig, Art. 53a Rn. 37.
[5] Vgl. *Herzog/Klein*, in: Maunz/Dürig, Art. 53a Rn. 26.
[6] *Herzog/Klein*, in: Maunz/Dürig, Art. 53a Rn. 28.
[7] *Stern*, StaatsR II, S. 176; *Herzog/Klein*, in: Maunz/Dürig, Art. 53a Rn. 35; *Emmelius*, in: Sterzel (Hrsg.), Kritik der Notstandsgesetze, 1969, S. 159 f.
[8] *Delbrück/Hobe* BK, Art. 53a (1997) Rn. 19.

Alle Mitglieder des GemAussch besitzen **gleiches Stimmrecht.** Es findet auch keine Aufteilung 13 des Abstimmungsverfahrens nach Zugehörigkeit zu BTag oder BRat statt. Nur so kann der Parlaments-charakter des GemAussch, der durch die gesamte Konstruktion in den Vordergrund gerückt ist, gewahrt werden.

**Residenzpflicht** der Mitglieder besteht grundsätzlich nicht,[9] sie müssen jedoch sicherstellen, dass 14 sie jederzeit durch den Präsidenten des BTag erreichbar sind und auch an kurzfristig einberufenen Sitzungen des GemAussch teilnehmen können (§ 6 I GOGA).

Der generelle Ausschluss der **Öffentlichkeit** gem. § 10 GOGA liegt im Rahmen der Geschäfts- 15 ordnungsautonomie nach Art. 53a I 4;[10] in geeigneten Fällen kann und muss der GemAussch die Öffentlichkeit herstellen.

## D. Stellung des Gemeinsamen Ausschusses

Während der GemAussch im Verteidigungsfall mit einzelnen Ausnahmen (besonders Art. 115e II, 16 115g) die **Kompetenzen** von BTag und BRat wahrnimmt, besteht sein wesentliches Recht außerhalb des Verteidigungsfalles in der Information gem. Art. 53a S. 1. Die Informationspflicht der BReg gegenüber dem GemAussch erstreckt sich auf alle Planungen für den Verteidigungsfall. Dies umfasst den militärischen ebenso wie den zivilen Bereich. Die Informationspflicht geht, weil alle Planungen auch im Detail erfasst sind, über die allgemeine Unterrichtungspflicht der BReg gegenüber BTag und BRat hinaus und besteht als solche auch im Verteidigungsfall selbst. Im Rahmen dieses Informations-anspruches besitzt der GemAussch auch das Zitierrecht gegenüber den Mitgliedern der BReg bereits außerhalb des Verteidigungsfalles.[11] Im Verteidigungsfall selbst gilt insofern zudem Art. 115e I.

Entsprechend besitzen Mitglieder der BReg ein **Zutrittsrecht** zu den Sitzungen (Art. 43 II). Das 17 weitergehende Zutrittsrecht zu allen Verhandlungen des BRat gem. Art. 53 S. 2 tritt demgegenüber zurück, weil der Parlamentscharakter des GemAussch maßgeblich ist. Wegen Art. 53 besteht das Zutrittsrecht nur für Mitglieder, nicht auch für Beauftragte der Regierung.[12]

Obwohl Art. 53a II 2 lediglich davon spricht, dass die **Rechte des Bundestages** und seiner 18 Ausschüsse nach Art. 43 I unberührt bleiben, werden auch die entsprechenden Rechte des BRat gem. Art. 53 nicht geschmälert.

[9] AA *Hofmann,* in: Hofmann/Hopfauf, Art. 53a Rn. 11.
[10] AA *Rauschning* BK, Art. 115e (1969) Rn. 61 ff.
[11] *Hofmann,* in: Hofmann/Hopfauf, Art. 53a Rn. 14; aA *Schröder* BK, Art. 43 (1978) Rn. 31a.
[12] *Kretschmer,* in: Hofmann/Hopfauf, Art. 43 Rn. 27; *Schröder* BK, Art. 43 (1978) Rn. 69 mwN.

# V. Der Bundespräsident

## Art. 54 [Wahl durch die Bundesversammlung]

(1) Der Bundespräsident wird ohne Aussprache von der Bundesversammlung gewählt. Wählbar ist jeder Deutsche, der das Wahlrecht zum Bundestage besitzt und das vierzigste Lebensjahr vollendet hat.

(2) Das Amt des Bundespräsidenten dauert fünf Jahre. Anschließende Wiederwahl ist nur einmal zulässig.

(3) Die Bundesversammlung besteht aus den Mitgliedern des Bundestages und einer gleichen Anzahl von Mitgliedern, die von den Volksvertretungen der Länder nach den Grundsätzen der Verhältniswahl gewählt werden.

(4) Die Bundesversammlung tritt spätestens dreißig Tage vor Ablauf der Amtszeit des Bundespräsidenten, bei vorzeitiger Beendigung spätestens dreißig Tage nach diesem Zeitpunkt zusammen. Sie wird von dem Präsidenten des Bundestages einberufen.

(5) Nach Ablauf der Wahlperiode beginnt die Frist des Absatzes 4 Satz 1 mit dem ersten Zusammentritt des Bundestages.

(6) Gewählt ist, wer die Stimmen der Mehrheit der Mitglieder der Bundesversammlung erhält. Wird diese Mehrheit in zwei Wahlgängen von keinem Bewerber erreicht, so ist gewählt, wer in einem weiteren Wahlgang die meisten Stimmen auf sich vereinigt.

(7) Das Nähere regelt ein Bundesgesetz.

**Entstehungsgeschichte: Erstfassung:** JöR nF 1 (1951), 397.
**Historische Verfassungstexte: RV 1849:** § 68 Die Würde des Reichsoberhauptes wird einem der regierenden deutschen Fürsten übertragen. § 69 Diese Würde ist erblich im Hause des Fürsten, dem sie übertragen worden. Sie vererbt im Mannsstamme nach dem Rechte der Erstgeburt. § 70 Das Reichsoberhaupt führt den Titel: Kaiser der Deutschen. – **RV 1871: Art. 11** (1) Das Präsidium des Bundes steht dem Könige von Preußen zu, welcher den Namen Deutscher Kaiser führt.... – **WRV: Art. 41** (1) Der Reichspräsident wird vom ganzen deutschen Volke gewählt. (2) Wählbar ist jeder Deutsche, der das fünfunddreißigste Lebensjahr vollendet hat. (3) Das Nähere bestimmt ein Reichsgesetz. **Art. 43** (1) Das Amt des Reichspräsidenten dauert sieben Jahre. Wiederwahl ist zulässig.
**Gesetzgebung:** WahlG BPräs; G über die Ruhebezüge des BPräs (BPräsRuhebezG).
**Leitentscheidung:** BVerfGE 62, 1 (Bundestagsauflösung/Vertrauensfrage Kohl); BVerfGE 114, 121 (Bundestagsauflösung/Vertrauensfrage Schröder); BVerfGE 136, 277 (Rederecht des BPräs); BVerfGE 136, 323 (Repräsentations- und Integrationsfunktion des BPräs).

**Schrifttum:** *B. Braun,* Die Bundesversammlung, 1993; *C. Burkiczak,* Die Bundesversammlung und die Wahl des Bundespräsidenten ..., JuS 2004, 278; *H. Butzer,* Der Bundespräsident und sein Präsidialamt, VerwArch 82 (1991), 497; *ders.,* Im Streit: Die Äußerungsbefugnisse des Bundespräsidenten, ZG 2015, 97 ff.; *ders.,* Hat Adenauer damals richtig hingeschaut?, NJW 2017, 210; *M. Cornils,* Parteipolitische Neutralität des Bundespräsidenten, FS Hufen, 2015, S. 151; *K. Doehring,* Der „pouvoir neutre" und das Grundgesetz, Staat 3 (1964), 201; *H.-U. Erichsen,* Der Bundespräsident, Jura 1989, 373, 424; *M. Gehrlein,* Braucht Deutschland einen Bundespräsidenten?, DÖV 2007, 280; *P. Haungs,* Überparteiliches Staatsoberhaupt und parlamentarische Parteiregierung, FG Sternberger, 1968, S. 340; *M. Hederich,* Zur Kompetenz des Bundespräsidenten, die Gesetzausfertigung zu verweigern, ZG 1999, 123; *R. Herzog,* Entscheidung und Gegenzeichnung, FS Gebhard Müller, 1970, S. 117; *ders.,* Bundespräsident und Bundesverfassungsgericht, FS Carstens II, 1984, S. 601; *W. Heun,* Die Stellung des Bundespräsidenten im Licht der Vorgänge um die Auflösung des Bundestages, AöR 109 (1984), 13; *J. Ipsen,* Volkswahl des Bundespräsidenten? FS H.-P. Schneider, 2008, S. 197; *Jäckel/Möller/Rudolph* (Hrsg.), Von Heuss bis Herzog. Die Bundespräsidenten im politischen System der Bundesrepublik, 1999; *W. Kaltefleiter,* Die Funktion des Staatsoberhauptes in der parlamentarischen Demokratie, 1970; *O. Kimminich,* Das Staatsoberhaupt in der parlamentarischen Demokratie, VVDStRL 25 (1967), 2; *K.-R. Korte,* Gesichter der Macht: Gestaltungspotenziale der Bundespräsidenten, 2019; *P. Kunig,* Der Bundespräsident, Jura 1994, 217; *S. Lörler,* Das Für und Wider einer Direktwahl des Bundespräsidenten, ZRP 2014, 209; *K. Loewenstein,* Der Staatspräsident. Eine rechtsvergleichende Studie, AöR 75 (1949), 129; *H. Maurer,* Hat der Bundespräsident ein politisches Mitspracherecht?, DÖV 1966, 665; *M. Nierhaus,* Entscheidung, Präsidialakt und Gegenzeichnung, 1973; *ders.,* Braucht die Bundesrepublik Deutschland ein volksgewähltes Staatsoberhaupt?, FS Bethge, 2009, S. 39; *ders.,* Rechtsprobleme des Rücktritts des Bundespräsidenten, FS E. Klein, 2013, S. 259; *R. C. van Ooyen,* Das Amt des Bundespräsidenten, 2015; *P. Pernthaler,* Das Staatsoberhaupt in der parlamentarischen Demokratie, VVDStRL 25 (1967), 95; *U. Scheuner,* Das Amt des Bundespräsidenten als Aufgabe verfassungsrechtlicher Gestaltung, 1966; *C. Schmitt,* Der Hüter der Verfassung, 1931; *M. Schröder,* Das Amt des Bundespräsidenten in der Rechtsprechung des Bundesverfassungsgerichts, FS Müller-Graff, 2015, S. 920 ff.; *T. Spitzlei,* Die politische Äußerungsbefugnis staatlicher Organe, JuS 2018, 856; *J. Stein,* Der Bundespräsident als „pouvoir neutre"?, ZaöRV 69 (2009), 249; *R. Weber-Fas,* Zur staatsrechtlichen Stellung des Bundespräsidenten, FS Duden, 1977, S. 685; *H.-J. Winkler,* Der Bundespräsident – Repräsentant oder Politiker?, 1967; *ders.* Bundesversammlung, in: Röhring/Sontheimer (Hrsg.), Handbuch des deutschen Parlamentarismus, 1970, S. 108. Zum Prüfungsrecht des BPräs s. Schrifttum zu Art. 82.

*Nierhaus/Brinktrine*

**Übersicht**

# A. Aufgaben und Befugnisse des BPräs

## I. Entstehungsgeschichte

**1. Historische Vorbilder.** Die Überschrift des III. Abschnitts der **RV 1849** lautete „Das Reichs- **1** oberhaupt". Seine Berufung durch die Frankfurter Nationalversammlung lehnte der preußische König ab, weil die von ihm angestrebte starke Stellung nach seiner Vorstellung nicht von Volksvertretern, sondern nur durch die gekrönten Häupter vermittelt werden konnte. Die **RV 1871** vermied mit dem Begriff „Präsidium" Anklänge an das „Staatsoberhaupt". Der „Reichspräsident" der **WRV 1919** stützte seine starke Stellung im Wesentlichen auf die Wahl durch das Volk (Art. 41 WRV).

**2. Der BPräs – das Gegenbild zum Reichspräsidenten.** Der ParlRat orientierte sich nicht am **2** Vorbild des Reichspräsidenten, dessen Machtstellung auf Grund der Volkswahl und seiner Befugnisse (Reichstagsauflösung, Entlassung des Reichskanzlers, Notverordnungsrecht, Anordnung des Volksent- scheides, Oberbefehl über die Wehrmacht) im Rückblick als zu stark und als ein Grund für das Scheitern der Weimarer Republik angesehen wurde. So wurde der **BPräs** zum nichtplebiszitären **Kontrastorgan des Reichspräsidenten.**[1] Er ist **oberstes Bundes-** und damit **Verfassungsorgan** (vgl. Art. 93 I Nr. 1, § 63 BVerfGG).

Die **BVers,** zu gleichen Teilen zusammengesetzt aus den Abgeordneten des BT und Delegierten **3** der Landtage, ist ein Verfassungsorgan des Bundes, dessen einzige Funktion in der Wahl des BPräs besteht. Sie ist nicht „höchste Gesamtvertretung des deutschen Volkes überhaupt",[2] sondern verleiht dem BPräs die „stärkste mittelbare Legitimation, da er von einem Organ gewählt" wird, „das die breiteste Absicherung durch unmittelbar vom Volk bestimmte Organe (Bundestag und Landtage) hat".[3] Die parl. Bestellung „mit föderal verbreiterter Basis"[4] prägt das Amt des BPräs nicht nur mittelbar demokratisch, sondern auch föderal mit der systemkonformen Konsequenz, dass er durch den Präsidenten des föderativen Verfassungsorgans BRat vertreten wird.[5] Die im Vergleich zum Reichs- präsidenten deutliche Schwächung der präsidentiellen Kompetenzen hat nicht nur vereinzelt dazu geführt, die verbliebenen Befugnisse des BPräs weiter einengend auszulegen.[6] Demgegenüber wertet die breite demokratisch-föderale Legitimation durch die BVers das Bundespräsidentenamt eher auf,[7] Vorschläge zur **Volkswahl** des BPräs vermögen insgesamt nicht zu überzeugen (Rn. 10).

---

[1] Zur Debatte um das Staatsoberhaupt 1945–1949 *Morsey,* in: Jäckel/Möller/Rudolph (Hrsg.), Von Heuss bis Herzog, 1999, S. 45 ff.

[2] *C. Schmid,* Verh. des HA, HA-Sten. Ber. S. 116.

[3] *Stern,* StaatsR II, S. 202.

[4] *Scheuner,* Das Amt des Bundespräsidenten als Aufgabe verfassungsrechtlicher Gestaltung, 1966, S. 31.

[5] Art. 57; *Zacher* FS Carstens II, 1984, S. 953.

[6] ZB *Weber-Fas* FS Duden, 1977, S. 685 ff.; dagegen *Nierhaus,* Entscheidung, Präsidialakt und Gegenzeichnung, 1973, S. 52.

[7] *Schlaich* HStR II², § 47 Rn. 2.

## II. Funktionsumschreibungen

**4** **1. Die Grundfunktionen des BPräs.** Das Amt des BPräs hat unterschiedliche Funktionsumschreibungen erfahren. Die konsistenteste Fassung lautet: „Die Funktion der Integration, der politischen Reserve und der rechtlichen Reserve".[8] Die stärkste Ausdifferenzierung findet sich bei *Stern*,[9] der die Wirkungsbereiche des Staatsoberhauptes in vier Hauptgruppen unterteilt: Aufgaben der **Staatspflege**,[10] insbes. der **Staatsrepräsentation** und **-integration, staatsnotarielle Aufgaben** mit rechtswahrender Beurkundungsfunktion, **staatsoberhauptliche Aufgaben mit eigener, wenngleich inhaltlich umgrenzter Einschätzungsfunktion** und **selbstständige Entscheidungsbefugnisse** als Legalitätsreserve. Das Amt entspricht insges. dem Typus der „unselbstständigen Präsidentschaft",[11] die sich freilich einer monistischen Theorie entzieht.

**5** **2. Begriffsbestimmungen.** Nahezu einhellig werden begriffliche Prägungen des BPräs als **„Hüter der Verfassung"** (*C. Schmitt*) oder **„pouvoir neutre"** (*B. Constant*) abgelehnt.[12] Im Hinblick auf seine materiell-rechtlichen Prüfungsbefugnisse (→ Rn. 9 ff.) ist er allenfalls **Mit-Hüter der Verfassung** neben dem für diese Aufgabe primär zuständigen BVerfG.[13] Neutrale Gewalt ist der BPräs nicht, da er staatspolitisch (im Gegensatz zu parteipolitisch) nicht neutral sein darf,[14] und nur, aber immerhin eine „gewisse Distanz" zu den Zielen und Aktivitäten von politischen Parteien und gesellschaftlichen Gruppen zu wahren hat.[15] Der häufiger verwendete Begriff des **„Staatsnotars"**[16] berücksichtigt zwar seine rechtlichen Prüfungsbefugnisse, stellt aber eher eine abwertende Missdeutung des Amtes dar.[17]

**6** Abgesehen von der **rechts- und verfassungswahrenden Kontrollfunktion,**[18] die den BPräs als **Organ der Vertrauensbildung** ausweist, haben sich für die ungeschriebenen Kompetenzen des BPräs die Bezeichnungen **„Repräsentations-"** und **„Integrationsfunktion"** durchgesetzt.[19] Neben der völkerrechtlichen Vertretung des Bundes nach Art. 59 ist das Präsidentenamt mit einer Repräsentationsaufgabe verbunden, die mit *Maurer*[20] in zweifacher Weise umschrieben werden kann: zum einen formal mit der Begründung juristischer Zurechenbarkeit für den Staat; zum anderen materiell, indem der BPräs durch seine Präsidialakte und sein öff. Auftreten den Staat selbst sichtbar macht.

**7** Er repräsentiert die **Existenz, Legitimität, Legalität** und **Einheit** des Staates.[21] In letzterer Hinsicht überschneiden sich die Repräsentations- und Integrationsfunktion. Der BPräs hat insoweit als nicht-gouvernementales Staatsoberhaupt den staatlichen Einheitsbezug der zur Desintegration neigenden Staatsfunktionen herzustellen und die überfunktionale Einheit des parl. Regierungssystems darzustellen. Im Staatsoberhaupt, in seinem Mahnen, Warnen und in seinen Wegweisungen, manifestiert sich der Staat wie in keiner anderen demokratischen Institution in einer Einzelpersönlichkeit. Durch die Verbindung der Einheit des Staates mit der Existenz eines Individuums können wesentliche Quellen des Staates und der Gesellschaft erschlossen und verknüpft werden.[22] Demgegenüber vermag

---

[8] *Schlaich* HStR II², § 49 Rn. 52.

[9] Staatsrecht II, S. 217.

[10] Dazu *Sarcinelli*, in: Jäckel/Möller/Rudolph (Hrsg.), Von Heuss bis Herzog, 1999, S. 191 ff.

[11] *Badura*, StaatsR, E Rn. 71; *Nettesheim* HStR III, § 61 Rn. 6.

[12] Nachw. bei *Nierhaus* (Fn. 6), S. 42 ff.; *J. Stein* ZaöRV 69 (2009), 249 ff.; *Gehrlein* DÖV 2007, 280 (283); abw. (pouvoir neutre) BVerfGE 114, 121 (159); 136, 323 Rn. 33 (zur nicht justiziablen Orientierung am Leitbild eines „neutralen Bundespräsidenten").

[13] *Menzel* DÖV 1965, 581 (590); *Kimminich* VVDStRL 25 (1967), 2 (25, 83, 85); *Leibholz*, Strukturprobleme der modernen Demokratie, 3. Aufl. 1967, S. 173; *Herzog* FS Carstens II, 1984, S. 601 ff. und die Beiträge von *Birke, Birkenmaier, Lehmbruch* und *Czada*, in: Jäckel/Möller/Rudolph (Hrsg.), Von Heuss bis Herzog, 1999, S. 87 ff.; ebenso *Gehrlein* DÖV 2007, 280 (284); *v. Arnauld*, in: v. Münch/Kunig I, Art. 54 Rn. 13 a.E; zu weitgehend: „Hüter des Volkswillens" (*A. Janssen* DÖV 2010, 949 [957 f.]).

[14] *Herzog*, in: Maunz/Dürig, Art. 54 (2009) Rn. 89 ff.; *Nettesheim* HStR III, § 61 Rn. 20 ff.; *Fritz* BK, Art. 54 (2016) Rn. 49; zur parteipolitischen Neutralität BVerfGE 89, 359 (362 f.); *Cornils* FS Hufen, 2015, 151 ff. Skeptisch *Gehrlein* DÖV 2007, 280 (284 f.) mit Blick auf Art. 58.

[15] BVerfGE 136, 277 Rn. 95 mwN; 136, 323 Rn. 26 (ohne justiziable Vorgaben); zur Reichweite der Äußerungsbefugnisse etwa *Butzer* ZG 2015, 97 ff.; *Cornils* FS Hufen, 2015, 151 (153 ff.); *Putzer* DÖV 2015, 417 ff.; *M. Schröder*, FS Müller-Graff, 2015, 920 (926 ff.); *Gröpl/Zembruski* JA 2016, 268 ff.

[16] *Eschenburg*, Staat und Gesellschaft in Deutschland, 2. Aufl. 1956, S. 647; *Seidl-Hohenveldern* VVDStRL 25 (1967), 213.

[17] *Herzog* FS Gebhard Müller, 1970, S. 129; *Heun*, in: Dreier II, Art. 54 Rn. 21, hält den Begriff des „Staatsnotars" für zutreffend, soweit aus ihm keine Schlussfolgerungen hinsichtlich der Prüfungskompetenz gezogen werden. *Adamovich* FS Herzog, 2009, S. 1 (6), bezeichnet den österr. BPräs als „Grenzwächter der Gesetzgebung" in „permanenter Gradwanderung."

[18] *Nettesheim* HStR III, § 61 Rn. 36 ff. spricht von „Kustor-Funktion".

[19] Zu Integration und Repräsentation überzogen krit. *Gehrlein* DÖV 2007, 280 (285 ff.: Verfassungswirklichkeit, keine Amtspflicht, pluralistische Gesellschaft, fehlende Macht, fehlende Verantwortlichkeit, Gefahrlosigkeit präsidentiellen Handelns); auch *van Ooyen*, Das Amt des Bundespräsidenten, 2015, S. 33 ff. S. demgegenüber *Butzer*, in: Hofmann/Henneke, Art. 54 Rn. 19 ff. und jetzt dezidiert BVerfGE 136, 277 Rn. 94; 136, 323 Rn. 21 f., 28 ff.

[20] DÖV 1966, 665 (667); skeptisch *Heun*, in: Dreier II, Art. 54 Rn. 17.

[21] *Herzog*, in: Maunz/Dürig, Art. 54 (2009) Rn. 97 f.

[22] *Pernthaler* VVDStRL 25 (1967), 95 (170 ff.).

der Gegenvorschlag von *Gehrlein,* auf die Trennung von Regierungschef und oberster Staatsspitze zu verzichten und die Befugnisse des obersten Staatsorgans auf den BRatPräs zu übertragen,[23] insges. nicht zu überzeugen.[24]

### III. Die Kompetenzen des BPräs

**1. Aufgabenbereiche.** Dem BPräs stehen verfassungsrechtlich und einfachgesetzlich unterschiedli-  8
che – teilw. heterogene – Funktionen der Vertretung (s. Art. 59 I), Repräsentation und Integration
zu.[25] Als Verfassungsorgan hat er – kreierenden, mitwirkenden oder eigenständigen – Anteil an allen
Staatsfunktionen, ohne selbst eine originäre Staatsgewalt zu sein. *T. Heuss* hat diese Zuständigkeiten
des BPräs, die hier nicht aufgelistet werden können, in seiner Antrittsrede am 12.9.1949 zu Recht
„Paragraphengespinst" genannt.[26] Dem BPräs stehen iÜ – teilw. auf ungeschriebener Rechtsgrundlage
– Befugnisse zur Gestaltung der **Staatssymbole** zu.[27]

**2. Die Verfassungsbindung des BPräs (materielles Prüfungsrecht).** Das Recht des BPräs, im  9
Rahmen der Ausfertigung und Verkündung der Bundesgesetze nach Art. 82 I 1 diese auf ihre inhaltliche Vereinbarkeit mit dem GG zu überprüfen (sog. **materielles** Prüfungsrecht im Gegensatz zum
sog. **formellen** Prüfungsrecht, s. den Wortlaut des Art. 82 I 1 iVm Art. 78), ist immer noch lebhaft
umstr. (→ Art. 82 Rn. 6 ff.). Jenseits dieses Streits sollte jedenfalls an der Grundrechts-, Verfassungs-
und Gesetzesbindung des Staatsgewalt ausübenden BPräs nicht gezweifelt werden.[28]

## B. Wahl des BPräs durch die BVers

### I. Rechtsstellung und Zusammensetzung der BVers (Abs. 3)

**1. Entstehungsgeschichte.** Abgesehen von der „abwehrenden Vergangenheitsorientiertheit"[29] tre-  10
ten zwei Absichten des ParlRates deutlich hervor: die möglichst breit angelegte **demokratische**
**Legitimation** des BPräs und die Berücksichtigung der **föderativen Strukturen.** Beide Staatsstruktur-
prinzipien verbinden sich in der Wahlkörperschaft des Staatsoberhauptes des Gesamtstaates.[30] Insofern
wird die verfassungsrechtliche Stellung des BPräs auch durch die Art und Weise seiner Wahl mit-
bestimmt.[31] Gelegentlich immer wieder vorgetragene Forderungen nach einer **Volkswahl** des BPräs
sind abzulehnen, weil ein doppeltes direkt-demokratisches Legitimationsgefüge (BT und BPräs, selbst
der machtvolle BKanzler ist nur mittelbar demokratisch legitimiert!) die politische Machtbalance im
Gesamtgefüge des GG sprengen würde. Dem BPräs würden – zumindest in der Erwartung der
Bevölkerung – Befugnisse zugeschrieben, die er erfüllen müsste, nach den Vorschriften des GG aber
nicht wahrnehmen darf! Insoweit sollte die WRV (volksgewählter und starker Reichspräsident) eine
doppelte Warnung sein.[32]

**2. Verfassungsorganqualität.** Die BVers ist **Verfassungsorgan** des Bundes, weil sie unmittelbar  11
vom GG konstituiert und ihr die Aufgabe der Wahl eines anderen Verfassungsorgans übertragen ist.
Ihre Regelung in Art. 54 im V. Abschn. über den BPräs und die Nichterwähnung in § 63 BVerfGG
steht dieser Qualifikation ebenso wenig entgegen wie ihr Status als nicht-„ständiges" Organ.[33]

**3. Die Mitglieder der BVers und ihre Rechtsstellung.** Die BVers besteht aus den Mitgliedern  12
des BT und einer gleichen Anzahl von Mitgliedern, die von den Volksvertretungen der Länder nach

---

[23] *Gehrlein* DÖV 2007, 280 (287 f.); abl. zum Konzept des Staatsoberhaupts auch *Wiegand* AöR 133 (2008), 476 ff.
[24] Zu den Rollen- und Ämterkonflikten näher → Art. 57 Rn. 5 ff.; ferner *Nierhaus* FS Bethge, 2009, S. 39 ff.
mwN.
[25] S. den Überblick bei *Nierhaus* (Fn. 6), S. 46 ff.; *Herzog,* in: Maunz/Dürig, Art. 54 (2009) Rn. 67 ff.; *Waldhoff/*
*Grefrath,* in: Friauf/Höfling, Art. 54 (2009) Rn. 44 ff.
[26] In: Sternberger (Hrsg.), Reden der deutschen Bundespräsidenten, 1979, S. 5 (6); zu weiteren Zuständigkeiten s.
*Spath,* Das Bundespräsidialamt, 3. Aufl. 1982, S. 71 ff.; *Heun,* in: Dreier II, Art. 54 Rn. 13 und *Butzer,* in: Hofmann/
Henneke, Art. 54 Rn. 5 ff., *ders.* NJW 2017, 210 (211 ff.).
[27] S. Gesetz über Titel, Orden und Ehrenzeichen v. 26.7.1957, BGBl I 844, zul. geänd. durch Art. 10 des G. v.
19.2.2006, BGBl. I, 334; w. N. bei *Stern,* StaatsR II, S. 218 ff. („Staatspflege"); zu den Staatssymbolen allg. *E. Klein*
HStR I, § 17 Rn. 7 ff.; speziell zur Festlegung der Nationalhymne *Hellenthal* NJW 1988, 1294.
[28] BVerfGE 136, 323 Rn. 27 unter Berufung auf Art. 1 III, 20 III, und den Ausdruck dieser Bindungen in Art. 56
(zw.), Art. 60 IV iVm Art. 46 II, Art. 61 I 1.
[29] *Fromme,* Von der Weimarer Verfassung zum Bonner Grundgesetz, 1960, S. 210; s. auch *W. Weber,* Spannungen
und Kräfte im westdeutschen Verfassungssystem, 3. Aufl. 1970, S. 9 ff.
[30] S. *Herzog,* in: Maunz/Dürig, Art. 54 (2009) Rn. 14 ff.
[31] *Stern,* StaatsR II, S. 181; *Schlaich* HStR II², § 47 Rn. 2.
[32] Näher *Nierhaus* FS Bethge, 2009, S. 39 ff.; *Lörler* ZRP 2014, 209 ff.; aA *J. Ipsen* FS H.-P. Schneider, 2008,
S. 197 ff.; überzogen *Gehrlein* DÖV 2007, 280 ff.; ausf. Nw. bei *v. Arnauld,* in: v. Münch/Kunig I, Art. 54 Rn. 31
Fn. 157.
[33] Für ein oberstes Bundesorgan BVerfGE 136, 277 Rn. 59 mwN; ferner nur *Herzog,* in: Maunz/Dürig, Art. 54
(2009) Rn. 16; *Jekewitz* AK GG, Art. 54 Rn. 4; *Butzer,* in: Hofmann/Henneke, Art. 54 Rn. 36. Zu den rechtlichen
Grundlagen und zur Staatspraxis der BVers und der Wahl des BPräs s. *Burkiczak* JuS 2004, 278 ff.

den Grundsätzen der Verhältniswahl gewählt werden (Art. 54 III). Dabei sind alle Bundestagsabgeordneten (einschl. der sog. Überhangmandate nach § 6 V BWahlG) **geborene,** die Delegierten der Länder **gekorene** Mitglieder. Nach § 7 S. 1 BPräsWahlG finden die Art. 46, 47, 48 II auf die Mitglieder des BVers entsprechende Anwendung. Zum Schutz des Teilnahmerechts aus Art. 54 sind Immunität und Indemnität bereits verfassungsunmittelbar geboten.[34] Sie sind weisungsfrei und genießen Immunität.[35] Sie haben einen Anspruch darauf, dass ihre Stimme gem. Art. 54 VI gewertet wird; ein Recht auf Aussprache ist damit nicht verbunden.[36] Über § 5 WahlG BPräs hinausgehende organschaftliche Rechte auf Überprüfung der Wahl der Mitglieder in den Landtagen stehen den Mitgliedern nicht zu.[37]

13    Nach der Bekanntmachung der BReg gemäß § 2 I WahlG BPräs wählten die Volksvertretungen der Länder zur 16. BVers am 12.2.2017[38] (Wahl *F.-W. Steinmeier*)

| | |
|---|---:|
| Baden-Württemberg | 80 Mitglieder |
| Bayern | 97 Mitglieder |
| Berlin | 26 Mitglieder |
| Brandenburg | 21 Mitglieder |
| Bremen | 5 Mitglieder |
| Hamburg | 13 Mitglieder |
| Hessen | 45 Mitglieder |
| Mecklenburg-Vorpommern | 13 Mitglieder |
| Niedersachsen | 63 Mitglieder |
| Nordrhein-Westfalen | 135 Mitglieder |
| Rheinland-Pfalz | 31 Mitglieder |
| Saarland | 8 Mitglieder |
| Sachsen | 34 Mitglieder |
| Sachsen-Anhalt | 18 Mitglieder |
| Schleswig-Holstein | 23 Mitglieder |
| Thüringen | 18 Mitglieder |

Hinzu kamen die 630 Bundestagsabgeordneten. Insgesamt hatte die 16. BVers 1.260 Mitglieder.

14    Aus Art. 54 III iVm dem WahlG BPräs geht eindeutig hervor, dass die **Ländervertreter** nicht Landtagsabgeordnete sein müssen; in der Praxis sind sie es aber ganz überwiegend.

## II. Zusammentreten der BVers (Abs. 4 und 5)

15    Die BVers tritt spätestens dreißig Tage vor Ablauf der (fünfjährigen) Amtszeit des BPräs, bei vorzeitiger Beendigung spätestens dreißig Tage nach diesem Zeitpunkt zusammen. Einberufen wird sie vom BTPräs (Art. 54 IV). Die **Fristbestimmung** des Abs. 5 ist infolge der Änderung des Art. 39 I (→ Art. 39 Rn. 7) gegenstandslos geworden. Nach Art. 54 IV 2 iVm § 1 WahlG BPräs bestimmt der BTPräs Ort und Zeit des Zusammentritts der BVers.[39] Deshalb hat sie **kein Recht auf Selbstversammlung** wie der BTag nach Art. 39 III 1; ihr fehlt auch eine verfassungsunmittelbare **Geschäftsordnungsautonomie.**[40] Umso stärker ist die Rechtsstellung des BTPräs als Vorsitzenden der BVers.

## III. Wahl des BPräs (Abs. 1 und 6)

16    **1. Wählbarkeit.** Nach Art. 54 I 2 bestehen drei Wählbarkeitsvoraussetzungen: Der (die) Kandidat (in) für das Amt des BPräs muss **Deutsche(r)** i. S. des Art. 116 sein, das **Wahlrecht zum BT** besitzen (Art. 38 III iVm §§ 12 ff. BWahlG) und das **40. Lebensjahr** vollendet haben. Art. 54 I 2 enthält iVm der Regelung des Abs. 2 S. 2, wonach eine anschließende Wiederwahl nur einmal zulässig ist

---

[34] So auch BVerfGE 136, 277 Rn. 106.
[35] S. *v. Arnauld,* in: v. Münch/Kunig I, Art. 54 Rn. 28 mwN.
[36] BVerfGE 136, 277 Rn. 105 ff.; 138, 125 Rn. 25 ff.
[37] BVerfGE 136, 277 Rn. 73 ff.; 138, 125 Rn. 21.
[38] Bekanntmachung v. 28.9.2016 (BGBl. I 2194).
[39] Zur Auseinandersetzung über den Tagungsort (Berlin oder Bonn) s. *Herzog,* in: Maunz/Dürig, Art. 54 (2009) Rn. 38.
[40] BVerfGE 136, 277 Rn. 101 f.

(→ Rn. 21), eine **enumerativ-abschließende Aufzählung** der Wählbarkeitsvoraussetzungen.[41] Die Inkompatibilitätsvorschrift des Art. 55 gehört nicht dazu.

**2. Wahlverfahren.** Die BVers tagt **öffentlich.** Das Erfordernis der Öffentlichkeit folgt nicht erst　17 aus einer Analogie zu Art. 42 I 1 und Art. 52 III 3; sie ergibt sich unmittelbar aus dem demokratischen Öffentlichkeitsprinzip.[42] Mit Rücksicht auf das Ansehen des Amtes und die Autorität des zukünftigen BPräs wird er **„ohne Aussprache"** (Art. 54 I 1) gewählt. Eine Personaldiskussion darf (im Gegensatz zu Geschäftsordnungsdebatten) nicht stattfinden. Demgemäß darf weder das Wort zur Begründung von Anträgen erteilt, noch der Punkt „Vorstellung der Kandidaten" in die Tagesordnung aufgenommen werden.[43] Politische Auseinandersetzungen um die Aufstellung des BPräskandidaten und „Präsidialwahlkämpfe" sind im Vorfeld der BVers grds. zulässig, dem Amt und seinem späteren Inhaber jedoch abträglich und lassen Art. 54 I 1 praktisch leerlaufen.[44] Die Abstimmung erfolgt – ohne Verstoß gegen das Öffentlichkeitsprinzip – **geheim** (§ 9 III 1 WahlG BPräs). Der BTPräs leitet die Geschäfte und die Sitzung der BVers auf der Grundlage einer entspr. Anwendung der GO BT (§ 8 WahlG BPräs). Ihm stehen (bei Störungen im Innern) das Hausrecht und (bei Störungen von außen) die Ordnungs- sowie die Polizeigewalt zu (→ Art. 40 Rn. 28 ff.).

Nach § 9 I WahlG BPräs kann jedes Mitglied der BVers **Wahlvorschläge** für die Wahl des BPräs –　18 auch noch für den 2. und 3. Wahlgang – einreichen. Voraussetzung dafür ist nur, dass die zur Bezeichnung des Vorgeschlagenen erforderlichen Angaben (Name, nicht: Begründung, Lebenslauf, Parteizugehörigkeit etc.)[45] vorliegen. Um zu verhindern, dass Kandidaten ohne oder gegen ihren Willen nominiert werden, muss die Zustimmungserklärung des Vorgeschlagenen beigefügt werden.

Nach Art. 54 VI 1 ist gewählt, wer die Stimmen der Mehrheit der Mitglieder der BVers erhält. Nur　19 wenn diese Mehrheit (absolute Mehrheit der gesetzlichen Mitgliederzahl, nicht: Anwesenheitsmehrheit, vgl. Art. 121) in zwei Wahlgängen verfehlt wird, reicht im dritten Wahlgang die relative Mehrheit i. S. der **Anwesenheitsmehrheit** aus. Bislang ist der dritte Wahlgang, soweit es zu ihm gekommen ist (1969 bei der Wahl G. *Heinemanns*), der Letzte gewesen. Bei Stimmengleichheit oder im nicht nur theoretischen Fall der Ablehnung der Wahlannahme des im dritten Wahlgang Gewählten (zB wegen Unterstützung durch Mitglieder einer radikalen Partei) muss mindestens ein weiterer Wahlgang stattfinden. Dieser ist zwar im GG nicht vorgesehen, in dieser Situation aber unabdingbar, weil der ParlRat den Losentscheid verworfen hat und ein Verfassungsstillstand vermieden werden muss.[46] Ein Recht der Mitglieder als „Wahlbeobachter" an der Stimmenauszählung teilzunehmen, besteht nicht, wie überhaupt die Zulassung von „Wahlbeobachtern" nicht geboten ist.[47] Das Wahlverfahren ist abgeschlossen, wenn der Gewählte (binnen zwei Tagen) die Wahl annimmt. Erst dann darf der BTPräs die BVers für beendet erklären (§ 9 IV, V WahlG BPräs).

## IV. Amt und Status des BPräs (Abs. 2)

**1. Amtszeit.** Die **Amtszeit** des BPräs beträgt **fünf Jahre** (Art. 54 II 1) und ist damit um zwei　20 Jahre kürzer als die des Reichspräsidenten. Sie ist nur ein Jahr länger als die Wahlperiode des BT (Art. 39 I 1); dadurch soll die Unabhängigkeit des BPräs gestärkt werden. Ferner sollte die Wahl des BPräs von der des BKanzlers abgekoppelt werden, um zu verhindern, dass Person und Amt des BPräs in Koalitionsverhandlungen verstrickt werden. Dies ist nicht durchgängig gelungen (zB nicht bei der Wahl von *Th. Heuss, G. Heinemann* und *R. Herzog*). Der **Amtsbeginn** ist näher in § 10 WahlG BPräs geregelt: Sie beginnt ohne Ernennung mit dem Ablauf der Amtszeit des Vorgängers, jedoch nicht vor Eingang der Annahmeerklärung beim BTPräs. Das **Amtsende** kann in fünf Konstellationen eintreten,[48] darunter insbes. durch **Rücktritt** (vgl. den Amtsverzicht von *H. Köhler* am 31.5.2010 und von *Chr. Wulff* am 17.2.2012).[49] Dieser ist im GG nicht ausdr. erwähnt, stellt aber eine selbstverständliche Folge der demokratischen Ämterverfassung dar und wird iÜ auch vom Gesetzgeber (ua in § 51 BVerfGG und § 1 BPräsRuhebezgG) vorausgesetzt. Nicht nur aus Gründen der Courtoisie sollte der BPräs die Rücktrittserklärung gegenüber dem BTPräs als Vorsitzendem der

---

[41] Einzelheiten bei *Fink* MKS II, Art. 54 Rn. 20–22.

[42] So auch *Pieroth*, in: Jarass/Pieroth, Art. 54 Rn. 4. Zur Öffentlichkeit der Ausübung von Staatsgewalt s. *Stern*, Staatsrecht I, S. 618.

[43] Gegen eine dahingehende Verpflichtung BVerfGE 136, 277 Rn. 89 ff.; dazu *Pracht* ZJS 2015, 573 ff.

[44] *Jekewitz* AK GG, Art. 54 Rn. 12; krit. auch *Fritz* BK, Art. 54 (2016) Rn. 244 f.; *Waldhoff/Grefrath*, in: Friauf/Höfling, Art. 54 (2009) Rn. 81, stellen nur auf den Schutz der „Dignität des Kreationsaktes" ab.

[45] Vgl. *Herzog*, in: Maunz/Dürig, Art. 54 (2009) Rn. 39.

[46] S. *Herzog*, in: Maunz/Dürig, Art. 54 (2009) Rn. 45; *Stern*, StaatsR II, S. 186 mwN. Erhielte der einzige Kandidat im dritten Wahlgang mehr Nein- als Ja-Stimmen, hätte er gleichwohl die meisten Stimmen (mehr als jeder andere), vgl. *Pracht* ZJS 2015, 573 (576 ff.) mN; dieses Szenario ist durch Gestaltung der amtlichen Stimmzettel (ohne Möglichkeit von Nein-Stimmen) zu vermeiden.

[47] BVerfGE 130, 367 (369 ff.); 136, 277 Rn. 134; 138, 125 Rn. 34.

[48] Einzelheiten bei *Fink* MKS II, Art. 54 Rn. 26 f.; s. Art. 115h I 2 Var. 1 u. 2.

[49] Zu den verfassungsrechtlichen Problemen des Rücktritts des BPräs s. näher *Nierhaus* FS E. Klein, 2013, S. 259 ff.; *Hebeler* DVBl 2011, 317 ff. allg. zum Rücktritt aus öff. Ämtern.

BVers erklären.[50] Der Rücktritt kann – freilich in den Grenzen der Verfassungsorgantreue – auch mit „sofortiger Wirkung" erfolgen.

21   **2. Wiederwahl.** Art. 54 II 2 beschränkt die Möglichkeit der **Wiederwahl:** Nur *eine* („einmal") „anschließende" Wiederwahl ist zulässig. Diese Begrenzung der personellen Kontinuität dient wiederum einer Beschränkung der Machtstellung des BPräs. Die Formulierung dieser Vorschrift hat die Frage aufgeworfen, ob nach zwei Amtsperioden eine dritte Kandidatur zulässig ist, nachdem ein anderer BPräs ins Amt gelangt ist. Die Lösung ist umstr.[51] Der – möglicherweise nicht reflektierte – Wortlaut des Art. 54 II 2 ist eindeutig und lässt eine **(unterbrochene) dritte Kandidatur** zu. Dem Einwand der bewussten Schwächung der Stellung des BPräs ist durch die Unterbrechung der personellen Amtskontinuität hinreichend Rechnung getragen. Umstr. ist allerdings, ob die dazwischenliegende Amtsperiode die vollen fünf Jahre gedauert haben muss, um den Vorgänger-Präsidenten wieder wählbar zu machen.[52] Der Wortlaut des Art. 54 II enthält hierzu keine Anhaltspunkte. Missbrauchsmöglichkeiten (zB kurzfristiger Rücktritt, um dem alten BPräs den Weg für eine dritte Amtsperiode frei zu machen) sprechen dafür, die volle Amtszeit zu verlangen. Dann allerdings hätte es der amtierende BPräs in der Hand, die Wiederwahl des alten BPräs durch Rücktritt zu verhindern. Entscheidend ist, ob der Zweck des Art. 54 II 2, präsidiale „Erbhöfe" zu verhindern, durch kollusives Zusammenwirken von altem und neuem BPräs umgangen werden soll. In diesem Fall (anders zB bei Amtserledigung durch Tod) ist die volle Zwischen-Amtszeit zu fordern.[53]

22   **3. Amtsverhältnis.** Die dienstliche und persönliche Stellung des BPräs ist nicht die eines Beamten, sondern ein **„persönliches Statusverhältnis"** zur BRD.[54] Dieses ist rechtlich kaum ausgeformt und hält einem Vergleich mit den weitgehend durchnormierten Amtsverhältnissen der BMin (BMinG), der Richter des BVerfG (BVerfGG), der Bundesbeamten (BBG) und auch der Bundestagsabgeordneten (Art. 38; AbgG) nicht stand. „Das Amt saugt die Person auf".[55]

23   Art. 60 IV gewährt dem BPräs immerhin **Immunität** (→ Art. 46 Rn. 11 ff.). Auf Grund seiner Stellung als Staatsoberhaupt der BRD genießt der BPräs – neben anderen Vorrechten – auch völkerrechtliche Immunität.[56] Das Bundespräsidialamt ist ihm als oberste Bundesbehörde unterstellt.[57]

24   Die **persönliche Rechtsstellung** des BPräs ist teilw. im Gesetz über die Ruhebezüge des BPräs vom 17.6.1953[58] geregelt. Danach steht er in einem besonderen **öffentlich-rechtlichen Amtsverhältnis** zum Bund, ohne (Wahl-)Beamter zu sein.[59] Seine Amtsbezüge übersteigen die des BKanzlers. Ferner erhält der BPräs eine Aufwandsentschädigung, freie Amtswohnung mit Ausstattung (Villa Hammerschmidt; Schloss Bellevue) und Ruhegehalt („Ehrensold").[60]

## Art. 55 [Unvereinbarkeiten]

(1) **Der Bundespräsident darf weder der Regierung noch einer gesetzgebenden Körperschaft des Bundes oder eines Landes angehören.**

(2) **Der Bundespräsident darf kein anderes besoldetes Amt, kein Gewerbe und keinen Beruf ausüben und weder der Leitung noch dem Aufsichtsrate eines auf Erwerb gerichteten Unternehmens angehören.**

**Entstehungsgeschichte: Erstfassung:** JöR nF 1 (1951), 406.
**Historische Verfassungstexte: WRV: Art. 44** Der Reichspräsident kann nicht zugleich Mitglied des Reichstags sein.
**Leitentscheidungen:** BVerfGE 89, 359 (362) (Befangenheit Herzogs als Bundespräsidentenkandidat).

---

[50] S. *Herzog,* in Maunz/Dürig, Art. 54 (2009) Rn. 59; *Fink* MKS II, Art. 54 Rn. 27; *Waldhoff/Grefrath,* in: Friauf/Höfling, Art. 54 (2009) Rn. 88; abw. *J. Ph. Schaefer* DÖV 2012, 417 (420: BRatPräs).

[51] Für die Zulässigkeit einer dritten Kandidatur *Fink* MKS II, Art. 54 Rn. 33; *Stern,* Staatsrecht II, S. 186; *v. Arnauld,* in: v. Münch/Kunig I, Art. 54 Rn. 18; *Herzog,* in: Maunz/Dürig, Art. 54 (2009) Rn. 21; *Heun,* in: Dreier II, Art. 54 Rn. 41; *Butzer,* in: Hofmann/Henneke, Art. 54 Rn. 83 f.; *Fritz* BK, Art. 54 (2016) Rn. 257 f.; dagegen *Kimminich* BK, Art. 54 (1968) Rn. 36; *Jekewitz* AK GG, Art. 54 Rn. 8.

[52] S. zum Streitstand *Fink* MKS II, Art. 54 Rn. 33.

[53] So auch *Pracht* ZJS 2015, 573 (575 f.); nicht eindeutig *Herzog,* in: Maunz/Dürig, Art. 54 (2009) Rn. 21.

[54] *Herzog,* in: Maunz/Dürig, Art. 54 (2009) Rn. 60; *Heun,* in: Dreier II, Art. 54 Rn. 42; näher *Fink* MKS II, Art. 54 Rn. 28–31; *Nettesheim* HStR III, § 61 Rn. 61: „einzigartiges, verfassungsrechtlich begründetes Amtsverhältnis"; *Butzer,* in: Hofmann/Henneke, Art. 54 Rn. 85: „besonderes öffentlich-rechtliches Amtsverhältnis".

[55] *Schlaich* HStR II², § 48 Rn. 13.

[56] Dazu *Epping,* in: K. Ipsen, Völkerrecht, 7. Aufl. 2018, § 7 Rn. 286 ff.; → Art. 60 Rn. 19 f.

[57] Dazu *Spath,* Das Bundespräsidialamt, 5. Aufl. 1993.

[58] BGBl I 406, idF v. 24.7.1959, BGBl I 525, zul. geänd. durch G v. 5.2.2009 (BGBl I 160); dazu *Nierhaus* FS E. Klein, 2013, S. 259 ff.

[59] *Stern,* StaatsR II, S. 216; *Heun,* in: Dreier II, Art. 54 Rn. 42.

[60] Hierzu näher *Aßmann,* Die Besoldung und Versorgung des Bundespräsidenten, 2014.

**Schrifttum:** *H.-W. Arndt/M. Schweitzer,* Verfassungsrechtliche Aspekte des Kanzlerrücktritts, JuS 1974, 622; *W. Hömig,* Designierter Bundespräsident und Mitgliedschaft in der Bundesregierung, DÖV 1974, 798; *ders.,* „… darf weder einer Regierung noch einer gesetzgebenden Körperschaft angehören", DVBl 2016, 1037; *F. Klein,* Grundgesetz und unmittelbarer Wechsel vom Mitglied der Bundesregierung zum Bundespräsidenten. Insbesondere: Amtsverlust des Bundeskanzlers infolge Annahme der Wahl zum Bundespräsidenten, Blätter für deutsche und internationale Politik 1959 (Sonderdruck zu Heft 6); *M. Nierhaus,* Verfassungsrechtliche Probleme des Kanzlerrücktritts, JR 1975, 265; *M. Oldiges,* Interimistische Weiterführung der Amtsgeschäfte des Bundeskanzlers durch den Vizekanzler, DVBl 1975, 79; *D. Tsatsos,* Inkompatibilität zwischen dem Bundespräsidentenamt und dem parlamentarischen Mandat, DÖV 1965, 597.

## Übersicht

## A. Allgemeines

### I. Entstehungsgeschichte

Art. 55 regelt die Unvereinbarkeit, dh **Inkompatibilität** des Präsidentenamtes mit Regierungs- **1** ämtern, Parlamentsmandaten (Abs. 1) und anderen besoldeten Ämtern (Abs. 2) i. S. eines Innehabungs- (Abs. 1) und Ausübungsverbotes (Abs. 2).[1] Weder die konstitutionellen Monarchien des 19. Jahrhunderts noch die Paulskirchenverfassung enthielten eine entspr. Regelung. Erstmals hatte Art. 44 WRV die Unvereinbarkeit des Reichspräsidentenamtes (nur) mit der Mitgliedschaft des Reichspräsidenten im Reichstag ausdr. ausgesprochen. Dementspr. erweiterte Art. 77 HChE die Inkompatibilität auch nur auf die beiden gesetzgebenden Körperschaften BT und BRat. Erst im ParlRat wurde die Reichweite der Unvereinbarkeit auf die in Art. 55 genannten Ämter und Tätigkeiten ausgedehnt.

### II. Sinn und Zweck der Inkompatibilitätsvorschrift

Art. 55 regelt den persönlichen Status des BPräs im Hinblick auf die **Inkompatibilitäten,** die er **2** während seiner Amtszeit beachten muss.[2] Sinn und Zweck des Art. 55 lassen sich auf drei Grundgedanken zurückführen, von denen der Letzte als selbstverständlich nicht zu kommentieren ist: die Gewaltenteilung (u. Rn. 3), die Interessentrennung (u. Rn. 4) und die Konzentration auf das Amt des BPräs.

**1. Gewaltenteilung.** Art. 55 ist Ausdruck des Gewaltenteilungsprinzips, auch wenn der BPräs in **3** unterschiedlicher Weise in die Exekutive (zB Art. 59 I) und Legislative (Art. 82 I) eingebunden ist.[3] Mit Rücksicht auf die parteipolitisch zusammengesetzte BVers und den Umstand, dass das BPräs-Amt ein selbstständiges und einer Personalunion mit irgendeinem anderen unzugängliches Amt ist,[4] ist der Wunsch nach **Distanz und Neutralität** des Staatsoberhauptes verständlich und folgerichtig.[5] Der Gedanke der Gewaltenteilung schlägt sich vor allem in der politischen Sphäre der öff. Ämter des Art. 55 I nieder.

---

[1] *Nettesheim* HStR III, § 61 Rn. 63. S. aber u. Rn. 11 ff.
[2] Zum fast gleichlautenden Art. 66 für BKanzler und BMin vgl., → Art. 66.
[3] *Fink* MKS II, Art. 55 Rn. 3; aA wohl *Fritz* BK, Art. 55 (2016) Rn. 8 ff.
[4] JöR nF 1 (1951), 407; ParlRat 1948–1949, Bd. 14/1, S. 266 f.
[5] *Schlaich* HStR II², § 48 Rn. 3; *Herzog,* in: Maunz/Dürig, Art. 55 (2009) Rn. 3; insoweit auch *Fritz* BK, Art. 55 (2016) Rn. 12.

**4**    **2. Interessentrennung.** Der Zweck der **Vermeidung** von amtlichen und beruflichen Interessenkonflikten findet in Art. 55 II und seiner unpolitischen Sphäre Ausdruck: Die Wahrnehmung des höchsten Staatsamtes verträgt sich nicht mit der Verfolgung wirtschaftlicher Interessen.

### III. Beginn und Ende der Pflichtenbindung

**5**    Umstr. ist die Frage, ob die Unvereinbarkeitsregeln des Art. 55 I **erst mit dem Amtsantritt** oder bereits im (Vor-)Stadium des designierten BPräs (nach Wahlannahme) gelten. Anlass für die Problemstellung waren die Ereignisse in den Jahren 1959 (Nachfolge *Heuss*, Kandidaturüberlegungen des BKanzlers *Adenauer*) und 1974 (Rücktritt *Brandts*, Vizekanzler *Scheel* als geschäftsführender BKanzler und designierter BPräs).[6] Der Wortlaut des Art. 55 spricht für die erstere Auffassung,[7] mögliche Interessenkollisionen und die Gefahr der Durchbrechung des Gewaltenteilungsprinzips für die letztere.[8] Letzteres Argument ist sicherlich das schwächste;[9] entgegen einigen Stimmen in der Literatur[10] meint das BVerfG apodiktisch, die Inkompatibilitätsvorschrift des Art. 55 regele „eindeutig" nur die Unvereinbarkeit des Amtes des BPräs mit anderen Ämtern, betreffe also nicht die Stellung eines „Kandidaten" für dieses Amt.[11] Für die Zeit nach Annahme der Wahl ist diese Ansicht allerdings überdenkenswert.[12] Art. 55 gibt iÜ keine Antwort auf Konflikte, die aus einer früheren Tätigkeit als Regierungs- und Parlamentsmitglied oder dem Amt des Bundesverfassungsrichters resultieren. In Ausnahmesituationen kommt ein Verhinderungsfall nach Art. 57 in Betracht (→ Art. 57 Rn. 7). Nach Beendigung der Amtszeit des BPräs zeitigt Art. 55 **keine Nachwirkungen:** Berufliche und politische Zurückhaltung ist vielmehr eine Frage des politischen Stils.[13]

### IV. Rechtsfolgen der Nichtbeachtung

**6**    Str. ist, ob der Verlust der unvereinbaren Ämter ipso iure (automatisch) eintritt[14] oder ob Art. 55 I nur eine **Verpflichtung zum Amtsverzicht** begründet.[15] Für Ämter, die nicht kraft Gesetzes erlöschen (vgl. § 3 III BVerfGG), wird der zweiten Auffassung zu folgen sein. Dies gilt erst recht für den Anwendungsbereich des Art. 55 II, der gegenüber den vielgestaltigen Formvorschriften des Vertrags- und Gesellschaftsrechts keine derogierende Wirkung entfaltet.

## B. Die Unvereinbarkeit des Präsidentenamtes mit Regierungsämtern und Parlamentsmandaten (Abs. 1)

**7**    Nach Art. 55 I darf der BPräs weder der Regierung noch einer gesetzgeb. Körperschaft des Bundes oder eines Landes angehören. Er muss **institutionell im umfassenden Sinne frei** sein.

### I. Regierung und gesetzgebende Körperschaften

**8**    Unter **„Regierung"** sind die BReg (BKanzler und BMin, Art. 62) und alle Landesregierungen zu verstehen. „Gesetzgebende Körperschaften" sind im Bund der BT und der BRat, in den Ländern die Landtage bzw. Bürgerschaften.

---

[6] S. dazu *Arndt/Schweitzer* JuS 1974, 622 ff.; *Hömig* DÖV 1974, 798 ff.; *Nierhaus* JR 1975, 265 ff.; grds. *Fr. Klein,* Blätter für deutsche und internationale Politik, 1959, Sonderdruck zu Heft 6. Zu späteren vergleichbaren Konstellationen in den Jahren 1994 und 2012 *Butzer,* in: Hofmann/Henneke, Art. 55 Rn. 16.

[7] BVerfGE 89, 359 (362); 128, 278 (280 f.); *Hömig* DÖV 1974, 798 mwN; *Schlaich* HStR II², § 48 Rn. 5; *v. Arnauld,* in: v. Münch/Kunig I, Art. 55 Rn. 5; *Fink* MKS II, Art. 55 Rn. 11; *Heun,* in: Dreier II, Art. 55 Rn. 12; *Nettesheim* HStR III, § 61 Rn. 62; *Butzer,* in: Hofmann/Henneke, Art. 55 Rn. 17 ff.

[8] *Kern* BK, Art. 55 (Erstbearb.). Erl. II 3; *v. Mangoldt/Klein* II, Art. 55 Anm. III 1; *Nierhaus* JR 1975, 265 (270 ff. mwN); schwankend *Jekewitz* AK GG, Art. 55 Rn. 5; *Stern,* StaatsR II, S. 205; *Epping* DVBl 1994, 449 (453); unklar *Herzog,* in: Maunz/Dürig, Art. 55 (2009) Rn. 11: „vor der Wahl".

[9] S. *Heun,* in: Dreier II, Art. 55 Rn. 12.

[10] ZB *Fink* MKS II, Art. 55 Rn. 10.

[11] BVerfGE 89, 359 (362).

[12] S. dazu *Nierhaus* JR 1975, 265 (271 f.); abw. *Waldhoff/Grefrath,* in: Friauf/Höfling, Art. 55 (2009) Rn. 8.

[13] Wie hier *Schlaich* HStR II, § 48 Rn. 6; *Heun,* in: Dreier II, Art. 55 Rn. 13; *Domgörgen,* in: Hömig/Woff, Art. 55 Rn. 2; diff. *Stern,* Staatsrecht II, S. 206; abw. *Fink* MKS II, Art. 55 Rn. 13; *Butzer,* in: Hofmann/Henneke, Art. 55 Rn. 20.

[14] So ua *Kern* BK, Art. 55 (Erstbearb.) Erl. II 3; *W. Schreiber,* Hdb. des Wahlrechts zum Deutschen Bundestag, 7. Aufl. 2002, § 46 Rn. 1; *Versteyl,* in: Schneider/Zeh, § 14 Rn. 25; *Domgörgen,* in: Hömig/Woff, Art. 55 Rn. 2.

[15] So ua *Fink* MKS II, Art. 55 Rn. 18; *Jekewitz* AK GG, Art. 55 Rn. 5; *v. Arnauld,* in: v. Münch/Kunig I, Art. 55 Rn. 7; *Herzog,* in: Maunz/Dürig, Art. 55 (2009) Rn. 6; *Butzer,* in: Hofmann/Henneke, Art. 55 Rn. 22; *Fritz* BK, Art. 55 (2016) Rn. 33; auch schon *Tsatsos* DÖV 1965, 603.

## II. Einzelfragen

Der Zweck des Art. 55 I, eine personelle Gewaltenvermischung zu verhindern, erlaubt eine **9** extensive Interpretation dieser Vorschrift: Die **Aufzählung** der Ämter ist **nicht abschließend.**[16] So ist zB die Mitgliedschaft in Gemeindevertretungen und Kreistagen unzulässig.[17] Art. 55 I enthält keine Aussage über die **Mitgliedschaft** des BPräs in einer **Partei.** Einerseits ist er nicht verpflichtet, aus einer politischen Partei auszutreten; andererseits wäre eine aktive parteipolitische Betätigung oder die Innehabung eines hohen Parteiamtes mit der neutralen Stellung des Staatsoberhauptes gewiss nicht zu vereinbaren.[18] Er kann sogar, obwohl dies schlechter politischer Stil wäre, der **BVers** angehören, die ihn wählt.[19]

Tritt der BPräs in eine Bundes- oder Landesregierung ein oder übernimmt er ein parl. Mandat, so **10** verliert er automatisch sein Amt (**konkludenter Amtsverzicht; str.**).[20] Umgekehrt gilt dies allerdings nicht: Insoweit besteht nur eine Verpflichtung zur Niederlegung des Regierungsamtes oder des Mandats.[21]

## C. Die Unvereinbarkeit des Präsidentenamtes mit anderen besoldeten Ämtern und Berufen (Abs. 2)

### I. Verbot der Ausübung eines besoldeten Amtes

Gegenüber dem Verbot des Abs. 2 stellen die Unvereinbarkeiten nach **Abs. 1 eine lex specialis** **11** dar. Verboten ist nur die Ausübung eines besoldeten Amtes, nicht dagegen seine Innehabung. Der Inkompatibilitätsregel ist Genüge getan, wenn alle Rechte und Pflichten aus dem Amt ruhen.[22] Unpolitische Ehrenämter (auch Ehrenmitgliedschaften und Patenschaften) darf der BPräs innehaben.[23]

### II. Gewerbe und Beruf

Hinsichtlich der gewerblichen und beruflichen Unvereinbarkeit gilt das Gleiche wie für besoldete **12** Ämter: Dem BPräs ist gestattet, Inhaber eines Gewerbebetriebes zu sein und zu bleiben; er braucht auch seine Berufszugehörigkeit (zB als Hochschullehrer oder Arzt) nicht aufzugeben, wenn er nur diese **Tätigkeiten nicht ausübt.**

### III. Leitung und Aufsichtsratsmandat in Erwerbsunternehmen

Um jegliche Gefahr einer Interessenkollision auszuschließen, ist Art. 55 II im Vergleich zum **13** besoldeten Amt, zu Beruf und Gewerbe im Hinblick auf Leitungsfunktionen (zB Vorstand, Geschäftsführer) und Aufsichtsratsmandate in Wirtschaftsunternehmen rigider. Nicht nur derartige **Tätigkeiten** sind untersagt, sondern auch die bloße **Zugehörigkeit** zu einem Leitungs- und Aufsichtsgremium.[24] Insoweit gilt die o. Rn. 11 f. zwischen Ausübung und Innehabung gemachte Unterscheidung nicht. Str. ist die Zulässigkeit der Mitgliedschaft in Beiräten.

## Art. 56 [Amtseid]

**Der Bundespräsident leistet bei seinem Amtsantritt vor den versammelten Mitgliedern des Bundestages und des Bundesrates folgenden Eid:**
**„Ich schwöre, daß ich meine Kraft dem Wohle des deutschen Volkes widmen, seinen Nutzen mehren, Schaden von ihm wenden, das Grundgesetz und die Gesetze des Bundes**

---

[16] S. *Fink* MKS II, Art. 55 Rn. 23 mwN; *Butzer,* in: Hofmann/Henneke, Art. 55 Rn. 4; *Hemmrich,* in: v. Münch/Kunig II, 5. Aufl., Art. 55 Rn. 8; aA jetzt *v. Arnauld,* in: v. Münch/Kunig I, Art. 55 Rn. 11; ebenso *Jekewitz* AK GG, Art. 55 Rn. 4.

[17] *Stern,* StaatsR II, S. 204 mwN; aA *Fritz* BK, Art. 55 (2016) Rn. 43; *Butzer,* in: Hofmann/Henneke, Art. 55 Rn. 5.

[18] S. *Hemmrich,* in: v. Münch/Kunig II, 5. Aufl., Art. 55 Rn. 9 mwN; aA *Herzog,* in: Maunz/Dürig, Art. 55 (2009) Rn. 16 Fn. 11.

[19] *Herzog,* in: Maunz/Dürig, Art. 55 (2009) Rn. 19; *Nettesheim* HStR III, § 61 Rn. 63.

[20] So wohl auch *Pernice,* in: Dreier II, 2. Aufl. 2006, Art. 55 Rn. 10 m. Fn. 30; gegen einen konkludenten Amtsverzicht *Fink* MKS II, Art. 55 Rn. 15; *Butzer,* in: Hofmann/Henneke, Art. 55 Rn. 23; *Heun,* in: Dreier II, Art. 55 Rn. 14; *v. Arnauld,* in: v. Münch/Kunig I, Art. 55 Rn. 8.

[21] IE str., s. *v. Mangoldt/Klein* II, Art. 55 Anm. III 2d; *Waldhoff/Grefrath,* in: Friauf/Höfling, Art. 55 (2009) Rn. 6 jew. mwN.

[22] *Butzer,* in: Hofmann/Henneke, Art. 55 Rn. 10; *Umbach,* in: Umbach/Clemens, GG, Art. 55 Rn. 23, auch für das Amt eines Richters des BVerfG.

[23] *Fink* MKS II, Art. 55 Rn. 29; diff. *Stern,* StaatsR II, S. 205.

[24] Ebenso *Fink* MKS II, Art. 55 Rn. 31.

**wahren und verteidigen, meine Pflichten gewissenhaft erfüllen und Gerechtigkeit gegen jedermann üben werde. So wahr mir Gott helfe."**
**Der Eid kann auch ohne religiöse Beteuerung geleistet werden.**

**Entstehungsgeschichte: Erstfassung:** JöR nF 1 (1951), 408.
**Historische Verfassungstexte: RV 1849:** § 190 (1) S. 2 Der Kaiser, welcher die Regierung antritt, leistet vor den zu einer Sitzung vereinigten beiden Häusern des Reichstages einen Eid auf die Reichsverfassung. (2) Der Eid lautet: „Ich schwöre, das Reich und die Rechte des deutschen Volkes zu schirmen, die Reichsverfassung aufrecht zu erhalten und sie gewissenhaft zu vollziehen. So wahr mir Gott helfe." (3) Erst nach geleistetem Eid ist der Kaiser berechtigt, Regierungshandlungen vorzunehmen. – **WRV:** Art. 42 (1) Der Reichspräsident leistet bei der Übernahme seines Amtes vor dem Reichstag folgenden Eid: „Ich schwöre, dass ich meine Kraft dem Wohle des deutschen Volkes widmen, seinen Nutzen mehren, Schaden von ihm wenden, die Verfassung und die Gesetze des Reichs wahren, meine Pflichten gewissenhaft erfüllen und Gerechtigkeit gegen jedermann üben werde." (2) Die Beifügung einer religiösen Beteuerung ist zulässig.
**Gesetzgebung:** WahlG BPräs § 11.

**Schrifttum:** *K. Bahlmann,* Der Eideszwang als verfassungsrechtliches Problem, FS A. Arndt, 1969, S. 37; *E. Friesenhahn,* Der Eid auf die Verfassung nach der Verordnung des Reichspräsidenten vom 14. August 1919. Inhalt und Grenzen der Verpflichtung aus dem politischen Eide, Diss. Bonn 1928 (Der politische Eid, Neudruck 1979); *ders.,* Neuerliche Erwägungen zum politischen Eid. Rede anläßlich des 50jährigen Doktorjubiläums, 1978; *ders.,* Über den Amtseid im Rahmen der neueren Entwicklung des politischen Eides, FS K. Carstens, 1984, S. 569; *R. Kirchschläger,* Gelöbnis des Bundespräsidenten und dessen religiöse Bedeutung, FS Schambeck, 1994, S. 29; *A. Wetzel,* Eid und Gelöbnis im demokratischen, weltanschaulich neutralen Staat, Diss. Erlangen 2001.

# A. Allgemeines
## I. Entstehungsgeschichte

1    Art. 78 HChE verzichtete auf die Vorgabe einer Eidesformel. Der ParlRat forderte eine Ergänzung der nur „passiven" um eine **„aktive" Verfassungsschutzverpflichtung** des Staatsoberhauptes.[1] Die religiöse Beteuerung wurde abw. von Art. 42 S. 3 WRV zur Regel gemacht.

## II. Charakter und Zweck des Eides im Gefüge des GG

2    Die Eidesformel des Art. 56 S. 2 ist identisch mit dem Amtseid, den der BKanzler und die BMin bei der Amtsübernahme vor dem BT zu leisten haben (s. die Rückverweisung des Art. 64 II auf Art. 56). Der Eid, den der BPräs vor den versammelten Mitgliedern des BT und des BRats bei seinem Amtsantritt zu leisten hat, ist **promissorischer** (versprechender), nicht assertorischer (versichernder) **Natur.**[2] Art. 56 gehört zu den seltenen Vorschriften des GG, die sich mit der **Selbstdarstellung des Staates** befassen. Der Sinn der Eidesleistung durch den BPräs kann mit *Herzog* wie folgt umschrieben werden: Er liegt in der besonderen Form des Versprechens, seiner Feierlichkeit, seiner Öffentlichkeit und in der ethischen Selbstbindung des Schwörenden.[3]

## III. Keine kompetenzbegründende Wirkung des Eides

3    Der BPräs kann aus der Eidesformel keinerlei Rechte herleiten, die über seine Einzelermächtigungen im GG hinausgehen. Der Eid ist **nicht kompetenzbegründender,** allenfalls kompetenzausfüllender **Natur.**[4] Gleichwohl wird der Amtseid nicht nur vereinzelt als Argument für das sog. **materielle Prüfungsrecht** des BPräs bei der Ausfertigung von Gesetzen (→ Art. 82 Rn. 8 ff., insbes. 11) gebracht; dabei handelt es sich eindeutig um einen Zirkelschluss.[5]

# B. Einzelfragen
## I. Eidespflicht

4    **1. Unabänderbarkeit der Eidesformel.** Die Unverrückbarkeit des Eidestextes ergibt sich unmittelbar aus Art. 56 S. 2. **Nicht disponibel** ist auch die Eingangsformel (u. Rn. 5). Der BPräs hat nach

---

[1] JöR nF 1 (1951), 408.
[2] *Stern,* StaatsR II, S. 208, unter Hinw. auf *Friesenhahn,* Der politische Eid, Neudruck 1979, S. 18 ff.; ebenso *Nettesheim* HStR III, § 61 Rn. 51.
[3] *Herzog,* in: Maunz/Dürig, Art. 56 (2009) Rn. 7 ff.; weitergeh. *Fink* MKS II, Art. 56 Rn. 7: Bekenntnis zur naturrechtlichen Ordnung.
[4] HM: *Friauf* FS Carstens II, 1984, S. 545 (550 f.); *Nierhaus,* Entscheidung, Präsidialakt und Gegenzeichnung, 1973, S. 94 mwN; *Jekewitz* AK GG, Art. 56 Rn. 2; *Herzog,* in: Maunz/Dürig, Art. 56 (2009) Rn. 2, 20; *Schlaich* HStR II, § 48 Rn. 8; *Fink* MKS II, Art. 56 Rn. 5; *v. Arnauld,* in: v. Münch/Kunig I, Art. 56 Rn. 5; *Stern,* Staatsrecht II, S. 208; *Butzer,* in: Hofmann/Henneke, Art. 56 Rn. 5; *Fritz* BK, Art. 56 (2016) Rn. 5.
[5] Nachw. bei *Nierhaus* (Fn. 4), S. 94 m. Fn. 281; *dems.* FS Friauf, 1996, S. 233 (240 f.); wie hier *Friauf* (Fn. 4); *Fink* MKS II, Art. 56 Rn. 5 aE; *Heun,* in: Dreier II, Art. 56 Rn. 6.

Art. 56 S. 4 nur die Wahl, den Eid ohne religiöse Beteuerung zu leisten; dies ist grundrechtlich (Art. 4, 33 III 1) gefordert und sichert zugleich die **Neutralität des Staates** (Art. 140 iVm Art. 136 IV WRV).

**2. Zulässigkeit des Eideszwanges?** Erstaunlicherweise wird die Zulässigkeit des Eideszwanges mit 5 Blick auf Art. 4 I bzw. Art. 136 IV WRV iVm Art. 140 in Zweifel gezogen.[6] Da die Möglichkeit besteht, die religiöse Beteuerung wegzulassen, ist Ansatzpunkt des Problems nur, aber immerhin der „Schwur" („Ich schwöre,..."), der von einigen religiösen Denominationen abgelehnt wird.[7] Das BVerfG[8] hat den **Eideszwang** der Art. 56, 64 II mit der überzeugenden Begründung für **verfassungsmäßig** erklärt, dass diese Verpflichtung aus dem freiwillig gefassten Entschluss erwachse, die Wahl in das Amt eines Verfassungsorgans anzunehmen, in dem der Staat in besonders ausgeprägter Weise unmittelbar zu repräsentieren sei und dies grds. die vollkommene Identifizierung des Gewählten mit den in der Verfassung niedergelegten Wertungen voraussetze. Eine derartige „freiwillige Versicherung" dürfte für jeden Amtsprätendenten zumutbar sein.[9]

**3. Wiederholung des Eides bei Wiederwahl?** Bei ununterbrochener (einmaliger) Wiederwahl 6 muss der BPräs den Eid **nicht erneut** leisten, weil sich seine Amtszeiten nahtlos anschließen und er folglich nicht aus seinen Amtspflichten entlassen wird.[10] Bei unterbrochener (zweiter) Wiederwahl (→ Art. 54 Rn. 21) ist indes eine erneute Vereidigung erforderlich.[11]

**4. Vereidigung des BRatPräs im Vertretungsfall (Art. 57)?** Für den „Vertretungs"-Fall des 7 Art. 57 ist umstr., ob der BRatPräs nach Art. 56 vereidigt werden muss;[12] aus dem Text des Art. 56 lässt sich eine Pflicht des BRatPräs zur Eidesleistung schwerlich ableiten. Er nimmt iÜ die Befugnisse des BPräs in seiner Eigenschaft als **Präsident des Bundesrates** wahr, der **nicht selbst eidespflichtig** ist. Diskussionswürdig erscheint allenfalls eine Vereidigung des BRatPräs bei vorzeitiger Erledigung des Amtes des BPräs,[13] sie ist im Ergebnis indes gleichfalls abzulehnen.[14]

**5. Rechtsfolgen der Eidesverweigerung.** Da nach §§ 9, 10 WahlG BPräs die Leistung des 8 Verfassungseides keine Voraussetzung für den Amtserwerb ist, stellt sich auf der verfassungsrechtlichen Ebene die Frage nach den Rechtsfolgen einer allerdings kaum denkbaren Eidesverweigerung. Nach Art. 56 S. 1 stehen Eidesleistung und Amtsantritt zwar in einem zeitlichen (u. Rn. 10), nicht aber in einem sachlichen Bedingungszusammenhang.[15] Tritt der BPräs sein Amt ohne Vereidigung an, so begeht er eine **gravierende Verfassungsverletzung,** die mit der Präsidentenanklage und Amtsenthebung nach Art. 61 geahndet werden kann.[16]

## II. Die Leistung des Amtseides durch den BPräs

**1. Die Versammlung der Mitglieder des Bundestages und des Bundesrates.** Die gemeinsame 9 Versammlung der Bundestags- und Bundesratsmitglieder, vor der der BPräs den Eid leistet, ist im Gegensatz zur BVers (→ Art. 54 Rn. 11) **kein Verfassungsorgan** und stellt den einzigen Fall dar, in dem BT und BRat sich zusammenfinden. Die Beteiligung der Mitglieder des BRat soll dessen Bedeutung für den Gesamtstaat verdeutlichen, der vom BPräs repräsentiert wird; aber auch die

---

[6] S. *Hemmrich,* in: v. Münch/Kunig II, 5. Aufl., Art. 56 Rn. 9; ferner *Bahlmann* FS A. Arndt, 1969, S. 37 ff.; *Fritz* BK, Art. 56 (2016) Rn. 34; *Heun,* in: Dreier II, Art. 56 Rn. 10; *Pernice,* in: Dreier II, 2. Aufl. 2006, Art. 56 Rn. 10, versucht, das Problem im Wege praktischer Konkordanz durch extensive Auslegung des Art. 56 S. 2 zu lösen (Erstreckung des Verzichts auf die religiöse Beteuerung auch auf die Schwurformel).

[7] S. *Herzog,* in: Maunz/Dürig, Art. 56 (2009) Rn. 24.

[8] BVerfGE 33, 23 (27, 31); dem BVerfG – wie auch hier – zustimmend *Butzer,* in: Hofmann/Henneke, Art. 56 Rn. 10; *Fritz* BK, Art. 56 (2016) Rn. 36; krit. aber *Hemmrich,* in: v. Münch/Kunig II, 5. Aufl., Art. 56 Rn. 9; wN bei *Stern,* StaatsR II, S. 206 Fn. 77.

[9] So jetzt auch *v. Arnauld,* in: v. Münch/Kunig I, Art. 56 Rn. 13.

[10] S. *Jekewitz* AK GG, Art. 56 Rn. 3; *Hemmrich,* in: v. Münch/Kunig II, 5. Aufl., Art. 56 Rn. 6; *Umbach,* in: Umbach/Clemens, GG, Art. 56 Rn. 31; aA *Herzog,* in: Maunz/Dürig, Art. 56 (2009) Rn. 18; *v. Arnauld,* in: v. Münch/Kunig I, Art. 56 Rn. 8; skeptisch *Fink* MKS II, Art. 56 Rn. 12.

[11] *Jekewitz* AK GG, Art. 56 Rn. 3; *v. Arnauld,* in: v. Münch/Kunig I, Art. 56 Rn. 8.

[12] Bejahend: *v. Mangoldt/Klein* II, Art. 56 Anm. IV 6; *Kern* BK, Art. 56 (Erstbearb.) Erl. II 5; *Hemmrich,* in: v. Münch/Kunig II, 5. Aufl., Art. 56 Rn. 6; verneinend: *Wahl,* Stellvertretung im Verfassungsrecht, 1971, S. 145; *Jekewitz* AK GG, Art. 56 Rn. 3; *Butzer,* in: Hofmann/Henneke, Art. 56 Rn. 12; *Herzog,* in: Maunz/Dürig, Art. 56 (2009) Rn. 24 Fn. 9; *Schlaich* HStR II², § 48 Rn. 8 Fn. 14; *Fink* MKS II, Art. 56 Rn. 16.

[13] S. *Hemmrich,* in: v. Münch/Kunig II, 5. Aufl., Art. 56 Rn. 7; *Stern,* Staatsrecht II, S. 208; abl. *Fritz* BK, Art. 56 (2016) Rn. 25; *Waldhoff/Grefrath,* in: Friauf/Höfling, Art. 56 (2009) Rn. 8, gegen eine Differenzierung nach der Dauer des Vertretungsfalles.

[14] *Butzer,* in: Hofmann/Henneke, Art. 56 Rn. 12; *Fritz* BK, Art. 56 (2016) Rn. 25.

[15] *Herzog,* in: Maunz/Dürig, Art. 56 (2009) Rn. 14; *Hemmrich,* in: v. Münch/Kunig II, 5. Aufl., Art. 56 Rn. 2.

[16] *Nettesheim* HStR III, § 61 Rn. 55; *Fink* MKS II, Art. 56 Rn. 8 mwN; nach *Herzog,* in: Maunz/Dürig, Art. 56 (2009) Rn. 13 besteht die Sanktion in einer Pflicht zur Aberkennung des Amtes; ein Organstreitverfahren nach Art. 93 I Nr. 1 wird zwar auch für möglich gehalten, erscheint bei einem „bockigen" Präsidenten aber wenig sinnvoll; iÜ ist die Zulässigkeit nach § 64 I BVerfGG fraglich.

Integrationsfunktion des BPräs im Bundesstaat wird hervorgehoben.[17] Die Vereidigung nimmt der Präsident des BT vor (§ 11 WahlG BPräs).

**10**     **2. Eidesleistung und Amtsantritt.** Obwohl die **Eidesleistung** nicht verfassungsrechtliche Voraussetzung für den **Amtsantritt** des BPräs ist (→ Rn. 8), sollen beide nach dem Wortlaut des Art. 56 S. 1 **zeitlich zusammenfallen.** Daher nimmt der BPräs idR vor seiner Vereidigung keine Amtshandlungen vor.

## Art. 57 [Vertretung]

**Die Befugnisse des Bundespräsidenten werden im Falle seiner Verhinderung oder bei vorzeitiger Erledigung des Amtes durch den Präsidenten des Bundesrates wahrgenommen.**

**Entstehungsgeschichte: Erstfassung:** JöR nF 1 (1951), 410.
**Historische Verfassungstexte: WRV: Art. 51** (1) Der Reichspräsident wird im Falle seiner Verhinderung zunächst durch den Reichskanzler vertreten. Dauert die Verhinderung voraussichtlich längere Zeit, so ist die Vertretung durch ein Reichsgesetz zu regeln. (2) Das gleiche gilt für den Fall einer vorzeitigen Erledigung der Präsidentschaft bis zur Durchführung der neuen Wahl. (Stellvertretergesetz v. 10.3.1925 [RGBl I 17]). Neue Fassung durch § 1 des G. v. 17.12.1932 (RGBl I 547): **Art. 51** (1) Der Reichspräsident wird im Falle seiner Verhinderung durch den Präsidenten des Reichsgerichts vertreten. (2) Das gleiche gilt für den Fall einer vorzeitigen Erledigung der Präsidentschaft bis zur Durchführung der neuen Wahl.
**Gesetzgebung:** GOBRat § 7 I 2.
**Leitentscheidung:** BVerwG LKV 2009, 522 (Vertretung des BPräs).

**Schrifttum:** *J. A. Frowein,* Bemerkungen zu den Beziehungen des Bundesrates zu Bundestag, Bundesregierung und Bundespräsident, in: Der Bundesrat (Hrsg.), Der Bundesrat als Verfassungsorgan und politische Kraft, 1974, S. 117; *N. Paterok,* Die Wahrnehmung der Befugnisse des Bundespräsidenten durch den Präsidenten des Bundesrates, Artikel 57 GG, Diss. München 1966; *R. Pitschas,* Die Vertretung des Bundespräsidenten durch den Präsidenten des Bundesrates, Staat 12 (1973), 183; *J. Ph. Schaefer,* Die Vakanz an der Spitze des Bundes: Zur verfassungsrechtlichen Schwebelage des Bundespräsidenten, DÖV 2012, 417; *R. Wahl,* Stellvertretung im Verfassungsrecht, 1971.

## A. Allgemeines

## I. Entstehungsgeschichte

**1**     Im Falle der Verhinderung oder bei vorzeitiger Erledigung des Amtes des BPräs werden seine Befugnisse durch den jährlich wechselnden (Art. 52 I) Präsidenten des BRat wahrgenommen. Damit entschied sich der ParlRat gegen einen permanenten Vizepräsidenten sowie gegen eine Vertretung des Staatsoberhauptes durch den Regierungschef (vgl. Art. 51 WRV idF v. 1925) oder den Präsidenten des höchsten Gerichts (vgl. Art. 51 WRV idF v. 1932; so auch Art. 79 HChE). Mit Rücksicht auf die möglichen Rollen- und Ämterkonflikte (u. Rn. 5) fiel die Wahl des Stellvertreters des BPräs im Wege eines **negativen Ausleseverfahrens** schließlich auf den **Präsidenten des BRates.**

## II. Zweck des Art. 57 im Gefüge des GG

**2**     Die Vertretungsregelung dient dem Zweck, die **kontinuierliche Fortführung der präsidentiellen Aufgaben** auch dann zu gewährleisten, wenn der Amtsinhaber aus rechtlichen oder tatsächlichen Gründen seinen Verpflichtungen nicht (mehr) nachzukommen vermag.[1] Im Kontext der übrigen

---

[17] *Heun,* in: Dreier II, Art. 56 Rn. 5.
[1] Ähnlich BVerwG LKV 2009, 522 (523); zust. *v. Arnauld,* in: v. Münch/Kunig I, Art. 57 Rn. 1.

Vertretungsregelungen des GG (Art. 40 I 1, 51 I 2, 69 I) erweist sich auch die Verfassungsbestimmung des Art. 57 als „höchst lückenhaft".[2] In rechtssystematischer Hinsicht ist auffällig, dass Art. 57 im Gegensatz zu den anderen Bestimmungen die Begriffe „Stellvertreter" oder „Vertreter" bzw. „vertreten" vermeidet und stattdessen von „wahrnehmen" spricht, woraus Rückschlüsse auf das Amt des Vertreters („Amtsverweser") und des BPräs („monarchischer Rest") gezogen werden.[3] Die hM versteht Art. 57 zutreffend als Ausnahmeregelung zu Art. 55.[4]

### III. Stellvertretertyp: Ersatzvertretung

Abstrakt lassen sich zwei Typen von Stellvertreterregelungen unterscheiden: die **Ersatzvertretung,** 3 die den Vertreter zur vorübergehenden Wahrnehmung der Amtsbefugnisse des Vertretenen in **vollem Umfange** ermächtigt, und die **Nebenvertretung** mit gegenständlich **begrenzten** Vertretungsbefugnissen.[5] Art. 57 hat sich schon nach seinem Wortlaut für den Typ der Ersatzvertretung entschieden. Er enthält ein verfassungsrechtliches Verbot der Nebenvertretung;[6] eine Vertretung „kraft Auftrages" oder ein arbeitsteiliges Nebeneinander von Präsident und Vertreter ist grds. unzulässig. Mit Rücksicht auf die Funktionsfähigkeit des Amtes werden in eng begrenzten Fällen Ausnahmen anerkannt, so zB wenn bei längeren Auslandsaufenthalten des Staatsoberhauptes unaufschiebbare Präsidialakte im Inland vorzunehmen sind.[7]

Auf der Grundlage des Art. 57 führt der BRatPräs das Amt des BPräs als verhindertem Organwalter 4 fort und rückt in vollem Umfange in die Rechte und Pflichten des Staatsoberhauptes ein. Die vom BRatPräs im Vertretungsfall vorgenommenen Amtshandlungen werden dem Verfassungsorgan **„Bundespräsident"** in vollem Umfange **zugerechnet.**[8]

### IV. Rollen- und Ämterkonflikte

Im Vergleich zu anderen möglichen Stellvertretern des BPräs (aus dem Kreis der Verfassungsorgane) 5 treten in der Person des BRatPräs die geringsten Rollen- und Ämterkonflikte auf. **Vernachlässigungsfähig** sind diese indessen **nicht.**[9] § 7 I 2 GOBRat löst mögliche **Rollenkonflikte** nicht, da der BRatPräs für die Zeit der Vertretung nur von den Präsidialgeschäften im BRat ausgeschlossen ist. Er bleibt Mitglied des BRat und Regierungschef seines Landes.

In der Rspr. musste, soweit ersichtlich zum ersten Mal, entschieden werden, ob der 1. **Vizeprä-** 5a **sident des BRat** befugt ist, wegen Verhinderung auch des BRatPräs als Vertreter des BPräs ein Bundesgesetz zu verkünden (Art. 82 I 1 iVm Art. 57). Das BVerwG hat diese Vorgehensweise vor dem Hintergrund einer langen, gefestigten Staatspraxis mit Art. 57 für vereinbar erklärt.[10] Zwar regelt Art. 57 nicht den Fall, wer den BPräs vertritt, wenn auch der BRatPräs an der Wahrnehmung der Befugnisse des BPräs verhindert ist. In der Tat hat sich aber eine langandauernde und als verfassungskonform eingestufte Verfassungspraxis entwickelt, nach der – letztlich verfassungsgewohnheitsrechtlich fundiert – bei Verhinderung auch des BRatPräs die Befugnisse des BPräs durch seinen ersten Vertreter, dh den 1. Vizepräs. des BRat, wahrgenommen werden (§ 7 I 1 GOBRat). Diese Lösung der Pflichtenkollision des BRatPräs, der, der auch als „Vertreter" des BPräs seine Ämter als Ministerpräsident und (einfaches) BRat-Mitglied wahrnehmen können muss, ist letztlich zur Gewährleistung der Handlungsfähigkeit des Amtes des BPräs und damit auch der BRD unerlässlich. Dem steht auch nicht die – binnenorganschaftlich-untergesetzliche – Vorschrift des § 7 I 2 GOBRat entgegen, auf die das BVerwG allerdings nicht eingeht.[11] Danach liegt ein Fall der Verhinderung des BRatPräs auch vor, solange er nach Art. 57 die Befugnisse des BPräs wahrnimmt. Insoweit geht § 7 I 2 GOBRat prima facie von der Vorrangigkeit der Wahrnehmung der Befugnisse des BPräs durch den BRatPräs anstelle der Wahrnehmung seiner originären (Ministerpräs.-)Pflichten aus.[12] Wegen der unterverfassungsrechtl. Qualität des § 7 I 2 GOBRat und des einschränkenden Zusatzes *„solange"* setzt sich letztlich die langjährig geübte Staatspraxis im obigen Sinne durch.[13]

---

[2] *Herzog,* in: Maunz/Dürig, Art. 57 (2009) Rn. 3.

[3] S. *Waldhoff/Grefrath,* in: Friauf/Höfling, Art. 57 (2009) Rn. 7.

[4] Zweifelnd insoweit nur *Pitschas* Staat 12 (1973), 183 (204).

[5] Grundlegend *Wahl,* Stellvertretung im Verfassungsrecht, 1971, S. 27 ff., 124; ferner *Herzog,* in: Maunz/Dürig, Art. 69 (2008) Rn. 14, Art. 57 (2009) Rn. 15, 17.

[6] Zweifelnd *v. Arnauld,* in: v. Münch/Kunig I, Art. 57 Rn. 6.

[7] *Herzog,* in: Maunz/Dürig, Art. 57 (2009) Rn. 17; *Schlaich* HStR II[2], § 48 Rn. 19; *Nettesheim* HStR III, § 61 Rn. 59.

[8] *Pitschas* Staat 12 (1973), 183 (186, 205).

[9] Dazu *Wahl* (Fn. 5), S. 107 ff.; *Pitschas* Staat 12 (1973), 183 (187 ff. mwN).

[10] BVerwG LKV 2009, 522 ff. mwN; zur Staatspraxis s. nur *Herzog,* in: Maunz/Dürig, Art. 57 (2009) Rn. 23; *v. Mangoldt/Klein,* Art. 57 Anm. IV. 2. u. 3.; *Butzer,* in: Hofmann/Henneke, Art. 57 Rn. 10.

[11] Vgl. demgegenüber *J. Ph. Schaefer* DÖV 2012, 417 (421 f.).

[12] S. auch *Sachs* JuS 2010, 275 (276).

[13] So *Herzog,* in: Maunz/Dürig, Art. 57 (2009) Rn. 23; *v. Mangoldt/Klein,* Art. 57 Anm. IV. 2. und 3.; *Pieroth,* in: Jarass/Pieroth, Art. 57 Rn. 2; iE ebenso *Butzer,* in: Hofmann/Henneke, Art. 57 Rn. 10.

6  Mögliche Durchbrechungen des im GG ohnehin nicht strikt und durchgängig verwirklichten Gewaltenteilungsprinzips sind nach allem bewusst in Kauf genommen[14] und durch Art. 57 legalisiert worden. In der Entscheidung für den BRatsPräs als Stellvertreter des BPräs liegt zugleich ein zusätzliches **Bekenntnis zum Föderalismus;**[15] sie entspricht iÜ auch der Wahl des BPräs durch die föderal erweiterte BVers (→ Art. 54 Rn. 10).

## B. Der Stellvertreterfall und die Entscheidung über sein Vorliegen

### I. Die Fälle der „Verhinderung"

7  Der Begriff der „Verhinderung" stellt einen unbestimmten Verfassungsbegriff dar, der nicht abschließend umschrieben, sondern nur im Einzelfall konkretisiert werden kann. Art. 57 kann keine Unterscheidung zwischen kürzerer oder längerer Verhinderung entnommen werden (→ Rn. 10); die **Verhinderungsgründe** können rechtlicher oder tatsächlicher Art sein (Krankheit, Urlaub, Auslandsaufenthalt, Entführung, Inhaftierung oder Befangenheit).[16] Diese Fälle sind **nicht systematisierbar,** nur aufzählbar; allerdings muss es sich um prinzipiell behebbare Ereignisse handeln.[17] Einen Verhinderungsfall wird man allg. annehmen müssen, wenn der BPräs nicht mehr in der Lage ist, den wesentlichen Teil der durchschnittlich anfallenden Präsidialaufgaben zu bewältigen.[18] Im (seltenen) Fall der Befangenheit ist die „Selbstablehnung" des BPräs vorrangig bedeutsam (vgl. § 19 III BVerfGG);[19] iÜ sollte man sich an der Regelung des § 18 BVerfGG orientieren.[20] Zum Verhinderungsfall des Art. 61 II 2 → Art. 61 Rn. 15.

### II. Die Fälle der „vorzeitigen Erledigung des Amtes"

8  Im Gegensatz zur „Verhinderung" ist die „vorzeitige Erledigung des Amtes" des BPräs **endgültig.** Hierunter fallen der Verlust des Amtes durch Feststellung des BVerfG nach Art. 61 II 1, Tod, Amtsverzicht (s. Rücktritt von *H. Köhler* am 31.5.2010, von *Chr. Wulff* am 17.2.2012) sowie der Verlust der Wählbarkeitsvoraussetzungen nach Art. 54 I 2.[21]

### III. Die Feststellung der Verhinderung

9  Art. 57 enthält keine Bestimmungen über das Verfahren der Feststellung des Verhinderungsfalles. Wenn nicht sicher ist, ob der BPräs objektiv verhindert ist, wird es nach dem Grundsatz der **Verfassungsorgantreue**[22] prinzipiell auf die eigene (subjektive) Einschätzung des BPräs und nicht die Wertung des BRatPräs ankommen.[23] Im **Missbrauchsfall** wird aber der BRatPräs aktiv werden müssen. Liegen die Voraussetzungen der Vertretung vor, so gehen zwar automatisch (ohne besondere Bestellung) die Befugnisse des BPräs auf seinen Vertreter über.[24] Dieser muss aber – wiederum nach Maßgabe der Verfassungsorgantreue – eine **Absprache** mit dem BPräs suchen.[25] Ist dies – im Streit- oder Missbrauchsfall – nicht möglich, muss letztendlich das BVerfG im Organstreitverfahren nach Art. 93 I Nr. 1 entscheiden, ob ein Fall der Verhinderung vorliegt oder nicht.[26]

### IV. Dauer der Vertretung

10  Bei vorzeitiger Amtserledigung **begrenzt die Neuwahlregelung** des Art. 54 IV 1 (30 Tage) die Dauer der Vertretungszeit. Die Dauer der Verhinderung bzw. der Vertretung nach Art. 57 ist nicht

---

[14] Abw. *Pitschas* Staat 12 (1973), 183 (203).

[15] *Jekewitz* AK GG, Art. 57 Rn. 2; s. auch *Fritz* BK, Art. 57 (2016) Rn. 18, allerdings mit dem Hinweis, dass es dieser zusätzlichen Symbolik nicht bedurft hätte.

[16] Nicht überzeugend die Differenzierung im Fall der unheilbaren Geisteskrankheit *Waldhoff/Grefrath*, in: Friauf/Höfling, Art. 57 (2009) Rn. 3.

[17] *Wahl* (Fn. 5), S. 125 ff.

[18] Knapper BVerwG LKV 2009, 522 (523: „… wenn der Amtsträger tatsächlich oder rechtlich gehindert ist, seine Amtsbefugnisse auszuüben.").

[19] S. auch *Pernice*, in: Dreier II, 2. Aufl. 2006, Art. 57 Rn. 8.

[20] Vgl. *Maunz*, in: Maunz/Dürig, Art. 57 Rn. 8; *Heun*, in: Dreier II, Art. 57 Rn. 5; krit. *Fink* MKS II, Art. 57 Rn. 15.

[21] Etwas salopp BVerwG LKV 2009, 522 (523: „gänzlicher Ausfall des Bundespräsidenten"). Zur Stellvertreterregelung speziell des Art. 57 Var. 2 *J. Ph. Schaefer* DÖV 2012, 417 ff.

[22] S. dazu *Schenke*, Die Verfassungsorgantreue, 1977.

[23] Ebenso *Wahl* (Fn. 5), S. 127, 130; *Fink* MKS II, Art. 57 Rn. 15, allerdings nur für Fälle der Verhinderung tatsächlicher Art; *Herzog*, in: Maunz/Dürig, Art. 57 (2009) Rn. 20.

[24] *v. Arnauld*, in: v. Münch/Kunig I, Art. 57 Rn. 9; *Jekewitz* AK GG, Art. 57 Rn. 4; missverständlich *Herzog*, in: Maunz/Dürig, Art. 57 (2009) Rn. 20: kein Recht auf Beschäftigung im Vertretungsfall.

[25] Deshalb geht die Kritik von *Fritz* BK, Art. 57 (2016) Rn. 33, fehl.

[26] Zutreffend *Herzog*, in: Maunz/Dürig, Art. 57 (2009) Rn. 20 aE; ebenso *Butzer*, in: Hofmann/Henneke, Art. 57 Rn. 8.

begrenzt.[27] Eine analoge Anwendung des Art. 54 IV 1 scheidet aus, weil die beiden Vertretungsfälle deutlich voneinander geschieden sind und Begrenzungsvorschläge vom ParlRat letztlich abgelehnt wurden.[28] Je nach Lage des Einzelfalles ist allerdings denkbar, dass eine länger anhaltende Verhinderung zu einer vorzeitigen Erledigung des Amtes führen kann.[29]

## C. Das Verhältnis zwischen BPräs und BRatPräs

### I. Kompetenzübergang

Da der BRatPräs im Vertretungsfall die **Befugnisse des BPräs wahrnimmt,** ihn also **nicht**  11 lediglich **vertritt,** wachsen ihm alle Kompetenzen zu, die das GG dem Staatsoberhaupt verliehen hat.[30] Ein Umkehrschluss aus Art. 136 II 2 bestätigt dieses Ergebnis (→ Art. 136 Rn. 3); im Falle des endgültigen Amtsverlustes (zB Wegfall des Vertretenen durch Rücktritt) ist das Fehlen eines Vertretungsverhältnisses evident. Nur die höchstpersönlichen Rechte des BPräs (die Führung der Amtsbezeichnung oder Benutzung der Dienstwohnung) gehen nicht auf seinen Vertreter über; dieser zeichnet „für den Bundespräsidenten".[31]

### II. Keine Weisungsbefugnis

Wenn auch der BRatPräs als Vertreter (nicht: Stellvertreter ieS) des BPräs nicht an dessen Stelle tritt,  12 so ergibt sich aus diesem Kompetenzübergang doch logisch zwingend, dass dem BPräs gegenüber seinem Vertreter **keine Weisungsbefugnis** zusteht.[32] Im Ausnahmefall der bloßen Nebenvertretung darf dieser aber nur die ihm überlassenen Geschäfte wahrnehmen.[33]

Die Weisungsfreiheit des Vertreters entbindet ihn allerdings nicht von den polit. Erfordernissen der  13 „Loyalität"[34] und der **Verfassungsorgantreue.** Damit werden gewisse Rücksichtnahmepflichten im Innenverhältnis zum BPräs begründet. Im Außenverhältnis ist der Vertreter des Staatsoberhauptes hingegen weitgehend frei. Mit Rücksicht auf die Rechtssicherheit (zB im völkerrechtlichen Verkehr, bei Gesetzesverkündungen) und den Vertrauensschutz (zB bei Ernennungen) sind absprachewidrige Präsidialakte weder verfassungswidrig noch nichtig.

## D. Die Rechte und Pflichten des BRatPräs

Aus dem Vertretungstyp der Ersatzvertretung (o. Rn. 3) folgt, dass der BRatPräs zur Wahrnehmung  14 aller formellen und materiellen Befugnisse des BPräs berechtigt und verpflichtet ist.[35] Der Versuch, aus der schwächeren demokratischen Legitimation des „kommissarischen" BPräs Grenzen für seine Amtsbefugnisse abzuleiten (insbes. bei der Ausfertigung von Gesetzen),[36] vermag angesichts der Unschärfe demokratischer Legitimationsdifferenzierung kaum zu überzeugen. IE ist str., ob der Vertreter des BPräs **Immunität** (Art. 60 IV iVm Art. 46 II–IV) genießt[37] und ob er gemäß Art. 61 staatsrechtlich zur Verantwortung gezogen werden kann.[38] Letzteres ist zulässig (→ Art. 61 Rn. 6). Auch die Anordnungen und Verfügungen des BRatPräs als Vertreter des BPräs bedürfen nach Art. 58 der **Gegenzeichnung.**[39]

---

[27] Anders *Paterok,* Die Wahrnehmung der Befugnisse des Bundespräsidenten durch den Präsidenten des Bundesrates, 1966, Diss. München 1966, S. 61 ff.

[28] Vgl. JöR nF 1 (1951), 410 f.; s. auch den Novellierungsvorschlag von *Pitschas* Staat 12 (1973), 183 (206: „Die Dauer der Wahrnehmung wird auf sechs Monate begrenzt.").

[29] *Wahl* (Fn. 5), S. 134 f.

[30] HM, zuletzt *J. Ph. Schaefer* DÖV 2012, 417 (418); zw. nur *Pitschas* Staat 12 (1973), 183 (185 ff.). Zum Begriff des „Wahrnehmens" näher *Waldhoff/Grefrath,* in: Friauf/Höfling, Art. 57 (2009) Rn. 7.

[31] BVerwG LKV 2009, 522 (523).

[32] *Wahl* (Fn. 5), S. 135 ff.; *v. Mangoldt/Klein* II, Art. 57 Anm. V 2, 3b; *Hemmrich,* in: v. Münch/Kunig II, 5. Aufl., Art. 57 Rn. 6; *Jekewitz* AK GG, Art. 57 Rn. 5; *Stern,* Staatsrecht II, S. 209 f.; *Schlaich* HStR II², § 48 Rn. 20; *Fritz* BK, Art. 57 (2016) Rn. 8; aA *Herzog,* in: Maunz/Dürig, Art. 57 (2009) Rn. 25.

[33] *Nettesheim* HStR III, § 61 Rn. 60.

[34] *Schlaich* HStR II², § 48 Rn. 20.

[35] *Wahl* (Fn. 5), S. 139 ff. Unklar *Fink* MKS II, Art. 57 Rn. 23, denn die rechtliche Bindung der Organtreue stellt eine Grenze der grds. Weisungsfreiheit des Vertreters des BPräs dar.

[36] So aber *J. Ph. Schaefer* DÖV 2012, 417 (423 ff.).

[37] S. dazu *Wahl* (Fn. 5), S. 141 f. mwN.

[38] Dafür *Wahl* (Fn. 5), S. 146; *Pitschas* Staat 12 (1973), 183 (199); *Hemmrich,* in: v. Münch/Kunig II, 5. Aufl., Art. 57 Rn. 7 mwN; *Butzer,* in: Hofmann/Henneke, Art. 61 Rn. 21; abl. *Herzog,* in: Maunz/Dürig, Art. 57 (2009) Rn. 26; *Heun,* in: Dreier II, Art. 57 Rn. 11; *Fritz* BK, Art. 57 (2016) Rn. 23.

[39] So auch *Heun,* in: Dreier II, Art. 57 Rn. 11.

## Art. 58 [Gegenzeichnung]

**Anordnungen und Verfügungen des Bundespräsidenten bedürfen zu ihrer Gültigkeit der Gegenzeichnung durch den Bundeskanzler oder durch den zuständigen Bundesminister. Dies gilt nicht für die Ernennung und Entlassung des Bundeskanzlers, die Auflösung des Bundestages gemäß Artikel 63 und das Ersuchen gemäß Artikel 69 Abs. 3.**

**Entstehungsgeschichte: Erstfassung:** JöR nF 1 (1951), 412.
**Historische Verfassungstexte: RV 1849: § 74** Alle Regierungshandlungen des Kaisers bedürfen zu ihrer Gültigkeit der Gegenzeichnung von wenigstens einem der Reichsminister, welcher dadurch die Verantwortung übernimmt. –
**RV 1871: Art. 17** Dem Kaiser steht die Ausfertigung und Verkündigung der Reichsgesetze und die Ueberwachung der Ausführung derselben zu. Die Anordnungen und Verfügungen des Kaisers werden im Namen des Reichs erlassen und bedürfen zu ihrer Gültigkeit der Gegenzeichnung des Reichskanzlers, welcher dadurch der Verantwortlichkeit übernimmt. – **WRV: Art. 50** Alle Anordnungen und Verfügungen des Reichspräsidenten, auch solche auf dem Gebiete der Wehrmacht, bedürfen zu ihrer Gültigkeit der Gegenzeichnung durch den Reichskanzler oder den zuständigen Reichsminister. Durch die Gegenzeichnung wird die Verantwortung übernommen.
**Gesetzgebung:** GO BReg § 29.

**Schrifttum:** *F. Marschall v. Bieberstein,* Verantwortlichkeit und Gegenzeichnung bei Anordnungen des Obersten Kriegsherrn, 1911; *H. Biehl,* Die Gegenzeichnung im parlamentarischen Regierungssystem der Bundesrepublik Deutschland, 1971; *R. Herzog,* Entscheidung und Gegenzeichnung, FS Gebhard Müller, 1970, S. 117; *R. Jaeger,* Die staatsrechtliche Bedeutung der ministeriellen Gegenzeichnung im deutschen Reichsstaatsrecht 1871–1945, FS Laforet, 1952, S. 155; *H. Maurer,* Die Gegenzeichnung nach dem Grundgesetz, FS Carstens II, 1984, S. 701; *E. Melichar,* Geschichte und Funktion der Gegenzeichnung, insbesondere in der österreichischen Verfassungsentwicklung, FS Lentze, 1969, S. 397; *M. Nierhaus,* Entscheidung, Präsidialakt und Gegenzeichnung, 1973; *A. Randelzhofer,* Der Bundespräsident an der kurzen Leine des Bundeskanzlers? ..., FS Driehaus, 2005, S. 564; *A. Schulz,* Die Gegenzeichnung – eine verfassungsgeschichtliche Untersuchung, 1978; *M. v. Seydel,* Kaiserliche Erlasse und Gegenzeichnung, in: ders., Staatsrechtliche und politische Abhandlungen, 1902, S. 123; *C. Weber,* Das Gegenzeichnungsrecht unter besonderer Berücksichtigung der Verfassung des Fürstentums Liechtenstein, 1997; *W. Weber,* Kontrasignatur und Mitzeichnung, in: Jahrbuch der Akademie für Deutsches Recht, 1937, S. 184; *A. Thiele,* Die Gegenzeichnungspflichtigkeit der Auflösungsverfügung des Bundespräsidenten gem. Art. 68 I 3 GG, JA 2005, 871.

### Übersicht

## A. Historische Voraussetzungen

### I. Geschichte der Gegenzeichnung

**1**  Die geschichtl. Entwicklung des Rechtsinstituts der Gegenzeichnung[1] ist für das Verständnis des Art. 58 von großer Bedeutung, zumal sich bereits sein Wortlaut an den **konstitutionellen Vorbildern** orientiert. Bei der Auslegung des Art. 58 wird deshalb häufig auf seine historischen Vorgänger

---

[1] S. dazu *Marschall v. Bieberstein,* Verantwortlichkeit und Gegenzeichnung bei Anordnungen des Obersten Kriegsherrn, 1911; *W. Weber,* in: Jahrbuch der Akademie für Deutsches Recht, 1937, S. 184; *Biehl,* Die Gegenzeichnung im parlamentarischen Regierungssystem der Bundesrepublik Deutschland, 1971, S. 25 ff.; *Nierhaus,* Entscheidung, Präsidialakt und Gegenzeichnung, 1973, S. 5 ff.; *A. Schulz,* Die Gegenzeichnung – eine verfassungsgeschichtliche Untersuchung, 1978; umfassend *C. Weber,* Das Gegenzeichnungsrecht unter besonderer Berücksichtigung der Verfassung des Fürstentums Liechtenstein, 1997, S. 27 ff., jew. mwN.

verwiesen.[2] Diese Vorgehensweise ist nicht unprobl., da Art. 58 in ein grundlegend geändertes „Verfassungsumfeld" eingebettet ist, das eine eigenständige Interpretation verlangt.[3]

Nur mit dem Institut der Gegenzeichnung gelang es dem Konstitutionalismus, das Unvereinbare zu **2** vereinbaren: einerseits die Entscheidungsprärogative und **Nichtverantwortlichkeit des Monarchen** aufrechtzuerhalten, andererseits eine für den Verfassungsstaat unumgängliche, zumindest mittelbar-gouvernementale Verantwortung für Handlungen des Monarchen zu begründen.[4] Die Verfassungsentwicklung gipfelte in der für die **Weimarer Staatsrechtslehre** repräsentativen Feststellung von *Anschütz,* die ministerielle Verantwortlichkeit erstrecke sich der Sache nach „auf das gesamte amtliche Verhalten und Auftreten des Reichspräsidenten, insbes. auch auf Unterlassungen, sowie auf solche Handlungen und Äußerungen, die, obwohl nicht in amtliche Form gekleidet und möglicherweise privatim gemeint (Briefe, Reden, Äußerungen in Gesprächen), politische Wirkungen herbeigeführt haben oder geeignet sind, sie herbeizuführen."[5]

## II. Entstehungsgeschichte

Die ausdrückliche Feststellung des Art. 50 S. 2 WRV, dass mit der Gegenzeichnung die Verant- **3** wortung übernommen werde, wurde als Selbstverständlichkeit nicht in das GG übernommen. Im Vergleich zu Art. 50 S. 1 WRV wurden das Wort „alle" weggelassen und den „Anordnungen" die „Verfügungen" des BPräs zur Seite gestellt. **Neuartig** ist auch die Ausnahmevorschrift des Art. 58 S. 2.

## B. Die Gegenzeichnung im System des GG

### I. Bedeutung und Zweck der Gegenzeichnung

**1. Traditionelle Deutung.** Die Gegenzeichnung ist im GG an zwei Stellen geregelt: zum einen **4** generell in Art. 58 für **„Anordnungen und Verfügungen"** des BPräs, zum anderen speziell in Art. 82 I 1 für die **Ausfertigung** der **Gesetze** (→ Art. 82 Rn. 18 ff.). Nach traditionsbehafteter Vorstellung hat die Gegenzeichnung – neben der Gültigkeitsvoraussetzung für Präsidialakte (u. Rn. 27) – die doppelte Funktion, die parl. Verantwortung der BReg für Amtshandlungen des (parl. nicht verantwortlichen) BPräs gegenüber dem BT zu begründen und die Einheitlichkeit der Staatsleitung sicherzustellen.[6] Mit der Gegenzeichnung bekundet der BKanzler oder der zuständige Minister seine **Billigung** präsidentiellen Handelns.

**2. Neues Verständnis.** Mit Rücksicht auf den Umstand, dass der BPräs weitgehend an die **5** Beschlüsse und Wahlakte des BT (s. Art. 82 I, 63 II 1, 67 I 2) und die Entscheidungen der BReg, insbes. des BKanzlers (s. Art. 64 I, 68 I), gebunden ist, ist der von *Herzog*[7] initiierte Versuch unternommen worden, dem Art. 58 eine neue Deutung zu geben. Sie läuft verkürzt gesprochen auf eine „Umkehrung" von Präsidialakt und Gegenzeichnung hinaus (sog. **Umpolungstheorie**): Es gibt nur noch wenige originäre Präsidialakte, die der Gegenzeichnung durch die Regierung bedürfen; umgekehrt sind überwiegend Regierungsakte und Parlamentsentscheidungen festzustellen, die auf einen „gegenlesenden" und letztlich auch „gegenzeichnenden" BPräs angewiesen sind.[8] Diese Umpolungsthese ist teilw. auf Kritik gestoßen.[9] Dabei wird übersehen, dass die neue Form der „Gegenzeichnung" den eigentlichen „Urheber" der Anordnungen und Verfügungen des BPräs herausstellen will[10] und nicht strikt verfassungssystematisch, sondern eher verfassungspolitisch[11] zu verstehen ist.

---

[2] Insoweit typisch *Maurer* FS Carstens II, 1984, S. 701 (714 f.); früher schon *v. Mangoldt/Klein* II, Art. 58 Anm. II 1; *Anschütz* WRV, Art. 50 Anm. 1.

[3] *Schenke* BK, Art. 58 (2015) Rn. 41; *Herzog* FS Morsey, 1992, S. 85 (92 f.: „Das Paradebeispiel Gegenzeichnung" als ein Relikt des konstitutionellen Verfassungswesens im GG).

[4] *Schlaich* HStR II[2], § 49 Rn. 61; deshalb konnte *K. S. Zachariä v. Lingenthal,* Vierzig Bücher vom Staate, Zweiter Bd., 1820, S. 78, aus damaliger Sicht zu Recht sagen, dass die Gegenzeichnung „zu den schönsten Entdeckungen des menschlichen Verstandes in dem Gebiethe der Staatskunst" zähle.

[5] *Anschütz* WRV, Art. 50 Anm. 3; w. N. bei *Maurer* FS Carstens II, 1984, S. 715 Fn. 44.

[6] *Nierhaus* (Fn. 1), S. 39 f.; *Maurer* FS Carstens II, 1984, S. 701, jew. mwN; erstere stark relativierend *Nettesheim* HStR III, § 62 Rn. 30. Allg. zur Gegenzeichnung im System des GG *C. Weber* (Fn. 1), S. 112 ff. mwN.

[7] FS Gebhard Müller, 1970, S. 117 (127 ff.); *ders.,* in: Maunz/Dürig, Art. 54 (2009) Rn. 14; *ders.* FS Morsey, 1992, 85 (92 f.).

[8] S. *Biehl* (Fn. 1), S. 53, 76, 119 ff.; *Nierhaus* (Fn. 1), S. 50 ff.; *A. Schulz* (Fn. 1), S. 110 ff.; vgl. auch *Schenke* BK, Art. 58 (2015) Rn. 57 f.; *Stern,* StaatsR II, S. 213, 322 f. mwN in Fn. 268. Zur „Umpolungsthese" *C. Weber* (Fn. 1), S. 116 ff.; *Butzer,* in: Hofmann/Henneke, Art. 58 Rn. 1.

[9] *Maurer,* FS Carstens II, 1984, S. 701 (709 ff.); *Schlaich* HStR II[2], § 49 Rn. 62 f; *Nettesheim* HStR III, § 62 Rn. 29, diagnostiziert insoweit immer noch erhebliche dogmatische Defizite; differenzierter *Waldhoff/Grefrath,* in: Friauf/Höfling, Art. 58 (2009) Rn. 5.

[10] Zutreffend *Schenke* BK, Art. 58 (2015) Rn. 58.

[11] *Herzog,* in: Maunz/Dürig, Art. 58 (2009) Rn. 14: „praktisch politisch"; deutlicher: *ders.* FS Morsey, 1992, S. 85 (93): „Der Sinn- und Bedeutungswandel liegt auf der Hand.".

6    Ist die Präsidialhandlung ihrer materiellen Kompetenz entkleidet, so ist eben nur der reduzierte Formalakt gegenzeichnungsbedürftig.[12] Die Auseinandersetzung um die neue Positionsbestimmung der Gegenzeichnung im Kräftedreieck BT, BReg und BPräs hat jedenfalls einen wichtigen Ertrag erbracht: Art. 58 ist im Lichte der Bedeutung der Verfassungsorgantreue (Pflicht der Verfassungsorgane zur Zusammenarbeit und gegenseitigen Rücksichtnahme) zu interpretieren, weil er eine verfassungsgesetzliche Ausprägung dieses übergeordneten Prinzips ist.[13] Dieser verfassungssystematische Zusammenhang erlaubt eine flexible, den jeweiligen verfassungsrechtlichen Kräfteverhältnissen angepasste Auslegung des Geltungsbereichs des Art. 58.[14] Der verbleibende Sinn der Unterzeichnung des an die Entscheidungen des BT und der BReg gebundenen BPräs ist in dessen rechtlichem (formellem und materiellem) Prüfungsrecht zu sehen.[15]

## II. Anordnungen und Verfügungen

7    Die beiden Begriffe „Anordnungen" und „Verfügungen" können nicht trennscharf voneinander abgegrenzt werden: Sie bilden vielmehr einen einheitlichen (Doppel-)Begriff.[16] Die staatsrechtliche Literatur kombiniert mit unterschiedlicher Akzentuierung formelle, funktionale, kompetentielle, rechtsfolgenorientierte und teleologische Kriterien.[17] Nach dem Wortlaut („Anordnungen und Verfügungen", „Gültigkeit") ist der Doppelbegriff auf die Akte des BPräs zu begrenzen, die dieser in seiner Eigenschaft als Verfassungsorgan erlässt und denen im Gegensatz zu reinen Tathandlungen rechtsfolgebedingende Wirkung oder verbindlicher Rechtscharakter zukommt.[18] Das (einschränkende) Erfordernis eines (Verfassungs-)**Organaktes** ergibt sich aus der rechtssystematischen Platzierung des Art. 58 im Zusammenhang mit den übrigen Vorschriften der Art. 54 ff., welche die Stellung des BPräs als ein mit der Ausübung von Staatsgewalt betrautes Verfassungsorgan unter Verfassungsorganen ausformen.

8    Aus dieser normativ-funktionellen Definition der „Anordnungen und Verfügungen" ergibt sich, dass es nicht darauf ankommt, ob Regelungen **schriftlich oder mündlich** erfolgen. Gegenzeichnung bedeutet verantwortungsbegründende Billigung präsidentiellen Handelns,[19] weshalb auch eine mündliche – sogar eine nachträgliche – Billigung erfolgen kann.

## III. Ausdrückliche Ausnahmen von der Gegenzeichnungspflicht (Satz 2)

9    Art. 58 S. 2 lässt ausdr. **vier Ausnahmen** von der Gegenzeichnungspflicht zu, in denen aus unterschiedlichen Gründen (Selbstbetroffenheit, fehlender oder ungeeigneter Gegenzeichnungsberechtigter) eine Kontrasignatur nicht sinnvoll bzw. unmöglich ist.[20]

10   Die Gegenzeichnungsfreiheit der **Ernennung und Entlassung des BKanzlers** in den Fällen der Art. 63 II 2, IV 2 und 3, 67 I 2 folgt zwangsläufig aus der Erkenntnis, dass weder der abtretende noch der neugewählte Kanzler als Gegenzeichnende in Betracht kommen.

11   Die Ungebundenheit bei der Auflösung des BT (Art. 63 IV 3) ist gerechtfertigt durch die **Reservemacht** oder **Legalitätsreserve** des BPräs (Wahlrecht zwischen Ernennung und Auflösung), die durch ein Gegenzeichnungsrecht des nur noch geschäftsführenden BKanzlers nicht geschwächt werden darf.

12   Art. 69 III umfasst zwei Fälle, die nach dem Adressaten des Ersuchens und den möglichen Rechtsfolgen zu unterscheiden sind: Bei dem an den BKanzler gerichteten Ersuchen widersprechen die Selbstbetroffenheit und die Pflicht, dem Ersuchen jedenfalls grds. zu folgen (→ Art. 69 Rn. 30), einem Gegenzeichnungsrecht. Der Fall der Gegenzeichnungsfreiheit eines Ersuchens des BPräs an einen BMin zur Weiterführung seiner Geschäfte ist hingegen problematisch. Nach Art. 69 III kann der BPräs in einer **unkoordinierten Kompetenzkonkurrenz** mit dem BKanzler – am (amtierenden oder geschäftsführenden) Kanzler vorbei oder schlimmer noch gegen ihn – einen Minister geschäftsführend im Amt halten.[21]

## IV. Weitere Ausnahmen von der Gegenzeichnungspflicht

13   Es hat sich im Schrifttum – erleichtert durch den in Art. 58 S. 1 fehlenden Zusatz „alle" (Anordnungen und Verfügungen) – die einhellige Meinung herausgebildet, dass es weitere, nicht durch

---

[12] *Nierhaus* (Fn. 1), S. 131; zustimmend *Schlaich* HStR II², § 49 Rn. 63.

[13] Grundlegend *Schenke*, Die Verfassungsorgantreue, 1977, insbes. S. 37 ff.; *ders.* BK, Art. 58 (2015) Rn. 59; zuvor schon *Nierhaus* (Fn. 1), S. 213 ff. mwN.

[14] So auch *Schlaich* HStR II², § 49 Rn. 74.

[15] *Herzog*, in: Maunz/Dürig, Art. 58 (2009) Rn. 16; *Nierhaus* (Fn. 1), S. 91 ff. mwN.

[16] *Schenke* BK, Art. 58 (2015) Rn. 63; *Butzer*, in: Hofmann/Henneke, Art. 58 Rn 2; *Heun*, in: Dreier II, Art. 58 Rn. 10; abw. *Herzog*, in: Maunz/Dürig, Art. 58 (2009) Rn. 26.

[17] s. dazu *Nierhaus* (Fn. 1), S. 122 ff.; *Schenke* BK, Art. 58 (2015) Rn. 64.

[18] *Nierhaus* (Fn. 1), S. 142; ähnl. *Schenke* BK, Art. 58 (2015) Rn. 65.

[19] *Stern*, StaatsR II, S. 214; *Biehl* (Fn. 1), S. 52 ff.

[20] S. *Nierhaus* (Fn. 1), S. 156 ff.; *Schenke* BK, Art. 58 (2015) Rn. 74 ff.; *Herzog*, in: Maunz/Dürig, Art. 58 (2009) Rn. 32 ff., jew. mwN.

[21] S. *Nierhaus* (Fn. 1), S. 158 ff.; *Schenke* BK, Art. 58 (2015) Rn. 77 ff. Der BKanzler kann dann nur mit einem anderweitigen Ernennungsvorschlag (Art. 64 I) reagieren.

Art. 58 S. 2 ausdr. legitimierte Ausnahmen von der Gegenzeichnungspflicht gibt. Die Aufzählung des Satzes 2 ist nicht abschließend-enumerativ, weil es Sinn und Zweck des Art. 58 erfordern, **weitere Präsidialakte** von der Gegenzeichnungspflicht freizustellen.[22] Dazu zählen:

– der Wahlvorschlag des BPräs nach Art. 63 I und Art. 115h II 1 Hs. 2,                              **14**
– das Verlangen nach Einberufung des BT gem. Art. 39 III 3,
– die Anrufung des BVerfG,
– Delegation und Widerruf der Delegation der Ernennungs-, Entlassungs- und Begnadigungsbefugnisse nach Art. 60 III,
– die Erklärung des Gesetzgebungsnotstandes gemäß Art. 81 sowie
– der Amtsverzicht des BPräs.

Demgegenüber sind die Gegenzeichnungspflichtigkeit des *Gnadenrechts* des BPräs nach Art. 60 II[23] (u. Rn. 25; → Art. 60 Rn. 11) und der *Notstandsbefugnisse* des BPräs nach Art. 115a III 1, V 1[24] umstr.

Umstritten ist auch die Gegenzeichnungsfreiheit der Auflösungsanordnung des BT bzw die Ver- **15** weigerung der Auflösung durch den BPräs nach Art. 68. Hier ist zu differenzieren: Zwar kann der BPräs die **Auflösung des Bundestages** nach Art. 68 I nicht im Alleingang erzwingen, verhindern muss er sie aber können.[25] Die Gegenzeichnungsfreiheit der **Verweigerung der Bundestagsauflösung** ergibt sich zusätzlich daraus, dass Unterlassungen – auch Ablehnungen – prinzipiell kontrasignaturfrei sind (u. Rn. 20 f.). Hingegen ist die Entscheidung, den BT aufzulösen, nicht gegenzeichnungsfrei.[26] Die Gegenzeichnung ist sinnvoll, weil sie das uU nicht zweifelsfreie präsidiale Auflösungsrecht bestätigt.[27] Bei kurzfristiger Beilegung der Krise im BT kann der BKanzler bis zur Wahl seines Nachfolgers seinen Auflösungsvorschlag zurückziehen.

## V. Gegenzeichnungsfreiheit nur politisch bedeutsamer Handlungen des BPräs (Reden)?

Ein früher überwiegender, heute aber wohl nicht mehr herrschender[28] Teil des Schrifttums vertritt **16** die Auffassung, zu den Anordnungen und Verfügungen zählten nicht nur die Amtshandlungen mit Regelungsqualität, vielmehr auch das **gesamte amtliche und politisch bedeutsame Verhalten und Auftreten** des BPräs. Dabei wird der Geltungsbereich des Art. 58 S. 1 weit überdehnt: In Anlehnung an *Anschütz*[29] sollen unter die Gegenzeichnungspflicht sogar möglicherweise privat gemeinte Äußerungen fallen, die politische Auswirkungen haben oder auch nur geeignet sind, sie in der Zukunft herbeizuführen.[30] Ausgespart bleibt allein der rein **private Bereich** des BPräs.

Demgegenüber nahmen alle BPräs das Recht der (gegenzeichnungs)**freien Rede** und des **freien** **17** **Schreibens** für sich in Anspruch. Diese Präsidialpraxis ist allerdings zu relativieren für Reden im Bereich der auswärtigen Politik:[31] Der BPräs tritt auf diesem Politikfeld weniger als individ. Verfassungsorgan, vielmehr als Vertreter der BRD nach Art. 59 I 1 auf.

Dem **Totalitätsanspruch** der **Gegenzeichnungslehre** sind – ohne Anspruch auf Vollständigkeit – **18** folgende **Einwände** entgegenzuhalten: Reden sind ihrem Wesen nach weder dem gegenzeichnungstypischen Wirksamkeitserfordernis der „Gültigkeit" zugänglich noch im weitesten Sinne unter „An-

[22] S. nur *Fink* MKS II, Art. 58 Rn. 57 ff.; *Nierhaus* (Fn. 1), S. 164 mwN.

[23] S. *Stern*, Staatsrecht II, S. 264 f.; *v. Arnauld*, in: v. Münch/Kunig I, Art. 58 Rn. 18; *Schlaich* HStR II², § 49 Rn. 79; *Herzog*, in: Maunz/Dürig, Art. 54 (2009) Rn. 86, Art. 58 (2009) Rn. 40, Art. 60 (2009) Rn. 8, 37; *Nierhaus* Jura 1987, 553 (554 f.).

[24] *Nierhaus* (Fn. 1), S. 170 f.

[25] S. BVerfGE 62, 1 ff. (33: zur Gegenzeichnung des BKanzlers als Wirksamkeitsvoraussetzung der Bundestagsauflösung und der Bestimmung des Wahltages nach § 16 BWahlG als „staatsorganisatorischer Akt mit Verfassungsfunktion"). Zu Recht krit. *Umbach*, in: Umbach/Clemens, GG, Art. 58 Rn. 22 mwN.

[26] → Art. 68 Rn. 34a mwN sowie wie jetzt hier BVerfGE 62, 1 (34 f.); *Herzog*, in: Maunz/Dürig, Art. 58 (2009) Rn. 34 m. Fn. 1; *Pieper*, in: Epping/Hillgruber, Art. 58 Rn. 11.3. Anders hingegen noch die Vorauflage; ebenfall aA *Nettesheim* HStR III, § 62 Rn. 31; *Fink* MKS II, Art. 58 Rn. 76; *Randelzhofer* FS Driehaus, 2005, S. 564 ff.; *v. Arnauld*, in: v. Münch/Kunig I, Art. 58 Rn. 19; *Heun*, in: Dreier II, Art. 58 Rn. 22. Das BVerfG nimmt in der 2. Auflösungsentscheidung, BVerfGE 114, 121 ff., zur Gegenzeichnungspflicht nicht mehr Stellung.

[27] → Art. 68 Rn. 34a.

[28] Vgl. *Schenke* BK, Art. 58 (2015) Rn. 100 mit ausführlichen Auflistungen der Vertreter der jeweiligen Auffassung in Fn. 133 u. 134.

[29] *Anschütz* WRV, Art. 50 Anm. 3.

[30] *Maurer* FS Carstens II, 1984, S. 701 (715): Reden, Aufrufe, Briefe, Schirmherrschaften, Äußerungen in Gesprächen und Interviews, Bücher, Glückwunsch- und Beileidsbekundungen mit politischem Hintergrund, Einladungen und Empfänge wie auch deren Ablehnung; s. die Nachw. bis 1973 bei *Nierhaus* (Fn. 1), S. 175 ff.; bzw 2005 bei *Schenke* BK, Art. 58 (2015) Rn. 99 ff.; s. ferner *Herzog*, in: Maunz/Dürig, Art. 58 (2009) Rn. 50 ff.; *Schlaich* HStR II², § 49 Rn. 71 ff.; für weite Auslegung insbes. *Badura* Staatsrecht, E Rn. 80; *Erichsen* Jura 1985, 373 (379 f.); *Maurer*, aaO, S. 701 (712 ff.); *Stern*, StaatsR II, S. 213 f.; für enge Auslegung hingegen *Schenke* BK, Art. 58 (2015) Rn. 100 ff.

[31] S. *Schlaich* HStR II², § 49 Rn. 71; *Fritz* BK, Art. 54 (2016) Rn. 197 f.; *Gehrlein* DÖV 2007, 280 (282); *Cornils*, FS Hufen, 2015, 151 (155); abw. → Art. 59 Rn. 17 mwN.

ordnungen und Verfügungen" subsumabel. Die **Verfassungstradition,** in der Art. 58 steht, vermag ebenfalls die weite Auslegung des Gegenzeichnungstatbestandes nicht zu rechtfertigen.[32] Sie übergeht den Verfassungsumbruch vom selbstständigen und staatsleitenden Reichspräsidenten zum machtentkleideten BPräs.[33] Auch das von *Maurer*[34] in den Vordergrund gerückte Argument, nur über die Billigungspflicht könne parl. Verantwortung begründet und damit die Möglichkeit eröffnet werden, auch über politische Reden des BPräs im BT zu debattieren, vermag nicht zu überzeugen. Es steht nirgends im GG, dass der BT sich nicht mit Äußerungen des Staatsoberhauptes krit. auseinandersetzen darf.[35] Nur der politische Stil und Respekt vor dem höchsten Staatsamt gebieten Mäßigung.

19 Die Befürworter einer am Wortlaut und an Sinn und Zweck der Gegenzeichnungsvorschrift orientierten engeren Auslegung des Art. 58 S. 1[36] halten die extensive Interpretation der Gegenzeichnungspflichtigkeit für nicht vereinbar mit einer der wichtigsten Aufgaben des BPräs überhaupt: der **Integrationsfunktion.**[37] Der in seinem gesamten öff. Auftreten an die BReg gebundene BPräs kann nicht, jedenfalls nicht durchgängig, überparteilich einheitsstiftend wirken.[38] Seine durch die Individualität der Amtsführung geprägte Integrationsaufgabe unterscheidet sich von der der BReg nicht unerheblich.[39] Einer Spannungslage zwischen BPräs einerseits und BReg oder BKanzler andererseits wird eine aus dem Gebot der Verfassungsorgantreue abzuleitende Pflicht zur politischen Rücksichtnahme ohne rigorose Sanktionsfolgen[40] besser gerecht als das undiff. und unflexible „förmliche" Verfahren der Gegenzeichnung.

## VI. Gegenzeichnungsfreiheit von Unterlassungen und Ablehnungen

20 Der gegenwärtige Meinungsstand kann dahingehend zusammengefasst werden, dass es „fast unbestritten" ist,[41] **Unterlassungen** und auch die **Verweigerung förmlicher Rechtsakte** für **gegenzeichnungsfrei** zu halten.[42] Die Begründungen sind so vielschichtig, dass es unmöglich ist, auf Einzelfragen einzugehen.

21 Letztlich ergibt sich die Gegenzeichnungsfreiheit von Ablehnungen und Verweigerungen aus unterschiedl. Gründen, zB der Unzumutbarkeit des gouvernementalen Einstehenmüssens für Unterschriftsverweigerungen, der Notwendigkeit, Ablehnungen mit Rücksicht auf das materielle Prüfungsrecht des BPräs von der Regelung des Art. 58 auszunehmen, oder der Sinnwidrigkeit einer Gegenzeichnungskompetenz bei den echten Entscheidungsbefugnissen des Staatsoberhauptes (Art. 68 I, 81).[43] *Herzog*[44] hat schließlich auf Grund einer diff. Analyse der einzelnen Konfliktfälle nachzuweisen versucht, dass auch eine formlose Gegenzeichnung bei Unterschriftsverweigerungen bereits **objektiv unmöglich** ist. Überzeugend und konsensfähig ist das Argument, die Gegenzeichnungspflichtigkeit von Unterlassungen sei „verfassungssystematisch entbehrlich", ua weil das Handeln des BPräs in dem wirklich pathologischen Fall der Handlungspflicht von BT, BRat und BReg mittels Organstreits erzwungen werden kann.[45]

---

[32] Ebenso wie hier *Schenke* BK, Art. 58 (2015) Rn. 102 ff.; anders *Maurer* (Fn. 28), S. 701 (712 ff.).

[33] Zutreffend *Schlaich* HStR II², § 49 Rn. 75.

[34] *Maurer* FS Carstens II, 1984, S. 701 (715); s. auch *Erichsen* Jura 1985, 373 (379) unter Berufung auf *Schlaich* AöR 105 (1980), 146, der allerdings daran nicht festhält: s. *dens.* HStR II², § 49 Rn. 71 m. Fn. 156, Rn. 73.

[35] Ebenso *Herzog,* in: Maunz/Dürig, Art. 58 (2009) Rn. 56 Fn. 28; *Jekewitz* AK GG, Art. 58 Rn. 6; *Schlaich* HStR II², § 49 Rn. 73.

[36] *Herzog* FS Gebhard Müller, 1970, S. 117 ff.; *Nierhaus* (Fn. 1), S. 175 ff.; *Schenke* BK, Art. 58 (2015) Rn. 99 ff.; *Heun,* in: Dreier II, Art. 58 Rn. 11; *Pernice,* in: Dreier II, 2. Aufl. 2006, Art. 58 Rn. 10, der die extensive Auslegung mit der Folge „eine(r) Totalüberwachung des Bundespräsidenten" ablehnt; *Nettesheim* HStR III, § 62 Rn. 32; *Butzer,* in: Hofmann/Henneke, Art. 58 Rn. 8; *Waldhoff/Grefrath,* in: Friauf/Höfling, Art. 58 (2009) Rn. 12 f.; vermittelnd *Fink* MKS II, Art. 58 Rn. 68 ff.

[37] *Plastisch v. Arnauld,* in: v. Münch/Kunig I, Art. 58 Rn. 8: andernfalls wäre die Integrationsfunktion in ihrem „Nerv" getroffen.

[38] Überzogen krit. *Isensee* NJW 1994, 1329 f.

[39] *Herzog,* in: Maunz/Dürig, Art. 58 (2009) Rn. 55 f.; *Fritz* BK, Art. 54 (2001) Rn. 113: „Der Bundespräsident böte das Bild einer Marionette, dürfte er ausschließlich das verbreiten, was die Bundesregierung vorab genehmigt hat."

[40] *Nierhaus* (Fn. 1), S. 214; ebenso *Schlaich* HStR II², § 49 Rn. 74; ähnl. *Schenke* BK, Art. 58 (2015) Rn. 113 ff.; *Herzog,* in: Maunz/Dürig, Art. 58 (2009) Rn. 56.

[41] *Schlaich* HStR II², § 49 Rn. 69; s. aber auch die abw. Einschätzung von *Herzog,* in: Maunz/Dürig, Art. 58 (2009) Rn. 44.

[42] Neben *Schlaich* HStR II², § 49 Rn. 69; *Nierhaus* (Fn. 1), S. 145 ff.; *Schenke* BK, Art. 58 (2015) Rn. 119 ff. m. ausf. Darstellung des Streitstandes; *Herzog,* in: Maunz/Dürig, Art. 58 (2009) Rn. 44; *Jekewitz* AK GG, Art. 58 Rn. 5; *Stern,* StaatsR II, S. 214 m. Fn. 124; *Fink* MKS II, Art. 58 Rn. 76; aA *v. Mangoldt/Klein* II, Art. 58 Anm. IV 1d; *v. Arnauld,* in: v. Münch/Kunig I, Art. 58 Rn. 7.

[43] Dazu *Nierhaus* (Fn. 1), S. 145 ff., 154 mwN.

[44] *Herzog,* in: Maunz/Dürig, Art. 58 (2009) Rn. 44.

[45] *Schlaich* HStR II², § 49 Rn. 69; *Jekewitz* AK GG, Art. 58 Rn. 5; *Heun,* in: Dreier II, Art. 58 Rn. 11; weitergehend *Pernice,* in: Dreier II, 2. Aufl. 2006, Art. 58 Rn. 11, der auch die Präsidentenanklage nach Art. 61 für möglich hält.

## VII. Form und Verfahren der Gegenzeichnung

**1. Form.** Da die Gegenzeichnung die Billigung präsidentiellen Handelns und die Bereitschaft zum 22
Ausdruck bringt, dafür die politisch-parl. Verantwortung zu übernehmen, werden an die Kontrasignatur keine strengen formalen Anforderungen gestellt. Sie kann unstr. auch **mündlich** oder **konkludent** erfolgen; bei schriftlichen Akten muss sie allerdings ebenfalls **schriftlich** erfolgen (zB bei der
Ministerernennung oder der Gesetzesausfertigung).

**2. Zuständigkeit zur Gegenzeichnung.** Die Gegenzeichnung erfolgt nach Art. 58 S. 1 „durch 23
den Bundeskanzler *oder* durch den zuständigen Bundesminister". Das GG verlangt also – um den
Kanzler zu entlasten – **keine kumulative Gegenzeichnung.** Dass § 29 I 1 GO BReg davon
abweicht und der BKanzler in § 29 II GO BReg gar nicht erwähnt wird, sind redaktionelle Ungenauigkeiten, die wegen der Vorrangigkeit des Art. 58 keine Folgen haben. Die Gegenzeichnungsberechtigung des BKanzlers besteht nur in Richtlinienangelegenheiten (Art. 65 I 1); eine Mitzeichnung des
Kanzlers in Ressortangelegenheiten hat auf die Gültigkeit des Präsidialaktes aber keine Auswirkungen.[46] Auch eine Gegenzeichnung durch mehrere (zuständige) Minister ist unschädlich. Die alleinige
Unterschrift eines unzuständigen Ministers löst nach dem eindeutigen Wortlaut des Art. 58 S. 1
dagegen die Unwirksamkeit der Gegenzeichnung und damit auch des Präsidialaktes aus.[47]

**3. Zeitpunkt (§ 29 GO BReg).** Art. 58 schweigt über den Zeitpunkt der Gegenzeichnung. 24
Obwohl etwas noch gar nicht rechtlich Existentes eigentlich nicht „gegengezeichnet" werden kann,
erfolgt die Gegenzeichnung nach § 29 GOBReg in der Staatspraxis ohne Verfassungsverstoß in der
Form der „**Vorzeichnung**".[48]

## VIII. Rechtsfolgen der Gegenzeichnung

**1. Gegenzeichnungsermessen und Verantwortungsübernahme.** Die Entscheidung über die 25
Gegenzeichnung steht grds. im politischen **Ermessen** des Gegenzeichnungsberechtigten. Nach dem
doppelten Zweck der Gegenzeichnung, **politisch-parlamentarische Verantwortung** zu begründen
und Präsidial- und Regierungshandeln zu koordinieren, bestehen grds. keine weiteren Ermessensgrenzen.[49] Dies folgt auch daraus, dass parl. Verantwortlichkeit gegen den Willen des Gegenzeichnungsberechtigten nicht erzwungen werden kann. Im Ausnahmefall wirklicher präsidentieller Prärogativen (bei denen gleichwohl eine Gegenzeichnungsbindung besteht, wie zB beim Begnadigungsrecht
nach Art. 60 II) kann das Ablehnungsermessen allerdings auf Fälle wirklicher politischer Untragbarkeit
reduziert sein.[50]

Eine **Pflicht zur Gegenzeichnung** besteht ausnahmsweise dann, wenn der BPräs selbst verpflichtet 26
ist, eine Anordnung und Verfügung zu erlassen.[51] Die Verfassungs- und Gesetzesbindung (Art. 1 III,
Art. 20 III) gilt gleichermaßen für das Staatsoberhaupt und den Gegenzeichnungsberechtigten.[52] So
darf zB die Ausfertigung und Verkündung von verfassungsmäßigen Gesetzen nach Art. 82 I 1 nicht
über die Verweigerung der Gegenzeichnung verhindert oder klagbare Rechtsansprüche der Bürger
verletzt werden. Abgesehen davon muss klar sein: Der BPräs ist nahezu durchgängig an die Ermessensentscheidungen der jew. BReg gebunden.[53]

**2. Gültigkeitsvoraussetzung für Präsidialakte.** Mit der Gegenzeichnung wird der betreffende 27
Hoheitsakt **gültig**, dh **rechtswirksam.** Damit ist die Kontrasignatur zugleich Voraussetzung für die
Recht- und Verfassungsmäßigkeit präsidentiellen Handelns. In Schwierigkeiten gerät insoweit die
Meinung, die auch Reden und tatsächliche Handlungen des BPräs für gegenzeichnungspflichtig hält:
Ein Ausweichen von der Ungültigkeit auf die mangelnde Vollziehbarkeit hilft nicht weiter, weil
Realakte überhaupt nicht vollziehbar sind, sondern wie die freie Rede „für sich sprechen". Wird die
Gegenzeichnung (endgültig) abgelehnt, kann der mit der Anordnung oder Verfügung bezweckte
rechtliche Regelungseffekt nicht eintreten.[54] Ein VA wäre abweichend von der Regel des § 44 III
Nr. 4 VwVfG nichtig.[55] Mangels einer Fristbestimmung in Art. 58 ist ein noch nicht gegengezeichne-

---

[46] *Schenke* BK, Art. 58 (2015) Rn. 131; s. ferner *Herzog,* in: Maunz/Dürig, Art. 58 (2009) Rn. 70; *Jekewitz*
AK GG, Art. 58 Rn. 7.
[47] *Schlaich* HStR II², § 49 Rn. 80, der dies zu Recht für unbefriedigend hält; zu weiteren Einzelheiten der
Gegenzeichnungsberechtigung s. *Schenke* BK, Art. 58 (2015) Rn. 125 ff.
[48] S. *Schenke* BK, Art. 58 (2015) Rn. 144 mwN; *Heun,* in: Dreier II, Art. 58 Rn. 17.
[49] Vgl. *v. Mangoldt/Klein* II, Art. 58 Anm. VI 2c; *Schenke* BK, Art. 58 (2015) Rn. 154; *Nierhaus* Jura 1987, 553
(555).
[50] IE ebenso *Menzel* DÖV 1966, 581 (592); krit. *Heun,* in: Dreier II, Art. 58 Rn. 16, Art. 60 Rn. 29.
[51] *Schenke* BK, Art. 58 (2015) Rn. 156; *Fink* MKS II, Art. 58 Rn. 90; *Pernice,* in: Dreier II, 2. Aufl. 2006, Art. 58
Rn. 17.
[52] *Hamann,* GG, Art. 58 Abs. 1 Erl. C 3; ebenso *v. Mangoldt/Klein* II, Art. 58 Anm. VI 2c.
[53] *Herzog,* in: Maunz/Dürig, Art. 54 (2009) Rn. 83.
[54] *Schenke* BK, Art. 58 (2015) Rn. 164 f.
[55] Vgl. *Herzog,* in: Maunz/Dürig, Art. 58 (2009) Rn. 46.

ter Präsidialakt schwebend unwirksam.[56] Bei einem VA hat die nachträgliche Gegenzeichnung heilende Wirkung (vgl. § 45 I Nr. 5 VwVfG).

28    **3. Rechtsfolgen fehlerhafter Gegenzeichnung.** Diese müssen aus **dem Zweck des Art. 58** abgeleitet werden. Auf Zuständigkeitsmängel wurde bereits eingegangen (→ Rn. 23). Fehlende Schriftform bei urkundlichen Anordnungen und Verfügungen ist ein Formmangel, der aber geheilt werden kann. Im Übrigen schlagen Rechtsmängel, die dem Präsidialakt anhaften, auf die Gegenzeichnung durch.

## Art. 59 [Völkerrechtliche Vertretungsmacht]

(1) **Der Bundespräsident vertritt den Bund völkerrechtlich. Er schließt im Namen des Bundes die Verträge mit auswärtigen Staaten. Er beglaubigt und empfängt die Gesandten.**

(2) **Verträge, welche die politischen Beziehungen des Bundes regeln oder sich auf Gegenstände der Bundesgesetzgebung beziehen, bedürfen der Zustimmung oder der Mitwirkung der jeweils für die Bundesgesetzgebung zuständigen Körperschaften in der Form eines Bundesgesetzes. Für Verwaltungsabkommen gelten die Vorschriften über die Bundesverwaltung entsprechend.**

**Entstehungsgeschichte: Erstfassung:** JöR nF 1 (1951), 415.
**Historische Verfassungstexte: RV 1849: § 75** Der Kaiser übt die völkerrechtliche Vertretung des deutschen Reiches und der einzelnen deutschen Staaten aus. Er stellt die Reichsgesandten und die Consuln an und führt den diplomatischen Verkehr. **§ 77** Der Kaiser schließt die Bündnisse und Verträge mit den auswärtigen Mächten ab, und zwar unter Mitwirkung des Reichstages, insoweit diese in der Verfassung vorbehalten ist. **§ 78** Alle Verträge nicht rein privatrechtlichen Inhalts, welche deutsche Regierungen unter sich oder mit auswärtigen Regierungen abschließen, sind dem Kaiser zur Kenntnisnahme, und insofern das Reichsinteresse dabei betheiligt ist, zur Bestätigung vorzulegen – **RV 1871: Art. 11** (1) Das Präsidium des Bundes steht dem Könige von Preußen zu, welcher den Namen Deutscher Kaiser führt. Der Kaiser hat das Reich völkerrechtlich zu vertreten, im Namen des Reichs Krieg zu erklären und Frieden zu schließen, Bündnisse und andere Verträge mit fremden Staaten einzugehen, Gesandte zu beglaubigen und zu empfangen. (3) Insoweit die Verträge mit fremden Staaten sich auf solche Gegenstände beziehen, welche nach Artikel 4 in den Bereich der Reichsgesetzgebung gehören, ist zu ihrem Abschluß die Zustimmung des Bundesrathes und zu ihrer Gültigkeit die Genehmigung des Reichstags erforderlich. – **WRV: Art. 45** (1) Der Reichspräsident vertritt das Reich völkerrechtlich. Er schließt im Namen des Reichs Bündnisse und andere Verträge mit auswärtigen Mächten. Er beglaubigt und empfängt die Gesandten. (3) Bündnisse und Verträge mit fremden Staaten, die sich auf Gegenstände der Reichsgesetzgebung beziehen, bedürfen der Zustimmung des Reichstags.
**Supra- und internationale Texte:** AEUV Art. 216, 217, 218; WVRK Teil II.
**Geltende Landesverfassungen:** *BW*Verf Art. 50; *Bay*Verf Art. 47 III, 72 II; *Bln*Verf Art. 58 I 1; *Bbg*Verf Art. 91; *Brem*Verf Art. 118 I 2; *Hmb*Verf Art. 43; *Hess*Verf Art. 103; *MV*Verf Art. 47; *Nds*Verf Art. 35; *NRW*Verf Art. 57, 66 S. 2; *RhPf*Verf Art. 101; *Saar*Verf Art. 95; *Sachs*Verf Art. 65; *LSA*Verf Art. 69; *Schl*HVerf Art. 37; *Thür*Verf Art. 77.
**Gesetzgebung:** GOBT §§ 81 IV 2, 82 II; GOBReg §§ 11, 13; GGO §§ 72, 73, 76; Leitsätze des Rechtsausschusses des Bundestages zu mit völkerrechtlichen Verträgen zusammenhängenden Rechtsfragen, abgedruckt bei *Fastenrath,* Kompetenzverteilung im Bereich der auswärtigen Gewalt, 1986, S. 289 ff.; Parlamentsbeteiligungsgesetz vom 18.3.2005; Richtlinien für die Fassung von Vertragsgesetzen und vertragsbezogenen Verordnungen (2007); Richtlinien für die Behandlung völkerrechtlicher Verträge – RvV (2014).
**Leitentscheidungen:** BVerfGE 1, 351 (Petersberger Abkommen); BVerfGE 1, 372 (Deutsch-französisches Wirtschaftsabkommen); BVerfGE 4, 157 (Saar-Statut); BVerfGE 36, 1 (Grundlagenvertrag); BVerfGE 40, 141 (Ostverträge); BVerfGE 55, 349 (Hess); BVerfGE 68, 1 (Pershing); BVerfGE 72, 200 (Doppelbesteuerungsabkommen); BVerfGE 90, 286 (AWACS/Somalia); BVerfGE 104, 151 (NATO-Konzept); BVerfGE 108, 34 (AWACS/Türkei – e. A.); BVerfGE 111, 307 (Görgülü – EGMR-Urteile); BVerfGE 118, 244 (erweitertes ISAF-Mandat); BVerfGK 9, 174 (IGH-Rspr/WÜK); BVerfGE 121, 135 (AWACS/Türkei); BVerfGE 128, 326 (Sicherungsverwahrung – EMRK/EGMR); BVerfGE 140, 160 (Bundeswehreinsatz in Libyen); BVerfGE 141, 1 (Treaty override); BVerfGE 142, 234 (Computerkriminalität-Übereinkommen); BVerfGE 143, 101 (NSA-Selektorenliste); BVerfGE 148, 296 (Streikrecht für Beamte); BVerfG (K) NVwZ 2019, 161 (Migrationspakt).

**Schrifttum:** *A. v. Arnauld,* Beteiligung des Deutschen Bundestages an gemischten völkerrechtlichen Abkommen, AöR 141 (2016), 268; *H. W. Baade,* Das Verhältnis von Parlament und Regierung im Bereich der auswärtigen Gewalt der Bundesrepublik Deutschland, 1962; *H.-W. Bayer,* Die Aufhebung völkerrechtlicher Verträge im deutschen parlamentarischen Regierungssystem, 1969; *F. Becker,* Völkerrechtliche Bindung und demokratische Rückbindung am Beispiel des Fiskalvertrags, AVR 52 (2014), 222; *ders.,* Völkerrechtliche Verträge und parlamentarische Gesetzgebungskompetenz, NVwZ 2005, 289; *R. Bernhardt,* Bundesverfassungsgericht und völkerrechtliche Verträge, FG BVerfG II, 1976, S. 154; *ders.,* Verfassungsrecht und völkerrechtliche Verträge HStR VII[1], § 174; *A. Bleckmann,* Begriff und Kriterien der innerstaatlichen Anwendbarkeit völkerrechtlicher Verträge, 1970; *D. Blumenwitz,* Kontrolle der auswärtigen Gewalt, BayVBl 1996, 577; *G. Boehmer,* Der völkerrechtliche Vertrag im deutschen Recht, 1965; *A. v. Bogdandy/D. Zacharias,* Zum Status der Weltkulturerbekonvention im deutschen Rechtsraum, NVwZ 2007, 527; *G. Buchs,* Die unmittelbare Anwendbarkeit völkerrechtlicher Vertragsbestimmungen, 1993; *H.-J. Cremer,* Das Verhältnis von Gesetzgeber und Regierung im Bereich der auswärtigen Gewalt, in: R. Geiger (Hrsg.), Neuere Probleme der parlamentarischen Legitimation im Bereich der auswärtigen Gewalt, 2003, S. 11; *H. Cronauer,* Der

---

[56] *Nierhaus* (Fn. 1), S. 57 Fn. 96; *Schenke* BK, Art. 58 (2015) Rn. 163; abw. *Biehl* (Fn. 1), S. 51 (Nichtigkeit).

internationale Vertrag im Spannungsfeld zwischen Verfassung und Völkerrecht, 1986; *B. Daiber,* Der Einfluss der EGMR-Rechtsprechung auf die Rechtsprechung des Bundesverfassungsgerichts, DÖV 2018, 957; *J. Delbrück,* Die Rolle der Verfassungsgerichtsbarkeit in der innenpolitischen Kontroverse um die Außenpolitik, in: A. Randelzhofer/ W. Süß (Hrsg.), Konsens und Konflikt, 1985, S. 64; *T. Deppner/D. Heck,* Studiengebühren vor dem Hintergrund der Umsetzung völkerrechtlicher Verpflichtungen im Bundesstaat und der Vorgaben materiellen Verfassungsrechts, NVwZ 2008, 45; *M. Dregger,* Die antizipierte Zustimmung des Parlaments zum Abschluß völkerrechtlicher Verträge, die sich auf Gegenstände der Bundesgesetzgebung beziehen, 1989; *B. Ehrenzeller,* Legislative Gewalt und Außenpolitik, 1993; *U. Fastenrath,* Der Schutz des Weltkulturerbes in Deutschland. Zur innerstaatlichen Wirkung von völkerrechtlichen Verträgen ohne Vertragsgesetz, DÖV 2006, 1017; *R. Frau,* Der Gesetzgeber zwischen Verfassungsrecht und völkerrechtlichem Vertrag, 2015; *A. Funke,* Keine Abwägung im Auswärtigen, DÖV 2016, 833; *ders.,* Inhaltsänderung völkerrechtlicher Verträge ohne Beteiligung des Gesetzgebers, in: R. Geiger (Hrsg.), Völkerrechtlicher Vertrag und staatliches Recht vor dem Hintergrund zunehmender Verdichtung der internationalen Beziehungen, 2000, S. 93; *T. Giegerich,* Verfassungsgerichtliche Kontrolle der auswärtigen Gewalt im europäisch-atlantischen Verfassungsstaat, ZaöRV 57 (1997), 409; *B. Grzeszick,* Völkervertragsrecht in der parlamentarischen Demokratie, NVwZ 2016, 1753; *ders./J. Hettche,* Zur Beteiligung des Bundestages an gemischten völkerrechtlichen Abkommen, AöR 141 (2016), 225; *K. Hailbronner,* Kontrolle der auswärtigen Gewalt, VVDStRL 56 (1997), 7; *E. Härle,* Die völkerrechtlichen Verwaltungsabkommen der Bundesrepublik, JIR 12 (1965), 93; *T. Haug,* Die Pflicht deutscher Gerichte zur Berücksichtigung der Rechtsprechung des EGMR, NJW 2018, 2674; *W. Hecker,* Die Entscheidung des BVerfG zum UN-Migrationspakt vom 7.12.2018, NVwZ 2019, 290; *C. Henrich,* Das Bundesverfassungsgericht und die Verteidigung der Demokratie, NVwZ 2016, 668; *J. Hettche,* Die Beteiligung der Legislative bei Vorbehalten und Kündigung von völkerrechtlichen Verträgen, 2018; *D. Hofmann,* Die Umsetzung universeller Menschenrechtsverträge in Deutschland, 2017; *T. P. Holterhus,* Die Rolle des deutschen Bundestags in der auswärtigen Handelspolitik der Europäischen Union, EuR 2017, 324; *S.-P. Hwang,* Die EMRK im Lichte der Rechtsprechung des BVerfG, EuR 2017, 512; *H. D. Jarass,* Die Erklärung von Vorbehalten zu völkerrechtlichen Verträgen, DÖV 1975, 117; *J.-F. Jasper,* Die Behandlung von Verwaltungsabkommen im innerstaatlichen Recht, 1980; *S. Kadelbach/U. Gutermann,* Vertragsgewalt und Parlamentsvorbehalt, AöR 126 (2001), 563; *W. Kahl,* Parlamentarische Steuerung der internationalen Verwaltungsvorgänge, in: Trute/Groß/Röhl/Möllers (Hrsg.), Allgemeines Verwaltungsrecht – zur Tragfähigkeit eines Konzepts, 2008, S. 71 ff.; *B. Kempen/B. Schiffbauer,* Die vorläufige Anwendung völkerrechtlicher Verträge im internationalen Mehrebenensystem, ZaöRV 77 (2017), 95; *M. Kilian,* Die Brücke über die Elbe: völkerrechtliche Wirkungen des Weltkulturerbe-Übereinkommens der UNESCO, LKV 2008, 248; *T. Kleinlein,* Die vorläufige Anwendung völkerrechtlicher Verträge, JZ 2017,377; *ders.,* Kontinuität und Wandel in Grundlegung und Dogmatik des wehrverfassungsrechtlichen Parlamentsvorbehalts, AöR 142 (2017), 43; *J. Kokott,* Art. 59 Abs. 2 GG und einseitige völkerrechtliche Akte, FS Doehring, 1989, S. 503; *dies.,* Die Kontrolle der auswärtigen Gewalt, DVBl 1996, 937; *G. Kretschmer,* Gesetzentwürfe aus der Mitte des Bundestages und völkerrechtliche Verträge, FS Helmrich, 1994, S. 537; *M. Krumm,* Legislativer Völkervertragsbruch im demokratischen Rechtsstaat, AöR 138 (2013), 363; *P. Kunig,* Völkerrecht und staatliches Recht, in: W. Graf Vitzthum (Hrsg.), Völkerrecht, 7. Aufl. 2016, S. 61 ff.; *F. Lange,* Art. 59 Abs. 2 S. 1 GG im Lichte von Brexit und IStGH-Austritt, AÖR 142 (2017), 442; *S. Lorenzmeier,* Völkerrechtswidrigkeit der Einführung von Studienbeiträgen und deren Auswirkung auf die deutsche Rechtsordnung, NVwZ 2006, 759; *F. A. Mann,* Zur Wirkung des Zustimmungsgesetzes nach Art. 59 Abs. 2 des GG, JIR 18 (1975), 373; *E. Menzel/F. Klein,* Bedürfen „politische Verträge" der Zustimmung des Bundesrates?, JZ 1971, 745; *B. Meyring,* Die Entwicklung zustimmungsbedürftiger völkerrechtlicher Verträge nach ihrem Abschluss und ihre Auswirkungen in der deutschen Rechtsordnung, 2001; *W. Mößle,* Regierungsfunktionen des Parlaments, 1986; *D. Murswiek,* Die Fortentwicklung völkerrechtlicher Verträge: Verfassungsrechtliche Grenzen und Kontrolle im Organstreit, NVwZ 2007, 1130; *K. J. Partsch,* Die Anwendung des Völkerrechts im innerstaatlichen Recht, Überprüfung der Transformationslehre, BDGesVR 6 (1964), 113; *G. Patz,* Parlamentarische Kontrolle der Außenpolitik, 1976; *T. Plate,* Art. 59 Abs. 2 GG: Anwendungsfragen aus der Praxis am Beispiel der Änderung völkerrechtlicher Verträge, DÖV 2011, 606; *A. Randelzhofer,* Incorporation of International Treaties into Municipal Law, in: G. J. Tunkin/ R. Wolfrum (Hrsg.), International Law and Municipal Law, 1988, S. 101; *D. Rauschning,* Verfassungspflicht zur Befolgung völkerrechtlicher Verträge, FS E. Klein 2013, S. 287; *F. Regehr,* Die völkerrechtliche Vertragspraxis in der Bundesrepublik Deutschland, Diss. München 1974; *G. Ress,* Die Wechselwirkung zwischen Völkerrecht und Verfassung bei der Auslegung völkerrechtlicher Verträge, BDGesVR 23 (1982), 7; *ders.,* Verfassung und völkerrechtliches Vertragsrecht, FS Doehring, 1989, S. 809; *D. Richter,* Völkerrechtsfreundlichkeit in der Rechtsprechung des Bundesverfassungsgerichts, in: Thomas Giegerich (Hrsg.), Der „offene Verfassungsstaat" des Grundgesetzes nach 60 Jahren, 2010, S. 159 ff.; *U. Rojahn,* Die Auslegung völkerrechtlicher Verträge in der Entscheidungspraxis des Bundesverwaltungsgerichts, in: R. Geiger (Hrsg.), Völkerrechtlicher Vertrag und staatliches Recht vor dem Hintergrund zunehmender Verdichtung der internationalen Beziehungen, 2000, 123; *U. Rosengarten,* Der Begriff der völkerrechtlichen Verträge im Sinne der Art. 59 Abs. 2 Satz 1 1. Alt. GG im Lichte moderner Entwicklungen des Völkerrechts, Diss. Köln 1994; *W. Rudolf,* Völkerrecht und deutsches Recht, 1967; *M. Ruffert,* Die Europäische Menschenrechtskonvention und innerstaatliches Recht, EuGRZ 2007, 245; *H. Sauer,* Das Verfassungsrecht der kollektiven Sicherheit, in: Rensen/Brink (Hrsg.), Leitentscheidungen BVerfG I, 2009, S. 585; *M. Schäfer,* Treaty Overriding, 2020; *S. Schmahl,* Die völkerrechtsdogmatische Einordnung internationaler Menschenrechtsverträge, JuS 2018, 737; *R. Schmidt,* Der Verfassungsstaat im Geflecht der internationalen Beziehungen, VVDStRL 36 (1978), 65; *F. Schorkopf,* Der Deutsche Bundestag und der Migrationspakt, ZAR 2019, 90; *C. Schreuer,* Wechselwirkungen zwischen Völkerrecht und Verfassung bei der Auslegung völkerrechtlicher Verträge, BDGesVR 23 (1982), 61; *G. F. Schuppert,* Die verfassungsgerichtliche Kontrolle der auswärtigen Gewalt, 1973; *H. Schwarz,* Die verfassungsgerichtliche Kontrolle der Außen- und Sicherheitspolitik. Ein Verfassungsvergleich Deutschland-USA, 1995; *D. Seidel,* Der Bundespräsident als Träger der auswärtigen Gewalt, 1972; *A. Steinbach,* Die antizipierte Zustimmung des Gesetzgebers bei Änderungen völkerrechtlicher Verträge, DÖV 2007, 555; *ders.,* Kompetenzkonflikte bei der Änderung gemischter Abkommen durch die EG und ihre Mitgliedstaaten, EuZW 2007, 109; *H. Steinberger,* Entwicklungslinien in der neueren Rechtsprechung des BVerfG zu völkerrechtlichen Fragen, ZaöRV 48 (1988), 1; *ders.,* Auswärtige Gewalt unter dem Grundgesetz, in: R. Mußgnug (Hrsg.), Rechtsentwicklung unter dem Bonner Grundgesetz, 1990, S. 1101; *N. Sternberg,* Der Rang von Menschenrechtsverträgen im deutschen Recht, 1999; *M. Stöber,* Zur verfassungs- und europarechtlichen (Un-)Zulässigkeit von Treaty Overrides, DStR 2016, 1889; *C. Tomuschat*, Der Verfassungsstaat im Geflecht der internationalen Beziehungen, VVDStRL 36 (1978), 7; *H. D. Treviranus*, Außenpolitik im demokratischen Rechtsstaat, 1966; *H. Triepel*, Völkerrecht und Landesrecht, 1899; *G. Tuschhoff*, Die Ratifikationen völkerrechtlicher Verträge durch den Bundespräsidenten, Diss. Mainz 1976; *K. Vogel*, Gesetzesvorbehalt, Parlamentsvorbehalt und völkerrechtliche Verträge, FS Lerche, 1993, S. 95; *S. Vöneky*, Verfassungsrecht und völkerrechtliche Verträge HStR XI, § 236; *G. Warg*, Außenkompetenzen des Bundes und Mitwirkungsrechte des Parlaments, Jura 2002, 806; *S. Weiß*, Auswärtige Gewalt und Gewaltenteilung, 1971; *W. Wiese*, Verfassungsrechtliche Aspekte der Vorbehalte zu völkerrechtlichen Verträgen, DVBl 1975, 73; *R. Warmke*, Verwaltungsabkommen in der Bundesrepublik Deutschland, Die Verwaltung 24 (1991), 455; *L. Wildhaber*, Treaty-Making Power and the Constitution. An International and Comparative Study, 1971; *R. Wolfrum*, Kontrolle der auswärtigen Gewalt, VVDStRL 56 (1997), 38; *F. C. Zeitler*, Verfassungsgericht und völkerrechtlicher Vertrag, 1974; *M. Zuleeg*, Abschluß und Rechtswirkung völkerrechtlicher Verträge in der Bundesrepublik Deutschland, JA 1983, 1. S. im Übrigen Schrifttum zu Art. 32.

## Übersicht

# A. Allgemeines

## I. Entstehung

**1**     Art. 59 regelt die **völkerrechtliche Vertretung des Staates Bundesrepublik Deutschland.** Wie in den meisten Staaten[1] liegt die Vertretungsbefugnis beim **Staatsoberhaupt,** für dessen Vertretungsmacht auch völkerrechtlich eine Vermutung besteht (allerdings auch für den Regierungschef und den Außenminister),[2] ohne dass das Völkerrecht dem staatlichen Recht die Regelung der Vertretung vorschreibt.[3] Insoweit setzt der Wortlaut des Art. 59 I die Tradition der Reichsverfassungen von 1849, 1871 und 1919 fort, die wiederum an die seit der Zeit des Absolutismus bestehende Gepflogenheit anknüpfte, dem Staatsoberhaupt die Befugnis einzuräumen, alle völkerrechtlich erhebl. Rechtsakte zu setzen *(ius repraesentationis omnimodae).*

**2**     Bei der Schaffung des GG war dies keineswegs unumstritten, was aber lediglich ein Aspekt des Streits um die Rechtsstellung des BPräs überhaupt war, die wegen der Erfahrungen mit der Rechtsstellung des Reichspräsidenten unter der WRV deutlich abgeschwächt werden sollte (→ Art. 54 Rn. 2). Während sich der Vorschlag, ein „Bundespräsidium" zu ermächtigen, mit der Ablehnung der kollegialen Ausgestaltung der Bundesspitze erledigte, wurde der Vorschlag der Kompetenzübertragung auf den

---

[1] Rechtsvergleichende Hinweise bei *Heun*, in: Dreier II, Art. 59 Rn. 11 f.; *Hartwig*, in: Umbach/Clemens, GG, Art. 59 I Rn. 6; *Fastenrath/Groh*, in Friauf/Höfling, Art. 59 Rn. 148 ff.

[2] Art. 7 II lit. a Wiener Übereinkommen über das Recht der Verträge – Vertragsrechtskonvention (WVRK), BGBl II 1985, 927 (Sart. II, Nr. 320). Diese Vermutung ist allerdings widerlegbar, vgl. *Bleckmann*, Grundgesetz und Völkerrecht, 1975, S. 211. Allerdings muss insoweit der Mangel der Vertretungsbefugnis für die Gegenseite „evident" sein (vgl. Art. 46 WVRK), *Kempen* MKS II, Art. 59 Rn. 4; *Heun*, in: Dreier II, Art. 59 Rn. 6.

[3] Vgl. *Verdroß/Simma*, Universelles Völkerrecht, 3. Aufl. 1984, § 687; *Zuleeg* AK GG, Art. 59 Rn. 4.

Präsidenten des BTag mehrheitlich abgelehnt.[4] Der **Bedeutungszuwachs des BTag** zeigt sich aber in Art. 59 II, wonach für völkerrechtliche Verträge als dem bedeutendsten Instrument der auswärtigen Beziehungen ab einem bestimmten Gewicht die Zustimmung des BTag erforderlich ist; der **Bedeutungszuwachs der BReg** erschließt sich aus der Verfassungspraxis. Beides offenbart, wie wenig von dem *ius repraesentationis omnimodae* tatsächlich verblieben ist. Der Wortlaut des Art. 59 I darf nicht darüber hinwegtäuschen, dass dem BPräs im GG im Unterschied zum Reichspräsidenten der WRV nur eine formale Vertretungsbefugnis, keine materielle Entscheidungsbefugnis übertragen wurde.[5]

Die konkrete Fassung der **Beteiligungsrechte des BTag – und des BRat –** (Art. 59 II) war **3** stärker umkämpft. Der Begriff „Bündnisse" der WRV sollte wegen der damals fehlenden Bündnisfähigkeit Deutschlands durch „politische Verträge" ersetzt werden; wegen der Unbestimmtheit dieses Begriffs wurde die Formulierung „Verträge, die die politischen Beziehungen des Bundes regeln", gewählt, dem als zweite Alternative die „Verträge, die sich auf Gegenstände der Bundesgesetzgebung beziehen", hinzugefügt wurde. Die Vorschläge, anstatt eines „Gesetzes" als Form der Zustimmung einen „Beschluss" zu fordern, da es sich in der Sache nur um die Ermächtigung zum Abschluss eines Vertrages handle, und statt „Bundesgesetzgebung" allgemein von „Gesetzgebung" zu reden, wurden ebenso abgelehnt wie der Vorstoß, für Konkordate eine klarstellende Regelung zu treffen.[6]

## II. Allgemeine Bedeutung

Art. 59 regelt hinsichtlich der auswärtigen Gewalt (zu diesem Begriff → Art. 32 Rn. 3) die **Organ- 4 kompetenz** im Bereich des Bundes. Er kommt zur Anwendung, soweit gemäß Art. 32 (s. dort) dessen Verbandskompetenz gegeben ist. Somit bleibt die völkerrechtliche Vertretung der Länder davon unberührt.[7]

Die **Organkompetenz** besagt, welches Bundesorgan im gewaltenteilenden Staat für die Ausübung **5** einer dem Verband Bund zugewiesenen Befugnis zuständig ist. Bei den klassischen Gewalten der Legislative, der Exekutive und der Judikative ist dies grds. vorgegeben: BTag (unter Beteiligung des BRat), BReg und Bundesgerichte. Allerdings führen bereits hier Vermischungen bei der Zuordnung der Funktionen[8] dazu, dass sich aus der Funktion eines Staatsaktes allein nicht ohne weiteres auf die kompetentielle Zuordnung schließen lässt.[9] Da das in Art. 20 verankerte Gewaltenteilungsprinzip vom GG nicht genauer definiert worden ist, muss sein Inhalt aus der konkreten Zuordnung der Kompetenzen an die verschiedenen Staatsorgane erschlossen werden, die das GG vorgenommen hat.[10] Im *Pershing*-Urteil spricht das BVerfG daher zu Recht von der „Gewaltenteilung, wie sie das GG ausgestaltet hat".[11]

Die einzige ausdrückliche Bestimmung über die Kompetenzverteilung zwischen den Bundesorga- **6** nen im Bereich auswärtiger Gewalt ist allerdings Art. 59. Zu seiner Interpretation greift das BVerfG auf das Kriterium der **„funktionsgerechten Organstruktur"**[12] zurück. Es komme darauf an, dass die staatlichen Entscheidungen „möglichst richtig, dh von Organen getroffen werden, die dafür nach ihrer Organisation, Zusammensetzung, Funktion und Verfahrensweise über die besten Voraussetzungen verfügen."[13] Dies darf nicht mit dem (→ Rn. 5) abgelehnten Schluss aus der Funktion eines Staatsaktes auf die kompetentielle Zuordnung verwechselt werden. Vielmehr wird eine konkrete Kompetenznorm teleologisch ausgelegt.

Grds. **Kompetenzabgrenzungsprobleme** stellen sich vor allem zwischen Exekutive und Legisla- **7** tive; zu deren Lösung liefert Art. 59 II 1 einen Anhaltspunkt. Hinzu kommt die Frage, inwieweit Akte der auswärtigen Gewalt der Kontrolle durch das BVerfG unterliegen. Innerhalb der Exekutive besteht das Problem, dass die in Art. 59 I erfolgte Kompetenzzuweisung an den BPräs mit der Vertragspraxis des Bundes nicht übereinstimmt. Dies ist Ausdruck der Tatsache, dass dem Wortlaut des Art. 59 ein Bild der völkerrechtlichen Staatenpraxis zugrunde liegt, das der heutigen Technik des Vertrags-

---

[4] Vgl. *Rauschning* BK, Art. 59 (2009) Rn. 1 (nach *Menzel* (Erstbearb.) Anm. I).

[5] *Grewe* HStR III[1], § 77 Rn. 40; *Kempen* MKS II, Art. 59 Rn. 10.

[6] Vgl. dazu iE *Rauschning* BK, Art. 59 (2009) Rn. 5 (nach *Menzel* (Erstbearb.) Anm. I); *Zuleeg* AK GG, Art. 59 Rn. 1; JöR nF 1 (1951), 415 f.

[7] Vgl. *Schweitzer/Dederer*, StaatsR III, Rn. 326, 1234, 1242, mwN auch zur praktisch nicht relevanten Frage einer Vertretung der Länder durch den BPräs in diesem Bereich. Ebenso *Jarass*, in: Jarass/Pieroth, Art. 59 Rn. 1; *Heun*, in: Dreier II, Art. 59 Rn. 14; *Zuleeg* AK GG, Art. 59 Rn. 6; aA *Nettesheim*, in: Maunz/Dürig, Art. 59 (2009) Rn. 56; *Rauschning* BK, Art. 59 (2020) Rn. 14, mit Hinweis auf das fehlende Gesandtschaftsrecht der Länder. Damit wird den Ländern aber nur die beständige Repräsentation durch Gesandtschaften, nicht aber die Repräsentation im Einzelfall, zB für einen Vertragsschluss, untersagt.

[8] Vgl. → Art. 20 Rn. 85 ff.; *Stern*, StaatsR II, S. 126 f., 142 ff., 195 ff., 216 f., 680 f., 683, 713 ff. Eingehend *Mößle*, Regierungsfunktionen des Parlaments, 1986.

[9] *Fastenrath*, Kompetenzverteilung im Bereich der auswärtigen Gewalt, 1986, S. 75 f.

[10] *Grewe* HStR III[1], § 77 Rn. 49.

[11] BVerfGE 68, 1 (86). Eine andere Frage ist, ob sich das BVerfG selbst an diese Maxime hält. Krit. dazu abwM *Mahrenholz*, BVerfGE 68, 1/111 (129) und *Kokott* FS Doehring, 1989, S. 509.

[12] Vgl. dazu *Ossenbühl* DÖV 1980, 545; *ders.* HStR III, § 101 Rn. 60 f.

[13] BVerfGE 68, 1 (86).

abschlusses nicht voll entspricht. Daher stellt sich für die Auslegung des Art. 59 die Aufgabe, dem Wandel und den Erfordernissen der internationalen Vertragspraxis der BRD im Rahmen der Vorgaben des GG Rechnung zu tragen.[14]

## B. Vertretungsbefugnis des Bundespräsidenten (Abs. 1)

### I. Umfassende Vertretungsbefugnis

8  **1. Vertretungsbefugnis für alle Akte (S. 1).** Gemäß Art. 59 I 1 vertritt der BPräs den Bund völkerrechtlich. Damit ist ihm die **Befugnis zu umfassender Vertretung** der BRD für rechtserhebliche Erklärungen nach außen eingeräumt. Der BPräs wäre danach nicht nur für den Abschluss völkerrechtlicher Verträge (Art. 59 I 2; für völkerrechtliche Erklärungen zum Verteidigungsfall und zum Friedensschluss, der durch einen völkerrechtlichen Vertrag erfolgt,[15] bekräftigen dies Art. 115a V 1, Art. 115l II 1, III), sondern auch für die Abgabe einseitiger Willenserklärungen (für die Beglaubigung und den Empfang von Gesandten sowie für die völkerrechtliche Erklärung hinsichtlich der Feststellung des Verteidigungsfalles bestimmen dies Art. 59 I 3 bzw. Art. 115a V 1 ausdrücklich) und für den Abschluss von Verwaltungsabkommen (auch diese sind völkerrechtliche Verträge[16] und damit „Verträge mit auswärtigen Staaten", auf die sich die Kompetenz des Art. 59 I 2 erstreckt) zuständig.

9  In der **Praxis** werden jedoch gerade einseitige Akte, wie z. B. die Kündigung von Verträgen, Beitrittserklärungen, Versprechen, (seerechtlich relevante) Proklamationen, von der BReg vorgenommen.[17] Diese schließt auch die Verwaltungsabkommen.[18] Der BPräs selbst nimmt im Wesentlichen nur folgende Akte vor: Ausstellung von Verhandlungs- und Unterzeichnungsvollmachten für völkerrechtliche Verträge, die unter Art. 59 II 1 fallen, insbes. für sog. Staatsverträge (Verträge, in deren Wortlaut die BRD als Staat oder der BPräs als Staatsoberhaupt erscheint),[19] die Ratifikation, Annahme oder Genehmigung von Staatsverträgen; die Erteilung bzw. das Ersuchen um das Agrément sowie die Beglaubigung und den Empfang von Missionschefs der Klassen der Botschafter (Nuntien) und Gesandten (Minister, Internuntien); seit 1961[20] die Anerkennung neuer Staaten.[21]

10  Diese ständige Praxis lässt sich nur schwer **verfassungsrechtlich rechtfertigen.** Dem Hinweis auf Art. 59 II 2, wonach für Verwaltungsabkommen die Vorschriften über die Bundesverwaltung entspr. gelten, weshalb diese der BReg zugewiesen seien,[22] ist entgegenzuhalten, dass Art. 59 II 2 seiner Systematik nach der Abgrenzung zu Art. 59 II 1 dient, vornehmlich die Transformation (bzw. den Vollzugsbefehl) regelt (→ Rn. 61 ff.) und in keinem ersichtlichen Zusammenhang zu der in Art. 59 I 1 und 2 umfassend angelegten Kompetenz des BPräs steht.[23] Eine weitere Begründung wurde aus Art. 59 I 2, 3 hergeleitet, die die Vertretungsbefugnis des BPräs konkretisierten, dh auf die dort genannten Materien beschränkten, da die Bestimmungen andernfalls keinen Sinn ergäben.[24] Dagegen spricht aber die Entstehungsgeschichte. Art. 59 I 2, 3 knüpfen an traditionelle Formulierungen in Art. 11 I RV 1871 und Art. 45 I WRV an.[25] Art. 59 I 3 wurde zudem zu einem Zeitpunkt formuliert, als Art. 32 noch nicht die auswärtige Gewalt umfassend dem Bund zugewiesen hatte, um jedenfalls das ausschließliche Gesandtschaftsrecht des Bundes klarzustellen.[26] Nach ganz hM sind Art. 59 I 2, 3 daher nur beispielhafte Erl. zu Art. 59 I 1.[27] Folgt man dem, geht es aber nicht an, die Kompetenz des BPräs auf den formalen Abschlussakt selbst oder gar auf die Ratifikation zu beschränken.[28]

---

[14] Vgl. *Rojahn*, in: v. Münch/Kunig I, Art. 59 Rn. 2.

[15] *Schweitzer/Dederer*, StaatsR III, 11. Aufl. 2016, Rn. 562 f.; vgl. dazu → Art. 115l Rn. 13.

[16] Vgl. → Art. 32 Rn. 50.

[17] *Schweitzer/Dederer*, StaatsR III, Rn. 1244; *Kempen* MKS II, Art. 59 Rn. 13; *Rojahn*, in: v. Münch/Kunig I, Art. 59 Rn. 7 mwN; *Hartwig*, in: Umbach/Clemens, GG, Art. 59 I Rn. 17 mwN.

[18] *Schweitzer/Dederer*, StaatsR III, Rn. 329, 1262; zum Begriff *Geiger*, StaatsR III, S. 125 f.

[19] Vgl. zum Begriff und zur Abgrenzung von Regierungsabkommen und Ressortabkommen *Geiger*, StaatsR III, S. 118.

[20] S. dazu *Rojahn*, in: v. Münch/Kunig I, Art. 59 Rn. 7 mwN.

[21] *Fastenrath* (Fn. 9), S. 204.

[22] *Stern*, StaatsR II, S. 226.

[23] Zutr. *Schweitzer/Dederer*, StaatsR III, Rn. 330. Das systematische Gegenargument räumt auch *Stern*, StaatsR II, S. 226 ein.

[24] Vgl. *Reichel*, Die auswärtige Gewalt nach dem Grundgesetz, 1967, S. 60.

[25] Vgl. *Kempen* MKS II, Art. 59 Rn. 15; *Nettesheim*, in: Maunz/Dürig, Art. 59 (2020) Rn. 11, 12.

[26] S. *Reichel* (Fn. 24), S. 60. Vgl. auch JöR nF 1 (1951), 414.

[27] *Rojahn*, in: v. Münch/Kunig I, Art. 59 Rn. 6; *Rauschning* BK, Art. 59 (2009) Rn. 35; *Zuleeg* AK GG, Art. 59 Rn. 6; *Kempen* MKS II, Art. 59 Rn. 15; *Heun*, in: Dreier II, Art. 59 Rn. 20; *Kunig*, Völkerrecht und staatliches Recht, in: Graf Vitzthum (Hrsg.), Völkerrecht, 7. Aufl. 2016, S. 61 (94), Rn. 77.

[28] So aber *Hamann*, in: Hamann/Lenz, Art. 59 Anm. B 4; *v. Mangoldt/Klein* II, Art. 59 Anm. III 4a; *Menzel* BK, Art. 59 (Erstbearb.) Anm. II 2; *Stern*, StaatsR II, S. 226; *Grewe* HStR III¹, § 77 Rn. 54. Dagegen zutr. *Fastenrath* (Fn. 9), S. 206 f., der in dieser Gleichsetzung wohl zu Recht eine „nicht sonderlich genaue Zustandsbeschreibung" sieht. S. aber → Rn. 12.

Als **Rechtfertigungsgründe** für die bestehende Praxis werden hauptsächlich gewohnheitsrecht- 11
liche oder stillschweigende Delegation oder Ermächtigung vertreten.[29] Soweit dabei auf § 11 II
GOBReg abgestellt wird, die vom BPräs gemäß Art. 65 S. 4 genehmigt worden sei,[30] ist dem entgegenzuhalten, dass diese Regelung allein der Absicherung der Position des Außenministers innerhalb
der BReg dient, aber keine Aussage hinsichtlich des Verhältnisses zum BPräs trifft.[31] Im Übrigen ist es
den Bundesorganen nicht gestattet, eine Kompetenz der Substanz nach auf einen anderen als den im
GG vorgesehenen Rechtsträger zu übertragen. Eine Neuverteilung der Zuständigkeit wäre allein im
Wege der Verfassungsänderung möglich.[32]

Am ehesten (wenngleich keineswegs voll)[33] überzeugt noch die von *Fastenrath* vorgenommene 12
Begrenzung der Kompetenz des BPräs aus seiner **Repräsentativfunktion.** Die Realität heutiger
völkerrechtlicher Beziehungen steht zur Vorstellung des Art. 59 I insoweit in Widerspruch, als der
BPräs schon aus Gründen der Arbeitsbelastung nicht mehr in der Lage ist, alle völkerrechtlichen Akte
selbst vorzunehmen oder für sie verantwortlich zu zeichnen. Daher ist das Erfordernis seines Tätigwerdens auf solche Akte zu begrenzen, in denen der Staat als Ganzer und nicht nur hinsichtlich einer
Teilgewalt repräsentiert werden muss. Dies ist bei allen völkerrechtlichen Akten der Fall, an denen
mehrere Teilgewalten zu beteiligen sind, also Akte, die ein Tätigwerden des Gesetzgebers erfordern
oder die auf Grund ihrer umfassenden politischen Auswirkungen auf die Beziehungen der Staaten und
Völker untereinander den Staat insgesamt berühren. Dies sind insbes. die unter Art. 59 II 1 fallenden
Verträge. Dabei wird nicht übersehen, dass auch Regierungsabkommen und Ressortabkommen[34]
selbstverständlich den Staat als Ganzes binden. Entscheidend ist aber nicht dies, sondern ob die
faktischen Auswirkungen eng begrenzt sind oder nicht.[35] In der Praxis hat dies z. B. zur Folge, dass der
BPräs am Abschluss und an der Kündigung aller unter Art. 59 II 1 fallenden Verträge beteiligt werden
muss, sei es durch Abgabe von Erklärungen oder Erteilung von Vollmachten.[36]

Gegenständlich umfasst die Vertretungsbefugnis die von Art. 32 erfassten Materien der **Bundes-** 13
**kompetenz** (→ Art. 32 Rn. 25 ff.). Damit obliegen dem BPräs auch unverbindliche Akte wie Staats-
besuche, Grußbotschaften, Glückwunsch- und Kondolenzschreiben.[37] Die Abgrenzung zur Kompetenz der BReg, insbes. zu Kanzler und Außenminister, erfolgt auch hier nach dem Kriterium der
Gesamtrepräsentation des Staates (→ Rn. 12).[38]

### 2. Insbes.: Verträge und Gesandte (S. 2 und 3).

2. **Insbes.: Verträge und Gesandte (S. 2 und 3).** Art. 59 I 2 hebt hervor, dass der BPräs im 14
Namen des Bundes die Verträge abschließt. Unter **Verträgen** versteht man jegliche völkerrechtliche
Vereinbarung, unabhängig davon, wie diese namentlich bezeichnet wird (Art. 2 lit. a WVK). Die
Begrenzung auf auswärtige Staaten hat hier keine andere Bedeutung als bei Art. 32 (→ Art. 32
Rn. 14). Mit **Abschluss** ist die Herbeiführung der völkerrechtlichen Wirksamkeit gemeint, also

---

[29] BVerfGE 68, 1 (82 f.): „zumindest kraft einer vom BPräs stillschweigend erteilten Vollmacht." Ferner *v. Man-
goldt/Klein* II, Art. 59 Anm. III 3; *Nettesheim,* in: Maunz/Dürig, Art. 59 (2020) Rn. 41; *Bleckmann* (Fn. 2), S. 212;
*Geiger,* StaatsR III, S. 118. Für stillschweigend erteilte Vollmacht, wofür aber Anzeichen sprechen müssten, oder
präzisierte generelle Ermächtigung *Zuleeg* AK GG, Art. 59 Rn. 11 f. Gegen eine generelle Ermächtigung, aber für
eine ausdrückliche oder stillschweigende Delegation im Einzelfall *Pernice,* in: Dreier II, 2. Aufl. 2006, Art. 59 Rn. 21;
*Butzer/Haas,* in: Hofmann/Henneke, Art. 59 Rn. 22; *Kempen* MKS II, Art. 59 Rn. 18, der eine ausdrücklich oder
konkludent erteilte Einzelvollmacht für nicht ausgeschlossen, die bestehende Praxis (durchaus mit guten Gründen,
→ Rn. 10) für verfassungswidrig hält. Ähnlich *Rojahn,* in: v. Münch/Kunig I, Art. 59 Rn. 8. AA *Rauschning* BK,
Art. 59 (2009) Rn. 29 f., der in der völkerrechtl. Vertretung des BPräs keine ausschließl. Vertretungsmacht sieht;
ähnlich *Heun,* in: Dreier II, Art. 59 Rn. 23: Die umfassenden Ermächtigung des BPräs entfaltet keine ebenso
umfassende Sperrwirkung für die Vertretung der BReg.
[30] So *Bleckmann* (Fn. 2), S. 212; *Geiger,* StaatsR III, S. 118 (Hinweis auf §§ 79 II, 82 GemGeschOBMin, Teil II).
[31] Zutr. *Fastenrath* (Fn. 9), S. 208; *Fastenrath/Groh,* in: Friauf/Höfling, Art. 59 (2007) Rn. 33.
[32] *Rojahn,* in: v. Münch II, 2. Aufl. 1983, Art. 59 Rn. 6; *Calliess* HStR IV, § 83 Rn. 19; *Schweitzer/Dederer,*
StaatsR III, Rn. 332, mit Hinw. auf Art. 79 I 1. Für eine Verfassungsänderung angesichts des gegenwärtigen verfassungswidrigen, den Bedürfnissen der Praxis aber durchaus entsprechenden Zustands *Hartwig,* in: Umbach/Cle-
mens, GG, Art. 59 I Rn. 25. In der Praxis entstehen freilich nur selten Probleme, vgl. *Pieper,* in: Epping/Hillgruber,
Art. 59 Rn. 11.
[33] Vgl. die Einwände von *Kempen* MKS II, Art. 59 Rn. 17; *Heun,* in: Dreier II, Art. 59 Rn. 20.
[34] Vgl. zu diesen Begriffen *Geiger,* StaatsR III, S. 118.
[35] *Fastenrath* (Fn. 9), S. 210 f.
[36] Davon geht wohl auch BVerfGE 4, 157 (163 f.) aus.
[37] Ebenso *Zuleeg* AK GG, Art. 59 Rn. 7; *Pernice,* in: Dreier II, 2. Aufl. 2006, Art. 59 Rn. 20. Vgl. auch *Fastenrath*
(Fn. 9), S. 211 f., der allerdings wegen seiner Beschränkung auf völkerrechtsförmige Akte, vgl. → Art. 32 Rn. 13,
hierfür einen besonderen Kompetenztitel begründen muss, den er in der Natur der Sache sieht, vgl. ebda, S. 212;
ebenso *Rojahn,* in: v. Münch/Kunig I, Art. 59 Rn. 10; *Kempen* MKS II, Art. 59 Rn. 8; auch *Jarass,* in: Jarass/Pieroth,
Art. 59 Rn. 2, wird nicht hinreichend deutlich von Art. 59 zur geht; aber der BPräs könne aber solche Erklärungen ebenso
wie Aufgaben der Repräsention auch ohne Zustimmung der BReg abgeben, die ihrerseits wie der BTag nicht an
solchen Erklärungen gehindert sei (→ Rn. 17); *Heun,* in: Dreier II, Art. 59 Rn. 22, stützt die Ermächtigung für
informelles Handeln des BPräs nicht auf Art. 59 I GG, sondern auf dessen allgemeine Repräsentations- und
Integrationsfunktion.
[38] Ebenso *Fastenrath* (Fn. 9), S. 212.

insbes. die Ratifikation, aber auch jede sonst auf den Abschluss des Vertrages gerichtete Erklärung.[39] Der BPräs handelt aber nicht selbst Verträge aus. Die Einleitung und Führung von Verhandlungen liegt in der Hand der BReg Wenn Regierungschef und Außenminister zu Einleitung und Führung von Vertragsverhandlungen als völkerrechtlich und staatsrechtlich ermächtigt angesehen werden,[40] darf nicht übersehen werden, dass die Vermutung des Art. 7 II WVRK durch den Wortlaut des Art. 59 I 2 widerlegt wird.[41] Die BReg bedarf daher, soweit das Repräsentationsmonopol des BPräs reicht, einer **Vollmacht** desselben (→ Rn. 12). Für Staatsverträge erteilt der BPräs idR auch eine gesonderte Verhandlungsvollmacht. Die BReg kann ihrerseits Untervollmachten erteilen. Nach § 11 II GOBReg dürfen Vertragsverhandlungen nur mit Zustimmung des Auswärtigen Amtes, auf sein Verlangen auch nur unter seiner Mitwirkung geführt werden.[42]

**15**     Die Wirksamkeit des völkerrechtlichen Vertrages hängt davon ab, ob die bevollmächtigten Verhandlungsführer zur Unterzeichnung des erarbeiteten Vertragstextes bevollmächtigt sind oder – was regelmäßig der Fall ist – nicht. In letzterem Fall folgt der Einigung über einen Vertragstext die **Paraphierung** (die Unterhändler setzen ihre Initialen unter den ausgehandelten Text). Erst mit der Unterzeichnung wird das Vertragsergebnis endgültig vereinbart. Damit wird die völkerrechtliche Wirksamkeit des Vertrages aber nur im sog. **einphasigen Verfahren** herbeigeführt. Im **zweiphasigen Verfahren,** dem alle Verträge, die gemäß Art. 59 II 1 der Zustimmung der gesetzgebenden Körperschaften bedürfen, unterliegen, erfolgt die Unterzeichnung unter Ratifikationsvorbehalt. Die **Ratifikation** besteht in der Erklärung gegenüber der anderen Partei, durch den Vertrag völkerrechtlich gebunden zu sein. Sie darf nicht mit der Zustimmung der gesetzgebenden Körperschaften gemäß Art. 59 II 1 verwechselt werden, die oft fälschlicherweise[43] als „Ratifikation" bezeichnet wird. Zur Gegenzeichnung → Rn. 19.

**16**     Gemäß Art. 59 I 3 nimmt der BPräs das aktive und passive **Gesandtschaftsrecht** des Bundes wahr. Er beglaubigt somit die deutschen Gesandten und nimmt die Beglaubigung der ausländischen Gesandten entgegen. Als Gesandte gelten dabei in der Praxis nur die höheren diplomatischen Vertreter, nicht z. B. Geschäftsträger oder Konsulatsbeamte, die beim Auswärtigen Amt oder Bundeskanzleramt akkreditiert werden.[44] Dies entspricht auch der Klassifizierung in Art. 14 I des Wiener Übereinkommens über diplomatische Beziehungen (WÜD).[45]

**17**     **3. Politische Erklärungen.** Der BPräs ist auch zur Abgabe öff. Erklärungen in auswärtigen Angelegenheiten berechtigt. Mangels rechtlicher Verbindlichkeit dieser Akte unterliegt er insoweit nicht der Pflicht zur Gegenzeichnung gemäß Art. 58,[46] sondern allein dem Gebot der **Organtreue**[47] (→ Rn. 19). Diese fordert aber nicht, dass der BPräs die Fassung geplanter Reden der BReg vorher zuleitet oder gar deren Zustimmung einholen muss.[48]

## II. Beschränkung auf bloße Kundgabe

**18**     Die umfassende Vertretungsbefugnis des BPräs ist lediglich formal und korrespondiert nicht mit einer entspr. materiellen Entscheidungsbefugnis. Er hat keinerlei Mitwirkungsrechte an der innerstaatl. Willensbildung. Dem BPräs obliegt lediglich, in einer gleichsam **„notariellen" Funktion,** die von anderen Bundesorganen getroffenen außenpolitischen Entscheidungen zu vollziehen. Eine Überprüfung unter politischen Gesichtspunkten, wie sie früher dem Reichspräsidenten zugestanden wurde, ist ihm versagt.[49] Er ist lediglich berechtigt und verpflichtet, zu prüfen, ob der ihm angesonnene Akt

---

[39] *Nettesheim,* in: Maunz/Dürig, Art. 59 (2020) Rn. 80; *Rojahn,* in: v. Münch/Kunig I, Art. 59 Rn. 14; *Kempen* MKS II, Art. 59 Rn. 22; *Heun,* in: Dreier II, Art. 59 Rn. 25.

[40] *Rojahn,* in: v. Münch/Kunig I, Art. 59 Rn. 13; *Mosler* FS Bilfinger, 1954, S. 280; *Ress* FS Doehring, 1989, S. 810.

[41] *Schweitzer/Dederer,* StaatsR III, Rn. 327. Zum Zusammenhang des Art. 59 I mit Art. 7 II lit. a, 46 WVRK vgl. *Kimminich,* AVR 26 (1988), 153 (157). S. auch → Fn. 2.

[42] S. dazu *Rojahn,* in: v. Münch/Kunig I, Art. 59 Rn. 13.

[43] Vgl. zu den (verständlichen) Gründen *Kempen* MKS II, Art. 59 Rn. 22.

[44] *Nettesheim,* in: Maunz/Dürig, Art. 59 (2020) Rn. 85; *Rojahn,* in: v. Münch/Kunig I, Art. 59 Rn. 15; *Kempen* MKS II, Art. 59 Rn. 24.

[45] BGBl II 1964, 959 (Sart. II, Nr. 325). Vgl. dazu *Verdroß/Simma* (Fn. 3), § 893.

[46] Insoweit ebenso *Fastenrath/Groh,* in: Friauf/Höfling, Art. 59 (2007) Rn. 31; *Jarass,* in: Jarass/Pieroth, Art. 59 Rn. 6; *Zuleeg* AK GG, Art. 59 Rn. 8. AA z. B. *Kempen* MKS, Art. 59 Rn. 11; *Bleckmann* (Fn. 2), S. 213 („jede politisch relevante Tätigkeit").

[47] Ebenso *Fastenrath/Groh,* in: Friauf/Höfling, Art. 59 (2007) Rn. 31; *Rojahn,* in: v. Münch/Kunig I, Art. 59 Rn. 11; *Calliess* HStR IV³, § 83 Rn. 18. Vgl. dazu *Schenke* BK, Art. 58 (1978) Rn. 16, 49. So wohl auch *A. Schulz,* Die Gegenzeichnung, 1978, S. 123.

[48] Vgl. dazu *Fastenrath* (Fn. 9), S. 212 ff., mit Darstellung des Streitstandes. Zutr. sieht *Herzog* FS Gebhard Müller, 1970, S. 117 (139), in der Abstimmung der Erklärungen des BPräs mit der BReg nicht die Erfüllung einer Verfassungspflicht, sondern ein Gebot der Klugheit.

[49] *Fastenrath/Groh,* in: Friauf/Höfling, Art. 59 (2007) Rn. 30; *Jarass,* in: Jarass/Pieroth, Art. 59 Rn. 7; *Kempen* MKS II, Art. 59 Rn. 10 f.; *Heun,* in: Dreier II, Art. 59 Rn. 21; *Hartwig,* in: Umbach/Clemens, GG, Art. 59 I Rn. 16 ff.; *Bernhardt* HStR VII¹, § 174 Rn. 8; *Grewe* HStR III¹, § 77 Rn. 40; *Fastenrath* (Fn. 9), S. 201 f. mwN;

formell und materiell der Verfassung entspricht.[50] Angesichts der im Bereich auswärtiger Gewalt eingeschränkten parlamentarischen Kontrolle (→ Rn. 20 ff.) ist dies aber nicht zu unterschätzen.[51] Ist ein Verfahren über die Verfassungsmäßigkeit des VertragsG beim BVerfG anhängig, so ist die Ratifikation durch den BPräs regelmäßig auszusetzen, um dieses Verfahren nicht zu „überspielen".[52]

Die fehlende materielle Entscheidungsbefugnis des BPräs folgt nicht aus der Richtlinienkompetenz **19** des BKanzlers (Art. 65),[53] da diese nur gegenüber den Mitgliedern der BReg, nicht aber gegenüber sonstigen Bundesorganen besteht,[54] sondern aus der allg. Stellung des BPräs. Entscheidend ist die **fehlende parlamentarische Verantwortlichkeit.**[55] Daher ist für alle Akte, die auf rechtliche Verbindlichkeit angelegt sind, die Gegenzeichnung gemäß Art. 58 nötig.[56] Dies gilt nicht für sonstige politische Erklärungen, die nur der Pflicht zur Organtreue unterliegen.[57]

## C. Beteiligung der gesetzgebenden Körperschaften des Bundes (Abs. 2 S. 1)

### I. Zweck der Vorschrift

Gemäß Art. 59 II 1 bedürfen Verträge, die die politischen Beziehungen des Bundes regeln oder sich **20** auf Gegenstände der Bundesgesetzgebung beziehen, der Zustimmung oder Mitwirkung der gesetzgebenden Körperschaften. Diese Beteiligung der Legislative ist somit nur dann erforderlich, wenn es sich um Vertragsabschlüsse bezüglich bestimmter Gegenstände handelt. Diese Vertragsabschlüsse müssen zur Sicherstellung dieser Beteiligung im zweiphasigen Verfahren (→ Rn. 15) erfolgen. Bevor auf die Details eingegangen wird, ist der **Zweck der Norm** als leitendes Auslegungskriterium[58] zu ermitteln.

Ein naheliegender Zweck erschließt sich bzgl. der Verträge, die sich auf Gegenstände der Bundes- **21** gesetzgebung beziehen. Dies sind nämlich Verträge, zu deren innerstaatl. Vollziehung ein Bundesgesetz erforderlich ist.[59] Damit übernehmen BPräs bzw. BReg aber durch den Abschluss des Vertrages für den Bund völkerrechtliche Verpflichtungen, deren Erfüllung nur die gesetzgebenden Körperschaften gewährleisten können. Um zu verhindern, dass die Exekutive völkerrechtliche Verpflichtungen eingeht, die später wegen Ablehnung des Vertragsinhalts durch BTag und/oder BRat innerstaatlich nicht erfüllt werden können, ist eine präventive Kontrolle durch diese Organe erforderlich **(Zweck der innerstaatlichen Vollzugssicherung).**[60] Dadurch wird zugleich eine Präjudizierung des Votums dieser Organe verhindert und ihre gesetzgeberische Entschließungsfreiheit gewahrt.[61] Hinzu tritt die Transformationsfunktion (bzw. Erteilung des Vollzugsbefehls) des ZustimmungsG (→ Rn. 60 ff.).

Dieses Argument greift freilich nicht hinsichtlich der Zustimmungsbedürftigkeit politischer Ver- **22** träge. Diese wird als ein Anwendungsfall der **allgemeinen parlamentarischen Kontrolle der Exekutive** im GG angesehen.[62]

---

Seidel, Der Bundespräsident als Träger der auswärtigen Gewalt, 1972, S. 153; *Geiger*, StaatsR III, S. 119; *Badura*, StaatsR, D Rn. 130 (S. 523).

[50] *Jarass*, in: Jarass/Pieroth, Art. 59 Rn. 7 entspr. den allg. Grundsätzen zum Prüfungsrecht des BPräs, vgl. *Pieroth*, in: Jarass/Pieroth, Art. 82 Rn. 3 (formelle Fehler sowie schwere und offensichtliche materielle Fehler); *Rojahn*, in: v. Münch/Kunig I, Art. 59 Rn. 8; *Heun*, in: Dreier II, Art. 59 Rn. 21; *Hartwig*, in: Umbach/Clemens, GG, Art. 59 I Rn. 17 f.; *Kunig* (Fn. 27), S. 107, Rn. 74; *Calliess* HStR IV, § 83 Rn. 18; *Bernhardt* HStR VII¹, § 174 Rn. 8; *Geiger*, StaatsR III, S. 119; *Fastenrath* (Fn. 9), S. 201. Krit. iE letztlich aber wohl ebenso *Kempen* MKS II, Art. 59 Rn. 12.

[51] Vgl. *Zuleeg* AK GG, Art. 59 Rn. 9.

[52] *Jarass*, in: Jarass/Pieroth, Art. 59 Rn. 7; *Heun*, in: Dreier II, Art. 59 Rn. 53; Vgl. BVerfGE 36, 1 (15) und die Praxis hinsichtlich des Maastricht-Vertrags, BVerfGE 89, 155 (164 f.).

[53] So aber *Doehring*, StaatsR, S. 216 f., *Nettesheim*, in: Maunz/Dürig, Art. 59 (2020) Rn. 52, mit der Begründung, dass die Tragweite des Art. 65 übermäßig reduziert werden würde; wohl auch *Rojahn*, in: v. Münch/Kunig I, Art. 59 Rn. 11.

[54] *Fastenrath* (Fn. 9), S. 200 mwN; *Kempen* MKS II, Art. 59 Rn. 10. AA offenbar BVerfGE 1, 372 (394).

[55] *Rojahn*, in: v. Münch/Kunig I, Art. 59 Rn. 8 mwN.

[56] Zutr. *Pieroth*, in: Jarass/Pieroth, Art. 58 Rn. 2; *Kempen* MKS II, Art. 59 Rn. 10.

[57] S. → Rn. 17; *Rojahn*, in: v. Münch/Kunig I, Art. 59 Rn. 11 mwN; aA noch *Rojahn*, in: v. Münch II, 2. Aufl. 1983, Art. 59 Rn. 7: „Das Erfordernis der Gegenzeichnung gilt für alle Amtshandlungen, denen außenpolitische Bedeutung zukommt, z. B. auch für Reden (Neujahrsansprachen)".

[58] Ebenso *Rojahn*, in: v. Münch/Kunig I, Art. 59 Rn. 19 ff.

[59] BVerfGE 1, 372 (388 f.). S. dazu → Rn. 31 ff.

[60] BVerfGE 1, 372 (390); *Fastenrath/Groh*, in: Friauf/Höfling, Art. 59 (2007) Rn. 53; *Nettesheim*, in: Maunz/Dürig, Art. 59 (2020) Rn. 93; *Rojahn*, in: v. Münch/Kunig I, Art. 59 (2007) Rn. 24; *Kempen* MKS II, Art. 59 Rn. 37; vgl. auch *Kokott* FS Doehring, 1989, S. 511; *Warg* Jura 2002, 806 (807).

[61] *Rojahn* in: v. Münch/Kunig I, Art. 59 Rn. 24; zum dreifachen Sinn Vertragserfüllung, Gesetzesvorbehalt, Entscheidungsfreiheit *Kempen* MKS II, Art. 59 Rn. 37, 65.

[62] *Rauschning* BK, Art. 59 (2009) Rn. 71 spricht von Vorbehalt des Gesetzes; *Nettesheim*, in: Maunz/Dürig, Art. 59 (2020) Rn. 94; *Rojahn*, in: v. Münch/Kunig I, Art. 59 Rn. 30; *Kempen* MKS II, Art. 59 Rn. 38; *Bayer*, Die Aufhebung völkerrechtlicher Verträge im deutschen parlamentarischen Regierungssystem, 1969, S. 111, 106 mwN. Die Beteiligung der gesetzgebenden Körperschaften (Parlamente, in föderalen Staaten auch der entsprechenden Kammern) vor Abschluss wichtiger völkerrechtlicher Verträge gehört heute in materiellen Verfassungsstaaten (mit

23     Umfang und Intensität dieser Kontrolle sind allerdings umstritten. Dieser Streit betrifft auch den Inhalt des Beteiligungsrechts der Legislative überhaupt und wird häufig mit der grundsätzlichen Frage verknüpft, wer hinsichtlich der Organkompetenz als **Träger der auswärtigen Gewalt** unter dem GG anzusehen sei.[63]

24     Obwohl das BVerfG bereits von „den Trägern der auswärtigen Gewalt" gesprochen hat,[64] worin eine zumindest verbale Annäherung an die These von der „kombinierten Gewalt" (→ Rn. 25) gesehen werden könnte,[65] geht es doch deutlich davon aus, dass die auswärtige Gewalt grds. der Exekutive und damit der BReg zusteht, weshalb es Art. 59 II als **„Durchbrechung des Gewaltenteilungssystems"** ansieht mit der Folge, dass diese Norm sehr eng ausgelegt wird.[66] Entschieden tritt das BVerfG der Ansicht entgegen, dass die Organisation der Demokratie des GG auf einem umfass. Parlamentsvorbehalt für alle weittragenden Entscheidungen beruhe und dass der Exekutive wegen einer etwaigen minderen demokrat. Legitimation solche Entscheidungen nicht ohne unmittelbare parl. Kontrolle übertragen werden dürften. Auch die Exekutive, und innerhalb ihres Bereiches besonders die BReg, sei als „politische" Gewalt ausgestaltet und nicht etwa von vornherein auf politisch weniger bedeutsame Entscheidungen beschränkt. Die Staatsgewalt in allen ihren Funktionen sei nach dem GG, wenn auch in unterschiedlicher Weise, demokratisch konstituiert und legitimiert und auf dieser Grundlage sei Gewaltenteilung organisiert. Es sei daher keineswegs ein Defizit an Demokratie, wenn die Exekutive im Bereich der auswärtigen Angelegenheiten auch ausschließliche Befugnisse zu weittragenden, u. U. existentiellen Entscheidungen besitze. Deshalb seien mit dieser Kompetenzverteilung allfällig verbundene politische Risiken von Verfassungs wegen hinzunehmen.[67]

25     Diese Ansicht des BVerfG wird von einem Teil der Lehre unterstützt,[68] erfährt aber auch grundsätzliche Kritik. Die Gegenmeinung kommt zu dem Ergebnis, dass eine Eigenart der auswärtigen Gewalt im modernen Staat gerade darin bestehe, dass sie zwei Funktionsträger habe – die Exekutive und die Legislative – und sich mithin als eine **„kombinierte Gewalt"** darstelle.[69] Gerade Art. 59 II zeige, dass die auswärtige Gewalt der Exekutive und der Legislative „zur gesamten Hand" zugeordnet sei.[70] Nach dieser Ansicht ist eine extensive Auslegung des parlamentarischen Beteiligungsrechts geboten.[71]

26     Beide Ansichten berufen sich auf die im GG vorgenommene Gewaltenteilung, bestimmen diese aber zur auswärtigen Gewalt bisweilen zu sehr aus abstrakten Prinzipien und zu wenig aus der Ratio des Art. 59 II.[72] Geboten ist eine Lösung, die einerseits den tatsächlichen Besonderheiten funktionsgerechter Wahrnehmung auswärtiger Beziehungen, andererseits dem zwar anhand anderer Materien und spezifisch für die Gesetzgebung entwickelten, in auswärtigen Angelegenheiten aber keineswegs auszublendenden Gebot parl. Verantwortung für die wesentlichen Grundentscheidungen des Staates (**„Wesentlichkeitstheorie"**)[73] Rechnung trägt.[74]

---

Unterschieden in der Form der Beteiligung) zum Gemeingut, vgl. *Weber,* in: Umbach/Clemens, GG, Art. 59 II Rn. 33 mwN.

[63] *Rojahn,* in: v. Münch/Kunig I, Art. 59 Rn. 19; *Kempen* MKS II, Art. 59 Rn. 31 ff.; *Grewe* HStR III[1], § 77 Rn. 41 ff.; *Warg* Jura 2002, 806 (807 ff.). Vgl. Streitstand bei *Heun,* in: Dreier II, Art. 59 Rn. 15 ff.; vgl. auch → Art. 32 Rn. 3 ff.

[64] BVerfGE 40, 141 (178 f.).

[65] *Kokott,* FS Doehring, 1989, S. 509; vgl. auch *Rojahn,* in: v. Münch/Kunig I, Art. 59 Rn. 20.

[66] StRspr seit BVerfGE 1, 351 (369); 1, 372 (394); s. insbes. BVerfGE 68, 1 (83 ff.), wenngleich *Mahrenholz* in seiner abwM (ebda S. 111 ff., 129) der Ansicht ist, der Senat habe zu Recht eine Regel-Ausnahme-Interpretation, wie sie noch BVerfGE 1, 372 (394) zugrunde gelegen habe, verworfen; dies ist aber aus dem Urteil nicht ersichtlich; dass Art. 59 II „abweichend vom Grundsatz der Gewaltengliederung, nach dem die Außenpolitik eine Funktion der Regierung ist ..., den Gesetzgebungsorganen ein Mitwirkungsrecht im Bereich der Exekutive einräumt", wird unter Hinweis auf BVerfGE 1, 372 (394) bestätigt in BVerfGE 90, 286 (357). Vgl. auch BVerfGE 104, 151 (207), 131, 152 (195 f.) und zuletzt BVerfG NVwZ 2017, 137 (143) Rn. 128 ff. S. dazu *Sachs* JuS 2017, 185. Zum anders bewerteten wehrverfassungsrechtlichen Parlamentsvorbehalt und zur Kontrolle via treaty override → Rn. 27.

[67] BVerfGE 68, 1 (89).

[68] Vgl. insbes. *Grewe* HStR III[1], § 77 Rn. 46 ff. mwN.

[69] Vgl. insbes. *Menzel* VVDStRL 12 (1954), 197; ebenso *Jarass,* in: Jarass/Pieroth, Art. 59 Rn. 8 und *Wolfrum* VVDStRL 56 (1997), 40.

[70] *Friesenhahn* VVDStRL 12 (1954), 187, 197.

[71] *Menzel* VVDStRL 12 (1954), 187, 197; *Friesenhahn* VVDStRL 16 (1958), 38 ff.

[72] Krit. zur „hM" des BVerfG *Kokott* FS Doehring, 1989, S. 509 ff.; *Warg* Jura 2002, 806 (809); zutreffende Methodenkritik in der abwM von *Mahrenholz* BVerfGE 68, 1/111 (129); krit. zum Dogma der „Demokratisierung" *Grewe* HStR III[1], § 77 Rn. 48.

[73] Vgl. BVerfGE 48, 89 (126 f.).

[74] Vgl. für das amerik. VerfassungsR *Alexander Hamilton,* Nr. 75 der Federalist Papers, in: Hamilton in the Federalist Papers, Hamilton, Madison, Jay, 1961, S. 449 ff., 451; dazu *Kokott* FS Doehring, 1989, S. 508 f. Ebenso iE (bei unterschiedl. Akzenten) *Fastenrath/Groh,* in: Friauf/Höfling, Art. 59 (2007) Rn. 12; *Kempen* MKS II, Art. 59 Rn. 36; *Heun,* in: Dreier II, Art. 59 Rn. 16 ff.; *Rojahn,* in: v. Münch/Kunig I, Art. 59 Rn. 21 f.; *Weber,* in: Umbach/Clemens, GG, Art. 59 II Rn. 41.

Danach trifft die Aussage des BVerfG durchaus zu, „dass institutionell und auf Dauer typischer- 27
weise allein die Regierung in hinreichendem Maße über die personellen, sachlichen und organisatorischen Möglichkeiten verfügt, auf wechselnde äußere Lagen zügig und sachgerecht zu reagieren und so die staatliche Aufgabe, die auswärtigen Angelegenheiten verantwortlich wahrzunehmen, bestmöglich zu erfüllen",[75] weshalb der Schwerpunkt der auswärtigen Gewalt zu Recht bei der BReg liegt.[76] Dies rechtfertigt es aber nicht, in einer weiten Auslegung des sachlichen Anwendungsbereichs des Art. 59 II, ggf. auch einer Erstreckung auf nichtvertragliche Akte der BReg, einen „Einbruch in zentrale Gestaltungsbereiche der Exekutive" zu sehen, der unzulässig sei, weil er in weitem Umfang politische Macht zu Lasten der Exekutive auf den BTag in einem Handlungsbereich verlagere, „der funktionell betrachtet nicht Gesetzgebung im Sinne des Art. 20 II 2 GG darstellt".[77] Dass dieser Gesichtspunkt der Gesetzgebung allein nicht ausschlaggebend sein kann, erkennt das BVerfG im Somalia-Urteil, wenn es für den militärischen Einsatz von Streitkräften in jedem Einzelfall die Einholung der – grds. vorherigen – konstitutiven Zustimmung des BTag verlangt.[78] In dieser Anordnung des sog. wehrverfassungsrechtlichen **Parlamentsvorbehalts** (dazu → Art. 24 Rn. 76 ff.) liegt eine zutreffende Aktivierung der sog. „Wesentlichkeitstheorie",[79] wenngleich das BVerfG diesen Gesichtspunkt nicht aufgreift, sondern den Parlamentsvorbehalt für den Streitkräfteeinsatz aus den Bestimmungen der Wehrverfassung ableitet[80] und früher die Möglichkeit einer Einschränkung des Gedankens, dass der Gesetzgeber alle wesentlichen Entscheidungen selbst zu treffen hat, im Rahmen des Art. 59 II ausdrücklich offengelassen hatte.[81] In den neueren Urteilen zum „parlamentsfreundlich" auszulegenden *wehrverfassungsrechtlichen* Parlamentsvorbehalt spricht das BVerfG ausdrücklich vom „Entscheidungsverbund" von Parlament und Regierung, der „keine Durchbrechung der alleinigen Verantwortung der Exekutive im auswärtigen Bereich", sondern „vielmehr ein prägender Teil der grundgesetzlichen Gewaltenteilung" sei.[82] Die Rechtsstellung des BTag wurde auch dadurch verstärkt, dass ihm unter Berufung auf das Demokratieprinzip (Art. 20 Abs. 1 und 2) und das durch Art. 59 Abs. 1 S. 1 vermittelte hinreichende Legitimationsniveau die Entscheidungsfreiheit zuerkannt wurde, völkerrechtlichen Verträgen widersprechende Gesetze zu erlassen.[83]

**Konkrete Folgen** hat dies für die Anwendung des Art. 59 II auf einseitige Akte (→ Rn. 41 ff.). 28

## II. Beschränkungen des Anwendungsbereichs

**1. Beschränkung hinsichtlich bestimmter Vertragsgegenstände.** Nicht alle Verträge bedürfen 29
der Beteiligung der gesetzgebenden Körperschaften, sondern nur Verträge, die die politischen Beziehungen des Bundes regeln oder sich auf Gegenstände der Bundesgesetzgebung beziehen. Beide Voraussetzungen können auch zusammentreffen.[84] Der **Begriff der „politischen Beziehungen"** ist eng auszulegen, da im Grunde jeder völkerrechtl. Vertrag irgendwie die politischen Beziehungen berührt und somit das Kriterium konturenlos und Art. 59 II 1 2. Alt. überflüssig würde. Die Beteiligung des Parlaments ist auch nur an den Grundentscheidungen der Staatsleitung geboten. Es muss sich somit um Verträge handeln, die „die Existenz des Staates, seine territoriale Integrität, seine Unabhängigkeit, seine Stellung oder sein maßgebliches Gewicht in der Staatengemeinschaft" berühren; dazu gehören namentlich „Verträge, die darauf gerichtet sind, die Machtstellung eines Staates anderen Staaten gegenüber zu behaupten, zu befestigen oder zu erweitern", also z.B. „Bündnisse, Garantiepakte, Abkommen über politische Zusammenarbeit, Friedens-, Nichtangriffs-, Neutralitäts-

---

[75] BVerfGE 68, 1 (87).

[76] So neben den in Fn. 72 genannten auch z.B. *Fastenrath* (Fn. 9), S. 215; *Lubig* JA 2005, 143 (144 f.), und *Stern,* StaatsR I, S. 499 als Vertreter der „kombinierten Gewalt".

[77] So aber BVerfGE 68, 1 (87).

[78] BVerfGE 90, 286 (381) und LS 3a. Bestätigt im AWACS/Türkei-Urteil, BVerfG NJW 2008, 2018 (2022): Wenn und soweit dem GG eine Zuständigkeit des BTag in Form eines wehrverfassungsrechtl. Mitentscheidungsrechts entnommen werden kann, bestehe gerade kein eigenverantwortl. Entscheidungsraum der BReg Eigenverantwortl., dh letztlich verfassungsgerichtl. Überprüfung entzogene Abgrenzungen der Kompetenzräume der in Art. 20 II 2 GG genannten Gewalten ließen sich nicht einem apriorischen Gewaltenteilungskonzept entnehmen. Vgl. dazu *E. Klein* FS Tomuschat, 2008, S. 157 (168 ff.).

[79] Dafür bereits *Kokott* FS Doehring, 1989, S. 510 f.

[80] BVerfGE 90, 286 (381 ff.). Zum Problem der Ausschaltung des BRat vgl. *Giegerich* ZaöRV 57 (1997), 506 f. S. a. → Art. 24 Rn. 76 ff.

[81] BVerfGE 77, 170 (230 f.).

[82] BVerfGE 140, 160 Rn. 70, 83. Vgl. auch bereits BVerfGE 121, 135 (162 f.). Vgl. dazu *Kleinlein* AöR 2017, 43 ff.

[83] BVerfGE 141, 1 Rn. 53 ff. (Treaty override; s. dazu → Rn. 64a). Ein weiteres Argument ist, dass der BTag nicht für die Kündigung völkerrechtlicher Verträge zuständig ist (→ Rn. 46). Zur dadurch bewirkten Gewichtsverschiebung zwischen BReg und BTag s. *Funke* DÖV 2016, 838 f.

[84] *Rojahn,* in: v. Münch/Kunig I, Art. 59 Rn. 23 aE; *Kempen* MKS II, Art. 59 Rn. 65; *Nettesheim,* in: Maunz/ Dürig, Art. 59 (2020) Rn. 103; nach *Maunz,* in: Maunz/Dürig, Art. 59 (Erstbearb.) Rn. 14, schließen sich beide Begriffe aus, gleichwohl kann ein Vertrag beide Kriterien erfüllen.

und Abrüstungsverträge, Schiedsverträge"[85] (sog. **„hochpolitische Verträge")**.[86] Eine Regelung liegt vor, wenn der Vertrag die politische Gestaltung der Beziehungen beabsichtigt.[87] Die politische Dimension muss Inhalt und Zweck des Vertrages sein. Es genügt nicht, wenn sie sich als Nebenwirkung eines anderen Vertrages ergibt.[88]

30    Die **Abgrenzung** *in concreto* ist aber keineswegs unprobl., wenn zB angenommen wird, dass Verträge über Waffenlieferungen idR nicht darunter fielen, weil sie für die BRD nicht von wesentlicher Bedeutung seien.[89] Daher ist es geboten, den pol. Charakter eines Vertrages letztlich *„im Einzelfall unter Berücksichtigung der besonderen Umstände und konkreten politischen Situation der Bundesrepublik und ihrer Vertragspartner"* festzustellen.[90]

31    Ein Bezug zu **Gegenständen der Bundesgesetzgebung** ist dann gegeben, wenn für die innerstaatl. Umsetzung des Vertrages „im konkreten Fall"[91] ein Gesetz nötig ist. Wie Entstehungsgeschichte und Stellung der Norm (Gegensatz zur Bundesverwaltung, Art. 59 II 2) ergeben, stellt Art. 59 II 1 nicht auf die Gesetzgebungskompetenz des Bundes im Gegensatz zu der der Länder ab, sondern auf die **Abgrenzung zwischen Gesetzgebung und Verwaltung.**[92]

32    Ob zur innerstaatlichen Durchführung eines völkerrechtlichen Vertrages ein **Gesetz erforderlich** ist, bestimmt sich nach den Verfassungsgrundsätzen der Gewaltenteilung und des Rechtsstaates. Wegen des Vorbehalts des Gesetzes (→ Art. 20 Rn. 113 ff.) bedürfen Verträge, deren Bestimmungen unmittelbar Rechte und Pflichten für den Staatsbürger begründen, abändern oder aufheben sollen (sog. *„selfexecuting"*-Verträge; vgl. dazu → Rn. 66, 68 f.), der Zustimmung durch ein ParlamentsG, aber auch nicht unmittelbar anwendungsfähige *(„non-self-executing")* Verträge, die den Bund zu einer bestimmten Gesetzgebung verpflichten, diese aber nur in Umrissen festlegen und dem Bund die detaillierte Ausführung überlassen.[93]

33    Da es um den Gegensatz zwischen Gesetzgebung und Verwaltung geht (→ Rn. 31), bedürfen in diesen Fällen auch völkerrechtliche Verträge, die der Bund über Gegenstände der **Landesgesetzgebung** abschließt (→ Art. 32 Rn. 31 ff.), eines Bundesgesetzes.[94]

34    Ein Gesetz ist auch erforderlich, wenn der Vertrag zu finanziellen Belastungen führt, es sei denn, deren Berücksichtigung im Haushaltsplan ist unproblematisch.[95] Denn entscheidend ist nicht der materiell-rechtliche Charakter des Gesetzes, sondern die Wahrung der Entscheidungsfreiheit der gesetzgebenden Organe. Das **Haushaltsrecht** gehört aber zu den wichtigsten Funktionen des Parlaments.

35    Strittig ist das Erfordernis eines Gesetzes bei sog. **Parallelverträgen.** Darunter versteht man Verträge, zu deren Erfüllung ein Gesetz notwendig ist, das unabhängig vom Vertrag bereits existiert. Damit stellt sich in der Praxis die Frage, ob die Notwendigkeit der Vertragserfüllung durch Gesetz konkret oder abstrakt zu prüfen ist.[96] Wegen der Aussage, entscheidend sei, „ob im konkreten Fall ein Vollzugsakt unter Mitwirkung der gesetzgebenden Körperschaften erforderlich ist",[97] wird dem BVerfG eine „konkrete Theorie" zugeschrieben.[98] Ob dieser Satz so verallgemeinert werden darf, ist ua wegen der besatzungsrechtl. Besonderheiten des entschiedenen Falles allerdings fraglich. Wenngleich das Argument

---

[85] BVerfGE 1, 372 (381); zul. bestätigt in BVerfGE 90, 286 (359).

[86] Einzelheiten bei *Rojahn*, in: v. Münch/Kunig I, Art. 59 Rn. 23; *Kempen* MKS II, Art. 59 Rn. 63.

[87] BVerfGE 1, 372 (383); *Rojahn*, in: v. Münch/Kunig I, Art. 59 Rn. 23; *Zuleeg* AK GG, Art. 59 Rn. 24.

[88] *Schweitzer/Dederer*, StaatsR III, Rn. 372.

[89] *Rojahn*, in: v. Münch II, 2. Aufl. 1983, Art. 59 Rn. 23 mwN.

[90] BVerfGE 1, 372 (383). Das BVerfG hat in drei Fällen die Einordnung als „politischer Vertrag" iSv Art. 59 II abgelehnt. Hinsichtlich des Petersberger Abkommens geschah dies nicht wegen des Vertragsinhalts, sondern wegen des Vertragspartners, der Alliierten Hohen Kommission, die der BRD nicht wie ein auswärtiger Staat gegenüberstehe; eine analoge Anwendung des Art. 59 II auf Abmachungen mit den Besatzungsmächten komme nicht in Frage – BVerfGE 1, 351 (366 ff.). Besonderheiten des Besatzungsrechts bestimmten auch die Entscheidung zum deutschfranzösischen Wirtschaftsabkommen – vgl. BVerfGE 1, 372 (384 f.). In BVerfGE 2, 347 – Kehler Hafen-Abkommen – war entscheidend, dass der Vertrag nicht im Namen des Bundes geschlossen wurde (vgl. ebda, S. 371 f.). Vgl. auch *Rojahn*, in: v. Münch/Kunig I, Art. 59 Rn. 23; *Fastenrath/Groh*, in: Friauf/Höfling, Art. 59 (2007) Rn. 59.

[91] So BVerfGE 1, 372 (388). S. zu dem damit verbundenen Problem → Rn. 35.

[92] BVerfGE 1, 372 (388 ff.); *Jarass*, in: Jarass/Pieroth, Art. 59 Rn. 13; *Nettesheim*, in: Maunz/Dürig, Art. 59 (2020) Rn. 106; *Kempen* MKS II, Art. 59 Rn. 66; *Heun*, in: Dreier II, Art. 59 Rn. 31; *Rojahn*, in: v. Münch/Kunig I, Art. 59 Rn. 24; *Rudolf*, Völkerrecht und deutsches Recht, 1967, S. 193; *Schweitzer/Dederer*, StaatsR III, Rn. 376.

[93] *Kempen* MKS II, Art. 59 Rn. 67; *Heun*, in: Dreier II, Art. 59 Rn. 31; vgl. auch *Rojahn*, in: v. Münch/Kunig I, Art. 59 Rn. 33; einschr. *Fastenrath/Groh*, in: Friauf/Höfling, Art. 59 (2007) Rn. 61.

[94] *Schweitzer/Dederer*, StaatsR III, Rn. 380; *Jarass*, in: Jarass/Pieroth, Art. 59 Rn. 13; *Zuleeg* AK GG, Art. 59 Rn. 27. IE ebenso *Kempen* MKS II, Art. 59 Rn. 70; ebenso *Heun*, in: Dreier II, Art. 59 Rn. 31 AA *Pernice*, in: Dreier II, 2. Aufl. 2006, Art. 59 Rn. 31. Nach *Kunig* (Fn. 27), S. 116, Rn. 95 ist insoweit ein VertragsG nur bei politischen Verträgen erforderlich.

[95] *Jarass*, in: Jarass/Pieroth, Art. 59 Rn. 13a; *Kempen* MKS II, Art. 59 Rn. 72; *Heun*, in: Dreier II, Art. 59 Rn. 33; *Fastenrath/Groh*, in: Friauf/Höfling, Art. 59 (2007) Rn. 62; *Bernhardt* HStR VII[1], § 174 Rn. 15; *Fastenrath* (Fn. 9), S. 224 ff.

[96] *Schweitzer/Dederer*, StaatsR III, Rn. 384.

[97] BVerfGE 1, 372 (388).

[98] Vgl. *Fastenrath* (Fn. 9), S. 222; *Schweitzer/Dederer*, StaatsR III, Rn. 385.

der Vollzugssicherung entfällt,[99] ist entscheidend, dass mit dem Vertrag die bestehende Rechtslage festgeschrieben wird und die Legislative sie nur unter Verstoß gegen völkerrechtl. Pflichten ändern könnte, also eine Bindung der Gesetzgebung bewirkt wird, an der sie beteiligt werden soll.[100] Deren Mitwirkung soll ferner nicht davon abhängen, ob zufällig schon paralleles innerstaatl. Recht existiert oder nicht, zumal nicht immer leicht festzustellen ist, ob dieses dem Vertrag wirklich entspricht.[101] Daher werden in der Praxis zu Recht auch bei sog. Parallelverträgen Vertragsgesetze erlassen.[102]

Str. ist, ob die Beteiligung der Legislative notwendig ist, wenn die Umsetzung des Vertrages durch **36** eine RVO erfolgen kann, zu der die BReg gemäß Art. 80 I ermächtigt wurde. Es liegt dann ein sog. **normatives Verwaltungsabkommen** vor.[103] Nach der Rspr. des BVerfG ist die Beteiligung nicht nötig.[104] Da die BReg die Verpflichtung selbst umsetzen kann,[105] ist dem unter dem Gesichtspunkt der Vollzugssicherung (dh wenn der Vertrag zugleich die polit. Beziehungen des Bundes regelt) für die Fälle zuzustimmen, in denen die Verordnungsermächtigung zumindest nach dem mutmaßlichen Willen des Gesetzgebers[106] die Befugnis zum Abschluss eines Vertrages beinhaltet. Letzteres ist zu fordern, weil wegen der völkerrechtlichen Bindung die Gestaltungsfreiheit der Legislative auch für die Zukunft eingeschränkt wird.

Anders beurteilt das BVerfG den Fall, dass die **Rechtsverordnung** der **Zustimmung eines Legis-** **37** **lativorgans,** insbes. des BRat nach Art. 80 II, bedarf, da eben wegen dieser notwendigen Beteiligung ein Gegenstand des Bundesgesetzgebung vorliege.[107] Diese Ansicht befremdet, da der BTag den Vertrag zustimmen müsste, obgleich er die BReg zu solchen Maßnahmen bereits ermächtigt hat, und die Vertragsgewalt der BReg stärker eingeschränkt wäre als ihr Verordnungsrecht.[108] Dafür spricht allerdings der Gesichtspunkt der Vollzugssicherung; jedoch ist das Erfordernis eines Gesetzes dann, wenn nur der BRat zustimmen müsste, insoweit überschießend. Daher genügt es, wenn in analoger Anwendung des Art. 80 II vor Abschluss des völkerrechtlichen Vertrages die Zustimmung des BRat eingeholt wird.[109]

**2. Beschränkungen hinsichtlich des Vertragsschlusses.** Nach dem Wortlaut des Art. 59 II 1 **38** sind die gesetzgebenden Körperschaften nur bei **Verträgen,** also zwei- oder mehrseitigen Verpflichtungen, wobei Form (auch mündliche Verträge[110]) und Regelungsgegenstand unerheblich sind,[111] zu beteiligen. Dazu können auch Organ- bzw. Kollektivakte internationaler Vertragsgemeinschaften gehören, wenn sie **zugleich** Verträge der Mitgliedstaaten darstellen, wobei besondere Anhaltspunkte für diese Doppelfunktion vorliegen müssen.[112] Dies ist zB bei den sog. **gemischten Abkommen** der EU[113] der Fall. Unstreitig bedarf auch eine **Vertragsänderung** der Zustimmung, die für sich gesehen eines Vertragsgesetzes bedarf oder eine Bestimmung des ursprünglichen Vertrages betrifft, auf die dies zutraf.[114] Umstr. ist dagegen das Erfordernis einer Beteiligung der gesetzgebenden Körperschaften bei

[99] Vgl. *Rojahn,* in: v. Münch/Kunig I, Art. 59 Rn. 39.

[100] Vgl. *Bernhardt* FG BVerfG II, 1976, S. 181; *Rojahn,* in: v. Münch/Kunig I, Art. 59 Rn. 39; *Steinberger,* in: Mußgnug (Hrsg.), Rechtsentwicklung unter dem Bonner GG, 1990, S. 119, Fn. 51; *Zuleeg* AK GG, Art. 59 Rn. 29 mwN.

[101] *Bleckmann* (Fn. 2), S. 221.

[102] Vgl. *Härle* JIR 12 (1965), 99, 101; *Regehr,* Die völkerrechtliche Vertragspraxis in der Bundesrepublik Deutschland, Diss. München 1974, S. 106 ff.; *Schweitzer/Dederer,* StaatsR III, Rn. 385 mwN. Zustimmend *Kempen* MKS II, Art. 59 Rn. 71; *Heun,* in: Dreier II, Art. 59 Rn. 34; *Rojahn,* in: v. Münch/Kunig I, Art. 59 Rn. 62; *Calliess* HStR IV, § 83 Rn. 28.

[103] *Jarass,* in: Jarass/Pieroth, Art. 59 Rn. 14 mwN.

[104] Vgl. BVerfGE 1, 372 (393); *Jarass* DÖV 1977, 122 f.

[105] *Rudolf* (Fn. 92), S. 198 f.

[106] So *Nettesheim,* in: Maunz/Dürig, Art. 59 (2020) Rn. 141; *Kempen* MKS II, Art. 59 Rn. 68; *Rojahn,* in: v. Münch/Kunig I, Art. 59 Rn. 67 aA A. *Fastenrath* (Fn. 9), S. 220. Nach *Fastenrath/Groh,* in: Friauf/Höfling, Art. 59 (2007) Rn. 63, muss angesichts der zunehmenden internationalen Verflechtung der Gesetzgeber heute stets damit rechnen, dass von einer allgemeinen Verordnungsermächtigung auch durch den Abschluss eines völkerrechtlichen Vertrages Gebrauch gemacht wird; wolle er dies vermeiden, müsse er daher die Ermächtigung ausdrücklich beschränken.

[107] Vgl. BVerfGE 1, 372 (390).

[108] Abl. daher *Rudolf* (Fn. 92), S. 196; *Fastenrath* (Fn. 9), S. 221; iE *Jarass,* in: Jarass/Pieroth, Art. 59 Rn. 14; *Zuleeg* AK GG, Art. 59 Rn. 28; *Heun,* in: Dreier II, Art. 59 Rn. 32.

[109] Ebenso *Bleckmann* (Fn. 2), S. 221; *Zuleeg* AK GG, Art. 59 Rn. 28. *Fastenrath/Groh,* in: Friauf/Höfling, Art. 59 (2007) Rn. 63. Zur entsprech. Lösung bei Verwaltungsabkommen hinsichtl. Art. 84 II und Art. 85 II 1 s. → Rn. 81.

[110] Die Definition in Art. 2 I lit. a WVRK (Fn. 2), die die Schriftform voraussetzt, bezieht sich allein auf deren Anwendungsbereich, vgl. *Schweitzer/Dederer,* StaatsR III, Rn. 287 f.

[111] Vgl. BVerfGE 90, 286 (359); *Rojahn,* in: v. Münch/Kunig I, Art. 59 Rn. 3.

[112] BVerfGE 68, 1 (82).

[113] Vgl. dazu *Streinz,* Europarecht, 11. Aufl. 2019, Rn. 537 ff. Zu gemischten Abkommen der EU nach dem Vertrag von Lissabon vgl. *Mögele,* in: Streinz, EUV/AEUV, Art. 216 AEUV, Rn. 42 ff. Zur Erforderlichkeit eines gemischten Abkommens vgl. zuletzt EuGH, Gutachten 2/15 – Singapur-Abkommen. S. dazu *Streinz,* JuS 2018, 184. Zur Beteiligung des BTag *v. Arnauld* AöR 2016, 268 ff.; *Grzeszick/Hettche* AöR 2016, 225 ff.

[114] *Schweitzer/Dederer,* StaatsR III, Rn. 446. Vgl. BVerfGE 90, 286 (361). Zur Abgrenzung von Vertragsfortentwicklungen, für die keine parlamentarische Zustimmung gem. Art. 59 II GG erforderlich ist, vgl. BVerfGE 104, 126 (209) und BVerfGE 118, 244 (262 ff.) und dazu *Murswiek* NVwZ 2007, 1130 (1131 ff.); *Fastenrath* JZ 2008, 94.

allen anderen Vertragsänderungen sowie die Frage, ob Art. 59 II 1 auch auf bestimmte unverbindliche Maßnahmen und einseitig verpflichtende Akte erstreckt werden soll.

**39**     Die **Änderung** aller zustimmungsbedürftigen Verträge bedarf ihrerseits der Zustimmung, weil nur so die Kontrollfunktion der gesetzgebenden Körperschaften über den Vertrag als Ganzes gewahrt bleibt und missbräuchliche Aufspaltungen des Vertrages verhindert werden.[115]

**40**     In den internationalen Beziehungen sind neben den Vertrag neuartige Formen einer „apokryphen internationalen Rechtssetzung"[116] getreten, die sich nicht ohne weiteres in das hergebrachte Rechtsquellenschema einordnen lassen und deren Rechtscharakter zumindest fraglich ist. Gleichwohl entfaltet solches „**soft law**", wie z. B. die KSZE-Schlussakte von Helsinki bewiesen hat, praktische Wirkungen, die denen völkerrechtlicher Verträge oft nicht nachstehen. Trotzdem würde es zu weit gehen, Art. 59 II 1 allein wegen der „Wesentlichkeit" solcher Tatbestände darauf zu erstrecken.[117] In Zweifelsfällen ist allerdings zu prüfen, ob nicht doch ein völkerrechtlicher Vertrag vorliegt.[118]

**41**     Umstritten und durchaus diskutabel ist dagegen die Erstreckung des Art. 59 II 1 auf sog. **einseitige Rechtsgeschäfte**.[119] Während eine pauschale Bejahung ohne Begründung für jedes einzelne Rechtsinstitut angesichts des Wortlautes der Vorschrift nicht in Frage kommt, entspricht auch eine pauschale Verneinung mit dem bloßen Hinweis auf eben diesen Wortlaut nicht dem Zweck der Beteiligung der gesetzgebenden Körperschaften. Dieser erfordert vielmehr eine differenzierende Lösung.[120]

**42**     Unstreitig unter Art. 59 II 1 fällt der **Beitritt** zu einem völkerrechtlichen Vertrag, da dieser dem Vertragsschluss gleichkommt.[121]

**43**     Um den Zwecken des Art. 59 II 1 (→ Rn. 21 f.) zu genügen, ist die Vorschrift aber auf **alle einseitigen Akte** zu erstrecken, die **völkerrechtliche Bindungen erzeugen**.[122] Dazu gehört die Erklärung (und ggf. die Annahme) von **Vorbehalten** zu völkerrechtlichen Verträgen, was schon deshalb geboten ist, um Umgehungsmöglichkeiten auszuschließen.[123] In der Praxis versuchte man das Problem dadurch zu lösen, dass bei der Erklärung von Vorbehalten diese mit in das Vertragsgesetz aufgenommen wurden.[124] Gemäß den von einer Kommission der Landesjustizverwaltungen unter Mitwirkung der beteiligten Bundesressorts erarbeiteten und vom Rechtsausschuss des BRat gebilligten „Leitsätzen zu mit völkerrechtlichen Verträgen zusammenhängenden Rechtsfragen"[125] ist die BReg

---

[115] IE ebenso *Jarass,* in: Jarass/Pieroth, Art. 59 Rn. 13a; *Rojahn,* in: v. Münch/Kunig I, Art. 59 Rn. 65 f.; *Bernhardt* HStR VII[1], § 174 Rn. 15; *Schweitzer/Dederer,* StaatsR III, Rn. 446 f.; *Kunig* (Fn. 27), S. 112 (Rn. 86). AA *Kempen* MKS II, Art. 59 Rn. 50; *Zuleeg* AK GG, Art. 59 Rn. 30 mwN. Einschränkend *Fastenrath/Groh,* in: Friauf/Höfling, Art. 59 (2007) Rn. 68. Zur Abgrenzung von der bloßen, vom Zustimmungsgesetz gedeckten Fortentwicklung oder authentischen Interpretation eines Vertrages vgl. *Schweitzer/Dederer,* StaatsR III, Rn. 386 ff.; im Zusammenhang des NATO-Vertrages vgl. dazu BVerfGE 104, 151 (199 ff., 207); *Rux* JA 2002, 461; *Lubig* JA 2005, 143; krit. dazu *Pieper,* in: Epping/Hillgruber, Art. 59 Rn. 28 (fraglich, ob der weitgehende Ausschluss des Parlaments von völkerrechtlichen Handlungen unterhalb der Vertragsschwelle mit der Grundkonzeption des GG in Einklang steht); vgl. aber auch die vom BVerfG mit ersichtlicher Absicht eines Korrektivs verstärkten Beteiligungsrechte des BTag am Vertragsvollzug (BVerfGE 121, 135/157 f.: „Die rechtliche und politische Verantwortung des Parlaments erschöpft sich insoweit nicht in einem einmaligen Zustimmungsakt, sondern erstreckt sich auf den weiteren Vertragsvollzug"); zum Bereich der Doppelbesteuerungsabkommen vgl. *Waldhoff* IStR 2002, 693; *Hölscheidt* IStR 2017, 918.

[116] *Tomuschat* VVDStRL 36 (1978), 32 mwN.

[117] Insoweit zu Recht abl. auch BVerfGE 68, 1 (109); *Rojahn,* in: v. Münch/Kunig I, Art. 59 Rn. 3; *Heun,* in: Dreier II, Art. 59 Rn. 42 f. Für die (differenzierte) Einbeziehung von „soft law", je nachdem, ob seine Wirkungen denen von Verträgen entsprechen, *Pernice,* in: Dreier II, 2. Aufl. 2006, Art. 59 Rn. 46. Soweit völkerrechtliche Verträge auf die Standards von „soft law" Bezug nehmen, werden diese allerdings Bestandteil des völkerrechtlichen Vertrages selbst und unterliegen damit Art. 59 II (zutr. *Kempen* MKS II, Art. 59 Rn. 54).

[118] Vgl. dazu die abwM von *Mahrenholz,* in: BVerfGE 68, 1/111 (127). Vgl. auch *Kempen* MKS II, Art. 59 Rn. 54. Verneint von BVerfG (K) NVwZ 2019, 161 Rn. 16 hinsichtlich des UN-Migrationspakts und des UN-Flüchtlingspakts, da beide ausdrücklich „rechtlich nicht verbindlich" sein sollen. Kritisch zur defizitären Beteiligung des BTag *Hecker,* NVwZ 2019, 292 f.; *Schorkopf* ZAR 2019, 90 ff. Zur Wirkung des Pakts vgl. auch *A. Schiedermair* ZRP 2019, 48 (49 ff.). Zur Anwendung des Grundsatzes der Völkerrechtsfreundlichkeit auf rechtsunverbindliche internationale Standards *Reiling* ZaöRV 78 (2018), 311.

[119] Vgl. zu diesen *Schweitzer/Dederer,* StaatsR III, Rn. 532 ff.

[120] Vgl. auch *Kokott* FS Doehring, 1989, S. 511; *Fastenrath/Groh,* in: Friauf/Höfling, Art. 59 (2007) Rn. 76 ff.

[121] *Schweitzer/Dederer,* StaatsR III, Rn. 518, 543; *Rojahn,* in: v. Münch/Kunig I, Art. 59 Rn. 72; *Zuleeg* AK GG, Art. 59 Rn. 41; *Jarass,* in: Jarass/Pieroth, Art. 59 Rn. 9; *Kempen* MKS II, Art. 59 Rn. 57; *Fastenrath* (Fn. 9), S. 230 f.

[122] AA *Jarass,* in: Jarass/Pieroth, Art. 59 Rn. 11, ebenso BVerfGE 68, 1 (84 ff.), wo eine Ausdehnung des Zustimmungserfordernisses nach Art. 59 II 1 auf andere Akte als Vertragsabschlusserklärungen als mit dem Wortlaut der Bestimmung nicht vereinbar angesehen und eine analoge Anwendung ausgeschlossen wird. IE (nicht im Ansatz) dem BVerfG zustimmend *Zuleeg* AK GG, Art. 59 Rn. 39.

[123] *Jarass* DÖV 1975, 119 ff.; *Schweitzer/Dederer,* StaatsR III, Rn. 431 f.; *Fastenrath* (Fn. 9), S. 232 ff. Enger *Rojahn,* in: v. Münch/Kunig I, Art. 59 Rn. 57. AA *Kempen* MKS II, Art. 59 Rn. 58 mwN; *Pernice,* in: Dreier II, 2. Aufl. 2006, Art. 59 Rn. 39; *Zuleeg* AK GG, Art. 59 Rn. 41; Zum Streitstand s. *Heun, in:* Dreier II, Art. 59 Rn. 38.

[124] Vgl. *Schweitzer/Dederer,* StaatsR III, Rn. 429 mwN.

[125] Abgedruckt bei *Fastenrath* (Fn. 9), S. 289 ff.

bei der Erklärung oder Unterlassung von Vorbehalten an ausdrückliche Maßgaben des Gesetzgebers gebunden.[126]

Der Zustimmung des Gesetzgebers bedarf die Vereinbarung der **vorläufigen Anwendung** von　**43a** unter Art. 59 II fallenden Verträgen.[127] Daher gibt in der Praxis die BReg dazu eine Erklärung ab, dass die vorläufige Anwendung nur nach Maßgabe des nationalen Rechts erfolgen kann, oder lässt bereits die vorläufige Anwendung vorab durch ein Parlamentsgesetz billigen.[128]

Unter die Eingehung völkerrechtlicher Bindungen fallen auch die **Anerkennung** von Ansprüchen,　**44** das **Versprechen** und die **Zustimmung** (soweit sie nicht innerhalb eines Organs einer internationalen Organisation erfolgt; dafür gelten ggf. besondere Regeln, → Art. 23 Rn. 26 und Art. 24 Rn. 29).[129]

Dieser Gesichtspunkt würde auch auf die Übernahme besond. Vertragspflichten im Rahmen einer　**45** Organisation (z. B. Teilnahme am System der Sonderziehungsrechte des IWF) sowie die **Unterwer-fungserklärung** unter die obligatorische Gerichtsbarkeit des IGH gem. Art. 36 II IGH-Statut[130] zutreffen. Die Anwendung des Art. 59 II 1 wird zum Teil mit der Begründung abgelehnt, dass die Voraussetzungen des Vertragsbegriffs fehlten und – im Gegensatz zu Vorbehalten – sich die hier in Frage stehenden einseitigen Erklärungen nicht unmittelbar auf Inhalt und Geltungsdauer eines kon-kreten Vertrages bezögen.[131] Dem kann iE zugestimmt werden, und zwar deshalb und insoweit, als solche Erklärungen bereits in einem völkerrechtlichen Vertrag vorgesehen sind, der seinerseits der Zustimmung der gesetzgebenden Körperschaften bedurfte, die damit aber auch zugleich ihre mögliche Aktualisierung konsentierten.[132]

Das Argument der *Eingehung* völkerrechtlicher Bindungen trifft auf Erklärungen, die die Beendigung　**46** oder Suspendierung völkerrechtlicher Verträge herbeiführen (**Kündigung, Rücktritt, Austritt**), sowie auf **Aufhebungsverträge** nicht zu. Diese Akte unterfallen nach hM daher nicht Art. 59 II 1. Ebenso verfährt die Praxis.[133] Die Gegenansicht verlangt insbes. bei hochpolitischen Verträgen auch hier die Mitwirkung der gesetzgebenden Körperschaften.[134]

## III. Die Teilhabe der gesetzgebenden Körperschaften

**1. Verfahren der Teilhabe.** Nach Art. 59 II 1 sind die für die Gesetzgebung zuständigen Körper-　**47** schaften in Form der „Zustimmung oder Mitwirkung" zu beteiligen. Diese Formulierung lässt erkennen, dass sie auf eine Beteiligung sowohl des **BTag** als auch des **BRat** zugeschnitten ist, zumal Letztere im Gesetzgebungsverfahren entweder durch einen Einspruch oder – in enumerativen Fällen[135] – durch Zustimmung erfolgt.[136] Ein Vertrag über Gegenstände der Gesetzgebung bedarf bei der späteren Umsetzung eines Gesetzesbeschlusses des BTag und je nach Materie einer Zustimmung bzw. eines fehlenden oder überstimmten Einspruches (vgl. Art. 77 III, IV) des BRat. Daher ist es sinnvoll, die Teilhabe von BTag und BRat am Vertragsschluss entspr. auszugestalten, gerade wenn man den Zweck der Vollzugssicherung (→ Rn. 21) im Auge behält.[137]

Fraglich ist, welche Form der **Mitwirkung des BRat bei politischen Verträgen** einschlägig ist,　**48** die nicht auch (→ Rn. 29) Gesetzgebungsverträge sind. Bei solchen rein polit. Abkommen hilft ein Abstellen auf die Beteiligung des BRat bei der Gesetzgebung nicht weiter, da diese Verträge keine

---

[126] Vgl. dazu *Weißauer* FS Bengl, 1984, S. 165 f.; *Rojahn*, in: v. Münch/Kunig I, Art. 59 Rn. 57; *Kempen* MKS II, Art. 59 Rn. 59 für die Erklärung eines in das Zustimmungsgesetz aufgenommenen Vorbehalts; *Schweitzer/Dederer*, StaatsR III, Rn. 430.

[127] *Rojahn*, in: v. Münch/Kunig I, Art. 59 Rn. 34.

[128] *Fastenrath/Groh*, in: Friauf/Höfling, Art. 59 (2007) Rn. 83; *Kleinlein* JZ 2017, 383 f. mwN. Zu gemischten Abkommen (→ Rn. 38) ebd., S. 384 f. Zu CETA vgl. *Grzesznick* NVwZ 2016, 1754, 1761.

[129] *Mahrenholz*, abwM BVerfGE 68, 1/111 (128 ff.); *Kokott* FS Doehring, 1989, S. 521 f. AA *Kempen* MKS II, Art. 59 Rn. 55; *Heun*, in: Dreier II, Art. 59 Rn. 37, der jedoch davon ausgeht, dass selbstständige einseitige Rechts-akte und Erklärungen, ua die Anerkennung von Staaten, nicht zustimmungspflichtig sind; *Rojahn*, in: v. Münch/Kunig II, Art. 59 Rn. 76 mwN, der allerdings die Rechtslage zumindest in Teilbereichen (Anerkennung, Ver-sprechen, Verzicht) wegen der anwachsenden Einwirkungen des Völkerrechts auf das innerstaatliche Recht aus Sicht der gesetzgebenden Körperschaften als unbefriedigend empfindet.

[130] BGBl I 1973, 505 (Sart. II, Nr. 2). Zur Unterwerfungserklärung Deutschlands von 2008 → Art. 24 Rn. 88.

[131] So *Rojahn*, in: v. Münch II, 2. Aufl. 1983, Art. 59 Rn. 53a mwN.

[132] So jetzt auch *Rojahn*, in: v. Münch/Kunig I, Art. 59 Rn. 75 mwN; ebenso *Kempen* MKS II, Art. 59 Rn. 60.

[133] *Rojahn*, in: v. Münch/Kunig I, Art. 59 Rn. 74; wohl auch *Kempen* MKS II, Art. 59 Rn. 61; *Schweitzer/Dederer*, StaatsR III, Rn. 457; *Hettche*, S. 297 ff. Vgl. auch BVerfGE 141, 1 Rn 55.

[134] *Friesenhahn* VVDStRL 16 (1958), 70; *Wolfrum* VVDStRL 56 (1997), 60; *Pernice*, in: Dreier II, 2. Aufl. 2006, Art. 59 Rn. 40 mwN. Vgl. auch *Schweitzer/Dederer*, StaatsR III, Rn. 458; *Fastenrath/Groh*, in: Friauf/Höfling, Art. 59 (2007) Rn. 73; soweit durch die Aufhebung zuvor eingeräumte individuelle Rechtspositionen wieder entzogen werden, ist dies jedenfalls nur auf einer gesetzlichen Grundlage möglich; *Heun*, in: Dreier II, Art. 59 Rn. 39, fordert allenfalls in Extremfällen wie bspw. dem Austritt aus der EU eine Mitwirkung des Parlaments. Hinsichtlich Menschenrechtsverträgen *Schmahl* JuS 2018, 743 mwN. Rechtsvergleichend *Lange* AöR 132 (2017), 442 ff.

[135] BVerfGE 37, 363 (381).

[136] *Rojahn*, in: v. Münch/Kunig I, Art. 59 Rn. 28.

[137] *Randelzhofer*, in: Tunkin/Wolfrum (Hrsg.), International Law and Municipal Law, 1988, S. 101 (106); *Rudolf* (Fn. 92), S. 194 f.

Umsetzung erfordern. Für sie wäre dann entweder nur die Zustimmung[138] oder nur eine Einspruchs-möglichkeit oder ein Zustimmungsrecht nur bei bes. Berührung des Bund-Länder-Verhältnisses[139] denkbar. Stellt man auf die allg. Grundsätze der Beteiligung des BRat ab, ergibt sich ein Zustimmungs-erfordernis nur, wenn ein solcher Fall im GG ausdr. vorgesehen ist, was bei Art. 59 II (anders als bei Art. 23 I 2) gerade nicht der Fall ist. Stellt man auf den zweiten Zweck der Teilhabe der Legislative ab, die Ausübung von Kontrolle (→ Rn. 22), so muss man berücksichtigen, dass der BRat keine „Zweite Kammer" eines einheitlichen Gesetzgebungsorgans ist.[140] Daher unterliegen rein politische Verträge, soweit sie nicht zugleich Hoheitsrechte auf die EU übertragen (Art. 23 I 2; s. dazu → Rn. 57), nur einer Einspruchsmöglichkeit. Dem entspricht – zumindest weitgehend – die Praxis.[141]

49     Gleiches gilt für Verträge über Gegenstände der **Landesgesetzgebung** (→ Art. 32 Rn. 31 ff.). Der Gegenansicht, die im Wege des Erst-Recht-Schlusses bei diesen die Länder besonders berührenden Verträgen die Zustimmung des BRat fordert,[142] kann nicht zugestimmt werden, weil hier nicht die Beteiligung des BRat, sondern der Länder selbst entscheidend ist (→ Art. 32 Rn. 36).

50     Da Art. 59 II 1 auf die Bestimmungen des GG über das Gesetzgebungsverfahren verweist, ist mit der hM und der stRspr des BVerfG[143] davon auszugehen, dass das VertragsG als **Zustimmungs-gesetz,** dh der Zustimmung des BRat bedürftiges Gesetz zu qualifizieren ist, wenn auch nur eine einzige Bestimmung des Vertrages die Zustimmungsbedürftigkeit auslöst.[144]

51     **2. Form der Teilhabe.** Die gesetzgebenden Körperschaften erklären ihre Mitwirkung in Form eines **Bundesgesetzes,** das die Zustimmung zu dem Vertrag ausdrückt, der regelmäßig als Anlage mitveröffentlicht wird und integraler Bestandteil des Gesetzes ist.[145] Das Gesetz wird daher **Vertrags-** oder auch **Zustimmungsgesetz**[146] genannt und ist funktionell ein Regierungsakt.[147] Mit diesem Gesetz kann ein völkerrechtlicher Vertrag nur en bloc angenommen oder abgelehnt werden. **Abände-rungsanträge** sind insoweit[148] ausgeschlossen (§ 82 II GO BT), weil die Vertragstexte schon aus-gehandelt sind und nicht einseitig verändert werden können.[149] Denkbar ist aber, dass die Zustimmung unter die Bedingung erfolgt, dass bei Ratifikation des Vertrages ein bestimmter Vorbehalt erklärt wird.[150]

52     Zur Arbeitsentlastung war erwogen worden, der BReg gemäß Art. 80 eine beschränkte **Ermächti-gung zur Inkraftsetzung von Abkommen** zu erteilen. Das BVerfG hat dies für unzulässig erklärt, weil nach Art. 80 die BReg nur ermächtigt werden könne, in der Form von Rechtsverordnungen Recht zu setzen (was auch ggf. die Umsetzung von Abkommen einschließt, → Rn. 83), nicht aber Regierungsakte (→ Rn. 51) vorzunehmen, für die das GG Gesetzesform vorschreibt.[151] Dem ist iE zuzustimmen. Wenn schon die engen Voraussetzungen des Art. 59 II 1 vorliegen, besteht ein zwin-gender und nicht verzichtbarer Sondervorbehalt der Legislative.[152]

---

[138] So noch *Maunz,* in: Maunz/Dürig, Art. 59 (Erstbearb.) Rn. 20 mit den Argumenten, dass den Ländern in der Regel eigene Außenpolitik verwehrt wird und weil „ersichtlich außenpolitisch schwerwiegende Entscheidungen starker parlamentarischer Kontrolle unterfallen sollen" sowie mit Hinweis auf die Meinung der Mitglieder des Rechtsausschusses des BRat und die (frühere) Praxis; aA *Nettesheim,* in: Maunz/Dürig, Art. 59 (2020) Rn. 149, 150.

[139] Vgl. BVerfGE 37, 363 (381); *Butzer/Haas,* in: Hofmann/Henneke, Art. 59 Rn. 83; *Rojahn,* in: v. Münch II, 2. Aufl. 1983, Art. 59 Rn. 30 (offenbar aufgegeben, vgl. *ders.,* in: v. Münch/Kunig I, Art. 59 Rn. 28). Im GG lässt sich dafür keine Begründung finden, zutr. *Schweitzer/Dederer,* StaatsR III, Rn. 397.

[140] Vgl. BVerfGE 37, 363 (381 f.).

[141] Ebenso *Jarass,* in: Jarass/Pieroth, Art. 59 Rn. 15 mwN; *Kempen* MKS II, Art. 59 Rn. 75; *Heun,* in: Dreier II, Art. 59 Rn. 44; *Zuleeg* AK GG, Art. 59 Rn. 19. Vgl. auch *Butzer/Haas,* in: Hofmann/Henneke, Art. 59 Rn. 83; *Frowein* JuS 1972, 243; *Schweitzer/Dederer,* StaatsR III, Rn. 395.

[142] *Maunz,* in: Maunz/Dürig, Art. 59 (Erstbearb.) Rn. 19.

[143] Vgl. z. B. BVerfGE 8, 274 (294 f.); 55, 274 (326 f.).

[144] *Schweitzer/Dederer,* StaatsR III, Rn. 398; *Kempen* MKS II, Art. 59 Rn. 74.

[145] *Steinberger* ZaöRV 48 (1988), 4.

[146] So die Terminologie des BVerfG, z. B. in BVerfGE 73, 339 (375). Dieser Begriff gibt die Funktion der gesetzgebenden Körperschaften zutr. wieder, ist allerdings auch für die „zustimmungsbedürftigen Gesetze", also Gesetze, die der Zustimmung des BRat bedürfen, besetzt, vgl. *Jarass,* in: Jarass/Pieroth, Art. 59 Rn. 8; *Kempen* MKS II, Art. 59 Rn. 79. S. auch *Zuleeg* AK GG, Art. 59 Rn. 20.

[147] BVerfGE 1, 372 (395); 90, 286 (357). Zum Initiativrecht → Rn. 55.

[148] Aber auch nur insoweit. Unberührt bleiben Regelungen im Vertragsgesetz, die den innerstaatlichen Bereich betreffen, z. B. den Vollzug des Vertrages ermöglichen sollen (*Rojahn,* in: v. Münch/Kunig I, Art. 59 Rn. 55), Begründungserwägungen, Hinweise auf Rechtsgrundlagen, Verfahrensmodalitäten (vgl. z. B. das – mittlerweile durch die Regelungen in Art. 23 und in den Begleitgesetzen zum Vertrag von Lissabon überholte, vgl. → Art. 23 Rn. 4 f., Rn. 111 – ZustimmungsG zur EEA). Zur Voranstellung von Präambeln vgl. *Wolfrum* VVDStRL 56 (1997), 49 mwN.

[149] „Bepackungsverbot", vgl. *Kokott* FS Doehring, 1989, S. 515; *Rojahn,* in: v. Münch/Kunig I, Art. 59 Rn. 55.

[150] *Rojahn,* in: v. Münch/Kunig I, Art. 59 Rn. 57 mwN; *Fastenrath* (Fn. 9), S. 234 f.; *Jarass* DÖV 1975, 124; *Weißauer* FS Bengl, 1984, S. 166; *Wolfrum* VVDStRL 56 (1997), 49.

[151] BVerfGE 1, 372 (395).

[152] IE ebenso *Rojahn,* in: v. Münch/Kunig I, Art. 59 Rn. 58 f. mwN; *Kempen* MKS II, Art. 59 Rn. 80; aA *Jarass* DÖV 1975, 122 f. Davon abzugrenzen ist eine im Rahmen des Art. 80 I 2 zulässige Vorwegnahme der Zustimmung oder Mitwirkung beim Abschluss völkerrechtlicher Verträge durch ein Gesetz, das zum Abschluss eines Vertrags und

Aus der Zweckrichtung des Vertragsgesetzes folgt, dass die Zustimmung erteilt werden muss, **bevor** 53 der Vertrag ratifiziert wird.[153] Die nachträgliche Zustimmung ist ein Verfassungsverstoß.[154] Die Annahme einer rückwirkenden Heilung durch Zustimmung zu bereits bindenden Verträgen[155] ist zwar verfassungsrechtlich bedenklich, führt aber immerhin zur Erfüllung der völkerrechtlichen Verpflichtung.

Neben der Zustimmung in Gesetzesform nehmen BTag und BRat auch in sog. **Entschließungen** 54 **zu außenpolitischen Fragen** zum Inhalt von Verträgen Stellung. Die innerstaatliche Bindungswirkung solcher Beschlüsse gegenüber der BReg ist umstritten. Völkerrechtlich ist hervorzuheben, dass eine einseitige Auslegungserklärung eines Vertragspartners den anderen nicht zu binden vermag.[156]

Strittig ist, ob die in Art. 76 I genannten **Initiativberechtigten** oder nur die BReg das Vertrags- 55 gesetz einbringen dürfen.[157] Für Letzteres spricht, dass die BReg die Vertragsverhandlungen führt, weshalb in der Praxis in der Regel sie die Vertragsgesetze einbringen wird; auch soll der BTag die BReg nicht durch Ausübung des Initiativrechts unter außenpolitischen Druck setzen dürfen.[158] Allerdings wurden aus der Mitte des BTag mehrmals Gesetzentwürfe zu völkerrechtlichen Verträgen eingebracht, die zum Teil vom BTag angenommen wurden.[159] Da dies das GG im Gegensatz zu anderen Fällen[160] nicht ausschließt und das genannte Gegenargument nicht zwingend ist, stehen dem keine durchgreifenden Einwände entgegen.[161]

**3. Anforderungen an das Vertragsgesetz.** Erforderlich ist ein **förmliches** Gesetz. **Materiell** 56 muss es dem GG entsprechen, soweit nicht wegen der fehlenden einseitigen Bestimmungsmöglichkeit des Inhalts völkerrechtlicher Verträge durch die BRD zur Vermeidung außenpolitischer Handlungsunfähigkeit **Modifikationen** zuzulassen sind. So hat das BVerfG die Geltung des Bestimmtheitsgebots des Vorbehalts des Gesetzes im Bereich des Art. 59 II 1 verneint.[162] Ob diese pauschale Freistellung erforderlich und zu rechtfertigen ist, kann bezweifelt werden.

Werden **Hoheitsrechte übertragen,** fordern Art. 23 bzw. Art. 24 ihrerseits ein Gesetz. Es wird 57 aber nur *ein* Gesetz erlassen, das damit eine Doppelfunktion hat.[163] Materiell muss es den besonderen Anforderungen des Art. 23 (→ Art. 23 Rn. 16 ff., → Art. 23 Rn. 68 ff.) bzw. Art. 24 (→ Art. 24 Rn. 27 ff.) entsprechen.

Beim Abschluss von **grundgesetzändernden Verträgen** ist Art. 79 zu beachten. Der Normalfall 58 ist der, dass zunächst das GG gemäß Art. 79 I 1 iVm II geändert wird und dann der Vertrag abgeschlossen werden kann.[164] Inwieweit ein Zustimmungsgesetz auch **unmittelbar** die Verfassung ändern kann, sofern keine spezifische verfassungsrechtliche Legitimation besteht, wie sie etwa im Wiedervereinigungsgebot gesehen wurde,[165] ist unklar. Jedenfalls sind die Vorgaben des Art. 79 zu beachten.[166] Bei bestimmten völkerrechtlichen Verträgen (Friedensregelung, Abbau des Besatzungsrechts, Verteidigung) sieht Art. 79 I 2 vor, dass eine Ergänzung des Wortlauts des GG dahingehend genügt, dass das GG dem Vertrag nicht entgegensteht. Dies ist eine Abweichung vom Grundsatz „keine Verfassungs-

---

zu seinem innerstaatlichen Vollzug mittels RVO ermächtigt, vgl. *Rojahn* ebda, Rn. 42a mwN; *Kempen* MKS II, Art. 59 Rn. 68, 80; *Heun,* in: Dreier II, Art. 59 Rn. 45; *Wolfrum* VVDStRL 56 (1997), 46 f.

[153] *Rojahn,* in: v. Münch/Kunig I, Art. 59 Rn. 30; *Kempen* MKS II, Art. 59 Rn. 78.

[154] *Rudolf* (Fn. 92), S. 202; *Weiß,* Auswärtige Gewalt und Gewaltenteilung, 1971, S. 129; aA *Nettesheim,* in: Maunz/Dürig, Art. 59 (2020) Rn. 145.

[155] *Boehmer,* Der völkerrechtliche Vertrag im deutschen Recht, 1965, S. 50; abl. *Kempen* MKS II, Art. 59 Rn. 78.

[156] Dies ist bei der Bewertung von Entschließungen des BTag zu völkerrechtlichen Verträgen (vgl. dazu *Wolfrum* VVDStRL 56 [1997], 49) zu berücksichtigen. Zur Problematik schlichter Parlamentsbeschlüsse allg. vgl. *Patzer* AöR 119 (1994), 61 (72 ff.) und *Wolfrum* VVDStRL 56 (1997), 63.

[157] Vgl. BVerfGE 68, 1 (66) mwN zum Streitstand. Das BVerfG hat die Frage dort offengelassen. BVerfGE 90, 286 (358) muss wohl dahin verstanden werden, dass ein Initiativrecht des BTag ausgeschlossen sein soll, da das Initiativrecht der BReg im Zusammenhang mit Begrenzung des Mitwirkungsrechts des BTag gesehen wird. Vgl. *Zuleeg* AK GG, Art. 59 Rn. 47. Vgl. auch *Rojahn,* in: v. Münch/Kunig I, Art. 59 Rn. 33 und *Wolfrum* VVDStRL 56 (1997), 48.

[158] *Ress* FS Doehring, 1989, S. 820 f.; *Rojahn,* in: v. Münch/Kunig I, Art. 59 Rn. 33.

[159] Vgl. *Kretschmer* FS Helmrich, 1994, S. 537 ff.; *Wolfrum* VVDStRL 56 (1997), 48.

[160] Vgl. zu Art. 110 III → Art. 110 Rn. 75; Art. 115a I.

[161] Ebenso *Kretschmer* FS Helmrich, 1994, S. 542 ff.; *Wolfrum* VVDStRL 56 (1997), 48. Differenz. zwischen Verträgen, die die (außen)politischen Beziehungen des Bundes regeln und Verträgen, die Aufgaben innerstaatlicher Gesetzgebung übernehmen (z.B. Menschenrechtsverträge, Abkommen zur Rechtsvereinheitlichung), *Rojahn,* in: v. Münch/Kunig I, Art. 59 Rn. 33.

[162] BVerfGE 77, 170 (231).

[163] Vgl. dazu und zur Gegenansicht hinsichtlich Art. 23 (als lex specialis gegenüber Art. 59 GG) → Art. 23 Rn. 61; → Art. 24 Rn. 24. Vgl. auch *Fastenrath/Groh,* in: Friauf/Höfling, Art. 59 (2007) Rn. 18.

[164] *Schweitzer/Dederer,* StaatsR III, Rn. 399.

[165] Vgl. dazu BVerfGE 82, 316 (320); 84, 90 (118).

[166] BVerfGE 36, 1 (14); *Jarass,* in: Jarass/Pieroth, Art. 59 Rn. 15. Zum Problem der Kombination der „en bloc" Abstimmung (vgl. → Rn. 51) mit der gebotenen inhaltlichen Debatte vgl. *Kempen* MKS II, Art. 59 Rn. 77 und *Rojahn,* in: v. Münch/Kunig I, Art. 59 Rn. 55 mwN und *K. Vogel* FS Lerche, 1993, 95 (102 f.).

änderung ohne Verfassungstextänderung" (Art. 79 I 1).[167] Für Verträge zur Gründung oder Änderung der EU enthält Art. 23 I 3 eine spezielle Regelung.[168]

## IV. Wirkungen des Vertragsgesetzes

**59**     Das Vertragsgesetz hat verschiedene Wirkungen.

**1. Ermächtigung an die Exekutive zum Vertragsschluss.** Das VertragsG ermächtigt die Exekutive zum völkerrechtlich verbindlichen Vertragsschluss, verpflichtet sie aber nicht dazu.[169] Es gibt dem dazu zuständigen (→ Rn. 9) BPräs die Erlaubnis zur Ratifikation. Die BReg als materiell Entscheidungsberechtigte (→ Rn. 18, 24) hat es aber in der Hand, zu entscheiden, ob und wann die Ratifikation stattfinden soll.[170]

**60**     **2. Herbeiführung der innerstaatlichen Geltung des Vertragsinhalts.** Das VertragsG führt dazu, dass der völkerrechtliche Vertrag in der innerstaatlichen Rechtsordnung Geltung erlangt. Art. 59 II trifft keine Aussage, wie sich diese Übernahme vollzieht. Grds. bestehen dafür verschiedene Möglichkeiten, die eng mit den Lehren über das **Verhältnis des Völkerrechts zu staatlichem Recht** (→ Art. 25 Rn. 11 ff.) zusammenhängen.

**61**     Zum einen ist denkbar, dass der Vertrag als völkerrechtl. Norm für innerstaatlich vollziehbar erklärt wird. Diese sog. **Vollzugstheorie** belässt den Vertrag im VölkerR und trifft an sich keine Aussage zum Rang des Vertrages.[171] Zum andern ist denkbar, dass mit der Zustimmung der Vertrag in die innerstaatl. Rechtsordnung **transformiert,** dh umgewandelt wird. Der Unterschied beider Ansätze wirkt sich für die Auslegung und das weitere Schicksal des Vertrages aus.

**62**     Nach der **Vollzugslehre** bleibt der Vertrag Völkerrecht, so dass er gemäß völkerrechtlichen Grundsätzen ausgelegt werden muss. Auch Inkrafttreten, Beendigung und Veränderungen bestimmen sich ausschließlich nach Völkerrecht. Demgegenüber geht die **Transformationstheorie** davon aus, dass der Vertrag staatliches Recht wird.

**63**     Diese Theorie kann aber nicht erklären, warum – trotz ZustimmungsG – auch die innerstaatl. Wirksamkeit vom Zeitpunkt des völkerrechtl. Inkrafttretens abhängen oder warum eine Kündigung des Vertrages auch seine innerstaatl. Wirksamkeit beseitigen soll. Denn das innerstaatl. Gesetz besteht weiter. Daher wird davon ausgegangen, dass sich die Frage des Inkrafttretens, der Interpretation und der Beendigung **nach Völkerrecht** bestimmt, die Frage des innerstaatl. Rangs eines völkerrechtl. Vertrages aber **nach dem nationalen Gesetz,** dh gem. Art. 59 II nach dem Rang des VertragsG.[172] Spätere BundesG haben daher nach der lex-posterior-Regel Vorrang (→ Rn. 64a).

**64**     Zu diesem Ergebnis gelangt auch die Rspr. des BVerfG, ohne dass sie eindeutig klären lässt, ob es von einer **Transformation oder einem Vollzugsbefehl** ausgeht.[173] Das BVerfG verweist für die Geltung des Inhalts eines Vertrages auf die völkerrechtliche Verbindlichkeit,[174] und wendet für die Auslegung völkerrechtliche Auslegungsregeln an.[175] Ferner stellt es für die Frage des Zeitpunkts der innerstaatlichen Geltung von Änderungen, etwa neuen Vertragsparteien, Vorbehalten und Kündigungen, auf den Zeitpunkt der amtlichen Bekanntmachung ab.[176]

**64a**     Das BVerfG lässt die lex-posterior-Regel auch im Verhältnis zwischen dem durch ein Vertragsgesetz umgesetzten Vertrag und einem späteren Gesetz und umgekehrt gelten. Dieser bereits hinsichtlich der EMRK vertretene,[177] dort aber modifizierte Standpunkt (→ Rn. 65a) wurde im Urteil zum sog. Treaty Override gegenüber einem Doppelbesteuerungsabkommen (DBA) im Rahmen einer Normenkontrollvorlage (Art. 100 I) des BFH, der darin einen Verstoß gegen das Rechtsstaatsprinzip (Art. 20 III) sah,[178] bestätigt. Art. 59 II 1 weise völkerrechtlichen Verträgen, „soweit sie nicht in den Anwendungsbereich einer anderen, spezielleren Öffnungsklausel – insbesondere Art. 23 bis Art. 25 GG – fallen", innerstaatlich den Rang eines einfachen BundesG zu und schränke die Geltung des lex-posterior-Grundsatzes nicht ein. Wegen des Demokratieprinzips (Art. 20 I und II) und des Grundsatzes par-

---

[167] Vgl. dazu das Beispiel bei *Schweitzer/Dederer,* StaatsR III, Rn. 399.

[168] S. dazu → Art. 23 Rn. 64 ff.

[169] *Jarass,* in: Jarass/Pieroth, Art. 59 Rn. 16.

[170] *Zuleeg* AK GG, Art. 59 Rn. 14; *Weiß* (Fn. 154), S. 152.

[171] *Schweitzer/Dederer,* StaatsR III, Rn. 797.

[172] BVerwGE 47, 365 (378). Ebenso BVerfGE 141, 1 Rn. 37 (in Abgrenzung zu Art. 25).

[173] Vgl. *Schweitzer/Dederer,* StaatsR III, Rn. 828 f. *Steinberger* ZaöRV 48 (1988), 14, erkennt in neueren Urteilen ein Abstellen auf die Vollzugslehre („Rechtsanwendungsbefehl"). Ebenso *Rojahn,* in: v. Münch/Kunig I, Art. 59 Rn. 36; *Kempen* MKS II, Art. 59 Rn. 90. Dies trifft jedenfalls für die Zustimmungsgesetze zu den Gründungsverträgen der EG/EU und deren Änderung zu, → Rn. 65.

[174] BVerfGE 1, 396 (411).

[175] BVerfGE 4, 157 (168); *Schweitzer/Dederer,* StaatsR III, Rn. 828 f. mwN.

[176] BVerfGE 63, 343 (355).

[177] Deutlich BVerfGE 74, 358 (370): Es sei nicht davon auszugehen, dass der Bund sich völkerrechtswidrig verhalten wolle. Daher sei auch ein späteres Gesetz im Einklang mit völkerrechtlichen Pflichten auszulegen, *es sei denn, das Gegenteil sei klar bekundet.*

[178] BFHE 236, 304 Rn. 12 ff.

lamentarischer Diskontinuität müssten spätere Gesetzgeber „entsprechend dem durch die Wahl zum Ausdruck gebrachten Willen des Volkes" innerhalb der vom GG vorgebrachten Grenzen Rechtsetzungsakte früherer Gesetzgeber revidieren können. Dem stehe weder der Grundsatz der „Völkerrechtsfreundlichkeit" des GG, der zwar Verfassungsrang habe, aber keine Pflicht zur uneingeschränkten Befolgung aller völkerrechtlicher Normen enthalte, noch das Rechtsstaatsprinzip, noch der Grundsatz pacta sunt servanda (→ Art. 25 Rn. 30) entgegen.[179] Die vom BFH vorgeschlagene Ausdehnung der Görgülü-Rspr. zur EMRK (→ Rn. 65a) auf alle völkerrechtlichen Verträge lehnte das BVerfG aufgrund des unterschiedlichen normativen Gesamtgefüges ab.[180] Das Urteil stieß vor allem wegen der damit verbundenen Signalwirkung auf Kritik.[181]

All dies lässt sich auch mit der **Vollzugstheorie** vereinbaren. Dies gilt auch für die **Rangfrage,** da   65
das Völkerrecht nur fordert, dass es innerstaatlich erfüllt wird, die Mittel dazu aber der innerstaatl. Rechtsordnung überlässt. Das Zustimmungsgesetz kann als einfache Gesetz auch nach der Vollzugstheorie nur diesen Rang bewirken,[182] es sei denn, eine besondere verfassungsrechtliche Ermächtigung ermöglicht eine **Rangerhöhung.**[183] Dies ist bzgl. der EG/EU-Gründungsverträge durch „sachgerechte Auslegung" des Art. 24 (jetzt Art. 23)[184] geschehen, für die das BVerfG offenbar die Vollzugstheorie zugrunde legt (→ Art. 23 Rn. 59).[185]

Auch der **EMRK** und ihren Protokollen[186] kommt nach stRspr des BVerfG als völkerrechtlichen   65a
Verträgen im deutschen Recht grds. der **Rang** eines einfachen Bundesgesetzes zu.[187] Diese Rangzuweisung führt dazu, dass deutsche Gerichte die EMRK wie anderes Gesetzesrecht des Bundes im Rahmen methodisch vertretbarer Auslegung zu beachten und anzuwenden haben, und zwar unter Berücksichtigung der Entscheidungen des EGMR, in denen sich der aktuelle Entwicklungsstand der EMRK und ihrer Prot. widerspiegelt. Dies fordert die Bindung an Gesetz und Recht (Art. 20 III). Wegen dieses Ranges kann auf gerügte Verletzungen der EMRK als solcher keine Vb gestützt werden.[188] Vor dem Hintergrund der Völkerrechtsfreundlichkeit des GG (→ Art. 24 Rn. 6, → Art. 25 Rn. 9) beeinflussen die Gewährleistungen der Konvention jedoch die Auslegung der Grundrechte und rechtsstaatl. Grundsätze des GG. Der Konventionstext und die Rspr. des EGMR dienen auf der Ebene des Verfassungsrechts als Auslegungshilfen für die Bestimmung von Inhalt und Reichweite von Grundrechten und rechtsstaatl. Grundsätzen des GG.[189] Das BVerfG berücksichtigt im Rahmen der Heranziehung der EMRK als Auslegungshilfe Entscheidungen des EGMR auch dann, wenn sie nicht denselben Streitgegenstand betreffen, da der Rspr. des EGMR insoweit „jedenfalls faktische Orientierungs- und Leitfunktion" zukommt. Insoweit erschöpfen sich die innerstaatl. Wirkungen der Entscheidungen des EGMR nicht in einer aus Art. 20 III iVm Art. 59 II abzuleitenden und auf den konkreten Entscheidungen zugrundeliegenden Lebenssachverhalt begrenzten Berücksichtigungspflicht, da das GG vor dem Hintergrund der zumindest fakt. Präzedenzwirkung der Entscheidungen internat. Gerichte Konflikte zwischen den völkerrechtlichen Verpflichtungen der BRD und dem nationalen Recht nach Möglichkeit vermeiden will.[190] Andererseits betont das BVerfG den Souveräni-

---

[179] BVerfGE 141, 1, Ls. 2–5 sowie Rn. 34 ff., 45, 49 ff., 53 ff., 64 ff., 77 ff.; s. dazu *Sachs* JuS 2016, 571; Examensklausur dazu *Hindelang/Berger* JuS 2017, 604.
[180] BVerfGE 141, 1 Rn. 76.
[181] So bereits abwM *König* BVerfGE 141, 1/44 Rn. 24, zumal das berechtigte Anliegen des Gesetzgebers auch durch Kündigung oder Nachverhandlung hätte erreicht werden können. Krit. ferner z. B. *Fastenrath* JZ 2016, 626; *Payandeh* NJW 2016, 1279; *Henrich* NVwZ 2016, 670 f.; *Stöber* DStR 2016, 1891 ff. Eingehend dazu *M. Schäfer,* Treaty overriding, 2020; ferner *Bron* IStR 2007, 431; *Gosch* IStR 2008, 413; *Lehner* IStR 2012, 389; *ders.* IStR 2016, 217; *Nettesheim,* in: Maunz/Dürig, Art. 59 (2020) Rn. 186–186g, der dem BVerfG zustimmt, ebd Rn. 186 f. Zur Vereinbarkeit mit EU-Recht *Daragan* DStR 2019, 1329; mit EU-Abkommen *Nettesheim* aaO, Rn. 186 f. Zum Vergleich mit einem gegenteiligen Urteil des schweizerischen BG *Weigell/Görlich,* IStR 2017, 772. Examensklausur von *Hindelang/Berger* JuS 2017, 604. Zum Aspekt Demokratieprinzip *Schwenke* DStR 2018, 2310; *Würtenberger* BayVBl 2017, 613.
[182] Vgl. *Geiger,* StaatsR III, S. 158 f.
[183] So ausdrücklich BVerfGE 141, 1 Ls. 2.
[184] Vgl. BVerfGE 31, 145 (174).
[185] Anders bzgl. der EMRK vom 4.11.1950 (BGBl 1952 II, 685; Sart. II, Nr. 130); vgl. dazu *Rojahn,* in: v. Münch/Kunig I, Art. 59 Rn. 45 mwN. Zur faktischen Rangerhöhung der EMRK → Rn. 65a, b.
[186] Aktualisierte Fassung in Sart. II, Nr. 130 ff.
[187] BVerfGE 74, 358 (370); 82, 106 (120); 111, 307 (317); 128, 326 (367); 141, 1 Rn. 59.
[188] BVerfGE 111, 307 (317, 319 f.); 128, 326 (367); BVerfGK 17, 1 (6 f.).
[189] BVerfGE 74, 358 (370); 83, 119 (128); 111, 307 (317); 128, 326 (ff.); *Schweitzer/Dederer,* StaatsR III, Rn. 245, 1194 („faktischer Vorrang vor deutschem Recht"); *Kadelbach* Jura 2005, 480 (484) („einem Vorrang vergleichbar"); vgl. auch *Everling* EuR 2005, 411 (416); *Di Fabio,* Das Bundesverfassungsgericht und die internationale Gerichtsbarkeit, in: Zimmermann (Hrsg.), Deutschland und die internationale Gerichtsbarkeit, 2004, 107 (110 f.). Die Pflicht zur Berücksichtigung der Urteile internationaler Gerichte wird bestätigt und ausgeweitet auf Urteile des IGH durch BVerfGK 9, 174 (Belehrung ausländischer Beschuldigter über Recht auf konsularische Unterstützung). Zur UN-Behindertenrechtskonvention als Auslegungshilfe für die Bestimmung von Inhalt und Tragweite der Grundrechte vgl. BVerfGE 128, 282 (306 f.).
[190] BVerfGE 128, 326 (368 f. mwN). Vgl. dazu *Sauer,* StaatsR III, § 7 Rn. 11a, 18. Einschränkend zu den Folgen BVerfGE 141, 1 Rn. 59.

tätsvorbehalt der deutschen Verfassung. Das GG wolle „keine jeder verfassungsrechtlichen Begrenzung und Kontrolle entzogene Unterwerfung unter nichtdeutsche Hoheitsakte". Dies gelte selbst für „die weitreichende supranationale europäische Integration", die „unter einem, allerdings weit zurückgenommenen Souveränitätsvorbehalt (vgl. Art. 23 I GG)" stehe (zu den Schranken der Integrationsermächtigung → Art. 23 Rn. 12, 16 ff.). Völkervertragsrecht gelte innerstaatlich nur dann, wenn es in die nationale Rechtsordnung formgerecht und in Übereinstimmung mit materiellem Verfassungsrecht inkorporiert worden sei.[191] Die Möglichkeiten einer konventionsfreundlichen Interpretation endeten dort, wo diese nach den anerkannten Methoden der Gesetzesauslegung und Verfassungsinterpretation nicht mehr vertretbar erscheint.[192] Im Übrigen ist auch im Rahmen der konventionsfreundlichen Auslegung des GG die Rspr. des EGMR möglichst schonend in das vorhandene, dogmatisch ausdifferenzierte nationale Rechtssystem einzupassen.[193] Demnach hätten bei der Berücksichtigung von Entscheidungen des EGMR die staatlichen Organe die Auswirkungen auf die nationale Rechtsordnung in ihre Rechtsanwendung einzubeziehen. Dies gelte insbes. dann, wenn es sich bei dem einschlägigen nationalen Recht um ein ausbalanciertes Teilsystem des innerstaatlichen Rechts handelt, das verschiedene Grundrechtspositionen miteinander zum Ausgleich bringen will.[194] Die Auslegung der GG im Lichte der EMRK dürfe nicht zu einer von der EMRK selbst nicht gewollten (vgl. Art. 53 EMRK) Einschränkung oder Minderung des Grundrechtsschutzes nach dem GG führen.[195] Dieses „Rezeptionshemmnis" kann vor allem in mehrpoligen Grundrechtsverhältnissen relevant werden, in denen das „Mehr" an Freiheit für den einen Grundrechtsträger zugleich ein „Weniger" für einen anderen bedeutet.[196]

**65b**     Es bestehen somit zumindest **Konflikt*potentiale*** zwischen EGMR und BVerfG.[197] Diese werden aber einerseits durch grds. Befolgung der Vorgaben des EGMR durch das BVerfG, andererseits durch die daraufhin erfolgende Zurückhaltung des EGMR entschärft. So hat das BVerfG nach dem von seiner Rspr. zur Abwägung zwischen Pressefreiheit und Persönlichkeitsrecht[198] abw. Caroline-Urteil des EGMR[199] seine Rspr. angepasst,[200] was der EGMR ausdrückl. begrüßt und zugleich den Einschätzungsspielraum der Staaten beim Ausgleich zwischen koll. Rechten betont und sich auf eine Vertretbarkeitskontrolle beschränkt hat.[201] Der BGH hat, nachdem der EGMR in der nachträglichen Anordnung der Sicherungsverwahrung (§ 66b StGB) einen Verstoß gegen Art. 7 I 2 EMRK gesehen hatte,[202] über die auf den Einzelfall (inter partes) beschränkte Bindungswirkung der Urteile des EGMR (Art. 46 I EMRK) hinaus die nachträgl. Anordnung einer Sicherungsverwahrung aufgehoben,[203] obwohl das BVerfG entschieden hatte, dass die nachträgl. Anordnung der Höchstdauer der Sicherungsverwahrung, da diese keine Strafe sei, nicht gegen das absolute Rückwirkungsverbot des Art. 103 II GG verstoße.[204] Unter Berücksichtigung der Rspr. des EGMR, die neue Aspekte für die Auslegung des GG enthalte und damit rechtserheblichen Änderungen gleichstehe, die zu einer Überwindung der Rechtskraft einer Entscheidung des BVerfG führen könnten, knüpfte das BVerfG die nachträgl. Sicherungsverwahrung an sehr enge Voraussetzungen und erklärte darüber hinausgehende Bestimmungen für verfassungswidrig.[205] Der EGMR begrüßte dieses Urteil ausdrücklich und sah in der unbe-

---

[191] BVerfGE 111, 307 (319); vgl. dazu überwiegend krit. *Cremer* EuGRZ 2004, 683 (686); *Kadelbach* Jura 2005, 480 (483 f.); *Buschle* VBlBW 2005, 293 (295 ff.); *Esser* StV 2005, 348 (350 f.); *Breuer* NVwZ 2005, 412 (413 ff.); *Ruffert* EuGRZ 2007, 145 (152 ff.); zust. *Vogel* IStR 2005, 29.

[192] BVerfGE 128, 326 (371) mwN.

[193] BVerfGE 148, 296 (Ls. 3c) – Streikverbot für Beamte. S. dazu *Haug* NJW 2018, 2674 ff.; *Hufen* JuS 2018, 1111; *Stuttmann* NVwZ 2018, 1136; *Zornow,* Examensklausur, JuS 2018, 1079.

[194] BVerfGE 111, 307 (Ls. 2). Zu den konkreten Folgen vgl. ebda, S. 323 ff. Zur differenzierten Befolgungspflicht gem. Art. 46 EMRK und darüber hinaus, wo „die konkreten Umstände des Falls im Sinne einer Kontextualisierung" bes. zu beachten seien BVerfGE 148, 296 (Ls 3b).

[195] So BVerfGK 17, 1 (7) mwN.

[196] BVerfGE 128, 326 (371) mwN. Vgl. dazu *Sauer,* StaatsR III, § 7 Rn. 22 ff.

[197] Vgl. dazu *Ruffert* EuGRZ 2007, 245 (245 f., 253 ff.) und *Papier* EuGRZ 2010, 368: Scheidender BVerfG-Präsident warnt EGMR vor Akzeptanzverlust. Dies betrifft – in unterschiedlicher Ausprägung – keineswegs allein das BVerfG. Vgl. zu einem Konflikt mit Italien durch das Kruzifix-Urteil im Fall Lautsi/Italien, den die Große Kammer des EGMR (EuGRZ 2011, 677; NVwZ 2011, 737) durch Aufhebung des Urteils der Kammer entschärft hat *Augsberg/Engelbrecht* JZ 2010, 450 und *Walter* EuGRZ 2011, 673. Zur Missachtung einer e. A. des EGMR durch die Slowakei vgl. EuGRZ 2010, 261.

[198] BVerfGE 101, 361 (379 ff.) – Caroline von Hannover.

[199] EGMR EuGRZ 2004, 404, Nr. 76 ff. (Caroline von Hannover/Deutschland) zur Abwägung zwischen Art. 8 und Art. 10 EMRK.

[200] BVerfGE 120, 180 (199 ff.). Vgl. dazu *Dörr* JuS 2008, 1107.

[201] EGMR (GK) EuGRZ 2012, 278, Nr. 94 ff., 124 ff. (Caroline von Hannover/Deutschland).

[202] EGMR EuGRZ 2010, 25 (M/Deutschland). Das Urteil ist nach Ablehnung der Verweisung an die GK rechtskräftig, vgl. EuGRZ 2010, 261.

[203] BGH EuGRZ 2010, 359 (360 ff.).

[204] BVerfGE 109, 133 (167 ff.). Unmittelbar nach dem Urteil des BGH lehnte das BVerfG den Antrag auf einstweilige Anordnung (§ 32 BVerfGG) zur sofortigen Entlassung aus nachträglicher Sicherungsverwahrung ab (BVerfG EuGRZ 2010, 385).

[205] BVerfGE 128, 326 (326 ff.).

fristeten Sicherungsverwahrung keinen Konventionsverstoß.[206] Hinsichtlich des Streikverbots für Beamte als hergebrachtem Grundsatz des Berufsbeamtentums (Art. 33 V) hat das BverfG eine Kollisionslage mit Art. 11 EMRK verneint.[207]

Umstritten ist der **Gegenstand der Transformation.** Nach ursprünglich hM sollen nur solche **66** Vertragsbestimmungen in den innerstaatlichen Bereich übernommen werden, die nach ihrem Inhalt „unmittelbar anwendbar" sind, sich unmittelbar an staatliche Rechtsanwendungsorgane und an die Rechtsunterworfenen wenden (**„self-executing"-Normen).**[208]

Damit wird jedoch die Frage der **Geltung eines Vertrages** im Innenbereich mit der Frage der **67** **unmittelbaren Anwendbarkeit** der Normen vermengt.[209] Beides **muss aber unterschieden werden,** weil die innerstaatliche Geltung eines Vertrages lediglich eine – wenn auch logische – Voraussetzung seiner Anwendbarkeit durch die Gerichte und Verwaltungsbehörden ist, während die Frage unmittelbare Anwendbarkeit (Vollzugsfähigkeit) oder Erfordernis einer konkretisierenden, ergänzenden Gesetzgebung von weiteren Bedingungen abhängt, insbes. der hinreichenden Bestimmtheit der Norm. Letzteres ist aber nicht *Geltungs*voraussetzung. Geltung und Verpflichtung für die Staatsorgane werden in jedem Fall bereits durch das Vertragsgesetz nach Art. 59 II herbeigeführt.[210]

Die Frage der unmittelbaren Anwendbarkeit einer Vertragsbestimmung (**„self-executing"/** **68** **„non-self-executing treaty")** ist grds. durch Auslegung der materiellen Regelung zu klären. Es kommt darauf an, ob sich nach Inhalt, Zweck und Fassung einer Vertragsbestimmung ergibt, dass sie zu ihrer Ausführung noch weiterer Akte bedarf. Indiz für das Fehlen der unmittelbaren Anwendbarkeit ist eine Verpflichtung der Vertragsparteien, innerstaatlich besondere vorgeschaltete Maßnahmen zu treffen.[211] Die unmittelbare Anwendbarkeit kann durch eine ausdrückliche Vertragsbestimmung, aber auch durch die Erklärung eines entsprechenden völkerrechtlich wirksamen Vorbehalts ausgeschlossen werden. Auch wenn der Vertrag an sich zur unmittelbaren Anwendung geeignet erscheint, kann dies durch die innerstaatliche Rechtslage ausgeschlossen sein, wenn eine Vertragsbestimmung nach innerstaatlichem Recht ohne einen zusätzlichen Rechtsakt nicht ausgeführt werden könnte.[212]

Von der unmittelbaren Anwendbarkeit einer Vertragsbestimmung ist die weitere Frage zu unter- **69** scheiden, ob die Vorschrift **subjektive Rechte und Pflichten Einzelner** begründet.[213] Auch dies ist durch Auslegung des Vertrages zu ermitteln.[214]

**3. Voraussetzung für die Vertragsgeltung.** Die Zustimmung nach Art. 59 II ist verfassungs- **70** rechtl. Voraussetzung für die Geltung des Vertrages. Soweit das Vertragsgesetz rechtswidrig ist, gilt der Vertrag innerstaatlich nicht.[215] Davon zu unterscheiden sind die **völkerrechtlichen Konsequenzen.** Nach Art. 27, 46 WVRK ist ein Verstoß gegen innerstaatliches Recht nur dann völkerrechtlich beachtlich, wenn er offenkundig ist und die verletzte Norm wesentliche Bedeutung hat. Ein völliges Fehlen der Zustimmung nach Art. 59 II dürfte in demokratischen Verfassungsstaaten beide Voraus-

---

[206] EGMR NJW 2012, 1707, Nr. 35 ff. (Schmitz/Deutschland). Nachdem der EGMR in der nachträglich angeordneten Sicherungsverwahrung wegen des fehlenden Kausalzusammenhangs mit der Verurteilung zu der eigentlichen Freiheitsstrafe einen Verstoß gegen Art. 5 I EMRK feststellte (EGMR EuGRZ 2012, 383, Nr. 66 ff. – B./Deutschland), sah BVerfGE 131, 268 in der in einer Anlassverurteilung vorbehaltenen Sicherungsverwahrung einen Verletzung von Art. 2 II 2 iVm Art. 104 I 1, andere Bestimmungen des GG aber unter Berücksichtigung der Rspr. des EGMR zu Art. 5 I EMRK nicht verletzt und bestätigte BVerfGE 128, 326. Vgl zur Sicherungsverwahrung auch BVerfGE 129, 37 und zuletzt EGMR (GK) NJOZ 2019, 1445 (Ilnseher/Deutschland). S. dazu *Hufen,* StaatsR II, § 21 Rn. 18 m. w. N; *Streinz* EWS 2019, 241 (243 ff.).
[207] BVerfGE 148, 296 (Ls 4 und Rn. 163 ff.) nach eingehender Auseinandersetzung mit der Rspr. des EGMR.
[208] BVerfGE 29, 348 (360); *Rudolf* (Fn. 92), S. 173 ff.; vgl. die Nachw. bei *Nettesheim* in: Maunz/Dürig, Art. 59 (2020) Rn. 179
[209] *Randelzhofer* (Fn. 137), S. 111; *Verdroß/Simma* (Fn. 3), § 865.
[210] Die Unterscheidung von innerstaatlicher Geltung und Anwendbarkeit betont BVerfGE 142, 234 Rn. 12 (CCC). Vgl. auch *Rojahn,* in: v. Münch/Kunig I, Art. 59 Rn. 37 mwN; *Nettesheim* in: Maunz/Dürig, Art. 59 (2020) Rn. 180; *Kempen* MKS II, Art. 59 Rn. 95; *Fastenrath/Groh,* in: Friauf/Höfling, Art. 59 (2007) Rn. 100 ff.; *Geiger,* StaatsR III, S. 159 f.; *Schweitzer/Dederer,* StaatsR III, Rn. 817 ff.; *Schorkopf,* § 3 Rn. 140 ff. Zu den Verpflichtungen aus der UNESCO-Welterbekonvention (BGBl. II 1977, 215) und den Folgen für die Staatsorgane vgl. BVerfG (K) LKV 2007, 509; SächsOVG LKV 2007, 520 (522 ff.) sowie *Fastenrath* DÖV 2006, 1017 (1020 ff.); *Schorkopf,* § 3 Rn. 138.
[211] Zu Art. 36 WÜK als self-executing Norm vgl. BVerfGK 9, 174.
[212] Vgl. dazu auch *Rojahn,* in: v. Münch/Kunig I, Art. 59 Rn. 39a mwN; *Geiger,* StaatsR III, S. 161.
[213] Vgl. zur Unterscheidung objektives Recht/subjektive Rechte und Pflichten des Einzelnen hinsichtlich unmittelbar anwendbarer Vertragsnormen *Rojahn,* in: v. Münch/Kunig I, Art. 41, der darauf hinweist, dass in der Rspr. der Schritt vom objektiven zum subjektiven Recht nur teilweise problematisiert und nachvollzogen wird (z. B. in BVerwGE 71, 137 [142]; 86, 99 [119]). Vgl. auch *Kempen* MKS II, Art. 59 Rn. 95, Fn. 222.
[214] Vgl. dazu *Rojahn,* in: v. Münch/Kunig I, Art. 59 41; *Fastenrath/Groh,* in: Friauf/Höfling, Art. 59 (2007) Rn. 106 f.; *Geiger,* StaatsR III, S. 161 f. mwN; *Schweitzer/Dederer,* StaatsR III, Rn. 823 ff. mwN. Vgl. zur Frage, ob Art. 13 I 1, II lit. c IPbürgR ein Verbot der Einführung von Studiengebühren begründet, verneinend VG Minden DVBl 2007, 773 (774 ff.), bestätigt durch OVG NRW DVBl 2007, 1442 und BVerwGE 134, 1 Rn. 45 ff.; vgl. dazu *Lorenzmeier* NVwZ 2006, 759 (761 ff.); *Deppner/Heck* NVwZ 2008, 45 (47 f.).
[215] BVerfGE 72, 200 (264 f., 271 f.).

setzungen erfüllen, nicht aber ein Verstoß gegen sonstiges Verfassungsrecht.[216] Das BVerfG hat in einem Fall, in dem das Vertragsgesetz wegen Verstoßes gegen den Vertrauensschutz teilweise verfassungswidrig war, keine Zweifel an der völkerrechtlichen Verbindlichkeit geäußert.[217]

## V. Kontrolle des Vertragsgesetzes durch das BVerfG

71 Wie alle Akte (zumindest)[218] deutscher öffentl. Gewalt unterliegen auch die Zustimmungsgesetze zu völkerrechtlichen Verträgen (Vertragsgesetze) der **Jurisdiktion des BVerfG** in allen nach den allgemeinen Grundsätzen zulässigen Verfahrensarten.[219]

72 Den verfassungsrechtlich nicht durchgreifenden grundsätzlichen Bedenken gegen eine verfassungsgerichtliche Kontrolle von Akten im Rahmen der auswärtigen Gewalt, die nicht in der alleinigen Gestaltungsmacht deutscher Organe liegen,[220] hat das BVerfG durch die Einräumung eines großen Ermessensspielraums an die zuständigen Organe hinsichtlich der Einschätzung außenpolitisch erheblicher Sachverhalte sowie der Zweckmäßigkeit möglichen Verhaltens Rechnung getragen.[221] Das BVerfG hat dies selbst als „**judicial self-restraint**" bezeichnet,[222] was wenig glücklich ist, weil die Ausübung seiner Befugnisse nicht dem Belieben des BVerfG überlassen ist.[223] Diese Zurückhaltung zeigt sich auch darin, dass das BVerfG erst in zwei Fällen völkerrechtliche Verträge für verfassungswidrig erklärt hat.[224]

73 Im Übrigen hat es sich aller möglichen Methoden der **Interpretation** bedient, um das Vertragsgesetz und damit den Vertrag zu erhalten, insbes. des Grundsatzes der verfassungskonformen Auslegung.[225] Als für die Interpretation völkerrechtlicher Verträge einerseits, der verfassungsrechtlichen Maßstabsnormen andererseits besonders entwickelte Rechtsfigur ist die **Annäherungstheorie** (Verfassungsmäßigkeit, wenn der erreichte Zustand dem GG zwar nicht voll entspricht, aber „näher" ist als der vorgefundene)[226] zu nennen. Ferner sind die Unterlassung einer Überprüfung politischer Wertungen und Prognosen[227] und der genannte besondere Ermessensspielraum zu erwähnen.[228]

74 Um ein Auseinanderfallen von völkerrechtlicher und verfassungsrechtlicher Bindung zu verhindern, ist die Kontrolle möglichst **vor Eintritt der völkerrechtlichen Bindung** geboten. Daher hat das BVerfG bei Vertragsgesetzen die Kontrolle bereits zu dem Zeitpunkt für zulässig erklärt, in dem das Vertragsgesetz zwar beschlossen, aber noch nicht in Kraft getreten ist.[229]

75 Daneben kommt der Erlass einer **einstweiligen Anordnung** gemäß § 32 BVerfGG in Betracht, wovon das BVerfG aber (zu) zurückhaltend Gebrauch macht. Entsprechende Anträge wurden bisher immer abgelehnt.[230] Dabei hat das BVerfG übersehen, dass seine Vertragsinterpretation allein für die

---

[216] Vgl. zu dem Problem *Schweitzer/Dederer*, StaatsR III, Rn. 435 ff.; *Verdroß/Simma* (Fn. 3), §§ 689 ff. Art. 46 WVRK bildet insoweit eine Einschränkung des Art. 7 II lit. a WVRK, der das Staatsoberhaupt, den Regierungschef und den Außenminister *grundsätzlich* zum endgültigen Vertragsabschluss legitimiert (ebda, § 691, S. 447 f. mwN). Vgl. o. Fn. 2. Vgl. auch *Kempen* MKS II, Art. 59 Rn. 97; *Weber*, in: Umbach/Clemens, GG, Art. 59 II Rn. 76.

[217] Vgl. BVerfG 72, 200 (264 f.). Darauf weist *Steinberger* ZaöRV 48 (1988), 6 hin. Auch die gänzlich fehlende Transformation hat keine Auswirkungen auf die völkerrechtliche Bindung der BRD, vgl. BVerfG LKV 2007, 222 (222).

[218] Vgl. BVerfGE 89, 155 (175) und LS 7. S. dazu → Art. 23 Rn. 50.

[219] Vgl. z. B. BVerfGE 4, 157 (162). S. iE *Schweitzer/Dederer*, StaatsR III, Rn. 1282, 1287 ff. mwN; *Geiger*, StaatsR III, S. 139 ff.; *Rojahn*, in: v. Münch/Kunig I, Art. 59 Rn. 57 ff. Zu Beispielen aus der Praxis vgl. *Grewe* HStR III[1], § 77 Rn. 89.

[220] Vgl. dazu („gerichtsfreier Hoheitsakt", „Regierungsakt") *Grewe* HStR III[1], § 77 Rn. 89 ff. mwN. Vgl. auch *Geiger*, StaatsR III, S. 133 f.

[221] BVerfGE 55, 349 (365). Vgl. dazu *Hailbronner* VVDStRL 56 (1997), 19 ff.

[222] BVerfGE 35, 257 (262); 36, 1 (14 f.).

[223] Vgl. dazu zutr. *Grewe* HStR III[1], § 77 Rn. 100 mwN; *Kempen* MKS II, Art. 59 Rn. 99 f. Ähnlich *Heun*, in: Dreier II, Art. 59 Rn. 52.

[224] BVerfGE 30, 272; 72, 200: Deutsch-schweizerische Doppelbesteuerungsabkommen. Zu bejahten Verstößen gegen Art. 23 – zuletzt BVerfG EuZW 2020, 324 Rn. 94 mwN – ZustG EPGÜ → Fn. 230.

[225] Vgl. insbes. BVerfGE 4, 157 (168). S. iE *Ress* BDGesVR 23 (1987), 36 ff. Zur Verbindung mit völkerrechtskonformer Auslegung *Nettesheim*, in: Maunz/Dürig, Art. 59 (2020) Rn. 239a.

[226] BVerfGE 4, 157 (168 ff.). Krit. zur Verallgemeinerung dieser anhand einer Sondersituation entwickelten Theorie *Fastenrath/Groh*, in: Friauf/Höfling, Art. 59 (2007) Rn. 120.

[227] BVerfGE 4, 157 (174 f.).

[228] Vgl. dazu *Grewe* HStR III[1], § 77 Rn. 95; *Hailbronner* VVDStRL 56 (1997), 19 ff.; *Giegerich* ZaöRV 57 (1997), 529 ff.; *Heun*, in: Dreier II, Art. 59 Rn. 52; Krit. dazu *Pernice*, in: Dreier II, 2. Aufl. 2006, Art. 59 Rn. 53. Vgl. auch *Kempen* MKS II, Art. 59 Rn. 100.

[229] BVerfGE 24, 33 (54 f.).

[230] Vgl. zB BVerfGE 35, 193; BVerfGE 89, 111 (122) – ISAF-Mandat; BVerfG EuZW 2020, 427 Rn. 17 ff. mwN m. Anm. *Stöbener de Mora* – Übereinkommen der EU-Mitgliedstaaten zur Beendigung bilateraler Investitionsschutzverträge. BVerfGE 125, 385 – Griechenlandhilfe – betraf die Umsetzung eines Beschlusses der Staats- und Regierungschefs der Euroländer. Im Maastricht-Vertrag-Fall hat allerdings der BPräs zugesichert, die Ratifikation nicht vor Abschluss des Verfahrens vorzunehmen, wodurch der Erlass der beantragten einstweilige Anordnung vermieden werden konnte (vgl. BVerfGE 89, 155 [164 f.]). Ebenso hins. des ZustG zum EPGÜ, das BVerfG EuZW 2020, 324 wegen Verstoßes gegen Art. 23 für nichtig erklärte. Zur Verantwortung des BPräs vgl. *Heun*, in: Dreier II,

Gegenseite keineswegs bindend ist,[231] sondern durch BReg und BPräs bei der Ratifikation in geeigneter Form (z. B. Vorbehalt, interpretative Erklärung) völkerrechtlich verbindlich geltend gemacht werden müsste.[232] Um dies sicherzustellen, wurde jetzt die Ablehnung im Fall des Abkommens zwischen der EU und ihren Mitgliedstaaten mit Kanada (CETA) an entsprechende Zusicherungen der BReg geknüpft.[233]

## D. Verwaltungsabkommen (Abs. 2 S. 2)

Art. 59 II 2 bestimmt, dass für Verwaltungsabkommen die Vorschriften über die Bundesverwaltung **76** (Art. 83 ff.) entsprechend gelten.

### I. Anwendungsbereich

**Verwaltungsabkommen** sind alle völkerrechtlichen Verträge, die von der BReg selbst verbindlich abgeschlossen werden können. Das ist bei allen Verträgen der Fall, die weder der Zustimmung der gesetzgebenden Körperschaften gemäß Art. 59 II 1 bedürfen[234] noch die Mitwirkung des BPräs erfordern.[235] Ausgeschlossen sind damit „hochpolitische Verträge" (→ Rn. 29)[236] und Verträge, deren Durchführung nicht durch die Verwaltung allein ohne Mitwirkung der gesetzgebenden Körperschaften erfolgen kann. Letzteres bestimmt sich nach der Tragweite des Gesetzesvorbehalts bzgl. des Inhalts des völkerrechtlichen Vertrages.[237] Erfasst werden auch Übereinkommen zur Erleichterung militärischer Einsätze, der Beitritt zu Sonderorganisationen der UN (WHO, ILO, UNESCO), Regierungsabkommen über die finanzielle Zusammenarbeit mit Entwicklungsstaaten (bei genehmigtem Haushaltsansatz).[238]

Art. 59 II 2 regelt nur den Abschluss von Verwaltungsabkommen im Rahmen der **Verbandskompetenz des Bundes**. Diese besteht für alle Materien der Bundesgesetzgebung, also auch dann, wenn **77** der Vollzug der Bundesgesetze den Ländern obliegt, was der Regelfall ist (vgl. Art. 83 ff.). Soweit der Bund in Materien der Landesgesetzgebung völkerrechtliche Verträge schließen darf, ist das Lindauer Abkommen zu beachten.[239] Haben die Länder dem Vertragsschluss des Bundes in den ihnen zur Regelung zustehenden Sachgebieten zugestimmt, haben sie aus dem Grundsatz der Bundestreue die Pflicht, die mittelbar übernommenen Vertragspflichten zu erfüllen.[240] Soweit die **Länder** völkerrechtliche Verträge schließen dürfen (→ Art. 32 Rn. 47 ff.), bestimmt sich die Zulässigkeit von Verwaltungsabkommen allein nach den Bestimmungen des Landesverfassungsrechts.[241]

---

Art. 59 Rn. 53. Zur unterbliebenen Ausfertigung des von BTag und BRat mit der jeweils erforderlichen Zweidrittelmehrheit beschlossenen Zustimmungsgesetzes zum Vertrag über eine Verfassung für Europa v. 29.10.2004 vor der Entscheidung des BVerfG über die Verfassungsbeschwerde des Abg. Gauweiler (vgl. EuGRZ 2005, 340) vgl. *Pernice,* in: Dreier II, 2. Aufl. 2006, Art. 59 Rn. 54. Krit. zur bewusst dilatorischen Behandlung des Falles durch das BVerfG *Streinz/Herrmann* EuZW 2007, 289. Nach Verfassungsbeschwerden der Abg. Gauweiler bzw. Dehm sowie einer Organklage der Fraktion Die Linke gegen das ebenfalls von BTag und BRat mit der jeweils erforderlichen Zweidrittelmehrheit beschlossene ZustimmungsG zum Vertrag von Lissabon v. 7.12.2007 sicherte der BPräs zu, bis zur Entscheidung des BVerfG die Ratifikationsurkunde nicht zu unterzeichnen (Pressemitteilung des Bundespräsidialamtes v. 30.6.2008). Am 8.10.2008 hat der BPräs das VertragsG ausgefertigt (BGBl. II 2008, 1038), die Ratifikation selbst aber bis zur Entscheidung des BVerfG aufgeschoben. Nachdem das BVerfG im Lissabon-Urteil das ZustimmungsG nach Maßgabe der Gründe für verfassungskonform erklärt hatte (BVerfGE 123, 267/339, 368 ff.) und die vom BVerfG verlangten Nachbesserungen (vgl. ebd., S. 432 ff.) der Begleitgesetze (IntVG, EUZBBG) erfüllt waren, wurde der Vertrag ratifiziert. Vgl. dazu *Pieper,* in: Epping/Hillgruber, Art. 59 Rn. 24.

[231] Vgl. BVerfGE 36, 1 (36).

[232] Vgl. dazu *Schorkopf,* § 3 Rn. 113 ff.

[233] BVerfG NJW 2016, 3583 Rn. 72. S. dazu *Ruffert* JuS 2016, 1141; *Schorkopf,* § 3 Rn. 112.

[234] So definiert die ganz hM Verwaltungsabkommen vgl. *Jarass,* in: Jarass/Pieroth, Art. 59 Rn. 20; *Kempen* MKS II, Art. 59 Rn. 102; *Heun,* in: Dreier II, Art. 59 Rn. 48; *Rojahn,* in: v. Münch/Kunig I, Art. 59 Rn. 78; *Weber,* in: Umbach/Clemens, GG, Art. 59 II Rn. 49; *Zuleeg* AK GG, Art. 59 Rn. 38 mwN; *Schweitzer/Dederer,* StaatsR III, Rn. 404.

[235] Vgl. → Rn. 12. Vgl. dazu *Grewe* HStR III¹, § 77 Rn. 67.

[236] Sehr bedenklich war daher der Abschluss des Transitabkommens zwischen der BRD und der ehemaligen DDR v. 17.12.1971 als Verwaltungsabkommen, da es nicht nur Fragen verkehrstechnischen Inhalts enthielt, sondern als erster Staatsvertrag zwischen den beiden Staaten in Deutschland nach einer langjährigen Praxis der Nicht-Anerkennung eine Neuordnung des gegenseitigen politischen Verhältnisses bewirkt hat. Ebenso *Grewe* HStR III¹, § 77 Rn. 67 mwN; *Rojahn,* in: v. Münch/Kunig I, Art. 59 Rn. 83.

[237] Vgl. *Rojahn,* in: v. Münch/Kunig I, Art. 59 Rn. 79.

[238] Vgl. dazu *Rauschning* BK, Art. 59 (2009) Rn. 157 f. mwN.

[239] § 72 V GGO. *Schweitzer/Dederer,* StaatsR III, Rn. 868. S. dazu → Art. 32 Rn. 31 ff.

[240] *Rauschning* BK, Art. 59 (2009) Rn. 162. Zu den Problemen bei der Umsetzung der als Verwaltungsabkommen mit Ratifikationsvorbehalt geschlossenen und von Deutschland ratifizierten UNESCO-Welterbekonvention vom 23.11.1972 (BGBl. 1977 II, 213) vgl. BVerfGK 11, 241 – Waldschlösschenbrücke Dresden und *Rauschning* BK, Art. 59 (2009) Rn. 162 mwN.

[241] *Kempen* MKS II, Art. 59 Rn. 106; *Jarass,* in: Jarass/Pieroth, Art. 59 Rn. 20. Für Verwaltungsabkommen bleibt danach erheblicher Raum, vgl. ebda, Art. 32 Rn. 15.

## II. Abschlusskompetenz

78   Verwaltungsabkommen werden von der BReg **(Regierungsabkommen)** oder einem Bundesminister **(Ressortabkommen)** geschlossen.[242] Dies richtet sich nach der internen Aufgabenverteilung der BReg Gemäß § 72 II GGO iVm § 11 II GOBReg muss der Bundesminister des Auswärtigen zustimmen.

79   Bei Verwaltungsabkommen, die zur innerstaatlichen Durchführung der Zustimmung des **BRat** bedürfen (vgl. Art. 84 II, Art. 85 II 1), ist vor dem völkerrechtlich verbindlichen Abschluss dessen **Zustimmung** einzuholen. So verfährt auch die Praxis.[243] Gleiches gilt bei normativen Verwaltungsabkommen, zu deren Durchführung die Zustimmung des BRat gemäß Art. 80 II erforderlich ist. Diese Bestimmung wird analog angewandt, da sich die Verweisung in Art. 59 II 2 darauf nicht mehr bezieht (die Vorschriften der Bundesverwaltung beginnen mit Art. 83 GG).[244] → Rn. 37.

## III. Geltung im innerstaatlichen Recht

80   Nach ihrem Inhalt lassen sich zwei Arten der Verwaltungsabkommen unterscheiden: solche, die sich auf die Regelung administrativer Angelegenheiten beschränken und keine Verpflichtung zur innerstaatlichen Rechtssetzung enthalten, und solche, die auch Verpflichtungen zur Rechtssetzung enthalten, ohne den Bereich des Rechtsverordnungsrechts (Art. 80 I) zu überschreiten (sog. **normative Verwaltungsabkommen**).[245]

81   Ist für die innerstaatliche Ausführung eine RVO erforderlich, wird durch diese das Verwaltungsabkommen **transformiert** bzw. der **Vollzugsbefehl** erteilt.[246] Innerstaatlich erhält das Verwaltungsabkommen den **Rang** einer RVO.[247] Genügt eine bloße Verwaltungsvorschrift oder eine Ausführungsanweisung, so liegt in dieser die Transformation oder der Vollzugsbefehl. Das Verwaltungsabkommen erhält innerstaatlich einen entsprechenden Rang.[248]

## Art. 60 [Ernennung der Bundesbeamten und Soldaten, Begnadigungsrecht, Immunität]

(1) **Der Bundespräsident ernennt und entläßt die Bundesrichter, die Bundesbeamten, die Offiziere und Unteroffiziere, soweit gesetzlich nichts anderes bestimmt ist.**

(2) **Er übt im Einzelfalle für den Bund das Begnadigungsrecht aus.**

(3) **Er kann diese Befugnisse auf andere Behörden übertragen.**

(4) **Die Absätze 2 bis 4 des Artikels 46 finden auf den Bundespräsidenten entsprechende Anwendung.**

**Entstehungsgeschichte: Erstfassung:** JöR nF 1 (1951), 416. – **Änderung:** 7. G. zur Erg. des GG v. 19.3.1956 (BGBl I 111), Art. I Nr. 8 (dazu: BT-Dr II/2150; BT-Prot II/6819; BR-Dr 89/56; BR-Prot 56/76).
**Historische Verfassungstexte: RV 1849:** § 67 (1) Die Anstellung der Beamten vom Reiche aus. (2) Die Dienstpragmatik des Reiches wird ein Reichsgesetz feststellen. § 73 (1) Die Person des Kaisers ist unverletzlich. § 81 (1) In Strafsachen, welche zur Zuständigkeit des Reichsgerichts gehören, hat der Kaiser das Recht der Begnadigung und Strafmilderung. Das Verbot der Einleitung oder Fortsetzung von Untersuchungen kann der Kaiser nur mit Zustimmung des Reichstages erlassen. (2) Zu Gunsten eines wegen seiner Amtshandlung verurtheilten Reichsministers kann der Kaiser das Recht der Begnadigung und Strafmilderung nur dann ausüben, wenn dasjenige Haus, von welchem die Anklage ausgegangen ist, darauf anträgt. Zu Gunsten von Landesministern steht ihm ein solches Recht nicht zu. – **WRV: Art. 43** (3) Der Reichspräsident kann ohne Zustimmung des Reichstags nicht strafrechtlich verfolgt werden. **Art. 46** Der Reichspräsident ernennt und entläßt die Reichsbeamten und die Offiziere, soweit nicht durch Gesetz etwas anderes bestimmt ist. Er kann das Ernennungs- und Entlassungsrecht durch andere Behörden ausüben lassen. **Art. 49** (1) Der Reichspräsident übt für das Reich das Begnadigungsrecht aus. (2) Reichsamnestien bedürfen eines Reichsgesetzes. – **GG 1949:** (1) Der Bundespräsident ernennt und entläßt die Bundesrichter und die Bundesbeamten, soweit gesetzlich nichts anderes bestimmt ist. (2) bis (4) wie geltende Fassung.
**Geltende Landesverfassungen: Zu Abs. 1:** BWVerf Art. 51; BayVerf Art. 55 Nr. 4; BlnVerf Art. 77 I, 82; BbgVerf Art. 93, 109; BremVerf Art. 118 II, 136 I; HmbVerf Art. 45, 63 I; HessVerf Art. 108, 127 III; MVVerf Art. 48; NdsVerf Art. 38 II, III; NRWVerf. Art. 58; RhPfVerf Art. 102; SaarlVerf Art. 92; LSAVerf Art. 70; SachsVerf Art. 66; SchlHVerf Art. 31; ThürVerf Art. 78 I. – **Zu Abs. 2:** BWVerf Art. 52; BayVerf Art. 47 IV; BlnVerf Art. 81; BbgVerf Art. 92; BremVerf Art. 121; HmbVerf Art. 44; HessVerf Art. 109; MVVerf Art. 49 I; NdsVerf Art. 36 I;

---

[242] *Rojahn,* in: v. Münch/Kunig I, Art. 59 Rn. 81.
[243] *Schweitzer/Dederer,* StaatsR III, Rn. 866; *Kempen* MKS II, Art. 59 Rn. 104 f.
[244] Vgl. auch *Kempen* MKS II, Art. 59 Rn. 104; *Pernice,* in: Dreier II, 2. Aufl. 2006, Art. 59 Rn. 50.
[245] *Rojahn,* in: v. Münch/Kunig I, Art. 59 Rn. 82.
[246] *Schweitzer/Dederer,* StaatsR III, Rn. 861.
[247] Vgl. zur Rangzuweisung → Rn. 65.
[248] *Schweitzer/Dederer,* StaatsR III, Rn. 862 bzw. 863; *Jarass,* in: Jarass/Pieroth, Art. 59 Rn. 21; *Rojahn,* in: v. Münch/Kunig I, Art. 59 Rn. 83.

*NRW*Verf. Art. 59; *RhPf*Verf Art. 103; *Saar*lVerf Art. 93; *LSA*Verf Art. 85 I; *Sachs*Verf Art. 67 I; *SchlH*Verf Art. 32; *Thür*Verf Art. 78 II.

**Gesetzgebung:** S. die Zusammenstellung bei *v. Mangoldt/Klein* II, Art. 60 Anm. III 6; *Butzer,* in: Hofmann/ Henneke, Art. 60 Rn. 10; Auszüge bei *Hemmrich,* in: v. Münch/Kunig II, 5. Aufl., Art. 60 Rn. 11.

**Leitentscheidungen:** BVerfGE 25, 325 (Gnadengesuch); BVerfGE 30, 108 (Gnadenwiderruf); BVerfGE 45, 187 (lebenslange Freiheitsstrafe); BVerwGE 19, 332 (Gesandtenruhestand); BVerwGE 23, 295 (Generalsruhestand); BVerwGE 52, 33 (Altersstruktur); BVerwGE 115, 89 (Versetzung in den einstweiligen Ruhestand); BVerwG NVwZ-RR 1993, 90 (Generalsruhestand); OVG NRW NVwZ-RR 1994, 223 (Beamtenruhestand).

**Schrifttum:** *O. Bachof,* Über Fragwürdigkeiten der Gnadenpraxis und der Gnadenkompetenz, JZ 1983, 469; *P. Busse,* Die Ernennung der Bundesrichter durch den Bundespräsidenten, DÖV 1965, 469; *N. Campagna,* Das Begnadigungsrecht…, ARSP 2003, 171; *D. Hömig,* Gnade und Verfassung, DVBl 2007, 1328; *H. Huba,* Gnade im Rechtsstaat?, Der Staat 29 (1990), 117; *T. Maunz,* Bundespräsident und Bundeskanzler, BayVBl 1959, 87; *E. Menzel,* Ermessensfreiheit des Bundespräsidenten bei der Ernennung der Bundesminister?, DÖV 1965, 581; *D. Merten,* Rechtsstaatlichkeit und Gnade, 1978; *Chr. Mickisch,* Die Gnade im Rechtsstaat, Diss. 1996; *M. Nierhaus,* Entscheidung, Präsidialakt und Gegenzeichnung, Diss. 1973; *ders.,* Die Versetzung politischer Beamter in den einstweiligen Ruhestand, JuS 1978, 596; *ders.,* Begnadigung eines Spions, Jura 1987, 553; *St. U. Pieper,* Das Gnadenrecht des Bundespräsidenten …, FS Herzog, 2009, S. 355; *H. Rüping,* Die Gnade im Rechtsstaat, FS Schaffstein, 1975, S. 31; *F. Steiner,* Die Prüfungskompetenz des Bundespräsidenten bei der Ernennung der Bundesrichter, Diss. Heidelberg 1974; *C. Waldhoff* (Hrsg.), Gnade vor Recht – Gnade durch Recht?, 2014; *U. Wussow,* Zur Problematik von Gnadenentscheidungen, DöD 1989, 105.

## Übersicht

# A. Entstehungsgeschichte des Art. 60 im System des Grundgesetzes

## I. Die Inhomogenität des Art. 60

In Art. 60 sind völlig heterogene Materien geregelt: einerseits **Kompetenzzuweisungen** und **1** andererseits die Immunität des BPräs als **Statusregelung.** Nach dem Vorbild der Art. 43 III, 46 und 49 WRV hatte der HChE und zunächst auch der ParlRat diese Regelungen getrennt normiert. In einer Art legislativer „Aufräumaktion"[1] wurden gegen Ende der Beratungen die im Einzelnen bereits feststehenden Bestimmungen zu der inhomogenen Regelung des Art. 60 zusammengefasst. Das Ernennungs- und Entlassungsrecht ressortiert zur Verwaltung, das Begnadigungsrecht zur Rspr. So erhält der ohnehin nicht sonderlich systematische V. Abschnitt durch Art. 60 zusätzlich einen diffusen Akzent.

## II. Die Fakultativelemente des Art. 60

Dieser Eindruck wird noch verstärkt durch die beiden unterschiedlichen Fakultativelemente des **2** Art. 60. Dem gemeinsamen Zweck dienend, den BPräs zu entlasten, wird sein Ernennungs- und Entlassungsrecht in Abs. 1 unter gesetzlichen **Entzugsvorbehalt** gestellt. Abs. 3 ermächtigt den BPräs, diese Befugnisse und das Begnadigungsrecht auf andere Behörden zu **delegieren.** Insofern enthält Art. 60 eine verfassungssystematische Gemengelage.

---

[1] *Herzog,* in: Maunz/Dürig, Art. 60 (2009) Rn. 1.

## B. Das Ernennungs- und Entlassungsrecht des BPräs (Abs. 1)

3    Nach Art. 60 I ernennt und entlässt der BPräs die Bundesrichter, Bundesbeamten, Offiziere und Unteroffiziere, soweit gesetzlich nichts anderes bestimmt ist.

### I. Personeller Anwendungsbereich

4    **1. Die Bundesrichter.** Der – verkürzte – Begriff „Bundesrichter" erfasst die **Richter im Bundesdienst,** die an den in Art. 95 aufgeführten obersten Gerichtshöfen des Bundes sowie an den auf Grund von Art. 96 errichteten fakultativen Bundesgerichten tätig sind. Die – von BT und BRat gewählten (Art. 94 I 2) – Richter des BVerfG sind nicht aus dem Anwendungsbereich des Art. 60 I ausgeklammert. § 10 BVerfGG hat für die Ernennungsbefugnis des BPräs nur deklaratorische Wirkung.[2]

5    **2. Die Bundesbeamten, Offiziere und Unteroffiziere.** Bundesbeamte iSd Art. 60 I, § 2 BBG sind sowohl unmittelbare und mittelbare Bundesbeamte[3] als auch alle übrigen Beamtentypen (auf Lebenszeit, Zeit, Widerruf oder Probe). Angestellte ernennt und entlässt der BPräs ebenso wenig wie Landesbeamte. Offiziere und Unteroffiziere sind nur noch solche der **Bundeswehr,**[4] nach Abschaffung militär. Dienstgrade nicht mehr die Angehörigen der Bundespolizei.[5]

### II. Funktionaler Anwendungsbereich

6    Art. 60 I ermächtigt den BPräs zur **Ernennung** und **Entlassung.** Beide Begriffe sind auslegungsbedürftig. Versteht man sie in einem engen Sinne, fallen darunter nicht Beförderungen, Versetzungen, Pensionierungen und Versetzungen in den Ruhestand.[6] Erfasst wäre mit Blick auf die „Ernennung" danach nur die (erstmalige) Begründung des Grundverhältnisses.[7] Die erweiterte Interpretation will darüber hinaus auch andere beamtenrechtl. Maßnahmen dem Art. 60 I unterstellen.[8] Dies ist zutreffend, wenn es sich um die Begründung oder Beendigung sowie – wie bei der Beförderung[9] – um eine wesentl. Veränderung des beamtenrechtl. Status handelt.[10] Versetzungen und Abordnungen bleiben folglich auch hiernach aus dem Anwendungsbereich des Art. 60 I ausgeklammert,[11] hingegen gilt er für Pensionierungen nach §§ 50 ff. BBG.[12] Das Entlassungsrecht erfasst jedenfalls auch die **Versetzung in den einstweiligen Ruhestand** nach § 54 BBG und § 50 SoldG (u. Rn. 9).[13]

### III. Prüfungsrecht

7    Nach wie vor umstr. ist, welche **Prüfungs-** und **Verweigerungsrechte** dem BPräs iRd Art. 60 I zustehen.[14] Einigkeit besteht nur im Grundsatz, dass der BPräs Ernennungs- und Entlassungsurkunden prinzipiell zu unterschreiben hat, weil er im Verhältnis zu BReg und Bundesverwaltung **nicht** Inhaber einer eigenständigen **Personalhoheit** ist und nicht selbst initiativ tätig werden darf.[15]

8    Der Verpflichtung zur Ausfertigung der ihm von der BReg unterbreiteten Personalvorschläge positiver und negativer Art kann sich der BPräs nur aus Rechtsgründen entziehen. Insoweit kommt wieder die **rechtswahrende Kontrollfunktion** des Staatsoberhauptes zum Tragen (→ Art. 54 Rn. 6; → Art. 82 Rn. 3, 6 ff.). Eine „inhaltlich begrenzte Einschätzungsfunktion"[16] steht dem BPräs nur im Ausnahmefall zu, wenn Ernennungen und Entlassungen dem Staatswohl in hohem Maße abträglich wären.[17] Insoweit

---

[2] Anders *Stern,* Staatsrecht II, S. 249 f. mwN; *Hemmrich,* in: v. Münch/Kunig II, Art. 60 Rn. 6; *Fink* MKS II, Art. 60 Rn. 8; wie hier *v. Mangoldt/Klein* II, Art. 60 Anm. III 6b; *Geck* HStR II², § 55 Rn. 12; *Herzog,* in: Maunz/Dürig, Art. 60 (2009) Rn. 11 m. Fn. 1; *Heun,* in: Dreier II, Art. 60 Rn. 17; *Waldhoff/Grefrath,* in: Friauf/Höfling, Art. 60 (2009) Rn. 5; *v. Arnauld,* in: v. Münch/Kunig I, Art. 60 Rn. 3.

[3] *Fink* MKS II, Art. 60 Rn. 9 f.; *v. Arnauld,* in: v. Münch/Kunig I, Art. 60 Rn. 3; *Jekewitz* AK GG, Art. 60 Rn. 3; aA *Herzog,* in: Maunz/Dürig, Art. 60 (2009) Rn. 12 m. Fn. 4.

[4] Abw. *Jekewitz* AK GG, Art. 60 Rn. 3; *Waldhoff/Grefrath,* in: Friauf/Höfling, Art. 60 (2009) Rn. 7.

[5] Zutreffend *v. Arnauld,* in: v. Münch/Kunig I, Art. 60 Rn. 3 Fn. 19 mwN.

[6] *v. Arnauld,* in: v. Münch/Kunig I, Art. 60 Rn. 4 nimmt die statusneutrale Versetzung aus; s. auch *Jekewitz* AK GG, Art. 60 Rn. 4.

[7] Vgl. *F. Reimer* BK, Art. 60 (2015) Rn. 20.

[8] *Herzog,* in: Maunz/Dürig, Art. 60 (2009) Rn. 15.

[9] Teilweise anders noch die Vorauflage (auch für Beförderungen zutreffend); ebenso wie jetzt hier *F. Reimer* BK, Art. 60 (2015) Rn. 22.

[10] *F. Reimer* BK, Art. 60 (2015) Rn. 20 u. Rn 22 f. sowie Rn. 25 f.

[11] Vgl. *F. Reimer* BK, Art. 60 (2015) Rn. 22 f. u. 25 f. m. w. Beispielen.

[12] Anders noch die Vorauflage, ebenso wie jetzt hier *F. Reimer* BK, Art. 60 (2015) Rn. 25.

[13] So auch *Heun,* in: Dreier II, Art. 60 Rn. 19.

[14] S. die Nachw. zum Streitstand bei *v. Arnauld,* in: v. Münch/Kunig I, Art. 60 Rn. 5.

[15] S. dazu grds. *Maurer* DÖV 1966, 665; *Stern,* StaatsR II, S. 261 f.; *Herzog,* in: Maunz/Dürig, Art. 60 (2009) Rn. 18 jew. mwN.

[16] *Stern,* StaatsR II, S. 262.

[17] So auch *Butzer,* in: Hofmann/Henneke, Art. 60 Rn. 18.

können keine anderen Maßstäbe gelten als bei der Ministerernennung (hierzu → Art. 64 Rn. 15).[18] Wenn dagegen die Entscheidung vom Parlament getroffen worden ist – zB die Wahl der Richter des BVerfG je zur Hälfte von BT und BRat (Art. 94 I 2) –, steht dem BPräs eine sachliche, personelle oder gar politische Prüfungsbefugnis nicht zu.[19]

Neben der Ernennung und Entlassung der Parlamentarischen Staatssekretäre (§§ 2, 4 ParlStG) bildet **9** die **Versetzung politischer Beamter** und **ranghoher Offiziere** in den **einstweiligen Ruhestand** nach § 54 BBG und § 50 SoldG einen besonders **heiklen Sonderfall.** Das BVerwG[20] konkretisiert zwar diese „tatbestandslosen" Vorschriften des Bundesbeamten- und Soldatenrechts („jederzeitige" Zurruhesetzung) und vergleichbare Vorschriften mit Geltung für Beamte der Länder (§ 30 BeamtStG) durch Anforderungen an das persönliche Vertrauensverhältnis zwischen dem Minister und „seinem" politischen Beamten einerseits und deren Transformationsfunktion andererseits, räumt dem BPräs aber gleichwohl (aus Gründen der gerichtlichen Kontrolldichte) einen „sehr weiten" Ermessensspielraum ein und macht ihn obendrein noch sinn- und rechtswidrigerweise zur Widerspruchsbehörde (s. § 126 III BBG, § 126 III BRRG).[21] Mit Rücksicht auf das höchstpersönliche Vertrauensverhältnis zwischen dem die ministerielle Politik „transformierenden" politischen Beamten und dem Minister, der allein die Störung des Vertrauens einzuschätzen vermag, sollte der BPräs nur über die allg. Missbrauchsgrenze wachen dürfen.[22]

Bei Angehörigen von Dienstgradgruppen, die als sog. **politische Beamte** auf Antrag des zuständi- **9a** gen Ministers jederzeit ohne Angabe von Gründen in den einstweiligen Ruhestand versetzt werden können, darf der BPräs allerdings objektive Defizite hinsichtlich der an ihre Eignung, Befähigung und Leistung zu stellenden Anforderungen nicht durch Aspekte des „politischen Vertrauens" ersetzen.[23]

### IV. Gesetzesvorbehalt

Durch die Formulierung des Art. 60 I 1 Hs. 1 „soweit gesetzlich nichts anderes bestimmt ist" steht **10** das Ernennungs- und Entlassungsrecht – anders als das Begnadigungsrecht des Abs. 2 – unter **Gesetzesvorbehalt.** Von diesem „Entzugsvorbehalt" hat der Gesetzgeber in großem Umfang Gebrauch gemacht.[24] Die Beurteilung des Gesetzesvorbehalts des Art. 60 I fällt ambivalent aus. Einerseits ist er angesichts der stark aufgeblähten bzw. angewachsenen Verwaltungs- und Justizstrukturen zur Entlastung des BPräs unverzichtbar. Andererseits besteht die nicht zu leugnende Gefahr einer legislatorischen Aushöhlung der Kompetenz des BPräs zur Ernennung und Entlassung jedenfalls der höheren Ränge der Beamten und Offiziere.[25] Der Gesetzgeber ist gehalten, einen essentiellen Bereich **(Kernbereich)** der Ernennungs- und Entlassungsbefugnisse des BPräs zu respektieren. Andernfalls käme dem einfachen Gesetzgeber die Befugnis zur Streichung dieser verfassungsrechtlichen Kompetenz zu.[26] Diese **Wesensgehaltsgarantie,** die sich kaum vom Verhältnismäßigkeitsprinzip unterscheiden dürfte, gilt – wie Art. 28 II zeigt (→ Art. 28 Rn. 64 ff.) – auch außerhalb des Art. 19 II.[27]

### C. Das Begnadigungsrecht des BPräs (Abs. 2)

Nach Art. 60 II übt der BPräs im Einzelfall für den Bund das Begnadigungsrecht aus. Dieses Recht **11** verleiht die Befugnis, eine rechtskräftig festgesetzte Sanktion ganz oder zT zu erlassen, zu ändern oder ihre Vollstreckung auszusetzen.[28] Auch das Begnadigungsrecht ist nach Abs. 3 delegationsfähig und gegenzeichnungspflichtig (Letzteres str., s. → Art. 58 Rn. 14), weil kraft präsidentieller Prärogative auf den staatl. Straf(vollstreckungs)anspruch verzichtet wird.[29] Diesem Vorrecht entspricht eine Begrenzung des Gegenzeichnungsermessens (→ Rn. 15).

---

[18] Ausf. *Schenke* BK, Art. 64 (2014) Rn. 68 ff. mwN; für Art. 60 I weitergehend *Schlaich* HStR II², § 49 Rn. 30, der dem BPräs das Recht zubilligt, nachdrücklich nach der persönl. Eignung zu fragen.

[19] Zu dieser Diff. s. *Schlaich* HStR II², § 49 Rn. 27; ebenso *v. Arnauld*, in: v. Münch/Kunig I, Art. 60 Rn. 5, der eine rechtl. Prüfung auf die formelle Rechtmäßigkeit begrenzt wissen will; abw. *Herzog*, in: Maunz/Dürig, Art. 60 (2009) Rn. 18 m. Fn. 3.

[20] BVerwGE 19, 332; 23, 295; 52, 33; 115, 89; BVerwG DÖV 1993, 34; s. auch BVerfG (K) NVwZ 1994, 477 f.

[21] Dazu krit. *Nierhaus* JuS 1978, 596 ff. mwN; zust. *v. Arnauld*, in: v. Münch/Kunig I, Art. 60 Rn. 5 Fn. 43; *Fink* MKS II, Art. 60 Rn. 25; s. auch *Schlaich* HStR II², § 49 Rn. 29 m. Fn. 62; zutr. OVG NRW DVBl 1994, 120 ff. für die sofortige Vollziehung nach § 80 I 1 Nr. 4 VwGO.

[22] So auch *Schlaich* HStR II², § 49 Rn. 29; aA *Herzog*, in: Maunz/Dürig, Art. 60 (2009) Rn. 18 m. Fn. 3.

[23] So BVerwGE 128, 329.

[24] S. die Nachw. bei *F. Reimer* BK, Art. 60 (2015) Rn. 40 ff.; *Butzer*, in: Hofmann/Henneke, Art. 60 Rn. 25.

[25] Zu den ungeschriebenen Grenzen des Gesetzesvorbehalts *Nierhaus*, Entscheidung, Präsidialakt und Gegenzeichnung, Diss. 1973, S. 115–118 m. umfangr. Nachw.; *Herzog*, in: Maunz/Dürig, Art. 54 (2009) Rn. 81, Art. 60 (2009) Rn. 20 f.

[26] *Stern*, Staatsrecht II, S. 260; *Heun*, in: Dreier II, Art. 60 Rn. 21; ähnl. *Fink* MKS II, Art. 60 Rn. 22, der ein Regel-Ausnahme-Verhältnis annimmt; abw. *Pernice*, in: Dreier II, 2. Aufl. 2006, Art. 60 Rn. 21, der nur eine sachliche Rechtfertigung für den Kompetenzentzug verlangt.

[27] Näher *Herzog*, in: Maunz/Dürig, Art. 60 (2009) Rn. 21.

[28] BVerfGE 25, 352 (358); *Jekewitz* AK GG, Art. 60 Rn. 6.

[29] Nachw. zum Streitstand *Umbach*, in: Umbach/Clemens, GG, Art. 60 Rn. 37; wie hier *Nettesheim* HStR III, § 62 Rn. 53 aE.

## I. Anwendungsbereich

**12**    Das Begnadigungsrecht umfasst **Strafen, Nebenstrafen** und **Sanktionen mit strafrechtsähn-lichem Charakter** (Wehrstrafsachen, Disziplinarstrafen, Ehrengerichtssachen und die Verwirkung von Grundrechten nach Art. 18).[30] Eine ausdr. gesetzliche Regelung findet sich in § 43 BBG, der das Gnadenrecht des BPräs auch auf den Verlust der Beamtenrechte nach § 41 BBG erstreckt. Ob (von Bundesbehörden, → Rn. 14, verhängte) Sanktionen für Ordnungswidrigkeiten erfasst werden, ist strittig.[31]

## II. Grenzen des Begnadigungsrechts

**13**    **1. „im Einzelfall".** Das Begnadigungsrecht setzt erst nach Rechtskraft des Urteils ein: Eine **Niederschlagung** (Abolition) noch anhängiger Verfahren im Gnadenwege ist nicht zulässig.[32] In gleicher Weise ist eine **Amnestie,** dh die Anordnung der Straffreiheit bzw. eine Strafermäßigung für viele nach allg. Kriterien, unzulässig. Diese kann nur der Gesetzgeber erlassen.[33]

**14**    **2. „für den Bund".** Die Beschränkung auf Gnadenakte „für den Bund" schließt mit Rücksicht auf die föderale Struktur Deutschlands Begnadigungen bei Strafurteilen von Landesgerichten aus. Entspr. liegt das Gnadenrecht nach LVerfR idR beim MinPräs (zB Art. 92 BbgVerf). Eine Konsequenz dieser **föderalen Aufteilung** des Begnadigungsrechts ist der Umstand, dass dem BPräs gegenüber Straf-urteilen des BGH in Revisionssachen keine Gnadenkompetenz zusteht.[34] Allerdings kann sich eine Gnadenzuständigkeit des BPräs auch aufgrund des Art. 96 V ergeben, wonach für Strafverfahren ein (zustimmungspflichtiges) Bundesgesetz bestimmen kann, dass Gerichte der Länder (zB OLG 1. Instanz in Staatsschutzsachen) Gerichtsbarkeit des Bundes ausüben (§ 120 VI iVm § 142a GVG).[35] Problema-tisch ist die Gnadenkompetenz des BPräs bei Entscheidungen von (Verwaltungs-)Gerichten nach dem BDiszG, § 45.[36]

## III. Ermessensentscheidung des BPräs

**15**    Die Entscheidung über die Begnadigung im Einzelfall liegt im **freien,** allerdings gegenzeichnungs-gebundenen (str., s. → Art. 58 Rn. 14, → Art. 58 Rn. 25) **Ermessen** des Staatsoberhauptes („Gnade vor Recht" als materiell rechtsfreie Entscheidung; zur Justiziabilität von Gnadenentscheidungen → Art. 19 Rn. 119). Dieses weite Begnadigungsermessen ist allenfalls verfassungsgebunden (zB Be-achtung des Willkürverbots und der Menschenwürde).[37] In diesem Rahmen hat der BPräs die Gnaden-entscheidung höchstpersönlich vor seinem Gewissen zu verantworten. Der BPräs hat das Recht, einen vom BMJ „vorgezeichneten" (§ 29 II GO BReg) Begnadigungsvorschlag abzulehnen. Wegen der Prärogative des BPräs darf umgekehrt die Gegenzeichnung nur in Fällen **politischer Untragbarkeit** verweigert werden.[38]

## D. Delegation (Abs. 3)

**16**    Zu seiner Entlastung räumt Art. 60 III dem BPräs das Recht ein, seine Ernennungs-, Entlassungs-und Begnadigungsbefugnisse **auf andere Behörden zu übertragen.** Von dieser – anders als beim Gesetzesvorbehalt des Art. 60 I – system- und amtsadäquaten Möglichkeit hat der BPräs in allen Sachbereichen Gebrauch gemacht: Die Delegation dieser Befugnisse hat Rechtsverordnungscharak-ter.[39] Für bestimmte Fälle bzw. Personengruppen hat sich der BPräs – trotz Delegation – ein Selbst-entscheidungsrecht vorbehalten. Nach der Terminologie von *Triepel*[40] handelt es sich um eine „kon-

---

[30] Str., wie hier *Fink* MKS II, Art. 60 Rn. 23; *Herzog,* in: Maunz/Dürig, Art. 60 (2009) Rn. 27; *v. Arnauld,* in: v. Münch/Kunig I, Art. 60 Rn. 12; *Heun,* in: Dreier II, Art. 60 Rn. 28; abw. mit Rücksicht auf § 40 BVerfGG *Jekewitz* AK GG, Art. 60 Rn. 7.

[31] S. den Streitstand bei *Herzog,* in: Maunz/Dürig, Art. 60 (2009) Rn. 28; *Fink* MKS II, Art. 60 Rn. 23 sowie *Pieroth,* in: Jarass/Pieroth, Art. 60 Rn. 5.

[32] Vgl. *Pieroth,* in: Jarass/Pieroth, Art. 60 Rn. 5 mwN.

[33] BVerfGE 2, 213 (219); *Pieroth,* in: Jarass/Pieroth, Art. 60 Rn. 5.

[34] *Herzog,* in: Maunz/Dürig, Art. 60 (2009) Rn. 33.

[35] Dazu *Nierhaus* Jura 1987, 553 ff.

[36] Diese ist iE abzulehnen, vgl. zur Verteilung der Gnadenkompetenz *F. Reimer* BK, Art. 60 (2015) Rn. 75. Für Änderung des GG *Weiß* ZRP 2014, 117 ff.

[37] So *Hömig* DVBl 2007, 1328 (1329 ff.; dort auch Kritik an BVerfGE 25, 352 ff. mwN).

[38] *Nierhaus* Jura 1987, 553 (555); ebenso *Fink* MKS II, Art. 60 Rn. 33; *v. Arnauld,* in: v. Münch/Kunig I, Art. 58 Rn. 10, 18, Art. 60 Rn. 15; weitergeh. sogar *Pieper,* in: Waldhoff (Hrsg.), Gnade vor Recht – Gnade durch Recht?, 2014, S. 89 (94 ff.: Anspruch auf Gegenzeichnung).

[39] S. *Huwar,* Der Erlaß von Rechts- und Verwaltungsverordnungen durch den Bundespräsidenten, 1967, S. 86 ff. mwN; *Nierhaus* (Fn. 20), S. 113; *Fink* MKS II, Art. 60 Rn. 34; aA *v. Mangoldt/Klein* II, Art. 60 Anm. III 7a.

[40] *Triepel,* Delegation und Mandat im öffentlichen Recht, 1942, S. 53 ff.

servierende" Delegation.[41] Der BPräs kann die Delegation auch widerrufen. Delegation und Widerruf sind nicht gegenzeichnungspflichtig.[42]

## E. Immunität des BPräs (Abs. 4)

Art. 60 IV verweist auf die Abs. 2 bis 4 des Art. 46, erklärt sie auf den BPräs für entspr. anwendbar **17** und gewährt ihm und seinem Stellvertreter damit den **Organstatus** der (Verfolgungs-) **Immunität** (→ Art. 46 Rn. 11 ff.). Durch die Aussparung des Abs. 1 des Art. 46 ist klargestellt, dass das ohnehin nicht vor den parlamentarischen Körperschaften auftretende Staatsoberhaupt **keine Indemnität** genießt. Da die Aufhebung der Immunität, die dem Schutz des Amtes und nicht der Person des BPräs dient, in die alleinige Zuständigkeit des BT fällt, ist der BPräs insoweit in gewisser Weise vom BT abhängig. Abgesehen von der geringen praktischen Bedeutung dieser Frage bestehen letztlich keine verfassungsrechtlichen Bedenken gegen diese Immunitätsregelung,[43] ist der BPräs doch ein Verfassungsorgan unter Verfassungsorganen, aber nicht „ein Organ über den Gewalten".[44]

Neben der Immunität besteht der gesteigerte **strafrechtliche Ehrenschutz** gegenüber Ver- **18** unglimpfung nach § 90 StGB. Gegenüber der **Präsidentenanklage** nach Art. 61 schützt die Immunität nicht.

Der Immunitätsschutz des GG wird ergänzt durch die **völkerrechtliche Immunität (Exemtion)** **19** gegenüber der Straf- und Verfolgungsgewalt ausländischer Staaten.[45] Die völkerrechtliche Immunität wird relevant bei Auslandsaufenthalten des BPräs und Verstößen gegen seine Amtspflichten. Anders als die diplomatische Immunität nach Art. 31 WÜD basiert die Immunität des Staatsoberhaupts[46] auf der Staatssouveränität und dem Völkergewohnheitsrecht. Die Immunität verliert ihre Wirkung, wenn der betreffende Staat völkerrechtlich nicht mehr existiert. Deshalb konnten Straftaten von DDR-Verantwortlichen an der innerdeutschen Grenze strafrechtlich verfolgt werden.[47]

Die völkergewohnheitsrechtl. Immunität schützt nicht bei **Verletzungen des Völkerstrafrechts,** **20** die ein Staatsoberhaupt außerhalb der (innerstaatl.) Amtspflichten begeht. Ein wichtiges Beispiel dafür ist die Errichtung der **Internationalen Strafgerichtshöfe** durch den Sicherheitsrat der VN in Den Haag für die in Ruanda und im ehemaligen Jugoslawien begangenen Verbrechen.[48] Ob **ausländische Gerichte** sonstiger Art etwa befugt sind, ein fremdes Staatsoberhaupt nach Beendigung seines Amtes wegen völkerrechtl. Verbrechen zu verfolgen, ist im Einzelnen noch umstritten.

## Art. 61 [Anklage vor dem Bundesverfassungsgericht]

(1) **Der Bundestag oder der Bundesrat können den BPräs wegen vorsätzlicher Verletzung des Grundgesetzes oder eines anderen Bundesgesetzes vor dem Bundesverfassungsgericht anklagen. Der Antrag auf Erhebung der Anklage muß von mindestens einem Viertel der Mitglieder des Bundestages oder einem Viertel der Stimmen des Bundesrates gestellt werden. Der Beschluß auf Erhebung der Anklage bedarf der Mehrheit von zwei Dritteln der Mitglieder des Bundestages oder von zwei Dritteln der Stimmen des Bundesrates. Die Anklage wird von einem Beauftragten der anklagenden Körperschaft vertreten.**

(2) **Stellt das Bundesverfassungsgericht fest, daß der Bundespräsident einer vorsätzlichen Verletzung des Grundgesetzes oder eines anderen Bundesgesetzes schuldig ist, so kann es ihn des Amtes für verlustig erklären. Durch einstweilige Anordnung kann es nach der Erhebung der Anklage bestimmen, daß er an der Ausübung seines Amtes verhindert ist.**

**Entstehungsgeschichte:** JöR nF 1 (1951), 420.
**Historische Verfassungstexte: WRV: Art. 59** Der Reichstag ist berechtigt, den Reichspräsidenten, den Reichskanzler und die Reichsminister vor dem Staatsgerichtshof für das Deutsche Reich anzuklagen, daß sie schuldhafterweise die Reichsverfassung oder ein Reichsgesetz verletzt haben. Der Antrag auf Erhebung der Anklage muß von mindestens hundert Mitgliedern des Reichstags unterzeichnet sein und bedarf der Zustimmung der für Verfassungsänderungen vorgeschriebenen Mehrheit. Das Nähere regelt ein Reichsgesetz über den Staatsgerichtshof.
**Geltende Landesverfassungen:** *BW*Verf Art. 57; *Bay*Verf Art. 59, 61; *Brem*Verf Art. 111; *Hess*Verf Art. 115; *Nds*Verf Art. 40; *NRW*Verf. Art. 63; *RhPf*Verf Art. 131; *Saar*Verf Art. 94; *Sachs*Verf Art. 118.

---

[41] Unklar *Herzog,* in: Maunz/Dürig, Art. 60 (2009) Rn. 23: „echte Delegation".
[42] *Nierhaus* (Fn. 20), S. 171 ff. mwN; diff. (anders als die Delegation selbst nur der Widerruf gegenzeichnungsfrei) *Heun,* in: Dreier II, Art. 58 Rn. 21, Art. 60 Rn. 22.
[43] Ebenso *Fink* MKS II, Art. 60 Rn. 40; *v. Arnauld,* in: v. Münch/Kunig I, Art. 60 Rn. 19; *Heun,* in: Dreier II, Art. 60 Rn. 33; verfassungspolitische Bedenken äußern allerdings *Waldhoff/Grefrath,* in: Friauf/Höfling, Art. 60 (2009) Rn. 26; *F. Reimer* BK, Art. 60 (2015) Rn. 106.
[44] *W. G. Leisner,* in: Sodan, Art. 60 Rn. 6.
[45] Einzelfragen bei *F. Reimer* BK, Art. 60 (2015) Rn. 102; s. auch *Jekewitz* AK GG, Art. 60 Rn. 8; *v. Arnauld,* in: v. Münch/Kunig I, Art. 60 Rn. 20.
[46] *Gärditz,* Weltrechtspflege, 2006, S. 286 f.; *Reusmann* JPRax 1999, 268.
[47] BGHSt 33, 97 f.; BVerfGE 95, 96 (129 f.); *Fink* MKS II, Art. 60 Rn. 41.
[48] S. dazu mwN *Epping,* in: K. Ipsen, Völkerrecht, 7. Aufl. 2018, § 7 Rn. 290 ff.

**Gesetzgebung:** G. über den StGH v. 9.7.1921 (RGBl. S. 905), § 2; BVerfGG §§ 13 Nr. 4, 49–57.

**Schrifttum:** *E. Friesenhahn,* Über Begriff und Arten der Rechtsprechung …, FS Thoma, 1950, S. 21; *J.-D. Kühne,* Verfassungsklagen gegen Gubernativspitzen …, FS Tsatsos, 2003; *S. Steinbarth,* Das Institut der Präsidenten- und Ministeranklage …, 2011.

**Übersicht**

## A. Entstehungsgeschichte

**1**     Die staatsgerichtl. Anklage richtete sich im 19. Jh. nicht gegen das Staatsoberhaupt, sondern nur gegen Regierungsmitglieder. Wegen der Unverletzlichkeit des Monarchen kannten weder die RV 1849 noch die RV 1871 das verfassungsrechtl. Anklageverfahren. Dieses findet sich erstmals in Art. 59 WRV, weil die Absetzung des Staatsoberhauptes ein Merkmal der republikanischen Verfassung ist.[1] Das Anklageverfahren wurde dem **impeachment** des angelsächsischen Rechts und den Minister- und Beamtenanklagen des 19. Jh. nachgebildet.[2]

**2**     In **Anlehnung an Art. 59 WRV** ermöglicht auch das GG (s. bereits Art. 85 HChE), den BPräs vor dem BVerfG anzuklagen. Die Notwendigkeit eines Anklageverfahrens wurde mit der fehlenden polit. Verantwortlichkeit des Staatsoberhauptes begründet, weshalb wegen der politisch-parlament. Verantwortung der BReg auch darauf verzichtet werden konnte, ein Anklageverfahren gegen deren Mitglieder vorzusehen. Das BVerfG kann nunmehr nicht nur feststellen, dass der BPräs vorsätzlich das GG oder ein anderes BundesG verletzt hat, sondern auch die Sanktion des Amtsverlusts auszusprechen.

## B. Sinn und Zweck des Anklageverfahrens

**3**     Nach Art. 61 iVm §§ 13 Nr. 4, 49–57 BVerfGG kann das BVerfG auf Antrag des BT oder des BRat feststellen, dass sich der BPräs einer vorsätzlichen Verletzung des GG oder eines anderen Bundesgesetzes schuldig gemacht hat, und ihn deshalb seines Amtes entheben. Im älteren staatsrechtlichen Schrifttum wurden Sinn und Notwendigkeit der **Präsidentenanklage** in Frage gestellt.[3] Diese mit tradierten Missverständnissen behaftete Meinung[4] ist inzwischen nüchterner Betrachtungsweise gewichen.[5] Nur auf den ersten Blick erscheint es ungereimt, dass dem BPräs durch die Gegenzeichnung nach Art. 58 die **politisch-parlamentarische Verantwortung** abgenommen wird, er aber gleichwohl staatsrechtlich verantwortlich bleibt, wohingegen der politisch verantwortliche und eigentlich handelnde BKanzler oder BMin rechtlich nicht zur Verantwortung gezogen werden kann.[6] Denn es liegt in der Konsequenz des parlamentarischen Verfassungsstaates und der strikten **Verfassungsbindung** des BPräs (→ Art. 54 Rn. 6, 9; → Art. 82 Rn. 9), dass es eine politische *oder* **staatsrechtlich/ personale Verantwortung** geben muss.

**4**     Art. 61 trägt dem Umstand Rechnung, dass das Staatsoberhaupt nicht Repräsentant des dynamisch-polit. Elements, sondern (auch) verfassungswahrendes Kontrollorgan ist. Amtsinhaber eines Verfassungsorgans müssen absetzbar sein.[7] Angesichts der Wirkungen öff. Kritik, vor der auch ein BPräs nicht gefeit ist, mag das Verfahren des Art. 61 – wie die in- und ausländ. Staatspraxis zur Genüge belegt –

---

[1] *Schlaich* HStR II², § 48 Rn. 16.
[2] Ausführl. zu den histor. u. rechtsvergleich. Aspekten *Brinktrine* BK, Art. 61 (2018), Rn. 1 ff.
[3] *Koellreutter,* Deutsches Staatsrecht, 1953, S. 201; *v. Mangoldt/Klein* II, Art. 61 Anm. II 3.
[4] Hierzu zB *Herzog,* in: Maunz/Dürig, Art. 61 (2009) Rn. 7 mit Gegenargumenten in Rn. 8; zur Kritik an Art. 61 ferner auch *Brinktrine* BK, Art. 61 (2018) Rn. 81 ff.
[5] S. *Stern,* StaatsR II, S. 215, aber auch S. 1006; *Schlaich* HStR II², § 48 Rn. 16; *Löwer* HStR III, § 70 Rn. 145. Zusammenfassend *Brinktrine* BK, Art. 61 (2018) Rn. 83 f.
[6] Darauf wies erstmals *v. Mangoldt,* Art. 61 Anm. 2, hin; jetzt wieder *Umbach,* in: Umbach/Clemens, GG, Art. 61 Rn. 18.
[7] S. *Schlaich* HStR II², § 48 Rn. 16. Zur Verantwortlichkeit der Reichsminister s. *Marschall von Bieberstein,* in: Anschütz/Thoma HdbDStR, Bd. I, § 45.

wirklichkeitsfremd sein. Trotz aller Beweisschwierigkeiten und polit. Rücksichtnahmen ist es jedoch nicht überflüssig, da der drohende Amtsverlust der öff. Meinung den nötigen Nachdruck verleiht.[8] Allein Organstreit (Art. 93 I Nr. 1) und Normenkontrolle (Art. 93 I Nr. 2) vermögen das staatsgerichtl. Defizit nicht auszugleichen. Denn sie haben andere Streitgegenstände und können den mit einem erhebl. Verweigerungspotenzial ausgestatteten **BPräs nicht aus dem Amt bringen.**[9] Die Präsidentenanklage ist ein eigenständiges verfassungsgerichtl. Verfahren.[10]

## C. Anklageverfahren

### I. Rechtsnatur

Obwohl die Terminologie des Art. 61 strafrechtlich geprägt ist („Anklage", „vorsätzlich", „schul- **5** dig"), hat das Anklageverfahren – neben dem Organstreitverfahren – **verfassungsrechtlichen Charakter,**[11] zielt auf Amtsenthebung und dient dem Schutz der verfassungsmäßigen Ordnung, nicht der Sühne individueller Schuld.[12] Unter den Voraussetzungen der Art. 60 IV, Art. 46 II–IV bleibt der BPräs auch nach der Präsidentenanklage strafrechtlich (und zivilrechtlich) verantwortlich.[13] Der Grundsatz des „ne bis in idem" (Art. 103 III) ist bereits tatbestandlich nicht einschlägig, weil es sich bei Art. 61 nicht um ein „allgemeines Strafgesetz" handelt.

### II. Verantwortung des Stellvertreters

Verletzt der BRatsPräs in seiner Funktion als **Stellvertreter des BPräs** (Art. 57) vorsätzlich das GG **6** oder ein BundesG, so kann er staatsrechtlich nach Art. 61 zur Verantwortung gezogen werden.[14] Trotz der nur einjährigen Amtsdauer des BRatPräs (Art. 52 I) ist dieser Fall nicht nur theoretischer Natur,[15] da die Möglichkeit einer eA besteht (Art. 61 II 2, u. Rn. 16) und das Verfahren nach Beendigung des Amtes des BRatPräs weitergeführt werden muss (u. Rn. 10). IÜ sind verfassungsrechtliche Auseinandersetzungen über das Vorliegen des Vertretungsfalles keineswegs ausgeschlossen (→ Art. 57 Rn. 7–9). Für die Anklagefähigkeit des Stellvertreters des BPräs sprechen trotz seiner polit. Abhängigkeit vom BRat ua der Wortlaut des Art. 61 I 1, seine Amtswalterbezogenheit, der Zweck des Verfahrens sowie die kongruente Verantwortlichkeit beider Ämter.[16] Das BVerfG kann gegenüber dem BRatPräs allerdings nur das Amt als Stellvertreter des BPräs für verlustig erklären.[17]

### III. Verantwortung trotz Gegenzeichnung

Der BPräs kann nach Art. 61 auch dann angeklagt werden, wenn der inkriminierte Akt durch den **7** BKanzler oder einen BMin nach Art. 58 S. 1 gegengezeichnet worden ist. Mit der Gegenzeichnung wird dem Staatsoberhaupt nur die politisch-parlamentarische Verantwortung abgenommen (→ Art. 58 Rn. 4), die **staatsrechtliche Responsabilität** verbleibt bei ihm.[18]

### IV. Der Tatbestand des Abs. 1 S. 1

Grund der Anklage nach Art. 61 I 1 ist eine Verletzung des GG oder „eines anderen Bundes- **8** gesetzes". Ein Verstoß gegen Ländergesetze reicht ebenso wenig aus wie die Verletzung einer RVO.[19]

---

[8] *Löwer* HStR III, § 70 Rn. 145; *Heun*, in: Dreier II, Art. 61 Rn. 6.

[9] Teils abw. *Wolfrum* BK, Art. 61 (1988) Rn. 2; wie hier auch *Brinktrine* BK, Art. 61 (2018) Rn. 95.

[10] *Lechner/Zuck*, Vor § 49 Rn. 1; *Brinktrine* BK, Art. 61 (2018) Rn. 88.

[11] *Butzer*, in: Hofmann/Henneke, Art. 61 Rn. 4: „rein verfassungsrechtliche Präventivfunktion".

[12] *Herzog*, in: Maunz/Dürig, Art. 61 (2009) Rn. 10; *Nettesheim* HStR III, § 61 Rn. 67 („Verfassungsschutzverfahren"); *Brinktrine* BK, Art. 61 (2018) Rn. 88; *O. Klein*, in: Benda/Klein/Klein, Rn. 1205.

[13] *Stern*, StaatsR II, S. 1006; *Jekewitz* AK GG, Art. 61 Rn. 3; *Heun*, in: Dreier II, Art. 61 Rn. 6.

[14] Str., bejahend: *v. Mangoldt/Klein* II, Art. 61 Anm. III 3; *Fink* MKS II, Art. 57 Rn. 24; *Brinktrine* BK, Art. 61 (2018) Rn. 104; *Wahl*, Stellvertretung im Verfassungsrecht, 1971, S. 146; *Pitschas* Staat 12 (1973), 183 (199); *Stern*, StaatsR II, S. 209 f.; verneinend: *Herzog*, in: Maunz/Dürig, Art. 57 (2009) Rn. 21; *Fritz* BK, Art. 57 (2016) Rn. 23; *v. Arnauld*, in: v. Münch/Kunig I, Art. 61 Rn. 5; zweifelnd *Jekewitz* AK GG, Art. 61 Rn. 4 („Theorie").

[15] So aber *Herzog*, in: Maunz/Dürig, Art. 57 (2009) Rn. 29; s. aber auch *dens.*, in: Maunz/Dürig, Art. 60 (2009) Rn. 14 m. Fn. 2.

[16] S. insbes. *Fink* MKS II, Art. 57 Rn. 24.

[17] Die Meinung, lediglich der Amtsverlust als BRatPräsident oder als Regierungschef, der zum Ausscheiden aus dem BRat führt, könne die Beendigung der Stellvertretung bewirken (so zB *Fritz* BK, Art. 57 [2016] Rn. 24), überzeugt nicht. Dem BRat bleibt es überlassen, durch Abwahl das Verfahren nach Art. 61 zu vermeiden; ein Abweichen vom Königsteiner Abkommen (→ Art. 52 Rn. 4) liegt in diesem Fall nicht vor (s. § 5 II GO BRat und *Korioth* MKS II, Art. 52 Rn. 6 mwN).

[18] *Wolfrum* BK, Art. 61 (1988) Rn. 4; *Waldhoff/Grefrath*, in: Friauf/Höfling, Art. 60 (2009) Rn. 7; *Brinktrine* BK, Art. 61 (2018) Rn. 105; kritisch *Herzog*, in: Maunz/Dürig, Art. 61 (2009) Rn. 8; für das Organstreitverfahren: BVerfGE 62, 1 (33).

[19] Vgl. *Brinktrine* BK, Art. 61 (2018) Rn. 109 f. Zu einem Verstoß gegen Verfassungsgewohnheitsrecht oder in der Rechtsprechung des BVerfG geklärte Regeln des ungeschriebenen Verfassungsrechts s. *Herzog*, in: Maunz/Dürig,

Weil sich das Verfahren gegen den BPräs als Verfassungsorgan und Amtswalter richtet, scheiden „private" Gesetzesverstöße außerhalb des Amtes als Anklagegründe aus.[20] Umstr. ist, ob die Gründe von einem gewissen rechtlichen oder politischen Gewicht sein müssen, „Bagatellfälle" also ausgeschlossen sind.[21] Zu dem **objektiven Tatbestandsmerkmal** der **Verletzung des GG** oder **anderer Bundesgesetze** muss das **subjektive** des **Vorsatzes** hinzukommen.[22] Darüber hinaus ist das Vorliegen eines „qualifizierten Verstoßes" nicht erforderlich.[23] Im Gegensatz zu Art. 59 WRV genügt bloße Fahrlässigkeit nicht mehr. Der – direkte oder bedingte – Vorsatz iS „bewussten" Rechtsverstoßes[24] muss sich auf die Rechts- bzw. Verfassungswidrigkeit des Handelns erstrecken.[25]

## V. Einleitung des Anklageverfahrens (Abs. 1 S. 2 bis 4)

**9**  Das Verfahren beginnt mit einem **Antrag** des BT oder BRat, der von einem Viertel der gesetzl. Stimmenzahl unterstützt werden muss (Art. 61 I 2). Der **Beschluss** über die Erhebung der Anklage bedarf nach Art. 61 I 3 einer $^2/_3$-Mehrheit im BT oder BRat. Die Anklageschrift hat der Präsident der anklagenden gesetzgebenden Körperschaft auszufertigen und innerhalb eines Monats nach dem Beschluss dem BVerfG zu übersenden (§ 49 II BVerfGG). Erst die Anklagevertretung kann von einem (internen oder externen) Beauftragten der anklagenden Körperschaft wahrgenommen werden (Art. 61 I 4). Nach § 50 BVerfGG ist die Anklage binnen drei Monaten, nachdem der ihr zugrunde liegende Sachverhalt der antragsberechtigten Körperschaft bekannt geworden ist, zu erheben. Dafür genügt Kenntnisnahme der wesentl. Umstände über die Medien.[26]

**10**  Die **Rücknahme der Klage** ist bis zur Verkündung des Urteils möglich, wenn die anklageerhebende Körperschaft dies mit der Mehrheit (nicht: $^2/_3$!) der gesetzl. Stimmenzahl beschließt und der BPräs nicht innerhalb eines Monats widerspricht (§ 52 BVerfGG). Insofern ist die im öff. Interesse liegende **Verfahrensherrschaft des BVerfG eingeschränkt.** Ohne Einfluss auf Einleitung und Durchführung des Verfahrens bleiben der Rücktritt des BPräs, sein Ausscheiden aus dem Amt, die Auflösung des BT oder der Ablauf der Wahlperiode (§ 51 BVerfGG). Beim Ausscheiden aus dem Amt durch Rücktritt oder wegen Beendigung der Amtsperiode durch Zeitablauf scheidet ein Urteil nach § 56 II BVerfGG aus. Der Tod des BPräs hindert die Fortsetzung des Verfahrens: Der Umstand, dass sich der Betroffene nicht mehr wehren kann, überwiegt das etwaige Bedürfnis nach Klärung fortbestehender verfassungsrechtl. Zweifelsfragen.[27]

## VI. Verfahren und Entscheidung des BVerfG (Abs. 2)

**11**  **1. Das Verfahren.** Art. 61 II enthält nur Bestimmungen über die vom BVerfG zu treffenden **Entscheidungen.** Die Regelungen über das **Verfahren** sind den §§ 53–56 BVerfGG u. iVm der StPO zu entnehmen. Über die Präsidentenanklage entscheidet der Zweite Senat (§ 14 II BVerfGG). Aus Gründen der Rechtsstaatlichkeit und Gewaltenteilung wird die (uU pflichtige) Durchführung einer Voruntersuchung einem Richter des Ersten Senats anvertraut.[28] In Anknüpfung an das **Vorbild des Strafprozesses** ist der Gang der **mündlichen Verhandlung** in § 55 BVerfGG relativ detailliert geregelt. Der BPräs ist nicht zur Präsenz verpflichtet. Er (bzw. sein Prozessvertreter) muss sich zu der Anklage äußern können. Die Beweisaufnahme (§ 55 II, s. auch § 28 I BVerfGG, der auf §§ 48 ff. StPO verweist) wird vom **Untersuchungsgrundsatz** beherrscht. Zum Schluss haben der Vertreter der

---

Art. 61 (2009) Rn. 17; *Brinktrine* BK, Art. 61 (2018) Rn. 108. *Pernice*, in: Dreier II, 2. Aufl. 2006, Art. 61 Rn. 12, will Art. 61 wohl auch auf Rechtsverordnungen anwenden; wie hier *Butzer*, in: Hofmann/Henneke, Art. 61 Rn. 7 (formeller Gesetzesbegriff). Zur Relevanz von Unions- u. Völkerrecht s. *Brinktrine* BK, Art. 61 (2018) Rn. 111 f.

[20] *Herzog*, in: Maunz/Dürig, Art. 61 (2009) Rn. 20; *Waldhoff/Grefrath*, in: Friauf/Höfling, Art. 60 (2009) Rn. 6; *Brinktrine* BK, Art. 61 (2018) Rn. 114. Enger *Butzer*, in: Hofmann/Henneke, Art. 61 Rn. 9 (nur Verstoß gegen spezifische Amtpflichten von Bedeutung), diese Auffassung ablehnend *v. Arnauld*, in: v. Münch/Kunig I, Art. 61 Rn. 7.

[21] Für einen solchen generellen Ausschluss *Waldhoff/Grefrath*, in: Friauf/Höfling, Art. 60 (2009) Rn. 8; ablehnend *Brinktrine* BK, Art. 61 (2018) Rn. 116 mwN. Beschränkung des Ausschlusses auf Verstöße, die nur geringfügige politische Auswirkungen haben bei *Butzer*, in: Hofmann/Henneke, Art. 61 Rn. 9; *Herzog*, in: Maunz/Dürig, Art. 61 (2009) Rn. 8; ebenso Vorauflage § 61 Rn. 8.

[22] Hierzu näher *Brinktrine* BK, Art. 61 (2018) Rn. 120 ff., dort auch zum Entfallen des Vorsatzes.

[23] *Nettesheim* HStR III, § 61 Rn. 69 mwN; *v. Arnauld*, in: v. Münch/Kunig I, Art. 61 Rn. 8 mwN.

[24] *Waldhoff/Grefrath*, in: Friauf/Höfling, Art. 61 (2009) Rn. 9, die sich gegen eine „strafrechtliche" Interpretation des Art. 61 aussprechen.

[25] Dazu sowie zu weiteren „strafrechtlichen" Einzelfragen *Scholzen*, Der Begriff des Vorsatzes in Art. 61 Grundgesetz …, Diss. Würzburg 1970; *Herzog*, in: Maunz/Dürig, Art. 61 (2009) Rn. 23 ff., der auch „dolus eventualis" genügen lässt; ferner *Fink* MKS II, Art. 61 Rn. 14 f.

[26] Str. ist, ob die Unterrichtung des Präsidiums ausreicht, s. *Herzog*, in: Maunz/Dürig, Art. 61 (2009) Rn. 45.

[27] *Lechner/Zuck*, § 51 Rn. 3; *O. Klein*, in: Benda/Klein/Klein, Rn. 1215; *Butzer*, in: Hofmann/Henneke, Art. 61 Rn. 15; *Pieroth*, in: Jarass/Pieroth, Art. 61 Rn. 3; aA *Maunz* MSKB, BVerfGG § 51 (1976) Rn. 2.

[28] § 54 BVerfGG; zu den anwendb. Rechtsvorschriften *Herzog*, in: Maunz/Dürig, Art. 61 (2009) Rn. 52.

Anklage und danach der BPräs bzw. sein Prozessvertreter das Wort für ihre Plädoyers. Das letzte Wort hat der BPräs (§ 55 VI 2 BVerfGG).

**2. Das Urteil.** Das BVerfG entscheidet durch Urteil (§ 56 II, § 25 II BVerfGG). Nach § 56 I **12** BVerfGG hat es zunächst festzustellen, ob sich der BPräs einer **vorsätzlichen Verletzung des GG** oder eines **Bundesgesetzes** schuldig gemacht hat. Diese – positive oder negative – Feststellung ist im Tenor des Urteils zu treffen. Die verletzten Vorschriften sind genau zu bezeichnen (entgegen dem Wortlaut des § 56 I BVerfGG auch diejenigen des GG). Beim **non liquet** gilt nicht der strafrechtliche Grundsatz des in dubio pro reo: In diesem Fall hat das BVerfG mit Rücksicht auf den besonderen verfassungsrechtlichen Charakter des Verfahrens und die Würde des Amtes auszusprechen, dass nicht festgestellt werden könne, der BPräs habe das GG oder ein anderes Bundesgesetz verletzt.[29]

Kommt das BVerfG im ersten Teil der Urteilsformel zu dem Ergebnis einer vorsätzlichen Verletzung **13** des GG oder eines Bundesgesetzes durch den BPräs, so muss es im zweiten Teil darüber befinden, ob es diesen zusätzlich seines **Amtes für verlustig erklären** will (Art. 61 II 1, § 56 II 1 BVerfGG). Die beiden Kann-Bestimmungen räumen dem BVerfG allerdings **kein freies Ermessen** bei der Entscheidung über den Ausspruch dieser (zweiten) Rechtsfolge ein. Grenzen ergeben sich aus dem Über- und dem Untermaßverbot[30] sowie aus dem Grundsatz schuldangemessener verfassungspolitischer Reaktion.[31]

Daher kommt eine Amtsenthebung nur in Betracht, wenn der BPräs nach Auffassung des BVerfG **14** durch seinen Rechtsverstoß **staatspolitisch untragbar** geworden ist. Ihn im Amte zu halten, muss **dem Staatswohl in hohem Maße abträglich** sein.[32] § 56 II 2 BVerfGG stellt klar, dass die Gestaltungswirkung des Amtsentzugs erst mit Verkündung (Rechtskraft) des Urteils eintritt. Für beide Tenorierungen ist eine Mehrheit von $^2/_3$ der gesetzl. Mitgliederzahl des Zweiten Senats erforderlich (§§ 14 II, 15 IV 1 BVerfGG). Andere, auch mildere Sanktionen (Kürzungen des Ehrensoldes, befristetes Amtsverbot), darf das BVerfG nicht aussprechen.[33]

**3. Rechtsfolgen.** Die Verkündung des Urteils über die Amtsenthebung stellt eine „vorzeitige **15** Erledigung des Amtes" iSd Art. 57 Var. 2 dar. Somit greift die Vertretungsregelung ein. Nach Art. 54 IV 1 Hs. 2 ist binnen 30 Tagen die BVers zur Wahl eines neuen BPräs einzuberufen.

**4. Einstweilige Anordnung.** Nach Art. 61 II 2 und (fast wortgleich) § 53 BVerfGG kann das **16** BVerfG – nach Erhebung der Anklage – durch **einstweilige Anordnung** des Inhalts erlassen, dass der BPräs an der Ausübung seines Amtes verhindert ist. Dies soll für den Fall geschehen, dass der BPräs auf Grund der vorgetragenen Anklagepunkte bereits vor der endgültigen Entscheidung des BVerfG für das Ansehen des Staates untragbar geworden ist und er nicht bereits aus eigenem Entschluss die Konsequenz gezogen hat, für die Dauer des Verfahrens sein Amt nicht wahrzunehmen. Die Rechtswirkungen der Anordnung – der Eintritt des Verhinderungsfalls nach Art. 57 (1. Var.) und die Wahrnehmung der Befugnisse des BPräs durch den BRatPräs (→ Art. 57 Rn. 11) – erstrecken sich nur bis zum Ergehen des Urteils des BVerfG.

Gegenüber § 32 BVerfGG ist **§ 53 BVerfGG lex specialis.** Allerdings sind die materiellen Abwä- **17** gungskriterien bei beiden eA sehr ähnl.: Wie wirkt es sich auf das Staatswohl aus, wenn ein BPräs vorläufig sein Amt verliert, sich aber dessen „Unschuld" nachträglich herausstellt, oder wenn ein BPräs nicht von seinem Amt suspendiert wird, später aber doch sein Amt verliert?[34] Abw. vom Verfahren nach § 32 BVerfGG, bei dem die Erfolgsaussichten in der Hauptsache nur begrenzt von Bedeutung sind, kann der voraussichtl. Ausgang des impeachment-Verfahrens nicht ohne Ansatz bleiben.[35]

---

[29] Arg. § 15 IV 3 BVerfGG, vgl. auch *Herzog,* in: Maunz/Dürig, Art. 61 (2009) Rn. 60.
[30] Vgl. BVerfGE 88, 203 (LS 6, 254 ff.); *Herzog,* in: Maunz/Dürig, Art. 61 (2009) Rn. 62; *Heun,* in: Dreier II, Art. 61 Rn. 16.
[31] Nicht: schuldangemessenen *Strafens,* so aber *Herzog,* in: Maunz/Dürig, Art. 61 (2009) Rn. 62, *Fink* MKS II, Art. 61 Rn. 29. Wie hier *Nettesheim* HStR III, § 61 Rn. 70; *Butzer,* in: Hofmann/Henneke, Art. 61 Rn. 19; gegen Schuldangemessenheit generell *Heun,* in: Dreier II, Art. 61 Rn. 16 Fn. 58.
[32] Zustimmend *v. Arnauld,* in: v. Münch/Kunig I, Art. 61 Rn. 13.
[33] *Herzog,* in: Maunz/Dürig, Art. 61 (2009) Rn. 63 f., dort auch zur Kürzung bzw. Aberkennung der Ruhebezüge des BPräs (s. § 5 G über die Ruhebezüge des BPräs v. 1953 BGBl. I, S. 406).
[34] BVerfGE 24, 27 (31); 34, 341 (342 f.) – stRspr.
[35] Zutr. *Herzog,* in: Maunz/Dürig, Art. 61 (2009) Rn. 69; ebenso *Heun,* in: Dreier II, Art. 61 Rn. 19.

# VI. Die Bundesregierung

## Art. 62 [Zusammensetzung]

**Die Bundesregierung besteht aus dem Bundeskanzler und aus den Bundesministern.**

**Entstehungsgeschichte: Erstfassung:** JöR nF 1 (1951), 422 (425).
**Historische Verfassungstexte: RV 1849:** § 73 (2) Der Kaiser übt die ihm übertragene Gewalt durch verantwortliche von ihm ernannte Minister aus. – **RV 1871: Art. 15** (1) Der Vorsitz im Bundesrathe und die Leitung der Geschäfte steht dem Reichskanzler zu, welcher vom Kaiser zu ernennen ist. (2) Der Reichskanzler kann sich durch jedes andere Mitglied des Bundesrathes vermöge schriftlicher Substitution vertreten lassen. – **WRV: Art. 52** Die Reichsregierung besteht aus dem Reichskanzler und den Reichsministern.
**Geltende Landesverfassungen:** *BW*Verf Art. 45 II, *Bay*Verf Art. 43 II, *Bln*Verf Art. 55 II, *Bbg*Verf Art. 82, *Brem*Verf Art. 107 I, *Hmb*Verf Art. 33 I, *Hess*Verf Art. 100, *MV*Verf Art. 41 II, *Nds*Verf Art. 28 II, *NRW*Verf Art. 51, *RhPf*Verf Art. 98 I, *Saar*Verf Art. 86, *Sachs*Verf Art. 59 II, *LSA*Verf Art. 64 I 2, *SchlH*Verf Art. 26 I 2, *Thür*Verf Art. 70 II.
**Gesetzgebung:** BMinG; ParlStG; GOBReg.
**Leitentscheidungen:** BVerfGE 91, 148 (Umlaufverfahren); BVerfGE 100, 249 (Steinkohleverstromung); BVerfGE 137, 185 (Bundessicherheitsrat).

**Schrifttum:** *G. Bachmann,* Das Bundeskanzleramt, in: Die Staatskanzlei, 1967, S. 161; *H.-J. Baedeker,* Die Organisationsgewalt im Bund und der Vorbehalt des Gesetzes, Diss. Köln 1969; *E.-W. Böckenförde,* Die Organisationsgewalt im Bereich der Regierung, 1964; *J. Brauneck,* Die rechtliche Stellung des Bundeskanzleramtes, 1994; *V. Busse,* Geschäftsordnung der Bundesregierung, in: Das Deutsche Bundesrecht, 1296. Lfg. 2018; *V. Busse/H. Hofmann,* Bundeskanzleramt und Bundesregierung, 7. Aufl. 2019; *H. Butzner,* Zum Begriff der Organisationsgewalt, Die Verwaltung 1994, 157; *S. Detterbeck,* Innere Ordnung der Bundesregierung HStR III, § 66; *V. Epping,* Die Willensbildung der Bundesregierung und das Einwendungsausschlußverfahren, NJW 1992, 2605; *ders.,* Die Willensbildung von Kollegialorganen, DÖV 1995, 719; *E. Friesenhahn,* Parlament und Regierung im modernen Staat, VVDStRL 16 (1958), 9; *W. Frotscher,* Regierung als Rechtsbegriff, 1975; *H. Götz,* Der Vorbehaltsbereich der Bundesregierung, Diss. Tübingen 1993; *R. Grote,* Art. „Regierung", in: EvStLex, 2006, Sp. 259; *E. Guilleaume,* Das Ressortprinzip, DÖV 1960, 328; *ders.,* Das Kabinettssystem, DÖV 1961, 449; *H. Honnacker/G. Grimm,* Kommentar zur Geschäftsordnung der Bundesregierung, 1969; *A. Hüttl,* Institutionelle Schwächen des deutschen Kabinettssystems, DVBl 1967, 61; *H. Kaja,* Ministerialverfassung und Grundgesetz, AöR 89 (1964), 381; *G. Kassimatis,* Der Bereich der Regierung, 1967; *U. Koch,* Das Ressortprinzip, 2005; *A. Köttgen,* Bundesregierung und oberste Bundesbehörden, DÖV 1954, 4; *ders.,* Die Organisationsgewalt, VVDStRL 16 (1958), 154; *H. Laufer,* Der Parlamentarische Staatssekretär, 1969; *H. Lechner/K. Hülshoff,* Parlament und Regierung, 3. Aufl. 1971; *W. Leisner,* Regierung als Macht kombinierten Ermessens, JZ 1968, 727; *S. Magiera,* Parlament und Staatsleitung in der Verfassungsordnung des Grundgesetzes, 1979; *F. Münch,* Die Bundesregierung, 1954; *R. A. Lorz,* Art. Bundesregierung, in: EvStLex, 2006, Sp. 1974; *M. Neumann,* Parlamentarische Staatssekretäre in der Bundesverwaltung, ZRP 2002, 203; *M. Oldiges,* Die Bundesregierung als Kollegium, 1983; *U. Scheuner,* Der Bereich der Regierung, FS Smend, 1952, S. 253; *M. Schmidt-Preuß,* Das Bundeskabinett, Die Verwaltung 21 (1988), 199; *M. Schröder,* Aufgaben der Bundesregierung HStR III, § 64; *ders.,* Bildung, Bestand und parlamentarische Verantwortung der Bundesregierung HStR III, § 65; *ders.,* Die Bereiche der Regierung und der Verwaltung HStR III (1./2. Aufl.), § 67; *G. F. Schuppert,* Regierung und Verwaltung HdbVerfR, § 31; *R. Smend,* Die politische Gewalt im Verfassungsstaat und das Problem der Staatsform, in: *ders.,* Staatsrechtliche Abhandlungen und andere Aufsätze, 2. Aufl. 1968, S. 68.

## Übersicht

# A. Allgemeines

## I. Systematische Stellung

Art. 62 eröffnet den VI. Abschnitt des GG über „die BReg" lapidar mit deren Bestimmung zu 1 einem aus BKanzler und BMin zusammengesetzten kollegialen Verfassungsorgan. Die nachfolgenden Artikel beziehen sich weniger auf das Gesamtorgan als auf dessen Teile. Im Ergebnis geben sie aber auch auf diese Weise Auskunft über die Bildung, den Bestand und die Beendigung der BReg insgesamt und enthalten Hinweise auf deren interne Aufgabenverteilung sowie auf ihre parlamentarische Verantwortlichkeit. Zusammen mit Art. 65 legt Art. 62 in maßgeblichen Teilen das **gouvernementale Führungsmodell** des GG fest.

## II. Historische Wurzeln

Indem Art. 62 fast wortgleich seiner Vorgängernorm, dem Art. 52 WRV, folgt, greift er in 2 wesentlichen Elementen auf die **Regierungsstruktur der WRV** zurück.[1] Bei den Verfassungsverhandlungen in der Weimarer Nationalversammlung hatte von Anfang an festgestanden, dass die Regierungsstruktur der RV 1871 nicht in die neue Verfassung übernommen werden sollte. Die RReg des Kaiserreiches war streng monokratisch organisiert. Der RKanzler war ihr einziges Regierungsorgan; ihm unterstanden Reichsämter, denen nach seiner Weisung Amtschefs im Range von Staatssekretären vorstanden. Von Ministern geleitete Ministerien gab es nicht, auch wenn die Staatssekretäre, zumal nach dem Stellvertretungsgesetz von 1878,[2] in der Regierungspraxis ministeriellen Amtsträgern schon recht nahe kamen.

Unter dem Einfluss von *Hugo Preuß*[3] entschied man sich in Weimar demgegenüber für eine 3 **kollegiale,** aus RKanzler und RMin mit eigenem Geschäftsbereich zusammengesetzte **Reichsregierung;** deren interne Entscheidungsstrukturen wurden in den Art. 55–58 WRV geregelt.

Bei der **Schaffung des GG** war man sich darüber einig, dass auch die künftige BReg sich kollegial 4 zusammensetzen sollte; es wurde überhaupt nur noch über die Aufgabenverteilung auf BKanzler, BMin und BKabinett gestritten.[4] Auch wurde kurzfristig erwogen, ob der BReg über Kanzler und Minister hinaus auch noch weitere Mitglieder, insbes. Parlamentarische oder beamtete Staatssekretäre angehören sollten; das wurde iE verneint.

## III. Die gouvernementalen Organisationsprinzipien

Art. 62 steht im Spannungsfeld dreier gouvernementaler Organisationsprinzipien,[5] die sein Wortlaut 5 programmatisch anklingen lässt, noch ehe sie in Art. 65 eine genauere Regelung erfahren. Das **Kanzlerprinzip** verkörpert ein System monokratischer Entscheidung, kennzeichnet sich darüber hinaus aber noch durch das präfekturale Element der Konzentration aller Entscheidungsbefugnisse in einer Person und in ihrer uneingeschränkten Weisungsbefugnis gegenüber organisatorischen Untereinheiten. Beim **Ressortprinzip** wird ebenfalls monokratisch entschieden, doch sind die gouvernementalen Entscheidungsbefugnisse nach Sachzusammenhängen auf Geschäftsbereiche verteilt, denen jeweils Minister gleichberechtigt und selbstverantwortlich vorstehen; präfekturale Führungselemente fehlen hier ebenso wie Ansätze zu kollegialer Entscheidung. Letztere ist dagegen Merkmal des **Kabinettsprinzips.** Hier entscheidet letztverbindlich nur das Regierungskollegium; eigene Regierungsgewalt übt der einzelne Minister nur als dessen Mitglied, im Kabinett, aus.

Jedes dieser drei Organisationsprinzipien kennt in seiner reinen Form also jeweils nur ein ent- 6 scheidungsbefugtes Regierungsorgan; weitere kommen entweder gar nicht vor oder bleiben bedeutungslos. In der Regierungspraxis zeigen sich jedoch meist **Konvergenzen,** wenn nicht überhaupt, wie nach der WRV und dem GG, eine **Kombination** aus allen drei Prinzipien vorgenommen wird. Die dabei stattfindende Verteilung der Regierungsbefugnisse auf mehrere Regierungsorgane lässt indes schon eine neuartige Regierungsstruktur entstehen, für die die reinen Organisationsprinzipien nur noch begrenzten Erklärungswert besitzen.[6]

---

[1] Zur Geschichte der Regierungsorganisation seit der Reichsgründung *Oldiges,* Die Bundesregierung als Kollegium, 1983, S. 65 ff.; *Busse,* in: Friauf/Höfling, vor Art. 62 (2019) Rn. 1 ff.

[2] Näheres bei *Oldiges* (Fn. 1), S. 70 ff.

[3] *Preuß,* in: Staat, Recht und Freiheit, 1964, S. 290 ff.

[4] Zusammenfassende Darstellung der Verhandlungen in JöR nF 1 (1951), 437 ff.

[5] Zum folgenden *Herzog,* in: Maunz/Dürig, Art. 62 (2008) Rn. 8 ff., sowie ausführlich *Oldiges* (Fn. 1), S. 38 ff. Vgl. auch *Koch,* Das Ressortprinzip, 2005, S. 22 ff.

[6] *Oldiges* (Fn. 1), S. 44; ebenso *Stern,* StaatsR II, S. 299.

## IV. Normative Bedeutung

**7**     Art. 62 ist keineswegs nur ein unverbindlicher Vorspann vor den eigentlichen Regelungen des VI. Abschnitts,[7] sondern enthält durchaus auch eigene normative Aussagen, indem er der BReg eine kollegiale Zusammensetzung vorschreibt und ihre Mitglieder institutionell bestimmt.[8] **Zweifelhaft** bleibt indes, ob Art. 62 darüber hinaus die BReg mit dem aus Kanzler und Ministern gebildeten Kabinett gleichsetzt und sie damit auf eine **kollegiale Handlungs- und Entscheidungsstruktur** festlegt.[9]

**8**     Die hM versteht Art. 62 als **Legaldefinition.** Wenn das GG oder sonstiges Recht den Begriff „Bundesregierung" verwenden, sei damit jedenfalls im Regelfall das Kabinett gemeint.[10] Mit einer solchen Deutung wird Art. 62 indes überfrachtet. Wortlaut, systematische Stellung und historischer Hintergrund belegen gleichermaßen, dass hier nur die **institutionelle Kollegialität** zum Ausdruck gebracht werden soll, mit der schon Art. 52 WRV die Abkehr vom Kanzlersystem der alten RV vornahm und die vom GG unbesehen übernommen wurde.[11]

**9**     Andererseits ist der Begriff „Bundesregierung" auch nicht lediglich ein **Verweisungsbegriff,** mit dem das GG auf Art. 65 als vermeintlich abschließende Verteilung der Regierungskompetenzen auf Kanzler, Minister und Kabinett verweist. „Bundesregierung" würde bei einem solche Verständnis lediglich ein fiktives Gesamtorgan bezeichnen, das seinerseits aus dem Kanzler, den Ministern und der BReg i. e. S., dem nach Art. 62 gebildeten Regierungskollegium, bestünde und gemäß der in Art. 65 vorgezeichneten Kompetenzverteilung zu handeln hätte.[12]

**10**     Für die ihm hier zugedachte Rolle als **abschließende Organisationsnorm** für die BReg taugt Art. 65 indes **nicht.** Er regelt die gouvernementalen Führungsstrukturen weitgehend nur im Hinblick auf das Verhältnis von BKanzler und BMin. Kabinettsagenden kommen dort so gut wie nicht vor; selbst die Streitschlichtungskompetenz nach S. 3 ist eher eine Ergänzung zum Ressortprinzip nach S. 2 als der Ausdruck eines eigenständigen Kabinettsprinzips (→ Art. 65 Rn. 26).

**11**     Art. 62 beschränkt sich also auf den oben beschriebenen Regelungsgehalt und besagt nichts über die regierungsinterne Aufgabenverteilung. Soweit im GG oder sonst von „Bundesregierung" die Rede ist, muss demnach aus systematischer Stellung und jeweiliger Regelungsintention erschlossen werden, in welchem **Aggregatzustand** – als Kollegium, durch den jew. Ressortminister oder durch den BKanzler – die Regierung handeln soll.[13] Hierbei können weder Art. 62 für eine Kabinettskompetenz noch Art. 65 S. 3 gegen eine solche ins Feld geführt werden. Ebensowenig folgt aus der weitreichenden Kabinettsvorlagepflicht des § 15 GOBReg[14] eine Verlagerung des gouvernementalen Kompetenzgefüges zum Kabinett[14] (→ Art. 65 Rn. 30 f.).

**11a**     Gleichwohl wird man Art. 62 die **Vermutungsregel** entnehmen können, dass bei Aufgaben- und Kompetenzzuweisungen an die „Bundesregierung"[15] das aus Kanzler und Ministern sich zusammensetzende Kollegium gemeint ist;[16] Auslegungen iS einer Ressortkompetenz bedürfen der Begründung. Tatsächlich beziehen sich denn auch die Kompetenzzuweisungen an die BReg ganz überwiegend auf das Kollegium. Das ergibt sich bei Art. 80 bereits aus dem Wortlaut,[17] gilt aber weiterhin ua auch für das Initiativrecht nach den Art. 76 und 115d II,[18] für die haushaltsrechtlichen Befugnisse nach den Art. 110 und 113[19] und für die Erteilung von Genehmigungen zum Handel mit Kriegswaffen nach Art. 26 II.[20]

---

[7] So zutreffend *Herzog,* in: Maunz/Dürig, Art. 62 (2008) Rn. 2.

[8] Vgl. *Herzog,* in: Maunz/Dürig, Art. 62 (2008) Rn. 4 f., 40; *Uhle/Müller-Franken,* in: Hofmann/Henneke, Art. 62 Rn. 2. Eher skeptisch („gewisser normativer Gehalt") *Mager,* in: v. Münch/Kunig I, Art. 62 Rn. 12.

[9] Ausführlicher zum folgenden *Oldiges* (Fn. 1), S. 143 ff.

[10] IdS schon BVerfGE 26, 338 (395 f.); ferner *v. Mangoldt/Klein,* II, vor Art. 62 Anm. IV 1c (S. 1197); *Stern,* Staatsrecht II, S. 272; *Herzog,* in: Maunz/Dürig, Art. 62 (2008) Rn. 10; *H.-P. Schneider* AK GG, Art. 62 (2002) Rn. 10; *Uhle/Müller-Franken,* in: Hofmann/Henneke, Art. 62 Rn. 12; *Schenke* BK, Art. 62 (2013) Rn. 19.

[11] Ausführlich *Oldiges* (Fn. 1), S. 143 ff. Diff. *Detterbeck* HStR III, § 66 Rn. 10; *Busse,* in: Friauf/Höfling, Art. 62 (2019) Rn. 4 ff.

[12] So die Konstruktion von *E.-W. Böckenförde,* Die Organisationsgewalt im Bereich der Regierung, 1964, S. 137 f., 179 ff.; hiergegen mit ausführlicher Begr. *Oldiges* (Fn. 1), S. 137 ff. Vgl. weiterhin *Mager,* in: v. Münch/Kunig I, Art. 62 Rn. 7 Fn. 28; *Detterbeck* HStR III; § 66 Rn. 3.

[13] *Uhle/Müller-Franken,* in: Hofmann/Henneke, Art. 62 Rn. 1 u. 12.

[14] Zur Bedeutung der GOBReg für die regierungsinterne Entscheidungsorg. *Oldiges* (Fn. 1), S. 396 ff.

[15] Vgl. hierzu die Zusammenstellung bei *Mager,* in: v. Münch/Kunig I, Art. 62 Rn. 12.

[16] So die Kompromissformel der wohl hM Vgl. schon BVerfGE 26, 338 (395); weiterhin *Schröder* MKS II, Art. 62 Rn. 14; *Uhle/Müller-Franken,* in: Hofmann/Henneke, Art. 62 Rn. 12. Zweifelnd, iE aber ebenso *Hermes,* in: Dreier II, Art. 62 Rn. 11.

[17] Vgl. → Art. 80 Rn. 15.

[18] Vgl. → Art. 76 Rn. 8; *Grote* MKS III, Art. 115d Rn. 2.

[19] Vgl. → Art. 110 Rn. 71 u. 73; → Art. 113 Rn. 15.

[20] Vgl. → Art. 26 Rn. 46. Zur Verfassungswidrigkeit der Praxis, dass regelmäßig zunächst der Bundeswirtschaftsminister und anschließend der Bundessicherheitsrat, ein Kabinettsausschuss, tätig werden; vgl. *Hennekamp,* in: v. Münch/Kunig I, Art. 26 Rn. 29; *Fink* MKS II Art. 26 Rn. 76; *Streinz,* Art. 26 Rn. 46. Das BVerfG hat in BVerfGE

Das BKabinett ist gleichfalls gemeint, soweit die Art. 84 und 85 der BReg **Ingerenzrechte gegen-** 11b **über den Bundesländern** verschaffen. Dieser Kabinettsvorbehalt betrifft sowohl die dort genannten Aufsichts- und Weisungsbefugnisse wie auch die Ermächtigung zum Erlass allgemeiner VV (Art. 84 II, 85 II 1, 108 VII).[21] Die früher übliche Praxis, die letztgenannte Befugnis durch Gesetz mit Zustimmung des BRat dem einzelnen Fachminister anzuvertrauen, ist vom BVerfG für unzulässig erklärt worden.[22] Unter Aufgabe seiner früheren Auffassung[23] hat das Gericht klargestellt, dass die Signalfunktion des Kabinettsvorbehaltes nicht durch die Zustimmung des BRat zu einem Blankettgesetz kompensiert werden könne. In der Tat sind hier zwei Schutzmechanismen auseinanderzuhalten: Die Hervorhebung des Ausnahmecharakters der Bundesingerenz in die Landesverwaltungshoheit ist untrennbar mit dem Kollegialerfordernis verbunden; den eigentlichen Schutz der Länderinteressen bewirkt demgegenüber die Zustimmung des BRat zu den VV selbst. Die Belange der Länder hat auch Art. 35 III 1 hinsichtlich des dort geregelten Weisungsrechts der BReg bei landesübergreifenden Naturkatastrophen und Unglücksfällen im Auge; auch hier ist das Regierungskollegium gemeint.[24]

Dagegen muss bei der Bundeseigenverwaltung auf die Eigenständigkeit der Länder keine Rücksicht 11c genommen werden; vielmehr verlangt hier der Gesichtspunkt der **Ressortverantwortung** Beachtung. Die der BReg in Art. 86 erteilten Regelungs- und Organisationsbefugnisse stehen darum – vorbehaltlich eines kollegialen Zugriffs, vornehmlich bei ressortübergreifenden Verwaltungsvorschriften, – in erster Linie dem einzelnen Ressortminister zu.[25]

## B. Organ und Funktion
### I. Begriff der Regierung

Der Begriff der BReg verweist auf das *Organ* Regierung, weniger auf dessen Funktion. Im Begriff 12 der Regierung klingt indes beides an, wobei freilich organisatorische und funktionelle Aspekte nicht vollständig kongruent sind. Dementsprechend lassen sich **drei Regierungsbegriffe** unterscheiden:[26]

In einem **institutionellen** (organisatorischen) Sinne ist mit Regierung der Inbegriff der einzelnen 13 Regierungsorgane gemeint; dies ist der Begriff, den auch das GG verwendet. Nicht bei allem, was die Regierung vornimmt, handelt es sich um echte „Regierungsaufgaben"; insbes. werden Regierungsorgane auch unmittelbar verwaltend tätig. Die Gesamtheit der von Regierungsorganen wahrzunehmenden Aufgaben und Befugnisse wird vom **formellen** Regierungsbegriff erfasst. **Materiell** (funktionell) betrachtet bezeichnet Regierung schließlich eine bestimmte, nämlich die als politische Führung des Staatsganzen in Erscheinung tretende Qualität staatlichen Handelns; hieran hat nicht nur die Regierung im organisatorischen Sinne Anteil.[27]

### II. Die Bundesregierung als Staatsorgan

Die BReg ist zunächst ein **Staatsorgan** der BRD.[28] Im staatlichen Außenverhältnis kann sie nicht 14 Trägerin von Rechten und Pflichten sein; darum kann sie z. B. auch nicht mit Rechtswirkung für und gegen sich selbst Regierungsabkommen oder sonstige Verträge abschließen. Ihr Handeln wird vielmehr organschaftlich der BRD zugerechnet, die insoweit allein Rechtspersönlichkeit besitzt.

Dagegen steht der BReg innerhalb des Verfassungsrechtskreises **Teilrechtsfähigkeit** zu.[29] Sie und 15 die übrigen im GG erwähnten obersten Bundesorgane stehen einander als Kontrastorgane in verfassungsrechtlich geordneter Beziehung gegenüber, woraus ihnen wechselseitig verfassungsrechtliche

137, 185 Rn. 147 die Frage der Verfassungswidrigkeit der Genehmigungsentscheidungen nach bisheriger Praxis offen gelassen.

[21] *Oldiges* (Fn. 1), S. 207 ff.; → Art. 84 Rn. 37 ff., und → Art. 85 Rn. 16 ff.; *Trute* MKS III, Art. 84 Rn. 68, 75; Art. 85 Rn. 14, 27, 42; *F. Kirchof* MKS III, Art. 108 Rn. 83. In BVerfGE 26, 338 (395 f.) noch offengelassen, klärend aber BVerfGE 100, 249 (261); vgl. auch BVerwGE 42, 279 (283).

[22] BVerfGE 100, 249 (259 ff.), mit kritischer Anm. von *Bleibaum* DVBl 1999, 1265.

[23] BVerfGE 26, 338 (395 f.); kritisch hierzu bereits *Oldiges* (Fn. 1), S. 202 ff.

[24] BVerfGE 115, 118 (149) – Luftsicherheitsgesetz.

[25] So – unter Hinzuziehung der Entstehungsgeschichte – schon *Oldiges* (Fn. 1), S. 213 ff. Die Frage ist äußerst umstritten. Während BVerfGE 26, 338 (396) die Frage offenlässt, steht das BVerwG auf dem hier vertretenen Standpunkt; vgl. BVerwGE 36, 327 (333 f.); NJW 1978, 280; NVwZ 1985, 497 (498). Die hM im Schrifttum hält sich dagegen an den Wortlaut; vgl. etwa *Stern*, StaatsR II, S. 820; *H.-P. Schneider* AK GG, Art. 62 (2002) Rn. 3; *Bull* AK GG, Art. 86 (2001) Rn. 18; *Blümel* HStR IV (1./2. Aufl.), § 101 Rn. 24 f.; *Schenke* BK, Art. 62 (2013) Rn. 21. Zum Streitstand auch → Art. 86 Rn. 21 f. und → Art. 86 Rn. 36, sowie *Burgi* MKS III, Art. 86 Rn. 66 f.

[26] Die Terminologie ist nicht immer einheitlich; vgl. etwa *v. Mangoldt/Klein* II, Vorb. vor Art. 62 Anm. IV 1 (S. 1196 ff.); *H.-P. Schneider* AK GG, Art. 62 (2002) Rn. 2. Wie hier *Busse*, in: Friauf/Höfling, vor Art. 62 (2019) Rn. 8 ff.; *Schenke* BK, Art. 62 (2013), Rn. 8 ff.; *Stern*, StaatsR II, S. 273 mwN Ausführlich schon *Oldiges* (Fn. 1), S. 1 ff.

[27] Das BVerwG (DÖV 2002, 299) versteht darum den in § 31 II BRRG (politische Beamte) gebrauchten Begriff „Regierung" materiell iS jeden Verfassungsorgans. Hiergegen *Oldiges/Brinktrine* DÖV 2002, 943.

[28] *Schenke* BK, Art. 62 (2013) Rn. 3. Hierzu weiterhin auch *Stern*, StaatsR II, S. 270.

[29] Vgl. auch *v. Mangoldt/Klein* II, Vorb. vor Art. 62 Anm. IV 3b (S. 1198); *Stern*, Staatsrecht II, S. 274.

Rechte und Pflichten erwachsen, deren Umfang im Streitfall der verfassungsgerichtlichen Klärung unterliegt[30] (Organstreitverfahren, vgl. Art. 93 I Nr. 1).

16 Die BReg ist ein in Teilorgane **gegliedertes Staatsorgan.**[31] Sie wird durch BKanzler, BMin und BKabinett verkörpert, deren jeweilige Befugnisse verfassungsrechtlich gegeneinander abgegrenzt sind. Auch hieraus ergeben sich verfassungsgerichtlich relevante Rechte und Pflichten; die Austragung von Konflikten innerhalb des Regierungsbereichs dürfte indes regelmäßig auf andere Weise als gerichtlich erfolgen.

## III. Die Bundesregierung als Verfassungsorgan

17 Die BReg zählt zum Kreis der **obersten Bundesorgane** iSv Art. 93 I Nr. 1.[32] Hierunter versteht man diejenigen Bundesorgane, denen kein anderes Organ hierarchisch übergeordnet ist und die an der obersten Staatsleitung Anteil haben.[33] Staatsorgane dieser Art werden auch als **Verfassungsorgane** bezeichnet; darin kommt zum Ausdruck, dass sie als eigenständige politische Kräfte am Verfassungsleben teilnehmen und im Rahmen der konstitutionellen Ordnung an der Staatsgewalt partizipieren.[34] Ob BKanzler und BMin als Teilorgane der BReg auch ihrerseits als oberste Bundesorgane anzusehen sind,[35] ist angesichts ihrer jedenfalls als „sonstige Beteiligte" im Sinne von Art. 93 I Nr. 1 GG bestehenden verfassungsgerichtlichen Parteifähigkeit ein müßiger Streit.

18 Als Verfassungsorgan steht die BReg im Prinzip gleichberechtigt neben den übrigen Verfassungsorganen des Bundes, insbes. neben BT und BRat, BPräs und BVerfG. Im Gewaltengefüge des GG (Art. 20 II 2) repräsentiert sie die **vollziehende Gewalt.**[36] Innerhalb dieser Gewalt, die sich keineswegs im Gesetzesvollzug erschöpft, sondern den Gesamtbereich exekutivischer Funktionen umfasst, verkörpert die BReg die **Regierungsgewalt** (Gubernative). Sie ist deren einziger Träger; andere Verfassungsorgane wie etwa der BPräs zählen auch dann nicht zur Gubernative, wenn sich ihre Tätigkeit materiell als Regierung erweist.

## IV. Die Bundesregierung als Exekutivorgan

19 Die BReg ist einerseits Verfassungsorgan und insoweit Teil der obersten Staatsleitung; andererseits fallen in ihren Aufgabenbereich auch **administrative Führungsfunktionen,** die es rechtfertigen, sie als oberstes Organ der vollziehenden Gewalt[37] oder als **Spitze der Exekutive** zu bezeichnen.[38] Administrative Führung findet hauptsächlich im Bereich der Bundeseigenverwaltung (Art. 87 ff.) statt.

20 Hier sind es in erster Linie die **Ressortminister,** die kraft ihrer Organisations- und Direktionsbefugnisse dem ihnen anvertrauten Verwaltungszweig die Richtung vorgeben und auf diese Weise Regierungspolitik und Verwaltungstätigkeit in Einklang bringen. Ob auch das Regierungskollegium durch den Erlass allgemeiner Verwaltungsvorschriften an der Ressortleitung teilhaben kann, erscheint trotz des Wortlauts von Art. 86 S. 2 zweifelhaft (→ Rn. 11b). Jedenfalls aber übt die **Bundesregierung** Verwaltungsführung **gegenüber den Länderverwaltungen** aus, soweit diese Bundesgesetze ausführen; die Art. 84 und 85 ermächtigen hier verschiedentlich zur Ingerenz.[39]

21 Als Träger administrativer Führungsfunktionen sind die Regierungsorgane zugleich schon selbst **Teil der Administration.** Das zeigt sich am deutlichsten in der Ambivalenz der Ministerialebene: Im Ministerium werden in Unterstützung des Ministers und im Rahmen dessen Geschäftsbereiches Regierungsgeschäfte erledigt. Zugleich wird hier aber auch das Ressort verwaltet; in Geschäftsbereichen mit Verwaltungsunterbau steht das Ministerium an der Spitze der Behördenhierarchie.

22 In dem Maße, wie sie Verwaltungsaufgaben wahrnehmen, haben Regierungsorgane dann den Charakter **oberster Bundesbehörden.** Hierzu zählen die Ministerien ebenso wie das BKanzleramt;[40] auch die BReg als Kollegium ist oberste Bundesbehörde, soweit ihr durch Verfassung (vgl. Art. 26 II 1) oder durch Gesetz Verwaltungskompetenzen zugewiesen sind.[41] Wo im GG (Art. 85 III 1) oder

---

[30] *Stern,* StaatsR II, S. 980.

[31] *Schenke* BK, Art. 62 (2013) Rn. 3; *Stern,* Staatsrecht II, S. 274.

[32] *Detterbeck,* Art. 93 Rn. 7; *Uhle/Müller-Franken,* in: Hofmann/Henneke, Art. 62 Rn. 9 f.

[33] Vgl. für viele *E. Klein,* in: Benda/Klein/Klein, § 28 Rn. 1000 mwN

[34] BVerfGE 9, 268 (281); *Stern,* StaatsR II, S. 342 ff.; *Herzog,* in: Maunz/Dürig, Art. 62 (2008) Rn. 1, 64 ff.

[35] So ua *Schenke* BK, Art. 62 (2013) Rn. 4; *Detterbeck* HStR III, § 66 Rn. 5.

[36] BVerfGE 9, 268 (282); *Mager,* in: v. Münch/Kunig I, Art. 62 Rn. 6; *Schröder* HStR III, § 64 Rn. 2.

[37] So schon BVerfGE 9, 268 (282). Vgl. jetzt auch *Schröder* MKS II, Art. 62 Rn. 18 f.

[38] *Stern,* StaatsR II, S. 274 f., mit dem zutr. Vorbehalt, dass dieser Ausdruck weniger auf das Regierungskollegium passe. Vgl. weiterhin BVerfGE 10, 4 (17 ff.) und *H.-P. Schneider* AK GG, Art. 62 (2002) Rn. 2.

[39] *Oldiges* (Fn. 1), S. 200 ff.; *F. Kirchhof,* in: Maunz/Dürig, Art. 84 (2011) Rn. 181 und Art. 85 (2012) Rn. 51; → Art. 84 Rn. 37 ff. und → Art. 85 Rn. 16 ff.

[40] *Gubelt,* in: v. Münch/Kunig I, Art. 36 Rn. 4; *Herzog,* in: Maunz/Dürig, Art. 62 (2008) Rn. 27 f.; *Busse/Hofmann,* Bundeskanzleramt und Bundesregierung, 7. Aufl. 2019, S. 69, 76 u. 116 ff.; *v. Danwitz* MKS II, Art. 36 Rn. 7.

[41] Vgl. *Stern,* StaatsR II, S. 813 mit Fn. 395. Verwaltungskompetenzen des Kabinetts sind verfassungsrechtlich unbedenklich, soweit sie sich auf Entscheidungszuständigkeiten beschränken und keine Ressortzuweisung bewirken; vgl. *Oldiges* (Fn. 1), S. 381.

durch Gesetz (z. B. § 4 VwVG) die „zuständige oberste Bundesbehörde" ermächtigt wird, ist im Regelfall der zuständige Fachminister gemeint.[42]

## V. Regierungsfunktionen

Das GG enthält **keine abschließende Auflistung** von Regierungsfunktionen, sondern benennt 23 nur vereinzelt Aufgaben als Teilausschnitte einer im Übrigen vorausgesetzten Gesamtaufgabe.[43] Dieses **Normierungsdefizit** erklärt sich aus der Tatsache, dass Regierungstätigkeit ihrem Wesen nach innovativ ist und sich darum einer systematischen Auffächerung entzieht.[44] Der Kompetenzbereich der Regierung ist, was seine Gegenstände betrifft, darum prinzipiell offen und findet seine Grenzen nur im Gefüge der Staatsgewalten; was danach nicht der Gesetzgebung oder der Rechtsprechung vorbehalten ist, kann grds. zum Gegenstand gouvernementaler Betätigung gemacht werden.

Der Funktionskomplex der Regierung ist trotz aller Heterogenität **nicht strukturlos.**[45] Regie- 24 rungsagenden unterscheiden sich sowohl nach ihrem Kompetenzträger wie auch nach ihrer Bezugs- richtung und dem jew. Zurechnungssubjekt.[46] Träger von Regierungsfunktionen sind alle drei Re- gierungsorgane. Soweit sich diese Funktionen, wie beispielsweise die Streitschlichtungskompetenz des Kabinetts, auf den intraorganisatorischen Bereich der Regierung beziehen, wird das Regierungshan- deln den jeweiligen Regierungsorganen selbst zugerechnet. Im Interorganverhältnis zwischen den Verfassungsorganen, z. B. bei der Zuleitung einer Gesetzesvorlage der Regierung zum BRat, handelt die Regierung aus eigenem Recht, und der Abschluss eines interföderativen Abkommens durch die BReg oder einen Fachminister berechtigt und verpflichtet die BRD.

Ihrem **Gegenstand** nach zeichnen sich die Regierungsagenden durch eine außerordentlich große 25 Vielfalt aus. Hier finden sich neben den Agenden des Verfassungslebens auch Funktionen in den Bereichen der Rechtsetzung und der Verwaltung. Weiterhin haben die Regierungsorgane Aufgaben auf den Gebieten des Haushalts-, des Notstands- und des Verteidigungswesens sowie im Bereich der auswärtigen Gewalt.

Der Versuch, alle Regierungsagenden auf einen **materiellen Regierungsbegriff** zu bringen, 26 scheitert an der Inkongruenz der funktionellen und der institutionellen Betrachtungsweise.[47] Was immer man als materielles Merkmal der Regierung anführt – die Emanation der Staatlichkeit, ihren hochgradig politischen Charakter oder ihre Bedeutung als richtungweisende allgemeine Staatsleitung –, bezieht sich nicht auf die Regierung im institutionellen Sinne allein, sondern ist **Gemeingut auch der übrigen Verfassungsorgane.** Der heute übliche materielle Regierungsbegriff verzichtet darum von vornherein auf jeden Ausschließlichkeitsbezug zu Regierungsorganen und bezeichnet statt dessen ein gewaltenübergreifendes Phänomen.[48] Sein Erkenntniswert ist darum freilich eher politikwissen- schaftlicher als staatsrechtlicher Art.

Auch wenn sich Regierung im materiellen Sinne nicht auf die Regierungsorgane beschränkt, haben 27 sie doch Anteil daran. Die **Merkmale politischer Staatsleitung**[49] prägen darum auch den Aufgaben- bereich der BReg Es sind dies vor allem der vorausschauende und planende Charakter der Staats- leitung, das Richtungweisende in der Gestaltung der gesellschaftl. Verhältnisse, weiterhin das Ver- mögen zu Anstoß und Innovation, zur Erkenntnis und Artikulation von Problemlagen, zur Auffindung von Lösungswegen und zur Setzung von Prioritäten. Regierung bedeutet schließlich insg. Wahr- nehmung eines Freiraums politischer Gestaltungsfreiheit.[50]

Ihre Führungsqualität muss die Regierung stets **in Konkurrenz** mit den übrigen Verfassungs- 28 organen und hier insbes. mit dem Parlament beweisen.[51] Im Parteienstaat wird politische Führung mehr und mehr auch von den politischen Parteien beansprucht; das kann bis zur Paralysierung der Regierung führen. Regierung im institutionellen Sinn ist insoweit nur eine **virtuelle Potenz;** wieweit sie ihre Führungsaufgaben wahrnimmt, hängt von vielerlei Gegebenheiten ab.

---

[42] Vgl. *F. Kirchhof,* in: Maunz/Dürig, Art. 85 (2012) Rn. 65 Fn. 6; aA (auch das Kabinett): *Stern,* Staatsrecht II, S. 813.

[43] *Schröder* HStR III, § 64 Rn. 6 f.

[44] *Schröder* HStR III, § 64 Rn. 8.

[45] Vgl. insoweit die Aufgabengliederung bei *Schröder* HStR III, § 64 Rn. 17 ff.

[46] Vgl. näher *Oldiges* (Fn. 1), S. 14.

[47] *Schröder* HStR III, § 64 Rn. 10; vgl. auch *Herzog,* in: Maunz/Dürig, Art. 62 (2008) Rn. 51; *Schenke* BK, Art. 62 (2013) Rn. 39 ff.; sowie *Oldiges* (Fn. 1), S. 2 ff.

[48] *Stern,* StaatsR II, S. 687; *Herzog,* in: Maunz/Dürig, Art. 62 (2008) Rn. 54 ff.; *Schröder* HStR III¹, § 67 Rn. 10; *ders.* MKS II, Art. 62 Rn. 21 ff.

[49] Zum Folgenden insbes. *Schröder* HStR III, § 64 Rn. 4; *Schuppert* HdbVerfR, § 31 Rn. 13 ff.

[50] Vgl. schon BVerfGE 1, 281 (282), sowie BVerfGE 55, 349 (365). Aus dem Schrifttum *Leisner* JZ 1968, 727 („Macht kombinierten Ermessens"); *Stern,* StaatsR II, S. 677 ff. mwN.

[51] Vgl. zur hier gängigen Redeweise von der „Staatsleitung zur gesamten Hand" *Friesenhahn* VVDStRL 16 (1958), 38; *Herzog,* in: Maunz/Dürig, Art. 62 (2008) Rn. 58; *Maurer* VVDStRL 43 (1985), 135 (152 f.). Krit. hierzu *Schröder* HStR III¹, § 67 Rn. 11, *ders.* MKS II, Art. 62 Rn. 25 mit Fn. 12.

## C. Struktur und Organisation

### I. Zusammensetzung der Bundesregierung

29 Art. 62 gibt in erster Linie Auskunft über die personelle Zusammensetzung der BReg und **beschränkt die Mitgliedschaft** darin auf zwei Arten von Mitgliedern: den BKanzler und die BMin. **Personen mit anderem Status** (Staatsminister, Parlamentarische oder beamtete Staatssekretäre) können nicht Regierungsmitglieder sein. Sie können zwar nach Maßgabe der GOBReg an den Sitzungen des Regierungskollegiums (des Kabinetts) teilnehmen, besitzen aber dort **kein Stimmrecht.**[52]

30 Die BReg ist nach Art. 62 zwingend **kollegial** zusammengesetzt. Neben dem Amt des BKanzlers müssen Ministerämter eingerichtet und besetzt werden; erst dann ist die BReg als solche existent.[53] Das Amt des BKanzlers selbst ist, wie sich dem Zusammenhang der Art. 62 und 65 entnehmen lässt, ressortfrei;[54] indes kann der Kanzler in Personalunion auch ein Ministeramt übernehmen (zur Inkompatibilitätsfrage u. Rn. 31a). Der Typus des für die Regierungspolitik insgesamt verantwortlichen Regierungschefs darf dabei aber nicht verschwimmen.

31 Art. 62 enthält **keine Vorgaben über Zahl und Art** der Ministerien; auch die Redewendung von den fünf „klassischen" Ministerien (Äußeres, Inneres, Justiz, Finanzen, Verteidigung) verweist nicht auf einen Mindestbestand. Einzelne Ministerien (Verteidigung nach Art. 65a, bedingt auch Justiz nach Art. 96 II 4, Finanzen nach Art. 112, 114) werden freilich im GG vorausgesetzt und müssen – wenigstens der Sache nach – in der BReg präsent sein.[55] Ob darüber hinaus das Vorhandensein einzelner weiterer Ministerien faktisch-politisch unabweisbar ist, kann hier dahingestellt bleiben. Wie weit sich aus dem Gebot der Funktionsfähigkeit der Regierung eine Obergrenze für die Anzahl der BMinster herleiten lässt, erscheint angesichts der Schwierigkeiten bei der Konkretisierung dieses Begriffs fraglich.[56]

31a Umstritten ist, ob zwischen bestimmten Regierungsämtern **Inkompatibilität** besteht.[57] Hierbei wird freilich oft das politisch Wünschenswerte mit dem verfassungsrechtlich Gebotenen verwechselt. Inkompatibilitäten lassen sich verfassungsrechtlich nur dort begründen, wo die Verfassung selbst Regierungsämter mit Kontrast- oder Kontrollfunktionen ausstattet. In Anbetracht seiner Richtlinienkompetenz stehen dem **Bundeskanzler** (oder seinem Stellvertreter) weder der Bundesverteidigungsminister[58] noch der Bundesfinanzminister[59] in einer solchen Funktion gegenüber; beide Ämter sind darum mit demjenigen des BKanzlers vereinbar.[60] Bei Personalunion von BKanzler und BMF kommen freilich die auf Ämterdualismus angelegten geschäftsordnungsrechtlichen Kontrollbefugnisse des letzteren nicht zur Anwendung.[61]

31b Verfassungsrechtliche Inkompatibilitäten lassen sich auch im Verhältnis der **Ministerämter** untereinander nur ausnahmsweise begründen. Art. 96 II 4, wonach Wehrstrafgerichte, wenn sie eingerichtet werden, beim BMJ ressortieren müssen, lässt erkennen, dass dann eine Personalunion von Justiz- und Verteidigungsminister oder eine Verschmelzung beider Ministerien ausgeschlossen sein soll.[62] Weitere Inkompatibilitäten des BMJ lassen sich dagegen weder mit der Gewaltenteilung noch mit der richterlichen Unabhängigkeit begründen.[63] Ebensowenig bestehen Inkompatibilitäten zum BMF,[64] denn

---

[52] *Herzog*, in: Maunz/Dürig, Art. 62 (2008) Rn. 4 f.; *Schröder* MKS II, Art. 62 Rn. 12 f.; *Hermes*, in: Dreier II, Art. 62 Rn. 12, 21.

[53] *Hermes*, in: Dreier II, Art. 62 Rn. 14.

[54] *Hermes*, in: Dreier II, Art. 62 Rn. 16; *Busse/Hofmann* (Fn. 40), S. 66 f.

[55] *Stern*, Staatsrecht II, S. 283; *Detterbeck* HStR III, § 66 Rn. 14; *Schenke* BK, Art. 64 (2014) Rn. 94; *Hermes*, in: Dreier II, Art. 62 Rn. 12; *Schröder* MKS II, Art. 62 Rn. 8; *ders.* MKS Art. 64 Rn. 12 u. 14; *Mager*, in: v. Münch/Kunig I, Art. 64 Rn. 8.

[56] So auch *Busse*, in: Friauf/Höfling, Art. 64 (2019) Rn. 6; *Schenke* BK, Art. 64 (2014) Rn. 93; aA *Mager*, in: v. Münch/Kunig I, Art. 64 Rn. 9.

[57] Vgl. etwa *Sturm*, Die Inkompatibilität, 1967; *Beyer*, Die Unvereinbarkeit von Ämtern innerhalb der Bundesregierung, Diss. Tübingen 1976; *Schenke* BK, Art. 64 (2014) Rn. 102 ff.; *Epping* MKS II, Art. 66 Rn. 39; *Koch* (Fn. 5), S. 226 ff.

[58] *Hermes*, in: Dreier II, Art. 64 Rn. 13; *Schenke* BK, Art. 64 (2014) Rn. 103 f. m. Nachw. der Gegenmeinung; aA weiterhin *Schröder* MKS II, Art. 65a Rn. 11; *Epping*, in: Maunz/Dürig, Art. 65a (2008) Rn. 16; *ders.* MKS II, Art. 66 Rn. 39; *Heun*, in: Dreier II, Art. 65a Rn. 6; *Detterbeck* HStR III, § 66 Rn. 38.

[59] *Oldiges* (Fn. 1), S. 297 ff.; *Schenke* BK, Art. 64 (2014) Rn. 104; *Hermes*, in: Dreier II, Art. 64 Rn. 13; aA *Epping* MKS II, Art. 66 Rn. 39; *Mager*, in: v. Münch/Kunig I, Art. 64 Rn. 8.

[60] *Mager*, in: v. Münch/Kunig I, Art. 64 Rn. 8. *Epping* MKS II, Art. 66 Rn. 39, hält demgegenüber sämtliche im GG ausdrücklich genannten Ministerämter mit demjenigen des BKanzlers für unvereinbar.

[61] § 26 I GOBReg; vgl. hierzu *Oldiges* (Fn. 1), S. 304 f.; *Schenke* BK, Art. 62 (2013) Rn. 35 f.; *ders.* BK, Art. 64 (2014) Rn. 104; ferner auch *Busse*, Geschäftsordnung der Bundesregierung, in: Das Deutsche Bundesrecht, 1296. Lfg. 2018, § 26 Rn. 4 ff. Zu den Widerspruchsrechten von BMI und BMJ aus § 26 II GOBReg näher *Busse* (Fn. 61) § 26 Rn. 8 f.

[62] *v. Arnauld* AöR 124 (1999), 658 (662 f.).

[63] Zweifel an der (landesverfassungsrechtlichen) Zulässigkeit einer Zusammenlegung von Justiz- und Innenministerium hegt dagegen offenbar der VerfGH NRW NJW 1999, 1243 (1247). Hierzu näher → Art. 64 Rn. 24b.

[64] AA für die Ämter des Bundesfinanz- und wirtschaftsministers *P. Kirchhof* BB 1971, 1469.

dessen „Hausartikel" 112 und 114 sind nicht auf Kontrast oder Kontrolle angelegt.[65] Schließlich gibt es auch für eine Inkompatibilität zwischen „klassischen" oder sonst verfassungsrechtlich herausgehobenen Ministerämtern keinen Anhaltspunkt. Verfassungsrechtliche Verschiebungen im gubernativen Machtgefüge oder Defizite bei der parlamentarischen Verantwortlichkeit sind bei der Errichtung von „Doppelministerien", sei es in der Form der Personal- oder der Realunion, ebenfalls nicht zu befürchten.[66]

Auch **gesetzliche Aufgabenzuweisungen** an einen bestimmten BMin vermögen keine verfas-  31c sungsrechtlichen Inkompatibilitäten zu begründen; allerdings kann der erkennbare Wille des Gesetzgebers, eine Befugnis gerade dem einen und nicht dem anderen Minister zu übertragen, die Organisationsgewalt des BKanzlers bei der Regierungsbildung einschränken.

Die **Organisationsgewalt im Regierungsbereich**[67] steht dem BKanzler (und nicht etwa dem  32 BPräs oder dem BT) zu (→ Art. 64 Rn. 22 ff.). Das politische Eigengewicht der BReg im parlamentarischen Regierungssystem des GG lässt insoweit einen **allgemeinen Gesetzesvorbehalt** nicht zu; das schließt gesetzliche Zuständigkeitsbindungen im Einzelfall nicht aus.[68]

**Regierungsintern** ergeben sich aus dem Selbstorganisationsrecht des Kabinetts durchaus auch  33 Kollegialbefugnisse zur Ausgestaltung der Kabinettsstruktur (Bildung von Kabinettsausschüssen etc.).[69] Über die äußere Zusammensetzung des Kabinetts verfügt dagegen – auch und gerade bei Kabinettsumbildungen, wo allein die Frage aktuell werden kann – kraft seines (materiellen) Kabinettsbildungsrechts nach Art. 64 I (vgl. → Art. 64 Rn. 3) und kraft seiner Richtlinienprärogative nach Art. 65 S. 1 (vgl. → Art. 65 Rn. 14 ff.) allein der BKanzler.[70] Das schließt nicht aus, dass er Maßnahmen einer Kabinettsumbildung dem Kollegium zum Beschluss vorlegt.

Auch die rechtliche Stellung von BKanzler und BMin im Verhältnis zueinander wird von Art. 62  34 nicht angesprochen; insoweit ist auf Art. 65 mit seiner Regelung von Richtlinienprärogative und Ressortleitungsbefugnis zu verweisen. Art. 62 lässt sich nur das Gebot der kollegialen Struktur der BReg und damit einer (relativen) **Selbstständigkeit der Bundesminister** entnehmen, die sie über den Status von Staatssekretären nach dem Vorbild der RV 1871 erhebt. Danach ist der BKanzler nicht der Dienstvorgesetzte der BMin, auch wenn er auf Grund seines Vorschlagsrechts nach Art. 64 I deren politisches Schicksal in seinen Händen hält.

## II. Kabinettsorganisation

Dem Kabinett gehören der BKanzler und die BMin an; der BKanzler leitet seine Geschäfte nach  35 Maßgabe der GOBReg und führt darin den Vorsitz (Art. 65 S. 4 GG, § 22 I GOBReg). Weitere **Teilnehmer an den Kabinettssitzungen** ohne Stimmrecht sind in § 23 GOBReg aufgeführt. Hierzu zählen auch die Parlamentarischen Staatssekretäre (zT mit dem Titel von Staatsministern),[71] die als „Ministergehilfen" (vgl. § 1 II ParlStG) im Verhinderungsfall für ihren Minister im Kabinett auftreten, sofern hierzu nicht im Einzelfall der beamtete Staatssekretär beauftragt worden ist (§§ 14 II, 23 II GeschOBReg).[72] Parlamentarische Staatssekretäre nehmen als Abg. und als Amtsträger eine Doppelfunktion wahr.[73] Die Teilnahme von Fraktionsvorsitzenden der Regierungskoalition an Kabinettssitzungen lässt sich verfassungsrechtlich nicht rechtfertigen.[74]

Die eigentliche **Vertretung** eines BMin in der BReg, dh bei der Vornahme verbindlicher Rechts-  36 akte (Gegenzeichnung von Gesetzen, Unterzeichnung von Verordnungen etc.),[75] erfolgt dagegen nur durch einen anderen, jeweils dazu bestellten BMin (§ 14 I GOBReg). Der BKanzler wird – nicht nur im Kabinett – durch seinen Stellvertreter, den sog. **Vizekanzler,** vertreten (Art. 69 I GG, § 8 GOBReg). Von der Vertretung in der BReg ist die Vertretung eines Ministers als Leiter einer obersten Bundesbehörde **(Ressortvertretung)** zu unterscheiden. Sie wird nach § 14 III GOBReg je nach

---

[65] Vgl. näher *Oldiges* (Fn. 1), S. 297 f.
[66] *Oldiges* (Fn. 1), S. 298 ff.; ebenso *Hermes,* in: Dreier II, Art. 64 Rn. 13. Zu sog. „Superministern" *Leisner* ZRP 2002, 501.
[67] Hierzu ausführlich *E.-W. Böckenförde* (Fn. 12), passim. Vgl. auch *Oldiges* (Fn. 1), S. 236 ff.
[68] *E.-W. Böckenförde* (Fn. 12), S. 286 ff.; *Schenke* BK, Art. 64 (2014) Rn. 83 ff.; *H.-P. Schneider* AK GG, Art. 64 (2002) Rn. 3; *Schröder* MKS II, Art. 64 Rn. 18 ff. Teilw. abw. *Hermes,* in: Dreier II, Art. 64 Rn. 18 ff.
[69] Vgl. *Oldiges* (Fn. 1), S. 388 ff. mwN, sowie *Schenke* BK, Art. 62 (2013) Rn. 86; *Detterbeck* HStR III, § 66 Rn. 63. Ausführlich auch *Becker* VerwArch 69 (1978), S. 149 ff.; *Busse,* in: Friauf/Höfling, Art. 62 (2019) Rn. 21.
[70] Vgl. näher *Oldiges* (Fn. 1), S. 244 ff.
[71] Vgl. das ParlStG v. 24.7.1974 (BGBl I 1538). Näheres bei *Stern,* StaatsR II, S. 289 ff.; *Schenke* BK, Art. 64 (2014) Rn. 101; *Herzog,* in: Maunz/Dürig, Art. 62 (2008) Rn. 41; *Schröder* MKS II, Art. 62 Rn. 11 f., jeweils mwN. Ausführlich auch *Laufer,* Der Parlamentarische Staatssekretär, 1969. Kritisch *M. Neumann* ZRP 2002, 203.
[72] Details bei *Stern,* StaatsR II, S. 286 ff.; *Herzog,* in: Maunz/Dürig, Art. 62 (2008) Rn. 46 ff.
[73] Ausnahmen gelten für die Parl. Staatssekretäre im BKanzleramt; sie müssen nicht Abg. des BT sein. Vgl. näher *Maurer,* Staatsrecht I, § 14 Rn. 12; *Busse,* in: Friauf/Höfling, Art. 62 (2019) Rn. 9.
[74] *Schröder* MKS II, Art. 62 Rn. 13 mwN; aA *Busse,* in: Friauf/Höfling, Art. 62 (2019) Rn. 13; *ders.* (Fn. 61), § 23 Rn. 5.
[75] *Herzog,* in: Maunz/Dürig, Art. 62 (2008) Rn. 43; *Busse,* in: Friauf/Höfling, Art. 69 (2011) Rn. 4; *Schenke* BK, Art. 62 (2013) Rn. 105.

ressortinterner Geschäftsverteilung vom beamteten oder vom Parlamentarischen Staatssekretär wahr-genommen.[76]

37        **Beschlüsse der Bundesregierung** werden mit Stimmenmehrheit gefasst (§ 24 II 1 GOBReg); das hierin zum Ausdruck gelangende Majoritätsprinzip[77] beruht weniger auf dem Demokratiegebot[78] als vielmehr auf der Sachlogik kollegialer Gremien. Bei Stimmengleichheit entscheidet die Stimme des Vorsitzenden (§ 24 II 2 GOBReg). Dagegen ist nichts einzuwenden, wenn der BKanzler oder sein Stellvertreter (Art. 69 I) den Vorsitz führen, nicht jedoch beim Vorsitz eines anderen Ministers (§ 22 I 2 GOBReg).[79]

38        Beschlüsse können dem Regierungskollegium nur zugerechnet werden, wenn sie nicht nur dem Majoritätsprinzip Rechnung tragen, sondern wenn alle Mitglieder über das Beschlussverfahren infor-miert sind und ein angemessenes Quorum an der Beschlussfassung teilnimmt.[80] Das ist beim **Regel-verfahren,** bei dem die BReg in gemeinsamer Sitzung beschließt (§ 20 I GOBReg), durch ent-sprechende Verfahrensvorschriften (§ 21 III GOBReg) und das Beschlussfähigkeitserfordernis der Anwesenheit von wenigstens der Hälfte ihrer Mitglieder (§ 24 I GOBReg) gewährleistet.

38a       Besteht kein Beratungsbedarf, soll die Beschlussfassung im **Umlaufverfahren** erfolgen (§ 20 II GOBReg), bei dem das BKanzleramt schriftlich die Zustimmung der BMin einholt.[81] Die früher geübte Praxis, wonach der Beschluss als zustandegekommen galt, wenn binnen einer festgesetzten Frist kein Regierungsmitglied widersprach, wurde vom BVerfG für verfassungswidrig und künftig nicht mehr zulässig erklärt.[82] In der Tat kann sich ein derartiges „Einwendungsausschlussverfahren"[83] nur auf die Statthaftigkeit des Umlaufverfahrens selbst, nicht aber auf sein Ergebnis beziehen, da Schweigen sonst unzulässigerweise sowohl als Teilnahme an der Beschlussfassung wie auch darüber hinaus als Zustimmung fingiert würde.

## III. Organisation der Geschäftsbereiche

39        Unbeschadet der Richtlinienkompetenz des BKanzlers und der Zuständigkeiten des Regierungs-kollegiums verteilen sich die Regierungsfunktionen nach **Geschäftsbereichen** auf die BMin. Minister ohne Geschäftsbereich oder für besondere Aufgaben sind gleichwohl zulässig;[84] Art. 65 S. 2, dessen Wortlaut dem eher entgegensteht, betrifft nur die Ressortkompetenz im Hinblick auf die Kanzlerricht-linien (vgl. → Art. 65 Rn. 19). Ob die Ressorts über die Ebene der Ministerialverwaltung hinaus auch mit einem (ein- oder mehrstufigen) Verwaltungsunterbau versehen werden können, ergibt sich aus den Art. 87 ff.;[85] denkbar sind auch reine Gesetzgebungsministerien. Ein BMin kann in Personalunion mehreren Geschäftsbereichen vorstehen (→ Rn. 31b).

39a       Der **Chef des Bundeskanzleramtes** leitet die Führungszentrale des BKanzlers; das wäre an sich die Funktion eines (beamteten) Staatssekretärs. Seit längerem ist es jedoch üblich geworden, ihn mit dem Rang eines BMins zu versehen; diese Konstellation ist verfassungsrechtlich nicht unproblematisch.[86] Die Funktionen des BKanzleramtes bilden für sich genommen keinen Geschäftsbereich iS eines ministeriellen Ressorts; weitere Sachaufgaben können dem Kanzleramtsminister nur insoweit über-tragen werden, wie sich dies im Rahmen – an sich ressortfreien – Amt des BKanzlers vereinbaren lässt (näher u. Rn. 40a). Als BMin unterliegt der Chef des BKanzleramtes auch in der Leitung des Amtes keinem Weisungsrecht des BKanzlers; dessen Richtlinienkompetenz ist nur ein fragwürdiger Ersatz.[87]

40        Zwar kann der BKanzler nebenher ein Ressort leiten; sein Amt als solches ist dagegen allein auf Führungsfunktionen bezogen und darum **ressortfrei** (→ Rn. 30). Dieser Grundsatz wird freilich dadurch relativiert, dass sich der BKanzler üblicherweise auch bestimmte Sachaufgaben zuordnet, wobei deren konkrete Wahrnehmung durch einen ihm selbst unterstellten Staatssekretär oder Staats-minister oder mittelbar durch das BKanzleramt und seinen Chef erfolgen kann. Das stößt indes

---

[76] Zur Vertretung des Bundeswirtschaftsministers bei der sog. Ministererlaubnis nach § 42 GWB *Lenz* NJW 2002, 237; *Busse,* in: Friauf/Höfling, Art. 69 (2011) Rn. 4 mit Fn. 24. Weiterhin auch *Ley,* Ministerbefangenheit als Verfassungsproblem, 2006.

[77] BVerfGE 91, 148 (166).

[78] So indes BVerwGE 89, 121 (127); *Epping* DÖV 1995, 719 (720).

[79] Bedenken auch bei *Epping* DÖV 1995, 719 (721); in gleicher Richtung auch *Schröder* MKS II, Art. 62 Rn. 16; aA offenbar *Busse* (Fn. 61), § 24 Rn. 2.

[80] BVerfGE 91, 148 (166). Hierzu auch *Schenke* BK, Art. 62 (2013) Rn. 22 ff.

[81] Zum Verfahren im Einzelnen *Busse* (Fn. 61), § 20 Rn. 2.

[82] BVerfGE 91, 148; anders noch BVerwGE 89, 121. Zum Umlaufverfahren weiterhin auch *Hermes,* in: Dreier II, Art. 62 Rn. 14; *Schröder* MKS II, Art. 62 Rn. 17; *Busse,* in: Friauf/Höfling, Art. 62 (2019) Rn. 18; *ders.* (Fn. 61), § 20 Rn. 2 f.

[83] *Epping* DÖV 1995, 719 (723).

[84] *Herzog,* in: Maunz/Dürig, Art. 62 (2008) Rn. 21; *Hermes,* in: Dreier II, Art. 62 Rn. 20.

[85] *Herzog,* in: Maunz/Dürig, Art. 62 (2008) Rn. 21 ff.

[86] Krit. schon *Brauneck,* Die rechtliche Stellung des Bundeskanzleramtes, S. 114; hiergegen jedoch *Busse* DÖV 1999, 313 (314 Fn. 11); *Uhle/Müller-Franken,* in: Hofmann/Henneke, Art. 62 Rn. 26 mwN. Eingehende Kritik auch bei *Hermes,* in: Dreier II, Art. 62 Rn. 18; *Maurer,* Staatsrecht I, § 14 Rn. 15.

[87] Ähnl. auch *Hermes,* in: Dreier II, Art. 62 Rn. 18.

jedenfalls insoweit nicht auf verfassungsrechtliche Bedenken, wie es sich hierbei um zentrale und richtliniennahe oder um solche Aufgaben handelt, die aus strukturellen oder politischen Gründen nicht einem Fachressort zugewiesen werden können.[88]

Das **Bundeskanzleramt**[89] unterstützt den BKanzler bei der Wahrnehmung seiner Führungsfunk- **40a** tionen[90] und besitzt insoweit ohnehin nicht den Charakter eines Ressorts. Der Bundesnachrichtendienst,[91] der bei ihm „ressortiert", ist zwar ein eigener Sachbereich, steht aber den Führungsaufgaben des BKanzlers nahe. Ähnliches gilt für das Bundespresseamt, das als Oberste Bundesbehörde unmittelbar dem BKanzler unterstellt ist. Dagegen ist ein Bezug zu Führungsaufgaben des BKanzlers nicht mehr zu erkennen, wenn jetzt alle Kulturaufgaben des Bundes – ua die Zuständigkeit für die Genehmigung der Ausfuhr geschützten deutschen Kulturgutes (§ 5 I KultSchG) – bei einem Beauftragten der BReg für Angelegenheiten der Kultur und Medien[92] als Oberster Bundesbehörde gebündelt sind, der im Range eines Staatsministers unmittelbar beim BKanzler ressortiert. Es fragt sich, ob die Empfindlichkeit der Länder gegenüber einem „BKulturminister" für diese Konstruktion einen hinreichenden Grund abgeben kann.[93] Gänzlich ohne verfassungsrechtliche Legitimation ist dagegen die Einbeziehung des Kanzleramtes in administrative Entscheidungen, wie dies in § 7 I b 2 AtG vorgesehen ist.[94]

Auch dem **Kabinett** stehen Ressortbefugnisse nicht zu. Es ist nur für bestimmte Sachentscheidun- **40b** gen, nicht aber für deren sachliche Vorbereitung zuständig; darum darf es sich auch keine Hilfsorgane zulegen, die – etwa in der Form eines zentralen Planungsamtes – solche Ressortgeschäfte betreiben.[95] Beauftragte der BReg ressortieren nicht beim Kabinett, sondern bei einem Ressortminister oder beim BKanzler selbst. Zulässig sind demgegenüber reine Beratungsgremien mit ressortübergreifendem Beratungsauftrag.

# D. Die Bundesregierung im parlamentarischen Regierungssystem

## I. Eigenständigkeit der Regierungsgewalt

Als Spitze der Exekutive repräsentiert die BReg im Gewaltengefüge des GG die vollziehende Gewalt **41** und fügt sich damit ein in das in Art. 20 II 2 vorgegebene Gewaltenteilungsschema. Gewaltenteilung in diesem Sinne meint indes keine Abgrenzung von Ausschließlichkeitssphären, sondern ein Organisationsmodell zur Ausübung von Staatsgewalt mit vielfältigen Verflechtungen und wechselseitigen Ingerenzen. Immerhin ist die BReg trotz ihrer parlamentarischen Abhängigkeit **kein Exekutivausschuss des Parlaments,**[96] sondern wird vom GG als selbstständiges und dem Parlament prinzipiell gleichrangiges Verfassungsorgan konstituiert.

Gleichwohl lässt sich nur bedingt von einem **Vorbehaltsbereich der Regierung** sprechen.[97] **42** Jedenfalls kann damit kein Ausschließlichkeitsanspruch für bestimmte Felder oder Kategorien staatlichen Handelns gemeint sein. An der obersten Staatsleitung und an der polit. Gestaltung des Gemeinwesens nimmt das Parlament ebenso teil wie die Regierung, und aus der auf die Binnenorganisation der Regierung bezogenen Richtlinienprärogative des BKanzlers (Art. 65 S. 1) lässt sich ein gubernativer Alleinanspruch auf die Richtlinien der Politik nicht herleiten.[98]

Ein Regierungsvorbehalt ergibt sich allerdings zwangsläufig aus der **Verschiedenartigkeit der** **43** **Handlungsformen** von Regierung und Parlament.[99] Die sachliche Vorbereitung und Durchführung staatlicher Agenden bleibt im Kern exekutiv, und das Parlament darf sich insoweit keine Einrichtungen zulegen, die ihm Ressortbefugnisse verschaffen. Es ist vielmehr darauf verwiesen, sich durch gesetzliche Vorgaben oder Zustimmungsvorbehalte Einfluss auf den Inhalt der Regierungstätigkeit zu verschaffen.

Im Übrigen setzt die verfassungsrechtliche Anerkennung der BReg als eines selbstständigen Ver- **44** fassungsorgans **funktionssichernde Rand- und Annexkompetenzen**[100] wie etwa die Organisati-

---

[88] Ähnl. *Schröder* MKS II, Art. 64 Rn. 10; *Hermes*, in Dreier II, Art. 62 Rn. 16.

[89] Dazu *Bachmann*, in: Die Staatskanzlei, 1967, S. 161 ff.; *Behrendt*, Das Bundeskanzleramt, 1967; *Busse/Hofmann* (Fn. 40). Vgl. auch *Stern*, StaatsR II, S. 279 f.; *Herzog*, in: Maunz/Dürig, Art. 62 (2008) Rn. 28.

[90] Einzelheiten bei *Busse/Hofmann* (Fn. 40), S. 109 ff.

[91] Organisationserlass des BKanzlers v. 3.5.1989, BGBl I S. 901.

[92] Organisationserlass des BKanzlers v. 27.10.1998, BGBl I S. 3288. Hierzu näher *Busse/Hofmann* (Fn. 40), S. 133 ff.

[93] Befürwortend *Busse* DÖV 1999, 313 (315); *ders.*, in: Friauf/Höfling, Art. 62 (2019) Rn. 9. Krit. jedoch *Hense* DVBl 2000, 376 (381 ff.); *Sommermann* VVDStRL 65 (2006), 39.

[94] Unkommentierter Hinweis bei *Schröder* MKS II, Art. 64 Rn. 10.

[95] *Oldiges* (Fn. 1), S. 388.

[96] *Stern*, Staatsrecht II, S. 274; *Herzog*, in: Maunz/Dürig, Art. 62 (2008) Rn. 65.

[97] Hierzu allgemein *Schröder* HStR III, § 64 Rn. 11 ff. Vgl. aber – weitergehend iS eines Kernbereichs der Regierung im Sinne einer exekutiven Eigenverantwortung – BVerfGE 1, 372 (394); 9, 268 (281 ff.); 34, 52 (59 f.); 95, 1 (16); 110, 199 (214, 219); 137, 185 (Rn. 136).

[98] *Schröder* HStR III, § 64 Rn. 12; *Herzog*, in: Maunz/Dürig, Art. 20 V (1980) Rn. 103; in der Tendenz ebenso Grzeszick, in: Maunz/Dürig, Art. 20 V (2013) Rn. 103; aA jedoch noch BVerfGE 1, 299 (310 f.).

[99] Von der „vorbehaltsähnlichen Wirkung faktischer Möglichkeiten" spricht *Herzog*, in: Maunz/Dürig, Art. 20 V (1980) Rn. 108; vgl. auch *Schröder* DVBl 1984, 814 (817 f.).

[100] *Schröder* HStR III, § 64 Rn. 13.

ons- und Direktionsgewalt bei der Führung der Verwaltung voraus. Selbstverständlich schützt derartige institutionelle Unabhängigkeit nicht vor **faktischer politischer Abhängigkeit** der Regierung von der sie tragenden parlamentarischen Mehrheit.

45     Auch soweit ein Vorbehaltsbereich der Regierung anzuerkennen ist, ergibt sich damit für die Regierung kein Freiraum, in dem sie unbehelligt von gerichtlicher Kontrolle agieren darf. **Regierungsakte** sind nicht justizfreie Hoheitsakte; soweit sie die Rechtssphäre des Bürgers berühren, ist ihnen gegenüber Rechtsschutz nach Art. 19 IV gewährleistet.[101] Dabei fällt allerdings das der Regierung grds. zur Verfügung stehende weite politische Ermessen ins Gewicht.

## II. Parlamentarische Verantwortlichkeit

46     Verantwortlichkeit der Regierung gegenüber dem Parlament[102] macht das Wesen des parlamentarischen Regierungssystems aus. Das GG enthält vielfältige Ausprägungen einer **formellen Verantwortlichkeit;** sie finden sich beginnend bei den Regelungen über Bildung und Bestand der BReg (Art. 63, 67 f., 81)[103] bis hin zum Zitierungsrecht nach Art. 43 I.[104] Diese Formen der Verantwortlichkeit richten sich vornehmlich gegen den BKanzler und die BMin; eine spezifische Kabinettsverantwortlichkeit kennt das GG nicht.[105]

47     Die Institutionen der formellen Verantwortlichkeit schaffen eine „Verantwortlichkeitsgeometrie", bei der jedes Regierungsorgan für seine eigenen „Verantwortungsprovinzen" einzustehen hat; das ist schon in der Weimarer Zeit gerügt worden.[106] Bezeichnenderweise fristen all diese Instrumente eine kärgliche Rolle als stumpfes Schwert der Opposition. Jedenfalls im **parteienstaatlich** geprägten parl. System ist die parl. Abhängigkeit der Regierung im Wesentlichen **informell.**[107] Die Regierung bringt hier den politischen Willen einer parl. Mehrheit zum Ausdruck und besitzt deren Vertrauen, solange die gemeinsame politische Basis trägt. Ihr Ende ist darum gekommen, wenn die parl. Mehrheit auseinanderfällt. Dieser informellen Abhängigkeit unterliegt auch und insbes. die Regierung als Kollegium.

48     Den Bedürfnissen einer so verstandenen parlamentarischen Verantwortlichkeit hat sich auch das **regierungsinterne Kompetenzgefüge** anzupassen.[108] Eine parlamentarische Regierung wird getragen von mehreren parteilichen Gruppierungen oder auch von mehreren politischen Kräften innerhalb einer Partei; die Minister sind die Exponenten dieser Gruppierungen und Kräfte. Vor diesem Hintergrund verblassen Richtlinien- und Ressortprärogativen, und das **Kabinett** als das Spiegelbild der die Regierung tragenden politischen Kräfte wird, ungeachtet der selbstverständlich verbleibenden formellen Befugnisse der übrigen Regierungsorgane, zur **eigentlichen politischen Entscheidungsinstanz** der BReg.[109]

## Art. 63 [Wahl des Bundeskanzlers]

(1) **Der Bundeskanzler wird auf Vorschlag des Bundespräsidenten vom Bundestage ohne Aussprache gewählt.**

(2) **Gewählt ist, wer die Stimmen der Mehrheit der Mitglieder des Bundestages auf sich vereinigt. Der Gewählte ist vom Bundespräsidenten zu ernennen.**

(3) **Wird der Vorgeschlagene nicht gewählt, so kann der Bundestag binnen vierzehn Tagen nach dem Wahlgange mit mehr als der Hälfte seiner Mitglieder einen Bundeskanzler wählen.**

(4) **Kommt eine Wahl innerhalb dieser Frist nicht zustande, so findet unverzüglich ein neuer Wahlgang statt, in dem gewählt ist, wer die meisten Stimmen erhält. Vereinigt der Gewählte die Stimmen der Mehrheit der Mitglieder des Bundestages auf sich, so muß der Bundespräsident ihn binnen sieben Tagen nach der Wahl ernennen. Erreicht der Gewählte diese Mehrheit nicht, so hat der Bundespräsident binnen sieben Tagen entweder ihn zu ernennen oder den Bundestag aufzulösen.**

---

[101] Vgl. näher *Schmidt-Aßmann,* in: Maunz/Dürig, Art. 19 IV (2014) Rn. 81 ff. Zum Begriff des Regierungsaktes ferner *Stern,* Staatsrecht II, S. 684 ff.; *Schröder* HStR III (1./2. Aufl.), § 67 Rn. 7 ff. und 14.

[102] Weiterführend zum Verhältnis von Parlament und Regierung *Schröder* HStR III, § 65 Rn. 51 ff.; *Herzog,* in: Maunz/Dürig, Art. 62 (2008) Rn. 85 ff.

[103] Überblick bei *Herzog,* in: Maunz/Dürig, Art. 62 (2008) Rn. 86 ff.

[104] Vgl. näher *Stern,* StaatsR II, S. 313 ff.

[105] So auch *Schröder* HStR III, § 65 Rn. 55; *Stern,* Staatsrecht II, S. 312. Für die WRV schon *Marschall v. Bieberstein* HdbDStR I, S. 520 ff. (529).

[106] *Wittmayer,* Die Weimarer Reichsverfassung, 1922, S. 348; vgl. auch *Schröder* HStR III § 65 Rn. 53, 57.

[107] Näheres bei *Herzog,* in: Maunz/Dürig, Art. 62 (2008) Rn. 103 ff.

[108] Vertiefend hierzu *Oldiges* (Fn. 1), S. 44 ff.

[109] Vgl. *Herzog,* in: Maunz/Dürig, Art. 62 (2008) Rn. 19: notw. Flexibilität bei der Handhabung der Kompetenzvorschriften.

**Entstehungsgeschichte: Erstfassung:** JöR nF 1 (1951), 426.
**Historische Verfassungstexte: RV 1849: § 73** (2) Der Kaiser übt die ihm übertragene Gewalt durch verantwortliche von ihm ernannte Minister aus. – **RV 1871: Art. 15** (1) Der Vorsitz im Bundesrathe und die Leitung der Geschäfte steht dem Reichskanzler zu, welcher vom Kaiser zu ernennen ist. – **WRV: Art. 53** Der Reichskanzler und auf seinen Vorschlag die Reichsminister werden vom Reichspräsidenten ernannt und entlassen.
**Geltende Landesverfassungen:** *BW*Verf Art. 46 I, 47; *Bay*Verf Art. 44 I, II; *Bln*Verf Art. 56 I–III; *Bbg*Verf Art. 83; *Brem*Verf Art. 114; *Hmb*Verf Art. 41 I; *Hess*Verf Art. 101 I; *MV*Verf Art. 42; *Nds*Verf Art. 29, 30; *NRW*Verf Art. 52 I, II; *RhPf*Verf Art. 98 II; *Saar*lVerf Art. 87 I 1, IV; *Sachs*Verf Art. 60 I–III; *LSA*Verf Art. 65 I, II; *SchlH*Verf Art. 26 II 1, III, IV; *Thür*Verf Art. 70 III.
**Gesetzgebung:** GOBT.

**Schrifttum:** *P. Austermann,* Die Wahl des Bundeskanzlers gemäß Art. 63 GG, DÖV 2013, 865; *K. v. Beyme,* Die parlamentarischen Regierungssysteme in Europa, 2. Aufl. 1973; *K. Finkelnburg,* Die Minderheitsregierung im deutschen Staatsrecht, 1982; *F. Glum,* Kritische Bemerkungen zu den Artikeln 63, 67, 68, 81 GG, FG E. Kaufmann, 1950, S. 47; *ders.,* Das parlamentarische Regierungssystem in Deutschland, Großbritannien und Frankreich, 2. Aufl. 1965; *A. Gorskiy,* Zur verfassungsdogmatischen Frage einer möglichen Begrenzung der Amtszeit der deutschen Ministerpräsidenten, DÖV 2019, 21; *J. Heck/M. Heffinger,* Die Bildung der Bundesregierung in Krisenzeiten, DÖV 2018, 739; *U. J. Hochrathner,* Anwendungsbereich und Grenzen des Parlamentsauflösungsrechts nach dem Bonner Grundgesetz, 1985; 2019; *J. Linck,* Geheime Wahlen der Ministerpräsidenten, DVBl 2005, 793; *M. Lippert,* Bestellung und Abberufung der Regierungschefs und ihre funktionale Bedeutung für das parlamentarische Regierungssystem, 1973; *G. Loewenberg,* Parlamentarismus im politischen System der Bundesrepublik Deutschland, 1969; *F. Münch,* Die Bundesregierung, 1954; *H. Nawiasky,* Der Einfluß des Bundespräsidenten auf Bildung und Bestand der Bundesregierung, DÖV 1950, 161; *H. Pohl,* Die Zuständigkeiten des Reichspräsidenten, HDStR I, 1930, § 42; *T. Puhl,* Die Minderheitsregierung nach dem Grundgesetz, 1986; *H. Rausch,* Bundestag und Bundesregierung, 1976; *M. Schröder,* Bildung, Bestand und parlamentarische Verantwortung der Bundesregierung HStR III, § 65; *K.-A. Schwarz,* Neuregelung der Regierungsbildung, ZRP 2018, 24; *H. Steiger,* Organisatorische Grundlagen des parlamentarischen Regierungssystems, 1973.

## Übersicht

# A. Allgemeines

## I. Systematische Stellung

Das Verfahren der **Regierungsbildung** ist im GG zweistufig geregelt. Art. 63 behandelt mit der **1** **Wahl und Ernennung des Bundeskanzlers** ihre erste Stufe,[1] während sich Art. 64 auf die Bestellung der übrigen Mitglieder der BReg bezieht. Nur die Entscheidung über die Besetzung des Amtes des BKanzlers liegt in den Händen des BT; über die Zusammensetzung des Kabinetts entscheidet – jedenfalls formal nach Verfassungsrecht – der BKanzler selbst (sog. materielles Kabinettsbildungsrecht, vgl. → Art. 64 Rn. 3). Beide Stufen der Regierungsbildung sind jedoch enger miteinander verknüpft, als es der Verfassungstext erscheinen lässt: Im Allgemeinen wird der designierte Kanzlerkandidat mit seiner Fraktion bzw. den Koalitionsfraktionen schon vor der Wahl wenigstens in Umrissen über sein künftiges Kabinett verhandelt haben.[2]

Art. 63 befasst sich nur mit der Wahl eines neuen BKanzlers bei **Vakanz des Amtes.**[3] Ein anderes **2** Wahlverfahren sieht Art. 67 vor, wenn der BT im Wege des sog. konstruktiven Misstrauensvotums dem amtierenden BKanzler das Vertrauen durch Wahl eines neuen Amtsinhabers entzieht; auch bei der nach Art. 68 I 2 möglichen Neuwahl eines BKanzlers nach verweigertem Vertrauen kommt Art. 63 nicht zur Anwendung. Die in Art. 63 vorausgesetzte Vakanz entsteht vielmehr nach einer Bundestagswahl bei Zusammentritt des neuen BT (Art. 69 II) sowie bei Rücktritt, Amtsunfähigkeit oder Tod des alten Amtsinhabers.

---

[1] Vgl. zum Gewicht des Art. 63 in den Vorschriften über die BReg *Herzog,* in: Maunz/Dürig, Art. 63 (2008) Rn. 1.
[2] *Schröder* HStR III, § 65 Rn. 2.
[3] *Hermes,* in: Dreier II, Art. 63 Rn. 47.

## II. Historische Wurzeln

3    Die Wahl des Regierungschefs, wenn nicht der gesamten Regierung, durch das Parlament ist eines der wesentlichen Merkmale eines parlamentarischen Regierungssystems (→ Rn. 6 ff.). Die **RV 1871,** der dieses System fremd war, hat darum in Art. 15 die Bestimmung und Ernennung des RKanzlers in das politische Ermessen des Kaisers gestellt.[4] Auch das verfassungsändernde Gesetz vom 28.10.1918, das die Amtsführung des RKanzlers vom Vertrauen des RT abhängig machte, hielt noch am Ernennungsrecht des Kaisers fest und veränderte nur dessen verfassungsrechtliches Bezugsfeld.[5]

4    Die Verfassungsänderung konnte wegen des wenige Tage später eintretenden Endes des Kaiserreiches keine Wirkung mehr entfalten.[6] Was sie intendierte, wurde dann jedoch, wenn auch unter republikanischen Vorzeichen, Bestandteil des **Regierungssystems der WRV.** Das Recht zur Bestellung des RKanzlers blieb auch hier dem Staatsoberhaupt, jetzt also dem RPräs, vorbehalten (Art. 53 WRV), während iÜ der RKanzler und seine Minister vom Vertrauen des RT abhängig waren und nach Art. 54 zurücktreten mussten, wenn ihnen der RT das Vertrauen entzog.[7] Ein parl. Regierungssystem war damit nur unvollkommen hergestellt.[8] Bestand wohl anfangs noch Unsicherheit darüber, ob der RPräs den Kandidaten der Reichstagsmehrheit zum Kanzler zu ernennen hätte, verfestigte sich in der politischen Praxis angesichts zunehmender Handlungsunfähigkeit des RT das uneingeschränkte Bestellungsrecht des RPräs. Die letzten Kabinette der Weimarer Republik waren reine Präsidialkabinette.

5    Bei den **Beratungen zum GG**[9] stand von vornherein fest, dass in der neuen Verfassung jegliche präsidiale Dominanz vermieden und die Parlamentsabhängigkeit der Regierung auch auf die Regierungsbildung erstreckt werden sollte. Alle Entwürfe sahen darum die Wahl des BKanzlers durch den BT vor und unterschieden sich nur hinsichtlich eines Vorschlagsrechts des BPräs, des weiteren Verfahrens bei Ablehnung des Vorgeschlagenen oder bei Untätigkeit des BT sowie hinsichtlich eines Ablehnungsrechts des BPräs, gegenüber einem vom BT in eigener Initiative gewählten Kandidaten. Im Ergebnis wurde schließlich ein **gestuftes Verfahren** mit jeweils unterschiedlichen Mitwirkungsrechten des BPräs beschlossen.

## III. Art. 63 im parlamentarischen Regierungssystem

6    Im **parlamentarischen Regierungssystem**[10] erfährt die Regierung ihre demokratische Legitimation von der Volksvertretung, der gegenüber sie verantwortlich ist und von deren Vertrauen sie abhängt. **Parlamentarische Verantwortlichkeit** und **parlamentarische Vertrauensabhängigkeit** der Regierung sind neben der Beteiligung des Parlaments an der Staatsleitung die typusbestimmenden Merkmale des Parlamentarismus.[11] Die Abhängigkeit der Regierung vom Vertrauen des Parlaments verlangt das grds. Einverständnis der Parlamentsmehrheit sowohl mit der Aufnahme der Regierungsgeschäfte durch die Regierung wie auch mit ihrer Amtsführung. Parlamentarische Vertrauensabhängigkeit beschränkt sich demnach nicht nur auf die Verfügungsmöglichkeit des Parlaments über den Bestand der Regierung, sondern schließt einen bestimmenden Einfluss des Parlaments auch auf die Regierungsbildung ein.[12]

7    Das GG hat sich – im Unterschied zum stark präsidial geprägten Regierungssystem der Weimarer Republik – eindeutig für ein parlamentarisches Regierungssystem entschieden,[13] indem es die BReg in ihrem Bestand ebenso wie in ihrem Zustandekommen an das Vertrauen des BT bindet. Im Einzelnen lässt sich indes eine **individuelle Ausgestaltung** erkennen.

8    Die Parlamentsabhängigkeit der BReg in ihrem **Bestand** bezieht sich zwar formal nur auf den BKanzler; nur ihm gegenüber kann nach Art. 67 das Misstrauen ausgesprochen werden, und nur er kann nach Art. 68 die Vertrauensfrage stellen. Indes wirkt auch bezüglich der einzelnen BMin in beträchtlichem Maße eine informelle Abhängigkeit (→ Art. 65 Rn. 22), und nicht zuletzt ergreift die Vertrauensabhängigkeit des BKanzlers über Art. 69 II auch die BMin.

---

[4] Zusammenfassend zu dieser Epoche *v. Beyme,* Die parlamentarischen Regierungssysteme in Europa, 2. Aufl. 1973, S. 232 ff. (234); *Schenke* BK, Art. 63 (2014) Rn. 54. – In der Endphase des Kaiserreiches bahnten sich allerdings schon „kryptoparlamentarische" Erscheinungen an; vgl. hierzu *Stern,* StaatsR I, S. 951.

[5] Näher hierzu *Glum,* Das parlamentarische Regierungssystem in Deutschland, Großbritannien und Frankreich, 2. Aufl. 1965, S. 56 ff.; *E. R. Huber,* Deutsche Verfassungsgeschichte V, 1978, S. 589 ff.; *Schenke* BK, Art. 63 (2014) Rn. 54.

[6] *Junker,* Die Richtlinienkompetenz des Bundeskanzlers, 1965, S. 18 (zum „geschichtslosen Epilog").

[7] Ausführlich zu Theorie und Praxis der Weimarer Regelung *Schenke* BK, Art. 63 (2014) Rn. 55 ff.

[8] *Thoma* HdbDStR I, S. 503 ff. (504), sprach von einem „hinkenden" parlamentarischen Regierungssystem. Weitere Nachw. bei *Stern,* StaatsR I, S. 951 ff.

[9] Überblick bei *Schenke* BK, Art. 63 (2014) Rn. 47 ff.

[10] Zu Begriff und Wesen des parlamentarischen Regierungssystems näher *Stern,* StaatsR I, S. 955 ff.; *Schmidt-Preuß* FS Leisner, S. 467 ff.; vgl. auch schon *Oppermann* VVDStRL 33, 7 (9 f.).

[11] *Stern,* StaatsR I, S. 956.

[12] *Stern,* StaatsR I, S. 962 und 579.

[13] Ausführlich hierzu *Herzog,* in: Maunz/Dürig, Art. 63 (2008) Rn. 2 ff.; *Stern,* StaatsR I, S. 979.

Der Einfluss des BT auf die **Regierungsbildung** erweist sich darin, dass zum BKanzler nur ernannt  9
werden kann, wer vom BT dafür gewählt worden ist. Die BMin werden demgegenüber nicht vom BT
gewählt, sondern vom BKanzler dem BPräs zur Ernennung vorgeschlagen (Art. 64 I). Diese Beschränkung auf die Wahl des Kanzlers korrespondiert mit den Vorschriften über Misstrauensvotum und
Vertrauensfrage. Sie konzentriert die Vertrauensabhängigkeit der BReg damit zwar schon in der Phase
der Regierungsbildung auf die Person des Kanzlers, lässt aber – zumal bei der in Deutschland
etablierten parteienstaatlichen Version des parlamentarischen Regierungssystems – Formen informeller
Einflussnahme der Regierungsfraktionen des BT auf die Auswahl der übrigen Regierungsmitglieder
durchaus zu.

Die Wahl des BKanzlers durch den BT erfolgt grds. auf **Vorschlag des Bundespräsidenten.** Diese  10
Beteiligung des Staatsoberhauptes an der Bestellung der Regierung tut indes dem parlamentarischen
Regierungssystem keinen Abbruch. Auch wenn man den BPräs bei seinem Vorschlagsrecht keinen
rechtlichen Vorgaben unterworfen sieht (→ Rn. 15 ff.), hat der BT dennoch die Macht, mit seiner
Mehrheit einen eigenen Kandidaten zu wählen. Gelingt dies nicht, wachsen dem BPräs nach Art. 63
IV Entscheidungsbefugnisse zu, die jedoch ebenfalls die parlamentarische Suprematie nicht einschrän-
ken, sondern dem Parlament lediglich einen Ausweg aus eigener politischer Entscheidungsunfähigkeit
eröffnen sollen.

## B. Wahl auf Vorschlag des Bundespräsidenten (Abs. 1 und 2)

### I. Entscheidungsbefugnis des Bundestages

Art. 63 I betrifft den **ersten Wahlgang** im Verfahren zur Bestellung des BKanzlers. In einem  11
mehrheitsfähigen BT wird es bei diesem einzigen Wahlgang bleiben, wenn der BPräs dem BT den
Mehrheitskandidaten zur Wahl vorschlägt (vgl. aber → Rn. 17). Nur bei unsicheren Mehrheitsverhältnissen, bei Stimmengleichheit oder dann, wenn eine mehrheitsfähige Koalition nicht zustande kommt,
ist eine erfolgreiche Wahl nach Art. 63 II 1 nicht gewährleistet; in diesen Fällen können weitere
Wahlgänge nach den Abs. 3 und 4 erforderlich werden.

Unbeschadet des Mitwirkungsrechts des BPräs ist die Bestimmung der Person des BKanzlers in die  12
**alleinige Entscheidungsbefugnis des Bundestages** gelegt. Damit ist gesichert, dass der BKanzler
und mit ihm mittelbar die gesamte BReg ihre demokratische Legitimation allein vom BT bezieht;[14]
ein doppelter, zu Loyalitätskonflikten führender Legitimationsbezug wie zur Zeit der WRV wird so
verhindert. Zugleich bedeutet die Wahl eines Kanzlers eine **politische Richtungsentscheidung** des
BT: Seine Mehrheit stellt sich hinter das von den Kandidaten verkörperte politische Programm oder
bestellt ihn als Sachwalter ihrer eigenen, möglicherweise in einem Koalitionsabkommen abgestimmten
politischen Vorstellungen. Das alles macht die Kanzlerwahl durch den BT zum „Herzstück des
parlamentarischen Regierungssystems."[15]

### II. Mitwirkung des Bundespräsidenten

Der BT kann im ersten Wahlgang einen Kanzler nicht in eigener Initiative wählen, sondern muss  13
einen entsprechenden **Personalvorschlag des Bundespräsidenten** abwarten.[16] Damit ist indes nur
die formale Rechtslage umschrieben. Der Präsidentenvorschlag ist regelmäßig das Ergebnis vorher
geführter politischer Verhandlungen in und zwischen den im BT vertretenen Parteien und ihren
Fraktionen sowie sich anschließender Gespräche des BPräs mit den Fraktionsführungen.[17] Kann sich
eine parlamentarische Mehrheit nur als Koalition zweier oder mehrerer Fraktionen formieren, werden
im Allgemeinen **Koalitionsabkommen**[18] geschlossen, die sich regelmäßig auch auf die Person des
künftigen Kanzlers beziehen.

---

[14] Ebenso *Hermes,* in: Dreier II, Art. 63 Rn. 8 u. 9; *Busse,* in: Friauf/Höfling, Art. 63 (2012) Rn. 1.
[15] *Stern,* Staatsrecht I, S. 979; ihm folgend *Schröder* HStR III, § 65 Rn. 4 mwN; *Hermes,* in: Dreier II, Art. 63
Rn. 8.
[16] Zur Problematik dieser Regelung angesichts des ungewöhnlich langen Zeitraums zwischen der Bundestagswahl
am 24.9.2017 und der erst am 14.3.2018 erfolgenden Wahl der BKanzlerin durch den BT *Schwarz,* ZRP 2018, 24
(24 f.). BPräs Steinmeier hatte aufgrund der unklaren Mehrheitsverhältnisse im 19. BT mit seinem Vorschlag solange
gewartet, bis nach den gescheiterten Koalitionsverhandlungen zwischen CDU/CSU, FDP und Bündnis 90/Die
Grünen die daraufhin aufgenommenen Verhandlungen zwischen CDU/CSU und SPD zu einem erfolgreichen
Abschluss gekommen waren und deren Fraktionen sich auf einen Koalitionsvertrag geeinigt hatten; dieser wurde am
12.3.2018 unterzeichnet. Zur nicht unumstr. Rolle des BPräs bei der Regierungsbildung 2017/2018 näher *Florack,*
in: Korte/Schoofs (Hg.), Die Bundestagswahl 2017, S. 539 ff.
[17] *Stern,* StaatsR I, S. 980. Zu weit geht dagegen die Ansicht von *Schenke* BK, Art. 63 (2014) Rn. 71 f., wonach
eine Rechtspflicht zur Konsultation der Fraktionen bestehen soll; ähnlich *Hermes,* in: Dreier II, Art. 63 Rn. 21
(„verfahrensrechtliche Pflicht zur Konsultation"). Wie hier *Austermann* DÖV 2013, 865 (867); zurückhaltender
(„Sondierungspflicht") *H.-P. Schneider* AK GG, Art. 63 (2002) Rn. 3.
[18] Vgl. → Art. 65 Rn. 17; für den vorliegenden Zusammenhang vor allem *Schenke* BK, Art. 63 (2014) Rn. 73 ff.;
*Herzog,* in: Maunz/Dürig, Art. 63 (2008) Rn. 9 ff.; *Schröder* MKS II, Art. 63 Rn. 16 ff.

**14**     In all diese Vorverhandlungen kann der BPräs nicht in rechtlich bestimmender Weise eingreifen; hierzu legitimiert ihn sein Vorschlagsrecht nicht.[19] Auch die Gespräche mit den Fraktionsspitzen dienen nur der Information über die Konsensfähigkeit möglicher Kanzlerkandidaten. Er ist jedoch nicht auf eine nur passive Rolle beschränkt. Jedenfalls bei schwieriger Kandidatenfindung hat er auf Grund seines Vorschlagsrecht die Rolle eines **Kristallisationskerns der parlamentarischen Willensbildung;** er ist der „Geburtshelfer" bei der Kanzlerwahl.[20]

**15**     Umstritten ist, ob und wieweit der BPräs bei der Ausübung seines Vorschlagsrechts einer **rechtlichen Bindung** unterliegt.[21] Die Frage lässt sich nur diff. beantworten:

**16**     Die Einschaltung des BPräs in das Verfahren der Kanzlerbestellung dient der Erleichterung und Beschleunigung der Findung und der Wahl eines dauerhaft mehrheitsfähigen Kanzlerkandidaten.[22] Daraus ergibt sich die **Rechtspflicht** des BPräs, sein Vorschlagsrecht nach dem **Kriterium der Mehrheitsfähigkeit** auszuüben;[23] unzulässig wäre es darum, wenn der BPräs seinen Vorschlag nach eigenen politischen Sachvorstellungen gestaltete.

**17**     Diese funktional begründete Bindung **verpflichtet** den BPräs **dagegen nicht,** dem BT einen Kandidaten zu präsentieren, auf den sich die parlamentarische Mehrheit zuvor schon verständigt hat.[24] Das Vorschlagsrecht nach Art. 63 I, das auch für diesen Fall gilt, verlöre bei einer solchen Rechtsbindung seinen Sinn.[25] Vielmehr hat der BPräs auch hier zu prüfen, ob die Verständigung der beteiligten Parteiflügel oder Fraktionen auf einen Wunschkandidaten realistisch und dauerhaft erscheint oder ob nicht ein anderer Kandidat mehr Aussicht bietet, von der Parlamentsmehrheit gewählt und möglichst während der gesamten Legislaturperiode getragen zu werden. Bei dieser Prüfung steht ihm gegenüber den Fraktionen eine **Beurteilungsprärogative** zu.[26] Sie schmälert das Entscheidungsrecht des BT über die Besetzung des Amtes des BKanzlers nicht, da das Parlament mit seiner Mehrheit einen ihm nicht genehmen Vorschlag des Präsidenten ablehnen und im zweiten Wahlgang in eigener Initiative den BKanzler wählen kann.

**18**     Was die **Person des Vorzuschlagenden** betrifft, enthält das GG keine Einschränkungen.[27] Der BPräs kann darum auch jemanden dem BT zur Wahl vorschlagen, der nicht Abg. oder nicht einmal Angehöriger einer Partei ist.[28] Einschränkungen des Vorschlagsrechts – die ggf. auch einer Ernennung entgegenstünden – ergeben sich dagegen aus dem öffentlich-rechtlichen Amtsverhältnis, in dem sich der BKanzler wie auch die BMin nach § 1 BMinG befindet.[29] Hierzu gehört, dass der Vorgeschlagene Deutscher iS von Art. 116 ist. Weiterhin muss er das passive Wahlrecht gemäß Art. 38 II GG iVm § 15 BWahlG besitzen. Auch wer verfassungsfeindliche Ziele verfolgt, darf zum BKanzler weder vorgeschlagen noch ernannt werden.[30]

**19**     Das Vorschlagsrecht des BPräs ist ausschließlich funktionsbezogen und soll dem BKanzler keine zusätzliche Legitimation für seine Regierungstätigkeit verschaffen. Das bedeutet zugleich, dass der BPräs inhaltlich keinen Einfluss auf die Kanzlerbestellung nehmen darf. Ihm ist es darum verwehrt, seinen Vorschlag von bestimmten politischen Zugeständnissen (sog. **Präsentationskapitulationen**) des vorgesehenen Kandidaten abhängig zu machen.[31]

---

[19] *Schenke* BK, Art. 63 (2014) Rn. 89 ff.

[20] *F. Münch,* Die Bundesregierung, 1954, S. 131; ebenso *Schröder* HStR III, § 65 Rn. 6. Hierzu beispielhaft die „Erklärung zur Regierungsbildung" des BPräs v. 20.11.2017 angesichts der am 19.11.2017 gescheiterten Koalitionsverhandlungen zwischen CDU/CSU, FDP und Bündnis 90/Die Grünen, abrufbar unter http://www.bundespraesident.de/SharedDocs/Reden/DE/Frank-Walter-Steinmeier/Reden/2017/11/171120-Statement-Regierungsbildung.html.

[21] Zum Meinungsstand *Mager,* in: v. Münch/Kunig I, Art. 63 Rn. 5; *Herzog,* in: Maunz/Dürig, Art. 63 (2008) Rn. 18; *Schröder* HStR III, § 65 Rn. 9; *ders.* MKS II, Art. 63 Rn. 27 ff.

[22] *Schröder* HStR III, § 65 Rn. 6; *Hermes,* in: Dreier II, Art. 63 Rn. 17.

[23] *Schenke* BK, Art. 63 (2014) Rn. 97; *H.-P. Schneider* AK GG, Art. 63 (2002) Rn. 4; aA *Austermann* DÖV 2013, 865 (867); *Busse,* in: Friauf/Höfling, Art. 63 (2012) Rn. 7; *Hermes,* in: Dreier II, Art. 63 Rn. 21.

[24] So die wohl hM; vgl. etwa *Schröder* HStR III, § 65 Rn. 4; *Uhle/Müller-Franken,* in: Hofmann/Henneke, Art. 63 Rn. 12 mwN; aA *Steiger,* Organisatorische Grundlagen des parlamentarischen Regierungssystems, 1973, S. 237 ff.; *Schenke* BK, Art. 63 (2014) Rn. 102 ff.

[25] Vgl. auch *Schröder* MKS II, Art. 63 Rn. 27; ähnl. *Mager,* in: v. Münch/Kunig I, Art. 63 Rn. 5.

[26] *Herzog,* in: Maunz/Dürig, Art. 63 (2008) Rn. 18; *Stern,* StaatsR II, S. 251 ff.; *H.-P. Schneider* AK GG, Art. 63 (2002) Rn. 4.

[27] Zum Folgenden ausführlich *Herzog,* in: Maunz/Dürig, Art. 63 (2008) Rn. 21 ff. Insb. bestehen keine Wiederwahlbeschränkungen; eine Person kann nach gegenwärtiger Verfassungslage unbegrenzt oft zum BKanzler gewählt werden, zu Reformüberlegungen in dieser Hinsicht vgl. *Kloepfer,* FAZ v. 18.2.2016, S. 6 und die Kritik hieran bei *Schröder* MKS II, Art. 63 Rn. 22a. Die Einführung einer Wiederwahlbeschränkung setzt jedenfalls eine Änderung des GG voraus; zu praktischen und rechtlichen Einwänden dagegen vgl. *Schröder* MKS II, Art. 63 Rn. 22a. Zu dem 2018 gescheiterten Versuch in Bayern, eine Wiederwahlbegrenzung für das Amt des MPräs verfassungsrechtlich zu verankern, näher *Gorskiy* DÖV 2019, 21 ff.

[28] *Schenke* BK, Art. 63 (2014) Rn. 109; *Austermann* DÖV 2013, 865 (867).

[29] *Mager,* in: v. Münch/Kunig I, Art. 63 Rn. 6; *Schenke* BK, Art. 63 (2014) Rn. 109; *Schröder* MKS II, Art. 63 Rn. 20 ff.; *Hermes,* in: Dreier II, Art. 63 Rn. 13.

[30] Ausführlich hierzu *Schenke* BK, Art. 63 (2014) Rn. 110 f.; *Herzog,* in: Maunz/Dürig, Art. 63 (2008) Rn. 24. Zurückhaltend *Mager,* in: v. Münch/Kunig I, Art. 63 Rn. 7; gar ablehnend *Hermes,* in: Dreier II, Art. 63 Rn. 13.

[31] *Schröder* HStR III, § 65 Rn. 11; *Nettesheim* HStR III, § 62 Rn. 6.

Der BPräs ist **zur Abgabe eines Wahlvorschlages verpflichtet;**[32] eine Verletzung dieser Pflicht **20** kann die Sanktion einer Organklage nach Art. 93 I Nr. 1 oder sogar der Präsidentenanklage nach Art. 61 nach sich ziehen.[33] Eine Frist besteht nicht, doch muss der Vorschlag binnen angemessener Zeit nach Eintritt der Vakanz – bei Neuwahl des BT nach dessen Zusammentritt, mit dem das Amt des BKanzlers nach Art. 69 II endet – erfolgen.[34] Der BPräs muss den Fraktionen Zeit für Verhandlungen lassen; ziehen sie sich zu lange hin, kann er von seinem Vorschlagsrecht auch ohne weitere Konsultationen mit den Fraktionen Gebrauch machen.[35] Für die Zeit bis zur Ernennung des gewählten Kandidaten gelten die Vorschriften über die geschäftsführende BReg (vgl. Art. 69 III).

## III. Wahlverfahren und Ernennung

Der BPräs reicht seinen Vorschlag schriftlich dem Präsidenten des BT ein, der daraufhin den BT zur **21** Vornahme des Wahlakts einberuft.[36] Fristen sind auch hier nicht gesetzt, doch gebietet das Leitbild einer zügigen Regierungsbildung eine alsbaldige Einberufung.[37] Nach Verlesung des Wahlvorschlags erfolgt die Wahl, bei der es sich der Sache nach um eine **Abstimmung** handelt, da nur über den Vorschlag des BPräs entschieden wird;[38] dementsprechend gelten andere Namen auf dem Stimmzettel als Nein-Stimmen.[39]

Die Abstimmung erfolgt auf Stimmzetteln,[40] ist also geheim. Die Kritik hieran,[41] die aus dem Prinzip **22** der parlamentarisch-repräsentativen Demokratie die Gebote der Öffentlichkeit und Transparenz parl. Wahlen herleitet, berücksichtigt zu wenig das Spannungsverhältnis zu Art. 38 (Unabhängigkeit der Abg.), das dem Parlament in seiner GO auch geheime Wahlen erlaubt. Eine **Aussprache** über den Wahlvorschlag findet nach Art. 63 I nicht statt. Da diese Bestimmung vor allem den Kandidaten vor einer Vorabdiskussion seiner politischen Absichten schützen soll,[42] lässt sie sich auch auf die Wahlgänge nach Art. 63 III und IV übertragen.[43]

Der vorgeschlagene Kandidat ist gewählt, wenn er die sog. **Kanzlermehrheit**[44] der Stimmen auf **23** sich vereinigt; das ist nach Art. 63 II 1 iVm Art. 121 die Mehrheit der gesetzlichen Mitglieder des BT, also die absolute Mehrheit. Umstr. ist die Frage, ob sich bei Nichtannahme der Wahl das weitere Verfahren nach Art. 63 III und IV gestaltet;[45] hierfür spricht, dass der BPräs jedenfalls iE mit seinem Vorschlag erfolglos geblieben ist.

Die Wahl durch den BT entscheidet zwar in der Sache über die Besetzung, versetzt den Kandidaten **24** aber noch nicht formal in sein Amt. In der Notwendigkeit seiner **Ernennung durch den Bundespräsidenten** (Art. 63 II 2) kommt dessen Rang als Staatsoberhaupt zur Geltung. Der BPräs ist verpflichtet, den Gewählten, sofern dieser die Wahl angenommen hat,[46] alsbald zu ernennen. Dabei steht

[32] *Schenke* BK, Art. 63 (2014) Rn. 67; *Herzog,* in: Maunz/Dürig, Art. 63 (2008) Rn. 16; Uhle/Müller-Franken, in: Hofmann/Henneke, Art. 63 Rn. 10; *Hermes,* in: Dreier II, Art. 63 Rn. 18; aA *Mager,* in: v. Münch/Kunig I, Art. 63 Rn. 5, offen *Schröder* MKS II, Art. 63 Rn. 25.

[33] Zu diesen Möglichkeiten *Schenke* BK, Art. 63 (2014) Rn. 69; *Herzog,* in: Maunz/Dürig, Art. 63 (2008) Rn. 17; *Heck/Heffinger* DÖV 2018, 739 (742 ff.). *Mager,* in: v. Münch/Kunig I, Art. 63 Rn. 5, hält den BT bei Untätigkeit des BPräs für berechtigt, den Weg des Art. 63 III zu beschreiten; ebenso unter Rückgriff auf die Figur der „Verwirkung" *Austermann* DÖV 2013, 865 (866).

[34] *Schenke* BK, Art. 63 (2014) Rn. 68; *Austermann* DÖV 2013, 865 (869). Bei der Regierungsbildung 2017/2018 erfolgte der Vorschlag des Bundespräsidenten erst knapp sechs Monate nach der Bundestagswahl (vgl. oben Fn. 16), dies dürfte sich wohl an der Grenze einer als „angemessen" zu bezeichnenden Frist bewegen. Für eine Höchstfrist von fünf Monaten für den Wahlvorschlag des Bundespräsidenten sowie die Aufnahme einer expliziten Vorschlagsfrist in das GG plädieren *Heck/Heffinger* DÖV 2018, 739 (740 f., 745).

[35] *Herzog,* in: Maunz/Dürig, Art. 63 (2008) Rn. 17; *H.-P. Schneider* AK GG, Art. 63 (2002) Rn. 2; *Schröder* HStR III, § 65 Rn. 8.

[36] *Herzog,* in: Maunz/Dürig, Art. 63 (2008) Rn. 15; *Schröder* MKS II, Art. 63 Rn. 31 ff.; *Busse,* in Friauf/Höfling, Art. 63 (2012) Rn. 9.

[37] *Schröder* HStR III, § 65 Rn. 14; *Hermes,* in: Dreier II, Art. 63 Rn. 24.

[38] *Schenke* BK, Art. 63 (2014) Rn. 118; *Herzog,* in: Maunz/Dürig, Art. 63 (2008) Rn. 26.

[39] Vgl. ua *Schröder* HStR III, § 65 Rn. 16.

[40] Vgl. §§ 4, 49 GOBT.

[41] *Linck* DVBl 2005, 793.

[42] Daneben dient sie auch dem Ansehen des BPräs, dessen Vorschlag nicht in einer Parlamentsdebatte zerredet werden soll. Vgl. hierzu *Herzog,* in: Maunz/Dürig, Art. 63 (2008) Rn. 28; *Stern,* StaatsR I, 981; *Schröder* MKS II, Art. 63 Rn. 32. Enger jedoch *Mager,* in: v. Münch/Kunig I, Art. 63 Rn. 5, und *Schenke* BK, Art. 63 (2014) Rn. 116, 135 mwN.

[43] So auch *Herzog,* in: Maunz/Dürig, Art. 63 (2008) Rn. 28; *Schröder* HStR III, § 65 Rn. 19; aA jedoch *Hermes,* in: Dreier II, Art. 63 Rn. 25 u. 31; *Austermann* DÖV 2013, 865 (869).

[44] *Herzog,* in: Maunz/Dürig, Art. 63 (2008) Rn. 29; *Schröder* HStR III, § 65 Rn. 16; *Hermes,* in: Dreier II, Art. 63 Rn. 26.

[45] In diesem Sinne *Schröder* MKS II, Art. 63 Rn. 33; *Hermes,* in: Dreier II, Art. 63 Rn. 26; *Busse,* in: Friauf/Höfling, Art. 63 (2012) Rn. 11; aA *Schenke* BK, Art. 63 (2014) Rn. 124 ff.; *H.-P. Schneider* AK GG, Art. 63 (2002) Rn. 6.

[46] Vgl. hierzu *Schenke* BK, Art. 63 (2014) Rn. 122, 129.

ihm hinsichtlich der Ordnungsmäßigkeit der Wahl ein – formelles – Prüfungsrecht zu.[47] Bei der Amtsübernahme leistet der BKanzler nach Art. 64 II den **Amtseid** vor dem BT. Vor der Eidesleistung ist seine Amtsführung nicht verfassungsgemäß; seine Rechtsakte – z. B. Vorschläge nach Art. 64 I – sind jedoch wirksam.[48] Einer definitiven Weigerung des BKanzlers, sich vereidigen zu lassen, kann der BT, dem gegenüber der Eid abzulegen ist, mit der verfassungsrechtlichen Organklage begegnen;[49] i. Ü. kann er darauf nur politisch reagieren.

## C. Verfahren nach gescheitertem ersten Wahlgang (Abs. 3 und 4)

### I. Zwei weitere Wahlphasen

25    Kann der vom BPräs vorgeschlagene Kanzlerkandidat im Verfahren nach Art. 63 I und II die absolute Mehrheit der Stimmen nicht erringen, geht die **Initiative für Wahlvorschläge** auf den **Bundestag** über;[50] der BPräs kommt nach Art. 63 IV 3 erst dann wieder zum Zuge, wenn der BT auch in eigener Verantwortung sich nicht mit der Mehrheit seiner Stimmen auf einen Kandidaten verständigen kann. Auch wenn diese weiteren Wahlphasen in der politischen Praxis keine wesentliche Rolle spielen mögen, sind sie doch der Garant dafür, dass letztlich der BT über die Besetzung des Amtes des BKanzlers zu entscheiden hat. Wäre es anders, könnte der BPräs durch eine geeignete Vorschlagstaktik den BT ermüden und ihm letztlich doch einen Kandidaten seiner eigenen Wahl aufzwingen.

26    Die **erste Wahlphase** nach Art. 63 III ist dadurch gekennzeichnet, dass auch hier noch das Erfordernis einer absoluten Mehrheit gilt. Zwar ist die Initiative auf den BT übergegangen, doch sind die Wahlkonditionen dieselben. Hierin erweist sich, dass das GG auf den starken, von einer regierungsfähigen Mehrheit getragenen Kanzler abzielt.[51] In der Praxis wird diese Phase allerdings nur dann von Erfolg gekrönt sein, wenn der BPräs die Fraktionen vor Erstellung seines Wahlvorschlages nicht hinreichend konsultiert hat oder wenn sich im BT unter dem Eindruck des Scheiterns des ersten Wahlganges nun doch eine absolute Mehrheit zusammenfindet. In einem ernstlich mehrheitsunfähigen Parlament wird das Wahlverfahren stets auf die zweite Wahlphase nach Art. 63 IV hinauslaufen.

27    Die **zweite Wahlphase** eröffnet als Ausweg die Möglichkeit, mit einfacher Mehrheit einen BKanzler zu wählen. Diese Phase setzt unverzüglich nach Ablauf der 14tägigen Frist nach Art. 63 III ein, wenn dem BT in dieser Frist eine Wahl mit absoluter Mehrheit nicht gelungen ist oder der Kandidat seine Wahl nicht annimmt.[52] Auch danach ist es noch denkbar, dass ein Kandidat die Mehrheit der Stimmen auf sich vereinigt. In diesem Fall normalisieren sich die Verhältnisse wieder, und der BPräs muss den Gewählten zum BKanzler ernennen. Problematisch liegen die Dinge dagegen dann, wenn der Gewählte nur eine relative Mehrheit errungen hat und sich nicht auf eine konstante regierungsfähige Parlamentsmehrheit stützen kann. Auch hier zeigt sich der Zug des GG zum regierungsfähigen Kanzler:[53] Der BPräs kann in diesem Fall, statt den Minderheitskanzler zu akzeptieren, den BT auflösen; die dann fälligen Neuwahlen eröffnen die Chance, dass ein zur absoluten Mehrheit fähiges Parlament zustandekommt.[54]

### II. Das Wahlverfahren

28    In beiden Wahlphasen nach dem Scheitern des ersten Wahlganges müssen die **Wahlvorschläge aus der Mitte des Bundestages** kommen;[55] erneute Vorschläge des BPräs haben nur die Bedeutung von Anregungen.[56] § 4 S. 2 GOBT engt das Vorschlagsrecht ein, indem er ein Quorum von einem Viertel der Mitglieder des BT oder den Antrag einer mindestens so großen Fraktion verlangt. Das ist bei Art. 63 III verfassungskonform, da der Vorgeschlagene ohnehin der absoluten Mehrheit bedarf.[57] Bei der Wahl nach Art. 63 IV, bei der auch erheblich geringere Mehrheiten genügen können, könnte sich

---

[47] Vgl. ua *Schröder* HStR III, § 65 Rn. 23; ebenso *Schenke* BK, Art. 63 (2014) Rn. 129.

[48] *Hermes*, in: Dreier II, Art. 64 Rn. 31; *H.-P. Schneider* AK GG, Art. 64 (2002) Rn. 7 (zu weitgehend jedoch für den Fall der Eidesleistung vor der Ernennung).

[49] *Herzog* in: Maunz/Dürig, Art. 64 (2008) Rn. 29; ebenso wohl auch *Hermes*, in: Dreier II, Art. 64 Rn. 32 Fn. 135. Str., aber zu verneinen ist die Frage, ob auch eine Entlassung durch den BPräs in Betracht kommt. Wie hier *Schröder* MKS II, Art. 63 Rn. 43; *Hermes*, in: Dreier II, Art. 64 Rn. 32; *Busse*, in: Friauf/Höfling, Art. 63 (2012) Rn. 18 iVm Art. 64 (2019) Rn. 26; aA *Schenke* BK, Art. 64 (2014) Rn. 118; *H.-P. Schneider* AK GG, Art. 64 (2002) Rn. 7.

[50] *Herzog*, in: Maunz/Dürig, Art. 63 (2008) Rn. 31; *Schröder* HStR III, § 65 Rn. 17: *ders.* MKS II, Art. 63 Rn. 34.

[51] *Herzog*, in: Maunz/Dürig, Art. 63 (2008) Rn. 31. Nach *Schröder* HStR III, § 65 Rn. 20, ist die Bestellung eines Minderheitskanzlers als „ultima ratio" zu sehen.

[52] *Busse*, in: Friauf/Höfling, Art. 63 (2012) Rn. 13.

[53] *H.-P. Schneider* AK GG, Art. 63 (2002) Rn. 11 f.

[54] Skeptisch insoweit *Herzog*, in: Maunz/Dürig, Art. 63 (2008) Rn. 41 f.

[55] *Schenke* BK, Art. 63 (2014) Rn. 132; *H.-P. Schneider* AK GG, Art. 63 (2002) Rn. 7.

[56] Vgl. *Schenke* BK, Art. 63 (2014) Rn. 132, und *H.-P. Schneider* AK GG; Art. 63 (2002) Rn. 7.

[57] So die hM; vgl. ua *Schenke* BK, Art. 63 (2014) Rn. 133, und *Herzog*, in: Maunz/Dürig, Art. 63 (2008) Rn. 35; *Schröder* MKS II, Art. 63 Rn. 35;. aA *Hermes*, in: Dreier II, Art. 63 Rn. 30; *Mager*, in: v. Münch/Kunig I, Art. 63 Rn. 12.

diese Beschränkung wahlverhindernd auswirken; hier muss auch dem einzelnen Angeordneten ein Antragsrecht zugestanden werden.[58]

Die **erste Wahlphase** (Art. 63 III) währt 14 Tage, gerechnet vom Scheitern des ersten Wahlganges **29** an. Diese Frist dient nicht etwa der Durchführung nur eines einzigen „zweiten Wahlganges", sondern sie ermöglicht **beliebig viele weitere Wahlgänge,**[59] bei denen aber stets eine absolute Mehrheit erzielt werden muss. Ob der BT diese Frist überhaupt zu Wahlversuchen nutzen muss oder ob er sie ungenutzt verstreichen lassen und auf die Möglichkeiten nach Art. 63 IV warten kann, ist umstritten.[60] Die politische Situation kann indes so verfahren sein, dass ersichtlich keine Hoffnung darauf besteht, die absolute Mehrheit für irgendeinen Kandidaten zu finden; in diesem Fall kann der BT nicht genötigt sein, mit unnützen Wahlvorschlägen Scheingefechte zu führen.[61] Das Problem hat indes eher akademischen Charakter, denn in dem sich in solchen Situationen ohnehin anbahnenden erneuten Wahlkampf werden kleinere Fraktionen durchaus geneigt sein, die großen dem Wähler in ihrer Hilflosigkeit vorzuführen.

Nach ergebnislosem Ablauf der 14–Tage-Frist findet unverzüglich **ein neuer Wahlgang** statt; der **30** **Bundestagspräsident** ist also **verpflichtet,** den BT zu einer Wahlversammlung einzuberufen.[62] Es müssen nun erneut Kandidaten vorgeschlagen werden; dabei kann man durchaus auf frühere Wahlvorschläge – auch auf denjenigen des BPräs – zurückgreifen. Gewählt ist bei diesem Wahlgang auch derjenige schon, der – nur – die meisten Stimmen erhält. Kommt hierbei Stimmengleichheit zustande, kann erneut gewählt werden; diese Wiederholungswahl gehört begrifflich noch zu dem (einen) neuen Wahlgang, der durch Art. 63 IV 1 eröffnet wird.[63] Verfestigt sich das Stimmenpatt, kann der BPräs analog Art. 63 IV 3 den BT auflösen.[64]

## III. Auflösung des Bundestages

Erlangt im erneuten Wahlgang nach Art. 63 IV ein Kandidat nur eine relative Mehrheit, hat der **31** BPräs ein **Entscheidungsrecht** darüber, ob er den Kandidaten ernennen oder den BT auflösen soll.[65] Zwar birgt die letztere Möglichkeit die Chance, dass die Neuwahl zu einem handlungsfähigen BT führt.[66] Andererseits fügt sich eine **Parlamentsauflösung** durch den BPräs nur schlecht in das jeglicher präsidialer Dominanz entkleidete parlamentarische Regierungssystem des GG.[67] Sie muss darum auch bei Art. 63 IV **die Ausnahme** bleiben und kommt darum dann nicht zur Anwendung, wenn sich erweist, dass der Minderheitskanzler von den Fraktionen dauerhaft toleriert werden wird.[68] Ob dies der Fall ist, hat der BPräs in eigener Einschätzungsprärogative zu beurteilen;[69] seine Entscheidung unterliegt einer Missbrauchskontrolle.

Dem BPräs steht für seine Entscheidung eine **Frist von 7 Tagen** zur Verfügung (Art. 63 IV 3). **32** Versäumt er diese Frist, begeht er einen Verfassungsverstoß[70] und verliert das Recht zur Auflösung des BT. Er ist dann zur Ernennung des Minderheitskanzlers verpflichtet;[71] auch das folgt aus dem – durch die Frist noch verdeutlichten – Ausnahmecharakter der Auflösung. Ebenso kommt nicht eine Parlamentsauflösung, sondern nur ein neuer Wahlversuch in Betracht, wenn der Gewählte wegen der nur einfachen Mehrheit die Wahl nicht annimmt.[72]

---

[58] *Herzog,* in: Maunz/Dürig, Art. 63 (2008) Rn. 43; *Mager,* in: v. Münch/Kunig I, Art. 63 Rn. 13; weiterhin *Hermes,* in: Dreier II, Art. 63 Rn. 30, der generell gegen das Quorum nach § 4 S. 2 GOBT plädiert; aA jedoch *Schenke* BK, Art. 63 (2014) Rn. 139; diff. *Busse,* in: Friauf/Höfling, Art. 63 (2012) Rn. 15. *H.-P. Schneider* AK GG; Art. 63 (2002) Rn. 8, nimmt für einen solchen Fall ein Auflösungsrecht des BPräs an.

[59] *Mager,* in: v. Münch/Kunig I, Art. 63 Rn. 12; *Herzog,* in: Maunz/Dürig, Art. 63 (2008) Rn. 32.

[60] Vgl. die Übersicht bei *Herzog,* in: Maunz/Dürig, Art. 63 (2008) Rn. 33.

[61] Ähnlich wie hier *Hermes,* in: Dreier II, Art. 63 Rn. 29: generell keine Verpflichtung des BT zur Durchführung einer Wahl nach Art. 63 Abs. 3; aA *Schenke* BK, Art. 63 (2014) Rn. 134. Nach *H.-P. Schneider* AK GG, Art. 63 (2002) Rn. 7, müssen die Fraktionen alle zumutbaren Anstrengungen unternehmen.

[62] *Herzog,* in: Maunz/Dürig, Art. 63 (2008) Rn. 38. Zu Einzelheiten des Verfahrens *Schröder* MKS II, Art. 63 Rn. 38.

[63] So die hM; vgl. ua *Schenke* BK, Art. 63 (2014) Rn. 145.

[64] HM; vgl. *Schenke* BK, Art. 63 (2014) Rn. 147.

[65] Vgl. auch *Schröder* MKS II, Art. 63 Rn. 41: Entscheidung nach Maßgabe „politischer Einschätzung" des BPräs.

[66] Nach *Herzog,* in: Maunz/Dürig, Art. 63 (2008) Rn. 41 f., ist Sinn des Art. 63 IV 3 die Schaffung stabiler Regierungsverhältnisse durch Neuwahlen.

[67] So auch *Stern,* Staatsrecht I, S. 982 f. Eher beschwichtigend *Schenke* BK, Art. 63 (2014) Rn. 158 f.

[68] Ebenso *Schenke* BK, Art. 63 (2014) Rn. 151, mit dem Hinweis, dass dann der BPräs, bevor er seine Entscheidung trifft, zur Kontaktaufnahme mit den Fraktionen verpflichtet ist. Gegen den Ausnahmecharakter einer BT-Auflösung *Hermes,* in: Dreier II, Art. 63 Rn. 39.

[69] Vgl. *H.-P. Schneider* AK GG, Art. 63 (2002) Rn. 11; *Schröder* MKS II, Art. 63 Rn. 41.

[70] Als Sanktionen kommen die Organklage nach Art. 93 I Nr. 1 und die Präsidentenanklage nach Art. 61 in Betracht.

[71] *Herzog,* in: Maunz/Dürig, Art. 63 (2008) Rn. 38, aber str.; vgl. die Übersicht über den Meinungsstand bei *Schenke* BK, Art. 63 (2014) Rn. 152 f. Gegen die Pflicht zur Ernennung eines Minderheitskanzlers *Hermes,* in: Dreier II, Art. 63 Rn. 42; hiergegen *Austermann* DÖV 2013, 865 (871).

[72] So auch *Schenke* BK, Art. 63 (2014) Rn. 156; aA (Auflösung des BT) *H.-P. Schneider* AK GG, Art. 63 (2002) Rn. 11.

33 Die **Auflösungserklärung** ist eine empfangsbedürftige Willenserklärung.[73] Sie kann mündlich oder schriftlich erfolgen;[74] einer Gegenzeichnung bedarf sie nicht (Art. 58 S. 2).[75] Auch nach der Auflösung existiert der BT zunächst noch weiter. Zwar führt die Auflösung dazu, dass nach Art. 39 I 4 eine Neuwahl stattfinden muss, doch endet die Wahlperiode auch im Falle der Auflösung nach Art. 39 I 2 erst mit Zusammentritt des neuen BT.[76] Da eine neue Regierung bis dahin nicht gebildet werden kann, wird der BPräs die frühere, seit Zusammentritt des alten BT nicht mehr im Amt befindliche Regierung nach Art. 69 III ersuchen müssen, die Geschäfte bis zur Bildung einer neuen BReg weiterzuführen.

## IV. Minderheitskanzler

34 Die Alternative zur Bundestagsauflösung ist nach Art. 63 IV 3 die Ernennung eines BKanzlers, der nicht die sog. Kanzlermehrheit hinter sich versammeln kann. Ein solcher **Minderheitskanzler** besitzt dieselben Rechte wie ein mit absoluter Mehrheit gewählter Kanzler.[77] Trotz seiner numerisch schwachen Stellung kann er durchaus in der Lage sein, eine Regierung zu bilden und die Regierungsgeschäfte zu führen. Vor einem Kanzlersturz ist er durch die einschränkenden Vorschriften über das konstruktive Misstrauensvotum (Art. 67) geschützt, bei dem seine Abwahl nur durch die Wahl eines neuen BKanzlers mit absoluter Mehrheit betrieben werden kann.

35 Soweit die Regierung bei ihrer Aufgabenerfüllung auf den BT nicht angewiesen ist, wird sie in ihrer **Handlungsfähigkeit** durch die Minderheitssituation nicht beeinträchtigt.[78] Auch im Übrigen – so etwa bei der Gesetzgebung[79] – kommt es immer noch darauf an, ob die Kanzlergegner ein Vorhaben durch Nein-Stimmen zu Fall bringen wollen. Denkbar sind hier durchaus auch eine Tolerierung durch Enthaltung oder ein Regieren mit wechselnden Mehrheiten.[80] Im Übrigen kann der BKanzler mit einer Gesetzesvorlage die Vertrauensfrage verbinden.[81] Wird ihm das Vertrauen verweigert, kann er entweder nach Art. 68 dem BPräs die Auflösung des BT vorschlagen oder bei ihm mit Zustimmung des BRat beantragen, für die Vorlage den Gesetzgebungsnotstand nach Art. 81 zu erklären.

36 Außer nach Art. 63 IV kann es **auch in anderen Fällen** dazu kommen, dass ein BKanzler keine absolute Mehrheit hinter sich hat.[82] So kann während einer Legislaturperiode eine ursprünglich kanzlertragende Mehrheit auseinander brechen, oder es war die absolute Mehrheit bei der Wahl von vornherein nicht echt. In vieler Hinsicht ist der Fall vergleichbar, wenn der BKanzler zwar im BT über die absolute Mehrheit verfügt, wenn aber nach den politischen Konstellationen der BRat in der Lage ist, Gesetzesvorhaben nach Belieben zu blockieren.

## Art. 64 [Bundesminister, Amtseid]

(1) **Die Bundesminister werden auf Vorschlag des Bundeskanzlers vom Bundespräsidenten ernannt und entlassen.**

(2) **Der Bundeskanzler und die Bundesminister leisten bei der Amtsübernahme vor dem Bundestage den in Artikel 56 vorgesehenen Eid.**

**Entstehungsgeschichte: Erstfassung:** JöR nF 1 (1951), 433.
**Historische Verfassungstexte: RV 1849:** § 73 (2) Der Kaiser übt die ihm übertragene Gewalt durch verantwortliche, von ihm ernannte Minister aus. – **WRV: Art. 53** Der Reichskanzler und auf seinen Vorschlag die Reichsminister werden vom Reichspräsidenten ernannt und entlassen.
**Geltende Landesverfassungen:** *BW*Verf Art. 46 II 1, 48; *Bay*Verf Art. 45, 56; *Bln*Verf Art. 56 II; *Bbg*Verf Art. 84, 88; *Brem*Verf Art. 107 II, 109; *Hmb*Verf Art. 41 I, 38; *Hess*Verf Art. 101 II, 1; *MV*Verf Art. 43 S. 1, 44; *Nds*Verf Art. 29 II Hs. 1, III–V, 31; *NRW*Verf Art. 52 III 1, 53; *RhPf*Verf Art. 98 II 2, 100; *Saar*Verf Art. 87 I 2, 89; *Sachs*Verf Art. 60 IV 1, 61; *LSA*Verf Art. 65 III 1. Alt., 66; *SchlH*Verf Art. 26 II 2 Hs. 1, 28; *Thür*Verf Art. 70 IV 1, 71.
**Gesetzgebung:** BMinG; GOBReg

---

[73] *Schenke* BK, Art. 63 (2014) Rn. 161.
[74] *Schenke* BK, Art. 63 (2014) Rn. 161.
[75] *Schenke* BK, Art. 63 (2014) Rn. 158.
[76] *H.-P. Schneider* AK GG, Art. 63 (2002) Rn. 12.
[77] *Herzog,* in: Maunz/Dürig, Art. 63 (2008) Rn. 55; *Hermes,* in: Dreier II, Art. 63 Rn. 44.
[78] Insbes. wäre eine Minderheitsregierung bei der Ausschöpfung ihrer Verordnungsermächtigungen nicht behindert; vgl. *Herzog,* in: Maunz/Dürig, Art. 63 (2008) Rn. 57.
[79] Auf den Gesetzgeber hätte die Minderheitsregierung keinen effektiven „Zugriff"; vgl. *Herzog,* in: Maunz/Dürig, Art. 63 (2008) Rn. 56; *Hermes,* in: Dreier II, Art. 63 Rn. 44.
[80] Vgl. hierzu ausführlicher *Herzog,* in: Maunz/Dürig, Art. 63 (2008) Rn. 59; weiterhin auch *Hermes,* in: Dreier II, Art. 63 Rn. 44.
[81] Vgl. zu diesen Möglichkeiten *Herzog,* in: Maunz/Dürig, Art. 63 (2008) Rn. 56.
[82] Ausführlich hierzu *Herzog,* in: Maunz/Dürig, Art. 63 (2008) Rn. 54.

**Schrifttum:** *P. Badura,* Die parlamentarische Verantwortlichkeit der Minister, ZParl 1980, 573; *ders.,* Das politische Amt des Ministers, FS Quaritsch, 2000, 295; *H. J. Baedeker,* Die Organisationsgewalt im Bund und der Vorbehalt des Gesetzes, Diss. Köln 1969; *E.-W. Böckenförde,* Die Organisationsgewalt im Bereich der Bundesregierung, 1964; *Th. Brandner/D. Uwer,* Die Organisationserlasse des Bundeskanzlers und Zuständigkeitsanpassung in gesetzlichen Verordnungsermächtigungen, DÖV 1993, 107; *V. Busse,* Organisation der Bundesregierung und Organisationsentscheidungen der Bundeskanzler, Der Staat 45 (2006), S. 245; *H.-U. Derlien,* Zur Logik und Politik des Ressortzuschnitts, VerwArch 87 (1996), S. 548; *M. Fuchs,* Organisationsgewalt der Regierung vs. Parlamentsautonomie, DVBl. 2015, 1337; *H. Kaja,* Ministerialverfassung und Grundgesetz, AöR 89 (1964), 381; *W. Kaltefleiter,* Die Funktionen des Staatsoberhaupts in der parlamentarischen Demokratie, 1970; *O. Kimminich,* Das Staatsoberhaupt in der parlamentarischen Demokratie, VVDStRL 25 (1967), 2; *M. Kloepfer,* Koalitionsvereinbarungen – unverbindlich, aber rechtlich relevant, NJW 2018, 1799; *U. Koch,* Das Ressortprinzip, 2005; *A. Köttgen,* Die Organisationsgewalt, VVDStRL 16 (1958), 154; *K. Kröger,* Die Ministerverantwortlichkeit in der Verfassungsordnung der Bundesrepublik Deutschland, 1972; *G. Lehnguth/K. Vogelsang,* Die Organisationserlasse des Bundeskanzlers seit Bestehen der Bundesrepublik Deutschland im Lichte der politischen Entwicklung, AöR 113 (1988), 531; *H. Maurer,* Hat der Bundespräsident ein politisches Mitspracherecht?, DÖV 1966, 665; *ders.,* Zur Organisationsgewalt im Bereich der Regierung, FS K. Vogel, 2000, 331; *F. Meinel,* Organisation und Kontrolle im Bereich der Regierung, DÖV 2015, 717; *F. Münch,* Die Bundesregierung, 1954; *H. Nawiasky,* Der Einfluß des Bundespräsidenten auf Bildung und Bestand der Bundesregierung, DÖV 1950, 161; *W.-R. Schenke,* Die Bildung der Bundesregierung, Jura 1982, 57; *M. Schröder,* Bildung, Bestand und parlamentarische Verantwortung der Bundesregierung HStR III, § 65; *H. Steiger,* Organisatorische Grundlagen des parlamentarischen Regierungssystems, 1973.

# A. Allgemeines

## I. Systematische Stellung

Art. 64 steht insofern mit Art. 63 in einem inneren Zusammenhang, als auch er – jedenfalls in **1** einzelnen Teilen seines Regelungsbereichs – die **Regierungsbildung** betrifft. Diese tritt nach der Wahl und Ernennung des BKanzlers mit der Bestellung von BMin in ihre zweite Phase.[1] Erst wenn nach Art. 64 I auch BMin ernannt sind, ist die BReg iSd Art. 62 komplett.[2] Die nachfolgende Bestimmung über die Eidesleistung bei der Amtsübernahme ist in Art. 64 II nicht ganz glücklich aufgehoben.[3] Sie bezieht sich außer auf die nach Art. 64 I ernannten BMin auch auf den BKanzler, dessen Wahl und Ernennung schon in Art. 63 geregelt ist.

Der Regelungsbereich des Art. 64 reicht in zweifacher Hinsicht über die Regierungsbildung **2** hinaus. Die Bestimmung über die Bestellung von BMinn gilt nicht nur für die Konstituierung des Kabinetts nach der Neuwahl des BKanzlers, sondern auch für jede sonst fällige Ministerernennung, also für jeden Fall der **Kabinettsumbildung.**[4] Zur Kabinettsumbildung zählt auch der Vorgang der **Ministerentlassung,** deren Verfahren Art. 64 I in gleicher Weise regelt wie das Verfahren der Ministerernennung.

Indem Art. 64 von einer Wahl der BMin durch den BT absieht und statt dessen in Abs. 1 bestimmt, **3** dass die BMin auf Vorschlag des BKanzlers vom BPräs ernannt werden, weist er das **materielle Kabinettsbildungsrecht** dem BKanzler zu.[5] In dieser Beschränkung des parlamentarischen Einflusses auf die Regierungsbildung liegt eine der wohl wesentlichsten Modifikationen, die das GG an den Prinzipien eines parlamentarischen Regierungssystems (→ Rn. 8 ff.) vornimmt.[6] Das materielle Kabinettsbildungsrecht bedeutet in erster Linie die Befugnis zu **personeller Regierungsbildung** (dazu u.

---

[1] „Zweistufigkeit der Regierungsbildung": *Schröder* MKS Art. 63 Rn. 5; s. auch *ders.* MKS Art. 64 Rn. 5.
[2] Hieraus folgt nach hM eine Verfassungspflicht des Kanzlers zur Berufung eines Kabinetts. Vgl. ua *Herzog,* in: Maunz/Dürig, Art. 64 (2008) Rn. 1.
[3] Ebenso *Schröder* MKS II, Art. 64 Rn. 6.
[4] Vgl. ua *Herzog,* in: Maunz/Dürig, Art. 64 (2008) Rn. 17.
[5] Zum Begriff *E.-W. Böckenförde,* Die Organisationsgewalt im Bereich der Regierung, 1964, S. 139 f.
[6] Ausführlich hierzu *Schröder* MKS II, Art. 64 Rn. 7 f. Vgl. weiterhin auch *Mager,* in: v. Münch/Kunig I, Art. 64 Rn. 1.

→ Rn. 13 ff.); darüber hinaus erstreckt es sich auch auf die **organisatorische Regierungsbildung,** schließt also die **Organisationsgewalt** im Bereich der Regierung ein (dazu → Rn. 22 ff.).[7]

## II. Historische Wurzeln

**4**  In der **RV 1871**[8] konnte es eine dem Art. 64 I entsprechende Vorschrift nicht geben, da sie eine kollegiale RReg nicht kannte (→ Art. 62 Rn. 1). Allerdings hatte das Stellvertretungsgesetz vom 17.3.1878[9] immerhin die Möglichkeit eröffnet, die Leiter der Reichsämter, die als Staatssekretäre weder Rang noch Funktion von Ministern besaßen, in ihrem jew. Ressort mit der Stellvertretung des RKanzlers zu betrauen; die Ernennung der Stellvertreter erfolgte auf Antrag des RKanzlers durch den Kaiser.

**5**  Auch die **WRV**[10] kannte weder bei der Bestellung des RKanzlers noch bei derjenigen der RMin ein Mitwirkungsrecht des RT; allerdings waren Kanzler wie auch Minister jeweils individuell vom Vertrauen des RT abhängig und mussten jeder zurücktreten, soweit ihnen der RT das Vertrauen entzog (Art. 54 WRV). Im Übrigen wurden die RMin nach Art. 53 WRV auf Vorschlag des RKanzlers vom RPräs ernannt und entlassen. Der RPräs war indes nach damaligem Verständnis nicht verpflichtet, dem Vorschlag des Kanzlers zu folgen;[11] seine Befugnis zur Ernennung und Entlassung auch des RKanzlers versetzte ihn in eine Machtposition, die er nutzen konnte, um sogar seinerseits auf die Zusammensetzung der RReg Einfluss zu nehmen.[12]

**6**  Bei den **Verhandlungen zum GG**[13] knüpfte man ohne Einwände an die Bestimmung des Art. 53 WRV über die Ernennung und Entlassung der RMin an; allerdings sollte der BPräs nunmehr an den Vorschlag des BKanzlers gebunden sein. Dagegen war zunächst an eine stärkere Abhängigkeit des Kabinetts vom Willen des BT gedacht. Nach Art. 89 II HChE sollten die BMin zu ihrem Amtsantritt des Vertrauens des BT bedürfen, und nach Abs. 3 sollte der BKanzler die Entlassung eines BMin nur auf Ersuchen oder mit Zustimmung des BT vorschlagen können. Nach den anfänglichen Vorstellungen des ParlRates wäre der BKanzler sogar verpflichtet gewesen, einem Entlassungsbegehren des BT bezüglich eines Ministers zu folgen und die Entlassung beim BPräs zu beantragen.

**7**  Schließlich setzte sich indes die Ansicht durch, dass der **Bundeskanzler** für die Zusammensetzung seines Kabinetts die **alleinige Verantwortung** tragen solle und dass die Möglichkeit, seitens des BT einzelne Minister aus dem Kabinett „herauszuschießen", seine Stellung unnötig schwäche.[14] Die schon im HChE vorgesehene **Vereidigung** von Kanzler und Minister – ein Novum der deutschen Verfassungsgeschichte[15] – fand von vornherein ungeteilte Zustimmung.

## III. Art. 64 im parlamentarischen Regierungssystem

**8**  Das **materielle Kabinettsbildungsrecht** des BKanzlers[16] nach Art. 64 I wird vielfach – neben den Kautelen, die das konstruktive Misstrauensvotum (Art. 67) für den Kanzlersturz bedeutet – als Grundlage der durch das GG etablierten **„Kanzlerdemokratie"** verstanden.[17] Auch wenn sich der Begriff der Kanzlerdemokratie eher mit der Führungsstärke einiger BKanzler verbindet,[18] ist doch nicht zu übersehen, dass das GG dem Kanzler eine rechtlich starke Stellung einräumt.

**9**  Indem das GG den BKanzler zur eigenverantwortlichen Zusammenstellung seines Kabinetts berechtigt, weicht es von dem Modell eines streng **parlamentarischen Regierungssystems** (vgl. → Art. 63 Rn. 6 ff.) nicht unbeträchtlich ab.[19] Dahinter steht die Sorge, eine zu große Abhängigkeit der Regierung vom Parlament könne wie schon zur Weimarer Zeit deren Regierungsfähigkeit beeinträchtigen. In der Tat ist nach der Verfassungslage das BKabinett ein **Kabinett des Bundeskanzlers,**[20] denn dieser kann es, ohne eine Ingerenz anderer Verfassungsorgane wie BT oder BPräs dulden zu müssen,

---

[7] Beide Teilfunktionen des mat. Kabinettsbildungsrechts werden meist getrennt behandelt (so zB bei *Schröder* MKS II, Art. 64 Rn. 9 ff. und 24 ff., *Mager,* in: v. Münch/Kunig I, Art. 64 Rn. 1), sind aber innerlich aufeinander bezogen.

[8] Vgl. hierzu *Laband,* Staatsrecht I, S. 379; *Oldiges,* Die Bundesregierung als Kollegium, 1983, S. 65 ff. Ausführlich jetzt auch *Schenke* BK, Art. 64 (2014) Rn. 59.

[9] *Oldiges* (Fn. 8), S. 71; *Schenke* BK, Art. 64 (2014) Rn. 59.

[10] Vgl. hierzu die Darstellung bei *Schenke* BK, Art. 64 (2014), Rn. 60 f.

[11] Hierzu *Schenke* BK, Art. 64 (2014) Rn. 60 mwN.

[12] Ähnl. *Pohl* HdbDStR I, S. 482 (487 f.).

[13] Ausführlich hierzu *Schenke* BK, Art. 64 (2014) Rn. 52 ff.

[14] *Schenke* BK, Art. 64 (2014) Rn. 57; *H.-P. Schneider* AK GG, Art. 64 (2002) Rn. 1.

[15] Hierauf verweist *H.-P. Schneider* AK GG, Art. 64 (2002) Rn. 1.

[16] Vgl. hierzu auch *Hermes,* in: Dreier II, Art. 64 Rn. 24 ff.; *Schröder* MKS II, Art. 64 Rn. 7 f., 24 ff.

[17] Vgl. zum Begriff *Bracher,* Die Kanzlerdemokratie, in: Löwenthal/Schwarz (Hrsg.), Die zweite Republik, 2. Aufl. 1974, S. 179 ff. W. Nw. bei *Schröder* MKS II, Art. 63 Rn. 12. Vgl. weiterhin auch *Mager,* in: v. Münch/Kunig I, Art. 64 Rn. 1.

[18] Vgl. näher *Oldiges* (Fn. 8), S. 132 ff. mwN.

[19] So auch *Herzog,* in: Maunz/Dürig, Art. 64 (2008) Rn. 16. Zurückhaltender bzw. kritisch zu dieser Sicht *Schröder* HStR III, § 65 Rn. 31; *ders.* MKS II, Art. 64 Rn. 8.

[20] So *Herzog,* in: Maunz/Dürig, Art. 64 (2008) Rn. 16 und 19. Kritisch dagegen *Schröder* MKS II, Art. 64 Rn. 7 f.

nach eigenen Vorstellungen mit Personen seines politischen oder menschlichen Vertrauens besetzen und ggf. auch umgestalten.

Das vom BKanzler zusammengestellte Kabinett ist auch in und während seiner Amtszeit **par- 10 lamentsfest.** Die Entlassung einzelner BMin kann der BT zwar verlangen, aber rechtlich nicht erzwingen; die parlamentarische Verantwortlichkeit auch der BMin (vgl. → Art. 65 Rn. 22) schließt keine Vertrauensabhängigkeit ein. Zugriff auf das Kabinett eröffnet dem BT nur das konstruktive Misstrauensvotum gegen den Kanzler, dessen Amtsende nach Art. 69 II auch zum Amtsende aller BMin führt; politisch sinnvoll und aussichtsreich wäre ein solches Vorgehen indes nur selten.

In der weitreichenden verfassungsrechtlichen Unabhängigkeit des Kanzlers vom Parlament und der **11** ihn tragenden Mehrheit ist tendenziell auch seine **politische Stärke** gegenüber den Regierungsfraktionen angelegt. Das parteipolitische Führungspersonal kann sich nur vom Kanzler die Erhebung in ein Ministeramt erhoffen; das bewirkt Abhängigkeit und Gefolgschaft.[21] Macht und Einfluss des Kanzlers werden umso stärker, wenn auch der Wahlsieg bei der Bundestagswahl im Wesentlichen seiner Führungspersönlichkeit zuzuschreiben ist.

Die **politische Praxis** kennt indes vielfältige Machtkonstellationen. In der durch Parteien und **12** Medien politisierten Gesellschaft mit ihren divergierenden Interessen und Anschauungen haben charismatisch-integrative Positionen immer weniger Chancen. So darf der Begriff des materiellen Kabinettsbildungsrechts nicht darüber hinwegtäuschen, dass der Kanzler bei der Zusammenstellung seines Kabinetts auch in personeller Hinsicht mannigfachen **politischen Bindungen und Einflussnahmen** seitens der die Regierung tragenden Parteien und Fraktionen ausgesetzt ist.[22] Vor allem bei Koalitionsregierungen wird die künftige Zusammensetzung des Kabinetts oft schon vor der Kanzlerwahl in **Koalitionsabkommen** (vgl. → Art. 65 Rn. 17) vereinbart,[23] wenn nicht überhaupt den beteiligten Fraktionen bzgl. der ihnen jeweils zugestandenen Ministerämter ein verbindliches Benennungsrecht eingeräumt wird. Selbst die bei den Koalitionsverhandlungen zu Beginn der 18. Legislaturperiode zu bemerkende Erweiterung des Verhandlungspersonals um Parteiführer und Mitglieder von Landesregierungen wie auch die Unterwerfung des Verhandlungsergebnisses unter den Entscheid einer Parteibasis sind entgegen einer heftigen Medienschelte verfassungsrechtlich nicht zu beanstanden.[24]

## B. Personalgewalt des Bundeskanzlers

### I. Bestellung der Bundesminister

Zum BMin kann nur ernannt werden, wer dem BPräs vom BKanzler hierzu vorgeschlagen wird.[25] **13** In der Handhabung seines **Vorschlagsrechts**[26] ist der BKanzler rechtlich nur an die amtsrechtlichen Ernennungsvoraussetzungen nach dem BMinG gebunden;[27] hierzu zählt auch die Gewähr für Verfassungstreue (vgl. § 6 III BMinG).[28] Im Übrigen bestehen keine Bindungen; insbesondere muss der Vorgeschlagene nicht Mitglied des BT sein.[29] Dagegen kann der BKanzler in Personalunion auch selbst ein Ministeramt übernehmen.[30] Der Vorschlag bezieht sich nicht nur auf die Person des Vorgeschlagenen, sondern hat auch das für ihn vorgesehene Ressort zu bezeichnen; entsprechend wird auch die Ernennung vorgenommen.[31] Allerdings können auch BMin ohne Geschäftsbereich oder für besondere Aufgaben vorgeschlagen (und ernannt) werden (vgl. → Art. 62 Rn. 39).

Das Bestellungsverfahren nach Art. 64 I bezieht sich **nur auf Bundesminister** und schließt ent- **14** gegen ursprünglichen Vorstellungen des HChE Staatssekretäre nicht ein;[32] das ist im Hinblick auf Art. 62 und auf die ganz anders geartete Stellung der beamteten Staatssekretäre nur konsequent.

---

[21] *Herzog,* in: Maunz/Dürig, Art. 64 (2008) Rn. 20 f.

[22] *H.-P. Schneider* AK GG, Art. 64 (2002) Rn. 2.

[23] Vgl. hierzu *Schenke* BK, Art. 64 (2014) Rn. 65 ff.; *H.-P. Schneider* AK GG, Art. 64 (2002) Rn. 2. Allgemein zu Koalitionsvereinbarungen *Schröder* MKS II, Art. 63 Rn. 15 ff.; *Kloepfer* NJW 2018, 1799 ff.

[24] So bzgl. des SPD-Mitgliederentscheides über eine Große Koalition BVerfG, Beschl. v. 6.12.2013 – 2 BvQ 55/13 – BeckRS 2013, 59251; siehe dazu die Anmerkung von *Sachs* JuS 2014, 381 ff. Kritisch *Degenhart* Staatsrecht I Rn. 768. Die SPD hat dieses Procedere anlässlich der Regierungsbildung 2017/2018 ohne größere bzw. breitere Kritik im Schrifttum wiederholt, das Verfahren der Mitgliederbefragung dürfte daher mittlerweile wohl als etabliert gelten, vgl. aber auch die vereinzelten, immer noch ablehnenden Stimmen zitiert bei *Degenhart* Staatsrecht I Rn. 768 Fn. 20.

[25] Es handelt sich um eine unverzichtbare Ernennungsvoraussetzung; vgl. ua *Schenke* BK, Art. 64 (2014) Rn. 63. Zum Verfahren *Herzog,* in: Maunz/Dürig, Art. 64 (2008) Rn. 9; *Schröder* MKS II, Art. 64 Rn. 26 ff.

[26] Sie enthält zugleich eine Vorschlagspflicht; vgl. ua *Herzog,* in: Maunz/Dürig, Art. 64 (2008) Rn. 1.

[27] Vgl. hierzu näher *Schenke* BK, Art. 64 (2014) Rn. 64 iVm Rn. 73 ff.

[28] *Schenke* BK, Art. 64 (2014) Rn. 75; *H.-P. Schneider* AK GG, Art. 64 (2002) Rn. 2. Differenzierend *Mager,* in: v. Münch/Kunig I, Art. 64 Rn. 4. Eher zweifelnd *Hermes,* in: Dreier II, Art. 64 Rn. 25.

[29] *H.-P. Schneider* AK GG, Art. 64 (2002) Rn. 2.

[30] *Herzog,* in: Maunz/Dürig, Art. 64 (2008) Rn. 8.

[31] *Herzog,* in: Maunz/Dürig, Art. 64 (2008) Rn. 2 f. Die Berufung eines Kabinetts ohne Ressortzuweisungen wäre verfassungswidrig; vgl. → Art. 62 Rn. 30.

[32] Vgl. dagegen noch Art. 89 I HChE: „Die Ernennung und Entlassung der BMin und der Staatssekretäre vollzieht der BPräs auf Vorschlag des BKanzlers".

Ebensowenig ist Art. 64 I auf Parlamentarische Staatssekretäre (zu diesen → Art. 62 Rn. 35) anwendbar; das Verfahren ihrer Ernennung und Vereidigung (vgl. insoweit §§ 2 f. ParlStG) ist allerdings der Ministerbestellung stark angenähert.[33]

**15**  Der BPräs muss eine ihm vorgeschlagene Person zum BMin ernennen, sofern der Vorschlag ordnungsgemäß erfolgte, der Kandidat die formalen Voraussetzungen für eine Ernennung erfüllt und seine Verfassungstreue gewährleistet ist.[34] Ein darüber hinausreichendes **Weigerungsrecht** etwa auf Grund eigener politischer Ermessensausübung steht dem BPräs nicht zu.[35] Es würde ihm einen maßgeblichen, wenn nicht gar bestimmenden Einfluss auf die Kabinettsbildung verschaffen, der ihm auf Grund seiner allg. Stellung nach dem GG sowie nach dem systematischen Zusammenhang des Kabinettsbildungsrechts mit der Wahl des Kanzlers durch den BT, mit der Richtlinienkompetenz des Kanzlers und mit der unmittelbar nur auf ihn bezogenen Abhängigkeit vom Vertrauen des BT nicht zusteht.[36] Auch kann die letztlich in konstitutionellen Traditionen verwurzelte Vorstellung vom BPräs als einem „pouvoir neutre"[37] nicht dazu herhalten, ihm wenigstens in den Fällen einer – ohnehin schwer eingrenzbaren – Gefährdung des allg. Staatswohls einen Restbestand eigener politischer Kontrolle zu sichern.[38]

**16**  Doch ist der BPräs auch nicht willenloses Werkzeug im Verfahren nach Art. 64 I. Nicht nur ist er zur rechtlichen Prüfung der Vorschläge befugt; er kann auch mit Hinweisen, Anregungen oder Bedenken versuchen, **außerrechtlich** auf die Ministerbestellung Einfluss zu nehmen.[39]

## II. Ernennung, Amtsverhältnis und Amtseid

**17**  Die **Ernennung** der BMin **durch den Bundespräsidenten** erfolgt durch Aushändigung einer entspr. Urkunde. Damit beginnt nach § 2 II BMinG auch ihr Amtsverhältnis als BMin;[40] der nach dieser Vorschrift mögliche vorgezogene Amtsbeginn bei einer Vereidigung schon vor der Aushändigung der Urkunde wird zu Recht als verfassungswidrig angesehen.[41] Vor Aushändigung der Ernennungsurkunde ist der BMin nicht im Amt; in dieser Zeit von ihm vorgenommene Rechtsakte sind ungültig.[42] Die BMin stehen ebenso wie der BKanzler zur BR Deutschland in einem **öffentlich-rechtlichen Amtsverhältnis**[43] (§ 1 BMinG); sie sind also keine Beamten im staatsrechtlichen Sinne. BMin dürfen nicht zugleich Mitglied einer Landesregierung sein (§ 4 BMinG); weiterhin dürfen sie neben ihrem Amt kein anderes besoldetes Amt, kein Gewerbe und keinen Beruf ausüben (Art. 66, § 5 BMinG). BKanzler und BMin leisten bei ihrer Amtsübernahme den nach Art. 56 auch für den BPräs vorgesehenen **Amtseid**.[44] Mit dem Eid bekräftigen sie ihren Willen zu gewissenhafter Wahrnehmung ihrer Amtspflichten; zusätzliche Pflichten begründet der Eid dagegen nicht.[45] Die Eidesleistung ist verfassungsrechtlich geboten;[46] ohne sie ist die Amtsführung des BMin nicht verfassungsgemäß.[47] Vor der Eidesleistung von ihm vorgenommene Rechtsakte sind jedoch rechtsgültig.[48] Das gilt auch dann, wenn bis zur Eidesleistung mehr als nur einige Tage verstreichen, weil etwa der BT aus Kostengründen nicht während der sitzungsfreien Zeit zusammengerufen wird.[49] BT und BMin sind jedoch verpflich-

---

[33] So auch *Herzog*, in: Maunz/Dürig, Art. 64 (2008) Rn. 23 ff.; *Schröder* MKS II, Art. 64 Rn. 25.

[34] Ausführlicher zur Rechtskontrolle *Herzog*, in: Maunz/Dürig, Art. 64 (2008) Rn. 14; *Schenke* BK, Art. 64 (2014) Rn. 68, 73 ff.; *Busse*, in: Friauf/Höfling, Art. 64 (2019) Rn. 18 ff. Bzgl. der Verfassungstreue aA *Mager*, in: v. Münch/Kunig I, Art. 64 Rn. 4.

[35] Inzwischen wohl hM; vgl. nur *Schenke* BK, Art. 64 (2014) Rn. 68. Nach *Schröder* MKS II, Art. 64 Rn. 29, ist eine argumentative Aufbereitung mittlerweile entbehrlich. Anders noch („noch immer heftig umstritten" bzw. „nach wie vor nicht abschließend geklärt") *H.-P. Schneider* AK GG, Art. 64 (2002) Rn. 2; *Hermes*, in Dreier II, Art. 64 Rn. 27.

[36] Mit ausführl. Begründung hierzu auch *Schenke* BK, Art. 64 (2014) Rn. 68 ff.

[37] Vgl. hierzu *H.-P. Schneider* VVDStRL 16 (1958), 129.

[38] Ebenso mit ausführlicher Begründung *Schenke* BK, Art. 64 (2014) Rn. 69, siehe auch Rn. 82; aA jedoch *Stern*, StaatsR III, S. 248 f., sowie *Schröder* HStR III, § 65 Rn. 34.

[39] So ua *Schenke* BK, Art. 64 (2014) Rn. 70; *Herzog*, in: Maunz/Dürig, Art. 64 (2008) Rn. 15; *Mager*, in: v. Münch/Kunig I, Art. 64 Rn. 4.

[40] Details bei *Schenke* BK, Art. 64 (2014) Rn. 106 f.; *H.-P. Schneider* AK GG; Art. 64 (2002) Rn. 5.

[41] Ebenso *Schenke* BK, Art. 64 (2014) Rn. 106, 117; der Sache nach auch *Mager*, in: v. Münch/Kunig I, Art. 64 Rn. 5. Ausführlich hierzu *H.-P. Schneider* AK GG, Art. 64 (2002) Rn. 7.

[42] *Busse*, in Friauf/Höfling, Art. 64 (2019) Rn. 25; aA (verfassungsrechtlich unzulässig, jedoch nicht unwirksam) *H.-P. Schneider* AK GG, Art. 64 (2002) Rn. 7.

[43] Vgl. hierzu *Schenke* BK, Art. 64 (2014) Rn. 110; *Badura* FS Quaritsch, 2000, S. 195 f.

[44] Ausführlich hierzu *Schenke* BK, Art. 64 (2014) Rn. 115 ff.; *Herzog*, in: Maunz/Dürig, Art. 64 (2008) Rn. 26 ff.; *Hermes*, in: Dreier II, Art. 64 Rn. 31 f.; *Schröder* MKS II, Art. 64 Rn. 35 ff.; *Uhle/Müller-Franken*, in: Hofmann/Henneke, Art. 64 Rn. 27 ff.

[45] *Herzog*, in: Maunz/Dürig, Art. 64 (2008) Rn. 30; *H.-P. Schneider* AK GG, Art. 64 (2002) Rn. 7.

[46] *Busse*, in: Friauf/Höfling, Art. 64 (2019) Rn. 26; *H.-P. Schneider* AK GG, Art. 64 (2002) Rn. 7.

[47] Hieran zweifelnd *Busse*, in: Friauf/Höfling, Art. 64 (2019) Rn. 27.

[48] So auch die hM. Vgl. ua *Schröder* MKS II, Art. 64 Rn. 39 mwN.

[49] Zur Verfassungsmäßigkeit der Amtsführung eines im Jahre 1999 erst nach einer Woche vereidigten Bundesministers *Schröder* MKS II, Art. 64 Rn. 39 mwN, einerseits und *Busse*, in: Friauf/Höflig, Art. 64 (2019) Rn. 27, andererseits.

tet, die Vereidigung spätestens bei der nächsten regulären Parlamentssitzung vorzunehmen. Verweigert ein BMin definitiv die Eidesleistung, ist der BKanzler gehalten, dessen Entlassung dem BPräs vorzuschlagen; andernfalls verletzt er seine eigene Pflicht, für eine verfassungsmäßige Zusammensetzung des Kabinetts Sorge zu tragen.[50]

### III. Entlassung von Bundesministern

Das **Amt eines Bundesministers endet** nach Art. 69 II mit dem Zusammentritt eines neuen BT **18** sowie mit jeder anderen Erledigung des Amtes des BKanzlers. Diese Beendigung tritt ipso iure ein; die Beendigungsurkunde, die die Minister nach § 10 S. 1 BMinG erhalten, hat in diesem Fall nur deklaratorischen Charakter.[51] Dagegen handelt es sich um einen konstitutiven Beendigungsakt, wenn der BPräs auf Vorschlag des BKanzlers gegenüber einem Minister unter Aushändigung der Beendigungsurkunde die Entlassung ausspricht (§ 10 S. 2 BMinG).

Das Recht des BKanzlers, dem BPräs einen BMin zur Entlassung vorzuschlagen, ist die **Kehrseite** **19** **des materiellen Kabinettsbildungsrechts.** Dieses Recht besteht zu jeder Zeit; seine Ausübung braucht – auch dem BPräs gegenüber – nicht begründet zu werden.[52] Der BPräs ist wie beim Ernennungsvorschlag auch hier zur Verweigerung nicht befugt.[53]

Der BKanzler kann einen BMin durchaus auch gegen dessen Willen zur **Entlassung** vorschlagen.[54] **20** In der Praxis wird bei unüberwindbaren Differenzen der BKanzler dem Minister allerdings nahelegen, seinerseits die Entlassung zu verlangen. Jeder Minister kann jederzeit beim BKanzler um Entlassung nachsuchen; dieser ist dann verpflichtet, seinerseits die weiteren Schritte beim BPräs zu unternehmen.[55] Anders liegen die Dinge, wenn der BMin sein Amt lediglich zur Verfügung stellt. Er unterbreitet damit dem BKanzler lediglich ein Angebot, das von diesem nicht aufgegriffen werden muss.[56]

Das **Entlassungsverlangen** eines Ministers – im Allgemeinen fälschlich als „Rücktritt" bezeich- **21** net[57] – führt nicht automatisch zur Beendigung seines Amtes;[58] hierzu bedarf es der förmlichen Entlassung durch den BPräs. Auch wird der Minister erst durch die Entlassung von der Führung seiner Amtsgeschäfte befreit. Selbst dann ist er zu deren Weiterführung verpflichtet, wenn er nach Art. 69 III hierzu vom BKanzler oder – bei Beendigung des Amtes der gesamten BReg – vom BPräs ersucht wird.[59]

### C. Organisationsgewalt des Bundeskanzlers

### I. Grundfragen

Organisationsgewalt im Regierungsbereich bedeutet die Entscheidungsbefugnis über **Umfang und** **22** **Zuschnitt des Kabinetts** sowie über sonstige Elemente seiner Organisationsstruktur.[60] Je nachdem, ob man diese Entscheidungsbefugnis als präsidial, gouvernemental oder legislativ versteht, kommen als konkurrierende Prätendenten für die Organisationsgewalt der BPräs, die BReg oder der BT in Betracht.

Eine **präsidiale Einflussnahme** auf die Regierungsorganisation, darüber war man sich schon im **23** ParlRat einig, sollte es nach dem GG nicht geben.[61] Art. 86 S. 2, demzufolge die BReg die Einrichtung der Behörden der bundeseigenen Verwaltung regelt, schien dies nach damaliger Auffassung hinreichend zu sichern, sofern man in den Regelungsbereich dieser Vorschrift auch die Ministerien als oberste Bundesbehörden einbezieht.[62] Das aber stößt auf Bedenken, da Art. 86 eindeutig auf die

---

[50] Die hM verneint freilich eine Rechtspflicht und spricht sich für ein nur politisch wirkendes Gebot aus. Vgl. schon *Herzog,* in: Maunz/Dürig, Art. 64 (2008) Rn. 29; *Schröder* MKS II, Art. 64 Rn. 40; *Hermes,* in Dreier II, Art. 64 Rn. 32; *Busse,* in: Friauf/Höfling, Art. 64 (2019) Rn. 26; *Mager,* in: v. Münch/Kunig I, Art. 64 Rn. 11. Wie hier *Schenke* BK, Art. 64 (2014) Rn. 118; *H.-P. Schneider* AK GG, Art. 64 (2002) Rn. 7.

[51] Näheres bei *Herzog,* in: Maunz/Dürig, Art. 64 (2008) Rn. 56.

[52] So zutr. auch *Herzog,* in: Maunz/Dürig, Art. 64 (2008) Rn. 54.

[53] So im Grundsatz auch *Herzog,* in: Maunz/Dürig, Art. 64 (2008) Rn. 49 und 53 f., jedoch mit der Einschränkung, dass bei eindeutiger Verfassungswidrigkeit der Entlassung dem BPräs ein Weigerungsrecht zustehe. Ähnlich auch *Mager,* in: v. Münch/Kunig I, Art. 64 Rn. 6; *Busse,* in: Friauf/Höfling, Art. 64 (2019) Rn. 21.

[54] *Schenke* BK, Art. 64 (2014) Rn. 112; *Hermes,* in: Dreier II, Art. 64 Rn. 28.

[55] Hierfür spricht nunmehr zuletzt § 9 II 2 BMinG; vgl. insoweit auch *Schenke* BK, Art. 64 (2014) Rn. 112; *Stern,* StaatsR II, S. 295 f.; *H.-P. Schneider* AK GG, Art. 64 (2002) Rn. 7; *Mager,* in: v. Münch/Kunig I, Art. 64 Rn. 6; aA jedoch *Herzog,* in: Maunz/Dürig, Art. 64 (2008) Rn. 51 Fn. 1.

[56] *Schenke* BK, Art. 64 (2014) Rn. 113; *Herzog,* in: Maunz/Dürig, Art. 64 (2008) Rn. 51.

[57] Vgl. auch *Schröder* MKS II, Art. 64 Rn. 33.

[58] Ebenso *Schenke* BK, Art. 64 (2014) Rn. 114.

[59] *Schenke* BK, Art. 64 (2014) Rn. 114.

[60] Zu Begriff und Funktion *E.-W. Böckenförde* (Fn. 5), S. 21 ff.; vgl. weiterhin *Herzog,* in: Maunz/Dürig, Art. 64 (2008) Rn. 2 ff.; *Busse,* in: Friauf/Höfling, vor Art. 62 (2019) Rn. 22 ff.

[61] Vgl. *Schenke* BK, Art. 64 (2014) Rn. 56 f., 71 sowie Rn. 82.

[62] So beispielsweise *Böckenförde* (Fn. 5), S. 134 ff.; *Kaja* AöR 89 (1964), 381 (397).

Organisation der Exekutive zugeschnitten ist, der sich der Ministerialbereich nur bedingt zurechnen lässt.[63] Auch wirft Art. 86 S. 2 nur neue Probleme auf, da er die BReg und damit nach traditionellem Verständnis die einzelnen Ressortminister selbst, allenfalls noch das Kabinett, aber nicht den BKanzler über die Einrichtung von Bundesbehörden entscheiden lässt. Im Übrigen stehen die Befugnisse nach Art. 86 S. 2 unter einem uneingeschränkten Gesetzesvorbehalt.

**24** Richtiger erscheint es darum, die gouvernementale Organisationsgewalt als untrennbaren **Annex des materiellen Kabinettsbildungsrechts** zu begreifen, der mit diesem nach Art. 64 I dem **Bundeskanzler** zugewiesen ist.[64] Die dort verortete **Personalgewalt** des BKanzlers[65] bei der Zusammenstellung seines Kabinetts lässt sich nicht ohne substantielle Schmälerung von der Entscheidung darüber trennen, wie viele und welche Ministerien in welcher Abgrenzung zueinander die künftige BReg bilden sollen.[66] Das **Kabinett** kann hierüber schon deswegen nicht befinden, weil es zur Zeit der Regierungsbildung noch gar nicht existiert.[67] Für eine Kompetenzverlagerung bei späteren Kabinettsumbildungen besteht kein Anlass. Letztlich kann der BKanzler auch seine Richtlinienkompetenz nach Art. 65 S. 1 nur dann sinnvoll und effektiv wahrnehmen, wenn sie durch organisatorische Befugnisse untermauert ist.[68]

**24a** Materielles Kabinettsbildungsrecht und Richtlinienkompetenz sind auch Argumente gegen eine Verortung der Organisationsgewalt bei der **Legislative**.[69] Das GG kennt keinen ausdrücklichen Gesetzesvorbehalt für Errichtung und Abgrenzung von BMinien; Art. 86 S. 2, der dem Parlament ein Zugriffsrecht auf die Einrichtung von Behörden verschafft, gilt, wie gezeigt, nicht für die Gubernative. Das Budgetrecht verhilft dem Parlament zwar zu mittelbaren Einwirkungsmöglichkeiten auf die Organisationsstruktur der BReg, begründet aber keine parlamentarische Organisationsgewalt für den Regierungsbereich.[70] Schließlich lässt sich dem GG auch kein allgemeiner organisationsrechtlicher Gesetzesvorbehalt entnehmen;[71] das für einen solchen Gesetzesvorbehalt in Frage kommende Demokratieprinzip stößt hier auf rechtliche Grenzen aus entgegenstehenden Verfassungsprinzipien wie der Funktionenteilung und dem Eigenbereich der Regierung.[72]

**24b** Dem **VerfGH NRW** zufolge soll ein Gesetzesvorbehalt jedenfalls für solche Organisationsentscheidungen gelten, die iSd Rspr. des BVerfG **„wesentlich"** sind.[73] Dem kann indes nicht gefolgt werden.[74] Mit seinem dogmatischen Ansatz, demzufolge der Wesentlichkeitsvorbehalt überall dort greife, wo der Kernbereich gouvernementaler Organisationsgewalt noch nicht berührt ist, setzt das Gericht zu Unrecht die Geltung des Gesetzesvorbehaltes mit der Zulässigkeit eines gesetzlichen Zugriffs auf die Organisationsgewalt gleich.[75] Wie gerade die – auch vom Gerichtshof anerkannte – Denkfigur des gouvernementalen Kernbereichs beweist, kann auch der Wesentlichkeitsvorbehalt nur im Rahmen der verfassungsrechtlich vorgegebenen Funktionenordnung Geltung beanspruchen.[76] Das für Regelungs- und Gestaltungsbefugnisse im Staat-Bürger-Verhältnis konzipierte Wesentlichkeitsprinzip lässt sich ohnehin nicht ohne die Folge der Beliebigkeit auf inneroorganisatorische Maßnahmen übertragen, da es dort an einem der Freiheitssubstanz der Grundrechte vergleichbaren Wesentlichkeitsmaßstab fehlt.[77] „Politische Umstrittenheit" einer Organisationsmaßnahme[78] kann jedenfalls kein Indiz für eine ausschließliche parlamentarische Entscheidungskompetenz sein.[79] Schließlich dürfte es der dem Gerichtshof vorgelegten Entscheidung über eine Zusammenlegung von Justiz- und Innenministe-

---

[63] Ausführlicher hierzu *Oldiges* (Fn. 8), S. 239 f. Wie hier *Mager,* in: v. Münch/Kunig I, Art. 64 Rn. 7.

[64] Ganz hM; vgl. ua *Schenke* BK, Art. 64 (2014) Rn. 77; *Herzog,* in: Maunz/Dürig, Art. 64 (2008) Rn. 3 mwN in Fn. 1. Zusätzlich weist *Schröder* MKS II, Art. 64 Rn. 10, noch auf die Richtlinienkompetenz und die Geschäftsführungsbefugnis des Kanzlers (Art. 65 S. 1 und 4) hin; aA (zw. BKanzler und BT geteilte Organisationsgewalt) *H.-P. Schneider* AK GG, Art. 64 (2002) Rn. 3.

[65] *Hermes,* in: Dreier II, Art. 64 Rn. 24: „Personalkompetenz".

[66] Vgl. *Schenke* BK, Art. 64 (2014) Rn. 77 mwN.

[67] *Schenke* BK, Art. 64 (2014) Rn. 79.

[68] So auch *Schenke* BK, Art. 64 (2014) Rn. 78.

[69] Grundlegend *Böckenförde* (Fn. 5), S. 89 ff. Vgl. weiterhin *Oldiges* (Fn. 8), S. 236 ff.

[70] Ebenso *Schröder* MKS II, Art. 64 Rn. 21.

[71] *Hermes,* in: Dreier II, Art. 64 Rn. 19 f.; *Schulze-Fielitz,* in: Dreier II, Art. 20 (Rechtsstaat) Rn. 126; *Schröder* MKS II, Art. 64 Rn. 18; *Uhle/Müller-Franken,* in: Hofmann/Henneke, Art. 64 Rn. 9; *Koch,* Das Ressortprinzip, 2005, S. 218 ff.

[72] *Schulze-Fielitz,* ebda. Vgl. auch *Mager,* in: v. Münch/Kunig I, Art. 64 Rn. 7.

[73] VerfGH NRW NJW 1999, 1243. Im Erg. ebenso *v. Arnauld* AöR 124 (1999), 658 ff.

[74] Aus der fast einhelligen Kritik ua *Isensee* JZ 1999, 1113; *Böckenförde* NJW 1999, 1235; *Brinktrine* Jura 2000, 123; *Sommermann* MKS II, Art. 20 III Rn. 284; *Schröder* MKS II, Art. 64 Rn. 18; *Busse,* in: Friauf/Höfling, vor Art. 62 (2019) Rn. 25; *Mager,* in: v. Münch/Kunig I, Art. 64 Rn. 7 m. Fn. 30; *Uhle/Müller-Franken,* in: Hofmann/Henneke, Art. 64 Rn. 9; *Schönenbroicher,* in: Heusch/Schönenbroicher, Landesverfassung Nordrhein-Westfalen, 2010, Art. 52 Rn. 22.

[75] Ähnl. auch *Böckenförde* NJW 1999, 1235 (1236).

[76] *Sommermann* MKS II, Art. 20 II Rn. 187; Art. 20 III Rn. 274, 284.

[77] Ebenso *Isensee* JZ 1999, 1113; *Brinktrine* Jura 2000, 123 (128 ff.).

[78] So der Hinweis des VerfGH NRW NJW 1999, 1243 (1245).

[79] *Brinktrine* Jura 2000, 123 (129 f.).

rium durchaus auch an Wesentlichkeit gemangelt haben; Gewaltenteilung und die Stellung der dritten Gewalt waren hiervon jedenfalls nicht berührt.[80]

## II. Inhalt und Grenzen

Gouvernementale Organisationsgewalt heißt in erster Linie, dass ihr Inhaber, also der BKanzler, **25** selbst bestimmen kann, **wie viele Ministerien** der BReg angehören und **welche Ressorts** sie dabei abdecken sollen; jedenfalls in Grundzügen (vgl. § 9 GOBReg) muss eine Abgrenzung zwischen den Ressorts erfolgen.[81] Ohne eine derartige Vorabbestimmung ist eine Entscheidung über die personelle Zusammensetzung des Kabinetts nach Art. 64 I nicht möglich. Das Gleiche gilt für die Zuordnung der Ressorts zu den einzelnen BMinn und die Entscheidung darüber, ob es auch Minister ohne Geschäftsbereich (ohne „Portefeuille") oder für Sonderaufgaben geben solle.[82] Insbes. bei der Schaffung von Ressorts mit Planungs-, Koordinations- oder sonstigen Querschnittsaufgaben[83] ergeben sich jedoch verfassungsrechtliche Schranken aus der organisatorischen Binnenstruktur der BReg nach Art. 65.

Für die Wahrnehmung seiner Organisationsgewalt sind dem BKanzler keine bestimmten Formen **25a** vorgegeben; in aller Regel wird jedoch die Form eines **Organisationserlasses**[84] verwendet. Durch Organisationserlass werden insbes. Zuständigkeitsverlagerungen zwischen Ressorts angeordnet, wenn hierdurch eine gesetzlich festgelegte Ressortkompetenz verändert werden soll; in diesem Fall muss hierauf wie auf den Zeitpunkt der Änderung im Bundesgesetzblatt hingewiesen werden. Der Organisationserlass bewirkt die Zuständigkeitsveränderung konstitutiv; zur Herstellung von Rechtsklarheit müssen jedoch auch die davon betroffenen Rechtsvorschriften angepasst werden. Hierzu ermächtigt das Zuständigkeitsänderungs-Gesetz vom 16.8.2002.[85] Danach können auf der Grundlage einer Zuständigkeitsanpassungs-VO des Bundesjustizministeriums die Fachministerien die in ihren Geschäftsbereich fallenden Rechtsvorschriften mit geändertem Wortlaut neu bekannt machen.

Es besteht Einverständnis darüber, dass es eine **Obergrenze** für die Zahl der Kabinettsmitglieder **26** geben muss. Zahlenmäßig lässt sie sich schwer fixieren, doch mag der Gesichtspunkt der Arbeitsfähigkeit des Kollegiums einen – wenn auch nur vagen – Anhaltspunkt liefern.[86] **Verfassungsrechtliche Vorgaben**[87] für die Organisation der BReg ergeben sich aus der Unverzichtbarkeit bezüglich einzelner, im GG mit besonderen Kompetenzen begabter Ressorts[88] sowie aus verfassungsrechtlichen Inkompatibilitäten, die einer Zusammenlegung oder einer Personalunion entgegenstehen (→ Art. 62 Rn. 31a, b).

Die Organisationsbefugnisse des BKanzlers stoßen auch dort auf verfassungsrechtliche Grenzen, wo **27** **andere Regierungsorgane** für ihren Eigenbereich zuständig sind. Das gilt vorab für die **Ressorts,** in deren Binnenorganisation der BKanzler nicht hineinregieren darf, will er nicht deren Ressortverantwortung (Art. 65 S. 2) schmälern. Auch dem **Kabinett** stehen im Rahmen seiner Aufgaben eigene Organisationsbefugnisse zu. Es kann zur Vorbereitung eigener oder zur Koordination von Ressortentscheidungen Kabinettsausschüsse[89] bilden, die allerdings nur auf Beratung angelegt sein und nicht selbst entscheiden dürfen. Auch bei der Etablierung von Stäben und sonstigen Hilfseinrichtungen des Kabinetts hat stets das Prinzip der Ressortfreiheit des Kabinetts[90] der Zulässigkeitsmaßstab zu sein (vgl. → Art. 65 Rn. 34).

Zum Abschluss bleibt in diesem Zusammenhang darauf hinzuweisen, dass die **Organisations-** **28** **befugnisse des Bundeskanzlers nur virtuellen Charakter** besitzen;[91] es steht ihm – zumindest bei Regierungsumbildungen – frei, auch die Entscheidung über die Neubildung oder die Zusammenle-

---

[80] AA jedoch *v. Arnauld* AöR 124 (1999), 658 (667 ff.).

[81] Streitigkeiten um Ressortabgrenzungen werden vom BKanzler und nicht vom Kabinett entschieden; vgl. hierzu *Herzog,* in: Maunz/Dürig, Art. 64 (2008) Rn. 3; *Hermes,* in: Dreier II, Art. 64 Rn. 16.

[82] Hierzu ausführlicher *Oldiges* (Fn. 8), S. 248 mwN; vgl. auch *Schenke* BK, Art. 64 (2014) Rn. 98 ff.; *Herzog,* in: Maunz/Dürig, Art. 64 (2008) Rn. 6 f.

[83] Vgl. hierzu auch *Schenke* BK, Art. 64 (2014) Rn. 97.

[84] Hierzu näher *Hermes,* in: Dreier II, Art. 64 Rn. 16; *Busse,* in: Friauf/Höfling, vor Art. 62 (2019) Rn. 25; Art. 64 (2019) Rn. 5; *ders.* Der Staat 45 (2006), 245. Der neueste Organisationserlass der Bundeskanzlerin resultiert v. 14.3.2018 (BGBl. I S. 374). Zu früheren Organisationserlassen siehe *Busse/Hofmann,* Bundeskanzleramt und Bundesregierung, 7. Aufl. 2019, S. 54 ff.

[85] BGBl I S. 3165. Näher hierzu *Busse* DÖV 2003, 407 (412 f.). Zum VorgängerG vom 30.3.1975 (BGBl I S. 705) *Oldiges* (Fn. 8), S. 243; *Busse* DÖV 1999, 313 (317).

[86] Ähnl. *Schenke* BK, Art. 64 (2014) Rn. 93; *Schröder* HStR III, § 65 Rn. 29. Vgl. zur Regierungspraxis *Derlien* VerwArch 87 (1996), S. 548.

[87] Hierzu näher *Herzog,* in: Maunz/Dürig, Art. 64 (2008) Rn. 4; *Hermes,* in: Dreier II, Art. 64 Rn. 13; *Schröder* MKS II, Art. 64 Rn. 12 ff.; *Koch* (Fn. 71), S. 226 ff.

[88] Es handelt sich um den Finanz- und den Justiz- und den Verteidigungsminister; vgl. näher *Oldiges* (Fn. 8), S. 237 mwN; *Schenke* BK, Art. 64 (2014) Rn. 96; *Herzog,* in: Maunz/Dürig, Art. 64 (2008) Rn. 5.

[89] Vgl. hierzu *Böckenförde* (Fn. 5), S. 243 ff.; *Prior,* Die interministeriellen Ausschüsse der Bundesministerien, 1968, S. 32 ff. Im vorliegenden Zusammenhang ausführlich *Herzog,* in: Maunz/Dürig, Art. 64 (2008) Rn. 39 ff.; *Hermes,* in: Dreier II, Art. 64 Rn. 17.

[90] Vgl. *Oldiges* (Fn. 8), S. 246 mwN.

[91] *Oldiges* (Fn. 8), S. 249 f. Der Sache nach auch *Hermes,* in: Dreier II, Art. 64 Rn. 16.

gung von Ressorts wegen ihrer allgemeinpolitischen Bedeutung nach § 15 GOBReg dem Kabinett zur Entscheidung vorzulegen (vgl. → Art. 65 Rn. 30 f.).

29 Die Organisationsgewalt des BKanzlers unterliegt zwar keinem generellen Gesetzesvorbehalt (vgl. o. Rn. 24a), ist aber durch ein **Zugriffsrecht des Gesetzgebers**[92] begrenzt. Vereinzelte, punktuelle gesetzgeberische Ingerenzen auf die Regierungsorganisation sind darum nicht ausgeschlossen.[93] Gesetzliche Kompetenzzuweisungen an bestimmte Ressorts fallen jedoch nicht hierunter, soweit damit lediglich das jeweils sachlich zuständige Ressort gemeint ist; sie stehen einer vom BKanzler durch Organisationserlass (→ Rn. 25a) verfügten Änderung des Ressortzuschnitts von BMin nicht entgegen.[94] Legislatorische Vorgaben für die gouvernementale Organisationsgewalt müssen allerdings den **Eigenbereich der Regierung**[95] respektieren. Darum kann das Parlament auch nicht durch Gesetz die „Grobstruktur" der BReg, die Zahl der Ministerien oder deren Aufgabengebiete erschöpfend regeln.[96]

## Art. 65 [Richtlinienkompetenz, Ressortprinzip, Kollegialprinzip]

**Der Bundeskanzler bestimmt die Richtlinien der Politik und trägt dafür die Verantwortung. Innerhalb dieser Richtlinien leitet jeder Bundesminister seinen Geschäftsbereich selbständig und unter eigener Verantwortung. Über Meinungsverschiedenheiten zwischen den Bundesministern entscheidet die Bundesregierung. Der Bundeskanzler leitet ihre Geschäfte nach einer von der Bundesregierung beschlossenen und vom Bundespräsidenten genehmigten Geschäftsordnung.**

**Entstehungsgeschichte: Erstfassung:** JöR nF 1 (1951), 437.
**Historische Verfassungstexte: WRV: Art. 55** Der Reichskanzler führt den Vorsitz in der Reichsregierung und leitet ihre Geschäfte nach einer Geschäftsordnung, die von der Reichsregierung beschlossen und vom Reichspräsidenten genehmigt wird. **Art. 56** Der Reichskanzler bestimmt die Richtlinien der Politik und trägt dafür gegenüber dem Reichstag die Verantwortung. Innerhalb dieser Richtlinien leitet jeder Reichsminister den ihm anvertrauten Geschäftszweig selbständig und unter eigener Verantwortung gegenüber dem Reichstag. **Art. 57** Die Reichsminister haben der Reichsregierung alle Gesetzentwürfe, ferner Angelegenheiten, für welche Verfassung oder Gesetz dieses vorschreiben, sowie Meinungsverschiedenheiten über Fragen, die den Geschäftsbereich mehrerer Reichsminister berühren, zur Beratung und Beschlußfassung zu unterbreiten. **Art. 58** Die Reichsregierung faßt ihre Beschlüsse mit Stimmenmehrheit. Bei Stimmengleichheit entscheidet die Stimme des Vorsitzenden.
**Geltende Landesverfassungen:** *BW*Verf Art. 49; *Bay*Verf Art. 47 I, II, 51 I, 53; *Bln*Verf Art. 58 I; *Bbg*Verf Art. 89, 90; *Brem*Verf Art. 115 ff.; *Hess*Verf Art. 102; *MV*Verf Art. 46; *Nds*Verf Art. 37, 39; *NRW*Verf Art. 54, 55; *RhPf*Verf Art. 104, 105; *Saarl*Verf Art. 90, 91; *Sachs*Verf Art. 63, 64; *LSA*Verf Art. 68; *SchlH*Verf Art. 29; *Thür*Verf Art. 76.
**Gesetzgebung:** GOBReg

**Schrifttum:** *J. Amphoux,* Le chancelier fédéral dans le régime constitutionnel de la République fédérale d'Allemagne, 1962; *P. Badura,* Die parlamentarische Verantwortlichkeit der Minister, ZParl 11 (1980), 573; *T. Barczak,* Die parteipolitische Äußerungsbefugnis von Amtsträgern, NVwZ 2015, 1014; *W. Barfuß,* Ressortzuständigkeit und Vollzugsklausel, 1968; *P. Beinhofer,* Das Kollegialitätsprinzip im Bereich der Regierung, Diss. München 1981; *E.-W. Böckenförde,* Die Organisationsgewalt im Bereich der Regierung, 1964; *V. Busse,* Zur Gesetzgebungsarbeit der Bundesregierung, VerwArch 87 (1996), S. 445; *ders.,* Geschäftsordnung der Bundesregierung, in: Das Deutsche Bundesrecht, 1296. Lfg. 2018; *V. Busse/H. Hofmann,* Bundeskanzleramt und Bundesregierung, 7. Aufl. 2019; *R. Derksen,* Ansprüche Dritter auf Zugang zu vertraulichen Informationen der Bundesregierung nach Art. 23 Abs. 2 GG?, DÖV 2018, 30; *S. Detterbeck,* Innere Ordnung der Bundesregierung HStR III, § 66; *V. Epping,* Die Willensbildung von Kollegialorganen, DÖV 1995, 719; *Th. Eschenburg,* Die Richtlinien der Politik im Verfassungsrecht und in der Verfassungswirklichkeit, DÖV 1954, 193; *K. H. Friauf,* Grenzen der politischen Entschließungsfreiheit des Bundeskanzlers und der Bundesminister, FG Herrfahrdt, 1961, S. 45; *W. Frotscher,* Politische Planung zwischen Regierung und Parlament, Der Staat 19 (1980), 370; *F. Glum,* Die staatsrechtliche Stellung der Reichsregierung sowie des Reichskanzlers und des Reichsfinanzministers in der Reichsregierung, 1925; *E. Guilleaume,* Das Kabinettssystem, DÖV 1961, 449; *ders.,* Das Ressortprinzip, DÖV 1960, 328; *W. Hennis,* Richtlinienkompetenz und Regierungstechnik, 1964; *H. Honnacker/G. Grimm,* Die Geschäftsordnung der Bundesregierung, 1969; *A. Hüttl,* Institutionelle Schwächen des deutschen Kabinettssystems, DVBl 1967, 61; *ders.,* Koordinierungsprobleme der Bundesregierung, Der Staat 6 (1967), 1; *E. U. Junker,* Die Richtlinienkompetenz des Bundeskanzlers, 1965; *H. Kaja,* Ministerialverfassung und Grundgesetz, AöR 89 (1964), 381; *H. Karehnke,* Richtlinienkompetenz des Bundeskanzlers, Ressortprinzip und Kabinettsgrundsatz, DVBl 1974, 101; *W. A. Kewenig,* Zur Rechtsproblematik der Koalitionsvereinbarungen, AöR 90 (1965), 182; *F. Knöpfle,* Inhalt und Grenzen der „Richtlinien der Politik" des Regierungschefs, DVBl 1965, 857, 925; *U. Koch,* Das Ressortprinzip, 2005; *J. Kölble,* Die Ministerialverwaltung im parlamentarisch-demokratischen Regierungssystem, DÖV 1969, 25; *ders.,* Ist Art. 65 GG (Ressortprinzip im Rahmen von Kanzlerrichtlinien und Kabinettsentscheidungen) überholt?, DÖV 1973, 1; *K. R. Korte,* Kommt es auf die Person des Kanzlers

---

[92] So schon *Böckenförde* (Fn. 5), S. 103. Vgl. weiterhin auch *Schröder* MKS II, Art. 64 Rn. 20 ff.
[93] *Schenke* BK, Art. 64 (1980) Rn. 42 f. und 59 ff.; *Schröder* MKS II, Art. 64 Rn. 20 ff.
[94] Zweifelnd dagegen *Schröder* MKS II, Art. 64 Rn. 17.
[95] *Böckenförde* (Fn. 5), S. 106 f.: „Kernbereich der Exekutive"; vgl. weiterhin *Oldiges* (Fn. 8), S. 242; *Schenke* BK, Art. 64 (2014) Rn. 89; *Schröder* MKS II, Art. 64 Rn. 22. Bedenken bei *Hermes,* in: Dreier II, Art. 64 Rn. 23.
[96] So aber *Hermes,* in: Dreier II, Art. 64 Rn. 23; hiergegen *Schröder* MKS II, Art. 64 Rn. 23; *Schenke* BK, Art. 64 (2014) Rn. 90; *Uhle/Müller-Franken,* in: Hofmann/Henneke. Art. 64 Rn. 10.

an?, ZParl 1998, 387; *K. Kröger,* Die Ministerverantwortlichkeit in der Verfassungsordnung der Bundesrepublik Deutschland, 1972; *D. Kuch,* Politische Neutralität in der Parteiendemokratie, AöR 142 (2017), 491; *W. Leisner,* Gewaltenteilung innerhalb der Gewalten, FG Maunz, 1971, S. 267; *H. Maurer,* Die Richtlinien-Kompetenz des Bundeskanzlers, FS Thieme, 1993, S. 123; *V. Mehde,* Die Ministerverantwortlichkeit nach dem Grundgesetz, DVBl 2001, 13; *E. Menzel,* Die heutige Auslegung der Richtlinienkompetenz des Bundeskanzlers als Ausdruck der Personalisierung der Macht?, FS Leibholz II, 1966, S. 877; *I. v. Münch,* Rechtliche und politische Probleme von Koalitionsregierungen, 1993; *M. Oldiges,* Die Bundesregierung als Kollegium, 1983; *ders.,* Grenzen der politischen Entscheidungsfreiheit des Bundeskanzlers und der Bundesminister, in: W. Höfling (Hrsg.), Kommentierte Verfassungsrechtsdogmatik, FG Friauf, 2011, S. 29; *H. Prior,* Die interministeriellen Ausschüsse der Bundesministerien, 1968; *M. Putzer,* Verfassungsrechtliche Grenzen der Äußerungsbefugnisse von Amtsträgern, DÖV 2015, 417; *C. Sasse,* Koalitionsvereinbarungen und GG, JZ 1961, 719; *H. Schambeck,* Die Ministerverantwortlichkeit, 1971; *E. Schmidt-Jortzig,* Die Pflicht zur Geschlossenheit der kollegialen Regierung (Regierungszwang), 1973; *M. Schröder,* Bildung, Bestand und parlamentarische Verantwortlichkeit der Bundesregierung HStR III, § 65; *E. Schuett-Wetschky,* Richtlinienkompetenz des Bundeskanzlers, ZParl 2003, 1897 und 2004, 5; *T. Spitzlei,* Die politische Äußerungsbefugnis staatlicher Organe, JuS 2018, 856; *T. Würtenberger,* Staatsrechtliche Probleme politischer Planung, 1979.

## Übersicht

# A. Allgemeines
## I. Systematische Stellung

Art. 65 trifft Regelungen über die BReg unter höchst verschiedenen Aspekten. Hauptsächlich **1** behandelt er Fragen der **Kompetenzverteilung** innerhalb der nach Art. 62 aus BKanzler und BMinn zusammengesetzten BReg; insofern geht es um Fragen der inneren Verfassung der BReg Daneben bestimmt Art. 65 aber auch die **parlamentarische Verantwortlichkeit** des BKanzlers und der BMin und steht damit in dem weiteren Zusammenhang des Verhältnisses von Parlament und Regierung; seine – freilich eher programmatische als instrumental handhabbare – Regelung prägt zusammen mit weiteren einschlägigen Verfassungsbestimmungen das parlamentarische Regierungssystem des GG. Schließlich bestimmt Art. 65 auch – und zwar sowohl nach außen gegenüber anderen Verfassungsorganen wie auch regierungsintern – den Träger der **Geschäftsordnungskompetenz.**

## II. Historische Wurzeln

Im streng präfekturalen Kanzlersystem der RV 1871 (vgl. → Art. 62 Rn. 2) bedurfte es keiner **2** Verteilung der Regierungskompetenzen; insofern findet sich dort kein Vorbild für Art. 65. Eine – wenngleich rudimentäre und noch kein parlamentarisches Regierungssystem begründende – Regelung der Verantwortlichkeit enthielt indes, bezogen auf den RKanzler und im Zusammenhang mit dessen Gegenzeichnungsrecht für alle Anordnungen und Verfügungen des Kaisers, Art. 17 RV 1871. In der WRV finden sich dann jedoch, wenn auch in anderer Anordnung, sämtliche Regelungselemente des Art. 65. Diese Bestimmung greift also in vollem Umfang auf das **Regierungsmodell der WRV** zurück; insbes. übernimmt sie deren – auf Verfassungsentwürfe von *Hugo Preuß* (vgl. → Art. 62 Rn. 3) zurückgehendes – gubernatives Spezifikum, nämlich die Richtlinienprärogative des Kanzlers.[1]

Bei den **Beratungen zum GG** stand von Anfang an fest, dass die innere Regierungsstruktur der **3** WRV jedenfalls in ihren Grundzügen übernommen werden sollte. Allerdings stritt man sich darum, ob nicht die gegenüber Weimar veränderten Rahmenbedingungen im parlamentarischen Regierungssystem gewisse Klarstellungen und Anpassungen auch bei der Binnenstruktur der Regierung

---

[1] Eingehende Darstellung der gouvernementalen Verhältnisse unter der RV 1871 und der WRV bei *Oldiges,* Die Bundesregierung als Kollegium, 1983, S. 65 ff.

und der Stellung der Regierungsorgane zueinander sowie im Verhältnis zum Parlament erforderlich machen.[2]

4    **Streitige Diskussionsthemen** waren vornehmlich die parlamentarische Verantwortlichkeit der BMin und das Verhältnis der Streitschlichtungskompetenz des Kabinetts zur Richtlinienprärogative des BKanzlers.[3] Da die BMin, anders noch als nach der WRV, in ihrer Amtsführung nicht mehr vom Parlament abhängig sein sollten, fragte man sich, ob es diesem gegenüber dann überhaupt noch bei der ministeriellen Verantwortlichkeit bleiben sollte; auf eine entsprechende Streichung des Entwurfstextes konnte man sich indes nicht verständigen.[4] Unentschieden blieb letztlich auch die andere Frage, ob Kabinettsentscheidungen über Meinungsverschiedenheiten zwischen BMin nur im Rahmen der Richtlinienkompetenz des BKanzlers getroffen werden dürften und ob dieser dabei eine Streitfrage von sich aus zur Richtlinienangelegenheit machen könne[5] (sog. Kompetenz-Kompetenz; hierzu → Rn. 16). Was schließlich die in Art. 57 WRV recht ausf. beschriebenen Kollegialkompetenzen betrifft, hielt man deren Übernahme in das GG weitgehend für entbehrlich und überließ entsprechende Regelungen der Geschäftsordnung.[6]

## III. Bedeutung für die gouvernementale Führungsstruktur

5    Art. 65 gestaltet die innere Verfassung der BReg als eine **Kombination dreier gouvernementaler Organisationsprinzipien** (vgl. → Art. 62 Rn. 5 f.). Dem Kanzlerprinzip folgend sichern die Richtlinienprärogative (Satz 1) und die Geschäftsleitungsbefugnis (Satz 4) dem BKanzler verfassungsrechtlich eine beherrschende Stellung in der BReg[7] Das Ressortprinzip kommt im Recht der BMin zum Ausdruck, ihren jew. Geschäftsbereich im Rahmen der Kanzlerrichtlinien selbstständig und eigenverantwortlich zu leiten (Satz 2). Das Kabinettsprinzip tritt demgegenüber lediglich als Befugnis des Regierungskollegiums zur Entscheidung von Meinungsverschiedenheiten zwischen den BMin (Satz 3) und zum Beschluss über die Geschäftsordnung der BReg (Satz 4) in Erscheinung.

6    Obwohl Art. 65 die Regierungsgewalt auf drei Regierungsorgane verteilt, kann **nicht** von einer **intragouvernementalen Gewaltenteilung** gesprochen werden.[8] Gewaltenteilung hat die Funktion der Begrenzung politischer Macht durch die wechselseitige Kontrolle verselbstständigter Träger der Teilgewalten. Die gouvernementale Kompetenzverteilung kann dies schon wegen der institutionellen Verflechtung zwischen den Regierungsorganen nicht leisten; im Übrigen ist sie nicht auf Kontrolle, sondern auf Arbeitsteilung gerichtet.[9]

7    Wegen seiner defizitären Berücksichtigung der Kollegialkompetenzen kann Art. 65 nur bedingt als die **intragouvernementale Kompetenzverteilungsnorm** bezeichnet werden. Befugnisse, die im GG oder in anderen Rechtsvorschriften ohne weitere Differenzierung der BReg zugewiesen sind, verteilen sich nicht nach dem Schema des Art. 65 auf die einzelnen Regierungsorgane.[10] Weder ist mit „Bundesregierung" im Regelfall der einzelne Fachminister gemeint,[11] noch bringt sich bei Kollegialbefugnissen stets das Ressortprinzip als Sachentscheidungskompetenz des Fachministers zur Geltung.[12] Vielmehr muss der tatsächliche Anteil des Regierungskollegiums an den Regierungskompetenzen in erster Linie der Intention und dem systematischen Zusammenhang der jew. Kompetenznorm selbst entnommen werden; dabei sind freilich die in Art. 65 zum Ausdruck kommenden gouvernementalen Führungspotentiale von Kanzler- und Ressortprinzip zu berücksichtigen (→ Art. 62 Rn. 7 ff.).

8    Art. 65 regelt nur die Stellung der Regierungsorgane **im Verhältnis zueinander,** enthält sich aber weiterer Aussagen über die politische Gewichtsverteilung im Verhältnis der BReg zu anderen Verfassungsorganen.[13] Insbes. begründet er weder über die Richtlinienprärogative des BKanzlers[14] noch über die Ressortkompetenz der BMin einen **Vorbehaltsbereich der Regierung** gegenüber Regelungsansprüchen des Parlaments.[15] Zugriffsfeste Regierungspositionen bestehen vielmehr nur insoweit,

---

[2] Vgl. zu den Beratungen auf Herrenchiemsee und im ParlRat JöR nF 1 (1951), 437 f., sowie *Oldiges* (Fn. 1), S. 119 ff. Kurzdarstellung bei *Schenke* BK, Art. 65 (2018) Rn. 52 ff.
[3] *H.-P. Schneider* AK GG, Art. 65 (2002) Rn. 1.
[4] Vgl. JöR nF 1 (1951), 437 f.
[5] Die Darstellung in JöR nF 1 (1951), 438 f., ist insoweit nicht ganz korrekt; vgl. genauer *Oldiges* (Fn. 1), S. 123 f.
[6] Einzelheiten bei *Oldiges* (Fn. 1), S. 125 ff.
[7] *H.-P. Schneider* AK GG, Art. 65 (2002) Rn. 2.
[8] So aber *Leisner* FG Maunz, 1971, S. 267 ff.; *H.-P. Schneider* AK GG, Art. 65 (2002) Rn. 15. Wie hier *Hermes*, in: Dreier II, Art. 65 Rn. 11, 13; *Schröder* MKS II, Art. 65 Rn. 9.
[9] Ausführlicher hierzu *Oldiges* (Fn. 1), S. 61 ff.
[10] Tendenziell anders *Böckenförde*, Die Organisationsgewalt im Bereich der Regierung, 1964, S. 137 f. m. Fn. 40, S. 179 ff.; ähnl. *Münch*, Die Bundesregierung, 1954, S. 205. Krit. hierzu *Oldiges* (Fn. 1), S. 137 ff.
[11] So die hM bezüglich der Rechtslage nach der WRV; vgl. referierend *Oldiges* (Fn. 1), S. 109 f. mN
[12] Anders jedoch *Böckenförde* (Fn. 10), S. 138 Fn. 40.
[13] So die hM. Vgl. ua *Herzog*, in: Maunz/Dürig, Art. 65 (2008) Rn. 1; *Schröder* MKS II, Art. 65 Rn. 5; *Pieroth*, in: Jarass/Pieroth, Art. 65 Rn. 2.
[14] Ausführlich hierzu *Herzog*, in: Maunz/Dürig, Art. 65 (2008) Rn. 29 ff.
[15] *Mager*, in: v. Münch/Kunig I, Art. 65 Rn. 3; *Uhle/Müller-Franken*, in: Hofmann/Henneke, Art. 65 Rn. 4.

wie sie für die BReg zur Erfüllung ihrer Aufgaben als eines gleichermaßen eigenständigen wie parlamentarisch verantwortlichen Verfassungsorgans unerlässlich sind (vgl. → Art. 62 Rn. 41 f.).

## B. Kompetenzen des Bundeskanzlers (Sätze 1 und 4)

### I. Stellung des Bundeskanzlers in der Regierung

Auch wenn der Begriff der „Kanzlerdemokratie"[16] eher den Führungsstil einzelner Kanzlerpersön- **9** lichkeiten als das Regierungssystem der BRD beschreibt, ist die **politische Führungsfunktion des Bundeskanzlers** in der BReg unbestreitbar.[17] Sie war schon für den RKanzler der WRV gewollt und hat sich bei im Wesentlichen gleichgebliebener verfassungsrechtlicher Ausgestaltung der gouvernementalen Organisationsstruktur allein schon wegen signifikanter Veränderungen im verfassungsrechtlichen Umfeld noch erheblich verstärkt.[18] Die in Art. 65 ersichtliche **Hervorhebung des Kanzlerprinzips** korrespondiert im GG mit der Entmachtung des Staatsoberhauptes und dem materiellen Kabinetts-bildungsrecht des BKanzlers sowie mit der Konzentration des parlamentarischen Misstrauensvotums auf das Amt des BKanzlers bei gleichzeitiger Erschwerung seiner Realisierung (vgl. Art. 63, 64 und 67).

Die wesentliche Basis für die politische Führungsfunktion des BKanzlers ist seine ihm durch Art. 65 **10** S. 1 übertragene Befugnis zur **Bestimmung der Richtlinien der Politik.**[19] Ihm steht damit das Recht zu, die Regierungspolitik in ihren wesentlichen Zügen selbst zu gestalten; das trägt nicht wenig zur Identifikation der Regierungspolitik mit dem Kanzler bei. Dem entspricht die ebenfalls in S. 1 normierte **parlamentarische Verantwortlichkeit** des Kanzlers, die in der Möglichkeit eines (konstruktiven) Misstrauensvotums des BT gegen ihn gipfelt (Art. 67).[20] Die Ermächtigung zur Richtlinienbestimmung stellt zugleich auch eine Beschränkung dar: Das Amt des BKanzlers ist für sich genommen, wenn also der Kanzler nicht in Personalunion auch ein Ressort leitet, **ressortfrei;** das gilt grds. auch für das BKanzleramt.[21]

Weder in Art. 65 noch sonst im GG ist die gouvernementale **Organisationsgewalt** geregelt.[22] **11** Dem Verfassungszusammenhang, insbes. dem materiellen Kabinettsbildungsrecht nach Art. 64 I und der Richtlinienprärogative nach Art. 65 S. 1, lässt sich indes mit der hM[23] entnehmen, dass diese Befugnis weder dem BT noch dem Regierungskollegium, sondern dem BKanzler zusteht (vgl. auch → Art. 64 Rn. 22 ff.).

Zum Führungsinstrumentarium des BKanzlers gehört schließlich auch die Befugnis nach Art. 65 **12** S. 4, **die Geschäfte der Bundesregierung** nach Maßgabe der GOBReg **zu leiten.**[24] Das darf nicht formalistisch eng auf die Einberufung von Kabinettssitzungen und den Vorsitz darin (vgl. §§ 21, 22 GOBReg) beschränkt werden. Vielmehr ermöglichen die Geschäftsleitungsbefugnisse dem BKanzler, für die Durchsetzung seiner Richtlinien zu sorgen und die gesamte Regierungspolitik zu koordinieren.[25] Zugleich berechtigen sie ihn, über das BKanzleramt (vgl. §§ 7, 21 GOBReg) hinaus auch noch weitere beratende und koordinierende Stäbe und andere Hilfsorgane bei sich einzurichten.[26] Richtlinienkompetenz und Geschäftsleitungsbefugnis zusammen schließlich auch eine beim BKanzler institutionalisierte regierungsamtliche **Aufgabenplanung.**[27] Bei all dem sind freilich die Grenzen zu beachten, die sich aus der Ressortselbstständigkeit der BMin (→ Rn. 19 ff.) und aus den Führungsaufgaben des Kabinetts (→ Rn. 26 ff.) ergeben. Eine operative Planung,[28] die den Ressorts wie auch dem Kabinett weder in sachlicher noch in zeitlicher Hinsicht Entscheidungsfreiräume beieße, kann nicht in alleiniger Verantwortung des BKanzlers erstellt werden;[29] sie lässt sich nur als eine Gesamtaufgabe aller drei Regierungsorgane verfassungskonform organisieren.

---

[16] *Bracher,* in: Löwenthal/Schwarz (Hrsg.), Die zweite Republik, 2. Aufl. 1974, S. 179 ff. Vgl. auch *Herzog,* in: Maunz/Dürig, Art. 65 (2008) Rn. 36; *Schröder* MKS II, Art. 63 Rn. 11 f.

[17] Vgl. etwa *Stern,* Staatsrecht II, S. 292 („gewisse sachliche Überordnung über Bundesminister und Kollegium"); *Detterbeck* HStR III, § 66 Rn. 12 („dominierende Rolle").

[18] Ähnl. *Stern,* StaatsR II, S. 299; zurückhaltend *Herzog,* in: Maunz/Dürig, Art. 62 (2008) Rn. 78 ff.

[19] So auch *Schenke* BK, Art. 65 (2018) Rn. 70. Diff. *Hermes,* in: Dreier II, Art. 65 Rn. 13.

[20] Vgl. auch *Mager,* in: v. Münch/Kunig I, Art. 65 Rn. 2 f.; *Stern,* StaatsR II, S. 315 ff.; *Herzog,* in: Maunz/Dürig, Art. 62 (2008) Rn. 85 ff.

[21] Vgl. näher → Art. 62 Rn. 40a; aA *Busse* DÖV 2003, 407 (413).

[22] Hierzu vor allem *Böckenförde* (Fn. 10), insbes. S. 129 ff. Vgl. auch → Art. 69 Rn. 22 ff.

[23] Vgl. jew. mwN *Oldiges* (Fn. 1), S. 236 ff.; *Stern,* Staatsrecht II, S. 284; *Herzog,* in: Maunz/Dürig, Art. 62 (2008) Rn. 22; *Schröder* MKS II, Art. 64 Rn. 9 ff.

[24] *Detterbeck* HStR III, § 66 Rn. 60 ff.; *H.-P. Schneider* AK GG, Art. 65 (2002) Rn. 6.

[25] *H.-P. Schneider* AK GG, Art. 65 (2002) Rn. 6. Vgl. auch *Schenke* BK, Art. 65 (2018) Rn. 253.

[26] Ausführlich zur „externen" politischen Bindung des BKanzlers *Schenke* BK, Art. 65 (2018) Rn. 136 ff. Zu Problemen der Institutionalisierung des Nationalen Ethikrates *Schröder* NJW 2001, 2144 (2146).

[27] Grundlegend hierzu *Würtenberger,* Staatsrechtliche Probleme politischer Planung, 1979, S. 149 ff.; *Busse* VerwArch 87 (1996), S. 445 ff.; weiterhin zur Kanzlerplanung auch *Oldiges* (Fn. 1), S. 417 ff.; *H.-P. Schneider* AK GG, Art. 65 (2002) Rn. 5.

[28] Im Unterschied zur strategischen Planung geht es hier bereits um die Umsetzung allgemeiner Planungsziele in ein Aktionsprogramm. Hierzu *Würtenberger* (Fn. 25), S. 160.

[29] Ebenso *H.-P. Schneider* AK GG, Art. 65 (2002) Rn. 5.

13 Soweit Art. 65 dem BKanzler gouvernementale Führungsfunktionen zuweist, begründet er damit nur eine **virtuelle Führungspotenz**.[30] Er zeichnet nur verfassungsrechtlich die Formen vor, in denen politische Führung ausgeübt werden kann, ohne ihre Realisierung gewährleisten zu können oder auch nur zu wollen. In der Realität der parteienstaatlichen parlamentarischen Demokratie unterliegt auch die gouvernementale Führung oft politischen Bindungen, die verfassungsrechtliche Prärogativen wie die Richtlinienkompetenz leer laufen lassen[31] (→ Rn. 17). Solche Bindungen werten insbes. das Regierungskollegium als die zweite gouvernementale Führungspotenz auf (→ Rn. 32 ff.).[32]

## II. Richtlinien der Politik (Satz 1)

14 Der **Begriff** der Richtlinien der Politik[33] erschließt sich nicht schon aus seinen beiden Elementen. Versteht man Politik als ein auf die Gestaltung des Gemeinwesens gerichtetes schöpferisches Handeln,[34] dann liegt es nahe, die Richtlinien der Politik als die allgemeinen Grundsätze und die programmatischen Direktiven dieses Handelns zu definieren.[35] Eine solche Definition griffe indes zu hoch; sie würde der **funktionalen Bedeutung**[36] der Richtlinienkompetenz als eines **Instruments politischer Führung**[37] nicht gerecht. Anzusetzen ist vielmehr bei der Führungsfunktion des Kanzlers in der Regierung und seiner damit korrespondierenden zentralen politischen Verantwortlichkeit gegenüber der ihn tragenden Parlamentsmehrheit. Die Richtlinienkompetenz soll ihn in die Lage versetzen, auf die Regierungspolitik in dem Maße Einfluss zu nehmen, welches ihm erlaubt, dafür die Gesamtverantwortung[38] zu übernehmen. Richtlinienkompetenz umschließt darum all diejenigen Befugnisse, mit denen er seinen politischen Führungsanspruch behaupten und durchsetzen kann.[39]

15 Richtlinien der Politik sind weder gegenständlich noch modal begrenzt. Was als „politisch" zu gelten hat, kann mit den Umständen wechseln. Richtlinien der Politik bestimmen nicht nur das Allgemeine und Programmatische, sondern können auch Direktiven für das Konkrete und Singuläre sein.[40] Sie lassen sich nicht in das Formenschema von Einzelakt und Norm einfügen,[41] sondern bilden eine eigenständige Kategorie der **politischen Führungsentscheidung**. Für ihren Erlass ist weder eine bestimmte Form noch ein besonderes Verfahren vorgesehen; vielmehr kann der BKanzler in jeder beliebigen Weise seine Richtlinienentscheidung zur Geltung bringen.[42]

16 Allerdings kann der BKanzler nicht Beliebiges zum Gegenstand einer Richtlinie machen; eine **Definitionsmacht** („Kompetenz-Kompetenz") steht ihm insoweit nicht zu.[43] Das ist freilich nur eine recht theoretische Schranke, denn bezüglich des politischen Führungs- und damit des Richtlinienbe-

---

[30] *Oldiges* (Fn. 1), S. 467. Zust. *Schröder* MKS II, Art. 65 Rn. 9. Ähnlich in der Sache *Junker*, Die Richtlinienkompetenz des Bundeskanzlers, 1965, S. 59; *Kröger*, Die Ministerverantwortlichkeit in der Verfassungsordnung der Bundesrepublik Deutschland, 1972, S. 38; *Prior*, Die interministeriellen Ausschüsse der Bundesministerien, 1968, S. 30; vgl. auch *Stern*, StaatsR II, S. 293.

[31] Vgl. *Friauf* FG Herrfahrdt, 1961, S. 45 ff. (56 f.).

[32] Ähnlich *H.-P. Schneider* AK GG, Art. 65 (2002) Rn. 13.

[33] Aus der Fülle der lit. Deutungsversuche *Menzel* FS Leibholz II, 1966, S. 877 ff.; *Hennis*, Richtlinienkompetenz und Regierungstechnik, 1964, passim; *Junker* (Fn. 30), passim; *Stern*, StaatsR II, S. 301 ff.; *Detterbeck* HStR III, § 66 Rn. 12 ff.; *Herzog*, in: Maunz/Dürig, Art. 65 (2008) Rn. 5 ff.; *Mager*, in: v. Münch/Kunig I, Art. 65 Rn. 6; *Hermes*, in: Dreier II, Art. 65 Rn. 17 ff.; *Schröder* MKS II, Art. 65 Rn. 12 ff.; *Schenke* BK, Art. 65 (2018) Rn. 72 ff.; *Busse*, in: Friauf/Höfling, Art. 65 (2019) Rn. 4 ff.; *Schuett-Wetschky* ZPol 2003, 1897 und 2004, 5. Nach *Maurer* FS Thieme, 1993, S. 123 ff., ist bei Richtlinien die verfassungsrechtliche von der politischen Betrachtungsweise zu unterscheiden.

[34] Vgl. Nw. bei *Hermes*, in: Dreier II, Art. 65 Rn. 18.

[35] Solche oder ähnliche Formulierungen finden sich bei den meisten Autoren; vgl. z. B. *Junker* (Fn. 30), S. 53; *Mager*, in: v. Münch/Kunig I, Art. 65 Rn. 6; *Stern*, StaatsR II, S. 303.

[36] Eine „funktionale Betrachtungsweise" fordert auch *H.-P. Schneider* AK GG, Art. 65 (2002) Rn. 3; *Busse*, in: Friauf/Höfling, Art. 65 (2019) Rn. 5. Vgl. weiterhin auch *Oldiges* FG Friauf, 2011, S. 29 (36 f.). Zur hier vorgenommenen Deutung diff. *Hermes*, in: Dreier II, Art. 65 Rn. 19.

[37] Ähnlich *Kröger* (Fn. 30), S. 38; annähernd auch *Stern*, StaatsR II, S. 302 f.

[38] Vgl. *Stern*, Staatsrecht II, S. 318: „Verantwortlichkeit für die ‚gesamte Amtsführung als Regierungschef'".

[39] *Knöpfle* DVBl 1965, 925 (925 f.); *Stern*, StaatsR II, S. 292: „Sicherstellung politischer Führung". Vgl. weiterhin auch *Oldiges* (Fn. 1), S. 456.

[40] *Oldiges* (Fn. 1), S. 455 ff.; *Herzog*, in: Maunz/Dürig, Art. 65 (2008) Rn. 7. Unter Vorbehalt zust. *Schröder* MKS II, Art. 65 Rn. 16.

[41] *Herzog*, in: Maunz/Dürig, Art. 65 (2008) Rn. 6; ähnlich *Schröder* MKS II, Art. 65 Rn. 14. Anders noch („normähnliche Maßnahme") *Menzel* FS Leibholz II, 1966, S. 877 (882 f.). Da der normative Charakter von Richtlinien insges. in Frage steht, lässt sich auch kein Vergleich zu Rahmengesetzen ziehen; vgl. *Oldiges* (Fn. 36), S. 38. Anders indes noch *v. Mangoldt/Klein* II, Art. 65 Anm. III 2b; *Schambeck*, Die Ministerverantwortlichkeit, 1971, S. 36.

[42] *Herzog*, in: Maunz/Dürig, Art. 65 (2008) Rn. 16; *Schröder* MKS II, Art. 65 Rn. 18 ff.; *Busse*, in: Friauf/Höfling, Art. 65 (2019) Rn. 6. Teilweise im Hinblick auf § 4 GOBReg abw. („Mindestmaß an Formalisierung") *H.-P. Schneider* AK GG, Art. 65 (2002) Rn. 4.

[43] *Stern*, Staatsrecht II, S. 304; *Schenke*, BK, Art. 65 (2018) Rn. 74. Ohne Unterscheidung von Definitions- und Interpretationsmacht *H.-P. Schneider* AK GG, Art. 65 (2002) Rn. 4; *Hermes*, in: Dreier II, Art. 65 Rn. 21. Nach *Mager*, in: v. Münch/Kunig I, Art. 65 Rn. 6, bestimmt letztlich der BKanzler, welche Fragen richtlinienfähig sind. Zum Thema der Kompetenz-Kompetenz nochmals *Oldiges* (Fn. 36), S. 38 f.

darfs besitzt er einen Beurteilungsspielraum.[44] Bei Ungewissheit über den Inhalt einer Richtlinie hat er das Recht zur **authentischen Interpretation;**[45] darum trifft er bei Meinungsverschiedenheiten über die Richtlinienanwendung selbst die Entscheidung.[46] Richtlinien sind **für die Bundesminister verbindlich** (vgl. § 1 I 2 GOBReg und → Rn. 24 f.); dagegen können sie das Abstimmungsverhalten im Kabinett nicht steuern (→ Rn. 36 f.).

Die Richtlinienbefugnis stellt den Kanzler nicht von seiner Bindung an Gesetz und Recht frei.[47] **17** Insofern hat der parl. Gesetzgeber ein Zugriffsrecht auf die Regierungspolitik, doch bewegt es sich in einer anderen Entscheidungsebene als die Richtlinienkompetenz. Andere parlamentarische Willensäußerungen binden den Kanzler **nicht rechtlich,** sondern allenfalls politisch. Das gilt auch für **Koalitionsvereinbarungen.**[48] Bei ihnen handelt es sich entgegen einer weit verbreiteten Meinung[49] nicht um auf Rechtswirkung bedachte (verfassungsrechtl.) Verträge, sondern um politische Absprachen;[50] ihre Verletzung hat ausschließlich politische Folgen. Auch im Übrigen ist der BKanzler bei der Richtlinienbestimmung nicht wirklich frei, sondern wird sich stets der Zustimmung der ihn tragenden Partei- und Fraktionsführung zu versichern haben;[51] freilich handelt es sich hier im Allgemeinen um ein Verhältnis der **Interaktion.**

Der BKanzler ist zur **Durchsetzung seiner Richtlinien** berechtigt und verpflichtet (§ 1 II **18** GOBReg). Hierzu dienen ihm primär seine in der GOBReg geregelten Geschäftsführungsbefugnisse.[52] Bei Konfliktfällen kann er seine Organisationsgewalt (→ Rn. 11) zur Geltung bringen oder dem BPräs die Entlassung des unbotmäßigen Ministers vorschlagen (Art. 64 I). Auch hier werden jedoch stets die politischen Umstände die Art des Vorgehens prägen.[53]

Ungeachtet aller verfassungsrechtlichen Interpretationsbemühungen lassen sich in der **politischen 18a Wirklichkeit** echte Richtlinienentscheidungen des BKanzlers weder auffinden noch sind sie angesichts der Konsens- oder jedenfalls Mehrheitsbedürftigkeit politischer Führung im parlamentarisch-gouvernementalen Machtgefüge des GG realistisch vorstellbar. Die Richtlinienkompetenz ist ihrem Wesen nach ein Instrument hierarchischer Führung und darum mit den Strukturen einer parlamentarisch geformten Parteiendemokratie nicht kompatibel.[54] Gleichwohl wird dadurch Richtlinienkompetenz auch als politisch wirksame Institution nicht gänzlich obsolet. Die offenkundige Tatsache ihrer theoretischen Unanwendbarkeit und praktischen Nichtanwendung entzieht ihr zwar den Boden normativer Relevanz; als politischer Mythos und Ausdruck charismatischer Erwartungen an den „Regierungschef" bleibt sie in der politischen Öffentlichkeit dauerhaft präsent. Bei aller Einbindung in politische Abhängigkeiten ist der Kanzler immer noch der Schlussstein einer politischen Architektur, die mit seinem Rücktritt oder Sturz regelmäßig zusammenbricht.[55]

## C. Ressortselbstständigkeit der Bundesminister (Satz 2)

### I. Stellung der Bundesminister in der Regierung

Der BMin ist nach Art. 62 Mitglied der BReg Damit gehört er einerseits zum Regierungskollegium, **19** ist also ein Teil dieses Organs. Andererseits hat er aber auch selbst die Stellung eines **Regierungsorgans** mit eigenen, in Art. 65 S. 2 genannten gouvernementalen Befugnissen. Letztere beziehen sich auf die selbstständige Leitung eines **Geschäftsbereichs** (Ressorts). Darunter ist ein gegenständlich (also nicht regional)[56] abgegrenztes Tätigkeitsgebiet mit bestimmten Sachzuständigkeiten zu verstehen;[57] die Abgrenzung der Geschäftsbereiche nimmt – unbeschadet einer gelegentlich abw. politischen

---

[44] *Busse,* in: Friauf/Höfling, Art. 65 (2019) Rn. 4; *Schenke* BK, Art. 65 (2018) Rn. 83.

[45] *Stern,* StaatsR II, S. 304; *Herzog,* in: Maunz/Dürig, Art. 65 (2008) Rn. 20.

[46] *Herzog,* in: Maunz/Dürig, Art. 65 (2008) Rn. 20.

[47] *H.-P. Schneider* AK GG, Art. 65 (2002) Rn. 4; zust. auch *Hermes,* in: Dreier II, Art. 65 Rn. 24.

[48] Aus dem Schrifttum ua *Sasse* JZ 1961, 719; *Friauf* AöR 88 (1963), 257 (307); *Schüle,* Koalitionsvereinbarungen im Lichte des Verfassungsrechts, 1964; *Häberle* ZfP 12 (1965), 293 ff.; *Kewenig* AöR 90 (1965), 182 ff.; *Stern,* StaatsR I, S. 986; *H.-P. Schneider* AK GG, Art. 65 (2002) Rn. 4; *Schröder* MKS II, Art. 63 Rn. 15 ff.; *Mager,* in: v. Münch/Kunig I, Art. 65 Rn. 6.; *Uhle/Müller-Franken,* in: Hofmann/Henneke, Art. 63 Rn. 31 ff

[49] So z. B. *v. Münch,* Rechtliche und politische Probleme von Koalitionsregierungen, 1997, S. 29 ff. Zum Meinungsstand *Schröder* MKS II, Art. 63 Rn. 17 f.

[50] So wohl auch *Stern,* StaatsR I, S. 986. Vgl. weiterhin *Busse* VerwArch 87 (1996), S. 445 (455).

[51] *H.-P. Schneider* AK GG, Art. 65 (2002) Rn. 4; ähnlich *Mager,* in: v. Münch/Kunig I, Art. 65 Rn. 6.

[52] Vgl. insbes. § 2, weiterhin aber auch §§ 3 f., 9, 12, 17 II, 21 f. GOBReg Zum Ganzen auch *Busse,* Geschäftsordnung der Bundesregierung, in: Das Deutsche Bundesrecht, 1296. Lfg. 2018, § 1 Rn. 15; *H.-P. Schneider* AK GG, Art. 65 (2002) Rn. 6.

[53] Zur zwar theoretisch möglichen, politisch aber undenkbaren verfassungsgerichtlichen Durchsetzung *Herzog,* in: Maunz/Dürig, Art. 65 (2008) Rn. 12 f.

[54] So auch *Schuett-Wetschky* ZPol 2003, 1897 und 2004, 5, und – ihm folgend – *Oldiges* (Fn. 36), S. 43. Vgl. weiterhin auch *H.-P. Schneider* AK GG, Art. 65 (2002) Rn. 14.

[55] Vgl. auch *Busse,* in: Friauf/Höfling, Art. 65 (2019) Rn. 7 („hohe politische Bedeutung").

[56] Zum „Departementsprinzip" ua *Stern,* Staatsrecht II, S. 285 mwN. Vgl. insges. auch *Guilleaume* DÖV 1960, 328 ff.

[57] *H.-P. Schneider* AK GG, Art. 65 (2002) Rn. 7.

Praxis[58] – der BKanzler vor.[59] Die Verbindung zwischen Ressortleitung und Bundesministereigenschaft ist insofern unauflöslich, als es keine ministerialfreien Ressorts geben darf.[60] Dagegen können BMin auch ohne Geschäftsbereich bestellt werden; ihre Regierungsfunktion reduziert sich dann auf ihre Mitwirkung an den Entscheidungen des Regierungskollegiums. Ein Geschäftsbereich schließt nicht notwendig exekutivische Befugnisse und damit einen Verwaltungsunterbau ein; auch reine Gesetzgebungs- oder Planungsministerien kommen in Betracht (vgl. → Art. 62 Rn. 39).

20     Die Ressortselbstständigkeit der BMin nach Art. 65 S. 2 ist Ausdruck des **Ressortprinzips** (vgl. → Art. 62 Rn. 5 f.). Sie bedeutete schon für die WRV die Abkehr vom Kanzlerprinzip der RV 1871 (vgl. → Art. 62 Rn. 2 f.) und bewirkt auch unter dem GG eine Gliederung des Gesamtbereichs der Regierungstätigkeit in nicht nur organisatorisch, sondern auch rechtlich verselbstständigte Handlungseinheiten. Den Divergenztendenzen der Ressorts wirkt die Bindung der BMin an die Kanzlerrichtlinien und ihre Pflicht zur Kanzlerloyalität (§§ 1 I 1, 12 GOBReg) entgegen. Schließlich sind die BMin auch an die Beschlüsse des Kabinetts gebunden (§ 28 II 2 GOBReg; sog. **Regierungszwang**);[61] das ist für Beschlüsse nach § 15 GOBReg (dazu → Rn. 31) nicht unproblematisch.

20a    Art. 65 S. 2 regelt die Ressortkompetenz der BMin nur in Bezug auf das intragouvernementale Kompetenzgefüge der BReg Administratives Handeln im Außenverhältnis zum Bürger bedarf, soweit der Gesetzesvorbehalt reicht, der gesetzlichen Ermächtigung. Im Bereich der gesetzesfreien Verwaltung darf der BMin außer den Grenzen seines Geschäftsbereichs auch die Verbandskompetenz des Bundes nicht überschreiten. Die auch für BMin geltenden Gebote des Gesetzesvorbehalts werden allerdings unterlaufen, wenn das BVerfG[62] bei öffentlichen Informationen über Produkte oder gesellschaftliche Gruppierungen trotz deren Eingriffscharakters sich mit einem Hinweis auf die in Art. 65 S. 2 enthaltene Aufgabenzuweisung begnügt.[63]

20b    Auch bei anderen, nicht zwingend grundrechtsbezogenen öffentlichen Äußerungen von Mitgliedern der BReg ist Zurückhaltung geboten, insb. bei Teilnahme am politischen Meinungskampf,[64] da hier schnell sowohl die Verbands- als auch die Organkompetenz überschritten sein kann.[65] Pauschale, abqualifizierende Urteile über und Einschätzungen von politischen Parteien durch BMin sind deshalb unzulässig.[66] Zwar nimmt die BReg staatsleitende Funktionen wahr, die nach Auffassung des BVerfG auch die Befugnis zur Öffentlichkeitsarbeit beinhalten, doch ist es der BReg versagt, parteiergreifend auf den Wettbewerb zwischen den politischen Parteien einzuwirken.[67] Dementsprechend hat jeder BMin bei der Ausübung seines Amtes das Neutralitätsgebot zu beachten.[68] Nur wenn ein BMin keine amtlichen Funktionen wahrnimmt, ist er an der Teilnahme am politischen Meinungskampf nicht gehindert.[69]

## II. Inhalt der Ressortkompetenz

21     Die Ressortleitungsbefugnis ist sowohl kanzler- wie kabinettsfest; beide Regierungsorgane dürfen – unbeschadet ihrer Richtlinien- oder sonstigen Entscheidungsbefugnisse – nicht in das Ressort „hineinregieren". Ressortleitungsbefugnis bedeutet die **Sachentscheidungskompetenz** in allen Angelegenheiten des Geschäftsbereiches,[70] soweit nicht das Regierungskollegium zuständig ist (u. → Rn. 26 ff.); sachlich müssen ggf. einschlägige Richtlinien des Kanzlers beachtet werden (u. → Rn. 24 f.). Zur Leitungsgewalt rechnen weiterhin die **funktionssichernden Hilfskompetenzen,** die es dem Minister überhaupt erst ermöglichen, die Ressortleitung verantwortlich wahrzunehmen.[71] Gemeint sind die intraministerielle Organisationsgewalt, die Personalhoheit und die Weisungsbefugnis; letztere setzt eine im Wesentlichen hierarchische Struktur der Ministerialverwaltung voraus.[72] Eine **gemeinsame Ge-**

---

[58] Vgl. *Oldiges* (Fn. 1), S. 249 f.

[59] *Böckenförde* (Fn. 10), S. 140; *H.-P. Schneider* AK GG, Art. 64 (2002) Rn. 3.

[60] *H.-P. Schneider* AK GG, Art. 65 (2002) Rn. 7.

[61] Vgl. hierzu *Schmidt-Jortzig,* Die Pflicht zur Geschlossenheit der kollegialen Regierung, 1973, insbes. S. 24 ff.

[62] BVerfGE 105, 252 (Glykolwein) und BVerfGE 105, 279 (Sekten).

[63] Hierzu auch *Mager,* in: v. Münch/Kunig I, Art. 65 Rn. 13.

[64] Siehe BVerfGE 138, 102 (Fall Schwesig) und hierzu die Anmerkung von *Mandelartz* DÖV 2015, 326 ff., sowie jüngst BVerfGE 150, 163 (Fall Seehofer). Allgemein zu diesem Problemkreis *Barczak* NVwZ 2015, 1014 ff.; *Putzer* DÖV 2015, 417 ff.

[65] Näher *Barczak,* NVwZ 2015, 1014 (1016 f.).

[66] Vgl. BVerfGE 138, 102 (Rn. 38 ff.).

[67] BVerfGE 138, 102 (Rn. 38, 41 ff.).

[68] So zutreffend BVerfGE 138, 102 (Rn. 38, 45 f.). Im Fall Seehofer (BVerfGE 150, 163) verwarf das BVerfG den Erlass einer einstweiligen Anordnung nach § 32 Abs. 1 BVerfGG mangels Rechtsschutzbedürfnis der AfD als Antragstellerin als unzulässig. Zum Neutralitätsgebot für die Mitglieder der Bundesregierung s. auch *Spitzlei* JuS 2018, 856 (858 f.).

[69] BVerfGE 138, 102 (Rn. 53 ff.). Zur Schwierigkeit der Trennung von Amt und Parteimitgliedschaft *Kuch* AöR 142 (2017), 492 (499 ff.), 513 ff.).

[70] *Stern,* StaatsR II, S. 309.

[71] Vgl. die Aufzählung min. Vorbehaltsbereiche bei *Herzog,* in: Maunz/Dürig, Art. 65 (2008) Rn. 59 f.; *H.-P. Schneider* AK GG, Art. 65 (2002) Rn. 7; *Schröder* MKS II, Art. 65 Rn. 30 f.

[72] Vgl. *Herzog,* in: Maunz/Dürig, Art. 62 (2008) Rn. 31.

**schäftsordnung**[73] gibt allen BMinien verbindlich ein Gerüst von Organisations- und Verfahrensvorschriften vor; sie beruht auf dem Konsens der BMin und beeinträchtigt darum deren Ressortleitungsbefugnis nicht.

Der BMin leitet seinen Geschäftsbereich unter eigener Verantwortung. Obwohl BMin zu ihrer **22** Amtsführung nicht das Vertrauen des BT benötigen – sie werden vom BT weder gewählt noch bestätigt, noch können sie einzeln abgewählt werden –, handelt es sich hierbei durchaus um eine **Verantwortlichkeit gegenüber dem Parlament.**[74] Jeder BMin ist im BT auf Verlangen Rechenschaft schuldig (Art. 43 I) und muss – unabhängig von eigenem Verschulden – für ein Fehlverhalten in seinem Hause einstehen und ggf. die nötigen Konsequenzen ziehen. Formelle Mittel zur Durchsetzung der Ministerverantwortlichkeit stehen dem BT zwar nicht zur Verfügung; auch ein Missbilligungsbeschluss zwingt den Minister nicht zur Demission.[75] Dafür ist die **informelle Abhängigkeit** (→ Art. 62 Rn. 47 f.) vom Parlament umso größer;[76] erscheint er der Regierungsmehrheit oder auch nur seiner eigenen Fraktion oder Gruppierung als politisch untragbar, wird auch der BKanzler sich bereit finden, nach Art. 64 I beim BPräs um seine Entlassung nachzusuchen.

Politische **Verantwortlichkeit** besteht **auch gegenüber Kanzler und Kabinett.**[77] Sie erschöpft **23** sich nicht darin, die Richtlinien eingehalten und Kabinettsbeschlüsse vollzogen zu haben. Vielmehr steht der Minister auch hier für seine gesamte Amtsführung ein.

### III. Ressortkompetenz und Richtlinienprärogative

Der BMin ist bei seiner Amtsführung an die vom BKanzler bestimmten Richtlinien der Politik **24** gebunden; das folgt aus der Wendung „innerhalb dieser Richtlinien" in Art. 65 S. 2 und wird in § 1 I 2 GOBReg präzisiert. Der BKanzler kann damit die Ressortpolitik **richtlinienhaft determinieren,** sie aber – auch in Teilbereichen – nicht völlig an sich ziehen und in das Ressort „hineinregieren".[78] Selbst bei Richtlinien in konkreten Ressortangelegenheiten muss der Vollzug von der Entscheidung institutionell getrennt werden;[79] zumindest insofern bleiben Richtlinien stets **ausfüllungsbedürftig.**[80]

Auch **grundgesetzliche Zuständigkeitszuweisungen** an einzelne Ressortminister (Art. 65a, 96 **24a** II 4, 108 III 2, 114 I) befreien nicht von der Richtlinienbindung.[81] Nur im Notbewilligungsrecht des BMF (Art. 112) drückt sich ein selbstständiges, finanz- und haushaltspolitisch motiviertes Kontrollrecht aus, das durch Kanzlerrichtlinien nicht ersetzt werden kann.[82] Allerdings kann der zugrunde liegende Finanzbedarf als solcher durch Richtlinien gesteuert werden.[83]

Richtlinienentscheidungen können sich auch auf konkrete und singuläre Angelegenheiten beziehen **25** (vgl. o. → Rn. 15); dann haben sie den Charakter von **Einzelweisungen.** Insofern besitzt der BKanzler ein **Evokationsrecht;**[84] es berechtigt ihn aber nicht dazu, die Angelegenheit vollständig an sich zu ziehen und sie auch ressortintern zu verfolgen.[85] Das Weisungsrecht degradiert die Minister nicht zu Untergebenen und macht den BKanzler nicht zu deren Vorgesetzten.[86] Dem steht entgegen, dass es nicht uneingeschränkt, sondern nur bei hinreichender Richtlinienrelevanz der jeweiligen Angelegenheit eingesetzt werden kann.

---

[73] Gem. GO der Bundesministerien i. d. F. v. 1.9.2011 (GMBl. S. 576). Hierzu näher *Honnacker/Grimm,* Die Geschäftsordnung der Bundesregierung, 1969, S. 27; *Lechner/Hülshoff,* Parlament und Regierung, 1953, S. 360; *Stern,* Staatsrecht II, S. 307; *H.-P. Schneider* AK GG, Art. 65 (2002) Rn. 9; *Busse,* in: Friauf/Höfling, Art. 65 (2019) Rn. 19; *ders.* (Fn. 52), Einl. Rn. 10 ff.; *Schenke* BK, Art. 65 (2018) Rn. 223.

[74] So die ganz hM; vgl. insbes. *Kröger* (Fn. 30), passim; *Stern,* StaatsR II, S. 310 (zugleich m. Nachw. der Gegenmeinung); *Herzog,* in: Maunz/Dürig, Art. 65 (2008) Rn. 66; *Mager,* in: v. Münch/Kunig I, Art. 65 Rn. 3; *Uhle/Müller-Franken,* in: Hofmann/Henneke, Art. 65 Rn. 43; *H.-P. Schneider* AK GG, Art. 65 (2002) Rn. 8; *Schröder* MKS II, Art. 65 Rn. 45 ff.; *Schenke* BK, Art. 65 (20182) Rn. 182 ff.; *Mehde* DVBl 2001, 13; *Koch,* Das Ressortprinzip, 2005, S. 284 ff.

[75] *Detterbeck* HStR III, § 66 Rn. 43; *Schröder* HStR III, § 65 Rn. 58.

[76] Vgl. hierzu *Herzog,* in: Maunz/Dürig, Art. 62 (2008) Rn. 103 f.

[77] Ebenso *H.-P. Schneider* AK GG, Art. 65 (2002) Rn. 8.

[78] *Böckenförde* (Fn. 10), S. 207; *Junker* (Fn. 30), S. 109; *Amphoux,* Le chancelier fédéral dans le régime constitutionnel de la Républik fédérale d'Allemagne, 1962, S. 307; *Kröger* (Fn. 30), S. 39. Ausführlich *Detterbeck* HStR III, § 66 Rn. 33 ff.

[79] Vgl. zur Notwendigkeit einer Transformation der Richtlinien in den Geschäftsbereich *Gruber,* Die Stellung des Regierungschefs in Deutschland und Frankreich, 1964, S. 109; *Karehnke* DVBl 1974, 101 (102). *H.-P. Schneider* AK GG, Art. 65 (2002) Rn. 3, spricht von „verwaltungsmäßigem Vollzug".

[80] *Schröder* MKS II, Art. 65 Rn. 15; *Mager,* in v Münch/Kunig I, Art. 65 Rn. 6.

[81] Ebenso *Schenke* BK, Art. 65 (2018) Rn. 90 ff. mwN; diff. *Schröder* MKS II, Art. 65 Rn. 24.

[82] Näher hierzu *Oldiges* (Fn. 1), S. 293; zust. *Schröder* MKS II, Art. 65 Rn. 24 mwN; aA *Detterbeck* HStR III, 66 Rn. 40 f.; *Schenke* BK, Art. 65 (2018) Rn. 92 ff.

[83] *Maurer* (Fn. 31), S. 132 ff.

[84] Vgl. hierzu *Oldiges* (Fn. 1), S. 456 ff.

[85] Ebenso *Schröder* MKS II, Art. 65 Rn. 26.

[86] Ebenso *Amphoux* (Fn. 72), S. 291 f.; *Kröger* (Fn. 30), S. 16, 39; *Stern,* StaatsR II, S. 292.

## D. Die Bundesregierung als Kollegialorgan (Satz 3)

### I. Kompetenzen des Regierungskollegiums

26 Neben der in Art. 65 S. 4 eher nebenbei erwähnten Zuständigkeit der BReg zur Beschlussfassung über ihre GO (u. → Rn. 38 ff.) nennt Art. 65 als weitere Kompetenz in S. 3 nur noch die Befugnis des Kabinetts zur **Entscheidung über Meinungsverschiedenheiten** zwischen den BMin. Meinungsverschiedenheiten um die Auslegung von Richtlinien fallen nicht hierunter; hier entscheidet der BKanzler selbst. Auch Meinungsverschiedenheiten mit dem Kanzler werden, soweit es um Richtlinienfragen geht, von diesem selbst entschieden; im Übrigen gilt das Ressortprinzip.[87] Die Streitschlichtungskompetenz setzt tatsächlich vorhandene Meinungsverschiedenheiten zwischen den BMin voraus und kann nicht auch schon prophylaktisch angewendet werden; auf Art. 65 S. 3 lässt sich darum eine allgemeine Koordination der Regierungspolitik im Kabinett nicht stützen.[88] Ebensowenig kommt die Kabinettskompetenz allein schon auf Grund von Überschneidungen der ministeriellen Geschäftsbereiche zur Geltung.[89]

27 Das **Verfahren** bei Meinungsverschiedenheiten ist in § 17 GOBReg geregelt; danach wird ein persönlicher Verständigungsversuch der BMin verlangt, ehe die Angelegenheit dem Kabinett unterbreitet werden kann. Der BKanzler kann sich schlichtend einschalten (§ 17 II GOBReg); auf seine Richtlinienkompetenz darf er sich dabei jedoch nur dann stützen, wenn der Meinungsstreit in entsprechende politische Dimensionen hineinwächst.[90] Das Kabinett entscheidet hier wie auch sonst mit einfacher Mehrheit;[91] der BKanzler gibt bei Stimmengleichheit den Ausschlag (§ 24 II GOBReg).

27a Die Beratungen des Bundeskabinetts sind vertraulich, § 22 III GOBReg Die Vertraulichkeit dient dem Schutz der freimütigen und offenen Aussprache.[92] Zur Sicherung dieses Kernbereichs exekutiver Eigenverantwortung, der auch einen nicht ausforschbaren Initiativ-, Beratungs- und Handlungsbereich umfasst,[93] ist ein Informationszugang zu den Verlaufsprotokollen über Beratungen des Bundeskabinetts nach § 3 Nr. 3b) IFG ausgeschlossen.[94] Der umfassende Ausschluss gilt auch gegenüber Vertretern der Presse.[95]

28 Art. 65 umschreibt die innere Verfassung der BReg nicht abschließend. Bereits das GG enthält eine Fülle **weiterer Kompetenzzuweisungen**[96] an die Regierung, mit denen das Regierungskollegium gemeint ist (vgl. zum Problem → Art. 62 Rn. 7 ff.). Sie beziehen sich vor allem auf das Gesetzgebungsverfahren (Art. 76, 77 II 4, 115d II) und den Erlass von Rechtsverordnungen (Art. 80), auf Ingerenzrechte bei der Landesverwaltung im Bundesauftrag oder unter Bundesaufsicht (Art. 84 II–V, 85 II–IV) sowie auf den Haushaltsbereich (Art. 110, 113, 114).[97] Art. 26 II weist der BReg die Befugnis zur Erteilung von Genehmigungen beim Handel mit Kriegswaffen zu und ermächtigt sie insoweit auch im Außenverhältnis zum Erlass gouvernementaler Verwaltungsakte.

29 Auch **gesetzliche Kompetenzzuweisungen** an die BReg (iS des Regierungskollegiums) sind verfassungsrechtlich zulässig[98] und in der Praxis üblich.[99] Im Wesentlichen handelt es sich hierbei um gesetzliche Ermächtigungen zum Erlass gouvernementaler Verwaltungsakte oder zur Vornahme von Interorganakten (Bestellung oder Abberufung von Organwaltern anderer Organe, Weisungs- und Beauftragungsrechte, Kontroll- und Genehmigungsvorbehalte). Der Gesetzgeber darf mit solchen Ermächtigungen freilich nicht das verfassungsrechtlich vorgegebene innere Gefüge der BReg außer Kraft setzen. Insbes. dürfen dem Kabinett keine Funktionen übertragen werden, die typischerweise nur mit ressortmäßigen Mitteln und Methoden erledigt werden können; das Kabinett hat stets ressortfrei zu bleiben.

---

[87] Insges. *H.-P. Schneider* AK GG, Art. 65 (2002) Rn. 10; *Hermes*, in: Dreier II, Art. 65 Rn. 35; *Schröder* MKS II, Art. 65 Rn. 35; *Schenke* BK, Art. 65 (2018) Rn. 196 ff.

[88] Vgl. näher *Oldiges* (Fn. 1), S. 427 f. Zust. *Schenke* BK, Art. 65 (2018) Rn. 199.

[89] Teilw. aA *Detterbeck* HStR III, § 66 Rn. 46.

[90] Zum Verfahren näher *Detterbeck* HStR III, § 66 Rn. 47 f.; *Busse* (Fn. 52), Erl. zu § 17 Rn. 1 ff.

[91] Vgl. hierzu *Busse* (Fn. 52), § 24 Rn. 2.

[92] *Busse* (Fn. 52), § 24 Rn. 4.

[93] So etwa BVerfGE 67, 100 (139); 131, 152 (206); BVerfGE 137, 185 (244); erst jüngst wieder BVerwG NVwZ 2019, 807 (808); zu § 24 III GOBReg näher *Busse* (Fn. 52), § 24 Rn. 4.

[94] BVerwG NVwZ 2019, 807.

[95] Vgl. BVerwG NVwZ 2019, 807 (807 f.).

[96] Übersichten finden sich bei *Kölble* DÖV 1973, 1 (3); *Stern*, StaatsR II, S. 311; *Herzog*, in: Maunz/Dürig, Art. 65 Rn. 71; *Schröder* HStR III, § 64 Rn. 24; *Detterbeck* HStR III, § 66 Rn. 49 ff.; *Schenke* BK, Art. 65 (2018) Rn. 190 f.; *Mager*, in: v. Münch/Kunig I, Art. 62 Rn. 8; *Hermes*, in: Dreier II, Art. 65 Rn. 33.

[97] Ausführlich hierzu *Oldiges* (Fn. 1), S. 151 ff.

[98] *Herzog*, in: Maunz/Dürig, Art. 62 (2008) Rn. 17; Art. 65 Rn. 72; *Sellmann* DVBl 1997, 297 (298 ff.). Anders noch *v. Mangoldt/Klein* I, Art. 65 Anm. V 4; *v. Wick*, Kompetenzwahrnehmung im Bereich der Bundesregierung, 1957, S. 111 ff.

[99] Beispiele und Einzelheiten bei *Oldiges* (Fn. 1), S. 373 ff. Vgl. auch *Hermes*, in: Dreier II, Art. 65 Rn. 34; *Schenke* BK, Art. 65 (2018) Rn. 192; *Detterbeck* HStR III, § 66 Rn. 50.

Von größter Tragweite ist die **geschäftsordnungsrechtliche Zuweisung** aller Angelegenheiten 30
von allg. politischer Bedeutung an das Kabinett zur Beratung und Beschlussfassung nach Maßgabe des
§ 15 GOBReg Eine so weitgehende, teilweise (vgl. Abs. 2 lit. a und b) massiv in die Ressortselbstständigkeit eingreifende Aufwertung des Kabinetts wird vielfach als verfassungsrechtlich bedenklich
oder gar verfassungswidrig verstanden.[100] Diese Bedenken wären auch auf § 15a I und III GOBReg zu
erstrecken, wonach auch Angelegenheiten von frauen- bzw. verbraucherschutzpolitischer Bedeutung
zum Gegenstand kollegialer Beratung und Beschlussfassung gemacht werden können. Der Umstand,
dass die §§ 15 und 15a GOBReg nur die Willensbildung, nicht aber auch den formalen Realisierungs-
akt in die Hände das Kabinetts legen,[101] mindert die Problematik nicht; die verfassungsrechtl. Strukturvorgaben für die gouvernementale Führung schließen die Verteilung der Sachentscheidungskompeten-
zen ein.

Die Lösung des aufgeworfenen Problems hat beim Vorrang des Verfassungs- vor dem Geschäfts- 31
ordnungsrecht anzusetzen: Kabinettsbeschlüsse nach § 15 GOBReg binden **verfassungsrechtlich**
weder den Kanzler in seiner Richtlinien- noch die Minister in ihrer Ressortkompetenz. § 15 GOBReg
ist vielmehr nur eine Verfahrensvorschrift, die in allen wesentlichen Fragen eine **politische Abstimmung** unter allen Regierungsmitgliedern ermöglicht[102] und iS eines **Beratungszwanges**[103] auch
verlangt. So verstanden trägt die Vorschrift durchaus verfassungskonform der Tatsache Rechnung, dass
sich politische Führung in einem parlamentarischen, insbes. einem parteistaatlichen Regierungssystem nicht in ein Raster gouvernementaler Zuständigkeiten pressen lässt, sondern nach einer
kollegialen, alle politischen Kräfte der Regierungsmehrheit repräsentierenden Willensbildung verlangt.
Die Bindung, die sich aus solcher Beschlussfassung ergibt, ist darum politisch und nicht rechtlich.[104]
Gleiches gilt für Kabinettsbeschlüsse nach § 15a I und III GOBReg

## II. Das Kabinett als politisches Führungsorgan

Die Summe der Kollegialkompetenzen in der BReg belegt, wie sehr auch das **Kabinettsprinzip** 32
(→ Art. 62 Rn. 5 f.) in der inneren Regierungsverfassung verwirklicht ist. In allen dem Kabinett
zugewiesenen Angelegenheiten besitzt das Regierungskollegium neben der formalen Beschluss- auch
die **Sachentscheidungskompetenz;**[105] die Ressortkompetenz der Fachminister beschränkt sich in
solchen Fällen auf die ressortmäßige Vorbereitung und Abwicklung.

Die behandelten verfassungsrechtlichen, gesetzlichen und geschäftsordnungsrechtlichen Kompeten- 33
zen sichern dem Kabinett ein solches Maß an Führungssubstanz, dass es – entgegen einer landläufigen
Ansicht[106] – durchaus als ein **zentrales politisches Führungsorgan** innerhalb der BReg verstanden
werden muss.[107] Seine kollegiale Entscheidungsstruktur steht einer solchen Einschätzung nicht entgegen. Zwar mag sie einer konzeptionell klaren und konsistenten Regierungspolitik hinderlich sein,
doch spiegelt die Meinungsvielfalt der Kabinettsmitglieder lediglich die Breite politischer Vorstellungen wider, in der sich eine parlamentarisch abhängige Regierungspolitik ohnehin bewegen muss.

Trotz seiner gouvernementalen Führungsfunktionen kann das Kabinett **nicht** zur **zentralen Pla-** 34
**nungsinstanz** in der BReg ausgestaltet werden. Zwar ist die Haushaltsplanung – vorbehaltlich der
Vorbereitungs- und Sonderrechte des BMF (→ Rn. 40) – eine Kabinettsagende;[108] das folgt nur
aus ihrer Gesetzesform, sondern auch aus der Notwendigkeit einer finanzwirtschaftlichen Koordinierung der Regierungspolitik. Dieser legitimierende Gesichtspunkt entfiele bei einer zentralen regie-
rungsamtlichen Aufgabenplanung. Sie enthielte Vorgaben für die Ressortpolitik, die nicht finanzwirt-
schaftlich, sondern konzeptionell motiviert wären und über eine schlichte Koordination der diversen
Ressortplanungen hinausreichten. Eine derartige planerische Bevormundung der Ressorts wäre auch
durch Art. 65 S. 3 nicht gedeckt und verstieße gegen Art. 65 S. 2.[109] Damit verbietet sich auch die
Zuordnung von **Planungsstäben** zum Kabinett.[110] Sie wäre nicht zuletzt auch im Hinblick auf die

---

[100] Vgl. beispielsweise *Böckenförde* (Fn. 10), S. 209 f.; *Kröger* (Fn. 30), S. 58 f.; Bedenken auch bei *Detterbeck* HStR
III, § 66 Rn. 51.

[101] Vgl. *v. Wick* (Fn. 88), S. 88.

[102] Zur Bedeutung solcher Abstimmungsmöglichkeit *H.-P. Schneider* AK GG, Art. 65 (2002) Rn. 14.

[103] *Oldiges* (Fn. 1), S. 425 mwN; ähnl. auch *Busse* (Fn. 52), § 15 Rn. 5. Weiterhin *Schröder* MKS II, Art. 65
Rn. 36.

[104] Zum Ganzen ausführlich und m. w. Nachw. *Oldiges* (Fn. 1), S. 396; zust. *Schröder* HStR III, § 64 Rn. 25; *ders,*
MKS II, Art. 65 Rn. 36; *Hermes,* in: Dreier II, Art. 65 Rn. 36, ähnl. auch *Herzog,* in: Maunz/Dürig, Art. 65 (2008)
Rn. 22 Fn. 1; aA *Koch* (Fn. 68), S 251 ff.

[105] Vgl. hierzu *Oldiges* (Fn. 1), S. 427.

[106] Vgl. für viele *Böckenförde* (Fn. 10), S. 179; *Kröger* (Fn. 30), S. 10, 55 f.; *Kölble* DVBl 1973, 1 (2); *Stern,*
Staatsrecht II, S. 310.

[107] So schon *Kölble* ZfP 1970, 118 (119). Ausführlich hierzu *Oldiges* (Fn. 1), S. 420 ff. Zustimmend *Schröder* MKS
II, Art. 65 Rn. 33, 36.

[108] Vgl. insoweit § 29 I BHO.

[109] Vgl. *Schröder* MKS II, Art. 65 Rn. 37: Durch die Organisationskompetenz von BKanzler und BMin beschränkte funktional-akzessorische Organisationskompetenz des Kabinetts.

[110] Vgl. mwN *Oldiges* (Fn. 1), S. 416 ff.

gebotene Ressortfreiheit des Kabinetts unzulässig; das gilt im Übrigen auch für **sonstige Hilfseinrichtungen** mit Ressortcharakter. Dagegen kann das Kabinett kraft eigener Organisationsgewalt **Kabinettsausschüsse** einrichten, sofern sie ohne rechtliche Präjudizierung ressortübergreifend für Kooperation und Konsens sorgen.[111] Hieran müssen sich auch Pläne zur Einrichtung eines **Nationalen Sicherheitsrates** messen lassen, der den jetzigen, als Kabinettsausschuss zur Koordinierung von Verteidigungsangelegenheiten eingerichteten, inzwischen aber weitgehend auf Entscheidungen über Kriegswaffenexport nach Art. 26 II beschränkten Bundessicherheitsrat[112] ersetzen könnte. Als Koordinierungsgremium, insbes. bei der Vernetzung innerer und äußerer Sicherheitspolitik, mag er wünschenswert erscheinen. Entscheidungsbefugnisse können ihm dagegen nicht zugebilligt werden. Die erwogene Einbeziehung der Länder bei Fragen der inneren Sicherheit stünde dann überdies in Konflikt mit den Entscheidungsstrukturen nach Art. 37 II und III.

35    Art. 65 sieht für das Kabinett – anders als für Kanzler und Minister – eine **parlamentarische Verantwortlichkeit** nicht vor.[113] Darin liegt indes kein bedauerliches Defizit des GG, das im Übrigen auch davon abhalten müsste, das Regierungskollegium als gouvernementales Führungsorgan zu verstehen. Parl. Verantwortlichkeit ist ihrem Inhalt nach im wesentlichen Rechenschafts- und Einstandspflicht[114] und bezieht sich auf eigene oder zu verantwortende fremde Fehlleistungen;[115] solche Verantwortlichkeit lässt sich sinnvoll nur als individuelle realisieren.[116] Die kollektive Verantwortlichkeit des Regierungskollegiums hat mit einzelnen Fehlleistungen dagegen nichts zu tun, sondern betrifft die Sphäre der **politischen Übereinstimmung** der Regierung mit der sie tragenden Parlamentsmehrheit. In diesem Sinne besteht eine – informell wirkende – parl. Verantwortlichkeit in parl. Regierungssystemen schon systembedingt.[117]

### III. Kabinett und Richtlinienprärogative

36    Die innere Verfassungsstruktur der BReg kennt mit dem BKanzler und dem Regierungskollegium **zwei** miteinander konkurrierende **gouvernementale Führungsorgane.** Dieses Konkurrenzverhältnis löst sich nicht ohne weiteres in der Behauptung auf, der Kanzler sei dem Kabinett vorgeordnet.[118] Eine Bindung des Kabinetts an Richtlinienentscheidungen des BKanzlers, wie sie nach Art. 65 S. 2 für die Ressortkompetenzen der BMin gilt, ist für das Kabinett weder in Art. 65 noch sonst im GG vorgesehen oder herleitbar;[119] sie wäre auch schwerlich auf das Abstimmungsverhalten des Kabinetts anwendbar.[120] Der Kanzler kann auch nicht bereits gefasste Kollegialbeschlüsse nachträglich durch Richtlinienentscheidung aufheben oder ihnen ein Veto entgegensetzen. Andererseits kann die Richtlinienkompetenz des BKanzlers nicht mittels der Streitschlichtungskompetenz des Kabinetts unterlaufen werden. Richtlinienrelevante Meinungsverschiedenheiten zwischen den Ressorts muss der BKanzler durch Richtlinienentscheidung beheben können. Zwar kann er in solchen Fällen bereits getroffene Kabinettsentscheidungen nicht im nachhinein revidieren, doch kann er im Vorfeld einer Kabinettsentscheidung seinen Einfluss geltend machen.[121]

37    Die **Führungspräponderanz** des Kanzlers gegenüber dem Kabinett ist nicht materiellrechtlicher, sondern **verfahrensrechtlicher Natur.**[122] Er bestimmt kraft seiner Geschäftsleitungsbefugnis die Tagesordnung der Kabinettssitzungen und kann Angelegenheiten, die eine ihm unliebe Wendung zu nehmen drohen, vertagen. Schon im Vorfeld der Kabinettsberatung kann er – nicht zuletzt auch unter Einsatz seiner Richtlinienbefugnis – auf den Inhalt von Kabinettsvorlagen Einfluss nehmen oder eine Vorlage gänzlich verhindern. Erst wenn er die Kabinettsentscheidung zulässt, ist er an deren Ergebnis gebunden

---

[111] Vgl. näher hierzu *Oldiges* (Fn. 1), S. 245 f.; *Schröder* MKS II, Art. 65 Rn. 37a; *Detterbeck* HStR III, § 66 Rn. 63 f.

[112] Zum Bundessicherheitsrat näher *Hernekamp*, in: v. Münch/Kunig I, Art. 65a Rn. 7.

[113] Nach *Mager*, in: v. Münch/Kunig I, Art. 65 Rn. 2, gerechtfertigt durch die dominierende Stellung des BKanzlers. Hiergegen *Schröder* MKS II, Art. 65 Rn. 49.

[114] *Kröger* (Fn. 29), S. 6, 17 ff.; *Schröder* MKS II, Art. 65 Rn. 45.

[115] *Stern,* StaatsR II, S. 319 f.

[116] So auch *Kröger* (Fn. 30), S. 7; abw. *Stern,* StaatsR II, S. 312; aA auch *Schröder,* II, Art. 65 Rn. 49; *Hermes,* in: Dreier II, Art. 65 Rn. 41.

[117] Zum Ganzen ausführlich *Oldiges* (Fn. 1), S. 443 ff. Nach *Schröder* MKS II, Art. 65 Rn. 49, folgt eine – freilich nur schwach ausgeprägte – parlamentarische Verantwortlichkeit des Kabinetts aus Regelungen außerhalb des Art. 65. Ähnlich *Epping,* in: Epping/Hillgruber, Art. 65 Rn. 15; *Uhle/Müller-Franken,* in: Hofmann/Henneke, Art. 65 Rn. 44.

[118] So aber *Stern,* StaatsR II, S. 305 f.; *Mager,* in: v. Münch/Kunig I, Art. 65 Rn. 9, m. Nw. der Gegenansicht in Fn. 19.

[119] Vgl. *Knöpfle* DVBl 1965, 925 (929 f.); *Hermes,* in: Dreier II, Art. 65 Rn. 26; *Schröder* MKS II, Art. 65 Rn. 25; *Uhle/Müller-Franken,* in: Hofmann/Henneke, Art. 65 Rn. 30; aA *Schenke* BK, Art. 65 (2018) Rn. 101 ff.

[120] Vgl. näher *Oldiges* (Fn. 1), S. 460 f.; *ders.* (Fn. 32), S. 40 f.; zust. *Maurer* (Fn. 31), S. 139. Ähnl. *Busse,* in: Friauf/Höfling, Art. 65 (2019) Rn. 8.

[121] *Oldiges* (Fn. 36), S. 41.

[122] Ausführl. hierzu *Oldiges* (Fn. 1), S. 467. Zust. *Schröder* MKS II, Art. 65 Rn. 25; *Hermes,* in: Dreier II, Art. 65 Rn. 26; *Detterbeck* HStR III, § 66 Rn. 53. Die gegenteilige Ansicht von *Schenke* BK, Art. 65 (2018) Rn. 101 ff., zwängt das Verhältnis von BKanzler und Kabinett in ein juristisches Korsett, das der politischen Wirklichkeit nicht angemessen ist.

wie jedes andere Kabinettsmitglied auch. Ob freilich der Kanzler die kollegiale Willensbildung tatsächlich auf diese Weise steuern kann oder nicht, ist keine Rechtsfrage, sondern ein politisches Problem.

## E. Die Geschäftsordnung der Bundesregierung (Satz 4)

Die BReg gibt sich nach Art. 65 S. 4 eine **Geschäftsordnung;**[123] die Ermächtigung entspricht dem **38** Selbstorganisationsrecht selbstständiger komplexer Einrichtungen. Die Geschäftsordnung enthält **Regierungsinnenrecht;**[124] Verstöße hiergegen machen den Regierungsakt nach außen hin nicht unwirksam, es sei denn, er verstieße zugleich auch gegen Verfassungsrecht.[125] Die Geschäftsordnung enthält im wesentlichen Verfahrensregelungen; sie verknüpft damit in prozeduraler Hinsicht das verfassungsrechtlich vorgegebene Kompetenzgefüge zwischen den Regierungsorganen und macht diese in ihrem Zusammenwirken überhaupt erst aktionsfähig. Sie begründet zwischen den Regierungsorganen Rechte und Pflichten, die deren verfassungsrechtliche Verhältnisse ergänzen, und enthält insofern materiellrechtlich betrachtet „sekundäres Verfassungsrecht".[126] Ob man die Geschäftsordnung deshalb als **„Verfassungssatzung"** bezeichnen kann,[127] ist letztlich eine terminologische Frage;[128] jedenfalls vermag Geschäftsordnungsrecht Verfassungsrecht nicht außer Kraft zu setzen (→ Rn. 31).[129]

Die Geschäftsordnung wird von der BReg mit einfacher Mehrheit beschlossen[130] und bedarf zu **39** ihrer **Wirksamkeit** der Genehmigung des BPräs; er kann eine Verweigerung der Genehmigung nur auf Rechtsgründe stützen.[131] Die Geschäftsordnung unterliegt nicht der Diskontinuität, gilt also über die Amtszeit der jew. Regierung hinaus.[132] Förmliche Abweichungen von der Geschäftsordnung im Einzelfall begegnen Bedenken im Hinblick auf ihre präsidiale Genehmigungsbedürftigkeit,[133] werden aber von Kanzler bzw. Kanzleramt nach eigenem Ermessen durchaus praktiziert.[134]

Neben § 15 ist aus dem **Inhalt der GOBReg** noch § 26 von besonderem Interesse, weil er **40** einzelnen BMinistern, vorab dem Bundesfinanzminister, **Sonderrechte** im Kabinett gewährt. Was zunächst das Vetorecht des Justiz- und des Innenministers nach § 26 II GOBReg bei Gesetzes- und Verordnungsvorlagen betrifft, verstößt es nicht gegen das bei Kollegialentscheidungen vorausgesetzte verfassungsrechtliche Prinzip der Gleichrangigkeit aller Kabinettsmitglieder.[135] Es sichert den damit ausgestatteten BMinn keine sachlich-politische Entscheidungsprärogative, sondern räumt ihnen lediglich eine vorrangige Rechtsprüfungsbefugnis ein. Gegen politisch motivierten Missbrauch dieser Befugnis schützt die Einbeziehung des BKanzlers in das Verfahren nach § 26 I GOBReg; da er Gesetzesvorlagen aus politischen Gründen schon kraft seiner Richtlinienkompetenz verhindern könnte, beruht sein Beitritt zum Ministerveto ausschließlich auf rechtlicher Überzeugung.[136]

Letztlich bleibt auch das **fiskalpolitische Vetorecht des Bundesfinanzministers** nach § 26 I **41** GOBReg (in Angelegenheiten der Haushaltsplanung ergänzt durch § 28 II BHO) verfassungskonform. Das Vetorecht ist zunächst nur suspensiv, erhärtet aber zu einem endgültigen, wenn ihm in einem zweiten Abstimmungsgang der BKanzler beitritt. Damit liegt die Letztentscheidung tatsächlich aber beim BKanzler, der hierbei auf seine – geschäftsordnungsrechtlich in das Abstimmungsverfahren eingebrachte – Richtlinienkompetenz verweisen kann.[137]

---

[123] GOBReg v. 11.5.1951 (GMBl 137), zuletzt geändert gemäß Bek. vom 21.11.2002 (GMBl 848) aufgrund des Beschl. der BReg v. 22.10.2002. Hierzu die Kommentierung von *Honnacker/Grimm* (Fn. 67) und *Busse* (Fn. 52).

[124] *Detterbeck* HStR III, § 66 Rn. 55; dieser Auffassung jetzt auch explizit folgend BVerwG NVwZ 2019, 807 (809). Danach sind Vorschriften der GOBReg – unabhängig von ihrer sonstigen Einordnung – jedenfalls keine Normen mit Außenwirkung und daher auch keine Rechtsvorschriften, sondern nur Regierungsinnenrecht.

[125] *H.-P. Schneider* AK GG, Art. 65 (2002) Rn. 12; *Hermes,* in: Dreier II, Art. 65 Rn. 50; *Schröder* MKS II, Art. 65 Rn. 41.

[126] *Ossenbühl,* Verwaltungsvorschriften und Grundgesetz, 1968, S. 280; *Stern,* Staatsrecht II, S. 1385.

[127] So vor allem *Böckenförde* (Fn. 10), S. 122 f. Vgl. weiterhin *Honnacker/Grimm* (Fn. 67), S. 25; *Lechner/Hülshoff* (Fn. 67), S. 338. Offengelassen bei *Detterbeck* HStR III, § 66 Rn. 55; *Busse* (Fn. 52), Einleitung Rn. 37. Der Ausdruck „autonome Satzung" wird bevorzugt von *H.-P. Schneider* AK GG, Art. 65 (2002) Rn. 12.

[128] Ebenso *Schröder* MKS II, Art. 65 Rn. 41; *Herzog,* in: Maunz/Dürig, Art. 65 (2008) Rn. 108 Fn. 1; *Detterbeck* HStR III, § 66 Rn. 55: *Busse* (Fn. 52), Einl. Rn. 37; *Uhle/Müller-Franken,* in: Hofmann/Henneke, Art. 65 Rn. 49.

[129] BVerfGE 1, 144 (148); *Stern,* StaatsR II, S. 307; *H.-P. Schneider* AK GG, Art. 65 (2002) Rn. 12.

[130] *Detterbeck* HStR III, § 66 Rn. 56.

[131] *Hermes,* in: Dreier II, Art. 65 Rn. 48.

[132] BVerfGE 91, 148 (167); aA noch BVerwGE 89, 121 (125) sowie *Herzog,* in: Maunz/Dürig, Art. 65 (2008) Rn. 111. Zur Diskontinuität auch *Mager,* in: v. Münch/Kunig I, Art. 65 Rn. 22; *Uhle/Müller-Franken,* in: Hofmann/Henneke, Art. 65 Rn. 54; *Busse* (Fn. 52), Einleitung Rn. 39.

[133] *Schröder* MKS II, Art. 65 Rn. 41; aA *Busse* (Fn. 52), Einl Rn. 40. Zum Streitstand *Mager,* in: v. Münch/Kunig, Art. 65 Rn. 23 mit Fn. 32.

[134] *Busse* (Fn. 52), Einleitung Rn. 40.

[135] So jedoch ua *Kröger* (Fn. 30), S. 115; *Hermes,* in: Dreier II, Art. 65 Rn. 29; zw. *F. Münch* (Fn. 10), S. 214. Wie hier *Schröder* MKS II, Art. 65 Rn. 38; *Schenke* BK, Art. 65 (2018) Rn. 98; *Busse* (Fn. 52), § 26 Rn. 2; ohne Einwände auch *Mager,* in: v. Münch/Kunig, Art. 65 Rn. 14.

[136] Vgl. näher hierzu *Gruber* (Fn. 73), S. 124; *Honnacker/Grimm* (Fn. 67), S. 93; *Junker* (Fn. 30), S. 116; *Oldiges* (Fn. 1), S. 169 ff.

[137] Eingehender hierzu *Oldiges* (Fn. 1), S. 291 ff. IE ebenso *Schröder* MKS II, Art. 65 Rn. 38.

## Art. 65a [Führung der Streitkräfte]

**Der Bundesminister für Verteidigung hat die Befehls- und Kommandogewalt über die Streitkräfte.**

**Entstehungsgeschichte: Erstfassung:** 7. G. zur Erg. des GG v. 19.3.1956 (BGBl I 111), Art. I Nr. 9 (dazu: BT-Dr II/2150; BT-Prot II/6819; BR-Dr 89/56; BR-Prot 56/76) – **Änderung:** 17. G. zur Erg. des GG v. 24.6.1968 (BGBl I 709), § 1 Nr. 11 (dazu: BT-Dr V/1879 [Entwurf], 2873, BT-Prot V/5856, 9313, 9413, 9606; BR-Dr 162/67, 303/68; BR-Prot 67/51, 68/138).

**Historische Verfassungstexte: RV 1849:** § 83 Der Kaiser hat die Verfügung über die bewaffnete Macht. – **RV 1871: Art. 63** (1) Die gesammte Landmacht des Reichs wird ein einheitliches Heer bilden, welches in Krieg und Frieden unter dem Befehle des Kaisers steht. – **WRV: Art. 47** Der Reichspräsident hat den Oberbefehl über die gesamte Wehrmacht des Reichs.

**Gesetzgebung:** GOBReg § 14; SoldG § 66.

**Schrifttum:** *E.-W. Böckenförde,* Die Organisationsgewalt im Bereich der Regierung, 1964; *E. Busch,* Der Oberbefehl. Seine rechtliche Struktur in Preußen und Deutschland seit 1848, 1967; *K. Carstens,* Politische Führung, 1971; *M. Erhardt,* Die militärische Befehls- und Kommandogewalt, 1969; *F. A. Frhr. v. d. Heydte,* Zur Problematik der „Befehls- und Kommandogewalt" nach Art. 65a GG, GS Peters, 1967, S. 526; *F. Hossbach,* Die Entwicklung des Oberbefehls über das Heer in Brandenburg, Preußen und im Deutschen Reich von 1655–1945, 1957; *G. Kadner,* Die Richtlinienkompetenz des BKanzlers gegenüber der Sonderstellung einzelner Bundesminister unter besonderer Berücksichtigung des Bundesministers der Verteidigung, Diss. München 1970; *F. Kirchhof,* Verteidigung und Bundeswehr HStR IV, § 84; *E. Klein,* Ministerielle Weisungsbefugnis und Stellvertretung in der Befehls- und Kommandogewalt, JuS 1974, 362; *M. Ladiges,* Verfassungsrechtliche Grundlagen für den Einsatz der Streitkräfte, JuS 2015, 598; *ders.;* Grenzen des wehrverfassungsrechtlichen Parlamentsvorbehalts, NVwZ 2010, 1075; *M. Lepper,* Die verfassungsrechtliche Stellung der militärischen Streitkräfte im gewaltenteilenden Rechtsstaat, 1962; *W. Martens,* Grundgesetz und Wehrverfassung, 1961; *M. Oldiges,* Wehrrecht und Zivilverteidigungsrecht, in: Ehlers/Fehling/Pünder, Besonderes Verwaltungsrecht III, 3. Aufl. 2013 § 74; *B. Pieroth,* Die verfassungsrechtliche Trennung zwischen Streitkräften und Bundeswehrverwaltung, NVwZ 2011, 705; *H. Quaritsch,* Führung und Organisation der Streitkräfte im demokratisch-parlamentarischen Staat, VVDStRL 26 (1968), 207; *F. Scherübl/G. Dürig/F. A. Frhr. v. d. Heydte/E.-W. Böckenförde,* in: Stellvertretung im Oberbefehl, 1966; *H. Schmidt,* Militärische Befehlsgewalt und parlamentarische Kontrolle, FS Arndt, 1969, S. 437; *R. Schmidt-Radefeldt,* Parlamentarische Kontrolle der internationalen Streitkräfteintegration, 2005; *G.-C. v. Unruh,* Befehls- und Kommandogewalt, FS Wolff, 1973, S. 109; *ders.,* Führung und Organisation der Streitkräfte im demokratisch-parlamentarischen Staat, VVDStRL 26 (1968), 157; *R. Vogt/M. Seybold,* Streitkräfte und Wehrverwaltung, 2003; *T. Wagner,* Parlamentsvorbehalt und Parlamentsbeteiligungsgesetz, 2010; *R. Wahl,* Stellvertretung im Verfassungsrecht, 1971; *D. Wiefelspütz,* Das Parlamentsheer, 2005.

### Übersicht

## A. Allgemeines

### I. Systematische Stellung

**1**      Art. 65a enthält ein Teilstück der über mehrere Abschnitte des GG verstreuten **Wehrverfassung**[1] des GG. Deren Grundnorm findet sich in Art. 87a, der dem Bund die Befugnis verleiht, zum Zwecke der Verteidigung Streitkräfte aufzustellen. Art. 65a regelt, indem er die Befehls- und Kommandogewalt dem „BMinister für Verteidigung" – bzw., wie die Bezeichnung in ständiger Staatspraxis lautet, dem „BMinister *der* Verteidigung"[2] – anvertraut, die **oberste Führung der Streitkräfte.** Diese Regelung wird allerdings durch Art. 115b eingeschränkt und ergänzt: Danach geht die Befehls- und Kommandogewalt über die Streitkräfte mit Verkündung des Verteidigungsfalles (Art. 115a) auf den BKanzler über.

**2**      Art. 65a bricht mit einer Verfassungstradition, die den Oberbefehl über die Streitkräfte dem – monarchischen oder republikanischen – Staatsoberhaupt zuweist.[3] Statt dessen bindet er die oberste

---

[1] Näheres zum Verhältnis von Staatsverfassung und Wehrverfassung *Stern,* StaatsR II, S. 848 ff.

[2] Damit wird seine Zugehörigkeit zu den „klassischen" Ministerien (→ Art. 62 Rn. 31) betont. Näheres bei *Epping,* in: Maunz/Dürig, Art. 65a (2008) Rn. 18.

[3] Vgl. *Epping,* in: Maunz/Dürig, Art. 65a (2008) Rn. 19 ff.; *Heun,* in: Dreier II, Art. 65a Rn. 1; *Schröder* MKS II, Art. 65a Rn. 1 ff. f.; *Schenke* BK, Art. 65a (2011) Rn. 4 ff.

militärische Führung konsequent in das **parlamentarische Regierungssystem** ein, indem er sie einem parlamentarisch verantwortlichen Minister überträgt.[4] Die parlamentarische Verantwortlichkeit der militärischen Führung setzt sich auch im Verteidigungsfall fort; die Befehls- und Kommandogewalt geht dann auf den BKanzler über, bleibt damit also im Verantwortungsbereich der Gubernative.

Damit ist allen Vorstellungen ein Riegel vorgeschoben, militärische Führung müsse „unpolitisch" **3** oder wenigstens den Machtstrukturen der parteienstaatlichen Demokratie entzogen sein. Eine Übertragung der Befehls- und Kommandogewalt auf den BPräs wäre mit dessen sonstiger verfassungsrechtlicher Stellung unvereinbar gewesen.[5] Sie hätte ihn auf dem Gebiet des Wehrwesens zu jenem „pouvoir neutre" gemacht, der er nach dem Verfassungssystem des GG gerade nicht sein soll. Art. 65a **integriert die Streitkräfte** in den demokratisch-parlamentarischen Staat und trägt dazu bei, dass sie nicht ein „Staat im Staate" werden.[6] Im Verein mit Art. 115a I (Feststellung des Verteidigungsfalles) macht Art. 65a die Bundeswehr zu einem **Parlamentsheer** und bildet insoweit die Grundlage für den vom BVerfG entwickelten allgemeinen Parlamentsvorbehalt für den (nicht notstandsbezogenen[7]) Einsatz bewaffneter Streitkräfte.[8]

Von den vormals und auch noch zur Zeit der WRV dem Staatsoberhaupt zustehenden Rechten als **4** militärischem Oberbefehlshaber sind dem BPräs im GG nur die sog. **präsidialen Ehrenrechte** verblieben,[9] die kraft Tradition oder ausdr. verfassungsrechtlicher Regelung allg. dem Staatsoberhaupt zustehen. Hierzu zählen die Ernennung und Entlassung von Offizieren und Unteroffizieren (Art. 60 I), die Begnadigung (Art. 60 II) sowie die Stiftung und Verleihung von Orden und Ehrenzeichen und die Bestimmung von Uniformen und Rangabzeichen.

Die Übertragung der Befehls- und Kommandogewalt auf den Verteidigungsminister entmythologi- **5** siert[10] die oberste Führung der Streitkräfte zu einer **Ressortangelegenheit,**[11] deren Umfang und Grenzen sich aus Art. 65 ergeben.[12] Erst im Verteidigungsfall bedarf es der Vereinigung von politischer und militärischer Führung; konsequenterweise wächst dann die Befehls- und Kommandogewalt der Richtlinienkompetenz des BKanzlers zu.[13]

Art. 65a beschränkt sich auf die Zuordnung **exekutiver Führungsfunktionen.**[14] Auch darin liegt **6** eine Abkehr von der verfassungsrechtlichen Tradition, die statt des jetzt eingeführten Begriffs der Befehls- und Kommandogewalt den weiterreichenden Begriff des militärischen **Oberbefehls** verwendete und darunter eine umfassende Befehls- und Verfügungsgewalt über die Streitkräfte verstand, die mit Ausnahme der Gesetzgebung alle staatlichen Führungsfunktionen einschließlich eines selbstständigen Militärverordnungsrechts und einer eigenen Militärgerichtsbarkeit einschloss.[15] Die normative Zurückhaltung des Art. 65a fügt auch insoweit die Streitkräfte in das Verfassungssystem ein: Das Militärverordnungsrecht besteht nur als allgemeines und gesetzesabhängiges Verordnungsrecht nach Art. 80 fort;[16] von einer eigenen Militärgerichtsbarkeit kann im Hinblick auf Art. 96 II keine Rede mehr sein.[17]

---

[4] Nach *Dürig,* in: Maunz/Dürig (Erstbearbeitung 1969), Art. 65a Rn. 14, ist die Parlamentarisierung die „eigentliche ratio des Art. 65a". Vgl. weiterhin auch *Böckenförde,* Die Organisationsgewalt im Bereich der Regierung, 1964, S. 153, sowie *Schröder* MKS II, Art. 65a Rn. 3: Unterstellung der Streitkräfte unter die (parlamentarisch) „verantwortliche Bundesregierung". Zum Ganzen auch *Schenke* BK, Art. 65a (2011) Rn. 14.

[5] *Stern,* StaatsR II, S. 872.

[6] Dies zu verhindern war und ist nach den Weimarer Erfahrungen das wichtigste Ziel bei der Integration der Bundeswehr in das Staatswesen der BRD. Näher hierzu *Oldiges,* Wehr- und Zivilverteidigungsrecht, in: Ehlers/Fehling/Pünder, Besonderes Verwaltungsrecht III (2013), § 74 Rn. 56 ff. Vgl. auch *Stern,* StaatsR II, S. 877.

[7] Insoweit ist nach Art. 87a IV die BReg zuständig.

[8] BVerfGE 90, 286 (381 ff.); BVerfGE 121, 135 (153 f.); BVerfG NVwZ 2019, 1669 Rn. 31 ff.; vgl. auch *Schröder* MKS II, Art. 65a Rn. 6.

[9] Hierzu ua *Epping,* in: Maunz/Dürig, Art. 65a (2008) Rn. 42; *Stern,* StaatsR II, S. 873; *Heun,* in: Dreier II, Art. 65a Rn. 5.

[10] Begriff bei *Dürig,* in: Maunz/Dürig (Erstbearb. 1969), Art. 65a Rn. 12 mwN.

[11] BVerwGE 46, 55: Weisungsrecht des Ressortchefs gegenüber der Bundeswehr. Vgl. weiterhin auch *Epping,* in: Maunz/Dürig, Art. 65a (2008) Rn. 25 ff.; *Schröder* MKS II, Art. 65a Rn. 5; *K. Ipsen* BK, Art. 115b (1969) Rn. 49; *S. Graf von Kielmansegg* BK, Art. 115b (2019) Rn. 58. Diese Auffassung wird sowohl von einer traditionalistischen wie auch von einer progressiven Meinung bestritten. Die eine (*Böckenförde* [Fn. 4], S. 154 ff., 156 f.) möchte die Eigenart des Militärischen aus dem Ausdruck gebracht wissen, die andere (*Frank* AK GG, nach Art. 87 (2001) Rn. 69) sieht in Art. 65a die Befehls- und Kommandogewalt als einen Gegenstand erhöhter parlamentarischer Kontrolle garantiert.

[12] *Schröder* MKS II, Art. 65a Rn. 5 und 15. *Epping,* in: Maunz/Dürig, Art. 65a (2008) Rn. 27, bezeichnet im Anschluss an *Dürig* Art. 65a als „deklaratorische lex specialis zu Art. 65".

[13] Ausführlich hierzu *K. Ipsen* BK, Art. 115b (1969) Rn. 91 ff.; *S. Graf von Kielmansegg* BK, Art. 115b (2019) Rn. 54 ff. Einzelheiten auch bei *Oldiges* (Fn. 6), Rn. 62; *Grote* MKS III, Art. 115b Rn. 5 ff.

[14] *Epping,* in: Maunz/Dürig, Art. 65a (2008) Rn. 27 mwN.

[15] Zum Begriff des Oberbefehls aus spätkonstitutioneller Zeit: *Laband,* Staatsrecht IV, S. 35 ff. Vgl. auch die neueren Darstellungen bei *Busch,* Der Oberbefehl, 1967, und *Hossbach,* Die Entwicklung des Oberbefehls über das Heer in Brandenburg, Preußen und im Deutschen Reich von 1655 bis 1945, 1957. Zusammenfassende Darstellungen bei *Hernekamp,* in: v. Münch/Kunig I, Art. 65a Rn. 4; *Epping,* in: Maunz/Dürig, Art. 65a Rn. 19 ff.; *Oldiges* (Fn. 6), Rn. 56.

[16] *Epping,* in: Maunz/Dürig, Art. 65a (2008) Rn. 51; *Hernekamp,* in: v. Münch/Kunig I, Art. 65a Rn. 4.

[17] *Epping,* in: Maunz/Dürig, Art. 65a (2008) Rn. 51; *Voßkuhle* MKS III, Art. 96 Rn. 10 ff.

**7**    Indem Art. 65a die Befehls- und Kommandogewalt über die Streitkräfte dem Bundesverteidigungsminister anvertraut, konkretisiert er für dessen Ressortbereich nur die allgemeine Regelung des Art. 65 S. 2.[18] Dagegen folgt mit konstitutiver Wirkung aus Art. 65a eine **institutionelle Sicherung** des Amtes des Bundesverteidigungsministers[19] und damit eine entsprechende Vorgabe für die Organisationsgewalt des BKanzlers (vgl. → Art. 62 Rn. 31). Das schließt eine Personal- oder Realunion des Amtes des Verteidigungsministers mit dem eines anderen Ministers[20] – bedingt anders jedoch bzgl. des Bundesjustizministers (→ Art. 62 Rn. 31b) – oder auch des BKanzlers (→ Art. 62 Rn. 31a) nicht aus,[21] wenngleich jedenfalls die letztgenannte Kombination verfassungspolitisch nicht erwünscht wäre.[22] Die institutionelle Garantie betrifft den Verteidigungsminister indes nur als **Streitkräfteminister.**[23] In Abkehr von früheren Organisationsformen unterscheidet das GG strikt die zivil organisierte Bundeswehrverwaltung (Art. 87b) von den durch Befehls- und Kommandogewalt geprägten Streitkräften (Art. 87a).[24] Auf die Bundeswehrverwaltung bezieht sich die Zuweisung nach Art. 65a (wie auch nach Art. 115b) nicht;[25] dass auch sie beim Bundesverteidigungsminister ressortiert, gebieten allerdings Gründe der Praktikabilität.[26]

## II. Historische Wurzeln

**8**    Seitdem mit der Wende zur Neuzeit die Staaten dazu übergegangen sind, sich stehende Heere zuzulegen, muss das **Militärwesen** in allen seinen Erscheinungsformen – die militärische Führung wie auch die Militärverwaltung – in die jeweilige Staats- und Regierungsorganisation eingefügt werden.[27]

**9**    Im Zeitalter des **Absolutismus** konnte der Landesherr als Oberster Kriegsherr die gesamte Militärgewalt – den **Oberbefehl** – uneingeschränkt für sich beanspruchen.[28] Während sich die Militärverwaltung schon damals durch die Einrichtung von Kriegsministerien zu mediatisieren begann,[29] bildete die monarchische Kommandogewalt die Grundlage für ein personal verstandenes, auf Treue und Gehorsam beruhendes Gefolgschaftsverhältnis zwischen dem Landesherrn und seinem Heer.[30] Der preußisch-deutsche **Konstitutionalismus** vermochte hieran nichts zu ändern.[31] Zwar unterlag nun der Militäretat dem Budgetrecht des Parlaments, doch schon in der Verwendung der bewilligten Mittel wie auch in allen übrigen Bereichen der Kommandogewalt und der Militärorganisation beanspruchte die Krone, gestützt auf das auch im Konstitutionalismus geltende **monarchische Prinzip**, für sich eine extrakonstitutionelle, von ministerieller Gegenzeichnungspflicht und parlamentarischer Verantwortung freie **militärische Kommandogewalt.**[32] Dieser Zustand hatte auch unter der RV 1871 weitgehend unangefochten bis zum Ende der Monarchie Bestand.[33]

---

[18] *Epping*, in: Maunz/Dürig, Art. 65a (2008) Rn. 27.

[19] Ganz hM; vgl. ua *Epping*, in: Maunz/Dürig, Art. 65a (2008) Rn. 14.; *Stern*, Staatsrecht II, S. 834; *Oldiges* (Fn. 6), Rn. 58; *Hernekamp*, in: v. Münch/Kunig I, Art. 65a Rn. 6; *Heun*, in: Dreier II, Art. 65a Rn. 6; *Schenke* BK, Art. 65a (2011) Rn. 10; *Müller-Franken/Uhle*, in: Hofmann/Henneke, Art. 65a Rn. 4.

[20] So auch *Epping*, in: Maunz/Dürig, Art. 65a (2008) Rn. 15.

[21] Wie hier *Busse*, in: Friauf/Höfling, Art. 65a (2011) Rn. 8; *Schenke* BK, Art. 65a (2011), Rn. 11. AA jedoch *Heun*, in: Dreier II, Art. 65a Rn. 6; *Hernekamp*, in: v. Münch/Kunig I, Art. 65a Rn. 6; *Schröder* MKS II, Art. 65a Rn. 11; *Epping*, in: Maunz/Dürig, Art. 65a (2008) Rn. 16.

[22] So noch *Dürig*, in: Maunz/Dürig (Erstbearbeitung 1969), Art. 65a Rn. 39. Anders jetzt die Neubearbeitung von *Epping*, in: Maunz/Dürig. Art. 65a (2008) Rn. 16.

[23] Eine Aufteilung in Heeres-, Luftwaffen- und Marineministerien wäre mit Art. 65a nicht vereinbar. So auch *Epping*, in: Maunz/Dürig, Art. 65a (2008) Rn. 16.

[24] *K. Ipsen* BK, Art. 115b (1969) Rn. 96 ff.; *S. Graf von Kielmansegg* BK, Art. 115b (2019) Rn. 48; *Baldus/Müller-Franken* MKS III, Art. 87b Rn. 14 ff.; *Oldiges* (Fn. 6), Rn. 80 ff. Zu Reformplänen *Pieroth* NVwZ 2011, 705.

[25] *Oldiges* (Fn. 6), Rn. 59.

[26] *Stern*, StaatsR II, S. 874.

[27] Vgl. zum Folgenden außer den schon in Fn. 15 erwähnten Monographien von *Busch* und *Hossbach* auch die Arbeiten von *Boß*, Die „Befehls- und Kommandogewalt" des Grundgesetzes für die Bundesrepublik Deutschland im Vergleich zum „Oberbefehl" der Reichsverfassung von 1871 und 1919, Diss. Köln 1960; *Erhardt*, Die militärische Befehls- und Kommandogewalt, 1969; *Lepper*, Die verfassungsrechtliche Stellung der militärischen Streitkräfte im gewaltenteilenden Rechtsstaat, 1962; *Paulus*, Die militärische Spitzengliederung im Verfassungsleben von Bonn und Weimar, Diss. Tübingen 1958. Zusammenfassungen bei *K. Ipsen* BK, Art. 115b (1969) Rn. 4 ff.; *S. Graf von Kielmansegg* BK, Art. 115b (2019) Rn. 9 ff. und *Frank* AK GG, nach Art. 87 (2001) Rn. 58 ff.

[28] Näheres hierzu bei *K. Ipsen* BK, Art. 115b (1969) Rn. 58; *S. Graf von Kielmansegg* BK, Art. 115b (2019) Rn. 10; *Lepper* (Fn. 26), S. 105 ff.

[29] Vgl. hierzu näher *K. Ipsen* BK, Art. 115b (1969) Rn. 7; *S. Graf von Kielmansegg* BK, Art. 115b (2019) Rn. 10.

[30] *K. Ipsen* BK, Art. 115b (1969) Rn. 12; *S. Graf von Kielmansegg* BK, Art. 115b (2019) Rn. 13; *Stern*, StaatsR II, S. 870.

[31] *Erhardt* (Fn. 26), S. 44 ff.; *K. Ipsen* BK, Art. 115b (1969) Rn. 9 ff.; *S. Graf von Kielmansegg* BK, Art. 115b (2019) Rn. 11. Vgl. auch *E. R. Huber*, Deutsche Verfassungsgeschichte seit 1799, Bd. 3 (1963), S. 13 f., 1000 ff.

[32] *E. R. Huber* (Fn. 30), S. 76 ff.; *v. Unruh* VVDStRL 26 (1968), 157 (184); *K. Ipsen* BK, Art. 115b (1969) Rn. 9 ff.; *S. Graf von Kielmansegg* BK, Art. 115b (2019) Rn. 11 ff.; *Lepper* (Fn. 26), S. 119; *Frank* AK GG, nach Art. 87 (2001) Rn. 59.

[33] Vgl. etwa *Laband*, Staatsrecht IV, S. 35 ff.; 61 ff.; krit. schon damals *Meyer/Anschütz*, S. 845 Fn. 20.

Das **Weimarer Staatsrecht** hielt an der Institution des Oberbefehls fest und tauschte in Art. 47  **10**
WRV lediglich als dessen Inhaber den Landesherrn gegen den RPräs aus.[34] Die Ausübung des Oberbefehls wurde zwar durch Gesetz[35] dem Reichswehrminister übertragen; dieser war insoweit jedoch
dem RPräs untergeordnet. Wesentliche Neuerung war indes die **Parlamentarisierung des Ober-
fehls.**[36] Nicht nur war der Reichswehrminister selbstverständlich für eigene Maßnahmen dem RT
verantwortlich. Da Art. 50 WRV den Vorbehalt ministerieller Gegenzeichnung für Anordnungen und
Verfügungen des RPräs ausdrücklich auch auf Maßnahmen auf dem Gebiete der Wehrmacht erstreckte, übernahm der Minister auch für den präsidialen Oberbefehl die parl. Verantwortung.[37]

In Anbetracht der dominierenden Stellung des RPräs im Weimarer Verfassungssystem war die  **11**
Parlamentarisierung des Oberbefehls indes nur ein **Scheinerfolg.** Der Reichswehrminister, der in
Verantwortung gegenüber dem Parlament mittels der Gegenzeichnung den RPräs kontrollieren sollte,
unterstand seinerseits dessen Oberbefehl und war vom Vertrauen des RPräs abhängig.[38] Die Weimarer
Staatspraxis tat ein übriges und nahm die Parlamentarisierung in wesentlichen Teilen wieder zurück. In
Anlehnung an konstitutionelle Verhältnisse, doch mit weitaus geringerem Recht, brachte sie erneut
die Institution der **militärischen Kommandogewalt** als unpolitisch-militärische Befugnis ins Spiel,
die darum in der Hand der militärischen Spitzen der Reichswehr – der Chefs des Heeres- und des
Marineamtes – liegen müsse.[39]

Die **Wehrverfassung des GG**[40] stammt aus der Zeit der Wiederbewaffnung der Bundesrepublik.[41]  **12**
1954 wurde in einem ersten Schritt die Bundesgesetzgebungskompetenz auf Verteidigung, Wehrpflicht
und den Schutz der Zivilbevölkerung ausgedehnt und damit überhaupt erst die verfassungsrechtliche
Grundentscheidung für die Aufstellung und Unterhaltung von Streitkräften getroffen.[42] Die eigentliche
Wehrverfassung folgte 1956 mit der Wehrrechtsnovelle;[43] sie wurde 1968 mit der Einführung der
Notstandsverfassung noch einmal überarbeitet.[44]

Art. 65a wurde durch die **Wehrrechtsnovelle 1956** in das GG eingefügt. Dem waren schon seit  **13**
1953/54 im Hinblick auf den – dann gescheiterten – Vertrag über eine Europäische Verteidigungs-
gemeinschaft (EVG) und den NATO-Beitritt der BRD Überlegungen zur künftigen obersten Führung
der Streitkräfte vorausgegangen.[45] Anfängliche Tendenzen, in Anlehnung an die WRV dem BPräs den
Oberbefehl über die Streitkräfte zu übertragen, konnten sich iE nicht durchsetzen. Der Begriff des
Oberbefehls wurde als zu weit und mit dem gewaltenteiligen System des GG unvereinbar empfunden
und durch die Formulierung „Befehls- und Kommandogewalt" ersetzt; dabei sollte die Ergänzung der
Befehls- um die Kommandogewalt verhindern, dass wie zur Zeit der WRV ein Teil der militärischen
Führungsbefugnisse sich extrakonstitutionell verselbstständigte.[46] Weiterhin entschied man sich für die
grundsätzliche Zuordnung der Befehls- und Kommandogewalt zum Ressort des Verteidigungsministers. In seinem ursprünglichen Abs. 2 sah Art. 65a bereits den Übergang dieser Befugnis im Verteidigungsfall auf den BKanzler vor; diese Vorschrift wurde später aus Gründen der Systematik in die
Notstandsverfassung übernommen.[47]

## III. Der politische Primat über die Streitkräfte

Wie sich aus den Art. 65a und 115b ergibt, ist die Befehls- und Kommandogewalt über die  **14**
Streitkräfte der Gubernative anvertraut. Das GG überträgt damit ausdrücklich die oberste militärische
Führung **politischen Amtsträgern,** sieht also von deren Übertragung auf eine politisch „neutrale"
Instanz wie den BPräs oder auf einen militärischen Oberkommandierenden ab.[48] Dem liegt die – nicht

---

[34] *Anschütz* WRV, Art. 47 Anm. S. 267.
[35] WehrG v. 23.3.1921, RGBl 329.
[36] *K. Ipsen* BK, Art. 115b (1969) Rn. 16; *S. Graf von Kielmansegg* BK, Art. 115b (2019) Rn. 17.
[37] *Pohl* HdbDStR I, § 42, S. 497.
[38] Darauf verwies bereits *Pohl* HdbDStR I, § 42, S. 497. Vgl. weiterhin auch *Frank* AK GG, nach Art. 87 (2001)
Rn. 60; *Schenke* BK, Art. 65a (2011) Rn. 6 f.
[39] *K. Ipsen* BK, Art. 115b (1969) Rn. 18 ff.; *S. Graf von Kielmansegg* BK, Art. 115b (2019) Rn. 18; *Frank* AK GG,
nach Art. 87 (2001) Rn. 60.
[40] 1949 war daran verständlicherweise noch nicht zu denken; vgl. *Stern,* StaatsR II, S. 845 f. mwN.
[41] Darstellungen zur Entstehungsgeschichte bei *K. Ipsen* BK, Art. 115b (1969), Entstehungsgeschichte, *S. Graf von
Kielmansegg* BK, Art. 115b (2019) Rn. 4 ff.; sowie bei *Stern,* StaatsR II, S. 855 ff.; *Epping,* in: Maunz/Dürig, Art. 65a
(2008) Rn. 5 ff.
[42] 4. G zur Änd. des GG v. 26.3.1954 (BGBl I 45).
[43] 7. G zur Änd. des GG v. 19.3.1956 (BGBl I 111).
[44] 17. G zur Änd. des GG v. 24.6.1968 (BGBl I 709).
[45] Darstellung der einschlägigen Gesetzesentwürfe bei *K. Ipsen* BK, Art. 115b (1969), Entstehungsgeschichte S. 3
bis 5, sowie bei *Frank* AK GG, nach Art. 87 (2001) Rn. 61, und *Schenke* BK, Art. 65a (2011) Entstehungsgeschichte.
[46] *Stern,* Staatsrecht II, S. 871; *Frank* AK GG, nach Art. 87 (2001) Rn. 61.
[47] *K. Ipsen* BK, Art. 115b (1969), Entstehungsgeschichte, S. 6; *S. Graf von Kielmansegg* BK, Art. 115b (2019) Rn. 5
und 7.
[48] Der BMVg muss stets eine Zivilperson sein; einem Militär (z. B. dem Generalinspekteur der Streitkräfte) darf
dieses Amt nicht übertragen werden. Vgl. auch *Heun,* in: Dreier II, Art. 65a Rn. 6; *Hernekamp,* in: v. Münch/Kunig
I, Art. 65a Rn. 9; *Schenke* BK, Art. 65a (2011) Rn. 37 m. Nw.

zuletzt aus der Weimarer Zeit stammende – Erkenntnis zugrunde, dass auch der scheinbar unpolitische Sachverstand letztlich selbst ebenfalls einen Faktor im politischen Machtgefüge bildet und dann doch besser in eine **parlamentarisch-demokratische Verantwortung** gestellt wird.

15 Art. 65a ist – ebenso wie Art. 115b – eine wesentliche, aber nicht die einzige Grundlage für die Einbeziehung der Streitkräfte in das demokratisch-parlamentarische Verfassungssystem und ihre Unterwerfung unter einen **politischen Primat.**[49] Hierzu zählen weiterhin der Haushaltsvorbehalt bezüglich der Organisation der Streitkräfte (Art. 87a I 2),[50] die Einrichtung eines Verteidigungsausschusses (Art. 45a) und des Amtes des Wehrbeauftragten des Deutschen Bundestages (Art. 45b) sowie schließlich die Entscheidungsbefugnis der Legislative über den Eintritt des Verteidigungsfalles (Art. 115a) und der vom BVerfG entwickelte[51] allgemeine Parlamentsvorbehalt für den Einsatz bewaffneter Streitkräfte im Ausland (→ Rn. 3).

## B. Befehls- und Kommandogewalt

### I. Begriffliche Problematik

16 Der Begriff der Befehls- und Kommandogewalt bezeichnet in Art. 65a die Ressortzuständigkeit des BMVg für die Streitkräfte, ist also ein **Kompetenzbegriff.**[52] Die Begriffsverdoppelung hat keine additive Bedeutung, sondern muss funktional verstanden werden: Der ministeriellen Befehlsgewalt sollte nicht wieder, wie zur Weimarer Zeit, eine militärische Kommandogewalt entgegengestellt und von parlamentarischer Kontrolle freigestellt werden.[53] Letztlich hat das Begriffspaar also **tautologischen Charakter.**[54] Andere Deutungsversuche, die auf den Unterschied von Befehl und Kommando oder von Zuständigkeit und Kompetenz verweisen,[55] wirken angesichts der klaren Entstehungsgeschichte gekünstelt und tragen auch nicht zu einem besseren Verständnis des Gemeinten bei.[56]

### II. Teil der vollziehenden Gewalt

17 Inhalt der militärischen Führungsbefugnisse nach den Art. 65a und 115b ist nicht der Oberbefehl im traditionellen Sinne, sondern eine exekutivisch verstandene Befehls- und Komman-dogewalt (vgl. o. Rn. 5). Ob auch die Streitkräfte als bewaffnete Macht insgesamt der **Kategorie der Verwaltung** zuzurechnen sind, wurde anfänglich kontrovers diskutiert,[57] ist aber letztlich nur ein Scheinproblem.[58] Berechtigte Zweifel am Verwaltungscharakter militärischer Aktionen[59] rechtfertigen es nicht, die Streitkräfte als eine „vierte Gewalt" von der Gewaltentrias des Art. 20 und ihren Bindungen an Verfassung, Recht und Gesetz auszunehmen.[60] Das GG verwendet denn auch in bewusster Einbeziehung der Streitkräfte in die zweite Gewalt für diese statt des Begriffs der Verwaltung denjenigen der **vollziehenden Gewalt.**[61]

---

[49] Darstellungen hierzu bei *Frank* AK GG, nach Art. 87 (2001) Rn. 66 f.; *F. Kirchhof* HStR III (1. Aufl.), § 78 Rn. 11 ff., 16 ff.; *Oldiges* (Fn. 6), Rn. 68 ff.; *Schröder* MKS II, Art. 65a Rn. 6; *Schenke* BK, Art. 65a (2011) Rn. 59 ff.

[50] Weitergehend noch § 90 (früher § 66) SoldG, der ein Organisationsgesetz für die Bundeswehr ankündigt. Dieses Vorhaben scheint indes aufgegeben worden zu sein; zu Recht, da eine derartige Regelung einen verfassungsrechtlich bedenklichen Eingriff in die Organisationshoheit des BMVg bedeuten würde. Vgl. hierzu schon *Böckenförde* (Fn. 3), S. 318; *Dürig,* in: Maunz/Dürig (Erstbearbeitung 1969), Art. 65a Rn. 25; *F. Kirchhof* HStR III, § 78 Rn. 16; *Oldiges* (Fn. 6), Rn. 73 und 90. Diff. *Schröder* MKS II, Art. 65a Rn. 16.

[51] BVerfGE 90, 286 (381 ff.); BVerfGE 121,135 (153 f.).

[52] *Böckenförde* (Fn. 4), S. 159; vgl. auch *Epping,* in: Maunz/Dürig, Art. 65a (2008) Rn. 29; *Busse,* in: Friauf/Höfling, Art. 65a (2011) Rn. 11.

[53] *Böckenförde* (Fn. 4), S. 160; *K. Ipsen* BK, Art. 115b (1969) Rn. 32; *Stern,* Staatsrecht II, S. 871; *Frank* AK GG, nach Art. 87 (2001) Rn. 63; *Oldiges* (Fn. 6), Rn. 56. Ähnlich *Heun,* in: Dreier II, Art. 65a Rn. 9; *Schröder* MKS II, Art. 65a Rn. 12. Siehe auch *S. Graf von Kielmansegg* BK, Art. 115b (2019) Rn. 38 ff.

[54] *Epping,* in: Maunz/Dürig, Art. 65a (2008) Rn. 27 mwN; vgl. weiterhin auch *Oldiges,* (Fn. 6), Rn. 57; *Stern,* Staatsrecht II, S. 871.

[55] *Böckenförde* (Fn. 4), S. 159 ff. (162); *Lepper* (Fn. 26), S. 160 ff.; *Erhardt* (Fn. 26), S. 79 ff.; *F. Kirchhof* HStR III (1. Aufl.), § 78 Rn. 12; *Hernekamp,* in: v. Münch/Kunig I, Art. 65a Rn. 11 f.

[56] IE ebenso *F. Kirchhof* HStR III (1. Aufl.), § 78 Rn. 12; vgl. weiterhin auch *K. Ipsen* BK, Art. 115b (1969) Rn. 33 ff.; *S. Graf von Kielmansegg* BK, Art. 115b (2019) Rn. 38 ff.; *Stern,* StaatsR II, S. 871. W. Nachw. bei *Schenke* BK, Art. 65a (2011) Rn. 19 Fn. 50.

[57] Zusammenfassend hierzu *K. Ipsen* BK, Art. 115b (1969) Rn. 46 ff.; *S. Graf von Kielmansegg* BK, Art. 115b (2019) Rn. 43 ff.; *Stern,* Staatsrecht II, S. 851 ff. Vgl. weiterhin auch *v. Unruh* und *Quaritsch* VVDStRL 26 (1968), 157 ff. und 207 ff.

[58] *Oldiges* (Fn. 6), Rn. 57 ff.; ähnlich auch *Epping,* in: Maunz/Dürig, Art. 65a (2008) Rn. 27; *F. Kirchhof* HStR III (1. Aufl.), § 78 Rn. 5.

[59] Ausführlich zu den Unterschieden zwischen Verwaltungstätigkeit und militärischen Obliegenheiten *Quaritsch,* VVDStRL 26 (1968), 209 ff.

[60] Weiterhin *Epping,* in: Maunz/Dürig, Art. 65a (2008) Rn. 81; *Heun,* in: Dreier II, Art. 65a Rn. 10; *Schröder* MKS II, Art. 65a Rn. 7; *Busse,* in: Friauf/Höfling, Art. 65a (2011) Rn. 13. Tendenziell aA jedoch *Böckenförde* (Fn. 4), S. 155 f.; *v. d. Heydte* FS Wolff, 1973, S. 526 ff.

[61] Vgl. den insoweit durch die Wehrrechtsnovelle geänderten Art. 1 III; dazu auch *Epping,* in: Maunz/Dürig, Art. 65a Rn. 81; *Hernekamp,* in: v. Münch/Kunig I, Art. 65a Rn. 13 ff.

Der Begriff der Befehls- und Kommandogewalt bezeichnet eine qualifizierte Form der Ressortlei- **18** tung (→ Rn. 5), so wie Befehl und Kommando **intensivere Formen der Weisung** darstellen.[62] Dem militärischen Befehl korrespondiert die soldatische Gehorsamspflicht; auch sie unterscheidet sich in ihrer Intensität (z. B. im fehlenden Remonstrationsrecht) von der Befolgungspflicht des Beamten.[63] Gleichwohl handelt es sich gegenüber der gewöhnlichen Ressortleitungskompetenz nur um einen graduellen Unterschied, der eine Absonderung des Militärischen von sonstigen Formen der vollziehenden Gewalt nicht rechtfertigt.[64] Im Übrigen ist der Unterschied nicht einmal singulär; auch der Bundesgrenzschutz (jetzt: die Bundespolizei) wird durch Befehl und Kommando geführt.[65]

### III. Gegenstände und Einschränkungen der Befehls- und Kommandogewalt

Die Befehls- und Kommandogewalt erstreckt sich ausschließlich auf die Streitkräfte, bezieht also die **19** Verteidigungsverwaltung (Art. 87b) nicht ein; hier gelten die herkömmlichen Grundsätze der Ressortleitung. Was ihre Gegenstände im Einzelnen betrifft, unterscheidet sich die Befehls- und Kommandogewalt nicht grds. von der sonstigen Ressortleitung; sie erstreckt sich auf alles, was funktional zur **Gewährleistung des Auftrages** der Streitkräfte erforderlich ist,[66] bezieht sich also auf Organisation, Dislokation, Ausrüstung und Ausbildung der Truppe ebenso wie auf deren personelle[67] und – bei militärischen Einsätzen – auch militärisch-operative Führung.[68]

Zur operativen Führung gehört grds. auch die **Entscheidung über den Streitkräfteeinsatz** selbst; **19a** sie obliegt also (außerhalb des Verteidigungsfalles) dem BMVg.[69] Dies gilt allerdings nicht für den Streitkräfteeinsatz im Inland (Art. 35 III und 87a IV); hierüber befindet die BReg Dies gilt insbesondere für den Einsatz der Streitkräfte zur Abwehr terroristischer Angriffe; die Befehlsgewalt verbleibt indes beim BMVg.[70] Eine weitere, wesentliche und im Kerngehalt auch integrationsfeste[71] Einschränkung folgt nach der Rspr. des BVerfG aus der dem Gesamtzusammenhang wehrverfassungsrechtlicher Vorschriften zu entnehmenden Entscheidung des GG für ein Parlamentsheer und einen wehrverfassungsrechtlichen **Parlamentsvorbehalt.**[72] Danach bedarf der Einsatz bewaffneter Streitkräfte[73] im Ausland der vorherigen und konstitutiven Zustimmung des BT; die operative Führung folgt dann allerdings wieder den Art. 65a bzw. 115b.[74] Nur ausnahmsweise, nämlich bei Gefahr im Verzuge, kann der Einsatz bewaffneter Streitkräfte ohne parl. Zustimmung beschlossen werden; hierfür soll nach Ansicht des BVerfG die BReg zuständig sein.[75] Eine derartige Kabinettskompetenz[76] lässt sich indes dem GG nicht entnehmen; weder Art. 65 S. 3 noch Art. 87a IV sind hier einschlägig.[77] Richtigerweise wird man die Befugnis zur Entscheidung über den Streitkräfteeinsatz bei Gefahr im Verzuge der Befehls- und Kommandogewalt und damit (außerhalb des Verteidigungsfalles) der Ressortzuständigkeit des BMVg zurechnen müssen.[78] Die Rspr. des BVerfG ist verschiedentlich auf Kritik gestoßen,[79] wurde aber bereits vor Jahren gesetzlich festgeschrieben. Das 2005 erlassene **Parlamentsbeteiligungs-**

---

[62] *Epping,* in: Maunz/Dürig, Art. 65a (2008) Rn. 28; *Schenke* BK, Art. 65a (2011) Rn. 35; *Oldiges* (Fn. 6), Rn. 58. Gegen jede Unterscheidung gegenüber ministeriellen Weisungen *v. Mangoldt/Klein* II, Art. 65a Anm. III 2a; *K. Ipsen* BK, Art. 115b (1969) Rn. 55 ff.

[63] *Erhardt* (Fn. 26), S. 108 ff.; *Epping,* in: Maunz/Dürig, Art. 65a (2008) Rn. 28.

[64] So die h. M.; vgl. ua *K. Ipsen* BK, Art. 115b (1969) Rn. 58; *Dürig,* in: Maunz/Dürig, Art. 65a (Erstbearbeitung 1969) Rn. 33 ff.; *Schenke* BK, Art. 65a (2011) Rn. 35; *Oldiges* (Fn. 6), Rn. 52 ff. AA jedoch *Böckenförde* (Fn. 4), S. 154 ff.

[65] So schon *Dürig,* in: Maunz/Dürig (Erstbearbeitung 1969), Art. 65a Rn. 12 und 19.

[66] Auch *Hernekamp,* in: v. Münch/Kunig I, Art. 65a Rn. 20; *Schröder* MKS II, Art. 65a Rn. 13; *Schenke* BK, Art. 65a (2011) Rn. 20; *Busse,* in: Friauf/Höfling, Art. 65a (2011) Rn. 11.

[67] Der BMVg ist auf Grund des Art. 65a der höchste Vorgesetzte der Streitkräfte; *F. Kirchhof* HStR III[1], § 78 Rn. 12; *Erhardt* (Fn. 26), S. 68, 89; *v. Unruh* VVDStRL 26 (1968), 157 (186).

[68] Zusammenfassend *Epping,* in: Maunz/Dürig, Art. 65a (2008) Rn. 50.

[69] AA *Schmidt-Radefeldt,* in: Epping/Hillgruber, Art. 65a (2019) Rn. 15.

[70] *Heun,* in: Dreier II, Art. 65a Rn. 10. Siehe auch BVerfGE 132, 1 Rn. 54 ff.

[71] BVerfGE 123, 267 (361).

[72] BVerfGE 90, 286 (381 ff.); BVerfGE 121, 135 (153 ff.).

[73] Zu diesem Begriff ausführlich BVerfGE 121, 135 (156, 163 ff.). Vgl. auch *Epping,* in: Maunz/Dürig, Art. 65a (2008) Rn. 36 ff.

[74] *Epping,* in: Maunz/Dürig, Art. 65a (2008) Rn. 41.

[75] BVerfGE 90, 286 (388); BVerfGE 121, 135 (154); BVerfGE 123, 267 (423).

[76] Wenn sie denn von BVerfG so gemeint ist und der Begriff „BReg" nicht auch für den Verteidigungsminister stehen soll. Vgl. auch *Epping,* in: Maunz/Dürig, Art. 65a (2008) Rn. 41 mit Fn. 4. Zweifelnd auch *Schenke* BK, Art. 65a (2011) Rn. 84.

[77] Ausführlich hierzu *Epping* AöR 124 (1999), 423 (452 ff.).

[78] Näher hierzu *Oldiges* (Fn. 6), Rn. 60. Im Einzelnen jetzt *Epping,* in: Maunz/Dürig, Art. 65a (2008) Rn. 31 ff.; *Schenke* BK, Art. 65a (2011) Rn. 53 f.; *Müller-Franken/Uhle,* in: Hofmann/Henneke, Art. 65a Rn. 19.

[79] Zur Kritik an der dogmatischen Herleitung des Parlamentsvorbehalts *Schenke* BK, Art. 65a (2011) Rn. 66 m. Fn. 179. Überblick über den Meinungsstand auch bei *Burkiczak* NJW 2008, 752 (Fn. 5–9). Vgl. weiterhin *F. Schröder,* Das parlamentarische Zustimmungsverfahren zum Auslandseinsatz der Bundeswehr in der Praxis, 2005. S. 25 ff. (Fn. 30 ff.); *Epping,* in: Maunz/Dürig, Art. 65a (2008) Rn. 32.

**gesetz** (PBG)[80] hat die verfassungsgerichtlichen Vorgaben – außer der offen gelassenen Entscheidungsbefugnis über Einsätze bei Gefahr im Verzuge – nahezu wortgetreu normiert.[81]

**19b** Die Befehls- und Kommandogewalt des BMVg wird durch die „Assignierung" deutscher Truppenverbände bei der NATO[82] noch nicht eingeschränkt. Erst bei bündnisrelevanten Kampfhandlungen gehen die **operativen Führungsbefugnisse** auf die alliierten Kommandostellen über;[83] die Befehls- und Kommandogewalt des Ministers (bzw. im Falle des Art. 115a des Kanzlers) beschränkt sich dann auf die truppendienstliche Befehlsgewalt sowie auf die der NATO nicht unterstellten Einheiten.[84] Ähnliches gilt für die Beteiligung deutscher Truppen an Aktionen unter dem Oberbefehl von UNO oder EU.[85] Die **verfassungsrechtliche Rechtfertigung** hierfür ergibt sich nach inzwischen herrschender, wenngleich nicht unumstritten Ansicht nicht nur für die UNO, sondern auch für die NATO und die EU aus Art. 24 Abs. 2.[86] Probleme ergeben sich indes bei gemischtnationalen Verbänden und Einsätzen der Streitkräfte außerhalb zwischenstaatlicher Einrichtungen und kollektiver Sicherheitssysteme, weil es hier an einer Ermächtigung zur Übertragung von Hoheitsrechten (Art. 23 I, 24) fehlt.[87] Hier müssen Vorkehrungen getroffen werden, die eine Einbindung der deutschen Verbände in deutsche Kommandostrukturen sicherstellen.[88]

**20** Die Zuweisung der Befehls- und Kommandogewalt sichert dem Verteidigungsminister ein **ausschließliches Führungsrecht** in dem Sinne, dass alle Befehls- oder Kommandostränge sich bei ihm bündeln.[89] Weder darf vor außen – auch nicht seitens des BKanzlers[90] – in die Truppe „hineinkommandiert" werden, noch dürfen sich innerhalb der Truppe Kommandostrukturen bilden, die sich nicht auf den Minister zurückführen lassen. Die Ausschließlichkeit der Befehls- und Kommandogewalt schützt indes nicht vor **verfassungsrechtlichen Vorbehalten**[91] wie beispielsweise dem Budgetrecht des Parlaments, der Richtlinienkompetenz des BKanzlers oder den Kollegialkompetenzen des Kabinetts bei ressortübergreifenden Meinungsverschiedenheiten.[92] Von § 15 GOBReg (dazu → Art. 65 Rn. 31) wird die Befehls- und Kommandogewalt des Bundesverteidigungsministers dagegen nicht berührt.

**20a** Die **Spitzengliederung der Streitkräfte**[93] hat der obersten milit. Führungsbefugnis des BMVg Rechnung zu tragen. An der Spitze der Streitkräfte darf es keine vom Inhaber der Befehls- und Kommandogewalt unabhängige oberste Befehlsinstanz geben. Das gilt auch für den Generalinspekteur der Bundeswehr, dessen Stellung in der Streitkräfteführung i. R. der 2011 begonnenen Neuausrichtung der Bundeswehr[94] und durch den sog. „Dresdner Erlass" vom 21.3.2012 maßgeblich verändert und erweitert wurde.[95] Auch als nunmehr höchster dienstl. Vorgesetzter aller Soldaten mit Befehlsgewalt auch über die Inspekteure der Teilstreitkräfte und als Inhaber der milit. Führung über alle Bereiche der Streitkräfte bleibt er in umfass. persönlicher und unmittelbarer Verantwortung dem Minister unterstellt. Ebenso ist die oberste Befehls- und Kommandogewalt des Ministers auch nach Ausgliederung der – bisher als ministerielle Hauptabteilung bzw. als Abteilungen organisierten –

---

[80] Gesetz über die parlamentarische Beteiligung bei der Entscheidung über den Einsatz bewaffneter Streitkräfte im Ausland v. 18. März 2005 (BGBl. I S. 375).

[81] *Wiefelspütz* NVwZ 2005, 496 ff.

[82] Einzelheiten bei *Oldiges* (Fn. 6), Rn. 64 ff.; vgl. weiterhin auch *Epping*, in: Maunz/Dürig, Art. 65a (2008) Rn. 36 ff.; *Schenke* BK, Art. 65a (2011) Rn. 90 ff.; *Schmidt-Radefeldt*, in: Epping/Hillgruber, Art. 65a (2019) Rn. 16.

[83] Vgl. näher *Deiserotth*, in: Umbach/Clemens, Art. 65a Rn. 69 ff.; *Schenke* BK, Art. 65a (2011) Rn. 91; *F. Kirchhof* HStR IV, § 84 Rn. 44.

[84] *Oldiges* (Fn. 6), Rn. 69; weitere Einzelheiten bei *Schmidt-Radefeldt*, in: Epping/Hillgruber, Art. 65a (2019) Rn. 16 ff. Vgl. auch *Heun*, in: Dreier II, Art. 65a Rn. 3; *Busse*, in: Friauf/Höfling, Art. 65a (2011) Rn. 15; *Epping*, in: Maunz/Dürig, Art. 65a (2008) Rn. 57 ff.

[85] *Schenke* BK, Art. 65a (2011) Rn. 94–99. Die Befugnisse der 2010 aufgelösten WEU sind vollständig in die EU integriert worden; vgl. Art. 42 ff. EUV (Fassung des Vertrages von Lissabon). Näheres (zT noch zur älteren Rechtslage) bei *Epping*, in: Maunz/Dürig, Art. 65a (2008) Rn. 63.

[86] Ausführlich hierzu *Epping*, in: Maunz/Dürig, Art. 65a (2008) Rn. 58 ff.; *Schenke* BK, Art. 65a (2011) Rn. 93 und 99; *Schmidt-Radefeldt*, in: Epping/Hillgruber, Art. 65a (2019) Rn. 19; *Oldiges* (Fn. 6), Rn. 65; aA mwN *Classen* MKS II, Art. 24 Rn. 77 ff.; bzgl. der EU unter Hinweis auf BVerfGE 123, 267 (425) auch *Baldus/Müller-Franken* MKS III, Art. 87a Rn. 95.

[87] Hierzu näher *Epping*, in: Maunz/Dürig, Art. 65a (2008) Rn. 64 ff., der allerdings eine – vorläufige – Lösung in Art. 24 Abs. 1 sieht.

[88] Näher hierzu *F. Kirchhof* NZWehrR 1998, 152 (153); *Schmidt-Radefeldt*, in: Epping/Hillgruber, Art. 65a (2019) Rn. 20; *ders.*, Parlamentarische Kontrolle der internationalen Streitkräfteintegration, 2005. Vgl. weiterhin *Oldiges* (Fn. 6), Rn. 66.

[89] *K. Ipsen* BK, Art. 115b (1969) Rn. 66; *S. Graf von Kielmansegg* BK, Art. 115b (2019) Rn. 24 und 43.

[90] *Stern*, Staatsrecht II, S. 874; *Epping*, in: Maunz/Dürig, Art. 65a (2008) Rn. 48; *Busse*, in: Friauf/Höfling, Art. 65a (2011) Rn. 8.

[91] *Epping*, in: Maunz/Dürig, Art. 65a (2008) Rn. 29 ff.

[92] *Epping*, in: Maunz/Dürig, Art. 65a (2008) Rn. 44 ff.; *Stern*, StaatsR II, S. 874; *Oldiges* (Fn. 6) Rn. 59. Zur Bedeutung des § 15 GOBReg → Art. 65 Rn. 30 f.

[93] Hierzu der den „Berliner Erlass" v. 21.1.2005 ablösende „Dresdner Erlass" vom 21.3.2012.

[94] Hierzu näher *Oldiges* (Fn. 6), Rn. 92 ff.

[95] Einzelheiten bei *Oldiges* (Fn. 6) Rn. 92 f.

militärischen Organisationsbereiche aus dem Ministerium und ihre Umgestaltung zu militärischen Kommandos mit dem Generalinspekteur bzw. den Inspekteuren als Befehlshabern außerhalb des Ministeriums erhalten geblieben.[96]

## IV. Vertretung in der Befehls- und Kommandogewalt

Eine Vertretungsregelung bzgl. der Befehls- und Kommandogewalt enthält Art. 65a nicht. Hier **21** greifen indes die allgemeinen Vertretungsbestimmungen des § 14 GOBReg ein.[97] Danach wird der Minister in der Regierung durch einen dazu bestimmten anderen Minister, **in seinem Ressort** („als Leiter einer obersten Bundesbehörde") aber durch den Staatssekretär vertreten. Letzteres gilt damit auch für die Befehls- und Kommandogewalt, da sie der militärische Teil der Ressortleitungskompetenz des Verteidigungsministers ist.[98]

Diese Lösung ist nicht etwa deswegen verfassungsrechtlich bedenklich, weil Art. 65a über eine **22** ministerielle Befehls- und Kommandogewalt die parlamentarische Kontrolle über die Streitkräfte sichern will.[99] Die **parlamentarische Verantwortlichkeit** des Verteidigungsministers für die Streitkräfte wird durch die Verhinderungsvertretung seitens des Staatssekretärs ebenso wenig unterbrochen wie durch dessen „ständige" Vertretung nach Maßgabe des hausinternen Organisationsplans.[100]

Gleichwohl hat die BReg seit Beginn der 6. Legislaturperiode regelmäßig durch Kabinettsbeschluss **23** die Befehls- und Kommandogewalt in die **ministerielle Vertretung** einbezogen.[101] Das mag sinnvoll sein[102] und den Zielen des Art. 65a entsprechen; durch schlichten Kabinettbeschluss ohne entsprechende Genehmigung des BPräs (vgl. Art. 65 S. 4) kann die GOBReg indes nicht geändert werden.[103]

## Art. 66 [Unvereinbarkeiten]

**Der Bundeskanzler und die Bundesminister dürfen kein anderes besoldetes Amt, kein Gewerbe und keinen Beruf ausüben und weder der Leitung noch ohne Zustimmung des Bundestages dem Aufsichtsrate eines auf Erwerb gerichteten Unternehmens angehören.**

**Entstehungsgeschichte: Erstfassung:** JöR nF Bd. 1 (1951), 440.
**Geltende Landesverfassungen:** *BW*Verf Art. 53 II, *Bay*Verf Art. 57; *Bbg*Verf Art. 95; *Brem*Verf Art. 113; *Hmb*Verf Art. 39; *MV*Verf Art. 45 I 2, 3; *Nds*Verf Art. 34 II; *NRW*Verf Art. 64 II, III; *Sachs*Verf Art. 62 II; *LSA*Verf Art. 67 I; *SchlH*Verf Art. 34; *Thür*Verf Art. 72 II.
**Gesetzgebung:** BMinG.

**Schrifttum:** *N. Achterberg,* Probleme der Inkompatibilität, ZStW 126 (1970), 344; *P. Badura,* Das politische Amt des Ministers, FS Quaritsch, 2000, S. 295; *B. Grzeszick/M Limanowski,* Nachamtliche Berufsverbote für Politiker, DÖV 2016, 313; *A. Dittmann,* Unvereinbarkeit von Regierungsamt und Abgeordnetenmandat, ZRP 1978, 52; *M. Commandeur,* Bundeskanzler Donald Trump: Die Vermeidung wirtschaftlicher Interessenkonflikte in der Person des Regierungschefs im deutschen Recht, DÖV 2017, 107; *V. Epping,* Die Trennung von Amt und Mandat, DÖV 1999, 529; *G. Golz,* Abgeordnetenmandat – eine unliebsame Konsequenz des „Diätenurteils", ZRP 1978, 52; *M. Morlok/ J. Krüper.* Ministertätigkeit im Spannungsfeld von Privatinteresse und Gemeinwohl, NVwZ 2013, 573; *I. v. Münch,* Minister und Abgeordneter in einer Person, NJW 1998, 34; *M. Nebendahl,* Inkompatibilität zwischen Ministeramt und Aufsichtsratsmandat, DÖV 1988, 961; *F. Scheffczyk,* „Karenzzeit" für Bundesminister und Parlamentarische Staatssekretäre, ZRP 2015, 133; *E. Schmidt-Jortzig,* Das rechtliche Fundament der Ministerkompatibilität unter dem Grundgesetz, ZStW 130 (1974), 123; *ders.,* Die Bundestagszugehörigkeit der Bonner Minister, ZParl 5 (1974), 313; *G. Sturm,* Die Inkompatibilität. Eine Studie zum Problem der Unvereinbarkeiten im geltenden deutschen Staatsrecht, 1967.

---

[96] *Oldiges* (Fn. 6), Rn. 92 f.
[97] Vgl. hierzu diff. *Epping,* in: Maunz/Dürig, Art. 65a (2008) Rn. 69 ff.; *Schröder* MKS II, Art. 65a Rn. 18.
[98] So die heute wohl h. M.; vgl. ua *Hernekamp,* in: v. Münch/Kunig I, Art. 65a Rn. 18; *Müller-Franken/Uhle,* in: Hofmann/Henneke, Art. 65a Rn. 26 ff. AA jedoch *Busse,* Geschäftsordnung der Bundesregierung, in: Das Deutsche Bundesrecht, 1296. Lfg. 2018, § 14 Rn. 5, sowie *Schenke* BK, Art. 65a (2011) Rn. 43 ff. (Befehls- und Kommandogewalt als ein dem Regierungsbereich und damit § 14 I GOBReg zugeordneter Bereich). Aus dem früheren, sehr kontroversen Schrifttum vor allem die Referate aus dem Band „Stellvertretung im Oberbefehl" (1966); *Carstens,* Politische Führung, 1971, S. 148 ff.; *Wahl,* Stellvertretung im Verfassungsrecht, 1971, S. 217; *E. Klein* JuS 1974, 366 f.
[99] So indes *F. Kirchhof* HStR III[1], § 78 Rn. 13; *Frank* AK GG, nach Art. 87 (2001) Rn. 64.
[100] Dazu *Stern,* Staatsrecht II, S. 877; *Hernekamp,* in: v. Münch/Kunig I, Art. 65a Rn. 19. Wie hier auch *Epping,* in: Maunz/Dürig, Art. 65a (2008) Rn. 74; *Schröder* MKS II, Art. 65a Rn. 18.
[101] Im Zusammenhang mit der Vertretungsregelung nach § 14 I GOBReg Vgl. auch *Hernekamp,* in: v. Münch/ Kunig I, Art. 65a Rn. 17.
[102] Nach *Epping,* in: Maunz/Dürig, Art. 65a (2008) Rn. 75, folgt aus der parlamentarischen Verantwortlichkeit für das Verteidigungsressort die Einbeziehung des den Verteidigungsminister vertretenden Ministers auch in die Befehls- und Kommandogewalt.
[103] *Oldiges* (Fn. 6), Rn. 61. Wie hier *Hernekamp,* in: v. Münch/Kunig I, Art. 65a Rn. 18; *Epping,* in: Maunz/ Dürig, Art. 65a (2008) Rn. 72; für authentische Verdeutlichung noch *Dürig,* in: Maunz/Dürig, Art. 65a (Erstbearbeitung 1969) Rn. 39. Zust. auch *Heun,* in: Dreier II, Art. 65a Rn. 12; *Schröder* MKS II, Art. 65a Rn. 19; *Busse,* in: Friauf/Höfling, Art. 65a (2011) Rn. 14.

# A. Allgemeines

## I. Systematische Stellung

**1**     Art. 66 befasst sich ausschnitthaft mit dem **Rechtsstatus** der Mitglieder der BReg iSd Art. 62, nämlich des BKanzlers und der BMin. Dieser Rechtsstatus ist im GG sonst nicht geregelt, wird aber weitgehend durch die verfassungsrechtl. Stellung der Regierungsmitglieder und durch Verfassungstraditionen vorbestimmt. Nähere Einzelheiten enthält das BMinG.[1]

**2**     In Art. 66 werden den Mitgliedern der BReg bestimmte **Betätigungs- und Zugehörigkeitsverbote** auferlegt, mit denen zur Vermeidung von Interessenkollisionen sowie zur Sicherung der Integrität und des Ansehens des Regierungsamtes eine gleichzeitig neben dem Regierungsamt ausgeübte private Erwerbstätigkeit verhindert werden soll.[2] Eine vergleichbare Regelung enthält Art. 55 II in Bezug auf den BPräs. Daneben kennt das GG **organschaftliche Unvereinbarkeitsbestimmungen** (Inkompatibilitäten),[3] die eine gleichzeitige Innehabung bestimmter organschaftlicher Positionen für verfassungsrechtlich unzulässig erklären.[4] Solche Inkompatibilitätsregelungen enthalten Art. 53a I 2 für den Gemeinsamen Ausschuss, Art. 55 I für den BPräs und Art. 94 I 3 für die Mitglieder des BVerfG. Ob man darüber hinaus Art. 66 auch als eine allgemeine Inkompatibilitätsbestimmung verstehen muss, ist heftig umstritten, sollte aber verneint werden (→ Rn. 21 f.). Das schließt indes nicht aus, dass sich auch für die Mitglieder der BReg aus anderen Verfassungsbestimmungen oder allgemeinen Verfassungsgrundsätzen Inkompatibilitäten herleiten lassen.[5]

**3**     Die Einschränkungen des Art. 66 beziehen sich, was ihren **Adressenkreis** betrifft, nur auf den BKanzler und die BMinister. Damit ist der Kreis der Mitglieder der BReg (Art. 62) erschöpfend erfasst.[6] Andere Personenkreise, die wie etwa die Parlamentarischen Staatssekretäre der Regierungstätigkeit nahe stehen, zählen nicht hierzu. § 7 ParlStG verweist insoweit indes auf die Regelungen des BMinG, unterscheidet dabei aber nicht zwischen erwerbsbezogenen Betätigungsverboten und organschaftlichen Inkompatibilitäten.

**4**     Art. 66 enthält **keine abschließende Regelung,** sondern kann durch einfaches Gesetz erweitert werden, sofern nur dabei Sinn und Zweck des Art. 66 nicht verlassen werden. § 5 I und II BMinG nimmt derartige gesetzliche Erweiterungen vor. Ebenso steht einer erweiternden Auslegung im Wege der Analogie nichts im Wege. Verfassungsstrukturelle Inkompatibilitäten werden von vornherein von Art. 66 nicht erfasst, sondern ergeben sich aus allgemeinem Verfassungsrecht. Auch hier kann indes der Gesetzgeber Beschränkungen vorgeben und dabei auch über das schon verfassungsrechtlich Gebotene hinausgehen, sofern er damit nicht seinerseits mit Verfassungsbedürfnissen in Konflikt gerät. § 4 BMinG ist ein Beispiel für eine solche gesetzliche Inkompatibilitätsregelung.

**4a**     Art. 66 trifft auch keine Regelung über Beschränkungen **nach dem Ausscheiden aus dem Amt.**[7] Zwar sind in der Vergangenheit beim Wechsel von Regierungsmitgliedern in Wirtschaftspositionen Stimmen laut geworden, die sich für eine Karenzzeit aussprachen, in der ein Regierungsmitglied eine

---

[1] G über die Rechtsverhältnisse der Mitglieder der Bundesregierung (Bundesministergesetz) idF v. 27.7.1971 (BGBl. I S. 1166), zul. geänd. durch Art. 1 G v. 17.7.2015 (BGBl. I 1322). Zusammenstellung bei *Stern,* Staatsrecht II, S. 276 f.

[2] *H.-P. Schneider* AK GG, Art. 66 (2002) Rn. 2; *Hermes,* in: Dreier II, Art. 66 Rn. 5.

[3] Der Begriff der Inkompatibilität wird hier wie auch verschiedentlich sonst im Schrifttum nur auf organschaftliche Unvereinbarkeiten beschränkt und schließt die personenbezogenen Betätigungsverbote nicht ein; vgl. insoweit *H.-P. Schneider* AK GG, Art. 66 (2002) Rn. 2 („Inkompatibilität im engeren Sinne"). Weiterhin auch *Epping* MKS II, Art. 66 Rn. 1, 5 ff. Anders dagegen *Schenke* BK, Art. 66 (2010) Fn. 24; ähnl. *Herzog,* in: Maunz/Dürig, Art. 66 (2008) Rn. 1 Fn. 1. *Hermes,* in: Dreier II Art. 66 Rn. 8, unterscheidet mehrere Arten von Inkompatibilität.

[4] Vgl. auch die Darstellung bei *Busse,* in: Friauf/Höfling, Art. 66 (2011) Rn. 1 ff., 4 und 8 ff.

[5] Zum Streitstand *Mager,* in: v. Münch/Kunig I, Art. 66 Rn. 1 Fn. 1. Vgl. auch *Hermes,* in: Dreier II, Art. 66 Rn. 17 ff.; *Epping* MKS II, Art. 66 Rn. 11 ff.

[6] Vgl. auch *Herzog,* in: Maunz/Dürig, Art. 66 (2008) Rn. 8; *Mager,* in: v. Münch/Kunig I, Art. 66 Rn. 3; *Müller-Franken/Uhle,* in: Hofmann/Henneke, Art. 66 Rn. 9.

[7] Vgl. auch *Müller-Franken/Uhle,* in: Hofmann/Henneke, Art. 66 Rn. 10; *Schenke* BK, Art. 66 (2010) Rn. 9; *Epping* MKS II, Art. 66 Rn. 4.

leitende Position in einem Wirtschaftsunternehmen, mit dessen Betätigung sich seine bisherigen Amtsgeschäfte berührten, nicht antreten dürfe. Eine solche Karenz könnte zwar einer vorwirkenden Einflussnahme entgegenwirken, lässt sich Art. 66 jedoch nicht entnehmen und ist daher verfassungsrechtlich nicht geboten. Gleichwohl sind – im Umsetzung einer Absichtserklärung im Koalitionsvertrag von CDU und SPD von 2013 – Karenzzeitregelungen für Mitglieder der Bundesregierung 2015 durch die §§ 6a–6d BMinG einfach-gesetzlich eingeführt worden.[8] Fraglich ist allerdings, ob diese Vorschriften des BMinG, die grundsätzlich eine 18-monatige Karenzzeit nach dem Ausscheiden aus dem Amt vorsehen,[9] mit den – dann wieder greifenden – Grundrechten der ehemaligen Amtsträger, insb. mit Art. 12 GG, vereinbar sind.[10]

## II. Historische Wurzeln

Ein Verbot privater Erwerbstätigkeit für Regierungsmitglieder war in der konstitutionellen Epoche 5 offenbar noch kein Verfassungsthema. Für den RKanzler sah die **RV 1871**[11] ebenfalls keine Einschränkungen vor. Minister waren dieser Verfassung unbekannt; für die Staatssekretäre galt insoweit Beamtenrecht.[12] Allerdings bestand eine Inkompatibilitätsregelung in Art. 9 S. 2 RV 1871, wonach niemand gleichzeitig Mitglied des Bundesrates und des RTages sein durfte. Das bezog sich auch auf den RKanzler, der nach Art. 15 I RV 1871 den Vorsitz im BRat führte, und verhinderte bis zum Ende der Monarchie eine vollständige Parlamentarisierung des Regierungssystems.[13]

Die **WRV** kannte bezüglich der RReg keinerlei ausdrückliche Beschränkungen der privaten 6 Erwerbstätigkeit; hier war allenfalls Beamtenrecht analog heranziehbar.[14] Bei den **Beratungen zum GG** wurden einschränkende Bestimmungen dieser Art erst im ParlRat erwogen.[15] Zunächst war eine Verweisung auf die erwerbsbezogenen Beschränkungen des BPräs vorgeschlagen; später diskutierte man, ob es angebracht sei, dass Regierungsmitglieder der Leitung oder dem Aufsichtsrat öffentlicher Unternehmen des Bundes angehören dürfen. IE folgte man dem Vorbild des Art. 55 II und fügte nur bezüglich der Zugehörigkeit zu Aufsichtsräten die jetzige Ausnahmemöglichkeit ein.

## B. Betätigungs- und Zugehörigkeitsverbote

## I. Ratio legis des Art. 66

Art. 66 beschränkt sich in der hier vertretenen Auslegung auf ein Verbot bestimmter Formen 7 privater Erwerbstätigkeit neben der Ausübung eines Regierungsamtes. Dieses Verbot hat einen **personalen** Charakter:[16] Es soll verhindern, dass der Amtsinhaber auf Grund einer persönlichen Interessengebundenheit sein Regierungsamt nicht in hinreichender Verpflichtung gegenüber dem Gemeinwohl wahrnimmt.

Mit seinen Restriktionen verfolgt Art. 66 **mehrere Zwecke:**[17] Zunächst soll erreicht werden, dass 8 das Regierungsmitglied frei von anderweitigen Erwerbstätigkeiten seine ganze Arbeitskraft dem Amt, das es wahrnimmt, widmen kann. Auch das öffentliche Ansehen eines Regierungsamtes steht auf dem Spiel, wenn sich die Ernsthaftigkeit seiner Wahrnehmung nicht in ihrer Ausschließlichkeit zum Ausdruck bringt.[18] Zugleich soll das Betätigungsverbot auch dazu beitragen, dass Interessenkonflikte[19] aus der Verquickung von Regierungsamt und privater Erwerbstätigkeit möglichst vermieden werden, dass die Amtsträger nicht durch ihre Nebentätigkeit in wirtschaftliche Abhängigkeit geraten oder gar für Korruption anfällig werden. Insgesamt soll hierdurch also eine „unbehinderte, uneigennützige und unbestechliche Amtsführung im Regierungsbereich"[20] gewährleistet werden. Schließlich soll Art. 66

---

[8] Hierzu näher *Scheffczyk* ZRP 2015, 133 ff. Zu diesen Vorschriften und den Parallelnormen in den Ländern auch *Grzeszick/Limanowski* DÖV 2016, 313 (314 f.).

[9] Es besteht innerhalb des Zeitraums von 18 Monaten eine Pflicht zur schriftlichen Anzeige vor Aufnahme einer Tätigkeit; eine vollständige oder teilweise Untersagung der beabsichtigten Tätigkeit steht im Ermessen der Bundesregierung. Einzelheiten zum Verfahren und zu den Versagungsvoraussetzungen nach den §§ 6a ff. BMinG bei *Scheffczyk* ZRP 2015, 133 ff.

[10] Zweifelnd auch *Scheffczyk* ZRP 2015, 133 (134 ff.); *Grzeszick/Limanowski* DÖV 2016, 313 (315 ff.).

[11] Hierüber wurde auch in der zeitgenössischen Literatur nicht nachgedacht; vgl. ua *Laband,* Staatsrecht I, S. 375 ff.; *Meyer/Anschütz,* S. 522 ff.

[12] *Laband,* Staatsrecht I, S. 467 f.

[13] Näheres hierzu *Oldiges,* Die Bundesregierung als Kollegium, 1983, S. 82 ff. mwN.

[14] Auch im RMinG v. 27.3.1930 (RGBl I 96) waren entsprechende Bestimmungen nicht enthalten. Vgl. auch *Poetzsch-Heffter* HdbDStR I, S. 511 (513 Fn. 12).

[15] Zum Folgenden *H.-P. Schneider* AK GG, Art. 68 (2002) Rn. 1; *Hermes* in: Dreier II, Art. 66 Rn. 2.

[16] *H.-P. Schneider* AK GG, Art. 66 (2002) Rn. 5.

[17] Zum Folgenden *Busse,* in: Friauf/Höfling, Art. 66 (2019) Rn. 4; *Schenke* BK, Art. 66 (2010) Rn. 5 f.

[18] Vgl. *Hermes,* in: Dreier II, Art, 66 Rn. 5.

[19] Hierzu, auch zur damit verbundenen Problematik, *Herzog,* in: Maunz/Dürig, Art. 66 (2008) Rn. 4. Ferner auch *Commandeur* DÖV 2017, 1017 (1018).

[20] *H.-P. Schneider* AK GG, Art. 66 (2002) Rn. 5. Ähnlich auch *Commandeur* DÖV 2017, 1017 (1018).

mit seiner Regelung der Zugehörigkeit zur Leitung oder zum Aufsichtsrat wirtschaftlicher Unternehmen auch einer Kumulation politischer und wirtschaftlicher Macht entgegenwirken.[21]

9      Dieses Zielbündel ist in sich wenig konsistent und lässt sich auch nicht in ein konsequentes Regelwerk umsetzen.[22] Das **Gewicht jedes einzelnen Regelungszieles** ist von Anwendungsbereich zu Anwendungsbereich verschieden, was auch vermeintliche Regelungslücken erklärt. Im Übrigen kann und soll sich Art. 66 nur an Handgreifliches halten und die Regierungsmitglieder weder vom pluralistischen Interessengeflecht der Gesellschaft isolieren,[23] noch sie vor inneren Abhängigkeiten aus eigenem politischen Vorverständnis bewahren.[24]

## II. Einzelheiten der Regelung

10     Wenn Art. 66 von einem „anderen besoldeten Amt" spricht, meint er das **öffentliche Amt**[25] im statusrechtlichen Sinne[26] des Beamtenrechts einschließlich des Amtes des Richters und des Soldaten.[27] Die Hervorhebung gegenüber dem nachfolgenden Begriff des Berufes – hierzu rechnen auch die sonstigen Tätigkeiten im öffentlichen Dienst[28] – soll die Freiheit der Regierungsmitglieder von jeglicher beamtenrechtlicher Weisungsgebundenheit betonen. Kirchenämter müssen auf Grund des öffentlich-rechtlichen Status der Religionsgemeinschaften und der rechtlichen Ausgestaltung ihres Dienstrechts gleichfalls als öffentliche Ämter angesehen werden.[29] Soweit freilich der Inhalt eines öffentlichen Amtes in der Wahrnehmung einer verfassungsorganschaftlichen Funktion besteht, gilt nicht Art. 66, sondern es gelangen die verfassungsrechtlichen Inkompatibilitätsprinzipien zur Anwendung (→ Rn. 21).

11     Auf (unbesoldete)[30] öffentliche **Ehrenämter**[31] findet Art. 66 keine Anwendung,[32] doch greift hier – mit etwas geringerer normativer Stringenz – § 5 II BMinG ein. Die Erweiterung ist mit der Zielrichtung des Art. 66 vereinbar, denn die Innehabung eines öffentlichen Ehrenamtes kann unter Umständen ebenfalls zu Sachkonflikten mit den Anforderungen des Regierungsamtes führen.[33] Als „öffentliches" Ehrenamt wird man bei dieser Regelung nicht nur Ämter auf öffentlich-rechtlicher Grundlage zu verstehen haben, sondern alle Ehrenämter, die auf öffentliches Wirken gerichtet sind, wie etwa Ehrenämter in Interessengemeinschaften und Verbänden.[34] Auch und gerade hier kann die Amtsinhaberschaft den Anschein der Parteilichkeit wecken oder tatsächlich zu Interessenkonflikten führen. Andererseits gibt es in diesem Bereich zahlreiche Ehrenämter, deren Innehabung durch ein Regierungsmitglied geradezu begrüßenswert erscheint; dem trägt die erleichterte Zulassung nach § 5 II BMinG Rechnung.[35]

12     Ehrenämter in **politischen Parteien** fallen nicht unter § 5 II BMinG und werden auch von Art. 66 nicht erfasst.[36] Zwar sprechen manche Regelungsmotive des Art. 66 – Konzentration der Arbeitskraft, Vermeidung von Interessenkonflikten – für sich genommen gegen die Vereinbarkeit mit einem Regierungsamt,[37] doch gehört gerade die enge personelle Verbindung von Parteiführung und Regierung zu den Wesenselementen der parteienstaatlichen parlamentarischen Demokratie.[38]

---

[21] Hierauf verweist *Herzog,* in: Maunz/Dürig, Art. 66 (2008) Rn. 4; vgl. auch *Epping* MKS II, Art. 66 Rn. 1; *Mager,* in: v. Münch/Kunig I, Art. 66 Rn. 1; *Commandeur* DÖV 2017, 1017 (1018, 1019 f.).

[22] *Herzog,* in: Maunz/Dürig, Art. 66 (2008) Rn. 5 ff.

[23] Ähnl. *Epping* MKS II, Art. 66 Rn. 1.

[24] Sehr treffend insoweit *Herzog,* in: Maunz/Dürig, Art. 66 (2008) Rn. 7.

[25] Das folgt aus dem inneren Zusammenhang der Vorschrift wie auch aus dem Vergleich („anderes" Amt) mit den Regierungsämtern. Ebenso *Herzog,* in: Maunz/Dürig, Art. 66 (2008) Rn. 16; *H.-P. Schneider* AK GG, Art. 66 (2002) Rn. 6.

[26] *Herzog,* in: Maunz/Dürig, Art. 66 (2008) Rn. 15.

[27] *Herzog,* in: Maunz/Dürig, Art. 66 (2008) Rn. 15; *Mager,* in: v. Münch/Kunig I, Art. 66 Rn. 3; *Epping* MKS II, Art. 66 Rn. 5.

[28] Ebenso *Herzog,* in: Maunz/Dürig, Art. 66 (2008) Rn. 15; *Epping* MKS II, Art. 66 Rn. 5. AA dagegen (auch insoweit öff. Amt) *H.-P. Schneider* AK GG, Art. 66 (2002) Rn. 6.

[29] *Herzog,* in: Maunz/Dürig, Art. 66 (2008) Rn. 18; *Epping* MKS II, Art. 66 Rn. 5. Zweif. *Achterberg* ZStW 126 (1970), 344 (351); aA *Mager,* in: v. Münch/Kunig I, Art. 66 Rn. 4.

[30] Zur nicht immer leichten Unterscheidung von Besoldung und Aufwandsentschädigung *Herzog,* in: Maunz/Dürig, Art. 66 (2008) Rn. 22; *Epping* MKS II, Art. 66 Rn. 6; *Schenke* BK, Art. 66 (2010) Rn. 23.

[31] Beispiele bei *Herzog,* in: Maunz/Dürig, Art. 66 (2008) Rn. 20.

[32] Vgl. hierzu den Hinweis bei *v. Mangoldt/Klein* II, Art. 66 Anm. III 1a (S. 1286), auf die Beratungen im ParlRat. Weiterhin hierzu *Sturm,* Die Inkompatibilität, 1967, S. 90.

[33] IE ebenso *Herzog,* in: Maunz/Dürig, Art. 66 (2008) Rn. 21.

[34] Nach *v. Mangoldt/Klein* II, Art. 66 Anm. III 1b (S. 1286) ergibt sich die Unvereinbarkeit mit Verbandsämtern schon aus Art. 66. Mit anderer Begr. kommt zum selben Ergebnis *H.-P. Schneider* AK GG, Art. 66 (2002) Rn. 6. Grds. aA jedoch *Hermes,* in: Dreier II, Art. 66 Rn. 11; *Schenke* BK, Art. 66 (2010) Rn. 25 f. m. w. Nw.

[35] § 5 I BMinG muss als grds. Verbot mit einem der BReg anheimgestellten Ausnahmevorbehalt verstanden werden; *Herzog,* in: Maunz/Dürig, Art. 66 (2008) Rn. 21. Vgl. zur Missbrauchsproblematik das bei *v. Mangoldt/Klein* II, Art. 66 Anm. III 1b (S. 1286) angeführte Beispiel des BMinisters Seebohm.

[36] Mit teilweise abw. Begr. auch *F. Münch,* Die Bundesregierung, 1954, S. 218 f.; *Sturm* (Fn. 28), S. 87; *Herzog,* in: Maunz/Dürig, Art. 66 (2008) Rn. 17. Wie hier auch *Hermes,* in: Dreier II, Art. 66 Rn. 11; *Schenke* BK, Art. 66 (2010) Rn. 27.

[37] *Herzog,* in: Maunz/Dürig, Art. 66 (2008) Rn. 6.

[38] Ähnl. wohl *v. Mangoldt/Klein* II, Art. 66 Anm. IV 4 (S. 1288). Zust. auch *Hermes,* in: Dreier II, Art. 66 Rn. 11.

Mit den Begriffen **Gewerbe** und **Beruf** erfasst Art. 66 jenseits aller begrifflichen Einschränkungen  **13**
sämtliche **auf privaten Erwerb gerichtete Tätigkeit,**[39] sei sie nun abhängiger oder unabhängiger
Art, eine Haupt- oder eine Nebenbeschäftigung.[40] Auch Tätigkeiten im öffentlichen Dienst fallen
hierunter; Beamte werden hier ein zweites Mal in die Regelung des Art. 66 einbezogen (vgl.
→ Rn. 9). Da es bei dieser Einschränkung jedenfalls auch um die Vermeidung der Kollision wirtschaftlicher Interessen geht, bezieht § 5 I 2 BMinG zu Recht auch entgeltliche Tätigkeiten als Schiedsrichter oder Gutachter in das Verbot ein.

Umstr. ist immer noch, ob Art. 66 einem Mitglied der BReg untersagt, für Vorträge oder Bücher,  **13a**
die er während seiner Amtszeit hält bzw. publiziert, ein Honorar anzunehmen.[41] Art. 66 steht nicht
schlechthin jeglichen privaten Nebeneinkünften entgegen, sondern verbietet nur solche Erwerbstätigkeiten, denen ein Konfliktpotential im Hinblick auf das Ansehen des Amtes und die Integrität der
Amtsführung innewohnt. Darum unterliegt das entgeltliche **Publizieren von Büchern** jedenfalls
dann keinem verfassungsrechtlichen Verdikt, wenn sich die Honorierung im Rahmen herkömmlicher
verlegerischer Praktiken hält. Bücher, in denen ein Regierungsmitglied seine politischen Vorstellungen und Reflexionen zu Papier bringt, sind überdies eine mit dem Regierungsamt durchaus
vereinbare Form öff. politischer Selbstdarstellung. **Vorträge** von Regierungsmitgliedern fallen dagegen in aller Regel in den Tätigkeitsbereich ihres Amtes, für das sie bereits aus dem öff. Haushalt
besoldet werden; bei zusätzlicher privater Honorierung ließe sich an strafbare Vorteilsannahme
denken. Vortragshonorare, wenn sie denn überhaupt gezahlt werden sollen, müssen darum von
vornherein solchen Zwecken zugeführt werden, aus denen der Vortragende keinen privaten Vorteil
ziehen kann.

Die Beschränkungen bezüglich der **Zugehörigkeit zur Leitung oder zum Aufsichtsrat** eines  **14**
Wirtschaftsunternehmens verfolgen, wie schon gesagt, den weiteren Zweck, eine Verquickung der
Regierungstätigkeit mit privatwirtschaftlichen Führungsfunktionen und damit die Kumulation wirtschaftlicher und politischer Macht zu verhindern.[42] Darum kommt es auch nicht darauf an, ob die
damit angesprochenen Leitungsfunktionen entgeltlich ausgeübt werden oder nicht. Andererseits wird
unter diesem Aspekt eine Unternehmensleitung erst von einer gewissen Unternehmensgröße an
relevant.[43] § 5 I 2 BMinG spricht darum realistisch, jedoch ohne Anspruch auf Authentizität der
Interpretation, von der Zugehörigkeit zu einem Unternehmensvorstand und setzt damit eine gesellschaftsrechtliche Unternehmensverfassung voraus. Verfassungskonform, wenn nicht schon in Art. 66
selbst angelegt,[44] ist die in § 5 I 2 BMinG vorgenommene Erstreckung auch auf Verwaltungsräte.

Der **Ausnahmevorbehalt** des Art. 66 für die Zugehörigkeit zu Aufsichtsräten, den § 5 I 3 BMinG  **15**
mit der Erweiterung auf Verwaltungsräte wiederholt, erlaubt der BReg im Einvernehmen mit dem BT
eine personelle Einflussnahme auf Wirtschaftsunternehmen. Sinnvoll ist das bei Unternehmen mit
Bundesbeteiligung; das war auch das Motiv für die Regelung.[45] Die Entsendung von Regierungsmitgliedern in die Aufsichtsgremien anderer Unternehmen wird ebenfalls durch den Ausnahmevorbehalt gedeckt,[46] doch wird ein solches Unterfangen, sollte es überhaupt einmal erwünscht sein,
regelmäßig an anderen rechtlichen Hürden scheitern.[47]

## III. Rechtsfolgen des Art. 66

Soweit Art. 66 die Ausübung eines besoldeten öff. Amtes, eines Gewerbes oder eines Berufes  **16**
untersagt, handelt es sich um ein **Betätigungsverbot.**[48] Die Innehabung solcher Ämter oder
Erwerbsstellungen soll dagegen nicht unterbunden werden. Der Eintritt in die BReg ist kein
Beendigungsgrund für ein bestehendes Dienst-, Arbeits- oder sonstiges Beschäftigungsverhältnis.
Diese Rechtsbeziehungen ruhen und können nach Ausscheiden aus der BReg wieder aufleben.[49] Aus
Art. 66 folgt lediglich die **Verpflichtung,** die betreffende Erwerbs- oder Berufstätigkeit einzustel-

---

[39] Man könnte darum zusammenfassend auf die Berufsfreiheit abstellen; vgl. *Herzog,* in: Maunz/Dürig, Art. 66
(2008) Rn. 42.

[40] *H.-P. Schneider* AK GG, Art. 66 (2002) Rn. 6.

[41] Zum Folgenden mit teilweise abw. Ansicht *Busse,* in: Friauf/Höfling, Art. 66 (2011) Rn. 12. Vgl. jetzt auch
*Schenke* BK, Art. 66 (2010) Rn. 33 f.; *Mager,* in: v. Münch/Kunig I, Art. 66 Rn. 9.

[42] Vgl. auch *Herzog,* in: Maunz/Dürig, Art. 66 (2008) Rn. 3; *Commandeur* DÖV 2017, 1017 (1018).

[43] Ausführl. hierzu *Herzog,* in: Maunz/Dürig, Art. 66 (2008) Rn. 50 ff., sowie *Epping* MKS II, Art. 66 Rn. 30;
*Schenke* BK, Art. 66 (2010) Rn. 39 ff.

[44] *Herzog,* in: Maunz/Dürig, Art. 66 (2008) Rn. 49; *H.-P. Schneider* AK GG, Art. 66 (2002) Rn. 7; *Epping* MKS
II, Art. 66 Rn. 31.

[45] Ausführlich hierzu *Epping* MKS II., Art. 66 Rn. 31 ff.

[46] *Herzog,* in: Maunz/Dürig, Art. 66 (2008) Rn. 48; *H.-P. Schneider* AK GG, Art. 66 (2002) Rn. 7; *Epping* MKS
II, Art. 66 Rn. 37. AA jedoch *Hermes,* in: Dreier II, Art. 66 Rn. 14; *Nebendahl* DÖV 1988, 961 (963). Zum
Streitstand *Mager,* in: v. Münch/Kunig I, Art. 66 Rn. 36.

[47] Eine solche Entsendung käme ohnehin nur auf Wunsch oder im Einverständnis des Unternehmens in Betracht.
Zum Ganzen ausführlich *Epping* MKS II, Art. 66 Rn. 31 ff.

[48] Vgl. zum Folgenden auch *H.-P. Schneider* AK GG, Art. 66 (2002) Rn. 3; *Epping* MKS II, Art. 66 Rn. 40 ff.

[49] *Mager,* in: v. Münch/Kunig I, Art. 66 Rn. 6.

len.[50] Dem kann durch eine beamtenrechtliche Regelung[51] oder durch entspr. Absprachen im Rahmen des Beschäftigungsverhältnisses[52] Rechnung getragen werden.

17    Bei **gewerblicher oder freiberuflicher Betätigung** ist die Einstellung der Erwerbsbetätigung nicht etwa gleichzusetzen mit der Einstellung des betreffenden Unternehmens.[53] Die Übernahme eines Regierungsamtes verpflichtet nicht zur Aufgabe der bisherigen wirtschaftlichen Existenzgrundlage.[54] Das Regierungsmitglied muss indes, will es sein Unternehmen aufrechterhalten, Mittel und Wege finden, die Zeit der eigenen Betätigungsabstinenz durch Vertretungs- oder ähnliche Lösungen zu überwinden.[55]

18    Das Verbot der **Beteiligung an der Leitung eines Wirtschaftsunternehmens** reicht über ein Betätigungsverbot hinaus; Art. 66 bezieht sich insoweit ausdrücklich auf die **Angehörigkeit** zur Unternehmensleitung oder zu einem Aufsichtsrat. Derartige Positionen müssen also aufgegeben werden.[56] Hieraus können sich organisatorische Schwierigkeiten ergeben, insbes. dann, wenn die Mitwirkung an der Unternehmensleitung auf Eigentumsrechten am Unternehmen beruht. Doch selbst die mit Art. 66 insoweit verfolgte Absicht, wirtschaftliche und politische Macht zu trennen, kann die Verpflichtung nicht rechtfertigen, das Eigentum an einem Unternehmen[57] – ggf. in der Form einer Aktienmehrheit – zu veräußern.[58]

19    Art. 66 ist insofern **lex imperfecta,** als er keine Sanktionsmöglichkeiten bei Verstößen gegen seine Verbote vorsieht.[59] Liegen Unvereinbarkeitsgründe schon vor Amtsantritt vor, und sind bekannt, wird zwar der BPräs aus Rechtsgründen die Ernennung verweigern können;[60] im Übrigen sind BKanzler und BT jedoch auf die allg. politischen und verfassungsrechtlichen Einwirkungsmöglichkeiten beschränkt.[61] Der Eintritt in die BReg beendet bisherige Betätigungen oder Zugehörigkeiten nicht ipso iure,[62] sondern verpflichtet nur zur Herstellung eines verfassungskonformen Zustandes. Umgekehrt macht ein dauerhafter Verstoß gegen Art. 66 die organschaftliche Bestellung des Regierungsmitgliedes nicht hinfällig.[63] Ministerentlassung (Art. 64 I) oder Misstrauensvotum gegen den Kanzler (Art. 67) sind zwar denkbar,[64] gehören aber ersichtlich in einen anderen Zusammenhang. Sie sind als Sanktion auch wenig geeignet, denn es gibt keine verfassungsrechtlich durchsetzbare Pflicht zur Ministerentlassung, und ein Kanzlersturz lässt sich nur durch Wahl eines neuen Kanzlers mit absoluter Mehrheit bewerkstelligen.[65]

20    Ebensowenig hilft die **Einschaltung des BVerfG.** Die allein denkbare Möglichkeit einer Organklage nach Art. 93 I Nr. 1 scheidet aus, weil keiner der in Betracht kommenden Antragsteller durch das Fehlverhalten des Regierungsmitglieds in seinen verfassungsrechtlichen Rechten verletzt sein kann (§ 64 I BVerfGG).[66] Das GG vertraut ersichtlich darauf, dass kein Regierungsmitglied dem Druck des Parlaments oder der Öffentlichkeit, verfassungskonforme Verhältnisse herzustellen oder zurückzutreten, auf Dauer widerstehen kann. Rechtliche Zweifel, die bezüglich der Anwendbarkeit des Art. 66 im Einzelfall durchaus bestehen können, lassen sich nicht verfassungsgerichtlich beheben, sondern müssen politisch ausgetragen werden.

## C. Organschaftliche Unvereinbarkeit

### I. Verfassungsrechtliche Verortung

21    Das Verbot gleichzeitiger Inhaberschaft zweier verfassungsorganschaftlicher Positionen (Inkompatibilität) wird im verfassungsrechtlichen Schrifttum vielfach ebenfalls aus Art. 66 hergeleitet und als ein

---

[50] *Mager,* in: v. Münch/Kunig I, Art. 66 Rn. 7; *Epping* MKS II, Art. 66 Rn. 41; *Herzog,* in: Maunz/Dürig, Art. 66 (2008) Rn. 11.

[51] Für Mitglieder der BReg gilt insoweit § 18 BMinG. Zu alternativen Regelungsmöglichkeiten *Herzog,* in: Maunz/Dürig, Art. 66 (2008) Rn. 25.

[52] *Herzog,* in: Maunz/Dürig, Art. 66 (2008) Rn. 43; *Mager,* in: v. Münch/Kunig I, Art. 66 Rn. 7.

[53] *Herzog,* in: Maunz/Dürig, Art. 66 (2008) Rn. 44; *Epping* MKS II, Art. 66 Rn. 42.

[54] *Mager,* in: v. Münch/Kunig I, Art. 66 Rn. 7.

[55] Einzelheiten bei *Herzog,* in: Maunz/Dürig, Art. 66 (2008) Rn. 44.

[56] Eine Vertretungsregelung genügt nicht; vgl. *Herzog,* in: Maunz/Dürig, Art. 66 (2008) Rn. 11; *Epping* MKS II, Art. 66 Rn. 40.

[57] *v. Mangoldt/Klein* II, Art. 66 Anm. III 2 (S. 1287).

[58] Bei Interessenkonflikten, die sich aus der Eigentümerstellung von Regierungsmitgliedern ergeben, gilt die allg. Befangenheitsregelung; *Herzog,* in: Maunz/Dürig, Art. 66 (2008) Rn. 53.

[59] AA *Hermes,* in: Dreier II, Art. 66 Rn. 16, mit Hinweis auf die Rolle des BPräs bei der Ministerernennung. Wie hier *Mager,* in: v. Münch/Kunig I, Art. 66 Rn. 11; *Busse,* in: Friauf/Höfling, Art. 66 (2019) Rn. 13 f.; ähnl. auch *Epping* MKS II, Art. 66 Rn. 40 ff.

[60] Vgl. auch *Epping* MKS II, Art. 66 Rn. 43.

[61] *Epping* MKS II, Art. 66 Rn. 46. Abw. jedoch *Busse,* in: Friauf/Höfling, Art. 66 (2019) Rn. 13.

[62] *Herzog,* in: Maunz/Dürig, Art. 66 (2008) Rn. 13.

[63] *Herzog,* in: Maunz/Dürig, Art. 66 (2008) Rn. 13.

[64] Insoweit durchaus richtig *Herzog,* in: Maunz/Dürig, Art. 66 (2008) Rn. 14.

[65] So zutr. *Mager,* in: v. Münch/Kunig I, Art. 66 Rn. 11.

[66] Wie hier auch *Herzog,* in: Maunz/Dürig, Art. 66 (2008) Rn. 14 Fn. 2; *Epping* MKS II, Art. 66 Rn. 46.

Sonderfall der dort geregelten **Ausübung eines öffentlichen Amtes** verstanden.[67] Dem kann indes nicht gefolgt werden.[68]

Art. 66 folgt in seinem Wortlaut ganz dem Vorbild des Art. 55 II, der im Unterschied zu Art. 55 I   22 gerade **nicht die Inkompatibilität** meint.[69] Der Wortlaut entspricht ganz der Entstehungsgeschichte, wo unter ausdrücklicher Bezugnahme auf Art. 55 II nur die Kollision mit anderer Erwerbstätigkeit bedacht wurde.[70] Auf das Ziel, eine weitere Erwerbstätigkeit neben dem Regierungsamt zu unterbinden, verweist auch der Bezug auf ein „besoldetes" Amt. Auch wenn organschaftliche Funktionen meist – jedoch nicht zwingend stets[71] – mit einer Besoldung verbunden sind, ist die Doppelung der Erwerbstätigkeit doch nicht das Problem der Inkompatibilität. Weiterhin lassen sich andere Inkompatibilitätsregelungen des GG, die sich ebenfalls auf Regierungsämter beziehen (vgl. Art. 53a I 2, 55 I, 94 I 3) nicht erklären, wenn dieses Thema schon in Art. 66 behandelt wird. Schließlich ist die Ausschlussregelung des Art. 66 einerseits viel zu starr, als dass sie eine angemessene, mit dem Verfassungssystem abgestimmte Behandlung der komplexen Inkompatibilitätsproblematik leisten könnte; andererseits enthält sie nur ein Betätigungsverbot, während die Inkompatibilität schon der Innehabung einer anderen organschaftlichen Funktion entgegensteht.

Auf Regierungsmitglieder bezogene Inkompatibilitätsbestimmungen müssen darum, soweit sie nicht   23 schon ausdrücklich vom GG vorgegeben sind, den **Verfassungsstrukturen** des GG entnommen werden.[72] Verfassungsorganschaftliche Inkompatibilitätsregelungen sollen verhindern, dass das von der Verfassung gewollte Kompetenz- und Kontrollgefüge zwischen den Verfassungsorganen und damit letztlich die Ausbalancierung politischer Einflusssphären durch Doppelzugehörigkeiten personell gelockert oder unterlaufen wird. Inkompatibilitäten wurzeln darum vornehmlich im Gewaltenteilungsprinzip und in der Bundesstaatlichkeit; Überlagerungen durch andere Strukturelemente der Verfassung wie etwa durch den parteienstaatlichen Parlamentarismus sind dabei zu berücksichtigen.

Der Begriff der Inkompatibilität wird auch für **Ämterunvereinbarkeiten innerhalb der BReg**   23a verwendet (hierzu → Art. 62 Rn. 31a, b). Hier sind insb. Inkompatibilitäten zwischen den Ämtern des BKanzlers und bestimmten, im GG hervorgehobenen (Justiz, Verteidigung) oder allen „klassischen" Ministerämtern umstritten; gleiches gilt für die Leitung mehrerer Ressorts durch einen Minister (Personalunion) wie auch für bestimmte Ressortverschmelzungen (Realunion). Art. 66, der nach hier vertretener Ansicht nur persönliche Hinderungsgründe regelt, gibt auf diese Fragen keine Antwort.[73] Wie auch in sonstigen Fällen organschaftlicher Unvereinbarkeit (→ Rn. 21 ff.) ist Art. 66 für intragouvernementale Inkompatibilitäten allein deswegen schon nicht anwendbar, weil seine Rechtsfolge – das Ruhen des anderen Amtes – hier ungeeignet wäre. Schließlich lässt sich aus Art. 66 auch kein Aufschluss darüber gewinnen, **welche Regierungsämter** untereinander inkompatibel sind. Ein generelles Verbot der Herstellung einer Personal- oder Realunion wird indes von niemandem gefordert.

## II. Einzelprobleme

Soweit **das GG** für bestimmte andere verfassungsorganschaftliche Rechtspositionen die **Inkom-**   24 **patibilität mit einem Regierungsamt** bestimmt, folgt hieraus spiegelbildlich eine entsprechende Unvereinbarkeitsregelung für Regierungsmitglieder. Das gilt nach Art. 55 I für das Amt des BPräs,[74] nach Art. 94 I 3 für das Amt eines Mitglieds des BVerfG und nach Art. 53a I 2 für die Mitgliedschaft im Gemeinsamen Ausschuss.

Heftig umstr. ist, ob sich **Regierungsamt und Abgeordnetenmandat** miteinander vereinen   25 lassen.[75] Die in der polit. Realität nahezu unangefochtene Praxis der sog. Ministerkompatibilität[76]

---

[67] So z.B. *Herzog*, in: Maunz/Dürig, Art. 66 (2008) Rn. 2 und 27 ff.; *H.-P. Schneider* AK GG, Art. 66 (2002) Rn. 2 f.; *Epping* MKS II, Art. 66 Rn. 7 ff.; *Busse*, in: Friauf/Höfling, Art. 66 (2019) Rn. 8. Ebenso wohl auch *Mager,* in: v. Münch/Kunig I, Art. 66 Rn. 3.

[68] Wie hier schon *v. Mangoldt/Klein* II, Art. 66 Anm. IV 2 (S. 1278); *Sturm* (Fn. 28), S. 86 f.; *Hermes,* in: Dreier II, Art. 66 Rn. 8; *Müller-Franken/Uhle,* in: Hofmann/Henneke, Art. 66 Rn. 18 f. Jetzt auch mit ausführlicher Begründung *Schenke* BK, Art. 66 (2010) Rn. 10 ff.

[69] AA *Herzog*, in: Maunz/Dürig, Art. 66 (2008) Rn. 32.

[70] *Schenke* BK, Art. 66 (2010) Rn. 15 f.; vgl. auch *Mager*, in: v. Münch/Kunig I, Art. 66 Rn. 1. AA *Epping* MKS II, Art. 66 Rn. 10.

[71] Vgl. etwa Art. 53a I 2.

[72] Zustimmend *Hermes,* in: Dreier II, Art. 66 Rn. 18; aA *Epping* MKS II, Art. 66 Rn. 8.

[73] Insoweit zustimmend auch *Epping* MKS II, Art. 66 Rn. 39, jedoch wird hier aus anderem Grund eine weitreichende Inkompatibilität angenommen. Vgl. insoweit auch → Art. 62 Rn. 31a. Wie hier auch *Hermes,* in: Dreier II, Art. 66 Rn. 8; *Schenke* BK, Art. 66 (2010) Rn. 29.

[74] Zur Vereinbarkeit der Stellung eines designierten BPräs mit dem Amt des (geschäftsführenden) BKanzlers *Epping* MKS II, Art. 66 Rn. 15 f.

[75] Umfangreicher Nw. des Streitstandes bei *Epping* DÖV 1999, 529 (530 Fn. 9), sowie *ders.* MKS II, Art. 66 Rn. 18 ff.; *Busse*, in: Friauf/Höfling, Art. 66 (2019) Rn. 9. Vgl. weiterhin auch die Nw. bei *Badura* FS Quaritsch, 2000, S. 295 (305 ff.).

[76] Zur Ungenauigkeit dieses Begriffes *Epping* MKS II, Art. 66 Rn. 18.

rechtfertigt sich freilich nicht schon nach den Maßstäben des Art. 66; diese Begründung gerät ins Wanken, seitdem sich das Abgeordnetenmandat jedenfalls faktisch zu einem besoldeten Amt entwickelt hat.[77] Nach der hier vertretenen Auslegung lassen sich aus Art. 66 generell keine organschaftlichen Inkompatibilitäten herleiten; das gilt auch für die vorliegende Frage.[78] Die Antwort muss vielmehr in den allg. Verfassungsprinzipien gesucht werden.[79]

**25a**  Zweifellos weicht die Ministerkompatibilität in besonders handgreiflicher Weise[80] vom Grundsatz der (auch personell zu verstehenden) Gewaltenteilung ab.[81] Zu ihren Gunsten sprechen auch nicht etwa Erfordernisse des parl. Regierungssystems;[82] dessen Kreations-, Kontroll- und Verantwortlichkeitsstrukturen verlangen eher einen strengen Dualismus von Parlament und Regierung.[83] Tatsächlich können sich denn auch aus der Verbindung von Regierungsamt und Abgeordnetenmandat durchaus unverträgliche Konstellationen ergeben.[84]

**25b**  Tragender Grund für die Sinnhaftigkeit und verfassungsrechtliche Zulässigkeit der Ministerkompatibilität ist vielmehr der – vom GG durchaus beförderte (vgl. Art. 21) – **parteienstaatliche Charakter** des heutigen demokratischen Systems,[85] in dem die Frontlinien einer funktional verstandenen Gewaltenteilung weniger zwischen Parlament und Regierung als zwischen Regierungslager und Opposition verlaufen.[86] Die Regierung nimmt in einem solchen System ihre Regierungsfunktionen in und mit den sie tragenden Fraktionen wahr. Hierzu bedürfen die Regierungsmitglieder i. d. R. eines politischen Rückhalts, den sie am ehesten in einer mitgliedschaftlichen Verwurzelung in ihrer Fraktion finden. Dem Faktum regelmäßiger Verbindung des Regierungsamtes mit einem Abgeordnetenmandat trägt denn auch das GG selbst in Art. 53a I 2 Rechnung, demzufolge die vom BT gestellten Mitglieder des GemA nicht der BReg angehören dürfen.[87] Die hier vertretene Rechtfertigung einer Ämterkumulation trägt allerdings nicht die Wahrnehmung eines Fraktionsamtes durch ein Regierungsmitglied.[88] Eine Mitgliedschaft im **Europäischen Parlament** scheidet für ein Regierungsmitglied nicht schon aus Gründen des Art. 66 aus;[89] wohl aber stehen ihr einfachgesetzliche Inkompatibilitäten entgegen.[90]

**26**  Die Verbindung des Regierungsamts mit einem **Landtagsmandat** berührt die (horizontale) Gewaltenteilung nicht, stößt aber im Hinblick auf die Bundesstaatlichkeit („vertikale Gewaltenteilung") auf Bedenken, zumal eine solche Verbindung auch nicht durch Bedürfnisse des parlamentarischen Regierungssystems gedeckt wird.[91] Andererseits stehen BReg und Landesparlament auch unter föderativem Aspekt nicht in unmittelbarer Beziehung zueinander, so dass letztlich gegen eine Kompatibilität beider organschaftlichen Rechtspositionen nichts einzuwenden ist.[92] Gleiches gilt für die Mitgliedschaft in einer **kommunalen Vertretungskörperschaft;** insoweit muss § 5 II BMinG restriktiv ausgelegt werden.[93]

**27**  Die parallele Mitgliedschaft in einer **Landesregierung** wird den Mitgliedern der BReg durch § 4 BMinG untersagt. Dieses Ergebnis lässt sich auch verfassungsrechtlich[94] mit der Möglichkeit von Konflikten zwischen Bundes- und Landesregierung begründen (vgl. etwa Art. 84 III, 85 III).[95] Damit

---

[77] Vgl. insoweit das Diäten-Urteil BVerfGE 40, 296 (310 ff.), und zuvor schon BVerfGE 32, 157 (164). Ua auch hierauf stützt sich *Epping* DÖV 1999, 528 (531), und *ders.* MKS II, Art. 66 Rn. 19. Ablehnend *Mager,* in: v. Münch/Kunig I, Art. 66 Rn. 4.

[78] AA jedoch *Epping* ebda.

[79] Ebenso *Müller-Franken/Uhle,* in: Hofmann/Henneke, Art. 66 Rn. 52 f. iVm Rn. 18 f.

[80] *Herzog,* in: Maunz/Dürig, Art. 20 V (1980) Rn. 15; ebenso v. *Münch* NJW 1998, 34.

[81] Statt vieler *Epping* DÖV 1999, 529 (534 ff.), und *ders.* MKS II, Art. 66 Rn. 20.

[82] Hierzu ua *Badura* HStR II, § 25 Rn. 10 ff. (insb. 11); *Stern,* StaatsR I, S. 955 ff. (966 ff.). Vgl. auch *Epping* MKS II, Art. 66 Rn. 20 f.

[83] Ähnl. auch *Epping* DÖV 1999, 529 (534 f.); v. *Münch* NJW 1998, 34 (35).

[84] Beispiele bei v. *Münch* NJW 1998, 34 (35).

[85] Ähnlich *Badura* FS Quaritsch, 295 (303). Zum „Parteienstaat" auch → Art. 21 Rn. 14. Vgl. jetzt auch *Schenke* BK, Art. 66 (2010) Rn. 56 f.; *Mager,* in: v. Münch/Kunig I, Art. 66 Rn. 4.

[86] Ebenso *Hermes,* in: Dreier II, Art. 66 Rn. 18.

[87] *Badura,* FS Quaritsch, 2000, S. 295 (304); *Hermes,* in: Dreier II, Art. 66 Rn. 18; *Busse,* in: Friauf/Höfling, Art. 66 (2019) Rn. 9; *Herzog,* in: Maunz/Dürig, Art. 66 (2008) Rn. 35. Krit. gegenüber diesem Argument jedoch *Epping* MKS II, Art. 66 Rn. 23.

[88] So wohl auch *Herzog,* in: Maunz/Dürig, Art. 66 (2008) Rn. 17 Fn. 9.

[89] Wie hier *Schenke* BK, Art. 66 (2010) Rn. 62; *Müller-Franken/Uhle,* in: Hofmann/Henneke, Art. 66 Rn. 56. AA *Epping* MKS II, Art. 66 Rn. 27.

[90] Die Rechtslage ist recht unübersichtlich. Vgl. § 7 EurAbgG iVm § 22 II Nr. 13 EuWG. Hierzu auch *Epping* MKS II, Art. 66 Rn. 27; *Müller-Franken/Uhle,* in: Hofmann/Henneke, Art. 66 Rn. 56.

[91] Ähnl. auch *Herzog,* in: Maunz/Dürig, Art. 66 (2008) Rn. 36.

[92] Zust. *Hermes,* in: Dreier II, Art. 66 Rn. 19. Vgl. weiterhin schon *Herzog,* in: Maunz/Dürig, Art. 66 (2008) Rn. 36; *H.-P. Schneider* AK GG, Art. 66 (2002) Rn. 4; *Schenke* BK, Art. 66 (2010) Rn. 62 ff. Von anderem Ansatz her und unter Vorbehalt einer Besoldung *Epping* MKS II, Art. 66 Rn. 26. Ähnl. *Busse,* in: Friauf/Höfling, Art. 66 (2019) Rn. 10.

[93] Zur Problematik jetzt ausführlich *Schenke* BK, Art. 66 (2010) Rn. 24.

[94] *Hermes,* in: Dreier II, Art. 66 Rn. 17.

[95] IE ähnlich *Herzog,* in: Maunz/Dürig, Art. 66 (2008) Rn. 39; *Schenke* BK, Art. 66 (2010) Rn. 65 f.; Nach *Mager,* in: v. Münch/Kunig I, Art. 66 Rn. 3, greift hier indes Art. 66 GG.

ist auch die – nur über ein Regierungsamt in einer Landesregierung herbeiführbare – Mitgliedschaft eines BMinisters oder des BKanzlers im **Bundesrat** untersagt. Im Übrigen ist der BRat als Ganzes – und insoweit organschaftlich besser abgesetzt als der BT – ein Kontrastorgan gegenüber der BReg[96]

Die verfassungsorganschaftliche Inkompatibilität steht nicht nur einer parallelen organschaftlichen **28** Betätigung, sondern bereits der gleichzeitigen Innehabung miteinander unvereinbarer Rechtspositionen entgegen. Der BPräs darf niemanden zum BKanzler oder BMin ernennen, bei dem ein Inkompatibilitätsfall vorliegt; insofern besteht ein **rechtlicher Hinderungsgrund** für die Ernennung (→ Art. 63 Rn. 24 und → Art. 64 Rn. 15). Umgekehrt tritt ein **automatischer Amtsverlust** ein, wenn ein Regierungsmitglied ein inkompatibles anderes Amt übernimmt.[97]

## Art. 67 [Konstruktives Mißtrauensvotum]

(1) **Der Bundestag kann dem Bundeskanzler das Mißtrauen nur dadurch aussprechen, daß er mit der Mehrheit seiner Mitglieder einen Nachfolger wählt und den Bundespräsidenten ersucht, den Bundeskanzler zu entlassen. Der Bundespräsident muß dem Ersuchen entsprechen und den Gewählten ernennen.**

(2) **Zwischen dem Antrage und der Wahl müssen achtundvierzig Stunden liegen.**

**Entstehungsgeschichte: Erstfassung:** JöR nF Bd. 1 (1951), 442.
**Historische Verfassungstexte: WRV: Art. 54** Der Reichskanzler und die Reichsminister bedürfen zu ihrer Amtsführung des Vertrauens des Reichstags. Jeder von ihnen muß zurücktreten, wenn ihm der Reichstag durch ausdrücklichen Beschluß sein Vertrauen entzieht.
**Geltende Landesverfassungen:** *BW*Verf Art. 54; *Bay*Verf Art. 44 III 2; *Bln*Verf Art. 57; *Bbg*Verf Art. 86; *Brem*-Verf Art. 110; *Hmb*Verf Art. 35 III 1, II; *Hess*Verf Art. 114; *MV*Verf Art. 50 II, III; *Nds*Verf Art. 32; *NRW*Verf Art. 61; *RhPf*Verf Art. 99; *Saar*Verf Art. 88; *Sachs*Verf Art. 69; *LSA*Verf Art. 72; *SchlH*Verf Art. 35; *Thür*Verf Art. 73.
**Gesetzgebung:** GOBT.

**Schrifttum:** *C. Arndt,* Mißtrauensvotum und Parlamentsauflösung, RuP 19 (1983), 65; *L. Berthold,* Das konstruktive Mißtrauensvotum und seine Ursprünge in der Weimarer Staatsrechtslehre, Der Staat 1997, 87; *A. M. Birke,* Das konstruktive Mißtrauensvotum in den Verfassungsverhandlungen der Länder und des Bundes, ZParl 8 (1977), 77; *E. Brandt,* Die Bedeutung parlamentarischer Vertrauensregelungen, 1981; *K. Finkelnburg,* Die Minderheitsregierung im deutschen Staatsrecht, 1982; ders., Zum Misstrauensvotum im deutschen Staatsrecht, NVwZ 2001, 15; *E. Friesenhahn,* Parlament und Regierung im modernen Staat, VVDStRL 16 (1958), 9; *F. Glum,* Kritische Bemerkungen zu Art. 63, 67, 68, 81 des Bonner Grundgesetzes, FG Kaufmann, 1950, S. 47; *X. Haberland,* Die verfassungsrechtliche Bedeutung der Opposition nach dem Grundgesetz, 1995; *M. R. Lippert,* Bestellung und Abberufung des Regierungschefs und ihre funktionale Bedeutung für das parlamentarische Regierungssystem, 1973; *K. U. Meyn,* Destruktives und konstruktives Mißtrauensvotum, in: E. Eichhöfer (Hrsg.), 80 Jahre Weimarer Reichsverfassung, 1999, S. 71; *F. Münch,* Die Bundesregierung, 1954; *Th. Puhl,* Die Minderheitsregierung nach dem Grundgesetz, 1986; *M. Schröder,* Bildung, Bestand und parlamentarische Verantwortlichkeit der Bundesregierung HStR III, § 65; *K.-A. Sellmann,* Der schlichte Parlamentsbeschluß, 1966; *H. Steiger,* Organisatorische Grundlagen des parlamentarischen Regierungssystems, 1973.

### Übersicht

## A. Allgemeines

### I. Systematische Stellung

Art. 67 enthält keine Bestimmungen für den Regierungsalltag, sondern weist Wege aus einer **1** **krisenhaften Veränderung der politischen Lage.**[1] Die Vorschrift nennt die Voraussetzungen, unter denen der BKanzler und mit ihm die gesamte BReg bei Verfall ihrer Parlamentsmehrheit oder

---

[96] Mit abw. Begr. auch *Herzog,* in: Maunz/Dürig, Art. 66 (2008) Rn. 40.
[97] Ebenso *H.-P. Schneider* AK GG, Art. 66 (2002) Rn. 4; *Hermes,* in: Dreier II, Art. 66 Rn. 20. AA *Schenke* BK, Art. 66 (2010) Rn. 67 ff.
[1] Hinweise auf den Krisencharakter der Vorschrift finden sich auch bei *Herzog,* in: Maunz/Dürig, Art. 67 (2008) Rn. 1, sowie *Schröder* HStR III, § 65 Rn. 35.

bei sonstigem Vertrauensverlust im Parlament gestürzt werden können.[2] Der BKanzler kann dem Misstrauensvotum durch seinen **Rücktritt** zuvorkommen (u. Rn. 22a). Auch der Rücktritt ist ein – freilich nicht ausdrücklich geregelter – Fall der Beendigung des Amtes des BKanzlers. Die BReg bleibt geschäftsführend im Amt (Art. 69 III), bis der BT nach Art. 63 – ggf. auch erst nach einer Parlamentsneuwahl[3] – einen neuen BKanzler gewählt hat.

2 Eine andere Form der Konfliktbewältigung bietet **Art. 68** an.[4] Hiernach kann der BKanzler bei zweifelhaften Mehrheitsverhältnissen selbst die Initiative ergreifen und die Vertrauensfrage stellen.[5] Wird ihm das Vertrauen nicht ausgesprochen, kann er im Zusammenwirken mit dem BPräs den BT auflösen lassen oder versuchen, als Minderheitskanzler – ggf. unter Inanspruchnahme des Gesetzgebungsnotstandes nach Art. 81 – mit wechselnder Mehrheit oder unter Duldung des BT weiterzuregieren. Nach Art. 68 I 2 kann der BT seinerseits seine Auflösung durch den BPräs dadurch abwehren, dass er zuvor mit der „Kanzlermehrheit" einen neuen BKanzler wählt. Hierbei handelt es sich der Sache nach um einen Sonderfall des konstruktiven Misstrauensvotums (vgl. → Art. 68 Rn. 35), für den allerdings, den anderen Umständen Rechnung tragend, die Frist des Art. 67 II nicht gilt.[6]

3 Nach Art. 67 kann der BT dem amtierenden BKanzler nur dadurch **das Vertrauen entziehen,** dass er für ihn einen Nachfolger wählt und den BPräs ersucht, den Vorgänger zu entlassen.[7] Vertrauensentzug bedeutet also nicht nur destruktiv einen Kanzlersturz, sondern geschieht **konstruktiv** durch Neuwahl des BKanzlers. Das sog. konstruktive Misstrauensvotum nach Art. 67 ist darum im Kern ein besonderer Fall der Kanzlerwahl.[8] Vom Normalfall nach Art. 63 unterscheidet er sich freilich nicht allein durch seine besonderen politischen Umstände, sondern auch durch die Bedingungen, unter denen er erfolgt.[9]

4 Insgesamt fügt sich allerdings das Verfahren nach Art. 67 in die Vorschriften über Bildung und Beendigung einer BReg ein. Der neue BKanzler wird **vom Bundestag gewählt,** wobei naturgemäß dem BPräs – anders als nach Art. 63 I – kein Vorschlagsrecht zusteht. Die Wahl des neuen bedeutet zugleich die Abwahl des alten BKanzlers. Entlassung und Ernennung sind dann Aufgabe des BPräs. Mit der Entlassung des Kanzlers endet das Amt aller BMinister (Art. 69 III); der neue BKanzler wird in seinem materiellen Kabinettsbildungsrecht (Art. 64 I) nicht etwa durch im Amt verbleibende Minister beschränkt.

5 Im **Verteidigungsfall**[10] gilt Art. 67 nur dann, wenn der Bundestag noch funktionsfähig ist. Anderenfalls (vgl. Art. 115a) entscheidet der Gemeinsame Ausschuss (Art. 53a) nach Art. 115h II 2 auch über ein konstruktives Misstrauensvotum; im Unterschied zu Art. 67 ist hierbei eine Zweidrittelmehrheit erforderlich.

## II. Historische Wurzeln

6 Art. 67 bringt mit seinem Instrument des konstruktiven Misstrauensvotums die Abhängigkeit der BReg vom Vertrauen des BT zum Ausdruck. Während die Vertrauensabhängigkeit der Regierung vom Parlament als Merkmal eines jeden parlamentarischen Regierungssystems gilt, ist die konkrete Ausgestaltung, die sie in Art. 67 erfahren hat, **ohne Vorbild** sowohl in ausländischen Verfassungen wie auch in der deutschen Verfassungsgeschichte.[11]

7 Die **RV 1871** bestimmte in Art. 17 nur die parl. Verantwortlichkeit des RKanzlers gegenüber dem RT; dagegen war er in seiner Amtsführung vom Vertrauen des RT frei. Eine derartige Vertrauensabhängigkeit wurde zwar durch Gesetz v. 28.10.1918 (RGBl 1274) als neuer Art. 15 III eingeführt, konnte aber wegen der wenige Tage später ausbrechenden Revolution und des Zusammenbruchs der Monarchie keine Wirkung mehr entfalten.[12] Die **WRV** enthielt dagegen von Anfang an in Art. 54 eine Abhängigkeitsbestimmung, die sich auf den RKanzler wie auch auf jeden einzelnen RMin bezog.

---

[2] Eine Übersicht über die weiteren Fälle der Beendigung des Amtes des BKanzlers liefert *Herzog,* in: Maunz/Dürig, Art. 67 (2008) Rn. 2 ff.

[3] Zu Parlamentsneuwahlen kann es nach Art. 63 IV 3 kommen, wenn sich bei der Kanzlerwahl keine absolute Mehrheit findet.

[4] Zum verfassungssystematischen Zusammenhang zwischen Art. 67 einerseits und den Art. 68 und 81 andererseits *Herzog,* in: Maunz/Dürig, Art. 67 (2008) Rn. 12; *Schröder* HStR III, § 65 Rn. 6; *Mager,* in: v. Münch/Kunig I, Art. 67 Rn. 16; *Meyn,* in: 80 Jahre WRV, S. 71 (88 ff.).

[5] *Herzog,* in: Maunz/Dürig, Art. 67 (2008) Rn. 12, bezeichnet diese Möglichkeit treffend als „Gegenangriff".

[6] Näher hierzu *Schenke* BK, Art. 67 (2017) Rn. 67 f.

[7] Es handelt sich also um ein Verfahren „uno actu", dessen Schwergewicht indes bei der Neuwahl liegt. Vgl. hierzu ua *F. Münch,* Die Bundesregierung, 1954, S. 174 und 176; *Herzog,* in: Maunz/Dürig, Art. 67 (2008) Rn. 21; *H.-P. Schneider* AK GG, Art. 67 (2002) Rn. 2 und 4; *Epping* MKS II, Art. 67 Rn. 12.

[8] *Mager,* in: Münch/Kunig I, Art. 67 Rn. 16.

[9] Zur Eigenständigkeit des Verfahrens nach Art. 67 gegenüber dem Verfahren nach Art. 63 ua *Herzog,* in: Maunz/Dürig, Art. 67 (2008) Rn. 25.

[10] Hierzu *Mager,* in: v. Münch/Kunig I, Art. 67 Rn. 18; *Schenke* BK, Art. 67 (2017), Rn. 69.

[11] Vgl. auch *Mager,* in: v. Münch/Kunig I, Art. 67 Rn. 1.

[12] Näher hierzu *Oldiges,* Die Bundesregierung als Kollegium, 1983, S. 84 f.

Jeder von ihnen musste zurücktreten, wenn der RT ihm durch ausdrücklichen Beschluss sein Vertrauen entzog.[13]

Bei den **Beratungen zum GG**[14] wurde diese unmittelbare Abhängigkeit der Amtsführung jedes **8** einzelnen Regierungsmitgliedes vom Vertrauen des Parlaments (sog. destruktives Misstrauensvotum) als eine wesentliche Ursache für die Instabilität der Regierungen in der Weimarer Zeit und letztlich für das Scheitern der Weimarer Republik angesehen.[15] Schon beim Herrenchiemseer Konvent zielten alle Vorschläge auf eine Stärkung der Regierungsstabilität. Art. 90 I HChE beschränkte das Misstrauensvotum bereits auf den BKanzler und verband es mit der Pflicht zur Benennung eines Nachfolgers. Der ParlRat griff zwar noch einmal alle hiermit zusammenhängenden Grundsatz- und Einzelfragen auf, verständigte sich aber schließlich doch im Wesentlichen auf den Herrenchiemseer Vorschlag, indem er das Misstrauensvotum letztlich in einer Neuwahl mit qualifizierter Mehrheit aufgehen ließ. Misstrauensvoten ohne Neuwahl oder mit nur einfacher Mehrheit sollten damit ausgeschlossen sein.

### III. Art. 67 im parlamentarischen Regierungssystem

Im parl. Regierungssystem bezieht die Regierung ihre **demokratische Legitimation** aus dem **9** Vertrauen der Volksvertretung. Sie bedarf dieses Vertrauens sowohl zur Aufnahme der Regierungsgeschäfte wie auch zu ihrer weiteren Amtsführung, letztlich also zu ihrem Bestand.[16] Der Entzug des Vertrauens durch ein Misstrauensvotum bewirkt eine Diskordanz zwischen Parlament und Regierung, die um Auflösung bestrebt sein muss: regelmäßig erfolgt diese Auflösung durch Neubildung einer Regierung oder durch Neuwahl des Parlaments.

Der Begriff des **Vertrauens** und sein Gegenbegriff, das **Misstrauen,** geben freilich die Bedingun- **10** gen des Regierens nur unvollkommen wieder.[17] Beide Begriffe umschreiben Kategorien einer bipolaren Beziehung zwischen zwei voneinander abgesetzten politischen Kräften. Tatsächlich besteht im parlamentarischen Regierungssystem jedoch eine weitgehende personelle und konzeptionelle Identität zwischen Regierung und parlamentarischer Mehrheit. Vertrauen und Misstrauen bezeichnen unter diesen Umständen darum weniger Zustimmung und Missbilligung,[18] sondern sind Synonyme für den Besitz oder den Verlust der Mehrheit im BTag.

Art. 67 nimmt gegenüber den herkömmlichen Regelungen parlamentarischer Vertrauensabhängig- **11** keit der Regierung eine **doppelte Modifikation**[19] vor. Das Vertrauen kann nicht jedem einzelnen Regierungsmitglied, sondern **nur dem Bundeskanzler** entzogen werden. Die Bundesminister werden hiervon nur mittelbar betroffen, denn auch ihre Ämter enden nach Art. 69 II mit der Entlassung des Kanzlers. Weithin wird auch die Ausübung des Misstrauensvotums als solche erschwert; der Vertrauensentzug ist nach Art. 67 **nur als Neuwahl eines Bundeskanzlers** mit absoluter Mehrheit möglich.

Die **Beschränkung der „Passivlegitimation"** des Misstrauensvotums auf den BKanzler stärkt **12** ohne Zweifel dessen Stellung gegenüber dem Parlament.[20] Der BT kann nicht einzelne Minister aus der Regierung „herausschießen" und damit das materielle Kabinettsbildungsrecht des BKanzlers nach Art. 64 I (→ Art. 64 Rn. 3 ff.) unterlaufen. Bei Unzufriedenheit mit der Amtsführung eines Ministers wird sich die regierende Mehrheit sehr genau zu überlegen haben, ob sie den Problemfall durch das Instrument des Art. 67 zur **„Kanzlerfrage"** aufwertet.[21] Das wird im Allgemeinen nur der Fall sein, wenn eine neue parlamentarische Mehrheit ohnehin nach einem Regierungswechsel verlangt. Gegen den Willen der Mehrheit oder auch nur gegen den Willen der ihn tragenden parlamentarischen Kräfte wird sich indes trotz der Restriktionen des Art. 67 kein Minister im Kabinett halten. Art. 67 wirkt letztlich also stabilisierend nur bei kurzlebigen Krisenerscheinungen; nachhaltige Zerwürfnisse kann seine Existenz weder verhindern noch dämpfen.[22]

Entgegen dem ersten Anschein beschränkt Art. 67 die **parlamentarische Verantwortlichkeit** der **13** Regierung nicht auf den BKanzler. Zwar drückt sich in der Vertrauensabhängigkeit eines Regierungsmitglieds vom Parlament in Verbindung mit der Möglichkeit eines Misstrauensvotums seine parlamentarische Verantwortlichkeit sicherlich am deutlichsten aus; in der parteienstaatlichen Demokratie

---

[13] Schon zur Zeit der WRV gab es Überlegungen zur Einführung eines konstruktiven Misstrauensvotums. Vgl. hierzu *Eschenburg* DÖV 1954, 193 (198), sowie weiterhin *v. Mangoldt/Klein* II, Art. 67 Anm. II 1 (S. 1289); *Stern,* StaatsR I, S. 990 mwN. Ausführl. *Berthold* Der Staat 1997, 81 (83 f.).

[14] Vgl. zum Folgenden *H.-P. Schneider* AK GG, Art. 67 (2002) Rn. 1; *Schenke* BK, Art. 67 (2017) Rn. 43 ff.; *Busse,* in: Friauf/Höfling, Art. 67 (2011) Rn. 3.

[15] Vgl. ua *Glum* FG Kaufmann, 1950, S. 47 (49); *Birke* ZParl 8 (1977), 77 (80); *v. Mangoldt/Klein* II, Art. 67 Anm. II 3 (S. 1290).

[16] Vgl. näher zum parl. Regierungssystem *Stern,* StaatsR I, S. 955 ff., 977; *Badura* HStR II, § 25 Rn. 10 ff.

[17] Zum Begriff des Vertrauens in diesem Zusammenhang *Schenke* BK, Art. 68 (2017) Rn. 127 ff.

[18] Vgl. insoweit auch BVerfGE 62, 1 (36); *Stern,* StaatsR I, S. 991.

[19] Vgl. ua *Herzog,* in: Maunz/Dürig, Art. 67 (2008) Rn. 1.

[20] Ausführlich hierzu *Herzog,* in: Maunz/Dürig, Art. 67 (2008) Rn. 10; vgl. auch *Schröder* HStR III, § 65 Rn. 35; *H.-P. Schneider* AK GG, Art. 67 (2002) Rn. 13; *Hermes,* in: Dreier II, Art. 67 Rn. 9.

[21] *Herzog,* in: Maunz/Dürig, Art. 67 (2008) Rn. 11.

[22] *Herzog,* in: Maunz/Dürig, Art. 67 (2008) Rn. 16.

wirken jedoch andere, informelle Formen der Abhängigkeit in gleicher Weise (→ Art. 65 Rn. 22). Andererseits ist die Ausweitung des Kanzlersturzes zum Regierungssturz (vgl. Art. 69 II) keineswegs Ausdruck einer eigenen Kabinettsverantwortlichkeit (→ Art. 65 Rn. 35). Parlamentarische Verantwortlichkeit ist nicht kollektiv, sondern stets nur individuell. Ein Kabinett wird nicht wegen konkreten Fehlverhaltens, sondern nur auf Grund neuer parlamentarischer Mehrheitsverhältnisse gestürzt.

14    Auch die nach Art. 67 gebotene **konstruktive Form des Vertrauensentzuges** soll zur größeren Regierungsstabilität beitragen.[23] Das geschieht nur vordergründig durch eine Minderung der Parlamentsabhängigkeit der Regierung.[24] Zwar kann der BT die Regierung nur stürzen, indem er mit absoluter Mehrheit einen neuen Kanzler wählt. Das parlamentarische Regierungssystem wird hierdurch indes eher gestärkt als geschwächt. Denn Art. 67 nimmt den BT in die Verantwortung für die Bildung einer regierungsfähigen Mehrheit;[25] damit betont er den **parlamentarischen Charakter der Regierung.**

15    Ob Art. 67 im parl. Regierungssystem tatsächlich stabilisierend wirkt, wird im staatsrechtlichen Schrifttum verschieden beantwortet.[26] In Anbetracht einer sich verändernden, aber nach wie vor recht übersichtlichen Parteienlandschaft mit – immer noch – vorhandener Tendenz zur Bipolarität[27] hat Art. 67 seine **Bewährungsprobe** bisher noch nicht erbringen müssen.[28] Seine beiden prakt. Anwendungsfälle waren – teils gescheiterte, teils gelungene – Versuche, aus einem parl. Mehrheitsverfall Konsequenzen zu ziehen.[29]

16    Politische Führungskrisen, die von der Führungsschwäche des amtierenden Kanzlers oder von der Zerstrittenheit der regierenden Mehrheit herrühren, werden nicht über Art. 67 bereinigt, sondern durch parteiintern erzwungenen Kanzlerrücktritt.[30] Die **stabilisierende Wirkung des Art. 67,** genauer: des Ausschlusses eines nur destruktiven Misstrauensvotums, kann sich daher nur dann erweisen, wenn eine Regierungsmehrheit zerfällt, ohne dass eine neue regierungsfähige Parlamentsmehrheit zustande kommt.[31] Entgegen manchen Zweifeln wirkt Art. 67 tatsächlich hier stabilisierend, und zwar in zweifacher Weise:

17    Der Ausschluss des nur destruktiven Kanzlersturzes hindert unzufriedene Teile der bisherigen Regierungsmehrheit daran, ohne vorherige Klärung der künftigen Mehrheitsverhältnisse das Regierungslager allein in der Hoffnung zu verlassen, aus den dann anstehenden Regierungsverhandlungen für sich Vorteile ziehen zu können; einem leichtfertigen Umgang mit dem Institut des **Regierungssturzes** wird hierdurch **entgegengewirkt.**[32]

18    Die zweite Stabilisierungswirkung lässt sich schwerer erkennen, ist aber gleichfalls bedeutsam. Natürlich vermag Art. 67 tiefgreifende Zerwürfnisse und das Auseinanderbrechen einer Regierungsmehrheit nicht zu verhindern. Erwächst aus den Trümmern der alten eine neue tragfähige Regierungsmehrheit, weist Art. 67 den Weg zu einer neuen Regierung. Misslingt der Versuch eines konstruktiven Misstrauensvotums oder wird er erst gar nicht unternommen, verhindert Art. 67 wenigstens einen destruktiven Kanzlersturz. Die Regierung bleibt als **Minderheitsregierung** im Amt,[33] sofern der BKanzler es nicht unter den gegebenen Verhältnisse vorzieht, die Vertrauensfrage nach Art. 68 zu stellen und damit die Tür zu Parlamentsneuwahlen zu öffnen. Der destruktive Kanzlersturz hinterlässt die Regierung dagegen als – zumindest politisch wesentlich schwächere[34] – **Geschäftsregierung** (Art. 69 III). Zu Parlamentsneuwahlen kann es in diesem Fall erst über den beschwerlichen Weg nach Art. 63 kommen.[35]

---

[23] *Epping* MKS II, Art. 67 Rn. 5; *Busse,* in: Friauf/Höfling, Art. 67 (2011) Rn. 5 ff.

[24] Tendenziell jedoch anders *Stern,* StaatsR I, S. 991.

[25] Ebenso auch *Mager,* in: v. Münch/Kunig I, Art. 67 Rn. 1.

[26] Kritische Stimmen waren schon sehr bald nach Inkrafttreten des GG zu hören. Vgl. ua *Glum* (Fn. 15), S. 55 ff.; *Friesenhahn* VVDStRL 16 (1958), 9 (61 f.); *v. Mangoldt/Klein* II, Art. 67 Anm. II 2b und c (S. 1291 ff.) mwN; *Scheuner* DÖV 1974, 433 (433 f.). Aus neuerer Zeit *Hermes,* in: Dreier II, Art. 67 Rn. 11; *Schenke* BK, Art. 67 (2017) Rn. 61 ff.; *Epping* MKS II, Art. 67 Rn. 5. Positive Beurteilung dagegen bei *Mager,* in: v. Münch/Kunig I, Art. 67 Rn. 19.

[27] An dieser Grundtendenz hat sich auch bisher durch die gegenwärtig weiteren Veränderungen in der Parteienlandschaft nichts wesentlich geändert. Zu – tolerierten – Minderheitsregierungen wie in einzelnen Ländern ist es im Bund nicht gekommen.

[28] Hierauf verweisen *v. Mangoldt/Klein* II, Art. 67 Anm. II 3c (S. 1293) mwN; *Herzog,* in: Maunz/Dürig, Art. 67 Rn. 13; *Meyn,* in: 80 Jahre WRV, S. 71 (92 f.).

[29] Zur bisherigen Anwendung des Art. 67 *Mager,* in: v. Münch/Kunig I, Art. 67 Rn. 3.

[30] Vgl. hierzu auch *Herzog,* in: Maunz/Dürig, Art. 67 (2008) Rn. 14 und 15.

[31] *Herzog,* in: Maunz/Dürig, Art. 67 (2008) Rn. 14.

[32] *H.-P. Schneider* AK GG, Art. 67 (2002) Rn. 13, spricht zutreffend von einer „Präventivfunktion" des Art. 67. Vgl. auch *Schenke* BK, Art. 67 (2017) Rn. 65.

[33] Das wird gelegentlich als der „neuralgische Punkt" des Art. 67 bezeichnet; vgl. hierzu *Schröder* HStR III, § 65 Rn. 36. Krit. auch *Hermes,* in: Dreier II, Art. 67 Rn. 11. Eher positiv jedoch die Beurteilung durch *Schenke* BK, Art. 67 (2017) Rn. 63; *Epping* MKS II, Art. 67 Rn. 5.

[34] So auch *Busse,* in: Friauf/Höfling, Art. 67 (2011) Rn. 8. AA *H.-P. Schneider* AK GG, Art. 67 (2002) Rn. 11, der Minderheitsregierung und Geschäftsregierung in ihrer Bedeutung gleichsetzt.

[35] Zu Unrecht sieht *H.-P. Schneider* AK GG, Art. 67 (2002) Rn. 11, den Weg zu Neuwahlen über Art. 63 als leichter als den nach Art. 68 an.

Art. 67 kann im politischen Ernstfall, wenn die parlamentarischen Kräfte sich nur destruktiv ver- 19
einen können, weder den Minderheitskanzler noch ggf. die Parlamentsneuwahlen verhindern.[36] Sein
Vorzug besteht vielmehr darin, dass auch bei gescheitertem konstruktiven Misstrauensvotum noch eine
**handlungsfähige Regierung verbleibt,** die sich – insoweit im Gegensatz zur geschäftsführenden
Regierung – je nach den politischen Gegebenheiten für ein Weiteramtieren als Minderheitsregierung
oder für die Stellung der Vertrauensfrage entscheiden kann.[37] Dass in politisch hoffnungsloser Lage ein
Kanzler an seinem Amt „klebt" und die Vertrauensfrage nicht stellt, ist wenig wahrscheinlich.[38]

Im parlamentarischen Regierungssystem wirkt Art. 67 schließlich auch als **Legitimationsbasis für** 20
**die Opposition.**[39] Er ermöglicht ihr, bei brüchig werdender Regierungsmehrheit eine eigene regierungsfähige Mehrheit zu bilden und mit ihr durch Wahl eines neuen Kanzlers die bisherige Regierung
zu stürzen. Damit wird die Opposition auch zwischen den Bundestagswahlen zu einer realisierbaren
Alternative zur regierenden Mehrheit.

# B. Konstruktives Misstrauensvotum

## I. Abwahl durch Neuwahl

Art. 67 regelt abschließend die Möglichkeit eines **Kanzlersturzes.** Mit der Wahl eines neuen 21
BKanzlers entzieht der BT dem alten, ohne dass dies ausdrücklich gesagt werden müsste, das Vertrauen
und spricht ihm insoweit sein Misstrauen aus (zu diesen Begriffen → Rn. 10). Der Kanzlersturz ist
wegen der Regelung des Art. 69 II zugleich ein Sturz der Regierung.

Das konstruktive Misstrauensvotum nach Art. 67 ist die **einzige Form des Kanzlersturzes.** Weder 22
kann der BT dem amtierenden Kanzler ohne Wahl eines neuen das Vertrauen entziehen, noch steht
ein Kanzlersturz in der Macht eines sonstigen Verfassungsorgans. Insbes. ist es dem BPräs verwehrt, in
eigener Initiative einen BKanzler oder einen BMin zu entlassen.[40]

Durch konstruktives Misstrauensvotum kann nur ein **regulär amtierender,** nicht aber auch ein 22a
nach seinem Rücktritt lediglich nach Art. 69 III geschäftsführender BKanzler abgewählt werden
(→ Art. 69 Rn. 36).[41] Eine Ausnahme mag dann gelten, wenn sich auch im dritten Wahlgang nach
Art. 63 IV keine Kanzlermehrheit ergeben und der BPräs den BT darum aufgelöst hat;[42] dieser Fall
dürfte indes kaum eintreten, weil die nunmehr erforderliche Kanzlermehrheit auch im zweiten Wahlgang (Art. 63 III) hätte erreicht werden können.[43] Generell wird durch die Auflösung des BT ein
konstruktives Misstrauensvotum nicht ausgeschlossen. Beide Akteure – BT und BKanzler – sind noch
uneingeschränkt präsent, und es mag Gründe geben, den amtierenden BKanzler noch vor Zusammentritt des neugewählten BT zu stürzen.[44] Der von einem konstruktiven Misstrauensvotum bedrohte
BKanzler kann die Gefahr seiner Abwahl auch nach Stellung des Misstrauensantrages noch durch
Rücktritt mit der Folge eines neuen Kanzlerwahlverfahrens und ggf. von Neuwahlen (vgl. Art. 63)
abwehren; das Verfahren nach Art. 67 hat keinen Vorrang.[45] Will der BKanzler einem Misstrauensvotum durch Stellung der Vertrauensfrage nach Art. 68 – ggf. mit dem Ziel seines Rücktritts –
zuvorkommen, fragt sich, in welcher Reihenfolge die diesbezüglichen Anträge zu behandeln sind.
Nach zutreffender hM muss hierüber der BT selbst entscheiden können.[46]

Der im Wege des konstruktiven Misstrauensvotums gewählte BKanzler besitzt dieselbe **demokrati-** 22b
**sche Legitimation** wie ein nach Art. 63 gewählter Mehrheitskanzler.[47] Zwar hat die Wahl zum BT
nicht selten den Charakter eines Votums für eine bestimmte Regierungskoalition und deren Kanz-

---

[36] Der destabilisierende Effekt einer Minderheitsregierung wird oft überzeichnet; s. etwa *Glum* (Fn. 15), S. 55 ff.;
*Herzog,* in: Maunz/Dürig, Art. 67 (2008) Rn. 16; *H.-P. Schneider* AK GG, Art. 67 (2002) Rn. 11.

[37] Vgl. hierzu *Mager,* in: v. Münch/Kunig I, Art. 67 Rn. 19. Fragwürdig ist auch, wie *Mager* zutr. hervorhebt, dass
Neuwahlen stets der beste Weg aus einer Regierungskrise seien.

[38] Bedenken insoweit bei *Herzog,* in: Maunz/Dürig, Art. 67 (2008) Rn. 16. Hiergegen zu Recht jedoch *Mager,* in:
v. Münch/Kunig I, Art. 67 Rn. 19.

[39] *Schröder* HStR III, § 65 Rn. 38; *H.-P. Schneider* AK GG, Art. 67 (2002) Rn. 13; *Mager,* in: v. Münch/Kunig I,
Art. 67 Rn. 2; *Hermes,* in: Dreier II, Art. 67 Rn. 10: *Epping* MKS II, Art. 67 Rn. 4; *Müller-Franken/Uhle,* in:
Hofmann/Henneke, Art. 67 Rn. 4.

[40] *Herzog,* in: Maunz/Dürig, Art. 67 (2008) Rn. 20.

[41] Ebenso *Epping* MKS II, Art. 67 Rn. 22; *Schenke* BK, Art. 67 (2017) Rn. 70. Zur Zeitspanne zwischen Rücktrittserklärung und Entlassung *Schenke* BK, Art. 67 (2017) Rn. 71.

[42] Erwägungen hierzu bei *Schenke* BK, Art. 67 (2017) Rn. 74 ff.

[43] Ähnl. *Schenke* BK, Art. 67 (2017) Rn. 76.

[44] *Schenke* BK, Art. 67 (2017) Rn. 77. Vgl. auch *Epping* MKS II, Art. 67 Rn. 24.

[45] *Mager,* in v. Münch/Kunig I, Art. 67 Rn. 17; *Epping* MKS II, Art. 67 Rn. 22. AA *Hermes,* in: Dreier II, Art. 67
Rn. 14; *Schenke* BK, Art. 67 (2017) Rn. 72. Nach *Busse,* in: Friauf/Höfling, Art. 67 (2011) Rn. 13, soll der BPräs
bei seiner Entscheidung darüber, ob er das Entlassungsgesuch annimmt, die Erfolgsaussichten des Misstrauensvotums
mitberücksichtigen.

[46] Wie hier *Busse,* in: Friauf/Höfling, Art. 67 (2011) Rn. 13. AA (Verfahren nach dem Prioritätsgrundsatz) *Epping*
MKS II, Art. 67 Rn. 22.

[47] BVerfGE 61, 1 (43); *Schröder* HStR III, § 65 Rn. 39; *Mager,* in: v. Münch/Kunig I, Art. 67 Rn. 3; *Hermes,* in:
Dreier II, Art. 67 Rn. 6; *Schenke* BK, Art. 67 (2017) Rn. 118; *Epping* MKS II, Art. 67 Rn. 13.

lerkandidaten, doch ist damit kein verbindlicher „Wählerauftrag" für eine komplette Legislaturperiode verbunden. Wenn die politischen Umstände einen Regierungswechsel nahelegen, muss zu dessen Legitimierung nicht erneut der Wähler befragt werden. Das GG selbst stellt durch Art. 67 klar, dass in der repräsentativen Demokratie das Parlament innerhalb der Wahlperioden in derselben Weise demokratische Legitimität vermitteln kann wie das Wahlvolk selbst. Verfassungsrechtliche Legalität schafft demokratische Legitimität.[48]

## II. Das Verfahren des konstruktiven Misstrauensvotums

23    Das Verfahren, das zu einem konstruktiven Misstrauensvotum führen soll, ist in Art. 67 nicht weiter geregelt; diese Regelungslücke wird durch § 97 GOBT geschlossen.[49] Danach muss zur Einleitung des Verfahrens ein **Antrag** gestellt werden, den mindestens ein Viertel der Mitglieder des BT bzw. eine Fraktion von wenigstens gleicher Stärke zu unterzeichnen haben. Das hier bestimmte Quorum entspricht demjenigen bei der Kanzlerwahl (vgl. § 4 GOBT) und ist im Hinblick auf die erforderliche absolute Mehrheit der Stimmen nicht unangemessen hoch.[50]

24    Da das Misstrauen durch die Wahl eines neuen BKanzlers ausgesprochen wird, muss sich der Antrag auf beide Entscheidungselemente beziehen, also auch einen **namentlich benannten Kandidaten** als Nachfolger zur Wahl vorschlagen;[51] ohne eine solche Benennung darf ein Antrag nicht auf die Tagesordnung gesetzt werden (§ 97 I 3 GOBT). Da im Falle eines erfolgreichen Misstrauensvotums der BPräs nach Art. 67 I 1 ersucht wird, den bisher amtierenden BKanzler zu entlassen, muss sich der Antrag nach § 97 I 1 GOBT auch hierauf beziehen. Der BPräs ist indes nach erfolgter Wahl des Nachfolgers zu dessen Ernennung auch ohne ausdrückliches Ersuchen des BT[52] verpflichtet (→ Rn. 27); das schließt seine Verpflichtung ein, die Entlassung ggf. auch ohne entsprechendes Ersuchen zu vollziehen.[53]

25    Über den Antrag darf nach Art. 67 II frühestens **48 Stunden nach seinem Eingang**[54] abgestimmt werden; das GG will damit unbedacht-spontane Entscheidungen verhindern und den Betroffenen Zeit einräumen, die Regierung noch zu retten.[55] Liegen **mehrere Anträge** vor, wird über sie nach § 97 II 1 GOBT in einem einzigen Wahlgang entschieden. Das stärkt die Position des amtierenden Kanzlers, indem es die Chancen der konkurrierenden Bewerber um die Nachfolge schmälert. Da die Antragsteller über den Zeitpunkt ihrer Antragstellung indes frei verfügen und einen abgelehnten Antrag auch wiederholen können, bestehen gegen diese Geschäftsordnungsregelung keine verfassungsrechtlichen Bedenken.[56]

26    Für die Wahl, die nach § 97 II 1 GOBT mit verdeckten Stimmzetteln erfolgt, gilt das Verbot der **parlamentarischen Aussprache** (Art. 63 I) nicht; hier erweist sich gegenüber Art. 63 I der Doppelcharakter des Wahlverfahrens nach Art. 67 als Vertrauensentzug und Neuwahl.[57] Ein Nachfolger ist gewählt, wenn er die Zustimmung der Mehrheit der Mitglieder des BT findet (sog. **Kanzlermehrheit**). Erreicht er diese Stimmenzahl nicht, ist der Antrag erledigt; weitere Wahlgänge wie bei Art. 63 finden nicht statt.[58]

27    Im Falle eines erfolgreichen konstruktiven Misstrauensvotums ist der **Bundespräsident verpflichtet,** den amtierenden Kanzler zu entlassen und den gewählten Nachfolger zu ernennen (Art. 67 I 2). Mit der Entlassung folgt er regelmäßig einem Gesuch des BT (vgl. aber → Rn. 24); die Pflicht zur Ernennung ergibt sich auch ohne Gesuch bereits aus der Wahl. Wie im Verfahren nach Art. 63 (→ Art. 63 Rn. 24) steht ihm auch hier lediglich ein formelles Prüfungsrecht hinsichtlich des Verfahrens und der persönlichen Ernennungsvoraussetzungen des Kandidaten zu;[59] den amtierenden Kanzler darf er nur dann entlassen, wenn die Ernennung des gewählten Nachfolgers rechtlich zulässig ist.[60]

---

[48] So ausdrücklich BVerfGE 61, 1 (43).

[49] Einzelheiten bei *Mager*, in: v. Münch/Kunig I, Art. 67 Rn. 4. Vgl. weiterhin auch *Hermes*, in: Dreier II, Art. 67 Rn. 13 ff.; *Schenke* BK, Art. 67 (2017) Rn. 84 ff.; *Epping* MKS II, Art. 67 Rn. 8 ff.

[50] *Herzog*, in: Maunz/Dürig, Art. 67 (2008) Rn. 24; *Epping* MKS II, Art. 67 Rn. 8.

[51] Zum doppelten Inhalt des Antrags nach § 97 I 1 GOBT *Herzog*, in: Maunz/Dürig, Art. 67 (2008) Rn. 23; *Hermes*, in: Dreier II, Art. 67 Rn. 13.

[52] So auch *Herzog*, in: Maunz/Dürig, Art. 67 (2008) Rn. 23.

[53] *H.-P. Schneider* AK GG, Art. 67 (2002) Rn. 5; *Schenke* BK, Art. 67 (2017) Rn. 88; *Epping* MKS II, Art. 67 Rn. 10. *Mager*, in: v. Münch/Kunig I, Art. 67 Rn. 4, hält einen ausdrücklichen Antrag für erforderlich.

[54] Ausführlich zur Fristberechnung *Herzog*, in Maunz/Dürig, Art. 67 (2008) Rn. 26 und 27; *H.-P. Schneider*, AK, Art. 67 Rn. 6; *Mager*, in: v. Münch/Kunig I, Art. 67 Rn. 8; *Epping* MKS II, Art. 67 Rn. 14 ff.

[55] *Herzog*, in: Maunz/Dürig, Art. 67 (2008) Rn. 26.

[56] *Herzog*, in: Maunz/Dürig, Art. 67 (2008) Rn. 35 und 36; *Mager*, in: v. Münch/Kunig I, Art. 67 Rn. 6.

[57] *Münch* (Fn. 7), S. 176; *Herzog*, in: Maunz/Dürig, Art. 67 (2008) Rn. 30; *Mager*, in: v. Münch/Kunig I, Art. 67 Rn. 4; *Epping* MKS II, Art. 67 Rn. 11.

[58] *Herzog*, in: Maunz/Dürig, Art. 67 (2008) Rn. 32.

[59] *Herzog*, in: Maunz/Dürig, Art. 67 (2008) Rn. 33 und 34; *H.-P. Schneider* AK 66, Art. 67 Rn. 5; *Mager*, in: v. Münch/Kunig I, Art. 67 Rn. 9; *Epping* MKS II, Art. 67 Rn. 18.

[60] Zur wechselseitigen Abhängigkeit der Rechtmäßigkeit des Misstrauensvotums und der Wahl des neuen Kanzlers *Herzog*, in: Maunz/Dürig, Art. 67 (2008) Rn. 34.

Sehr umstritten ist, ob sich der BPräs mit Entlassung des gestürzten und Ernennung des neuen **27a** BKanzlers auch auf eine **missbräuchliche Ausübung** des konstruktiven Misstrauensvotums einlassen und was in diesem Zusammenhang überhaupt als missbräuchlich und damit als verfassungswidrig gelten muss.[61] So kann sich beispielsweise eine rein destruktive (absolute) Mehrheit zusammenfinden, um einen kolludierenden „Ersatzkanzler" zu wählen, der dann durch Rücktritt oder manipulierte Vertrauensfrage nach den Art. 63 IV 3 oder 68 I 1 das Tor zu Neuwahlen öffnet. Zweifellos wird hier das konstruktive Misstrauensvotum zu destruktiven Zwecken verfremdet;[62] die Verbündung zu einer Kanzlermehrheit enthält keine Sacheinigung auf eine Regierungsalternative, sondern ist nur vorläufig und instrumental. Freilich sind die Grenzen zwischen legitimer und manipulierte Abwahl fließend und ihre Bestimmung prognoseabhängig;[63] in solchen Fällen politischen Kalküls kann der BPräs nicht Richter über die Motive der Abg. sein.[64] Das spricht dafür, die Wahl nach Art. 67 in jedem Fall als ein verfassungsrechtliches Faktum zu nehmen und sie als verfassungsgemäß zu behandeln.[65]

## III. Alternative Missbilligungsformen

Die doppelte Modifizierung der parlamentarischen Regierungsabhängigkeit durch Art. 67 **28** (→ Rn. 10) bewirkt auch eine **doppelte Sperre:**[66] Weder kann der BT einen einzelnen Minister stürzen noch ist ihm ein Kanzlersturz in anderer Form als durch Wahl eines neuen Kanzlers möglich. Das schließt indes **andere Formen parlamentarischer Missbilligung** der Regierung nicht generell aus. Der BT und insbes. die Opposition müssen in der Lage sein, ihre Kritik an der Regierung hinreichend deutlich zu artikulieren.[67] Andererseits darf die von Art. 67 errichtete Sperre auch nicht unterlaufen werden.[68]

Der Regelungsgehalt des Art. 67 beschränkt sich nicht darauf, allen Misstrauensvoten ohne gleich- **29** zeitige Neuwahl eines BKanzlers die rechtliche Wirkung zu versagen. Wie die Entstehungsgeschichte der Vorschrift[69] zeigt, sollten auch rechtlich unverbindlich gemeinte Misstrauensvoten verhindert werden, um die Regierung vor leichtfertiger Destabilisierung zu schützen.[70] Damit ist **jede förmliche Misstrauensbekundung,** die dem Kanzler den definitiven Verlust seines politischen Rückhaltes vor Augen führen soll, unzulässig;[71] die Wortwahl[72] hierbei spielt keine Rolle. Ein an den Kanzler adressiertes **Rücktrittsersuchen** enthält sich zwar eines solchen Hinweises auf fehlendes Vertrauen, hat aber, da der Kanzler auch in diesem Fall mehrheitlich nicht mehr akzeptiert wird, eine ebensolche destabilisierende Wirkung wie ein destruktives Misstrauensvotum.[73]

Auf dieselben verfassungsrechtlichen Bedenken stößt eine Aufforderung an den Kanzler, die **29a** **Vertrauensfrage** zu stellen;[74] Einwände ergeben sich hier auch aus Art. 68, der die Vertrauensfrage als ein gezieltes Mittel der Krisenbewältigung (vgl. → Art. 68 Rn. 4 f.) der politischen Initiative des Kanzlers überlässt.[75] In all diesen Fällen untersagt § 97 I 3 GOBT, entsprechende Anträge überhaupt erst auf die Tagesordnung zu setzen.[76]

---

[61] Mit unterschiedl. Ansichten ua *Herzog,* in: Maunz/Dürig, Art. 67 (2008) Rn. 17; *H.-P. Schneider* AK GG, Art. 67 (2002) Rn. 5; *Mager,* in: v. Münch/Kunig I, Art. 67 Rn. 9; *Hermes,* in: Dreier II, Art. 67 Rn. 18; *Schenke* BK, Art. 67 (2017) Rn. 78 ff.; *Epping* MKS II, Art. 67 Rn. 20; *Busse,* in: Friauf/Höfling, Art. 67 (2011) Rn. 14; *Pieper,* in: Epping/Hillgruber, Art. 67 (2019) Rn. 4.1.

[62] So die wohl einhellige Ansicht im Schrifttum. Nach *Schenke* BK, Art. 67 (2017) Rn. 80, 83, liegt nicht nur eine Umgehung der Art. 67 und 68, sondern auch ein Verstoß gegen den Grundsatz der Verfassungsorgantreue vor.

[63] Ein Beispiel hierfür liefern die Vorgänge 1982/83 (Sturz der Regierung Schmidt durch die Wahl Kohls zum neuen BKanzler sowie dessen nachfolgende Vertrauensfrage mit der Folge der BT-Auflösung), die auch von *Schenke,* BK, Art. 67 (2017) Rn. 82, nicht beanstandet werden.

[64] *Hermes,* in: Dreier II, Art. 67 Rn. 18; *Epping* MKS II, Art. 67 Rn. 20.

[65] *Epping,* ebda; ähnl. im Hinblick auf mangelnde Nachweisbarkeit und Praktikabilität *Mager,* in: v. Münch/Kunig I, Art. 67 Rn. 9; *Busse,* in: Friauf/Höfling, Art. 67 (2011) Rn. 14.

[66] *Herzog,* in: Maunz/Dürig, Art. 67 (2008) Rn. 37.

[67] Allgemeine Auffassung; vgl. ua *Herzog,* in: Maunz/Dürig, Art. 67 (2008) Rn. 37 ff.; *Epping* MKS II, Art. 67 Rn. 27 ff.

[68] Übersicht über den Meinungsstand bei *Mager,* in: v. Münch/Kunig I, Art. 67 Rn. 12.

[69] Vgl. *Schenke* BK, Art. 67 (2017) Rn. 43 ff. und 119.

[70] Gegen eine Heranziehung der Entstehungsgeschichte und für eine strikte Beschränkung des Regelungsgehaltes des Art. 67 auf seinen Wortlaut *Epping* MKS II, Art. 67 Rn. 27 u. 29. Ebenso schon *Hermes,* in: Dreier II, Art. 67 Rn. 20.

[71] Sehr str.; wie hier *Herzog,* in: Maunz/Dürig, Art. 67 (2008) Rn. 42; *Mager,* in: v. Münch/Kunig I, Art. 67 Rn. 13 f.; *Schenke* BK, Art. 67 (2017) Rn. 119 f. AA dagegen *H.-P. Schneider* AK GG, Art. 67 (2002) Rn. 10; *Hermes,* in: Dreier II, Art. 67 Rn. 20; *Epping* MKS II, Art. 67 Rn. 29: danach sollen alle Kritikformen als unverbindliche Parlamentsbeschl. ohne die Wirkung des Art. 67 zulässig sein.

[72] Beispiele hierfür bei *Schenke* BK, Art. 67 (2017) Rn. 120.

[73] *Mager,* in: v. Münch/Kunig I, Art. 67 Rn. 13; *Schenke* BK, Art. 67 (2017) Rn. 120. AA außer den in Fn. 70 genannten Vertretern einer „liberaleren" Ansicht *Herzog,* in: Maunz/Dürig, Art. 67 (2008) Rn. 45.

[74] *Herzog,* in: Maunz/Dürig, Art. 67 (2008) Rn. 43; *Mager,* in: v. Münch/Kunig I, Art. 67 Rn. 13; *Schenke* BK, Art. 67 (2017) Rn. 122; *Müller-Franken/Uhle,* in: Hofmann/Henneke, Art. 67 Rn. 34. AA *Epping* MKS II, Art. 67 Rn. 29 f.

[75] Ähnl. auch *Herzog,* in: Maunz/Dürig, Art. 67 (2008) Rn. 43; *Schenke* BK, Art. 67 (2017) Rn. 122.

[76] *Mager,* in: v. Münch/Kunig I, Art. 67 Rn. 13.

**30**     Alle sonstigen Bekundungen von **Kritik, Missbilligung oder Tadel,** mit denen die Parlamentsmehrheit dem BKanzler nicht das politische Vertrauen entziehen, sondern nur auf konkrete Aspekte
seiner Amtsführung reagieren will, sind dagegen – ohne Rücksicht auf das jeweilige politische Gewicht
des Gegenstandes – verfassungsrechtlich unbedenklich.[77] Sie entfalten ausschließlich politische und
keine rechtlichen Wirkungen. Maßnahmen, mit denen der Bundestag seine Missbilligung in konkrete
rechtliche Schritte umsetzt (Etatkürzungen etc.), sind nicht nach Art. 67 zu beurteilen.[78] Auf die
Amtsbezüge einzelner BMin bezogene Haushaltskürzungen wären mit dem von § 11 BMinG gewährten Rechtsanspruch nicht vereinbar. Mit einer pauschalen Kürzung des die Amtsbezüge betreffenden
Haushaltstitels, die den BKanzler finanziell zur Reduzierung seines Kabinetts und zur Entlassung eines
Ministers zwänge, bräche der BT unzulässigerweise in die Organisationsgewalt des BKanzlers ein. Eine
Kürzung der Amtsbezüge durch Änderung des § 11 BMinG beträfe die BReg insgesamt und wäre
durch das verfassungsrechtliche Gebot einer amtsangemessenen Alimentierung begrenzt.[79]

**31**     Gegenüber einem **Bundesminister** schließt Art. 67 I ebenfalls jede Form des Misstrauensvotums
oder Vertrauensentzuges aus.[80] Es ist erklärter Sinn dieser Vorschrift, den Innenbereich des Kabinetts
vor parlamentarischen Ingerenzen zu bewahren; darin sind auch solche auf Vertrauensentzug zielenden
Maßnahmen eingeschlossen, die den Minister nicht unmittelbar zum Rücktritt verpflichten. Die
Forderung nach einem **Ministerrücktritt** (gemeint ist letztlich das vom BKanzler beim BPräs zu
stellende Entlassungsgesuch)[81] stellt weder Kanzler noch die Regierung als ganze in Frage und wird
darum vom Stabilisierungsziel des Art. 67 nicht erfasst; sie hat nur die Bedeutung einer parlamentarischen Wahrnehmung der Regierungsverantwortlichkeit und ist als Kampfmittel der Opposition verfassungsrechtlich ebenso unbedenklich wie Missbilligungsbeschlüsse aus konkretem Anlass.[82]

## Art. 68 [Vertrauensfrage]

(1) **Findet ein Antrag des Bundeskanzlers, ihm das Vertrauen auszusprechen, nicht die
Zustimmung der Mehrheit der Mitglieder des Bundestages, so kann der Bundespräsident
auf Vorschlag des Bundeskanzlers binnen einundzwanzig Tagen den Bundestag auflösen.
Das Recht zur Auflösung erlischt, sobald der Bundestag mit der Mehrheit seiner Mitglieder
einen anderen Bundeskanzler wählt.**

(2) **Zwischen dem Antrage und der Abstimmung müssen achtundvierzig Stunden liegen.**

**Entstehungsgeschichte: Erstfassung:** JöR nF Bd. 1 (1951), 447.
**Historische Verfassungstexte: RV 1849:** § 106 (1) Das Volkshaus kann durch das Reichsoberhaupt aufgelöst
werden. (2) In dem Falle der Auflösung ist der Reichstag binnen drei Monaten wieder zu versammeln. – **RV 1871:**
**Art. 24** Die Legislaturperiode des Reichstages dauert drei Jahre. Zur Auflösung des Reichstages während derselben
ist ein Beschluß des Bundesrathes unter Zustimmung des Kaisers erforderlich. – **WRV: Art. 25** (1) Der Reichspräsident kann den Reichstag auflösen, jedoch nur ein einmal aus dem gleichen Anlaß. **Art. 54** Der Reichskanzler und
die Reichsminister bedürfen zu ihrer Amtsführung des Vertrauens des Reichstags. Jeder von ihnen muß zurücktreten,
wenn ihm der Reichstag durch ausdrücklichen Beschluß sein Vertrauen entzieht.
**Geltende Landesverfassungen:** *Bbg*Verf Art. 87; *Hmb*Verf Art. 36; *Hess*Verf Art. 114; *MV*Verf Art. 51; *Saarl*Verf
Art. 88 II, 69; *LSA*Verf Art. 73; *SchlH*Verf Art. 36; *Thür*Verf Art. 74, 50 II Nr. 2.
**Gesetzgebung:** GOBT.
**Leitentscheidungen:** BVerfGE 62, 1 (Bundestagsauflösung/Vertrauensfrage Kohl); BVerfGE 114, 121 (Bundestags-
auflösung/Vertrauensfrage Schröder).

**Schrifttum:** *N. Achterberg,* Vertrauensfrage und Auflösungsanordnung, DVBl 1983, 477; *E. Brandt,* Die Bedeutung
parlamentarischer Vertrauensregelungen, 1981; *P. Braitinger,* Die Vertrauensfrage nach Art. 68 GG – Verfassungsrechtliche Grundlagen, Verfahren und Probleme, 2013; *V. Epping,* „Gefühltes Misstrauen" – die inszenierte Vertrauensfrage vom 1. Juli 2005, RuP 2005, 197; *W. Geiger,* Die Auflösung des Bundestages nach Art. 68 GG, JöR 33
nF (1984), 41; *F. Glum,* Kritische Bemerkungen zu Art. 63, 67, 68, 81 des Bonner Grundgesetzes, FG Kaufmann,
1950, S. 47; *L. Gusseck,* Bundestagsauflösung kraft Richterspruchs, NJW 1983, 721; *M. Hahn,* Zur verfassungsrechtlichen Konsistenz eines Selbstauflösungsrechts des Bundestages, DVBl 2008, 151; *W. Heun,* Die Stellung des Bundespräsidenten im Licht der Vorgänge um die Auflösung des Bundestages, AöR 109 (1984), 13; *U. Hochrathner,*

---

[77] So die ganz hM. Vgl. ua *Herzog,* in: Maunz/Dürig, Art. 67 (2008) Rn. 40 und 56 mwN in Fn. 24; *Mager,* in:
v. Münch/Kunig I, Art. 67 Rn. 14; *Schenke* BK, Art. 67 (2017) Rn. 121; weiterhin auch die Vertreter der „liberalen" Auffassung (Fn. 70).
[78] *Mager,* in: v. Münch/Kunig I, Art. 67 Rn. 13.
[79] Ausführlich zu diesen Fragen und mwN *Herzog,* in: Maunz/Dürig, Art. 67 (2008) Rn. 44; *Schenke* BK, Art. 67
(2017) Rn. 123 ff.; *Epping* MKS II, Art. 67 Rn. 32 ff.; *Busse,* in: Friauf/Höfling, Art. 67 (2011) Rn. 22.
[80] *Herzog,* in: Maunz/Dürig, Art. 67 (2008) Rn. 48; *Schenke* BK, Art. 67 (2017) Rn. 127. AA (ohne weitere
Differenzierung für alle Formen der Missbilligung) *Hermes,* in: Dreier II, Art. 67 Rn. 21; *Epping,* MKS II, Art. 67
Rn. 31.
[81] Vgl. isoweit auch *Herzog,* in: Maunz/Dürig, Art. 67 (2008) Rn. 51; *Mager,* in: v. Münch/Kunig I, Art. 67
Rn. 15.
[82] *Herzog,* in: Maunz/Dürig, Art. 67 (2008) Rn. 51; *Mager,* in: v. Münch/Kunig I, Art. 67 Rn. 15. AA *Schenke*
BK, Art. 67 (2017) Rn. 126.

Anwendungsbereich und Grenzen des Parlamentsauflösungsrechts nach dem Bonner Grundgesetz, 1985; *A. Hopfauf,* Zur Entstehung des Art. 68 GG, AöR 108 (1983), 391; *J. Ipsen,* Zur Regierung verurteilt?, NJW 2005, 2201; *W. Jellinek,* Kabinettsfrage und Gesetzgebungsnotstand nach dem Bonner Grundgesetz, VVDStRL 8 (1950), 3; *M. R. Lippert,* Bestellung und Abberufung des Regierungschefs und ihre funktionale Bedeutung für das parlamentarische Regierungssystem, 1973; *H. Maurer,* Die verfassungswidrige Parlamentsauflösung, NJW 1982, 2521; *C. Pestalozza,* Art. 68 GG light oder Die Wildhüter der Verfassung, NJW 2005, 2817; *W. Potthast,* Die Auflösung des Bundestages nach Artikel 68 des Grundgesetzes, Diss. Köln 1986; *G. Püttner,* Vorzeitige Neuwahlen – ein ungelöstes Reformproblem, NJW 1983, 15; *W.-R. Schenke,* Zur verfassungsgerichtlichen Problematik der Bundestagsauflösung, NJW 1983, 150; *H. Schneider,* Kabinettsfrage und Gesetzgebungsnotstand nach dem Bonner Grundgesetz, VVDStRL 8 (1950), 21; *H.-P. Schneider,* Die vereinbarte Parlamentsauflösung, JZ 1983, 652; *W. Schreiber/K.-D. Schnapauff,* Rechtsfragen „im Schatten" der Diskussion um die Auflösung des Deutschen Bundestages nach Art. 68 GG, AöR 109 (1984), 369; *M. Schröder,* Bildung, Bestand und parlamentarische Verantwortlichkeit der Bundesregierung HStR III, § 65; *W. Steffani,* Vertrauensfrage zwecks Neuwahl?, ZParl 13 (1982), 573; *H.-J. Toews,* Verfassungsreform und Parlamentsauflösungsrecht, FS W. Weber, 1974, S. 269; *D. C. Umbach,* Parlamentsauflösung in Deutschland, 1990; *W. Zeh,* Bundestagsauflösung über die Vertrauensfrage – Möglichkeiten und Grenzen der Verfassung, ZParl 1983, 119; *D. Winkler,* Die Verfassungsmäßigkeit der Bundestagsauflösung, AöR 131 (2006), 441.

## Übersicht

# A. Allgemeines

## I. Systematische Stellung

Mit dem Antrag, ihm das Vertrauen auszusprechen (der sog. **Vertrauensfrage**), kann der BKanzler **1** förmlich klären, ob er im BT noch eine regierungsfähige, dh absolute Mehrheit besitzt. Die Ablehnung seines Antrages berechtigt ihn, den BPräs um die **Auflösung des Bundestages** zu ersuchen und damit die Tür zu Parlamentsneuwahlen zu eröffnen.[1]

Außer nach Art. 68 steht dem BPräs das Recht zur Bundestagsauflösung nur noch auf Grund des **2** Art. 63 IV zu. Das lässt die Absicht des GG erkennen, eine **präsidiale Parlamentsauflösung** nur in engen Grenzen zu gestatten.[2] Sie soll nur dann zulässig sein, wenn sich nachhaltig erwiesen hat, dass sich im BT eine regierungsfähige Mehrheit nicht (mehr) formieren kann.[3]

Art. 68 regelt als Rechtsfolge einer gescheiterten Vertrauensfrage nur die Bundestagsauflösung. Sein **3** Wortlaut lässt erkennen, dass der BKanzler hierauf auch anders reagieren kann. Denkbar sind sowohl der **Rücktritt** wie auch die Führung einer **Minderheitsregierung.** Für den letzteren Fall verschafft Art. 81 mit dem – freilich etwas kompliziert zu realisierenden – Institut des **Gesetzgebungsnotstandes** eine gewisse Erleichterung. Art. 81 knüpft unmittelbar an das Scheitern einer Vertrauensfrage nach Art. 68 an und steht mit dieser Vorschrift insofern in engstem Zusammenhang.[4]

Art. 68 ist eine **Krisenvorschrift;**[5] mit seiner Hilfe kann der BKanzler eine politische Lage zu **4** bewältigen versuchen, in der sich ein Mehrheitsverfall im Regierungslager abzeichnet oder schon ereignet hat oder in der sonst der BKanzler mit einer mehrheitlichen Unterstützung im BT nicht mehr

---

[1] In der Verbindung der Vertrauensfrage mit der Auflösungsermächtigung liegt das eigentlich Neue des Art. 68; vgl. ua *Herzog,* in: Maunz/Dürig, Art. 68 (2008) Rn. 6; *Mager,* in: v. Münch/Kunig I, Art. 68 Rn. 1.

[2] Nach BVerfGE 62, 1 (42), bezieht sich Art. 68 in seiner Stoßrichtung vor allem auf das Parlamentsauflösungsrecht des RPräs. Vgl. ähnl. auch *Herzog,* in: Maunz/Dürig Art. 68 (2008) Rn. 6; *H.-P. Schneider* AK GG, Art. 68 (2002) Rn. 1.

[3] *Herzog,* in: Maunz/Dürig, Art. 68 (2008) Rn. 11; *Epping* MKS II, Art. 68 Rn. 2 iVm Rn. 1.

[4] *Herzog,* in: Maunz/Dürig, Art. 68 (2008) Rn. 10, nennt Art. 68 die „Einstiegsnorm" für Art. 81. Vgl. auch → Art. 81 Rn. 6.

[5] *H.-P. Schneider* AK GG, Art. 68 (2002) Rn. 3, spricht von einem „Krisenregulativ"; vgl. weiterhin auch *Mager,* in: v. Münch/Kunig I, Art. 68 Rn. 2 mwN, sowie *Hermes,* in: Dreier II, Art. 68 Rn. 7.

rechnen kann. Auf die gleiche Situation ist auch Art. 67 zugeschnitten.[6] Beide Vorschriften unterscheiden sich indes nach Handhabung und Zielrichtung.[7]

5     Das **konstruktive Misstrauensvotum** nach Art. 67 ist ein Instrument in der Hand des BT. Es versetzt ihn in die Lage, aus dem Mehrheitsverlust der Regierung die Konsequenz zu ziehen und durch die Wahl eines anderen BKanzlers das Vorhandensein einer neuen regierungsfähigen parlamentarischen Mehrheit zu demonstrieren (vgl. → Art. 67 Rn. 20). Die **Vertrauensfrage** ist demgegenüber ein Verteidigungsinstrument des BKanzlers.[8] Bei unsicheren Mehrheitsverhältnissen kann er sie präventiv einsetzen; die drohende Bundestagsauflösung wirkt in diesem Fall disziplinierend. Bei schon verlorener Mehrheit eröffnet die Vertrauensfrage, wenn sich der Kanzler etwas davon verspricht, den Weg zu einer Neuwahl des BT. Mit der Vertrauensfrage kann er einem konstruktiven Misstrauensvotum zuvorkommen oder einer destruktiven Unregierbarkeit ein Ende bereiten.

6     Im **Verteidigungsfall** kommt die Vertrauensfrage nicht zum Zuge. Ihre wesentliche Funktion entfällt, da Art. 115h III insoweit jede Auflösung des BT untersagt.[9]

## II. Historische Wurzeln

7     In der **konstitutionellen Verfassungsepoche**[10] waren die Regierungen in ihrem Bestand nicht von den Volksvertretungen abhängig; das Institut der Vertrauensfrage konnte es darum nicht geben. Parlamentsauflösungen waren dagegen möglich und bei Konflikten mit der Regierung, insbes. um Gesetzgebungsvorhaben, auch üblich; die Befugnis zur Auflösung oblag dem Landesherrn als dem Inhaber der Staatsgewalt. Auch die RV 1871 folgte diesem konstitutionellen Prinzip im Grundsatz; wegen des bündischen Charakters des Reiches sollte allerdings nach Art. 24 S. 3 RV 1871 der BRat mit Zustimmung des Kaisers über die Auflösung des RT beschließen. In der Praxis ging freilich die Initiative zur Auflösung stets von Kaiser und RKanzler aus.[11]

8     In der **WRV** war die Möglichkeit einer Vertrauensfrage nicht so deutlich geregelt, doch ergab sie sich aus Art. 54,[12] wonach RKanzler und RMin in ihrer Amtsführung vom Vertrauen des RT abhängig waren und jeder von ihnen zurücktreten musste, wenn ihm der RT das Vertrauen entzog. Der RKanzler konnte allerdings einem solchen Misstrauensvotum zuvorkommen, wenn es ihm gelang, den RPräs zur Auflösung des RT nach Art. 25 WRV zu bewegen.

9     Die schlechten Erfahrungen während der Weimarer Zeit mit der Vielzahl von Reichstagsauflösungen legten es bei den **Beratungen zum GG**[13] nahe, nach Regelungsmöglichkeiten zu suchen, die eine Auflösung des BT nur als letzten Ausweg („ultima ratio") aus einer Regierungskrise eröffneten.[14] Schon der HChE beschränkte darum das Auflösungsrecht des BPräs auf den Fall eines bei der Kanzlerwahl nicht mehrheitsfähigen BT. In Ergänzung hierzu schuf der ParlRat das mit der Auflösungsmöglichkeit verbundene Institut der Vertrauensfrage; damit sollte das konstruktive Misstrauensvotum (jetzt Art. 67) um Vorkehrungen gegen eine nur destruktive oder obstruktive Mehrheit ergänzt werden. Ob die Vertrauensfrage nur von einem Minderheitskanzler oder auch in anderen Fällen mit dem Ziel der Parlamentsauflösung sollte gestellt werden dürfen, blieb in den Verhandlungen ungeklärt.[15]

## III. Art. 68 im parlamentarischen Regierungssystem

10    Zusammen mit Art. 67 bringt Art. 68 das parlamentarische Regierungssystem in die für das GG typische Form (vgl. → Art. 67 Rn. 14). Die diesem System eigene Abhängigkeit der Regierung vom Vertrauen des Parlaments wird in Art. 67 im Grundsatz bestätigt; allerdings ist ein Sturz der amtierenden Regierung nur durch ein konstruktives Misstrauensvotum, nämlich durch die Wahl eines neuen BKanzlers mit absoluter Mehrheit möglich. Art. 68 ergänzt diese Regelung **für den Fall einer nur im Destruktiven vereinten,** zur Bildung einer neuen Regierung aber unfähigen **parlamentarischen Mehrheit.**

---

[6] Als ein Pendant zu Art. 67 bezeichnet ihn *Mager*, in: v. Münch/Kunig I, Art. 68 Rn. 2; vgl. auch *Schröder* HStR III, § 65 Rn. 40.

[7] Vgl. nur *Herzog*, in: Maunz/Dürig, Art. 68 (2008) Rn. 8; *Mager*, in: v. Münch/Kunig I, Art. 68 Rn. 2.

[8] So die ganz hM; vgl. ua *Herzog*, in: Maunz/Dürig, Art. 68 (2008) Rn. 7; *Stern*, Staatsrecht I, S. 993 („Waffe des Bundeskanzlers"); *H.-P. Schneider* AK GG, Art. 68 (2002) Rn. 2 („Abwehrwaffe"); *Mager*, in: v. Münch/Kunig I, Art. 68 Rn. 2 (Mittel gegen ein „obstruierendes Parlament"); *Epping* MKS II, Art. 68 Rn. 1.

[9] Vgl. ua *Mager*, in: v. Münch/Kunig I, Art. 68 Rn. 33.

[10] Vgl. zu dieser Epoche die Darstellungen bei *Umbach*, Parlamentsauflösung in Deutschland, 1990, S. 21 ff.; *Schenke* BK, Art. 68 (2017) Rn. 84 ff.

[11] Näheres bei *E. R. Huber*, Deutsche Verfassungsgeschichte Bd. II, 1963, S. 883.

[12] Ebenso *Herzog*, in: Maunz/Dürig, Art. 68 (2008) Rn. 3; *Mager*, in: v. Münch/Kunig I, Art. 68 Rn. 1.

[13] Näheres zur Entstehungsgeschichte des Art. 68 *Rinck* Sondervotum, BVerfGE 62, 70 (80 ff.); *H.-P. Schneider* AK GG, Art. 68 (2002) Rn. 1; *Schenke* BK, Art. 68 (2017) Rn. 66 ff.

[14] Vgl. ua *H.-P. Schneider* AK GG, Art. 68 (2002) Rn. 1.

[15] So auch BVerfGE 62, 1 (46 f.); vgl. auch *H.-P. Schneider* AK GG, Art. 68 (2002) Rn. 1. AA jedoch *Schenke* BK, Art. 68 (2017) Rn. 157 ff.

Zwar wurzelt auch die Möglichkeit einer Vertrauensfrage nach Art. 68 in der Parlamentsabhängig-  **11**
keit der Regierung.[16] Im Unterschied zu Art. 67 liegt hier jedoch die **Initiative beim Bundes-**
**kanzler,** und ein Misstrauensvotum, als das man die Verweigerung des Vertrauens zu verstehen hat,
zwingt den Kanzler – insoweit anders als noch nach Art. 54 WRV – nicht zum Rücktritt.[17] Der
Rücktritt mit der Folge einer Kanzlerneuwahl nach Art. 63 – ggf. mit dem Ergebnis nach Art. 63 IV –
ist nur eine, nämlich die resignativste der verschiedenen Möglichkeiten, aus der parlamentarischen
Niederlage Konsequenzen zu ziehen (vgl. u. → Rn. 31). Je nach Einschätzung der politischen Möglichkeiten kann der Kanzler auch schlicht im Amt bleiben oder als Minderheitskanzler weiterregieren,
solange er daran nicht durch eine Kanzlerwahl mit qualifizierter Mehrheit gehindert wird, oder er kann
den BPräs darum ersuchen, den BT aufzulösen; durch das vorzeitige Ende der Legislaturperiode stellt
er damit auch sich selbst und seine Regierung zur Disposition (vgl. Art. 69 II).

Insbes. die Verbindung mit der Möglichkeit einer Parlamentsauflösung bestimmt die **Funktion der**  **12**
**Vertrauensfrage** im parl. Regierungssystem. Nur auf den ersten Blick stärkt Art. 68 die Stellung der
Regierung gegenüber dem Parlament.[18] In der parteienstaatlich geprägten Demokratie verlaufen die
politischen Frontlinien ohnehin nicht zwischen diesen beiden Verfassungsorganen, sondern im Wesentlichen innerparlamentarisch zwischen regierender Mehrheit und Opposition. Dementspr. dient
Art. 68 vor allem der Bewahrung oder Wiedergewinnung einer funktions-, nämlich regierungsfähigen
parl. Mehrheit.[19] Darum ist es auch legitim, wenn der Kanzler – wie Ende 2001 im Zusammenhang
mit der Entsendung deutscher Truppen nach Afghanistan – die Vertrauensfrage nicht zur Gewinnung
einer parl. Mehrheit, sondern zur Disziplinierung der Regierungskoalition bei einer Sachentscheidung
stellt.

Auch das Instrument der Vertrauensfrage kann das Auseinanderbrechen einer politisch überholten  **13**
Regierungsmehrheit nicht endgültig verhindern, insbes. dann nicht, wenn sich neue handlungsfähige
Mehrheiten abzeichnen.[20] Bei weniger durchgreifenden Divergenzen wird die bei verweigertem Vertrauen drohende Parlamentsauflösung immerhin zur Disziplinierung beitragen.[21] Durch Aktivierung
dieses **Präventiveffekts der Vertrauensfrage** kann die Regierung insbes. versuchen, umstrittene
Gesetzesvorhaben durchzusetzen; das wird ihr erleichtert, wenn sie Gesetzesvorlagen mit dem Antrag
nach Art. 68 verbindet (vgl. Art. 81 I 2).[22] Bei endgültigem, sich in der Verweigerung des Vertrauens
manifestierendem Scheitern der Regierungsmehrheit erhalten schließlich die Wähler durch die Parlamentsauflösung Gelegenheit, die Voraussetzungen für eine neue parlamentarische Mehrheit zu
schaffen.[23]

Die **bisherigen Anwendungsfälle**[24] verdeutlichen das breite Funktionsspektrum der Vertrauens-  **13a**
frage. Beim ersten Mal (Willy Brandt am 20.9.1972) sollte bei parl. Patt der Weg zu Neuwahlen
freigemacht werden. Die zweite Vertrauensfrage (Helmut Schmidt am 5.2.1982) diente zur Stabilisierung der Regierungskoalition. Bei der dritten Anwendung (Helmut Kohl am 17.12.1982) ging es
wiederum um die Ermöglichung von Neuwahlen nach einem durch konstruktives Misstrauensvotum
herbeigeführten Regierungswechsel. Im nachfolgenden Fall (Gerhard Schröder am 13.11.2001) sollte
die in einer Sachfrage uneinige Regierungskoalition diszipliniert werden. Der bislang letzte Vertrauensantrag (Gerhard Schröder am 27.6.2005) zielte erneut auf Neuwahlen angesichts einer als brüchig
empfundenen Regierungsmehrheit.

# B. Positive und negative Vertrauensfrage

## I. Problematik

Mit der Vertrauensfrage stellt der BKanzler den Antrag, ihm das Vertrauen auszusprechen. Art. 68  **14**
I 1 erweckt mit dieser Formulierung den Eindruck, der BKanzler müsse mit der Stellung der Vertrauensfrage stets das Ziel verbinden, vom BT tatsächlich ein Vertrauensvotum zu erhalten. Mit einer
solchen Beschränkung auf „positive" Vertrauensfragen[25] wäre Art. 68 indes missverstanden. Die Ver-

---

[16] Ähnl. *Herzog,* in: Maunz/Dürig, Art. 68 (2008) Rn. 2.

[17] Für viele *Herzog,* in: Maunz/Dürig, Art. 68 (2008) Rn. 49.

[18] *H.-P. Schneider* AK GG, Art. 68 (2002) Rn. 3, nennt die Stellung eines Vertrauensantrages ein „Zeichen der
Schwäche der Regierung".

[19] Vgl. ua *H.-P. Schneider* AK GG, Art. 68 (2002) Rn. 2.

[20] Ebenso *H.-P. Schneider* AK GG, Art. 68 (2002) Rn. 3; *Hermes,* in: Dreier II, Art. 68 Rn. 7 ff.

[21] Vgl. auch *Schenke,* BK, Art. 68 (2017) Rn. 100 f.

[22] *H.-P. Schneider* AK GG, Art. 68 (2002) Rn. 2.

[23] Die Parlamentsauflösung macht indes entgegen mancher Ansicht das Volk nicht zu einem Schiedsrichter im
Streit zwischen Parlament und Regierung. Die Parlamentsneuwahl ist ausschließlich eine Chance zur Wiedergewinnung einer regierungsfähigen Mehrheit.

[24] Darstellung bei *Mager,* in: v. Münch/Kunig I, Art. 68 Rn. 3; *Epping* MKS II, Art. 68 Rn. 5; *Schenke* BK,
Art. 68 (2017) Rn. 94 ff.; *Herzog,* in: Maunz/Dürig, Art. 68 (2008) Rn. 13.

[25] Dieser Begriff ist allgemein üblich; teilweise spricht man auch von einer „echten" Vertrauensfrage. Vgl. ua
*Schröder* HStR III; § 65 Rn. 41; *Schenke* BK, Art. 68 (2017) Rn. 136 ff.; *Müller-Franken/Uhle,* in: Hofmann/Henne-
ke, Art. 68 Rn. 12.

trauensfrage wäre kein Verteidigungsinstrument in der Hand des BKanzlers, ließe man sie nicht auch dann zu, wenn der BKanzler erwartet oder sogar erreichen will, dass der Verlust seiner Mehrheit förmlich zutage tritt und er in die Lage versetzt wird, den BPräs um Parlamentsauflösung zu ersuchen. Die verfassungsrechtliche Zulässigkeit einer solchen „negativen",[26] neuerdings[27] treffender: **„auflösungsgerichteten" Vertrauensfrage** ist unbestritten, solange sie von einem Minderheitskanzler gestellt wird, die Verweigerung des Vertrauens also den tatsächlichen Mehrheitsverhältnissen im BT entspricht.[28]

15 Im staatsrechtlichen Schrifttum wird dagegen äußerst kontrovers erörtert, ob und ggf. in welchen Grenzen das Ziel der Parlamentsauflösung vom BKanzler auch dann durch Stellung der Vertrauensfrage angestrebt werden darf, wenn er im BT durchaus im Besitz einer regierungsfähigen Mehrheit ist.[29] Da der Erfolg einer solchen Handhabung der Vertrauensfrage davon abhängt, dass Abg. der Regierungsmehrheit sich bei der Abstimmung über den Vertrauensantrag zumindest der Stimme enthalten, wird das Verfahren vielfach als „unechte" Vertrauensfrage und als ein **Missbrauch**[30] dieser Institution bezeichnet und verworfen. Die Gegenmeinung lehnt eine Motivforschung bzgl. Antragstellung und Abstimmung ab und hält sich an das objektive Geschehen.[31] Das BVerfG hat in seinen beiden Entscheidungen vom 16.2.1982 und vom 28.8.2005[32] – bezogen auf die Vorgänge um die Bundestagsauflösungen in den Jahren 1982 und 2005[33] – einen Mittelweg eingeschlagen. Hiernach darf eine auflösungsgerichtete („negative") Vertrauensfrage außer von einem Minderheitskanzler auch im Falle einer anders nicht zu bewältigenden Krisensituation im parlamentarischen Regierungslager gestellt werden. Deren tatsächliches Vorliegen unterliegt freilich einem weitreichenden Beurteilungsspielraum des BKanzlers und darf vom BVerfG nur begrenzt, nämlich im wesentlichen nur bzgl. der Plausibilität der kanzlerischen Einschätzung, nachgeprüft werden. Bereits die Entscheidung aus dem Jahre1982 hat dem Meinungsstreit kein Ende setzen können;[34] auch die Entscheidung von 2005 stößt auf Kritik.[35] Hier wird der **vermittelnden Auffassung** des BVerfG gefolgt.

## II. Anwendungsbereich des Art. 68

16 Die Ermächtigung des BPräs zur Auflösung des BT hängt nach Art. 68 im Wesentlichen von zwei Entscheidungen ab: von der Stellung des Vertrauensantrages seitens des BKanzlers und seiner Ablehnung durch den BT. Art. 68 verlangt hierbei seinem Wortlaut nach[36] nur das **objektive Geschehen;** auf bestimmte Motive stellt er nicht ab. Auch der Begriff „Vertrauen"[37] engt Art. 68 nicht in dieser Richtung ein.[38] Verweigerung des Vertrauens setzt nicht notwendigerweise eine personelle oder programmatische Diskordanz mit der Regierung voraus,[39] sondern bedeutet nur eine wie auch immer motivierte, aktuelle Aufkündigung der Bereitschaft zu parlamentarischer Unterstützung.[40]

17 Grds. erweisen sich damit Vertrauensfrage und Vertrauensverweigerung einer **Instrumentalisierung** zugänglich,[41] die es erlaubt, sie gezielt zur Herbeiführung einer Situation einzusetzen, in der die

---

[26] Dieser Begriff (vgl. hierzu ua *Schröder* HStR III, § 65 Rn. 41; *H.-P. Schneider* AK II, Art. 68 Rn. 4) wird dann oft mit dem Begriff der „unechten" Vertrauensfrage gleichgesetzt. Das ist insoweit missverständlich, als sich mit letzterem Begriff leicht die Vorstellung eines Missbrauchs verbindet; so etwa bei *Löwer* DVBl 2005, 1102 (1106).

[27] BVerfGE 114, 121.

[28] Ganz hM; vgl. ua BVerfGE 62, 1 (38); *Schenke* BK, Art. 68 (2017) Rn. 138; *Epping* MKS II, Art. 68 Rn. 17; *Mager,* in: v. Münch/Kunig I, Art. 68 Rn. 9 ff. mwN.

[29] Die auch vorher schon intensiv geführte Diskussion (Darstellung des Meinungsstandes bei *H.-P. Schneider* AK GG, Art. 68 (2002) Rn. 4; *Mager,* in: v. Münch/Kunig I, Art. 68 Rn. 10 ff.) flammte anlässlich der Vertrauensfrage von 2005 erneut heftig auf; vgl. ua *Schenke/Baumeister* NJW 2005, 1844; *J. Ipsen* NJW 2005, 2201; *Löwer* DVBl 2005, 1102; *Pestalozza* NJW 2005, 2817; *Epping* RuP 2005, 197; *Buettner/Jäger* DÖV 2006, 408; *Winkler* AöR 131 (2006) 441.

[30] Vgl. zur Terminologie o. Fn. 26. Als Vertreter dieser Auffassung sind ua zu nennen: *Rottmann,* Sondervotum, BVerfGE 62, 108 (110); *Maurer* DÖV 1982, 1001 (1004 ff.); *Steiger,* Organisatorische Grundlagen des parlamentarischen Regierungssystems 1973, S. 307; *Stern,* StaatsR II, S. 258.

[31] Vgl. hierzu besonders *Püttner* NJW 1983, 15 (16).

[32] BVerfGE 62, 1 ff. und BVerfGE 114, 121 ff.

[33] Ausführliche Darstellung der damaligen Vorgänge in den beiden Gerichtsentscheidungen.

[34] Vgl. hierzu ua die kritische Darstellung bei *Stern,* StaatsR I, S. 995. Zust. dagegen *H.-P. Schneider* AK GG, Art. 68 (2002) Rn. 7; *Mager,* in: v. Münch/Kunig I, Art. 68 Rn. 34 ff.

[35] So etwa – freilich mit Differenzierungen – *Epping* MKS II, Art. 68 (2017) Rn. 233 ff. Vgl. weiterhin auch *J. Ipsen* NJW 2005, 1147; *Pestalozza* NJW 2005, 2817; *Winkler* AöR 131 (2006), 441 (459 ff.).

[36] Ebensowenig lässt sich der Entstehungsgeschichte der Vorschrift etwas anderes entnehmen; vgl. insoweit → Fn. 15.

[37] Vgl. hierzu ausführlich BVerfGE 62, 1 (36 ff.); weiterhin auch *Epping* MKS II, Art. 68 Rn. 14; *Mager,* in: v. Münch/Kunig I, Art. 68 Rn. 10 mwN.

[38] AA jedoch *Rinck,* Sondervotum, BVerfGE 62, 70 (71 f.); weiterhin offenbar auch *Mager,* in: v. Münch/Kunig I, Art. 68 Rn. 15.

[39] BVerfGE 62, 1 (37) bezeichnet Vertrauen zwar als die „Zustimmung der Abgeordneten zu Person und Sachprogramm des BKanzlers"; vgl. aber → Fn. 37.

[40] Ähnl. insoweit BVerfGE 62, 1 (38).

[41] Ähnliche Aussage auch bei *H.-P. Schneider* AK GG, Art. 68 (2002) Rn. 6; vgl. auch *Herzog,* in: Maunz/Dürig, Art. 68 (2008) Rn. 72.

Auflösung des BT möglich wird. Andererseits sind einer beliebigen Inanspruchnahme dieses Instituts **Schranken** gesetzt; sie ergeben sich aus der Zielrichtung des Art. 68.[42]

Diese Vorschrift ist mit der erklärten Absicht in das GG eingefügt worden, zusammen mit anderen **18** Bestimmungen die **Stabilität des Regierungssystems** zu gewährleisten.[43] Das destabilisierende Parlamentsauflösungsrecht des Art. 54 WRV wurde durch ein **Krisenregulativ**[44] ersetzt, das Parlamentsneuwahlen auf den Fall einer anders nicht mehr behebbaren politischen Krise beschränkt. Eine „politische Lage der Instabilität" ist darum, wie das BVerfG zutreffend feststellt,[45] ein „ungeschriebenes Tatbestandsmerkmal" des Art. 68. Vertrauensfrage und ggf. anschließende Parlamentsauflösung sind darum nur dann verfassungsrechtlich zulässig, wenn sie zur Behebung einer solchen Krisensituation eingesetzt werden. Der verschiedentlich geforderte Verzicht auf seine materiellrechtliche Anreicherung[46] nähme Art. 68 seinen Charakter als „ultima ratio" und unterwürfe seine Anwendung ohne Rücksicht auf konkrete parlamentarische Gegebenheiten weitgehend der (macht)politischen Beliebigkeit des BKanzlers. Im Nebeneffekt würde auch die politische Position des BPräs gestärkt. Er träfe seine Entscheidung über den Auflösungsantrag des BKanzlers ohne Bindung an rechtliche Vorgaben ausschließlich nach politischem Ermessen und wäre damit, dem vom GG intendierten Machtgefüge zuwider, dessen eigentlicher Gegenspieler.

Eine **Situation der Instabilität** kennzeichnet sich dadurch, dass mangels oder bei gefährdeter **18a** parlamentarischer Unterstützung die politische Handlungsfähigkeit der Regierung in Frage gestellt ist; das kann auch bei noch vorhandener parlamentarischer Mehrheit der Fall sein. Insbes. kann eine „verdeckte Minderheitssituation"[47] dann eintreten, wenn die formal vorhandene Kanzlermehrheit wegen grundsätzlicher Differenzen um wesentliche Teile des politischen Programms des BKanzlers einem schleichenden Erosionsprozess unterliegt, der über kurz oder lang auch den Verlust der nominellen Kanzlermehrheit erwarten lässt. Jedenfalls muss sich, objektiv betrachtet, eine Parlamentsauflösung mit anschließenden Neuwahlen als sinnvolles Mittel der Krisenbewältigung anbieten.

Diese Objektivierung des Tatbestandes von Art. 68 hat den Vorzug, dass die verfassungsrechtliche **19** Zulässigkeit des Verfahrens nicht nach schwer feststellbaren und oft auch ambivalenten **Motiven** des antragstellenden BKanzlers und der ihr Vertrauen verweigernden Bundestagsabgeordneten bemessen wird.[48] Das befreit insbes. den BPräs von der kaum mit seinem Amt zu vereinbarenden Pflicht, vor einer möglichen Bundestagsauflösung das Verhalten von BKanzler und Bundestagsmehrheit einer entsprechenden Prüfung zu unterziehen.

Das Recht des BPräs zur Auflösung des BT hängt damit außer von der Einhaltung der nötigen **20** Verfahrensschritte nur noch vom Vorliegen einer die Auflösung rechtfertigenden politischen Krise ab. Auch insoweit ist indes die Prüfungskompetenz des BPräs eingeschränkt. Die Stellung der Vertrauensfrage nach Art. 68 ist eine **politische Leitentscheidung**[49] des BKanzlers, die sich einer uneingeschränkten Juridifizierung entzieht.[50] Die in Bezug auf die Krisensituation erforderlichen Beurteilungen und Prognosen werden darum von einem **Einschätzungsspielraum** des BKanzlers erfasst,[51] der erst dort sein Ende findet, wo Parlamentsauflösung und Neuwahlen zur Krisenbewältigung ersichtlich (sog. Evidenzmaßstab) entbehrlich sind.

Diese Rücknahme der Rechtskontrolle über die Handhabung der Vertrauensfrage scheint freilich **21** auf die Spitze getrieben, und die materiellrechtliche Eingrenzung der Antragsbefugnis scheint faktisch preisgegeben, wenn das BVerG in seiner Entscheidung aus dem Jahre 2005 die Einschätzung der politischen Lage seitens des BKanzlers nur dann als widerlegt ansieht, wenn aufgrund von Tatsachen eine andere Einschätzung als die seine „eindeutig vorzuziehen" ist.[52] Dennoch greifen die hiergegen erhobenen **Einwände**[53] nicht durch. Im Spannungsfeld zwischen erwünschter materiellrechtlicher Bindung des Antragsrechts nach Art. 68 einerseits und der Komplexität und Prognosebedürftigkeit der zu beurteilenden politischen Situation andererseits ist die Zurückführung der Rechtskontrolle auf eine Plausibilitätskontrolle der einzig gangbare Weg. Sie allein entspricht dem eminent politischen Cha

[42] So ausführlich *H.-P. Schneider* AK GG, Art. 68 (2002) Rn. 7.

[43] BVerfGE 62, 1 (39); *H.-P. Schneider* AK GG, Art. 68 (2002) Rn. 2.

[44] *H.-P. Schneider* AK GG, Art. 68 (2002) Rn. 3.

[45] BVerfGE 62, 1 (42, 44); der Sache nach bestätigt in BVerfGE 114, 121 (149 ff.). Insoweit zustimmend *Epping* MKS II, Art. 68 Rn. 12 ff.

[46] Besonders entschieden insoweit das Sondervotum *Lübbe-Wolff*, BVerfGE 114, 182. Ähnl. *Hermes*, in Dreier II, Art. 68 Rn. 15 f. Ausführl. zum Sondervotum *Winkler* AöR 131 (2006), 441 (446 ff.).

[47] BVerfGE 114, 121 (157).

[48] Insoweit zutr. auch *Püttner* NJW 1983, 15 (16).

[49] BVerfGE 62, 1 (35).

[50] *Mager*, in: v. Münch/Kunig I, Art. 68 Rn. 26.

[51] So zutr. BVerfGE 62, 1 (50); bestätigt in BVerfGE 114, 121 (157). Weiterhin auch *H.-P. Schneider* AK GG, Art. 68 (2002) Rn. 13.

[52] BVerGE 114, 121 (161).

[53] Vor allem das Sondervotum *Jentsch*, BVerGE 114, 170. Vgl. weiterhin *Epping* MKS II. Art. 68 Rn. 22 ff.; *Winkler* AöR 131 (2006), 441 (453 ff.). Hiergegen mit ausführlicher und abgewogener Begr. *Herzog*, in: Maunz/Dürig, Art. 68 (2008) Rn. 76 ff.

rakter des Verfahrens[54] und lässt doch politische Alleingänge des BKanzlers nicht zu. Missbrauchsbefürchtungen übersehen die **selbstregulierenden Kräfte des politischen Systems,**[55] die im vorliegenden Zusammenhang gerade darin liegen, dass sich die regierende Mehrheit, wenn sie das Verfahren nach Art. 68 betreibt, selbst politisch zur Disposition stellt und nicht wissen kann, ob der Wähler ihr Verhalten honorieren wird. Nicht zuletzt wirkt auch das politische Ermessen des BPräs bei der Ausübung seines Auflösungsrechts als ein Korrektiv.[56]

22 Verfehlt wäre es auch, das hier gebilligte Verfahren als ein **Selbstauflösungsrecht** des BT zu kritisieren,[57] das es nach dem GG unzweifelhaft nicht geben soll.[58] Soweit man bei der notwendigen Beteiligung dreier Verfassungsorgane[59] – BKanzler, BT und BPräs – überhaupt von einer Selbstauflösung sprechen kann,[60] ist sie in Art. 68 als Mittel der Krisenbewältigung jedenfalls schon angelegt, und nur zu diesem Zweck bleibt sie auch weiterhin gestattet.

23 Schließlich erlaubt die hier vertretene Auslegung des Art. 68 auch keine **manipulative Herbeiführung vorgezogener Bundestagswahlen** durch die hieran möglicherweise interessierte Regierungsmehrheit.[61] Bei einem solchem Vorhaben wäre das Evidenzkriterium für verfassungsrechtliche Unzulässigkeit erfüllt;[62] die unausbleiblichen Proteste der Opposition wären überdies ein untrügliches Indiz hierfür.[63] Der Schutz parlamentarischer Minderheiten bleibt also gewährleistet.[64] Im Übrigen brächte ein manipulatives Verfahren die Regierungsmehrheit beim Wähler nur in Gefahr.

## III. Selbstauflösungsrecht als Problemlösung?

24 Die Vorgänge von 1982 und die darauf ergangene Entscheidung des BVerfG haben die Erörterung neu belebt, ob dem gelegentlich auftretenden politischen Interesse an **vorgezogenen Neuwahlen** durch Einführung eines Selbstauflösungsrechts des BT Rechnung getragen werden sollte.[65] Die jüngste hierauf bezogene parlamentarische Reformdiskussion[66] lief indes darauf hinaus, von einer entsprechenden Änderung des GG Abstand zu nehmen.

25 In der Tat würde sich ein Parlamentsauflösungsrecht, das ausschließlich, wenn auch möglicherweise unter dem Vorbehalt einer Zweidrittelmehrheit, in der Hand des BT läge, in Widerspruch zu anderen und durchaus bewährten Strukturen des GG stellen.[67] Als Mittel der Krisenbewältigung wäre das Selbstauflösungsrecht allzu wohlfeil, weil es **keiner ernsthaften Kontrolle** unterläge.[68] Vor allem aber könnten Regierungsmehrheit und Opposition angesichts einer solchen Möglichkeit bei grds. kontroversen Entscheidungen versucht sein, sich ihrer Verantwortung zu entziehen,[69] und in der jew. Hoffnung, es vergütet wiederzuerhalten, ihr Mandat an den Wähler zurückgeben. Das damit eingeführte **plebiszitäre Element**[70] würde auf Grund seiner Verlockung das repräsentative System der BRD aus den Angeln heben.

25a IÜ wäre ein Selbstauflösungsrecht auch **missbrauchsanfällig.** Es ließe sich gegen unerwünschte kleine, nur aufgrund einer vorübergehenden Protesthaltung in der Wählerschaft in den BT eingezogenen Parteien zwecks Wahlkorrektur instrumentalisieren. Auch wäre allein schon das Antragsrecht zur Selbstauflösung bei den vorgeschlagenen Antragsquoren – ein Viertel oder Drittel der Mitglieder des BT – ein allzeit verfügbares Machtmittel der Opposition zur Erzwingung von Grundsatzdebatten über die Regierungspolitik und käme in seiner Wirkung einem nach Art. 67 unzulässigen Antrag auf Erteilung eines destruktiven Misstrauensvotums gleich. Bei öff. geschürter demokratischer Suggestivkraft der plebiszitären Entscheidungsweise in politischen Grundsatzfragen könnte sich auch eine stabile

---

[54] Ähnl. *H.-P. Schneider* AK GG, Art. 68 (2002) Rn. 6; *Mager,* in: v. Münch/Kunig I, Art. 68 Rn. 26.
[55] Hierauf verweist auch BVerfGE 62, 1 (51); vgl. auch *Mager,* in: v. Münch/Kunig II Art. 68 Rn. 10.
[56] *H.-P. Schneider* AK GG, Art. 68 (2002) Rn. 6; *Mager,* in: v. Münch/Kunig I, Art. 68 Rn. 36.
[57] So allerdings *Zeidler* Sondervotum, BVerfGE 62, 64 (66); *Stern,* Staatsrecht I, S. 995. Problematisierend *Epping* MKS II, Art. 68 Rn. 23. Richtig indes *Mager,* in: v. Münch/Kunig I, Art. 68 Rn. 36; *Schenke* BK, Art. 68 (2017) Rn. 149; *Herzog,* in Maunz/Dürig, Art. 68 Rn. 87 Fn. 3.
[58] Vgl. für viele BVerfGE 62, 1 (41).
[59] Deren „parteipolitische Verflechtung" (*Epping* MKS II, Art. 68 Rn. 22) besteht nicht in jedem Fall und bewirkt wegen unterschiedlicher politischer Interessen auch nicht stets politische Komplizenschaft.
[60] In diesem Sinne ist auch BVerfGE 62, 1 (35) zu verstehen.
[61] So richtig BVerfGE 62, 1 (43); vgl. auch *H.-P. Schneider* AK GG, Art. 68 (2002) Rn. 7.
[62] Zutr. ua *Herzog,* in: Maunz/Dürig, Art. 68 (2008) Rn. 84.
[63] So auch BVerfGE 62, 1 (43 f.).
[64] *H.-P. Schneider* AK GG, Art. 68 (2002) Rn. 6, spricht von einem Schutz der Opposition.
[65] Eine Übersicht über die Diskussion findet sich bei *Toews* FS W. Weber, 1974, S. 269 (284 ff.).
[66] Vgl. hierzu den Bericht der GemVerfKom, BT-Dr 12/600, S. 86 ff. Anders noch die Enquete-Komm. Verfassungsreform in ihrem Schlussbericht BT-Dr 7/5924, S. 40. Zur Diskussion um ein Selbstauflösungsrecht des BT auch *Oldiges/Wiefelspütz,* ZRP 2005, 207; *Hahn* DVBl 2008, 151. Bei allen Bedenken letztlich für Einführung eines Selbstauflösungsrechts *Herzog,* in: Maunz/Dürig, Art. 68 (2008) Rn. 85.
[67] Ebenso *H.-P. Schneider* AK GG, Art. 68 (2002) Rn. 17; *Epping* MKS II, Art. 68 Rn. 15.
[68] Ähnl. *Mager,* in: v. Münch/Kunig I, Art. 68 Rn. 37.
[69] So auch *H.-P. Schneider* AK GG, Art. 68 (2002) Rn. 17.
[70] Ähnliche Bedenken auch bei *Stern,* StaatsR I, S. 996. Weniger ausgesprochen auch *H.-P. Schneider* AK GG, Art. 68 (2002) Rn. 17.

Regierungsmehrheit, um nicht als „undemokratisch" zu erscheinen, zur Einwilligung in eine Selbstauflösung genötigt sehen.

## C. Das Verfahren bei der Vertrauensfrage

### I. Antrag des Bundeskanzlers

Das Verfahren nach Art. 68 wird durch den **Antrag des Bundeskanzlers** im BT in Gang gesetzt, **26** ihm das Vertrauen auszusprechen. Die Entscheidung über die Antragstellung liegt ausschließlich in seiner Hand;[71] seine **Antragsbefugnis** hängt weder von einer vorherigen Konsultation des Kabinetts noch gar von dessen Zustimmung ab.[72] Umgekehrt kann der Kanzler auch nicht durch Parlamentsbeschluss[73] oder durch Koalitionsvereinbarung[74] zur Vertrauensfrage gezwungen werden. Das wäre in besonderem Maße im Hinblick auf eine auflösungsgerichtete Vertrauensfrage unzulässig, die auch der Kanzler selbst nur zur Bewältigung einer Krisensituation stellen darf (→ Rn. 15).

Ein Antrag aus der **Mitte des Bundestages**, dem BKanzler das Vertrauen auszusprechen, hat nur **27** die Bedeutung einer politischen Demonstration;[75] sein Scheitern zieht nicht die Rechtsfolgen des Art. 68 nach sich. Dagegen ist ein Ersuchen des BT an den BKanzler, seinerseits die Vertrauensfrage zu stellen, nicht nur rechtlich unverbindlich, sondern wegen des von ihr ausgehenden politischen Drucks verfassungsrechtlich unzulässig.[76] Art. 68 ist als ein Verteidigungsinstrument des BKanzlers konzipiert und darf nicht der Initiative des BT ausgeliefert werden (vgl. → Art. 67 Rn. 2, 29).

Der Vertrauensantrag unterliegt **weder Form- noch Fristvorschriften.** Der BKanzler kann ihn zu **28** jeder Zeit und zu jedem Anlass stellen;[77] ggf. ist auf sein Verlangen hin der Bundestagspräsident verpflichtet, den BT zu einer Sondersitzung einzuberufen.[78] Ein bestimmter Wortlaut braucht nicht eingehalten zu werden. Nicht einmal der Begriff „Vertrauen" braucht Verwendung zu finden, doch muss der Antrag eindeutig sein. In der Praxis wird meist der „Antrag nach Art. 68" gestellt.[79]

Der Antrag kann „isoliert" oder auch in **Verbindung mit einer Sachfrage**, insbes. mit einer **29** Gesetzesvorlage (vgl. Art. 81 I 2), gestellt werden.[80] Auch eine Verbindung mit einem verfassungsändernden Gesetz ist zulässig, doch kann ein solches Gesetz nach Art. 81 IV nicht im Gesetzgebungsnotstand beschlossen werden.[81] Bei nichtlegislatorischen Angelegenheiten muss die Entscheidung des BT aber von einigem politischem Gewicht sein;[82] das war bei der Entscheidung über den Einsatz deutscher Truppen in Afghanistan Ende 2001 ohne Zweifel der Fall. Das Zustimmungsquorum des Art. 68 I 1 (die sog. Kanzlermehrheit) ist für den Sachantrag nicht erforderlich; hier genügt in aller Regel die einfache Mehrheit.[83] Wird eine Gesetzesvorlage, mit der ein Antrag nach Art. 68 verbunden worden war, abgelehnt, kann unter den Voraussetzungen des Art. 81 vom BPräs der Gesetzgebungsnotstand erklärt werden.

### II. Abstimmung im Bundestag

Die **Vertrauensabstimmung** über den Antrag des BKanzlers findet im BT nicht vor Ablauf von **30** achtundvierzig Stunden statt (Art. 68 II).[84] Während dieser Überlegungs- und ggf. auch Verhandlungspause kann der Kanzler seinen Antrag auch noch zurückziehen.[85] Eine Endfrist, binnen derer über den Antrag entschieden sein muss, findet sich in Art. 68 nicht; man wird indes den Antrag als abgelehnt ansehen müssen, wenn eine Entscheidung nicht binnen angemessener Frist erfolgt.[86] Treffen der Vertrauensantrag des BKanzlers und ein Antrag aus der Mitte des BT, dem BKanzler durch Wahl eines

[71] *Mager,* in v. Münch/Kunig I, Art. 68 Rn. 5.
[72] *Epping* MKS II, Art. 68 Rn. 8; *Herzog,* in: Maunz/Dürig, Art. 68 (2008) Rn. 21.
[73] *Schenke* BK, Art. 68 (2017) Rn. 118 ff.
[74] *Schenke* BK, Art. 68 (2017) Rn. 125 f.
[75] *H.-P. Schneider* AK GG, Art. 68 (2002) Rn. 8. Bedenken bei *Schenke* BK, Art. 68 (2017) Rn. 124.
[76] → Art. 67 Rn. 29; wie hier *Stern,* StaatsR I, S. 993; *Herzog,* in: Maunz/Dürig, Art. 68 (2008) Rn. 22; *Schenke* BK, Art. 67 (2017) Rn. 122, Art. 68 (2017) Rn. 118 ff.; *Mager,* in: v. Münch/Kunig I, Art. 67 Rn. 13. AA (als schlichter Parlamentsbeschl. zulässig) *Hermes,* in: Dreier II, Art. 67 Rn. 20; *Epping* MKS II, Art. 67 Rn. 29.
[77] Vgl. für viele *H.-P. Schneider* AK GG, Art. 68 (2002) Rn. 2.
[78] Ebenso *Schreiber/Schnapauff* AöR 109 (1984), 368 (380); *Mager,* in: v. Münch/Kunig I, Art. 68 Rn. 6.
[79] Vgl. insoweit die Hinweise bei *Mager,* in: v. Münch/Kunig I, Art. 68 Rn. 6.
[80] Hierzu auch *Epping* MKS II, Art. 68 Rn. 10; *Busse,* in: Friauf/Höfling, Art. 68 (2011) Rn. 12 ff.; *Herzog,* in: Maunz/Dürig, Art. 68 (2008) Rn. 26.
[81] *Epping* MKS II, Art. 68 Rn. 10; *Busse,* in: Friauf/Höfling, Art. 68 (2011) Rn. 13; *Mager,* in: v. Münch/Kunig I, Art. 68 Rn. 9.
[82] Noch einschränkender *Epping* MKS II, Art. 68 Rn. 11.
[83] Vgl. ua *Schenke* BK, Art. 68 (2017) Rn. 248 ff.
[84] Zur Fristberechnung *H.-P. Schneider* AK GG, Art. 68 (2002) Rn. 9; *Epping* MKS II, Art. 68 Rn. 35.
[85] So auch *H.-P. Schneider* AK GG, Art. 68 (2002) Rn. 9.
[86] So im Erg. (teilw. kraft Analogie) die hM. Vgl. ua *Herzog,* in: Maunz/Dürig, Art. 68 (2008) Rn. 33; *H.-P. Schneider* AK GG, Art. 68 (2002) Rn. 9; *Mager,* in: v. Münch/Kunig I, Art. 68 Rn. 23; *Hermes,* in: Dreier II, Art. 68 Rn. 20; *Epping* MKS II, Art. 68 Rn. 32; *Schenke* BK, Art. 68 (2017) Rn. 258 ff.

Nachfolgers das Misstrauen auszusprechen (**Misstrauensantrag** nach Art. 67), aufeinander, so ist der letztere Antrag vorzuziehen; dies entspricht der Linie des GG, der Etablierung einer regierungsfähigen Mehrheit gegenüber einer Bundestagsauflösung den Vorzug zu geben.[87]

31     Der Antrag ist **abgelehnt,** wenn er nicht die Stimmen der Mehrheit der Mitglieder des Bundestages findet. Damit ist förmlich zum Ausdruck gebracht, dass der Kanzler nicht (mehr) von einer regierungsfähigen Bundestagsmehrheit unterstützt wird. Art. 68 nennt als eine mögliche Konsequenz[88] nur das **Ersuchen** an den BPräs, **den Bundestag aufzulösen** (dazu → Rn. 32 ff.). Der BKanzler kann seine Regierung aber auch als – nun erwiesene – **Minderheitsregierung** weiterführen; dabei hilft ihm ggf. die Erklärung des Gesetzgebungsnotstandes nach Art. 81. Schließlich kann er – im unmittelbaren Anschluss an den Vertrauensentzug oder bei Scheitern seiner Minderheitsregierung – den **Rücktritt** erklären und damit den Weg zur Wahl eines Nachfolgers nach Art. 63 freimachen. Die Rechtsfolge des Art. 68 – Ersuchen um Bundestagsauflösung – tritt auch ein, wenn bei verbundener Vertrauensfrage zwar dem Sachantrag, nicht aber dem Vertrauensantrag entsprochen wurde.[89] Kommt zum angesetzten Termin eine Abstimmung des BT mangels Beschlussfähigkeit nicht zustande, bleibt das Verfahren bis zu einem anderweitigen Abschluss (vgl. auch o. → Rn. 30) in der Schwebe.[90]

# D. Die Auflösung des Bundestages
## I. Entscheidungsbefugnis des Bundespräsidenten

32     Die Auflösung des BT kann nach Art. 68 nur der BPräs anordnen; das setzt allerdings ein entsprechendes Ersuchen des BKanzlers voraus (vgl. zu den Entscheidungsalternativen des Kanzlers → Rn. 31). Bei der Anordnung oder Ablehnung der Auflösung handelt es sich um eine **politische Leitentscheidung.**[91] Hinsichtlich ihrer rechtlichen oder politischen Bindungen ist zwischen den rechtlichen Voraussetzungen (u. → Rn. 33) und dem Umfang der Entscheidungsbefugnis (→ Rn. 34) zu unterscheiden.[92]

33     Die **Befugnis zur Auflösung** des BT wächst dem BPräs nur dann zu, wenn deren formelle und materielle Voraussetzungen vorliegen.[93] Die formellen Voraussetzungen sind in Art. 68 genannt; sie betreffen Verfahren, Fristen und Abstimmungsmehrheiten. In materieller Hinsicht tritt indes noch das „ungeschriebene Tatbestandsmerkmal" (→ Rn. 18) hinzu, wonach eine Situation politischer Instabilität vorliegen muss, die sich nicht anders als durch Auflösung des BT beheben lässt. Während der BPräs das Vorliegen der formellen Voraussetzungen in vollem Umfang prüfen darf und auch muss, steht ihm in materiellrechtlicher Hinsicht nur ein eingeschränktes, nämlich auf Evidenzkontrolle **beschränktes Prüfungsrecht** zu.[94] Er muss insoweit seiner eigenen rechtlichen Beurteilung die Einschätzung der beiden anderen beteiligten Verfassungsorgane bezüglich der Instabilität der Situation und ihrer Behebbarkeit zugrunde legen, sofern nicht eine andere Bewertung „eindeutig" den Vorzug verdient.[95]

34     Liegen nach seiner – ggf. extern vorgeprägten[96] – rechtlichen Beurteilung die Auflösungsvoraussetzungen vor, ist der Bundespräsident **in seiner weiteren Entscheidung frei.**[97] Auch wenn er im Hinblick auf die rechtliche Zulässigkeit der Bundestagsauflösung die Einschätzung von BKanzler und BT hinnehmen muss, ist er in seiner weiteren Entscheidung daran doch nicht gebunden, sondern hat seine eigene Entscheidung danach zu treffen, ob er die Auflösung des BT mit der damit verbundenen Verkürzung der Wahlperiode politisch für sinnvoll hält und ob sie von ihm politisch vertreten werden kann.[98] Die Rechtslage wird missverständlich wiedergegeben, wenn vom BPräs in der Auflösungsfrage **pflichtgemäßes,** am Gemeinwohl orientiertes und zu stabilen Regierungsverhältnissen beitragendes

---

[87] Str.; wie hier *H.-P. Schneider* AK GG, Art. 68 (2002) Rn. 7. AA (Entscheidungsfreiheit des BT) *Schenke* BK, Art. 67 (2017) Rn. 102 ff., Art. 68 (2017) Rn. 263 f.; *Hermes,* in: Dreier II, Art. 68 Rn. 26. Für Reihung nach dem Prioritätsgrundsatz *Epping* MKS II, Art. 67 Rn. 25 iVm 23.

[88] Eine Aufzählung der verschiedenen Entscheidungsmöglichkeiten findet sich bei *H.-P. Schneider* AK GG, Art. 68 (2002) Rn. 10; *Mager,* in: v. Münch/Kunig I, Art. 68 Rn. 24; *Epping,* MKS II, Art. 68 Rn. 36 ff.

[89] *H.-P. Schneider* AK GG, Art. 68 (2002) Rn. 9; *Busse,* in: Friauf/Höfling, Art. 68 (2011) Rn. 15; *Herzog,* in: Maunz/Dürig, Art. 68 Rn. 39.

[90] So die hM; vgl. ua *Steiger,* Organisatorische Grundlagen des parlamentarischen Regierungssystems 1973, S. 271; *Schenke* BK, Art. 68 (2017) Rn. 251; *Müller-Franken/Uhle,* in: Hofmann/Henneke, Art. 68 Rn. 42; *Mager,* in: v. Münch/Kunig I, Art. 68 Rn. 17.

[91] BVerfGE 62, 1 (35).

[92] Ebenso *Mager,* in: v. Münch/Kunig I, Art. 68 Rn. 25.

[93] So auch BVerfGE 62, 1 (35).

[94] BVerfGE 62, 1 (50); ebenso *Mager,* in: v. Münch/Kunig I, Art. 68 Rn. 26; *Hermes,* in Dreier II, Art. 68 Rn. 23; *H.-P. Schneider* AK GG, Art. 68 (2002) Rn. 13. AA indes (für ein vollständiges Prüfungsrecht) *Rottmann,* Sondervotum, BVerfGE 62, 108 (111), sowie auch *Epping* MKS II, Art. 68 Rn. 40.

[95] BVerfGE 62, 1 (63).

[96] Bei Bindung an den Beurteilungsspielraum von Kanzler und BT.

[97] Art. 68 kann auch nicht etwa im Sinne einer „Soll-Vorschrift" gedeutet werden; so richtig *Schenke* BK, Art. 68 (2017) Rn. 295 ff.; *Mager,* in: v. Münch/Kunig I, Art. 68 Rn. 27.

[98] BVerfGE 62, 1 (50 f.).

**politisches Ermessen** verlangt wird.[99] Das Gebot der Pflichtmäßigkeit trifft sicherlich für die formalen Umstände der Entscheidung zu; eine **inhaltliche Bindung,** die zudem noch justitiabel wäre, erwächst hieraus nicht.[100] Auch eine Ermessensreduktion kommt darum von vornherein nicht in Betracht.

Die Auflösungserklärung des BPräs bedarf nach Art. 58 S. 1 der Gegenzeichnung durch den **34a** BKanzler,[101] auch wenn hiermit Verantwortung nicht übernommen werden kann.[102] Die Kontrasignatur des BKanzlers bleibt auch hier sinnvoll. Sie bestätigt das – angesichts der Formfreiheit des Auflösungsvorschlages wie auch seiner Widerrufbarkeit[103] uU nicht zweifelsfreie – präsidiale Auflösungsrecht.

## II. Abwehr der Auflösung

Das **Auflösungsrecht des Bundespräsidenten** ist auf 21 Tage ab Verkündung des Abstimmungs- **35** ergebnisses im BT **befristet.** Der BT kann sich nach Art. 68 I 2 gegen die Auflösung wehren, indem er zuvor[104] mit der Kanzlermehrheit einen anderen BKanzler wählt; von da an ist eine Auflösungsanordnung des BPräs, ggf. schon das entsprechende Ersuchen des BKanzlers, unzulässig. Diese Regelung entspricht dem auch in den Art. 63 und 67 zum Ausdruck kommenden Prinzip, dass dem regierungsfähigen BT weder ein BKanzler noch eine Bundestagsauflösung von außen aufgezwungen werden kann.[105] Der Sache nach handelt es sich bei der Abwehrwahl nach Art. 68 I 2 um ein konstruktives Misstrauensvotum gegen den amtierenden BKanzler;[106] sie wird geschäftsordnungsrechtlich auch in gleicher Weise behandelt (vgl. § 98 II GOBT).[107]

Als Wahl eines **„anderen Bundeskanzlers"** ist die Wahl des amtierenden Kanzlers nicht zulässig.[108] **36** Tatsächlich käme ohnehin gar keine Wahl, sondern nur eine Bestätigung im Amt in Betracht.[109] Sie hätte den Charakter eines Vertrauensausspruchs, dessen Initiative indes vom BKanzler in Form einer (erneuten) Vertrauensfrage ausgehen müsste. Die Ablehnung eines Vertrauensantrages ist formal betrachtet kein Misstrauensantrag; infolgedessen kommt ein Widerruf nicht in Betracht. Der **Versuch der Kanzlerwahl** nach Art. 68 I 2 kann mehrfach unternommen werden; Art. 63 kommt insoweit nicht zur Anwendung.[110] Alle Bemühungen finden indes ein Ende mit der Auflösung des BT. Wird rechtzeitig ein neuer Kanzler gewählt, muss er vom BPräs auch ernannt werden.[111]

Das Auflösungsrecht des BPräs erlischt erst, wenn der BT mit der erforderlichen Mehrheit einen **37** anderen BKanzler **gewählt hat.**[112] Zeichnet sich eine solche Wahl ab, ist der BPräs aus Gründen der Verfassungsorgantreue[113] und im Hinblick auf den ultima-ratio-Charakter der Bundestagsauflösung gehindert, im Wettlauf mit dem BT noch vor dessen Wahlakt die Auflösung anzuordnen.[114] Er darf sich durch Abwarten indes nicht der Möglichkeit begeben, den BT noch innerhalb der Frist von 21 Tagen aufzulösen.

## III. Form und Folgen der Auflösung

Die Auflösung des BT ist ein **staatsleitender Organisationsakt,**[115] dh sie bewirkt organisatorische **38** Veränderungen im Gefüge der Verfassungsorgane. Der BPräs ordnet die Bundestagsauflösung dem

---

[99] So etwa die Formulierungen in BVerfGE 62, 1 (35), und ua bei *H.-P. Schneider* AK GG, Art. 68 (2002) Rn. 13; *Epping* MKS II, Art. 68 Rn. 42. Richtig dagegen *Schenke* BK, Art. 68 (2017) Rn. 300: Das Ermessen des BPräs sei mit den Kategorien des Verwaltungsermessens nicht adäquat zu erfassen.

[100] So zutr. *Herzog,* in: Maunz/Dürig, Art. 68 (2008) Rn. 60; *Mager,* in: v. Münch/Kunig I, Art. 68 Rn. 27. AA jedoch *Epping* MKS II, Art. 68 Rn. 42.

[101] BVerfGE 62, 1 (34 f.); ebenso *Epping* MKS II, Art. 68 Rn. 45; *Schenke* BK, Art. 68 (2017) Rn. 306; *H.-P. Schneider* AK GG II, Art. 68 (2002) Rn. 13; *Busse,* in: Friauf/Höfling, Art. 68 (2011) Rn. 25. Zur Gegenauffassung → Art. 58 Rn. 15 mit Fn. 26.

[102] So die aA, ua *Jekewitz* AK GG, Art. 58 (2001) Rn. 10; *Randelzhofer* FS Driehaus, 2005, S. 564.

[103] Die Versagung der Gegenzeichnung wäre als Widerruf des Auflösungsvorschlages zu werten; vgl. *Epping* MKS II, Art. 68 Rn. 45.

[104] Insoweit ist die Formulierung in § 98 II GOBT nicht ganz korrekt. Ähnl. („verfassungswidrig") *Epping* MKS II, Art. 68 Rn. 37.

[105] *H.-P. Schneider* AK GG, Art. 68 (2002) Rn. 14.

[106] *Herzog,* in: Maunz/Dürig, Art. 68 (2008) Rn. 64; *H.-P. Schneider* AK GG, Art. 68 (2002) Rn. 14.

[107] *Mager,* in: v. Münch/Kunig II, Art. 68 Rn. 30.

[108] So zutreffend *H.-P. Schneider* AK GG, Art. 68 (2002) Rn. 14; *Epping* MKS II, Art. 68 Rn. 51; *Herzog,* in: Maunz/Dürig, Art. 68 (2008) Rn. 66. Für analoge Anwendung jedoch *Hermes,* in: Dreier II, Art. 68 Rn. 22 Fn. 111; *Schenke* BK, Art. 68 (2017) Rn. 290 ff.; *Mager,* in: v. Münch/Kunig I, Art. 68 Rn. 28; *Busse,* in: Friauf/Höfling, Art. 68 (2011) Rn. 26.

[109] Zutreffend *Mager,* in: v. Münch/Kunig II, Art. 68 Rn. 28.

[110] *Mager,* in: v. Münch/Kunig I, Art. 68 Rn. 30.

[111] Vgl. für viele *Mager,* in: v. Münch/Kunig I, Art. 68 Rn. 30.

[112] So richtig *Mager,* in: v. Münch/Kunig I, Art. 68 Rn. 29.

[113] Vgl. *Schenke* BK, Art. 68 (2017) Rn. 288 f.

[114] *H.-P. Schneider* AK GG, Art. 68 (2002) Rn. 14; *Mager,* in: v. Münch/Kunig I, Art. 68 Rn. 29; *Epping* MKS II, Art. 68 Rn. 49.

[115] Zu den im Schrifttum verwendeten Bezeichnungen *Mager,* in: v. Münch/Kunig I, Art. 68 Rn. 31.

Bundestagspräsidenten gegenüber mündlich oder schriftlich an; diese Anordnung bedarf nach Art. 58 (S. 2 ist insoweit nicht einschlägig) der Gegenzeichnung durch den BKanzler.[116] Eine **Begründung** ist nicht ausdrücklich vorgeschrieben, doch erwächst eine Begründungspflicht aus dem Gesichtspunkt der Verfassungsorgantreue.[117] Üblich, wenn auch nicht geboten, ist die Publizierung der Auflösung im Bundesgesetzblatt.

39 Die **Amtszeit des Bundestages** endet nicht schon mit seiner Auflösung, sondern erst mit Zusammentritt des neugewählten BT (Art. 39 I 2);[118] zugleich endet auch die Amtszeit der BReg (Art. 69 II). Die Neuwahl des BT hat binnen 60 Tagen seit seiner Auflösung zu erfolgen (Art. 39 I 4). Bis zum Ende ihrer Amtszeit sind weder BT noch BReg in ihrer Handlungsfähigkeit beschränkt.[119] Es kann darum bei Rücktritt des BKanzlers noch ein Nachfolger nach Art. 63 gewählt werden; ebenso ist eine Nachfolgerwahl durch konstruktives Misstrauensvotum nach Art. 67 möglich.[120] Am weiteren Fortgang der Dinge bis zum Amtsende auch der neuen BReg bei Zusammentritt des neugewählten BT ändert das alles nichts.

## Art. 69 [Vertretung des Bundeskanzlers]

(1) **Der Bundeskanzler ernennt einen Bundesminister zu seinem Stellvertreter.**

(2) **Das Amt des Bundeskanzlers oder eines Bundesministers endigt in jedem Falle mit dem Zusammentritt eines neuen Bundestages, das Amt eines Bundesministers auch mit jeder anderen Erledigung des Amtes des Bundeskanzlers.**

(3) **Auf Ersuchen des Bundespräsidenten ist der Bundeskanzler, auf Ersuchen des Bundeskanzlers oder des Bundespräsidenten ein Bundesminister verpflichtet, die Geschäfte bis zur Ernennung seines Nachfolgers weiterzuführen.**

**Entstehungsgeschichte: Erfassung:** JöR nF Bd 1 (1951), 449.
**Historische Verfassungstexte: RV 1871: Art. 15** (2) Der Reichskanzler kann sich durch jedes andere Mitglied des Bundesrathes vermöge schriftlicher Substitution vertreten lassen.
**Gesetzgebung:** BMinG, GOBReg.
**Geltende Landesverfassungen:** *BW*Verf Art. 46 II 2, 55 II, III; *Bay*Verf Art. 44 III 3, 46; *Bln*Verf Art. 42 III 3; *Bbg*Verf Art. 85 I 1, II; *Brem*Verf Art. 107 III; 115 I; *Hmb*Verf Art. 37, 41 I; *Hess*Verf Art. 113 I 2, III; *MV*Verf Art. 43 S. 2, 50 I 1, 3, IV; *Nds*Verf Art. 29 II, 33 II–IV; *NRW*Verf Art. 52 III 2, 62 II, III; *RhPf*Verf Art. 98 III, 99 IV, 105 II 3; *Saar*Verf Art. 87 III, V; *Sachs*Verf Art. 60 IV 2, 68 II, III; *LSA*Verf Art. 65 III, 71 I 1, 3, II; *SchlH*Verf Art. 26 II 2, 27 I, II; *Thür*Verf Art. 70 IV 2, 75 II, III.

**Schrifttum:** *B. Beckermann,* „Vizekanzler" – Wer ist das und wenn ja, wie viele?, DÖV 2018, 369;. *R. Groß,* Zur geschäftsführenden Regierung, DÖV 1982, 1008; *R. Lutz,* Die Geschäftsregierung nach dem Grundgesetz, 1969; *F. Münch,* Die Bundesregierung, 1954; *M. Nierhaus,* Verfassungsrechtliche Probleme des Kanzlerrücktritts, JR 1975, 265; *M. Oldiges,* Die interimistische Weiterführung der Amtsgeschäfte des Bundeskanzlers durch den Vizekanzler, DVBl 1975, 79; *F.-J. Peine,* Parlamentsneuwahl und Beendigung des Amtes des Regierungschefs, Der Staat 21 (1982), 335; *J. Schemmel,* Die geschäftsführende Bundesregierung, NVwZ 2018, 105; *K.-D. Schnapauff,* Die geschäftsführende Bundesregierung, VR 1983, 77; *M. Schröder,* Bildung, Bestand und parlamentarische Verantwortlichkeit der Bundesregierung HStR III, § 65; *R. Wahl,* Stellvertretung im Verfassungsrecht, 1971.

---

[116] *Schenke* BK, Art. 68 (2017) Rn. 306 ff.
[117] *Schenke* BK, Art. 68 (2017) Rn. 305; *Mager,* in: v. Münch/Kunig I, Art. 68 Rn. 31. Der Hinweis auf ein rechtsstaatliches Gebot überzeugt in diesem Zusammenhang allerdings nicht.
[118] *Mager,* in: v. Münch/Kunig I, Art. 68 Rn. 32.
[119] Ebenso *H.-P. Schneider* AK GG, Art. 68 (2002) Rn. 13; *Epping* MKS II, Art. 68 Rn. 46.
[120] Vgl. ua *H.-P. Schneider* AK GG, Art. 68 (2002) Rn. 13; *Mager,* in: v. Münch/Kunig II, Art. 68 Rn. 33.

# A. Allgemeines

## I. Systematische Stellung

Art. 69 greift mit seinen drei Absätzen **drei verschiedene Regelungsgegenstände** auf: die Stell- 1 vertretung des BKanzlers, die Beendigung des Amtes von BKanzler und BMinistern sowie die vorläufige Weiterführung der Geschäfte des BKanzlers und der BMinister nach Beendigung ihres Amtes. Von diesen drei Regelungsmaterien sind nur die beiden letzteren funktional aufeinander bezogen;[1] die Regelung über die Stellvertretung betrifft einen Aspekt der Bildung und Organisationsstruktur der BReg und steht damit in innerem Zusammenhang zu den Art. 62 bis 64.[2]

Die BReg ist ein komplexes organisatorisches Gefüge mit unterschiedlich ausgestalteten Beziehungs- 2 strängen zwischen den einzelnen Organisationselementen. Der BKanzler ist Teil des Regierungskollegiums (Kabinetts) und sein geschäftsführender Leiter; seine Beziehung zu den einzelnen BMinistern drückt sich in seiner Richtlinienkompetenz aus (vgl. hierzu → Art. 65 Rn. 9 ff. und 24 f.). Art. 69 I liefert die verfassungsrechtlich erforderliche Klarstellung,[3] wie in solchen Zusammenhängen **bei Verhinderung des Kanzlers** zu verfahren ist, und bietet hierfür das Institut der Stellvertretung an. Eine ähnliche Vertretungsregelung für BMinister enthält das GG nicht. Die Stellvertretungsfrage wird für sie in § 14 GOBReg gelöst, der zwischen der Stellvertretung in der Regierung und derjenigen im Ressort unterscheidet (vgl. → Art. 62 Rn. 35 f.).[4] Für die erstere ist die kollegiale Lösung – Stellvertretung durch einen anderen BMinister – durch Art. 62 indirekt vorgegeben,[5] während die Stellvertretung im Ressort Grundsätzen der Behördenorganisation folgt.[6]

Art. 69 II bringt das **Periodizitätsprinzip**[7] zur Geltung, demzufolge sich die Begrenzung der 3 Amtszeit des Parlaments auch auf die Amtszeit der Regierung auswirkt. Da die Regierung ihr Amt im parlamentarischen Regierungssystem auf der Grundlage parlamentarischen Vertrauens ausübt, müssen sich Veränderungen in den Mehrheitsverhältnissen im Parlament auf den Bestand und die Zusammensetzung der Regierung auswirken können.[8] Allerdings ist die verfassungsrechtliche Koppelung des Amtes der Regierung an die Amtsperiode des Parlaments, wie sie das GG in Art. 69 II iVm Art. 39 I 2 vornimmt, nicht die einzige Möglichkeit, den Erfordernissen des parlamentarischen Regierungssystems Rechnung zu tragen; es genügt, wenn einer neuen parlamentarischen Mehrheit die Möglichkeit gegeben ist, durch Wahl einer ihren Vorstellungen entsprechenden Regierung einen Regierungswechsel herbeizuführen.[9]

Die Beendigung des Amtes des BKanzlers beendigt in jedem Fall, also nicht nur bei Zusammentritt 4 eines neu gewählten Bundestages, zugleich auch das Amt **jedes einzelnen Bundesministers.** Auch diese Teilregelung des Art. 69 II ist ein Ausdruck der spezifisch auf den BKanzler bezogenen Ausformung, die das parlamentarische Regierungssystem im GG erfahren hat.

Art. 69 III ist weniger Bestandteil als vielmehr Konsequenz der Parlamentsabhängigkeit der Regie- 5 rung. Allerdings tritt die **Notwendigkeit der geschäftsführenden Fortsetzung von Regierungsämtern** nicht nur im parlamentarischen,[10] sondern auch in anderen Regierungssystemen auf, wenn zum Beispiel ein Regierungsmitglied zurücktritt, ohne dass sofort ein Nachfolger gefunden werden kann. Ausschlaggebend für die Regelung in Art. 69 III ist vielmehr die Einsicht, dass Vakanzen im Regierungsbereich die Handlungsfähigkeit des Staates beeinträchtigen, wenn nicht gar vollständig beseitigen können.[11] Aus dem Blickwinkel des parlamentarischen Regierungssystems erscheint das Institut der Geschäftsregierung wohl als ein Bruch, denn auch eine parlamentarisch gestürzte Regierung kann mit seiner Hilfe jedenfalls vorläufig im Amt bleiben. Der sachlogische Bedarf sowie Aus-

---

[1] Eine Erklärung für die Verbindung der Regelungsmaterien liefert die Entstehungsgeschichte der Vorschrift; vgl. hierzu *Beckmann,* Die Rechtsstellung des Stellvertreters des BKanzlers, Diss. Würzburg 1966, S. 39 ff.; *Lutz,* Die Geschäftsregierung nach dem Grundgesetz, 1969, S. 11 ff.

[2] Zu diesen Zusammenhängen auch *Herzog,* in: Maunz/Dürig, Art. 69 (2008) Rn. 1.

[3] Vgl. auch *Herzog,* in: Maunz/Dürig, Art. 69 (2008) Rn. 2.

[4] Die Unterscheidung folgt der Doppelfunktion des BMin als Regierungsorgan und als oberster Verwaltungsbehörde. Vgl. hierzu ua *Herzog,* in: Maunz/Dürig, Art. 65 (2008) Rn. 58, *Stern,* Staatsrecht II, S. 285; *Mager,* in: v. Münch/Kunig I, Art. 69 Rn. 13 f.; *Epping* MKS II, Art. 69 Rn. 13 f.; *Busse,* in: Friauf/Höfling, Art. 69 (2011/ 2014) Rn. 4; *ders.,* Geschäftsordnung der Bundesregierung, in: Das Deutsche Bundesrecht, 1296. Lfg. 2018, § 14 Rn. 3 ff.

[5] Ebenso auch Art. 43 I, der so zu verstehen ist, dass dem BTag ein BMin auch im Vertretungsfall rechenschaftspflichtig ist. So *Herzog,* in: Maunz/Dürig, Art. 69 (2008) Rn. 25 f.; *Busse,* in: Friauf/Höfling, Art. 69 (2011/2014) Rn. 4.

[6] Zusammenf. hierzu *Herzog,* in: Maunz/Dürig, Art. 69 (2008) Rn. 31 ff.; *Mager,* in: v. Münch/Kunig I, Art. 69 Rn. 13 f.

[7] *H.-P. Schneider* AK GG, Art. 69 (2002) Rn. 5.

[8] *Stern,* StaatsR II, S. 295.

[9] BVerfGE 27, 44 (56); *H.-P. Schneider* AK GG, Art. 63 (2002) Rn. 3.

[10] Zu eng darum *H.-P. Schneider* AK GG, Art. 69 (2002) Rn. 8.

[11] Ebenso *Mager,* in: v. Münch/Kunig I, Art. 69 Rn. 19. Vgl. weiterhin auch *Herzog,* in: Maunz/Dürig, (2008) Art. 69 Rn. 48.

nahmecharakter und zeitliche Begrenzung der geschäftsführenden Regierungstätigkeit[12] dürften indes das Institut hinreichend legitimieren.[13]

## II. Historische Wurzeln

6    Als **Regelung des Verfassungsrechts** stellt Art. 69 in der deutschen Verfassungsgeschichte überwiegend ein Novum dar. An Periodizitätsregelungen wie Art. 69 II war ohnehin erst im parl. Regierungssystem zu denken. Auch die WRV, die den RKanzler in eine eigentümliche Doppelabhängigkeit von RPräs und RT versetzte (vgl. die Art. 53 und 54 WRV), kannte noch keine dieser Vorschrift entsprechende Regelung. Ohne verfassungsrechtliches Vorbild ist auch die Bestimmung über die Geschäftsregierung nach Art. 69 III.

7    Die **Stellvertretung von Regierungsmitgliedern** wurde in der Weimarer Zeit geschäftsordnungsrechtlich geregelt.[14] Im vorangegangenen Kaiserreich gab es teils gesetzliche, teils sogar verfassungsrechtliche Stellvertretungsregelungen für den RKanzler, doch sind sie wegen dessen im Vergleich zum BKanzler ganz anders gearteter verfassungsrechtlicher Stellung mit Art. 69 I nur bedingt vergleichbar. Art. 15 II RV 1871, der die Stellvertretung des RKanzlers durch ein von diesem dazu schriftlich ermächtigtes (anderes) Mitglied des Bundesrates vorsah, betraf nur die Vorsitzfunktion des RKanzlers in diesem Gremium (Art. 15 I RV 1871).[15] Eine Stellvertretung im Regierungsamt schuf erst – unter den ganz anderen Bedingungen des Verhältnisses von RKanzler und Staatssekretären (→ Art. 62 Rn. 2) – das Stellvertretungsgesetz aus dem Jahr 1878,[16] das auch einen allgemeinen Stellvertreter für den RKanzler vorsah.

8    Dem **Parlamentarischen Rat** lagen mit den Art. 91 und 95 HChE zunächst recht detaillierte Vorschläge vor, die im Unterschied zu Art. 69 die Stellvertretung des BKanzlers teilweise mit der Beendigung seines Amtes verbanden;[17] hieraus resultiert die Zusammenfassung der recht heterogenen Regelungsmaterien in Art. 69. Im Laufe der Beratungen wurde der Gedanke der Periodizität der BReg aufgegriffen und in den endgültigen Entwurf übernommen; auf sonstige Beendigungsgründe für das Amt des BKanzlers wurde dagegen nur noch pauschal verwiesen.[18]

## B. Stellvertretung des Bundeskanzlers
### I. Ernennung eines Stellvertreters (Abs. 1)

9    Art. 69 I ermächtigt nicht nur, sondern verpflichtet den BKanzler zur Ernennung eines Stellvertreters.[19] Dieser erhält durch die Ernennung kein Amt mit eigenen Amtsbefugnissen neben denjenigen des BKanzlers[20] – die herkömmliche Bezeichnung des Stellvertreters als „Vizekanzler" ist insoweit irreführend[21] –, sondern er wird für den Stellvertretungsfall **mit der Wahrnehmung der Funktionen des Bundeskanzlers betraut** (sog. „Funktionsstellvertretung").[22] Die Schaffung eines „Vizekanzleramtes" ist auch dann, wenn das nur faktisch durch Zuordnung eines Staatssekretärs mit entspr. Aufgabenzuweisung erfolgt, unzulässig, mag sie auch neuerdings schon zu politischer Praxis geronnen sein. Der Vizekanzler ist im Übrigen auch kein „Reservekanzler", der bei Amtsende des BKanzlers dessen Amt übernimmt.[23]

10   **Stellvertretung im Amt** ist keine Vertretung im Sinne der privatrechtlichen Vertretungsregelung, sondern **organschaftliche Vertretung.**[24] Die Handlungen – nicht nur Rechtshandlungen, sondern die gesamte Tätigkeit – des Stellvertreters werden dem Amt und nicht der Person des BKanzlers zugerechnet.

11   Die Bestellung seines Stellvertreters[25] fällt in die **Organisationsgewalt des Bundeskanzlers** (dazu → Art. 65 Rn. 11) und ist in rechtlicher Hinsicht ausschließlich seine Sache; politisch wird der Kanzler

---

[12] *Mager,* in: v. Münch/Kunig I, Art. 69 Rn. 19, spricht zu Recht von einer „Not- und Übergangslösung".

[13] Ähnlich *Herzog,* in: Maunz/Dürig, Art. 69 (2008) Rn. 47.

[14] Vgl. *Poetzsch-Heffter* HdbDStR I (1930), § 44 S. 518 f.

[15] Vgl. *E. R. Huber,* Deutsche Verfassungsgeschichte, Bd. 3, 1963, S. 823.

[16] Ausführlich hierzu *Oldiges,* Die Bundesregierung als Kollegium, 1983, S. 71 ff.

[17] Wiedergabe bei *Schenke* BK, Art. 69 (2010) Anm. I.

[18] Weiterhin zur Entstehungsgeschichte die Arbeiten von *Lutz* und *Beckmann* (o. Fn. 1) sowie *H.-P. Schneider* AK GG, Art. 69 (2002) Rn. 1; *Hermes,* in: Dreier II, Art. 69 Rn. 2.

[19] HM; vgl. *Epping* MKS II, Art. 69 Rn. 4, mwN; *Schenke* BK, Art. 69 (2010) Rn. 13; *Müller-Franken/Uhle,* in: Hofmann/Henneke, Art. 69 Rn. 9.

[20] Ebenso *Müller-Franken/Uhle,* in: Hofmann/Henneke, Art. 69 Rn. 8.

[21] *H.-P. Schneider* AK GG, Art. 69 (2002) Rn. 2.

[22] Begriff bei *H.-P. Schneider* AK GG, Art. 69 (2002) Rn. 2.

[23] *Mager,* in: v. Münch/Kunig II, Art. 69 Rn. 10; *Hermes,* in: Dreier II, Art. 69 Rn. 7; *Epping* MKS II, Art. 69 Rn. 9.

[24] *Mager,* in: v. Münch/Kunig II, Art. 69 Rn. 2: „Amtswalter eines Verfassungsorgans". Ebenso *Hermes,* in: Dreier II, Art. 69 Rn. 10.

[25] Zum Folgenden auch *Herzog,* in: Maunz/Dürig, Art. 69 (2008) Rn. 10 ff.; *H.-P. Schneider* AK GG, Art. 69 (2002) Rn. 2; *Mager,* in: v. Münch/Kunig I, Art. 69 Rn. 5 f.; *Epping* MKS II, Art. 69 Rn. 7 f.

indes in der Regel durch Koalitionsverträge oder ähnliche Absprachen gebunden sein. Die Ernennung wird im Allgemeinen im Zusammenhang mit der Kabinettsbildung erfolgen; besondere Form- oder Verfahrensvorschriften sind dabei nicht zu beachten. Auch kann die Ernennung jederzeit rückgängig gemacht und ein neuer Stellvertreter bestimmt werden. Eine öffentliche Mitteilung ist um der Klarheit der organschaftlichen Verhältnisse willen geboten.

Der Stellvertreter muss aus dem **Kreis der Bundesminister** stammen, also an sich schon Regierungs- **12** mitglied sein. Weitere Einschränkungen gibt es hinsichtlich der Person des Stellvertreters nicht. Insbes. bestehen **keine Inkompatibilitäten** zwischen bestimmten Ressorts und der Stellvertreterstellung.[26] Ausnahmen rechtfertigen sich insofern weder aus der verfassungsrechtlichen Bestandsgarantie einzelner Ressorts noch aus ihrer verfassungs- oder geschäftsordnungsrechtlichen Sonderstellung;[27] es gilt hier das Gleiche wie im Hinblick auf den BKanzler selbst (→ Art. 62 Rn. 31a mN der Gegenansicht).[28]

## II. Der Vertretungsfall

Art. 69 I gibt keine Auskunft darüber, in welchen Fällen die Stellvertretung des BKanzlers zum **13** Tragen kommt. Die Beendigung des Amtes des BKanzlers (zu den Beendigungsgründen u. → Rn. 21) ist kein Fall der Stellvertretung; das folgt schon aus Art. 69 II, wonach mit dem Amt des BKanzlers auch das Amt jedes anderen Regierungsmitglieds sein Ende findet. Stellvertretung kommt darum nur bei **Verhinderung** des BKanzlers in der Wahrnehmung seiner Amtsgeschäfte in Betracht.

§ 8 der GOBReg unterscheidet in dieser Hinsicht zwischen einer allgemeinen und einer sonstigen **14** Verhinderung.[29] Eine **allgemeine Verhinderung** liegt vor, wenn der BKanzler über eine längere Zeitspanne hinweg vollständig an der Amtsausübung gehindert ist; das ist beispielsweise bei schwerer Krankheit, bei Entführung oder Gefangenschaft der Fall. Stellvertretung bedeutet unter solchen Umständen **Ersatzvertretung**.[30] Der BKanzler kann aber auch bei leichterer Erkrankung, amts- oder urlaubsbedingter Abwesenheit sowie bei Arbeitsüberlastung in der Weise in der Amtsausübung behindert sein, dass er nicht alle Amtsgeschäfte wahrnehmen kann. Auch hier benötigt er Stellvertretung; es handelt sich dann um eine **Ergänzungsvertretung**.[31] Einen Sonderfall der Ergänzungsvertretung[32] – Zutritts- und Anhörungsrecht von Beauftragten beim Bundestag und seinen Ausschüssen – behandelt Art. 43 II.

Die Ersatzvertretung wird nach § 8 S. 1 GOBReg von demjenigen BMin wahrgenommen, den der **15** BKanzler nach Art. 69 I zu seinem Stellvertreter ernannt hat; sie erstreckt sich auf den „gesamten Geschäftsbereich" des BKanzlers. Für die „sonstige" Verhinderung bestimmt nach S. 2 der BKanzler selbst den Umfang der Vertretung. Über die Person des Vertreters ist damit nichts ausgesagt,[33] doch wird man schon aus praktischer Notwendigkeit[34] – man denke nur an die Vielzahl von Repräsentationsaufgaben, bei denen auch der Vizekanzler nicht stets für den Kanzler wird einspringen können – die Vorschrift in der Weise auszulegen haben, dass auch die **Betrauung anderer Personen** als derjenigen des Vizekanzlers – auch solcher Personen, die nicht Regierungsmitglied sind[35] – in Betracht kommt.[36] Für den Sonderfall der **Leitung der Kabinettssitzungen** findet sich eine genauere Vertretungsregelung in § 22 I GOBReg.[37]

---

[26] Zutreffend *Herzog*, in: Maunz/Dürig, Art. 69 Rn. 8; *Mager*, in: v. Münch/Kunig I, Art. 69 Rn. 5; *Busse*, in: Friauf/Höfling, Art. 69 (2011/2014) Rn. 3; *Schenke* BK, Art. 69 (2010) Rn. 15. AA *Epping* MKS II, Art. 69 Rn. 7.

[27] Vgl. etwa Art. 112 und § 26 GOBReg für den BMF und Art. 65a für den BMVg.

[28] Speziell zur Kompatibilität mit der Funktion des Vizekanzlers *Mager*, in: v. Münch/Kunig I, Art. 69 Rn. 5 mwN.

[29] Zum Folgenden *Herzog*, in: Maunz/Dürig, Art. 69 (2008) Rn. 14 ff.; *Beckmann* (Fn. 1), S. 202; *Wahl*, Stellvertretung im Verfassungsrecht, 1971, S. 162; *H.-P. Schneider* AK GG, Art. 69 (2002) Rn. 3; *Mager*, in: v. Münch/Kunig I, Art. 69 Rn. 7; *Hermes*, in: Dreier II, Art. 69 Rn. 7 ff.; *Epping* MKS II, Art. 69 Rn. 9 ff.; *Busse* (Fn. 4), § 8 Rn. 7.

[30] *Herzog*, in: Maunz/Dürig, Art. 69 (2008) Rn. 14; *Busse*, in: Friauf/Höfling, Art. 69 (2011/2014) Rn. 6. Es werden auch die Begriffe Gesamt- oder Vollvertretung verwendet; vgl. ua *Stern*, StaatsR II S. 282; *H.-P. Schneider* AK GG, Art. 69 (2002) Rn. 3; *Mager*, in: v. Münch/Kunig I, Art. 69 Rn. 7; *Epping* MKS II, Art. 69 Rn. 9 f.; *Schenke* BK, Art. 69 (2010) Rn. 8.

[31] Meist als Teil-, Einzel- oder Nebenvertretung bezeichnet; mN in Fn. 30.

[32] *Hermes*, in: Dreier II, Art. 69 Rn. 9.

[33] Gegen die Vorstellung, § 8 S. 2 GOBReg nehme eine Einschränkung gegenüber S. 1 vor – so *Kröger*, Die Ministerverantwortlichkeit in der Verfassungsordnung der Bundesrepublik Deutschland, 1972, S. 69 –, zu Recht *Mager*, in: v. Münch/Kunig I, Art. 69 Rn. 7. Zust. *Epping* MKS II, Art. 69 Rn. 10; *Busse* (Fn. 4), § 8 Rn. 15.

[34] *Herzog*, in: Maunz/Dürig, Art. 69 (2008) Rn. 15.

[35] *Mager*, in: v. Münch/Kunig I, Art. 69 Rn. 7: Vertretung „durch Dritte".

[36] Str.; wie hier *Herzog*, in: Maunz/Dürig, Art. 69 (2008) Rn. 17; *Mager*, in: v. Münch/Kunig I, Art. 69 Rn. 7; *Schenke* BK, Art. 69 (2010) Rn. 21. AA – Vertretung allein durch Vizekanzler – *Hermes*, in: Dreier II, Art. 69 Rn. 9; *Epping* MKS II, Art. 69 Rn. 8. Nach *Busse*, in: Friauf/Höfling, Art. 69 (2011/2014) Rn. 7, kommt nur ein „Amtsträger" der BReg in Betracht.

[37] Hierzu *H.-P. Schneider* AK GG, Art. 69 (2002) Rn. 3; *Mager*, in: v. Münch/Kunig I, Art. 69 Rn. 9. § 22 GOBReg ist analog auf die übrigen Vertretungsfälle anzuwenden, wenn auch der Vizekanzler verhindert ist. Vgl. auch *Busse* (Fn. 4), § 8 Rn. 17.

**16**   § 8 GOBReg ist – auch in der hier vorgenommenen Auslegung – mit Art. 69 I vereinbar,[38] denn dort ist der Vertretungsfall, für den der BKanzler einen Stellvertreter zu bestimmen hat, nicht näher definiert. Die **verfassungsrechtliche Hervorhebung,** die der Vizekanzler in Art. 69 I erfahren hat, sichert ihm indes auch in Fällen der Ergänzungsvertretung eine gewisse **Priorität.** Das bedeutet nicht, dass eine Stellvertretung nach § 8 S. 2 GOBReg nur subsidiär zulässig wäre; jedoch soll der Vizekanzler auch nicht bewusst und systematisch übergangen werden. Die Vertretung bei **Hoheitsakten**[39] aus dem engeren Zuständigkeitsbereich des BKanzlers steht allein dem Vizekanzler zu.

**16a**   Die **Feststellung des Vertretungsfalles** ist sowohl bei Ergänzungs- als auch bei Ersatzvertretung grds. Sache des BKanzlers.[40] Ist er hierzu nicht in der Lage, muss – ggf. auch gegen seinen Widerstand[41] – ein Kabinettsbeschluss gefasst werden,[42] gegen den er sich notfalls verfassungsgerichtlich wehren kann. Die durchgreifendste, aber aus der Stellvertretung herausführende Lösung ist eine Abwahl nach Art. 67.[43]

### III. Der Umfang der Vertretungsbefugnis

**17**   Während sich die Ergänzungsvertretung nach den näheren Bestimmungen und Anweisungen des BKanzlers richtet, tritt der Vizekanzler im Falle der Ersatzvertretung in vollem Umfang in die Funktionen des BKanzlers ein und hat hier grds. (s. aber u. → Rn. 18) auch dessen Befugnisse. Er bleibt aber auch in diesem Fall Stellvertreter, dh er nimmt alle Geschäfte **statt des Bundeskanzlers** wahr. Soweit es die Umstände erlauben, ist der Kanzler ihm gegenüber darum weisungsberechtigt;[44] das unterscheidet seine Stellung als Stellvertreter des BKanzlers von seiner Stellung als Ressortinhaber, der nur der Richtlinienkompetenz des Kanzlers unterworfen ist (→ Art. 65 Rn. 24 f.).

**18**   Der Vizekanzler muss, wenn seine Stellvertretung ihren Zweck erfüllen soll, **alle Regierungsbefugnisse** des BKanzlers besitzen.[45] Er muss darum auch **Richtlinienentscheidungen** treffen[46] und ggf. das Kabinett umbilden können.[47] Allerdings darf auch insoweit nicht aus dem Blick geraten, dass der Vizekanzler nur eine Vertretungsstellung wahrnimmt. Hieraus erwächst ihm die Pflicht, soweit es die Umstände gestatten, auf den politischen Willen des verhinderten BKanzlers **Rücksicht zu nehmen.**[48] Weder ist ihm gestattet, willkürlich die Richtung der Politik zu ändern noch beliebig das Kabinett umzugestalten; vielmehr muss er sich als „Treuhänder" des verhinderten Kanzlers verstehen. Die Beschränkungen der Befugnis zu eigener Politikgestaltung ist umso größer, je kürzer und je weniger einschneidend die Verhinderung des Kanzlers ist; ggf. muss er von grundsätzlichen Entscheidungen ganz Abstand nehmen.

**19**   Die **parlamentarische Verantwortlichkeit** des BKanzlers geht im Vertretungsfall auf den Vizekanzler über; er ist für seine Vertretungstätigkeit dem BT Rechenschaft schuldig.[49] Allerdings kann der BT den Vizekanzler nicht von seiner Stellung abberufen und kann ihm auch nicht das Misstrauen aussprechen.[50] Ein **konstruktives Misstrauensvotum** nach Art. 67 gegen den verhinderten BKanzler ist dagegen durchaus möglich, auch wenn es sich letztlich gegen den Vizekanzler richtet, diesen aber

---

[38] Ausführlich hierzu *Herzog,* in: Maunz/Dürig, Art. 69 (2008) Rn. 16. Weiterhin *Busse* (Fn. 4), § 8 Rn. 15.

[39] *Herzog,* in: Maunz/Dürig, Art. 69 (2008) Rn. 16; *Busse,* in: Friauf/Höfling, Art. 69 (2011/2014) Rn. 7.

[40] HM; vgl. *Epping* MKS II, Art. 69 Rn. 11.

[41] AA jedoch *Epping* ebda.

[42] *Hermes,* in: Dreier II, Art. 69 Rn. 9. AA wohl *Herzog,* in: Maunz/Dürig, Art. 69 (2008) Rn. 17 Fn. 1 (Zuständigkeit des Vizekanzlers). Nach *Epping* MKS II, Art. 69 Rn. 11, kommt nur eine verfassungsgerichtliche Organklage in Betracht. Zu weiteren Lösungsversuchen *Mager,* in: v. Münch/Kunig I, Art. 69 Rn. 10.

[43] *Mager,* in: v. Münch/Kunig I, Art. 69 Rn. 10.

[44] *Wahl* (Fn. 29), S. 185 f.; *Herzog,* in: Maunz/Dürig, Art. 69 (2008) Rn. 21; *H.-P. Schneider* AK GG, Art. 69 (2002) Rn. 4; *Mager,* in: v. Münch/Kunig II, Art. 69 Rn. 7; *Hermes,* in: Dreier II, Art. 69 Rn. 10, 12; *Epping* MKS II, Art. 69 Rn. 10. AA – kein Weisungsrecht bei Ersatzvertretung, sondern Befugnis zur Selbstentscheidung – *Busse,* in: Friauf/Höfling, Art. 69 (2011/2014) Rn. 11; *ders.* (Fn. 4), § 8 Rn. 9.

[45] *Mager,* in: v. Münch/Kunig I, Art. 69 Rn. 1; *Epping* MKS II, Art. 69 Rn. 12. Vgl. auch *Wahl* (Fn. 29), S. 182 ff.; *Busse* (Fn. 4), § 8 Rn. 9.

[46] *Herzog,* in: Maunz/Dürig, Art. 69 (2008) Rn. 20; *Mager,* in: v. Münch/Kunig I, Art. 69 Rn. 11; *Epping* MKS II, Art. 69 Rn. 12. Vgl. aber *H.-P. Schneider* AK GG, Art. 69 (2002) Rn. 3: Gebot politischer Zurückhaltung.

[47] Zutr. *Mager,* in: v. Münch/Kunig I, Art. 69 Rn. 11. Vgl. auch *Wahl* (Fn. 29), S. 184; *Stern,* StaatsR II, S. 282; *Schenke* BK, Art. 69 (2010), Rn. 24; *Hermes,* in: Dreier II, Art. 69 Rn. 10; *Epping* MKS II, Art. 69 Rn. 12. AA dag. *Beckmann* (Fn. 1), S. 249; *Herzog,* in: Maunz/Dürig, Art. 69 (2008) Rn. 20. Einschr. (politische Zurückhaltung) *H.-P. Schneider* AK GG, Art. 69 (2002) Rn. 3.

[48] Ebenso *v. Mangoldt/Klein* II, Art. 69 Anm. III 2a; *Herzog,* in: Maunz/Dürig, Art. 69 (2008) Rn. 21; *H.-P. Schneider* AK GG, Art. 69 (2002) Rn. 3. Unter Ablehnung des nur zwischen Organen relevanten Gesichtspunktes der Verfassungsorgantreue für eine organinterne treuhänderische Bindung *Epping* MKS II, Art. 69 Rn. 12. *Mager,* in: v. Münch/Kunig I, Art. 69 Rn. 12, weist auf faktische Beschränkungen hin, die sich aus dem politischen Beziehungs- und Abhängigkeitsgeflecht ergeben.

[49] *H.-P. Schneider* AK GG, Art. 69 (2002) Rn. 4; *Mager,* in: v. Münch/Kunig I, Art. 69 Rn. 12. AA *Kröger* (Fn. 33), S. 70 f.

[50] *Hermes,* in: Dreier II, Art. 69 Rn. 11; *Epping* MKS II, Art. 69 Rn. 12.

nur über Art. 69 II erfasst.[51] Bei unabsehbarem Ende der Kanzlerverhinderung bietet die Neuwahl nach Art. 67 überdies den einzigen gangbaren Weg zu normalen Regierungsverhältnissen, denn eine **Rücktrittserklärung** des Vizekanzlers für den Kanzler scheidet wegen deren Höchstpersönlichkeit aus.

Dagegen ist der Vizekanzler befugt, die **Vertrauensfrage** nach Art. 68 zu stellen;[52] sie eröffnet den 20 Weg zu Bundestagsauflösung oder Gesetzgebungsnotstand und kann ihm insofern zur Sicherung und Durchsetzung seiner Politik dienen. Die Entscheidung des BT über den Vertrauensantrag bezieht sich dann auf den Vizekanzler in seiner Stellvertretungseigenschaft.[53] Allerdings gilt hier noch mehr als sonst die **Einschränkung** des Gebotes der politischen Rücksichtnahme auf den verhinderten BKanzler.

## C. Beendigung der Regierungsämter (Abs. 2)

### I. Das Amt des Bundeskanzlers

Art. 69 II behandelt von den möglichen Fällen der Amtsbeendigung lediglich die Beendigung bei 21 Zusammentritt eines neuen BT. **Weitere Beendigungsgründe**[54] wie Tod und Verlust der Amtsfähigkeit werden als selbstverständlich vorausgesetzt. Der Kanzlersturz durch konstruktives Misstrauensvotum nach Art. 67 verpflichtet den BPräs auf entsprechendes Ersuchen des BT hin zur Entlassung des BKanzlers. Ebenso ist die **Rücktrittserklärung** des BKanzlers als Ersuchen um Entlassung zu deuten,[55] dem der BPräs zu entsprechen verpflichtet ist.[56] Über die Beendigung des Amtes wird nach § 10 S. 1 BMinG eine **Beendigungsurkunde** ausgestellt. Sie hat immer dann, wenn das Amt aus Rechtsgründen endet, lediglich deklaratorische Wirkung. Die Entlassung des BKanzlers wird dagegen erst mit Aushändigung der Urkunde wirksam (§ 10 S. 2 BMinG).

Der Beendigungsgrund des Zusammentritts eines neuen BT bindet die Amtszeit des BKanzlers an 22 die – bei vorzeitiger Auflösung des BT verkürzte – Legislaturperiode und stellt damit deren **Periodizität** her (→ Rn. 3). Auch hier handelt es sich um eine Beendigung ipso iure,[57] so dass die Aushändigung der Beendigungsurkunde ebenfalls nur deklaratorische Bedeutung besitzt.[58] Eine darüber hinausreichende „Wirksamkeit" ist an die Aushändigung nicht geknüpft;[59] Regierungslosigkeit zwischen dem Zusammentritt des BT und der Wahl und Ernennung eines (neuen) BKanzlers kann darum nur dadurch verhindert werden, dass der BPräs den bisherigen BKanzler um vorläufige Weiterführung der Geschäfte ersucht.

### II. Das Amt der Bundesminister

Amtsbeendigungsgründe bei BMinistern sind neben Tod und Verlust der Amtsfähigkeit die Entlassung, der Zusammentritt eines neuen BT und jede (sonstige) Beendigung des Amtes des BKanzlers. 23 Die **Entlassung** erfolgt durch den BPräs; sie ist nur auf Vorschlag des BKanzlers möglich (Art. 64 I), dann aber auch verfassungsrechtlich geboten (vgl. → Art. 64 Rn. 19). Zur Entlassung führt auch der **Rücktritt** eines BMinisters. Wie auch beim BKanzler handelt es sich dabei nicht um einen eigenen Beendigungsgrund, sondern um ein Entlassungsgesuch. Der BKanzler, dem gegenüber der Rücktritt erklärt wird, ist allerdings verpflichtet, den BPräs um Entlassung des Ministers zu ersuchen;[60] dieser muss dem Ersuchen entsprechen (vgl. § 9 II 2 BMinG).[61] Die Aushändigung der Beendigungsurkunde wirkt im Falle der Entlassung konstitutiv (§ 10 S. 2 BMinG).

Der Zusammentritt eines neuen BT und die sonstige Beendigung des Amtes des BKanzlers bewirken 24 nach Art. 69 II **automatisch** den **Amtsverlust** der BMinister; wie beim BKanzler tritt dessen Wirksamkeit ohne Rücksicht auf die Aushändigung der Beendigungsurkunde ein. Soweit Art. 69 II eine

---

[51] *Herzog,* in: Maunz/Dürig, Art. 69 (2008) Rn. 12; *H.-P. Schneider* AK GG, Art. 69 (2002) Rn. 4; *Mager,* in: v. Münch/Kunig I, Art. 69 Rn. 12; *Schenke* BK, Art. 69 (2010) Rn. 25.

[52] Wie hier auch *Wahl* (Fn. 29), S. 184; *Schenke* BK, Art. 68 (2006) Rn. 51; *Mager,* in: v. Münch/Kunig II, Art. 69 Rn. 11; *Epping* MKS II, Art. 69 Rn. 12; Schenke BK, Art. 69 (2010) Rn. 25. AA dagegen *Beckmann* (Fn. 1), S. 270; *Herzog,* in: Maunz/Dürig, Art. 69 (2008) Rn. 16 und 20; *Stern,* StaatsR II, S. 282; *H.-P. Schneider* AK GG, Art. 69 (2002) Rn. 3; *Busse,* in: Friauf/Höfling, Art. 69 (2011/2014) Rn. 12; *ders.* (Fn. 4), § 8 Rn. 12.

[53] AA – auf den Kanzler bezogen – *Hermes,* in: Dreier II, Art. 69 Rn. 10; *Epping* MKS II, Art. 69 Rn. 12; *Schenke* BK, Art. 69 (2010) Rn. 25.

[54] Ausführlich *Herzog,* in: Maunz/Dürig, Art. 67 (2008) Rn. 8 ff. und Art. 69 (2008) Rn. 39 f.; *Stern,* Staatsrecht II, S. 295 f.; *Epping* MKS II, Art. 69 Rn. 17 ff.; *Busse,* in: Friauf/Höfling, (2011/2014) Art. 69 Rn. 12.

[55] *Herzog,* in: Maunz/Dürig, Art. 69 (2008) Rn. 39 Fn. 32; *Mager,* in: v. Münch/Kunig I, Art. 69 Rn. 17.

[56] Vgl. für viele *Herzog,* in: Maunz/Dürig, Art. 67 (2008) Rn. 5.

[57] *Herzog,* in: Maunz/Dürig, Art. 69 (2008) Rn. 37; *H.-P. Schneider* AK GG, Art. 69 (2002) Rn. 5; *Mager,* in: v. Münch/Kunig I, Art. 69 Rn. 16.

[58] *Oldiges* DVBl 1975, 79 (80); *Mager,* in: v. Münch/Kunig I, Art. 69 Rn. 16.

[59] AA jedoch *H.-P. Schneider* AK GG, Art. 69 (2002) Rn. 5.

[60] So in der Tendenz auch *Hermes,* in Dreier II, Art. 64 Rn. 30, mit dem Hinweis auf die Pflicht des BMin, ggf. die Geschäfte weiterzuführen. In Abgrenzung vom bloßen Rücktrittsangebot auch *Schenke* BK, Art. 69 (2010) Rn. 52. AA jedoch *Herzog,* in: Maunz/Dürig, Art. 64 (2008) Rn. 51; *Epping* MKS II, Art. 69 Rn. 24 f.

[61] Vgl. auch *Herzog,* in: Maunz/Dürig, Art. 69 Rn. 40; *Epping* MKS II, Art. 69 Rn. 26.

Beendigungsregelung auch für BMinister enthält, bringt er einerseits auch ihnen gegenüber das Periodizitätsprinzip zur Geltung; andererseits verknüpft er ihre Amtsdauer mit derjenigen des BKanzler (Akzessorietät). Letzteres bewirkt, dass ein Kanzlersturz (Art. 67) stets zugleich auch die Bedeutung eines Regierungssturzes hat.

25    Über das Amt der **Parlamentarischen Staatssekretäre** trifft Art. 69 II keine Regelung; insoweit gilt vielmehr § 4 ParlStG.[62] Abweichend von Art. 69 II bewirkt hier nicht schon der Zusammentritt eines neuen BT, sondern erst das Ende der darauf meist folgenden geschäftsführenden Amtsausübung „seines" Ministers das Amtsende des Parlamentarischen Staatssekretärs. Bezüglich der Entlassung und der Aushändigung einer Beendigungsurkunde sind die Rechtsverhältnisse weitgehend denjenigen der BMinister angeglichen.

## D. Weiterführung der Amtsgeschäfte (Abs. 3)

### I. Grundzüge

26    Art. 69 III ermöglicht für die Zeit zwischen dem Amtsende eines Regierungsmitglieds und der Bestellung seines Nachfolgers eine **Interimslösung** durch Beauftragung des bisherigen Amtsinhabers mit der Weiterführung der Geschäfte (→ Rn. 5). Die Vorschrift regelt indes nur – und auch dies nur unvollständig – das Ersuchen um Weiterführung der Amtsgeschäfte und die Pflicht der bisherigen Amtsinhaber, diesem Ersuchen nachzukommen.

27    Die Geschäftsführungsregelung des Art. 69 III bezieht sich auf den BKanzler ebenso wie auf jeden einzelnen BMinister. Während eine interimistische Amtsfortsetzung auch bei nur einem einzigen BMinister möglich ist – insbes. bei seinem Rücktritt oder seiner Entlassung –, kann es wegen der Akzessorietätsregelung des Art. 69 II zur alleinigen Geschäftsführung des BKanzlers bei Fortbestand der Ämter der übrigen Regierungsmitglieder nicht kommen. Hier wird in aller Regel die komplette Regierung als **Geschäftsregierung** ihr Amt fortsetzen.

28    Weiterführung der Amtsgeschäfte nach Amtsbeendigung ist eine – unumgängliche (→ Rn. 5) – Durchbrechung des Prinzips parlamentarischer Vertrauensabhängigkeit der Regierung. Als geschäftsführende Regierung amtiert die BReg nicht kraft bekundeten Vertrauens des BT, sondern kraft Beauftragung. Die Systemwidrigkeit wird indes dadurch gemildert, dass in aller Regel (aber → Rn. 30) nur der bisherige Amtsinhaber mit der Weiterführung der Geschäfte betraut werden kann (sog. **Versteinerungsprinzip**).[63]

### II. Geschäftsführender Bundeskanzler

29    Die Weiterführung der Geschäfte durch den BKanzler setzt ein entsprechendes **Ersuchen des Bundespräsidenten** voraus. Umstritten ist, ob der BPräs hierzu verpflichtet ist; man wird indes diese Frage im Hinblick darauf, dass das Amt des BKanzlers wegen seiner Bedeutung keine Vakanz zulässt, zu bejahen haben.[64]

30    Von dieser Frage ist die andere zu trennen, an wen das Ersuchen zu richten ist. Der Wortlaut des Art. 69 III lässt erkennen, dass der bish. Amtsinhaber **Adressat** des Ersuchens sein soll; ihn trifft die Pflicht, diesem Ersuchen zu entsprechen.[65] Beide Gebote kommen verständlicherweise bei **objektiver Unmöglichkeit** – Tod, schwerer Krankheit, Amtsunfähigkeit – nicht zum Tragen; der BPräs kann nach Prüfung der Verhinderungsgründe von einem Ersuchen absehen, und der Kanzler ist berechtigt, das Ersuchen unter Hinweis auf diese Gründe abzulehnen.

31    Anders liegen die Dinge, wenn es um die **politische Zumutbarkeit** einer (interimistischen) Weiterführung des Amtes durch den bisherigen BKanzler geht. Eine lediglich subjektiv empfundene Unzumutbarkeit – etwa auf Grund eines tiefgreifenden Zerwürfnisses im Regierungslager oder im Kabinett – befreit den BKanzler nicht von seiner Pflicht zur Fortführung der Amtsgeschäfte;[66] auch der BPräs ist in solchen Fällen grds. nicht berechtigt, seinerseits von einem Ersuchen abzusehen. Es ist jedoch vorstellbar, dass die Weiterführung der Geschäfte durch den bish. Amtsinhaber die Regierungstätigkeit paralysieren, dem Ansehen des Staates schaden oder sonst das Gemeinwohl gefährden könnte. Bei Evidenz solcher Umstände ist der BPräs berechtigt, wie bei objektiver Unmöglichkeit zu verfahren

---

[62] Näher hierzu *Herzog*, in: Maunz/Dürig, Art. 69 (2008) Rn. 41.

[63] *Mager*, in: v. Münch/Kunig I, Art. 69 Rn. 20.

[64] So die hM; vgl. *Mager*, in: v. Münch/Kunig I, Art. 69 Rn. 21 mwN; *Hermes*, in: Dreier II, Art. 69 Rn. 19; *Epping* MKS II, Art. 69 Rn. 34; *Busse*, in Friauf/Höfling, Art. 69 (2011/2014) Rn. 17; *Schenke* BK, Art. 69 (2010) Rn. 57. AA – Ermessensentscheidung – *Herzog*, in: Maunz/Dürig, Art. 69 (2008) Rn. 52.

[65] *Oldiges* DVBl 1975, 79 (83); *Mager*, in: v. Münch/Kunig I, Art. 69 Rn. 21 f.; *Hermes*, in: Dreier II, Art. 69 Rn. 19; *Epping* MKS II, Art. 69 Rn. 34 u. 35.

[66] Ebenso unter Berufung auf Wortlaut und Sinn des Art. 69 III *Epping* MKS II, Art. 69 Rn. 35; *Mager*, in: v. Münch/Kunig I, Art. 69 Rn. 22. AA jedoch *Hermes*, in: Dreier II, Art. 69 Rn. 19, der wegen zu erwartender Ineffizienz eines regierungsunwilligen Kanzlers diesem lediglich eine Begründungslast auferlegt. Auch *Schenke* BK, Art. 69 (2010) Rn. 62, versteht den Begriff der den BKanzler entpflichtenden Unzumutbarkeit sehr weit.

und sein Ersuchen an den Vizekanzler zu richten.[67] Ihm wächst dann freilich systemwidrig eine nicht unbeträchtliche polit. Entscheidungsmacht zu.

Soweit die Betrauung des bisherigen Kanzlers mit der Fortführung der Geschäfte **aus objektiven** 32 **Gründen** ausscheidet, muss der BPräs sein Ersuchen an den Vizekanzler richten, der durch seine Stellvertretungseigenschaft hierfür am ehesten legitimiert ist;[68] zur Auswahl eines anderen BMinisters ist der BPräs nicht befugt. Der Vizekanzler nimmt die Amtsgeschäfte des BKanzlers freilich nicht kraft seiner Funktion als Stellvertreter wahr; diese Funktion ist mit dem Amtsende des Kanzlers erloschen.[69] Vielmehr wird er vom BPräs zum geschäftsführenden BKanzler ernannt; der BPräs nimmt hier ein **außerordentliches,** im Verfassungstext nicht vorgesehenes **Ernennungsrecht** wahr.[70]

## III. Geschäftsführende Bundesminister

**Vakanz von Ministerämtern** tritt nach Art. 69 II auf Grund der dort angeordneten Akzessorietät 33 immer dann ein, wenn das Amt des BKanzlers endet; die Vakanz betrifft dann **alle** Kabinettsmitglieder. Daneben können durch Amtsunfähigkeit und Tod, aber auch durch Rücktritt und Entlassung (→ Rn. 23) **individuelle Vakanzen** entstehen. In beiden Fällen ist es zur Erhaltung der Handlungsfähigkeit der Regierung geboten, die damit eingetretene politische Führungslosigkeit der Ressorts baldmöglichst zu beheben. Anders als beim BKanzler bietet sich hier als interimistische Lösung neben der Weiterführung der Geschäfte durch den bisherigen Amtsinhaber auch die vorübergehende **zusätzliche Betrauung** eines anderen Ministers mit dem freigewordenen Ressort an.[71]

Die Weiterführung der Amtsgeschäfte setzt nach Art. 69 III ein **Ersuchen des Bundeskanzlers** 34 **oder des Bundespräsidenten** voraus. Die sich hier andeutende Konkurrenz der Ermächtigungen[72] lässt sich vermeiden, wenn man die Befugnis des BPräs auf die Vakanz aller Regierungsämter und die des BKanzlers auf die individuelle Vakanz bezieht.[73] Bei **Vakanz aller Regierungsämter** ist es dem BPräs allerdings unbenommen, allein den BKanzler um die Weiterführung der Geschäfte zu ersuchen und ihm das Weitere zu überlassen;[74] mangels eigenen Kabinettsbildungsrechts (→ Rn. 36, → Rn. 39) ist dieser dabei freilich auf Bestand und Strukturen des alten Kabinetts beschränkt (Versteinerungsprinzip, → Rn. 28).[75] Zu einem solchen Verfahren mag der BPräs aus Gründen der Verfassungsorgantreue[76] auch verpflichtet sein, wenn der BKanzler in einzelnen Fällen statt der Betrauung des ehemaligen Amtsinhabers mit der Weiterführung der Geschäfte eine Lösung durch Personalunion vorzieht. Bei **individuellen Vakanzen** verhindert die Alleinzuständigkeit des Kanzlers, dass der BPräs auch gegen seinen Willen einen Minister mit der Weiterführung der Geschäfte betraut; eine Beeinträchtigung seines Kabinettsbildungsrechts wird hierdurch vermieden.[77] Für eine zusätzliche Befugnis des BPräs besteht in diesem Fall kein Bedarf;[78] sie geriete nur mit dem Recht des Kanzlers, die Vakanz durch Personalunion zu schließen, in Konflikt. Nach einem Regierungssturz mittels konstruktiven Misstrauensvotums muss allerdings dem BPräs das Recht eingeräumt werden, seinerseits die Minister des alten Kabinetts bis zur Neubildung der Regierung durch den neugewählten BKanzler um die Fortführung ihrer Amtsgeschäfte zu ersuchen.[79]

**Adressat des Weiterführungsersuchens** ist der bisherige Amtsinhaber; dieser ist grds. auch **ver-** 35 **pflichtet,** dem Ersuchen zu entsprechen.[80] Bei Individualvakanz auf Grund Rücktritts oder Entlassung ist der BKanzler jedoch aus Gründen des – auch unter Kabinettsmitgliedern geltenden – Grundsatzes der Verfassungsorgantreue gehalten, auf Gesichtspunkte der Unzumutbarkeit[81] Rücksicht zu nehmen;

---

[67] *Epping* MKS II, Art. 69 Rn. 36; ebenso *Mager,* in: v. Münch/Kunig I, Art. 69 Rn. 22.

[68] So die hM; vgl. *Oldiges* DVBl 1975, 79 (83); *Stern,* Staatsrecht II, S. 257; *Mager,* in: v. Münch/Kunig I, Art. 69 Rn. 23; *Epping* MKS II, Art. 69 Rn. 39; *Schenke* BK, Art. 69 (2010) Rn. 62. AA jedoch *Nierhaus* JR 1975, 265 (269 f.); *Hermes,* in: Dreier II, Art. 69 Rn. 20 mit Fn. 73; *Busse,* in: Friauf/Höfling, Art. 69 (2011/2014) Rn. 17; *Müller-Franken/Uhle,* in: Hofmann/Henneke, Art. 69 Rn. 35 f.: Ersuchen auch an andere Regierungsmitglieder möglich.

[69] AA (geschäftsführende Vertretung) *Herzog,* in: Maunz/Dürig, Art. 69 (2008) Rn. 33.

[70] *Oldiges* DVBl 1975, 79 (83); ebenso *Stern,* Staatsrecht II, S. 257; *H.-P. Schneider* AK GG, Art. 69 (2002) Rn. 8; *Mager,* in: v. Münch/Kunig I, Art. 69 Rn. 23; *Epping* MKS II, Art. 69 Rn. 40; *Schenke* BK, Art. 69 (2010) Rn. 61.

[71] *Epping* MKS II, Art. 69 Rn. 43.

[72] *Herzog,* in: Maunz/Dürig, Art. 69 (2008) Rn. 52, leitet hieraus für beide Ermächtigten einen Ermessensspielraum ab.

[73] Beschränkt zust. *Herzog,* in: Maunz/Dürig, Art. 69 (2008) Rn. 51 Fn. 1.

[74] Unter Hinweis auf die Staatspraxis hält *Epping* MKS II, Art. 69 Rn. 30, den BPräs zu diesem Verfahren generell für verpflichtet.

[75] *Mager,* in: v. Münch/Kunig I, Art. 69 Rn. 26.

[76] Nach *Mager,* in: v. Münch/Kunig I, Art. 69 Rn. 26, ist sie generell ein Kriterium für die Lösung der Konkurrenz der Ermächtigungen.

[77] So auch *Hermes,* in: Dreier II, Art. 69 Rn. 21; *Epping* MKS II, Art. 69 Rn. 29.

[78] Ebenso, wenngleich mit Bedenken, *Schenke* BK, Art. 69 (2010) Rn. 69 mwN; aA *Mager,* in: v. Münch/Kunig I, Art. 69 Rn. 25.

[79] *Mager,* ebda.

[80] Nach *Hermes,* in: Dreier II, Art. 69 Rn. 22, gilt dies nur bis zur Grenze des Unzumutbaren.

[81] Hierzu ua *Herzog,* in: Maunz/Dürig, Art. 69 (2008) Rn. 55; *H.-P. Schneider* AK GG, Art. 69 (2002) Rn. 10.

das ist in diesem Zusammenhang unbedenklich, weil er die Vakanz auch durch interimistische Personalunion oder rasche Neubesetzung beenden kann. Diese Lösungswege stehen auch dann zur Verfügung, wenn ein Ministeramt durch Tod und Amtsunfähigkeit seines Inhabers verwaist ist; dadurch erübrigt sich die systemfremde Weiterführung der Geschäfte durch einen anderen als den bisherigen Amtsinhaber.[82]

36    Stehen bei Vakanz aller Regierungsämter für ein Ersuchen um Weiterführung der Geschäfte einzelne Minister nicht zur Verfügung, haben mangels eines eigenen Kabinettsbildungsrechts weder der BPräs noch der – nur geschäftsführende – BKanzler bei der Suche nach Ersatz die freie Wahl, sondern müssen sich an deren Vertreter (vgl. § 14 I GOBReg) wenden.[83] Wie auch bei der Verhinderung des BKanzlers (→ Rn. 32) handelt es sich hierbei nicht um ein Ersuchen um (vertretungsweise) Weiterführung der Geschäfte, sondern um eine **extra-konstitutionelle Ernennung.**[84]

37    Fallen **alle Regierungsmitglieder** für die Weiterführung der Geschäfte aus (Attentat, Kriegsgefangenschaft etc.), muss schleunigst für die Wahl eines neuen BKanzlers und die Bestellung einer neuen BReg gesorgt werden. In der Übergangszeit haben die parlamentarischen und beamteten **Staatssekretäre** den Staatsapparat weiterzuführen.[85]

## IV. Befugnisse der geschäftsführenden Bundesregierung

38    Die Betrauung von BKanzler und BMinistern mit der Weiterführung ihrer Amtsgeschäfte verfolgt den Zweck, die **Regierungsgeschäfte nicht zum Erliegen** kommen zu lassen. Daraus ergibt sich, dass ihnen insoweit auch **alle Befugnisse** einer amtierenden Regierung zustehen müssen, soweit sich nicht gerade aus dem Interimscharakter der Amtsführung etwas anderes ergibt.[86] Insbes. sind die Ressortmitglieder nicht nur auf die Abwicklung oder Fortsetzung laufender Geschäfte beschränkt.[87]

39    Die **Ressortminister** haben die ihnen nach Art. 65 S. 2 zustehenden Befugnisse einschließlich des Rechts zum Erlass von Rechtsverordnungen und Verwaltungsvorschriften; Sonderermächtigungen einzelner Minister (vgl. Art. 112) gelten weiter. Auch das **Kabinett** nimmt seine Aufgaben weiterhin wahr und ist zB zu Gesetzes- oder Haushaltsvorlagen berechtigt.[88] Die Umstände können es sogar gebieten, dass **Richtlinienentscheidungen des Kanzlers** notwendig werden.[89] Zur Umgestaltung des Kabinetts, zu Vorschlägen an den BPräs zur Ernennung neuer – amtierender oder geschäftsführender – Minister oder auch nur zu einer neuen Ressortverteilung ist der BKanzler im Hinblick auf die bloße Übergangsfunktion seiner Regierung nicht befugt.[90] Insgesamt gebietet der Übergangscharakter der geschäftsführenden BReg größtmögliche politische Zurückhaltung.[91]

40    Obwohl die Geschäftsregierung in ihrer Existenz nicht durch den BT legitimiert ist, besteht ihre **parlamentarische Verantwortlichkeit,** insbes. auch ihre Rechenschaftspflicht gegenüber dem BT weiter.[92] Ein **Misstrauensvotum** nach Art. 67 gegen den Interimskanzler ist indes nicht möglich;[93] es ergäbe auch angesichts des Umstandes, dass der Kanzler ja ohnehin nicht mehr im Amt ist, keinen Sinn. Der BT kann den geschäftsführenden Kanzler nur dadurch seiner Funktionen entheben, dass er nach Art. 63 einen neuen BKanzler wählt. Schließlich scheidet auch eine **Vertrauensfrage** (Art. 68) des nur noch geschäftsführenden BKanzlers aus.[94] Zum einen beruht seine interimistische Amtstätigkeit ohnehin nicht auf dem Vertrauen des Parlaments; zum anderen kann einem geschäftsführenden Kanzler auch nicht erlaubt sein, die Voraussetzungen für eine Bundestagsauflösung zu schaffen.

---

[82] Vgl. auch *Herzog,* in: Maunz/Dürig, Art. 69 (2008) Rn. 57 f.

[83] Ebenso *Herzog,* in: Maunz/Dürig, Art. 69 (2008) Rn. 58; *Mager,* in: v. Münch/Kunig I, Art. 69 Rn. 27.

[84] Bedenken hiergegen bei *Herzog,* in: Maunz/Dürig, Art. 69 (2008) Rn. 57.

[85] Ebenso *Hermes,* in: Dreier II, Art. 69 Rn. 22; *Mager,* in: v. Münch/Kunig I, Art. 69 Rn. 27; *Schenke* BK, Art. 69 (2010) Rn. 64. Dagegen *Epping* MKS II, Art. 69 Rn. 42: Regierungsübernahme durch den BPräs mit Hilfe der Staatssekretäre.

[86] Ganz hM; vgl. ua *Herzog,* in: Maunz/Dürig, Art. 69 (2008) Rn. 60; *Stern,* Staatsrecht II, S. 297; *H.-P. Schneider* AK GG, Art. 69 (2002) Rn. 11; *Hermes,* in: Dreier II, Art. 69 Rn. 23; *Epping* MKS II, Art. 69 Rn. 46; *Mager,* in: v. Münch/Kunig I, Art. 69 Rn. 28.

[87] *Stern,* Staatsrecht II, S. 297 m.w. N; *Herzog,* in: Maunz/Dürig, Art. 69 (2008) Rn. 60; *Schenke* BK, Art. 69 (2010) Rn. 56.

[88] Vgl. *Mager,* in: v. Münch/Kunig I, Art. 69 Rn. 28.

[89] Ebenso *Herzog,* in: Maunz/Dürig, Art. 69 (2008) Rn. 60.

[90] *Mager,* in: v. Münch/Kunig I, Art. 69 Rn. 28 mwN. Einschränkend (keine Kabinettserweiterung) *Epping* MKS II, Art. 69 Rn. 46; *Busse,* in: Friauf/Höfling, Art. 69 (2011/2014) Rn. 19. AA *Hermes,* in: Dreier II, Art. 69 Rn. 23.

[91] *H.-P. Schneider* AK GG, Art. 69 (2002) Rn. 11. Nach *Epping* MKS II, Art. 69 Rn. 46, ist dies keine Rechtsfrage, sondern eine Frage politischen Taktes.

[92] Für viele *Herzog,* in: Maunz/Dürig, Art. 69 (2008) Rn. 62; *Epping* MKS II, Art. 69 Rn. 47; *Mager,* in: v. Münch/Kunig I, Art. 69 Rn. 29.

[93] Vgl. ua *Lutz* (Fn. 1), S. 67; *Stern,* Staatsrecht II, S. 297; *Schenke* BK, Art. 68 (2017) Rn. 114; *Mager,* in: v. Münch/Kunig I, Art. 69 Rn. 28, mwN.

[94] Vgl. eingehend hierzu *Schenke* BK, Art. 68 (2017) Rn. 111 ff. m. Nachw. der Gegenmeinung; *ders.* BK, Art. 69 (2010) Rn. 66. Weiterhin *Herzog,* in: Maunz/Dürig, Art. 69 (2008) Rn. 61; *Mager,* in: v. Münch/Kunig I, Art. 69 Rn. 28; *Epping* MKS II, Art. 69 Rn. 46; *Busse,* in: Friauf/Höfling, Art. 69 (2011/2014) Rn. 19.

# VII. Die Gesetzgebung des Bundes

## Art. 70 [Gesetzgebung des Bundes und der Länder]

(1) Die Länder haben das Recht der Gesetzgebung, soweit dieses Grundgesetz nicht dem Bunde Gesetzgebungsbefugnisse verleiht.

(2) Die Abgrenzung der Zuständigkeit zwischen Bund und Ländern bemißt sich nach den Vorschriften dieses Grundgesetzes über die ausschließl. und die konkurrierende Gesetzgebung.

**Entstehungsgeschichte: Erstfassung:** JöR nF 1 (1951), 460.
**Supra- und internationale Texte:** EUV Art. 5.
**Leitentscheidungen:** BVerfGE 12, 205 (Deutschland-Fernsehen); BVerfGE 45, 297 (Hamburger U-Bahn-Fall); BVerfGE 98, 106 (Kommunale Verpackungssteuer); BVerfGE 98, 265 (Schwangerschaftsabbruch als Berufstätigkeit); BVerfGE 106, 62 (Altenpflege); BVerfGE 108, 1 (Rückmeldegebühr); *BVerfGE 109*, 190 (Nachträgliche Sicherungsverwahrung); BVerfGE 121, 30 (Medienbeteiligungen politischer Parteien); BVerfGE 134, 33 (TherapieunterbringungsG); BVerfGE 135, 155 (Filmförderabgabe); BVerfGE 138, 261 (LadenöffnungsG Thüringen); BVerfGE 145, 20 (Spielhallen); BVerfGE 149, 222 (Rundfunkbeitrag); BayVerfGH MedR 2020, 399 (Volksbegehren Pflegenotstand); BVerwGE 146, 56 (Auskunftsanspruch)

**Schrifttum:** *T. Barczak,* Legislativbefugnisse im Lückenbereich, ZG 2016, 154; *M. Bullinger,* Ungeschriebene Kompetenzen im Bundesstaat, AöR 96 (1971), 237; *M. Cornils,* Der medienrechtliche Auskunftsanspruch in der Kompetenzordnung des Grundgesetzes, DÖV 2013, 657; *W. Cremer,* Ungeschriebene Gesetzgebungszuständigkeiten kraft Sachzusammenhangs?, ZG 2005, 29; *C. Degenhart,* Rechtseinheit und föderale Vielfalt im Verfassungsstaat, ZfA 24 (1993), 409; *ders.,* Recht des gewerblichen Gewinnspiels und Recht der Spielhallen in der Kompetenzordnung des Grundgesetzes, 2014; *D. Ehlers,* „Ungeschriebene Kompetenzen", Jura 2000, 323; *M. Fehling,* Gesetzgebungskompetenzen im Verfassungsrecht und im Unionsrecht, Jura 2016, 498; *W. Frenz,* Gesetzgebungskompetenzen nach der Föderalismusreform, Jura 2007, 165; *A. Funke,* Umsetzungsrecht, 2010; *C. Germelmann,* Presserechtliche Auskunftsansprüche gegenüber Bundesbehörden, DÖV 2013, 667; *C. Gröpl/A.Loth,* Die Gesetzgebung des Bundes, Ad Legendum 2012, 73; *C. Haslach,* Zuständigkeitskonflikte bei der Umsetzung von EG-Richtlinien?, DÖV 2004, 12; *S. Haack,* Widersprüchliche Regelungskonzeptionen im Bundesstaat, 2002; *M.Heintzen/A.Uhle* (Hrsg.), Neuere Entwicklungen im Kompetenzrecht, 2014; *T. Herbst,* Gesetzgebungskompetenzen im Bundesstaat, 2014; *J.Isensee,* Idee und Gestalt des Föderalismus im Grundgesetz HStR VI, 3. Aufl. 2008, § 126; *ders.,* Die bundesstaatliche Kompetenz HStR VI, 3. Aufl. 2008, § 133; *M. Knauff,* Landesenergiepolitik zwischen Kompetenzgrenzen und Gestaltungs(un)willen, ThürVBl 2015, 257; *M. D. Müller,* Auswirkungen der Grundgesetzrevision von 1994 auf die Verteilung der Gesetzgebungskompetenzen zwischen Bund und Ländern, 1996; *J. Pietzcker,* Zuständigkeitsordnung und Kollisionsrecht im Bundesstaat HStR VI³, § 134; *E. Rehbinder/R. Wahl,* Kompetenzprobleme bei der Umsetzung von europäischen Richtlinien, NVwZ 2002, 21; *H.-W. Rengeling,* Gesetzgebungszuständigkeit HStR VI³ § 135; *W. Rüfner,* Ungeschriebene Bundeskompetenzen im Widerstreit, ZG 1999, 366; *M. Sachs,* Zur Verfassung des Landes Brandenburg, LKV 1993, 241; *R. Sannwald,* Die Neuordnung der Gesetzgebungskompetenzen und des Gesetzgebungsverfahrens im Bundesstaat, 1996; *W. Schmitt Glaeser/C. Degenhart,* Koordinationspflicht der Länder im Rundfunkwesen, AfP 1986, 173; *U.J. Schröder,* Kriterien und Grenzen der Gesetzgebungskompetenz kraft Sachzusammenhangs nach dem Grundgesetz, 2007; *R. Stettner,* Grundfragen einer Kompetenzlehre, 1983; *ders.,* Natur der Sache und Kulturförderung durch den Bund, in: FS Häberle, 2004, S. 1; *A. Uhle,* Normativ-rezeptive Kompetenzzuweisung und Grundgesetz, 2015; *C. Weltecke,* Gesetzgebung im Bundesstaat, 2011; *Roland Wagner,* Die Konkurrenzen der Gesetzgebungskompetenzen von Bund und Ländern, 2011;.

## Übersicht

# A. Allgemeines: Art. 70 in der Zuständigkeitsordnung

## I. Kompetenzverteilung zwischen Bund, Ländern und Europäischer Gemeinschaft

**1**    **1. Art. 70 GG in der bundesstaatl. Kompetenzordnung.** Die im Bundesstaat erforderliche Aufteilung der Staatsgewalt zwischen Zentralstaat und Gliedstaaten erfolgt auf der Ebene des Gesamtstaats;[1] im Verfassungsstaat des Grundgesetzes durch dessen Verfassung, das Grundgesetz. Es besteht ein Verfassungsvorbehalt als Vorbehalt der Bundesverfassung.[2] Die Kompetenzverteilung erfolgt gemäß „der dem deutschen Bundesstaatsrecht eigentümlichen Trennung der Kompetenz zum Erlass und zur Ausführung der Bundesgesetze"[3] jeweils **selbstständig** für die Staatsfunktionen der **Gesetzgebung, Verwaltung** und **Rechtsprechung.** Aus der Gesetzgebungszuständigkeit folgt also nicht die Verwaltungszuständigkeit, doch bildet erstere die äußerste Grenze für letztere.[4] Eigenständig zuzuordnen sind die staatsleitenden Funktionen der Regierung; deren Informationstätigkeit wird daher nicht durch die Verteilung der Gesetzgebungskompetenzen beschränkt.[5]

**2**    Die Aufteilung der Gesetzgebungskompetenzen wird durch die Art. 70 ff. – sowie einige Sonderregelungen wie Art. 105 für die Steuergesetzgebung – vorgenommen, dies nach **Sachbereichen:** für die jeweilige Sachmaterie ist die konkrete Zuständigkeit zu ermitteln.

**3**    Als **Grundregel** besagt **Art. 70,** dass die Länder für die Gesetzgebung zuständig sind, soweit nicht nach den folgenden Bestimmungen dem Bund die Zuständigkeit zugewiesen wird. Es sind dies gem. Art. 70 II über die Bestimmungen über die ausschließl. und konkurrierende Gesetzgebung. Die **Regelungstechnik** ist die, dass zunächst in Art. 71 und 72 für ausschließl. und konkurrierende Zuständigkeit die allg. Voraussetzungen normiert werden, unter denen Bund (Art. 71, Art. 72 II) bzw. Länder (Art. 71, Art. 72 I) von der jeweiligen Kompetenz Gebrauch machen dürfen, während die einzelnen Sachbereiche in den Katalogen der Art. 73 und 74 aufgeführt werden.[6]

**4**    Die Kompetenzverteilung durch die Art. 70 ff. ist **zwingend;** von ihr kann auch nicht einvernehmlich abgewichen werden;[7] die Kompetenzen stehen nicht zur Disposition von Bund und Ländern.[8]

**5**    **2. Bundesstaatliche Kompetenzordnung und Unionsrecht.** Die Systematik der Kompetenzordnung des GG unterscheidet sich grundlegend von der in der **EU.**[9] Die Zuständigkeiten der Union sind grundsätzlich[10] nicht gegenständlich, sondern **final** und **funktional** gefasst,[11] hierbei jedoch durch das Prinzip der begrenzten Einzelermächtigung – Art. 5 II EUV – begrenzt. Die Dynamik Kom-

---

[1] BVerfGE 103, 332.
[2] *Heintzen* BK, Art. 70 (2003) Rn. 1, 64; *Isensee* FS BVerfG II, 2001, S. 719 (722).
[3] BVerfGE 12, 205 (247).
[4] BVerfGE 12, 205 (229); 15, 1 (16); 78, 374 (386); 102, 167 (174); *Rozek* MKS II, Art. 70 Rn. 8; *Uhle,* in: Maunz/Dürig, Art. 70 (2008) Rn. 5.
[5] BVerfGE 105, 252 (270); 105, 279 (306); kritisch *Rozek* MKS II, Art. 70 Rn. 8; dies gilt allerdings nicht für Kommunen, deren Informationstätigkeit auf ihren örtlichen Zuständigkeitsbereich beschränkt ist, näher *Müller-Franken* AfP 2019, 103 ff.; *Degenhart,* K&R 2016 H.6/Beiheft; *ders.,* AfP 2020, 185.
[6] Näher *Degenhart,* StaatsR I, Rn. 163 ff.
[7] BVerfGE 32, 145 (156); 63, 1 (39); vgl. hierzu auch *Gramm* DÖV 1999, 540 (546 f.).
[8] BVerfGE 1, 14 (35); 4, 114 (139); *Rozek* MKS II, Art. 70 Rn. 15.
[9] S. hierzu. *Streinz,* Europarecht, Rn. 152 ff.
[10] Anders bei ausnahmsweiser Zuweisung gegenständlich umschriebener Sachmaterien für ausschließlichen Regelung, so in Art. 31 AEUV für die Zolltarife und in Art. 127 ff. AEUV für die Währungspolitik.
[11] Vgl. *Heintzen* BK, Art. 70 (2003) Rn. 151; *Pieroth,* in: Jarass/Pieroth, Art. 70 Rn. 1; *Uhle,* in: Maunz/Dürig, Art. 70 (2008) Rn. 30; *Wittreck,* in: Dreier II, Art. 70 Rn. 5; *Reich* EuGRZ 2001, 1 (3).

petenzordnung äußert sich in der effet-utile-Rechtsprechung des EuGH[12], die auf Art. 70 nicht übertragen werden könnte.[13]

Die **Zuständigkeiten der EU** lassen die Kompetenzverteilung zwischen Bund und Ländern als **6** solche unberührt, relativieren sie jedoch in ihrer Bedeutung[14] und berühren die Staatlichkeit der Länder stärker als die des Bundes.[15] Das **Unionsrecht** unterscheidet zwischen ausschließl., geteilten und ergänzenden Zuständigkeiten der EU.[16] Erstere (Zollunion, Währungs- und Handelspolitik (Art. 2a–2e AEUV) – schließen die Mitgliedstaaten von eigenen Regelungen aus(Art. 207 AEUV); dies betrifft Bund und Länder. Bei geteilten Zuständigkeiten dürfen die Mitgliedstaaten tätig werden, soweit die Union untätig geblieben ist,[17] sie betreffen ua den Binnenmarkt, die Struktur- und Verkehrspolitik, Verbraucher- und Umweltschutz. In weiteren Bereichen wird die Union „unterstützend, koordinierend und ergänzend" tätig.[18] Der Grundsatz der **Subsidiarität** soll hier kompetenzbegrenzend wirken.[19] Bisher wenig effektiv, soll er gestärkt werden durch die Zuleitung von Entwürfen an die nationalen Parlamente und eine „Subsidiaritätsklage",[20] s. Art. 23 Ia, § 12 IntVG. Zur Gesetzgebung zur Umsetzung von **Richtlinien** s. Rn. 25 sowie Art. 72 Rn. 14.

## II. Art. 70 I als Grundregel für die Kompetenzverteilung

**1. Zuständigkeitsvermutung?** Nach Abs. 1[21] muss dem Bund die Gesetzgebungsbefugnis durch **7** das GG **verliehen** sein, während es i. Ü. für staatl. Befugnisse nach Art. 30 genügt, dass das GG eine entspr. Regelung **zulässt**.[22] Abs. 1 wird überwiegend im Sinn eines Regel-Ausnahme-Verhältnisses,[23] mitunter auch einer **Zuständigkeitsvermutung**[24] zugunsten der Länder gesehen. Tatsächlich ist für eine derartige Vermutung kein Raum.[25] Enthält das GG keinen Kompetenztitel, so folgt aus Abs. 1 positiv die Zuständigkeit der Länder. Dann besteht keine Notwendigkeit für eine Vermutung.[26] Auch ein Regel-Ausnahme-Verhältnis ist in Abs. 1 nicht angelegt. Nach Art. 72–74 bestand seit je ein faktisches **Übergewicht des Bundes** für die Gesetzgebung.[27] Wenn also Abs. 1 die im GG enumerativ aufgeführten Kompetenzen dem Bund, die verbleibenden Kompetenzen (**Residualkompetenzen)**[28] den Ländern zuordnet, so wird damit eine bestimmte Regelungstechnik angewandt,[29] nicht aber dem bundesstaatl. Prinzip eine bestimmte Ausrichtung verliehen.[30] Ein allg. Auslegungsgrundsatz, dass die Kompetenznormen restriktiv oder im Zweifel zugunsten der Länder[31] auszulegen wären, kann aus Abs. 1 nicht abgeleitet werden – sie sind strikt, aber nicht restriktiv auszulegen.[32]

Dass dann, wenn eine Bundeszuständigkeit nicht im Wege der Auslegung der Kompetenztitel des **8** GG begründbar ist, es nach Abs. 1 bei der Länderzuständigkeit verbleibt, unabhängig von einer Vermutung, gilt auch für neue Materien, die der Grundgesetzgeber nicht bedacht hat. Sie bleiben nach Abs. 1 bei den Ländern,[33] bis zu einer evtl. Verfassungsänderung. Eine andere Frage ist, ob strikte Auslegung stets bedeutet, dass eine Materie **ausdrückl.**[34] in den Zuständigkeitsnormen des GG

---

[12] *Streinz,* in: Streinz, EUV/AEUV, Art. 4 EUV Rn. 33; kritisch zur Entmachtung der Parlamente durch diese RSpr *Grimm,* Europa ja – aber welches?, 2016, S. 188.

[13] *Heintzen* BK, Art. 70 (2003) Rn. 59.

[14] *Rozek* MKS II, Art. 70 Rn. 4 f.

[15] Zur „Erosion der Länderkompetenzen" *Reich* EuGRZ 2001, 1; s. auch *Isensee* FS BVerfG II, 2001, S. 719 (751 f.).

[16] *Oppermann,* DVBl 2008, 473 (478); *Streinz,* in: Streinz, EUV/AEUV, Art. 2 AEUV Rn. 5 ff.

[17] S. hierzu *Streinz,* in: Streinz, EUV/AEUV, AEUV Art. 2 Rn. 8 ff.

[18] S. hierzu *Streinz,* in: Streinz, EUV/AEUV, AEUV Art. 2 Rn. 12 ff.

[19] Näher Streinz aaO Rn. 25 ff. Rn.

[20] S. hierzu *Streinz,* in: Streinz, EUV/AEUV, Art. 5 EUV Rn. 38 ff.

[21] BVerfGE 16, 64 (79): „Grundregel unserer bundesstaatl. Verfassung"; näher *Heintzen* BK, Art. 70 (2003) Rn. 1.

[22] Vgl. zur unterschiedlichen Formulierung in Art. 30 und 70: *Rozek* MKS III, Art. 70 Rn. 7.

[23] Vgl. *Pieroth,* in: Jarass/Pieroth, Art. 70 Rn. 1, *Uhle,* in: Maunz/Dürig, Art. 70 (2008) Rn. 2.

[24] *Stern,* StaatsR I, S. 672 ff. für Art. 30, unter Einbeziehung der Gesetzgebung, S. 677 ff.

[25] Wie hier *Rozek* MKS II, Art. 70 Rn. 14; *Heintzen* BK, Art. 70 (2003) Rn. 57 f.; *Uhle,* in: Maunz/Dürig, Art. 70 (2008) Rn. 33.

[26] *Rozek* MKS II, Art. 70 Rn. 14.

[27] Vgl. *Uhle,* in: Maunz/Dürig, Art. 70 (2008) Rn. 24; *Heintzen* BK, Art. 70 (2003) Rn. 3; Übbl. über die Gesetzgebungszuständigkeiten der Länder dort Rn. 77 ff.

[28] Zum Begriff s. etwa *Heintzen* BK, Art. 70 (2003) Rn. 72 ff.; s. dort auch Rn. 1 ff. zu den verschiedenen Regelungstechniken.

[29] Vgl. BVerfGE 3, 407 (422); 7, 342 (347 f.); 12, 205 (225 ff.); 14, 312 (318); 23, 12 (22); 29, 221 (233); *Heintzen* BK, Art. 70 (2003) Rn. 3; *Uhle,* in: Maunz/Dürig, Art. 70 (2008) Rn. 24.

[30] Skeptisch zu Recht *Pietzcker* HStR IV[3], § 134 Rn. 8.

[31] So aber wohl noch *Maunz,* in: Maunz/Dürig, Art. 70 (Erstbearb.) Rn. 29.

[32] BVerfGE 12, 205 (228 f.); BVerfE 145, 20 Rn. 98; *Heintzen* BK, Art. 70 (2003) Rn. 59; *Rozek* MKS II, Art. 70 Rn. 14; *Kunig,* in: v. Münch/Kunig II, Art. 70 Rn. 20.

[33] Vgl. *Heintzen* BK, Art. 70 (2003) Rn. 99, der allerdings bei evidenter Überforderung der Länder eine Bundeskompetenz kraft Natur der Sache erwägen will (zB Raumfahrt).

[34] BVerfGE 12, 205 (228) fordert eine „in der Regel" ausdrückl. Verleihung durch das GG.

genannt sein muss oder ob es **ungeschriebene Gesetzgebungskompetenzen** geben kann (dazu → Rn. 29 ff.).

9      Abs. 1 ist für die Gesetzgebung **lex specialis zu Art. 30**[35] als genereller Verteilung der staatlichen Kompetenzen (Aufgaben und Befugnisse).[36] Der prinzipielle Ansatz ist der gleiche: Residualkompetenz der Länder. Da Abs. 1 die Gesetzgebung umfassend und ohne Regelungslücke zuordnet, ist ein Rückgriff auf Art. 30 weder erforderl. noch zulässig.[37] Soweit das BVerfG Art. 30 und Art. 70 ff. – unter Hinweis auf eine Grundentscheidung des GG – zusammen aufführt,[38] wird damit lediglich ein allg. Grundsatz der Kompetenzverteilung benannt, ohne konkrete Folgerungen hieraus zu ziehen.[39] Soweit aus Art. 30 eine Zuständigkeitsvermutung ableitbar sein sollte,[40] kann dies nicht auf Art. 70 ff. übertragen werden.

10      **2. Erfordernis grundgesetzlicher Kompetenztitel für den Bund – Gesetzgebungsbefugnisse der Länder. Kompetenztitel** sind enumerativ in **Art. 73** und **74** enthalten, außerhalb dieses Katalogs wie in Art. 104a ff. als ausdrückl. Kompetenzzuweisungen, oder als **Vorbehalt eines Bundesgesetzes.** Die Gesetzgebungszuständigkeit muss in dem **Zeitpunkt** bestehen, in dem das hierauf gestützte Gesetz erlassen wird; im Fall einer neuen Zuständigkeit kraft GG-Änderung bedeutet dies: diese muss bei Ausfertigung des Gesetzes in Kraft getreten sein; unter besonderen Umständen kann es ausreichen, wenn sie bei Verkündung des Gesetzes in Kraft getreten ist, wenn mit dem Erlass des einfachen Gesetzes ein innerer Zusammenhang besteht.[41]

11      Ausdrückl. Kompetenztitel enthält im Bereich der **Finanzverfassung** Art. 105 I, II für Zölle, Finanzmonopole und die „übrigen Steuern" als **lex specialis** zu Art. 70 ff. Art. 70 I gilt nicht bei Art. 105.[42] Diejenigen Steuern, für die allein die **Länder** zuständig sind, werden in **Art. 105 IIa** ausdrückl. benannt (für die Kirchensteuer ist Art. 140 GG iVm Art. 137 VI WRV wiederum lex specialis). Es verbleiben hier keine Residualkompetenzen. Das (rechtstechnische) Regel-Ausnahme-Verhältnis des Art. 70 gilt nicht für die Steuergesetzgebungshoheit.[43] Abschnitt X betrifft auch sog. **Lenkungssteuern,** mit denen der Steuergesetzgeber andere als fiskalische Zwecke verfolgt (→ vor Art. 104a Rn. 14 ff., → vor Art. 104a Rn. 87); eine Doppelzuständigkeit aus Steuer- und Sachkompetenz wird hierfür nicht gefordert,[44] doch begrenzt das Prinzip der Widerspruchsfreiheit der Rechtsordnung (→ Rn. 68)[45] die Kompetenzausübung, wobei der Sachgesetzgeber grundsätzlich Vorrang hat.[46] Für Abgaben, die keine Steuern sind, bleibt es bei den Art. 70 ff., doch ist die Schutz- und Begrenzungsfunktion der bundesstaatl. Finanzverfassung zu beachten.[47] Dies gilt auch für Gebühren und Beiträge,[48] also die sog. Vorzugslasten, wenngleich für diese regelmäßig die notwendige Distanz zu den Art. 105 ff. vorauszusetzen ist.[49] Die hieraus folgenden materiellen Schranken für nichtsteuerl. Abgaben sind kompetenzieller Natur.[50] Sie bedürfen einer besonderen kompetenziellen Rechtfertigung, sofern nicht der Kompetenztitel – wie Art. 74 I Nr. 12 – aus sich heraus auf Finanzierung angelegt ist.[51]

12      Gesetzgebungszuständigkeiten des Bundes kraft **Vorbehalts bundesgesetzlicher Regelung** sind iÜ in zahlreichen weiteren Bestimmungen des Grundgesetzes enthalten(→ Art. 71 Rn. 2),[52] wenn zB darauf verwiesen wird: „Das Nähere regelt ein Bundesgesetz." In diesen Fällen werden idR ausschließl. Zuständigkeiten des Bundes begründet.[53] **Keine Kompetenztitel** sind **Gesetzesvorbehalte,** die

---

[35] Vgl. *Pieroth,* in: Jarass/Pieroth, Art. 30 Rn. 2; *Rozek* MKS II, Art. 70 Rn. 7.

[36] Vgl. *Pieroth,* in: Jarass/Pieroth, Art. 30 Rn. 2; *Stettner,* in: Dreier II, Suppl. 2007, Art. 70 Rn. 20: Kompetenz als Befugnis und Mittel zur staatlichen Aufgabenerfüllung.

[37] Nach *Pietzcker* HStR VI³, § 134 Rn. 8, bleibt Art. 30 bedeutsam als Auffangklausel – die aber für den Bereich der Gesetzgebung nicht zum Tragen kommt.

[38] S. neben BVerfGE 12, 205 (229) auch 61, 149 (175, 203, 205); 67, 299 (315); BVerfGE 59, 360 (377) bezieht sich für Gesetzgebungsbefugnisse nur auf Art. 70.

[39] BVerfGE 12, 205 stellt für die Gesetzgebungszuständigkeit allein auf Art. 70 ff. ab (225 f., 229).

[40] BVerfGE 11, 6 (15); 26, 281 (297); 42, 20 (28); kritisch *Pieroth,* in: Jarass/Pieroth, Art. 30 Rn. 1: Rechtsvermutungen relevant für den Beweis von Tatsachen, nicht die Auslegung von Normen.

[41] BVerfGE 34, 9 (21 f.); s. hierzu *Heintzen* BK, Art. 70 (2003) Rn. 56; *Siegel* Staat 49 (2010), 299 (308).

[42] *Rozek* MKS II, Art. 70 Rn. 9.

[43] *Rozek* MKS II, Art. 70 Rn. 9; zur Steuergesetzgebungshoheit vgl. iE *Siekmann,* Art. 105 Rn. 4.

[44] BVerfGE 98, 106 (118 f.); vgl. auch *Rozek* MKS II, Art. 70 Rn. 9; *Schröder,* Gesetzgebungskompetenz kraft Sachzusammenhangs, 2007, S. 66; *F. Kirchhof* BB 2015, 278 zu lenkenden Verbrauchssteuern.

[45] BVerfGE 98, 83 (97 f.); 98, 106 (118 ff.).

[46] *Kloepfer/Bröcker* DÖV 2001, 1 (7 f.); *Rozek* MKS II, Art. 70 Rn. 9; *Degenhart,* StaatsR I Rn. 362 f.;

[47] BVerfGE 78, 249 (266); 108, 1 (15 ff.); 108, 186 (214 ff.); 110, 370 (387 f.); 122, 316 (333); 123, 132 (140); 135, 55 Rn. 110 ff.; *Rozek* MKS II, Art. 70 Rn. 9.

[48] Zum Rundfunkbeitrag als Vorzugslast s. BVerfGE 149, 222 Rn. 60 ff.; für Steuer → vor Art. 104a Rn. 117 ff.

[49] Vgl. hierzu BVerfGE 108, 1 (17) – Rückmeldegebühren; BVerfG (K) NVwZ 2003, 467 – Grundwasserentnahmeabgabe –.

[50] Vgl. z. B. BVerfGE 108, 1 (15 ff.).

[51] BVerfGE 93, 319 (344).

[52] Übbl. bei *Heintzen* BK, Art. 70 (2003) Rn. 108; *Rozek* MKS II, Art. 70 Rn. 37.

[53] *Heintzen* BK, Art. 70 (2003) Rn. 109; zur Kulturhoheit der Länder s. *Wiater* AöR 139 (2014), 437 ff.

nicht ausdrückl. den Bundesgesetzgeber ermächtigen, etwa inm Grundrechtsteil, Ermächtigungen zur Grundrechtsausgestaltung und **Staatszielbestimmungen.**[54]

Entspr. der Regelungstechnik der **Residualkompetenzen** ist für die Länder ein Kompetenztitel 13 nicht erforderl.. Deshalb sind andererseits Aussagen dahingehend, eine bestimmte Gesetzgebungs-materie, etwa das Sicherheitsrecht als selbstständiger Sachbereich sei Sache der Länder, stets unter dem Vorbehalt auch punktueller Bundeszuständigkeiten zu sehen.[55] Dies gilt auch für die – grundsätzl. bestehende – Kulturhoheit der Länder.[56] Eine explizite Zuweisung ausschließl. Länderkompetenzen ist dem GG, abgesehen für örtliche Verbrauchs- und Aufwandssteuern nach Art. 105 II a, nicht zu entnehmen.[57]

## III. Kompetenztypen (Abs. 2)

Abs. 2 benennt ausschließl. und konkurrierende Gesetzgebungszuständigkeiten als **Kompetenz-** 14 **typen.** Nicht ausdrückl. erwähnt wird die **Grundsatzkompetenz** (Art. 109 III) als Kompetenztypus; die Aufzählung ist insoweit nicht abschließend.[58] Auch die Rahmengesetzgebung des Art. 75 aF, die meist als Unterfall der konkurrierenden Gesetzgebung aufgefasst wurde,[59] war in Art. 70 nicht genannt. Andererseits wird die Grundsatzgesetzgebung des **Art. 109 IV** nicht von Art. 70 II erfasst.[60]

Demgegenüber enthält **Art. 91a II – Gemeinschaftsaufgaben** –eine ausschließl. Bundeskompetenz,[61] während die 15 Grundsatzgesetzgebungskompetenz für Staatsleistungen an die Religionsgesellschaften nach **Art. 140 GG iVm Art. 138 I 2 WRV** – die noch nicht in Anspruch genommen wurde – als Sonderfall einer Rahmenkompetenz gesehen wurde.[62]

# B. Anwendungsbereich der Vorschrift

## I. „Gesetzgebung" – Gesetzesbegriff des GG

Der Begriff des Gesetzes wird im GG nicht einheitlich gebraucht und ist jeweils aus Verwendungs- 16 zusammenhang, systematischer Stellung und Normzweck zu bestimmen.[63] Grundsätzlich und auch in Art. 70 geht das GG von einem **formellen Gesetzesbegriff** aus: Gesetz als die staatliche Anordnung, die von den für die Gesetzgebung zuständigen Organen in dem von der Verfassung hierfür vorgesehenen Verfahren und in der hierfür vorgesehenen Form erlassen wird,[64] für den Bund in Abschn. VII des GG. Es ist dies die **parlamentarische** Gesetzgebung; aber auch plebiszitäre Gesetzgebung – derzeit nur auf Landesebene – fällt unter Art. 70.[65] Gesetz bedeutet in den Art. 70 ff. mithin das Gesetz im formellen Sinn,[66] unabhängig davon, ob es Gesetz auch im „materiellen" Sinn einer abstrakt-generellen Norm ist:[67] Auf einen derartigen mat. Gesetzesbegriff legt sich das GG nicht fest. Die Kompetenzordnung der Art. 70 ff. erfasst daher auch das sog. **Maßnahmegesetz** als Vollzugs-, Plan- oder Organisationsgesetz; der Begriff wird vom BVerfG als grundsätzlich verfassungsrechtl. irrelevant gewertet.[68]

Die bundesstaatl.e Kompetenzverteilung kann allerdings betroffen sein, wenn der Gesetzgeber Zugriff auf Ver- 17 waltungsfunktionen nimmt, so bei **Investitionsmaßnahmegesetzen,** die die sonst erforderliche Genehmigung bzw. Planfeststellung für Vorhaben (Verkehrswege) ersetzen.[69] Dann können Verwaltungskompetenzen der Länder gegen-standslos werden, wird das System der Art. 30, 70 ff., 83 ff. punktuell durchbrochen.[70] **Lösungsansätze:** einerseits restriktive Handhabung der einschlägigen Kompetenztitel der Art. 70 ff., andererseits Kompetenzausübungsschran-ken, insbes. des bundesfreundlichen Verhaltens (→ Rn. 64 ff.). Letzteres ist vorzuziehen.[71] Das Kompetenzrecht als formale Zuständigkeitsordnung ist auf Rechtsklarheit durch Formalisierung angewiesen. Einer Umgehung ist vorzugsweise über die materiellen Missbrauchsschranken der bundesstaatl. Ordnung zu begegnen.

---

[54] Vgl. *Fischer* BK, Art. 71 (2005) Rn. 13; *Pietzcker* HStR VI³, § 134 Rn. 12.

[55] Vgl. auch *Rozek* MKS II, Art. 70 Rn. 12; insbes. für das Polizeirecht BVerfGE 109, 190; dazu *Baldus* NVwZ 2004, 1278 (1279).

[56] S. BVerfGE 135, 155 Rn. 101 ff.; *Heintzen* BK, Art. 70 (2003) Rn. 85; *Rozek* MKS II, Art. 70 Rn. 12.

[57] So aber wohl *Heintzen,* in Uhle/Heintzen, S. 49 ff.

[58] Ebenso *Stern,* StaatsR II, S. 592 mwN in Fn. 145; *Heintzen* BK, Art. 70 (2003) Rn. 102.

[59] BVerwGE 3, 335 (339 f.); *Kunig,* in: v. Münch/Kunig II, Art. 75 Rn. 2.

[60] Vgl. *Vogel/Wiebel* BK, Art. 109 (1991) Rn. 157.

[61] Dazu *Rengeling* HStR VI³, § 135 Rn. 320; *Pieroth,* in: Jarass/Pieroth, Art. 91a Rn. 5.

[62] Vgl. *Rengeling* HStR VI³, § 135 Rn. 320.

[63] BVerfGE 24, 184 (195); 55, 7 (21); *Haratsch,* in: Sodan, Art. 70 Rn. 3.

[64] Vgl. *Degenhart,* StaatsR I, Rn. 148 f.; ebenso *Rozek* MKS II, Art. 70 Rn. 24.

[65] *Rozek* MKS II, Art. 70 Rn. 24.

[66] *Heintzen* BK, Art. 70 (2003) Rn. 42, 45; *Wittreck,* in: Dreier II, vor Art. 70 Rn. 32.

[67] Ebenso *Heintzen* BK, Art. 70 (2003) Rn. 45.

[68] BVerfGE 25, 371 (396); vgl. auch *Rozek* MKS II, Art. 70 Rn. 24.

[69] Vgl. *Ronellenfitsch* DÖV 1991, 771.

[70] Vgl. *Frowein* VVDStRL 43 (1985), 222: Gesetzesbeschluss, der die Art. 83 und 85 überspielt, „bundesstaatl. eindeutig unzulässig".

[71] Vgl. auch *Heintzen* BK, Art. 70 (2003) Rn. 45: Verhältnis von Exekutive und Legislative nicht Thema des Art. 70.

## II. Untergesetzliches Recht

18     Art. 70 ff. GG gelten **nicht** für **untergesetzliches** Recht;[72] **Rechtsverordnungen** und **Satzungen** sind keine Gesetze im formellen Sinn. Dies folgt bereits aus ihrer systematischen Stellung im Abschnitt VII; dass das GG den Begriff des Gesetzes an anderer Stelle anders gebraucht, ist hierfür unerheblich.[73] Die gesetzl. Verordnungsermächtigung muss nach Art. 70 ff. erlassen sein. Die Verordnungszuständigkeit bestimmt sich nach der Ermächtigungsnorm; der Bundesgesetzgeber kann die Länder zum Verordnungserlass ermächtigen, nicht allerdings umgekehrt.[74]

19     *(nicht belegt)*

20     Für **Satzungen** gilt: **Satzungsgewalt** ist durch Gesetz gem. Art. 70 ff. einzuräumen.[75] Die Kompetenz für den Satzungserlass bestimmt sich nach dem Gesetz. Soweit der Gesetzgeber in der Sache nicht zuständig ist, kann er keine Satzungsbefugnisse begründen. Landesgesetze können Gebietskörperschaften nicht ermächtigen, im Satzungswege Gegenstände in der Zuständigkeit des Bundes zu regeln, ebensowenig können Bundesgesetze Satzungsbefugnisse im Bereich von Länderkompetenzen verleihen, wohl aber bei Zuständigkeit des Bundes auch an Körperschaften auf Landesebene (z. B. im BauGB). Die dann erlassenen Satzungen sind Landesrecht. Keine Rechtsnormen sind **Verwaltungsvorschriften;** die Zuständigkeit für ihren Erlass bestimmt sich nach **Art. 83 ff.**[76]

21     *(nicht belegt)*

## III. Verfassungsrecht

22     **Verfassungsnormen** sind Gesetze iSv Art. 70: Sie werden im Verfahren der parlamentarischen bzw. Volksgesetzgebung mit (qualifizierten) Mehrheiten beschlossen und als Gesetz verkündet, ob Verfassungsgebung oder verfassungsändernde Gesetzgebung.[77] Art. 70 ff. gelten jedoch hierfür jedoch nicht.[78] Die **Länder** sind im Rahmen ihrer **Verfassungsautonomie**[79] befugt, ihr Verfassungs- und Staatsorganisationsrecht selbst zu ordnen,[80] beschränkt nur durch die Homogenitätsklausel des Art. 28 I 1. Im Grundrechtsbereich ist Art. 142 lex specialis.[81]

23     Die Länder können in ihrer Verfassung auch Aussagen zu Sachbereichen zu treffen, für die die Gesetzgebungszuständigkeit beim Bund liegt[82] (bei Widerspruch zu Bundesrecht gilt dann Art. 31[83]), z. B. in Staatszielbestimmungen.[84] Zu deren Ausfüllung ist der Landesgesetzgeber jedoch nur nach Maßgabe der Art. 70 ff. befugt. **Nicht** aber kann die Landesverfassung Gegenstände in Bundeszuständigkeit **unmittelbar** – also in einer ohne weitere Vollzugsnorm Rechte und Pflichten begründenden Weise – regeln, etwa durch Informations- oder Schadensersatzpflichten, Kündigungsschutzbestimmungen, unmittelbar geltende Ge- oder Verbote.[85] Die Länder können ihnen entzogene Materien nicht dadurch in Anspruch nehmen, dass sie sie auf Verfassungsebene ziehen.[86] Daher darf der Landesverfassungsgeber nicht die Rechtsschutzgarantie des Art. 19 IV GG einschränken.[87]

## IV. Internationale Beziehungen, Europarecht

24     Für den Abschluss **völkerrechtlicher Verträge** bestimmt sich die Zuständigkeit im Bund-Länder-Verhältnis – die Verbandskompetenz – nach Art. 32. Soweit nach Art. 59 II 1 die Zustimmung der Gesetzgebungskörperschaften in Form eines Bundesgesetzes erforderl. ist, folgt hieraus[88] bzw. aus Art. 73 I Nr. 1 auch die Zuständigkeit des Bundes für das **Vertragsgesetz.**[89] Für die ggf. erforderliche

---

[72] BVerfGE 55, 7 (21); *Pieroth,* in: Jarass/Pieroth, Art. 70 Rn. 4; *Uhle,* in: Maunz/Dürig, Art. 70 (2008) Rn. 42.

[73] Wie hier *Wittreck,* in: Dreier II, vor Art. 70 Rn. 32.

[74] Vgl. *Heintzen* BK, Art. 70 (2003) Rn. 46.

[75] Ebenso *Rozek* MKS II, Art. 70 Rn. 30.

[76] Ebenso *Heintzen* BK, Art. 70 (2003) Rn. 46.

[77] *Heintzen* BK, Art. 70 (2003) Rn. 47.

[78] AM *Uhle,* in: Maunz/Dürig, Art. 70 (2008) Rn. 39, der jedoch aus Art. 28 I eine ausschließl. Länderkompetenz für Landesverfassungsrecht ableitet.

[79] Vgl. *Rozek* MKS II, Art. 70 Rn. 26; *Uhle,* in: Maunz/Dürig, Art. 70 (2008) Rn. 39; *Karpen/Becker* JZ 2001, 966 (968); insbes. zum Volksgesetzgebungsverfahren BVerfGE 60, 175 (208); *Degenhart* ThürVBl 2001, 201 (202 f.); zum Wahlrecht BVerfGE 98, 145 (156 f.).

[80] BVerfGE 96, 345 (368 f.); 98, 145 (157 f.); *Haratsch,* in: Sodan, Art. 70 Rn. 4.

[81] Zum Nebeneinander von Bundes- und Landesgrundrechten BVerfGE 36, 342 (362 f.); 96, 345 (368); *Degenhart,* in: Degenhart/Meissner, HbSächsVerf, 1997, § 7 Rn. 4 ff.

[82] *Rozek* MKS II, Art. 70 Rn. 26.

[83] Dies bei echter Normenkollision, wenn an den gleichen Sachverhalt unterschiedl. Rechtsfolgen angeknüpft werden, vgl. *Pietzcker* HStR VI³, § 134 Rn. 53 ff.

[84] Weshalb eine zT ausufernde Verfassungsprogrammatik in den Landesverfassungen auch häufig ins Leere greift, *Degenhart,* in: Stober (Hrsg.), HdBSächsStVerwR, 1996, § 2 Rn. 2 ff.

[85] Vgl. für Brandenburg *Sachs* LKV 1993, 241.

[86] Ebenso *Rozek* MKS II, Art. 70 Rn. 7; *Heintzen* BK, Art. 70 (2003) Rn. 47.

[87] HambOVG NVwZ 2014, 1386 Rn. 10.

[88] *Rozek* MKS II, Art. 70 Rn. 28; *Uhle,* in: Maunz/Dürig, Art. 70 (2008) Rn. 36.

[89] Vgl. *Rozek* MKS II, Art. 70 Rn. 28; s. auch → Art. 73 Rn. 4, 5.

Transformation in innerstaatl. Recht gelten Art. 70 ff.[90] Vertragsschluss- und **Transformationskompetenz** können auseinanderfallen.

Art. 70 ff. gelten auch nicht für die Übertragung von Hoheitsrechten auf die **EU,** die nach Art. 23    25 I 2 durch Bundesgesetz erfolgt; soweit Länderkompetenzen betroffen sind, gelten die Mitwirkungsrechte des BRates nach Art. 23 IV–VI. Für die **Umsetzung** von Unionsrecht richten sich die Zuständigkeiten jedoch nach Art. 70 ff.[91] Es besteht kein Gebot einer unionsfreundlichen Handhabung der Art. 70 ff. zugunsten des Bundes.[92] Gesichtspunkte der Effektivität rechtfertigen keine Abweichung von der bundesstaatl. Kompetenzordnung.[93] Es gibt keinen besonderen Kompetenztypus der *„Umsetzungsgesetzgebung"* (→ Rn. 14).

## V. Ungeschriebenes Recht, Gewohnheitsrecht, Richterrecht

**Gewohnheitsrecht** entzieht sich in seinen Entstehungsvoraussetzungen einer Verfahrensregelung.[94]    26 Für seine kompetenzielle Qualifikation – schon aus Gründen der Revisibilität[95] – gilt:[96] auf einem Gebiet, für das nach Art. 70 ff. die Länder zuständig sind, ist es Landesrecht, wenn der Bund, dann Bundesrecht.[97] Für konkurrierende Zuständigkeiten[98] führt bundeseinheitliche Geltung allein noch nicht zur Geltung als Bundesrecht,[99] dürfte jedoch als Indiz hierfür zu werten sein. Ansonsten ist darauf abzustellen, ob Gewohnheitsrecht eine Ergänzungsfunktion zu geschriebenem Bundes- oder Landesrecht hat.[100] Erforderlichkeit nach Art. 72 II ist Voraussetzung für den Normerlass, nicht Qualifikationsmerkmal und deshalb nicht maßgeblich.[101] Besteht keine bundesrechtliche Regelung, führt dies zur Qualifikation als Landesrecht.[102]

Gewohnheitsrecht sind die **allgemeinen Grundsätze des Verwaltungsrechts.**[103] Sie sind als    27 Bundesrecht zu behandeln, wenn sie Bundes-, als Landesrecht, wenn sie Landesgesetze ergänzen.[104] Grundsätze, die auf Bundesverfassungsrecht zurückgeführt werden können, gelten als Bundesrecht:[105] Verhältnismäßigkeit,[106] Bestimmtheit, Rechtssicherheit, Vertrauensschutz,[107] der allg. Folgenbeseitigungs-[108] und der Erstattungsanspruch,[109] der allg. Aufopferungsgrundsatz[110] und die clausula rebus sic stantibus.[111]

Für **„Richterrecht"**[112] ist die Qualifikation als Rechtsquelle str., aber grundsätzlich zu bejahen.[113]    28 Seine konkretisierende und lückenfüllende Funktion[114] umfasst auch die normative „Ergänzung und Weiterführung des geschriebenen Rechts".[115] umfasst. Das so zustande gekommene Richterrecht ist „Recht" iSv Art. 20 III.[116] Es hat jedoch in aller Regel – sofern es nicht zu Gewohnheitsrecht

---

[90] Die zentralistische Auffassung – auch Transformationskompetenz beim Bund – von *Grewe* VVDStRL 12 (1954), 129 (167 ff.) wird nicht mehr vertreten, ebensowenig Vertragsschlusskompetenz der Länder, wie noch bei *Maunz,* in: Maunz/Dürig, Art. 32 (1968) Rn. 39 ff., dem steht Art. 32 I entgegen; s. *Friehe* JA 1983, 117 (121).

[91] *Pieroth,* in: Jarass/Pieroth, Art. 70 Rn. 1a sowie *Jarass* ebda., Art. 23 Rn. 45; *Rozek* MKS II, Art. 70 Rn. 10; *Uhle,* in: Maunz/Dürig, Art. 70 (2008) Rn. 37; für nur analoge Anwendung *Haslach* DÖV 2004, 12 (15) – doch ist eine planwidrige Regelungslücke hier nicht gegeben.

[92] Dafür *Rengeling* DVBl 1998, 997 ff.; wie hier *Uhle,* in: Maunz/Dürig, Art. 70 (2008) Rn. 37.

[93] Ebenso *Rozek* MKS II, Art. 70 Rn. 10.

[94] *Ossenbühl* HStR V³, § 100 Rn. 57 ff.: lange und allg.e Übung *(longa consuetudo),* Überzeugung der Beteiligten von der Rechtmäßigkeit *(opinio iuris)* und rechtssatzmäßige Formulierbarkeit.

[95] Vgl. *Uhle,* in: Maunz/Dürig, Art. 70 (2008) Rn. 46; *Heintzen* BK, Art. 70 (2003) Rn. 48; *Wittreck,* in: Dreier II, vor Art. 70 Rn. 33.

[96] Ebenso *Haratsch,* in: Sodan, Art. 70 Rn. 6.

[97] Vgl. für das Staatshaftungsrecht BVerfGE 61, 149 (203 ff.).

[98] S. hierzu *Uhle,* in: Maunz/Dürig, Art. 70 (2008) Rn. 47.

[99] BVerfGE 61, 149 (203 ff.); *Uhle,* in: Maunz/Dürig, Art. 70 (2008) Rn. 47.

[100] So im Anschluss an BVerfGE 61, 149 (203 ff.); *Uhle,* in: Maunz/Dürig, Art. 70 (2008) Rn. 47; *Haratsch,* in: Sodan, Art. 70 Rn. 6.

[101] Ebenso *Rozek* MKS II, Art. 70 Rn. 32.

[102] Vgl. *Heintzen* BK, Art. 70 (2003) Rn. 48; differenz. *Wittreck,* in: Dreier II, vor Art. 70 Rn. 33.

[103] S. aber *Rozek* MKS II, Art. 70 Rn. 33: teilweise Geltung kraft unmittelb. Ableitung aus Verfassungsrecht; gegen Verwaltungsgewohnheitsrecht *Schmidt* NVwZ 2000, 930.

[104] BVerwGE 2, 22 (24); 26, 305 (309); 55, 337 (339); *Rozek* MKS II, Art. 70 Rn. 33.

[105] BVerwGE 4, 6 (15); 24, 294 (296); 48, 87 (93); 71, 85 (87); *Rozek* aaO.

[106] BVerfGE 23, 127 (133); BVerfG DÖV 1974, 58.

[107] BVerwGE 5, 312 (314); 8, 261 (267); 9, 251 (253); 38, 290 (294); 48, 87 (91 ff.).

[108] BVerwG DÖV 1971, 857 ff. m. Anm. *Bachof.*

[109] BVerwGE 71, 85 (87 f.).

[110] BVerwGE 4, 6 (15); BGHZ 90, 17 (29).

[111] BVerfGE 34, 216 (230); 42, 345 (358).

[112] S. dazu BVerfGE 65, 162 (190); *Rozek* MKS II, Art. 70 Rn. 34.

[113] BVerfGE 66, 116 (138).

[114] BVerfGE 34, 269 (288); 49, 304 (318); 65, 162 (190); 66, 116 (138); *Ossenbühl* HStR V³, § 100 Rn. 52 f.

[115] BVerfGE 34, 269 (291); vgl. *Leisner* DVBl 1986, 705 (707); einschränkend *Lerche* NJW 1987, 2465 ff.; abl. *Scholz* DB 1972, 1771.

[116] Vgl. *Rozek* MKS II, Art. 70 Rn. 34.

erstarkt[117] – nur gesetzesähnliche, nicht gesetzesgleiche Wirkung,[118] auch dort, wo es **gesetzesvertretende Funktion** hat, wie im Arbeitskampfrecht.[119] Für die kompetenzmäßige Einordnung des so geschaffenen Richterrechts ist auf die gleichen Gesichtspunkte abzustellen wie für Gewohnheitsrecht (→ Rn. 26). „Richterrecht zum Bundesrecht ist Teil des Bundesrechts".[120] Bei konkurrierender Zuständigkeit ist nach den Kriterien für Gewohnheitsecht (→ Rn. 26) abzugrenzen; das durch gesetzesvertretendes Richterrecht geschaffene **Arbeitskampfrecht** (Art. 74 I Nr. 12) gilt also als Bundesrecht.[121] Für die Formulierung von Richterrecht durch die RSpr. gelten die Rechtsprechungszuständigkeiten, nicht die Art. 70 ff.

# C. Ungeschriebene Gesetzgebungskompetenzen

## I. Zuständigkeits„vermutung" und „ungeschriebene" Zuständigkeiten

29    Art. 70 I fordert „in der Regel" **ausdrückl. Verleihung** einer Zuständigkeit (→ Rn. 8). Wenn aber Einzelregelungen, für die der Bund an sich nicht zuständig wäre, in „**enger Verzahnung**" mit einer Gesamtregelung stehen, für die der Bund zuständig ist, werden sie der Gesamtregelung zugeordnet (→ Rn. 49).[122] Eine Bundeskompetenz muss also nicht ausnahmslos ausdrückl. benannt sein. „Verleihung" durch das GG jedoch ist gefordert. Sie kann ausnahmsweise stillschweigend erfolgen: sog. „**ungeschriebene**"[123] oder auch „stillschweigend mitgeschriebene"[124] Bundeskompetenzen. Es muss sich um Zuständigkeiten handeln, die im GG implizit enthalten oder zumindest aus dem geschriebenen Verfassungsrecht mit Hilfe allg. Auslegungsmittel ableitbar sind.[125] Dem Bund eine Kompetenz zuzuordnen, ohne hierbei im Ansatz an die ausdrückl. Kompetenzordnung im GG anzuknüpfen, widerspräche der positiven, abschließenden und lückenlosen Kompetenzverteilung der Art. 70 ff. (→ Rn. 7). Ungeschriebene Gesetzgebungskompetenzen dürfen wegen des Schutzzwecks der föderalen Zuständigkeitsordnung nur in Ausnahmefällen angenommen werden.[126]

30    Eine Anknüpfung an **positive Kompetenztitel** erfolgt für **Annexkompetenzen** (→ Rn. 37 ff.) und Kompetenzen kraft **Sachzusammenhangs** (→ Rn. 42 ff.). Deshalb werden diese Kompetenzbegriffe mitunter auch als entbehrlich, da im Wege der Verfassungsauslegung ersetzbar erachtet.[127] Nicht eindeutig ist demgemäß auch die Abgrenzung zur Zuständigkeitsbegründung kraft „**enger Verzahnung**" mit einer Gesamtregelung (→ Rn. 43).[128] Für Gesetzgebungskompetenzen des Bundes kraft **Natur der Sache** (→ Rn. 31 ff.) fehlt es demgegenüber an einem positiven Kompetenztitel, zu dem ein Zusammenhang hergestellt werden könnte. Wird ihre Existenz gleichwohl vorausgesetzt,[129] so muss eine Ableitung aus allgemeineren Verfassungsgrundsätzen bundesstaatl. Provenienz vorgenommen werden.

## II. Bundeskompetenzen kraft Natur der Sache

31    Eine **Gesetzgebungskompetenz des Bundes aus der Natur der Sache** wird angenommen, wenn ein Gegenstand begriffsnotwendig nur durch ein Bundesgesetz geregelt werden kann. Zweckmäßigkeit genügt nicht.

Begriffsnotwendigkeit wurde anerkannt für die Bestimmung der **Bundessymbole**,[130] des **Sitzes der Bundesregierung**,[131] Bestandsdatenauskunft zum Schutz von Verfassungsorganen des Bundes,[132] und eines Nationalfeiertags,[133] nicht aber für die nationale Repräsentation nach innen im Sinn der „Selbstdarstellung der Nation" durch überregionalen **Rundfunk**. Zweifelhaft ist dies für Kulturförderung durch den Bund.[134] Auch für Regelungen zur **deutschen Sprache** soll wegen der Möglichkeit der Selbstkoordination der Länder Regelung durch den Bund nicht

---

117 Zu den Voraussetzungen s. *Stern,* StaatsR II, S. 586.
118 Vgl. *Stern,* StaatsR II, S. 586; *Rozek* MKS II, Art. 70 Rn. 34.
119 S. BAGE 23, 292 (320); *Stern,* StaatsR II, S. 584 ff.; *Ossenbühl* HStR V³, § 100 Rn. 53.
120 BAGE 33, 140 (160).
121 *Rüthers,* Rechtsprobleme der Aussperrung, 1980, S. 46 ff.; für Landesrecht: *Scholz/Konzen,* Die Aussperrung im System von Arbeitsverfassung und kollektivem Arbeitsrecht, 1980, S. 74 ff.; nicht entscheidend ist, welches Gericht das Richterrecht geschaffen hat, *Rozek* MKS II, Art. 70 Rn. 34.
122 BVerfGE 98, 265 (299 ff.).
123 Krit. zum Begriff *Stern, Kunig, v.*
124 Vgl. *Bullinger.* AöR 96 (1971), 237 (270).
125 Vgl. *Stern,* StaatsR II, S. 610 f.; *Rozek* MKS II, Art. 70 Rn. 38.
126 BVerfGE 132, 1 Rn. 16 (Plenarentscheidung).
127 *Stettner,* in: Dreier II, Suppl. 2007, Art. 70 Rn. 63; offenbar zust. *Rozek* MKS II, Art. 70 Rn. 44.
128 Weitgehende Identität sieht *Jarass* NVwZ 2000, 1089 (1090).
129 BVerfGE 11, 89 (96 ff.); vgl. dazu *Anter* ZfP 51 (2004), 277 (290).
130 S. dazu *Stettner* FS Häberle, 2004, S. 1 (17 f.).
131 BVerfGE 3, 407 (422).
132 BVerfG NJW 2020, 2699 Rn. 112.
133 BayVerfGH NJW 1982, 2656 (2657); *Heintzen* BK, Art. 70 (2003) Rn. 92; kritisch *Röper* SächsVBl 1993, 265.
134 *Stettner* FS Häberle, 2004, S. 1 (17 f.).

begriffsnotwendig sein,[135] angesichts der Sprache für die Demokratie – die Kommunikation in der gleichen Sprache voraussetzt –[136] dürfte die Kompetenzlage aber der im Fall der Staatssymbole vergleichbar sein.[137] Die vorgenannten Fälle lassen sich zu einer Fallgruppe **nationaler, staatlicher Selbstdarstellung und Repräsentation** zusammenfassen[138] während eine zweite Fallgruppe **raumbedeutsame** normative Entscheidungen betrifft, so eine **Raumplanung für den Gesamtstaat**[139] sowie die gesetzliche Planung und Linienführung der Bundesfernstraßen,[140] nicht aber die Reinhaltung der Bundeswasserstraßen.[141] Natur der Sache wurde bejaht für das Einigungsvertragsgesetz.[142] Verneint wurde eine Bundeszuständigkeit aus der Natur der Sache für Berufsbezeichnungen[143] und für das Arbeitsrecht der Bundespost.[144] Auch für elektron. Medien ist ist Überregionalität nur ein Zweckmäßigkeitsaspekt;[145] ebenso für die Hochschulzulassung.[146] Eine **Reservekompetenz** des Bundes für den Fall, dass die gebotene Koordination der Länder nicht zustande kommt, dürfte zu verneinen sein; ein Eintritt des Bundes in verfassungsrechtl. Pflichten der Länder ist der Kompetenzzuordnung des GG fremd.[147]

Gesicherte, verallgemeinerungsfähige Grundsätze können hieraus nicht abgeleitet werden. Dass **32** Folgerungen aus der Natur der Sache **begriffsnotwendig** sein und eine bestimmte unter Ausschluss anderer Lösungen zwingend fordern müssen,[148] umschreibt i. W. den Begriff der Natur der Sache, ebenso wie begriffliche Unmöglichkeit landesgesetzlicher Regelung[149] – (Bundessymbole),[150] während mit dem Ausschluss von Zweckmäßigkeitsüberlegungen[151] eine negative Abgrenzung erfolgt.

Eine **Gesetzgebungskompetenz** des Bundes kraft **Natur der Sache** ist daher nur anzunehmen, **33** wenn

– Gesetzgebungs begrifflich nur durch den Bund erfolgen kann und
– sie im GG angelegt ist, so bei gesamtstaatl. Organisation und Repräsentation durch die Staatlichkeit des Bundes,[152] für die deutsche Sprache durch deren Bedeutung für die Demokratie, für den EV durch das Wiedervereinigungsgebot.

*(nicht belegt)* **34**

Ein Rückgriff auf die Natur der Sache ist dann ausgeschlossen, wenn das GG eine ausdrückl. **35** Regelung trifft,[153] so für die Verwaltungsorganisation.[154] In der Verwaltungskompetenz ist die Zuständigkeit für die Verwaltungsorganisation implizit angelegt.[155]

*(nicht belegt)* **36**

## III. Annexkompetenzen, Sachzusammenhang und „enge Verzahnung"

**1. Annexkompetenzen.** Mittels Annex-Kompetenz werden Gesetzgebungsbefugnisse von aus- **37** drückl. zugewiesenen Materien auf **Stadien der Vorbereitung und Durchführung** erstreckt.[156] Typischer Anwendungsfall ist Gefahrenabwehr (grundsätzlich Landeszuständigkeit) auf einem Gebiet,

---

[135] BVerfGE 98, 218 (249) – Rechtschreibreform.
[136] BVerfGE 89, 155 (184) – Maastricht.
[137] BVerfGE 12, 205 (242); dort auch zur Repräsentation nach außen: „Kompetenzen, die dem Bund zur Regelung von Rundfunksendungen zustehen mögen, die speziell für das Ausland oder die Deutschen außerhalb der Bundesrepublik Deutschland bestimmt sind." – Hier könnte aber auch an Art. 73 I Nr. 1 angeknüpft werden (s. Art. 73 Rn. 3).
[138] S. *E. Klein* HStR II³, § 19 Rn. 20, zur „Symbolgewalt" des Bundes, die auch auf die – Hauptstadtfrage bezogen wurde, ebda, Rn. 14; *Rozek* MKS II, Art. 70 Rn. 42.
[139] BVerfGE 3, 407 (427).
[140] BVerwG NuR 1982, 16 (17).
[141] BVerfGE 15, 1 (24).
[142] BVerfGE 84, 133 (148); AaO (Fn. 148), vgl. *Pieroth*, in: Jarass/Pieroth, Art. 70 Rn. 9; *Heintzen* BK, Art. 70 (2003) Rn. 125; wegen Art. 23 S. 2 (aF) war dies nicht zwingend, s. zum Verpflichtungsgehalt der Vorschrift BVerfGE 82, 316 (320 f.).
[143] BVerfGE 26, 246 (257).,
[144] BVerfGE 11, 89 (98 f.).
[145] *Schmitt Glaeser/Degenhart* AfP 1986, 173 ff.; für Kompetenz aus der Natur der Sache *Bueckling* ZUM 1985, 144 ff.
[146] Näher *Isensee* HStR VI³, § 126 Rn. 43: Koordinationspflicht aus dem Grundsatz bundesfreundlichen Verhaltens, dazu u. Rn. 64 ff.
[147] Vgl. *Isensee* HStR VI³, § 126 Rn. 44 zu einem – etwas undeutlich bleibenden – „Verfassungsappell zur Koordination".
[148] BVerfGE 11, 89 (99); 12, 205 (251 f.); 26, 246 (256); 98, 218 (249).
[149] BVerfGE 3, 407 (421 ff.): Sitz der Bundesregierung und Bundessymbole.
[150] BVerfGE 3, 407 (422); dazu etwa *Stern*, StaatsR II, S. 612.
[151] BVerfGE 12, 205 (251) für wirtschaftliche Aspekte der Veranstaltung von Rundfunk.
[152] Zust. *Rozek* MKS II, Art. 70 Rn. 42.
[153] BVerfGE 15, 1 (24).
[154] Verwaltungseinrichtungen des Bundes können also nicht durch Gesetz über Art. 83 ff. hinaus begründet werden; bei etwaigen ungeschriebenen Verwaltungszuständigkeiten wäre der Bundesgesetzgeber hierfür zu Organisationsregelungen befugt, *F. Kirchhof*, in: Maunz/Dürig, Art. 83 (2009) Rn. 35.
[155] Für Zuständigkeit aus der Natur der Sache *Tappe* JuS 2003, 887 (888).
[156] BVerfGE 8, 104 (118); 8, 143 (149); 77, 288 (299); *Rozek* MKS II, Art. 70 Rn. 48.

für das der Bund die Gesetzgebungszuständigkeit hat,[157] für die Abwehr terroristischer Angriffe auf den Flugverkehr als Annex zu Art. 73 I Nr. 6[158] oder aber Öffentlichkeitsarbeit und Information der Medien in diesen Bereichen.[159] Das BVerwG bejaht eine Annexkompetenz zu Art. 38 III für Informationsansprüche gegenüber dem Bundestag,[160] ebenso den Bundesbehörden als Annex zur jeweiligen Sachkompetenz und verneint insoweit die Zuständigkeit der Länder;[161] auch für die Materie „Bundesnachrichtendienst" besteht eine Annexkompetenz zu Art. 73 I Nr. 1.[162] Dass Informationspflichten auch dem Presserecht zugeordnet werden können, steht nicht entgegen: Annexkompetenzen des Bundes kommen auch für Themenbereiche in Betracht, die grundsätzl. den Ländern zugewiesen sind,[163] wenn ein Annex zu einer Bundesmaterie besteht.

**38**     Eine Annexkompetenz des Bundes setzt demnach voraus:

– Bestehen eines Kompetenztitels nach dem GG,
– die fragliche Kompetenzmaterie nicht ausdrückl. umfasst,
– zu dem diese aber in einer funktionalen Beziehung steht, der Vorbereitung und Durchführung dient,[164] für den wirksamen Vollzug erforderl. ist[165]
– und hierbei auf diese Funktion beschränkt bleibt: Die Annexmaterie darf nicht zur Hauptmaterie werden.[166] Eine Annexkompetenz kann also stets nur punktuelle Annexregelungen tragen.[167]

**39**     Abgesehen von den Fällen der **Ordnungsgewalt**[168] und **Gefahrenabwehr** (Rn. 37) sind es vor **Verwaltungsverfahren**[169] und Gesetzesvollzug,[170] für die dies in Betracht kommt,[171] nach Maßgabe auch der Art. 83 ff.[172]

**40**     Für das Verwaltungsverfahren ist zu differenzieren. Bei Ausführung von Bundesgesetzen durch den Bund kann in Art. 86 S. 1 u. 2 eine unmittelbare Kompetenzzuweisung gesehen werden.[173] Bei **Ausführung von Bundesgesetzen durch Landesbehörden** begründen Art. 84 I 1 und Art. 85 I 1 die Kompetenz der Länder für das Verwaltungsverfahren – unter Einbeziehung von Verwaltungsgebühren; Art. 84 I 2 und Art. 85 I 1 2. Halbs. setzen jedoch auch eine Bundeszuständigkeit voraus; insoweit bestehen parallele Regelungsbefugnisse.[174] Der Bund kann jedoch nur tätig werden, wenn er auch die Sachkompetenz hat. Das Abweichungsrecht der Länder folgt aus Art. 84 I 2; dies gilt auch wiederum für Verwaltungsgebühren.[175]

**41**     Abgabenregelungen folgen iÜ der Sachkompetenz,[176] auch Abgaben zur Ablösung öff.-rechtl. Verpflichtungen wie die Stellplatzabgabe.[177] Die **Veranstaltergebühr** für Polizeieinsätze bei Hochrisiko-Fußballspielen ist Annex zur Sachkompetenz im Polizeirecht.[178] Soweit Verfahrensgesetze **materielle** Regelungen enthalten, die ihrerseits im Annex zu Verfahrensvorschriften stehen, ist die Zuständigkeit unmittelbar aus Art. 70 ff. bzw. aus einer Annexkompetenz hierzu herzuleiten, nicht aus einem Annexzusammenhang zu den einschlägigen verfahrensrechtlichen Bestimmungen, da hierfür der gebotene funktionale Zusammenhang (→ Rn. 38) nicht mehr begründbar wäre. Zur notwendigen kompetenziellen Rechtfertigung → Rn. 11.

---

[157] *Haratsch,* in: Sodan, Art. 70 Rn. 18.

[158] BVerfGE 132, 1 Rn 17 ff.; s. auch BVerfGE 8, 143 (149) für Nr. 6 aF.

[159] Für Auskunftsansprüche der Presse gegenüber BND s. BVerwG 146, 56; 151, 348; offengelassen bei BVerfG (K) B. v.27.5.2015 – 1 BvR 1452/131 BvR 1452/13 Rn. 12; für den Verfassungsschutz – Annexzu Art. 73 I Nr. 10b Nds OVG Urt. v. 20.9.2018 – 15 A 2752/15 – juris Rn. 49.

[160] BVerwG NVwZ 2019, 479 Rn. 12.

[161] AM *Sachs* JuS 2014, 91 und NWVBl 2013, 389; *Cornils* DÖV 2013, 657 ff.; *Koreng* K&R 2013, 513; für Kompetenz des Bundes auch OVG Bln-Bbg K&R 2012, 820; Bestätigung von BVerwGE 146, 56 durch BVerwGE 151, 348 Rn. 11.

[162] BVerwGE 146, 56 Rn, 22 ff,; BVerwG, U. v. 18.9.2019 – 6 A 7/18 – Rn. 11.

[163] BVerwGE 151, 346 Rn. 18 gegen Einwände von *Sachs/Jasper* NWVBl. 2013, 389 (392); *Cornils* DÖV 2013, 657 (659); *Kloepfer* JZ 2013, 892.

[164] Zum „dienenden Charakter" s. BVerwG NVwZ 2013, 1006 Rn. 24.

[165] BVerfGE 77, 288 (299); 88, 203 (331).

[166] Ebenso bei Kompetenz kraft Sachzusammenhangs, BVerfGE 12, 205 (237 ff.); *Degenhart*, StaatsR I, Rn. 181.

[167] BVerfGE 77, 288 (299); für Kompetenzen kraft Sachzusammenhangs s. BVerfGE 12, 205 (237 ff.); vgl. *Degenhart*, StaatsR I, Rn. 181 ff.

[168] BVerfGE 3, 407 (433); 8, 143 (150); BVerwG BayVBl 1982, 539; *Kunig*, in: v. Münch/Kunig II, Art. 70 Rn. 25.

[169] Vgl. zum Verwaltungsverfahren als Annex der Sachmaterie BVerfGE 3, 407 (424 f.); 15, 1 (20); 26, 281 (300); wohl auch *Jarass* NVwZ 2000, 1089 (1091).

[170] BVerfGE 77, 288 (299 f.) für Einbeziehung der Gemeinden in den Gesetzesvollzug.

[171] *Schröder*, Kriterien und Grenzen der Gesetzgebungskompetenz kraft Sachzusammenhangs, S. 190 ff. will auch diese Fälle offenbar dem Sachzusammenhang zuordnen.

[172] Vgl. *F. Kirchhof*, in: Maunz/Dürig, Art. 83 (2009) Rn. 34; *Wittreck*, in: Dreier II, vor Art. 70 Rn. 57.

[173] *F. Kirchhof* aaO, Art. 84 Rn. 49 f.: Spezialität der Art. 84 ff.

[174] BVerwGE 150, 129 Rn. 11; *Kirchhof*, in: Maunz/Dürig, Art. 84 Rn. 54, *Trute* MKS III, Art. 84 Rn. 29.

[175] BVerwGE 150, 29 Rn. 10 ff. gegen Nds OVG DVBl 2013, 894 Rn. 25.

[176] Vgl. BVerfGE 112, 226 (243) für Studiengebühren. Nds OVG DVBl 2013, 394 Rn. 23.

[177] Zur Stellplatzabgabe s. BVerwG 122, 1.

[178] BVerwG NJW 2019, 3317 Rn. 18.

**2. Kompetenzen kraft Sachzusammenhangs, Schwerpunkt und „enge Verzahnung".** Ge-   **42** setzgebungszuständigkeiten kraft **Sachzusammenhangs** bewirken demgegenüber ein Übergreifen von einer dem Bund ausdrückl. zugewiesenen in eine ihm nicht ausdrückl. zugewiesene Materie, wenn andernfalls erstere verständigerweise nicht geregelt werden kann.[179] Es erfolgt eine echte Durchbrechung der ausdrückl. Kompetenzverteilung der Art. 70 ff.; daher ist Zurückhaltung geboten.[180] Typischer Anwendungsfall ist die Befugnis des Bundes, Teilaspekte des Rundfunkwesens (ausschließl. Länderkompetenz, BVerfGE 12, 205) im Zusammenhang mit Fragen des Parteienrechts (Bundeskompetenz, Art. 21 III) für Wahlwerbung oder im Zusammenhang mit Urheberrecht (Art. 73 I Nr. 9) zu regeln.[181] Datenschutzrechtl. Regelungen zur Vorratsdatenspeicherung werden im Sachzusammenhang zur Telekommunikationskompetenz nach Art. 73 I Nr. 7 gesehen.[182] Für den Datenabruf ist eine besondere Kompetenzgrundlage erforderlich.

Ob **Annexkompetenzen** (→ Rn. 37 ff.) als bloßer **Unterfall** der Kompetenz kraft **Sachzusammen-**   **43** **hangs** aufzufassen sind,[183] ist eine eher terminologische Frage, dürfte aber zu verneinen sein:[184] Letztere geht in die „Breite", erstere in die „Tiefe".[185] In beiden Fällen erfolgt jedoch eine Anknüpfung an eine geschriebene Zuständigkeit; tatsächlich werden die Begriffe nicht durchweg klar geschieden,[186] mitunter ist auch von einer Annexkompetenz kraft Sachzusammenhangs die Rede.[187] Insbes. die Zuständigkeit kraft Sachzusammenhangs überlagert sich mit der Kompetenzergänzung aus dem **Schwerpunkt** einer Gesamtregelung (→ Rn. 62) bzw. **„enger Verzahnung":** Teilregelungen im Rahmen der umfassenden Regelung eines Kompetenzbereichs können zwar andere Kompetenzbereiche berühren, dürfen aber nicht isoliert betrachtet werden, sondern bleiben bei „enger Verzahnung" mit der umfassend geregelten Hauptmaterie dieser zugeordnet.[188] Überschneidungen mit Kompetenzen aus der Natur der Sache bestehen, wo aus der besonderen Bedeutung einer Angelegenheit die Unerlässlichkeit einer bundesgesetzlichen Regelung und hieraus ein kompetenzbegründender Sachzusammenhang abgeleitet wird.[189]

Zuständigkeiten aus Annex und Sachzusammenhang können sowohl für den **Bund** als auch für die   **44** **Länder** begründet werden,[190] wenngleich die Begriffe überwiegend für Bundeszuständigkeiten herangezogen werden (aber → Rn. 47).

Gesetzgebungskompetenz des Bundes kraft Sachzusammenhangs **setzt voraus:**   **45**

– Bestehen eines Kompetenztitels nach dem GG, der
– die Kompetenzmaterie nicht ausdrückl. und auch nicht als unselbstständige Teilregelung einer Gesamtregelung auf Grund „enger Verzahnung" mit dieser umfasst,[191]
– der jedoch nicht wahrgenommen werden kann, ohne dass die in Frage stehende Materie „reflexartig"[192] mitgeregelt wird, wobei jedoch
– keine substanzielle Erweiterung der Hauptmaterie erfolgen darf.[193]

Sachzusammenhang wurde **bejaht** für: Bestandsdatenauskunft zum Zeugenschutz als Annex kraft Sachzusammen-   **46** hangs mit Art. 74 I Nr. 1 – Strafverfahren,[194] Teilmaterien des Rundfunkwesens (Wahlwerbung – Recht der Parteien, Urheberrecht),[195] Dienstleistungsverkehr mit dem Ausland zum Waren- und Zahlungsverkehr,[196] Vorbereitung der Bauleitplanung zur Planentscheidung,[197] Jugendpflege zur öffentlichen Fürsorge (Art. 74 I Nr. 7),[198]

---

[179] Grundsätzlich insbes. BVerfGE 3, 407 (421, 427 f.); 11, 192 (199); 12, 205 (237, 240 f.); 22, 180 (213); 26, 281 (300); 61, 149 (205); 97, 228 (251); 98, 265 (299); 106, 62 (115); 125, 260 (314); 130, 151 (186, 192); 137, 108 Rn. 145; 138, 261 Rn. 30; 140, 65 Rn. 60; BVerwG NVwZ-RR 2015, 619 Rn. 16 f.; *Rozek* MKS II, Art. 70 Rn. 47; *Schröder*, Kriterien und Grenzen der Gesetzgebungskompetenz kraft Sachzusammenhangs, S. 98 ff.

[180] *Degenhart*, StaatsR I, Rn. 181.

[181] BVerfGE 12, 205 (240 f.).

[182] BVerfGE 125, 260 (314 f.); BVerfG NJW 2020, 2699 Rn. 105.

[183] So *Pieroth*, in: Jarass/Pieroth, Art. 70 Rn. 12; *Wittreck*, in: Dreier II, vor Art. 70 Rn. 49; *Rozek* MKS II, Art. 70 Rn. 44; weitergehend – Identität der Begriffe – *Seiler* BeckOK GG Art. 70 Rn. 23

[184] Für Unterscheidung auch *Heintzen* BK, Art. 70 (2003) Rn. 121; *Haratsch*, in: Sodan, Art. 70 Rn. 17.

[185] Vgl. *Uhle*, Maunz/Dürig, Art. 70 (2008) Rn. 65; zust. *Rozek* MKS II, Art. 70 Rn. 44.

[186] Vgl. etwa BVerfGE 8, 104 (118 f.), 109, 190 (215); *Bullinger* AöR 96 (1971), 237 (243 f.); *Jarass* NVwZ 2000, 1089 (1090); *Karpen/Becker* JZ 2001, 966 (967); *Pieroth* in: Jarass/Pieroth, Art. 70 Rn. 12.

[187] Vgl. BVerfG NJW 2020, 2699 Rn. 112; BVerfG (K) NJW 1996, 2497 (2498); *Rixen*, in: Rieble/Junker/Giesen, Mindestlohn als politische und rechtliche Herausforderung 2011, S. 104 (126).

[188] Vgl. BVerfGE 97, 228 (251 f.); 98, 145 (158); 98, 265 (299); BVerfG NJW 1999, 1095 (1097): Inkompatibilitätsvorschriften des Landeswahlrechts bleiben diesem zugeordnet, auch wenn sie aktien- oder gesellschaftsrechtliche Fragen einer Organstellung betreffen, s. auch Art. 74 Rn. 9; zur Rspr. etwa *Jarass* NVwZ 2000, 1089 (1090).

[189] Vgl. BVerfGE 98, 265 (303 ff.); hierzu *Rüfner* ZG 1999, 366 (370 f.).

[190] *Heintzen* BK, Art. 70 (2003) Rn. 98.

[191] Vgl. BVerfGE 98, 265 (299).

[192] BVerfG (K) NJW 1996, 2497 (2498),

[193] *Degenhart*, StaatsR I, Rn. 180 f.

[194] BVerfG NJW 2020, 2699 Rn. 112.

[195] BVerfGE 12, 205 (240 f.) – obiter dictum.

[196] BVerfGE 110, 33 (47 f.).

[197] BVerfGE 3, 407 (421).

[198] BVerfGE 22, 180 (213); enger *Lerche*, Verfassungsfragen um Sozialhilfe und Jugendwohlfahrt, 1963, S. 19 ff.: nur im Rahmen eines Konkretisierungsspielraums des Art. 74 I Nr. 7 Bundeskompetenz.

Gebührenfestsetzungen für gerichtliche Beurkundungen zur Freiw. Gerichtsbarkeit (Art. 74 I Nr. 1),[199] Altersversorgung der Schornsteinfeger zum Recht des Handwerks (Art. 74 I Nr. 11);[200] **verneint:** für die Wasserwirtschaft zum Recht der See- und Binnenwasserstraßen (Art. 74 I Nr. 21),[201] die Berufsgerichtsbarkeit der Ärzte zum Berufszulassungsrecht für die Heilberufe,[202] Rundfunk zum Fernmeldewesen.[203]

47 **Landeskompetenz kraft Sachzusammenhangs** wurde für wirtschafts- und arbeitsrechtl. Aspekte des Spielbankenrechts bejaht,[204] ebenso für die Verjährung von Pressedelikten,[205] verneint für Verwaltungsgebühren der Länder im Verhältnis zum Eisenbahn- und Postwesen.[206]

48 Der Rückgriff auf eine Bundeszuständigkeit aus Sachzusammenhang war **nicht durchweg unabweisbar,** da funktionsbezogene Auslegung zum gleichen Ergebnis führen musste. Daher mag bezweifelt werden, ob es sich um einen eigenständigen Kompetenztitel handelt oder nur um eine Auslegungsmaxime.[207]

49 Auch ist nach BVerfG (→ Rn. 43) ein Rückgriff auf einen kompetenzbegründenden Sachzusammenhang dann nicht erforderl., wenn wegen „enger Verzahnung" einer Teilregelung mit einem Gesamtkomplex dessen **Schwerpunkt** maßgeblich ist,[208] wie zB für das die Strafandrohung bei Schwangerschaftsabbruch (Art. 74 Abs. 1 Nr. 1) ergänzende **Schutzkonzept,** nicht für Arbeitszeitbestimmungen im Verhältnis zum Ladenschluss.[209] Wo nun die Kompetenz kraft „enger Verzahnung" endet und die Kompetenz kraft Sachzusammenhangs beginnt, bleibt unklar:

> *Die Verzahnung unterschiedl. Rechtsgebiete im Schutzkonzept verleiht dem Bund auch die Kompetenz, die nach diesem Konzept unerlässlichen Regelungen im ärztlichen Berufsrecht zu treffen, solange er damit die Länderkompetenz nicht aushöhlt. Diese Kompetenz steht ihm kraft Sachzusammenhangs zu ...".*[210]

Von dieser Kompetenz kann der Bund auch durch „absichtsvollen Regelungsverzicht" Gebrauch machen (→ Art. 72 Rn. 25).[211]

## D. Auslegung von Kompetenznormen und Kriterien kompetenzrechtlicher Zuordnung

50 Die Feststellung, dass ein Gesetz kompetenzgerecht erlassen wurde, erfordert zum einen die **Auslegung der Kompetenznorm,** zum anderen die kompetenzmäßige **Zuordnung** der **Gesetzgebungsmaterie.**[212] Beide Fragenkreise stehen im Zusammenhang. Normative Strukturen der benannten Kompetenzmaterien werden durch kompetenzausfüllende Gesetzgebung bestimmt; die kompetenzmäßige Qualifikation eines Gesetzes kann andererseits nur im Blick auf Sinn und Zweck der jeweiligen Kompetenznorm erfolgen. Während aber die Auslegung des Kompetenztitels auf die Zielsetzung der Verfassungsnorm abstellt, kommt es bei der kompetenzmäßigen Qualifikation auf das einfache Gesetz an.

### I. Zur Auslegung von Kompetenznormen

51 Die Auslegung einer Kompetenzzuweisungsnorm[213] hängt von der Art der Bezeichnung der jeweiligen **Kompetenzmaterie** ab. Sie kann **faktisch-deskriptiv** oder aber **normativ-rezeptiv** erfolgen,[214] also entweder durch Benennung der zu regelnden Lebenssachverhalte nach faktischen Kriterien oder durch Aufnahme eines vorgefundenen Normbereichs als zu regelnde Materie in die Kompetenznorm.

52 Beispiele für den ersteren, **faktisch-deskriptiven Ansatz** sind etwa: Luftverkehr, Art. 73 I Nr. 6; Kriegsschäden und Wiedergutmachung, Art. 74 I Nr. 9; Erzeugung und Nutzung von Kernenergie, Art. 73 I Nr. 14; Abfallwirt-

---

[199] BVerfGE 11, 192 (199).
[200] BVerfGE 1, 264 (272); tatsächlich dürfte die Materie bereits vom Kompetenztitel des Art. 74 I Nr. 12 – Sozialrecht – umfasst sein.
[201] BVerfGE 15, 1 (20 f.).
[202] BVerfGE 4, 74 (83 f.).
[203] BVerfGE 12, 205 (237 f.).
[204] BVerfGE 28, 119 (145 ff.).
[205] BVerfGE 7, 29 (38 f.); 36, 193 (203), vgl. dazu *Rottmann* DVBl 1974, 407.
[206] BVerfGE 26, 281 (300).
[207] Vgl. etwa *Stettner* FS Häberle, 2004, S. 1 (13).
[208] Vgl. BVerfGE 97, 228 (252); 97, 332 (342); 98, 145 (158); 98, 265 (299); *Jarass* NVwZ 2000, 1089 (1090).
[209] BVerfGE 138, 261 Rn. 39.
[210] BVerfGE 98, 265 (303).
[211] Kritisch *Barczak* ZG 2016, 154 ff.
[212] *Rozek* MKS II, Art. 70 Rn. 49; – beispielhaft in der Methodik VG Bremen, B. v. 9.7.2015 – 5 K 171/13 – Rn. 89 ff.
[213] Zur Auslegung von Kompetenznormen s. BVerfGE 109, 190 (212); 138, 261 Rn. 28 f.; BVerfGE 145, 20, Rn. 98 ff.; *Stern,* StaatsR I, S. 607 ff.; *Degenhart,* StaatsR I, Rn. 168 ff.
[214] BVerfGE 109, 190 (218); BVerfG NJW 2013, 3151; *Kluth,* Die Gesetzgebungskompetenz für das Recht der Spielhallen, 2010, S. 41 ff.; *Uhle,* Normativ-rezeptive Kompetenzzuweisung und Grundgesetz, S. 13 ff; *Rozek* MKS II, Art. 70 Rn. 53.

schaft, Luftreinhaltung und Lärmbekämpfung, Art. 74 I Nr. 24: In diesen Fällen bedarf es für die Auslegung der Kompetenznorm in ihrer gegenständl. Tragweite keines unmittelb. Rückgriffs auf normative Ordnungen.

Anders in den Fällen eines **normativ-rezeptiven Ansatzes**, zB: gewerblicher Rechtsschutz, Urheber- und Verlagsrecht, Art. 73 I Nr. 9; Bürgerliches Recht und Strafrecht,[215] Art. 74 I Nr. 1; Recht des Ladenschlusses,[216] der Gaststätten, der Spielhallen, Art. 74 I Nr. 11;[217] Arbeitsrecht, Art. 74 I Nr. 12. Schließlich können beide Ansätze verwandt werden etwa bei der Frage, was „Postwesen" (Art. 73 I Nr. 7) und was „Sozialversicherung" (Art. 74 I Nr. 12) ist.

Für die Auslegung der Kompetenznormen gelten zunächst die allg. Kriterien der Verfassungsinter-  **53** pretation.[218] Der **historischen** Interpretation wird besonderes Gewicht beigemessen.[219].Dies bedeutet Maßgeblichkeit des Kompetenzverständnisses nach der **WRV**,[220] sowie der **Entstehungsgeschichte** des Kompetenztitels im GG,[221] schließlich – hierin liegt ein spezifischer Interpretationsansatz für Kompetenznormen – der historischen **Entwicklung** der **Materie**[222] und der Staatspraxis,[223] vor allem bei normativ bezeichneten Materien: Bestimmend sind hier die normativen Strukturen, wie sie sich in der Tradition des jeweiligen Rechtsgebietes ausgeformt haben, deren herkömmlicher Regelungsbereich.[224] Dies führt zum Problem der **Verfassung nach Gesetz**.[225] Der Gesetzgeber darf nicht an der Fortentwicklung eines Rechtsgebiets gehindert werden.[226] Er muss zB in der Sozialversicherung in der Lage sein, neuen Bürfnissen zu begegnen,[227] darf andererseits als „Sozialversicherung" nicht etwas einführen (zB eine „Staatsbürgerversorgung",[228] ein „Bürgergeld" – Art. 74 Rn. 57), was mit Sozialversicherung, wie sie der Verfassungsgeber nur verstehen konnte, nichts mehr zu tun hat.[229]

**Lösungsansatz:** Hat der Verfassungsgeber eine normativ ausgeformte Materie vorgefunden und sie normativ  **54** benannt, so bestimmt die einfachgesetzl. Ausformung i. d. R. den Zuweisungsgehalt auch der Kompetenznorm.[230]

Es wird vermutet, dass der Verfassungsgeber sie in ihren Grundstrukturen **rezipieren** wollte, ohne dass dies eine Fortentwicklung ausschließt.. Aus der Tradition eines Rechtsgebietes kann die Kompetenznorm dann jedoch nicht bestimmt werden, wenn bei deren – insbes. nachträgl. – Aufnahme in das GG eine derartige Tradition nicht vorhanden war, mag sie sich auch später entwickelt haben.[231] Soweit durch das 52. ÄndG 2006 aus gegebenen Kompetenztiteln bestimmte Rechtsgebiete ausgegliedert wurden wie das Heimrecht aus Art. 74 I Nr. 7 oder das Recht des Ladenschlusses, der Gaststätten und der Spielhallen aus Nr. 11, ist ein Neuzuschnitt der Materie durch den verfassungsändernden Gesetzgeber zu beachten[232] Der Kompetenzbegriff ist in diesen Fällen normativ zu bestimmen.[233]

Soweit die Kompetenznorm ihren Gegenstand faktisch-deskriptiv bezeichnet, durch Bezugnahme  **55** insbes. auf **„Lebensbereiche"**, erlangt der Gesichtspunkt der **Tradition** dann Bedeutung, wenn in der normativen Entwicklung der Kompetenzmaterie bestimmte Regelungskomplexe ihr stets zugerechnet wurden; dann ist zu vermuten, dass von der Entscheidung des Verfassungsgebers, einen bestimmten Lebensbereich, z. B. die „Telekommunikation", dem Bund zuzuweisen, jedenfalls diejeni-

---

[215] Für Strafrecht s. BVerfGE 109, 190 (215 ff.); BVerfG NJW 2013, 3151, Rn. 55.

[216] BVerfGE 138, 261 Rn. 29 ff.

[217] Vgl. *Degenhart,* Recht des gewerblichen Gewinnspiels und Recht der Spielhallen in der Kompetenzordnung des Grundgesetzes, 2014, S. 39 ff., 62 ff.

[218] Vgl. *Stern,* StaatsR II, S. 607 ff.; *Rozek* MKS, Art. 70 Rn. 50.

[219] Grundlegend BVerfGE 106, 62 (195); 109, 190 (215 ff.); BVerfG NJW 2013, 3151 Rn. 54 ff.; ferner etwa BVerfGE 4, 7 (13) – Recht der Wirtschaft; BVerfGE 12, 205 (226) – Post- und Fernmeldewesen; BVerfGE 15, 1 (22) – Seewasserstraßen; BVerfGE 28, 66 (77 ff.) – Post- und Fernmeldewesen; BVerfGE 33, 125 (154) – Arztberuf; BVerfGE 36, 193 (206) – Zeugnisverweigerungsrecht der Presse; BVerfGE 41, 205 (220) – Versicherungswesen.

[220] Vgl. z. B. BVerfGE 3, 407 (415); 26, 281 (299); 33, 52 (61); 41, 205 (220); 42, 20 (29).

[221] Vgl. z. B. BVerfGE 4, 7 (13); 12, 205 (226); 15, 1 (22); s. insbes. für Art. 74 I Nr. 24 jetzt BVerfGE 98, 106 (120), dazu Art. 74 Rn. 99.

[222] BVerfGE 12, 205 (226 ff.); 42, 20 (30); 61, 149 (175); 67, 299 (315); 68, 319 (328); 102, 26 (37 f.).

[223] BVerfGE 106, 62 (105); *Haratsch,* in: Sodan, Art. 70 Rn. 13.

[224] Kennzeichnend zB BVerfGE 42, 20 (29): öffentliches Wegeeigentum nicht „bürgerliches Recht"; BVerfGE 61, 149 (175): Staatshaftung nicht „bürgerliches Recht"; BVerfGE 67, 299 (314 ff., 319 ff.): Parken von Kfz als herkömmlicher Gegenstand des Straßenverkehrsrechts; BVerfGE 75, 108 (146): Maßgeblichkeit des Bildes der „klassischen" Sozialversicherung entspr. ihrer Prägung in der RVO durch „organisierte Vielheit", „solidarischen Ausgleich", organisatorischen Verselbstständigung.

[225] Vgl. *Isensee,* Umverteilung durch Sozialversicherungsbeiträge, 1973, S. 43, 49.

[226] So auch *Scholz* FG BVerfG II, 1976, S. 252 (265 f.).

[227] Dies betont zu Recht auch BVerfGE 75, 108 (146 f.), idS auch BVerfGE 88, 203 (320 ff.).

[228] Vgl. *Degenhart,* StaatsR I, Rn.171.

[229] Prägnant BVerfGE 61, 149 (175); für Sozialversicherung *Isensee* FS BVerfG II, 2001, S. 719 (741).

[230] BVerfGE 138, 261 Rn. 29; *Rozek* MKS II, Art. 70 Rn. 52.

[231] Zustimmend *Rozek* MKS II, Art. 70 Rn. 52.

[232] So *Rozek* MKS II, Art. 70 Rn. 52; daher hat für Ladenschluss BVerfGE 138, 261 Rn. 33 arbeitszeitrechtliche Bestimmungen des Bundesgesetzes nicht der Kompetenzmaterie „Ladenschluss" zugeordnet, gegen SächsVerfGH NVwZ-RR 2012, 873; wie SächsVerfGH die Vorauflagen und *Huber/Uhle,* in: Heintzen/Uhle (Hrsg.), Neuere Entwicklungen im Kompetenzrecht, 2014, S. 114 f.; für Spielhallen Art. 74 Rn. 49.

[233] S. dazu *Degenhart,* Recht des gewerblichen Gewinnspiels und Recht der Spielhallen in der Kompetenzordnung des Grundgesetzes, 2014, S. 62 ff.

gen Bereiche umfasst sein sollten, die vom Verfassungsgeber als wesentliche Inhalte der Kompetenzmaterie vorgefunden worden[234] waren. Eine Bindung des kompetenzausfüllenden Gesetzgebers an bestimmte **normative Strukturen** der Kompetenzmaterie wird jedoch regelmäßig **nicht** in Betracht kommen.

**56**   Fehlt es an einer maßgeblichen normativen Tradition, an die angeknüpft werden kann, so bleibt einerseits der **Wille des historischen Verfassungsgebers,** andererseits der **allg. Sprachgebrauch**[235] als Auslegungskriterium bedeutsam. Ein noch nicht gefestigter normativer Sprachgebrauch kann andererseits gegen die verengende, streng wortlautbezogene Auslegung einer Kompetenznorm sprechen.[236] Unzulässig ist eine extensive Auslegung einzelner Kompetenztitel, die dazu führt, dass differenzierte Kompetenzzuweisungen an anderer Stelle überspielt werden.[237]

## II. Kriterien kompetenzrechtlicher Zuordnung

**57**   Kompetenzrechtliche Qualifikation[238] ist die Feststellung, dass ein Gesetz unter einen bestimmten Kompetenztitel fällt. Die **Zuordnung** einer bestimmten Regelung zu einer Kompetenznorm geschieht anhand von unmittelbarem Regelungsgegenstand, Normzweck, Wirkung und Adressat der zuzuordnenden Norm sowie der Verfassungstradition. Bei einer normativ geprägten Kompetenznorm setzt eine Zuordnung voraus, dass die Strukturen der Kompetenzmaterie dem Gesetz zugrunde liegen[239] (mögen sie auch fortentwickelt werden[240]). Hier erfolgt die Zuordnung eines Gesetzes durch dessen inhaltliche Subsumtion unter die Kompetenznorm. Die **historische Entwicklung** ist maßgebl. zu berücksichtigen.[241] Maßgebl. ist im Übrigen der **Gesetzeszweck,**[242] insbes. dann, wenn auf keine Tradition eines Rechtsgebiets zurückgegriffen werden kann. Für die Subsumtion unter den Kompetenztitel[243] ist in erster Linie der primäre Normzweck[244] entscheidend, dem der Gegenstand der Kompetenznorm entsprechen muss. Deshalb fällt zB Überwachung für Ölheizungen oder lärmintensive Betriebe zur Emissionsbegrenzung als **spezielle Regelung des Kompetenzthemas**[245] unter Art. 74 I Nr. 24 und nicht unter öff. Sicherheit und Ordnung.

**58**   Die Zuständigkeit für ein Gesetz kann sich aus unterschiedlichen Kompetenztiteln zusammensetzen.[246] Dies ist unproblematisch, wenn diese den gleichen Kompetenzträger berechtigen;[247] ansonsten stellt sich das Problem einer Teilnichtigkeit des Gesetzes.

**59**   Allerdings dürfen einzelne **Teilregelungen** eines umfassenden Regelungskomplexes nicht aus ihrem Zusammenhang gelöst und für sich betrachtet werden.[248] Nebenregelungen im Verhältnis zu einer Hauptmaterie, mit der sie eng verknüpft sind, teilen deren kompetenzmäßige Zuordnung.[249] Andererseits kann ein- und derselbe Gegenstand eines Gesetzes **unterschiedl. Kompetenzbereiche** thematisch berühren, zB Medienbeteiligungen von Parteien das Rundfunk- und das Parteienrecht.[250] Hier ist zunächst auf den **unmittelb. Gegenstand** der Regelung abzustellen,[251] darauf also, auf welche Kompetenzmaterie unmittelbar und spezifisch zugegriffen wird.[252] BVerfGE 121, 30 zur Medienbeteiligung politischer Parteien entwickelt dies beispielhaft. Unmittelb. Gegenstand des Gesetzes war die

---

[234] Vgl. BVerfGE 12, 205 (226, 241); vgl. *Rozek* MKS II, Art. 70 Rn. 53 zur Tradition bei „Lebensbereichen".

[235] S. z. B. BVerfGE 28, 66 (77 ff.).

[236] Vgl. für Art. 74 I Nr. 24 aF BVerfGE 98, 83 und 106, dazu Art. 74 Rn. 100.

[237] BVerfGE 88, 203 (328 ff.), dazu Rn. 60: Frage der kompetenzrechtl. Zuordnung von Gesetzen.

[238] S. hierzu BVerfGE 61, 149 (175); BVerfGE 121, 30 (47); *Heintzen* BK, Art. 70 (2003) Rn. 132 ff.; *Rozek* MKS II, Art. 70 Rn. 57 f.

[239] BVerfGE 42, 20 (39): – öff. Wegeeigentum –; BVerfGE 48, 367 (373): – Pressebeschlagnahme –.

[240] Vgl. für Sozialversicherung BVerfGE 75, 108 (146); *Degenhart,* StaatsR I, Rn. 171 Fortentwicklung des einbezogenen Personenkreises und der sozialen Schutzbedürftigkeit; für BGB BVerfGE 61, 149 (175).

[241] Vgl. BVerfGE 36, 193 (206); 42, 20 (30); 48, 367 (373); 61, 149 (175); 67, 299 (315); 85, 134 (144); BVerfGE 121, 30 (47 f.).

[242] *Rengeling* HStR VI³, § 135 Rn. 45, unter Hinw. auf BVerfGE 8, 260 (270).

[243] Zum Subsumtionscharakter der kompetenzrechtlichen Qualifikation s. *Heintzen* BK, Art. 70 (2003) Rn. 132; *Rozek* MKS II, Art. 70 Rn. 49.

[244] Vgl. auch zur Unterscheidung von Haupt- und Nebenzweck bei BVerfGE 8, 143 (148 ff.); 13, 367 (371 f.); 14, 76 (99).

[245] Vgl. zu diesem Kriterium BVerfGE 7, 29 (38 ff.); 48, 367 (373); *Pestalozza* DÖV 1972, 182 ff.; *Rengeling* HStR VI³, § 135 Rn. 43.

[246] Vgl. etwa für den Entwurf eines Bundesbodenschutzgesetzes *Peine* NuR 1992, 353 (360); *Brandt* DÖV 1996, 675 ff.

[247] „Mosaikkompetenz", *Heintzen* BK, Art. 70 (2003) Rn. 138; *Rozek* MKS II, Art. 70 Rn. 57.

[248] *Heintzen* BK, Art. 70 (2003) Rn. 137; *Rozek* MKS II, Art. 70 Rn. 56.

[249] BVerfGE 98, 145 (158); 98, 265 (299); s. hierzu *Karpen/Becker* JZ 2001, 966.

[250] BVerfGE 121, 30 (46 f.).

[251] Vgl. BVerfGE 8, 104 (116 ff.); 8, 143 (148 ff.); 9, 185 (189); 13, 181 (196); 26, 281 (298); 28, 119 (149); 29, 402 (409); 34, 139 (144); 36, 193 (205); 121, 317 (348).

[252] Vgl. BVerfGE 7, 29 (38 f.): Presseinhaltsdelikte können durch die Presse verwirklicht werden; demgegenüber BVerfGE 36, 193 (206): Zeugnisverweigerungsrecht keine Besonderheit gerade des Pressewesens; ähnlich BVerfGE 48, 367 (373).

Organisation des Rundfunks (Beteiligungsverhältnisse), Normzweck war Schutz der Rundfunkfreiheit vor den Einflüssen der Parteien. Adressat war die Rundfunkaufsicht, Rechtsfolgen sollten den Rundfunk treffen (Aufsichtsmaßnahmen). Schließlich waren derartige Fragen traditionell im Rundfunkrecht der Länder geregelt worden: Verfassungstradition.[253] Ebenso berühren medienbezogene Werbeverbote unterschiedl. Kompetenzbereiche.[254] Auch hier ist die **Spezialität** der Regelung maßgeblich, ihre Einfügung in die – auch historisch geprägte – **Eigenart der jeweiligen Materie**.[255] Strafrechtl. Ergänzungsregelungen wird idR kein kompetenziell prägender Charakter beizumessen sein;[256] zumal andernfalls über eine Strafbewehrung die Art. 70 ff. überspielt werden könnten.

Die Zuordnung zu einem Kompetenztitel wird ausgeschlossen durch überwiegenden **Sachzusam-** **60** **menhang** mit anderen Kompetenzen; deshalb trägt der Kompetenztitel der „öffentlichen Fürsorge" präventive Maßnahmen der Beratung nur insoweit, als sie wört in erster Linie dem Gesundheitswesen (Art. 74 I Nr. 19) dienen – andernfalls würde durch extensive Auslegung des Art. 74 I Nr. 7 die begrenzte Kompetenzzuweisung für letzteres überspielt.[257]

Die kompetenzmäßige Zuordnung ist mithin nach folgenden Kriterien vorzunehmen: **61**

– inhaltl. **Identität** des unmittelb. Gegenstands der Regelung mit einer vorgefundenen Regelung der Kompetenzmaterie;
– Einfügung in die **normative Struktur** der Kompetenzmaterie;
– Identität des **Gesetzeszwecks** im Verhältnis zur Kompetenznorm;[258]
– Einfügung in die **historische Entwicklung,** die **Tradition** der Materie;
– **Spezialität** der Regelung für das Kompetenzthema, Realisierbarkeit des Tatbestandes innerhalb der Kompetenzmaterie;
– **Schwerpunkt** der Regelung.[259]

In der Entscheidung zum TherapieunterbringungsG wurde auch auf die lückenfüllende Funktion **62** eines Gesetzes abgestellt.[260] Kann eine eindeutige kompetenzielle Zuordnung nach den genannten Kriterien nicht erzielt werden, ist auf den **Schwerpunkt** der Regelung[261] bzw. den **überwiegenden Sachzusammenhang** abzustellen,[262] wobei insbes. Teilregelungen bei „enger Verzahnung" mit der Gesamtmaterie dieser zuzuordnen sind (→ Rn. 49).[263] Eine eindeutige Zuordnung zu Bund oder Ländern aber muss in jedem Fall vorgenommen werden; **Doppelzuständigkeiten** sind ausgeschlossen.[264]

## E. Anwendung der Kompetenznormen
### I. Gesetzgebungspflichten – Gesetzgebungsschranken

**1. Keine Gesetzgebungspflichten.** Gesetzgebungskompetenzen begründen **keine Gesetz-** **63** **gebungspflichten.** Dies zeigt schon der Wortlaut des Art. 70 I: Recht bzw. Befugnisse zur Gesetzgebung.[265] Gesetzgebungspflichten können nur außerhalb der Art. 70 ff. begründet sein,[266] auf Grund von Verfassungsaufträgen und rechtsstaatlich-demokratischer Wesentlichkeitsvorbehalte.[267] Die Länder sind auch grundsätzlich nicht verpflichtet, die zur Transformation eines vom Bund abgeschlossenen völkerrechtlichen Vertrags erforderlichen Gesetze zu erlassen (→ Rn. 24), es sei denn nach vorheriger Abstimmung des Bundes mit den Ländern nach dem Gebot bundesfreundlichen Verhaltens[268] bzw.

---

[253] BVerfGE 121, 30 (47 f.); s. zur Pressefusionskontrolle BGH NJW 1987, 266 (267); BGHZ 76, 55 (63); BVerfG (VPr) NJW 1986, 1743.
[254] S. hierzu *Rath-Glawatz* AfP 1999, 29 (35 ff.).
[255] BVerfGE 48, 367 (373); 68, 319 (327); BVerfGE 121, 30 (47 f.).
[256] Deshalb Verjährung von Pressedelikten: Presse-, nicht Strafrecht, BVerfGE 36, 314 (319), unter allerdings deutlich „traditionsbezogener" Anwendung der Kompetenznorm.
[257] Vgl. hierzu im Zusammenhang der Schwangerenberatung BVerfGE 88, 203 (229 f.).
[258] S. hierzu auch OLG Düsseldorf ZfWG 2007, 368 Abs. 62.
[259] S. BVerfGE 110, 141 (179); VerfGH Bln NVwZ-RR 2019, 395 Rn. 61;
[260] BVerfGE 134, 33 Rn. 62.
[261] Z. B. BVerfGE 97, 332 (341 f.) für Kindergarten: Schwerpunkt nach überw. Sachzusammenhang bei Fürsorge; BVerfGE 121, 30 (48): Medienbeteiligungen der Parteien Rundfunkrecht; BVerfGE 135, 155 Rn. 101 ff.: Filmförderung mit wirtschaftsrechtlichem Schwerpunkt; näher *Rozek* MKS II, Art. 70 Rn. 56; *Schröder,* Kriterien und Grenzen der Gesetzgebungskompetenz kraft Sachzusammenhangs, S. 110 ff.; BVerfGE 138, 261 Rn. 40 f.: kein Sachzusammenhang zwischen Ladenschluss und Arbeitszeitrecht.
[262] Vgl. *Kloepfer/Bröcker* DÖV 2001, 1 (3 f.).
[263] Vgl. BVerfGE 88, 203 (229); 97, 228 (251); aber auch E 138, 261 Rn. 30 ff.: Arbeitszeit nicht „verzahnt" mit Ladenschluss; *Rozek* MKS II, Art. 70 Rn. 57
[264] Vgl. BVerfGE 36, 193 (203); 61, 149 (204); 106, 62 (114); zur Bedeutung des Verbots von Doppelzuständigkeiten als Auslegungsmaxime s. *Heintzen* BK, Art. 70 (2003) Rn. 37.
[265] Zutr. *Heintzen* BK, Art. 70 (2003) Rn. 50.
[266] *Heintzen* BK, Art. 70 (2003) Rn. 50; *Rozek* MKS II, Art. 70 Rn. 19 f.
[267] Näher *Degenhart,* StaatsR I, Rn. 330 ff.
[268] S. *Stern,* StaatsR I, S. 670 ff.; *Bauer,* Die Bundestreue, 1992, S. 329; in der Rspr. wurden derartige positive Handlungspflichten auf der Grundlage von Kompetenznormen bisher nicht angenommen.

einen verfassungsrechtlich rezipierten Verbot des venire contra factum proprium.[269] Die Pflicht zur Umsetzung von Richtlinien der EU trifft je nach Kompetenz Bund oder Länder; hieran ändert der Grundsatz der Bundestreue nichts.[270] Eine Ausnahme bestand nach Art. 75 III für Rahmengesetze. Da nach Art. 125b I 2 die Pflichten der Länder fortbestehen, dürfte dies weiterhin gelten. Ob Grundrechte Gesetzgebungspflichten unter dem Gesichtspunkt bundesstaatl. **Homogenität** begründen können,[271] ist eine Frage materiellen Verfassungsrechts.

64 **2. Kompetenzschranken: Bundestreue, Übermaßverbot, Widerspruchsfreiheit der Rechtsordnung.** Unmittelbare verfassungsrechtliche **Bindungen** in der Wahrnehmung von Gesetzgebungskompetenzen kann der Grundsatz der **Bundestreue** (des bundes-/länderfreundl. Verhaltens)[272] begründen. Vor allem als **Kompetenzausübungsschranke** hat dieser ungeschriebene Verfassungsgrundsatz Bedeutung erlangt[273] und besagt, dass Bund und Länder bei der Ausübung ihrer Kompetenzen wechselseitig Rücksicht zu nehmen haben, ist damit spezifische Ausprägung eines allgemeineren **Missbrauchsverbots;**[274] grundsätzlich sind die Art. 70 ff. abschließend.

65 Deren differenzierte Regelung darf nicht durch den Grundsatz bundesfreundlichen Verhaltens überspielt werden, Bundestreue allein erzwingt **keine Unitarisierung.**[275] Der grundgesetzl. Kompetenzverteilung entspricht partikular-differenzierte Regelungsvielfalt[276] (→ Art. 72 Rn. 16). Nur mit dieser Maßgabe kann Bundestreue als **Kompetenzausübungsschranke** wirken und kompetenzausfüllende Gesetzgebung determinieren.[277] Im Übrigen darf der Bund dort, wo er in ihm nicht ausdrückl. zugewiesene Kompetenzbereiche ausgreift, sei es bei „eng verzahnten" Materien (→ Rn. 49), sei es kraft Sachzusammenhangs, die **Länderzuständigkeiten nicht aushöhlen.** Für die mit der Föderalismusreform 2006 neu begründeten Zuständigkeiten und Abweichungsbefugnisse der Länder ist divergierendes Landesrecht ausdrückl. gewollt: hier muss der Rückgriff auf Bundestreue in aller Regel ausscheiden.

66/67 Das **Übermaßverbot** ist auf eine Eingriffssituation im Verhältnis Staat – Bürger zugeschnitten, nicht auf das durch Kompetenzrecht geprägte Bundesstaatsverhältnis.[278] Für die Erforderlichkeitsklausel des **Art. 72 II** (1994)[279] wird jedoch seit BVerfGE 106, 62 Erforderlichkeit im tradierten Verständnis des geringstmöglichen Eingriffs aufgefasst (näher → Art. 72 Rn. 18).

68 Rechtsstaatl. Grenzen der Kompetenzausübung leitet das BVerfG[280] aus dem Gebot der **Widerspruchsfreiheit der Rechtsordnung** ab.[281] Hierdurch werden Kompetenzbindungen im Sinn wechselseitiger Rücksichtname „verdeutlicht und in ihrem Anwendungsbereich erweitert",[282] insofern ist dieses Postulat der Bundestreue verwandt.[283] Deshalb durfte der Landesgesetzgeber keine Abgaben auf Verpackungen im Widerspruch zum Abfallrecht des Bundes vorsehen.[284] Wenn widersprüchl. Schutzkonzepte und Wertungswidersprüche im Verh. von Bundes- und Landesrecht Lebenssachverhalte betreffen, die den Kompetenzsphären von Bund und Ländern zugeordnet sind, berührt dies zudem das Rechtsstaatsprinzip unter Gesichtspunkten der Rechtssicherheit und Rechtsklarheit.[285] Öffnungsklauseln in Bundesgesetzen wie zB § 249 III BauGB sind zulässig, da der der Bund Kompetenzen zurückübertragen kann,[286] eröffnen jedoch keine unbegrenzten Spielräume; die Grundkonzeption des BundesG ist zu wahren.[287]

---

[269] Vgl. *Degenhart,* Systemgerechtigkeit und Selbstbindung des Gesetzgebers als Verfassungspostulat, 1976, S. 69 f.

[270] *Schulze-Fielitz* NVwZ 2007, 249 (254); *Köck/Wolf* NVwZ 2008, 353 (356).

[271] Vgl. für den Rundfunk *Schmitt Glaeser/Degenhart* AfP 1986, 173 ff.

[272] Vgl. *Rozek* MKS II, Art. 70 Rn. 20.

[273] BVerfGE 12, 205 (235); 14, 197 (215); 43, 291 (348); s. auch *Isensee* HStR VI³, § 126 Rn. 167.

[274] BVerfGE 61, 149 (205); *Rozek* MKS II, Art. 70 Rn. 20; weitergeh. *Fischer* BK, Art. 71 (2005) Rn. 22.

[275] Vgl. *Kloepfer/Bröcker* DÖV 2001, 1 (5); *Rozek* MKS II, Art. 70 Rn. 20.

[276] BVerfGE 106, 62 (150); BVerfGE 112, 226 (243 ff.) zu Art. 72 II.

[277] Vgl. für den Bund BVerfGE 31, 314 (355) – Umsatzsteuerrecht – (Sondervotum); BVerfGE 43, 291 (348) – Hochschulzugangsberechtigung; BVerfGE 61, 149 (205) – Staatshaftungsrecht; für die Länder BVerfGE 4, 115 (140) – Besoldungsrecht; hierauf Bezug nehmend BVerfGE 12, 205 (254).

[278] BVerfGE 61, 256 (289); 81, 310 (338); *Heintzen* BK, Art. 70 (2003) Rn. 61; *Rozek* MKS II, Art. 70 Rn. 22.

[279] BGBl I 3146.

[280] BVerfGE 98, 106 (118); zur Widerspruchsfreiheit der Rechtsordnung *Rozek* MKS II, Art. 70 Rn. 9; *Degenhart,* StaatsR I, Rn. 380 ff.; *Haack,* Widersprüchliche Regelungskonzeptionen im Bundesstaat, 2002, S. 120 ff. *Sodan/Kluckert* NVwZ 2013, 241; restriktiv *Jarass,* AöR 126 (2001), 588 ff. (589 ff.); *Grzeszik,* Maunz/Dürig, GG, Art. 20 (2006) Rn. 56 f.

[281] Vgl. *Rengeling* HStR VI⁶, § 135 Rn. 25; Kritik an einer Vermengung kompetenzieller und rechtsstaatlicher Bindungen bei *Heintzen* BK, Art. 70 (2003) Rn. 62; *Rozek* MKS II, Art. 70 Rn. 23; vgl. auch zur „Einheit der Rechtsordnung" *Hanebeck* Der Staat 41 (2002), 429; *Haack,* Widersprüchliche Regelungskonzeptionen, S. 96 ff.

[282] BVerfGE 98, 106 (118); s. dazu *Kloepfer/Bröcker* DÖV 2001, 1 (5 ff.); *Rozek* MKS II, Art. 70 Rn. 23; ob auch der Bund Schranken im Verhältnis zu den Ländern unterliegt, wird vom BVerfG nicht entschieden; dafür *Fischer* BK, Art. 71 (2005) Rn. 24.

[283] Vgl. *Haack,* Widersprüchliche Regelungskonzeptionen, S. 198 ff.

[284] BVerfGE 98, 83 (97 f.); 98, 106 (118 ff.); vgl. dazu *Brüning* NVwZ 2002, 33.

[285] *Degenhart,* Recht des gewerblichen Gewinnspiels und Recht der Spielhallen in der Kompetenzordnung des Grundgesetzes, 2014, S. 86 ff.

[286] *Grüner* NVwZ 2015, 108.

[287] Vgl. für Windenergieanlagen BayVerfGH NVwZ 2016, 999.

**3. „Hineinwirken" in Landesverfassungsrecht?** Die Kompetenzverteilung zwischen Bund und **69** Ländern erfolgt durch die Verfassung des Bundes.[288] Dessen Kompetenznormen sind nicht Bestandteil der Landesverfassungen.[289] Diese können jedoch darauf bezugnehmen und sie „inkorporieren"; die Anerkennung der bundesstaatl. Kompetenzordnung ist dann Gebot auch des Landesverfassungsrechts und kann vom Landesverfassungsgericht überprüft werden,[290] jedenfalls dort, wo Landesverfassungsrecht sich ausdrückl. dem Verfassungsraum des Bundes öffnet.[291] So leitet der SächsVerfGH vor allem aus Art. 1 I 1 SächsVerf – Sachsen als Land der Bundesrepublik – eine Inbezugnahme der Kompetenznormen des Grundgesetzes ab.[292] Der BayVerfGH sieht die Wahrung der Kompetenzordnung als Element des Rechtsstaatsprinzips der Landesverfassung, dieses aber nur bei evidenter und schwerwiegender Kompetenzüberschreitung verletzt;[293] dieser Einschränkung hat das BVerfG widersprochen.[294] Ohne ausr. Anhaltspunkte in der Landesverfassung kann jedoch Art. 70 nicht in das Landesverfassungsrecht „hineingelesen" werden.[295] Der ThürVerfGH will die Kompetenznormen des GG nicht in die LVerf „hinlesen", prüft sie aber incidenter.[296]

## II. Materieller Gehalt der Kompetenznormen?

Die Erwähnung einer Kompetenzmaterie in Art. 70 ff. besagt für sich allein noch nichts über den **70** **verfassungsrechtl. Rang** der Materie bzw. der hiernach wahrzunehmenden Aufgaben.[297] Deshalb war es **unzulässig,** auf Grund der Benennung des Tierschutzes in Art. 74 I Nr. 20 diesen als **verfassungsimmanente Schranke** für die Grundrechte aus Art. 5 III oder 4 I heranzuziehen. Wenn die Benennung einer Kompetenzmaterie im GG als Hinweis gewertet wird, dass der Bund in diesem Bereich überhaupt tätig werden darf, besagt dies noch nicht, unter welchen Voraussetzungen, und befreit den Gesetzgeber nicht von sonstigen Bindungen des Verfassungsrechts.[298] Kompetenznormen können ihre Gegenstände **nicht** in materiellen **Verfassungsrang** erheben, zumal die Art. 70 ff. nur Materien in Bundeszuständigkeit ausdrückl. erwähnen,[299] diese aber nicht schon deshalb materiell höherwertig sein können als die Materien in Landeszuständigkeit.[300] Kompetenznormen können auch nicht als Grundlage für Gesetzgebungsaufträge herangezogen werden.[301]

In der **nachträglich** eingefügten Kompetenznorm für die **Kernenergienutzung** wurde allerdings **71** eine Verfassungsaussage für prinzipielle Zulässigkeit gesehen,[302] ähnlich in der Kompetenzzuweisung für die **Verteidigung** in Art. 73 I Nr. 1 eine **verfassungsrechtl. Grundentscheidung** für wirksame militärische Landesverteidigung und die Wehrpflicht,[303] letzteres unter Einbeziehung der Art. 12a, 87a und 115b.[304] Hier bedeutete die nachträgl. Einfügung der Kompetenzen bei gleichzeitigem Erlass des

---

[288] Vgl. *Heintzen* BK, Art. 70 (2003) Rn. 1, 64.

[289] Vgl. BVerfGE 103, 332 (356 ff.).

[290] So z.B. HessStGH ESVGH 32, 20 (24); VerfGH NRW NVwZ 1993, 57 (59); VerfGHBln NVwZ 1997, 790; NVwZ-RR 2014, 577; NVwZ-RR 2014, 825;; SächsVerfGH SächsVBl 2003, 247; RhPfVerfGH NVwZ 1993, 57; DVBl. 2004, 1111; DVBl. 2005, 501; NVwZ 2015, 64, 67 f.; *Degenhart,* StaatsR I, Rn. 941; *Uhle,* in: Maunz/Dürig, Art. 70 (2008) Rn. 52.

[291] Vgl. BVerfGE 103, 332 (356) für Art. 153 HessVerf im Kontrast zur Rechtslage in Schleswig-Holstein; *Pieroth,* in Jarass/Pieroth, Art. 70 Rn. 3.

[292] SächsVerfGH LVerfGE 14, 333 (358, 380 f.); 16, 441 (457 f.); 23, 245 (267 f.); kritisch Rozek MKS II, Art. 70 Rn. 1 mit Fn. 7; *ders.,* FS Bethge, S. 587 ff.; *Starke,* SächsVBl. 2004, 49 ff.; vgl. ferner NdsStGH, NordÖR 2005, 409, 410; abw. HessStGH, DVBl. 2004, 1022, 1031; NVwZ-RR 2014, 409, 410; BremStGH LVerfGE 24, 133, 143 ff.

SächsVerfGH SächsVBl 2003, 247;

[293] BayVerfGE 43, 197 (120); 45, 33 (41); 51, 94 (99); 61, 130 Rn. 46 ff.; BayVerfGH BayVBl 2009, 109; für die Zulassung von Volksbegehren s. VerfGHE 43, 35/56; 62, 1/11; VerfGH BayVBl 2016, 337 Rn. 34; MedR 2020, 399; NZM 2020, 649 Rn. 45 ff.

[294] BVerfG NVwZ-RR 2016, 521 Rn. 54.

[295] BVerfGE 103, 332 (356 f.), das sich einerseits einer ausdrückl. Bewertung der Rechtsprechung etwa des BayVerfGH enthält, andererseits aber doch klar zum Ausdruck bringt, dass es den Ansatz im Rechtsstaatsprinzip für unzulässig hält. S. auch *Huber* SächsVBl 2020, 205 (210).

[296] ThürVerfGH ThürVBl 2017, 87 Rn. 76 (aber keine Verwerfungskompetenz wegen Art. 100 I GG); s. auch ThürVBl. 2013, 55 (57); NVwZ-RR 2014, 825, 826;

[297] *Heintzen* BK, Art. 70 (2003) Rn. 22; *Haratsch,* in: Sodan, Art. 70 Rn. 9.

[298] Vgl. BVerfGE 69, 1 (60) – Sondervotum.

[299] So *Merten,* Staatsaufgabe Alterssicherung, Bitburger Gespräche JB 2000, S. 56 (68 f.).

[300] Diese Dysfunktionalität kompetenzrechtlicher Erwägungen betont das Sondervotum zu BVerfG 69, 1 (62); die Aussage der Entscheidung muss aber von vornherein auf Grund der besonderen Situation der nachträglichen Kompetenzbegründung relativiert werden.

[301] Vgl. näher *Wittreck,* in: Dreier II, vor Art. 70 Rn. 54 f.

[302] BVerfGE 53, 30 (56); vgl. auch. zweifelnd – *Rozek* MKS II, Art. 70 Rn. 54.

[303] BVerfGE 12, 45 (50); 28, 243 (261); 48, 127 (159 ff.); 69, 1 (21); *Rozek* MKS II, Art. 73 Rn. 54.

[304] BVerfGE 69, 1 (21).

kompetenzausfüllenden Gesetzes,[305] dass die Kompetenzmaterie selbst vom Willen des verfassungsändernden Gesetzgebers umfasst war.[306]

72   Im Einzelfall kann es zulässig sein, Kompetenzvorschriften als **Auslegungsgesichtspunkt** für anderweitige Bestimmungen des GG und für die grundsätzliche Legitimität einer gesetzl. Regelung des benannten Sachbereichs heranzuziehen; so wurde aus der Erwähnung des Berufszulassungsrechts für Heilberufe in Art. 74 I Nr. 19 geschlossen, dass der Verfassungsgeber durch Art. 12 derartige Regelungen jedenfalls nicht generell habe ausschließen wollen.[307] Aus der Art. 74 I Nr. 12 ergibt sich jedenfalls, dass Materien, die herkömmlich in Tarifverträgen geregelt werden, dem Gesetzgeber nicht von vornherein verschlossen sind.[308]

73   Möglich ist auch die Heranziehung von Kompetenzzuweisungen für die Begründung legitimer Zielsetzungen staatlichen Handelns, wenn kompetenzmäßig benannte staatliche Aktivitäten als verfassungsrechtlich schutzwürdig gewertet werden;[309] selbstständige verfassungsrechtliche **Eingriffsermächtigungen** werden, wie stets, auch insoweit durch Kompetenznormen **nicht** begründet.

74   Grundrechtsschützende Funktion entfalten die Kompetenznormen der Art. 70 ff. schließlich insoweit, als die Grundrechte dem Normadressaten ein **Abwehrrecht gegen kompetenzwidrige Grundrechtsbeschränkungen** verleihen.[310] Damit ist aber keine Erweiterung des normativen Gehalts der Kompetenznormen verbunden.

## Art. 71 [Ausschließliche Gesetzgebung]

**Im Bereiche der ausschließlichen Gesetzgebung des Bundes haben die Länder die Befugnis zur Gesetzgebung nur, wenn und soweit sie hierzu in einem Bundesgesetze ausdrückl. ermächtigt werden.**

**Entstehungsgeschichte: Erstfassung:** JöR nF 1 (1951), 462.
**Historische Verfassungstexte: WRV: Art. 12** (1) Solange und soweit das Reich von seinem Gesetzgebungsrechte keinen Gebrauch macht, behalten die Länder das Recht der Gesetzgebung. Dies gilt nicht für dieausschließliche. Gesetzgebung des Reiches. – **GG 1949:** Wie geltende Fassung.

**Schrifttum:** S. das Schrifttum zu Art. 70; ferner *W. Rudolf,* Die Ermächtigung der Länder zur Gesetzgebung im Bereich der ausschließlichen Gesetzgebung, AöR 88 (1963), 159; *S. Süß,* Beschlüsse der Gemeinden zu verteidigungspolitischen Fragen, BayVBl 1983, 513; *A. Uhle,* Die Sachbereiche der ausschließlichen Gesetzgebungskompetenz des Bundes nach der Föderalismusreform. in: Heintzen/Uhle (Hrsg.), Neuere Entwicklungen im Kompetenzrecht. Zur Verteilung der Gesetzgebungszuständigkeiten zwischen Bund und Ländern nach der Föderalismusreform, 2014, S. 189 ff.; *H.-J. Wipfelder,* Die Theoreme „Natur der Sache" und „Sachzusammenhang" als verfassungsrechtliche Zuordnungsbegriffe, DVBl 1982, 477.

### Übersicht

## A. Allgemeines: Zum Begriff

1   Entspr. der Systematik der Art. 70–74 umschreibt **Art. 71** den **Kompetenztypus** der ausschließl. Bundeszuständigkeit, während die einzelnen Materien in Art. 73 I enumerativ benannt sind. Der **Begriff** selbst erschließt sich ohne Weiteres aus dem Wortlaut des Art. 71.[1] Allein der Bund ist für die Gesetzgebung zuständig, ohne kompetenzmäßig an weitere Voraussetzungen gebunden zu sein. Die

---

[305] Dies war bei BVerfGE 53, 30 und 69, 1 der Fall; die Kompetenznorm wurde in Absicherung der parallel hierzu vorbereiteten einfachen Gesetzgebung in das GG aufgenommen; vgl. auch *Jestaedt,* in: Aulehner ua (Hrsg.), Föderalismus – Auflösung oder Zukunft der Staatlichkeit?, 1997, S. 322 ff.

[306] A. M. *Rozek* MKS II, Art. 70 Rn. 54; ähnlich *Haratsch,* in: Sodan, Art. 70 Rn. 9.

[307] BVerfGE 7, 377 (401); ähnlich BVerfGE 41, 205 (227 f.) für die Anerkennung des öffentlich-rechtlichen Versicherungswesens durch Beschränkung des Art. 74 I Nr. 11 auf das private Versicherungswesen.

[308] BVerfGE 94, 268.

[309] Vgl. BVerfGE 65, 1 (50) zur Schutzwürdigkeit der amtlichen Statistik (gegenüber der Datenerhebung durch das VolkszählungsG); dazu *Rengeling* HStR VI³, § 135 Rn. 28.

[310] Vgl. grundlegend BVerfGE 6, 32 – Elfes; für Steuergesetzgebung BVerfGE 55, 274 (302); für Art. 14 BVerfGE 58, 137 (145).

[1] Vgl. *Heintzen* MKS II, Art. 71 Rn. 3: Definitionsnorm.

Länder sind von vornherein ausgeschlossen, sofern nicht der Bund von der die Möglichkeit der Delegation ausschließl. Gesetzgebungsbefugnisse an die Länder nach Hs. 2 Gebrauch macht. Hierdurch soll **regionale Differenzierung** Ländern eröffnet werden.[2] Die Bestimmung hat in der Praxis nur **geringe Bedeutung** erlangt.[3]

## B. Anwendungsbereich und Rechtsfolgen

### I. Fälle ausschließl.ausschließl. Zuständigkeit

Eine **ausdrückl.** Bundeszuständigkeit besteht für die Materien des **Art. 73** I. Es sind dies die im   **2** weitesten Sinn auswärtigen Angelegenheiten, Bereiche des Verkehrswesens, ferner Sachbereiche, die begriffsnotwendig nur bundesrechtlich geregelt werden können, aber auch Materien, für die ausschließl. Bundesgesetzgebung nicht unbedingt zwingend erscheint. **Weitere** ausschließl. Bundeszuständigkeiten sind in Art. 105 I genannt (→ Art. 70 Rn. 11). Ferner handelt es sich in den Fällen einer Gesetzgebungszuständigkeit des Bundes kraft **Vorbehalts bundesgesetzl. Regelung** (→ Art. 70 Rn. 12) um ausschließl. Bundeszuständigkeiten, anders, wenn für eine vorbehaltene Regelung nicht zwischen Bundes- und Landesgesetz unterschieden wird[4] – dann gelten die allg. Zuständigkeitsregelungen, es kommt auf die jeweilige Sachmaterie an. Ein ausdrückl. Vorbehalt für ein Bundesgesetz wirkt auch als lex specialis gegenüber Art. 74 GG.[5]

**Ausschließl. Bundeszuständigkeiten außerhalb des Katalogs des Art. 73 I** bestehen insbes. in   **3** folgenden Fällen:[6] Art. 4 III S. 2: Kriegsdienstverweigerung; Art. 16a II S. 2, III S. 1: Asylrecht; Art. 21 III: Parteienrecht;[7] Art. 23 I S. 2, III S. 3, VII: Übertragung von Hoheitsbefugnissen auf die EU,[8] Mitwirkung des Bundesrats; Art. 24 I: Übertragung von Hoheitsrechten auf zwischenstaatliche Einrichtungen; Art. 26 II S. 2: Kriegswaffenkontrollgesetz; Art. 29 II S. 1, IV, V, VII: Neugliederung des Bundesgebiets (bei plebiszitärer Mitwirkung in den Ländern); Art. 38 III und 41 III: Wahlrecht; Art. 45b S. 2: Wehrbeauftragter; Art. 45c II: Petitionsrecht; Art. 48 III S. 3: AbgeordnetenG; Art. 54 VII: Bundespräsidentenwahl; Art. 59 II S. 1: ZustimmungsG zu völkerrechtlichen Verträgen (nicht: Transformationskompetenz, Art. 70 Rn. 24); Art. 84 V S. 1, Art. 87 I S. 2, III S. 1, Art. 87b I S. 3, II: Verwaltungsorganisation des Bundes; Art. 87d I S. 2, II: Luftverkehrsverwaltung; Art. 87e I S. 2, II, III S. 3, 4, IV S. 2: Eisenbahnwesen; Art. 87 f I, III: Post- und Telekommunikation (soweit nicht Art. 73 Nr. 7 bereits einschlägig); Art. 91a II S. 1: Gemeinschaftsaufgaben; Art. 91c IV 2: Zusammenarbeit bei informationstechnischen Systemen;[9] Art. 93 II, Art. 94 II: Bundesverfassungsgericht; Art. 95 III S. 2, Art. 96 II S. 3, V, Art. 98 I, Rechtsprechung des Bundes; Art. 104a V S. 2, VI S. 4, Art. 104b II S. 1, Art. 105 I, Art. 106 III S. 3, V S. 2, VI S. 5, Art. 106a S. 2, Art. 107 I S. 2, 4, Art. 108 I S. 2, II S. 2, IV S. 1, V, VI, Art. 109 III, IV S. 1, 4, V S. 4, Art. 110 II S. 1, Art. 112 S. 3, 114 II S. 3, Art. 115 I S. 1, 3, II: Finanz- und Haushaltsverfassung; Art. 115c II, III, Art. 115l III: Verteidigungsfall; ferner nach den Übergangsbestimmungen der Art. 117 II, 118 S. 2, 120 I S. 1, 120a I S. 1, 125a II S. 2, 131 S. 1,[10] 134 IV, 135 IV–VI, 135a, 143a I, III S. 3, 143b I, II S. 3, III S. 3.

Für **ungeschriebene Bundeszuständigkeiten** ist zu unterscheiden: Zuständigkeiten kraft Natur   **4** der Sache (→ Art. 70 Rn. 31 ff.) können nur ausschließl. Zuständigkeiten sein.[11] Sie werden gerade dadurch definiert, dass eine Materie begrifflich nur durch Bundesgesetz geregelt werden kann. Annexkompetenzen (→ Art. 70 Rn. 37 ff.) und Kompetenzen kraft Sachzusammenhangs (→ Art. 70 Rn. 42 ff.) setzen zunächst das Bestehen eines Kompetenztitels nach dem GG voraus (→ Art. 70 Rn. 30, → Art. 70 Rn. 38, → Art. 70 Rn. 45). Die im Annex bzw. Sachzusammenhang stehende Materie teilt dann die Zuordnung der Hauptmaterie.[12]

### II. Ausschluss der Landesgesetzgebung

In den Materien ausschließl. Gesetzgebung sind die Länder (vom Ausnahmefall einer Ermächtigug   **5** nach Hs. 2 abgesehen) stets von der **Gesetzgebung** ausgeschlossen. Es kommt nicht darauf an, ob der Bund tatsächlich bereits tätig geworden ist.[13] Gleichwohl erlassene Landesgesetze sind verfassungs-

---

[2] Vgl. BVerfGE 18, 407 (418); Bedeutungszuwachs prognostiziert *Uhle*, in: Maunz/Dürig, Art. 71 Rn. 17.
[3] Zu Anwendungsfällen s. *Fischer* BK, Art. 71 (2005) Rn. 110 ff.
[4] Näher *Uhle*, in: Maunz/Dürig, Art. 71 (2007) Rn. 25 f.
[5] Ebenso *Uhle*, in: Maunz/Dürig, Art. 71 (2007) Rn. 27.
[6] Übersicht bei *Fischer* BK, Art. 71 (2005) Rn. 34 ff.; *Uhle*, in: Maunz/Dürig, Art. 71 Rn. 22 ff.
[7] Nach BVerfGE 20, 56 (115); 24, 300 (353 f.); 41, 399 (425) fällt hierunter auch die Regelung der Wahlkampfkostenerstattung; a. M. *Pieroth*, in: Jarass/Pieroth, Art. 21 Rn. 3.
[8] Hierzu → Rn. 18.
[9] S. hierzu *Siegel*, Der Staat 49 (2010), 299 (306).
[10] Hierzu eingehend *Pestalozza* MKP, Art. 71 Rn. 18, Fn. 33–36.
[11] Vgl. *Fischer* BK, Art. 71 (2005) Rn. 42; *Uhle*, in: Maunz/Dürig, Art. 71 (2007) Rn. 29; *Wittreck*, in: Dreier II, Art. 71 Rn. 8; *Rozek* MKS II, Art. 71 Rn. 7 f
[12] Vgl. *Fischer* BK, Art. 71 (2005) Rn. 43 f.
[13] Vgl. *Heintzen* MKS II, Art. 71 Rn. 19.

widrig und nichtig.[14] Ob man hier wie bei Art. 72 I von einer Sperrwirkung sprechen will,[15] ist eine terminologische Frage. Dafür spricht, dass die Verfassungswidrigkeit bereits aus der fehlenden Gesetzgebungszuständigkeit der Länder folgt; auf Art. 31 braucht daher nicht zurückgegriffen zu werden.[16]

6   Der Begriff „Gesetzgebung" ist in gleicher Weise zu bestimmen wie für Art. 70 (→ Art. 70 Rn. 16 ff.); demgemäß wird die Befugnis der Länder zur **Verfassungsgebung** thematisch nicht durch Art. 71 begrenzt (→ Art. 70 Rn. 22 f.).[17] Soweit allerdings Landesverfassungen Gegenstände der ausschließl. Bundesgesetzgebung unmittelbar zu regeln beanspruchen, wird dies durch Art. 71 ausgeschlossen.[18] Entspr. Landesverfassungsnormen sind dann nichtig, sofern sie nicht als Programmsätze uä verfassungskonformer Auslegung zugänglich sind. Letztere werden durch Art. 71 nicht berührt; Vorbehalte gegenüber ausfüernder landesverfassungsrechtlicher Programmatik[19] sind berechtigt, aber nicht das Thema des Art. 71.

## C. Zur Delegation an die Länder (Hs. 2)

### I. Voraussetzungen und Tragweite der Ermächtigung

7   Die Ermächtigung nach Art. 71 Hs. 2 muss in einem **formellen Gesetz** enthalten sein.[20] Art. 80 I 2 ist auch nicht analog anwendbar, da dessen ratio – Durchbrechung des Gewaltenteilungsprinzips – nicht eingreift: Ermächtigungsadressat ist der parlamentarische Gesetzgeber.[21] Aus der Formulierung „ausdrückl." folgt jedoch das Gebot hinreichender Bestimmtheit der Ermächtigung. Aus ihr muss jedenfalls hervorgehen, dass die Länder im Wege der (formellen) Gesetzgebung tätig werden können und in welchem Umfang. Wenn nach § 2 I BPolG der Bundespolizei der Grenzschutz obliegt, „soweit nicht ein Land im Einvernehmen mit dem Bund Aufgaben des grenzpolizeilichen Einzeldienstes mit eigenen Kräften wahrnimmt", so ist dies nicht als Ermächtigung iSv Hs. 2 aufzufassen.[22]

8   Bloße **Verweisung** auf landesgesetzl. Regelungen genügt **nicht.** In § 1 III VwVfG eine Ermächtigung des Landesgesetzgebers zu sehen, bei ausschließl. Bundeszuständigkeit im Verwaltungsverfahrensrecht materielle Regelungen zu treffen, wie über die Rücknahme von Verwaltungsakten,[23] ist damit nur schwer vereinbar.[24] Für die Ermächtigung der Länder zum Erlass von Rechtsverordnungen bei ausschließl. Bundesgesetzgebung gilt **Art. 80 I.**[25] Soweit in Bereichen ausschließl. Gesetzgebungszuständigkeit des Bundes die Länder zum Erlass von **Rechtsverordnungen** ermächtigt sind, können sie nach Art. 80 IV stattdessen auch Gesetze erlassen. Die Ermächtigung als solche begründet noch nicht das Erfordernis der Zustimmung des Bundesrats.[26]

9   Aus dem Normzweck des Art. 71 Hs. 2 ist die Frage zu beantworten, ob die Ermächtigung **einzelnen Ländern** oder Gruppen von Ländern erteilt werden kann.[27] Dies kann sachgerecht sein, um regionale Differenzierung zu ermöglichen (→ Rn. 7).[28]

10   Unzulässig ist es, einzelne Kompetenzmaterien zur Gänze zu delegieren;[29] dem stünde der zwingende Charakter der Kompetenzordnung entgegen. Da bei ausschließl. Bundeszuständigkeit die Rechtseinheit im Vordergrund steht und Art. 71 Hs. 2 als **Ausnahmevorschrift** konzipiert ist,[30] muss dessen Tragweite weitergehend aus seiner Zielsetzung begrenzt werden.[31] Es bedarf eines sachl. Grundes.[32] Nur in dem Maße, in dem es für regionale Differenzierung erforderl. ist, dürfen ausschließl. Gesetzgebungsbefugnisse übertragen werden.[33] Es muss sich um ergänzende Regelungen handeln. Eine

[14] So auch *Heintzen* MKS II, Art. 71 Rn. 38 f.
[15] *Wittreck,* in: Dreier II, Art. 71 Rn. 9; *Heintzen* MKS II Art. 71 Rn. 19 ff., 30; *Fischer* BK, Art. 71 (2005) Rn. 56 ff.; *Heintzen* MKS II, Art. 71 Rn. 19.
[16] Ebenso *Pieroth,* in: Jarass/Pieroth, Art. 71 Rn. 2; *Fischer* BK, Art. 71 (2005) Rn. 58.
[17] Enger *Heintzen* MKS II, Art. 71 Rn. 23 f.; wie hier *Pieroth,* in: Jarass/Pieroth, Art. 71 Rn. 2.
[18] Ähnlich *Uhle,* in: Maunz/Dürig, Art. 71 (2007) Rn. 39; *Wittreck,* in: Dreier II, Art. 71 Rn. 10; *Heintzen* MKS II, Art. 71 Rn. 24.
[19] So bei *Heintzen* MKS II, Art. 70 (2005) Rn. 10.
[20] *Wittreck,* in: Dreier II, Art. 70 Rn. 12; *Haratsch,* in: Sodan, Art. 71 Rn. 4.
[21] Vgl. *Rozek* MKS II, Art. 71 Rn. 35.
[22] BVerfGE 150, 244 Rn. 57; *Kingreen/Schönberger* NVwZ 2018, 1825 (1827); *Schnieders* BVwZ 2019, 396,
[23] BVerfGE 116, 24 (51 f.) für das Staatsangehörigkeitsrecht – so die die Entscheidung tragenden Richter.
[24] Vgl. BVerfG NVwZ 2006, 807 (814) – so die die Entscheidung nicht tragenden Richter.
[25] Ebenso *Heintzen* MKS II, Art. 71 Rn. 26.
[26] *Heintzen* MKS II, Art. 71 Rn. 36.
[27] S. *Sannwald,* in: Hofmann/Henneke, Art. 71 Rn. 17.
[28] *Heintzen* MKS II, Art. 71 Rn. 40; *Sannwald,* in: Hofmann/Henneke, Art. 71 Rn. 17.
[29] *Kunig,* in: v. Münch/Kunig II, Art. 71 Rn. 10; *Heintzen* MKS II, Art. 71 Rn. 39; *Fischer* BK, Art. 71 (2005) Rn. 96.
[30] So auch *Kunig,* in: v. Münch/Kunig II, Art. 71 Rn. 3.
[31] Hierin großzügiger *Heintzen* MKS II, Art. 71 Rn. 38 f.
[32] *Umbach/Clemens,* in: Umbach/Clemens, GG II, Art. 71 Rn. 18; *Grziwotz* AöR 116 (1991), 588 (598); anders *Kunig,* in: v. Münch/Kunig II, Art. 71 Rn. 11; *Pieroth,* in: Jarass/Pieroth, Art. 71 Rn. 4; *Heintzen* MKS II, Art. 71 Rn. 37; großzügiger auch *Heintzen* MKS II, Art. 71 Rn. 39.
[33] Vgl. dazu *Wittreck,* in: Dreier II, Art. 71 Rn. 11.

substanzielle Verlagerung von Zuständigkeiten darf nicht erfolgen.[34] Kompetenzmaterien können ermächtigungsfeindlich, also nicht delegierbar sein,[35] wenn gesetzliche Regelungen begrifflich nur vom Bund getroffen werden können.[36]

*(nicht belegt)* 11

## II. Rechtsfolgen der Ermächtigung

Eine **Gesetzgebungspflicht** der Länder kann durch Delegation nach Art. 71 Hs. 2 **nicht** begrün- 12 det werden;[37] die Art. 70 ff. begründen keine Handlungspflichten, anders als bei Art. 80, wo der Gesetzgeber die Exekutive zum Verordnungserlass verpflichten kann. Die Länder sind nicht zu einheitlichen Regelungen verpflichtet.

**Landesgesetze** auf Grund des Hs. 2 sind **Landesrecht.**[38] Überschreitet der Landesgesetzgeber die 13 Grenzen der Ermächtigung, so fehlt es an einer Kompetenzgrundlage für das Landesgesetz, das schon deshalb und nicht erst wegen Art. 31[39] nichtig ist.

Ein **Rückholrecht** des Bundesgesetzgebers ist zu bejahen. Er Bundesgesetzgeber kann durch Selbst- 14 eintritt den Landesgesetz nachträglich die Kompetenzgrundlage entziehen.[40] Er kann ferner die Ermächtigung jederzeit wieder aufheben. Bei nachträgl. **Wegfall der Ermächtigung** entfällt dann die ohnehin nur ausnahmsweise bestehende Gesetzgebungskompetenz des Landes. Dies führt zur Nichtigkeit.[41]

*(nicht belegt)* 15, 16

## D. Weiterungen – Ausstrahlungswirkung

Wenn ein nach Landesverfassungsrecht vorgesehenes **Volksbegehren** einen Gesetzentwurf zu einer 17 Materie in ausschließl. Bundeszuständigkeit zum Gegenstand hat,[42] folgt die Unzulässigkeit bereits unmittelbar aus Art. 71. Das Volk als Verfassungsorgan des Landes kann nur Gesetzgebungsbefugnisse ausüben, die dem Land zustehen.[43] Dies gilt bereits für die Einleitung des Gesetzgebungsverfahrens durch Volksbegehren;[44] dies kann auch vom Landesverfassungsgericht festgestellt werden,[45] wenn die Landesverfassung ihrerseits die Wahrung der bundesstaatl. Kompetenzordnung zur Pflicht macht (→ Art. 70 Rn. 69). Soweit **Volksbefragungen** als staatlich organisierte Einwirkungen auf die politische Willensbildung des Bundes veranstaltet werden, ergibt sich ihre Unzulässigkeit aus dem Gebot der Bundestreue, das die wechselseitige Achtung der Kompetenzsphären auch dort bedingt, wo noch nicht unmittelbar hoheitliche Entscheidungen getroffen werden.[46] Als Eingriff in Bundeskompetenzen werden auch **kommunale Äußerungen** zu Fragen der ausschließl. Gesetzgebungszuständigkeit des Bundes gesehen, wie zB zu Fragen der Verteidigungspolitik.[47] Auch dies ist – sofern überhaupt eine Verbandszuständigkeit bestehen sollte[48] – eine Frage der Bundestreue,[49] ebenso der Erlass kommunaler Satzungen, für die auch das Gebot der Widerspruchsfreiheit der Rechtsordnung (Art. 70 Rn. 68) zu beachten ist.[50]

---

[34] So auch *Umbach/Clemens,* in: Umbach/Clemens, GG II, Art. 70 Rn. 20.

[35] S. hierzu *Umbach/Clemens,* in: Umbach/Clemens, GG II, Art. 71 Rn. 16.

[36] So auch *Heintzen* MKS II, Art. 71 Rn. 44.

[37] A.M. *Bothe* AK II, 2. Aufl., Art. 71 Rn. 7; wie hier *Heintzen* MKS II, Art. 71 Rn. 42; *Fischer* BK, Art. 71 (2005) Rn. 105.

[38] BVerfGE 18, 407 (415); *Fischer* BK, Art. 71 (2005) Rn. 105; ebenso ist die bei.ausschließl. Gesetzgebung kraft bundesgesetzlicher Ermächtigung erlassene RVO Landesrecht, und zwar im Rang unterhalb des Landesgesetzes, so dass sie grundsätzlich auch im Wege der Landesgesetzgebung geändert werden kann, BVerfGE 18, 407 (415).

[39] Vgl. *Haratsch,* in: Sodan, Art. 71 Rn. 3.

[40] *Heintzen* MKS II, Art. 71 Rn. 45: konkludente Aufhebung der Ermächtigung; *Fischer* BK, Art. 71 Rn. 108.

[41] *Heintzen* MKS II, Art. 71 Rn. 46; *Kunig,* in: v. Münch/Kunig II, Art. 71 Rn. 15; *Umbach/Clemens,* in: Umbach/Clemens, GG II, Art. 71 Rn. 25; *Fischer* BK, Art. 71 (2005) Rn. 109.

[42] S. hierzu insbes. HessStGH NJW 1982, 1141 (1142); kritisch *W. Schmidt* NVwZ 1982, 181.

[43] Vgl. HessStGH NJW 1982, 1141; siehe auch bei BayVerfGHE nF 18, 85; *Stern,* StaatsR II, S. 14.

[44] Ebenso gilt dies für Volksinitiativen, die, wie in einigen neueren Landesverfassungen vorgesehen, außerhalb der Gesetzgebung sonstige Gegenstände der politischen Willensbildung zum Inhalt haben können, so z. B. Art. 41 SchlHVerf.

[45] Vgl. *Degenhart,* StaatsR I, Rn.123 zur präventiven Normenkontrolle nach Landesverfassungsrecht.

[46] BVerfGE 8, 104 (122); die Unzulässigkeit ergab sich insbes. daraus, dass die Volksbefragungen von Amts wegen durchgeführt werden sollten; Bürgerinitiativen sind dadurch – selbstverständlich – nicht ausgeschlossen, als Meinungsäußerungen iSv Art. 5 GG, vgl. auch *Battis* ZParl 1975, 139; unzulässig sind demgegenüber Volksinitiativen, vgl. o. Fn. 41.

[47] Dies betrifft insbes. die Beschlüsse, durch die während der sogenannten Nachrüstungsdebatte Gemeinden sich zur „atomwaffenfreien Zone" erklärten, vgl. hierzu *Süß* BayVBl 1983, 513; *Uechtritz* NVwZ 1983, 334, gegen *Huber* NVwZ 1982, 662; unberührt davon ist die Befugnis der Gemeindevertretungen, zu militärischen Projekten Stellung zu nehmen, die auf ihrem Gemeindegebiet verwirklicht werden sollen.

[48] Darauf verweist zu Recht *Fischer* BK, Art. 71 (2005) Rn. 71.

[49] Ebenso *Heintzen* MKS II, Art. 71 Rn. 27.

[50] *Fischer* BK, Art. 71 (2005) Rn. 67.

18    Ob im Übrigen den **Verfassungsorganen der Länder** grundsätzlich das **Recht zur Beschluss-fassung,** etwa im Wege des einfachen Parlamentsbeschlusses, zu Fragen ausschließt. Bundeszuständig-keit abgesprochen, Art. 71 dergestalt eine „Ausstrahlungswirkung" zugeschrieben werden darf,[51] er-scheint zweifelhaft: wenn überhaupt um ein verfassungsrechtliches, dürfte es sich insoweit um ein Problem der Bundestreue handeln.[52] Dies gilt auch für die Frage, ob die Staatsregierung gemäß Art. 70 IV 2 BayVerf bei der Übertragung von Hoheitsrechten auf die EU durch Gesetz gem, Art. 23 in ihrem Abstimmungsverhalten im Bundesrat durch Landesgesetz gebunden werden kann.[53]

## Art. 72 [Konkurrierende Gesetzgebung]

(1) **Im Bereich der konkurrierenden Gesetzgebung haben die Länder die Befugnis zur Gesetzgebung, solange und soweit der Bund von seiner Gesetzgebungszuständigkeit nicht durch Gesetz Gebrauch gemacht hat.**

(2) **Auf den Gebieten des Artikels 74 Abs. 1 Nr. 4, 7, 11, 13, 15, 19a, 20, 22, 25 und 26 hat der Bund das Gesetzgebungsrecht, wenn und soweit die Herstellung gleichwertiger Lebens-verhältnisse im Bundesgebiet oder die Wahrung der Rechts- oder Wirtschaftseinheit im gesamtstaatlichen Interesse eine bundesgesetzliche Regelung erforderl. macht.**

(3) **Hat der Bund von seiner Gesetzgebungszuständigkeit Gebrauch gemacht, können die Länder durch Gesetz hiervon abweichende Regelungen treffen über:**
**1. das Jagdwesen (ohne das Recht der Jagdscheine);**
**2. den Naturschutz und die Landschaftspflege (ohne die allg.en Grundsätze des Naturschut-zes, das Recht des Artenschutzes oder des Meeresnaturschutzes);**
**3. die Bodenverteilung;**
**4. die Raumordnung;**
**5. den Wasserhaushalt (ohne stoff- oder anlagenbezogene Regelungen);**
**6. die Hochschulzulassung und die Hochschulabschlüsse;**
**7. die Grundsteuer.**
**Bundesgesetze auf diesen Gebieten treten frühestens sechs Monate nach ihrer Verkündung in Kraft, soweit nicht mit Zustimmung des Bundesrates anderes bestimmt ist. Auf den Gebieten des Satzes 1 geht im Verhältnis von Bundes- und Landesrecht das jeweils spätere Gesetz vor.**

(4) **Durch Bundesgesetz kann bestimmt werden, daß eine bundesgesetzliche Regelung, für die eine Erforderlichkeit im Sinne des Absatzes 2 nicht mehr besteht, durch Landesrecht ersetzt werden kann.**

**Entstehungsgeschichte: Erstfassung:** JöR nF 1 (1951), 464. – **Änderung:** 42. G. zur Änd. des GG v. 27.10.1994 (BGBl I 3146), Art. 1 Nr. 5 (dazu BT-Dr 12/6000 [Ber. GemVerfKom.], 12/6633 [Entwurf], 12/8423; BT-Prot 12/18 086, 20 947; BR-Dr 360/92 [Ber. KomVerfReform BR], 886/93 [Entwurf], 742/94, 834/94; BR-Prot 93/ 623, 94/462, 505); 52. G. zur Änd. des GG v. 28.8.2006 (BGBl I 2034), Art. 1 Nr. 5 (dazu Bericht der Kommission von Bundestag und Bundesrat zur Modernisierung der bundesstaatl. Ordnung, Dokumentation in: Deutscher Bundestag/Deutscher Bundesrat [Hrsg.], Zur Sache 1/2005; BT-Dr 16/813; 16/2010; BR-Dr 178/06; 180/06; BT-Prot 16/44); 64. G. zur Änd. des GG v. 15.11.2019 (BGBl I 1546). Art. 1 Nr. 1 (dazu BT-Drucks. 19/11084; BT-Prot. 19/107, 19/14136, 19/14157, 19/119).
**Historische Verfassungstexte: WRV: Art. 9** Soweit ein Bedürfnis für den Erlaß einheitlicher Vorschriften vor-handen ist, hat das Reich die Gesetzgebung über: 1. die Wohlfahrtspflege; 2. den Schutz der öffentlichen Ordnung und Sicherheit. **Art. 12** (1) Solange und soweit das Reich von seinem Gesetzgebungsrecht keinen Gebrauch macht, behalten die Länder das Recht der Gesetzgebung. – **GG 1949:** (1) Im Bereiche der konkurrierenden Gesetzgebung haben die Länder die Befugnis zur Gesetzgebung, solange und soweit der Bund von seinem Gesetzgebungsrechte keinen Gebrauch macht. (2) Der Bund hat in diesem Bereiche das Gesetzgebungsrecht, soweit ein Bedürfnis nach bundesgesetzlicher Regelung besteht, weil 1. eine Angelegenheit durch die Gesetzgebung einzelner Länder nicht wirksam geregelt werden kann oder 2. die Regelung einer Angelegenheit durch ein Landesgesetz die Interessen anderer Länder oder der Gesamtheit beeinträchtigen könnte oder 3. die Wahrung der Rechts- oder Wirtschafts-einheit, insbesondere die Wahrung der Einheitlichkeit der Lebensverhältnisse über das Gebiet eines Landes hinaus sie erfordert.
**Leitentscheidungen: Zu Abs. 1:** BVerfGE 98, 265 (Schwangerschaftsabbruch III); BVerfGE 109, 190 (Straftäter-unterbringung); BVerfGE 113, 348 (Telekommunikationsüberwachung); BVerfGE 138, 261 (Thür. Ladenöffnungs-gesetz) BayVerfGH MedR 2020, 399 (Volksbegehren Pflegenotstand); BayVerfGH BZM 2020, 649 (Volksbegehren Mietenstopp); – **Zu Abs. 2 (i. d. F. d. G. v. 27.10.1994):** BVerfGE 106, 62 (Altenpflege); BVerfGE 110, 141 (Kampfhunde); BVerfGE 111, 10 (Ladenschluss); BVerfGE 111, 226 (Juniorprofessur); BVerfGE 112, 226 (Studien-gebühren); BVerfGE 113, 167 (Risikostrukturausgleich); BVerfGE 125, 141 (Gewerbesteuer-Mindesthebesatz); BVerfGE 140, 65 (Betreuungsgeld). – **Zu Abs. 3:** BayVerfGH NVwZ 2017, 673 (Gewässerrandstreifen).

---

[51] Zweifelnd zu Recht *Fischer* BK, Art. 71 (2005) Rn. 65 f.
[52] Vgl. *Heintzen* MKS II, Art. 71 Rn. 27.
[53] Offengelassen durch BayVerfGH BayVBl 2017, 407 Rn. 49, s. *Degenhart,* StaatsR I Rn. 728.

**Schrifttum:** S. das Schrifttum zu Art. 70; ferner *D. Apel,* Die Reform des Föderalismus im Wasserhaushaltsrecht. Zugleich ein Beitrag zu Funktionsbeschreibung und Bewertung der Abweichungsgesetzgebung, 2016; *T. Barczak,* Legislativebefugnisse im Lückenbereich, ZG 2016, 154; *B. Becker,* Das Recht der Länder zur Abweichungsgesetzgebung, DVBl 2010, 754; *M. Burgi,* Die unterschätzte Kompetenz: Spielräume für die Landesgesetzgebung im Kreislaufwirtschaftsrecht, DVBl 2017, 921; *C. Callies,* Die Justitiabilität des Art. 72 Abs. 2 GG vor dem Hintergrund von kooperativem und kompetitivem Föderalismus, DÖV 1997, 889; *W. Dallhammer,* Abweichungsgesetzgebung im Wasserrecht auch im Unterschied zum Raumordnungsrecht, ZUR 2019, 228; *C. Degenhart,* Die Neuordnung der Gesetzgebungskompetenzen durch die Föderalismusreform, NVwZ 2006, 1209; *ders.,* Verfassungsrechtliche Rahmenbedingungen der Abweichungsgesetzgebung, DÖV 2010, 422; *ders.,* Die Charakteristik der konkurrierenden Gesetzgebung des Bundes nach der Föderalismusreform, in: Heintzen/Uhle (Hrsg.), Neuere Entwicklungen im Kompetenzrecht, 2014, S. 65 ff.; *ders.,* Abweichungsgesetzgebung und abweichungsfeste Kerne im Recht des Naturschutzes, Festschrift Kloepfer, 2013, S. 21;, *W. Erbguth,* Abweichungsgesetzgebung Verfassungsrechtliche Grundlagen und allg.e Rechtsfragen, ZUM 2019, 195; *Depenheuer,* Verfassungsgerichtliche Föderalismusreform, ZG 2005, 83; *A. Epiney,* Föderalismusreform und Europäisches Umweltrecht, NuR 2006, 403; *W. Ewer,* Kompetenz des Bundesgesetzgebers zur Einführung des Betreuungsgelds?, NJW 2012, 2251; *K. Faßbender,* Eine Absichtserklärung aus Karlsruhe zur legislativen Kompetenzverteilung im Bundesstaat, JZ 2003, 332; *C. Franzius,* Die Abweichungsgesetzgebung, NVwZ 2008, 492; *U. Häde,* Zur Föderalismusreform in Deutschland, JZ 2006, 930; *C. Heitsch,* Die asymmetrische Neuverflechtung der Kompetenzordnung durch die deutsche „Föderalismusreform I", JöR 57 (2009), 333; *J. Ipsen,* Die Kompetenzverteilung zwischen Bund und Ländern nach der Föderalismusnovelle, NJW 2006, 2801; *H. Jarass,* Regelungsspielräume des Landesgesetzgebers im Bereich der konkurrierenden Gesetzgebung und in anderen Bereichen, NVwZ 1996, 1041; *W. Kahl,* „Gleichwertige Lebensverhältnisse" unter dem Grundgesetz, 2016; *O. Klein/K. Schneider,* Art. 72 GG nF im Kompetenzgefüge der Föderalismusreform, DVBl 2006, 1549; *M. Kloepfer,* Die neue Abweichungsgesetzgebung der Länder und ihre Auswirkungen im Umweltbereich, Festschrift Scholz, 2007, S. 651; *M. Kment,* Erstreckung der Abweichungskompetenz auf mitgeschriebene Gesetzgebungskompetenz des Bundes, ZG 2015, 66; *W. Koeck,* Der Wolf als jagdbare Art?, ZUR 2015, 589; *I. Krapp,* Die Abweichungskompetenzen der Länder im Verhältnis zum Vorrang des Bundesrechts gemäß Art. 31 GG, 2015; *L. Mammen,* Der neue Typus der konkurrierenden Gesetzgebung mit Abweichungsrecht, DÖV 2007, 376; *H. Meyer,* Die Föderalismusreform 2006. Konzeption, Kommentar, Kritik, 2008; *D. Müller,* Auswirkungen der Grundgesetzrevision von 1994 auf die Verteilung der Gesetzgebungskompetenzen zwischen Bund und Ländern, 1996; *St. Oeter,* Die von der Föderalismusreform tangierten Sachbereiche der konkurrierenden Gesetzgebung, in: Heintzen/Uhle (Hrsg.), Neuere Entwicklungen im Kompetenzrecht, 2014, S. 159; *A. Petschulat,* Naturschutz nach der Föderalismusreform, NuR 2015, 241, 316, 386, 534; *H. W. Rengeling,* Föderalismusreform und, Gesetzgebungskompetenzen, DVBl 2006, 1537; *E. Sarcevic,* Das Subsidiaritätsprinzip im positiven Verfassungsrecht und seine Relevanz für die Gesetzgebungspraxis im Bundesstaat, ZG 2000, 328; *H.Schmitz/Ph.Jornitz,* Die Tücken der Abweichungsgesetzgebung, DVBl 2013, 741; *C. Seiler,* Die Freigabe von Bundesrecht zur landesrechtlichen Ersetzung, in: Heintzen/Uhle (Hrsg.), Neuere Entwicklungen im Kompetenzrecht, 2014, S. 239; *P. Selmer,* Folgen der neuen Abweichungsgesetzgebung der Länder – Abschied vom Leitbild „gleichwertiger Lebensverhältnisse"?, ZG 2009, 33; *M. Stegmüller,* Wirklich „Tücken der Abweichungsgesetzgebung"? Zur Dogmatik und Auslegung des Art. 72 Abs. 3 GG, DVBl 2013, 1473; *T. Stohlmeiner,* Die inhaltliche und zeitliche Reichweite der Sperrwirkung nach Art. 72 Abs. 1 GG, 1989.

## Übersicht

## A. Allgemeines: Die konkurrierende Zuständigkeit von Bund und Ländern in der bundesstaatl. Kompetenzordnung für die Gesetzgebung

1    Art. 72 benennt als weiteren Kompetenztypus die konkurrierende Zuständigkeit, also den „konkurrierenden" Zugriff von Bundes- und Landesgesetzgeber auf die gleiche Materie und regelt, welcher der konkurrierenden Gesetzgeber im konkreten Fall unter welchen Voraussetzungen tätig werden darf, seit 2006 aber je nach Kompetenzmaterie unterschiedlich. Für die in Abs. 2 genannten Gebiete aus dem Katalog des Art. 74 hat der Bund das Gesetzgebungsrecht, wenn eine bundesgesetzliche Regelung erforderl. ist, um die dort genannten Zielvorgaben zu verwirklichen. Für alle anderen Gebiete aus dem Katalog des Art. 74 I kann der Bund ohne weiteres tätig werden. Für die in Abs. 3 Satz 1 genannten, nach Sachgebieten, nicht nach dem Katalog des Art. 74 benannten Bereiche haben die Länder das Recht zur Abweichungsgesetzgebung; es handelt sich überwiegend um Materien, für die bis zur Aufhebung des Art. 75 eine Rahmenkompetenz des Bundes bestanden hatte; die Grundsteuer nach Nr. 7 kam 2019 dazu.

2    Art. 72 wurde durch die sog. **Föderalismusreform** 2006 grundlegend neu gefasst, nachdem die Bestimmung bereits im Zuge der Verfassungsreform 1994 entspr. dem Auftrag des **Art. 5 EV**[1] einschneidend verändert worden war. Seinerzeit sollten die Länder gestärkt werden.[2] Mit dieser Zielsetzung war die Bedürfnisklausel des Abs. 2 in der ursprünglichen Fassung[3] durch die nunmehrige **Erforderlichkeitsklausel** ersetzt worden.[4] Sie galt zunächst für alle Gebiete der konkurrierenden Gesetzgebung. Durch sie sollten die Voraussetzungen für die Bundesgesetzgebung *„konzentriert, verschärft und präzisiert"* werden.[5] Während die Feststellung eines Bedürfnisses iSv Art. 72 II in der ursprüngl. Fassung als grundsätzlich nicht justitiable Frage des gesetzgeberischen Ermessens gesehen worden war,[6] ist die Erforderlichkeit iSv Art. 72 II in der seit 15.11.1994 geltenden Fassung als unbestimmter Rechtsbegriff verfassungsgerichtlicher Kontrolle unterworfen, die über eine bloße Vertretbarkeitskontrolle hinausgeht.[7] Mit der Föderalismusreform 2006 wurde die Geltung der Erforderlichkeitsklausel auf die in Abs. genannten Gebiete beschränkt. Für die übrigen Gebiete des Art. 74 – es handelt sich um einige der praktisch relevantesten Bereiche – kann der Bund demgegenüber voraussetzungslos tätig werden, so dass die nunmehrige Fassung insoweit noch hinter der vor 1994 zurückbleibt.[8] Nach der Entwurfsbegründung gingen Bund und Länder übereinstimmend davon aus, dass insoweit eine bundesgesetzlichen Regelung stets erforderl. ist.[9] Die konkurrierende Gesetzgebung wird insoweit zu einer **Vorranggesetzgebung** für den Bund.; nur in den verbleibenden, in Art. 72 II enumerativ benannten Bereichen kann von echter konkurrierender Gesetzgebung gesprochen werden; das BVerfG spricht von **Erforderlichkeitskompetenzen** des Bundes in Abgrenzung zu **„Kernkompetenzen".**[10]

3    Der im Zuge der Föderalismusreform 2006 neu eingefügte Abs. 3 sieht für die dort in Satz 1 genannten Sachbereiche ein Recht der Länder vor, abweichende Regelungen durch Gesetz zu erlassen und bestimmt in Satz 3 ausdrückl. das Rangverhältnis nach dem lex-posterior-Grundsatz. Der Bund wiederum kann seinerseits das Landesrecht außer Kraft setzen. Durch G zur Änderung des GG v. 15.11.2019 wurde der Katalog der Abweichungsgesetzgebung um die Grundsteuer erweitert, für die in Art. 105 Abs. 2 ausdrückl. die konkurrierende Zuständigkeit des Bundes festgehalten wurde. Abs. 4 entspricht dem im Zuge der Verfassungsreform 1994 neu eingefügten Abs. 3.

---

[1] G v. 27.10.1994, BGBl I 3146; die letztlich beschlossene Fassung entspricht der Beschlussempfehlung des Vermittlungsausschusses (BT-Dr 12/8423 sowie Plenarprotokoll 12/241), der insoweit wiederum im Wesentlichen dem Vorschlag des Bundesrats folgte, vgl. BR-Dr 886/93 – zugrunde lagen die Vorschläge der GemVerfKom zur Neuordnung der Gesetzgebungszuständigkeiten (BT-Dr 12/6000, 12/6633, 12/7109), StenBer, 4. Sitzung v. 2.4.1992,; zu VErfassungsreform 1994 s. *Oeter* MKS II, Art. 72 Rn. 42 ff.) – Demgegenüber hatte sich der Rechtsausschuss gegen die Neufassung des Art. 72 ausgesprochen, BT-D; 12/8165; dazu etwa *Sannwald* ZG 1994, 134; zur Neufassung durch die Föderalismusreform s. z. B. *Uhle,* in: Maunz/Dürig, Art. 72 (2015) Rn. 39 ff.

[2] Vgl. etwa BT-Dr 12/7109, S. 6; eingeh. zu den Reformen *Wollenschläger* BK, Art. 72 (2018) Rn. 112 ff.; *Oeter* MKS II, Art. 72 Rn. 40 ff.

[3] S. dazu *Uhle,* Maunz/Dürig, Art. 72 (2015) Rn. 27 f.

[4] Zu deren Entstehungsgeschichte s. *Schmehl* DÖV 1996, 724 (724 ff.); *Oeter* MKS II, Art. 72 Rn. 90 ff.

[5] Vgl. BT-Dr 12/7109, S. 9; s. dazu BVerfGE 106, 62 (135 ff.); siehe auch *GemVerfKom,* StenBer, 4. Sitzung v. 2.4.1992, S. 6.

[6] Vgl. BVerfGE 2, 213 (244 f.); 4, 115 (127 f.); 10, 234 (245); 13, 230 (233 f.); 33, 224 (229); 65, 1 (63); 65, 283 (289); 67, 299 (327); 78, 249 (270); *Jarass* NVwZ 1996, 1041 (1042); Überblick über den damaligen Meinungsstand bei *Majer* EuGRZ 1980, 98 (105 ff.); zusammenfassend BVerfGE 106, 62 (136).

[7] Zur Zielsetzung der Novelle, Art. 72 II justitiabel zu machen BVerfGE 106, 62 (136 ff.); 125, 141 (153 f.).

[8] Vgl. zur Bewertung der Reform *Wollenschläger* BK, Art. 72 (2018) Rn. 117 ff.

[9] BT-Dr 16/813, S. 9; *Wittreck,* in: Dreier II, Art. 72 Rn. 17.

[10] BVerfGE 128, 1 (34); von „konditionierter" und „unkonditionierten Gesetzgebung" spricht *Uhle,* in: Kluth, Föderalismusreform, Art. 72 Rn. 7; zur Terminologie *Wollenschläger.* BK, Art. 72 (2018) Rn. 150; *Herbst,* Friauf/Höfling, Art. 72 (2020) Rn. 75 f.

Damit sind die Ausführungen des BVerfG im Urteil zum Altenpflegegesetz vom 24.10.2002, seiner **4** ersten Grundsatzentscheidung zu **Art. 72** in der **Neufassung 1994** nicht mehr uneingeschränkt gültig:

„Art. 72 GG kommt im Rahmen der Balance zwischen Bund und Ländern als Kompetenzverteilungsregel auf dem Feld der Gesetzgebung eine besondere Bedeutung zu. Die Vorschrift fügt sich in das Programm der konkurrierenden Gesetzgebung ein: Die Länder sind für die Gesetzgebung grundsätzlich zuständig und bleiben es, wenn der Bund untätig geblieben ist; sie gewinnen die Kompetenz zurück, wenn er ihnen das Gesetzgebungsrecht über Art. 72 Abs. 3 GG wieder eingeräumt hat, weil die Voraussetzungen des Abs. 2 nachträglich entfallen sind. Erst dann, wenn der Bund eine in Art. 74 oder Art. 74a GG genannte Materie an sich zieht, ist sie für die Länder gesperrt. Art. 72 Abs. 2 GG wiederum begrenzt die Kompetenz des Bundes und bindet sie an bestimmte materielle Voraussetzungen".[11]

Die Rechtsprechung hatte – nach teilweiser Skepsis im Schrifttum[12] – diesen Intentionen der **5** Neuregelung in vollem Umfang Geltung verschafft.[13] Das U. zum Altenpflegegesetz wurde als grundlegende Neuverteilung der Gewichte gesehen:[14] vom unitarischen hin zum kompetitiven Föderalismus.[15] Die Urteile zum HRG bestätigten dies.[16] Auch in der Entstehungsgeschichte kommt diese Tendenz zum Ausdruck – angesichts der zeitlichen Nähe kommt der historischen Auslegung besonderes Gewicht zu.[17] Andererseits ist bei konsequenter Anwendung für manche der Kompetenztitel des Art. 74 I kaum mehr darstellbar, wann der Bund zur Gesetzgebung befugt sein könnte. Hierauf hat der verfassungsändernde Gesetzgeber mit Vorranggesetzgebung, den „Kernkompetenzen"[18] reagiert.

# B. Gesetzgebungsbefugnisse des Bundes bei konkurrierender Gesetzgebung (Abs. 2) – Erforderlichkeit bundesgesetzlicher Regelung

## I. Erforderlichkeit und Vorranggesetzgebung

Die **Erforderlichkeitsklausel** des Abs. 2 gilt für die dort genannten Kompetenztitel des Art. 74 I, **6** ferner für die Gesetzgebung über Steuern nach Art. 105 II, also bei Steuern, deren Aufkommen nicht ganz oder teilweise dem Bund zusteht. Erforderlichkeit ist hierfür nach den gleichen Grundsätzen zu beurteilen.[19] Für eine bundesgesetzliche Regelung der Grundsteuer müssten also die Zielvorgaben des Art. 72 II eingreifen – was anders als bei der Erbschaftssteuer mit ihren ländergreifenden Sachverhalten nicht ohne weiteres darstellbar sein dürfte.[20] Art. 125a II trägt keine grundlegende Umgestaltung des Bundesrechts.

Durch Art. 72 II ergeben sich neue Probleme der kompetenzrechtl. Qualifikation (→ Art. 70 **7** Rn. 57 ff.). Doppelzuständigkeiten waren stets ausgeschlossen,[21] (→ Art. 70 Rn. 62), nicht aber die Begründung einer Bundeskompetenz aus **unterschiedlichen Kompetenztiteln.** Insbes. auf Grund von Überschneidungen zwischen einzelnen Gebieten des Art. 74 I können verschiedene Normen gleichzeitig auf mehrere Kompetenztitel gestützt werden. Bei sog. „Mosaikkompetenzen"[22] werden unterschiedl. Vorschriften eines Gesetzes in der Weise auf unterschiedl. Kompetenztitel gestützt, dass sich hieraus die Zuständigkeit für das Gesetz als Ganzes ergibt.

**Mehrfachzuordnungen** sind bei den zT weit gefassten Kompetenztitel des Art. 74 I nicht ausge- **8** schlossen, so für das Recht der Wirtschaft, Nr. 11, da wirtschaftliche Betätigung bei einer Vielzahl von Kompetenzmaterien stattfindet. Kann ein Gesetz als ganzes auf unterschiedl. Kompetenztitel des Art. 74 I gestützt werden, von denen nicht alle in Art. 72 II genannt sind, so sind hierfür diese Optionen eröffnet:

---

[11] BVerfGE 106, 62 (135) – zur Bedeutung der Entscheidung für die bundesstaatliche Kompetenzordnung s. z. B. *Kenntner* NVwZ 2003, 821; *ders.* DVBl 2003, 259: „Markstein in der Geschichte des Föderalismus"; *Jochum* NJW 2003, 28; *Depenheuer* ZG 2005, 83; *Backert* BayVBl 2006, 129: „Renaissance des Bundesstaats".

[12] So auch vom Verf. in den Vorauflagen; differenzierend *Faßbender* JZ 2003, 332 (335); *Kunig,* in: v. Münch/Kunig II, Art. 72 Rn. 28.

[13] So nach der Grundsatzentscheidung BVerfGE 106, 62 in den Urteilen zum HRG, BVerfGE 111, 226 und BVerfGE 112, 226.

[14] Vgl. die Anm. von *Kenntner* NVwZ 2003, 821; *ders.* DVBl 2003, 259: „Markstein in der Geschichte des Föderalismus"; *Jochum* NJW 2003, 28; *Calliess* EuGRZ 2003, 181 (194).

[15] Vgl. Isensee HStR VI, § 126 Rn. 332.

[16] BVerfGE 111, 226; 112, 226.

[17] Vgl. BVerfGE 96, 288 (301); *Degenhart,* Volksgesetzgebung auf Verfassungsänderung nach der Verfassung des Landes Nordrhein-Westfalen, in: Neumann/Raumer (Hrsg.), Die verfassungsrechtliche Ausgestaltung der Volksgesetzgebung, 1999, S. 57 (71 f.).

[18] Vgl. BVerfGE 128, 1 (34 f.); 138, 136 (176); *Uhle* in: Maunz/Dürig, Art. 72 Rn. 125; s. auch HessFinG ZfWG 2018, 480 Rn. 33 – Sportwettensteuer.

[19] BVerfGE 125, 141, (154).

[20] Vgl. *Schmidt,* ZRP 2019, 146 ff.; *Schmidt* NVwZ 2019, 103 (105 f.); für die Erbschaftssteuer BVerfGE 138, 136 (176 ff.).

[21] Vgl. *Heintzen* BK, Art. 70 (2003) Rn. 139; BVerfGE 67, 299 (321).

[22] Vgl. *Heintzen* BK, Art. 70 (2003) Rn. 138; *Oeter* MKS II, Art. 72 Rn. 97.

– Erfordernis der Feststellung der Erforderlichkeit, wenn die Norm auch in eines der Gebiete nach Art. 72 II (konditionierte Gesetzgebung[23]) fällt;
– Verzicht auf die Feststellung der Erforderlichkeit, wenn die Norm auch in eines der Gebiete der Vorranggesetzgebung (voraussetzungslose Gesetzgebung) fällt;[24]
– Ausschluss einer Doppelzuordnung wie im Verh. von Bund und Ländern, Zuordnung zu einem der Gebiete des Art. 74 I nach Gesetzeszweck, Spezialität und Schwerpunkt (→ Art. 70 Rn. 59).

9     Die Entstehungsgeschichte ist nicht eindeutig; die allg. Zielsetzung einer Entflechtung der bundes- staatl. Beziehungen könnte dafür sprechen, im Zweifel den Bereich der Vorranggesetzgebung weiter zu ziehen. Dagegen spricht systematisch jedoch die ausdrückl. Benennung der Gebiete, für die wie bisher Erforderlichkeit zu prüfen ist. Dies spricht für die dritte Alternative, die ausschließl. Zuordnung zu jeweils einem Kompetenztitel. Andererseits handelt es sich bei Art. 74 I weiterhin um Fälle konkurrierender Gesetzgebung, die bisher nebeneinander anwendbar waren und für die ein Vorrang eines von unterschiedl. anwendbaren Kompetenztiteln nicht immer festgestellt werden konnte.

9a    Nach der Systematik der Art. 70 ff. muss jedenfalls die erste Alternative ausscheiden. „Nach der Systematik der grundgesetzlichen Kompetenzordnung wird grundsätzlich der Kompetenzbereich der Länder durch die Reichweite der Bundeskompetenzen bestimmt, nicht umgekehrt".[25]
Dies bedeutet: zunächst ist die Gesetzgebungskompetenz des Bundes zu bestimmen. Fällt hiernach eine Materien in die Vorrangkompetenz des Bundes, so sind die Länder gemäß Art. 72 I nur solange zuständig, als der Bund nicht durch Gesetz tätig wird – was er jederzeit kann. Kann der Bund aber jederzeit tätig werden, und kann die gesetzl. Regelung in allen Inhalten für eine Vorrangkompetenz gestützt werden, so wird diese Kompetenz nicht dadurch zum Fortfall gebracht, dass das Gesetz auf einen weiteren Kompetenztitel gestützt werden kann, der unter die Erforderlichkeitsgesetzgebung fällt. Im Fall einer **Mosaikkompetenz** ist die kompetenzielle Zuordnung getrennt für einzelnen Gesetzesteile vorzunehmen.[26]

## II. Erforderlichkeit einer bundesgesetzlichen Regelung: die Zielvorgaben des Art. 72 II

10    Art. 72 II benennt für die dort aufgeführten Gebiete der konkurrierenden Gesetzgebung drei unterschiedl. **Zielvorgaben,** die ein Tätigwerden des Bundesgesetzgebers auf den dort genannten Gebieten rechtfertigen: der Bund hat das Gesetzgebungsrecht, „wenn und soweit"
– die Herstellung gleichwertiger Lebensverhältnisse im Bundesgebiet oder
– die Wahrung der Rechtseinheit im gesamtstaatlichen Interesse oder
– die Wahrung der Wirtschaftseinheit im gesamtstaatlichen Interesse
eine bundesgesetzliche Regelung **erforderl.** macht.

11    Mit dem Kriterium der Erforderlichkeit[27] wird ein Teilelement des **Verhältnismäßigkeitsprinzips,**[28] das auf die Staat-Bürger-Beziehungen zugeschnitten ist,[29] auf die staatliche Kompetenzordnung übertragen.[30]

12    Das **„gesamtstaatliche Interesse"** bezieht sich auf die Wahrung der Rechts- und der Wirtschaftseinheit.[31] Dafür sprechen Wortlaut, Systematik und Entstehungsgeschichte.[32] Hierfür wird vor allem darauf abzustellen sein, ob Bedeutung und Auswirkungen des Gesetzes sich nicht nur auf ein Land oder einzelne Länder beschränken.[33]

13    Die Unterscheidung im Verfassungstext zwischen **„Herstellung"** gleichwertiger Lebensverhältnisse und **„Wahrung"** der Rechts- und Wirtschaftseinheit[34] wirft für letztere die Frage auf, ob damit der Bundesgesetzgeber auf im engeren Sinn „bewahrende" Regelungen beschränkt ist; dafür spricht neben

---

[23] Vgl. zur Terminologie *Uhle,* Maunz/Dürig, Art. 72 (2015) Rn. 66.
[24] Dafür mit bedenkenswerter Argumentation *Stettner,* in: Dreier II, Suppl. 2007, Art. 70 Rn. 36 f.; Art. 72 Rn. 34.
[25] BVerfGE 135, 155 Rn. 103; ähnlich in der Sache auch BVerfGE 97, 322 (332).
[26] So wohl BVerfGE 136, 194 Rn. 111; wie hier *Oeter* MKS II, Art. 72 Rn. 97.
[27] S. dazu BVerfGE 125, 141 (154).
[28] Vgl. *Ossenbühl,* FS Lerche, 1993, S. 151.
[29] BVerfGE 81, 310 (338); anders *Schmehl* DÖV 1996, 724 (726) im Hinblick auf Art. 72 II als spezielle Regelung; s. auch für das Gemeinschaftsrecht *Götz* JZ 2001, 32 (35).
[30] Vgl. dazu *Calliess* EuGRZ 2003, 181 (183 f.); *Kenntner* NVwZ 2003, 821 (823) und – nach wie vor kritisch zur Neufassung – *Oeter* MKS II, Art. 72 Rn. 88, 108: zu Art. 105 II GG s. *Seer,* FR 2019, 941 (943).
[31] BVerfGE 106, 62 (145, 146); 125, 141 (154); *Oeter* MKS II, Art. 72 Rn. 103; a. M. *Sannwald,* in: Hofmann/Henneke, Art. 72 Rn. 63: nur Rechtseinheit; anders – unter Bezugnahme auf die Entstehungsgeschichte *Umbach/Clemens,* in: Umbach/Clemens, GG II, Art. 72 Rn. 39.
[32] Vgl. BT-Dr 12/6633, S. 8.
[33] Ähnlich *Pieroth,* in: Jarass/Pieroth, Art. 72 Rn. 8;; enger – „Korrektivfunktion" des Begriffs – *Calliess* DÖV 1997, 889 (896).
[34] Dazu näher *Oeter* MKS II, Art. 72 Rn. 98 ff.

dem Wortlaut die Tendenz der Verfassungsänderung, die Kompetenzen des Bundes enger zu fassen.[35] Dass aber auch für „Bewahrung" aktiv-gestaltendes und nicht nur reaktiv-sicherndes Handeln des Gesetzgebers erforderl. sein kann, belegt auch die Altenpflegeentscheidung: Nachwuchssicherung durch bundeseinheitliche Regelung der Berufsausbildung zur Wahrung der Wirtschaftseinheit.[36]

Dass ein Gesetz der Umsetzung europäischen Rechts[37] oder der Erfüllung völkerrechtl. Verpflichtun- **14** gen dient, begründet, für sich gesehen, noch kein gesamtstaatliches Interesse – auch für Art. 72 gilt, dass es keinen besonderen Kompetenztypus der **Umsetzungsgesetzgebung** gibt (→ Art. 70 Rn. 25).[38] Auch kann die differenzierte Neuregelung der Erforderlichkeitsklausel nicht dadurch überspielt werden, dass sie einer „europabedingten Reduktion"[39] unterworfen wird (aber → Rn. 16), was jedoch nicht ausschließt, dass zur sachgerechten Umsetzung eine bundesgesetzliche Regelung zur Wahrung der Rechtseinheit erforderl. ist.[40] Ob unionsrechtlich Umsetzungsspielraum besteht, ist für Art. 72 II nicht entscheidend.

Zur Herstellung der **Gleichwertigkeit der Lebensverhältnisse** ist der Bundesgesetzgeber auch **15** dann zum Eingreifen befugt, *„wenn sich die Lebensverhältnisse in den Ländern der Bundesrepublik in erheblicher, das bundesstaatl. Sozialgefüge beeinträchtigender Weise auseinander entwickelt haben oder sich eine derartige Entwicklung konkret abzeichnet."*[41] Letzteres betrifft also ein Handel in einer Situation an sich (noch) bestehender Gleichwertigkeit.[42] Hierfür muss der Gesetzgeber das Tatsachenmaterial sorgfältig ermitteln. Erst wenn es fundierte Einschätzungen der gegenwärtigen Situation und der künftigen Entwicklung zulassen, darf der Bund von seiner konkurrierenden Kompetenz Gebrauch machen.[43] Eine weitere Stärkung der Länder folgt daraus, dass an die Stelle der „einheitlichen" Lebensverhältnisse nach Art. 72 II Nr. 3 aF in Art. 72 II 1. Alt in der seit 15.11.1994 geltenden Fassung **„gleichwertige"** Lebensverhältnisse getreten sind.[44] Diese müssen nicht notwendig einheitlich sein, regionale Differenzierungen sind also möglich.[45] Bloße Verbesserung genügt nicht.[46] Der Begriff der Lebensverhältnisse ist nicht definiert; man wird darunter alle (äußeren) Faktoren verstehen dürfen, die für die Lebensumstände des einzelnen bedeutsam sind, soweit sie staatlicherseits beeinflussbar sind – nur insoweit kann eine Verfassungspflicht bestehen: wirtschaftliche Rahmenbedingungen, Daseinsvorsorge, Infrastruktur; auch muss es sich um föderal bedingte Ungleichheit handeln. Abs. 2 enthält keine allg. Gemeinwohlklausel.

Demgemäß konnte die Erwägung, durch ein Verbot von Studiengebühren die Studienbereitschaft zu fördern, kein bundesgesetzl. Verbot (Art. 75 I 1, Art. 72 II jeweils aF) rechtfertigen.[47] Da es um das bundesstaatl. Sozialgefüge geht, ist die bundesweite Funktionsfähigkeit der **Sozialversicherung** zu gleichen Bedingungen von elementarer Bedeutung für gleichwertige Lebensverhältnisse.[48] Dies gilt nicht notwendig für einzelne Sozialleistungen; nicht beim Betreuungsgeld: die Zielsetzung eines Ausgleichs für Eltern, die keine öff. Einrichtung in Anspruch nahmen, war nicht auf eine föderal bedingte Ungleichheit gerichtet.[49]

Die zweite Zielvorgabe – Wahrung der **Rechtseinheit im gesamtstaatlichen Interesse** (des **16** Bundes und der Länder) – greift nicht schon dann ein, wenn in den Ländern unterschiedliches Recht gilt – für die Materien des Art. 74 will das Grundgesetz Rechtsvielfalt durch partikular-differenzierte Regelungen eröffnen.[50] Es müssen zusätzl. Umstände hinzutreten, die eine Vereinheitlichung des Rechts erfordern, so eine nicht hinnehmbare Rechtszersplitterung und hieraus resultierende „unzumutbare Behinderungen im länderübergreifenden Rechtsverkehr",[51] eine Beeinträchtigung der Verkehrsfähigkeit von Vermögenswerten;[52] Gefährdung einheitl. Standards medizinischer Versorgung,[53] Störungen der Rechtssicherheit und Freizügigkeit.[54] Auch die Notwendigkeit, eine Vorschrift des Unionsrechts sachgerecht umsetzen zu können, kann die Zielvorgabe erfüllen.[55]

---

[35] So etwa *Oeter* MKS II, Art. 72 Rn. 106.

[36] BVerfGE 106, 62 (157); *Oeter* MKS II, Art. 72 Rn. 107; *Wollenschläger* BK, Art. 72 (2018) Rn. 275.

[37] Vgl. BVerfGK 17, 1; BVerfGE 122, 1 (21).

[38] Vgl. BVerfGK 17, 18 (23 f.); 17, 29 (31); aM *Sannwald,* in: Schmidt-Bleibtreu, Art. 72 Rn. 48; wie hier *Wollenschläger.* BK, Art. 72 (2018) Rn. 261; *Herbst,* Friauf/Höfling, Art. 72 (2020) Rn. 86.

[39] So aber *Frenz* NVwZ 2006, 742 (744) für die Umweltgesetzgebung.

[40] BVerfGE 122, 1 (17); *Wollenschläger.* BK, Art. 72 (2018) Rn. 263 f.

[41] BVerfGE 106, 62 (142); 112, 226 (244); 140, 65 Rn. 35.

[42] Vgl. *Wollenschläger.* BK, Art. 72 (2018) Rn. 276; enger *Uhle* in: Maunz/Dürig, Art. 72 (2015) Rn. 136.

[43] BVerfGE 106, 62 (144); 140, 65 Rn. 56 ff.

[44] Zur Entstehungsgeschichte s. *Wollenschläger* BK, Art. 72 (2018) Rn. 287.

[45] *Wollenschläger.* BK, Art. 72 (2018) Rn. 287.

[46] BVerfGE 140, 65 Rn. 35; vgl. *Ewer* NJW 2012, 2251 (2253).

[47] BVerfGE 112, 266.

[48] BVerfGE 113, 167 (198).

[49] BVerfGE 140, 65 Rn. 35 ff.

[50] BVerfGE 106, 62 (150); BVerfGE 112, 226 (250); dazu *Waldhoff* JuS 2005, 391 (396).

[51] BVerfGE 106, 62 (145); 125, 141 (154); 140, 65 Rn. 49; vgl. auch *Uhle,* in: Kluth, Föderalismusreform, Art. 72 Rn. 34: „Erhalt eines funktionsfähigen Rechtsraums".

[52] BVerfGE 126, 331 (357).

[53] Vgl. BSG GesR 2010, 554 Abs. 16; für die gesetzliche Krankenversicherung s. BVerfGE 113, 167 (198); 114, 196 (222): Versorgung der Versicherten auf gleich hohem Niveau.

[54] BVerfGE 111, 226 (253 f.); 112, 226 (250).

[55] BVerfGE 122, 1 (21).

Ihre praktische Bedeutung dürfte eher gering sein, nachdem für die Rechtseinheit bedeutsame Materien wie der Justizbereich des Art. 74 I Nr. 1, oder das Sozial- und Arbeitsrecht unter die Vorranggesetzgebung des Bundes fallen. Damit sind Blankettstrafrechtsnormen des Bundes, die an unterschiedl. materielles Landesrecht anknüpfen, wieder zulässig geworden, nachdem das BVerfG für sie die Erforderlichkeit nach Art. 72 II (1994) verneint hatte.[56] Für den Ladenschluss wurden in erhebl. Umfang mögliche **landesrechtlichen Ausnahmeregelungen** als Indiz für mangelnde Erforderlichkeit gewertet.[57] Im Abgabenrecht kann das Fehlen einer bundesgesetzl. Regelung zu einer problematischen Gesetzesvielfalt führen.[58] Eine berufsrechtl. durch Bundesgesetz ist dann erforderl., wenn landesüberschreitende Aufgaben in bundesweiten Infrastrukturen wahrgenommen werden.[59]

17    Bei wirtschaftlich bedrohlichen Auswirkungen unterschiedlichen Rechts greift die Zielvorgabe der Wahrung der **Wirtschaftseinheit im gesamtstaatlichen Interesse** ein. Wirtschaftseinheit bedeutet auch die Geltung gleicher rechtlicher Bedingungen für wirtschaftliche Betätigung.[60] Es geht um die Erhaltung der Funktionsfähigkeit des Wirtschaftsraums der Bundesrepublik durch bundeseinheitliche Rechtssetzung.[61] Wenn sich auch Wirtschaftseinheit typischerweise über Rechtseinheit herstellen lassen kann, sind die Schwerpunkte doch unterschiedlich.[62] Geht es in erster Linie um wirtschaftspolitisch bedrohliche oder unzumutbare Auswirkungen einer Rechtsvielfalt oder fehlenden Landesrechts, greift die dritte Zielvorgabe des Art. 72 II ein, nicht nur für das „Recht der Wirtschaft" in Art. 74 I Nr. 11.[63] Wirtschaftseinheit muss sich nicht auf die Gesamtwirtschaft, sondern kann sich auf einzelne Wirtschaftszweige beziehen.[64] **Gesamtstaatliches Interesse** in diesem Sinn wurde bejaht für exportorientierte Absatzförderung.[65] Unterschiedl. Ausbildungs- und Berufszugangsvoraussetzungen können in diesem Sinn störende Nachteile für die Berufssituation im Gesamtstaat mit sich bringen.[66] Entstehungsgeschichtlich ging es vor allem darum, bundesgesetzliche Regelungen der beruflichen Bildung offen zu halten.[67] Für Öffentlichkeitsinformation im Lebens- und Futtermittelrecht ist bundesweite Einheitlichkeit Voraussetzung für Transparenz und Vertrauen und damit zur Wahrung der Wirtschaftseinheit erforderl.[68]

## III. Feststellung der Erforderlichkeit

18    Erforderl. ist die bundesgesetzliche Regelung danach nur soweit,

„als ohne sie die vom Gesetzgeber für sein Tätigwerden im konkret zu regelnden Bereich in Anspruch genommene Zielvorgabe des Art. 72 Abs. 2 GG, also die Herstellung gleichwertiger Lebensverhältnisse oder die im gesamtstaatlichen Interesse stehende Wahrung der Rechts- oder Wirtschaftseinheit, nicht oder nicht hinlänglich erreicht werden kann".[69]

Dies bedeutet, dass jedenfalls die Eignung zur Verwirklichung der Zielvorgaben des Abs. 2 und ihre Erforderlichkeit im Sinn des geringstmöglichen Eingriffs festgestellt werden muss;[70] Verhältnismäßigkeit i. e. S. der „Angemessenheit" dürfte jedoch kein eigenes Prüfungskriterium bilden.[71] Auch insoweit ist die primär grundrechtliche Ableitung des Verhältnismäßigkeitsgrundsatzes in Rechnung zu stellen.[72] Das Gesetzgebungsrecht des Bundes ist von einer **doppelten Erforderlichkeitsprüfung** abhängig: sie erstreckt sich auf die grundsätzliche Regelungsbefugnis des Bundes und das Ausmaß bundesgesetzlicher Regelungen. Der erste Prüfungsschritt bezieht sich auf das Gesamtkonzept der Regelung, der zweite auf deren Inhalte im einzelnen; dabei ist die Erforderlichkeit für jeden Gegenstand gesondert zu prüfen,[73] wobei Teilregelungen aber nur dann als nicht erforderl. herausgenommen werden dürfen, wenn das Gesamtkonzept unberührt bleibt.[74]

---

[56] BVerfGE 110, 141 (176 f.); *Wollenschläger* BK, Art. 72 (2018) Rn. 333.
[57] BVerfGE 111, 10; vgl. *Lindner* BayVBl 2005, 65 (67).
[58] BVerfG (K) NVwZ-RR 2004, (891).
[59] BVerfG (K) GewArch 2010, 456 Abs. 20 f.; NVwZ-RR 2011, 385.
[60] *Wollenschläger* BK, Art. 72 (2018) Rn. 308; *Uhle*, Maunz/Dürig, Art. 72 (2015) Rn. 151 zur Frage der Erforderlichkeit einheitlicher Ozonsmog-Grenzwerte, §§ 40a ff. BImSchG s. *Schmehl/Karthaus* NVwZ 1995, 1171 (1174).
[61] BVerfGE 106, 62 (146 f.), 112; 226 (249); 122, 1 (22). 140, 65 Rn. 49.
[62] BVerfGE 125, 141 (154 f.).
[63] BVerfGE 106, 62 (146 f.); *Sannwald*, in: Hofmann/Henneke, Art. 72 Rn. 59.
[64] BVerwGE 133, 42 (51 f.): 136, 194 Rn. 114; 139, 42 Rn. 30; enger *Wollenschläger* BK, Art. 72 (2018) Rn. 311.
[65] Vgl. BVerfGE 136, 194 Rn. 114 für den „globalisierten Weinmarkt".
[66] BVerfGE 119, 59 (82).
[67] BT-Dr 12/8165, S. 31 f.; *Isensee* FS Badura, 2004, S. 689 (725); *Wollenschläger*. BK, Art. 72 (2018) Rn. 313.
[68] BVerfGE 148, 40 Rn. 23.
[69] BVerfGE 106, 62 (149); 125, 141 (154 f.).
[70] *Isensee*, in: FS Badura, 2004, S. 689 (711).
[71] Dafür aber *Calliess* EuGRZ 2003, 181 (194); wie hier *Wollenschläger* BK, Art. 72 (2018) Rn. 269; *Herbst*, Friauf/Höfling, Art. 72 (2020) Rn. 88.
[72] So auch *Oeter* MKS II, Art. 72 Rn. 116 ff.; anders *Kenntner* NVwZ 2003, 821; *ders.* DVBl 2003, 259: unverkürzte („reinrassige") Verhältnismäßigkeitsprüfung.
[73] BVerfGE 140, 65 (91 f.); *Wollenschläger* BK, Art. 72 (2018) Rn. 271.
[74] BVerfGE 113, 167 (198).

Die Möglichkeit des Erlasses gleichlautender Landesgesetze, insbes. staatsvertraglicher Selbstkoor- 19
dinierung, lässt die Erforderlichkeit idR nicht entfallen.[75] Auch gleichlautendes Landesrecht gewährleistet keine gesicherte Rechtseinheit, auch sind die Verfahren wie die (zudem unter parlamentarisch-
demokratischen Aspekten nicht unbedenkl.) kooperativen Föderalismus mitunter schwerfällig.

Auch wenn es sich bei der Erforderlichkeit nach Abs. 2 um einen gerichtlich voll überprüfbaren 20
unbestimmten Rechtsbegriff handelt, kommt dem Gesetzgeber eine begrenzte **Einschätzungspräro-**
**gative** zu,[76] sowie für gesetzgeberische Prognosen, etwa über die Entwicklung ohne Eingreifen des
Bundesgesetzgebers, ein angemessener Prognosespielraum,[77] wobei sich Tatsachenaufklärung und
Prognose nicht immer trennscharf unterscheiden lassen, so in der Frage, ob Gleichwertigkeit der
Lebensverhältnisse durch eine gesetzl. Regelung erzielt wird.[78] Dies betriff auch"Konzept und Ausgestaltung" des Gesetzes[79] und Geeignetheit und Erforderlichkeit einer bundesgesetzlichen Regelung.[80]

Derartige Einschätzungsprärogativen gelten für alle Zielvorgaben des Abs. 2. Auch der Wahrung der 21
Rechts- und Wirtschaftseinheit wohnt ein politisch–gestaltendes Element inne.[81] Der Prognose müssen
**Sachverhaltsannahmen** zu Grunde liegen, die sorgfältig ermittelt sind oder sich jedenfalls in der
gerichtlichen Prüfung bestätigen lassen. Sie muss sich methodisch auf ein angemessenes Prognose-
verfahren stützen lassen, dieses muss konsequent verfolgt worden sein.[82] Das Prognoseergebnis ist
daraufhin zu kontrollieren, ob die tragenden Gesichtspunkte mit hinr. Deutlichkeit offen gelegt
worden sind und ob keine sachfremden Erwägungen eingeflossen sind. Dem Bundesgesetzgeber
obliegt die **Darlegungslast** hinsichtlich der Voraussetzungen des Abs. 2.[83] Dabei können die maßgeblichen Erwägungen auch noch im Stadium des Normenkontrollverfahrens nachgeschoben werden.[84] Die RSpr des BVerfG zu Einschätzungsspielräumen des Gesetzgebers ist nicht einheitl.; so stellt
BVerfGE 135, 155 zur Filmförderung auf die obj. Rechtfertigungsfähigkeit der Einschätzung des
Gesetzgebers ab,[85] prüft BVerfG 138, 136 zur Erbschaftssteuer vollumfängl. Gefahr der Rechtszersplitterung.[86]

Mit der Herausarbeitung gesicherter Kontrollmaßstäbe durch das BVerfG hat die Frage, ob die 22
„Erforderlichkeit" iSv Art. 72 II entspr. dem **Subsidiaritätsprinzip des Art. 5 EUV** zu bestimmen
ist,[87] an Relevanz verloren. Von der Frage seiner Justiziabilität[88] abgesehen, kann es nicht auf das
gegenüber dem Verhältnis von Union und Mitgliedstaaten ganz anders geartete Bund-Länder-Verhältnis übertragen werden. Die Kompetenzverteilung zwischen Bund und Ländern ist in Art. 70 ff.
lückenlos geregelt; ein generelles Subsidiaritätsprinzip als Auslegungskriterium dürfte hierin nicht zu
sehen sein.[89] Im Bereich der Vorrangkompetenz des Bundes ist dafür ohnehin kein Raum.[90]

## IV. Übergangsrecht

Für die reduzierte Erforderlichkeitsklausel des Art. 72 II ist keine Übergangsvorschrift vorgesehen. 23
Für Recht, das vor dem 15.11.1994 auf Grund der Bedürfnisklausel des Art. 72 II aF erlassen worden
war und das dann der Erforderlichkeitsklausel des Art. 72 II in der ab 15.11.1994 geltenden Fassung
nicht entsprach, galt Art. 125a II aF: es galt als Bundesrecht fort, konnte aber durch Landesrecht ersetzt
werden; mit der Föderalismusreform 2006 gilt dies nach Art. 125a II auch weiterhin für Bundesrecht,

---

[75] BVerfGE 111, 26 (254); 135, 155 Rn. 17; dafür *Pieroth,* in: Jarass/Pieroth, Art. 72 Rn. 7; *Herbst,* in: Friauf/
Höfling, Art. 72 (2020) Rn. 90; *Schmehl* DÖV 1996, 724 (726); *Kröger/Moos* BayVBl 1997, 705 (712 f.); a. M.
*Rybak/Hofmann* NVwZ 1995, 230 (232); wie hier *Uhle,* in: Maunz/Dürig, Art. 72 (2015) Rn. 182

[76] BVerfGE 111, 26 (255); 128, 1 (34); 119, 59 (82); 138, 136 (177); 140, 65 (94); BVerfG (K) GesR 2013, 603
Rn. 21 bei juris 125, 141 (154); BVerfG, NV-Z 2011, 94 (97), Abs. 127.

[77] BVerfGE 106, 62 (151); *Faßbender* JZ 2003, 332 (335); *Jochum* NJW 2003, 28 (29).

[78] So zutr. *Kunig,* in: v. Münch/Kunig II, Art. 72 Rn. 26.

[79] BVerfGE 106, 62 (149); *Oeter* MKS II, Art. 72 Rn. 117 f.

[80] Zur Prüfung der Geeignetheit und Erforderlichkeit von Gesetzen *Degenhart,* StaatsR I, Rn. 423 ff.

[81] *Kunig,* in: v. Münch/Kunig II, Art. 72 Rn. 27.

[82] BVerfGE 106, 62 (152) unter Bezugnahme auf BVerfG 88, 203 (262).

[83] Der Begriff der Beweislastumkehr – *Kenntner* ZRP 1995, 367 – ist zu prozessual geprägt; zu einer erhöhten
Darlegungslast *Isensee* FS Badura, 2004, S. 689 (716 f.); *Depenheuer* ZG 2005, 83 (88 f.).

[84] BVerfGE 106, 62 (152); 111, 226 (267); kritisch *Isensee* FS Badura, 2004, S. 689 (717).

[85] BVerfGE 155, 155 Rn. 115

[86] BVerfGE 138, 136 Rn. 114 ff.; BVerfGE 125, 141 (154 ff.) zum Gewerbesteuer-Mindesthebesatz.

[87] Dafür *Kröger/Moos* BayVBl 1997, 705 (710 f.); differenz. *Calliess* DÖV 1997, 889 (896) und EuGRZ 2003, 181
(184 ff.), der die Erforderlichkeit des Art. 72 II GG nach Maßstab des Übermaßverbots bestimmen will; für Analogie
insoweit *Isensee* FS Badura, 2004, S. 689 (711 f.).

[88] Vgl. *Streinz,* in: Streinz, EUV/AEUV, Art. 5 EUV Rn. 40; insbes. im Bereich der Rechtsangleichungskom-
petenzen wird seine Anwendung bestritten, so vom Generalanwalt im Verfahren um das Tabakwerbeverbot, EuGH
JZ 2001, 32 mit Anm. *Götz* 34 ff., dort auch zur Frage einer Geltung des Verhältnismäßigkeitsprinzips als Kom-
petenzschranke.

[89] *Degenhart,* in: Heintzen/Uhle (Hrsg.), Neuere Entwicklungen im Kompetenzrecht, 2014, S. 65 (70 f.); *Wollen-*
*schläger,* BK, Art. 72 (2018) Rn. 267; anders *Sannwald,* in: Hofmann/Henneke, Art. 72 Rn. 42 f.; zurückhaltend
*Sarcevic* ZG 2000, 328 (337 ff.).

[90] *Wollenschläger* BK, Art. 72 (2018) Rn. 159.

das wegen fehlender Erforderlichkeit nicht neu erlassen werden kann. Bundesgesetze im Bereich der Vorranggesetzgebung gelten uneingeschränkt als Bundesrecht fort, da sie weiterhin als solches erlassen werden könnten. Wenn jedoch in diesem Bereich ein Bundesgesetz zwischen dem 15.11.1994 und dem 1.9.2006 erlassen wurde und es an der Erforderlichkeit nach Art. 72 II in der in diesem Zeitraum geltenden Fassung gefehlt haben sollte, so war der Bund nicht zur Gesetzgebung befugt, könnte das Gesetz jetzt jedoch erlassen, da nunmehr Erforderlichkeit nicht mehr festgestellt werden muss. Dem Normzweck der Vorranggesetzgebung würde es entsprechen, dass damit das Gesetz rückwirkend geheilt wird.[91] Sieht man das Bundesgesetz bei konkurrierender Gesetzgebung als „Eingriff" in die Kompetenzen der Länder, der erforderl. sein muss (→ Rn. 10), so könnte dies dafür sprechen, dass mit Einführung der Vorranggesetzgebung dieses eingriffsmäßige Betroffensein der Länder entfällt und die Norm daher aufrechterhalten werden kann.[92]

## C. Landesgesetzgebung und Sperrwirkung des Bundesgesetzes (Abs. 1)

### I. Voraussetzungen der Sperrwirkung nach Abs. 1 (1994)

24    Abs. 1 begründet die **Sperrwirkung der Bundesgesetzgebung** im Verh. zum Landesgesetzgeber bei konk. Gesetzgebung. Abs. 1 in der seit 15.11.1994 geltenden Fassung ist dabei für alle nach dem 15.11.1994 in Kraft tretenden Landesgesetze anwendbar, auch wenn das „sperrende" Bundesgesetz vorher in Kraft getreten ist. Für Landesrecht, das vor dem 15.11.1994 in Kraft getreten ist, war Abs. 1 aF maßgebl. Ein von der Sperrwirkung des Abs. 1 in der vor dem 15.11.1994 geltenden Fassung erfasstes Landesgesetz ist nie wirksam zustande gekommen und kann schon deshalb nicht „wiederaufleben".[93] Ziel der Neufassung 1994 – in der bis dahin geltenden Fassung fehlte die Formulierung „durch Gesetz", sie war im Präsens formuliert – war eine zeitl. Abschwächung und inhalt. Präzisierung der Sperrwirkung.[94] Während nach Abs. 1 aF die Einleitung des Gesetzgebungsverfahrens maßgeblich war, soll es nunmehr dessen Abschluss sein.[95] Ferner sollen entspr. Anhaltspunkte im Gesetz erforderl. sein.[96]

25    **1. Der maßgebliche Gesichtspunkt: „erschöpfende Regelung".** Der Landesgesetzgeber ist ausgeschlossen, wenn der Bund eine **erschöpfende Regelung**[97] getroffen hat; Landesgesetze sind in diesem Fall auch in den Punkten unzulässig, die der Bundesgesetzgeber nicht positiv geregelt hat.[98] Allein der Umstand, dass der Bund überhaupt auf einem Gebiet der konk. Gesetzgebung ein Gesetz erlassen hat, führt noch nicht zum Eintritt der Sperrwirkung. Erforderl. ist eine Gesamtwürdigung des Normenkomplexes.[99]

„Maßgeblich ist, ob ein bestimmter Sachbereich umfassend und lückenlos geregelt ist oder jedenfalls nach dem aus Gesetzgebungsgeschichte und Materialien ablesbaren objektivierten Willen des Gesetzgebers abschließend geregelt werden sollte. Für die Frage, ob und inwieweit der Bund von seiner Zuständigkeit Gebrauch gemacht hat, ist in erster Linie auf das Bundesgesetz selbst, sodann auf den hinter dem Gesetz stehenden Regelungszweck, ferner auf die Gesetzgebungsgeschichte und die Gesetzesmaterialien abzustellen."[100]

„Normenkomplex" bedeutet: Die Sperrwirkung kann auch durch mehrere, zusammenwirkende Gesetze erreicht werden.[101] Zu einem „erkennbar gewordenen Willen des Bundesgesetzgebers, ein Landesgesetz nicht zuzulassen", darf sich der Landesgesetzgeber nicht in Widerspruch setzen,[102] auch wenn er das Bundesgesetz für nachbesserungsbedürftig hält.[103]

26    Sperrwirkung kann auch eintreten bei einem **„absichtsvollen Regelungsverzicht"** des Bundesgesetzgebers, *„der in dem Gesetzestext selbst keinen unmittelbaren Ausdruck finden kann."*[104] Dies oder auch

---

[91] *Uhle,* in: *Kluth,* Föderalismusreform, Art. 72 Rn. 46 ist zuzugeben, dass der Gesichtspunkt einer Heilung im Hinblick auf die Nichtigkeit des kompetenzwidrigen Gesetzes ex tunc nicht unproblematisch ist.

[92] Zum Übergangsrecht s. auch *Uhle,* in: Kluth, Föderalismusreform, Art. 72 Rn. 46.

[93] Ebenso *Jarass* NVwZ 1996, 1041 (1042); *Sannwald,* in: Hofmann/Henneke, Art. 72 Rn. 21.

[94] Vgl. BT-Dr 12/6633, S. 8, zu Art. 72 I.

[95] Ebda, dort allerdings wohl zu undifferenziert, vgl. u. Rn. 35; auf Verkündung stellen ab: *Rybak/Hofmann* NVwZ 1995, 230; *Kunig,* in: v. Münch/Kunig II, Art. 72 Rn. 7; *Oeter* MKS II, Art. 72 Rn. 54.

[96] BT-Dr 12/6633, S. 8; s. *Oeter* MKS II, Art. 72 Rn. 54.

[97] Vgl. *Sannwald,* in: Hofmann/Henneke, Art. 72 Rn. 23.

[98] Vgl. BVerfGE 2, 232 (236); 32, 319 (327); 98, 265 (300); 109, 190 (229); 113, 348 (371).

[99] BVerfGE 7, 342 (347); 20, 238 (248); 49, 343 (358); 67, 299 (324); 113, 348 (369): 138, 261 Rn. 44; VGH Mannheim NVwZ-RR 2013, 151 Rn. 51; vgl. dazu näher *Jarass* NVwZ 1996, 1041 (1044 f.); *Oeter* MKS II, Art. 72 Rn. 70 ff.

[100] Vgl. BVerfGE 109, 190 (230) unter Bezugnahme auf BVerfGE 98, 265 (300 f.); 102, 99 (114 f.); ebenso BVerfGE 113, 348 (371); 138, 261 Rn. 44; BVerfGK 11, 420; BVerfG NVwZ 2010, 245 Rn. 40 ff. für § 304 StGB; BVerfG (K) NJW 2015, 44.

[101] BVerfGE 138, 261 Rn. 44.

[102] Vgl. BVerfGE 2, 232 (236); 32, 319 (327).

[103] BVerfGE 98, 265 (300); 109, 190 (230); 113, 348 (371 f.) *Uhle,* Maunz/Dürig, Art. 72 (2015) Rn. 93.

[104] BVerfG (K) NJW 2015, 44; grundlegend BVerfGE 98, 265 (300) mit abwM 329 (330 f.); BVerfGE 138, 261 Rn. 43; BAGE 146, 48 Rn. 19 – juris –; kritisch zu dieser Rechtsfigur *Barczak* ZG 2016, 154 ff.; *Wittreck,* in: Dreier II, Art. 72 Rn. 87.

sein"beredtes Schweigen"[105] oder „absichtsvolles Unterlassen"[106] begründet Sperrwirkung, wenn der Bundestag sich im Gesetzgebungsverfahren mit einer Frage befasst, diese aber nicht weiter verfolgt hat.[107] Absichtsvoller Regelungsverzicht soll auch dann die Sperrwirkung auslösen, wenn er für eine Materie erfolgte, die für sich gesehen in ausschließl. Zuständigkeit der Länder liegt und nur als **ungeschriebene Kompetenz** kraft Sachzusammenhangs (→ Art. 70 Rn. 42 ff.) einem Kompetenztitel des Art. 74 zugeordnet werden konnte.[108]

Eine **Kodifizierung** ist nicht stets mit einer erschöpfenden Regelung gleichzusetzen,[109] hat jedoch i. d. R. Indiz- 27 wirkung dafür.[110] Wenn bei umfassender Kodifizierung einzelne **Vorbehalte** zugunsten der Landesgesetzgebung aufgenommen sind, bedeutet dies in der Regel, dass diese i. Ü. ausgeschlossen sein soll.[111] Vorbehalte zugunsten des Landesgesetzgebers sind bei konkurrierender Gesetzgebung an sich nicht erforderl.,[112] können aber als Hinweis für eine nicht-erschöpfende Regelung gelten.[113] **Ermächtigungen** an den Landesgesetzgeber zum Erlass abw. Regelungen sind grundsätzlich zulässig,[114] in ihrer rechtl. Qualität allerdings klärungsbedürftig: hier kann insbes. das Vorliegen einer erschöpfenden Vollregelung zweifelhaft sein.[115] Angesichts der Wertung des Art. 70 sollte nicht im Zweifel von einer erschöpfenden Bundesregelung ausgegangen werden.[116]

Auch durch eine **Verordnungsermächtigung** macht der Bundesgesetzgeber „durch Gesetz" von 28 seiner Zuständigkeit Gebrauch. Es kommt für die Sperrwirkung also nicht darauf an, ob und wann die Verordnung erlassen wird.[117] Auch hier gilt jedoch, dass die Sperrwirkung nur soweit reicht, wie der Bundesgesetzgeber tatsächlich tätig geworden ist. Es ist also darauf abzustellen, welcher Bereich der Kompetenzmaterie durch die VO-Eächtigung erfasst wird.[118] Richtet sie sich an die Exekutive des Bundes, so müssen, soweit sie Ermächtigung reicht, die Länder von eigener Normsetzung auch im Weg der Gesetzgebung ausgeschlossen sein. Richtet sie sich an die Exekutive der Länder, so folgt deren Ermächtigung auch zum Erlass von Gesetzen aus Art. 80 IV. Für die Tragweite der Sperrwirkung ist entspr. der bundesgesetzlichen Regelung differenzierend[119] darauf abzustellen, ob die VO-Ermächtigung noch Raum für eigene inhaltliche Regelungen des Verordnungsgebers belässt.[120]

Erschöpfende Regelungen[121] wurden insbes. für gerichtliche **Verfahrensordnungen** angenommen, so für die 29 VwGO,[122] wo der Vorbehalt in § 78 I Nr. 2 bedeutet, dass Landesrecht in dem dort benannten Umfang gilt, i. Ü. aber unzulässig ist;[123] unzul. sind auch landesrechtl. Regelungen der Klagefristen nach § 74 I 1 VwGO.[124] Erschöpfend geregelt ist in der StPO das Zeugnisverweigerungsrecht für bestimmte Berufsgruppen und konnte daher für Presseangehörige nicht durch Landesgesetz geregelt werden.[125] An Art. 72 I scheiterte die Begründung weitreichender Abhörbefugnisse im niedersächsischen SOG zum Zweck der Sicherung der Strafverfolgung: Strafverfolgung ist Strafverfahren – dieses aber ist bundesgesetzlich kodifiziert und enthält abschließende Regelungen

[105] BVerfGE 109, 272 (283); vgl. *Uhle*, in: Maunz/Dürig, Art. 72 (2015) Rn. 93.
[106] Vgl. BVerfGE 113, 348 (371); BVerfG (K) NJW 2015, 44; s. auch VGH BW VBlBW 2011, 112 (114).
[107] BVerfGE 98, 265 (313); 109, 272 (283).
[108] BVerfG ebenda; auch insoweit kritisch das Sondervotum abl. *Herbst*, in: Friauf/Höfling, Art. 72 (2020) Rn. 45.
[109] Vgl. BVerfGE 56, 110 (119); OVG NRW NWVBl 2008, 282 Abs. 20; *Rengeling* HStR VI³, § 135 Rn. 157.
[110] *Oeter* MKS II, Art. 72 Rn. 73.
[111] BVerfG 24, 367 (386) zum Vorbehalt des Art. 66 EGBGB; vgl. auch BVerfGE 21, 106 (115) zur VwGO; BVerfG (K) NVwZ-RR 2004, 313VG Gießen, LKRZ 2010, 265 Rn. 115 zur „Marburger Solarsatzung"; zur Öffnungsklausel in § 68 I 2 VwGO s. *Lindner* BayVBl 2005, 65; der dahingehende Umkehrschluss muss jedoch nicht ausnahmslos geboten sein, vgl. *Jarass* NVwZ 1996, 1041 (1045), wohl aber bei „ins Einzelne gehenden und differenzierten Vorbehalten", BVerfGE 20, 238 (250); *Oeter* MKS II, Art. 72 Rn. 74 f.
[112] Die Sperrwirkung des Abs. 1 begründet keine „nachträgliche" ausschließl. Zuständigkeit, vgl. BVerfGE 35, 65 (74); *Rengeling* HStR VI³, § 135 Rn. 158.
[113] Vgl. *Oeter* MKS II, Art. 72 Rn. 61 f.; *Dallhammer* ZUR 2019, 228 (230)
[114] Vgl. BVerfGE 35, 65 (73); ferner BVerfGE 11, 192 (200); 20, 238 (251); 21, 106 (115); 29, 125 (137); 35, 65 (73 f.); 75, 40 (73); 83, 24 (30); 132, 372 (387); BVerfG (K) NVwZ-RR 2004, 313; BayVerfGH NVwZ 2016, 999; *Sannwald*, in: Hofmann/Henneke, Art. 70 Rn. 35 ff.; es handelt sich nicht um einen Fall des Art. 71; *Dallhammer*, ZUR 2019, 228 (233 f.); einschränkend *Grziwotz* AöR 116 (1991), 588 (598 ff.); *Oeter* MKS II, Art. 72 Rn. 63.
[115] *Oeter* MKS II, Art. 72 Rn. 63.
[116] *Oeter* MKS II, Art. 72 Rn. 75.
[117] BayVerfGHE 43, 55 (57); offen gelassen bei BayVerfGH E. v.16.9.2019 – Vf. 41-IX-19 – Rn. 91; *Ossenbühl* DVBl 1996, 19 (20 f.); *Umbach/Clemens*, in: Umbach/Clemens, GG II, Art. 72 Rn. 12; *Sannwald*, in: Hofmann/ Henneke, Art. 72 Rn. 19; *Oeter*, MKS Art. 72, Rn. 55; anders Pieroth, in: Jarass/Pieroth, Art. 72 Rn. 12: erst mit VO-Erlass; differenz. OVG NRW, B. v. 22.10.2019 – 15 A 3302/18 –, juris.
[118] Differenzierend nach der Fassung der VO-Ermächtigung *Uhle*, Maunz/Dürig, Art. 72 (2019) Rn. 96 ff.; ähnlich *Jarass* NVwZ 1996, 1041 (1046).
[119] *Oeter* MKS II, Art. 72 Rn. 78 f.; *D. Müller*, Auswirkungen der Grundgesetzrevision von 1994, 1996, S. 41 ff.; *Jarass* NVwZ 1996, 1041 (1046 f.); für differenzierend einzelfallspezifische Lösung *Uhle* in: Maunz/Dürig, Art. 72 (2019) Rn. 98; *Herbst*, Friauf/Höfling, Art. 72 (2020) Rn. 37.
[120] So überzeugend *Oeter* MKS II, Art. 72 Rn. 55 f.
[121] S. hierzu auch den Übbl. bei *Kunig*, in: v. Münch/Kunig II, Art. 72 Rn. 10; *Oeter* MKS II, Art. 72 Rn. 76 f.; *Pieroth*, in: Jarass/Pieroth, Art. 72 Rn. 8 ff.
[122] Vgl. BVerfGE 20, 238 (248); 21, 106 (115); 35, 65 (73); 37, 191 (198); 83, 24 (30).
[123] BVerfGE 20, 238 (256).
[124] BVerfGE 20, 238 (248).
[125] BVerfGE 36, 193 (210); 36, 314 (320); zur StPO s. auch BVerfGE 48, 367 (376).

über die Telekommunikationsüberwachung zur Strafverfolgung auch insoweit, als es um Vorsorge für künftige Strafverfolgung geht.[126] Im **Bürgerlichen Recht**[127] wird durch die jeweiligen **Einführungsgesetze** bestimmt, in welchem Maße Landesrecht möglich ist und gleichzeitig festgelegt, dass es im Übrigen ausgeschlossen sein soll.[128] Im **Strafrecht** ist der Landesgesetzgeber gesperrt, wenn ein Bundesgesetz identisches Verhalten erfasst oder dem Schutz des gleichen Rechtsguts dient.[129] Von seiner konk. Zuständigkeit für das Bürgerliche Recht und für das Gesellschafts- und Aktienrecht hat der Bundesgesetzgeber umfassend Gebrauch gemacht,[130] ebenso für das notarielle Gebührenrecht.[131] Anders ist dies im **Arbeitsrecht**.[132] Die ArbeitsstättenVO sperrt die Länder nicht für Nichtraucherschutz, der die gesamte Bevölkerung erfasst.[133] Nicht als abschließend gewertet wurde die Bestimmung des § 17 Abs. 4 im Ladenschlussgesetz des Bundes über den Anspruch auf einen arbeitsfreien Samstag im Monat.[134] Beim Verbraucherschutz hat der Bund im Anwendungsbereich des Wohn- und Betreuungsvertragsgesetzes eine abschließende Regelung getroffen.[135] Kein landesgesetzlicher Spielraum besteht für die Legalisierung von Cannabis.[136] Art. 74 I Nr. 1 sperrt den Landesgesetzgeber nicht für Ordnungswidrigkeiten im Landesrecht.[137] Erschöpfende Regelungen finden sich im Abfallrecht für die Abfallabgabe,[138] für das Recht der Bauleitplanung,[139] die Grundsicherung nach SGB II[140]

30    **2. Methodische Ansätze.** Es sind also zunächst **positive Aussagen** in der jeweiligen bundesgesetzlichen Regelung zu ermitteln, zB bei Regelungsvorbehalten.[141] Fehlen diese, so ist eine **materienbezogene** Betrachtungsweise zugrunde zu legen, dh innerhalb eines Gesetzgebungswerks nach Sachmaterien zu differenzieren und danach zu fragen, ob innerhalb dieser Materien der Gesetzgeber, bezogen auf den Gesetzeszweck, nur einen Teilausschnitt aus den in Betracht kommenden Tatbeständen erfassen wollte, so dass für den Gesetzeszweck relevante Gruppen von Tatbeständen offen bleiben, für die eine gesetzgeberische Entscheidung nicht getroffen ist.

   **Beispiel:** Im Recht des **Immissionsschutzes** hat der Bundesgesetzgeber, bezogen auf den Normzweck des Schutzes vor Gefahren und Belästigungen, nur die Tatbestände der Beschaffenheit von Anlagen umfassend geregelt. Die Fallgruppe des für den Gesetzeszweck bedeutsamen Verhaltens von Personen ist ausgeklammert worden. Daher bleibt der Landesgesetzgeber zuständig für verhaltensbezogene Regelungen.[142]

31    Raum für landesgesetzl. Regelungen bleibt typischerweise ferner dann, wenn das Bundesgesetz nur bestimmte **Stufen der Normierung** erfasst,[143] etwa bloße Wert- oder Zielvorstellungen, oder wenn es abschließende Entscheidungen, etwa das „ob" einer Leistungspflicht, offen lässt,[144] anders bei einem ausdifferenzierten und umfassenden System wie dem der zulässigen Miethöhen in §§ 556 d ff. BGB.[145] Mit welcher Zielsetzung der Bundesgesetzgeber von seiner Kompetenz Gebrauch macht, ist grundsätzlich nicht entscheidend: wenn also zB der Bundesgesetzgeber an sich erschöpfende Regelungen nach Nr. 11 für die Energiewirtschaft trifft, umweltbezogene Zielsetzungen aber nur begrenzt einbezieht, kann der Landesgesetzgeber gleichwohl nicht in diesem Bereich mit umweltpolitischer Zielsetzung tätig werden.[146] Der Landesgesetzgeber darf sich jedoch nicht in Widerspruch zur bundesgesetzlichen Konzeption setzen.[147]

32    Für den **Umfang der Sperrwirkung** gelten dann folgende Grundsätze:[148] Ein Bundesgesetz kann Sperrwirkung entfalten für die **Gesamtheit** der Materie, sei es auf Grund ausdrücklicher Anordnung,

---

[126] BVerfGE 113, 348 (371 ff.); BVerwGE 141, 329 Rn. 33.

[127] Vgl. BVerfGE 24, 367 (386).

[128] Vgl. BVerfGE 24, 367 (386) – hamburgisches öffentliches Eigentum nicht ausgeschlossen.

[129] Vgl. BVerfGE 29, 11 (16); s. aber auch BVerfGE 18, 407 (417): keine erschöpfende Regelung bezügl. Strafbarkeit der Prostitution; zur Bußgeldahndung im Jugendmedienschutz gegenüber strafrechtlichen Verbreitungstatbeständen s. *Liesching* MMR 2016, 97; BVerfG (K) NJW 2015, 44 Rn. 13 zu § 171 StGB keine Sperrwirkung bezüglich Verletzung der Schulpflicht.

[130] Vgl. BVerfGE 98, 145 (157); *Wollenschläger* BK, Art. 72 (2018) Rn. 235.

[131] BVerfGE 47, 285 (314).

[132] BVerfG (K) DVBl 2000, 119; s. auch BVerfGE 77, 308 (329) zur Arbeitnehmerweiterbildung NRW.

[133] BVerfGE 121, 317 (347 ff.).

[134] BVerfGE 138, 260 Rn. 41 ff.; s. aber zum Sondervotum Paulus *Herbst* in: Friauf/Höfling, Art. 72 (2020) Rn. 40: als Ergebnis einer umfassenden Abwägung erschöpfende Regelung.

[135] VGH BW NVwZ-RR 2013, 151 Rn. 51 f. in Abgrenzung zum Heimrecht.

[136] BayVerfGH NVwZ-RR 2016, 321.

[137] BayVerfGH NVwZ-RR 2014, 946 Rn. 34 für Naturschutzrecht.

[138] BVerfGE 98, 83 (97 ff.); 98, 106 (125 ff.).

[139] BVerfGE 77, 288 (301).

[140] BVerfGE 125, 175 (241).

[141] Vgl. *Oeter* MKS II, Art. 72 Rn. 59 ff.

[142] Vgl. *Oeter* MKS II, Art. 72 Rn. 83; diese Fallgestaltung findet sich bei BVerfGE 109, 272 (279), vgl. *Uhle* in: Maunz/Dürig, Art. 72 (2015) Rn. 87.

[143] Ebenso *Kunig,* in: v. Münch/Kunig II, Art. 72 Rn. 14; *Oeter* MKS II, Art. 72 Rn. 84; *Uhle* in: Maunz/Dürig, Art. 72 (2015) Rn. 90 für festlegende Regelungsvorbehalte.

[144] BVerfGE 78, 249 (273).

[145] BayVerfGH NZM 2020, 649 Rn. 72.

[146] Vgl. hierzu einerseits *Dannecker/Spoerr* DVBl 1996, 1094 (1098); andererseits *Sander* RdE 1994, 217 (220).

[147] BAGE 146, 48 Rn. 19 – juris –.

[148] S. auch *Oeter* MKS II, Art. 72 Rn. 83.

sei es auf Grund einer im Wege der Auslegung zu treffenden Feststellung, dass eine erschöpfende Regelung gewollt war (Rn. 25); für die Gesamtheit einer Materie mit **Ausnahme** von ausdrückl. dem Landesgesetzgeber vorbehaltenen Einzelfragen; in diesem Fall ist der **Vorbehalt** landesgesetzlicher Regelung Indiz dafür, dass im Übrigen eine erschöpfende bundesgesetzliche Regelung gewollt war.[149] Ein Bundesgesetz kann **teilweise** Sperrwirkung entfalten, wenn einzelne Regelungsbereiche erfasst, einzelne Gruppen von Tatbeständen aber ausgeklammert werden,[150] ferner dann, wenn das Bundesgesetz nur bestimmte **Regelungsstufen** erfasst,[151] wenn es nur grundsätzliche Entscheidungen trifft und damit für eine Ausfüllung durch den Landesgesetzgeber offen bleibt.

Soweit die Sperrwirkung reicht, ist der **Landesgesetzgeber** unzuständig; er kann also gänzlich **33** ausgeschlossen[152] oder auf bestimmte, ihm ausdrückl. vorbehaltene Fragen[153] beschränkt sein,[154] bzw. auf jene Teilmaterien, für die der Bundesgesetzgeber keine Regelung treffen wollte; ferner auf abschließende,[155] ergänzende oder ausfüllende[156] Normierung, wenn der Bundesgesetzgeber nur bestimmte Regelungsstufen erfasst hat. Soweit die Sperrwirkung des Art. 72 I reicht, erfasst sie nicht nur widersprüchliche, sondern auch gleich lautende oder ergänzende Regelungen der Länder.[157] Führt die landesgesetzl. Regelung dazu, dass das Bundesgesetz in seiner Zielsetzung beeinträchtigt wird, so greift in aller Regel die Sperrwirkung ein.[158]

### 3. Sperrwirkung verfassungswidrigen Bundesrechts?

**3. Sperrwirkung verfassungswidrigen Bundesrechts?** Für die Sperrwirkung soll es gem. **34** BVerfGE 98, 265 nicht darauf ankommen, ob das in Frage stehende Bundesgesetz verfassungsmäßig ist, sondern nur auf das faktische Gebrauchmachen von einer Bundeskompetenz.[159] In einem Verfahren zur Prüfung eines Landesgesetzes am Maßstab des Art. 72 I könne keine Incidentprüfung des sperrenden Bundesgesetzes vorgenommen werden; hierfür sei das Verfahren nach Art. 93 I Nr. 2 eröffnet.[160] Vor Nichtigerklärung sei das Gesetz auch für die Länder zu beachten.[161] Damit hätte das BVerfG selbst bei sich aufdrängender Verfassungswidrigkeit die verfassungswidrige Norm anzuwenden.[162] Das Fachgericht hat in einem solchen Fall dem BVerfG vorzulegen, Art. 100 I. Dem entspräche es, würde das BVerfG – das sich ja nicht selbst vorzulegen braucht – die Norm incidenter prüfen. Nach BVerfGE 109, 190 ist aber jedenfalls Erforderlichkeit nach Art. 72 II zu prüfen.[163]

## II. Der Eintritt der Sperrwirkung

Für den Eintritt der Sperrwirkung gilt nach Abs. 1 in der seit 15.11.1994 geltenden Fassung: Das **35** Gesetzgebungsverfahren muss abgeschlossen sein; dies ist der Fall mit **Verkündung** des Gesetzes.[164] Der Zeitpunkt des In-Kraft-Tretens ist unerheblich, da dies den Inhalt des Gesetzes betrifft.[165] Auf frühere Stadien abzustellen, ist nach der neuen Fassung[166] ausgeschlossen;[167] mit dem Einbringen des Gesetzentwurfs hat der Bund von seiner Kompetenz noch nicht Gebrauch gemacht, wie dies zT für

---

[149] S. aber zur Ambivalenz von Vorbehalten *Uhle,* in: Maunz/Dürig, Art. 72 (2015) Rn. 89.

[150] S. o. bei Fn. 121.

[151] S. o. Fn. 122.

[152] Vgl. etwa BVerfGE 1, 283 (290).

[153] So bei BVerfGE 20, 238 (256) für § 78 I Nr. 2 VwGO; BVerfGE 24, 367 (368) für Art. 66 EGBGB.

[154] Vgl. etwa auch BVerfGE 18, 407 (415): unerheblich, ob großer oder kleiner Teil der Materie vom Bund in Anspruch genommen wurde; BVerfGE 52, 42 (56).

[155] So bei BVerfGE 78, 249 (273): „ob" der Regelung bei Fehlbelegungsabgabe.

[156] Vgl. z. B. BVerfGE 34, 52 (58): DRiG und juristische Prüfungen; vgl. auch *Uhle* in: Maunz/Dürig, Art. 72 (20915) Rn. 106

[157] Vgl. *Jarass* NVwZ 1996, 1041 (1043); BVerfGE 102, 99 (115).

[158] BVerfGE 102, 99 (115) – dort zur abschließenden Regelung der Abfallentsorgung durch BundesG.

[159] S. dazu *Gärditz* DÖV 2001, 539 (542 f.); *Rengeling* HStR VI³, § 135 Rn. 160; kritisch insbesondere *Uhle,* in: Maunz/Dürig, Art. 72 (2013) Rn. 81; *Wollenschläger,* BK, Art. 72 (2018) Rn. 231 f.

[160] BVerfGE 98, 265 (318 ff.); vgl. dazu *Gärditz* DÖV 2001, 539 (540 f.).

[161] S. hierzu das Sondervotum BVerfGE 98, 265 (329, 352 ff.); *Rüfner* ZG 1999, 366 (370 ff.).

[162] *Uhle,* in: Maunz/Dürig, Art. 72 (2015) Rn. 81; für diesen Fall will *Herbst,* in: Friauf/Höfling, Art. 72 (2020) Rn. 32 Sperrwirkung.

[163] BVerfGE 109, 190 (229); vgl. *Wollenschläger* BK, Art. 72 (2018) Rn. 232.

[164] *Kunig,* in: v. Münch/Kunig II, Art. 72 Rn. 7; *Uhle,* in: Maunz/Dürig, Art. 72 (2015) Rn. 109; *Dallhammer,* ZUR 2019, 228 (230); aM *Sannwald,* in: Hofmann/Henneke, Art. 72 Rn. 17: letzter erforderlicher Gesetzesbeschluss von Bundestag oder Bundesrat – bei Einspruchsgesetzen bliebe dann allerdings der Eintritt der Sperrwirkung während der Einspruchsfrist in der Schwebe.

[165] *Kunig,* in: v. Münch/Kunig II, Art. 72 Rn. 7; *Ströfer* JZ 1979, 394; differenz. *Jarass* NVwZ 1996, 1041 (1044): gesetzgeberisches Hinausschieben der Sperrwirkung ausnahmsweise dann anzunehmen, wenn bei längerem Zeitraum zwischen Verkündung und Inkrafttreten keine Anhaltspunkte, dass die Länder bereits ab Verkündung ausgeschlossen sein sollen – so beim Kreislaufwirtschafts- und Abfallgesetz; ebenso h *Oeter* MKS IIArt. 72 Rn. 65.

[166] Die iÜ der ursprünglichen Formulierung des Art. 34 HChE entspricht; zur Entstehungsgeschichte und zum nicht eindeutigen Wortlaut von Abs. 1 aF vgl. auch *Kunig,* in: v. Münch/Kunig II, Art. 72 Rn. 7.

[167] Vgl. aus den Materialien BT-Dr 12/6633, S. 8.

Abs. 1 aF[168] vertreten wurde.[169] Zum Gebrauchmachen von einer Bundeskompetenz durch Begründung einer **Verordnungsermächtigung** sowie durch **Verordnungserlass** → Rn. 26.

36 Keine Grundlage in Abs. 1 in der seit 15.11.1994 geltenden Fassung dürfte jene restriktive Rspr. haben, nach der die Länder insgesamt ausgeschlossen sein konnten, wenn der Bund mit der **abschnittsweisen Regelung** einer Materie begonnen hatte, ein erster Teilschritt dazu vorlag, so nach dem seinerzeitigen Art. 74a ein erstes, noch nicht umfassendes Besoldungsgesetz.[170] Nach der Neufassung wären die Länder nur insoweit ausgeschlossen, als die Materie tatsächlich durch Bundesgesetz[171] geregelt worden ist. Damit wird auch verhindert, dass der Bund Materien „besetzt", ohne selbst eine vollständige Regelung zu treffen.

37 Angesichts der Intention des Abs. 1 ist auch der Gesichtspunkt **bundesfreundlichen Verhaltens**[172] zurückhaltend einzusetzen. Auch hieraus war die Verpflichtung der Länder abgeleitet worden, einer sich abzeichnenden bundesgesetzlichen Regelung nicht entgegenzuwirken.[173] Der Neuregelung dürfte es entsprechen, die Länder bis zum Abschluss des Gesetzgebungsverfahrens der Bundesebene grundsätzlich nicht zu beschränken.[174]

## III. Rechtsfolgen der Sperrwirkung

38 Sperrwirkung bedeutet, dass die Länder von der Gesetzgebung ausgeschlossen sind. Im Widerspruch hierzu erlassene **Landesgesetze** sind bereits wegen fehlender Kompetenz **nichtig,** es kommt also nicht auf einen Normwiderspruch i. S. d. Art. 31 an.[175] Gleiches gilt für Landesrecht, das vor Eintritt der Sperrwirkung des Bundesgesetzes erlassen wurde.[176] Für **Landesverfassungsrecht** gilt, was für Art. 71 (→ Art. 71 Rn. 6) ausgeführt wird.[177] **Wegfall** der Sperrwirkung tritt bei Aufhebung des Bundesgesetzes ein; die Länder sind dann wieder uneingeschränkt gesetzgebungsbefugt.[178] Wegen der Sperrwirkung des Abs. 1 **nichtiges Landesrecht** lebt bei deren Wegfall nicht wieder auf, sondern muss neu erlassen werden.[179] Demgegenüber führt der **nachträgl. Wegfall** der Voraussetzungen des Abs. 2 nicht zum Wegfall der Sperrwirkung des Bundesgesetzes und begründet auch keine Verfassungspflicht zu dessen Aufhebung.[180] Dies folgt jetzt auch aus Abs. 3 sowie aus Art. 125a (→ Rn. 40 ff.).[181]

39 **Folgewirkungen** der Sperrwirkung des Bundesgesetzes auf sonstige staatliche Aktivitäten der Länder werden ähnlich wie bei Art. 71 erwogen (→ Art. 71 Rn. 17 f.).[182] Eine Verpflichtung zur

---

[168] Zum Streit um den maßgeblichen Zeitpunkt für den Eintritt der Sperrwirkung des Abs. 1 aF s. *Oeter* MKS Art. 72 Rn. 64.

[169] So für BVerfGE 34, 9 (29) *Stern,* StaatsR II, S. 596; *Uhle,* in: Kluth, Föderalismusreform, Art. 72 Rn. 22.

[170] Vgl. BVerfGE 34, 9 (28).

[171] Inwieweit die Formulierung „durch Gesetz" zu einer Abschwächung der inhaltlichen Sperrwirkung führen soll, ist nicht geklärt, vgl. *Sannwald* DÖV 1994, 629 (632); jedenfalls dürfte aus der nunmehrigen Formulierung folgen, dass nur das tatsächlich erlassene Bundesgesetz, nicht der eingebrachte Gesetzesentwurf und auch nicht das im Rahmen einer stufenweisen Neuregelung erst beabsichtigte Gesetz Sperrwirkung entfalten, so auch *Sannwald,* in: Schmidt-Bleibtreu ua, Art. 72 Rn. 28.

[172] Vgl. etwa *Kunig,* in: v. Münch/Kunig II, Art. 72 Rn. 14; *Ströfer* JZ 1979, 394 (396); *Herbst,* in: Friauf/Höfling, Art. 72 (2020) Rn. 59.

[173] Vgl. *Kunig,* in: v. Münch/Kunig II, Art. 72 Rn. 10; *Oeter* MKS Art. 72 Rn. 66.

[174] So wohl auch *Sannwald* DÖV 1994, 629 (632), unter Hinweis auf die Beratungen der GemVerfKom; s. bes. auch StenBer. 4. Sitzung v. 2.4.1992; *D. Müller,* Auswirkungen der Grundgesetzrevision 1994, 1996, S. 44 ff.; *Kunig,* in: v. Münch/Kunig II, Art. 72 Rn. 9; anders *Pestalozza* MKS Art. 72 Rn. 340: der ungeschriebene Grundsatz lasse sich durch Umformulierungen nicht verdrängen; dies mag zutreffen – doch hat der Einsatz der Figur der „Bundestreue" zunächst von der positiven Kompetenzzuordnung auszugehen, so dass Änderungen den Grundsatz neu akzentuieren können; wie hier *Kunig,* in: v. Münch/Kunig II, Art. 72 Rn. 16.

[175] Vgl. *Pieroth,* in: Jarass/Pieroth, Art. 72 Rn. 11 und Art. 31 Rn. 3: Art. 72 als lex specialis; *Kunig,* in: v. Münch/Kunig II, Art. 72 Rn. 8; *Oeter* MKS II, Art. 72 Rn. 87; Art. 31 wird jedoch herangezogen in BVerwGE 65, 174 (178); 68, 143 (147), vermag jedoch nicht zu erklären, warum die Sperrwirkung des Art. 72 I auch gleichlautendes Landesrecht ausschließt, vgl. BVerfGE 37, 191 (200), 102, 99 (115), während andererseits nach Art. 31 inhaltsgleiches Landesrecht nach überwiegender Auffassung nicht „gebrochen" wird, *Pieroth,* in: Jarass/Pieroth, Art. 31 Rn. 5; wie hier auch *Jarass* NVwZ 1996, 1041 (1042); *Herbst,* in: Friauf/Höfling, Art. 72 (2020) Rn. 68.

[176] Vgl. OVG NRW ZUR 2011, 35 (36); hier ließe sich allerdings auch an Art. 31 denken, da das LandesG zunächst wirksam zustande gekommen ist; Art. 72 I entzieht jedoch dem Landesgesetz die Kompetenzgrundlage, ohne dass es auf einen Normwiderspruch ankäme, so dass auch insoweit kein Fall des Art. 31 vorliegt; wie hier *Pieroth,* in: Jarass/Pieroth, Art. 72 Rn. 11 und Art. 31 Rn. 3; *Kunig,* in: v. Münch/Kunig II, Art. 72 Rn. 8; *Jarass* NVwZ 1995, 1041 (1043); a. M. *Bickel* NVwZ 2000, 1133 (1134); wie hier jetzt auch BayVerfGH NVwZ-RR 2011, 177 (178) – der allerdings eine detaillierte Prüfung von Inhalt des BundesG und Umfang der Sperrwirkung nicht als seine Aufgabe sieht.

[177] S. hierzu auch *Uhle,* in: Kluth, Föderalismusreform, Art. 72 Rn. 25.

[178] Vgl. *Rengeling* HStR VI³, § 135 Rn. 161.

[179] BVerfGE 29, 11 (17); 31, 141 (144); *Kunig,* in: v. Münch/Kunig II, Art. 72 Rn. 15; *Jarass* NVwZ 1995, 1041 (1043).

[180] So bereits für Abs. 2 aF *v. Münch,* in: v. Münch III (2. Aufl.), Art. 72 Rn. 19, unter Bezugnahme auf Unterschiede in der Formulierung zwischen Abs. 1 und Abs. 2: „solange und soweit" in Abs. 1, nur „soweit" in Abs. 2 *Oeter* MKS II, Art. 72 Rn. 89; für die Neufassung des Abs. 2 *Oeter* MKS II, Art. 72 Rn. 89.

[181] So auch *Oeter* MKS II, Art. 72 Rn. 89.

[182] Vgl. *Pieroth,* in: Jarass/Pieroth, Art. 72 Rn. 11, unter Hinw. auf BGHZ 66, 388 (391 f.).

Rücksichtnahme auf eine sich erst abzeichnende Gesetzgebung des Bundes kann hier umso weniger bestehen.[183] Für eine Verpflichtung zu bundesstaatl. **Homogenität** → Rn. 16.

## D. Abweichungsgesetzgebung der Länder, Abs. 3

### I. Begriff und Trageweite

Die mit der Föderalismusreform 2006 mit Art. 72 III eingefügte Abweichungsgesetzgebung ist im **40** Grundgesetz ohne Vorbild. Die Länder sollten die Möglichkeit gewinnen, eigene Konzeptionen abweichend vom Bund zu verwirklichen, um regionalen Gegebenheiten Rechnung zu tragen.[184] Abweichung bedeutet nicht Ersetzung: Die Länder können eigene, vom Bundesgesetz abweichende Regelungen treffen. Sie müssen neu erlassen werde, um die Rechtsfolgen des Art. 72 III auszulösen.[185] Es gilt dann im Verhältnis von Bundes- und Landesrecht, abweichend von Art. 31, das jeweils spätere Gesetz, Art. 72 III 3. Demnach könnten Bund und Land jeweils wechselseitig ihre Gesetze außer Kraft setzen. Das jeweils spätere Gesetz geht in der Anwendung vor. Wird aber dieses Gesetz aufgehoben, so gelangt automatisch wieder das verdrängte Gesetz zur Anwendung.[186] Anders als das zur Ersetzung von Bundesrecht nach Abs. 4 zu erlassende Landesrecht hat das Abweichungsgesetz keine Derogationswirkung – es gilt ein **Anwendungsvorrang.** Für BundesG ist dabei vorgesehen, dass sie grundsätzlich erst sechs Monate nach Erlass in Kraft treten, Abs. 3 Satz 2. Damit hätten die Länder die Möglichkeit, nicht vor Inkrafttreten des Bundesgesetzes dieses bereits außer Kraft zu setzen;[187] maßgeblicher Zeitpunkt für die Abweichungsbefugnis ist die Verkündung des Bundesgesetzes.[188] Soweit das Land von der Abweichungsbefugnis Gebrauch gemacht hat, ist für den Rückgriff auf Bundesrecht kein Raum.[189]

Die Abweichungsgesetzgebung betrifft Bereiche der früheren Rahmengesetzgebung, die auch unter **41** dem Aspekt der Europatauglichkeit in konkurrierende Zuständigkeit überführt wurden und soll den Kompetenzzuwachs für den Bund – der nunmehr Vollregelungen erlassen kann – ausgleichen.[190] Es handelt sich um diese Materien (die Einzelkommentierung erfolgt jeweils bei Art. 74):[191]

– Jagdwesen, Art. 74 I Nr. 28, bisher Rahmenzuständigkeit nach Art. 75 I 1 Nr. 3;[192]
– Naturschutz und Landschaftspflege, Art. 74 I Nr. 29, bisher Art. 75 I 1 Nr. 3;[193]
– Bodenverteilung, Art. 74 I Nr. 30, bisher Art. 75 I 1 Nr. 4;
– Raumordnung, Art. 74 I Nr. 31, bisher Art. 75 I 1 Nr. 4;
– Wasserhaushalt, Art. 74 I Nr. 32, bisher Art. 75 I 1 Nr. 4;[194]
– Hochschulzulassung und Hochschulabschlüsse, Art. 74 I Nr. 33, bisher Teil der Rahmenzuständigkeit nach Art. 75 I 1 Nr. 1 a.
– Die Abweichungsgesetzgebung für die Grundsteuer wurde durch ÄndG vom 15.11.2019 ein gefügt; der in Art. 105 II eingefügte Satz 1 stellt klar, dass für die konkurrierende Gesetzgebung des Bundes über die Grundsteuer Art. 72 II nicht anwendbar ist. Die Regelung eröffnet den Ländern die Möglichkeit, nach ihrem Ermessen abweichend von der Konzeption des Bundes eigene länderspezifische Konzeptionen zu verwirklichen für die Abweichungsbefugnis der Länder bestehen keine abweichungsfesten Kerne.[195]

Aus dem entstehungsgeschichtl. Zusammenhang erklärt sich auch der Wertungswiderspruch, dass **42** die Abweichungsgesetzgebung des Art. 72 III 1 ausnahmslos in die Vorranggesetzgebung fällt, die Entstehung partikularen Bundesrechts gleichwohl ermöglicht wird.[196]

---

[183] Vgl. *Uhle,* in: Kluth, Föderalismusreform, Art. 72 Rn. 25 f. abl. auch *Herbst,* in: Friauf/Höfling, Art. 72 (2020) Rn. 69.
[184] BT-Dr 16/813 S. 11; *Erbguth* ZUR 2019, 195 (196 f.); umfassend zur Einführung *Wollenschläger* BK, Art. 72 (2018) Rn. 120 ff., dort Rn. 135 ff. auch zur Bewertung dieses Kompetenztypus; *Beck,* Die Abweichungsgesetzgebung der Länder, 2009, S. 27 ff.
[185] VG Braunschweig DWW 2014, 231 Rn. 18 zum Wasserhaushaltsrecht.
[186] Allerdings scheint sich die Gefahr einer „Pin-Pong-Gesetzgebung" nicht zu realisieren, vgl. *Degenhart* DÖV 2010, 422 (424); *Oeter* MKS II, Art. 72 Rn. 127.
[187] Vgl. *Schmitz/Jornitz* DVBl 2013, 741 (743).
[188] *Erbguth* ZUR 2019, 195 (200).
[189] BVerwG NVwZ-RR 2016, 484 Rn. 5.
[190] So die Gesetzesbegründung, BT-Dr 16/813, S. 11.
[191] Zur Erstreckung auf „mitgeschriebene" Kompetenzen – kraft Sachzusammenhangs bzw. Annex –. S. *Kment* ZG 2015. 66 ff.
[192] Vgl. OVG RhPf, U. v. 13.2.2017 – 8 A 10578/16 –: Jagdabgabe nicht abweichungsfester Kern.
[193] S. dazu OVG Bln-Bbg LKV 2013, 425 Rn. 7 ff.
[194] S. hierzu VG Braunschweig DWW 2014, 231 Rn. 18; *Schmitz/Jornitz* DVBl 2013, 741 (743).
[195] Aus den Materialien – BT-Dr 19/11084 – ergeben sich keine inhaltlichen Einschränkungen; zu unterschiedlichen Konzeptionen *Seer,* FR 2019, 941 ff.
[196] Dies missversteht *Erbguth,* ZUR 2019, 195 (197), der hieraus einen Widerspruch zu den Materialien konstruieren will: dass gleichwohl ein Fall der Vorranggesetzgebung vorliegt, steht außer Frage.

**43** Da die Kompetenzbegriffe aus dem bisherigen Art. 75 übernommen werden, sind sie wie bisher dort auszulegen.[197] Dafür, dass Abweichungsrechte der Länder als Ausnahme von der Vorrangkompetenz des Bundes prinzipiell eng und umgekehrt abweichungsfeste Kerne extensiv zu bestimmen sind,[198] gibt zumindest die Entstehungsgeschichte ebensowenig her wie für die umgekehrte Lesart. Das Gebrauchmachen von der Abweichungsbefugnis liegt ausweislich der Gesetzesbegründung im politischen Ermessen der Länder; dies gilt grundsätzlich auch für die Entscheidung, ob eine bundesgesetzliche Regelung gänzlich oder nur teilweise ersetzt werden soll.[199] Für einige der Gebiete des Abs. 3 Satz 1 sind dort jedoch Einschränkungen genannt, lt. der Gesetzesbegründung sog. „abweichungsfeste Kerne"[200] (s. dazu die Einzelkommentierungen bei Art. 74); tatsächlich handelt es sich um **abweichungsfeste Sektoren** der jeweiligen Materien. Daraus würde im Umkehrschluss folgen, dass außerhalb dieser Kerne beliebiges Abweichen möglich ist.

## II. Verfassungsrechtliche Anforderungen

**43a** Nicht eindeutig geregelt sind mögliche **Inhalte,** Intensität und Reichweite zulässiger Abweichungen. Dass nach der Zielsetzung des Art. 72 III partikular-differenzierende, auf regionale Gegebenheiten abstellende Regelungen eröffnet werden sollen, bedeutet nicht, dass der Landesgesetzgeber zwingend auf Regelungen mit dieser Zielsetzung und diesem Inhalt beschränkt werden sollte.[201] Eine dahingehende inhaltliche Begrenzung hat im Verfassungstext keinen Niederschlag gefunden. Ob eine **Negativgesetzgebung** dahingehend, dass der Landesgesetzgeber auf eine sachliche Regelung verzichtet und lediglich anordnet, dass die bundesgesetzl. Regelung nicht gelten soll, ausgeschlossen ist, ist str.[202] Abs. 3 spricht von abweichenden Regelungen, geht also davon aus, dass jedenfalls Regelungen in der Sache getroffen werden.[203] Andererseits kann auch in der schlichten Anordnung der Nichtgeltung von Bundesrecht eine inhaltl. Entscheidung liegen.[204] Bei **inhaltsgleicher Wiederholung** kommt es darauf an, ob man die Abweichung in der Normqualität ausreichen lässt;[205] teilidentische Regelungen sind jedenfalls von der Abweichungsbefugnis gedeckt.[206] Im Übrigen sind Bund und Länder in Wahrnehmung ihrer Gesetzgebungsbefugnisse keinen weiteren Einschränkungen unterworfen. Insbesondere unterliegen die Länder jenseits der abweichungsfesten Kerne keinen weiteren Einschränkungen,[207] abgesehen von der Bindung an Verfassungs- und Europarecht.[208] Andererseits kann der Bund ohne weiteres eine durch abweichendes Landesrecht außer Kraft gesetzte Regelung erneut in Kraft setzen.[209]

**43b** Angesichts des eindeutigen Wortlauts des Art. 72 III kann hier auch Bundestreue nicht entgegenstehen.[210] Aus Gründen der Rechtsklarheit sollte zu fordern sein, dass die jeweilige landesgesetzl. Norm im Responsivgesetz, im Abweichungsgesetz die bundesgesetzliche Regelung, von der abgewichen werden soll, bezeichnet wird. Für den Anwendungsbereich des Art. 125b I 3 fordert BVerfGE 147, 253 keine ausdrückl. Deklarierung, dies sowohl für den Fall des Erlasses eines vollständig neuen Gesetzes als auch für die Änderung einzelner landesgesetzlicher Vorschriften und lässt die für Art. 72 III offen.[211] Art. 72 III gestattet Abweichungen „durch Gesetz"; eine Abweichung

[197] Vgl. zur Auslegung *Uhle,* in: Maunz/Dürig, Art. 72 (2019) Rn. 203, 437.

[198] *Köck/Wolf* NVwZ 2008, 353 (356); *Schulze-Fielitz* NVwZ 2007, 249 (256); dagegen BayVerfGH NVwZ 2017, 673 Rn. 30.

[199] S. hierzu *Häde* JZ 2006, 930 (932 f.); zur Frage einer Abweichungsgesetzgebung durch Landesverfassungsrecht s. *Petschulat* NWVBl 2016, 188.

[200] BT-Dr 16/813, S. 11; vgl. hierzu *Oeter,* in: Starck, Föderalismusreform, 2007, Rn. 28; *Degenhart* NVwZ 2006, 1209 (1213); *Köck/Wolf* NVwZ 2008, 353 (356 ff.).

[201] So aber *Erbguth* ZUR 2019, 195 (199).

[202] Vgl. bej. *Wollenschläger* BK, Art. 72 (2018) Rn. 434; *Wittreck,* in: Dreier II, Art. 72 Rn. 42; *Herbst,* in: Friauf/ Höfling, Art. 72 (2020) Rn. 126; *Haug* DÖV 2008, 851 (854); *Hebeler* JA 2010, 688 (691); *Stegmüller* DVBl 2013, 1473; vern. *Mayen* DRiZ 2007, 51 (54); *Köck/Wolf* NVwZ 2008, 353 (356); unklar *Erbguth,* ZUR 2019, 195 (200).

[203] Ähnlich *Uhle,* in: Maunz/Dürig, Art. 72 (2019) Rn. 281

[204] Vgl. *Uhle,* in: Maunz/Dürig, Art. 72 (2019) Rn. 281; *Dallhammer,* ZUR 2019, 228 (234): „absichtsvoller Regelungsverzicht".

[205] Dafür *Wollenschläger* BK, Art. 72 (2018) Rn. 434; *Stegmüller,* DVBl 2013, 1473; *Epping,* in: Epping/Hillgruber, Art. 74 Rn. 103.1; dagegen *Erbguth* ZUR 2019, 195 (199): Widersprch der Zielsetzung des Art. 72 III, den Ländern regional differenzierende Regelungen zu ermöglichen.

[206] Vgl. BayVerfGH NVwZ-RR 2017, 673 Rn. 30; *Dallhammer,* ZUR 2019, 228 (234); zum BayLPlG *Schmitz/ Jornitz* DVBl 2013, 741 (745 ff.): landesrechtliches **Vollgesetz,** das beibehaltene und abweichende Regelungen zusammenfasst, unzulässig.

[207] *Wollenschläger* BK, Art. 72 (2018) Rn. 433, 437 ff.

[208] *Uhle,* in: Maunz/Dürig, Art. 72 (2019) Rn. 262; BayVerfGH NVwZ-RR 2017, 673 Rn. 30; *Dallhammer* ZUR 2019, 228 (234).

[209] Näher *Wollenschläger* BK, Art. 72 (2018) Rn. 431.

[210] Enger *Mammen* DÖV 2007, 376 (378); wie hier *Hebeler* JA 2010, 688 (692).

[211] BVerfGE 147, 253 Rn. 236; für Deklarierung im Abweichungsgesetz ifd Art. 72 III *Degenhart,* DÖV 2010, 422 (424); *Erbguth,* ZUR 2019, 195 (200), dessen Annahme der Verfassungswidrigkeit als Fehlerfolge dürfte nicht mehr haltbar sein;) für das Responsivgesetz des Bundes *Franzius* NVwZ 2008, 492 (493).

durch Rechtsverordnung genügt dem nicht; wenn also in einer RVO vom Bundesgesetz abw. Regelungen getroffen werden sollen, muss die Abweichungsbefugnis bereits in der Ermächtigungsgrundlage enthalten sein.[212] Es gelten also spezifische Bestimmtheitsanforderungen: Gegenstand und Tragweite der möglichen Abweichungen müssen also bereits nach der Ermächtigungsgrundlage weitgehend feststehen.[213]

Abs. 3 bezieht sich auf Bundesgesetze, die nach dem 1.9.2006 erlassen werden; dies ergibt sich aus **44** dem Zusammenhang mit Art. 125b I. Für den auf diesen Gebieten der Rahmengesetzgebung bei In-Kraft-Treten der Föderalismusreform vorhandenen Normbestand ordnet Art. 125b I 1 die Fortgeltung und Satz 2 die Fortdauer der Befugnisse und Pflichten der Länder an; dh, sie sind an den bundesgesetzlichen Rahmen gebunden, können aber nach näherer zeitlicher Maßgabe des Satz 3 abweichende Regelungen treffen. Für Nr. 7 s. Art. 125 III.

## E. Ersetzungsbefugnis der Länder: Rückholklausel des Abs. 4 und Übergangsrecht

### I. Anwendungsbereich

Abs. 4 betrifft die Fälle **nachträgl. Wegfalls** der zunächst für ein Bundesgesetz gegebenen Erforder- **45** lichkeit iSv Abs. 2; für diese Fälle kann der Bundesgesetzgeber den Ländern ein Rückholrecht einräumen. Dies kann auch Bundesgesetze betreffen, die auf Grund des Abs. 2 in der bis zum 15.11.1994 geltenden Fassung erlassen worden sind. Abs. 4 wird jedoch nur noch auf den Gebieten des Abs. 2 relevant. Folgende Fälle sind zu unterscheiden:

– **Bundesgesetze,** die auf Grund des **Abs. 2** in der bis **1994** geltenden Fassung (Bedürfnisklausel) erlassen wurden: Hier war zunächst entscheidend, ob bei In-Kraft-Treten der Neufassung am 15.11.1994 Erforderlichkeit iSv Abs. 2 nF gegeben war. War dies nicht der Fall, galt Art. 125a II aF und gilt nunmehr Art. 125a II in der Neufassung 2006. (Allerdings sind keine Fälle einer Ersetzungsbefugnis nach dieser Vorschrift bekannt.) War Erforderlichkeit iSv Abs. 2 nF gegeben, fiel sie aber später (also **nach** In-Kraft-Treten der Neufassung 1994) weg, so galt zunächst **Abs. 3 aF:** Das Bundesgesetz blieb in Kraft, der Bund konnte nunmehr den Ländern ein Rückholrecht einräumen. Nunmehr ergibt sich die gleiche Rechtsfolge aus **Abs. 4 nF;** im Bereich der Vorranggesetzgebung gilt das Bundesrecht jedoch unbedingt fort.

– **Bundesgesetze,** die bereits auf Grund des **Abs. 2** in der ab 1.9.2006 geltenden Fassung erlassen wurden: Sie kommen nur wirksam zustande, wenn Erforderlichkeit im Sinn der Neuregelung gegeben ist; fällt diese später weg, gilt **Abs. 4.**

Die Geltung des Abs. 3 in der 1994–2006 geltenden Fassung (jetzt Abs. 4) auch für Bundesgesetze aus der Zeit vor **46** dem 15.11.1994 ist nicht zweifelsfrei angesichts des Wortlauts des Art. 125a II aF, wonach auf Grund des Abs. 2 aF erlassenes Recht fortgilt, durch Bundesgesetz aber seine Ersetzbarkeit durch Landesrecht angeordnet werden kann. Aus dem Zusammenhang des **Art. 125a** und dessen systematischer Stellung als einer Übergangsnorm ergibt sich jedoch, dass diese Bestimmung sich auf **Altrecht** bezieht, das **nicht neu** erlassen werden könnte. Es wäre zudem widersprüchlich, wenn bundesgesetzliche Regelungen, die auch iSv Art. 72 II (seit 1994) erforderl. sind, nur deshalb durch Landesrecht ersetzbar sein sollten, weil sie vor In-Kraft-Treten der Neuregelung des Art. 72 II (1994) erlassen worden sind. Auch Abs. 4 ist daher auf vor dem 15.11.1994 erlassenes Bundesrecht anzuwenden, wenn es auch nach diesem Zeitpunkt, weil erforderl., hätte erlassen werden können.[214] Wenn nachträglich – also nach diesem Zeitpunkt – die Erforderlichkeit iSv Abs. 2 wegfällt – und nur dann – ist es ersetzbar.

### II. Anwendungsvoraussetzungen

Die Anwendung des Abs. 4 setzt voraus, dass Erforderlichkeit – iSv Abs. 2 – nicht mehr besteht. **47** War die bundesgesetzliche Regelung erforderl. zur Herstellung **gleichwertiger Lebensverhältnisse,** so könnte aus Abs. 4 zu folgern sein, dass dann, wenn dieses Ziel erreicht wurde, sie nicht mehr erforderl. ist. Doch bedeutet dies zunächst nur, dass die bundesgesetzliche Regelung hierfür geeignet und erforderl. war, nicht aber, dass sie nicht weiter erforderl. wäre, um gleichwertige Lebensverhältnisse zu sichern. Dann würde die Anwendung des Abs. 4 dem Sinn des Abs. 2 widersprechen, bundeseinheitliche Gesetzgebung zu ermöglichen, wenn Einheitlichkeit der Lebensverhältnisse sie erfordert.[215] Man wird daher von Wegfall der Erforderlichkeit erst dann sprechen dürfen, wenn eine bundesgesetzliche Regelung auch zur Bewahrung gleichwertiger Lebensverhältnisse nicht mehr erforderl. ist, und nicht schon dann, wenn diese einmal hergestellt sind.[216] Gleiches gilt für die weiteren

---

[212] *Uhle,* in: Maunz/Dürig, Art. 72 (2019) Rn. 277; *Degenhart* DÖV 2010, 422 (423); anders *Wollenschläger* BK, Art. 72 (2018) Rn. 435: landesrechtliche Ermächtigungsgrundlage ausreichend.
[213] *Erbguth* ZUR 2019, 195 (202).
[214] Anders *Wollenschläger* BK, Art. 72 (2018) Rn. 498.
[215] Zum insoweit auch weiterhin „dynamischen" Charakter der Erforderlichkeitsklausel vgl. → Rn. 13.
[216] Ebenso *Kunig,* in: v. Münch/Kunig, Art. 72 Rn. 33; *Wollenschläger* BK, Art. 72 (2018) Rn. 499.

Zielvorgaben des Abs. 2. Die **Feststellung des Wegfalls** der Erforderlichkeit hat der Bundesgesetzgeber zu treffen. Hierfür gelten für die **Justitiabilität** die gleichen Kriterien wie für Art. 72 II.[217]

## III. Rechtsfolgen

48 **1. Die Entscheidung des Bundesgesetzgebers.** Rechtsfolge des Wegfalls der Erforderlichkeit ist die Befugnis des Bundesgesetzgebers, eine Rückholmöglichkeit des Landes vorzusehen. Dabei hat sich der Bundesgesetzgeber der nicht mehr gegebenen Erforderlichkeit zu vergewissern. Ausdrückl. Feststellung ist nicht zu verlangen, vielmehr muss es genügen, wenn durch Bundesgesetz dem Land die Möglichkeit der Ersetzung nach Abs. 4 eingeräumt wird. Dabei ist aus Gründen der Rechtssicherheit zu fordern, dass das zu ersetzende **Bundesgesetz ausdrückl. bezeichnet** wird und die Feststellung des Wegfalls der Erforderlichkeit nicht dem Landesgesetzgeber überlassen bleibt. Daher darf nicht schon beim Gebrauchmachen von einer Bundeszuständigkeit ein Rückholrecht vorgesehen werden, vielmehr ist eine **selbstständige** bundesgesetzliche Regelung geboten. Auch ein **bedingtes** Rückholrecht wäre mit dem Erfordernis der Rechtssicherheit **nicht** vereinbar.[218] **Befristung** eines Gesetzes ist kein Fall des Abs. 4; nach Außerkrafttreten entfällt die Sperrwirkung des Abs. 1 ohne weiteres. Die Ersetzungsbefugnis auf einen Teil des nicht mehr erforderlichen Bundesrechts zu beschränken, ist problematisch, da dann eben jene „Mischlage aus Bundes- und Landesrecht für ein und denselben Regelungsgegenstand" entstehen könnte, die „im bestehenden System der Gesetzgebung ein Fremdkörper" wäre.[219]

49 **Ob** der Bundesgesetzgeber den Ländern eine Ersetzungsbefugnis einräumt, liegt in seinem **Ermessen.** Allerdings könnte nach Wegfall der Erforderlichkeit iSv Abs. 2 die Aufrechterhaltung der einmal erlassenen Regelung als ein nicht mehr gerechtfertigter und deshalb aufzuhebender Eingriff in die Landeszuständigkeiten gesehen werden. Eine dahingehende Verpflichtung stünde jedoch im Widerspruch zum klaren Wortlaut des Abs. 4 als einer Kann-Bestimmung. Für Art. 72 III (1994) war dies unstr.;[220] am Wortlaut der Norm hat sich 2006 nichts geändert, aus den Materialien ist nichts ersichtlich, was für einen geänderten Sachgehalt der Norm sprechen könnte.[221] Systematisch könnte allerdings das 2006 durch **Art. 93 II nF** neu eingeführte Verfahren der **Feststellung der fehlenden Erforderlichkeit** gem. Art. 72 IV und Art. 125a II 2 durch das **BVerfG** auf Antrag des Bundesrates, einer Landesregierung oder der Volksvertretung eines Landes, das den Ländern ein Instrument an die Hand gibt, die Freigabe einer bundesgesetzlich besetzten Materie zu erreichen, für eine Freigabepflicht sprechen.[222] Über den eindeutigen Wortlaut der Norm dürfte dies gleichwohl nicht hinwegtragen, zumal der verfassungsändernde Gesetzgeber die Problematik gesehen hat. Dies spricht dafür, die Entscheidung nach Abs. 4 grundsätzlich im politischen Ermessen zu sehen.[223]

50 Ermessen des Bundesgesetzgebers könnte dazu führen, dass eine gebotene Neuregelung unterbleibt, weil der Bund nicht mehr zuständig, aber auch nicht zur Rückübertragung bereit ist. Für Art. 125a II aF hat BVerfGE 111, 10 zum Ladenschluss eine Ermessensbindung des Bundes aus bundesfreundlichem Verhalten abgeleitet, die sich zu einer **Verfassungspflicht zur Rückübertragung** verdichten kann,[224] wenn auf Grund sachlicher Änderungen bloße Modifikationen nicht mehr ausreichend sind oder der Bund aus politischen Gründen eine Neukonzeption für erforderl. hält.[225] Diese Überlegungen können auf den ähnlich strukturierten Art. 72 IV übertragen werden.[226] Die Feststellung des BVerfG ersetzt das Freigabegesetz.[227] Art. 93 II 3 nF konkretisiert das Rechtsschutzbedürfnis: Der Feststellungsantrag setzt voraus, dass eine Gesetzesvorlage nach Art. 72 IV bzw. nach Art. 125a II 2 gescheitert ist.

51 **2. Die Rückholentscheidung des Landesgesetzgebers.** Ob die **Länder** ihrerseits ihr Rückholrecht ausüben, liegt in ihrem **Ermessen.** Abs. 4 sieht nur die Möglichkeit der Ersetzung vor. Die Länder hierzu zu verpflichten, ist der Bundesgesetzgeber nach Abs. 4 nicht befugt;[228] dies hätte ausdrückl. vorgesehen werden müssen, zumal eine Verpflichtung, von einer Gesetzgebungsbefugnis

---

[217] So auch *Sannwald* DÖV 1994, 629 (633).

[218] *Wollenschläger,* BK, Art. 72 (2018) Rn. 504.

[219] BVerfGE 111, 10 (29); s. Art. 125a Rn. 6; aM *Wollenschläger* BK, Art. 72 (2018) Rn. 503.

[220] Vgl. *Umbach/Clemens,* in: Umbach/Clemens GG II, Art. 72 Rn. 44; *Pieroth,* in: Jarass/Pieroth, Art. 72 Rn. 16; *Uhle,* in: Maunz/Dürig, Art. 72 (2019) Rn. 337 f.

[221] Vgl. *Uhle,* in: Maunz/Dürig, Art. 72 (2019) Rn. 338; anders *Wollenschläger,* BK, Art. 72 (2018) Rn. 505.

[222] *Uhle,* in: Maunz/Dürig, Art. 72 (2019) Rn. 332.

[223] Für Freigabepflicht demgegenüber *Wollenschläger* BK, Art. 72 (2018) Rn. 505; wie hier *Kunig,* von Münch/Kunig, GG II, Art. 72 Rn. 35; *Uhle,* in: Maunz/Dürig, Art. 72 (2019) Rn. 332 ff.; *Sannwald,* in: Schmidt-Bleibtreu ua, Art. 72 Rn. 133.

[224] S. auch BVerfGE 111, 226 (268); 112, 226 (250).

[225] BVerfGE 111, 10 (31); s. hierzu *Degenhart* NVwZ 2006, 1209 (1211); *Uhle,* in: Maunz/Dürig, Art. 72 (2019) Rn. 331, 334.

[226] *Uhle,* in: Maunz/Dürig, Art. 72 (2019) Rn. 333; *Wollenschläger,* BK, Art. 72 (2018) Rn. 505.

[227] Vgl. *Uhle* aaO: „Ersatzvornahme".

[228] Ebenso *Wollenschläger* BK, Art. 72 (2018) Rn. 504.

Gebrauch zu machen, der Kompetenzordnung der Art. 70 ff. fremd ist. Eine andere Frage ist, ob der Landesgesetzgeber auf Grund Landesverfassungsrechts, insbes. auf Grund von **Staatszielbestimmungen** verpflichtet sein kann, sein Rückholrecht wahrzunehmen.[229]

**Ersetzen** einer bundesgesetzl. Regelung durch Landesrecht hat durch **formelles Gesetz** zu erfolgen. 52 Eine Ermächtigung zur Ersetzung durch RVO scheidet aus, da es sich dann um eine gesetzesvertretende RVO handeln würde; dies aber ist nach Art. 80 I ausgeschlossen.[230] Eine bundesgesetzl. Regelung wird nur „**ersetzt**" durch eine Regelung in der Sache, nicht, wenn die bundesgesetzliche Regelung lediglich **aufgehoben** wird. Daher wird man die Länder nicht als ermächtigt ansehen dürfen, eine bundesgesetzl. Regelung lediglich aufzuheben, ohne eine eigene Regelung zu erlassen, die an deren Stelle tritt; der Bundesgesetzgeber kann die Länder hierzu nicht ermächtigen (sondern eben nur zur „Ersetzung"). Im Inhalt der ersetzenden Regelung sind die Länder jedoch frei; im Verhältnis zum Normadressaten gelten jedoch diejenigen Erfordernisse **rechtsstaatlicher Kontinuität,** wie sie auch sonst bei der Neuordnung eines Rechtsgebiets zu beachten sind,[231] insbesondere Vertrauens- und Bestandsschutz.[232]

**Teilweises Gebrauchmachen** von einer Rückholmöglichkeit wird man als zulässig erachten dürfen, 53 dies unter der Voraussetzung, dass die verbleibende bundesrechtl. Regelung in sich sinnvoll bleibt. Demgegenüber muss die Änderung einzelner bundesgesetzl. Vorschriften durch Landesgesetz als ausgeschlossen gelten. Wie bei Art. 125a I (s. dort Rn. 6) wurde auch bei der jetzigen Vorschrift des Art. 72 IV die Formulierung „ersetzt" mit Bedacht gewählt, nachdem die Gemeinsame Verfassungskommission zunächst die Formulierung „ergänzen oder ersetzen" vorgeschlagen hatte.[233] Auch insoweit gilt die Feststellung des BVerfG im Ladenschluss-Urteil,[234] dass eine „Mischlage aus Bundes- und Landesrecht für ein und denselben Regelungsgegenstand im selben Anwendungsbereich … im bestehenden System der Gesetzgebung ein Fremdkörper" wäre. Bundesgesetze, die nicht nach Abs. 4 „ersetzt" werden, bleiben als Bundesrecht fortbestehen. Dies kann, wenn nur einzelne Länder von der Rückholmöglichkeit Gebrauch machen, zur Entstehung **partikularen Bundesrechts** in übrigen Ländern führen.[235]

## IV. Übergangsrecht

### 1. Die Bedürfnisklausel des Abs. 2 aF

Die Voraussetzungen für ein **Bedürfnis** nach bundesgesetzlicher Regelung gemäß **Abs. 2 Nr. 1–3 in der bis zum** 54 **15.11.1994 geltenden Fassung** mussten **alternativ,** nicht kumulativ erfüllt sein. Die größte Bedeutung hatte **Nr. 3** erlangt. Die Bestimmung wurde **weit** ausgelegt.[236] Es wurde als ausreichend gesehen, dass ein Gesetz der **Herstellung** der Rechts- und Wirtschaftseinheit diente.[237] Damit konnte in der Sache **jede bundeseinheitl. Regelung** durch Bundesgesetz kompetenzmäßig **gerechtfertigt** werden.[238] Eine bundesgesetzl. Regelung, die Rechtseinheit bewirkte, diente damit auch der Herstellung einheitlicher Lebensverhältnisse so dass sich auch hieraus keine Einschränkung ergab. Gleiches galt für die Wirtschaftseinheit, der neben der Rechtseinheit kaum eigenständige Bedeutung zukam.[239] Über die Einheitlichkeit der Lebensverhältnisse konnte der Gesetzgeber stets auf ein als wünschenswert angestrebt es Maß an Einheitlichkeit im Sozialleben hinwirken.[240] Die Alternative der Nr. 1 wurde als erfüllt gesehen, wenn eine Regelung durch ein Land nicht „effektiv" oder „nachhaltig" wirkte.[241] Ob die Voraussetzungen nach Abs. 2 aF vorlagen, wurde vom BVerfG nur eingeschränkt überprüft – es sag sie als grundsätzlich nicht justitiabel.[242] Maßgeblich wurde auch der Gesichtspunkt einer **politischen Zielvorgabe** herangezogen: Der Bundesgesetzgeber treffe mit dem Erlass eines Bundesgesetzes gleichzeitig eine **politische Vorentscheidung**[243] für ein Bedürfnis nach bundesgesetzlicher Regelung.

*(nicht belegt)*          55

---

[229] Zumal dann, wenn bisher die Forderung nach Realisierung landesverfassungsrechtlicher Staatszielbestimmungen unter Hinweis auf entgegenstehende Bundesgesetzgebung zurückgewiesen werden konnte, insbes. im Bereich der meist weitgefächerten sozialstaatlichen und umweltbezogenen Programmatik der Landesverfassungen, vgl. näher *Degenhart* ZfA 1993, 409 (418).

[230] *Ossenbühl* HStR V[3], § 103 Rn. 26 f.

[231] Vgl. *Maurer* HStR IV[3], § 79 Rn. 60 ff., 75 ff.

[232] Vgl. BVerfGE 53, 336 (351); 58, 300 (351); 71, 137 (144).

[233] Vgl. zur Entstehungsgeschichte *Uhle,* in: Maunz/Dürig, Art. 125a (2006), Art. 125a Rn. 7.

[234] BVerfGE 111, 10 (30).

[235] Zur „Systemwidrigkeit" partiellen Bundesrechts vgl. etwa *Grziwotz* AöR 116 (1991), 588 (590).

[236] Vgl. etwa BVerfGE 13, 230 (233); 26, 338 (382 f.).

[237] Grundlegend BVerfGE 13, 230 (233 f.).

[238] Vgl. die frühere Kommentierung bei *Maunz,* in: Maunz/Dürig, Art. 72 Rn. 22: „praktisch jedes vernünftige Bundesgesetz".

[239] Wirtschaftseinheit konnte nur bedeuten: Gleichheit der rechtlichen Voraussetzungen für wirtschaftliche Betätigung, vgl. die frühere Kommentierung bei *Maunz,* in: Maunz/Dürig, Art. 72 (Erstbearb.) Rn. 23.

[240] I. S. v. BVerfGE 13, 230 (233 ff.); vgl. zur Rspr. des BVerfG, die durchweg auf Nr. 3 abstellte, etwa BVerfGE 1, 264 (272 f.); 2, 213 (224 f.); 3, 407 (421); 4, 115 (127 f.); 13, 230 (233 f.); 13, 237 (239); 18, 407 (415); 26, 338 (382 f.); 33, 224 (229); 65, 1 (63); 65, 283 (298); 67, 299 (327); 78, 249 (270).

[241] Vgl. *Kunig,* in: v. Münch/Kunig II, Art. 72 Rn. 21; Vorhandensein einheitlicher Landesgesetze schloss das Bedürfnis nach bundesgesetzlicher Regelung noch nicht aus; vgl. BVerfGE 13, 230 (233).

[242] Vgl. *Faßbender* JZ 2003, 332.

[243] BVerfGE 4, 115 (127 f.); 13, 230 (233 f.); 26, 338 (382); 78, 249 (270); krit. zur Verwendung des Begriffs des „Politischen" *Majer* EuGRZ 1980, 98 (105 f.)

**56**    **2. Fortgeltendes Bundesrecht – Feststellungsantrag.** Gesetze, die bis zum 15.11.1994 in Kraft getreten sind, sind dann kompetenzgerecht **erlassen** worden, wenn für sie die Voraussetzungen des Abs. 2 aF gegeben waren. Soweit es nunmehr an den Voraussetzungen des Abs. 2 in der ab 15.11.1994 geltenden Fassung fehlt, bleiben sie als Bundesrecht in Kraft, **Art. 125a II (1994),**[244] dessen Satz 2 ebenfalls die Rückübertragung der Gesetzgebungsbefugnis zulässt. Sie unterliegen nicht dem Zugriff des Landesgesetzgebers; etwa erforderl. werdende Änderungen kann nur der Bundesgesetzgeber vornehmen. Insoweit gilt Abs. 2 nF nicht.[245] Allerdings sind die Änderungsbefugnisse des Bundesgesetzgebers dann beschränkt: Substantielle Neuregelungen sind nicht zulässig (→ Art. 125a Rn. 9). Werden entspr.entspr. Änderungen erforderl., hat der Bund ggf. nach Art. 125a II 2 nF zu verfahren und den Ländern die Ersetzungsbefugnis einzuräumen. Zu dem im Zuge der Föderalismusreform 2006 durch Art. 93 II nF neu in das Grundgesetz eingeführten Verfahren der **Feststellung fehlender Erforderlichkeit** in den Fällen des Art. 125a II 1 durch das **BVerfG** s. vorstehend → Rn. 49.

## Art. 73 [Gegenstände der ausschließlichen Gesetzgebung]

(1) **Der Bund hat die ausschließliche Gesetzgebung über:**

1. **die auswärtigen Angelegenheiten sowie die Verteidigung einschließlich des Schutzes der Zivilbevölkerung;**
2. **die Staatsangehörigkeit im Bunde;**
3. **die Freizügigkeit, das Paßwesen, das Melde- und Ausweiswesen, die Ein- und Auswanderung und die Auslieferung;**
4. **das Währungs-, Geld- und Münzwesen, Maße und Gewichte sowie die Zeitbestimmung;**
5. **die Einheit des Zoll- und Handelsgebietes, die Handels- und Schiffahrtsverträge, die Freizügigkeit des Warenverkehrs und den Waren- und Zahlungsverkehr mit dem Auslande einschließlich des Zoll- und Grenzschutzes;**
5a. **den Schutz deutschen Kulturgutes gegen Abwanderung ins Ausland;**
6. **den Luftverkehr;**
6a. **den Verkehr von Eisenbahnen, die ganz oder mehrheitlich im Eigentum des Bundes stehen (Eisenbahnen des Bundes), den Bau, die Unterhaltung und das Betreiben von Schienenwegen der Eisenbahnen des Bundes sowie die Erhebung von Entgelten für die Benutzung dieser Schienenwege;**
7. **das Postwesen und die Telekommunikation;**
8. **die Rechtsverhältnisse der im Dienste des Bundes und der bundesunmittelbaren Körperschaften des öffentlichen Rechtes stehenden Personen;**
9. **den gewerblichen Rechtsschutz, das Urheberrecht und das Verlagsrecht;**
9a. **die Abwehr von Gefahren des internationalen Terrorismus durch das Bundeskriminalpolizeiamt in Fällen, in denen eine länderübergreifende Gefahr vorliegt, die Zuständigkeit einer Landespolizeibehörde nicht erkennbar ist oder die oberste Landesbehörde um eine Übernahme ersucht;**
10. **die Zusammenarbeit des Bundes und der Länder**
     **a) in der Kriminalpolizei,**
     **b) zum Schutze der freiheitlichen demokratischen Grundordnung, des Bestandes und der Sicherheit des Bundes oder eines Landes (Verfassungsschutz) und**
     **c) zum Schutze gegen Bestrebungen im Bundesgebiet, die durch Anwendung von Gewalt oder darauf gerichtete Vorbereitungshandlungen auswärtige Belange der Bundesrepublik Deutschland gefährden,**
     **sowie die Einrichtung eines Bundeskriminalpolizeiamtes und die internationale Verbrechensbekämpfung;**
11. **die Statistik für Bundeszwecke;**
12. **das Waffen- und das Sprengstoffrecht;**
13. **die Versorgung der Kriegsbeschädigten und Kriegshinterbliebenen und die Fürsorge für die ehemaligen Kriegsgefangenen;**
14. **die Erzeugung und Nutzung der Kernenergie zu friedlichen Zwecken, die Errichtung und den Betrieb von Anlagen, die diesen Zwecken dienen, den Schutz gegen Gefahren, die bei Freiwerden von Kernenergie oder durch ionisierende Strahlen entstehen, und die Beseitigung radioaktiver Stoffe.**

(2) **Gesetze nach Absatz 1 Nr. 9a bedürfen der Zustimmung des Bundesrates.**

**Entstehungsgeschichte: Erstfassung:** JöR nF 1 (1951), 467. – **Änderungen:** 4. G. zur Erg. des GG v. 26.3.1954 (BGBl I 45), Art. 1 Nr. 1 (dazu: BT-Dr II/124, 125 [Entwürfe], 275; BT-Prot II/243, 552; BR-Dr 68/54; BR-Prot 54/54); 17. G. zur Erg. des GG v. 24.6.1968 (BGBl I 709), § 1 Nr. 12 (dazu: BT-Dr V/1879 [Entwurf], 2873; BT-

---

[244] Zur Bedeutung der Vorschrift → Rn. 45 f. sowie → Art. 125a Rn. 8 ff.
[245] BVerfGE 111, 10 (30); krit. zur Annahme einer Derogation des Art. 72 II durch Art. 125a II *Lindner* BayVBl 2005, 65 (68).

Prot V/5856, 9313, 9413, 9606; BR-Dr 162/67, 303/68; BR-Prot 67/51, 68/138); 31. G. zur Änd. des GG v. 28.7.1972 (BGBl I 1305), Art. I Nr. 2 (dazu: BT-Dr VI/1479 [Entwurf], 3192; BT-Prot VI/4728, 11 425; BR-Dr 463/70, 358/72; BR-Prot 72/597); 40. G. zur Änd. des GG v. 20.12.1993 (BGBl I 2089), Art. 1 Nr. 1 (dazu: BT-Dr 12/5015 [Entwurf]; BT-Prot 12/13 801, 16958; BR-Dr 130/93, 872/93; BR-Prot 93/149, 615); 41. G. zur Änd. des GG v. 30.8.1994 (BGBl I 2245), Art. 1 Nr. 1 (dazu: BT-Dr 12/6717, 12/7269 [Entwürfe]; BT-Prot 12/17922, 19415, 20804; BR-Dr 114/94, 676/94; BR-Prot 94/71, 377, 432); 52. G. zur Änd. des GG v. 28.8.2006 (BGBl I 2034), Art. 1 Nr. 6 (dazu Bericht der Kommission von BTag und BRat zur Modernisierung der bundesstaatlichen Ordnung, Dokumentation in: Deutscher Bundestag/Deutscher Bundesrat (Hrsg.), Zur Sache 1/2005; BT-Dr 16/813; BT-Dr 16/2010; BR-Dr 178/06; 180/06; BT-Prot 16/44).

**Historische Verfassungstexte: RV 1871: Art. 4** Der Beaufsichtigung Seitens des Reichs und der Gesetzgebung desselben unterliegen die nachstehenden Angelegenheiten:

1. die Bestimmungen über Freizügigkeit, Heimaths- und Niederlassungs-Verhältnisse, Staatsbürgerrecht, Paßwesen und Fremdenpolizei und über den Gewerbebetrieb, einschließlich des Versicherungswesens, soweit diese Gegenstände nicht schon durch den Artikel 3. dieser Verfassung erledigt sind, in Bayern jedoch mit Ausschluß der Heimaths- und Niederlassungs-Verhältnisse, desgleichen über die Kolonisation und die Auswanderung nach außerdeutschen Ländern;
2. die Zoll- und Handelsgesetzgebung und die für die Zwecke des Reichs zu verwendenden Steuern;
3. die Ordnung des Maaß-, Münz- und Gewichtssystems, nebst Feststellung der Grundsätze über die Emission von fundirtem und unfundirtem Papiergelde;
4. die allgemeinen Bestimmungen über das Bankwesen;
5. die Erfindungspatente;
6. der Schutz des geistigen Eigenthums;
7. Organisation eines gemeinsamen Schutzes des Deutschen Handels im Auslande, der Deutschen Schiffahrt und ihrer Flagge zur See und Anordnung gemeinsamer konsularischer Vertretung, welche vom Reiche ausgestattet wird;
8. das Eisenbahnwesen, in Bayern vorbehaltlich der Bestimmung im Artikel 46, und die Herstellung von Land- und Wasserstraßen im Interesse der Landesvertheidigung und des allgemeinen Verkehrs;
9. der Flößerei- und Schiffahrtsbetrieb auf den mehreren Staaten gemeinsamen Wasserstraßen und der Zustand der letzteren, sowie die Fluß- und sonstigen Wasserzölle;
10. das Post- und Telegraphenwesen, jedoch in Bayern und Württemberg nur nach Maßgabe der Bestimmung im Artikel 52;
11. Bestimmungen über die wechselseitige Vollstreckung von Erkenntnissen in Civilsachen und Erledigung von Requisitionen überhaupt;
12. sowie über die Beglaubigung von öffentlichen Urkunden;
13. die gemeinsame Gesetzgebung über das Obligationenrecht, Strafrecht, Handels- und Wechselrecht und das gerichtliche Verfahren;
14. das Militairwesen des Reichs und die Kriegsmarine;
15. Maßregeln der Medizinal- und Veterinairpolizei;
16. die Bestimmungen über die Presse und das Vereinswesen.

**– WRV: Art. 6** Das Reich hat die ausschließliche Gesetzgebung über:

1. die Beziehungen zum Ausland;
2. das Kolonialwesen;
3. die Staatsangehörigkeit, die Freizügigkeit, die Ein- und Auswanderung und die Auslieferung;
4. die Wehrverfassung;
5. das Münzwesen;
6. das Zollwesen sowie die Einheit des Zoll- und Handelsgebiets und die Freizügigkeit des Warenverkehrs;
7. das Post- und Telegraphenwesen einschließlich des Fernsprechwesens.

**– GG 1949:** Der Bund hat die ausschließliche Gesetzgebung über:

1. die auswärtigen Angelegenheiten;
2. die Staatsangehörigkeit im Bunde;
3. die Freizügigkeit, das Paßwesen, die Ein- und Auswanderung und die Auslieferung;
4. das Währungs-, Geld- und Münzwesen, Maße und Gewichte sowie die Zeitbestimmung;
5. die Einheit des Zoll- und Handelsgebietes, die Handels- und Schiffahrtsverträge, die Freizügigkeit des Warenverkehrs und den Waren- und Zahlungsverkehr mit dem Auslande einschließlich des Zoll- und Grenzschutzes;
6. die Bundeseisenbahnen und den Luftverkehr;
7. das Post- und Fernmeldewesen;
8. die Rechtsverhältnisse der im Dienste des Bundes und der bundesunmittelbaren Körperschaften des öffentlichen Rechtes stehenden Personen;
9. den gewerblichen Rechtsschutz, das Urheberrecht und das Verlagsrecht;
10. die Zusammenarbeit des Bundes und der Länder in der Kriminalpolizei und in Angelegenheiten des Verfassungsschutzes, die Einrichtung eines Bundeskriminalpolizeiamtes sowie die internationale Verbrechensbekämpfung;
11. die Statistik für Bundeszwecke.

**Leitentscheidungen: Zu Nr. 1:** BVerfGE 12, 45 (Situationsunabhängige Kriegsdienstverweigerung); BVerfGE 69, 1 (Kriegsdienstverweigerungs-Neuordnungsgesetz); BVerfGE 100, 313 (Rasterfahndung); BVerfGE 1115, 118 (Flugsicherheitsgesetz); BVerfG NJW 2020, 2235 (Auslandsaufklärung). – **Zu Nr. 2:** BVerfGE 36, 1 (Grundlagenvertrag); BVerfGE 77, 137 (Teso); BVerfGE 83, 37 (52) – Ausländerwahlrecht; 116, 24 (51) – Einbürgerung. – **Zu Nr. 3** (Art. 75 I 1 Nr. 5 aF): BVerfGE 65, 1 (Volkszählung); BVerfGE 113, 273 (Europäischer Haftbefehl); – **Zu Nr. 4:** BVerfGE 29, 402 (Konjunkturzuschlag); **Zu Nr. 5:** BVerfGE 33, 52 (Filmeinfuhrverbote); BVerfGE 140, 244 (Kennzeichenkontrolle 2); BVerfGE 150, 244 (Bay. Grenzpolizei); **Zu Nr. 5a:** BVerfGE 135, 155 (Filmfördergesetz); – **Zu Nr. 6:** BVerfGE 115, 118 und 132, 1 (Flugsicherheitsgesetz I und II); BVerwGE 160, 157 (Fluglaternen). – **Zu Nr. 6a:** (Nr. 6 aF): BVerfGE 26, 338 (Eisenbahnkreuzungsgesetz). – **Zu Nr. 7:** BVerfGE 12, 205 (Deutschland-Fernsehen – „1. Rundfunkurteil"); BVerfGE 105, 185 (UMTS); BVerfGE 114, 371 (Teilnehmerentgelt BayMG); BVerfGE 130, 151 – Vorratsdatenspeicherung –; BVerfG NJW 2020, 2699 (Bestandsdatenauskunft II); **Zu Nr. 9:** BVerfGE 58, 137 (145 f.) – Pflichtexemplar; 97, 228 (251 f.) – Kurzberichterstattung. **Zu Nr. 9a:** BVerfGE 141, 220 (BKAG); **Zu Nr. 10:** BVerfGE 30, 1 (20) – Abhörurteil; 100, 313 (368 f.) – Telekommunikationsüberwachung; 107, 339 (390 f.) – NPD-Verbot; 113, 63 (79) – Junge Freiheit; BVerfGE 133, 277 (Anti-Terror-Datei); **Zu Nr. 11:** BVerfGE 8, 104 (Volksbefragung Atomwaffen); BVerfGE 65, 1 (Volkszählung); BVerfGE 150, 1 (Zensus 2011). **Zu Nr. 12:** HessVGH NVwZ-RR 2016, 874 (Feuerwerkskörper). **Zu Nr. 14:** BVerfGE 49, 89 (Kalkar); BVerfGE 53, 30 (Mühlheim-Kärlich).

**Schrifttum:** *A. Uhle,* Die Sachbereiche der ausschließlichen Gesetzgebungskompetenz des Bundes nach der Föderalismusreform. in: Heintzen/Uhle (Hrsg.), Neuere Entwicklungen im Kompetenzrecht. Zur Verteilung der Gesetzgebungszuständigkeiten zwischen Bund und Ländern nach der Föderalismusreform, 2014, S. 189 ff. **Zu Nr. 1:** *M. Baldus,* Streitkräfteeinsatz zur Gefahrenabwehr im Luftraum, NVwZ 2004, 1278; *J. Brocheit,* Gesetzgebungsbefugnisse des Bundes für Inlandseinsätze der Bundeswehr zu anderen als Verteidigungszwecken, DÖV 2013, 802; *C. Callies,* Auswärtige Gewalt HStR IV³, § 83; *O. Depenheuer,* Zwischen polizeilicher Gefahrenabwehr und militärischer Verteidigung, ZG 2008, 1; *U. Fastenrath,* Kompetenzverteilung im Bereich der auswärtigen Gewalt, 1986; *W. Grewe/E. Menzel,* Die auswärtige Gewalt der Bundesrepublik, VVDStRL 12 (1954), 129, 179; *F. Kirchhof,* Bundeswehr HStR IV³, § 84; *Ph. Kunig,* Auswärtige Gewalt, Jura 1993, 554. – **Zu Nr. 2:** *R. Grawert,* Staatsvolk und Staatsangehörigkeit HStR II³, § 16; *K. Hailbronner,* Optionsregelung und doppelte Staatsangehörigkeit, ZAR 2013, 357; *M. Sachs,* Das Staatsvolk in den Ländern, AöR 108 (1983), 68; *K. Stern,* Die deutsche Staatsangehörigkeit, DVBl 1982, 165; *B. Ziemske,* Die deutsche Staatsangehörigkeit nach dem Grundgesetz, 1995; – **Zu Nr. 3:** *G. Fuckner,* Das Melderechtsrahmengesetz, NJW 1981, 1016; *K. Hailbronner,* Freizügigkeit HStR VII³ – **Zu Nr. 4:** *L. Gramlich,* Zahlungsformen und -modalitäten im Lichte des Geld- und Währungsrechts – am Beispiel des Rundfunkbeitrags, K&R 2015, 637; *W. Grasser,* Münzregal und Notenmonopol, DÖV 1972, 381; *K. Müller,* Die Änderung der Währungsparität als Problem der innerstaatlichen Kompetenzverteilung, BB 1971, 726; *R. Schmidt,* Geld und Währung HStR III², § 82 (nicht mehr in 3. Aufl.). – **Zu Nr. 5:** *V. Epping,* Die Außenwirtschaftsfreiheit, 1998; *T. Hoppe,* Produkte aus Kinderarbeit: Wer regelt das Verbot?, LKV 2010, 497; *T., Kingreen/S. Schönberger,* Die bayerische Grenzpolizei im bundesstaatlichen Niemandsland, NVwZ 2018, 1825; *W. Schreiber,* Der Bundesgrenzschutz mit erweitertem Aufgabenpraktikum, DVBl 1992, 589. – **Zu Nr. 6:** *M. Baldus* zu Nr. 1, ferner_ Gefahrenabwehr in Ausnahmelagen – Das Luftsicherheitsgesetz auf dem Prüfstand, NVwZ 2006, 532; *O. Depenheuer (zu Nr. 1); D. Winkler,* Verfassungsmäßigkeit des Luftsicherheitsgesetzes, NVwZ 2006, 536; – **Zu Nr. 6a:** *C. Degenhart/ J. C. Krüger,* Wirtschaftliche Nutzung frei werdender Bahnhofsflächen, SächsVBl 1997, 25; *G. Fromm,* Die Reorganisation der deutschen Bahnen, DVBl 94, 187; *E. Schmidt-Aßmann/H. C. Röhl,* Grundpositionen des deutschen Eisenbahnverfassungsrechts, DÖV 1994, 577. – **Zu Nr. 7:** *C. Degenhart,* Verfassungsfragen der Internet-Kommunikation, CR 2011, 231; *ders.,* Konvergente Medien zwischen Europäischer Union, Bund und Ländern, 2014; *H. Gersdorf,* Netzneutralität und Medienvielfalt, K&R Beihefter 2015/1; *L. Gramlich,* Von der Postreform zur Postneuordnung, NJW 1994, 2785; *H. Kube,* Neue Medien – Internet HStR³, § 91; *W. Lent,* Rundfunk-, Medien-, Teledienste, 2001; *J. Scherer,* Telekommunikationsrecht und Telekommunikationspolitik, 1985; *ders.,* Das neue Telekommunikationsgesetz, NJW 2004, 3001; *W. Schmitt Glaeser/C. Degenhart,* Koordinationspflicht der Länder im Rundfunkwesen, AfP 1986, 173. – **Zu Nr. 8:** *H. Lecheler,* Der öffentliche Dienst HStR V³, § 110. – **Zu Nr. 9:** *C. Degenhart,* Verfassungsfragen urheberrechtlicher Geräteabgaben nach dem „2. Korb", K&R 2006, 388; *P. Kirchhof,* Der verfassungsrechtliche Gehalt des geistigen Eigentums, in: FS Zeidler, Bd. 2, 1987, S. 1639; – **Zu Nr. 9a:** *C. Tams,* Die Zuständigkeit des Bundes zur Abwehr terroristischer Gefahren, DÖV 2007, 367; *A. Uhle,* Die Gesetzgebungskompetenz des Bundes für die Abwehr von Gefahren des internationalen Terrorismus, DÖV 2010, 989; – **Zu Nr. 10:** *C. Gusy,* Das gesetzlich. Trennungsgebot zwischen Polizei und Verfassungsschutz, VerwArch 82 (1991), 467; *V. Götz,* Innere Sicherheit HStR³, § 85; *D. Murswiek,* Der Verfassungsschutzbericht, NVwZ 2004, 769; – **Zu Nr. 11:** *W.-R. Schenke,* Verfassungskonformität der Volkszählung, NJW 1987, 2777; **Zu Nr. 12:** *M. Kirn,* Das neue Waffengesetz, DVBl 1973, 201; **zu Nr. 14:** *M. Burgi,* Die Überführung der Atomaufsicht in die Bundeseigenverwaltung aus verfassungsrechtlicher Sicht, NVwZ 2005, 247; *ders./G. F. Schuppert,* Überführung der Atomaufsicht in Bundeseigenverwaltung, 2005; *C. Degenhart,* Kernenergierecht, 2. Aufl. 1982; *ders.,* Standortnahe Zwischenlager, staatliche Entsorgungsverantwortung und grundrechtliche Schutzpflichten im Atomrecht, DVBl 2009, 1025; *ders.,* Zustimmungspflichtigkeit eines Gesetzes zur Verlängerung der Laufzeiten von Kernkraftwerken, atw 2010, 684; *ders.,* Gesetzgeberische Sorgfaltspflichten bei der Energiewende – Verfassungsfragen der 13. AtG-Novelle, 2013; *Th.Mann/ K.Hundertmark,* Das neue Strahlenschutzgesetz und seine Schnittstellen zum Umwelt-, Bau- und Katastrophenschutzrecht, NVwZ 2019, 825.

## Übersicht

## A. Allgemeines

Während Art. 71 den Kompetenztypus der ausschließlichen Bundeszuständigkeit definiert, enthält **1**
Art. 73 I einen **Katalog** von Kompetenztiteln; weitere Kompetenztitel sind in Einzelbestimmungen des
GG enthalten, insbes. dort, wo Bundesgesetze vorbehalten sind vgl. → Art. 70 Rn. 12, → Art. 71 Rn. 2;
schließlich bestehen ausschließliche Kompetenzen als ungeschriebene Bundeszuständigkeiten, → Art. 70
Rn. 29 ff. Im Zuge der Föderalismusreform I 2006 wurde der Kompetenztitel Nr. 9a neu geschaffen,
Nr. 5a entspricht Art. 75 Abs. 1 Nr. 6 aF, Nr. 12 Art. 74 Abs. 1 Nr. 4a aF, Nr. 13 Art. 74 Abs. 1 Nr. 10
aF, Nr. 14 Art, 74 Abs. 1 Nr. 11a GG; Art. 75 Abs. 1 Nr. 5 GG wurde in Nr. 3 eingefügt.[1]

## B. Die einzelnen Gegenstände (Abs. 1)

### I. Auswärtige Angelegenheiten und Verteidigung (Nr. 1)

**1. Auswärtige Angelegenheiten. Auswärtige Angelegenheiten** iSv Nr. 1 sind die „Beziehun- **2**
gen, die sich aus der Stellung der Bundesrepublik als Völkerrechtssubjekt zu anderen Staaten ergeben",[2]
ferner Beziehungen zu sonstigen Völkerrechtssubjekten und internationalen Organisationen.[3] Auch die
Beziehungen zur DDR waren wegen teilweise völkerrechtl. Natur[4] dazu gerechnet worden,[5] auch
wenn sie nicht „Ausland" war,[6] ebenso die Beziehungen zu den Besatzungsmächten.[7] Der Begriff der
auswärtigen Angelegenheiten in Art. 73 I Nr. 1 muss aus dem systematischen Zusammenhang mit der
Verteilung der Gesetzgebungskompetenzen i. Ü. bestimmt werden. Bloßer Auslandsbezug einer Angelegenheit reicht nicht aus.[8] Dies liefe der differenzierten Kompetenzordnung ebenso zuwider wie
der Systematik der verschiedenen Kompetenzzuweisungen an den Bund für Materien mit Auslandsbezug, etwa in Art. 73 I Nr. 3, 5 und 10 oder Art. 74 I Nr. 4.[9] Andererseits sind auswärtige
Angelegenheiten von der Bundesrepublik her zu sehen und nicht beschränkt auf völkerrechtlichen
Verkehr.[10]

Auswärtige Angelegenheiten iSv Nr. 1 sind Fragen des **auswärtigen Verkehrs** i. e. S., also des diplomatischen **3**
Verkehrs, der Einrichtung der Auslandsvertretungen uä;[11] des Rechts- und Amtshilfeverkehrs,[12] die **Entwicklungszusammenarbeit**,[13] auch Fragen der staatlichen **Repräsentation** im Ausland.[14] Auslandsprogramme im **Rundfunk**

---

[1] *Funke* BK, Art. 73 (2014) Rn. 6.
[2] BVerfGE 33, 52 (60), *Uhle,* in: Maunz/Dürig, Art. 73 (2010) Rn. 40.
[3] *Wittreck,* in: Dreier II, Art. 73 Rn. 11; *Uhle* aaO.
[4] Vgl. *Ress* HStR I[2], § 11 Rn. 49.
[5] BVerfGE 36, 1 (22 ff.); *Umbach/Clemens,* in: Umbach/Clemens GG II, Art. 73 Rn. 18.
[6] BVerfGE 36, 1 (17).
[7] BVerfGE 1, 351 (369).
[8] BVerfGE 100, 313 (368); *Heintzen* MKS II, Art. 73 Rn. 8; *Uhle,* in: Maunz/Dürig, Art. 73 (2010) Rn. 39;
*Funke* BK Art. 73 Abs. 1 Nr. 1 (2014) Rn. 17; BVerwG NJW 1982, 194.
[9] BVerfGE 100, 313 (368); BVerfG NJW 2020, 2235 Rn. 125; s. auch *Kunig,* in: v. Münch/Kunig II, Art. 73
Rn. 6.
[10] BVerfGE 100, 313 (368).
[11] Für Ausbildung des diplomatischen Dienstes *Heintzen* MKS II, Art. 73 Rn. 9: Annexkompetenz; Rechtsstellung
ausländischer Vertretungen: *Pieroth,* in: Jarass/Pieroth, Art. 73 Rn. 3.
[12] *Funke* BK Art. 73 Abs. 1 Nr. 1 (2014) Rn. 21.
[13] *Funke* BK Art. 73 Abs. 1 Nr. 1 Rn. 25.
[14] Vgl. *Pieroth,* in: Jarass/Pieroth, Art. 73 Rn. 3; *Heintzen* MKS II, Art. 73 Rn. 9.

wird überwiegend als gesamtstaatliche Repräsentation Nr. 1 zugeordnet;[15] für **Auslandsschulen** wird auf **Betreuung** Deutscher im Ausland zurückgegriffen aber auch dessen notwendige völkerrechtliche Grundlage.[16] In diesen beiden Fällen ist die Zuordnung zu Nr. 1 nicht eindeutig; es handelt sich um kulturelle Angelegenheiten, für die an sich die Länder zuständig sind.[17] Dann sind Zielrichtung und Schwerpunkt maßgeblich (→ Art. 70 Rn. 57 ff.). Bundeszuständigkeit wird zu bejahen sein, wenn unmittelbar und schwerpunktmäßig auslandsbezogene Sachverhalte geregelt werden[18] und dies vor allem dazu dient, die Wahrnehmung „auswärtiger" Angelegenheiten zu erleichtern. Insofern mögen die fraglichen Materien auch als **Annex-Materien** zu Nr. 1 gesehen werden.

4 Eine auswärtige Angelegenheit ist auch nicht schon dann betroffen, wenn für eine Materie ein völkerrechtlicher Vertrag geschlossen wurde.[19] Art. 73 I Nr. 1 ist auch dann nicht Kompetenzgrundlage für ein **Transformationsgesetz,** wenn der Bund die **Vertragsabschlusskompetenz** besitzt.[20] Diese folgt aus Art. 32 I und ist umfassend, also nicht durch Gesetzgebungszuständigkeiten begrenzt;[21] die Transformationskompetenz richtet sich nach der Sachmaterie.[22] Um Auswärtige Angelegenheiten sind also Gesetze, die die Art und Weise des völkerrechtlichen Verkehrs selbst regeln.[23]

5 Daher gilt für Verträge mit dem Ausland über die Beziehungen in bestimmten Sachmaterien (Verkehr, Wirtschaft, Kultur, Rechtsverkehr usw.): Die Vertragsabschlusskompetenz des Bundes folgt aus Art. 32 I. Die Transformation richtet sich nach Art. 70 ff. Art. 73 I Nr. 1 gilt für die eigentliche „Zustimmung" des Bundesgesetzgebers iSv Art. 59 II,[24] sofern man nicht bereits in letzterer Bestimmung die maßgebl. Kompetenzzuweisung sehen will, im Übrigen nur für Fragen des unmittelb. auswärtigen Verkehrs (z. B. Konsultationsverfahren oder deutsche Einrichtungen im Ausland).[25] Die Kompetenz für auswärtige Angelegenheiten beschränkt sich andererseits nicht auf die auswärtigen Beziehungen, sie kann auch sonstige **Angelegenheiten im Ausland** betreffen, so die Einrichtung einer Stelle zur umfassenden Auslandsaufklärung; Regelungen des G 10 bzw. des BNDG zur Überwachung und Aufzeichnung internationaler Telekommunikationen durch den **Bundesnachrichtendienst** fallen daher unter „auswärtige Angelegenheiten",[26] ebenso deren Weitergabe, nicht aber hieran anschließende Maßnahmen der Verbrechensprävention.[27] Die Gesetzgebungskompetenz für den BND fällt generell unter Nr. 1, trägt auch dessen Einbeziehung (sowie des MAD) in die Anti-Terror-Datei,[28] und umfasst als Annex die Informationstätigkeit gegenüber den Medien.[29] Nr. 1 umfasst auch die „Früherkennung aus dem Ausland drohender Gefahren" durch den BND.[30]

6 **2. Verteidigung. Verteidigung** iSv Nr. 1 wird über Maßnahmen, die der **Abwehr bewaffneter Angriffe** dienen, hinaus auf alle Fragen erstreckt, die mit der Aufstellung, dem Unterhalt und dem Einsatz von Streitkräften zusammenhängen,[31] wie z. B. **Wehrpflicht** und Wehrersatzwesen[32] und die Rechtsverhältnisse der Angehörigen der Streitkräfte,[33] wie auch polizeiliche Befugnisse der Bundeswehr.[34] Auch der MAD fällt unter Nr. 1.[35] Auch der **Zivildienst** wird erfasst; dies folgt aus der Ersatzfunktion für die Wehrpflicht.[36] Nicht unter Nr. 1 fiele eine allg. Dienstleistungspflicht („soziales Pflichtjahr").[37] Ob der Einsatz der Streitkräfte zu anderen als Verteidigungszwecken, insbesondere im Inland, etwa im Falle des Art. 35 II, unter Nr. 1/Alt. 2 fällt, wurde im Urteil des 1. Senats zum

[15] *Herrmann/Lausen* Rundfunkrecht, 2. Aufl. 2004, § 6 Rn. 24: wenn ausschließliche Wahrnehmung von Auslandsaufgaben; *Heintzen* MKS II, Art. 73 Rn. 9; *Funke* BK Art. 73 Abs. 1 Nr. 1 Rn. 23; Zu einen „Flüchtlingsfernsehen" *Stephan* ZAR 2016, 292.

[16] So bei *Pieroth,* in: Jarass/Pieroth, Art. 73 Rn. 4; *Heintzen* MKS II, Art. 73 Rn. 9; näher *Jutzi,* Die deutschen Schulen im Ausland, 1977, S. 85.

[17] Vgl. zur Problematik *Heintzen* MKS II, Art. 73 Rn. 9.

[18] Vgl. *Heintzen* MKS II, Art. 73 Rn. 9: auswärtige Kulturpolitik als Gegenstand von Nr. 1.

[19] Vgl. *Rengeling* HStR VI³, § 135 Rn. 94; *Funke* BK Art. 73 Abs. 1 (2014) Nr. 1 Rn. 17.

[20] *Uhle,* in: Maunz/Dürig, Art. 73 (2010) Rn. 42.

[21] Vgl. *Callies* HStR IV³: § 83 Rn. 25 ff., 53 ff.; → Art. 70 Rn. 24.

[22] *Funke* BK Art. 73 Abs. 1 Nr. 1 (2014) Rn. 13.

[23] *Funke* BK Art. 73 Abs. 1 Nr. 1 (2014) Rn. 18 f., der den Begriff normativ-rezeptiv (Art. 70 Rn. 51) geprägt sieht.

[24] Vgl. *Schweitzer,* Staatsrecht III, Rn. 445 ff.

[25] Vgl. *Heintzen* MKS II, Art. 73 Rn. 9.

[26] BVerfGE 133, 277 Rn. 102; BVerfG NJW 2020, 2699 Rn. 17; NJW 2020, 2235 Rn. 127: Keine allgemeine Gewährleistung der inneren Sicherheit.

[27] BVerfGE 100, 313 (369 f.).

[28] BVerfGE 133, 277 Rn. 96.

[29] BVerwG NVwZ 2013, 1006.

[30] BVerfG NJW 2020, 2699 Rn. 117.

[31] *Pieroth,* in: Jarass/Pieroth, Art. 73 Rn. 5; umfassend *Uhle,* in: Maunz/Dürig, Art. 73 (2010) Rn. 45 f.

[32] BVerfGE 62, 354 (373).

[33] Vgl. BVerfGE 62, 354 (367 f.): Nr. 1 lex specialis zu Nr. 8; für Ansprüche auf Heilfürsorge s. BVerfG ZBR 1983, 181.

[34] BVerwGE 84, 247 (250).

[35] BVerfGE 133, 277 Rn. 102.

[36] *Heintzen* MKS II, Art. 73 Rn. 17; *Uhle,* in: Maunz/Dürig, Art. 73 (2010) Rn. 45; s. auch BVerfG ZBR 1983, 181 für die Heilfürsorge der Zivildienstleistenden.

[37] Ebenso *Funke* BK Art. 73 Abs. 1 (2014) Nr. 1 Rn. 36.

LuftSiG verneint.[38] Bereits die ausdrückl. Formulierung „zur Verteidigung" spricht gegen eine derart umfassende Kompetenz.[39] Auch systematisch sind die Aufgaben der Bundeswehr im Rahmen der Verteidigung von anderen Aufgaben, etwa der Amtshilfe und Unterstützung nach Art. 35 III zu unterscheiden.[40] Ob ihr Einsatz zur Abwehr terroristischer Anschläge unter Nr. 1/Alt. 2 gestützt werden kann, verneinte der 1. Senat des BVerfG[41] und ließ das BVerfG in seiner Plenarentscheidung zum LuftSiG offen, stellte dort auf Nr. 6 ab[42] – Zur ausnahmsweise materiellen Bedeutung der Kompetenznorm → Art. 70 Rn. 70 f.[43]

Das Recht der **Bundeswehrhochschulen** wird überwiegend Nr. 1 zugeordnet; es dürfte sich hier   7 um den Fall einer Annexkompetenz (→ Art. 70 Rn. 37 ff.) handeln, da die Ausbildung der Angehörigen der Streitkräfte die Voraussetzungen für deren Leistungsfähigkeit sichert.[44]

**Schutz der Zivilbevölkerung** ist nur deren Schutz vor kriegsbedingten Gefahren.[45] Nr. 1 erfasst   8 die Materie als Unterfall der Verteidigung und trägt keine Gefahrenabwehr unabhängig hiervon.[46] In diesem Rahmen wird die Bestimmung weit ausgelegt (zB für Errichtung von Schutzanlagen, Bevorratung und Belehrung der Bevölkerung).[47]

## II. Staatsangehörigkeit im Bund (Nr. 2)

Der Begriff der Staatsangehörigkeit wird im GG mehrfach gebraucht: in Art. 16 I als **„deutsche**   9 **Staatsangehörigkeit";** ebenso in Art. 116 I. Art. 73 I Nr. 2 spricht von der Staatsangehörigkeit im Bund, Art. 74 Nr. 8 aF (weggefallen) sprach von der Staatsangehörigkeit in den Ländern. Schließlich verwendet das GG den Begriff des **Deutschen,** den Art. 116 I definiert, in Unterscheidung zwischen deutschen Staatsangehörigen und Deutschen ohne deutsche Staatsangehörigkeit als Konsequenz der Nachkriegssituation.[48] Die Rechtsstellung dieser sog. **Statusdeutschen** iSv Art. 116 I 2. Alt.[49] wird im Wege des Sachzusammenhangs dem Kompetenzthema der Staatsangehörigkeit zugeordnet.[50]

**Staatsangehörigkeit** wird im GG nicht definiert. In Verbindung von Status- und Rechtsverhält-  10 nislehre[51] definiert das BVerfG sie als „Grundbeziehung der mitgliedschaftlichen Verbindung und rechtlichen Zugehörigkeit zur staatlichen Gemeinschaft".[52] „Staatsangehörigkeit im Bund" bedeutet keine Entscheidung für eine von der deutschen Staatsangehörigkeit zu unterscheidende Bundesstaatsangehörigkeit,[53] die Formulierung diente der Abgrenzung gegenüber der Staatsangehörigkeit in den Ländern nach Art. 74 Nr. 8 aF[54] Staatsangehörigkeit **im Bund** und **deutsche** Staatsangehörigkeit sind **identisch.**[55] Die deutsche Staatsangehörigkeit war auch im geteilten Deutschland zugleich die Staatsangehörigkeit der Bundesrepublik Deutschland.[56]

Sachlich umfasst Nr. 2 **Erwerb** und **Verlust** der Staatsangehörigkeit durch Gesetz und durch  11 Einzelakt, auch die Voraussetzungen und Folgen einer Einbürgerungsrücknahme,[57] nicht aber die aus der Staatsangehörigkeit folgenden Rechte und Pflichten.[58] Materielle Bindungen für das Staatsangehörigkeitsrecht ergeben sich aus Art. 16 I[59] sowie aus Art. 116 II, ferner aus völkerrechtl. Grund-

---

[38] BVerfGE 115, 118 (140); krit. *Broscheit* DÖV 2013, 802; bej. *Funke* BK Art. 73 Abs. 1 Nr. 1 (2014) Rn. 39.

[39] Ebenso *Uhle,* in: Maunz/Dürig, Art. 73 (2010) Rn. 48.

[40] BVerfGE 115, 118 (140 f.).

[41] BVerfGE 115, 118 (140 f.); bejahend *Depenheuer* ZG 2008, 1 (7).

[42] BVerfGE 132, 1 (5 f.); 133, 241.

[43] S. auch *Uhle,* in: Maunz/Dürig, Art. 73 (2010) Rn. 49.

[44] *Stettner,* in: Dreier II, Suppl. 2007, Art. 73 Rn. 13; a. M. *Heintzen* MKS II, Art. 73 Rn. 15; differenzierend *Uhle,* in: Maunz/Dürig, Art. 73 (2010) Rn. 47.

[45] *Uhle,* in: Maunz/Dürig, Art. 73 (2010) Rn. 51 f.

[46] BVerfGE 115, 118 (140 f.).

[47] Vgl. *Kunig,* in: v. Münch/Kunig II, Art. 73 Rn. 10; *Heintzen* MKS II, Art. 73 Rn. 21; *Funke* BK Art. 73 Abs. 1 Nr. 1 (2014) Rn. 43 zu den sog. Sicherstellungsgesetzen.

[48] Näher *Vedder,* in: v. Münch/Kunig II, Art. 116 Rn. 1; *Lübbe-Wolff,* in: Dreier III, Art. 116 Rn. 12.

[49] Vgl. *Vedder,* in: v. Münch/Kunig II, Art. 116 Rn. 4, 2 ff.

[50] Vgl. *Pieroth,* in: Jarass/Pieroth, Art. 73 Rn. 7: „zumindest" aus Gründen des Sachzusammenhangs; *Kunig,* in: v. Münch/Kunig II, Art. 73 Rn. 13, lässt dies dahingestellt, da jedenfalls Art. 116 I 1. Hs. eine ausschließliche Bundeskompetenz begründe.

[51] Vgl. zu den unterschiedlichen Theorien *Grawert* HStR II³ § 16 Rn. 42; *Makarov,* Allg. Lehren des Staatsangehörigkeitsrechts, 2. Aufl. 1962, S. 19 ff.

[52] BVerfGE 37, 217 (241).

[53] Vgl. dazu *Ziemske,* Die deutsche Staatsangehörigkeit nach dem Grundgesetz, 1995, S. 209 ff.

[54] *Kunig,* in: v. Münch/Kunig II, Art. 73 Rn. 11; *Heintzen* MKS II, Art. 73 Rn. 23; *Funke* BK Art. 73 Abs. 1 Nr. 2 (2014) Rn. 13.

[55] Ebenso *Pieroth,* in: Jarass/Pieroth, Art. 73 Rn. 7; *Uhle,* in: Maunz/Dürig, Art. 73 (2010) Rn. 56.

[56] BVerfGE 36, 1 (30); Fragen einer einheitlichen deutschen Staatsangehörigkeit waren bedeutsam hinsichtlich der Anerkennung einer besonderen DDR-Staatsbürgerschaft, die aber mit der Festlegung auf die Identitätslehre als entschieden zu gelten hatte, BVerfGE 77, 137 (151 ff.); *Uhle,* in: Maunz/Dürig, Art. 73 (2010) Rn. 56; *Funke* BK Art. 73 Abs. 1 Nr. 2 (2014) Rn. 14 ff.

[57] Vgl. BVerfGE 116, 24 (51), dort zur gleichwohl Länderzuständigkeit nach § 1 III VwVfG.

[58] Vgl. *Heintzen* MKS II, Art. 73 Rn. 26; dort auch zu Kompetenzen für das Verwaltungsverfahren nach Art. 84 I.

[59] Hierzu im Einzelnen *Kämmerer* BK, Art. 16 (2005) Rn. 28 ff.

sätzen,[60] nicht aber aus Nr. 2; insbes. folgt hieraus keine institutionelle Garantie von Prinzipien des geltenden Staatsangehörigkeitsrechts.[61]

12  Die durch den Vertrag von Maastricht 1992 eingeführte **Unionsbürgerschaft,**[62] Art. 9 EUV, Art. 20 AEUV wird durch die deutsche Staatsangehörigkeit vermittelt.[63] Sie ist nicht Thema von Nr. 1. Sie ist mangels Staatsqualität der Union keine Staatsangehörigkeit,[64] doch mag ihr ein staatsangehörigkeitsähnliches Moment zugeschrieben werden.[65] Der EuGH leitet aus ihr gewisse Bindungen der Mitgliedstaaten in staatsangehörigkeitsrechtlichen Fragen ab.[66]

## III. Freizügigkeit, Melde-, Ausweis- und Passwesen, Ein- und Auswanderung, Auslieferung (Nr. 3)

13  **Freizügigkeit** iSv Nr. 3 umfasst zunächst die **Bewegungsfreiheit** im Bundesgebiet, dh das Recht, an jedem Ort innerhalb des Bundesgebietes Aufenthalt und Wohnung zu nehmen,[67] unter Einbeziehung der Einreise nach Deutschland zum Zwecke der Wohnsitznahme[68] und die Freizügigkeit zwischen Ländern, innerhalb eines Bundeslands,[69] zwischen Gemeinden und innerhalb einer Gemeinde.[70] Die **Ausreise** wird zwar von Art. 11 nicht umfasst (sondern von Art. 2 I);[71] doch wird sie in Art. 73 I Nr. 3 wegen der dort fehlenden Beschränkung auf das Bundesgebiet überwiegend einbezogen.[72] Nr. 3 umfasst auch die Freizügigkeit innerhalb eines Bundeslandes und Regelungen der Freizügigkeit für Ausländer.[73] Maßnahmen der **polizeilichen** Gefahrenabwehr wie Gewahrsamsnahme oder Wohnungsverweis[74] bleiben in der Gesetzgebungszuständigkeit der Länder unabhängig davon, ob sie als Eingriff in Art, 11 aufgefasst werden.[75] Nicht jede Regelung nach Art. 11 II fällt unter Nr. 3; so wird § 3a WohnortzuweisungsG 1996 – Versagung von Sozialhilfe bei Aussiedlern bei Nichtannahme des zugewiesenen Wohnorts –, obschon als Beschränkung der Freizügigkeit, auf Art. 74 I Nr. 7 gestützt.[76] Die **wirtschaftliche** Freizügigkeit – also das Recht zu gewerbl. Niederlassung und Grunderwerb – wird von Art. 11 nicht erfasst, mag sie auch historisch vom Begriff der Freizügigkeit umfasst sein.[77] Freizügigkeit iSv Nr. 3 substantiell anders aufzufassen als in Art. 11, ist jedoch nicht veranlasst,[78] zumal deren wirtschaftliche Aspekte Thema der Art. 74 I Nr. 11 bzw. 18 sind.

14  Für das Melde- und Ausweiswesen bestand bis zur Föderalismusreform nur eine Rahmenkompetenz des Bundes. **Meldewesen** umfasst die An- und Abmeldung bei Begründung oder Aufgabe eines Wohnsitzes oder gewöhnl. Aufenthalts durch natürliche Personen[79] unter Einbeziehung eines Melderegisterabgleichs;[80] für **Ausländer** ist Art. 74 I Nr. 4 lex specialis (Art. 74 Rn. 32). **Ausweise** iSv Nr. 3 sind Personalausweise,[81] nicht Urkunden sonstiger Art, da das Ausweis- im Zusammenhang mit dem Meldewesen zu sehen ist.[82] **Passwesen** sind die mit Erteilung und Entzug von Pässen verbundenen gesetzgeberischen und administrativen Maßnahmen verstanden, wobei für Pässe die auf

---

[60] Vgl. *Kämmerer* BK, Art. 16 (2005) Rn. 8 ff.

[61] So zutr. *Heintzen* MKS II, Art. 73 Rn. 26; ebenso *Uhle,* in: Maunz/Dürig, Art. 73 (2010) Rn. 59; weitergehend, aber nicht überzeugend *Ziemske,* Die deutsche Staatsangehörigkeit nach dem Grundgesetz, 1995, S. 121 ff., für das ius-sanguinis-Prinzip und den grds. Ausschluss der Mehrstaatigkeit – letzteres ist in erster Linie eine Frage des Demokratieprinzips.

[62] Dazu und zur Vorgeschichte *Kämmerer* BK, Art. 16 (2005) Rn. 21; *Kadelbach,* Die Unionsbürgerrechte, in: *Ehlers,* EuGR, S. 648 ff.

[63] BVerfGE 123, 267 (404); *Funke* BK Art. 73 Abs. 1 Nr. 2 (2014) Rn. 10.

[64] *Heintzen* MKS II, Art. 73 Rn. 25; *Kämmerer* BK, Art. 16 (2005) Rn. 21.

[65] *Kämmerer* BK, Art. 16 (2005) Rn. 20.

[66] EuGH, U. v. 2.3.2010, Slg. 2010I 1449 Rn. 45 ff.; *Funke* BK Art. 73 Abs. 1 Nr. 2 (2014) Rn. 10.

[67] BVerfGE 2, 266 (273); 80, 137 (150); 110, 177 (190 f.).

[68] BVerfGE 43, 203 (211); 110, 177 (191).

[69] *Heintzen* MKS II, Art. 73 Rn. 28; zur historischen Entwicklung der Freizügigkeit *Kunig,* in: v. Münch/Kunig II, Art. 73 Rn. 14.

[70] BVerfGE 110, 177 (191).

[71] BVerfGE 6, 32 (35) – Elfes –.

[72] S. *Kunig,* in: v. Münch/Kunig II, Art. 73 Rn. 14; *Pieroth,* in: Jarass/Pieroth, Art. 73 Rn. 8; *Heintzen* MKS II, Art. 73 Rn. 28.

[73] *Heintzen* MKS II, Art. 73 Rn. 28; a. M. für die Freizügigkeit von Ausländern *Funke* BK Art. 73 Abs. 1 Nr. 3 (2014) Rn. 13.

[74] Vgl. VGH BW NJW 2005, 88.

[75] Ebenso *Heintzen* MKS II, Art. 73 Rn. 28; *Uhle,* in: Maunz/Dürig, Art. 73 (2010) Rn. 62; *Funke* BK Art. 73 Abs. 1 Nr. 3 (2014) Rn. 15.

[76] BVerfGE 110, 277 (291).

[77] *Heintzen* MKS II, Art. 73 Rn. 28; *Uhle,* in: Maunz/Dürig, Art. 73 (2010) Rn. 64.

[78] AA *Funke* BK Art. 73 Abs. 1 Nr. 3 (2014) Rn. 11; *Heintzen* MKS II, Art. 73 Rn. 28; wie hier *Uhle,* in: Maunz/Dürig, Art. 73 (2010) Rn. 63; *Sannwald,* in: Schmidt-Bleibtreu ua Art. 73 Rn. 25.

[79] *Pieroth,* in: Jarass/Pieroth, Art. 73 Rn. 13.

[80] BVerfGE 65, 1 (63).

[81] *Pieroth,* in: Jarass/Pieroth, Art. 73 Rn. 10.

[82] *Rengeling* HStR VI³, § 135 Rn. 102; für Personenstandsurkunden s. Art. 74 I Nr. 2, → Art. 74 Rn. 29.

Grenzübertritt bezogene Ausweisfunktion entscheidend ist.[83] Inlandsbezogene Rechtsfolgen, wie Ausweisfunktionen,[84] wurden bisher unterAusweiswesen gefasst; sie fallen jedenfalls unter Nr. 3. Passversagung fällt stets unter Nr. 3. Datenschutz im Zusammenhang mit dem Melde- und Ausweiswesen ist von Nr. 3 umfasst.[85]

**Ein- und Auswanderung** sind, in Anlehnung an den allg. Sprachgebrauch, zu definieren als **15** Einreise in das bzw. Ausreise aus dem Bundesgebiet jeweils zur Begründung eines Wohnsitzes oder dauernden Aufenthalts.[86] Die Rechtsstellung der Ausländer nach Einwanderung fällt unter Art. 74 I Nr. 4Nr. 3[87] dürfte daher eng zu verstehen sein. Für die Einbürgerung der Einwanderer greift Nr. 2.[88]

**Auslieferung** ist in Nr. 3 ebenso zu verstehen wie in Art. 16 II: zwangsweise Überführung aus dem **16** Hoheitsbereich des ausliefernden in den des ersuchenden Staates zur Durchführung eines Strafverfahrens oder zur Strafvollstreckung;[89] nicht fällt hierunter die – nicht auf Ersuchen eines anderen Staates erfolgende – Ausweisung,[90] wohl aber die sog. Durch- und Rücklieferung.[91] Materiell ist Art. 16 II zu beachten. Soweit nach Art. 16 II 2 durch Gesetz die Auslieferung an EU-Staaten oder einen internationalen Gerichtshof vorgesehen werden kann, ist Kompetenzgrundlage hierfür Nr. 3.[92]

## IV. Währungs-, Geld- und Münzwesen, Maße und Gewichte, Zeitbestimmung (Nr. 4)

**1. Das Währungswesen.** Das **Währungswesen** umfasst als Oberbegriff auch das Geld- und Münz- **17** wesen[93] und bezieht sich nicht nur auf das **gesetzl. Zahlungsmittel**, sondern auch auf **Währungs-politik**.[94] Hiersind weitgehende **Vorgaben des Unionsrechts** zu beachten,[95] dies auf Grund der ausschließlichen Zuständigkeit der EU für die Zollunion, Art. 3 Abs. 1 lit. a AEUV und für die Währungspolitik, Art. 3 Abs. 1 lit. c) AEUV iVm Art. 3 Abs. 4 AEUV;[96] Nr. 4 bleibt damit i. Ü. nur die Funktion der Kompetenzabgrenzung für innerstaatliche Umsetzungsmaßnahmen.[97] Damit ist Nr. 4 abzugrenzen gegenüber Art. 74 I Nr. 11 und gegenüber Art. 109 IV, insbes. dann, wenn auch die „Sorge für den Wert des Geldes" zum Währungswesen gerechnet wird.[98] Aus Nr. 4 folgt keine generelle Zuständigkeit für die Konjunkturpolitik.[99] Nr. 4 ist gegenüber Art. 74 I Nr. 11 lex specialis.[100] Unmittelbare währungs- und kreditpolitische Maßnahmen sind daher auf Nr. 4 zu stützen, dies dürfte auch für die Errichtung der **Bundesbank** durch Gesetz gegolten haben und auch ihre Tätigkeit umfassen.[101] Für die **Europäische Zentralbank** erfolgte die Übertragung von Hoheitsrechten nach Art. 23 I 2.[102] Bestimmungen über Diskontsätze, Geldmengen, Mindestreserven[103] sind auf die Währungskompetenz des Bundes zu stützen: die Währungspolitik ist Grundlage, nicht Teil des Bankwesens. Unter Währungswesen fällt die Bestimmung der gesetzl. Zahlungsmittel; problematisch daher landesrechtliche Bestimmungen über unbare Zahlung wie im Fall der Beitragssatzungen der Landesrundfunkanstalten.[104]

**Geld** iSv Art. 73 I Nr. 4 sind Banknoten und Münzen, aber auch die dem Zahlungsverkehr dienenden Guthaben bei **18** Kreditinstituten („Buchgeld"),[105] **Münzen** nur diejenigen Münzen, die gesetzl. Zahlungsmittel sind. Gedenkmünzen uä fallen unter Nr. 4 nur dann, wenn sie gesetzl. Zahlungsmittel sind.[106] Fasst man auch Buchgeld unter Nr. 4, so dürfte für aufladbare **Chipkarten** („Geldkarte") nichts anderes gelten.

---

[83] *Uhle,* in: Maunz/Dürig, Art. 73 (2010) Rn. 65; *Funke* BK Art. 73 Abs. 1 Nr. 3 (2014) Rn. 17.

[84] Vgl. etwa nur *Heintzen* MKS II, Art. 73 Rn. 29.

[85] So auch BVerfGE 65, 1 (43 ff.); *Pieroth,* in: Jarass/Pieroth, Art. 73 Rn. 10.

[86] Ebenso *Heintzen* MKS II, Art. 73 Rn. 30.

[87] *Pieroth,* in: Jarass/Pieroth, Art. 73 Rn. 12; zur Abgrenzung Uhle, Maunz/Dürig, Art. 73 (2010) Rn. 72.

[88] *Funke* BK Art. 73 Abs. 1 Nr. 3 (2014) Rn. 19.

[89] BVerfGE 10, 136 (139); *Pieroth,* in: Jarass/Pieroth, Art. 16 Rn. 16.

[90] *Kunig,* in: v. Münch/Kunig II, Art. 75 Rn. 19.

[91] Zum Begriff s. *Kämmerer* BK, Art. 16 (2005) Rn. 86 f.

[92] S. grds. zur Auslieferung BVerfG 113, 273.

[93] Ebenso *Kunig,* in: v. Münch/Kunig II, Art. 73 Rn. 20; *Heintzen* MKS II, Art. 73 Rn. 35.

[94] BVerfGE 4, 60 (73): „tragende Grundsätze der Währungspolitik" – Aufwertungsgesetzgebung nach der Währungsreform; *Heintzen* MKS II, Art. 73 Rn. 36.

[95] S. dazu *Niedobitek* BK, Art. 73 I Nr. 4 (2001) Rn. 31 ff.

[96] Vgl. dazu *Niedobitek* BK, Art. 73 I Nr. 4 (2001) Rn. 32; *Funke* BK Art. 73 (2014) Rn. 20.

[97] Vgl. *Niedobitek* BK, Art. 73 I Nr. 4 (2001) Rn. 43.

[98] *Rengeling* HStR VI³, § 135 Rn. 105; *Uhle,* in: Maunz/Dürig, Art. 73 (2010) Rn. 81.

[99] Für die Erhebung eines Konjunkturzuschlags offen gelassen bei BVerfGE 29, 402 (410).

[100] So wohl auch *Rengeling* BK, Art. 74 Nr. 11 (1983) Rn. 75.

[101] Str.; für Spezialität des Art. 88 für die speziellen Aufgaben der Bundesbank und Art. 74 I Nr. 11 für die allg. Geschäftstätigkeit *Niedobitek* BK, Art. 73 I Nr. 4 (2001) Rn. 60; näher *Uhle,* in: Maunz/Dürig, Art. 73 (2010) Rn. 82 f.; wie hier *Stettner,* in: Dreier II, Suppl. 2007, Art. 73 Rn. 26.

[102] Ebenso *Heintzen* MKS II, Art. 73 Rn. 38.

[103] Vgl. hierzu auch BVerwGE 41, 334 (349).

[104] *Gramlich* K&R 2015, 637 ff.

[105] *Wittreck,* in: Dreier II, Art. 73 Rn. 29; *Niedobitek* BK, Art. 73 I Nr. 4 (2001) Rn. 56.

[106] Vgl. *Pieroth,* in: Jarass/Pieroth, Art. 73 Rn. 14; *Heintzen* MKS II, Art. 73 Rn. 37.

**19**    **2. Maße und Gewichte, Zeitbestimmung.** Oberbegriff ist „**Maß**"; er umfasst auch Gewichts- und Zeitmaße[107] und ist weit zu verstehen; hierunter fallen alle denkbaren Einheiten des Mess- wesens,[108] für Längen, Flächen, Körper, auch Temperaturen, Lärm- und sonstige Emissionen,[109] wohl auch Mess- und Berechnungsmethoden,[110] nicht Grenzwerte oder auch Handelsklassen.[111] Regelwerke hierfür folgen der jeweiligen Sachmaterie. Sie beruhen auf Maßen, legen diese aber nicht fest. Von Nr. 4 getragen wird jedoch das **Eichwesen** als Kontrolle der Verwendung der Maße im Verkehr.[112] „**Zeitbestimmung**" umfasst neben der Festlegung der Zeitmaße[113] auch die des Kalenders ein- schließlich des „Nullpunkts" der Zeitbestimmung,[114] ebenso der Sommerzeit,[115] nicht das Feiertags- wesen.[116] Nr. 4 betrifft nur die „natürliche Zeit", nicht die „rechtliche Zeit", also die Bestimmung von Fristen, Arbeits- und Ruhezeiten uä[117] Auch für Maße, Gewichte und Zeitbestimmung existieren weitreichende **unionsrechtliche Bindungen.**[118]

## V. Waren- und Zahlungsverkehr, Grenzzschutz, Schutz deutschen Kulturguts (Nr. 5, 5a)

**20**    **1. Waren- und Zahlungsverkehr, Zoll- und Grenzschutz.** Für **Zölle**[119] ist Art. 105 I lex specia- lis[120] für die Abgabentatbestände und Zolltarife; i. Ü. gilt für Bestimmungen über das Zollgebiet Nr. 5.[121] Der Kompetenznorm wird **materieller Gehalt** beigemessen: Gebot der Einheitlichkeit des Zoll- und Handelsgebiets,[122] hiermit sind Sonderregelungen über Zollausschlussgebiete oder für grenznahe Gebiete vereinbar.[123] Allerdings tendiert der Gehalt der Kompetenznorm auf Grund der ausschließl. Kompetenz der EU für die gemeinsame Handelspolitik nach Art. 3 Abs. 1 lit. e AEUV bzw. der Zollunion der EU – Art. 28 ff. AEUV – gegen null.[124] Verboten sind neben Binnenzöllen nach Art. 30 AEUV auch Abgaben zollgleicher Wirkung, sowohl staatlich auferlegte, als auch parafiskalische, von öffentlich-rechtl. Körper- schaften erhobene Abgaben; entscheidend ist Anknüpfung an den Grenzübertritt.[125] Die **Freizügigkeit des Warenverkehrs** iSv Nr. 5 ist bereits von der „Einheit des Zoll- und Handelsgebietes" umfasst;[126] gemeint ist hier der freie Warenverkehr im Inland, wie aus der Abgrenzung zum Verkehr mit dem Ausland folgt.[127] Letzterer betrifft alle Regelungen, die sich auf die Ein- und Ausfuhr von Waren und auf den grenzüberschreitenden Zahlungsverkehr beziehen,[128] ohne Beschränkung auf den entgeltlichen (Handels-)Verkehr.[129] Der **Dienstleistungsverkehr** mit dem Ausland wird im Wege des Sachzusam- menhangs mit dem Waren- und Zahlungsverkehr unter Nr. 5 gefasst.[130] Nicht notwendig ist handels- politische Motivation; auch sicherheitsrechtliche Einfuhrbeschränkungen werden erfasst[131] (z. B. für Medien aus Gründen des Verfassungsschutzes,[132] für Kampfhunde[133]) wie generell präventiv-polizeiliche

---

[107] *Wittreck*, in: Dreier II, Art. 73 Rn. 32.

[108] *Niedobitek* BK, Art. 73 I Nr. 4 (2001) Rn. 64.

[109] Vgl. *Rengeling* HStRVI³, § 135 Rn. 106.

[110] Vern. auch *Sannwald*, in: Schmidt-Bleibtreu ua, Art. 73 Rn. 46; bej. *Niedobitek* BK, Art. 73 I Nr. 4 (2001) Rn. 65; *Heintzen* MKS II, Art. 73 Rn. 41

[111] *Heintzen* MKS II, Art. 73 Rn. 41.

[112] Vgl. *Heintzen* MKS II, Art. 73 Rn. 42.

[113] Diese fasst *Niedobitek* BK, Art. 73 I Nr. 4 (2001) Rn. 64 unter das Kompetenzthema „Maße".

[114] *Heintzen* MKS II, Art. 73 Rn. 39.

[115] *Niedobitek* BK, Art. 73 I Nr. 4 (2001) Rn. 68.

[116] Vgl. *Niedobitek* BK, Art. 73 I Nr. 4 (2001) Rn. 70.

[117] Vgl. *Niedobitek* BK, Art. 73 I Nr. 4 (2001) Rn. 69.

[118] Vgl. näher *Niedobitek* BK, Art. 73 I Nr. 4 (2001) Rn. 34 ff.; *Uhle*, in: Maunz/Dürig, Art. 73 (2010) Rn. 89.

[119] Zum Begriff s. *Fischer-Menshausen*, in: v. Münch/Kunig II, Art. 105 Rn. 14: Abgaben auf Warenbewegungen über die Zollgrenze.

[120] *Uhle*, in: Maunz/Dürig, Art. 73 (2010) Rn. 93; wohl auch *Heintzen* MKS II, Art. 73 Rn. 43; anders BVerfGE 8, 260 (268): Art. 105 I nur deklaratorische Wiederholung; problematisch angesichts der abschließenden Sonder- regelung der Finanzverfassung in Art. 104 a ff.

[121] Näher *Uhle*, in: Maunz/Dürig, Art. 73 (2010) Rn. 93 f.

[122] Zum materiellen Gehalt – Unzulässigkeit innerstaatl. Abgaben – s. *Stettner*, in: Dreier II, Suppl. 2007, Art. 73 Rn. 30.

[123] *Kunig*, in: v. Münch/Kunig II, Art. 73 Rn. 287; *Heintzen* MKS II, Art. 73 Rn. 45.

[124] Vgl. auch *Sannwald*, in: Schmidt-Bleibtreu ua, Art. 73 Rn. 51; *Umbach*, in: Umbach/Clemens, GG II, Art. 73 Rn. 50.

[125] *Kamann*, in: Streinz, EUV/AEUV, Art. 30 Rn. 11 f.

[126] Ebenso *Kunig*, in: v. Münch/Kunig II, Art. 73 Rn. 26; *Pieroth*, in: Jarass/Pieroth, Art. 73 Rn. 18.

[127] *Heintzen* MKS II, Art. 73 Rn. 50.

[128] Vgl. *Heintzen* MKS II, Art. 73 Rn. 51.

[129] BVerfG 33, 52 (60).

[130] BVerfG EuGRZ 2004, 196 (200).

[131] BVerfGE 33, 52 (64); abwM BVerfGE 33, 78 (79); der Mehrheitsmeinung zustimmend *Kunig*, in: v. Münch/ Kunig II, Art. 73 Rn. 27; *Umbach*, in: Umbach/Clemens GG II, Art. 73 Rn. 46.

[132] BVerfGE 33, 52 (60); näher *Degenhart* BK, Art. 5 I u. II (2006) Rn. 374 f.

[133] BVerfGE 110, 141 (158 f.).

Maßnahmen wie z. B. Post- und Telekommunikationsüberwachung im Außenwirtschaftsverkehr,[134] ebenso Beschränkungen wegen des Artenschutzes;[135] Nr. 5 kann auch einschlägig sein für Einfuhrbeschränkungen zur Durchsetzung sozialer Mindeststandards in den Herkunftsländern (z. B. bei Kinderarbeit),[136] während Verwendungsverbote nicht darunter gefasst werden.[137]

Für Waren- und Zahlungsverkehr als Gegenstand **völkerrechtlicher Verträge** ist die speziellere **21** Bundeskompetenz für die **Handels- und Schifffahrtsverträge** einschlägig; Nr. 5 begründet insoweit die Transformationskompetenz, während die Vertragsschluss- und Ratifikationskompetenz wie stets bereits aus Art. 32 I, 59 II 1 folgen. Nur Fragen des Waren- und Zahlungsverkehrs sind von Nr. 5 umfasst,[138] der mithin Kompetenzgrundlage für das Außenwirtschaftsrecht ist,[139] nicht aber z. B. Fragen des kulturellen Austausches. Es muss schwerpunktmäßig um zwischenstaatl. kommerziellen Verkehr gehen.[140] Beschaffenheitsanforderungen dürfen nicht zu einer materiellen Erweiterung von Bundeszuständigkeiten führen. Nr. 5 ist insoweit bereits durch Nr. 1 sowie durch Art. 74 I Nr. 11, 17 und 21 abgedeckt.[141]

Für den Warenverkehr mit **landwirtschaftlichen** Erzeugnissen ist auch Art. 74 I Nr. 17 als **22** umfassende konkurrierende Zuständigkeit für den Agrarsektor einschlägig, doch geht Nr. 5 für Fragen der Ein- und Ausfuhr als die weitergehende der konkurrierenden Zuständigkeit vor.[142]

**Zoll- und Grenzschutz** werden nicht als Unterfall des Warenverkehrs gesehen, sondern generell **23** auf die Kontrolle des Waren- und Personenverkehrs mit dem Ausland und sonstige (nichtmilitärische) Grenzsicherung bezogen, die Formulierung „einschließlich" ist als Redaktionsversehen zu sehen.[143] Zollschutz sind im Übrigen alle Maßnahmen gegenüber Verletzungen der Zollgesetze. **Grenzschutz** ist die polizeiliche Überwachung der Grenzen insbes. im Blick auf grenzüberschreitenden Verkehr einschließl. der Überprüfung der Papiere, der Berechtigung zum Grenzübertritt, der Grenzfahndung.[144] und kann auch durch Kontrollen im Hinterland und auf Grenzbahnhöfen, Flughäfen uä erfolgen.[145] Eine räumliche Begrenzung ist vorzunehmen, da die Kompetenz nicht zum Aufbau einer flächendeckenden Bundespolizei führen darf.[146] Hierfür wird ein 30 km tiefer Streifen genannt.[147] Ob daneben auch eine **Landeskompetenz** für den Schutz derjenigen Landesgrenzen, die zugleich Bundesgrenzen sind, besteht, ist fraglich, aber zu verneinen:[148] Da Bundesgrenzen stets auch Landesgrenzen sind, ist diese Konstellation von Nr. 5 umfasst. Nr. 5 umfasst auch präventiv-polizeiliche Maßnahmen,[149] nicht allg. **polizeiliche Aufgaben.** Soweit diese im Grenzgebiet vorzunehmen sind, kommt es zu räuml. Überschneidungen. Soweit es um Schutz vor Grenzverletzungen und Überwachung des grenzüberschreitenden Verkehrs geht, ist Nr. 5 einschlägig; für grenzunabhängige Gefahrenabwehr bleibt es bei Art. 70; dies gilt für Kennzeichenkontrollen zur Verhütung oder Unterbindung des unerlaubten Aufenthalts und zur Bekämpfung der grenzüberschreitenden Kriminalität, während Kontrollen zur Erfassung des unerlaubten Grenzübertritts unter Nr. 5 fallen.[150] Für die Organisation des Grenzschutzes gilt Art. 87 I 2; hier bestehen Länderkompetenzen für die Verwaltungsorganisation.[151]

**2. Abwanderungsschutz für Kulturgut.** Der Schutz deutschen Kulturgutes gegen Abwanderung, **24** anfänglich in konk. Zuständigkeit, wurde mit ÄndG v. 27.10.1994 nach Art. 75 verlagert und mit der Föderalismusreform 2006 in ausschl. Bundeszuständigkeit überführt. In der Sache hat sich nichts geändert. **Kulturgüter** sind wertvoller Kunstbesitz,[152] aber auch sonstige Gegenstände von besonderem historischem, technischem oder wissenschaftlichem Interesse,[153] wie zB auch eine wertvolle Sammlung von Käfern.[154] **„Deutsch"** sollen Kulturgüter auch ausländischer Herkunft sein, wenn sie

---

[134] BVerfGE 110, 33 (48).

[135] Vgl. *Kunig,* in: v. Münch/Kunig II, Art. 73 Rn. 27.

[136] *T. Hoppe,* LKV 2010, 497.

[137] BVerwGE 148, 133 Rn. 19 (Grabsteine aus ausbeuterischer Kinderarbeit).

[138] Vgl. BVerfGE 91, 207 (220) zu Hafengebühren.

[139] *Heintzen* MKS II, Art. 73 Rn. 48.

[140] Vgl. *Spranger* BK, Art. 73 Nr. 5 (2020) Rn. 39.

[141] *Heintzen* MKS II, Art. 73 Rn. 49.

[142] *Stettner,* in: Dreier II, Suppl. 2007, Art. 73 Rn. 32.

[143] Ebenso *Seiler,* in: Epping/Hillgruber, Art. 73 Rn. 23.

[144] BayVerfGH E. v. 28.8.2020 – Vf.-10-VIII-19, Vf.12-VII-19 Rn. 75.

[145] *Spranger* BK, Art. 73 Nr. 5 (2020) Rn. 56.

[146] BVerfGE 97, 198 (217).

[147] Vgl. SächsVerfGH, U. v. 10.7.2003, C I 2 b.

[148] So auch *Spranger* BK, Art. 73 Nr. 5 (2020) Rn. 65; vgl. auch *Götz* HStR IV³, § 85 Rn. 36.

[149] BayVerfG NJW 2020, 2699 Rn. 115.

[150] BVerfGE 150, 244 Rn. 56 ff. zu Art. 13 Abs. 1 Nr. 5 BayPAG; zur bay. Grenzpolizei *Kingreen/Schönberger* NVwZ 2018, 1825 ff. sowie BayVerfGH, E. v. 28.8.2020 – Vf.10-VIII-19, Vf.12-VII-19 Rn. 75 f.: Verfassungswidrigkeit von Art. 29 Bay PAG.

[151] Vgl. *Köhler* BayVBl 1985, 673 f.

[152] Vgl. entstehungsgeschichtlich JöR nF 1 (1951), 506.

[153] Entstehungsgeschichtlich ist der Begriff umfassend zu verstehen, umfasst auch Technik – näher *Rengeling* HStR VI³, § 135 Rn. 112.

[154] BayVGH BayVBl 1989, 50 (52).

sich nicht nur vorübergehend im Geltungsbereich des GG befinden;[155] ob privater oder öffentlicher Besitz ist unerhebl.[156] Schutz vor **Abwanderung** meint Beschränkungen der Ausfuhr; hinsichtlich der Mittel des Schutzes trifft Nr. 6 keine näheren Festlegungen.

## VI. Luftverkehr und Eisenbahnen (Nr. 6, 6a)

25      Die Zuständigkeitsregelung für den Luft- und Schienenverkehr wurde im Zusammenhang mit der Bahnreform durch Änderungsgesetz vom 20.12.1993[157] neu gefasst; bis dahin hatte Nr. 6 aF die ausschl. Zuständigkeit für „die Bundeseisenbahnen und den Luftverkehr" enthalten.

26      **1. Luftverkehr (Nr. 6).** „Luftverkehr" umfasst neben dem **Flugverkehr** im eigentl. Sinn, also der Gesamtheit der Flugbewegungen von Luftfahrzeugen im Luftraum, deren Aufstiege und Landungen[158] alle „mit dem Flugwesen unmittelbar zusammenhängenden Tätigkeiten und Anlagen", die Zulassung der Luftfahrzeuge und die Genehmigung und Errichtung der **Bodenanlagen,** also auch die luftverkehrsrechtliche Planfeststellung.[159] Nr. 6 umfasst die **Luftaufsicht,** als die Abwehr von Gefahren für und durch den Luftverkehr[160] zB durch Flugballons, auch Fluglaternen, wenn von ihnen Gefahren für den Luftverkehr ausgehen,[161] oder Drohnen, auch Sicherheitskontrollen an Flughäfen und die Gebühren hierfür,[162] die Sicherheitsüberprüfung des Flughafenpersonals, Flugsicherung und Flugplankoordinierung[163] wie auch weitergehende ordnungsrechtl. Befugnisse des Bundes.[164] Nr. 6 soll auch für den Schutz vor **Fluglärm** gelten.[165] Zum Einsatz der Bundeswehr zur Abwehr terroristischer Angriffe → Rn. 6; das BVerfG stellt in seiner Plenarentscheidung auf Nr. 6 ab.[166] Für die Luftverkehrsverwaltung sind die gegenständlich begrenzten Zuständigkeiten nach Art. 87d zu beachten. Inwieweit Nr. 6 die **Raumfahrt** umfasst, ist str., wird aber überwiegend bejaht.[167]

27      **2. Eisenbahnen des Bundes (Nr. 6a).** Unter Nr. 6 aF war das „gesamte Eisenbahnwesen" bezüglich der Bundeseisenbahnen gefasst worden, nunmehr wird die Kompetenz näher aufgegliedert.[168] **„Eisenbahnen"** beruhen auf dem Rad-Schienen-Prinzip[169] und fallen unter den Begriff der Schienenbahnen iSv Art. 74 I Nr. 23. Dies sind Bahnen mit festem Spurweg,[170] wobei jedoch für Magnetbahnen, Luftkissenbahnen und ähnliche, nicht auf dem Rad-Schiene-Prinzip beruhende[171] spurgeführte Techniken zweifelhaft ist, ob es sich noch um „Schienen"bahnen handelt.[172] Nicht alle Schienenbahnen sind jedoch Eisenbahnen; nicht unter Nr. 6a fallen daher Straßenbahnen, Untergrundbahnen und Bergbahnen.[173] In Grenzfällen (Stadtbahnen, Überlandstraßenbahnen) dürfte auf das vom Verfassungsgeber vorgefundene, typische Erscheinungsbild der Eisenbahn abzustellen sein.[174] Es muss sich um Eisenbahnen **des Bundes** handeln; dies ist auch der Fall bei Organisationsformen des Privatrechts, wenn mehrheitlich Eigentum des Bundes, auch etwa über

---

[155] BayVGH BayVBl 1989, 50 (52); *Uhle,* in: Maunz/Dürig, Art. 73 (2010) Rn. 131.

[156] *Pieroth,* in: Jarass/Pieroth, Art. 70 Rn. 21.

[157] 40. G zur Änd. des GG v. 20.12.1993, BGBl I 2089; vgl. zur Bahnreform *Schmidt-Aßmann/Röhl* DÖV 1994, 577; HessStGH NJW 1982, 1141 (1142).

[158] BVerwGE 160, 157 Rn. 16; *Pabst/Schwartmann* BK Art. 73 Nr. 6 (2017) Rn. 6.

[159] S. HessStGH NJW 1982, 1141; *Keller* DÖV 1982, 811.

[160] BVerwGE 160, 157 Rn. 14; *Kunig,* in: v. Münch/Kunig II, Art. 73 Rn. 27; *Uhle,* in: Maunz/Dürig, Art. 73 (2010) Rn. 135 f.

[161] BVerwGE 160, 157 Rn. 15 ff.

[162] BVerwGE 95, 188 (192 ff.); es handelt sich hierbei jedoch um keine Annexmaterie: soweit im sachlichen Geltungsbereich einzelner Kompetenztitel Abgaben erhoben werden, ist kompetenziell unmittelbar auf die Sachmaterie zurückzugreifen, vgl. → Art. 70 Rn. 41.

[163] *Uhle,* in: Maunz/Dürig, Art. 73 (2010) Rn. 135.

[164] Offengelassen bei BVerfGE 115, 118 (140 f.), da nicht entscheidungserheblich.

[165] BVerwGE 87, 322 (329).

[166] BVerfGE 132, 1 (5 f.); s. auch *Baldus* NVwZ 2004, 1278 (1279 f.) *Hopf/Hyckel* Jura 2014, 632 (636).

[167] *Kunig,* in: v. Münch/Kunig II, Art. 73 Rn. 28: für Durchquerung des Luftraums Nr. 6 unmittelbar, i. Ü. „mitgeschriebene" Kompetenz; für extensive Interpretation *Wittreck,* in: Dreier II, Art. 73 Rn. 41; für Natur der Sache *Heintzen* MKS II, Art. 73 Rn. 58; wohl auch *Uhle,* in: Maunz/Dürig, Art. 73 (2010) Rn. 139 unter Hinweis auf internationalrechtl. Implikationen.

[168] Vgl. *Heintzen* MKS II, Art. 73 Rn. 59.

[169] *Heintzen* MKS II, Art. 73 Rn. 55.

[170] Vgl. BVerfGE 26, 338 (382); 56, 249 (282); für U-Bahnen BVerfGE 45, 297 (323); näher *Schmidt-Aßmann/Fromm,* Aufgaben und Organisation der Deutschen Bundesbahnen in verfassungsrechtlicher Sicht, 1986, S. 81 ff.; *Pieroth,* in: Jarass/Pieroth, Art. 73 Rn. 23.

[171] Zu dessen Maßgeblichkeit s. aus der Gesetzesbegründung BT-Dr 12/5015 S. 5 f.; *Pestalozza* MKP, Art. 73 Rn. 384 f.

[172] Bejahend *Kunig,* in: v. Münch/Kunig II, Art. 74 Rn. 114; *Oeter* MKS II, Art. 74 Rn. 1159.

[173] Vgl. *Schmidt-Aßmann/Röhl* DÖV 1994, 577 (579); *Heintzen* MKS II, Art. 73 Rn. 55; *Uhle,* in: Maunz/Dürig, Art. 73 (2010) Rn. 142.

[174] So auch *Uhle,* in: Maunz/Dürig, Art. 73 (2010) Rn. 142.

eine Holding, besteht;[175] entscheidend sind die Eigentumsverhältniss; die Mehrheit der Anteile und Stimmrechte reicht aus.[176]

Art. 73 I Nr. 6a betrifft den **Verkehr** dieser Eisenbahnen und Bau, Betrieb und Unterhaltung ihrer **28** **Schienenwege.** Ersterer Teilaspekt umfasst alle Fragen im Zusammenhang mit den eigentlichen Verkehrsleistungen der Bahn,[177] Leistungs- und Versorgungspflichten, Tarifbestimmungen, Verkehrsangebot;[178] der zweite Aspekt ist wie bisher auch auf Eisenbahnkreuzungen zu erstrecken.[179] Materiell ist Art. 87e zu beachten; Art. 87e IV 2 ist speziellere, enger gefasste Kompetenznorm für die Gewährleistungspflicht des Bundes.[180] Verkehr meint also nicht nur den Transport, sondern auch die Bereitstellung der Infrastruktur,[181] jedoch nur hinsichtlich der für den Eisenbahnverkehr notwendigen, nicht für bahnfremde Anlagen.[182]

Soweit die Schienenwege der Eisenbahnen des Bundes **Drittunternehmen** zur Verfügung gestellt **29** werden, gilt Art. 73 I Nr. 6a für die Regelung der Entgelte.[183]

## VII. Post und Telekommunikation (Nr. 7)

Nr. 7 wurde neugefasst durch das 41. Änderungsgesetz zum GG vom 30.8.1994[184] im Rahmen der **30** **Postreform.**[185] Gegenüber der bisherigen Formulierung „Post- und Fernmeldewesen" soll der Trennung der Unternehmensbereiche Rechnung getragen werden.[186]

**1. Das Postwesen.** Im **Postwesen** werden entspr. Art. 87 f bestimmte Dienstleistungen erbracht **31** und Hoheitsaufgaben wahrgenommen.[187] Nr. 7 nimmt Bezug sowohl faktisch-deskriptiv auf „Post" im allg. Sprachgebrauch, als auch normativ-rezeptiv auf das Postwesen, wie er sich in der Rechtsordnung entwickelt hat, (→ Art. 70 Rn. 51) als ein „Inbegriff bestimmter Dienstleistungen", traditionell als „eine der Beförderung von Personen, Gütern oder Nachrichten von Ort zu Ort oder innerhalb eines Ortes dienende regelmäßige oder kontinuierliche, vom konkreten Bedürfnis unabhängige Verkehrsverbindung, die dem Publikum gegen Entgelt zugänglich ist",[188] unter Ausklammerung der Übermittlung von Nachrichten im Wege der Telekommunikation, die in Nr. 7 gesondert genannt wird.

Die Privatisierung des Postwesens lässt den Kompetenztitel an sich unberührt.[189] **Materielle Bin-** **32** **dungen** folgen aus dem Gewährleistungsauftrag des Art. 87 f I. Nicht alle von der früheren Bundespost erbrachten Dienstleistungen sind dem Postwesen zuzuordnen. Die **Postbank** hat nichts mehr mit dem früheren Postscheckamt gemein; als Geschäftsbank fällt sie nicht mehr unter Nr. 7,[190] sondern unter Art. 74 I Nr. 11. Postwesen sind i. w. die klassischen Postleistungen;[191] wie Brief- und Paketdienst, Postzeitungsdienst[192] („gelbe Post"). Um Postwesen soll es sich handeln bei der postalischen Beförderung von Nachrichten und Kleingütern durch Übermittlung in einem standardisierten, auf

---

[175] So auch *Schmidt-Aßmann/Röhl* DÖV 1994, 577 (579): Mehrheit der Stimmrechte ausr.; ebenso *Heintzen* MKS II, Art. 73 Rn. 56.

[176] OVG Lüneburg, U. v. 10.7.2017 – 7 LB 56/15 – Rn. 54 f.; *Uhle,* in: Maunz/Dürig, Art. 73 (2010) Rn. 143.

[177] Dass nicht schienengebundene Verkehrsleistungen von Eisenbahn-Unternehmen von Nr. 6a erfasst werden – *Uhle,* in: Maunz/Dürig, Art. 73 (2010) Rn. 144 –, ist nur aus Herkommen zu begründen, vgl. BVerfGE 26, 281 (298) für Nr. 6 aF; für Nr. 6a dürfte dann entscheidend darauf abzustellen sein, dass den Eisenbahnen des Bundes diese herkömmlichen Tätigkeitsfelder nicht beschnitten werden sollten – andererseits sollte mit der Neuregelung des Eisenbahnwesens im Zuge der Bahnreform eine Abkehr vom tradierten Erscheinungsbild der Eisenbahn stattfinden.

[178] *Heintzen* MKS II, Art. 73 Rn. 62.

[179] BVerfGE 26, 338 (375); in diesem Punkt dürfte Nr. 6a nicht gegenüber Nr. 6 aF zurückbleiben.

[180] Vgl. *Schmidt-Aßmann/Röhl* DÖV 1994, 577 (584): nur Infrastrukturentscheidungen, nicht generell Ausbau und Unterhalt der Schienenwege.

[181] Vgl. *Heintzen* MKS II, Art. 73 Rn. 64.

[182] Zu Letzterem s. *Degenhart/Krüger* SächsVBl 1997, 25 ff.; zu Kompetenzfragen in diesem Zusammenhang s. *Ronellenfitsch* DÖV 1996, 1028 (1033 f.).

[183] Auch insoweit ist auf die materielle Bedeutung des Begriffs des „Wirtschaftsunternehmens" in Art. 87e III abzustellen, vgl. *Schmidt-Aßmann/Röhl* DÖV 1994, 577 (581).

[184] BGBl I 2245.

[185] S. zu Entstehungsgeschichte und verfassungspolitischem Hintergrund *Badura* BK, Art. 73 I Nr. 7 (1997) Rn. 1 ff.

[186] Zur Postreform s. etwa *Gramlich* NJW 1994, 2785; aus den Materialien BT-Dr 12/6717.

[187] *Badura* BK, Art. 73 I Nr. 7 (1997) Rn. 9.

[188] So die Definition bei *Badura* BK, Art. 73 I Nr. 7 (1997) Rn. 10; ähnlich *Uhle,* in: Maunz/Dürig, Art. 73 (2010) Rn. 157.

[189] *Pieroth,* in: Jarass/Pieroth, Art. 73 Rn. 25; s. aber *Heintzen* MKS II, Art. 73 Rn. 67: Postwesen funktionell, nicht institutionell zu verstehen.

[190] So *Gramlich* NJW 1994, 2785 (2788); *Uhle,* in: Maunz/Dürig, Art. 73 (2010) Rn. 158; *Kühling* BK, Art. 73 I Nr. 7 (2015) Rn. 11; *Heintzen* MKS II, Art. 73 Rn. 64: Postbank als einziges der Nachfolgeunternehmen in Art. 143b nicht genannt und vom Infrastrukturauftrag des Art. 87 f I nicht erfasst.

[191] Vgl. für Nr. 7 aF *Gramlich* NJW 1994, 2785 (2788) unter Hinweis auf die Entstehungsgeschichte, BT-Dr 12/6717, S. 3: keine sachliche Änderung bezweckt; für Nr. 7 nF *Heintzen* MKS II, Art. 73 Rn. 64.

[192] Hierzu s. BVerfGE 80, 124 (132): Schwerpunkt bei den Benutzungsbedingungen für den Postdienst.

massenhaften Verkehr angelegten Transportnetz mit festgelegten Gewichtsgrenzen;[193] damit würden insbesondere Kurierdienste uä erfasst. Nicht mehr unter Postwesen fällt die Personenbeförderung.[194]

33    **2. Telekommunikation.** Telekommunikation ist in Anlehnung an das „Fernmeldewesen" nach Nr. 7 aF[195] zu definieren als die Übermittlung von Informationen auf fernmeldetechnischem[196] Wege, also mittels elektromagnetischer Schwingungen,[197] analog oder digital, leitungsgebunden oder drahtlos.[198] Der Begriff ist entwicklungsoffen;[199] – entscheidend ist die körperlose Übermittlung, die fehlende Verkörperung der zunächst übermittelten, dann empfangenen und schließlich wiedererzeugten Information.[200] Telekommunikation ist in Nr. 7 und Art. 87 f I und II gleichlaufend zu bestimmen.[201] Unter Nr. 7 fallen daher alle Formen der **Individual- und Massenkommunikation,**[202] lineare und nichtlineare Dienste, alle elektronischen Informations- und Kommunikationsdienste, Fernmeldedienste, Telekommunikationsdienste iSv § 3 Nr. 24 TKG, Rundfunkübertragung über Kabel und Satellit oder terrestrisch sowie im Internet.[203] Telekommunikation ist der gesamte Bereich des **Internet,** der Multimediadienste beziehungsweise der Telemedien,[204] also auch Suchmaschinen, Internettelefonie, die elektronische Presse.[205] Letztere ist deshalb jedoch nicht Rundfunk iSv Art. 5 I 2; insbesondere presseähnliche Telemedien sind Presse im verfassungsrechtlichen Sinn.[206]

34    Nr. 7 berechtigt unmittelbar nur zur Regelung der (fernmelde-)**technischen** Seite, also der Telekommunikationsinfrastruktur und der Informationsübermittlung durch Telekommunikationsanlagen,[207] **nicht** bezüglich der übermittelten **Inhalte** oder die Art der Nutzung der Telekommunikation.[208] Die **Überwachung** der Telekommunikation fällt, da sie deren Inhalte und deren konkrete Umstände betrifft, nicht unter Nr. 7, sondern unter die jeweilige Sachkompetenz für die Überwachung[209] – im Außenwirtschaftsverkehr Nr. 5,[210] zum Zwecke der Strafverfolgung Art. 74 I Nr. 1,[211] zu präventiven Zwecken die entsprechende Sachkompetenz[212] Demgegenüber wurde für Bestimmungen des TKG zur Vorratsdatenspeicherung Sachzusammenhang zu Nr. 7 bejaht;[213] Für Nutzung der Daten gilt dann wiederum die jeweilige Sachkompetenz.[214] Regulierung der Telekommunikationsdienstleistungen unter wirtschaftlichen Gesichtspunkten kommt neben Nr. 7 auch Art. 74 I Nr. 11 bzw. Nr. 16 in Betracht; hier ist die Zuordnung nach den allg. Kriterien (→ Art. 70 Rn. 61) vorzunehmen, insbesondere Spezialität bei spezifisch telekommunikationsbezogener Regulierung.[215]

35    Die Trennung von inhaltl. und fernmeldetechnischen Fragen wurde für den klassischen (linearen) **Rundfunk** iSv Art. 5 I 2 entwickelt, also die für die Allgemeinheit bestimmte Übertragung von Darbietungen mittels elektromagnetischer Schwingungen.[216] Rundfunk ist begriffsnotwendig Tele-

---

[193] Vgl. BT-Dr 12/7269, S. 4 (zur Postreform II) – für Kleingüter derzeit 31,5 kg; *Pieroth,* in: Jarass/Pieroth, Art. 73 Rn. 25.

[194] Vgl. *Heintzen* MKS II, Art. 73 Rn. 70; *Uhle,* in: Maunz/Dürig, Art. 73 (2010) Rn. 157.

[195] Vgl. BVerfGE 12, 205 (226); 46, 120 (142 ff.); *Uhle,* in: Maunz/Dürig, Art. 73 (2010) Rn. 164.

[196] Vgl. BVerfGE 12, 205 (226): „technischer, an der Übermittlung von Signalen orientierter Begriff".

[197] Vgl. zur Begriffsbestimmung nach Art. 73 I Nr. 7 in Anlehnung an § 1 FAG *Kunig,* in: v. Münch/Kunig II, Art. 73 Rn. 34.

[198] Vgl. BVerfGE 46, 120 (141).

[199] *Heintzen* MKS II, Art. 73 Rn. 75; *Ibler,* in: Maunz/Dürig, Art. 87 (2010) Rn. 29; für Nr. 7a aF BVerfGE 46, 120 (139 ff.): keine Beschränkung auf damaliges FAG.

[200] BVerfGE 46, 120 (139 ff., 143); BVerfG (K) NJW 2016, 3508 Rn. 30, juris; *Heintzen* MKS II, Art. 73 Rn. 74.

[201] BVerfG (K) NJW 2016, 3508 B. v. 6.7.2016 – 2 BvR 1454/13 – Rn. 30, juris; zur Abgrenzung von Nr. 7 zu Art. 87f I s. *Gersdorf,* in: Gersdorf/Paal, Informations- und Medienrecht, Art. 73 GG Rn. 6: für „Grundversorgung" im TK-Bereich Art. 87f I lex specialis.

[202] BVerwGE 77, 128 (131).

[203] Vgl. *Herrmann/Lausen,* Rundfunkrecht, 2. Aufl. 2004, § 2 Rn. 15 ff., 94 ff., 109 ff., 119 ff.

[204] *Uhle,* in: Maunz/Dürig, Art. 73 (2010) Rn. 172 f.

[205] BVerfG (K) NJW 2916, 3508 Rn. 30 f.

[206] Näher *Degenhart,* BK Art. 5 I und II (2017) Rn. 199, 201.

[207] Vgl. grundlegend BVerfGE 12, 205 (226) zu Nr. 7 aF; aktuell BVerfGE 114, 371 (385); BVerfG NVwZ 2008, 658 (659); BVerfGE 125, 260 (314).

[208] Vgl. BVerfGE 125, 260 (314); *Heintzen* MKS II, Art. 73 Rn. 79; *Masing* HStR IV³, § 90 Rn. 23.

[209] BVerfGE 113, 348 (368); 125, 260 (314); 130, 151 (193); BVerfG NJW 2020, 2699 Rn. 105 ff.; *Heintzen* MKS II, Art. 73 Rn. 78; *Uhle,* in: Maunz/Dürig, Art. 73 (2010) Rn. 164, 166.

[210] BVerfGE 110, 33 (48).

[211] BVerfGE 113, 348 (364).

[212] BVerfGE 130, 151 (193).

[213] BVerfGE BVerfGE 125, 260 (314); 130, 151 (193); zust. *Gersdorf,* in: Gersdorf/Paal, Informations- und Medienrecht, Art. 73 GG Rn. 2, 4.

[214] Dazu *Gersdorf,* in: Gersdorf/Paal, Informations- und Medienrecht, Art. 73 GG Rn. 4: Polizeigesetze der Länder bzw. Art. 74 I Nr. 1 für Strafverfolgung.

[215] Weitergeh. für Nr. 7 als umfassende Kompetenznorm für die Wirtschaftssektoren Post und Telekommunikation *Kühling* BK, Art. 73 I Nr. 7 (2015) Rn. 16; anders *Heintzen* MKS II, Art. 73 Rn. 76.

[216] Vgl. zum Rundfunkbegriff *Lent,* Rundfunk-, Medien- und Teledienste, 2011, S. 40 ff., 75 ff.; *Kube* HStR IV³, § 91 Rn. 13 f.; *Degenhart* HGR IV, 2011, § 105 Rn. 9 ff., 50 ff.

kommunikation. Nur die fernmeldetechnische,[217] nicht die programminhaltliche Seite fällt unter Nr. 7.[218] Die Veranstaltung von Rundfunk stellt eine eigenständige Kompetenzmaterie dar, für die es bei Art. 70 verbleibt und die wegen ihres Gewichts der Telekommunikation auch **nicht** im Wege des **Sachzusammenhangs** zugeschlagen werden darf. Die Länder sind zuständig für alle mit **Inhalten** zusammenhängenden Fragen,[219] die **„positive Ordnung"** des Rundfunks iSv Art. 5 I 2 einschl. seiner Finanzierung. Inhaltl. Einflussnahme mittels der Telekommunikation muss ausgeschlossen sein,[220] auch im Gesetzesvollzug, bei Frequenzvergabe[221] bzw. Plattformregulierung.[222] Der Bund ist nur zuständig für die Bestimmung der zu nutzenden Frequenzen und deren Bereitstellung,[223] während die Reihenfolge der Nutzung von den Ländern zu bestimmen ist. Gleiches gilt für die Einspeisung in Kabelanlagen[224] und Entgelte hierfür. Frequenznutzungsbeiträge werden als Annex zu Nr. 7 gesehen.[225] Eine entspr. Abgrenzung ist auch für Regelungen zur **Netzneutralität** vorzunehmen.[226]

Eine Bundeszuständigkeit kraft **Natur der Sache** für Rundfunk nicht begründet werden, auch **36** nicht für Satellitenprogramme,[227] wurde aber angenommen für den *Deutschlandfunk.*[228] Zu Auslandsprogrammen → Rn. 3.

Ob all dies im Zuge der Konvergenz[229] auch für alle Formen von Telekommunikation, die nicht **37** Rundfunk sind, gilt, ist fraglich. **Telemedien** iSv §§ 54 ff. RfStV und i. S. d. TMGsind technisch Telekommunikation.[230] Deren **telekommunikationstechnische** Bedingungen fallen unter **Nr. 7.** Dies betrifft die Regulierung der Dienstleistungen nach TKG, Melde- und Lizensierungspflichten, Frequenzzuweisung und Entgeltregulierung. Soweit nicht eindeutig abgrenzbar sind, wie dies der Fall ist bei conditional-access-Regelungen,[231] ist auf Schwerpunkt und Zielsetzung abzustellen (Art. 70 Rn. 61): geht es um inhaltliche Vielfalt, bleiben die Länder zuständig, geht es um Offenheit des Wettbewerbs unter wirtschaftlichen Aspekten, gelten Art. 74 I Nr. 11 bzw. Nr. 16 bzw. Nr. 7 (→ Rn. 34),[232] stehen die technischen Fragen im Vordergrund, gilt Nr. 7. Für Modifizierungen der allg. Gesetze, die ausschließlich auf die technischen Spezifika eines Dienstes abstellen, dürfte Nr. 7 gelten; dies kann etwa die zivil- und strafrechtlichen Verantwortlichkeit der TK-Dienstleister oder auch spezifische Fragen des Datenschutzes betreffen.[233] Zur Überwachung Rn. 34.

Für Informations- und Kommunikationsdienste mit **wirtschaftlichem** Schwerpunkt gilt Art. 74 I **38** Nr. 11 (→ Art. 74 Rn. 51)[234] ua, für Verbraucherschutz und für Haftungsfragen, für VertragsrechtArt. 74 I Nr. 1. Jedenfalls für journalistisch-redaktionell gestaltete Telemedien sind die medienspezifischen Fragen wie Gegendarstellung oder Datenschutz nicht von Nr. 7 erfasst. Werbung und Teleshopping im Rundfunk, obschon wirtschaftl. Tätigkeit, sind in rundfunkrechtl. Sachzusammenhang zu sehen.[235]

*(nicht belegt)* **39**

**Bundestreue kann für Nr. 7** als Kompetenzausübungsschranke auf Grund wechselseitiger Abhän- **40** gigkeit technischer und inhaltlicher Fragen[236] und der grundrechtlich geforderten Informationsvorsorge im Bundesstaat wirken.[237] Der Bund darf mittels TK-Regulierung nicht medienpolitische Entscheidungen der Länder einseitig präjudizieren,[238] bleibt andererseits in der Gewährleistungsverantwortung.[239]

---

[217] BVerfGE 12, 205 (227).

[218] Grundlegend BVerfGE 12, 205 (226 ff.); 125, 260 (314).

[219] Vgl. zutr. *Kunig,* in: v. Münch/Kunig II, Art. 73 Rn. 35.

[220] Vgl. zur „dienenden Funktion" des Fernmeldewesens iSv BVerfGE 12, 205 (227); *Heintzen* MKS II, Art. 73 Rn. 79; *Bortnikov* MMR 2014, 435.

[221] Vgl. hierzu *Kühling* BK, Art. 73 I Nr. 7 (2015) Rn. 18 ff.

[222] Hierzu *Degenhart,* Konvergente Medien zwischen Europäischer Union, Bund und Ländern, 2014, S. 65 ff.

[223] S. auch *Ladeur* ZUM 1998, 261.

[224] Vgl. hierzu etwa *Jarass,* Gutachten G zum 56. DJT, S. 157 ff.

[225] OVG NRW U. v. 6.12.2013 – 9 A 546/11 – Rn. 23; vgl. auch BVerfGE 114, 371 (385) zum bayerischen Teilnehmerentgelt.

[226] *Hain,* in: Spindler/Schuster, Recht der elektronischen Medien, Rdn. C 158; anders – generell für Einschlägigkeit von Nr. 7 *Kühling* BK, Art. 73 I Nr. 7 (2015) Rn. 15; *Gersdorf,* K&R 2015, Beiheft 1, 1 (20).

[227] BVerfGE 12, 205 (252); s. auch BVerfGE 73, 118 (197).

[228] Vgl. *Lerche,* Zum Kompetenzbereich des Deutschlandfunks, 1963, S. 12 ff.

[229] Vgl. *Degenhart,* Konvergente Medien zwischen Europäischer Union, Bund und Ländern, 2014.

[230] *Uhle,* in: Maunz/Dürig, Art. 73 (2010) Rn. 173.

[231] Vgl. etwa *Ladeur* ZUM 1998, 261 (265 ff.).

[232] Vgl. zur Abgrenzung einerseits *Uhle,* in: Maunz/Dürig, Art. 73 (2010) Rn. 167, andererseits *Kühling* BK, Art. 73 I Nr. 7 (2015) Rn. 16; *Gersdorf* MKS III, Art. 87f Rn. 43.

[233] BVerfGE 130, 151 (193).

[234] So zutr. *Heintzen* MKS II, Art. 73 Rn. 76; aM – für Nr. 7 – *Kühling* BK, Art. 73 I Nr. 7 (2015) Rn. 14 ff.

[235] Vgl. *Vesting,* in: Binder/Vesting, Rundfunkrecht, 4. Aufl. 2018, § 1 RStV Rn. 13.

[236] *Determann,* Kommunikationsfreiheit im Internet, 1999, S. 225 ff.; *Uhle,* in: Maunz/Dürig, Art. 73 (2010) Rn. 176.

[237] Näher *Schmitt Glaeser/Degenhart* AfP 1986, 173 ff.

[238] Vgl. etwa *Scherer,* Telekommunikationsrecht und Telekommunikationspolitik, 1984, S. 531 ff.: Zwang zur Nutzung von Netzen; *Determann,* Kommunikationsfreiheit im Internet, 1999, S. 223 ff.

[239] Vgl. *Papier* DÖV 1990, 217; *Ladeur* ZUM 1998, 261; *Windhorst* CR 2002, 118; *Degenhart,* Netzneutralität, in: Kloepfer, Netzneutralität in der Informationsgesellschaft, 2011, S. 67 (69 ff.).

41 Nr. 7 wird für Telekommunikation durch **Unionszuständigkeiten** überlagert.[240] Die Zuständigkeit der EU folgt für Rundfunk aus der Qualifizierung als Dienstleistung, so EuGH;[241] sie erfasst die wirtschaftliche Seite des Rundfunks, während die kulturstaatl. Seite in der prinzipiellen Zuständigkeit der Mitgliedstaaten zu sehen ist.[242] Für die weiteren hier genannten Telekommunikationsdienste ist Dienstleistungscharakter zu bejahen. In verschiedenen Richtlinien werden die technischen und organisator. Infrastrukturen der Telekommunikationsnetze-Anbieter umfassend geregelt, wohingegen eine Regulierung des Inhalts der übertragenen Informationen durch Sekundärrecht nicht stattfinden soll.[243] Eine einheitl. Medien- und Telekommunikationsordnung der EU würde zu weiterer Aushöhlung der Länderkompetenzen führen.[244]

## VIII. Öffentlicher Dienst des Bundes (Nr. 8)

42 Nr. 8 erfasst Dienstnehmer der dort genannten Dienstherren, also zum einen des **„Bundes"** (der Bundesrepublik), zum anderen aller bundesunmittelbaren **Körperschaften** des öffentlichen Rechts.Dies sind alle juristischen Personen des öffentlichen Rechts, also auch **Anstalten** und **Stiftungen,**[245] nicht die **Kirchen,** da nicht bundesunmittelbar.[246] Für Bahn und Post, deren Bedienstete ebenfalls unter Art. 73 I Nr. 8 fielen, siehe jetzt Art. 143a, b.[247]

43 Nr. 8 bezieht sich nicht nur auf **Beamte** im staatsrechtlichen Sinn, sondern auch auf **Angestellte** und **Arbeiter.**[248] Auch für Bundeswehrangehörige wird Nr. 8 herangezogen.[249] Für die **Bundesrichter** gehen Art. 98 I und für die **Bundestagsabgeordneten** Art. 48 III 3 als jeweils speziellere Regelung vor.[250] Für die **Mitglieder der Bundesregierung,** obschon nicht „Dienstnehmer" im Sinn der herkömmlichen Dreiteilung, dürfte Nr. 8 gleichwohl schon vom Wortlaut her zur Anwendung kommen, da die Textdeutung nicht zwingend auf diese Dreiteilung festgelegt sein muss; auf die „Natur der Sache" braucht daher nicht zurückgegriffen zu werden.[251]

44 Nr. 8 erfasst das öff. Dienstrecht in seiner Gesamtheit, als Inbegriff derjenigen Normen, die das Verhältnis des Dienstherrn zum Dienstnehmer betreffen.[252] Der Begriff der **„Rechtsverhältnisse"** wird weit ausgelegt[253] und umfasst Begründung,[254] Beendigung und Nachwirkungen von Dienstverhältnissen sowie sämtliche Rechte und Pflichten hieraus,[255] insbes. fallen Besoldung und Versorgung.[256]

## IX. Gewerblicher Rechtsschutz, Urheberrecht, Verlagsrecht (Nr. 9)

45 Die Kompetenzmaterien in Nr. 9 betreffen den Schutz des **geistigen Eigentums.**[257] Mit „gewerblichem Rechtsschutz" wird einfachgesetzl. Begrifflichkeit rezipiert.[258] Umfasst werden die tradierten Regelungskomplexe zum Schutz des geistigen Schaffens auf gewerblichem Gebiet, wie Patentrecht, Gebrauchsmuster-, Geschmacksmuster- und Warenzeichenrecht,[259] sowie das Wett-

---

[240] Vgl. *Bartosch* EuZW 2002, 389; *Uhle,* in: Maunz/Dürig, Art. 73 (2010) Rn. 178 ff.; *Kühling* BK, Art. 73 I Nr. 7 (2015) Rn. 9.

[241] S. zuletzt EuGH – C-402/08 und 429/08 –, NJW 2012, 213 = JZ 2011, 1160 mit Anm. *Leistner* – Dekodiervorrichtungen; EuGH – C 250/06 – GEWA/Bayerischer Rundfunk mit Anm. *Degenhart,* JZ 2008, 564; dort Rn. 28 zur st.RSpr. des Gerichtshofs; grundlegend EuGH Slg. 1974, S. 411 – *Sacchi;* Slg. 1980, S. 833 –; *Elliniki Radiophonia* mit Anm. *Degenhart,* JZ 1992, 685; Slg. 1991, S. I-4007 – *Antennevoorziening Gouda* – *Mediawet* mit Anm. *Degenhart* JZ 1992, 1125; Slg. 1993, S. I-487 – *Veronica.*

[242] *Eberle* AfP 1993, 422, 425; *Herrmann/Lausen,* Rundfunkrecht, § 8 Rn. 51 ff., 80 ff.

[243] *Bartosch* EuZW 2002, 389 (390).

[244] S. dazu *Reich* EuGRZ 2001, 1 (6).

[245] Vgl. *Kunig,* in: v. Münch/Kunig II, Art. 73 Rn. 34; *Heintzen* MKS II, Art. 73 Rn. 83; *Höfling* BK, Art. 73 I Nr. 8 (2001) Rn. 40 ff.

[246] *Höfling* BK, Art. 73 I Nr. 8 (2001) Rn. 43.

[247] Vgl. *Höfling* BK, Art. 73 I Nr. 8 (2001) Rn. 36; *Fromm* DVBl 1994, 187 (194); *Gramlich* NJW 1994, 2785.

[248] *Groeger,* in: Groeger, Arbeitsrecht im öffentlichen Dienst, 3. Aufl. 2020, Rdn. 1.15; *Höfling* BK, Art. 73 I Nr. 8 (2001) Rn. 24; a. M. *Sannwald,* in: Schmidt-Bleibtreu ua, Art. 73 Rn. 108: einheitlich Art. 74 I Nr. 12 GG.

[249] BVerfGE 39, 128 (141); für Heilfürsorge von Nr. 1 BVerwGE 39, 110 (112) sowie *Kunig,* in: v. Münch/Kunig II, Art. 73 Rn. 37; wie hier *Heintzen* MKS II, Art. 73 Rn. 80; *Höfling* BK, Art. 73 I Nr. 8 (2001) Rn. 26 f.; s. aber BVerfGE 62, 354 (367): für Heilfürsorge für Bundeswehrangehörige Nr. 11.

[250] Vgl. *Höfling* BK, Art. 73 I Nr. 8 (2001) Rn. 25, 29.

[251] Vgl. *Höfling* BK, Art. 73 I Nr. 8 (2001) Rn. 31 f.

[252] Uhl, Maunz/Dürig, Art. 73 Rn. 181; Nds OVG, U. v. 22.8.2019 – 8 LC 116/18 – Rn. 34, juris –: aber keine Zuständigkeit für außerhalb des Dienstrechts stehende Vorschriften.

[253] Vgl. hierzu *Höfling* BK, Art. 73 I Nr. 8 (2001) Rn. 7 ff.

[254] *Heintzen* MKS II, Art. 73 Rn. 81; *Höfling* BK, Art. 73 I Nr. 8 (2001) Rn. 20 f.

[255] Vgl. BVerfGE 7, 120 (127); zum Personalvertretungsrecht *Heintzen* MKS II, Art. 73 Rn. 81; es muss um die Rechtsverhältnisse zwischen Dienstherr und Dienstnehmer gehen; nicht unter Nr. 8 fiel daher die Reform des Staatshaftungsrechts, BVerfGE 61, 149 (202).

[256] So auch *Kunig,* in: v. Münch/Kunig II, Art. 73 Rn. 33.

[257] *Uhle,* in: Maunz/Dürig, Art. 73 (2010) Rn. 191.

[258] So auch *Uhle* aaO.

[259] *Heintzen* MKS II, Art. 73 Rn. 88.

bewerbsrecht, soweit es dem Schutz des geistigen Eigentums dient, etwa beim Schutz vor sklavischer Nachahmung, nicht aber in seiner Gesamtheit.[260] Erfasst werden ebenso neue Bereiche, z. B. Rechte an Computerprogrammen oder an gentechnischen Verfahren.[261] Das **Urheberrecht,** für das gleichermaßen auf einfachgesetzl. Begrifflichkeit zurückgegriffen werden kann,[262] betrifft die herkömmlich geschützten Bereiche des „geistigen Eigentums" an Schöpfungen kultureller Art in Literatur, Musik, bildender Kunst und Wissenschaft,[263] ist aber gleichermaßen entwicklungsoffen, etwa für Computerprogramme.[264] Für den Schutz des geistigen Eigentums sind wesentliche Vorgaben aus Art. 14 zu entnehmen,[265] schon deshalb wird auch seine wirtschaftliche Verwertung von Nr. 9 erfasst.[266] Bestimmungen über Zweitverwertungsrechte im Landeshochschulrecht verletzen die Bundeskompetenz nach Nr. 9.[267] „Verlagsrecht" ist im themat. Zusammenhang von Nr. 9 zu sehen und deshalb auf das Verhältnis Urheber – Verleger zu beziehen, umfasst diesen Teilausschnitt des Verlagswesens,[268] nicht die Ablieferung von Pflichtexemplaren.[269] Gegenstand des Verlagswesens können alle literarischen, künstlerischen oder wissenschaftl. Werke sein, wie zB auch – entspr. tradierter Begrifflichkeit, an die Nr. 9 anknüpft – der Musik und bildenden Künste. Auch kann es nicht darauf ankommen, auf welchem technischen Weg die Werke „verlegt" werden, so dass auch ihre Verbreitung über Datenbanken uä von Nr. 9 unter dem Aspekt der Rechtsbeziehungen zwischen Urheber und Verlag erfasst werden. Nicht unter Nr. 9 fällt Konzentrationskontrolle im Verlagswesen.[270]

## X. Bereiche der inneren Sicherheit: Terrorismusbekämpfung (Nr. 9a), Zusammenarbeit von Bund und Ländern (Nr. 10)

**1. Abwehr des internationalen Terrorismus, Nr. 9a.** Mit der durch die Föderalismusreform **46** 2006 eingefügten Nr. 9a werden die Zuständigkeiten des Bundes im Bereich der inneren Sicherheit erweitert mit dem Ziel, durch die föderale Kompetenzverteilung bedingte Schutzlücken zu schließen.[271] Es handelt sich ebenso wie bei Nr. 10 (vgl. Rn. 49) um eine reine Kompetenz-,[272] keine Aufgabenzuweisungsnorm, mag auch in ihr der verfassungsrechtliche Stellenwert der Zusammenarbeit in der inneren Sicherheit zum Ausdruck kommen.[273] Der Begriff des **Terrorismus** ist gleichermaßen faktisch wie normativ bestimmt; ausgehend vom allg. Sprachgebrauch[274] bedeutet er die Verbreitung von Angst und Schrecken („Terror")[275] durch Androhung und Anwendung von Gewalt, um bestimmte Ziele zu erreichen oder auch nur Unsicherheit zu verbreiten, bestehende Ordnungen zu destabilisieren;[276] Nach § 129a StGB muss es darum gehen, die Bevölkerung auf erhebl. Weise einzuschüchtern, eine Behörde oder internat. Organisation rechtswidrig mit Gewalt oder Drohung mit Gewalt zu nötigen oder die politischen, verfassungsrechtl., wirtschaftl. oder sozialen Grundstrukturen eines Staates oder einer internat. Organisation zu beseitigen oder erhebl. zu beeinträchtigen; darüber sollte allerdings nicht übersehen werden, dass Terrorismus auch auf Verfestigung bestehender staatl. Strukturen gerichtet sein kann.[277] Die Begründung zu Art. 73 I Nr. 9a verweist auf die normative Vorprägung des Begriffs durch Recht der EU und § 129a StGB;[278] die weit gefasste Definition des StGB ist nicht notwendig mit der Verfassungsnorm inhaltsgleich, kann aber deren Auslegung zugrunde gelegt werden.[279]

Terrorismus ist **international** dann, wenn seine Ziele sich auf die internat. Ordnung beziehen und **47** er länderübergreifend agiert (al Quaida, IS), aber auch dann, wenn nationale Ziele auch in Drittstaaten

---

[260] *Uhle,* in: Maunz/Dürig, Art. 73 (2010) Rn. 191; *Spranger* BK Art. 73 I Nr. 9 (2020) Rn. 26; offengelassen bei *Heintzen* MKS II, Art. 73 Rn. 88.

[261] Zur Entwicklungsoffenheit des Begriffs s. *Heintzen* MKS II, Art. 73 Rn. 88.

[262] Vgl. VGH BW ZUM 2018, 211 Rn. 79 – Vorlagebeschluss.

[263] *Heintzen* MKS II, Art. 73 Rn. 89; *Uhle,* Maunz/Dürig Rn. 200.

[264] Ebenso *Uhle,* in: Maunz/Dürig, Art. 73 (2010) Rn. 200.

[265] Vgl. BVerfGE 51, 193 (217); 79, 29 (40); BVerfG (K), GRUR 2010, 999.

[266] Vgl. *Spranger* BK Art. 73 I Nr. 9 (2020) Rn. 37 – zu Verwendung.

[267] VGH BW ZUM 2018, 211 Rn. 79 ff.; s. dazu *Haug* OdW 2019, 89.

[268] *Uhle,* in: Maunz/Dürig, Art. 73 (2010) Rn. 203.

[269] BVerfGE 58, 137 (156).

[270] *Uhle,* in: Maunz/Dürig, Art. 73 (2010) Rn. 204.

[271] *Wolff,* BK, Art. 73 I Nr. 9a (2019) Rn. 32; *Uhle,* in: Maunz/Dürig, Art. 73 (2010) Rn. 206; *Wittreck,* in: Dreier II, Art. 73 Rn. 63.

[272] Vgl. *Heintzen* MKS Art. 73 Rn. 93; *Wolff,* BK, Art. 73 I Nr. 9a Rn. 75.

[273] Vgl. auch *Wolff,* BK, Art. 73 I Nr. 9a (2019) Rn. 77: mittelbare Anerkennung eines Sicherheitsauftrags.

[274] Zur Maßgeblichkeit *Uhle,* in: Maunz/Dürig, Art. 73 (2010) Rn. 212.

[275] So auch *Uhle* DÖV 2010, 989 (991) sowie in: Maunz/Dürig, Art. 73 (2010) Rn. 212.

[276] BVerfGE 141, 220 Rn. 96.

[277] So im Fall paramilitärischer Organisationen, wie der Todesschwadronen in Lateinamerika, des vormaligen Ku-Klux-Clan in den Südstaaten der USA, der arabischen Milizen in Darfour uam; zust. *Pieroth,* in: Jarass/Pieroth, Art. 73 Rn. 30; *Wittreck,* in: Dreier II, Art. 73 Rn. 65; *Wolff* BK, Art. 73 I Nr. 9a (2019) Rn. 132.

[278] BT-Drucks. 16/813, S. 14; dies darf nicht iS einer Verweisung verstanden werden; zutr. *Uhle,* in: Maunz/Dürig, Art. 73 (2010) Rn. 210.

[279] Zweifelnd *Heintzen,* in: Starck, Föderalismusreform, 2007, Rn. 96.

verfolgt werden (Hamas); er ist abzugrenzen vom nationalen Terrorismus, dessen Aktivitäten sich innerhalb eines Staats abspielen, mag die Abgrenzung auch im Einzelfall nicht eindeutig vorzunehmen sein.[280] Unmittelbar staatlich verantworteter Terror ist, wenn er sich gegen die Bundesrepublik richtet, richtet, ein Fall der Nr. 1.[281]

**48**    Die Zuständigkeit umfasst **Gefahrenabwehr,** also die gesamte Breite präventiv-polizeilicher Befugnisse, dahingehende Eingriffsmaßnahmen des BKA im Außenverhältnis können auf Bundesgesetze gestützt werden;[282] die Kompetenz ist auf das BKA begrenzt[283] und gilt alternativ für „Fälle"[284] der länderübergreifenden Gefahr, der fehlenden Erkennbarkeit der Zuständigkeit einer Landesbehörde oder des Übernahmeersuchens.[285] Gefahrenabwehr als **Kompetenzbegriff** umfasst auch Gefahrenvorsorge[286] und insbes. Verhütung von Straftaten bzw. Ordnungswidrigkeiten wie der Verkehrsüberwachung;[287] Grenzen für eine Vorverlagerung von Maßnahmen in das Gefahrenvorfeld ergeben sich aus mat. Verfassungsrecht.[288] Nr. 9a ist nicht zwingend auf konkrete Gefahren iSd Polizeirechts beschränkt[289], sondern kann auch auf Fälle zB der „drohenden" Gefahr erstreckt werden; umgekehrt bedeutet dies nicht die verfassungsrechtliche Unbedenklichkeit des Begriffs für das allg. Sicherheitsrecht. Maßnahmen müssen sich gegen Gefahren des internationalen Terrorismus richten, also insbes. der Verhütung einschlägiger Straftaten dienen; weder deren Katalog noch der Kreis der betroffenen Personen darf darüber hinaus ausgedehnt werden. Die Voraussetzung einer länderübergreifenden Gefahr wird beim internationalen Terrorismus idR gegeben sein; nicht erkennbare Zuständigkeit einer Landesbehörde ist z. B. bei Hinweisen aus dem Ausland auf einen bevorstehenden Anschlag ohne Hinweis auf den genauen Ort gegeben;[290] die weitere alternative Voraussetzung des Ersuchens einer Landesbehörde ist aus sich heraus verständlich. – Weisungsrechte von Bundes- gegenüber Landesbehörden können durch Gesetze nach Nr. 9a nicht begründet werden.[291]

**48a**    Anders als Nr. 10 umfasst Nr. 9a nicht explizit die Kompetenz zur Einrichtung von Bundesbehörden. Art. 87 I 2 GG wiederum ist beschränkt auf Zentralstellen und vermittelt keine Verwaltungskompetenz, die Nr. 9a vollständig abdecken würde.[292] Da jedoch Nr. 10 die Kompetenz zur Einrichtung eines Bundeskriminalpolizeiamtes umfasst und dieses auch die Aufgaben nach Nr. 9a wahrzunehmen hat, kann eine Verwaltungskompetenz des Bundes jedenfalls aus der Zusammenschau von Nr. 9a und Art. 87 I 2 begründet werden.[293] Entnimmt man Nr. 9a unmittelbar die Verwaltungskompetenz, so dürfen jedoch Eingriffe nicht unmittelbar auf Nr. 9a gestützt werden.[294] Gesetze nach Abs. 1 Nr. 9a bedürfen nach Abs. 2 der Zustimmung des Bundesrats; sie dürfte auch erforderlich sein, soweit Gesetze nach Nr. 9a auch auf Nr. 10 gestützt werden können.[295] Da sich die Zuständigkeit des Bundes auf Gefahrenabwehr durch das BKA beschränkt, sind die **Länder** nicht gehindert, eigene Gesetze zur Abwehr von Terrorismusgefahren zu erlassen.[296]

**49**    **2. Zusammenarbeit in der inneren Sicherheit, Nr. 10.** Nr. 10 institutionalisiert eine über die Amtshilfe iSv Art. 35 hinausgehende **Zusammenarbeit** von Bund und Ländern auf dem Gebiet der **inneren Sicherheit. Zusammenarbeit** ist *„eine auf Dauer angelegte Form der Kooperation, die die laufende gegenseitige Unterrichtung und Auskunftserteilung, die wechselseitige Beratung sowie gegenseitige Unterstützung und Hilfeleistung in den Grenzen der je eigenen Befugnisse umfasst und funktionelle und organisatorische Verbindungen, gemeinschaftliche Einrichtungen und gemeinsame Informationssysteme erlaubt".*[297] Nr. 10 be-

---

[280] Vgl. *Heintzen,* in: Starck, Föderalismusreform, 2007, Rn. 97; wie hier *Wittreck,* in: Dreier II, Art. 73 Rn. 65 f.
[281] Ebenso *Uhle,* in: Maunz/Dürig, Art. 73 (2010) Rn. 213; zum Verhältnis zu Nr. 1 s. *Wolff,* BK, Art. 73 I Nr. 9a (2019) Rn. 44 ff.
[282] Vgl. *Wolff,* BK, Art. 73 I Nr. 9a (2019) Rn. 37 *Heintzen* MKS II, Art. 73 I Nr. 9a Rn. 97; *Uhle* DÖV 2010, 989 (992).
[283] Vgl. *Uhle* DÖV 2010, 989 (993).
[284] Vgl. *Wolff,* BK, Art. 73 I Nr. 9a (2019) Rn. 163 f.: konkrete Situationen.
[285] Zu diesen Voraussetzungen s. näher *Uhle* DÖV 2010, 989 (994 f.); *Wolff* BK, Art. 73 I Nr. 9a (2019) Rn. 160 ff.
[286] Vgl. *Uhle,* in: Maunz/Dürig, Art. 73 (2010) Rn. 214.
[287] Vgl. OVG Lüneburg B. v. 13.11.2019 12 LC 79/19 Rn. 34 zur Abschnittkontrolle.
[288] BVerfGE 141, 220 Rn. 88; *Wolff,* BK, Art. 73 I Nr. 9a Rn. 110.
[289] Vgl. auch *Wolff,* BK, Art. 73 I Nr. 9a (2019) Rn. 106: weiter (kompetenzieller) Gefahrbegriff.
[290] BT-Dr 16/813, S. 29.
[291] BVerfGE 141, 220 Rn. 89; für Art. 87 I 2 *Heintzen* MKS II Art. 73 I Nr. 9a Rn. 106; *Wittreck,* in: Dreier II, Art. 73 Rn. 66.
[292] Näher *Wolff,* BK, Art. 73 I Nr. 9a (2019) Rn. 56 ff.
[293] BVerfGE 141, 220 Rn. 89 ff.; *Heintzen* MKS II Art. 73 I Nr. 9a Rn. 93 ff., 99; für Art. 87 I 2 *Uhle,* in: Maunz/Dürig Art. 73 Rn. 209; für Nr. 9a Wolff, DÖV 2009, 597 (598) sowie in BK, Art. 73 I Nr. 9a (2019) Rn. 192 ff.
[294] Wolff, BK, Art. 73 I Nr. 9a (2019) Rn. 207 ff.
[295] Str., dafür *Uhle* DÖV 2010, 989 (996 f.).
[296] *Wolff* BK, Art. 73 I Nr. 9a (2019) Rn. 94 ff.; *Heintzen* MKS II Art. 73 I Nr. 9a Rn. 105.
[297] BVerfGE 133, 277 Rn. 96 ff.; BVerfG NJW 2020, 2699 Rn. 116; vgl. auch *Heintzen* MKS II, Art. 73 Rn. 89.

gründet die im Bundesstaat erforderlichen Kompetenzen; die **Staatsaufgabe der inneren Sicherheit** wird von vorausgesetzt.[298]

Zusammenarbeit in der **Kriminalpolizei**[299] nach lit. a) bezieht sich auf die Verhütung,[300] Aufklärung **50** und Verfolgung von Kriminalunrecht (nur bedeutsamere Straftaten),[301] nicht auf allg. Gefahrenabwehr.[302] Der **Verfassungsschutz** iSv lit. b) erfährt dort eine Legaldefinition;[303] freiheitlich demokratische Grundordnung ist zu verstehen wie in Art. 18 und Art. 21.[304] Bestand der Bundesrepublik bzw. der Länder ist wie in Art. 21 II 1 im Sinn territorialer Integrität und staatlicher Unabhängigkeit zu bestimmen.[305] Sicherheit iSv lit. b) ist nicht im Sinn des allg. Polizeirechts zu verstehen;[306] der Begriff liegt auf der gleichen Wertungsebene wie die übrigen Schutzgüter des Verfassungsschutzes und kann sich nur auf vergleichbar gewichtige, mit den Mitteln des herkömmlichen Sicherheitsrechts nicht zu schützende Belange beziehen.[307] Hierunter fällt auch die Bedrohung der Sicherheit der Bundesrepublik durch **organisierte Kriminalität** und durch Proliferation (illegalen Technologietransfer).[308] Nr. 10b umschließt als Annexkompetenz das Informationsverhalten des Verfassungsschutzes.[309]

Für „**Auswärtige Belange**" der Bundesrepublik iSv lit. c) wird man Belange auf vergleichbarer **51** Wertungsebene wie in lit. a) und b) fordern müssen;[310] vor allem geht es um Schutz vor gewaltsamen Bestrebungen, von Ausländern (Emigrantenorganisationen) wie von Deutschen.[311] Diese Bestrebungen müssen im Bundesgebiet belegen sein, ist nicht notwendig die angestrebte Gewaltanwendung selbst.

Nr. 10 betrifft für die einzelnen Teilbereiche die Befugnis zur Regelung der **Zusammenarbeit**. **52** Die Bestimmung der für die Zusammenarbeit zuständigen Behörden auf Landesebene ist dann jedoch Sache der Länder.[312] Eine selbstständige Befugnis zur Einrichtung von **Behörden des Bundes** verleiht Nr. 10 für die Einrichtung eines Bundeskriminalpolizeiamts, während im Übrigen auf Art. 87 I 2 zurückzugreifen ist, der zugleich auch die Einrichtung des **Bundeskriminalamtes** – als des Bundeskriminalpolizeiamts iSv Art. 73 I Nr. 10 – zusätzlich stützt;[313] das Verfassungsschutzamt ist Zentralstelle iSv Art. 87 I 2 (vgl. → Art. 87 Rn. 47 f.).[314] Die Kompetenz für die Zusammenarbeit nach Nr. 10 deckt zunächst den **Organisation,** aber auch selbstständige **materielle Befugnisse,** die im Rahmen dieser Zusammenarbeit von Bundesbehörden wahrzunehmen sind. Da Nr. 10 Aufgaben des Bundes benennt und – mit Art. 87 I 2 – Einrichtungen hierfür vorsieht, dürfen diesen die Mittel zur Erfüllung dieses Auftrags nicht vorenthalten werden; daher dürfen durch Gesetz nach Nr. 10 auch Exekutivbefugnisse des Bundes für Sicherheitsaufgaben auf Bundesebene begründet werden,[315] wie die Befugnis zum Datenabruf.[316] Die Einbeziehung des **BND,** der in Nr. 10 nicht genannt ist, wird durch Art. 73 Abs. 1 Nr. 1 gestützt.[317] Die gilt auch für den MAD; für die Bundespolizei folgt die entsprechende Kompetenz aus Nr. 5.[318]

**Internationale Verbrechensbekämpfung** meint die Verhütung und Verfolgung von Straftaten in **53** internationaler Zusammenarbeit,[319] durch Amtshilfe, wechselseitige Information uä[320] Daraus folgt keine Kompetenz für unmittelbare Strafverfolgung, sondern gemäß dem Kompetenzthema nur für Zusammenarbeit durch Nachrichtenaustausch, Amtshilfe uä[321] Materielle Befugnisse gegenüber grenzüberschreitendem Verkehr dürften nach Nr. 10 durch Bundesgesetz begründbar sein;[322] andernfalls

---

[298] *Uhle,* in: Maunz/Dürig, Art. 73 (2010) Rn. 228.

[299] Vgl. zum Begriff *Werthebach/Droste* BK, Art. 73 I Nr. 10 (1998) Rn. 109.

[300] BVerfGE 133. 277 Rn. 98.

[301] Vgl. BVerfG aaO; *Heintzen* MKS II, Art. 73 Rn. 114.

[302] Vgl. Wittreck, in: Dreier II, Art. 73 Rn. 72; *Uhle,* in: Maunz/Dürig Art. 73 Rn. 239.

[303] Zum BundesverfassungsschutzG s. *Nolte* DVBl 2002, 573 (574).

[304] Vgl. dazu *Gusy* AöR 105 (1980), 279 ff.; zur gleichlautenden Interpretation s. *Werthebach/Droste* BK, Art. 73 I Nr. 10 (1998) Rn. 171 ff., dort Rn. 150 ff. auch zum Verfassungsschutz als Element wehrhafter Demokratie.

[305] Vgl. *Pieroth,* in: Jarass/Pieroth, Art. 73 Rn. 23, 26; *Werthebach/Droste* BK, Art. 73 I Nr. 10 (1998) Rn. 177 ff.

[306] Vgl. Wittreck, in: Dreier II, Art. 33 Rn. 73.

[307] Eingehend hierzu *Werthebach/Droste* BK, Art. 73 I Nr. 10 (1998) Rn. 186 f.: Definition aus der Systematik der Norm, insbes. Spionageabwehr, Geheimschutz.

[308] Vgl. *Werthebach/Droste* BK, Art. 73 I Nr. 10 (1998) Rn. 194 ff., 198 ff.

[309] Nds OVG Urt. v. 20.9.2018 – 15 A 2752/15 – juris Rn. 49.

[310] Wie hier *Uhle,* in: Maunz/Dürig, Art. 73 (2010) Rn. 247; *Wittreck,* in: Dreier II, Art. 73 Rn. 74.

[311] Nach *Heintzen* MKS II, Art. 73 Rn. 117 richtet sich die Vorschrift vor allem gegen militante Ausländerorganisationen.

[312] SächsVerfGH NVwZ 2005, 1310 (1311).

[313] *Heintzen* MKS II, Art. 73 Rn. 97.

[314] Die Gesetzgebungskompetenz folgt insoweit aus Art. 87 I 2, vgl. *Heintzen* MKS II, Art. 73 Rn. 116.

[315] Vgl. idS BVerfGE 30, 1 (20); BVerwGE 84, 375 (380), entnimmt materielle Befugnisse aus Art. 87 I 2 und Art. 73 I Nr. 10; zum BKA eingehend *Werthebach/Droste* BK, Art. 73 I Nr. 10 (1998) Rn. 122 ff.

[316] BVerfG NJW 2020, 2699 Rn. 111.

[317] BVerfGE 133, 277 Rn. 101.

[318] BVerfGE 133. 277 Rn. 102.

[319] BVerfG NJW 2020, 2235 Rn. 126 – aber keine allgemeine Zuständigkeit für Auslandsstraftaten nach § 6 StGB.

[320] *Heintzen* MKS II, Art. 73 Rn. 119.

[321] *Heintzen* MKS II, Art. 73 Rn. 118.

[322] Enger *Sannwald,* in: Schmidt-Bleibtreu ua, Art. 73 Rn. 136.

hätte Nr. 10 gegenüber Nr. 1 keine eigenständige Bedeutung. Die Einrichtung von Bundesbehörden erfasst Nr. 10 insoweit aber nicht. Zuständigkeiten der **EU** für die innere Sicherheit lassen Nr. 10 unberührt.[323]

## XI. Statistik für Bundeszwecke (Nr. 11)

**54**   Statistik iSv Art. 73 I Nr. 11 ist die methodische Erhebung, Sammlung, Darstellung und Auswertung von Daten und Fakten im Wege methodischen Vorgehens für staatl. Zwecke[324] und kann sich hierin auch auf „innere Tatsachen und Vorgänge" etwa bei Meinungsumfragen und Repräsentativerhebungen[325] beziehen;[326] **„Volksbefragungen"**, durch die in den Prozess der politischen Willensbildung eingegriffen werden soll, zählen **nicht** hierzu.[327] Die Statistik für **Bundeszwecke** muss der Erfüllung von Bundesaufgaben dienen,[328] wenn gleichzeitig Anforderungen der Länder Rechnung getragen wird, ist dies unschädl.,[329] zumal angesichts der sich vielfältig überschneidenden Gesetzgebungs-, Verwaltungs- und Planungszuständigkeiten. Die Tätigkeit privater Meinungsforschungsinstitute fällt nicht unter Nr. 11,[330] es sei denn, sie werden im Auftrag staatlicher Stellen tätig.[331] Materielle Bindungen folgen aus dem Grundrecht auf informationelle Selbstbestimmung.[332]

## XII. Waffen- und Sprengstoffrecht (Nr. 12)

**55**   Das Waffenrecht war ursprünglich in alleiniger Zuständigkeit der Länder gelegen; mit Änderungsgesetz vom 28.7.1972[333] wurde durch Art. 74 Nr. 4a aF eine konkurrierende Zuständigkeit begründet. Mit der Föderalismusreform wurde durch Gesetz vom 28.8.2006 (BGBl I 2034) das Waffenrecht in die ausschließliche Zuständigkeit des Bundes überführt. Die Kompetenzmaterie ist unter Heranziehung des normativen Waffenbegriffs des WaffG zu bestimmen.[334] Es umfasst sowohl die gewerberechtlichen Aspekte als auch und vor allem den **sicherheitsrechtlichen Teil** des Waffenrechts, also insbes. die Aufsicht über Erwerb, Besitz und Mitführen von Waffen[335] (Schuss-, Hieb- und Stichwaffen einschließlich Sammlerwaffen). Für **Kriegswaffen** begründet Art. 26 II 2 eine ausschließl. Gesetzgebungskompetenz des Bundes.[336] Mit Änderungsgesetz vom 23.8.1976[337] wurde die damals konk. Kompetenz für das Waffen- auf das **Sprengstoffrecht** ausgedehnt, das alle Fragen des Umgangs mit explosionsfähigen und explosionsgefährlichen Stoffen – auch zB Feuerwerkskörperm – umfasst.[338] Für Sprengstoff dürfte im Hinblick auf im Internet kursierende Anleitungen für frei erhältliche Ausgangsstoffe auf **Explosionsfähigkeit** abzustellen sein, nicht auf Explosionsbestimmung.[339] Die Kompetenz ist umfassend und umschließt ua auch die gewerberechtl. Aspekte,[340] aber auch polizeirechtl. Regelungen des Umgangs z. B. mit Feuerwerkskörpern im privaten Bereich.[341]

## XIII. Kriegsfolgenrecht (Nr. 13)

**56**   Mit der Verlagerung der Versorgung der Kriegsbeschädigten und Kriegshinterbliebenen und die Fürsorge für die ehemaligen Kriegsgefangenen aus Art. 74 I Nr. 10 in die ausschließl. Bundeszuständigkeit im Zuge der Föderalismusreform bestehen für den Komplex der **Kriegsfolgelasten** unterschiedliche Zuordnungen. Der Kompetenztitel selbst ist unverändert geblieben; waren dort in erster Linie die Folgen des 2. Weltkrieges gemeint,[342] ohne dass die Opfer anderer Kriege jedoch aus-

---

[323] *Heintzen* MKS II, Art. 73 Rn. 99.

[324] BVerfGE 150, 1 Rn. 144 ff. – für staatliche Volkszählung; *Heintzen* MKS II, Art. 73 Rn. 121; *Schwartmann* BK, Art. 73 I Nr. 11 (2020) Rn. 5, 12; vgl. auch BVerfGE 27, 1 (7).

[325] Hierzu s. BVerfGE 27, 1.

[326] BVerfGE 8, 104 (111); *Schwartmann* BK, Art. 73 I Nr. 11 (2020) Rn. 8.

[327] BVerfGE 8, 104 (111); *Heintzen* MKS II, Art. 73 Rn. 122; *Schwartmann* BK, Art. 73 I Nr. 11 (2020) Rn. 9.

[328] BVerfGE 65, 1 (39); *Schwartmann* BK, Art. 75 I Nr. 11 (2020) Rn. 8.

[329] BVerfGE 150, 1 Rn. 148 f.

[330] *Rengeling* HStR VI³, § 135 Rn. 135.

[331] *Pestalozza* MKP, Art. 73 Rn. 709 mit Fn. 913.

[332] Grundl. BVerfGE 65, 1 (38 ff.); s. auch bereits BVerfGE 27, 1; näher bei Art. 2 I.

[333] BGBl I 1305; vgl. BT-Dr 6/3539 u. 2653; zur Entstehungsgeschichte s. eingehend *Oeter* MKS II, Art. 74 Rn. 49 f.

[334] Vgl. *Uhle*, in: Maunz/Dürig, Art. 73 (2010) Rn. 269; *Oeter* MKS II, Art. 74 Rn. 51.

[335] Vgl. *Kirn* DVBl 1973, 202; *Kunig*, in: v. Münch/Kunig II, Art. 74 Rn. 50; *Wittreck*, in: Dreier II, Art. 73 Rn. 81.

[336] Vgl. *Uhle*, in: Maunz/Dürig, Art. 73 (2010) Rn. 270.

[337] BGBl I 2383; vgl. BT-Dr 7/5101.

[338] HessVGH NVwZ-RR 2016, 874 Rn. 31 bei juris; *Uhle*, in: Maunz/Dürig, Art. 73 (2010) Rn. 276 f., zum Begriff des Sprengstoffs s. *Oeter* MKS II, Art. 74 Rn. 129; *Spranger* BK Art. 73 I Nr. 12 (2013) Rn. 37.

[339] Vgl. *Spranger* BK Art. 73 I Nr. 12 (2013) Rn. 37.

[340] *Uhle*, in: Maunz/Dürig, Art. 73 (2010) Rn. 277.

[341] HessVGH NVwZ-RR 2016, 874 Rn. 30 f. bei juris, dort insbesondere auch zur Entstehungsgeschichte der Vorläuferbestimmung Art. 74 Nr. 4a aF.

[342] BVerfGE 9, 305 (324).

geschlossen wurden,[343] so gilt dies erst recht nach der Bestätigung der allg. gehaltenen Formulierung der Nr. 13 durch den verfassungsändernden Gesetzgeber.[344] Die Teilnehmer an Auslandseinsätzen der Bundeswehr fallen ebenfalls unter Nr. 13, unabhängig davon, ob es sich um friedensschaffende oder friedenserhaltende Einsätze handelt.[345] Dabei kann es angesichts des Schutzzwecks[346] nicht entscheidend sein, ob der Einsatz als „Krieg" definiert wird.[347]

**Kriegsbeschädigter** iSv Nr. 10 ist, wer Personenschäden erlitten hat (auch als Zivilist),[348] **Kriegs-**   57
**hinterbliebene** sind die Angehörigen von Kriegsopfern. Die Fürsorge für die **Kriegsgefangenen**[349] beschränkt sich auf „die ehemaligen Kriegsgefangenen". Damit sind die ehemaligen Kriegsgefangenen des 2. Weltkriegs gemeint. Auch nach der absehbaren Erledigung dieser Kompetenz ist freilich nicht ausgeschlossen, dass künftige kriegerische Verwicklungen neue Kriegsgefangene hervorbringen, die dann zu ehemaligen Kriegsgefangenen werden.

## XIV. Kernenergie- und Strahlenschutzrecht (Nr. 14)

Eine Gesetzgebungskompetenz für das Atomrecht wurde durch verfassungsänderndes Gesetz von   58
1960 als konk. Zuständigkeit begründet. Hierin wurde auch eine **materielle Entscheidung** (→ Art. 70 Rn. 71) für die Verfassungsmäßigkeit gesehen.[350] Mit der Föderalismusreform wurde daraus eine ausschl. Bundeszuständigkeit.

Es geht um die „Freisetzung von Energie durch Spaltung, Vereinigung oder sonstige Umwandlung von Atomkernen   59
einschließlich der Strahlenenergie ionisierender Strahlen, gleichviel aus welcher Quelle";[351] „radioaktive Stoffe" sind entsprechend der Legaldefinition in § 2 AtG zu bestimmen. Durch die detaillierte Beschreibung der einschlägigen Vorgänge wird der Gesamtbereich der Kernenergie- und Strahlennutzung in Nr. 14 einbezogen,[352] von der **Anlagengenehmigung**[353] – unter Einbeziehung der Standortplanung[354] – bis zur Endlagerung,[355] bei der es sich um „Beseitigung" handelt,[356] ferner das gesamte **Strahlenschutzrecht.** Erfasst werden sowohl künstliche – Geräte oder Anlagen – als auch natürliche Strahlenquellen wie zB Radon,[357] damit auch produktbezogene oder anlagenbezogene Vorsorgemaßnahmen.

Nr. 14 als umfassende Kompetenzzuweisung ist **lex specialis** für alle Regelungen, die auf die dort   60
genannten Vorgänge abstellen, auch z. B. im Arbeitsschutz,[358] für den medizinischen Bereich oder für das Atomhaftungsrecht. Ein landesgesetzl. Verladeverbot für Kernbrennstoffe in bremischen Häfen wird in einem Vorlagebeschluss des VG Bremen demgemäß als kompetenzwidrig eingestuft.[359] Die Formulierung **„friedlich"** dient der Abgrenzung zu Art. 73 I Nr. 1, der ggf. für **militärische** Zwecke einschlägig wäre. Eine gesetzl. Entscheidung für die „geordnete" **Beendigung** der Kernenergienutzung („Ausstieg") ist kompetenzmäßig gleichfalls auf Nr. 14 zu stützen; der Gesetzgeber war dabei zu einer Neubewertung der Kernenergie befugt.[360] Dass die atomare Entsorgung von der Kernenergiekompetenz umfasst wird, wurde mit der Kompetenzverschiebung 2006 ausdrückl. klargestellt.[361]

---

[343] *Oeter* MKS II, Art. 73 Rn. 132, unter der Voraussetzung deutscher Beteiligung.

[344] Vgl. *Spranger* BK Art. 73 I Nr. 13 (2013) Rn. 3.

[345] Anders *Heintzen,* in: Starck, Föderalismusreform, 2007, Rn. 86: Nr. 1; wie hier *Wittreck,* in: Dreier II, Art. 73 Rn. 83.

[346] BVerfGE 17, 38 (46); 48, 281 (288).

[347] *Spranger* BK Art. 73 I Nr. 13 (2013) Rn. 6 ff.

[348] *Oeter* MKS II, Art. 73 Rn. 131.

[349] Vgl. zum „Kriegsgefangenen" *Uhle,* in: Maunz/Dürig, Art. 73 (2010) Rn. 132 auch der ausländische Kriegsgefangene in deutscher Hand.

[350] BVerfGE 49, 89 (127 ff.); 53, 30 (56 f.); näher *Bischof* BK, Art. 74 Nr. 11a (1994) Rn. 9 ff.; vgl. *Uhle,* in: Maunz/Dürig, Art. 73 (2010) Rn. 304.

[351] Vgl. *Fischerhof* NJW 1962, 2096.

[352] *Wittreck,* in: Dreier II, Art. 73 Rn. 85.

[353] BayVerfGHE nF 40, 94 (103).

[354] *Degenhart* Kernenergierecht, 2. Aufl. 1982, S. 203 f.; *Blümel* DVBl 1977, 301 (313 f.); *Kunig,* in: v. Münch/ Kunig II, Art. 73 Rn. 57; zur UVP s. BVerfGE 84, 25 (32); für Standortvorsorge abl. *Uhle,* in: Maunz/Dürig, Art. 73 (2010) Rn. 298.

[355] BayVerfGHE 37, 59 (67).

[356] *Uhle,* in: Maunz/Dürig, Art. 73 (2010) Rn. 299, 303.

[357] *Mann/Hundertmark* NVwZ 2019, 825 (831); für Röntengeräte *Kunig,* in: v. Münch/Kunig II, Art. 74 Rn. 55; aM *Uhle,* in: Maunz/Dürig, Art. 73 (2010) Rn. 300.

[358] *Wittreck,* in: Dreier II, Art. 73 Rn. 85.

[359] VG Bremen, B. v. 9.7.2015 – 5 K 171/13 – Rn. 85 ff.; zust. *Gundel* BK, Art. 73 I Nr. 14 (2018) Rn. 28.

[360] BVerfGE 143, 246 Rn. 283; kritisch *Degenhart,* Gesetzgeberische Sorgfaltspflichten bei der Energiewende – Verfassungsfragen der 13. AtG-Novelle, 2013.

[361] Zu materiellen Verfassungsfragen s. *Degenhart* DVBl 2006, 1125 ff.

## Art. 74 [Gegenstände der konkurrierenden Gesetzgebung]

(1) Die konkurrierende Gesetzgebung erstreckt sich auf folgende Gebiete:

1. das bürgerliche Recht, das Strafrecht, die Gerichtsverfassung, das gerichtliche Verfahren (ohne das Recht des Untersuchungshaftvollzugs), die Rechtsanwaltschaft, das Notariat und die Rechtsberatung;
2. das Personenstandswesen;
3. das Vereinsrecht;
4. das Aufenthalts- und Niederlassungsrecht der Ausländer;
4a. (aufgehoben)
5. (aufgehoben)
6. die Angelegenheiten der Flüchtlinge und Vertriebenen;
7. die öffentliche Fürsorge (ohne das Heimrecht);
8. (aufgehoben)
9. die Kriegsschäden und die Wiedergutmachung;
10. die Kriegsgräber und Gräber anderer Opfer des Krieges und Opfer von Gewaltherrschaft;
11. das Recht der Wirtschaft (Bergbau, Industrie, Energiewirtschaft, Handwerk, Gewerbe, Handel, Bank- und Börsenwesen, privatrechtliches Versicherungswesen) ohne das Recht des Ladenschlusses, der Gaststätten, der Spielhallen, der Schaustellung von Personen, der Messen, der Ausstellungen und der Märkte;
11a. (aufgehoben)
12. das Arbeitsrecht einschließlich der Betriebsverfassung, des Arbeitsschutzes und der Arbeitsvermittlung sowie die Sozialversicherung einschließlich der Arbeitslosenversicherung;
13. die Regelung der Ausbildungsbeihilfen und die Förderung der wissenschaftlichen Forschung;
14. das Recht der Enteignung, soweit sie auf den Sachgebieten der Artikel 73 und 74 in Betracht kommt;
15. die Überführung von Grund und Boden, von Naturschätzen und Produktionsmitteln in Gemeineigentum oder in andere Formen der Gemeinwirtschaft;
16. die Verhütung des Mißbrauchs wirtschaftlicher Machtstellung;
17. die Förderung der land- und forstwirtschaftlichen Erzeugung (ohne das Recht der Flurbereinigung), die Sicherung der Ernährung, die Ein- und Ausfuhr land- und forstwirtschaftlicher Erzeugnisse, die Hochsee- und Küstenfischerei und den Küstenschutz;
18. den städtebaulichen Grundstücksverkehr, das Bodenrecht (ohne das Recht der Erschließungsbeiträge) und das Wohngeldrecht, das Altschuldenhilferecht, das Wohnungsbauprämienrecht, das Bergarbeiterwohnungsbaurecht und das Bergmannssiedlungsrecht;
19. Maßnahmen gegen gemeingefährliche oder übertragbare Krankheiten bei Menschen und Tieren, Zulassung zu ärztlichen und anderen Heilberufen und zum Heilgewerbe, sowie das Recht des Apothekenwesens, der Arzneien, der Medizinprodukte, der Heilmittel, der Betäubungsmittel und der Gifte;
19a. die wirtschaftliche Sicherung der Krankenhäuser und die Regelung der Krankenhauspflegesätze;
20. das Recht der Lebensmittel einschließlich der ihrer Gewinnung dienenden Tiere, das Recht der Genussmittel, Bedarfsgegenstände und Futtermittel sowie den Schutz beim Verkehr mit land- und forstwirtschaftlichem Saat- und Pflanzgut, den Schutz der Pflanzen gegen Krankheiten und Schädlinge sowie den Tierschutz;
21. die Hochsee- und Küstenschiffahrt sowie die Seezeichen, die Binnenschiffahrt, den Wetterdienst, die Seewasserstraßen und die dem allg.n Verkehr dienenden Binnenwasserstraßen;
22. den Straßenverkehr, das Kraftfahrwesen, den Bau und die Unterhaltung von Landstraßen für den Fernverkehr sowie die Erhebung und Verteilung von Gebühren oder Entgelten für die Benutzung öffentlicher Straßen mit Fahrzeugen;
23. die Schienenbahnen, die nicht Eisenbahnen des Bundes sind, mit Ausnahme der Bergbahnen;
24. die Abfallwirtschaft, die Luftreinhaltung und die Lärmbekämpfung (ohne Schutz vor verhaltensbezogenem Lärm);
25. die Staatshaftung;
26. die medizinisch unterstützte Erzeugung menschlichen Lebens, die Untersuchung und die künstliche Veränderung von Erbinformationen sowie Regelungen zur Transplantation von Organen, Geweben und Zellen;
27. die Statusrechte und -pflichten der Beamten der Länder, Gemeinden und anderen Körperschaften des öffentlichen Rechts sowie der Richter in den Ländern mit Ausnahme der Laufbahnen, Besoldung und Versorgung;
28. das Jagdwesen;

29. den Naturschutz und die Landschaftspflege;
30. die Bodenverteilung,
31. die Raumordnung;
32. den Wasserhaushalt;
33. die Hochschulzulassung und die Hochschulabschlüsse.

(2) Gesetze nach Absatz 1 Nr. 25 und Nr. 27 bedürfen der Zustimmung des Bundesrates.

**Entstehungsgeschichte: Erstfassung:** JöR nF 1 (1951), 483. – **Änderungen:** 10. G. zur Erg. des GG v. 23.12.1969 (BGBl I 813), Art. I Nr. 1 (dazu: BT-Dr III/30 [Entwurf]; BT-Prot III/1596, 5036; BR-Dr 410/59; BR-Prot 59/260); 13. G. zur Änd. des GG v. 16.6.1965 (BGBl I 513), Art. I Nr. 1 und 2 (dazu BT-Dr IV/2531 [Entwurf], IV/3249; BT-Prot IV/6906, 8962; BR-Dr 56/64, 195/65; BR-Prot 64/18, 65/106); 22. G. zur Änd. des GG v. 12.5.1969 (BGBl I 363), Art. I Nr. 1 (dazu BT-Dr V/3483, 3515 [Entwürfe], V/3605, 4106; BT-Prot V/10903, 10496, 11072, 12 538; BR-Dr 332/68, 14/69, 157/69, 218/69; BR-Prot 68/185, 69/78, 108); 29. G. zur Änd. des GG v. 18.3.1971 (BGBl I 207); Art. I (dazu: VI/1010 [Entwurf], VI/1584; BT-Prot VI/4001, 6018; BR-Dr 289/70, 124/71; BR-Prot 70/142, 71/86); 30. G. zur Änd. des GG v. 12.4.1972 (BGBl I 593), Art. I (dazu: BT-Dr VI/1298, 2249 [Entwürfe], VI/2947; BT-Prot VI/4797, 7834, 10115, 10125; BR-Dr 288/70, 134/71, 147/72; BR-Prot 70/142, 71/119, 72/515); 31. G. zur Änd. des GG v. 28.7.1972 (BGBl I 1305), Art. I Nr. 3 (dazu: VI/2653 [Entwurf], VI/3539; BT-Prot VI/8406, 11425; BR-Dr 657/70 [Entwurf], 358/72; BR-Prot 70/295, 71/212, 72/597); 34. G. zur Änd. des GG v. 23.8.1976 (BGBl I 2383), Art. I (dazu: BT-Dr 7/5101; BT-Prot 7/16 923, 18 384; BR-Dr 76/76 [Entwurf], 491/76; BR-Prot 76/47; 76/323); 40. G. zur Änd. des GG v. 20.12.1993 (BGBl I 2089), Art. 1 Nr. 2 (dazu: BT-Dr 12/5015 [Entwurf]; BT-Prot 12/13 801, 16 958; BR-Dr 130/93, 872/93; BR-Prot 93/149, 615); 42. G. zur Änd. des GG v. 27.10.1994 (BGBl I 3146), Art. 1 Nr. 6 (dazu: BT-Dr 12/6000 [Ber. GemVerfKom.], 12/6633 [Entwurf], 12/8423; BT-Prot 12/18086, 20947; BR-Dr 360/92 [Ber. KomVerfReform BRat], 886/93 [Entwurf], 742/94, 834/94; BR-Prot 93/623, 94/462, 505); 52. G. zur Änd. des GG v. 28.8.2006 (BGBl I 2034), Art. 1 Nr. 7 (dazu Bericht der Kommission von BTag und BRat zur Modernisierung der bundestaatlichen Ordnung, Dokumentation in: Deutscher Bundestag/Deutscher Bundesrat (Hrsg.), Zur Sache 1/2005; BT-Dr 16/813; 16/2010; BR-Dr 178/06; 180/06; BT-Prot 16/44).
**Historische Verfassungstexte: RV 1871: Art. 4** s. bei Art. 73. – **WRV: Art. 7** Das Reich hat die Gesetzgebung über:

1. das bürgerliche Recht;
2. das Strafrecht;
3. das gerichtliche Verfahren einschließlich des Strafvollzugs sowie die Amtshilfe zwischen Behörden;
4. das Paßwesen und die Fremdenpolizei;
5. das Armenwesen und die Wandererfürsorge;
6. das Presse-, Vereins- und Versammlungswesen;
7. die Bevölkerungspolitik, die Mutterschafts-, Säuglings-, Kinder- und Jugendfürsorge;
8. das Gesundheitswesen, das Veterinärwesen und den Schutz der Pflanzen gegen Krankheiten und Schädlinge;
9. das Arbeitsrecht, die Versicherung und den Schutz der Arbeiter und Angestellten sowie den Arbeitsnachweis;
10. die Einrichtung beruflicher Vertretungen für das Reichsgebiet;
11. die Fürsorge für die Kriegsteilnehmer und ihre Hinterbliebenen;
12. das Enteignungsrecht;
13. die Vergesellschaftung von Naturschätzen und wirtschaftlichen Unternehmungen sowie die Erzeugung, Herstellung, Verteilung und Preisgestaltung wirtschaftlicher Güter für die Gemeinwirtschaft;
14. das Handel, das Maß- und Gewichtswesen, die Ausgabe von Papiergeld, das Bankwesen sowie das Börsenwesen;
15. den Verkehr mit Nahrungs- und Genussmitteln sowie mit Gegenständen des täglichen Bedarfs;
16. das Gewerbe und den Bergbau;
17. das Versicherungswesen;
18. die Seeschiffahrt, die Hochsee- und die Küstenfischerei;
19. die Eisenbahnen, die Binnenschiffahrt, den Verkehr mit Kraftfahrzeugen zu Lande, zu Wasser und in der Luft, sowie den Bau von Landstraßen, soweit es sich um den allg.n Verkehr und die Landesverteidigung handelt;
20. das Theater- und Lichtspielwesen. **Art. 9, 12** s. bei Art. 72.

– **GG 1949:** Die konkurrierende Gesetzgebung erstreckt sich auf folgende Gebiete:

1. das bürgerliche Recht, das Strafrecht und den Strafvollzug, die Gerichtsverfassung, das gerichtliche Verfahren, die Rechtsanwaltschaft, das Notariat und die Rechtsberatung;
2. das Personenstandswesen;
3. das Vereins- und Versammlungsrecht;
4. das Aufenthalts- und Niederlassungsrecht der Ausländer;
5. den Schutz deutschen Kulturgutes gegen Abwanderung in das Ausland;
6. die Angelegenheiten der Flüchtlinge und Vertriebenen;
7. die öffentliche Fürsorge;
8. Die Staatsangehörigkeit in den Ländern;
9. die Kriegsschäden und die Wiedergutmachung;
10. die Versorgung der Kriegsbeschädigten und Kriegshinterbliebenen, die Fürsorge für die ehemaligen Kriegsgefangenen und die Sorge für die Kriegsgräber;
11. das Recht der Wirtschaft (Bergbau, Industrie, Energiewirtschaft, Handwerk, Gewerbe, Handel, Bank- und Börsenwesen, privatrechtliches Versicherungswesen);
12. das Arbeitsrecht einschließlich der Betriebsverfassung, des Arbeitsschutzes und der Arbeitsvermittlung sowie die Sozialversicherung einschließlich der Arbeitslosenversicherung;
13. Förderung der wissenschaftlichen Forschung;
14. das Recht der Enteignung, soweit sie auf den Sachgebieten der Artikel 73 und 74 in Betracht kommt;

15. die Überführung von Grund und Boden, von Naturschätzen und Produktionsmitteln in Gemeineigentum oder in andere Formen der Gemeinwirtschaft;
16. die Verhütung des Mißbrauchs wirtschaftlicher Machtstellung;
17. die Förderung der land- und forstwirtschaftlichen Erzeugung, die Sicherung der Ernährung, die Ein- und Ausfuhr land- und forstwirtschaftlicher Erzeugnisse, die Hochsee- und Küstenfischerei und den Küstenschutz;
18. den Grundstücksverkehr, das Bodenrecht und das landwirtschaftliche Pachtwesen, das Wohnungswesen, das Siedlungs- und Heimstättenwesen;
19. die Maßnahmen gegen gemeingefährliche und übertragbare Krankheiten bei Menschen und Tieren, die Zulassung zu ärztlichen und anderen Heilberufen und zum Heilgewerbe, den Verkehr mit Arzneien, Heil- und Betäubungsmitteln und Giften;
20. den Schutz beim Verkehr mit Lebens- und Genußmitteln, Bedarfsgegenständen, Futtermitteln und land- und forstwirtschaftlichem Saat- und Pflanzgut, den Schutz der Bäume und Pflanzen gegen Krankheiten und Schädlinge;
21. die Hochsee- und Küstenschiffahrt sowie die Seezeichen, die Binnenschiffahrt, den Wetterdienst, die Seewasserstraßen und die dem allgemeinen Verkehr dienenden Binnenwasserstraßen;
22. den Straßenverkehr, das Kraftfahrwesen und den Bau und die Unterhaltung von Landstraßen des Fernverkehrs;
23. die Schienenbahnen, die nicht Bundeseisenbahnen sind, mit Ausnahme der Bergbahnen.

**Leitentscheidungen: Zu Nr. 1:** – *Bürgerliches Recht* –: BVerfGE 42, 20 (Hamburger Wegegesetz I); BVerfGE 61, 149 (Staatshaftungsgesetz); – *Strafrecht* –: BVerfGE 2, 213 (StraffreiheitsG); BVerfGE 98, 265 (Schwangerschaftsabbruch III); BVerfGE 109, 190 (Straftäterunterbringung); BVerfGE 110, 141 (Kampfhunde); BVerfGE 134, 33 (Therapieunterbringungsgesetz) – *Gerichtsverfassung und gerichtliches Verfahren* –: BVerfGE 30, 1 (Abhörurteil); BVerfGE 113, 348 (Telekommunikationsüberwachung). – **Zu Nr. 7:** BVerfGE 22, 180 (Jugendpflege); BVerfGE 87, 1 (Kindererziehungszeiten Trümmerfrauen); BVerfGE 97, 332 (Kindergartenbeiträge); BVerfGE 108, 186 (Altenpflegeumlage); BVerfGE 140, 65 (Betreuungsgeld), – **Zu Nr. 10:** BVerfGE 57, 139 (SchwerbehindertenG). – **Zu Nr. 11:** BVerfGE 4, 7 (Investitionshilfe); BVerfGE 103, 197 (Pflegeversicherung); BVerfGE 135, 155 (Filmförderabgabe); BVerfGE 145, 20 (Spielhallen). – **Zu Nr. 11a:** BVerfGE 49, 89 (Kalkar I). – **Zu Nr. 12:** – *Sozialversicherung* –: BVerfGE 75, 108 (Künstlersozialversicherung); BVerfGE 109, 96 (landwirtschaftliche Alterssicherung); BVerfGE 113, 167 (Risikostrukturausgleich). – **Zu Nr. 17** – *Agrarwirtschaft* –: BVerfGE 58, 45 (Wasserverband); BVerfGE 136, 194 (Weinfonds); – **Zu Nr. 18** – *Bodenrecht* –: BVerfGE 3, 407 (Baurechtsgutachten). – **Zu Nr. 19:** BVerfGE 33, 125 (Facharzt); BVerfGE 106, 62 (Altenpflege). – Zu Nr. 19a – Krankenhäuser: BayVerfGH E.16.7.2019 – Vf. 41-IX-19 (Volksbegehren Pflegenotstand; – **Zu Nr. 20** – Tierschutz: BVerfGE 110, 141 (Kampfhunde). – **Zu Nr. 21:** BVerfGE 15, 1 (Bundeswasserstraßengesetz). – **Zu Nr. 22:** BVerfGE 67, 299 (Hamburger Wegegesetz II). – **Zu Nr. 23:** BVerfGE 26, 338 (Eisenbahnkreuzungsgesetz); BVerfGE 56, 249 (Dürkheimer Gondelbahn). – **Zu Nr. 24:** BVerfGE 110, 370 (Klärschlamm-Entschädigungsfonds). – **Zu Nr. 25:** BVerfGE 61, 149 (Staatshaftungsgesetz). – **Zu Nr. 26:** BVerfGE 128, 1 (GenTG); – **Zu Nr. 29:** (Art. 75 I 1 Nr. 3 aF): BVerfGE 80, 139 (Reiten im Walde); OVG Koblenz, U. v. 15.2.2017 – 8 A 10578/16 (Jagdabgabe). BVerwGE 159, 337 (Freier Zugang zum Meeresstrand); – **Zu Nr. 31:** (Art. 75 I 1 Nr. 4 aF): BVerfGE 3, 407 (Baurechtsgutachten). – **Zu Nr. 32:** (Art. 75 I 1 Nr. 4 aF): BVerfGE 58, 45 (Wasserverbände). – **Zu Nr. 33:** (Art. 75 I 1 Nr. 1a aF): BVerfGE 111, 226 (Juniorprofessur); BVerfGE 112, 226 (Studiengebühren).

**Schrifttum: Zu Nr. 1:** *H. J. Bonk,* Zum neuen Staatshaftungsgesetz, DVBL 1981, 801; *E. Dreher,* Was ist Strafrecht i. S. des Art. 74 Nr. 1 GG?, NJW 1952, 1282; *K. F. Gärditz,* Gesetzgebungskompetenzfragen der Straftäterunterbringung, BayVBl 2006, 231; *A. Guckelberger,* Einheitliches Mediationsgesetz auch für verwaltungsrechtliche Konflikte? NVwZ 2011, 390; *C. Maiwald,* Die Gesetzgebungszuständigkeit im Strafrecht, ZRP 2006, 18; *B. Pieroth,* Gesetzgebungskompetenzen und Grundrechtsfragen der nachträglichen Sicherungsverwahrung, JZ 2002, 922. – **Zu Nr. 2:** *R. Scholz/A. Uhle,* Eingetragene Lebenspartnerschaft und Grundgesetz, NJW 2001, 393. – **Zu Nr. 4:** *B. Huber,* Das Gesetz zur Neubestimmung des Bleiberechts und der Aufenthaltsbeendigung, NVwZ 2015, 1178; *J. Isensee,* Die staatsrechtliche Stellung der Ausländer in der Bundesrepublik Deutschland, VDStRL 32 (1974), 49. – **Zu Nr. 7:** *R. Bornemann,* Der Jugendmedienschutz-Staatsvertrag der Länder, NJW 2003, 787; *C. Degenhart,* Verfassungsfragen des Jugendschutzes beim Film, UFITA 2009, 331; *W. Ewer,* Kompetenz des Bundesgesetzgebers zur Einführung des Betreuungsgelds?, NJW 2012, 2251; *J. Isensee/P. Axer,* Jugendschutz im Fernsehen, 1998; *K-H. Ladeur,* „Regulierte Selbstregulierung" im Jugendmedienschutzrecht, ZUM 2002, 859; *C. Langenfeld,* Die Neuordnung des Jugendschutzes im Internet, MMR 2003, 303; *P. Lerche,* Verfassungsfragen um Sozialhilfe und Jugendwohlfahrt, 1963, S. 44; *S. Rixen,* Hat der Bund die Gesetzgebungskompetenz für das Betreuungsgeld?, DVBl 2013, 1393; *W. Schulz,* Jugendschutz bei Tele- und Mediendiensten, MMR 1998, 183. **Zu Nr. 9:** *M. Heintzen,* Verfassungsrechtliche Vorgaben der Wiedergutmachung des SED-Unrechts, DÖV 1994, 413; **Zu Nr. 11:** *R. Breuer,* Die staatliche Berufsregelung und Wirtschaftslenkung HStR VIII³, § 171; *C. Degenhart,* Recht des gewerblichen Gewinnspiels und Recht der Spielhallen in der Kompetenzordnung des Grundgesetzes, 2014; *W. Erbguth*Energiewende: Großräumige Steuerung der Elektrizitätsversorgung zwischen Bund und Ländern, NVwZ 2012,326; ders., Verfassungsrechtliche Fragen im Verhältnis Landesplanung und Braunkohlenplanung, DVBl. 1982, 1 ff.; *F. Kühn,* Sonntagsschutz und Ladenschluss, KuR 2019, 32; *H. P. Schneider,* Zerschlagung eines (ehemals) freien Gewerbes – kritische Bemerkungen zum Spielhallenbeschluss des BVerfG, NVwZ 2017, 1073; *A. Uhle,* Normativ-rezeptive Kompetenzzuweisung und Grundgesetz. Dargestellt am Beispiel der Gesetzgebungskompetenz für das „Recht der Spielhallen", 2015; **Zu Nr. 12:** *O. Depenheuer,* „Bürgerversicherung" und Grundgesetz, NZS 2014, 201 ff.; *I. Ebsen,* Die gesetzliche Pflegeversicherung auf dem Prüfstand des Bundesverfassungsgerichts, JURA 2002, 401; *A. Groeger,* Arbeitsrecht im öffentlichen Dienst, 3. Aufl. 2020; *J. Isensee,* Umverteilung durch Sozialversicherungsbeiträge, 1973; *R. Naujoks,* Arbeitslosenversicherung für Beamte?, ZBR 1976, 65; *L. Osterloh,* Verfassungsfragen der Künstlersozialabgabe, NJW 1982, 1617; *F. Ruland,* Das Grundgesetz und die Entwicklung des Rentenversicherungsrechts, NZS 2010, 121. **Zu Nr. 13:** *O. Jauch,* Das Wissenschaftsfreiheitsgesetz des Bundes, NVwZ 2013, 32; *P. Lerche,* Forschungsfreiheit und Bundesstaatlichkeit, Nawiaskys 1981, S. 215; *J. J. Nolte,* Die Zuständigkeit des Bundes für das Hochschulwesen, DVBl 2010, 84; *E. Schmidt-Aßmann,* Die Bundeskompetenzen für die Wissenschaftsfreiheit nach der Föderalismusreform, in: FS Isensee, 2007, S. 405; *S. Siewecke,* Die Verfassungswidrigkeit der Exzellenzinitiative des Bundes und der Länder, DÖV 2009, 435. – **Zu Nr. 14:** *D. Ehlers, Dirk,* Eigentumsschutz, Sozialbindung und Enteignung bei der Nutzung von Boden und Umwelt, VVDStRL 51 (1992), 211 ff.; *A. Pfab,* Das Rettungsübernahmegesetz als Grundlage einer verfassungsgemäßen Enteignung, BayVBl. 2010, 63; **Zu Nr. 15:** *L. Gramlich*Zur Zulässigkeit von Vergesellschaftungen (Nationalisierungen) nach dem Grundgesetz der Bundesrepublik Deutschland, ZvglRWiss 822 (1983), 165; – **Zu Nr. 16:** *H. Jarass,* Kartellrecht und Landesrundfunkrecht, 1991; *P. Lerche / C. Degenhart,* Verfassungsfragen einer Neuordnung der Missbrauchsaufsicht, 1979; *P. Lerche,* Kompetenzfragen der Pressefusionskontrolle, FS Mallmann, 1978, S. 179. – **Zu Nr. 18:** *F-J. Peine,* Die Gesetzgebungskompetenz des Bundes im Bodenschutz, NuR 1992, 353; *M. Putzer,* Ein Mietendeckel für Berlin, NVwZ 2019, 283; *P.Heinemann,* Die Verfassungswidrigkeit der Zweckentfremdungsverbotsgesetze der Länder, NVwZ 2019, 1070. – **Zu Nr. 19:** *Lerche, Peter,* Gesetzgebungskompetenz im Ausbildungsbereich für Heilberufe, DVBl. 1981, 609 ff.; *Rossi, Matthias / Lensk, Sophie-Charlotte,* Föderale Regelungsbefugnisse für öffentliche Rauchverbote, NJW 2006, 2657 ff.; *Siekmann, Helmut,* Die Zuständigkeit des Bundes zum Erlass umfassender Rauchverbote nach dem In-Kraft-Treten der ersten Stufe der Föderalismusreform, NJW 2006, 3382 ff.; *H.-U. Gallwas,* Gefahrenerforschung und HIV-Verdacht, NJW 1989, 1516; *ders.,* Kompetenz des Bundes aus Art. 74 Nr. 19 GG zur Regelung der Berufe in der Altenpflege?, DÖV 1993, 17; *P. Lerche,* Gesetzgebungskompetenz im Ausbildungsbereich der Heilberufe, DVBl 1981, 609; *H. Siekmann,* Die Zuständigkeit des Bundes zum Erlass umfassender Rauchverbote, NJW 2006, 3382. – **Zu Nr. 19a:** *M. Burgi / P. Maier,* Kompetenzfragen der Krankenhausplanung: Vom Bundesstaat zum Kassenstaat?, DÖV 2000, 579; *J. Ipsen,* Verfassungsfragen der Krankenhausfinanzierung, in: FS Hufen, 2015, S. 181 ff.; *W. Kuhla,* Gesetzgebungskompetenzen im Krankenhausrecht – Erörterung im Hinblick auf aktuelle Beispiele aus der Praxis, NZS 2014, 361; *P. Lerche / C. Degenhart / J. Isensee,* Krankenhausfinanzierung in Selbstverwaltung, 1990. – **Zu Nr. 20:** *W. Zipfel,* Das neue Lebensmittel- und Bedarfsgegenständegesetz, NJW 1975, 553; *M. Kloepfer,* Tierversuchsbeschränkungen und Verfassungsrecht, JZ 1986, 205. – **Zu Nr. 21:** *R. Breuer,* Die Bundeswasserstraßen im Spannungsfeld der Wasserwege- und Wasserwirtschaftskompetenz von Bund und Ländern, DVBl 1974, 268. *K. Thomas,* Der Bund ein Usurpator? Zur Zuständigkeit für die Regelung des Schiffsverkehrs auf den Binnenwasserstraßen des Bundes, die nicht dem allgemeinen Verkehr dienen, ZfW 2009, 143; – **Zu Nr. 22:** *V. Boehme-Neßler, Volker,* PKW-Maut für EU-Ausländer?, NVwZ 2014, 97; *T. Langeloh,* Die verfassungs- und unionsrechtliche Rechtfertigung einer zulassungsortunabhängigen Autobahnbenutzungsgebühr, DÖV 2014, 362; *M. Uechtritz / Deutsch,* Die LKW-Maut, DVBl 2003, 575; *M. Putzer,* Ein Mietendeckel für Berlin. Zur Zuständigkeit der Länder für das Mietpreisrecht, NVwZ 2019, 283; *M. Zabel,* Das Infrastrukturabgabengesetz: Regelungsinhalt und verfassungsrechtliche sowie europarechtliche Würdigung, NVwZ 2015, 1241. – **Zu Nr. 23:** *W. Brohm,* Kompetenzüberschneidungen im Bundesstaat, DÖV 1983, 525; *F. Brosius-Gersdorf,* Wettbewerb auf der Schiene? Zu den verfassungsrechtlichen Rahmenbedingungen für den Eisenbahnsektor im Vergleich zum Post- und Telekommunikationssektor, DÖV 2002, 2775; *M. Fehling,* Zur Bahnreform, DÖV 2002, 793. – **Zu Nr. 24:** *M. Bothe,* Rechtliche Spielräume für die Abfallpolitik der Länder, NVwZ 1987, 938; *W. Frenz,* Föderalismusreform im Umweltschutz, NVwZ 2006, 742; *R. Grandjot,* Zur Konzeption eines Kompetenztitels „Recht der Umwelt", DÖV 2006, 511; *ders.,* Die Neuregelung der Umweltkompetenzen nach dem Koalitionsvertrag, UPR 2006, 97; *M. Brenner,* Die Abfallbeseitigung als Gegenstand der Bundesgesetzgebung und die Grenzen einer landesrechtlichen Ordnung der Abfallwirtschaft, BayVBl.1992, 70; *D. Engelhardt,* Die Ausschöpfung der Landeskompetenzen im Umweltrecht, BayVBl. 1988, 294; *A. Guckelberger,* Geräuschimmissionen von Kinder- und Jugendeinrichtungen aus öffentlich-rechtlicher Sicht, UPR 2010, 241 ff.; *K. Hansmann, Klaus,* Die Gesetzgebungskompetenz für die Lärmbekämpfung nach der Föderalismusreform, NVwZ 2007, 17; *R. Hendler,* Die Gesetzgebungskompetenz der Länder zur Erhebung von Sonderabfallabgaben, NuR 1996, 165; *P. M. Huber / F. Wollenschläger,* Immissionsschutz nach der Föderalismusreform I. Zur veränderten Kompetenzverteilung zwischen Bund und Ländern im Bereich des Lärmschutzes, NVwZ 2009, 1513; *G. Kiefer,* Zur Gesetzeskompetenzverteilung zwischen Bund und Ländern bei der Lärmbekämpfung, DÖV 2011, 515; *M. Kotulla,* Umweltschutzgesetzgebungskompetenzen und „Föderalismusreform", NVwZ 2007, 489; *O. Sauer,* Anlagenbezogener Immissionsschutz gegen verhaltensbezogenen Lärm? Zur Auslegung des Art. 74 Abs. 1 Nr. 24 GG i. d. F. der Föderalismusreform am Beispiel des Kinderlärms, NordÖR 2008, 480; *H. Wendenburg,* Die Abfallwirtschaft in der Föderalismusreform, ZUR 2006, 351 ff.; *M. Kloepfer,* Föderalismusreform und Umweltrecht, NuR 2004, 759; *ders.,* Föderalismusreform und Umweltgesetzgebungskompetenzen, ZG 2006, 250. – **Zu Nr. 25 und Abs. 2:** *T. Linke,* Die Zustimmungsbedürftigkeit bundesrechtlicher Staatshaftungsregelungen, DÖV 2005, 289. – **Zu Nr. 26:** *H. G. Dederer,* Verfassungskonkretisierung im Verfassungsneuland. Das Stammzellgesetz, JZ 2003, 986; *W. Höfling,* Um Leben und Tod: Transplantationsgesetzgebung und Grundrecht auf Leben, JZ 1995, 26J. *Weber Lejeune,* Rechtliche Probleme des rheinland-pfälzischen Transplantationsgesetzes, NJW 1994, 2392. – **Zu Nr. 27:** *U. Battis / K. J. Grigoleit,* Die Statusgesetzgebung des Bundes, ZBR 2008, 1; *L. Kathke,* Die Gesetzgebungskompetenzen von Bund und Ländern – Neue Schnittstellen im Laufbahnrecht, RiA 2012, 185; *H. Lecheler,* Die Auswirkungen der Föderalismusreform auf die Statusrechte der Beamten, ZBR 2007, 18; *H. A. Wolff,* Die Aufhebungskompetenz des Bundes für das BRRG, ZBR 2007, 145; *ders.,* Der zweite Schritt zur Föderalisierung des Beamtenrechts: Der Entwurf zum Beamtenstatusgesetz, DÖV 2007, 505. – **Zu Nr. 28:** *J. Dietlein,* Grenzen der Abweichungsgesetzgebung im Bereich des Jagdwesens, AUR 2014, 441; *A. Glaser,* Das Jagdrecht im Spannungsfeld bundesstaatlicher Gesetzgebung, NuR 2007, 439. – **Zu Nr. 29:** *M. Appel,* Die Befugnis zur einfach-gesetzl. Ausgestaltung der allgemeinen Grundsätze des Naturschutzes i. S. d. Art. 72 Abs. 3 Satz 1 Nr. 2 GG, NuR 2010, 171; *S. Bröker,* Die Abweichungskompetenz der Länder gemäß Art. 72 Abs. 3 GG im konkreten Fall des Naturschutzes und der Landschaftspflege, 2013; *C. Degenhart,* Verfassungsrechtliche Rahmenbedingungen der Abweichungsgesetzgebung, DÖV 2010, 422; *A. Epiney,* Föderalismusreform und Europäisches Umweltrecht, NuR 2006, 403; *P. Fischer-Hüftle, Peter,* Zur Gesetzgebungskompetenz auf dem Gebiet „Naturschutz und Landschaftspflege" nach der Föderalismusreform, NuR 2007,78; *C. Franzius,* Die Zukunft der naturschutzrechtlichen Eingriffsregelung – Eine Bewährungsprobe für die Abweichungsgesetzgebung nach dem Inkrafttreten des neuen Bundesnaturschutzgesetzes, ZUR 2010, 346; *C. Heitsch,* Die asymmetrische Neuverflechtung der Kompetenzordnung durch die deutsche ‚Föderalismusreform I', JöR 2009, S. 333; *O. Hendrischke,* „Allg. Grundsätze" als abweichungsfester Kern Naturschutzgesetzgebung des Bundes, NuR 2007, 454; *M. Kloepfer,* Umwelt-, Naturschutz- und Jagdrecht – Eine kompetenzrechtliche Betrachtung im Lichte der Föderalismusdebatte, NuR 2006, 1; *W. Köck / R. Wolf,* Grenzen der Abweichungsgesetzgebung im Naturschutz – Sind Eingriffsregelung und Landschaftsplanung allg. Grundsätze des Naturschutzes?, NVwZ 2008, 353; *M. Kotulla,* Umweltschutzgesetzgebungskompetenzen und ‚Föderalismusreform', NVwZ 2007, 489; *H. Schulze-Fielitz,* Umweltschutz im Föderalismus – Europa, Bund und Länder, NVwZ 2007, 249. – **Zu Nr. 31:** *U. Battis / J. Kersten,* Die Raumordnung nach der Föderalismusreform, DVBl 2007, 152; *M. Kment,* Zur Änderung der Gesetzgebungskompetenz im Bereich der Raumordnung, NuR 2006, 217; *N. Langguth,* Die Grenzen der Raumordnungsplanung – zur Abgrenzung der Gesetzgebungskompetenzen für Raumordnung und Bauleitplanung, ZfBR 2011, 436; *H. Schmitz/Ph. Jornitz,* Die Tücken der Abweichungsgesetzgebung. Dargestellt am Beispiel des neuen Bayerischen Landesplanungsgesetzes, DVBl. 2013, 741; *W. Söfker,* Das Gesetz zur Neufassung des Raumordnungsgesetzes, UPR 2009, 161; *W. Spannowsky,* Die Grenzen der Länderabweichungsbefugnis gem. Art. 72 Abs. 3 Nr. 4 im Bereich der Raumordnung, UPR 2007, 41; *ders.,* Aufgabe und Kompetenz des Bundes zur Konkretisierung der bundesgesetzlichen Grundsätze der Raumordnung durch einen Raumordnungsplan nach § 17 Abs. 1 ROG, UPR 2013, 54; – **Zu Nr. 32:** *B. Becker, Bernd,* Das Recht der Länder zur Abweichungsgesetzgebung (Art. 72 Abs. 3 GG) und das neue WHG und BNatSchG, DVBl. 2010, 754 ff.; *M. Kotualla,* Das novellierte Wasserhaushaltsgesetz, NVwZ 2010, 79; *M. Reinhardt,* Gesetzgebungskompetenzen im Wasserrecht. Die Abweichungsgesetzgebung und das neue Wasserhaushaltsgesetz, AöR 135 (2010), 459; *M. Ruttloff,* Die Gesetzgebungskompetenz für das Wasserwirtschaftsrecht nach der Föderalismusreform, UPR 2007, 333. – **Zu Nr. 33:** *F. J. Lindner,* Darf der Bund das Hochschulrahmengesetz aufheben?, NVwZ 2007, 180; *J. Nolte, Jakob J.,* Die Zuständigkeit des Bundes für das Hochschulwesen, DVBl. 2010, 84; *F. Wollenschläger, Ferdinand,* Die Föderalismusreform – Genese, Grundlinien und Auswirkungen auf die Bereiche Bildung und Wissenschaft, RdJB 2007, 8.

## Übersicht

## A. Allgemeines

**1**     Der **Kompetenztypus** der konk. Zuständigkeit wird in Art. 72 bestimmt (s. dort). Die einzelnen Kompetenztitel sind in Art. 74 I aufgeführt. Art. 74 II, mit Änderungsgesetz vom 27.10.1994 eingefügt, betrifft ausschließlich die Materien des Abs. 1 Nr. 25 und 27. Weitere konk. Zuständigkeiten sind enthalten in Art. 105 II (Steuergesetzgebung) sowie in Art. 115c (Verteidigungsfall).

**2**     Die Neufassung des Art. 72 durch die Föderalismusreform I 2006 hat unterschiedliche Typen konkurrierender Gesetzgebung geschaffen: die Vorranggesetzgebung des Bundes, für die die Erforderlichkeit nach Art. 72 II nicht geprüft wird; die Erforderlichkeitsgesetzgebung für die in Art. 72 II ausdrückl. genannten Gebiete; konk. Zuständigkeit mit Abweichungsbefugnis der Länder für die in Art. 72 III genannten, der Vorranggesetzgebung zugeordneten Gebiete.

**3**     Im Fall einer **Annexkompetenz** des Bundes zu einer Materie in konkurrierender Gesetzgebung besteht auch für die Annexmaterie konk. Zuständigkeit. Sieht man die Gesetzgebungszuständigkeiten des Bundes für das Verwaltungsverfahren nach Art. 84 I, 85 I und 108 II 2, V als Annexkompetenzen (dazu → Art. 70 Rn. 39), so teilen sie die kompetenzmäßige Zuordnung der Sachmaterie. Dies bedeutet dann, dass Art. 72 II zur Anwendung kommt, wenn das auszuführende Gesetz unter Art. 74 fällt; dabei dürfte das Kriterium der Rechtseinheit mit der materiellen auch die verfahrensmäßige

Regelung erfassen. Sieht man – wie hier Art. 84 I, Art. 85 I und Art. 108 II 2, V unmittelbar als Kompetenzgrundlage,[1] gelangt Art. 72 nicht zur Anwendung.

## B. Die einzelnen Gegenstände (Abs. 1)

### I. Der Justizbereich (Nr. 1)

**1. Bürgerliches Recht.** Die Materie wird in Nr. 1 normativ-rezeptiv (→ Art. 70 Rn. 51 f.) be- **4** schrieben; besonderer Bedeutung für die Auslegung ist also die Tradition des Rechtsgebiets,[2] – sie wird in erster Linie durch das **BGB** bestimmt, einschließlich der Nebengesetze, die, wie zB das WEG, für Teilmaterien des BGB speziellere Regelungen enthalten, an dieses aber anknüpfen. Danach ist „bürgerliches Recht" die Gesamtheit aller Normen, die herkömmlich dem Zivilrecht zugeordnet werden;[3] materiell bestimmend ist die Ordnung der **Privatrechtsverhältnisse,** also der rechtl. Stellung und Beziehungen Privater in ihrem Verhältnis zueinander.[4] I. W. ist der Inhalt des BGB bürgerliches Recht iSv Nr. 1; dies schließt nicht aus, dass einzelne Inhalte dies nicht sind.[5] Andererseits ist das bürgerliche Recht nicht ausschließlich im BGB und seinen Nebengesetzen enthalten. Auch kann für Materien, die sich danach als bürgerliches Recht (Privatrecht) darstellen, einer der speziellen Kompetenztitel des Art. 74 I einschlägig sein.[6]

Bei zweifelhafter Abgrenzung war das Kriterium der Tradition ausschlaggebend für die **Staats-** **5** **haftung,** die, da herkömmlicher Bestandteil des BGB und an die persönliche Haftung des Beamten anknüpfend, dem bürgerlichen Recht zugeordnet wurde, jedoch nur in dem durch Tradition vorgezeichneten Rahmen; eine originäre öffentlichrechtl. Staatshaftung fiel nicht mehr darunter,[7] da nicht Individualrechtsverhältnisse ordnend.

Auslegung nach Herkommen bedeutet nicht, dass der Bundesgesetzgeber an einer **Fortentwick-** **6** **lung** der Materie gehindert wäre;[8] AGB und Mieterschutz sind beispielhaft anzuführen, Normierungen, die das tradierte bürgerliche Recht aktuellen, Erfordernissen[9] anpassen. Der sozialstaatlich motivierte Eingriff in den Markt wie durch das Bestellerprinzip bei der Wohnungsvermittlung schließt bürgerliches Recht nicht aus.[10]

**Einzelfälle:** Zur **Staatshaftung** → Rn. 5; **nicht** zum Bürgerlichen Recht zählen Vorschriften zum Schutz des **7** **öffentlichen Eigentums** an öffentlichen **Straßen,**[11] während in anderem Zusammenhang die Begründung öffentlichen Eigentums noch dem bürgerlichen Recht zugeordnet wurde – vgl. HambDeichordnungsG –,[12] wo die Gesetzgebungszuständigkeit auf den Vorbehalt des Art. 66 EGBGB und eine nicht abschließende bundesgesetzl. Regelung durch die sachenrechtliche Kodifikation des BGB gestützt wurde[13] auch hier war „Tradition" ausschlaggebend: das „Deich- und Sielrecht" wurde vom Gesetzgeber des BGB von vornherein in dessen Geltungsbereich einbezogen. Zum bürgerlichen Recht wird das **gerichtliche Beurkundungswesen** gezählt, die Festsetzung von **Gebühren** hierfür kraft Sachzusammenhangs Nr. 1 zugeordnet.[14] Bürgerliches Recht sind das G. über **religiöse Kindererziehung,**[15] das Pachtvertragsrecht,[16] das Recht der Ertragswertbestimmung,[17] nicht aber das Gegendarstellungsrecht,[18] mit Inkompatibilitätsregelungen des Landeswahlrechts, die sich mit Beschäftigungsverhältnissen von Bediensteten landeseigener Gesellschaften befassen; die „enge Verzahnung" mit dem Landeswahlrecht führt zu kompetenzieller Zuordnung zu Letzterem.[19]

Soweit der Landesgesetzgeber iÜ „öffentliches Eigentum" regelt, ist er an die Eigentumsordnung des **8** BGB gebunden. Dies bedeutet: Unzulässigkeit der unmittelbaren Begründung öffentlichen Eigentums ohne vorhergehende staatliche Verfügungsgewalt[20] (dann unzulässiger Eingriff in Rechtsbeziehungen

---

[1] IdS wohl BVerfGE 88, 203 (304 f.) – Beratung bei § 218 StGB.

[2] Vgl. BVerfGE 11, 192 (199); 42, 20 (29); 61, 149 (176).

[3] BVerfGE 11, 192 (199); 61, 149 (174); BayVerfGH NZM 2020, 649 Rn. 56; *Wittreck,* in: Dreier II, Art. 74 Rn. 18.

[4] Vgl. BVerfGE 42, 20 (31); 61, 149 (163); BVerfG NJW-RR 2016, 1349 Rn. 54; *Kunig,* in: v. Münch/Kunig II, Art. 74 Rn. 8; *Oeter* MKS II, Art. 74 Rn. 10.

[5] Vgl. *Oeter* MKS II, Art. 74 Rn. 12.

[6] Vgl. *Kunig,* in: v. Münch/Kunig II, Art. 74 Rn. 9 für das Gegendarstellungsrecht (Presserecht).

[7] BVerfGE 61, 149 (176); vgl. *Papier* NJW 1981, 2321; *Badura* NJW 2001, 1387; *Krause/Schmitz* NVwZ 1982, 281.

[8] BVerfGE 42, 20 (31 f.).

[9] ISv *Stern,* StaatsR I, S. 900.

[10] BVerfGE 142, 268 Rn. 54 f.

[11] BVerfGE 42, 20 (31 ff.).

[12] BVerfGE 24, 367.

[13] BVerfGE 24, 367 (386); vgl. *Maunz,* in: Maunz/Dürig, Art. 74 Rn. 59.

[14] BVerfGE 11, 192 (199).

[15] *Wittreck,* in: Dreier II, Art. 74 Rn. 18; näher *Stettner,* in: Dreier II, Suppl. 2007, Art. 74 Rn. 20, dort zu abw. landesverfassungsrecht. Regelungen und für zurückhaltende Auslegung der Bundeskompetenz.

[16] BVerfGE 71, 137 (143).

[17] BVerfGE 78, 132 (144).

[18] BVerwGE 76, 94 (96); *Groß* DVBl 1981, 247 (248).

[19] BVerfGE 98, 145 (158).

[20] BVerfGE 45, 297 (341 ff.).

des privaten Rechts), der Begründung **öffentlicher Lasten** in Widerspruch zum numerus clausus der Sachenrechte des BGB, wenn ein typischer Sachverhalt des bürgerlichen Rechts (Dienstbarkeiten) erfasst wird;[21] demgegenüber wird die Zulässigkeit dinglicher Sicherungs- und Verwertungsrechte wie ua in § 436 BGB vorausgesetzt.[22]

**9**  *(nicht belegt)*

**10**  **2. Strafrecht. Tradition** und Herkommen sind bestimmendes Auslegungskriterium auch für „Strafrecht";[23] der Begriff wird in der Weise verstanden, wie nach Art. 7 Nr. 2 WRV und nach Art. 4 Nr. 13 RV 1871. Für das Strafrecht gilt in besonderer Weise, dass bei normativ-rezeptiver Benennung einer Kompetenzmaterie (→ Art. 70 Rn. 51, 54) die einfachgesetzl. Ausformung den Zuweisungsgehalt der Kompetenznorm bestimmt.[24] Hieraus folgt ein weiter Begriff des Strafrechts: „Regelung aller, auch nachträglicher, repressiver oder präventiver staatl. Reaktionen auf Straftaten gehört, die an die Straftat anknüpfen, ausschließlich für Straftäter gelten und ihre sachliche Rechtfertigung auch aus der Anlasstat beziehen.[25]

Die Kompetenzmaterie des Strafrechts ist unabhängig vom Begriff der Strafe in Art. 103 II, III GG zu bestimmen (→ Art. 103 Rn. 58).[26]

**11**  Zum Strafrecht wird das tradierte **Kriminalstrafrecht** gezählt, also jene Normen, die das ethische Minimum bezeichnen, ohne das die Gemeinschaft nicht bestehen kann.[27] Es ist Wandlungen unterworfen, denen der Gesetzgeber auch kompetenzmäßig folgen kann, auch durch Herabstufung von Kriminalunrecht zu **Ordnungswidrigkeiten;** auch Letztere werden kraft Herkommens zum Strafrecht iSv Nr. 1 gezählt.[28] Auch Geldbußen sind also Strafen i. S. d. Kompetenznorm; nicht sind dies Sanktionen wie die Verpflichtung zur Erlösabführung bei Verstößen gegen Werbevorschriften, soweit sie nicht an Straftaten anknüpfen.[29] Die Erlösabschöpfung bei Ordnungswidrigkeiten ist nicht Strafrecht, da ohne „pönalisierende Funktion".[30]

**12**  Maßregeln der Sicherung und Besserung[31] sind nach dieser weiten Definition als „zweite Spur" im Sanktionensystem Strafrecht iSv Nr. 1;[32] so auch die **Sicherungsverwahrung,** § 66 StGB, als die nachträgliche Unterbringung besonders rückfallgefährdeter Täter.[33] Ungeachtet der präventiven Zielsetzung zählen Maßregeln zum tradierten Bestand des Strafrechts und wird an eine Anlasstat angeknüpft.[34] Daher ist auch das TherapieunterbringungsG Strafrecht iSv Nr. 1., wobei nicht entgegensteht, dass die Therapieunterbringung freiheitsorientiert sein und sich deutlich von der Strafe unterscheiden muss.[35]

**13**  Strafrecht liegt auch vor, wenn, auch durch sog. **Blankettstrafnormen**[36] ein nach Landesrecht verbotenes Handeln durch Bundesgesetz unter Strafe gestellt wird.[37]

**14**  Der Bundesgesetzgeber kann **Straftatbestände** auch für Materien schaffen, für die er keine **Sachkompetenz** hat;[38] soweit er eine abschließende Regelung getroffen hat (Art. 72 Rn. 29 ff.), ist der Landesgesetzgeber an ergänzenden Bestimmungen zum Schutz des gleichen Rechtsguts gehindert.[39] Davon ist allerdings – im Gegensatz zum Kernstrafrecht – im Nebenstrafrecht nicht regelmäßig auszugehen.[40] Der Bund darf nicht durch beliebige Pönalisierung **Landeszuständigkeiten** aushöhlen[41] und kann eine in der Zuständigkeit der Länder liegende Materie nicht in der Sache selbst regeln.[42]

---

[21] BVerfGE 45, 297 (340 f.).

[22] Dazu HessVGH NJW 1981, 476.

[23] BVerfGE 13, 367 (372); 23, 113 (123); 27, 18 (32); 31, 141 (144).

[24] BVerfGE 109, 190 (218); BVerfG NJW 2013, 3151 Rn. 55 ff.

[25] BVerfGE 109, 190 (212 f.).

[26] BVerfGE 109, 133 (170); BVerfG NJW 2013, 3151 Rn. 54.

[27] Vgl. *Wittreck,* in: Dreier II, Art. 74 Rn. 19; *Oeter* MKS II, Art. 74 Rn. 14.

[28] BVerfGE 23, 113 (123); 27, 18 (32); 29, 11 (16); 45, 272 (288); BVerfG NJW-RR 2016, 1349 Rn. 56.

[29] Vgl. OVG Bln-Bbg, U. v. 2.12.2010 – OVG 11 B 35.08 – Abs. 46.

[30] BVerwG K&R 2012, 700 Rn. 25.

[31] *Oeter* MKS II, Art. 74 Rn. 14, 15: „Tradition" nicht zweifelsfrei für die erst 1933 durch die Nationalsozialisten in das StGB eingefügten Maßregeln der Sicherung und Besserung.

[32] BVerfGE 109, 133 (170); 109, 190 (213 f.).

[33] BVerfGE 109, 190 (216 f.); *Kinzig* NJW 2001, 1455; *Ullenbruch* NStZ 2001, 292.

[34] Kritisch *Gärditz* BayVBl 2006, 231 (234).

[35] BVerfGE 134, 33 Rn. 55 ff.; anders aber das Sondervotum *Huber:* nur als Annexkompetenz auf Nr. 1 gestützt; s. auch *Höffler* StV 2014, 168.

[36] Vgl. *Maiwald* ZRP 2006, 18 (19); BVerfGE 23, 113 (125).

[37] BVerfGE 13, 367 (373); 23, 113 (125); 98, 265 (310); 110, 141 (174); dort zur Erforderlichkeit nach Art. 72 II aF; *Schröder,* Gesetzgebungskompetenz kraft Sachzusammenhangs, 2007, S. 245 ff.

[38] BVerfGE 23, 113 (124); 98, 265 (312); 110, 141 (174); BVerfG (K) NJW 2015, 44 Rn. 11.

[39] BVerfG (K) NJW 2015, 44 Rn. 11.

[40] *Oeter* MKS II, Art. 74 Rn. 20; BVerfG (K) B. v. 15.10.2014 – 1 BvR 920/14 – Rn. 13.

[41] Vgl. *Wittreck,* in: Dreier II, Art. 74 Rn. 20; *Oeter* MKS II, Art. 74 Rn. 19; BVerfGE 13, 367 (373); 110, 141 (174)

[42] BVerfGE 110, 141 (174): ebenso bereits BVerfGE 13, 367 (373); 23, 113 (124); 26, 246 (258); BVerfG NVwZ 1993, 55; ferner *Rüfner* ZG 1999, 366 (369 f.); zu § 143 StGB – Kampfhundezucht und -haltung entgegen landes-

Zur Ergänzung des strafrechtlichen Rechtsgüterschutzes beim Schwangerschaftsabbruch durch ein „Schutz- und Beratungskonzept" → Art. 70 Rn. 49.[43] BVerfGE 98, 265 kann nicht ohne weiteres verallgemeinert werden, da deutlich durch maßgeblich durch dieses spezifische Konzept zu § 218 StGB geprägt.

In **Zweifelsfällen** wird nach **Herkommen** abgegrenzt: „Jedenfalls" innerhalb der im StGB **15** herkömmlich geregelten Materien ist der Bundesgesetzgeber zuständig;[44] diese werden vor allem durch die kriminalstrafrechtlich herkömmlich geschützten Rechtsgüter bestimmt.[45] I. W. dürfte dies auf das Kernstrafrecht in Abgrenzung zum Nebenstrafrecht hinauslaufen.[46] Nicht unter Strafrecht fällt die Verhütung von Straftaten (→ Rn. 27).[47]

Strafbewehrung einer Regelung führt in keinem Fall dazu, dass diese insgesamt Strafrecht wird; **16** **Strafvorschrift** und **sachliche** Regelung sind **selbstständig** zuzuordnen, sieht man davon ab, dass jeder Straf- oder OWi-Tatbestand – sofern kein Blankettstrafrecht – notwendig auch eine sachliche Regelung enthält; dies steht innerhalb der herkömmlich im Strafrecht, insbes. im StGB geregelten Materien der Zuständigkeit des Bundesgesetzgebers nicht entgegen. Daher ist das **Steuerstrafrecht** auf Nr. 1 und nicht auf Art. 105 zu stützen.[48] Im **Nebenstrafrecht** kann der Bund dort, wo die mat. Regelungszuständigkeit bei den Ländern liegt, diese nicht in Anspruch nehmen, sondern muss an den landesgesetzl. Ordnungsrahmen anknüpfen.[49]

Das **Kriminalstrafrecht** ist durch StGB und strafrechtliche Nebengesetze **kodifiziert**; die Länder **17** sind damit weitestgehend von der Gesetzgebung ausgeschlossen,[50] für die Materien des StGB nach Maßgabe des Art. 4 EGStGB. Die Sperrwirkung des Bundesgesetzes ist rechtsgutbezogen zu bestimmen, nicht nach dem jeweiligen Einzeltatbestand;[51] auch deshalb verbleibt kaum noch Raum für ein Kriminalstrafrecht der Länder – anders im Ordnungswidrigkeitenrecht.[52] Zudem ist im Strafrecht angesichts seiner Eingriffsintensität dem Gesichtspunkt der Rechtseinheit besonderes Gewicht beizumessen.[53]

Für das **Umweltstrafrecht** ist Nr. 1 Kompetenzgrundlage;[54] auch insoweit kann der Bundesgesetzgeber strafrecht- **18** liche Folgen an die Verletzung landesrechtlicher Schutzgesetze knüpfen. **Anlagenbedingte** Gefährdungen sind durch §§ 324 ff. StGB **abschließend** geregelt, **nicht** aber **verhaltensbedingte** Gefährdungen. Im Umweltstrafrecht wurden neue Rechtsgüter in den Schutz des Strafrechts einbezogen, jedoch im Rahmen des herkömmlichen strafrechtlichen Instrumentariums, so dass insgesamt von Strafrecht iSv Nr. 1 auszugehen ist. Ähnliche Erwägungen betreffen das **Polizeistrafrecht,** wenn der Verstoß gegen Polizeigesetze der Länder durch Bundesgesetz für strafbar erklärt wird (z. B. gegen Kampfhundeverordnungen). Allerdings könnte es dann an der Erforderlichkeit einer bundesgesetzl. Regelung fehlen.[55]

**Strafrechtliche Verjährungsvorschriften** dürften, auch wenn sie nicht den Straftatbestand, sondern die Ver- **19** folgungsvoraussetzungen betreffen, als Strafrecht einzuordnen sein, nicht als Strafverfahrensrecht,[56] da sie den staatl. Strafanspruch in der Sache betreffen, nicht nur dessen verfahrensmäßige Durchsetzung; für die Zuordnung der besonderen Verjährungsregelungen für **Pressedelikte** zum Presserecht (Art. 70 Rn. 49)[57] war die historische Entwicklung der Kompetenzmaterie ausschlaggebend.

**Strafvollzug** iSv Nr. 1 wurde mit der Föderalismusreform 2006 in die ausschließliche Zuständig- **20** keit der Länder überführt und bedarf daher der Abgrenzung zu Straf- und Strafverfahrensrecht. **Strafvollstreckung** wird dem Strafverfahren als Teil des gerichtlichen Verfahrens zugeordnet.[58] Hierzu zählen die Anordnungen des Strafvollzugs und seine Überwachung durch die Strafvollstreckungsbehörde, also deren Tätigkeit nach § 452 StPO. Strafvollzug ist demgegenüber die Durchführung dieser Anordnungen.[59] Der Kompetenztitel wurde überwiegend nur auf Vollzug von **Freiheitsstrafen** und freiheitsbeschränkenden Maßnahmen der Sicherung und Besserung entsprechend

---

rechtlichem Verbot s. *von Coelln* NJW 2001, 2834 (2835): Strafrecht – so auch BVerfGE 110, 141 (174); *Möstl* Jura 2005, 48 (54).

[43] BVerfGE 98, 265 (303); s. auch *Rüfner* ZG 1999, 366 (369).
[44] BVerfGE 23, 113 (124); *Möstl* Jura 2005, 48 (54 f.).
[45] So etwa auch bei BVerfGE 13, 367 (372) – G gegen verbrecherischen Gebrauch von Sprengstoff.
[46] Vgl. *Möstl* Jura 2005, 48 (54).
[47] BVerfGE 23, 113 (123).
[48] Offengelassen bei BVerfGE 7, 330 (336).
[49] Vgl. *Oeter* MKS II, Art. 74 Rn. 19.
[50] Vgl. für Erlösabschöpfung bei Ordnungswidrigkeiten s. OVG Bln-Bbg, U. v. 2.12.2010 – OVG 11 B 35.08 –.
[51] *Maunz*, in: Maunz/Dürig, Art. 74 Rn. 68.
[52] Vgl. *Oeter* MKS II, Art. 74 Rn. 20.
[53] Vgl. auch zur Notwendigkeit einer einheitlichen Einstellungspraxis durch die Staatsanwaltschaften in den Ländern BVerfGE 90, 145 (190); *von Coelln* NJW 2001, 2834 (2836).
[54] S. dazu BVerfGE 75, 330 (343).
[55] Vgl. hierzu BVerfGE 110, 141 (176); *von Coelln* NJW 2001, 2834 (2836 f.); auch → Art. 72 Rn. 16.
[56] Ebenso *Schoene* NJW 1975, 1544; *Wittreck*, in: Dreier II, Art. 74 Rn. 19.
[57] BVerfGE 7, 29 (39); 36, 193 (203); zust. *Löffler-Kühl*, Presserecht, 5. Aufl. 2006, § 24 LPG Rn. 24 f.; *Barton* AfP 2001, 363 (365); abl. *Schoene* NJW 1975, 1944.
[58] *Oeter* MKS II, Art. 74 Rn. 21; *Wittreck*, in: Dreier II, Art. 74 Rn. 21.
[59] *Wittreck*, in: Dreier II, Art. 74 Rn. 21.

§ 1 StVollzG bezogen,[60] umfasste hierbei auch die Kostenerstattung für den Vollzug.[61] Ländersache ist auch der **Untersuchungshaftvollzug.** Er zählt an sich zum Strafverfahren, nicht zum Strafvollzug und umfasst i. W. diejenigen Bestimmungen des Strafvfahrensrechts, die sich mit der Durchführung der U-Haft in ähnlicher Weise wie mit der der Strafhaft befassen.[62]

21 Die **Festnahme** entwichener Strafgefangener wird zum Strafvollzug gezählt.[63] Für **Amnestieregelungen** wird differenziert: Für Niederschlagung anhängiger Verfahren wird auf gerichtliches Verfahren, für Erlass verhängter Strafen auf Strafvollzug zurückgegriffen.[64] Da es in beiden Fällen aber um den Verzicht auf den staatl. Strafanspruch geht, sollte einheitlich auf Strafrecht abgestellt werden – wie jedenfalls für generelle, materielle Straffreiheitsgesetze. Damit sind **Amnestiegesetze** der **Länder** ausgeschlossen, da als landesrechtliche Freistellung mit bundesgesetzl.r Strafbarkeit unvereinbar.[65] Nichterlass eines Amnestiegesetzes durch den Bund bedeutet auch im Rahmen des Strafvollzugs nicht, dass Straferlass zusätzlich durch landesrechtliche Amnestie gewährt werden könnte.[66]

22 **3. Gerichtsverfassung und gerichtliches Verfahren.** Die **Gerichtsverfassung** umfasst in erster Linie die **äußere Organisation** der Rechtsprechung,[67] also vor allem den **Aufbau** der Gerichte, ihre Bildung und Organisation, ihre Besetzung und die Aufgabenverteilung zwischen ihnen. Dies betrifft einerseits den inneren Aufbau, die Gliederung in einzelne Spruchkörper und die Aufgabenverteilung zwischen ihnen; dies betrifft andererseits das Verh. der Gerichte zueinander wie vor allem Fragen der Zuständigkeitsabgrenzung, wie im GVG. Das Gerichtsverfassungsrecht verwirklicht insoweit das Recht auf den gesetzl. Richter nach Art. 101.[68] Auch das Verhältnis von Bürger und Gericht, wie in Art. 101 ff. angelegt und im GVG ausgeführt, zählt hierzu. Die Rechtsstellung der **Richter** – auch wenn einfachgesetzl. Gerichtsverfassungsrecht – ist demgegenüber als Richterstatusrecht auf Art. 98 als lex specialis[69] zu stützen. Nicht zur Gerichtsverfassung zählen demgemäß die **Amtsbezeichnungen** der Richter.[70]

23 Nr. 1 gilt für **alle Gerichte,**[71] auch die der **Länder;**[72] die Errichtung der einzelnen Gerichte der Länder ist deren Sache auf Grund ihrer **Organisationszuständigkeit,** ebenso die konkreten Zuständigkeitsabgrenzung durch die Bestimmung der Gerichtsbezirke;[73] demgegenüber ist die generelle Bestimmung der örtlichen, sachlichen und funktionellen **Zuständigkeit** Gerichtsverfassung iSv Nr. 1.[74] Für die **Verfassungsgerichte** der Länder gilt Nr. 1 nicht; sie sind – ebenso wie das BVerfG – Verfassungsorgane,[75] für deren „Verfassung" und Verfahren die Länder kraft ihrer Verfassungsautonomie zuständig sind.[76] Dass nur die ordentliche Gerichtsbarkeit, nicht aber Arbeitsgerichte (→ Rn. 53) und die einzelnen Zweige der Verwaltungsgerichtsbarkeit von Nr. 1 erfasst sein sollen,[77] mag entstehungsgeschichtlich intendiert gewesen sein; vom Wortlaut der Norm jedoch nicht bestätigt.[78] **Nicht** unter Nr. 1 fallen die **Standesgerichtsbarkeiten**[79] sowie die **Disziplinargerichtsbarkeit;**[80] andererseits umfasst Nr. 1 auch Regelungen für Organe der **Rechtspflege,** die, wie Staatsanwaltschaft und Gerichtsvollzieher, in unlösbarem Zusammenhang mit der richterlichen Tätigkeit stehen.[81]

---

[60] *Kunig,* in: v. Münch/Kunig II, Art. 74 Rn. 15, unter Übernahme der Bestimmung des Geltungsbereichs des StVollzG; ebenso *Oeter* MKS II, Art. 74 Rn. 21.

[61] BVerfGE 85, 134 (144).

[62] Vgl. OLG Naumburg, B. v. 17.8.2010 – 2 ARs 7/10 – Abs. 5.

[63] *Kunig,* in: v. Münch/Kunig II, Art. 74 Rn. 15; differenz. *Seebode* FS Bruns, 1978, S. 487 (493 ff.): Strafvollzug nur im Rahmen der Nacheile, sonst Strafverfahren.

[64] BVerfGE 2, 213 (221); 10, 234 (238).

[65] Vgl. *Huber/Uhle,* Sachbereiche der Landesgesetzgebung nach der Föderalismusreform, in: Heintzen/Uhle (Hrsg.), Neuere Entwicklungen im Kompetenzrecht, 2014, S. 83, 102 f.

[66] Wie hier *Oeter* MKS II, Art. 74 Rn. 21; *Kunig,* in: v. Münch/Kunig II, Art. 74 Rn. 15.

[67] Vgl. *Oeter* MKS II, Art. 74 Rn. 22.

[68] Vgl. *Oeter* MKS II, Art. 74 Rn. 22; s. auch → Art. 101 Rn. 4 ff.

[69] *Pieroth,* in: Jarass/Pieroth, Art. 74 Rn. 8; offen gelassen bei BVerwG NJW 1986, 951.

[70] BVerfGE 38, 1 (10).

[71] Einschränkend *Pestalozza* MKP, Art. 74 Rn. 109 ff.

[72] BVerfGE 11, 192 (198); 30, 103 (106); für die Verwaltungsgerichte s. BVerfGE 20, 238 (248).

[73] BVerfGE 2, 307 (316); 11, 192 (198 f.); 24, 155 (166); 30, 103 (106); *Oeter,* in: v. Mangoldt/Klein/Starck II, Art. 74 Rn. 24.

[74] BVerfGE 2, 307 (320); 8, 174 (177); 10, 285 (292); 24, 155 (166); 37, 191 (198); *Oeter* MKS II, Art. 74 Rn. 24.

[75] S. für das BVerfG *Blümel* HStR IV², § 102 Rn. 5.

[76] Ebenso HessStGH NVwZ 1990, 552 sowie jetzt BVerfGE 96, 345 unter Hinweis auf Art. 94 II 1 sowie die Eigenstaatlichkeit der Länder; *Wittreck,* in: Dreier II, Art. 74 Rn. 22.

[77] So *Pestalozza* MKP VIII, Art. 74 Rn. 109 ff.

[78] Für Einbeziehung der Verwaltungsgerichte auch BVerfGE 4, 178 (183); 8, 174 (177); 10, 285 (292); 20, 238 (248); 29, 125 (137); 37, 191 (198); wie hier im Ergebnis auch *Oeter* MKS II, Art. 74 Rn. 23, 27, wenngleich im Ansatz zweifelnd gegenüber der herrschenden Auffassung.

[79] Vgl. BVerfGE 4, 74 (83 ff.) – Berufsgerichtsbarkeit für Ärzte.

[80] *Wittreck,* in: Dreier II, Art. 74 Rn. 22; s. hierzu auch BVerfGE 29, 125 (137 f.).

[81] BVerfGE 24, 155 (166 f.); 56, 110 (119); BVerwGE 65, 253 (256); s. auch BVerfGE 28, 21 (32): Amtstracht für Rechtsanwälte.

Das Recht der Gerichtsverfassung ist – insbes. im GVG – **weitestgehend** kodifiziert,[82] eine in allem 24 abschließende bundesgesetzl. Regelung ist jedoch nicht erfolgt.[83]

**Gerichtliches Verfahren** iSv Nr. 1 ist die verfahrensmäßige Behandlung von Angelegenheiten 25 durch die Gerichte.[84] Nr. 1 gilt hierin für alle Gerichtszweige[85] und ist Grundlage für die einzelnen Prozessordnungen, die grds. als abschließende Kodifikation zu werten sind, so dass die Länder nur im Rahmen ausdrücklicher Vorbehalte regelnd tätig werden können.[86] Der Kompetenztitel ist weit zu verstehen[87] und umfasst das eigentliche gerichtliche und das mit ihm in untrennbarem funktionalem Zusammenhang stehende behördliche Verfahren von der Einleitung des Verfahrens bis zur Vollstreckung.[88] – Zum Strafverfahren → Rn. 27.

Das **Vorverfahren nach der VwGO** ist gerichtliches Verfahren, da Voraussetzung für ein Sach- 26 urteil.[89] Für ein Mediationsverfahren gilt dies nur mit Einschränkungen.[90] Das Vorverfahren hat der Bund abschließend geregelt, soweit nicht § 68 I 2 VwGO dem Landesgesetzgeber besondere Regelungen vorbehalten sind.[91] Seine generelle Abschaffung dürfte im Widerspruch zu § 68 I 2 VwGO stehen.[92] Eine Frage auch des gerichtlichen Verfahrens sind materielle Präklusionsnormen.[93] Gerichtl. Verfahren ist das (strafprozessuale) **Ermittlungsverfahren**,[94] hier auch das Zeugnisverweigerungsrechts der Presseangehörigen (Art. 72 Rn. 28),[95] obschon die unterschiedliche Bewertung im Verh. zur Verjährung für Pressedelikte allenfalls aus Herkommen plausibel erscheint.[96] Zum gerichtl. Verfahren zählt auch das **Vollstreckungsrecht**,[97] ebenso das **Strafregisterrecht**[98] sowie das **Gerichtskostenrecht**.[99]

Für das Strafverfahren als gerichtl. Verfahren bestehen Überschneidungen mit dem Recht der 27 Gefahrenabwehr. Strafverfahrensrecht umfasst die Aufklärung und Aburteilung begangener Straftaten, die Ermittlung und Verfolgung von Straftätern einschließlich der Fahndung, unter Einbeziehung der repressiven Polizeitätigkeit, in Reaktion auf den Verdacht der Beteiligung an einer geschehenen oder unmittelbar bevorstehenden strafbaren Handlung.[100] Das Polizeirecht als Recht der Gefahrenabwehr ist präventiv-objektiv ausgerichtet auf den Schutz von Rechtsgütern, das Strafverfahren repressiv-subjektiv unmittelbar auf die Verfolgung von Straftätern. Daher zählt auch die sog. Verfolgungsvorsorge zum Strafverfahren nach Nr. 1.[101]

Demgegenüber ist vorbeugende Verhütung möglicher künftiger Straftaten Gefahrenabwehr[102] Inwieweit diese sich von der konkreten Gefahr lösen und in das Gefahrenvorfeld erstrecken darf, ist eine Frage des mat. Rechts.[103] Für die Abgrenzung von Gefahrenabwehr und Strafverfolgung ist maßgeblich ist auf die jeweilige Zielsetzung – objektiv-präventiv oder subjektiv-repressiv – und deren Schwerpunkt abzustellen. Bei doppelfunktionalen Maßnahmen, für die kein eindeutiger Schwerpunkt auszumachen ist, *„steht dem Gesetzgeber ein Entscheidungsspielraum für die Zuordnung zu und können entsprechende Befugnisse unter Umständen sowohl auf Bundes- als auch auf Landesebene geregelt werden"* – so

---

[82] Für die Verwaltungsgerichte zudem durch die VwGO, BVerfGE 20, 238 (248); 37, 191 (198).

[83] BVerfGE 56, 110 (119) – Aufgaben eines Amtsanwalts; *Kunig,* in: v. Münch/Kunig II, Art. 74 Rn. 17; *Oeter* MKS II, Art. 74 Rn. 24; *Sannwald,* in: Schmidt-Bleibteu ua, Art. 72 Rn. 39.

[84] Vgl. *Rengeling* HStR VI³, § 135 Rn. 203.

[85] *Wittreck,* in: Dreier II, Art. 74 Rn. 23 – dort zu Vorbehaltenfür die Länder; der h. M. nur im Ergebnis zustimmend *Oeter* MKS II, Art. 74 Rn. 27.

[86] BVerfGE 37, 191 (198); 83, 24 (30); ebenso BVerfGE 35, 65 (75); vgl. → Art. 72 Rn. 28.

[87] BVerfGE 30, 1 (29); BVerfG 150, 244 Rn. 67; BVerfG NJW 2020, 2699 Rn. 119.

[88] BVerfG aaO; vgl. *Wittreck,* in: Dreier II, Art. 74 Rn. 23.

[89] Ebenso BVerfGE 35, 65 (72); BVerwGE 61, 310 (313) (zu Kostenfragen); soweit das Widerspruchsverfahren in der VwGO nicht geregelt ist – z. B. reformatio in peius –, bleibt es bei den allg. Zuständigkeiten für Verwaltungsverfahren, vgl. *Oeter* MKS II, Art. 74 Rn. 27; zur Öffnungsklausel in § 68 I 2 VwGO s. BayVerfGH BayVBl 2009, 109; BGH (Senat für Anwaltssachen) NVwZ-RR 2014, 317.

[90] Vgl. *Guckelberger* NVwZ 2011, 390 (394 f.).

[91] *Geiger* BayVBl 2008, 161 (162): *Oeter* MKS II, Art. 74 Rn. 27.

[92] *Holzner* DÖV 2008, 217 (223); s. auch zu Art. 15 I 2 BayAGVwGO *Geiger* BayVBl 2008, 161 (162); a. M. *Unterreitmeier* BayVBl 2007, 610 (615 f.).

[93] S. dazu *Oexle* BayVBl 2004, 265.

[94] Zur Nr. 1 als Kompetenzgrundlage für Beschränkungen des Brief-, Post- und Fernmeldegeheimnisses – G 10 – s. BVerfGE 30, 1 (29): „Vorfeld" strafprozessualer Ermittlungen.

[95] Dazu s. BVerfGE 36, 193 (202); 36, 314 (319).

[96] BVerfGE 7, 29 (40), dazu o. Rn. 19.

[97] *Oeter* MKS II, Art. 74 Rn. 25.

[98] BVerwGE 54, 81 (90).

[99] BVerfGE 47, 285 (313 f.).

[100] BVerfG NJW 2019, 827 Rn. 67; *Wittreck,* in: Dreier II, Art. 74 Rn. 23.

[101] BVerfGE 113, 348 (371 ff.); BVerfG NJW 2020, 2699 Rn. 117; BVerwGE 141, 329 Rn. 33; 162, 275 Rn. 19; LVerfG SachsAnh U. v.7.5.2019 – LVG 4/18 – Rdn. 48, juris; keine erschöpfende bundesgesetzl. Regelung; näher *Graulich,* NVwZ 2014, 685 ff., BVerwG NJW 2006, 1225 (1226) = JZ 2006, 727 mit Anm. *Eisenberg/Puschke; Pieroth,* in: Jarass/Pieroth, Art. 74 Rn. 9.

[102] Vgl. LVerfG MV DÖV 2000, 71 = LKV 2000, 149; LVerfG MV LKV 2000, 345 (347); BayVGH DuD 2013, 465 für automatisierte Kennzeichenerfassung; zur Abgrenzung s. VGH BaWü NVwZ-RR 2015, 26 Rn. 38 ff.

[103] BVerfGE 150, 22 Rn. 70; BVerfGE 113, 348 (368).

das BVerfG zur automatisierten Kennzeichenerfassung,[104] diese, da vergleichbar der Identitätsfeststellung, der Gefahrenabwehr zuordnend. Präventive Datenerhebung ist Recht der öffentlichen Sicherheit, die Nutzung der Daten zur Verfolgung einer Tat Strafverfahrensrecht.[105] Insoweit ist auch die **Beweisbeschaffung** zur Verwendung in – auch künftigen – Strafverfahren dem Strafverfahrensrecht und damit Nr. 1 zuzuordnen; dies auch dann, wenn sie außerhalb der StPO in einem eigenen Gesetz geregelt ist.[106] Hier geht es vor allem um Datenerhebung im Hinblick auf künftige, dann konkrete Strafverfahren (Telekommunikationsüberwachung, Videoüberwachung, DNA-Feststellung); die einschlägigen Bestimmungen der StPO (§§ 81b, 81g, 81h, 163b StPO) begründen weitgehende Sperrwirkung zu Lasten der Länder.[107] Die Regelung der Pressebeschlagnahme dürfte noch im Zusammenhang des Strafverfahrensrechts zu sehen sein.[108]

28   **4. Rechtsanwaltschaft, Notariat und Rechtsberatung.** Nr. 1 ist unter „**Rechtsanwaltschaft**" und „**Notariat**" Kompetenzgrundlage für das Berufsrecht der Rechtsanwälte und Notare (BRAO, BNotO, zT auch RVG und KostO), unter Einschluss der Berufszulassung, der Standespflichten und weiterer Fragen der Berufsausübung, auch der Berufsgerichtsbarkeit[109] sowie des Gebührenwesens.[110] Fragen des Anwaltszwangs, des notwendigen Verteidigerbeistands und der Postulationsfähigkeit fallen jedoch unter „gerichtliches Verfahren",[111] während kommunale Vertretungsverbote[112] dem Gemeindeverfassungsrecht zugeordnet werden. Rechtsberatung iSv Nr. 1 ist die geschäftsmäßige Besorgung fremder Rechtsangelegenheiten durch andere Berufe, insbes. Rechtsbeistände, Patentanwälte, Steuerberater und Wirtschaftsprüfer. Zum Notariat s. auch Art. 138.

## II. Personenstandswesen (Nr. 2)

29   Unter Personenstandswesen wird die Beurkundung des Personenstandes und das öffentliche Namensänderungsrecht verstanden. Hierunter fallen auch **Meldepflichten,** die den Personenstand betreffen (Geburt, Änderung des Familienstandes, Tod, auch Geschlecht[113] und Namen),[114] während hinsichtlich des Wohnsitzes die Melderechtskompetenz des Art. 73 I Nr. 3 eingreift.[115] Unter Nr. 2 fällt auch die Feststellung der Geschlechtszugehörigkeit bei Transsexuellen.[116] Auch die Einführung der eingetragenen Lebenspartnerschaft als neuer Personenstand wurde unter das Personenstandswesen gefasst;[117] insoweit wird dem Kompetenztitel materieller Gehalt beigelegt.[118]

## III. Vereinsrecht (Nr. 3)

30   Vereinsrecht iSv Nr. 3 ist das **öffentliche** Vereinsrecht in Abgrenzung zu dem des BGB, also die Aufsicht über Vereine.[119] Nr. 3 gilt für die Vereine unabhängig von ihrer Rechtsform und grds. auch von ihrem Zweck; der Vereinsbegriff ist im Einklang mit dem des Art. 9 I zu verstehen.[120] Wie für Art. 9 I ist jedoch ein freiwilliger Zusammenschluss auf privatrechtlicher Basis zu fordern; öff.-rechtl. Zwangszusammenschlüsse fallen daher nicht unter Nr. 3.[121] Für **politische Parteien,** auch wenn (nicht rechtsfähige) Vereine, ist Art. 21 lex specialis.[122] Für arbeitsrechtliche **Koalitionen** erfasst Nr. 3 die spezifisch vereinsrechtlichen, organisatorischen Aspekte, während die koalitionsspezifische Betätigung Gegenstand von Nr. 12 ist.[123] Ebenso ist auch sonst für Vereine mit spezifischer Zwecksetzung

---

[104] BVerfGE 150, 244 Rn. 72.

[105] LVerfG MV LKV 2000, 345 (347).

[106] BVerfGE 103, 21 (30 f.) – genetischer Fingerabdruck –; BVerfG NJW 2020, 2699 Rn. 117 – Bestandsdaten –.

[107] BVerfGE 113, 348 (371 ff.); *Eisenberg/Puschke* JZ 2006, 728 (729).

[108] Für Rechtsmittel insoweit s. BVerfGE 48, 367 (373).

[109] BVerfGE 17, 287 (292); 41, 231 (241 f.); 47, 285 (313); *Wittreck*, in: Dreier II, Art. 74 Rn. 24.

[110] BVerfGE 17, 287 (292); für das Notariat insbes. BVerfGE 47, 285 (313); zum notariellen Gebührenrecht s. *Degenhart* MDR 1994, 649 ff.

[111] *Pieroth*, in: Jarass/Pieroth, Art. 74 Rn. 12; vgl. für die Pflicht zur Amtstracht vor Gericht BVerfGE 28, 21 (32).

[112] Vgl. BVerfGE 52, 42 (54 ff.); ausschlaggebend für die Zuordnung sind hier neben Tradition vor allem der spezifisch kommunalrechtliche Gesetzeszweck sowie die Spezialität der Regelung für das Kompetenzthema Kommunalrecht; vgl. zum Vertretungsverbot etwa *Pfeifer* BayVBl 1994, 577.

[113] Zum „r.Geschlecht" s. BVerfGE 147, 1.

[114] Vgl. *Niedobitek* BK Art. 74 I Nr. 2 (2013) Rn. 32.

[115] Vgl. BVerfGE 65, 1 (63 f.); *Wittreck*, in: Dreier II, Art. 74 Rn. 28.

[116] *Kunig*, in: v. Münch/Kunig II, Art. 74 Rn. 24; *Wittreck*, in: Dreier II, Art. 74 Rn. 28 zum Transsexuellengesetz vom 10.9.1980 (BGBl I 1654) s. BVerfGE 60, 123; 88, 87.

[117] BVerfGE 105, 313 (338).

[118] Ebenso *Niedobitek* BK Art. 74 I Nr. 2 (2013) Rn. 38.

[119] *Kunig*, in: v. Münch/Kunig II, Art. 74 Rn. 23; hierunter fallen Zulassung, Beaufsichtigung, Auflösung uä.

[120] Vgl. näher *Oeter* MKS II, Art. 74 Rn. 40.

[121] Ebenso *Kunig*, in: v. Münch/Kunig II, Art. 74 Rn. 23; sie sind nicht Vereinigungen iSv Art. 9 I, näher *Degenhart* JuS 1990, 161 (166); die Kompetenz richtet sich hier nach der jeweiligen Sachmaterie, vgl. *Oeter* MKS II, Art. 74 Rn. 41; BVerfGE 10, 89 (100); 58, 45 (56 ff.).

[122] *Oeter* MKS II, Art. 74 Rn. 41.

[123] *Kunig*, in: v. Münch/Kunig II, Art. 74 Rn. 25; *Oeter* MKS II, Art. 74 Rn. 41.

(z. B. Wirtschaftsverbände, Kartelle) zu differenzieren. Für **Religionsgemeinschaften** ist Art. 140 lex specialis.[124]

Das **Versammlungsrecht** ist seit der Föderalismusreform 2006 in alleiniger Zuständigkeit der **31** Länder; für das auf Nr. 3 aF gestützte VersG des Bundes gilt Art. 125a I.

## IV. Aufenthalts- und Niederlassungsrecht der Ausländer (Nr. 4)

Nr. 4 bezeichnet einen Fall konkurrierender Gesetzgebung i. e. S., bei der die Erforderlichkeit eines **32** Bundesgesetzes nach Art. 72 II nachzuweisen ist. **Ausländer** iSv Nr. 4 sind alle Personen, die **nicht Deutsche** iSv Art. 116 sind;[125] für sie umfasst Nr. 4 alle Fragen im Zusammenhang mit Aufenthalt – Verweilen im Bundesgebiet einschließlich Wohnsitzbegründung – und Niederlassung – Begründung einer – selbstständigen wie unselbstständigen –[126] beruflichen Tätigkeit an einem Ort im Inland.[127] Fragen der Gewerbezulassung mit spezifischem Ausländerbezug sind wegen Spezialität des Kompetenzthemas (→ Art. 70 Rn. 57) auf der Grundlage von Nr. 4, nicht von Nr. 11 zu regeln.[128] Nr. 4 wird auch auf ausländische **juristische Personen** bezogen,[129] dem Wortlaut nach nicht zwingend, umfasst dann deren Aufenthalts- und Niederlassungsrecht.[130]

Das Recht des Aufenthalts umfasst den gesamten Bereich der herkömmlich der „Fremdenpolizei" **33** zugerechneten Angelegenheiten[131] – aber auch nur diese: nicht jede Rechtsvorschrift, die an die Ausländereigenschaft anknüpft, ist in diesem Sinn Ausländerrecht – entscheidend ist der ordnungsrechtl. Bezug.[132] Nicht unter Nr. 5 fällt daher das Recht der Staatsangehörigkeit; hierfür gilt Art. 73 I Nr. 2. Für das Recht der Niederlassung geht aus dem Wortlaut von Nr. 4 nicht eindeutig hervor, ob damit nur die Niederlassung zur Aufnahme einer selbstständigen Tätigkeit gemeint ist;[133] Berufs- und Gewerbeausübung nach erfolgter Niederlassung fällt demgegenüber nicht unter Nr. 4. Sozialleistungen wie Aufnahme und Unterbringung für Asylberechtigte fallen nicht unter Nr. 4, sondern unter Nr. 7.[134] Für die Thematik des Art. 73 I Nr. 3 ist dieser lex specialis (→ Art. 73 Rn. 13 f.),[135] doch dürfte der **Passzwang** für Ausländer[136] als ausländerspezifische und nicht auf eine grenzüberschreitende Legitimationsfunktion[137] abstellende Sonderregelung unter Nr. 4 fallen. Materiell bestehen weitreichende Bindungen aus Völkerrecht und völkerrechtlichen Abkommen[138] sowie vor allem aus **Unionsrecht.**[139] Nr. 5 ist kein umfassender Kompetenztitel für **Integration,** § 43 I AufenthG zur Förderung der Integration von Ausländern in das „wirtschaftliche, kulturelle und gesellschaftliche Leben in der Bundesrepublik Deutschland" ist daher einschränkend unter Wahrung der Länderkompetenzen auszulegen.[140] Integration in diesem Sinn ist eine Querschnittsaufgabe, die von Bund und Ländern im Rahmen ihrer jeweiligen Kompetenzen wahrzunehmen ist.[141]

## V. Angelegenheiten der Flüchtlinge und Vertriebenen (Nr. 6)

Der erfasste Personenkreis[142] wird im Bundesvertriebenengesetz näher umschrieben.[143] Dies hindert **34** den Gesetzgeber nicht an der Einbeziehung weiterer Personengruppen (über Vertriebene, Aussiedler

---

[124] *Löwer* BK, Art. 74 Nr. 3 (1991) Rn. 33 ff.; *Oeter* MKS II, Art. 74 Rn. 41.

[125] So übereinstimmend *Oeter* MKS II, Art. 74 Rn. 43 – auch Staatenlose –; *Kunig,* in: v. Münch/Kunig II, Art. 74 Rn. 25; *Wittreck,* in: Dreier II, Art. 74 Rn. 32; nach JöR nF 1 (1951), 505, fallen auch ausländische juristische Personen für das Niederlassungsrecht unter Nr. 4.

[126] Vgl. hierzu *Oeter* MKS II, Art. 74 Rn. 45.

[127] Vgl. übereinstimmend *Kunig,* in: v. Münch/Kunig II, Art. 74 Rn. 25 f., und *Oeter* MKS II, Art. 74 Rn. 44 f.; zu älteren Definitionen, die zwischen Aufenthalt und Niederlassung nach der Verweildauer differenzieren, vgl. *Kimminich* BK, Art. 74 Nr. 4 (1968) Rn. 4.

[128] Wie hier *Kunig,* in: v. Münch/Kunig II, Art. 74 Rn. 27; *Oeter* MKS II, Art. 74 Rn. 44.

[129] *Kunig,* in: v. Münch/Kunig II, Art. 74 Rn. 25; *Wittreck,* in: Dreier II, Art. 74 Rn. 32.

[130] *Wittreck,* in: Dreier II, Art. 74 Rn. 32.

[131] Vgl. *Kunig,* in: v. Münch/Kunig II, Art. 74 Rn. 25; *Wittreck,* in: Dreier II, Art. 74 Rn. 31.

[132] Vgl. *Oeter* MKS II, Art. 74 Rn. 44, insbesondere zur Tradition der Materie.

[133] Für Einbeziehung auch unselbstständiger Tätigkeit – *Bothe* AK II, 2. Aufl., Art. 74 Rn. 11; generell von Erwerbstätigkeit spricht zB *Kunig,* in: v. Münch/Kunig II, Art. 74 Rn. 25; ähnlich *Wittreck,* in: Dreier II, Art. 74 Rn. 32.

[134] BVerfG (K) NVwZ 2006, 447.

[135] Ebenso *Kunig,* in: v. Münch/Kunig II, Art. 74 Rn. 25; *Pestalozza* MKP Art. 74 Rn. 233.

[136] Dazu *Kimminich* BK, Art. 74 Nr. 4 (1968) Rn. 33 ff.

[137] Vgl. → Art. 73 Rn. 14.

[138] Vgl. *Kimminich* BK, Art. 74 Nr. 4 (1968) Rn. 5 ff.

[139] Demgemäß beschränkt § 2 II AuslG den Anwendungsbereich des Gesetzes von vornherein auf diejenigen Ausländer, die nicht Freizügigkeit nach Unionsrecht genießen. – Zu beachten ist insbes. die Gewährleistung allg Freizügigkeit in Art. 21 A EUV, die Gewährleistung der Arbeitnehmerfreizügigkeit in Art. 45 ff. und der Niederlassungsfreiheit in Art. 49 ff. AEUV, hierzu näher *Oeter* MKS II, Art. 74 Rn. 51 ff.

[140] Vgl. *Oeter* MKS II, Art. 74 Rn. 44: nur Annexkompetenzen.

[141] BayVerfGH, E. v. 3.12.2019 – Vf. 6/7-VIII-17, Rn. 101 (Bay. Integrationsgesetz), Rn. 101.

[142] S. dazu *Oeter* MKS II, Art. 74 Rn. 49 ff.

[143] Dazu etwa *Rengeling* HStR VI³, § 135 Rn. 211; Überblick über die gesetzl.n Regelungen (insbes. BVFG 1971, BGBl I 1566, sowie EvakuiertenG, FlüchtlingshilfeG) bei *Maunz,* in: Maunz/Dürig, Art. 74 Rn. 103.

etc. hinaus).[144] Nr. 6 stellt auf typische **Kriegsfolgen** im weitesten Sinn ab,[145] so bei Spätaussiedlern[146], ist aber weder auf Folgen des 2. Weltkriegs, noch auf Deutsche beschränkt,[147] sondern umfasst auch Flüchtlinge aus heutigen Krisengebieten[148] oder allgemeiner noch auf durch die Genfer Flüchtlingskonvention geschützten Personenkreis.[149] **Angelegenheiten** – der Begriff ist umfassend zu verstehen – sind insbes. alle Fragen der Eingliederung und Förderung.[150] Nr. 6 ist hierin lex specialis zu Nr. 7;[151] soweit es um Einwanderung (und nicht nur vorübergehende Aufnahme) geht, dürfte Art. 73 I Nr. 3 die speziellere Vorschrift sein.[152]

## VI. Öffentliche Fürsorge (Nr. 7)

35     Öffentliche Fürsorge wird traditionell[153] als Unterstützung **Hilfsbedürftiger** in – vornehmlich wirtschaftlichen – Notlagen[154] durch die öffentliche Hand oder von ihr Beliehene[155] verstanden. Der Begriff ist jedoch im Hinblick auf das Sozialstaatsprinzip[156] „nicht eng auszulegen".[157] Er erfasst auch neue Lebenssachverhalte, wenn sie nur in ihren wesentlichen Strukturelementen dem Bild der „klassischen Fürsorge" entsprechen.[158] Anders als die traditionelle, aus der gemeindlichen Armenpflege hervorgegangene Fürsorge[159] ist der Begriff in Nr. 7 nicht auf das Unterstützungsminimum der Sozialhilfe beschränkt.[160] Fürsorge kann erfolgen durch finanzielle Zuwendungen oder Sachleistungen, wie Unterbringung in Heimen und Anstalten,[161] Betreuung und Pflege,[162] aber auch immaterielle Hilfe wie Beratungsdienste.[163] In diesem Kern entspricht sie der **Sozialhilfe** nach SGB XII (früher BSHG)[164] sowie der Hilfe für besondere Personengruppen wie Schwerbeschädigte[165] oder Opfer von Gewalttaten.

36     Auf diesen Begriffskern ist Nr. 7 jedoch nicht festgelegt.[166] Fürsorge ist nicht auf Hilfsmaßnahmen bei wirtschaftlichen Notlagen[167] oder akuter Hilfsbedürftigkeit beschränkt, sondern umfasst auch **vorbeugende Maßnahmen** gegen Notlagen.[168] Darunter fällt die **Kinder- und Jugendhilfe,** also die Förderung des geistigen, körperl., sittl. Wohls der Jugend, ohne dass notwendig schon eine Gefährdung vorliegen müsste.[169] Auch Förderung ist davon umfasst, so im Fall des Betreuungsgelds, mit dem das Gesetz auf eine mit besonderen Belastungen einhergehende Lebenssituation, zB von Familien mit Kleinkindern, reagiert.[170] Ebenso fällt unter Nr. 7 die **Altenpflege.**[171] Fürsorge kann auch Maßnahmen gegen den Willen des Hilfsbedürftigen umfassen, so die Einweisung psychisch Kranker.[172] Von Nr. 7 umfasst ist sowohl die Bestimmung von Art und Umfang der Hilfeleistungen, als auch deren Organisation, unter Einbeziehung von Finanzierungsregelungen.[173] Für Gesetze auf der Grundlage von Nr. 7 muss die Erforderlichkeit einer bundesgesetzl. Regelung nach Art. 72 II begründet werden.

---

[144] *Kunig,* in: v. Münch/Kunig II, Art. 74 Rn. 27.
[145] Vgl. *Maunz,* in: Maunz/Dürig, Art. 74 Rn. 104; *Rengeling* HStR VI³, § 135 Rn. 211.
[146] *Oeter* MKS II, Art. 74 Rn. 51.
[147] *Oeter* MKS II, Art. 74 Rn. 50: Vgl. *Wittreck,* in: Dreier II, Art. 74 Rn. 35.
[148] *Kunig,* in: v. Münch/Kunig II, Art. 74 Rn. 27.
[149] *Oeter* MKS II, Art. 74 Rn. 62; *Wittreck,* in: Dreier II, Art. 74 Rn. 35.
[150] *Kunig,* in: v. Münch/Kunig II, Art. 74 Rn. 27.
[151] *Wittreck,* in: Dreier II, Art. 74 Rn. 35.
[152] *Oeter* MKS II, Art. 74 Rn. 50.
[153] *Oeter* MKS II, Art. 74 Rn. 55MKS.
[154] *Geldermann/Hammer* VerwArch 2013, 64 (72).
[155] Vgl. *Lerche,* Verfassungsfragen um Sozialhilfe und Jugendwohlfahrt, 1963, S. 44 ff.
[156] Dazu aber kritisch *Axer* BK Art. 74 I Nr. 7 (2014) Rn. 23: Geltung für Bund und Länder.
[157] BVerfGE 97, 332 (341); 140, 65 Rn. 29; *Sannwald,* in: Schmidt-Bleibtreu u. a., Art. 74 Rn. 79;
[158] BVerfGE 108, 186 (214).
[159] Vgl. *Wittreck,* in: Dreier II, Art. 74 Rn. 36.
[160] Vgl. *Oeter* MKS II, Art. 74 Rn. 59.
[161] Vgl. *Oeter* MKS II, Art. 74 Rn. 60; BVerfGE 58, 208 (227).
[162] Vormundschaft und Pflegschaft sind jedoch Nr. 1 zuzuordnen, die Unterbringung demgegenüber Nr. 7.
[163] BVerfGE 81, 156 (186); 88, 203 (328 ff.).
[164] Vgl. *Kunig,* in: v. Münch/Kunig II, Art. 74 Rn. 32.
[165] BVerfGE 57, 139 (166 f.); BVerwGE 72, 8 (10); s. für behinderte Kinder BVerfGE 42, 263 (281).
[166] Vgl. → Art. 70 Rn. 53; *Axer* BK Art. 74 I Nr. 7 (2014) Rn. 24 ff.; *Lerche,* Verfassungsfragen um Sozialhilfe und Jugendwohlfahrt, 1963, S. 12 ff.; *Oeter* MKS II, Art. 74 Rn. 59; kennzeichnend etwa BVerfGE 87, 1 (34 f.).
[167] Dazu BVerfGE 42, 263 (281 f.) – Stiftung für behinderte Kinder (Contergan-Stiftung).
[168] BVerfGE 22, 180 (212); 88, 203 (329 f.); 106, 62 (134); 108, 186 (214); *Axer* BK Art. 74 I Nr. 7 (2014) Rn. 28.
[169] BVerfGE 97, 332 (341 f.); OVG Hamb B. v. 15.5.2019 – 4 Bf. 195/17Z – Rn. 10, OVG NRW, U. v. 22.5.2017 – 12 A 1075/14 Rn. 44 ff.; *Axer* BK Art. 74 I Nr. 7 (2014) Rn. 17.
[170] BVerfGE 140, 65 Rn. 29 unter Verweis auf BVerfGE 88, 203 (209); gegen Fürsorge *Ewer* NJW 2012, 2251 (2252) insbes. wegen Einkommensunabhängigkeit.
[171] BVerfGE 106, 62 (133 f.); 108, 186 (214).
[172] BVerfGE 58, 208 (227).
[173] BVerfGE 106, 62 (134); 108, 186 (214).

Enthält ein Gesetz unterschiedl. fürsorgerische Leistungen, muss Erforderlichkeit für jede von ihnen gegeben sein, sofern nicht ein untrennbarer Zusammenhang zwischen zwei Leistungen besteht.[174]

Das **Heimrecht** wurde mit der Föderalismusreform 2006 in die ausschließl. Zuständigkeit der **37** Länder überführt. Die Kompetenzmaterie wird normativ benannt, ist daher i. W. nach dem Heimgesetz[175] zu bestimmen, das auf Nr. 7 gestützt wurde.[176] Sein Anwendungsbereich beschränkt sich auf Einrichtungen für ältere Menschen sowie pflegebedürftige und behinderte Volljährige. Es bezweckt deren vor Beeinträchtigungen, die sich aus ihrer Lebenssituation in Folge des Heimaufenthalts und den daraus folgenden Abhängigkeiten typischerweise ergeben können.[177] Dieser präventive Schutzzweck gegenüber heimspezifischen Gefahren bestimmt die Kompetenzmaterie und deren Abgrenzung zu verwandten Bereichen wie dem Gesundheitswesen oder dem Sozialrecht.[178] Die Landeszuständigkeit bezieht sich auf das Heimordnungsrecht,[179] unter Einbeziehung auch der Heimaufsicht[180] und der Genehmigungsanforderungen für Heime, auch in der Personalausstattung und –qualifikation.[181] das Heimvertragsrecht fällt demgegenüber unter Nr. 1; dies betrifft insbesondere auch Fragen des Verbraucherschutzes im Heimvertrag. Fasst man Pflegetransparenzberichte nach § 115 Ia SGB XI unter Nr. 7, so würde hier für die Heimpflege die Landeszuständigkeit für das Heimrecht bestehen.[182]

**Kindergartenbetreuung** wird als Jugendpflege unter Nr. 7[183] durch frühkindliche Förderung gefasst.[184] Auch der **38** **Jugendschutz** ist Fürsorge nach Nr. 7;[185] dies betrifft den Schutz der Jugend in der Öffentlichkeit nach JuSchG zB beim Erwerb von Alkohol/Rauchwaren, aber auch den **Jugendschutz in den Medien;**[186] also auch den – derzeit staatsvertraglich durch die Länder geregelten – Jugendschutz im Rundfunk und in den Telemedien.[187] Dass sich Bund und Länder hierbei verständigt haben,[188] vermag an der grundgesetzl. Kompetenzverteilung nichts zu ändern. Die Rundfunkkompetenz der Länder[189] steht in keinem Verhältnis der Spezialität zu Nr. 7 und bedeutet nicht, dass der Bund nicht tätig werden könnte.[190] Nr. 7 begründet aber **keine allg. Bildungskompetenz;**[191] für Freizeit- und Bildungsangebote kann aber ein Sachzusammenhang mit Nr. 7 gegeben sein.[192] Nr. 7 begründet wegen Spezialität der Nr. 19 und Nr. 19a auch keine Fürsorgekompetenz im **Gesundheitswesen,** so dass Beratungs- und andere Hilfsangebote für **Schwangere** nur begrenzt – bei schwerpunktmäßiger Prävention gegen Notlagen – auf Nr. 7 gestützt werden können.[193] Der **Mutterschutz**[194] kann demgegenüber auch auf Nr. 7 gestützt werden.[195]

[174] BVerfGE 140, 65 Rn. 56 f.

[175] Heimgesetz vom 7.9.1974, BGBl I 1873, Neufassung vom 5.11.2001, BGBl I 2960.

[176] *Geldermann/Hammer* VerwArch 2013, 64 (71).

[177] BVerfGE 106, 62 (134); VGH Mannheim NVwZ-RR 2013, 151 vgl. *Geldermann/Hammer,* VerwArch 2013, 64 (73).

[178] Näher *Geldermann/Hammer* VerwArch 2013, 64 (74 ff.).

[179] VGH BaWü NVwZ-RR 2013, 151 Rn. 43, zur Reichweite der Kompetenz s. auch VGH Mannheim ESVGH 62, 190; HessVGH LKRZ 2013, 440; *Karkaj* LKRZ 2014, 57 zur Heimaufsicht.

[180] BVerwG NZS 2014, 667 Rn. 5 ff.

[181] VGH BW U. v. 21.11.2018 – 6 S 2579/16 – Rn. 90 ff., dort auch Rn. 95 zum Verhältnis zum Sozialrecht nach Nr. 12.

[182] *Geldermann/Hammer* VerwArch 2013, 64; s. auch *Kingreen* NVwZ 2013, 846.

[183] BVerfGE 97, 332 (341 f.).

[184] Zweifelnd noch BayVerfGH BayVBl 1977, 82; aA OVG Berlin NJW 1982, 954; s. jetzt *Reith,* Der Erziehungs-, Bildungs- und Betreuungsauftrag des Staates im Vorschulbereich, 2014.

[185] BVerfGE 31, 113 (117); 22, 108 (212); BVerwGE 19, 94 (96); 23, 112 (113); 85, 169 (176); *Beisel/Heinrich* NJW 1996, 491 (493); *Weides* NJW 1987, 224 (230); *Faber,* Jugendschutz im Internet, 2005, S. 105 ff.; *Pieroth/Barzcak* DÖV 2014, 66 ff.; *Sannwald,* in: Schmidt-Bleibtreu ua, Art. 74 Rn. 86.

[186] BVerfGE 31, 113 (117 zum GjS; BVerfGE 19, 93 (96); BVerwGE 85, 169 (176); s. auch BVerfG (K) NVwZ 2001, 1264 Rn. 14 zum Verbot der Darstellung und Verbreitung von bestimmter Gewalttätigkeiten: Art. 74 Abs. 1 Nr. 1, 7 und 11 als Kompetenzgrundlage; VG Hamburg ZUM-RD 2013, 92; *Axer* BK Art. 74 I Nr. 7 (2014) Rn. 31; *Faber,* Jugendschutz im Internet, 2005, S. 105 ff.; *Bandehzadeh,* Jugendschutz im Rundfunk und in den Telemedien, 2005, S. 81 ff., 110 ff.; *Oeter* MKS II, Art. 74 Rn. 60; *Pieroth,* in: Jarass/Pieroth, Art. 74 Rn. 18; *Kunig,* in: von Münch/Kunig II, Art. 74 Rn. 30; *Schnappauf,* in: Hömig/Wolff, Art. 74 Rn. 7; *Rengeling* HStR VI³ § 135 Rn. 214; *Isensee/Axer,* Jugendschutz im Fernsehen, 1998, S. 69; *Seiler,* in: Epping/Hillgruber Art. 74 Rn. 24 (für GjS); *Ewer* NJW 2012, 2251 (2251); *Liesching* ZUM 2002, 868 ff.; a. M. *Stettner* ZUM 2003, 425 (429); *Reinwald* ZUM 2002, 119; *Meyer-Hesemann* DVBl 1986, 1181.

[187] *Gersdorf,* in: Gersdorf/Paal, Informations- und Medienrecht, Art. 70 Rn. 9; für Rundfunkkompetenz der Länder *Erdemir,* in: Spindler/Schuster, § 2 JMStV Rn. 2; *Langenfeld,* MMR 2003, 303.

[188] Vgl. Eckwertevereinbarung zwischen Bund und Ländern vom 8.3.2002 zur Neugestaltung des Jugendmedienschutzes, BT-Dr 14/9013, S. 13.

[189] BVerfGE 57, 295 (326).

[190] *Faber,* Jugendschutz im Internet, 2005, S. 105 ff.; *Bandehzadeh,* Jugendschutz im Rundfunk und in den Telemedien, 2005, S. 81 ff., 110 ff.; einschränkend *Gersdorf,* in: Gersdorf/Paal, Art. 70 Rn. 9.

[191] *Stettner,* in: Dreier II, Suppl. 2007, Art. 74 Rn. 48.

[192] Wegen enger Verzahnung in der Jugendarbeit, BVerfGE 22, 180 (212 f.).

[193] BVerfGE 88, 203 (328 ff.); *Oeter* MKS II, Art. 74 Rn. 62.

[194] Vgl. *Degenhart,* Gesetzgebungskompetenzen des Bundes für den Mutterschutz, Rechtsgutachten, 2015.

[195] Vgl. auch zum Europäischen Recht die Erwägungsgründe zur Richtlinie 92/85/EWG des Rats v. 19. Oktober 1992, ABl. L 348 v. 28.11.1992, S. 1, s. auch EuGH NZA 2015, 795 – Rosselle – sowie EuGH NZA 2011, 143 – Danosa.

**39**  Regelungen, die primär der Krankenversorgung, der Seuchenbekämpfung oder in anderer Weise dem Gesundheitswesen dienen, fallen daher unter Nr. 19 bzw. 19a, nicht unter Nr. 7.[196] Die Kompetenz nach Nr. 7 bedarf
gleichermaßen der Abgrenzung zu Nr. 12; öffentliche Fürsorge ist nicht Sozialversicherung. Beide Kompetenzbegriffe können jedoch nach der Tradition der Materien hinreichend unterschieden werden; für „Fürsorge" ist
kennzeichnend die Beitragsunabhängigkeit der Leistungen und due Bedarfsabhängigkeit. Nr. 7 begründet auch keine
allg. Kompetenz für die **soziale Sicherung**.[197] Eine alle Bürger erfassende (steuerfinanzierte) Grundsicherung, die
keine zumindest typisierend festzustellende Schutzbedürftigkeit oder Notlage voraussetzt,[198] könnte daher nicht auf
Nr. 7 gestützt werden, erst recht nicht ein „bedingungsloses Grundeinkommen".

**40**  Differenziert zu beurteilen sind Leistungen des **Familienlastenausgleichs**. Im Rahmen der Sozialversicherung
erfolgend, etwa bei Berücksichtigung von Erziehungszeiten, ist er Nr. 12 zuzuordnen,[199] während vom Bestehen
eines Rentenanspruchs unabhängige Kindererziehungsleistungen als Fürsorge iSv Nr. 7 gesehen wurden, die
damit in Richtung auf einen allg. nicht zwingend auf das Bestehen einer Notlage abstellenden Familienlastenausgleich erweitert wird.[200] Kindergeld kann daher unter Nr. 7 fallen, wenn es als Sozialleistung gewährt wird,[201]
und zwar auch dann, wenn die Leistung einkommensunabhängig – und damit nicht auf Notlagen beschränkt –
erfolgt. Nach BSG gilt dies auch für das Elterngeld.[202] Unter Nr. 7 fällt auch § 90 SGB VIII über gestaffelte
Elternbeiträge zu Einrichtungen der Kinder- und Jugendhilfe.[203] Erfolgt der Familienlastenausgleich über steuerliche Regelungen, sind die diesbezüglichen Kompetenzen des Art. 105 einschlägig, erfolgt er im Rahmen des
Sozialversicherungsrechts, ist Nr. 12 Kompetenzgrundlage. Hilfen für den Besuch öffentlicher Schulen fallen
unter Nr. 7,[204] während dies für das sog. „Elterngeld" als eine bedarfsunabhängige Lohnersatzleistung zweifelhaft
ist.[205]

**41**  Eine **Inpflichtnahme Privater** ist im Rahmen des Kompetenzthemas möglich, so über Beschäftigungspflichten und
Ausgleichsabgaben im Schwerbeschädigtenrecht,[206] nicht aber eine umfassende Regelung privater Fürsorgetätigkeit.[207] **Arbeitslosenhilfe**[208] und **Wohngeld**[209] (jetzt: Nr. 18) wurden unter Nr. 7 gefasst – hier besteht typischerweise Hilfsbedürftigkeit. Das jetzige ALG II dürfte wegen der arbeitsmarktpolitischen Komponente unter Nr. 12
fallen.[210] Unter Nr. 7 (bzw. Nr. 18) fallen auch Einschränkungen der **Freizügigkeit** durch Verknüpfung von Sozialleistungen mit einem zugewiesenen Wohnsitz.[211]

## VII. Kriegsfolgen, Kriegsopfer und Wiedergutmachung (Nr. 9, 10)

**42**  Nr. 9 und 10 betreffen – wie auch Art. 120 – den Komplex der **Kriegsfolgelasten;**[212] gemeint sind
in erster Linie die Folgen des 2. Weltkrieges.[213] Im Wortlaut von Nr. 9 kommt dieser Bezug allerdings
nicht eindeutig zum Ausdruck, so dass auch andere Kriege einbezogen werden mögen.[214] Hierzu wird
Kausalzusammenhang gefordert.[215] **Kriegsschäden** iSv Nr. 9 sind Sachschäden,[216] auch auf Grund
von Nachkriegsereignissen (Vertreibung),[217] nicht notwendig des 2. Weltkriegs.[218] Allerdings dürften
nicht alle Fernwirkungen des 2. Weltkriegs, also Schäden, die aus den kriegsbedingten Umwälzungen
in Europa entstanden sind, unter Nr. 9 zu fassen sein.[219] Für die Kriegsfolgenbeseitigung hat der
Gesetzgeber spezifisch weitgehende Gestaltungsfreiheit.[220] **Wiedergutmachung** iSv Nr. 9 wird in
erster Linie auf NS-Unrecht bezogen und betrifft nur dessen finanzielle Abgeltung;[221] doch spricht

---

[196]  BVerfGE 88, 303 (329 ff.).
[197]  BVerfGE 11, 105 (111).
[198]  Vgl. *Lerche*, Verfassungsfragen um Sozialhilfe und Jugendwohlfahrt, 1963, S. 20 ff.; vorsichtig zust. *Oeter* MKS
II, Art. 74 Rn. 66.
[199]  Vgl. BVerfGE 87, 1 (33 f.) für die Anerkennung von Erziehungszeiten in der gesetzl.n Rentenversicherung –
anders BSGE 38, 31 (36): Nr. 7.
[200]  Vgl. BVerfGE 87, 1 (33 f.), das hier auch ausdrückl. den Familienlastenausgleich als Kompetenzthema von
Nr. 7 erwähnt; s. aber BVerfGE 140, 65 Rn. 69: keine umfassende Kompetenz zur Familienförderung.; s. dazu *Rixen*
NJW 2015, 3136.
[201]  Vgl. BVerfGE 11, 105 (111); *Pieroth*, in: Jarass/Pieroth, Art. 74 Rn. 18.
[202]  BSG, Urt. v. 17.2.2011 – BeckRS 2011, 72223 Rn. 30.
[203]  BVerfGE 97, 332 (341).
[204]  BVerwGE 27, 58 (59).
[205]  Vgl. *Seiler* NVwZ 2007, 129; bej. BSGE 101, 291 Abs. 38.
[206]  BVerfGE 57, 139 (166); allg. *Oeter* MKS II, Art. 74 Rn. 61.
[207]  *Oeter* MKS II, Art. 74 Rn. 61; zul., aber die Abgrenzung privater und öffentlicher Fürsorgetätigkeit.
[208]  *Kunig*, in: v. Münch/Kunig II, Art. 74 Rn. 29.
[209]  BVerwG U. v. 34.4.2018 – 5 C 2.18 – Rn. 39; *Oeter* MKS II, Art. 74 Rn. 60.
[210]  Anders BVerwG NVwZ-RR 2015, 619 Rn. 10: Grundsicherung für Arbeitsuchende unter Nr. 7.
[211]  BVerfGE 110, 177 (192).
[212]  Vgl. BVerfGE 9, 305 (324) – für Nr. 9 – und BVerfGE 41, 126 (174 f.); 41, 193 (200) – für Nr. 10.
[213]  BVerfGE 9, 305 (324).
[214]  So *Oeter* MKS II, Art. 74 Rn. 68, unter der Voraussetzung deutscher Beteiligung.
[215]  BVerfGE 9, 305 (324).
[216]  *Oeter* MKS II, Art. 74 Rn. 68.
[217]  *Rengeling* HStR VI³, § 135 Rn. 216; *Kunig*, in: v. Münch/Kunig II, Art. 74 Rn. 32.
[218]  *Spranger* BK, Art. 74 Abs. 1 Nr. 9 (2013), Rn. 3; *Oeter* MKS II, Art. 74 Rn. 68; anders BVerfGE 9, 305 (325).
[219]  *Oeter* MKS II, Art. 74 Rn. 68; zur Bedeutung der zeitlichen Grenze des Art. 120 GG s. *Spranger* BK, Art. 74
Abs. 1 Nr. 9 (2013), Rn. 6 f.
[220]  BVerfGE 9, 334 (337); 15, 126 (140); 23, 153 (176); 27, 253 (270); 53, 164 (178).
[221]  BVerfGE 3, 407 (419); *Spranger* BK, Art. 74 Abs. 1 Nr. 9 (2013), Rn. 14.

nichts dagegen, **SED-Unrecht**[222] einzubeziehen – zumal auch die deutsche Teilung Kriegsfolge war.[223] Daher fällt auch die Entschädigung nach dem Gesetz über offene Vermögensfragen unter Nr. 9.[224]

Die Zuständigkeit nach Nr. 10 ist mehrfach geändert worden. Sie hatte ursprünglich sowohl die **43** „Sorge für die Kriegsgräber" als auch die für die überlebenden Opfer des Krieges – Kriegsbeschädigte, Hinterbliebene, ehemalige Kriegsgefangene – umfasst. Mit dem 13. ÄndG[225] waren die Kriegsgräber in einen eigenen Kompetenztitel – Nr. 10a – überführt worden. Mit dem 52. ÄndG 2006 wurde der ursprüngliche Inhalt der Nr. 10 als Nr. 13 in die ausschließe Bundeszuständigkeit nach Art. 73 überführt, aus der Nr. 10a wurde wieder die Nr. 10. **Kriegsgräber –** darunter fallen auch die Gräber getöteter Zivilisten, Verschleppter, Zwangsarbeiter, für deren Tod der Krieg (mit-)ursächlich war[226] und Gräber der Opfer von Gewaltherrschaft iSv Nr. 10 – sind nicht auf den 2. Weltkrieg bzw. NS-Herrschaft zu beschränken.[227]

## VIII. Recht der Wirtschaft (Nr. 11)

Die wirtschaftsrechtliche Kompetenz nach Nr. 11 betrifft einen der praktisch relevantesten Kom- **44** petenztitel des Art. 74. Die Erforderlichkeit einer bundesgesetzl. Regelung muss nach Art. 72 II festgestellt werden und ist zu bejahen bei Regelungen für Gewerbe oder Berufe, welche landesübergreitende Aufgaben in bundesweiten Infrastrukturen wahrnehmen.[228] **„Recht der Wirtschaft"** wird weit ausgelegt,[229] unter Einbeziehung nicht nur der „Vorschriften, die sich in irgendeiner Form auf die Erzeugung, Herstellung und Verteilung von Gütern des wirtschaftlichen Bedarfs beziehen (...), (...) sondern auch alle(r) anderen das wirtschaftliche Leben und die wirtschaftl. Betätigung als solche regelnden Normen und Gesetze(n) mit wirtschaftsregulierendem oder wirtschaftslenkendem Inhalt."[230] Hierzu zählen auch jene Rechtsmaterien, die sich mit den organisatorischen Voraussetzungen der „Wirtschaft" befassen, wie das Aktien- und das Gesellschaftsrecht.[231] Wirtschaft iSv Nr. 11 sind zunächst die im Klammerzusatz – nicht erschöpfend[232] – aufgezählten Bereiche. Bei nicht eindeutiger Zuordnung liegt „Wirtschaft" vor, wenn vergleichbare **wirtschaftl. Leistungen** erbracht werden und kein speziellerer Kompetenztitel – zB für die Heilberufe in Nr. 19 – eingreift. Nr. 11 erfasst auch die wirtschaftl. Tätigkeit der **öffentlichen Hand,** soweit diese am allg. Wirtschaftsverkehr teilnimmt und damit auch das Vergaberecht, für das der Bund keine abschließende Regelung iSv Art. 72 I getroffen hat.[233]

**Bergbau** ist die Gewinnung von Mineralien im Unter- und Übertagebau.[234] **Industrie** ist die fabrikmäßige – **45** arbeitsteilige Herstellung von Gütern,[235] während **Handwerk** durch geringere Arbeitsteiligkeit und stärkere Individualisierung der Tätigkeit,[236] damit verbunden typischerweise umfassendere Qualifikation der Beschäftigten und persönliche Mitarbeit des Inhabers gekennzeichnet ist; die Unterschiede verwischen zusehends[237] und werden auch durch Einwirkungen des Gemeinschaftsrechts relativiert.

**Gewerbe** ist zwar grds. iSd GewO zu verstehen,[238] umfasst damit Handwerk und Industrie, jedoch **46** nicht auf die tradierte einfachgesetzl. Begrifflichkeit der GewO beschränkt.[239] Unter Nr. 11 fallen

---

[222] BVerfGE 126, 331 (356 f.); *Heintzen* DÖV 1994, 413 (414); *Spranger* BK, Art. 74 Abs. 1 Nr. 9 (2013), Rn. 9.

[223] Enger *Oeter* MKS II, Art. 74 Rn. 69; wie hier *Wittreck,* in: Dreier II, Art. 74 Rn. 43; s. aber *Oeter* MKS Art. 74 Rn. 69 zur Einbeziehung der Kolonialkriege (Namibia/Herrero).

[224] BVerfGE 126, 331 (356 f.).

[225] Vom 16.6.1965, BGBl I 513.

[226] *Spranger* BK, Art. 74 Abs. 1 Nr. 9 (2013), Rn. 9.

[227] *Spranger* BK, Art. 74 Abs. 1 Nr. 10 (2013), Rn. 15 f.

[228] Verneint für das Schornsteinfegerhandwerk, BVerfG (K) GewArch 2010, 465 Abs. 20.

[229] BVerfGE 8, 143 (148 f.); 28, 119 (146); 67, 256 (275); 68, 319 (330); *Wittreck,* in: Dreier II, Art. 74 Rn. 50; *Pieroth,* in: Jarass/Pieroth, Art. 74 Rn. 21.

[230] BVerfGE 68, 319 (330) unter Bezugnahme auf BVerfGE 4, 7 (13); 29, 402 (409); 67, 256 (275).

[231] BVerfGE 98, 145 (157 f.); wahlrechtl. Inkompatibilitätsregelungen, die sich mit der Stellung von Gesellschaftsorganen befassen, werden demgegenüber wegen ihrer „engen Verzahnung" mit dem Wahlrecht diesem zugeordnet, BVerfG aaO.

[232] BVerfGE 68, 319 (331 f.); *Rengeling/Szczekalla* BK, Art. 74 Nr. 11 (2007) Rn. 35; *Oeter* MKS II, Art. 74 Rn. 83, aM *Pieroth,* in: Jarass/Pieroth, Art. 74 Rn. 22, der andererseits branchenübergreifende Regelungen bejaht;; der Rspr. des BVerfG dürfte die weitere Auslegung entsprechen, vgl. BVerfGE 28, 119 (146 ff.); 55, 274 (308); 68, 319 (331).

[233] BVerfGE 116, 202 – unter Einbeziehung des gesetzl. Erfordernisses der Tariftreueerklärung; OVG RhPf VergabeR 2016, 492 Rn. 17 bei juris für Mindestlohnerklärung: kein Arbeitsrecht, da nicht die rechtlichen Beziehungen zwischen Arbeitgeber und Arbeitnehmer betreffend.

[234] *Rengeling/Szczekalla* BK, Art. 74 Nr. 11 (2007) Rn. 113; zur Abgrenzung Landesplanung – Bergrecht s. *Degenhart,* Rechtsfragen der Braunkohlenplanung für Brandenburg, 1996, S. 78 ff.

[235] *Oeter* MKS II, Art. 74 Rn. 88.

[236] Näher *Oeter* MKS II, Art. 74 Rn. 90.

[237] Vgl. BVerwGE 58, 217 (219); BVerfGE 13, 97 (123); *Degenhart* DVBl 1996, 773.

[238] Vgl. die Definition bei *Rengeling/Szczekalla* BK, Art. 74 Nr. 11 (2007) Rn. 129; zur historischen Prägung des Begriffs *Oeter* MKS II, Art. 74 Rn. 91.

[239] Vgl. *Wittreck,* in: Dreier II, Art. 74 Rn. 52.

daher auch die **freien Berufe**,[240] als Teil der „Wirtschaft" entsprechend der weiten Definition dieses Begriffs,[241] jedoch unter Ausklammerung der rechtsberatenden Berufe, die ersichtlich nur von Nr. 1, und der Heilberufe, die von Nr. 19 erfasst werden sollen.[242] Das ärztliche Gebührenrecht wurde gleichwohl unter Nr. 11 gefasst.[243] **Handel** ist auf den Warenaustausch – im weitesten Sinn – zu beziehen und fällt gleichermaßen unter „Gewerbe".[244] Zum Recht des Handels zählt auch das Recht des **Ladenschlusses,** das mit dem 52. Gesetz zur Änderung des GG vom 28.8.2006 in die ausschließliche Zuständigkeit der Länder überführt wurde. Dies gilt nach BVerfGE 138, 261 nur für diejenigen Inhalte des Ladenschlussgesetzes des Bundes, deren Kompetenzgrundlage Nr. 11 war, und damit nicht für die auf Nr. 12 gestützten Arbeitszeitregelungen.[245] Demgegenüber war der SächsVerfGH davon ausgegangen, „dass der verfassungsändernde Gesetzgeber das Recht des Ladenschlusses so, wie es bisher durch Bundesgesetz geregelt war, auf die Länder rückverlagern wollte."[246] Danach sind auch Bestimmungen über Arbeitszeiten, wie sie im LSchlG des Bundes enthalten waren, Recht des Ladenschlusses.[247]

**Energiewirtschaft** bezieht sich auf Erzeugung und Verteilung von Energie, aber auch Maßnahmen zur Energiesicherung und -einsparung.[248] Dies dürfte auch für Regelungen gelten, die sich nur an den Energieverbraucher richten, also auch Regelungen zur Verbrauchsbeschränkung.[249]

**47**    Mit der Föderalismusreform 2006 wurden Teilbereiche des Gewerberechts in die ausschließliche Zuständigkeit der Länder überführt. Der Verfassungstext lehnt sich hierbei eng an die einfachgesetzl. Begrifflichkeit an, so dass die Kompetenzbegriffe hiernach auszulegen sind;[250] dies gilt umso mehr, als der verfassungsändernde Gesetzgeber ersichtlich einzelne, konkret bezeichnete Regelungsmaterien aus der konk. Zuständigkeit ausgliedern wollte.[251] Dies betrifft den Ladenschluss (Rn. 46); ebenso das Recht der **Gaststätten.**[252] Diese sind Gewerbe; die weitgefasste Definition des § 1 GastG unter Einbeziehung von Schank- und Speisewirtschaften sowie Beherbergungsbetrieben kann der Kompetenznorm zugrunde gelegt werden. Das Recht der Gaststätten umfasst alle Regelungen, die in unmittelb. Zusammenhang mit der Bewirtung, also der Abgabe von Speisen und (alkoholischen) Getränken sowie dem zweckentspr. Aufenthalt der Gäste in den dafür vorgehaltenen Räumlichkeiten bzw. Außenbereichen stehen; nicht aber die Aufstellung von Geldspielgeräten.[253] Die konk. Zuständigkeit erstreckt sich nicht mehr auf das Recht der **Spielhallen,** wie es in § 33i GewO enthalten war, Spielhallen sind Einrichtungen, die ausschließlich oder überwiegend der Aufstellung von Spielgeräten oder der Veranstaltung anderer Spiele mit Gewinnmöglichkeit (§§ 33c, d GewO) oder der gewerbsmäßigen Aufstellung von Unterhaltungsspielen ohne Gewinnmöglichkeit dienen.[254] Der Kompetenzbegriff ist normativ definiert;[255] er umfasst die Materien des § 33i GewO, ist aber nach BVerfGE 145, 20 nicht hierauf beschränkt, sondern soll darüber hinaus die gewerberechtlichen Anforderungen an den Betrieb und die Zulassung von Spielhallen erfassen.[256] Dabei ist die Länderzuständigkeit nach der im Zeitpunkt der Verfassungsänderung maßgeblichen Gesetzeslage zu bestimmen.[257]

---

[240] Vgl. BVerfGE 5, 25 (29); 41, 344 (352) – für Apotheken; BVerwG DVBl 1959, 35 – für Wirtschaftsprüfer; ebenso *Rengeling/Szczekalla* BK, Art. 74 Nr. 11 (2007) Rn. 129.

[241] BVerfGE 5, 25 (29).

[242] *Wittreck,* in: Dreier II, Art. 74 Rn. 52.

[243] BVerfGE 68, 319 (328 ff.); s. dazu *Hagedorn* NJW 1985, 2177.

[244] *Wittreck,* in: Dreier II, Art. 74 Rn. 52.

[245] BVerfGE 138, 261 Rn 29 ff.; dazu *Ulber* NVwZ 2015, 1026 ff.

[246] SächsVerfGH NVwZ-RR 2012, 873 (875); enger *Rengeling/Szczekalla* BK, Art. 74 I Nr. 11 (2007) Rn. 144; *Thüsing/Stiebert* GewArch 2013, 425.

[247] SächsVerfGH NVwZ-RR 2012, 873; vgl. auch *Thüsing/Siebert* GewArch 2013, 425 ff.

[248] *Oeter* MKS II, Art. 74 Rn. 89; s. auch *Laux* EnWZ 2015, 249 zu Kapazitätsmärkten im Stromsektor.

[249] A. M. *Sander* RdE 1994, 217 (220); wie hier *Dannecker/Spoerr* DVBl 1996, 1094 (1095); *Oeter* MKS II, Art. 74 Rn. 89.

[250] Ebenso *Uhle,* Normativ-rezeptive Kompetenzzuweisung und Grundgesetz. Dargestellt am Beispiel der Gesetzgebungskompetenz für das „Recht der Spielhallen", 2015, S. *Kluth,* Die Gesetzgebungskompetenz für das Recht der Spielhallen, 2010, S. 41 ff.; *Degenhart,* Recht des gewerblichen Gewinnspiels und Recht der Spielhallen in der Kompetenzordnung des Grundgesetzes, 2014, S. 11 ff., 61 ff.

[251] *Degenhart,* a. a. O., S. 61 ff.

[252] S. *Weißenberger* DÖV 2012, 385 ff.; *Glaser* GewArch 2013, 1.

[253] VG Saarland Beschl. v. 4.11.2019 – 1 L 1600/19 – juris Rn. 34.

[254] Vgl. zum Spielhallenbegriff *Kluth* (Fn. 245), S. 58 ff.

[255] S. aber VGH BW ZfWG 2015, 383 Rn. 19 bei juris: auch faktisch-deskriptive Beschreibung.

[256] BVerfGE 145, 20 Rn. 105; s. die Analyse bei *Waldhoff* GewArch 2018, 89 (93); kritisch *Schneider* NVwZ 2017, 1073; enger bis dahin das überwiegende Schrifttum, vgl. *Kluth* (Fn. 245), S. 41 ff., 58 ff.; *Uhle* (Fn. 245); *Degenhart* (Fn. 250) *Sannwald,* in: Schmidt-Bleibtreu ua, Art. 74 Rn. 130; *Pieroth,* in: Jarass/Pieroth, Art. 74 Rn. 31a; *Oeter* MKS, GG II, Art, 74 Rn. 91; aM *Dietlein* ZfWG 2008, 12 (16).

[257] *Degenhart* aaO S. 70 ff.; zur Spielhallenkompetenz s. ferner SaarlOVG ZfWG 2016, 264 Rn. 39 bei juris; VGH BW ZfWG 2015, 383 Rn. 19; OVG NRW GewArch 2016, 244 Rn. 28 für äußere Gestaltung der Spielhalle; VerfGH Berlin NVwZ-RR 2014, 825 unter Einbeziehung der „räumlichen Gegebenheiten vor Ort"; BVerwG NVwZ 2017, 145: sämtliche Voraussetzungen für die Erlaubnis von Spielhallen und Regelung ihres Betriebs als „Recht der Spielhallen"; ähnlich weitgehend BVerfGE 145, 20 Rn. 100 ff.; zur RSpr s. *Reeckmann* ZfWG 2019, 47.

**Spielbanken** werden nicht genannt; die Zuständigkeit für das Spielbankenrecht wurde bisher auf Grund seiner sicherheitsrechtlichen Zielrichtung bei den Ländern gesehen – nachdem das BVerfG Sportwetten unter Recht der Wirtschaft einordnet (→ Rn. 52), dürfte auch für Spielbanken an der ausschließlich sicherheitsrechtlichen Qualifikation nicht mehr festzuhalten sein. Gewerberechtlich definiert ist auch das Recht der **Messen, Ausstellungen und Märkte;** ihnen ist gemeinsam, dass es sich hierbei um öffentliche, zeitlich und räumlich begrenzte, meist regelmäßig wiederkehrende Veranstaltungen handelt, bei denen eine Vielzahl von Anbietern Waren oder Dienstleistungen zum Kauf oder – bei Messen und Ausstellungen – auch nur zur Bestellung anbieten oder hierüber informieren. Seit der Föderalismusreform I²⁵⁸ erfasste die ausschließliche Landeszuständigkeit erfasst damit so unterschiedliche Veranstaltungen wie Großmärkte, Wochenmärkte, Spezialmärkte und Jahrmärkte; auf die Legaldefinitionen in §§ 66–68 GewO kann insoweit zurückgegriffen werden. Dies gilt auch für die Schaustellung von Personen, vgl. § 33a GewO. Unter Nr. 11 fällt auch Prostitution.²⁵⁹

**Banken** sind Unternehmen für den Geld- und Kreditverkehr,²⁶⁰ doch fällt die Postbank unter Art. 73 I Nr. 7 als lex   **48** specialis.²⁶¹ Für die öffentlich-rechtlichen Kreditinstitute erfasst Nr. 11 den materiellen Bereich ihrer Tätigkeit, nicht den formellen Bereich ihrer Organisation.²⁶² Für die Bundesbank sind Art. 88 und 73 I Nr. 4 leges speciales. Das **Börsenwesen** umfasst nach tradiertem, in Nr. 11 rezipiertem Sprachgebrauch Effekten- wie Warenbörsen.²⁶³ Ein Anlegerentschädigungsfonds fällt unter Nr. 11; dies gilt auch für die dafür erhobenen Sonderabgaben mit Finanzierungsfunktion.²⁶⁴ Unter Bankwesen dürften auch Gesetze zur sog. „Bankenrettung" fallen.²⁶⁵

Die Beschränkung in Nr. 11 auf das **privatrechtl. Versicherungswesen**²⁶⁶ schließt öffentlich-  **49** rechtl. Versicherer insoweit aus, als ihre Versicherungsbeziehungen öffentlich-recht. geregelt sind.²⁶⁷ Das privatrechtl. Versicherungswesen wird in Abgrenzung zur Sozialversicherung nach Nr. 12 durch die Merkmale der Risikoabsicherung durch privatrechtl. Verträge in Ausrichtung am individuellen Risiko durch im Wettbewerb stehende Versicherungsunternehmen gekennzeichnet; es ist Fortentwicklungen auch durch Elemente wie sozialen Ausgleichs wie im Fall der privaten Pflegeversicherung zugänglich.²⁶⁸ Versicherungspflicht steht nicht entgegen. Ebenso dürfte ein Kontrahierungszwang für die private Krankenversicherung²⁶⁹ unter Nr. 11 fallen; eine weitergehende Indienstnahme privater Versicherungsträger für Zwecke der Sozialversicherung demgegenüber unter Nr. 12.

Liegt **Wirtschaft** iSv Nr. 11 vor, so werden hiervon wirtschaftsregulierende und -lenkende Normen  **50** umfassend gestützt.²⁷⁰ Normen des öffentlichen wie des privaten Wirtschaftsrechts sind gleichermaßen hierunter zu fassen – insbes. **berufsregelnde Gesetze** (iSv Art. 12 I 2) fallen hierunter. Dies betrifft berufsbildprägende Regelungen,²⁷¹ Berufszugangsvoraussetzungen²⁷² und Regelungen der Berufsausübung,²⁷³ aber auch berufsständische Organisationen,²⁷⁴ Berufsausbildung innerhalb der Wirtschaft²⁷⁵ und berufsständische Versorgung.²⁷⁶

**Abgrenzungsfragen** zu anderen Kompetenztiteln stellen sich in besonderem Maße für Nr. 11, da  **51** wirtschaftl.-gewerbliche Betätigung im Bereich einer Vielzahl von Kompetenzmaterien in Betracht kommt, so z. B. im Gesundheitswesen (→ Rn. 89 ff.), bei den Medien oder in der Kulturpolitik, wo die „Kulturhoheit" der Länder bei wirtschaftl. geprägten Sachverhalten den Rückgriff auf Nr. 11 nicht ausschließt.²⁷⁷ Es gelten die allg. Grundsätze kompetenzrechtlicher Qualifikation (Art. 70 Rn. 57 ff.). Geht es also darum, bestimmte wirtschaftl. relevante Tätigkeiten – zB Werbung – in ihrem spezifischen Bezug zu bestimmten Medien zu erfassen, greift die jeweilige Zuständigkeit für die Mediengesetzgebung (Presse, Rundfunk) ein, während andererseits aus Nr. 11 wirtschaftl. Aspekte der genannten Medien im Rahmen allg. wirtschaftsbezogener Gesetzgebung erfasst werden können; die Preisbindung bei Verlagserzeugnissen (§ 30 IIa GWB) fällt als **Kartellrecht** unter Nr. 11.²⁷⁸ Nr. 11 erfasst wirtschaftl. Aktivitäten auch des öffentlich-rechtlichen **Rundfunks** im Rahmen des allg. Wirtschaftsrechts,

---

²⁵⁸ Dazu *Kluth,* GewArch 2019. 278 (280)
²⁵⁹ Näher *Rixen* GewArch Beil WiVerw 2/2018 S. 127 ff., dort zu weiteren Kompetenztiteln (Nr. 7, 12, 19a).
²⁶⁰ *Rengeling/Szczekalla,* BK, Art. 74 Nr. 11 (2007) Rn. 133; vgl. BVerfGE 14, 197 (213).
²⁶¹ Vgl. *Wittreck,* in: Dreier II, Art. 74 Rn. 53.
²⁶² *Wittreck,* in: Dreier II, Art. 74 Rn. 53; vgl. BVerwGE 69, 11 (20); 75, 292 (299).
²⁶³ Vgl. *Oeter* MKS II, Art. 74 Rn. 94.
²⁶⁴ BVerfGE 124, 348 (364).
²⁶⁵ Für das FinanzmarktstabilisierungsfondsG s. *Wieland* ZG 2009, 144.
²⁶⁶ Hierunter fällt das Bausparwesen BVerfGE 41, 205 (220).
²⁶⁷ BVerfGE 41, 205 (212); 103, 197 (216 f.).
²⁶⁸ BVerfGE 103, 197 (216 ff.); BVerfGE 41, 205 (212) hatte Nr. 11 materiellen Gehalt über die Anerkennung bestehender landesrechtlicher Versicherungsmonopole zuerkannt.
²⁶⁹ Vgl. auch BVerfG (K) NZS 2013, 858 Rn. 22 für Erforderlichkeit bundesgesetzl. Regelung.
²⁷⁰ BVerfGE 4, 7 (13) „ordnend und lenkend"; BVerfGE 8, 143 (148); 67, 256 (274); 82, 159 (179).
²⁷¹ BVerfGE 26, 246 (254 ff.); 29, 402 (409); zum „Berufsbild" → Art. 12 Rn. 68.
²⁷² BVerfGE 13, 97 (123); 21, 173 (180); 26, 246 (255) – Ausbildung; BVerfGE 37, 1 (17) – WeinwirtschaftsG; s. auch BVerfGE 1, 264 (272) – Altersgrenze.
²⁷³ BVerfGE 1, 283 (292) – Ladenschluss; BVerfGE 8, 274 (299) und 21, 292 (296) – Preisrecht; BVerfGE 26, 246 (254) – Verbraucherschutz; BVerfGE 37, 1 (17).
²⁷⁴ BVerfGE 1, 283 (292); 21, 173 (180).
²⁷⁵ BVerfGE 55, 274 (308).
²⁷⁶ BVerfGE 1, 264 (272).
²⁷⁷ BVerfGE 135, 155 Rn. 101 ff.; vgl. zur Thematik auch *Wiater* AöR 139 (2014), 437 ff.
²⁷⁸ BGH WUW 2016, 304.

z. B. für Werbung, stützt aber kein spezielles Wirtschaftsrecht für den Rundfunk, deshalb wohl auch keine rundfunkspezifischen Werbeverbote,[279] wohl aber Regelungen im Bereich der **Telekommunikation** mit vorwiegend wirtschaftlichem Bezug.[280] Für Individualkommunikation kann ebenfalls Art. 74 I Nr. 11 gelten, wenn es sich um wirtschaftl. Dienste handelt; iÜ gilt hier Art. 73 I Nr. 7. Nr. 11 gilt auch für **Telemedien** mit wirtschaftlichem Schwerpunkt.[281] Mit zunehmender Gestaltung der Rundfunkordnung in wirtschaftl. Kategorien dürften sich Zuständigkeiten nach Nr. 11 velagern.[282] Ebenso greift Nr. 11 ein, wenn kulturelle Sachverhalte in ihren wirtschaftl. Aspekten geregelt werden, so im Fall der Filmförderung,[283] ebenso bei der Buchpreisbindung.[284]

52   **Abgabengesetze** fallen unter Art. 105, wenn es sich um Steuern handelt,[285] während für nicht-steuerliche Abgaben Nr. 11 nur dann eine Kompetenzgrundlage bietet, wenn das wirtschaftl. Geschehen oder das Marktverhalten unmittelbar gesteuert werden sollen.[286] Man wird regelmäßig fordern müssen, dass sowohl die Abgabenschuldner als auch die Begünstigten aus der Abgabe dem Bereich der „Wirtschaft" iSv Nr. 11 zugehörig sind.[287] **Sicherheitsrechtliche und umweltbezogene Vorschriften** fallen unter Nr. 11, wenn sie der Gefahrenvorsorge in spezifischen Wirtschaftsbereichen dienen und nicht wirtschafts-unabhängig für jedermann gelten.[288] Das Recht des **Glücksspiels** (Spielbanken, Lotterien) sah BVerfGE 28, 119 als Sicherheitsrecht, da es vor allem das Spiel als an sich „unerlaubte" Tätigkeit in geordnete Bahnen lenken sollte;[289] BVerfGE 102, 197 hielt hieran fest,[290] obschon die sicherheitsrechtliche Zuordnung zusehends in Zweifel gezogen wurde;[291] für Sportwetten bejaht BVerfGE 115, 276[292] Einschlägigkeit von Nr. 11, der ordnungsrechtliche Aspekt soll nicht entgegenstehen.[293] Generell ist dem Bund eine Regelung des gewerblichen Gewinnspiels unter wirtschaftsrechtlichen Aspekten nicht verwehrt.[294]

## IX. Arbeits- und Sozialversicherungsrecht (Nr. 12)

53   Arbeitsrecht als selbstständiges Rechtsgebiet neben dem bürgerlichen Recht ist das für Arbeitsverhältnisse maßgebliche Recht, unter Einbeziehung des individuellen und kollektiven,[295] des privaten und öffentlichen Arbeitsrechts.[296] Arbeitsrecht ist insbes. das **Arbeitsvertragsrecht** einschließlich Kündigungsschutz,[297] gesetzl. Vorgaben für den Arbeitslohn[298] und Urlaubsrecht,[299] Fragen der Arbeitnehmerweiterbildung und des Bildungsurlaubs,[300] das **Arbeitskampfrecht,**[301] aber auch betriebliche **Altersversorgung;**[302] stets muss es jedoch um abhängige Arbeitsverhältnisse gehen.[303] Der **öffentliche Dienst** fällt unter Nr. 12, soweit es nicht um dessen Sonderarbeitsrecht betr. spezifische Belange

---

[279] Vgl. *Rath-Glawatz* AfP 1999, 29 (34 ff.).

[280] Vgl. *Degenhart* ZUM 1995, 535 (538) – für Teleshopping; *Bullinger/Mestmäcker,* Multimediadienste, 1996, S. 157 ff.

[281] *Masing* HStR IV³, § 90 Rn. 25.

[282] So wohl auch *Oeter* MKS II, Art. 74 Rn. 97; *Masing* HStR IV³, § 90 Rn. 25.

[283] BVerfGE 135, 155 Rn. 101 ff.

[284] Vgl Sondergutachten der Monopolkommission, BT-Dr 19/2444 S. 48 f.

[285] Auch wenn wirtschaftsbezogene oder „gewerbepolizeiliche" Lenkungseffekte angestrebt werden, vgl. BVerfGE 13, 181 (196), für die Schankerlaubnissteuer; näher *Waldhoff* HStR V³, § 116 Rn. 57 ff.

[286] Nr. 11 zutr. verneinend für „Zwangsanleihe" BVerfGE 67, 256 (275); für Absatzfonds BVerfGE 82, 159 (79); bejahend für Ausbildungsplatzabgabe BVerfGE 55, 274 (308).

[287] Vgl. *Oeter* MKS II, Art. 74 Rn. 87.

[288] S. zur Abgrenzung *Pieroth,* in: Jarass/Pieroth, Art. 74 Rn. 24,

[289] BVerfGE 28, 119 (146); anders für das Rennwett- und LotterieG BVerwG NVwZ 1995, 481; zur Geltung von Art. 12 I zuletzt BVerwG NVwZ 1995, 475 und 478.

[290] Vgl. BVerfGE 102, 197 (215) unter Verweis auf BVerfGE 28, 199 (144 ff.); ebenso OVG Saarl NVwZ-RR 2004, 740 (741); s. ferner *Diegmann/Hoffmann* DÖV 2005, 45 ff.

[291] Vgl. BVerwGE 96, 302 und 114, 92; *Pieroth,* in: Jarass/Pieroth, Art. 74 Rn. 29; *Oeter* MKS II, Art. 74 Rn. 96; für Wirtschaftsrecht auch *Pieroth/Störmer* GewArch 1998, 177 (179); *Horn* NJW 2004, 2047 (2048 mit Fn. 17): Landesglücksspielgesetze als Ausfüllung des den Ländern nach § 33h GewO verbleibenden Spielraums; für „Glücksspiel- und Lotteriehoheit" der Länder *Dietlein* BayVBl 2002, 161 (162) und *ders./Hecker* WRP 2003, 1175 (1176).

[292] BVerfGE 115, 276 (304) mit Anm. *Pestalozza* NJW 2006, 1711.

[293] BVerfGE 115, 276 (304); s. auch BVerfGK 14, 328.

[294] Vgl. *Kluth,* Die Gesetzgebungskompetenz für das Recht der Spielhallen, 2010, S. 41 ff.; *Degenhart* (Fn. 246); *Uhle,* Normativ-rezptive Kompetenzzuweisungen und Grundgesetz, 2015.

[295] *Wittreck,* in: Dreier II, Art. 74 Rn. 58.

[296] BVerfGE 7, 342 (348, 351).

[297] BVerfGE 51, 43 (55 f.), insbes. zur Mitwirkung des Personalrats.

[298] Vgl. BVerfGE 11, 105 (115) – für Kinderzuschläge; BVerfGE 65, 104 (119) – Mutterschaftsgeld.

[299] BVerfGE 7, 342 (347).

[300] BVerfGE 77, 308 (329); s. auch BVerfGE 85, 226 (233 f.) – für Sonderurlaub für ehrenamtliche Mitarbeiter in der Jugendarbeit.

[301] *Rengeling* HStR VI³, § 135 Rn. 236; zum Richterrecht in diesem Bereich vgl. *Degenhart,* Art. 70 Rn. 26.

[302] BVerwGE 72, 212 (222), für die Insolvenzsicherungsabgabe.

[303] *Axer* BK, Art. 74 Nr. 12 (2006) Rn. 16; demgegenüber dürfte für arbeitnehmerähnlichen Personen im Hinblick auf den Normzweck Nr. 12 gelten.

des öffentlichen Bereichs geht.[304] Zum öff. Arbeitsrecht wird die Einrichtung von Arbeitnehmerkammern gezählt.[305] Die **Arbeitsgerichtsbarkeit** wird zT auf Nr. 12, zT auch auf Nr. 1 gestützt,[306] das arbeitsgerichtliche Verfahren überwiegend auf Nr. 1.[307]

Das Arbeitsrecht ist **nicht umfassend kodifiziert,**[308] weshalb trotz § 616 I BGB und BUrlG  **54** Landesrecht einen Bildungsurlaub vorsehen kann;[309] für den **Mindestlohn** ist dies str.[310] Die Länder sind auch befugt, einen Kündigungsschutz für besondere Personengruppen vorzusehen[311] oder – in Abwesenheit einer bundesgesetzl. Regelung – befristete Arbeitsverhältnisse von Hochschulpersonal.[312] Der **Arbeitsschutz** als öffentlich-rechtliche Gefahrenvorsorge gegenüber arbeitsspezifischen Gefahren ist ein Unterfall des Arbeitsrechts, ihm sind auch **Arbeitszeitbestimmungen**[313] und wohl auch Beschäftigungsverbote an Feiertagen,[314] soweit sie nicht unter ein spezielleres Kompetenzthema wie das des Ladenschlusses fallen[315] – zuzurechnen, ebenso Mutterschutz für Arbeitnehmer.[316] Schutz gegen Gefahren am Arbeitsplatz fällt generell unter Nr. 12; auch dann, wenn, wie z. B. im Gaststättenrecht, für den betroffenen Wirtschaftszweig keine Zuständigkeit besteht; dies gilt auch für den Arbeitsschutz bei Landesbeamten;[317] unter Nr. 12 fällt der Schutz der Arbeitnehmer vor Gesundheitsgefahren durch Passivrauchen ebenso wie vor sexuellen Belästigungen z. B. in Gaststätten.[318] Andererseits berühren Bestimmungen zum Nichtraucherschutz auch dann nicht die konk. Zuständigkeit nach Nr. 12, wenn sie die Gesamtbevölkerung und Beschäftigte als deren Teil erfassen.[319] Zu Arbeitszeitbestimmungen im Ladenschlussrecht s. Rn 46.

Die **Betriebsverfassung** als die institutionalisierte Zusammenarbeit von Arbeitgeber und Arbeitnehmer im Betrieb fällt unter „Arbeitsrecht",[320] nicht aber die Personalvertretung im öff. Dienst.[321] Nr. 12 trägt auch Regelungen, die Gegenstand eines Tarifvertrags sein können.[322]

**Arbeitsvermittlung** als das Zusammenführen von Arbeitsuchenden und Arbeitgebern zur Begründung eines Arbeitsverhältnisses umfasst auch die gewerbl. **Arbeitnehmerüberlassung** (Leiharbeit);[323] die Kompetenznorm hat keine materielle Aussagekraft hinsichtlich eines Arbeitsvermittlungsmonopols.[324]  **55**

**Sozialversicherung** iSv Nr. 12 ist nicht schlechthin soziale Sicherung.[325] Es muss sich um Versicherung handeln,[326] bezogen auf bestimmte soziale Risiken;[327] insoweit kann liegt normativ-rezeptiver Benennung der Kompetenzmaterie (Art. 70 Rn. 51 ff.) vor.[328] Bezugspunkt ist die „klassische" Sozialversicherung entspr. RVO;[329] im Rahmen der hierdurch vergebenen Grundstrukturen ist die Materie einer der sozialstaatlichen Dynamik[330] gemäßen Fortentwicklung – auch durch Abdeckung neuer Sicherungsbedürfnisse und Begründung neuer Versicherungszweige wie im Fall der Pflegeversicherung – zugänglich.[331]  **56**

---

[304] Hierzu eingehend *Groeger,* in: Groeger, Arbeitsrecht im öffentlichen Dienst, 3. Aufl. 2020, Rdn. 1.16 ff.; *Axer* BK, Art. 74 Nr. 12 (2006) Rn. 19; BVerfGE 7, 120 (127): Personalvertretung nicht Arbeitsrecht.

[305] BVerfGE 38, 281 (299) – Länderzuständigkeit entsprechend Art. 72 I.

[306] Für Nr. 12 *Oeter,* in: v. MKS, Art. 74 Rn. 101; für Nr. 1 *Axer* BK, Art. 74 Nr. 12 (2006) Rn. 17.

[307] *Axer* BK, Art. 74 Nr. 12 Rn. 17.

[308] BVerfG DVBl 2000, 1119; ThürVerfGH, U. v. 11.9.2013 – 7 AZR 843/11, Rn. 22 ff.; → Art. 72 Rn. 28.

[309] BVerfGE 77, 308 (329).

[310] Vgl. für das MindArbBedG, BGBl I 1972, S. 17 *Hoppe/Menzenbach* NZA 2008, 1110; *Rixen,* in: Rieble/Junker/Giesen, Mindestlohn als politische und rechtliche Herausforderung, 2011, S. 104 (128 ff.), dort auch zur Frage, ob polizeiliche Befugnisse des Zolls mitgeregelt werden dürfen.

[311] BVerfG DVBl 2000, 1119 (1120) – zu Art. 110 Abs. 1 Satz 2 BbgVerf.

[312] BVerfG (K) NZA 2019, 302; ThürVerfGH, U. v. 11.9.2013 – 7 AZR 843/11, Rn. 22 ff.; BAG 146, 43 Rn. 19 f.

[313] *Oeter* MKS II, Art. 74 Rn. 103.

[314] Für „Arbeitsrecht" BVerwG NJW 1986, 2003; zur Festsetzung sozialpolitisch motivierter Feiertage s. *Pieroth,* in: Jarass/Pieroth, Art. 74 Rn. 29.

[315] Vgl. SächsVerfGH NVwZ-RR 2012, 873.

[316] Näher *Degenhart,* Gesetzgebungskompetenzen des Bundes für den Mutterschutz, Rechtsgutachten, 2015.

[317] Vgl. auch BVerwG, Urt. v. 23.8.2016 – 2 C 18/15 Rn. 44.

[318] Vgl. *Siekmann* NJW 2006, 3382 (3384); s. BVerfG NJW 2008, 2409 (2411): Nr. 12 nicht berührt, soweit es um den Schutz aller vor Passivrauchen in Gaststätten geht.

[319] BVerfGE 121, 317 (348),

[320] *Wittreck,* in: Dreier II, Art. 74 Rn. 60.

[321] S. zur Abgrenzung BAG NZA 2013, 107 Rn. 29 ff.

[322] BVerfGE 94, 268 (284).

[323] Vgl. BVerfGE 21, 261 (268).

[324] BVerfGE 41, 205 (228).

[325] Vgl. *Oeter* MKS II, Art. 74 Rn. 105; BVerfGE 11, 105 (115).

[326] Vgl. näher *Axer* BK, Art. 74 Nr. 12 (2006) Rn. 31 f.

[327] Vgl. die Bezugnahme auf die abzudeckenden Risiken entspr. der „klassischen" Sozialversicherung bei BVerfGE 75, 108 (116).

[328] Ebenso *Geldermann/Hammer* VerwArch 2013, 64 (71).

[329] Vgl. BVerfGE 75, 108 (146); *Axer* BK, Art. 74 Nr. 12 (2006) Rn. 26.

[330] Vgl. *Oeter* MKS II, Art. 74 Rn. 105.

[331] Vgl. z. B. BVerfGE 87, 1 (33 f.); 114, 196 (221 ff.); VGH BaWü U. v. 21.11.2018 – 6 S 2579/16 – Rn. 95; *Friauf* DB 1991, 1773 (1775); *Kunig,* in: v. Münch/Kunig II, Art. 74 Rn. 67; *Oeter* MKS II, Art. 74 Rn. 106; stärker

**57**   **Prägende Elemente** sind „jedenfalls die gemeinsame Deckung eines möglichen, in seiner Gesamt-heit schätzbaren Bedarfs durch Verteilung auf eine organisierte Vielheit",[332] durch „Systeme, die das soziale Bedürfnis nach Ausgleich besonderer Lasten erfüllen", durch selbstständige Anstalten und Körperschaften des öffentlichen Rechts in öffentlich-rechtlicher Form,[333] die ihre Mittel im Wesentli-chen durch Beiträge aufbringen.[334] Kennzeichnend ist also Verknüpfung von Beiträgen und Leistungen und auch deren grds. Beitragsadäquanz[335] eine Beschränkung auf Arbeitnehmer ist nicht vorgegeben.[336] Dies ist auch bedeutsam für die Frage einer allg. **Bürgerversicherung.**[337] Kennzeichnend sind Ele-mente der Solidarität und des sozialen Ausgleichs.[338] Dass die Ausgaben auch durch Zuschüsse aus Steuermitteln gedeckt werden, steht der Einstufung als Sozialversicherung nicht entgegen.[339] Für ein sozialversicherungsrechtliches Leistungssystem ist es grds. unschädlich, wenn neben Versichertenbeiträ-gen weitere Einnahmequellen bestehen; auch derartige staatl. Zuschüsse waren seit jeher kennzeichnend für das System der Sozialversicherung.[340] Ein relevanter Anteil der Einnahmen muss jedoch aus Beiträgen stammen – andernfalls würde die Zuordnung zur Sozialversicherung nach Nr. 12 in Frage gestellt.[341]

**58**   Daher können Selbstständige,[342] konnten selbstständig schaffende Künstler in die Sozialversicherung einbezogen werden;[343] dabei stützt Nr. 12 auch die Heranziehung der „Kunstvermarkter" zu Trägern ab, wie generell Nr. 12 Grundlage für die Sozialversicherungsbeiträge nicht nur der versicherten Arbeitnehmer, sondern auch der Arbeitgeber und auch für Vorschriften über Ausgleich und Erstattung erbrachter Leistungen ist.[344] Wer in der gesetzl. Renten-versicherung iSv Nr. 12 versicherungspflichtig ist, wurde vom Bundesgesetzgeber im SGB VI erschöpfend geregelt; für landesgesetzl. Regelungen ist insoweit kein Raum.[345] Dies gilt allerdings nicht für die Pflichtversicherung der **freien Berufe** in berufsständischen Versorgungswerken.[346] Sie erfüllt an sich die Kriterien der Sozialversicherung nach Nr. 12, wie sie BVerfGE 75, 108 (146) zugrunde legt (→ Rn. 56);[347] doch dürften Versorgungsregelungen, die ausschließlich an die Gegebenheiten bestimmter Berufsgruppen anknüpfen, der Sachkompetenz für diese zuzuordnen sein, sofern man sie nicht als Versicherung eigener Art ansehen will, mit der Folge des Art. 70.[348] Neben der **Finanzierung** ist die **Leistungserbringung** umfassend von Nr. 12 erfasst,[349] daher auch das **Vertragsarztrecht**[350] und die Personalausstattung der Krankenhäuser[351] entspr. dem die gesetzl. Krankenversicherung[352] bestimmenden Sachleistungsprinzip.[353] Von Nr. 12 erfasst wird die Beitragsgestaltung i. e. S.[354] wie die Leistungsbestimmung;[355] dabei schließt es die Kompetenznorm nicht aus, das Prinzip des Risikoausgleichs mit Elementen **sozialer Fürsorge** zu verbinden, die das Recht der Sozialversicherung seit jeher kennzeichnen. Ob allerdings ein **E-Health-Gesetz** umfasset auf Nr. 12 gestützt werden könnte,[356] ist fraglich.

**59**   Nr. 12 erfasst Beitrags- wie Leistungsaspekte der Sozialversicherung und daher bereits aus sich heraus auf die Finanzierung der in ihr angelegten Sachaufgaben.[357] Mithin bedarf die Erhebung von

---

„beharrend" *Isensee,* Umverteilung durch Sozialversicherungsbeiträge, 1973, S. 44 ff. und DRV 1980, 145; zur Pflege-versicherung s. BVerfGE 103, 197 (215); BVerfG (K) LKV 2003, 421.

[332] BVerfGE 75, 108 (146) (Hervorhebung nicht im Original).

[333] *Oeter* MKS II, Art. 74 Rn. 105.

[334] BVerfGE 75, 108 (146); 103, 197 (216); 114, 196 (221 f.); VGH BW U. v. 21.11.2018 – 6 S 2579/16 – Rn. 95.

[335] *Rengeling* HStR VI³, § 135 Rn. 244; *F. Kirchhof* HStR V³, § 125 Rn. 23 ff.

[336] BVerfGE 75, 108 (146).

[337] Kritisch *Depenheuer* NZS 2014, 201 ff.

[338] BVerfGE 109, 96 (109) 113, 167 (196 f.); *Axer* BK, Art. 74 (2006) Rn. 34 f.; *Geldermann/Hammer* VerwArch 2013, 64 (71).

[339] Weitergehend *Oeter* MKS II, Art. 74 Rn. 105: auch rein steuerfinanzierte System.

[340] BVerfGE 109, 96 (110).

[341] BVerfGE 109, 96 (111), das für die Sozialversicherung der Landwirte aber selbst eine überwiegende Steuer-finanzierung als unschädlich sieht; zum Verhältnis von Solidar- und Versicherungsprinzip s. BVerfGE 113, 167 (196 f.): auch vereinzelte Überdehnung des Solidarprinzips unschädlich.

[342] BVerfGE 10, 354 (368); 25, 314 (321); 63, 1 (35).

[343] BVerfGE 75, 108 (146 ff.); abl. *Rengeling* HStR VI³, § 135 Rn. 243; näher *Osterloh* NJW 1982, 1617 (1620); wie hier *Wittreck,* in: Dreier II, Art. 74 Rn. 61.

[344] BVerfGE 75, 108 (146 ff.); 81, 156 (185) – Erstattungspflicht nach AFG.

[345] Vgl. BayVerfGH, E. v. 9.8.2010 – Vf. 16-VII-09 – Abs. 39.

[346] Vgl. BVerwG NJW 1993, 2650.

[347] Wie hier *Axer* BK, Art. 74 (2006) Rn. 45.

[348] Vgl. für berufsständische Versorgung des Handwerks Rn. 50 mit Fn. 233; für die freien Berufe durch BVerfGE 12, 319 (323) offengelassen; für die Rechtsanwaltsversorgung demgegenüber auf Art. 70 abstellend BVerfG (K) NJW 1990, 1653; s. auch SächsOVG, SächsVBl 2010, 267 (269).

[349] *Axer* BK, Art. 74 (2006) Rn. 43 f.; BayVerfGH E. v. 16.7.2019 – Vf.41-IX-19 Rn. 77

[350] *Schnapp,* in: Schnapp/Wigge, Handbuch des Vertragsarztrechts, 2006, § 4 Rn. 2;

[351] HmbVerfG, U. v. 7.5.2019 – 4/18 – Rn. 77, juris.

[352] Zur Erforderlichkeit bundesgesetzl.r Regelung s. BVerfGE 113, 167 (198).

[353] BVerfGE 65, 359 (365); BayVerfGH E. v. 16.7.2019 – Vf.41-IX-19 Rn. 77; dort Rn. 84 auch zur erschöpfen-den Regelung durch den Bund.

[354] Vgl. BVerfGE 14, 308 (312); 75, 10 (146); 81, 156 (185).

[355] BVerfGE 87, 1 (33 f.) – Kindererziehungszeiten.

[356] BT-Dr 18/5293

[357] Vgl.BVerfGE 75, 108 (146 ff.); 113, 167 (196 f.); BVerfG (K), NZS 2011, 500.

Abgaben zur Sozialversicherung iSv Nr. 12 keiner besonderen kompetenziellen Rechtfertigung,[358] wie für Sonderabgaben (→ vor Art. 104a, Rn. 147 ff.)[359] Andererseits dürfen die Abgaben zur Sozialversicherung kompetenzgerecht nur zur Finanzierung der Aufgaben nach Nr. 12 und nicht allg. Staatsaufgaben erhoben werden,.[360] Der Einsatz für sozialversicherungsfremde Aufgaben ist kompetenziell bedenklich. Ein **Risikostrukturausgleich** ist jedoch dem Solidarprinzip immanent.[361] Eine bundesgesetzl. Regelung der gesetzl.n Krankenversicherung ist unter allen Teilaspekten des Art. 72 II erforderlich.[362] Soweit es um die Leistungsaspekte geht, bedarf es der Abgrenzung zu Nr. 7.[363]

Nicht von Nr. 12 getragen wird ein allg. **Familienlastenausgleich**,[364] wohl aber die leistungsfreie **60** Familienmitversicherung, die das klassische Bild der Sozialversicherung prägt,[365] wie auch ein Familienlastenausgleich mit dem Instrumentarium des Sozialversicherungsrechts, wie zB durch gestaffelte Beiträge, entspr. dem Modell des „Generationenvertrags"[366] unter Nr. 12 fiele. Nicht durch Nr. 12 gedeckt werden Beitragspflichten für nicht versicherte Personen, etwa im Fall eines Gesundheitspools, die auch nicht zu den Versicherten – wie Arbeitgeber – in besonderer Beziehung stehen.[367] Daher trägt Nr. 12 die Beitragspflichten der Arbeitgeber und im Falle der Künstlersozialversicherung – so BVerfG – auch der „Vermarkter";[368] nicht trägt Nr. 12 allg. **Arbeitsmarkt- oder Sozialabgaben für Beamte oder Selbstständige.**[369] Die **Arbeitslosenversicherung** ist begrifflich Teil der Sozialversicherung; dies dürfte auch für ALG II gelten. – Zu einer allg. „Bürgerversicherung" → Rn. 57.

## X. Ausbildungsbeihilfen und Forschungsförderung (Nr. 13)

**Ausbildungsbeihilfen** sind Maßnahmen **individueller Förderung** für die in Ausbildung[370] Ste- **61** henden, nicht trägt Nr. 13 die Bereitstellung oder Förderung von Ausbildungseinrichtungen, da dem Bund keine allg. Bildungskompetenz verliehen wird.[371] Ausbildung ist weit auszulegen und umfasst sowohl weiterführende Schulen, als auch zB Graduiertenkollegs.[372]

**Wissenschaftliche Forschung** iSv Nr. 13 kann wie für Art. 5 III definiert werden.[373] **Förderung 62** kann personenbezogen – zB Graduiertenförderung[374] – wie auch projekt- und einrichtungsbezogen erfolgen. Während für Ausbildung Nr. 13 Beihilfen erfasst, gilt für das zweite Sachgebiet – Forschung – der weitergehende Begriff der Förderung.[375] Forschungsförderung begründet keine generelle Hochschulkompetenz.; sie konnte bereits unter der Geltung der Rahmenkompetenz nach Art. 75 I Nr. 1a aF nicht aus Nr. 13 hergeleitet werden;[376] erst recht nicht nach deren Wegfall und der begrenzten Zuständigkeit nach Nr. 33. Regelungen des Hochschulwesens, der Organisation der Hochschulen und der Rechtsverhältnisse der Hochschulangehörigen sind dem Bund daher ebenso versagt,[377] wie die Förderung der Lehre, jedenfalls soweit diese nicht unmittelbar mit der Forschungsförderung verknüpft ist und in notwendigem Sachzusammenhang hierzu steht.[378] Nr. 13 steht selbstständig neben Art. 91b.[379] Für Gesetze iSv Nr. 13 ist Erforderlichkeit nach Art. 72 II festzustellen.

## XI. Enteignung und Sozialisierung (Nr. 14, 15)

**Enteignung** ist wie in Art. 14 III zu bestimmen;[380] für eine in Materien der Bundesgesetzgebung **63** nach Art. 73, 74 zulässige Enteignung kann der Bund entspr. Art. 14 III 2 Verfahren und Entschädi-

---

[358] BVerfGE 109, 96 (110).

[359] Vgl. BVerfGE 93, 319 (344).

[360] Vgl. BVerfGE 75, 108 (148); 93, 319 (344).

[361] BVerfGE 113, 167 (196 f.); zust. LSG NW KHR 2009, 147 Abs. 46; BSG GesR 2010, 554 Abs. 16.

[362] BVerfGE 113, 167 (198); 114, 196 (222); BVerfG (K) NVwZ-RR 2013, 985.

[363] *Geldermann/Hammer* VerwArch 2013, 64 (71).

[364] BVerfGE 87, 1 (34 f.) – hier kommt Nr. 7 in Betracht – s. Rn. 35; vgl. auch BVerfGE 65, 104 (113).

[365] BVerfGE 107, 205 (206); 113, 167 (196 f.).

[366] Näher *Degenhart* BayVBl 1984, 65 u. 103.

[367] Vgl. BVerfGE 75, 108 (146 f.); 81, 156 (185).

[368] BVerfGE 75, 108 (146).

[369] *Naujoks* ZBR 1976, 65.

[370] Zu „Ausbildung" s. *Fehling* BK, Art. 74 Abs. 1 Nr. 13 (2013), Rn. 7.

[371] Vgl. *Fehling* BK, Art. 74 Abs. 1 Nr. 13 (2013), Rn. 10; *Pieroth*, in: Jarass/Pieroth, Art. 74 Rn. 32.

[372] *Fehling* BK, Art. 74 Abs. 1 Nr. 13 (2013), Rn. 7.

[373] Vgl. *Nolte* DVBl 2010, 84 (85); *Fehling* BK, Art. 74 Abs. 1 Nr. 13 (2013), Rn. 13.

[374] *Fehling* BK, Art. 74 Abs. 1 Nr. 13 (2013), Rn. 14.

[375] Wie hier *Kunig*, in: v. Münch/Kunig II, Art. 74 Rn. 59.

[376] *Rengeling* HStR VI³, § 135 Rn. 246.

[377] *Fehling* BK, Art. 74 Abs. 1 Nr. 13 (2013), Rn. 15.

[378] Gegen einschränkende Auslegung *Nolte* DVBl 2010, 84 (86); wie hier *Wittreck*, in: Dreier II, Art. 74 Rn. 65.

[379] Art. 91b betrifft Verwaltung und Finanzierung und verleiht dem Bund die Kompetenz zur insbes. staatsvertraglichen Abstimmung mit den Ländern, in diesem Rahmen auch Gesetzgebungskompetenz; es besteht kein Verhältnis der Spezialität im Verhältnis zu Nr. 13 → Art. 91b Rn. 5.

[380] *Kunig*, in: v. Münch/Kunig II, Art. 74 Rn. 60; *Oeter* MKS II, Art. 74 Rn. 111; der Begriff der Enteignung isth entsprechend BVerfGE 58, 300 (331) sowie 143, 356 gesehen werden.

gung regeln; es ist dies ein positiv geregelter Fall einer Annex-Zuständigkeit.[381] Deshalb bedarf es hier auch keiner gesonderten Prüfung der Erforderlichkeit einer bundesgesetzl. Regelung; Nr. 14 wird in Art. 72 II nicht genannt. Für Eigentumsbindungen iSv Art. 14 I 2 folgt die Kompetenz aus der jeweiligen Sachmaterie ebenso für die Entschädigung bei ausgleichspflichtiger Schrankenbestimmung. Nr. 14 erfasst nicht den **enteignungsgleichen Eingriff** als Fall der Staatshaftung.[382] Aus der Beschränkung auf die Materien der Art. 73, 74 in Nr. 14 wird abgeleitet, dass iÜ der Bund die Enteignung nicht regeln kann.[383] Im Rahmen der Sachkompetenz gilt Nr. 14 für Legal- und Administrativenteignungen in gleicher Weise.

64      **Sozialisierung** iSv Nr. 15 wird entspr. Art. 15 definiert (Art. 15 Rn. 5); dies gilt auch für den Gegenstand der Gesetzgebungskompetenz.[384] Die Kompetenznorm enthält keine materielle Aussage über einen etwaigen Sozialisierungsauftrag, kann aber als Beleg für die wirtschaftspolitische Neutralität des Grundgesetzes gesehen werden.[385] – Die Erforderlichkeit ist nach Art. 72 II gesondert zu prüfen.

## XII. Missbrauch wirtschaftlicher Macht (Nr. 16)

65      Die Kompetenznorm der Nr. 16 trifft eine **materielle** Aussage dahingehend, dass der Gesetzgeber befugt ist, in deren Sinn auf das wirtschaftl. Geschehen einzuwirken.[386] Anders als die allg. Wirtschaftskompetenz nach Nr. 11 fällt Nr. 16 in die Vorranggesetzgebung des Bundes. Nach dem Wortlaut kann an sich nur der **Missbrauch** verhütet werden, nicht das Entstehen wirtschaftlicher Machtstellungen. Im Interesse wirksamer Wahrnehmung wird man die Kompetenz auch auf die präventive Begrenzung wirtschaftl. Macht durch Kartellverbote, Fusionskontrolle und Entflechtung erstrecken dürfen,[387] Ebenso auf die Sanktionierung des Missbrauchs.[388] Nr. 16 bezieht sich insbes. auch auf die Verfolgung von Kartellverstößen auf Gebieten, für die keine umfassende Sachkompetenz besteht.[389]

Die Kompetenz nach Nr. 16 ist weitgehend durch Europarecht überlagert;[390] so belässt Art. 102 AEUV dem nationalen Recht nur begrenzte Spielräume.[391]

66      Die nicht an publizistischen Kriterien ausgerichtete **Pressefusionskontrolle** im Rahmen des GWB fällt unter Nr. 16 (Art. 70 Rn. 59);[392] ebenso die kartellrechtliche Begünstigung des **Pressegrosso** durch § 30 IIa GWB.[393] Kartellrecht des Bundes ist auf Grund seiner wirtschaftsbezogenen Zielsetzung neben Rundfunkrecht der Länder anwendbar.[394] Nur rundfunkpolitisch neutrale Konzentrationskontrolle für den **Rundfunk** fiele unter Nr. 16.[395]

## XIII. Ernährungswesen, Küstenschutz (Nr. 17)

67      Vom Küstenschutz abgesehen beziehen die Sachgebiete nach Nr. 17 sich auf das Ernährungswesen,[396] sind jedoch zu differenzieren, um eine generelle Bundeskompetenz für den **Agrarsektor** – vergleichbar der für die „Wirtschaft" in Nr. 11 – zu begründen. Die Materie wird weitgehend europarechtlich überlagert.[397] Historischer Hintergrund war eine Situation der Knappheit, aus der sich die Bedeutung der Ernährungssicherung ergab.[398] Land- und forstwirtschaftl. Produktion muss jedoch nicht ausschließlich auf Ernährung angelegt sein: bei der Forstwirtschaft geht es um die Gewinnung von Rohstoffen; auch die landwirtschaftliche Produktion wird zusehends hierfür eingesetzt (**nachwachsende Rohstoffe,** Agrosprit).

68      **„Land- und forstwirtschaftliche Erzeugung"** betrifft die **Urproduktion,**[399] wohl ohne Beschränkungen, wie sie nach der Legaldefinition für Landwirtschaft in § 201 BauGB (bäuerliche Land-

---

[381] *Wittreck,* in: Dreier II, Art. 74 Rn. 68; BVerfGE 56, 249 (263).

[382] *Kunig,* in: v. Münch/Kunig II, Art. 74 Rn. 60.

[383] *Kunig,* in: v. Münch/Kunig II, Art. 74 Rn. 60; zum Rettungsübernahmegesetz s. *Hofmann* NVwZ 2009, 673; *Pfab* BayVBl 2010, 65.

[384] Ebenso *Schliesky* BK Art, 74 I Nr. 15 (2016) Rn. 7, 15 ff.

[385] *Schliesky* BK Art, 74 I Nr. 15 (2016) Rn. 9 f.

[386] *Schliesky* BK Art, 74 I Nr. 16 (2019) Rn. 22.

[387] Vgl. *Oeter* MKS II, Art. 74 Rn. 116; weitergeh. *Schliesky* BK Art, 74 I Nr. 16 (2019) Rn. 26; enger *Sannwald,* in: Schmidt-Bleibtreu ua, Art. 74 Rn. 194.

[388] *Schliesky* BK Art, 74 I Nr. 16 (2019) Rn. 29.

[389] Vgl. für Kartellordnungswidrigkeiten im Pressebereich BGH NJW 1987, 266.

[390] *Schliesky* BK Art, 74 I Nr. 16 (2019) Rn. 16 f., 39.

[391] *Eilmannsberger,* in: Streinz, EUV/AEUV, AEUV Art. 102 Rdn. 10

[392] S. dazu bes. BGH NJW 1987, 266 (267); BGHZ 76, 55 (63); BVerfG (K) NJW 1986, 1743.

[393] *Schwarze* NZKart 2013, 470 ff.; *Gersdorf* in: Gersdorf/Paal, Informations- und Medienrecht, Art. 74 GG Rn. 3; dazu BGH AfP 2016, 143 = GRUR 2016, 304.

[394] *Gersdorf,* in: Gersdorf/Paal, Informations- und Medienrecht, Art. 70 GG Rn. 8, sowie Art. 74 GG Rn. 3.

[395] Vgl. BGHZ 110, 371; näher *Degenhart* BK, Art. 5 I u. II (2017) Rn. 506.

[396] Vgl. *Kunig,* in: v. Münch/Kunig II, Art. 74 Rn. 77; JöR nF 1 (1951), 532; einschränkend BVerfGE 88, 366 (378).

[397] *Oeter* MKS II, Art. 74 Rn. 122; *Busse,* in: Schulze/Zuleeg/Kadelbach, Europarecht, 3. Aufl. 2015, § 23.

[398] S. JöR nF 1 (1951), 530; *Oeter* MKS II, Art. 74 Rn. 121.

[399] *Kunig,* in: v. Münch/Kunig II, Art. 74 Rn. 64.

wirtschaft auf eigener Futtergrundlage), so dass auch Mastbetriebe, Geflügelfarmen uä unter Nr. 17 fallen,[400] nicht allerdings Labors, zoologische Einrichtungen uä[401] Maßnahmen zur Förderung der landwirtschaftlichen Erzeugung können auch – wie das Tierzuchtgesetz – auf die Absatzförderung zielen.[402] Sie können neben Leistungen an die Landwirtschaft auch ordnende Eingriffe, wie Marktordnungen, Qualitätssicherung, Produktionsbegrenzungen und Absatzförderung umfassen,[403] einschließlich Sonderabgaben mit Finanzierungsfunktion.[404] Für Qualitätssiegel, Zertifikate uä für **„Tierwohl"** dürfte neben Nr. 20 auch Nr. 17 einschlägig sein. Die **Flurbereinigung** wurde 2006 in ausschließliche Landeszuständigkeit überführt; der Kompetenzbegriff entspricht der Legaldefinition in § 1 FlurbereinigungsG.[405] Für Verbesserungen der Agrarstruktur ist Art. 91a Nr. 2 lex specialis.

Unter Sicherung der Ernährung können auch **dirigistische** Eingriffe wie Ablieferungspflichten **69** fallen. Ernährung iSv Nr. 17 bezieht sich auf alle Nahrungsmittel, auch Wein,[406] ebenso aber auf Wasser, weshalb öffentlich-rechtl. **Wasserverbände** auf der Grundlage von Nr. 17 begründet werden können.[407] Regelungen über die **Ein- und Ausfuhr** landwirtschaftl. Produkte können gleichzeitig der Sicherung der Ernährung wie auch der Förderung der Erzeugung dienen. Die Kompetenz für die **Hochsee- und Küstenfischerei** ist der für die Landwirtschaft vergleichbar,[408] bezieht sich also in vergleichbarer Weise auf Maßnahmen der Förderung und Sicherung und erstreckt sich auf die hohe See und Küstengewässer;[409] für Fischereiabkommen mit anderen Staaten gilt jedoch Art. 73 I Nr. 1.[410] Die Binnenfischerei, die von Nr. 17 nicht erfasst wird, ist demgegenüber unter Landwirtschaft zu fassen, soweit es hierbei um landwirtschaftl. Produktion geht; dies betrifft die Teichwirtschaft.

**Küstenschutz** – der nach Art. 91a I Nr. 2 Gemeinschaftsaufgabe ist – iSv Nr. 17 meint nicht allg. **70** sicherheitsrechtliche Gefahrenabwehr, sondern Schutz gegen Sturmfluten uä.[411]

## XIV. Grundstücksverkehr, Bodenrecht und Raumordnung, Bodenverteilung, Bereiche des Wohnungswesens (Nr. 18, 30, 31)

Mit der Föderalismusreform 2006 wurden Teilbereiche aus Nr. 18 in die ausschl. Zuständigkeit der **71** Länder überführt; gleichzeitig wurden sachl. verwandte Kompetenzbereiche, aus der damaligen Rahmengesetzgebung der konk. Zuständigkeit in der Variante der Abweichungsgesetzgebung zugeschlagen. Nr. 18 umfasst jetzt nur noch den städtebaulichen Grundstücksverkehr, nicht mehr den landwirtschaftl. Grundstücksverkehr und das landwirtschaftliche Pachtwesen; ferner wie bisher das Bodenrecht, aber nur mehr Teilbereiche des Wohnungswesens.[412] Die Zuständigkeit für das Bodenrecht wird nunmehr ergänzt durch die ebenfalls konk. Zuständigkeit für die Bodenverteilung und die Raumordnung nach Nr. 30, 31.

**Grundstücksverkehr (Nr. 18)** umfasst Veräußerung, Belastung und Verpachtung von Grundstü- **72** cken,[413] so dass insbes. das **Bodenverkehrsrecht** – wie jetzt im BauGB geregelt – unter Nr. 18 fällt.[414] Der Verkehr mit Grundstücken ist andererseits auch Gegenstand der Kompetenz nach Nr. 1 – bürgerliches Recht –. Man wird daher Regelungen des Grundstücksverkehrs nach Nr. 18 aus dem Gesamtzusammenhang der einzelnen Materien dieses Kompetenztitels bestimmen müssen. Der Bestimmung liegt – wie schon Art. 10 Nr. 4, Art. 155 WRV – eine deutlich wohnungsbau- und verteilungspolitische Komponente zugrunde; darunter fallen dann Reglementierungen der genannten Verkehrsvorgänge im öffentlichen Interesse, insbes. öffentlich-rechtliche Genehmigungsvorbehalte uä, aber auch

---

[400] So im Ergebnis auch *Maunz,* in: Maunz/Dürig, Art. 74 Rn. 194; die Förderung muss nicht ausschließlich „ernährungsbezogen" sein, BVerfGE 88, 366 (378).

[401] *Pestalozza* MKP, Art. 74 Rn. 1113.

[402] BVerfGE 88, 366 (378).

[403] Vgl. BVerfGE 18, 315 (329) – Milchmarktordnung; BVerfGE 37, 1 (17) – Stabilisierungsfonds der Weinwirtschaft, Ausgleichsabgaben; BVerfGE 88, 366 (378 f.); BVerfGE 136, 194 Rn. 111 – Weinfonds –; hier offenlassend, ob Zuständigkeit bereits aus Nr. 17 oder in Zusammenschau mit Nr. 11: allg. *Kunig,* in: v. Münch/Kunig II, Art. 74 Rn. 64.

[404] BVerfGE 136, 194 Rn. 111 ff.

[405] I. d. F. d. Bek. v. 16.3.1976, BGBl I 546, zul. geänd. durch G v. 12.8.2005, BGBl I 2354; s. auch *Hönes* NuR 2014, 153.

[406] Vgl. BVerfGE 8, 71 (80) zur Lenkung des Anbaus von Weinreben; ob damit das BVerfG die Sicherung der Ernährung auf Nahrungs- *und* Genussmittel erstrecken will, oder aber nur auf Erstere, Wein aber – im Einklang mit der zumindest in Weinbaugebieten bestehenden Anschauung – als Nahrungsmittel sieht – so wohl *Sannwald,* in: Schmidt-Bleibtreu ua, Art. 74 Rn. 154 –, sei dahingestellt.

[407] BVerfGE 58, 45 (61); *Kunig,* in: v. Münch/Kunig II, Art. 74 Rn. 65.

[408] Vgl. *Kunig,* in: v. Münch/Kunig II, Art. 74 Rn. 67.

[409] Vgl. hierzu die detaillierte Umschreibung bei *Pestalozza* MKP, Art. 74 Rn. 1141.

[410] Vgl. *Kunig,* in: v. Münch/Kunig II, Art. 74 Rn. 67; die Materie ist weitgeh. europarechtlich determiniert, vgl. *Oeter* MKS II, Art. 74 Rn. 123.

[411] Ebenso *Kunig,* in: v. Münch/Kunig II, Art. 74 Rn. 68.

[412] Vgl dazu *Heinemann* NVwZ 2019, 1070 ff.

[413] *Pieroth,* in: Jarass/Pieroth, Art. 74 Rn. 44.

[414] BVerfGE 3, 407 (429), für Genehmigungspflicht des Grundstücksverkehrs im Zusammenhang mit der baulichen Ordnung.

die unmittelbar öffentlich-rechtliche Begründung von Rechten an Grundstücken.[415] Durch die Föderalismusreform 2006 wurde die konk. Zuständigkeit auf den **städtebaulichen** Grundstücksverkehr beschränkt; lt. Gesetzesbegründung in Abgrenzung zum landwirtschaftl. Grundstücksverkehr.[416]

73 **Bodenrecht (Nr. 18)** sind diejenigen öff.-rechtl. Normen, die die rechtl. Beziehungen zu Grund und Boden, insbes. ihre **Nutzbarkeit** regeln.[417] Seinen Kern bilden die Vorschriften des Bauplanungsrechts, die die bauliche Nutzbarkeit der Grundstücke bestimmen,[418] während das Bauordnungsrecht als Sicherheitsrecht in alleiniger Landeszuständigkeit verbleibt.[419] Maßgebliche Leitlinie ist Regelung der Bodennutzung im öff. Interesse. Nr. 18 trägt jedoch keine allg. – über die bauliche Entwicklung hinausgreifende oder von dieser losgelöste – Planung.[420]

74 Deshalb ist Bodenrecht das Recht der **Bauleitplanung,**[421] auch in seinen organisatorischen Voraussetzungen, auch in seiner Zuordnung zur gemeindl. Planungshoheit, weshalb auch Fragen des gemeindl. Einvernehmens und – als actus contrarius – seiner Ersetzung (§ 36 BauGB)[422] unter Nr. 18 fallen.[423] Bodenrecht ist auch das Recht der **Baulandumlegung** und der **Baulanderschließung,**[424] Letzteres nunmehr ohne das Erschließungsbeitragsrecht, wie es noch im BauGB enthalten ist, aber nach Art. 125a I nF durch Landesrecht abgelöst werden kann;[425] für die Erschließung der Grundstücke selbst[426] bleibt es bei Nr. 18. Eine allg. – über die bauliche Entwicklung in der Gemeinde hinausgreifende – **städtebauliche Entwicklungsplanung,** die etwa die Wirtschaftsplanung mit umfasst, wäre kein Bodenrecht mehr.[427]

75 Auch das besondere Städtebaurecht des BauGB, insbes. das der Sanierungs- und der städtebaulichen Entwicklungsmaßnahmen,[428] fällt unter Nr. 18, Gegenstand ist die bauliche Nutzung der Grundstücke im örtlichen Rahmen; die Regelungen sind erschöpfend. **Ausgleichsbeiträge** uä in diesem Rahmen sind von Nr. 18 mit umfasst,[429] ebenso ein Planungswertausgleich, sofern im Zusammenhang mit Maßnahmen der Bodenordnung.[430] Sie fallen, ebenso wie Bestimmungen über Folgekosten – so in § 11 I Nr. 3 BauGB[431] –, auch nach der Herausnahme des Erschließungsbeitragsrechts unter Nr. 18, da Letzteres mit dem fest umrissenen Bedeutungsgehalt nach BauGB zu verstehen ist.[432]

76 Nicht alle Vorschriften mit Auswirkung auf die baul. Nutzung von Grundstücken sind Bodenrecht, nicht das Recht des **Naturschutzes,** der mittelbar Auswirkungen auf die Bebaubarkeit hat,[433] und des **Denkmalschutzes;** der städtebaul. Denkmalschutz wird von Nr. 18 umfasst – mit der notwendigen Konsequenz der Beschränkung auf städtebauliche Aspekte.[434]

77 Das **Bodenschutzrecht** – etwa i. S. d. Bundes-Bodenschutzgesetzes 1998 – betrifft zwar die Nutzbarkeit des Bodens.[435] Es wird jedoch von der verteilungs- und wohnungsbaupolitischen Komponente der Nr. 18 (→ Rn. 72) nicht umfasst; es handelt sich um Recht des Umweltschutzes. Während Teilbereiche des Bodenschutzes unter diesem Aspekt in Nr. 24 angesprochen sind, kann Nr. 18 insoweit keine selbstständige Umweltschutzkompetenz entnommen werden. Nr. 18 ist also keine Kompetenzgrundlage für ein Bodenschutzgesetz.[436] Eine dahingehende Kompetenz kann möglicherweise als Mosaikkompetenz aus den Nrn. 11, 24, 29–32 begründet werden.[437]

[415] *Pestalozza* MKP, Art. 74 Rn. 1208 ff.
[416] BT-Dr 16/813, S. 32.
[417] BVerfGE 3, 407 (424); 34, 139 (144).
[418] Vgl. BVerfGE 56, 298 (311) – Bauplanung.
[419] BVerfGE 40, 261 (268); demgemäß keine umfassende Baurechtskompetenz des Bundes; vgl. zu bauplanungs- und bauordnungsrechtlichen Abstandsflächen BayVerfGH NVwZ 2016, 999.
[420] *Burrack,* jurisPR-ÖffBauR 3/2019 Anm. 1.
[421] BVerfGE 3, 407 (424); 56, 298 (311); 77, 288 (298 f.).
[422] Zur Ersetzung des gemeindlichen Einvernehmens abl. *Enders/Pommer* SächsVBl 1999, 173 (174).
[423] BVerfGE 77, 288 (298 f.): iVm Art. 84 I.
[424] BVerfGE 3, 407 (428); 33, 265 (286); 34, 139 (144, 157).
[425] *Ernst/Grziwotz,* in: Ernst/Zinkahn, BauGB, Vorb. (2019) Rn. 17.
[426] Die Maßnahmen also, die seine bauliche oder gewerbliche Nutzung erst ermöglichen, BVerfGE 34, 139 (145); *Ernst/Grziwotz* aaO Rn. 16.
[427] Zur Abgrenzung etwa *Schmidt-Aßmann* DVBl 1972, 627 ff.; zum Vorkaufsrecht nach §§ 24, 25 BauGB s. *Burrack,* jurisPR-ÖffBauR 3/2019 Anm. 1.
[428] Hierzu *Degenhart* DVBl 1994, 1041.
[429] Ebenso auch – bei grds. restriktiver Position – *Maunz,* in: Maunz/Dürig, Art. 74 Rn. 206.
[430] Ähnl. *Schmidt-Aßmann* DVBl 1972, 627 (630).
[431] Insoweit rezipiert die Verfassungsnorm die einfachgesetzl. Begrifflichkeit, → Art. 70 Rn. 54.
[432] Gegen Einbeziehung des sog. „aufgestockten Erschließungsaufwands" in das Recht der Erschließungsbeiträge *Schmidt-Aßmann* DVBl 1972, 627 (630); zT bejahend BVerfGE 33, 265 (287) – wohl eher unter dem Aspekt „Bodenrecht".
[433] BayVGH DVBl 1975, 665 (669); *Rengeling* HStR VI³, § 135 Rn. 258; zum Kulturlandschaftsschutz s. *Hönes* NuR 2013, 12 ff.
[434] Zutreffend *Erbguth* DVBl 1985, 1352 (1358).
[435] So *Peine* NuR 1992, 353 ff.; *Brandt* DÖV 1996, 680.
[436] *Degenhart,* Bundeskompetenz für ein Bodenschutzgesetz?, in: Oldiges (Hrsg.), Das neue Bundesbodenschutzgesetz – Fragen und Erwartungen, 1996, S. 31 (34) sowie ZRP 1997, 397; aM *Peine* und *Brandt* (Fn. 387); wie hier *Oeter* MKS II, Art. 74 Rn. 130.
[437] *Breuer* DVBl 1994, 890 (897); *Peine* NuR 1992, 353.

**Raumordnung** iSv **Nr. 31** ist abzugrenzen gegenüber dem „Bodenrecht" nach Nr. 18;[438] die **78**
Abgrenzung ist auch mit der Umformung der ursprünglichen Rahmenkompetenz des Bundes in konk.
Zuständigkeit nicht obsolet geworden, da Nr. 31 in die **Abweichungsgesetzgebung** der Länder nach
Art. 72 III fällt.[439] In Abgrenzung zur städtebaulichen Planung nach Nr. 18[440] bedeutet Raumordnung
übergeordnete, zusammenfassende Gesamtplanung[441] oberhalb der örtlichen Ebene, also der Bauleitplanung,[442] und damit insbesondere auf **Landesebene**.[443] Für die Raumordnung auf **Bundesebene**
besteht eine Bundeskompetenz kraft Natur der Sache (Art. 70 Rn. 31).[444]

Intensität und Verbindlichkeit der Planung sind begrifflich beschränkt: Raumordnung ist die über- **79**
örtliche und überfachliche Gesamtplanung,[445] der unmittelbare Festsetzungen von Bodennutzungen
versagt sind.[446] Die für die frühere Rahmenkompetenz nach Art. 75 I 1 Nr. 4 geltende Beschränkung
auf allg. Ziele und Erfordernisse ist im Rahmen der Nr. 31 insofern weiterhin gültig, als diese sich
nicht erst aus dem Begriff der Rahmenkompetenz, sondern aus der Kompetenzmaterie selbst ergibt.
Deshalb ist der Bund nunmehr beim Gebrauchmachen von seiner konk. Zuständigkeit darin frei, die
unmittelb. Verbindlichkeit der Ziele und Erfordernisse für nachgeordnete Planungen anzuordnen und
eine raumordnungsrechtl. Vollregelung für das gesamte Bundesgebiet zu treffen[447] – von der die
Länder dann wiederum abweichen könnten. Für **Fachplanungen**[448] ist auf die materiell einschlägigen,
spezielleren Kompetenznormen (Art. 74 I Nr. 21, 22, Art. 73 I Nr. 6, 6a, 14) abzustellen.[449] Für die
Raumordnung besteht nach Art. 72 III Nr. 4 ein **Abweichungsrecht** der Länder, nicht aber für das
Bodenrecht nach Nr. 18. Da das städtebaul. Instrumentarium des Bundes auf Nr. 18 zu stützen
ist, besteht hierfür kein Abweichungsrecht.[450] Das Abweichungsrecht der Länder für die Raumordnung
ist sachlich unbegrenzt;[451] es dürfte sich jedoch nicht auf Bereiche der Raumordnung auf Bundesebene
erstrecken, für die eine Bundeskompetenz aus der Natur der Sache besteht.[452]

**Bodenverteilung (Nr. 30)** wurde für Art. 75 I 1 Nr. 4 eng aufgefasst im Sinne einer „Bodenre- **80**
form";[453] nach Überführung in die konk. Zuständigkeit in Nr. 30 in der Spielart der Abweichungsgesetzgebung kann nichts anderes gelten. Die Bestimmung war schon seinerzeit wohl nur noch vor
dem entstehungsgeschichtlichen Hintergrund – „Agrarreform, einschließlich der Zerschlagung der
großen Güter" – zu erfassen.[454] Für die Nutzung des Bodens ist Nr. 18 lex specialis, für eine Überführung in Gemeineigentum Nr. 15.[455]

Bis zur Föderalismusreform 2006 erstreckte sich Nr. 18 generell auf das **Wohnungswesen;** hierun- **81**
ter wurden – historisch wiederum vor dem Hintergrund einer Knappheitssituation –**Wohnraumbewirtschaftung,**[456] aber auch Wohnungsbauförderung und sozialer Wohnungsbau, einschließlich Subventionen und deren Rückabwicklung (Fehlbelegungsabgabe) verstanden.[457] **Zweckentfremdungsverbote** zählen zum Wohnungswesen.[458] Baupol. Vorschriften über Wohnungen fallen nicht unter das
Wohnungswesen und waren stets in der Zuständigkeit der Länder.[459] In konk. Zuständigkeit verbleibt
das **Wohngeldrecht (Nr. 18),** das an sich auch unter Nr. 7 subsumiert werden könnte, jedoch auf die
spezielle Nr. 18 zu stützen ist und, da in Art. 72 II nicht genannt, in die Vorranggesetzgebung des
Bundes fällt.

---

[438] S. dazu *Kment* NuR 2006, 217 (218); *Hoppe* DVBl 2007, 144.
[439] VG Schleswig ZNER 2018, 285 Rn. 32.
[440] BVerfGE 3, 407 (428); *Wittreck,* in: Dreier II, Art. 74 Rn. 81.
[441] Vgl. *Hoppe* HStR IV³, § 77 Rn. 27, dort zu den Rechtsgrundlagen.
[442] Vgl. *Hoppe* HStR IV³, § 71 Rn. 25; *Uhle,* Maunz/Dürig, Art. 72 (2019) Rn. 220; Sannwald, in: Schmidt-
Bleibtreu ua, Art. 74 Rn. 370.
[443] BVerfGE 15, 1 (16); *Knauff* BK Art. 74 I Nr. 31 (2015) Rn. 10; *Uhle,* Maunz/Dürig, Art. 72 (2019) Rn. 221;
Oeter MKS II, Art. 74 Rn 190.
[444] BVerfGE 3, 407 (427 f.); *Kment* NuR 2006, 217 (219); einschränkend für die Neuregelung *Kotulla* NVwZ
2007, 489 (494).
[445] *Hoppe* HStR IV³, § 77 Rn. 27.
[446] *Kment* NuR 2006, 217 (218) unter Bezugnahme auf BVerfGE 3, 407 (424); *Oeter* MKS II, Art. 74 Rn. 129.
[447] So auch *Kment* NuR 2006, 217 (219).
[448] Zu Begriff und Kompetenzen *Hoppe* HStR IV³, § 77 Rn. 28 f.
[449] *Knauff* BK Art. 74 I Nr. 30 (2015) Rn. 13.
[450] *Oeter,* in: Starck, Föderalismusreform, 2007, Rn. 50; Oeter MKS II, Art. 74 Rn. 190.
[451] *Uhle,* Maunz/Dürig, Art. 72 (2019) Rn. 219; *Hoppe* DVBl 2007, 144 (145 ff.), dort dezidiert krit. zur Neuregelung 2006.
[452] Ähnlich *Battis/Kersting* DVBl 2007, 152 (157 ff.): *Uhle,* Maunz/Dürig, Art. 72 (2019) Rn. 222; Oeter MKS II,
Art. 74 Rn. 190.
[453] *Knauff* BK Art. 74 I Nr. 30 (2015) Rn. 10.
[454] JöR nF 1 (1951), 537 – die Entstehungsgeschichte ist also in der Tat eindeutig.
[455] *Oeter* MKS, Art. 74 Rn. 188.
[456] BVerfGE 21, 117 (128); *Rengeling* HStR VI3, § 135 Rn. 261.
[457] BVerfGE 21, 117 (128); 78, 249 (266).
[458] AM *Heinemann* NVwZ 2019, 1070.
[459] Offengelassen bei BVerfGE 3, 407 (432).

**81a** Das soziale Mietrecht fällt unter „bürgerliches Recht" iSv Nr. 1. Es ist Bestandteil des Schuldrechts des BGB; sein Anknüpfungspunkt sind die Bestimmungen des BGB zur Wohnraummiete, und bewirkt sozialstaatlich motivierte Beschränkungen der Vertragsfreiheit. Ob ein **„Mietendeckel",** also verbindliche betragsmäßige Vorgaben für die zulässige Miethöhe ohne Anknüpfung an Kriterien des sozialen Mietrechts wie die ortsübliche Vergleichsmiete unter die Zuständigkeit der Länder für das Wohnungswesen fallen, ist str.[460] Für Zulässigkeit wird die öffentlich-rechtl. Natur eines Mietendeckels angeführt und auf Instrumente früherer Wohnraumbewirtschaftung nach 1949 verwiesen; die Gegenauffassung sieht die Länder durch das Wohnungsmietrecht des BGB nach Art. 72 I gesperrt.[461] Wenn jedenfalls der Bund im sozialen Mietrecht des BGB ein eigenes wohnungspolitisches Schutzkonzept entwickelt,[462] sind die Länder gehindert, sich hierzu in Widerspruch zu setzen.

**82** **Altschuldenhilfe** (Nr. 18) bezieht sich auf das Altschuldenhilfe-G v. 23.6.1993 (BGBl I 944, 986) -Verbindlichkeiten beim Wohnungsbestand im Beitrittsgebiet aus der Zeit vor dem Beitritt. Mit **Wohnungsbauprämien** bezieht sich Nr. 18 auf das Wohnungsbau-Prämiengesetz.[463] Beim **Bergmannssiedlungsrecht** (Nr. 18) geht es um die Schaffung, Verwaltung und Erhaltung von Wohnungen für versicherungspflichtige Arbeitnehmer des Kohlenbergbaues und für die Witwen von solchen Arbeitnehmern;[464] beim Bergarbeiterwohnungsbaurecht (Nr. 18) um die Förderung des Wohnungsbaus im Kohlenbergbau.[465]

## XV. Bereiche des Gesundheitswesens (Nr. 19, 19a)

**83** Wie sich aus der Spezifizierung von **Teilbereichen** des Gesundheitswesens in Nr. 19 und 19a ergibt, hat der Bund hierfür **keine generelle Zuständigkeit.**[466] Allg. Geundheitsvorsorge ist in der Zuständigkeit der Länder,[467] ebenso das **Arztrecht** abgesehen von Zulassungsfragen.[468] Demgegenüber wurde für das Apothekenrecht mit der Föderalismusreform 2006 eine konk. Zuständigkeit begründet. Für Nr. 19a ist die Erforderlichkeit nach Art. 72 II gesondert festzustellen, für Nr. 19 jedoch nicht.

**84** Unter **Krankheiten** werden regelwidrige, ärztlicher Behandlung bedürftige Körper- und Geisteszustände verstanden;[469] sie sind **gemeingefährlich** iSv Nr. 19, wenn sie zu schweren Gesundheitsschäden oder zum Tod führen können und eine gewisse Verbreitung aufweisen, ohne notwendig ansteckend zu sein,[470] **übertragbar,** wenn sie durch Krankheitserreger verursacht werden, die direkt oder mittelbar übertragen werden können, nicht notwendig **Seuchen,** die gleichzeitig und vermehrt auftreten können.[471] Covid 19 fällt hiernach unter Nr. 19, Krankheiten iSv Nr. 19 müssen nicht gemeingefährlich *und* übertragbar sein.[472] Man wird jedoch – da andernfalls die Kompetenzzuweisung völlig unkonturiert würde (jede Krankheit kann irgendwann zum Tod führen) – für gemeingefährl. Krankheiten eine gewisse Verbreitung fordern müssen – demgemäß wird Krebs als Hauptbeispiel benannt –,[473] für übertragbare Krankheiten eine gewisse Schwere und Gefährlichkeit.

**85** Nr. 19 bezieht sich auf Krankheiten, die beim **Menschen** oder bei **Tieren** auftreten können.[474] Erfasst werden Maßnahmen[475] der **Bekämpfung,** aber auch **Vorbeugung,** wie Meldepflichten, obligatorische Tests, Vorsorgeuntersuchungen und Impfungen,[476] dies in den Grenzen des Art. 2 I und II. Auch Prävention gegen Gefahren des Rauchens dürfte hierunter fallen.[477] Die Kompetenznorm ist auch hier keine Eingriffsgrundlage (→ Art. 70 Rn. 37).

---

[460] Bej. *Putzer* NVwZ 2019, 283 (286), aA *Schede/Schult* NVwZ 2019, 1572; *Wichert,* Grundeigentum 2019, 1356; keine Landeszuständigkeit:

[461] So auch BayVerfGH NZM 2020, 649 Rn. 57.

[462] Vgl. BVerfG (K) NJW 2019, 3054.

[463] IdF der Bek. v. 30.10.1997 (BGBl I 2678), zul. geänd. durch Art. 5 G v. 29.12.2003 (BGBl I 3076).

[464] G über Bergmannssiedlungen, BGBl III, 2330-5, zul. geänd. durch G v. 18.12.1989 (BGBl I S. 2261).

[465] G zur Förderung des Bergarbeiterwohnungsbaues im Kohlenbergbau idF der Bek. v. 25.7.1997 (BGBl I 1942), zul. geänd. durch Art. 59 der VO vom 25.11.2003 (BGBl I 2304).

[466] BVerfGE 102, 26 (37); *Wittreck,* in: Dreier II, Art. 74 Rn. 86.

[467] Vgl. BayVerfGH NVwZ-RR 2012, 665 Rn. 68 für Rettungsdienste.

[468] Vgl. BVerfGE 102, 26 (38 f.), dort insbes. zur historischen Entwicklung der Kompetenzmaterie und ihrer Bedeutung für die Auslegung des Kompetenztitels; Oeter MKS II, Art. 74 Rn. 134.

[469] *Axer* BK, Art. 74 Abs. 1 Nr. 19 (2011), Rn. 14.

[470] *Kunig,* in: v. Münch/Kunig II, Art. 74 Rn. 76; *Axer* BK, Art. 74 Abs. 1 Nr. 19 (2011), Rn. 15.

[471] *Rengeling* HStR VI³, § 135 Rn. 264 unter Hinw. auf die Definition in § 1 G. v. 18.12.1979 (BGBl I 2262); *Axer,* BK, Art, 74 Abs. 1 Nr. 19 (2011), Rn. 15.

[472] *Kunig,* in: v. Münch/Kunig II, Art. 74 Rn. 76.

[473] *Rengeling* HStR VI³, § 135 Rn. 264, unter Hinw. auf JöR nF 1 (1951), 539; *Axer* BK, Art. 74 Abs. 1 Nr. 19 (2011), Rn. 15; *Siekmann* NJW 2006, 3382.

[474] *Axer* BK, Art. 74 Abs. 1 Nr. 19 (2011), Rn. 15.

[475] Hierzu *Axer* BK, Art. 74 Abs. 1 Nr. 19 (2011), Rn. 16.

[476] Vgl. *Axer* BK, Art. 74 Abs. 1 Nr. 19 (2011), Rn. 16; *Gallwas* NJW 1989, 1516 (1519) – HIV – Meldepflicht.

[477] Bejahend *Siekmann* NJW 2006, 3382 (3383); *Oeter* MKS II, Art. 74 Rn. 135; *Wittreck,* in: Dreier II. Art. 74 Rn. 86; aM *Rossi/Lenski* NJW 2006, 2657.

**Ärztliche Heilberufe**[478] sind die, die dem gefestigten Berufsbild (→ Art. 12 Rn. 68 ff.) des Arztes **86** entsprechen, also Arzt, Zahnarzt und – im Hinblick auf die Tiergesundheit als Gegenstand von Nr. 19 – Tierarzt.[479] **Andere** Heilberufe[480] sind der des Heilpraktikers[481] und die sog. Heilhilfsberufe, wie Geburtshelfer (Hebamme), Krankenpfleger, Krankengymnasten, Diätassistenten uä,[482] wohl nicht mehr Altenpfleger.[483] Die Abgrenzung zum **Heilgewerbe** ist fließend; Letzterem dürften Berufe zugerechnet werden, die typischerweise selbstständig ausgeübt werden und deshalb dem Bild des „Gewerbes" angenähert sind.[484] **Zulassung** iSv Nr. 19 ist die Berufszulassung, nicht Berufsausübung.[485] Daher fallen unter Nr. 19: Erteilung, Zurücknahme und Verlust der Approbation[486] und sonstige Voraussetzungen für die Aufnahme des Arzt- oder eines anderen Heilberufs,[487] Zugangsanforderungen für die Ausbildung zum Psychologischen Psychotherapeuten,[488] Prüfungsanforderungen als Voraussetzung für die Approbation[489] und daher unmittelbare Berufszugangsvoraussetzung. Anforderungen an die ärztliche **Ausbildung** fallen insoweit unter Nr. 19, als sie notwendige Inhalte als Voraussetzung für die Prüfungszulassung festsetzen.[490] Die Zulassung zum **Medizinstudium** ist schwerpunktmäßig Hochschulrecht; Nr. 19 trägt hier allenfalls generelle Mindestanforderungen,[491] ebenso wie für die Inhalte des Studiums und der Ausbildung in der Praxis.[492] Nicht unter Nr. 19 fallen alle Fragen der **Berufsausübung** nach der Approbation,[493] wie Weiterbildung, **Facharztbezeichnungen,**[494] Berufsgerichtsbarkeit,[495] Verkammerung,[496] Standesrecht und Werbeverbote,[497] Gebührenfragen,[498] Zulassung zum ambulanten Schwangerschaftsabbruch.[499] – Zum Kassenarztrecht (Nr. 12) → Rn. 58.

**Arzneien** dienen der Heilung, Linderung oder Abwehr von Krankheiten und Leiden bei Mensch **87** oder Tier, aber auch ihrer Erkennung und ganz allg. der Beeinflussung physischer oder psychischer Vorgänge; angesichts der Erweiterung der Nr. 19 mit der Föderalismusreform 2006 dürfte die weite Begriffsbestimmung des Arzneimittelgesetzes[500] zugrunde zu legen sein.[501] Für die erstmals genannten **Medizinprodukte** kann auf die Legaldefinition im Medizinproduktegesetz[502] zurückgegriffen werden: Apparate, Vorrichtungen, Instrumente und Stoffe, die ua der Erkennung, Behandlung, Überwachung von Krankheiten oder Verletzungen oder der Empfängnisregelung dienen und nicht pharmakologisch wirken, also keine Arzneien sind; darunter können auch Hilfsmittel wie Fitnesstracker, **Gesundheits-Apps** uä gefasst werden; der Entwurf für ein E-Health-G. wurde auf Nr. 12 gestützt; Datenübermittlung ist Gegenstand auch des Art. 73 Nr. 7 (→ Art. 73 Rn. 37). **Heilmittel** werden herkömmlich (so zB in § 30 SGB VII aF) definiert als alle ärztlich verordneten Dienstleistungen, die

---

[478] *Schnapp*, in: Schnapp/Wigge, Handbuch des Vertragsarztrechts, 2006, § 4 Rn. 5; *Axer* BK, Art. 74 Abs. 1 Nr. 19 (2011), Rn. 17.

[479] BVerfGE 33, 125 (154).

[480] S. hierzu BVerfGE 106, 62 (105 ff.); *Axer* BK, Art. 74 Abs. 1 Nr. 19 (2011), Rn. 17.

[481] Vgl. *Rengeling* HStR VI³, § 135 Rn. 267; BVerwGE 66, 337 (367).

[482] Vgl. BVerfGE 17, 287 (293) – dort insbes. für Hebammen, dazu auch BVerwGE 66, 126 (127); OVG Lüneburg, U. v. 22.8.2019 – 8 LC 116/18 – Rn. 36, juris; weit. Bsp. und Hinw. auf gesetzl. Regelungen bei *Kunig*, in: v. Münch/Kunig II, Art. 74 Rn. 80.

[483] *Gallwas* DÖV 1993, 17; a.M. *Maier* DVBl 1991, 249; offengelassen bei BVerfGE 104, 23 – keine einstweilige Anordnung gegen AltenpflegeG.

[484] Wenn nach BVerfGE 7, 377 (387) der Apotheker jedoch unter Nr. 11 fällt, dürfte für den Optiker schwerlich anderes gelten; so auch *Kunig*, in: v. Münch/Kunig II, Art. 74 Rn. 80; für Nr. 18 als speziellere Norm *Axer* BK, Art. 74 Abs. 1 Nr. 19 (2011), Rn. 17; *Oeter* MKS II, Art. 74 Rn. 136.

[485] So übereinstimmend *Kunig*, in: v. Münch/Kunig II, Art. 74 Rn. 77; *Rengeling* HStR VI³, § 135 Rn. 266; BVerwGE 61, 169 (174 f.).

[486] BVerfGE 4, 74 (84 f.); 7, 18 (25); 17, 287 (292); 33, 125 (152 f.); *Schnapp*, in: Schnapp/Wigge, Handbuch des Vertragsarztrechts, 2006, § 4 Rn. 6.

[487] BVerwGE 61, 169 (174 f.).

[488] VGH Kassel, Urt. v. 4.2.2016 – 7 A 983/15 – Rn. 74; s. auch VG Hannover, Urt. v. 28.5.2014 – *Kirchhof*, in: Maunz/Dürig, Art. 83 Rn. Rn. 13.

[489] BVerfGE 17, 287 (293); 98, 265 (305 f.); BVerwGE 61, 169 (174).

[490] *Kunig*, in: v. Münch/Kunig II, Art. 74 Rn. 79; eingehend *Lerche* DVBl 1981, 609 ff.; die Frage einer generellen Zuständigkeit für die Regelung der Anforderung an die theoretische und praktische Ausbildung wird bei BVerfGE 104, 23 als für das Hauptsacheverfahren bedeutsam angesprochen.

[491] *Lerche* DVBl 1981, 609 (612); *Axer* BK, Art. 74 Abs. 1 Nr. 19 (2011), Rn. 18; Studienordnungen fallen nicht unter Nr. 19, BVerwG NVwZ 1987, 979.

[492] Vgl. – für den Altenpfleger – BVerfGE 106, 62 (131 f.).

[493] *Oeter* MKS II, Art. 74 Rn. 136.

[494] BVerfGE 33, 125 (152 f.); 98, 265 (307).

[495] BVerfGE 4, 74 (83); 17, 287 (292 f.).

[496] BVerwGE 39, 110 (112) für ärztlichen Berufsverband; BVerfGE 41, 261 (262); Nds OVG, Urt. v. 22.8.2019 – 8 LC 116/18 – Rn. 36, juris.

[497] BVerfGE 71, 162 (172) – dort zu Art. 5 I bei Werbeverboten.

[498] BVerfGE 17, 287 (292); 68, 319 (327).

[499] BVerwGE 75, 330 (333).

[500] IdF der Bek. v. 12.12.2005 (BGBl I 3394).

[501] *Axer* BK, Art. 74 Abs. 1 Nr. 19 (2011), Rn. 20.

[502] IdF der Bek. v. 7.8.2002 (BGBl I 3164).

einem Heilzweck dienen oder einen Heilerfolg sichern, insbes. Maßnahmen der physikalischen Therapie sowie der Sprach- und Beschäftigungstherapie.[503] Dies mag möglicherw. nicht dem allg. Sprachgebrauch entsprechen, der unter Heilmitteln vor allem die „natürlichen" Heilmittel in Unterscheidung von pharmazeutischen Produkten versteht;[504] da die Kompetenznorm jedoch die differenzierte einfachgesetzl. Begrifflichkeit übernimmt, sind auch die dort vorgenommenen Abgrenzungen zugrunde zu legen.[505] **Betäubungsmittel** sind Stoffe, die objektiv geeignet sind, der Linderung von Schmerzen zu dienen und das Bewusstsein zu verändern, auch wenn sie zu anderen Zwecken eingenommen werden,[506] also auch Drogen und Rauschgifte.[507] **Gifte** sind Stoffe, die schon nach ihrer Beschaffenheit und nicht erst, wie viele Arzneien, bei Überdosierung schwer gesundheitsschädlich oder tödlich wirken können,[508] und zwar für Mensch und Tier, unabhängig davon, ob es sich um künstl. hergestellte oder natürl. vorkommende Substanzen handelt.[509] Die Kompetenz erstreckt sich auf den gesamten Umgang mit diesen Stoffen, von der Herstellung, ggfs. einer Zulassung, über den Vertrieb bis zum Verbrauch.[510] Gesundheitsschädl. Genussmittel dürften unter Nr. 20 fallen.[511] Die Beschränkung auf den Verkehr ist mit der Verfassungsänderung 2006 entfallen; damit werden auch z.B. Arzneimittel erfasst, die der Arzt zur Anwendung bei eigenen Patienten selbst herstellt.[512] Mit der Aufnahme des Kompetenzbegriffs des **Apothekenwesens** soll eine umfassende bundesgesetzl. Regelung dieses Rechtsgebiets ermöglicht werden.[513] Die Kompetenzerweiterung erfolgte als Reaktion auf die Frischzellenentscheidung BVerfGE 102, 26.

88   Für das **Krankenhauswesen** ist die Zuständigkeit des Bundes gem. Nr. 19a beschränkt;[514] sie steht außerdem unter dem Vorbehalt der **Erforderlichkeit** iSv Art. 72 II. Für **Krankenhäuser** ist **stationäre** (auch teilstationäre) Behandlung begrifflich entscheidend;[515] die einfachgesetzl. Legaldefinition des KHG kann zur Bestimmung des Kompetenzbegriffs herangezogen werden.[516] Ambulatorien fallen nicht unter Nr. 19a, wohl aber entsprechende Einrichtungen innerhalb von Krankenhäusern.[517] Kompetenzthema ist die finanzielle Seite des Krankenhauswesens, wie sich aus der Gleichordnung von wirtschaftl. Sicherung und Pflegesätzen ergibt;[518] Nr. 19a verleiht daher keine Zuständigkeit für strukturelle Eingriffe in das Krankenhauswesen[519] oder umfassende Bedarfsplanung,[520] umfasst jedoch alle Regelungen, die die Entgelte für Krankenhausleistungen nach Höhe oder Struktur beeinflussen, wie einen Rechnungsabschlag für die GKV,[521] sowie auch Qualitätssicherung durch qualitätsorientierte Krankenhausplanung.[522] Regelungen der Personalstruktur dürfen jedenfalls nicht zu einer Vollkompetenz des Bundes für das Krankenhauswesen führen.[523] Doch werden Vorgaben zur Qualitätssicherung vom BayVerfGH[524] als Leistungserbringungsrecht der Sozialversicherung iSv Nr. 12 zugeordnet.

89   Fragen der Krankenhaus- und Personalstruktur, der Einkünfte des Personals und des Liquidationsrechts der Ärzte sind daher nicht von Nr. 19a umfasst;[525] dass sie für die wirtschaftl. Situation der Krankenhäuser bedeutsam sind, kann hierfür nicht ausreichen, da unter diesem Aspekt Nr. 19a zu einer **Vollkompetenz** erstarken würde, die Nr. 19a gerade nicht begründen will.[526] Unter **wirtschaftlicher Sicherung** sind daher in erster Linie Finanzhilfen zu sehen, **Pflegesätze** sind Entgelte (der Nutzer oder Kostenträger) für die (teil-)stationären Leistungen der

---

[503] *Axer* BK, Art. 74 Abs. 1 Nr. 19 (2011), Rn. 22.
[504] Vgl. *Kunig,* in: v. Münch/Kunig II, Art. 74 Rn. 81, „natürliche" Heilmittel.
[505] Oeter MKS II, Art. 74 Rn. 138.
[506] *Kunig,* in: v. Münch/Kunig II, Art. 74 Rn. 81.
[507] Vgl. *Axer* BK, Art. 74 Abs. 1 Nr. 19 (2011), Rn. 23 zur Definition: Betäubungsmittel als Mittel zur Verhinderung, Linderung oder Beseitigung von Schmerzen, auch wenn zu anderen Zwecken eingenommen; doch sind generell bewusstseinsverändernde Mittel hierunter zu fassen, ebenso Oeter MKS II, Art. 74 Rn 138.
[508] Vgl. *Axer* BK, Art. 74 Abs. 1 Nr. 19 (2011), Rn. 24.
[509] *Axer* BK, Art. 74 Abs. 1 Nr. 19 (2011), Rn. 24.
[510] *Pieroth,* in: Jarass/Pieroth, Art. 74 Rn. 53.
[511] *Axer* BK, Art. 74 Abs. 1 Nr. 19 (2011), Rn. 24.
[512] BVerfGE 102, 26 – Frischzellen.
[513] Vgl. BT-Dr 16/813 S. 32.
[514] S. hierzu grds. BVerwGE 144, 109 Rn. 19; näher *Wysk* DVBl 2015, 661.
[515] *Rengeling* HStR VI³, § 135 Rn. 269 unter Bezugnahme auf § 2 Nr. 1 KHG.
[516] Vgl. *Axer* BK, Art. 74 Abs. 1 Nr. 19 (2011), Rn. 12 unter Hinweis auf den zeitlichen Zusammenhang.
[517] *Wittreck,* in: Dreier II, Art. 74 Rn. 94.
[518] Vgl. näher *Lerche/Degenhart,* in: Lerche/Degenhart/Isensee, Krankenhausfinanzierung in Selbstverwaltung, 1990, S. 11 (79 ff.); *Oeter* MKS II, Art. 74 Rn. 141.
[519] *Lerche/Degenhart* und *Isensee,* in: Lerche/Degenhart/Isensee (Fn. 496), S. 11 (79 ff.) und S. 97 (146 ff.).
[520] Wohl aber Krankenhausplanung, die auf wirtschaftliche Sicherung hierbei einen allgemeinen Standard der Krankenhausversorgung abzielt, BVerfGE 82, 209 (232); 83, 363 (380).
[521] BSG GesR 2010, 554 Abs. 14, insoweit Zuständigkeit auch aus Nr. 12 herleitend, dort auch unter Abs. 16 zur Erforderlichkeit einer bundesgesetzlichen Regelung.
[522] *Wollenschläger/Schmidl* GesR 2016, 542 ff.
[523] Vgl. BayVerfGH E. v. 16.7.2019 – Vf. 41-IX-19 – Rn 76.
[524] AaO Rn. 76. – zum Volksbegehren Pflegenotstand; dazu auch HambVerfGH NordÖR 2019, 240 Rn. 72 ff., dort zum Gebrauchmachen des Bundes von Nr. 12.
[525] Ebenso *Kunig,* in: v. Münch/Kunig II, Art. 74 Rn. 82; Oeter MKS II, Art. 74 Rn. 141.
[526] Zutr. *Isensee,* in: Lerche/Degenhart/Isensee (Fn. 496), S. 97 (147 f.).

Krankenhäuser.[527] Die Befugnis, das Modell der hoheitlichen Pflegesatzfestsetzung durch andere Verfahren abzulösen, schließt Nr. 19a nicht aus.[528] **Materiell** dürfte Nr. 19a als Hinweis auf ein besonderes öffentliches Interesse an der wirtschaftl. Leistungsfähigkeit des Krankenhauswesens zu deuten sein.[529] Eine Festschreibung etwa eines bestimmten Systems – zB staatl. Leistungen und Pflegesätze – kann Nr. 19a nicht entnommen werden; auch allein über die Pflegesätze als Leistungsentgelte kann eine wirtschaftl. Sicherung angestrebt werden.[530] Regelungen zur Preisbindung bei Privatkliniken fallen unter Nr. 11 (Recht der Wirtschaft– Privatversicherung).[531] Der Bund hat von Nr. 19a nicht erschöpfend Gebrauch gemacht.[532]

## XVI. Verbrauchsgüter, Pflanzen- und Tierschutz (Nr. 20)

Die konk. Zuständigkeit für die Gegenstände des ersten Bereichs von Nr. 20 wurde mit der **90** Föderalismusreform 2006 erweitert; sie ist nunmehr umfassend und nicht auf den Verkehr mit **Lebens- und Genussmitteln** beschränkt, umfasst deren Erzeugung wie Verwendung, unter Einbeziehung etwa von Beschaffenheitsanforderungen, aber auch Kennzeichnungspflichten und auch der **Verbraucherinformation.**[533] Die Materien der Nr. 20 sind in hohem Maße unionsrechtlich determiniert; das Erfordernis einer bundesgesetzl. Regelung muss wegen Art. 72 II nachgewiesen werden, dürfte freilich unter dem Gesichtspunkt der Wirtschaftseinheit regelmäßig zu bejahen sein – sieht man ab von einer praktisch so bedeutsamen Materie wie der der **Hausschlachtungen,** die lt. Gesetzesbegründung künftig unter Nr. 20 fällt.[534] Das Recht der der Gewinnung von Lebensmitteln dienenden Tiere erfasst auch den Zeitraum vor der eigentlichen Lebensmittelgewinnung. **Genussmittel** sind **Lebensmittel,** die nicht wegen ihres Nährwerts, sondern wegen ihres Geschmacks und/oder ihrer anregenden Wirkung eingenommen werden, zum Beispiel Kaffee, Tee, Kakao, Tabak[535] und alkoholhaltige Getränke; die Abgrenzung mag zeitlichen und regionalen Schwankungen unterliegen.[536] Nr. 20 umfasst nicht nur unmittelbare Beschaffenheitsanforderungen, sondern auch Regelungen über den Umgang mit Genussmitteln, zB Altersgrenzen, Bestimmungen zum Schutz Dritter, aber auch des Konsumenten selbst, so gegen Sucht- oder Gesundheitsgefahren. **Nichtraucherschutz** bzw. Beschränkungen des Rauchens in der Öffentlichkeit fallen daher unter Nr. 20;[537] für ein engeres Verständnis der Kompetenzerweiterung geben die Materialien zur Föderalismusreform nichts her; der Wortlaut der Norm umfasst jedenfalls eindeutig das gesamte Recht der Lebens- und Genussmittel, von der Erzeugung über den Verkehr bis zur Verwendung. Für **„Bedarfsgegenstände"** dürfte auf Gegenstände des tägl. Bedarfs abzustellen sein,[538] mit denen der Einzelne häufiger in Berührung kommt.[539] Für Saat- und Pflanzgut beschränkt sich Nr. 20 weiterhin auf den Schutz beim Verkehr, also auf Regelungen mit gefahrenabwehrender bzw. -vorsorgender Tendenz.[540]

Der **Pflanzenschutz** nach Nr. 20 ist nicht im Sinn einer allg. Naturschutzkompetenz zu verstehen; **91** Pflanzenschutz ist auch nicht gleichbedeutend mit Biotopschutz.[541] Die Kompetenz für den **Tierschutz** wurde 1971 in Nr. 20 eingefügt und sollte die Grundlage für ein umfassendes Tierschutzgesetz des Bundes schaffen.[542] Der Begriff des Tierschutzes ist dem entsprechend weit auszulegen. Er bezieht sich insbes. auf die Haltung, Pflege, Unterbringung und Beförderung von Tieren, auf Versuche an lebenden Tieren und auf das Schlachten von Tieren.[543] Ob vor der jüngsten Änderung des Art. 20a allein aus der Erwähnung in Nr. 20 auf den **Verfassungsrang** des Tierschutzes geschlossen werden konnte – mit der Folge einer Beschränkbarkeit der Forschungsfreiheit nach Art. 5 III – ist zweifelhaft;[544] *dafür* könnte die nachträg. Aufnahme des Kompetenztitels sprechen (→ Art. 70 Rn. 71),[545] die

---

[527] *Rengeling* HStR VI³, § 135 Rn. 269.

[528] Vgl. *Lerche/Degenhart*, in: Lerche/Degenhart/Isensee (Fn. 496), S. 11 (79 ff.).

[529] Zumal angesichts der nachträgl. Aufnahme der Bestimmungen, vgl. → Art. 70 Rn. 71.

[530] Vgl. *Lerche/Degenhart*, in: Lerche/Degenhart/Isensee (Fn. 496), S. 11 (79).

[531] BVerfG (K) NZS 2013, 858 Rn. 19.

[532] BVerwGE 144, 109 Rn. 19 ff.

[533] BVerfGE 148, 40 Rn. 23.

[534] Vgl. BT-Dr 16/813, S. 32; *Oeter* MKS II, Art. 74 Rn. 145.

[535] Vgl. auch *Siekmann* NJW 2006, 3382 (3383).

[536] Vgl. zu den Kompetenzbegriffen der Nahrungs- und Genussmittel *Oeter* MKS II, Art. 74 Rn. 145.

[537] Ebenso *Stettner* ZG 2007, 173 ff.

[538] Vgl. bereits JöR nF 1 (1951), 545.

[539] Ebenso *Kunig*, in: v. Münch/Kunig II, Art. 74 Rn. 84.

[540] *Wittreck*, in: Dreier II, Art. 74 Rn. 97.

[541] Vgl. *Rengeling* HStR VI³, § 135 Rn. 274 Schutz der einzelnen Pflanze.

[542] Vgl. BT-Dr 6/2010, S. 3 unter B.

[543] BVerfGE 110, 141 (171); entspr. auch der Anwendungsbereich des auf Grund der Verfassungsänderung ergangenen TierschutzG v. 24.7.1972 (BGBl I 1277).

[544] Vgl. *Heyde* FS Zeidler II, 1987, S. 1429 (1441); abl. *Kloepfer* JZ 1986, 205 (207); *Muckel* NJW 2000, 689 (691); *Oeter* MKS II, Art. 74 Rn. 145..

[545] Anders *Stettner*, in: Dreier II, Suppl. 2007, Art. 74 Rn. 104; wie hier grds. *Wittreck*, in: Dreier II, vor Art. 70 Rn. 54.

typische Anwendungsfälle wie die Beschränkung von **Tierversuchen** oder auch der **Massentierhaltung**[546] als vom Willen des verfassungsändernden Gesetzgebers getragen erscheinen ließ.[547]

92     Unter Tierschutz fallen nicht Maßnahmen zum Schutz vor Tieren: das Verbot der Züchtung von „Kampfhunden" könnte daher nicht auf Nr. 20 gestützt werden:[548] ihre Haltung fällt unter Gefahrenabwehr.[549]

## XVII. Bereiche der Schifffahrt (Nr. 21)

93     Aus dem **„nautischen Katalog"** nach Nr. 21 wird eine umfassende Bundeskompetenz für das Schifffahrtswesen abgeleitet.[550] **Schifffahrt** meint dabei jeglichen Verkehr von Wasserfahrzeugen, unabhängig davon, ob es sich um „Schiffe" im herkömmlichen Sprachgebrauch handelt.[551] Dabei bedeutet **Hochseeschifffahrt** die Schifffahrt außerhalb der Territorialgewässer, also der Küstengewässer – für Letztere wird auf die Legaldefinition in § 1 I Nr. 1a WHG abgestellt.[552] **Küstenschifffahrt** ist Verkehr innerhalb der Letzteren, aber auch i. Ü. der Verkehr von einem Punkt der Bundesrepublik zu einem anderen über See,[553] **Binnenschifffahrt** vollzieht sich auf Binnengewässern, soweit sie nicht Zu- und Abfahrt zu Seehäfen sind. Sie ist in erhebl. Umfang europarechtlich determiniert.[554] Die Kompetenz ist nicht auf Verkehrsregelungen und Schifffahrtspolizei beschränkt, sondern umfasst ua auch Maßnahmen gegen schifffahrtsbedingte Gewässerverschmutzungen, die technische Beschaffenheit der Fahrzeuge, Ausbildung und Arbeitsbedingungen der Besatzungsmitglieder.[555] See- und Binnenhäfen werden nicht in die Kompetenz für die Schifffahrt einbezogen.[556] **Seezeichen** werden als optisch wahrnehmbare Zeichen aufgefasst,[557] während das „Signalwesen" unter „Schifffahrt" gefasst wird.[558] Off-shore-Windparks, Bohrplattformen uä fallen nicht unter Nr. 21, da nicht seefahrtsbezogen – dies betrifft auch das Rettungswesen für diese Anlagen.[559]

94     Die Kompetenz für **Seewasserstraßen** erstreckt sich auf die der deutschen Hoheitsgewalt unterstehenden Küstengewässer[560] und erfasst die Wasserstraßen als Verkehrswege.[561] Binnenwasserstraßen – nicht notw. des Bundes[562] – müssen dem allg. Verkehr dienen; dies ist nicht der Fall bei der Nutzung ohne wesent. Ortsveränderung, wie bei örtl. Strandgeschehen (Surfen, Bootsverleih).[563] Abzustellen ist auf die Bedeutung des Schiffsverkehrs; ob es sich um gewerbl. Verkehr handelt, ist nicht entscheidend.[564] Nr. 21 bezieht sich insoweit auf die Verkehrsfunktion der Wasserstraßen, umfasst hierbei Verkehrsregelungen, verkehrsbedingte Gewässereinwirkungen, aber auch Ausbau und Erhaltung einschl. der **Planfeststellung**,[565] nicht aber allg. wasserwirtschaftliche Regelungen;[566] diese können auf Nr. 32 gestützt werden, auch wenn sie Wasserstraßen betreffen.[567] Aus anderen als Gründen des Verkehrs bleiben die Länder zuständig, z.B. zu Gemeingebrauchsbeschränkungen aus Gründen des Naturschutzes, oder auch Entnahmeentgelte.[568] **Wetterdienst** iSv Nr. 21 ist nicht auf die Schifffahrt beschränkt.[569]

---

[546] Dazu *Stober* NuR 1982, 173 ff.

[547] Zweifelnd *Kunig*, in: v. Münch/Kunig II, Art. 74 Rn. 86; s. aber auch *Muckel* NJW 2000, 689 (691): da in Nr. 20 weder Verfassungsauftrag enthalten noch andernfalls Leerlaufen des Kompetenztitels, hierin keine Ermächtigung zu Grundrechtsbeschränkungen.

[548] BVerfGE 110, 141 (171).

[549] BerlVerfGH NVwZ-RR 2019, 395 Rn. 61 ff.

[550] *Kunig*, in: v. Münch/Kunig II, Art. 74 Rn. 102 f.

[551] Zu Einzelheiten vgl. die ebenso umfassende wie phantasievolle Definition bei *Pestalozza* MKP Art. 74 Rn. 1495 verwiesen werden.

[552] *Kunig*, in: v. Münch/Kunig II, Art. 74 Rn. 89; *Knauff* BK Art. 74 I Nr. 21 (2016) Rn. 9 f.

[553] *Kunig* ebda.

[554] Näher *Knauff* BK Art. 74 I Nr. 21 (2016) Rn. 33 f.

[555] Näh *Pieroth*, in: Jarass/Pieroth, Art. 74 Rn. 57; unter Hinw. auf einschlägige Regelungen *Kunig*, in: v. Münch/Kunig II, Art. 74 Rn. 89.

[556] *Kunig*, in: v. Münch/Kunig II, Art. 74 Rn. 105; auch nicht über Wasserstraßen; s. für Binnenhäfen BVerfGE 2, 347 (376); aM *Knauff* BK Art. 74 I Nr. 21 (2016) Rn. 13 unter Hinw. auf die für die Schifffahrt notwendige Verkehrsfunktion.

[557] *Oeter* MKS II Rn. 150; für „Heulbojen" s. *Kunig*, in: v. Münch/Kunig II, Art. 74 Rn. 90.

[558] BVerfGE 15, 1 (12).

[559] *Oeter* MKS II, Art. 74 Rn. 150; *Knauff* BK Art. 74 I Nr. 21 (2016) Rn. 9; aM – Annexkompetenz – *Biederbeck*, NdSVBl 2012, 263.

[560] *Pieroth*, in: Jarass/Pieroth, Art. 74 Rn. 59; *Knauff* BK Art. 74 I Nr. 21 (2016) Rn. 18.

[561] BVerfGE 15, 1 (9); 21, 312 (321); *Knauff* BK Art. 74 I Nr. 21 (2016) Rn. 19.

[562] BVerfGE 15, 1 (9); Beispiel bei *Kunig*, in: v. Münch/Kunig II, Art. 74 Rn. 94: Starnberger See.

[563] *Knauff* BK Art. 74 I Nr. 21 (2016) Rn. 20.

[564] *Pieroth*, in: Jarass/Pieroth Art, 74 Rn. 59; *Knauff* BK Art. 74 I Nr. 21 (2016) Rn. 20; für nicht dem allg.n Verkehr dienende Binnenwasserstraßen s. *Thomas* ZfW 2009, 143.

[565] Vgl. *Breuer* DVBl 1974, 268 (271); *Kunig*, in: v. Münch/Kunig II, Art. 74 Rn. 93.

[566] BVerfGE 15, 1 (23); BVerwG, B. v. 9.3.2010 – 7 B 3/10 – Abs. 10 (= IBR 2010, 421).

[567] *Knauff* BK Art. 74 I Nr. 21 (2016) Rn. 29.

[568] OVG NRW DVBl 2012, 987 Rn. 68.

[569] BVerfGE 15, 1 (12 f.); *Wittreck*, in: Dreier II, Art. 74 Rn. 105.

## XVIII. Straßenverkehr (Nr. 22)

**Straßenverkehrsrecht** iSv Nr. 22 ist abzugrenzen vom **Straßen- und Wegerecht.** Dieses regelt 95 die Bereitstellung von Straßen für den öffentlichen Verkehr, die die wegerechtliche **Widmung** einbezieht;[570] das Straßenverkehrsrecht regelt den – durch die Widmung prinzipiell zugelassenen – Verkehr selbst, knüpft also grds. an die Widmung an,[571] umfasst insbes. die Anforderungen an die Verkehrsteilnehmer zur Gefahrenabwehr und Gewährleistung der **Sicherheit und Leichtigkeit des Verkehrs.**[572] Das Straßenverkehrsrecht ist also besonderes, sachlich begrenztes **Ordnungsrecht.**[573] Erforderlichkeit einer bundesgesetzl. Regelung ist nach Art. 72 II gesondert festzustellen.

IE zählt hierzu neben der eigentl. **Verkehrsregeln** (iSv StVG und StVO) auch die Abwehr von 96 außen auf den Verkehr einwirkender Gefahren (wie Anlagen der **Außenwerbung**[574] und Verkehrs- hindernisse[575] oder Werbung an Fahrzeugen wegen ihrer ablenkenden Wirkung),[576] während Wid- mung und (Teil-)einziehung – zB für **Fußgängerzonen**[577] – zum Straßenrecht zählen. Gleiches gilt für die Erteilung von Sondernutzungserlaubnissen für verkehrsfremde Zwecke – Plakatständer,[578] Abstellen von Fahrzeugen zum Zweck des Verkaufs –,[579] während das **Dauerparken** als Form des ruhenden Verkehrs unter Nr. 22 fällt.[580] Dies gilt auch für die Einrichtung von Anwohnerparkzonen zur Minderung des Parksuchverkehrs und insbesondere des Verkehrsdrucks durch Pendler.[581] Ein Sachverhalt kann in beide Normenbereiche fallen: Das Abstellen eines Fahrzeugs zu Werbezwecken ist straßenrechtliche Sondernutzung, kann aber, etwa bei Sichtbehinderung, auch straßenverkehrsrechtlich unzulässig sein.[582] Integration des Verkehrsumweltschutzes und generell die Einbindung innovativer Verkehrskonzepte, wie zB Carsharing, sind von Nr. 22 gedeckt.[583] Gebühren für Maßnahmen im Straßenverkehr fallen als Annex unter Nr. 22.[584]

Zum **Kraftfahrwesen** werden vor allem Bau- und Betriebsvorschriften für Kraftfahrzeuge ge- 97 zählt.[585] Mit der Kompetenz für die **Bundesstraßen und Bundesautobahnen** – diese sind mit den Landstraßen für den Fernverkehr gemeint – erhält der Bund auch die konk. Zuständigkeit für das Straßenrecht in diesem Bereich, so für Bau und Genehmigung, insbes. auch **Planfeststellung,**[586] **Sondernutzungen**[587] und **Verkehrssicherungspflichten;**[588] zur „Planfeststellung" in Gesetzesform Art. 70 Rn. 16. Nicht aber zählt zu „Bau und Unterhaltung" die Abstufung einer Bundesstraße in eine Straße nach Landesrecht, da hierdurch in den Verwaltungs- und Gesetzgebungsraum des Landes eingegriffen würde.[589] Die Erhebung von **Entgelten** iSv Nr. 22 erstreckt sich auf alle öff. Straßen,[590] bezieht sich auch auf **Parkgebühren.**[591] Mit der Ersetzung des Begriffs der Gebühren durch den der Entgelte im 52. ÄndG. Zum GG 2006 sollte klargestellt werden, dass auch privatrechtl. Entgelte erhoben werden können.[592] Allerdings wurden auch Mautgebühren für privat finanzierte Straßen nach dem Fernstraßenbauprivatfinanzierungsgesetz als Gebühren iSv Nr. 22 aF angesehen,[593] da der Private

---

[570] S. zur Abgrenzung OVG Bln-Bbg, Beschl. v. 16.2.2012 – OVG 1 N 68.11 – Rn. 7 f.

[571] BVerfGE 40, 371 (378 ff.); *Oeter* MKS II, Art. 74 Rn. 154; *Knauff* BK Art. 74 I Nr. 22 (2016) Rn. 10 der im Hinblick auf den Normzweck auch Verkehrsflächen einbeziehen will, die faktisch dem öffentlichen Verkehrsraum zugeordnet sind, unter Bezugnahme auf BayVerfGH NVwZ-RR 2014, 945 (946) – juris Rn. 33.

[572] BVerfGE 40, 371 (380); BVerwGE 56, 56 (58).

[573] BVerfGE 40, 371 (380); 67, 299 (314); *Kunig,* in: v. Münch/Kunig II, Art. 74 Rn. 95.

[574] BVerfGE 32, 319 (326 f.).

[575] BVerwGE 82, 34 (37).

[576] BVerfGE 40, 371 (380).

[577] BVerwGE 62, 376 (378).

[578] BVerwGE 56, 56 (58).

[579] BayObLG DÖV 1983, 297.

[580] BVerfGE 67, 299 (315); *Oeter* MKS II, Art. 74 Rn. 154; s. auch *Degenhart,* Gesetzgebungskompetenzen des Bundes für ein Carsharing-G, Rechtsgutachten, 2015.

[581] Vgl. *Fugmann-Heesing* NVwZ 1983, 531; *Köckerbauer* NJW 1995, 621.

[582] Vgl. *Oeter* MKS II, Art. 74 Rn. 154; *Knauff* BK Art. 74 I Nr. 22 (2016) Rn. 13; BayVGH BayVBl 1979, 688.

[583] *Gehrmann* NZV 2000, 285; BVerwGE 59, 221; für mögliche stadtplanerische Absichten *Fugmann-Heesing* NVwZ 1983, 531; BVerwG DÖV 1980, 915 (916); zur Unschädlichkeit der Mehrfachmotivation bei straßenver- kehrsbehördl. Eingriffen *Steiner* ZRP 1978, 278; s. auch *Degenhart,* Gesetzgebungskompetenzen des Bundes für ein Carsharing-Gesetz, Rechtsgutachten, 2015.

[584] VGH BaWü NZV 2014, 593 Rn. 26.

[585] *Sannwald,* in: Schmidt-Bleibtreu ua, Art. 74 Rn. 29; *Oeter* MKS II, Art. 74 Rn. 155.

[586] BVerfGE 26, 338 (377).

[587] BVerwGE 35, 326 (328); gegen Einbeziehung von Zubringerstraßen zutreffend *Maunz,* in: Maunz/Dürig, Art. 74 Rn. 241: insbes. keine Kompetenz aus Sachzusammenhang.

[588] *Bartlsperger* DVBl 1973, 465.

[589] BVerfGE 102, 167 (174 f.) mit Anm. *Hermes* JZ 2001, 91.

[590] Zur Straßenbenutzungsgebühr s. Nds OVG DVBl 2013, 394 Rn. 25.

[591] BVerwGE 58, 326 (330).

[592] Vgl. BT-Dr 16/813, S. 33.

[593] Vom 30.8.1994, BGBl I 2243, idF der Bek. v. 6.1.2006, BGBl I 49; s. hierzu *Steiner* NJW 1994, 3150.

hier als Beliehener gilt. Die Kompetenz nach Nr. 22 ist vielfach überlagert durch Recht der EU;[594] dies betraf auch die auf Nr. 22 gestützte Infrastrukturabgabe („PKW-Maut").[595]

## XIX. Schienenbahnen (Nr. 23)

98    **Schienenbahnen** sind der Oberbegriff zu „Eisenbahnen"; darunter fallen nach der Begründung zum 40. Änderungsgesetz 1993 „alle spurgebundenen Verkehrssysteme, bei deren Spur es sich um eine Schiene im weitesten Wortsinn handelt";[596] auch auch Straßenbahnen und **U-Bahnen**[597] und **Hochbahnen,** nicht aber Seilbahnen und O-Busse[598] (vgl. iE Art. 73 Rn. 27); ebenso wenig „Bahnen besonderer Bauart" (vgl. § 1 I 2 AEG und Art. 1 II 1 BayEBG) wie z. B. ortsfeste Bahnen in Vergnügungsparks.[599] Nr. 23 gilt nicht für Eisenbahnen des Bundes, für die Art. 73 I Nr. 6a eine ausschließliche Bundeskompetenz besteht, Wie dort, ist auch für Nr. 23 die Kompetenz **verkehrsbezogen** zu bestimmen[600] (Art. 73 Rn. 28). Auch der Bau der Schienenwege fällt deshalb unter Nr. 23. **Bergbahnen,** die von Nr. 23 ausdrückl. ausgenommen sind, sind nach herkömml. Sprachgebrauch zu verstehen.[601] Sie unterliegen alleiniger Länderkompetenz; sie umfasst auch dem Bau vorangehende Planungen und Enteignungen.[602] Ein Ausschluss von **Privatbahnen** ist nicht begründbar.[603]

## XX. Umweltschutzkompetenzen (Nr. 24)

99    Nr. 24, durch das 30. ÄndG zum GG 1972 eingefügt und 2006 geändert, umfasst wesentliche Bereiche des **Umweltschutzes.**[604] Weitere Kompetenzen folgen aus Nr. 11, 17, 18 und 20.Der Bund hat jedoch keine generelle „Umweltkompetenz".[605] Beibehalten wurde die Zuständigkeit für Luftreinhaltung und Lärmbekämpfung; dabei wurde verhaltensbezogener Lärm aus der Bundeszuständigkeit genommen. Der Prüfung der Erforderlichkeit nach Art. 72 II bedarf es nicht.

100   Durch das 52. ÄndG zum GG 2006 wurde aus der Kompetenz für Abfallbeseitigung eine umfassende Kompetenz für **Abfallwirtschaft.** tatsächlich war bereits die Kompetenz für die Abfallbeseitigung so aufgefasst worden,[606] unter Einbeziehung auch der Abfallvermeidung.[607] Nr. 24 als Kompetenzgrundlage für das erste Bundesabfallgesetz markiert den Übergang zu einer umweltorientierten Abfallwirtschaft mit dem Ziel auch einer Harmonisierung in der EU geschaffen werden;dies und eine noch nicht gefestigte Terminologie zu Abfallbeseitigung und -wirtschaft begründeten – so BVerfG zur kommunalen Verpackungssteuer – eine umfassende Bundeszuständigkeit.[608] Mit der Formulierung **„Abfallwirtschaft"** wird explizit klargestellt, dass sich die konk. Zuständigkeit auf alle Phasen der Abfallentsorgung bezieht sowie auch auf alle damit im Zusammenhang stehenden Maßnahmen, wie Einsammlung, Lagerung, Behandlung, Beförderung und Verwertung von Abfällen.[609]

101   Durch Nr. 24 wird kein bestimmter **Abfallbegriff,** also auch nicht der des einfachen Rechts, festgeschrieben.[610] Doch darf der Abfallbegriff des zeitgleich mit seiner Kompetenzgrundlage erlassenen AbfG[611] (jetzt: § 3 I 1 KrWG) als verfassungskonforme Umschreibung dessen gewertet werden, was jedenfalls Abfall iSv Nr. 24 ist: bewegliche Sachen, deren sich der Besitzer entledigen will, ohne dass es darauf ankäme, ob eine Weiterverwendung möglich oder wirtschaftl. sinnvoll[612] oder deren geordnete Beseitigung im Interesse des Allgemeinwohls geboten ist: subjektiver und objektiver Abfallbegriff. Die

---

[594] S. dazu *Knauff* BK Art. 74 I Nr. 22 (2016) Rn. 43; *Knauff* BK Art. 74 I Nr. 22 (2016) Rn. 155.

[595] S. jetzt EuGH NJW 2019, 2369 – C-591/17 –; aus dem Schrifttum *Boehme-Neßler* NVwZ 2014, 97; *Fehling* ZG 2014, 305; *Hillgruber* DVBl 2016, 73.

[596] BT-Dr 12/5015 S. 6; *Becker* BK Art, 74 I Nr. 23 (2016) Rn. 6;,

[597] BVerfGE 26, 338 (382); 56, 249 (282) für Straßenbahnen,.BVerfGE 45, 297 (323) für U-Bahnen.

[598] *Pieroth,* in: Jarass/Pieroth, Art. 74 Rn. 67.

[599] Vgl. dazu *Saxinger/Fregin* BayVBl 2000, 43 (46), dort zu weiteren Abgrenzungen.

[600] BVerfGE 15, 1 (13) f.; *Pieroth,* in: Jarass/Pieroth, Art. 74 Rn. 67; für Wegebau und Planfeststellung BVerfGE 26, 339 (382).

[601] Näheres zum Wesen der Bergbahn bei *Pestalozza* MKP Art. 74 Rn. 1672 f.

[602] BVerfGE 56, 249 (263) – Dürkheimer Gondelbahn.

[603] *Pieroth,* in: Jarass/Pieroth, Art. 74 Rn. 67.

[604] Vgl. *Voßkuhle* NVwZ 2013, 1 ff.

[605] *Oeter* MKS II, Art. 74 Rn. 161; *Knauff,* BK, Art. 74 I Nr. 24 (2016) Rn. 5; *Wittreck,* in: Dreier II, Art. 74 Rn. 117.

[606] BVerfGE 98, 83 (98); 98, 106 (120); 102, 99 (115 f.); 110, 370 (384).

[607] Vgl. *Knauff* BK, Art. 74 I Nr. 24 (2016) Rn. 9; BVerfGE 98, 83 (100 f.).

[608] BVerfGE 98, 83 (120); s. auch BVerfGE 110, 370 (384).

[609] *Knauff* BK, Art. 74 I Nr. 24 (2016) Rn. 7 f.; *Oeter* MKS II, Art. 74 Rn. 163; BVerfGE 110, 370 (384): Behandlung und Lagerung von Autowracks; BVerwG DVBl. 1991, 399: Klärschlamm-Entschädigungsfonds; BVerwGE 123, 1 (6): Abfallbehälternutzungspflicht.

[610] Vgl. *Knauff* BK, Art. 74 I Nr. 24 (2016) Rn. 6; *Oeter* MKS II, Art. 74 Rn. 162; BVerwG NVwZ-RR 1991, 294.

[611] Vgl. *Kunig,* in v. Münch/Kunig II, Art. 74 Rn. 102: Einfügung des Kompetenztitels als Grundlage für das AbfG v. 7.6.1972, BGBl I 873; zum zeitlichen Zusammenhang zwischen Kompetenzbegründung und kompetenzausfüllendem Gesetz Art. 70 Rn. 71.

[612] Vgl. *Knauff* BK, Art. 74 I Nr. 24 (2016) Rn. 6.

Kompetenznorm gibt auch keine bestimmten **Instrumente** vor. So kann der Bundesgesetzgeber neben dem Abgabenrecht auch haftungsrechtliche Instrumente einsetzen, solange sie sich insgesamt als Ordnungselemente des Abfallrechts darstellen.[613]

„**Luftreinhaltung**" bezieht sich auf den Schutz gegen **Luftverunreinigungen**; die Begriffsbestim- **102** mung kann in Anlehnung an § 3 IV BImSchG erfolgen: Veränderungen der natürl. Zusammensetzung der Luft insbes. durch Rauch, Ruß, Staub, Aerosole, Dämpfe oder Geruchsstoffe.[614] Veränderung ist auch eine Erhöhung des bereits natürlich vorhandenen $CO^2$-Anteils in der Luft, Nr. 24 ist daher Kompetenzgrundlage für **Klimaschutz**[615] zB durch Emissionsbegrenzung; ebenso für den Feuer-stättenbescheid im Schornsteinfegerwesen.[616] „**Schutz**" ist weit aufzufassen, unter Einbeziehung von Gefahrenabwehr und –vorsorge. Drunter fällt auch die Energieversorgung von Gebäuden aus erneuer-baren Energien;[617] auchEmissionshandel,[618] sowie § 16 EEWärmeG, wonach Gemeinden von einer (landesgesetzl.) Ermächtigung zu Anschluss- und Benutzungszwangssatzungen für Fernwärme auch aus Gründen des Klima- und Ressourcenschutze Gebrauch machen dürfen.[619] Nichtraucherschutz kann nicht auf Nr. 24 gestützt werden, sondern auf Nr. 12 (→ Rn. 54) und Nr. 20 (→ Rn. 90), da Nr. 24 nur auf Verunreinigungen der Außenluft bezogen wird, das BImSchG die Bundeskompetenz i. W. abdeckt.[620]

**Lärmbekämpfung** umfasst sowohl die Bekämpfung des Lärms an der Quelle als auch passiven **103** Lärmschutz, ebenso Lärmminderungsplanung.[621] Die kompetenzausfüllende Gesetzgebung nach BImSchG beließ den Ländern in erster Linie verhaltensbezogenen Immissionsschutz. 2006 wurde der **verhaltensbezogene Lärm** generell in die ausschl. Zuständigkeit der Länder verlagert. Darunter können, wie bisher schon in Immissionsschutzgesetzen der Länder geregelt, ruhestörende Haus- und Gartenarbeiten, aber auch der Lärm von sozialen Einrichtungen, Sport und Freizeit, Veranstaltungen und Gaststätten fallen. Wenn allerdings die Anlage nach Einrichtung und Organisation darauf aus-gerichtet ist, eine möglichst große Anzahl an Nutzern anzuziehen, so können Lärmimmissionen, zB bei einer Außengaststätte, auch wenn sie von den Nutzern ausgehen, der Anlage zuzuordnen sein.[622] Sport- und Freizeitlärm ist auch dann verhaltensbezogen, wenn er in „Anlagen" entsteht, soweit er primär dem Verhalten der aktiven Sporttreibenden zuzurechnen ist; anders, wenn die Einrichtungen der Anlage (zB Lautsprecher) primäre Lärmquelle sind.[623] Kinderlärm auf Spielplätzen, in Tagesstätten uä ist nach § 22 Ia BImSchG idR keine schädl. Umwelteinwirkung:[624] der Gesetzgeber geht hier offenbar davon aus, dass es sich um anlagenbezogenen Lärm handelt. Soweit in diesen Einrichtungen Anlagen i. S. d. BImSchG betrieben werden, muss es jedoch bei der konk. Zuständigkeit verbleiben.

Da der verfassungsändernde Gesetzgeber in Kenntnis der Problematik davon abgesehen hat, eine **104/105** umfassende, konk. **Umweltkompetenz** zu begründen,[625] würde es dem widersprechen, über kom-petenzbegründende Sachzusammenhänge eine entsprechende Kompetenz im Wege der Verfassungs-auslegung zu begründen.[626] Gleiches gilt für eine weite Auslegung unter dem Aspekt der „Europataug-lichkeit".

## XXI. Staatshaftung (Nr. 25)

Durch die mit ÄndG vom 27.10.1994[627] neu eingefügte Kompetenz für die **Staatshaftung** wird das **106** Fehlen einer Kompetenz nach Nr. 1[628] aufgefangen. Dies ist Zielsetzung der Neuregelung.[629] Auf Nr. 25 kann nunmehr eine **originäre Staatshaftung** gestützt werden,[630] die nicht mehr wie in § 839 BGB an die persönl. Haftung des Amtswalters anknüpft und diese auf den Staat überleitet, sondern eine

---

[613] BVerfGE 110, 370 (385).

[614] *Knauff* BK, Art. 74 I Nr. 24 (2016) Rn. 12; *Kunig*, in: v. Münch/Kunig II, Art. 74 Rn. 107: Begriffsbestim-mungen in § 3 II, III BImSchG teilw. über das Schutzziel nach Nr. 24 hinausgehend; Bundeskompetenz insoweit auf wirtschaftlichen Zwecken dienende Anlagen nach Nr. 11 beschränkt.

[615] *Knauff*, BK, Art. 74 I Nr. 24 (2016) Rn. 14.

[616] BVerwGE 153, 367 Rn. 37 ff.

[617] VG Gießen, Urt. v. 12.5.2010, LKRZ 2010, 265 Abs. 115 zum EE-WärmeG als erschöpfender Regelung.

[618] BVerfG (K) NVwZ 2018, 972 Rn. 27.

[619] BVerwGE 156, 102 Rn. 12 bei juris; anders SaarlOVG, U. v. 8.5.2013 – 1 A 12/13 – Rn. 16 ff. – juris –.

[620] AM *Siekmann* NJW 2006, 3382; wie hier *Knauff* BK, Art. 74 I Nr. 24 (2016) Rn. 12.

[621] OVG LSA, E. v. 14.7.2016 – 4 L 158/15 – Rn. 23.

[622] Grds. verhaltensbezogener Lärm: *Oeter* MKS II, Art. 74 Rn. 166; *Huber/Wollenschläger* NVwZ 2009, 1513 (1519); *Degenhart* NVwZ 2006, 1209 (1214); *Knauff*, BK, Art. 74 I Nr. 24 (2016) Rn. 17; für anlagenbezoenen Lärm OVG NRW NVwZ-RR 2014, 38, juris Rn. 6.

[623] Vgl. zur Abgrenzung *Oeter* MKS II, Art. 74 Rn. 166; *Knauff* BK, Art. 74 I Nr. 24 (2016) Rn. 17: *Huber/Wollenschläger* NVwZ 2009, 1513 (1518 f.).

[624] Vgl. *Oeter* MKS II, Art. 74 Rn. 166.

[625] Dafür etwa *Grandjot* DÖV 2006, 511.

[626] Dies verkennt *Frenz* NVwZ 2006, 742.

[627] BGBl I 3146.

[628] BVerfGE 61, 149.

[629] Vgl. Bericht der GemVerfKom, BT-Dr 12/6000, S. 34.

[630] Vgl. zu entsprechenden Reformbemühungen *Ossenbühl* Staatshaftungsrecht, 5. Aufl. 1998, S. 438 ff.

unmittelbare Haftung öff.-rechtl. Körperschaften für rechtswidriges Handeln begründet, die verschuldensabhängig sein kann, aber nicht muss, unter Einschluss auch einer Haftung für **legislatives Unrecht,** die auf Nr. 25 gestützt werden könnte.[631]

107 **Staats**haftung iSv Nr. 25 meint Haftung des Bundes,[632] der Länder und auch aller anderen juristischen Personen des öff. Rechts. Sie erstreckt sich auf all jene Anspruchsgrundlagen, die herkömmlich der „Staatshaftung" zugeordnet werden,[633] da dieses Rechtsgebiet in Nr. 25 rezipiert werden sollte.[634] Nr. 25 umfasst daher auch eine öff.-rechtl. **Gefährdungshaftung**.[635] Die gewohnheitsrechtlich anerkannten Haftungstatbestände des **enteignungsgleichen**[636] und enteignenden **Eingriffs**[637] fallen, da Ausgleich für rechtswidrige Eigentumseingriffe (oder jedenfalls für rechtswidrige Folgen hoheitlicher Maßnahmen),[638] ebenso unter Nr. 25 wie **Aufopferungstatbestände** bei Eingriffen in Rechtsgüter der Person.[639] Für Ansprüche auf **Folgenbeseitigung** ist die Kompetenzlage nicht ganz eindeutig, da es hier auch um Verwaltungsverfahren geht; sie sind gleichwohl dem speziellen Kompetenzthema der Haftung für rechtswidriges Staatshandeln zuzuordnen und waren auch im StHG 1981 geregelt, auf dessen Nichtigerklärung wegen fehlender Kompetenz Nr. 25 reagiert; auch dieser entstehungsgeschichtl. Zusammenhang spricht für die Einbeziehung[640]. Die Enteignungsentschädigung fällt nicht unter Nr. 25; dies gilt auch die Entschädigung iFd ausgleichspflichtigen Inhalts- und Schrankenbestimmung.[641]

108 Nach **Abs. 2** sind Gesetze nach Nr. 25 **zustimmungsbedürftig.** Sie fallen unter Art. 72 II, Erforderlichkeit muss also gesondert festgestellt werden.

## XXII. Fortpflanzungsmedizin, Gentechnik, Transplantationen (Nr. 26)

109 Bereits mit der 1994 eingefügten konk. Zuständigkeit für die künstliche Befruchtung beim Menschen sollte nach dem Willen des historischen Gesetzgebers die gesamte **Fortpflanzungsmedizin**[642] erfasst werden, doch kam dies im Verfassungstext nicht zum Ausdruck. Die nunmehrige Formulierung *„medizinisch unterstützte Erzeugung menschlichen Lebens"* stellt damit nicht nur klar, dass auch die medizinisch unterstützte natürliche Befruchtung unter Nr. 26 fällt,[643] sondern bedeutet eine materielle Erweiterung der Kompetenz. Sie erfasst damit jede homologe oder heterologe, extra- oder intracorporale **Insemination,** also jede Befruchtung ohne Geschlechtsverkehr, aber auch Hormonbehandlung, In-vitro-Ferilisation oder Leihmutterschaft und Embryonentransfer.[644] Für die **Embryonenforschung** kann allenfalls Sachzusammenhangs begründet werden.[645]

110 Dies dürfte auch gelten für den Versuch des „Klonens", der aber auch unter das zweite Sachgebiet der Nr. 26 fällt, da hierbei jedenfalls eine Untersuchung und auch gezielte Beeinflussung von Erbinformationen stattfindet.[646] Es geht also um **Gentechnik.** Sie ist gemeint mit der Kompetenz für die Untersuchung und künstliche Veränderung von Erbinformationen bei Menschen, Tieren und Pflanzen.[647] Der Kompetenztitel ist weit zu verstehen. Er deckt neben der Humangentechnik auch die Gentechnik in Bezug auf Tiere und Pflanzen ab und begründet eine umfassende Zuständigkeit für das Recht der Gentechnik. Art. 74 Abs. 1 Nr. 26 2. Alternative umfasst daher nicht nur Forschung und Entwicklung unter Einsatz gentechnischer Verfahren, sondern auch sonst die Verwendung von und den Umgang mit gentechnisch veränderten Organismen.[648] Unter „Gentechnik" fällt jede Unter-

---

[631] Vgl. *Durner* BK, Art. 74 I Nr. 25 (2019) Rn. 37; Oeter MKS Art. 74 Rn. 168;

[632] Anders *Linke* DÖV 2005, 289: Haftung des Bundes kein Fall des Art. 74 I Nr. 25, II.

[633] Vgl. *Kunig,* in: v. Münch/Kunig II, Art. 74 Rn. 108; *Durner* BK, Art. 74 I Nr. 25 (2019) Rn. 14.

[634] *Durner,* BK, Art. 74 I Nr. 25 (2019) Rn. 3; zum normativ-rezeptiven Kompetenzbegriff Art. 70 Rn. 53 f.; im Fall der Staatshaftung erfolgte die Rezeption einer teils normativ durch § 839 BGB, teils gewohnheitsrechtlich ausgeformten Materie.

[635] *Durner* BK, Art. 74 I Nr. 25 (2019) Rn. 35; näher *Tremml/Karger/Luber,* Der Amtshaftungsprozess, 4. Aufl. 2013, Rn. 277 ff.

[636] Entsprechend BGHZ 76, 375 (384); 90, 17 (30 ff.); zum enteignungsgleichen Eingriff als Haftung aus rechtswidriger Eigentumsverletzung nach BVerfGE 58, 300 s. *Baldus/Grzeszick/Wienhues,* Staatshaftungsrecht, Rn. 115 ff.

[637] *Durner* BK, Art. 74 I Nr. 25 (2019) Rn. 14 33

[638] *Baldus/Grzeszick/Wienhues,* Staatshaftungsrecht, Rn. 469 ff.

[639] *Durner* BK, Art. 74 I Nr. 25 (2019) Rn. 31; zur Rechtswidrigkeitshaftung *Tremml/Karger/Luber,* Der Amtshaftungsprozess, 4. Aufl. 2013, Rn. 357 ff.

[640] So auch *Durner* BK, Art. 74 I Nr. 25 (2019) Rn. 14, 29 f.; Oeter MKS Art. 74 Rn. 168.

[641] *Durner* BK, Art. 74 I Nr. 25 (2019) Rn. 1440.

[642] Vgl. BT-Dr 12/6000, S. 34; die vertretene Definition: „medizinisch-technische Behandlung ungewollter Kinderlosigkeit" (BT-Dr 11/1856) ist einerseits zu weit, da es stets um die künstliche Befruchtung gehen muss, für die andererseits nicht notwendig ungewollte Kinderlosigkeit Motiv sein muss.

[643] So aber die Gesetzesbegründung, BT-Dr 16/813, S. 33 f.

[644] *Oeter* MKS II, Art. 74 Rn. 170.

[645] Vgl. *Kunig,* in: v. Münch/Kunig II, Art. 74 Rn. 109, auf den Willen des verfassungsändernden Gesetzgebers (1994) abstellend; bej. auch *Oeter* MKS II, Art. 74 Rn. 170; – materiell-verfassungsrechtlich Art. 1 Rn. 23 ff.; *Häberle* HStR I, § 20 Rn. 84 ff.; *Zippelius* BK, Art. 1 I u. II (1989/1995) Rn. 76 ff.; → Art. 1 Rn. 23 ff.

[646] Ähnlich *Wittreck,* in: Dreier II, Art. 74 Rn. 127.

[647] BVerfGE 128, 1 (33); vgl. BT-Dr 12/6000, S. 35.

[648] BVerfGE 128, 1 (33 f.).

suchung wie auch jede Veränderung und gezielte Neukombination genetischen Materials von Lebewesen, auch wenn dieses erst synthetisch geschaffen wurde.[649] Unter **Transplantation** ist die Entnahme von Körperteilen, Organen, Geweben und auch Zellen bei toten und lebenden Spendern zur Übertragung auf andere zu verstehen; nach überwiegender Auffassung müssen sich die Regelungen nicht zwingend auf Menschen beziehen.[650] Dafür spricht der Wortlaut, aus dem sich keine entsprechende Einschränkung ergibt und der Normzweck einer Kompetenzgrundlage für die Entwicklung medizinisch indizierter Transplantationsverfahren und experimentelle Transplantationsmedizin.[651]

Materielle Aussagen zur verfassungsrechtl. Bewertung der Gebiete in Nr. 26 trifft die nachträgl- und　**111** in Kenntnis der mat. Problematik aufgenommene Kompetenznorm dahingehend, dass Fortpflanzungsmedizin und Gentechnik nicht per se verfassungswidrig sind (Art. 70 Rn. 71); weitergehende mat. Maßstäbe sind ihr jedoch nicht zu entnehmen (Art. 1 Rn. 23 ff.). **Erforderlichkeit** iSvArt. 72 II besteht zur Wahrung der Rechtseinheit im gesamtstaatlichen Interesse;[652] bereits die weite Auslegung der Kompetenz für Gentechnik wir auch mit einer sonst drohenden Rechtszersplitterung in die unterschiedlichen Kompetenztypen des Art. 72 begründet.[653]

## XXIII. Statusrechte und -pflichten der Beamten (Nr. 27)

Mit der Föderalismusreform 2006 wurde die 1971 durch Art. 74a eingefügte konk. Zuständigkeit für　**112** die Besoldung und Versorgung der Beamten wieder aufgehoben und die Materie in die ausschließliche Zuständigkeit der Länder rückverlagert. Ferner wurde die Rahmenzuständigkeit nach Art. 75 I 1 Nr. 1 für die Rechtsverhältnisse der Angehörigen des öffentlichen Dienstes aufgehoben und an deren Stelle die konk. Zuständigkeit nach Nr. 27 eingefügt. Sie ist personell auf **Beamte,** also die in einem öffentl.-rechtl. Dienst- und Treueverhältnis stehenden Angehörigen des öffentlichen Dienstes iSv Art. 33 IV[654] **der Länder, Gemeinden und sonstiger öffentlich-rechtlicher Dienstherren,** sachlich auf Statusrechte und -pflichten beschränkt; andererseits kann der Bund – der allerdings die frühere Rahmenkompetenz sehr weit ausgelegt hatte – nunmehr Vollregelungen treffen. Die Regelung der Dienstherrenfähigkeit fällt unter Nr. 27. Nr. 27 tritt für die **Richter** in den Ländern – also im Dienst eines Landes[655] – an die Stelle der Rahmenkompetenz nach Art. 98 III 2 aF Nach **Abs. 2** bedürfen Gesetze nach Nr. 27 der Zustimmung des Bundesrats; sie fallen unter die Vorranggesetzgebung

Für die **Bundesrichter** gilt Art. 98 I,[656] für die Beamten des Bundes, auch der bundesunmittelbaren　**113** Körperschaften des öffentl. Rechts, Art. 73 I Nr. 8.[657] „Kirchenbeamte" fallen nicht unter Nr. 27, ihre Dienstverhältnisse sind nicht „öffentlicher Dienst".[658] Mitglieder der **Landesregierungen** sind nicht Beamte iSv Nr. 27; auf Regierungsebene ist zudem die Organisationshoheit der Länder unbedingt zu achten. Nicht erfasst werden auch die **Abgeordneten.**[659] Nicht unter Nr. 27 fallen **ehrenamtliche** und freiberufliche (beliehene) Inhaber öffentlicher Ämter.[660] Nr. 27 GG gilt auch für das beamtete wissenschaftliche **Hochschulpersonal,** während Besoldung und Versorgung von der konk. in die ausschl. Zuständigkeit der Länder übergegangen sind;[661] unter der Geltung des Art. 75 war das Hochschuldienstrecht unter dessen Nr. 1a gefasst worden.[662] Fragen der Personalstruktur an den Hochschulen sind nunmehr in ausschließlicher Länderkompetenz.

Nr. 27 gilt für **Statusrechte** und -pflichten. Der Begriff ist enger als der der Rechtsverhältnisse in　**114** Art. 73 I Nr. 8.[663] Er soll nach dem Willen des verfassungsändernden Gesetzgebers[664] i. W. diese Punkte umfassen:[665]

– Wesen, Voraussetzungen, auch Einstellungshöchstalter[666] Rechtsform der Begründung, Arten und Dauer, Nichtigkeits- und Rücknahmegründe der Dienstverhältnisse; das Lebenszeitprinzip und seine

---

[649] Vgl. Enquêtekommission, BT-Dr 10/6775, Vorw. S. III.

[650] *Spranger* BK Art. 74 I Nr. 26 (2009) Rn, 55 ff. 57; *Oeter* MKS II, Art. 74 Rn. 171

[651] *Spranger* BK Art. 74 I Nr. 26 (2009) Rn. 58.

[652] BVerfGE 128, 1 (34).

[653] BVerfGE 128, 1 (34); Kernkompetenzen, Erforderlichkeitskompetenzen und Abweichungskompetenzen.

[654] Zum Beamtenbegriff nach Nr. 27 s. *Degenhart* BK Art. 74 I Nr. 27 (2018) Rn. 17 f.

[655] BVerfGE 26, 141 (154); zur Erforderlichkeit einer eigenständigen richterrechtlichen Regelung BayVGH. B. v. 5.8.2029 – 113 ZB/2478 juris Rn. 5.

[656] *Pieroth,* in: Jarass/Pieroth, Art. 98 Rn. 3.

[657] *Oeter* MKS II, Art. 74 Rn. 179.

[658] BVerfG DVBl 1981, 450 (451).

[659] Vgl. BVerfGE 40, 296 (314 ff.): nicht öffentlicher Dienst; *Degenhart* BK, Art. 74 I Nr. 27 (2018) Rn. 23.

[660] *Jarass,* in: Jarass/Pieroth, Art. 74 Rn. 77; *Wittreck,* in: Dreier II, Art. 74 Rn. 134; *Degenhart* BK, Art. 74 I Nr. 27 (2018) Rn. 22; a. M. für den Ehrenbeamten *Kunig,* in: v. Münch/Kunig III, 5. Aufl. 2003, Art. 74a Rn. 12.

[661] Vgl. näher *Degenhart* BK, Art. 74 I Nr. 27 (2018) Rn. 19.

[662] BVerfGE 111, 226 (258 f.).

[663] Vgl. hierzu *Höfling* BK, Art. 73 Nr. 8 (2001) Rn. 7 ff.; *Battis/Grigoleit* ZBR 2008, 1 (2); für enges Verständnis: VG Düsseldorf, U. v. 6.2.2009 – 13 K 5859/08.

[664] Näher *Degenhart* BK, Art. 74 I Nr. 27 (2018) Rn 28 f.; *Battis/Grigoleit* ZBR 2008, 1 (3 f.).

[665] Vgl. näher *Wolff* DÖV 2007, 504 (505).

[666] OVG NRW 25.3.2019 –11 A 1123/18 –.

Durchbrechungen sind damit Gegenstand von Nr. 27, ebenso die grds. Ausprägung als Dienst- und Treueverhältnis;[667]
– Abordnungen und Versetzungen zwischen den Ländern und zwischen Bund und Ländern; Regelungen zum Übertritt eines Beamten kraft Gesetzes in den Dienst eines kommunalen Trägers;[668] wohl auch Versetzung innerhalb eines Landes, ebenso die **Zuweisung** von Tätigkeiten bei einer privatrechtlich organisierten Einrichtung der öff. Hand wie insbes. den aus Post- und Bahnreform hervorgegangenen Unternehmen; auch **Ausgleichszulagen** werden dazu gezählt, da der Statuswahrung dienend.[669]
– Beendigung des Dienstverhältnisses, insbes. auch Entlassung, Verlust der Beamten- und Richterrechte, Entfernung aus dem Dienst (wobei für Richter der Richtervorbehalt des Art. 97 II zu beachten ist);
– statusprägende und wesentliche Pflichten und Rechte; darunter ist ua das Alimentationsprinzip zu fassen, das damit nicht zur Disposition des Landesgesetzgebers steht;
– die Dienstherreneigenschaft.[670]
– Regelungen für den Spannungs- und Verteidigungsfall;
– Verwendung im Ausland.

Nicht sollen hierunter „aus dem Beamten- oder Richterverhältnis abgeleitete Rechte" fallen, andererseits sollen „wesentliche Rechte" zu den Statusrechten zählen. Die Aufzählung ist nicht abschließend,[671] zumal Gesetzgeber, der das Recht des öffentlichen Dienstes regelt und fortzuentwickelt, nicht gehindert ist, die vorgefundenen Statusrechte und -pflichten gleichermaßen fortzuentwickeln, ggf. zu ändern und zu erweitern. Ungeachtet der Formulierung „Rechte und Pflichten" ist Nr. 27 nicht auf subjektive Rechte und Pflichten beschränkt, sondern erfasst auch objektives Statusrecht.[672]

**114a**     Unter Nr. 27 – „Wesen und Voraussetzungen" des Beamtenverhältnisses – fallen dessen grds. Ausprägung als Dienst- und Treueverhältnis; die unterschiedlichen Erscheinungsformen des Beamtenverhältnisses, also des Beamtenstatus, des **„Grundstatus"** wie der Lebenszeitbeamte als Regelfall, der Beamte auf Probe und auf Widerruf sowie Durchbrechungen des Lebenszeitsprinzips.[673] Gegenstand der konk. Gesetzgebung ist die Begründung des Beamtenstatus und die Verleihung des Amtes, durch die der **Amtsstatus** begründet wird; dies betrifft die Ernennungsvoraussetzungen in formeller und materieller Hinsicht (s. jetzt §§ 7 ff. BeamtStG). Statusprägend ist die im Wege der Beförderung erreichte Stellung, die demgemäß nicht ohne angemessenen Ausgleich entzogen werden darf.

**115**     Von den Statusrechten und -pflichten abgesehen, ist das Beamtenrecht für die Landesbeamten in ausschließliche Zuständigkeit der Länder übergegangen; unabhängig davon gilt dies für Laufbahnen, Besoldung und Versorgung. Die Kompetenzbegriffe sind normativ aufzufassen. Für Laufbahnen ist auf das geltende Laufbahnrecht zurückzugreifen.[674] Die **Laufbahnen** als Grundlage von Rechten und Pflichten[675] und die Dienstbezeichnungen[676] sind unabhängig von der Frage der Statusrechte des Beamten,[677] ausdrückl. von der konk. Zuständigkeit ausgenommen. Der Laufbahnbegriff als solcher dürfte noch von der konk. Zuständigkeit umfasst sein, zumal ja auch das Laufbahnprinzip als solches weiterhin als hergebrachter Grundsatz des Berufsbeamtentums zu den maßgeblichen verfassungsrechtlichen Vorgaben des Laufbahnrechts zählt.[678]

**116**     Für die Kompetenzbegriffe der Besoldung und Versorgung ist darauf abzustellen, dass dem Bund die Kompetenz nach Art. 74a entzogen werden sollte;[679] damit sind die Begriffe wie in Art. 74a zu verstehen. **„Besoldung"** und **„Versorgung"** wurden dort als Verfassungsbegriffe aus einfachem Recht rezipiert. Da insbes. das 1. BesVNG als kompetenzausfüllendes Gesetz zu Art. 74a parallel mit der Kompetenznorm des Grundgesetzes erlassen worden war,[680] konnten die entsprechenden einfachgesetzl.n Begriffsbestimmungen als vom Willen auch des verfassungsändernden Gesetzgebers umfasst gelten (→ Art. 70 Rn. 71). Die **hergebrachten Grundsätze** des Berufsbeamtentums iSv Art. 33 V und damit das **Alimentationsprinzip**[681] waren und sind weiterhin einzubeziehen. Besoldung und

---

[667] Zum Nebentätigkeitsrecht (§ 40 BeamtStG) s. OVG RhPf IÖD 2011, 76.
[668] BVerwG NVwZ-RR 2015, 619 Rn. 5.
[669] BVerwG NVwZ-RR 2015, 619 Rn. 16.
[670] Vgl. hierzu *Lemhöfer* RiA 2007, 49 (50); für die Rechtstellung übergeleiteter Beamter – § 128 IV BRRG – s. VerfGH NRW, U. v. 23.3.2010 – 19/08, 28/08, 29/08 –.
[671] Vgl. *Pieroth*, in: Jarass/Pieroth, Art. 74 Rn. 74; kritisch zur Beliebigkeit der Beschreibung *Bochmann*, ZBR 2007, 1 (15): Sammelsurium von Themenbereichen", *Lecheler* ZBR 2007, 18 (21 f.).
[672] *Battis/Grigoleit* ZBR 2008, 1 (2).
[673] Näher *Bochmann* ZBR 2007, 1 (4); *Degenhart* BK, Art. 74 I Nr. 27 (2018) Rn. 35.
[674] *Schick* FS Maunz, 1981, S. 290; *Degenhart* BK, Art. 74 I Nr. 27 (2018) Rn. 40.
[675] *Bochmann* ZBR 2007, 1 (4).
[676] BVerfGE 38, 1 (10); *Degenhart* BK, Art. 74 Nr. 27 (2007) Rn. 40.
[677] BVerfGE 38, 1 (10); *Schick* FS Maunz, 1981, S. 290; *Degenhart* BK, Art. 74 Nr. 27 (2018) Rn. 40 f.
[678] Vgl. *Lemhöfer* RiA 2007, 49 (50).
[679] Vgl. *Degenhart* NVwZ 2006, 1209 (1211).
[680] Näher *Degenhart* BK, Art. 74 I Nr. 27 (2018) Rn. 41 f.
[681] So auch die Gesetzesmaterialien, vgl. BT-Dr VI/1009 und VI/1885.

Versorgung sind dann jedenfalls die in Erfüllung des Alimentationsprinzips erbrachten Leistungen;[682] dieses selbst allerdings zählt zu den statusbildenden Rechten und zu den hergebrachten Grundsätzen des Berufsbeamtentums und steht nicht zur Disposition des Landesgesetzgebers.

IE wurden unter Art. 74a gefasst und sind nunmehr von Nr. 27 ausgenommen:[683] die Dienstbezüge, also neben **117** **Grundgehalt** und (früherem) Orts- bzw. **Familienzuschlag** auch die jährlichen Sonderzuwendungen, Anwärterbezüge und wohl auch die **vermögenswerten Leistungen.**[684] **Reise- und Umzugskosten, Aufwandsentschädigungen** – soweit nicht als faktische Zusatzalimentation gewährt[685] – oder Jubiläumszuwendungen,[686] die nicht zur Besoldung zählen, fallen gleichwohl in die Landeszuständigkeit, da es sich nicht um Statusrechte handelt. Dies gilt auch für die **Beihilfe,** falls man sie nicht unter Besoldung fassen will.[687] Eine Pflichtmitgliedschaft in der GKV würde den Beamtenstatus wesentlich berühren, Nr. 27 wäre daher einschlägig.[688] Ausgleichszulagen bei gesetzl. angeordnetem Dienstherrenwechsel sieht das BVerwG als Statusfrage; hilfsweise wird für Art. 91e GG auf eine Kompetenz kraft Sachzusammenhangs abgestellt.[689]

Die Besoldungskompetenz der Länder umfasst wie bisher die konk. Zuständigkeit des Art. 74a **118** **Aufbau** und **Bemessung** der Besoldung, insbes. auch die Einteilung in Besoldungsgruppen und –stufen.[690] Maßstäbe für die Besoldung wurden in Art. 74a III ausdrückl. Genannt, einschließl. der **Bewertung** der Ämter, damit auch der **Dienstpostenbewertung** (§ 18 BBesG).[691] Auch diese Gegenstände sind nun in der ausschl. Zuständigkeit der Länder, sei es als Elemente des Rechts der Besoldung, sei es wegen Art. 70 GG, da es sich jedenfalls nicht um Statusrecht handelt.

**Versorgung** ist entspr. beamtenrechtlichen Grundsätzen in Anlehnung an die Legaldefinition nach **119** § 2 I BeamtVG zu bestimmen,[692] unter Einschluss ua von Ruhegehalt/Unterhaltsbeitrag, Hinterbliebenenversorgung, Übergangsgeld. Ein Übergang zu einer Versorgung über sonstige beitragsabhängige Einrichtungen, insbesondere Sozialversicherung, ist eine Frage des materiellen Verfassungsrechts.[693] Ergänzende Zusatzversorgungen in Form vom Beamten anzusparender, ggf. steuerlich oder anderweitig begünstigter Renten dürften unter Art. 74 I Nr. 11 bzw. 12 fallen.

Maßgebliche **Übergangsbestimmung**[694] ist Art. 125a I, soweit der Bund, wie für Besoldung und **119a** Versorgung, nicht mehr zuständig ist. Soweit Bundesrecht als Vollregelung nach Nr. 27 erlassen werden könnte, gilt Art. 125b I 1. FürFortgeltende Bundesgesetze, die nicht neu erlassen werden könnten, darf der Bund aufheben, sei es nach Art. 125a I oder alsactus contrarius.[695] Insbes. das BRRG besteht jedoch die Besonderheit könnte, abgesehen von Besoldung und Versorgung, weitgehend als Vollregelung neu erlassen werden schon deshalb ist seine Anpassung des BRRG an die neue kompetenzrechtliche Lage GG umfasst; hier umschließtdie Befugnis zum Erlass eines Beamtenstatusgesetzes die Aufhebung des BRRG.

Wenn für Art. 74a aus dem Grundsatz der **Bundestreue** wegen der Interdependenzen der Besol- **120** dungsgesetzgebung eine Verpflichtung zu wechselseitiger Rücksichtnahme im Sinn tendenzieller Unitarisierung abgeleitet worden war,[696] so ist nach Rückübertragung auf die Länder diesbezüglich Zurückhaltung geboten.[697] Unterschiedl. Landesrecht ist vom Willen des verfassungsändernden Gesetzgebers erfasst. Materielle Bindungen folgen aus Art. 33 V GG, der den Gesetzgeber zur Regelung verpflichtet.[698] Nach Abs. 2 sind Gesetze auf der Grundlage von Nr. 27 zustimmungsbedürftig; sie fallen unter Vorranggesetzgebung.

## XXIV. Jagdwesen, Naturschutz, Landschaftspflege (Nr. 28, 29)

Das Kompetenzthema „**Jagdwesen**" (Nr. 28) ist im Wesentlichen nach Herkommen bestimmt **121** und auf die traditionell im Jagdrecht geregelten Gegenstände bezogen (jagdbare Tiere, Jagdbezirke, Jagdschein etc).[699] Mit dem BJagdG von 1952 hatte der Bund von der seinerzeitigen Rahmenkom-

[682] Vgl. hierzu BVerfGE 62, 354 (368); *Pieroth,* in: Jarass/Pieroth, Art. 74 Rn. 76 und Art. 33 Rn. 52 ff.
[683] *Pieroth,* in: Jarass/Pieroth, Art. 74 Rn. 76.
[684] *Degenhart* BK, Art. 74 I Nr. 27 (2018) Rn. 45.
[685] Vgl. *Juncker* ZBR 1973, 69.
[686] *Wilhelm* ZBR 1971, 131.
[687] Näher *Degenhart* BK, Art. 74 I Nr. 27 (2007) Rn. 47; gegen Einbeziehung *Rengeling* HStR IV$^{1/2}$, § 100 Rn. 243; BVerfGE 62, 354 (368) rechnet die freie Heilfürsorge zur Besoldung; s. ferner BVerfGE 58, 68 (76); BVerwGE 51, 193 (200); 77, 345 (347 f.).
[688] Dazu *Lindner,* ZBR 2018, 10.
[689] BVerwG NVwZ-RR 2015, 619 Rn. 16; BVerwG ZBR 2019, 254 Rn. 18.
[690] *Kunig,* in: v. Münch/Kunig III, 5. Aufl. 2003, Art. 74a Rn. 9; näher *Degenhart* BK, Art. 74a (1984) Rn. 56 ff.
[691] *Pieroth,* in: Jarass/Pieroth, Art. 74 Rn. 76.
[692] *Pieroth,* in: Jarass/Pieroth, Art. 74 Rn. 76.
[693] *Brosius-Gersdorff,* in: Dreier II. Art. 74 Rn. 137.
[694] Näher *Degenhart* BK, Art. 74 Nr. 27 (2007) Rn. 55 f.
[695] *Wolff* ZBR 2007, 145 (146).
[696] BVerfGE 4, 115 (140); näher *Degenhart* BK, Art. 74a (1984) Rn. 20.
[697] *Lecheler* ZBR 2007, 18 (21); s. auch zu einem besoldungsrechtl. Homogenitätsprinzip *Lindner* DÖV 2015, 1025.
[698] Vgl. hierzu näher, auch zur Verantwortung des Bundes, *Battis/Grigoleit* ZBR 2008, 1 (6 ff.).
[699] OVG RhPf Urt. v. 15.2.2017 – 8 A 10578/16 – Rn. 43, juris; *Pieroth,* in: Jarass/Pieroth, Art. 74 Rn. 78; *Oeter* MKS II, Art. 74 Rn. 181; zum Umfang bundesgesetzl. Gebrauchmachens *Thies/Lückemeyer* AUR 2014, 245 ff.

petenz extensiv Gebrauch gemacht. Es gilt nach Art. 125b I 1 als Bundesrecht fort; soweit es bisher eine unzulässige Vollregelung dargestellt haben sollte, ist dieser Mangel als geheilt zu betrachten (Art. 125b Rn. 5). Im Verhältnis zum Tierschutz nach Nr. 20 ist Nr. 28 die speziellere Regelung, ebenso im Verhältnis zum Naturschutz, soweit es um jagdspezifische Besonderheiten geht.[700] Unter Nr. 28 fällt damit der jagdrechtliche Artenschutz.[701] Das Jagdwesen fällt unter die **Abweichungs-gesetzgebung,** mit Ausnahme des Rechts der **Jagdscheine,** das als änderungsfester Kern normativ-rezeptiv in Anlehnung an die entsprechende Regelung im BJagdG zu bestimmen ist,[702] also entspr. §§ 15–18 BJagdG auch die Voraussetzungen für die Erlangung wie die Jägerprüfung und Versagens- und Entziehungsgründe umfasset,[703] nicht jedoch die OWi-Tatbestände nach § 34 I Nr. 4 und 9.[704] Die Abweichungsbefugnis besteht ab In-Kraft-Treten der Föderalismusreform, sowohl für fortgelten-des Rahmenrecht, dann nach Art. 125b I 3 iVm Art. 72 III 1 Nr. 1, als auch für neu erlassenes Recht wie § 6a BJagdG.[705] Die Jagdabgabe fällt als Sonderabgabe mit Finanzierungsfunktion unter Nr. 28.[706]

**122** **Naturschutz** und **Landschaftspflege** sind aus der Rahmengesetzgebung nach Art. 75 I 1 Nr. 3 in die Abweichungsgesetzgebung nach Art. 72 III überführt worden. Die Kompetenzbegriffe sind unter dem Oberbegriff der **Landespflege** zusammenzufassen;[707] diese ist nicht nur auf die Abwehr von Gefahren für Naturhaushalt und Landschaft zu beziehen, ebenso wenig auf den Naturschutz im traditionellen Sinn der Erhaltung herausragender Naturdenkmale, sondern weitergehend auf positive Beeinflussung und Gestaltung.[708] Sieht man allerdings Natu**rschutz** in begriffl. Abgrenzung zu Natu**rpflege,** so kann eine einheitliche Kompetenzmaterie der Landespflege nicht angenommen werden.[709] **Denkmalschutz** fällt – schon wegen des Wortlauts und der tradierten normativen Begrifflichkeit – **nicht** unter Nr. 29.[710] Soweit der Bund die Fachplanungskompetenz hat (etwa nach Art. 73 I Nr. 6, Art. 74 I Nr. 22), kann er naturschutzrechtl. Regelungen hierauf stützen – insoweit dürfte dann keine Abweichungsbefugnis der Länder bestehen.[711] Unter Nr. 29 fallen auch Nutzungs- und Zugangsbeschränkungen („Reiten im Walde"),[712] ebenso die Nutzung der Natur zu Erholungs-zwecken (Betretungsrechte).[713] Eine weitergreifende Umweltkompetenz, insbes. für ein **Umwelt-gesetzbuch** bietet Nr. 29 für sich genommen nicht, doch ist in einer Zusammenschau unterschiedl. Kompetenztitel in ihrer Neufassung 2006 (ua Nrn. 24, 32) eine Mosaikkompetenz in Erwägung zu ziehen.

**123** Für Naturschutz und Landespflege gilt die **Abweichungsbefugnis** nach Art. 72 III 1 Nr. 2;[714] nachdem der Bund fortgeltendes Recht durch das BNatSchG 2009 abgelöst hat. Keine Abwei-chungsbefugnis besteht für die **allgemeinen Grundsätze** des Naturschutzes, ausweislich der Ent-wurfsbegründung verbindliche Grundsätze für den Schutz der Natur, insbes. die Erhaltung der biologischen Vielfalt und zur Sicherung der Funktionsfähigkeit des Naturhaushalts.[715] Allg. Grund-sätze sind jedenfalls dadurch gekennzeichnet, dass sie konkretisierungsfähig sind und ohne landes-spezifische Besonderheiten gelten.[716] Konstitutive Definitionsmacht des Gesetzgebers[717] ist zu ver-neinen; die Begriffe sind autonom verfassungsrechtlich zu definieren.[718] Dies schließt nicht aus, tragende Grundsätze eines normativen Regelungskonzepts als allg. Grundsätze zu qualifizieren.[719] Zu

---

[700] *Knauff* BK, Art. 74 I Nr. 28 (2015) Rn. 15, 18, dort Rn 12 ff. zu weiteren Abgrenzungsfragen im Verhältnis zu Ernährung, Strafrecht, bürgerlichem Recht.

[701] *Uhle,* Maunz/Dürig, Art. 72 (2019) Rn. 206, 255.

[702] *Knauff* BK Art. 74 I Nr, 28 (2015) Rn. 26: §§ 15–18a BJagdG; ebenso *Uhle,* in: Maunz/Dürig, Art. 72 (2019) Rn. 239 f. – mit § 41 BJagdG.

[703] OVG RhPf Urt. v. 15.2.2017 – 8 A 10578/16 – Rn. 43, juris; *Wittreck,* in: Dreier II. Art. 74 Rn. 25: *Glaser* NuR 2007, 439 (441); zur Abweichungsgesetzgebung hier s. auch *Kotulla* NVwZ 2007, 489 (492); *Dietlein* AUR 2014, 441 zu weitergeh. Leistungsnachweisen.

[704] *Uhle,* in: Maunz/Dürig, Art. 72 (2019) Rn. 243; *Knauff* BK Art, 74 I Nr, 28 (2015) Rn. 19: Einschlägigkeit des Art. 74 I Nr. 1.

[705] *Uhle,* in: Maunz/Dürig, Art. 72 (2019) Rn. 207, Rn 210, zu § 6a BJagdG als Responsivgesetz.

[706] OVG RhPf Urt. v. 15.2.2017 – 8 A 10578/16 – Rn. 46 ff., juris.

[707] Vgl. *Kotulla* NVwZ 2007, 489 (492).

[708] Vgl. *Rengeling* HStRVI³, § 135 Rn. 305.

[709] So *Pestalozza* MKP, Art. 75 Rn. 435, 441: Maßnahmen, die der natürlichen Vergänglichkeit entgegenwirken sollen, als Naturpflege nicht mehr von Nr. 29 umfasst.

[710] *Wittreck,* in: Dreier II, Art. 74 Rn. 142; „Naturdenkmäler" – § 28 BNatSchG – sind „Natur" iSv Nr. 29.

[711] Zur früheren Rahmenkompetenz *Rozek* MKS II, 5. Aufl. 2005, Art. 75 Rn. 52: verbindliche Vorgaben des Bundes möglich.

[712] BVerwGE 71, 324 (325); 85, 332 (342 f.).

[713] BVerwGE 159, 337 Rn. 50.

[714] S. dazu OVG Bln-Bbg LKV 2013, 425 Rn. 7 f.

[715] *Becker* DVBl 2010, 754 (756); eingehend hierzu *Uhle,* Maunz/Dürig, Art. 72 (2019) Rn. 246 ff.

[716] Vgl. *Köck/Wolf* NVwZ 2008, 353 (358 f.); *Schulze-Fielitz* NVwZ 2007, 249 (257).

[717] Vgl. *Kloepfer* ZG 2006, 250 (262); *Fischer-Höfle* NuR 2007, 78; (82); *Schulze-Fielitz* NVwZ 2007, 250 (256).

[718] *Uhle,* in: Maunz/Dürig, Art. 72 (2019) Rn. 246 f.; *Gellermann,* NVwZ 2010, 73 (74); *Meßerschmidt* UPR 2008, 361 (365); für Einschätzungsspielraum des Gesetzgebers *Degenhart* DÖV 2010, 422 (429).

[719] *Uhle,* Maunz/Dürig, Art. 72 (2019) Rn. 246; *Degenhart* DÖV 2010, 422 (429).

den allg.Grundsätzen zählt jedenfalls die naturschutzrechtl. **Pflichtenkaskade** des § 13 BNatSchG,[720] ebenso das **Betretungsrecht** nach § 59 I BNatSchG.[721] Allg. Grundsätze können auch instrumentale Regelungen sein, wie die naturschutzrecht. Eingriffsregelung,[722] nicht aber die Landschaftsplanung, die konkreten Voraussetzungen und Inhalte für die Festlegung von Schutzgebieten, die „gute fachliche Praxis" für die Land- und Forstwirtschaft und die Mitwirkung der Naturschutzverbände;[723] offen gelassen für die Entschädigungsregelung nach § 68 BNatSchG durch BVerwGE 163, 294 Rn. 40. Eine Konkretisierung der allg. Grundsätze bleibt der Landesgesetzgebung zugänglich, soweit sie nicht hinter dem bundesgesetzl. Schutzniveau zurückbleibt.[724] **Artenschutz** als umfassend und nicht nur in allg. Grundsätzen abweichungsfester Bestandteil des Naturschutzes[725] ist als Rechtsbegriff normativ-rezeptiv nach BNatSchG zu bestimmen.[726] **Meeresnaturschutz** umfasst maritimen Biodiversitätenschutz, Arten- und Gebietsschutz und die naturschutzrechtliche Beurteilung von Vorhaben im maritimen Bereich[727] wie z. B. Offshore-Windparks,[728] nicht aber Reinhaltung des Meereswassers, für die Nr. 32 gilt.[729] Die Abweichungsbefugnis für das Jagdrecht umfasst nicht die Befugnis, bundesrechtl. Artenschutzvorschriften einzuschränken.[730] Der jagdrechtliche Artenschutz – Schonzeiten, Störungsverbote, Hege – fällt unter Art. 72 II 1 Nr. 1 und ist nicht abweichungsfest.[731]

## XXV. Wasserhaushalt (Nr. 32)

Unter Wasserhaushalt wird nicht das gesamte Wasserrecht verstanden, sondern das Recht der **Wasserbewirtschaf-** **124** **tung,** also der geordneten Bewirtschaftung des Wassers nach Menge und Güte verstanden,[732] dies für Oberflächen- und Grundwasser[733] sowie Küstengewässer,[734] nicht aber jegliche Einflussnahme auf den Wasserhaushalt. Unter Nr. 32 fallen Nutzungsrechte, Einleitung und Schutz vor Verschmutzungen,[735] die wasserrechtliche Planfeststellung,[736] auch Abgaben in diesem Zusammenhang,[737] die auch in Rahmengesetzen prinzipiell möglich waren. Dies betrifft Abwasserabgaben, aber auch Abgaben auf die Nutzung von Wasser – **Wasserentnahmeentgelte** –. Sie fällt unter das Recht des Wasserhaushalts, denn es geht hierbei um Wasserbewirtschaftung iSv Nr. 32.[738] **Nicht** unter Nr. 32 fällt die allg. Gefahrenabwehr, wie Badeverbote;[739] soweit es um **Wasserstraßen** in ihrer Verkehrsfunktion geht,[740] ist Art. 74 I Nr. 21 lex specialis (Art. 74 Rn. 94); für **Wasserverbände** Art. 74 Rn. 69.[741] Für den **Hochwasserschutz** ist Art. 74 I Nr. 17 (Küstenschutz) die speziellere Regelung. Nicht unter Nr, 32 fallen baurechtliche Vorschriften über Löschwasserrückhaltevorrichtungen.[742]

Das Wasserhaushaltsrecht fällt unter die **Abweichungsgesetzgebung;** sie erfolgt, nach der Neufas- **125** sung des WHG 2009 unmittelbar nach Art. 72 III 1 Nr. 5;[743] hiervon werden stoff- oder anlagenbezogene Regelungen ausgenommen. Hier geht es um stoffl. oder von Anlagen ausgehende Einwirkungen auf Gewässer wie z. B. Einleitungen.[744] § 9 II Nr. 3, 4 und § 13a WHG sind stoffbezogen und fallen

---

[720] *Degenhart*, FS Kloepfer, S. 21 (22 f., 24); *Uhle*, Maunz/Dürig, Art. 72 (2019) Rn. 250, dort zu weiteren abweichungsfesten Kernen: Grundsatz der Vollkompensation, Biotopschutz).

[721] BVerwGE 159, 337 Rn. 49; *Uhle*, Maunz/Dürig, Art. 72 (2019) Rn. 250.

[722] *Uhle*, Maunz/Dürig, Art. 72 (2019) Rn. 250; *Meßerschmidt*, UPR 2008, 361 (366); *Becker* DVBl 2010, 754 (757); *Köck/Wolf* NVwZ 2008, 353 (359); *Schulze-Fielitz* NVwZ 2007, 249 (253).

[723] *Uhle*, Maunz/Dürig, Art. 72 (2019) Rn. 251.

[724] BVerwGE 145, 40 Rn. 143 f.; *Degenhart* DÖV 2010, 422 (429).

[725] *Knauff* BK Art. 74 I Nr. 29 (2015) Rn. 12.

[726] Vgl. *Uhle*, in: Maunz/Dürig, Art. 72 (2019) Rn. 252: *Maaß/Schütte*, in: Koch, Umweltrecht, 3. Aufl. 2010, § 7 Rn. 101 ff.; zum Begriff des Artenschutzes s. VG Berlin NuR 2013, 681 Rn. 16.

[727] Vgl. BT-Dr 16/813, S. 27.

[728] *Uhle*, Maunz/Dürig, Art. 72 (2019) Rn. 256; *Wollenschläger* BK Art. 72 (2019) Rn. 473.

[729] *Uhle*, Maunz/Dürig, Art. 72 (2019) Rn. 257.

[730] OLG Hamm, U. v. 29.5.2017 – I-5 U 156/15 – Rn. 104.

[731] *Uhle*, in: Maunz/Dürig, Art. 72 (2019) Rn. 257; *Sachs*, in: Dietlein/Froes, Jagdliches Eigentum, 2018, S. 105 (131).

[732] BVerfGE 15, 1 (14 f.); 58, 45 (62); 58, 300 (340 ff.); BVerwGE 116, 175 (178); *Knauff* BK Art, 74 I Nr. 32 (2015) Rn. 9.

[733] Dazu bes. BVerfGE 68, 300 (340 ff.).

[734] *Knauff* BK Art, 74 I Nr. 30 (2015) Rn. 9.

[735] Vgl. BVerfGE 15, 1 – insoweit aber keine Vollkompetenz.

[736] BVerwGE 55, 220 (225).

[737] *Pieroth*, in: Jarass/Pieroth, Art. 74 Rn. 82.

[738] Vgl. zu Abwasserabgaben BVerwG NVwZ 1992, 1210 und NVwZ 1993, 998; zu Wasserentnahmeentgelten BVerfGE 93, 319 (341); OVG NRW, U. v. 9.9.2016 – 9 A 938/14 – Rn. 30 f.

[739] *Stettner*, in: Dreier II, Suppl. 2007, Art. 74 Rn. 144; *Wittreck*, in: Dreier II, Art. 74 Rn. 688.

[740] Sie rechnet nicht zum Wasserhaushalt, vgl. BVerfGE 21, 312 (324).

[741] Vgl. BVerfGE 58, 54 (62).

[742] OVG RhPf BauR 2017, 1524 Rn. 44.

[743] *Uhle*, in: Maunz/Dürig, Art. 72 (2019) Rn. 227

[744] Vgl. zum abweichungsfesten Kern *Kotulla* NVwZ 2007, 489 (493); *Uhle*, Maunz/Dürig, Art. 72 (2019) Rn. 258 ff.; *Chandna*, Das Abweichungsrecht der Länder gemäß Art. 72 Abs. 3 GG im bundesstaatlichen Kompetenzgefüge, 2011, S. 166 f.

daher in den abweichungsfesten Kern.[745] Die Begriffe „stoff- und anlagenbezogen" unterliegen jedoch keiner konstitutiven Definitionsmacht des Gesetzgebers.[746]

## XXVI. Hochschulzulassung, Hochschulabschlüsse (Nr. 33)

**126**    Im **Hochschulwesen** besteht seit der Föderalismusreform 2006 nur für Hochschulzulassung und Hochschulabschlüsse eine konk. Zuständigkeit als Vorrangkompetenz mit **Abweichungsbefugnis** der Länder (ohne abweichungsfesten Kern).[747] Nachdem der Bund seine Kompetenz bisher nicht ausgeübt hat, gilt das HRG fort; die Länder können nach Art. 125b I 3 iVm Art. 72 II 1 Nr. 6 davon abweichen.[748] Für Gesetze auf Grund speziellerer Kompetenzen für Rechtspflege oder Gesundheitswesen, besteht grds. keine Abweichungsbefugnis nach Art. 72 III Nr. 6.[749]

**127**    Für den Begriff der Hochschule kann auf die bis dahin bestehende Rahmenkompetenz nach Art. 75 I 1 Nr. 1a und die kompetenzausfüllende Norm des § 1 HRG zurückgegriffen werden.[750] **Hochschulen**[751] sind danach – ob in staatl. oder privater Trägerschaft[752] – jedenfalls die wissenschaftlichen Hochschulen – Hochschulen, die der wissenschaftl. Forschung und Lehre dienen und ein Mindestmaß an Angebotsbreite in den wissenschaftl. Fächern bieten,[753] unter Einschluss von Spezialhochschulen für bestimmte Wissenschaftszweige – Wirtschaftshochschulen, Bergakademien, theolog. Hochschulen, Kunsthochschulen.[754]

**128**    Gegen eine Einbeziehung nicht wissenschaftl. Hochschulen spricht, dass Hochschulen ohne jeden Anspruch von Wissenschaftlichkeit schwerlich denkbar sind; „Hochschulen" iSv Nr. 33 sind jedenfalls nicht „Schulen", das Schulwesen wird nicht umfasst.[755] Fordert man jedenfalls inhaltliche Kriterien dergestalt, dass Wissenschaft bzw. Kunst im Rahmen der Einrichtung betrieben oder zumindest systematisch verfolgt und im Wege der Lehre weitergegeben werden,[756] so ist Nr. 33 nicht notwendig auf wissenschaftliche Hochschulen iSd deutschen Hochschultradition zu beschränken; jedenfalls **Fachhochschulen** und **Gesamthochschulen** fallen dann unter Nr. 33;[757] zweifelhaft ist dies jedoch bei den Fachhochschulen für den Öffentlichen Dienst als Bestandteil des Vorbereitungsdienstes für bestimmte Laufbahnen.[758] Dass **Lehre** stattfindet, ist zwingende Voraussetzung, weshalb reine Forschungseinrichtungen, Akademien uä nicht unter Nr. 33 fallen.[759] Allerdings kann **nicht jede beliebige Bildungseinrichtung** als Hochschule etikettiert werden; zu fordern ist jedenfalls wissenschaftl. oder wissenschaftsnahe bzw. künstlerische Ausbildung im Anschluss an das sekundäre Schulwesen[760] – weshalb Volkshochschulen ebensowenig unter Nr. 33 fallen,[761] wie Berufsakademien.[762] Für die **Bundeswehrhochschulen** ist Art. 73 I Nr. 1 lex specialis,[763] sie sind jedoch Hochschulen iSv Nr. 33.[764]

**129**    Die **Hochschulzulassung** ist zu unterscheiden vom Hochschulzugang und umfasst „insbes."[765] Regelungen für zulassungsbeschränkte Studiengänge. Dies bedeutet andererseits: auch nicht zulassungsbeschränkte Studiengänge werden erfasst.[766] Hier kann nach Nr. 33 der Bund die Vergabe von Studienplätzen, die Auswahlverfahren und die Kapazitätsermittlung einheitlich und auch in den Einzelheiten regeln,[767] nicht aber Fragen der Hochschulzugangsberechtigung,[768] die dem Schulwesen zu-

---

[745] LVerfG SchlH, Urt. v. 6.12.2019 – LVerfG 2/18.

[746] *Uhle,* in:Maunz/Dürig, Art. 72 (2019) Rn. 259.

[747] Dazu kjritisch aus verfassungspolitischer Sicht *Hansalek* NVwZ 2006, 668 (671); *Rux* BK, Art. 74 I Nr. 33 (2013) Rn. 73.

[748] BVerfGE 147, 253 Rn. 232 f.; *Uhle,* Maunz/Dürig, Art. 72 (2019) Rn. 232.

[749] Vgl. *Rux* BK, Art. 72 III (2008), Nr. 6 Rn. 8 ff. sowie Art. 74 I Nr. 33 (2013) Rn. 75 ff., 78 ff.; vgl. auch dort Rn. 81 ff. zu hochschulbezogenen Kompetenzen aus Nr. 11 – Recht der Wirtschaft –, die im Ergebnis zutr. verneint werden.

[750] Vgl. *Rux* BK, Art. 74 I Nr. 33 (2013) Rn. 35.

[751] Näher *Rux* BK, Art. 74 I Nr. 33 (2013) Rn. 31 ff.

[752] *Pieroth,* in: Jarass/Pieroth, Art. 74 Rn. 83.

[753] Vgl. BVerfGE 35, 79 (126 f.); 51, 369 (379) – für PH; *Rux* BK Art. 74 Nr. 33 (2008) Rn. 45 ff.

[754] *Oeter* MKS II, Art. 74 Rn. 95.

[755] *Stettner,* in: Dreier II, Suppl. 2007, Art. 74 Rn. 146; dies betrifft auch „Oberstufenkollegs" uä, vgl. *v. Münch* VVDStRL 31 (1973), 51 (65 f.).

[756] *Wittreck,* in: Dreier II, Art. 74 Rn. 153.

[757] *Pieroth,* in: Jarass/Pieroth, Art. 74 Rn. 83.

[758] Vgl. *Rux* BK, Art. 74 I Nr. 33 (2013) Rn. 44 f.

[759] *Pieroth,* in: Jarass/Pieroth, Art. 74 Rn. 83.

[760] *Lüthje* DÖV 1973, 545 ff. (574); *Stettner,* in: Dreier II, Suppl. 2007, Art. 74 Rn. 146.

[761] *Wittreck,* in: Dreier II, Art. 74 Rn. 153; *Oeter* MKS II, Art. 74 Rn. 195.

[762] *Rux* BK, Art. 74 I Nr. 33 (2013) Rn. 46.

[763] *Wittreck,* in: Dreier II, Art. 74 Rn. 153.

[764] *Rux* BK, Art. 74 I Nr. 33 (2013) Rn. 45.

[765] Vgl. BT-Dr 16/813, S. 35; für weiteren Zulassungsbegriff *Rux* BK, Art. 74 I Nr. 33 (2008) Rn. 56 ff.; *von Coelln,* in: BeckOK Hochschulrecht NdS, 12.ed. 1.6.2019, A. Grundlagen Rn. 16 f.

[766] So auch *Hansalek* NVwZ 2006, 668 (669).

[767] Vgl. BT-Dr 16/813, S. 35.

[768] Weiter *Rux* BK, Art. 74 I Nr. 33 (2013) Rn. 58 ff.

zurechnen sind.[769] Studiengangspezifische Eignungstests dürften demgegenüber unter Nr. 33 fallen;[770] nicht aber Studiengebühren.[771] Wenn für weiterführende Studiengänge eine erneute Zulassung erforderlich ist, fällt auch sie unter Nr. 33.[772] Bei den **Hochschulabschlüssen** geht es um die Vergleichbarkeit der Studienabschlüsse; als Voraussetzung hierfür können auch Regelstudienzeiten nach Nr. 33 geregelt werden,[773] ebenso Anforderungen an die Qualität der Ausbildung.[774] Akademische Grade fallen demgegenüber in die ausschließliche Zuständigkeit der Länder,[775] ebenso die grds.e Ordnung des Studiums, die grds. Rechtsstellung der Mitglieder der Hochschulen, die Organisation der Hochschule und deren Selbstverwaltung, auch das Recht der Studiengebühren, das zwar zum Hochschulwesen,[776] aber nicht zum Recht der Hochschulzulassung zählt.[777] Für die allg. Grundsätze des Hochschulwesens nach Art. 75 I 1 Nr. 1a bestand eine Verpflichtung des Gesetzgebers zu einer „außerordentlich zurückhaltenden Gesetzgebung".[778] Keine Hochschulabschlüsse sind Staatsexamina.[779]

## Art. 74a [Konkurrierende Gesetzgebung für Besoldung und Versorgung im öffentlichen Dienst]

## Art. 75 [Rahmenvorschriften]

**GG 1949:** Der Bund hat das Recht, unter den Voraussetzungen des Artikels 72 Rahmenvorschriften für die Gesetzgebung der Länder zu erlassen über:

1. die Rechtsverhältnisse der im öffentlichen Dienste der Länder, Gemeinden und anderen Körperschaften des öffentlichen Rechtes stehenden Personen;
2. die allgemeinen Rechtsverhältnisse der Presse und des Films;
3. das Jagdwesen, den Naturschutz und die Landschaftspflege;
4. die Bodenverteilung, die Raumordnung und den Wasserhaushalt;
5. das Melde- und Ausweiswesen.

Beide Bestimmungen wurden aufgehoben durch das 52. G zur Änd. des GG (Artikel 22, 23, 33, 52, 72, 73, 74a, 75, 84, 85, 87c, 91a, 91b, 93, 98, 104a, 104b, 105, 107, 109, 125a, 125b, 125c, 143c) v. 28.8.2006 (BGBl I 2034).

## Art. 76 [Gesetzesvorlagen]

(1) **Gesetzesvorlagen werden beim Bundestage durch die Bundesregierung, aus der Mitte des Bundestages oder durch den Bundesrat eingebracht.**

(2) **Vorlagen der Bundesregierung sind zunächst dem Bundesrat zuzuleiten. Der Bundesrat ist berechtigt, innerhalb von sechs Wochen zu diesen Vorlagen Stellung zu nehmen. Verlangt er aus wichtigem Grunde, insbesondere mit Rücksicht auf den Umfang einer Vorlage, eine Fristverlängerung, so beträgt die Frist neun Wochen. Die Bundesregierung kann eine Vorlage, die sie bei der Zuleitung an den Bundesrat ausnahmsweise als besonders eilbedürftig bezeichnet hat, nach drei Wochen oder, wenn der Bundesrat ein Verlangen nach Satz 3 geäußert hat, nach sechs Wochen dem Bundestag zuleiten, auch wenn die Stellungnahme des Bundesrates noch nicht bei ihr eingegangen ist; sie hat die Stellungnahme des Bundesrates unverzüglich nach Eingang dem Bundestag nachzureichen. Bei Vorlagen zur Änderung dieses Grundgesetzes und zur Übertragung von Hoheitsrechten nach Artikel 23 oder Artikel 24 beträgt die Frist zur Stellungnahme neun Wochen; Satz 4 findet keine Anwendung.**

(3) **Vorlagen des Bundesrates sind dem Bundestag durch die Bundesregierung innerhalb von sechs Wochen zuzuleiten. Sie soll hierbei ihre Auffassung darlegen. Verlangt sie aus wichtigem Grunde, insbesondere mit Rücksicht auf den Umfang einer Vorlage, eine Fristverlängerung, so beträgt die Frist neun Wochen. Wenn der Bundesrat eine Vorlage ausnahmsweise als besonders eilbedürftig bezeichnet hat, beträgt die Frist drei Wochen oder,**

---

[769] Vgl. *Degenhart* NVwZ 20 006, 1209 (1214); aM *Nolte* DVBl 2010, 84 (89).
[770] *Rux* BK, Art. 74 I Nr. 33 (2013) Rn. 62 f.
[771] A. M. *Nolte* DVBl 2010, 84 (89).
[772] *Rux* BK, Art. 74 I Nr. 33 (2013) Rn. 65.
[773] So auch *Oeter*, in: Starck, Föderalismusreform, 2007, Rn. 57.
[774] Vgl. unter Hinw. auf die Entstehungsgeschichte *Hansalek* NVwZ 2006, 668 (670).
[775] *Rux* BK, Art. 74 I Nr. 33 (2013) Rn. 83.
[776] BVerfGE 112, 226 (242 f.)
[777] Vgl. BT-Dr 16/813, S. 35; *Hansalek* NVwZ 2006, 668 (669); *Uhle*, in: Kluth, Föderalismusreform, Art. 74 Rn. 30.
[778] BVerfGE 111, 226(256); 112, 226 (243).
[779] *Rux* BK, Art. 74 I Nr. 33 (2013) Rn. 71.

wenn die Bundesregierung ein Verlangen nach Satz 3 geäußert hat, sechs Wochen. Bei Vorlagen zur Änderung dieses Grundgesetzes und zur Übertragung von Hoheitsrechten nach Artikel 23 oder Artikel 24 beträgt die Frist neun Wochen; Satz 4 findet keine Anwendung. Der Bundestag hat über die Vorlagen in angemessener Frist zu beraten und Beschluß zu fassen.

**Entstehungsgeschichte: Erstfassung:** JöR nF (1951), 562. – **Änderungen:** 18. G. zur Änd. des GG v. 15.11.1968 (BGBl I 1177), Art. 1 Nr. 1 (dazu: BT-Dr V/1983 [Entw.]; BT-Prot V/8091, 10 345; BR-Dr V/4138 [Entw.]; BT-Prot V/12 796, 13072; BR-Dr 336/69; BR-Prot 69/153); 23. G. zur Änd. des GG v. 17.7.1969 (BGBl I 817), Art. 1 (dazu: BT-Dr V/4138 [Entw.]; BT-Dr V/4295 [Bericht RechtsA]; BR-Dr 336/69); 42. G. zur Änd. des GG v. 27.10.1994 (BGBl I 3146), Art. 1 Nr. 8 (dazu: BT-Dr 12/6000 [Bericht GemVerfKom.], 12/6633 [Entw.], 12/8399, 12/8423; BT-Prot 12/18086, 20947, 21283; BR-Dr 360/92, 834/94; BR-Prot 94/505).

**Historische Verfassungstexte: RV 1849: § 80** Der Kaiser hat das Recht des Gesetzvorschlages ... **§ 99** Das Recht des Gesetzvorschlages ... steht jedem Hause (erg.: des Reichstages) zu. – **RV 1871: Art. 16** Die erforderlichen Vorlagen werden nach Maßgabe der Beschlüsse des Bundesrathes im Namen des Kaisers an den Reichstag gebracht, wo sie durch Mitglieder des Bundesrathes oder durch besondere von letzterem zu ernennende Kommissarien vertreten werden. **Art. 23** Der Reichstag hat das Recht, innerhalb der Kompetenz des Reichs Gesetze vorzuschlagen ... – **WRV: Art. 68** (1) Die Gesetzesvorlagen werden von der Reichsregierung oder aus der Mitte des Reichstags eingebracht. **Art. 69** (1) Die Einbringung von Gesetzesvorlagen der Reichsregierung bedarf der Zustimmung des Reichsrats. Kommt eine Übereinstimmung zwischen der Reichsregierung und dem Reichsrat nicht zustande, so kann die Reichsregierung die Vorlage gleichwohl einbringen, hat aber hierbei die abweichende Auffassung des Reichsrats darzulegen. (2) Beschließt der Reichsrat eine Gesetzesvorlage, welcher die Reichsregierung nicht zustimmt, so hat diese die Vorlage unter Darlegung ihres Standpunkts beim Reichstag einzubringen. **Art. 165** (4) Sozialpolitische und wirtschaftspolitische Gesetzentwürfe von grundlegender Bedeutung sollen von der Reichsregierung vor ihrer Einbringung dem Reichswirtschaftsrat zur Begutachtung vorgelegt werden. Der Reichswirtschaftsrat hat das Recht, selbst solche Gesetzesvorlagen zu beantragen. Stimmt ihnen die Reichsregierung nicht zu, so hat sie trotzdem die Vorlage unter Darlegung ihres Standpunkts beim Reichstag einzubringen. Der Reichswirtschaftsrat kann die Vorlage durch eines seiner Mitglieder vor dem Reichstag vertreten lassen. – **GG 1949:** (1) *wie geltende Fassung.* (2) Vorlagen der Bundesregierung sind zunächst dem Bundesrate zuzuleiten. Der Bundesrat ist berechtigt, innerhalb von drei Wochen zu diesen Vorlagen Stellung zu nehmen. (3) Vorlagen des Bundesrates sind dem Bundestage durch die Bundesregierung zuzuleiten. Sie hat hierbei ihre Auffassung darzulegen.

**Geltende Landesverfassungen:** *BW*Verf Art. 59 I; *Bay*Verf Art. 71; *Bln*Verf Art. 59 II; *Bbg*Verf Art. 75; *Brem*Verf Art. 123 I; *Hmb*Verf Art. 48 I; *Hess*Verf Art. 117; *MV*Verf Art. 55 I; *Nds*Verf Art. 42 III; *NRW*Verf Art. 65; *RhPf*Verf Art. 108; *Saarl*Verf Art. 98; *Sachs*Verf Art. 70 I; *LSA*Verf Art. 77 II; *SchlH*Verf Art. 44 I; *Thür*Verf Art. 81 I.

**Gesetzgebung:** GO BRat; GO BReg; §§ 75 ff. GO BTag; §§ 40 ff. GGO.
**Leitentscheidung:** BVerfGE 1, 144 (Finanzvorlagen).

**Schrifttum:** *N. Achterberg,* Parlamentsrecht, 1984; *P. Blum,* Wege zu besserer Gesetzgebung, Gutachten I für den 65. DJT, Verhandlungen des 65. DJT, Bd. I, Teil I, 2004; *B.-O. Bryde,* Stationen, Entscheidungen und Beteiligte im Gesetzgebungsverfahren, in: Schneider/Zeh (Hrsg.), Parlamentsrecht und Parlamentspraxis, 1989, § 30; *E. Bülow,* Gesetzgebung HdbVerfR, 2. Aufl. 1994, § 30; *Bundesministerium der Justiz* (Hrsg.), Handbuch der Rechtsförmlichkeit, 3. Aufl. 2008; *M. Eisele,* Subjektive öffentliche Rechte auf Normerlaß, 1999; *E. Frenzel,* Das Gesetzgebungsverfahren – Grundlagen, Problemfälle und neuere Entwicklung, JuS 2010, 27, 119; *B. J. Hartmann,* Verfassungsvorgaben für Gesetzesinitiativen im Bundestag, ZG 2008, 42; *B. J. Hartmann/K. M. Kamm,* Gesetzgebungsverfahren in Land, Bund, Union, Jura 2014, 283; *T. Hebeler,* Ist der Gesetzgeber verfassungsrechtlich verpflichtet, Gesetze zu begründen?, DÖV 2010, 754; *ders.,* Die Einbringung von Gesetzesvorlagen, Art. 76 GG, JA 2017, 413; *H. Hofmann/G. Kleemann,* Eilgesetzgebung, ZG 2011, 313; *M. Kloepfer,* Gesetzgebungsoutsourcing – Die Erstellung von Gesetzentwürfen durch Rechtsanwälte, NJW 2011, 131; *W. Kluth/G. Krings* (Hrsg.), Gesetzgebung, 2014; *K. v. Lewinski,* Gesetzesverfasser und Gesetzgeber, 2015; *J. Lücke,* Begründungszwang und Verfassung. Zur Begründungspflicht der Gerichte, Behörden und Parlamente, 1987; *Th. Mann,* Gesetzgebungsverfahren in: Leitgedanken I, 2013, § 33; *B. Meermagen/H. Schultzky,* Das Verfahren der Gesetzgebung vor dem Bundesverfassungsgericht, VerwArch 101 (2010), 539; *H.-J. Mengel,* Gesetzgebung und Verfahren, 1997; *M. Meßling,* Grundrechtsschutz durch Gesetzgebungsverfahren, FS Jaeger 2011, S. 787; *F. Ossenbühl,* Verfahren der Gesetzgebung HStR V, § 102; *St. Pieper,* Gesetzgebungsverfahren, in: Morlok/Schliesky/Wiefelspütz (Hrsg.), Parlamentsrecht, 2016, § 40; *K. Reuter,* Praxishandbuch Bundesrat, 2. Aufl. 2007; *H. Winkelmann* (Hrsg.), Handbuch für die Parlamentarische Praxis mit Kommentar zur Geschäftsordnung des Deutschen Bundestages, 1997; *H.-A. Roll,* Geschäftsordnung des Deutschen Bundestages, 2001; *R. Sannwald,* Die Neuordnung der Gesetzgebungskompetenzen und des Gesetzgebungsverfahrens im Bundesstaat, 1996; *H.-P. Schmieszek,* Großkanzleien als Ersatzgesetzgeber?, ZRP 2013, 175; *H. Schneider,* Gesetzgebung, 3. Aufl. 2002; *M. Schürmann,* Grundlagen und Prinzipien des legislatorischen Einleitungsverfahrens nach dem Grundgesetz, 1987; *ders.,* Die Umgehung des Bundesrates im sog. „Ersten Durchgang" einer Gesetzesvorlage, AöR 115 (1990), 45; *H. Schulze-Fielitz,* Theorie und Praxis parlamentarischer Gesetzgebung, 1988; *C. Walter,* Hüter oder Wandler der Verfassung?, AöR 125 (2000), 517. – Vgl. ergänzend die Schrifttumsangaben zu Art. 77.

## Übersicht

Rn.

## A. Allgemeines

Art. 76 markiert innerhalb des Kapitels über „Die Gesetzgebung des Bundes" den Beginn des **1** Abschnitts über das **Gesetzgebungsverfahren.** Dieses Verfahren gliedert sich in **vier Abschnitte.** Die erste Phase betrifft das **parlamentarische Einbringungsstadium.** Sie ist Gegenstand des Art. 76. Diesem Abschnitt folgt das parlamentarische Beratungs- u. Beschlussstadium. Das GG regelt es nur ansatzweise (s. Art. 77 I 1, 76 III 6, 79 II u. 42 II), die Geschäftsordnung des Bundestages umso detaillierter (vgl. §§ 77 ff.). Die dritte Phase des Gesetzgebungsverfahrens bildet das föderale Mitwirkungsstadium. Sie ist ganz wesentl. im GG (s. Art. 77 I 2 u. II–IV, Art. 78) u. vor allem in der GO des VermA normiert (s. aber auch §§ 89 f. GO BTag; § 31 GO BRat). Den vierten u. letzten Abschnitt stellt das exekutive Erlassstadium dar. Es hat seinen Niederschlag in Art. 82 I 1 u. II gefunden.

Vorausgegangen ist den vier Abschnitten des Gesetzgebungsverfahrens (→ Rn. 1) ein **Gesetzent- 2 wurfsverfahren,** in dem die zur Gesetzesinitiative Berechtigten den materiellen Inhalt ihrer Gesetzesvorlagen u. deren äußere Form festlegen. In diesem Stadium ist es nicht ausgeschlossen, dass sich die zur Gesetzesinitiative Berechtigten bei der Ausarbeitung v. Gesetzesentwürfen der **Hilfe sachkundiger Dritter,** wie beispielsweise Anwaltskanzleien, bedienen.[1] Art. 76 bildet somit zugleich die Grenze zw. dem Gesetzentwurfs- u. dem Gesetzgebungsverfahren. **Geregelt** ist das Gesetzentwurfsverfahren für **Gesetzesvorlagen der BReg** vor allem in den §§ 15, 16, 20, 24, 26 u. 28 GO BReg, den §§ 40 ff. GGO u. weiteren Rechtsquellen.[2] Für **Gesetzesvorlagen des BRates** sind, da sie aus dem „Gesetzesantrag" eines Landes im BRat erwachsen, zunächst das jeweilige LandesverfassungsR u. hernach Art. 52 II–III sowie die GO des BRates[3] einschlägig. Gesetzesvorlagen **aus der Mitte des BTages** schließlich werden in entscheidendem Maße durch § 76 GO BTag reglementiert.

## B. Gesetzesinitiativrecht (Abs. 1)

Abs. 1 legt den Kreis der zur Einbringung v. Gesetzesvorlagen Berechtigten **abschließend**[4] fest: **3** „Bundesregierung", „aus der Mitte des Bundestages", „Bundesrat". Demgegenüber kennt das GG ein explizites „**Recht des Gesetzvorschlages**" (§§ 80, 99 RV 1849) nicht. Ein solches – vom formellen **Einbringungsrecht** histor. unterscheidbares (vgl. Art. 165 IV 2 WRV) – materielles Recht wird v. Abs. 1 jedoch stillschweigend vorausgesetzt u. mitgarantiert. Andernfalls wäre es verfassungsrechtl. mögl., das EinbringungsR durch Beschneidung eines GesetzesvorschlagsR auszutrocknen u. damit gegenstandslos werden zu lassen. Abs. 1 beinhaltet somit ein GesetzesinitiativR iwS: ein unausgesprochenes materielles GesetzesvorschlagsR u. (ausdr.) das seiner Verwirklichung dienende formelle EinbringungsR.[5]

---

[1] Vgl. näher *Kloepfer* NJW 2011, 131 ff.; *Schmieszek* ZRP 2013, 175 ff.; *Lewinski,* Gesetzesverfasser, S. 21 ff.; *Mann,* Leitgedanken I, § 33 Rn. 7 f.; *Heintzen,* in: Kluth/Krings, Gesetzgebung, § 9.

[2] Vgl. bes. Anlagen 4 u. 6 zur GGO sowie das vom BMI herausgegebene Handbuch zur Vorbereitung v. Rechts- u. Verwaltungsvorschriften (§ 42 III GGO) u. das vom BM der Justiz herausgegebene Handbuch der Rechtsförmlichkeit (§ 42 IV GGO).

[3] S. vor allem § 36 u. § 39 iVm § 26 u. § 30 I 1 GO BRat. Die äußere Form der Bundesratsinitiativen richtet sich mangels einschlägiger Bestimmungen in der GO des BRates nach den §§ 42 ff. GGO.

[4] Ebenso *Hebeler* JA 2017, 413 (416); *Kersten,* in: Maunz/Dürig, Art. 76 Rn. 27; *Masing/Risse* MKS II, Art. 76 Rn. 7; BVerfG NVwZ 2019, 875 (876): kein InitiativR des VermA; BVerwG NVwZ 2018, 1401 (1403): kein InitiativrR v. BTausschüssen.

[5] Vgl. idS zB *Bryde,* in: v. Münch/Kunig II, Art. 76 Rn. 3 u. 4; *Masing/Risse* MKS II, Art. 76 Rn. 17, 64; *Brüning* BK, Art. 76 (2016) Rn. 48; *Stern,* StaatsR II, S. 615 (o.) u. S. 617; *Brosius-Gersdorf,* in: Dreier II, Art. 76 Rn. 37.

## I. Gesetzesvorlagen

**4**    Gegenstand des GesetzesinitiativR sind „Gesetzesvorlagen". Damit ist der **Entwurf** für einen Gesetzesbeschluss des BTages (Art. 77 I 1) gemeint. Dem entspricht es, wenn die Verf. einiger Länder in parallelen Vorschriften nicht v. „Gesetzesvorlagen", sondern v. „Gesetzentwürfen" reden (so Art. 55 I 1 MVVerf, 42 III NdsVerf, 65 NRWVerf, 77 II LSAVerf, 44 I SchlHVerf). Erforderlich ist daher ein verständlicher, schriftlich niedergelegter, als Stammgesetz[6] o. als Änderungsgesetz[7] gefasster u. endgültig gemeinter beschlussreifer Textvorschlag (ggf. unter Einbeziehung v. Karten, Zeichen uä Elementen).[8] Die Notwendigkeit einer solchen gesetzestechnischen Perfektion ergibt sich aus einer Vorwirkung des rechtsstaatl. Grundsatzes der Normenklarheit.[9]

**5**    Daraus folgt, dass es sich **nicht** um den Entwurf für eine **Rechtsverordnung,** dh eine v. einem Gesetzesbeschluss u. dessen Wirksamwerden gerade abhängige exekutive Rechtsnorm (→ Art. 80 Rn. 1, 11) handeln darf. Äußerlich sind derartige Entwürfe zwar den Gesetzesvorlagen ähnlich (vgl. bes. § 62 II iVm § 42 GGO). Da RVOen v. der Exekutive erlassen werden, wird über sie jedoch nicht im Gesetzgebungsverfahren entschieden (s. für RVOen der BReg § 62 III GGO). Ebensowenig betrifft Art. 76 I Vorlagen für **schlichte Parlamentsbeschlüsse.** Bei diesen geht es um v. Gesetzesvorlagen bereits äußerlich abweichende Entwürfe für rechtl. iA unverbindliche Erklärungen, mit denen der BTag eine Feststellung trifft, eine Aufforderung artikuliert o. eine sonstige, sich v. einem Gesetzesbeschluss abhebende Entsch. fällt.[10] Derlei parlamentarische Akte ergehen in einem „schlichten" Beschlussverfahren (Art. 42 II), dh ohne die das Gesetzgebungsverfahren kennzeichnenden prozeduralen Sicherungen sowie ohne eine Beteiligung and. Verfassungsorgane. Deshalb kommen sie nicht als Alternative zu Gesetzen in Betracht; das wäre eine Umgehung der Art. 76 ff. (Verbot gesetzesvertretender schlichter Parlamentsbeschlüsse).[11]

**6**    Des Weiteren müssen die Gesetzesvorlagen auch als „Gesetz" beschlossen werden dürfen, dh sie haben der **Verfassung** zu **entsprechen.** Dieses ist aus Art. 20 III ableitende Gebot erzeugt – neben expliziten u. spez. Pflichten – auch ungeschriebene, generelle Grundpflichten formeller (→ Rn. 7) u. materieller Art. Materielle Grundpflichten verlangen v. der Legislative dauerhafte, verständliche u. präzise, rechtslogisch u. auch sonst rechtl. stimmige Gesetze.[12] Dieses Gebot verhindert nicht, dass der v. einem Initiativberechtigten urspr. als einfaches Gesetz eingebrachte Entwurf im Laufe des Verfahrens formell zu einer verfassungsändernden Vorlage umgestaltet werden kann.[13] Von vornherein ausgeschlossen sind aber Entwürfe für Gesetzesbeschlüsse, die entweder deutlich erkennbar der sog. Ewigkeitsgarantie (Art. 79 III) widersprechen[14] oder die eine Rechtsetzungsbefugnis erfordern, auf deren Ausübung der BTag eindeutig u. gänzlich durch Übertragung der entsprechenden Hoheitsrechte nach Art. 23 I oder 24 I verzichtet hat.

**7**    Auch wenn aus Art. 76 **keine allgemeine Begründungspflicht** folgt,[15] ergibt sich einerseits aus Sicht der Methodenlehre[16] und andererseits aus Art. 20 III doch auch eine formelle Grundpflicht der Initianten, ihre Gesetzesvorlagen zumindest insow. zu begründen, als dies notw. ist, um sich, den and. Gesetzgebungsorganen u. den späteren Gesetzesunterworfenen **Rechenschaft über die Verfassungsmäßigkeit** der Entwürfe abzulegen[17] sowie eine verfassungsrechtl. Kontrolle zu ermöglichen.[18] Auf diese Weise kann, zB vor dem Hintergrund des Verhältnismäßigkeitsprinzips, der Nachweis

---

   [6] Ein Stammgesetz hat die erstmalige Regelung eines Sachverhaltes zum Gegenstand.

   [7] Ein Änderungsgesetz betrifft die Umformulierung o. den Wegfall einzelner Bestandteile o. die Ergänzung eines Stammgesetzes. Außerdem kann ein Mantelgesetz in Betracht kommen, dh ein Gesetz, das – idR als Artikelgesetz gefasst – die and. Gesetzestypen (Stammgesetz, Änderungsgesetz) in sich vereint.

   [8] Weitgehend übereinst. *Brüning* BK, Art. 76 (2016) Rn. 87 ff. mwN; ferner etwa *Masing/Risse* MKS II, Art. 76 Rn. 68; zum LandesverfassungsR etwa *Mann,* in: Löwer/Tettinger (Hrsg.), Kommentar zur Verfassung NW, 2002, Art. 65 Rn. 4.

   [9] Vgl. zu diesem Gebot nur BVerfGE 65, 1 (44 u. 54) sowie BVerfGE 93, 213 (238), außerdem *Stern,* StaatsR I, S. 829 f.

   [10] S. ergänzend *Butzer* AöR 119 (1994), 61 (67–74) u. *Stern,* StaatsR II, S. 48 f. mwN.

   [11] Im Ganzen großzügiger *Butzer* AöR 119 (1994), 61 (81 ff.); wie hier *Busch,* Das Verhältnis des Art. 80 Abs. 1 S. 2 GG zum Gesetzes- und Satzungsvorbehalt, 1992, S. 70–73 mwN.

   [12] S. ausf. *Lücke* ZG 2001, 1 (4–25) mit Bezug auf den verfassungsrechtl. Geboten der Normenbeständigkeit, -klarheit u. -bestimmtheit, Normenwiderspruchsfreiheit sowie Normenfolgerichtigkeit. Zum verfassungsrechtl. Kohärenzgebot s. *Mann* DStR-Beihefter 2015, 28 ff.

   [13] Vgl. auch BVerfGE 2, 143 (172 f.): Beratung u. Abstimmung über einen GesEntwurf sind nicht verfassungswidrig, weil sein Inhalt eine vorausgehende Änd. des GG erfordern würde (LS 12).

   [14] Im Ergebnis ebenso *Evers* BK, Art. 79 (1982) Rn. 108; *v. Mangoldt/Klein* II, Art. 76 Anm. III 1e (S. 1720). AA *Brüning* BK, Art. 76 (2016) Rn. 94.

   [15] BVerfGE 75, 246 (268); 132, 134 (162); 137, 34 (73 f.); BVerfG NJW 2017, 217 (228) Rn. 278 f.

   [16] *Schulze-Fielitz,* Theorie u. Praxis parlam. Gesetzgebung, 1988, S. 516; aA *Kischel,* Die Begründung, 2003, S. 291 f.

   [17] Ebenso *Dietlein,* in: BeckOK GG, Art. 76 Rn. 2.2; diff. *Pieper,* in: Morlok ua, Parlamentsrecht, § 40 Rn. 44, 49; krit. zur Herleitung *Hebeler* DÖV 2010, 754 (755 ff.); *Haratsch,* in: Sodan, GG, Art. 76 Rn. 8.

   [18] Vgl. *Kluth,* in: Ders./Krings, Gesetzgebung, § 14 Rn. 75 ff. u. BVerfGE 125, 175 (226); zur Obliegenheit, die zur Bestimmung des Existenzminimums im Gesetzgebungsverfahren eingesetzten Methoden u. Berechnungsschritte

ausreichender Sachverhaltsermittlung u. Abwägung erbracht werden.[19] Sofern die in der GGO, der GO BTag u. der GO BRat enthaltenen Begründungspflichten[20] der Erfüllung solcher Zwecke dienen, sind sie verfassungsimmanent durch Art. 20 III gedeckt u. daher verfassungsrechtl. unproblematisch. Demgegenüber verstoßen überschießende Begründungspflichten, wenn sie, wie die Pflicht, für kostenwirksame Gesetze einen Deckungsvorschlag zu unterbreiten, unmöglich zu erfüllen sind oder sie keinen verfassungsrechtl. (Hinter-)Grund haben, gegen das GesetzesinitiativR aus Art. 76 I.[21]

## II. Bundesregierung, aus der Mitte des Bundestages, Bundesrat

Mit **Bundesregierung** bezeichnet Abs. 1 das aus dem Bkanzler u. aus den BMinistern bestehende **8** Bundeskabinett (s. Art. 62).[22] Infolgedessen kann die BReg v. dem ihr zustehenden GesetzesinitiativR nur dadurch Gebrauch machen, dass sie sich als Kollegium einen ihr vorgelegten Gesetzentwurf zu eigen macht u. dessen Einbringung beim BTag beschließt. Das geschieht auf die Weise, dass alle Gesetzentwürfe der Bundesregierung... zur Beratung u. Beschlussfassung zu unterbreiten sind (§ 15 I lit. a GO BReg) u. dass über sie u. ihre Einbringung „mit Stimmenmehrheit" zu entscheiden ist (§ 24 II GO BReg). Die Beschlussfassung kann in gemeinsamer Sitzung o. auch im Umlaufverfahren erfolgen. Dabei ist jedoch Sorge zu tragen, dass alle Kabinettsmitglieder Gelegenheit zur Mitwirkung an der Beschlussfassung erhalten, sofern eine hinreichende Zahl v. ihnen am Beschlussverfahren teilnimmt u. eine Mehrheit v. diesen der Vorlage zustimmt. Ein sog. Einwendungsausschlussverfahren, bei dem ein Beschl. im Umlaufverfahren zustande kommt, wenn innerhalb einer bestimmten Frist kein Widerspruch erhoben wird, ist daher verfassungswidrig.[23]

Mit der Wendung **„aus der Mitte des Bundestages"** ist – wie ein Vergleich mit den v. Abs. 1 **9** gebrauchten Worten „Bundesregierung" u. „Bundesrat" zeigt – jedenfalls nicht nur der BTag als Ganzes gemeint.[24] Vielmehr kann diese Formulierung sowohl auf einen einzelnen Abgeordneten hinweisen[25] als auch eine Gruppierung des BTages bezeichnen, die aus mehreren Parlamentariern besteht.[26] Angesichts dieser Unbestimmtheit einerseits u. der Notwendigkeit einer Konkretisierung andererseits muss Abs. 1 insoweit als **Ermächtigung** gedeutet werden, den Kreis der Initiativberechtigten v. dritter Seite festzulegen. Als Adressat dieser Ermächtigung kommt **nur der BTag** in Betracht, denn es geht um seine Mitte. Dementsprechend hat der BTag iR seiner Geschäftsordnungsautonomie die Wendung dahingehend konkretisiert, dass es sich um eine „Fraktion" o. um „fünf vom Hundert der Mitglieder des Bundestages" handeln muss (§ 76 I GO BTag).[27]

Diese **Beschränkung** des **Gesetzesinitiativrechts** wird teilw. für verfassungsrechtl. bedenklich o. **10** sogar verfassungswidrig gehalten.[28] Das ist nicht überzeugend. Zwar handelt es sich bei diesem Gesetzesinitiativrecht um ein MinderheitenR, soll das nachfolgende Verfahren in Gestalt des mehrheitlich zu beschließenden Gesetzes (Art. 77 I 1 iVm Art. 42 II 1) nicht widersinnig sein. Wie die Ausgestaltung eines and. MinderheitenR – das Verlangen der Einsetzung eines Untersuchungsausschusses (zB einer Gesetzgebungsenquete) – zeigt (vgl. Art. 44 I 1), muss das Quorum jedoch nicht unbedingt sehr niedrig sein. Die Regelung des § 76 I GO BTag ist daher **verfassungsrechtlich nicht**

---

nachvollziehbar offenzulegen. Krit. zu dieser Rspr. *Brenner* ZG 2011, 394 ff.; *Meßling* FS Jaeger, S. 787 ff.; *Dann* Der Staat 49 (2010), 630 ff.

[19] S. näher *Lücke,* Begründungszwang und Verfassung, 1987, S. 39 ff., 65 ff.; *Jekewitz* Staat 4 (1988), 631 (632); *Kluth,* in: Ders./Krings, Gesetzgebung, § 14 Rn. 9, 41 ff.; diff. *Sannwald,* in: Hofmann/Henneke, Art. 76 Rn. 20–22; *Brosius-Gersdorf,* in: Dreier II, Art. 76 Rn. 31 f.; *Mengel,* Gesetzgebung und Verfahren, 1997, S. 276 ff.; krit. *Brandner* NVwZ 2009, 211 ff.; *Cornils* DVBl 2011, 1053 (1055); abl. *Brüning* BK, Art. 76 (2016) Rn. 90 ff. mwN; *Masing/Risse* MKS II, Art. 76 Rn. 70; *Skouris,* Die Begründung von Rechtsnormen, 2002, S. 119 ff., 174; *Kischel,* Die Begründung, 2003, S. 304. Die Begründungspflicht als verfassungspolit. Desiderat sieht *Blum,* Wege zu besserer Gesetzgebung, 65. DJT Bd. I, Teil I, 2004, S. 126 ff.; als „Obliegenheit" bezeichnet sie BVerfGE 125, 175 (226); Sonderkonstellation ausnahmsweise gebotener Gesetzesbegründung erwägend BVerfG NJW 2017, 217 (228) Rn. 279 f.

[20] Vgl. bes. § 43 I GGO, § 76 II GO BTag, §§ 24, 26 III 2 GO BRat.

[21] Vgl. BVerfGE 1, 144 (153, 158 ff.); *Bryde,* in: v. Münch/Kunig II, Art. 76 Rn. 13; zur Problematik auch *Schmidt-Jortzig/Schürmann* BK, Art. 76 (Zweitbearb. 1996) Rn. 361 mwN.

[22] Vgl. statt aller nur *Bryde,* in: v. Münch/Kunig II, Art. 76 Rn. 10, sowie *Brüning* BK, Art. 76 (2016) Rn. 120 mwN.

[23] BVerfGE 91, 148 (166, 171 f.); *Epping* DÖV 1995, 719 (723 f.).

[24] S. nur BVerfGE 1, 144 (LS 3c) u. 153; *Boehl,* in: Kluth/Krings, Gesetzgebung, § 15 Rn. 5 mwN.

[25] Für ein InitiativR einzelner Abgeordneter *Seifarth* JuS 2010, 790 (792 f.); *Hartmann/Kamm* Jura 2014, 283 (285). IdS verstehen § 49 I 1 der GO LT Bay u. § 40 I 1 der GO LT Bbg die Art. 76 I entsprechende Regelung in Art. 71 BayVerf u. Art. 75 BbgVerf; and. NRW (Art. 65 NRWVerf, § 70 I 2 GO LT NRW): sieben Abgeordnete, vgl. näher *Mann,* in: Löwer/Tettinger, Kommentar zur NRWVerf., 2002, Art. 65 Rn. 9 ff.

[26] Vgl. *Brüning* BK, Art. 76 (2016) Rn. 134; *Nolte/Tams* Jura 2000, 158 (159).

[27] Zur Änderung einer Gesetzesvorlage durch einen Bundestagsausschuss, der mehr als 5 % der Mitglieder des Bundestages ausmacht s. BVerwG NVwZ 2018, 1401 (1403).

[28] Vgl. *Stern,* StaatsR II, S. 622 Fn. 309; *Bryde,* in: v. Münch/Kunig II, Art. 76 Rn. 13; *Abmeier,* Die parlamentarischen Befugnisse des Abgeordneten des Deutschen Bundestages nach dem Grundgesetz, 1984, S. 208 ff.; *Masing/Risse* MKS II, Art. 76 Rn. 44 ff.

**bedenklich.**[29] Darüber hinaus erscheint sie sogar geboten, um die Funktionsfähigkeit des BTages[30] als eines besonderen Organs der Gesetzgebung sicherzustellen u. damit einem v. Art. 20 II 1 stillschweigend vorausgesetzten Erfordernis zu genügen. Ein geringeres Quorum würde nämlich leicht zu einer Überhäufung des Parlamentes mit v. vornherein aussichtslosen Gesetzesvorlagen führen.

11 Die dritte Var. des Art. 76 I GG sieht die Einbringung einer Gesetzesvorlage durch den **Bundesrat**, dem gem. Art. 51 I 1 „aus Mitgliedern der Regierungen der Länder" bestehenden Verfassungsorgan, als Ganzem vor.[31] Die Regierungen der Länder sind nicht selbst initiativbefugt. Nur ein mit der Mehrheit der Stimmen des BRates nach Art. 52 III 1 gefasster Beschl. kann daher zur verfassungsgemäßen Einbringung einer Vorlage in den BTag führen. Die Mehrheit beläuft sich bei einer nach Art. 51 II zu berechnenden Stimmzahl v. derzeit insges. 69 Stimmen auf 35 Mitglieder.

12 Abweichend v. Art. 76 I ist in mehreren Ländern auch das Volk initiativberechtigt.[32] Die insoweit restriktive Fassung des Art. 76 ist jedoch bei systematischer Betrachtung konsequent. Selbst **Art. 29** beinhaltet kein GesetzesinitiativR des Volkes.[33] Dessen Abs. 2 u. 3 betreffen nicht das Einbringen, sondern das Zustandekommen eines Neugliederungsgesetzes; erforderlich ist dafür die „Bestätigung" durch Volksentscheid. Abs. 4 u. 5 begründen die Pflicht des BTages, bestimmte Neugliederungsgesetze innerhalb einer gewissen Frist zu beschließen. Dies beinhaltet zwar inzident die Notwendigkeit, eine entsprechende Gesetzesvorlage in den BTag einzubringen, nicht jedoch, sei es auch nur konkludent, den Zwang, ein InitiativR des Volkes anerkennen zu müssen. Im Erg. nicht and. verhält es sich mit **Art. 17.** Die Vorschrift räumt nicht „**jedermann**" das Recht zu Gesetzesinitiativen ein. Andernfalls hätte ein Petent es in der Hand, dem BTag Gesetzentwürfe einzureichen u. ihn zu nötigen, über eine derartige Petition im Wege eines aufwendigen Gesetzgebungsverfahrens zu befinden. Dadurch könnte das für Gesetzesinitiativen „aus der Mitte des Bundestages" bestehende Quorum (→ Rn. 9) unterlaufen u. die Funktionsfähigkeit des Parlaments gefährdet werden.[34] Auch ein Rückgriff auf **Art. 20 II 2** lässt sich für die Begr. eines solchen InitiativR[35] nicht fruchtbar machen. Eine solche Ansicht widerspräche der ausschließl. Zuweisung der Gesetzgebungskompetenz an die in Art. 76 u. 77 genannten Organe (→ Art. 20 Rn. 31 f.).[36]

### III. Einbringung beim Bundestage

13 Wie Art. 76 II u. III zeigen, wird ein Gesetzentwurf beim BTag „eingebracht", indem er vom Initianten (→ Rn. 8 ff.) unmittelbar o. mittelbar dem BTag, dh seinem Präsidenten (§ 7 I 1 GO BTag), zugeleitet wird. Eine Verteilung des Gesetzentwurfs an die Abgeordneten (§ 77 I GO BTag) ist nicht erforderlich, da Abs. 1 nicht v. der Einbringung „in" den BTag spricht. Nach erfolgter Einbringung hat der BTag über die Gesetzesvorlagen in angemessener Frist zu beraten u. Beschl. zu fassen (→ Rn. 31 ff.). Die jeweiligen Initianten sind nicht mehr Herr des Verfahrens (→ Rn. 36 f.).

### IV. Verdichtung des Initiativrechts zur Pflicht

14 Grds. steht es im Belieben der Initiativberechtigten, ob sie beim BTag eine Gesetzesvorlage einbringen. An dieser Freiheit können – mangels rechtl. Verbindlichkeit – Koalitionsvereinbarungen, schlichte Parlamentsbeschlüsse des BTages o. Beschlüsse des BRates, welche die BReg zu einer Gesetzesinitiative anhalten, nichts ändern.[37] And. verhält es sich, wenn bestimmte Gesetze aus unionso. verfassungsrechtl. Gründen erlassen werden müssen. In diesem Fall besteht notwendigerweise auch eine **Verpflichtung zum Anstoß des Gesetzgebungsverfahrens,** die entweder alle o. den sachlich betroffenen Initiativberechtigten trifft. Diese können insbes. aus **folgenden,** sich zT überschneidenden **Quellen** gehalten sein, Gesetzesvorlagen beim BTag einzubringen: RL der EU (Art. 288 AEUV);[38] gem. dem GG aus: expliziten Gesetzgebungsaufträgen,[39] Gesetzgebungsaufträgen als Konsequenz des

---

[29] So auch *Brosius-Gersdorf,* in: Dreier II, Art. 76 Rn. 56 f.; *Boehl,* in: Kluth/Krings, Gesetzgebung, § 15 Rn. 5; *J. Dietlein,* in: BeckOK GG, Art. 76 Rn. 7; *Pieper,* in: Morlok ua, Parlamentsrecht, § 40 Rn. 94; *Brüning* BK, Art. 76 (2016) Rn. 134.

[30] S. zu diesem Aspekt mit vergleichbarem Hintergrund (5 %-Sperrklausel des WahlR) BVerfGE 51, 222 (236 f.) mwN u. BVerfGE 82, 322 (338) sowie 95, 408 (418 f.).

[31] So die einhellige Auffassung; vgl. statt aller *Bryde,* in: v. Münch/Kunig II, Art. 76 Rn. 16.

[32] So Art. 59 I BWVerf; Art. 71 BayVerf; Art. 55 I MVVerf; Art. 108 RhPfVerf; Art. 70 I SachsVerf. Vgl. ähnl. zB Art. 75 BbgVerf u. Art. 117 HessVerf.

[33] AA zB *v. Mangoldt/Klein* II, Art. 76 Anm. III 2b (S. 1723); *v. Münch,* in: v. Münch II, 2. Aufl. 1983, Art. 29 Rn. 4b, 46, 47, 51. Wie hier ua *Achterberg,* Parlamentsrecht, 1984, S. 354; *Masing/Risse* MKS II, Art. 76 Rn. 60; *Brüning* BK, Art. 76 (2016) Rn. 117 f.

[34] IE ebenso *Brüning* BK, Art. 76 (2016) Rn. 59; ferner etwa *Masing/Risse* MKS II, Art. 76 Rn. 67.

[35] So aber *Obst,* Chancen direkter Demokratie in der Bundesrepublik Deutschland, 1986, S. 255 ff.

[36] *Hufschlag,* Einfügung plebiszitärer Komponenten an das Grundgesetz?, 1999, S. 75 ff.

[37] S. näher *Schürmann,* Grundlagen und Prinzipien des legislatorischen Einleitungsverfahrens nach dem Grundgesetz, 1987, S. 90 f., 108–112 mwN.

[38] Dazu *Schilling,* Rang und Geltung von Normen in gestuften Rechtsordnungen, 1994, S. 100 f.

[39] Vgl. eingehender *Eisele,* Subjektive öffentliche Rechte auf Normerlaß, 1999, insbes. S. 146 ff. u. *Lücke* AöR 107 (1982), 15 (22–25). Zu den expliziten Gesetzgebungsaufträgen zählen auch solche Vorschriften des GG, in denen eine

Vorbehalts des Gesetzes (zB für Teile des ArbeitskampfR),[40] Staatszielbestimmungen,[41] Korrektur-pflichten als Folge eines festgestellten Grundgesetzverstoßes,[42] Pflichten zur Nachbesserung,[43] Fort-entwicklung[44] o. Ablösung[45] v. Gesetzen auf Grund erheblich veränderter Umstände, grundrechtl. Schutzpflichten,[46] Pflichten zum Erlass v. Neugliederungs- u. Haushaltsgesetzen (Art. 29 IV bzw. 110 II–III; auch §§ 29 f. BHO), Pflichten zur gesetzlichen Fortschreibung (z. B. Art. 48 III 1 u. 106 IV 1; auch § 14 BBesG), ferner: Verpflichtungen aus völkerrechtl. Verträgen (z. B. Art. 30 ff. EV)[47] u. aus gem. Art. 109 III ergangenen Grundsatzgesetzen (z. B. § 1 HGrG).

## C. Einbringung von Gesetzesvorlagen der Bundesregierung (Abs. 2)

### I. Zuleitung an den Bundesrat (Abs. 2 S. 1) zwecks Stellungnahme (Abs. 2 S. 2)

Das in Abs. 1 statuierte EinbringungsR (→ Rn. 3) wird durch Abs. 2 S. 1 bzgl. der Regierungs- **15** entwürfe näher festgelegt. Konkr. erfolgt die **Zuleitung** der Regierungsvorlagen (nebst deren Begr.) durch den BKanzler mittels eines an den Präsidenten des BRates gerichteten Schreibens (vgl. § 28 I GO BReg). Der BRat erhält auf diese Weise Gelegenheit zu einer Stellungnahme (sog. **Erster Durchgang**), deren Sinn darin besteht, den Verwaltungssachverstand der Länder bereits frühzeitig in das Gesetzgebungsverfahren einzubinden u. auf diese Weise auch inhaltliche Konfliktfelder zw. BTag u. BRat auszuloten.[48]

Abs. 2 S. 2 erklärt den BRat für berechtigt, zu den Vorlagen der BReg Stellung zu nehmen. Dem **16** BRat wird mithin eine **Befugnis zur Stellungnahme** verliehen, nicht aber eine entspr. Pflicht auferlegt.[49] Der BRat kann demnach entweder v. einer Äußerung absehen o., wie es der insoweit vergleichbare Art. 76 III 2 ausdrückt, seine Auffassung darlegen. Als Inhalt einer Stellungnahme kommen insbes. die Billigung o. Ablehnung des ges. Regierungsentwurfs o. die Unterbreitung v. Änderungsvorschlägen in Betracht. Die Stellungnahme ist vom BRat auf einer seiner Plenarsitzungen „mit mindestens der Mehrheit seiner Stimmen" (Art. 52 III 1) zu beschließen (→ Rn. 11). Der Beschl. **bindet** den BRat im weiteren Gesetzgebungsverfahren **nicht,**[50] denn die Gesetzesvorlagen sind dem BRat später nochmals zur Mitwirkung (Art. 77 II a u. III) zuzuleiten (Art. 77 I 2). Dieser sog. Zweite Durchgang ist nur sinnvoll, wenn der BRat nicht bereits auf Grund seiner Beteiligung im Ersten Durchgang gebunden ist.

### II. Fristen für die Stellungnahme des Bundesrates (Abs. 2 S. 2, 3 und 5 Hs. 1)

Die Sätze 2, 3 u. 5 des Abs. 2 enthalten Fristen für den BRat, zu den Gesetzentwürfen der BReg **17** Stellung zu nehmen. Aus Gründen der Rechtssicherheit kommt für den **Fristbeginn** u. das **Fristende** nur ein Vorgang in Betracht, der sich bei dem für die Stellungnahme bzw. deren Empfang zuständigen Verfassungsorgan ereignet. Das ist der Zugang des Regierungsentwurfs beim BRat für den Fristbeginn u. der Zugang der Stellungnahme bei der BReg für das Fristende.[51] Während dieser Zeit ist die BReg grds. (s. aber u. Rn. 22) gehindert, ihre Gesetzesvorlage dem BTag zuzuleiten (vgl. u. Rn. 20, 23). Die reguläre Frist, die dem BRat für die Abgabe seiner Stellungnahme eingeräumt ist, beträgt **sechs**

---

Verpflichtung der Gesetzgebung zum Tätigwerden nicht direkt ausgesprochen wird, zB Art. 3 II 2 GG u. dazu BVerfGE 94, 241 (259).

[40] S. BVerfGE 88, 103 (113–117); *Lücke* FS Thieme, 1993, S. 539 (556 f.).

[41] Vgl. *Lücke* AöR 107 (1982), 15 (20–25, 46–49).

[42] S. BVerfGE 15, 337 (351); 54, 11 (37–39); 94, 241 (266); auch zB BVerfGE 88, 203 (309 f.); 90, 263 (270 u. 276 f.).

[43] BVerfGE 65, 1 (55 f.); 82, 353 (380); 88, 208 (309 f.); 90, 217 (219 f.); 95, 267 (314 f.) mwN; außerdem *Chr. Meyer,* Die Nachbesserungspflicht des Gesetzgebers, 1996, bes. S. 190 f.

[44] BVerfGE 125, 175 (225) bzgl. der Gewährleistung eines menschenwürdigen Existenzminimums.

[45] Vgl. *Lücke,* Vorläufige Staatsakte, 1991, S. 44 ff., bes. S. 47 f.

[46] S. BVerfGE 88, 203 (251 f., 261 f., 309) u. 96, 56 (64); *Stern,* StaatsR III/1, S. 1287 f.; *P. Unruh,* Zur Dogmatik der grundrechtl. Schutzpflichten, 1996, S. 23–75, 75–88; *Sodan* NVwZ 2000, 601 (602 ff.); *Calliess* JZ 2006, 321 ff.

[47] Vgl. auch BVerfGE 1, 351 (366) u. *Bryde,* in: v. Münch/Kunig II, Art. 76 Rn. 6.

[48] Vgl. *Hesse,* Grundzüge, Rn. 513; *Masing/Risse* MKS II, Art. 76 Rn. 93; *Reuter,* Praxishandbuch Bundesrat, 2007, Art. 50 GG Rn. 132 f., 188; *Pieper,* in: Morlok ua, Parlamentsrecht, § 40 Rn. 54.

[49] Vgl. *Brosius-Gersdorf,* in: Dreier II, Art. 76 Rn. 65; *Brüning* BK, Art. 76 (2016) Rn. 189; *Haratsch,* in: Sodan, GG, Art. 76 Rn. 11. – In der Praxis nutzt der BRat „ausnahmslos" – vgl. *Bundesrat* (Hrsg.), Handbuch des Bundes-rates für das Geschäftsjahr 2015/16, 2015, S. 19 – bzw. „regelmäßig" – *Maaßen,* in: Kluth/Krings, Gesetzgebung, § 8 Rn. 87 – sein Recht zur Stellungnahme.

[50] So ua auch BVerfGE 3, 12 (17 f.); *Bryde,* in: v. Münch/Kunig II, Art. 76 Rn. 19; *Jekewitz* AK GG, Art. 76 Rn. 14; *Masing/Risse* MKS II, Art. 76 Rn. 116; *Stern,* StaatsR II, S. 620; *Haratsch,* in: Sodan, GG, Art. 76 Rn. 10; *Brüning* BK, Art. 76 (2016) Rn. 189.

[51] Hiermit stimmt es überein, wenn Abs. 2 S. 4 im Zusammenhang mit der Zuleitung v. Gesetzesvorlagen auf den Eingang der Stellungnahme des BRates abstellt. S. zum Ganzen ergänzend auch *Brüning* BK, Art. 76 (2016) Rn. 192 –210 mwN, ferner *Sannwald,* Die Neuordnung der Gesetzgebungskompetenzen und des Gesetzgebungsverfahrens im Bundesstaat, 1996, S. 41 ff.

**Wochen (Abs. 2 S. 2).**[52] Da die Erarbeitung einer solchen Stellungnahme oftmals eine zeitaufwändige Abstimmung innerhalb der fachlich betroffenen Ministerien der Länder voraussetzt, der BRat im Jahr aber nur etwa zwölfmal tagt, u. die Sitzungstermine überdies lange Zeit im Voraus festgelegt werden, fällt es dem BRat nicht selten schwer, die **Regelfrist** v. sechs Wochen einzuhalten.

18　　Wegen der vorst. genannten Schwierigkeiten ermöglicht der 1994 eingefügte **Abs. 2 S. 3** es dem BRat, „aus wichtigem Grunde … eine **Fristverlängerung**" zu verlangen. Dieses Begehren muss ggü. der BReg spätestens innerhalb der regulären Frist geäußert werden. Geschieht dies, dann beträgt die Frist neun Wochen. Voraussetzung ist allerdings, dass das Verlangen einer Fristverlängerung **„aus wichtigem Grunde"** erfolgt. Als Beispiel eines „wichtigen Grundes" nennt Abs. 2 S. 3 („insbesondere") „den Umfang einer Vorlage". Des Weiteren kommt die außergewöhnliche rechtl. Komplexität o. polit. Bedeutung einer Vorlage in Betracht. Ferner kann zB der Umstand, dass die Vorlage dem BRat kurz vor o. während der Sommerpause zugeleitet wird, einen wichtigen Grund darstellen. Gegen die Annahme eines wichtigen Grundes kann es hingegen sprechen, wenn der BRat v. der Regierungsvorlage bereits ausr. Vorkenntnisse hatte. Das trifft bes. auf solche Regierungsvorlagen zu, die Ländern schon als Referentenentwürfe zugeleitet wurden (s. § 41 u. 47 I GGO) u. die seither iW unverändert geblieben sind. **Fehlt** ersichtlich ein „wichtiger Grund", dann steht es der BReg trotz eines Verlängerungsbegehrens des BRates nach sechs Wochen frei, das Gesetzgebungsverfahren durch Zuleitung ihrer Vorlage an den BTag fortzuführen.

19　　Regierungsentwürfe zur Änderung des GG u. zur Übertragung v. HoheitsR nach Art. 23 o. 24 wertet **Abs. 2 S. 5 Hs. 1** verallgemeinernd als so bedeutsam, dass die Frist zur Stellungnahme für sie v. vornherein neun Wochen beträgt. Abweichend v. Abs. 2 S. 3 bedarf es hinsichtlich dieser Vorlagen somit weder eines Verlangens nach Fristverlängerung noch des Vorliegens eines wichtigen Grundes, um dem BRat zu einer Fristverlängerung zu verhelfen.

20　　**Versäumt** der BRat die für seine Stellungnahme einschlägige **Frist,** dann ist die BReg nicht länger gehindert, ihre Gesetzesvorlage nunmehr dem BTag zuzuleiten u. damit einzubringen. Demgegenüber hat die Fristversäumnis nicht zur Folge, dass eine verspätete Stellungnahme im weiteren Gesetzgebungsverfahren unberücksichtigt bleiben muss. Die in Art. 76 II 2, 3 u. 5 festgelegten zeitlichen Beschränkungen sind **keine Ausschlussfristen.**[53] Die gegenteilige Annahme widerspräche v. vornherein dem **Zweck,** den das GG mit diesen **Stellungnahmen** ua verfolgt: frühzeitige Einbeziehung des Sachverstandes der Länder (→ Rn. 15).[54] Außerdem stünde sie nicht im Einklang mit dem allg., aus der Bindung der Gesetzgebung (u. der Initianten) an die Verf. (Art. 20 III) fließenden Gebot, während des Gesetzgebungsverfahrens zumindest die ohne weiteres zugänglichen Erkenntnisquellen auszuschöpfen.[55]

### III. Zuleitung der Stellungnahme an die Bundesregierung zwecks Gegenäußerung

21　　Der BRat hat – wie sich aus Art. 76 II 4 Hs. 1 ersehen lässt – dafür zu sorgen, dass seine Stellungnahmen bei der BReg eingehen. Durch diese **Zuleitung** erhält die BReg Gelegenheit, eine **Gegenäußerung** zur Stellungnahme des BRates auszuarbeiten u. zu beschließen (vgl. näher § 53 I GGO). Eine dahingehende verfassungsrechtl. **Pflicht** besteht hingegen **nicht.**[56] Wenn schon der BRat nicht zur Stellungnahme verpflichtet ist (→ Rn. 16), dann darf auch die BReg nicht zur Abgabe einer Gegenäußerung gezwungen sein. Stimmt die BReg **sämtlichen Änderungsvorschlägen** des BRates zu, so kann sie diese – entgegen weitverbreiteter Ansicht[57] – in ihre Gesetzesvorlage **einarbeiten** u. diesen Entwurf dem BTag zuleiten. Ein erneuter erster Durchgang ist mangels eines rechtl. Interesses des BRates nicht vonnöten, u. auch der BTag als Adressat der Gesetzesvorlage bedarf keines Schutzes, solange diese Verschmelzung aus den ihm zugeleiteten Dokumenten ersichtlich wird.

### IV. Zuleitung der Gesetzesvorlagen an den Bundestag durch die Bundesregierung (Abs. 2 S. 4 und 5 Hs. 2)

22　　**Abs. 2 S. 4 Hs. 1** gestattet der BReg, ihre Gesetzesvorlage – trotz fehlender Stellungnahme des BRates – drei Wochen vor dem für die Abgabe dieser Äußerung festgelegten Fristende (Abs. 2 S. 2 o. 3) dem BTag zuzuleiten. Dergestalt soll es dem BTag ermöglicht werden, Regierungsentwürfe vor Ablauf der Frist zur Stellungnahme des BRates (→ Rn. 17 f.) bereits im Plenum u. in den Ausschüssen

---

[52] Zu Besonderheiten bei Haushaltsinitiativen vgl. Art. 110 III.

[53] Vgl. auch *Masing/Risse* MKS II, Art. 76 Rn. 101; *J. Dietlein,* in: BeckOK GG, Art. 76 Rn. 24; *Kuttenkeuler,* Die Verankerung des Subsidiaritätsprinzips im Grundgesetz, 1998, S. 179.

[54] S. auch *Bryde,* in: v. Münch/Kunig II, Art. 76 Rn. 17 mwN.

[55] Vgl. auch BVerfGE 65, 1 (55).

[56] *Brüning* BK, Art. 76 (2016) Rn. 212; *Masing/Risse* MKS II, Art. 76 Rn. 149; *Sannwald,* in: Hofmann/Henneke, Art. 76 Rn. 67; *Maaßen,* in: Kluth/Krings, Gesetzgebung, § 8 Rn. 88.

[57] S. etwa *Bryde,* in: v. Münch/Kunig II, Art. 76 Rn. 20; *J. Dietlein,* in: BeckOK GG, Art. 76 Rn. 25.

zu beraten u. über sie – wenn sachgerecht – sogar zu beschließen.[58] Voraussetzung für diese beschleunigte Einbringung ist, dass die BReg ihre **„Vorlage** … bei der Zuleitung an den Bundesrat … als
**besonders eilbedürftig** bezeichnet hat". Diese Einstufung darf nur „ausnahmsweise" erfolgen. Der
durch sie zu erreichende Zeitgewinn muss folglich derart wichtig u. vonnöten sein, dass sich die
zeitliche Bevorzugung ggü. „normalen" Vorlagen rechtfertigt.[59] Von vornherein ausgeschlossen ist
diese Privilegierung für die in **Abs. 2 S. 5 Hs. 1** genannten Vorlagen (insbes. Änderungen des GG),
selbst wenn sie besonders eilbedürftig sind (vgl. Hs. 2 des Abs. 2 S. 5). In den Fällen des Abs. 2 S. 4
Hs. 1 „hat" die BReg eine bei Zuleitung ihrer Gesetzesvorlage noch ausstehende **Stellungnahme** des
BRates „unverzüglich", dh ohne schuldhaftes Zögern (s. § 121 I BGB) dem BTag **nachzureichen
(Abs. 2 S. 4 Hs. 2).** Diese Pflicht wird zur bloßen Obliegenheit, wenn die Stellungnahme bei der
BReg nach Ablauf der in Abs. 2 S. 2 o. S. 3 vorgesehenen Frist eingeht. Zur Beschleunigung des
Verfahrens mittels paralleler Einbringung identischer Gesetzesvorlagen durch Mitglieder des BTages
siehe u. Rn. 24 ff.

Abs. 2 S. 4 lässt – da eine Regelung über die **Zuleitung von nicht** als **besonders eilbedürftig**   23
bezeichneten Vorlagen fehlt – den Schluss zu, dass gewöhnlich die Regierungsentwürfe nur zusammen
mit der Stellungnahme des BRates (u. der Gegenäußerung; → Rn. 21) dem BTag zugeleitet werden
dürfen.[60] Eine isolierte Zuleitung dieser „normalen" Gesetzesvorlagen ist erst zul., wenn die dem BRat
für die Abgabe seiner Stellungnahme eingeräumten Fristen (Abs. 2 S. 2, 3 u. 5) verstrichen sind
(→ Rn. 20). Für verspätet bei ihr eingehende Stellungnahmen hat die BReg lediglich die Obliegenheit
zur Nachreichung an den BTag (→ Rn. 22).

## V. Unterlaufen des Verfahrens durch eine „unechte Bundestagsinitiative"

Gelegentlich kommt es vor, dass eine iW v. der BReg erarbeitete Gesetzesvorlage (auch) durch   24
Mitglieder des BTages o. eine Fraktion eingebracht wird.[61] Durch diese Vorlage aus der Mitte des
BTages wird es mögl., das dem **BRat** für Regierungsentwürfe eingeräumte Recht zur Stellungnahme
(Art. 76 II) **auszuschalten** o. zu verkürzen. Eine solche Verfahrensweise wird vielfach entweder als
verfassungswidrige Umgehung gewertet[62] o. trotz Bedenken letztlich als zul. erachtet.[63] Richtig
erscheint demgegenüber eine **differenzierende Beurteilung:**

(1) Verfassungsrechtl. **zulässig** ist es, ein konkr. Gesetzgebungsvorhaben der BReg dadurch zu   25
beschleunigen, dass aus der Mitte des BTages eine v. der BReg erarbeitete Gesetzesvorlage eingebracht
u. *parallel* eine mit diesem Entwurf übereinstimmende Regierungsvorlage in einer Art. 76 II entsprechenden Weise über den BRat dem BTag zugeleitet wird. Die Zulässigkeit hängt allerdings v. einer
Voraussetzung ab: Der Regierungsentwurf muss im Falle einer (fristgemäßen) Stellungnahme des
BRates das Parlament spätestens vor der abschließenden Beratung in den Ausschüssen u. damit vor der
weitgehenden Präjudizierung des Gesetzesbeschlusses erreichen. Auf diese Weise kann einerseits dem
Recht des BRates zur Stellungnahme u. argumentativen Partizipation am parlamentarischen Bera-
tungsstadium genügt werden sowie andererseits das den Abgeordneten bzw. Fraktionen zustehende
InitiativR bestehen bleiben.[64] Diese Verfahrenspraxis beschleunigt das Gesetzgebungsverfahren, indem
nach der ersten Beratung im Parlament mit der Arbeit in den Ausschüssen begonnen werden kann.

---

[58] Aus zeitlichen Gründen kann ein Gesetzesbeschluss (§ 86 GO BTag) vor Ablauf der Fristen zur Stellungnahme
allerdings nur in Betracht kommen, wenn der BTag am Ende der ersten Beratung (§ 80 I GO BTag) beschließt,
„ohne Ausschussüberweisung in die zweite Beratung einzutreten" (§ 80 II 1 GO BTag).

[59] Diese Voraussetzung trifft zB zu, wenn eine Gesetzesvorlage ohne diesen Verfahrensvorteil ernsthaft Gefahr
liefe, als Gesetz nicht zeitgerecht in Kraft treten zu können, obwohl dafür ein bestimmter Termin (zB Umsetzungsfrist
für eine RL der EU) einzuhalten ist. Vgl. ergänzend auch *Sannwald,* Die Neuordnung der Gesetzgebungskompetenzen und des Gesetzgebungsverfahrens im Bundesstaat, 1996, S. 43; *Hofmann/Kleemann* ZG 2011, 313 (325); *Mann,*
Leitgedanken I, 2013, § 33 Rn. 19 f.

[60] Zu Besonderheiten bei Haushaltsinitiativen s. Art. 110 III Hs. 1.

[61] Vgl. näher *Schürmann* AöR 115 (1990), 45 (47–50) u. *Busse* VerwArch 87 (1996), 445 (446 f.).

[62] So ua v. *Hamann jr.,* in: Hamann/Lenz, Art. 76 Anm. B 2; *v. Mangoldt/Klein* II, Art. 76 Anm. IV 6d (S. 1729 f.);
*Brosius-Gersdorf,* in: Dreier II, Art. 76 Rn. 60; *Haratsch,* in: Sodan, Art. 76 Rn. 11; *Stern,* StaatsR II, S. 620 f. mwN;
abgeschw. auch *Reuter,* Praxishandbuch Bundesrat, 2007, Art. 50 GG Rn. 134 ff. – Vgl. auch die Darstellung bei
*Schürmann* AöR 115 (1990), 45 (51 f.).

[63] So ua v. *Bryde,* in: v. Münch/Kunig II, Art. 76 Rn. 21; *Masing/Risse* MKS II Art. 76 Rn. 107; *Ossenbühl* HStR
V, § 102 Rn. 24; *Sannwald,* Die Neuordnung der Gesetzgebungskompetenzen und des Gesetzgebungsverfahrens im
Bundesstaat, 1996, S. 43; *ders.,* in: Hofmann/Henneke, Art. 76 Rn. 47; *Schürmann* AöR 115 (1990), 45 (55–63);
*Seifarth* JuS 2010, 790 (793); ohne Bedenken sogar *Hartmann/Kamm* Jura 2014, 283 (286 f.) sowie *Brüning* BK, Art. 76
(2016) Rn. 148 ff.

[64] Bedenken gegen dieses Verfahren bestehen auch nicht aus dem Grunde, dass hier zwei identische Gesetzesvorlagen eingebracht werden u. es sich somit der Sache nach um eine gemeinsame – angeblich unzul. (s. dazu *Brüning*
BK, Art. 76 [2016] Rn. 106 mwN) – Gesetzesinitiative handelt. Art. 76 ist lediglich in Bezug auf die Einbringung
v. Gesetzesvorlagen alternativ *("oder")* formuliert. Das bedeutet aber nicht, dass das diesem (formellen) EinbringungsR
zugrunde liegende materielle GesetzesvorschlagsR (→ Rn. 3) nicht kumulativ – hier durch eine Vorlage der „Bundesregierung" u. eine mit ihr übereinstimmende „aus der Mitte des Bundestages" – ausgeübt werden könnte.

**26**     (2) Verfassungsrechtl. **unzulässig** ist es hingegen, wenn das in Art. 76 II für Vorlagen der BReg geregelte MitwirkungsR des BRates, dadurch umgangen wird, dass die BReg materiell v. ihr erarbeitete Gesetzentwürfe nicht selbst beim BTag einbringt, sondern sich dafür ausschl. Dritter (Abgeordneter o. Fraktionen) bedient.[65] Denn selbst bei Eilbedürftigkeit ist von der Verfassung die Notwendigkeit eines ersten Durchlaufs vorgesehen, um die Verwaltungserfahrung der Länder frühzeitig einzubinden (Art. 76 II 4).

### D. Einbringung von Gesetzesvorlagen des Bundesrates (Abs. 3)

#### I. Zuleitung an den Bundestag durch die Bundesregierung
#### (Abs. 3 S. 1 und S. 3–5)

**27**     Nach Abs. 3 S. 1 sind Gesetzesvorlagen des BRates nicht durch diesen, sondern **durch die BReg** dem BTag zuzuleiten. Soll die BReg dieser Pflicht genügen können, dann muss sie auch zur **Einbringung befugt** sein. Demgegenüber scheint nach Art. 76 I der BRat selbst zur Einbringung seiner Vorlagen berechtigt zu sein. Dieser Widerspruch lässt sich dahin auflösen, dass die BReg für BRatsvorlagen unmittelbar, der BRat hingegen nur mittelbar einbringungsbefugt ist.

**28**     Die **Fristen,** die der BReg für die Zuleitung der BRatsvorlagen gesetzt sind, ergeben sich aus Abs. 3 S. 1 u. S. 3–5. Die dort zu findenden Bestimmungen sind inhaltlich den Fristenregelungen nachgebildet, die Abs. 2 S. 2–5 für die Stellungnahme des BRates o. für die vorzeitige Zuleitung einer Regierungsvorlage an den BTag aufweist. Angesichts dieser durchgängigen Parallelen kann daher auf die Kommentierung in Rn. 17 ff. verwiesen werden.[66] Hält die BReg die maßgebliche Zuleitungsfrist nicht ein, dann erstarkt die dem BRat durch Abs. 1 zuerkannte – mittelbare – Einbringungsbefugnis (→ Rn. 27) zum Recht des BRates, die eigene Gesetzesvorlage **direkt** dem **Bundestage zuzuleiten** (→ damit das Gesetzgebungsverfahren in Gang zu setzen).[67]

#### II. Pflicht (und Recht) der Bundesregierung zur Darlegung ihrer Auffassung
#### (Abs. 3 S. 2)

**29**     Die BReg „soll" gem. Abs. 3 S. 2 im Zusammenhang mit der Zuleitung der BRatsvorlage an den BTag ihre Auffassung darlegen. Im Gegensatz zur früheren Formulierung („hat... darzulegen") ist die BReg deshalb **nicht** mehr **ausnahmslos,** sondern lediglich für den Regelfall zu einer Stellungnahme verpflichtet. Sind bes., v. ihr nicht zu vertretende Umstände vorhanden, dann wird die BReg folglich v. ihrer **Darlegungspflicht** befreit. Außer Betracht zu bleiben haben allerdings Zeitgründe. Ihnen wird bereits – abschließend – durch die Bestimmungen in Abs. 3 S. 3–5 Rechnung getragen.[68]

**30**     Mit der regelm. Pflicht zur Stellungnahme gem. Abs. 3 S. 2 **korrespondiert,** wie auch sonst bei verfassungsrechtl. Pflichten, ein entsprechendes **Recht** der BReg Insoweit entspricht die Lage derjenigen gem. Abs. 2 S. 2, welcher den BRat berechtigt, aber nicht verpflichtet, zu den Vorlagen der BReg Stellung zu nehmen (→ Rn. 16): Die BReg kann sich zur Gesetzesvorlage des BRates zB ablehnend o. billigend äußern o. konkr. Änderungsvorschläge machen. Die Weiterleitung darf aber nicht mit der Begr., der Entwurf sei verfassungswidrig, verweigert werden.[69] IÜ ergibt sich das Verfahren, in dem die Stellungnahme bei der BReg erarbeitet u. über seinen Präsidenten dem BTag nebst Gesetzentwurf des BRates zugeleitet wird, aus § 57 GGO.

### E. Rechtswirkungen der Einbringung

**31**     Die Einbringung einer Gesetzesvorlage zeitigt Rechtswirkungen sowohl hinsichtlich des BTages als auch mit Blick auf den Initianten.

#### I. Pflicht des Bundestages zur Beratung und Beschlussfassung (Abs. 3 S. 6)

Das 1994 auf Wunsch der Ländervertreter in der Gemeinsamen Verfassungskommission[70] klarstellend eingeführte Gebot in Abs. 3 S. 6 bezieht sich auf **„die Vorlagen".** Gemeint sind damit nicht

---

[65] Keine Verletzung des Grundsatzes der Organtreue sehen in einem solchen Verhalten *Nolte/Tams* Jura 2000, 158 (160); *Brüning* BK, Art. 76 (2016) Rn. 151 f.; *Maaßen,* in: Kluth/Krings, Gesetzgebung, § 8 Rn. 76.

[66] S. ergänzend *Kersten,* in: Maunz/Dürig, Art. 76 Rn. 97 ff.

[67] Wie hier *Brosius-Gersdorf, in:* Dreier II, Art. 76 Rn. 88; *Pieroth,* in: Jarass/Pieroth, Art. 76 Rn. 9; *Schwarz,* in: Kluth/Krings, Gesetzgebung, § 16 Rn. 20 – aA *Brüning* BK, Art. 76 (2016) Rn. 233; *Dietlein,* in: BeckOK GG, Art. 76 Rn. 36; *Masing/Risse* MKS II Art. 76 Rn. 147, 155.

[68] AA *Masing/Risse* MKS II, Art. 76 Rn. 114; *Brüning* BK, Art. 76 (2016) Rn. 217; ferner *Hofmann* NVwZ 1995, 134 (136) u. *Sannwald,* Die Neuordnung der Gesetzgebungskompetenzen und des Gesetzgebungsverfahrens im Bundesstaat, 1996, S. 46 (Rn. 46): Durch das Wort „soll" werde nur „die Bindung an die enge Fristvorgabe" gelockert.

[69] *Bryde,* in: v. Münch/Kunig II, Art. 76 Rn. 22; *Schwarz,* in: Kluth/Krings, Gesetzgebung, § 16 Rn. 15.

[70] Vgl. Bericht der GemVerfKom, BT-Dr 12/6000, S. 37; Senatorin *Peschel-Gutzeit* (Hamburg), GemVerfKom-Prot. v. 2.4.1992, S. 9. Zur Vorgeschichte s. *Jaumann* BayVBl 1975, 489 (490 f.).

alle, sondern lediglich die Gesetzesvorlagen des **BRates.** Das ergibt sich aus der systematischen Einordnung des S. 6 in den nur Vorlagen des BRates betreffenden Abs. 3. Für die Vorlagen der **BReg** (Abs. 2) u. die **aus der Mitte des BTages** (Abs. 1) gilt jedoch auch ohne ausdr. Regelung nichts Abweichendes,[71] weil andernfalls das der Einbringung dieser Vorlagen zugrunde liegende GesetzesvorschlagsR (→ Rn. 3) ausgehöhlt u. zunichte gemacht werden könnte. S. 6 erlaubt somit keinen Umkehrschluss; um die Gefahr einer solchen Fehldeutung auszuschließen, wäre es normsystematisch besser gewesen, die Aussage des S. 6 als Art. 76 I 2 o. als selbstständigen Abs. 4 in das GG aufzunehmen.

Abs. 3 S. 6 enthält zwei Pflichten, die zur **Beratung** u. die zur **Beschlussfassung.** Über einen **32** Gegenstand „beraten" kann man nur, wenn man sich mit ihm vertraut gemacht hat. Die Pflicht zur Beratung zwingt folglich den BTag zunächst einmal dazu, die Gesetzesvorlagen inhaltlich zur Kenntnis zu nehmen. Ferner verlangt sie v. ihm, dass er nicht nur der Form halber den Gesetzentwurf abhandelt, sondern sich auch materiell mit ihm **hinreichend auseinandersetzt.**[72] Auf Grund dieser Verpflichtung ist der BTag zB gehalten, sich mit einer etwaigen Stellungnahme des BRates (→ Rn. 16) zu befassen. Schließlich gebietet sie, dass die Beschäftigung mit der Gesetzesinitiative auf die Vorbereitung einer Entsch. zielt, nämlich auf die Klärung der Frage, ob die Gesetzesvorlage angenommen, geändert o. abgelehnt werden soll.[73] Diese Ausrichtung folgt aus der Pflicht zur Beschlussfassung, die der BTag im Anschluss an die Pflicht zur Beratung erfüllen muss. Vor diesem Hintergrund ist mit „Beschlussfassung" eine Entsch. des BTages gemeint, die er unter Berücksichtigung der für eine Gesetzesvorlage relevanten tatsächlichen u. rechtl. Umstände trifft.[74]

Nach Abs. 3 S. 6 ist es **der Bundestag,** der die Pflicht zur Beratung u. zur Beschlussfassung zu **33** erfüllen hat. Damit ist das **Plenum** gemeint. Für die Pflicht zur Beschlussfassung ergibt sich dies bereits aus Art. 77 I 1 u. dessen üblicher Auslegung dahin, dass Bundesgesetze vom Plenum – u. nicht v. den Ausschüssen – des Parlamentes beschlossen werden müssen (→ Art. 77 Rn. 5). Da die Beschlussfassung vom Plenum selbstverständlich nicht blindlings getroffen werden darf, folgt daraus zugleich, dass sich auch die Pflicht zur Beratung auf das Plenum bezieht. Trotz dieser Notwendigkeit ist es natürlich zul., dass die Plenarberatungen durch die **Ausschüsse** des BTages **vorbereitet** werden. Diesen verfassungsrechtl. Vorgaben u. Möglichkeiten entspricht das Gesetzgebungsverfahren, wie es die GO BTag näher regelt, u. zwar in Gestalt einer ersten Beratung im Plenum (§ 79) u. sodann – regelm. nach Verhandlung in den Ausschüssen (§ 80 iVm §§ 62 ff.) – einer zweiten u. meist einer dritten Beratung,[75] während derer Änderungen zu den Gesetzentwürfen beantragt werden können (§§ 81–85).[76] Die mit Blick auf das Ziel einer „guten Gesetzgebung" erhobene Forderung, nach dem Vorbild des für Gesetzesvorlagen der BReg geltenden § 42 IV GGO auch in der GO BTag eine institutionalisierte **Rechtsförmlichkeitsprüfung** vorzusehen,[77] verspricht zwar einerseits eine Verbesserung der Qualität der Gesetzgebung, würde andererseits aber die Dauer des parlamentarischen Verfahrens noch weiter verlängern. Ähnliches gilt für die Überlegung, eine Ermittlung u. Darstellung des „Erfüllungsaufwandes" **(Bürokratiekosten),** wie sie der beim Bundeskanzleramt angesiedelte Nationale Normenkontrollrat auf der Grundlage des Standardkostenmodells nach der GGO vornimmt,[78] im BTag zur Pflicht zu machen.

Abs. 3 S. 6 schreibt vor, dass der BTag über die Vorlagen **„in angemessener Frist"** zu beraten u. **34** Beschl. zu fassen hat. In dieser zeitlichen Beschr. offenbart sich der Zweck, dem die Vorschrift dient. Sie soll einer Verschleppung des Gesetzgebungsverfahrens entgegenwirken. Angesichts dieses Hintergrundes kann es nicht zweifelhaft sein, dass sich die Wendung „in angemessener Frist" auf die Erfüllung beider Pflichten beziehen soll.

---

[71] Vgl. nur BVerfGE 1, 144 (153); 2, 143 (173); 84, 304 (329); 145, 348 (359); *Bryde,* in: v. Münch/Kunig II, Art. 76 Rn. 4; *Kersten,* in: Maunz/Dürig, Art. 76 Rn. 62; *Pieroth,* in: Jarass/Pieroth, Art. 76 Rn. 4; *Dietlein,* in: BeckOK GG, Art. 76 Rn. 39; *Schürmann,* Grundlagen und Prinzipien des legislatorischen Einleitungsverfahrens nach dem Grundgesetz, 1987, S. 128 ff. mwN.

[72] Zu pauschal daher BVerfGE 29, 221 (233); für eine Beratungspflicht nur bei Vorlagen des BRates gar *Hartmann* ZG 2008, 42 (46 ff.). Vgl. ergänzend noch *Masing/Risse* MKS II, Art. 76 Rn. 86 ff.

[73] Vgl. auch BVerfGE 84, 304 (329): „Vor der Beschlußfassung des Parlaments über eine Gesetzesinitiative steht notwendig die Möglichkeit vorgängiger Rede und Gegenrede".

[74] S. auch *Mengel,* Gesetzgebung und Verfahren, 1997, S. 256 f.

[75] Zu den drei Beratungen s. auch die Darstellung *Kokott* BK, Art. 77 (2014) Rn. 32–50.

[76] Diese Ausgestaltung des Gesetzgebungsverfahrens ist jedoch verfassungsrechtl. nicht zwingend. Beispielsweise ist die Beratung v. Gesetzen in nur zwei Lesungen zul. (vgl. auch BVerfGE 1, 144 [151] u. 29, 221 [234]; ausf. *Jekewitz* Der Staat 15 [1976], 537 ff.), jedenfalls dann, wenn eine hinreichende inhaltliche Auseinandersetzung mit der Gesetzesvorlage gewährleistet ist (ergänzend *Kokott* BK, Art. 77 [2014] Rn. 51 ff. u. zum LandesverfassungsR *Mann,* in: Löwer/Tettinger, Kommentar zur NRWVerf., 2002, Art. 66 Rn. 7 ff.).

[77] Vgl. etwa *Brunn* ZRP 2004, 79 ff.; *Keller* ZG 2004, 391 (402); ausf. *Blum,* Wege zu besserer Gesetzgebung, 65. DJT Bd. I, Teil I, 2004, S. 61 ff.

[78] Vgl. § 44 IV GGO iVm dem G zur Einsetzung eines Nationalen Normenkontrolrates v. 14.8.2006 (BGBl I 1866) – dazu *Schröder* DÖV 2007, 45 ff.; *Wittmann* GS Kopp, 2007, S. 413 ff.; *Kleemann/Gebert* ZG 2009, 151 ff.

35    Die Frist ist dann **gewahrt,** wenn der BTag über die Gesetzesvorlagen bis zu einem diesen gerecht werdenden Zeitpunkt beraten u. Beschl. gefasst hat. Ob das der Fall ist, hängt nicht allein v. dem jeweils zu beurteilenden Gesetzentwurf u. etwaigen ihn auszeichnenden Besonderheiten (Umfang, Schwierigkeit der Materie, Dringlichkeit einer Regelung, fehlende Entscheidungsreife usw) ab. Vielmehr müssen diese Umstände in Beziehung gesetzt u. abgewogen werden mit anderen, die Arbeitskraft des BTages beeinflussenden Umständen (z. B. Behandlung weiterer, evtl. eiligerer Gesetzes- u. sonstiger Vorlagen).[79] Angesichts dieser **Vielzahl** an **Faktoren** u. der Notwendigkeit ihrer **Abwägung** lassen sich aus Abs. 3 S. 6 für die Terminierung v. Gesetzesvorlagen keine konkreten Zeitangaben ableiten. Daher ist die Vorschrift – abgesehen v. Extremfällen, wie der grundlosen, nicht nur kurzfristigen Zurückstellung v. Gesetzesvorlagen – für den parlamentarischen Alltag v. nur geringer praktischer Aussagekraft.[80]

## II. Verfügungs- und Rücknahmebefugnis der Initiativberechtigten

36    Ist ein Gesetzentwurf ordnungsgemäß eingebracht, so verliert der Initiant mit der Einbringung seine inhaltliche Verfügungsbefugnis über die Vorlage. Art. 76 gewährt dem Initiativberechtigten kein Recht, nach der Einbringung noch Umformulierungen, Ergänzungen o. sonstige Änderungen des Gesetzentwurfs vorzunehmen.[81] Entsprechende Anregungen können jedoch in förmlichen Abänderungsanträgen durch den Bundestag aufgegriffen werden. Als Folge der **auf den BTag übergehenden Dispositionsbefugnis** ist es diesem unbenommen, den Gesetzentwurf zu ändern, ohne hierdurch das InitiativR zu verletzen. Ein BTagsausschuss darf allerdings eine überwiesene Beratungsmaterie nicht verlassen, da er dann gegen das Verbot der Ausschussverselbständigung verstoßen würde.[82]

37    Einfluss auf das weitere Schicksal seines Gesetzentwurfs kann der Initiant aber nehmen, indem er, solange ein Gesetzesbeschluss noch nicht ergangen ist, seinen Entwurf zurückzieht[83] u. anschl. einen neuen, nachgebesserten Entwurf beim BTag einbringt. Entspr. kann er, wenn ihm die durch das Parlament vorgenommenen Änderungen zu weitreichend erscheinen, nach der **Rücknahme** eine neuerliche Initiative unterlassen,[84] was ihn angesichts der Unabhängigkeit der InitiativR jedoch nicht davor schützt, dass ein and. Initiativberechtigter (etwa eine and. Bundestagsfraktion) einen Entwurf gleichen Inhalts neu einbringt. Formell sind an den actus contrarius der Rücknahme die gleichen **Wirksamkeitsvoraussetzungen** wie an eine Einbringung zu stellen. Erforderlich ist also ebenfalls ein Kabinettsbeschluss bzw. die Unterschriften aller die Initiative stützenden Abgeordneten (→ Rn. 8 f.).

## III. Erlöschen der Rechtswirkungen

38    Die vorbenannten Rechtswirkungen einer Gesetzesinitiative erlöschen **mit der Beschlussfassung des BTages** über den Entwurf, unabhängig davon, ob es zur Verabschiedung eines Gesetzes o. zur endgültigen Ablehnung der Vorlage kommt. Darüber hinaus erledigen sich Gesetzesinitiativen, die noch nicht bis zum Gesetzesbeschluss gediehen sind, nach dem Grds. der Diskontinuität[85] mit Ablauf der Wahlperiode (§ 125 S. 1 GO BTag) o. mit Auflösung des BTages gem. Art. 68 I 1 GG.

## F. Rechtsfolge von Verfahrensverstößen

39    Soweit in der VerfassungsRspr. angenommen wird, nur grobe[86] o. evidente[87] Verfahrensfehler führten zur Nichtigkeit eines Gesetzes, ist dieser Ansatz wegen der Relativität seines Maßstabs abzulehnen. Stattdessen ist bei der Norm selbst anzusetzen u. darauf abzustellen, ob es sich um eine verfassungsrechtl. zwingende Regelung handelt u. der Gesetzesbeschluss auf dem Verfahrensverstoß beruht.[88] So wird deutlich, dass Verstöße gegen die Fristvorgaben der Abs. 2 u. 3, die keine Ausschluss-

---

[79] Daher zwingt auch der Umstand allein, dass die Wahlperiode demnächst endet u. sich deshalb die Gesetzesvorlagen zu erledigen drohen (s. § 125 S. 1 GO BTag), nicht per se zu einer kurzfristigen Befassung mit diesen Entwürfen.

[80] *Hölscheidt/Menzenbach* DÖV 2008, 139 (143 f.) schildern die Möglichkeit, dass in Eilfällen zw. Gesetzentwurf u. Verkündung im BGBl nur ca. eine Woche vergehen muss.

[81] Vgl. nur *Stern,* StaatsR II, S. 618; *Masing/Risse* MKS II, Art. 76 Rn. 81; *Dietlein,* in: BeckOK GG, Art. 76 Rn. 10; aA offenbar *Feuchte,* in: *ders.,* Verfassung BW, 1987, Art. 59 Rn. 11.

[82] Nds. StGH, OVGE 33, 497.

[83] Vgl. *Schwarz,* in: Kluth/Krings, Gesetzgebung, § 16 Rn. 4; *Bryde,* in: v. Münch/Kunig II, Art. 76 Rn. 7; bereits auf den Zeitpunkt der ersten Befassung durch den BTag abstellend ua *Brüning* BK, Art. 76 (2016) Rn. 109 ff. mwN.

[84] Vgl. bereits *W. Jellinek,* HdbDStR II, S. 160 (170) mwN; s. auch *Pestalozza* ZRP 1976, 153 (154); *Brüning* BK, Art. 76 (2016) Rn. 108 ff.; *Sannwald,* in: Hofmann/Henneke, Art. 76 Rn. 40; diff. *Brosius-Gersdorf,* in: Dreier II, Art. 76 Rn. 43.

[85] Vgl. → Art. 39 Rn. 11 ff.

[86] BVerfGE 31, 47 (53).

[87] BVerfGE 91, 148 (175); 120, 56 (79); 125, 104 (132).

[88] BVerfGE 44, 308 (313); ebenso *Kersten,* in: Maunz/Dürig, Art. 76 Rn. 117; *Pieroth,* in: Jarass/Pieroth, Art. 76 Rn. 1a.

fristen sind, keine Unwirksamkeitsfolge auslösen (→ Rn. 20, 28), während die vollständige Nichtbeteiligung eines Organs nach Abs. 2 o. 3 das Gesetz nichtig macht (→ Rn. 25 f.).

## Art. 77 [Verfahren bei Gesetzesbeschlüssen]

(1) **Die Bundesgesetze werden vom Bundestage beschlossen. Sie sind nach ihrer Annahme durch den Präsidenten des Bundestages unverzüglich dem Bundesrate zuzuleiten.**

(2) **Der Bundesrat kann binnen drei Wochen nach Eingang des Gesetzesbeschlusses verlangen, daß ein aus Mitgliedern des Bundestages und des Bundesrates für die gemeinsame Beratung von Vorlagen gebildeter Ausschuß einberufen wird. Die Zusammensetzung und das Verfahren dieses Ausschusses regelt eine Geschäftsordnung, die vom Bundestag beschlossen wird und der Zustimmung des Bundesrates bedarf. Die in diesen Ausschuß entsandten Mitglieder des Bundesrates sind nicht an Weisungen gebunden. Ist zu einem Gesetze die Zustimmung des Bundesrates erforderlich, so können auch der Bundestag und die Bundesregierung die Einberufung verlangen. Schlägt der Ausschuß eine Änderung des Gesetzesbeschlusses vor, so hat der Bundestag erneut Beschluß zu fassen.**

(2a) **Soweit zu einem Gesetz die Zustimmung des Bundesrates erforderlich ist, hat der Bundesrat, wenn ein Verlangen nach Absatz 2 Satz 1 nicht gestellt oder das Vermittlungsverfahren ohne einen Vorschlag zur Änderung des Gesetzesbeschlusses beendet ist, in angemessener Frist über die Zustimmung Beschluß zu fassen.**

(3) **Soweit zu einem Gesetze die Zustimmung des Bundesrates nicht erforderlich ist, kann der Bundesrat, wenn das Verfahren nach Absatz 2 beendigt ist, gegen ein vom Bundestage beschlossenes Gesetz binnen zwei Wochen Einspruch einlegen. Die Einspruchsfrist beginnt im Falle des Absatzes 2 letzter Satz mit dem Eingange des vom Bundestage erneut gefaßten Beschlusses, in allen anderen Fällen mit dem Eingange der Mitteilung des Vorsitzenden des in Absatz 2 vorgesehenen Ausschusses, daß das Verfahren vor dem Ausschusse abgeschlossen ist.**

(4) **Wird der Einspruch mit der Mehrheit der Stimmen des Bundesrates beschlossen, so kann er durch Beschluß der Mehrheit der Mitglieder des Bundestages zurückgewiesen werden. Hat der Bundesrat den Einspruch mit einer Mehrheit von mindestens zwei Dritteln seiner Stimmen beschlossen, so bedarf die Zurückweisung durch den Bundestag einer Mehrheit von zwei Dritteln, mindestens der Mehrheit der Mitglieder des Bundestages.**

**Entstehungsgeschichte: Erstfassung:** JöR nF 1 (1951), 565. – **Änderungen:** 18. G. zur Änd. des GG v. 15.11.1968 (BGBl I 1177), Art. 1 Nr. 2–4 (dazu: BT-Dr V/1983 [Entwurf]; BT-Prot V/8091, 10 345; BR-Dr 564/ 68; BR-Prot 68/249 f.); 42. G. zur Änd. des GG v. 27.10.1994 (BGBl I 3146), Art. 1 Nr. 9 (dazu BT-Dr 12/6000 [Bericht GemVerfKom] 12/6633 [Entwurf], 12/8399, 12/8423; BT-Prot 12/18086, 20947, 21283; BR-Dr 360/92, 834/94; BR-Prot 94/505).
**Historische Verfassungstexte: RV 1849:** § 100 Ein Reichstagsbeschluß kann nur durch die Uebereinstimmung beider Häuser gültig zu Stande kommen. § 101 (1) Ein Reichstagsbeschluß, welcher die Zustimmung der Reichsregierung nicht erlangt hat, darf in derselben Sitzungsperiode nicht wiederholt werden. (2) Ist von dem Reichstage in drei sich unmittelbar folgenden ordentlichen Sitzungsperioden derselbe Beschluß unverändert gefaßt worden, so wird derselbe, auch wenn die Zustimmung der Reichsregierung nicht erfolgt, mit dem Schlusse des dritten Reichstages zum Gesetz. Eine ordentliche Sitzungsperiode, welche nicht wenigstens vier Wochen dauert, wird in diese Reihenfolge nicht mitgezählt. – **RV 1871: Art. 5** (1) Die Reichsgesetzgebung wird ausgeübt durch den Bundesrath und den Reichstag. Die Uebereinstimmung der Mehrheitsbeschlüsse beider Versammlungen ist zu einem Reichsgesetze erforderlich und ausreichend. (2) Bei Gesetzesvorschlägen über das Militairwesen, die Kriegsmarine und die im Art. 35 bezeichneten Abgaben giebt, wenn im Bundesrathe eine Meinungsverschiedenheit stattfindet, die Stimme des Präsidiums den Ausschlag, wenn sie sich für die Aufrechthaltung der bestehenden Einrichtungen ausspricht. – **WRV: Art. 68** (2) Die Reichsgesetze werden vom Reichstag beschlossen. **Art. 72** Die Verkündung eines Reichsgesetzes ist um zwei Monate auszusetzen, wenn es ein Drittel des Reichstags verlangt. Gesetze, die der Reichstag und der Reichsrat für dringlich erklären, kann der Reichspräsident ungeachtet dieses Verlangens verkünden. **Art. 73** (1) Ein vom Reichstag beschlossenes Gesetz ist vor seiner Verkündung zum Volksentscheid zu bringen, wenn der Reichspräsident binnen eines Monats es bestimmt. (2) Ein Gesetz, dessen Verkündung auf Antrag von mindestens einem Drittel des Reichstags ausgesetzt ist, ist dem Volksentscheid zu unterbreiten, wenn ein Zwanzigstel der Stimmberechtigten es beantragt ... (4) Über den Haushaltsplan, über Abgabengesetze und Besoldungsordnungen kann nur der Reichspräsident einen Volksentscheid veranlassen. (5) Das Verfahren beim Volksentscheid und beim Volksbegehren regelt ein Reichsgesetz. **Art. 74** (1) Gegen die vom Reichstag beschlossenen Gesetze steht dem Reichsrat der Einspruch zu. (2) Der Einspruch muß innerhalb zweier Wochen nach der Schlußabstimmung im Reichstag bei der Reichsregierung eingebracht und spätestens binnen zwei weiteren Wochen mit Gründen versehen werden. (3) Im Falle des Einspruchs wird das Gesetz dem Reichstag zur nochmaligen Beschlußfassung vorgelegt. Kommt hierbei keine Übereinstimmung zwischen Reichstag und Reichsrat zustande, so kann der Reichspräsident binnen drei Monaten über den Gegenstand der Meinungsverschiedenheit einen Volksentscheid anordnen. Macht der Präsident von diesem Rechte keinen Gebrauch, so gilt das Gesetz als nicht zustande gekommen. Hat der Reichstag mit Zweidrittelmehrheit entgegen dem Einspruch des Reichsrats beschlossen, so hat der Präsident das Gesetz binnen drei Monaten in der vom Reichstag beschlossenen Fassung zu verkünden oder einen Volksentscheid anzuordnen. **Art. 75** Durch den Volksentscheid kann ein Beschluß des Reichstags nur dann außer Kraft gesetzt werden, wenn sich die

Mehrheit der Stimmberechtigten an der Abstimmung beteiligt. – **GG 1949:** (1) *Wie geltende Fassung.* (2) Der Bundesrat kann binnen zwei Wochen nach Eingang des Gesetzesbeschlusses verlangen, daß ein aus Mitgliedern des Bundestages und des Bundesrates für die gemeinsame Beratung von Vorlagen gebildeter Ausschuß einberufen wird. *Art. 77 II 2 bis 5 wie geltende Fassung.* (3) Soweit zu einem Gesetze die Zustimmung des Bundesrates nicht erforderlich ist, kann der Bundesrat, wenn das Verfahren nach Absatz 2 beendigt ist, gegen ein vom Bundestage beschlossenes Gesetz binnen einer Woche Einspruch einlegen. Die Einspruchsfrist beginnt im Falle des Absatzes 2 letzter Satz mit dem Eingange des vom Bundestage erneut gefaßten Beschlusses, in allen anderen Fällen mit dem Abschlusse des Verfahrens vor dem in Absatz 2 vorgesehenen Ausschusse. (4) *Wie geltende Fassung.*

**Geltende Landesverfassungen:** BWVerf Art. 59 IV; BayVerf Art. 72 I; BlnVerf Art. 59 IV, 60 I; BbgVerf Art. 81 I (1. Satzteil); BremVerf Art. 123 II; HmbVerf Art. 48 II–49; HessVerf Art. 106, 116, 119; MVVerf Art. 55 II; NdsVerf Art. 42 I, II; NRWVerf Art. 66, 67; RhPfVerf Art. 107; SaarlVerf Art. 102; SachsVerf Art. 70 II; LSAVerf Art. 77 I, III; SchlHVerf Art. 44 II; ThürVerf Art. 81 II.

**Supranationale Texte:** AEUV Art. 288–297.

**Gesetzgebung:** GO BRat; GO BReg; GO BTag; §§ 52 ff. GGO; GO VermA.

**Leitentscheidungen:** BVerfGE 37, 363 (Zustimmungsbedürftigkeit); BVerfGE 72, 175 (Anrufungsbegehren und Einigungsvorschlag); BVerfGE 101, 297 (Gegenstand des Vermittlungsvorschlags); BVerfGE 106, 253 (Besetzung des VermA I); BVerfGE 112, 118 (Besetzung des VermA II); BVerfGE 125, 104 (Kompetenzen des VermA); BVerfGE 140, 115 (Arbeitsgruppen des VermA).

**Schrifttum:** *G. Axer,* Die Kompetenz des Vermittlungsausschusses – zwischen legislativer Effizienz und demokratischer Legitimation, Diss. Berlin 2010; *M. Dietlein,* Vermittlung zwischen Bundestag und Bundesrat, in: Schneider/ Zeh, § 57; *ders.,* Zulässigkeitsfragen bei der Anrufung des Vermittlungsausschusses, AöR 106 (1981), 525; *A. Funke,* Die Zustimmungsbedürftigkeit von Bundesgesetzen bei der Bundesauftragsverwaltung, Jura 2012, 127; *P. M. Huber/ D. Fröhlich,* Die Kompetenz des Vermittlungsausschusses und ihre Grenzen, DÖV 2005, 322; *A. Kämmerer,* Muss Mehrheit immer Mehrheit bleiben? Über die Kontroversen um die Besetzung des Vermittlungsausschusses, NJW 2003, 1166; *W. Kluth,* Der Vermittlungsausschuss HStR III, 3. Aufl. 2005, § 60; *C. D. Koggel,* Das Vermittlungsverfahren, in: W. Kluth/G. Krings (Hrsg.), Gesetzgebung, 2014, § 19; *Chr. Möllers,* Vermittlungsausschuss und Vermittlungsverfahren, Jura 2010, 401; *K. Reuter,* Praxishandbuch Bundesrat, 2. Aufl., 2007; *W.-R. Schenke,* Verfassungsrechtliche Grenzen der Tätigkeit des Vermittlungsausschusses, 1984; *S. Smith,* Konfliktlösung im deutschen Bundestag, 2011. – Vgl. ergänzend die Schrifttumsangaben zu Art. 76.

## Übersicht

## A. Allgemeines

**1**     Abs. 1 S. 1 verleiht dem **BTag** u. nur ihm die Kompetenz, die Bundesgesetze zu beschließen (→ Art. 76 Rn. 31 ff.), dh **anzunehmen** (vgl. Abs. 1 S. 2). Mit diesem Gesetzesbeschl., dem regelm. drei Beratungen im Plenum u. die Verhandlungen in den Ausschüssen vorausgegangen sind (s. §§ 78– 85 GO BTag), endet das parlamentarische **Beratungs- und Beschlussstadium.** Lehnt der BTag hingegen einen Gesetzentwurf ab (was auch schon in der 2. Beratung erfolgen kann; s. § 83 III GO BTag), dann ist das Gesetzgebungsverfahren (vorzeitig) abgeschlossen. Dieses Schicksal widerfährt Vorlagen der BReg naturgemäß zwar selten, Vorlagen aus der Mitte des BTages u. solchen des BRates jedoch häufig, was i Allg. daher rührt, dass die Entwürfe der beiden zuletzt genannten Initianten meist v. Personen getragen werden, deren Parteien auf Bundesebene in Opposition zur BReg u. damit zur Mehrheit des BTages stehen. Nimmt der BTag ein Gesetz an, so ist der **BRat** – erneut[1] bzw. erstmalig[2] – einzuschalten (vgl. Abs. 1 S. 2). Der parlamentarischen Phase des Gesetzgebungsverfahrens folgt demnach ein **föderales Mitwirkungsstadium.** Dessen Gang ist anfänglich durch versch. Handlungen des BRates gekennzeichnet. Sie bestehen in der mögl. Einschaltung des VermA (Abs. 2 S. 1–3) u. der

---

[1] Dies trifft – abgesehen v. den Gesetzesvorlagen des BRat selbst – auf Gesetzesbeschlüsse zu, die auf eine Initiative der BReg zurückgehen → Art. 76 Rn. 15 f.

[2] Dies gilt für Gesetzesbeschlüsse, die auf einer Gesetzesvorlage aus der Mitte des BTages beruhen.

fakultativen Einlegung des Einspruchs gegen ein v. BTag beschlossenes Gesetz (Abs. 3) bzw. in der obligatorischen Beschlussfassung über die Zustimmung zu einem Gesetz (Abs. 2a). Des Weiteren enthält Art. 77 Möglichkeiten des BTages, auf die Handlungen des BRates durch Anrufung des **VermA** (Abs. 2 S. 4, auch im Recht der BReg), erneute Beschlussfassung (Abs. 2 S. 5) o. durch Zurückweisung des Einspruchs (Abs. 4) zu reagieren. Mit dieser aus Art. 77 ersichtlichen Aufteilung v. Kompetenzen zw. BTag u. BRat zieht die Vorschrift **Folgerungen** aus Festlegungen, die das GG an früherer Stelle trifft: Zum einen aus dem Wesen des BTages als eines unmittelbar demokratisch legitimierten (Art. 38 I) Verfassungsorgans, zum anderen aus der Bundesstaatlichkeit (Art. 20 I) u. der daraus resultierenden Einrichtung des BRates als eines Verfassungsorgans, durch das „die Länder bei der Gesetzgebung ... des Bundes" mitwirken (Art. 50).

Die aus dem Vorstehenden deutlich werdende rechtl. Dominanz des BTages darf nicht darüber **2** hinwegtäuschen, dass ihm der **BRat** im polit. Alltag oft an Gewicht gleichkommt. Das gilt namentlich bei solchen v. BTag beschlossenen Gesetzen, die der Zustimmung des BRates bedürfen (vgl. Abs. 2a). Dank dieser Notwendigkeit erhält der BRat einen Hebel, der sich für ihn bzw. die in ihm repräsentierten Länder in zweifacher Hinsicht praktisch auswirkt: Zum einen wird es ihm mögl., den Inhalt einer Gesetzesvorlage bereits vor deren Einbringung maßgeblich zu beeinflussen. Zum anderen kann er später, insbes. im Vermittlungsverfahren (Abs. 2), umfass. auf den Gesetzesbeschl. einwirken. Faktisch wird der BRat daher in diesen Zustimmungsfällen neben dem BTag zu einer (allerdings nicht völlig gleichwertigen)[3] **zweiten Kammer.**[4] Daran hat auch die Föderalismusreform 2006 im Kern nichts geändert.[5] Demgegenüber stellt die dem BRat bei den übrigen Gesetzen zuerkannte Möglichkeit, Einspruch einzulegen (Abs. 3), solange ein stumpfes Schwert dar, als die Mehrheitsverh. im BTag dem Parlament unschwer die Zurückweisung des Einspruchs (Abs. 4) u. damit dessen Überwindung (vgl. Art. 78) gestatten.

## B. Verabschiedung der Bundesgesetze und Zuleitung an den Bundesrat (Abs. 1)

### I. Gesetzesbeschluss (Abs. 1 S. 1)

Die Bundesgesetze werden nach vorhergehender Beratung „vom Bundestage beschlossen". Der **3** Gesetzesbeschl. erzeugt ggü. den am Gesetzgebungsverfahren beteiligten Organen eine relative Bindungswirkung (vgl. Abs. 2–4): Er ist weder durch den BRat u. den VermA eigenständig abänderbar noch durch den BTag im selben Verfahren autonom korrigierbar (**Grundsatz der relativen Unverrückbarkeit** des parlamentarischen Votums).[6] Der Beschl. wird regelm.[7] in der Weise gefasst, dass unmittelbar o. alsbald nach „Schluss der dritten Beratung ... über den Gesetzentwurf abgestimmt" wird (§ 86 S. 1 GO BTag).

Nach Art. 42 II 1 ist gemeinhin – ausgenommen Gesetze nach Art. 29 VII 2, 79 II u. 87 III 2 – zu **4** einem Beschl. des BTages „die Mehrheit der abgegebenen Stimmen erforderlich", dh die Zahl der Ja-Stimmen muss die der Nein-Stimmen überwiegen (**relative Mehrheit**). Dadurch können Gesetze beschlossen werden, obwohl weniger als die Hälfte der Abgeordneten im Sitzungssaal anwesend ist. Diese regelm. genutzte Möglichkeit (s. aber § 45 GO BTag) offenbart, dass der Gesetzesbeschl. meist lediglich die Aufgabe hat, das zu besiegeln, was zuvor – namentlich durch die Ausschüsse in Gestalt ihrer Beschlussempfehlungen – bereits entschieden wurde.

Angesichts der Verkümmerung des Gesetzesbeschl. zu einer bloßen Formalie läge es nahe, derlei **5** Beschlüsse – statt v. entleerten Plenum – v. dem federführenden **Ausschuss** treffen zu lassen. Eine

---

[3] Im Gegensatz zum BTag hat der BRat keine Entscheidungsgewalt darüber, ob seine Gesetzesinitiativen bis in das Vermittlungsverfahren vordringen, denn der BTag kann einen Gesetzentwurf des BRates ablehnen u. dadurch (vorzeitig) das Gesetzgebungsverfahren beenden (→ Rn. f). Vgl. auch *Kokott* BK, Art. 77 (2014) Rn. 21.

[4] S. *Wyduckel* DÖV 1989, 181 ff., bes. 191, u. BVerfGE 37, 363 (380 f.) mwN, sowie *Sachs*, VVDStRL 58 (1999), 39 (79); *Smith*, Konfliktlösung im demokratischen Bundesstaat, 2011, S. 107 ff. Z. T. wird dem BRat bei Zustimmungsgesetzen auch rechtl. die Eigenschaft einer Zweiten Kammer zuerkannt; vgl. zB *Müller-Terpitz,* in: Maunz/Dürig, Art. 50 Rn. 59; vorsichtiger *Dolzer,* VVDStRL 58 (1999), 7 (37); *H. H. Klein,* in: Kaufmann/Schwarz (Hrsg.), Das Parlament im Verfassungsstaat, 2006, S. 348 (349 f.). Solange man aus der Qualifizierung als Zweite Kammer nicht glaubt, Rechtsfolgen ableiten zu können (was verfehlt wäre), geht es letztlich nur um ein terminologisches Problem. Hingegen war der BRat des Bismarck-Reiches eine vollwertige Zweite Kammer (s. Art. 5 RV 1871). Gleiches gilt zB für den Senat der USA (vgl. Art. 1 Abschnitt 1 u. 7 der Verf.).

[5] Vgl. BGBl I 2006, 2034: Art. 77 wurde nicht novelliert, doch wurde die Anzahl der zustimmungspflichtigen Gesetze durch Änderung des Art. 84 I aF reduziert, vgl. BT-Dr 16/813, S. 8, 14 f.

[6] Der BTag kann seinen Gesetzesbeschl. allerdings unverzüglich im Wege eines neuen Gesetzgebungsverfahrens aufheben, wenn an dessen Kassation ein berechtigtes Interesse besteht. Vgl. als Beispiel Art. 1 des Gesetzes zur Neuregelung der Rechtsstellung der Abgeordneten v. 15.12.1995 (BGBl I, 1718), der den Gesetzesbeschl. des BTages v. 21.9.1995 aufhebt. – Zum Grds. der *absoluten* Unverrückbarkeit des parlamentarischen Votums → Art. 78 Rn. 1 mwN.

[7] Zu Besonderheiten, die hinsichtlich der Beschlussfassung über ausgabeerhöhende u. einnahmemindernde Gesetze bestehen, s. Art. 113 I 3 u. II iVm § 87 GO BTag. Vgl. zu Eigenheiten bei Vertragsgesetzen die §§ 78 I 1, 82 II u. 86 S. 4 GO BTag.

solche Möglichkeit eröffnet zB Art. 72 III der Verf. Italiens. Für Deutschland ist eine derartige Handhabung durch Abs. 1 S. 1 ausgeschlossen.[8] Wenn es dort heißt, dass die Bundesgesetze v. „Bundestage" beschlossen werden müssen, dann ist damit das **Plenum** u. nicht ein Ausschuss gemeint, wie zB ein Vergleich mit Art. 43 zeigt.

## II. Zuleitung an den Bundesrat (Abs. 1 S. 2)

6 Die Bundesgesetze sind nach ihrer Annahme „unverzüglich", dh ohne schuldhaftes Zögern (s. § 121 I 1 BGB), durch den Präsidenten des BTages dem BRat zuzuleiten (Abs. 1 S. 2; s. auch § 122 GO BTag). Dadurch wird der BRat in die Lage versetzt, gem. Art. 78 iVm Art. 77 II–III u. entspr. Art. 50 bei der Gesetzgebung des Bundes **mitzuwirken.** Angesichts dessen muss sich der BRat in seinen Ausschüssen (vgl. bes. §§ 36, 39 I iVm §§ 25, 26 III GO BRat) u. später im Plenum darüber klar werden, ob er das **Zustandekommen** der Gesetze mit dem v. BTag beschlossenen Inhalt will o. nicht. Aus diesem Grunde schreibt seine GO (§ 30 I 1) vor, dass sich aus der Abstimmung „zweifelsfrei" ergeben muss, „ob der Bundesrat mit der Mehrheit seiner Stimmen (vgl. Art. 52 III 1) beschlossen hat, … einem v. BTag beschlossenen Gesetz zuzustimmen (Art. 78), wegen eines v. BTag beschlossenen Gesetzes die Einberufung des VermA zu verlangen (Art. 77 II), gegen ein v. BTag beschlossenes Gesetz Einspruch einzulegen o. ihn zurückzunehmen (Art. 77 III 1 u. Art. 78)."

## C. Verfahren zur Vermittlung zwischen Bundesrat und Bundestag (Abs. 2)

7 Das Vermittlungsverfahren, von dem Abs. 2a spricht u. das in Abs. 2 geregelt ist, dient der **Kompromisssuche,** wenn das Zustandekommen eines Gesetzes am BRat zu scheitern droht, weil er den Gesetzesbeschl. des BTages ganz oder teilw. nicht gutheißt.[9] Diesem Zweck wird das Vermittlungsverfahren, wie die geringe Zahl der nach Durchführung dieses Verfahrens nicht zustande gekommenen Gesetze zeigt, anscheinend gerecht. So wurde das Vermittlungsverfahren in der 16. Wahlp. für 18 Gesetzesbeschlüsse des BTages durchgeführt, v. denen später alle als Gesetz verkündet worden sind; ein vergleichbares Bild zeigt sich für die vorhergehenden Wahlperioden.[10] Derlei Daten offenbaren jedoch nur eine an quantitativen Äußerlichkeiten orientierte Erfolgsrate. Sie können daher die Frage, ob sich das Vermittlungsverfahren als Einrichtung zum Interessenausgleich zw. BTag u. BRat bewährt hat, nicht verlässlich beantworten.

## I. Zusammensetzung des Vermittlungsausschusses und Stellung seiner Mitglieder (Abs. 2 S. 1–3)

8 Der VermA besteht gem. Abs. 2 S. 1 „aus Mitgliedern des Bundestages und des Bundesrates". Abgesehen hiervon überlässt das GG die Zusammensetzung dieses Ausschusses einer Geschäftsordnung des BTages, die der Zustimmung des BRates bedarf (Abs. 2 S. 2). Diese GO VermA schreibt in ihrem § 1 eine **paritätische,** an der Zahl der Länder orientierte **Zusammensetzung** vor: „Bundestag u. Bundesrat entsenden je 16 ihrer Mitglieder, die den ständigen VermA bilden." Die Bestimmung der auf den BTag entfallenden Mitglieder nimmt das Parlament proportional zur Stärke der einzelnen Fraktionen zueinander vor (vgl. § 12 S. 1 iVm § 54 II GO BTag). Dieser **Grundsatz der Spiegelbildlichkeit**[11] v. BTag u. Ausschüssen kann aufgrund der festen Anzahl v. 16 Sitzen im VermA nie vollständig, sondern nur annähernd verwirklicht werden. Hierdurch kann insb. ein Konflikt mit dem in Art. 42 II verankerten **Mehrheitsprinzip** – verstanden als **Abbildung der parlamentarischen Mehrheitsverhältnisse** – entstehen. Führt aufgrund knapper Mehrheiten im Parlament die Verteilung der 16 Sitze zur Stimmengleichheit zw. den Regierungsparteien u. der Opposition, ist zwar der Proportionalitätsgrds. weitgehend gewahrt, nicht aber das Ziel der Mehrheitsabbildung. Den deshalb in der 15. WP gewählten korrigierenden Modus, bei dem der stärksten Fraktion vorab ein Sitz zugewiesen wird u. nur die restlichen 15 Sitze proportional verteilt werden, hat das BVerfG als verfassungswidrig angesehen: Das Mehrheitsprinzip genieße keinen Vorrang, beide Prinzipien seien in einen schonenden Ausgleich zu bringen,[12] wobei im VermA das Spiegelbildlichkeitsprinzip als höherwertig anzusehen sei u. sich im Ergebnis durchzusetzen habe.[13] Das überzeugt, denn auch das Verteilungsverfahren der BRatsbank nach dem Grds. der Staatengleichheit (→ Rn. 9) zeigt, dass im VermA eine

---

[8] BVerfGE 44, 308 (317); *Berg* Staat 9 (1970), 21 (31); *Hömig/Wolff,* Art. 77 Rn. 3; *Kokott* BK, Art. 77 (2014) Rn. 3; auch § 69a GO BTag gestattet keine (öff.) Ausschussgesetzgebung.

[9] *Mann,* in: Leitgedanken I, Rn. 17.

[10] Vgl. die statist. Angaben bei *Bryde,* in: v. Münch/Kunig II, Art. 76 Rn. 26 Anh. 5; *Reuter,* Praxishandbuch BRat, S. 706 m. Ausweis auch der wg. Ablaufs der Wahlp. nicht in Kraft getretenen Gesetze.

[11] BVerfGE 80, 188 (222); 84, 304 (323); 96, 264 (282); 112, 118 (133); *Axer,* Die Kompetenz des Vermittlungsausschusses, 2010, S. 75 ff.

[12] Nun auch BVerfGE 140, 115 Rn. 100.

[13] BVerfGE 112, 118 (140 ff.); ebenso *Kluth* HStR III, § 60 Rn. 20 m. Fn. 57; *Masing/Risse* MKS II, Art. 77 Rn. 68 f.; *Sannwald,* in: Hofmann/Henneke, Art. 77 Rn. 21; *Kokott* BK, Art. 77 (2014) Rn. 46; *Stein* NVwZ 2003, 557 ff.; krit. *Lovens* ZParl 2003, 33 ff.; *Lang* NJW 2005, 189 ff.

Mehrheitsabbildung keine Priorität genießt; der VermA ist als Konsensualorgan auf Kompromissfähigkeit angelegt, so dass Pattsituationen nicht zwingend ausgeschlossen werden müssen, weil Vermittlungsverfahren auch ohne Einigungsvorschlag enden können.[14] Der Grds. der Spiegelbildlichkeit gilt nicht für **Arbeitsgruppen** des VermA, unabhängig davon, ob diese durch einen förmlichen Beschl. des VermA o. durch eine informelle Entsch. eingerichtet werden.[15]

Die Festlegung der v. **BRat zu entsendenden Mitglieder** erfolgt in der Weise, dass jede LReg aus **9** ihrem Kreis eine Person (Ministerpräsident, Minister oder Staatssekretär mit Kabinettsrang) bestellt (s. § 11 II–IV GO BRat). Diese Art der Zusammensetzung verschafft den die BReg tragenden Parteien ein zahlenmäßiges Übergewicht im VermA idR. nur dann, wenn sie gleichzeitig an der Bildung v. Landesregierungen beteiligt sind. Das Abstimmungsverhalten im VermA ist nicht nur durch den Interessengegensatz zw. Bund u. Ländern gekennzeichnet, sondern häufig – trotz der den Mitgliedern zustehenden **Weisungsfreiheit** (s. Art. 38 I 2 u. 77 II 3) – auch v. bundespolit. Parteiinteressen geprägt.

## II. Verlangen zur Einberufung des Vermittlungsausschusses (Abs. 2 S. 1 und 4)

**1. Anrufung in Bezug auf Zustimmungsgesetze. a)** Der **BRat** kann gem. **Abs. 2 S. 1** nach **10** Eingang des Gesetzesbeschl. verlangen, dass der VermA einberufen wird – eine Formulierung, die sich auch auf Zustimmungsgesetze (→ Rn. 14 ff.) bezieht. Dieses Recht kann der BRat nur binnen drei Wochen, gerechnet v. Eingang des Gesetzesbeschl., ausüben. Diese **Frist** hat Ausschlusscharakter.[16] Andernfalls hätte es der BRat in der Hand, das Gesetzgebungsverfahren entgegen dem Abs. 2a zugrundeliegenden Regelungszweck (→ Rn. 32) zu verzögern. Die in Abs. 2a für den BRat festgelegte angemessene Frist für die Beschlussfassung über die Zustimmung u. damit das Zustandekommen des Gesetzes fußt in seiner ersten Var. nämlich auf dem Ablauf der Einberufungsfrist nach Abs. 2 S. 1.

Gem. **Art. 77 II 4** können, sofern zu einem Gesetze die Zustimmung des BRates erforderlich **11** (→ Rn. 14) ist, auch der **BTag** u. die **BReg** die Einberufung des VermA verlangen. V. diesem Recht dürfen der BTag u. die BReg erst Gebrauch machen, wenn der BRat entweder dem Gesetz ausdr. nicht zugestimmt hat[17] oder die Frist, innerhalb derer er gem. Abs. 2a über die Zustimmung Beschl. zu fassen hatte, ohne konkr. erkennbare Anzeichen für eine alsbaldige pos. Entsch. abgelaufen ist.[18] Diese Voraussetzung erklärt sich aus der Überlegung, dass das Vermittlungsverfahren u. damit eine Kompromisssuche solange nicht vonnöten wird, bis das Zustandekommen des Gesetzes an dem Verhalten des BRates zu scheitern droht. Dieser Zeitpunkt ist aber erst dann gekommen, wenn der BRat seine ablehnende Haltung verbindlich geäußert hat o. sein Schweigen angesichts des Ablaufs der Äußerungsfrist diese Deutung zumindest nahelegt.

Die für das Einberufungsverlangen des BRates statuierte dreiwöchige **Frist** des Abs. 2 S. 1 **12** (→ Rn. 10) ist weder unmittelbar noch analog auf den BTag u. die BReg anwendbar.[19] Die Normierung einer Frist für den BRat einerseits u. ihr Fehlen für den BTag u. die BReg andererseits in derselben Vorschrift zeigen, dass diese Unterscheidung mit Bedacht u. damit plangemäß erfolgt ist. Allerdings sind der BTag u. die BReg ggü. dem BRat aus dem Gesichtspunkt der **Organtreue** verpflichtet, in angemess. Frist,[20] dh bis zu einem v. Abs. 2 S. 1 uU abweichenden Zeitpunkt die Einberufung des VermA zu verlangen.

Wie sich gezeigt hat (→ Rn. 10 f.), gibt es hinsichtlich der Zustimmungsgesetze **drei Verfassungs- 13 organe** (BRat, BTag, BReg), die jeweils das Recht auf Anrufung des VermA haben. Als Konsequenz dessen kann es für ein Zustimmungsgesetz zu insges. **drei** aufeinander folgenden **Vermittlungsverfahren** kommen. In der Praxis wird die Möglichkeit einer zweiten Anrufung des VermA gelegentlich, die einer dritten Anrufung nur selten genutzt.[21]

**b)** Das vorangehend erörterte Recht, die Einberufung des VermA zu verlangen, bezieht sich auf die **14** sog. Zustimmungsgesetze. **Zustimmungsgesetze** heben sich v. den übrigen (Einspruchs-)Gesetzen

[14] So auch *Kämmerer* NJW 2003, 1166 (1167); *Stein* NVwZ 2003, 557 (561 f.); aA das Sondervotum *Lübbe-Wolff,* BVerfGE 112, 118 (153 ff.).

[15] BVerfGE 140, 115 Rn. 101 ff.; ebenso *Steinbach* DÖV 2016, 286 ff.; *Putzer* DÖV 2016, 168 ff. mit Hinweis auf die Gefahr einer faktischen Aushöhlung des Grds. der Spiegelbildlichkeit; aA *Hillgruber* JA 2016, 156 ff.; *v. Achenbach* JZ 2016, 95 ff.

[16] Ebenso *Kluth* HStR III, § 60 Rn. 30; *Masing/Risse* MKS II, Art. 77 Rn. 77; *Wessel* AöR 77 (1951/52), 283 (295); aA in Bezug auf Zustimmungsgesetze *Pieroth,* in: Jarass/Pieroth, Art. 77 Rn. 12; *Brosius-Gersdorf,* in: Dreier II, Art. 77 Rn. 33.

[17] So auch *Kersten,* in: Maunz/Dürig, Art. 77 Rn. 54; *Stern,* StaatsR II, S. 629; *Bryde,* in: v. Münch/Kunig II, Art. 77 Rn. 17, jeweils mwN; aA *Brosius-Gersdorf,* in: Dreier II, Art. 77 Rn. 38.

[18] *J. Dietlein,* in: BeckOK GG, Art. 77 Rn. 33.1; *Hömig/Wolff,* Art. 76 Rn. 10.

[19] So aber ua *Stern,* StaatsR II, S. 629 mwN – Wie hier *Kokott* BK, Art. 77 (2014) Rn. 151; *Masing/Risse* MKS II, Art. 77 Rn. 79; *Kersten,* in: Maunz/Dürig, Art. 77 Rn. 58.

[20] Im Ergebnis ebenso ua *Koggel,* in: Kluth/Krings, Parlamentsrecht, § 19 Rn. 21; *Pieper,* in: Morlok ua, Parlamentsrecht, § 40 Rn. 239; *Pieroth,* in: Jarass/Pieroth, Art. 77 Rn. 12 mwN – AA (keine Frist) *Hömig/Wolff,* Art. 77 Rn. 9.

[21] S. die statistischen Angaben bei *Koggel,* BAnz 2009, Nr. 190a, S. 9.

dadurch ab, dass eine Vorschrift des GG für das Zustandekommen dieser legislativen Akte ausdr. die Zustimmung des BRates erfordert **(Enumerationsprinzip)**.[22] Dieses Verständnis ergibt sich aus Art. 77 II 4 u. IIa sowie Art. 78 iVm solchen Bestimmungen des GG, die zB v. Bundesgesetzen „mit Zustimmung des Bundesrates" sprechen o. die ein Bundesgesetz nennen, das „der Zustimmung des Bundesrates bedarf". Im Einzelnen handelt es sich dabei um **folgende Normen** der Verf.: Art. 16a II 2 u. III 1, 23 I 2, 3 u. VII, 29 VII 1, 2, 72 III 2, 73 II, 74 II, 79 II, 84 I 3, 6 u. V 1, 85 I, 87 III 2, 87b I 3, 4 sowie II 1, 2, 87c, 87d II, 87e V, 87f I, 91a II, 91c V, 96 V, 104a IV, V 2 u. VI 4, 104b II 1, 104c S. 2, 105 III, 106 III 3, 5, 6, IV 2, V 2, Va 3 u. VI 5, 106a S. 2, 107 I 2, 4, 108 II 2, IV 1, IVa 1 u. V 2, 109 IV u. V 3, 115c I 2 u. III, 115k III 2, 115l I 1, 120a I 1, 134 IV, 135 V, 135a, 143a I 2 iVm 87e V, 143a III 3, 143b II 3, 143c IV, 143d IV 3, 143e I 2, III.[23]

**15**     Kennzeichen dieser Zustimmungstatbestände ist überwiegend, jedoch nicht durchgängig, dass sie Materien betreffen, die in bes. Maße Belange der Länder berühren. Trotz dieser weitgehenden Gemeinsamkeit lässt sich aus den Zustimmungstatbeständen **nicht** ein **allgemeiner Rechtsgrundsatz** des Inhalts entnehmen, dass sämtliche Gesetze auch unabhängig v. einer ausdr., die Zustimmung verlangenden Norm des GG zustimmungsbedürftig sind, sofern sie nur – wie zB Bundesgesetze nach Art. 87 III 1 – wichtige Länderinteressen tangieren. Der Gewinnung eines solchen Grds. stehen das Enumerationsprinzip (→ Rn. 14) u. das Gebot der Rechtssicherheit entgegen.[24]

**16**     Der Anteil der Zustimmungsgesetze übertrifft regelm. die Zahl der übrigen (Einspruchs-) Gesetze.[25] Diese **Dominanz** erklärt sich – abgesehen v. der durch Einfügung neuer Zustimmungstatbestände bedingten (minimalen) Erhöhung – aus der extensiven Auslegung, die der in der Praxis bei weitem am häufigsten involvierte Tatbestand des **Art. 84 I aF** durch das BVerfG[26] erfahren hatte. Mit dessen Änderung im Zuge der Föderalismusreform 2006 waren daher Hoffnungen auf eine deutliche Reduzierung der Zustimmungsgesetze verbunden,[27] die sich bisher allerdings noch nicht im erwarteten Umfang realisiert haben.[28] Zu der vorbezeichneten Entwicklung hat iÜ der Umstand beigetragen, dass nach verbreiteter Meinung[29] ein v. BTag beschlossenes **Gesetz** als **Einheit** begriffen wird. Folglich soll bereits eine einzige zustimmungsbedürftige Vorschrift das ganze Gesetz zustimmungsbedürftig machen, obwohl die Formulierung in Art. 77 IIa u. III 1 („Soweit" und nicht „Wenn") die gegenteilige Auffassung nahelegt.[30] Davon abgesehen spricht gegen die übliche Interpretation ua, dass sie den BRat unter der Hand für die meisten Gesetzesbeschlüsse faktisch zu einem „Ko-Gesetzgeber" werden lässt (→ Rn. 2). Sie verschafft ihm dadurch ggü. dem BTag ein v. GG nicht intendiertes Gewicht, was ua Art. 50 belegt; dieser sagt nur, dass die Länder durch den BRat bei der Gesetzgebung des Bundes „mitwirken", nicht aber „mitbestimmen".[31]

**17**     Zum Übergewicht der Zustimmungsgesetze (→ Rn. 16) ist es ferner gekommen, weil sich die Zustimmungstatbestände (→ Rn. 14) nicht lediglich statisch auf die erstmals die **Zustimmungsbedürftigkeit** begründenden Gesetze beziehen, sondern auch dynamisch deren **Novellierungen** erfassen können. Infolgedessen bedürfen Änderungen v. Zustimmungsgesetzen bzgl. solcher Vorschriften, die seinerzeit die Zustimmungsbedürftigkeit ausgelöst haben, der erneuten Zustimmung des BRates.[32] Darüber hinaus soll die Zustimmungsbedürftigkeit durch solche Änderungen hervorgerufen werden können, die zwar für sich genommen nicht einen Zustimmungstatbestand verwirklichen, die aber in das den Gegenstand der Novellierung bildende Zustimmungsgesetz derart „eingreifen", dass

---

[22] Vgl. BVerfGE 1, 76 (79); 37, 363 (381); 108, 370 (397); 126, 77 (100) u. zB *Jekewitz* AK GG, Art. 77 Rn. 12; *Hebeler* JA 2003, 522 (524); *J. Dietlein*, in: BeckOK GG, Art. 77, Rn. 20.

[23] Zu der Frage, ob ein Gesetz, das die an sich gem. Art. 80 II erforderliche Zustimmung des BRates zu einer RVO ausschließt, der Zustimmung des BRates bedarf → Art. 80 Rn. 38 mwN – Zu einer weiteren, mit Art. 84 II u. 85 II 1 zusammenhängenden Konstellation (Gesetze, die vorsehen, dass allg. Verwaltungsvorschriften statt v. der BReg v. einem BMin erlassen werden) vgl. BVerfGE 26, 338 (395 ff.) u. (abweichend) BVerfGE 100, 249 (258 ff.). – Ferner sind Gesetze nach Art. 107 II zustimmungspflichtig, weil es sich dabei um die in Art. 107 I genannten Gesetze handelt.

[24] So im Ergebnis auch *Bryde,* in: v. Münch/Kunig II, Art. 77 Rn. 20; *Masing/Risse* MKS II, Art. 77 Rn. 49 mwN.

[25] Seit der 6. WP mit der Ausnahme der 16. WP (dort 41,7 % ZustimmungsG), vgl. die statistischen Angaben in *Bundesrat* (Hrsg.), Handbuch des Bundesrates für das Geschäftsjahr 2004/05, 2005, S. 305, u. *Bryde,* in: v. Münch/Kunig II, Art. 76 Rn. 26 Anh. 4.3.

[26] BVerfGE 37, 363 (384 f.); 55, 274 (320 f.); 75, 108 (152). Dazu *Dästner* ZParl 2001, 290 ff.

[27] Vgl. den Gesetzentwurf, BT-Dr 16/813, S. 14 f.

[28] Vgl. die Statistik bei www.bundesrat.de unter Dokumente>Statistik: Rückgang um 12 % (Abruf v. 1.9.2020).

[29] Vgl. nur BVerfGE 8, 274 (294); 55, 274 (319 u. 326 f.) mwN; ferner zB *Bryde,* in: v. Münch/Kunig II, Art. 77 Rn. 21; *Masing/Risse* MKS II, Art. 77 Rn. 51; *Kersten,* in: Maunz/Dürig, Art. 77 Rn. 100; *Stern,* StaatsR II, S. 145 mwN – A A vor allem *Antoni* AöR 113 (1988), 329 (333 ff.); Sondervot. *Rottmann,* BVerfGE 55, 331 (332 ff.); *Kokott* BK, Art. 77 (2014) Rn. 74 ff.; *Pieroth,* in: Jarass/Pieroth, Art. 77 Rn. 4a; *Trute* MKS III, Art. 84 Rn. 23 f.; krit. auch *Maurer,* StaatsR, Rn. 567.

[30] Vgl. Art. 71 u. Art. 72 II, wo das GG zw. „wenn und soweit" zu differenzieren versteht; ferner Art. 72 I u. Art. 105 IIa 1 („solange und soweit"); wie hier auch *Haratsch,* in: Sodan, Art. 77 Rn. 2.

[31] Bedenken am Gewicht des BRates mit Blick auf dessen demokratische Legitimation äußert *Funke* Jura 2012, 127 (128) mwN.

[32] BVerfGE 37, 363 (382 f.).

dessen Inhalt ein wesentlich anderer wird.[33] Die Bejahung der Zustimmungsbedürftigkeit in diesen Fällen ist nur die verfahrensrechtl. Konsequenz der landläufigen Auffassung, dass sich die Zustimmungen des BRates auf das Gesetz als Ganzes beziehen (→ Rn. 16). Folgt man dieser Ansicht, muss es dem BTag verwehrt sein, einmal als Zustimmungsgesetz ergangene Akte eigenmächtig durch die „Hintertür" einer Novellierung erheblich zu ändern. Dagegen ist ein Gesetz, durch das der BTag ein zustimmungsbedürftiges Gesetz **aufhebt,** zustimmungsfrei;[34] die Zustimmungstatbestände haben nicht den Zweck, ein Vertrauen des BRates in den Fortbestand der mit seiner Zustimmung ergangenen Gesetze zu schützen.

Angesichts der zahlreichen Zustimmungstatbestände (→ Rn. 14) u. ihrer weitgehenden Konsequen- **18** zen für Änderungsgesetze (→ Rn. 17) stellt sich die Frage, ob es dem BTag bis zum Gesetzesbeschl. gestattet ist, ein Zustimmungsgesetz in ein **zustimmungsfreies** Gesetz **abzuändern.** Gesetzestechnisch ist ein solches Vorgehen insbes. durch Herauslösung derjenigen Bestimmungen aus dem Gesetzentwurf machbar, die einen Zustimmungstatbestand verwirklichen, u. zwar dergestalt, dass entweder auf diese Normen gänzlich verzichtet wird o. dass sie in ein v. urspr. angestrebten Gesetz unabhängiges, neues Zustimmungsgesetz aufgenommen werden.

Verfassungsrechtl. ist diese Absonderung **zulässig,**[35] sofern sie nicht zu Gesetzen führt, die dem **19** **Grundsatz der Normenklarheit**[36] widersprechen. Eine Verletzung dieses Gebots tritt dann ein, wenn aus der besagten Abspaltung Gesetze erwachsen, die kein sinnvolles o. verständliches Ganzes mehr darstellen.[37] Der in der Praxis früher bedeutsamere Fall, die **Teilung** eines nach Art. 84 I aF zustimmungsbedürftigen Gesetzes in ein zustimmungsfreies Gesetz mit nur materiellrechtl. Vorschriften u. ein zustimmungsbedürftiges Gesetz mit verwaltungsverfahrensrechtl. Bestimmungen, beeinträchtigt den Grds. der Normenklarheit in aller Regel nicht.[38] Nach der Änderung des Art. 84 I im Zuge der Föderalismusreform 2006[39] dürfte sich dieses Problem aber weitgehend erledigt haben.

**2. Anrufung in Bezug auf Einspruchsgesetze. a)** Der **BTag** u. die **BReg** können, wie ein **20** Umkehrschluss aus Abs. 2 S. 4 ergibt, die Einberufung des VermA nicht bzgl. solcher Gesetze verlangen, für die eine Zustimmung des BRates entbehrlich ist. Hinsichtlich dieser sog. **Einspruchsgesetze** (→ Rn. 21) hat nur der **BRat** das Recht, den VermA einzuschalten. Sein in Abs. 2 S. 1 normiertes Anrufungsrecht enthält keine Beschr. auf bestimmte Gesetzesbeschlüsse. V. diesem Recht kann der BRat allerdings lediglich **„binnen drei Wochen",** gerechnet v. Eingang des Gesetzesbeschl., Gebrauch machen. Diese Frist hat **Ausschlusscharakter.**[40] Nach ihrem Ablauf kann der BRat folglich ein Vermittlungsverfahren nicht mehr in Gang setzen.

**b) Einspruchsgesetze** sind alle Gesetze, die nicht Zustimmungsgesetze darstellen, dh sämtliche **21** übrigen Gesetze. Diese negat. Begriffsbestimmung ergibt sich aus dem für Zustimmungsgesetze geltenden Enumerationsprinzip (→ Rn. 14) u. aus Art. 77 III 1.

**3. Inhalt des Einberufungsverlangens.** Über den Inhalt des Einberufungsverlangens des BRates, **22** des BTages u. der BReg enthält das GG weder in Art. 77 II 1 u. 4 noch anderswo eine Aussage. Vorgaben sind jedoch aus dem **Zweck** des **Vermittlungsverfahrens** (→ Rn. 7) zu entnehmen. Es stellt den zugunsten der Legislative institutionalisierten Versuch dar, Meinungsverschiedenheiten zw. dem BTag u. dem BRat über den Inhalt eines Gesetzesbeschl. durch eine Empfehlung des VermA, den „Einigungsvorschlag" (→ Rn. 26), zu überwinden. Das Einberufungsverlangen kann sich daher auf einzelne Punkte des zur Entsch. anstehenden Gesetzes beschränken (spezifizierte Anrufung) o. aber das

---

[33] IdS *Bryde,* in: v. Münch/Kunig II, Art. 77 Rn. 22; *Brosius-Gersdorf,* in: Dreier II, Art. 77 Rn. 49 mwN; ferner BVerfGE 37, 363 (383) zu Art. 84 I u. BVerfGE 48, 127 (180); 126, 77 (105) zu Art. 87d II m. Anm. *Kendzia* NVwZ 2010, 1135 (1136); krit. *Jekewitz* RuP 2003, 89 (93). Für eine generelle Zustimmungsbedürftigkeit – unabhängig v. der Qualität der Änderung – die abwM in BVerfGE 37, 401 ff., bes. 406 ff., u. *Kersten,* in: Maunz/Dürig, Art. 77 Rn. 101.

[34] BVerfGE 10, 20 (49); 14, 196 (219 f.); *Bryde,* in: v. Münch/Kunig II, Art. 77 Rn. 22a E; *Pieroth,* in: Jarass/Pieroth, Art. 77 Rn. 5; *Sannwald,* in: Hofmann/Henneke, Art. 78 Rn. 18; *Kersten,* in: Maunz/Dürig, Art. 77 Rn. 103; *J. Dietlein* BeckOK GG, Art. 77 Rn. 24.

[35] Vgl. nur BVerfGE 37, 363 (379 f.); 39, 1 (35); 55, 274 (319); 75, 108 (150); 105, 313 (338); 114, 196 (230); *Sachs,* VVDStRL 58 (1999), 39 (61 f.).

[36] Zu ihm statt aller BVerfGE 65, 1 (44 u. 54).

[37] Diesem Ansatz folgend *Kokott* BK, Art. 77 (2014) Rn. 82 u. *Masing/Risse* MKS II, Art. 77 Rn. 52. – Nach der h M sind Abspaltungen nur bei Willkür bzw. Missbrauch unzul.; s. Sondervotum *v. Schlabrendorff, Geiger, Rinck,* BVerfGE 37, 401 (412 f.); *Bryde,* in: v. Münch/Kunig II, Art. 77 Rn. 23 mwN; *Pieroth,* in: Jarass/Pieroth, Art. 77 Rn. 4a, ferner *Hömig/Wolff,* Art. 78 Rn. 6 u. *Sauter* FS Franz Klein, 1994, S. 561 (562 f.). Das BVerfG hat die Frage nach den verfassungsrechtl. Grenzen eines solchen Vorgehens bislang dahingestellt sein lassen, vgl. BVerfGE 24, 184 (199 f.); 77, 84 (103); 105, 313 (340). Vgl. auch die Darstellung bei *Fritz,* Teilung von Bundesgesetzen, 1982, S. 60 ff., 90 ff.

[38] Im Resultat übereinst. BVerfGE 37, 363 (383); *Bryde,* in: v. Münch/Kunig II, Art. 77 Rn. 23; *Stern,* StaatsR II, S. 145 mwN.

[39] Vgl. BGBl I 2034.

[40] Ebenso zB *Bryde,* in: v. Münch/Kunig II, Art. 77 Rn. 10; *Pieroth,* in: Jarass/Pieroth, Art. 77 Rn. 11; *Kluth* HStR III³, § 60 Rn. 30.

Gesetz als Ganzes nennen (sog. „offene" Anrufung).[41] Als äußere Grenze des Anrufungsbegehrens ist die Reichweite der Änderungsbefugnis des VermA (→ Rn. 29 f.) anzusehen.[42] Der Regelungsgegenstand, der zur Grundlage eines Vorschlags im VermA werden kann, muss nicht in Form eines ausformulierten Gesetzentwurfs vorliegen; es genügt, wenn seine sachliche Tragweite dem Grunde nach erkennbar war.[43]

23    Für den **BRat** heißt dies, dass er durch das Vermittlungsverfahren nicht gezwungen werden kann, seine einen Gesetzesbeschl. ablehnende Haltung aufzugeben. Als Konsequenz dessen steht es ihm frei, die Einberufung des VermA nicht nur mit dem Begehren zu verlangen, dieser möge eine konkr.[44] **Änderung** oder **Ergänzung** des Gesetzesbeschl. vorschlagen (spezifizierte Anrufung). Zul. ist vielmehr auch die Einberufung in der erklärten Absicht, der VermA möge die ersatzlose[45] **Aufhebung** des Gesetzesbeschl. empfehlen.[46] Ein solcher Antrag ist für den BRat bei Einspruchsgesetzen angesichts der Möglichkeit einer Zurückweisung seiner Einsprüche gem. Art. 77 IV v. bes. Wichtigkeit. Bei Zustimmungsgesetzen kann der BRat seinem Aufhebungswunsch auch dadurch Geltung verschaffen, dass er dem Gesetz sogleich die Zustimmung versagt. V. dieser Möglichkeit darf der BRat nämlich – wie ein Umkehrschluss aus Art. 77 III 1 zeigt – Gebrauch machen, ohne dass es der vorherigen Durchführung eines Vermittlungsverfahrens bedarf.

24    Im Gegensatz zum BRat ist es dem **BTag** verwehrt, den VermA mit einem Begehren anzurufen, das die Aufhebung eines zustimmungsbedürftigen beschlossenen Gesetzes beinhaltet. Der BTag geriete dadurch in Widerspruch zu seinem eigenen Gesetzesbeschl. Gestattet ist dem BTag daher **lediglich** eine Anrufung des VermA zu dem Zweck, dieser möge einen Einigungsvorschlag fassen, der den Gesetzesbeschl. **ändere** oder **ergänze**.[47] Diese Anrufung muss nicht inhaltlich spezifiziert, sondern kann offen sein, dh sie darf ohne Nennung konkr. Änderungen bzw. Ergänzungen allein erfolgen, um das Vermittlungsverfahren zugunsten einer Kompromisssuche in Gang zu setzen.[48]

25    Gleiches wie für das Einberufungsverlangen des BTages gilt auch für das der **BReg** Die BReg kann daher den VermA zwar mit dem Begehren, dieser solle eine **Änderung** o. **Ergänzung** des zustimmungsbedürftigen Gesetzesbeschl. vorschlagen, anrufen, nicht aber mit dem Verlangen, der VermA möge einen die Aufhebung des Gesetzesbeschl. beinhaltenden Einigungsvorschlag machen.[49] Diese Beschr. ist selbst dann berechtigt, wenn der Gesetzesbeschl. nicht dem polit. Willen der BReg entspricht (was zB bei einem Gesetz denkbar ist, das entscheidend mit den Stimmen der Opposition beschlossen wurde). Andernfalls könnte die BReg das zugunsten der Legislative bestehende Vermittlungsverfahren als ein Instrument nutzen, ihr missliebige Gesetzesbeschlüsse entgegen dem erklärten Willen des Parlaments nochmals völlig in Frage zu stellen.[50]

## III. Aufgabe, Verfahren sowie Beschlüsse des Vermittlungsausschusses
### (Abs. 2 S. 1 und 2)

26    Die **Aufgabe** des VermA ist „die gemeinsame Beratung von Vorlagen" (Abs. 2 S. 1). Unter **Vorlagen** sind der strittige Gesetzesbeschl. u. das seine Änderung, Ergänzung o. Aufhebung begehrende Einberufungsverlangen[51] zu verstehen; des Weiteren werden v. diesem Begriff die diese Dokumente aufgreifenden u. sie ggf. fortentwickelnden Sachanträge der Mitglieder des VermA erfasst. Die **gemeinsame Beratung**, also sachbezogene Erörterung, hat zum Ziel, dass der VermA möglichst einen **Einigungsvorschlag** beschließt (s. §§ 7, 8, 10, 11 GO VermA), dh eine auf den Gesetzesbeschl. bezogene, für den BTag u. den BRat bestimmte Empfehlung ausspricht. Der VermA selbst ist kein Entscheidungsorgan.[52]

---

[41] HM, vgl. nur *Bryde*, in: v. Münch/Kunig II, Art. 77 Rn. 9; *Sannwald*, in: Hofmann/Henneke, Art. 77 Rn. 37.

[42] Grundlegend *M. Dietlein* AöR 106 (1981), 525 (539 ff.); s. auch *Kersten*, in: Maunz/Dürig, Art. 77 Rn. 48; *Huber/Fröhlich* DÖV 2005, 322 (329).

[43] BVerfGE 150, 204 Rn. 80; BVerfG NVwZ 2017, 1526 (1527).

[44] Entspr. dem Zweck des Vermittlungsverfahrens (→ Rn. 7) sollte der BRat in seiner Anrufung erkennen lassen, welchen konkr. Inhalt der Gesetzesbeschl. haben müsste, um dem BRat für das Zustandekommen des Gesetzes zu gewinnen; vgl. BVerfGE 101, 297 (307 f.); *M. Dietlein*, in: Schneider/Zeh, § 57 Rn. 27 u. 29.

[45] Demgegenüber ist eine Anrufung des VermA mit dem Begehren, an die Stelle des Gesetzesbeschl. müsse durchgängig ein anderer – konkr. – Inhalt treten, unzul., weil ein solches grundlegend abweichendes Konzept v. vornherein den Rahmen des Vermittlungsverfahrens überschreitet.

[46] Im Erg. ebenso ua *Bryde*, in: v. Münch/Kunig II, Art. 77 Rn. 16; *Jekewitz* AK GG, Art. 77 Rn. 19; *Kokott* BK, Art. 77 (2014) Rn. 147 *Pieroth*, in: Jarass/Pieroth, Art. 77 Rn. 11; *Hömig/Wolff*, Art. 77 Rn. 10.

[47] So im Resultat auch z B *Kokott* BK, Art. 77 (2014) Rn. 153; *Pieroth*, in: Jarass/Pieroth, Art. 77 Rn. 12; *Bryde*, in: v. Münch/Kunig II, Art. 77 Rn. 16; *Jekewitz* AK GG, Art. 77 Rn. 19; *Haratsch*, in: Sodan, Art. 77 Rn. 9.

[48] Ebenso *M. Dietlein*, in: Schneider/Zeh, § 57 Rn. 30 f.

[49] So auch die in Fn. 33 genannten Autoren, ebda. – AA bzgl. der Aufhebung des Gesetzesbeschl. durch die BReg *Sannwald*, in: Hofmann/Henneke, Art. 77 Rn. 34.

[50] Dieser Argumentation folgend *Kokott* BK, Art. 77 (2014) Rn. 154.

[51] So auch *Jekewitz* AK GG, Art. 77 Rn. 23.

[52] BVerfGE 101, 297 (306); 120, 56 (73 f.).

Das **Verfahren** des VermA regelt in Grundzügen eine **Geschäftsordnung** (Abs. 2 S. 2), die·GO  **27**
VermA. Aus ihr ergibt sich ua Folgendes: Die Teilnahme an den Sitzungen des VermA ist grds. auf
dessen 32 Mitglieder, ersatzweise deren Vertreter (§ 3 S. 3), beschränkt; daneben haben noch die
Mitglieder der BReg das Recht zur Teilnahme (§ 5), während „andere Personen" (zB Ministerial-
beamte) nur dann teilnehmen dürfen, falls ein entspr. Beschl. des Ausschusses ergeht (§ 6). Der VermA
tagt somit **nicht öffentlich.** Anträge können nur v. den Mitgliedern des VermA zur Abstimmung
gestellt werden. Seine Beschlüsse werden regelm. nicht begründet; Verhandlungsniederschriften werden erst in der übernächsten Wahlperiode des BTages freigegeben.[53]

Der Beschl. über den **Einigungsvorschlag** kann auf „eine **Bestätigung** des v. Bundestag beschlos-  **28**
senen Gesetzes" (§ 11 S. 1 GO VermA) lauten. Umgekehrt darf die Entsch. des VermA auch die
**„Aufhebung"** des v. BTag beschlossenen Gesetzes empfehlen (§ 10 I 1 GO VermA). Schließlich
kann der VermA in seiner Entsch. eine einzelne **Änderung** o. aber auch **„mehrere Änderungen** des
Gesetzesbeschlusses" vorschlagen (§ 10 III 1 mit I 1 GO VermA).

Entsch., die **Änderungen** der Gesetzesbeschlüsse empfehlen, sind dem VermA **nicht unbe-**  **29**
**schränkt** gestattet,[54] vielmehr haben sie sich materiell an dem im Einberufungsverlangen geäußerten
Begehren zu orientieren **(Wahrung der Anrufungsidentität)** u. dürfen inhaltlich nicht den Wesensgehalt des Gesetzesbeschl., zB durch Einbeziehung neuer Materien, verändern **(Wahrung der Ge-**
**setzesidentität).**[55] Der Vermittlungsvorschlag ist deshalb inhaltlich u. formal an den durch den BTag
vorgegebenen Rahmen gebunden, so dass der Vermittlungsvorschlag dem BTag aufgrund der dort
geführten Debatte zurechenbar sein muss.[56] Für ein restriktives Verständnis der Dispositionsfreiheit lässt
sich anführen, dass der VermA kein Gesetzesinitiativrecht hat (vgl. Art. 76 I)[57] u. dass er nur ein dem
Ausgleich zw. BTag u. BRat dienendes „Hilfsorgan" darstellt.

Die **Konsequenz** der beiden Gebote (→ Rn. 29) ist, dass die Änderungsbefugnis des VermA umso  **30**
größer wird, je weiter das Einberufungsverlangen geht (zB offene Anrufung → Rn. 22) u. je vielfältiger
die Regelungsgegenstände sind, die ein Gesetzesbeschl. in sich vereint (zB heterogenes Artikelgesetz).
Hingegen ist eine Erweiterung des durch das Gesetzgebungsverfahren vorgezeichneten Gegenstandes,
welcher durch die in dieses eingeführten Anträge u. Stellungnahmen der Abgeordneten, des BRates u.
der BReg bestimmt wird,[58] nicht mögl.; maßgeblich für die Wahrung der Gesetzesidentität sind der
**sachliche Bezug zum Gesetzesbeschluss** sowie der Gesichtspunkt der **ausreichenden parlamen-**
**tarischen Vorbefassung.**[59] IdS beschneidet eine Einbeziehung anderer, bislang nur in erster Lesung
beratener Gesetzgebungsvorhaben, wie sie das BVerfG früher unbeanstandet gelassen hat,[60] die Rechte
der Abgeordneten u. die Stellung des BTages insges. Sie führt in letzter Konsequenz zu einer Entparlamentarisierung der Gesetzgebung, die den VermA zum „Nebengesetzgeber"[61] erstarken lässt, u.
überschreitet daher die verfassungsrechtl. Befugnisse des VermA.[62]

## IV. Erneute Beschlussfassung des Bundestages (Abs. 2 S. 5)

Die Beschlüsse des VermA (→ Rn. 28) sind – wie Abs. 2 S. 5 zeigt – „Vorschläge", dh sie haben  **31**
ggü. dem Parlament (u. dem BRat) nur empfehlenden Charakter (→ Rn. 26). Weichen sie v. dem
strittigen Gesetzesbeschl. des BTages ab u. beinhalten damit eine **Änderung des Gesetzesbeschlus-**
**ses** iS des Abs. 2 S. 5, hat der BTag über diese Änderung erneut einen Beschl. zu fassen. Er kann den

---

[53] Kritik an der mangelnden Transparenz bei *Blum,* Wege zu besserer Gesetzgebung, 65. DJT Bd. I, Teil I, 2004,
S. 136; *Jekewitz* AK GG, Art. 77 Rn. 20; *Redeker* ZRP 2004, 160 (163); *Kluth* HStR III³, § 60 Rn. 37 f.; *Möllers* Jura
2010, 401 (406); differenzierend *Axer,* Die Kompetenz des VermA, 2010, S. 95 ff.

[54] Darüber besteht – ungeachtet v. Meinungsverschiedenheiten im Detail – Einigkeit; s. statt aller nur BVerfGE
72, 175 (187 ff.); *Pieroth,* in: Jarass/Pieroth, Art. 77 Rn. 14; *Stern,* StaatsR II, S. 627; *Kluth* HStR III³, § 60
Rn. 54 ff.

[55] BVerfGE 72, 175 (189 f.); 101, 297 (306 f.); 120, 56 (73 f.); 125, 104 Rn. 55 f.; 150, 204 Rn. 77; *Kokott* BK,
Art. 77 (2014) Rn. 112 f., 115 ff.; *Dietlein* BeckOK GG, Art. 77 Rn. 38.

[56] BVerfGE 150, 204 Rn. 76 ff..

[57] BVerfGE 72, 175 (189); 101, 297 (306); 120, 56 (73 f.); 125, 104 Rn. 54 ff.; 150, 204 Rn. 77; *Möllers* Jura 2010,
401 (404); *Axer,* Die Kompetenz des VermA, 2010, S. 174 ff.

[58] Dieser Umstand mag die Opposition dazu verleiten, den Gegenstand eines Gesetzgebungsvorhabens durch von
vornherein aussichtslose, aber sachlich erweiternde Änderungsanträge im BT zu manipulieren, um auf diesem Wege
die spätere thematische Verhandlungsbasis im VermA zu verbreitern.

[59] Vgl. BVerfGE 72, 175 (189 f.); 101, 297 (307); 120, 56 (73 f.); 125, 104 Rn. 56, 59 sowie *Schenke,* Verfassungsrechtl. Grenzen, S. 50. Insbes. mit Blick auf das zweite Kriterium sind in der Praxis des VermA zunehmend
zweifelhafte Fallgestaltungen zu beobachten, vgl. hierzu etwa *Cornils* DVBl 2002, 497 ff.; *Decker* NVwZ 2004, 826 ff.;
*Gast-de Haan* DStR 2003, 12 ff.; *Höninger/Levedag* FR 2004, 739 ff. (747 f.); *Huber/Fröhlich* DÖV 2005, 322 ff.;
*W. G. Leisner* NJW 2004, 1129 ff.; *R. P. Schenke* FR 2004, 638 ff.; einen fehlenden inneren Zusammenhang rügt
hingegen der BFH NJW 2002, 773 (775 f.).

[60] Vgl. BVerfGE 72, 175 (190).

[61] So *P. Kirchhof* NJW 2001, 1332 (1333).

[62] So jetzt auch BVerfGE 125, 104 Rn. 57 ff.; ebenso *Kluth* HStR III³, § 60 Rn. 58 f.; *Masing/Risse,* in: v. Man-
goldt/Klein/Starck II, Art. 77 Rn. 88; *Brosius-Gersdorf,* in: Dreier II, Art. 77 Rn. 41.

Vorschlag des VermA nicht ändern, sondern nur annehmen o. ablehnen.[63] Dementspr. sieht § 10 GO VermA, auf den § 90 GO BTag verweist, ua vor, dass ein „Einigungsvorschlag auf Änderung o. Aufhebung des v. Bundestag beschlossenen Gesetzes … alsbald auf die Tagesordnung des Bundestages zu setzen" ist u. dass das Parlament „nur" über ihn, dh die in ihm empfohlenen Änderungen (insges. o. einzeln) abstimmt. Dies erfolgt ohne weitere Sachanträge, lediglich Erklärungen dürfen abgegeben werden (§ 10 II GO VermA).[64] Es genügt die Mehrheit der abgegebenen Stimmen (Art. 42 II 1). Wird der Gesetzesbeschl. des BTages v. VermA hingegen bestätigt, dann bedarf es mangels einer „Änderung" iSd Abs. 2 S. 5 keiner erneuten Beschlussfassung durch den BTag (§ 11 GO VermA). Ebenso verhält es sich, wenn das Vermittlungsverfahren ausnahmsweise ohne einen Einigungsvorschlag abgeschlossen wird (vgl. § 12 GO VermA).

## D. Verfahren über die Zustimmung zu Gesetzen (Abs. 2a)

32    Der 1994 eingefügte Abs. 2a verpflichtet den BRat, bei Zustimmungsgesetzen (→ Rn. 14) „in angemessener **Frist** über die Zustimmung Beschl. zu fassen". Der BRat soll auf diese Weise zum einen dazu gezwungen werden, sich eindeutig pos. o. neg. zu einem Gesetzesbeschl. zu äußern, u. zum anderen daran **gehindert** werden, das Schicksal eines Gesetzesbeschl. ungebührlich lange durch **Untätigkeit** in der Schwebe zu halten.[65] Die Vorschrift stellt das Gegenstück zu der Bestimmung des Art. 76 III 6 dar (→ Art. 76 Rn. 31 ff.). Ebenso wie die dort normierte Verpflichtung des BTages enthält Abs. 2a eine Selbstverständlichkeit. Es hätte daher einer ausdr. Regelung nicht bedurft, weil sich die Pflicht anerkanntermaßen[66] bereits aus dem Grds. der Verfassungsorgantreue ergibt.

33    Die Verpflichtung des BRates, „über die Zustimmung Beschl. zu fassen", begründet für dieses Organ zunächst die Notwendigkeit, sich hinsichtlich der **Zustimmungsbedürftigkeit** eines Gesetzes **klarzuwerden,** u. schafft sodann – bei Bejahung dieser Frage – die **Entscheidungsalternative,** entweder dem Gesetzesbeschl. ausdr. zuzustimmen oder ihm die Zustimmung explizit zu versagen. Allerdings tritt die besagte Verpflichtung des BRates nicht gleich mit dem Zugang des Gesetzesbeschl. bei ihm ein, sondern gem. Abs. 2a erst u. nur dann, „wenn ein Verlangen nach Abs. 2 S. 1 nicht gestellt o. das Vermittlungsverfahren ohne einen Vorschlag zur Änderung des Gesetzesbeschl. beendet ist". Verhält es sich umgekehrt als v. Abs. 2a vorausgesetzt, dann nimmt das Gesetzgebungsverfahren seinen Fortgang, ohne dass es der Beschlussfassung über die Zustimmung bedarf: Ruft der BRat nämlich den VermA an (→ Rn. 10, 22 f.), so kommt es zur Durchführung des Vermittlungsverfahrens (→ Rn. 26 f.); wird das Vermittlungsverfahren mit einem Vorschlag zur Änderung des Gesetzesbeschl. beendet (→ Rn. 29 f.), dann hat der BTag nach Art. 77 II 5 zunächst erneut Beschl. zu fassen (→ Rn. 31).

34    Der Verpflichtung, über die Zustimmung Beschl. zu fassen, hat der BRat „**in angemessener Frist**" nachzukommen. Die Angemessenheit hängt v. vielfältigen, zugunsten einer kürzeren (zB Dringlichkeit des Gesetzes) o. längeren Frist (zB sonstige Arbeitsbelastung des BRates) sprechenden Umständen u. deren Gewichtung ab. Allgemeingültige, konkr. Zeitangaben können aus der Vorschrift daher nicht abgeleitet werden. Bleibt der **BRat** über die „angemessene Frist" hinaus **untätig,** dann ist dieses Schweigen ohne konkr. erkennbare Anzeichen für eine alsbaldige pos. Entsch. als Versagung der Zustimmung zu werten,[67] so dass der BTag u. die BReg gem. Abs. 2 S. 4 die Einberufung des VermA verlangen können (→ Rn. 11). Solange das Vermittlungsverfahren nicht abgeschlossen ist, kann der BRat ungeachtet des Fristablaufs dem Gesetz noch zustimmen; dadurch erübrigt sich die weitere Durchführung des Vermittlungsverfahrens.

35    Trotz der Verpflichtung aus Abs. 2a kann der BRat ausnahmsweise nicht allein auf die Entscheidungsalternative „Zustimmung oder Versagung der Zustimmung" eingeengt, sondern zu weiteren **hilfsweisen Beschlüssen** berechtigt sein. Eine derartige Situation tritt ein, wenn über die Zustimmungsbedürftigkeit der fragl. Gesetzes zw. dem BRat u. dem BTag sowie der BReg **Meinungsverschiedenheiten** herrschen. In diesen Fällen darf der BRat hilfsweise diesen Zweifeln Rechnung tragende Beschlüsse fassen, sofern sie nicht zu einer Rechtsunsicherheit über den Stand des Verfahrens führen.

36    Zul. ist es daher zB, wenn der BRat beschließt, einem Gesetz die Zustimmung zu versagen, u. hilfsweise für den Fall der Zustimmungsfreiheit entscheidet, vorsorglich gegen das Gesetz **Einspruch** einzulegen.[68] In dieser Situation ist der VermA unter keinen Umständen angerufen. Vielmehr setzt

---

[63] BVerfGE 112, 118 (139).

[64] Für eine Aussprache im BT-Plenum hingegen *Kluth* FS Schenke, 2011, X. 213 (225 ff.).

[65] S. auch § 30 I 1 GO BRat; BVerfGE 8, 274 (296 f.); 28, 66 (79).

[66] Vgl. nur *Kokott* BK, Art. 77 (2014) Rn. 157; *Masing/Risse* MKS II, Art. 77 Rn. 97; *Stern,* StaatsR II, S. 629; *Bryde,* in: v. Münch/Kunig II, Art. 77 Rn. 19.

[67] Ebenso *Masing/Risse* MKS II, Art. 77 Rn. 98; *Kokott* BK, Art. 77 (2014) Rn. 158; *Dietlein* BeckOK GG, Art. 77 Rn. 48. – Eine Deutung des Schweigens als Zustimmung scheidet immer aus, da Abs. 2a v. BRat ersichtlich ein Tätigwerden verlangt, die (pos. o. neg.) Beschlussfassung über die Zustimmung. Ein Gesetz kann daher nur mittels einer ausdr. Zustimmung zustande kommen (Art. 78); vgl. auch BVerfGE 8, 274 (296 f.).

[68] Für die Zulässigkeit auch BVerfGE 37, 363 (396); *Kersten,* in: Maunz/Dürig, Art. 77 Rn. 97 mwN; *Stern,* StaatsR II, S. 630; *Nolte/Tams* Jura 2003, 158 (162 f.); *Hömig/Wolff,* Art. 77 Rn. 14.

seine Einschaltung voraus, dass entweder der BTag oder die BReg das Gesetz für zustimmungsbedürftig erachtet u. eines dieser Organe v. einem dann gem. Art. 77 II 4 gegebenen Anrufungsrecht
Gebrauch macht. Eine Rechtsunsicherheit über den Stand des Verfahrens kann somit nicht aufkommen.

## E. Verfahren über den Einspruch gegen Gesetze (Abs. 3 und 4)

**Abs. 3** gesteht dem BRat hinsichtlich aller Gesetze, für die „die Zustimmung des Bundesrates nicht   37
erforderlich ist", also bzgl. der sog. Einspruchsgesetze (→ Rn. 21), das Recht zu, **Einspruch** einzulegen. Für Zustimmungsgesetze (→ Rn. 14) existiert diese Möglichkeit nicht. Allerdings ist es zul.,
dass der BRat hinsichtlich eines nicht zweifelsfrei als Zustimmungsgesetz qualifizierbaren Aktes vorsorglich Einspruch einlegt (→ Rn. 36). Der jeweilige Einspruch hat sich „gegen ein vom Bundestage
beschlossenes Gesetz", dh gegen einen **Gesetzesbeschluss als Ganzes** (in der v. BTag gem. Abs. 2
S. 5 uU geänderten Fassung), zu wenden.[69] Mit dem Einspruch bringt der BRat somit zum Ausdruck,
dass er ein v. BTag beschlossenes Gesetz in seiner Gesamtheit ablehnt.

Im Unterschied zu Art. 74 II WRV sieht Abs. 3 eine ausdr. Pflicht zur **Begründung** des Einspruchs   38
nicht vor. Die Verf. hält sie daher offenbar für entbehrlich. Der Einspruch ist **erst zulässig**, wenn
zuvor „das Verfahren nach Absatz 2 beendigt ist". Seine Einlegung setzt also den Abschluss des
Vermittlungsverfahrens u. ggf. einen erneuten Beschl. des BTages gem. Abs. 2 S. 5 voraus. Der Einspruch ist „binnen zwei Wochen" einzulegen. Der Beginn dieser **Frist** wird durch Abs. 3 S. 2 näher
festgelegt. Die Einspruchsfrist wird gewahrt, wenn der BRat innerhalb dieser Frist den Einspruch
beschließt; einer „Einbringung" des Einspruchs beim BTag bedarf es – wie die Abweichung v. Art. 74
II WRV zeigt – nicht. Wird die Frist überschritten, ist der Einspruch nicht mehr zul. u. rechtl.
unbeachtlich (Ausschlussfrist), weil mit der Fristversäumnis das Gesetz zustande gekommen ist (vgl.
Art. 78). Der Einspruch kann – wie sich aus Art. 78 ergibt – **zurückgenommen** werden (→ Art. 78
Rn. 6).

**Abs. 4** regelt die **Zurückweisung** des Einspruchs durch den BTag, für die das GG keine Frist-   39
vorgabe enthält.[70] Er verlangt für diesen Akt eine **Überstimmung** (vgl. Art. 78), die v. der Mehrheit
abhängt, mit der zuvor der BRat die Einlegung des Einspruchs beschlossen hat (sog. reziproke Mehrheiten): Hat der BRat diesen Beschl. mit der Mehrheit seiner Stimmen gefasst (Art. 52 III 1), benötigt
das Parlament für die Zurückweisung die „Mehrheit der Mitglieder des Bundestages" (Abs. 4 S. 1), dh
die Mehrheit seiner gesetzl. Mitgliederzahl (Art. 121). Hat der BRat den Einspruch mit einer Mehrheit
v. mindestens zwei Dritteln seiner Stimmen beschlossen, so bedarf der BTag für die Zurückweisung
ebenfalls einer Mehrheit v. zwei Dritteln der abstimmenden (anwesenden) Abgeordneten, die zusätzl.[71]
jedoch noch mindestens der Mehrheit der gesetzl. Mitgliederzahl des BTages entsprechen muss (Abs. 4
S. 2). Die Überstimmung hat zur Folge, dass das Gesetz trotz des Einspruchs zustande kommt (vgl.
Art. 78). Der Einspruch erweist sich insoweit nur als **aufschiebendes Vetorecht**. Kommt es nicht zur
Überstimmung, dann ist das Gesetz nicht zustande gekommen u. damit definitiv gescheitert. Der
Einspruch stellt sich in diesem Falle als **endgültiges Vetorecht** heraus.

## Art. 78 [Zustandekommen der Bundesgesetze]

**Ein vom Bundestage beschlossenes Gesetz kommt zustande, wenn der Bundesrat zu-
stimmt, den Antrag gemäß Artikel 77 Absatz 2 nicht stellt, innerhalb der Frist des Artikels 77 Absatz 3 keinen Einspruch einlegt oder ihn zurücknimmt oder wenn der Einspruch
vom Bundestage überstimmt wird.**

**Entstehungsgeschichte: Erstfassung:** JöR nF 1 (1951), 571.

**Schrifttum:** S. die Angaben zu Art. 76 u. 77.

## A. Allgemeines

Art. 78 erklärt sich aus der „Mitwirkung" des BRates „bei der Gesetzgebung... des Bundes"   1
(Art. 50) u. ist daher bundesstaatl. bedingt. Während die gliedstaatl. Gesetze bereits mit der Beschlussfassung durch die Länderparlamente zustande kommen, bedarf es für das Zustandekommen der v. BTag

---

[69] So auch ua *Bryde*, in: v. Münch/Kunig II, Art. 77 Rn. 24; *Kersten*, in: Maunz/Dürig, Art. 77 Rn. 110
mwN. Hebt der BTag gem. Abs. 2 S. 5 seinen Gesetzesbeschl. auf, dann scheidet ein Einspruch mangels fortbestehenden Gesetzesbeschl. aus.

[70] Für die Einfügung einer Frist de constitutione ferenda *Lang* ZRP 2006, 15 ff.

[71] Wie hier zB *Bryde*, in: v. Münch/Kunig II, Art. 77 Rn. 27; *Sannwald*, in: Hofmann/Henneke, Art. 77 Rn. 45;
*Kersten*, in: Maunz/Dürig, Art. 77 Rn. 116; missverständlich iS eines Alternativitätsverh. („entweder … mindestens
aber") *Masing/Risse* MKS II, Art. 77 Rn. 103; *v. Coelln* GWC Art. 77 Rn. 20 f.; *Haratsch*, in: Sodan, Art. 77
Rn. 19.

beschlossenen Gesetze noch eines der in Art. 78 – nahezu abschließend (→ Rn. 8) – aufgezählten weiteren Akte (Handlungen, Unterlassungen). Mit dem Zustandekommen endet das **föderale Mitwirkungsstadium** (→ Art. 77 Rn. 1). Zugleich tritt die für das nachfolgende exekutive Erlassstadium (→ Art. 82 Rn. 1) notwendige **Ausfertigungsreife** ein (vgl. Art. 82 I 1). Des Weiteren wird mit dem Zustandekommen der Inhalt des Gesetzes – abgesehen v. der Korrektur offenbarer Unrichtigkeiten[1] – für dieses Gesetzgebungsverfahren u. die an ihm beteiligten Organe endgültig unabänderbar (Grds. der **absoluten Unverrückbarkeit** des parlamentarischen Votums[2]).

## B. Tatbestände für das Zustandekommen

2      Art. 78 bezieht sich nur auf das Zustandekommen eines „vom Bundestage beschlossenen Gesetzes". Für das Zustandekommen anderer, aus einem Gesetzgebungsnotstand erwachsender Gesetze gilt Art. 81 II 1 (→ Art. 81 Rn. 9). Art. 78 nennt **fünf Tatbestände,** bei deren Verwirklichung ein v. BTag beschlossenes Gesetz zustande kommt:

3    – **Zustimmung des Bundesrates:** Dieser Tatbestand ist lediglich für Zustimmungsgesetze einschlägig. Das Verfahren der Zustimmung wird in Art. 77 IIa näher geregelt. Aus dieser Vorschrift ergibt sich ua, dass die Zustimmung ausdr. als solche zu erklären ist (→ Art. 77 Rn. 33). Sofern sich der BRat jedoch unschlüssig verhält, gebietet Art. 78 iVm dem Rechtsstaatsgebot, bei der Beurteilung des Erklärungsgehalts den Willen der beteiligten Verfassungsorgane festzustellen.[3] Als Konsequenz dessen muss eine Untätigkeit des BRates, die länger als die ihm gesetzte „angemessene Frist" für die Beschlussfassung anhält, als Versagung der Zustimmung gedeutet werden (→ Art. 77 Rn. 34). Gleichfalls wegen des Erfordernisses einer ausdr. Zustimmung u. aus Gründen der Rechtssicherheit ist es unzul., and. Akte des BRates (z. B. Beschl. über die Nichtanrufung des VermA) in eine Zustimmung **umzudeuten.**[4] And. verhält es sich, wenn der BRat irrtümlich einem nichtzustimmungsbedürftigen (Einspruchs-)Gesetz zustimmt. Dieser Akt enthält wegen seines eindeutig das Gesetz bejahenden Charakters zugleich die Erklärung, gem. Art. 77 III keinen Einspruch einzulegen. Entspr. ist bei einer ausdr. erklärten Verweigerung der Zustimmung zu einem Einspruchsgesetz der Erklärungswille darauf gerichtet, das Zustandekommen des Gesetzes zu verhindern, weshalb insoweit eine Umdeutung in einen Einspruch angezeigt ist.[5]

4    – **Nichtstellung des Antrages gem. Art. 77 II durch den Bundesrat:** Diese Alternative gilt nur für Einspruchsgesetze; ein verspäteter Antrag kann wegen des Ausschlusscharakters der Frist u. damit seiner Unzulässig. (→ Art. 77 Rn. 20) an dem Zustandekommen nichts (mehr) ändern. Für Zustimmungsgesetze greift dieser Tatbestand nicht ein. Zwar kann der BRat nach Art. 77 II 1 außer bei Einspruchsgesetzen auch bei Zustimmungsgesetzen verlangen, dass der VermA einberufen wird (→ Art. 77 Rn. 10). Bei Zustimmungsgesetzen haben diese Befugnis jedoch auch der BTag u. die BReg (Art. 77 II 4). Das föderale Mitwirkungsstadium (→ Art. 77 Rn. 1) ist daher bei Zustimmungsgesetzen mit der Nichtstellung des Antrages gem. Art. 77 II durch den BRat noch nicht eindeutig abgeschlossen. Den Zustimmungsgesetzen mangelt es in dieser Situation mithin an der Ausfertigungsreife, so dass ihr Zustandekommen verfehlt wäre.

5    – **Keine Art. 77 III entsprechende fristgerechte Einlegung des Einspruchs:** Dieser Tatbestand bezieht sich lediglich auf Einspruchsgesetze. Auf die Kommentierung zu Art. 77 III (→ Art. 77 Rn. 37 f.) wird verwiesen.

6    – **Rücknahme des Einspruchs:** Diese Möglichkeit betrifft erneut nur Einspruchsgesetze, u. zwar solche, gegen die gem. Art. 77 III fristgerecht zunächst Einspruch eingelegt wurde, der dann später zurückgenommen wird. Für diese Rücknahme ist im Gegensatz zu der dritten Alt. keine Frist vorgesehen. Sie hat jedoch spätestens bis zur Beschlussfassung des BTag über den Einspruch gem. Art. 77 IV zu erfolgen.

7    – **Überstimmung des Einspruchs durch den BTag:** Dieser Tatbestand bezieht sich gleichfalls allein auf Einspruchsgesetze. Mit der „Überstimmung" ist die Zurückweisung des Einspruchs gem. Art. 77 IV gemeint (s. näher → Art. 77 Rn. 39).

8      Abgesehen v. den in Art. 78 aufgezählten **fünf Tatbeständen** kommt ein v. BTag beschlossenes Gesetz *auch* dann *zustande,* wenn es sich um ein Einspruchsgesetz handelt u. der BRat seinen Antrag auf Einberufung des VermA (Art. 77 II) zurücknimmt:[6] Da sogar der Einspruch u. damit ein das Gesetz in seiner Gesamtheit ablehnender Akt zurückgenommen werden darf (→ Rn. 6), muss dies erst recht für die nicht notwendigerweise auf einer Ablehnung des ganzen Gesetzes beruhende Anrufung des

---

[1] Dazu BVerfGE 105, 313 (334 f.); § 122 III GO BT, § 61 II GGO; *Frenzel* JuS 2010, 119 (122 f.).
[2] S. zum Grds. der relativen Unverrückbarkeit → Art. 77 Rn. 3. Dieser differenzierenden Terminologie folgend *Kokott* BK, Art. 77 (1997) Rn. 25 u. Art. 78 (1997) Rn. 4; *Masing/Risse* MKS II, Art. 78 Rn. 2.
[3] BVerfGE 106, 310 (332); zur konkr. Auslegung u. Bewertung s. *Remmer* NJW 2003, 332.
[4] So iE auch *Bryde,* in: v. Münch/Kunig II, Art. 78 Rn. 3 mwN u. zutr. Kritik an den abw., jedoch unter anderen Voraussetzungen ergangenen Beschl. BVerfGE 8, 274 (296–300) u. 28, 66 (79–82).
[5] So auch *Nolte/Tams* Jura 2000, 158 (162 f.).
[6] Ebenso *Jekewitz* AK GG, Art. 78 Rn. 6; *Dietlein* BeckOK GG, Art. 78 Rn. 12.

VermA durch den BRat (→ Art. 77 Rn. 23) gelten.[7] Ist die Rücknahme des Antrages auf Einberufung des VermA aber zul., dann besteht bei Einspruchsgesetzen angesichts der dadurch für den BRat versperrten Möglichkeit, noch die Voraussetzungen für die Einlegung eines Einspruchs nach Art. 77 III zu schaffen, ein Bedürfnis, das Gesetz mit der Rücknahme des fraglichen Aktes zustande kommen zu lassen.

## Art. 79 [Änderungen des Grundgesetzes]

(1) **Das Grundgesetz kann nur durch ein Gesetz geändert werden, das den Wortlaut des Grundgesetzes ausdrücklich ändert oder ergänzt. Bei völkerrechtlichen Verträgen, die eine Friedensregelung, die Vorbereitung einer Friedensregelung oder den Abbau einer besatzungsrechtlichen Ordnung zum Gegenstand haben oder der 146Verteidigung der Bundesrepublik zu dienen bestimmt sind, genügt zur Klarstellung, daß die Bestimmungen des Grundgesetzes dem Abschluß und dem Inkraftsetzen der Verträge nicht entgegenstehen, eine Ergänzung des Wortlautes des Grundgesetzes, die sich auf diese Klarstellung beschränkt.**

(2) **Ein solches Gesetz bedarf der Zustimmung von zwei Dritteln der Mitglieder des Bundestages und zwei Dritteln der Stimmen des Bundesrates.**

(3) **Eine Änderung dieses Grundgesetzes, durch welche die Gliederung des Bundes in Länder, die grundsätzliche Mitwirkung der Länder bei der Gesetzgebung oder die in den Artikeln 1 und 20 niedergelegten Grundsätze berührt werden, ist unzulässig.**

**Entstehungsgeschichte: Erstfassung:** JöR nF 1 (1951), 573. – **Änderung:** 4. G. zur Erg. des GG v. 26.3.1954 (BGBl I 45), Art. 1 Nr. 2 (dazu BT-Dr II/275; BT-Prot II/243, 552, 610; BR-Dr 68/54; BR-Prot 54/54).

**Historische Verfassungstexte: RV 1849:** § 196 (1) Abänderungen in der Reichsverfassung können nur durch einen Beschluß beider Häuser und mit Zustimmung des Reichsoberhaupts erfolgen. (2) Zu einem solchen Beschluß bedarf es in jedem der beiden Häuser: 1) der Anwesenheit von wenigstens zwei Dritteln der Mitglieder; 2) zweier Abstimmungen, zwischen welchen ein Zeitraum von wenigstens acht Tagen liegen muß; 3) einer Stimmenmehrheit von wenigstens zwei Dritteln der anwesenden Mitglieder bei jeder der beiden Abstimmungen. (3) Der Zustimmung des Reichsoberhaupts bedarf es nicht, wenn in drei sich unmittelbar folgenden ordentlichen Sitzungsperioden derselbe Reichstagsbeschluß unverändert gefaßt worden. Eine ordentliche Sitzungsperiode, welche nicht wenigstens vier Wochen dauert, wird in dieser Reihenfolge nicht mitgezählt. – **RV 1871: Art. 78** (1) Veränderungen der Verfassung erfolgen im Wege der Gesetzgebung. Sie gelten als abgelehnt, wenn sie im Bundesrathe 14 Stimmen gegen sich haben. (2) Diejenigen Vorschriften der Reichsverfassung, durch welche bestimmte Rechte einzelner Bundesstaaten in deren Verhältniß zur Gesammtheit festgestellt sind, können nur mit Zustimmung des berechtigten Bundesstaates abgeändert werden. – **WRV: Art. 76** (1) Die Verfassung kann im Wege der Gesetzgebung geändert werden. Jedoch kommen Beschlüsse des Reichstags auf Abänderung der Verfassung nur zustande, wenn zwei Drittel der gesetzlichen Mitgliederzahl anwesend sind und wenigstens zwei Drittel der Anwesenden zustimmen. Auch Beschlüsse des Reichsrats auf Abänderung der Verfassung bedürfen einer Mehrheit von zwei Dritteln der abgegebenen Stimmen. Soll auf Volksbegehren durch Volksentscheid eine Verfassungsänderung beschlossen werden, so ist die Zustimmung der Mehrheit der Stimmberechtigten erforderlich. (2) Hat der Reichstag entgegen dem Einspruch des Reichsrats eine Verfassungsänderung beschlossen, so darf der Reichspräsident dieses Gesetz nicht verkünden, wenn der Reichsrat binnen zwei Wochen den Volksentscheid verlangt. – **GG 1949:** bis auf Art. 79 I 2 wie geltende Fassung.

**Geltende Landesverfassungen:** *BW*Verf Art. 64; *Bay*Verf Art. 75; *Bln*Verf Art. 100, auch Art. 62, 63 II; *Bbg*Verf Art. 79, auch Art. 78 III; *Brem*Verf Art. 20, 125; *Hmb*Verf Art. 51; *Hess*Verf Art. 123, 150; *MV*Verf Art. 56, auch Art. 60 IV 2; *Nds*Verf Art. 46, auch Art. 49 II 2; *NRW*Verf Art. 69; *RhPf*Verf Art. 129; *Saarl*Verf Art. 101, auch Art. 100 IV; *Sachs*Verf Art. 74; *LSA*Verf Art. 78, auch Art. 81 V; *SchlH*Verf Art. 47, auch Art. 49 IV 2; *Thür*Verf Art. 83.

**Leitentscheidungen:** BVerfGE 30, 1 (Abhörurteil); BVerfGE 34, 9 (19 ff.) (Beamtenbesoldungsstruktur); BVerfGE 84, 90 (SBZ-Enteignungen I); BVerfGE 89, 155 (172, 180, 182 ff.) (Maastricht); BVerfGE 94, 49 (102 ff.) (Sichere Drittstaaten); BVerfGE 109, 279 (309 ff.) (Großer Lauschangriff); BVerfGE 123, 267 (Lissabon); BVerfGE 137, 108 (Optionskommunen).

**Schrifttum:** *P. Badura,* Verfassungsänderung, Verfassungswandel, Verfassungsgewohnheitsrecht HStR XII, § 270; *B.-O. Bryde,* Verfassungsentwicklung, 1982; *Chr. Bushart,* Verfassungsänderung in Bund und Ländern, 1989; *B. Even,* Die Bedeutung der Unantastbarkeitsgarantie des Art. 79 Abs. 3 GG für die Grundrechte, 1988; *K.-E. Hain,* Die Grundsätze des Grundgesetzes, 1999; *U. Hufeld,* Die Verfassungsdurchbrechung, 1997; *J. Isensee,* Idee und Gestalt des Föderalismus im Grundgesetz HStR VI, § 126 Rn. 261 ff.; *P. Kirchhof,* Die Identität der Verfassung HStR II, § 21; *H. Möller,* Die verfassungsgebende Gewalt des Volkes und die Schranken der Verfassungsrevision, 2004; *D. Murswiek,* Zu den Grenzen der Abänderbarkeit von Grundrechten HGR II, § 28; *E. Tosch,* Die Bindung des verfassungsändernden Gesetzgebers an den Willen des historischen Verfassunggebers, 1979; *G. Wegge,* Zur normativen Bedeutung des Demokratieprinzips nach Art. 79 Abs. 3 GG, 1996; *C. Winterhoff,* Verfassung – Verfassunggebung – Verfassungsänderung, 2007.

---

[7] Insoweit im Erg. übereinst. *Masing/Risse* MKS II, Art. 78 Rn. 10 mwN.

## A. Allgemeines

### I. Entstehung

**1    1. Vorgeschichte.** Regelungen der Verfassungsänderung finden sich ausländischen Vorbildern[1] folgend von Anfang an auch in deutschen Verfassungen.[2] Auf der **gesamtstaatlichen Ebene**[3] waren zur Änderung der RV 1849 ²/₃-Mehrheiten in beiden Häusern vorgesehen. Die RV 1871 kannte allgemein nur eine Sperrminorität des BRat; Abänderungen bestimmter Rechte einzelner Bundesstaaten waren nur mit deren Zustimmung möglich. Die WRV verlangte eine ²/₃-Mehrheit im Reichstag und ließ für einen Einspruch des Reichsrats und dessen Verlangen nach einem Volksentscheid mehr als ein Drittel der Stimmen genügen.[4] Die Änderung der Verfassungen von 1871 und 1919 erfolgte „im Wege der Gesetzgebung"; neben Textänderungen wurden sog. Verfassungsdurchbrechungen[5] zugelassen,[6] dh von der Verfassung abweichende, den Anforderungen an Verfassungsänderungen entsprechende Gesetze, die den Wortlaut der Verfassung und die Geltung der durchbrochenen Bestimmung(en) im Übrigen unberührt ließen und selbst (regelmäßig) keine Verfassungsqualität erlangten.[7] Inhaltliche Grenzen der Verfassungsänderung waren in den Verfassungen nicht verankert,[8] wurden allerdings auf verschiedener Grundlage diskutiert.[9] Auch in den **ersten Landesverfassungen** nach 1945 finden sich Vorbilder, insbes. zur ausdrücklichen (zT vorherigen) Änderung[10] und für inhaltliche Grenzen.[11]

---

[1] Art. 37, 41 f. Verf. Maryland 1776; Chapter VI Art. 10 Verf. Massachusetts 1780; Art. 5 Verf. USA 1787; Titel VII Verf. Frankreich 1791. S. auch *Häberle*, FS Haug, 1986, S. 81 (83 ff.); *Pernice*, in: Bieber/Widmer (Hrsg.), Der europäische Verfassungsraum, 1995, S. 229 ff.

[2] Vgl. etwa schon Tit. X § 7 VU Bayern 1818; § 64 VU Baden 1818; § 176 S. 2 VU Württemberg 1819; im Übrigen nur *Meyer/Anschütz*, S. 661 f.; *Maurer* FS Link, 2003, S. 725 (729 ff.); *F. Reimer* BK, Art. 79 Abs. 1 und 2 (2017) Rn. 79 ff.

[3] Im Überblick *Kempny* JoJZG 2011, 6 ff.

[4] Vgl. zur Auslegung des Art. 76 WRV nur *Anschütz*, WRV, Art. 76 Anm. 6; missverständlich *Stern*, StaatsR I, S. 159; s. auch *Unruh*, Der Verfassungsbegriff des Grundgesetzes, 2002, S. 276 ff.

[5] Ausführlich *Hufeld*, Die Verfassungsdurchbrechung, 1997.

[6] Vgl. (bei Bedenken) *Meyer/Anschütz*, S. 689 f.; *Anschütz*, WRV, Art. 76 Anm. 2. Explizit gegenteilig schon Art. 39 II Verf. Lübeck 1920/1925.

[7] Besonders klar *Loewenstein*, Erscheinungsformen der Verfassungsänderung, 1932, S. 175; auch *Jeselsohn*, Begriff, Arten und Grenzen der Verfassungsänderung nach Reichsrecht, 1929, S. 25 ff.; für den Regelfall auch *W. Jellinek* HdbDStR II, S. 182 (187 f.).

[8] S. für Vorbilder schon § 112 I Verf. Norwegen 1814; Art. 8 VerfG über die Organisation der französischen Staatsgewalt 1875 idF von 1884; Art. 139 Verf. Italien 1947; auch Art. 5 letzter Hs. USVerf. 1787.

[9] Abl. *Meyer/Anschütz*, S. 694 ff.; *Anschütz*, WRV, Art. 78 Anm. 3; näher → Rn. 9.

[10] Art. 75 IV BayVerf 1946; Art. 123 I HessVerf 1946; Art. 125 I BremVerf 1947; auch Art. 85 IV WürttBadVerf. 1946; noch nicht Art. 83 DDR-Verf. 1949, anders dann Art. 108 bzw. 106 DDR-Verf. 1968 bzw. 1974. Vgl.

**2. Ursprüngliche Fassung.** Der **HChE** enthielt bereits alle Grundelemente des Art. 79. Sein 2 Art. 106 I sah – neben der Annahme durch mehrfach qualifizierten Volksentscheid – für Änderungen des Grundgesetzes $^2/_3$-Mehrheiten von BT und BRat vor. Nach Art. 106 II sollten Anträge auf mit dem GG nicht zu vereinbarende Gesetze nur zulässig sein, wenn zuvor der Text des Grundgesetzes entsprechend geändert würde. Art. 107 verlangte zudem Einstimmigkeit des BRat bei Abgehen von der bundesstaatlichen Grundordnung; nach Art. 108 waren Änderungsanträge unzulässig, wenn die freiheitliche und demokratische Grundordnung beseitigt würde.

Im **ParlRat** formulierte der ARA schon früh den Kern des Art. 79 I 1. Unstrittig waren die $^2/_3$- 3 Mehrheiten in BT und BRat; auf den diskutierten Volksentscheid wurde schließlich ohne Begründung verzichtet. Die Sicherung bundesstaatlicher Strukturen durch Anforderungen an die Entscheidung des BRat (Einstimmigkeit, $^3/_4$- oder $^4/_5$-Mehrheit) wurde ausführlich behandelt. Die Übernahme des Art. 108 HChE blieb lange umstritten, der ARA benannte später als die gemeinten Verfassungsgrundsätze „die unmittelbare Geltung der Grundrechte" (Art. 1) und „die demokratische, republikanische und rechtsstaatliche Ordnung" (Art. 20). Zur 4. Lesung des HA präsentierte der ARA die Zusammenfassung aller zu sichernden Verfassungsgrundsätze in dem so verabschiedeten Art. 79 III.[12]

**3. Einfügung des Satzes 2 in Abs. 1.** Durch das Gesetz zur **Ergänzung des Grundgesetzes** 4 **vom 26.3.1954** (BGBl I 45) erhielt Abs. 1 seinen S. 2. Das ÄndG wurde „zur Klarstellung von Zweifeln über die Auslegung des Grundgesetzes" erlassen und als authentische Interpretation verstanden. Enger als die ursprünglichen Vorschläge[13] gefasst sollte die Bestimmung insbesondere den zugleich zur Absicherung der völkerrechtlichen Verträge im Zusammenhang mit der EVG erlassenen Art. 142a decken.[14] Anders als dieser mit dem 17. Gesetz zur Ergänzung des GG[15] als obsolet wieder gestrichene Artikel blieb Art. 79 I 2 bestehen. Zur Zulässigkeit der Änderung → Rn. 18 f.

## II. Grundsätzliche Bedeutung

Das GG beruht auf einem Akt der **verfassunggebenden Gewalt** (→ Präambel Rn. 16 ff.; 5 → Art. 20 Rn. 27); es kann nur durch einen Akt verfassunggebender Gewalt ersetzt werden, der jeder verfassungsrechtl. Einengung entzogen ist.[16] Allerdings war die Ablösung des GG durch eine vom deutschen Volk in freier Entscheidung beschlossene Verfassung in Art. 146 (jedenfalls für den Fall der Wiedervereinigung) von vornherein zugelassen, hätte daher damals die Verfassungslegalität nicht gesprengt.[17] Die Erweiterung der legalen Möglichkeit der Verfassungsablösung, die Art. 146 nF wohl versucht, konnte aber nicht gelingen.[18]

**Verfassungsänderungen** werden in dem durch die Verfassunggebung vorgegebenen Rahmen 6 vorgenommen;[19] sie müssen daher die **Anforderungen der bestehenden Verfassung** erfüllen. Eine Änderung, die dem nicht entspricht, ist allein deshalb unwirksam. Es kommt dafür nicht darauf an, ob

---

insgesamt *Bushart,* Verfassungsänderung in Bund und Ländern, 1989; *J. Menzel,* Landesverfassungsrecht, 2002, S. 393 ff.; auch → Rn. 31.

[11] Art. 75 I 2 BayVerf 1946; Art. 150 HessVerf 1946; Art. 129 II, III RhPfVerf 1947; Art. 20 I, III BremVerf; auch Art. 103 II SaarlVerf 1947; Art. 85 I 2, V WürttBadVerf. 1946; Art. 92 III BadVerf. 1947 sowie Art. 58 I 2 LSAVerf; Art. 35 S. 2 Mark-BbgVerf 1947; Art. 97 SachsVerf 1947; auch Art. 99 II MecklVerf.

[12] S. insgesamt JöR nF 1 (1951), 573 ff.; auch *F. Reimer* BK Art. 79 Abs. 1 und 2 (2017) Rn 86 ff.

[13] BT-Dr II/124 und 125, jeweils Art. 1 Nr. 4: „Dies gilt nicht für Gesetze nach Art. 59 Abs. 2 Satz 1, soweit das Grundgesetz selbst etwas anderes bestimmt oder zuläßt."

[14] Dazu: Der Kampf um den Wehrbeitrag, Bd. 2, Erg.-Bd., 1958, sowie etwa *Stern,* StaatsR I, S. 164 f.; *F. Reimer* BK Art. 79 Abs. 1 und 2 (2017) Rn 103; *Hufeld* (Fn. 5), S. 100 ff.; *Möller,* Die verfassungsgebende Gewalt des Volkes und die Schranken der Verfassungsrevision, 2004, S. 208 ff.

[15] Vom 24.6.1968, BGBl I 707, § 1 Nr. 17.

[16] BVerfGE 89, 155 (180); s. auch *Boehl,* Verfassunggebung im Bundesstaat, 1997, S. 104 ff.; *Waldhoff,* in: Depenheuer/Grabenwarter (Hrsg.), Verfassungstheorie, 2010, § 8 Rn. 12 ff., 61; *Herdegen,* ebda, § 9; *Vosgerau,* Staatliche Gemeinschaft und Staatengemeinschaft, 2016, S. 223 ff.; *H.-P. Schneider* HStR XII, § 255 Rn. 42 ff.; allgemein zur Verfassungsgebung *Winterhoff,* Verfassung – Verfassunggebung – Verfassungsänderung, 2007, S. 123 ff.

[17] S. bei Unterschieden im Einzelnen *Tomuschat* VVDStRL 49 (1990), 70 (88 ff.); *Herdegen,* in: Maunz/Dürig, Art. 146 (2012) Rn. 31, 35; *Sachs* JuS 1991, 985 ff.; *Unruh* MKS III, Art. 146 Rn. 2 f., 9; *Isensee* HStR VII[1], § 166 Rn. 8; *Heckel* HStR VIII[1], § 197 Rn. 95; *H. H. Klein,* ebda, § 198 Rn. 52; zum damaligen „Artikelstreit" *Chatziathanasiou,* Verfassungsstabilität, 2019, S. 36 ff.

[18] Anders offenbar BVerfGE 123, 267 (331 f.); 144, 20 Rn. 518; auch → Art. 146 Rn. 7 ff.; *Scriba* „Legale Revolution"?, 2. Aufl. 2009, S. 319 ff.; *Michael* BK, Art. 146 (2013) Rn. 591 ff.; für bloße Bestätigung des fortgeltenden Art. 146 GG *Haug* AöR 138 (2013), 435 (444 f.); wie hier *Herdegen,* Die Verfassungsänderungen im Einigungsvertrag, 1991, S. 29 f.; *Kempen* NJW 1991, 964 (1966 f.); *Scholz,* in: Maunz/Dürig, Art. 146 (1991) Rn. 20, 22 f.; *Isensee* HStR VII[1], § 166 Rn. 61; *Roellecke,* in: Depenheuer/Grabenwarter (Fn. 16), § 13 Rn. 48 f.; *Sauer* BayVBl 2008, 581 (582 f.); *Gärditz/Hillgruber* JZ 2009, 872 (875 f.); *Herbst,* Legitimation durch Verfassunggebung, 2003, S. 269 ff.; *ders.* ZRP 2013, 33 (35); gegen Freistellung von Art. 79, insbes. III, *Herdegen,* in: Maunz/Dürig, Art. 146 (2012) Rn. 40 ff., 48 f.; skeptisch auch *Durner* FS Papier, 2013, S. 35 ff.

[19] S. nur *Unruh* (Fn. 4), S. 440 ff.; *Hornung,* Grundrechtsinnovationen, 2015, S. 92.

sie einen Übergriff in die verfassunggebende Gewalt des Volkes darstellt,[20] deren (jedenfalls: staatsinterne) Usurpation aber eine als solche ausgewiesene Ablösung der Verfassung durch eine neue voraussetzen würde.[21]

**6a** Für das GG ist zumindest in erster Linie Art. 79 einschlägig (zu Art. 23, 24 → Art. 23 Rn. 71, → Art. 23 Rn. 76 ff., → Art. 24 Rn. 27 ff.). Seine primäre Aussage, dass **Änderungen der Verfassung** überhaupt **möglich** sind, hatte noch verbunden mit dem dafür vorgesehenen Weg der Gesetzgebung den ersten Satz des Art. 76 I WRV und des Art. 78 I RV 1871 gebildet; in Art. 79 GG wird sie von den Regelungen über die maßgebl. Anforderungen überlagert.

**7** Art. 79 I 1 sieht die **ausdrückliche Änderung** oder Ergänzung **des Wortlauts** als Begriffsmerkmal der Änderung des GG[22] vor. Er schließt so nicht nur Verfassungsdurchbrechungen (→ Rn. 1) aus, sondern bringt vor allem die **kategoriale Unterscheidung** zwischen dem Erlass von (formellem) **Verfassungsrecht** (→ Einf Rn. 7 f.) und **sonstiger Gesetzgebung** zum Ausdruck, die die Ebene der Verfassung nicht erreicht, sondern nur gegen das Grundgesetz verstoßen kann.[23] S. 2 enthält eine eng begrenzte Sonderregelung (→ Rn. 4) ohne weitere Bedeutung.

**8** Die **Verfahrensanforderungen** des Art. 79 II **erschweren** die Verfassungsänderung erheblich. Damit erhält die Verfassung erhöhte Stabilität, zugleich die Verfassungsbindung der Gesetzgebung substantielle Bedeutung. Die **Mehrheitserfordernisse** gehen über die Vorbilder von 1849 und 1919 hinaus. Dennoch ist es zu einer hohen Zahl von verfassungsändernden Gesetzen gekommen (→ Einf Rn. 22 ff.).[24]

**9** Die sog. **Ewigkeitsgarantie** des Art. 79 III zieht der verfassungsändernden Gesetzgebung und damit als Element der wehrhaften Demokratie[25] der „Mehrheitsherrschaft"[26] inhaltliche Grenzen. Die frühere Diskussion um ungeschriebene inhaltliche Grenzen der Verfassungsänderung[27] ist damit für das Grundgesetz[28] überholt.[29] Dessen Stabilität ist für seine Kernelemente nochmals erhöht; zugleich wird seine Kontinuität überhaupt an die fortbestehende Bereitschaft gebunden, diese Verfassungsinhalte zu bewahren.

## B. Grundgesetzänderung durch Gesetz

**10** Änderungen des GG erfolgen **durch** explizit verfassungsänderndes (→ Rn. 12 ff.) **Gesetz.** Damit werden grds. die allgemeinen Bestimmungen über den Erlass von **förmlichen Bundesgesetzen**[30] für das Verfahren maßgeblich, insbes. Art. 76 bis 78, 82. Sonderbestimmungen finden sich in Art. 76 II 5 und III 5. Ob Änderungen des Grundgesetzes während der Beratungen des BT in ein Gesetz aufgenommen werden können, ist offen.[31] Der VermA kann jedenfalls nur bereits vorher behandelte Änderungen vorschlagen (allgemein → Art. 77 Rn. 29 f.). Ausdrücklich ausgeschlossen sind Verfassungsänderungen in Art. 81 IV und 115e II. Nach Art. 115d kann verfahren werden, soweit nicht Art. 79 selbst, namentlich in Abs. 2, anderes bestimmt.[32]

---

[20] So BVerfGE 123, 267 (344, enger wohl 332 f.), für Verletzungen der Verfassungsidentität nach Art. 79 III; konsequenter ebenso *Murswiek* JZ 2010, 702 (706); abl. etwa *Jestaedt* Staat 48 (2009), 497 (512); *A. Weber* JZ 2010, 157 (158).

[21] S. entsprechend zu gegen das GG verstoßender einfacher Gesetzgebung → Rn. 7.

[22] *Hain* MKS II, Art. 79 Rn. 6; *Unruh* (Fn. 4), S. 433 ff.; *Unger,* Das Verfassungsprinzip der Demokratie, 2008, S. 188 ff.; zur WRV anders *Anschütz,* WRV, Art. 76 Anm. 2; *Arnold,* Begriff und Verfahren der Verfassungsänderung nach der Weimarer Reichsverfassung, 1932, S. 7 ff.

[23] S. auch → Rn. 30. Jenseits des Art. 79 I 1 liegen Verfassungsverstöße durch sonstiges Organhandeln (unechte Vertrauensfrage, Auflösung des BT); anders offenbar abwM *Zeidler,* BVerfGE 62, 1, 64 (66); ähnlich abwM *Rinck,* ebda, S. 81 f. Wie hier ganz selbstverständlich für (uU verfassungswidrige) Bundeswehreinsätze BVerfGE 100, 266 (270); entsprechend auch BVerfGE 68, 1 (73); 126, 55 (67 f.).

[24] Kritisch etwa *H. Dreier* ZSE 2008, 399 ff.; *F. Reimer* BK Art. 79 Abs. 1 und 2 (2017) Rn. 231 ff.; differenziert *Herdegen,* in: Maunz/Dürig, Art. 79 (2014) Rn. 44 ff. Zu Verfassungskontinuität durch Verfassungsänderung *Lukan* DÖV 2019, 811 ff.

[25] Dafür beiläufig BVerfGE 39, 334 (349); dezidiert schon die abwM in BVerfGE 30, 1, 33 (45 f.).

[26] So für „Erschwerung und Begrenzung der Verfassungsänderung (Art. 79 GG)" BVerfGE 44, 125 (141), zu Art. 79 II allerdings fragwürdig; → Art. 20 Rn. 24.

[27] Dafür namentlich *C. Schmitt,* Verfassungslehre, 1928, S. 102 ff.; *W. Jellinek* HdbDStR II, S. 182 (185); dagegen etwa *Anschütz* WRV, Art. 76 Anm. 3; *Thoma* HdbDStR I, S. 169 (183), 186 (193 f.); II, S. 108 (153 ff.); s. auch *Stern,* StaatsR III/2, S. 1084; *Scriba* (Fn. 18), S. 86 ff.; *Gusy* Staat, Beiheft 20 (2012), 159 ff.; *Polzin,* Verfassungsidentität, 2018, S. 21 ff. Kritisch zur Handhabung des Art. 79 III insgesamt *Rode,* Verfassungsidentität und Ewigkeitsgarantie, 2012.

[28] Rechtsvergleichend jetzt etwa *Yap,* in: Global Constitutionalism 4 (2015), 114 ff.

[29] S. aber für die Landesverfassungsebene HmbVerfG NJOZ 2016, 1896, dazu Anm. *Becker* NVwZ 2016, 1708.

[30] Diese Bedeutung hat „Gesetz" in Art. 76–82 allgemein (abweichend nur Art. 80 IV und Art. 80a I 1); die Zuweisung an die Bundesorgane in Art. 79 II verdeutlicht das Ergebnis. Art. 70 bis 74 sind insoweit verdrängt; vgl. auch *Uhle,* in: Maunz/Dürig, Art. 71 (2007) Rn. 39 Fn. 7 zu S. 39 mN.

[31] Zu einer im RA als Antrag eingebrachten, dann aber in den Gesetzentwurf der Fraktionen aufgenommenen Änderung des GG *Schaub,* Der verfassungsändernde Gesetzgeber 1949–1980, 1984, S. 89.

[32] Wie hier wohl *Epping,* in: Maunz/Dürig, Art. 115d (2014) Rn. 4; ganz gegen Anwendung auf Verfassungsänderungen → Art. 115d Rn. 5; *Jarass,* in: Jarass/Pieroth, Art. 115d Rn. 2.

Als förml. Gesetz genügt auch das **ZustimmungsG nach Art. 59 II 1** (→ Art. 59 Rn. 58). Dies gilt **11** nicht nur im Sonderfall des EV,[33] sondern immer, wenn eine Änderung des GG als Gegenstand eines völkerrechtl. Vertrags durch VertragsG transformiert wird.[34] Bedenken, weil BT und BRat nur zwischen Zustimmung und Ablehnung wählen, den Vertragsinhalt aber nicht modifizieren können,[35] greifen nicht durch. Bedenklich wäre allerdings die völkerrechtl. Bindung an vereinbarte Verfassungsinhalte.[36]

## C. Ausdrückliche Änderung des Wortlauts (Abs. 1)

### I. Die Regel des Abs. 1 S. 1

„Das Grundgesetz", dessen **Änderung** Art. 79 I 1 anspricht, ist nicht die ausgefertigte Original- **12** urkunde, sondern meint die darin formulierten normativen Gehalte.[37] Die Worte **„oder ergänzt"** sind entbehrlich.[38] Neue Artikel stellen sich als Änderungen des Grundgesetzes insgesamt dar, auch wenn die bisherigen Bestimmungen unverändert bleiben. Ein Gesetz, das den Wortlaut des Grund- gesetzes nicht „ändert", „kann" das Grundgesetz auch bei ihm widersprechenden Inhalt nicht ändern, sondern ist wegen dieses Widerspruchs grundgesetzwidrig.[39]

So genügt es dem Art. 79 I 1, wenn in einem **anderen Artikel** des Grundgesetzes von einer textlich **13** unveränderten Bestimmung **abweichende Anordnungen** getroffen werden, wie etwa durch Art. 17a.[40] Daher war die Aufnahme des Art. 19 IV 3 bei Einfügung des Art. 10 II 2 nicht nötig; bei Art. 16a II 3, IV 1 wurde denn auch auf eine solche Bestimmung verzichtet.[41] Die Aufnahme in einen „Anhang"[42] genügt nicht.

Entbehrlich ist in Art. 79 I 1 auch das Wort **„ausdrücklich".**[43] Änderungen des Textes des GG **14** können allerdings über den systematischen Zusammenhang die Bedeutung unveränderter Bestimmun- gen beeinflussen.

Bei verfassungsändernden **Zustimmungsgesetzen** (→ Rn. 11) genügt es, wenn die Veränderungen **15** des Wortlauts des Grundgesetzes im zugleich verkündeten **Text des völkerrechtlichen Vertrags** enthalten sind,[44] wie bei Art. 4, nicht aber Art. 6, 7 EV.

Neu **in das Grundgesetz zu inkorporierende Regelungen** müssen im Wortlaut als Bestimmun- **16** gen des GG wiederholt werden, Verweisungen – wie in Art. 140 GG – genügen nicht.[45] Bezug- nahmen des GG auf gesetzliche Bestimmungen, die ihre Qualität behalten, berühren Art. 79 I 1 ebenso wenig wie bei entsprechenden völkerrechtlichen Verpflichtungen.[46] Dies gilt für statische und für dynamische Verweisungen,[47] die allerdings auch hier den allgemeinen Bedenken (→ Art. 20 Rn. 123a) unterliegen.[48]

Der sog. **Verfassungswandel** (dazu → Einf Rn. 27) wird von Art. 79 I 1 nicht erfasst.[49] Dessen **17** Ziel, Klarheit über den Inhalt des geltenden Verfassungsrechts zu sichern, gibt aber Anlass, auch bei

---

[33] Billigend wegen Art. 23 aF BVerfGE 82, 316 (320 f.); 84, 90 (118 f.); auch *Geiger* DRiZ 1991, 131 ff.

[34] So auch *Herdegen*, in: Maunz/Dürig, Art. 79 (2014) Rn. 18; *F. Reimer* BK Art. 79 Abs. 1 und 2 (2017) Rn. 159, 191; nur unter Zusatzbedingungen *Hain* MKS II, Art. 79 Rn. 4; grundsätzlich anders *Haratsch*, Die Befreiung von Verbindlichkeiten nach Art. 135a Abs. 2 GG, 1998, S. 64 ff.

[35] Vgl. *Dreier*, in: Dreier II, Art. 79 I Rn. 15.

[36] Für Zulässigkeit eines treaty override durch einfaches Bundesgesetz BVerfGE 141, 1 Rn. 53 ff.; dazu näher → Art. 20 Rn. 36.

[37] Unklar *Dreier*, in: Dreier II, Art. 79 I Rn. 22 („an beliebiger Stelle der Verfassungsurkunde").

[38] Ähnlich für Zusatzartikel Art. 123 I HessVerf 1946; Art. 125 I BremVerf 1947.

[39] Für Verstoß gegen Art. 79 I 1 GG etwa *Dreier*, in: Dreier II, Art. 79 I Rn. 21; nicht eindeutig *Hain* MKS, Art. 79 Rn. 6: solche Gesetze „bewirken […] keine gültige Verfassungsänderung."

[40] *Bryde*, Verfassungsentwicklung, 1982, S. 357; *Bushart* (Fn. 10), S. 51 f.; *Wegge*, Zur normativen Bedeutung des Demokratieprinzips nach Art. 79 Abs. 3 GG, 1996, S. 44 f.

[41] Ausdrücklich für Vereinbarkeit mit Art. 79 I 1 BVerfGE 94, 49 (104) bzw. BVerfGE 94, 166 (195).

[42] Dafür alternativ Art. 75 IV BayVerf

[43] Für die Formulierung im ParlRat der Abg. *Schmid* gegen den Abg. *Strauß* JöR nF 1 (1951), 576.

[44] So (für den Sonderfall des EV) BVerfGE 84, 90 (120); allgemeiner *H. H. Klein* HStR VIII[1], § 198 Rn. 24 mwN, zu Art. 6, 7 ebda, Rn. 23.

[45] Anders *Hain* MKS II, Art. 79 Rn. 9; auch *Isensee* AöR 138 (2013), 325 (332 f.); wohl *Hufeld* HStR XII, § 259 Rn. 15.

[46] Gegen die Erweiterung des Art. 20a GG um die Bindung aller staatlichen Gewalt an völkerrechtliche Ver- pflichtungen zum Klimaschutz im Entwurf eines Gesetzes zur Änderung des Grundgesetzes, BT-Dr 19/4522, *Degenhart* ADr 19(4)214 A, S. 6 ff.; dem wäre nur für den Fall der (in der Entwurfsbegründung, S. 6, allerdings beanspruchten) Erhebung solcher Pflichten auf die „Ebene der Verfassung" zu folgen.

[47] Anders für letztere *Hain* MKS II, Art. 79 Rn. 9; allgemein abl. *Wegge* (Fn. 40), S. 45 f.; wie hier etwa *Bryde*, in: v. Münch/Kunig II, Art. 79 Rn. 14; *Herdegen*, in: Maunz/Dürig, Art. 79 (2014) Rn. 25; für Art. 143 III auch BVerfGE 84, 90 (119).

[48] Unbedenklich Art. 38 II zum Volljährigkeitsalter; BVerfGE 109, 279 (315 f.) hat Art. 13 III 1 akzeptiert; ohne Bedenken für Art. 28 I 3 als dynamische Verweisung BVerfG (K) NVwZ-RR 2016, 521 Rn. 59.

[49] So auch *Hain* MKS II, Art. 79 Rn. 13; *Dreier*, in: Dreier II, Art. 79 I Rn. 39 f.; *Schöbener*, in: Friauf/Höfling, Art. 79 (2015) Rn. 76.

der Auslegung des GG dem Wortlaut besonderes Gewicht beizumessen; im Rahmen der maßgebl. objektiven Auslegung ist aber die Berücksichtigung sich wandelnder Verhältnisse dadurch nicht ausgeschlossen (→ Einf Rn. 27, → Einf. Rn. 40).

## II. Die klarstellende Regelung des Abs. 1 S. 2

18      Art. 79 I 2 sollte gegenüber Art. 79 I 1 die später wieder aufgehobene Regelung des **Art. 142a absichern** (→ Rn. 4). Diese hatte das Ziel, vorsorglich eine etwaige Unvereinbarkeit der genannten Verträge mit dem Grundgesetz zu salvieren. Art. 142a kam damit einer **Verfassungsdurchbrechung** nahe, hatte aber **Verfassungsrang.** Seine Einfügung in das Grundgesetz genügte dem Art. 79 I 1.[50]

19      Bei diesem Verständnis[51] erweist sich **Art. 79 I 2 selbst als „Klarstellung"** der Vereinbarkeit der Regelungstechnik des Art. 142a mit Art. 79 I 1 ohne konstitutive Bedeutung.[52] Art. 79 I 2 bietet wegen seiner spezifischen Zielsetzung auch keine Basis für einen Umkehrschluss, der ausdrückliche Grundgesetzänderungen zur Absicherung von (materiellen) Verfassungsdurchbrechungen in anderen Fällen, etwa bei der strukturell vergleichbaren Bestandssicherungsklausel des Art. 143 III,[53] als unzulässig erscheinen ließe.[54]

## III. Änderungen des Grundgesetzes seinem Inhalt nach

20      Erst Art. 23 I 3 hat für die EU und ihre Entwicklung die Möglichkeit von Gesetzen, „durch die dieses **Grundgesetz seinem Inhalt nach geändert** oder ergänzt wird oder solche Änderungen oder Ergänzungen ermöglicht werden", auf den positivierten Begriff gebracht. Solche Gesetzgebung war allerdings dem GG in Art. 24 I stets bekannt (→ Art. 24 Rn. 27 ff.; zu Abs. 3 → Rn. 29). Sie betrifft Rechtsnormen, die vom zuvor gültigen Inhalt des GG abweichen und ihm, statt deswegen verfassungswidrig zu sein, in der Anwendung vorgehen,[55] ohne Bestandteil des formellen Verfassungsrechts zu werden.[56] Dies entspricht – auf breiterer Front – den punktuell begrenzten Art. 142a aF, 143 III. Auf die Möglichkeit, den Inhalt des geltenden Verfassungsrechts allein dem Text des GG zu entnehmen, ist damit für den Integrationszusammenhang verzichtet.[57]

## D. Die besonderen Mehrheitserfordernisse (Abs. 2)

21      Art. 79 II stellt, wie für Verfassungsänderungen jedenfalls typisch (→ Einf Rn. 8; hier → Rn. 75), im Einklang mit der deutschen Tradition **besondere Mehrheitserfordernisse** auf (→ Rn. 1, → Rn. 8). Art. 79 II ist wenig glücklich formuliert, im systematischen Kontext der Art. 76 ff. aber doch unmissverständlich. Subjektive Rechte der Wahlberechtigten begründet Art. 79 II GG nicht.[58]

22      Voraussetzung einer Änderung des Grundgesetzes ist zum einen, dass der BT seinen **Gesetzesbeschluss** nach Art. 77 I 1 und ggf. seinen Beschluss über einen Änderungsvorschlag des VermA nach Art. 77 II 5 (→ Art. 77 Rn. 31) mit einer Mehrheit von zwei Dritteln seiner gesetzlichen Mitgliederzahl[59] fasst. Ein organschaftliches Recht des BT auf Achtung bestehender Bestimmungen des GG besteht deswegen nicht.[60]

23      Das Änderungsgesetz bedarf zudem nach Art. 79 II der Zustimmung des **BRat,** die mit der qualifizierten Mehrheit von (ebenfalls) zwei Dritteln seiner nach Maßgabe des Art. 51 II 2 abzugebenden Stimmen beschlossen werden muss (allgemein → Art. 51 Rn. 12 ff.; → Art. 52 Rn. 11).

24      Das qualifizierte Mehrheitserfordernis bezieht sich bei BT und BRat **nur auf den Beschluss über das Gesetz bzw. die Zustimmung dazu** als solche, nicht auf Beschlüsse, die im Rahmen der parlamentarischen Beratungen, zur Einbringung eines Gesetzesentwurfs des BRat, Art. 76 I, oder zur Einberufung des VermA zu fassen sind.[61]

25      Gesetze, die den Text des Grundgesetzes nicht ändern, bleiben auch bei Verabschiedung mit den qualifizierten Mehrheiten dem Grundgesetz unterworfene Gesetzgebung (→ Rn. 7, → Rn. 30). Für

---

[50] *Maunz,* in: Maunz/Dürig, Art. 79 (1960) Rn. 12; *Herdegen,* ebda, Art. 79 (2014) Rn. 39; *Hufeld* (Fn. 5), S. 100 ff., 239 ff.; *Meyer-Arndt* AöR 82 (1975), 275 (284, 300).

[51] Zu anderen Verständnismöglichkeiten *Dreier,* in: Dreier II, Art. 79 I Rn. 35 ff.; *G. Hoffmann* BK, Art. 79 Abs. 1 u. 2 (1986) Rn. 84 ff., 123 ff.; ohne Stellungnahme BVerfGE 41, 126 (174).

[52] *Hain* MKS II, Art. 79 Rn. 19; *Dreier,* in: Dreier II, Art. 79 I Rn. 29; *Möller* (Fn. 14), S. 209 ff.; aA wohl *Haratsch* (Fn. 34), S. 36 ff.; *F. Reimer* BK, Art. 79 Abs. 1 und 2 (2017) Rn. 174, 178 ff.

[53] Vgl. zur Vereinbarkeit mit Art. 79 I 1 BVerfGE 84, 90 (119); zur Parallelität mit Art. 142a aF etwa *Hufeld* (Fn. 5), S. 174 ff.

[54] *Meyer-Arndt* AöR 82 (1975), 275 (284); *Herdegen,* in: Maunz/Dürig, Art. 79 (2014) Rn. 27 mwN.

[55] Vgl. BVerfGE 129, 78 (99 f.); allg. zum Anwendungsvorrang → Art. 23 Rn. 61.

[56] *Schöbener,* in: Friauf/Höfling, Art. 79 (2015) Rn. 72 f., verneint daher eine Änderung des GG.

[57] Für eine Pflicht zur Anpassung des GG-Textes *Hufeld* HStR XII, § 259 Rn. 24 ff.

[58] BVerfGE 135, 317 Rn. 129; s. aber zur sog. ultra vires-Kontrolle BVerfGE 134, 366 Rn. 53.

[59] Zur Anwendbarkeit des Art. 121 → Art. 121 Rn. 2; irritierend *Dreier,* in: Dreier II, Art. 79 II Rn. 19; *Hain* MKS II, Art. 79 Rn. 26 („wie bei Art. 121").

[60] BVerfGE 126, 55 (68).

[61] Näher *Bryde* (Fn. 40), S. 359 ff.; iE ebenso *Hain* MKS II, Art. 79 Rn. 26.

**Gesetze, die das Grundgesetz nur seinem Inhalt nach ändern** (→ Rn. 20), hängen die Mehrheitserfordernisse von ihrer speziellen verfassungsrechtlichen Grundlage ab. So gilt nach Art. 23 I 3 der Art. 79 II; Gesetze nach Art. 24 I erfordern weder besondere Mehrheiten noch auch nur die Zustimmung des BRat (→ Art. 24 Rn. 25).

## E. Inhaltlich unzulässige Änderungen des Grundgesetzes (Abs. 3)

Art. 79 III erklärt bestimmte **Änderungen des Grundgesetzes wegen ihres Inhalts** für **unzulässig.** Dieses Verbot bedarf, wenn nicht die Beseitigung des Grundgesetzes heraufbeschworen werden soll, restriktiver Auslegung.[62] Die Möglichkeit, zukünftigen Entwicklungen Rechnung zu tragen, darf nicht zu sehr eingeengt werden; zudem können politischen Kräften, die die besonderen Mehrheitserfordernisse erfüllen, realistischerweise nur äußerste Grenzen gezogen werden. **26**

### I. Die Änderung des Grundgesetzes

Gegenstand des Verbots des Art. 79 III ist „eine Änderung dieses Grundgesetzes." Damit sind – bestätigt durch Entstehungsgeschichte[63] und systematischen Zusammenhang – jedenfalls die **grundgesetzändernden Gesetze nach Art. 79 I, II** angesprochen.[64] Für die an das Grundgesetz gebundene (auch rechtsfortbildende) Verfassungsrechtsprechung gilt Art. 79 III unmittelbar nicht; er markiert aber die äußersten Grenzen dessen, was als Fortbildung der Verfassung[65] oder als Ergebnis ihrer völkerrechtsfreundlichen Auslegung[66] in Frage kommen kann. Umgekehrt sind gesetzl. Änderungen des Grundgesetzes, die Auslegungsergebnissen des BVerfG die Grundlage entziehen, grds. unbedenklich;[67] einer speziellen verfassungsrechtlichen Ermächtigung dazu[68] bedarf es nicht. **27**

Einen Vorrang der unberührbaren Verfassungsgrundsätze gegenüber **anderen Bestimmungen des ursprünglichen Grundgesetzes** begründet Art. 79 III nicht.[69] Deren Geltung neben den Verfassungsgrundsätzen kann sich über die systematische Auslegung ambivalent auswirken, indem entweder Einzelbestimmungen in Konformität zu den Verfassungsgrundsätzen des Art. 79 III[70] oder umgekehrt diese im Lichte der ranggleichen Einzelbestimmungen zu deuten sind.[71] **28**

Nicht unmittelbar anwendbar ist Art. 79 III auf Gesetze, die das **Grundgesetz nur seinem Inhalt nach ändern** (→ Rn. 20). Sein Zweck, besonders bedeutsame Verfassungsgrundsätze inhaltlich zu bewahren (→ Rn. 38), macht es aber unabdingbar, deren Geltung auch insoweit zu schützen. Dies ordnet Art. 23 I 3 ausdrücklich an (→ Art. 23 Rn. 92 f.); auch Art. 143 I 2 verlangt ausdrücklich die Vereinbarkeit. Für Gesetze nach Art. 24 besteht eine planwidrige Lücke, die mittels Analogie zu Art. 79 III zu schließen ist (→ Art. 24 Rn. 28). **29**

Gegenüber **nicht auf eine Änderung des Grundgesetzes** ausgerichteten Gesetzen greift **Art. 79 III nicht** ein; Maßstab für nicht verfassungsändernde Gesetze sind insoweit allein die berührten Verfassungsgrundsätze selbst als Bestimmungen des GG.[72] **30**

Keine **Änderung des Grundgesetzes** ist die darauf **gerichtete Gesetzesvorlage.** Während landesverfassungsrechtliche Vorbilder sich ausdr. schon gegen entsprechende Änderungs*anträge*[73] richteten, wurde im ParlRat ohne Begründung die abw. Formulierung gewählt. Damit hängt es von den Regeln für das Gesetzgebungsverfahren ab, ob und ggf. von wem[74] Vorlagen der Beschlussfassung **31**

---

[62] BVerfGE 109, 279 (310) („eng auszulegende Ausnahmevorschrift"); tendenziell auch BVerfGE 30, 1 (25), und das Sondervotum, S. 33 (38); ähnl. *Pieroth* ZRP 2008, 90 ff.; *H. Dreier,* Gilt das Grundgesetz ewig?, 2009, S. 67 ff.; *Herdegen,* in: Maunz/Dürig, Art. 79 (2014) Rn. 80; für die Landesverfassung ThürVerfG LVerfGE 12, 404 (426); aA *Hain,* Die Grundsätze des Grundgesetzes, 1999, S. 70 ff.; *Schöbener,* in: Friauf/Höfling, Art. 79 (2015) Rn. 104.

[63] S. ARA JöR nF 1 (1951), 585 zu Fn. 11.

[64] BVerfGE 123, 267 (431) mwN; *Hain* MKS II, Art. 79 Rn. 34.

[65] Ähnlich wohl *Murswiek* HGR II, § 28 Rn. 86 ff. (für subjektiv-historische Interpretation); auch → Rn. 17.

[66] So offenbar als Aspekt der Grenzen vertretbarer Auslegung BVerfGE 128, 326 (371); auch *Sachs* FS E. Klein, 2013, S. 321 (328).

[67] Vgl. BVerfGE 137, 108 Rn. 78, 80 ff. zur Einführung des Art. 91e in Reaktion auf BVerfGE 119, 331; dem folgend BVerwG NVwZ 2015, 619 Rn. 7; Art. 91e nur bei Uminterpretation billigend *Eilenbrock,* Art. 91e GG und das Verdikt verfassungswidrigen Verfassungsrechts, 2018.

[68] Dafür *Willoweit* JZ 2016, 429 (434).

[69] So ausdrücklich BVerfGE 3, 225 (232 f.); 4, 294 (296); wohl auch 142, 25 Rn. 111 f.; *Pecher,* Verfassungsimmanente Schranken von Grundrechten, 2002, S. 42 ff.; *Möller* (Fn. 14), S. 176 f.; *Scriba* (Fn. 18), S. 277 ff.; grundsätzl. auch *Hain* (Fn. 62), S. 73 ff.; anders *S. E. Schulz,* Änderungsfeste Grundrechte, 2008, S. 661 ff.; *Unger* (Fn. 22), S. 193 ff.; *Hornung* (Fn. 19), S. 406 f.

[70] Dafür etwa BVerfGE 1, 14 (32 f.); ohne Bezug auf Art. 79 III ähnlich BVerfGE 19, 206 (220); 30, 1 (19); *Hain* (Fn. 62), S. 76; s. für Grundgesetzänderungen → Rn. 84.

[71] Dafür etwa *Evers* BK, Art. 79 Abs. 3 (1982) Rn. 90 (wegen Spezialität).

[72] Vgl. etwa BVerfGE 87, 181 (196); zur Preisgabe der Eigenstaatlichkeit der Länder → Rn. 43; unsauber BVerfGE 85, 360 (371), zum Zustimmungsgesetz bzgl. Art. 38 III 1 EV und Art. 79 III.

[73] Art. 75 I 2 BayVerf 1946; Art. 150 II 1 HessVerf 1946; Art. 129 II 3 RhPfVerf 1947; auch Art. 103 II SaarlVerf 1947 sowie Art. 85 I 2 WürttBadVerf. 1946.

[74] Gegen Prüfungsbefugnis des BT-Präsidenten *Troßmann,* Parlamentsrecht des Deutschen Bundestages, 1977, § 52 Rn. 6.8.1 f., § 97 Rn. 9; *Roll,* Geschäftsordnung des Deutschen Bundestages, 2001, § 76 Rn. 4.

durch BT bzw. BRat entzogen werden können.[75] Soweit Anträge auf Gesetze mit verfassungswidrigem Inhalt deshalb abgesetzt werden können, gilt Entsprechendes für Vorlagen verfassungsändernder Gesetze, die nach Art. 79 III unzulässig sind.

## II. Die Unberührbarkeit der geschützten Teile des GG

32　　Den Begriff der **Berührung** verwendet das Grundgesetz für außerrechtliche Phänomene (vgl. Art. 23 V 1, 32 II, 89 II 4), häufiger auch, indem Regelungen[76] oder durch sie begründete Rechte[77] für „unberührt" erklärt werden, um sonst denkbare Normkonflikte auszuschließen. Für die Verbotsnorm des Art. 79 III helfen diese **Wortbedeutungen** nicht weiter.

33　　Die **Entstehungsgeschichte** des Art. 79 III ist auch wenig ergiebig. Die zuvor erlassenen Landesverfassungen sprechen sämtlich nicht von „berühren".[78] In den beiden Bestimmungen des HChE hieß es „abgehen von" bzw. „beseitigen." Im ParlRat fanden „nicht wesentlich verändern" und „aufheben" bzw. „der Änderung entziehen" und „antasten" Verwendung, bis der Fünferausschuss zuerst im föderalen Kontext von „berühren" sprach, was der ARA für die Endfassung aufgriff (→ Rn. 3). Anscheinend wurden diese Begriffe durchweg synonym verstanden.

34　　Die **systematische Stellung** im GG hilft auch kaum weiter. Insbesondere überzeugt die Annahme nicht, in Art. 79 III sei „eine andere, und zwar substantiell engere Formulierung als in Art. 19 Abs. 2 GG gewählt...",[79] zumal die Bedeutung der Unantastbarkeit dort selbst nicht eindeutig (→ Art. 19 Rn. 40 ff.) und bei Art. 1 I eher streng zu verstehen ist (→ Art. 1 Rn. 10 ff.). Ebenso wenig überzeugt umgekehrt die Gleichsetzung mit der in beiden genannten Fällen gegen die grundrechtsgebundene Staatsgewalt[80] gerichteten Unantastbarkeit,[81] schon gar, wenn sie noch auf einen „Kerngehalt" (→ Rn. 36) bezogen wird.[82]

35　　Das BVerfG stellt in seiner einzigen näheren Würdigung der Formulierung auf den „**Sinn** [ab], zu verhindern, daß die geltende Verfassungsordnung in ihrer Substanz, in ihren Grundlagen ... beseitigt ... werden kann."[83] Dem ist wegen des Bezugs des Art. 79 III auf Grundsätze und der ersichtlich durch die Diskussionen der Weimarer Zeit (→ Rn. 9) beeinflussten Entstehung zuzustimmen. Die zugleich angenommene Ausrichtung gegen den legalen Wechsel zu einem totalitären Regime ist aber gegenüber den in Art. 79 III angesprochenen Grundsätzen, insbesondere den auf einem selbständigen Ansatz beruhenden Bundesstaatselementen, zu eng.[84]

36　　Die Folgerung des Abhörurteils, dass (nur) „eine prinzipielle Preisgabe der ... genannten Grundsätze" verboten sei, trifft nicht zu. Vielmehr verbietet Art. 79 III, die Grundsätze auch nur „zum Teil außer Acht" zu lassen[85] oder ihre Schutzgüter im Einzelfall zu relativieren;[86] nicht einmal eng begrenzte Modifikationen der Grundsätze selbst sind zulässig.[87] Ebenso geht es fehl, wenn nur ein „Kerngehalt" der Grundsätze des Art. 79 III als geschützt angesehen wird.[88] Doch lassen die **Grund-**

[75] IE auch *Troßmann* JöR nF 28 (1979), 1 (31 ff.); *Rubel*, in: Umbach/Clemens II, Art. 76 Rn. 18, Art. 79 Rn. 30; *Schmidt-Jortzig/Schürmann* BK, Art. 76 (1996) Rn. 111 ff.; *Möller* (Fn. 14), S. 175 f.

[76] Vgl. Art. 19 IV 3, 91 II 3 Hs. 2, 120a II; auch Art. 98 V 2 und Art. 120 I 5 und 139.

[77] Vgl. Art. 44 II 2 und 53a II 2.

[78] Sondern von „widersprechen", „verletzen", „antasten" sowie „beseitigen", vgl. Art. 75 I 2 BayVerf 1946; Art. 150 HessVerf 1946; Art. 129 II RhPfVerf 1947; Art. 20 I BremVerf; auch Art. 103 II SaarlVerf 1947 sowie Art. 85 I 2 WürttBadVerf. 1946; Art. 92 III BadVerf. 1947.

[79] So die abwM, BVerfGE 30, 1 (33, 41 f.), gegen die Senatsmehrheit, S. 24.

[80] Den Unterschied betont mit Recht BVerfGE 109, 279 (310 f.).

[81] Vgl. BVerfGE 102, 370 (392); auch 113, 273 (296); 123, 267 (353 f.); 132, 195 Rn. 183; 142, 123 Rn. 127, 138; *Stern*, StaatsR I, S. 173 f., III/2, S. 1107; *Even*, Die Bedeutung der Unantastbarkeitsgarantie des Art. 79 Abs. 3 GG für die Grundrechte, 1988, S. 60 ff.; *Mosiek*, Effet utile und Rechtsgemeinschaft, 2003, S. 196 ff.; explizit anders ThürVerfG LVerfGE 12, 404 (426).

[82] BVerfGE 123, 267 (353) (zur „Verfassungsidentität" → Rn. 38); ähnlich BVerfGE 129, 124 (169).

[83] BVerfGE 30, 1 (24) (Hervorhebung nicht im Original).

[84] S. auch ThürVerfGH LKV 2002, 83 (85); *Bryde* (Fn. 40), S. 239 ff.; *Wegge* (Fn. 40), S. 57 ff.; *Estel*, Bundesstaatsprinzip und direkte Demokratie im Grundgesetz, 2006, S. 35 ff.; *Dürig* FS Maunz, 1971, S. 41 (46 ff.); *Zacharias*, in: Thiel (Hrsg.), Wehrhafte Demokratie, 2003, S. 57 ff.; näher → Rn. 62 f.

[85] Gegenüber BVerfGE 30, 1 (24) schon die abwM, ebda, 41 f.; deren Berechtigung offenlassend BVerfGE 137, 108 Rn. 84 mN; *Stern* JuS 1985, 329 (331); ferner *Lütgens*, Das Demokratieprinzip als Auslegungsgrundsatz und Norm im Integrationskontext, 2004, S. 147 ff.; *Estel* (Fn. 84), S. 40 ff.; *Blasche*, Die grundsätzliche Mitwirkung der Länder bei der Gesetzgebung, 2006, S. 84 ff.; *Murswiek* HGR II, § 28 Rn. 38 f., 43.

[86] BVerfGE 140, 317 Rn. 49 mwN.

[87] Anders BVerfGE 30, 1 (24), wonach die Grundsätze „nur für eine Sonderlage entsprechend deren Eigenart aus evident sachgerechten Gründen modifiziert werden" dürfen sollten; von Modifikation des Prinzips spricht wieder BVerfGE 89, 155 (208 f.); zu schwach auch die Pflicht, sich für die Wahrung der verfassungsrechtl. Identität einzusetzen, so BVerfGE 125, 260 (324). Zu vorübergehenden Modifikationen *Harms*, Verfassungsrecht in Umbruchsituationen, 1999, S. 181 ff.

[88] Zumindest missverständlich bezogen auf die Verfassungsidentität (→ Rn. 38) BVerfGE 123, 267 (353 f., auch LS 4, aber 343); 148, 296 Rn. 133; ähnlich BVerfGE 131, 152 (217); unbedenklich BVerfGE 123, 267 (363 f.), wo von „geschützten Kernprinzipien" die Rede ist; ebenso der „Identitätskern [...] der Verfassung" nach BVerfGE 129, 124 (179); allgemein für einen „Kernbereich [...]" BVerfGE 135, 317 Rn. 179; auch BVerfG (K) BeckRS 2018,

**sätze** wesensmäßig Raum dafür, „in begrenzten Ausnahmefällen die konkreten **Ausprägungen** [...] aus sachgerechten Gründen zu **modifizieren**".[89]

Die Unberührbarkeit der Grundsätze verlangt auch, dass sie „vor dem allmählichen Zerfallsprozess **37** geschützt werden".[90] Damit sind nicht jede erste Abweichungen ausgeschlossen; ein **Erosionsvorgang,** der einen der Grundsätze „berührt", ist erst anzunehmen, wenn dessen Bedeutung überhaupt in Frage gestellt wird.[91] Dies kann auch **mittelbar** geschehen, indem der Staatsgewalt durch Änderung des GG Verhaltensweisen mit solcher Konsequenz vorgeschrieben[92] oder ermöglicht[93] werden.

## III. Die unberührbaren Grundsätze des Grundgesetzes

Art. 79 III bezieht sich **nicht auf Bestimmungen des Grundgesetzes als solche,** insbes. nicht **38** auf die Art. 1 und 20, sondern auf die in ihnen verankerten und in Art. 79 III angesprochenen Grundsätze (zum Begriff → Art. 20 Rn. 3), die die „Identität der Verfassung"[94] bestimmen mögen.[95] Diese sind vor Berührungen durch Änderungen des Textes des GG an beliebiger Stelle und nach Art. 23 I 3 vor inhaltlichen Änderungen (→ Rn. 20) geschützt. Werden unter Verstoß gegen Art. 79 III übertragene Kompetenzen durch Unionsorgane ausgeübt, mag das die Geltung solcher Akte in Deutschland ausschließen;[96] soweit dies der Fall ist, können sie die Grundsätze nicht berühren.

Entsprechend sind **Änderungen der Art. 1 und 20 nicht ausgeschlossen.** Dies gilt nicht nur für **39** redakt. Klarstellungen,[97] wie bei Änderung des Art. 1 III.[98] Art. 79 III nimmt auf die Grundsätze der Art. 1 und 20 statisch Bezug, wie sie vom Verfassunggeber unberührbar festgelegt sind.[99] Soweit diese **ursprünglichen Grundsätze** in der grundgesetzl. Ordnung **substanziell bewahrt** bleiben, sind Veränderungen des Wortlauts von Art. 1 und 20 nicht verboten,[100] wenngleich untunlich; s. exemplarisch → Rn. 61.

Grenzen der Verfassungsänderung gehören zu einer nur der Verfassunggebung zugänglichen **40** Rechtsebene.[101] Es ist daher nicht nur **ausgeschlossen,** die **Reichweite des Art. 79 III** einzuengen (→ Rn. 80), sondern auch, sie **zu vergrößern.** Dies gilt für Erweiterungen der Gegenstände der Unberührbarkeit[102] ebenso wie für Erweiterungen der in Bezug genommenen Art. 1 und 20.[103] Zu Art. 20 IV → Rn. 79.

**1. Die besonderen bundesstaatlichen Grundsätze.** Ausdruck der lange getrennt verlaufenen Ent- **41** stehungsgeschichte des erst zum Ende der Beratungen des ParlRat zusammengefassten Art. 79 III (→ Rn. 2 f.) sind die beiden für unberührbar erklärten **besonderen bundesstaatlichen Grundsätze.**[104]

---

3246 Rn. 23; für einen Kern der Bundesstaatlichkeit BVerfGE 137, 108 Rn. 83; nur für Art. 20 I, II GG BVerfGE 132, 195 Rn. 109 (offener Rn. 133); 142, 123 Rn. 214; wie hier *Murswiek* HGR II, § 28 Rn. 38.

[89] BVerfGE 137, 108 Rn. 84 (ohne Hervorhebungen) zu Art. 91e; vgl. auch schon BVerfGE 84, 90 (121); auch 94, 12 (34); 49 (103); 109, 279 (310); zustimmend insoweit *Murswiek* HGR II, § 28 Rn. 43; auch MVVerfG NVwZ 2008, 1343 (1345); nicht recht klar HambVerfG NVwZ-RR 2010, 129 (131).

[90] *AbwM*, BVerfGE 30, 1 33 (42); einstimmig BVerfGE 34, 9 (19 f.) für die Staatlichkeit der Länder, → Rn. 43; offen allgemein BVerfGE 137, 108 Rn. 84; wie hier auch ThürVerfG LVerfGE 12, 405 (425 f.); *Stern,* StaatsR III/2, S. 1106 f.; *Lütgens* (Fn. 85), S. 148 f.; *Zacharias* (Fn. 84), S. 67 f.

[91] *Hain* MKS II, Art. 79 Rn. 48; *P. M. Huber,* Volksgesetzgebung und Ewigkeitsgarantie, 2003, S. 51 ff.; wohl auch *Herdegen,* in: Maunz/Dürig, Art. 79 (2014) Rn. 85; ThürVerfG LVerfGE 12, 205 (426).

[92] Vgl. BVerfGE 84, 90 (121), zum Ausschluss der Rückgabe enteigneter Objekte.

[93] Vgl. BVerfGE 84, 90 (125), auch S. 131 f., zur Freistellung von der Bindung an den Gleichheitssatz.

[94] So BVerfGE 123, 267 (340 – unter nicht genauer Anknüpfung an BVerfGE 37, 271 [279]; 73, 339 [375]; ähnlich 344); 129, 78 (100); ähnlich BVerfGE 126, 286 (302); 140, 317 Rn. 42 f.; 142, 123 Rn. 120, 121, 136 ff.; 143, 65 Rn. 71; 144, 1 Rn. 30; 146, 216 Rn. 54 ff.; bei Bezug nur auf Art. 20 I, II BVerfGE 129, 124 (177, weiter 169); 132, 195 Rn. 88, 104; 151, 202 Rn. 120 ff., 203 ff., aber Rn. 156. Zu Zurechnung von „Sachbereichen" zur Verfassungsidentität BVerfGE 126, 286 (307); 134, 366 Rn. 37, wohl bezogen auf die in BVerfGE 123, 267 (358, 359 ff.) angesprochenen „Sachbereiche[n]". Zur Kritik → Fn. 202.

[95] Unterschiedliche Bewertung bei *Ingold* AöR 140 (2015), 1 ff.; *Wischmeyer* AöR 140 (2015), 415 ff.; *Lepsius* JöR nF 63 (2015), 63 ff.; *C. Schönberger* ebda, 41 ff.; *Polzin* (Fn. 27), passim; *Dietz* AöR 142 (2017), 78 ff.; *Janssen,* Der Staat als Garant der Menschenwürde, 2019.

[96] S. BVerfGE 123, 267 (354); 126, 286 (302); 142, 123 Rn. 138; näher → Art. 23 Rn. 96 ff., auch zur ultra-vires-Kontrolle ebda, Rn. 99.

[97] Vgl. *Stern,* StaatsR I, S. 172, III/2, S. 1119.

[98] Gesetz zur Änd. des GG v. 19.3.1956, BGBl I 111, dazu nur → Art. 1 Rn. 103.

[99] S. etwa *Evers* BK, Art. 79 Abs. 3 (1982) Rn. 145; *Hain* (Fn. 62), S. 66 f.; *Wegge* (Fn. 40), S. 73.

[100] Ähnlich *Kunig,* Das Rechtsstaatsprinzip, 1986, S. 477; *Murswiek* HGR II, § 28 Rn. 32.

[101] *P. Kirchhof* HStR II, § 21 Rn. 78; *Murswiek,* Die verfassunggebende Gewalt nach dem Grundgesetz für die Bundesrepublik Deutschland, 1978, S. 247 ff.; enger *Bryde* (Fn. 40), S. 250 ff. Für eine Sonderstellung der „Verfassungsablösung" *Michael* BK, Art. 146 (2013) Rn. 244 ff.

[102] *Badura* HStR VII¹, § 160 Rn. 28; *Herdegen,* in: Maunz/Dürig, Art. 79 (2014) Rn. 78; *Möller* (Fn. 14), S. 199 ff.; auch *Michael* BK, Art. 146 (2013) Rn. 668 ff.

[103] *Even* (Fn. 81), S. 101; *Hain* (Fn. 62), S. 66 f.

[104] Dazu insgesamt *Harbich,* Der Bundesstaat und seine Unantastbarkeit, 1965, S. 118 ff.; *Hain* (Fn. 62), S. 393 f.; *Hesse* AöR 98 (1973), 1 ff.

**42**    **a) Die Gliederung des Bundes in Länder.** Diese Gliederung des Bundes in Länder war bei Entstehung des GG als Mindestsicherung der bundesstaatlichen Grundordnung (Art. 107 HChE) am ehesten konsensfähig. Nach diesem „Grundsatz"[105] darf nur die **Existenz von Ländern überhaupt** nicht berührt werden. Eine Änderung des Bestandes an Ländern,[106] auch eine erhebliche Verringerung ihrer Zahl, dürfte zulässig sein;[107] ob nur zwei[108] oder drei Untergliederungen[109] noch dem Bild des GG von „Ländern" entsprechen würden, ist ungewiss.

**43**    Länder dürfen nicht bloße territoriale Untergliederungen sein,[110] sondern müssen **Staatsqualität** im bundesstaatlichen Sinn besitzen.[111] Ausgeschlossen ist damit die förmliche Einführung eines (auch dezentralisierten) Einheitsstaates. Außerdem würde der Grundsatz berührt, wenn „die Länder in ihrer Qualität als Staaten durch Grundgesetzänderungen nach und nach ausgehöhlt werden, so dass am Ende nur noch eine leere Hülse von Eigenstaatlichkeit übrig bliebe".[112] Bedingungen und wesentliche Konsequenzen substantieller Staatlichkeit der Länder (→ Art. 20 Rn. 65 f.) dürfen nicht in Frage gestellt werden (entsprechend → Art. 23 Rn. 93; zu den Kommunen → Art. 28 Rn. 37).[113] Ferner → Rn. 62.

**44**    **b) Die grundsätzliche Mitwirkung der Länder bei der Gesetzgebung.** Die Länderwirkung bei der Gesetzgebung ist (bezogen auf den späteren Art. 50) zum Ende der Beratungen des ParlRat aufgenommen worden.[114] Der Stellung des Art. 79 entsprechend ist nur die **Gesetzgebung des Bundes** gemeint,[115] ggf. auch in Form einer Volksgesetzgebung;[116] die Mitwirkung bei der Verwaltung des Bundes und in Angelegenheiten der EU ist nicht erfasst.[117]

**45**    Als „Mitwirkung der Länder" genügt die **mittelbare Beteiligung** über ein Bundesorgan wie den BRat. Art. 79 III ist aber nicht auf dieses Modell eingeengt. Vielmehr kommen auch von den Landesvölkern oder ihren Parlamenten gewählte Mitwirkungsorgane in Betracht[118] sowie eine unmittelbare Mitwirkung der Länder als solcher (vgl. Art. 138, 144).[119]

**46**    **Einzelheiten der Mitwirkung,** wie das Initiativrecht, die Existenz zustimmungspflichtiger Gesetze[120] oder die Wirkungen eines Einspruchs, schreibt Art. 79 III nicht fest.[121] Ob die Pflicht, eine Stellungnahme zu berücksichtigen, ausreichen würde (vgl. Art. 23 V 1), wird im Hinblick auf die im Grundgesetz getroffene Regelung und die Verfassungstradition bezweifelt.[122] Ganz ausgeschlossen sind selbst solche Minimallösungen bei veränderten Bedingungen nicht.

**47**    Die Achtung der nur **grundsätzlichen** Mitwirkung der Länder bei der Gesetzgebung lässt auch Raum dafür, in Ausnahmefällen die Mitwirkung ganz auszuschließen.[123] Dies könnte für gegenständlich im Grundgesetz festgelegte oder ad hoc durch Bundestagsbeschluss bestimmte Fälle gelten[124] oder

---

[105] Ausdrücklich BVerfGE 30, 1 (24); kritisch *Hain* (Fn. 62), S. 413 f.

[106] So zu Art. 29, 118 schon BVerfGE 1, 14 (48); auch 5, 34 (38); *Hain* (Fn. 62), S. 412 f.; gegen Aufhebung eines Landes durch Änderung des GG *Stelkens* FS Fiedler, 2011, S. 295 (310 f.).

[107] So wohl auch *Herdegen,* in: Maunz/Dürig, Art. 79 (2014) Rn. 97; abweichend *Isensee* HStR VI, § 126 Rn. 295.

[108] *v. Mangoldt/Klein* III, 2. Aufl., Art. 79 Anm. VII 1c; *Dietlein;* in: Epping/Hillgruber, Art. 79 Rn. 24.

[109] Dafür *Dreier,* in: Dreier II, Art. 79 III Rn. 20; *Pieroth,* in: Jarass/Pieroth, Art. 79 Rn. 12.

[110] Vgl. die Absage an bloße Provinzen, JöR nF 1 (1951), 579, 581.

[111] So auch *Härtel* Hdb Föderalismus I, § 16 Rn. 76.

[112] BVerfGE 34, 9 (19 f.); auch 87, 181 (196 f.); vgl. auch *Uhrig,* Die Schranken des Grundgesetzes für die europäische Integration, 2000, S. 83 f.; *Hoppenstedt,* Die bundesstaatliche Ordnung des Grundgesetzes zwischen Unitarismus und Föderalismus, 2000, S. 234 ff.; *Holtschneider* DÖV 2008, 1018 ff.

[113] Zur Judikatur des BVerfG *Dörfer,* Bundesverfassungsgericht und Bundesstaat, 2010, S. 40 ff.; zuletzt *Battis/Eder* NVwZ 2019, 592 (596).

[114] JöR nF 1 (1951), 582 f., auch zu weitergehenden Ansätzen.

[115] Allg. → Fn. 30; speziell etwa *Isensee* HStR VI, § 126 Rn. 307; *Stern,* StaatsR I, S. 170; *Blasche* (Fn. 85), S. 135 ff.; weiter *Bryde,* in: v. Münch/Kunig II, Art. 79 Rn. 33.

[116] Vgl. → Rn. 47, → Rn. 68. Zu Mitwirkungsformen *Kühling* JuS 2009, 777 (778 ff.) mwN.

[117] Vgl. → Art. 50 Rn. 7; *Bauer,* in: Dreier II, Art. 50 Rn. 33; auch *Dreier,* in: Dreier II, Art. 79 III Rn. 23, 25; aA für EU-Angelegenheiten *Rubel,* in: Umbach/Clemens II, Art. 79 Rn. 35.

[118] *Bryde* (Fn. 40), S. 237 ff.; *Korioth* MKS II, Art. 50 Rn. 19; *Hain* (Fn. 62), S. 414 f.; *Hesse* AöR 98 (1973), 1 (38 f.); aA *Evers* BK, Art. 79 Abs. 3 (1982) Rn. 220; *Reuter,* Praxishandbuch Bundesrat, 2. Aufl. 2007, Art. 50 GG Rn. 18.

[119] Vgl. *Meyn,* Kontrolle als Verfassungsprinzip, 1982, S. 228 f.; *Hanf,* Bundesstaat ohne Bundesrat?, 1999, S. 73 ff. Bedenklich wäre die bloße doppelte Zählung der bei einer *Bundes*volksabstimmung in einem Lande abgegebenen Stimmen (so Art. 82c V des → Fn. 125 genannten Entwurfs).

[120] *Harbich* (Fn. 104), S. 135; aA *Evers* BK, Art. 79 Abs. 3 (1982) Rn. 218, 220; enger *Hain* MKS II, Art. 79 Rn. 133 f.

[121] *Jekewitz* AK GG, vor Art. 50 (2001) Rn. 12; *Korioth* MKS II, Art. 50 Rn. 19; *Blasche* (Fn. 85), S. 193 ff. Für die Stimmenzählung im BRat *Sick* BayVBl 2010, 165 (167 f.).

[122] *Dreier,* in: Dreier II, Art. 79 III Rn. 24; *Vismann* AK GG, Art. 79 (2002) Rn. 52; *Herdegen,* in: Maunz/Dürig, Art. 79 (2014) Rn. 100; *Estel* (Fn. 84), S. 50 f.; *Kühling* JuS 2009, 777 (779).

[123] *Dreier,* in: Dreier II, Art. 79 III Rn. 23; *Pieroth,* in: Jarass/Pieroth, Art. 79 Rn. 14; *Sannwald,* in: Hofmann/Henneke, Art. 79 Rn. 46; aA *Blasche* (Fn. 85), S. 144 ff.; auch *Kühling* JuS 2009, 777 (779).

[124] *Harbich* (Fn. 104), S. 135.

auch für eine auf Bundesebene eingeführte Volksgesetzgebung (→ Rn. 68),[125] solange sie exzeptionellen Charakter behält.

**2. Die in den Artikeln 1 und 20 niedergelegten Grundsätze.** Die in den Art. 1 und 20 nieder- **48** gelegten Grundsätze können **nicht** entgegen dem Wortlaut des Art. 79 III wegen der Entstehungsgeschichte **auf die freiheitliche demokratische Grundordnung reduziert** werden.[126] Die Übernahme des diesbezüglichen Art. 108 HChE wurde im ParlRat gerade abgelehnt. Die Sicherung der Grundsätze der Art. 1 und 20 richtete sich von vornherein gegen die „Totalbeseitigung" des GG, bezweckte die Abwehr antidemokratischer Kräfte nur als Spezialfall. Der Zweck, die Verfassung als Ganze in ihren Grundentscheidungen zu bewahren, und aus systematischer Sicht die Parallelität zu Art. 28 I 1 (→ Art. 28 Rn. 9) sprechen gegen ein so verengtes Verständnis. → noch Rn. 65.

**a) Die in Art. 1 niedergelegten Grundsätze.** Von den in Art. 1 niedergelegten Grundsätzen ist **49** im ParlRat allein der Grundsatz der unmittelbaren Geltung der Grundrechte, **Art. 1 III,** ausdrücklich angesprochen worden;[127] gleichwohl ist auch der grundsätzliche Gehalt der **Art. 1 I und II** unberührbar.[128]

Zur **Menschenwürde des Art. 1 I** kann beim gebotenen engen Verständnis (→ Art. 1 Rn. 18) **50** nicht zwischen die verfassungsgebundene Staatsgewalt strikt bindenden und nur grds. verbindlichen Gehalten für die Verfassungsänderung unterschieden werden.[129] Die Pflicht zum Schutz der Menschenwürde muss nicht durch Regelungen des Grundgesetzes erfüllt werden; Verfassungsänderungen dürfen aber notwendige Schutzvorkehrungen nicht vereiteln.

Die Frage nach dem **Menschenwürdekern anderer Grundrechtsbestimmungen**[130] hat für **51** die Reichweite des Art. 79 III als solchen[131] **keine grundlegende Bedeutung.**[132] Wird spezialgrundrechtlicher Schutz für Aspekte der Menschenwürde beseitigt, berührt dies nicht die dafür fortbestehende Bindung an Art. 1 I.[133] So würde die Aufhebung des dem Schutz der Menschenwürde verpflichteten Asylgrundrechts (→ Art. 16a Rn. 2, → Art. 16a Rn. 15 ff.) die unmittelbaren Schutzwirkungen des Art. 1 I selbst[134] nicht verkürzen.[135] Erst recht nicht „unverzichtbar" für die Wahrung der Menschenwürde[136] sind Grundrechtsartikel,[137] soweit ihre Schutzwirkungen über die des Art. 1 I hinausgehen. Art. 19 II steht ohnehin einer Änderung des GG nicht entgegen (→ Art. 19 Rn. 9).

Anderes gilt für **Änderungen des GG**, die **Verstöße gegen Art. 1 I** vornehmen, zwingend **52** anordnen oder zulassen.[138] Insbes. Letzteres wird sich idR, wenn kein gegenteiliger Wille des verfassungsändernden Gesetzgebers klar zum Ausdruck kommt, durch systematische Auslegung ausschließen lassen (näher → Rn. 84). So stellen Ermächtigungen wie Art. 10 II 2[139] und Art. 13 III[140] das Gesetz nicht von der Pflicht frei, die Menschenwürde zu achten. Selbst wenn durch Änderung des GG

---

[125] Vgl. den Entw. eines Gesetzes zur Änd. des GG, BT-Dr 14/8503; dazu *Degenhart* GS Burmeister, 2005, S. 87 ff.; ausführlich *Hufschlag,* Einfügung plebiszitärer Komponenten in das Grundgesetz, 1999, S. 119 ff.; *Beckstein* FS Schmitt Glaeser, 2003, S. 119 (120 ff.); *Estel* (Fn. 84), S. 257 ff.; *Engelken* DÖV 2006, 550 (552 f.).

[126] Gegen eine Identifikation zuletzt ausdrückl. BVerfGE 144, 20 Rn. 529, 536 f.; auch *Even* (Fn. 81), S. 86 f.; anders *Wiederin* VVDStRL 64 (2005), 53 (74 f.); zur Einbeziehung des Bundesstaatsprinzips → Rn. 62; gegen eigenständigen Gehalt des Republikprinzips *Hain* (Fn. 62), S. 435 ff.; *Zacharias* (Fn. 84), S. 84 f.

[127] Vgl. den Vorschlag des ARA JöR nF 1 (1951), 586.

[128] Vgl. insgesamt etwa *Schulz* (Fn. 69), S. 32 ff.

[129] *Geddert-Steinacher,* Menschenwürde als Verfassungsbegriff, 1990, S. 173 ff.; *Pieroth/Schlink* FS Mahrenholz, 1994, S. 669 (670 ff.); *Zacharias* (Fn. 84), S. 75 ff.; aA *Bryde,* in: v. Münch/Kunig II, Art. 79 Rn. 34 f.; *Evers* BK, Art. 79 Abs. 3 (1982) Rn. 163 ff.

[130] *Hain* MKS II, Art. 79 Rn. 67 ff.; *Hornung* (Fn. 19), S. 97 f.; *Hong,* Der Menschenwürdegehalt der Grundrechte, 2019, S. 17 ff.

[131] Darauf bezieht die unionsbezogene „Identitätskontrolle" missverständlich BVerfGE 142, 123 Rn. 138; nur zu Verletzungen des Art. 1 selbst zutreffend BVerfGE 140, 317 Rn. 48; restriktiv auch BVerfG (K) EuGRZ 2016, 570 Rn. 30 ff.; auf einen „Verstoß gegen grundrechtliche Mindeststandards" bezieht sich BVerfG (K) NJW 2017, 1731 Rn. 17.

[132] *Dreier,* in: Dreier II, Art. 79 III Rn. 28; *Zacharias* (Fn. 84), S. 78 ff.; *Enders,* Die Menschenwürde in der Verfassungsordnung, 1997, insbes. S. 377 ff.; anders *Hong* (Fn. 130), S. 641 f.

[133] *Murswiek* HGR II, § 28 Rn. 60 ff.

[134] Für Maßgeblichkeit der einzelnen Grundrechte hingegen BVerfGE 109, 279 (310).

[135] So in aller Klarheit BVerfGE 94, 49 (103 f.); missverständlich wieder BVerfGE 109, 279 (310).

[136] Vgl. BVerfGE 84, 90 (121); 94, 49 (103), jeweils etwas dunkel bezogen auf eine „Einschränkung der grundrechtlichen Verbürgungen"; für gesetzliche Einschränkungen BVerfGE 109, 279 (310).

[137] Missverständlich BVerfGE 84, 90 (126 f.), zum „durch Art. 79 III GG verbürgten Kernbereich" der Eigentumsgarantie; zustimmend aber *Sannwald,* in: Hofmann/Henneke, Art. 79 Rn. 48, 54; allgemein *Bryde,* in: v. Münch/Kunig IX, § 190 Rn. 36 f.; *Isensee* HStR IX, § 190 Rn. 36 f.; *Stern* JuS 1985, 329 (338).

[138] Entsprechend differenzierend (zu Art. 1 II) *Murswiek* HGR II, § 28 Rn. 59.

[139] Die restriktive Ausdeutung der Bestimmung in BVerfGE 30, 1 (21 ff.), stützte sich auf Anforderungen der Verhältnismäßigkeit; dazu *Gusy* MKS I, Art. 10 Rn. 95 ff.

[140] Deutlich insoweit BVerfGE 109, 279 (311); *Hain* MKS II, Art. 79 Rn. 69; *Kunig,* in: v. Münch/Kunig I, Art. 13 Rn. 56. Kritisch *Gusy* JuS 2004, 457 (459).

vorgesehen würde, dass der Wesensgehalt eines Grundrechts angetastet werden darf, bliebe doch die fortbestehende Bindung an Art. 1 I zu beachten.[141] Art. 16 II 2 stellt durch die explizite Bindung der zugelassenen Gesetze zur Auslieferung Deutscher an rechtsstaatliche Grundsätze sicher, dass die Grundsätze (auch) des Art. 1 I nicht berührt werden.[142]

53      Entsprechendes gilt für **andere** zugunsten der Menschenwürde wirksame **Bestimmungen des Grundgesetzes.** Bedeutet die Todesstrafe stets einen Verstoß gegen Art. 1 I (→ Art. 102 Rn. 7), scheidet ihre Zulassung von Verfassungs wegen aus, nicht aber die Streichung des Art. 102.[143] Ausgeschlossen ist auch die Zulassung schuldunabhängiger Strafen,[144] nicht aber jede Abweichung vom nemo-tenetur-Grundsatz.[145] Unzulässig wäre ferner eine Änderung des GG, die menschenwürdewidrige Diskriminierungen, etwa nach der Rasse, vornimmt oder zulässt,[146] nicht aber die Streichung des Art. 3 III 1 GG. Wie weit der „Anspruch auf freie und gleiche Teilhabe an der öffentlichen Gewalt" über Art. 1 I an der Ewigkeitsgarantie teilhaben kann,[147] scheint fraglich.[148] Auch die Verletzung der Verfassungsidentität durch totale Erfassung der Freiheitswahrnehmung der Bürger[149] dürfte auf die Menschenwürde bezogen sein.

54      Bei **Art. 1 II** sind schon die Rechtsfolgen aus dem **Bekenntnis** (→ Art. 1 Rn. 70 ff.) ungewiss. Mangels bestimmten Artikels bei „Menschenrechten" ist nicht einmal sein Gegenstand definitiv festgelegt oder gar, was ihre Funktion als „Grundlage" bedeutet; als sein Inhalt ist kaum mehr auszumachen als die Aussage, „daß sich der Verfassungsänderungsgesetzgeber nicht von dem Bekenntnis zu den Menschenrechten und ihrer Unverletzlichkeit und Unveräußerlichkeit lösen darf".[150] Zu ergänzen ist die Maßgeblichkeit des Bekenntnisses für das richtige Verständnis von Frieden[151] und Gerechtigkeit in der Welt. Die Völkerrechtsfreundlichkeit des Grundgesetzes steht damit nicht „unter Ewigkeitsvorbehalt."[152] Auch ein Bestandsschutz für Grundrechte des GG[153] ist nicht anzunehmen. Ausgeschlossen sind Änderungen des GG, aufgrund derer die menschliche Gemeinschaft in Deutschland nicht mehr auf der Grundlage der Menschenrechte beruhen würde; dies geht über die Folgerungen aus der Unberührbarkeit des Art. 1 I wohl nicht hinaus.[154]

55      Nach **Art. 1 III**[155] ist vor allem die **unmittelbare Rechtsgeltung der Grundrechte** für die gesamte Staatsgewalt samt der Gesetzgebung[156] unberührbarer Grundsatz.[157] Allerdings kennt das GG von Anfang an Grundrechte mit abgeschwächten Normgehalten, die Gesetzgebungsaufträge formulieren (wie Art. 6 V) oder nur eine Richtung vorgeben (wie Art. 6 IV). Daher ist die Aufnahme neuer, **nur in beschränktem Umfang bindender Grundrechtsbestimmungen** vor Art. 79 III ebenso unbedenklich wie eine entsprechende Abschwächung einzelner bisher strikt verbindlicher Grundrechtsbestimmungen.

56      Aus Art. 1 III ergibt sich ferner, dass die Grundrechte **im Zweifel subjektive Grundrechtsberechtigungen** begründen.[158] Auch dies trifft nicht für alle Grundrechtsbestimmungen (etwa Art. 7 I, VI) zu.[159] Daher sind neue Grundrechtsbestimmungen, die keine subj. Rechte begründen, ebenso unbedenklich wie die Abschaffung subj. Rechte aus einzelnen Grundrechtsartikeln, wie sie etwa für das Asylrecht vorgeschlagen war.[160]

---

[141] Für „mögliche Kongruenz im Einzelfall" mit Art. 19 II BVerfGE 109, 279 (310 f.).

[142] Vgl. BVerfGE 113, 273 (296).

[143] S. etwa *Flemming,* Wiedereinführung der Todesstrafe in Deutschland, 2007, S. 52 ff., 88.

[144] BVerfGE 123, 267 (413); 140, 317 Rn. 48; auch BVerwG NVwZ 2014, 939 Rn. 19.

[145] BVerfG (K) EuGRZ 2016, 570 Rn. 30 ff.

[146] *Even* (Fn. 81), S. 232 ff. Zu einem verfassungsrechtlichen Minarettverbot *Nolte* DÖV 2010, 806 ff.

[147] So BVerfGE 123, 267 (341); für einen „menschenrechtlichen Kern des Demokratieprinzips" BVerfGE 151, 202 Rn. 117 mwN; ähnlich BVerfGE 146, 216 Rn. 46; restriktiv gegenüber einem „Anspruch auf Demokratie", ohne Rückgriff auf Art. 1 I BVerfGE 135, 317 Rn. 125. Auch → Art. 20 Rn. 27a.

[148] Skeptisch etwa *A. Weber* JZ 2010, 157 (158).

[149] Ohne genauere Aussagen BVerfGE 125, 260 (324, aber 322).

[150] So *Stern,* StaatsR III/2, S. 1118.

[151] Zu pauschal für ein Staatsziel „Frieden" als Grundsatz des Art. 1 II schon angesichts von Art. 26 GG *Bryde,* in: v. Münch/Kunig II, Art. 79 Rn. 36.

[152] So *Kotzur* JöR nF 59 (2011), 389 (403), unter Berufung auf BVerfGE 123, 267 (344).

[153] Dafür ua auf Art. 1 II gestützt aber BVerfGE 84, 90 (121); 94, 49 (103); 109, 279 (310); auch *Herdegen,* in: Maunz/Dürig, Art. 1 Abs. 2 (2006) Rn. 43; *Isensee* HStR IX, § 190 Rn. 26; *Starck* MKS I, Art. 1 Rn. 132 f.; iE nur ganz eng *Murswiek* HGR II, § 28 Rn. 50 ff.; gestützt auf BVerfGE 74, 102 (124) für Art. 6 II 1 GG *Hartmann* DVBl 2014, 478 ff.

[154] *Hain* (Fn. 62), S. 302 ff.; aA wohl *Stern,* StaatsR III/2, S. 1115 ff.; *Zacharias* (Fn. 84), S. 80 f.

[155] BVerwGE 127, 293 (367), zählt diese Bestimmung als solche zu den unabänderbaren Grundsätzen.

[156] Dazu näher *Sachs,* in: Stern, StaatsR III/1, S. 482 ff.

[157] S. *Stern* JuS 1985, 329 (335); *Murswiek* HGR II, § 28 Rn. 76.

[158] *Sachs,* in: Stern, StaatsR III/1, S. 531; → Art. 1 Rn. 84. Dies schließt Durchsetzbarkeit nach Art. 19 IV, 93 I Nr. 4a nicht ein, anders *Alberts,* Die Änderungsbefugnisse der Legislative im Bereich der Verfassungsgerichtsbarkeit, Diss. Marburg 1972, S. 126 f.; zum Rechtsschutz noch → Rn. 75, → Rn. 78.

[159] → vor Art. 1 Rn. 39 f.; näher *ders.,* in: Stern, StaatsR III/1, S. 530 ff., 541 ff.

[160] Antrag Bayerns im BRat, BR-Dr 175/90, S. 2; ablehnend Empfehlung der Ausschüsse, vgl. BR-Dr 627/92.

Die Beschränkung des Art. 79 III auf die Grundsätze des Art. 1 *und* 20 macht klar, dass die **57**
**nachfolgenden Grundrechte** der Art. 2 bis 19 **nicht unberührbar** sein sollen.[161] Doch gilt Art. 1
III nicht nur für den Fall, dass es Grundrechte gibt, sondern setzt die Existenz „nachfolgender Grundrechte" voraus. Daher wäre eine ersatzlose Streichung oder einschneidende Verkürzung des Katalogs
mit Art. 79 III unvereinbar.[162]

Aus nach **Art. 1 I–III** „unverzichtbaren" Grundrechtsverbürgungen lässt sich kaum mit eigen- **58**
ständiger Bedeutung ableiten, dass bei Verfassungsänderungen „grundlegende Gerechtigkeitspostulate"
nicht außer Acht gelassen werden dürfen.[163] Das damit verfolgte Anliegen ist aber über die Grundsätze
des Art. 20 zu berücksichtigen (→ Rn. 77).

**b) Die in Art. 20 I–III niedergelegten Grundsätze.** Die in Art. 20 I–III niedergelegten Grund- **59**
sätze (zu Abs. 4 → Rn. 79) oder Prinzipien[164] sind sämtlich nach Art. 79 III unberührbar.[165] Sie
bringen Grundgedanken zum Ausdruck, die meist in vielen Bestimmungen des Grundgesetzes besonderen Ausdruck finden (→ Art. 20 Rn. 3 f.). Diese **Einzelbestimmungen** sind als solche **nicht**
**der Verfassungsänderung entzogen.**[166] Ihr normativer Gehalt kann aber ein Element eines der
unberührbaren Grundsätze des Art. 20 darstellen.[167]

Die **Staatlichkeit** Deutschlands ist in Art. 20 I in einer allerdings für Integrationsbemühungen **60**
offenen Weise festgelegt (→ Art. 20 Rn. 7).[168] Für diesen Kontext hat Art. 23 I 3[169] die Bindung an
Art. 79 III für nur inhaltl. Änderungen des GG (→ Rn. 20) übernommen (dazu → Art. 23 Rn. 92 ff.).
Hier wie im unmittelbaren Anwendungsbereich steht Art. 79 III einer Aufgabe der Eigenstaatlichkeit
entgegen,[170] die infolge der ggf. damit „verbundenen unwiderruflichen Souveränitätsübertragung" mit
der Einbindung in einen entspr. gestalteten europ. „Bundesstaat" anzunehmen sein soll.[171] Jedenfalls
diesseits dieser Grenze bleibt weitere Integration grds. möglich.[172] Die Durchbrechung des Auslieferungsverbots nach Art. 16 II 2 hat das BVerfG nicht als unzulässige „Entstaatlichung" bewertet.[173]

Unberührbar ist auch die in Art. 20 I im (selbst nicht so geschützten) Staatsnamen[174] erfolgte **61**
Festlegung der **republikanischen Staatsform** des Bundes (→ Art. 20 Rn. 9),[175] deren Bedeutung
durch Art. 28 I 1 belegt wird. Ausgeschlossen ist nur die Einführung der Monarchie oder eines nicht
nur auf Zeit gewählten Staatsoberhaupts;[176] die Änderung der Art. 54 ff. bleibt zulässig,[177] bis hin zu
einer Abschaffung des BPräs.[178] Bei (bloßer) Streichung von „Bundes*republik*" in Art. 20 I stünde der
Grundsatz unverändert der Einführung der Monarchie entgegen (→ Rn. 39). Einer Monarchie auf

---

[161] So aber (zT) *Wernicke* BK, Art. 1 III (Erstbearb. 1950), Anm. II 5b; *Kipp* FS Laforet, 1952, S. 83 (101); VGH
München NJW 2015, 1625 Rn. 20, fasst pauschal die informationelle Selbstbestimmung unter Art. 79 III; wie hier
BVerfGE 94, 49 (103); *Stern,* StaatsR III/2, S. 1127; *Erichsen* Jura 1992, 52 (54).

[162] So auch *Murswiek* HGR II, § 28 Rn. 70 ff.; *Herdegen,* in: Maunz/Dürig, Art. 79 (2014) Rn. 123 ff.

[163] So aber BVerfGE 84, 90 (121); dazu schon → Rn. 51.

[164] Wenig klar spricht BVerfGE 142, 123 Rn. 138, von Grundsätzen, die die Prinzipien des Art. 20 prägen.

[165] BVerfGE 142, 123 Rn. 138, erwähnt – bezogen auf ein (Gesamt-)Prinzip – nur die Republik nicht.

[166] Vgl. für Art. 19 IV BVerfGE 30, 1 (24 f.); allgemein wie hier *Bryde* (Fn. 40), S. 244; *Wegge* (Fn. 40), S. 69.

[167] Recht weitgehend *Schulz* (Fn. 69), S. 148 ff.

[168] Dies betont etwa *Pernice* AöR 136 (2011), 185 ff.

[169] BVerfGE 129, 124 zieht entgegen *Kube* AöR 137 (2012), 205 (209), auf S. 169 Art. 23 I 3 hinzu.

[170] BVerfGE 123, 267 (343 ff.) (dazu auch → Rn. 66a); zustimmend etwa *Hillgruber/Gärditz* JZ 2009, 872 (875 f.);
*Murswiek* JZ 2010, 702 (703, 705 f.); *Ohler* AöR 135 (2010), 153 (172 ff.); *Isensee* ZRP 2010, 33 (35 f.); *Grefrath* AöR
135 (2010), 221 ff.; ablehnend *Jestaedt* Staat 48 (2009), 497 (505 ff.); *J. Ipsen* FS Heymanns Verlag, 2015, S. 21 (30 f.);
differenzierend *Franzius,* Europäisches Verfassungsdenken, 2010, S. 61 ff.; zur Problematik auch *Isensee* HStR VII¹,
§ 166 Rn. 68; *P. Kirchhof* ebda, § 183 Rn. 57 ff.; *Hillgruber* HStR II, § 32 Rn. 40 f.; *ders.* JZ 2010, 1164 ff.; *Haack,*
Verlust der Staatlichkeit, 2007, S. 385 ff.; *Murswiek* NVwZ 2009, 481 ff.

[171] So BVerfGE 123, 267 (347 f.); aus der Literatur schon → Fn. 170 sowie etwa *Murswiek* FG Quaritsch, 2010,
S. 95 ff.; krit. *Nettesheim* NJW 2009, 2867 ff.; *Ruffert* DVBl 2009, 1197 (1198 f.); *C. Schönberger* Staat 48 (2009), 535
(542 ff.); *Thym* Staat 48 (2009), 558 ff.; *v. Bogdandy* NJW 2010, 1 ff.; *Cremer* Jura 2010, 296 (300 f.); *Röper* DÖV 2010,
285 ff.; *Schwarze* EuR 2010, 108 (113 f.); *Schöbener* JA 2011, 885 (892); *Callies* VVDStRL 71 (2012), 113 (172 ff.);
wohl auch *Grawert* Staat 51 (2012), 189 (201 ff.); strenger *Kahl,* Kolloquium Merten, 2014, S. 23 (60); differenzierend
*Grimm* Staat 48 (2009), 475 (489 f.); *Wahl* Staat 48 (2009), 587 ff.; rechtsvergleichend *A. Weber* JZ 2010, 157 ff.; iE
anders *Sommermann* MKS II, Art. 20 Rn. 58 f.; *Herdegen,* in: Maunz/Dürig, Art. 79 (2014) Rn. 167 f.; *Pernice* HStR
VIII¹, § 191 Rn. 43 ff., 46 ff. *Dreier,* in: Dreier II, Art. 79 III Rn. 55 ff., weist dies der verfassunggebenden Gewalt
zu; vgl. auch *Cramer,* Artikel 146 Grundgesetz zwischen offener Staatlichkeit und Identitätsbewahrung, 2014, insbes.
S. 125 ff.

[172] Vgl. etwa BVerfGE 132, 195 Rn. 118; *Herdegen,* in: Maunz/Dürig, Art. 79 (2014) Rn. 168 ff. Für ein
Integrationsstaatsprinzip *Haratsch* FS E. Klein, 2013, S. 79 ff.

[173] BVerfGE 113, 273 (298 f.).

[174] *Robbers* BK, Art. 20 I (2008) Rn. 151.

[175] Ausdrücklich BVerfGE 144, 20 Rn. 537; wohl nur vergessen in BVerfGE 142, 123 Rn. 138.

[176] Zum Republikverständnis nur → Art. 20 Rn. 9; entsprechend zuletzt BVerfGE 144, 20 Rn. 537.

[177] *Weber,* Die materiellen Schranken für die Änderung des Bonner Grundgesetzes nach Art. 79 III GG, Diss. Köln
1954, S. 100 ff.; *Dreier,* in: Dreier II, Art. 20 (Einführung) Rn. 13 Fn. 50.

[178] *Evers* BK, Art. 79 Abs. 3 (1982) Rn. 178; *Rubel,* in: Umbach/Clemens II, Art. 79 Rn. 36.

Landesebene würden auch nach (zulässiger) Änderung des Art. 28 I 1[179] die Grundsätze des Art. 20 II (→ Rn. 67 ff.) entgegenstehen.[180]

**62** Die **Bundesstaatlichkeit** gehört trotz entstehungsgeschichtlicher Einwände (→ Rn. 48) zu den unberührbaren Grundsätzen.[181] Die expliziten föderalen Garantien des Art. 79 III (→ Rn. 41 ff.) decken aber ihren Grundsatzgehalt bereits weitgehend ab.[182] Dies gilt für die Staatlichkeit des Bundes und insbes. der Länder (→ Art. 20 Rn. 65 ff.) und ihre wesentlichen Konsequenzen,[183] insbes. die grds. Verfassungsautonomie[184] und ein Maß (auch) finanzieller Eigenständigkeit,[185] ebenso wie für Mitwirkungsmöglichkeiten der Länder auf Bundesebene. Daneben ist an die Bundestreue[186] (→ Art. 20 Rn. 68 ff.) sowie die grds. Gleichheit der Länder zu denken (→ Art. 20 Rn. 73).[187] Ein weitergehendes „Leitbild" des Bundesstaats enthält schon Art. 20 I GG nicht (→ Art. 20 Rn. 55).

**63** Ungeachtet entstehungsgeschichtlicher Bedenken (→ Rn. 48) ist auch die **Sozialstaatlichkeit** nach Art. 79 III unberührbar.[188] Wegen der Offenheit des Grundsatzes (→ Art. 20 Rn. 46 ff.) berühren allerdings auch gravierende Änderungen relevanter Verfassungsbestimmungen (→ Art. 20 Rn. 51 ff.) nicht notwendig das Prinzip als solches.[189] Die Abschaffung einschlägiger Einzelgarantien lässt das ggf. unmittelbar durchgreifende Prinzip unberührt; dieses kann nur die Anordnung oder gezielte Eröffnung geradezu sozialstaatswidrigen Verhaltens berühren.[190] „Grundlegende Elemente des … Sozialstaatsprinzips, die in Art. 20 Abs. 1 und 3 GG zum Ausdruck kommen,"[191] sind daneben nicht erkennbar.

**64** **Das Demokratieprinzip** ist als solches in **Art. 20 I** niedergelegt; daneben sind seine Ausprägungen in **Art. 20 II 1 und 2** selbständiger Gegenstand der Unberührbarkeit. Andere demokratische Einzelgarantien (→ Art. 20 Rn. 13 f.) haben an der Unberührbarkeit keinen Anteil. Ihre Änderung ist unschädlich, soweit zur Wahrung der Demokratie insgesamt nötige Rechtsfolgen dem Prinzip selbst entnommen werden können; den Grundsatz berühren nur Festlegungen, die demokratiewidrige Rechtsfolgen anordnen oder gezielt ermöglichen.[192]

**65** Verfassungsänderungen, die sich gegen **Freiheit und Gleichheit im politischen Prozess** (→ Art. 20 Rn. 16 ff.)[193] oder die demokratische Mitwirkung der Bürger richten,[194] sind ausgeschlossen. Dies wäre für die *Freiheit* bei einer Verstaatlichung von Rundfunk oder Presse der Fall[195] oder bei einem Verbot politischer Betätigung, insbesondere in Gruppen.[196] Die Abschaffung des Art. 21 würde das Demokratieprinzip nicht berühren;[197] anders wäre es wohl, wenn Wahlwerbung der Regierung zugelassen würde. Die *Gleichheit* wäre vor allem berührt, wenn Gruppen Sonderrechte eingeräumt

---

[179] Für Grenzen der Änderungsmöglichkeit *Evers* BK, Art. 79 Abs. 3 (1982) Rn. 119.

[180] Für Art. 28 I 1 *Dreier*, in: Dreier II, Art. 20 (Republik) Rn. 27; eher wie hier *Stern*, StaatsR I, S. 582; ähnlich *Herzog*, in: Maunz/Dürig, Art. 20 III (1980) Rn. 16; dem folgend *Elicker* JöR nF 57 (2009), S. 207 (231); nicht eindeutig *Robbers* BK, Art. 20 I (2008) Rn. 282.

[181] Ausdrücklich BVerfGE 137, 108 Rn. 83; 142, 123 Rn. 138; 144, 20 Rn. 537; auch *Hain* (Fn. 62), S. 393 ff.; *Isensee* FS 50 Jahre BVerfG II, 2001, S. 719 (730 ff., 748); *Härtel* Hdb Föderalismus I, § 16 Rn. 67 ff.; ablehnend *Jestaedt* HStR II, § 29 Rn. 48 ff.; *Grzeszick*, in: Maunz/Dürig, Art. 20 IV (2006) Rn. 42. Ganz ohne Bundesstaatlichkeit *Brunn*, Gesetzgebung und Grundgesetz, 2017, S. 215 ff.

[182] Vgl. etwa *Vismann*, AK GG, Art. 79 (2002) Rn. 59; *Estel* (Fn. 84), S. 58 ff.; zu weitgehend *W. G. Leisner*, Föderalismus, 2018, S. 15 ff.

[183] Für Bindung sogar des deutschen pouvoir constituant *Lindner* BayVBl 2014, 645 ff.

[184] *Hain* (Fn. 62), S. 413, 434.

[185] Vgl. *Hain* MKS II, Art. 79 Rn. 127; *Sommermann*, ebda, Art. 20 Rn. 34; → Art. 109 Rn. 4, → Art. 109 Rn. 81 f., → Art. 109 Rn. 91; s. auch *Haag*, Die Aufteilung steuerlicher Befugnisse im Bundesstaat, 2011, S. 356 ff.; insbesondere zur Schuldenbremse für die Länder *Korioth* KritV 2008, 187 ff.; *B. Fassbender* NVwZ 2009, 737 ff.; *Hancke* DVBl 2009, 621 ff.; *Lenz/Burgbacher* NJW 2009, 2561 (2565 f.); *Ohler* DVBl 2009, 1265 (1273 f.); *R. Schmidt* DÖV 2009, 1274 (1276 ff.); *H.-P. Schneider* FS Herzog, 2009, S. 451 (469 ff.); *Seiler* JZ 2009, 721 (727 f.); *Selmer* NVwZ 2009, 1255 (1261); *Waldhoff/Dieterich* ZG 2009, 97 (113 ff.); *Wilczek* VBlBW 2009, 325 ff.; *Aydin* KritV 2010, 29 ff.; *Häde* AöR 135 (2010), 541 (561 ff.); *A. Mayer*, Die sogenannte Schuldenbremse im Grundgesetz, 2014, S. 31 ff. Zur Problematik bei den Gemeinschaftsaufgaben nur → Art. 91b Rn. 41, → Art. 91c Rn. 14a, → Art. 91e Rn. 11.

[186] Für Unberührbarkeit etwa *Kramer*, Grenzen der Verfassungsänderung im Bereich der bundesstaatlichen Finanzverfassung, 2000, S. 51 ff.; *Hain* (Fn. 62), S. 429 f.

[187] Nur für ein Willkürverbot *Selmer/Hummel* JböffFin 2012, 385 ff.

[188] BVerfGE 84, 90 (121); 94, 49 (103); 142, 123 Rn. 138; *Papier* FS 50 Jahre BSG, 2004, S. 23 (24).

[189] *Evers* BK, Art. 79 Abs. 3 (1982) Rn. 201.

[190] Ähnlich *Dreier*, in: Dreier II, Art. 79 III Rn. 46; s. auch *P. Kirchhof* HStR II, § 21 Rn. 92.

[191] Für Unberührbarkeit BVerfGE 84, 90 (121); 94, 49 (103); kritisch zur Beschränkung auf „grundlegende" Elemente *Hain* MKS II, Art. 79 Rn. 72 mit Fn. 220.

[192] So wohl auch *Unger* (Fn. 22), S. 222 ff. Zur Gesamtänderung der Verfassung durch Modifizierung des demokratischen Prinzips beim EU-Beitritt Österreichs *Lienbacher* VVDStRL 71 (2012), 7 (24).

[193] *Hain* (Fn. 62), S. 332, 337 ff., 376 ff.; *Wegge* (Fn. 40), S. 137 ff., 175 ff.

[194] Die zusätzliche Berufung auf Art. 1 I GG, so BVerfGE 123, 267 (341), führt nicht weiter.

[195] Im Ergebnis auch *Even* (Fn. 81), S. 267 f.; *Wegge* (Fn. 40), S. 182 ff., insbes. 190.

[196] *Evers* BK, Art. 79 Abs. 3 (1982) Rn. 187; *Vismann* AK GG, Art. 79 (2002) Rn. 57.

[197] *Zacharias* (Fn. 84), S. 87 f.; *Evers* BK, Art. 79 Abs. 3 (1982) Rn. 190; wohl auch *Wegge* (Fn. 40), S. 205 ff.; aA *Bryde*, in: v. Münch/Kunig II, Art. 79 Rn. 43; *Dreier*, in: Dreier II, Art. 79 III Rn. 41.

oder Nachteile auferlegt würden, die die Chancengleichheit in Frage stellen;[198] auch eine Vorzugsbehandlung von Minderheitsgruppen ist problematisch.

Das **Mehrheitsprinzip** als demokratischer Grundsatz (→ Art. 20 Rn. 21 ff.) ist für Ausgestaltungen **66** offen und durch gegenläufige Grundsätze des Art. 20 relativiert. Es wäre berührt, wenn ohne besondere Legitimation Entscheidungen mit regelnder Wirkung[199] von einer Minderheit getroffen werden könnten. Umgekehrt darf der **Schutz von Minderheiten im Parlament** (→ Art. 20 Rn. 26) (oder ähnlichen Organen) nicht bis zu ihrer Funktionsunfähigkeit verringert werden.[200]

Die **Bewahrung der staatlichen Souveränität** wird allenfalls in ihrer Verbindung mit der unbe **66a** rührbaren Staatlichkeit Deutschlands (→ Rn. 60) von Art. 79 III verlangt; ihre Verknüpfung mit dem Demokratieprinzip im Lissabon-Urteil[201] kann – schon gar in ihrer spezifizierten Ausrichtung auf einzelne Rechtsbereiche[202] und mit der Subjektivierung über Art. 38 I GG[203] – nicht überzeugen (auch → Art. 20 Rn. 34).[204] Auch der Hinweis auf eine Verankerung demokratischer Freiheit und Gleichheit (→ Rn. 65, → Rn. 70) in der Menschenwürde[205] führt nicht weiter. Die Annahme einer Bindung auch der **verfassunggebenden Gewalt** scheidet aus, weil diese dem GG vorausliegt.[206]

Unberührbar ist der Grundsatz des Art. 20 II 1, dass die **Staatsgewalt vom Volke ausgeht** **67** (→ Art. 20 Rn. 27 ff.); die Einführung einer anderen Legitimationsquelle ist ebenso ausgeschlossen[207] wie die Abkopplung vom Volk in einer zwischenstaatlichen Gemeinschaft.[208] Unberührbar dürfte auch sein, dass das „Volk" das zu einer Einheit verbundene **Staatsvolk** meint, ebenso die grundsätzliche Vermittlung der Zugehörigkeit durch die insofern grundsätzlich unverzichtbare[209] Staatsangehörigkeit.[210] Im Übrigen ist Art. 116 GG einschließlich etwa institutionell garantierter Aspekte des Staatsangehörigkeitsrechts[211] der Verfassungsänderung nicht entzogen.[212] Auf kommunaler Ebene können Ausländer wohl auch über Art. 28 I 3[213] hinaus einbezogen werden.[214] Nicht unberührbar ist Art. 146.[215]

Unberührbar ist ferner der Grundsatz des Art. 20 II 2, dass die Staatsgewalt vom Volke[216] in Bund **68** und Ländern durch Wahlen und Abstimmungen ausgeübt wird. **Abstimmungen** sieht das GG allerdings seit jeher für die Bundesebene nur ausnahmsweise vor (→ Art. 20 Rn. 32 f.); Art. 20 II 2 ist daher dahin zu verstehen, dass er diese Möglichkeit als (bloße) Option für die Verfassungsgestaltung in Bund und Ländern[217] garantiert.[218] Erweiterungen plebiszitärer Möglichkeiten steht Art. 79 III grundsätzlich nicht entgegen.[219]

---

[198] Gegenüber dem von BVerfGE 144, 20 Rn. 527, 624 f. angeregten Art. 21 III skeptisch etwa *Morlok* ZRP 2017, 66 ff., 68; *Klinke* DÖV 2017, 483 (492); *Müller* DVBl 2018, 1035 (1039).

[199] Zu dieser Einschränkung s. BVerfGE 123, 267 (432).

[200] *Alberts* (Fn. 158), S. 67 ff.; *Hain* (Fn. 62), S. 338 ff. Zur Unbedenklichkeit von Minderheitsrechten jedenfalls bei Bezug auf Gerichtsverfahren BVerfGE 123, 267 (431 f.).

[201] BVerfGE 123, 267 (340 ff.); wieder BVerfGE 129, 124 (177 ff.); 132, 195 Rn. 106 ff., zur Preisgabe der Haushaltsautonomie; auch der Hinweis auf das Mehrheitsprinzip (ebda, Rn. 124) führt nicht weiter.

[202] Dagegen mit Recht etwa *Classen* JZ 2009, 881 (887); *Ruffert* DVBl 2009, 1197 (1202 ff.); *Ohler* AöR 135 (2010), 153 (174 ff.); *Giegerich* FS Schmidt-Jortzig, 2011, S. 603 (628); zur Judikatur → Fn. 94.

[203] Kritisch *Sachs* FS Stern, 2012, S. 597 ff.; *Sauer* Staat 58 (2019), 7 ff.; nur zT auch *Ludwigs* NVwZ 2015, 537 (540).

[204] Dagegen schon vorher *Herdegen,* in: Maunz/Dürig, Art. 79 (2008) Rn. 130; kritisch dann *Sachs* FS Stern, 2012, S. 597 (606 ff.); *Sauer* Staat 58 (2019), 7 ff.; zust. etwa *Gärditz/Hillgruber* JZ 2009, 872 (879 f.); grds. auch *Pache* EuGRZ 2009, 285 (295); *Murswiek* FS Fiedler, 2011, S. 251 ff.; *Nettesheim* Staat 51 (2012), 313 (330 ff.).

[205] BVerfGE 123, 267 (341); kritisch dazu etwa *Dietlmeier* BayVBl 2012, 616 (617 ff.); für ein so begründetes demokratisches Teilhaberecht *Kube* GS Brugger, 2013, S. 571 (579 ff.).

[206] S. *Winterhoff* (Fn. 16), insbesondere S. 123 ff.; *Waldhoff* (Fn. 16), § 8; *Herdegen,* ebda, § 9. Offen BVerfGE 123, 267 (343); dafür *Grefrath* AöR 135 (2010), 221 (226 ff.); kritisch *Jestaedt* Staat 48 (2009), 497 (511 ff.).

[207] *Halfmann,* Entwicklungen des deutschen Staatsorganisationsrechts im Kraftfeld der europäischen Integration, 2000, S. 185 f. mwN; *Schliesky,* in: ders. ua, Demokratie im digitalen Zeitalter, 2016, S. 15 (46 f.); auch → Art. 146 Rn. 10 ff.

[208] Dazu BVerfGE 89, 155 (184); 142, 123 Rn. 127, aber S. 135: über Art. 1 wird nur ein „Kern der Volkssouveränität" geschützt; ferner etwa *Halfmann* (Fn. 207), S. 183 ff.; *v. Komorowski,* Demokratieprinzip und Europäische Union, 2010, S. 562 ff.; iÜ → Art. 23 Rn. 25 f., → Art. 23 Rn. 93 f.

[209] Näher *Sachs,* in: Stern, StaatsR IV/1, S. 709; offener wohl *Schliesky* (Fn. 207), S. 24 f., 48.

[210] Zu Art. 20 BVerfGE 83, 37 (50 f.); dazu → Art. 20 Rn. 27a; *Hain* (Fn. 62), S. 328 ff.; *Sommermann* MKS II, Art. 20 Rn. 153 mwN; iÜ → Art. 23 Rn. 25 f., → Art. 23 Rn. 93 f.

[211] Zu solchen *Sachs,* in: Stern, StaatsR IV/1, S. 710 ff.

[212] *Zacharias* (Fn. 84), S. 88 f.; anders wohl *Herdegen,* in: Maunz/Dürig, Art. 79 (2014) Rn. 136.

[213] Für dessen Unbedenklichkeit HambVerfG NVwZ-RR 2010, 129 (131); *Herdegen,* in: Maunz/Dürig, Art. 79 (2014) Rn. 136; → Art. 28 Rn. 25; auch *Schwarz* AöR 138 (2013), 411 (426 f.).

[214] Ausdrücklich *Hanschmann* ZParl 2009, 74 ff.; wohl auch *Bryde,* in: v. Münch/Kunig II, Art. 79 Rn. 41; *Sommermann* MKS II, Art. 20 Rn. 155.; ablehnend *Schwarz* AöR 138 (2013), 411 (427 ff., 432).

[215] Anders *Michael* BK, Art. 146 (2013) Rn. 591 ff.

[216] Für Einbeziehung ausländischer Unionsbürger auch hier BayVerfGH BayVBl 2014, 17 (22).

[217] *Stelkens* FS Fiedler, 2011, S. 295 (309); wegen der Verfassungsautonomie der Länder (→ Rn. 62) auch *Herdegen,* in: Maunz/Dürig, Art. 79 (2014) Rn. 129.

[218] So mit unterschiedlichen Begrenzungen *Hufschlag* (Fn. 125), S. 113 ff.; *P.M. Huber* (Fn. 91), S. 43 ff.; *Blasche* (Fn. 85), S. 98 ff., 203 ff.; *Beckstein* (Fn. 125), S. 120 ff.; *Müller-Franken* Staat 44 (2005), 19 ff.; *Hölscheidt/Menzenbach* DÖV 2009, 777 (778 f.); *Kühling* JuS 2009, 777 ff.; *Waldhoff/v. Aswege* JbDirDem 2011, 9 ff.; differenzierend *Hain*

**69**     Unberührbar sind **Wahlen** des Volkes (→ Art. 20 Rn. 32, 34) zu den Volksvertretungen in Bund und Ländern.[220] Dazu gehört die **zeitliche Begrenztheit** der nicht beliebig zu verlängernden Wahlperioden;[221] zumindest muss es effektive Abwahlmöglichkeiten geben. Grds. ausgeschlossen ist die Verlängerung laufender Wahlperioden,[222] möglich sind aber Verkürzungen und erweiterte (Selbst-) Auflösungsmöglichkeiten. Unberührbar ist auch die höchstpersönl. Natur der Wahlberechtigung.[223]

**70**     Die **Wahlrechtsgrundsätze** sind – mit Rücksicht auf immanente Spielräume – unberührbar,[224] soweit sie für freie und gleiche Willensbildung notwendig sind, also zumindest Allgemeinheit, Freiheit und Gleichheit der Wahl.[225] Die Geheimheit der Wahl ist unberührbar, soweit die Freiheit der Wahl sonst nicht zu sichern ist.[226] Bei gleichheitsgerechter Gestaltung müsste eine mittelbare Wahl nicht undemokratisch sein.[227]

**71**     In Art. 20 II 2 ist mit der Ausübung der Staatsgewalt durch **besondere Organe** die **repräsentative Demokratie** als unberührbarer Grundsatz verankert; ihr Vorrang[228] vor daneben zulässigen plebiszitären Elementen (→ Rn. 68) ist eine nur praktische Notwendigkeit.[229] Mit dem Handeln des Volkes durch diese Organe wird zugleich deren **demokratische Legitimation** vorgeschrieben,[230] die weitgehend gesetzlicher Ausgestaltung überlassen ist (→ Art. 20 Rn. 35 ff.); der Spielraum für Verfassungsänderungen ist jedenfalls[231] nicht enger.[232] Durchbrechungen dürfen aber den Grundsatz selbst nicht in Frage stellen.[233] Demokratische Verantwortlichkeit verlangt im Grundsatz eine hinreichend klare Kompetenzzuordnung.[234] Die Einrichtung unabhängiger Stellen aufgrund Unionsrechts ist möglich, bleibt aber demokratisch prekär.[235]

**72**     An **besonderen Organen** dürfte für eine Demokratie eine **Volksvertretung** mit maßgeblichen Befugnissen[236] im Sinne einer „Selbstgestaltungsfähigkeit",[237] insbes. für die Gesetzgebung[238] und in Bezug auf den Haushalt,[239] unverzichtbar sein; eingeschlossen sein soll im Kern ein Recht auf dazu

---

(Fn. 62), S. 332 f.; für ein bei Änderung des Art. 29 aF verletztes Verfassungsgebot *Lipinski* BayVBl 2011, 649 ff.; weitgehend ablehnend *Greifeld,* Volksentscheid durch Parlamente, 1983, S. 105 ff.; *Scholz,* Krise der parteienstaatlichen Demokratie, 1983, S. 6 ff.; *Engelken* DÖV 2013, 301 (309).

[219] *Robbers* BK, Art. 20 (2014) Rn. 3083; demgegenüber einschränkend für die HmbVerf ohne Grundlage in deren Text HambVerfG NordÖR 2017, 20 ff.; zu Recht kritisch *F. Becker* NVwZ 2016, 1708 ff.; *Groß* JZ 2017, 349 ff.; *Kaiser* DÖV 2017, 716 ff.

[220] *Wegge* (Fn. 40), S. 215 f.

[221] → Art. 39 Rn. 3 ff.; *Dreier,* in: Dreier II, Art. 79 III Rn. 37 f.; *H.-P. Schneider* AK GG, Art. 39 (2002) Rn. 4. Für Zulässigkeit der Verlängerung auf fünf Jahre MVVerfG NVwZ 2008, 1343 (1346 f.). Bedenken gegen zu weitgehende Festlegungen im GG *Selmer* NVwZ 2009, 1255 (1259 f.).

[222] → Art. 39 Rn. 4; *Schliesky* MKS II, Art. 39 Rn. 20; für grundsätzliche Unbedenklichkeit des Art. 115h *Heun,* in: Dreier, Art. 115h Rn. 5; (nur) gegen dessen sofortige Geltung *Herzog,* in: Maunz/Dürig, Art. 115h (1969) Rn. 5, 6.

[223] Daher auch gegen Eltern-/Familienwahlrecht → Art. 38 Rn. 106.

[224] *Bryde,* in: v. Münch/Kunig II, Art. 79 Rn. 43; *Sannwald,* in: Hofmann/Henneke, Art. 79 Rn. 60.

[225] *Wegge* (Fn. 40), S. 210 ff.; *Wernsmann* Staat 44 (2005), 43 (54); zur Gleichheit bzgl. Art. 69 I 2 NRWVerf gestützt auf Art. 28 I 2 GG VerfGH NRW NVwZ 2018, 159 Rn. 64 ff.; DVBl 2018, 180 f. Für die Möglichkeit einer Wahlpflicht *Heußner,* in: Mörschel (Hrsg.), Wahlen und Demokratie, 2016, 181 ff. Gegen ein Gebot der Wahlrechtsgleichheit für das gesamte EU-Parlament BVerfGE 123, 267 (373 ff.); für die Wahl der deutschen Abgeordneten aber BVerfGE 129, 300 (317 f.); zu landesverfassungsrechtlichen Sperrklauseln *Barczak* NWVBl 2017, 133 ff.; *Kramer/Bahr/Hinrichsen/Voß* DÖV 2017, 353 ff.

[226] So tendenziell auch *Evers* BK, Art. 79 Abs. 3 (1982) Rn. 186; *Maunz/Dürig,* in: Maunz/Dürig, Art. 79 (1960) Rn. 47; für Unantastbarkeit *Hain* MKS II, Art. 79 Rn. 82; *Wegge* (Fn. 40), S. 214; *Oebbecke* JZ 2004, 987 (988).

[227] *Dietlein,* in: Stern, StaatsR IV/2, S. 182; *Wegge* (Fn. 40), S. 214; *Zacharias* (Fn. 84), S. 87; aA *Müller* MKS II, Art. 38 Rn. 185.

[228] Dafür zuletzt etwa *Möstl* VVDStRL 72 (2013), 355 (365 ff.); ähnl. *J. Hofmann* FS Papier, 2013, S. 83 ff.; dagegen *Schuler-Harms* VVDStRL 72 (2013), 417 (438 f., 440).

[229] Anders für die Landesverfassungsebene HambVerfG NordÖR 2017, 20 ff.; zur Kritik *Becker* NVwZ 2016, 1708.

[230] Vgl. nur *Hain* (Fn. 62), S. 333 ff.

[231] Ohne erkennbare Abschwächung BVerfGE 135, 317 Rn. 234 ff.

[232] So iE auch *Bryde,* in: v. Münch/Kunig II, Art. 79 Rn. 41; ohne Bedenken zu Art. 45 S. 3 BVerfGE 123, 267 (432). Keine Bedenken gegen aufgrund Unionsrechts unabhängige (Datenschutz-)Stellen *H. A. Wolff* FS Bull, 2011, 1071 (1083); *Ruffert* FS Scheuing, 2011, S. 399 (413 f.); zu Legitimationsanforderungen *Couzinet,* in: Debus ua (Hrsg.), Verwaltungsrechtsraum Europa, 2011, S. 214 (232 ff.).

[233] Tendenziell ebenso *Rubel,* in: Umbach/Clemens II, Art. 79 Rn. 37; *Sannwald,* in: Hofmann/Henneke, Art. 79 Rn. 61.

[234] BVerfGE 137, 108 Rn. 81.

[235] BVerfGE 151, 202 Rn. 130 (f.), 138.

[236] So gegenüber der EU schon BVerfGE 89, 155 (182); auch 142, 123 Rn. 138.

[237] BVerfGE 123, 267 (359); 129, 124 (177); 132, 195 Rn. 106.

[238] *Möllers,* Gewaltengliederung, 2005, S. 424; *Dreier,* in: Dreier II, Art. 79 III Rn. 42 mwN.

[239] BVerfGE 123, 267 (359, 361 f.); 151, 202 Rn. 123 mwN; kritisch etwa *Pagenkopf* NVwZ 2011, 1473 (1479 f.); positiver *Nettesheim* EuR 2011, 765 ff.; *Callies* DÖV 2013, 785 (789 f.); auch *Matuschka,* Das Nonaffektationsprinzip, 2019, S. 253 ff.

ausreichende Informationen.[240] Dies schließt bindende Vorgaben des Verfassungsrechts[241] und in dessen Grenzen des Unions- und Völkerrechts[242] nicht aus. Das parlamentarische Regierungssystem ist nicht festgeschrieben;[243] namentlich könnte ein Präsidialsystem eingeführt werden.[244] Auch das freie Mandat dürfte nicht unberührbar sein.[245] Offengeblieben ist, ob dies auch für den Grundsatz effektiver Opposition gilt.[246] Für Unberührbarkeit der Verhandlungsöffentlichkeit → Art. 42 Rn. 1. Die Garantie besonderer Organe der Rechtsprechung schließt im Zusammenhang mit der Gewaltenteilung (→ Rn. 74) deren **Gerichtscharakter** und die **Unabhängigkeit der Richter** (Art. 92, 97) ein,[247] nicht aber Verfassungsgerichte (→ Rn. 75).

Das **Rechtsstaatsprinzip** ist als solches in Art. 20 nicht ausdrücklich genannt. Der Vergleich mit **73** Art. 28 I 1 spricht aber dafür, den im ParlRat weggelassenen, aber in der Sache nicht aufgegebenen Grundsatz[248] gleichwohl als ungeschriebenen Bestandteil des Art. 20 I aufzufassen[249] (→ Art. 20 Rn. 76). Die Entstehung des Art. 79 III belegt, dass die „rechtsstaatliche Ordnung" als Element des Art. 20 gesehen wurde.[250] Nicht alle rechtsstaatlichen Einzelbestimmungen des GG sind unberührbar, doch sind jedenfalls Verfassungsänderungen ausgeschlossen, die die Rechtsstaatlichkeit der Verfassungsordnung überhaupt berühren.

Der unberührbare **Grundsatz der Gewaltenteilung** (insbes. **Art. 20 II 2**) (→ Art. 20 Rn. 79 ff.) **74** lässt große Ausgestaltungsspielräume. Immerhin ist die Existenz getrennter, nicht notwendig voneinander unabhängiger Organe mit primärer Kompetenz für einen der drei Funktionsbereiche als unberührbar anzusehen.[251] Vorbehaltlich sonstiger Bindungen (→ Rn. 72) sind weitreichende Änderungen des Grundgesetzes möglich, die allerdings die Mäßigungseffekte des Grundsatzes bewahren müssen.[252] Für speziellere Folgerungen, etwa für individuellen Rechtsschutz,[253] kann auf das Rechtsstaatsprinzip insgesamt zurückgegriffen werden (→ Rn. 78).

Nach **Art. 20 III Hs. 1** ist die **Bindung der Gesetzgebung an die verfassungsmäßige Ord- 75 nung** (→ Art. 20 Rn. 94) unberührbar. Der Gesetzgebung darf die Beachtung des Grundgesetzes nicht freigestellt werden; die Suspendierung der Bindung für Sondersituationen ist auch über Art. 115c hinaus möglich. Unberührbar ist auch der **Vorrang der Verfassung**[254] (→ Art. 20 Rn. 95 ff.), lässt allerdings bei den Fehlerfolgen weiten Gestaltungsspielraum.[255] Insbesondere nimmt die Sicherung des Vorrangs durch eine besondere Verfassungsgerichtsbarkeit an der Unberührbarkeit nicht teil.[256] Erschwerte Abänderbarkeit ist kein notwendiges Merkmal von Verfassungsrecht[257] und für seinen Vorrang nicht erforderlich.[258] S. auch → Rn. 83.

---

[240] BVerfGE 132, 195 Rn. 111.

[241] BVerfGE 129, 124 (170); 132, 195 Rn. 120.

[242] BVerfGE 132, 195 Rn. 121 ff.; zu Grenzen der Völkerrechtsbindung → Art. 20 Rn. 36.

[243] *Dorau,* Die Verfassungsfrage der Europäischen Union, 2001, S. 180 f.

[244] *Bryde* (Fn. 40), S. 237; *Hain* MKS II, Art. 79 Rn. 80; *Herzog,* in: Maunz/Dürig, Art. 20 II (1978) Rn. 81 f.; *H.-P. Schneider* HdbVerfR, § 13 Rn. 37; zT anders *H. Hofmann,* in: ders., Verfassungsrechtliche Perspektiven, 1995, S. 129 (137 ff.).

[245] Ähnlich *W. Leisner,* Demokratie, 1998, S. 21 ff.; *Wegge* (Fn. 40), S. 248 f.; aA *Dreier,* in: Dreier II, Art. 79 III Rn. 39; *Sommermann* MKS II, Art. 20 Rn. 73 f.; offen *Schöbener,* in: Friauf/Höfling, Art. 79 (2015) Rn. 127.

[246] BVerfGE 142, 25 Rn. 112.

[247] *Möllers* (Fn. 238), S. 423 f.

[248] Vgl. JöR nF 1 (1951), 195 f., 200.

[249] Ausdrücklich BVerfGE 102, 370 (392); ferner *Schmidt-Aßmann* HStR II, § 26 Rn. 90; iE auch *Kunig* (Fn. 100), S. 477 ff.; anders BVerfGE 30, 1 (24 f.); *Bryde,* in: v. Münch/Kunig II, Art. 79 Rn. 44; *Zacharias* (Fn. 84), S. 90 ff.; *Möller* (Fn. 14), S. 164 f.; kritisch *Schnapp* FS Schmidt-Jortzig, 2011, S. 411 ff.

[250] Vgl. JöR nF 1 (1951), 585 f., und schon → Rn. 3.

[251] *Hain* (Fn. 62), S. 347 ff.; *Sommermann* MKS II, Art. 20 Rn. 214 ff.; eng auch *Grzeszick,* in: Maunz/Dürig, Art. 20 V (2013) Rn. 95; *Robbers* BK, Art. 20 (2014) Rn. 3037; zu weitgehend abwM in BVerfGE 113, 273, 319 (335), grds. gegen Aufgaben verbindlicher Subsumtion für Gesetzgeber; dazu auch → Art. 20 Rn. 89.

[252] Für Bedenken gegenüber Art. 23 etwa *Halfmann* (Fn. 207), S. 237 ff. Gegen Bedenken zu Art. 91c *Siegel* Staat 49 (2010), 299 (316 f.).

[253] Dafür die abwM in BVerfGE 30, 1 (33, 40 f.); auch *Möllers* AöR 132 (2007), 493 (535).

[254] *Hain* (Fn. 62), S. 375 ff.; *Dreier,* in: Dreier II, Art. 79 III Rn. 50; aA wohl *Limbach,* Vorrang der Verfassung oder Souveränität des Parlaments, 2001, S. 12.

[255] S. dazu auch *Hain* (Fn. 62), S. 382 ff.; *Möller* (Fn. 14), S. 173 ff.

[256] Vgl. auch allgemeiner *Bachof,* Verfassungswidrige Verfassungsnormen, 1951, S. 37 f.; *Evers* BK, Art. 79 Abs. 3 (1982) Rn. 196 f.; *Bryde* (Fn. 40), S. 237; *Sommermann* MKS II, Art. 20 Rn. 326; *Zacharias* (Fn. 84), S. 94 f.; wohl auch BVerfGE 30, 1 (25); aA *Herzog,* in: Maunz/Dürig, Art. 20 V (1980) Rn. 73; *Bethge* MSKB, BVerfGG, § 1 (2014) Rn. 21; *Müller-Franken* AöR 142 (2017), 276 (284 f.).

[257] → Einf Rn. 8; *Stern,* StaatsR I, S. 72; aA *Isensee* HStR II, § 15 Rn. 184; *Badura* HStR VII¹, § 160 Rn. 1, 3; *Unruh* (Fn. 4), S. 13 und öfter; *E. Klein* FS Isensee, 2007, S. 169 (176 f.); für Fälle nicht erschwerter Verfassungsänderung vor 1919 s. *Meyer/Anschütz,* S. 661 f. mN.

[258] Näher *Sachs,* in: Neumann/v. Raumer (Hrsg.), Die verfassungsrechtliche Ausgestaltung der Volksgesetzgebung, 1999, S. 135 (148 ff.); *Degenhart,* in: Neumann (Hrsg.), Sachunmittelbare Demokratie im Freistaat Thüringen, 2002, S. 37 (75 f.); anders BayVerfGHE nF 52, 104 (129 ff.); BayVerfGH BayVBl 2000, 397 (398 ff.); BremStGH NVwZ-RR 2001, 1 (3 f.); *Limbach* (Fn. 254), S. 14.

76      Unberührbar ist die **Bindung der vollziehenden Gewalt und der Rechtsprechung an Gesetz und Recht** nach **Art. 20 III Hs. 2** (→ Art. 20 Rn. 103 ff.). Dazu gehört primär die Pflicht, die gültigen Gesetze einschließlich des bindenden Völkerrechts[259] zu befolgen,[260] was Handlungsspielräume nicht ausschließt.[261] Unberührbar sind der Vorrang des Gesetzes[262] bei Spielräumen hinsichtlich der Fehlerfolgen und der Vorbehalt des Gesetzes,[263] dessen Reichweite bei Wahrung der Gewaltenteilung der Änderung unterliegt.[264]

77      Durch die **Bindung an das Recht** ist die grds. Verpflichtung auf gerechte Entscheidungen[265] ebenso unberührbar wie die auf eine faire Verfahrensführung.[266] Das BVerfG hat sogar den Verfassunggeber und erst recht den verfassungsändernden Gesetzgeber auf die Achtung der **Idee der Gerechtigkeit** festgelegt, damit den Erlass verfassungsrechtlicher Unrechtsnormen ausgeschlossen.[267] Insbesondere sollen danach Rechtsgleichheit und (sic!) Willkürverbot beachtet werden müssen.[268]

78      In ihrer Grundsatzbedeutung können auch in Art. 20 **nicht besonders benannte Einzelelemente** des Rechtsstaatsprinzips unberührbar sein, wie die Garantie wirkungsvollen gerichtlichen **Rechtsschutzes,**[269] nicht nur gegen die öffentliche Gewalt,[270] die Garantie von Rechtssicherheit, damit Rechtsklarheit und -bestimmtheit[271] sowie **Vertrauensschutz,**[272] und der Grundsatz der **Verhältnismäßigkeit.**[273]

79      Die **Einfügung des Art. 20 IV** berührt keinen der Grundsätze des ursprünglichen Art. 20 (oder des Art. 1).[274] Als Ausdruck (nur) verfassungsändernder Gewalt ist Art. 20 IV von der statischen Bezugnahme des Art. 79 auf dessen Urfassung (→ Rn. 39 f.) nicht betroffen, **könnte** daher durch Grundgesetzänderung **wieder abgeschafft** werden.[275]

## IV. Sonst inhaltlich unzulässige Grundgesetzänderungen

80      **1. Unabänderlichkeit des Art. 79 III.** Wenn **Art. 79 III** sein Ziel erreichen soll,[276] muss er selbst **der Verfassungsänderung entzogen** sein.[277] Könnte die Unberührbarkeitsklausel abgeschafft werden, wäre in einem zweiten Schritt eine inhaltlich nicht mehr eingeengte Verfassungsänderung möglich. „Zu einer solchen Selbstbefreiung von den im Grundgesetz festgelegten Schranken einer Verfassungsänderung wäre … der verfassungsändernde Gesetzgeber … nicht befugt ….“[278] Art. 79 III

---

[259] Dazu BVerfGE 112, 1 (24 ff.); die dort (S. 39) offen gelassene Bindung des verfassungsändernden Gesetzgebers an Regeln des Völkerrechts (nach Art. 25) findet in Art. 79 III keine Basis, so auch die abwM, BVerfGE 112, 44 (46 f.); *Wollenschläger,* in: Dreier II, Art. 25 Rn. 30. Auch Art. 25 selbst ist nicht unberührbar, *Möller* (Fn. 14), S. 187 f.; *Sommermann* MKS II, Art. 20 Rn. 254; *Tomuschat* HStR XI, § 226 Rn. 13; *Herdegen,* in: Maunz/Dürig, Art. 25 (2016) Rn. 8.

[260] *Uhrig* (Fn. 112), S. 87; *Zacharias* (Fn. 84), S. 93.

[261] *Hain* (Fn. 62), S. 378 f.; *Vismann* AK GG, Art. 79 (2002) Rn. 60.

[262] *Wegge* (Fn. 40), S. 243 ff.

[263] *Bryde,* in: v. Münch/Kunig II, Art. 79 Rn. 49; *Dreier,* in: Dreier II, Art. 79 III Rn. 52.

[264] *Wegge* (Fn. 40), S. 264 ff.

[265] *Anding,* Das Spannungsverhältnis zwischen Art. 20 IV GG und Art. 79 III GG, 1973, S. 381.

[266] *Vismann* AK GG, Art. 79 (2002) Rn. 60; ähnlich *Dreier,* in: Dreier II, Art. 79 III Rn. 53; aA *Schnapp,* in: v. Münch/Kunig I, Art. 20 Rn. 38.

[267] BVerfGE 3, 225 (232 f.); 84, 90 (121); 94, 12 (34); vgl. auch *B. Hoffmann,* Das Verhältnis von Gesetz und Recht, 2003, S. 196 f.; *Hain* (Fn. 62), S. 381 f.

[268] BVerfGE 84, 90 (121); 94, 12 (34); ähnlich schon BVerfGE 23, 98 (106 f.); ferner *Leibholz* DVBl 1951, 193 (194); *Selmer/Hummel* JböffFin 2012, 385 ff.; zum überpositiven Rang der Gleichheit schon BVerfGE 1, 208 (233); 23, 98 (106 f.); auch *A. Leisner,* Kontinuität als Verfassungsprinzip, 2002, S. 373 f.; auch für Art. 3 II *Ekardt* DVBl 2001, 1171 (1173 f.).

[269] *Sommermann* MKS II, Art. 20 Rn. 321; *Vismann* AK GG, Art. 79 (2002) Rn. 56, 60; anders BVerfGE 30, 1 (25); ua hierauf gestützt verlangt BVerfGE 137, 108 Rn. 82, auch Klarheit der Kompetenzordnung.

[270] Vgl. nur BVerfGE 107, 395 (401 ff.) (Plenum) sowie → Art. 20 Rn. 162; insoweit kann auch die Gewaltenteilung oder die Gesetzmäßigkeit der Verwaltung eingreifen, so die abwM in BVerfGE 30, 1 (33, 40 f.) und dem folgend *Brenner* Staat 32 (1993), 493 (523); *Zacharias* (Fn. 84), S. 94.

[271] *Anding* (Fn. 265), S. 33; *Ohms,* Die verfassungsimmanente Pflicht des Gesetzgebers zur Änderung des Grundgesetzes, 1996, S. 49.

[272] *Robbers* NJW 1989, 1325 (1326); ablehnend *Schwarz,* Vertrauensschutz als Verfassungsprinzip, 2002, S. 543; *Vismann* AK GG, Art. 79 (2002) Rn. 60.

[273] *Ohms* (Fn. 271), S. 82 f., 93; *Uhrig* (Fn. 112), S. 87; *Vismann* AK GG, Art. 79 (2002) Rn. 60.

[274] Sofern kein Widerstand gegen Unbeteiligte legitimiert wird, → Art. 20 Rn. 175.

[275] Jedenfalls iE ebenso *Anding* (Fn. 265), S. 141 f.; *Wegge* (Fn. 40), S. 69 ff.; *Schmahl* JöR nF 55 (2007), 99 (109); *Höfling* HGR V, § 121 Rn. 15; *Sommermann* MKS II, Art. 20 Rn. 355; *Herdegen,* in: Maunz/Dürig, Art. 79 (2014) Rn. 79; ablehnend *Robbers* BK Art. 20 (2008) Rn. 137 ff.

[276] Für die ratio legis *Wittekindt,* Materiell-rechtliche Schranken von Verfassungsänderungen im deutschen und französischen Verfassungsrecht, 2000, S. 103 f.; *Joerden,* Logik im Recht, 2005, S. 359.

[277] BVerfGE 84, 90 (120); *Wegge* (Fn. 40), S. 73 ff.; *Mursviek,* Das Wiedervereinigungsgebot des Grundgesetzes und die Grenzen der Verfassungsänderung, 1999, S. 20 ff., 32 f.; *Möller* (Fn. 14), S. 189 ff.; *Unger* (Fn. 22), S. 194 f.; iE auch *Natus,* Verfassungsmissbrauch durch Zweidrittelmehrheit?, 2017; S. 233 ff.; aA *Tomuschat,* Verfassungsgewohnheitsrecht?, 1972, S. 110.

[278] BVerfGE 84, 90 (120).

selbst ist daher auch ohne ausdrückliche Festlegung[279] unabänderlich. Zur Änderbarkeit des Art. 146
→ Rn. 67.

**2. Änderbarkeit von Art. 79 I, II.** Die Regeln der **Verfassungsänderung** sind **nicht insgesamt** 81
**der Änderung entzogen.**[280] Zwar wäre es der Verfassunggebung *möglich* (gewesen), insoweit eine
starre Fixierung anzuordnen;[281] solches ist aber der Festlegung der Unberührbarkeit in Art. 79 III nicht
zu entnehmen und nicht normlogisch geboten.[282] Vielmehr können durch verfassungsänderndes
Gesetz die formellen Anforderungen an die Änderung des Grundgesetzes erleichtert oder auch verschärft werden.[283] Dies gilt vor allem für die Mehrheiten des Art. 79 II.[284] Eine Änderung des Art. 79
I, die auf die Konzentration des Verfassungsrechts in einer Urkunde verzichtet, wäre möglich;[285] die
Aufgabe des Verfassungsrechts als besonderer Stufe der Rechtsordnung (→ Rn. 7) ist aber durch
Art. 79 III ausgeschlossen (→ Rn. 75).

**3. Überpositive Grenzen?** Das BVerfG hat sogar den Verfassunggeber bindende **überpositive** 82
**Grenzen** anerkannt (→ Art. 20 Rn. 104). Da die dafür maßgeblichen „letzten Grenzen der Gerechtigkeit selbst" in der Bindung an das Recht nach Art. 20 III unberührbar positiviert sind (→ Rn. 77), ist
für Änderungen des Grundgesetzes ein solcher Rückgriff entbehrlich. Ein „allgemeines antinationalsozialistisches Grundprinzip" mit grundrechtsbegrenzender Wirkung kann dem Art. 79 III nicht zugeordnet werden.[286]

## V. Rechtsfolgen unzulässiger Grundgesetzänderungen

Entgegen Art. 79 III erlassene Grundgesetzänderungen sind **verfassungswidrig.**[287] Ein besonderer 83
(Überverfassungs-)Rang (dagegen → Rn. 28) ist dafür nicht Voraussetzung, weil das gegen Art. 79 III
verstoßende Gesetz schon die Entstehungs- und Geltungsvoraussetzungen für Verfassungsrecht nicht
erfüllt. Der BPräs ist nach Maßgabe seines Prüfungsrechts (→ Art. 82 Rn. 6 ff.) weder verpflichtet noch
berechtigt, verfassungswidrige Änderungsgesetze auszufertigen und zu verkünden. Werden die formellen Voraussetzungen des Inkrafttretens gleichwohl erfüllt, ist das verfassungsändernde Gesetz aufgrund
des Vorrangs der Verfassung (→ Art. 20 Rn. 95) **nichtig.**[288] In den bisherigen Sachentscheidungen des
BVerfG sind alle Änderungsgesetze (mehrheitlich)[289] als gültig angesehen worden.[290]

Ein Verstoß gegen Art. 79 III ist nur gegeben, wenn er nicht durch Auslegung der Änderung 84
vermeidbar ist.[291] Der **Auslegung in Konformität zu den Grundsätzen des Art. 79 III** sind aber
(wie allgemein der verfassungskonformen Auslegung, → Einf Rn. 54 f.) Grenzen gezogen, „wo einer
nach Wortlaut und Sinn eindeutigen Vorschrift ein entgegengesetzter Sinn verliehen, der normative
Gehalt der auszulegenden Norm grundlegend neu bestimmt oder das normative Ziel in einem
wesentlichen Punkt verfehlt würde …".[292]

**Weitergehende Rechtsfolgen** sind Art. 79 III **nicht zu entnehmen.** Eine staatliche Pflicht, eine 85
systematische Gefährdung der Grundsätze des Art. 79 III nicht hinzunehmen, mag sich aus Art. 140

---

[279] S. Art. 85 V BadWürtt. Verf.; Art. 20 III BremVerf; Art. 150 III HessVerf; Art. 129 III RhPfVerf.
[280] Dafür *Tosch,* Die Bindung des verfassungsändernden Gesetzgebers an den Willen des historischen Verfassunggebers, 1979, S. 114, 118 ff.; *Murswiek* (Fn. 277), S. 33 f.; *Scriba* (Fn. 18), S. 307 ff.; schon *C. Schmitt* (Fn. 27), S. 103.
[281] So Abs. 3 des dennoch geänderten Art. 129 RhPfVerf 1947; auch Art. 85 V Württ.-Bad. Verf.1946.
[282] *Joerden* (Fn. 276), S. 359; aA *Stern,* StaatsR III/2, S. 1101; *Murswiek* (Fn. 277), S. 33.
[283] *Möller* (Fn. 14), S. 203 ff.; *E. Klein* FS Isensee, 2007, S. 169 (177); *F. Reimer* BK Art. 79 Abs. 1 und 2 (2017)
Rn 226 f.; grundsätzlich auch *Herdegen,* in: Maunz/Dürig, Art. 79 (2014) Rn. 57 ff.; aA zur Erleichterung *Vismann,*
AK GG, Art. 79 (2002) Rn. 40; *Zacharias* (Fn. 84) S. 93; ebenso für den Fall, dass eine Erleichterung den Vorrang
der Verfassung aushebelt *Pieroth,* in: Jarass/Pieroth, Art. 79 Rn. 20.
[284] *Schilling,* Rang und Geltung von Normen in gestuften Rechtsordnungen, 1994, S. 225; auch *Rubel,* in:
Umbach/Clemens II, Art. 79 Rn. 24; aA *Tosch* (Fn. 280), S. 130 ff.
[285] So auch *Schöbener,* in: Friauf/Höfling, Art. 79 (2015) Rn. 60.
[286] Immerhin ausdrücklich dagegen (zu Art. 5 I, II) BVerfGE 124, 300 (330).
[287] *Stern,* StaatsR I, S. 167 f.; *Dreier,* in: Dreier II, Art. 79 III Rn. 14.
[288] AbwM in BVerfGE 30, 1 (33) und BVerfGE 109, 279 (382); *Hain* MKS II, Art. 79 Rn. 40; *Möller* (Fn. 14),
S. 172 ff.; *Wernsmann* Staat 44 (2005), 43 (50 f.).
[289] Anders die abwM in BVerfGE 30, 1 (33 ff.); 109, 279 (382 ff.).
[290] Unmittelbar zu Änderungsgesetzen BVerfGE 30, 1 (3) zu Art. 10 II 2, 19 IV 3; BVerfGE 84, 90 (105, 117 ff.);
94, 12 (34 ff.) zu Art. 143 III und 135a II; BVerfGE 89, 155 (208 f.) zu Art. 88 S. 2; s. auch BVerfGE 3, 225
(Richtervorlage des Art. 117 I GG); für Fälle mittelbarer Prüfung BVerfGE 9, 334 (336) zu Art. 142a; BVerfGE 12,
45 (50 f.) zu Art. 73 Nr. 1; BVerfGE 15, 126 (144 f.) zu Art. 135a; BVerfGE 34, 1 (19 ff.) zu Art. 74a I; BVerfGE 94,
49 (102 ff.), 94, 115 (148), 94, 166 (195) zu Art. 16a; BVerfGE 109, 279 (308 f.) zu Art. 13; BVerfGE 137, 108
Rn. 80 ff. zu Art. 91e. Ferner BVerfGE 4, 294 f.; 83, 37 (59); 89, 155 (179).
[291] BVerfGE 30, 1 (19 f.); 109, 279 (316 f.); auch 34, 9 (20 f.) (bei Bindung an bundesfreundliches Verhalten);
zustimmend *Schlink* Staat 12 (1973), 85 (86 ff.); *Möller* (Fn. 14), S. 177 ff.; *Hain* MKS II, Art. 79 Rn. 31; zur Bindung
an Erforderlichkeit bei Art. 135a BVerfGE 100, 1 (48 f.); dazu → Art. 135a Rn. 7; ablehnend jeweils die abwM,
BVerfGE 30, 1 (33, 34 ff.) und 109, 279 (382, 386 ff.); auch *Schulz* (Fn. 69), S. 377 ff.
[292] BVerfGE 109, 279 (316 f.); nicht ganz klar die abwM, BVerfGE 109, 279 382 (386 ff.); restriktiv *Herdegen,* in:
Maunz/Dürig, Art. 79 (2014) Rn. 82.

iVm Art. 137 V WRV ergeben[293] oder aus den geschützten Grundsätzen selbst. Auch für verfassungsrechtliche Pflichten, durch Änderungen des Grundgesetzes auf Entwicklungen zu reagieren, die zu einer Berührung der Grundsätze führen,[294] ist kein Raum. Ein „Verfassungswandel" (→ Rn. 17), der die Grundsätze des Art. 79 III berühren würde, scheidet aus, weil er deren grundlegende Bedeutung im Verfassungsganzen vernachlässigen müsste.[295]

## Art. 80 [Erlass von Rechtsverordnungen]

(1) **Durch Gesetz können die Bundesregierung, ein Bundesminister oder die Landesregierungen ermächtigt werden, Rechtsverordnungen zu erlassen. Dabei müssen Inhalt, Zweck und Ausmaß der erteilten Ermächtigung im Gesetze bestimmt werden. Die Rechtsgrundlage ist in der Verordnung anzugeben. Ist durch Gesetz vorgesehen, daß eine Ermächtigung weiter übertragen werden kann, so bedarf es zur Übertragung der Ermächtigung einer Rechtsverordnung.**

(2) **Der Zustimmung des Bundesrates bedürfen, vorbehaltlich anderweitiger bundesgesetzlicher Regelung, Rechtsverordnungen der Bundesregierung oder eines Bundesministers über Grundsätze und Gebühren für die Benutzung der Einrichtungen des Postwesens und der Telekommunikation, über die Grundsätze der Erhebung des Entgelts für die Benutzung der Einrichtungen der Eisenbahnen des Bundes, über den Bau und Betrieb der Eisenbahnen, sowie Rechtsverordnungen auf Grund von Bundesgesetzen, die der Zustimmung des Bundesrates bedürfen oder die von den Ländern im Auftrage des Bundes oder als eigene Angelegenheit ausgeführt werden.**

(3) **Der Bundesrat kann der Bundesregierung Vorlagen für den Erlaß von Rechtsverordnungen zuleiten, die seiner Zustimmung bedürfen.**

(4) **Soweit durch Bundesgesetz oder auf Grund von Bundesgesetzen Landesregierungen ermächtigt werden, Rechtsverordnungen zu erlassen, sind die Länder zu einer Regelung auch durch Gesetz befugt.**

**Entstehungsgeschichte: Erstfassung:** JöR nF (1951), 587. – **Änderungen:** 40. G. zur Änd. des GG v. 20.12.1993 (BGBl I 2089), Art. 1 Nr. 3 (dazu: BT-Dr 12/4610, 12/5015 [Entwürfe]; BT-Prot 12/13801, 16958; BR-Dr 130/93, 872/93; BR-Prot 93/149, 622); 41. G. zur Änd. des GG v. 30.8.1994 (BGBl I 2245), Art. 1 Nr. 2 (dazu: BT-Dr 12/7269 [Entwurf]; BT-Prot 12/19 415, 20 804; BR-Dr 114/94, 676/94; BR-Prot 94/71, 377); 42. G. zur Änd. des GG v. 27.10.1994 (BGBl I 3146), Art. 1 Nr. 10 (dazu: BT-Dr 12/6000 [Bericht GemVerfKom], 12/6633 [Entwurf], 12/8399, 12/8423; BT-Prot 12/18086, 20947, 21283; BR-Dr 360/92, 744/94, 834/94; BR-Prot 93/623, 94/462, 505).
**Historische Verfassungstexte: RV 1849:** § 80 S. 3 Er (der Kaiser) verkündigt die Reichsgesetze und erlässt die zur Vollziehung derselben nöthigen Verordnungen. – **WRV: Art. 88** (3) Die Reichsregierung erlässt mit Zustimmung des Reichsrats die Verordnungen, welche Grundsätze und Gebühren für die Benutzung der Verkehrseinrichtungen festsetzen. Sie kann diese Befugnis mit Zustimmung des Reichsrats auf den Reichspostminister übertragen. **Art. 91** Die Reichsregierung erlässt mit Zustimmung des Reichsrats die Verordnungen, die den Bau, den Betrieb und den Verkehr der Eisenbahnen regeln. Sie kann diese Befugnis mit Zustimmung des Reichsrats auf den zuständigen Reichsminister übertragen. – **GG 1949:** (1) *wie geltende Fassung*. (2) Der Zustimmung des Bundesrates bedürfen, vorbehaltlich anderweitiger bundesgesetzlicher Regelung, Rechtsverordnungen der Bundesregierung oder eines Bundesministers über Grundsätze und Gebühren für die Benutzung der Einrichtungen der Bundeseisenbahnen und des Post- und Fernmeldewesens, über den Bau und Betrieb der Eisenbahnen, sowie Rechtsverordnungen auf Grund von Bundesgesetzen, die der Zustimmung des Bundesrates bedürfen oder die von den Ländern im Auftrage des Bundes oder als eigene Angelegenheit ausgeführt werden.
**Geltende Landesverfassungen:** *BW*Verf Art. 61; *Bay*Verf Art. 55 Nr. 2; *Bln*Verf Art. 64 I; *Bbg*Verf Art. 80; *Brem*Verf Art. 124; *Hmb*Verf Art. 53; *Hess*Verf Art. 107, 118; *MV*Verf Art. 57; *Nds*Verf Art. 43; *NRW*Verf Art. 70; *RhPf*Verf Art. 110; *Saar*Verf Art. 104; *Sachs*Verf Art. 75; *LSA*Verf Art. 79; *SchlH*Verf Art. 45; *Thür*Verf Art. 84.
**Supranationale Texte:** AEUV Art. 288.
**Gesetzgebung:** G über Ermächtigungen zum Erlass von Rechtsverordnungen; ZuständigkeitsanpassungsG Art. 56, ZuständigkeitslockerungsG; GO BReg §§ 15 I, 26 II, 30; GO BTag § 92; GGO §§ 62 ff.
**Leitentscheidungen:** BVerfGE 1, 14 (Südweststaat); BVerfGE 8, 274 (Preisbildung); BVerfGE 11, 77 (Landesausgleichsabgabe); BVerfGE 58, 257 (Schulentlassung); BVerfGE 78, 249 (Fehlbelegungsabgabe); BVerfGE 91, 148 (Umlaufverfahren); BVerfGE 101, 1 (Hennenhaltungsverordnung); BVerfGE 114, 196 (Änderung von RVOen durch Gesetzgeber).

**Schrifttum:** *M. Antoni,* Zustimmungsvorbehalte des Bundesrates zu Rechtsetzungsakten des Bundes, AöR 114 (1989), 220; *H. Bauer,* Das Bestimmtheitsgebot für Verordnungsermächtigungen im Europäisierungssog, FS Steinberger, 2002, S. 1061; *ders.,* Parlamentsverordnungen, FS R. Schmidt, 2006, S. 237; *A. v. Bogdandy,* Gubernative Rechtsetzung, 2000; *F. Brosius-Gersdorf,* Der Gesetzgeber als Verordnungsgeber, ZG 2007, 305; *W. Cremer,* Art. 80 Abs. 1 S. 2 GG und Parlamentsvorbehalt – Dogmatische Unstimmigkeiten in der Rechtsprechung des Bundesverfassungsgerichts, AöR 122 (1997), 248; *T. v. Danwitz,* Die Gestaltungsfreiheit des Verordnungsgebers, 1989; *K. Füßer/S. Stöckel,* Das Zitiergebot des Art. 80 I 3 GG und Probleme des Erlasses von „komplexen Artikelverordnungen", NVwZ 2010, 414; *I. Härtel,*

---

[293] Dafür (ua zu Art. 79 III) wohl BVerfGE 102, 370 (392); 139, 321 Rn. 94; BVerwGE 149, 139 Rn. 23; 153, 282 Rn. 25; näher → Art. 140/137 WRV Rn. 29.
[294] *Ohms* (Fn. 271), S. 41 ff.; *Hain* (Fn. 62), S. 78 f.; wie hier *Voßkuhle* Staat 43 (2004), 450 (458); allg. auch *Hornung* (Fn. 19), S. 405 ff.
[295] Im Ergebnis wie hier *Bryde* (Fn. 40), S. 264 ff.; *Wegge* (Fn. 40), S. 39 ff.; *Wittekindt* (Fn. 276), S. 107 f.

Demokratie im europäischen Verfassungsverbund, JZ 2007, 431; *Th. Harks* Die Aufhebung einer Rechtsverordnung nach Wegfall der Verordnungsermächtigung, NVwZ 2016, 1773; *Chr. Helms,* Das verordnungsvertretende Gesetz – eine Stärkung der Landesparlamente?, Diss. Göttingen 2008; *J. Jekewitz,* Deutscher Bundestag und Rechtsverordnungen, NVwZ 1994, 956; *P. Kauch/M. Düsing,* Anforderungen an nationale Rechtsverordnungen zur Konkretisierung von EG-Recht im Lichte des Art. 80 Abs. 1 GG, AUR 2003, 69; *M. Kotulla/M. Rolfsen,* Zur Begründbarkeit von Zustimmungsvorbehalten zu Gunsten des Bundestages beim Erlass von Rechtsverordnungen, NVwZ 2010, 943; *M. Lepa,* Verfassungsrechtliche Probleme der Rechtsetzung durch Rechtsverordnung, AöR 105 (1980), 337; *Th. Mann,* Verordnungsvertretende Landesgesetze – Exempel für den Bedeutungsverlust der Landesparlamente, in: Chr. Brüning/J. Suerbaum (Hrsg.), Die Vermessung der Staatlichkeit, 2013, S. 57; *V. Mehde,* Rechtsetzungen der europäischen und nationalen Verwaltungen, VVDStRL 71 (2012), 418; *Chr. Möllers,* Formloser Sozialstaat gegen rechtsstaatliche Form – Zustimmungsrechte des Bundesrates und Rechtsverordnungsänderung durch den Bundestag, Jura 2007, 932; *F. Ossenbühl,* Rechtsverordnung HStRV³, § 103; *ders.,* Verordnungsänderung durch den Gesetzgeber, FS Merten, 2007, S. 169; *K. Rennert,* Beleihung zur Rechtsetzung?, JZ 2009, 976; *M. Sachs,* Normsetzung (Rechtsverordnung, Satzung), FS Battis, 2014, S. 161; *J. Saurer,* Die Funktionen der Rechtsverordnung, Diss. Bayreuth 2005; *J. Schmidt,* Die Beteiligung des Bundestages beim Erlaß von Rechtsverordnungen, 2002; *H. Schneider,* Gesetzgebung, 3. Aufl. 2002, § 9; *S. Schnelle,* Eine Fehlerfolgenlehre für Rechtsverordnungen, 2007; *Th. Schwarz,* Das Zitiergebot bei Rechtsverordnungen, DÖV 2002, 852; *C. Seiler,* Parlamentarische Einflußnahmen auf den Erlaß von Rechtsverordnungen im Lichte der Formenstrenge, ZG 2001, 50; *U. Stelkens,* Rechtsetzungen der europäischen und nationalen Verwaltungen, VVDStRL 71 (2012), S. 369; *S. Studenroth,* Einflußnahme des Bundestages auf Erlaß, Inhalt und Bestand von Rechtsverordnungen, DÖV 1995, 525; *M. Trips,* Das Verfahren der exekutiven Rechtsetzung, 2006; *A. Uhle,* Parlament und Rechtsverordnung, 1999; *ders.,* Verordnungsänderung durch Gesetz und Gesetzesänderung durch Verordnung?, DÖV 2001, 241; *ders.,* Ein dritter Weg? Anmerkung zur bundesverfassungsgerichtlichen Modifizierung der Rechtsquellenlehre, FS R. Scholz, 2007, S. 381; *ders.,* Die Rechtsverordnung, in: Kluth/Krings (Hrsg.), Gesetzgebung, 2014, § 24.

## Übersicht

## A. Allgemeines

Art. 80 betrifft die Rechtsetzung der vollziehenden Gewalt in der Form v. RVOen. Die Vorschrift **1** räumt der Exekutive, abw. v. manchen Verfassungen des In- u. Auslandes,[1] keine verfassungsunmittelbare (originäre) Kompetenz zur Verordnungsgebung ein. Stattdessen sieht sie ein **gesetzesabhängiges** (derivatives) **Verordnungsrecht** vor (→ Rn. 6).

Art. 80 regelt die rechtsetzende Gewalt der Exekutive **nicht vollständig.**[2] Das macht bereits die **2** Überschrift des Abschnitts („Die Gesetzgebung des Bundes") deutlich, in dem Art. 80 steht. Die v. Abs. 1 S. 1 verlangte Ermächtigung durch „Gesetz" bezieht sich daher nur auf formelle Bundesgesetze (→ Rn. 7). Die **Verordnungsgebung** auf Grund v. **Gesetzen der Länder** fällt daher v. vornherein nicht in den unmittelbaren Anwendungsbereich des Art. 80.[3]

Ebenso wenig ist Art. 80, auch nicht analog, für **Satzungen** (→ Rn. 13) einschlägig,[4] da sich Abs. 1 **3** S. 1 explizit auf „Rechtsverordnungen" beschr. u. Satzungen einen v. RVOen wesensverschied.

---

[1] Vgl. zB Art. 55 Nr. 2 S. 2 BayVerf u. Art. 37 I iVm Art. 34 der Verf. Frankreichs sowie ergänzend *Sommermann* JZ 1997, 434 (435). S. für das GG aber immerhin Art. 119 S. 1, 127, 132 IV. Die Enquete-Kommission Verfassungsreform lehnte die Einführung eines selbstständigen Verordnungsrechts ab (Schlussbericht, BT-Dr 7/5924, 89 f. u. 91 f.).

[2] Vgl. Art. 82 I 2 u. II, 109 IV 2–4, 115k I u. II, 115l I 3, 119 S. 1, 129, ferner 127 u. 132 IV; s. auch BVerfGE 91, 148 (165 ff.).

[3] BVerfGE 58, 257 (277); 107, 1 (15); *Bauer,* in: Dreier II, Art. 80 Rn. 19; *Brenner* MKS II, Art. 80 Rn. 25. Auf Landesebene besteht allerdings eine aus dem Homogenitätsprinzip (Art. 28 Abs. 1 GG) ableitbare Bindung an rechtsstaatl. u. demokratische Grundsätze, die auch in Art. 80 Abs. 1 (gesetzl. Grundlage, Bestimmtheitsgebot) enthalten sind, vgl. BVerfGE 58, 257 (277); 73, 388 (400); BVerwG NVwZ 2003, 95 (96).

[4] So statt aller BVerfGE 12, 319 (325); 33, 125 (157 f.); 49, 343 (362); *Bauer,* in: Dreier II, Art. 80 Rn. 17; *Wallrabenstein,* in: v. Münch/Kunig II, Art. 80 Rn. 27, 32 mwN.

Hintergrund (Verleihung v. Autonomie) haben. Schließlich kommt Art. 80 auch für **Verwaltungs-vorschriften** nicht in Betracht (→ Rn. 12, 13). Gleichwohl hat die Vorschrift erhebliche praktische Bedeutung; dies zeigt schon allein die Tatsache, dass sie bis Ende der 18. Wahlperiode als Basis für rund 9000 RVOen diente.[5] Die große Anzahl v. RVOen offenbart zugleich, in welch hohem Maße sich das Parlament mit Hilfe des Art. 80 hat entlasten können.[6]

4    Die durch Art. 80 ermöglichte Entlastung[7] u. die damit einhergehende Funktionssicherung der Legislative zeigen, dass die Vorschrift Ausdruck des **Effizienzprinzips** ist, wie es unausgesprochen dem GG zugrunde liegt.[8] Dieses Prinzip bedarf allerdings mit Blick auf gegenläufige Prinzipien der Mäßigung, soll Art. 80 nicht zum Mittel des Parlaments werden, rechtsetzende Gewalt dem **Demokratieprinzip** u. dem Grds. der (materiellen) **Gewaltenteilung** zuwider im Übermaß auf die vollziehende Gewalt zu delegieren. Dem BTag erwächst daraus eine der Anwendbarkeit des Art. 80 vorgelagerte **Delegationssperre** (→ Rn. 21). Ist eine Übertragung rechtsetzender Gewalt auf die Exekutive danach nicht unzul., so bedarf das Effizienzprinzip trotzdem noch einer Zügelung, u. zwar weniger mit Rücksicht auf die erwähnten gegenläufigen Prinzipien als vielmehr mit Blick auf das Prinzip der **Rechtssicherheit**. Diesem Zweck dient ein **Delegationsfilter** in Gestalt des sog. Bestimmtheitsgebots, wie es in Abs. 1 S. 2 niedergelegt ist. Er verhindert **Global- und Pauschalermächtigungen** für die der Verordnungsgebung zugänglichen Materien (→ Rn. 23 ff.).

## B. Ermächtigung durch Gesetz und Ermächtigungsadressaten (Abs. 1 S. 1)

### I. Notwendigkeit einer Ermächtigung

5    Abs. 1 S. 1 verlangt, dass bestimmte Organe der Exekutive (→ Rn. 14 ff.) zum Erlass v. RVOen „ermächtigt werden". Die Ermächtigung ist somit der Akt, mittels dessen diesen Organen eine in der Form v. RVOen auszuübende rechtsetzende Gewalt (**Verordnungsgebungskompetenz**) verliehen wird. Das „Ob" der Verordnungsgebung wird meist in das (Entschließungs-)**Ermessen** der zur Rechtsetzung berufenen Organe gestellt. Allerdings kann auch eine **Pflicht** bestehen, v. der Ermächtigung Gebrauch zu machen. Sie kommt entweder durch den Wortlaut der Ermächtigung selbst zum Ausdruck (zB „hat … zu erlassen", „erlässt", „bestimmt durch Rechtsverordnung") o. ergibt sich aus dem Umstand, dass eine v. parlamentarischer Seite erfolgte (gesetzl.) Regelung einer RVO bedarf, um anwendbar o. praktikabel zu sein.[9] Darüber hinaus können derlei Verordnungsgebungspflichten zT auch den Rechtsquellen entnommen werden, die dem Gesetzgeber ihr Handeln gebieten (→ Art. 76 Rn. 14). Das trifft zB für die zahlreichen Ermächtigungen zur Umsetzung v. Richtlinien der Europäischen Union (Art. 288 III AEUV) durch RVO zu, auch wenn in diesen Vorschriften[10] nur die Rede davon ist, dass die BReg bzw. ein BMin RVOen zur Erfüllung bindender Beschlüsse der Europäischen Union erlassen „kann".[11]

### II. Notwendigkeit einer Ermächtigung durch Gesetz

6    **1. Gesetzlicher Totalvorbehalt und Vorrang des Gesetzes.** Die Ermächtigung zum Erlass v. RVOen hat gemäß Abs. 1 S. 1 durch „Gesetz", dh einzelne parlamentsgesetzliche Bestimmungen,[12] zu erfolgen. Eine Kompetenz zur Verordnungsgebung kann der Exekutive daher nur aus einer formellen Gesetzesvorschrift erwachsen, die Teile der bei der Legislative vereinten rechtsetzenden Gewalt auf Organe der Exekutive (u. Rn. 14 ff.) überträgt. Für die Verordnungsgebung gilt folglich ein – v. Vorbehalt des Gesetzes (u. Rn. 21–23) zu unterscheidender[13] – **gesetzlicher Totalvorbehalt.** Die Exe-

---

[5] Vgl. die statistischen Angaben über die Arbeit des Bundesrates bis zu laufenden 19. WP unter: http://www.bundesrat.de/DE/dokumente/statistik/statistik-node.html (Abruf v. 5.1.2020); zur Bedeutung u. Einsatzbreite v. RVOen in der Verfassungspraxis: *Bauer,* in: Dreier II, Art. 80 Rn. 15.

[6] Geschmälert wird dieser Effekt allerdings durch Mitwirkungsvorbehalte zugunsten des BTages (u. Rn. 40), mit denen das Parlament seine (indis/punte) Ermächtigungen versieht.

[7] Ausf. zu dieser u. weiteren grundlegenden Funktionen v. RVOen (am Beispiel des UmweltR) *Saurer,* Die Funktionen der Rechtsverordnung, 2005, S. 63 ff.

[8] Vgl. *Lücke,* Begründungszwang und Verfassung, 1987, S. 85 ff.; ferner *Brenner* MKS II, Art. 80 Rn. 17.

[9] S. nur BVerfGE 13, 248 (254); 16, 332 (338); 78, 249 (272); 79, 174 (194); *v. Danwitz,* Die Gestaltungsfreiheit des Verordnungsgebers, 1989, S. 180 f.; *Lepa* AöR 105 (1980), 337 (346 ff.); *Nierhaus* BK, Art. 80 (1998) Rn. 172, 340 ff. mwN – Zum normativen Ermessen beim Erlass v. RVOen vgl. *Badura* GS Martens, 1987, S. 25 ff. u. *v. Danwitz,* aaO, S. 161 ff.

[10] Vgl. ua §§ 7 IV, 37, 39, 48a I BImSchG; § 65 KrWG; § 23 WHG.

[11] Die Verordnungsgebungspflicht steht freilich unter dem Vorbehalt, dass sich die Legislative nicht entschließt, die Umsetzung der Richtlinie durch Gesetz vorzunehmen.

[12] BVerfGE 24, 184 (196).

[13] Gleichwohl ist Abs. 1 S. 1 – teilw. – auch eine Ausprägung des Vorbehalts des Gesetzes, nämlich insoweit, als dieser für die ihm unterfallenden „wesentlichen" Entsch. verlangt, dass sie auf ein förmliches Gesetz zurückführbar sein müssen; BVerfGE 49, 89 (127).

kutive benötigt demnach für sämtliche RVOen, auch für solche ohne Grundrechtsrelevanz o. mit nichtwesentlichem Inhalt, eine (parlaments-)gesetzl. Grundlage.[14]

Die Ermächtigung muss durch Bundesgesetz ausgesprochen werden (→ Rn. 2). Diese gesetzl. **7** Ermächtigung muss spätestens – soll sie Rechtsgrundlage sein können – zu dem Zeitpunkt **in Kraft getreten** sein, in dem die Ausfertigung der RVO (Art. 82 I 2) erfolgt.[15] Vorkonstitutionelle Ermächtigungen können, sofern sie fortgelten (vgl. Art. 123 I u. 129 III), auch heute noch RVOen tragen. Ein nachträgliches **Erlöschen oder** eine nachträgliche **Änderung der Ermächtigung** lässt den Bestand der auf ihr beruhenden RVOen grds. unberührt.[16]

Die der Exekutive erteilte Verordnungsermächtigung wirkt **nur zuweisend, nicht auch abschie- 8 bend,**[17] dh die Befugnis der Exekutive zur Rechtsetzung hat nur solange Bestand, bis die Legislative die Ermächtigung durch ein gegenläufiges Gesetz beseitigt.[18] Abs. 1 S. 1 gestattet der Legislative nämlich explizit nur, die Exekutive durch Gesetz zum Erlass v. RVOen zu ermächtigen. Demgegenüber ist der Vorschrift nichts darüber zu entnehmen, dass die Exekutive mit ihrer Ermächtigung zur Verordnungsgebung zugleich v. **Vorrang des Gesetzes** (→ Art. 20 Rn. 112) befreit u. auf diese Weise gegen den Gesetzgeber immunisiert werden soll.[19] Daher ist es der Legislative unbenommen, die v. ihr ausgesprochene **Ermächtigung zu kassieren** o. zu novellieren.[20] Auch steht es ihr frei, die auf Grund ihrer Ermächtigung erlassene RVO durch Gesetz ganz oder zT **aufzuheben** oder vollständig zu **ersetzen.**[21]

Lange umstr. war die Konstellation, in der die Legislative den Text der RVO **umformuliert** o. **9 ergänzt,** weil das äußerlich homogen erscheinende Regelungswerk bzgl. seiner neuen Teile nach allg. Regeln dann eigentlich Gesetzesqualität erlangen müsste,[22] ein solches Mischgebilde aber mit dem rechtsstaatl. Gebot der **Rechtssicherheit** (Klarheit des Ranges der Normen; Postulat der Rechtsmittelklarheit; Grds. der Normenwahrheit[23]) konfligiert. Insb. wird die Wahl des richtigen Rechtsschutzes (Normenkontrolle gem. § 47 I VwGO vor dem OVG o. Gesetzesverfassungsbeschwerde nach den §§ 90 ff. BVerfGG?) unzumutbar erschwert. Die verfassungspolit. Kritik an solchen punktuellen Änderungen v. RVOen durch Gesetze[24] berücksichtigend hat sich das BVerfG – nach einer zwischenzeitlich ergangenen, allerdings methodisch nicht überzeugenden Entsch. des BVerwG („formelles Gesetz mit minderem Rang")[25] – aus Gründen der Normenklarheit zu einer die legislatorische Praxis bestätigenden Entsch. Entschlossen. Es hielt es für erforderlich, den durch das Parlament geänderten RVOen einen **einheitlichen Rang** zuzuweisen u. solche Gebilde – insoweit allerdings ohne nähere Begr. – insges. weiter **als RVO** zu qualifizieren.[26] Mit Blick auf die Formenstrenge der Rechtsetzung

---

[14] Im Ergebnis übereinstimmend zB *Bauer,* in: Dreier II, Art. 80 Rn. 20 u. 38; *Wallrabenstein,* in: v. Münch/Kunig II, Art. 80 Rn. 7; *Remmert,* in: Maunz/Dürig, Art. 80 Rn. 4 f., 45; *Nierhaus* BK, Art. 80 (1998) Rn. 85 f., 179 ff.; *Uhle* ZG 2001, 328 (335 ff.); *Rubel,* in: Clemens/Umbach, GG II, Art. 80 Rn. 19; *Brenner* MKS II, Art. 80 Rn. 28; aA *Ossenbühl* HStR V³, § 101 Rn. 62, § 103 Rn. 19, § 104 Rn. 12 f.

[15] Vgl. näher *Lepa* AöR 105 (1980), 337 (357, 366 f.) mwN.; s. auch BVerfGE 34, 9 (21 ff.). Großzügiger *Pieroth,* in: Jarass/Pieroth, Art. 80 Rn. 21; *Wallrabenstein,* in: v. Münch/Kunig II, Art. 80 Rn. 12. Das erst nachträgliche Inkrafttreten einer gesetzl. Ermächtigung kann eine Nichtigkeit nicht heilen, BVerwGE 137, 30 Rn. 20.

[16] Vgl. nur BVerfGE 9, 3 (12); 14, 245 (249); 52, 1 (17); 78, 179 (198 f.); BVerwGE 104, 331 (333); *H. Schneider,* Gesetzgebung, Rn. 262; *Maurer/Waldhoff,* Allg. Verwaltungsrecht, 19 Aufl. 2017, § 13 Rn. 7; *Sachs* FS Battis, 2014, 161 (166); aA *Ossenbühl* HStR V, § 103 Rn. 77; *Rütz* Jura 2005, 821 (823 f.); *Mehde* VVDStRL 71 (2012), 418 (442). Zum Folgeproblem d. Kompetenz zur späteren Aufhebung d. nun rechtsgrundlagenfreien RVO selbst s. *Harks* NVwZ 2016, 1773 ff.; s. auch → Fn. 20.

[17] BVerfGE 114, 196 (232).

[18] Allg. Auffassung, vgl. nur BVerfGE 22, 330 (346); 114, 196 (235 f.); *Brenner* MKS II, Art. 80 Rn. 29.

[19] S. auch *Jekewitz* NVwZ 1994, 956 (957); *Ossenbühl* HStR V, § 103 Rn. 17; *Studenroth* DÖV 1995, 525 (527).

[20] Entscheidet der Gesetzgeber nicht gleichzeitig über d. Schicksal d. auf der Ermächtigung fußenden VO, so bleibt diese grds. in Kraft (→ Rn. 7 mwN), es sei denn, sie steht mit der nunmehr geltenden Gesetzeslage nicht mehr in Einklang. Ebenso gilt eine Ausnahme, wenn Ermächtigung u. RVO eine funktionale Einheit bilden, die einen isolierten Fortbestand der RVO nunmehr sinnlos macht – dies für den Regelfall annehmend *Ossenbühl* HStR V³, § 103 Rn. 77; *Wilke* AöR 98 (1973), 196 (234 f.); *Kotulla* NVwZ 2000, 1263 (1264); wie hier: BVerwG NJW 1990, 849; *Lepa* AöR 105 [1980], 337 [368]; *Ramsauer* AK GG, Art. 80 Rn. 77 f.; *Pieroth,* in: Jarass/Pieroth, Art. 80 Rn. 21; *Bauer,* in: Dreier II, Art. 80 Rn. 57; *Heckmann,* Geltungskraft u. Geltungsverlust von Rechtsnormen, 1997, S. 368 ff.

[21] *Konzak* DVBl 1994, 1107 (1109); *Lepa* AöR 105 (1980), 337 (350 f.); *Remmert,* in: Maunz/Dürig, Art. 80 Rn. 90; *Studenroth* DÖV 1995, 525 (527 mwN., 532, 535 f.). – Etwas and. gilt für Aufhebungen dann, wenn eine Pflicht zur Verordnungsgebung (o. Rn. 5) besteht.

[22] So denn auch BayVGH NJW 2001, 2905; BSG NJW 2004, 1820; *Mann* DÖV 1999, 228 (231); *Uhle* DÖV 2001, 241.

[23] Vgl. BVerfGE 108, 1 (20).

[24] Vgl. etwa *Seiler* ZG 2001, 50 (58 ff.); *Rupp* NVwZ 1993, 756 ff.; *Jekewitz* NVwZ 1994, 956 (957 f.); *Mann,* in: Löwer/Tettinger, Kommentar zur Verfassung des Landes NRW, 2002, Art. 70 Rn. 24 mwN.; *Ossenbühl* JZ 2003, 1066 (1067); *Uhle* DÖV 2001, 241; *ders.* FS R. Scholz, 2007, S. 381 ff.; restriktiv auch *Möllers* Jura 2007, 932 (936).

[25] BVerwGE 117, 313 (317 f.); zustimmend *Sendler* DVBl 2005, 423 ff.; ablehnend *Ossenbühl* JZ 2003, 1066 (1067); *Uhle* DVBl 2004, 1272 (1274 ff.); *Kreiner* BayVBl 2005, 106 (109 ff.).

[26] BVerfGE 114, 196 (235 ff.); ebenso zuvor bereits *H. Schneider,* Gesetzgebung, 3. Aufl. 2002, Rn. 663; zustimmend *Brenner* MKS II, Art. 80 Rn. 30; *v. Coelln,* in: Groepl/Windhorst/v. Coelln, Art. 80 Rn. 14; aA *Haratsch,* in: Sodan, Art. 80 Rn. 7: förml. Bundesgesetz.

u. das Prinzip der Rechtssicherheit sei der Gesetzgeber bei der Änderung v. VerordnungsR aber an das Verfahren nach Art. 76 ff. u. an die Grenzen der Ermächtigungsgrundlage (Art. 80 Abs. 1 S. 2) gebunden. Außerdem dürfe eine Änderung nur iR der Anpassung eines gesamten Sachbereiches erfolgen. Die Zustimmungsbedürftigkeit richte sich indes nicht nach Art. 80 II. Wegen des Verordnungsrangs seien auch die durch Gesetz eingefügten Teile einer RVO einer abermaligen Änderung durch die Exekutive zugänglich; die in den Änderungsgesetzen bis dahin üblichen sog. Entsteinerungsklauseln, mit denen eine „Rückkehr zum einheitl. Verordnungsrang" bewirkt werden sollte,[27] hätten insoweit nur klarstellende Bedeutung.[28] In der Rezeption dieser Entsch. sind die bekannten Argumente (Qualifikation v. Rechtsakten müsse sich formal nach ihrem Urheber richten, Gesetzgeber sei nur zur Gesetzgebung befugt, nicht aber für den Erlass v. RVO, das BVerfG kreiere einen Rechtsformenmix)[29] erneut präsentiert worden,[29] jedoch ohne dass eine überzeugendere Lösung für das verfassungspolit. Grundproblem erkennbar wurde.

**10**  **2. Gesetzesvertretende und gesetzesändernde Rechtsverordnungen.** Unter sog. **gesetzesvertretenden** RVOen werden solche mit (formeller) Gesetzeskraft verstanden.[30] Könnte die Legislative die Exekutive zu derlei gesetzesgleichen RVOen ermächtigen, wären diese wegen ihres Gesetzesranges den Parlamentsgesetzen ebenbürtig u. könnten letztere daher verdrängen. Das widerspricht dem – durch Abs. 1 S. 1 nicht angetasteten – Vorrang des Gesetzes (→ Rn. 8). Gesetzesgleiche (gesetzesvertretende) RVOen sind daher **unzulässig**. Etwas and. gilt nur, wenn der in der Verf. zum Ausdruck kommende Vorrang des Gesetzes durch das GG selbst durchbrochen wird, wie dies in Art. 119 S. 1 geschehen ist.[31]

**11**  Als sog. **gesetzesändernde** RVOen werden jene bezeichnet, die formell-gesetzl. Inhalte abweichend o. neu regeln.[32] Sofern ihnen diese gesetzesverdrängende Eigenschaft nur zukommt, weil sie sich eine (formelle) Gesetzeskraft anmaßen, sind sie **im Allgemeinen unzulässig** (→ Rn. 10). And. verhält es sich, wenn die gesetzesverdrängende Wirkung auf einem ausdr. zugunsten v. RVOen reduzierten – subsidiären – Geltungsanspruch der formellen Gesetze beruht.[33] In diesem Falle nutzen die RVOen lediglich eine ihnen auf Grund einer **gesetzlichen Ermächtigung** gestattete (vgl. z. B. § 51 III EStG) Regelungsmöglichkeit aus. Derlei gesetzesverdrängende RVOen sind daher bei Lichte besehen nicht gesetzesändernd, sondern – wie normale RVOen auch – gesetzesausführend. Sie erweisen sich demnach als verfassungsrechtl. **unbedenklich**.[34]

**12**  **3. Exekutive Rechtsetzung ohne gesetzliche Ermächtigung.** Der Verwaltung kommt ohne gesetzl. Ermächtigung eine über ihren Binnenraum hinauswirkende rechtsetzende Gewalt nur zu, wenn sie eine and. Form als gerade die einer RVO nutzen darf u. wenn sich die Rechtsetzung auf Regelungen beschr., deren normativer Gehalt außerhalb des durch den allg. Vorbehalt des Gesetzes (→ Rn. 21) abgesteckten Bereiches liegt. Praktisch bedeutsam ist dies für die sog. **Verwaltungsvorschriften**.[35] Geben sie sich mit der Regelung nicht-wesentlicher Dinge zufrieden u. kollidieren sie auf diese Weise nicht mit dem Vorbehalt des Gesetzes,[36] dann ist es nicht ausgeschlossen, in ihnen Rechtssätze zu erblicken, denen uU, etwa bei den sog. normkonkretisierenden Verwaltungsvorschriften, eine begrenzte Außenwirkung zukommen kann, in deren Folge sie auch für die Verwaltungsgerichte grundsätzlich verbindlich sind.[37] Allerdings ist diese externe Geltungskraft v. geringerer Intensität als sie RVOen u. and. materiellen Gesetzen eigen ist.[38] Andernfalls hätte es die Exekutive, wenngleich nur für

---

[27] Näher dazu *Mann* DÖV 1999, 228 (231); BMJ, Handbuch der Rechtsförmlichkeit, 3. Aufl. 2008, Rn. 695; *Bauer* FS R. Schmidt, 2006, S. 237 (247); kritisch *Uhle* DÖV 2001, 241 (243 ff.) mwN; *ders.* FS Scholz, 2007, S. 381 (392 ff.); *Brosius-Gersdorf* ZG 2007, 305 (310 ff.).

[28] BVerfGE 114, 196 (238 ff.); aA (konstitutiv) *Haratsch,* in: Sodan, Art. 80 Rn. 8.

[29] Vgl. *Osterloh / Gerhardt* (abwM), BVerfGE 114, 196 (250 ff.); *Bauer* FS R. Schmidt, 2006, S. 237 ff.; *ders.,* in: Dreier II, Art. 80 Rn. 51; *Lenz* NVwZ 2006, 296 (298); *Uhle* FS Scholz, 2007, 381 (385 ff.); *Haratsch,* in: Sodan, GG, Art. 80 Rn. 7 f.; zustimmend hingegen *Sannwald* SHH, Art. 80 Rn. 20.

[30] *Wallrabenstein,* in: v. Münch/Kunig II, Art. 80 Rn. 9 mwN u. *Remmert,* in: Maunz/Dürig, Art. 80 Rn. 99.

[31] So statt aller *Ossenbühl* HStR V, § 103 Rn. 26.

[32] *Lepa* AöR 105 (1980), 337 (352); *Ramsauer* AK GG, Art. 80 Rn. 41; *Reimer,* in: GVwR I, § 9 Rn. 80.

[33] In diesem Kontext gehören auch die sog. „experimentellen RVO", die als modernes Steuerungsinstrument der Exekutive vom gesetzl. Regelungsprogramm erprobungshalber abzuweichen u. somit eigene Regelungskonzepte durchzusetzen; vgl. hierzu *Lindner* DÖV 2007, 1003 ff.

[34] Im Ergebnis übereinstimmend uA BVerfGE 8, 155 (171); *Wallrabenstein,* in: v. Münch/Kunig II, Art. 80 Rn. 10; *Lepa* AöR 105 (1980), 337 (353 ff. mwN); *Ramsauer* AK GG, Art. 80 Rn. 41; *Schilling,* Rang und Geltung von Normen in gestuften Rechtsordnungen, 1994, S. 418 f.; *Reimer* GVwR I, § 9 Rn. 80.

[35] Vgl. zu ihnen näher bes. *Ossenbühl* HStR V, § 104; *Wolff/Bachof/Stober/Kluth,* VerwaltungsR I, 13. Aufl. 2017, § 24 Rn. 18 ff.; *Sauerland,* Die Verwaltungsvorschrift im System der Rechtsquellen, 2005; *Saurer* VerwArch 2005, 249 ff.; *Haase* LKV 2011, 304 ff.

[36] S. zu der damit angespr. Wesentlichkeitstheorie die Rspr. des BVerfG, zB BVerfGE 47, 46 (78 f.); 49, 89 (126 f.); 57, 295 (320 f.); 58, 257 (268 f., 274); 83, 130 (142, 152); 84, 212 (226); 98, 218 (251 f.) sowie u. Rn. 21 f.

[37] BVerwGE 72, 300 (320 f.); 107, 338 (340 f.); 110, 216 (218); 129, 209 Rn. 12; Nds OVG NdsVBl 2004, 307 (308); zur Wirkung v. Arbeitshilfen der Fachministerkonferenzen, zB den TR Bergbau o. den LAI-Hinweise als antizipierte Sachverständigengutachten s. Nds. OVG NdsVBl 2012, 16, 20.

[38] In diesem Sinne ua *Nierhaus* BK, Art. 80 (1998) Rn. 161, sowie *Stern,* StaatsR II, S. 657–661; auch *Ossenbühl* HStR V³, § 104 Rn. 38.

nicht-wesentliche Fragen, kraft ihrer Organisationsgewalt[39] in der Hand, gesetzesunabhängig Rechts-normen mit den Wirkungen einer RVO zu erlassen, ohne den in Art. 80 I für die Verordnungsgebung aufgestellten Erfordernissen genügen zu müssen.

## III. Beschränkung auf Rechtsverordnungen

Art. 80 gestattet den Erlass v. „**Rechtsverordnungen**", nicht aber v. and. Rechtsnormen. RVOen **13** sind Rechtssätze der vollziehenden Gewalt, die ihre Entstehung einer legislativen Ermächtigung ver-danken u. die bezüglich ihrer inhaltlichen Verbindlichkeit den Parlamentsgesetzen gleichstehen. Sie können demnach als v. der Exekutive erlassene gesetzesabhängige Rechtsnormen mit regelm. materiel-ler Außenwirkung begriffen werden.[40] RVOen unterscheiden sich durch ihre Gesetzesabhängigkeit u. exekutive Urheberschaft v. **Parlamentsgesetzen,** durch ihre gesetzesgleiche Außenwirkung v. **Ver-waltungsvorschriften** (→ Rn. 12) sowie durch ihre staatl. Urheberschaft u. ihre nicht Selbstverwal-tungsangelegenheiten betr. Regelungen v. **Satzungen.**[41]

## IV. Unmittelbare Ermächtigungsadressaten (Erstdelegatare)

Nach Abs. 1 S. 1 darf der Gesetzgeber die Kompetenz, RVOen zu erlassen, nur auf die BReg, einen **14** BMin o. die LReg übertragen. **Andere Organe,** etwa der Leiter einer Bundesoberbehörde,[42] können daher nicht Erstdelegatare, sondern – unter den Voraussetzungen des Abs. 1 S. 4 – allenfalls Zweit- o. sonstige Subdelegatare sein (→ Rn. 33 f.). Eine unmittelbare Subdelegation durch den Gesetzgeber ist unzul. Sie widerspricht Abs. 1 S. 1, weil sie dazu führt, dass dritte Organe unter Ausschaltung der grundgesetzlich abschließend festgelegten Erstdelegatare zu unmittelbaren Ermächtigungsadressaten werden.[43]

Unter „**Bundesregierung**" versteht Abs. 1 S. 1 das Kollegium (Art. 62), also den BKanzler u. die **15** Gesamtheit der BMinister. Ihre Kompetenz zur Verordnungsgebung kann die BReg durch Beschl. ausüben, der entweder auf einer Kabinettsitzung o. im Wege eines **Umlaufverfahrens** herbeizuführen ist. Der Beschl. muss der BReg nicht nur formell, sondern auch materiell zurechenbar sein. Dies setzt voraus, dass alle Mitglieder der BReg rechtzeitig u. ausr. Gelegenheit erhalten haben, sich über den RVO-Entwurf zu unterrichten sowie an der Entsch. mitzuwirken; ferner müssen sich hinr. viele Mitglieder der BReg an dem Beschlussverfahren beteiligt u. mit Mehrheit der Vorlage (ausdr. oder – im Falle einer Kabinettsitzung – auch stillschweigend) zugestimmt haben.[44]

Des Weiteren kann „**ein Bundesminister**" Ermächtigungsadressat sein. Dem BKanzler darf mithin **16** eine Verordnungsgebungskompetenz ebenso wenig übertragen werden wie allen Bundesministern en bloc. Hingegen schließt die Formulierung es nicht aus, **mehrere Bundesminister** zum gemeinsamen Erlass einer **(Kollektiv-)VO** zu ermächtigen.[45] Auch verlangt Abs. 1 S. 1 nicht, dass die Delegation einer Materie gerade zugunsten des für diesen Bereich zuständigen Bundesministers erfolgt; Aus-nahmen sind – vorbehaltlich der Beachtung des Willkürlichen – zul. Wird die Geschäftsverteilung unter den BMinistern auf Grund eines Organisationserlasses des BKanzlers geändert, dann gehen die Verordnungskompetenzen für die Bereiche, die nunmehr in die Zuständigkeit eines and. BMinisters fallen, frühestens mit der Bekanntmachung der Änderung auf diesen über (vgl. § 1 ZustAnpG).[46]

Der Gesetzgeber kann u. muss unter den **Ermächtigungsadressaten** „Bundesregierung" u. „ein **17** Bundesminister" ermessensfehlerfrei **auswählen.** Betrifft eine RVO zB Belange v. allg. Gewicht, dann liegt es nahe, die BReg zu ermächtigen. In den Fällen der Art. 109 IV 2, 119 S. 1 u. 132 IV ist die Legislative auf die „Bundesregierung" festgelegt. Den ermächtigten Bundesorganen ist es – falls sachgerecht – unbenommen, ihre aus diversen gesetzl. Quellen entspringenden u. an sich zu getrennten

---

[39] Vgl. zu dieser Rechtsgrundlage der VV statt aller *Ossenbühl* HStRV, § 104 Rn. 76.

[40] So die hM, zB *Nierhaus* BK, Art. 80 (1998) Rn. 142 ff.; *Stern,* StaatsR II, S. 653 mwN.; *Wolff/Bachof/Stober,* VerwaltungsR I, 13. Aufl. 2017, § 25 Rn. 40; *Uhle* BeckOK GG Art. 80 Rn. 2. Teilw. abweichend *Wallrabenstein,* in: v. Münch/Kunig II, Art. 80 Rn. 31, *Ramsauer* AK GG, Art. 80 Rn. 31–33; *Rubel,* in: Clemens/Umbach, GG II, Art. 80 Rn. 10 f.

[41] Vgl. zum Begriff der Satzung ua *Ehlers,* in: Erichsen/Ehlers (Hrsg.), Allg. Verwaltungsrecht, 14. Aufl. 2010, § 2 Rn. 56; *Maurer/Walhoff,* Allg. Verwaltungsrecht, 19. Aufl. 2017, § 4 Rn. 20; *Ruffert* GVwR I, § 17 Rn. 64 ff.

[42] Dazu BVerfGE 8, 155 (163).

[43] S. nur *Wallrabenstein,* in: v. Münch/Kunig II, Art. 80 Rn. 16; *Pieroth,* in: Jarass/Pieroth, Art. 80 Rn. 6; *Stern,* StaatsR II, S. 666 f., 670 mwN; auch BVerfGE 11, 77 (84 ff.); BAGE 24, 158 (167).

[44] BVerfGE 91, 148 (165 ff.); *Bauer,* in: Dreier II, Art. 80 Rn. 23; *Epping* DÖV 1995, 719 ff. mwN – aA BVerwGE 89, 121 (124 ff.).

[45] Zur Abgrenzung dieser auch als „Ermächtigung zur gesamten Hand" bezeichneten (etwa *Ossenbühl* HStR V[3], § 103 Rn. 34) RVOen von sog. „Mischverordnungen" *Brenner* MKS II, Art. 80 Rn. 57; *Mann,* in: Löwer/Tettinger, Kommentar zur Verfassung des Landes NRW, 2002, Art. 70 Rn. 11.

[46] Vgl. nur *Wallrabenstein,* in: v. Münch/Kunig II, Art. 80 Rn. 18; *Uhle* BeckOK GG, Art. 80 Rn. 12; *Uhle,* in: Kluth/Krings, Gesetzgebung, § 24 Rn. 34 f. – aA (Ermächtigung nur an zuständigen BMin) *Sannwald* SHH, Art. 80 Rn. 91; *Brandner/Uwer* DÖV 1993, 107 (111 f.).

RVOen berechtigenden Kompetenzen gebündelt zum Erlass einer einzigen (**unechten Kollektiv-** o. Sammel-)**VO** zu nutzen.[47]

**18**　　Abgesehen v. den behandelten Erstdelegataren auf Bundesebene darf der Gesetzgeber schließlich noch „**die Landesregierungen**" zur (Landes-)Verordnungsgebung ermächtigen. Ob eine solche Übertragung lediglich den Landeskabinetten als Kollegialorganen zu rechtsetzender Gewalt verhilft o. ob sie unmittelbar auch einem für die Materie zuständigen LMinister die Verordnungskompetenz verschafft, beurteilt sich nach dem jeweils einschlägigen Landesverfassungsrecht. Davon zu unterscheiden ist die Frage, ob der Bundesgesetzgeber seinerseits einen o. mehrere **Landesminister** direkt zur Verordnungsgebung ermächtigen darf. Dies ist zu verneinen, wie sich daran zeigt, dass Abs. 1 S. 1 zwar die Alternative „BReg/BMin", nicht aber die „LReg/LMin" kennt.[48] Zur Ersetzung der LandesVO durch Landesgesetz s. Abs. 4 → Rn. 50 ff.

**19**　　Zul. ist es, dass der (Bundes-)Gesetzgeber nicht sämtliche 16 Landesregierungen ermächtigt, sondern – aus sachlichen Gründen – **nur einige.** Demgegenüber ist die Übertragung einer Kompetenz zur Verordnungsgebung auf mehrere **Landesregierungen** zum Erlass einer gemeinsamen **(Kollektiv-) VO** ebenso wenig zul. wie eine entspr. Delegation, die eines der in Abs. 1 S. 1 genannten Bundesorgane zur „gesamthändigen" (Kollektiv-)Verordnungsgebung mit einer o. mehreren Landesregierungen ermächtigt. Dadurch würden länderübergreifende bzw. **föderale Mischzuständigkeiten** begründet. Diese widersprechen – mangels einer ausdr. Zulassung – verfassungsrechtl. Zulassung – der Eigenstaatlichkeit der Länder bzw. dem sich aus der Bundesstaatlichkeit ergebenden Grds. der Kompetenztrennung zw. Bund u. Ländern.[49]

**20**　　Auch **unechte KollektivVOen** (→ Rn. 17), die auf selbständigen, jedoch zur gemeinsamen Verordnungsgebung zusammengefassten Kompetenzen der Landesregierungen u. der BReg o. eines BMinisters beruhen, sind grundsätzlich unzul.[50] Sie würden, soweit sie auf einer Ermächtigung der Landesregierungen fußen, LandesR entstehen lassen,[51] im Übrigen aber BundesR begründen. Eine solchermaßen in ihrem rechtl. Rang geteilte RVO steht mit dem Prinzip der Rechtssicherheit – v. Ausnahmen abgesehen – nicht in Einklang.

## C. Parlamentsgesetzlicher Vorbehalt als Delegationssperre

**21**　　Mit Abs. 1 S. 1 verknüpft, aber logisch vorrangig ist die Frage, ob die Legislative – „durch (Parlaments-)Gesetz" – überhaupt Teile ihrer rechtsetzenden Gewalt auf einen o. mehrere der Erstdelegatare (→ Rn. 14 ff.) übertragen darf. Die Antwort darauf gibt der parlamentsgesetzliche Vorbehalt – meist zu allg. als Parlamentsvorbehalt bezeichnet.[52] Nach der schon angef. (→ Rn. 12) sog. **Wesentlichkeitstheorie** zerfällt der Vorbehalt des Gesetzes – in Parallele zu den auf gleiche Weise differenzierenden grundrechtl. Gesetzesvorbehalten – in einen **parlamentsgesetzlichen** (auf formelle Gesetze beschr.) Vorbehalt u. einen **materiellgesetzlichen** (auch RVOen u. Satzungen einschließenden) **Vorbehalt.**

**22**　　Welcher dieser beiden Vorbehalte einschlägig ist, bemisst sich nach dem **Grad der Wesentlichkeit,** die dem zur Regelung anstehenden normativen Gegenstand beizumessen ist. Normative Angelegenheiten v. bes. Wichtigkeit, zB sehr intensive grundrechtl. Eingriffe o. die Harmonisierung miteinander kollidierender Grundrechte, sind nur einer Regelung durch Parlamentsgesetz zugänglich. Demgegenüber stehen normative Angelegenheiten, denen diese bes. Wichtigkeit fehlt, einer Regelung auch durch eine RVO – auf Grund einer parlamentsgesetzlichen Ermächtigung – offen.[53] Daraus ergibt sich, dass der parlamentsgesetzliche Vorbehalt für die ihm unterfallenden Materien eine Alleinentscheidungskompetenz der Legislative o. – and. gewendet – eine **Delegationssperre** (→ Rn. 4) begründet.

---

[47] Vgl. ergänzend BVerfGE 56, 298 (311); *Wallrabenstein,* in: v. Münch/Kunig II, Art. 80 Rn. 18 f.; *Ossenbühl* HStR V, § 103 Rn. 31; *Pieroth,* in: Jarass/Pieroth, Art. 80 Rn. 10.

[48] Im Ergebnis ebenso BVerfGE 11, 77 (84 ff.); 78, 249 (273 f.); 88, 203 (332); *Wallrabenstein,* in: v. Münch/Kunig II, Art. 80 Rn. 20; *Ossenbühl* HStR V, § 103 Rn. 32; *Pieroth,* in: Jarass/Pieroth, Art. 80 Rn. 7; *Rubel,* in: Clemens/Umbach, GG II, Art. 80 Rn. 40; *Schnapauff,* in: Hömig/Wolff, Art. 80 Rn. 6.

[49] Ähnlich insbes. *Bauer,* in: Dreier II, Art. 80 Rn. 26; *Ossenbühl* HStR V, § 103 Rn. 35 mwN; *Brenner* MKS II, Art. 80 Rn. 61; *Sannwald* SHH, Art. 80 Rn. 94 f.; *Rubel,* in: Clemens/Umbach, GG II, Art. 80 Rn. 44.

[50] Ebenso *Brenner* MKS II, Art. 80 Rn. 61.

[51] Statt aller BVerfGE 18, 407 (414).

[52] Das Wort Parlamentsvorbehalt taugt lediglich als Oberbegriff für den parlamentsgesetzlichen Vorbehalt u. den *schlicht-parlamentarischen Beschlussvorbehalt.* Der parlamentsgesetzliche Vorbehalt „kommt in grundlegenden normativen Bereichen" (BVerfGE 49, 89 [126] mwN) zum Tragen, der schlicht-parlamentarische Beschlussvorbehalt tritt z. B. in Gestalt der parlamentarischen Zustimmungsvorbehalte zu RVOen auf (→ Rn. 42).

[53] In diesem Sinne vor allem BVerfGE 58, 257 (274); ferner BVerfGE 49, 89 (126 f.); 83, 130 (151 f. mit 142); 91, 148 (162 f.); 98, 218 (252); 101, 1 (34) mwN. Ergänzend *Maurer/Waldhoff,* Allg. Verwaltungsrecht, 19. Aufl. 2017, § 6 Rn. 3 ff., bes. 8 u. 11; *Kalscheuer/Jacobsen* DÖV 2018, 523 (525); *Mehde* VVDStRL 71 (2012) 418 (428); teilw. aA *Ossenbühl* HStR V, § 101 Rn. 14 ff., 41 ff. mwN.

## D. Bestimmtheitsgebot (Abs. 1 S. 2) als Delegationsfilter

Abs. 1 S. 2 erfasst als spez. Regelung einen Ausschnitt des allg., ua rechtsstaatl. bedingten u. nicht **23** explizit normierten Bestimmtheitsgebotes.[54] Er statuiert für den Parlamentsgesetzgeber – soweit er durch die Delegationssperre (→ Rn. 22) nicht an der Übertragung rechtsetzender Gewalt auf die Exekutive v. vornherein gehindert ist – die Verpflichtung, „Inhalt, Zweck und Ausmaß der erteilten Ermächtigung" festzulegen.[55] Dieses delegationsrechtl. **Bestimmtheitsgebot** ist demnach nur für normative Gegenstände einschlägig, die dem **materiellgesetzlichen Vorbehaltsbereich** (→ Rn. 21 f.) zugehören o. die zwar gänzlich aus dem Anwendungsfeld des Vorbehalts des Gesetzes herausfallen, aber v. dem – weitergehenden – gesetzl. Totalvorbehalt des Abs. 1 S. 2 (→ Rn. 6) erfasst werden.

Der materiellgesetzliche Vorbehalt (→ Rn. 21) lässt eine **Arbeitsteilung** zw. d. Legislative u. d. **24** Exekutive hinsichtlich der Rechtsetzung über wesentliche, nicht v. einer bes. Wichtigkeit gekennzeichnete Materien zu. Er gestattet mithin, dass d. Rolle des (materiellen) Gesetzgebers – unter parlamentsgesetzlicher „Anseilung" – auch v. Organen der vollzieh. Gewalt ausgeübt werden darf. Ein solcher Kompetenzzuwachs der Exekutive birgt Gefahren für den parlamentarischen Gesetzgeber u. die Bürger, die v. der Verordnungsgebung betroffen werden. Diesen Risiken will Abs. 1 S. 2 durch einen **dreifachen Delegationsfilter** (→ Rn. 4) begegnen, indem er d. Ermächtigung zur Verordnungsgebung v. quantitativen (Bestimmung des „Ausmaßes") u. qualitativen Erfordernissen (Bestimmung d. „Inhalts" u. d. „Zweckes") abhängig macht.

Durch die Notwendigkeit, das **„Ausmaß"** der erteilten Ermächtigung zu bestimmen, untersagt **25** Abs. 1 S. 2 der Legislative „maß"-lose Delegationen, dh **Globalermächtigungen.**[56] Wären sie zul., könnte das Parlament u. unbedacht u. zu umfass. seine Gesetzgebungsgewalt aus der Hand geben. Dies widerspräche dem **Demokratieprinzip** u. dem rechtsstaatl. Grds. der **Gewaltenteilung.** Positiv gewendet enthält Abs. 1 S. 2 deshalb das Gebot zu begrenzten Einzelermächtigungen, aus denen der Legislative deutlich wird, in welchem Umfang sie rechtsetzende Gewalt auf die Exekutive überträgt.

Ferner gibt Abs. 1 S. 2 dem Gesetzgeber auf, den **„Inhalt"** u. den **„Zweck"** der erteilten **26** Ermächtigung zu bestimmen. Er verbietet damit Blanko- bzw. **Pauschalermächtigungen,** aufgrund derer die Exekutive RVOen mit beliebigem materiellen Inhalt erlassen könnte. Eine derartige Unberechenbarkeit widerspricht dem Gebot der Vorhersehbarkeit staatlichen Handelns, wie es die auf das **Rechtsstaatsprinzip** zurückführbare **Rechtssicherheit** im Interesse der Normadressaten verlangt.[57] Der ermächtigende Gesetzgeber ist daher schon allg. v. Verfassungs wegen gehalten, dem Verordnungsgeber Leitlinien u. Orientierungspunkte für dessen Rechtsetzung vorzugeben. In Konkretisierung dieser generellen Anford. legt Abs. 1 S. 2 dem Gesetzgeber die Pflicht auf, seine Ermächtigungen zur Rechtssetzung gegenständlich-konkret („Inhalt") u. richtungweisend-final („Zweck") zu begrenzen.

Das **BVerfG** trennt demgegenüber bei der Interpretation des Abs. 1 S. 2 nicht immer deutlich **27** zw. den drei Merkmalen „Inhalt, Zweck und Ausmaß".[58] Statt dessen hat es deren Auslegung in diversen Wendungen – anfänglich mit der sog. **Vorhersehbarkeitsformel** und/oder **Selbstentscheidungsformel**[59] sowie später mit der sog. **Programmformel**[60] – versucht zu erfassen,[61] die stärker das eine o. and. Element des Bestimmtheitsgebotes zur Geltung bringen bzw. die intensiver entweder den demokratisch-gewaltenteilenden Hintergrund o. den rechtsstaatl.-individualen Bezug

---

[54] Vgl. zu diesem allg. Bestimmtheitsgebot im Einzelnen *Papier/Möller* AöR 122 (1997), 177 ff.

[55] S. ergänzend in diesem Sinne ua *Staupe*, Parlamentsvorbehalt und Delegationsbefugnis, 1986, S. 143 ff.; *Eberle* DÖV 1984, 485 (486 f.); *Nolte* AöR 118 (1993), 378 (400 f.). – aA (Art. 80 I 2 als spez., den Parlamentsvorbehalt verdrängende Regelung) *v. Danwitz*, Die Gestaltungsfreiheit des Verordnungsgebers, 1989, S. 86 ff.; *Busch*, Das Verhältnis des Gesetzes- und Parlamentsvorbehalt, 1992, S. 113 ff., bes. S. 132 f. mwN; *Ramsauer* AK GG, Art. 80 I zum Gesetzes- und Parlamentsvorbehalt; *v. Coelln* GWC, Art. 80 Rn. 9. Überblick zum Meinungsbild über das Verhältnis des Parlamentsvorbehalts zu Art. 80 I 2 bei *Cremer* AöR 122 (1997), 248 (251 ff.); *Nierhaus* FS Stern, 1997, S. 717 (725 ff.) u. *ders.* BK, Art. 80 (1998) Rn. 106 ff.

[56] Klarer insoweit Art. 118 HessVerf, der verlangt, dass „die Befugnis zum Erlass von Verordnungen über bestimmte einzelne Gegenstände, aber nicht die Gesetzgebungsgewalt im Ganzen o. für Teilgebiete übertragen werden" kann.

[57] Vgl. nur BVerfGE 34, 52 (60); 49, 148 (164); *Papier/Möller* AöR 122 (1997), 177 (178 f.).

[58] S. deutlich BVerfGE 38, 348 (357 f.): die besagten Begriffe könnten „nicht jeweils voneinander isoliert betrachtet werden"; aA. BVerfG NJW 1999, 3253 f.; ausf. zur Methode des BVerfG *Cremer* AöR 122 (1997), 248 (255 ff.). Einen ausdifferenzierten Prüfungsansatz verfolgt der VerfGH NRW, vgl. VerfGH NRW OVGE 43, 232 (235); 43, 266 (267 f.).

[59] Vgl. BVerfGE 1, 14 (60); 2, 307 (334); 5, 71 (76 f.); 7, 282 (301); 23, 62 (72); 41, 251 (265 f.); 58, 257 (277); 80, 1 (20).

[60] S. BVerfGE 5, 71 (77); 8, 274 (307 u. 313); 80, 1 (20); auch 41, 251 (265 f.).

[61] S. ergänzend *Hasskarl* AöR 94 (1969), 85 (87 ff.); *Nierhaus* BK, Art. 80 (1998) Rn. 274 ff.; *Pieroth*, in: Jarass/Pieroth, Art. 80 Rn. 13; *Ramsauer* AK GG, Art. 80 Rn. 65–70 mwN; *Sannwald* SHH, Art. 80 Rn. 63 ff.; *Bauer*, in: Dreier II, Art. 80 Rn. 34; *Cremer* AöR 122 (1997), 248 (255 ff.); *Uhle*, in: Kluth/Krings, Gesetzgebung, § 24 Rn. 53.

hervorkehren. Bisweilen kumuliert das BVerfG auch die wesentlichen Gehalte dieser Formeln: An der gem. Art. 80 I 2 „nötigen Beschränkung (fehle es jedenfalls dann), wenn die Ermächtigung so unbestimmt ist, dass nicht mehr vorausgesehen werden kann, in welchen Fällen u. mit welcher Tendenz v. ihr Gebrauch gemacht werden wird u. welchen Inhalt die auf Grund der Ermächtigung erlassenen Verordnungen haben können. Der Gesetzgeber hat also selbst die Entsch. zu treffen, dass bestimmte Fragen geregelt werden sollen; er muss die Grenzen einer solchen Regelung festsetzen u. angeben, welchem Ziel sie dienen soll. Das Gesetz muss mithin selbst schon etwas bedacht u. etwas gewollt haben u. dem Verordnungsgeber ein Programm setzen, das durch die Verordnung erreicht werden soll."[62]

28    Abs. 1 S. 2 enthält seinem Wortlaut nach lediglich die Pflicht, dass Inhalt, Zweck u. Ausmaß der erteilten Ermächtigung „bestimmt werden" müssen, nicht aber *wie* bestimmt, dh mit welcher Konkretheit diese Regelung zu erfolgen hat. Er stellt deshalb eigentlich nur ein **Bestimmungsgebot** (Festlegungsgebot) auf. Zu einem Bestimmtheitsgebot erweitert sich Abs. 1 S. 2 erst, wenn man die demokratisch-gewaltenteilende u. die rechtsstaatl.-individuale Funktion (→ Rn. 25 f.) des Bestimmungsgebotes für die Auslegung fruchtbar macht. Dann zeigt sich, dass es mit der Festlegung v. „Inhalt, Zweck und Ausmaß" nicht getan ist, sondern dass sie mit Blick auf den Verordnungsgeber (bzgl. „Ausmaß" der Ermächtigung) sowie für die v. der RVO potentiell Betroffenen (bzgl. „Inhalt" u. „Zweck" der Ermächtigung) **„hinreichend bestimmt"**[63] sein muss. Die Konkretheit der Bestimmung dieser drei Merkmale hat sich sonach an ihren „Adressaten" zu orientieren.

29    Ob der **Grad der Bestimmtheit** hinr. ist, bemisst sich nach der Bedeutsamkeit der normativen Regelungen, zu denen die Exekutive ermächtigt wird. Je wesentlicher die übertragenen Materien bzw. je schwerw./grundrechtsrelevanter die Auswirkungen für die v. einer RVO potentiell Betroffenen sind, desto größer muss die Bestimmtheit des Ausmaßes bzw. des Inhaltes u. des Zweckes der erteilten Ermächtigung sein.[64] Diese auch für den Vorbehalt des Gesetzes geltende u. aus der Wesentlichkeitstheorie[65] ableitbare Erkenntnis[66] hat gleichfalls iR des Abs. 1 S. 2 ihre Berechtigung. Davon abgesehen hängt der Grad der zu fordernden Bestimmtheit auch v. den Konkretisierungskeiten ab, die ein normativer Regelungsgegenstand auf Grund seiner Eigenart überhaupt zulässt; so sind bei vielgestaltigen Sachverhalten geringere Anford. an die Bestimmtheit zu stellen, desgleichen, wenn zu erwarten ist, dass sich die tatsächl. Verh. alsbald ändern werden.[67]

30    Den Erfordernissen an die **Bestimmtheit** (→ Rn. 25 ff.) muss die Legislative nicht unbedingt in der gesetzl. Ermächtigungsnorm selbst genügen. Vielmehr reicht es aus, wenn sich die notwendige Bestimmtheit **„im Gesetze"**, dh dem gesamten, aus der Ermächtigungsnorm u. weiteren Vorschriften bestehenden Gesetzeswerk, niederschlägt u. durch Auslegung nach allg. gültigen Interpretationsmethoden ermittelt werden kann.[68] Auch bei der **Umsetzung von Unionsrechtsakten** ist der deutsche Gesetzgeber an die Vorgaben des Art. 80 I 2 uneingeschränkt gebunden; der europarechtl. Bezug ändert nichts an den nationalen verfassungsrechtl. Bestimmtheitsanforderungen.[69] Pauschal zur Transformierung v. Unionsrecht befähigende Ermächtigungsgrundlagen[70] sind daher ebenso unzul. wie Ermächtigungen zur Umsetzung v. noch unbenannten zukünftigen Unionsrechtsakten zu einer bestimmten Rechtsmaterie.[71] Zur Wahrung des Bestimmtheitsgebots kann in der Ermächtigungsgrund-

---

[62] BVerfGE 19, 354 (361 f.); 41, 251 (265 f.); 78, 249 (272). Vgl. ergänzend *Wallrabenstein,* in: v. Münch/Kunig II, Art. 80 Rn. 36 ff.; *Ossenbühl* HStRV, § 103 Rn. 20 mwN.

[63] BVerfGE 55, 207 (226); 58, 257 (277 f.); 62, 203 (209 f.); 80, 1 (21); 101, 1 (31); 123, 39 (78).

[64] BVerfGE 58, 257 (277 f.); 62, 203 (210); 76, 103 (143); 113, 167 (269); 120, 274 (315 f.); 139, 19 Rn. 55; BVerwGE 89, 121 (131 f.); 110, 253 (255 f.); 116, 347 Rn. 31; Hess.VGH 12.9.2013, 8 C 1776/12.N, BeckRS 2013, 57026 Rn. 54 ff., 61; *Bauer,* in: Dreier II, Art. 80 Rn. 35 f.; *Brenner* MKS II, Art. 80 Rn. 41; *Pieroth,* in: Jarass/Pieroth, Art. 80 Rn. 15 f.; *Ramsauer* AK GG, Art. 80 Rn. 59; sa *Appel/Eding* NVwZ 2012, 343 (346), zur Grundrechtsrelevanz der VOermächtigung in § 2 II NABEG u. Art. 80 I 2 GG.

[65] Zu ihr vgl. die Nachw. zu → Rn. 12 u. → Art. 20 Rn. 116.

[66] BVerfGE 58, 257 (278); vgl. auch BVerfGE 83, 130 (145) mwN.

[67] So BVerfGE 58, 257 (277 f.); 101, 1 (31 ff.) mwN; BVerwGE 89, 121 (131).

[68] BVerfGE 8, 274 (307); 80, 1 (20 f.) mwN; 85, 97 (104 f.); 91, 148 (163 f.); 130, 151 (199, 203); BVerfG NJW 2013, 1499 (1507); BVerwGE 89, 121 (131).

[69] Vgl. BVerwGE 121, 382 (387); *Sannwald* SHH, Art. 80 Rn. 62; *Bauer* FS Steinberger S. 1061 (1076 f.); *Weihrauch* NVwZ 2001, 265 (268); *Brenner* MKS II, Art. 80 Rn. 43; *Ziekow* JZ 1999, 963 (968); *Ossenbühl* DVBl 1999, 1 (7). And., iS eines unionsrechtlich bedingten Funktionsverlustes des Art. 80 I 2 zB *Calliess* NVwZ 1998, 8 (12 f.); *Meyer zu Brickwedde,* Die Ermächtigung zum Erlaß v. RVO nach Art. 80 I GG zur Ausführung v. GemeinschaftsR, 1987, S. 94 f.; *Nierhaus* BK, Art. 80 (1998) Rn. 321; *Klink,* Pauschale Ermächtigungen zur Umsetzung von Europäischem Umweltrecht mittels Rechtsverordnung, 2005, S. 163 ff., 201 f.

[70] Insbes. betroffen sind umweltrechtliche Ermächtigungen wie § 65 KrWG, § 23 WHG, § 48a BImSchG, § 55 BNatSchG o. § 25 ChemG.

[71] Vgl. *Ossenbühl* DVBl 1999, 1 (7); *Breuer* ZfW 1999, 220 (229); *Weihrauch* NVwZ 2001, 265 (268); *Becker* DVBl 2003, 1487 (1489); *Sannwald* SHH, Art. 80 Rn. 62; aA BVerwGE 121, 382 (386 ff.); BFHE 203, 243 (248); *Härtel* JZ 2007, 431 (434 ff.); *Meyer zu Brickwedde,* Die Ermächtigung zum Erlaß v. RVO nach Art. 80 I GG zur Ausführung v. GemeinschaftsR, 1987, S. 93; *Weber,* Rechtsfragen bei der Durchführung des Gemeinschaftsrechts in der Bundesrepublik, 1987, S. 24 f.; *Nierhaus* BK, Art. 80 (1998) Rn. 320; für eine differenz. Lösung je nach Einzelfall: *Bauer* FS Steinberger, S. 1061 (1078 f.) sowie *ders.,* in: Dreier II, Art. 80 Rn. 37.

lage jedoch auf konkr. Rechtsakte u. Begriffe des Unionsrechts verwiesen werden.[72] Darüber hinaus lassen sich allg. Regeln, wann eine gesetzl. Ermächtigung iSd Abs. 1 S. 2 „bestimmt" ist, nicht aufstellen. Dementsprechend sind die einschlägigen gerichtlichen Entsch. **kasuistisch** geprägt.[73]

## E. Zitiergebot (Abs. 1 S. 3) und Begründungszwang

Abs. 1 S. 3 wendet sich an den gem. Abs. 1 S. 1 durch Bundesgesetz ermächtigten Verordnungs- **31** geber. Er legt diesem im Interesse der **Selbstkontrolle** u. der externen **Richtigkeitskontrolle**[74] die Pflicht auf, die **„Rechtsgrundlage"**, also die konkr. Ermächtigungsvorschrift(en), in der Verordnung anzugeben. Der Verordnungsgeber hat folglich in dem nach Art. 82 I 2 verkündeten Text (zB in der Präambel) die gesetzl. Normen zu zitieren, auf die sich die RVO stützt. Die Benennung muss, soll sie den erwähnten Zwecken des Abs. 1 S. 3 genügen, nach Paragraphen u. ggf. Absätzen, Sätzen usw **spezifiziert** sein.[75] Auch bei Überschneidungen mehrerer, den Verordnungsinhalt alternativ ab- deckender Ermächtigungsgrundlagen verlangt das BVerfG einen vollständigen Nachweis aller in Betracht kommenden Ermächtigungsgrundlagen.[76] Für den Zweck der Selbstkontrolle ist es aber nicht erforderlich, wenngleich gängige Staatspraxis, auch die einschlägige amtliche Fundstelle der Rechts- grundlage, ggf. ergänzt um die Fundstelle der letzten Änderung, hinzuzufügen.[77] Dies dient ebenso der Rechtsklarheit[78] wie die Angabe der zu transformierenden Norm bei der Umsetzung v. UnionsR.[79] Die Pflicht zur Angabe der gesetz. Rechtsgrundlage **bezieht sich auf** die gem. Abs. 1 S. 1 erlassenen **„Rechtsverordnungen"**, dh auf alle Normen, die jeweils zu einer RVO als rechtstechnischer Einheit zusammengefasst worden sind. Daher ist es nicht erforderlich, die (spezifizierten) gesetzl. Rechtsgrund- lagen in der Weise zu zitieren, dass sie einzelnen Vorschriften der RVO zugeordnet werden.[80] Genügt der Verordnungsgeber nicht den durch Abs. 1 S. 3 aufgestellten Erfordernissen, führt dieser **Mangel** zur **Nichtigkeit** der RVO.[81] Eine etwaige Zustimmung des BRates (→ Rn. 35 ff.) o. eine sonstige Mitwirkung (→ Rn. 40 ff.) hat der Verordnungsgeber, weil keine „Rechtsgrundlage" darstellend, zwar nicht nach Abs. 1 S. 3,[82] wohl aber in Erfüllung seiner allg. Begründungspflicht (→ Rn. 32) anzuge- ben. Das Zitiergebot gilt auch im Falle der Subdelegation nach Art. 80 I 4 (→ Rn. 33)[83] sowie für die sog. verordnungsvertretenden Gesetze (→ Rn. 50).

Über das Zitiergebot des Abs. 1 S. 3 u. die in ihm enthaltenen Ansätze eines Begründungszwanges **32** hinaus treffen den Verordnungsgeber ganz allg. den unterschiedlichsten Zwecken (ua Selbstkontrolle, Rechtsschutz) dienende **Begründungspflichten**. Sie ergeben sich aus diversen verfassungsrechtl. Normen (zB Art. 20 III, 19 IV 1) u. deren Harmonisierung mit gegenläufigen verfassungsrechtl. Aussagen (ua Effizienzprinzip; → Rn. 4).[84] Im Einzelfall erwachsen daraus eine – ggü. Verwaltungs- akten u. gerichtlichen Entsch. verminderte – Begründungslast nach innen sowie ein in Präambeln zu RVOen o. auf and. Weise erfüllbarer Rechtfertigungszwang nach außen.[85] Diesem Erfordernis tragen die RVOen gegenwärtig bezüglich einer internen Begründungspflicht nur unvollkommen (s. § 62 II

---

[72] BVerfGE 29, 198 (210); 34, 348 (366); BVerwGE 121, 382 (387); *Ziekow* JZ 1999, 963 (967 f.); *Bauer*, in: FS Steinberger, S. 1061 (1078 f.); allg. zur Umsetzung v. UnionsR durch RVO *Horsch* ZRP 2009, 48 ff.

[73] S. nur BVerfGE 1, 14 (59 f.); 2, 307 (334 f.); 5, 71 (75 ff.); 7, 282 (291 ff.); 10, 251 (255 ff.); 15, 153 (160 ff.); 18, 52 (60 ff.); 19, 370 (375 f.); 20, 257 (268 ff.); 22, 180 (214 f.); 23, 62 (72 ff.); 23, 208 (224 ff.); BVerfG NJW 2013, 1499 (1507) als Beispiele für die gesetzl. Ermächtigung für nichtig erklärten; krit. zur Entwicklung der Rspr. *Saurer*, Die Funktionen der Rechtsverordnung, 2005, S. 265 ff.

[74] Vgl. auch BVerfGE 24, 184 (196); 101, 1 (42) u. *Nierhaus* BK, Art. 80 (1998) Rn. 322 mwN.

[75] *Bauer*, in: Dreier II, Art. 80 Rn. 45; *Pieroth*, in: Jarass/Pieroth, Art. 80 Rn. 22; *Uhle*, in: Kluth/Krings, Gesetz- gebung, § 24 Rn. 70.

[76] BVerfGE 101, 1 (42 ff., insbes. 44); zustimmend *Brenner* MKS II, Art. 80 Rn. 48; *Kauch / Düsing* AUR 2003, 69 (73); aA *Müller-Terpitz* DVBl 2000, 232 (238).

[77] Ebenso BVerwG NJW 1983, 1922; *Brenner* MKS II, Art. 80 Rn. 47; *Pieroth*, in: Jarass/Pieroth, Art. 80 Rn. 22; *Sannwald* SHH, Art. 80 Rn. 84; *Schwarz* DÖV 2002, 852 (853); aA *Nierhaus* BK, Art. 80 (1998) Rn. 342 (i. S. einer Pflicht zur Angabe der Fundstelle).

[78] Laut BVerfGE 101, 1 (42) dient die Kontrollfunktion des Zitiergebots zugleich der Rechtsklarheit.

[79] Eine solche Benennung fordern daher *Kauch / Düsing* AUR 2003, 69 (72 f.); *Schwarz* DÖV 2002, 852 (853); *Nierhaus* BK, Art. 80 (1998) Rn. 327 u. *Härtel* JZ 2007, 431 (437), jedenfalls für sog. Pauschalermächtigungen (s. Rn. 30); aA BVerwGE 118, 70 (73 f.); 121, 382 (386); BFHE 203, 243 (249).

[80] IE ebenso BVerfGE 101, 1 (42) mwN; 136, 69 Rn. 99; *Nierhaus* BK, Art. 80 (1998) Rn. 326; *Schwarz* DÖV 2002, 852 (856); krit. mit Blick auf komplexe ArtikelVO: *Füßer/Stöckel* NVwZ 2010, 414 f.

[81] BVerfGE 101, 1 (42 f.); *Wallrabenstein*, in: v. Münch/Kunig II, Art. 80 Rn. 46 u. *Stern*, StaatsR II, S. 671 mwN; Kritik am starren Nichtigkeitsdogma u. Plädoyer für ein differenziertes Fehlerfolgensystem bei *Schnelle*, Eine Fehler- folgenlehre für Rechtsverordnungen, 2007, S. 304 ff.

[82] *Jekewitz* RuP 1993, 72 (73); *Lörler* ZRP 1996, 361 (364).

[83] BVerfG DVBl 2019, 1400 Rn. 16 ff.

[84] Vgl. ausf. *Kischel*, Die Begründung, 2003, S. 63 ff.; eine aus der Verf. abzuleitende allg. Begründungspflicht für PolizeiVO bejahend *Groß* NordÖR 2015, 476 (471 f.).

[85] S. näher *Lücke*, Begründungszwang und Verfassung, 1987, S. 37 ff.; *Ossenbühl* HStR V, § 103 Rn. 72 ff.; *Brenner* MKS II, Art. 80 Rn. 52, 68–71; *Uhle*, Parlament und Rechtsverordnung, S. 206 ff., 480; *v. Danwitz*, Die Gestal- tungsfreiheit des Verordnungsgebers, 1989, S. 138 ff.; *Kischel*, Die Begründung, 2003, S. 304 ff.; aA *Nierhaus* BK, Art. 80 (1998) Rn. 403 f.

iVm §§ 42 I, 43 I Nr. 5–9 GGO) u. hinsichtlich einer externen Begründungspflicht nahezu[86] gar keine Rechnung, was angesichts der fehlenden Publizität des Verfahrens der VOgebung u. seiner Materialien verfassungswidrig ist.

## F. Weiterübertragung der Ermächtigung (Abs. 1 S. 4)

33      Abs. 1 S. 4 regelt, unter welchen Bedingungen ein nach Abs. 1 S. 1 durch ein (Bundes-)Gesetz ermächtigter Erstdelegatar (→ Rn. 14 ff.) seine Verordnungsgebungskompetenz and. staatl. Organen (Subdelegataren) zukommen lassen darf. Er **verlangt zweierlei:** Erstens: Die Möglichkeit, eine Ermächtigung weiter (zu) übertragen, muss „durch **Gesetz** vorgesehen", also in dem ermächtigenden o. einem and. (formellen) Gesetz des Bundes[87] erkennbar (ganz, teilw., subsidiär etc.) gestattet sein. Zweitens: Die „Übertragung der Ermächtigung", die Subdelegation, muss in „einer **Rechtsverordnung**" ausgesprochen werden. Abs. 1 S. 4 benennt weder den **Kreis der Subdelegatare** noch schreibt er dem die Weiterübertragung zulassenden Gesetzgeber eine entspr. Festlegung vor. Daher steht es im **Ermessen** der Legislative, ob sie die Subdelegatare selbst bestimmt o. ob sie deren ermessensfehlerfrei zu treffende Auswahl dem Erstdelegataren überlässt.

34      Als **Subdelegatare** kommen für die BReg die BMinister (oberste Bundesbehörden) u. die Landesregierungen, für die LReg die LMinister (oberste Landesbehörden) u. für die Minister auf Bundes- u. Landesebene deren nachgeordnete Behörden in Frage. Nicht ausgeschlossen ist auch eine Weiterübertragung der Ermächtigung auf jurist. Personen des öff. Rechts, wie zB auf die Bundesagentur für Arbeit (Körperschaft des öff. Rechts). Nicht zul. ist damit eine Subdelegation auf Private u. and. außerhalb staatl. Verwaltung liegende Sektoren.[88] Die Subdelegation führt abhängig v. der Intention des zulassenden Gesetzes entweder zu einem Verlust der Rechtsetzungskompetenz des Erstdelegatars oder (regelm.) nur zu einer Ausdehnung des Kreises der zur Verordnungsgebung Befugten. Nach dem ermächtigenden Gesetz beurteilt sich auch der Fall, ob ein Subdelegatar seinerseits die ihm durch den Erstdelegatar verschaffte Kompetenz weiter übertragen darf (Abs. 1 S. 4). Praktisch bedeutsam werden kann eine Subdelegation etwa, wenn spez. Fachkenntnisse erforderlich oder regionale Verschiedenheiten zu beachten sind.[89] Das Zitiergebot des Absatz 1 Satz 3 GG gilt bei der Subdelegation: Die subdelegierte RVO muss ihre unmittelbare Ermächtigungsgrundlage in der subdelegierenden RVO angeben, welche wiederum die gesetzl. VO-Ermächtigung u. Ermächtigung zur Subdelegation nennen muss.[90]

## G. Rechtsverordnungen mit Zustimmung des Bundesrates (Abs. 2)

35      Abs. 2 legt (neben Art. 109 IV 3, 119 S. 1 u. 132 IV) fest, welche RVOen einer Zustimmung des Bundesrates bedürfen. Es sind diese **drei Gruppen:**

(1) Bestimmte RVOen der BReg o. eines BMin, die auf das Postwesen, die Telekommunikation u. die Eisenbahnen bezogen sind. Diese **inhaltsbedingten ZustimmungsVOen** fallen zahlenmäßig kaum ins Gewicht. Ihre Zustimmungspflichtigkeit erklärt sich weitgehend hist. aus Art. 88 III u. Art. 91 WRV.[91]

36      (2) RVOen auf Grund v. Zustimmungsgesetzen. Kennzeichnend für diese **rechtsgrundlagebedingten ZustimmungsVOen** ist nach Abs. 2, dass sie ihren „Grund", also ihre Ermächtigungsgrundlage, nicht in Einspruchsgesetzen (→ Art. 77 Rn. 21), sondern in Bundesgesetzen finden, „die der Zustimmung des Bundesrates bedürfen". Unter diesen zustimmungsbedürftigen „Bundesgesetzen" werden meist einschl. deren sämtliche Bestimmungen inklusive einschlägiger Ermächtigungsnormen, also die Gesetze als Ganzes, verstanden.[92] Dementspr. müsse nicht unbedingt eine Ermächtigungsnorm selbst Ursache für die Zustimmungsbedürftigkeit der Bundesgesetze sein. Es genüge vielmehr, dass sich d. Zustimmungsbedürftigkeit der Bundesgesetze nur auf eine beliebige sonstige ihnen angehörende Vorschrift gründet, um die Zustimmungspflichtigkeit einer RVO auszulösen. Diese Auslegung der hM erwiese sich als richtig, wenn Abs. 2 systematisch mit den Vorschriften des GG zusammenhinge, in denen die Zustimmung des BRates zu Bundesgesetzen statuiert ist – was zutrifft[93] – u. wenn in diesen

---

[86] Zur Ausnahme in Fällen der Mitwirkung bei der Verordnungsgebung → Rn. 31 bei Fn. 86.

[87] S. § 1 G über Ermächtigungen zum Erlass v. RVO v. 3.7.1961 (BGBl I 856) u. Art. 29 ZuständigkeitslockerungsG v. 10.3.1975 (BGBl I 685).

[88] *Uhle* BeckOK GG, Art. 80 Rn. 34; *Ossenbühl* HStR V, § 103 Rn. 36; *Lepa* AöR 105 (1980), 337 (359); krit. auch *Rennert* JZ 2009, 976 (978 ff.) am Bsp. der Bundesärztekammer.

[89] Vgl. zum Vorstehenden nur *Ossenbühl* HStR V, § 103 Rn. 36 ff.; *Brenner* MKS II, Art. 80 Rn. 63–67.

[90] BVerfG DVBl 2019, 1400 Rn. 16 ff.

[91] 1993/94 wurde dieser Zustimmungstatbestand im Zuge der rechtl. Neuordnung des Eisenbahn- u. Postwesens an die veränderten Bedingungen angepasst, zu Einzelheiten s. *Brenner* MKS II, Art. 80 Rn. 88 ff.; *Nierhaus* BK, Art. 80 (1998) Rn. 533 ff.

[92] Grundlegend BVerfGE 24, 184 (194 ff., bes. 197 f.); ferner z. B. *Antoni* AöR 114 (1989), 220 (230–232); *Brenner* MKS II, Art. 80 Rn. 96; *Pieroth*, in: Jarass/Pieroth, Art. 80 Rn. 24 ff. mwN – aA *Ossenbühl* AöR 99 (1974), 369 (434 f.) u. *Wilke* AöR 98 (1973), 196 (225 f.).

[93] S. dazu näher die Argumentation in BVerfGE 24, 184 (196 f.).

Fällen (vgl. Auflistung → Art. 77 Rn. 14) unter „Bundesgesetzen" die jeweilige gesetzgebungstechnische Einheit begriffen werden müsste – was zweifelhaft ist. Wie bereits an and. Stelle (→ Art. 77 Rn. 16) dargelegt, ist es insbes. angesichts der Formulierungen in Art. 77 IIa u. III 1 („Soweit" u. nicht „Wenn") überzeugender, unter „Bundesgesetzen" dort **nicht** die **Gesetze als Ganzes** zu verstehen. Konsequenterweise hat dann Gleiches für die der Zustimmung des BRates bedürfenden „Bundesgesetze" iSd Abs. 2 zu gelten. Die Zustimmungspflichtigkeit einer RVO ist in dieser Gruppe folglich davon abhängig, dass die einschlägige Ermächtigungsnorm zumindest auch Ursache für die nach Abs. 2 erforderliche Zustimmungsbedürftigkeit der „Bundesgesetze" ist, u. wenn nicht, dass diese Zustimmungsbedürftigkeit wenigstens durch eine mit der Ermächtigungsnorm untrennbar zusammenhängende Vorschrift ausgelöst wird. Der solchermaßen abgesteckte (enge) Kreis der ZustimmungsVOen ist darüber hinaus auf diejenigen beschr., die v. **Bundesorganen** – kraft einer Erst- o. Subdelegation (Abs. 1 S. 1 u. 4) – erlassen werden. RVOen v. Landesorganen kommen als ZustimmungsVOen schon deshalb nicht in Betracht, weil sie LandesR begründen (→ Rn. 20), die Mitwirkung des BRates aber, wie Art. 50 zeigt, auf die „Gesetzgebung und Verwaltung des Bundes" begrenzt ist.[94]

**(3) RVOen auf Grund v. länderseits auszuführenden Bundesgesetzen.** Zu diesen **vollzugsbeding-** 37 **ten ZustimmungsVOen** zählen gem. Abs. 2 solche, die ihren Rechtsgrund in Bundesgesetzen finden, die „von den Ländern im Auftrage des Bundes oder als eigene Angelegenheit", dh nach Art. 85 o. Art. 83, „ausgeführt werden". Da der Ländervollzug v. Bundesgesetzen den Normalfall bildet, stellen die vollzugsbedingten ZustimmungsVOen die zahlenmäßig bei weitem bedeutsamste Gruppe dar. Mit dem Wort „Bundesgesetze" sind hier grundsätzlich (Stamm-)Gesetze als Ganzes gemeint. Ausnahmsweise erfüllen Teile eines Gesetzes den Begriff, wenn den Ländern lediglich die partielle Ausführung eines Bundesgesetzes gestattet ist[95] u. die für die RVO einschlägige Ermächtigung (auch) diese Teile betrifft.[96] Davon abgesehen kommen als ZustimmungsVOen dieser Kategorie erneut – aus den oben (→ Rn. 36) genannten Gründen – nur diejenigen in Frage, die v. **Bundesorganen** erlassen werden.

Nimmt man diese drei Gruppen zusammen, dann wundert es nicht, dass v. 1949 bis 2017 über 9000 38 u. damit annähernd die Hälfte der auf der Grundlage eines Bundesgesetzes erlassenen RVOen als zustimmungsbedürftig qualifiziert wurden.[97] Die Zustimmungstatbestände des Abs. 2 stehen unter dem **Vorbehalt „anderweitiger bundesgesetzlicher Regelung".** Diese Möglichkeit eröffnet nicht nur die Kompetenz, die Zustimmungsbedürftigkeit einer VO zu beseitigen, sondern umgekehrt auch die Befugnis, das Zustimmungsbedürftigkeit auf weitere VOen auszudehnen (vgl. zB § 68 I, III BBergG, § 7 III TierSchG).[98] Nach der Rspr. des BVerfG stellt es zudem keinen Formenmissbrauch dar, wenn eine Regelung, die als RVO gem. Art. 80 II zustimmungspflichtig wäre, durch ein Gesetz getroffen wird, für das angesichts des Enumerationsprinzips (→ Art. 77 Rn. 14) keine die Zustimmungsbedürftigkeit auslösende Verfassungsbestimmung existiert.[99] Dass ein solches Bundesgesetz keiner Zustimmung des BRates bedarf,[100] ergibt sich aus dem Fehlen eines entspr. Zusatzes, dem für Zustimmungsgesetze geltenden Enumerationsprinzip (→ Art. 77 Rn. 14) u. der Entbehrlichkeit einer solchen Sicherung; die durch den Vorbehalt eröffnete Möglichkeiten darf der Verordnungsgeber nämlich einzig nutzen, wenn ein sachlicher Grund besteht (z.B. Eilbedürftigkeit der RVOen im Falle eines Zustimmungsausschlusses) u. wenn er sie lediglich in begrenzter, die verfassungsgesetzliche Regel nicht verfälschender Weise gebraucht.

Das BKanzleramt leitet die zustimmungspflichtige RVO dem BRat zu (§ 64 GGO). Der BRat hat 39 sodann analog Art. 77 IIa „in angemessener Frist über die **Zustimmung** (gem. Art. 52 III 1) Beschluß zu fassen", dh zu prüfen, ob er der ihm vorgelegten RVO zustimmt (s. ergänzend § 30 I 2 GO BRat) o. sie ablehnt (was nur in etwa 0,6% der Fälle geschieht[101]). Eine lediglich bedingte Zustimmung darf der BRat nur erteilen, wenn dadurch keine Rechtsunsicherheit hervorgerufen wird. Mögl. ist ihm, einer RVO **nach Maßgabe** bestimmter inhaltlicher **Änderungen** zuzustimmen. Die Zulässigkeit eines solchen Maßgabebeschlusses folgt mittelbar aus Abs. 3, der dem BRat weitergehend sogar ein Verordnungsinitiativr einräumt (→ Rn. 44). Die erwünschten Änderungen müssen allerdings einen

---

[94] Vgl. dazu auch *Wallrabenstein,* in: v. Münch/Kunig II, Art. 80 Rn. 57 mwN.

[95] Eine solche Aufspaltung ermöglicht z.B. Art. 87d II für die Luftverkehrsverwaltung; vgl. § 31 I 1 sowie II LuftVG u. → Art. 87d Rn. 36 f.

[96] S. § 32 LuftVG.

[97] Im Zeitraum vom 7.9.1949 bis 8.11.2019 waren es insges. über 9150 RVOen, vgl. http://www.bundesrat.de/ DE/dokumente/statistik/statistik-node.html (Abruf v. 5.1.2020).

[98] Unstr.; s. nur *Wallrabenstein,* in: v. Münch/Kunig II, Art. 80 Rn. 55, 56 u. *Ramsauer* AK GG, Art. 80 Rn. 83 mw N.; vgl. aber Art. 119 S. 1, 132 IV.

[99] BVerfGE 114, 196 (230); aA *Lenz* NVwZ 2006, 296 (297).

[100] Wie hier ua BVerwGE 28, 36 (38 ff.); *Antoni* AöR 114 (1989), 220 (234–236); *Wilke,* in: v. Mangoldt/Klein III, Art. 80 Anm. V 7 c. – aA BVerfGE 28, 66 (77 ff.); *Bauer,* in: Dreier II, Art. 80 Rn. 59; *Wallrabenstein,* in: v. Münch/Kunig II, Art. 80 Rn. 56; *Brenner* MKS II, Art. 80 Rn. 96.

[101] Im Zeitraum v. 1994–2017 wurde nur bei 17 von 2881 RVOen die Zustimmung versagt, vgl. https:// www.bundesrat.de/DE/dokumente/statistik/statistik-node.html (Abruf 5.1.2020).

sachlichen Zusammenhang zu dem Regelungsgegenstand der fraglichen RVO aufweisen.[102] Auch muss ihre Erfüllung dem Verordnungsgeber überhaupt mögl. sein, was z. B. nicht zutrifft, wenn der BRat Änderungen begehrt, die einer durch die RVO umzusetzenden Richtlinie der Europäischen Union widersprechen. Der Maßgabebeschluss stellt eine vorweggenommene Zustimmung für den Fall dar, dass die ermächtigte BReg o. der ermächtigte BMin den Änderungswünschen entspricht.[103] Die Zustimmung ist **Wirksamkeitsvoraussetzung** für die RVOen. Zum (Kollektiv-)Verordnungsgeber (→ Rn. 16, 19) wird der BRat kraft der Zustimmungsbedürftigkeit nicht.

## H. Rechtsverordnungen unter Mitwirkung des Bundestages oder sonstiger Dritter

40    Über die gem. Abs. 2 bestehende Zustimmungsbedürftigkeit v. RVOen (→ Rn. 35 ff.) hinaus schränken Bundesgesetze des Öfteren die Ermächtigung zum Erlass v. RVOen durch sonstige Mitwirkungsvorbehalte zugunsten Dritter ein. Diese mannigfaltigen Vorbehalte äußern sich im außerstaatl. Bereich durch Pflichten zur **„Anhörung"** Sachverständiger u. and. „beteiligter Kreise" (§ 16 KrWG, § 43 I BImSchG). Deren Durchführung muss die Bereitschaft u. Möglichkeit erkennen lassen, die Stellungnahme als informatorische Grundlage in die Abwägungsentscheidung des Gesetzgebers einfließen zu lassen.[104] Im Feld staatl. Zusammenwirkens reichen sie v. vergleichbaren Anhörungsrechten über das **„Einvernehmen"** mit BMinistern (z. B. § 14 III LFGB, § 27 I AWG) u. die **„Zustimmung** des Bundestages"** (ua § 51 II 3, III 2 EStG, § 3 I 4 UVPG) bis zum für den Verordnungsgeber bindenden **Aufhebungsverlangen** des BTages (z. B. § 27 II 3 AWG, § 20 V 2 StabG) u. zur Einräumung der **Kompetenz,** dass die RVO durch Beschl. des BTages **geändert** o. **abgelehnt** werden kann (ua § 292 IV 2 HGB, § 20 II 2 UmweltHG, § 67 S. 3 KrWG).[105]

41    Als verfassungsrechtl. **unbedenklich** erweisen sich derlei Vorbehalte zugunsten des BTages zunächst einmal insoweit, als das GG sie explizit zulässt (was nur für den Sonderfall des Art. 109 IV 4 gilt). Darüber hinaus sind die besagten Vorbehalte verfassungsgemäß, wenn sie sich im Vergleich zu den durch Art. 80 I eröffneten Möglichkeiten einer vollständigen Delegation auf die Exekutive als **Minus**[106] u. nicht als Aliud darstellen. In Anbetracht dessen sind Vorbehalte mit dem GG vereinbar, wenn sie unter der Schwelle eines Mitentscheidungsrechts bleiben (was auf die **Anhörungsvorbehalte** passt[107]) o. wenn sie Dritten zugutekommen, die v. Gesetzgeber sogar als (Mit-)Verordnungsgeber hätten eingesetzt werden können (was für die **Einvernehmensvorbehalte** zugunsten der BMin gilt).

42    Aus dem gleichen Grunde **verfassungsgemäß** sind auch die **Zustimmungsvorbehalte** zugunsten des BTages[108] sowie deren neg. Var., die parlamentarischen **Ablehnungsvorbehalte.** Sie gestehen dem BTag kein – mit Art. 80 unvereinbares – parlamentarisches Verordnungs(initiativ)R zu, sondern beschr. ihn auf die – durch schlichten Parlamentsbeschluss (→ Art. 76 Rn. 5) erfolgende[109] – bloße (Miss-)Billigung der ihm vorzulegenden RVOen. Daher gestatten sie ihm auch nicht die Zustimmung zu RVOen nach Maßgabe bestimmter inhaltlicher Änderungen, wie das dem BRat angesichts seines Verordnungsinitiativrechts (s. Art. 80 III) für die seiner Zustimmung bedürftigen RVOen erlaubt ist (o. Rn. 39).[110] Ebenfalls zul. sind die **Aufhebungsvorbehalte;** sie lassen sich als spez., v. einer

---

[102] Ebenso *Brenner* MKS II, Art. 80 Rn. 103. Verhält es sich and., so muss der BRat – gestützt auf sein VerordnungsinitiativR – selbst der BReg eine Vorlage für den Erlass einer RVO zuleiten. S. aber *Nierhaus/Janz* ZG 1997, 320 (334), die generell „eine Formenwahlfreiheit zwischen einem Maßgabebeschluss nach Art. 80 Abs. 2 GG und einer Verordnungsinitiative nach Art. 80 Abs. 3 GG" annehmen; ferner *Nierhaus* BK, Art. 80 (1998) Rn. 705 ff.

[103] S. ergänzend *Nierhaus* BK, Art. 80 (1998) Rn. 674 ff.; *Riese,* Der Maßgabebeschluss des Bundesrates bei zustimmungsbedürftigen Rechtsverordnungen, Diss. Bonn 1992, S. 72 ff.; *Scholz* DÖV 1990, 455 (456 ff.); *Jekewitz* RuP 1993, 72 (75 ff.).

[104] Vgl. BVerfGE 127, 293 ff., Rn. 103 zum Anhörungserfordernis der Tierschutzkommission nach § 16b I 2 TierSchG; zustimmend *Cirsovius/Maisack* AuR 2011, 273 ff.; krit. *Durner* DVBl 2011, 97 ff.; *Ketterer* NuR 2011, 417 (419); *Stelkens* VVDStRL 71 (2012), 371 (391 ff.).

[105] Vgl. näher zur Typologie der Mitwirkungsvorbehalte *Ossenbühl* HStR V, § 103 Rn. 58 f.; *v. Danwitz,* Die Gestaltungsfreiheit des Verordnungsgebers, 1989, S. 105 ff.; *Mann,* in: *Löwer/Tettinger,* Kommentar zur Verfassung des Landes NW, 2002, Art. 70 Rn. 15 ff.; *Trips,* Das Verfahren der exekutiven Rechtsetzung, 2006, S. 140 ff., 150 ff.

[106] So – Zustimmungsvorbehalte betr. – der richtige Begründungsansatz insbes. des BVerfG (BVerfGE 8, 274 [321]), allerdings mit der für ein argumentum a maiore ad minus unzutr. Einschränkung, dass diese Vorbehalte „jedenfalls für solche Sachbereiche mit dem GG vereinbar (seien), für die ein legitimes Interesse der Legislative anerkannt werden muß, ... sich ... – wegen der Bedeutung der zu treffenden Regelung – entscheidenden Einfluß auf Erlaß und Inhalt der Verordnungen vorzubehalten"; vgl. hierzu auch *Studenroth* DÖV 1995, 525 (530) mwN pro u. contra.

[107] I. E. ebenso ua *Nierhaus* BK, Art. 80 (1998) Rn. 215; *Studenroth* DÖV 1995, 525 (532); *Uhle,* Parlament und Rechtsverordnung, S. 480 f.; krit. *Kotulla/Rolfsen* NVwZ 2010, 943 ff.

[108] BVerfGE 8, 274 (321 f.); ebenso zB *Wallrabenstein,* in: v. Münch/Kunig II, Art. 80 Rn. 23; *Nierhaus* BK, Art. 80 (1998) Rn. 219, 221; *Ossenbühl* HStR V, § 103 Rn. 60; *Studenroth* DÖV 1995, 525 (530 f.); *Uhle,* Parlament und Rechtsverordnung, S. 481 ff.; *Stern,* StaatsR II, S. 664 f.

[109] BVerfGE 8, 274 (323); *Ossenbühl* ZG 1997, 305 (315).

[110] Abw. *Sannwald* SHH, Art. 80 Rn. 119; *Rubel,* in: Umbach/Clemens, GG II, Art. 80 Rn. 54; differenzierend *Uhle,* Parlament und Rechtsverordnung, S. 430 ff.

auflösenden Bedingung – dem Aufhebungsverlangen des BTages – abhängige Zustimmungsvorbehalte begreifen.[111] And. verhielte es sich mit Aufhebungsvorbehalten, die dem BTag selbst die Kompetenz einräumten, eine RVO durch schlichten Parlamentsbeschluss aufzuheben. Ein solcher Vorbehalt wäre verfassungswidrig.[112] Er würde es dem BTag gestatten, v. seiner im Vorrang des Gesetzes zum Ausdruck kommenden Rechtsetzungsprärogative statt durch Gesetz (→ Rn. 8) in Form eines schlichten Parlamentsbeschlusses Gebrauch zu machen, dh auf eine Weise, die das Gesetzgebungsverfahren u. die mit ihm verbundenen Anforderungen umgeht (s. auch → Art. 76 Rn. 5).

**Verfassungswidrig** sind außerdem (erst recht) echte **Änderungsvorbehalte** zugunsten des BTa- **43** ges.[113] Sie verschaffen dem BTag die Kompetenz, durch schlichten Parlamentsbeschluss unter Indienstnahme des Verordnungsgebers diesem Normen aufzudrängen u. auf solche Weise mittelbar eine verdeckte parlamentarische VOgebung zu betreiben. Dergestalt wird der BTag in die Lage versetzt, den Inhalt v. RVOen trotz fehlenden eigenen Initiativrechts (s. Art. 80 III) selbst u. auf ganz konkr. Art zu determinieren, die deutlich über das hinausgeht, was ihm durch nähere Bestimmung des Inhalts, Zweckes o. Ausmaßes (Art. 80 I 2) mögl. wäre. Die Änderungsvorbehalte zugunsten des BTages widersprechen daher ua dem aus Art. 76 ff., 80 u. 82 ersichtlichen System der Rechtsetzung, das streng nach deren Urhebern (Legislative o. Exekutive), deren Entstehungsverfahren u. deren Ergebnis (Parlamentsgesetz o. RVO) trennt. Sie erweisen sich deshalb – verglichen mit einer normalen Ermächtigung ohne Änderungsvorbehalt – nicht als ein durch Art. 80 gedecktes Minus, sondern als ein **unzulässiges Aliud,** da es einen dritten Weg einer Rechtsetzung – nämlich durch schlichten Parlamentsbeschluss – nach der gegenwärtigen Verfassungsrechtslage nicht gibt.[114] Bestätigt wird dieses Resultat durch Art. 80 IV, der materiell zu einer parlamentarischen Verordnungsgebung ermächtigt, für die Wahrnehmung dieser Kompetenz jedoch einen schlichten Parlamentsbeschluss nicht genügen lässt. Will die Legislative daher im Sinne konkr. Änderungen auf den Inhalt v. RVOen einwirken, dann muss sie sich dafür des ihr zustehenden Mittels, eines förmlichen Gesetzes, bedienen u. kraft des Vorranges des Gesetzes (→ Rn. 8) eine RVO ändern, was grundsätzlich zul. ist. Zur Rangfrage bei nachträglichen partiellen Änderungen v. RVOen durch den Gesetzgeber → Rn. 9.

## J. Verordnungsinitiativrecht des Bundesrates (Abs. 3)

Der 1994 angefügte Abs. 3 räumt dem Verfassungsorgan „Bundesrat" als Gesamtheit, also nicht **44** seinen einzelnen Mitgliedern (Art. 51 I 1) o. den Ländern, die Kompetenz („kann") ein, **„Vorlagen",** dh beschlussreife Entwürfe[115] für den Erlass v. RVOen, die seiner Zustimmung bedürfen, der Bundesregierung zuzuleiten. Welche RVOen das sind, ergibt sich insbes. aus Art. 80 II (→ Rn. 35 ff.). Der BRat verfügt insoweit über ein der Regelung für Gesetzesvorlagen (Art. 76 I) vergleichbares **Einbringungsrecht.** Da dieses formelle Recht ohne ein gleichzeitig auf seinen Gegenstand bezogenes materielles Recht sinnlos wäre, liegt dem EinbringungsR – wie schon bei Art. 76 I für Gesetze (→ Art. 76 Rn. 3) – zugleich ein **VO-Vorschlagsrecht** zugrunde. Abs. 3 gewährt dem BRat somit ein VerordnungsinitiativR iwS.

Dieses VO-InitiativR des BRates, der selbst nicht zu den Delegataren einer gesetzl. Ermächtigung **45** gehört, ist mit dem **Wesen** delegierter Rechtsetzung **vereinbar.**[116] Zwar gestattet es dem BRat eine inhaltliche Einflussnahme auf die seiner Zustimmung bedürfenden RVOen. Zum (Kollektiv-)Verordnungsgeber wird der BRat durch Wahrnehmung seines Initiativrechts aber ebenso wenig wie auf Grund seiner Zustimmung zu einer RVO (→ Rn. 39). Vielmehr sind die RVOen nur v. den Delegataren (→ Rn. 14 ff., → Rn. 33 f.) zu verantworten, was darin zum Ausdruck kommt, dass sie allein ohne Mitentscheidungsbefugnis des BRates über den Erlass der RVOen entscheiden (→ Rn. 48). Davon abgesehen war dem BRat eine inhaltliche Einwirkung in gewisser Weise auch schon bisher durch Art. 80 II eröffnet, sei es (aktiv) durch Zustimmung unter bestimmten inhaltlichen Maßgaben

---

[111] So auch *Nierhaus* BK, Art. 80 (1998) Rn. 217, 221; *Studenroth* DÖV 1995, 525 (535 f.); *Brenner* MKS II, Art. 80 Rn. 106; ferner weitestgehend *Uhle,* Parlament und Rechtsverordnung, S. 505 ff.; aA *v. Bogdandy,* Gubernative Rechtsetzung, 2000, S. 415.

[112] Vgl. auch *Studenroth* DÖV 1995, 525 (535 f.).

[113] Ebenso – aus untersch. Gründen – *Bauer,* in: Dreier II, Art. 80 Rn. 31; *Brenner* MKS II, Art. 80 Rn. 107; *Mann,* in: Löwer/Tettinger, Kommentar zur NWVerf., 2002, Art. 70 Rn. 17; *Nierhaus* BK, Art. 80 (1998) Rn. 203 ff.; *Rubel,* in: Umbach/Clemens, GG II, Art. 80 Rn. 53; *Rupp* NVwZ 1993, 756 (757 f.); *Studenroth* DÖV 1995, 525 (534 f.); auch BR-Dr 834/90 (Beschluss); *Hoffmann* DVBl 1996, 347 (350 f.); *Jekewitz* NVwZ 1994, 956 (959 f.); *Konzak* DVBl 1994, 1107 (1110 f.); *Pegatzky,* Parlament und Verordnungsgeber, 1999, S. 149 ff.; *Ramsauer* AK GG, Art. 80 Rn. 50a; *Wallrabenstein,* in: v. Münch/Kunig II, Art. 80 Rn. 26. – aA *Ossenbühl* DVBl 1999, 1 (3 f.); *Schnelle,* Eine Fehlerfolgenlehre für RVO, 2007, S. 46 ff., 55; *Hushahn* JA 2007, 276 (283); *Sannwald* SHH, Art. 80 Rn. 122; differenzierend danach, ob der VOgeber zum VOErlass verpflichtet ist *Uhle,* Parlament und Rechtsverordnung, S. 492 ff. u. *Sommermann* JZ 1997, 434 (436 ff., bes. 440 f.).

[114] S. auch BVerfGE 22, 330 (346); 24, 184 (199); *Stern,* StaatsR II, S. 665.

[115] So die – übertragbare – Deutung des Begriffs „Gesetzesvorlagen" in Art. 76 I (vgl. *Mann,* Art. 76 Rn. 4).

[116] So auch *Nierhaus* BK, Art. 80 (1998) Rn. 807; *Nierhaus/Janz* ZG 1997, 320 (335 f.); *Brenner* MKS II, Art. 80 Rn. 113; aA *Jekewitz* RuP 1993, 20 (25) u. 72 (76); *ders.* NVwZ 1994, 956 (957); *ders.* ZRP 1995, 248 (249).

(→ Rn. 39) oder (passiv) durch wiederholte Ablehnung, so lange, bis die RVO einen dem BRat genehmen Inhalt erlangt hatte.

46     Im Übrigen ist der **BRat** bei Ausübung seines VO-Initiativrechts **nicht völlig frei,** sondern hat den durch die gesetzl. Ermächtigung inhaltlich festgelegten Rahmen zu wahren. Abs. 3 bringt dem BRat somit ggü. dem früheren Rechtszustand keinen echten materiellen Kompetenzgewinn, wohl aber einen **verfahrensmäßigen Vorteil:** Der BRat ist nicht mehr allein auf die Rolle des bloß reagierenden Zustimmungsorgans (Abs. 2) beschr., sondern hat darüber hinaus die Möglichkeit, den Part eines agierenden Urhebers zu übernehmen. Dadurch kann er den VOgeber zu eigenen Erwägungen zwingen (→ Rn. 47) u. eine RVO noch in den Anfängen ihres Entstehens u. damit wirkungsvoller als nach dem alten Rechtszustand beeinflussen.

47     Abs. 3 regelt – entgegen den Vorschlägen der Kommission Verfassungsreform des BRates[117] – bewusst nicht,[118] dass die BReg o. der zuständige BMin als die in Frage kommenden Verordnungsgeber über die **Vorlagen** des BRates in angemessener Frist **Beschluss** zu **fassen** haben. Angesichts des Fehlens einer planwidrigen Unvollständigkeit u. damit einer Gesetzeslücke scheidet eine analoge Heranziehung uU rechtsähnlicher Fristvorschriften, zB Art. 76 III 6 (→ Art. 76 Rn. 31–35), v. vornherein aus. Gleichwohl ist deshalb die Beschlussfassung über die VO-Initiative des BRates nicht in das Belieben der BReg o. des zuständigen BMin gestellt. Der verfassungsändernde Gesetzgeber hat offenbar eine dahingehende ausdr. Bestimmung für überflüssig gehalten, weil die Pflicht der BReg oder des BMin, über die VO-Initiative des BRates in angemessener Frist zu beraten u. zu beschließen, **selbstverständlich** ist. Die fragliche Pflicht wohnt nämlich dem VO-InitiativR inne, da es sonst durch Untätigkeit ausgehebelt o. durch sachwidrige Verzögerung geschmälert werden könnte.[119] Davon abgesehen ergibt sich die Pflicht der BReg o. des BMin, über die VO-Vorlage des BRates in angemessener Zeit zu beschließen, aus dem Grds. der **Verfassungsorgantreue.**[120]

48     Die zu einer RVO ermächtigte BReg bzw. der BMin ist auf Grund des VO-Initiativrechts des BRates nicht gezwungen, sich dessen Vorlage inhaltlich zu eigen zu machen o. überhaupt eine RVO zu erlassen. Entspr. dieser **Freiheit** kann die BReg bzw. der BMin also beschließen, eine RVO abweichenden Inhalts o. gar keine zu erlassen. Etwas and. gilt natürlich, wenn eine normative Verpflichtung o. eine sachliche Notwendigkeit zum Erlass einer RVO besteht (→ Rn. 5). Handelt es sich in diesen Fällen – wie hier – um RVOen, die zugleich der Zustimmung des BRates bedürfen (→ Rn. 44, → Rn. 35 ff.), dann muss ein **Konsens** zw. Verordnungsgeber u. -initiant gefunden werden, der angesichts eines fehlenden Vermittlungsverfahrens nicht immer leicht zu erreichen sein dürfte. Die Suche nach ihm hat sich v. Prinzip der Verfassungsorgantreue (→ Rn. 47) u. den in diesem enthaltenen Gebot der Rücksichtnahme leiten zu lassen.

49     Von seinem **Verordnungsinitiativrecht** hat der BRat bislang nur **zurückhaltend Gebrauch gemacht.**[121] Zudem wurde nicht allen dieser Initiativen Rechnung getragen, so dass der praktische Nutzen des VO-Initiativrechts für den BRat nur gering sein dürfte.

## K. Befugnis der Länder zu verordnungsvertretenden Gesetzen (Abs. 4)

50     Der 1994 angefügte Abs. 4 bezieht sich auf den Fall, dass Landesregierungen (→ Rn. 18 ff.) zum Erlass v. RVOen ermächtigt werden, u. zwar entweder unmittelbar durch Bundesgesetz gem. Art. 80 I 1 (→ Rn. 6 ff.) o. mittelbar auf Grund v. Bundesgesetzen entspr. Art. 80 I 4 (→ Rn. 33 f.). In diesen Konstellationen sollen die Länder auch zu einer Regelung durch Gesetz befugt sein. Die Gliedstaaten sind demnach berechtigt, v. der Ermächtigung an ihre Landesregierungen auch durch den Erlass eines **förmlichen** – verordnungsvertretenden – **Landesgesetzes** Gebrauch zu machen. Den Landesparlamenten erwächst folglich aus Abs. 4 die Kompetenz, eine den Landesregierungen geltende Ermächtigung zur Verordnungsgebung (ganz o. teilw.) für sich alternativ zu derivativer Gesetzgebung zu nutzen.

51     Die Kompetenz der Landesparlamente zu verordnungsvertretenden Gesetzen erfordert, soll sie nicht latent bleiben, dass sie durch eine entspr. **Gesetzesinitiative** aktiviert wird. Ein dahingehender Gesetzentwurf kann v. allen nach LandesverfassungsR Berechtigten eingebracht werden, mithin **auch** von der **LReg.** Der Umstand, dass die LReg für diesen Bereich alternativ über eine selbstständig

---

[117] BR-Dr 360/92, S. 9 (Rn. 47 u. 49).

[118] Vgl. den Bericht der GemVerfKom, BT-Dr 12/6000, S. 38; auch BT-Dr 12/6633, S. 11.

[119] Ebenso *Nierhaus* BK, Art. 80 (1998) Rn. 792; *Bauer,* in: Dreier II, Art. 80 Rn. 66; *Ramsauer* AK GG, Art. 80 Rn. 88 ua; vgl. auch § 63 GGO. – aA (keine Verpflichtung der BReg, auf eine Initiative des BRates nach Art. 80 III zu reagieren) *Hofmann* NVwZ 1995, 134 (137); *Sannwald,* Die Neuordnung der Gesetzgebungskompetenzen u. des Gesetzgebungsverfahrens im Bundesstaat, 1996, S. 50; *ders.* SHH, Art. 80 Rn. 128; *Uhle,* in: Kluth/Krings, Gesetzgebung, § 24 Rn. 83.

[120] *Brenner* MKS II, Art. 80 Rn. 114; ebenso *Nierhaus* BK, Art. 80 (1998) Rn. 794; *Bauer,* in: Dreier II, Art. 80 Rn. 66; *Ramsauer* AK GG, Art. 80 Rn. 88. Allg. zu diesem Grds. *Schenke,* Die Verfassungsorgantreue, 1977 u. BVerfGE 90, 286 (337).

[121] In den letzten 6 WP (1994–2017) hat der BRat in nur 57 Fällen Initiativen i. S. d. Art. 80 III unternommen, vgl. http://www.bundesrat.de/DE/dokumente/statistik/statistik-node.html (Abruf v. 5.1.2020).

ausübbare Kompetenz zu einer inhaltlich gleichwertigen Rechtsetzung mittels RVO verfügt, lässt ihr GesetzesinitiativR nicht entfallen. Der mit Abs. 4 verfolgte **Zweck** gebietet diese Auslegung. Er will den Landesparlamenten eine Zugriffsmöglichkeit auf solche Verordnungsmaterien eröffnen, die sonst nur v. den LReg (und etwaigen Subdelegataren) geregelt werden könnten. Die Vorschrift soll dergestalt „dazu beitragen, die **Handlungsmöglichkeiten der Länderparlamente** zu **stärken**".[122] Mit diesem Zweck wäre es unvereinbar, wenn es den LReg nicht mögl. wäre, das genannte Anliegen durch ein seiner Realisierung dienendes Mittel – eine Gesetzesinitiative – zu fördern. Der Absicht des verfassungsändernden Gesetzgebers, die Landesparlamente im Verh. zu den Landesregierungen aufzuwerten, dürfte es jedoch am ehesten entspr., wenn die für verordnungsvertretende Gesetze erforderliche Gesetzesinitiative **aus der Mitte** der **Volksvertretungen** käme.

Die für eine solche Parlamentsinitiative notwendige **Kenntnis von der konkreten Zugriffsmög-** **52** **lichkeit** ihrer Volksvertretungen können sich die Abg. der Landesparlamente aber in der Regel nicht selbst verschaffen. Das gilt zumindest für Ermächtigungen iSd Art. 80 IV, die neu erteilt o. inhaltlich verändert werden. Daher sind die Abg. bzw. die Landesparlamente diesbezüglich auf eine Unterrichtung durch die LReg angewiesen. Zwar können die Landesparlamente (und deren Ausschüsse) auf Grund des sog. Zitierungsrechts, wie es in den Art. 43 I entspr. Vorschriften der Landesverfassungen normiert ist,[123] im Einzelfall v. den LReg verlangen, über die der parl. Kontrolle unterliegenden Angelegenheiten informiert zu werden, doch zählen dazu solche Gegenstände nicht, die dem „Kernbereich exekutiver Eigenverantwortung" angehören.[124] Weil aber die Verordnungsgebung der LReg grds. zu diesem Bereich gehört, besteht **kein aus dem Zitierungsrecht ableitbares Unterrichtungsrecht,** über die gem. Art. 80 IV ermächtigenden Vorschriften v. der LReg informiert zu werden.[125] Selbst wenn man annähme, wegen der Möglichkeit verordnungsvertretender Gesetze gehöre die Art. 80 IV unterfallende Verordnungsgebung gerade nicht zum „Kernbereich exekutiver Eigenverantwortung", könnte dieses aus dem ZitierungsR abgeleitete UnterrichtungsR angesichts des auf die Anwesenheit eines Mitgliedes der LReg zielenden parlamentarischen Hintergrundes immer nur für bestimmte, einzelne Fälle ausgeübt werden. Vor allem aber bliebe die LReg nicht verpflichtet, v. sich aus zu informieren. Dies ist nur in denjenigen Ländern der Fall, in denen die Landesverfassungen die LReg ausdr. verpflichtet, den LTag über die **Vorbereitung von Verordnungen** „frühzeitig **und vollständig zu unterrichten**".[126] Aber auch diese Maßgabe wird dem Zweck des Art. 80 IV (→ Rn. 51) nicht vollständig gerecht, denn damit erhalten die Parlamente erst zu einem Zeitpunkt Kenntnis, zu dem die LReg bereits eine eigene Rechtsetzung in Erwägung zieht.[127] Verordnungsvertretende Gesetze sind jedoch auch mögl., wenn die LReg (noch) nicht tätig werden will.

Wirkungsvoller ist es, wenn man im Wege der teleologischen Interpretation annimmt, es sei ein **53** entspr. InformationsR der Volksvertretungen u. eine dahingehende **Informationspflicht der Exekutive als konkludent in Art. 80 IV angelegt:** Weil diese Vorschrift die Handlungsmöglichkeiten der Landesparlamente gerade auch ggü. ihren LReg stärken soll (o. Rn. 51), muss ihr unter Berücksichtigung des Grds. der **Verfassungsorgantreue** ein Recht des LTages entnommen werden, v. der LReg unverzüglich über diejenigen bundesrechtl. Verordnungsermächtigungen informiert zu werden, die zum Erlass verordnungsvertretender Gesetze befähigen.[128] Ganz in diesem Sinne haben die Präsidenten der deutschen Landesparlamente eine Verständigung zw. LReg u. LTag dergestalt empfohlen, dass die LReg den LTag „unverzüglich über die Existenz und den Inhalt von Ermächtigungen iSv Artikel 80 IV, die zukünftig erteilt, inhaltlich verändert oder aufgehoben werden" unterrichtet.[129]

Auch **„alte" Ermächtigungen** können für den Erlass verordnungsvertretender Gesetze unabhän- **54** gig davon genutzt werden, ob sie nach Inkrafttreten des Art. 80 IV novelliert wurden o. nicht. Zwar verlangt das GG für die Kompetenz zum Erlass verordnungsvertretender Gesetze, dass die LReg zu RVOen „ermächtigt werden", was als Erfordernis „neuer" Ermächtigungen gedeutet werden könnte. Eine solche restriktive Auslegung verbietet jedoch der auf die Stärkung der Landesparlamente zielende

---

[122] So die Begr. zu Art. 80 IV, BT-Dr 12/6633, S. 11; ausf. *Helms,* Das verordnungsvertretende Gesetz, 2008, S. 115 ff.; zur Kritik an dieser Zielsetzung *Mann,* in: Brüning/Suerbaum (Hrsg.), Vermessung der Staatlichkeit, 2013, 57 (74 f.).

[123] zB in Art. 49 I BlnVerf, Art. 23 I NdsVerf, Art. 45 II NRWVerf, Art. 89 I RhPfVerf

[124] Zutr. heißt es daher bspw. in Art. 51 II SachsVerf: „Die Staatsregierung kann die Beantwortung von Fragen ablehnen, wenn diese den Kernbereich exekutiver Eigenverantwortung berühren …". Vgl. auch BVerfGE 67, 100 (139); 68, 1 (87); 90, 286 (389).

[125] AA *Kremer,* Unterrichtungsrecht der Parlamentsausschüsse über Verordnungsentwürfe, Dt. BT, Wiss. Dienste, Materialien Nr. 44, 1976.

[126] So Art. 94 S. 1 BbgVerf; vgl. auch Art. 39 I 1 u. 2 MVVerf; Art. 25 I 1 u. 2 NdsVerf (beschr. auf RVOen mit Gegenständen „von grundsätzlicher Bedeutung"); Art. 89b I RhPfVerf; Art. 62 I 1 u. 2 LSAVerf; Art. 28 I 1 u. 2 SchlHVerf; Art. 67 IV ThürVerf

[127] And. könnte es sich für Berlin verhalten, da Art. 50 II der Landesverf. den Senat verpflichtet, „über Gesetzesvorhaben des Bundes" das Abgeordnetenhaus zu unterrichten.

[128] *Mann,* in: Brüning/Suerbaum (Hrsg.), Vermessung der Staatlichkeit, 2013, 57 (66 f.); *Nierhaus* BK, Art. 80 (1998) Rn. 866.

[129] Beschl. v. 2.6.1997, abgedruckt ua in LT-Dr RhPf 13/1761, S. 3 unter III. Der Wortlaut einer entspr. Verständigung für Thüringen findet sich in LT-Dr Thür 2/2961.

Zweck des Art. 80 IV.[130] Allerdings müssen die Volksvertretungen v. den LReg erst – unverzüglich – informiert werden, wenn „alte" Ermächtigungen geändert o. aufgehoben werden.[131]

55 Die **Zuständigkeit** der Landtage zum Erlass verordnungsvertretender Gesetze **konkurriert** gleichberechtigt mit der parallelen Kompetenz der einschlägigen LReg, RVOen auf Grund bundesrechtl. Ermächtigungen zu erlassen. Hat eine LReg eine Art. 80 IV unterliegende Kompetenz ausgenutzt, so kann das Landesparlament gleichwohl diese Zuständigkeit im Wege einer Gesetzesinitiative an sich ziehen u. kraft des **Vorrangs des Gesetzes** die v. der LReg erlassene **RVO aufheben** o. jedenfalls (vollständig) ersetzen.[132] Bei umgekehrter zeitlicher Reihenfolge gilt, dass die gubernative Kompetenz jedoch – den Vorrang des Gesetzes antizipierend – verdrängt wird, sobald das Landesparlament seine Zuständigkeit durch einen verordnungsvertretenden Gesetzesbeschluss ausgenutzt hat.[133] Zu einem früheren Zeitpunkt (Einbringung o. parlamentarische Beratung der Gesetzesinitiative) kann diese **Sperrwirkung** nicht eintreten, weil es sonst insbes. eine initiativberechtigte oppositionelle Fraktion in der Hand hätte, das der LReg eingeräumte VerordnungsR zu blockieren, obwohl noch nicht abschließend feststeht, dass das Landesparlament v. seiner Zuständigkeit überhaupt durch einen Gesetzesbeschluss Gebrauch machen wird.[134]

56 Die Landesparlamente können für den Erlass verordnungsvertretender Gesetze auf etwa 150 die LReg ermächtigende Vorschriften zurückgreifen.[135] Auf den ersten Blick scheint ihnen daher durch Abs. 4 ein **reichhaltiges Betätigungsfeld** eröffnet zu sein, so dass die mit der Norm bezweckte Stärkung der landesparlamentarischen Kompetenzen tatsächlich eintreten könnte. Näher betrachtet erweist sich diese Annahme jedoch als **Trugschluss.** Bei den an die LReg (sub-)delegierten Verordnungsmaterien kann es sich v. vornherein nur um solche handeln, die nicht dem parlamentsgesetzlichen Vorbehalt des BTages unterfallen, dh um normative Angelegenheiten, die v. minderer Wichtigkeit sind (→ Rn. 21 f.). Wollen sich die Landesparlamente nicht völlig auf die gleiche Stufe mit den zur Verordnungsgebung ermächtigten Landesregierungen stellen u. sich damit – verfassungspolit. bedenklich – abwerten, so müssen sie aus dem Kreis der potenziellen Ermächtigungen all diejenigen ungenutzt lassen, die lediglich zur Regelung v. Zuständigkeiten o. sonstigen Details berechtigen. Beschr. sie ihren Zugriff stattdessen auf die den LReg zur Verordnungsgebung überlassenen Bereiche v. relativ großer landespolit. Bedeutung,[136] kommen nur noch wenige Ermächtigungen in Betracht.[137] Den seit Jahrzehnten zu beobachtenden Auszehrungsprozess ihrer originären (landes- u. bundesverfassungsrechtl.) Gesetzgebungskompetenzen u. ihren damit verbundenen **Bedeutungsverlust** können die Landesparlamente durch die aus Abs. 4 erwachsende Gesetzgebungskompetenz mithin nur in geringem Maße stoppen. Die Möglichkeit des Art. 80 IV mag vielleicht noch zu einer nicht nennenswerten Stärkung der Landesparlamente im Verh. zu ihren LReg,[138] nicht jedoch ggü. dem BTag führen.[139] Die Landesparlamente werden bei verordnungsvertretenden Gesetzen somit im Wesentlichen **nur als Ausführungsorgane** des Bundes gesetzgeberisch tätig, u. zwar in dem Rahmen, der durch die bundesrechtl. Ermächtigung vorgegeben ist.[140]

57 Darüber hinaus werden auch die Interessen der Bürger geschmälert, denn mit dem durch Abs. 4 gestatteten Austausch einer Rechtsform (RVO) durch eine and. (Gesetz) können **Rechtsschutzeinbußen** verbunden sein.[141] Das betrifft diejenigen Länder, die gem. § 47 I Nr. 2 VwGO für „unter dem Landesgesetz stehende Rechtsvorschriften", also auch für RVOen, ein Normenkontrollverfahren vor dem OVG eingeführt haben, aber ein Verfassungsbeschwerdeverfahren gegen Gesetze, damit auch für solche nach Art. 80 IV, nicht kennen.[142] Die Möglichkeit, die auf Grund des Abs. 4 ergehenden

---

[130] I. E. ebenso *Dette/Burfeind* ZG 1998, 257 (258 f.); *Brenner* MKS II, Art. 80 Rn. 123.

[131] So der „Bericht der Konferenz der Landtagsdirektoren zu verordnungsvertretenden Gesetzen nach Artikel 80 Abs. 4 GG", den die genannte Landtagspräsidentenkonferenz (→ Rn. 53) zustimmend zur Kenntnis nahm; vgl. LT-Dr RhPf 13/1761, S. 6 iVm S. 1.

[132] *Harks* NVwZ 2016, 1773 (1775); Zur (teilw.) Änderung einer derartigen RVO durch den Landesgesetzgeber s. o. Rn. 9.

[133] Ebenso *Jutzi* ZG 1999, 239 (244); *Wagner/Brocker* NVwZ 1997, 759. – Angesichts dieser parlamentarischen Vorrangkompetenz empfiehlt sich – zwecks Vermeidung sinnloser gubernativer Verordnungsentwürfe – eine rechtzeitige Abstimmung zw. LTag u. LReg über die Inanspruchnahme der Gesetzgebungs- bzw. Verordnungsgebungskompetenz; aA (Sperrwirkung erst mit Inkrafttreten des verordnungsvertretenden Gesetzes) *Ramsauer* AK GG, Art. 80 Rn. 95.

[134] Weitere Konstellationen bei *Helms,* Das verordnungsvertretende Gesetz, 2008, S. 63, 73; *Mann,* in: Brüning/Suerbaum (Hrsg.), Die Vermessung der Staatlichkeit, 2013, S. 57 (65 f.).

[135] Vgl. *Wagner/Brocker* NVwZ 1997, 759.

[136] Dafür die Landtagspräsidentenkonferenz (Rn. 53) unter III. 2., abgedr. ua in LT-Dr RhPf 13/1761, S. 3.

[137] Vgl. *Dette/Burfeind* ZG 1998, 257 (269); *Wagner/Brocker* NVwZ 1996, 759 f.

[138] S. a. *Wagner/Brocker* NVwZ 1997, 759.

[139] Vgl. auch *Schütz* NVwZ 1996, 37 (40) u. *Nierhaus* BK, Art. 80 (1998) Rn. 836.

[140] Entspr. neg. Bewertung bei *Nierhaus* BK, Art. 80 (1998) Rn. 838; *Bauer,* in: Dreier II, Art. 80 Rn. 67; *Mann,* in: Brüning/Suerbaum (Hrsg.), Die Vermessung der Staatlichkeit, 2013, S. 57 (73 f.); s. a. OVG SchlH NordÖR 2000, 25.

[141] S. auch *Schütz* NVwZ 1996, 37 f.; *Bauer,* in: Dreier II, Art. 80 Rn. 69; *Brenner* MKS II, Art. 80 Rn. 125 f.; *Helms,* Das verordnungsvertretende Gesetz, 2008, S. 75 ff., 123 f.; aA *Maurer* FS Leisner, 1999, S. 583 (592).

[142] Baden-Württemberg, Bremen, Niedersachsen und Schleswig-Holstein. Demgegenüber kennen Hamb und NW kein Verfassungsbeschwerdeverfahren vor den LVerfG, aber auch kein Normenkontrollverfahren gem. § 47 I Nr. 2 VwGO. S. ergänzend *Sobota* DVBl 1994, 793.

Gesetze mittels einer Verfassungsbeschwerde vor dem BVerfG anzugreifen, ist kein gleichwertiger Ersatz, weil dort and. als vor dem OVG nur eine Rüge v. Grundrechten u. grundrechtsgleichen Rechten, die das GG gewährleistet, mögl. ist. Zudem kann ein Fachgericht eine RVO inzidenter selbst auf ihre Verfassungsmäßigkeit überprüfen u. als verfassungswidrig außer Betracht lassen, während es Gesetze, auch Landesgesetze, die es für verfassungswidrig hält, mit dem Nachteil einer Verzögerung des Rechtsschutzes erst gem. Art. 100 I durch das BVerfG o. das LVerfG kontrollieren lassen muss.[143]

Im Übrigen müssen die verordnungsvertretenden Gesetze den **normalen Anforderungen** genü- 58 gen, die das GG **für den Erlass von RVOen** aufstellt. Diese Gleichbehandlung resultiert aus dem Umstand, dass Abs. 4 lediglich einen Austausch der Rechtsformen (Gesetz statt RVO) u. ihrer Schöpfer (LTag statt LReg) ermögl., er jedoch diese alternative Rechtsetzung nicht v. den Erfordernissen befreit, die für die RVOen gelten, an deren Stelle die Gesetze treten sollen. Daher müssen die besagten Gesetze durch die bundesrechtl. **Ermächtigungen gedeckt** sein, die für die entspr. RVOen einschlägig sind. Angesichts dieser Unselbstständigkeit haben die verordnungsvertretenden Gesetze auch dem **Zitiergebot** (→ Rn. 31 f.) zu genügen;[144] es muss also die bundesrechtl. Ermächtigung der LReg zur Verordnungsgebung auch in dem verordnungsvertretenden Gesetz angegeben werden.[145]

## Art. 80a [Spannungsfall]

(1) **Ist in diesem Grundgesetz oder in einem Bundesgesetz über die Verteidigung einschließlich des Schutzes der Zivilbevölkerung bestimmt, daß Rechtsvorschriften nur nach Maßgabe dieses Artikels angewandt werden dürfen, so ist die Anwendung außer im Verteidigungsfalle nur zulässig, wenn der Bundestag den Eintritt des Spannungsfalles festgestellt oder wenn er der Anwendung besonders zugestimmt hat. Die Feststellung des Spannungsfalles und die besondere Zustimmung in den Fällen des Artikels 12a Abs. 5 Satz 1 und Abs. 6 Satz 2 bedürfen einer Mehrheit von zwei Dritteln der abgegebenen Stimmen.**

(2) **Maßnahmen auf Grund von Rechtsvorschriften nach Absatz 1 sind aufzuheben, wenn der Bundestag es verlangt.**

(3) **Abweichend von Absatz 1 ist die Anwendung solcher Rechtsvorschriften auch auf der Grundlage und nach Maßgabe eines Beschlusses zulässig, der von einem internationalen Organ im Rahmen eines Bündnisvertrages mit Zustimmung der Bundesregierung gefaßt wird. Maßnahmen nach diesem Absatz sind aufzuheben, wenn der Bundestag es mit der Mehrheit seiner Mitglieder verlangt.**

**Entstehungsgeschichte: Erstfassung:** 17. G. zur Erg. des GG v. 24.6.1968 (BGBl I 709), § 1 Nr. 13 (dazu: BT-Dr V/1879 [Entwurf]; BT-Prot V/5856, 9313, 9413, 9609; BR-Dr 162/67, 303/68; BR-Prot 67/51, 68/138).

**Schrifttum:** *W. Daleki,* Art. 80a und die Maßnahmen zur Erhöhung der Verteidigungsbereitschaft, Diss. Hamburg 1985; *ders.,* Die Regelungen über den Spannungsfall und ihre gesetzestechnischen Mängel, DVBl 1986, 1031; *K. Ipsen,* Die Bündnisklausel der Notstandsverfassung, AöR 94 (1969), 554; *H. H. Klein,* Dienstpflichten und Spannungsfall, Der Staat 8 (1969), 363, 479; *G. Krings/Chr. Burkiczak,* Bedingt abwehrbereit?, DÖV 2002, 501; *T. Mertins,* Der Spannungsfall – eine Untersuchung zur Notstandsverfassung des Grundgesetzes unter besonderer Berücksichtigung der Abwehr terroristischer Gefahren, Diss. Göttingen 2012; *W. März,* Äußerer Staatsnotstand HStR XII[3], § 281.

## A. Allgemeines

Art. 80a wurde 1968 durch die sog. Notstandsnovelle in das GG eingefügt.[1] Die Vorschrift eröffnet 1 in Fällen des **äußeren Notstands** die Anwendbarkeit bestimmter an ihn gekoppelter Rechtsvorschriften. Die „Entsperrung" kann außer im **Verteidigungsfall** (Art. 115a I 1) in dessen **Vorstufen** erfolgen, nämlich im Spannungsfall (Abs. 1 S. 1 1. Alt.), im Zustimmungsfall (Abs. 1 S. 1 2. Alt.) oder

---

[143] Ausnahmen vom sog. Verwerfungsmonopol des BVerfG in Fällen verordnungsvertretender Gesetze befürworten *Schütz* NVwZ 1996, 37 (38 ff.) und *Nierhaus* BK, Art. 80 (1998) Rn. 875, 894 f., 916 f. Selbst wenn man dieser – mit dem Wortlaut der Art. 100 I 2, 2. Alt. („Landesgesetz") und „der Gleichwertigkeit sämtlicher förmlicher Gesetze desselben Gesetzgebers" (abwM des Richters *Steinberger,* BVerfGE 70, 59 [66]) – nicht zu vereinbarenden Auslegung (abl. auch *Sommermann* JZ 1997, 434 [440]) folgte, wäre damit nur ein Randargument entkräftet.

[144] Baden-Württemberg, Bremen, Niedersachsen und Schleswig-Holstein. Demgegenüber kennen Hamb und NW kein Verfassungsbeschwerdeverfahren vor den LVerfG, aber auch kein Normenkontrollverfahren gem. § 47 I Nr. 2 VwGO. S. ergänzend *Sobota* DVBl 1994, 793.

[145] Ausnahmen vom sog. Verwerfungsmonopol des BVerfG in Fällen verordnungsvertretender Gesetze befürworten *Schütz* NVwZ 1996, 37 (38 ff.) und *Nierhaus* BK, Art. 80 (1998) Rn. 875, 894 f., 916 f. Selbst wenn man dieser – mit dem Wortlaut der Art. 100 I 2, 2. Alt. („Landesgesetz") und „der Gleichwertigkeit sämtlicher förmlicher Gesetze desselben Gesetzgebers" (abwM des Richters *Steinberger,* BVerfGE 70, 59 [66]) – nicht zu vereinbarenden Auslegung (abl. auch *Sommermann* JZ 1997, 434 [440]) folgte, wäre damit nur ein Randargument entkräftet.

[1] Eing. zur Entstehungsgeschichte *Mertins,* Der Spannungsfall, 2012, S. 57 ff.

im Bündnisfall (Abs. 3). Der innere Notstand (Art. 91) wird nicht erfasst, wie sich aus der Entstehungsgeschichte u. aus der Gleichbehandlung von Spannungs- u. Verteidigungsfall in Art. 87a III ergibt.

## B. Spannungsfall (Abs. 1 S. 1 1. Alt.)

**2**     Der „Spannungsfall" ist im GG **nicht definiert** worden. Da er eine Vorstufe des Verteidigungsfalles darstellt, hat man unter ihm eine außenpolit. Konfliktsituation zu verstehen, die mit großer Wahrscheinlichkeit zum Verteidigungsfall führen wird u. daher Maßnahmen zur Erhöhung der Verteidigungsbereitschaft gebietet,[2] was auch bei „modernen" Spannungslagen, z. B. konkr. (staats-)terroristischen Bedrohungen der Fall sein kann.[3] Als „politische Krisenprognose"[4] muss der Spannungsfall v. BTag mit **Zweidrittelmehrheit festgestellt** werden (Abs. 1 S. 2). Die Feststellung bedarf aus rechtsstaatl. Gründen einer öff. Bekanntmachung. Analog zu Art. 115a III ist sie daher grundsätzlich v. Bundespräsidenten im Bundesgesetzblatt **zu verkünden.**[5] Sie bewirkt die **Entsperrung** von Rechtsvorschriften, die im GG o. einem Bundesgesetz über die Verteidigung einschließlich des Schutzes der Zivilbevölkerung (Art. 73 I Nr. 1) mit einem **Anwendbarkeits-Junktim** nach Art. 80a versehen sind. Im GG sind dies Art. 12a V 1 u. VI 2, in einfachen Bundesgesetzen za § 3 Arbeits-, § 2 Ernährungs-, § 2 Verkehrs-, § 2 Wirtschaftssicherstellungsgesetz, in § 1 II PTSG sowie § 10 ZSKG.[6] Welche Rechtsvorschriften so mit Art. 80a verknüpft werden, liegt **im politischen Ermessen** des Bundesgesetzgebers.[7] § 95 VwVfG suspendiert im Spannungsfall von Anhörungs- u. Begründungspflichten für Verwaltungsakte. Außerdem ermöglicht Art. 87a III im Spannungsfall den Einsatz der Streitkräfte im Inneren.

## C. „Zustimmungsfall" (Abs. 1 S. 1 2. Alt.)

**3**     Der BTag kann „der Anwendung" der mit einem Junktim nach Art. 80a versehenen Rechtsvorschriften „besonders" zustimmen. Auf diese Weise können in einer Krisensituation auch ohne die spektakuläre Feststellung des Spannungsfalls begrenzte Einzelmaßnahmen getroffen werden. Der BTag darf insofern lediglich **einzelne** Notstandsvorschriften für anwendbar erklären, nicht hingegen alle.[8] Nur so ist auch zu erklären, dass für diese Zustimmung außerhalb der Fälle des Art. 12a V 1 u. VI 2 – abweichend von der 1. Alt. – die **einfache Mehrheit** ausreicht (Umkehrschluss aus Abs. 1 S. 2). Andernfalls wäre die Möglichkeit des Missbrauchs eröffnet, in Konstellationen, in denen eine qualifizierte Mehrheit zur Feststellung des Spannungsfalls nicht zu erreichen ist, durch simultane Freigabe aller Notstandsregelungen (außer Art. 12a V 1 u. VI 2) mit einfacher Mehrheit eine inhaltlich dem Spannungsfall weitgehend entspr. Rechtslage zu schaffen. Materiell setzt die Zustimmung eine dem Spannungsfall (→ Rn. 2) vergleichbare außenpolit. Konfliktsituation voraus.[9] Die Zustimmung bedarf wie die Feststellung des Spannungsfalls aus rechtsstaatl. Gründen der Publikation.

## D. Aufhebung von Maßnahmen (Abs. 2)

**4**     Laut Abs. 2 kann der BTag verlangen, dass „Maßnahmen auf Grund von Rechtsvorschriften nach Absatz 1 ... aufzuheben" sind. Damit sind VAe u. RVOen gemeint, die auf einer gem. Abs. 1 entsperrten Rechtsvorschrift fußen.[10] Das Aufhebungsverlangen richtet sich an die BReg u. bezieht

---

² *März* HStR XII³, § 281 Rn. 10; *Daleki*, Erhöhung der Verteidigungsbereitschaft, S. 40; *Zippelius/Würtenberger*, § 52 II 2; *Funke* BK, Art. 80a Rn. 83 ff.

³ Ausführlich hierzu *Mertins*, Der Spannungsfall, 2012, S. 44 ff. (insb. S. 65 ff.); wie hier auch *Brenner*, in: v. Mangoldt/Klein/Starck II, Art. 80a Rn. 18; *Heun*, in: Dreier II, Art. 80a Rn. 5; *Hernekamp*, in: v. Münch/Kunig II, Art. 80a Rn. 13; *Krings/Burkiczak* DÖV 2002, 501 (503); *Schmidt-Radefeldt* BeckOK GG, Art. 80a Rn. 3; rein militärischer Ansatz bei *Depenheuer*, in: Maunz/Dürig, Art. 80a Rn. 18; vermittelnd *März* HStR XII³, § 281 Rn. 11.

⁴ *Hamann/Lenz*, Art. 80a Anm. 2; vgl. auch *Stern*, StaatsR II, S. 1440 f.; *Hernekamp*, in: v. Münch/Kunig II, Art. 80a Rn. 13.

⁵ So auch *Sannwald*, in: Hofmann/Henneke, Art. 80a Rn. 19; *Schmahl* Sodan GG, Art. 80a Rn. 4; *Schmidt-Radefeldt* BeckOK GG, Art. 80a Rn. 5; hingegen wollen *Depenheuer*, in: Maunz/Dürig, Art. 80a Rn. 27 f. u. *Jarass*, in: Jarass/Pieroth, Art. 80a Rn. 1 nicht bzw. „regelmäßig" auf Art. 115a III 2 zurückgreifen. Für Verkündung durch die BReg *Funke* BK, Art. 80a Rn. 79, 82.

⁶ Ausführlich zu den einfachrechtl. Sicherstellungsgesetzen u. -verordnungen *Mertins*, Der Spannungsfall, 2012, S. 128 ff.

⁷ *Brenner* MKS II, Art. 80a Rn. 15.

⁸ Vgl. Bericht des RechtsA, BT-Dr 5/2873, S. 12; ebenso *Hesse*, Grundzüge, Rn. 747; *Jarass*, in: Jarass/Pieroth, Art. 80a Rn. 3; *Mertins*, Der Spannungsfall, 2012, S. 94 f.; *Grzeszick* in: Friauf/Höfling, Art. 80a Rn. 12. – AA *Daleki*, Erhöhung der Verteidigungsbereitschaft, S. 39; *Heun*, in: Dreier II, Art. 80a Rn. 6; *März* HStR XII³, § 281 Rn. 10 mwN.

⁹ Ebenso *Depenheuer*, in: Maunz/Dürig, Art. 80a Rn. 72; *Brenner* MKS II, Art. 80a Rn. 23; *März* HStR XII³, § 281 Rn. 37.

¹⁰ *Funke* BK, Art. 80a Rn. 135 mwN; *Heun*, in: Dreier II, Art. 80a Rn. 10; *März* HStR XII³, § 281 Rn. 31; *Jarass*, in: Jarass/Pieroth, Art. 80a Rn. 2. – AA (nur Einzelakte) *Hernekamp*, in: v. Münch/Kunig II, Art. 80a Rn. 17 mwN.

sich nur auf **einzelne** Maßnahmen. Will der BTag allen Maßnahmen den Boden entziehen, dann muss er seinen einschlägigen Entsperrungsakt aufheben, was als actus contrarius ebenfalls öff. bekannt zu machen ist.[11] Für die Aufhebung genügt – ebenso wie für das Aufhebungsverlangen nach Abs. 2 – die einfache Mehrheit (Art. 42 II 1).

## E. „Bündnisfall" (Abs. 3)

Abs. 3 ermöglicht die Entsperrung der an Art. 80a gekoppelten Rechtsvorschriften auch durch den    5
Beschl. eines „internationalen Organs", der „im Rahmen eines Bündnisvertrages mit Zustimmung der
Bundesregierung gefaßt wird".[12] Praktische Relevanz hat diese zusätzl. Alternative z. Zt. für den Rat
der NATO (Art. 9 des Nordatlantikvertrages).[13] Dies umfasst jedoch nur die „zivile Teilmobilma-
chung", ein Streitkräfteeinsatz über Art. 80a GG nur mit Zustimmung der Exekutive ist nicht
gestattet.[14] Sowohl der Beschl. als auch die Zustimmung bedürfen aus rechtsstaatl. Gründen der öff.
Bekanntm. (→ Rn. 2). Um die Bündnisfähigkeit der Bundesrepublik Deutschland zu sichern, ist eine
Zustimmung des BTages nicht vorgeschrieben.[15] Aus diesem Grund bedarf ein an die BReg gerichtetes
Verlangen des BTages, die (von dieser getroffenen) „Maßnahmen … **aufzuheben**", gem. Abs. 3 S. 2
auch der Mehrheit der Mitglieder des BTages (Art. 121).

## Art. 81 [Gesetzgebungsnotstand]

(1) **Wird im Falle des Artikels 68 der Bundestag nicht aufgelöst, so kann der Bundespräsident auf Antrag der Bundesregierung mit Zustimmung des Bundesrates für eine Gesetzesvorlage den Gesetzgebungsnotstand erklären, wenn der Bundestag sie ablehnt, obwohl die
Bundesregierung sie als dringlich bezeichnet hat. Das gleiche gilt, wenn eine Gesetzesvorlage abgelehnt worden ist, obwohl der Bundeskanzler mit ihr den Antrag des Artikels 68
verbunden hatte.**

(2) **Lehnt der Bundestag die Gesetzesvorlage nach Erklärung des Gesetzgebungsnotstandes erneut ab oder nimmt er sie in einer für die Bundesregierung als unannehmbar bezeichneten Fassung an, so gilt das Gesetz als zustande gekommen, soweit der Bundesrat ihm
zustimmt. Das gleiche gilt, wenn die Vorlage vom Bundestage nicht innerhalb von vier
Wochen nach der erneuten Einbringung verabschiedet wird.**

(3) **Während der Amtszeit eines Bundeskanzlers kann auch jede andere vom Bundestage
abgelehnte Gesetzesvorlage innerhalb einer Frist von sechs Monaten nach der ersten Erklärung des Gesetzgebungsnotstandes gemäß Absatz 1 und 2 verabschiedet werden. Nach
Ablauf der Frist ist während der Amtszeit des gleichen Bundeskanzlers eine weitere Erklärung des Gesetzgebungsnotstandes unzulässig.**

(4) **Das Grundgesetz darf durch ein Gesetz, das nach Absatz 2 zustande kommt, weder
geändert, noch ganz oder teilweise außer Kraft oder außer Anwendung gesetzt werden.**

**Entstehungsgeschichte: Erstfassung:** JöR nF 1 (1951), 592.
**Historische Verfassungstexte: WRV: Art. 48** (2) Der Reichspräsident kann, wenn im Deutschen Reiche die
öffentliche Sicherheit und Ordnung erheblich gestört oder gefährdet wird, die zur Wiederherstellung der öffentlichen
Sicherheit und Ordnung nötigen Maßnahmen treffen, erforderlichenfalls mit Hilfe der bewaffneten Macht einschreiten. Zu diesem Zwecke darf er vorübergehend die in den Artikeln 114, 115, 117, 118, 123, 124 und 153
festgesetzten Grundrechte ganz oder zum Teil außer Kraft setzen. (3) Von allen gemäß Abs. 1 oder Abs. 2 dieses
Artikels getroffenen Maßnahmen hat der Reichspräsident unverzüglich dem Reichstag Kenntnis zu geben. Die
Maßnahmen sind auf Verlangen des Reichstags außer Kraft zu setzen. (4) Bei Gefahr im Verzuge kann die Landesregierung für ihr Gebiet einstweilige Maßnahmen der in Abs. 2 bezeichneten Art treffen. Die Maßnahmen sind auf
Verlangen des Reichspräsidenten oder des Reichstags außer Kraft zu setzen. (5) Das Nähere bestimmt ein Reichs-
gesetz.

**Schrifttum:** *B. A. Bodewig,* Der Gesetzgebungsnotstand nach Artikel 81 des Grundgesetzes für die Bundesrepublik
Deutschland vom 23. Mai 1949, Diss. Heidelberg 1952; *J. Haass,* Vertrauensnotstand, BayVBl. 2004, 204; *E. Klein,*
Funktionsstörungen in der Staatsorganisation HStR XII, § 279; *B. Paudtke,* Das mehrheitsunfähige Parlament im
Verfassungssystem des Grundgesetzes, Diss. Heidelberg 2005; *T. Puhl,* Die Minderheitsregierung nach dem Grund-
gesetz, Diss. Bonn 1986; *K. Stern,* Der Gesetzgebungsnotstand – Eine vergessene Verfassungsnorm, FS F. Schäfer,
1980, S. 129.

---

[11] *Schmahl* Sodan GG, Art. 80a Rn. 4.
[12] Art. 12a V 1 bzw. VI 2 sowie Art. 87a III werden nicht erfasst, da sie nur auf Art. 80a I bzw. den „Spannungsfall" verweisen; ebenso ua *Grzeszick* in: Friauf/Höfling, Art. 80a Rn. 12; *Heun,* in: Dreier II, Art. 80a Rn. 12 f.;
*Jarass,* in: Jarass/Pieroth, Art. 80a Rn. 6; *Schmidt-Radefeldt* BeckOK GG, Art. 80a Rn. 12.
[13] Vgl. ergänzend *März* HStR XII³, § 281 Rn. 38 f.; *Brenner* MKS II, Art. 80a Rn. 38 mwN; *Krings/Burkiczak*
DÖV 2002, 501 (503 f.); *Verlage* VR 2008, 6 ff.
[14] BVerfGE 90, 286 (386); *Sannwald,* in: Hofmann/Henneke, Art. 80a Rn. 42; *Jarass,* in: Jarass/Pieroth, Art. 80a
Rn. 7.
[15] BT-Dr 5/2873, S. 12; *Depenheuer,* in: Maunz/Dürig, Art. 80a Rn. 74.

## A. Allgemeines

1    Art. 81 betrifft die Situation, dass einerseits die BReg im Parlament für Gesetzesvorlagen keine Mehrheit findet u. sich andererseits der BTag nicht auf einen neuen BKanzler verständigen kann. Für diesen Fall hält Art. 81 unter Durchbrechung des Gewaltenteilungsprinzips einen „Reserve-Gesetzgebungsweg"[1] bereit. Der sonst erforderliche Gesetzesbeschl. des BTages (Art. 77 I 1) wird entbehrlich, Art. 81 ist in dieser Hinsicht also lex specialis ggü. den Art. 76, 77.[2] An seine Stelle tritt – auf der Basis eines von der BReg unter Mitwirkung des BRates initiierten u. v. BPräs erklärten Gesetzgebungsnotstandes (Abs. 1) – ein kraft Zustimmung des BRates zustande gekommenes Gesetz (Abs. 2). Dieses **außerordentliche Gesetzgebungsverfahren** wird durch Abs. 3 auf weitere Gesetzesvorlagen erstreckt u. durch Abs. 4 für das GG tangierende Gesetze ausgeschlossen. Art. 81 ist in der Verfassungspraxis der Bundesrepublik noch nicht zur Anwendung gekommen.

## B. Voraussetzungen des Gesetzgebungsnotstandes (Abs. 1)

2    Die Erklärung des Gesetzgebungsnotstandes durch den BPräs kann entweder auf dem in Abs. 1 S. 1 vorgezeichneten Weg o. die in Abs. 1 S. 2 genannte Weise herbeigeführt werden.

### I. Verfahren nach Abs. 1 S. 1

3    Abs. 1 S. 1 setzt zunächst voraus, dass der BTag **„im Falle des Artikels 68 ... nicht aufgelöst"** wird. Aus dieser Formulierung ergibt sich erstens, dass der BTag dem BKanzler mehrheitlich nicht das Vertrauen ausgesprochen haben muss, u. zweitens, dass der BTag gleichwohl – aus welchen Gründen auch immer (fehlendes Auflösungsverlangen des BKanzlers oder Ablehnung der Auflösung durch den BPräs) – nicht aufgelöst worden ist. Ein **ungeschriebenes Erfordernis** muss für die Erklärung des Gesetzgebungsnotstandes hinzutreten: Die den Anlass für die angestrebte gesetzgeberische Verdrängung des BTages bildende Minderheitsregierung darf nicht durch Rücktritt des BKanzlers, durch Wahl eines neuen BKanzlers (Art. 67 I u. Art. 68 I 2) o. durch sonstige Erledigung des Amtes des BKanzlers (Art. 69 II) ihr Ende gefunden haben o. lediglich noch als Geschäftsregierung (Art. 69 III) fortbestehen.[3]

4    Ferner verlangt Abs. 1 S. 1, dass der BTag eine **Gesetzesvorlage,** also einen v. der BReg o. einem and. Initianten eingebrachten Gesetzentwurf **abgelehnt,** dh durch Verwerfung in der Schlussabstimmung o. durch sonstige Beendigung des Gesetzgebungsverfahrens nicht billigt oder auf and. Weise (z. B. Nichtbehandlung über unangemessen lange Zeit) scheitern lässt. Der Ablehnung steht der Fall gleich, dass der BTag die Gesetzesvorlage in einer für die BReg als unannehmbar bezeichneten Fassung angenommen hat.[4] Die Erstreckung dieses in Abs. 2 enthaltenen Rechtsgedankens auf Abs. 1 ergibt sich aus dem Umstand, dass es sonst der BTag in der Hand hätte, die zugunsten der BReg eröffnete Möglichkeit des Gesetzgebungsnotstandes durch die Verabschiedung ihr unakzeptabler Gesetze zu unterlaufen. Ferner muss die BReg als Kollegialorgan (Art. 62) diese Gesetzesvorlage zuvor ausdr. als **„dringlich bezeichnet"** haben (vgl. auch § 99 GO BT). Diese Erklärung kann sich auf Teile einer Gesetzesvorlage beschr. o. weitere individualisierte Gesetzesvorhaben einbeziehen.[5]

5    Nach Ablehnung der Gesetzesvorlage muss die BReg – wiederum als Kollegialorgan – beim **BPräs** den Antrag auf Erklärung des Gesetzgebungsnotstandes stellen. Zu diesem Antrag ist die Zustimmung des BRates, dh ein Art. 52 III 1 entspr. Mehrheitsbeschl. erforderlich. Schließlich **„kann"** der BPräs den Gesetzgebungsnotstand erklären. Die Entsch. liegt demnach in seinem

---

[1] *H. Schneider* VVDStRL 8 (1950), 21 (33). Zum verfassungsgeschichtlichen Kontext siehe *Bryde,* in: v. Münch/Kunig II, Art. 81 Rn. 1; *Brenner* MKS II, Art. 81 Rn. 6 ff.

[2] So auch *Pieper* BeckOK GG, Art. 81 vor Rn. 1.

[3] Im Wesentl. übereinstimmend *Brenner* MKS II, Art. 81 Rn. 20 f.; *Haratsch,* in: Sodan, GG, Art. 81 Rn. 5; *E. Klein* BK, Art. 81 (1986) Rn. 20; *Pieroth,* in: Jarass/Pieroth, Art. 81 Rn. 2; *Ramsauer* AK GG, Art. 81 Rn. 16; *Schulz,* in: HdB-ParlR, § 46, Rn. 12; zur Unanwendbarkeit des Art. 81 auf einen geschäftsführenden BKanzler *Puhl,* Die Minderheitsregierung, S. 187f; allg. zur MinderheitsReg *Paudtke,* Das mehrheitsunfähige Parlament, passim.

[4] Ebenso *Herzog,* in: Maunz/Dürig, Art. 81 Rn. 44; *Schnapauff,* in: Hömig/Wolff, Art. 81 Rn. 3; *Bryde,* in: v. Münch/Kunig II, Art. 81 Rn. 3; *Pieper* BeckOK GG, Art. 81 Rn. 4, 4.1.

[5] Vgl. näher *Herzog,* in: Maunz/Dürig, Art. 81 Rn. 32 f.; *Sannwald,* in: Hofmann/Henneke, Art. 81 Rn. 16.

Ermessen.[6] Mangels inhaltlicher Maßstäbe darf sich eine verfassungsgerichtl. Überprüfung dieser Entsch. nur auf die formellen Voraussetzungen u. auf etwaigen Ermessensmissbrauch beziehen.[7]

## II. Verfahren nach Abs. 1 S. 2

Abs. 1 S. 2 eröffnet einen zusätzl., ggü. dem Verfahren nach Abs. 1 S. 1 abgewandelten Weg zur **6** Erklärung des Gesetzgebungsnotstandes. Ihm liegt die Konstellation zugrunde, dass der BKanzler mit einer Gesetzesvorlage die **Vertrauensfrage** (Art. 68) **verbindet.** Entspr. diesem Junktim darf der BTag über die beiden Gegenstände nicht getrennt, sondern nur gleichzeitig u. **einheitlich** abstimmen.[8] Wegen der untersch. Mehrheitserfordernisse in Art. 42 II 1 einerseits u. Art. 68 iVm Art. 121 andererseits kann die Gesetzesvorlage angenommen, die Vertrauensfrage aber verneint worden sein. Der BKanzler kann in diesem Fall zwar die Auflösung des BTages gem. Art. 68 I 1, nicht aber die Erklärung des Gesetzgebungsnotstandes nach Abs. 1 S. 2 beantragen, da die Gesetzesvorlage v. BTag nicht „abgelehnt worden ist".[9]

Abs. 1 S. 2 verweist im Übrigen auf Abs. 1 S. 1 („Das Gleiche gilt …"), so dass dessen Voraus- **7** setzungen grds. erfüllt sein müssen (→ Rn. 3). Etwas anderes gilt – abgesehen v. der im Falle des Abs. 1 S. 2 noch ausstehenden Entsch. über die Vertrauensfrage – für die Bezeichnung der Gesetzesvorlage als **„dringlich".** An ihre Stelle tritt die Erklärung des BKanzlers, dass er die Gesetzesvorlage mit der Vertrauensfrage verbinde u. er sie damit als dringlich erachte.[10]

## C. Gesetzgebungsverfahren im Gesetzgebungsnotstand (Abs. 2)

Gem. Abs. 2 S. 1 ist „die Gesetzesvorlage", dh der Gesetzentwurf, auf den sich die Erklärung des **8** Gesetzgebungsnotstandes (Abs. 1) bezog, v. der **BReg** (nicht aber and. Initiativberechtigten)[11] abermals in den BTag einzubringen. Sodann muss der BTag entweder die Vorlage erneut abgelehnt o. sie in einer Fassung angenommen haben, die die BReg als „unannehmbar" bezeichnet hat. Nach Abs. 2 S. 2 gilt als Ablehnung auch die Nichtverabschiedung der Vorlage innerhalb v. vier Wochen.[12] Schließlich muss der BRat dem Gesetz laut Abs. 2 S. 1 zustimmen. Entgegen der Formulierung „soweit" ist dem BRat eine **Beschränkung** seiner **Zustimmung** auf Teile der Gesetzesvorlage verwehrt, weil dies dem Zweck des Art. 81, einer Minderheitsregierung (u. nicht dem BRat) die Durchsetzung bestimmter Gesetzesvorhaben zu ermöglichen, zuwiderliefe.[13]

Nach Zustimmung des BRates „gilt" das Gesetz als zustande gekommen. Es hat die **gleiche recht-** **9** **liche Qualität** wie ein v. BTag im normalen Gesetzgebungsverfahren beschlossenes Gesetz. Allerdings weist es die Besonderheit auf, dass es v. BTag – soll dieser das Verfahren nach Art. 81 nicht konterkarieren können – während des Gesetzgebungsnotstandes nicht aufgehoben o. geändert werden kann.[14] Für Ausfertigung u. Verkündung gelten die allg. Regeln des Art. 82 (*Nierhaus/Mann*, Art. 82 Rn. 2).

## D. Ausdehnung und Grenzen des Gesetzgebungsnotstandes (Abs. 3 und 4)

Laut **Abs. 3 S. 1** kann nach der ersten Erklärung des Gesetzgebungsnotstandes auch jede and. v. **10** BTag abgelehnte Gesetzesvorlage gemäß dem in Abs. 1 u. 2 näher geregelten außerordentlichen Gesetzgebungsverfahren verabschiedet werden. Soll diese Vorschrift nicht lediglich die Selbstverständlichkeit beinhalten, dass and. Gesetzesvorlagen das Verfahren nach Abs. 1 u. 2 gleichfalls offensteht, dann muss sie eine verfahrensrechtl. Erleichterung für die weiteren Gesetzesvorlagen bezwecken. Sie besteht darin, dass v. den sonst erforderlichen Voraussetzungen nach Abs. 1 u. 2 die zeitraubende

[6] *Bryde*, in: v. Münch/Kunig II, Art. 81 Rn. 3; *Stern*, StaatsR II, S. 1378; *Sannwald*, in: Hofmann/Henneke, Art. 81 Rn. 23; eing. *Guckelberger*, in: Friauf/Höfling, Art. 81 Rn. 34 ff.

[7] Restriktiver *E. Klein* BK, Art. 81 (1986) Rn. 40.

[8] *Brenner* MKS II, Art. 81 Rn. 28; *E. Klein* BK, Art. 81 (1986) Rn. 49; *Stern*, StaatsR II, S. 1379; *Haass* BayVBl 2004, 204; zweifelnd *W. Jellinek* VVDStRL 8 (1950), 3 (12, 14); aA *Schönberger* JZ 2002, 211; *Pieroth*, in: Jarass/Pieroth, Art. 81 Rn. 3.

[9] *Brosius-Gersdorf*, in: Dreier II, Art. 81 Rn. 16; *Bryde*, in: v. Münch/Kunig II, Art. 81 Rn. 5; *Brenner* MKS II, Art. 81 Rn. 31; *E. Klein* BK, Art. 81 (1986) Rn. 50; *Ramsauer* AK GG, Art. 81 Rn. 20. – aA *Börner* DÖV 1950, 237 (238); *Bücker* ZParl 3 (1972), 294 f.

[10] Ebenso *Herzog*, in: Maunz/Dürig, Art. 81 Rn. 39 f.; *Stern* FS Schäfer, 1980, S. 129 (136).

[11] Andernfalls könnten, wenn die BReg v. einer Einbringung absieht, and. Initiativberechtigte den Gesetzgebungsnotstand, der als Handlungsinstrument der BReg geschaffen wurde, für ihre Zwecke nutzen; aA hier noch *Lücke* bis zur 3. Aufl. u. *Herzog*, in: Maunz/Dürig, Art. 81 Rn. 55; *Schulz*, in: HdB-ParlR, § 46, Rn. 28.

[12] Zur Behandlung im BTag vgl. § 99 GO BT.

[13] Zutr. *Brenner* MKS II, Art. 81 Rn. 44; *E. Klein* BK, Art. 81 (1986) Rn. 64; *Brosius-Gersdorf*, in: Dreier II, Art. 81 Rn. 20; *Stern*, StaatsR II, S. 1381 mwN; aA *Herzog*, in: Maunz/Dürig, Art. 81 Rn. 69 f.; and. bei mehreren Gesetzesvorlagen, vgl. *Schulz*, in: HdB-ParlR, § 13, Rn. 32.

[14] Der Verfassungszweck des Art. 81 steht freilich nicht entgegen, wenn die Initiative zum Aufhebungs- bzw. Änderungsgesetz v. der BReg ausgeht, ebenso *Bryde*, in: v. Münch/Kunig II, Art. 81 Rn. 8; *Haratsch* Sodan, GG, Art. 81 Rn. 16; *Pieper* BeckOK GG, Art. 81 Rn. 6.1; *Pieroth*, in: Jarass/Pieroth Art. 81 Rn. 1; *Brenner* MKS II, Art. 81 Rn. 46; *Puhl*, Die Minderheitsregierung, S. 200, der zusätzl. die Mitwirkung des BRates fordert.

**Durchführung** des Verfahrens nach **Art. 68 entbehrlich** ist.[15] Diese Vergünstigung ist jedoch gem. Abs. 3 S. 1 daran gebunden, dass das Amt des urspr. BKanzlers noch nicht geendet hat u. dass eine Frist v. sechs Monaten eingehalten wird. Nach Ablauf dieser Frist darf während der Amtszeit des gleichen BKanzlers der Gesetzgebungsnotstand kein weiteres Mal erklärt werden. Das in **Abs. 3 S. 2** ausgesprochene Verbot soll verhindern, dass im außerordentlichen Gesetzgebungsverfahren zustande gekommene Gesetze zur Regel werden.

11 **Abs. 4** schließlich entzieht das **GG** dem Zugriff durch nach Abs. 2 zustande gekommene Gesetze. Ein solcher Akt darf weder den Wortlaut des GG ändern o. ergänzen noch die Verf. extern durchbrechen o. ihre Geltung auf irgendeine Weise antasten.

## Art. 82 [Ausfertigung, Verkündung und Inkrafttreten von Bundesrecht]

(1) **Die nach den Vorschriften dieses Grundgesetzes zustande gekommenen Gesetze werden vom Bundespräsidenten nach Gegenzeichnung ausgefertigt und im Bundesgesetzblatte verkündet. Rechtsverordnungen werden von der Stelle, die sie erläßt, ausgefertigt und vorbehaltlich anderweitiger gesetzlicher Regelung im Bundesgesetzblatte verkündet.**

(2) **Jedes Gesetz und jede Rechtsverordnung soll den Tag des Inkrafttretens bestimmen. Fehlt eine solche Bestimmung, so treten sie mit dem vierzehnten Tage nach Ablauf des Tages in Kraft, an dem das Bundesgesetzblatt ausgegeben worden ist.**

**Entstehungsgeschichte: Erstfassung:** JöR nF 1 (1951), 613.
**Historische Verfassungstexte: RV 1849:** § 80 S. 3 Er [der Kaiser] verkündigt die Reichsgesetze … – **RV 1871: Art.** 2 S. 2 und 3 Die Reichsgesetze erhalten ihre verbindliche Kraft durch ihre Verkündigung von Reichswegen, welche vermittelst eines Reichsgesetzblattes geschieht. Sofern nicht in dem publizierten Gesetze ein anderer Anfangstermin seiner verbindlichen Kraft bestimmt ist, beginnt die letztere mit dem vierzehnten Tage nach dem Ablauf desjenigen Tages, an welchem das betreffende Stück des Reichsgesetzblattes in Berlin ausgegeben worden ist. **Art. 17** Dem Kaiser steht die Ausfertigung und Verkündigung der Reichsgesetze und die Überwachung der Ausführung derselben zu. Die Anordnungen und Verfügungen des Kaisers werden im Namen des Reichs erlassen und bedürfen zu ihrer Gültigkeit der Gegenzeichnung des Reichskanzlers, welcher dadurch die Verantwortlichkeit übernimmt. – **WRV: Art. 70** Der Reichspräsident hat die verfassungsmäßig zustande gekommenen Gesetze auszufertigen und binnen Monatsfrist im Reichs-Gesetzblatt zu verkünden. **Art. 71** Reichsgesetze treten, soweit sie nichts anderes bestimmen, mit dem vierzehnten Tage nach Ablauf des Tages in Kraft, an dem das Reichs-Gesetzblatt in der Reichshauptstadt ausgegeben worden ist.
**Geltende Landesverfassungen:** *BW*Verf Art. 63; *Bay*Verf Art. 76; *Bln*Verf Art. 60 II, III; *Bbg*Verf Art. 81; *Brem*Verf Art. 123 III, 126; *Hmb*Verf Art. 52, 54; *Hess*Verf Art. 120, 121, 122; *MV*Verf Art. 58; *Nds*Verf Art. 45; *NRW*Verf Art. 71; *RhPf*Verf Art. 113, 114; *Saar*Verf Art. 102, 103; *Sachs*Verf Art. 76; *LSA*Verf Art. 82; *SchlH*Verf Art. 46; *Thür*Verf Art. 85.
**Gesetzgebung:** GO BReg §§ 29–30; GOBTag § 122 III; GGO §§ 58–61, 66–68, 76; G. über vereinfachte Verkündungen und Bekanntgaben v. 18.7.1975 (BGBl I 1919), zul. geänd. durch G. v. 24.5.2016 (BGBl I 1217); G. über die Verkündung von Rechtsverordnungen und Bekanntmachungen v. 30.1.1950 (BGBl I 23), zul. geänd. durch G. v. 11.6.2019 (BGBl I 754).
**Leitentscheidungen:** BVerfGE 1, 396 (413 f.) (Deutschlandvertrag); BVerfGE 7, 330 (337) (Verkündung als integrierender Bestandteil des Gesetzes); BVerfGE 14, 245 (250) (Bekanntmachung und Beseitigung von Unstimmigkeiten durch BMin kein konstitutiver gesetzgeberischer Akt); BVerfGE 16, 6 (16 ff.) (Verkündungszeitpunkt); BVerfGE 18, 389 (391) (Neubekanntmachung); BVerfGE 20, 56 (92 f.) (Parteienfinanzierung I); BVerfGE 32, 199 (212) (Verkündung einer Neuregelung mit entsprechender Grundgesetzänderung); BVerfGE 34, 9 (21 ff.) (Besoldungsvereinheitlichung); BVerfGE 42, 263 (282 ff.) (Contergan); BVerfGE 44, 322 (343 f., 350) (Allgemeinverbindlichkeitserklärung I); BVerfGE 48, 1 (18 f.) (Grenzen der Berichtigungsbefugnis); BVerfGE 63, 343 (353 ff.) (Verkündung, Inkrafttreten und Rückwirkung); BVerfGE 65, 283 (291) (Anforderungen an Verkündung); BVerfGE 87, 48 (60) (Rechtsmittelausschluss im Asylverfahren); BVerfGE 136, 323 (Repräsentation- und Integrationsfunktion).

**Schrifttum: Allgemeines:** *D. Heckmann,* Geltungskraft und Geltungsverlust von Rechtsnormen: Elemente einer Theorie der automativen Normgeltungsbeendigung, 1997; *St. U. Pieper,* Die Ausfertigung der Gesetze, in: Kluth/Krings, Gesetzgebung, 2014, § 20; *M. Sachs,* Die dynamische Verweisung als Ermächtigungsnorm, NJW 1981, 1651; *W.-R. Schenke,* Die verfassungsrechtliche Problematik dynamischer Verweisungen, NJW 1980, 743; *E. Schiffer,* Feststellung des Inhalts und Änderungen von Beschlüssen sowie Berichtigungen im Gesetzgebungsverfahren, FS Schäfer, 1975, S. 39; *H. Schneider,* Gesetzgebung, 3. Aufl. 2002, § 14; *A. Wittling,* Die Publikation der Rechtsnormen einschließlich der Verwaltungsvorschriften, 1991. – **Zum Prüfungsrecht:** *V. Epping,* Das Ausfertigungsverweigerungsrecht im Selbstverständnis des Bundespräsidenten, JZ 1991, 1102; *K.-H. Friauf,* Zur Prüfungszuständigkeit des Bundespräsidenten bei der Ausfertigung der Bundesgesetze, FS Carstens II, 1984, S. 545; *E. Friesenhahn,* Zum Prüfungsrecht des Bundespräsidenten, FS Leibholz II, 1966, S. 67; *P. J. Glauben,* Das Prüfungsrecht des Bundespräsidenten, DRiZ 2007, 38; *A. Guckelberger,* Das Prüfungsrecht des Bundespräsidenten – alles ausdiskutiert?, NVwZ 2007, 406; *J. Hauk,* Das Prüfungsrecht des Bundespräsidenten im Hinblick auf die Verfassungs-, Europarechts- und Völkerrechtskonformität eines Gesetzes, JA 2017, 93; *M. Hederich,* Zum Recht des Landtagspräsidenten, die Gesetzesausfertigung zu verweigern, NdsVBl. 1999, 77; *R. Herzog,* Bundespräsident und Bundesverfassungsgericht, FS Carstens II, 1984,

---

[15] *Schulz,* in: HdB-ParlR, § 46, Rn. 36; *Ramsauer* AK GG, Art. 81 Rn. 31; *E. Klein* HStR XII³, § 279 Rn. 37; weitergehend *Stern,* StaatsR II, S. 1384; *Bryde,* in: v. Münch/Kunig II, Art. 81 Rn. 9; *Brenner* MKS II, Art. 81 Rn. 47, die auch die Dringlichkeitserklärung für verzichtbar halten.

S. 601; *J. Jekewitz,* Der Bundespräsident und die Gesetzgebung des Bundes, RuP 2007, 11; *G. Lehngut,* Die Verweigerung der Ausfertigung von Gesetzen durch den Bundespräsidenten und das weitere Verfahren, DÖV 1992, 439; *T. Linke,* Der Bundespräsident als Staatsnotar oder das vermeintliche „formelle" und „materielle" Prüfungsrecht, DÖV 2009, 434; *A. Neumann,* Die gemeinschaftsrechtliche Prüfungskompetenz des Bundespräsidenten, DVBl 2007, 1335; *M. Nierhaus,* Entscheidung, Präsidialakt und Gegenzeichnung. Ein Beitrag zur verfassungsrechtlichen Stellung des Bundespräsidenten im System des Grundgesetzes, 1973; *ders.,* Nochmals: Das Prüfungsrecht des Bundespräsidenten bei der Ausfertigung von Bundesgesetzen, FS Friauf, 1996, S. 233; *St. U. Pieper,* Das Ausfertigungsverweigerungsrecht des Bundespräsidenten, GS Bleckmann, 2007, S. 289; *W.M. Pohl,* Die Prüfungskompetenz des Bundespräsidenten bei der Ausfertigung von Bundesgesetzen, 2001; *St. Schiedermair,* Bundespräsident verhindert Verbraucherinformationsgesetz, DÖV 2007, 726; *M. Schladebach/N. Koch,* Das unions- und völkerrechtliche Prüfungsrecht des Bundespräsidenten, Jura 2016, 355; *Fr. Schoch,* Die Prüfungskompetenz des Bundespräsidenten im Gesetzgebungsverfahren, Jura 2007, 354.

## Übersicht

## A. Allgemeines

Dem föderalen Mitwirkungsstadium (→ *Mann,* Art. 77 Rn. 1 u. 78 Rn. 1) folgt als letzter Abschnitt **1** des Gesetzgebungsverfahrens das **exekutive Erlassstadium.** Es betrifft die Ausfertigung u Verkündung der **Bundesgesetze,** nachdem die Unverrückbarkeit des parlamentarischen Beschlusses (→ Art. 78 Rn. 1) auf Grund des Zustandekommens der Gesetze feststeht. Normiert ist es in Abs. 1 S. 1. Eine vergleichbare Regelung enthält Abs. 1 S. 2 für **Rechtsverordnungen** (sofern sie Bundesrecht darstellen; → Rn. 32). Der verfassungsrechtlich vorgeschriebene Akt der Verkündung ist „nicht bloß eine Zutat, sondern ein integrierender Bestandteil des Rechtsetzungsaktes selbst".[1] Die Verkündung (u. die ihr zugrunde liegende Ausfertigung) ist ein **rechtsstaatlich zwingendes Element** des Gesetz- und VOgebungsverfahrens. Ohne die aus ihr erwachsende förmliche Publizität und Möglichkeit des Einzelnen, sich über seine Rechte u Pflichten zu unterrichten, wären die Betroffenen auf Mutmaßungen angewiesen u damit der Gefahr staatlicher Willkür ausgeliefert. **Abs. 2** statuiert im Gegensatz zu Abs. 1 keine formellen (Gesetzgebungs-)Erfordernisse, sondern wirkt auf den materiellen Inhalt der Normen ein, indem er in S. 1 eine Anordnung über d. Inkrafttreten von Gesetzen u RVOen verlangt u in S. 2 eine Ersatzregelung bereithält.[2] Die Vorschrift dient der **Rechtssicherheit** sowie der **Rechtsklarheit** u hat demnach wie Abs. 1 einen rechtsstaatlichen Hintergrund.[3]

Art. 82 findet ferner auf die Notstandsgesetzgebung nach **Art. 81** Anwendung (→ Art. 81 Rn. 9). **2** Obwohl Art. 82 weder auf Tarifnormen noch auf Allgemeinverbindlichkeitserklärungen anzuwenden ist,[4] gilt die Publikationspflicht aus rechtsstaatlichen Gründen auch für die mit Außenwirkung ausgestatteten **allgemeinverbindlichen Tarifnormen.**[5]

---

[1] BVerfGE 7, 330 (337); 42, 263 (283); BGHZ 76, 387 (390); BVerwGE 17, 192 (193). Teilw. spricht das BVerfG auch von einem „wesentlichen Bestandteil", vgl. BVerfGE 16, 6 (17).

[2] BVerfGE 34, 9 (23); 42, 263 (283); 87, 48 (60).

[3] Vgl. zum Vorstehenden ua *Brenner* MKS, Art. 82 Rn. 11–14; *Sannwald,* in: Hofmann/Henneke, Art. 82 Rn. 5; *Rubel,* in: Umbach/Clemens, GG, Art. 82 Rn. 6.

[4] Zu weiteren Konstellationen, auf die Art. 82 keine Anwendung findet, s. *Sannwald,* in: Hofmann/Henneke, Art. 82 Rn. 4.

[5] BVerfGE 44, 322 (350); BAGE 27, 78 (91 f.).

# B. Ausfertigung und Verkündung der Gesetze (Abs. 1 S. 1)

## I. Ausfertigung

3    Abs. 1 S. 1 schreibt vor, dass die „Gesetze … vom Bundespräsidenten … ausgefertigt" werden. Mit **„Ausfertigung"** ist die „Constatirung, Beurkundung und Publicationsanordnung des Gesetzes" gemeint.[6] Sie beinhaltet also zunächst die tatsächliche und rechtliche **Herstellung der Urschrift** eines Gesetzes und damit den abschließenden Akt des Gesetzgebungsverfahrens.[7] Zugleich wird mit der Ausfertigung die wörtliche **Übereinstimmung** des unterzeichneten Gesetzes mit den Beschlüssen der gesetzgebenden Körperschaften **beurkundet.**[8] Drittens ist mit der Ausfertigung nach hier vertretener Auffassung (→ Rn. 6 ff.) die Feststellung verbunden, dass das **Gesetz verfassungsgemäß** zustande gekommen ist.[9] Die Ausfertigung erfolgt in der Weise, dass die von der Schriftleitung des BGBl – entspr. dem Inhalt der Beschlüsse des BTages (Art. 77 I 1 und II 5), des BRates (Art. 81 II 1) oder des GemAussch (Art. 115e) – hergestellte Urschrift des jeweiligen Gesetzes unterzeichnet wird. Zust. für die Ausfertigung ist nicht der Präsident des BTages, sondern der **Bundespräsident.**

4    Die Ausfertigung hat der BPräs aufgrund seiner Verfassungsorgantreue gegenüber dem BTag **unverzüglich,** dh ohne schuldhaftes Zögern (vgl. § 121 I 1 BGB), vorzunehmen; bei verfassungsrechtlichen Bedenken ist ihm dagegen eine **angemessene Frist** einzuräumen.[10] Bei der Ausfertigung fügt der BPräs in der Überschrift des Gesetzes und nach der Schlussformel (→ Rn. 26) das **Datum** seiner Unterschriftsleistung und damit die Zeitangabe ein, mit der das Gesetz zitiert wird (s. § 58 IV GGO).[11]

5    In Anbetracht der Beurkundungsfunktion (→ Rn. 3) haben sich für die Ausfertigung bestimmte Standardformeln entwickelt.[12] Für **Einspruchsgesetze** lauten sie einleitend: „Der Bundestag hat das folgende Gesetz beschlossen" und abschließend: „Die verfassungsmäßigen Rechte des Bundesrates sind gewahrt". **Zustimmungsgesetze** werden eingeleitet mit: „Der Bundestag hat mit Zustimmung des Bundesrates das folgende Gesetz beschlossen". **Verfassungsänderungen** werden durch folgende Formel gekennzeichnet: „Der Bundestag hat mit Zustimmung des Bundesrates das folgende Gesetz beschlossen. Art. 79 Absatz 2 des Grundgesetzes ist eingehalten". Diese sprachlichen Wendungen sind allerdings weder inhaltlicher Bestandteil der Gesetze selbst,[13] noch haben sie eine konstitutive Wirkung für die Einordnung eines Gesetzes als Einspruchs- oder Zustimmungsgesetz.[14]

## II. Prüfungskompetenz des Bundespräsidenten

6    Eine seit Jahrzehnten umstr. Frage ist, ob und inwieweit der BPräs zur Überprüfung der Verfassungsmäßigkeit des zur Ausfertigung anstehenden Gesetzes berechtigt und verpflichtet ist.[15] Das BVerfG hat zwar mehrfach auf ein Prüfungsrecht des BPräs aus Art. 82 I 1 hingewiesen,[16] jedoch dessen Umfang bislang nicht näher konkretisiert.[17] Einigkeit besteht nur darin, dass dem BPräs schon aufgrund seiner Stellung im GG (→ Art. 54 Rn. 4 ff.) jedenfalls **kein politisches Prüfungsrecht** zukommen kann.

7    **1. Formelles Prüfungsrecht.** Weitgehend unbestritten ist zudem, dass dem BPräs ein formelles PrüfungsR zukommt.[18] Ihre Stütze findet diese Auffassung im **Wortlaut** des Art. 82 I 1, wonach „die nach den Vorschriften dieses Grundgesetzes zustande gekommenen Gesetze" ausgefertigt und verkündet werden. Durch diese Formulierung wird an die Terminologie des Art. 78 („kommt zustande") an-

---

[6] So bis heute zutr. *G. Jellinek,* Gesetz und Verordnung, 1919 (Neudruck der Ausgabe von 1887), S. 321.

[7] *v. Lewinski* BK, Art. 82 Rn. 152; *Bryde,* in: v. Münch/Kunig, Art. 82 Rn. 9.

[8] *Bryde,* in: v. Münch/Kunig, Art. 82 Rn. 9.

[9] Vgl. *Maurer* BK, Art. 82 (1988) Rn. 19 mwN.

[10] *Stern,* StaatsR II, S. 632.

[11] *Brenner* MKS, Art. 82 Rn. 21.

[12] Vgl. § 58 II GGO. Genaue Darstellung bei *H. Schneider,* Gesetzgebung, 3. Aufl. 2002, Rn. 472 ff.

[13] AA *Friesenhahn,* FS Leibholz, 1966, S. 685 Fn. 9.

[14] BVerfGE 8, 274 (322); 9, 305 (315 f.); *v. Lewinski* BK, Art. 82 Rn. 159.

[15] Zum Streitstand bis 1972 s. *Nierhaus,* Entscheidung, Präsidialakt und Gegenzeichnung, 1973, S. 91 ff. m. Fn. 273–275; bis 1984 s. *Friauf,* FS Carstens II, 1984, S. 545 ff. m. Fn. 18 ff.; bis 1996 s. *Nierhaus* FS Friauf, 1996, S. 233 ff.; s. ferner *Glauben* DRiZ 2007, 38 f.; *Jekewitz* RuP 2007, 11 ff.; *Schoch* Jura 2007, 354 ff.; *Guckelberger* NVwZ 2007, 406 ff.; *St. Schiedermair,* DÖV 2007, 726 ff.; *Linke,* DÖV 2009, 434 ff.; zur unions- u völkerrechtl. Prüfungskompetenz des BPräs *M. Schladebach/N. Koch,* Jura 2016, 355; *Hauk* JA 2017, 93; zur (nur formellen) Ausfertigungsverweigerungskompetenz durch LT-Präs im LandesverfR s. *Hederich* NdsVBl. 1999, 77 ff.; *Blome/Grosse-Wilde* DÖV 2009, 615 ff.; umfass. in jüngerer Zeit *v. Lewinski* BK, Art. 82 Rn. 80 ff.; *Butzer,* in: Maunz/Dürig, Art. 82 Rn. 115 ff.; *Fritz* BK, Art. 54 Rn. 115 ff., jeweils m. zahlr. N.

[16] BVerfGE 1, 396 (413); 2, 143 (169); 34, 9 (22 f.); 131, 47 (53); BVerfG NVwZ 2019, 1593 Rn. 21; vgl. aber LSAOVG Urt. v. 25.4.2007 – 1 L 453/05 – juris Rn. 72 (formelles und materielles Prüfungsrecht).

[17] AA *Pieper* GS Bleckmann, 2007, S. 295; *ders.,* in: Kluth/Krings, Gesetzgebung, § 20 Rn. 34.

[18] *Bryde,* in: v. Münch/Kunig, Art. 82 Rn. 3; *Brenner* MKS, Art. 82 Rn. 25; *Ossenbühl* HStR V, § 102 Rn. 69; *Friauf,* FS Carstens II, 1984, S. 545, 558; *Erichsen,* Jura 1985, 424 (426); *Friesenhahn* FS Leibholz II, 1966, S. 679 f.; *v. Lewinski* BK, Art. 82 Rn. 119; *Butzer,* in: Maunz/Dürig, Art. 82 (2015) Rn. 161, 188.

geknüpft und mithin ein Bezug zu dem Gesetzgebungsverfahren hergestellt. Damit ist die **Pflicht**[19] und somit auch das Recht des BPräs begründet, zu prüfen, ob das ihm vorgelegte Gesetz im Einklang mit den Vorschriften über das **formelle Gesetzgebungsverfahren** (Art. 76 ff.) steht, ob es also aus formalen Gründen „ausfertigungsreif" ist. Wenngleich von der Inbezugnahme nicht zweifelsfrei erfasst, soll **auch die Gesetzgebungszuständigkeit** (Art. 70 ff.) vom PrüfungsR umfasst sein.[20] Zudem sprechen teleologische Erwägungen für ein form. PrüfungsR, ist doch erstmals der BPräs in der Lage, das gesamte Gesetzgebungsverfahren zu überblicken, wohingegen die anderen beteiligten Verfassungsorgane es lediglich bis zum jeweils aktuellen Erlassstadium beurteilen können.[21] Die Überprüfungsmöglichkeit von Gesetzen durch das BVerfG führt nicht zu einer abweichenden Bewertung, denn der BPräs ist keine „Konkurrenz" zum BVerfG;[22] das BVerfG überprüft die Gesetze auf Antrag nachträgl. auf ihre Geltung hin, der BPräs hingegen von Amts wegen darauf, ob sie überhaupt Geltung erlangen sollen.[23]

**2. Materielles Prüfungsrecht.** Die weit überwiegende Auffassung in der Lit. geht davon aus, dass **8** dem BPräs auch ein materielles PrüfungsR zusteht. Nur vereinzelt[24] wird ein solches vollumfänglich verneint. Aus dem **Wortlaut** des Art. 82 I 1 lässt sich auf ein mat. Prüfungsrecht folgern, wenn man die Wendung „nach den Vorschriften dieses Grundgesetzes zustande gekommenen Gesetze" dahingehend verstehen will, dass sie nicht nur die verfahrensrechtl. Seite i. S. des „Zustandekommens" in Art. 78 akzentuiert – man hätte der Wortlaut auch auf „die nach Art. 78 zustande gekommenen Gesetze" verweisen können – sondern dass damit auch die inhaltl. Vereinbarkeit mit anderen, mat. maßstabbildenden Verfassungsnormen gemeint ist.

Überzeugender zugunsten eines mat. PrüfungsR spricht jedoch die in **Art. 1 III, Art. 20 III** **9** verankerte **Verfassungsbindung** auch des BPräs an die Grundrechte und die verfassungsm. Ordnung,[25] die ihm die Mitwirkung an einem Staatsakt verbietet, den er selbst nach gewissenhafter Prüfung für verfassungswidrig hält.[26] Ein mat. PrüfungsR kann auch nicht unter Verweis auf die **Gewaltenteilung** verneint werden; zwar ist der BPräs originär nicht Teil der Legislative, er wird aber durch Art. 82 I 1 in das Gesetzgebungsverfahren eingebunden,[27] weil es der Verf. hierbei vor allem um die einheitsstiftende Funktion des BPräs geht, welche die parlamentarische und gesellschaftliche Debatte verbindlich abschließt.[28] Der BPräs ist auch **kein „Konkurrenzorgan" zum BVerfG**,[29] denn eine materielle Rechtswahrung durch den BPräs verhindert bereits das Inkrafttreten verfassungsw. Gesetze, was dem rechtsstaatlichen Gedanken der Verfassungsbindung der Legislative schneller Geltung verschaffen kann.[30]

Zugunsten eines materiellen PrüfungsR wirkt auch die sachlogisch zwingende innere **Verknüp-** **10** **fung von** – unstr. – **formeller und materieller Prüfungsbefugnis.**[31] Denn bereits die häufig umstr. Frage, ob ein Gesetz der form. Zustimmung des BRates bedarf, entscheidet sich nach inhaltlichen Kriterien (→ Art. 77 Rn. 14 f.). Auch um zu prüfen, ob die form. Anforderungen eingehalten sind, die Art. 79 für Verfassungsänderungen aufstellt, muss zuvor zumindest festgestellt werden, ob überhaupt eine Verfassungsänderung vorliegt. Das gilt allerdings nicht für die (form.) Prüfung der Einhaltung des Ausdrücklichkeitsgebotes in Art. 79 I 1, das sog. Verfassungsdurchbrechungen ausschließen soll (→ Art. 79 Rn. 1, 7).[32] Denn ob ein verfassungsänd. Gesetz vorliegt, lässt sich bereits ohne mat.

---

[19] So *Friesenhahn,* FS Leibholz II, 1966, S. 679 (689 f.); *ders.,* VVDStRL 25 (1967), 229 f.; *Herzog,* in: Maunz/Dürig, Art. 54 Rn. 76; *Linke* DÖV 2009, 434 (438); aA *Bryde,* in: v. Münch/Kunig, Art. 82 Rn. 5; *Fritz* BK, Art. 54 Rn. 137: Prüfungspflicht, aber Ermessen bzgl der Ausfertigung; diff. auch *Nettesheim* HStR III, § 62 Rn. 38.

[20] *Bryde,* in: v. Münch/Kunig, Art. 82 Rn. 3; *Brenner* MKS, Art. 82 Rn. 25; *v. Lewinski* BK, Art. 82 Rn. 119; *Pieper,* in: Kluth/Krings Gesetzgebung, § 20 Rn. 34; *Butzer,* in: Maunz/Dürig, Art. 82 Rn. 188.

[21] *Bryde,* in: v. Münch/Kunig, Art. 82 Rn. 3; *Brenner* MKS, Art. 82 Rn. 26.

[22] Vgl. *Guckelberger,* in: Friauf/Höfling, Art. 82 Rn. 43 f. („funktionale Gewaltenteilung"); *Rau* DVBl 2004, 1 (4: „Prinzip der kooperierenden Gewaltenteilung").

[23] *Fritz* BK, Art. 54 Rn. 129; *Heyde* DÖV 1971, 797 (799).

[24] *Friesenhahn* FS *Leibholz* II, 1966, S. 679 ff.; *Friauf* FS Carstens II, 1984, S. 545 ff.; *Schambeck,* ebda, S. 789 (805 ff.).

[25] Dazu BVerfGE 136, 323 Rn. 27 unter bekräftigendem Verweis auf die Eidesformel (Art. 56 GG), die Immunitätsregeln (Art. 60 IV iVm Art. 46 II GG) sowie die Voraussetzungen einer Anklage gem. Art. 61 I GG.

[26] *Herzog* FS Carstens II, 1984, S. 601 (605); ausführlicher *ders.,* in: Maunz/Dürig, Art. 54 Rn. 73 ff., Art. 58 Rn. 16; *Stern,* StaatsR II, S. 233; *Nettesheim* HStR III, § 62 Rn. 37; *v. Lewinski* BK, Art. 82 Rn. 113; *Pieper* GS Bleckmann, 2007, S. 297; *ders.* in: Kluth/Krings, Gesetzgebung, § 20 Rn. 39.

[27] BVerfGE 7, 330 (337); 16, 6 (17); 34, 9 (22 f.); ferner BVerfGE 1, 396 (413); 2, 143 (169).

[28] *Butzer,* in: Maunz/Dürig, Art. 82 Rn. 83; *Pieper,* in: Kluth/Krings, Gesetzgebung, 2014, § 20 Rn. 26 f.; *Bauer,* in: Dreier II, Art. 82 Rn. 11; zur Ableitung der Prüfungszuständigkeit des BPräs aus seiner Verfassungsorgan-Stellung näher *Nierhaus* FS Friauf, 1996, S. 233 (236 ff. mwN).

[29] Zutr. *Fritz* BK, Art. 54 Rn. 131; *Guckelberger,* in: Friauf/Höfling, Art. 82 Rn. 43 f., stellt auf funktionale Gewaltenteilung ab; ähnl. *Rau* DVBl 2004, 1 (4: „Prinzip der kooperierenden Gewaltenteilung").

[30] *Nettesheim* HStR III, § 62 Rn. 37; *Nierhaus* hier in der 7. Aufl., Rn. 10.

[31] *Schneider,* Gesetzgebung, Rn. 468; *Kämmerer,* StaatsOrgR, Rn. 199; *Hallier,* AöR 85 (1960), 391 (399); *Nierhaus,* Entscheidung, Präsidialakt und Gegenzeichnung, 1973, S. 95 ff.; *Pieper,* in: Kluth/Krings (Hrsg.), Gesetzgebung, 2014, § 20 Rn. 26 ff.; *v. Lewinski* BK, Art. 82 Rn. 122; *Linke* DÖV 2009, 434 (441).

[32] So aber *v. Lewinski* BK, Art. 82 Rn. 123.

Prüfung allein danach feststellen, ob das Gesetz das GG *ausdrücklich* ändert oder ergänzt; trifft es ohne Änderung des Wortlauts dem GG widerspr. Regelungen, ist es nur ein einfaches, dann allerdings eben verfassungsw. Gesetz.[33]

11    Soweit zur Begründung eines materiellen Prüfungsrechts auf die aus dem **Amtseid** des BPräs abzuleitende Verpflichtung verwiesen wird, er werde „das Grundgesetz ... wahren und verteidigen" (Art. 56),[34] handelt es sich isoliert betrachtet um einen Zirkelschluss, weil ein Eid nur bestehende Verpflichtungen bekräftigen, nicht aber Kompetenzen begründen kann.[35] Allerdings kann die Formel der Eidesleistung als interpretatorische Verstärkung der aus Art. 20 III resultierenden Verfassungsbindung des BPräs (→ Rn. 9) angesehen werden,[36] der für Ausfertigung und Verkündung Verfassungsverantwortung trägt, die ihm kein anderes Verfassungsorgan abnehmen kann.[37] Ein weiterer Baustein der systematischen Auslegung liegt in dem Verweis auf die Möglichkeit der **Präsidentenanklage** (Art. 61), denn würde der BPräs trotz seiner Verfassungsbindung (Art. 1 III, 20 III, 56) u. entgegen seiner Überzeugung materiell-verfassungswidrige Gesetze ausfertigen, wäre deren Voraussetzung, eine „vorsätzliche Verletzung des GG", erfüllt.[38]

12    Weniger ergiebig ist hingegen die **historische Auslegung**. Zwar wurde aus der ähnlichen Formulierung in Art. 70 WRV überwiegend ein formelles und materielles PrüfungsR des Reichspräsidenten abgeleitet,[39] doch ist dessen starke Rechtsstellung gerade nicht das Vorbild für die überwiegend repräsentative Funktion des BPräs gewesen (→ Art. 54 Rn. 2).[40] In den Beratungen des Parlamentarischen Rates wurde nicht über den Umfang des Prüfungsrechts des BPräs debattiert.[41]

13    In der Gesamtschau der Argumente spricht daher mehr für eine auch mat. Prüfungskompetenz des BPräs und ein korrespondierendes Ausfertigungsverweigerungsrecht. Mit Rücksicht auf den unmittelb. demokr. legitimierten parlamentarischen Gesetzgeber wird dieses Recht gleichwohl auf schwere und offensichtliche Verfassungsverstöße zu beschränken sein.[42] In Anlehnung an Art. 100 I kann insoweit als Maßstab für eine **Ausübungsbeschränkung** verlangt werden, dass der BPräs von der **Verfassungswidrigkeit überzeugt** ist, wohingegen bloße Zweifel nicht genügen.[43] Als weitere Ausübungsbeschränkung wird zT gefordert, dass auch die Folgen der Ausfertigungsverweigerung in die Entscheidung einzubeziehen seien,[44] wobei im Wege einer Rechtsfolgenabwägung die Schwere des abzuwendenden verfassungsrechtl. relevanten Schadens (z. B. erhebliche Grundrechtsbeeinträchtigungen einer größeren Bevölkerungsgruppe, Abwendung einer Verfassungskrise) zu berücksichtigen sein soll.[45]

14    **3. Staatspraxis, Vertretungsfall.** Obwohl bislang alle BPräs von dem mat. PrüfungsR Gebrauch gemacht haben,[46] ist es mangels einheitlicher Verfassungspraxis und Rechtsüberzeugung (noch) **nicht Verfassungsgewohnheitsrecht**.[47] Es lehnt sich allerdings in der von den BPräs *Carstens, Herzog, Rau, Köhler* und *Gauck* entwickelten Staatspraxis an, wonach der BPräs nur bei **offenkundigem** und **zweifelsfreiem Verfassungsverstoß** die Ausfertigung eines Gesetzes verweigern darf.[48] Dies gilt

---

[33] Ebenso *Nierhaus* hier in der 7. Aufl., Rn. 11; *Bryde,* in: v. Münch/Kunig, Art. 82 Rn. 6 mwN.

[34] So vor allem *Herzog,* in: Maunz/Dürig, Art. 54 Rn. 74.

[35] *Nierhaus* hier in der 7. Aufl., Rn. 11; *v. Lewinski* BK, Art. 82 Rn. 116; *Degenhart,* StaatsR I, Rn. 786; *Friauf* FS Carstens II, 1984, S. 545 (558 ff. in Auseinandersetzung mit *Stern, Herzog* und *Nierhaus*); *Nettesheim* HStR III, § 62 Rn. 37.

[36] *Butzer,* in: Maunz/Dürig, Art. 82 Rn. 169; vgl. auch BVerfG NVwZ 2014, 1156 Rn. 24.

[37] Ebenso *Fritz* BK Art. 54 Rn. 134; *Fink* MKS II, Art. 54 Rn. 18.

[38] *Butzer,* in: Maunz/Dürig, Art. 82 Rn. 170; vgl. auch *Nierhaus* FS Friauf, 1996, S. 233 (242).

[39] Vgl. *Anschütz,* WRV, Art. 70 Anm. 2 (367 f.); *Thoma* AöR 43 (1922), 267 (278); *W. Jellinek,* HdbDStR II, S. 177 f.; *Pohl,* HdbDStR I, S. 500 f.; aA *Triepel* AöR 39 (1920), 456 (536).

[40] *v. Lewinski* BK, Art. 82 Rn. 99; *Butzer,* in: Maunz/Dürig, Art. 82 Rn. 172; *Malorny,* Exekutive Vetorechte im deutschen Verfassungssystem, 2011, S. 127 f.

[41] Vgl. dazu näher *Butzer,* in: Maunz/Dürig, Art. 82 Rn. 172.

[42] Zur Verfassungspraxis s. u.; *Bauer,* in: Dreier, II Rn. 13; *Pieroth,* in: Jarass/Pieroth, Art. 82 Rn. 3; *Guckelberger,* in: Friauf/Höfling, Art. 82 Rn. 46; *Bryde,* in: v. Münch/Kunig, Art. 82 Rn. 6; *Ipsen,* StaatsR, Rn. 499; *Brenner* MKS, Art. 82 Rn. 29; *Kunig* Jura 1994, 217 (220); *Degenhart,* StaatsR I, Rn. 789; aA (umf. Prüfungsrecht) *Kloepfer,* VerfRecht I, § 17 Rn. 136; *Stern,* StaatsR II, S. 230 ff.; *Nettesheim* HStR III, § 62 Rn. 39.

[43] Vorschlag von *Stern,* StaatsR II, S. 236. S. auch *Nettesheim* HStR III³, § 62 Rn. 39 (Zweifelsfreiheit als „Jagd nach einer Chimäre").

[44] So der Ansatz von *Herzog* FS Carstens II, 1984, S. 601 (606); *Brenner* MKS, Art. 82 Rn. 30.

[45] *Schlaich* HStR II², § 49 Rn. 41; *Maurer* BK, Art. 82 (1988) Rn. 48; *Brenner* MKS, Art. 82 Rn. 30; zu weitgehend *v. Lewinski* BK, Art. 82 Rn. 170: „letztlich politische Entscheidung."

[46] Zur Verfassungspraxis umf. *v. Lewinski* BK, Art. 82 Rn. 84 ff. Speziell zu BPräs v. Weizsäcker (G zur Privatisierung der Flugsicherung) s. *Epping* JZ 1991, 1102; *Lehnguth* DÖV 1992, 439; BPräs *Rau* (ZuwanderungsG) s. *ders.* DVBl 2004, 1 ff.; BPräs *Köhler* (LuftsicherheitsG, G zur Kapitalprivatisierung der Flugsicherung, VerbraucherinformationsG) s. BT-Dr 16/3262; *Hartleb* NVwZ 2005, 661 ff.; *Kersten,* ebda, 1397 ff.; *St. Schiedermair* DÖV 2007, 726 ff.; BPräs *Gauck* (betr. G zur Einf. eines Betreuungsrechtlichen Bedenken, aber nicht durchgreifend, vgl. Pressemitt. des BPräsidialamtes v. 15.2.2013), BVerfG NJW 2015, 2399 erklärte das G für formell verfassungswidrig.

[47] *v. Lewinski* BK, Art. 82 Rn. 97; aA *Biehl,* Die Gegenzeichnung im parlamentarischen Regierungssystem, 1971, S. 116; *Ipsen,* StaatsR, Rn. 500.

[48] In der Sache ähnl. u. mwN *Guckelberger,* in: Friauf/Höfling, Art. 82 Rn. 41 ff.

nach der Staatspraxis gleichermaßen für die Reichweite bzw. Ausübungsschranken des **materiellen und des formellen** Prüfungsrechts.[49]

Schwierig gestaltet sich schließlich die Frage der (Ausfertigungs-)Beschränkungen im **Falle der** 15 **Vertretung des BPräs nach Art. 57.** Generell wird man dem BRatsPräs das (formelle und materielle) Prüfungsrecht und eine entspr. Prüfungspflicht nicht absprechen können.[50] In Einzelfällen wird man aber differenzieren müssen: Bei kurzfristigen Verhinderungskonstellationen sollte das Gesetz aus Gründen der Verfassungsorgantreue bis zur Rückkehr des BPräs „auf dessen Schreibtisch liegen bleiben". Das Gleiche gilt erst recht bei verfassungsrechtlich umstr. Gesetzen, bei denen der BPräs seine Prüfung noch nicht abgeschlossen hat. Er sollte hier das letzte Wort haben, was i. Ü. seiner abschließenden Stellung im Gesetzgebungsverfahren entspricht.[51]

**4. Unions- und Völkerrecht als Prüfungsmaßstab.** Verstöße gegen das **Unionsrecht** können 16 eine Ausfertigungsverweigerung nicht rechtfertigen. Der Wortlaut des Art. 82 I 1 begrenzt den Prüfungsrahmen auf die „Vorschriften dieses Grundgesetzes".[52] Selbst wenn man das Unionsrecht über die Brücke des Art. 23 I 2 als Teil der verfassungsmäßigen Ordnung begreift, an die der Gesetzgeber gem. Art. 20 III gebunden ist,[53] würde der BPräs im Falle einer Ausfertigung nicht entgegen seiner Verfassungsbindung (→ Rn. 9, 11) handeln. Denn eine Unionsrechtswidrigkeit bedingt, anders als die Verfassungswidrigkeit, nicht die Nichtigkeit, sondern lediglich die Unanwendbarkeit eines nationalen Gesetzes im unionsrechtlichen Kontext, das i. Ü. aber wirksam bleibt.[54] Eine abweichende Begründungslinie will daher ein auf Unionsrecht bezogenes Prüfungs- und Ausfertigungsverweigerungsrecht aus dem unionsrechtlichen „Grundsatz der loyalen Zusammenarbeit" (Art. 4 III EUV) u der daraus folgenden Integrationsverantwortung des BPräs ableiten.[55]

Inwieweit das **Völkerrecht** zum Prüfungsmaßstab gehört, ist ebenso umstr.[56] u hängt letztendlich 17 davon ab, inwieweit man es als Bestandteil der verfassungsmäßigen Ordnung begreift.[57] Das **Zustimmungsgesetz** zu einem völkerrechtlichen Vertrag kann jedenfalls am Maßstab des Grundgesetzes überprüft werden.[58]

## III. Gegenzeichnung

Die Ausfertigung (→ Rn. 3) durch den BPräs darf gem. Abs. 1 S. 1 erst „**nach Gegenzeichnung**" 18 erfolgen (s. auch § 29 I GO BReg). Die Ausfertigung setzt zu „ihrer Gültigkeit" mithin voraus, dass ihr zeitlich die sog. Contrasignatur „durch den Bundeskanzler oder durch den zuständigen Bundesminister" (Art. 58 S. 1) vorgeschaltet ist, obwohl der Ausdruck „Gegenzeichnung" eher auf einen nachträglich vorzunehmenden Akt hindeutet.[59] Da Art. 82 kein von Art. 58 abweichender Sonderfall ist, hat die Gegenzeichnung auch bei Art. 82 die Funktion einer **Wirksamkeitsvoraussetzung.** Anders als im konstitutionellen System des 19. Jahrhunderts[60] und mangels eines Vetorechts der Bundesregierung[61] dient sie heute aber praktisch nur noch der Vorbereitung der Ausfertigung[62] u hat keine darüber hinausgehende verfassungsrechtliche Funktion mehr.[63] Ein formelles u materielles

---

[49] Zu den Problemen im Fall des ZuwanderungsG s. *Rau* DVBl 2004, 1 ff.; zu den formellen Fragen (Art. 84 I 7 GG als negative Kompetenzvorschrift) betr. das VerbraucherinformationsG s. *Schoch* DVBl 2007, 261 ff.; iE ebenso *Guckelberger*, in: Friauf/Höfling, Art. 82 Rn. 47.

[50] Zutr. *Guckelberger*, in: Friauf/Höfling, Art. 82 Rn. 57; SachsAnhOVG Urt. v. 25.4.2007 – 1 L 453/05 – juris Rn. 71 f.; vgl. dazu auch BVerwG LKV 2009, 522 Rn. 15 ff.

[51] S. auch die Differenzierung in VG Magdeburg, Urt. v. 6.9.2005, Az.: 5 A 57/05 – juris Rn. 16 f.

[52] *Brenner* MKS, Art. 82 Rn. 31; *v. Lewinski* BK, Art. 82 Rn. 141; *Guckelberger*, in: Friauf/Höfling, Art. 82 Rn. 53; *Neumann* DVBl. 2007, 1335 (1337).

[53] Zum Streitstand *Butzer*, in: Maunz/Dürig, Art. 82 Rn. 192 mwN.

[54] *H. Bauer*, in: Dreier II, Art. 82 Rn. 14; *Brenner* MKS, Art. 82 Rn. 31; *v. Lewinski* BK, Art. 82 Rn. 141; *Butzer*, in: Maunz/Dürig, Art. 82 Rn. 193; mit Blick auf Art. 10 II EG und Art. 249 EG (teilw.) abw. *A. Neumann* DVBl 2007, 1335 (1339 ff.).

[55] So *Pieper*, in: Kluth/Krings, Gesetzgebung, § 20 Rn. 61 f.; *Butzer*, in: Maunz/Dürig, Art. 82 Rn. 194; *Neumann*, DVBl. 2007, 1335 (1338 f.); *Schladebach/Koch*, Jura 2016, 355 (358); *Hauk* JA 2017, 93 (97 f.).

[56] Verneinend *v. Lewinski* BK, Art. 82 Rn. 142 mwN; *Brenner* MKS, Art. 82 Rn. 31; *Heyde*, DÖV 1971, 797 (800); *Guckelberger*, in: Friauf/Höfling, Art. 82 Rn. 53; für Teile des Völkerrechts bejahend *Schladebach/Koch*, Jura 2016, 355 (359 f.); *Pieper*, in: Kluth/Krings, Gesetzgebung, § 20 Rn. 63; *Butzer*, in: Maunz/Dürig, Art. 82 Rn. 196 ff.

[57] Dazu ausführlich *v. Lewinski* BK, Art. 82 Rn. 142; *Butzer*, in: Maunz/Dürig, Art. 82 Rn. 197 ff.

[58] *Schladebach/Koch*, Jura 2016, 355 (359).

[59] *v. Lewinski* BK, Art. 82 Rn. 72; *Maurer* FS Carstens, Bd. 2, 1984, S. 712; *Bryde*, in: v. Münch/Kunig, Art. 82 Rn. 10; *Pieper*, in: Kluth/Krings, Gesetzgebung, § 20 Rn. 19; aA *Nettesheim* HStR III, § 62 Rn. 40 („Kontrollinstrument der Regierung").

[60] Dazu *v. Lewinski* BK, Art. 82 Rn. 44; *Schenck zu Schweinsberg*, Die ministerielle Gegenzeichnung, 1960, S. 199.

[61] Zu den exekutiven Vetobefugnissen im Landesverfassungsrecht (Art. 42 II NdsVerf, Art. 119 HessVerf) vgl. *Mann*, FS Stern, 2012, 81 ff.

[62] Vgl. *Butzer*, in: Maunz/Dürig, Art. 82 Rn. 95: „Richtigkeits- bzw. Authentizitätsgewähr für die Übereinstimmung der Gesetzesurschrift mit dem Gesetzesbeschluss des BT".

[63] *Mann*, FS P. Kirchhof I, § 33 Rn. 18; *Ossenbühl* HStRV, § 102 Rn. 67; *Butzer*, in: Maunz/Dürig, Art. 82 Rn. 95.

**Prüfungsrecht des gegenzeichnenden BKanz oder eines BMin** geht damit **nicht** einher.[64] Dies folgt schon aus dem Umstand, dass die traditionelle Hauptfunktion der Gegenzeichnung, die Übernahme der parl. Verantwortung für Amtshandlungen des BPräs gegenüber dem BTag (→ Art. 58 Rn. 4), i. R. der Gesetzesausfertigung nicht greift. Mit der Ausfertigung vollzieht der BPräs einen Gesetzesbeschluss des BTag, sodass für eine Verantwortungsübernahme durch ein Mitglied der BReg kein Raum verbleibt.[65] Die Entscheidung des BPräs, die Ausfertigung zu verweigern, bedarf keiner Gegenzeichnung.[66]

19    **Ohne Gegenzeichnung** kommt es zu einer **dreifachen Unwirksamkeit:** Erstens ist die Ausfertigung selbst unwirksam,[67] denn das Objekt der Gegenzeichnung ist der Ausfertigungsakt des BPräs u nicht das Gesetz.[68] Zweitens bewirkt die unwirksame Ausfertigung die Unwirksamkeit der Verkündung.[69] Drittens schlägt die Unwirksamkeit der Präsidialakte auf das Gesetz durch; das Gesetz ist nicht wirksam zust. gekommen.[70] Die fehlende bzw. verweigerte Gegenzeichnung, die unwirks. Ausfertigung u die unwirks. Verkündung sind aus Gründen der Rechtssicherheit **nicht heilbar.**[71]

20    Art. 82 normiert nicht, wer die Gegenzeichnung vorzunehmen hat, so dass auf die Regelung in Art. 58 zurückzugreifen ist. Danach hat die Gegenzeichnung durch den BKanz *oder* den federführenden BMin zu erfolgen. Die in § 29 I GO BReg vorgesehene doppelte Gegenzeichnung durch BKanz *und* den bzw. die zust. BMin ist irrelevant, da die verfassungsrechtlichen Anforderungen nicht durch eine GO-Vorschrift verschärft werden können.[72] Die Gegenzeichnung muss wie die Ausfertigung (→ Rn. 4) **unverzüglich,** dh ohne schuldhaftes Zögern, vorgenommen werden. Ein Verzögern – etwa aus politischen Gründen – ist verfassungswidrig. Verweigert die BReg die Gegenzeichnung, so folgt aus ihrer Pflicht zur Verfassungsorgantreue, dass sie gleichwohl den Gesetzesbeschluss dem BPräs vorzulegen hat.[73]

## IV. Verkündung im Bundesgesetzblatt

21    **1. Publikationsakt.** Indem Abs. 1 S. 1 vorschreibt, dass die vom BPräs ausgefertigten „Gesetze … im Bundesgesetzblatte verkündet" werden, gebietet er die **Bekanntgabe des Inhalts** der vom BPräs unterzeichneten Gesetzestexts in dem dafür vorgesehenen, allgemein zugänglichen Publikationsorgan des Bundes, dem BGBl, u dessen Ausgabe.[74] Die im **Internet** frei zugängliche Fassung des BGBl ist **nicht verbindlich**[75] u damit für die Verkündung ohne Relevanz. Die amtliche Verlautbarung in einem staatl. vertriebenen, frei käuflichen Druckwerk soll jedem Interessierten gem. dem Rechtsstaatsprinzip (→ Rn. 1) **ermöglichen,** sich auf zumutbare Weise verlässlich vom Inhalt der Gesetze **Kenntnis** zu verschaffen.[76]

22    Dabei kommt es nicht auf die tatsächliche Kenntnisnahme des Gesetzes, sondern auf den fiktiven Zeitpunkt der **Möglichkeit zur Kenntnisnahme** an. Nach der sog. **Zugangstheorie** soll die Veröffentlichung erst dann vollzogen sein, wenn die das Gesetz enthaltenden Exemplare des BGBl. an die meisten seiner regelmäßigen (ca. 40 000) Bezieher ausgeliefert sind,[77] was allerdings ein recht ungenauer Zeitpunkt ist. Mit dem BVerfG wird dagegen die sog. **Entäußerungstheorie** vertreten, wonach bereits auf das „Inverkehrbringen des ersten Stücks", dh auf d. Einlieferung des Gesetzesblattes beim

---

[64] *Bauer,* in: Dreier II, Art. 82 Rn. 15; vgl. *Brenner* MKS, Art. 82 Rn. 20; aA (formelles und materielles Prüfungsrecht) *Nierhaus* Entscheidung, Präsidialakt u Gegenzeichnung, S. 65 f.; *v. Lewinski* BK Art. 82 Rn. 72; *Biehl,* Die Gegenzeichnung im parlamentarischen Regierungssystem, 1971, S. 117; (form. u eingeschr. mat. PrüfungsR): *Sannwald,* in: Hofmann/Henneke, Art. 82 Rn. 10; (nur form. PrüfungsR): *Bryde,* in: v. Münch/Kunig, Art. 82 Rn. 8; für eine Kontrollkompetenz d. BReg bezgl. d. verfassungsgem. Ausübung d. PrüfungsR durch d. BPräs *Nettesheim* HStR III, § 62 Rn. 40.

[65] *v. Lewinski* BK, Art. 82 Rn. 67; *Bryde,* in: v. Münch/Kunig, Art. 82 Rn. 10; *Bauer,* in: Dreier II, Art. 82 Rn. 15; *Pieper,* in: Kluth/Krings, Gesetzgebung, § 20 Rn. 21; *Heydt* ZRP 1971, 201 (202).

[66] Ganz h. M., vgl. nur *Pieper,* in: Kluth/Krings, Gesetzgebung, § 20 Rn. 21; *Butzer,* in: Maunz/Dürig, Art. 82 Rn. 93; *v. Arnauld,* in: v. Münch/Kunig, Art. 58 Rn. 7.

[67] Undeutlich *Brenner* MKS, Art. 82 Rn. 19: „Ohne Gegenzeichnung … darf das jeweilige Gesetz nicht ausgefertigt werden." Ebenso *Guckelberger,* in: Friauf/Höfling, Art. 82 Rn. 63.

[68] *Brenner* MKS, Art. 82 Rn. 19; *Bryde,* in: v. Münch/Kunig, Art. 82 Rn. 10; *Nierhaus* (Fn. 64), S. 62.; offenlassend *v. Lewinski* BK, Art. 82 Rn. 72.

[69] Vgl. *Pieroth,* in: Jarass/Pieroth, Art. 82 Rn. 5; *Sannwald,* in: Hofmann/Henneke, Art. 82 Rn. 26.

[70] Nicht überzeugend *v. Mangoldt/Klein* III, Art. 82 Anm. III 5d cc: „Fertigt der Bundespräsident das zustande gekommene Gesetz ohne Gegenzeichnung aus, so entsteht ein existentes, aber nicht vollziehbares Gesetz."

[71] *Bauer,* in: Dreier II, Art. 82 Rn. 15; vgl *Pieroth,* in: Jarass/Pieroth, Art. 82 Rn. 5.

[72] *Bryde,* in: v. Münch/Kunig, Art. 82 Rn. 10; *Nierhaus* (Fn. 64), S. 64.

[73] Für eine verfassungs*politische* Frage *Sannwald,* in: Hofmann/Henneke, Art. 82 Rn. 11 (Rn. 12 zur Staatspraxis).

[74] BVerfGE 16, 6 (17). In der Ausgabe des BGBl liegt der entscheidende Punkt der Verkündung, vgl. *H. Schneider,* Gesetzgebung, Rn. 481.

[75] Die mangelnde Verbindlichkeit folgt bereits aus d. fehlenden Pflicht zur Bekanntm. d. Gesetze im Internet, vgl. *v. Lewinski* BK, Art. 82 Rn. 229; *Butzer,* in: Maunz/Dürig, Art. 82 Rn. 248.

[76] Vgl. BVerfGE 65, 283 (291); *Bryde,* in: v. Münch/Kunig, Art. 82 Rn. 12.

[77] *Brenner* MKS, Art. 82 Rn. 33; *Bryde,* in: v. Münch/Kunig, Art. 82 Rn. 12; *Butzer,* in: Maunz/Dürig, Art. 82 Rn. 248.

zust. Postamt oder d. unmittelbare Abgabe an einen seiner Bezieher, abzustellen ist.[78] Als Verkündungsdatum sollte indes der **Tag nach der Einlieferung** angenommen werden;[79] so werden beide Ziele der Verkündung – Publizität der Gesetze u Rechtssicherheit für die Allgemeinheit – optimal gewahrt.[80] Die Verfassungspraxis trägt dieser Ansicht insoweit Rechnung, als sie als Ausgabedatum in der Kopfzeile des BGBl den auf die Einlieferung bei der Post folgenden Tag angibt.[81] Diese Angabe begründet nach allg. Ansicht eine (widerlegbare) Vermutung für d. Ausgabedatum.[82]

Ausnahmen von dem Erfordernis der Verkündung im BGBl sieht das GG für den Spannungs-, **23** Bündnis- oder **Verteidigungsfall** (vgl. Art. 80a I, III, 115a III 2, 115d III) vor.[83]

**2. Verweisungen.** Für die Verkündung gilt das **Vollständigkeitsprinzip,** wonach die Gesetze **24** grds. in ihrem gesamten Wortlaut u Umfang im BGBl zu veröffentlichen sind.[84] Probl. ist, wenn Gesetze auf andere Rechtsquellen mit normativer Wirkung Bezug nehmen, die selbst nicht im BGBl verkündet sind, z. B. auf Landesrecht, private Regelwerke (ua DIN-Normen) oder Pläne (Karten, Zahlenwerke etc.). Die **Verweisung** auf diese Rechtsquellen hat zur Folge, dass sie Teil der fraglichen Gesetze werden u deren Rang erhalten.[85] Daher ist das für alle Gesetze geltende Verkündungsgebot des Abs. 1 S. 1 seinem Wortlaut u Zweck nach grds. auch für diese Rechtsquellen einschlägig. Vom Vollständigkeitsprinzip werden jedoch zur Vermeidung einer Überfrachtung des BGBl unter engen Voraussetzungen zu Recht **Ausnahmen** zugelassen. So ist Art. 82 I 1 bei Verweisungen auf anderweitig veröffentlichte Rechtsnormen dergestalt einschränkend auszulegen, dass statische Verweisungen zul. sind, wenn die Inkorporierung hinreichend deutlich zum Ausdruck kommt, das fremde Regelwerk hinreichend bestimmt bezeichnet wird u den Interessierten in einer ihrer Art nach für amtliche Anordnungen geeigneten Verlautbarung zugänglich ist.[86] Entsprechendes gilt für die Einzelpläne des Haushaltsplans[87] u sonstige umfangreiche Anlagen.[88]

**3. Berichtigungen.** Aus Gründen einer funktionsfähigen Gesetzgebung und in Übereinstimmung **25** mit der überkommenen Staatspraxis können bis zur Verkündung Druckfehler u in engen Grenzen auch andere offenbare **Unrichtigkeiten berichtigt** werden (§ 122 III GO BTag, § 61 GGO), solange dabei die Kompetenzen der Legislative gewahrt bleiben.[89]

**4. Verkündungsbefehl.** Abs. 1 S. 1 lässt offen, wer für d. Verkündung der Gesetze zust. ist.[90] **26** Mangels ausdrücklicher Regelung fällt d. Verkündung somit in die Kompetenz des Organs, das nach deutscher Verfassungstradition (vgl. Art. 17 RV 1871, Art. 70 WRV) bislang mit dieser Aufgabe betraut war: des Staatsoberhaupts, also des **Bundespräsidenten.**[91] Dieser nimmt d. Verkündung allerdings nicht selbst vor, sondern bedient sich dafür der BReg, indem er dieser durch die anlässlich der Ausfertigung unterzeichnete Schlussformel „… wird im Bundesgesetzblatt verkündet" den entspr. Auftrag erteilt (sog. **Verkündungsbefehl**).[92] In der Staatspraxis erfolgt dies derart, dass das Bundes-

---

[78] BVerfGE 16, 6 (18 ff.); 87, 48 (60); ihm folgend SachsAnhOVG, Urteil v. 25.4.07 – 1 L 453/05 –, juris Rn. 50 ff.: Rechtlich erheblich sei allein d. Intention des für d. Verkündung verantwortl. Verfassungsorgans, mit der von ihm verfügten Ausgabe d. Bedingung dafür gesetzt zu haben, dass d. Normadressaten sich Kenntnis vom In-Kraft-Treten u Inhalt des Gesetzes verschaffen können. Die Verkündung eines Gesetzes bestehe nach alledem in der Ausgabe des GVBl; sie sei mit dem In-Verkehr-Bringen des ersten Stückes der jew. Nummer des GVBl bewirkt; iE ebenso BVerwG LKV 2009, 522. S. auch *Sannwald,* in: Hofmann/Henneke, Art. 82 Rn. 28u – weiter diff. – *Guckelberger,* in: Friauf/Höfling, Art. 82 Rn. 72.

[79] *Pieroth,* in: Jarass/Pieroth, Art. 82 Rn. 6; *Rubel,* in: Umbach/Clemens, GG, Art. 82 Rn. 28; *Stern,* StaatsR II, S. 636; *v. Lewinski* BK, Art. 82 Rn. 232.

[80] Dabei dürfte regelmäßig der Tag nach der Einlieferung auch der Tag sein, an dem das Bundesgesetzblatt der Mehrzahl der Bezieher zukommt, so auch *Bauer,* in: Dreier II, Art. 82 Rn. 18.

[81] *v. Lewinski* BK, Art. 82 Rn. 232; *H. Schneider,* Gesetzgebung, Rn. 487.

[82] Vgl. BVerfGE 16, 6 (17); 81, 70 (83); 87, 48 (60); *Bryde,* in: v. Münch/Kunig, Art. 82 Rn. 12; *Ramsauer* AK GG, Art. 82 Rn. 28; *H. Schneider,* Gesetzgebung, Rn. 488; *Pieper,* in: Kluth/Krings, Gesetzgebung, § 20 Rn. 81.

[83] Vgl. das hierzu erlassene Gesetz über vereinfachte Verkündungen und Bekanntgaben v. 18.7.1975 (BGBl I 1919) i. d. F. v. 24.5.2016 (BGBl I 1217), dazu *Mertins,* Der Spannungsfall, 2013, S. 102 f.

[84] *Bauer,* in: Dreier II, Art. 82 Rn. 19.

[85] *Clemens,* AöR 111 (1986), 63 (65 f.). Zur grds. Zulässigkeit von Verweisungen s. BVerfGE 47, 285 (311 ff.); 78, 32 (35 f.) u den Überblick bei *Klindt* DVBl 1998, 373 (375–377) mwN.

[86] Vgl. BVerfGE 26, 338 (367); 47, 285 (311 f.); BVerwGE 55, 250 (264); OVG RhPf NVwZ-RR 2005, 28 (29); NuR 2007, 31 f. Aus der Lit. vgl. *H. Schneider,* Gesetzgebung, Rn. 491 u *Mann,* VVDStRL 72 (2013), 544 (554 ff.) mwN; aA (schlichte Internetverfügbarkeit genügt) *Butzer,* in: Maunz/Dürig, Art. 82 Rn. 239.

[87] S. § 13 II, IV BHO; BVerfGE 20, 56 (93); BVerwGE 25, 104 (197).

[88] BFHE 171, 84 (90).

[89] BVerfGE 105, 313 (334); ausf. *Butzer,* in: Maunz/Dürig, Art. 82 Rn. 251 ff.; Bsp. bei *H. Schneider,* Gesetzgebung, Rn. 494.

[90] Anders z. B. Art. 45 I 1 NdsVerf; Art. 76 I 1 SachsVerf.

[91] *Butzer,* in: Maunz/Dürig, Art. 82 Rn. 246; aA (BReg) *Ramsauer* AK GG, Art. 82 Rn. 11; diff. *v. Lewinski* BK, Art. 82 Rn. 225.

[92] *Bryde,* in: v. Münch/Kunig, Art. 82 Rn. 11; v. Mangoldt/Klein, Art. 82 Anm. III 3c cc; *Stern,* StaatsR II, S. 634.

präsidialamt das ausgefertigte Gesetz der Schriftleitung des BGBl im BMJ zur Verkündung zuleitet (§ 60 S. 1 GGO).[93]

27     **5. Zeitpunkt.** Die Verkündung hat innerhalb einer **angemessenen Frist** zu erfolgen.[94] Eine **Verkündung vor Gegenzeichnung und Ausfertigung** ist allerdings rechtlich unwirksam u kann auch nicht durch nachträgliche Gegenzeichnung oder Ausfertigung geheilt werden (→ Rn. 19). In diesen Fällen muss die Verkündung nach Gegenzeichnung u Ausfertigung wiederholt werden.

28     Ein Gesetz, das zu einem Zeitpunkt ausgefertigt wird, an dem die dazu **ermächtigende Verfassungsnorm noch nicht in Kraft** getreten war, ist nichtig.[95] Wenn d. Gesetz nach dem Willen der gesetzgebenden Körperschaften in innerem Zusammenhang mit d. notwendigen Grundgesetzänderung u im Rahmen paralleler Gesetzgebungsverfahren beschlossen wurde, genügt es für die Gültigkeit des Gesetzes ausnahmsweise, dass die Grundgesetzänderung erst bei Verkündung des einfachen Gesetzes in Kraft war.[96]

29     **6. Rechtsfolgen. Mit** seiner **Verkündung,** dh mit der Ausgabe des einschlägigen Bundesgesetzblattes (→ Rn. 21 f.), wird das **Gesetz existent.**[97] Geheime Gesetze können schlechterdings keinen Anspruch auf Geltung erheben. Seine **rechtliche Geltung** erlangt das verkündete Gesetz demgegenüber erst mit seinem **Inkrafttreten** gem. Abs. 2 (→ Rn. 38).[98]

30     Eine **Neubekanntmachung,** dh die Veröffentlichung des aktuellen Wortlautes eines (nachhaltig) geänderten Gesetzes, ist im Gegensatz zum Neuerlass kein verkündungsbedürftiger gesetzgeberischer Akt, sondern nur eine im Interesse der Rechtssicherheit erfolgende **deklaratorische Klarstellung** des Gesetzestextes durch den Fachminister auf Grund einer entspr. gesetzlichen Ermächtigung.[99] Im Falle eines Textwiderspruches ist daher nicht die ministerielle Neubekanntmachung, sondern der von der Legislative beschlossene Gesetzesinhalt maßgeblich.[100]

31     Mit dem BVerfG brauchen befristete Gesetze in **Verlängerungsgesetzen** nicht erneut verkündet werden, wenn für die Normadressaten klar erkennbar ist, welche Vorschriften weiter gelten sollen.[101] Das befristete Gesetz darf allerdings nicht bereits außer Kraft getreten sein.[102]

## C. Ausfertigung und Verkündung der Rechtsverordnungen (Abs. 1 S. 2)

### I. Anwendungsbereich

32     Abs. 1 S. 2 enthält für „**Rechtsverordnungen**" ein auf diese Normen zugeschnittenes Publizitätsgebot. Er gilt nur für RVOen des **Bundes.**[103] Erlassen die Länder eine RVO auf Grund einer bundesgesetzl. Ermächtigung, dann verkörpert diese Normgebung Landesrecht (→ Art. 80 Rn. 18).[104] Es unterfällt – wie auch der Titel des VII. Abschnitts „Die Gesetzgebung des Bundes" zeigt – nicht Art. 82, sondern dem Landesverfassungsrecht.[105] Wird ein **Landesparlament** nach Art. 80 IV auf der Grundlage einer BundesRVO als **Alternativdelegatar** tätig,[106] so verbleibt es bei den landesverfassungsrechtl. Vorschriften über die Ausfertigung u Verkündung von Landes*gesetzen.*[107]

### II. Ausfertigung

33     RVOen müssen „**ausgefertigt**" werden (→ Rn. 3), dh ihr in einer Urkunde festgehaltener Inhalt ist von dem **Delegatar** zu unterzeichnen. **Zuständig** ist laut Abs. 1 S. 2 die „Stelle, die sie erlässt."

[93] Näher *Pieper,* in: Kluth/Krings, Gesetzgebung, § 20 Rn. 78.

[94] *Bryde,* in: v. Münch/Kunig, Art. 82 Rn. 12; *Pieroth,* in: Jarass/Pieroth, Art. 82 Rn. 5. AA „unverzüglich" *Sannwald,* in: Hofmann/Henneke, Art. 82 Rn. 29; *v. Lewinski* BK, Art. 82 Rn. 236.

[95] BVerfGE 34, 9 (23).

[96] BVerfGE 34, 9 (24 f.); 32, 199 (212). Zur sog. „Fiktion eines späteren Erlasses" zum Zwecke der Korrektur eines mangelhaften Gesetzgebungsverfahrens (vor Inkrafttreten der erforderlichen Verfassungsänderung) s. BVerfGE 44, 227 (240).

[97] BVerfGE 42, 263 (283); *v. Lewinski* BK, Art. 82 Rn. 237; *Pieroth,* in: Jarass/Pieroth, Art. 82 Rn. 5, 6.

[98] *H. Schneider,* Gesetzgebung, Rn. 481, dort auch Beispiele für „Geheimgesetze" (Rn. 482).

[99] BVerfGE 14, 245 (250); 18, 389 (391); 64, 217 (221); *Brenner* MKS II, Art. 82 Rn. 37. S. dazu die Erleichterungen für d. Verfahren der Neubekanntm. im ZuständigkeitsanpassungsG v. 16.8.2002 (BGBl I 3165), zul. geänd. durch G v. 31.8.2015 (BGBl. I 1474).

[100] *Sannwald,* in: Hofmann/Henneke, Art. 82 Rn. 61. Zu Neubekanntmachung im Gegensatz zur „Konsolidierung" *Guckelberger,* in: Friauf/Höfling, Art. 82 Rn. 79 ff.

[101] BVerfGE 8, 274 (302 f.).

[102] *Stern,* StaatsR II, S. 636/637.

[103] BVerwGE 88, 204 (208).

[104] BVerfGE 18, 407 ff.; *Nierhaus* BK, Art. 80 Abs. 1 (1998) Rn. 252.

[105] *Bauer,* in: Dreier II, Art. 82 Rn. 21; *Brenner* MKS, Art. 82 Rn. 38. *Haratsch* Sodan, Art. 82 Rn. 21; *v. Lewinski* BK, Art. 82 Rn. 259.

[106] Dazu *Nierhaus* BK, Art. 80 Abs. 4 (1998) Rn. 832 ff. *Helms,* Das verordnungsvertretende Gesetz, 2008, passim; *Mann,* in: Brüning/Suerbaum (Hrsg.), Vermessung der Staatlichkeit, 2013, 57 ff.

[107] Vgl. *Sannwald,* in: Hofmann/Henneke, Art. 82 Rn. 40.

Die Ausfertigungskompetenz fällt daher in die Hände des Organs, das gem. Art. 80 I 1 **Erstdelegatar** oder nach Art. 80 I 4 **Subdelegatar** ist. Ist die BReg die erlassende „Stelle", dann haben nicht sämtliche Kabinettsmitglieder zu **unterzeichnen,** sondern lediglich der BKanzler oder die zur Vertretung berechtigte Person *und* das federführende Mitglied der BReg (Art. 65 S. 4 iVm § 30 GO BReg sowie § 67 II GGO). Art. 82 I 2 setzt allerdings nicht zwingend die Ausfertigung durch den zust. Minister persönl. voraus; im Verhinderungsfall können auch seine Vertreter die Ausfertigung vornehmen (§ 67 I 1 GGO).

Im schriftlichen **Umlaufverfahren** (Beschlussverfahren) muss allerdings sichergestellt sein, dass d. **34** RVO in einer Weise beschlossen wird, die es erlaubt, sie der **BReg** als Kollegium zuzurechnen. Insoweit gilt das Gleiche wie bei Gesetzesinitiativen (→ Art. 76 Rn. 8).[108]

Da die ausfertigende mit der erlassenden Stelle zusammenfällt, gibt es das mit der Ausfertigung **35** von Gesetzen verknüpfte Problem der **Prüfungskompetenz** eines Dritten – des BPräs (→ Rn. 6 ff.) u der Mitglieder der BReg (→ Rn. 18) – nicht. Durch die Ausfertigung einer RVO bescheinigt die zust. Stelle diesen Normen, dass sie formell u materiell gesetzes- und verfassungsmäßig sind, also z. B. etwaige Mitwirkungsrechte (→ Art. 80 Rn. 35 ff.) u die Grundrechte beachtet wurden; sie dokumentiert darüber hinaus die Übereinstimmung von Schlusstext u beschlossenem Verordnungsentwurf.[109]

### III. Verkündung

RVOen werden nach der in Abs. 1 S. 2 aufgestellten Regel – ebenso wie Gesetze – „im Bundes- **36** gesetzblatte verkündet". Die zur **Verkündung** von Gesetzen gemachten Ausführungen (→ Rn. 21 ff.) gelten entspr. Zur Wahrung der **zeitlichen Vorrangigkeit des** ermächtigenden **Gesetzes** gegenüber der darauf gestützten RVO (Beschluss bzw. Erlass, Ausfertigung u Verkündung sowie Inkrafttreten) kommt es darauf an, dass die Verordnung frühestens nach Inkrafttreten des Gesetzes **ausgefertigt** wird.[110] Die Verkündung von RVO der BReg veranlasst das Bundeskanzleramt, i. Ü. das federführende Bundesministerium (vgl. § 68 II 1 GGO).

Abs. 1 S. 2 legt die Verkündung von RVOen im BGBl anders als Abs. 1 S. 1 für Gesetze **37** (→ Rn. 21) **„vorbehaltlich anderweitiger gesetzlicher Regelung"** fest. Von der dadurch eröffneten Möglichkeit hat das Gesetz über d. Verkündung von Rechtsverordnungen u Bekanntmachungen[111] Gebrauch gemacht. Nach dessen § 1 I können RVOen des Bundes wahlweise im BGBl oder im **BAnz** verkündet werden (s. ferner § 68 II 1 iVm § 76 I Nr. 2 sowie III Nr. 1 GGO). Für RVOen, die Verkehrstarife festsetzen oder genehmigen, ordnet § 2 an, dass sie im **Verkehrsblatt** oder im **Tarif- und Verkehrsanzeiger** verkündet werden können (ferner § 76 IV Nr. 3 GGO). Mithin kommen nur amtl. herausgegebene Publikationsorgane, die jedermann in zumutbarer Weise zugänglich sind, in Betracht u nicht etwa Zeitungen oder sonstige private Medien.[112] Erfolgt die Verkündung nicht im BGBl, so muss dort nachrichtlich auf d. Verkündung in dem anderen Publikationsorgan hingewiesen werden.[113] Zugelassen ist inzwischen auch eine **elektronische Verkündung** von RVOen im (elektronischen) Bundeanzeiger (s. §§ 5 ff. VkBkmG).[114] Im Falle von **Verweisungen** in RVO auf andere Rechtsquellen (Landesrecht, Verwaltungsvorschriften, private Regelungswerke, Pläne etc.) gelten die gleichen rechtsstaatlichen Anforderungen wie bei Verweisen in Gesetzen (→ Rn. 24).

## D. Inkrafttreten der Gesetze und Rechtsverordnungen (Abs. 2)

Abs. 2 betrifft das **Inkrafttreten,** dh den Beginn der rechtlichen Geltung von **Gesetzen** und **38** **Rechtsverordnungen,** weil zwischen Verkündung u Inkrafttreten eines Gesetzes eine **Legisvakanz** liegen kann.[115]

### I. Inkrafttretensanordnung

Nach Maßgabe der Anordnung in Abs. 2 S. 1 obliegt es dem Gesetz- oder Verordnungsgeber **39** i. d. R. selbst, den Wirksamkeitsbeginn seiner Normen ausdrücklich festzulegen. Einem Dritten (BPräs, BReg, BMin) darf diese Aufgabe nicht überlassen oder zuerkannt werden (sog. **Delegationsverbot),**

---

[108] Näher BVerfGE 91, 148 ff.; *Nierhaus* BK, Art. 80 Abs. 1 (1998) Rn. 383 ff.

[109] Einzelheiten bei *Nierhaus* BK, Art. 80 Abs. 1 (1998) Rn. 185 ff., 388; *Ramsauer* AK GG, Art. 82 Rn. 12.

[110] *Nierhaus* BK, Art. 80 Abs. 1 (1998) Rn. 392 ff., mwN; aA BGHZ 43, 269 (273); *Sannwald,* in: Hofmann/Henneke, Art. 82 Rn. 43 (gleichzeitige Verkündung zul.); *Pieper,* in: Kluth/Krings, Gesetzgebung, § 20 Rn. 89 (Reihenfolge des Abdrucks im BGBl entscheidet).

[111] VkBkmG vom 30.1.1950 (BGBl I 23), zul. geänd. durch G v. 11.6.2019 (BGBl. I 754).

[112] BVerfGE 65, 283 (291); *Bryde,* in: v. Münch/Kunig, Art. 82 Rn. 14.

[113] So § 2 III des VkBkmG (o. Fn. 110); näher *H. Schneider,* Gesetzgebung, Rn. 490.

[114] Näher *v. Lewinski* BK, Art. 82 Rn. 269 ff. mwN.

[115] S. *G. Müller/F. Uhlmann,* Elemente einer Rechtssetzungslehre, 3. Aufl. 2013, Rn. 172, Fn. 447.

auch nicht im Wege einer Verordnungsermächtigung.[116] Demgegenüber darf der ermächtigende Gesetzgeber kraft Vorrangs des Gesetzes dem VOgeber vorschreiben, zu welchem Zeitpunkt die von ihm zu erlassende (nicht in seinem Ermessen stehende) RVO in Kraft tritt.

40 Bei der **Festlegung des Zeitpunktes** des Inkrafttretens eines Gesetzes ist der Gesetzgeber grds. frei.[117] Allerdings kann das BVerfG dem Gesetzgeber verfassungsrechtl. Restriktionen auferlegen, ua zur (rechtzeitigen) Erfüllung von Verfassungsaufträgen sowie zur Vollstreckung von Normenkontrollentscheidungen (Unvereinbarkeitserklärung mit Weitergeltungsanordnung u Fristsetzung).[118] Ferner können sich aus den Grundrechten (insbes. aus Art. 3 I) sowie dem rechtsstaatlichen Vertrauensschutzgebot verfassungsrechtl. Vorgaben in zeitlicher Hinsicht für Übergangs- u Stichtagsregelungen ergeben.[119] Der maßgebliche Zeitpunkt kann ein künftiger oder – falls eine Rückwirkung zul. ist[120] – ein vergangener sein. Er kann sich auf einen **kalendermäßig bestimmten Tag** beziehen **oder** an die **Verkündung** anknüpfen. Wird das Inkrafttreten für d. Tag d. Verkündung angeordnet, wirkt sich der Streit, wann die Verkündung bzw. die Ausgabe vollzogen ist (→ Rn. 22), auf d. Wirksamkeitsbeginn der Normen aus. Auch wenn die verschiedenen Ansichten zur **Rückwirkungsproblematik** häufig nur zu wenigen Stunden Abweichung führen, kann diese zeitliche Differenz, z. B. bei „eiligen Strafgesetzen", entscheidend sein.[121] Nach hier vertr. Ansicht treten die Normen, deren Inkrafttreten an d. Verkündung geknüpft ist, um 0.00 Uhr des Tages nach d. Einlieferung bei d. Post in Kraft. Wird für d. Inkrafttreten eine auf den Tag der Verkündung bezogene **Frist** (z. B. drei Tage nach d. Verkündung) vorgesehen, ist gem. § 187 I BGB der Tag d. Verkündung nicht mitzuzählen.[122]

41 Grds. darf die Wirksamkeit eines Gesetzes oder einer RVO aus Gründen der Rechtssicherheit, der Normenklarheit u des Vertrauensschutzes nicht von einer (aufschiebenden) **objektiven Bedingung,** dh dem ungewissen Eintritt eines zukünftigen Ereignisses, abhängig gemacht werden.[123] Ein derartiges Vorgehen „bestimmt" nicht den Tag des Inkrafttretens, sondern lässt ihn gerade offen. Dies gilt erst recht für **subjektive Bedingungen** (Willensbedingungen).[124] Wegen ihrer Abhängigkeit vom Ratifizierungsdatum und von Ratifizierungsquoren werden Vertragsgesetze (Art. 59 II) von diesem Grundsatz ausgenommen.[125] Str. ist dagegen, ob eine weitere **Ausnahme** im Hinblick auf „**besonders gelagerte Verhältnisse**"[126] zu machen ist.[127] Dies ist nur in seltenen Ausnahmefällen für Normen anzuerkennen, bei denen ohne Bedingungssetzung wichtige rechts- und sozialpolitische Anliegen nicht verfolgt werden könnten.[128]

## II. Grundgesetzliche Ersatzregelung

42 **Kommt** der Gesetz- oder Verordnungsgeber seiner **Obliegenheit** aus Abs. 2 S. 1, den Tag des Inkrafttretens festzulegen, **nicht nach,** sieht **Satz 2** als Rechtsfolge des Fehlens einer Bestimmung ergänzend vor, dass solche Normen „mit dem vierzehnten Tage nach Ablauf des [Verkündungs-]Tages in Kraft" treten. Wie schon d. Wortlaut des Art. 82 II 2 verdeutl., gilt die Regelung nur für im BGBl verkündete RVOen, wohingegen für andere RVOen d. identische Regelung in § 4 I VkBkmG (→ Rn. 37) zur Anwendung kommt.[129]

43 **Verfassungsrechtliche Sonderregeln zum Inkrafttreten** befinden sich als Ergebnisse der Föderalismusreform nunmehr in **Art. 72 III 2 u Art. 84 I 3.** In Bereichen, in denen die Länder vom Bundesrecht abweichende Regelungen treffen dürfen, treten Bundesgesetze frühestens sechs Monate

---

[116] BVerfGE 42, 263 (282 f.); 45; 297 (326); *v. Lewinski* BK, Art. 82 Rn. 282; *Rubel,* in: Umbach/Clemens, GG, Art. 82 Rn. 32; *Guckelberger,* in: Friauf/Höfling, Art. 82 Rn. 102 (keine „Inkraftsetzungsverordnungen"); aA *Bryde,* in: v. Münch/Kunig, Art. 82 Rn. 16 unter Berufung auf Art. 80.

[117] BVerfGE 42, 263 (282). Abw. *Guckelberger,* in: Friauf/Höfling, Art. 82 Rn. 101.

[118] BVerfGE 33, 1 (13); 103, 1 (19 f.); *Sannwald,* in: Hofmann/Henneke, Art. 82 Rn. 52.

[119] Vgl. *Sannwald,* in: Hofmann/Henneke, Art. 82 Rn. 54.

[120] S. BVerfGE 65, 283 (291); 72, 200 (241 ff.); 109, 133 (167 ff.) sowie → Art. 20 Rn. 132 ff.

[121] Vgl. die historischen Beispiele bei *H. Schneider,* Gesetzgebung, Rn. 485 f.

[122] *Pieroth,* in: Jarass/Pieroth, Art. 82 Rn. 10; *Rubel,* in: Umbach/Clemens, GG, Art. 82 Rn. 34; aA BFHE 64, 464 (465); *Bryde,* in: v. Münch/Kunig, Art. 82 Rn. 17.

[123] Abw. *Sannwald,* in: Hofmann/Henneke, Art. 82 Rn. 49, für die Abhängigkeit des Inkrafttretens von einem „hinreichend bestimmten" Ereignis.

[124] *Bryde,* in: v. Münch/Kunig, Art. 82 Rn. 18; *Pieroth,* in: Jarass/Pieroth, Art. 82 Rn. 10; *Ramsauer* AK GG, Art. 82 Rn. 42 („Voluntativbedingung").

[125] *Bauer,* in: Dreier II, Art. 82 Rn. 27; *Brenner* MKS, Art. 82 Rn. 47; *Bryde,* in: v. Münch/Kunig, Art. 82 Rn. 18; *v. Lewinski* BK, Art. 82 Rn. 284; *Pieroth,* in: Jarass/Pieroth, Art. 82 Rn. 10.

[126] BVerfGE 42, 263 (284 f.) – Erreichung des Stiftungskapitals (Contergan) „als ein mit großer Wahrscheinlichkeit zu erwartendes Ereignis".

[127] Zust. *Brenner* MKS, Art. 82 Rn. 47; *Ramsauer* AK GG, Art. 82 Rn. 42; abl. *Bauer,* in: Dreier II, Art. 82 Rn. 26; *Rubel,* in: Umbach/Clemens, GG, Art. 82 Rn. 35.

[128] Grundlegend *Salzwedel* FS Jahrreiß, 1974, S. 195 ff.

[129] *Brenner* MKS, Art. 82 Rn. 50; *Butzer,* in: Maunz/Dürig, Art. 82 Rn. 288; iE mittels verfassungskonformer Auslegung auch *Nierhaus* BK, Art. 80 Abs. 1 (1998) Rn. 391 Fn. 756

nach ihrer Verkündung in Kraft, um den Ländern ausreichend Zeit für den Erlass abweichender eigener Regelungen zu geben (sog. **Karenzregelung**).[130]

Trotz des Desiderates rechtsbeständiger Regelungen ist es dem Gesetzgeber – gewissermaßen als **44** Gegenstück zur Inkraftsetzungsbefugnis – gestattet, d. **Geltungsdauer eines Gesetzes zu befristen.** Dies gilt vor allem für sog. Experimentiergesetze, bei denen der Gesetzgeber aber auch d. Vertrauensschutz- u. d. Verhältnismäßigkeitsprinzip zu beachten hat.[131]

---

[130] S. *Nierhaus*/*Rademacher* LKV 2006, 385 (390).
[131] Vgl. auch *Guckelberger,* in: Friauf/Höfling, Art. 82 Rn. 108.

# VIII. Die Ausführung der Bundesgesetze und die Bundesverwaltung

## Art. 83 [Grundsatz der Länderexekutive]

**Die Länder führen die Bundesgesetze als eigene Angelegenheit aus, soweit dieses Grundgesetz nichts anderes bestimmt oder zuläßt.**

**Entstehungsgeschichte: Erstfassung:** JöR nF 1 (1951), 621, 624.
**Historische Verfassungstexte: WRV: Art. 14** Die Reichsgesetze werden durch die Landesbehörden ausgeführt, soweit nicht die Reichsgesetze etwas anderes bestimmen.
**Leitentscheidungen:** BVerfGE 11, 6 (Dampfkessel-Verordnung); BVerfGE 63, 1 (Schornsteinfegerversorgung); BVerfGE 119, 331 (Hartz IV-Arbeitsgemeinschaften); BVerfGE 137, 108 (Optionskommunen).

**Schrifttum:** *H. Bauer,* Die Bundestreue, 1992; *F. Becker,* Über die Pflicht des Landesgesetzgebers zur „ergänzenden Gesetzgebung", GS Burmeister 2005, S. 17 ff.; *A. Berger,* Die Ordnung der Aufgaben im Staat – Zum Verfassungsgrundsatz getrennter Verwaltungsaufgaben –, 2016; *dies.,* Die Digitalisierung des Föderalismus, DÖV 2018, 799; *H.-G. Dederer,* Regress des Bundes gegen ein Land bei Verletzung von EG-Recht, NVwZ 2001, 258; *U. Di Fabio,* Migrationskrise als föderales Verfassungsproblem, Gutachten im Auftrag des Freistaats Bayern, 2016; *A. Dittmann,* Die Bundesverwaltung, 1983; *ders.,* Gleichheitssatz und Gesetzesvollzug im Bundesstaat, FS Dürig, 1990, S. 221 ff.; *W. Ewer, T. Thienel,* Verletzung grundgesetzlicher Länderrechte durch die Flüchtlingspolitik der Bundesregierung?, NJW 2016, 376; *R. Grawert,* Verwaltungsabkommen zwischen Bund und Ländern in der Bundesrepublik Deutschland, 1967; *C. Heitsch,* Die Ausführung der Bundesgesetze durch die Länder, 2001; Jeserich/H. Pohl/G.-C. v. Unruh (Hrsg.), Deutsche Verwaltungsgeschichte, Bd. 5, 1987, S. 123; *S. Kadelbach,* Allgemeines Verwaltungsrecht unter europäischem Einfluß, 1999; *F. Klein,* Das Verhältnis von Gesetzgebungszuständigkeit und Verwaltungszuständigkeit nach dem Grundgesetz, AöR 88 (1963), 377 ff.; *H. H. Klein,* Verwaltungskompetenzen von Bund und Ländern in der Rechtsprechung des Bundesverfassungsgerichts, FG BVerfG II, 1976, S. 277; *P. Kirchhof,* Das Parlament als Mitte der Demokratie, FS Badura, 2004, S. 237; *D. Kirschenmann,* Zuständigkeiten und Kompetenzen im Bereich der Verwaltung nach dem 8. Abschnitt des Grundgesetzes, JuS 1977, 565; *S. Korioth,* Der deutsche Föderalismus im vereinten Europa, BayVBl. 2017, 469; *M. Martini,* Transformation der Verwaltung durch Digitalisierung, DÖV 2017, 443; *T. Maunz,* Die geteilte Verwaltung im Bundesstaat, FS Boorberg Verlag 1977, S. 95; *J. Oebbecke,* Verwaltungszuständigkeit HStR VI³, § 136; *S. Oeter,* Integration und Subsidiarität im deutschen Bundesstaatsrecht, 1998; *M. Ronellenfitsch,* Die Mischverwaltung im Bundesstaat, 1975; *W. Schreiber,* Föderalismusreform I – Auswirkungen auf das Bundestagswahlrecht?, DVBl 2007, 807 ff.; *M. Seckelmann,* „Renaissance" der Gemeinschaftsaufgaben in der Föderalismusreform II?, DÖV 2009, 747 ff.; *J. Suerbaum,* Die Kompetenzverteilung beim Verwaltungsvollzug des Europäischen Gemeinschaftsrechts in Deutschland, 1998; *H.-H. Trute,* Verwaltungskompetenzen im deutschen Bundesstaat (§ 28), in: Handbuch Föderalismus II,; *K. Vogel,* „Selbständige Bundesaufsicht" nach dem Grundgesetz, FS Stern, 1997, S. 819 ff.; *C. Waldhoff,* „Hartz IV" vor dem Bundesverfassungsgericht, ZSE 2008, 57 ff.; *D. Winkler,* Die Umsetzung von „Hartz IV" als Herausforderung an das Organisationsrecht, VerwArch 99 (2008), 509; *H. Wißmann,* Verfassungsrechtliche Vorgaben der Verwaltungsorganisation (§ 15), in: GVwR I, 2. Aufl. 2012, 1005 ff.; *H. A. Wolff,* Ungeschriebenes Verfassungsrecht unter dem Grundgesetz, 2000.

## A. Allgemeines

Art. 83 ist von zentraler Bedeutung für die bundesstaatl. Kompetenzverteilung im Bereich der **1** vollziehenden Gewalt und insofern lex specialis zu Art. 30 sowie „Parallelnorm" zu Art. 70 und 92.[1] Für die Ausführung der Bundesgesetze legt Art. 83 im Grundsatz eine **doppelte Regelzuständigkeit** der Länder fest – zum einen für die Verbandskompetenz und zum anderen für den Vollzugstyp der landeseigenen Verwaltung (Art. 84). Art. 83 greift damit eine verfassungsgeschichtl. Tradition[2] auf, die von Art. 4 RV 1871[3] über Art. 14 WRV 1919[4] bis zu der jetzt durch den Verfassungsvorbehalt („soweit dieses Grundgesetz nichts anderes bestimmt oder zulässt") besonders gesicherten Regelzuständigkeit jedes einzelnen Landes reicht.[5]

Art. 83 ist damit zugleich Ausdruck der dem deutschen Bundesstaatsrecht eigentümlichen Tren- **2** nung der Kompetenzen zum Erlass und zur Ausführung der Bundesgesetze[6] und mithin Grundlage für die **Inkongruenz von Gesetzgebungs- und Verwaltungszuständigkeit des Bundes.**[7] Der kompetenziellen Dominanz des Bundes im Bereich der Gesetzgebung[8] stehen mit der im Grundsatz umfassenden Verwaltungszuständigkeit jedes einzelnen Landes für den Vollzug der eigenen Landesgesetze nach Art. 30 und der Bundesgesetze nach Art. 83 – im Bundesstaatprinzip wurzelnde – Elemente **vertikaler Gewaltenteilung** gegenüber.[9] Mit dem Gesetz zur Änderung des Grundgesetzes vom 28.8.2006 („Föderalismusreform I")[10] ist dieser Grundgedanke des Art. 30 zusätzlich akzentuiert worden, indem sowohl bei Art. 84 I als auch – weniger ausgeprägt – bei Art. 85 I die Befugnis des Bundes zur gesetzlichen Regelung der Einrichtung der (Landes-)Behörden und des VwVf zugunsten der Organisationshoheit der (einzelnen) Länder eingeschränkt worden ist. Die grds. verfassungsrechtliche Zuweisung der Exekutivgewalt an die Länder (und Kommunen) wurzelt in der Annahme, dass „Lokalität und Flexibilität der Organisations- und Verfahrensgestaltung … zur Bewältigung der Vollzugskomplexität" beitragen.[11] Wem die Verantwortlichkeit für die Aufgabenerfüllung zugewiesen wird, der muss auch über das „Wie" dieser Aufgabenerfüllung entscheiden können.[12]

Dennoch neigt sich die Ausgestaltung des „Exekutivföderalismus"[13] in der praktischen Handhabung **2a** zulasten der Länder, die regelmäßige bundesgesetzliche Verfahrens- und Organisationsregelungen i. S. d. Art. 84 I GG zu berücksichtigen haben.[14] **Zentripetale Wirkungen** entfaltet der Prozess der **Europäisierung,** soweit unionsrechtliche Regelungen an Organisations- und Verfahrensregelungen enthalten oder dem Bund eine Umsetzungskompetenz nach Maßgabe der Art. 83 ff. GG zugesprochen wird; zudem sind nationale Verfahrensregelungen über Art. 4 III EUV an die Grundsätze der Effekti-

---

[1] Vgl. *Pieroth,* in: Jarass/Pieroth, Art. 83 Rn. 2; *Broß/Mayer,* in: v. Münch/Kunig II, Art. 83 Rn. 2; *Oebbecke* HStR VI, § 136 Rn. 2. Gegen das Verständnis des Art. 83 als Regelzuständigkeitsnorm der Länder *Heitsch,* Ausführung der Bundesgesetze, 2001, S. 177.

[2] Dazu näher *Feuchte,* in: Jeserich/Pohl/v. Unruh (Hrsg.), Deutsche Verwaltungsgeschichte, Bd. 5, 1987, S. 123 ff.; *Heitsch* (Fn. 1), S. 22 ff.; zusammenfassend *Hermes,* in: Dreier III, Art. 83 Rn. 2 f.; *Trute,* in: I. Härtel (Hrsg.), Handbuch Föderalismus, 2012, Rn. 2.

[3] Art. 4 RV 1871 überwies die von ihm aufgezählten Angelegenheiten dem Reiche lediglich zur „Beaufsichtigung und Gesetzgebung" und beließ die vollziehende Tätigkeit damit den Einzelstaaten. Einzelheiten bei *Laband,* Staatsrecht II, S. 203 ff.

[4] Zur relativ schwachen Absicherung der Landeskompetenz über Art. 14 WRV vgl. näher *Dittmann,* Die Bundesverwaltung, 1983, S. 44 sowie *Heitsch* (Fn. 1), S. 81 ff.

[5] Zur eventuellen Verpflichtung der Länder zu einem koordinierten Vollzug von Bundesgesetzen – etwa aus dem Gedanken der Bundestreue heraus – vgl. BVerwGE 50, 137 (141 ff.); *Ibler,* in: Maunz/Dürig, Art. 86 (2008) Rn. 79; *Dittmann,* FS Dürig, 1990, S. 221 ff.; *Bauer,* Die Bundestreue, 1992, S. 349 ff.; *Heitsch* (Fn. 1), S. 134 ff., 151 f.

[6] BVerfGE 12, 205 (246 f.). Zu anderen Modellen einer bundesstaatl. Kompetenzteilung *Pietzcker* HStR VI, § 134 Rn. 3 ff.

[7] Dazu *Klein* AöR 88 (1963), 377 ff.; *Kirschenmann* JuS 1977, 565 (567); zur Funktion dieser Aufgabentrennung auch *Hermes,* in: Dreier III, Art. 83 Rn. 16 ff. Diese Trennung soll jedoch nicht für gesetzliche Selbstorganisationsakte des Bundes wie z. B. Regelungen über das Verfahren von Volksentscheiden, Volksbegehren und Volksbefragungen nach Art. 29 VI, über die Vorbereitung und Durchführung von Bundestagswahlen und, da die Zusammenarbeit des Bundes und der Länder keinen verwaltungsverfahrensrechtl. Inhalt habe, den Art. 84 Abs. 1 voraussetze, auf Gebieten des Art. 73 I Nr. 10 gelten, vgl. *Hömig,* in: Hömig/Wolff, Art. 84 Rn. 5 aE sowie *Schreiber* DVBl 2007, 807 in Bezug auf das Bundeswahlrecht.

[8] Dazu *Degenhart,* Art. 70 Rn. 7; *Sannwald,* in: Hofmann/Henneke, Art. 70 Rn. 4; rechtsvergleichend *Pietzcker* HStR VI, § 134 Rn. 4.

[9] BVerfGE 55, 274 (318); *Kirchhof,* in: Maunz/Dürig, Art. 83 (2009) Rn. 23; *Pietzcker* HStR VI, § 134 Rn. 5; *Bull* AK GG, Art. 83 Rn. 5. Zur Bedeutung eines eigenen Gestaltungsspielraums der Länderexekutiven insoweit vgl. *Oeter,* Integration und Subsidiarität, 1998, S. 403 ff.

[10] BGBl I 2034.

[11] *Berger,* DÖV 2018, 799 (801).

[12] Vgl. hierzu auch BVerfGE 119, 331 (362) – Hartz IV.

[13] *Kirchhof,* in: Brenner/Huber/Möstl (Hrsg.), FS Badura, 2004, S. 237 (245).

[14] Krit. zu dieser Entwicklung *Huber,* NVwZ 2019, 665 (667 f.).

vität und Äquivalenz gebunden.[15] Zunehmende **Digitalisierungsprozesse** verschärfen diesen Befund, da Digitalisierung „Interoperabilität und Standardisierung" voraussetzt.[16]

## B. Regelzuständigkeiten der Länder

### I. Ausführung durch die Länder

3   Die verfassungsrechtl. Grundregel des Art. 30[17] wird von Art. 83 für die Ausführung der Bundesgesetze bereichsspezifisch aufgegriffen und im Sinne einer **Verbandskompetenz jedes einzelnen Landes** bekräftigt. Art. 83 unterstreicht mit dieser Grundregel den im Grundgesetz verschiedentlich angelegten Gedanken einer zwischen Bund und Ländern alternativ vorgenommenen Kompetenzzuweisung[18] und ist in diesem Zusammenhang Ausdruck einer grds. strikten Trennung der Verwaltungsbereiche von Bund und Ländern.[19] Während den Ländern über Art. 83 der Vollzug von BundesG als Regelfall zugewiesen wird, ist eine Ausführung von LandesG durch den Bund im GG nicht vorgesehen.[20] Insoweit verbleibt es bei der Grundregel des Art. 30 und damit bei der Alleinzuständigkeit der Länder für den Vollzug ihrer Gesetze.

4   Formen einer so genannten **„Mischverwaltung"** sind auf Grund dieser prinzipiellen Trennung der Verwaltungsräume jedenfalls insoweit ausgeschlossen, als darunter Verwaltungsorganisationen verstanden werden, bei denen eine Bundesbehörde einer Landesbehörde übergeordnet ist oder bei denen ein Zusammenwirken von Bundes- und Landesbehörden durch Zustimmungserfordernisse erfolgt.[21]

5   Sonstige Formen einer **kooperativen Verwaltungsführung** sind demgegenüber – auch jenseits der in Art. 91a bis 91e und 108 IV ausdrücklich zugestandenen Möglichkeiten – verfassungsrechtl. nicht ausgeschlossen,[22] solange die **klare Verantwortungszurechenbarkeit** gewahrt bleibt.[23] Für Organleihen gilt dies zB dann, wenn es für die Inanspruchnahme von Behörden des „an sich" nicht zust. Kompetenzträgers sachliche, z. B. verwaltungsökonomische, Gründe gibt und die Zuhilfenahme auf eng umgrenzte Verwaltungsmaterien beschränkt bleibt.[24]

### II. Ausführung „als eigene Angelegenheit"

6   **1. Organisationsgewalt der Länder.** Die den Ländern nach dem Grundsatz des Art. 83 zukommende Verbandskompetenz für die Ausführung der Bundesgesetze **„als eigene Angelegenheit"** schließt nach Maßgabe dieses in Art. 84 näher umrissenen Vollzugstyps die grds. Organisationsgewalt der Länder ein. Sie bestimmen den Träger der Organisationsgewalt und regeln die für den Gesetzesvollzug erforderl. Einrichtung der Behörden und das Verwaltungsverfahren.

7   Der Bundesgesetzgeber ist grds. gehindert, die Verfassungs- und Verwaltungsorgane der Länder zu bestimmen, die diese Landeskompetenz wahrzunehmen haben.[25] Dies gilt auch für die (lange Zeit strittige) Frage, ob und inwieweit Kreise und Gemeinden mit der Ausführung von Bundesgesetzen betraut werden dürfen.[26] Mit den im Zuge der „Föderalismusreform I" neu eingefügten Art. 84 I 7 sowie Art. 85 I 2 ist nunmehr verfassungsrechtlich klargestellt, dass ein unmittelbarer organisations- und verwaltungsverfahrensrechtlicher Durchgriff des Bundesgesetzgebers auf die Ebene der Gemeinden und Gemeindeverbände ausgeschlossen ist. Der grundgesetzl. **Respekt vor der Souveränität der Länder** zeigt sich auch darin, dass das Grundgesetz weder in seinem VIII. Abschnitt noch an anderer Stelle den Begriff der „Landesverwaltung" verwendet und ihn damit in

---

[15] Zur Problematik ausf. *Korioth*, BayVBl. 2017, 469 (471 ff.); zur Entwicklung einer supranationalen Verwaltungsebene *Wißmann* GVwR I, 2. Aufl. 2012, § 15 Rn. 20 ff.

[16] So *Berger*, DÖV 2018, 799 (801), jedoch auch mit Verweis auf die stabilitäts- und sicherheitsfördernde Wirkung diversifizierter IT-Systeme. Zur Problematik auch *Martini*, DÖV 2017, 443 (448 f.).

[17] Zu dieser Grundregel und ihrer Bedeutung für die grundgesetzliche Kompetenzordnung vgl. näher *Erbguth*, Art. 30 Rn. 2 ff.; *Pietzcker* HStR VI, § 134 Rn. 8 ff.

[18] *Maunz* FS Boorberg Verlag, 1977, S. 95 ff.; *Pietzcker* HStR VI, § 134 Rn. 2; zu weiteren Dimensionen der Regeln des VIII. Abschnitts vgl. *Krebs* HStR V, § 108 Rn. 63.

[19] BVerfGE 63, 1 (36 ff.) m. zahlr. N.; *Dittmann* (Fn. 4), S. 81 ff. Zum Verwaltungsbegriff näher *Trute*, in: v. Mangoldt/Klein/Starck III, Art. 83 Rn. 16 ff.

[20] BVerfGE 21, 312 (325); differenzierend *Vogel* HdbVerfR, § 22 Rn. 101; *Trute*, MKS III, Art. 83 Rn. 26; zur Abgrenzung der Organleihe *Bull* AK GG, vor Art. 83 Rn. 58 ff.

[21] So die von BVerfGE 11, 105 (124) referierte hM zum Begriff der (unzulässigen) Mischverwaltung; vgl. auch BVerfGE 39, 291 (311). Zurückhaltender in seinem Verdikt BVerfGE 63, 1 (36 ff.); hingegen wieder stringenter BVerfGE 108, 169 (182) und wohl auch BVerfGE 119, 331 (365). Grundlegend *Berger*, Die Ordnung der Aufgaben im Staat, 2016, S. 54 ff.; *Ronellenfitsch*, Die Mischverwaltung im Bundesstaat, 1975; diff. *Trute*, iMKSIII, Art. 83 Rn. 28 ff. Zu Begriff und grundgesetzl. Ausnahmen *Kirchhof*, in: Maunz/Dürig, Art. 83 (2009), Rn. 89 ff.

[22] *Isensee* HStR VI, § 126 Rn. 188 ff. (185); *Trute*, in: v. Mangoldt/Klein/Starck III, Art. 83 Rn. 36 ff.

[23] Dazu BVerfGE 119, 331 (364 ff.) sowie *Waldhoff* ZSE 2008, 67; *Winkler* VerwArch 99 (2008), 509.

[24] So BVerfGE 63, 1 (41); 119, 331 (367).

[25] BVerfGE 88, 203 (332).

[26] Zur alten Rechtslage BVerfGE 83, 363 (385).

keiner Weise grundgesetzlich vorprägt, sondern die Organisationsgewalt der Länder als deren „Hausgut" respektiert.[27]

**2. Ausführungspflicht der Länder.** Soweit die Länder zur Ausführung der Bundesgesetze zustän- 8 dig sind, besteht eine verfassungsrechtl. **Pflicht** der Länder, die Bundesgesetze auszuführen.[28] Die Länder sind gehalten, ihre Verwaltung in sachlicher und personeller Hinsicht den Anforderungen anzupassen, die sich für eine sachgerechte Erledigung des bundesgesetzlich begründeten Aufgabenbestandes ergeben,[29] nötigenfalls auch im Wege einer das zu vollziehende Bundesgesetz ergänzenden (Landes-)Gesetzgebung.[30] Die dabei anfallenden Ausgaben sind nach Art. 104a grds. von den Ländern zu tragen,[31] wie auch die Länder dem Bund gegenüber für eine ordnungsgemäße Verwaltung haften.[32] Eine äußerste Grenze liegt dabei in der (finanziellen oder organisatorischen) Überforderung der Länder, welche deren Eigenstaatlichkeit gefährden. Eine derartige Überforderung ist gegenwärtig jedoch weder sichtbar noch vorstellbar.[33]

In diesem Sinne kann von einem **Grundsatz eigenverantwortlicher Aufgabenwahrnehmung** 9 gesprochen werden, der – entsprechend der jeweils grundgesetzlich begründeten Vollzugskompetenz – für Länder und Bund gleichermaßen gilt.[34] Der Ausführungspflicht der Länder korrespondiert in diesem Zusammenhang eine letztlich im Gedanken der Bundestreue wurzelnde Pflicht des Bundes zur „vollzugsorientierten" Gestaltung seiner Gesetze und zur insoweit hinreichenden Finanzausstattung der Länder.[35]

## C. Regelungsvorbehalte und Zuständigkeiten des Bundes

### I. Verfassungsrechtlicher Regelungsvorbehalt

Die Regelungszuständigkeiten der Länder zur Ausführung der Bundesgesetze als eigene Angelegen- 10 heit stehen nach Art. 83 Hs. 2 unter dem Vorbehalt, dass das GG nichts anderes bestimmt oder zulässt. Es ist (anders als noch unter Art. 14 WRV) ein **verfassungsrechtlicher Titel** erforderlich, um entweder die Verbandskompetenz der Länder zugunsten einer Ausführung allein durch den Bund (Art. 86 ff.), im Zusammenwirken mit dem Bund (Art. 91a–91e, 108 IV)[36] oder durch die Gemeinden allein (Art. 91e II) zu verdrängen bzw. den Vollzugstyp der Ausführung „als eigene Angelegenheit" (Art. 84) durch die Alternative einer Ausführung „im Auftrage des Bundes" (Art. 85) zu ersetzen.

Die Verwaltungszuständigkeiten von Bund und Ländern sind in den Art. 83 ff., 91a ff., 104a, 108 11 **erschöpfend** geregelt und **nicht abdingbares** Recht.[37] Der verfassungsrechtl. Regelungsvorbehalt des Art. 83 Hs. 2 unterstreicht von daher die besondere Bedeutung, die das GG den Ländern über den Gesetzesvollzug als eigene Angelegenheit im bundesstaatlichen Kompetenzgefüge und als Gegengewicht zur Dominanz des Bundes in der Gesetzgebung zumisst.

### II. Geschriebene und ungeschriebene Regelungsvorbehalte

Dem verfassungsrechtlichen Regelungsvorbehalt des Art. 83 Hs. 2 wird dadurch genügt, dass das GG 12 etwas anderes **bestimmt** oder **zulässt**. Dies kann ausdrücklich oder konkludent erfolgen und in der Rechtsfolge die Regelzuständigkeiten der Länder obligatorisch oder auch nur fakultativ ausschließen.

**1. Geschriebene Regelungsvorbehalte. a) Bundeskompetenzen, Rückübertragung.** Hin- 13 sichtlich der **Verbandskompetenz** zur Ausführung von Bundesgesetzen wird die Regelzuständigkeit der Länder an verschiedenen Stellen entweder **obligatorisch**[38] oder **fakultativ**[39] zugunsten des Bundes aufgegeben.

---

[27] Zu diesem Aspekt BVerfGE 34, 9 (20); *Oebbecke* HStR VI, § 136 Rn. 18.

[28] BVerfGE 37, 363 (385); 55, 274 (318); 75, 108 (150); *Kirchhof,* in: Maunz/Dürig, Art. 83 (2009) Rn. 128; *Henneke,* in: Hofmann/Henneke, Art. 83 Rn. 1.

[29] BVerfGE 55, 274 (318); 63, 1 (33, 41); 119, 331 (367).

[30] Dazu *Becker,* GS Burmeister 2005, S. 17 (27 ff.).

[31] Näher *Siekmann,* Art. 104a Rn. 1 ff.; *v. Arnim* HStR IV, § 103 Rn. 8 ff.; zu den Ausnahmen vom Konnexitätsgrundsatz vgl. auch *Klein* HdbVerfR, § 23 Rn. 17.

[32] Näher → Art. 104a Rn. 59, → Art. 104a Rn. 63; *F. Kirchhof* NVwZ 1994, 105 ff.; *Heitsch* (Fn. 1), S. 394 ff.

[33] Sie tritt auch nicht durch die Flüchtlingspolitik der Bundesregierung und die damit verbundene Auf- und Ausgabenlast der Länder ein; in diese Richtung aber *Di Fabio,* Migrationskrise als föderales Verfassungsproblem, S. 31, 45 ff.; krit. hierzu *Ewer/Thienel* NJW 2016, 376.

[34] BVerfGE 63, 1 (41) unter Bezugnahme auf *Grawert,* Verwaltungsabkommen, S. 195; jetzt auch BVerfGE 119, 331 (367).

[35] Dazu *Kirchhof* in: Maunz/Dürig, Art. 83 (2009) Rn. 128 ff.

[36] Zu Möglichkeiten und Grenzen einer kooperativen Ausführung von Bundesgesetzen ausführlich *Kirchhof,* in: Maunz/Dürig, Art. 83 (2009) Rn. 89 ff.; *Oebbecke* HStR VI, § 136 Rn. 9; *Heitsch* (Fn. 1), S. 134 ff.

[37] BVerfGE 32, 145 (156); 39, 90 (190); 41, 291 (311); 63, 1 (38 f.); 119, 331 (364 f.). *Oebbecke* HStR VI, § 136 Rn. 2. Zu den Grenzen bundesgesetzl. Zuweisung zusätzlicher Verwaltungsaufgaben an Verwaltungsbehörden des Bundes vgl. BVerfGE 97, 198.

[38] Vgl. z. B.: Art. 87 I 1, 87 II 1, 87b I 1, 87d I 1, 87e I 1, 87f II 2, III, 88, 89 II 1, 90 II, 108 I 1, 120, 120a I.

[39] Vgl. z. B.: Art. 87 I 2, 87 III, 87b I 3, II 1.

14    In einigen dieser Fälle sieht das GG Rückübertragungen in die Verbandskompetenz der Länder vor,[40] ohne allerdings in allen Fällen Kriterien zu benennen, nach denen über eine derartige Rückübertragung zu entscheiden wäre. Durch diese **Möglichkeit der obligatorischen**[41] **und fakultativen**[42] **Rückübertragung** wird zum einen der Grundsatz der Vollzugszuständigkeit der Länder betont und zum anderen die Flexibilität in der Organisation des Gesetzesvollzuges erhöht. Die Ansicht des BVerfG, dass es eines weiten Spielraumes bei der organisatorischen Ausgestaltung der Verwaltung bedarf, um den verschiedenartigen und sich ständig wandelnden organisatorischen Erfordernissen Rechnung tragen zu können,[43] findet insbesondere in diesen Rückübertragungsmöglichkeiten eine verfassungsrechtl. Grundlage.

15    **b) Auftragsverwaltung.** Soweit nach diesem Regel-Ausnahme-Verhältnis den Ländern die Verbandskompetenz zur Ausführung der Bundesgesetze verbleibt, sieht das GG als Alternative zum Regelvollzug „als eigene Angelegenheit" (Art. 83, 84) lediglich die **Ausführung „im Auftrage des Bundes"** (Art. 85) vor. Dieser Vollzugstyp wird entweder obligatorisch bestimmt[44] oder fakultativ[45] zugelassen.

16    **2. Ungeschriebene Regelungsvorbehalte.** Dem Regelungsvorbehalt des Art. 83 Hs. 2 genügen auch **ungeschriebene Zuständigkeiten des Bundes.**[46] Die Regelungen der Art. 83 ff. zielen auf eine reibungslose und vollständige Ausführung der BundesG ab. Ist diese durch die Landesverwaltung nicht zu gewährleisten, ist davon auszugehen, dass das GG aus den Gedanken des **Sachzusammenhangs,** des **Annexes** oder der **Natur der Sache**[47] stillschweigend eine Ausführung durch den Bund zugelassen hat.[48]

17    Ein derartiger ungeschriebener Vorbehalt zugunsten des Bundes ist **nur in engen Grenzen** und nur dann **subsidiär** anzunehmen, wenn die notwendige Einheitlichkeit des Vollzuges weder durch kooperatives Verhalten der Länder untereinander noch durch Einwirken des Bundes über seine Ingerenzrechte nach Art. 84 III, 85 III[49] oder die Effektuierung des Gebotes bundesfreundlichen Verhaltens erreicht werden kann.[50] Der Umstand allein, dass im Einzelfall eine Ausführung durch den Bund zweckmäßiger wäre, kann nicht als Argument dafür dienen, dass das GG stillschweigend etwas anderes zulässt.[51]

18    **3. Folge.** Soweit auf Grund einer verfassungsrechtlich bestimmten oder zugelassenen Regelung die Ausführung der Bundesgesetze – abweichend vom Grundsatz des Art. 83 – dem Bund zugewiesen oder zugestanden ist, begründet dies eine Alleinzuständigkeit des Bundes, die es ausschließt, dass den Ländern ein ausschlaggebender Einfluss auf Organisation und Verfahren der Gesetzesausführung eingeräumt wird. Die Gesetzesausführung hat in **gesamt**staatlicher Verantwortung allein durch den Bund zu erfolgen.[52]

# D. Anwendungsbereich

19    Die kompetenzrechtlichen Vorgaben des Art. 83 beziehen sich ausschließlich auf die Ausführung von **Bundes**gesetzen, des Weiteren auf **vollzugsfähige** Rechtssätze des geschriebenen und ungeschriebenen Bundesrechtes (insbes.: GG,[53] formelle Gesetze, Rechtsverordnungen) einschließlich

---

[40] Vgl. z. B.: Art. 87 II 2, 87d II, 87e I 2, 89 II 3 u. 4.

[41] Z. B. Art. 87 II 2.

[42] Z. B. Art. 87d II.

[43] BVerfGE 63, 1 (34); 119, 331 (365).

[44] Vgl. z. B.: Art. 90 III, 104a III 2, 108 III 1.

[45] Vgl. z. B.: Art. 87b II, 87c, 87d II, 89 II 3, 4.

[46] Zur h. M. vgl. ausführlich *Kirchhof,* in: Maunz/Dürig, Art. 83 (2009) Rn. 49 ff.; zurückhaltend *Broß/Mayer,* in: v. Münch/Kunig II, Art. 83 Rn. 8 ff. unter Hinw. auf die abschließende Regelung der Art. 83 ff. und den darin liegenden Schutz zugunsten der Länder.

[47] Zur Begründung ungeschriebener Kompetenzen unter dem GG überhaupt vgl. *Erbguth,* Art. 30 Rn. 38 f. und speziell zu ungeschriebenen Gesetzgebungszuständigkeiten, über die auch „äußerste Grenzen" einer Verwaltungszuständigkeit des Bundes verschoben werden können, *Degenhart,* Art. 70 Rn. 29 ff. Allgemein *Trute,* MKS III, Art. 83 Rn. 79 ff. und *Wolff,* Ungeschriebenes Verfassungsrecht, 2000.

[48] BVerfGE 11, 6 (17 f.); 22, 180 (216 f.); 41, 291 (312). Zu dieser Rechtsprechung *Klein* FG BVerfG II, 1976, S. 277 (282 ff.) sowie zurückhaltend BGH DVBl 1999, S. 619 gegen OLG Frankfurt DVBl 1998, S. 352. Einschränkend auch *Suerbaum,* in: Epping/Hillgruber, Art. 83 Rn. 29 ff.

[49] Zum Vorrang dieser Ingerenzrechte gegenüber der Annahme ungeschriebener Verwaltungskompetenzen des Bundes BVerfGE 11, 6 (18).

[50] Zu Einzelfällen vgl. etwa die Nachw. in Fn. 37 sowie BVerwGE 62, 342 (344 f.); 80, 299 (302 f.), und zusammenfassend *Pieroth,* in: Jarass/Pieroth, Art. 83 Rn. 6 f.

[51] BVerfGE 11, 6 (18); 108, 169 (181 f.); *Badura* Staatsrecht, G Rn. 30; *Kirchhof,* in: Maunz/Dürig, Art. 83 (2009) Rn. 49.

[52] Zum Verständnis der Bundesverwaltung als einer *gesamt*staatl. „Verwaltung unter Ausschluss der Länder" vgl. näher *Dittmann* (Fn. 4), S. 85. Ähnlich auch BVerfGE 63, 1 (41); 108, 169 (182).

[53] Zur Frage, ob auch das GG selbst „Bundesgesetz" iSv Art. 83 sein kann, *Kirchhof,* in: Maunz/Dürig, Art. 83 (2009) Rn. 122. Nach *Heitsch* (Fn. 1), S. 157 sowie *Groß,* in: Friauf/Höfling, Art. 83 Rn. 16 ist dies zu verneinen,

des vorkonstitutionellen[54] und desjenigen Bundesrechts, das nach Maßgabe von Art. 125a und 125b fortgilt. Art. 83 trifft keine Aussage über die Kompetenz zur Ausführung von Landesgesetzen, zur gesetzesfreien Landesverwaltung und zur Ausführung von Rechtssätzen, die auf Vereinbarungen zwischen Bund und Ländern oder zwischen Ländern beruhen. Insoweit verbleibt es bei der Grundregel des Art. 30 bzw. bei speziellen landesrechtlichen Vorgaben. Die Regierungstätigkeit wird von den Art. 83 ff. GG nicht erfasst.[55]

Auf die Ausführung unmittelbar geltender Normen des **Unionsrechts**[56] finden – mangels spez. Regelung dieser Frage im GG[57] – nach bisher h A Art. 83 ff. analoge Anwendung,[58] soweit keine eigene Vollzugszuständigkeit für Unionsbehörden begründet ist.[59] Eine *direkte* Anwendung der Verteilungsregeln gem. Art. 83 ff. kommt nicht in Frage, da beim Vollzug unmittelbar wirkenden Unionsrechts nicht BundesR iSd Art. 83 ff. vollzogen wird. Eine im Vordringen befindl. Auffassung geht dagegen von einer prinz. Vollzugszuständigkeit der Länder nach Art. 30 aus[60] und eröffnet dem Bund Einwirkungsrechte auf den Vollzug durch die Länder analog Art. 84, wenn die Sachmaterie – bei innerstaatl. Betrachtung – der ausschließl. oder konkurr. Gesetzgebungskompetenz des Bundes unterläge.[61] Der Ausschluss von Einwirkungsrechten des Bundes im Übrigen verkennt jedoch die unionsrechtl. Pflicht des Bundes, einen ordnungsgemäßen und effektiven Vollzug des Unionsrechts auch dann sicherzustellen, wenn die Sachmaterie – bei innerstaatlicher Betrachtung – in die ausschließl. Kompetenz der Länder fiele. Angesichts der tatbestandlichen wie auch rechtspraktischen Problematik, in diesen Fällen – etwa über die Brücke der Bundestreue[62] – auf die Möglichkeiten des Bundeszwangs nach Art. 37 zurückzugreifen,[63] spricht vieles dafür, an der bisher h. A. einer umfassenden analogen Anwendung des Art. 83 auf die Ausführung des Unionsrechts festzuhalten.

Art. 83 meint die **Ausführung in verwaltungsmäßiger Weise,** also weder die formelle Gesetzgebung der Länder noch die bloße Beachtung von Gesetzen. Die doppelte Regelzuständigkeit der Länder nach Art. 83 gilt nur dann, wenn das Bundesgesetz inhaltlich hinreichend programmierte Verwaltungsaufgaben schafft und nicht lediglich Verhaltensregeln aufstellt, die keines durch das Gesetz gesteuerten Vollzugsaktes bedürfen.[64] Die für die Ausführbarkeit erforderl. inhaltl. Programmierung muss sich nicht allein aus den Bundesgesetzen selbst, sondern kann sich eventuell auch erst iVm sonstigen Normen, insbesondere solchen des Verfassungs- und des Unionsrechts, ergeben. Auch Planungsnormen können bei entsprechend finaler Programmierung einer Ausführung in diesem Sinne zugänglich und bedürftig sein. Dabei ist es unbeachtlich, ob das auszuführende Bundesgesetz unmittelbare Außenwirkung gegenüber dem Bürger oder nur gegenüber den Ländern entfaltet.[65]

Neben der Subsumtion im Einzelfall meint Ausführung i. S. d. Art. 83 vor allem – entsprechend den **indiziellen Hinweisen in Art. 84 und 85** – die Einrichtung der Behörden, die Regelung des Verwaltungsverfahrens, den Erlass von Verwaltungsvorschriften und – bei entsprechender bundesgesetzlicher Ermächtigung (Art. 80 I) – auch den Erlass von RVO.[66]

## E. Bewertung

Die in doppelter Hinsicht – kompetenziell wie vollzugstypologisch – **länderfreundliche Grundsatzregelung** des Art. 83 ist trotz aller im GG bestimmten oder zugelassenen Eigenzuständigkeiten

---

doch bilde das GG einen Maßstab für die Aufsicht über die Ausführung der Bundesgesetze. Wie hier *Pieroth,* in: Jarass/Pieroth, Art. 83 Rn. 5.

[54] Vgl. Art. 123 ff.
[55] BVerfGE 105, 252 (271).
[56] Vgl. Art. 288 II AEUV.
[57] Die Empfehlung der Enquete-Kommission Verfassungsreform des BT, eine ausdrückliche Zuständigkeitsregelung für den innerstaatl. Vollzug unmittelbar geltenden Europarechts in das GG aufzunehmen (vgl. BT-Dr 7/5924, 146), wurde nicht realisiert.
[58] S. nur BVerwGE 102, S. 119 ff. (125 f.); *Streinz* HStR X, § 218 Rn. 71; *Suerbaum,* Kompetenzverteilung, S. 231 ff.; *Kirchhof,* in: Maunz/Dürig, Art. 83 (2009) Rn. 61 ff.
[59] Zum begrenzten Umfang an Vollzugskompetenzen für Behörden der EU vgl. näher *Oppermann/Classen/ Nettesheim* Europarecht, 8. Aufl. 2018, § 7 Rn. 1 ff.
[60] *Heitsch* (Fn. 1), S. 174 mwN; *Kadelbach,* AllgVerwR, S. 237; *Trute,* MKS III, Art. 83 Rn. 57 ff.; *Kirchhof,* in: Maunz/Dürig, Art. 83 (2009) Rn. 71; *Suerbaum,* in: Epping/Hillgruber, Art. 83 Rn. 18.
[61] So *Heitsch* (Fn. 1), S. 175; *Trute/*MKS III, Art. 83 Rn. 66 f.
[62] Dazu *Heitsch* (Fn. 1), S. 177 ff.; *Suerbaum,* in: Epping/Hillgruber, Art. 83 Rn. 25.
[63] Siehe dazu das Plädoyer von *K. Vogel* FS Stern, 1997, S. 819 ff. (829).
[64] BVerfGE 6, 309; 8, 122 (131); 11, 6 (15); teilw. aA *Hermes,* in: Dreier III, Art. 83 Rn. 26; *Kirchhof,* in: Maunz/Dürig, Art. 83 (2009) Rn. 43.
[65] A. A. etwa *Broß/Mayer* in: v. Münch/Kunig II, Art. 83 Rn. 19.
[66] *Kirchhof,* in: Maunz/Dürig, Art. 83 (2009) Rn. 132; *Oebbecke* HStR VI, § 136 Rn. 4. A. A. bezüglich Rechtsverordnungen *Groß,* in: Friauf/Höfling, Art. 83 Rn. 20; *Pieroth,* in: Jarass/Pieroth, Art. 83 Rn. 4. – Nach Ansicht von *Becker* (Fn. 30) kann die Vollzugspflicht aus Art. 83, 84 GG bei ansonsten vollzugsunfähigen Bundesgesetzen auch eine Pflicht der Länder zu ergänzender (Landes-)Gesetzgebung begründen. Ebenso *Groß,* ebda, Rn. 24. Siehe auch BVerfGE 88, 203 (332).

und Ingerenzrechte des Bundes für die Ausführung von BundesG prägend geblieben und hat insoweit ihre bundesstaatspolitische Funktion, kompensatorisch und gewaltenteilend zu wirken, erfüllt. Anders als im Bereich der Kompetenzregel des Art. 70 hat die Staatspraxis die Aussage des Art. 83 nicht ins Gegenteil verkehrt, die Ausnahme nicht zur Regel werden lassen.[67] Dieser Befund wird rechtspolitisch weitgehend als befriedigend empfunden.[68] Weder die „Enquete-Kommission Verfassungsreform des Deutschen Bundestages"[69] noch die „Gemeinsame Verfassungskommission von Bundestag und Bundesrat"[70] sahen Anlass, die Grundaussagen des Art. 83 zu modifizieren.[71] Mit den Änderungen des GG iRd sog. Föderalismusreform I[72] wurde die länderfreundl. Grundsatzregelung des Art. 83 GG sogar noch einmal deutlich akzentuiert, indem die bisherigen bundesgesetzl. Zugriffsmöglichkeiten auf die Organisationshoheit der Länder nach Art. 84 I GG und Art. 85 I GG in mehrfacher Hinsicht eingeschränkt und der Gestaltungsspielraum der Länder entsprechend ausgeweitet wurde. Mit Einführung der neuen Gemeinschaftsaufgaben durch Art. 91c, 91d und 91e ist diese länderfreundl. Tendenz allerdings zugunsten erweiterter Kooperationsmöglichkeiten von Bund und Ländern relativiert worden.[73] Ein – hierin angedeutetes – Aufbrechen herkömmlicher Kompetenzverteilungsmaßstäbe und eine damit einhergehende Herausbildung von Netzwerkstrukturen zeigt sich auch mit Blick auf Digitalisierung und Europäisierung.

## Art. 84 [Länderverwaltung und Bundesaufsicht]

(1) **Führen die Länder die Bundesgesetze als eigene Angelegenheit aus, so regeln sie die Einrichtung der Behörden und das Verwaltungsverfahren. Wenn Bundesgesetze etwas anderes bestimmen, können die Länder davon abweichende Regelungen treffen. Hat ein Land eine abweichende Regelung nach Satz 2 getroffen, treten in diesem Land hierauf bezogene spätere bundesgesetzliche Regelungen der Einrichtung der Behörden und des Verwaltungsverfahrens frühestens sechs Monate nach ihrer Verkündung in Kraft, soweit nicht mit Zustimmung des Bundesrates anderes bestimmt ist. Art. 72 Abs. 3 Satz 3 gilt entsprechend. In Ausnahmefällen kann der Bund wegen eines besonderen Bedürfnisses nach bundeseinheitlicher Regelung das Verwaltungsverfahren ohne Abweichungsmöglichkeit für die Länder regeln. Diese Gesetze bedürfen der Zustimmung des Bundesrates. Durch Bundesgesetz dürfen Gemeinden und Gemeindeverbänden Aufgaben nicht übertragen werden.**

(2) **Die Bundesregierung kann mit Zustimmung des Bundesrates allgemeine Verwaltungsvorschriften erlassen.**

(3) **Die Bundesregierung übt die Aufsicht darüber aus, daß die Länder die Bundesgesetze dem geltenden Rechte gemäß ausführen. Die Bundesregierung kann zu diesem Zwecke Beauftragte zu den obersten Landesbehörden entsenden, mit deren Zustimmung und, falls diese Zustimmung versagt wird, mit Zustimmung des Bundesrates auch zu den nachgeordneten Behörden.**

(4) **Werden Mängel, die die Bundesregierung bei der Ausführung der Bundesgesetze in den Ländern festgestellt hat, nicht beseitigt, so beschließt auf Antrag der Bundesregierung oder des Landes der Bundesrat, ob das Land das Recht verletzt hat. Gegen den Beschluß des Bundesrates kann das Bundesverfassungsgericht angerufen werden.**

(5) **Der Bundesregierung kann durch Bundesgesetz, das der Zustimmung des Bundesrates bedarf, zur Ausführung von Bundesgesetzen die Befugnis verliehen werden, für besondere Fälle Einzelweisungen zu erteilen. Sie sind, außer wenn die Bundesregierung den Fall für dringlich erachtet, an die obersten Landesbehörden zu richten.**

**Entstehungsgeschichte: Erstfassung:** JöR nF 1 (1951), S. 626. – **Änderung:** G. zur Änd. des GG v. 28.8.2006 (BGBl I 2034), Art, 1 Nr. 9 (dazu BT-Dr 16/813 (Entwurf); BT-Prot 16/23–1749 (1. Lesung), 16/44–4233 (2. u. 3. Lesung); BR-Dr 462/06; BR-Prot 824-203 (Beschluss)).
**Historische Verfassungstexte: RV 1871: Art. 7** (1) Der Bundesrath beschließt... 2) über die zur Ausführung der Reichsgesetze erforderlichen allgemeinen Verwaltungsvorschriften und Einrichtungen, sofern nicht durch Reichsgesetz etwas Anderes bestimmt ist; 3) über Mängel, welche bei der Ausführung der Reichsgesetze oder der vorstehend erwähnten Vorschriften oder Einrichtungen hervortreten. **Art. 17** Dem Kaiser steht die Ausfertigung und Verkündigung der Reichsgesetze und die Ueberwachung der Ausführung derselben zu. Die Anordnungen und Ver-

---

[67] *Kirchhof,* in: Maunz/Dürig, Art. 83 (2009) Rn. 132.
[68] *Kirchhof,* in: Maunz/Dürig, Art. 83 (2009) Rn. 8 ff. sieht allerdings eine bedenkliche bundesgesetzliche Erosion des Verwaltungsvolumens der Länder. Zur allgemein positiven Einschätzung Nachw. bei *Dittmann* (Fn. 4), S. 2 f.
[69] Vgl. Schlussbericht in BT-Dr 7/5924, S. 143 ff.
[70] Vgl. Schlussbericht in BT-Dr 12/6000, S. 40 ff.
[71] Ein Vorschlag von Länderseite, Art. 83 einen neuen Abs. 2 anzufügen, nach dem „Bundesgesetze, die von den Ländern als eigene Angelegenheit oder im Auftrage des Bundes ausgeführt werden", generell der Zustimmung des BRat bedürfen, fand in der GemVerfKom keine Mehrheit, BT-Dr 12/6000, S. 40.
[72] G. z. Änd. d. GG v. 28.8.2006 (BGBl I 2034).
[73] G. z. Änd. d. GG v. 29.7.2009 (BGBl I 2248) u. v. 21.7.2010 (BGBl I 944). Dazu *Seckelmann* DÖV 2009, 747 ff.

fügungen des Kaisers werden im Namen des Reichs erlassen und bedürfen zu ihrer Gültigkeit der Gegenzeichnung des Reichskanzlers, welcher dadurch die Verantwortlichkeit übernimmt. – **WRV: Art. 15** (1) Die Reichsregierung übt die Aufsicht in den Angelegenheiten aus, in denen dem Reiche das Recht der Gesetzgebung zusteht. (2) Soweit die Reichsgesetze von den Landesbehörden auszuführen sind, kann die Reichsregierung allgemeine Anweisungen erlassen. Sie ist ermächtigt, zur Überwachung der Ausführung der Reichsgesetze zu den Landeszentralbehörden und mit ihrer Zustimmung zu den unteren Behörden Beauftragte zu entsenden. (3) Die Landesregierungen sind verpflichtet, auf Ersuchen der Reichsregierung Mängel, die bei der Ausführung der Reichsgesetze hervorgetreten sind, zu beseitigen. Bei Meinungsverschiedenheiten kann sowohl die Reichsregierung als die Landesregierung die Entscheidung des Staatsgerichtshofs anrufen, falls nicht durch Reichsgesetz ein anderes Gericht bestimmt ist. **Art. 77** Die zur Ausführung der Reichsgesetze erforderlichen allgemeinen Verwaltungsvorschriften erläßt, soweit die Gesetze nichts anderes bestimmen, die Reichsregierung. Sie bedarf dazu der Zustimmung des Reichsrats, wenn die Ausführung der Reichsgesetze den Landesbehörden zusteht. – **GG 1949:** (1) Führen die Länder die Bundesgesetze als eigene Angelegenheit aus, so regeln sie die Einrichtung der Behörden und das Verwaltungsverfahren, soweit nicht Bundesgesetze mit Zustimmung des Bundesrates etwas anderes bestimmen. (2) bis (5) wie geltende Fassung.
**Leitentscheidungen:** BVerfGE 26, 338 (Eisenbahnkreuzungsgesetz); BVerfGE 37, 363 (Zustimmungsbedürftigkeit); BVerfGE 55, 274 (Berufsbildungsabgabe); BVerfGE 75, 108 (Künstlersozialversicherung).

**Schrifttum:** *K. A. Bettermann,* Das Verwaltungsverfahren, VVDStRL 17 (1959), 118 ff.; *M. Burgi,* Künftige Aufgaben der Kommunen im sozialen Bundesstaat, DVBl 2007, 70; *S. Burger/M. Faber,* Art. 84 I 7 vor weiterer Bewährungsprobe, KommJur 2011, 161 ff.; *G. C. Burmeister,* Herkunft, Inhalt und Stellung des institutionellen Gesetzesvorbehalts, 1991; *H.-J. Dietsche,* in: Baus/Scheller/Hrbek, Der deutsche Föderalismus 2020, 2009, S. 57; *A. Dittmann,* Art. 84 Abs. 1 GG nach der Föderalismusreform, FS Frotscher, 2007, S. 253; *K. Engelken,* Das Konnexitätsprinzip im Landesverfassungsrecht, 2. Aufl., 2012; *ders.,* Bundesrechtliche Erweiterung bestehender kommunaler Aufgaben, NVwZ 2016, 589; *W. Frenz,* Föderalismusreform im Umweltschutz, NVwZ 2006, 742; *H. Georgii/S. Borhanian,* Zustimmungsgesetze nach der Föderalismusreform, Hrsg.: Deutscher Bundestag – Wiss. Dienste, 2006; *K. Gerstenberg,* Zu den Gesetzgebungs- und Verwaltungskompetenzen nach der Föderalismusreform, 2009; *K. Haghgu,* Die Zustimmung des Bundesrates nach Art. 84 Abs. 1 GG, 2007; *H.-G. Henneke,* Die Kommunen in der Föderalismusreform, DVBl 2006, 867; *ders.,* Die Kommunen in der Föderalismusreform I und II, VBlBW 2008, 241; *A. Heusch,* Der Grundsatz der Verhältnismäßigkeit im Staatsorganisationsrecht, 2003, S. 154; *P. M. Huber,* Klare Verantwortungsteilung von Bund, Ländern und Kommunen?, Arbeitsunterlage 0032 der Föderalismuskommission, abgedr. in: Verh. des 65. DJT, Band I, 2004, S. 154; *ders./F. Wollenschläger,* Durchgriffsverbote und landesverfassungsrechtliches Konnexitätsgebot, VerwArch 2009, 305; *J. Ipsen,* Die Kompetenzverteilung zwischen Bund und Ländern nach der Föderalismusnovelle, NJW 2006, 2807; *W. Kahl,* Die Zustimmungsbedürftigkeit von Bundesgesetzen nach Art. 84 I GG, NVwZ 2008, 710; *ders.,* Die Staatsaufsicht, 2000; *ders./M. Schmidtchen,* Obligatorische Wärmeerzeugung durch erneuerbare Energien in kommunalen Bestandsgebäuden, LKV 2011, 439; *M. Kallerhoff,* Art. 125a I 1 GG im Zusammenspiel mit dem kommunalen Durchgriffsverbot der Art. 84 I 7, Art. 85 I 2 GG, DVBl 2011, 6; *F. Kirchhof,* Die Beeinflussung der Organisationsautonomie der Länder durch Gesetze des Bundes, FS Scholz, 2007; *J. Knitter,* Das Aufgabenübertragungsverbot des Art. 84 Abs. 1 Satz 7 GG, 2008; *C. Koenig,* Bedürfen die Bundesländer einer institutionalisierten Hilfestellung beim Verwaltungsvollzug von Europäischem Gemeinschaftsrecht?, DVBl 1997, 581 ff.; *H. Lühmann,* Von der Staatsaufsicht zur Unionsaufsicht?, DVBl 1999, 752; *H. von Mangoldt,* Vom heutigen Standort der Bundesaufsicht, 1966; *H. Maurer,* Die Ausführung der Bundesgesetze durch die Länder, JuS 2010, 945; *H. Meyer,* Die Föderalismusreform 2006, 2008; *R. Müller-Terpitz, A. Rauchhaus,* Das E-Government-Gesetz des Bundes, MMR 2013, 10; *C. K. Petersen,* Die Kommunen und der Portalverbund, DVBl 2018, 1534; *M. C. F. Pleyer,* Föderative Gleichheit, 2005; *W. Pühs,* Der Vollzug von Gemeinschaftsrecht, 1997; *K. Rauber,* Art. 84 GG und das Ringen um die Verwaltungshoheit der Länder, in: Holtschneider/Schön (Hrsg.), Die Reform des Bundesstaates, 2007, 36; *H. Risse,* Die Neuregelung der Zustimmungsbedürftigkeit von Bundesgesetzen, FS H. P. Schneider 2008, S. 271; *ders.,* Zur Entwicklung der Zustimmungsbedürftigkeit von Bundesgesetzen nach der Föderalismusreform 2006, ZParl 2007, 707; *T. Sauerland,* Die Verwaltungsvorschrift im System der Rechtsquellen, 2005; *A. Sauter,* Die Zustimmungsbedürftigkeit von Bundesgesetzen, FS Franz Klein, 1994, S. 561; *N. Schaks,* Das Medizinische Versorgungszentrum nach dem GKV-Versorgungsstärkungsgesetz, NZS 2016, 761; *U. Schliesky,* Verfassungsrechtliche Rahmenbedingungen der Digitalisierung, DVP 2017, 443; *ders.,* Verfassungsrechtliche Rahmenbedingungen des E-Government, DÖV 2004, 809; *ders./Hoffmann,* Die Digitalisierung des Föderalismus, DÖV 2018, 193; *F. Schoch/J. Wieland,* Finanzierungsverantwortung für gesetzgeberisch veranlasste kommunale Aufgaben, 1995; *H. Schulze-Fielitz,* Das Bundesverfassungsgericht im Netz seiner Rechtsprechung, DVBl 1982, 328; *C. Starck* (Hrsg.), Föderalismusreform, 2007; *H. Triepel,* Die Reichsaufsicht, 1917; *R. Wendt,* Mehrbelastungsausgleichspflicht der Länder für bundesgesetzlich veränderte Aufgaben?, DÖV 2017, 1; *R. Wernsmann,* Reichweite der Zustimmungsbedürftigkeit von Gesetzen im Bundesrat, NVwZ 2005, 1352.
Siehe im Übrigen das Schrifttum nach Art. 83 GG.

## Übersicht

## A. Allgemeines

1    Art. 84 greift den von Art. 83 vorgesehenen Regelfall einer Ausführung der Bundesgesetze durch die Länder als eigene Angelegenheit auf und trifft nähere Bestimmungen über die Ausgestaltung der Organisationsgewalt im Bereich dieser sog. **Landeseigenverwaltung**.[1] Art. 84 findet deshalb keine Anwendung, soweit das GG für die Ausführung der Bundesgesetze den Vollzugstyp der Bundesauftragsverwaltung (Art. 85) oder der Bundesverwaltung (Art. 86) vorgesehen hat oder eine entsprechende grundgesetzliche Option genutzt worden ist. Art. 84 verleiht dem Vollzugstyp der Landeseigenverwaltung Kontur und Farbe.[2] Die Organisationsgewalt wird dabei grds. – und insoweit die doppelte Regelzuständigkeit nach Art. 83 betonend – den Ländern zugewiesen, jedoch zugleich im Interesse eines bundesweit wirksamen Vollzugs der Bundesgesetze[3] mit **Regelungsvorbehalten** zugunsten des Bundesgesetzgebers (Art. 84 I 2 1. HS sowie Art. 84 I 5) und weiterer **Ingerenzrechte** der BReg (Art. 84 II–V) versehen. Art. 84 nimmt damit die Abgrenzung des Wirkungsbereichs von Bund und Ländern bei der Ausführung von Bundesgesetzen durch die Länder als eigene Angelegenheit vor[4] und konstituiert einen eigenen **Verwaltungstyp**, der angesichts der Grundsatzentscheidung des Art. 83 für diesen Verwaltungstyp als erster und grundsätzlicher in der Reihe aller weiteren grundgesetzlich bestimmten oder zugelassenen Verwaltungstypen beim Vollzug von Bundesgesetzen gelten kann.[5]

2    Eine enge Auslegung der mit den Regelungsvorbehalten verbundenen Ingerenzrechte des Bundes ist damit nicht notwendig verbunden,[6] wohl aber eine Auslegung, die – iR allg. Interpretationsregeln – die besondere Stringenz kompet. Grenzziehung achtet, um die Ausgewogenheit der im GG festgelegten bundesstaatl. Ordnung zu wahren.[7] Die Ingerenzrechte des Bundes gehören dabei ebenso zum grundgesetzlich geprägten Bild der Landeseigenverwaltung wie die systematisch und als Regelfall vorangestellte Organisationsgewalt der Länder.[8] Die Auslegung des Art. 84 ist damit nicht eine – methodisch ohnehin problematische[9] – Frage von Regel und Ausnahme, sondern eine Aufgabe praktischer Konkordanz kooperativ aufeinander bezogener Kompetenzen von Ländern und Bund. Dabei können sich aus der ratio der Ingerenzrechte des Bundes, einen wirksamen und – im Falle des Art. 84 I 5 – überdies bundeseinheitlichen Gesetzesvollzug zu gewährleisten, Anhaltspunkte für im Einzelfall unterschiedl. **Intensitätsgrade** der Inanspruchnahme dieser Ingerenzrechte ergeben.[10] In dem Nebeneinander einer prinzipiellen Zuständigkeit des jeweils ausführenden Landes und Einwirkungsmöglichkeiten des Bundes belegt Art. 84 die für den deutschen Bundesstaat seit jeher typische – wiewohl jeweils unterschiedlich akzentuierte[11] – **Verzahnung** von Bundes- und Landeskompetenzen,

---

[1] So die allgemeine Terminologie, vgl. etwa *Kirchhof,* in: Maunz/Dürig, Art. 84 (2011) Rn. 1 ff.; *Pieroth,* in: Jarass/Pieroth, Art. 84 Rn. 2.

[2] So *Lerche,* in: Maunz/Dürig, Art. 84 (1985) Rn. 1.

[3] Zu dieser ratio der Einflussrechte des Bundes nach Art. 84 vgl. etwa BVerfGE 11, 6 (18); 22, 180 (210); *Kirchhof,* in: Maunz/Dürig, Art. 84 (2011) Rn. 2. – Zu den besonderen Problemen eines einheitl. Vollzuges des Unionsrechts durch die Länder vgl. etwa *Pühs,* Vollzug, 1997; *Koenig* DVBl 1997, 581 ff.

[4] BVerfGE 63, 1 (40); *Vogel* HdbVerfR, § 22 Rn. 87.

[5] So *Kirchhof,* in: Maunz/Dürig, Art. 84 (2011) Rn. 48.

[6] So jetzt auch *Broß/Mayer,* in: v. Münch/Kunig II, Art. 84 Rn. 2 unter Hinw. auf den „Ausnahmecharakter" der Ingerenzrechte des Bundes.

[7] So speziell zu Art. 84 BVerfGE 55, 274 (319 f.).

[8] Ähnlich *Kirchhof,* in: Maunz/Dürig, Art. 84 (2011) Rn. 1 f.

[9] Zur Problematik einer Auslegungsregel, derzufolge „Ausnahmevorschriften" grds. eng auszulegen seien, *Larenz,* Methodenlehre der Rechtswissenschaft, 6. Aufl. 1991, S. 355 f.

[10] Für eine „ungebundene Kompetenz" hingegen *Kirchhof,* in: Maunz/Dürig, Art. 84 (2011) Rn. 8. Zum Verhältnis von Art. 84 I S. 2 und 5 *Kahl* NVwZ 2008, 710 (714).

[11] Zu Gemeinsamkeiten und Unterschieden des grundgesetzl. Bundesstaates im Vergleich zur RV 1871 und zur WRV 1919 insoweit zusammenfass. *Kirchhof,* in: Maunz/Dürig, Art. 84 (2011) Rn. 15 ff.

die iRd Art. 84 überdies auch nach den Änderungen im Rahmen der Föderalismusreform I weiterhin durch Zustimmungserfordernisse des BRat institutionell besonders gesichert ist.[12]

## B. Landeseigener Vollzug (Abs. 1)

### I. Umfassende Organisationsgewalt des Landes (Abs. 1 S. 1)

Im Vordergrund des Regelungsgehaltes von Art. 84 I steht die Anknüpfung an Art. 83 und die **3** besondere Betonung, dass iRd Vollzugstyps der Landeseigenverwaltung die Organisationsgewalt dem jew. ausführenden Land zusteht.[13] Die ausdr. genannte Befugnis zur Regelung der „Einrichtung der Behörden" und des „Verwaltungsverfahrens" bedeutet keine Einschränkung der nach Art. 30, 83 grds. umfass. Organisationsgewalt der Länder auf diese beiden Ausschnitte, sondern benennt und begrenzt verfassungsrechtlich die in Art. 84 I 2 1. HS zustehende Organisationsgewalt des Bundesgesetzgebers auf diese Bereiche;[14] ein **einfachgesetzlicher Zugriff** des Bundes auf diesen Teil der Organisationsgewalt ist ausgeschlossen.

Zur **Ausübung** der Organisationsgewalt durch die Länder enthält Art. 84 I keine Aussage. Maß– **4** geblich ist das Landesrecht, das für die Regelung des Verwaltungsaufbaus, der Behördenzuständigkeiten oder des VwVf überwiegend eine gesetzl. Regelung fordert.[15] Das GG enthält insoweit keine ausdrückl. Regelung, sondern bindet die Länder nur iRd allg. rechtsstaatlich-demokratischen Gesetzesvorbehalts,[16] der für die konkrete Ausübung der Organisationsgewalt einen institutionellen Gesetzesvorbehalt einschließen und damit auch die Organkompetenz bei Ausübung der Organisationsgewalt auf Landesebene bestimmen kann.[17]

### II. Begrenzte Organisationsgewalt des Bundes

**1. Befugnisse des Bundesgesetzgebers – einfacher Regelungsvorbehalt (Abs. 1 S. 2 1. HS).**
Die umfassende Organisationsgewalt der Länder bei Ausführung von Bundesgesetzen als eigene **5** Angelegenheit wird durch **Art. 84 I 2 1. HS** iVm S. 1 für die „Einrichtung der Behörden" und das „Verwaltungsverfahren" einer organisationsrechtlichen Einflussnahme des Bundes geöffnet, ohne dass das insoweit erforderl. Bundesgesetz – entgegen früherer Rechtslage – der Zustimmung des BRat bedarf. Die im Zusammenhang der Föderalismusreform I erfolgte Streichung des Zustimmungserfordernisses (Art. 84 I 2. HS aF) war als wesentlicher Beitrag gedacht, die Anzahl zustimmungsbedürftiger Gesetze zu verringern.[18] Art. 84 I 2 ist insofern **kompetenzbegründende Norm,** die jedoch nur vor dem Hintergrund einer anderweitig begründeten Gesetzgebungskompetenz des Bundes in Anspruch genommen werden kann:[19] Die organisationsrechtl. Kompetenz aus Art. 84 I 2 folgt der (ausschließl. oder konkurr.) **materiell-rechtlichen** Kompetenz.[20] Die Inanspruchnahme der organisationsrechtl. Kompetenz aus Art. 84 I 2 setzt nach dem Wortlaut nicht notwendig eine vorgängige oder gleichzeitige materiell-rechtl. Regelung voraus, sondern erlaubt „bevorratende" oder „vor die Klammer" gezogene organisationsrechtl. Regelungen, die auf spätere BundesG Bezug nehmen können.[21]

Die Kompetenz des Bundesgesetzgebers ist dabei an keine materiellen Beschränkungen gebunden **6** und insbesondere nicht auf Ausnahmefälle beschränkt. Die Annahme **ungeschriebener Einschränkungen** der Bundeskompetenz fanden schon bisher in Art. 84 aF keine Grundlage[22] und ist nunmehr unter Hinweis auf den ausdrücklich qualifizierten **Regelungsvorbehalt in Art. 84 I 5** im Sinne eines Umkehrschlusses explizit zurückzuweisen.

---

[12] Zur verfassungspolitischen Struktur des Art. 84 nach der Föderalismusreform I *Kirchhof*, in: Maunz/Dürig, Art. 84 (2011) Rn. 19 ff.

[13] So auch die Sicht von *Kirchhof*, in: Maunz/Dürig, Art. 84 (2011) Rn. 39 ff.

[14] Zur missverst. Formulierung des Art. 84 I vgl. auch *Broß/Mayer*, in: v. Münch/Kunig II, Art. 84 Rn. 7.

[15] Vgl. z. B. Art. 70 BWVerf, Art. 77 BayVerf, Art. 96 BbgVerf, Art. 57 HmbVerf, Art. 70 MVVerf, Art. 56 NdsVerf., Art. 77 NRWVerf, Art. 112 SaarlVerf, Art. 83 SachsVerf, Art. 86 LSAVerf, Art. 45 SchlHVerf, Art. 90 ThürVerf.

[16] BVerfGE 8, 155 (166 ff.); *Oebbecke* HStR VI, § 136 Rn. 21.

[17] Zum institutionellen Gesetzesvorbehalt zusammenfassend etwa *Krebs* HStR V, § 108 Rn. 70 ff. sowie *Burmeister*, Stellung des institutionellen Gesetzesvorbehalts, 1991.

[18] Hierzu die Begründung im Gesetzentwurf BT-Dr 16/813, S. 14 (zu Nr. 9).

[19] BVerfGE 22, 180 (211); 26, 338 (383 f.); *Broß/Mayer*, in: v. Münch/Kunig II, Art. 84 Rn. 5; *Vogel* HdbVerfR, § 22 Rn. 88; zu dieser Akzessorietät näher *Kirchhof*, in: Maunz/Dürig, Art. 84 (2011) Rn. 69. Nach *Hermes*, in: Dreier III, Art. 84 Rn. 22 f. ist der Bund durch Art. 84 I nicht auf die gesetzliche Regelung der „Einrichtung der Behörden und des Verwaltungsverfahrens" beschränkt; ihm soll nach Maßgabe von Art. 70 ff. GG eine umfassende Organisationsgewalt zustehen.

[20] *Oebbecke* HStR VI, § 136 Rn. 26.

[21] So *Kirchhof* in: Maunz/Dürig, Art. 84 (2011) Rn. 69; aA *Pieroth,* Jarass/Pieroth, Art. 84 Rn. 5; *Kahl* NVwZ 2008, 710 (711); *Suerbaum,* in: Epping/Hillgruber, Art. 84 Rn. 18.

[22] Vgl. *Kirchhof*, in: Maunz/Dürig Art. 84 (2011) Rn. 68.

**7**  **a) Einrichtung der Behörden.** Die Einrichtung der Behörden umfasst deren Errichtung (Gründung) und Einrichtung (Ausgestaltung) wie auch die Festlegung ihrer Aufgaben und Befugnisse.[23] Der in mehreren Vorschriften zwischen Errichtung und Einrichtung differenzierende Wortlaut des GG[24] steht nach h. M. einem pars-pro-toto-Verständnis des Begriffes „Einrichtung" nicht entgegen. Errichtung, Einrichtung und Aufgabenzuweisung sind untrennbar aufeinander bezogen.[25] Dabei ist es unerheblich, ob sich die bundesgesetzl. Regelung auf Behörden der unmittelbaren oder mittelbaren Landesverwaltung oder auf sonstige selbstständige Rechtsträger bezieht.[26] Erfasst werden alle amtlichen Stellen auf Landesebene.[27]

**8**  Dabei ist der Bund nicht auf den Erlass bundesweit **einheitlicher** Regelungen festgelegt, die jede territoriale Differenzierungen auszuschließen.[28] Der Wortlaut des Art. 84 I 2 zwingt – im Gegensatz zur bundesgesetzlichen Regelung des VwVf nach Art. 84 I 5 – nicht zu dieser Annahme, und auch sein Grundgedanke, einen wirksamen Vollzug der Bundesgesetze sicherzustellen, muss nicht notwendigerweise die Konsequenz einheitlicher Regelungen haben,[29] sondern kann – im Hinblick auf Besonderheiten einzelner Länder – durchaus z. B. unterschiedl. Behördenzuständigkeiten nahelegen und auf diese Weise, ganz iS prinzipieller Länderzuständigkeiten beim Vollzug der Bundesgesetze, Eigenheiten der Länder Rechnung tragen.

**9**  **b) Verwaltungsverfahren.** Über die Kompetenz zur Regelung des VwVf eröffnet Art. 84 I 2 dem Bund den Zugriff auf das „Wie" des Verwaltungshandelns von Verwaltungsbehörden der Länder,[30] ohne dabei auf Regelungen des VwVf iSv § 9 LVwVfG beschränkt zu sein.[31] Zugestanden werden gesetzl. Bestimmungen, welche die Tätigkeit der Verwaltungsbehörden im Blick auf die Art und Weise der Ausführung der Gesetze einschließlich ihrer Handlungsformen, die Form der behördlichen Willensbildung, die Art der Prüfung und Vorbereitung der Entscheidung, deren Zustandekommen und Durchsetzung sowie verwaltungsinterne Mitwirkungs- und Kontrollvorgänge in ihrem Ablauf regeln.[32]

**10**  Derartige Vorschriften können sich nicht nur an die Verwaltung, sondern auch an den Bürger richten.[33] Dabei kann die gesetzl. Regelung in ein und derselben Vorschrift zugleich dem Bürger Rechte gewähren oder Pflichten auferlegen und der Verwaltung Handlungsanweisungen erteilen. Ein materieller Gesetzesbefehl kann eine Ausgestaltung enthalten, die auch das „Wie" des Verwaltungshandelns verfahrensmäßig bindend festlegt. Solche – möglicherweise **verdeckten** – Regelungen eines „Wie" des Verwaltungshandelns liegen dann vor, wenn die den Bürger betreffende materiell-rechtl. Vorschrift zugleich zwangsläufig die Festlegung eines bestimmten verfahrensmäßigen Verhaltens der Verwaltung bewirkt.[34]

**11**  Als **Regelungen des Verwaltungsverfahrens** sind z. B. anzusehen Bestimmungen über Antragserfordernisse,[35] Beweiserhebung,[36] Form- und Fristvorschriften,[37] Offenbarungs- und Verwertungsverbote,[38] Verwaltungsgebühren,[39] Verkündung von Gemeindesatzungen,[40] Zustellungsvorschriften[41] und Zustimmungserfordernisse,[42] **nicht** hingegen z. B. Bestimmungen über Auskunftsrechte und Akten-

---

[23] BVerfGE 75, 108 (149 ff.); 105, 313 (331); *Pieroth*, in: Jarass/Pieroth, Art. 84 Rn. 6; *Kirchhof*, in: Maunz/Dürig, Art. 84 (2011) Rn. 95; *Bull* AK GG, Art. 84 Rn. 7.

[24] Vgl. z. B. Art. 85 I, 86 S. 2, 87 I 2 (Einrichtung); Art. 87 III 2 (Errichtung).

[25] Zur h. M. vgl. etwa *Broß/Mayer*, in: v. Münch/Kunig II, Art. 84 Rn. 9.

[26] BVerfGE 39, 96 (109); 75, 108 (150 f.); 77, 288 (299) und zuletzt bezüglich der Regelungsbefugnis gegenüber der Landesverwaltung zugehörigen gesetzl. Krankenkassen BVerfGE 114, 196 (223 f.).

[27] BVerfGE 10, 20 (48).

[28] So aber wohl auch *Pleyer*, Föderative Gleichheit, 2005, S. 176 f. Wie hier *Groß*, in: Friauf/Höfling, Art. 84 Rn. 19.

[29] So auch *Meyer*, Die Föderalismusreform 2006, 2008, S. 110.

[30] BVerfGE 37, 363 (385); 55, 274 (319). Zum Ausschluss des gerichtlichen Verfahrens aus dem Anwendungsbereich des Art. 84 vgl. BVerfGE 14, 197 (219).

[31] *Bull* AK GG, Art. 84 Rn. 12 ff.; ausführlich zum Verhältnis des verfassungsrechtl. und des (weiteren) unterverfassungsrechtl. Verständnisses von „Verwaltungsverfahren" *Kirchhof*, in: Maunz/Dürig, Art. 84 (2011) Rn. 87 ff.

[32] BVerfGE 37, 363 (390, 394); 55, 274 (297 ff.) 75, 108 (150); 105, 313 (331); 114, 196 (224); *Pieroth*, in: Jarass/Pieroth, Art. 84 Rn. 7; näher *Trute* MKS III, Art. 84 Rn. 13 ff.

[33] BVerfGE 37, 368 (390, 394); *Kirchhof*, in: Maunz/Dürig, Art. 84 (2011) Rn. 89; *Pieroth*, in: Jarass/Pieroth, Art. 84 Rn. 7.

[34] BVerfGE 55, 274 (321); 75, 108 (152); *Kirchhof*, in: Maunz/Dürig, Art. 84 (2011) Rn. 89 spricht von „doppelgesichtigen" Normen.

[35] BVerfGE 24, 184 (195); 37, 363 (385 ff.).

[36] BVerfGE 55, 274 (322 ff.).

[37] BVerfGE 24, 184 (195).

[38] BVerfGE 55, 274 (323); aA teilweise *Schulze-Fielitz* DVBl 1982, 328 (337).

[39] BVerfGE 26, 281 (298); BVerwGE 8, 93 (94); 84, 178 (180); 109, 272 (278); 126, 222; BVerwG NVwZ 2014, 1516 (1518 ff.) mit ausführlicher Begründung.

[40] BVerfGE 65, 283 (289).

[41] BVerfGE 8, 274 (294).

[42] BVerfGE 1, 76 (79).

einsicht,[43] die Schweigepflicht[44] und – nach noch h. M. – die Regelung des Widerspruchsverfahrens nach §§ 68 ff. VwGO.[45] Zu den Regelungen des Verwaltungsverfahrens gehören auch Vorgaben zur **Digitalisierung der Verwaltung**.[46]

Mit dem Fortfall des Zustimmungserfordernisses und der Möglichkeit abweichender Landesregelungen in Art. 84 I 2 hat die Problematik einer hinreichend eindeutigen Definition dessen, was als Regelung des VwVf anzusehen ist, beim einfachen Regelungsvorbehalt an Brisanz verloren, behält sie jedoch für den qualifizierten Regelungsvorbehalt in Art. 84 I 5 wegen des insoweit fortbestehenden Zustimmungserfordernisses nach Art. 84 I 6.

c) **Kommunale Behörden.** Das absolute **Aufgabenübertragungsverbot**[47] des **Art. 84 I 7** hat **12** die früher umstrittene Frage, ob die Regelungsbefugnis des Bundes nach Art. 84 I aF grds. auch die Einrichtung und das Verwaltungsverfahren der Behörden der kommunalen Verwaltungsebene umfasst,[48] nunmehr ausdrücklich beantwortet. Adressat für Aufgabenübertragungen durch den Bund sind alleine die Länder, in deren Organisationshoheit es liegt, ob und wie eine Übertragung der Aufgaben auf die kommunale Ebene vorgenommen wird.[49]

Eine Ausnahme besteht nur, wenn durch BundesR gemeindl. Zuständigkeiten für Aufgaben begründet werden, die die Gemeinden nach der verfassungsrechtl. Garantie der komm. Selbstverwaltung **13** nach Art. 28 II 1 wahrnehmen müssen; dies betrifft insb. die durch das BauGB den Gemeinden zugewiesene Zuständigkeit für die Bauleitplanung im Gemeindegebiet.[50]

Der Regelung des (ausnahmslos geltenden)[51] Art. 84 I 7 liegt ein **doppelter Zweck** zu Grunde: Sie **14** dient zum einen dem Respekt vor der Souveränität der Länder (schon Art. 83 Rn. 7); zum andern schützt sie die komm. Selbstverwaltung: Die Aufgabenübertragung auf die Gemeinden belastet diese in organisat. wie finanz. Hinsicht. Die unmittelbare Aufgabenübertragung durch den Bund auf die Kommunen führt dann zu einer Umgehung der landesverfassungsrechtl. Konnexitätsvorgaben,[52] die zur Sicherung der Selbstverwaltung die Aufgabenübertragung vom Land auf die Kommunen mit einer entspr. finanz. Ausgleichspflicht verknüpfen.[53]

**Verfehlt** wäre es jedoch, hieran anknüpfend das Aufgabenübertragungsverbot auf Aufgaben zu beschränken, die mit **erheblichen finanziellen Kosten** verbunden sind. Schließlich ist die Regelung nicht auf eine finanzverfassungsrechtliche Vorgabe beschränkt. Daher ist ein weites Verständnis zugrunde zu legen, welches jeden inhaltlichen Einfluss auf den kommunale Aufgabenbestand erfasst,[54] insb. unabhängig davon, ob es sich um „materielle Verwaltungsaufgaben mit Außenwirkung"[55] handelt. Nicht erfasst sind bloße Verfahrensänderungen,[56] soweit sie die Schutzgüter der Ländersouveränität und der komm. Selbstverwaltung nicht berühren. Der Aufgabenbegriff ist daher funktional, i. S. e. einzelfallabhängigen Wertung, zu verstehen.[57]

Virulent wird diese Diskussion jüngst mit Blick auf das (nach Art. 91c V GG ergangene) Online- **14a** zugangsG.[58] Eine Aufgabenübertragung i. S. d. Art. 84 I 7 GG wird zT mit dem Hinweis darauf abgelehnt, dass es sich nur um die Regelung von Verfahrensmodalitäten handle.[59] Unter Zugrundele-

---

[43] BVerfGE 10, 20 (49).

[44] BVerfGE 14, 197 (221).

[45] BVerfGE 35, 65 (75), rechnet das Widerspruchsverfahren zum gerichtl. Verfahren iSv Art. 74 Nr. 1; aA *Pieroth,* in: Jarass/Pieroth, Art. 84 Rn. 10; offen BVerwGE 22, 281 (282); w. Nachw. zum Meinungsstand bei *Broß/Mayer,* in: v. Münch/Kunig II, Art. 84 Rn. 12 ff.; zur Abgrenzung von Verwaltungs- und Gerichtsverfahren und zu weiteren str. Fallgruppen auch *Sauter* FS Klein, 1994, S. 561 (568 ff.).

[46] Hierzu *Schliesky* DVP 2017, 443 (444 f.); *ders.* DÖV 2004, 809 (812 f.).

[47] So BVerfGE 119, 331 (359). Zur Intention dieses Verbotes *Kirchhof,* in: Maunz/Dürig, Art. 84 (2011) Rn. 152 ff.

[48] Bejahend BVerfGE 22, 180; 77, 288 (299); BVerfGE 119, 331 (339).

[49] Als Herausforderung haben sich in der Vergangenheit ua die Zuweisung von Aufgaben nach dem EEWärmG (hierzu *Burgi/Faber* KommJur 2011, 161 ff.; *Kahl/Schmidtchen* LKV 2011, 439 ff.) und das Recht der Medizinischen Versorgungszentren (*Schacks* NZS 2016, 761) erwiesen. In Zukunft können auch Regelungen zur Einführung elektronischer Kommunikationsformen problematisch werden (*Müller-Terpitz/Rauchhaus* MMR 2013, 10).

[50] So die Entschließung des Ausschusses für Verkehr, Bau und Stadtentwicklung (BT-Dr 16/2069, S. 4 r. Sp.) und die Erklärung der Koalitionsfraktionen im BT-RechtsA (BT-Dr 16/2069, S. 13 l. Sp.).

[51] BVerfG NVwZ 2018, 140 (151).

[52] Umfass. zur Problematik *P. M. Huber,* AU 0032 der Föderalismuskommission, abgedr. in: Verh. des 65. DJT, Band I, 2004, S. 154 ff.; *ders./F. Wollenschläger* VerwArch 2009, 305 ff.

[53] S. bspw. Art. 71 III BWVerf; Art. 83 III BayVerf; Art. 137 VI HessVerf; Art. 57 IV NdsVerf; Art. 78 III NRWVerf; Art. 49 IV, V RhPfVerf.

[54] Vgl. auch *Pieroth,* in: Jarass/Pieroth, Art. 84 Rn. 14, wonach das Aufgabenübertragungsverbot „strikt und umfassend" gilt.

[55] So aber *Siegel* DÖV 2018, 185 (188). Vgl. BVerwGE 156, 102 ff., wonach Regelungen, welche nur „die Modalitäten der Aufgabenwahrnehmung" betreffen, nicht unter den Aufgabenbegriff des Art. 84 I 7 GG zu fassen sind.

[56] *Petersen* DVBl. 2018, 1534 (1537) mit Verweis auf BVerwGE 156, 102 (110 Rn. 28).

[57] So auch bei *Berger* DÖV 2018, 799 (802 f.).

[58] Für eine Einbeziehung in den Aufgabenbegriff des Art. 84 I 7 GG *Berger* DÖV 2018, 799 (803 ff.).

[59] *Petersen* DVBl 2018, 1534 (1536, 1538).

gung eines funktionalen Ansatzes ist jedoch im Einzelfall die konkrete Betroffenheit des kommunalen Selbstverwaltungsraums zu beleuchten. Diesbezüglich bleibt die Regelung in Art. 91c V leider sehr unspezifisch. Unter Zugrundelegung des Wortlauts muss offenbleiben, ob die dort genannten „Länder" auch die kommunale Ebene umfassen und auf diesem Wege möglicherweise sogar eine Modifizierung des Art. 84 I 7 GG impliziert ist.[60]

15    Für bundesgesetzl. Aufgabenzuweisungen an die Kommunen, die nach bisheriger Verfassungsrechtslage zustande gekommen sind, enthält Art. 125a I eine Übergangsregelung.[61]

16    Inwieweit das Aufgabenübertragungsverbot des Art. 84 I 7 zugleich ein **Aufgabenerweiterungsverbot** enthält, ist namentlich eine Frage des Übergangsrechts des Art. 125a I.[62] Angesichts der Schutzfunktion, die dem Aufgabenübertragungsverbot des Art. 84 I 7 nicht nur im Hinblick auf die Organisationshoheit der Länder, sondern auch bezüglich der kommunalen Verwaltungsebene zukommt, spricht vieles dafür, Art. 84 I 7 zumindest dann auch als Aufgabenerweiterungsverbot anzusehen, wenn die materiell-rechtl. Erweiterung bestehender Aufgaben diesen eine wesentlich andere Bedeutung und Tragweite verleiht und die Kommunen entsprechend stärker administrativ und finanziell belastet.[63]

Die landesverfassungsgerichtl. Rechtsprechung in NRW[64] und RhPf[65] hat für die Fälle einer **Aufgabenerweiterung** durch den *Bund* eine Konnexitätsverpflichtung der *Länder* abgelehnt.[66] Anders als in RhPf – und den meisten anderen Ländern – sieht die nw Verfassung finanzielle Entschädigungen auch im Falle der Aufgaben*erweiterung* (und damit jenseits der Fälle der Aufgabenübertragung) vor. Dennoch entfalle die Finanzierungspflicht des Landes, soweit zum Zeitpunkt der landesgesetzl. Aufgabenzuweisung, die in Rede stehende Aufgabenänderung noch nicht absehbar war.[67]

17    **d) Inkrafttreten.** Für das Inkrafttreten einer bundesgesetzlichen Regelung iSv Art. 84 I 2 HS 1 gilt die Grundregel des Art. 82 II, wonach der Tag des Inkrafttretens gesetzlich bestimmt sein soll, andernfalls das Gesetz mit dem 14. Tag nach Ablauf des Tages in Kraft tritt, an dem das BGBl ausgegeben worden ist. Etwas anderes gilt nach Art. 84 I 3 für die Fälle, in denen der Bundesgesetzgeber durch eine spätere Regelung der Einrichtung von Behörden oder des VwVf eine bereits bestehende abw. landesrechtl. Regelung iSv Art. 84 I 2 ersetzen will. Art. 84 I 3 gilt nicht für die Fälle, in denen die Länder ihre originäre Organisationsgewalt nach Art. 84 I 1 ausgeübt haben und der Bund erstmals eine bundesgesetzl. Regelung der Einrichtung der Behörden oder des Verwaltungsverfahrens vornimmt.[68] Die nach Art. 84 I 3 für das Inkrafttreten vorgegebene Karenzzeit von sechs Monaten nach Verkündung eröffnet den Ländern „Bedenkzeit" und gibt ihnen Gelegenheit, durch erneute landesrechtl. Entscheidung festzulegen, ob und in welchem Umfang sie von Bundesrecht abw. Landesrecht über die Einrichtung von Behörden oder das VwVf beibehalten oder erlassen wollen. Zugleich sollen durch diese Sechs-Monats-Frist kurzfristig wechselnde Rechtslagen vermieden werden.[69]

18    Mit Zustimmung des BRat kann die bundesgesetzl. Regelung gemäß Art. 84 I 3 ltz. HS jedoch eine Verkürzung dieser Regelfrist vorsehen, etwa um in Eilfällen einer unionsrechtlich vorgegebenen Umsetzungspflicht genügen zu können. Eine die Sechs-Monats-Frist verlängernde Inkrafttretensregelung ist damit nicht ausgeschlossen, sondern kann vom Bundesgesetzgeber auch nach Maßgabe von Art. 82 II 1 vorgesehen werden, ohne dass es dazu einer Zustimmung des BRat bedürfte.

19    Das Erfordernis der Zustimmung des BRat nach Art. 84 I 3 ltz. HS ist allein auf die fristverkürzende Regelung zu beziehen und erfasst – anders bei der sog. „Einheitstheorie" (→ Rn. 33) – nicht das gesamte Gesetz.[70] Durch die fristverkürzende Regelung allein wird das von den Ländern nach Art. 84 auszuführende Gesetz nicht zu einem zustimmungsbedürftigen. Wird die für die Fristverkürzung erforderl. Zustimmung verfehlt, bleibt es für das Inkrafttreten des Gesetzes beim Regelfall der Sechs-Monats-Frist. Durch die Bezugnahme des Art. 84 I 4 auf Art. 72 III 3 wird das Verhältnis von Bundes- und LandesR iRv Art. 84 I abw. von der allg. Kollisionsregel des Art. 31 GG dem lex-posterior-Grundsatz unterstellt (→ Rn. 17).

---

[60] Zur Regelung siehe auch → Art. 91c Rn. 27 ff.

[61] Zu den Konsequenzen dieser Übergangsregelung im Hinblick auf die Anwendbarkeit landesverfassungsrechtlicher Konnexitätsbestimmungen *Henneke* DVBl 2006, S. 867 ff.; *Engelken,* Konnexitätsprinzip, 2. Aufl., 2012, S. 42 ff.

[62] So BVerfGE 119, 331 (359 f.); näher dazu *Kallerhoff* DVBl. 2011, 6 ff.

[63] So *Burgi,* DVBl 2007, 70 (77); *Groß,* in: Friauf/Höfling, Art. 84 Rn. 22; *Knitter,* Aufgabenübertragungsverbot, S. 216; aA *Engelken* (Fn. 61), S. 42 ff. Gegen ein generelles Aufgabenerweiterungsverbot auch *Huber/Wollenschläger* VerwArch 2009, 305, 310. Übersicht zum Streitstand bei *Henneke* VBlBW 2008, 241 ff. und differenzierend *Kirchhof,* in: Maunz/Dürig, Art. 84 (2011) Rn. 162 ff.

[64] NWVerfGH NVwZ 2015, 368.

[65] RhPfVerfGH DVBl 2015, 1581.

[66] Hierzu *Engelken* NVwZ 2016, 589.

[67] NRWVerfGH NVwZ 2015, 368. Kritisch zu dieser Rspr. *Wendt* DÖV 2017, 1 ff.

[68] *Kirchhof,* in: Maunz/Dürig, Art. 84 (2011) Rn. 102.

[69] Ausf. zur „Verzögerungsklausel" des Art. 84 I 3 *Kirchhof,* in: Maunz/Dürig, Art. 84 (2011) Rn. 162 ff.

[70] A. A. wohl *Georgii/Borhanian,* Zustimmungsgesetze nach der Föderalismusreform, S. 19.

**2. Abweichungsrecht der Länder (Abs. 1 S. 2 2. HS). a) Abweichungsrecht.** Die zustim- 20
mungsfreie bundesgesetzl. Regelung der Einrichtung der Behörden und des Verwaltungsverfahrens
nach Art. 84 I 2 1. HS steht unter dem Vorbehalt abw. landesrechtl. Regelungen. Mit diesem **Zugriffsrecht** der Länder nach Art. 84 I 2 2. HS werden der Verlust des bisherigen Zustimmungserfordernisses bei bundesgesetzl. Eingriffen in ihre Organisationshoheit kompensiert und die Gestaltungsbefugnis jedes einzelnen Landes im Bereich seiner Verwaltung gemäß den Grundsätzen der
Art. 83 und 84 I 1 wiederhergestellt.

Gegenüber der Einbindung der Länder in das Zustimmungsrecht des BRat nach Art. 84 I aF
bedeutet dies eine deutl. Aufwertung der Organisationshoheit des einzelnen Landes im „eigenen
Hause" und die Entbindung von zumindest faktischen Zwängen zur Kompromissbereitschaft im BRat
bei Durchsetzung spezifischer Landesinteressen.[71]

Die Abweichungsmöglichkeit bezieht sich auf alle bundesgesetzl. Normen iSv Art. 84 I 2 1. HS, 21
mit denen eine Regelung der Einrichtung der Behörden oder des Verwaltungsverfahrens erfolgt.
„Doppelgesichtige" Normen, bei denen die materiell-rechtl. Regelung zugleich die zwangsläufige
Festlegung eines bestimmten VwVf auf Landesebene bewirkt (→ Rn. 10), stehen dem Zugriff nur
dann offen, wenn die materiell-rechtl. Regelung des Bundesgesetzes ihrerseits einer abw. Regelung
gem. Art. 72 III durch LandesG zugänglich wäre.[72]

Die **Inanspruchnahme** des Zugriffsrechts durch die Länder ist an keine materiellen Vorausset- 22
zungen gebunden,[73] erfordert aber eine von der bundesgesetzl. Regelung inhaltlich abweichende
Regelung; eine bloße Übernahme der bundesgesetzlichen Regelung in Landesrecht ist von Art. 84
I 2 2. HS nicht gedeckt und vermag insoweit die Anwendbarkeit der bundesrechtlichen Regelung
nicht zu verdrängen.[74]

Die Ausübung des Abweichungsrechts setzt **nicht zwingend** eine **landesgesetzliche Regelung** 23
voraus.[75] Art. 84 I 2 weist das Abweichungsrecht undifferenziert den Ländern zu und trifft insofern –
anders als bei Art. 72 III, aber gleichlautend mit Art. 84 I 1 – keine ausdrückl. Vorentscheidung allein
für eine Zuständigkeit des Landes*gesetzgebers*. Art. 84 I 2 2. HS stellt vielmehr für die Ausübung des
Abweichungsrechts die Organisationshoheit der Länder iSv Art. 84 I 1 wieder her, so dass sich die
Frage der landesinternen Organkompetenz primär nach Maßgabe des Landesrechts beantwortet.[76]
Dabei kann sich eine Zuständigkeit des Landesgesetzgebers über die speziellen Vorschriften des
Landesrechts[77] hinaus auch aus den Vorgaben des allgemeinen rechtsstaatlich-demokratischen Geset-
zesvorbehalts ergeben, der für die konkrete Ausübung der Organisationsgewalt einen institutionellen
Gesetzesvorbehalt einschließen und damit auch die Organkompetenz bei Ausübung der Organisations-
gewalt auf Landesebene bestimmen kann.[78] Eine landesgesetzl. Regelung ist im Hinblick auf die vom
BVerfG zur näheren Konturierung des rechtsstaatlich-demokratischen Gesetzesvorbehalts entwickelte
Wesentlichkeitstheorie (→ Art. 20 Rn. 116 f.) daher dann zwingend geboten, wenn sie der Regelung
„wesentlicher" Fragen der Verwaltungsorganisation und des VwVf dient.

**b) Verhältnis Bundesrecht zu Landesrecht.** Das Verhältnis von bundesgesetzl. und abw. landes- 24
rechtl. Regelung iSv Art. 84 I 2 u. 3 wird durch den Verweis von Art. 84 I 4 auf die entspr. Anwendung
von Art. 72 III 3 geklärt. Danach wird insoweit vom Grundsatz des Art. 31 („Bundesrecht bricht
Landesrecht") entbunden und die Kollision allein nach Maßgabe des lex-posterior-Grundsatzes aufgelöst.
Im Verhältnis der Bundes- und Landesrecht geht damit stets das jeweils spätere Recht vor. Das ältere
Bundes- oder Landesrecht wird für das betreffende Land nicht außer Kraft gesetzt, sondern lediglich im
Sinne eines Anwendungsvorranges vom jüngeren Recht überlagert, so dass bei dessen Aufhebung
automatisch wieder das ältere Recht gilt.[79] Die ältere Regelung behält damit eine Reservefunktion.

Die Abweichungsbefugnis der Länder von bundesgesetzlichem Organisations- und Verfahrensrecht, 25
das noch auf Grundlage von Art. 84 I aF erlassen worden ist, wird durch Art. 125b II geregelt.

---

[71] *F. Kirchhof* FS Scholz, 2007, S. 635 (640) sieht in dem Abweichungsrecht der Länder eine Abschwächung des
Blockadepotentials der Länder im BRat.
[72] So auch *Trute,* in: Starck (Hrsg.), Föderalismusreform, 2007, S. 79 Rn. 158; *Kahl* NVwZ 2008, 714; *Pieroth,* in:
Jarass/Pieroth, Art. 84 Rn. 8; *Kirchhof,* in: Maunz/Dürig, Art. 84 (2011) Rn. 85.
[73] BVerwG, NVwZ 2014, 1516 (1518).
[74] So aber *Maurer* JuS 2010, 945, 950; wie hier *Kahl* NVwZ 2008, 710, 713; *Suerbaum,* in: Epping/Hillgruber,
Art. 84 Rn. 39; *Kirchhof,* in: Maunz/Dürig, Art. 84 (2011) Rn. 78.
[75] So aber BT-Dr 16/813, S. 15 ohne nähere Begründung; aA auch *Pieroth,* in: Jarass/Pieroth, Art. 84 Rn. 16
unter Hinweis auf den allg. Grundsatz des actus contrarius; *Risse* FS Schneider, 2008, S. 271 (274); *Suerbaum,* in:
Epping/Hillgruber, Art. 84 Rn. 35; *Meyer* (Fn. 29) S. 111 Fn. 229 unter Verweis auf die Systematik. Krit. auch
*Maurer* JuS 2010, 945 (949 f.). Wie hier *Hömig,* in: Hömig/Wolff, Art. 84 Rn. 7 (anders noch in der Vorauf.);
*Kirchhof,* in: Maunz/Dürig, Art. 84 (2011) Rn. 71 ff. mit ausf. Begründung.
[76] Siehe dazu bereits → Rn. 4 und insbes. BVerfGE 88, 203 (332).
[77] Siehe z. B. Art. 70 BWVerf iVm LVG u. weit. Nachw. → Fn. 15.
[78] Zum institutionellen Gesetzesvorbehalt Nachw. → Fn. 17.
[79] Siehe BT-Dr 16/813, S. 11, 15; wie hier *Maurer* JuS 2010, 945 (948 f.); *Kirchhof* FS Scholz, 2007, S. 635 (642);
*Kirchhof,* in: Maunz/Dürig, Art. 84 (2011) Rn. 113 f.; aA *Meyer* (Fn. 29), S. 115, der Art. 31 bereits durch Art. 84 I 2
als lex specialis verdrängt sieht.

26    **3. Befugnisse des Bundesgesetzgebers – qualifizierter Regelungsvorbehalt (Abs. 1 S. 5, 6).**
**a) Grundgedanke.** Mit Art. 84 I 5 wird dem Bundesgesetzgeber die Möglichkeit eröffnet, in Ausnahmefällen bundeseinheitl. Regelungen des VwVf **ohne Abweichungsmöglichkeit** für die Länder zu treffen. Die Inanspruchnahme dieser Befugnis zur Regelung des VwVf ist – neben der ausdrückl. Beschränkung auf Ausnahmefälle – materiell an ein bes. Bedürfnis nach bundeseinheitl. Regelung gebunden und setzt formell die Zustimmung des BRat voraus. Die landesrechtl. Abweichungsmöglichkeit bei Regelungen zur Einrichtung von Behörden kann nicht ausgeschlossen werden. Der mehrfach qualif. Regelungsvorbehalt zeigt, dass die Befugnis des Bundes nach Art. 84 I 5 nicht zur offenen Flanke des durch die Neufass. von Art. 84 I besonders betonten Grundsatzes landesrechtl. Organisationshoheit werden soll.[80] Andererseits konnte sich der verfassungsändernde Gesetzgeber nicht der Einsicht verschließen, dass zur Sicherung des bundeseinheitl. Vollzuges mat.-rechtl. Vorschriften bundeseinheitl. VerfahrensR erforderlich sein kann, VerfahrensR also nicht nur ergebnisneutrales AusführungsR ist.

27    **b) Voraussetzungen und Restriktionen.** Die Regelungsbefugnis des Bundes nach Art. 84 I 5 ist von vornherein auf **Ausnahmefälle** beschränkt, ohne dass die Norm angibt, wann ein Ausnahmefall gegeben ist. Aus der Entstehungsgeschichte ist nur zu entnehmen, dass Regelungen des wirtschaftsrelev. UmweltverfahrensR idR einen Ausnahmefall iSd Art. 84 I 5 darstellen sollen,[81] da andernfalls wesentl. Grundlagen der Rechtssicherheit und Freizügigkeit von Unternehmen im Bundesgebiet gefährdet erscheinen.[82] Der Ausschuss für Verkehr, Bau und Stadtentwicklung hat einen weiteren Ausnahmefall für Verfahren des BauGB angenommen,[83] da die Ausgestaltung von Verfahrensregeln hier notwendig verbunden ist mit den Regelungen über städtebaul. Instrumente, die in Wahrnehmung der Gesetzgebungskompetenz des Bundes nach Art. 74 I Nr. 30 (Bodenrecht) ergehen. Zugleich verlangten die Umsetzung von Unionsrecht und die Wahrung der Grundrechte – namentlich der Eigentumsfreiheit – eine „bundeseinheitliche und rechtssichere Regelung".[84] Diese entstehungsgeschichtlichen Beispielsfälle erfahren jedoch in der – die verfassungsrechtliche Intention wahrenden –Auslegung weiterer Tatbestandsmerkmale der Norm noch deutliche Beschränkungen (s. hierzu unter Rn. 30, 31).

28    Über diesen entstehungsgeschichtlich belegten Grundgedanken einer Wahrung der Rechts- und Wirtschaftseinheit auch in verwaltungsverfahrensrechtlicher Hinsicht hinaus lässt sich dem quantitativ konnotierten Wortlaut dieser Beschränkung nur die Intention entnehmen, den Normalfall des einfachen Regelungsvorbehaltes mit Abweichungsmöglichkeit nach Art. 84 I 2 nicht zu unterlaufen und das von Art. 84 I vorausgesetzte Regel-Ausnahme-Verhältnis nicht durch eine ausgiebige Inanspruchnahme von Art. 84 I 5 umzukehren. Die Eingrenzung des Art. 84 I 5 auf Ausnahmefälle vermag dies mit seinem eher appellativen Charakter nicht zu leisten, so dass insoweit den weiteren Voraussetzungen und Restriktionen des Art. 84 I 5 entscheidende Bedeutung zukommt.

29    Gegenstand und Inhalt eines Bundesgesetzes nach Art. 84 I 5 können nur **bundeseinheitliche Regelungen des Verwaltungsverfahrens** sein. Ein Durchgriff auf die Einrichtung von Behörden ist ausgeschlossen, ebenso eine Übertragung von Aufgaben auf die komm. Ebene.

30    Ein **besonderes Bedürfnis** nach bundeseinheitlichem Verfahrensrecht lässt sich nur aus Anforderungen des materiellen Rechts ableiten, für das der Bund zwar regelungsbefugt ist, das er aber nicht selber ausführt. Dies kommt vor allem in Betracht, wenn – vor allem bei determinationsschwachem mat. Recht – die Anwendung unterschiedl. VerfahrensRechts zu unterschiedl. Anwendungen des mat. Bundesrechts führen kann.[85] Dies gilt zB für Bundesgesetze, die wegen ihrer Regelungsmaterie auf bundeseinheitl. Ausführung angewiesen sind,[86] weiterhin für Regelungen länderübergreifender Sachverhalte, wenn durch unterschiedl. VerfahrensR der Ländergrenzen überschreitende Verkehr oder seine behördl. Kontrolle erschwert würde[87] sowie dann, wenn bundesgesetzl. vorgesehene Kontrollaufgaben durch die Regelungsadressaten nur wirksam wahrgenommen werden können, sofern die für die Kontrollen relevanten Daten nach einheitl. Erhebungs- oder Messverfahren festgestellt werden.[88] Oft dürften unionsrechtlich veranlasste Kontroll- und Berichtspflichten Anlass sein, die entspr. Verfahren für die Länder durch Regelungen nach Art. 84 I 5 verbindlich zu machen.[89] Ein bes. Bedürfnis

---

[80] So auch *Kirchhof,* in: Maunz/Dürig, Art. 84 (2011) Rn. 123 f.
[81] BT-Dr 16/813, S. 15 zur Koalitionsvereinbarung vom 18.11.2005, Anl. 2 Rn. 31; BT-Dr 16/2069, S. 4 r. Sp.; BT-Dr 16/2052, S. 2; ebenso *Groß,* in: Friauf/Höfling, Art. 84 Rn. 28; *Henneke,* in: Hofmann/Henneke, Art. 84 Rn. 9; krit. dazu *Suerbaum,* in: Epping/Hillgruber, Art. 84 Rn. 41; diff. *Kahl* NVwZ 2008, 710 (715). S. inzw. etwa den Ausschluss der Abweichungsmöglichkeit in § 71 UVPG, § 73 BImSchG, § 71 KrWG; weitere umstr. Materien bei *Rauber,* in: Holtschneider/Schön (Hrsg.), S. 46.
[82] So *Frenz* NVwZ 2006, 742 (745). Kritisch dazu *Kirchhof,* in: Maunz/Dürig, Art. 84 (2011) Rn. 130.
[83] BT-Dr 16/2069, S. 4 r. Sp.
[84] BT-Dr 16/2069, S. 4 r. Sp.
[85] Zurückhaltend *Kirchhof,* in: Maunz/Dürig, Art. 84 (2011) Rn. 135.
[86] Z. B. §§ 4 ff., 21 PassG und vergleichbare Vorschriften des PAuswG, des MRRG und des PStG.
[87] Z. B. §§ 3, 15 GüKG.
[88] Z. B. §§ 5 IfSG; § 28 GenTG; § 68 AMG; §§ 42, 46 f. LFGB.
[89] Z. B. § 10 BImSchG.

nach bundeseinheitl. Verfahrensrecht ist hingegen nicht bereits in den Fällen gegeben, in denen das materielle Recht den Schutz eines grundrechtlich gewährleisteten Guts mangels hinreichender Determinationskraft nicht, nicht ausreichend oder nicht rechtzeitig bereitstellen kann und dementspr. Verfahrensvorkehrungen das Defizit an Determinationskraft kompensieren müssen. Dieser „Grundrechtsschutz durch Verfahren" kann und muss durch die Länder sichergestellt werden.

Alleine das Interesse an vereinheitlichten digitalen Informations- und Kommunikationstechniken  **30a** zum Aufbau eines behördenübergreifenden Internetportals genügt nicht zur Begründung eines besonderen Bedürfnisses. In Zusammenschau mit Art. 84 I 7 GG, dem zT auch das Verbot der Übertragung digitaler Informations- und Kommunikationstechniken auf die Kommunen entnommen wird,[90] stehen diese einem gesamtstaatlich vereinheitlichten digitalen Angebot entgegen.[91] Um dem entgegenzuwirken, hat der Verfassungsgeber Art. 91c GG eingeführt und jüngst um Abs. 5 erweitert, wonach der übergreifende informationstechnische Zugang zu den Verwaltungsleistungen von Bund und Ländern durch Bundesgesetz mit Zustimmung des Bundesrates geregelt wird, womit – entsprechend der Gesetzesbegründung[92] – die Errichtung eines Portalverbundes und die länderseitige Teilnahme an einem solchen gemeint ist.[93]

Ob die Voraussetzung eines „besonderen Bedürfnisses" wirklich eine restriktive Inanspruchnahme  **31** des Art. 84 I 5 durch den Bundesgesetzgeber gewährleisten kann, ist eher fraglich. Die prakt. Erfahrung mit der „Bedürfnisklausel" des Art. 72 II aF legt die Vermutung nahe, dass auch das **„Bedürfnis"** iSd Art. 84 I 5 nur in begrenztem Umfange einer gerichtl. Überprüfung zugänglich ist, damit keine beschränkende Wirkung entfalten kann und die Frage letztlich dem gesetzgeberischen Ermessen überlassen bleibt. Überprüfbar bleibt insoweit nur, ob der Bundesgesetzgeber die seinem Ermessen gezogene Grenzen verkannt oder das ihm eingeräumte Ermessen eindeutig oder evident missbraucht hat.[94] An diesem Befund ändert auch die Voraussetzung eines **besonderen** Bedürfnisses zunächst nichts. Diese Akzentuierung ist dahingehend zu verstehen, dass den Bundesgesetzgeber bei Inanspruchnahme eine **erhöhte Begründungslast** trifft, warum – ausnahmsweise – von den länderfreundl. Grundsätzen des Art. 84 I 1, 2 abgewichen werden soll. Mit der Anforderung eines „besonderen Bedürfnisses" steht der Wortlaut des Art. 84 I 5 damit in gewisser Weise zwischen der (nicht justiziablen) „Bedürfnisklausel" des Art. 72 II aF und der (voll überprüfbaren) „Erforderlichkeitsklausel" des Art. 72 II nF. Der Verzicht des verfassungsändernden Gesetzgebers, die Neufass. des Art. 84 I mit einem spez. Normenkontrollverfahren zu flankieren, wie dies für Art. 72 II nF mit Art. 93 I Nr. 2a geschehen ist, indiziert eine Zurückhaltung gegenüber einer effektiven verfassungsgerichtl. Kontrolle und lässt erwarten, dass die Voraussetzung eines „besonderen Bedürfnisses" in Art. 84 I 5 die ihm zugedachte begrenzende Funktion nur eingeschränkt erfüllen kann.[95]

**c) Zustimmung des Bundesrates.** Die dem Bundesgesetzgeber mit Art. 84 I 5 eingeräumte  **32** Regelungszuständigkeit für das VwVf auf Landesebene ist an die Zustimmung des BRat gebunden, Art. 84 I 6. Damit soll der Kompetenzverlust der Länder im Bereich ihrer eigenen Verwaltung durch ihre Mitwirkung über den BRat ansatzweise kompensiert werden. Das Zustimmungserfordernis soll die Grundentscheidung der Verfassung zugunsten des föderalistischen Staatsaufbaues mit absichern und verhindern, dass „Systemverschiebungen" im bundesstaatl. Gefüge im Wege der einfachen Gesetzgebung herbeigeführt werden.[96]

Macht der Bund von seiner Gesetzgebungszuständigkeit nach Art. 84 I 5 Gebrauch, so bedarf das  **33** **Bundesgesetz als Ganzes** der Zustimmung des BRat, denn der Ausdruck „Bundesgesetz" in Art. 84 I 5 meint nicht – wie etwa in Art. 100 I – das Gesetz als einzelne Norm, sondern das Gesetz als gesetzgebungstechnische Einheit (sog. **Einheitstheorie**).[97] Es ist nicht ersichtlich, dass durch die Neufass. des Art. 84 I insoweit die Rechtslage verändert ist.[98] Über diesen Einheitsgedanken erhält der BRat maßgebl. Einfluss auch auf den Inhalt des Gesetzes, der – für sich genommen – keine Zu-

---

[90] Hierzu bereits → Fn. 58.

[91] So der begründete Einwand bei *Schliesky* DVP 2017, 433 (444 f.).

[92] BT-Dr 18/11131, S. 16.

[93] Hierzu detailliert *Schliesky/Hoffmann* DÖV 2018, 193 ff. S. auch → Art. 91c Rn. 27 ff.

[94] Zu den Erfahrungen mit der „Bedürfnisklausel" des Art. 72 II GG aF BVerfGE 106, 82 ff. (136); aA (volle Justiziabilität) *Gerstenberg*, Föderalismusreform, 2009, S. 285 mwN; wohl auch *Kahl* NVwZ 2008, 710 (717); krit. auch *Meyer* (Fn. 29), S. 119; *Maurer* JuS 2010, 945 (949).

[95] Optimistisch insoweit *Kahl* NVwZ 2008, 717, der über Art. 93 I Nr. 2 GG bzw. Art. 93 I Nr. 3 GG hinreichende Möglichkeiten einer verfassungsgerichtl. Kontrolle sieht. Skeptisch *Kirchhof*, in: Maunz/Dürig, Art. 84 (2011) Rn. 135.

[96] BVerfGE 37, 363 (379 ff.); 55, 274 (319), 114, 196 (230 f.).

[97] BVerfGE 8, 274 (294 f.); 24, 184 (195); 55, 274 (319, 326 f.); *Bull* AK GG, Art. 84 Rn. 23 ff.; *Groß*, in: Friauf/Höfling, Art. 84 Rn. 29; *Germann*, in: Kluth (Hrsg.), Art. 84, 85 Rn. 78; *Rauber* (Fn. 81), S. 49; wohl aA *Pieroth*, in: Jarass/Pieroth, Art. 84 Rn. 12; offen gelassen von BVerfGE 105, 313 (339); zurückhaltend auch BVerfGE 112, 226 (253 f.). Gegen die Einheitsthese mit beachtl. Gründen *Trute* MKS III, Art. 84 Rn. 46 ff.; *Haghgu*, Zustimmung, S. 178–229.

[98] So auch *Suerbaum*, in: Epping/Hillgruber, Art. 84 Rn. 44; *Hermes*, in: Dreier III, Art. 84 Rn. 69; *Kirchhof*, in: Maunz/Dürig, Art. 84 (2011) Rn. 137 ff. Kritisch *Maurer* JuS 2010, 945 (950).

stimmungsbedürftigkeit auslöst.[99] Vom Verständnis des Zustimmungserfordernisses als einer Art Kompensation für den Verlust an Organisationsgewalt der Länder wird diese Ausweitung des ZustimmungsR an sich nicht mehr getragen, der Kompensationseffekt hingegen durch einen erhöhten Abstimmungsbedarf im prakt. Ergebnis deutlich gestärkt. Mit der **Teilbarkeit von Gesetzesinitiativen** in einen zustimmungsbedürftigen verfahrensrechtl. und in einen nicht zustimmungsbedürftigen materiellrechtl. Teil kann diese Konsequenz eines umfass. Zustimmungserfordernisses zulässigerweise umgangen werden.[100]

34  Das Zustimmungserfordernis besteht nach Art. 84 I 6 nur bei solchen Bundesgesetzen, die selbst das Verfahren der Landesbehörden *regeln,* indem sie verbindlich die Art und Weise und die Formen ihrer Tätigkeit zur Ausführung des Gesetzes vorschreiben,[101] die Ausführungskompetenz also nicht nur *berühren.*[102] Andererseits hat das BVerfG für die Rechtslage unter Art. 84 aF dieses strikte Verständnis einer **Regelung** abgeschwächt und – teleologisch begründet – Zustimmungsbedürftigkeit bereits dann angenommen, wenn BundesG zwar nicht ausdrücklich, aber in anderer Weise unmittelbar die Kompetenz der Länder berühren, das VwVf selbst und eigenverantwortlich zu gestalten.[103] Dies gilt z. B. dann, wenn das Bundesgesetz nach Maßgabe von Art. 80 zum Erlass von bundesrechtl. Rechtsverordnungen und Verfahrensregelungen ermächtigt und damit den Kompetenzbereich der Länder bereits auf Grund der gesetzl. Programmierung (Art. 80 I 2) für Einwirkungen des Bundes öffnet.[104] Auf der Linie dieser sinnorientierten Auslegung des Zustimmungserfordernisses liegt es auch, wenn das BVerfG die Zustimmungsbedürftigkeit eines ÄnderungsG für gegeben erachtet, das allein über seine materiellrechtl. Normen den verwaltungsverfahrensrechtl. Regelungen des zu ändernden ZustimmungsG eine wesentlich andere Bedeutung und systemändernde Tragweite gibt.[105]

35  Inwieweit die Zustimmungsbedürftigkeit von Regelungen des VwVf ohne Abweichungsmöglichkeit nach Art. 84 I 5, 6 das **Einfallstor für Zustimmungsgesetze** tatsächlich zu verengen vermag, hängt maßgeblich von der politischen Bereitschaft des Bundesgesetzgebers ab, die durch die Neufassung von Art. 84 I verfassungsrechtlich gestärkte Organisationshoheit der Länder zu respektieren und den qualif. Regelungsvorbehalt des Art. 84 I 5 tatsächlich nur in Ausnahmefällen zu nutzen – wie es der Wortlaut der Norm auch erwartet.[106]

36  Soll die Abweichungsmöglichkeit der Länder bundesrechtlich ausgeschlossen werden, so ist dies im Gesetz **ausdrücklich** zu regeln. Dies legen sowohl der Wortlaut wie auch der rechtsstaatl. Grundsatz der Bestimmtheit und Normenklarheit nahe. Auch die Intention der Föderalismusreform I, die bundesstaatl. Kompetenzverteilung transparenter und eindeutiger zu gestalten, spricht für diese Verpflichtung. Einen Ausschluss der Abweichungsmöglichkeit „aus der Natur der Sache" kann es daher nicht geben. Eine Ausnahme vom Gebot der ausdrückl. Regelung ist jedoch dann anzunehmen, wenn durch Unions- oder Völkerrecht eine bundeseinheitl. Regelung zwingend vorgegeben sein sollte. In diesem Fall ist jedoch aus Gründen der Klarstellung in der Gesetzesbegründung auf den vorgegebenen Ausschluss des Abweichungsrechts hinzuweisen.[107] Eine gesetzl. Regelung, die ein bestimmtes Verfahren mit einer Entscheidung des Landes verknüpft, diesem also Entscheidungshoheit gewährt, ist umgekehrt gerade nicht „abweichungsfest" und vermag daher kein Zustimmungserfordernis zu begründen.[108]

37  **4. Befugnisse der Bundesregierung (Abs. 2 und 5).** Mit der Ermächtigung der BReg, mit Zustimmung des BRat allg. VV zu erlassen (Art. 84 II), und der Option, durch zustimmungsbedürftiges Bundesgesetz der BReg die Befugnis für Einzelweisungen zu verleihen (Art. 84 V), werden die Möglichkeiten des Bundes, den landeseigenen Vollzug der BundesG regierungsseitig zu steuern, über das Arsenal der gesetzl. Ingerenz nach Art. 84 I hinaus deutlich ausgeweitet.[109] Die Möglichkeiten der BReg nach Abs. 2 u. Abs. 5 stehen in einem **Ergänzungsverhältnis** zu den Möglichkeiten, die Abs. 1 dem Bundesgesetzgeber in organisationsrechtl. Hinsicht eröffnet.[110] Mit VV und Einzelweisungen kann der Bund nicht nur Organisations- und Verfahrensfragen regeln, sondern – entspr. der allg. Funktion von VV[111] – auch materiell-rechtl. Vorgaben machen, sofern der Regelungsgegenstand nicht einem Gesetzesvorbehalt unterliegt und der Vorrang des Gesetzes gewahrt bleibt.

---

[99] BVerfGE 55, 274 (319); *Risse* FS Schneider, 2008, S. 271 (278).

[100] So BVerfGE 37, 363 (382); 105, 313 (338); 114, 196 (230).

[101] BVerfGE 37, 363 (385); 55, 274 (319).

[102] BVerfGE 75, 108 (150).

[103] BVerfGE 37, 363 (390).

[104] BVerfGE 24, 184 (194 ff.); 55, 274 (326); *Kirchhof,* in: Maunz/Dürig, Art. 84 (2011) Rn. 138.

[105] BVerfGE 37, 363 (383); 39, 1 (35); 48, 127 (178); 126, 77 (105) zu Art. 87d Abs. 2. Dazu auch *Broß/Mayer,* in: v. Münch/Kunig II, Art. 84 Rn. 26.

[106] Dazu *Kirchhof,* in: Maunz/Dürig, Art. 84 (2011) Rn. 128 ff.

[107] So die BReg in BR-Dr 651/06, S. 11. Siehe auch *Kirchhof,* in: Maunz/Dürig, Art. 84 (2011) Rn. 151.

[108] So BVerfGE 142, 268 Rn. 57 ff.

[109] Zur Steuerung der Landesverwaltung über die Möglichkeiten der BReg nach Art. 84 näher *Kirchhof,* in: Maunz/Dürig, Art. 84 (2011) Rn. 172 ff.: Die BReg als „Steuermann" der Landesverwaltung.

[110] Dazu näher *Maurer* JuS 2008, 945 (951).

[111] Zur unterschiedl. Funktion von Verwaltungsvorschriften als organisations- und verhaltenslenkenden Regelungen im Rahmen des Art. 84 vgl. etwa *Kirchhof,* in: Maunz/Dürig, Art. 84 (2011) Rn. 176 ff.

Die Ermächtigung gilt der **Bundesregierung** als Kollegium[112] i. S. d. Art. 62 und kann nicht – iRd 38
Art. 84 II – durch ein mit Zustimmung des BRat ergangenes Gesetz einem **Bundesminister** erteilt
werden.[113] In der grds. Zuständigkeit der BReg als Kollegialorgan sowie in den verschiedenen Zustimmungsvorbehalten zugunsten des BRat zeigt sich – wie schon beim Zustimmungserfordernis nach
Art. 84 I 5 – auch hier der Versuch, den Einbruch des Bundes in die Vollzugskompetenz der Länder
institutionell und verfahrensmäßig zu erschweren.

**a) Allgemeine Verwaltungsvorschriften.** Art. 84 II ist Ermächtigungsnorm für den Erlass von 39
allg. VV, um auf diesem Wege eine bundesweit einheitl. Ausführung der BundesG zu gewährleisten.[114]
Zu diesem Zweck wird die Organisationsgewalt durch Art. 84 II **auf die Bundesregierung verlagert**
und ihr das Recht – uU auch die Pflicht[115] – gegeben, Regelungen zu erlassen, die für eine abstrakte
Vielheit von Sachverhalten des Verwaltungsgeschehens rechtsverbindl. Aussagen treffen, ohne auf eine
unmittelb. Rechtswirkung nach außen gerichtet zu sein.[116] Ohne diese Ermächtigung wären Stellen
des Bundes – entspr. der doppelten Regelzuständigkeit der Länder nach Abs. 1 – nicht befugt, allg. VV
für die Verwaltung der Länder zu erlassen.[117] Die Ermächtigung bezieht sich auf die Regelung einer
abstr. Vielheit von Sachverhalten; eine Unbestimmtheit des Adressatenkreises ist nicht Voraussetzung.
Auch eine einzelne LReg kann Adressat von VV sein.[118] Ggf. kann das Land einen Bund-Länder-Streit
initiieren.

Ob die BReg allgemeine VV erlassen will, steht grds. in ihrem **Ermessen.** Sie kann aber nicht die 40
Befugnis zum Vollzug von Bundesgesetzen, die sich nicht auf die Gegenstände der bundeseigenen
Verwaltung beziehen, für sich in Anspruch nehmen mit der Behauptung, dass ein Vollzug durch die
Länder zu keiner einheitl. Verwaltungspraxis führe, ohne dass sie zumindest zuvor versucht hat, eine
solche einheitl. Verwaltungspraxis durch den Erlass allgemeiner VV herbeizuführen.[119] Andererseits ist
die BReg nicht gehindert, im Vorfeld regelnder VV – a maiore ad minus – mit allg. Empfehlungen
steuernd einzugreifen.

Die nach Art. 84 II erforderl. **Zustimmung** des BRat kann durch schlichten Beschluss erteilt 41
werden.[120] In ihrer Wirkung gehen die VV – entspr. ihrer Steuerungsintention – landesrechtl.
Regelungen vor, soweit sie sich auf den Vollzug materieller Normen des Bundesrechts beziehen.[121]
Art. 31 findet Anwendung. Dienen die VV der Ausführung von Regelungen des Bundes zum VwVf
oder der Behördenorg., ist im Kollisionsfall die spez. lex-posterior-Regel aus Art. 84 I 4 iVm Art. 72
III 3 auch auf VV anzuwenden, die Bundes- bzw. LandesG begleiten.[122]

**b) Einzelweisungen.** Während die Ermächtigung zum Erlass von VV sich unmittelbar aus Art. 84 42
II ergibt, steht die Ermächtigung zu Einzelweisungen nach Art. 84 V unter dem Vorbehalt eines
zustimmungsbedürftigen Gesetzes. Diese Ermächtigung kann nur **der Bundesregierung als Kollegium** erteilt werden und ist auf „besondere Fälle" beschränkt, die sich vom normalen Gesetzesvollzug
deutlich unterscheiden. Adressat der Einzelweisung können grds. nur die obersten Landesbehörden
sein. Diese verfassungsrechtl. Restriktionen lassen erkennen, dass die Einzelweisung im Rahmen des
landeseigenen Vollzugs von Bundesgesetzen als **Ausnahmefall** gedacht ist, zumal sie ein Über- und
Unterordnungsverhältnis begründet und in besonders intensiver Weise in die Verwaltungszuständigkeit
der Länder eingreift.[123]

Einzelweisungen treffen für konkrete Sachverhalte rechtsverbindl. Aussagen ohne Außenwirkung,[124] 43
können jedoch – a maiore ad minus – für konkrete Einzelfälle auch in der milderen Form von
Zustimmungs-, Einvernehmens- und Anhörungserfordernissen ergehen[125] sowie Anordnungen auf

---

[112] Zu den verfahrensrechtl. Konsequenzen der Zuweisung an das Kollegialorgan BReg bei der Beschlussfassung
vgl. BVerfGE 91, 148 (165 ff.); zur spezif. Schutzfunktion dieser Zuständigkeits- und Verfahrensregelungen gegenüber der Eigenständigkeit der Länderverwaltung bereits BVerfGE 26, 338 (396 ff.).

[113] BVerfGE 100, 249 ff. zu Art. 85 II unter Aufgabe der bisher vertretenen Gegenauffassung in BVerfGE 26, 338
(395 ff.); vgl. auch BVerwGE 42, 279 (283); 67, 173 (176). Zustimmung *Trute* MKS III, Art. 84 Rn. 68, *Groß*, in:
Friauf/Höfling, Art. 84 Rn. 40; *Broß/Mayer*, in: v. Münch/Kunig II, Art. 84 Rn. 24 ff.; aA aufgrund historisch-
systematischer Auslegung *Sauerland*, Verwaltungsvorschrift, S. 156 ff. Zum Ganzen auch → Art. 85 Rn. 17.

[114] BVerfGE 11, 6 (18). Zur „Allgemeinheit" der Verwaltungsvorschriften; *Heitsch*, Die Ausführung der Bundesgesetze durch die Länder, 2001, S. 221 ff.; *Sauerland* (Fn. 113), S. 152 ff.

[115] Dazu *Lerche*, in: Maunz/Dürig, Art. 84 (2011) Rn. 91 (Lfg. 24).

[116] BVerfGE 100, 249 (258).

[117] BVerfGE 26, 338 (397); *Oebbecke* HStR VI, § 136 Rn. 37 ff.

[118] *Pieroth*, in: Jarass/Pieroth, Art. 84 Rn. 24; a. M. *Bull* AK GG, Art. 84 Rn. 37.

[119] BVerfGE 11, 6 (18).

[120] *Broß/Mayer*, in: v. Münch/Kunig II, Art. 84 Rn. 47. Zu den Konsequenzen einer fehlenden Zustimmung
*Sauerland* (Fn. 113), S. 163 ff.

[121] So wohl BVerwGE 70, 127 (131); *Pieroth*, in: Jarass/Pieroth, Art. 84 Rn. 25.

[122] Ausf. *Kirchhof*, in: Maunz/Dürig, Art. 84 (2011) Rn. 186 ff.; *Groß*, in: Friauf/Höfling, Art. 84 Rn. 34.

[123] *Kirchhof*, in: Maunz/Dürig, Art. 84 (2011) Rn. 229 f.

[124] Vgl. BVerfGE 49, 24 (49) mit Hinw. zu den prozessualen Konsequenzen.

[125] BVerwGE 42, 279 (284); 67, 173 (175 f.); *Suerbaum*, in: Epping/Hillgruber, Art. 84 Rn. 55; aA *Oebbecke* HStR
VI, § 136 Rn. 42.

Vorlage von Berichten und Akten einschließen.[126] Ein Ausschluss dieser milderen Formen aus dem Anwendungsbereich des Art. 84 V und ihre Zuweisung an gesetzl. Regelungen nach Art. 84 I verkennt, dass es nicht um generell-abstrakte Regelungen, sondern um den **Ad-hoc-Zugriff des Bundes** auf den konkreten Einzelfall geht. Dieser aber ist Gegenstand des Art. 84 V, nicht des Art. 84 I. In der grundsätzl. Verpflichtung der BReg, die Einzelweisung an die obersten Landesbehörden zu richten, zeigt sich ein verbliebener Rest von Respekt vor der Organisationsgewalt des Landes. Es ist Aufgabe des Landes, den Vollzug der Einzelweisung sicherzustellen. Nur bei „Dringlichkeit" aus Sicht der BReg[127] ist ein Durchgriff auf nachgeordnete Landesbehörden zulässig.

**44**     **Anwendungsfälle** des Art. 84 V sind in der Staatspraxis relativ selten.[128]

## C. Aufsicht des Bundes (Abs. 3)

### I. Maßstab und Mittel der Aufsicht des Bundes

**45**     Art. 84 III weist der BReg die Aufsicht darüber zu, dass die Länder die Bundesgesetze dem geltenden Recht gemäß ausführen. Diese Befugnis betrifft nur die verwaltungsmäßige Ausführung der Bundesgesetze,[129] ist also – in der auf *H. Triepel* zurückgehenden Terminologie[130] – abhängige, nicht selbstständige Aufsicht und inhaltlich auf eine **Rechtsaufsicht** beschränkt.[131]

**46**     **Maßstab der Aufsicht** sind alle geschriebenen und ungeschriebenen Rechtsnormen des geltenden Bundesrechts, einschließlich der nach Art. 84 II erlassenen allgemeinen Verwaltungsvorschriften und gemäß Art. 84 V ergangenen Einzelweisungen, da auch diese – trotz fehlender Außenwirkung – für die Länder verbindlich geltendes Recht sind,[132] nicht jedoch Landesrecht.[133] Auch völkerrechtl. und – vor allem – unionsrechtl. Normen können Maßstab der Rechtsaufsicht sein, sofern die Länder aus diesen Normen unmittelbar oder mittelbar verpflichtet werden.[134] Die Aufsicht bezieht sich auf das „Ob" und das „Wie" des Gesetzesvollzuges durch die Länder, ist anlassunabhängig und unabhängig davon, in welchen Rechts- und Handlungsformen der Vollzug vorgenommen wird.[135] Die Maßnahmen der Aufsicht entfalten Rechtswirkungen lediglich im Verhältnis des beaufsichtigenden Bundes zu den gesetzesausführenden Ländern; ein individualschützender Charakter kommt ihnen nicht zu.[136]

**47**     Als **Mittel der Aufsicht** werden ausdrücklich die Entsendung von Beauftragten (Abs. 3) und die Mängelrüge (Abs. 4) genannt. Daneben gelten allg. Ansicht nach das Recht auf Auskunft und Information sowie ein Untersuchungsrecht als verfassungsrechtlich zugestandene Aufsichtsmittel der BReg bzw. des entsandten Beauftragten.[137] Der Beauftragte ist Hilfsorgan der BReg. Diese entscheidet in eigener Zuständigkeit über die Entsendung zu den obersten Landesbehörden oder – mit deren Zustimmung oder ersatzweise mit Zustimmung des BRat – ausnahmsweise auch zu den nachgeordneten Behörden. Von den genannten Aufsichtsmitteln (nach Abs. 3 und 4) hat die BReg bislang noch keinen Gebrauch gemacht.

### II. Insbesondere: Mängelrüge (Abs. 4)

**48**     Wichtigstes Mittel der Aufsicht ist die Feststellung der BReg, dass eine Rechtsverletzung vorliegt (sog. **Mängelrüge**).[138] Beseitigt das Land daraufhin den Mangel, ist das Verfahren der Aufsicht beendet; andernfalls können beide Seiten gem. Abs. 4 den **Bundesrat** befassen. Dieser fungiert als

---

[126] *Pieroth,* in: Jarass/Pieroth, Art. 84 Rn. 27; *Kirchhof,* in: Maunz/Dürig, Art. 84 (2011) Rn. 236.

[127] Zur Entscheidungsbefugnis der BReg insoweit und zu Möglichkeiten einer verfassungsgerichtl. Missbrauchskontrolle vgl. *Broß/Mayer,* in: v. Münch/Kunig II, Art. 84 Rn. 49; *Kirchhof,* in: Maunz/Dürig, Art. 84 (2011) Rn. 239.

[128] Ermächtigungsgrundlagen für Einzelweisungen z. B. in § 15 IV 4 WPflG, § 74 II AufenthG.

[129] Grundl. *v. Mangoldt,* Vom heutigen Standort der Bundesaufsicht, 1966. Zur Aufsicht über die Ausführung von UnionsR *Dederer* NVwZ 2001, 258 ff.; *Trute* MKS III, Art. 84 Rn. 81. Zur Frage, ob das AufsichtsR eine Kontrolle in Form der Gesetzesfolgenabschätzung der AbweichungsG der Länder nach Art. 84 I 2 umfasst, s. *Dietsche,* in: Baus/Scheller/Hrbek, Der deutsche Föderalismus 2020, 2009, S. 57 (62 ff.).

[130] *Triepel,* Die Reichsaufsicht, 1917. Zur geschichtl. Dimension der Bundesaufsicht zusammenfassend *Heitsch* (Fn. 114), S. 159 ff.

[131] BVerfGE 81, 310 (331); *Broß/Mayer,* in: v. Münch/Kunig II, Art. 84 Rn. 50. Von der Staatsaufsicht abgrenzend *Kahl,* Staatsaufsicht, S. 397 ff.

[132] *Kirchhof,* in: Maunz/Dürig, Art. 84 (2011) Rn. 198 ff.; *Bull* AK GG, Art. 84 Rn. 56; differenzierend *Oebbecke* HStR VI, § 136 Rn. 46; aA: *Pieroth,* in: Jarass/Pieroth, Art. 84 Rn. 18; *Groß,* in: Friauf/Höfling, Art. 84 Rn. 43.

[133] So auch *Kirchhof,* in: Maunz/Dürig, Art. 84 (2011) Rn. 203.

[134] Dazu *Pieroth,* in: Jarass/Pieroth, Art. 84 Rn. 30; aA *Kirchhof,* in Maunz/Dürig, Art. 84 (2011) Rn. 202, der eine Bundesaufsicht erst nach bundesgesetzlicher Binnentransformierung völker- oder europarechtlicher Normen sieht. – Zur Möglichkeit einer „selbstständigen Bundesaufsicht" bei Anwendung des Unionsrechtes durch die Länder vgl. *Vogel* FS Stern, 1997, S. 819 ff. (826 ff.); *Lühmann* DVBl 1999, 752 ff.

[135] BVerfGE 127, 165 (207); *Broß/Mayer,* in: v. Münch/Kunig II, Art. 84 Rn. 52.

[136] BVerwG NJW 1977, 118.

[137] BVerfGE 127, 165 (221): Aktenanforderung nur bei konkretem Verdachtsfall. Vgl. etwa *Broß/Mayer,* in: v. Münch/Kunig II, Art. 84 Rn. 51; *Pieroth,* in: Jarass/Pieroth, Art. 84 Rn. 31.

[138] *Pieroth,* in: Jarass/Pieroth, Art. 84 Rn. 31.

(politischer) »Schiedsrichter« in quasi-richterlicher Funktion.[139] Eine Verpflichtung der BReg, bei Weigerung des Landes den BRat zu befassen, ist Art. 84 IV 1 nicht zu entnehmen.[140] Der weitere Gang des Beanstandungsverfahrens hängt davon ab, ob der BRat den Mangel bestätigt oder nicht. **Bestätigt** der BRat den Mangel und beseitigt das Land ihn daraufhin, ist das Verfahren beendet.

Gegen den bestätigenden Beschluss des BRat kann das Land aber auch das **Bundesverfassungs-** 49 **gericht** im Verfahren nach Art. 84 IV 2 anrufen. Ignoriert das Land den bestätigenden Beschluss des BRat und verzichtet es auf eine Anrufung des BVerfG innerhalb der Monatsfrist des § 70 BVerfGG, so kann die BReg den **Bundeszwang** nach Art. 37 durchführen oder ihrerseits das BVerfG im Rahmen eines **Bund–Länder-Streites** nach Art. 93 I Nr. 3 anrufen.[141] Bestätigt der BRat den von der BReg gerügten Mangel **nicht,** kann sich die BReg dieser Ansicht anschließen und das Verfahren beenden. Die BReg kann aber auch das BVerfG nach Art. 93 I Nr. 3 anrufen und eine Entscheidung herbeiführen, die – im Erfolgsfall und bei fortdauernder Weigerung des Landes – den Bundeszwang ermöglicht.

Ähnlich wie bei den Zustimmungsvorbehalten in Abs. 1, 2 und 5 kommt dem **Bundesrat** bei der 50 Aufsicht allg. und insb. bei der Mängelrüge eine seiner Stellung als föderalistisches Bundesorgan entspr. **Mittlerrolle** zwischen der aufsichtsführenden BReg und dem ausführungspflichtigen Land zu. Diese diplomat. Rolle des BRat wird dadurch unterstrichen, dass die in Art. 84 IV 2 ausdrü. eröffnete Anrufung des BVerfG eine vorgängige Beschlussfassung des BRat vorschreibt. Dieses **Vorverfahren** beruht auf einer spez., auf den Fall des Art. 84 beschränkten Regelung, der der bes. Stellung des BRat iRd Art. 84 entspricht und nicht Ausdruck eines allgemeinen föderalistischen Prinzips ist.[142] Trotz seiner diplomatisch-politischen Rolle im Verfahren nach Art. 84 IV 1 trifft der BRat eine rechtlich gebundene Entscheidung, die sich allein an den rechtl. Maßstäben der Bundesaufsicht zu orientieren hat.[143]

# D. Bewertung

In dem durch Art. 84 näher umschriebenen Verwaltungstyp des landeseigenen Vollzugs von Bun- 51 desG setzt sich der Grundgedanke der Regelzuständigkeit der Länder (Art. 83) am stärksten durch, allerdings verbunden mit Möglichkeiten einer Steuerung durch den Bund, um einen wirksamen, in den Grundzügen bundesweit einheitl. Gesetzesvollzug zu gewährleisten.[144] Art. 84 erweist sich damit als eine Verfassungsnorm, die in besonders eindringlicher Weise die vom GG prinzipiell zwischen Bund und Ländern getrennten Zuständigkeiten für Gesetzgebung und Verwaltung im Interesse eines effekt. und einheitl. Vollzuges von BundesG durch **konkrete Formen der Kooperation** relativiert. Mit der vielfält. Einbeziehung des BRat in diesen Prozess wird zugleich die Funktion dieses Bundesorgans als eines Mittlers zwischen gesamtstaatlicher Ebene und der Ebene der Länder deutlich herausgestellt. Trotz formaler Zuordnung zum Bund erweist sich der BRat iRd Art. 84 als ein Verfassungsorgan, dem in besonderer Weise die Wahrung von Länderinteressen gegenüber dem Zugriff des Bundes anvertraut ist.

Von den durch Art. 84 eröffneten Möglichkeiten einer Einflussnahme des Bundes auf die Aus- 52 führung „seiner" Gesetze durch die Länder ist bisher vor allem durch die bundesgesetzl. Regelung der Einrichtung der Behörden und des Verwaltungsverfahrens (Abs. 1) Gebrauch gemacht worden. In der Konsequenz dieser Entwicklung lag eine beträchtl. Ausweitung des Anteils zustimmungsbedürftiger Bundesgesetze[145] – sowie ein zunehmender Zwang zum verfassungspolitischen Kompromiss bei der Gesetzgebung des Bundes.[146] Die Annahme, dass die im Zuge der Föderalismusreform I vorgenommenen Änderungen des Art. 84 I dazu führen, den Anteil zustimmungsbedürftiger BundesG zu reduzieren,[147] hat sich mittlerweile wohl bestätigt. Art. 84 I bietet dazu immerhin die Chance, denn anders als nach Art. 84 I aF löst nicht bereits jeder Eingriff des Bundesgesetzgebers in die Organisationshoheit der Länder die Zustimmungsbedürftigkeit aus. Allerdings ist darauf hinzuweisen, dass der potenzielle Abbau zustimmungsbedürftiger Gesetze bei Art. 84 I über die neue Zustimmungsbedürftigkeit von Gesetzen nach Art. 104a IV konterkariert werden könnte. Durch die Geltung des lex posterior Grund-

---

[139] *Ipsen,* Staatsrecht I, Rn. 632.

[140] Str., vgl. zum Meinungsstand etwa *Broß/Mayer,* in: v. Münch/Kunig II, Art. 84 Rn. 54.

[141] Zu den einzelnen Verfahrensschritten *Kirchhof,* in: Maunz/Dürig, Art. 84 (2011) Rn. 221ff; *Pieroth,* in: Jarass/Pieroth, Art. 84 Rn. 32.

[142] BVerfGE 6, 309 (329); 8, 122 (130 ff.).

[143] *Kirchhof,* in: Maunz/Dürig, Art. 84 (2011) Rn. 213; *Stern,* Staatsrecht II, S. 806; *Broß/Mayer,* in: v. Münch/Kunig II, Art. 84 Rn. 55.

[144] Zu dieser ratio des Art. 84 vgl. BVerfGE 22, 180 (210); zu dem verfassungsrechtl. Gebot eines einheitl. Vollzuges von BundesG *Dittmann* FS Dürig, 1990, S. 221; *Heitsch* (Fn. 114), S. 144 ff.

[145] Umfassend Bestandsaufnahme zur 14. und 15. Wahlperiode des BTages bei *Georgii/Borhanian* (Fn. 70).

[146] In der Staatspraxis der Bundesgesetzgebung wird die Zustimmung des BRat nur selten versagt, vgl. dazu *Sauter* FS Klein, 1994, S. 561 (561 f.).

[147] Insoweit optimistisch *Georgii/Borhanian* (Fn. 70), S. 21 ff. sowie *Risse* ZParl 2007, 709 f.; kritisch ua *Trute* (Fn. 72), S. 73 Rn. 148; *Ipsen* NJW 2006, 2806.

satzes bei der Abweichungsgesetzgebung[148] leidet jedoch die Rechtsanwendung unter einer uU hin und her pendelnden, damit latent unklaren Rechtslage (sog. Ping-Pong-Effekt).[149]

53    Die **weiteren Steuerungsmöglichkeiten des Bundes** über den Erlass allg. VV (Abs. 2) und von Einzelweisungen (Abs. 5) haben demgegenüber **keine vergleichbare verfassungspolitische Bedeutung** erlangt. Dies gilt ebenso für das Kontrollinstrument der Aufsicht (Abs. 3, 4). Diese entfaltet ihre verfassungsrechtl. und verfassungspolitische Bedeutung eher als „fleet in being": Bereits die Existenz der aufsichtsrechtl. Möglichkeiten erfüllt ein mahnende und disziplinierende Funktion; ihr tatsächlicher Einsatz wird im Interesse eines gedeihlichen bundesstaatl. Miteinanders allerdings gemieden.[150]

## Art. 85 [Bundesauftragsverwaltung durch die Länder]

(1) **Führen die Länder die Bundesgesetze im Auftrage des Bundes aus, so bleibt die Einrichtung der Behörden Angelegenheit der Länder, soweit nicht Bundesgesetze mit Zustimmung des Bundesrates etwas anderes bestimmen. Durch Bundesgesetz dürfen Gemeinden und Gemeindeverbänden Aufgaben nicht übertragen werden.**

(2) **Die Bundesregierung kann mit Zustimmung des Bundesrates allgemeine Verwaltungsvorschriften erlassen. Sie kann die einheitliche Ausbildung der Beamten und Angestellten regeln. Die Leiter der Mittelbehörden sind mit ihrem Einvernehmen zu bestellen.**

(3) **Die Landesbehörden unterstehen den Weisungen der zuständigen obersten Bundesbehörden. Die Weisungen sind, außer wenn die Bundesregierung es für dringlich erachtet, an die obersten Landesbehörden zu richten. Der Vollzug der Weisung ist durch die obersten Landesbehörden sicherzustellen.**

(4) **Die Bundesaufsicht erstreckt sich auf Gesetzmäßigkeit und Zweckmäßigkeit der Ausführung. Die Bundesregierung kann zu diesem Zwecke Bericht und Vorlage der Akten verlangen und Beauftragte zu allen Behörden entsenden.**

**Materialien zur Entstehungsgeschichte: Erstfassung:** JöR nF 1 (1951), 636. – **Änderung:** G zur Änd. des GG v. 28.8.2006 (BGBl I 2034), Art. 1 Nr. 10 (dazu BT-Dr 16/813 [Entwurf]; BT-Prot 16/23–1749 [1. Lesung], 16/44–4233 [2. u. 3. Lesung]; BR-Dr 462/06; BR-Prot 824-203 [Beschluss]).
**Historische Verfassungstexte:** Siehe die vor Art. 84 abgedruckten Texte. – **GG 1949:** *Bis auf Art. 85 I 2 wie geltende Fassung.*
**Leitentscheidungen:** BVerfGE 26, 338 (Eisenbahnkreuzungsgesetz); BVerfGE 81, 310 (Kalkar II); BVerfGE 84, 25 (Schacht Konrad); BVerfGE 100, 249 (Steinkohleverstromung); BVerfGE 102, 167 (Abstufung B 75); BVerfGE 104, 249 (Biblis); BVerfGE 126, 77 (Luftfahrer).

**Schrifttum:** *E. Bleibaum,* Anmerkung zu BVerfG, Beschl. v. 2.3.1999. – 2 BvF 1/94 –, DVBl 1999, 1265; *G. Britz,* Zustimmungsbedürftigkeit von Bundesgesetzen und die Verwaltungsorganisationshoheit der Länder – Probleme der Anwendung von Art. 84 I und Art. 85 I GG, DÖV 1998, 636; *P. Dieners,* Länderrechte in der Bundesauftragsverwaltung, DÖV 1991, 923; *W. Frenz,* Atomkonsens und. Landesvollzugskompetenz, NVwZ 2002, 561; *J. Isensee,* Das Instrumentarium des Bundes zur Steuerung der Auftragsverwaltung der Länder, in: FS Bethge, 2009, S. 359 ff.; *N. Janz,* Das Weisungsrecht nach Art. 85 Abs. 3 GG 2003; *Kluth* (Hrsg.), Föderalismusreformgesetz, 2007; *K. Lange,* Das Weisungsrecht des Bundes in der atomrechtlichen Auftragsverwaltung, 1990; *J. Lennartz,* Grundrechtsbindung als Weisungsgrenze, JZ 2016, 287; *W. Löwer,* Verfassungsrechtsfragen der Steuerauftragsverwaltung, 2001; *F. Loschelder,* Die Durchsetzbarkeit von Weisungen in der Bundesauftragsverwaltung, 1998; *U. Müller/K.-G. Mayer/L. Wagner,* Wider die Subjektivierung objektiver Rechtspositionen im Bund-Länder-Verhältnis, VerwArch 93 (2002), S. 585 ff., 94 (2003), S. 127 ff., S. 295 ff.; *F. Ossenbühl,* Weisungen des Bundes in der Bundesauftragsverwaltung, Staat 28 (1989), 31; *ders.,* Die Bundesauftragsverwaltung, FS Badura, 2004, S. 975 ff.; *W. Pauly,* Anfechtbarkeit und Verbindlichkeit von Weisungen in der Bundesauftragsverwaltung, 1989; *M. Reicherzer,* Anmerkung zur Biblis-Entscheidung des BVerfG, DVBl 2002, 557; *T. Schmitt/S. Wohlrab,* „Richtiger" Klagegegner bei Maßnahmen im Rahmen der Auftragsverwaltung nach Art. 85 am Beispiel des „Moratoriums" für Kernkraftwerke, NVwZ 2015, 193; *dies.,* Haftung des Bundes in der Auftragsverwaltung am Beispiel des so genannten „Moratoriums" für Kernkraftwerke, NVwZ 2015, 932; *M. Schulte,* Zur Rechtsnatur der Bundesauftragsverwaltung, VerwArch 81 (1990), 415; *K.-P. Sommermann,* Grundfragen der Bundesauftragsverwaltung, DVBl 2001, 1549; *R. Steinberg,* Handlungs- und Entscheidungsspielräume des Landes bei der Bundesauftragsverwaltung …, AöR 110 (1985), 419; *ders.,* Bundesaufsicht, Länderhoheit und Atomgesetz, 1990; *A. Tschentscher,* BVerfG, 2.3.1999 – 2 BvF 1/94. Zu den Voraussetzungen für den Erlaß von „Leitlinien" durch die Bundesregierung, JZ 1999, 993; *T. Tschentscher,* Bundesaufsicht in der Bundesauftragsverwaltung, 1992; *G. Winter,* Rechtsschutz gegen Weisungen in der atomrechtlichen Bundesauftragsverwaltung, DVBl 1985, 993; *D. Wolst,* Die Bundesauftragsverwaltung als Verwaltungsform …, 1974; *B. Zimmermann,* Die Kontrolldichte gerichtlichen Rechtsschutzes gegen Weisungen in der Bundesauftragsverwaltung …, DVBl 1992, 93.
Siehe im Übrigen das Schrifttum nach Art. 83, 84 GG.

---

[148] → Rn. 19.
[149] *A. Dittmann* FS Frotscher, 2007, S. 253 (261); *F. Kirchhof* FS Scholz, 2007, S. 635 (641 f.); *ders.,* in: Maunz/Dürig, Art. 84 (2011) Rn. 60 ff.
[150] Zur praktischen Bedeutung der Bundesaufsicht bisher etwa *Oebbecke HStRVI,* § 136 Rn. 44.

**Übersicht**

# A. Allgemeines

Gegenstand des Art. 85 ist die Ausführung von BundesG durch die Länder **„im Auftrage des** 1 **Bundes"**. Trotz dieser missverständl. Formulierung,[1] die auf ein Handeln in fremdem Namen hindeuten könnte, umschreibt Art. 85 eine spezielle, neben Art. 84 zweite Form der **Landes**verwaltung[2] beim Vollzug von BundesG. Das folgt aus dem Wortlaut des Art. 85 I und der Systematik des 8. Abschnitts des GG, der der bundeseigenen Verwaltung (Art. 86) mit Art. 84 und 85 zwei Formen der Landesverwaltung voranstellt. Auch bei den Beratungen im ParlRat ging man davon aus, dass bei der Auftragsverwaltung das Land als solches, als Gliedstaat, dem Bund gegenübersteht und nicht einzelne Landesbehörden zu Bundesorganen werden.

Vor dem Hintergrund der Regelzuständigkeiten der Länder bei der Ausführung der Bundesgesetze 2 nach Art. 83 enthält Art. 85 eine doppelte Modifikation[3] der grds. Abgrenzung des Wirkungsbereichs von Bund und Ländern bei der Ausführung von Bundesgesetzen durch die Länder.[4] Zum einen wird der Regelfall der Landeseigenverwaltung i. S. d. Art. 83, 84 um den Vollzugstyp der sog. **„Auftrags-verwaltung"** ergänzt und zum anderen das Arsenal bundesrechtlicher Einwirkungen auf die Verwaltungsführung der Länder über den Bestand an Ingerenzrechten nach Art. 84 hinaus deutlich ausgeweitet, so dass die Ausführung der Bundesgesetze im Auftrage des Bundes einen Landesvollzug geminderter Eigenständigkeit umschreibt.[5]

Diese Form ist vom GG neben der Ausführung „als eigene Angelegenheit" (Art. 83, 84) für 3 bestimmte Bereiche fakultativ zugelassen[6] oder obligatorisch festgelegt.[7] Art. 85 selbst enthält keine Aussage darüber, in welchen Bereichen die Auftragsverwaltung Anwendung findet, sondern verleiht dieser Vollzugsform i. S. einer **„vor die Klammer"** gezogenen *allgemeinen* Regelung Kontur und Farbe, die durch spezialgesetzl. Normierungen bereichsspezifisch ergänzt[8] und modifiziert[9] wird.

Verglichen mit dem Regelfall der Ausführung der Bundesgesetze in Landeseigenverwaltung nach 4 Art. 84 eröffnet die Auftragsverwaltung nach Art. 85 dem **Bund erhebliche Gestaltungs- und Einwirkungsmöglichkeiten** auf die Verwaltungsführung der Länder. Der Bund vermag dabei die grds. Gestaltungsfreiheit der Länder nach Art. 85 I ganz wesentlich einzuschränken und sich selbst zum „Herrn" des Verfahrens zu machen, so dass – materiell gesehen – die Grenzen zur bundeseigenen Verwaltung verschwimmen können.[10] Dies zeigt sich auch in der finanzverfassungsrechtl. Zuordnung: Die Ausgaben der Länder aus der Bundesauftragsverwaltung trägt gemäß Art. 104a II der Bund.

Insofern bildet Art. 85 auch von seiner systematischen Stellung her in gewisser Weise eine Brücke 5 zwischen der Ausführung der Bundesgesetze als eigene Angelegenheit der Länder (Art. 84) und der Ausführung der Bundesgesetze durch die bundeseigene Verwaltung (Art. 86). Im Bereich der Auftragsverwaltung verbleibt die **Wahrnehmungskompetenz**, welche das Handeln und die Verantwortlichkeit nach außen betrifft, zwar (weitgehend)[11] unentziehbar dem Land; die **Sachkompetenz** hin-

---

[1] So auch *Pieroth*, in: Jarass/Pieroth, Art. 85 Rn. 2; *Vogel* HdbVerfR, § 22 Rn. 94.
[2] BVerfGE 63, 1 (42); so auch *Vogel* HdbVerfR, § 22 Rn. 94; *Bull* AK GG, Art. 85 Rn. 4; *Oebbecke* HStR VI, § 136 Rn. 55. *Broß/Mayer*, in: v. Münch/Kunig II, Art. 85 Rn. 1 sprechen ausdrücklich von „echter" Landesverwaltung.
[3] Ähnlich *Pieroth*, in: Jarass/Pieroth, Art. 85 Rn. 1.
[4] BVerfGE 63, 1 (40)
[5] BVerfGE 81, 310 (331 ff.); BVerfGE 104, 249 (264). Vgl. auch ähnlich BVerfGE 126, 77 (102).
[6] Vgl. Art. 87b II, 87c, 87d II, 89 II 3 u. 4, 120a.
[7] Vgl. Art. 90 III, 104a III 2, 108 III.
[8] Vgl. etwa zur Kostentragung Art. 104a II, V.
[9] Vgl. etwa Art. 87b II; 108 III, 120a.
[10] *Dittmann*, Die Bundesverwaltung, 1983, S. 84. – Zum Verständnis der Auftragsverwaltung als eines Ersatzes für den Aufbau bundeseigener Verwaltungen *Bull* AK GG, Art. 85 Rn. 1.
[11] Hierzu noch → Rn. 7.

gegen steht von vornherein unter dem Vorbehalt ihrer Inanspruchnahme durch den Bund[12] und seiner umfassenden Direktionskompetenz.[13]

6    Im Außenverhältnis zum Bürger ist Auftragsverwaltung stets Landesverwaltung mit entsprechenden prozessualen Konsequenzen für die Passivlegitimation.[14] Bei (rechtswidrigen) Weisungen bleibt daher das Land richtiger Anspruchsgegner eines Amtshaftungsanspruchs. Eine Amtspflichtverletzung des Landes kommt dann jedenfalls in Betracht, wenn diesem ein eigenständiger Entscheidungsspielraum verbleibt – weil die Weisung nicht verbindlich war oder weil diese ein (Rest-)Ermessen belässt.[15] Entgegen der h. L. und Rspr. kann jedoch auch die Befolgung einer rechtswidrigen Weisung eine Amtspflichtverletzung begründen.[16] Relevant wurde dies bei atomrechtl. Betriebseinstellungsverfügungen im Zuge des zweiten Atomausstiegs in der Folge von Fukushima.[17] Die parl. Verantwortlichkeit verbleibt – mit der Sachkompetenz – beim zuständigen BMin,[18] sodass der Bund den Ländern die aus einer rechtswidrigen Weisung nach Art. 85 III resultierenden Lasten nach Art. 104 V 1 2. Hs. GG zu erstatten hat.[19] Für die Entscheidung über die haftungsrechtl. Streitigkeit zwischen Bund und Ländern wäre nach § 40 I 1, § 50 I Nr. 1 VwGO das BVerwG als erste und letzte Instanz zuständig.

7    In die Wahrnehmungskompetenz fällt jegliches außenwirksames Handeln, insbesondere der Erlass von Verwaltungsakten und der Abschluss öffentlich-rechtlicher Verträge durch die Länder. Im Hinblick auf die **ausschließliche Wahrnehmungskompetenz** des Landes ist es daher – zumindest unter dem Aspekt der Bundestreue – probl., wenn der Bund in Fragen des Gesetzesvollzugs den unmittelbaren informellen Kontakt zum Bürger sucht, ohne das für den Vollzug zuständige Land hieran zu beteiligen. Maßnahmenvorbereitende informelle Kontakte des Bundes zu Dritten sollen – nach der Rspr. des BVerfG – durch die latente Sachkompetenz des Bundes grds. gedeckt sein. Die Wahrnehmungskompetenz der Länder werde erst dann verletzt, wenn der Bund gegenüber Dritten rechtsverbindlich tätig wird oder Erklärungen abgibt, die einer rechtsverbindl. Entscheidung ihrem Gewicht nach gleichkommen.[20]

Die Anhörung eines Betroffenen nach § 28 LVwVfG ist zwar selbst keine rechtsverbindl. Entscheidung, jedoch auf den verfahrensabschließenden Erlass des VA gerichtet. Die Durchführung der Anhörung gehört deshalb ebenso zur unentziehbaren Wahrnehmungskompetenz des Landes wie der Erlass des Verwaltungsakts selbst.[21] Bei politischen Absichtserklärungen, an denen kein vernünftig und verantwortlich Handelnder ein „Tau festbinden" würde, soll es an dieser Verbindlichkeit fehlen.[22]

8    **Verfassungsgeschichtlich**[23] gesehen wird mit Art. 85 eine Verwaltungsform normiert, die sich in Ansätzen bereits unter der RV 1871 entwickelt hatte,[24] vor allem aber unter der Geltung von Art. 14 WRV in der seinerzeitigen Staatspraxis als sog. Reichsauftragsverwaltung wesentl. Konturen erhielt, ohne sich allerdings zu einer verfassungsrechtlich eindeutigen und bes. Verwaltungsform zu verdichten.[25] Erst das GG hat die Auftragsverwaltung mit Art. 85 als eigenständige Verwaltungsform ver-

---

[12] So BVerfGE 81, 310 (332); 126, 77 (102). Krit. zur Unterscheidung von Wahrnehmungs- und Sachkompetenz *Ossenbühl*, FS Badura, 2004, S. 983 ff.

[13] *Wolst* Bundesauftragsverwaltung, 1974, 52 ff.; *Kirchhof*, in: Maunz/Dürig, Art. 85 (2012) Rn. 10 („an die Kandare des Bundes genommen"); zu den vom BVerfG geprägten Begriffen der Wahrnehmungs- und der Sachkompetenz etwa *Hermes*, in: Dreier III, Art. 85 Rn. 19.

[14] Dazu BVerwG NVwZ 1999, 296; *Kirchhof*, in: Maunz/Dürig, Art. 85 (2012) Rn. 13.

[15] Hierzu VGH Kassel ZUR 2013, 367.

[16] Rspr. (seit RGZ 145, 204, 215; BGH WM 1963, 788) und Lit. (etwa *Gurlit*, in: v. Münch/Kunig, Art. 34 Rn. 21) gehen herkömmlich davon aus, dass Amtspflichten innenrechtliche Dienstpflichten des Beamten sind, die nicht notwendigerweise den Außenrechtssätzen des öR entsprechen. Dieser Auffassung ist jedoch entgegenzutreten (so auch *Papier*, in: Maunz/Dürig Art. 34 Rn. 160; *ders./Shirvani* MüKo, BGB § 839 Rn. 10 ff., 191 f.). Dem steht insb. die notwendige Drittgerichtetheit der Amtspflicht entgegen, welche den Schadensersatzanspruch an das Außenverhältnis zum Bürger anknüpft. Aus der erstgenannten Auffassung folgt, dass eine Amtspflichtverletzung nur auf Seiten des (rechtswidrig anweisenden) Dienstvorgesetzten, nicht aber auf Seiten des (die Weisung befolgenden) Beamten angenommen wird (*Gurlit* aaO sieht auf dessen Seite allerdings eine Remonstrationspflicht). Ein Amtshaftungsanspruch gegen den Bund als Rechtsträger der rechtswidrig anweisenden Bundesoberbehörde scheidet allerdings mangels Passivlegitimation und mangels Drittgerichtetheit der verletzten Amtspflicht aus (so LG Bonn EnWZ 2016, 426, 429 f.).

[17] LG Bonn EnWZ 2016, 426 (429); zur Problematik *Schmitt/Wohlrab* NVwZ 2015, 193 ff.

[18] LG Bonn EnWZ 2016, 426 (429).

[19] So schon BVerfGE 81, 310. Speziell mit Blick auf das atomrechtliche Moratorium LG Bonn EnWZ 2016, 426 (429); zur Problematik *Schmitt/Wohlrab* NVwZ 2015, 932 ff.

[20] So BVerfGE 104, 249 (267); krit. Anm. von *Reicherzer* DVBl 2002, 557. Krit. zur Entscheidung auch *Frenz* NVwZ 2002, 561 ff. sowie *Suerbaum*, in: Epping/Hillgruber, Art. 85 Rn. 7.

[21] BVerwG, ZUR 2014, 236 (237).

[22] So BVerfGE 104, 249 (268). Krit. zu dieser Geringschätzung von Formen informellen Verwaltungshandelns *Ossenbühl* FS Badura, 2004, S. 985 f. Krit. zur Zulässigkeit informeller Ingerenzen *Isensee* FS Bethge, 2009, S. 386 ff.

[23] Zusammenf. *Kirchhof*, in: Maunz/Dürig, Art. 85 (2012) Rn. 2 ff.; *Pauly*, Weisungen in der Auftragsverwaltung, S. 34 ff.; ausf. *Heitsch*, Die Ausführung der Bundesgesetze durch die Länder, 2001, S. 254 ff.

[24] Näher *Mußgnug*, in: Jeserich/Pohl/v. Unruh (Hrsg.), Deutsche Verwaltungsgeschichte, Bd. 3, 1984, S. 186 ff., 198, 194 ff.

[25] Dazu *Dittmann* (Fn. 10), S. 50 ff. (55); *Mußgnug* (Fn. 24), S. 341 f.

fassungsrecht. anerkannt und ausgeformt sowie im Laufe der Zeit zunehmend als obligatorische oder fak. Vollzugsform für spez. Bereiche vorgesehen. Die Auseinandersetzung mit den Verfassungsfragen dieser Vollzugsform hat erst aus Anlass konkreter Differenzen zwischen Bund und Ländern – vor allem beim Vollzug des AtomG[26] – verstärktes Interesse gefunden[27] und dazu geführt, dass das BVerfG nach eher beiläufigen Ausführungen zur Auftragsverwaltung zuvor,[28] mit der sog. „Kalkar-Entscheidung" einige Streitfragen in einem für die Staatspraxis zufolge § 31 BVerfGG verbindl. Sinne geklärt hat.[29]

## B. Auftragsverwaltung als Landesverwaltung

### I. Organisationsgewalt des Landes

Die Auftragsverwaltung i. S. d. Art. 85 ist **Landesverwaltung.** Daraus folgt, dass die Organisations- **9** gewalt – ganz auf der Linie des Art. 83 – grds. bei dem jeweils ausführungspflichtigen Land liegt. Gleiches gilt für die parl. Kontrolle der Auftragsverwaltung, die – abgesehen von Fällen weisungsabhängig getroffener Entscheidungen[30] – den Landesparlamenten zusteht.[31]

Art. 85 I bringt diese Konsequenz nur sehr unvollkommen zum Ausdruck, wenn allein die **Einrich-** **10** **tung der Behörden** als Angelegenheit der Länder hervorgehoben wird. Diese ausdr. Nennung bedeutet jedoch auch hier – wie schon bei Art. 84 I 1 (→ Art. 84 Rn. 3) – keine Einschränkung der nach Art. 30, 83 grds. umfassenden Organisationsgewalt der Länder auf diesen Teil der Organisationsgewalt, sondern bezieht sich allein auf den Umfang der dem *Bundes*gesetzgeber zugestandenen Regelungsbefugnis. Es ist auch bei der Auftragsverwaltung grds. Sache der Länder, die Behörden zu errichten, personell und sachlich auszustatten und den verwaltungsmäßigen Vollzug der Bundesgesetze zu regeln.[32]

### II. Organisationsgewalt und Sachkompetenz des Bundes

Die grds. Eigenständigkeit der Länder bei der Ausführung von Bundesgesetzen im Auftrage des **11** Bundes ist durch **vielfältige Einwirkungsmöglichkeiten des Bundes** deutlich begrenzt.[33] Dabei ist zwischen Einwirkungsmöglichkeiten des Bundesgesetzgebers (Abs. 1), der BReg (Abs. 2, 4 S. 2) und oberster Bundesbehörden (Abs. 2, 4 S. 1) zu unterscheiden.

**1. Befugnisse des Bundesgesetzgebers (Abs. 1).** Nach Art. 85 I kann der Bundesgesetzgeber die **12** **Einrichtung der Behörden** auf Landesebene[34] und – richtiger Ansicht nach – auch das **Verwaltungsverfahren** durch Bundesgesetz regeln. Die – von Art. 84 I abweichende – Nichterwähnung des Verwaltungsverfahrens ist als Regelungslücke zu werten, die im Wege eines Erst-recht-Schlusses zu Art. 84 I teleologisch zu korrigieren ist.[35] Es ist nicht ersichtlich, warum die Kompetenz des Bundes für die Regelung des VwVf bei den „bundesnäheren" Vollzugstyp der Auftragsverwaltung weniger weit gehen sollte als bei der Ausführung von Bundesgesetzen in landeseigener Verwaltung.[36] Überdies wäre es kaum verständlich, der BReg nach Art. 85 II über allg. VV den Zugriff auf die Organisationsgewalt der Länder auch insoweit zuzugestehen, dem Bundesgesetzgeber hingegen nicht. Die Nichterwähnung des VwVf wird daher richtiger Ansicht nach als (zu korrigierendes) Redaktionsversehen verstanden.

Die **Gegenansicht**[37] bestreitet unter Hinweis auf die konstitutive Bedeutung des bundesgesetzl. **13** Regelungsvorbehalts in Art. 85 I die Möglichkeit einer erweiternden Auslegung, spricht dem Bund jedoch – in Anerkennung eines praktischen Bedürfnisses – eine *ungeschriebene* Zuständigkeit zur Regelung des VwVf in der Auftragsverwaltung zu.

---

[26] Vgl. Art. 87c iVm § 24 AtomG.

[27] Vgl. die zur Schrifttumsübersicht angegebenen Titel und zum Meinungsstand vor der „Kalkar-Entscheidung" vom 22.5.1990 (BVerfGE 81, 310) insbes. *Pauly* (Fn. 23), S. 16 ff.; *Schulte* VerwArch 81 (1990), 415 ff.

[28] Vgl. BVerfGE 11, 6 (15); 26, 338 (395 ff.); 63, 1 (39 ff.); näher dazu *Pauly* (Fn. 23), S. 31 ff.

[29] BVerfGE 81, 310 ff.; Fortschreibung durch BVerfGE 84, 25 ff. („Schacht Konrad"); BVerfGE 104, 238 („Gorleben"); BVerfGE 104, 249 („Biblis"). – Nachw. bei *Kirchhof,* in: Maunz/Dürig, Art. 85 (2012) Rn. 5, 11 ff. Zur rechtsdogmatischen Kritik etwa *Lange,* Weisungsrecht des Bundes, 1990, S. 125 ff. (145 f.).

[30] Vgl. → Rn. 22 ff.

[31] Dazu näher *Steinberg* AöR 110 (1985), 419 (431).

[32] Zur Regelzuständigkeit der Länder auch bei Art. 85 etwa *Kirchhof,* in: Maunz/Dürig, Art. 85 (2012) Rn. 33 f.; *Broß/Mayer,* in: v. Münch/Kunig II, Art. 85 Rn. 1. Zur Regelung des VwVf näher → Rn. 12.

[33] BVerfGE 81, 310 (331).

[34] Dazu näher *Broß/Mayer,* in: v. Münch/Kunig II, Art. 85 Rn. 7 ff.

[35] So *Kirchhof,* in: Maunz/Dürig, Art. 85 (2012) Rn. 44; *Pieroth,* in: Jarass/Pieroth, Art. 85 Rn. 3; *Broß/Mayer,* in: v. Münch/Kunig II, Art. 85 Rn. 10; *Britz* DÖV 1998, 636 (640); *Oebbecke* HStR VI, § 136 Rn. 59; aA *Hermes,* in: Dreier III, Art. 85 Rn. 27, für Bundeskompetenz aus Art. 72 ff.; *Germann,* in: Starck (Hrsg.), Föderalismusreform, 2007, Art. 84, 85 Rn. 29; *Hömig,* in: Hömig/Wolff, Art. 85 Rn. 3 mit dem Hinweis, dass ein Redaktionsversehen mit der Föderalismusreform hätte beseitigt werden können.

[36] So BVerfGE 26, 338 (385).

[37] Vgl. die Nachw. in → Fn. 35.

**14**     Bundesgesetzl. Regelungen über die Einrichtung der Behörden bedürfen der Zustimmung des BRat, Regelungen des VwVf hingegen nicht.[38] Die **Exemtion** bundesgesetzlicher Regelungen des VwVf vom Zustimmungserfordernis in Art. 85 I 1 wird vom **BVerfG** mit dem Wortlaut der Norm, dem für Zustimmungsgesetze geltenden Enumerationsprinzip und damit begründet, dass die strukturellen Unterschiede zwischen den Vollzugstypen der Landeseigenverwaltung und der Auftragsverwaltung einen Gleichlauf von Art. 84 und Art. 85 in der Frage der Zustimmungsbedürftigkeit nicht nahe legen. Auch ein Erst-recht-Schluss von der Zustimmungsbedürftigkeit allg. VV nach Art. 85 II 1 sei abzulehnen. Zudem sei zu berücksichtigen, dass der verfassungsändernde Gesetzgeber – in Kenntnis des Streitstandes – im Zuge der Föderalismusreform I Gelegenheit hatte, bei entsprechendem inhaltl. Willen eine Klarstellung herbeizuführen.[39] Diese Ansicht des BVerfG überzeugt allenfalls dann, wenn man die Bundesgesetzgebungskompetenz für das VwVf in Art. 70 ff. sieht und folglich den Regelungsgehalt von Art. 85 I 1 auf die Begründung der Zustimmungsbedürftigkeit beschränkt.[40] Sieht man hingegen die Kompetenzgrundlage für die bundesgesetzl. Regelung des VwVf in Art. 85 I 1 selbst,[41] wäre es konsequent, das dortige Zustimmungserfordernis über die Regelung der Behördeneinrichtung hinaus auch auf verwaltungsverfahrensrechtl. Regelungen zu erstrecken.[42]

**15**     Zu den Voraussetzungen und zum gegenständlichen Umfang der sich dem Bundesgesetzgeber über Abs. 1 eröffnenden organisations- und verfahrensrechtlichen Regelungsmöglichkeiten gilt das zu Art. 84 I 2 Gesagte entsprechend.[43] Mit Art. 85 I 2 ist dem Bundesgesetzgeber nunmehr auch bei der Auftragsverwaltung der Durchgriff auf die kommunale Ebene verwehrt.

**16**     **2. Befugnisse der Bundesregierung (Abs. 2). a) Allgemeine Verwaltungsvorschriften.** Nach Art. 85 II 1 kann die **Bundesregierung** – ergänzend zu den Möglichkeiten des Bundesgesetzgebers nach Abs. 1 und außerhalb des durch den allg. und institutionellen Vorbehalt des Gesetzes abgesteckten Bereiches[44] – mit Zustimmung des BRat allg. VV erlassen. Damit eröffnet Abs. 2 der BReg bei der Auftragsverwaltung die gleichen Einwirkungsmöglichkeiten auf Organisation und Verwaltungsverfahren, wie sie durch Art. 84 II für den Vollzug von Bundesgesetzen als eigene Angelegenheit der Länder verfassungsrechtlich zugestanden sind.[45] Insoweit kann auf das dort Gesagte verwiesen werden.[46]

**17**     Unter **Bundesregierung** ist – wie schon bei Art. 84 II (→ Art. 84 Rn. 38) – das aus dem BKanzler und den BMin bestehende **Kollegium** (Art. 62) zu verstehen. Die Zuständigkeit der BReg und das Erfordernis einer Zustimmung des BRat dienen einem effektiven Schutz der Länderverwaltungen. Art. 85 II 1 ist insoweit eng auszulegen; eine Verlagerung der Zuständigkeit auf ein Mitglied der BReg sowie der Verzicht auf das Zustimmungserfordernis würden das grundgesetzlich vorgegebene Schutzniveau mindern und sind daher unzulässig.[47]

**18**     **b) Ausbildung der Beamten und Angestellten.** Mit Art. 85 II 2 wird die BReg *zusätzlich* ermächtigt, die einheitl. Ausbildung der Beamten und Angestellten zu regeln; die Ausbildung der Arbeiter im öffentlichen Dienst wird nicht erfasst.[48] Nach dem Regelungszusammenhang ist davon auszugehen, dass diese Befugnis der BReg nur insoweit besteht, als Beamte und Angestellte von den Ländern beim Vollzug von Bundesgesetzen im Auftrage des Bundes eingesetzt werden. Eine allgemeine Bundeskompetenz, die Ausbildung von Beamten und Angestellten zu regeln, ist mit Art. 85 II 2 nicht gegeben. Insoweit verbleibt es bei den Möglichkeiten, die sich dem Bund nach der Föderalismusreform I aus seinen nur noch sehr beschränkten Gesetzgebungskompetenzen für das Recht des öffentlichen Dienstes (Art. 74 I Nr. 27) erschließen oder bereichsspezifisch ausdrücklich zugestanden sind (Art. 108 II 2).

---

[38] So BVerfGE 126, 77 (100 ff.). Ebenso *Groß*, in: Friauf/Höfling, Art. 85 Rn. 13 mwN; *Hömig*, in: Hömig/Wolff, Art. 85 Rn. 3; *Kirchhof*, in: Maunz/Dürig, Art. 85 (2012) Rn. 46.

[39] BVerfGE 126, 77 (103); *Broß/Mayer*, in: v. Münch/Kunig II, Art. 85 Rn. 11.

[40] Dazu etwa *Hermes*, in: Dreier III, Art. 85 Rn. 29.

[41] So BVerfGE 26, 338 (385); → Rn. 12.

[42] So iE *Hermes*, in: Dreier III, Art. 85 Rn. 29. Krit. zur Begründung des BVerfG *Kirchhof*, in Maunz/Dürig, Art. 85 (2012) Rn. 47.

[43] Vgl. → Art. 84 Rn. 7 ff.

[44] Zum Rechtsnormcharakter der Verwaltungsvorschriften im intersubjektiven Bereich von Bund und Ländern *Kirchhof*, in: Maunz/Dürig, Art. 85 (2012) Rn. 48 f.

[45] Vgl. auch die spezielle Regelung für die Finanzverwaltung in Art. 108 VII.

[46] → Art. 84 Rn. 39 ff. Zur Vergleichbarkeit von Art. 84 I und Art. 85 I bereits *Lerche*, in: Maunz/Dürig, Art. 85 (1987) Rn. 36 f., der aber wegen der weitreich. Befugnisse des Bundes nach Art. 85 III, IV von einer prakt. gemindterten Bedeutung der allg. VV bei der Auftragsverwaltung ausgeht.

[47] BVerfGE 100, 249 (261) unter ausdrücklicher Aufgabe der in BVerfGE 26, 338 (399) vertretenen Gegenansicht. Zustimmend *Isensee* FS Bethge, 2009, S. 378 f.; *Kirchhof*, in: Maunz/Dürig, Art. 85 (2012) Rn. 51. Zu den praktischen Konsequenzen kritisch *Tschentscher* JZ 1999, 993 (994 Fn. 22); abl. *Bleibaum* DVBl 1999, 1265; *Heitsch* (Fn. 23), S. 235.

[48] *Broß/Mayer*, in: v. Münch/Kunig II, Art. 85 Rn. 6; *Pieroth,* in: Jarass/Pieroth, Art. 85 Rn. 6; *Kirchhof,* in: Maunz/Dürig, Art. 85 (2012) Rn. 60.

Über die **Rechtsform der Ausbildungsregelungen** trifft Art. 85 II 2 keine Aussage. Da S. 2 nicht **19** lediglich ein partiell konkretisierenden Unterfall von Art. 85 II 1 ist, kann S. 2 als Kompetenznorm sowohl zum Erlass von *Verwaltungsvorschriften* als auch – bei außenwirksamen Regelungen – zum Erlass von *Rechtsverordnungen* ermächtigen.[49] Art. 85 II 2 ist insofern lex specialis zu Art. 80 I, ohne dass dies durchgreifenden rechtsstaatlichen Bedenken begegnete.[50]

Der Erlass von Verwaltungsvorschriften oder Rechtsverordnungen nach Art. 85 II 2 erfordert **keine 20 Zustimmung des Bundesrates.**[51] Als eigenständige Regelung neben Art. 85 II 1 hätte es bei S. 2 ansonsten einer ausdrücklichen Anordnung des Zustimmungserfordernisses bedurft.[52]

**c) Leiter der Mittelbehörden.** Nach Art. 85 II 3 sind die Leiter der Mittelbehörden, die mit dem **21** Vollzug von Bundesgesetzen im Auftrage des Bundes betraut sind, von den Ländern im **Einvernehmen mit der Bundesregierung** zu bestellen. Für Mittelbehörden der Landesfinanzverwaltung enthält Art. 108 II 3 eine entspr. Regelung. Erforderlich ist die Zustimmung der BReg, die diese als Kollegium zu beschließen hat.[53] Ein bloßes Benehmen genügt nicht.[54] Die damit verbundene Einschränkung der Personalhoheit der Länder für ihre Verwaltung gilt jedoch nur für die Leiter von Mittelbehörden einer **Sonderverwaltung,** die – wie z. B. die Bundesfernstraßenverwaltung nach Art. 90 III – ausschließlich Aufgaben der Auftragsverwaltung wahrnimmt. Mittelbehörden der allg. Verwaltung, wie z. B. Regierungspräsidien, die ua auch in die Auftragsverwaltung einbezogen sind, unterfallen der Einvernehmungsregelung nicht.[55]

**3. Weisungsbefugnis oberster Bundesbehörden (Abs. 3).** Die gegenüber der Landeseigenver- **22** waltung gesteigerten Einwirkungsbefugnisse des Bundes bei der Auftragsverwaltung zeigen sich vor allem[56] im **Weisungsrecht der obersten Bundesbehörden** gegenüber den Landesbehörden.[57] Zu den obersten Bundesbehörden rechnen alle Bundesbehörden, die keiner anderen Behörde unterstehen, im Wesentlichen also alle Bundesministerien.[58] Eine Übertragbarkeit des Weisungsrechts auf andere Bundesbehörden ist – abgesehen von den Spezialfällen der Art. 87b II 2 und 120a – nicht vorgesehen.

Nach Art. 85 III sind die obersten Bundesbehörden unmittelbar verfassungsrechtlich[59] legitimiert, **23** über das Weisungsrecht die Sachbeurteilung und Sachentscheidung materiell an sich zu ziehen, nicht jedoch im Wege der Ersatzvornahme vorzugehen oder ein Selbsteintrittsrecht zu beanspruchen.[60] Die Wahrnehmungskompetenz verbleibt dem Land. In diesem Rahmen darf der Bund jedoch alle Aktivitäten entfalten, die er für eine effektive und sachgerechte Vorbereitung und Ausübung seines grds. unbeschränkten Direktions- und Weisungsrechts für erforderlich hält, einschließlich unmittelbarer Kontakte nach außen und etwaiger informaler Absprachen.[61] Die Weisungsbefugnis ist nicht auf Ausnahmefälle beschränkt und auch nicht weiter rechtfertigungsbedürftig, sondern als **reguläres Mittel** gedacht, damit sich bei Meinungsverschiedenheiten das hier vom Bund zu definierende Gemeinwohlinteresse durchsetzen kann.[62] Die Landesbehörden werden **dem Willen des Bundes untergeordnet.**

Nach Art. 85 III kann sich die Weisung auf jede Regelung beziehen, soweit sie vom Land in **24** Auftragsverwaltung auszuführen ist,[63] unabhängig davon, ob diese Vollzugsform verfassungsrechtlich angeordnet oder fakultativ zugelassen ist. Erfasst wird die *gesamte* Vollzugstätigkeit. Die Weisung ist Mittel zur Steuerung des Gesetzesvollzugs der Länder in allen seinen Phasen. Entsprechend dieser

---

[49] So *Pieroth,* in: Jarass/Pieroth, Art. 85 Rn. 6; *Kirchhof,* in: Maunz/Dürig, Art. 85 (2012) Rn. 60; *Bull* AK GG, Art. 85 Rn. 12.

[50] AA *Broß,* in: v. Münch III, 2. Aufl., Art. 85 Rn. 12 f., der aber verkennt, dass sich aus dem Regelungszusammenhang, in den Art. 85 II 2 einbezogen ist, die iSv Art. 80 I 2 hinreichende „Programmierung" des Verordnungsgebers ergibt. BVerwGE 41, 334 (349 ff.) hat sogar Art. 88 als lex specialis zu Art. 80 akzeptiert.

[51] *Broß/Mayer,* in: v. Münch/Kunig II, Art. 85 Rn. 16; *Kirchhof,* in: Maunz/Dürig, Art. 85 (2012) Rn. 60; *Pieroth,* in: Jarass/Pieroth, Art. 85 Rn. 4.

[52] Vgl. auch das ausdrückliche Zustimmungserfordernis in Art. 108 II 2.

[53] Zu den Anforderungen an einen Beschluss, der der BReg als Kollegium zugerechnet werden kann, BVerfGE 91, 148.

[54] Vgl. Art. 108 I 3.

[55] Differenzierend *Oebbecke HStR* VI, § 136 Rn. 67.

[56] So BVerfGE 81, 310 (331).

[57] Umfass. *Lange* (Fn. 28); *Janz,* Weisungsrecht, S. 122 ff.; ferner *Isensee* FS Bethge, 2009, S. 359 ff.

[58] *Broß/Mayer,* in: v. Münch/Kunig II, Art. 85 Rn. 19.

[59] Zu den Grenzen, die sich daraus für eine eventuelle gesetzliche Reglementierung der Weisungsbefugnis ergeben, vgl. näher *Kirchhof,* in: Maunz/Dürig, Art. 85 (2012) Rn. 69.

[60] BVerfGE 104, 249 (264). Für ein Selbsteintrittsrecht als Annexrecht unter engen Voraussetzungen *F. Loschelder,* Durchsetzbarkeit von Weisungen, S. 134.

[61] BVerfGE 104, 249 (265 f.); *Mayer/Müller/Wagner* VerwArch 94 (2003), S. 139 ff. Kritisch zur Zulässigkeit informaler Absprachen *Kirchhof,* in: Maunz/Dürig, Art. 85 (2012) Rn. 64.

[62] BVerfGE 81, 310 (332) ua unter Hinw. auf die Entstehungsgeschichte und die bewusst restriktive Ermächtigung zu Einzelweisungen „für besondere Fälle" beim landeseigenen Vollzug nach Art. 84 V.

[63] Zur Reichweite der Weisungsbefugnis BVerfGE 102, 167 ff. am Beispiel der Auftragsverwaltung nach Art. 90 II GG (in der bis zum 19.7.2017 geltenden Fassung).

Funktion gilt das **Gebot der Weisungsklarheit,** damit die angewiesene Behörde erkennen kann, dass ihr gegenüber eine Weisung erteilt worden ist und welche Vorgaben für welches Verwaltungshandeln diese Weisung enthält.[64] Die Weisung kann – je nach Sachlage und Bedarf – als Einzelweisung oder als Weisung für eine Vielzahl konkreter Fälle ergehen. Diese Auslegung wird der Funktion des Weisungsrechts als konkreten Steuerungsinstruments des Bundes am ehesten gerecht und liegt überdies auch im Wege des Umkehrschlusses zur ausdrücklich auf Einzelweisungen beschränkten Regelungen in Art. 84 V 1 nahe.[65]

25 **Gegenstand der Weisung** kann sowohl eine nach außen hin zu treffende verfahrensabschließende Entscheidung wie auch das ihrer Vorbereitung dienende Verwaltungshandeln sein; Weisungen können auch auf Art und Umfang der Sachverhaltsermittlung und -beurteilung gerichtet sein oder eine bestimmte Gesetzesauslegung vorgeben.[66] Die Weisung kann sich auch auf die Zweckmäßigkeit der Gesetzesausführung beziehen.[67] In jedem Fall ist **Adressat der Weisung** nur das Land; eine bürgerbezogene unmittelbare Außenwirkung kommt ihr nicht zu.[68]

26 Bei **Ausübung** seiner Weisungskompetenz unterliegt der Bund den weisungsunterworfenen Ländern gegenüber der **Pflicht zu länderfreundlichem Verhalten.**[69] Danach ist der Bund – mit Ausnahme von Fällen der Eilbedürftigkeit – gehalten, vor Weisungserlass das Land auf die konkrete Möglichkeit einer Weisung hinzuweisen, ihm **Gelegenheit zur Stellungnahme** einzuräumen und den Standpunkt des Landes zu erwägen. Um Einvernehmen mit dem Land muss der Bund nicht bemüht sein.[70] Nach der Rechtsprechung des BVerfG und der dieser folgenden Literatur bestehen neben der Pflicht zu länderfreundlichem Verhalten keine Verfassungsgrundsätze, aus denen weitere **Schranken** für die Kompetenzausübung in dem von Staatlichkeit und Gemeinwohlorientierung bestimmten Bund-Länder-Verhältnis gewonnen werden können. So sollen aus dem Rechtsstaatsprinzip abgeleitete Schranken für Einwirkungen des Staates in den Rechtskreis des einzelnen im kompetenzrechtlichen Bund-Länder-Verhältnis nicht anwendbar sein. Dies gelte insbesondere für den Grundsatz der Verhältnismäßigkeit.[71]

27 Das **Land** kann nach Auffassung des BVerfG, dem die Literatur weitgehend folgt, durch eine Weisung des Bundes nach Art. 85 III nur dann **in seinen Rechten verletzt** sein, wenn gerade die Inanspruchnahme der Weisungsbefugnis – sei es als solche oder in ihren Modalitäten – gegen das GG verstößt. Die Inanspruchnahme einer Weisungsbefugnis setzt voraus, dass der Gegenstand der Weisung von der Gesetzgebungskompetenz des Bundes gedeckt wird, die der korrespondierenden Verwaltungszuständigkeit der Länder im Auftrage des Bundes entspricht.[72] Andernfalls überschritte der Bund mit seiner Weisung die Grenzen, die ihm nach der Systematik des Grundgesetzes dadurch gezogen sind, dass die Gesetzgebungskompetenz des Bundes die äußerste Grenze für seine Verwaltungsbefugnisse bezeichnet.[73] Die Länder können hingegen nach Auffassung des BVerfG nicht geltend machen, der Bund übe seine im Einklang mit der Verfassung in Anspruch genommene Weisungsbefugnis inhaltlich rechtswidrig aus.[74] Das Land hat dem Bund gegenüber kein einforderbares Recht, dass dieser seine im Einklang mit der Verfassung in Anspruch genommene Weisungsbefugnis inhaltlich rechtmäßig ausübt und z. B. eine Grundrechtsverletzung unterlässt.

28 Eine **Grenze** ergibt sich nach dieser Rechtsprechung nur in dem **äußersten Fall,** dass eine zuständige oberste Bundesbehörde unter grober Missachtung der ihr obliegenden Obhutpflicht das Land zu einem Tun oder Unterlassen anweist, welches im Hinblick auf die damit einhergehende allgemeine Gefährdung oder Verletzung bedeutender Rechtsgüter schlechterdings nicht verantwortet

---

[64] BVerfGE 81, 310 (336 f.); 102, 167 (173); ähnlich *Lange* (Fn. 28), S. 28.

[65] So im Ergebnis *Broß/Mayer* in: v. Münch/Kunig II, Art. 85 Rn. 21; *Janz,* Weisungsrecht, S. 256 ff.; aA (d. h. „Weisungen" sind als Einzelweisungen i. S. d. Art. 84 V 1 GG zu verstehen) *Trute,* in: v. Mangoldt/Klein/Starck III, Art. 85 Rn. 23; *Sommermann* DVBl 2001, 1549 (1554); *Sauerland,* Verwaltungsvorschrift, S. 174 ff.; *Isensee,* FS Bethge, 2009, S. 379 ff. Ausführlich zur Problematik *Lange* (Fn. 29), S. 75 f. sowie *Löwer* Verfassungsrechtsfragen, S. 140 f., der zwischen beiden Ansichten ein argumentatives Patt konstatiert.

[66] BVerfGE 81, 310 (335 f.); 84, 25 (31).

[67] *Broß/Mayer,* in: v. Münch/Kunig II, Art. 85 Rn. 22 unter Hinweis auf Art. 85 IV 1; *Oebbecke* HStR VI, § 136 Rn. 69. Umfassend zu den Maßstäben, an denen sich die Weisungsbefugnis zu orientieren hat, *Lange* (Fn. 29), 1990, S. 64 ff.

[68] Nach *Hermes,* in: Dreier III, Art. 85 Rn. 47 (Fn. 219) soll nicht das Land, sondern eine Landesbehörde Weisungsadressat sein.

[69] BVerfGE 81, 310 (337); 102, 167 (173); 104, 249 (269 ff.). Nachw. zum Meinungsstand insoweit bei *Schulte* VerwArch 81 (1990), 415 (430 ff.) sowie bei *Lange* (Fn. 28), S. 88 f., 133 ff. Zur Bundestreue allgemein *Sachs,* Art. 20 Rn. 68 ff.; *Isensee* HStR IV, § 98 Rn. 151 ff.; umfassend *Bauer,* Die Bundestreue, 1992; *Heitsch* (Fn. 23), S. 101 ff.

[70] So ausdrücklich BVerfGE 81, 310 (337).

[71] BVerfGE 81, 310 (338); so auch *Heitsch* (Fn. 23), S. 277 ff.; *Isensee* FS Bethge, 2009, S. 359 ff.; *Kirchhof,* in: Maunz/Dürig, Art. 85 (2012) Rn. 72. A. A. *Lange* (Fn. 28), S. 83 ff.; *A. Heusch,* Verhältnismäßigkeit, S. 166 ff.

[72] BVerfGE 102, 167 (172 f.).

[73] Zum Grundsatz der Akzessorietät bereits BVerfGE 12, 205 (229) und zul. BVerfGE 102, 167 (173 f.).

[74] BVerfGE 81, 310 (331 ff.); 84, 25 (31); 102, 167 (172); *Kirchhof,* in: Maunz/Dürig, Art. 85 (2012) Rn. 53. Kritisch dazu *Schulte* VerwArch 81 (1990), 415 (428 f.). A. A. insbes. *Pauly* (Fn. 22), S. 233 ff., der die Länder durch eine inhaltlich rechtswidrige Weisung in ihren Rechten aus Art. 30 verletzt sieht; *Lange* (Fn. 29), S. 91 ff.; *Steinberg* Bundesaufsicht, S. 66 ff. für grundrechtswidrige Weisungen.

werden kann. Diese Grenze folgt nach Ansicht des BVerfG[75] daraus, dass bei der Ausführung der Bundesgesetze Bund und Länder – unbeschadet bestehender Kompetenzverteilungsregelungen – eine gemeinsame Verantwortung für den Bestand des Staates und seiner Verfassungsordnung sowie für die Abwehr kollektiver Existenzgefährdungen tragen. Insofern entspricht es der Verantwortungsverteilung bei der Ausführung der Bundesgesetze im Auftrag des Bundes, dass der Pflicht des Landes zur Befolgung der von der zuständigen obersten Bundesbehörde erlassenen Weisungen eine vom Land vermöge seines **Rechts auf Eigenstaatlichkeit** einforderbare Pflicht des Bundes gegenübersteht, von ihm, dem Land, nicht zu fordern, was schlechthin außerhalb des von einem Staat Verantwortbaren gelegen ist.

In jüngerer Zeit sind jedoch mit beachtlichen Gründen Zweifel an dieser restriktiven Rechtspre- **29** chung/Auffassung geäußert worden:[76] Die (unmittelbare) Grundrechtsbindung der Landesstaatsgewalt, die das Außenrechtsverhältnis zum Bürger konstituiert, prägt hiernach auch das binnenorganisations-rechtliche Verhältnis zwischen Bund und Land. Das Weisungsrecht des Bundes findet danach seine Grenze in der Bindung des Landes an die **Grundrechte** und insbesondere den **Verhältnismäßig-keitsgrundsatz.**

Eine Verletzung dieses Rechts wäre im verfassungsgerichtlichen **Bund-Länder-Streit** (Art. 93 I **30** Nr. 3) geltend zu machen.[77]

Die Weisungen sind an die ressortmäßig zuständigen obersten Landesbehörden zu richten (Art. 85 **31** III 2). Nur bei einer **Dringlichkeitsentscheidung der Bundesregierung**[78] kann die weisungsbefug-te oberste Bundesbehörde die Weisung unmittelbar an die zuständige Landesbehörde richten. In diesem Regel-Ausnahme-Verhältnis zeigt sich ein letzter Rest an Respekt vor der Geschlossenheit der Länder als Verwaltungskörper auch bei der Auftragsverwaltung.

Die Weisung ist für das Land bindend und ihr Vollzug von den obersten Landesbehörden sicher- **32** zustellen (Art. 85 III 3). Es besteht eine **Befolgungs- und Vollzugssicherstellungspflicht.**[79] Für die nach Weisung getroffene Sachentscheidung trägt das Land keine eigene Verantwortung; die parl. Verantwortlichkeit hierfür liegt beim anweisenden BMin, die finanzielle Verantwortlichkeit trifft letzt-lich den Bund (Art. 104a II, V 1).[80] Im Außenverhältnis zu dem durch den weisungsgemäßen Vollzug betroffenen Bürger bleibt allerdings das Land verantwortlich und – bei einem nachfolgenden Rechts-streit – passivlegitimiert (→ Rn. 6).[81]

## C. Bundesaufsicht

Mit der **Bundesaufsicht** nach Art. 85 IV wird die Eigenständigkeit des Landes bei der Auftrags- **33** verwaltung – zusätzlich zu den Einwirkungsmöglichkeiten des Bundes nach Abs. 1 bis 3 – deutlich begrenzt und die Verwaltungsführung der Länder – stärker als durch die Aufsichtsmöglichkeiten nach Art. 84 III, IV (→ Art. 84 Rn. 45 ff.) – einer weitreichenden Kontrolle des Bundes unterworfen.[82] Die im Vergleich zur Aufsicht bei der Landeseigenverwaltung gesteigerte Intensität ergibt sich vor allem aus einem erweiterten Maßstab und einem erleichterten Verfahren der Bundesaufsicht.

Vor diesem Hintergrund ist umstritten, ob von einem einheitlichen Art. 84 und Art. 85 über- **34** greifenden und lediglich bereichsspezifisch modifizierten Institut der Bundesaufsicht überhaupt aus-zugehen ist[83] oder ob in Art. 84 und Art. 85 jeweils **unterschiedliche Aufsichtsformen** vertypt sind.[84] Schon die Tatsache, dass allein Art. 85 IV den Begriff der Bundesaufsicht verwendet, während Art. 84 III lediglich von Aufsicht spricht, lässt es problematisch erscheinen, in Art. 84 III die Grund-form der Bundesaufsicht zu sehen, die durch Art. 85 IV lediglich den Besonderheiten der Auftrags-verwaltung angepasst wird.

## I. Gegenstand, Maßstab und Mittel der Bundesaufsicht

**Gegenstand** der Bundesaufsicht sind alle Bereiche der Auftragsverwaltung, die gesetzesakzessorische **35** wie die gesetzesfreie.[85]

---

[75] BVerfGE 81, 310 (332 ff.).
[76] Umfassend und überzeugend *Lennartz* JZ 2016, 287 ff. sowie die Nachw. → Rn. 74.
[77] BVerfGE 84, 25.
[78] Vgl. die Sonderregelungen für die Finanzverwaltung in Art. 108 III und für die Bundeswehrverwaltung in Art. 87b II 2.
[79] *Ossenbühl* Staat 28 (1989), 31 (37).
[80] BVerfGE 81, 310 (333).
[81] Dazu *Schulte* VerwArch 81 (1990), 415 (433).
[82] BVerfGE 81, 310 (331).
[83] So vor allem *Lerche,* in: Maunz/Dürig, Art. 85 (1987) Rn. 70 (Lfg. 26).
[84] Zum Streitstand *Isensee* FS Bethge, 2009, S. 384 ff., der die „repressive" Aufsicht über Art. 85 IV von der „präventiven" Direktionsgewalt des Bundes nach Art. 85 II, III unterscheidet.
[85] *Pieroth,* in: Jarass/Pieroth, Art. 85 Rn. 12; aA *Hermes,* in: Dreier III, Art. 85 Rn. 16; *Kirchhof,* in: Maunz/Dürig, Art. 85 (2012) Rn. 79: nur gesetzesakzessorische.

36   **Maßstab** ist zum einen die **Rechtmäßigkeit** der verwaltungsmäßigen Ausführung der Bundesgesetze. Insoweit gilt das zur Aufsicht bei der Landeseigenverwaltung (Art. 84 III) Gesagte entsprechend (→ Art. 84 Rn. 46), jedoch mit der Maßgabe, dass zusätzlich auch die Weisungen der obersten Bundesbehörden nach Art. 85 III Maßstab der Bundesaufsicht sein können. Nach Art. 85 IV 1 erstreckt sich die Bundesaufsicht daneben auch auf die **Zweckmäßigkeit** der Ausführung. Vor dem Hintergrund umfassender Weisungsbefugnisse des Bundes nach Art. 85 III, die sich auch auf Fragen eines zweckmäßigen Gesetzesvollzugs beziehen können,[86] ist diese Ausweitung des Aufsichtsmaßstabes konsequent. Die Bundesaufsicht verdichtet sich damit insgesamt zur **Fachaufsicht** und unterstreicht die Sachkompetenz, die dem Bund bei der Auftragsverwaltung zukommt.[87]

37   Als **Mittel der Aufsicht** wird in Art. 85 IV 2 der BReg[88] ausdrücklich das Recht zugestanden, Bericht und Vorlage von Akten zu verlangen und Beauftragte zu allen Behörden zu entsenden, die auf Landesebene mit der Gesetzesausführung befasst sind. Für den Einsatz dieser besonders intensiven Aufsichtsmittel ist – abweichend vom Regelfall der Bundesaufsicht nach Art. 85 IV 1 – ein Beschluss der BReg erforderlich. Den für die Aufsicht im Regelfall zuständigen obersten Bundesbehörden[89] stehen daneben weniger weitgehende Aufsichtsmittel zur Verfügung, wie z. B. Auskunfts- und Informationsrechte.[90]

## II. Aufsichtsverfahren und Rechtsschutz

38   Das **Aufsichtsverfahren** ist verfassungsrechtlich nicht an bestimmte Formen gebunden. Es ist daher – entsprechend seiner Funktion, Gesetzmäßigkeit und Zweckmäßigkeit der verwaltungsmäßigen Gesetzesausführung durch die Länder sicherzustellen – einfach und zweckmäßig durchzuführen. Der Grundsatz bundesfreundlichen Verhaltens bleibt jedoch zu beachten. Er kann – vor allem als Kompetenzausübungsschranke – Grad und Maß konkret ergriffener Aufsichtsmaßnahmen des Bundes moderierend beeinflussen.[91]

39   Das Verfahren der **Mängelrüge** bei der Ausführung von Bundesgesetzen in Landeseigenverwaltung (Art. 84 IV) ist von Art. 85 **nicht übernommen** worden. Angesichts des umfassenden Weisungsrechts des Bundes nach Art. 85 III wäre es auch systemwidrig, den Bund über die Einbeziehung des BRat in seinen Einwirkungsmöglichkeiten nachträglich zu beschneiden. Damit besteht für den Bund weder die Verpflichtung noch die Möglichkeit,[92] im Rahmen der Bundesaufsicht nach Art. 85 das Verfahren der Mängelrüge zu betreiben.[93]

40   Im Streitfall steht Bund wie Land die unmittelbare Anrufung des BVerfG im Verfahren des **Bund-Länder-Streits** (Art. 93 I Nr. 3) offen.[94]

## D. Bewertung

41   Die seit Inkrafttreten des GG nahezu[95] unveränderte Fassung des Art. 85 vermittelt den Eindruck, dass die Verteilung der Kompetenzen zwischen Bund und Ländern in der Auftragsverwaltung – ähnlich der allgemeinen Einschätzung des 8. Abschnittes (→ Art. 83 Rn. 23) – als ausgewogen anzusehen ist. Die ausgeprägte **Bundesabhängigkeit** dieser Landesverwaltung, mit der die für die bundesstaatl. Ordnung des GG ansonsten typische strikte Kompetenztrennung relativiert und tendenziell verwischt wird, wurde lange Zeit nicht als reformbedürftiges Problem empfunden.[96] Diese weitgehende Akzeptanz mag auf der Staatspraxis einer informellen Kooperation von Bund und Ländern im Vorfeld der stringenten bundesrechtlichen Direktionsbefugnisse des Art. 85 und ihrer dadurch minimierten Anwendung beruhen.[97]

---

[86] Vgl. → Rn. 65.

[87] Gegen das Vorliegen von Fachaufsicht *Hermes,* in: Dreier III, Art. 85 Rn. 67.

[88] In den Fällen einer Auftragsverwaltung nach Art. 87b I 2, 108 III und 120a gelten bzw. können andere Zuständigkeiten gelten.

[89] Zur Zuständigkeit der obersten Bundesbehörden im Regelfall etwa *Broß/Mayer,* in: v. Münch/Kunig II, Art. 85 Rn. 33 unter Hinweis auf den engen Zusammenhang zwischen dem Weisungsrecht der obersten Bundesbehörden nach Art. 85 III und der Bundesaufsicht.

[90] *Broß/Mayer,* in: v. Münch/Kunig II, Art. 85 Rn. 33; *Pieroth,* in: Jarass/Pieroth, Art. 85 Rn. 13; *Kirchhof,* in: Maunz/Dürig, Art. 85 (2012) Rn. 77 („Beobachtungsaufsicht").

[91] Nachw. dazu bei *Bauer,* Bundestreue, 1992, S. 139, 358.

[92] So aber *Bull* AK GG, Art. 85 Rn. 28.

[93] Wie hier: *Groß,* in: Friauf/Höfling, Art. 85 Rn. 29; *Pieroth,* in: Jarass/Pieroth, Art. 85 Rn. 13; wohl auch *Stern,* StaatsR II, 1980, S. 814.

[94] Zu prozessualen Einzelfragen etwa *Steinberg* AöR 110 (1985), 419 (439 ff.); *Lange* (Fn. 29), S. 95 ff.; *Zimmermann* DVBl 1992, 93 ff.

[95] Durch das G zur Änd. des GG v. 28.8.2006 (BGBl I 2034) wurde im Rahmen der Föderalismusreform Art. 85 Abs. 1 GG lediglich um den Satz ergänzt: „Durch Bundesgesetz dürfen Gemeinden und Gemeindeverbänden Aufgaben nicht übertragen werden."

[96] Vgl. etwa den Schlussbericht der Enquete-Kommission Verfassungsreform, BT-Dr 7/5294, S. 144 f., der allenfalls bei Art. 84, nicht aber bei Art. 85 eine Verringerung des Bundeseinflusses erwog.

[97] Ähnlich *Sommermann* DVBl 2001, 1549 (1555).

Seit der **„Kalkar"-Entscheidung** des BVerfG v. 22.5.1990 und der Bekräftigung ihrer Grundsätze 42
in der „Schacht Konrad"-Entscheidung v. 10.4.1991[98] mehren sich allerdings kritische Stimmen. Die
starke Betonung der Einwirkungsrechte des Bundes einerseits und der Vollzugspflicht der Länder
andererseits sowie insbesondere die Einschränkung des Rechtsschutzes der Länder gegenüber rechtswidrigen Weisungen des Bundes lässt die Auftragsverwaltung verschiedentlich wieder stärker als aliud
zur Landesverwaltung und eher als Form einer „gemeinschaftlichen Verwaltung" von Bund und
Ländern erscheinen, die für ihre Funktionsfähigkeit im Grundsatz ein hohes Maß an Loyalität zwischen
Bund und Ländern erfordert.[99]

Vor dem Hintergrund dieser Rechtsprechung erhalten die Einwirkungsmöglichkeiten des Bundes 43
auf die Verwaltungsführung der Länder ein verstärktes Gewicht. Insbesondere zeichnet sich die
Möglichkeit ab, dass der Bund über Art. 85 in wichtigen Infrastrukturbereichen der Länder, die ganz
oder zum Teil in Auftragsverwaltung geführt werden,[100] wesentl. Entscheidungen über sein Weisungsrecht nach Art. 85 III materiell an sich zieht und damit die Eigenverantwortlichkeit und **Eigenstaatlichkeit** der Länder **geschwächt** wird.[101]

Andererseits hat das BVerfG mit seinem Verständnis des Art. 85 klargestellt, dass dem Bund in den 44
i. d. R. auch gesamtstaatlich besonders wichtigen Sachbereichen der Auftragsverwaltung verfassungsrechtlich hinreichende Möglichkeiten zur Verfügung stehen müssen, **gesamtstaatliche Interessen**
gegebenenfalls auch gegen den Willen einzelner Länder durchsetzen zu können. Seither ist die Grenzlinie zwischen verfassungs*rechtlicher* und verfassungs*politischer* Argumentation bei Meinungsverschiedenheiten zwischen Bund und Ländern über Richtigkeit und Sinnhaftigkeit des auftragsmäßigen Vollzugs
von Bundesgesetzen deutlicher abgesteckt.

Die in der Folge der „Kalkar"-Entscheidung belebte Diskussion um die Auftragsverwaltung[102] hat 45
bisher **keinen normativen Niederschlag** gefunden. Überlegungen in der GemVerfKom von BTag
und BRat, Art. 85 III dahingehend zu ergänzen, dass Weisungen der obersten Bundesbehörden auf
Antrag der Länder gerichtlich überprüft werden können, fanden keine Mehrheit.[103] Weitergehende
Überlegungen einer grundsätzlichen Neufassung von Art. 85 I, die zu einer deutlichen Beschränkung
der bundesgesetzlichen Eingriffsmöglichkeiten in die Organisationshoheit der Länder geführt hätten,[104]
sind mit Ausnahme des Durchgriffsverbots auf die kommunale Ebene (Art. 85 I 2) vom verfassungsändernden Gesetzgeber bisher nicht übernommen worden.[105]

## Art. 86 [Ausführung der Gesetze durch den Bund]

**Führt der Bund die Gesetze durch bundeseigene Verwaltung oder durch bundesunmittel-
bare Körperschaften oder Anstalten des öffentlichen Rechtes aus, so erläßt die Bundesregierung, soweit nicht das Gesetz Besonderes vorschreibt, die allgemeinen Verwaltungsvorschriften. Sie regelt, soweit das Gesetz nichts anderes bestimmt, die Einrichtung der
Behörden.**

**Entstehungsgeschichte: Erstfassung:** JöR nF 1 (1951), 641.
**Historische Verfassungstexte: RV 1871:** Art. 4 abgedr. bei Art. 73; Art. 7 I Nr. 2 abgedr. bei Art. 84. – **WRV:**
Art. 14 abgedr. bei Art. 83; Art. 77 abgedr. bei Art. 84.
**Geltende Landesverfassungen:** *BWVerf* Art. 61 II, 69 f.; *BayVerf* Art. 77 I; *BlnVerf* Art. 67 I, II; *BbgVerf* Art. 96 I,
II; *BremVerf* Art. 124; *HbgVerf* Art. 57; *HessVerf* Art. 107; *MVVerf* Art. 69, 70 II, III; *NdsVerf* Art. 38 I, 56;
*NRWVerf* Art. 77; *RhPfVerf* Art. 110 II; *SaarlVerf* Art. 112; *SachsVerf* Art. 75 II, 82 I, III, 83 I, II; *LSAVerf* Art. 86;
*SchlHVerf* Art. 45 II, III; *ThürVerf* Art. 90.

---

[98] BVerfGE 81, 310; 84, 25.
[99] Differenzierende Sichtweise bei *Heitsch* (Fn. 23), S. 327 ff.; *Ossenbühl* FS Badura, 2004, S. 975 (976).
[100] Z. B.: Erzeugung und Nutzung von Kernenergie (Art. 87c); hierzu *Oebbecke* HStR VI, § 136 Rn. 57, wobei
dieser politisch umstrittenste Bereich an praktischer Bedeutung verliert; Luftverkehrsverwaltung (Art. 87d II); Bundeswasserstraßenverwaltung (Art. 89 II); Bundesfernstraßenverwaltung (Art. 90 III). Siehe *Kirchhof*, in: Maunz/Dürig,
Art. 85 (2012) Rn. 20 ff.
[101] In diesem Sinne etwa *Broß/Mayer*, in: v. Münch/Kunig II, Art. 85 Rn. 36; kritisch *Steinberg* (Fn. 74), S. 75 ff.
[102] Zu Novellierungsvorschlägen, mit denen die Position der Länder dem Bund gegenüber gestärkt werden soll,
vgl. etwa *Steinberg* (Fn. 74), S. 77 speziell zu Art. 87c; *Dieners* DÖV 1991, 923 (927), mit Vorschlägen zu einem
erweiterten Rechtsschutz der Länder gegenüber Weisungen. Für die Zubilligung einer dem Weisungsrecht annexen
Eintrittsbefugnis von Bundesbehörden zur Durchsetzung des Weisungsvollzuges im Falle einer rechtswidrigen
Weigerung der Länder *Loschelder* (Fn. 60), S. 45 ff., 134. Zu den haftungsrechtl. Konsequenzen einer Vollzugsver-
weigerung *Löwer* (Fn. 65), S. 156 ff.
[103] BT-Dr 12/6000, S. 43.
[104] Siehe dazu die Nachw. in der Dokumentation der Kommission von BTag und BRat zur Modernisierung der
bundesstaatl. Ordnung, Zur Sache 1/2005, S. 81 ff.
[105] Zur Bewertung des Durchgriffsverbots nach Art. 85 I 2 vgl. die entsprechende Bewertung zu Art. 84 I 7 bei
→ Art. 84 Rn. 12 ff.

**Schrifttum:** S. das Schrifttum bei Art. 83; ferner *E.-W. Böckenförde,* Die Organisationsgewalt im Bereich der Regierung, 1964; *P. Lerche,* Neue Entwicklungen zum Begriff der Bundeseigenverwaltung, FS Franz Klein 1994, S. 527; *R. Loeser,* Das Bundes-Organisationsgesetz, 1988; *J. Oebbecke,* Verwaltungszuständigkeit HStR VI, § 136 Rn. 80 ff.; *K. Stern,* Staatsrecht II, § 41 VII; *M. Schewerda,* Die Verteilung der Verwaltungskompetenzen zwischen Bund und Ländern nach dem Grundgesetz, 2008; *D. Traumann,* Die Organisationsgewalt im Bereich der bundeseigenen Verwaltung, 1998.

## Übersicht

## A. Allgemeines

### I. Entstehung

**1**    **1. Vorgeschichte. Art. 86 S. 1 knüpft an** die nach Art. 7 I Nr. 2 RV 1871 dem BRat, nach Art. 77 S. 1 WRV dann der Reichsregierung zugewiesene Kompetenz an, „die zur Ausführung der Reichsgesetze erforderlichen allgemeinen Verwaltungsvorschriften zu erlassen"; diese unter dem Vorbehalt abweichender (Reichs-)Gesetze stehende Befugnis betraf jedenfalls auch die Ausführung der Reichsgesetze durch das Reich.[1]

**2**    **Ohne ausdrückliches Vorbild** ist hingegen die Befugnis nach **S. 2,** die Einrichtung der in diesem Rahmen tätigen Behörden zu regeln. Eine solche Befugnis war überwiegend kraft Gewohnheitsrecht

---

[1] S. für die WRV nur die für die Landesausführung vorgesehene Sonderbestimmung des Art. 77 S. 2; für die RV 1871 *Meyer/Anschütz,* S. 707 f.

dem Kaiser zuerkannt worden[2] und wurde aufgrund gesetzlicher Übergangsvorschriften iVm Art. 179 I WRV zumeist auch für den Reichspräsidenten angenommen.[3]

**2. Verabschiedung des GG. Art. 112 HChE** hatte für die Ausführung der Bundesgesetze durch 3 eine bundeseigene Verwaltung oder eine bundesunmittelbare Selbstverwaltung der BReg und nach deren Geschäftsordnung einzelnen Bundesministern das Recht zuerkannt, die notwendigen Durchführungsverordnungen und Einzelanweisungen zu erlassen.

Im **ParlRat** wurde bewusst der Begriff der Verwaltungsvorschriften vorgezogen. S. 2 wurde 4 hinzugefügt, um die im HChE gesehene Lücke bzgl. der Organisationsgewalt zu schließen; die hier zunächst vorgesehene Zustimmung des BRat wurde in der endgültigen Fassung nicht mehr verlangt.

## II. Grundsätzliche Bedeutung

Art. 86 ist in seiner **Grundstruktur** den Art. 84 und 85 vergleichbar. Er umschreibt wie diese 5 seinen Anwendungsbereich (→ Rn. 9 ff.) durch abstrakte Kriterien eines **Verwaltungstyps** (Art. 86 S. 1, vergleichbar Art. 84 I Hs. 1, Art. 85 I 1 Hs. 1). Dessen **Anwendbarkeit** ist nach Art. 30, 83 davon abhängig, dass das GG ihn – abweichend von dem in diesen Artikeln enthaltenen Grundsatz der Kompetenzverteilung – **in anderen Verfassungsartikeln** „bestimmt" oder „zulässt".[4] Als äußerste Grenze der Verwaltungsbefugnisse des Bundes wird vielfach (wohl zu pauschal) die Reichweite seiner Gesetzgebungsbefugnisse genannt[5] (→ Rn. 11).

An diese Zweiteilung des Art. 83 anknüpfend lassen sich grob die vom Grundgesetz „bestimmte" 6 **obligatorische** Bundesverwaltung (Art. 87 I 1, II, 87b I, 87d I, 87e I 1, 87f II 2, III, 88, 89 II 1, 90 II 1, 108 I, 114 II, 130, auch 143a II, III, 143e II), bei der eine Übertragung auf die Länder vorbehalten sein kann (Art. 87e I 2, 89 II 3, 4, 108 IV 1 Alt. 2, auch Art. 130 I 2 [→ Art. 130 Rn. 6]), und die vom Grundgesetz nur „zugelassene" **fakultative Bundesverwaltung** (Art. 87 I 2, III, 87b I 3, II 1, 89 II 2, 90 IV – auf Antrag eines Landes –, Art. 108 IV 1 Alt. 3, 120a I 1) unterscheiden; für Art. 86 selbst ist die Differenzierung ohne Bedeutung.

Art. 86 enthält für die so bestimmten Fälle seines Anwendungsbereichs zu den **Rechtsfolgen** 7 (→ Rn. 18 ff.) nur wenige „allgemeine Bestimmungen", in deren Rahmen dem Bund und seinen zuständigen Organen „ein weiter organisatorischer Gestaltungsbereich" verbleibt.[6] Dieser zeigt sich in der undifferenzierten Anordnung der Rechtsfolgen für die in S. 1 erwähnten Varianten von Bundesverwaltung ebenso wie in den zu beiden Sätzen vorgesehenen Gesetzesvorbehalten. Entsprechend gering ist das aktuelle Konfliktpotential der Bestimmung.

Gegenüber der historischen Dominanz des Staatsoberhaupts (→ Rn. 2) ist im Grundgesetz die BReg 8 als politisch verantwortliche Exekutivorgan allein Adressat der allerdings einem Gesetzesvorbehalt unterworfenen Befugnisse nach Art. 86. Doch gibt es **keine umfassende Abgrenzung der Kompetenzen der BReg und des Bundesgesetzgebers** anhand vorgegebener Sachkriterien, wie sie in den meisten Landesverfassungen versucht wird.[7]

## B. Der Anwendungsbereich (Satz 1 Hs. 1)

Art. 86 knüpft die in S. 1 vorgesehenen Rechtsfolgen ausdrücklich an die im 1. Hs. von S. 1 9 alternativ genannten **Voraussetzungen** der Ausführung der Gesetze (I.) durch „bundeseigene Verwaltung oder durch bundesunmittelbare Körperschaften oder Anstalten des öffentlichen Rechts" (II.). Nach der Systematik und dem Sinnzusammenhang des Artikels ist auch die Rechtsfolge von S. 2 auf den danach bestimmten Bereich zu beziehen.[8] Allerdings ist insgesamt an Erweiterungen des Anwendungsbereichs zu denken (→ Rn. 43 ff.).

---

[2] *Meyer/Anschütz*, S. 705 f. zu und in Fn. 9 mwN zum Streitstand, die primär von einer durch dieses Gewohnheitsrecht verdrängten Organisationsgewalt des BRat ausgingen, der immerhin nach Art. 7 I Nr. 2 RV 1871 auch über die zur Ausführung der Reichsgesetze erforderlichen „Einrichtungen" beschließen sollte.

[3] Vgl. nur *Anschütz*, WRV, Art. 53 Anm. 4 mN zum Streitstand; *Pohl* HdbDStR I, S. 482 (493 f.).

[4] Für grundsätzlich abschließende Bedeutung der Art. 87 ff. BVerfGE 108, 169 (182); 119, 331 (364) mwN.

[5] Vgl. BVerfGE 12, 205 (229); 15, 1 (16); 78, 374 (386); 102, 167 (173 f.); BVerwGE 87, 181 (184); 110, 9 (14); nur für grds. Geltung dieser Grenze *Hermes*, in: Dreier III, Art. 83 Rn. 16, auch Art. 87 Rn. 80; diff. auch *Trute* MKS III, Art. 83 Rn. 13 f. mwN.

[6] BVerfGE 63, 1 (34, 40 f.). Zum geringen Aussagegehalt von Art. 86 auch *Groß*, in: Friauf/Höfling, Art. 86 (2002) Rn. 10; *Hebeler* Jura 2005, 164 (169).

[7] Vgl. Art. 77 I BayVerf, Art. 96 I, II BbgVerf, Art. 57 HbgVerf., Art. 70 II, III MVVerf, Art. 77 NRWVerf, Art. 112 SaarlVerf, Art. 83 I, II SachsVerf, Art. 45 II, III SchlHVerf; Art. 50 ThürVerf; offener Art. 38 I NdsVerf.; nur einseitig festgelegt in Art. 86 II SachsLSA.

[8] So auch *Ibler*, in: Maunz/Dürig, Art. 86 (2008) Rn. 26.

## I. Die Ausführung der Gesetze durch den Bund

10    **1. Gesetzesausführung.** Art. 86 S. 1 betrifft nach seinem Wortlaut nur die **gesetzesausführende** Verwaltung, steht damit in augenscheinlicher Parallele zu Art. 83–85;[9] für eine erweiternde Auslegung bleibt danach kein Raum[10] (s. zu einer möglichen Analogie → Rn. 47).

11    **2. Bundesgesetze.** Im Gegensatz zu Art. 83–85 bezieht sich Art. 86 nicht ausdrücklich auf *Bundes*gesetze, sondern spricht schlicht von den vom Bund ausgeführten Gesetzen. Gemeint sind trotz dieses Formulierungsdefizits **nur Bundesgesetze.**[11] Anders als im Verhältnis zu den Ländern besteht kein Anlass, dies bei der Ausführung durch den Bund selbst hervorzuheben, weil diese zumindest grds. für Landesgesetze nicht in Betracht kommt.[12] Wie Art. 83 (→ Art. 83 Rn. 20) ist auch Art. 86 bei EU-Recht analog anzuwenden.[13]

## II. Die Formen der Gesetzesausführung

12    Art. 86 S. 1 Hs. 1 erstreckt den **Anwendungsbereich** der Vorschrift **unterschiedslos** auf die genannten Formen der Gesetzesausführung durch den Bund. Zu deren jeweiligem Anwendungsbereich[14] und zur Zulässigkeit anderer Formen von Bundesverwaltung sagt Art. 86 nichts.[15]

13    **1. Bundeseigene Verwaltung (1. Alt.).** Bei Gesetzesausführung „durch bundeseigene Verwaltung", die angesichts eines verbreiteten doppelsinnigen Gebrauchs dieses Begriffs[16] klarer als **unmittelbare Bundesverwaltung** bezeichnet werden kann,[17] handelt der Bund durch eigene Organisationseinheiten ohne selbständige Rechtspersönlichkeit.[18] Für Art. 86 unerheblich ist, ob nur zentrale Stellen tätig werden oder auch Bundesmittel- und -unterbehörden als Teil eines eigenen Verwaltungsunterbaus, der fakultativ oder obligatorisch sein kann.[19] Auch die Zulässigkeit der genannten Verwaltungsformen ist in Art. 86 nicht geregelt.

**2. Bundesunmittelbare Körperschaften oder Anstalten des öffentlichen Rechts (2. Alt.).**

14    Die Gesetzesausführung „durch bundesunmittelbare Körperschaften oder Anstalten des öffentlichen Rechts" lässt sich als **mittelbare Bundesverwaltung** bezeichnen.[20] Insoweit handeln für den Bund die genannten verselbständigten Rechtsträger,[21] die durch ihre Erwähnung ua in Art. 86 als mit dem GG grundsätzlich vereinbar anerkannt sind.[22]

15    **Bundesunmittelbarkeit** ergibt sich nicht schon aus einer bundesgesetzlichen Rechtsgrundlage des Rechtsträgers; vielmehr kommt es darauf an, dass die Körperschaft oder Anstalt dem Bund als ihrem Hauptverwaltungsträger rechtlich zugeordnet,[23] dh von ihm errichtet[24] und insbesondere seiner Aufsicht unterstellt ist.[25]

---

[9] *Groß,* in: Friauf/Höfling, Art. 86 (2002) Rn. 14; *Burgi* MKS III, Art. 86 Rn. 34.

[10] So namentlich *Ronellenfitsch,* Die Mischverwaltung im Bundesstaat, 1. Teil, 1975, S. 200 f.; *Stern,* Staatsrecht II, S. 819; anders *Hömig,* in: Hömig/Wolff, Art. 86 Rn. 1; *Saurer* BK, Art. 86 (2018) Rn. 82 mwN; offen *Blümel* HStR IV¹, § 101 Rn. 76; nicht eindeutig BVerwGE 102, 119 (125 f.).

[11] *Burgi* MKS III, Art. 86 Rn. 35; *Broß/Mayer,* in: v. Münch/Kunig II, Art. 86 Rn. 3; *Groß,* in: Friauf/Höfling, Art. 86 (2002) Rn. 14 f.; *Umbach/Clemens,* in: Umbach/Clemens II, Art. 86 Rn. 14.

[12] Apodiktisch BVerfGE 12, 205 (221); 21, 312 (325); auch BVerwGE 114, 232 (238); *Umbach/Clemens,* in: Umbach/Clemens II, Art. 86 Rn. 14; vorsichtiger → Rn. 5; *Stern,* StaatsR II, S. 785; *Blümel* HStR IV¹ § 101 Rn. 11 ff.; *Lerche,* in: Maunz/Dürig, Art. 86 (1992) Rn. 47; auch → Art. 30 Rn. 13; → Art. 83 Rn. 3 mit Fn. 14; zur Bundeswasserstraßenverwaltung → Art. 89 Rn. 23. Zur Bindung der Bundesverwaltung an Landesrecht → Art. 87 Rn. 62.

[13] *Saurer* BK, Art. 86 (2018) Rn. 87; offen dafür auch BVerwGE 102, 119 (125).

[14] Besonders klar *Broß/Mayer,* in: v. Münch/Kunig II, Art. 86 Rn. 5.

[15] Vgl. *Stern,* StaatsR II, S. 818, 830; *Ibler,* in: Maunz/Dürig, Art. 86 (2008) Rn. 3; wohl auch *Burgi* MKS III, Art. 86 Rn. 27; weitergehend SG Hannover NVwZ 2005, 976 (auch für Art. 87); aA *v. Mangoldt/Klein* III, 2. Aufl., Art. 86 Anm. V 2c aa; nicht klar *Broß/Mayer,* in: v. Münch/Kunig II, Art. 86 Rn. 5, 8.

[16] Vgl. etwa BVerfGE 63, 1 (36); auch *Umbach/Clemens,* in: Umbach/Clemens II, Art. 86 Rn. 12; eher kritisch *Blümel* HStR IV¹, § 101 Rn. 77.

[17] S. auch *Ibler,* in: Maunz/Dürig, Art. 86 (2008) Rn. 17, 66 f.; *Saurer* BK, Art. 86 (2018) Rn. 47 ff.; ablehnend *Groß,* in: Friauf/Höfling, Art. 86 (2002) Rn. 21 f.

[18] *Ibler,* in: Maunz/Dürig, Art. 86 (2008) Rn. 67; *Traumann,* Die Organisationsgewalt im Bereich der bundeseigenen Verwaltung, 1998, S. 84 ff.; zT enger offenbar *Stern,* StaatsR II, S. 818.

[19] Vgl. nur *Blümel* HStR IV¹, § 101 Rn. 79.

[20] Ablehnend *Groß,* in: Friauf/Höfling, Art. 86 (2002) Rn. 23.

[21] Für eine systematische Übersicht über die bundesunmittelbaren juristischen Personen des öffentlichen Rechts s. *W. Weber* FS Reinhardt, 1972, S. 499 ff.

[22] Für die überkommenen Organisationsformen funktionaler Selbstverwaltung BVerfGE 107, 59 (90).

[23] So *Krebs* HStR III1, § 69 Rn. 42, wegen etwaiger Fälle ausgeschlossener Aufsicht.

[24] Dafür *Stern,* StaatsR I, S. 724.

[25] So BVerfGE 11, 105 (108); daran anschließend *Hömig,* in: Hömig/Wolff, Art. 86 Rn. 2; auch *Ibler,* in: Maunz/Dürig, Art. 86 (2008) Rn. 71; allgemein *WBSK II,* § 80 Rn. 82; auch → Art. 130 Rn. 12.

**Körperschaften** (des öff. Rechts) sind begriffsnotwendig zu einer **eigenen Rechtsperson** verselb- 16
ständigt.[26] **Anstalten** (des öff. Rechts) kommen zwar auch ohne Rechtsfähigkeit vor.[27] Gemeint sind
aber hier die zu eigenen Außenrechtssubjekten verselbständigten (zumindest teil-) rechtsfähigen Anstalten;[28] diese Verselbständigung macht den Unterschied zur bundeseigenen (oder bundesunmittelbaren) Verwaltung (→ Rn. 13) aus.

**3. Nicht erfasste Formen. Außerhalb des Anwendungsbereichs** des Art. 86 bleiben andere als 17
die genannten Träger öffentlicher Verwaltung, zumal öffentlich-rechtliche Stiftungen (→ Rn. 43) und
Beliehene (→ Rn. 45), sowie vom Bund getragene juristische Personen des Privatrechts (→ Rn. 44).
Dies schließt die Vereinbarkeit des Einsatzes solcher Gestaltungsformen mit dem GG nicht aus
(→ Rn. 12). Zur Frage der analogen Anwendung → Rn. 42 ff.

## C. Der Erlass allgemeiner Verwaltungsvorschriften durch die Bundesregierung (Satz 1 Hs. 2)

### I. Allgemeine Verwaltungsvorschriften

**1. Begriff.** Der Begriff der „allgemeinen Verwaltungsvorschriften" ist wie in Art. 84 und 85 18
(→ Art. 84 Rn. 39) im Ausgangspunkt iSd überkommenen verwaltungsrechtlichen Terminologie zu
verstehen; er umfasst **generelle Regelungen** unterschiedlichen Inhalts, denen grds. (unmittelbare)
**rechtliche Außenwirkung fehlt** (allg. → Art. 20 Rn. 107).

**2. Anwendungsbereich.** Die nach Art. 86 erlassenen allgemeinen VV sind gleichwohl nicht auf 19
den Bereich der bundeseigenen Verwaltung beschränkt, sondern können sich **auch** an die mit der
Gesetzesausführung befassten **bundesunmittelbaren Körperschaften und Anstalten** des öffentlichen Rechts richten.[29] Diese werden ungeachtet ihrer eigenen Rechtspersönlichkeit – wie die Länder
nach Art. 84 II, 85 II 1 – bei der Ausführung der Bundesgesetze für die Wirkung der Verwaltungsvorschriften grds. dem Innenbereich des Bundes zugerechnet.

Über die Gesetzesausführung hinausreichende Verwaltungsvorschriften bewirken hingegen insoweit 20
keine Bindung. Gesetzlich begründete **Selbstverwaltungsbefugnisse** stehen außerhalb des Innenbereichs des Bundes, können mithin durch VV nach Art. 86 S. 1 nicht verkürzt werden.[30]

### II. Erlass durch die Bundesregierung

**1. Die Bundesregierung als Kollegium.** Die allgemeinen Verwaltungsvorschriften nach S. 1 21
erlässt grds. die **Bundesregierung als Kollegium** (Art. 62 GG).[31] Dafür sprechen schon die Formulierung sowie ihre parallele Verwendung zumal in Art. 84 II, 85 II (→ Art. 84 Rn. 39, → Art. 85
Rn. 12); es wird zudem durch die Entstehungsgeschichte bestätigt, da im HChE und zunächst noch
im ParlRat ausdrücklich auch die einzelnen Bundesminister genannt worden waren (→ Rn. 3 f.). Im
Übrigen hätte Art. 86 sonst keinerlei Bedeutung.

Das BVerwG hat sich nur dagegen ausgesprochen, „daß die Regelung des Art. 86 … eine den Erlaß 22
von Verwaltungsvorschriften ausschließende Einschränkung" der Ressortkompetenz bedeute.[32] Später
hat es die Befugnis des einzelnen Bundesministers aus Art. 65 S. 2 anerkannt, „wenn nicht vorrangige

---

[26] Vgl. WBS 3, § 87 Rn. 5 ff.; zu Voraussetzungen und Form der Errichtung öffentlicher Körperschaften allgemein *Scheuner* GS Peters, 1967, S. 797 ff.

[27] Allgemein zur möglichen Gestaltung öffentlich-rechtlicher Anstalten nur *Lange* und *Breuer*, VVDStRL 44
(1986), 170 ff. bzw. 211 (224 ff.) mit weiteren Differenzierungen; zu ihrer Zugehörigkeit zur bundeseigenen Verwaltung s. auch *B. Becker* VerwArch 73 (1982), 148 ff.; *ders.*, Öffentliche Verwaltung, 1989, S. 289 ff.

[28] *Stern*, StaatsR II, S. 817; *Ibler*, in: Maunz/Dürig, Art. 86 (2008) Rn. 71, 73.

[29] Vgl. (nur im Ergebnis übereinstimmend) *Ibler*, in: Maunz/Dürig, Art. 86 (2008) Rn. 137 mwN. Für Geltung im
Fall des Art. 87 II BAG ZTR 2010, 637.

[30] Im Ergebnis ebenso *Ibler*, in: Maunz/Dürig, Art. 86 (2008) Rn. 140 mwN. Vgl. auch BSGE 89, 235 (239 ff.);
zustimmend *Marschner* SGb 2003, 57 (57 f.); *Rimscha* BG 2002, 538 f.

[31] Sehr str.; wie hier etwa *Stern*, StaatsR II, S. 820 mit Fn. 425; *Broß/Mayer*, in: v. Münch/Kunig II, Art. 86
Rn. 8; *Bull*, AK GG, Art. 86 (2001) Rn. 18; *Groß*, in: Friauf/Höfling, Art. 86 (2002) Rn. 42; *Pieroth*, in: Jarass/
Pieroth, Art. 86 Rn. 7; auch → Art. 65 Rn. 28, und grds. differenzierend → Art. 62 Rn. 7 ff., ausführlich *Oldiges*,
Die Bundesregierung als Kollegium, 1983, S. 213 ff.; ferner etwa *Lorse* ZBR 2003, 185 (194), im Kontext des
Art. 86 S. 2 GG; BVerfGE 26, 338 (396) hat die Frage ausdrücklich offengelassen; unentschieden auch *Blümel* HStR
IV[1], § 101 Rn. 84; *Steinmetz*, IT-Standardisierung und Grundgesetz, 2010, S. 105 ff.; vermittelnd *Ibler*, in: Maunz/
Dürig, Art. 86 (2008) Rn. 130 ff., 135; aA *Ossenbühl*, Verwaltungsvorschriften und Grundgesetz, 1968, S. 456 f.;
*Hänlein*, Rechtsquellen im Sozialversicherungsrecht, 2001, S. 122 ff.; *Sauerland*, Die Verwaltungsvorschrift im
System der Rechtsquellen, 2005, S. 103 ff.; nach Maßgabe der Art. 63–65, 67 differenziert *Böckenförde*, Die
Organisationsgewalt im Bereich der Regierung, 1964, S. 137 ff.; für dahingehende Verfassungsänderung *T. Koch*
Jura 2000, 179 (184 f.).

[32] BVerwGE 36, 327 (333 f.), bei nur partieller Berücksichtigung der Entstehungsgeschichte; daran anschließend
BVerwG NJW 1979, 280, wo zusätzlich darauf abgehoben wird, die BReg habe die individuellen Richtlinien „als
maßgebend anerkannt"; im Einklang mit dem BVerwG sieht sich *Oldiges* (Fn. 31), S. 221 Fn. 124.

Verwaltungsvorschriften die jeweilige Materie bereits regeln".[33] Danach wird die **Ressortkompetenz des Art. 65 S. 2 nur verdrängt, soweit von der Kabinettskompetenz** des Art. 86 S. 1 **Gebrauch gemacht** ist.[34]

23  **2. Befugnis und Verpflichtung?** Das Verständnis des Art. 86 S. 1 als „Verantwortung", die mit der Befugnis **zum Erlass der Verwaltungsvorschriften** eine dahingehende **Verpflichtung** verbindet,[35] ist unschädlich, führt aber auch nicht weiter, solange die angeblichen Bindungen im **nicht justiziablen** Bereich der Gemeinwohlbezogenheit jedes organschaftlichen Handelns im demokratischen Verfassungsstaat verbleiben.[36] Anderweitig herzuleitende Verpflichtungen, etwa aus dem Gleichheitssatz,[37] sind nicht ausgeschlossen.

## III. Der Gesetzesvorbehalt

24  Die Befugnis der BReg nach Art. 86 S. 1 steht unter dem für Einschränkungen Raum lassenden Gesetzesvorbehalt, dass „nicht das Gesetz Besonderes vorschreibt"; damit ist ein **Zugriffsrecht des Bundesgesetzgebers** begründet, nicht aber ein ggf. aus anderen Bestimmungen[38] abzuleitender Vorbehalt des Gesetzes.[39]

25  **1. Das Gesetz. a) Bundesgesetz.** Das vorbehaltene Gesetz ist notwendig ein Bundesgesetz, da landesgesetzliche Ingerenzmöglichkeiten in die Ausführung der Bundesgesetze durch den Bund nach dem Zusammenhang ausscheiden.[40] Dies betrifft allerdings nicht die in Art. 86 nur vorausgesetzte (→ Rn. 5 f.) Begründung einer Verwaltungskompetenz des Bundes überhaupt, die sich bei Erfüllung der entsprechenden grundgesetzlichen Voraussetzungen auch aufgrund von Gesetzen (oder sonstigen Rechtsakten) der Länder ergeben kann.[41]

26  **b) Förmliches Gesetz.** Nach dem Sinn des Gesetzesvorbehalts in Art. 86 S. 1, die andernfalls nach dem Verfassungstext ausschließliche Kompetenz der BReg durch Gesetzgebungsmöglichkeiten zu begrenzen, kommen hier nur förmliche Gesetze (näher → vor Art. 1 Rn. 109) in Betracht.[42] Die Möglichkeit einer **Delegation** der Befugnis, Besonderes vorzuschreiben, an die BReg oder einen BMin nach Art. 80 I 1 scheint **nicht ausgeschlossen**, ist aber jedenfalls im Hinblick auf den möglichen Inhalt der Regelung (→ Rn. 27) kaum sinnvoll.[43] Entsprechendes gilt für die Überantwortung an einen Träger von Satzungsautonomie im Falle mittelbarer Bundesverwaltung.

27  **2. Der Gegenstand des Gesetzes. Gegenstand** der vorbehaltenen Vorschriften ist nach Formulierung und Struktur von S. 1 die **Zuständigkeit zum Erlass** der allgemeinen Verwaltungsvorschriften[44] einschl. etwaiger Mitwirkungsbefugnisse[45] oder Verfahrensregelungen. Unabhängig davon hat der Gesetzgeber aufgrund seiner allgemeinen Befugnisse die Möglichkeit, im formellen Gesetz selbst als Inhalt von Verwaltungsvorschriften in Frage kommende Anordnungen zu treffen[46] oder über Rechtsetzungsermächtigungen zu ermöglichen.

---

[33] BVerwG NVwZ 1985, 497 (498), möglicherweise nur auf das Verhältnis zweier Ressorts bezogen; so jedenfalls *Blümel* HStR IV[1], § 101 Rn. 85, der aber sonst auch von einem Vorrang allg. Verwaltungsvorschriften der BReg ausgeht, ebda, Rn. 57.

[34] Im Ergebnis auch *Ibler*, in: Maunz/Dürig, Art. 86 (2008) Rn. 135; *Saurer* BK, Art. 86 (2018) Rn. 162 ff.; *Oebbecke* HStR VI, § 136 Rn. 83; ablehnend. *Schewerda*, Die Verteilung der Verwaltungskompetenzen ..., 2008, S. 175 ff.

[35] *Lerche*, in: Maunz/Dürig, Art. 86 (1989) Rn. 95; auch *Ibler*, in: Maunz/Dürig, Art. 86 (2008) Rn. 126.

[36] Weitergehend wohl *Ibler*, in: Maunz/Dürig, Art. 86 (2008) Rn. 127; für ein „Ermessen" der BReg *Bull*, AK GG, Art. 86 (2001) Rn. 19; gegen eine Pflicht zum Erlass *Groß*, in: Friauf/Höfling, Art. 86 (2002) Rn. 42.

[37] S. etwa *Sachs*, in: Stern, StaatsR IV/2, S. 1506, 1582.

[38] *Hermes*, in: Dreier III, Art. 86 Rn. 62; *U. Stelkens* LKV 2003, 489 (491 f.).

[39] Zur gebotenen Unterscheidung → Art. 20 Rn. 113; näher *Sachs*, in: Stern, StaatsR III/2, 1994, S. 369 ff., 373; zustimmend *Ibler*, in: Maunz/Dürig, Art. 86 (2008) Rn. 143 mwN.; s. auch → Rn. 37.

[40] Vgl. statt aller *Stern*, StaatsR II, S. 819.

[41] Anders *Papier* FS Knöpfle, 1986, S. 273 (278 f.), zur Begründung der Voraussetzungen des Art. 87 II durch die Länder nach Maßgabe des § 143 III SGB V; dort wird verkannt, dass erst, wenn durch das nach anderen Bestimmungen des GG zu beurteilende Verhalten der Länder die Tatbestandsvoraussetzungen des Art. 87 II erfüllt werden, ex constitutione die Bundesunmittelbarkeit des geschaffenen Rechtsträgers eintritt, die ihrerseits die Bundesverwaltungskompetenz und damit die Anwendbarkeit des Art. 86 begründet.

[42] *Stern*, StaatsR II, S. 819; *Ibler*, in: Maunz/Dürig, Art. 86 (2008) Rn. 146; *Oebbecke* HStR VI, § 136 Rn. 84.

[43] *Ibler*, in: Maunz/Dürig, Art. 86 (2008) Rn. 146, 147, 149 mit Fn. 5, vernachlässigt die hier vorgenommene Unterscheidung beider Aspekte.

[44] *Stern*, StaatsR II, S. 821; für Art. 84 II, 85 II → Art. 84 Rn. 39, → Art. 85 Rn. 12.

[45] *Burgi* MKS III, Art. 86 Rn. 70; *Ibler*, in: Maunz/Dürig, Art. 86 (2008) Rn. 147, auch 151 f., für den BRat; dagegen *Groß*, in: Friauf/Höfling, Art. 86 (2002) Rn. 46.

[46] *Burgi* MKS III, Art. 86 Rn. 71; für Rückgriff auf Art. 86 S. 1 wohl *Pieroth*, in: Jarass/Pieroth, Art. 86 Rn. 8; nicht klar *Ibler*, in: Maunz/Dürig, Art. 86 (2008) Rn. 150; anscheinend anders *Schliesky/Tischer* DÖV 2013, 361 (363).

Aus der Formulierung **„Besonderes"** eine qualifizierende Verengung des Gesetzesvorbehalts auf 28 Sonderfälle abzuleiten,[47] so dass die verfassungsunmittelbare Regierungskompetenz der Regelfall bleiben muss, überzeugt nicht.[48]

**3. Die Verbandskompetenz für die Bundesgesetzgebung/ Bundesratszustimmung.** Nicht 29 abschließend geklärt ist die auch vom BVerfG[49] **offengelassene** Frage, ob sich die Verbandskompetenz des Bundesgesetzgebers für seine Vorschriften iRd Art. 86 S. 1 aus dieser Regelung selbst herleitet[50] oder durch die allg. Bestimmungen über die Gesetzgebungskompetenzen des Bundes anderweitig gedeckt sein muss.[51] In letzterem Fall könnte – etwa in Fällen der Art. 73 II, 74 II – die Zustimmung des BRats notwendig sein.[52]

Im Erg. ist jedenfalls die Verbandskompetenz des Bundes für gesetzliche Regelungen der Bundes- 30 ausführung der Bundesgesetze – als Annexkompetenz zur Kompetenz für das ausgeführte Gesetz oder kraft Natur der Sache – **unabhängig** von dem Gesetzesvorbehalt in **Art. 86 S. 1 anzuerkennen.**

## D. Die Regelung der Behördeneinrichtung (Satz 2)

### I. Die Einrichtung der Behörden

**1. Die Einrichtung.** Der Begriff der Einrichtung ist wie in den entsprechenden Art. 84 I, 85 I 31 (→ Art. 84 Rn. 7, → Art. 85 Rn. 10) und Art. 87 I 2 **grundsätzlich weit** zu verstehen; er umfasst die Errichtung (ieS; zur weitergehenden Bedeutung in Art. 87 III → Art. 87 Rn. 72) sowie die sachliche, personelle und aufgabenmäßige Zurüstung.[53] Dazu gehört auch die Nutzung neuer technischer Möglichkeiten, etwa im Rahmen des „electronic government."[54]

**2. Die Behörden.** Auch der Behördenbegriff ist grds. ebenso **weit zu verstehen** wie in den 32 genannten parallelen Verwendungszusammenhängen; er erfasst also **jede Stelle des Bundes,**[55] die Aufgaben der öff. Verwaltung wahrnimmt.[56]

Die Regelung der Behördeneinrichtung erstreckt sich **auch auf die mittelbare Bundesverwal-** 33 **tung** durch die in S. 1 genannten bundesunmittelbaren Körperschaften und Anstalten des öffentlichen Rechts, betrifft aber **nicht deren Errichtung** selbst; denn die Existenz dieser Verwaltungsträger gehört bereits zu den Voraussetzungen des S. 1[57] (→ Rn. 14 ff.).

**Außerhalb** des Art. 86 S. 2 bleiben ferner die **Bundesminister(ien).** Obwohl sie dem Wortlaut 34 nach als oberste Bundesbehörden erfasst werden, ist ihre gleichzeitige Zugehörigkeit zu dem Verfassungsorgan BReg von vorrangiger Bedeutung, so dass insoweit die diesbezüglichen Regelungen, s. Art. 64, 65, allein maßgeblich sind.[58]

### II. Die Regelung durch die Bundesregierung

**1. Die Regelung.** Unter „Regelung" ist dem allgemeinen Sprachgebrauch (vgl. § 35 I VwVfG) 35 folgend wie bei Art. 84 I[59] auch im Rahmen des Art. 86 S. 2 die **rechtlich verbindliche Anordnung**

---

[47] Erwogen in BSGE 89, 235 (240).

[48] So *Hermes,* in: Dreier III, Art. 86 Rn. 56; *Saurer* BK, Art. 86 (2018) Rn. 166; offen *Ibler,* in: Maunz/Dürig, Art. 86 (2008) Rn. 143 Fn. 1.

[49] S. für die Befugnis zur Regelung des Verfahrens der bundeseigenen Verwaltung für die Bundeseisenbahnen BVerfGE 26, 338 (369) zu Art. 73 I Nr. 6 bzw. Art. 86, 87 I; dazu näher → Rn. 39 mit Fn. 62.

[50] So *Stern,* StaatsR II, S. 820; *Ibler,* in: Maunz/Dürig, Art. 86 (2008) Rn. 146; *Traumann* (Fn. 18), S. 48.

[51] Dafür vorsichtig *Burgi* MKS III, Art. 86 Rn. 71; nicht eindeutig *Loeser,* Das Bundes-Organisationsgesetz, 1988, S. 141, der jedenfalls auch die „Natur der Sache" heranzieht.

[52] Allgemein ablehnend *Oebbecke* HStR VI, § 136 Rn. 85.

[53] So *Stern,* StaatsR II, S. 799 mwN; entspr. auch *F. Kirchhof,* in: Maunz/Dürig, Art. 84 (2011) Rn. 95 mwN.; näher zum einheitlichen Verständnis von „Einrichtung" und „Errichtung" iRd Art. 84 ff. *H. Schneider* AöR 83 (1958), 1 (16 ff.).

[54] Vgl. *Burgi* MKS III, Art. 86 Rn. 78; *Ibler,* in: Maunz/Dürig, Art. 86 (2008) Rn. 165 f.; *Schliesky* DÖV 2004, 809 (810 f.).

[55] Ausdrücklich *Burgi* MKS III, Art. 86 Rn. 74; *Ibler,* in: Maunz/Dürig, Art. 86 (2008) Rn. 156. Art. 86 S. 2 ist keine Basis für Regelungen der Ausführung der Länder, VG Darmstadt NVwZ-RR 2006, 291 (293).

[56] So § 1 IV VwVfG; entspr. *Lerche,* in: Maunz/Dürig, Art. 84 (1985) Rn. 26; *Burgi* MKS III, Art. 86 Rn. 76; der rechtstechnischere Begriff, wie ihn BVerfGE 10, 20 (48); daran anschließend BVerwGE 87, 310 (312); *Stern,* StaatsR II, S. 799, verwenden, sollte demgegenüber nicht zu Verengungen führen; aA *Weisel,* Das Verhältnis von Privatisierung und Beleihung, 2003, S. 120; auch *Saurer* BK, Art. 86 (2018) Rn. 168.

[57] Ebenso *Umbach/Clemens,* in: Umbach/Clemens II, Art. 86 Rn. 29; vgl. *Bull,* AK GG, Art. 86 (2001) Rn. 22: „… durch (bestehende) Körperschaften…".

[58] *Stern,* StaatsR II, S. 821; *Ibler,* in: Maunz/Dürig, Art. 86 (2008) Rn. 157 ff.; *Oebbecke* HStR VI, § 136 Rn. 85; *Traumann* (Fn. 18), S. 42 ff.; aA *Böckenförde* (Fn. 31), S. 133 ff.; ihm folgend *H. P. Schneider* AK GG, Art. 64 (2002) Rn. 3; aA auch *Groß,* in: Friauf/Höfling, Art. 86 (2002) Rn. 34.

[59] Vgl. BVerfGE 55, 274 (319).

des bezüglich der Behördeneinrichtung Gewollten zu verstehen.[60] Die Durchführung obliegt dann den allgemein zuständigen Stellen, insbesondere dem Ressortminister.[61]

**36**    **2. Die Bundesregierung als Kollegium.** Die Zuständigkeit nach S. 2 liegt bei der BReg als **Kollegium** (→ Rn. 21).

### III. Grenzen der Regelungsbefugnis

**37**    **1. Der Gesetzesvorbehalt.** Die Regelungsbefugnis der BReg besteht nach S. 2 nur, „soweit das Gesetz nichts anderes bestimmt". Damit sind dem **Gesetz** eigene **Zugriffsmöglichkeiten** abweichend von der grds. von Verfassungs wegen bestehenden Regelungsbefugnis der BReg eröffnet; mit einem Vorbehalt des Gesetzes, der die primäre Regelungsbefugnis beim Parlament monopolisieren würde (→ Rn. 41), hat dies nichts zu tun (→ Rn. 24).

**38**    **a) Das Gesetz.** Als Gesetz ist wie in S. 1 (→ Rn. 25 f.) nur das formelle Bundesgesetz angesprochen, das allerdings die zulässigen Regelungen **nicht selbst unmittelbar** treffen muss, sondern Delegationen vornehmen kann.

**39**    **b) Der Gegenstand des Gesetzes.** Die Formulierung „... **nichts anderes bestimmt** ..." ist anders als der Gesetzesvorbehalt in S. 1 (→ Rn. 27) nicht nur auf die Zuordnung der Befugnis, die Zuständigkeit abweichend zu regeln, zu beziehen; vielmehr wird auch dadurch „anderes bestimmt", dass das Gesetz selbst die Einrichtung der Behörden regelt.[62]

**40**    **c) Grenzen der Gestaltungsbefugnis des Gesetzgebers** ergeben sich zunächst aus der Reichweite der durch den Gesetzesvorbehalt ja ihrerseits nur begrenzten Regelungsbefugnis, die der BReg nach S. 2 zusteht (→ Rn. 31 ff., → Rn. 41). Ob und inwieweit das Grundgesetz dem Zugriff des Gesetzgebers einen das „Hausgut" der BReg schützenden **Exekutivvorbehalt** entgegensetzt,[63] ist jedenfalls nicht aus Art. 86 S. 2 zu beantworten.[64]

**41**    **2. Sonstige grundgesetzliche Grenzen.** Die der BReg nach Art. 86 S. 2 im durch S. 1 tatbestandlich festgelegten Bereich übertragene Regelungsbefugnis kann – auch abgesehen von dem Gesetzesvorbehalt (→ Rn. 37 ff.) – an **grundgesetzliche Grenzen** stoßen. So können sich aus speziellen Vorschriften inhaltliche Anforderungen ergeben, etwa hinsichtlich der Unzulässigkeit oder Notwendigkeit eines Verwaltungsunterbaus (→ Rn. 13), die die Gestaltungsmöglichkeiten im Rahmen des S. 2 entsprechend einengen; auch können bestimmte Fragen der Regelung durch Gesetz vorbehalten sein.[65] Grenzen können auch aus übergeordneten Verfassungsprinzipien und ihrem Zusammenspiel resultieren, wie etwa hinsichtlich der grundsätzlich bedenklichen (→ Art. 20 Rn. 41) sog. **ministerialfreien Räume.**

### E. Analoge Anwendbarkeit des Art. 86

**42**    Eine Analogie zu Art. 86 kommt in Betracht, um die dort vorgesehenen **Rechtsfolgen außerhalb seines Anwendungsbereichs** nach S. 1 (→ Rn. 9 ff.) durchgreifen zu lassen.[66]

---

[60] Zu den in Frage kommenden Handlungsformen im Einzelnen s. *Traumann* (Fn. 18), S. 42 ff.

[61] Entspr. zu Art. 84 I für einen Vollzugsraum der Länder bei Regelung durch den Bund(esgesetzgeber) *Lerche,* in: Maunz/Dürig, Art. 84 (1985) Rn. 29; für weitergehende Kompetenz des Ressortministers zu Art. 86 *Oldiges* (Fn. 31), S. 221 ff.

[62] *Burgi* MKS III, Art. 86 Rn. 83; *Broß/Mayer,* in: v. Münch/Kunig II, Art. 86 Rn. 13; *Pieroth,* in: Jarass/Pieroth, Art. 86 Rn. 8; *Ibler,* in: Maunz/Dürig, Art. 86 (2008) Rn. 170 f.; zur darauf gestützten Möglichkeit eines Verwaltungsorganisationsgesetzes des Bundes *Loeser* (Fn. 51), S. 140 ff.; *Blümel* HStR IV¹, § 101 Rn. 83; zur Ableitung einer Bundesgesetzgebungskompetenz für die Regelung des VwVf auch aus Art. 86 iVm der die Bundesverwaltungskompetenz begründenden Bestimmung (dort: des Art. 87 I) offenlassend BVerfGE 26, 338 (369); BVerfGE 26, 281 (301), zieht ohne weiteres „Art. 73 Nr. 6 und 7, Art. 87 Abs. 1 GG" für das „Verwaltungsverfahren von Bundesbahn und Bundespost" heran; BVerfGE 31, 113 (117), stützt die Gesetzgebungskompetenz für das VwVf im GjS nur auf Art. 87 III 1.

[63] Dazu *Böckenförde* (Fn. 31), S. 78 ff., 133 ff., 286 f.; *Steinberg,* Politik und Verwaltungsorganisation, 1979, S. 333 ff.; *Oldiges* (Fn. 31), S. 236 ff.; *Loeser* (Fn. 51), S. 155 ff.; *G. C. Burmeister,* Herkunft, Inhalt und Stellung des institutionellen Gesetzesvorbehalts, 1991, S. 132 ff.; *Butzer* Verwaltung 27 (1994), 157 ff.; *Traumann* (Fn. 18), S. 373 ff.; *Schröder* HStR III, § 64 Rn. 12; *Krebs* HStR V, § 108 Rn. 96 f.; *Ibler,* in: Maunz/Dürig, Art. 86 (2008) Rn. 169; *Umbach/Clemens,* in: Umbach/Clemens II, Art. 86 Rn. 33; *Saurer* BK, Art. 86 (2018) Rn. 73. Hinweise auch bei *Janssen,* Über die Grenzen des legislativen Zugriffsrechts, 1990, S. 66 f. Zur begrenzten Rechtswirkungen der Gewaltenteilung allgemein → Art. 20 Rn. 93.

[64] Zustimmend *Hermes,* in: Dreier III, Art. 86 Rn. 62.

[65] Vgl. für Art. 108 I 2, II 2 und IV 1 BVerfGE 106, 1 (22), wo die Regelungen irreführend als „spezielle organisatorische Gesetzesvorbehalte" bezeichnet werden, obwohl es um Anwendungsfelder des Vorbehalts des Gesetzes geht; auch → Rn. 37 und 24; allg. → Art. 20 Rn. 113.

[66] Ablehnend *Burgi* MKS III, Art. 86 Rn. 27.

## I. Andere Formen der Gesetzesausführung

**1. Stiftungen des öffentlichen Rechts. Unbedenklich** ist eine Anwendung beider Sätze des 43
Art. 86 auf Fälle mittelbarer Bundesverwaltung durch die in S. 1 nicht genannten, aber nicht entscheidend anders zu bewertenden Stiftungen des öffentlichen Rechts.[67]

**2. Vom Bund getragene juristische Personen des Privatrechts.** Weniger geeignet ist das 44
Rechtsfolgeninstrumentarium des Art. 86 für eine Gesetzesausführung durch vom Bund getragene jur.
Personen des Privatrechts. Immerhin dürfte der Gedanke, allgemeine normative Steuerungsmöglichkeiten und Organisationsbefugnisse – vorbehaltlich abweichender gesetzlicher Regelungen – der BReg
zuzuordnen, auch hier noch passen; er müsste gegebenenfalls mit **Rücksicht auf die Eigenheiten** der
privatrechtlichen Formen verwirklicht werden.[68]

**3. Beliehene.** Ähnliches gilt wohl auch für die Gesetzesausführung des Bundes durch Beliehene 45
oder sonst **eingeschaltete selbständige Privatpersonen**,[69] wobei allerdings für jeden Übergriff in
die private Rechtssphäre dieser Personen der Vorbehalt des Gesetzes (→ Art. 20 Rn. 113 ff.) beachtet
werden müsste.[70] Zu Art. 90 II 2–6 → Art. 90 Rn. 17 f.

## II. Nicht gesetzesausführende Bundesverwaltung

Umstritten ist, ob eine Analogie zu Art. 86 auch dort möglich ist, wo der Bereich der gesetzes- 46
ausführenden Verwaltung verlassen wird.[71] Sie scheint deshalb angebracht, weil die Anknüpfung der
Formulierung des Art. 86 S. 1 an die für Art. 84 I, 85 I konstitutive Gesetzesausführung gegenüber
den in Art. 87 ff. gleichwertig vorkommenden Fällen **gesetzesfreier Verwaltung** (→ Art. 87 Rn. 11)
als eher zufällige Sprachgestaltung erscheint, die keine gezielt begrenzende Absicht verfolgt.

## Art. 87 [Fälle bundeseigener Verwaltung]

(1) In bundeseigener Verwaltung mit eigenem Verwaltungsunterbau werden geführt der
Auswärtige Dienst, die Bundesfinanzverwaltung und nach Maßgabe des Artikels 89 die
Verwaltung der Bundeswasserstraßen und der Schiffahrt. Durch Bundesgesetz können
Bundesgrenzschutzbehörden, Zentralstellen für das polizeiliche Auskunfts- und Nachrichtenwesen, für die Kriminalpolizei und zur Sammlung von Unterlagen für Zwecke des
Verfassungsschutzes und des Schutzes gegen Bestrebungen im Bundesgebiet, die durch
Anwendung von Gewalt oder darauf gerichtete Vorbereitungshandlungen auswärtige Belange der Bundesrepublik Deutschland gefährden, eingerichtet werden.

(2) Als bundesunmittelbare Körperschaften des öffentlichen Rechtes werden diejenigen
sozialen Versicherungsträger geführt, deren Zuständigkeitsbereich sich über das Gebiet eines
Landes hinaus erstreckt. Soziale Versicherungsträger, deren Zuständigkeitsbereich sich über
das Gebiet eines Landes, aber nicht über mehr als drei Länder hinaus erstreckt, werden
abweichend von Satz 1 als landesunmittelbare Körperschaften des öffentlichen Rechtes geführt, wenn das aufsichtsführende Land durch die beteiligten Länder bestimmt ist.

(3) Außerdem können für Angelegenheiten, für die dem Bunde die Gesetzgebung zusteht,
selbständige Bundesoberbehörden und neue bundesunmittelbare Körperschaften und Anstalten des öffentlichen Rechtes durch Bundesgesetz errichtet werden. Erwachsen dem
Bunde auf Gebieten, für die ihm die Gesetzgebung zusteht, neue Aufgaben, so können bei
dringendem Bedarf bundeseigene Mittel- und Unterbehörden mit Zustimmung des Bundesrates und der Mehrheit der Mitglieder des Bundestages errichtet werden.

---

[67] Vgl. iE einhellig *Stern*, StaatsR II, S. 831; *Blümel* HStR IV[1], § 101 Rn. 87; *Ibler*, in: Maunz/Dürig, Art. 86
(2008) Rn. 74; *Hermes*, in: Dreier III, Art. 86 Rn. 32; *Burgi* MKS III, Art. 86 Rn. 52; *Groß*, in: Friauf/Höfling,
Art. 86 (2002) Rn. 24; *Umbach/Clemens*, in: Umbach/Clemens II, Art. 86 Rn. 20; *Pieroth*, in: Jarass/Pieroth, Art. 86
Rn. 1; *Saurer* BK, Art. 86 (2018) Rn. 135; *Gölz*, Der Staat als Stifter, Diss. Bonn 1999, S. 186 ff. Allgemein zu
Bundesstiftung s. E. *Müller*, Die Bundesstiftung, 2009.
[68] Vgl. näher *Oebbecke* HStR VI, § 136 Rn. 104; auch *Ibler*, in: Maunz/Dürig, Art. 86 (2008) Rn. 142; *Saurer* BK,
Art. 86 (2018) Rn. 148; *Schewerda* (Fn. 34), S. 199 ff.; abl. *Groß*, in: Friauf/Höfling, Art. 86 (2002) Rn. 30; *Burgi*
MKS III, Art. 86 Rn. 53 ff., 56; *Stadler*, Die Beleihung in der neueren Bundesgesetzgebung, 2002, S. 36 f.
[69] Für Anwendbarkeit des Art. 86 auf Beliehene *Ibler*, in: Maunz/Dürig, Art. 86 (2008) Rn. 75 ff.; s. auch
*Traumann* (Fn. 18), S. 91 ff., 326 ff.; *Schewerda* (Fn. 34), S. 194 ff.; grundsätzlich ablehnend *Umbach/Clemens*, in:
Umbach/Clemens II, Art. 86 Rn. 21; ganz ablehnend *Burgi* MKS III, Art. 86 Rn. 55 f.; *Groß*, in: Friauf/Höfling,
Art. 86 (2002) Rn. 26; *Lindner* NVwZ 2005, 907 (907 f.) in Bezug auf Art. 84 I; zur Privatisierung im Bereich der
Bundesverwaltung iÜ → Art. 87 Rn. 19, → Art. 87 Rn. 70.
[70] Dazu *Weisel* (Fn. 56), S. 173 ff.
[71] Ablehnend etwa *Burgi* MKS III, Art. 86 Rn. 27 und 40; *Groß*, in: Friauf/Höfling, Art. 86 (2002) Rn. 14; *Stern*,
StaatsR II, S. 819; im Ergebnis wie hier, teils für unmittelbare Anwendbarkeit, *Oebbecke* HStR VI, § 136 Rn. 82;
*Ibler*, in: Maunz/Dürig, Art. 86 (2008) Rn. 43 ff.; *Pieroth*, in: Jarass/Pieroth, Art. 86 Rn. 5; *Bull* AK GG, Art. 86
(2001) Rn. 17; *Umbach/Clemens*, in: Umbach/Clemens II, Art. 86 Rn. 15; *Schewerda* (Fn. 34), S. 187 ff.

**Entstehungsgeschichte: Erstfassung:** JöR nF (1951), 644. – **Änderungen:** 31. G. zur Änd. des GG v. 28.7.1972 (BGBl I 1305), Art. I Nr. 4 (dazu: BT-Dr VI/1479 [Entwurf], VI/3192; BT-Prot VI/4728, 11 425; BR-Dr 463/70, 358/82; BR-Prot 70/185, 72/597); 40. G. zur Änd. des GG v. 20.12.1993 (BGBl I 2089), Art. 1 Nr. 4 (dazu: BT-Dr 12/5015 [Entwurf], BT-Prot 12/13 801, 16 958; BR-Dr 130/93, 872/93; BR-Prot 93/149, 615); 41. G. zur Änd. des GG v. 30.8.1994 (BGBl I 2245), Art. 1 Nr. 3 (dazu: BT-Dr 12/6717, 12/7269 [Entwürfe]; BT-Prot 12/17922, 19415, 20804; BR-Dr 114/94, 676/94; BR-Dr 94/71, 377, 432); 42. G. zur Änd. des GG v. 27.10.1994 (BGBl I 3146), Art. 1 Nr. 11 (dazu: BT-Dr 12/6000 [Bericht GemVerfKom.], 12/6633 [Entwurf], 12/8423; BT-Prot 12/18086, 20947; BR-Dr 360/92 [KommVerfReformBR], 886/93 [Entwurf], 742/94, 834/94; BR-Prot 93/623, 94/462, 505).

**Historische Verfassungstexte: RV 1849: § 6** Die Reichsgewalt stellt die Reichsgesandten und die Consuln an. Sie führt den diplomatischen Verkehr, schließt die Bündnisse und Verträge mit dem Auslande, namentlich auch die Handels- und Schifffahrtsverträge, sowie die Auslieferungsverträge ab. Sie ordnet alle völkerrechtlichen Maaßregeln an. **§ 7** Die einzelnen deutschen Regierungen haben nicht das Recht, ständige Gesandte zu empfangen oder solche zu halten. Auch dürfen dieselben keine besonderen Consuln halten. Die Consuln fremder Staaten erhalten ihr Exequatur von der Reichsgewalt. – **RV 1871: Art. 56** Das gesammte Konsulatwesen des Deutschen Reichs steht unter der Aufsicht des Kaisers, welcher die Konsuln, nach Vernehmung des Ausschusses des Bundesrathes für Handel und Verkehr, anstellt. In dem Amtsbezirk der Deutschen Konsuln dürfen neue Landeskonsulate nicht errichtet werden. Die Deutschen Konsuln üben für die in ihrem Bezirk nicht vertretenen Bundesstaaten die Funktionen eines Landeskonsuls aus. Die sämmtlichen bestehenden Landeskonsulate werden aufgehoben, sobald die Organisation der Deutschen Konsulate dergestalt vollendet ist, daß die Vertretung der Einzelinteressen aller Bundesstaaten als durch die Deutschen Konsulate gesichert von dem Bundesrathe anerkannt wird. – **GG 1949:** (1) In bundeseigener Verwaltung mit eigenem Verwaltungsunterbau werden geführt der Auswärtige Dienst, die Bundesfinanzverwaltung, die Bundeseisenbahnen, die Bundespost und nach Maßgabe des Artikels 89 die Verwaltung der Bundeswasserstraßen und der Schifffahrt. Durch Bundesgesetz können Bundesgrenzschutzbehörden, Zentralstellen für das polizeiliche Auskunfts- und Nachrichtenwesen, zur Sammlung von Unterlagen für Zwecke des Verfassungsschutzes und für die Kriminalpolizei eingerichtet werden. (2) und (3) [Bis auf Art. 87 II 2 wie geltende Fassung.] Zur Bundesfinanzverwaltung s. bei Art. 108, zur Verwaltung der Bundeswasserstraßen und der Schifffahrt s. bei Art. 89.

**Supra- und internationale Texte: Zu Abs. 1:** EUV Art. 18, 21 ff.

**Gesetzgebung: Zu Abs. 1:** BPolG, BKAG, BVerfSchG, GAD.

**Leitentscheidungen:** BVerfGE 11, 105 (123 ff.) (Familienausgleichskassen); BVerfGE 12, 205 (246 ff.) (Deutschland-Fernsehen); BVerfGE 14, 197 (Bankenaufsicht); BVerfGE 63, 1 (Schornsteinfegerversorgung); BVerfGE 97, 198 (BGS); BVerfGE 110, 33 (Zollkriminalamt); BVerfGE 113, 167 (Risikostrukturausgleich).

**Schrifttum:** S. das Schrifttum bei Art. 83, 86 sowie *G. Britz,* Bundeseigenverwaltung durch selbständige Oberbehörden nach Art. 87 III 1 GG, DVBl 1998, 1167; *G. C. Burmeister,* Herkunft, Inhalt und Stellung des institutionellen Gesetzesvorbehalts, 1991; *F. Hase,* Soziale Selbstverwaltung HStR VI, § 145; *M. Jestaedt,* in: Aulehner ua (Hrsg.), Föderalismus – Auflösung oder Zukunft der Staatlichkeit?, 1997, S. 315; *H. Lecheler,* Der Verpflichtungsgehalt des Art. 87 I 1 GG – Fessel oder Richtschnur für die bundesunmittelbare Verwaltung?, NVwZ 1989, 834; *R. Loeser,* Theorie und Praxis der Mischverwaltung, 1976; *ders.,* Die Bundesverwaltung in der Bundesrepublik Deutschland, Bd. 1 und 2, 1987; *D. Merten,* Juristische Personen im Sinne von Art. 87 Abs. 2 und Abs. 3 GG, FS Knöpfle, 1996, S. 219; *H.-J. Papier,* Die Regionalisierung der gesetzlichen Rentenversicherung aus verfassungsrechtlicher Sicht, NZS 1995, 241; *ders.,* Verfassungsrechtliche Probleme bei der Organisation der Sozialversicherungsträger, FS Knöpfle, 1996, S. 273; *M. Ronellenfitsch,* Die Mischverwaltung im Bundesstaat, 1. Teil. Der Einwand der Mischverwaltung, 1975; *H. H. Rupp,* Bemerkungen zur Bundeseigenverwaltung nach Art. 87 III 1 GG, FS Dürig, 1990, S. 387; *W. Welz,* Ressortverantwortung im Leistungsstaat, 1988.

**Übersicht**

# A. Allgemeines

## I. Entstehung

**1. Vorgeschichte.** Die allgemeine deutsche Verfassungstradition der Ausführung der Reichsgesetze **1** durch die Länder (→ Art. 83 Rn. 1) kannte stets mehr oder weniger weitgehende Durchbrechungen zugunsten einer **Verwaltung durch das Reich** selbst.

In der nicht praktisch gewordenen **RV 1849** fanden sich entsprechende Bestimmungen im Abschnitt **2** „II. Die Reichsgewalt" zu je einzelnen Materien verknüpft mit einschlägigen Befugnissen der Gesetzgebung und der (Ober-)Aufsicht, aus dem (verbliebenen) Anwendungsbereich des Art. 87 vor allem für den „Auswärtigen Dienst", s. § 7 I, II RV 1849, als Teil der vom Reich bestimmten Auswärtigen Gewalt, §§ 6–9 RV 1849.

Fälle der Reichsverwaltung kannte auch die **RV 1871,** von den in Art. 87 vorgesehenen Bereichen **3** zumal im – mit den auswärtigen Befugnissen des Art. 11 zusammenhängenden – Art. 56 für das Konsulatswesen. Eine Ermächtigung zur Erweiterung der Reichsverwaltung bestand nicht; gleichwohl wurde sie aufgrund großzügiger Interpretation der Verfassung und verfassungsändernder Gesetzgebung[1] nicht unerheblich ausgedehnt.[2]

Die **Weimarer Verfassung** folgte diesem Grundmuster. Sie kannte eine erweiterte Reihe ver- **4** fassungsunmittelbarer Fälle von Reichsverwaltung (s. noch bei Art. 89 und Art. 108), wobei aus dem Spektrum des heutigen Art. 87 der Auswärtige Dienst von Art. 78 WRV umfasst war. Im Übrigen ermöglichte nun Art. 14 Hs. 2 WRV, den dort in Hs. 1 enthaltenen Grundsatz der Ausführung der Reichsgesetze durch die Länder durch einfaches Reichsgesetz zu durchbrechen,[3] was in nicht unerheblichem Umfange geschah.[4]

Im **NS-Einheitsstaat** wurden die Bereiche unmittelbarer Reichsverwaltung erweitert. Dominie- **5** rend blieb indes die Verwaltung durch die freilich ihrer Staatlichkeit beraubten Länder, denen ihre diesbezüglichen Befugnisse durch § 1 der 1. DVO zum Gesetz über den Neuaufbau des Reichs[5]

---

[1] Vgl. *Ronellenfitsch,* Die Mischverwaltung im Bundesstaat, 1975, S. 11; *Dittmann,* Die Bundesverwaltung, 1983, S. 17 ff., insbes. 28 f.; *Morsey,* in: Jeserich/Pohl/v. Unruh (Hrsg.), Deutsche Verwaltungsgeschichte, Bd. 3, 1984, S. 138 ff.; *Welz,* Ressortverantwortung im Leistungsstaat, 1988, S. 56 ff.

[2] Vgl. die Zusammenstellung bei *Meyer/Anschütz,* S. 264 f.; zur Erweiterung im Weltkrieg *Welz* (Fn. 1), S. 79 ff., ebda, S. 262 Fn. 11, auch zum Streit um notwendige Verfassungsänderungen.

[3] S. nur *Anschütz,* WRV, Art. 14 Anm. 1.

[4] Vgl. näher *Lassar* JöR XIV (1926), 1 ff.; zur Entwicklung insgesamt und zu den verfassungsrechtlichen Grundlagen etwa *Leiser,* Die reichseigene Verwaltung und die deutschen Länder, Diss. Heidelberg 1930; aus heutiger Sicht *Dittmann* (Fn. 1), S. 39 ff., insbes. S. 50 ff.; zur Organisation der Reichsverwaltung unter der WRV auch *Frotscher,* in: Jeserich ua (Fn. 1), Bd. 4, 1985, S. 111 ff.

[5] Vom 2.2.1934, RGBl I 81.

(zurück-)übertragen wurden; allerdings geschah dies nur „zur Ausübung im Auftrage und im Namen des Reichs" und nur insoweit, „als das Reich nicht allgemein oder im Einzelfalle von diesen Rechten Gebrauch macht".[6]

**6**     **2. Erstfassung.** Nach diesem einheitsstaatlichen Intermezzo wollte der **HChE**[7] die bundeseigene Verwaltung „nur aus zwingenden Gründen" zulassen und beschränkte sie deshalb auf den Auswärtigen Dienst, die Bundeseisenbahnen und die Bundespost. Erweiterungen waren nur begrenzt und nur unter strengen Anforderungen vorgesehen. Bundesunmittelbare, selbstverwaltete Sozialversicherungsträger durften eingerichtet werden, wenn der „Gefahrenausgleich" nur bei bundesweiter Zusammenfassung gewährleistet war.

**7**     Im **ParlRat**[8] wurde dieser Vorschlag zunächst weitgehend unverändert aufgegriffen, aber schon vor der 1. Lesung des HA bezüglich bundesunmittelbarer Selbstverwaltungskörperschaften erweitert. In dessen 2. Lesung erhielt Abs. 2 die Form der Erstfassung, weil der Begriff des Gefahrenausgleichs zu vage erschien; auch Abs. 3 S. 1 bekam seine endgültige Formulierung. In der 3. Lesung folgte der HA dem Vorschlag des ARA, Art. 87 I 1 der Vollständigkeit halber um die anderweitig geregelten Bereiche zu ergänzen. Auf Vorschlag des Fünferausschusses wurde auch Art. 87 III 2 in fast endgültiger Formulierung aufgenommen; die zunächst verlangte $^2/_3$-Mehrheit im BRat wurde vom HA in 4. Lesung gestrichen. Erst jetzt wurde ohne Begründung und Erörterung Art. 87 I 2 hinzugefügt, nachdem sich die Militärgouverneure mit dem sog. Polizeibrief vom 14.4.1949[9] begrenzt mit polizeilichen Einrichtungen des Bundes einverstanden erklärt hatten.

**8**     **3. Die Änderungen. a) Das 31. Änderungsgesetz von 1972** erweiterte im Zusammenhang mit Änderungen der Art. 35 II, 73 Nr. 10, 74 I Nr. 4a die Verwaltungskompetenzen des Bundes um die Möglichkeit, Zentralstellen zur Sammlung von Unterlagen für Zwecke (jetzt auch) des Schutzes gegen Bestrebungen im Bundesgebiet, die durch Anwendung von Gewalt oder darauf gerichtete Vorbereitungshandlungen auswärtige Belange der Bundesrepublik Deutschland gefährden, zu errichten. Damit sollten die verfassungsrechtlichen Voraussetzungen für entsprechende Gesetzgebung geschaffen werden, die in Reaktion auf die Zunahme (auslands-)politisch motivierter Gewalttaten von Ausländern geplant wurde.[10]

**9**     **b)** Bei der Neuordnung der Verwaltungsbereiche **Bundeseisenbahnen und Bundespost** sind diese durch das 40. und 41. ÄndG zum GG als Gegenstände bundeseigener Verwaltung mit eigenem Verwaltungsunterbau nach Art. 87 I 1 gestrichen worden.[11] S. jetzt Art. 87e, f.

**10**     **c) Soziale Versicherungsträger.** Art. 87 II 2 ist auf dem Gebiet der Verwaltung der einzige Niederschlag, den die Bemühungen der Verfassungsreform um eine Stärkung der Länder im 42. Änderungsgesetz von 1994 gefunden haben. Er bleibt entsprechend der Empfehlung der GemVerfKom. hinter den weitergehenden Vorschlägen der Kommission Verfassungsreform des BRat zurück.[12]

## II. Grundsätzliche Bedeutung

**11**     Art. 87 war entstehungsgeschichtlich als **Zusammenfassung der** die Grundregel der Landesverwaltung nach Art. 30, 83 durchbrechenden **Verwaltungskompetenzen des Bundes** gedacht. Trotz mancher Unvollständigkeit[13] ist Art. 87 immer noch die wichtigste Bestimmung dieses Bereichs. Er begründet nicht nur die Kompetenz des Bundes, Verwaltungsbehörden für bestimmte Aufgaben zu haben, sondern zugleich die materielle Verwaltungskompetenz für die diesen Behörden zukommenden Aufgaben.[14] Diese können in der Ausführung von Bundesgesetzen (→ Art. 86 Rn. 11) bestehen,

[6] *Ronellenfitsch* (Fn. 1), S. 143, sieht hierin mit Recht „mittelbare Reichsverwaltung"; näher zur schrittweisen Einbringung der Landesverwaltung in die Reichsverwaltung *Dittmann* (Fn. 1), S. 61 ff.; ferner *Rebentisch,* in: Jeserich ua (Fn. 1), Bd. 4, 1985, S. 732 (745 ff.).

[7] Vgl. Art. 116 I–III, V, 117 I, II HChE und dazu den HCh-Bericht, S. 51, auch S. 85. Zu Ansätzen länderübergreifender Verwaltung vor dem Grundgesetz *Dittmann* (Fn. 1), S. 70 ff.; *Stolleis* HStR I, § 7 Rn. 107 ff.

[8] S. insgesamt näher JöR nF 1 (1951), 644 ff.

[9] Abgedruckt zB bei *Werthebach/Droste* BK, Art. 73 Nr. 10 (1998) Rn. 10; seine Bedeutung relativierend BVerfGE 110, 33 (51 f.); tendenziell anders noch BVerfGE 97, 198 (217); zu dem Brief *Bastian,* Westdeutsches Polizeirecht unter alliierter Besatzung (1945–1955), 2010, S. 143 ff.

[10] Näher *Werthebach/Droste* BK, Art. 73 Nr. 10 (1998) Rn. 17 ff.

[11] Zur Bedeutung des ursprünglichen Art. 87 I 1 für die Post *B. Mayer,* Die Bundespost: Wirtschaftsunternehmen oder Leistungsbehörde, 1990; zur Bedeutung für die (West-)Berliner S-Bahn s. BVerwGE 110, 180 (186 ff.). Zur Freistellung von Bindungen des Grundgesetzes durch Art. 87e BVerfGE 147, 50 Rn. 280.

[12] S. BT-Dr 12/6000, S. 41 f., gegenüber BR-Dr 360/92, S. 84 ff.; s. dazu auch *Asmussen/Eggeling* VerwArch 84 (1993), 230 (233 ff.); *Merten* FS Knöpfle, 1996, S. 219 (226 f.).

[13] Vgl. für die aktuellen Fälle → Art. 86 Rn. 6; zur Entwicklung im Überblick *Köttgen* JöR nF 3 (1954), 70 (101 ff.); *H. Schäfer* DÖV 1958, 241 ff.; *Hartkopf* DÖV 1979, 349 ff.

[14] *Nur* die Aufgaben sieht *Lerche,* in: Maunz/Dürig, Art. 87 (1992) Rn. 42, angesprochen; dazu noch → Rn. 21 ff.; wie hier *Jestaedt,* in: Umbach/Clemens II, Art. 87 Rn. 41; *Grapperhaus,* Die verfassungsrechtlichen Grundlagen der Verwaltungskompetenzen im Atomgesetz, 2002, S. 227 ff.; für ein entsprechendes Nebeneinander recht deutlich Art. 95 I und dazu → Art. 95 Rn. 3.

umfassen aber auch die gesetzesfreie Verwaltung[15] sowie die einschlägige Beschaffung.[16] Ob rein technische Verrichtungen außer Betracht bleiben können,[17] scheint fraglich. Die sachliche **Abgrenzung der Aufgaben** kann nur für jeden einzelnen Verwaltungsbereich erfolgen; Orientierungshilfe leistet dabei neben den für die Aufgaben grundlegenden Gesetzgebungskompetenzen (zu deren begrenzender Bedeutung → Art. 86 Rn. 5) namentlich die einschlägige **Verwaltungstradition.**[18] Gegenüber Erweiterungen unter den Aspekten der Annexkompetenz oder der Natur der Sache ist Zurückhaltung geboten[19] (→ Art. 83 Rn. 16 f.).

Art. 87 begründet bzgl. der Ausführung der Bundesgesetze die Voraussetzungen der Anwendung **12** der **organisationsrechtlichen Regelungen** des Art. 86 (→ Art. 86 Rn. 7) und regelt Näheres über die zulässigen Verwaltungseinrichtungen des Bundes.[20] Zugleich schafft er **Gesetzgebungskompetenzen** des Bundes in den Bereichen fakultativer Bundesverwaltung.[21] In Betracht kommt weiterhin ein Verständnis als **Verfassungsauftrag** zur Wahrnehmung der angesprochenen Aufgaben.[22] Die Vielfalt zumindest möglicher Zielrichtungen der normativen Aussagen hat die Auslegung zu berücksichtigen.

# B. Obligatorische bundeseigene Verwaltung mit eigenem Verwaltungsunterbau (Abs. 1 Satz 1)

## I. Bundeseigene Verwaltung

Der Begriff „bundeseigene Verwaltung" ist wie in Art. 86 S. 1 (→ Art. 86 Rn. 13) zu verstehen, **13** also im Sinne **bundesunmittelbarer Verwaltung** durch der Bundesrepublik zugeordnete Behörden oder sonstige nicht zu Rechtspersonen verselbständigte Stellen.[23]

## II. Der eigene Verwaltungsunterbau

**1. Verwaltungsunterbau.** Der Begriff „Verwaltungsunterbau" bezeichnet weniger spezifisch Ver- **14** waltungsgliederungen, wie sie Art. 87 III 2 als **Mittel- und Unterbehörden** anspricht. Dies sind **Behörden,** die denen der zentralen Ebene – zumal den Bundesministerien als obersten Bundesbehörden, seltener den bei unmittelbarer Bundesverwaltung stets zulässigen Bundesoberbehörden – **hierarchisch untergeordnet** und in ihrer Zuständigkeit **regional beschränkt** sind.[24] Auch für den Verwaltungsunterbau des Art. 87 I 1 ist vor allem an die der deutschen Verwaltungstradition entsprechenden Mittel- und Unterbehörden zu denken.[25] Doch lässt die offenere Fassung für abweichen-

---

[15] Vgl. BVerfGE 12, 205 (247) (zu Art. 87 ff., insb. Art. 87 I); BVerfGE 14, 197 (214) (zu Art. 87 III 1); *Dittmann* (Fn. 1), S. 10, 88 mN; *Ibler,* in: Maunz/Dürig, Art. 87 (2012) Rn. 10; *Jestaedt,* in: Umbach/Clemens II, Art. 87 Rn. 53; *Riedewski* SächsVBl 1995, 196 (201); *Traumann,* Die Organisationsgewalt im Bereich der bundeseigenen Verwaltung, 1998, S. 108 f.; *Scheuwerda,* Die Verteilung der Verwaltungskompetenzen zwischen Bund und Ländern nach dem Grundgesetz, 2008, S. 20 ff.

[16] *Pietzcker* HStR VI, § 134 Rn. 19.

[17] Vgl. so zur in § 3 III PAuswG (1986, s. jetzt anders § 26 III PAuswG) vorausgesetzten Tätigkeit der Bundesdruckerei BVerwGE 98, 18 (22 f.) mit skeptischer Anm. *Sachs* JuS 1996, 168 f.; ferner *Trute* JuS 1996, 883 (884 f.); offen lassend für die Führung der Antiterrordatei durch das BKA BVerfGE 133, 277 Rn. 104.

[18] Allgemein zustimmend *Oebbecke* HStR VI, § 136 Rn. 110; für beide Aspekte zur „Bundespost" BVerfGE 12, 205 (226); für die „Bundeseisenbahnen" BVerfGE 26, 338 (373 ff.); auch → Rn. 27 für den Auswärtigen Dienst. Zur Problematik der historischen Rezeption *Jestaedt,* in: Aulehner ua (Hrsg.), Föderalismus – Auflösung oder Zukunft der Staatlichkeit?, 1997, S. 315 (331 f.).

[19] Vgl. BGHZ 141, 48 (56 f.), zur Unterbringung von Asylbewerbern auf dem Flughafengelände.

[20] Wie hier etwa *Jestaedt* (Fn. 18), S. 334 f.

[21] Vgl. ausdrücklich (für Art. 87 III 1) BVerfGE 14, 197 (213); 31, 113 (117); *Grapperhaus* (Fn. 14), S. 217 ff.; für Art. 87 I 2, III *Pieroth,* in: Jarass/Pieroth, Art. 87 Rn. 1; für Art. 87 I 1 BVerfGE 26, 281 (301); offen BVerfGE 26, 338 (369) (jeweils für das Verfahren der bundeseigenen Verwaltung); (iVm Art. 86) BVerwGE 114, 232 (238) (für Behördeneinrichtung); zum Verhältnis von Art. 87 I 2 und Art. 73 Nr. 10 *Burgi* MKS III, Art. 87 Rn. 50 ff.; auch zum Verhältnis von Art. 87 I 2 und Art. 73 Nr. 5 *Jestaedt,* in: Umbach/Clemens II, Art. 87 Rn. 74; insgesamt offen *v. Mangoldt/Klein* III, Art. 86 Anm. V 2c cc; für Gesetzgebungskompetenzen für die Bereiche obligatorischer und fakultativer Bundesverwaltung – bei starken Differenzierungen im Einzelnen – *Lerche,* in: Maunz/Dürig, Art. 87 (1992) Rn. 121, 135; wie hier *Ibler,* in: Maunz/Dürig, Art. 87 (2012), Rn. 9, 78 f.

[22] Vgl. etwa *Ibler,* in: Maunz/Dürig, Art. 87 (2012) Rn. 8; insbesondere zu Art. 87 I 1 *Stern,* StaatsR II, S. 816; ausführlich *Schmidt-Aßmann/Fromm,* Aufgaben und Organisation der Deutschen Bundesbahn in verfassungsrechtlicher Sicht, 1986, S. 56 ff.; mit der Differenzierung zwischen aufgabenrechtlichem Pflicht- und Garantiegehalt *Jestaedt,* Demokratieprinzip und Kondominialverwaltung, 1993, S. 444 ff.; s. auch schon *Pestalozza* Staat 11 (1972), 161 ff.; zur Frage der Grundrechtsbegrenzung → Rn. 34, → Rn. 44.

[23] *Burgi* MKS III, Art. 87 Rn. 3; *Jestaedt,* in: Umbach/Clemens II, Art. 87 Rn. 33; *Stern,* StaatsR II, S. 821 f.; grundsätzlich auch *Ibler,* in: Maunz/Dürig, Art. 87 (2012) Rn. 49; nur für Ausschluss des Art. 87 III 1 bei Formenwahlfreiheit im Übrigen *Dittmann* (Fn. 1), S. 88 f.; ähnlich *Schmidt-Aßmann/Fromm* (Fn. 22), S. 102 f.; *Jestaedt* (Fn. 22), S. 454 ff.; im Einzelnen strittig, → Rn. 18 f.

[24] BVerfGE 10, 20 (48). Zu Bundesoberbehörden nachgeordneten Behörden → Fn. 156.

[25] Gleichsetzend etwa *Stern,* StaatsR II, S. 822.

de Gestaltungen eines regional gegliederten Behördenapparats Raum, ist insbesondere nicht auf Zweistufigkeit des Unterbaus festgelegt.[26]

15     **2. „Eigener" Verwaltungsunterbau. Eigen** ist nur ein Verwaltungsunterbau, der den Rahmen der bundes „eigenen" Verwaltung im → Rn. 13 erläuterten Sinne nicht verlässt.

### III. Die obligatorische Wirkung

16     Das auch in seiner passivischen Variante „imperative Präsens" des Art. 87 I 1 („werden geführt") lässt nur die Deutung zu,[27] dass entsprechende **Verpflichtungen des Bundes** begründet werden; eine Abschwächung auf nur grundsätzliche Bedeutung, die jenseits der Tatbestandsmerkmale Abweichungen zuließe, ist nicht erkennbar.[28] Eine Staatspraxis, die sich verfassungsrechtlichen Bindungen zu entziehen sucht, kann diese nicht aufweichen; auch die Konstruktion einer Übernahme sämtlicher vorkonstitutionell anzutreffenden Abweichungen in den verfassungsrechtlichen Begriffsgehalt überzeugt nicht.[29]

17     **1. Zwingende Zuweisung an den Bund. Zwingend** vorgeschrieben ist für die Gegenstände des Art. 87 I 1 jedenfalls, dass **nur der Bund** tätig werden kann; jede nicht aus dem Grundgesetz besonders gerechtfertigte Landesverwaltung ist ausgeschlossen.[30] Anderes gilt nur für die Bundesschifffahrtsverwaltung, die der maßgebende Art. 89 II 2 nur im Falle einer gesetzlichen Aufgabenübertragung vorsieht (→ Art. 89 Rn. 40 ff.); obligatorisch bleiben für diesen fakultativen Zweig bundeseigener Verwaltung nur die weiteren Vorgaben für seine Ausgestaltung.

18     **2. Zwingende Anordnung der Verwaltungsform „bundeseigene Verwaltung".** Ebenso **zwingend** angeordnet ist die **Form der bundeseigenen Verwaltung** (zum Begriff → Art. 86 Rn. 13); Abs. 1 S. 1 bietet für bundesmittelbare Verwaltung jeder Art keine Basis. Zwar mag die bundeseigene Verwaltung unter bundesstaatlichem Aspekt die weitestgehende Abweichung von der Landeskompetenz sein; deshalb alle minderen Formen von Bundesverwaltung – a maiore ad minus – mitzugelassen zu sehen,[31] lässt außer Acht, dass Art. 87 I neben der föderal-kompetenzverteilenden auch eine spezifisch bundesorganisationsrechtliche Dimension hat. Die sehr detailliert getroffenen Differenzierungen obligatorisch angeordneter und fakultativ eröffneter Verwaltungsformen lassen für solche Nivellierungen keinen Raum, zumal die Anordnung gerade bundeseigener Verwaltung organisationsrechtlich durchaus ihren Sinn haben kann. Dementsprechend lässt Art. 87 I 1 auch keinen Raum für auf Art. 87 III 1 gestützte mittelbare Bundesverwaltung.[32]

19     Vollends **auszuschließen** ist jede Verwaltungstätigkeit durch vom Bund getragene rechtlich verselbständigte **Privatrechtssubjekte**[33] oder **Beliehene,**[34] nicht aber schon privatrechtsförmliches Verwaltungshandeln.[35] Entscheidend ist, dass die unmittelbare Zurechnung zum Rechtsträger Bundesrepublik organisatorisch sichergestellt ist. Art. 87d I aF, der für die in bundeseigener Verwaltung

---

[26] Vgl. *Ibler,* in: Maunz/Dürig, Art. 87 (2012) Rn. 276, 278; *Burgi* MKS III, Art. 87 Rn. 5; *Jestaedt,* in: Umbach/Clemens II, Art. 87 Rn. 61; *Ronellenfitsch* (Fn. 1), S. 203 f.; *Schliesky/Tischer* DÖV 2013, 361 (367).

[27] Vgl. die sehr dezidierte Aussage zu Art. 120 I („trägt") in BVerfGE 9, 305 (318).

[28] In diese Richtung aber *Lerche,* in: Maunz/Dürig, Art. 87 (1992) Rn. 15; ähnlich *R. Schmidt* FS Lerche, 1993, S. 965 ff., 970, 974. Wie hier *Ibler,* in: Maunz/Dürig, Art. 87 (2012) Rn. 8.

[29] In diese Richtung *Jestaedt* (Fn. 18), S. 330, 338 f. mit Fn. 81.

[30] Vgl. ausdrücklich für Art. 87 I 1 *Burgi* MKS III, Art. 87 Rn. 17; *Hebeler,* in: Friauf/Höfling, Art. 87 (2018) Rn. 16; allgemein für die Bundesverwaltung BVerfGE 63, 1 (40) („grundsätzlich entzogen[en]"); *Stern,* StaatsR II, S. 815; *Dittmann* (Fn. 1), S. 85, der mit „Ausschluß der Länder" allerdings nur deren „ausschlaggebenden Einfluß" negiert; zur fehlenden Disponibilität der Kompetenzen, auch im Hinblick auf eine „Mischverwaltung" von Bund und Ländern, → Art. 83 Rn. 4 mit Fn. 15 und hier → Rn. 52.

[31] So *Bull,* AK GG, Art. 87 (2001) Rn. 20, dessen Hinweis auf die einheitlichen Konsequenzen des Art. 86 organisationsrechtlich zu kurz greift; wie *Bull* insoweit auch *Lerche,* in: Maunz/Dürig, Art. 87 (1992) Rn. 38, der aber mit Recht dessen Rückgriff auf die außerhalb des bundesstaatlichen Problemkreises angesiedelten Entscheidungen BVerfGE 10, 89 (102, 104); 15, 235 (240 ff.) ablehnt.

[32] So *Dittmann* (Fn. 1), S. 88 f.; *Lecheler,* Grenzen für den Abbau von Staatsleistungen, 1989, S. 37 ff.; *Hebeler,* in: Friauf/Höfling, Art. 87 (2018) Rn. 16; *Hermes,* in: Dreier III, Art. 83 Rn. 16; *Trute* Hdb Föderalismus II, § 28 Rn. 42; anders *Lerche,* in: Maunz/Dürig, Art. 87 (1992) Rn. 37, 38.

[33] *Ibler,* in: Maunz/Dürig, Art. 87 (2012) Rn. 55; *Hebeler,* in: Friauf/Höfling, Art. 87 (2018) Rn. 16; *Lecheler* (Fn. 32), S. 45 ff.; wohl auch *Stern,* StaatsR II, S. 831 f.; anders *Dittmann* Verwaltung 8 (1975), 431 (444 ff.); *ders.* (Fn. 1), S. 88; *Ehlers,* Verwaltung in Privatrechtsform, 1984, S. 115 ff., 119 f.; *Kämmerer,* Privatisierung, 2001, S. 207 ff.; *Hermes,* in: Dreier III, Art. 87 Rn. 24; *Oebbecke* HStR VI, § 136 Rn. 102 f.; nach Verwaltungsbereichen differenzierend *Badura* FS W. Lorenz, 1991, S. 3 (5); in der Tat ist die Problematik für Art. 87 I 1 durch Art. 87e und f weitgehend erledigt. S. ferner → Rn. 23, → Rn. 70; allg. zur Privatisierung → Art. 20 Rn. 39, → vor Art. 1 Rn. 37.

[34] Dafür allerdings BVerwG VerwRspr 28 (1977), 214 (218 ff.); auch *Jestaedt,* in: Umbach/Clemens II, Art. 87 Rn. 58; *Benz,* Die verfassungsrechtliche Zulässigkeit der Beleihung einer Aktiengesellschaft mit Dienstherrenbefugnissen, 1995, S. 98, 104 f.; *Freitag,* Das Beleihungsrechtsverhältnis, 2005, S. 67 f.; nur unter besonderen Anforderungen zusimmend *Pieroth,* in: Jarass/Pieroth, Art. 87 Rn. 2; dagegen ausdrücklich *Krebs* HStR V, § 108 Rn. 69; *Ibler,* in: Maunz/Dürig, Art. 87 (2012) Rn. 57; ohne eigene Stellungnahme *Blümel* HStR IV¹, § 101 Rn. 88.

[35] So mit Recht etwa *Scherer* DÖV 1984, 52 (60); *Lerche,* in: Maunz/Dürig, Art. 87 (1992) Rn. 37. Vgl. auch eingrenzend *Jestaedt,* in: Umbach/Clemens II, Art. 87 Rn. 50 f.

geführte Luftverkehrsverwaltung ausdrücklich auch eine privatrechtliche Organisationsform zuließ, gab zwar einige Rätsel auf,[36] konnte und kann aber keine Umkehrung der Grundbegriffe der Bundesverwaltung nach Art. 86 ff. allgemein bewirken. Das Privatisierungsgebot des Art. 87e III 1 schließt als Spezialregelung umgekehrt bundeseigene Verwaltung aus (→ Art. 87e Rn. 35 ff., → Art. 87e Rn. 44).

**3. Zwingende Anordnung eines Verwaltungsunterbaus. Zwingend** vorgeschrieben ist ferner **20** ein **eigener Verwaltungsunterbau.** Daher kann die vom Bund geführte Verwaltung nicht mit einem Unterbau nachgeordneter Landesbehörden kombiniert werden. Für Kompetenzübertragungen nach dem Muster des Art. 71 ist bei obligatorischer Bundesverwaltung kein Raum (zur Mischverwaltung → Art. 83 Rn. 4 mit Fn. 15). Die Tatsache, dass ein eigener Verwaltungsunterbau der Bundesverwaltung die Ausnahme darstellt, entspricht föderativen Rücksichten; doch berechtigt dies – zumal angesichts der durchgehenden Differenzierung zwischen obligatorischen und fakultativen Anordnungen – gerade bei den Verwaltungsformen – nicht dazu, die Fälle, in denen das GG trotz dieser Rücksichten den eigenen Verwaltungsunterbau angeordnet hat, als bloße Möglichkeiten zu behandeln.[37] Gestaltungsfreiheit verbleibt den nach Art. 86 S. 2 zuständigen Bundesorganen allerdings im (→ Rn. 14) aufgezeigten Rahmen bei der Ausgestaltung des Unterbaus im Einzelnen. Ein Verzicht auf jeden Unterbau setzt jedoch eine entsprechende Änderung des Grundgesetzes voraus; die Entscheidung darüber, dass der vom Grundgesetz vorgesehene mehrstufige Verwaltungsaufbau nicht (mehr) sachgemäß ist, ist auf der Verfassungsebene umzusetzen.[38]

**4. Gewährleistung von Organisationsbestand und Aufgabenzuordnung.** Weiterhin schreibt **21** Art. 87 I 1 **zwingend** vor, dass die genannten obligatorischen Bereiche der Bundesverwaltung **überhaupt geführt** werden. Dies **erfordert organisatorisch** den Fortbestand der einschlägigen Bereiche der Bundesverwaltung als solcher;[39] eine Zusammenfassung, die freilich meist untunlich wäre, wird damit nicht allgemein ausgeschlossen (zu einem Sonderfall → Rn. 45, → Rn. 48).

Den verfassungsnotwendigen Bundesverwaltungen müssen auch die **Aufgaben zugeordnet blei-** **22** **ben,** zu deren Erledigung sie bestehen. Dies bedeutet keine Versteinerung des ursprünglichen Aufgabenkreises; doch muss die jeweilige Verwaltung jedenfalls den **spezifischen Kernbereich** ihrer Aufgaben behalten.[40]

**5. Zwingende Staatsaufgabennorm; keine subjektiven Individualrechte.** Schließlich ist es **23** dem Bund verwehrt, die für ihn in ihrem Kernbestand (→ Rn. 22) obligatorischen **Aufgaben** dieser Bereiche unerledigt zu lassen, so dass sie – wegen der Kompetenzsperre gegenüber den Ländern – vom Staat nicht mehr wahrgenommen würden. Art. 87 I 1 ist mithin zugleich zwingende Staatsaufgabennorm, die auch einer materiellen Privatisierung entgegensteht;[41] denkbar ist allenfalls eine Übertragung auf die EU nach Art. 23 I oder auf zwischenstaatliche Einrichtungen nach Art. 24 I.

Der Wahrnehmungsverpflichtung des Bundes korrespondieren **keine subjektiven Individualrech-** **24** **te Einzelner,** da deren Nutzen von Art. 87 I 1 nicht als individuelle Begünstigung gezielt und mit berechtigender Wirkung angestrebt wird (zur Schutznormlehre → vor Art. 1 Rn. 39). Subjektive Rechte **der Länder** auf Erledigung der ihnen verschlossenen Aufgaben durch den Bund scheinen dagegen nicht von vornherein ausgeschlossen.

## IV. Die einzelnen Verwaltungsbereiche

**1. Der Auswärtige Dienst.** Der Auswärtige Dienst nimmt die **auswärtigen Angelegenheiten** **25** **des Bundes** wahr, insbesondere pflegt er die Beziehungen Deutschlands zu auswärtigen Staaten sowie zwischen- und überstaatlichen Einrichtungen. Diese Kennzeichnung in § 1 I 1 und 2 GAD knüpft ohne volle textliche Übereinstimmung an die Gesetzgebungskompetenz des Bundes aus Art. 73 Nr. 1 und die allgemeine Kompetenz des Bundes nach Art. 32 I an; sie legt die Aufgaben des nach Art. 87 I 1 zu führenden Auswärtigen Dienstes in Übereinstimmung mit dem GG fest.[42]

---

[36] Zu Lösungsversuchen *Lerche,* in: Maunz/Dürig, Art. 87 (1992) Rn. 40; *Traumann* (Fn. 15), S. 94 ff.; im Übrigen, zur jetzt vorgesehenen Form der Bundesverwaltung, → Art. 87d Rn. 9 ff., → Art. 87d Rn. 19, → Art. 87d Rn. 23, → Art. 87d Rn. 30 ff.

[37] Dahin *Jestaedt* (Fn. 18), S. 339 f.; auch *ders.,* in: Umbach/Clemens II, Art. 87 Rn. 62.

[38] Anders *Lerche,* in: Maunz/Dürig, Art. 87 (1992) Rn. 41; wie hier *Hermes,* in: Dreier III, Art. 87 Rn. 23; *Ibler,* in: Maunz/Dürig, Art. 87 (2012) Rn. 62; *Hebeler,* in: Friauf/Höfling, Art. 87 (2018) Rn. 16; differenzierend *Burgi* MKS III, Art. 87 Rn. 26.

[39] Für primären Bezug des Art. 87 I 1 auf Behördenorganisationen *Fastenrath,* Kompetenzverteilung im Bereich der auswärtigen Gewalt, 1986, S. 110 f.; dem folgend *Puhl* DVBl 1992, 933 (935); anders *v. Mangoldt/Klein* III, Art. 87 Anm. III 5 vor a; *Lerche,* in: Maunz/Dürig, Art. 87 (1992) Rn. 42 mit Fn. 17.

[40] Auf den „Kernbereich" wird meist im Kontext der zwingenden Staatsaufgabennorm, → Rn. 23, abgestellt, vgl. etwa *Schmidt-Aßmann/Fromm* (Fn. 22), S. 66 f.

[41] Zur Staatsaufgabennorm *Schmidt-Aßmann/Fromm* (Fn. 22), S. 56 ff.; *Lerche,* in: Maunz/Dürig, Art. 87 (1992) Rn. 42 f.; *Di Fabio* JZ 1999, 585 ff.; gegen materielle Privatisierung ausdrücklich etwa *Bull* AK GG, Art. 87 (2001) Rn. 20; *Lecheler* NVwZ 1989, 834 (836); *Pechstein* DÖV 2013, 85 (87 f.).

[42] So auch *Hebeler,* in: Friauf/Höfling, Art. 87 (2018) Rn. 19.

26    Als **Verwaltungsorganisation** besteht der Auswärtige Dienst nach § 2 GAD aus dem **Auswärtigen Amt** (Zentrale) und den **Auslandsvertretungen;** letztere sind nach § 3 I GAD Botschaften, Generalkonsulate und Konsulate sowie ständige Vertretungen bei zwischen- und überstaatlichen Organisationen. Die Auslandsvertretungen stellen einen eigenen **Verwaltungsunterbau** dar, auch wenn § 2 GAD sie mit dem Auswärtigen Amt als einheitliche Bundesbehörde bezeichnet; die Annahme einer (nicht erforderlichen, → Rn. 14) Zweistufigkeit („Mittelbehörden: Botschaft; Unterbehörde: Konsulat") findet im Gesetz keine Grundlage.[43] Zum Verwaltungsunterbau gehören als Ehrenbeamte im Sinne des Beamtenrechts, § 20 KonsularG, auch die Honorarkonsuln.

27    Auf die vorgenannten Organisationsbereiche, also auf das **„klassische diplomatische und konsularische Gefüge",** allenfalls um Stellen mit vorgrundgesetzlicher Tradition und deren zeitgemäße Nachfolger erweitert, und auf die von ihnen herkömmlicher- und im völkerrechtlichen Verkehr üblicherweise wahrgenommenen **Aufgaben** ist der „Auswärtige Dienst" nach Art. 87 I 1 beschränkt;[44] die Großschreibung des Attributs macht deutlich, dass das Grundgesetz einen Namen für eine Organisationseinheit anspricht. Deren Fortentwicklung im Einklang mit der völkerrechtlichen Praxis ist damit nicht ausgeschlossen.

28    **Andere Aktivitäten** des Bundes **mit Auslandsbezug** in verschiedenen Organisationsformen – andere Bundesministerien, zB für Entwicklungshilfe, Rundfunkanstalten, wie die Deutsche Welle,[45] privatrechtliche Mittlerorganisationen[46] – sind von Art. 87 I 1 nicht erfasst, seinen organisations- und aufgabenrechtlichen Bindungen nicht unterworfen, aber auch kompetenziell nicht durch ihn gedeckt.[47] Insoweit ist ggf. auf Art. 87 III oder Art. 32 I zurückzugreifen, der für die Vielfalt bestehender Gestaltungsformen eher Raum lässt, allenfalls auf ungeschriebene Bundeskompetenzen. Organisationsrechtlich ausgeschlossen ist (nur) die Wahrnehmung von Aufgaben des klassischen „Auswärtigen Dienstes" durch sonstige Organisationseinheiten des Bundes.

29    **2. Die Bundesfinanzverwaltung.** Mit „Bundesfinanzverwaltung" bezeichnet Art. 87 I 1 jedenfalls die Gesamtheit der in **Art. 108** angesprochenen **Bundesfinanzbehörden** mit den ihnen **dort zugewiesenen Aufgaben.**[48] Auf diese besondere Regelung bundeseigener Verwaltung sollte ausweislich der Entstehungsgeschichte (→ Rn. 7) nur Bezug genommen werden.

30    Nach dem FVG sind von Anfang an **weitere Aufgaben** durch bes. Gliederungen der Bundesfinanzbehörden wahrgenommen worden;[49] die aktuelle Aufzählung der Bundesfinanzbehörden in § 1 FVG umfasst neben dem BMF Oberbehörden[50] und örtliche Behörden,[51] die nicht alle nur mit der Verwaltung der Steuern nach Art. 108 befasst sind. Insoweit handelt es sich dann nicht um Bundesfinanzverwaltung **im Sinne des Art. 87 I 1.**[52] Entstehungsgeschichtlich belegt sollte die Aufnahme der Bundesfinanzverwaltung in Art. 87 I 1 nur die in Art. 108 I vorgesehene Verwaltung mit ihren dort genannten Aufgaben in Bezug nehmen (→ Rn. 7). Die Kompetenz des Bundes für weitergehende Verwaltung ist anderweitig, ggf. aus der Natur der Sache (aber → Rn. 11), zu begründen.

31    Für die **Bundesfinanzverwaltung** iSd Art. 87 I 1 werden die aus dieser Bestimmung resultierenden Bindungen durch die spezielleren Regelungen des Art. 108 (gesetzliche Behördenregelung, mögliche Mittelbehörden) überlagert (→ Art. 108 Rn. 7).

---

[43] Wie hier *Hebeler,* in: Friauf/Höfling, Art. 87 (2018) Rn. 16.

[44] So *Reichel,* Die auswärtige Gewalt nach dem Grundgesetz für die Bundesrepublik Deutschland vom 23. Mai 1949, 1967, S. 173 f.; *Ibler,* in: Maunz/Dürig, Art. 87 (2012) Rn. 64 (67, 69); *Hebeler,* in: Friauf/Höfling, Art. 87 (2018) Rn. 18; nicht eindeutig *Broß/Mayer,* in: v. Münch/Kunig II, Art. 87 Rn. 10; anders *Dittmann* (Fn. 1), S. 114; *Lerche,* in: Maunz/Dürig, Art. 87 (1992) Rn. 55; *Hermes,* in: Dreier III, Art. 87 Rn. 26; *Burgi* MKS III, Art. 87 Rn. 10 ff.; *Jestaedt,* in: Umbach/Clemens II, Art. 87 Rn. 65.

[45] So auch BAG NZA 2014, 1018 Rn. 19 ff., das Art. 87 III 1 heranzieht; im Ergebnis auch *Pieper,* Der deutsche Auslandsrundfunk, 2000, S. 110 ff.; anders *Schmidt-Husson,* Rundfunkfreiheit für die Deutsche Welle?, 2006, S. 156 ff.

[46] Vgl. seit 1.1.2011 die GIZ GmbH; zum Goethe-Institut ausführlich *A. Schulz,* Parastaatliche Verwaltungsträger im Verfassungs- und Völkerrecht, 2000, zu Art. 87 I 1 wie hier dort S. 501 ff.

[47] Vgl. zum Organisationsbestand *Blümel* HStR IV[1], § 101 Rn. 93; *Traumann* (Fn. 15), S. 352 f. Zu den Streitfragen um die einschlägigen Verwaltungskompetenzen des Bundes s. *Dittmann* (Fn. 1), S. 114 ff.; *Fastenrath* (Fn. 39), S. 173 ff.; *ders.* DÖV 1990, 125 (134); *Kilian,* in: Kulturverwaltungsrecht im Wandel, 1981, S. 111 (132 ff.); *Köstlin,* Die Kulturhoheit des Bundes, 1989; *Puhl* DVBl 1992, 935 f.

[48] Vgl. *Dittmann* (Fn. 1), S. 152; *Ibler,* in: Maunz/Dürig, Art. 87 (2012) Rn. 72; *Jestaedt,* in: Umbach/Clemens II, Art. 87 Rn. 69.

[49] Vgl. schon § 6 I, II FVG 1950 für die Vermögens- und Bauabteilung der OFD.

[50] Oberbehörden sind nach § 1 I Nr. 2 FVG gegenwärtig das Bundeszentralamt für Steuern und die Generalzolldirektion.

[51] Örtliche Behörden sind nach § 1 I Nr. 4 FVG die Hauptzollämter einschließlich ihrer Dienststellen (Zollämter) und die Zollfahndungsämter.

[52] Zumindest irreführend insoweit BVerwG NVwZ-RR 1990, 44 (45), mit nicht recht einschlägigen Nachweisen für eine „allgemeine […] Auffassung" im Hinblick auf die Bundesvermögensverwaltung; dafür allerdings etwa *Hermes,* in: Dreier III, Art. 87 Rn. 29; wie hier zumal *Dittmann* (Fn. 1), S. 152, auch 154; *Burgi* MKS III, Art. 87 Rn. 6; offen *Lerche,* in: Maunz/Dürig, Art. 87 (1992) Rn. 71; ohne Stellungnahme BVerfGE 106, 1 (18); unklar *Oebbecke* HStR VI, § 136 Rn. 113.

**3. Die Verwaltung der Bundeswasserstraßen und der Schifffahrt.** Für die Verwaltung der 32
Bundeswasserstraßen und der Schifffahrt sind die Bindungen des Art. 87 I 1 dadurch relativiert, dass sie
ausdrücklich **„nach Maßgabe des Artikels 89** geführt" wird. Insbesondere findet Schifffahrtsverwaltung des Bundes nur im Rahmen gesetzlich übertragener Aufgaben statt, Art. 89 II 2; die grds.
obligatorische bundeseigene Verwaltung der Bundeswasserstraßen kann auf Antrag in Auftragsverwaltung eines Landes überführt werden (Art. 89 II 3, 4), auch besteht nach Art. 89 III die Pflicht,
bestimmte Belange im Einvernehmen mit den Ländern zu wahren (näher → Art. 89 Rn. 18 ff.).

## C. Fakultative Bundessicherheitsverwaltung (Abs. 1 Satz 2)

Art. 87 I 2 eröffnet dem Bund die Kompetenz, die bezeichneten Organisationseinheiten der Bun- 33
desverwaltung zur Wahrnehmung ihrer erkennbaren Aufgaben „einzurichten" (→ Art. 86 Rn. 31).
Eine über die allgemeine Gemeinwohlbindung hinausgehende **Pflicht** zur positiven Wahrnehmung
dieser Kompetenz besteht **nicht.**

Die wegen der Berührung sensibelster Grundrechtsbereiche durchaus nicht allgemein selbstverständ- 34
liche Anerkennung der Kompetenzmaterien als legitimer Staatsaufgaben[53] begründet keinen Titel für
mit den Verwaltungstätigkeiten verbundene Grundrechtsbeeinträchtigungen, die vielmehr auf der
Grundlage der allgemeinen Grundrechtsbegrenzungen, insbesondere der **Gesetzesvorbehalte, gerechtfertigt** werden müssen.[54]

Die Kompetenzzuweisung ist dem **Bundesgesetz vorbehalten,** das hiernach nicht der Zustim- 35
mung des BRat bedarf. Soweit für die aufgabenbezogenen Regelungen keine andere Gesetzgebungskompetenz besteht, wird eine solche zugleich begründet (→ Rn. 12).

## I. Bundesgrenzschutzbehörden

**1. Der Bundesgrenzschutz als Aufgabe.** Dem Bund steht nach Art. 87 I 2 1. Alt. die Ver- 36
waltungskompetenz für den umfassend zu verstehenden **grenzpolizeilichen Schutz des Bundesgebietes** (vgl. § 2 II BPolG) zu.[55] Der vom Wortlaut her nicht zwingende Bezug auf die Polizei unter
Einschluss der Strafverfolgung ergibt sich aus dem Gesamtcharakter der Materien des Art. 87 I 2.[56]

Seit 1968 bzw. 1972 sind auch **grenzunabhängige Polizeiaufgaben** für den BGS im Zusammen- 37
hang mit größeren Störungen der öff. Sicherheit, zumal bei Katastrophen und in Notstandsfällen (Art. 35
II, III, 91), als Gegenstände der Bundesverwaltung in Art. 87 I 2 GG aufgenommen. Der Erweiterung
der Aufgaben im GG trägt die gesetzl. Umbenennung des BGS in **Bundespolizei**[57] Rechnung; aufgrund des weiterhin insges. polizeilichen Aufgabenspektrums ist dies durch Art. 115f I (s. auch
Art. 115i) begründeten Einsatzmöglichkeiten entspr. eingeschränkt zu verstehen.[58] Art. 37 eröffnet
wegen Spezialität des Art. 91 II und mangels der das GG insg. kennzeichnenden Ausdrücklichkeit von
Aufgabenzuweisungen an den BGS keine Einsatzmöglichkeiten für die Bundespolizei.[59]

Die gesetzliche Betrauung der Bundespolizei mit sonstigen polizeilichen oder – wie im Falle des § 8 38
I 1 BPolG[60] – nichtpolizeilichen **Aufgaben** ist daher **bedenklich,** selbst wenn die besonderen Gesetz-
gebungs- und Verwaltungskompetenzen für ein Tätigwerden des Bundes überhaupt vorliegen.[61] Das

---

[53] Dies betont *Lerche,* in: Maunz/Dürig, Art. 87 (1992) Rn. 119, auch Rn. 143, zu letztlich wohl doch negierten
Konsequenzen für die „Legitimation" von Grundrechtseinschränkungen; noch → Rn. 45.

[54] Allgemein → vor Art. 1 Rn. 101 ff., insb. → vor Art. 1 Rn. 132 f., und speziell zum Verfassungsschutz *ders.,* in:
Stern, StaatsR III/2, S. 575 ff.; zum vor allem betroffenen „Grundrecht auf informationelle Selbstbestimmung" *Rixen,*
Art. 2 Rn. 121 ff.; für die Pflicht zur Errichtung eines regional gegliederten eigenen Verwaltungsunterbaus *Pieroth,*
in: Jarass/Pieroth, Art. 87 Rn. 2.

[55] Die Unterbringung einreisender Asylbewerber auf dem Flughafengelände liegt allerdings außerhalb der grenzpolizeilichen Aufgaben, vgl. BGHZ 141, 48 (60). Gegen einvernehmliche Rückübertragung auf die Länder nach § 2
I BPolG *Kingreen/Schönberger* NVwZ 2018, 1825 ff.

[56] Vgl. *Lerche,* in: Maunz/Dürig, Art. 87 (1992) Rn. 124; für den polizeilichen Schutz der Grenzen ganz selbstverständlich BVerfGE 97, 198 (214); zu den Aufgaben iE etwa *Ernst,* Aufgaben und Verwendungsmöglichkeiten des
Bundesgrenzschutzes nach dem Grundgesetz …, Diss. Göttingen 1980, S. 114 ff.; *Willich,* BGS. Historische und
aktuelle Probleme der Rechtsstellung des Bundesgrenzschutzes, seiner Aufgaben und Befugnisse, 1980, insbesondere
S. 173 ff.; auch *Pieroth* VerwArch 88 (1997), 568 ff.

[57] G zur Umbenennung des Bundesgrenzschutzes in Bundespolizei v. 21.6.2005, BGBl I, 1818, Art. 1; dazu etwa
*Scheuring* NVwZ 2005, 903 ff. Allgemein etwa *Wagner* Jura 2009, 96 ff.; *Möllers/van Ooyen* Bundespolizei, 3. Aufl. 2017.

[58] *Ernst* (Fn. 56), S. 413 ff.; vorausgesetzt in BVerfGE 97, 198 (215); auch → Art. 115 f. Rn. 3 f. Überblick über
die Aufgaben des BGS bei *Schütte* Die Polizei 2002, 309 (310 und 311 ff.).

[59] Str., im Ergebnis wie hier *Stern,* StaatsR I, S. 717; auch *Evers'* BK, Art. 37 (1967) Rn. 65, Argument der
(damaligen) Exklusivität der Grenzschutzaufgaben gilt weiter, weil eine Erweiterung für Art. 37 nicht erfolgt ist; aA
*Ernst* (Fn. 56), S. 445 ff.; auch → Art. 37 Rn. 12; → Art. 91 Rn. 4.

[60] Für dessen Verfassungswidrigkeit insg. *Fischer-Lescano* AöR 128 (2003), 52 ff.

[61] Anders *Lerche,* in: Maunz/Dürig, Art. 87 (1992) Rn. 125, solange „die prinzipiell polizeiliche Natur des BGS
nicht verändert wird"; *Ibler,* in: Maunz/Dürig, Art. 87 (2012) Rn. 93; auch *Jestaedt,* in: Umbach/Clemens II, Art. 87
Rn. 76; gegen eine Erstreckung auf die Bahnpolizei *Papier* DVBl 1992, 3 f.; übereinstimmend *Jutzi* DÖV 1992,
650 f.; auch *Schreiber* DVBl 1992, 589 (593 f.).

BVerfG hat die Bedenken für Bahnpolizei und Luftsicherheit, §§ 3, 4 BGSG (jetzt BPolG), zurück-gestellt, aber betont, dass der Bundesgrenzschutz nicht zu einer allgemeinen Bundespolizei ausgebaut werden dürfe.[62]

**39**　　**2. Die Behörden des Bundesgrenzschutzes.** Eingerichtet werden können **Bundesgrenz-schutzbehörden,** also Stellen der **bundeseigenen** (bundesunmittelbaren) **Verwaltung,** wie es auch der systematischen Zusammenfassung solcher Fälle in Art. 87 I entspricht.[63] Der verwendete Plural „Bundesgrenzschutzbehörden" belegt zumal gegenüber Abs. 1 S. 2 im Übrigen insbesondere die **Zulässigkeit** eines verfassungsrechtlich allerdings nicht notwendigen **mehrstufigen Aufbaus,**[64] wie er mit einigen zusätzlichen Elementen in § 57 BPolG verwirklicht ist.[65] Die mit dem Bund § 2 I, III BPolG zu vereinbarende Wahrnehmung von (ja nur) fakultativen Bundesaufgaben des Grenz-schutzes durch ein Land dürfte mit dem GG vereinbar sein.[66]

## II. Zentralstellen

**40**　　**1. Die Zentralstellen-Aufgaben.** Die in Art. 87 I 2 dem Bund zur Wahrnehmung durch „Zen-tralstellen" eröffneten Aufgaben hängen nach ihrer Entstehung (1949 wie 1972) (→ Rn. 7 f.) eng mit Art. 73 I Nr. 10 zusammen. Dort wird die **besondere Funktion,** auf die die Zentralstellenverwaltung des Bundes gegenüber der prinzipiellen Polizeihoheit der Länder beschränkt ist, mit dem einleitenden Hinweis auf die **„Zusammenarbeit des Bundes und der Länder"** deutlicher hervorgehoben. Der auch im Begriff „Zentralstelle" anklingende Bezug auf Koordinationsaufgaben prägt den Gesamtcha-rakter dieser Bundesverwaltungskompetenzen. Ob daraus stringente Schlussfolgerungen, etwa auf einen Ausschluss jeder außenwirksamen Verwaltungstätigkeit der Zentralstellen oder auf die (Un-) Zulässigkeit von Weisungsbefugnissen gegenüber Landesbehörden, gezogen werden können, ist al-lerdings fraglich.[67] Zu Art. 73 I Nr. 9a → Rn. 42.

**41**　　**a) Das polizeiliche Auskunfts- und Nachrichtenwesen** betrifft als Element der in Art. 87 I 2 behandelten **Informationsaufgaben** die Sammlung, Auswertung und Weitergabe von Informationen über alle Fragen der Gefahrenabwehr und Strafverfolgung (vgl. § 2 IV, V BKAG), auch die Führung der Antiterrordatei als Verbunddatei nach dem ATDG.[68]

**42**　　**b) Die Kriminalpolizei** umfasst alle Aspekte der auch vorbeugenden Verbrechensbekämpfung (→ Art. 73 Rn. 50), insbes. solche unmittelbar außenwirksamer Polizeitätigkeit; die gegenüber der prinzipiellen Polizeihoheit der Länder gebotenen Restriktionen sind hier nur aus dem Zentralstellen-Charakter des vorgesehenen Aufgabenträgers abzuleiten (→ Rn. 40).[69] Im Hinblick auf die Abwehr von Gefahren des internationalen Terrorismus, die dem BKA auf der Grundlage des Art. 73 I Nr. 9a (dazu → Art. 73 Rn. 46 ff.) übertragen ist,[70] ist es nicht auf Zentralstellenaufgaben beschränkt. Grund-lage dafür ist trotz seiner systematischen Stellung wohl Art. 73 I Nr. 9a selbst, der das BKA ausdrück-lich nennt,[71] jedenfalls in „Zusammenschau" mit Art. 87 I 2.[72]

**43**　　**c) Die Sammlung von Unterlagen für Zwecke des Verfassungsschutzes** im Sinne des Art. 73 Nr. 10 lit. b ist wiederum ein Teilbereich der Informationsaufgaben; erfasst sind trotz des nicht eindeutigen Wortlauts auch die eigenständige Beschaffung[73] und die Auswertung einschlägiger Daten sowie ihre Übermittlung an entsprechende Landesbehörden.

---

[62] BVerfGE 97, 198 (218); zustimmend *Ronellenfitsch* VerwArch 90 (1999), 139 (150 ff.); *Tanneberger,* Die Sicher-heitsverfassung, 2014, S. 297 ff.; kritisch *Hecker* NVwZ 1998, 707 ff. Zu Kooperationsmöglichkeiten s. *Süss,* Die Zusammenarbeit zwischen der Bundespolizei und den Länderpolizeien und ihre verfassungsrechtlichen Grenzen, 2012. Gegen den Betrieb von „Ankerzentren" durch die BPol *Burgi/Krönke,* in: Bogumil u. a., Bessere Verwaltung in der Migrations- und Integrationspolitik, 2018, S. 149 (154 ff)

[63] *Burgi* MKS III, Art. 87 Rn. 31; *Jestaedt,* in: Umbach/Clemens II, Art. 87 Rn. 77; *Dittmann* (Fn. 1), S. 226; *Blümel* HStR IV[1], § 101 Rn. 79.

[64] *Burgi* MKS III, Art. 87 Rn. 31; *Stern,* StaatsR II, S. 825; *Blümel* HStR IV[1], § 101 Rn. 102.

[65] Namentlich mit Bundesoberbehörde und ihr unterstehenden Unterbehörden.

[66] Ablehnend *Kingreen/Schönberger* NVwZ 2018, 1825 (1828 ff.).

[67] Vgl. näher *Ibler,* in: Maunz/Dürig, Art. 87 (2012) Rn. 117, 121; *Burgi* MKS III, Art. 87 Rn. 44 ff., 47; *Hermes,* in: Dreier III, Art. 87 Rn. 46 ff.; auch → Art. 73 Rn. 53; *Heintzen* MKS II, Art. 73 Rn. 97; *Oebbecke* HStR VI, § 136 Rn. 122 f.

[68] BVerfGE 133, 277 Rn. 104.

[69] *Lerche,* in: Maunz/Dürig, Art. 87 (1992) Rn. 139.

[70] Vgl. den Gesetzentwurf BT-Drs 16/9588; *M. Bäcker,* Terrorismusabwehr durch das Bundeskriminalamt, 2009; *Roggan* NJW 2009, 257 ff.; *H. A. Wolff* DÖV 2009, 597 ff.

[71] → Art. 73 Rn. 48a; *Gerstenberg,* Zu den Gesetzgebungs- und Verwaltungskompetenzen nach der Föderalismus-reform, 2009, S. 186 f.; wohl auch *H. A. Wolff* DÖV 2009, 597 (598); anders *Heintzen* MKS II, Art. 73 Rn. 97 ff. (für Art. 87 I 2, nur für Zentralstellenaufgaben); *Uhle,* in: Maunz/Dürig, Art. 73 (2010) Rn. 209 (für Art. 87 III 1).

[72] BVerfGE 141, 220 Rn. 89. Für Legitimation durch Art. 87 III 1 *Abbühl,* Der Aufgabenwandel des Bundes-kriminalamtes, 2010, S. 360 ff., 382.

[73] Vgl. *Schafranek,* Die Kompetenzverteilung zwischen Polizei- und Verfassungsschutzbehörden …, 2000, S. 35 f.; anders wieder *Bäcker* DÖV 2011, 840 (844), und dagegen *Risse/Kathmann* DÖV 2012, 555 (557).

Die Kompetenznorm stellt die Wahrnehmung der Informationsaufgaben von den **allgemeinen** 44 **verfassungsrechtlichen Anforderungen,** zumal bei Beeinträchtigung individueller (Grund-)Rechte, nicht frei (vgl. auch § 3 III BVerfSchG); die Ermächtigung zur heimlichen Informationsbeschaffung nach § 8 II 1 BVerfSchG kann gegenüber betroffenen Grundrechten nur innerhalb ihrer jeweiligen Begrenzungen durchgreifen.[74]

Die Ausübung allgemeiner **polizeilicher Befugnisse** mit Zwangscharakter ist von Verfassungs 45 wegen ausgeschlossen, vgl. entsprechend § 8 III BVerfSchG; die Verfassungsschutzaufgaben sind sehr bewusst neben die allgemein-polizeilichen Aufgaben gestellt und von ihnen unterschieden.[75] Auch das BVerfG geht davon aus, dass diese Zentralstellen nicht mit Vollzugspolizeibehörden zusammengelegt werden dürfen.[76] Informationelle Zusammenarbeit ist damit nicht ausgeschlossen (→ Rn. 48).

d) Für die **Sammlung von Unterlagen zum Schutz auswärtiger Belange** der Bundesrepublik 46 gilt grds. dasselbe wie beim Verfassungsschutz (→ Rn. 43 ff.). Begrenzungen der Informationsaufgabe ergeben sich räumlich daraus, dass nur **Bestrebungen im Bundesgebiet** erfasst sind. Diese können personell trotz der Entstehungsgeschichte (→ Rn. 8) keineswegs nur von Ausländern ausgehen, sondern auch von **Deutschen,**[77] etwa im Falle fremdenfeindlicher Aktivitäten. **Die Anwendung von Gewalt** meint nicht jedes etwa von einem überdehnten strafrechtlichen Gewaltbegriff erfasste Verhalten, sondern ist auf Bereiche erheblicher, grundsätzlich terroristischer Gewalttätigkeiten zu beschränken.[78] Andererseits setzt der Schutz bereits gegenüber Vorbereitungshandlungen ein.

**2. Die Zentralstellen.** Unter Zentralstellen sind auch ohne verfassungsgeschichtliche Vorprägung 47 des Begriffs nach Wortsinn und systematischer Stellung **Behörden der bundeseigenen Verwaltung** zu verstehen, die **bundesweit zuständig** sind, keinen Verwaltungsunterbau besitzen[79] und Aufgaben wahrnehmen, die besonders auf Kooperation ausgerichtet sind (→ Rn. 40). Überzeugende Gründe für die Annahme von Ministerialfreiheit der Zentralstellen bestehen nicht.[80]

Zentralstellen können für jedes Aufgabenfeld des Art. 87 I 2 eingerichtet werden; zulässig ist aber 48 grundsätzlich auch eine **Zusammenfassung mehrerer Aufgaben** bei einer Zentralstelle,[81] soweit dem nicht die Eigenart der Materien entgegensteht, wie namentlich bei allgemeiner (Kriminal-)Polizei und Verfassungsschutz.[82] Das **Bundeskriminalamt,** dem die beiden zuerst genannten polizeibezogenen Aufgaben übertragen sind,[83] darf allerdings eine Verbunddatei unter Beteiligung der Nachrichtendienste führen.[84] Das BKA ist auch Nationales Zentralbüro für die Internationale Kriminalpolizeiliche Organisa-

---

[74] Speziell hierzu *Gusy* DVBl 1991, 1288 (1291 ff.); allgemeiner BVerfGE 134, 141 Rn. 114; *Stern,* StaatsR I, S. 224. Zur Geheimhaltung von Quellen BVerfGE 146, 1 Rn. 109 ff.

[75] Für ein verfassungsrechtliches Trennungsgebot *Bull,* AK GG, Art. 87 (2001) Rn. 85; *Denninger* HdbVerfR, § 16 Rn. 66; *Götz* HStR IV, § 85 Rn. 39 f.; *Ibler,* in: Maunz/Dürig, Art. 87 (2012) Rn. 143; *Jestaedt,* in: Umbach/Clemens II, Art. 87 Rn. 80 mit Fn. 186; *Gusy* ZRP 1987, 45 ff.; *Schafranek* (Fn. 73), S. 36, 40, 170 ff.; *Kutscha* NVwZ 2005, 1231 (1233 f.); *Kretschmer* Jura 2006, 336 (337); *Roggan/Bergemann* NJW 2007, 876 f.; *Zöller* JZ 2007, 763 (767); *Lang,* Die Antiterrordateigesetz, 2011, S. 99 ff., 136 ff.; *Thiel,* Die „Entgrenzung" der Gefahrenabwehr, 2011, S. 374 ff.; restriktiv *Paeffgen/Gärditz* KritV 2000, 65 ff.; *H. A. Wolff* DÖV 2009, 597 (600 ff.); dagegen etwa *Roewer* DVBl 1986, 205 (206); *Brenner,* Bundesnachrichtendienst im Rechtsstaat, 1990, S. 48 ff.; *Albert* ZRP 1995, 105 (108); *Traumann* (Fn. 15), S. 145; *Nehm* NJW 2004, 3289 (3294); *Baumann* DVBl 2005, 798 (800 f.); *Meyer-Wieck* Die Polizei 2006, 349 (354 f.); *Klee,* Neue Instrumente der Zusammenarbeit von Polizei und Nachrichtendiensten, 2010, S. 48 ff.; *Streiß,* Das Trennungsgebot zwischen Polizei und Nachrichtendiensten, 2011, S. 153 ff.; *Oebbecke* HStR VI, § 136 Rn. 124; *Unterreitmeier* AöR 144 (2019), 234 ff.; zweifelnd *Burgi* MKS III, Art. 87 Rn. 35; offen *Hetzer* ZRP 1999, 19 (22 f.). Für ein Trennungsgebot aufgrund Art. 83 III 1 SachsVerf SächsVerfGH NVwZ 2005, 1310 (1311 f.); s. auch Art. 11 III 2, 3 BbgVerf, Art. 97 I 2 ThürVerf; dazu *Baldus* ThürVBl 2013, 25 (29).

[76] BVerfGE 97, 198 (217), allerdings ohne abschließende Entscheidung; daran anschließend BVerfGE 100, 313 (369 f.). Zum Rückgriff auf Art. 87 III 1 → Rn. 78.

[77] Vgl. *Ibler,* in: Maunz/Dürig, Art. 87 (2012) Rn. 139.

[78] *Ibler,* in: Maunz/Dürig, Art. 87 (2012) Rn. 139.

[79] Vgl. *Ronellenfitsch* (Fn. 1), S. 213 ff.; *Dittmann* (Fn. 1), S. 230 f.; *Hebeler,* in: Friauf/Höfling, Art. 87 (2018) Rn. 30; *Saurer* BK, Art. 86 (2018) Rn. 112; *Gärditz* AöR 144 (2019), 81 (103 f.); zum sog. Outsourcing in diesem Bereich vor allem wegen Art. 33 IV *Büllesbach/Rieß* NVwZ 1995, 444 (447); allgemeiner → Art. 33 Rn. 58.

[80] Dazu näher *Gusy* DVBl 1993, 1117 (1124 f.), gegenüber *Ahlf,* Das Bundeskriminalamt als Zentralstelle, Diss. Speyer 1985, S. 113 ff., insbesondere für das BKA.

[81] *Lerche,* in: Maunz/Dürig, Art. 87 (1992) Rn. 132, für die Möglichkeit einer Gesamtzentralstelle; *Stern,* StaatsR II, S. 826; auch *Broß/Mayer,* in: v. Münch/Kunig II, Art. 87 Rn. 16.

[82] → Rn. 45; für ein grundrechtlich abgeleitetes informationelles Trennungsprinzip BVerfGE 133, 277 Rn. 123; vgl. auch *Gazeas,* Übermittlung nachrichtendienstlicher Erkenntnisse an Strafverfolgungsbehörden, 2014, S. 64 f. 197 ff.; *Timu* VR 2017, 121 ff.; *Gärditz* EuGRZ 2018, 6 (8); *Unterreitmeier* GSZ 2018, 1 f.; *Lindner/Unterreitmeier* DÖV 2019, 165 ff.; zur Notwendigkeit organisatorisch getrennter Zentralstellen auch *Pieroth,* in: Jarass/Pieroth, Art. 87 Rn. 5; mit Rücksicht auf den „Polizeibrief" (→ Rn. 7) *Ibler,* in: Maunz/Dürig, Art. 87 (2012) Rn. 124; weniger spezifisch auch *Dittmann* (Fn. 1), S. 231; mit der gesetzlichen Klärung begnügt sich *Gröpl,* Die Nachrichtendienste im Regelwerk der deutschen Sicherheitsverwaltung, 1993, S. 301 f.

[83] *Lerche,* in: Maunz/Dürig, Art. 87 (1992) Rn. 137; zum BKA s. etwa *Ahlf* (Fn. 80); *Riegel* DVBl 1982, 720 ff.; *ders.* BayVBl 1983, 649 ff.; *Schreiber* NJW 1997, 2137 (2139 f.).

[84] BVerfGE 133, 277 Rn. 104, auch → Rn. 97 ff. zur Gesetzgebungskompetenz und Rn. 105 ff. zu grundrechtlichen Grenzen; dazu etwa *Gärditz* JZ 2013, 633 ff.; *Arzt* NVwZ 2013, 1328 ff.; *Käß* BayVBl 2013, 709 ff. All-

tion, § 3 I BKAG, und nationale Verbindungsstelle zum Europäischen Polizeiamt, § 1 EuropolG,[85] außerdem zentrale nationale Stelle für den Informationsaustausch im Hinblick auf das Schengen Durchführungsübereinkommen, § 3 Ia BKAG, und zuständig für die Abwehr länderübergreifender Gefahren des internationalen Terrorismus, § 4a BKAG (→ Rn. 42). Die Aufgabe der Unterlagensammlung liegt für die beiden diesbezüglich genannten Zwecke beim **Bundesamt für Verfassungsschutz,** vgl. § 3 I Nr. 1, 3, § 5 II 1 BVerfSchG, dessen Errichtung „als Bundesoberbehörde", § 2 I 1 BVerfSchG, von den verfassungsrechtlichen Bindungen der Zentralstellenqualität nicht freistellt.[86] Ob eine Verschmelzung der Bundespolizei mit dem BKA dessen ohnehin durchbrochene (→ Rn. 42) Zentralstellenqualität in Frage stellen würde, ist fraglich. Außerhalb des Art. 87 I 2 bestehen MAD und BND.[87]

## D. Länderübergreifende Sozialversicherungsträger (Abs. 2)

### I. Soziale Versicherungsträger als bundesunmittelbare Körperschaften des öffentlichen Rechts (Satz 1)

49 **1. Die Tatbestandsvoraussetzungen. a) Soziale Versicherungsträger** sind die Träger öffentlicher Verwaltung, die Aufgaben der (weit verstandenen) Sozialversicherung iSd Art. 74 I Nr. 12 (dazu → Art. 74 Rn. 53 ff.) wahrnehmen;[88] nicht eingeschlossen sind Aufgaben nach dem SGB II[89] und XII.[90]

50 Art. 87 II 1 ordnet nicht nur als Übergangsvorschrift die bei Erlass des Grundgesetzes bestehenden Sozialversicherungsträger bundesstaatlich zu, sondern gilt seiner systematischen Stellung entsprechend als verfassungsrechtliche Dauerregelung auch für später **neu hinzukommende Sozialversicherungsträger.**[91] Damit hat es der Bund aufgrund seiner konkurrierenden Gesetzgebungskompetenzen weitgehend in der Hand, bisher von den Ländern getragene Sozialversicherungsbereiche in mittelbare Bundesverwaltung zu überführen;[92] er kann diese Form der Bundesverwaltung ferner in dem Gesamtbereich einführen,[93] der durch den weit gefassten Begriff der Sozialversicherung (→ Rn. 49) bestimmt wird. Umgekehrt hat er freilich auch die Option, Sozialversicherungsträger in ihrer Zuständigkeit auf das Gebiet eines Landes zu beschränken und damit die Zuordnung zum Bund auszuschließen.[94]

51 **b)** Sozialversicherungsträger, deren **Zuständigkeitsbereich sich über das Gebiet eines Landes hinaus** erstreckt,[95] sind zumal bundesweit zuständige Träger, aber auch solche, die nur in Gebietsteilen zweier Länder zuständig sind.[96] Die mit Rücksicht auf die Entstehung des Art. 87 II teilweise postulierte restriktive Auslegung dahin, dass nur nach ihrer gesetzlichen Aufgabenstellung notwendig länderübergreifend tätige Sozialversicherungsträger erfasst sein sollen,[97] überzeugt nicht, weil die

gemeiner etwa *Baldus* ThürVBl 2013, 25 (29); auch *Gusy* ZRP 2012, 230 (232 f.); restriktiv *Roggan/Bergemann* NJW 2007, 876 f.; *Zöller* JZ 2007, 763 (767); *Stubenrauch* (Fn. 75); *Lang* (Fn. 75); *Kutscha* NVwZ 2013, 324 (325); *Petri* ZD 2013, 3 ff. Zum Gemeinsamen Terrorismusabwehrzentrum diverser Polizei- und Nachrichtendienstbehörden *Weisser* NVwZ 2011, 142 ff.

[85] Dazu *Di Fabio* DÖV 1997, 89 (100); s. allgemeiner auch *Hausen,* Verfassungs- und völkerrechtliche Probleme der Rechtsgrundlagen von EUROPOL, 2000; *Kröger,* Europol – Europäisches Polizeiamt und Individualrechtsschutz – ..., 2004; *Korrell,* Europol – Polizei ohne rechtsstaatliche Bindungen?, 2005; *Engel,* Befugnis, Kontrolle und Entwicklung von Europol, 2006.

[86] Vgl. mit unterschiedlicher Akzentuierung *Dittmann* (Fn. 1), S. 233 f.; *Ibler,* in: Maunz/Dürig, Art. 87 (2012) Rn. 146; aA *Gröpl* (Fn. 82), S. 133 ff. (zugleich für eine Bundesoberbehörde nach Abs. 3 S. 1). Zur Neuregelung von 2015 s. *Mascholleck* NJW 2015, 3611; *Bergemann* NVwZ 2015, 1705 ff.

[87] *Burgi* MKS III, Art. 87 Rn. 49; zum BND *Hölscheidt* Jura 2017, 148 ff.; *Meinel* NVwZ 2018, 852 (857).

[88] BVerfGE 63, 1 (34 f.); 114, 196 (223); für ein weites Verständnis von Sozialversicherung auch BVerfGE 87, 1 (34); *Dittmann* (Fn. 1), S. 243 f.; ausführlich *Axer,* Normsetzung der Exekutive in der Sozialversicherung, 2000, S. 276 ff.; auch *Krebs,* Verfassungsrechtliche Zulässigkeit der Organisationsreform der Deutschen Rentenversicherung, 1999, S. 10 f.; *Heinig,* Der Sozialstaat im Dienst der Freiheit, 2008, S. 488; *Schnapp* WzS 2017, 239 (244).

[89] So etwa *Wahrendorf/Karmanski* NZS 2008, 281 (282); offen BVerfGE 119, 331 (369 f.); zweifelnd → Art. 74 Rn. 60; insgesamt dazu *Burgi* MKS III, Art. 87 Rn. 59 ff., 63; *Pieroth,* in: Jarass/Pieroth, Art. 87 Rn. 10 ff. S. jetzt Art. 91e.

[90] *Ibler,* in: Maunz/Dürig, Art. 87 (2012) Rn. 177.

[91] BVerfGE 11, 105 (123); *Merten* FS Knöpfle, 1996, S. 219 (225); *Zimmermann,* Sozialversicherung und Privatversicherung im Kompetenzgefüge des Grundgesetzes, 2009, S. 456; zur Form der Errichtung neuer Sozialversicherungsträger, insbesondere zur Notwendigkeit eines Gesetzes, s. *G. C. Burmeister* Herkunft, Inhalt und Stellung des institutionellen Gesetzesvorbehaltes, 1991, S. 239 f.

[92] Gegen eine Bindung an bestehende Strukturen (zur Unfallversicherung) BVerfGE 36, 383 (393).

[93] Skeptisch gegenüber dem Potential der Ausweitung der Bundeskompetenzen *Dittmann* (Fn. 1), S. 243 f.; ihm folgend *Lerche,* in: Maunz/Dürig, Art. 87 (1992) Rn. 154.

[94] *Isensee* NZS 1993, 281 (283); *Papier* FS Knöpfle, 1996, S. 273 (277); *Waibel* VSSR 2003, 115 (127).

[95] Zum Umfang der Zuständigkeitsbereiche BVerwG ZTR 2010, 547 Rn. 11; BAGE 147, 138 Rn. 34.

[96] Für äußerste Minimalgrenzen BSGE 1, 17 (33); dagegen lässt *Lerche,* in: Maunz/Dürig, Art. 87 (1992) Rn. 155, „auch geringste Zuständigkeitsausdehnungen" genügen; kritisch zu einzelnen Konsequenzen etwa *Bogs,* Die Sozialversicherung im Staat der Gegenwart, 1973, S. 261 mN zur Judikatur des BSG. Wie hier auch *Hermes,* in: Dreier III, Art. 87 Rn. 58.

[97] So wohl *Hixt,* Regionalisierung und Föderalisierung der gesetzlichen Krankenversicherung, 1996, S. 135 ff., im Anschluss an *Ebsen,* in: Seewald (Hrsg.), Organisationsprobleme der Sozialversicherung, 1992, S. 231 (236 f.).

grundsätzliche Formulierung gerade gewählt wurde, um eine zu vage Aussage des Verfassungstextes auszuschließen (→ Rn. 7). Nachdem die Reformbemühungen der Länder nur zu dem Teilerfolg des neuen S. 2 geführt haben (→ Rn. 10), scheidet eine weitergehende restriktive Auslegung aus.[98]

**2. Rechtsfolgen. a) Bundeskompetenz.** Grundsätzlich, dh vorbehaltlich des neuen S. 2 **52** (→ Rn. 58 f.), **zwingend** vorgesehen ist die Rechtsfolge, dass der länderübergreifend zuständige Sozialversicherungsträger als *bundesunmittelbare* Körperschaft zu führen ist. Dies bedeutet jedenfalls, dass bei Vorliegen der Voraussetzungen des S. 1 dem **Bund** zumindest grundsätzlich **die alleinige Kompetenz** für die mittelbare Verwaltung zusteht.[99] Das BVerfG hat allerdings unter prinzipieller Absage an ein striktes Verbot von Mischverwaltung im Grundgesetz eine dauernde Einschaltung von Landesstellen in die Verwaltung insbesondere nach Art. 87 II gebilligt, wenn sie aus besonderem sachlichen Grund erfolgt und auf eine eng umrissene Verwaltungsmaterie begrenzt bleibt.[100] Bei den Arbeitsgemeinschaften nach § 44b SGB II hat es indes (außerhalb von Art. 87 II; → Rn. 49) unzulässige Mischverwaltung angenommen.[101]

**b) Körperschaft des öffentlichen Rechts.** Organisationsrechtlich bedeutet Art. 87 II 1 jedenfalls, **53** dass bestehende Sozialversicherungsträger in mittelbar staatlicher Verwaltung des Bundes fortzuführen sind. Der **Ausschluss unmittelbarer Verwaltung durch Bundesbehörden**[102] steht aber auch einer Gesetzgebung entgegen, durch die der Bund für sich selbst die Aufgaben eines Sozialversicherungsträgers vorsehen würde.

Zugleich schreibt Art. 87 II 1 positiv vor, dass der bundesunmittelbare Rechtsträger eine **Körper-** **54** **schaft des öffentlichen Rechts** sein muss. Diese Anordnung ist entgegen verbreiteter Auffassung[103] wegen der Selbstverwaltungstradition der Sozialversicherung und der auffälligen Abweichung von Art. 86 S. 1 und Art. 87 III 1 beim Wort zu nehmen.[104]

Eine über die mit der Verselbständigung der Verwaltungsträger verbundenen Konsequenzen[105] **55** hinausgehende **Garantie der Selbstverwaltung** durch die Betroffenen enthält Art. 87 II nicht; für eine so weitgehende Folgerung fehlt zumal im Vergleich zu Art. 28 II eine hinreichende Basis im Verfassungstext.[106] Aus dem in Art. 87 II verwendeten, aus der historischen Situation erklärbaren Plural „Körperschaften" kann auch nicht geschlossen werden, dass es stets eine Mehrzahl solcher Körperschaften geben muss.[107] Nicht ausgeschlossen ist ferner – mangels dem Abs. 3 S. 2 entsprechender Einschränkungen – ein mehrstufiger Aufbau der Sozialversicherungskörperschaften, wie ihn das Grundgesetz im Bereich der Arbeitslosenversicherung vorgefunden hat.[108] Auch ist der Bund berechtigt, Verbindungen zwischen Sozialversicherungsträgern herzustellen oder länderüberschreitende Leistungsbeziehungen zu regeln.[109]

Der Bund ist durch Art. 87 II 1 jedoch **gehindert**, soziale Versicherungsträger in seinem Bereich **in** **56** **privater Rechtsform** zu führen[110] (s. aber noch → Rn. 57).

[98] So auch *Hermes,* in: Dreier III, Art. 87 Rn. 58; *Merten* FS Knöpfle, 1996, S. 219 (220 f.).

[99] Zum Charakter als Kompetenznorm BVerfGE 21, 362 (371); 39, 302 (315); 63, 1 (35); 113, 167 (268); s. auch *Merten* FS Knöpfle, 1996, S. 219 (220); *Papier,* ebda, S. 273 (277).

[100] BVerfGE 63, 1 (36 ff., 41); allgemeiner → Rn. 20 und → Art. 83 Rn. 4 mit Fn. 15; zur Mischverwaltung in der Sozialversicherung etwa *Axer,* Verfassungsrechtliche Fragen einer Organisationsreform in der Rentenversicherung, 2000, S. 49 ff.

[101] BVerfGE 119, 331 (361 ff.); dazu unter diesem Aspekt etwa *Cornils* ZG 2008, 184 ff.; *P.M. Huber* DÖV 2008, 844 ff.; *Korioth* DVBl 2008, 812 ff.; *Schnapp* Jura 2008, 241 ff.; *Trapp* DÖV 2008, 277 ff.; auch *Schulz* DÖV 2008, 1028 ff. Strenger zur Mischverwaltung auch bereits BVerfGE 108, 169 (182).

[102] Ausdrücklich BVerfGE 63, 1 (36); in der Sache auch BVerfGE 149, 50 Rn. 79; *Merten* FS Knöpfle, 1996, S. 219 (220); *Papier,* ebda, S. 273 (277); *Heinig* (Fn. 88), S. 456; *Oebbecke* HStR VI, § 136 Rn. 99.

[103] Näher etwa *Axer* (Fn. 88), S. 279 ff. *Zimmermann* (Fn. 91), S. 462 ff.

[104] BVerfGE 113, 167 (201); BVerfG (K) NVwZ-RR 2017, 169 Rn. 16; ferner *Dittmann* (Fn. 1), S. 94 f., 244; *Schmidt-Aßmann* GS Martens, 1987, S. 249 (253); *Merten* FS Knöpfle, 1996, S. 219 (221 ff.); *Oebbecke* HStR VI, § 136 Rn. 97.

[105] Vgl. dazu, teils auch weitergehend, etwa *Lerche,* in: Maunz/Dürig, Art. 87 (1992) Rn. 159; *Hermes,* in: Dreier III, Art. 87 Rn. 64; *Burgi* MKS III, Art. 87 Rn. 74 ff.; *Oebbecke* HStR VI, § 136 Rn. 98; *Hase* HStR VI, § 145 Rn. 13 ff.; *Boecken,* Verfassungsrechtliche Fragen einer Organisationsreform der gesetzlichen Rentenversicherung, 2000, S. 31 ff.; *Zimmermann* (Fn. 91), S. 469 ff.

[106] *Stern,* StaatsR II, S. 824; *Hendler,* Die Selbstverwaltung als Ordnungsprinzip, 1984, S. 227; *Axer* (Fn. 88), S. 282 ff.; *ders.* FS Krause, 2006, S. 79 (88 ff.); *Papier* FS 50 Jahre BSG, 2004, S. 23 (35); *v. Wulffen* DRV 2003, 662 (666 f. [667]); *Waibel* VSSR 2003, 115 (127); *Heinig* (Fn. 88), S. 489 f.; *Schnapp* WzS 2017, 239 (243 ff.); wohl auch BVerfGE 21, 362 (371); offen *Becker* FS 50 Jahre BSG, 2004, S. 77 (79 f.).

[107] Dagegen BVerfGE 113, 167 (201); *Bieback* FS Gitter, 1995, S. 83 (100).

[108] *Merten* FS Knöpfle, 1996, S. 219 (225); *Broß/Mayer,* in: v. Münch/Kunig II, Art. 87 Rn. 17; *Hermes,* in: Dreier III, Art. 87 Rn. 61; *Burgi* MKS III, Art. 87 Rn. 73.

[109] BVerfG (K) NVwZ-RR 2017, 169 Rn. 16, nach BVerfGE 113, 167 (201 f.).

[110] *Ibler,* in: Maunz/Dürig, Art. 87 (2012) Rn. 200; *Hermes,* in: Dreier III, Art. 87 Rn. 62; *Zimmermann* (Fn. 91), S. 464 ff.; auch *Becker* FS 50 Jahre BSG, 2004, S. 77 (79); gegen Beleihung ausdrücklich *Broß/Mayer,* in: v. Münch III, Art. 87 Rn. 19; *Bulla* VSSR 2008, 351 (372 ff.); dafür *Axer* FS Krause, 2006, S. 79 (87).

57    **3. Keine Garantie der Sozialversicherung.** Art. 87 II enthält keine Garantie der überkommenen Sozialversicherung oder ihrer Organisationsprinzipien.[111] Der Bund ist unter Beachtung grundrechtlich geschützter Bestände frei, das Ziel einer allgemeinen Versicherung gegen selbst klassische Risiken der Sozialversicherung in anderen, etwa **privatversicherungsrechtlichen Formen** anzustreben; (nur) die Preisgabe des Sicherungszwecks überhaupt dürfte an Sozialstaatsprinzip und Menschenwürdegarantie scheitern.[112]

## II. Die Rückholklausel des Abs. 2 Satz 2

58    Der hinter den Vorstellungen des BRat zurückbleibende neue S. 2 (→ Rn. 10) schafft für die Länder die Möglichkeit, den bisherigen Automatismus der Bundeskompetenz selbst bei geringfügiger Überschreitung der Grenzen nur eines einzigen Landes[113] zu vermeiden. Die Aufsicht des Bundes bleibt aber als Regelfall erhalten, nur **ausnahmsweise** ist die Möglichkeit eröffnet, Sozialversicherungsträger in **landesmittelbarer Verwaltung,** und zwar als landesunmittelbare Körperschaften des öffentlichen Rechts,[114] zu führen.[115]

59    Voraussetzung ist, dass der Zuständigkeitsbereich dieses Trägers nur zwei **oder höchstens drei Länder betrifft.** Außerdem müssen die beteiligten Länder das aufsichtsführende Land bestimmen. Die Ausgestaltung der notwendigen **Einigung** dieser Länder lässt das Grundgesetz offen; deren nähere Regelung[116] kann durch Bundesgesetz nach Art. 74 I Nr. 12 erfolgen. Mit der Bestimmung des aufsichtsführenden Landes tritt der Kompetenzwechsel ipsa constitutione ein.[117]

59a    Nach Art. 1 I des **Staatsvertrags über die Bestimmung aufsichtsführender Länder** nach Art. 87 II 2[118] führt das Land die Aufsicht, in dem der Sozialversicherungsträger seinen Sitz hat. Problematisch ist dabei die Tatsache, dass damit die staatsvertragliche Bestimmung des aufsichtsführenden Landes nicht durch die maximal drei jeweils beteiligten Länder, sondern auch von den übrigen Ländern vorgenommen wird. Der Staatsvertrag stellt aber die Möglichkeit abw. Vereinbarungen nur der jeweils beteiligten Länder (Art. 1 II) sicher; außerdem begründet er für jedes beteiligte Land auch in Neufällen die Möglichkeit, die Anwendung des Vertrages auszuschließen (Art. 3) und eröffnet generell die Möglichkeit einer Kündigung für jedes Land (Art. 4). Damit ist wohl noch hinreichend sichergestellt, dass es nicht zu Bindungen an den Vertrag gegen den Willen auch nur eines der konkret beteiligten Länder kommt.[119]

## E. Fakultative Bundesverwaltung für Angelegenheiten der Bundesgesetzgebungskompetenz (Abs. 3)

### I. Der Anwendungsbereich

60    Im Unterschied zu den gegenständlich begrenzten vorhergehenden Absätzen eröffnet Abs. 3 dem Bund den Zugriff auf Verwaltungskompetenzen im **Gesamtbereich der Angelegenheiten** (S. 1) oder Gebiete (S. 2), für die ihm die **Gesetzgebung zusteht.**[120]

61    Dies erfordert zumindest, dass die unter **Kompetenzmaterien** der Gesetzgebung des Bundes berührt ist; zusätzlich müssen auch einschlägige **weitere Voraussetzungen** für das Gesetzgebungsrecht des Bundes für die fragliche Materie im Allgemeinen (nicht: für das Errichtungsgesetz selbst)[121] erfüllt sein.[122] Die Begründung von Verwaltungsrechten des Bundes für Materien, die seiner Gesetz-

---

[111] BVerfGE 39, 302 (314 f.); 77, 340 (344); 113, 167 (201 f.); auch *Hermes,* in: Dreier III, Art. 87 Rn. 60; *Burgi* MKS III, Art. 87 Rn. 82; *Ibler,* in: Maunz/Dürig, Art. 87 (2012) Rn. 162; *Hase* HStR VI, § 145 Rn. 14; *Schnapp* DÖV 2003, 965 (970); *Hebeler* NZS 2008, 238 (240); *Schenkel,* Sozialversicherung und Grundgesetz, 2008, S. 208 ff.; anders *Lerche,* in: Maunz/Dürig, Art. 87 (1992) Rn. 152; auch *Leopold,* Die Selbstverwaltung in der Sozialversicherung, 6. Aufl. 2008, S. 143 ff.; *Lee,* Die Selbstverwaltung als Organisationsprinzip in der deutschen Sozialversicherung, 1997, S. 47 ff.

[112] Zustimmend *Zimmermann* (Fn. 91), S. 471 f. Zum drohenden Legitimationsverlust der Sozialversicherung (für 1991) *Depenheuer,* Solidarität im Verfassungsstaat, 2009, insbesondere S. 339 f.

[113] Vgl. etwa für die LVA Oldenburg-Bremen BSGE 69, 259 (261 f.).

[114] S. etwa *Zimmermann* (Fn. 91), S. 460 f.

[115] Zur möglichen Rückgewinnung der Länderorganisationshoheit *F. Kirchhof* NZS 2010, 65 (68).

[116] Nicht, wie *Hebeler,* in: Friauf/Höfling, Art. 87 (2018) Rn. 56, kritisiert, die Einigung selbst.

[117] So auch *Ibler,* in: Maunz/Dürig, Art. 87 (2012) Rn. 213 (S. 192 f.). Zu den Konsequenzen für die Organisationshoheit *F. Kirchhof* NZS 2010, 65 (68).

[118] Abgedruckt etwa in GV NRW 1996, 566.

[119] So auch BVerwG ZTR 2010, 547.

[120] Nur darauf abstellend etwa BVerfGE 104, 238 (247); BVerwGE 124, 47 (68 f.); bestätigend BVerwG NVwZ 2007, 88. BVerfGE 119, 331 (369 f.) hat offengelassen, ob Bundesverwaltung nach Art. 87 III für die Grundsicherung für Arbeitslose möglich ist. Zum Bildungsbereich *Winkler* DVBl 2013, 1069 (1072).

[121] BVerfGE 14, 197 (213 f.); *Lerche,* in: Maunz/Dürig, Art. 87 (1992) Rn. 179; *Broß/Mayer,* in: v. Münch/Kunig II, Art. 87 Rn. 25.

[122] *Stern,* StaatsR II, S. 827; *Jestaedt,* in: Umbach/Clemens II, Art. 87 Rn. 99; *Grapperhaus* (Fn. 14), S. 264 ff.; *Hebeler* Jura 2002, 164 (170); wohl auch BVerfGE 14, 197 (212); *Ibler,* in: Maunz/Dürig, Art. 87 (2012) Rn. 233.

gebungsbefugnis entzogen sind, wäre für das Grundgesetz ein Fremdkörper. Danach müssen bei Materien der konkurrierenden Gesetzgebung nach Art. 72 II zusätzlich dessen Voraussetzungen gegeben sein; entfällt die Erforderlichkeit, scheidet Art. 87 III 1 aus, auch wenn Bundesgesetze fortbestehen (vgl. Art. 72 IV, Art. 125a II).[123] Vom Bundesrecht nach Art. 72 III 1 abweichenden Landesrecht lässt das Gesetzgebungsrecht des Bundes unberührt (→ Art. 72 Rn. 40), so dass von Art. 87 III 1 Gebrauch gemacht werden kann.[124]

Art. 87 III 1 setzt aber **nicht** voraus, dass der Bund für die Regelungsmaterie inhaltlich (noch  **62** → Rn. 72) von seinem **Gesetzgebungstitel Gebrauch gemacht** hat;[125] zwar scheidet die Ausführung von Landesrecht durch den Bund aus, doch kommt die Ausführung von Unionsrecht[126] oder gesetzesfreie Bundesverwaltung (→ Rn. 11) in Betracht. Die Bundesverwaltung ist aber stets nach Art. 20 III an das (auch: Landes-)Gesetz (→ Art. 20 Rn. 109) gebunden.[127]

## II. Die Errichtung selbständiger Bundesoberbehörden und neuer bundesunmittelbarer Körperschaften und Anstalten des öffentlichen Rechts (Satz 1)

**1. Die Bindung an die Verwaltungsformen.** Innerhalb der Bundesgesetzgebungskompetenzen  **63** sind die dem Zugriff des Bundes durch S. 1 eröffneten Verwaltungskompetenzen nur durch die **Bindung an die Verwaltungsformen** begrenzt, die als gleichberechtigte Alternativen zur Verfügung stehen. Als Grenze der Gestaltungsbefugnis hat das BVerfG die Fähigkeit zur Erfüllung der zugewiesenen Aufgabe genannt.[128] Ob weitergehende Einschränkungen anhand der zu erfüllenden Aufgaben oder im Hinblick auf die organisatorische Ausgestaltung gemacht werden können,[129] scheint fraglich.

**a) Selbständige Bundesoberbehörden.** Die nach der 1. Alt. der Vorschrift zugelassenen **Bun-**  **64** **desoberbehörden** sind Stellen der **bundeseigenen Verwaltung,**[130] also der unmittelbaren Bundesverwaltung (→ Art. 86 Rn. 13), die für das ganze Bundesgebiet zuständig sind und zentral wahrzunehmende Aufgaben erfüllen. Die **Zuständigkeit für das gesamte Bundesgebiet** schließt ein regional abgegrenztes Nebeneinander gleichgeordneter Behörden aus; nicht erforderlich ist, dass die für das Gesamtgebiet erfüllten Aufgaben überall in gleicher Weise anfallen (auch → Rn. 68).[131]

Die Beschränkung auf **zentral zu erfüllende** Aufgaben entspricht den strengeren Voraussetzun-  **65** gen für einen bundeseigenen Behördenunterbau nach S. 2; die verbreitete Einrichtung von Außenstellen der Bundesoberbehörden ist unter dem Aspekt einer Umgehung von S. 2 jedenfalls nicht unproblematisch.[132] Die Errichtung von Bundesoberbehörden scheidet aus, wenn Aufgaben nicht zentral, sondern nur unter über Amtshilfe hinausgehender Inanspruchnahme von Landesverwaltungsbehörden zu bewältigen sind;[133] dies schließt die Kooperationen mit Landesbehörden nicht

---

[123] Zustimmend *Schewerda* (Fn. 15), S. 72; auch *Ibler,* in: Maunz/Dürig, Art. 87 (2012) Rn. 234.

[124] Zustimmend *Oebbecke* HStR VI, § 136 Rn. 129; iE auch *Trute* Hdb Föderalismus II, § 28 Rn. 46; anders *Hermes,* in: Dreier III, Art. 87 Rn. 81; jedenfalls bei Gesetzgebung in allen Ländern *Schewerda* (Fn. 15), S. 74 f.; insoweit nicht ganz klar *Ibler,* in: Maunz/Dürig, Art. 87 (2012) Rn. 239.

[125] *Stern,* StaatsR II, S. 827; *Burgi* MKS III, Art. 87 Rn. 93; *Oebbecke* HStR VI, § 136 Rn. 129; aA *Rupp* FS Dürig, 1990, S. 387 (391).

[126] *Jestaedt,* in: Umbach/Clemens II, Art. 87 Rn. 99; *Burgi* MKS III, Art. 87 Rn. 93; *Ibler,* in: Maunz/Dürig, Art. 87 (2012) Rn. 235; *Schewerda* (Fn. 15), S. 109 ff.; auch → Art. 86 Rn. 11.

[127] Vgl. BVerwGE 114, 232 (238); auch BVerwGE 82, 17 (21); *Starski,* Der interföderale Verwaltungsakt, 2014, S. 108 ff.; zu Auskunftspflichten von Bundesbehörden nach (gültigem) Landespresserecht näher *Sachs/Jasper* NWVBl 2013, 389 (396). Bundesrechtliche Ausnahmen bleiben möglich; vgl. BVerwGE 82, 266 ff.; allgemein *Schoenenbroicher,* Bundesverwaltung unter Landesgewalt, 1995, S. 152 ff.; ferner etwa *Schwander/Weidemann* NWVBl 2017, 241 (244 f.).

[128] BVerfGE 37, 1 (25).

[129] Deshalb kritisch insbesondere zur BaFin *Werheit,* Die Bundesanstalt für Finanzdienstleistungsaufsicht, 2009.

[130] *Lerche,* in: Maunz/Dürig, Art. 87 (1992) Rn. 184 aE; auch *Ibler,* in: Maunz/Dürig, Art. 87 (2012) Rn. 254; näher *R. Schmidt,* Öffentliches Wirtschaftsrecht, Allgemeiner Teil, 1990, S. 397 f. Zum Begriff der Oberbehörde allgemein *Becker,* Öffentliche Verwaltung, 1989, S. 244, zu den selbstständigen Bundesoberbehörden des Art. 87 III 1 ebda, S. 299 ff.

[131] Daher mag man mit BVerwGE 35, 141 (145); *Jestaedt,* in: Umbach/Clemens II, Art. 87 Rn. 101 mit Fn. 252, auch darauf abstellen, dass eine Bundesoberbehörde für die ihr übertragenen Aufgaben die einzige Behörde im Bundesgebiet ist.

[132] Großzügig *Lerche,* in: Maunz/Dürig, Art. 87 (1992) Rn. 186; wie hier *Jestaedt,* in: Umbach/Clemens II, Art. 87 Rn. 101; ablehnend *Schewerda* (Fn. 15), S. 132 ff.; nicht eindeutig *Dittmann* (Fn. 1), S. 256; *Blümel* HStR IV¹, § 101 Rn. 106 m. Fn. 609. Zum Streit um die Außenstellen des Bundesamtes für die Anerkennung ausländischer Flüchtlinge offenlassend BVerfG (K) NVwZ 1993/Beil. 2, S. 12 f.; Bedenken gegen die des BAMF wieder bei *Jürgensen/Laude* DÖV 2019, 468 ff.; noch billigend *Burgi/Krönke* (Fn. 62), S. 158. Gegen die Übertragung von Aufgaben der Atomaufsicht auf Außenstellen *Burgi* NVwZ 2005, 247 (252 f.); *Leidinger/Zimmer* DVBl 2004, 1005 (1011 f.).

[133] Vgl. für „reine" Amtshilfe BVerfGE 110, 33 (49); BVerfG (K) NVwZ 2007, 952 (944); BVerwGE 124, 47 (68 f.); BVerwG NVwZ 2007, 88; BFH BeckRS 2018, 12485 Rn. 18; s. auch *Grapperhaus* (Fn. 14), S. 256 ff.; *Leidinger/Zimmer* DVBl 2004, 1005 (1010); *Degenhart* DVBl 2006, 1125 (1132 f.); *Walus* DÖV 2010, 127 (129 f.); *Durner* DVBl 2011, 853 (857 f.); gegen ein begrenzendes Kriterium *Schewerda* (Fn. 15), S. 122.

aus.[134] In Bezug auf andere Bundesstellen soll auch die Notwendigkeit einer Zusammenarbeit unschädlich sein.[135]

**66**    Die **Selbständigkeit** meint eine im Außenverhältnis relevante **organisatorische** und funktionale **Ausgliederung** aus der Einheit einer obersten Bundesbehörde,[136] sie zielt nicht auf sachliche Unabhängigkeit iS eines ministerialfreien Raums.[137] Solche Unabhängigkeit würde die Geltung des Art. 87 III 1 aber umgekehrt nicht ausschließen.[138]

**67**    b) Als alternative Verwaltungsform lässt S. 1 **neue bundesunmittelbare Körperschaften und Anstalten des öffentlichen Rechts** zu. Die Bestimmung erfasst nur neue Rechtsträger dieser Art (dazu → Art. 86 Rn. 14 ff.), für 1949 bereits bestehende greift Art. 130 III ein.[139] Wie bei Art. 86 ist auch hier eine analoge Anwendbarkeit auf Stiftungen möglich.[140] Selbstverwaltung ist ebenso wenig geboten wie bei Abs. 2 (→ Rn. 55).[141] Das auch hier prinzipiell durchgreifende Verbot der Mischverwaltung (→ Rn. 17, → Rn. 52) schließt nicht jede Kooperation mit Landesstellen aus.[142]

**68**    Offengelassen hat das BVerfG die Frage, ob bei mittelbarer Bundesverwaltung ein **regional gegliederter Verwaltungsunterbau** unabhängig von den Anforderungen des S. 2 (→ Rn. 73 ff.) möglich ist.[143] Wegen deren auch auf (nur) mittelbare Bundesverwaltung zutreffenden, primär bundesstaatlichen Zielsetzung ist dies **ausgeschlossen,**[144] während allein der Umkehrschluss aus S. 2, der unmittelbar nur die Ausgestaltung der bundesunmittelbaren Behördenstruktur anspricht (→ Rn. 73 f.), insoweit nicht überzeugt. Ein nach der Natur der Aufgabe mit bundesweiter Tätigkeitsbereich eines einheitlichen Rechtsträgers ist hingegen möglich.[145]

**69**    c) Sonstige, **in Art. 87 III 1 nicht genannte Verwaltungsformen** unterliegen angesichts der Begrenzungsfunktion dieser Formen (→ Rn. 63) Bedenken. Namentlich scheidet in den (nur) für mittelbare Bundesverwaltung offenen Bereichen „**direkte**" Ministerialverwaltung[146] (außerhalb materieller Regierungstätigkeit) ebenso aus wie andere Organisationsformen ohne eigene Rechtspersönlichkeit.

**70**    Die gegenüber Art. 83 notwendige Grundlage im Grundgesetz fehlt grundsätzlich auch für die Bundesverwaltung durch **sonstige verselbständigte Rechtsträger**. Eine Analogie zu Art. 87 III 1 kommt allenfalls für Stiftungen des öffentlichen Rechts in Betracht (→ Art. 86 Rn. 43). Für die Zulassung der Verwaltung durch Privatrechtspersonen (→ auch Rn. 19, → Rn. 23) angeführten „drängende Bedürfnisse der Praxis"[147] implizieren wesentliche Vorzüge gerade dieser Rechtsform(en) für die Erweiterung der Verwaltungstätigkeit des Bundes, die die Rechtsähnlichkeit als Grundlage einer Analogie in Frage stellen;[148] zudem müsste gegenüber der restriktiven Zielsetzung der Formenbindung des Abs. 3 S. 1 erst einmal eine Verfassungslücke dargetan werden.[149] Bei weniger strikter Sichtweise

---

[134] BVerfG (K) NVwZ 2007, 942 (944); NVwZ 2009, 171 (174); allgemeiner schließt BVerfGE 119, 331 (367), die Inanspruchnahme über Amtshilfe im Einzelfall hinausgehender Hilfe nicht völlig aus; auch BFH BeckRS 2018, 12485 Rn. 19 ff.

[135] BVerfGE 14, 197 (211 f.); BFH BeckRS 2018, 12485 Rn. 19 ff.; s. auch *Ronellenfitsch* (Fn. 1), S. 206 ff.; *Dittmann* (Fn. 1), S. 253; *Burgi*, in: Burgi/Schuppert, Überführung der Atomaufsicht in Bundeseigenverwaltung?, 2005, S. 27. Zur Problematik eines Unterbaus von Bundesoberbehörden auch *Niemann*, Die Errichtung selbständiger Bundesoberbehörden und ihr Verhältnis zu Landesbehörden …, Diss. Münster 1961; *Rump*, Die Errichtung selbständiger Bundesoberbehörden und des ihnen unterstellten Verwaltungsunterbaus nach Art. 87 Abs. 3 GG, Diss. Köln 1978, S. 25 ff., 81 ff.

[136] Auch dies hält für entbehrlich *Schewerda* (Fn. 15), S. 129 ff.

[137] *Stern*, StaatsR II, S. 828; *Ibler*, in: Maunz/Dürig, Art. 87 (2012) Rn. 254; *Jestaedt* (Fn. 22), S. 468 ff.; *ders.*, in: Umbach/Clemens II, Art. 87 Rn. 102; *Jochum* VerwArch 94 (2003), 512 (515 f.). Die Selbständigkeit zielt auch nicht auf eine eigene Rechtspersönlichkeit, etwa *Burgi* (Fn. 135), S. 27; *Jochum* aaO, S. 515.

[138] Dafür aber *Philipp* NVwZ 2006, 1235 (1237); zu Bedenken → Art. 20 Rn. 41. Wie hier *Hebeler*, in: Friauf/Höfling, Art. 87 (2018) Rn. 64.

[139] Zustimmend OVG NRW, U. v. 4.6.2008, 1 A 4629/06, Rn. 74 f. (juris).

[140] → Art. 86 Rn. 43; die ausdrückliche Bemühung um den Anstaltsbegriff in BVerfGE 34, 1 (24 f.), richtete sich nicht gegen eine solche Ausdehnung, vgl. *Lerche*, in: Maunz/Dürig, Art. 87 (1992) Rn. 191. Für unmittelbare Anwendung des Art. 87 III 1 *Jestaedt*, in: Umbach/Clemens II, Art 87 Rn. 103; *Ibler*, in: Maunz/Dürig, Art. 87 (2012) Rn. 260; wohl auch *Oebbecke* HStR VI, § 136 Rn. 97.

[141] Näher *Jestaedt* (Fn. 22), S. 476 ff.; auch *Griga*, Verfassungsrechtliche Grundlagen der selbstverwalteten Anwaltschaft, 2014, S. 109 ff.

[142] Grundsätzlich *Papier* FS Knöpfle, 1996, S. 273 (279 f.); zur „Bundesnetzagentur" *Angenendt/Gramlich* LKV 2006, 49 (53 f., 54); für den Bereich der Seefischerei *Ehlers* NordÖR 2003, 385 (388).

[143] BVerfGE 10, 20 (48).

[144] *Ibler*, in: Maunz/Dürig, Art. 87 (2012) Rn. 264; *Burgi* MKS III, Art. 87 Rn. 105; *Merten* FS Knöpfle, 1996, S. 219 (228).

[145] *Lerche*, in: Maunz/Dürig, Art. 87 (1992) Rn. 196, 198 zur Treuhandanstalt; auch *R. Schmidt* in: Hommelhoff (Hrsg.), Treuhandunternehmen im Umbruch, 1991, S. 17 ff.; zu Verfassungsfragen der Organisation der Treuhandanstalt *Spoerr* Jura 1993, 461 ff.; *Schmidt-Preuß* HStR IX¹, § 219 Rn. 3, 7, 10.

[146] *Ibler*, in: Maunz/Dürig, Art. 87 (2012) Rn. 265, auch → Rn. 11.

[147] Vgl. *Lerche*, in: Maunz/Dürig, Art. 87 (1992) Rn. 204.

[148] Wie hier insoweit *Jestaedt*, in: Umbach/Clemens II, Art. 87 Rn. 106.

[149] Jedenfalls tendenziell erweiternd aber *Ossenbühl* VVDStRL 29 (1971), 137 (166 f.); *Dittmann* (Fn. 1), S. 154; *Ehlers* (Fn. 33), S. 115 ff.; *Saurer* BK, Art. 86 (2018) Rn. 69 f. Für unmittelbare Anwendbarkeit des Art. 87 III 1 bei Beleihung *U. Stelkens* NVwZ 2004, 304 (307).

sollten allerdings zumindest die Anforderungen des Art. 87 III 1 im Übrigen, zumal der Vorbehalt des Gesetzes (→ Rn. 71), beachtet werden müssen.[150]

**2. Errichtung durch Bundesgesetz. a)** Der institutionelle **Vorbehalt des Bundesgesetzes**[151] **71** bietet den Landesverwaltungskompetenzen im Rahmen des Abs. 3 S. 1 nur begrenzt Schutz, weil die Zustimmung des BRat nicht erforderlich ist. Immerhin sind selbständige Ausdehnungen der Bundesexekutivgewalt ausgeschlossen. BVerfGE 31, 113 (116 f.), spricht kompetenzrechtlich von einer „in Art. 87 Abs. 3 S. 1 GG zugunsten des Bundes begründeten Gesetzgebungszuständigkeit" für die Errichtung der Bundesprüfstelle nach dem damaligen GjS (jetzt JSchG) als Bundesoberbehörde.

**b)** Gegenstand des Vorbehaltes ist mit der **Errichtung von Behörden oder Verwaltungsträgern** **72** jedenfalls deren rechtliche Konstituierung überhaupt, die von der Festlegung der wahrzunehmenden Aufgaben („für Angelegenheiten") nicht zu trennen ist;[152] hierauf kann sich die gesetzliche Regelung gegebenenfalls beschränken.[153] Der Begriff wird aber auch mit „Einrichtung" (wie zB in Art. 86 S. 2, 87 I 2) gleichgesetzt.[154] Jedenfalls sind nach Art. 86 S. 2 etwa weitergehende gesetzliche Regelungen der „Einrichtung" möglich. Von Art. 87 III 1 gedeckt ist auch die Übertragung von Aufgaben auf schon bestehende Verwaltungseinheiten.[155]

### III. Die Errichtung bundeseigener Mittel- und Unterbehörden (Satz 2)

Die ebenfalls für den Gesamtbereich seiner sachlichen Gesetzgebungsbefugnisse (→ Rn. 60 ff.) eröff- **73** nete **Kompetenz des Bundes** zur Errichtung bundeseigener Mittel- und Unterbehörden (zu 1.) ist an zusätzliche materielle Anforderungen geknüpft (zu 2.) und durch hohe formelle Hürden für das notwendige Errichtungsgesetz eingeengt (zu 3.).

**1. Bundeseigene Mittel- und Unterbehörden.** Gemeint sind – vergleichbar dem eigenen Ver- **74** waltungsunterbau nach Abs. 1 S. 1 (→ Rn. 14) – **Behörden des Rechtsträgers Bund,** die bei regionaler Begrenzung ihres Zuständigkeitsbereichs einer obersten oder oberen Bundesbehörde bzw. einer Bundesmittelbehörde hierarchisch untergeordnet sind;[156] auch ein Verzicht auf die Mittelinstanz ist zulässig[157] und gegebenenfalls geboten.[158] Für Körperschaften und Anstalten des Bundes scheiden solche Modelle aus (→ Rn. 68).[159]

**2. Die materiellen Anforderungen. a)** Wegen der restriktiven Gesamtintention ist schon das **75** Erfordernis, dass **dem Bund neue Aufgaben erwachsen,** eng zu interpretieren. *Neue* Aufgaben sind danach nur solche, **die nach Inkrafttreten des Grundgesetzes entstanden** sind.[160] Denn für die Aufgaben des damaligen status quo hat der Verfassunggeber selbst die Bereiche der Bundesverwaltung mit eigenem Verwaltungsunterbau definiert und in S. 2 nur einen Notbehelf für nicht absehbare

---

[150] So auch *Lerche,* in: Maunz/Dürig, Art. 87 (1992) Rn. 205; *González-Varas* ThürVBl 2002, 221; für Parakonstitutionalität privatrechtlich organisierter Verwaltungseinrichtungen des Bundes auch schon *H. H. Klein* FG BVerfG II, 1976, S. 277 (296); vorsichtig relativierend *Stern,* StaatsR II, S. 830 f.; für einen Überblick über privatrechtliche Organisationseinheiten des Bundes s. *B. Becker,* Öffentliche Verwaltung, 1989, S. 315 ff.

[151] Dazu allgemein schon *Köttgen* VVDStRL 16 (1958), S. 154 (163 ff.); zur Notwendigkeit eines Parlamentsgesetzes vgl. *G. C. Burmeister* (Fn. 91), S. 157 ff.; zur Reichweite des Vorbehalts etwa *Traumann* (Fn. 15), S. 391 ff.; für die Aufgabenzuweisung im Einzelnen lässt BVerwGE 102, 119 (126), auch RVO zu; auch *Appel/Eding* NVwZ 2012, 343 (345) mN; für ähnliche Fälle BVerfGE 106, 1 (22).

[152] Zu diesem engeren Wortsinn – in Abgrenzung zur „Einrichtung" – *Stern,* StaatsR II, S. 799; *Schnapp* Jura 1980, 293 f.; auch *Lerche,* in: Maunz/Dürig, Art. 84 (1985) Rn. 25; skeptisch *Hebeler,* in: Friauf/Höfling, Art. 87 (2018) Rn. Rn. 63; für die Möglichkeit einer Beleihung iRd Art. 87 III 1 *Weberling* WissR 23 (1990), 226 (229).

[153] S. *Hermes,* in: Dreier III, Art. 87 Rn. 78; für die Forschungsförderung etwa *Nolte* DVBl 2010, 84 (87); auch → Rn. 62.

[154] Ausdrücklich *Ibler,* in: Maunz/Dürig, Art. 87 (2012) Rn. 248; auch → Art. 86 Rn. 31; vorsichtiger *Stern,* StaatsR II, S. 799; zur Gesetzgebungskompetenz des Bundes auch → Rn. 12.

[155] Vgl. ausdr. VG Würzburg NVwZ 2005, 471 (475); selbstverständlich bestätigend BVerwGE 124, 47 (67 ff.); BVerfG (K) NVwZ 2007, 942 (944); ferner *Lerche,* in: Maunz/Dürig, Art. 87 (1992) Rn. 175; *Jestaedt,* in: Umbach/Clemens II, Art. 87 Rn. 98, 103; *Ehlers* NordÖR 2003, 385 (389); *Reicherzer* NVwZ 2005, 875 (876 mit Fn. 5); *J. Ipsen* DVBl 2006, 585 (587 mit Fn. 20); *Krappel* DVBl 2013, 551 (554).

[156] Vgl. BVerfGE 10, 20 (48). Zu einer Bundesoberbehörde mit untergeordneten Bundesunterbehörden → Rn. 39; Bundesoberbehörden mit ihr unterstellten Bundesmittelbehörden gibt es wohl nicht; § 7 I LOG NRW schließt dies für die Landesebene definitorisch aus.

[157] *Burgi* MKS III, Art. 87 Rn. 114; *Ibler,* in: Maunz/Dürig, Art. 87 (2012) Rn. 276.

[158] So noch *v. Mangoldt/Klein* III, Art. 87 Anm. VII 5c aa.

[159] S. zur Wahrnehmung von Aufgaben nach dem SGB II durch die Bundesagentur für Arbeit *Luthe* SGb 2010, 121 (122, aber auch 123 f.).

[160] Wie hier auch *Burgi* MKS III, Art. 87 Rn. 111; *Ibler,* in: Maunz/Dürig, Art. 87 (2012) Rn. 274; *Gärditz* AöR 144 (2019), 81 (110); ähnlich für eine hM schon *v. Mangoldt/Klein* III, Art. 87 Anm. VII 5b bb; auch *Broß/Mayer,* in: v. Münch/Kunig II, Art. 87 Rn. 27; *Höfling,* Gutachten F für den 68. DJT, 2010, S. F 50; bisherige Landesaufgaben lässt *Hömig,* in: Hömig/Wolff, GG, Art. 87 Rn. 17, genügen; auch *Traumann* (Fn. 15), S. 123 f.; noch weitergehend *Lerche,* in: Maunz/Dürig, Art. 87 (1992) Rn. 213; auch *Schewerda* (Fn. 15), S. 118 f. BVerfGK 4, 356, erwägt (im Anschluss an BVerfGE 48, 127 [180]) eine Wesensänderung erweiterter Aufgaben.

Entwicklungen geschaffen.[161] Auch der Begriff „erwachsen" lässt sich einengend dahin verstehen, dass die Aufgaben nicht Resultat freier Aufgabenerfindung sein dürfen; die erforderliche **Sachnotwendigkeit** lässt sich ferner darauf erstrecken, dass die Aufgabe gerade „dem Bund" erwächst und nicht auch von den Ländern erfüllt werden kann.[162]

76    **b)** Allgemein anerkannt ist die einschränkende Bedeutung des **dringenden Bedarfs,** der für die Einrichtung der bundeseigenen Mittel- und Unterbehörden des Bundes zur Erledigung der neuen Aufgaben bestehen muss. Dies bedeutet, dass gerade diese Form der Bundesverwaltung für die sachgerechte Erledigung der neuen Aufgabe notwendig, dh anderen Möglichkeiten deutlich überlegen ist.[163]

77    **3. Der Vorbehalt des formell qualifizierten Errichtungsgesetzes.** Wie in S. 1 besteht für die Behördenerrichtung trotz des nicht eindeutigen Wortlauts auch in S. 2 ein institutioneller Vorbehalt eines formell doppelt qualifizierten Bundesgesetzes.[164] Dieses ist vom **Bundestag mit Mitgliedermehrheit,** Art. 121, zu beschließen und bedarf der **Zustimmung des Bundesrats** nach Art. 52 III 1.[165]

## F. Konkurrenzen

78    Die weitgesteckte allgemeine Kompetenz nach Abs. 3 S. 1 darf die Anforderungen der spezielleren Regelungen des Art. 87 **nicht nivellieren.**[166] Namentlich ist in den Bereichen des Abs. 1 S. 1 kein Raum für mittelbare Bundesverwaltung (→ Rn. 18), ebenso wenig im Rahmen des BGS nach Abs. 1 S. 2. Das BVerfG hat allerdings für die „Zentralstellen" eine Subsidiarität des Abs. 3 S. 1 abgelehnt.[167] Neue länderübergreifende Sozialversicherungsträger nach Abs. 2 S. 1 sind (nur) als bundesunmittelbare Körperschaften des öffentlichen Rechts nach Abs. 3 S. 1 durch Bundesgesetz zu errichten.[168] Auf dieser Grundlage wird auch die Übertragung sachgebietsfremder Aufgaben an Verwaltungsträger nach Abs. 1 und 2 zugelassen, solange die Aufgabe von Verfassungs wegen nicht einem bestimmten Verwaltungsträger vorbehalten ist und die Zuweisung der neuen Aufgabe das Gepräge der Behörde wahrt.[169] Speziellere Regelungen des GG gehen auch sonst Art. 87 III vor.[170] Spezialität, insbesondere von Fällen der Bundesauftragsverwaltung, ist nur anzunehmen, soweit eine Bestimmung als abschließend auch gegenüber den Möglichkeiten des Art. 87 zu verstehen ist.[171] Für Art. 87c hat das BVerfG dies verneint.[172]

## Art. 87a [Aufstellung und Einsatz der Streitkräfte]

(1) **Der Bund stellt Streitkräfte zur Verteidigung auf. Ihre zahlenmäßige Stärke und die Grundzüge ihrer Organisation müssen sich aus dem Haushaltsplan ergeben.**

(2) **Außer zur Verteidigung dürfen die Streitkräfte nur eingesetzt werden, soweit dieses Grundgesetz es ausdrücklich zuläßt.**

---

[161] Dem folgend *Hebeler,* in: Friauf/Höfling, Art. 87 (2018) Rn. 68.

[162] Damit ist die sinnwidrige Lücke geschlossen, die der engere Bezug des dringenden Bedarfes (→ Rn. 76) allein lassen würde; anders als im Text *Lerche,* in: Maunz/Dürig, Art. 87 (1992) Rn. 215. Wie hier *Ibler,* in: Maunz/Dürig, Art. 87 (2012) Rn. 274.

[163] *Burgi* MKS III, Art. 87 Rn. 112; *Ibler,* in: Maunz/Dürig, Art. 87 (2012) Rn. 275; *Jestaedt,* in: Umbach/Clemens II, Art. 87 Rn. 112; *F. Becker* DÖV 2010, 909 (914).

[164] *Burgi* MKS III, Art. 87 Rn. 113; *Häde* JZ 2001, 105 (111); vgl. zur Entstehungsgeschichte die Fassungen in JöR nF 1 (1951), 648 f.; auch *Ibler,* in: Maunz/Dürig, Art. 87 (2012) Rn. 269; *Traumann* (Fn. 15), 1998, S. 393 f.

[165] Wie hier *Burgi* MKS III, Art. 87 Rn. 113.

[166] Zu Art. 87 III als lex generalis *Leidinger/Zimmer* DVBl 2004, 1005 (1008); *Burgi* NVwZ 2005, 247 (250).

[167] BVerfGE 110, 33 (50 f.); ebenso *Pieroth,* in: Jarass/Pieroth, Art. 87 Rn. 5; *Burgi* MKS III, Art. 87 Rn. 91; wohl auch *Bull,* AK GG, Art. 87 (2001) Rn. 78 (zum BKA); zustimmend zum Verfassungsschutz *Gärditz* AöR 144 (2019), 81 (107 f.); anders etwa *Jestaedt,* in: Umbach/Clemens II, Art. 87 Rn. 96; kritisch auch *Tanneberger* (Fn. 62), S. 325 f.; für Anwendbarkeit des Art. 87 III 1 gegenüber Art. 87b → Art. 87b Rn. 19.

[168] So wohl auch *Lerche,* in: Maunz/Dürig, Art. 87 (1992) Rn. 150, aber Rn. 170; kritisch *Jestaedt,* in: Umbach/Clemens II, Art. 87 Rn. 86 mit Fn. 206. An *Lerche* anschließend für Unanwendbarkeit des Abs. 3 auf Sozialversicherungsträger *Papier* FS Knöpfle, 1996, S. 273 (277 f.); dem folgend *Axer* (Fn. 100), S. 274; *Burgi* MKS III, Art. 87 Rn. 57. Gegenüber Abs. 3 erscheint Abs. 2 indes nicht als lex specialis für die dort ja nicht behandelte Errichtung von Sozialversicherungsträgern (anders *Schnapp* DÖV 2003, 965 [967]); allerdings greift er auch dann ein, wenn ein länderübergreifender Sozialversicherungsträger ohne Errichtungsakt des Bundes entsteht (dazu auch → Art. 86 Rn. 25).

[169] So für Art. 87 II BFHE 250, 397 Rn. 44 f. unter Berufung auf BVerfGE 97, 198.

[170] Etwa *Hermes,* in: Dreier III, Art. 87 Rn. 73; *Dittmann* (Fn. 1), S. 252; auch *Leidinger/Zimmer* DVBl 2004, 1005 (1008 f.); zu Spezialregelungen gegenüber Art. 87 III 2 *Schewerda* (Fn. 15), S. 123 ff.

[171] Grundsätzlich gegen Spezialität zu Art. 87 III 1 *Schewerda* (Fn. 15), S. 114 ff.

[172] Ausdrücklich BVerfG (K) NVwZ 2009, 171 (173 f.) m. Anm. *Fillbrandt* DVBl 2009, 648 ff.; s. auch schon BVerfGE 104, 238 (247); → Art. 87c Rn. 32.

(3) **Die Streitkräfte haben im Verteidigungsfalle und im Spannungsfalle die Befugnis, zivile Objekte zu schützen und Aufgaben der Verkehrsregelung wahrzunehmen, soweit dies zur Erfüllung ihres Verteidigungsauftrages erforderlich ist. Außerdem kann den Streitkräften im Verteidigungsfalle und im Spannungsfalle der Schutz ziviler Objekte auch zur Unterstützung polizeilicher Maßnahmen übertragen werden; die Streitkräfte wirken dabei mit den zuständigen Behörden zusammen.**

(4) **Zur Abwehr einer drohenden Gefahr für den Bestand oder die freiheitliche demokratische Grundordnung des Bundes oder eines Landes kann die Bundesregierung, wenn die Voraussetzungen des Artikels 91 Abs. 2 vorliegen und die Polizeikräfte sowie der Bundesgrenzschutz nicht ausreichen, Streitkräfte zur Unterstützung der Polizei und des Bundesgrenzschutzes beim Schutze von zivilen Objekten und bei der Bekämpfung organisierter und militärisch bewaffneter Aufständischer einsetzen. Der Einsatz von Streitkräften ist einzustellen, wenn der Bundestag oder der Bundesrat es verlangen.**

**Entstehungsgeschichte: Erstfassung:** 7. G. zur Erg. des GG v. 19.3.1956 (BGBl I 111), Art. I Nr. 10 (dazu: BT-Dr II/124, 125 [Entwürfe], II/2150; BT-Prot II/243, 6819; BR-Dr 89/56; BR-Prot 57/76) – **Änderung:** 17. G. zur Erg. des GG v. 24.6.1968 (BGBl I 709), § 1 Nr. 14 (dazu: BT-Dr V/1879 [Entwurf], 2873, 2917; BT-Prot V/5856, 9313, 9413, 9609, 9654; BR-Dr 162/67, 303/68; BR-Prot 67/51, 68/138).

**Historische Verfassungstexte: RV 1849:** § 10 Der Reichsgewalt ausschließlich steht das Recht des Krieges und Friedens zu. § 11 Der Reichsgewalt steht die gesammte bewaffnete Macht Deutschlands zur Verfügung. § 12 (1) Das Reichsheer besteht aus der gesammten, zum Zwecke des Kriegs bestimmten Landmacht der einzelnen deutschen Staaten. Die Stärke und Beschaffenheit des Reichsheeres wird durch das Gesetz über die Wehrverfassung bestimmt. § 56 Der Reichsgewalt liegt es ob, die Fälle und Formen, in welchen die bewaffnete Macht gegen Störungen der öffentlichen Ordnung angewendet werden soll, durch ein Reichsgesetz zu bestimmen. – **RV 1871: Art. 11** [(2) u. (3) i. d. – allerdings nie in Kraft getretenen F. v. 28.10.1918] (1)... Der Kaiser hat das Reich völkerrechtlich zu vertreten, im Namen des Reichs Krieg zu erklären und Frieden zu schließen, Bündnisse und andere Verträge mit fremden Staaten einzugehen, Gesandte zu beglaubigen und zu empfangen. (2) Zur Erklärung des Krieges im Namen des Reichs ist die Zustimmung des Bundesrats und des Reichstags erforderlich. (3) Friedensverträge sowie diejenigen Verträge mit fremden Staaten, welche sich auf Gegenstände der Reichsgesetzgebung beziehen, bedürfen der Zustimmung des Bundesrats und des Reichstags. **Art. 60** Die Friedens-Präsenzstärke des Deutschen Heeres wird bis zum 31. Dezember 1871 auf ein Prozent der Bevölkerung von 1867 normirt und wird *pro rata* derselben von den einzelnen Bundesstaaten gestellt. Für die spätere Zeit wird die Friedens-Präsenzstärke des Heeres im Wege der Reichsgesetzgebung festgestellt. **Art. 66** ... (2) Auch steht ihnen [Bundesfürsten bzw. Senaten] das Recht zu, zu polizeilichen Zwecken nicht blos ihre eigenen Truppen zu verwenden, sondern auch alle anderen Truppentheile des Reichsheeres, welche in ihren Ländergebieten dislocirt sind, zu requiriren. Art. 68 Der Kaiser kann, wenn die öffentliche Sicherheit in dem Bundesgebiete bedroht ist, einen jeden Theil desselben in Kriegszustand erklären ... – **WRV: Art. 45** ... (2) Kriegserklärung und Friedensschluß erfolgen durch Reichsgesetz. **Art. 48** ... (2) Der Reichspräsident kann, wenn im Deutschen Reiche die öffentliche Sicherheit und Ordnung erheblich gestört oder gefährdet wird, ... erforderlichenfalls mit Hilfe der bewaffneten Macht einschreiten ... (3) Von allen gemäß Abs. 1 oder Abs. 2 dieses Artikels getroffenen Maßnahmen hat der Reichspräsident unverzüglich dem Reichstag Kenntnis zu geben. Die Maßnahmen sind auf Verlangen des Reichstags außer Kraft zu setzen. ... **Art. 79** Die Verteidigung des Reichs ist Reichssache ...

**Gesetzgebung:** PBG

**Leitentscheidungen:** BVerfGE 88, 173 (Bosnien/AWACS – e. A.); BVerfGE 89, 38 (Somalia – e. A.); BVerfGE 90, 286 (AWACS/Somalia); BVerfGE 108, 34 (AWACS/Türkei – e. A.); BVerfGE 115, 118 (Luftsicherheitsgesetz); BVerfGE 118, 244 (Tornado-Einsatz Afghanistan); BVerfGE 121, 135 (AWACS/Türkei); BVerfGE 124, 267 (Kosovo); BVerfGE 123, 267 (Lissabon); BVerfGE 124, 267 (Kosovo); BVerfGE 126, 55 (Heiligendamm); BVerfGE 127, 1 (Historienspektakel); BVerwGE 132, 110 (Einsatz-Begriff); BVerfGE 132, 1 (Inlandseinsatz der Bundeswehr); BVerfGE 133, 241 (Inlandseinsatz der Bundeswehr II); BVerfGE 140, 160 (Luftsicherheitsgesetz II).

**Schrifttum (Auswahl):** *Für ältere Literatur siehe* 7. *Aufl.* H. P. *Aust,* Piratereibekämpfung im Lichte von Grundgesetz und Völkerrecht auf dem verwaltungsgerichtlichen Prüfstand, DVBl 2012, 484; *M. Baldus,* Streitkräfteeinsatz zur Gefahrenabwehr im Luftraum, NVwZ 2004, 1278; *M. Bothe,* Die parlamentarische Kontrolle von Auslandseinsätzen der Streitkräfte – die Bundeswehr zwischen Außenpolitik und Verfassungsrecht, FS H.-P. Schneider, 2008, S. 165; *M. Brunner,* Militärische Auslandsrettung, ZRP 2011, 207; *K. Dau/G. Wöhrmann* (Hrsg.), Der Auslandseinsatz deutscher Streitkräfte, 1996; *O. Depenheuer,* Der verfassungsrechtliche Verteidigungsauftrag der Bundeswehr, DVBl 1997, 685; *V. Epping,* Die Evakuierung deutscher Staatsbürger im Ausland als neues Kapitel der Bundeswehrgeschichte ohne rechtliche Grundlage? – Der Tirana-Einsatz der Bundeswehr auf dem rechtlichen Prüfstand –, AöR 124 (1999), 423; *J.-P. Fiebig,* Der Einsatz der Bundeswehr im Innern, 2004; *M. Fischer/M. Ladiges,* Evakuierungseinsätze der Bundeswehr künftig ohne Parlamentsvorbehalt, NVwZ 2016, 32; *D. Fleck* (Hrsg.), Rechtsfragen der Terrorismusbekämpfung durch Streitkräfte, 2004; *J. Fournier,* Der Einsatz der Streitkräfte gegen Piraterie auf See, Diss. Hamburg 2013; *C. Gramm,* Die Bundeswehr in der neuen Sicherheitsarchitektur, Die Verwaltung (41) 2008, 375; *D. Heck,* Grenzen der Privatisierung militärischer Aufgaben, Diss. Berlin 2010; *F. Kirchhof,* Verteidigung und Bundeswehr HStR IV, § 84; *E. Klein,* Innerer Staatsnotstand HStR XII, § 280; *H. H. Klein,* Rechtsfragen des Parlamentsvorbehalts für Einsätze der Bundeswehr, FS Schmitt Glaeser, 2003, S. 245; *L. Koops,* Seeräubereibekämpfung durch die Bundeswehr im Einklang mit dem Grundgesetz, 2013; *H. Kremser,* Der bewaffnete Einsatz der Bundeswehr gegen die Terrororganisation „Islamischer Staat" im Lichte des Staats-, Europa- und Völkerrechts, DVBl 2016, 881; *G. Krings/C. Burkiczak,* Bedingt abwehrbereit?, DÖV 2002, 501; *M. Ladiges,* Die Bekämpfung nicht-staatlicher Angreifer im Luftraum, 2013; *ders.,* Der Einsatz der Streitkräfte im Katastrophennotstand nach dem Plenarbeschluss des Bundesverfassungsgerichts, NVwZ 2012, 1225; *ders.,* Verfassungsrechtliche Grundlagen für den Einsatz der

Streitkräfte, JuS 2015, 598; *T. Linke,* Innere Sicherheit durch die Bundeswehr?, AöR 129 (2004), 489; *C. Lutze,* Abwehr terroristischer Angriffe als Verteidigungsaufgabe der Bundeswehr, NZWehrR 2003, 101; *ders.,* Der Parlamentsvorbehalt beim Einsatz bewaffneter Streitkräfte, DÖV 2003, 972; *C. Marxsen,* Verfassungsrechtliche Regeln für Cyberoperationen der Bundeswehr, JZ 2017, 543; *S. Oeter,* Systeme kollektiver Sicherheit HStR XI, § 243; *M. Payandeh/H. Sauer,* Die Beteiligung der Bundeswehr am Antiterroreinsatz in Syrien, ZRP 2016, 34; *E. Schemann,* Verfassungsrechtliche Legitimation nichtmilitärischer Auslandseinsätze der Bundeswehr, 1998; *P. Scherrer,* Das Parlament und sein Heer, 2010; *E. Schmidt-Jortzig,* Verfassungsänderung für Bundeswehreinsätze im Innern Deutschlands?, DÖV 2002, 773; *R. Schmidt-Radefeldt,* Parlamentarische Kontrolle der internationalen Streitkräfteintegration, 2005; *ders.,* Innere Sicherheit durch Streitkräfte, in: Zetzsche/Weber (Hrsg.), Recht und Militär, 2006, S. 39; *C. Schulte-Bunert,* Grundrechtsschutz und Verteidigungsauftrag, Diss. Köln 2012; *T. M. Spranger,* Wehrverfassung im Wandel, 2003; *T. Wagner,* Parlamentsvorbehalt und Parlamentsbeteiligungsgesetz, 2010; *D. Weingärtner* (Hrsg.), Einsatz der Bundeswehr im Auslandseinsatz, 2007; *D. Weingärtner/H. Krieger* (Hrsg.), Streitkräfte und nicht-staatliche Akteure, 2013; *D. Wiefelspütz,* Das Parlamentsheer, 2005; *ders.,* Der Einsatz bewaffneter deutscher Streitkräfte im Ausland, AöR 132 (2007), 44; *ders.,* Der Auslandseinsatz der Bundeswehr und das Parlamentsbeteiligungsgesetz, 2. Aufl. 2012; *ders.,* Auslandseinsatz der Streitkräfte und Grundrechte, NZWehrR 2008, 89; *ders.,* Die Beteiligung der Bundeswehr am Kampf gegen Piraterie, NZWehrR 2009, 133; *H. Zetzsche/S. Weber* (Hrsg.), Recht und Militär, 2006; *M. Zimmer,* Einsätze der Bundeswehr im Rahmen kollektiver Sicherheit – Staats- und völkerrechtliche Grundlagen unter Berücksichtigung des BVerfG-Urteils vom 12.7.1994, 1995.

## Übersicht

# A. Allgemeines[1]

## I. Entstehung

**1**     Art. 87a wurde durch das 17. ÄndG z. GG v. 24.6.1968 in seiner jetzigen Form in das GG aufgenommen. Er ersetzt den 7. Änderungsgesetz v. 19. März 1956 aufgenommenen Art. 87a aF Der Abs. 2 trat an die Stelle des 1956 eingeführten Art. 143, der ein Gesetz als Grundlage für den Einsatz der Streitkräfte im inneren Notstand verlangte.[2] Art. 87a steht entstehungsgeschichtlich in engem Zusammenhang mit den Art. 91 über den inneren und Art. 115a über den äußeren Notstand.[3]

## II. Art. 87a im System des Grundgesetzes

**2**     Art. 87a enthält eine Fülle verschiedener Regelungen, die thematisch überwiegend nicht unter den VIII. Abschnitt des GG fallen.[4] Die systematische Stellung des Art. 87a ist insofern verfehlt.[5] Dies wird noch deutlicher, wenn man sich vergegenwärtigt, dass Art. 87a durch die Zusammenfassung verschiedener Regelungsbereiche den Charakter einer **grundlegenden Verfassungsnorm für den militärischen Bereich** erhalten hat.[6]

## B. Erläuterungen im Einzelnen

**3**     Art. 87a betrifft die **Streitkräfte.** Zu den Streitkräften zählen alle (aktiven) deutschen Soldaten.[7] Von Verfassungs wegen darf es keine Soldaten geben, die außerhalb der Streitkräfte organisatorisch vollständig einer nichtmilitärischen Spitze unterstellt und somit den Streitkräften entzogen sind. Aus der beschränkenden Funktion (Einsatz nur zur Verteidigung) von Art. 87a II folgt auch, dass die Einrichtung einer (zusätzlichen) militärischen Bundeseinrichtung unzulässig ist.[8] Die Bundespolizei

---

[1] Frau Sabine Hummel danke ich für ihre Hilfe bei der Aktualisierung.
[2] Vgl. zur Entstehungsgeschichte auch *Müller-Franken* MKS III, Art. 87a Rn. 2 f.
[3] Vgl. *Menzel* BK, Art. 115a (1968) Rn. 138.
[4] Zur systematischen Einordnung der einzelnen Absätze vgl. *Dürig,* in: Maunz/Dürig, Art. 87a (Erst-Bearb.) Rn. 3.
[5] Vgl. *K. Ipsen* BK, Art. 87a (1969) Rn. 8 ff.
[6] *Depenheuer,* in: Maunz/Dürig, Art. 87a (2008) Rn. 8, 59: „Zentralnorm“; so a. *Ladiges* JuS 2015, 598.
[7] Vgl. *Epping,* in: Maunz/Dürig, Art. 65a (2008) Rn. 80; *Poretschkin* NZWehrR 2008, 103.
[8] Zustimmend *Epping,* in: Epping/Hillgruber, Art. 87a Rn. 1.1.

darf mithin nicht paramilitärischen Charakter in Form ihrer Ausrüstung und Struktur annehmen. Schließlich bezieht sich Art. 87a auf die Bundeswehr in Abgrenzung zur Bundeswehrverwaltung (Art. 87b), den in Art. 96 II und IV vorgesehenen Wehrstrafgerichten und der Militärseelsorge (Art. 140 GG iVm Art. 141 WRV).[9] Bewaffnete Grenzschutzeinheiten o. Polizeieinheiten fallen ebenfalls nicht unter Art. 87a.[10]

Art. 87a II hat über den Bereich der Streitkräfte Auswirkungen auf die Verwendung von Soldaten **4** bei anderen Sicherheitsbehörden. **Abordnungen von Soldaten** an die Bundespolizei oder Länderpolizeien zu Gefahrenabwehrmaßnahmen, die einen Einsatz i. S. von Art. 87a II darstellen (→ Rn. 17), widersprechen der urspr. Zielrichtung des Art. 87a II.[11]

Die **Verwendung von Soldaten beim Bundesnachrichtendienst** ist nach dem BVerwG hin- **5** gegen mit Art. 87a II vereinbar, da die Soldaten aus der Befehlsstruktur der Streitkräfte herausgelöst und in den Geschäftsbereich des BND eingegliedert sind.[12] Diese Argumentation bietet entgegen dem Zweck des Art. 87a II weit reichende Möglichkeiten, Soldaten bei anderen Sicherheitsorganen polizeilich zu verwenden.[13]

## I. Exekutivkompetenz und parlamentarische Kontrolle (Abs. 1)

Art. 87a I 1 stellt klar, dass der Aufbau der Streitkräfte ausschl. **Sache des Bundes** ist. Dies **6** entspricht der ausschl. Gesetzgebungskompetenz des Bundes für die Verteidigung (Art. 73 Nr. 1).[14]

Der in Art. 87a I 2 geforderte Stärkenachweis geht absichtlich über die Grundsätze der Haushalts- **7** klarheit und Haushaltswahrheit des allg. Haushaltsrechts hinaus. Satz 2 verdeutlicht, dass das **Parlament** über das Budgetrecht **Übersicht und Kontrolle über die Streitkräfte** erhalten sollte.[15] Da sich die zahlenmäßige Stärke der Streitkräfte aus dem Haushaltsplan ergeben muss, kann das Parlament durch den Haushaltsplan jedenfalls ein oberes Limit für die Präsenzstärke der Streitkräfte setzen.[16] Die Forderung nach Darstellung der grds. Organisation der Streitkräfte im Haushaltsplan dient ebenfalls der parl. Übersicht und Kontrolle. Die einzelnen Bewilligungen im Haushaltsplan müssen hinreichend nach ihrer Zweckbestimmung aufgefächert sein, so dass sich daraus die Grundzüge der Organisation ergeben.[17]

Von diesen Zweckbestimmungen im **Haushaltsplan** darf der Verteidigungsminister nicht abwei- **8** chen. Wer dies als sachlich nicht gerechtfertigten „Einbruch in den Normalbereich" der Exekutivspitzen betrachtet,[18] sollte bedenken, dass nach heutigem Verständnis die wesentlichen Entscheidungen vom Parlament zu treffen sind. Dazu zählen – auch aufgrund gewisser historisch gesehen negativer Erfahrungen – auch die Stärke und die Grundzüge der Organisation der Streitkräfte.

Das Parlament kann über das Budgetrecht zwar die zahlenmäßige Stärke der Streitkräfte herabsetzen, **9** aber aus verfassungsrechtlichen Gründen darf die **Effektivität der Landesverteidigung** nicht darunter leiden. Denn das GG hat „mit den nachträglich eingefügten wehrverfassungsrechtlichen Bestimmungen eine verfassungsrechtliche Grundentscheidung für eine wirksame militärische Landesverteidigung getroffen. Einrichtung und Funktionsfähigkeit der Bundeswehr haben verfassungsrechtlichen Rang."[19]

Der Gesetzgeber konnte jedoch die Bundeswehr in eine **Berufsarmee** umwandeln,[20] indem er die **10** bis zum 1. Juli 2011 generell geltende Wehrpflicht auf den Spannungs- und Verteidigungsfall beschränkt und eine Freiwilligenarmee eingeführt hat.[21] Nach dem GG kann die „von der Verfassung geforderte militärische Landesverteidigung … – sofern ihre Funktionstüchtigkeit gewährleistet bleibt – verfassungsrechtlich unbedenklich auch durch eine Freiwilligenarmee sichergestellt werden".[22] Die Einführung einer Berufsarmee erscheint dabei unter vielerlei Gesichtspunkten zweckmäßiger.[23] In

---

[9] S. auch → *Hummel,* Art. 87b Rn. 3.

[10] *Stern,* Staatsrecht II, S. 1476.

[11] Vgl. *Ladiges,* Die Bekämpfung nicht-staatlicher Angreifer im Luftraum, 2007, S. 160; zurückhaltend *Gramm* NZWehrR 2003, 89 (97). Zur Abgrenzung von der Amtshilfe iSd Art. 35 I GG siehe: *Lucks* NVwZ 2015, 1648 (1649).

[12] BVerwGE 132, 110 Rn. 67 ff.; kürzlich bestätigt durch BVerwG v. 14.3.2019, DokBer 2019, 246 Rn. 21; ebenso *Gramm* Die Verwaltung 41 (2008), 375 (389).

[13] Zutreffend *Ladiges* UBWV 2010, 114 (117).

[14] *Dürig,* in: Maunz/Dürig, Art. 87a (Erstbearb.) Rn. 7.

[15] Vgl. *F. Kirchhof* HStR IV, § 84 Rn. 31; *Müller-Franken* MKS III, Art. 87a Rn. 61.

[16] *Heun,* in: Dreier III, Art. 87a Rn. 13; *Hillgruber,* in: Umbach/Clemens II, Art. 87a Rn. 41; *Müller-Franken* MKS III, Art. 87a Rn. 65.

[17] *Depenheuer,* in: Maunz/Dürig, Art. 87a (2008) Rn. 158; *Müller-Franken* MKS III, Art. 87a Rn. 67; *Grzeszick,* in: Friauf/Höfling, Art. 87a (2006) Rn. 16.

[18] *Quaritsch* VVDStRL 26 (1968), 207 (250).

[19] BVerfGE 69, 1 (21); s. auch → Art. 4 Rn. 146.

[20] Vgl. → Art. 12a Rn. 1; *Depenheuer,* in: Maunz/Dürig, Art. 87a (2008) Rn. 75.

[21] Vgl. § 2 WPflG, BGBl I 2011 S. 678 ff.

[22] BVerfGE 48, 127 (160).

[23] Vgl. → Art. 12a Rn. 1; *Kokott,* Beweislastverteilung und Prognoseentscheidungen bei der Inanspruchnahme von Grund- und Menschenrechten, 1993, S. 258; *Epping,* in: Pieroth (Hrsg.), Verfassungsrecht und soziale Wirklichkeit in Wechselwirkung, 2000, S. 183 (207 f.).

Anbetracht der verfassungsrechtlichen Verankerung der Wehrpflicht war der Gesetzgeber aber nicht etwa durch den Verhältnismäßigkeitsgrundsatz zur Einrichtung einer Berufsarmee verpflichtet.[24]

## II. Der Verfassungsvorbehalt nach Abs. 2

11    **1. Materielle Voraussetzungen.** Nach Art. 87a II darf ein Einsatz der Streitkräfte „außer zur Verteidigung" nur erfolgen, sofern das GG diesen „ausdrücklich zulässt". Der Außeneinsatz der Streitkräfte ist – bis auf das sich schon aus dem Völkerrecht ergebende Verbot des Angriffskrieges (Art. 26) – im GG nicht ausdrücklich geregelt.[25] Die Frage, ob ein **Einsatz der Bundeswehr außerhalb des Bundesgebietes** ebenfalls dem Art. 87a II GG und damit dem Erfordernis einer verfassungsrechtlichen Einsatzermächtigung unterliegt, ist in erster Linie mit der systematischen Stellung sowie der Entstehungsgeschichte der Norm zu beantworten. Dem Wortlaut lässt sich keine Beschränkung auf Inlandseinsätze entnehmen.[26]

12    Das den Art. 87a enthaltende VIII. Kapitel des GG betrifft die **Kompetenzverteilung** zwischen Bund und Ländern **im Bereich der Verwaltung.** Dem entspricht es, Art. 87a II allein als Norm über die Zuständigkeitsverteilung zwischen den Polizeibehörden der Länder und der Bundeswehr im inneren Notstand zu sehen.[27] Wenn sich Art. 87a II auch auf den Einsatz nach außen beziehen sollte, müsste er bei dem Verbot des Angriffskrieges des Art. 26 stehen. Auch Art. 87a III und IV beziehen sich eindeutig nur auf den Einsatz der Streitkräfte im Innern.

13    Die Verteidigung nach außen und der Einsatz außerhalb des Bundesgebietes gehören zur Grundfunktion der Streitkräfte, während der **Einsatz im Innern nur ausnahmsweise,** in bes. Gefahrensituationen, zur Unterstützung der an sich zuständigen Polizei zulässig ist (Art. 35 II und III, Art. 87a III und IV). Dieses Regel-Ausnahme-Verhältnis indiziert, dass es nur für den Einsatz im Innern einer ausdr. Zulassung im GG bedarf.

14    **Entstehungsgeschichtlich** ist festzuhalten, dass die heftigen Diskussionen um die Notstandsverfassung sich auf die Bedingungen eines Einsatzes der Bundeswehr im Innern konzentrierten. Die ausnahmsweise Zulassung eines Einsatzes im Innern betrachtete man als so bedeutsam, dass eine ausdrückliche Zulassung in der Verfassung als notwendig erachtet wurde. Außerdem trat Art. 87a II an die Stelle des Art. 143 aF, der sich ausdrücklich nur auf den Streitkräfteeinsatz im inneren Notstand bezog.[28]

15    Eine historische, systematische und teleologische Interpretation des Art. 87a II führt demnach zu dem Ergebnis, dass Art. 87a II **lediglich den Einsatz der Streitkräfte im Bundesgebiet** an eine ausdr. Zulassung durch das GG knüpft.[29] Die abw. Ansicht des BVerwG ist ein bloßes obiter dictum, da der räumliche Anwendungsbereich des Art. 87a II für das Urteil nicht entscheidend war.[30] Auslandseinsätze der Bundeswehr sind nach der hier vertretenen Auffassung demnach zulässig, soweit sie nicht wegen ihrer unfriedlichen Tendenz unter das Verbot des Angriffskrieges gem. Art. 26 GG fallen o. ansonsten völkerrechtswidrig sind. Denn ein völkerrechtswidriger Einsatz der Bundeswehr verstieße gegen das Prinzip der Völkerrechtsfreundlichkeit des GG[31] sowie uU gegen Art. 25 iVm der entspr. Regel des Völkerrechts. Demnach steht Art. 87a II zB einem Einsatz der Bundeswehr zur Bekämpfung der **Seeräuberei** auf den Meeren nicht entgegen;[32] jedenfalls ist ein solcher Einsatz, wie die Operation ATALANTA[33] vor der Küste Somalias, nach Art. 24 II

---

[24] *Müller-Franken* MKS III, Art. 87a Rn. 59; *Deiseroth* NJ 1999, 635; BVerfGE 105, 61 (71); → Art. 12a Rn. 2.

[25] *K. Ipsen* DÖV 1971, 583 (586); *Hirsch,* BT 12. Wahlperiode, Sten. Prot. der 67. Sitzung des RA v. 11.2.1993, S. 25.

[26] S. a. *Payandeh/Sauer* ZRP 2016, 34 (36).

[27] Vgl. *Thalmair* ZRP 1993, 201 (202).

[28] Art. 143 aF (März 1956 – Juni 1968) lautete: „Die Voraussetzungen, unter denen es zulässig wird, die Streitkräfte im Falle eines inneren Notstandes in Anspruch zu nehmen, können nur durch ein Gesetz geregelt werden, das die Erfordernisse des Artikels 79 erfüllt."

[29] Vgl. *F. Kirchhof* HStR IV, § 84 Rn. 57; *Oeter* NZWehrR 2000, 89 (93); *T. Stein,* in: Frowein/Stein (Hrsg.), Rechtliche Aspekte einer Beteiligung der Bundesrepublik Deutschland an Friedenstruppen der Vereinten Nationen, 1990, S. 29; *Krüger-Sprengel* ebda, S. 53; *Herdegen* ebda, S. 67; aA *Müller-Franken* MKS III, Art. 87a Rn. 72; *Epping,* in: Epping/Hillgruber, Art. 87a Rn. 19; *ders.,* AöR 124 (1999), S. 423 (426 ff.); *Grzeszick,* in: Friauf/Höfling, Art. 87a (2006) Rn. 19; *Payandeh/Sauer* ZRP 2016, 34 (36); *Pieroth,* in Jarass/Pieroth, Art. 87a Rn. 8; *Tomuschat,* in: Frowein/Stein (Hrsg.), Rechtliche Aspekte einer Beteiligung der Bundesrepublik Deutschland an Friedenstruppen der Vereinten Nationen, 1990, S. 45 f.; erneut offen gelassen: BVerfGE 140, 160 – Operation Pegasus.

[30] BVerwGE 127, 1 (Rn. 52); dies übersieht *Epping,* in: Epping/Hillgruber, Art. 87a Rn. 19.

[31] Hierzu → Art. 24 Rn. 6, → Art. 25 Rn. 9.

[32] Vgl. hierzu *Allmendinger/Kees* NZWehrR 2008, 60; ferner *Wiefelspütz* NZWehrR 2005, 146; *Brunner* ZRP 2011, 207 und beschränkt auf Rettungsaktionen deutscher Staatsangehöriger *Glawe* NZWehrR 2009, 221; umf. zum Thema *Koops,* Seeräubereibekämpfung durch die Bundeswehr im Einklang mit dem Grundgesetz, 2013.

[33] Vgl. S/RES 1814 (2008), 1816 (2008), 1838 (2008), 1846 (2008) und 2316 (2016) und BT-Dr 16/11337, 16/13187, 17/179, 17/3691, 18/8091.

zulässig.[34] Rechtliche Fragen können eher einzelne Operationshandlungen wie die Festnahme von Piraten aufwerfen, die ihre Rechtsgrundlage in Art. 105 SRÜ[35] findet.[36]

Art. 87a II wird für den Auslandseinsatz durch **Art. 24 II** überlagert, der eine Teilnahme der **16** Bundeswehr an gewaltsamen **Maßnahmen iRv Systemen gegenseitiger kollektiver Sicherheit** erlaubt.[37] So betont auch das BVerfG, dass der nachträglich eingefügte Art. 87a nicht bezweckt habe, Mitwirkungsmöglichkeiten Deutschlands i. R. etwa der NATO zu schmälern. Der Bundesrepublik sollte auch nicht der außenpolitische Handlungsspielraum genommen werden.[38] Maßgeblich für Art. 87a war vielmehr das Ziel, die Möglichkeiten des Einsatzes der Bundeswehr im Innern zu begrenzen. Die Ansicht, Art. 87a II stehe dennoch Außeneinsätzen der Bundeswehr entgegen,[39] läuft auf die Annahme einer unbeabsichtigten Verfassungsänderung hinaus,[40] was wegen Art. 79 I 1 problematisch ist.[41] Im Übrigen geht auch Art. 96 II davon aus, dass deutsche Soldaten ins Ausland geschickt werden können.

Versteht man hingegen Art. 87a als umf. Regelung des Einsatzes der Bundeswehr nach innen und **17** außen, ist es umso wichtiger festzuhalten, welche Anforderungen an einen „**Einsatz**" zu stellen sind.[42] Über das Ergebnis, dass nicht alle Verwendungen der Streitkräfte einer ausdr. Zulassung im GG bedürfen, herrscht weitgehende Einigkeit.[43] Die Unterscheidung zwischen bewaffneten und nicht bewaffneten Verwendungen bietet regelmäßig ein vernünftiges und praktikables Abgrenzungskriterium.[44] Einsatz bedeutet mithin die hoheitliche Verwendung der Streitkräfte als idR bewaffnete Vollzugsorgane.[45] Bei nicht o. nicht hinreichend bewaffneten Verwendungen ist Unterscheidungskriterium die Zwangs- o. Eingriffsqualität des Handelns der Bundeswehr.[46] Letztere halten manche Autoren sogar für ausschl. maßgebend.[47] Beide Auffassungen liegen nahe beieinander und führen idR zum gleichen Ergebnis. Das entspricht dem Ansatz des BVerwG, wonach „der Verfassungsvorbehalt des Art. 87a Abs. 2 GG... mithin (nur) solche Verwendungen [erfasst], bei denen die Streitkräfte des Bundeswehr hoheitlichen Zwang einsetzen dürfen, wozu die Anwendung von Waffengewalt, Eingriffe in Rechte Dritter und die (bewaffnete) Bewachung von Objekten" gehören.[48] Abgrenzungsfragen werfen **Unterstützungsmaßnahmen** der Streitkräfte **zu Gunsten der Polizei** auf.[49]

Zur Verhinderung des Eintritts eines bes. schweren Unglücksfalls dürfen die Streitkräfte im Luft- **18** raum Luftfahrzeuge abdrängen, zur Landung zwingen, den Einsatz von Waffengewalt androhen o. Warnschüsse abgeben (**§ 14 I Luftsicherheitsgesetz**).[50] In jedem Fall zulässig sind folglich Maßnahmen bis zu dem Punkt, an dem die Einsatzschwelle des Art. 87a II GG erreicht ist.[51] Zudem ist der

---

[34] *Epping,* in: Epping/Hillgruber, Art. 87a Rn. 32.4; *Kokott,* in: Zypries (Hrsg.), Verfassung der Zukunft, 2009, S. 96 (106 f.); *Wiefelspütz* NZWehrR 2009, 133 (136 f.); aA *Braun/Plate* DÖV 2010, 203 (208 f.); *Heinicke* KJ 2009, 178 (186 ff., 192 f.).

[35] Seerechtsübereinkommen der Vereinten Nationen vom 10.12.1982, in Kraft getreten am 16.11.1994, BGBl. 1994 II, 481 (500 f.).

[36] Vgl. *Kokott* (Fn. 34), S. 96 (107 f.); *Wiefelspütz* NZWehrR 2009, 133 (145 ff.); krit. *Epping,* in: Epping/Hillgruber, Art. 87a Rn. 32.1; *Fischer-Lescano/Tohidipur* NJW 2009, 1243 (1246); aA *Heinicke* KJ 2009, 178 (188 ff.). Zu Art. 105 SRÜ als Rechtsgrundlage siehe VG Köln Urteil vom 11.11.2011, 25 K 4280/09, (abrufbar unter http://openjur.de/u/451905.html); dazu *Aust* DVBl 2012, 485.

[37] So auch BVerfGE 90, 286 (355 f.); 118, 244 (270 ff.); für eine Qualifizierung derartiger Einsätze als Verteidigung iSd Art. 87a II *Depenheuer* DVBl 1997, 685 (688).

[38] Bestätigt wurde der diesbzgl. weit bemessene Gestaltungsspielraum der BReg erneut durch BVerfGE 104, 151 (207).

[39] So *C. Arndt* DÖV 1992, 618 (623 f.); *ders.* DÖV 2005, 908 (909 ff.); *Bachmann* MDR 1993, 397 (399); *Bähr* ZRP 1994, 97 (97 f.); gegen Bähr insbes. *Kriele* ZRP 1994, 103.

[40] Vgl. *Stein,* in: Frowein/Stein (Hrsg.), Rechtliche Aspekte einer Beteiligung der Bundesrepublik Deutschland an Friedenstruppen der Vereinten Nationen, 1990, S. 29.

[41] Vgl. *Randelzhofer,* BT 12. Wahlperiode, Sten. Prot. der 67. Sitzung des RechtsA v. 11.2.1993, S. 57.

[42] Zum „Einsatz bewaffneter Streitkräfte" als Auslöser des Parlamentsvorbehalts, → Rn. 46 ff.

[43] Vgl. etwa *Depenheuer,* in: Maunz/Dürig, Art. 87a (2008) Rn. 103; *Heun,* in: Dreier III, Art. 87a Rn. 15; aA *Bähr* ZRP 1994, 97 (100 f.).

[44] *Hernekamp,* in: v. Münch/Kunig II, Art. 87a Rn. 13; *E. Klein* ZaöRV 1974, 429 (435).

[45] *Hernekamp,* in: v. Münch/Kunig II, Art. 87a Rn. 13; *C. Arndt* DVBl 1968, 729 (730 f.); *Donner,* Humanitäres Völkerrecht, 1997, 63 (72); *Wild* DÖV 2000, 622 (624); aA *K. Ipsen* BK, Art. 87a (1969) Rn. 33; *F. Kirchhof* HStR IV, § 84 Rn. 55; *Schemann,* Verfassungsrechtliche Legitimation nicht militärischer Auslandseinsätze der Bundeswehr, 1998, S. 45 ff. u. 123 f.

[46] Vgl. *Lutze* NZWehrR 2001, 117 (119).

[47] *Pieroth,* in: Jarass/Pieroth, Art. 87a Rn. 8; wichtiges, aber nicht ausschl. Kriterium bei *Grzeszick,* in: Friauf/Höfling, Art. 87a (2006) Rn. 20; *Wolff,* in: Hömig/Wolff, Art. 87a Rn. 7.

[48] BVerwGE 127, 1 Rn. 55; 132, 110 Rn. 65.

[49] Vgl. *Lutze* Deutsches Polizeiblatt 3/2005, 12 (14 f.); *Wiefelspütz* Bundeswehrverwaltung 2004, 121 (123); *Fehn/Brauns,* Bundeswehr und innere Sicherheit, 2003, S. 29 ff.; *Heun,* in: Dreier III, Art. 87a Rn. 15; *Ladiges* NVwZ 2010, 1075; zu Aufklärungsflügen von Tornado-Kampfflugzeugen im Vorfeld einer Versammlung BVerwGE 160, 169; krit. dazu *Enders* JZ 2018, 464 und *Sachs* JuS 2018, 596.

[50] BGBl 2005 I, 78.

[51] So auch *Fastenrath* JZ 2012, 1228 f.

Einsatz spez. militärischer Waffen im Inland in engen Grenzen zulässig.[52] Die Regelungskompetenz des Bundes für die §§ 13 ff. LuftSiG ergibt sich aus Art. 73 Nr. 6 GG aF,[53] der als Annexkompetenz auch die Befugnis für die in einem notwendigen Zusammenhang stehenden Regelungen zur Aufrechterhaltung von Sicherheit und Ordnung beinhaltet.[54] Außerdem schließt Art. 35 GG die Verwendung spezifisch militärischer Waffen nicht aus, deren Einsatzgrenzen ergeben sich aus anderen Kriterien.[55] Ein solches Kriterium kann der bes. schwere Unglücksfall i. S. von Art. 35 II, III GG sein. Dieser Begriff ist allerdings so eng auszulegen, dass nur Ereignisse von katastrophischen Dimensionen erfasst sind.[56] Der Annahme eines bes. schweren Unglücksfalls steht bei einem Ereignis von katastrophischem Ausmaß nicht entgegen, dass es absichtlich herbeigeführt ist.[57] In jedem Fall kann nur die BReg als Kollegialorgan den Einsatz anordnen.[58] Das gilt nach dem BVerfG auch in Eilfällen. Ob unter „Kollegialorgan" das gesamte Kabinett o. uU auch nur der Kanzler im Zusammenspiel mit dem Verteidigungsminister fallen kann, ist noch offen. Letzteres liegt aus Praktikabilitätsgründen nahe (dazu → Rn. 43a). Der Beschluss des BVerfG stieß teilw. auf heftige **Kritik**.[59] Er wird jedoch den Anforderungen eines handlungsfähigen Staates im Angesicht des internat. Terrorismus gerecht, ohne die Möglichkeiten für einen Kampfeinsatz der Bundeswehr im Inneren unzulässig auszuweiten.[60]

19    Richtigerweise steht Art. 87a II auch Gesetzen, die die Streitkräfte zu Zwangsmaßnahmen gegen Luftzwischenfälle ermächtigen, nicht in allen Fällen entgegen. Denn wenn Angehörige einer **internationalen terroristischen Organisation,** die eine militärähnl. Organisationsstruktur und Zerstörungskraft aufweist, das Luftfahrzeug steuern, können Maßnahmen der Streitkräfte auf den Verteidigungsauftrag gestützt werden (→ Rn. 37). Ob solche Eingriffe dem Verhältnismäßigkeitsgrundsatz genügen, kann nur im Einzelfall festgestellt bzw. prognostiziert werden. Wichtig ist insbes., ob sich Unbeteiligte in dem Flugzeug befinden.[61] In diesem Zusammenhang stellt sich darüber hinaus die grundlegende Frage, ob der Staat überhaupt von Unbeteiligten das Opfer ihres Lebens zum Schutz des Gemeinwesens verlangen darf, indem er bei einem Abschuss Flugzeuginsassen tötet.[62] Das BVerfG lässt Raum für diesen Ansatz, indem es seinen Entscheidung trotz kategorischer Betonung der unantastbaren Menschenwürde[63] zwar eine automatische Berechtigung der Luftstreitkräfte bei jedem Zwischenfall einzugreifen verneint, aber feststellt, dass de constitutione lata „der Einsatz der Streitkräfte bei bes. gravierenden Luftzwischenfällen zulässig [ist], die den qualifizierten Anforderungen des Art. 35 Abs. 2 und 3 GG genügen".[64] Nicht nur staatl., sondern auch internat., terroristische Angriffe können durchaus diese Qualität erreichen.[65]

20    **Art. 87a IV** scheidet als einschränkende Rechtsgrundlage (sog. ausdrücklicher Verfassungsvorbehalt)[66] aus, da er nur auf drohende Gefahren für den Bestand o. die freiheitliche demokratische

---

[52] BVerfGE 132, 1; dazu: *Ladiges* NvWZ 2012, 1225; *Fastenrath* JZ 2012, 1128; *Wiefelspütz* DVBl 2012, 1233; enger noch BVerfGE 115, 118 (139), hierzu *Baldus* NVwZ 2006, 532; *Gramm* DVBl 2006, 653; *Sachs* JuS 2006, 448; *Starck* JZ 2006, 417.

[53] Jetzt Art. 73 Abs. 1 Nr. 6 GG: Kompetenz für den Luftverkehr.

[54] BVerfGE 132, 1, Rn. 17.

[55] BVerfGE 132, 1, Rn. 27; anders noch der *erste Senat* in BVerfGE 115, 118 (146 ff.).

[56] BVerfGE 132, 1, Rn. 42 ff.; ferner BVerfGE 133, 241 Rn. 67 und 70.

[57] BVerfGE 132, 1, Rn. 46; BVerfGE 133, 241 Rn. 64.

[58] BVerfGE 132, 1, Rn. 53; krit. *Wiefelspütz* DVBl 2012, 1233; *Ladiges* NvWZ 2012, 1225 (1227).

[59] Siehe bspw. das abw. Votum des Richters *Gaier,* BVerfGE 132, 24, der im Urteil eine faktische Verfassungsänderung sieht und kritisiert, dass durch unbestimmte Rechtsbegriffe der Einsatz der Streitkräfte im Inland so erweitert wird, dass militärische Einsätze zu innenpolitischen Zwecken nicht ausgeschlossen werden können. Krit. auch *Ladiges* NVwZ 2012, 1225 (1228); *Münkler* ZG 2013, 376 (392 f.); *Ooyen* RuP 2013, 26 (28) „kalte Verfassungsänderung".

[60] IE auch *Wiefelspütz* DVBl 2012, 1233, 1236.

[61] Vgl. BVerfGE 115, 118 (151 ff.).

[62] Bejahend etwa *Classen* DÖV 2009, 689 (690 f., 696); *Depenheuer* FS Isensee, 2007, S. 43 (54 ff.); *Enders* DÖV 2007, 1039 (1042 ff.); *Hillgruber* JZ 2007, 209 (214 ff.); *K. Ipsen* NZWehrR 2008, 156 (161 ff.); *Ladiges* (Fn. 11), 2007, S. 321 ff.; *Lutze* BayVBl 2008, 745; *Schäuble* FS R. Scholz, 2007, S. 97; *Wiefelspütz* RuP 2006, 71; *ders.* RuP 2007, 73; abl. etwa *B. Hirsch* ZRP 2008, 24; *ders.* RuP 2007, 153; *Kutscha* RuP 2007, 203; *Lepsius* FG B. Hirsch, 2006, S. 47 (58 ff.); *Schmidt-Radefeldt* NZWehrR 2008, 221 (231 ff.); ferner *Di Fabio* NJW 2008, 421; *Isensee* AöR 131 (2006), 173 (190 ff.); *P. Kirchhof* FS Starck, 2007, S. 275 (292 ff.); *Waechter* JZ 2007, 61; *Zimmermann/Geiß* Der Staat 2007, 377.

[63] BVerfGE 115, 118 (159); s. a. *Burkiczak* NZWehrR 2006, 89 (101); *Gramm* DVBl 2006, 653 (656, 658); *Ladiges* NZWehrR 2008, 1 (4 f.); *Lutze* BayVBl 2008, 745 (746); *Poretschkin* NZWehrR 2006, 123; *Robbers,* in: Weingärtner (Hrsg.), Streitkräfte und Menschenrechte, 2008, S. 17 (19 f.); *Schenke* NJW 2006, 736 (738); *Wiefelspütz* RuP 2007, 73 (77); aA *Baldus* NVwZ 2006, 532 (533); *B. Hirsch* RuP 2007, 153 (155 f.); *J. Hofmann* NVwZ 2010, 217 (219); *Palm* AöR 132 (2007), 95 (110); *Schmidt-Radefeldt* NZWehrR 2008, 221 (228 f.); *Sittard/Ulbrich* NZWehrR 2007, 60 (67); skeptisch *Enders* DÖV 2007, 1039 (1044); *Sachs* JuS 2006, 448 (453). Vgl. auch *Hillgruber* JZ 2007, 209 (217); *Pestalozza* NJW 2007, 492 (494): obiter dictum; dazu wiederum *Ladiges* NZWehrR 2008, 1 (4).

[64] BVerfGE 132, 1, Rn. 51.

[65] *Gramm* DVBl 2006, 653 (660); *Schenke,* FG B. Hirsch, 2006, S. 75 (86): etwa Angriff auf ein Atomkraftwerk; skeptisch *Wiefelspütz* ZG 2007, 97 (110).

[66] *Dreist* NZWehrR 2004, 89 (101); *Hillgruber/Hoffmann* NWVBl 2004, 176 (177); *Krings/Burkiczak* DÖV 2002, 501 (511); *Lutze* NZWehrR 2003, 101 (104); *Spranger,* in: Fleck (Hrsg.), Rechtsfragen der Terrorismusbekämpfung

Grundordnung des Bundes o. eines Landes bezogen ist, die auf inneren Bedrohungen beruhen.[67] Eine Analogie zu Art. 87a IV[68] ist wegen der Funktion des Art. 87a II, den Inneneinsatz der Bundeswehr auf die ausdrücklich im GG genannten Fälle zu begrenzen, ausgeschlossen.

Wenn ein **Einzeltäter** ein Luftfahrzeug steuert und einen erheblichen Luftzwischenfall provoziert, **21** ist normalerweise kein hinreichender Bezug zu einer äußeren, sondern nur zu einer inneren Gefahr gegeben. Darauf lässt sich der Verteidigungsauftrag nicht erstrecken.[69] Dem steht die Funktion des Art. 87a II entgegen, die die Möglichkeiten für den Einsatz der Bundeswehr im Innern begrenzen. Einzeltäter dürften ferner nicht die Fähigkeiten haben, einen inneren Notstand nach Art. 87a IV herbeizuführen. Generell stellt sich die Frage, inwiefern die Abwehr gegen Störungen ziviler Luftfahrzeuge dem Verteidigungsauftrag der Streitkräfte unterfällt.[70]

Zweifelhaft bleibt die Einsatzqualität **indirekter Unterstützungsleistungen,** die Bundeswehrein- **22** heiten den Kontingenten anderer Staaten iRv Beistandsleistungen der UN gewähren.[71] Wenn nicht ausgeschlossen werden kann, dass Bundeswehreinheiten hierbei in Kampfhandlungen verwickelt werden, liegt ein Einsatz i. S. d. Art. 87a II vor.[72]

Geht man von der Geltung des Verfassungsvorbehalts des Art. 87a II auch für den Außenbereich aus **23** (→ Rn. 11 ff.), ist weiter zu fragen, was unter den **Begriff „Verteidigung"** fällt.[73] Die Frage ist auch angesichts der Zweckbestimmung der Streitkräfte gem. Art. 87a I relevant. Versteht man „Verteidigung" eng iSv ausschl. Landesverteidigung, so fällt der Begriff Verteidigung in Art. 87a II zusammen mit dem Begriff des Verteidigungsfalls in Art. 115a.[74] Dagegen spricht, dass Art. 87a selbst terminologisch zwischen „Verteidigung" (Art. 87a II) und „Verteidigungsfall" (Art. 87a III) unterscheidet.

Die Aufstellung von Streitkräften in der Bundesrepublik erfolgte unter der Voraussetzung ihrer **24** Einbeziehung in das NATO-Bündnis und wäre anders gar nicht möglich gewesen.[75] Auch ein **Angriff auf einen Bündnispartner** kann demnach Grundlage für einen Einsatz der Streitkräfte „zur Verteidigung" sein.[76] Das GG begrenzt insoweit nicht den geographischen Einsatzraum, sondern den politischen Einsatzzweck.[77] IRv NATO-Einsätzen dürfen die Streitkräfte also auch außerhalb des Gebiets der NATO-Vertragsstaaten Einsätze durchführen, um die Sicherheit des euro-atlantischen Raums zu schützen.[78] Fraglich bleibt, ob jede nach der Charta der UN zulässige kollektive Verteidigung ausreicht, einschl. etwa eines ad hoc entstandenen bilateralen **Verteidigungsbündnisses** mit einem fernliegenden Staat, o. ob und ggf. welche weiteren Anforderungen an den Begriff der Verteidigung i. S. d. Art. 87a zu stellen sind. Mögliche Abgrenzungskriterien wären das Vorliegen eines deutschen Sicherheitsinteresses o. das Vorhandensein mehrerer fester Bündnispartner.[79] In Anbetracht der Tatsache, dass das Völkerrecht die internationale Gewaltanwendung umfassend regelt, sowie zur Vermeidung von Abgrenzungsproblemen, ist der Begriff „Verteidigung" in Art. 87a weit auszulegen und im Übrigen auf die das Völkerrecht integrierenden Vorschriften der Art. 25 und 26 abzustellen.[80]

Unter kollektiver Verteidigung ist also in Übereinstimmung mit Art. 51 der UN-Charta auch die **25** **Nothilfe** zugunsten anderer Staaten außerhalb des Verteidigungsbündnisses der NATO zu verstehen.[81]

---

durch Streitkräfte, 2004, S. 183 (192); *Wiefelspütz* NZWehrR 2003, 45 (59); iE auch *Linke* AöR 129 (2004), 489 (528 ff.); aA für Angriff auf AKW mit anschließender Verseuchung weiter Landstriche *Fiebig,* Der Einsatz der Bundeswehr im Innern, 2004, S. 392 f.; *M. Fischer* JZ 2004, 376 (382); *Martínez Soria* DVBl 2004, 597 (604); *Sattler* NVwZ 2004, 1286 (1291); weitergeh. *Ladiges* (Fn. 11), S. 268 f.

[67] Vgl. → Rn. 66; *Lutze* NZWehrR 2003, 101 (104); *Paulke,* Die Abwehr von Terrorgefahren im Luftraum, 2005, S. 123 f.; aA *Spranger,* in: Fleck (Hrsg.), Rechtsfragen der Terrorismusbekämpfung durch Streitkräfte, 2004, S. 183 (192).

[68] So hilfsweise *Hochhuth* NZWehrR 2002, 154 (160 f.); dagegen *Ladiges* (Fn. 11), S. 102 f.; *Wieland,* in: Fleck (Hrsg.), Rechtsfragen der Terrorismusbekämpfung durch Streitkräfte, 2004, S. 167 (176).

[69] Ebenso *F. Kirchhof* HStR IV, § 84 Rn. 64; *Winkler* DÖV 2006, 149 (153 f.); aA *Depenheuer,* in: Maunz/Dürig, Art. 87a (2008) Rn. 29 ff., 91.

[70] Vgl. *Linke* DÖV 2003, 890 (893); *Wieland* (Fn. 68) S. 167 (174 f.).

[71] Vgl. *Giegerich* ZaöRV 1989, 1 (24).

[72] Vgl. *E. Klein* ZaöRV 1974, 429 (436 f.); *Fleck* VN 1979, 99 f.

[73] Zu den Wandlungen des Verteidigungsbegriffs *Breitwieser* NZWehrR 2009, 150.

[74] So *C. Arndt* DÖV 1992, 618 (618 f.); *Coridass,* Der Auslandseinsatz von Bundeswehr und nationaler Volksarmee, 1985, S. 44 f.

[75] Vgl. *C. Arndt* DÖV 1992, 618 (620); *Depenheuer,* in: Maunz/Dürig, Art. 87a (2008) Rn. 124; vgl. auch *Giegerich* ZaöRV 1989, 1 (19 f.); *Doehring* HStR VII (1992), § 177 Rn. 23.

[76] *Wieland* DVBl 1991, 1174 (1179); *Kind* DÖV 1993, 139 (145); *Depenheuer,* in: Maunz/Dürig, Art. 87a (2008) Rn. 122 ff., 128; *Hillgruber,* in: Umbach/Clemens II, Art. 87a Rn. 18 ff.; *Schmahl,* in: Sodan, Art. 87a Rn. 7.

[77] *F. Kirchhof* HStR IV, § 84 Rn. 50.

[78] Vgl. BVerfGE 118, 244 (263 f., 266); zurückhaltend *Bothe* FS H.-P. Schneider, 2008, S. 165 (175 f.).

[79] *Depenheuer,* in: Maunz/Dürig, Art. 87a (2008) Rn. 131; *Heun,* in: Dreier III, Art. 87a Rn. 17; *Wild* DÖV 2000, 622 (625).

[80] Vgl. *K. Ipsen* FS Schnapp, 2008, S. 125 (139).

[81] *Hirsch,* BT 12. Wahlperiode, Sten. Prot. der 67. Sitzung des RechtsA v. 11.2.1993, S. 23; *Baldus* MKS III, 6. Aufl. Art. 87a Rn. 47; *Grzeszick,* in: Friauf/Höfling, Art. 87a (2006) Rn. 25; *Hillgruber,* in: Umbach/Clemens II, Art. 87a Rn. 6 ff. *Doehring* betrachtet die Nothilfe als allg. Rechtsgrundsatz, *Doehring,* Völkerrecht, 2. Aufl. 2004, Rn. 1047. Enger *F. Kirchhof* HStR IV, § 84 Rn. 53; aA *Depenheuer,* in: Maunz/Dürig, Art. 87a (2008) Rn. 119; *Wieland* DVBl 1991, 1174 (1179 und 1182); *Müller-Franken* MKS III, Art. 87a Rn. 45, 94 f.

26    Die Gewährung von Schutz nach außen und innen ist wesentl. Entstehungsgrund von Staaten. Entspr. treffen den Staat Schutzpflichten zugunsten auch seiner im Ausland befindl. Angehörigen, die normalerweise im Wege des diplomatischen Schutzes wahrgenommen werden. IdS ist auch das Eingreifen deutscher Streitkräfte im Ausland zum Schutze deutscher Staatsangehöriger „Verteidigung" iSd Art. 87a II.[82] Völkerrechtlich sind solche sog. **humanitären Interventionen** zwar keine Selbstverteidigung iSd Art. 51 der Charta der UN;[83] jedoch kann das völkerrechtliche Rechtsinstitut der humanitären Intervention als solches eine völkerrechtliche Rechtfertigung einer Verletzung des Gewaltverbotes[84] sein.[85]

27    Im März 1997 evakuierte die **Bundeswehr in Albanien** 21 Deutsche und knapp 100 Angehörige anderer Staaten, die in Tirana von der Anarchie überrascht worden waren (sog. Operation Libelle). Vergleichbares wiederholte sich im Februar 2011: bewaffnete Soldaten flogen eilig 22 deutsche Staatsbürger und 110 Bürger anderer Staaten aus (sog. Operation Pegasus). Bei der ersten Operation waren deutsche Soldaten in eine bewaffnete Unternehmung einbezogen, der Einsatz in Libyen erfolgte hingegen ohne Gewaltanwendung. Dass selbst dies der Annahme eines „Einsatzes" nicht entgegensteht, hat das BVerfG in der Entscheidung über den Libyen-Einsatz klargestellt.[86] Ob diese Einsätze als Verteidigung i. S. des Art. 87a II betrachtet werden können, ist zweifelhaft,[87] zumal weit mehr ausländische als deutsche Staatsangehörige in Sicherheit gebracht wurden.[88] Da die Einsätze auch nicht iRe Systems kollektiver Sicherheit erfolgten, sind sie als völkerrechtlich zulässige Maßnahmen[89] nur dann ohne weiteres verfassungsrechtlich zulässig, wenn man Art. 87a II mit der hier vertretenen Auffassung lediglich auf den Einsatz der Streitkräfte im Bundesgebiet bezieht.[90]

28    Der umstr. Einsatz der Bundeswehr im **Kosovo-Krieg**[91] erfolgte jedenfalls bei weiter Auslegung des NATO-Vertrages iRe Systems kollektiver Sicherheit.[92] Aufgrund der fehlenden Völkerrechtswidrigkeit etwa des Kosovo-Einsatzes kommt auch keine Verfassungswidrigkeit (über Art. 25 und 26) in Betracht.[93]

29    Problematisch im Hinblick auf Art. 87a II ist die Inanspruchnahme der Bundeswehr iRv Zwangsmaßnahmen der UN. Zu unterscheiden sind einerseits Verwendungen der Bundeswehr iRv **Blauhelmmissionen** der UN und zur indirekten Unterstützung fremder Truppenkontingente und andererseits gewaltsame Einsätze auf der Grundlage des Kap. VII der Charta der UN. Erstere sind jedenfalls keine Verteidigung und daher nur dann mit Art. 87a vereinbar, wenn man sie nicht als „Einsatz" iSd Vorschrift qualifiziert.

30    **Einsätze auf der Grundlage des Kap. VII der UN-Charta** könnte man als nach Art. 87a II zulässige „Verteidigung" qualifizieren. Für eine derartig extensive Auslegung des Begriffs der Verteidigung spricht das Bekenntnis des deutschen Volkes in der Präambel des GG, dem Frieden in der Welt dienen zu wollen.[94] Außerdem sollte durch Art. 87a II nicht ausgeschlossen werden, dass die Bundesrepublik sich an der **Erhaltung des Weltfriedens** beteiligt. Schutzgut des Verteidigungsauf-

---

[82] *Depenheuer,* in: Maunz/Dürig, Art. 87a (2008) Rn. 108 ff.; *Hillgruber,* in: Umbach/Clemens II, Art. 87a Rn. 17; *F. Kirchhof* HStR IV, § 84 Rn. 52; *Müller-Franken* MKS III, Art. 87a Rn. 47; aA *Baldus* MKS III, 6. Auflage, Art. 87a Rn. 56.

[83] *Randelzhofer,* in: Simma (Hrsg.), The Charter of the United Nations, 2. Aufl. 2002, Art. 51 Rn. 7 f.

[84] S. Art. 2 IV UN-Charta.

[85] Vgl. *Doehring,* in: Simma (Hrsg.), The Charter of the United Nations, 2. Aufl. 2002, nach Art. 1 Rn. 61; aA *Randelzhofer,* ebda. Art. 2 Ziff. 4 Rn. 54 f.

[86] BVerfGE 140, 160 Rn. 71 ff. Ausführlich zu den Kriterien, die eine grds. Zustimmungspflicht des Parlaments auslösen → Rn. 39.

[87] So zur Operation Libelle: *Depenheuer* DVBl 1997, 685 *Schmahl,* in: Dreier, Macht und Ohnmacht des Grundgesetzes, 2009, 107, (124 f.); aA: *Epping* AöR 124 (1999), 423 (435 ff.); *ders.,* in: Epping/Hillgruber, Art. 87a Rn. 10; *Güntert,* Die materielle Verfassungsmäßigkeit von unilateralen Evakuierungsoperationen der Bundeswehr im Ausland, 2008, S. 92 ff. Zur Operation Pegasus: *Wiefelspütz* HUV-I, 2012, 56 (67).

[88] Die Verteidigungsqualität selbst von Einsätzen ausschl. zugunsten eigener Staatsangehöriger verneinen *Baldus* MKS III, 6. Aufl. Art. 87a Rn. 56; *Epping* AöR 124 (1999), 423 (444).

[89] Für die hier angenommene völkerrechtliche Zulässigkeit sprechen die mangelnde Kontrolle der jew. Regierung über das Land sowie das allerdings umstr. völkerrechtliche Rechtsinstitut der humanitären Intervention auch zugunsten fremder Staatsangehöriger. Für völkerrechtliche Zulässigkeit des Albanien-Einsatzes auch *Epping* AöR 124 (1999), 423 (466); *Wild* DÖV 2000, 622 (625 f.). Zum Libyen-Einsatz: *Wiefelspütz* HUV-I, 2012, 56 (59).

[90] → Rn. 13 ff.

[91] Zur völkerrechtlichen Perspektive Tomuschat (Hrsg.), Kosovo and the International Community, 2002; für die Zulässigkeit *Kokott,* in: Meier-Schatz/Schweizer (Hrsg.), Recht und Internationalisierung, Festgabe gewidmet dem Schweizerischen Juristenverein anlässlich des Juristentags 2000 in St. Gallen, 2000, S. 3, 10 ff.; *Steinkamm* FS Dau, 1999, S. 261; aA *Epping* FS Ipsen, 2000, S. 615; *Stelter,* Gewaltanwendung unter und neben der UN-Charta, 2007, S. 275 ff.

[92] BVerfGE 90, 286 (351); gegen eine Subsumtion unter den NATO-Vertrag und außerdem gegen eine Qualifizierung als Maßnahme iRe Systems gegenseitiger kollektiver Sicherheit *Epping* FS Ipsen, 2000, S. 615 (621 ff.); s. a. *Reiter* KJ 2007, 124 (135 ff.).

[93] Zu einem entspr. Automatismus: *Fink* JZ 1999, 1016 (1019 f.); *Oeter* NZWehrR 2000, 89 (94 ff.).

[94] Vgl. *F. Kirchhof* HStR IV, § 84 Rn. 53; allg. zur Völkerrechtsfreundlichkeit des GG, vgl. *Tomuschat* HStR VII, § 172; dagegen *Depenheuer,* in: Maunz/Dürig, Art. 87a (2008) Rn. 135.

trags der deutschen Streitkräfte wäre dann auch das friedliche Zusammenleben der Staatengemeinschaft insges.;[95] „Verteidigung" in Art. 87a II wäre lediglich als Gegensatz zum völkerrechtlich verbotenen Angriffskrieg zu verstehen.[96] Art. 87a II hätte dann jedoch gegenüber Art. 25 und Art. 26 keine eigenständige, begrenzende Funktion.

Um eine zu extensive, sich dem herkömmlichen Verständnis des Wortlautes entfremdende Aus- **31** legung des Begriffs Verteidigung zu vermeiden,[97] sollte man jedoch bereits bei der Bestimmung des Anwendungsbereichs oder des Einsatzbegriffs des Art. 87a II ansetzen oder mit dem BVerfG Art. 24 II als ausdrückliche Ermächtigung iSd Art. 87a II betrachten. In diesem Rahmen ist es vorzugswürdig, den Verteidigungsbegriff auf die Fälle der individuellen und der kollektiven **Selbstverteidigung sowie der Staatsnothilfe** zu beschränken.

Das **Lissabon-Urteil des BVerfG** vom 30. Juni 2009 wird teilweise so verstanden, dass es den **32** Auslandseinsatz der Streitkräfte beschränkt habe, indem es formuliert hat: „Der Auslandseinsatz der Streitkräfte ist außer im Verteidigungsfall nur in Systemen gegenseitiger kollektiver Sicherheit erlaubt (Art. 24 II GG)".[98] Eine weite Auslegung des Verteidigungsbegriffs bei Evakuierungsoperationen deutscher Staatsbürger und bei der Abwehr terroristischer Angriffe sei damit nicht mehr zulässig.[99] Dieser Satz zählt aber nicht zu den tragenden Gründen des Urteils.[100] Dem BVerfG ist kaum zu unterstellen, mit *einem* Satz ohne jegliche Begr. die (Teil-)Verfassungswidrigkeit von § 5 I PBG zu statuieren,[101] die Evakuierung von Deutschen und Ausländern in Tirana 1997 (→ Rn. 27) für verfassungswidrig zu erklären und die eigene Rechtsprechung[102] ohne näherer Begr. fortzuentwickeln.

Das Ergebnis, dass das GG **Einsätzen der Bundeswehr iRd UN** nicht entgegensteht,[103] lässt sich, **33** wie aufgezeigt, auf verschiedene Weise herleiten. Inwieweit sich die Bundesrepublik an Einsätzen iRd UN beteiligen will, muss also **politisch** entschieden werden. Weder auf internat. noch auf nat. Ebene kann sich die Bundesrepublik darauf berufen, das GG verbiete die Beteiligung an solchen Maßnahmen. Gegen die Inanspruchnahme aus völkerrechtlichen Verträgen kann sich ein Staat ohnehin grds. nicht auf sein innerstaatl. Recht berufen.[104]

Eingewendet wurde zwar, dass sich aus der UN-Charta keine **Verpflichtung zur Beteiligung an** **34** **Maßnahmen der kollektiven Sicherheit** ergäbe. Es ist aber widersprüchlich, einem System kollektiver Sicherheit beizutreten und die Durchsetzung von Maßnahmen zur kollektiven Sicherheit dann anderen zu überlassen. Zwar werden dem Sicherheitsrat Truppen auf Grund von erst abzuschließenden Abkommen zur Verfügung gestellt (Art. 43 der Charta). Aus Art. 43 der Charta und dem Grundsatz der Organisationstreue ist aber die Verpflichtung herzuleiten, bona fide zu erwägen, ob der Organisation Truppen zur Verfügung gestellt werden.[105]

Eine andere Frage ist, ob **Wehrpflichtige** gegen ihren Willen zu Einsätzen, die auch nicht indirekt **35** mit der Landesverteidigung zusammenhängen, herangezogen werden können.[106] Gründe der Verhältnismäßigkeit und der Zumutbarkeit sprechen dafür, dass an lebensgefährlichen Einsätzen, die allg. dem **Weltfrieden** und nicht der eigenen Verteidigung dienen, nur freiwillig dazu bereite Wehrpflichtige und ansonsten Berufs- und Zeitsoldaten teilnehmen sollten.[107] Dagegen steht die die Einheit der Streitkräfte unterstützende Auffassung, wonach deren Auftrag nicht in zwei Teile zerfallen dürfe,

---

[95] Vgl. *Boldt* ZRP 1992, 218 (220); *Mössner* FS Schlochauer, 1981, S. 97 (104 f.); *Speth,* Rechtsfragen des Einsatzes der Bundeswehr unter besonderer Berücksichtigung sekundärer Verwendungen, 1985, S. 167; *Frank* AK GG, hinter Art. 87 Rn. 18 ff.

[96] Vgl. *Doehring* HStR VII (1992), § 177 Rn. 24.

[97] S. aE *Klein* ZaöRV 1974, 439; *März,* Bundeswehr in Somalia, 1993, S. 32; *F. Kirchhof* HStR IV, § 84 Rn. 53; *Fehn/Fehn* Jura 1997, 621 (622); aA *Depenheuer* DVBl 1997, 685 (688).

[98] BVerfGE 123, 267 (360).

[99] *Gramm* DVBl 2009, 1476 (1477 ff.); *Wiefelspütz* DÖV 2010, 73 (75 ff.).

[100] Ähnl. *Glawe* NZWehrR 2009, 221 (226).

[101] Der Bundesgesetzgeber geht in § 5 I ParlBG ersichtlich von der verfassungsrechtlichen Zulässigkeit von Evakuierungsoperationen aus, wenn es dort heißt: „¹ Einsätze bei Gefahr im Verzug, die keinen Aufschub dulden, bedürfen keiner vorherigen Zustimmung des Bundestages. ² Gleiches gilt für Einsätze zur Rettung von Menschen aus bes. Gefahrenlagen, solange durch die öffentl. Befassung des Bundestages das Leben der zu rettenden Menschen gefährdet würde." Nach § 1 I 1 ParlBG kann es sich hierbei räumlich nur um Evakuierungsoperationen im Ausland handeln.

[102] Vgl. BVerfGE 90, 286.

[103] Vgl. die Aufstellung bei *Randelzhofer,* BT 12. Wahlp., Sten. Prot. der 67. Sitzung des RechtsA v. 11.2.1993, S. 49 ff.

[104] Vgl. Art. 27 WVRK; s. a. *Doehring* HStR VII (1992), § 177 Rn. 19.

[105] *Doehring,* in: Schwarz/Steinkamm (Hrsg.), Rechtliche und politische Probleme des Einsatzes der Bundeswehr „out of area", 1993, S. 67 (68 f.); *Kriele* ZRP 1994, 103 (105); noch weiter geht *Klein* ZaöRV 1974, 429 (446); aA *Hirsch* ZRP 1994, 120.

[106] Vgl. hierzu ausführlich → Art. 12a Rn. 13.

[107] S. aF *Kirchhof* HStR III², § 78 Rn. 26; *Scheuner,* in: Bundeswehr und Recht, 1965, S. 42; *E. Klein* ZaöRV 1974, 441; aA *Walz* NZWehrR 1993, 89. Zur Entbehrlichkeit des Freiwilligkeitserfordernisses bei Zeitsoldaten BVerwGE 103, 361.

wovon der eine nur durch Freiwillige erledigt werden könnte.[108] Diese Probleme erübrigen sich allerdings derzeit bei der Berufsarmee.[109]

**36** Zw. könnte sein, ob Art. 87a der Verwendung der Bundeswehr gegen weltweit operierende Terrorgruppen entgegensteht, deren Kampf sich undiff. gegen Symbole westlich-moderner Kultur (World Trade Center) richtet und dabei auch gerade die Zivilbevölkerung in Mitleidenschaft zieht bzw. gerade darauf abzielt.[110] Art. 87a hatte einen derartigen entstaatl. Kampf nicht vor Augen. Vielmehr sollte er den innerstaatl. Einsatz der Bundeswehr auch gegen Terroristen gerade ausschließen. Folglich kommt nur ein Einsatz der Bundeswehr gegen **Terrorismus internat. Dimension** in Betracht, der ein zwischenstaatl. Konflikten vergleichbares Bedrohungspotential erreicht. Dies ist jedenfalls zu bejahen, wenn der UN-Sicherheitsrat eine Bedrohung des Weltfriedens feststellt[111] o. auch der NATO-Rat den Bündnisfall[112] beschließt. Schwierig kann dann sein, welche Anforderungen an den erforderlichen Parlamentsbeschluss, insbes. an dessen Bestimmtheit, zu stellen sind.[113]

**37** Bei Ermächtigung durch den Sicherheitsrat dürfte auch ein **Inneneinsatz** der Bundeswehr gem. Art. 24 II zulässig sein.[114] Ein Inneneinsatz der Bundeswehr zur **Abwehr von Flugzeugangriffen** nach dem Muster des 11. September 2001 könnte Verteidigung i. S. d. Art. 87a I 1, II sein.[115] Teile der Lit. nehmen das für Angriffe internat. terroristischer Organisationen an, die eine militärähnl. Organisationsstruktur und Zerstörungskraft aufweisen.[116] Dafür spricht, dass der Verteidigungsbegriff für die Erweiterung auf neue, äußere Gefahren durchaus offen und sie zur Gewährleistung einer wirksamen Landesverteidigung geboten ist.[117] Nicht überzeugend ist die Kritik der Gegenansicht, dass mit dem extensiven Verständnis der Verteidigung Art. 87a IV überflüssig werde.[118] Diese Regelung begrenzt vielmehr weiterhin einen Einsatz gegen nat. Terroristen auf bestimmte Ausnahmesituationen. Allerdings kann es im Vorhinein schwierig sein, festzustellen, ob gerade Angehörige einer internat. terroristischen Organisation ein Flugzeug steuern.[119]

**38** Ob die Abwehr staatl. Angriffe auf informationstechnische Systeme (sog. **Cyber-Angriffe**)[120] unter den Begriff der Verteidigung gefasst werden kann, ist verfassungsrechtlich zunächst hinsichtlich zweier Punkte bedenklich.[121] Verteidigung setzt – wie voranstehend gezeigt – die Abwehr eines bewaffneten Angriffs von außen voraus.[122] Wenngleich sich der Erfolgsort eines Cyber-Angriffs im Inland befindet, kann mit Blick auf den Handlungsort – die Tatherrschaft im Ausland – ein Angriff „von außen" bejaht

---

[108] *Mössner* FS Schlochauer, 1981, S. 97 (114 f.); aA *Fehn/Fehn* Jura 1997, 621 (623 f.).

[109] Auch → Art. 12a Rn. 1.

[110] Dafür *Hernekamp*, in: v. Münch/Kunig III, Art. 87a Rn. 4; *Baldus* NVwZ 2004, 1278 (1280 f.); *Müller-Franken* MKS III, Art. 87a Rn. 51.

[111] Vgl. UN-Dok S/Res/1368 v. 12.9.2001; UN-Dok S/Res/1373 v. 28.9.2001. Zur Diskussion, ob diese Resolutionen als völkerrechtliche Ermächtigung anzusehen sind, vgl. *Dederer* JZ 2004, 421 (423, 429); *Frowein* ZaöRV 2003, 879 (885 ff.); *Heintschel von Heinegg/Gries* AVR 40 (2002), S. 145 (149 ff.); *Stahn* ZaöRV 2002, 183 (239 f.); *Tomuschat* EuGRZ 2002, 535 (543 f.).

[112] NATO-Beschl. v. 12.9.2001, vgl. *Fastenrath* FAZ 12.11.2001, Nr. 263, S. 8.

[113] Vgl. hierzu BT-Beschl. v. 16.11.2001 über den Antrag der BReg v. 7.11.2001 auf Einsatz bewaffneter deutscher Streitkräfte iRd Militäroperation „Enduring Freedom" zur Bekämpfung des internat. Terrorismus (Afghanistan-Einsatz). Bedenken an der Bestimmtheit des Beschlusses sind im Erg. wegen des bes. Charakters von Anti-Terror-Einsätzen nicht überzeugend, s. *Fischer/Fischer-Lescano* KritV 2002, 113 (122 ff.); *Lutze* DÖV 2003, 972 (976); *T. Wagner,* Parlamentsvorbehalt und Parlamentsbeteiligungsgesetz, 2010, S. 90 ff.; anders *Nowrot* NZWehrR 2003, 65 (67 f.).

[114] Zurückhaltend *Dreist* NZWehrR 2004, 89 (96); dagegen *Paulke,* Die Abwehr von Terrorgefahren im Luftraum, 2005, S. 97.

[115] Zur Frage des Verteidigungsfalls iSd Art. 115a I *Grote* MKS III, Art. 115a Rn. 16; *Schmidt-Radefeldt,* in: Epping/Hillgruber, Art. 115a Rn. 8 f.

[116] *Baldus* NVwZ 2004, 1278 (1281); *Müller-Franken* MKS III, Art. 87a Rn. 51; *Epping,* in: Epping/Hillgruber, Art. 87a Rn. 11; *Grzeszick,* in: Friauf/Höfling, Art. 87a (2006) Rn. 28; *Bäumerich/Schneider* NVwZ 2017, 189 (190/191); *Krings/Burkiczak* DÖV 2002, 501 (505, 510 f.); *dies.* NVWBl 2004, 249 (251 f.); *Ladiges* (Fn. 11), S. 110 ff.; *Lutze* NZWehrR 2003, 101 (111 ff.); *Martínez Soria* DVBl 2004, 597 (605 f.); *Wiefelspütz* NZWehrR 2003, 45 (55 f.); *ders.,* Das Parlamentsheer, 2005, S. 111 ff.; s. a. *Heun,* in: Dreier III, Art. 87a Rn. 11; *T. Stein* FS Mußgnug, 2005, S. 85 (89); weitergehend *Depenheuer,* in: Maunz/Dürig, Art. 87a (2008) Rn. 90 ff.; einschränkend *Winkler* DÖV 2006, 149 (153 f.).

[117] AA *Enders* DÖV 2007, 1039 (1044); *Fiebig* (Fn. 66), S. 286 f., 289; *M. Fischer* JZ 2004, 376 (380); *Hase* DÖV 2006, 213 (214 ff.); *Hillgruber/Hoffmann* NWVBl 2004, 176 (177); *Linke* AöR 129 (2004), 489 (516); *Schmidt-Radefeldt,* in: Zetzsche/Weber (Hrsg.), Recht und Militär, 2006, S. 39 (42 f.); krit. *Dreist* NZWehrR 2004, 89 (96 f.); *Gramm* NZWehrR 2003, 89 (91); *Schmidt-Jortzig* DÖV 2002, 773 (775).

[118] So *M. Fischer* JZ 2004, 376 (380); *Schmidt-Jortzig* DÖV 2002, 773 (775); *Wieland* (Fn. 68), S. 167 (175); weitergehende Kritik *Linke* AöR 129 (2004), 489 (516); *ders.* DÖV 2003, 890 (893).

[119] Vgl. BVerfGE 115, 118 (154 ff.); *Dreist* NZWehrR 2004, 89 (96); *M. Fischer* JZ 2004, 376 (380); *Gramm* NZWehrR 2003, 89 (91); *Paulke,* Die Abwehr von Terrorgefahren im Luftraum, 2005, S. 77 f.; *T. Stein* FS Mußgnug, 2005, S. 85 (93 f.); Lösungsansatz bei: *Ladiges* (Fn. 11), S. 142 ff.; *Wiefelspütz* ZaöRV 2005, 819 (829).

[120] Vgl. die Hinw. zur Terminologie: *Keber/Roguski* ArchVölkR 49 (2011), 399 (404 f.).

[121] Zu völkerrechtlichen Fragen: *Plate* ZRP 2011, 200; *Keber/Roguski* ArchVölkR 49 (2011), 399 (404 f.).

[122] Vgl. *Wolff,* in: Hömig/Wolff, Art. 87a Rn. 3; *Pieroth,* in: Jarass/Pieroth, Art. 87a Rn. 9.

werden.[123] Weiter setzt ein bewaffneter Angriff nicht notwendig den Einsatz herkömmlicher Waffen voraus. Unter Berücksichtigung aller Umstände im Einzelfall kann die Wirkung eines Cyber-Angriffs der eines bewaffneten Angriffs gleich kommen.[124] Dies ist zumindest dann denkbar, wenn große Teile der zentralen Energieversorgung betroffen sind, deren Ausfall das Staatswesen destabilisieren würde. In der Praxis dürfte sich freilich die Zurechnung zu einem (konkreten) Staat als schwierig erweisen.[125]

**2. Parlamentsvorbehalt.** Im GG ist nicht ausdr. geregelt, wer die Entscheidung über den Einsatz **39** der Streitkräfte zur Verteidigung zu treffen hat. Die auswärtige Gewalt wird heute als kombinierte Gewalt der Exekutive und des Parlaments verstanden. Geht es um den **Einsatz der Streitkräfte**, könnte das Bedürfnis nach flexibler Reaktion für eine alleinige Zuständigkeit der **Exekutive** sprechen.

Allerdings stellt nach Art. 115a das Parlament den Verteidigungsfall fest. Das GG hat die Ent- **40** scheidung über Krieg und Frieden dem BTag als Repräsentationsorgan des Volkes anvertraut.[126] Im Urteil zum Bundeswehreinsatz iRv NATO-, WEU- bzw. UN-Militäraktionen hat das BVerfG ergänzend zu den Art. 45b, Art. 87a I 2, IV 2 und Art. 115a, die das Bestreben nach **parl. Kontrolle der Bundeswehr** erkennen lassen, auf die deutsche Verfassungsgeschichte und den früheren Art. 59a zurückgegriffen.[127] Nach Art. 59a I aF traf die Feststellung, dass der Verteidigungsfall eingetreten ist, der BTag. Anders als Art. 115a wurde Art. 59a aF nach damaliger Auffassung dahingehend verstanden, dass die Streitkräfte nur auf der Grundlage eines Parlamentsbeschlusses eingesetzt werden durften.[128] Einen (weiteren) Begründungsansatz für den wehrverfassungsrechtlichen Parlamentsvorbehalt sieht das BVerfG in Art. 24 II.[129]

Der verfassungsändernde Gesetzgeber beabsichtigte mit der Streichung des Art. 59a iRd Einfüh- **41** rung der Notstandsverfassung **keine Entparlamentarisierung.** Im Gegenteil weist die Verfassungsentwicklung unter dem GG immer stärkere Züge einer Parlamentarisierung auf, was auch durch die Wesentlichkeitstheorie untermauert wird. Diese kann zur Unterstützung des vom BVerfG entwickelten Parlamentsvorbehalts für den Einsatz der Streitkräfte zur Verteidigung herangezogen werden.

Die **Wesentlichkeitstheorie** verlangt, dass das Parlament – allerdings in Gesetzesform – alle **42** wesentlichen Entscheidungen trifft.[130] Darunter fällt der Einsatz der Streitkräfte zur Verteidigung.[131] Auch aus dieser Perspektive ist dem BVerfG im Ergebnis zuzustimmen, wenn es aus dem früheren Art. 59a, der deutschen Verfassungstradition (Art. 11 RV 1871/1918 – Art. 45 II WRV) sowie aus der Gesamtbetrachtung der bereits erwähnten Grundgesetzartikel einen **konstitutiven Parlamentsvorbehalt** für den militärischen Einsatz der Streitkräfte herleitet.[132] Dieser erschöpft sich nicht in einem einmaligen Zustimmungsakt, sondern weist dem BTag eine fortlaufende Mitverantwortung zu.[133] Der Parlamentsvorbehalt bei Bundeswehreinsätzen entspricht dem Geist des GG, wie es durch das BVerfG fortentwickelt worden ist. Das BVerfG fordert einen Parlamentsbeschluss mit der Mehrheit der abgegebenen Stimmen (Art. 42 II).[134] Er bezieht sich nur auf Auslandseinsätze, nicht auf Einsätze im Inneren Deutschlands.[135] Nach der Rspr. des BVerfG ist er sogar „integrationsfest", so dass dem Anwendungsvorrang des Unionsrechts Grenzen gesetzt wären.[136]

Jedoch ist die grds. notwendige **vorherige Zustimmung** des BTag nicht immer möglich.[137] **43** Dementspr. „ist die Bundesregierung bei **Gefahr im Verzug** berechtigt, vorläufig den Einsatz von Streitkräften zu beschließen und an entsprechenden Beschlüssen in den Bündnissen oder internationaler Organisationen ohne vorherige Einzelermächtigung durch das Parlament mitzuwirken und diese vorläufig zu vollziehen. Die Bundesregierung muss jedoch in jedem Fall das Parlament umgehend mit dem so beschlossenen Einsatz befassen. Die Streitkräfte sind zurückzurufen, wenn es der Bundestag

---

[123] Vgl. *Epping*, in: Maunz/Dürig (2012), Art. 115a Rn. 44 mwN.

[124] Vgl. *Epping*, in: Maunz/Dürig (2012), Art. 115a Rn. 44 und vor dem Hintergrund der völkerrechtsfreundlichen Auslegung des GG, auch die Position der dt. BReg: BT-Dr 1706971, S. 4.

[125] Instruktiv *Spranger* BK, Art. 115a (Zweitbearb. 2010), Rn. 44.

[126] BVerfGE 121, 135 (151).

[127] BVerfGE 90, 286 (381 ff.); bestätigt ua von BVerfG 108, 34 (42 ff.); 121, 135 (153 ff.); dogmatisch krit. *Depenheuer*, in: Maunz/Dürig, Art. 87a (2008) Rn. 142 ff.

[128] BVerfGE 90, 286 (381 ff.); dazu *Nolte* ZaöRV 1994, 652 (674 f.).

[129] BVerfGE 121, 135 (158 ff.); BVerfG NVwZ 2010, 1091 (1093); krit. hierzu *Wiefelspütz* NZWehrR 2010, 177 (179 ff.).

[130] Zur Wesentlichkeitstheorie ua *Haltern/F. Mayer/Möllers* Die Verwaltung 30 (1997), 51.

[131] Vgl. *Kokott* DVBl 1996, 937 (939); *Nowrot* NZWehrR 2003, 65 (72 f.); *Paulus*, in: Weingärtner (Hrsg.), Einsatz der Bundeswehr im Ausland, 2007, S. 81 (96); krit. *Depenheuer*, in: Maunz/Dürig, Art. 87a (2008) Rn. 146; *Schmidt-Radefeldt*, Parlamentarische Kontrolle der internationalen Streitkräfteintegration, 2005, S. 153; s. a. *K. Ipsen* FS Schnapp, 2008, S. 125 (140): Art. 59 II analog; *Limpert*, Auslandseinsatz der Bundeswehr, 2002, S. 108: Ergänzung der Wesentlichkeitstheorie; *Röben*, Außenverfassungsrecht, 2007, S. 290 f.: Art. 24 II als Grundlage.

[132] BVerfGE 90, 286 (381 ff.); 121, 135 (154).

[133] BVerfGE 124, 267 (276).

[134] BVerfGE 90, 286 (388); ferner BVerfGE 121, 135 (154). Krit. *C. Arndt* NJW 1994, 2197 (2198).

[135] BVerfGE 126, 55 Rn. 50; hierzu *Wiefelspütz* NZWehrR 2010, 177 (183 ff.). Davon geht auch § 1 ParlBG aus.

[136] BVerfGE 123, 267 (361); hierzu *T. Stein* ZEuS 2009, 681; *Wiefelspütz* DÖV 2010, 73 (78 ff.).

[137] Hinsichtlich Anti-Terror-Einsätze *Nowrot* NZWehrR 2003, 65 (69 ff.).

verlangt."[138] Im Fall Albanien (→ Rn. 27) wurde das Parlament umgehend nachträglich befasst und billigte den Einsatz.[139] Das dürfte ausreichen,[140] obgleich die deutschen Streitkräfte in Albanien, anders als in den vom BVerfG entschiedenen Fällen, nicht iRe völkervertraglich und damit gem. Art. 59 II parl. legitimierten Systems kollektiver Sicherheit eingesetzt wurden. Das BVerfG stellt in seinem Urteil zum Libyen-Einsatz klar, dass es die Voraussetzungen der **Eilentscheidungsbefugnis** der BReg **voll überprüft**. „Ein vom Bundesverfassungsgericht nicht oder nur eingeschränkt nachprüfbarer Einschätzungs- oder Prognosespielraum ist der Bundesregierung nicht eröffnet."[141] Dort entwickelt das BVerfG die Anforderungen an die nachträgliche Parlamentsbefassung bei Fällen von Gefahr im Verzug fort. Ist ein entspr. Einsatz „bereits beendet und eine rechtserhebliche parlamentarischen Einflussnahme auf die konkrete Verwendung der Streitkräfte deshalb nicht mehr möglich, verpflichtet der wehrverfassungsrechtliche Parlamentsvorbehalt die Bundesregierung nicht, eine Entscheidung des Deutschen Bundestages über den Einsatz herbeizuführen. Die Bundesregierung muss den Bundestag jedoch unverzüglich und qualifiziert über den Einsatz unterrichten."[142]

43a     Ungeklärt bleibt, ob innerhalb der Regierung eine **Kollegialentscheidung** notwendig ist. Die Verwendung des Begriffs „Bundesregierung" legt nahe, darunter das gesamte Kabinett iSd Art. 62 zu verstehen.[143] Andererseits liegt die Befehls- und Kommandogewalt über die Streitkräfte in Friedenszeiten beim BMVg (Art. 65a), im Verteidigungsfall beim BKanzler (Art. 115b). Unter Berücksichtigung der Eilbedürftigkeit entspricht es praktischen Bedürfnissen die Entscheidung von BKanzler und BMVg – wie im Fall der Operation Pegasus – ausreichen zu lassen.[144] Weitere Abgrenzungsfragen im Einzelfall bleiben,[145] etwa ob und inwieweit der BTag einen „Beschluss auf Vorrat" fassen darf.[146]

44     Bei vorheriger Zustimmung liegt es im „politischen Ermessen [des BTag], ob er infolge veränderter tatsächlicher oder rechtlicher Rahmenbedingungen die erteilte Zustimmung widerrufen und dadurch den Rückruf deutscher Soldaten verfügen will".[147] Ob auch ohne eine solche nachträgliche Lageänderung von einer jederzeitigen **Widerruflichkeit der Zustimmungsentscheidung**[148] ausgegangen werden kann, soll zweifelhaft sein, ebenso welche Anforderungen ggf. an die nachträgliche Lageänderung zu stellen sind. Zwar spricht für das Erfordernis einer Änderung der Lage das Gebot der Achtung der Kompetenzen der Exekutive sowie das Verbot des *venire contra factum proprium*.[149] Dass eine erneute Zustimmung des BTag die BReg jedenfalls nur, schon aus Gründen der Rechtssicherheit, bei einem evidenten Wegfall tatsächlicher oder rechtlicher Umstände einholen muss, die dem Zustimmungsbeschluss zugrunde lagen, ist die eine Sache. Bsp. für eine solche evidente Änderung rechtlicher Umstände kann zB die Aufhebung einer UN-Sicherheitsratsresolution sein.[150] Da ein Parlamentsheer aber immer an das Parlament gebunden bleibt, spricht bereits der **actus contarius Gedanke** dafür, dass das Parament grds. immer auch wieder einen Rückruf der Soldaten verlangen kann. Darüber hinaus ist das Parlament schon aufgrund seiner Funktion als einziges demokratisch direkt legitimiertes Staatsorgan nie an vorherige Entscheidungen eines (möglicherweise) anderen Parlaments gebunden. Dies gilt auch für die Zustimmung zu einem Auslandseinsatz. Eine veränderte politische Mehrheit im Parlament zu Lasten eines bereits zugestimmten Auslandseinsatzes kann daher im Grundsatz auch nicht als venire contra factum proprium angesehen werden.

---

[138] BVerfGE 90, 286 (388); dazu *Lutze* DÖV 2003, 972 (977 f.); *Scherrer,* Das Parlament und sein Heer, 2010, S. 268 ff.; *Spies* FS Fleck, 2004, S. 531 (545 ff.); *T. Wagner* (Fn. 113), S. 142 ff.; insoweit bestätigt durch BVerfGE 140, 160 Rn. 83. Zur Relativierung sogleich.

[139] Vgl. BT-Dr 13/7233 v. 18.3.1997 (Einsatz deutscher Streitkräfte zur Evakuierung deutscher Staatsbürger und unter konsularischer Obhut befindlicher Staatsangehöriger anderer Nationen aus Albanien).

[140] Vgl. diff. *Epping* AöR 124 (1999), S. 124 (450 ff.).

[141] BVerfGE 140, 160 Ls 3, Rn. 89 ff., 90; zur Entscheidung: *Glawe* NVwZ 2015, 1602; *Sachs* JuS 2016, 94; krit.: *Sauer* JZ 2016, 46; *Fischer/Ladiges* NVwZ 2016, 32 „partieller Schwenk von einer ‚Parlamentsarmee' zu einer ‚Regierungsarmee'".

[142] BVerfGE 140, 160 Ls 4, Rn. 95 ff.; krit. dazu Fischer/Ladiges NVwZ 2016, 32.

[143] Ausf. unter Einbeziehung früherer Rechtsprechung des BVerfG *Fischer/Ladiges* NVwZ 2016, 32 (35).

[144] S. a. *Epping,* AöR 124 (1999), 423 (453); w. N. bei *Fischer/Ladiges* NVwZ 2016, 32 (35) insbes. S. 32.

[145] Vgl. *Lang,* Internationale Einsätze der Bundeswehr unter rechtlichen, politischen und militärischen Aspekten, 1997; *Oeter* NZWehrR 2000, 89 (96 f.).

[146] Vgl. hierzu *Paulus,* in: Weingärtner (Hrsg.), Einsatz der Bundeswehr im Ausland, 2007, S. 81 (102 f.); *T. Wagner* (Fn. 113), S. 96 ff.

[147] BVerfGE 124, 267 (278).

[148] Vgl. § 8 ParlBG.

[149] Vgl. *H. H. Klein* FS Schmitt Glaeser, 2003, S. 245 (257); *Limpert,* Auslandseinsatz der Bundeswehr, 2002, S. 58 f.; *Lutze* DÖV 2003, 972 (979 f.); *Oeter* NZWehrR 2000, 89 (98); *Röben,* Außenverfassungsrecht, 2007, S. 297; *Scherrer* (Fn. 138), S. 295 ff.; BVerfGE 90, 286 (389); krit. Spies FS Fleck, 2004, S. 531 (550 ff.). Ausführl. zum Rückholrecht *Schmidt-Radefeldt,* Parlamentarische Kontrolle der internationalen Streitkräfteintegration, 2005, S. 174 ff.; *Schäfer,* Verfassungsrechtliche Grenzen des Parlamentsbeteiligungsgesetzes, 2005, S. 359 ff.; *F. Schröder,* Das parlamentarische Zustimmungsverfahren zum Auslandseinsatz der Bundeswehr in der Praxis, 2005, S. 286 ff.; *Wiefelspütz,* Der Auslandseinsatz der Bundeswehr und das Parlamentsbeteiligungsgesetz, 2008, S. 378 ff. Für ein unkonditioniertes Rückholrecht hingegen *Fischer/Fischer-Lescano* KritV 2002, 113 (124 ff.); *Hummel* NZWehrR 2001, 221 (226 ff.); *Wild* DÖV 2000, 622 (630).

[150] BVerfGE 124, 267 (277 f.).

Bisher ging die Lehre davon aus, dass das Parlament außer in Fällen, die das GG ausdrücklich **45** vorsieht, keine **rechtsverbindlichen Beschlüsse** fassen kann. Denn eigentlich ist das Gesetz die Handlungsform des Parlaments für verbindliche Regelungen.[151] Unter diesem Gesichtspunkt hatte das BVerfG mit seiner Entscheidung zum Auslandseinsatz deutscher Streitkräfte also Neuland betreten.[152]

Der Gesetzgeber hat – nach Anregung durch das BVerfG[153] – das **Parlamentsbeteiligungsgesetz 46** (ParlBG) erlassen, das Form und Ausmaß der Beteiligung des BTag beim Einsatz bewaffneter Streitkräfte im Ausland regelt (s. § 1 I 1 ParlBG).[154] Es konkretisiert den Spielraum, der zwischen den von Verfassungs wegen an den Parlamentsvorbehalt zu stellenden Mindestanforderungen einerseits und den im Blick auf den „Eigenbereich exekutiver Handlungsbefugnis und Verantwortlichkeit" gezogenen Grenzen andererseits liegt.[155] Dabei darf die Reichweite des Parlamentsvorbehalts nicht restriktiv bestimmt werden.[156] Insbes. die Regelung über den „Einsatz bewaffneter Streitkräfte" (§ 2 ParlBG) bedarf der Thematisierung: Der Anwendungsbereich des ParlBG ist eröffnet, wenn ein „Einsatz bewaffneter Streitkräfte" vorliegt.[157] Das ist der Fall, wenn Soldatinnen und Soldaten der Bundeswehr in bewaffnete Unternehmungen einbezogen sind o. eine Einbeziehung in eine bewaffnete Unternehmung zu erwarten ist. Der wehrverfassungsrechtliche Parlamentsvorbehalt greift ein, wenn nach dem jew. Einsatzzusammenhang und den einzelnen rechtlichen und tatsächlichen Umständen die Einbeziehung deutscher Soldaten in bewaffnete Auseinandersetzungen konkret zu erwarten ist.[158] Dabei ist die Einsatzvoraussetzung der „Einbeziehung deutscher Soldaten in bewaffnete Unternehmungen" gerichtlich voll überprüfbar.[159]

In Bezug auf die geforderte **„qualifizierte Erwartung"**[160] bedarf es „hinreichender greifbarer **47** tatsächlicher Anhaltspunkte dafür, dass ein Einsatz nach seinem Zweck, den konkreten politischen und militärischen Umständen sowie den Einsatzbefugnissen in die Anwendung von Waffengewalt münden kann".[161] Indizien sind das Mitführen von Waffen und die Ermächtigung, von ihnen Gebrauch zu machen, solange es sich um keinen nichtmilitärischen Einsatz mit der bloßen Ermächtigung des Waffengebrauchs zur Selbstverteidigung handelt.[162] Die verfassungsrechtliche Zustimmungsbedürftigkeit bewaffneter Voraus- bzw. Erkundungskommandos hängt von den jew. Umständen ab. Das ParlBG unterscheidet demgegenüber zwischen zustimmungsfreien „vorbereitenden Planungen und Maßnahmen" und generell zustimmungspflichtigen „Erkundungskommandos".

Umgekehrt kann ein den Parlamentsvorbehalt auslösender **Einsatz** aber auch dann vorliegen, wenn **48** zwar die beteiligten deutschen Soldaten **unbewaffnet** sind, aber „als wesentlicher Teil des den Einsatz durchführenden integrierten militärischen Systems handeln".[163] Bspw. haben der bewaffnete Schutz eines Territoriums o. bestimmter Objekte vor Angriffen militärischen Charakter. „Wer in einer solchen Konstellation für den Waffeneinsatz bedeutsame Informationen liefert, eine die bewaffnete Operation unmittelbar leitende Aufklärung betreibt o. sogar iR seiner militärischen Funktion Befehle zum Waffeneinsatz geben kann, ist in bewaffnete Unternehmungen einbezogen, ohne dass er selbst Waffen tragen müsste."[164] Das gilt (s. o.) auch schon, wenn die näheren Umstände auf eine unmittelbar bevorstehende Verwicklung in Kampfhandlungen hindeuten.[165] Maßstäbe für die Einordnung von Cyberoperationen als „Einsätze" sind ihre Vergleichbarkeit mit klassischen Formen militärischer Gewalt und die Eskalationsgefahr.[166]

§ 8 ParlBG sieht vor, dass der BTag die Zustimmung zu einem Einsatz bewaffneter Streitkräfte **49** widerrufen kann. Dies ist dem Tatbestand nach ein **unkonditioniertes Rückholrecht** des BTag,[167] das verfassungsrechtlich zutreffend ist (→ Rn. 44). Der BTag kann von seinem Rückholrecht nach § 8

---

[151] Vgl. *Butzer* AöR 119 (1994), 61 (90 ff.) mit zahlr. Nachw. auf die hM.

[152] *Donner,* Humanitäres Völkerrecht, 1997, 63 (72).

[153] BVerfGE 90, 286 (389). Zum Ganzen *Burkiczak* ZRP 2003, 82; *Dreist* ZG 2004, 39; *H. H. Klein* FS Schmitt-Glaeser, 2003, S. 245 (258 ff.); *Pofalla* ZRP 2004, 221; *Wiefelspütz,* Das Parlamentsheer, 2005, S. 330 ff.

[154] ParlamentsbeteiligungsG v. 18.3.2005, BGBl 2005 I, 775. Zum ParlBG ausführlich *Chr. Koch,* Das Parlamentsbeteiligungsgesetz, 2006, S. 16 ff.; *Rau* AVR 44 (2006), 93; *Schröder* NJW 2005, 1401; *Weiß* NZWehrR 2005, 100; *Wiefelspütz* NVwZ 2005, 496; *ders.,* Das Parlamentsheer, 2005, S. 407 ff.

[155] Vgl. BVerfGE 90, 286 (389 f.); *H. H. Klein* FS Schmitt-Glaeser, 2003, S. 245 (258); s. a. *Dreist* ZG 2004, 39 (51, 61); *Pofalla* ZRP 2004, 221 (222); *Wild* DÖV 2000, 622 (631).

[156] BVerfGE 121, 135 (162); krit. *Depenheuer,* in: Maunz/Dürig, Art. 87a (2008) Rn. 152.

[157] Vgl. § 1 I, II u. § 2 I ParlBG.

[158] BVerfGE 121, 135; hierzu *Burkiczak* NVwZ 2008, 752; *Dreist* NZWehrR 2008, 257; *Ladiges* RuP 2009, 29; *Scherrer* (Fn. 138), S. 150 ff.; 166 ff.; *F. Schröder* DVBl 2008, 778; *Sohm* NZWehrR 2008, 235.

[159] BVerfGE 121, 135 (168 f.).

[160] BVerfGE 121, 135 (165).

[161] BVerfGE 121, 135 (165).

[162] BVerfGE 121, 135 (167 f.).

[163] BVerfGE 121, 135 (168).

[164] BVerfGE 121, 135.

[165] BVerfGE 121, 135 (164).

[166] Vgl. *Marxsen* JZ 2017, 543 (550).

[167] *Schäfer,* Verfassungsrechtliche Grenzen des Parlamentsbeteiligungsgesetzes, 2005, S. 335 f.; *Schröder* NJW 2005, 1401 (1404); *Weiß* NZWehrR 2005, 100 (113 f.).

ParlBG nicht nur Gebrauch machen, wenn es zu einer wesentlichen Veränderung der Umstände des bewaffneten Einsatzes gekommen ist. Das Ermessen des BTag nach § 8 ParlBG ist insoweit nicht verfassungskonform einzuschränken.[168]

50     Fraglich ist, ob ein Einsatz bewaffneter Streitkräfte eine bestimmte (militärische) Erheblichkeit aufweisen muss, um den Parlamentsvorbehalt auszulösen. Als Bsp. werden Unternehmungen der Streitkräfte mit polizeilichem Charakter wie etwa die Evakuierung deutscher Staatsbürger o. die Abwehr einzelner Piratenangriffe auf hoher See genannt.[169] Der Grundsatz der parlamentsfreundlichen Auslegung[170] und das auch bei (vermeintlich) polizeilichen Unternehmungen bestehende Eskalations- und Verstrickungspotential[171] sprechen gegen eine solche **de-minimis-Schwelle**.[172] Allerdings verwendet das BVerfG Begriffe wie „Kampfhandlungen" und „militärisches Gepräge".[173] Letztendlich finden solche Unternehmungen aber in unsicherem Umfeld (failed state) statt, so dass die Grenze polizeilich/militärisch fließend ist.

51     Verfassungspolitisch erwägenswert ist ein erweitertes Mandat für den **Verteidigungsausschuss,** der schnell und auch bei geheimhaltungsbedürftigen Auslandseinsätzen beteiligt werden könnte.[174] Jedoch könnte er die Befassung des Plenums jedenfalls nicht vollumfänglich ersetzen.

52     Kontrovers ist die Anwendbarkeit des grundrechtlichen **Gesetzesvorbehalts** auf den Streitkräfteeinsatz.[175] Bedürfen also Tötungshandlungen durch Soldaten der Bundeswehr **iRv Verteidigungseinsätzen** einer gesetzlichen Ermächtigungsgrundlage (Art. 2 II 3)?[176] Wegen der räumlich umf. Grundrechtsbindung deutscher Hoheitsgewalt[177] stellt sich die Frage für Eingriffshandlungen der Bundeswehr im In- und im Ausland.[178] Völkervertragliche Ermächtigungsgrundlagen könnten zwar in Verbindung mit dem Zustimmungsgesetz nach Art. 59 II 1 ausreichen,[179] dürften aber regelmäßig nicht bestehen. Wenn es einer gesonderten gesetzlichen Ermächtigungsgrundlage bedürfte,[180] wäre diese wohl nur als Generalermächtigung praktikabel.[181] Richtigerweise ist bereits in der verfassungsrechtlichen Einsatzmöglichkeit auch die ensprechenden Rechtsgrundlagelage zu sehen, da der Verfassungsgeber wohl von der Möglichkeit ausgegangen sein dürfte, dass es bei Einsätzen nach Art. 87a zu Tötungshandlungen kommen könnte (jedenfalls legen das die in der Vergangenheit erfolgten Einsätze der deutschen Streitkräfte nahe).

## III. Ausnahmebefugnisse im äußeren Notstand (Abs. 3)

53     Art. 87a III stellt klar, dass die Streitkräfte zur Wahrnehmung bestimmter Aufgaben auch im **Landesinnern** herangezogen werden können. Damit werden der Bundeswehr Aufgaben übertragen, die nicht unmittelbar mit ihrer Grundfunktion der Verteidigung nach außen zu tun haben.

54     **1. Voraussetzungen.** Voraussetzung des Entstehens der Befugnisse nach Art. 87a III ist die Feststellung des **Verteidigungs- oder des Spannungsfalles.** Der Verteidigungsfall liegt vor, „wenn das Bundesgebiet mit Waffen angegriffen wird oder ein solcher Angriff unmittelbar droht" (Art. 115a I 1). Der Spannungsfall ist zeitlich und qualitativ als Vorstufe zum Verteidigungsfall zu verstehen.[182] Er liegt demnach nur vor, wenn eine erhebliche Gefahr eines bewaffneten Angriffs auf das Bundesgebiet von außen besteht;[183] droht der Angriff unmittelbar, ist bereits der Verteidigungsfall gegeben (Art. 115a I).

---

[168] Vgl. dazu näher: *Wiefelspütz* NVwZ 2005, 496 (500); *ders.,* Der Auslandseinsatz der Bundeswehr und das Parlamentsbeteiligungsgesetz, 2. Aufl. 2012, S. 514 f. – aber auf Willkür bezogen; hingegen *Röben,* Außenverfassungsrecht, 2007, S. 297: Auslegung; ebenso wie hier: *Hömig,* in: Hömig/Wolff, Art. 87a Rn. 10: BTag könne „jederzeit widerrufen".

[169] Vgl. *Ladiges* RuP 2009, 29 (33).

[170] BVerfGE 121, 135 (162).

[171] Vgl. hierzu BVerfGE 121, 135 (161, 166).

[172] *Epping,* in: Epping/Hillgruber, Art. 87a Rn. 29; *Scherrer* (Fn. 138), S. 189; *T. Wagner* (Fn. 113), S. 57 f.; aA zB *Ladiges* RuP 2009, 29 (33); *Wiefelspütz* (Fn. 168), S. 446 ff. mwN.

[173] Vgl. BVerfGE 121, 135 (164 ff.); ferner *Ladiges* RuP 2009, 29 (33).

[174] Vgl. *Axer* ZRP 2007, 82; zurückhaltend und einschränkend *Scherrer* (Fn. 138), S. 230 ff.: nur bei geheim durchzuführenden Einsätzen.

[175] Vgl. *Müller-Franken* MKS III, Art. 87a Rn. 116 ff.; *Heun,* in: Dreier III, Art. 87a Rn. 21; *Kutscha* NVwZ 2004, 801 (803); *Voss* ZRP 2007, 78.

[176] Dafür *Kutscha* NVwZ 2004, 801 (803); *Voss* ZRP 2007, 78; dagegen *Gramm* Die Verwaltung 41 (2008), 375 (378 f.); → Art. 2 Rn. 172.

[177] *Herdegen,* in: Maunz/Dürig, Art. 1 Abs. 3 (2019) Rn. 79; → Art. 1 Rn. 86; aA *N. Wagner,* Grund- und Menschenrechte in Auslandseinsätzen von Streitkräften, 2009, S. 72 ff.

[178] Hierzu *Wiefelspütz* NZWehrR 2008, 89; ausführlich *D. Beck,* Auslandseinsätze deutscher Streitkräfte, 2008, S. 126 ff., 271 ff.; *A. Werner,* Die Grundrechtsbindung der Bundeswehr bei Auslandseinsätzen, 2006; ferner *Stoltenberg* ZRP 2008, 111.

[179] Vgl. *Müller-Franken* MKS III, Art. 87a Rn. 117.

[180] Ablehnend zu bestehenden gesetzlichen Ermächtigungsgrundlagen *Yousif,* Die extraterritoriale Geltung der Grundrechte bei der Ausübung deutscher Staatsgewalt im Ausland, 2007, S. 166 ff.

[181] Vgl. *Heun,* in: Dreier III, Art. 87a Rn. 21.

[182] *Dürig,* in: Maunz/Dürig, Art. 87a (Erstbearb.) Rn. 40; *Depenheuer,* in: Maunz/Dürig, Art. 80a (2011) Rn. 13.

[183] *Dürig,* in: Maunz/Dürig, Art. 87a (Erstbearb.) Rn. 40.

Das Vorliegen der Voraussetzungen des Verteidigungs- o. Spannungsfalles muss vom BTag **förmlich** 55 **festgestellt** werden (Art. 80a und 115a). Entgegen Art. 80a III kann daher keine internat. Organisation den Verteidigungs- o. Spannungsfall beschließen, da sonst die Exekutive die zivile Kontrolle über die Streitkräfte, etwa durch Ingangsetzen der NATO-Mechanismen umgehen könnte.[184]

Mit Feststellung des Verteidigungs- o. Spannungsfalles wächst den Streitkräften automatisch die 56 generelle Befugnis zum **Schutz ziviler Objekte** und zu Maßnahmen der Verkehrsregelung zu, soweit dies zur Erfüllung ihres Verteidigungsauftrages erforderlich ist.[185] Der Begriff „zivile Objekte" ist als Gegensatz zu den militärischen Objekten zu verstehen. Letztere dienen ausschl. militärischen Zwecken;[186] ihr Schutz fällt regelmäßig in den Aufgabenbereich der Streitkräfte. Bei den zivilen Objekten ist zu unterscheiden: Ihr Schutz gegen Kombattanten, dh gegen die feindliche Armee o. ihr gleichgestellte Verbände, fällt als Kriegshandlung ohnehin in den Aufgabenbereich der Verteidigung.

Anders ist die Rechtslage, wenn es um die **Abwehr von Störungen durch Zivilpersonen** o. 57 Banden ohne Kombattantenstatus geht. Das ist materiell eine Aufgabe der Polizei. Art. 87a III sucht die Kompetenzen zum Schutz ziviler Objekte im Spannungs- o. Verteidigungsfall zweckmäßig und effektiv zu regeln.[187] So sind die Streitkräfte regelmäßig auch im Spannungs- o. Verteidigungsfall auf das Funktionieren ziviler Anlagen und Einrichtungen angewiesen. Würde deren Schutz der Polizei obliegen, wäre nicht auszuschließen, dass diese in militärische Auseinandersetzungen verwickelt wird, denen sie von Ausbildung und Ausrüstung her nicht gewachsen ist. Außerdem erscheint es vor dem Hintergrund der erschwerten Feststellbarkeit des Status des Angreifers zweckmäßig, die Verantwortlichkeit einer Instanz für den Objektschutz unabhängig davon festzulegen, von welcher Seite der Angriff droht.[188]

**2. Anwendbares Recht.** Nicht geklärt ist, nach welchen Grundsätzen der Schutz ziviler Objekte 58 durch die Streitkräfte zu erfolgen hat. Denkbar ist, dass die Notstandsregelung **Art. 87a III 1** bereits eine hinreichend **verfassungsunmittelbare Ermächtigungsgrundlage**[189] und mit seinem Erforderlichkeitskriterium einen hinreichenden Maßstab für Maßnahmen zum Schutz ziviler Objekte gibt. Nach zT vertretener Auffassung handelt es sich um ein „Ausnahmerecht sui generis",[190] das militärische und polizeiliche Tatbestände in einer solchen Weise vermische, dass eine Trennung beim Vollzug des Objektschutzes praktisch ausgeschlossen sei.

Da die Abwehr gegen Nichtkombattanten durch materiell polizeiliche Maßnahmen erfolgt, kommt 59 einerseits eine Anwendung von **Polizeirecht** (UZwGBw) in Betracht.[191] Andererseits ist zu erwägen, ob sich der Schutz ziviler Objekte durch die Streitkräfte nach den gleichen Kriterien richtet, wie der Schutz militärischer Objekte, dh nach den Grundsätzen des **Kriegsvölkerrechts.**[192]

Für eine Erstreckung des kriegsrechtlichen Maßstabs auf die Verteidigung ziviler Objekte spricht, 60 dass die Streitkräfte bei der Abwehr von Angriffen auf zivile Objekte **kriegsrechtliche Maßstäbe** zu beachten hätten, ohne zuvor prüfen zu müssen, ob es sich um einen Angriff einer kriegführenden Partei o. um einen Angriff von Nichtkombattanten handelt, was den einzelnen Soldaten gerade auch bei den modernen Erscheinungsformen des Krieges in der allg. Notstandslage überfordern würde.[193] Für die einheitliche Anwendung des Kriegsrechts spricht außerdem der Zusammenhang des zivilen Objektschutzes mit dem Verteidigungsauftrag der Streitkräfte. Der Schutz ziviler Objekte, z. B. von Brücken, kann von höchster Bedeutung für die militärische Verteidigung sein.[194]

Andererseits bietet auch der polizeirechtliche Verhältnismäßigkeitsgrundsatz eine hinreichende 61 Flexibilität.[195] Bei der Anwendung von **Polizeirecht** auf Nichtkombattanten werden diese privilegiert. Das erscheint insofern sachgerecht, als es sich bei ihnen um Zivilisten handelt. Trotz der erheblichen Nachteile zweigleisiger Rechtsgrundlagen muss demnach grds. unterschieden werden, ob ein Angriff des kriegerischen Gegners o. eines Störers iSd Polizeirechts abzuwehren ist. Diese Auslegung entspricht der restriktiven Tendenz des Art. 87a.

[184] *K. Ipsen* BK, Art. 87a (1969) Rn. 42 ff.; *Dürig,* in: Maunz/Dürig, Art. 87a (Erstbearb.) Rn. 41.

[185] *K. Ipsen* BK, Art. 87a (1969) Rn. 40; *Dürig,* in: Maunz/Dürig, Art. 87a (Erstbearb.) Rn. 42.

[186] *Dürig,* in: Maunz/Dürig, Art. 87a (Erstbearb.) Rn. 46.

[187] Vgl. *Mußgnug* DÖV 1989, 917 (924).

[188] Vgl. *K. Ipsen* BK, Art. 87a (1969) Rn. 54 f. Ein umf. Einsatz der Polizei zum Schutz ziviler Objekte wäre eine Alternative zu der Ermächtigung der Streitkräfte in Art. 87a III gewesen. Diese Option, wie sie in mehreren europ. Staaten praktiziert wird, hätte aber eine partielle Militarisierung der Polizei vorausgesetzt.

[189] So *Hillgruber,* in: Umbach/Clemens II, Art. 87a Rn. 57; *K. Ipsen* BK, Art. 87a (1969) Rn. 77.

[190] *K. Ipsen* BK, Art. 87a (1969) Rn. 77.

[191] So *Dürig,* in: Maunz/Dürig, Art. 87a (Erstbearb.) Rn. 54; *Jou,* Einsatz von Streitkräften im Innern für den Notstandsfall nach deutschem Verfassungsrecht, 2000, S. 108 ff. u. 165; *Müller-Franken* MKS III, Art. 87a Rn. 132; aA *Baldus* MKS III, 6. Aufl. Art. 87a Rn. 129; zum weiten persönlichen Anwendungsbereich des UZwG vgl. dessen § 6, insbes. Ziff. 7 und 8.

[192] *Hernekamp,* in: v. Münch/Kunig II, Art. 87a Rn. 21.

[193] Vgl. *K. Ipsen* BK, Art. 87a (1969) Rn. 75 f.

[194] Vgl. *Schreiber* DÖV 1969, 729 (732); iErg: ebenso: *Hernekamp,* in: v. Münch/Kunig II, Art. 87a Rn. 21.

[195] Vgl. *Dürig,* in: Maunz/Dürig, Art. 87a (Erstbearb.) Rn. 56, vermittelnd *Hernekamp,* in: v. Münch/Kunig II, Art. 87a Rn. 20.

**62**    Bei Eingriffen in das Eigentum kommt auch das **Bundesleistungsgesetz (BLG)** als Ermächtigung in Betracht.[196] Die Absperrung von Objekten erfolgt entspr. dem **UZwGBw.**[197]

**63**    Im Verteidigungs- und im Spannungsfall kann es zu erheblichen Truppenbewegungen kommen. Daher ist in § 35 StVO vorgesehen, dass die Bundeswehr Sonderrechte gegenüber den zivilen Verkehrsteilnehmern hat. Die Befugnisse der Streitkräfte beziehen sich aber nur auf die **vorübergehende Regelung des zivilen Verkehrs.**[198]

**64**    Nach Art. 87a III 2 kann den Streitkräften der Schutz ziviler Objekte auch zur Unterstützung der Polizei übertragen werden. Im Gegensatz zum Objektschutz nach S. 1 ist hier kein Bezug zum Verteidigungsauftrag der Streitkräfte erforderlich. Die primäre Verantwortung für den Schutz ziviler Objekte bleibt somit bei der Polizei. Nur zur **Unterstützung polizeilicher Maßnahmen,** nicht zur Unterstützung der Polizei allgemein, können den Streitkräften Schutzaufgaben übertragen werden.[199] Im Verteidigungsfall ist vorrangig noch der BGS (heute: Bundespolizei[200]) einzusetzen (Art. 115f).[201] Rechtsgrundlage des Eingreifens der Bundeswehr ist (Bundes-)Polizeirecht.[202]

**65**    Anders als bei der Zuständigkeit nach Art. 87a III 1 bedarf es für die Befugnis der Streitkräfte nach Art. 87a III 2 eines **Übertragungsaktes.** Im Laufe der Entstehung des Art. 87a III war man zunächst von dem Erfordernis eines zustimmungsbedürftigen Gesetzes ausgegangen, zumal Kompetenzverlagerungen zwischen landesrechtlicher Polizei und dem Militär in Frage stehen. Diese Vorstellung wurde dann aber nicht in das GG aufgenommen.[203] Deshalb wird davon ausgegangen, dass ein Gesetz nicht zwingend erforderlich ist,[204] mithin auch eine Übertragung durch die Exekutive, jedenfalls aber eine Vereinbarung zwischen dem Bund und dem betroffenen Land ausreicht.[205] Vor dem Hintergrund des Charakters der Bundeswehr als Parlamentsheer ist dies jedoch nicht ganz unbedenklich.

### IV. Einsatz der Streitkräfte im inneren Notstand (Abs. 4)

**66**    Im Gegensatz zu Art. 87a III, der äußere Gründe für den Notstand voraussetzt, regelt Art. 87a IV den Einsatz der Streitkräfte im inneren Notstand. Der Einsatz der Bundeswehr im inneren Notstand gegen die eigene Bevölkerung ist nach der Konzeption des GG **ultima ratio.**[206] Wegen der gebotenen restriktiven Auslegung des Art. 87a IV sind hohe Anforderungen an seine Voraussetzungen zu stellen. Entspr. muss die BReg ihre in Art. 91 II begründete Befugnis, die Polizeikräfte der Länder ihren Weisungen zu unterstellen sowie den BGS (heute: Bundespolizei[207]) einzusetzen, bereits wahrgenommen haben.[208] „**Bestand**" des Staates ist allein auf die staatskonstituierenden Merkmale Staatsvolk, territoriale Integrität und Handlungsfähigkeit nach innen und außen zu beziehen. Zur Auslegung der **freiheitlichen demokratischen Grundordnung** nach Art. 87a IV kann auf die nach Art. 79 III für unabänderlich erklärten Grundgesetznormen zurückgegriffen werden.[209]

**67**    Nach Art. 87a IV entscheidet die BReg über den Einsatz der Streitkräfte im inneren Notstand. Anders als beim äußeren Notstand nach Art. 87a III und Art. 115a, wo eine rasche Reaktion ebenfalls geboten ist, wird das **Parlament** bei der noch prekäreren Entscheidung des Bundeswehreinsatzes im inneren Notstand **nicht beteiligt.** Dass nach Art. 87a IV 2 der Einsatz von Streitkräften einzustellen ist, wenn der BTag o. der BRat es verlangen, erscheint jedoch als ein hinreichender Ausgleich. Dass außenpolitische Risiko eines Einsatzes der Bundeswehr ohne Parlamentszustimmung ist ungleich höher, als bei einem Einsatz im inneren Notstand, der unverzüglich zu beenden ist, wenn der BTag dies verlangt. Insofern hat das BVerfG Erwägungen, den Parlamentsvorbehalt auch auf den inneren Notstand zu erstrecken,[210] zu Recht eine Absage erteilt.[211]

---

[196] §§ 2, 35 ff. BLG; *Heun,* in: Dreier III, Art. 87a Rn. 25 mN.

[197] *Dürig,* in: Maunz/Dürig, Art. 87a (Erstbearb.) Rn. 58; vermittelnd wohl *Hernekamp,* in: v. Münch/Kunig II, Art. 87a Rn. 21; *Müller-Franken* MKS III, Art. 87a Rn. 132; aA: *Baldus* MKS III, 6. Aufl. Art. 87a Rn. 129; *Epping,* in: Epping/Hillgruber, Art. 87a Rn. 43, 46.

[198] Vgl. *Müller-Franken* MKS III, Art. 87a Rn. 134 ff.

[199] Vgl. *K. Ipsen* BK, Art. 87a (1969) Rn. 103 f.

[200] G zur Umbenennung des Bundesgrenzschutzes in Bundespolizei v. 21.6.2005 (BGBl. I 1818), ohne entspr. Textänderung im GG.

[201] *Hernekamp,* in: v. Münch/Kunig II, Art. 87a Rn. 26.

[202] S. → Rn. 61; *Depenheuer,* in: Maunz/Dürig, Art. 87a (2008) Rn. 178; *Hernekamp,* in: v. Münch/Kunig II, Art. 87a Rn. 27; *K. Ipsen* BK, Art. 87a (1969) Rn. 115 ff.; *Müller-Franken* MKS III, Art. 87a Rn. 143 f.

[203] Vgl. *K. Ipsen* BK, Art. 87a (1969) Rn. 96.

[204] Ebenso *Graf Vitzthum* HStR VII², § 170 Rn. 17 m. Fn. 56; *Heun,* in: Dreier III, Art. 87a Rn. 26; *Wolff,* in: Hömig/Wolff, Art. 87a Rn. 13; *Müller-Franken* MKS III, Art. 87a Rn. 138; aA *Baldus* MKS III, 6. Aufl., Art. 87a Rn. 128.

[205] *Hernekamp,* in: v. Münch/Kunig II, Art. 87a Rn. 25; *Stern,* StaatsR II, S. 1481 erwägt, ob „übertragen" in Art. 87a III 2 schlicht als „einsetzen" zu verstehen ist.

[206] *Heun,* in: Dreier III, Art. 87a Rn. 28; *Stern,* Staatsrecht II, S. 1482.

[207] Vgl. → 200.

[208] *Müller-Franken* MKS III, Art. 87a Rn. 157; *Heun,* in: Dreier III, Art. 87a Rn. 28 f.

[209] Vgl. *Dürig,* in: Maunz/Dürig, Art. 87a (Erstbearb.) Rn. 100 f.

[210] *Lutze* DÖV 2003, 972 (976 f.).

[211] BVerfG NVwZ 2010, 1091 (1092 f.); dazu *Ladiges* NVwZ 2010, 1075; *Wiefelspütz* NZWehrR 2010, 177 (183 ff.).

Fraglich ist, ob die Streitkräfte beim Einsatz im Inneren **Polizeirecht** zu beachten haben. Das 68
Polizeirecht ist auf die Abwehr einzelner Störer zugeschnitten. Organisierte, ausgebildete und militärisch bewaffnete Aufständische können hingegen den Staat ähnl. wie eine fremde militärische Macht bedrohen. Die BReg kann allerdings, wenn eine dem Verteidigungsfall vergleichbare Existenzgefährdung eintritt, die Aufständischen als Kriegsführende anerkennen und so den Konflikt dem Völkerrecht unterstellen. Diese Situation sprengt dann den Rahmen des Art. 87a IV.[212] Solange keine derartige Eskalation zu einem völkerrechtlichen Konflikt stattgefunden hat, spricht entscheidend für die Anwendung des Polizeirechts das Art. 87a prägende Bestreben einer Kontrolle und Begrenzung der zulässigen Einsatzmöglichkeiten der Streitkräfte.[213] Dies schließt jedoch die Zulässigkeit des Einsatzes militärischer Waffen ein.[214] Als erforderliche Ermächtigungsgrundlagen kommen auch hier die Vorschriften des UZwG und des UZwGBw in Betracht.[215]

## Art. 87b [Bundeswehrverwaltung]

(1) **Die Bundeswehrverwaltung wird in bundeseigener Verwaltung mit eigenem Verwaltungsunterbau geführt. Sie dient den Aufgaben des Personalwesens und der unmittelbaren Deckung des Sachbedarfs der Streitkräfte. Aufgaben der Beschädigtenversorgung und des Bauwesens können der Bundeswehrverwaltung nur durch Bundesgesetz, das der Zustimmung des Bundesrates bedarf, übertragen werden. Der Zustimmung des Bundesrates bedürfen ferner Gesetze, soweit sie die Bundeswehrverwaltung zu Eingriffen in Rechte Dritter ermächtigen; das gilt nicht für Gesetze auf dem Gebiete des Personalwesens.**

(2) **Im übrigen können Bundesgesetze, die der Verteidigung einschließlich des Wehrersatzwesens und des Schutzes der Zivilbevölkerung dienen, mit Zustimmung des Bundesrates bestimmen, daß sie ganz oder teilweise in bundeseigener Verwaltung mit eigenem Verwaltungsunterbau oder von den Ländern im Auftrage des Bundes ausgeführt werden. Werden solche Gesetze von den Ländern im Auftrage des Bundes ausgeführt, so können sie mit Zustimmung des Bundesrates bestimmen, daß die der Bundesregierung und den zuständigen obersten Bundesbehörden auf Grund des Artikels 85 zustehenden Befugnisse ganz oder teilweise Bundesoberbehörden übertragen werden; dabei kann bestimmt werden, daß diese Behörden beim Erlaß allgemeiner Verwaltungsvorschriften gemäß Artikel 85 Abs. 2 Satz 1 nicht der Zustimmung des Bundesrates bedürfen.**

**Entstehungsgeschichte: Erstfassung:** 7. G zur Erg. des GG v. 19.3.1956 (BGBl I 111), Art. I Nr. 10 (dazu: BT-Dr II/2150; BT-Prot II/6819; BR-Dr 89/56; BR-Prot 56/76).
**Historische Verfassungstexte: RV 1849: § 13** Die Reichsgewalt ausschließlich hat in Betreff des Heerwesens die Gesetzgebung und die Organisation; sie überwacht deren Durchführung in den einzelnen Staaten durch fortdauernde Controle. **§ 19** (5) Der Reichsgewalt liegt die Sorge für die Ausrüstung, Ausbildung und Unterhaltung der Kriegsflotte und die Anlegung, Ausrüstung und Unterhaltung von Kriegshäfen und See-Arsenälen ob. (6) Ueber die zur Errichtung von Kriegshäfen und Marine-Etablissements nöthigen Enteignungen, so wie über die Befugnisse der dabei anzustellenden Reichsbehörden, bestimmen die zu erlassenden Reichsgesetze. **– RV 1871: Art. 53** (1) Die Kriegsmarine des Reichs ist eine einheitliche unter dem Oberbefehl des Kaisers. Die Organisation und Zusammensetzung derselben liegt dem Kaiser ob, welcher die Offiziere und Beamten der Marine ernennt, … **– Art. 61** (2) Nach gleichmäßiger Durchführung der Kriegsorganisation des Deutschen Heeres wird ein umfassendes Reichs-Militärgesetz dem Reichstage und dem Bundesrathe zur verfassungsmäßigen Beschlußfassung vorgelegt werden. **Art. 63** (3) Der Kaiser hat die Pflicht und das Recht, dafür Sorge zu tragen, daß innerhalb des Deutschen Heeres … Einheit in der Organisation und Formation, in Bewaffnung und Kommando, in der Ausbildung der Mannschaften, sowie in der Qualifikation der Offiziere hergestellt und erhalten wird …
**Gesetzgebung:** KrW-/AbfG § 58; KrWG § 66; AtG § 24 III; BlmSchG §§ 10 XI, 59; BLG §§ 5 II, 79; SchutzbereichG § 9; SVG § 88 I; WPflG; ZSchG; die sog. SicherstellungsG.
**Leitentscheidungen:** BVerfGE 48, 127 (Grundsätzliche Wehrdienstpflicht).

**Schrifttum:** *Bundesministerium der Verteidigung* (Hrsg.), Weißbuch 2016, S. 108; *dasselbe,* Die Neuausrichtung der Bundeswehr, 2. Auflage 2013; *K. Dau,* Der Rechtsberater der Bundeswehr – ein Berufsbild im Wandel, NZWehrR 2005, 221; *A. Dittmann,* Die Bundesverwaltung, 1983, S. 211; *W. Durner,* Rechtsfragen der Privatisierung in der Bundeswehrverwaltung unter besonderer Berücksichtigung der Vorgaben des Art. 87b GG, VerwArch 96 (2005), 18; *C. Gramm,* Privatisierung bei der Bundeswehr, DVBl 2003, 1366; *P. Lerche,* Verfassungsfragen der Bundeswehrverwaltung, FS Dürig, 1990, S. 401; *J. Lorse,* Ist die Bundeswehr privatisierbar?, RiA 2002, 13; *ders.,* Das Verhältnis zwischen Streitkräften und Bundeswehrverwaltung im System des Grundgesetzes, NZWehrR 2004, 177; *B. Pieroth,* Die verfassungsrechtliche Trennung zwischen Streitkräften und Bundeswehrverwaltung, NVwZ 2011, 705; *H. Reinfried/N. Steinbach,* Die Bundeswehrverwaltung, 4. Aufl. 1983; *C. Raap,* Die Wehrverwaltung nach der Neuausrich-

---

[212] *Hernekamp,* in: v. Münch/Kunig II, Art. 87a Rn. 45; *Heun,* in: Dreier III, Art. 87a Rn. 32.
[213] *Hernekamp,* in: v. Münch/Kunig II, Art. 87a Rn. 40, 46; *Hillgruber,* in: Umbach/Clemens II, Art. 87a Rn. 64; *Schmahl,* in: Sodan, Art. 87a Rn. 11; aA *K. Ipsen* BK, Art. 87a (1969) Rn. 174 ff.
[214] Vgl. BVerfGE 115, 118 (148).
[215] S. → Rn. 59; nur das UZwGBw: *Heun,* in: Dreier III, Art. 87a Rn. 30; *Müller-Franken* MKS III, Art. 87a Rn. 171.

tung der Bundeswehr, VR 2015, 48; *G. Roellecke,* Streitkräfte und Bundeswehrverwaltung, DÖV 1992, 200; *R. Voigt/M. Seybold,* Streitkräfte und Wehrverwaltung, 2003; *D. Walz,* Auslandseinsätze deutscher Streitkräfte und Art. 87b Grundgesetz, NZWehrR 1997, 89; *J. Wieland,* Verfassungsrechtliche Rahmenbedingungen im Bereich der Bundeswehrverwaltung, NZWehrR 2003, 1.

## Übersicht

## A. Art. 87b im System des Grundgesetzes[1]

1      Der durch die Wehrnovelle 1956 eingefügte Art. 87b beinhaltet eine Sonderregelung für den gesamten Bereich der BWV. Entgegen der Grundregel der Art. 30, 83 und in Ergänzung der Art. 86 und 87 ist die BWV bundeseigene Verwaltung.

2      Einer Privatisierung im Bereich der BWV sind Grenzen gesetzt.[2] Die Verlagerung von Aufgaben der BWV in den privaten Sektor **(Aufgabenprivatisierung)** ist ausgeschlossen.[3] Art. 87b I 1 legt kategorisch fest, dass die BWV in bundeseigener Verwaltung geführt „wird".[4] Der Wahrnehmung von Verwaltungsaufgaben in privater Rechtsform **(Organisationsprivatisierung)** ist nur zulässig, wenn gewährleistet ist, dass der BWV ein eigener Kernbereich verbleibt[5] und dass sie den Bedarfsdeckungsprozess der Bundeswehr weiterhin unmittelbar steuern und kontrollieren kann.[6] Der BWV o. dem BMVg muss ein effektiver Einfluss auf die Entscheidungen der privatrechtlichen Gesellschaft zukommen.[7] Andernfalls könnten der BWV die ihr durch Art. 87b I 2 auferlegten Aufgaben faktisch entzogen werden. Zudem könnte die Funktionsfähigkeit der Streitkräfte gefährdet werden, wenn deren Bedarfsdeckung mangels Einflussmöglichkeiten des Staates nicht sichergestellt wäre.

3      Aus Art. 87a und 87b ergibt sich eine **Trennung von Streitkräften und BWV.**[8] Die – zivile – BWV ist nicht etwa ein Teil o. ein Annex der Streitkräfte.[9] Vielmehr steht sie – auch im Verteidigungsfall und bei Auslandseinsätzen[10] – selbstständig neben den Streitkräften. Lediglich dem BMVg unterstehen beide.[11] Gemeinsam mit den Organisationsbereichen Rechtspflege und Militärseelsorge bilden sie die **Bundeswehr.**[12] Die Trennung zwischen Streitkräften und BWV entspricht dem Bestreben des GG, einer Machtkonzentration gerade im militärischen Bereich vorzubeugen.[13] Die Regelung ist insbes. eine Gestaltungsschranke für die in Art. 65 S. 2 verankerte Ressortbefugnis des BMVg.[14]

## B. Föderaler Kompromisscharakter

4      Art. 87b verweist zwar auf die üblichen Verwaltungstypen der ländereigenen Verwaltung, der BWV und der bundeseigenen Verwaltung. Nach der Konstruktion des Art. 87b liegt aber das Schwergewicht

---

[1] Frau Sabine Hummel danke ich für wertvolle Hilfe bei der Überarbeitung der Kommentierung.

[2] Hierzu *Gramm* NZWehrR 2003, 13 (14 f.); *ders.* DVBl 2003, 1366 (1366 f.); *Lorse* RiA 2002, 16 (19); *Wieland* NZWehrR 2003, 1 (2 ff.).

[3] *Müller-Franken* MKS III, Art. 87b Rn. 10; *Durner* VerwArch 96 (2005), 18 (30); *Hernekamp,* in: v. Münch/Kunig II, Art. 87b Rn. 8; *Gramm* DVBl 2003, 1366 (1369); *Lorse* RiA 2002, 16 (24).

[4] Vgl. *Grzeszick,* in: Friauf/Höfling, Art. 87b (2005) Rn. 13; s. aber *Durner* VerwArch 96 (2005), 18 (27, 32 f.).

[5] Gegen Organisationsprivatisierungen im Kernbereich *Müller-Franken* MKS III, Art. 87b Rn. 10.

[6] So die hM: *Gramm* DVBl 2003, 1366 (1369 ff.); *Heun,* in: Dreier III, Art. 87b Rn. 5; *Wolff,* in: Hömig/Wolff, Art. 87b Rn. 3; *Schmahl,* in: Sodan, Art. 87b Rn. 4; *Schmidt-Radefeldt,* in: Epping/Hillgruber, Art. 87b Rn. 14 f.; *Wieland* NZWehrR 2003, 1 (11 ff.); extensiver *Lorse* RiA 2002, 13 (22 ff.).

[7] Vgl. OLG Düsseldorf, Beschl. v. 19.6.2013 – VII-Verg 55/12, VergabeR 2014, 158, Rn. 38; *Durner* VerwArch 96 (2005), 18 (42); zu Problemen *Gramm* NZWehrR 2003, 13 (17); *Lorse* RiA 2002, 13 (27).

[8] Dazu *Müller-Franken* MKS III, Art. 87b Rn. 14 ff.; *Pieroth* NVwZ 2011, 705; *Schulte,* Die verfassungsrechtliche Stellung der Bundeswehrverwaltung, 1970, S. 219.

[9] Vgl. *Walz* FS Fleck, 2004, S. 663 (673 f.).

[10] *Walz* NZWehrR 1997, 89; *ders.* FS Dau, 1999, S. 301 (315 f.).

[11] Vgl. *Dittmann,* Die Bundeswehrverwaltung, 1983, S. 213 f.; *Depenheuer,* in: Maunz/Dürig, Art. 87b (2014) Rn. 26; *F. Kirchhof* HStR IV, § 84 Rn. 65. Nach *Roellecke* (DÖV 1992, 200) beruht dies auf der Organisationsgewalt der Regierung und ist nicht verfassungsrechtlich vorgegeben; aA *Loosch* DÖV 1961, 206 (209).

[12] *Raap* VR 2015, 48; BMVg (Hrsg.), Die Neuausrichtung der Bundeswehr, 2. Aufl., 2013, S. 22.

[13] *Loosch* ebda, S. 211 f.; krit. *Walz* FS Fleck, 2004, S. 663 (672).

[14] *Hernekamp,* in: v. Münch/Kunig II, Art. 87b Rn. 21; *Lorse* NZWehrR 2004, 177 (181, 183).

der Verwaltungskompetenzen letztlich beim Bund. Art. 87b II überlässt dem einfachen Gesetzgeber allerdings einen außergewöhnlichen Freiraum, die Verwaltungszuständigkeit des Bundes bei der Verteidigung einschl. des Schutzes der Zivilbevölkerung dienenden Gesetzen festzulegen. Diese Unentschiedenheit der Verfassung gerade im militärischen Bereich, in dem es auf klare Regeln ankommt, ist Ausdruck des **föderalen Kompromisscharakters**[15] der Norm, aber nicht notwendigerweise sachgerecht.[16]

Der Kompromiss liegt darin, dass der Grundgesetzgeber die Verwaltungszuständigkeit in wesentli-  5 chen Bereichen nicht selbst regelte, sondern BTag und BRat zur Festlegung überließ. Insofern weist der **unübersichtliche Art. 87b** Gemeinsamkeiten mit Verfassungsänderungen jüngeren Datums auf.[17]

## C. Die Bundeswehrverwaltung (Abs. 1)

Art. 87b unterscheidet zwischen der **obligatorischen** BWV und weiteren Bereichen **fakultativer**  6 Bundesverwaltung.

## I. Definition (Satz 2)

Ausgangspunkt ist der Versuch einer Legaldefinition[18] in Art. 87b I 2. Danach dient die BWV den  7 Aufgaben des **Personalwesens** und der unmittelbaren Deckung des **Sachbedarfs** der Streitkräfte.[19] Dazu gehören insbes. die Personalverwaltung, das Besoldungs-, Haushalts- und Rechnungswesen, die Liegenschafts- und Unterkunftsverwaltung sowie das Beschaffungs-, Lager- und Instandsetzungswesen.[20]

Die BWV gliedert sich seit der 2012 begonnenen Neuausrichtung der Bundeswehr in drei Bereiche:  8 Zum ersten Bereich **„Personal"** gehören das Bundesamt für Personalmanagement (BAPersBw), das Bundessprachenamt (BSprA), das Bildungszentrum (BizBw), alle drei organisiert als Bundesoberbehörde, sowie die Universitäten der Bundeswehr.[21] Der zweite Bereich **„Ausrüstung, Informationstechnik und Nutzung"** besteht aus dem Bundesamt für Ausrüstung, Informationstechnik und Nutzung (BAAINBw) als Bundesoberbehörde sowie den Wehrtechnischen und Wehrwissenschaftlichen Dienststellen, dem Zentrum für Informationstechnik und dem Marinearsenal als nachgeordnete Behörden der unteren Verwaltungsstufe.[22] Den dritten Bereich **„Infrastruktur, Umweltschutz und Dienstleistungen"** bildet das gleichnamige Bundesamt (BAIUDBw), dem als Bundesoberbehörde die folgenden Behörden der unteren Verwaltungsstufe unterstehen: die Einsatzwehrverwaltungsstellen, die Bundeswehrdienstleistungszentren, die BWV-Stellen im Ausland, das Zentrum Brandschutz und das Verpflegungsamt.[23] Nicht zur BWV zählen die Militärseelsorge und die Rechtspflege (ua Truppendienstgerichte, der Bundeswehrdisziplinaranwalt beim BVerwG).[24] Konkrete Angaben zu einer Mehrstufigkeit des eigenen Verwaltungsunterbaus sind dem Art. 87b I 1 nicht zu entnehmen.[25]

Allerdings kommt es, etwa im Bereich der Bundeswehrschulen und des Rechtsberaters in der  9 Bundeswehr, zu **Abgrenzungsproblemen,** was noch dem Bereich der Verwaltung (Personal) und was schon dem Bereich der Verteidigung (Schulung für den Einsatz; Beratung auf dem Gebiet der militärischen Führung) zuzuordnen ist.[26] Auch ist die Deckung des Sachbedarfs der Truppe nicht nur ein Problem der haushaltsrechtlichen und beschaffungstechnischen Verwaltung, sondern kann unter dem Gesichtspunkt militärischer Effektivität zugleich logistische Aspekte aufweisen und damit militärische Aufgabe sein.[27] Die Praxis begegnet Abgrenzungsschwierigkeiten durch sog. Abgrenzungserlasse des BMVg.

---

[15] Vgl. *Heun*, in: Dreier III, Art. 87b Rn. 2; *Jess* BK, Art. 87b (1956) Anm. I u. II 1; *Dittmann* (Fn. 11), S. 219 f.; *Walz* FS Dau, 1999, S. 301 (307).

[16] Vgl. *Depenheuer*, in: Maunz/Dürig, Art. 87b (2014) Rn. 61; aA *Hernekamp*, in: v. Münch/Kunig II, Art. 87b Rn. 26 aE; siehe auch *Umbach/Clemens*, in: Umbach/Clemens II, Art. 87b Rn. 7.

[17] Der wenig übersichtliche Art. 16a protokolliert einen zwischen den Parteien ausgehandelten Kompromiss; der in den Einzelheiten unklare Art. 23 hat, wie Art. 87b, föderalen Kompromisscharakter.

[18] *Jess* BK, Art. 87b (1956) Anm. II 2a; *Dürig*, in: Maunz/Dürig (1962) Art. 87b Rn. 19.

[19] Zu Art. 87b I 2 *Schulte*, Die verfassungsrechtliche Stellung der Bundeswehrverwaltung, 1970, S. 135 ff.

[20] BVerwG NVwZ-RR 1997, 350 (351); *Jess* BK, Art. 87b (1956) Anm. II 2a; *Reinfried* DÖV 1958, 142 ff.; *Reinhart* DVBl 1977, 473.

[21] BMVg (Hrsg.), Die Neuausrichtung der Bundeswehr, 2. Aufl., 2013, S. 85 ff. Zu ihren Aufgaben im Einzelnen s. a. *Raap* VR 2015, 48 (49).

[22] BMVg (Hrsg.), ebda. S. 93 ff.; *Raap* VR 2015, 48 (49).

[23] BMVg (Hrsg.), ebda. S. 99 ff.; vgl. auch *Raap* VR 2015, 48 (49).

[24] *Raap* VR 2015, 48 (49 f.).

[25] So *Walz* NZWehrR 2000, 189 (190); vgl. aber *Müller-Franken* MKS III, Art. 87b Rn. 13.

[26] Vgl. *Roellecke* DÖV 1992, 200 (201); *Baganz*, Der Rechtsberater in der Bundeswehr, 1995, S. 76 ff.; *Krisami/Gronimus* NZWehrR 2003, 18 und allg. *Dau* NZWehrR 2005, 221.

[27] Vgl. *F. Kirchhof* HStR IV, § 84 Rn. 66.

## II. Das Wahrnehmungsmonopol der Bundeswehrverwaltung

10    Str. ist, ob die BWV für die ihr zugewiesenen Bereiche ein „Wahrnehmungsmonopol" hat,[28] dh ob diese Aufgaben nur durch eine relativ selbstständige BWV wahrgenommen werden können. ZT wird behauptet, dass Art. 87b I 2 nur eine Aufgabenzuweisung enthalte, die die Eigenständigkeit der BWV nur insoweit schütze, als ihr echte und eigentümliche Verwaltungsaufgaben nicht willkürlich entzogen werden könnten.[29] Eine solche restriktive Auslegung des Art. 87b I 2 würde aber dem auf historischen Erfahrungen beruhenden **Zweck einer grds. Trennung** von Streitkräften und Verwaltung, wie er in Art. 87a und 87b zum Ausdruck kommt, nicht gerecht.

11    Zwar sind Überlappungen zwischen den Streitkräften und der ihnen dienenden Verwaltung unvermeidbar.[30] Deshalb lässt sich kein ausnahmsloses und striktes, wohl aber ein **grds. Wahrnehmungsmonopol** aufrechterhalten.[31] Die Wahrnehmung von Aufgaben der BWV durch die Streitkräfte bedarf stets einer bes. Rechtfertigung.[32]

## III. Verschränkungen zwischen der Bundeswehrverwaltung und den Streitkräften

12    Am Bsp. der Abgrenzungserlasse[33] zeigt sich, dass die Vereinigung von Streitkräften und BWV unter der Spitze des BMinVg Probleme aufwerfen könnte. Das kommt in Betracht, wenn man den Sinn der Trennung von Streitkräften und BWV vor allem in ihrer gegenseitigen Kontrolle sieht. Die durch die gemeinsame Spitze gewährleistete Koordination und Abstimmung zwischen den Streitkräften und der ihnen dienenden Verwaltung ist jedoch von der Sache her unerlässlich.[34] Da der BMVg letztlich parl. verantwortlich ist, bestehen auch unter dem Gesichtspunkt der gewünschten gegenseitigen Kontrolle keine Bedenken.

13    Eine weitere **Verschränkung zwischen Verwaltung und Streitkräften** lag bis 2007 darin, dass Aufgaben der BWV, die mit der militärischen Einsatzführung unmittelbar verknüpft sind, organisatorisch in die Truppe integriert waren. Zivile Mitarbeiter, die Kommandeuren o. Leitern militärischer Dienststellen unterstanden, nahmen insoweit Verwaltungsaufgaben auf den Gebieten des Haushaltswesens, des Personal- und Tarifwesens, der Gebührnis- und Fürsorgeangelegenheiten wahr.[35] Mit der Zusammenlegung von Truppenverwaltung und Standortverwaltung 2007 in den sog. Bundeswehr-Dienstleistungszentren (BwDLZ) wurde diese Problematik entschärft, da die BwDLZ nun ausschl. zur Wehrverwaltung gehören.[36] Nur für die Wirtschafts- und Haushaltsführung verbleibt die Verantwortung bei den militärischen Kommandeuren.

14    Die Verfassungsmäßigkeit dieser sog. **Truppenverwaltung** war in der Vergangenheit vereinzelt bestritten worden.[37] Eine strikte Trennung zwischen den im Ernstfall mobilen Streitkräften und einer zivilen, territorial gebundenen BWV ist jedoch praktisch kaum durchführbar und widerspricht den Grundsätzen einer effektiven Verwaltung und effektiven Landesverteidigung.[38]

15    **Verfassungsrechtliche Bedenken** könnten sich jedoch gegen die Ausgestaltung der Truppenverwaltung ergeben. Das wäre jedenfalls dann der Fall, wenn den in die Streitkräfte integrierten Truppenverwaltungen Aufgaben übertragen würden, die die territorial gebundene zivile BWV genauso gut o. besser wahrnehmen könnte. Eine Verletzung des Prinzips der Trennung der Streitkräfte und der BWV kommt auch dann in Betracht, wenn den Kommandeuren o. Leitern militärischer Dienststellen unterstehenden zivilen Beamten der Truppenverwaltung weniger Selbständigkeit verbleibt, als dies durch die Grundsätze einer effektiven Verwaltung und Landesverteidigung gerechtfertigt ist.[39]

---

[28] So *Lerche* FS Dürig, 1990, S. 401 (402 f.); *Frank* AK GG, hinter Art. 87 Rn. 95; *Hernekamp,* in: v. Münch/Kunig II, Art. 87b Rn. 7; *Heun,* in: Dreier II, Art. 87b Rn. 7; *Walz* FS Fleck, 2004, S. 663 (674).

[29] *Reinfried/Steinbach,* Die Bundeswehrverwaltung, 4. Aufl. 1983, S. 53; *Voigt/Seybold* NZWehrR 2004, 141 (147); *dies.,* Streitkräfte und Wehrverwaltung, 2003, S. 56 f.; restriktiv auch *F. Kirchhof* HStR IV, § 84 Rn. 66; *Wieland* NZWehrR 2003, 1 (9).

[30] Vgl. → Rn. 12 f.

[31] Zustimmend *Grzeszick,* in: Friauf/Höfling, Art. 87b (2005) Rn. 12; *Schmidt-Radefeldt,* in: Epping/Hillgruber, Art. 87b Rn. 5.

[32] Vgl. *Lerche* FS Dürig, 1990, S. 401 (402 f.); *Walz* FS Fleck, 2004, S. 663 (675) und → Rn. 13 ff.

[33] Vgl. → Rn. 9.

[34] Der sog. Dresdner Erlass des BMVg v. 21.3.2012 verfolgt das Ziel, nachgeordnete Behörden und Dienststellen des BMVg „verstärkt statusübergreifend mit militärischem und zivilem Personal zu besetzen", S. 1; hierzu: *Dreist* NZWehrR 2012, 133 ff.; *ders.* NZWehrR 2012, 221 ff.

[35] Vgl. *Bundesministerium der Verteidigung* (Hrsg.), Weißbuch 1994, S. 131.

[36] → Rn. 8.

[37] *Steinlechner* BWV 1972, 250 ff.

[38] S. a. *Reinfried/Steinbach* (Fn. 29), S. 144 ff.; *Müller-Franken* MKS III, Art. 87b Rn. 18 ff.; *Schulte* (Fn. 19), S. 115 ff.; aA *Walz* NZWehrR 1997, 89 (95 f.); streng *Lorse* NZWehrR 2004, 177 (183).

[39] Vgl. *Schulte* (Fn. 19), S. 125 ff.

Eine „bundeswehrgemeinsame Aufgabenwahrnehmung" durch einen **„einheitlichen Personal-** 15a **körper",** wie sie die Strukturkommission der Bundeswehr fordert,[40] mag zwar pragmatisch sein, verstößt aber gegen geltendes Verfassungsrecht.[41] Sollte eine Anpassung der Verwaltungsstruktur politisch gewünscht sein, so muss der verfassungsrechtlich vorgegebene Weg einer Verfassungsänderung gewählt werden, statt das Trennungsgebot des Art. 87b zu brechen.[42]

### IV. Sätze 3 und 4

Ausgenommen aus dem Bereich der originären BWV sind nach Art. 87b I 3 die an sich unter 16 Personalwesen und Sachbedarf iSd Art. 87b I 2 fallenden Aufgaben der **Beschädigtenversorgung** und des **Bauwesens.** Sie können der BWV nur durch zustimmungsbedürftiges Bundesgesetz übertragen werden. Dieses Erfordernis soll einer Aufblähung der bundeseigenen Verwaltung zu Lasten der Länderverwaltungen entgegenwirken.[43] Strittig ist, ob der BWV über die in Art. 87b I 1 und 2 genannten Gebiete weitere Aufgaben übertragen werden können.[44]

Art. 87b I 4 enthält eine im GG einmalige **föderative Sonderform des allg. Vorbehaltes des** 17 **Gesetzes:**[45] die Zustimmungsbedürftigkeit von Ermächtigungsgrundlagen für extern-hoheitliches Handeln. Das Zustimmungserfordernis erstreckt sich wegen der Formulierung „*soweit sie die BWV zu Eingriffen in Rechte Dritter ermächtigen*" hier allerdings nur auf die spezifische Eingriffsbestimmung und nicht auf das Gesetz als gesetzgebungstechnische Einheit.[46] Art. 87b I 4 Hs. 2 stellt klar, dass im Dienste der Bundeswehr stehende Personen nicht „Dritte" iSd Hs. 1 sind. Deshalb entfällt die Zustimmungsbedürftigkeit, nicht aber der Vorbehalt des Gesetzes.[47]

### D. Die Verteidigungsverwaltung nach Abs. 2

Bundesgesetze, die der Verteidigung einschl. des Wehrersatzwesens und des Schutzes der Zivilbevöl 18 kerung dienen, sind z.B. das Wehrpflicht- und das Zivilschutzgesetz. Art. 87b II lässt bei solchen Gesetzen im Interesse **größtmöglicher Flexibilität** alle Verwaltungstypen der Art. 83 ff. zu und verlagert insoweit die Entscheidung auf den einfachen Gesetzgeber.[48]

Die Nennung der bundeseigenen Verwaltung mit eigenem Verwaltungsunterbau schließt nach h. A. 19 eine **Verwaltung** durch bundesunmittelbare Körperschaften und Anstalten **nach Art. 87 III 1** nicht aus.[49] Zu bedenken ist dabei, dass Bundesverwaltung nach Art. 87b II nur auf Grund eines Zustimmungsgesetzes, nach Art. 87 III hingegen auf Grund eines Einspruchsgesetzes begründet werden kann.[50] Auch eine **horizontale Mischverwaltung** zwischen verschiedenen Vollzugstypen kommt in Betracht.[51] Art. 87b II lässt eine nur teilweise bundeseigene Verwaltung o. Auftragsverwaltung ausdrücklich zu. Ausgeschlossen bleibt eine vertikale Mischverwaltung zwischen verschiedenen Behördeninstanzen.[52]

Art. 87b II 2 enthält eine **Sonderregelung** für den Fall, dass die Länder die in Art. 87b II 1 20 bezeichneten Gesetze **im Auftrage des Bundes** durchführen. Abw. von der in Art. 85 III vorgesehenen allg. Regel können Gesetze mit Zustimmung des BRat vorsehen, dass die Landesbehörden Bundesoberbehörden statt den obersten Bundesbehörden unterstehen. Abw. von Art. 85 III 1 können diese Gesetze außerdem bestimmen, dass es beim Erlass allg. Verwaltungsvorschriften keiner weiteren Zustimmung des BRat bedarf.[53]

---

[40] *Strukturkommission der Bundeswehr,* in: „Vom Einsatz her denken: Konzentration, Flexibilität, Effizienz", 2010, S. 12, 34.

[41] So auch *Pieroth* NVwZ 2012, 705 (708), *Dreist* NZWehrR 2012, 221 (226).

[42] Vgl. *Pieroth* NVwZ 2012, 705 (708), der ebenfalls eine Verfassungsänderung für das Mittel der Wahl hält.

[43] Vgl. *Jess* BK, Art. 87b (1956) Anm. II 2b; *Hernekamp,* in: v. Münch/Kunig III, Art. 87b Rn. 9; s. a. *Reinfried/Steinebach* (Fn. 29), S. 54.

[44] Vgl. *Grzeszick,* in: Friauf/Höfling, Art. 87b (2005) Rn. 18.

[45] *Hernekamp,* in: v. Münch/Kunig II, Art. 87b Rn. 11.

[46] Vgl. *Depenheuer,* in: Maunz/Dürig, Art. 87b (2014) Rn. 84; *Hernekamp,* in: v. Münch/Kunig II, Art. 87b Rn. 11; *Heun,* in: Dreier III, Art. 87b Rn. 9; *Wolff,* in: Hömig/Wolff, Art. 87b Rn. 6.

[47] *Heun,* in: Dreier III, Art. 87b Rn. 9; *Hernekamp,* in: v. Münch/Kunig II, Art. 87b Rn. 14.

[48] S. a. *Heun,* in: Dreier III, Art. 87b Rn. 11.

[49] *Depenheuer,* in: Maunz/Dürig, Art. 87b (2014) Rn. 94; *Hernekamp,* in: v. Münch/Kunig II, Art. 87b Rn. 17; *Jess* BK, Art. 87b (1956) Anm. II 2b; *Martens,* Grundgesetz und Wehrverfassung, 1961, S. 141; aA *Dittmann,* Die Bundesverwaltung, 1983, S. 220 f.

[50] Vgl. *Dittmann,* Die Bundesverwaltung, 1983, S. 220 f.

[51] Vgl. *Wolff,* in: Hömig/Wolff, Art. 87b Rn. 8; *Dürig,* in: Maunz/Dürig (1962), Art. 87b Rn. 39.

[52] *Müller-Franken* MKS III, Art. 87b Rn. 55; *Depenheuer,* in: Maunz/Dürig, Art. 87b (2014) Rn. 91; *Hernekamp,* in: v. Münch/Kunig II, Art. 87b Rn. 17; BT-Prot II, Anl. Bd. 40 Dr 2150, S. 5.

[53] S. a. *Stern,* StaatsR II, S. 869.

## Art. 87c [Kernenergieverwaltung]

**Gesetze, die auf Grund des Artikels 73 Abs. 1 Nr. 14 ergehen, können mit Zustimmung des Bundesrates bestimmen, daß sie von den Ländern im Auftrage des Bundes ausgeführt werden.**

**Entstehungsgeschichte: Erstfassung:** 10. G. zur Erg. des GG vom 23.12.1959 (BGBl I 813), Art. 1 Nr. 2 (dazu: BT-Dr II/3026 [Entwurf], II/3416, II/3688, III/30 [Entwurf], III/896; BT-Prot II/11 049, II/12 771, III/1596, III/ 3519, III/5036; BR-Dr 322/56a, 410/59; BR-Prot 56/299, 59/260). – **Änderung:** 52. G. zur Änd. des GG vom 28.8.2006 (BGBl I 2034), Art. 1 Nr. 11 (dazu: BT-Dr 16/813 [Entwurf], 16/2010, 16/2069; BT-Prot 16/23, 16/ 44; BR-Dr 462/06; BR-Prot 820/40, 824/203).
**Supra- und internationale Texte:** EAGV Art. 2 lit. b, 30–32, 203; RL 2006/117/EURATOM v. 20.11.2006 (ABl EU Nr. L 337/21); RL 2009/71/EURATOM v. 25.6.2009 (ABl EU Nr. L 178/8), RL 2013/51/EURATOM v. 22.10.2013 (ABl EU Nr. L 296/12); RL 2013/59/EURATOM v. 5.12.2013 (ABl EU 2014 Nr. L 13/1).
**Gesetzgebung:** AtG §§ 1, 7 ff., 22 ff.; AtVfV; AtAV; StandAG; StrlSchG §§ 184 ff.; StrlSchV.
**Leitentscheidungen:** BVerfGE 49, 89 (Kalkar I); BVerfGE 53, 30 (Mülheim-Kärlich); BVerfGE 81, 310 (Kalkar II); BVerfGE 84, 25 (Schacht Konrad); BVerfGE 100, 249 (Steinkohleverstromung); BVerfGE 104, 238 (Gorleben); BVerfGE 104, 249 (Biblis); BVerfGE 143, 246 (Atomausstieg); BVerfGE 145, 171 (Kernbrennstoffsteuer); BVerfG (K) NVwZ 2009, 171 (Grafenrheinfeld); BVerwGE 81, 185 (Werkschutz); BVerwGE 104, 36 (Obrigheim); BVerwG NVwZ 2007, 88 (Gundremmingen); BVerwG DVBl 2014, 303 (Moratorium); VGH Kassel ZUR 2013, 367 (Moratorium).

**Schrifttum:** *U. Battis/M. Ruttloff,* Vom Moratorium zur Energiewende – und wieder zurück, NVwZ 2013, 817; *U. Büdenbender,* Rechtliche Bilanz der Energiewende 2011 im Hinblick auf den Ausstieg aus der Kernenergie, DVBl 2017, 1449; *M. Burgi,* Das Atomrecht, der Bundesrat und die Verwaltungsorganisation, NJW 2011, 561; *ders.,* Die Energiewende und das Recht, JZ 2013, 745; *ders.,* Nach dem Atomausstiegsurteil des BVerfG: Veränderte Maßstäbe für Gesetzgebung und Verwaltungsvollzug im Atomrecht?, NVwZ 2019, 585; *T. v. Danwitz,* Rechtsfragen terroristischer Angriffe auf Kernkraftwerke, 2002; *H.-G. Dederer,* Kernkraftwerke im Visier des Terrorismus, DÖV 2005, 621; *E. Denninger,* Verfassungsrechtliche Fragen des Ausstiegs aus der Nutzung der Kernenergie zur Stromerzeugung, 2000; *U. Di Fabio,* Der Ausstieg aus der wirtschaftlichen Nutzung der Kernenergie, 1999; *W. Ewer/A. Behnsel,* Das „Atom-Moratorium" der Bundesregierung und das geltende Atomrecht, NJW 2011, 1182; *T. Grapperhaus,* Die verfassungsrechtlichen Grundlagen der Verwaltungskompetenzen im Atomgesetz, 2. Aufl. 2017; *T. Fetzer,* Schutzniveau und Drittschutz im Atomrecht, NVwZ 2013, 1373; *G. Hermes,* Auf dem Weg zu einem europäischen Atomrecht?, ZUR 2004, 12; *M. Ludwigs,* Das 16. AtG-ÄndG: Ein legislatives Phantom?, NVwZ 2019, 1501; *F. Ossenbühl,* Verfassungsrechtliche Fragen eines Ausstiegs aus der friedlichen Nutzung der Kernenergie, AöR 124 (1999), 1; *ders.,* Terroristische Angriffe auf Kernkraftwerke – aus rechtlicher Sicht, NVwZ 2002, 290; *M. Rebentisch,* „Kernkraftwerks-Moratorium" versus Rechtsstaat, NVwZ 2011, 533; *T. Schmitt/T. Werner,* Die Staatshaftung für legislatives Unrecht am Beispiel des Atomausstiegs, NVwZ 2017, 21; *H. Schmitz/M. Helleberg,* Kernenergieausstieg – Staat und Unternehmen zwischen Eingriffsgesetzen und konsensualen Lösungstechniken, NVwZ 2017, 1332; *K.-A. Schwarz,* Rechtsstaat und Energiewende, BayVBl 2013, 65; *J. Wieland,* Konsequenzen aus dem Biblis-Urteil des Bundesverfassungsgerichts für die Bundesauftragsverwaltung, ZUR 2004, 7.

### Übersicht

# A. Allgemeines

## I. Entstehung

Zur Entstehungsgeschichte des Art. 87c, die wegen aus dieser Norm abgeleiteter materieller Aus- **1** sagen, etwa eines dauerhaften Ausschlusses atomarer Rüstung,[1] umstritten gewesen ist,[2] vgl. 2. Aufl., Art. 87c Rn. 1 f. Die Erstfassung nahm auf die konkurrierende Gesetzgebungskompetenz des Bundes nach Art. 74 (I) Nr. 11a aF Bezug. Da dieser Bereich im Zuge der **Föderalismusreform** in die ausschließliche Zuständigkeit des Bundes nach Art. 73 I Nr. 14 überführt worden ist,[3] wurde Art. 87c entsprechend angepasst und verweist jetzt auf diese Regelung, ohne dass damit inhaltliche Änderungen verbunden sind.[4]

## II. Unionsrechtliche Vorgaben

Die Europäische Atomgemeinschaft (EURATOM) hat sich zunächst gem. Art. 2 lit. b, 30 ff. EAGV **2** auf Grundnormen für den **Gesundheitsschutz** der Bevölkerung und der Arbeitskräfte **gegen die Gefahren ionisierender Strahlen** beschränkt. Die zum 6.2.2018 aufgehobenen Art. 2 ff., 6 ff. RL 96/29/EURATOM und Art. 3 ff. RL 2003/122/EURATOM[5] legten zum Schutz vor solchen Strahlen Dosisbegrenzungen fest und verpflichteten die Mitgliedstaaten, den Umgang mit Strahlenquellen einem strengen Genehmigungs- und Kontrollregime zu unterwerfen. Spätere Rechtsakte stellen einheitliche Anforderungen für die Überwachung der Verbringung radioaktiver Abfälle und abgebrannter Brennelemente auf.[6] Außerdem hat die RL 2009/71/EURATOM einen Gemeinschaftsrahmen für die nukleare Sicherheit kerntechnischer Anlagen geschaffen.[7] Die nunmehr geltende RL 2013/59/EURATOM legt ein umfassendes Strahlenschutzsystem für sämtliche Expositionssituationen auf der Grundlage der Grundsätze der Rechtfertigung, Optimierung und Dosisbegrenzung fest (Art. 5 ff.).

Die Kompetenz der EURATOM für diese zunehmende **Harmonisierung des Atomrechts** ist **2a** nicht unumstritten,[8] aber vom EuGH in Bezug auf Art. 31 EAGV als Rechtsgrundlage der RL 2013/51/EURATOM bestätigt worden; er hat zudem die Vereinbarkeit der deutschen Kernbrennstoffsteuer mit Unionsrecht bejaht.[9] Dagegen hat das BVerfG das Kernbrennstoffsteuergesetz mangels Gesetzgebungskompetenz des Bundes rückwirkend für nichtig erklärt, da es sich um keine Verbrauchsteuer handele.[10]

## III. Grundsätzliche Bedeutung

**1. Ermächtigung zur Einführung einer Bundesauftragsverwaltung.** Art. 87c ermächtigt den **3** Bund, durch Gesetz für die (jetzt) in Art. 73 I Nr. 14 geregelte Kompetenzmaterie, insbes. die Erzeugung und Nutzung der Kernenergie zu friedlichen Zwecken, Bundesauftragsverwaltung einzuführen.[11] Die **Überwachung** der Nutzung dieser Energiequelle ist seither eine zulässige und angesichts damit verbundener Risiken für die Bevölkerung auch **notwendige Aufgabe des Staates.** Daher mussten die Kompetenzen für diesen Bereich im GG geregelt werden. Zugleich schließen der aufgabenrechtliche Kerngehalt des Art. 87c[12] und die grundrechtliche Schutzpflicht des Staates aus Art. 2 II 1 wegen der Gefahren aus der Nutzung der Kernenergie, die auch nach deren Beendigung

---

[1] So der Abg. *Wittrock* unter zutreffendem Hinweis auf damals ohnehin entgegenstehende völkervertragliche Verpflichtungen, BT-Prot III/1596 f.; anders der Abg. *Dr. Rutschke,* BT-Prot III/1598.

[2] Die materiellen Gehalte des Art. 87c betreffenden Bedenken wurden im Gesetzgebungsverfahren durch Aufnahme der Formulierung „zur Abgrenzung der Zuständigkeit zwischen Bund und Ländern" in der Präambel des G. zur Erg. des GG v. 23.12.1957, BGBl I 813, ausgeräumt; zu dieser Frage noch u. Rn. 4 ff.

[3] Art. 1 Nr. 6 lit. a dd, Nr. 7 lit. a hh des 52. G. zur Änd. des GG; dazu → Art. 73 Rn. 58.

[4] Art. 1 Nr. 11 des 52. G. zur Änd. des GG; BVerfG (K) NVwZ 2009, 171 (174).

[5] Art. 107 RL 2013/59/EURATOM.

[6] Vgl. RL 2006/117/EURATOM.

[7] Zur Umsetzung der RL s. 12. AtGÄndG v. 8.12.2010 (BGBl I 1817).

[8] Während die EuGH die Kompetenz der EU nach Art. 2 lit. b, 30 ff. EAGV weit interpretiert, um einen lückenlosen und wirksamen Gesundheitsschutz der Bevölkerung gegen die Gefahren ionisierender Strahlung ungeachtet ihrer Quelle sicherzustellen (Rs. C-29/99 – Kommission/Rat –, Slg. 2002 I, 11221 [11307 ff.]), wird dies von Teilen des Schrifttums bezweifelt, s. etwa *Hermes* ZUR 2004, 12 (20 ff.); zu Kompetenzen der EU für diesen Bereich *Schmidt-Preuß* HStR IV, § 93 Rn. 50 ff.; *Frenz/Ehlenz* ZNER 2010, 539 ff.

[9] EuGH EuZW 2015, 230 ff. m. Anm. *Gundel;* EuGH NVwZ 2015, 1122 ff.; dazu *Kahl/Bews* NVwZ 2015, 1081 ff.

[10] BVerfGE 145, 171, Rn. 111 ff.; dazu *Büdenbender* DVBl 2017, 1449 (1454).

[11] Die Erstfassung des Art. 87c verwies auf Art. 74 I Nr. 11a, dessen Gegenstand seit 1.9.2006 unverändert von Art. 73 I Nr. 14 übernommen wurde; zur geschichtlichen Entwicklung s. 5. Aufl. Art. 87c Rn. 3.

[12] Dafür *Di Fabio,* Der Ausstieg aus der wirtschaftlichen Nutzung der Kernenergie, 1999, S. 78 f.; dagegen *Denniger,* Verfassungsrechtliche Fragen des Ausstiegs aus der Nutzung der Kernenergie zur Stromerzeugung, 2000, S. 21 f.; *Hermes,* in: Dreier III, Art. 87c Rn. 5.

fortdauern, jedenfalls eine umfassende **materielle Privatisierung** dieser Verwaltungsaufgabe aus.[13] Der Staat darf sich deshalb nicht aus seiner hoheitlichen Überwachungsverantwortung zurückziehen.[14]

4 **2. Anerkennung der Verfassungsmäßigkeit der friedlichen Nutzung der Kernenergie.** Neben Aussagen zur Verwaltungskompetenz und -form (→ Rn. 26 ff.) kommt in Art. 87c die **grundsätzliche Billigung** einer **friedlichen Nutzung der Kernenergie** durch den Verfassungsgesetzgeber zum Ausdruck.[15] Dieser materielle Regelungsgehalt ist in Art. 73 I Nr. 14 angelegt und wird durch Bezugnahme auf diese Norm in Art. 87c implementiert.[16]

5 **3. Keine Verpflichtung zur Nutzung der Kernenergie zur Stromerzeugung.** Eine über diese legitimierende Wirkung hinausgehende Direktivwirkung besteht **nicht**. Art. 87c begründet weder allein noch iVm Art. 73 I Nr. 14 eine **Verpflichtung zur** friedlichen **Nutzung der Kernenergie.** Diese Kompetenznormen ermöglichen den Zugriff auf, die Fortentwicklung von, aber auch den „**Ausstieg"**[17] aus diese(r) Energiequelle.[18] Für ihre Nutzung besteht weder ein Verfassungsauftrag noch eine bestandsschützende Einrichtungsgarantie.[19] Art. 87c (iVm Art. 73 I Nr. 14) begründet insoweit keine Handlungs- oder Unterlassungspflicht. Vielmehr ist es aufgrund des Vorbehalts des Gesetzes gem. Art. 73 I Nr. 14 Sache des Bundesgesetzgebers zu entscheiden, ob, unter welchen Voraussetzungen und in welchem Umfang die Kernenergie zu friedlichen Zwecken genutzt werden darf.[20] Er muss dabei die Grundrechte der Bürger (insbes. Art. 2 II 1) und Unternehmen (Art. 12 I, 14) berücksichtigen und seine Schutzkonzeption bei Veränderung der Umstände (erneut) überprüfen.[21] Das BVerfG betont den großen Gestaltungsspielraum des Gesetzgebers und hält den beschleunigten endgültigen Atomausstieg nach dem Unfall in Fukushima durch das 13. AtGÄndG v. 31.7.2011[22] für weitgehend verfassungskonform (→ Rn. 24b).[23] In Umsetzung dieser Entscheidung ist am 10.7.2018 das 16. AtGÄndG beschlossen worden.[24]

5a Unter dem Eindruck der Katastrophe in Japan kündigte Bundeskanzlerin *Merkel* bereits am 14.3.2011 eine Sicherheitsüberprüfung aller deutschen AKW, die Aussetzung der kurz zuvor beschlossenen Laufzeitverlängerung und die Abschaltung der sieben ältesten in Betrieb befindlichen Anlagen an. Die zur Umsetzung dieses sog. **Moratoriums** ergangene landesbehördliche Anordnung der vorübergehenden Einstellung und Nicht-Wiederaufnahme des Betriebs dieser Anlagen war nach Ansicht des BVerwG rechtswidrig. Sie leide wegen fehlender Anhörung der Betroffenen an einem wesentlichen Verfahrensfehler. Außerdem lägen die Voraussetzungen des § 19 III 1 AtG nicht vor und die Behörde habe ermessensfehlerhaft gehandelt (Ermessensausfall).[25] Eine daraus resultierende Schadensersatzpflicht des Staates[26] wurde wegen Verstoßes gegen den Vorrang des Primärrechtsschutzes abgelehnt.[27]

6 Differenziert zu behandeln ist die Frage, wer welche **Maßnahmen gegen drohende Terrorangriffe** ergreifen kann und muss. Ihre Abwehr ist typischerweise eine öffentliche Aufgabe der

---

[13] Vgl. *Remmert,* in: Epping/Hillgruber, Art. 87c Rn. 9; aA *Horn* MKS III, Art. 87c Rn. 11; zum Handeln Privater in Randbereichen *Durner,* in: Friauf/Höfling, Art. 87c (2006) Rn. 28; zu diesen Schutzpflichten BVerfG (K) NVwZ 2010, 114 (115).

[14] Davon ist die Frage zu unterscheiden, ob der Staat die bislang privatwirtschaftliche Tätigkeit der Stromerzeugung mittels Kernenergie an sich ziehen, also diesen Bereich durch Umwandlung der Überwachungs- in eine Erfüllungsverantwortung „verstaatlichen" kann, dazu *Bull* AK GG, Art. 87c Rn. 7.

[15] So zu Art. 74 I Nr. 11a BVerfGE 53, 30 (56); BVerwGE 104, 36 (54); *Rengeling* NJW 1978, 2217 (2220); für Art. 87c und Art. 73 I Nr. 14 *Uerpmann-Wittzack,* in: v. Münch/Kunig II, Art. 87c Rn. 2.

[16] Gegen einen eigenständigen materiellen Regelungsgehalt des Art. 87c *Horn* MKS III, Art. 87c Rn. 12 mwN.

[17] Darunter versteht man die Beendigung der friedlichen Nutzung der Kernenergie zur Elektrizitätserzeugung, vgl. Art. 1 Nr. 1 des G. zur geordneten Beendigung der Kernenergienutzung zur gewerblichen Erzeugung von Elektrizität v. 22.4.2002, BGBl I 1351 („Atomausstiegsgesetz"); dazu *Böhm,* in: Dolde (Hrsg.), Umweltrecht im Wandel, 2001, S. 667 (677 ff.); *Kunth/Posser* FS J. Baur, 2002, S. 611 f.; *Büdenbender* DVBl 2017, 1449 ff.

[18] S. etwa *Denninger* (Fn. 12), S. 18 ff.; *Kühne/Brodowski* NJW 2002, 1458 (1460); a A *Sante,* Verfassungsrechtliche Aspekte eines vom Gesetzgeber angeordneten Ausstiegs aus der friedlichen Nutzung der Kernenergie, 1990, S. 57 ff.; zur Steuerung des Ausstiegs durch das Recht oder den Markt *Binder* DÖV 2001, 1025 (1031 ff.).

[19] *Bull* AK GG, Art. 87c Rn. 5a; aA *Sante* (Fn. 18), S. 62 ff.; zum gesetzlichen Bestandsschutz *Böhm* NuR 1999, 661 f.; nach BVerfGE 104, 249 (271), liegt der Ausstieg aus der friedlichen Nutzung der Kernenergie außerhalb der Bundesauftragsverwaltung; *Ossenbühl* AöR 124 (1999), 1 (3); *Denninger* (Fn. 12), S. 19 f.

[20] BVerfG (K) NVwZ 2009, 171 (173) mwN; zum Vorbehalt des Gesetzes im Atomrecht BVerfGE 49, 89 (126 ff.); *Löffler,* Parlamentsvorbehalt im Kernenergierecht, 1985, S. 65 ff.; *Denninger* (Fn. 12), S. 15 ff.

[21] Vgl. BVerfGE 49, 89 (130); 53, 30 (57 ff.); BVerfGE 143, 246, Rn. 218 f., 297 ff., *Ossenbühl* AöR 124 (1999), 1 (4 ff.); *Schmidt-Preuß,* in: Bayer/Huber (Hrsg.), Rechtsfragen zum Atomausstieg, 2000, S. 41 (43 ff.).

[22] BGBl I 1704; → Rn. 24b.

[23] BVerfGE 143, 246, Rn. 212 ff., 219, 298; dazu *Burgi* NVwZ 2019, 585 ff.

[24] BGBl I 1122; vgl. auch *Ludwigs* NVwZ 2019, 1501 ff.

[25] BVerwG DVBl 2014, 303; s. vorher VGH Kassel ZUR 2013, 367 (368 ff.); dazu *Battis/Ruttloff* NVwZ 2013, 817 ff.

[26] Haftungsgegner ist nicht der Bund, sondern das Land; dazu und zur Möglichkeit eines Rückgriffs auf den Bund LG Bonn EnZW 2016, 426, Rn. 60 ff.; *Schmitt/Wohlrab* NVwZ 2015, 193 ff.; 932 ff.

[27] LG Bonn EnZW 2016, 426, Rn. 76 ff.

Polizei,[28] die dabei im Falle eines Flugzeugangriffs gem. Art. 35 II 2 oder III 1 iVm Art. 87a II durch die Streitkräfte unterstützt wird, die allerdings nur unter engen Voraussetzungen militärische Kampfmittel einsetzen dürfen.[29] Da § 7 II Nr. 5 AtG auch zu Anordnungen zum Schutz vor Gefahren, die nicht durch den Zustand oder Betrieb der Anlage, sondern durch Dritte, etwa durch Terrorakte, hervorgerufen werden, ermächtigt, können dem Betreiber zur Eigensicherung baulich-technische und organisatorische Maßnahmen, z. B. ein bewaffneter Werkschutz, auferlegt werden.[30] Bei konkreter terroristischer Bedrohung kann zudem gem. § 19 III 1, 2 Nr. 3 AtG die einstweilige Einstellung des Betriebs angeordnet werden.[31] Für diese atomrechtlichen Maßnahmen sind gem. Art. 87c, § 24 I 1 AtG die Landesbehörden zuständig, die insoweit im Rahmen von **Bundesauftragsverwaltung** handeln, während polizeiliches Einschreiten, insbes. Sofortmaßnahmen,[32] in Landeseigenverwaltung erfolgt.[33]

**4. Keine Rechtfertigung von Grundrechtsbeschränkungen.** Eine pauschale Rechtfertigung **7** von mit der friedlichen Nutzung der Kernenergie verbundenen Grundrechtsbeschränkungen lässt sich weder aus Art. 73 I Nr. 14 noch aus Art. 87c ableiten. Die Anerkennung dieser Energiequelle im GG beinhaltet **keine Grundrechtsbegrenzung.** Diese Verfassungsnormen sind nicht auf die Beschneidung grundrechtlicher Freiheiten, sondern auf die Verteilung von Gesetzgebungs- und Verwaltungskompetenzen zwischen Bund und Ländern gerichtet und somit „in ihren Auswirkungen auf die Grundrechte ganz offen".[34]

# B. Fakultative Bundesauftragsverwaltung

## I. Regelungsgrund

Die überregionalen Auswirkungen und Gefahren einer friedlichen Nutzung der Kernenergie, die **8** Wahrung der Rechts- und Wirtschaftseinheit sowie die Sicherstellung der Einhaltung internationaler Verpflichtungen (Verbot der Herstellung von Atomwaffen; Kontrolle über die Verwendung der Kernbrennstoffe) verlangen weitreichende **Kontroll- und Steuerungsbefugnisse des Bundes** auf diesem Gebiet.[35] Allerdings wurde von einer gänzlichen Übernahme dieses Bereiches in bundeseigene Verwaltung auch nach seiner Zuweisung zur ausschließlichen Gesetzgebungskompetenz des Bundes (→ Rn. 1) abgesehen. Der föderative Staatsaufbau, der Sachzusammenhang mit anderen, den Landesbehörden obliegenden Verwaltungsaufgaben (z. B. Bauaufsicht) und ihre Betriebs- und Sachnähe rechtfertigen ein grundsätzliches Fortbestehen der **Verwaltungszuständigkeit der Länder.**[36] Art. 87c sorgt für einen Ausgleich zwischen diesen Gegenpolen, indem er zur Sicherung eines einheitlichen Gesetzesvollzugs Bundesauftragsverwaltung ermöglicht, aber nicht festlegt, sondern die Entscheidung dem BTag überlässt, dessen gesetzliche Anordnung der Zustimmung des BRates bedarf (→ Rn. 23 ff.).

## II. Regelungsgehalt

**1. Trennung zwischen anordnendem und auszuführendem Gesetz.** Bei den in Art. 87c **9** angesprochenen Gesetzen ist trotz des einheitlichen Wortlauts zu unterscheiden zwischen der nach Art. 73 I Nr. 14 (Art. 74 I Nr. 11a aF) ergangenen **auszuführenden Regelung** und der **Regelung,** die für diesen Vollzug **Bundesauftragsverwaltung anordnet.** Erstere markiert den Anwendungs-

---

[28] BVerwGE 81, 185 (188 f.); *Ossenbühl* NVwZ 2002, 290 (292); anders *Sendler* NVwZ 2002, 681 (683), wonach die Polizeikräfte nur für Sofortmaßnahmen, im Übrigen die Atombehörden zuständig sind.

[29] Vgl. BVerfGE 132, 1, Rn. 24 f., 31, 40 ff., 50 f.; anders noch BVerfGE 115, 118 (139 ff.); s. auch → Art. 35 Rn. 38, 41.

[30] BVerwGE 81, 185 (187); *Koch/John* DVBl 2002, 1578 (1579 ff.); aA *Ossenbühl* NVwZ 2002, 290 (295 f.), wonach diese atomrechtliche Befugnis nur anlagenbezogene Gefahren, nicht aber Bedrohungen von außen erfasse; vorzugswürdig ist eine Ausgrenzung hoheitlicher Gefahrbekämpfung, z B durch Abschuss des angreifenden Flugzeugs, aus § 7 II Nr. 5 AtG; zur Pflicht der Betreiber zur Eigensicherung und zu ihrer Durchsetzung durch die Atombehörden s. *Dederer* DÖV 2005, 621 (623 ff.).

[31] S. dazu VGH Kassel ZUR 2013, 367 (368, 371); *Koch/John* DVBl 2002, 1578 (1587 f.); *Sendler* NVwZ 2002, 681 (684); anders *Ossenbühl* NVwZ 2002, 290 (296), der auf die polizeiliche Generalklausel als Rechtsgrundlage zurückgreift; ebenso mit Hinweis auf § 19 IV AtG *v. Danwitz,* Rechtsfragen terroristischer Angriffe auf Kernkraftwerke, 2002, S. 29 ff., 39 ff.; eine dauerhafte Abschaltung aus diesem Grund wäre nur zulässig, wenn die Genehmigung rechtskräftig widerrufen ist; s. auch *Sendler* DVBl 2003, 380 (381) u. *Dederer* DÖV 2005, 621 (631 f.), die auf die Unverhältnismäßigkeit der Anordnung abstellen.

[32] *Sendler* NVwZ 2002, 681 (683), beschränkt die Befugnisse der Polizei auf solche Maßnahmen.

[33] *Dederer* DÖV 2005, 621 (622).

[34] Vgl. *Sachs,* in: Stern, StaatsR III/2, insbes. 587 mwN; s. auch zu Art. 74 I Nr. 11a aF *Borgmann,* Rechtliche Möglichkeiten und Grenzen des Ausstiegs aus der Kernenergie, 1994, S. 294 f.

[35] *Schwarz,* in: Maunz/Dürig, Art. 87c (2016) Rn. 21.

[36] Begr. RegE, BT-Dr II/3026, S. 18; *Leidinger/Zimmer* DVBl 2004, 1005 (1007); *Burgi* NVwZ 2005, 247 (250 f.), betont den Zusammenhang zwischen Verwaltungsaufgabe und Verwaltungstyp; bei der Wahl der sachgerechten Organisationsstruktur hat der Bund aber einen weiten Spielraum, BVerfGE 110, 33 (50 ff.).

bereich des Art. 87c, Letztere etabliert diese Verwaltungsform. Die Regelungen können in einem Gesetz zusammengefasst werden, müssen dies aber nicht sein (→ Rn. 22), unterliegen jedenfalls abweichenden Voraussetzungen in Bezug auf Gesetzgebungskompetenz und Zustimmungsbedürftigkeit (→ Rn. 16; → Rn. 19; → Rn. 23).

10   **2. Anforderungen an das auszuführende Gesetz. a)** Die auszuführenden Gesetze, auf die Art. 87c Bezug nimmt, sind allein **Bundesgesetze.**[37] Das folgt aus der systematischen Stellung der Norm im 8. Abschnitt des GG, der insbes. die Ausführung von Bundesgesetzen regelt,[38] und aus der ausschließlichen Gesetzgebungskompetenz des Bundes für diese Gesetze nach Art. 73 I Nr. 14. Der Erlass von Landesgesetzen ist dadurch ausgeschlossen, sofern keine Delegation nach Art. 71 Hs. 2 vorliegt.

11   **b)** Was die Qualität der auszuführenden Normen angeht, so sind darunter vor allem, aber nicht nur **förmliche Gesetze** zu verstehen. Auftragsverwaltung kann auch bei Ausführung von aufgrund förmlicher Gesetze nach Art. 73 I Nr. 14 ergangenen (Bundes-)**Rechtsverordnungen** angeordnet werden.[39] Einschränkungen können sich aus dem Vorbehalt des Gesetzes ergeben, insbes. bei Verdichtung zu einem Parlamentsvorbehalt. Sie betreffen aber nur die Zulässigkeit solcher Rechtsverordnungen, nicht hingegen die Zuständigkeit zu ihrer Ausführung.

12   **3. Reichweite des Art. 87c. a)** Gegenstand und Reichweite der Ermächtigung zur Begründung von Bundesauftragsverwaltung ergeben sich aus **Art. 73 I Nr. 14.** Art. 87c ist dieser Gesetzgebungskompetenznorm **akzessorisch zugeordnet.**[40] Diese Abhängigkeit betrifft die in Bundesauftragsverwaltung auszuführende und die diese Verwaltungsform anordnende Regelung.[41] Der materielle Anwendungsbereich des Art. 87c ist auf die Kompetenzmaterie des Art. 73 I Nr. 14 beschränkt, zu der insbes. die Erzeugung und Nutzung der Kernenergie zu friedlichen Zwecken zählen. Dagegen fallen die Verwendung von Kernenergie zu militärischen Zwecken und die Abwehr eines drohenden Angriffs mit atomaren Waffen durch feindliche Staaten oder internationale Terrororganisationen nicht unter Art. 87c. Das folgt aus dem Merkmal „friedlich" in Art. 73 I Nr. 14, auf den Art. 87c Bezug nimmt. Insoweit kommt bundeseigene Verwaltung durch die Streitkräfte nach Art. 87b II,[42] die Bundespolizei, das Bundeskriminalamt und das Bundesamt für Verfassungsschutz nach Art. 87 I 2 sowie den Bundesnachrichtendienst in Betracht.[43]

13   Für die Anwendbarkeit des Art. 87c genügt, wenn sich das auszuführende Bundesgesetz auch auf Art. 73 I Nr. 14 stützen kann; **Überschneidungen mit** daneben bestehenden **Kompetenztiteln** für Bundesgesetze sind **unschädlich.**[44] Andernfalls würde Art. 87c funktionsentleert, weil neben Art. 73 I Nr. 14 regelmäßig weitere Kompetenzbestimmungen, insbes. Art. 74 I Nr. 11, sachlich einschlägig sein können. Soweit sich nur Teile des Gesetzes auf Art. 73 I Nr. 14 stützen können, gilt Art. 87c nur für diese Teile,[45] sofern der „kompetenzfremde" Gesetzesteil nicht mit ihnen in einem untrennbaren Sachzusammenhang steht.[46]

14   **b)** Die durch Art. 87c zugelassene Auftragsverwaltung ist nach dem eindeutigen Wortlaut („Gesetze, die ... *ausgeführt* werden") auf **gesetzesakzessorische Verwaltung beschränkt.**[47] Diese umfasst allerdings den gesamten verwaltungsmäßigen Vollzug von Bundesgesetzen, also eingreifendes, planendes oder leistendes Tätigwerden.[48] Insoweit ist irrelevant, ob eine gesetzliche Absicherung der (Vollzugs-)Handlung aufgrund des Vorbehalts des Gesetzes erforderlich ist. Es genügt, wenn eine Stelle öffentlicher Gewalt zielgerichtet unmittelbar auf Privatrechtssubjekte einwirkt, um sie zu einem vom Gesetzeszweck erfassten Verhalten zu bewegen. Zur gesetzesakzessorischen Verwaltung gehören daher neben rechtsverbindlichen Entscheidungen mit Außenwirkung auch informales Tätigwerden mit Vollzugsqualität. Entscheidend ist nicht die Form, sondern der Inhalt des Handelns.[49] Auf dem Gebiet der Kernenergie ist gesetzesfreie Verwaltung, auf die Art. 87c unanwendbar ist, ohnehin nur in Randbereichen möglich, die den Ländern vom GG zur freien Gestaltung überlassen worden und bundesgesetzlich nicht geregelt sind.

---

[37] *Schwarz,* in: Maunz/Dürig, Art. 87c (2016) Rn. 32; *Uerpmann-Wittzack,* in: v. Münch/Kunig II, Art. 87c Rn. 5.
[38] *Ziegler/Bischof* BK, Art. 87c (1989) Rn. 28.
[39] Vgl. *Horn* MKS III, Art. 87c Rn. 23.
[40] *Ziegler/Bischof* BK, Art. 87c (1989) Rn. 19.
[41] *Horn* MKS III, Art. 87c Rn. 13; zu dieser Unterscheidung → Rn. 9.
[42] Vgl. *Uerpmann-Wittzack,* in: v. Münch/Kunig II, Art. 87c Rn. 4.
[43] Zu Terrorangriffen mit „konventionellen" Waffen auf Kernkraftwerke → Rn. 6.
[44] *Horn* MKS III, Art. 87c Rn. 20; *Schwarz,* in: Maunz/Dürig, Art. 87c (2016) Rn. 34; anders *Hermes,* in: Dreier III, Art. 87c Rn. 7, der auf den Schwerpunkt abstellt.
[45] Vgl. nur *Uerpmann-Wittzack,* in: v. Münch/Kunig II, Art. 87c Rn. 5 mwN.
[46] Dieser Konnex kann aber wohl nicht allein durch gesetzlich angeordnete Verfahrens- und Entscheidungskonzentration begründet werden, s. *Hermes,* in: Dreier III, Art. 87c Rn. 14; *Horn* MKS III, Art. 87c Rn. 17.
[47] *Schwarz,* in: Maunz/Dürig, Art. 87c (2016) Rn. 34; *Steinberg* AöR 110 (1985), 419 (440): „strikte Gesetzesakzessorietät".
[48] *Stern,* StaatsR II, S. 796; zur Anwendbarkeit bei mitgliedstaatlichem verwaltungsmäßigem Vollzug von EU-Recht *Horn* MKS III, Art. 87c Rn. 26 mwN.
[49] BVerfGE 104, 249, 273 (275 f.) – abwM; BVerfGE 128, 226, Rn. 47 f.

Dieses weite Verständnis verwaltungsmäßigen Vollzugs eröffnet dem **Bund** zwar ein breites Feld zur 15
Einwirkung auf Landesstellen, beschränkt ihn aber in seinen **Möglichkeiten,** selbst **gegenüber
Dritten tätig zu werden,** da eine Doppelzuständigkeit zu vermeiden ist.[50] Die konkreten Grenzen
für ein solches Handeln des Bundes ergeben sich aus der unentziehbaren Wahrnehmungskompetenz
des Landes und der daraus resultierenden Verantwortlichkeit nach außen (→ Rn. 26 f.).[51]

c) Das Merkmal „ergehen" in Art. 87c setzt voraus, dass der Bund von seiner **Gesetzgebungs-** 16
**kompetenz nach Art. 73 I Nr. 14** durch Erlass einer (auch) darauf beruhenden materiellen Regelung **Gebrauch** hat. Die Überführung der in Bezug genommenen Regelungsmaterie von
der konkurrierenden (Art. 74 I Nr. 11a) in die ausschließliche Gesetzgebungskompetenz des Bundes
(→ Rn. 1) hat daran nichts geändert. Zwar ist diese Kompetenz von ihrer Inanspruchnahme durch den
Bund unabhängig; den Ländern ist gem. Art. 71 Hs. 1, 73 I Nr. 14 die Gesetzgebung in diesem
Bereich generell verwehrt. Bundesauftragsverwaltung für die Ausführung eines Bundesgesetzes kann
aber nur angeordnet werden, wenn ein solches Gesetz besteht; andernfalls bleibt es beim Grundsatz der
Landesverwaltung (Art. 30).[52]

Der Bundesgesetzgeber hat insbes. mit Erlass und Änderungen des **AtG** („Atomausstieg", → Rn. 5), 17
aber auch mit dem **StrlSchG** (§ 184 II), der **StrlSchV** und StandAG von seiner Gesetzgebungskompetenz nach Art. 73 I Nr. 14 (Art. 74 I Nr. 11a aF) Gebrauch gemacht. Für den nun beschleunigten Vollzug des „Ausstiegs" wurde auch die Verantwortung für die kerntechnische Entsorgung neu
geordnet.[53] Grds. bleibt es aber auch bei der Abwicklung der Nutzung der Kernenergie zur Stromerzeugung in Übereinstimmung mit Art. 87c bei Bundesauftragsverwaltung.[54]

**4. Anordnung von Bundesauftragsverwaltung mit Zustimmung des Bundesrates. a)** Die 18
Entscheidung nach Art. 87c über die Begründung von Bundesauftragsverwaltung ist als Durchbrechung der beim Vollzug von Bundesgesetzen geltenden Regelverwaltungsform einer Landeseigenverwaltung (Art. 30, 83 Hs. 1) der Legislative zugewiesen.[55] Die Anordnung der Auftragsverwaltung
erfordert somit ein **förmliches Gesetz,** das neben dem „ob" weitere Festlegungen hinsichtlich dieser
Verwaltungsform (→ Rn. 20 f.) enthalten muss.[56]

Die Kompetenz hierfür liegt beim **Bund.** Anders als beim auszuführenden Gesetz (→ Rn. 10) 19
handelt er nicht aufgrund Art. 73 I Nr. 14, sondern gemäß der in Art. 87c angelegten **ausschließlichen Gesetzgebungskompetenz** kraft Natur der Sache. Denn die Entscheidung für oder gegen
Auftragsverwaltung kann nur vom Bund getroffen werden.[57] Zudem ist die in Art. 87c vorgesehene
Zustimmung des BRates nur bei Bundesgesetzen denkbar.

**b)** Dem Bund steht gem. Art. 87c die Entscheidung offen, **ob,** zu welchem **Zeitpunkt** und in 20
welchem **Umfang** (→ Rn. 21) er für die Ausführung der aufgrund Art. 73 I Nr. 14 (Art. 74 I Nr. 11a
aF) ergangenen Bundesgesetze Auftragsverwaltung anordnet. Der **Gesetzgeber** besitzt insoweit einen
**weiten Ermessensspielraum.** Seine Entscheidung unterliegt nur beschränkter gerichtlicher Kontrolle, ob die Zuständigkeitsordnung gewahrt ist und kein Missbrauchstatbestand im Hinblick auf die
Pflicht zu bundesfreundlichem Verhalten vorliegt.[58]

**c)** Der Gesetzgeber hat zudem ein Auswahlermessen hinsichtlich der Gesetzesteile, deren Vollzug in 21
Auftragsverwaltung erfolgen soll. Eine **Aufspaltung der Verwaltungsform** bei Ausführung ein und
desselben Bundesgesetzes ist grds. **zulässig,** weil „der gleiche Erfolg auch durch Aufteilung der
Regelung auf zwei selbstständige Gesetze erreicht werden kann".[59] Allerdings müssen die jeweiligen
Teile zur Vollziehung in unterschiedlichen Verwaltungsformen geeignet, also „aufteilbar" sein. Das
hängt vom Regelungsgehalt und Verwaltungstyp ab, ist im Verhältnis von landeseigener Verwaltung
und Bundesauftragsverwaltung regelmäßig gegeben, da nicht die Verwaltungskompetenz des Landes
(→ Rn. 8, → Rn. 26), sondern lediglich Art und Umfang der Ingerenzrechte des Bundes divergieren
(→ Rn. 27). Diese Ausgestaltung führt auch nicht zu einer unzulässigen Mischverwaltung.[60]

---

[50] Vgl. BVerfGE 104, 249 (267); BVerfG (K) NVwZ 2009, 171 (174).

[51] Zur Wahrnehmungskompetenz hier nur BVerfGE 81, 310 (332).

[52] *Horn* MKS III, Art. 87c Rn. 19; s. auch *Steinberg* AöR 110 (1985), 419.

[53] G. v. 27.1.2017, BGBl I 114; dazu *Schmitz/Helleberg/Martini* NVwZ 2017, 1332 ff.; zum ausstiegbeschleunigen-
den Vollzug des AtG *Burgi* NVwZ 2019, 585 (590 f.); zum grenzüberschreitenden Atomausstieg *Ewer/Thienel* NuR
2018, 150 ff.

[54] S. auch *Horn* MKS III, Art. 87c Rn. 15.

[55] *Ziegler/Bischof* BK, Art. 87c (1989) Rn. 27; *Durner,* in: Friauf/Höfling, Art. 87c (2006) Rn. 8.

[56] Das impliziert kein Delegationsverbot, s. *Remmert,* in: Epping/Hillgruber, Art. 87c Rn. 3; a A *Hermes,* in: Dreier
III, Art. 87c Rn. 10.

[57] S. nur *Horn* MKS III, Art. 87c Rn. 7, 33.

[58] *Durner,* in: Friauf/Höfling, Art. 87c (2006) Rn. 8; *Schwarz,* in: Maunz/Dürig, Art. 87c (2016) Rn. 37; zu den
Kriterien für die Ermessensausübung vgl. *Ziegler/Bischof* BK, Art. 87c (1989) Rn. 11; krit. *Hermes,* in: Dreier III,
Art. 87c Rn. 9.

[59] So *Maunz,* in: Maunz/Dürig, Art. 87c (1962) Rn. 9; ebenso *v. Mangoldt/Klein* III, Art. 87c Anm. III 2c:
„Ablehnung der Aufteilung wäre ‚reiner Formalismus'".

[60] Vgl. *Horn* MKS III, Art. 87c Rn. 29 f.; auch *Fehn* VR 1987, 153.

**22**   **d) Materiell-rechtliche Regelung** und **formelle Anordnung der Auftragsverwaltung** müssen entgegen dem leicht missverständlichen Wortlaut des Art. 87c nicht in einem Gesetz enthalten sein, sondern können in verschiedenen, zeitgleich oder zeitversetzt erlassenen Bundesgesetzen erfolgen.[61] Eine solche **Aufspaltung** von *in* Auftragsverwaltung auszuführendem und *die* Auftragsverwaltung anordnendem Gesetz ist über das Initiativstadium des Gesetzgebungsverfahrens[62] hinaus grds. **zulässig,** weil beide Teile zwar sachlich zusammenhängen, aber mit eigenständigem Regelungsgehalt (fort-) bestehen können.[63]

**23**   **e)** Die bundesgesetzliche Anordnung der Auftragsverwaltung bedarf gem. Art. 87c der **Zustimmung des Bundesrates.** Dieser Vorbehalt soll Systemverschiebungen im bundesstaatlichen Gefüge durch einfache Gesetzgebung verhindern.[64] Er dient zugleich der Sicherung der Verwaltungshoheit der Länder und führt im Ergebnis zu partieller Kompensation erweiterter Ingerenzrechte des Bundes.[65] Dagegen unterliegt das auszuführende Gesetz grds. nicht der Zustimmungspflicht nach Art. 87 c.[66] Die Zustimmungsbedürftigkeit erstreckt sich bei Vorliegen einer **gesetzgebungstechnischen Einheit** nicht zwangsläufig auf den an sich nicht zustimmungsbedürftigen materiellen Regelungsteil.[67] Wie im umgekehrten Fall einer Zustimmungspflicht wegen Rückwirkung der Änderung der materiellen Regelung auf das die Auftragsverwaltung anordnende Gesetz (→ Rn. 24) ist nicht die formale Zusammenfassung in einer Norm, sondern die inhaltliche Verbindung zwischen diesen Regelungen entscheidend.

**24**   Der Bundesgesetzgeber kann auch nachträglich für den Vollzug des Gesetzes oder von Teilen desselben (→ Rn. 21) Auftragsverwaltung einführen. Diese Anordnung ist gem. Art. 87c **zustimmungsbedürftig.** Betrifft das **Änderungsgesetz** dagegen allein den nicht zustimmungsbedürftigen materiellen Teil, besteht eine Zustimmungsbedürftigkeit nur bei wesentlicher Umgestaltung seines Inhalts.[68] Die durch den Bundesrat wahrgenommenen Belange der Länder sind dadurch ausreichend gesichert, zumal er die (erstmalige) Anordnung dieser Verwaltungsform durch Verweigerung der Zustimmung verhindern kann. Eine zustimmungsbedürftige **wesentliche Änderung** liegt vor, wenn die Regelung der übertragenen Aufgabe einen neuen Inhalt und eine wesentlich andere Bedeutung und Tragweite verleiht. Eine solche qualitative Modifizierung ist nicht mehr von der früheren Zustimmung erfasst, sondern kommt einer neuen Aufgabenübertragung gleich. Die rein quantitative Erhöhung der Vollzugslasten reicht hierfür aber grds. nicht aus, sofern dies nicht die Wahrnehmung der Aufgabe strukturell oder in anderer Weise schwerwiegend verändert, die Quantität also in Qualität umschlägt.[69]

**24a**   Das „**Atomausstiegsgesetz**" (→ Fn. 17) revidierte durch Änderung von § 1 Nr. 1 AtG den bisherigen Zweck dieses Gesetzes, weil die friedliche Nutzung der Kernenergie nicht mehr gefördert, sondern geordnet beendet werden soll.[70] Das ist eine wesentliche qualitative Änderung der Aufgaben. Gleichwohl bedurfte sie nicht der Zustimmung des Bundesrates. Denn sie führte zu einer sachlichen Reduktion und zeitlichen Begrenzung der Auftragsverwaltung und der hierbei eröffneten Ingerenzrechte des Bundes, geht also im Ergebnis nicht zu Lasten der Länder. Das rechtfertigt eine teleologische Reduktion des Zustimmungsvorbehalts.[71]

**24b**   Das 13. AtGÄndG (→ Rn. 17) revidierte die Laufzeitverlängerung durch das 11. AtGÄndG v. 8.12.2010.[72] Es sieht durch Änderung des § 7 I a 1 u. 2 AtG das schrittweise Erlöschen der Berechtigungen zum Leistungsbetrieb von Kernkraftwerken zur Erzeugung von Elektrizität bis spätestens 31.12.2022 vor. Dieser **beschleunigte endgültige Ausstieg** ist im Gegensatz zu dem rechtswidrigen „Atom-Moratorium" der BReg (→ Rn. 5a) **verfassungskonform.** Das 13. AtGÄndG verstößt wegen der besonderen Sozialbindung des Eigentums in diesem Bereich im Wesentlichen nicht gegen Art. 14.[73] Es bedurfte auch nicht nach Art. 87c der Zustimmung des BRates, da die Dauer der Auftragsverwaltung verringert wurde, was die Länder iE entlastet (→ Rn. 24a).

---

[61] *Schwarz,* in: Maunz/Dürig, Art. 87c (2016) Rn. 31.
[62] Dazu *Pestalozza* ZRP 1976, 153 (156); *Janson* DVBl 1978, 318 (319 f.), jeweils mwN.
[63] S. auch *Horn* MKS III, Art. 87c Rn. 35 f.; o. Rn. 9.
[64] Vgl. BVerfGE 37, 363 (379 ff.); 48, 127 (178 f.); 55, 274 (319); 126, 77 (104).
[65] Krit. zu diesem Argument *Horn* MKS III, Art. 87c Rn. 40; s. aber BVerfGE 100, 249 (261 f.); danach ist jedenfalls bei Auftragsverwaltung der Kompensationsgedanke legitim.
[66] Vgl. *Janson* DVBl 1978, 318 (320); *Schwarz,* in: Maunz/Dürig, Art. 87c (2016) Rn. 38; *Uerpmann-Wittzack,* in: v. Münch/Kunig II, Art. 87c Rn. 6.
[67] Vgl. *Horn* MKS III, Art. 87c Rn. 43; offen BVerfGE 105, 313 (339); anders noch BVerfGE 8, 274 (294 f.); 37, 363 (381); s. auch *Hermes,* in: Dreier III, Art. 87c Rn. 11.
[68] Vgl. *Ziegler/Bischof* BK, Art. 87c (1989) Rn. 31; *Schmidt-Preuß* NVwZ 1993, 553 (561 f.).
[69] So zu Art. 87d BVerfGE 126, 77 (105); s. auch BVerfGE 48, 127 (186); 75, 108 (151).
[70] Zu dieser Zweckänderung *Ruttloff/Staubach* NuR 2017, 826 ff.
[71] *Geulen/Klinger* NVwZ 2010, 1118 (1122); *Kendzia* DÖV 2010, 713 (717 f.); *Papier* NVwZ 2010, 1113 (1116); *Wieland* ZNER 2010, 321 (323 f., 328).
[72] BGBl I 1814; die Verlängerung sollte durch Erhöhung der Reststrommengen erreicht werden und bedurfte als wesentliche qualitative Änderung der Zustimmung des BR, vgl. 8. Aufl. Rn. 24 b.
[73] BVerfGE 143, 246, Rn. 212 ff., 218 f., 297 ff.; dazu *Büdenbender* DVBl 2017, 1449 (1453 f.).

Allgemein setzt die Beendigung bestehender Auftragsverwaltung die Aufhebung ihrer gesetzlichen **25** Anordnung durch actus contrarius voraus. Das **Aufhebungsgesetz** ist angesichts der damit verbundenen Rechtsfolge (Landeseigenverwaltung gem. Art. 83 Hs. 1, → Rn. 16, → Rn. 20) unter Berücksichtigung des Zwecks des Zustimmungsvorbehalts (→ Rn. 23 ff.) **nicht zustimmungsbedürftig.** Denn durch den Eintritt des Regelfalls landeseigener Verwaltung werden schutzwürdige Belange der Länder nicht berührt.[74]

## III. Rechtsfolgen

**1. Änderung der Verwaltungsform bei fortbestehender Verwaltungskompetenz der Län- 26 der.** Soweit der Bund gem. Art. 87c Auftragsverwaltung anordnet, **verändert** dies als Durchbrechung des Grundsatzes landeseigener Verwaltung (Art. 83 Hs. 1) die **Verwaltungsform.**[75] Die **Verwaltungskompetenz** des Landes bleibt **unberührt,** soweit das Handeln und die Verantwortlichkeit nach außen im Verhältnis zu Dritten (Wahrnehmungskompetenz) betroffen sind.[76] Verwaltung im Auftrage des Bundes ist keine Bundesverwaltung, sondern Landesverwaltung mit erweiterten Einwirkungsmöglichkeiten des Bundes.[77] Das folgt aus dem Wortlaut des Art. 85 I und der Systematik des 8. Abschnitts des GG. Die Länder regeln gem. 85 I 1 grds. die Einrichtung der Behörden, nicht aber das Verwaltungsverfahren.[78] Sie sind zudem bei Schadensersatzansprüchen gegen Dritte bzw. von Dritten Berechtigter bzw. Verpflichteter.[79]

Allerdings soll die **Wahrnehmungskompetenz** des Landes erst verletzt sein, wenn der Bund an **26a** dessen Stelle nach außen gegenüber Dritten rechtsverbindlich tätig wird.[80] Dies ist wegen der grundsätzlichen Freiheit hinsichtlich der Handlungsform und des ihr korrespondierenden weiten Vollzugsbegriffs (→ Rn. 14) bedenklich. Der Bund könnte dann durch entsprechende Gestaltung seines Handelns gegenüber Dritten auftreten und einen Verstoß gegen die Wahrnehmungskompetenz des Landes vermeiden.[81] Eine Verletzung dieser Kompetenz ist daher auch bei informalem Handeln anzuerkennen, soweit dieses der Verwirklichung des Gesetzes dient.[82]

Dagegen steht die Zuständigkeit der Länder zur Sachbeurteilung und -entscheidung **(Sachkom- 26b petenz)** von vornherein unter dem Vorbehalt ihrer Inanspruchnahme durch den Bund, etwa durch Erlass einer Weisung gem. Art. 85 III.[83] Er unterliegt dabei der Pflicht zu bundesfreundlichem Verhalten. Sie ist verletzt, wenn die Inanspruchnahme rechtsmissbräuchlich ist oder gegen prozedurale Anforderungen verstößt, die sich aus diesem Grundsatz ergeben.[84]

**2. Eröffnung erweiterter Ingerenzrechte des Bundes.** Art. 87c enthält nur verfassungsrechtliche **27** Voraussetzungen für die gesetzliche Anordnung von Auftragsverwaltung, lässt aber die **Rechtsfolgen** dieser Verwaltungsform, zumal die sie prägenden Ingerenzrechte des Bundes, offen.[85] Sie ergeben sich abschließend **aus Art. 85.** Besondere Bedeutung kommt dem **Weisungsrecht** des Bundesumweltministers als sachlich zuständige oberste Bundesbehörde gem. Art. 85 III 1 zu. Bundesaufsichtliche Weisungen waren schon mehrfach Gegenstand von Bund-Länder-Streitigkeiten.[86] Sie binden die angewiesenen Landesbehörden grds. auch dann, wenn sie rechtswidrig sind, sofern kein grober Ver-

---

[74] Vgl. *Hermes,* in: Dreier III, Art. 87c Rn. 11; *Durner,* in: Friauf/Höfling, Art. 87c (2006) Rn. 9; *Uerpmann-Wittzack,* in: v. Münch/Kunig II, Art. 87c Rn. 6; aA *Horn* MKS III, Art. 87c Rn. 50.

[75] Zu den Folgen eines Untätigbleibens des Gesetzgebers → Rn. 16, → Rn. 20.

[76] BVerfGE 81, 310 (332); 104, 249 (264); BVerwG NVwZ 1999, 296; *Schwarz,* in: Maunz/Dürig, Art. 87c (2016) Rn. 51; die Länder sind bei Ausübung der Wahrnehmungskompetenz durch die vom Bund kraft seiner Sachkompetenz getroffenen Bestimmungen nach Art. 85 II 1 gebunden, BVerfGE 100, 249 (259).

[77] BVerfGE 69, 1 (39 ff., insbes. 42); 81, 310 (331); 104, 249 (264); s. auch BVerwGE 52, 226 (229); *Steinberg* AöR 110 (1985), 419 (423 f.); *Jochum* DÖV 2003, 16; u. Rn. 27.

[78] So in Bezug auf den Zustimmungsvorbehalt in Art. 85 I aus grammatischen, systematischen und teleologischen Gründen in Abgrenzung zu Art. 84 I a F BVerfGE 126, 77 (100 f.) mwN.

[79] Vgl. LG Bonn EnZW 2016, 426, Rn. 60 ff.; *Durner,* in: Friauf/Höfling, Art. 87c (2006) Rn. 17 mwN; → Fn. 26.

[80] BVerfGE 104, 249 (267); zust. *Wieland* ZUR 2004, 7 (11 f.) mwN; zur Kritik → Fn. 81.

[81] Nach BVerfGE 104, 249 (267 f.) verletzt der von der BReg mit Betreibern von Kernkraftwerken ausgehandelte „Atomkonsens" nicht die Wahrnehmungskompetenz der Länder; dazu *Reicherzer* DVBl 2002, 557 ff.; *Jochum* DÖV 2003, 16 ff.; a A BVerfGE 104, 249, 273 (276 ff.) – abwM; *Ossenbühl,* in: ders. (Hrsg.), Deutscher Atomrechtstag 2002, 2003, S. 49 (55 f.).

[82] BVerfGE 104, 249, 273 (275 f.) – abwM.

[83] BVerfGE 81, 310 (331 f.); zu Recht krit. gegenüber der Annahme einer grds. unbeschränkten Geschäftsleitungsbefugnis des Bundes aufgrund seiner Sachkompetenz *Ossenbühl* (Fn. 81), S. 49 (51 ff.).

[84] BVerfGE 81, 310 (337); 104, 249 (270).

[85] *Schwarz,* in: Maunz/Dürig, Art. 87c (2016) Rn. 53; s. auch *Ossenbühl,* FS Sendler, 1991, S. 107 (113), wonach der Gesetzgeber das durch Art. 85 vorgegebene Profil der Bundesauftragsverwaltung für den Bereich der Atomverwaltung nicht verändern darf.

[86] Vgl. BVerfGE 81, 310 ff.; 84, 25 ff.; dazu *Winter* DVBl 1985, 993 ff.; *Sachs* JuS 1992, 153; s. auch *v. Danwitz* DÖV 2001, 353 (357 ff.); BVerfGE 104, 238 (249 ff.).

fassungsverstoß vorliegt.[87] Weitere Befugnisse des Bundes ergeben sich aus Art. 85 II 1 (Erlass allgemeiner Verwaltungsvorschriften)[88] und Art. 85 IV 2 (Bericht- und Aktenvorlage).[89]

28 **3. Zulässigkeit von Bundesverwaltung. a)** Die Befugnis zur **Festlegung der** zur Wahrnehmung von Aufsichtsrechten sachlich zuständigen **obersten Bundesbehörde** ist weder in Art. 87c noch in Art. 87 III normiert.[90] Sie ergibt sich aus der Organisationsgewalt des Bundeskanzlers gem. Art. 64 I.[91]

29 **b)** Umstritten ist, ob der **Bund** im Geltungsbereich des Art. 87c die **Verwaltungskompetenz** an sich ziehen kann, indem er **aufgrund Art. 87 III** unmittelbare oder mittelbare Bundesverwaltung durch Errichtung neuer Behörden (insbes. Bundesoberbehörden) und Rechtsträger begründet. Verfassungsrechtlich gleich zu behandeln ist die Übertragung von Vollzugsaufgaben auf bestehende Rechtsträger und Behörden.[92] Die Antwort auf diese praktisch bedeutsame Frage[93] hängt davon ab, ob Art. 87c oder Art. 87 III die (allein) maßstabbildende Norm ist.[94]

30 Teile des Schrifttums qualifizieren **Art. 87c** in vollem Umfang als **lex specialis zu Art. 87 III,** die als abschließende Regelung der zulässigen Verwaltungskompetenz und -form in diesem Bereich dessen Anwendung generell ausschließe.[95] Demnach kann der Bund keine Verwaltungskompetenz zur Gesetzesausführung begründen. Er ist auf seine Einwirkungsrechte nach Art. 85 beschränkt. Die bisherige Verwaltungspraxis, insbes. die Zuständigkeiten des Bundesamtes für Strahlenschutz nach § 185 I StrlSchG, ist dann verfassungswidrig.[96]

30a Nach anderer Ansicht, die vom BVerfG in Bezug auf Art. 87 III 1 gestützt wurde,[97] ist **Art. 87c nicht speziell zu Art. 87 III.** Beide Vorschriften seien nebeneinander anwendbar, die Befugnisse des Bundes nach Art. 87 III bestünden uneingeschränkt fort.[98]

Das wird mit dem Wortlaut, der Entstehungsgeschichte und dem Regelungsgehalt des Art. 87c begründet.[99]

31 Vorzugswürdig scheint folgende **Differenzierung:** Die Errichtung bundeseigener Behörden auf der Mittel- und Unterstufe **gem. Art. 87 III 2 ist unzulässig,** weil dem der insoweit spezielle Art. 87c entgegensteht.[100] Daher kann offenbleiben, ob in diesem Bereich die von Art. 87 III 2 vorausgesetzten „neuen Aufgaben" überhaupt möglich sind.[101] Etwaige Regelungslücken oder eine bislang fehlende Wahrnehmung durch den Bund lassen jedenfalls nicht den Schluss zu, dass es sich insoweit um neue Aufgaben gem. Art. 87 III 2 handelt. Erforderlich ist vielmehr, dass die Verwaltungsaufgabe „von außen" an den Bund herangetragen wird.[102]

32 Dagegen ist die Errichtung neuer Bundesoberbehörden oder die Einführung mittelbarer Bundesverwaltung gem. **Art. 87 III 1 nicht durch Art. 87c ausgeschlossen,** da dieser insoweit nicht speziell ist (→ Rn. 30a).[103] Der Bund kann auf diese Weise abweichend von der Regel des Art. 83

---

[87] BVerfGE 81, 310 (333 f.); s. auch OVG SachsAnh NVwZ-RR 1996, 75 (77); zu Voraussetzungen und Grenzen des Weisungsrechts *Wagner* DVBl 1987, 917 ff.; → Art. 85 Rn. 22 ff.

[88] Nach BVerfGE 100, 249 (261 f.), können solche VV nur von der BReg als Kollegialorgan mit Zustimmung des BRats erlassen werden; *v. Danwitz* DÖV 2001, 353 (355 ff.); in der Praxis sind Absprachen zwischen Bund und Ländern üblich, vgl. *Durner,* in: Friauf/Höfling, Art. 87c (2006) Rn. 21.

[89] Zudem ist eine Entsendung von Beauftragten möglich, vgl. *Stern,* StaatsR II, S. 814.

[90] *Bull* AK GG, Art. 87c Rn. 17.

[91] *Uerpmann-Wittzack,* in: v. Münch/Kunig II, Art. 87c Rn. 10; → Art. 64 Rn. 22, 24 ff.; davon zu trennen ist die umstr. Frage, ob Aufgaben oder Zustimmungsbefugnisse für eine oberste Bundesbehörde vorgesehen werden können, wie in § 7 I b 2 AtG, s. *Durner,* in: Friauf/Höfling, Art. 87c (2006) Rn. 32.

[92] Vgl. *Ibler,* in: Maunz/Dürig, Art. 87 (2012) Rn. 259.

[93] Zu den Auswirkungen *Hermes,* in: Dreier III, Art. 87c Rn. 16 f.

[94] Zum Meinungsstand BVerfG (K) NVwZ 2009, 171 (173 f.); *Grapperhaus,* Die verfassungsrechtlichen Grundlagen der Verwaltungskompetenzen im Atomgesetz, 2. Aufl. 2017, S. 197 f.; *Leidinger/Zimmer* DVBl 2004, 1005 (1007); *Burgi* NVwZ 2005, 247 (249 f.); *Horn* MKS III, Art. 87c Rn. 52 ff.

[95] *Dittmann,* Die Bundesverwaltung, 1983, S. 252; *Leidinger/Zimmer* DVBl 2004, 1005 (1008 f.); *Hermes,* in: Dreier III, Art. 87c Rn. 20; *Degenhart* DVBl 2006, 1125 (1131 f.); *Burgi* NVwZ 2005, 247 (250 f.), qualifiziert Art. 87 III als „Notverwaltungskompetenz".

[96] S. zu § 23 I Nr. 4 AtG a F BVerfG (K) NVwZ 2009, 171 (173 f.); *Degenhart* DVBl 2006, 1125 (1132 f.).

[97] BVerfG (K) NVwZ 2009, 171 (174).

[98] Vgl. *Durner,* in: Friauf/Höfling, Art. 87c (2006) Rn. 29; *Remmert,* in: Epping/Hillgruber, Art. 87c Rn. 7; das soll nicht nur für die Errichtung neuer Rechtsträger und Bundesoberbehörden gem. Art. 87 III 1, sondern auch für bundeseigene Mittel- und Unterbehörden gelten, weil Art. 87c das Entstehen neuer Aufgaben iSd Art. 87 III 2 nicht ausschließe, vgl. *Ziegler/Bischof* BK, Art. 87c (1989) Rn. 26; s. auch *P. M. Huber* DVBl 2003, 157 (161); *Horn* MKS III, Art. 87c Rn. 56 ff., gelangt aufgrund restriktiver Interpretation des Regelungsgehalts des Art. 87c zum selben Ergebnis.

[99] Für Art. 87 III 1 BVerfG (K) NVwZ 2009, 171 (174); auch für Art. 87 III 2 *Ziegler/Bischof* BK, Art. 87c (1989) Rn. 25.

[100] *Krings,* in: Hofmann/Hopfauf, Art. 87c Rn. 12; *Pieroth,* in: Jarass/Pieroth, Art. 87c Rn. 1; *Bull* AK GG, Art. 87c Rn. 16, stellt auf den Sinn der Auftragsverwaltung ab.

[101] Ablehnend *Uerpmann-Wittzack,* in: v. Münch/Kunig II, Art. 87c Rn. 9; *Leidinger/Zimmer* DVBl 2004, 1005 (1009); aA *Ziegler/Bischof* BK, Art. 87c (1989) Rn. 26.

[102] Vgl. *Stern,* StaatsR II, S. 827 mwN; dazu auch → Art. 87 Rn. 75.

[103] BVerfGE 104, 238 (247); BVerfG (K) NVwZ 2009, 171 (174); BVerwG NVwZ 2007, 88; *Schwarz,* in: Maunz/Dürig, Art. 87c (2016) Rn. 57; *Pieroth,* in: Jarass/Pieroth, Art. 87c Rn. 1; a A *Hermes,* in: Dreier III, Art. 87c Rn. 20.

Hs. 1 die Verwaltungszuständigkeit in Teilbereichen des Art. 87c an sich ziehen und die Kompetenz der Länder zurückdrängen. Das gilt bei landeseigener Verwaltung wie bei Bundesauftragsverwaltung.[104] Der BT hat von dieser Möglichkeit „fakultativer Bundesverwaltung"[105] ua durch Änderungen und Ergänzungen des AtG (→ Rn. 5, → Rn. 17, → Rn. 24 ff.) sowie durch das StrlSchG v. 27.6.2017[106] Gebrauch gemacht, die dem Bundesamt für Strahlenschutz (BfS), dem Bundesverwaltungsamt und dem Bundesamt für die Sicherheit der nuklearen Entsorgung Zuständigkeiten zuweisen.[107]

Eine solche Kompetenzausdehnung ist an die **Anforderungen des Art. 87 III 1** gebunden. **33** Bundeseigene Verwaltung durch Bundesoberbehörden im Bereich des Art. 87c setzt voraus, dass der Bund die Gesetzgebungskompetenz für die Sachmaterie besitzt und die Aufgabe ohne Mittel- und Unterbehörden sowie ohne Inanspruchnahme der Verwaltungsbehörden der Länder – außer reine Amtshilfe – wahrgenommen werden kann.[108] In formeller Hinsicht ist gemäß dem institutionell-organisatorischen Vorbehalt des Gesetzes ein förmliches Bundesgesetz erforderlich,[109] das nicht der Zustimmung des Bundesrates bedarf.[110]

## Art. 87d [Luftverkehrsverwaltung]

(1) **Die Luftverkehrsverwaltung wird in Bundesverwaltung geführt. Aufgaben der Flugsicherung können auch durch ausländische Flugsicherungsorganisationen wahrgenommen werden, die nach Recht der Europäischen Gemeinschaft zugelassen sind. Das Nähere regelt ein Bundesgesetz.**

(2) **Durch Bundesgesetz, das der Zustimmung des Bundesrates bedarf, können Aufgaben der Luftverkehrsverwaltung den Ländern als Auftragsverwaltung übertragen werden.**

**Entstehungsgeschichte: Erstfassung:** 11. G. zur Änd. des GG v. 6.2.1961 (BGBl I 65), § 1 (dazu: BT-Dr III/1534 [Entw.], III/1961; BT-Prot III/5326, III/7214; BR-Dr 301/59, 283/60; BR-Prot 59/191, 60/497). – **Änderungen:** 37. G. zur Änd. des GG v. 14.7.1992 (BGBl I 1254), Art. 1 (dazu: BT-Dr 12/1800 [Entw.], 12/2450; BT-Prot 12/5672, 12/7288, 12/7302; BR-Dr 325/92; BR-Prot 92/272). – 56. G. zur Änd. des GG v. 29.7.2009 (BGBl I 2247), Art. 1 (dazu: BT-Dr 16/13 105 [Entw.], 16/13217; BT-Prot 16/24491, 16/24622, 16/24633; BR-Dr 220/09; BR-Prot 858/191; 860/279).
**Supra- und internationale Texte:** AEUV Art. 4 II lit. g, 26, 90, 91 I, 100 II, 294; G. zu dem Intern. Übereinkommen vom 13.12.1960 über Zusammenarbeit zur Sicherung der Luftfahrt „EUROCONTROL" v. 14.12.1962 (BGBl II 2273); RL 96/67/EG v. 15.10.1996 (ABl EG Nr. L 272/36), zul. geänd. durch VO (EU) Nr. 1882/2003 v. 29.9.2003 (ABl EU Nr. L 284/1); VO (EU) Nr. 549/2004, 550/2004, 551/2004 (ABl EU Nr. L 96/1, 96/10, 96/20), zul. geändert durch VO (EG) Nr. 1070/2009; VO (EU) Nr. 552/2004 v. 10.3.2004 (ABl EU Nr. L 96/26), aufgehoben durch Art. 119 I VO (EU) 2018/1139; VO (EU) Nr. 1070/2009 v. 21.10.2009 (ABl EU Nr. L 300/34); VO (EU) Nr. 219/2007 v. 27.2.2007 (ABl EU Nr. L 64/1), zul. geänd. durch VO (EU) Nr. 1361/2008 v. 16.12.2008 (ABl EU Nr. L 352/12); VO (EU) Nr. 216/2008 v. 20.2.2008 (ABl EU Nr. L 79/1), aufgehoben durch Art. 119 II VO (EU) 2018/1139; VO (EU) Nr. 300/2008 v. 11.3.2008 (ABl EU Nr. L 97/72), zul. geänd. durch VO (EU) 18/2010 v. 8.1.2010 (ABl EU Nr. L 7/3); VO (EU) Nr. 1008/2008 v. 24.9.2008 (ABl EU Nr. L 293/3), zul. geänd. durch Art. 134 VO (EU) 2018/1139; RL 2009/12/EG v. 11.3.2009 (ABl EU Nr. L 70/11); VO (EU) Nr. 1998/2015 v. 5.11.2015 (ABl EU Nr. L 299/1); VO (EU) Nr. 996/2010 v. 12.11.2010 (ABl EU Nr. L 295/35); VO (EU) 2018/1139 v. 4.7.2018 (ABl EU Nr. L 212/1).
**Gesetzgebung:** BADV; LuftSiG; LuftVG; LuftVO; LuftVZO; FS-AuftragsV; FlugLSV.
**Leitentscheidungen:** EuGH NVwZ 2005, 1048 (Bodenabfertigungsdienste); BVerfGE 97, 198 (Bundesgrenzschutz); BVerfGE 115, 118 (LuftSiG I); BVerfGE 126, 77 (Luftfahrer); BVerfGE 132, 1 (Inlandseinsatz der Bundeswehr); BVerfGE 133, 241 (Inlandseinsatz der Bundeswehr II); BVerwGE 58, 344 (Planfeststellung); BVerwGE 75, 214 (Flughafen München II); BVerwGE 87, 332 (Lärmschutz); BVerwGE 95, 188 (Luftsicherheitsgebühr); BVerwG NVwZ-RR 1997, 648 (An- und Abfluggebühr I); BVerwGE 135, 352 (An- und Abfluggebühr II); BVerwGE 139, 323 (Überprüfung der luftsicherheitsrechtlichen Zuverlässigkeit); BVerwG NVwZ 2013, 507 (Bodenabfertigungsdienste).

**Schrifttum:** *M. Baldus,* Streitkräfteeinsatz zur Gefahrenabwehr im Luftraum, NVwZ 2004, 1278; *K. Baumann,* Private Luftfahrtverwaltung, 2002; *ders.,* Private Sicherheitsgewähr unter staatlicher Gesamtverantwortung, DÖV 2003, 790; *M. Bues,* Der »Single European Sky«, 2012; *M. Droege,* Bundeseigenverwaltung durch Private?, DÖV 2006, 861; *A. Funke,* Die Zustimmungsbedürftigkeit von Bundesgesetzen bei der Bundesauftragsverwaltung, Jura 2012, 127; *E. Giemulla,* Flugsicherung und Verfassungsrecht, DVBl 2007, 719; *S. Hobe/C. Plingen,* Möglichkeiten der Privatisierung der DFS Deutsche Flugsicherung GmbH unter besonderer Berücksichtigung der Single European

---

[104] *Ziegler/Bischof* BK, Art. 87c (1989) Rn. 26; *Grapperhaus* (Fn. 94), S. 199 ff.; a A *Leidinger/Zimmer* DVBl 2004, 1005 (1008 f.); *Burgi* NVwZ 2005, 247 (250).
[105] So BVerwG NVwZ 2007, 88.
[106] BGBl I 1966.
[107] Vgl. § 23a AtG, §§ 185 f. StrlSchG.
[108] S. BVerfG (K) NVwZ 2009, 171 (175); auch BVerwGE 124, 47 (68); BVerwG NVwZ 2007, 88.
[109] *Stern,* StaatsR II, S. 824 f.; daneben genügt für die Begründung von Bundeseigenverwaltung auch eine auf förmliches Gesetz gestützte VO; a A *Ibler,* in: Maunz/Dürig, Art. 87 (2012) Rn. 240.
[110] *Schmidt-Preuß* NVwZ 1998, 553 (561 f.).

Sky Verordnungen, ZLW 56 (2007), 349; *M. Hüttel,* Rechtsfragen des einheitlichen europäischen Luftraums, 2014; *N. Josipovic,* Europäische Regulierung des Betriebs unbemannter Luftfahrzeuge, NVwZ 2019, 438; *K. F. Kempfler,* Deutsche Flugsicherung: Aufgabenübertragung an ausländische Staaten, Jura 2004, 351; *M. Ladiges,* Die Bekämpfung nicht-staatlicher Angreifer im Luftraum, 2. Aufl. 2013; *C. Leininger,* Das neue Luftsicherheitsrecht der Europäischen Union – Entwicklungen und Veränderungen durch Inkrafttreten der Verordnung (EU) Nr. 185/2010, ZLW 59 (2010), 335, 485; *A. Meyer,* Rückwirkung im (Luft-)Sicherheitsrecht, BayVBl 2012, 452; *C. Pegatzky,* Zulässigkeit bundesweit einheitlicher Flugsicherungsgebühren, NVwZ 2010, 498; *C. Schaefer,* Die neue EASA-Verordnung, DVBl 2019, 153; *W.-R. Schenke,* Die Verfassungswidrigkeit des § 14 III LuftSiG, NJW 2006, 736; *J. Scherer,* Vom nationalen zum einheitlichen europäischen Luftraum, EuZW 2005, 268; *F. Schoch,* Vereinbarkeit des Gesetzes zur Neuregelung der Flugsicherung mit Art. 87d GG, 2006; *W. Schwenk/E. Giemulla,* Handbuch des Luftverkehrsrechts, 5. Aufl. 2019; *H.-P. Trampler,* Verfassungs- und unternehmensrechtliche Probleme der bundesdeutschen Flugsicherung, 1993; *K. Windthorst,* Flugsicherung im Spiegel von Europarecht und Grundgesetz, FS Berg, 2011, S. 522.

**Übersicht**

# A. Allgemeines

## I. Entstehung und Bedeutung

**1**     Entstehung und Bedeutung des Art. 87d hängen untrennbar zusammen. Die Norm geht auf drei zeitlich versetzte Änderungen des GG zurück, die bedingt durch die jeweilige historische Situation unterschiedliche Ziele verfolgten. Die im Jahre 1961 eingefügte **Erstfassung** des Art. 87d[1] wies in Abs. 1 die Luftverkehrsverwaltung der bundeseigenen Verwaltung zu. Der Bund erhielt dadurch auf diesem Gebiet die Verwaltungskompetenz, die er in der Verwaltungsform **unmittelbarer Bundesverwaltung** wahrnehmen musste. Abweichend von diesem Grundsatz eröffnet der seither unveränderte Abs. 2 dem Bund die Möglichkeit, für bestimmte Aufgaben Bundesauftragsverwaltung vorzusehen.[2] Diese Festlegungen in Bezug auf die Verwaltungskompetenz und -form erforderten als Abweichungen von der Regel des Art. 83 Hs. 1 eine verfassungsrechtliche Fundierung.[3]

**2**     Während damals bundesstaatliche Konsequenzen der Übernahme der Verwaltung des zivilen Luftverkehrs in staatliche Verantwortung im Vordergrund standen, wollte der später angefügte[4] Abs. 1 S. 2 daraus resultierende organisationsrechtliche Fesseln lockern und eine **formelle Privatisierung ermöglichen.**[5] Sie ist dadurch gekennzeichnet, dass Staatsaufgabenqualität und -verantwortung unange-

---

[1] Grundlage der Erstfassung des Art. 87d war das G zur Einfügung eines Artikels über die Luftverkehrsverwaltung in das Grundgesetz v. 6.2.1961 (BGBl I 65); diese Ergänzung des GG war infolge der Aufhebung besatzungsrechtlicher Beschränkungen möglich geworden; *Hübener* DÖV 1951, 201.

[2] Zur Entstehungsgeschichte der Regelung *Trampler,* Verfassungs- und unternehmensrechtliche Probleme der bundesdeutschen Flugsicherung, 1993, S. 44 f.

[3] Vgl. BVerwGE 129, 199, Rn. 25; s. auch *Schwarz,* in: Maunz/Dürig, Art. 87d (2011) Rn. 8.

[4] S. das 37. G zur Änd. des GG v. 14.7.1992 (BGBl I 1254).

[5] Konkreter Anlass hierfür war das vom BTag am 31.5.1990 beschlossene 10. LuftVGÄndG (BGBl I 1370); danach wurde die bis dahin in unmittelbarer Bundesverwaltung durch die Bundesanstalt für Flugsicherung wahrgenommene Flugsicherung einem neu gegründeten privatrechtlichen Flugsicherungsunternehmen, der Deutschen Flugsicherung GmbH (DFS), übertragen (§ 31b I LuftVG iVm § 1 FS-AuftragsV v. 11.11.1992 [BGBl I 1928], zul. geänd. durch Art. 3 G v. 24.8.2009 [BGBl I 2942]), deren Anteile bislang ausschließlich der Bund hält; → Rn. 14.

tastet bleiben, aber der Staat sich zur Erfüllung der Aufgabe eines Privatrechtssubjekts bedient, über das er (auch) aufgrund seines Alleineigentums (öff. Unternehmen) bestimmenden Einfluss hat.[6]

**Beschränkungen** einer solchen **Organisationsprivatisierung** sollen sich insbes. aus **Art. 33 IV**   **3** ergeben. Flugsicherung sei trotz technischer Besonderheiten im Kern hoheitliche sonderpolizeiliche Tätigkeit („Luftpolizei") und somit vom Staat wahrzunehmen.[7] Wegen dieses Funktionsvorbehalts[8] wurde S. 2 in Abs. 1 des Art. 87d eingefügt.[9] Danach konnte durch Bundesgesetz über die ör oder privatrechtliche Organisationsform entschieden werden. Dies lockerte zwar die organisationsrechtlichen Restriktionen, warf aber neue Fragen auf, weil bundeseigene Verwaltung in privatrechtlicher Organisationsform verbreitet als „Systembruch" bezeichnet wurde.[10]

Um diese Unstimmigkeiten zu beseitigen, die in der Weigerung des Bundespräsidenten kumulierten,   **3a** das vom BTag am 7.4.2006 beschlossene Gesetz zur Neuregelung der Flugsicherung auszufertigen,[11] und um die verfassungsrechtlichen Voraussetzungen für eine **europarechtskonforme Ausgestaltung der Luftverkehrsverwaltung** zu schaffen, ist Art. 87d I mit Wirkung ab 1.8.2009 erneut geändert worden. In Abs. 1 S. 1 wurde die Formulierung „bundeseigene Verwaltung" durch den Begriff „Bundesverwaltung" ersetzt und zugleich die organisationsrechtliche Wahlfreiheit in Abs. 1 S. 2 gestrichen.[12] An ihre Stelle tritt eine Öffnungsklausel, wonach Aufgaben der Flugsicherung auch durch ausländische Flugsicherungsorganisationen wahrgenommen werden können, die nach Recht der EG (jetzt: EU, Art. 1 III 3, 47 EUV) zugelassen sind. Der Bundesgesetzgeber wird durch den Regelungsvorbehalt in Abs. 1 S. 3 zur Ausgestaltung und Konkretisierung der Aussagen in Abs. 1 S. 1 und 2 ermächtigt. Diese erneute Änd. des Art. 87d I wirft indes mehr Fragen auf als sie klärt (→ Rn. 12, → Rn. 23 ff.). Sie führt daher zu neuen Streitigkeiten, die ständige Begleiter dieser Verfassungsnorm zu sein scheinen – zu Lasten der Rechtsklarheit und Rechtssicherheit.

## II. Unionsrechtliche Vorgaben

Die Luftverkehrspolitik der EG (EU) stand zunächst ganz im Zeichen einer **Harmonisierung** der   **4** Nutzung der knappen Ressource Luftraum. Diesem Ziel dienten der Beitritt zu EUROCONTROL[13] und die Vereinheitlichung der einschlägigen mitgliedstaatlichen Regelungen. Dies wurde etwa durch kompatible technische Spezifikationen der EG für die Beschaffung von Ausrüstungen und Systemen für das Flugverkehrsmanagement verwirklicht.[14] Dieser Ansatz ist dann zum umfassenden Konzept eines **einheitlichen europäischen Luftraums** (SES – Single European Sky) weiterentwickelt worden.[15] Es soll einerseits dessen optimale Nutzung, andererseits ein einheitliches hohes Sicherheitsniveau des Flugverkehrs garantieren. Das setzt neben stärkerer **Integration** des Betriebs des Luftraums durch seine Umstrukturierung in funktionale Luftraumblöcke[16] **Interoperabilität** des europ. Flugverkehrsmanagementnetzes voraus, die durch Festlegung grundlegender Anforderungen sichergestellt wird.[17]

Für **Flugsicherungsdienste**[18] hat die EU ebenfalls gemeinschaftliche Anforderungen aufgestellt,   **5** deren Einhaltung die nationalen Aufsichtsbehörden überwachen, um die sichere und effiziente Erbrin-

---

[6] Bestehen bei gemischt-wirtschaftlichen Unternehmen solche Ingerenzrechte, liegt eine funktionelle Privatisierung vor, dazu *Tams* NVwZ 2006, 1126 (1127); *Kirchhoff/Boewe* ZLW 56 (2007), 17 (27).

[7] Vgl. Begr. RegE, BT-Dr 12/1800, S. 3; BGHZ 69, 128 (131 f.); *Kämmerer,* Privatisierung, 2001, S. 287 f.; *Schoch,* Vereinbarkeit des Gesetzes zur Neuregelung der Flugsicherung mit Art. 87d GG, 2006, S. 16 f.; *Schwenk/ Giemulla,* Handbuch des Luftverkehrsrechts, 5. Aufl. 2019, S. 139 f.; aA *Graumann* ZLW 39 (1990), 247 (255); *Scherer* EuZW 2005, 268 (271).

[8] Danach liegt die Verantwortung für diese Aufgaben beim Bund, s. *Epping* JZ 1991, 1102 (1103 f.); iE ebenso *Trampler* (Fn. 2), S. 174 ff.; dieser haftet daher etwa für Schäden, die beim Vollzug der Aufgaben entstehen, die der DFS übertragen worden sind, s. LG Konstanz, Urt. v. 27.7.2006, Az. 4 O 234/05 H; dazu *Rupp* JZ 2006, 1033 f.; *Hobe* ZLW 56 (2007), 1 ff.; s. auch *Kämmerer* (Fn. 7), S. 291 f.

[9] Konkreter Anlass war die Weigerung des damaligen Bundespräsidenten *v. Weizsäcker,* das 10. LuftVGÄndG auszufertigen; dazu *Riedel/A. Schmidt* DÖV 1991, 371 ff.; *Epping* JZ 1991, 1102 ff.

[10] Vgl. *Lerche,* FS Franz Klein, 1994, S. 527 (535 ff.).

[11] S. die Unterrichtung des BTags durch BPräs *Köhler,* BT-Dr 16/3262; vgl. zum Ganzen *Schoch* (Fn. 7), S. 55 f., 61 ff.; *Droege* DÖV 2006, 861 ff.; *Giemulla* DVBl 2007, 719 ff.

[12] Der verfassungsändernde Gesetzgeber ist damit Forderungen des Schrifttums gefolgt, vgl. 5. Aufl., Rn. 32 mwN.

[13] Erwägungsgrund 13 VO (EG) Nr. 549/2004 („RahmenVO"); Beschl. des Rates 2004/636/EG v. 29.4.2004 (ABl EU Nr. L 304/209); zur Außenkompetenz der EU für den „Luftverkehr" EuGH EuZW 2003, 82 (88 ff.); dazu *Bittlinger,* FG Ruhwedel, 2004, S. 19 ff.

[14] RL 93/65/EWG v. 19.7.1993 (ABl EG Nr. L 187/52), die zum 25.10.2005 durch Art. 11 VO (EG) Nr. 552/ 2004 („Interoperabilitäts-VO") aufgehoben wurde, die inzwischen ebenfalls aufgehoben wurde (Fn. 17).

[15] Vgl. Art. 1 I VO (EG) Nr. 549/2004; Art. 1 I 1; Art. 3 Nr. 33 VO (EU) 2018/1139.

[16] Art. 1 I 2 und Art. 4 VO (EG) Nr. 551/2004; dazu *Horn* MKS III, Art. 87d Rn. 30.

[17] Art. 1 ff. VO (EG) Nr. 552/2004 iVm Anh. II, die gem. Art. 139 II VO (EU) 2018/1139 zum 11.9.2018 aufgehoben wurde.

[18] Dazu zählen neben Flugverkehrsdiensten (→ Rn. 24) Kommunikations-, Navigations- und Überwachungsdienste („CNS-Dienste") sowie Flugwetterdienste und Flugberatungsdienste, Art. 2 III, IV und XI VO (EG) Nr. 549/2004.

gung dieser Dienste zu gewährleisten.[19] Zugleich hat die Union nach Öffnung des innergemeinschaftlichen Luftverkehrs für Luftfahrtunternehmen der Gemeinschaft[20] und Liberalisierung der Bodenabfertigungsdienste[21] einen weiteren wichtigen Schritt zur Schaffung von **Wettbewerb** unternommen. **Flugsicherungsdienste** werden nunmehr von zertifizierten Flugsicherungsorganisationen als benannten Dienstleistern erbracht (→ Rn. 20).[22] Um Wettbewerbsverfälschungen zu vermeiden, müssen die Aufsichtsbehörden von den Flugsicherungsorganisationen unabhängig sein (**Trennungsgebot,** → Rn. 21). Die Organisationen müssen ungeachtet der Eigentumsverhältnisse und Rechtsform ihre Rechnungslegung veröffentlichen und von einer unabhängigen Stelle prüfen lassen.[23]

**5a**  Das **SES-Konzept** der EU wurde durch die VO (EG) Nr. 1070/2009 **weiterentwickelt,** die wesentliche Änd. der SES-VOen[24] vorsieht und als SES II bezeichnet wird. Dadurch sollen die Leistungen des europ. Luftverkehrssystems, also des Flugverkehrsmanagements (ATM) und der Flugsicherungsdienste (ANS), in Schlüsselbereichen wie **Umwelt, Kapazität und Kosteneffizienz** unter Beachtung der vorrangigen Sicherheitsziele **verbessert** werden.[25] Dazu wurden ein Leistungssystem für ATM und ANS eingerichtet,[26] die Zusammenarbeit zwischen den nationalen Aufsichtsbehörden untereinander und mit der neu errichteten Europ. Agentur für Flugsicherheit (EASA) verstärkt[27] und die Umsetzung funktionaler Luftraumblöcke gewährleistet.[28] Außerdem wurde die **grenzübergreifende Erbringung von Flugverkehrsdiensten** durch Dienstleister mit einem hierfür in der Union gültigen Zeugnis **erleichtert** (→ Rn. 20). Das war ein Grund für die jüngste Änd. des Art. 87d I (→ Rn. 3a).

**5b**  Den vorläufigen Schlusspunkt markiert die novellierte EASA-Verordnung der EU v. 4.7.2018.[29] Sie weist der Agentur der EU für Flugsicherheit (EASA) weitere Aufgaben zu, um in der Union ein hohes einheitliches Niveau der Flugsicherheit für Zivilluftfahrt sicherzustellen. Hierfür sind grundlegende Anforderungen vorgesehen, die mittels Durchführungsverordnung konkretisiert werden. Sie betreffen ua die Luftfahrzeuge, das fliegende Personal, den Flugbetrieb, die Fluglotsen sowie die Flugverkehrsmanagement- und Flugsicherungsdienste.[30]

## B. Bundesverwaltung (Abs. 1)

### I. Bundesverwaltung für Luftverkehrsverwaltung (Abs. 1 S. 1)

**6**  **1. Regelungsgehalt.** Der neu gefasste Art. 87d I 1 legt fest, dass die Luftverkehrsverwaltung (→ Rn. 15 ff.) in Bundesverwaltung geführt wird. Das ist – isoliert betrachtet – eine obligatorische Anordnung in Bezug auf die Verwaltungskompetenz und die Verwaltungsform, von der aber gem. Art. 87d II durch zustimmungsbedürftiges Bundesgesetz abgewichen werden kann (→ Rn. 29). Infolge dieser fakultativen Durchbrechung enthält Abs. 1 S. 1 letztlich nur einen **Grundsatz.**[31] Aus Sicht der Regel des landeseigenen Vollzugs von Bundesgesetzen gem. Art. 30, 83 Hs. 1 nutzt Art. 87d I 1 den Vorbehalt in Art. 83 Hs. 2 Alt. 1, indem er kompetenz- und organisationsrechtlich „etwas anderes bestimmt".[32]

**7**  **a)** Art. 87d I 1 weist dem **Bund** weiterhin die **Verwaltungskompetenz** für die Luftverkehrsverwaltung zu.[33] Die Umstellung von „bundeseigene Verwaltung" auf „Bundesverwaltung" (→ Rn. 3a) berührt nicht die Verwaltungszuständigkeit des Bundes.[34]

---

[19] Art. 1, 2 und 6 VO (EG) Nr. 550/2004 („Flugsicherungsdienste-VO"); dies geschieht insbes. durch Zertifizierung von Flugsicherungsorganisationen, Art. 7 I und III VO (EG) Nr. 550/2004; → Rn. 25.

[20] Art. 3 I VO (EWG) Nr. 2408/92; Art. 1 I, 3 f. VO (EWG) Nr. 2407/92, die durch VO (EU) Nr. 1008/2008 aufgehoben und ersetzt wurden, s. insbes. Art. 15 f., 27 dieser VO; zur Zulässigkeit eines eingeschränkten Zugangsentgelts für die Nutzung von Flughafeneinrichtungen s. EuGH NVwZ 2004, 84 (85 ff.); Art. 3 Nr. 23 VO (EU) 2018/1139.

[21] Art. 6 I RL 96/67/EG; dazu EuGH NVwZ 2005, 1048 (1049).

[22] Art. 8 ff. und Erwägungsgrund 13 VO (EG) Nr. 550/2004.

[23] Vgl. Art. 4 II VO (EG) Nr. 549/2004, Art. 12 I VO (EG) Nr. 550/2004; dazu *Scherer* EuZW 2005, 268 (269 f.); *Droege* DÖV 2006, 861 (862); *Schoch* (Fn. 7), S. 13, 68.

[24] VO (EG) Nr. 549 bis 552/2004.

[25] Dazu soll insbes. der ATM-Masterplan umgesetzt werden, der die Gesamteffizienz des Flugverkehrsmanagements steigern soll, vgl. Erwägungsgründe 5 und 6 sowie Art. 1 Nr. 1 und 2 lit. h VO (EG) Nr. 1070/2009.

[26] So der durch Art. 1 Nr. 5 VO (EG) Nr. 1070/2009 neu gefasste Art. 11 VO (EG) Nr. 549/2004.

[27] Vgl. Art. 17 ff. VO (EG) Nr. 216/2008, die inzwischen durch Art. 119 II VO (EU) 2018/1139 aufgehoben wurde; Art. 13a VO (EG) Nr. 549/2004 und Art. 2 VO (EG) Nr. 550/2004.

[28] Art. 9a VO (EG) Nr. 550/2004; zur Erleichterung dieser Aufgabe kann ein Koordinator nach Art. 9b dieser VO benannt werden.

[29] VO (EU) 2018/1139 (ABl EU Nr. L 212/1).

[30] Vgl. Art. 9 ff., 20 ff., 29 ff., 40 ff., 49 ff. und 62 ff. VO (EU) 2018/1139; dazu *Schaefer* DVBl 2019, 153 ff.

[31] Vgl. zu Art. 87d I 1 aF BVerfGE 97, 198 (226); BVerwGE 95, 188 (191); gegen einen Vorrang von Abs. 1 S. 1 gegenüber Abs. 2 *Horn* MKS III, Art. 87d Rn. 5 f., 38.

[32] *Schwarz*, in: Maunz/Dürig, Art. 87d (2011) Rn. 8 ff.; *Pabst/Schwartmann* BK, Art. 87d (2011) Rn. 5.

[33] Zu den Gründen vgl. Begr. RegE, BT-Dr III/1534, S. 3; ausführlich 7. Aufl., Art. 87d Rn. 7.

[34] Vgl. *Horn* MKS III, Art. 87d Rn. 6.

**b)** Die Zuweisung der Verwaltungskompetenz durch Abs. 1 S. 1 legitimiert materiell-rechtlich die **8** Wahrnehmung der Luftverkehrsverwaltung durch den Bund.[35] Darin ist zugleich eine **staatsauf-gabenrechtliche Garantie** enthalten, dass ein Kernbestand an Aufgaben dieses Bereichs, etwa die Luftsicherheit und die Flugverkehrsdienste der Flugsicherung (→ Rn. 24), zwingend in der Verant-wortung des Bundes liegen muss. Dieses Aufgabenreservat **schließt** nicht nur eine **Aufgabenprivati-sierung aus**,[36] sondern beinhaltet auch eine besondere Gewährleistungsverantwortung für den Luft-verkehr (→ Rn. 18a).

Der in Abs. 1 S. 1 neu aufgenommene Begriff „Bundesverwaltung" hat am Fortbestand dieser **8a** Verantwortung des Bundes nichts geändert, sondern nur die Beschränkungen bei ihrer Wahrnehmung gelockert, die sich aus dem Merkmal „bundeseigene Verwaltung" in Abs. 1. S. 1 aF ergaben (→ Rn. 9). Dieses Verständnis entspricht dem Willen des verfassungsändernden Gesetzgebers, wonach Luftverkehrsverwaltung weiterhin hoheitlich zu führen ist,[37] und steht zudem im Einklang mit dem unionsrechtlich bedingten Vorbehalt in Abs. 1 S. 2 (dazu → Rn. 20ff.).

**c)** Die Änd. des Abs. 1 S. 1 erweitert die **organisationsrechtlichen Gestaltungsmöglichkeiten** **9** des Bundes. Während „bundeseigene Verwaltung" in Abs. 1 S. 1. aF wegen des Nexus zu der Differenzierung in Art. 86 S. 1 überwiegend als „unmittelbare Bundesverwaltung" verstanden wur-de,[38] ist „Bundesverwaltung" ein Oberbegriff, der neben den in Art. 86 S. 1 genannten Organisations-formen auch weitere Gestaltungsvarianten umfasst, sofern sie sich auf den Bund zurückführen lassen, dieser also ausreichende Direktionsmacht besitzt.[39]

Eine zweifelsfrei zulässige Ausgestaltung der Bundesverwaltung iSv Abs. 1 S. 1 ist die **bundes-** **10** **unmittelbare Verwaltung.** Der Bund kann wie bisher bundeseigene Mittel- und Unterbehörden fakultativ errichten, da der Normtext keine Anhaltspunkte für ein abweichendes Verständnis enthält.[40] Er unterliegt dabei nicht den Voraussetzungen des Art. 87 III 2, da Art. 87 III vollständig durch Art. 87d I als lex specialis verdrängt wird. Diese schon für Art. 87d I aF maßgebliche Auffassung[41] wird durch den weiter gefassten Begriff der Bundesverwaltung nicht in Frage gestellt, sondern untermau-ert.[42] Die Entscheidung über die Konstituierung eines **eigenen Verwaltungsunterbaus** weist der Regelungsvorbehalt in Art. 87d I 3 dem Bundesgesetzgeber zu, der dabei nicht der Zustimmung des BRates bedarf (→ Rn. 27). Er hat von dieser Befugnis etwa durch Errichtung des Bundesaufsichtsamts für Flugsicherung Gebrauch gemacht, das als Bundesoberbehörde im Geschäftsbereich des BMin-Verkehrs errichtet wurde.[43] Dagegen regelt Art. 87d I 1 und 3 **nicht** die **Ministerialebene**, dh Errichtung und konkrete Aufgaben dieses Ministeriums als oberste Bundesbehörde. Grundlage hierfür ist vielmehr die Organisationsgewalt des Bundeskanzlers (Art. 64 I).[44]

Abweichend von der früheren Rechtslage lässt Abs. 1 S. 1 Luftverkehrsverwaltung in **mittelbarer** **11** **Bundesverwaltung** durch bundesunmittelbare Körperschaften oder Anstalten des öff. Rechts iSd Art. 86 S. 1 Hs. 1 Alt. 2 zu.[45] Das entspricht dem ausdr. Willen des Gesetzgebers.[46] Zudem ist durch Ersetzung des Begriffs „bundeseigene Verwaltung" durch den offeneren Begriff „Bundesverwaltung" in Art. 87d I der Argumentation der Boden entzogen worden, die das Verbot mittelbarer Bundes-verwaltung als Kehrseite des Gebots unmittelbarer Bundesverwaltung verstand, das sich seinerseits aus dem Merkmal „bundeseigene Verwaltung" ergab.[47] Die Entscheidung für mittelbare Bundesverwal-tung erfolgt gem. Art. 87d I 3 durch Bundesgesetz.

**Bundesverwaltung** iSv Art. 87d I 1 kann grds. (zu Einschränkungen → Rn. 13) auch **durch** **12** **Privatrechtssubjekte** wahrgenommen werden, sofern der Bund über **ausreichende Ingerenzrech-te** verfügt, um seiner Gewährleistungsverantwortung für die erforderliche Ordnung des Luftverkehrs nachzukommen.[48] Die notwendigen Ingerenzrechte müssen über die allg. Staatsaufsicht hinausgehen und dem Bund bestimmenden Einfluss verleihen, so dass die Handlungen der Stelle auf ihn zurück-

---

[35] S. auch *Horn* MKS III, Art. 87d Rn. 12.
[36] Vgl. *Hermes,* Staatliche Infrastrukturverantwortung, 1998, S. 344ff.; *Kämmerer* (Fn. 7), S. 284; *Scherer* EuZW 2005, 268 (271); *Droege* DÖV 2006, 861 (864); *Durner,* in: Friauf/Höfling, Art. 87d (2006) Rn. 16; *Ibler,* in: Maunz/ Dürig, Art. 86 (2008) Rn. 110; aA *Horn* MKS III, Art. 87d Rn. 12f.
[37] S. die Begr. des 56. GG-ÄndG-E, BT-Dr 16/13105, S. 6.
[38] Begr. RegE, BT-Dr 12/1800, S. 3; *Dittmann,* Die Bundesverwaltung, 1983, S. 205; *Lerche* (Fn. 10), S. 527 (528); aA *Giemulla/Wenzler* DVBl 1989, 283 (284).
[39] S. auch *Ibler,* in: Maunz/Dürig, Art. 86 (2008) Rn. 86, 90ff., der Art. 86 als Grundnorm versteht.
[40] Zu den früheren Fassungen des Art. 87d I 1 *Köttgen* JöR nF 11 (1962), 173 (237).
[41] *Kölble* DÖV 1962, 661 (666 mit Fn. 37); *Hermes,* in: Dreier III, Art. 87d Rn. 31; *Pieroth,* in: Jarass/Pieroth, Art. 87d Rn. 1.
[42] Vgl. *Remmert,* in: Epping/Hillgruber, Art. 87d Rn. 5.
[43] § 1 I 1 u. II 1 BAFG.
[44] So *Uerpmann-Wittzack,* in: v. Münch/Kunig II, Art. 87d Rn. 9 mwN.
[45] Vgl. *Horn* MKS III, Art. 87d Rn. 23.
[46] S. die Begr. des 56. GG-ÄndG-E, BT-Dr 16/13105, S. 6.
[47] *Dittmann* (Fn. 38), S. 205; iE ebenso *Lerche* (Fn. 10), S. 527 (528, 531ff.); aA *Trampler* (Fn. 2), S. 108.
[48] Der Wegfall der Ermächtigung in Art. 87d I 2 aF steht dem nicht entgegen, da die Änderung des Art. 87d I die organisationsrechtlichen Gestaltungsmöglichkeiten des Bundes erweitert hat.

geführt werden können.[49] Diese Befugnisse können durch Gesetz oder Vertrag begründet werden. Die aus der Eigentümerstellung abgeleiteten gesellschaftsrechtlichen Einflussnahmemöglichkeiten des Bundes im Rahmen der Beteiligungsverwaltung genügen hierfür nur, wenn sie allein oder iVm ör Ingerenzrechten eine wirksame Steuerung sicherstellen. Notwendige, aber nicht hinreichende Bedingung für eine Steuerung mit Instrumenten des Gesellschaftsrechts ist das Allein- oder Mehrheitseigentum des Bundes an dem Rechtssubjekt.[50] Reichweite und Wirksamkeit der Einwirkungsoptionen des Bundes als Eigentümer der Gesellschaft hängen von ihrer Rechtsform und dem danach maßgeblichen Gesellschaftsrecht ab; bei einer AG sind sie durch das AktG stärker beschränkt als bei einer GmbH.[51] Bei ausländischen Unternehmen ist die erschwerte Durchsetzbarkeit zu berücksichtigen. Gesellschaftsrechtliche Einflussnahmemöglichkeiten reichen bei ihnen ohne zusätzliche öffentlich-rechtliche Ingerenzrechte idR nicht aus. Die DFS ist eine GmbH, deren Anteile ausschließlich vom Bund gehalten werden (§ 31b I LuftVG; → Rn. 23).

13    **d)** Art. 87d I 1 lässt neben der formellen auch eine **funktionelle Privatisierung der Luftverkehrsverwaltung** grds. zu, sofern der Bund über ausreichende Ingerenzrechte verfügt.[52] Allerdings bleibt Luftverkehrsverwaltung gem. Abs. 1 S. 1 eine Hoheitsaufgabe,[53] deren Kernbestand, z. B. Flugverkehrsdienste (→ Rn. 23), hoheitlich wahrgenommen werden muss. Daraus ergeben sich über das Verbot einer Aufgabenprivatisierung (→ Rn. 8) hinaus Beschränkungen für eine funktionelle Privatisierung, die im Rahmen des Merkmals „Bundesverwaltung" zu beachten sind.[54] Zwar können auch Privatrechtssubjekte hoheitliche Mittel einsetzen; das erfordert jedoch eine Beleihung auf rechtlicher Grundlage.[55] Sie führt zu unmittelbarer Grundrechtsbindung des Handelnden und bindet diesen in die staatliche Aufgabenerfüllung ein, so dass iE nur eine Organisationsprivatisierung vorliegt (→ Rn. 23).

14    **e)** Das Merkmal „Bundesverwaltung" in Art. 87d I 1 lässt grds. auch eine **Kapitalprivatisierung** zu, wie sie das gescheiterte Gesetz zur Neuregelung der Flugsicherung für die DFS vorsah (→ Rn. 3a).[56] Allerdings muss aufgrund der in Art. 87d I 1 angelegten Gewährleistungsverantwortung des Bundes sichergestellt sein, dass dieser nach Aufgabe der Eigentumsanteile weiterhin ausreichende öffentlich-rechtliche und/oder privatrechtliche Einwirkungsbefugnisse gegenüber dem Privatrechtssubjekt (Unternehmen) besitzt, um seinen Willen durchzusetzen.[57]

15    **2. Tatbestandsmerkmale. a)** Der Begriff **„Luftverkehr"**[58] in Art. 87d wird inhaltsgleich wie in Art. 73 I Nr. 6 weit ausgelegt.[59] Er umfasst neben dem Flugverkehr im eigentlichen Sinne sämtliche mit dem Flugwesen unmittelbar zusammenhängenden Tätigkeiten, Anlagen und Einrichtungen,[60] insbes. die für den Luftverkehr geeigneten und bestimmten Verkehrsmittel (Luftfahrzeuge,[61] z. B. Hubschrauber) und die dem Luftverkehr dienenden Bodenanlagen[62] (z. B. Flugplätze) sowie die Luftverkehr betreibenden oder in ihm beschäftigten Personen[63] (z. B. Luftfahrtunternehmen, Flugpersonal). Zum Luftverkehr gehört auch die Raumfahrt (mit Raketen, Raumfahrzeugen oder ähnl. Flugkörpern) innerhalb der Lufthülle der Erde, sofern sie auf der Erde beginnt und endet.[64] § 1 II 2 LuftVG hält sich somit in den Grenzen des Art. 87 d.

16    Der Geltungsbereich des Art. 87d beschränkt sich auf die **Luftverkehrsverwaltung,** was nicht im organisatorischen, sondern im funktionellen Sinne zu verstehen ist.[65] Sie umfasst die gesamte auf den

---

[49] Vgl. *Horn* MKS III, Art. 87d Rn. 21.

[50] S. auch *Horn* MKS III, Art. 87d Rn. 27; enger *Remmert,* in: Epping/Hillgruber, Art. 87d Rn. 5, 17, die dies nur für Eigengesellschaften des Bundes zulässt.

[51] Krit. zum Umfang der bestehenden Aufsichtsrechte *Pabst/Schwartmann* DÖV 1998, 315 (316 ff.).

[52] Vgl. *Horn* MKS III, Art. 87d Rn. 27.

[53] So die Begr. des 56. GG-ÄndG-E, BT-Dr 16/13 105, S. 6.

[54] Vgl. *Remmert,* in: Epping/Hillgruber, Art. 87d Rn. 14 f., wonach dieser privatisierungsfeste Kernbestand von Aufgaben vom Bund mit eig. Behörden, also in unmittelbarer Bundesverwaltung, zu erfüllen ist.

[55] Vgl. *Durner,* in: Friauf/Höfling, Art. 87d (2006) Rn. 22, ebda, auch zu weiteren Mechanismen zur Sicherung hoheitlicher Aufgabenerfüllung, z. B. durch Verwaltungshelfer.

[56] Zu möglichen Modellen einer Privatisierung der DFS *Hobe/Plingen* ZLW 56 (2007), 349 (353 ff.).

[57] S. in Bezug auf die gescheiterte Kapitalprivatisierung der DFS *Schoch* (Fn. 7), S. 47 ff.; *Remmert,* in: Epping/ Hillgruber, Art. 87d Rn. 17.

[58] Früher wurde zT als Synonym der Begriff „Luftfahrt" verwendet, *Darsow* ZL 8 (1959), 222 (228 f.); s. auch *Baumann,* Private Luftfahrtverwaltung, 2002, S. 5; *Schwenk/Giemulla,* Rn. 4 f.

[59] Vgl. *Böckstiegel/Reifarth* ZLW 34 (1985), 3 (6); *Uerpmann-Wittzack,* in: v. Münch/Kunig II, Art. 87d Rn. 5; aA *Mechlem,* Rechtsgrundlagen für Sicherungsmaßnahmen von Luftfahrtbehörden und Luftfahrtunternehmen gegen Angriffe auf den Luftverkehr, Diss. Augsburg 1991, S. 25.

[60] *Schwarz,* in: Maunz/Dürig, Art. 87d (2011) Rn. 15; auch HessStGH NJW 1982, 1141 (1142).

[61] Art. 3 Nr. 28 VO (EU) 2018/1139; zur Abgrenzung gegenüber Luftfahrgeräten *Schwenk* ZLW 43 (1994), 143 ff.

[62] Vgl. *Schwarz,* in: Maunz/Dürig, Art. 87d (2011) Rn. 18.

[63] *Horn* MKS III, Art. 87d Rn. 17, stellt auf die spezifische Befassung mit dem Luftverkehr ab; s. auch BVerwGE 95, 188 (191).

[64] *Bittlinger,* Hoheitsgewalt und Kontrolle im Weltraum, 1988, S. 168 f.; aA *Schwarz,* in: Maunz/Dürig, Art. 87d (2011) Rn. 16; s. auch *Spude,* Raumfahrt als Staatsaufgabe, 1995, S. 99; gegen eine Begrenzung auf den Luftverkehr innerhalb der Lufthülle der Erde *Bull* AK GG, Art. 87d Rn. 5; s. auch *Rehm* DÖV 1963, 13.

[65] Zutreffend *Baumann* (Fn. 58), S. 6 f.

Luftverkehr bezogene Verwaltungstätigkeit,[66] namentlich die als **Luftaufsicht** bezeichnete Abwehr betriebsbedingter Gefahren für die Sicherheit des Luftverkehrs sowie für die öff. Sicherheit oder Ordnung durch die Luftfahrt (§ 29 I 1 LuftVG), etwa infolge eines drohenden Flugzeugabsturzes. Zur Luftverkehrsverwaltung gehören auch die Flughafenkoordinierung (§ 27a LuftVG), die Genehmigung und ggfs. Planfeststellung des Baus und Betriebs von Flugplätzen (§§ 6 ff. LuftVG)[67] sowie die **Flugsicherung** zur sicheren, geordneten und flüssigen Abwicklung des Luftverkehrs (§§ 27c ff., § 31b LuftVG, → Rn. 24).

Art. 87d unterfällt auch die Abwehr äußerer Gefahren für den Luftverkehr, z. B. durch Sabotageakte **17** oder Flugzeugentführungen, also die sonderpolizeiliche Aufgabe „**Luftsicherheit**", die im LuftSiG eigenständig geregelt ist.[68] Sie ist notwendige Voraussetzung eines ordnungsgemäßen Luftverkehrs und aufgrund dieses engen sachlichen Zusammenhangs der Luftverkehrsverwaltung zuzuordnen,[69] erlaubt etwa in Abstimmung mit dem Luftfahrzeugführer die Begleitung des Flugzeugs durch Bundespolizisten (§ 4a BPolG). Dieser Konnex besteht auch bei Maßnahmen zum Schutze der Allgemeinheit und von Gebäuden gegen die missbräuchliche Verwendung eines Luftfahrzeugs als Angriffsinstrument. Die **Abwehr terroristischer Flugzeugangriffe** ist als luftraumbezogene Gefahrenabwehr Teil der **Luftverkehrsverwaltung.**[70] Die Luftsicherheitsbehörden werden dabei gem. Art. 35 II 2 oder III iVm Art. 87a II durch die Streitkräfte unterstützt, die unter engen Voraussetzungen militärische Mittel einsetzen dürfen, wenn dadurch die strikten Begrenzungen des Art. 87a IV nicht unterlaufen werden.[71]

Nicht zur Luftverkehrsverwaltung gehören das Erbringen der **Luftverkehrsleistung** (z. B. Durch- **18** führung einer Flugreise) und das Betreiben der **Luftverkehrsinfrastruktur** (z. B. Bereithaltung der Abfertigungsschalter),[72] Letzteres aber mit der Einschränkung, dass sie nicht der Luftverkehrsverwaltung dient, wie z. B. die Errichtung und Unterhaltung von Flugsicherungsanlagen. IÜ werden diese Tätigkeiten von Art. 87d nicht erfasst und bleiben dem grundrechtlich geschützten privatwirtschaftlichen Bereich überlassen. Ihrer von der EU schon früh geforderten Liberalisierung, zumal dem freien Zugang zum Markt der Bodenabfertigungsdienste auf den Flughäfen in der Union,[73] stehen weder Text noch Zweck des Art. 87d I entgegen. Die Norm trifft auch keine Aussage über die Zulässigkeit einer Beteiligung des Bundes oder der Länder und Gemeinden an (Luftfahrt-)Unternehmen (z. B. Münchener Flughafen Gesellschaft, Fraport AG).[74]

Allerdings muss der Staat aufgrund seiner aufgabenrechtlichen Verantwortung (Rn. 8) und der **18a** unionsrechtlichen Vorgaben (→ Rn. 5a f.) einen sicheren, effektiven und umweltschonenden Luftverkehr sicherstellen. Dies geschieht zunächst durch die staatliche Luftaufsicht (Rn. 16), aber auch dadurch, dass er die für einen solchen Luftverkehr erforderlichen Voraussetzungen schafft oder deren Bereitstellung gewährleistet. Das betrifft neben der Infrastruktur zunehmend die Verteilung der knappen Ressource „Luftraum" für die Beförderung von Personen und Gütern.[75] Der Staat muss bei diesen Entscheidungen auch darauf achten, inwieweit diese privatwirtschaftlichen Tätigkeiten zugleich dem Gemeinwohl dienen, z. B. durch Verbesserung der Mobilität.[76]

**b)** Für die Luftverkehrsverwaltung ordnet Abs. 1 S. 1 zwingend die Wahrnehmung durch **Bundes-** **19** **verwaltung** an. Diese verfassungsunmittelbare Zuordnung ist mit dem Regelungsvorbehalt in Abs. 1 S. 3 verknüpft. Er überantwortet dem Bundesgesetzgeber die Festlegung der konkreten Organisationsform, die sich in den Grenzen des Merkmals „Bundesverwaltung" halten muss (→ Rn. 9 ff.,

---

[66] Wegen der Grundrechtsrelevanz bzw. der gesellschaftlichen, wirtschaftlichen oder politischen Bedeutung dieses Handelns liegt grds. gesetzesgebundene Verwaltung vor, vgl. BVerwGE 82, 246 (255 f.); „gesetzesfreie Verwaltung" gibt es allenfalls in Randbereichen, *Uerpmann-Wittzack,* in: v. Münch/Kunig II, Art. 87d Rn. 8.

[67] Zur luftverkehrsrechtlichen Planfeststellung BVerwGE 56, 110 (116); 58, 344 (347 f.); 62, 30 (31 f.); 75, 214 (217); *Hermes,* in: Dreier III, Art. 87d Rn. 22.

[68] S. insbes. §§ 1–12, 16 LuftSiG, die durch die Nichtigerklärung von § 14 III LuftSiG aF (BVerfGE 115, 118 [139 ff.]) und § 13 III 2 u. 3 LuftSiG nicht berührt werden, BVerfGE 133, 241, Rn. 53 ff.

[69] BVerfGE 97, 198 (223); BVerwGE 95, 188 (191 f.).

[70] Vgl. BVerwGE 95, 188 (191 f.), wonach die Luftverkehrsverwaltung nicht auf Abwehr betriebsbedingter Gefahren beschränkt ist; für die Gesetzgebung besteht eine Annexkompetenz zu Art. 73 I Nr. 6, BVerfGE 132, 1, Rn. 17 ff.; s. auch *Papier* DVBl 1992, 1 (6); *P. Schneider,* Die Abwehr äußerer Gefahren im Luftverkehr, 1993, S. 13 ff.; *Baldus* NVwZ 2004, 1278 (1280); *Schenke* NJW 2006, 736 (737); anders *Ladiges,* Die Bekämpfung nicht-staatlicher Angreifer im Luftraum, 2. Aufl. 2013, S. 274.

[71] BVerfGE 132, 1, Rn. 24 f., 31, 40 ff., 50 f.; krit. *Ladiges* NVwZ 2012, 1225 (1226 f.); anders noch BVerfGE 115, 118 (139 ff.); s. auch § 13 I, II, III 1, IV, §§ 14 u. 15 LuftSiG.

[72] Vgl. *Schwarz,* in: Maunz/Dürig, Art. 87d (2011) Rn. 20; s. auch *Bull* AK GG, Art. 87d Rn. 6: „technische Sicherungsverwaltung", nicht „Betriebsverwaltung".

[73] Die Liberalisierung dieser Dienste geht auf die RL 96/67/EG zurück, die durch §§ 19c, 32 I 1 Nr. 3a LuftVG iVm der BADV umgesetzt worden ist; s. auch → Rn. 5.

[74] Vgl. *Püttner,* Die öffentlichen Unternehmen, 2. Aufl. 1985, S. 22 ff., 45 ff.; *Hermes,* in: Dreier III, Art. 87d Rn. 16; anders *Pieroth,* in: Jarass/Pieroth, Art. 87d Rn. 1.

[75] Eine wirtschaftlich bedeutende Rolle werden dabei unbemannte Luftfahrzeuge („Drohnen") spielen, dazu im unionsrechtlichen Kontext *Josipovic* NVwZ 2019, 438 ff.; *Krumm* EuZW 2019, 114 ff.

[76] Exemplarisch hierfür sind Lufttaxi-Dienste, wie sie etwa die Lilium GmbH plant.

→ Rn. 23). In diesem Rahmen sind Kombinationen und Mischlösungen bei der Ausgestaltung zulässig.[77]

## II. Wahrnehmung der Aufgaben der Flugsicherung (Abs. 1 S. 2)

20    **1. Anlass und Ziele der Neuregelung.** Nach Art. 87d I 2 können Aufgaben der Flugsicherung auch durch ausländische Flugsicherungsorganisationen wahrgenommen werden, die nach Recht der EU zugelassen sind. Diese Neuregelung, die gem. Art. 87d I 3 vom Bundesgesetzgeber zu konkretisieren ist (→ Rn. 28), verfolgt vor allem zwei Ziele: Zum einen soll die in grenznahen Gebieten bestehende Verwaltungspraxis, **Flugsicherungsdienste von Organisationen des angrenzenden Staates** erfüllen zu lassen, verfassungsrechtlich abgesichert werden.[78] Zum anderen sollen die verfassungsrechtlichen **Voraussetzungen für** die uneingeschränkte deutsche Beteiligung an der Herstellung eines **einheitlichen europ. Luftraums** geschaffen werden.[79] Nach der SES-Konzeption der EU werden Flugverkehrsdienste von zertifizierten Flugsicherungsorganisationen, die von den Mitgliedstaaten als Dienstleister benannt worden sind, erbracht.[80] Diese Organisationen können öffentliche oder private Stellen sein, die Flugsicherungsdienste für den allg. Flugverkehr erbringen.[81] Bei Erbringung grenzübergreifender Dienste dürfen sie keinen Beschränkungen durch das nationale Rechtssystem hinsichtlich der Eigentumsverhältnisse und der Betriebsstätte unterliegen.[82]

21    Die staatliche Gewährleistungsverantwortung kann in diesem Bereich nicht mehr durch Beteiligungsverwaltung, sondern nur durch nationale Aufsichtsbehörden sichergestellt werden, die von den Flugsicherungsorganisationen zumindest durch **funktionale Trennung** unabhängig sein müssen.[83] Technische Unterstützungsdienste für die Flugsicherung (CNS-Dienste [→ Rn. 24] und Flugberatungsdienste) sind nach EU-Recht nicht mehr Teil der hoheitlich wahrzunehmenden Luftverkehrsverwaltung, sondern sollen unter Aufrechterhaltung eines hohen Sicherheitsniveaus zu Marktbedingungen organisiert werden.[84] Die Einfügung des Art. 87d I 2 soll verhindern, dass dadurch der Rahmen grundgesetzlich zulässiger Gestaltungen überschritten wird.[85] Die angestrebte **Konformität mit Unionsrecht** soll somit nicht durch eine Kollisionsnorm, sondern durch eine **Öffnungsklausel** herbeigeführt werden.[86] Sie soll die Einschränkung der auch bei Bundesverwaltung iSv Art. 87d I 1 grds. hoheitlich wahrzunehmenden Flugsicherung legitimieren, wenn und soweit zwingende Vorgaben des EU-Rechts dies gebieten.

22    **2. Bedeutung.** Die Bedeutungsschichten des Art. 87d I 2 ergeben sich aus diesen Zielen und dem in Bezug genommenen EU-Recht. Er lässt die unionsrechtlich gebotene **funktionelle Privatisierung** von Aufgaben der Flugsicherung und den Rückzug des Staates auf eine hoheitliche Beaufsichtigung der öffentlichen oder privaten Flugsicherungsorganisationen zu. Außerdem erkennt Art. 87d I 2 nach seinem Wortlaut („auch durch") die von der EU vorangetriebene **Liberalisierung** der Flugsicherungsdienste an, die grds. im Wettbewerb durch zertifizierte nationale und ausländische Flugsicherungsorganisationen erbracht werden sollen.[87]

23    **3. Verhältnis zu Abs. 1 S. 1.** Die Öffnungsklausel des Art. 87d I 2 ist keine gleichrangig und unabhängig neben Art. 87d I 1 stehende Alternative,[88] sondern ein **Unterfall dieser Regelung.** Das folgt aus dem Wortlaut und der Entstehungsgeschichte des Abs. 1 S. 2, dem auch über Abs. 1 S. 3 geknüpften systematischen Zusammenhang mit Abs. 1 S. 1 sowie dem Zweck der Regelung. Die gem. Abs. 1 S. 1 grds. hoheitlich organisierte Luftverkehrsverwaltung für die Flugsicherung soll für abweichende Vorgaben der EU geöffnet werden.[89] Eine Friktion mit dem Merkmal „Bundesverwaltung" kann durch Differenzierung innerhalb der Flugsicherungsdienste vermieden werden. Für die danach gebotene Zuordnung zum Bund reichen Ingerenzrechte grds. aus, sofern sie eine wirksame Einfluss-

[77] *Horn* MKS III, Art. 87d Rn. 25.

[78] Der Handlungsbedarf wurde angesichts des Luftverkehrsunfalls vom 1.7.2002 in Überlingen besonders deutlich; dazu LG Konstanz, Urt. v. 27.7.2006, Az. 4 O 234/05 H; *Rupp* JZ 2006, 1033 f.

[79] Begr. des 56. GG-ÄndG-E, BT-Dr 16/13105, S. 6.

[80] Art. 8 I VO (EG) Nr. 550/2004; zu Flugverkehrsdiensten gem. Art. 2 XI VO (EG) Nr. 549/2004 als Unterfall von Flugsicherungsdiensten → Rn. 24.

[81] Vgl. Art. 2 V u. XXVI VO (EG) Nr. 549/2004; zu Flugsicherungsdiensten gem. Art. 2 IV VO (EG) Nr. 549/2004 → Rn. 24.

[82] Art. 8 II VO (EG) Nr. 550/2004; zum Begriff „grenzübergreifende Dienste", der Flugsicherheitsdienste betrifft, s. Art. 2 XXXXI VO (EG) Nr. 549/2004.

[83] Zu diesem Trennungsgebot s. Art. 4 II VO (EG) Nr. 549/2004; → Rn. 5.

[84] Vgl. Erwägungsgrund 13 zu VO (EG) Nr. 550/2004; s. auch § 27c II 3 LuftVG; dagegen enthält EU-Recht für Flugverkehrsdienste bisher keine derartige Privatisierungsvorgabe.

[85] So die Begr. des 56. GG-ÄndG-E, BT-Dr 16/13105, S. 6.

[86] Das belegt auch die Genese des Art. 87d I, vgl. BT-Dr 16/13105, S. 5, 9; BR-Dr 561/09; 8. Aufl. Fn. 82.

[87] Das gilt etwa für die CNS-Dienste, vgl. Erwägungsgrund 13 zu VO (EG) Nr. 550/2004.

[88] So aber *Horn* MKS III, Art. 87d Rn. 8, wonach die Öffnungsklausel impliziere, dass insoweit keine Bundesverwaltung mehr stattfinde.

[89] Begr. des 56. GG-ÄndG-E, BT-Dr 16/13105, S. 7; *Remmert,* in: Epping/Hillgruber, Art. 87d Rn. 11 ff.

nahme des Bundes gewährleisten. Sie kann bei **Unterstützungsdiensten** für die Flugsicherung (→ Rn. 21) auch gegenüber ausländischen Flugsicherungsorganisationen durch besondere ör Aufsichts- und Kontrollbefugnisse begründet werden.[90]

Allerdings muss bei **Flugverkehrsdienste** als hoheitlichen Kernbereich der Flugsicherungsdienste 23a (→ Rn. 13) zudem die hoheitliche Wahrnehmung gewährleistet sein.[91] Hierfür bietet sich bei nationalen Flugsicherungsorganisationen eine **Beleihung** an, wie sie derzeit in Bezug auf die DFS als Eigengesellschaft des Bundes (GmbH) durch § 27c II 1 Nr. 1, § 31b I LuftVG iVm § 1 FS-AuftragsV in unions- und verfassungskonformer Weise erfolgt ist. Bei ausländischen Flugsicherungsorganisationen kann die Ausübung von Hoheitsgewalt auch auf andere Weise, etwa durch völkerrechtliche Vereinbarung, Organleihe oder Mandat, sichergestellt werden.[92]

**4. Merkmale des Abs. 1 S. 2. a)** Die Öffnungsklausel des Art. 87d I 2 beschränkt sich sachlich auf 24 **Aufgaben der Flugsicherung,** die einen wichtigen Teilbereich der Luftverkehrsverwaltung bilden. Dazu gehören nach den unmittelbar geltenden Vorgaben der SES-RahmenVO der EU,[93] die in § 27c II LuftVG abgebildet worden sind, folgende Flugsicherungsdienste: Flugverkehrsdienste, Kommunikations-, Navigations- und Überwachungsdienste (CNS-Dienste), Flugwetter- und Flugberatungsdienste. Flugverkehrsdienste als hoheitlich wahrzunehmenden Kernbereich der Flugsicherungsdienste und der Luftverkehrsverwaltung (→ Rn. 23) umfassen Fluginformationsdienste, Flugalarmdienste, Flugverkehrsberatungsdienste und Flugverkehrskontrolldienste. Dagegen sind die anderen Dienste sog. Unterstützungsdienste, für die das Gebot hoheitlicher Wahrnehmung nicht gilt (→ Rn. 21, → Rn. 23).

**b)** In personeller Hinsicht zielt Art. 87d I 2 auf **ausländische Flugsicherungsorganisationen,** 25 **die nach dem Recht der EU zugelassen** sind. Darunter versteht man öff. oder private Stellen, die Flugsicherungsdienste für den allg. Flugverkehr erbringen und ihren Sitz im Ausland haben.[94] Art. 87d I 2 schließt zwar nationale Flugsicherungsorganisationen von der Erbringung der Flugsicherungsdienste nicht aus, sondern öffnet diese Aufgabe auch für ausländische Organisationen. Gemeinsame Voraussetzung hierfür ist, dass sie für diese Tätigkeit nach Unionsrecht zugelassen sind. Dies geschieht durch Zertifizierung durch die Mitgliedstaaten nach Art. 7 VO (EG) Nr. 550/2004, die insbes. die Einhaltung der gemeinsamen Anforderungen nach Art. 6 dieser VO zum Gegenstand hat. Für die Erbringung von Flugverkehrsdiensten ist gem. Art. 8 I der VO zudem die Benennung einer zertifizierten Organisation durch die Mitgliedstaaten erforderlich, die sich auf einen Dienstleister beschränken und so einen Wettbewerb ausschließen kann.[95] Allerdings darf bei grenzüberschreitenden Diensten nicht auf die in Art. 8 II der VO genannten Merkmale abgestellt werden.[96]

## III. Regelungsvorbehalt (Abs. 1 S. 3)

**1. Geltungsbereich.** Der Regelungsvorbehalt in Abs. 1 S. 3 gilt nach Wortlaut, Entstehungs- 26 geschichte und systematischer Stellung für die Anordnungen in den S. 1 und 2 des Abs. 1.

**2. Inhalt. a)** Art. 87d I 3 enthält einen Gesetzgebungsauftrag. Seine Ausfüllung wird durch den 27 Begriff *„Bundesgesetz"* der **ausschließlichen,** nicht an Art. 71 gebundenen **Gesetzgebungskompetenz des Bundes** zugewiesen, die für die Ausgestaltung der Gegenstände des Abs. 1 S. 1 und 2 gegenüber Art. 73 I Nr. 6 speziell ist. Das Bundesgesetz nach Abs. 1 S. 3 bedarf – anders als bei einer Aufgabenübertragung auf die Länder nach Abs. 2 (→ Rn. 35) – nicht der Zustimmung des BRates.

**b)** In welchem Umfang der Regelungsvorbehalt durch ein förmliches Bundesgesetz auszufüllen ist, 28 lässt Abs. 1 S. 3 offen. Maßgeblich ist Art. 86 iVm dem institutionell-organisatorischen **Vorbehalt des Gesetzes.** Danach müssen die wesentlichen Fragen gesetzlich geregelt sein. Dazu zählen in Bezug auf Abs. 1 S. 1 die Entscheidung über die Organisationsform und -struktur, die Errichtung und Zuständigkeit der Aufsichtsbehörden, die Begründung ör Ingerenzbefugnisse und die Beleihung Privater.[97] In Bezug auf Abs. 1 S. 2 bedürfen die Konkretisierung der Aufgaben der Flugsicherung, die Errichtung des Bundesaufsichtsamts für Flugsicherung und die Festlegung seiner Aufgaben sowie die Benennung einer Organisation als Dienstleister einer normativen Grundlage. Sie kann sich auch aus den unmittelbar geltenden SES-VOen der EU ergeben (→ Rn. 4 ff., → Rn. 20 f., → Rn. 24 f.), die iÜ dem Gestaltungsspielraum des nationalen Gesetzgebers Grenzen ziehen.

---

[90] Darauf weist explizit die Begr. des 56. GG-ÄndG-E, BT-Dr 16/13105, S. 7, hin.

[91] S. auch Erwägungsgrund 5 zu VO (EG) Nr. 550/2004, wonach die Erbringung von Flugverkehrsdiensten (→ Rn. 24) mit der Ausübung von hoheitlichen Befugnissen zusammenhängt.

[92] Vgl. zu Ersterem § 31f LuftVG; s. auch *Remmert,* in: Epping/Hillgruber, Art. 87d Rn. 11.

[93] Art. 2 III, IV, XI, XVI, XXIX, XXX u. XXXVIII VO (EG) Nr. 549/2004.

[94] Art. 2 V VO (EG) Nr. 549/2004.

[95] Zur Delegation von Aufgaben in Bezug auf Zertifizierung und Aufsicht an qualifizierte Stellen s. Art. 69 VO (EU) 2018/1139.

[96] Daher darf etwa nicht darauf abgestellt werden, dass der Dienstleister unmittelbar oder mehrheitlich im Eigentum dieses Mitgliedstaates stehen oder dort seine Hauptbetriebsstätte haben muss.

[97] Vgl. nur *Pieroth,* in: Jarass/Pieroth, Art. 87d Rn. 3 mwN; materielle Normen sind dadurch nicht ausgeschlossen, sofern sie sich auf eine ausreichende formell-gesetzliche Grundlage stützen können.

## C. Bundesauftragsverwaltung (Abs. 2)

### I. Regelungsgehalt

29    Nach dem unverändert fortgeltenden Art. 87d II (→ Rn. 1) kann der Bund Aufgaben der Luftverkehrsverwaltung abweichend von Art. 87d I den Ländern als Auftragsverwaltung durch Gesetz
übertragen **(fakultative Bundesauftragsverwaltung)**. Soweit er diese Möglichkeit nutzt, ändern
sich Verwaltungskompetenz (Zuständigkeit der Länder anstelle des Bundes) und Verwaltungsform
(Bundesauftragsverwaltung statt Bundesverwaltung).[98] Art. 87d II begründet iVm Art. 87d I 1 in
zweifacher Weise Ausnahmen vom Grundsatz des Art. 83 Hs. 1. Sie ergeben sich in Bezug auf die
Verwaltungskompetenz unmittelbar aus Abs. 2, sind hinsichtlich der Verwaltungsform dagegen schon
in Abs. 1 S. 1 angelegt. Er sieht abweichend von Art. 83 Hs. 1 Bundesverwaltung vor, die ihrerseits
nach Abs. 2 in Bundesauftragsverwaltung, also in Landesverwaltung mit erweiterten Ingerenzrechten
des Bundes,[99] modifiziert werden kann. Bei Untätigkeit tritt nicht Landeseigenverwaltung als Regelverwaltungsform nach Art. 83 Hs. 1 ein, sondern Bundesverwaltung nach Art. 87d I 1 gilt als Grundsatz fort.[100] Die Änd. des Art. 87d I 2 lässt Art. 87d II unberührt, da dieser sich nur auf Art. 87d I 1
bezieht.

### II. Voraussetzungen

30    **1. Aufgaben der Luftverkehrsverwaltung. a)** Das Merkmal „Luftverkehrsverwaltung" in
Art. 87d II wird aufgrund der gleichförmigen Begrifflichkeit und des entstehungsgeschichtlichen und
systematischen Zusammenhangs inhaltsgleich wie in Art. 87d I 1 ausgelegt (dazu → Rn. 15 ff.).[101]

31    **b)** Unter „**Aufgaben**" iSd Art. **87d II** versteht man jede zur Übertragung auf Landesbehörden
geeignete Angelegenheit der Luftverkehrsverwaltung. Delegationsfähig sind aber nicht alle, sondern
**nur einzelne** Aufgaben.[102] Diese Einschränkung ergibt sich aus Wortlaut (nicht „die Aufgaben",
sondern „Aufgaben")[103] und Zweck des Art. 87d II. Er will den Bund in die Lage versetzen, bestimmte
Luftverkehrsverwaltungsaufgaben den Ländern zu überlassen, aber keine Überführung der gesamten
Luftverkehrsverwaltung in Länderkompetenz ermöglichen.[104] Dieses Ergebnis wird durch die Entstehungsgeschichte der Bestimmung[105] und die Regel-Ausnahme-Systematik der Abs. 1 und 2 untermauert (→ Rn. 29).

32    Der Bund hat die Ermächtigung in Art. 87d II genutzt und einzelne, in § 31 II LuftVG abschließend
aufgezählte **Aufgaben** der Luftverkehrsverwaltung, zumal, aber nicht zwingend, solche mit regionalem
Bezug und/oder von untergeordneter Bedeutung, den Ländern als Auftragsverwaltung **übertragen**.
Dazu gehören etwa die Genehmigung von Flugplätzen (Nr. 4, → Rn. 16) und die Luftaufsicht
(Nr. 18), die allerdings in weitem Umfang von den dort genannten Bundesstellen, insbes. dem BMin-
Verkehr, dem Luftfahrt-Bundesamt und dem Bundesaufsichtsamt für Flugsicherung, im Rahmen ihrer
Aufgaben ausgeübt wird. Für die **Luftsicherheit** (→ Rn. 17) sorgen gem. § 2 LuftSiG die Luftsicher-
heitsbehörden.[106] Ihre Aufgaben werden nach § 16 II LuftSiG grds. von den Ländern im Auftrage des
Bundes ausgeführt;[107] dies gilt aber nur, soweit in den Abs. 3 bis 4 des § 16 LuftSiG nichts anderes
bestimmt ist. Nach § 16 IIIa 2 und 3, § 5 LuftSiG iVm § 4 S. 1 BPolG werden die dort genannten
Aufgaben zur Gewährleistung bundeseinheitlicher Durchführung der Sicherheitsmaßnahmen von der
Bundespolizei in bundeseigener Verwaltung wahrgenommen, was den Bereich der Auftragsverwaltung
reduziert.

33    **2. Übertragung durch Bundesgesetz.** Art. 87d II verlangt für die Übertragung von Aufgaben als
Durchbrechung des Grundsatzes in Art. 87d I 1 ein **förmliches Bundesgesetz,**[108] schließt aber
mangels Parlamentsvorbehalts darauf gestützte materielle Normen nicht aus. Dagegen ist umstritten, ob
der actus contrarius, dh die **Rückübertragung** der Aufgaben auf den Bund, ebenfalls dem Vorbehalt
des Gesetzes unterliegt.[109] Das wird man schon aus Gründen der Rechtssicherheit verlangen müssen,

---

[98] Vgl. *Schwarz*, in: Maunz/Dürig, Art. 87d (2011) Rn. 38.
[99] BVerfGE 104, 249 (264).
[100] *Horn* MKS III, Art. 87d Rn. 36; *Pieroth*, in: Jarass/Pieroth, Art. 87d Rn. 5.
[101] Vgl. *Schwarz*, in: Maunz/Dürig, Art. 87d (2011) Rn. 41.
[102] *Pabst/Schwartmann* BK, Art. 87d (2011) Rn. 70 f.; *Pieroth*, in: Jarass/Pieroth, Art. 87d Rn. 4.
[103] S. auch *Schwarz*, in: Maunz/Dürig, Art. 87d (2011) Rn. 39.
[104] So gestützt auf den Wortlaut *Horn* MKS III, Art. 87d Rn. 40; aA *Uerpmann-Wittzack*, in: v. Münch/Kunig II,
Art. 87d Rn. 22; nach *Hermes*, in: Dreier III, Art. 87d Rn. 49, muss ein Kernbestand an Aufgaben zwingend beim
Bund verbleiben.
[105] Begr. RegE, BT-Dr III/1534, S. 3; s. auch Berichterstatter *Dr. Schredl*, BR-Prot 1959/191.
[106] Dazu gehört etwa die Verhängung eines Flugverbots nach § 3a LuftSiG.
[107] S. zu § 16 II LuftSiG aF BVerfGE 126, 77 (106 ff.).
[108] Vgl. *Uerpmann-Wittzack*, in: v. Münch/Kunig II, Art. 87d Rn. 20.
[109] Dafür *Horn* MKS III, Art. 87d Rn. 44; nach BVerfGE 97, 198 (226 f.), soll eine mit Zustimmung des BRates
ergangene, ausreichende gesetzliche Ermächtigung der Exekutive für die Rückübertragung genügen, wie sie in § 31

weil mit der Rückübertragung die Verwaltungskompetenz von den Ländern wieder auf den Bund übergeht.[110] Die **ausschließliche Gesetzgebungskompetenz des Bundes** für solche Übertragungsregelungen ergibt sich unmittelbar aus Art. 87d II, der von „durch *Bundes*gesetz" spricht.[111] Art. 73 I Nr. 6 tritt insoweit zurück,[112] der Bund ist daher nicht an Art. 71 Hs. 2 gebunden.

Eine **Aufspaltung** von materieller Sachregelung und formaler Anordnung der Aufgabenübertra-  **34** gung in zwei eigenständige Gesetze ist **zulässig**.[113] Die durch Delegation einzelner Aufgaben auf die Länder entstehende **Gemengelage** zwischen Bundesverwaltung in ör oder privatrechtlicher Organisationsform (Abs. 1, → Rn. 9 ff.) und Bundesauftragsverwaltung (Abs. 2, → Rn. 29) ist keine unzulässige Mischverwaltung, sondern die Folge unterschiedlicher verfassungsrechtlicher Vorgaben.[114] Einzelne Länder können im Rahmen des Art. 87d II unterschiedliche Organisationsformen wählen.[115]

**3. Zustimmung des BRates.** Der in Art. 87d II verankerte Zustimmungsvorbehalt bezieht sich  **35** auf das Bundesgesetz, das die Aufgaben überträgt. Bei Aufspaltung (→ Rn. 34) ist nur das die Delegation anordnende Gesetz, nicht aber die materiell-rechtliche Regelung zustimmungsbedürftig.[116] Eine **Aufgabenübertragung** iSv Art. 87d II liegt vor, soweit das Gesetz den Ländern Aufgaben zuweist, die ihnen zuvor nicht oblagen. Anders als diese **neuen Aufgaben** bedürfen bloße **Änderungen** in der Ausgestaltung einer **übertragenen Aufgabe** nur dann der Zustimmung des BRates, wenn sie ihr einen neuen Inhalt und eine wesentlich andere Bedeutung und Tragweite verleihen. Hierfür reicht eine lediglich quantitative Erhöhung der Vollzugslast nicht aus, es sei denn, sie verändert die Wahrnehmung der übertragenen Aufgabe strukturell oder in anderer Weise schwerwiegend.[117]

Dagegen ist nach Ansicht des BVerfG die bundesgesetzliche **Aufhebung** eines aufgrund Art. 87d II  **36** ergangenen Gesetzes **nicht zustimmungsbedürftig.** Zur Begründung dieser restriktiven Auslegung des Art. 87d II wird vor allem auf den Normtext abgestellt, der nur für die Übertragung von Aufgaben die Zustimmung des BRates verlange. Zwingende systematische oder teleologische Gründe für eine über den Wortlaut hinausgehende weite Interpretation des Zustimmungsvorbehalts lägen nicht vor.[118] Den Einwand, die Aufhebung führe gem. Art. 87d I zu Bundesverwaltung (→ Rn. 6, → Rn. 29) und nehme damit den Ländern die ihnen bei Auftragsverwaltung grds. zustehende Verwaltungskompetenz,[119] weist das Gericht mit der Begründung zurück, dass dies keine besonders gewichtige Berührung der föderalen Ordnung und der Interessen der Länder sei.[120] Diesen werde nur ein Aufgabenbereich entzogen, der ihnen nach der primären Aufgabenzuordnung durch Art. 87d I 1 ohnehin nicht zugewiesen sei.[121] IÜ ergeben sich die Anforderungen an die Zustimmung des BRates und die Folgen ihrer Versagung für das Gesetz aus Art. 77 II a, 78.

## III. Rechtsfolgen

Die Entscheidung, ob und in welchem Umfang der Bundesgesetzgeber (→ Rn. 33) von der  **37** Ermächtigung nach Art. 87d II Gebrauch macht, liegt nach Wortlaut („*können … übertragen werden*") und Zweck der Norm (→ Rn. 31) in seinem **Ermessen.** Umfang und Dichte gerichtlicher Kontrolle sind auf evidente Ermessensfehler beschränkt.[122] Entschließt sich der Bund zur Delegation, legt Art. 87d II für die Wahrnehmung der übertragenen Aufgaben **zwingend Bundesauftragsverwaltung** fest. Die daraus resultierenden erweiterten Einwirkungsmöglichkeiten des Bundes auf den Vollzug durch Landesbehörden ergeben sich aus Art. 85, auf den Art. 87d II der Sache nach ver-

---

II Nr. 19 S. 2–4 LuftVG aF bis 14.1.2005 vorgesehen war; s. zu § 16 III 2 u. 3 LuftSiG aF BVerfGE 126, 77 (110 f.); 133, 241, Rn. 56 ff.; *Schenke* NJW 2006, 736 f.; krit. *A. Meyer* ZRP 2004, 203 (205 f.).

[110] *Papier* DVBl 1992, 1 (6); *Schenke* NJW 2006, 736 f.; anders *Jutzi* DÖV 1992, 650 (654 f.).

[111] BVerfGE 133, 241, Rn. 56; *Durner,* in: Friauf/Höfling, Art. 87d (2006) Rn. 27; zur Kompetenz des Bundes zur Regelung von Luftsicherheitsgebühren BVerwGE 95, 188 (190 ff.); 135, 352, Rn. 10 ff.; s. auch *Ronellenfitsch* VerwArch 86 (1995), 307 ff.; *Pegatzky* NVwZ 2010, 498 ff.

[112] *Horn* MKS III, Art. 87d Rn. 37; aA *W. Schreiber* DVBl 1992, 589 (595); offen BVerfGE 133, 241, Rn. 56.

[113] BVerfGE 105, 313 (338), ebda auch zur daraus resultierenden Begrenzung des Zustimmungsrechts des BRates; *Uerpmann-Wittzack,* in: v. Münch/Kunig II, Art. 87d Rn. 21.

[114] S. *Schwarz,* in: Maunz/Dürig, Art. 87d (2011) Rn. 45; *Pabst/Schwartmann* BK, Art. 87d (2011) Rn. 69.

[115] BVerfGE 97, 198 (227 f.); *W. Schreiber* DVBl 1992, 589 (595); anders *Papier* DVBl 1992, 1 (6).

[116] Vgl. *Schwarz,* in: Maunz/Dürig, Art. 87d (2011) Rn. 46.

[117] BVerfGE 48, 127 (186); das ist für die Auftragsverwaltung nach § 16 II u. III 2 u. 3 LuftSiG aF abgelehnt worden, BVerfGE 126, 77 (103 ff.); dazu *Kendzia* NVwZ 2010, 1135 f.; *Funke* Jura 2012, 127 ff.; *A. Mayer* BayVBl 2012, 452 (458 f.).

[118] BVerfGE 126, 77 (110 f.) mwN.

[119] So noch VG Darmstadt, Beschl. v. 7.11.2007, Az. 5 E 1854/06: „actus contrarius"; mit anderer Begr. *Uerpmann-Wittzack,* in: v. Münch/Kunig II, Art. 87d Rn. 20; *Horn* MKS III, Art. 87d Rn. 51; aA *Hermes,* in: Dreier III, Art. 87d Rn. 47; *Hömig,* in: ders./Wolff, Art. 87d Rn. 7; *Pieroth,* in: Jarass/Pieroth, Art. 87d Rn. 2.

[120] Zu diesem Schutzzweck des Zustimmungsvorbehalts schon BVerfGE 48, 127 (178).

[121] BVerfGE 126, 77 (110 f.); krit. *Horn* MKS III, Art. 87d Rn. 51.

[122] Ähnl. *v. Mangoldt/Klein* III, Art. 87d Anm. V 1a: „allenfalls bei Ermessensfehlgebrauch"; s. auch *Schwarz,* in: Maunz/Dürig, Art. 87d (2011) Rn. 42: „nur Missbrauchskontrolle".

weist.[123] Auf diese Weise ist gewährleistet, dass der Bund trotz Aufgabenübertragung auf die Länder überörtliche Interessen der Allgemeinheit auf dem Gebiet der Luftverkehrsverwaltung sicherstellen kann.

## Art. 87e [Eisenbahnverkehrsverwaltung]

(1) **Die Eisenbahnverkehrsverwaltung für Eisenbahnen des Bundes wird in bundeseigener Verwaltung geführt. Durch Bundesgesetz können Aufgaben der Eisenbahnverkehrsverwaltung den Ländern als eigene Angelegenheit übertragen werden.**

(2) **Der Bund nimmt die über den Bereich der Eisenbahnen des Bundes hinausgehenden Aufgaben der Eisenbahnverkehrsverwaltung wahr, die ihm durch Bundesgesetz übertragen werden.**

(3) **Eisenbahnen des Bundes werden als Wirtschaftsunternehmen in privatrechtlicher Form geführt. Diese stehen im Eigentum des Bundes, soweit die Tätigkeit des Wirtschaftsunternehmens den Bau, die Unterhaltung und das Betreiben von Schienenwegen umfaßt. Die Veräußerung von Anteilen des Bundes an den Unternehmen nach Satz 2 erfolgt auf Grund eines Gesetzes; die Mehrheit der Anteile an diesen Unternehmen verbleibt beim Bund. Das Nähere wird durch Bundesgesetz geregelt.**

(4) **Der Bund gewährleistet, daß dem Wohl der Allgemeinheit, insbesondere den Verkehrsbedürfnissen, beim Ausbau und Erhalt des Schienennetzes der Eisenbahnen des Bundes sowie bei deren Verkehrsangeboten auf diesem Schienennetz, soweit diese nicht den Schienenpersonennahverkehr betreffen, Rechnung getragen wird. Das Nähere wird durch Bundesgesetz geregelt.**

(5) **Gesetze auf Grund der Absätze 1 bis 4 bedürfen der Zustimmung des Bundesrates. Der Zustimmung des Bundesrates bedürfen ferner Gesetze, die die Auflösung, die Verschmelzung und die Aufspaltung von Eisenbahnunternehmen des Bundes, die Übertragung von Schienenwegen der Eisenbahnen des Bundes an Dritte sowie die Stillegung von Schienenwegen der Eisenbahnen des Bundes regeln oder Auswirkungen auf den Schienenpersonennahverkehr haben.**

**Entstehungsgeschichte: Erstfassung:** 40. G. zur Änd. des GG v. 20.12.1993 (BGBl I 2089), Art. 1 Nr. 5 (dazu: BT-Dr 12/4610, 12/5015 [Entwürfe]; 12/6280; BT-Prot 12/12881, 12922, 13917, 16958, 16984, 17175; BR-Dr 130/93; BR-Prot 93/149, 185, 615, 637).
**Historische Verfassungstexte: RV 1849:** § 28 Die Reichsgewalt hat über die Eisenbahnen und deren Betrieb, soweit es der Schutz des Reiches oder das Interesse des allgemeinen Verkehrs erheischt, die Oberaufsicht und das Recht der Gesetzgebung. Ein Reichsgesetz wird bestimmen, welche Gegenstände dahin zu rechnen sind. § 29 Die Reichsgewalt hat das Recht, soweit sie es zum Schutze des Reiches oder im Interesse des allgemeinen Verkehrs für nothwendig erachtet, die Anlage von Eisenbahnen zu bewilligen, so wie selbst Eisenbahnen anzulegen, wenn der Einzelstaat, in dessen Gebiet die Anlage erfolgen soll, deren Ausführung ablehnt. Die Benutzung der Eisenbahnen für Reichszwecke steht der Reichsgewalt jederzeit gegen Entschädigung frei. – **RV 1871: Art. 41** (1) Eisenbahnen, welche im Interesse der Vertheidigung Deutschlands oder im Interesse des gemeinsamen Verkehrs für nothwendig erachtet werden, können kraft eines Reichsgesetzes auch gegen den Widerspruch der Bundesglieder, deren Gebiet die Eisenbahnen durchschneiden, unbeschadet der Landeshoheitsrechte, für Rechnung des Reichs angelegt oder an Privatunternehmer zur Ausführung konzessioniert und mit dem Expropriationsrechte ausgestattet werden. **Art. 42** Die Bundesregierungen verpflichten sich, die Deutschen Eisenbahnen im Interesse des allgemeinen Verkehrs wie ein einheitliches Netz verwalten und zu diesem Behuf auch die neu herzustellenden Bahnen nach einheitlichen Normen anlegen und ausrüsten zu lassen. **Art. 43** Es sollen demgemäß in thunlichster Beschleunigung übereinstimmende Betriebseinrichtungen getroffen, insbesondere gleiche Bahnpolizei-Reglements eingeführt werden. Das Reich hat dafür Sorge zu tragen, daß die Eisenbahnverwaltungen die Bahnen jederzeit in einem die nöthige Sicherheit gewährenden baulichen Zustande erhalten und dieselben mit Betriebsmaterial so ausrüsten, wie das Verkehrsbedürfniß es erheischt. **Art. 44** Die Eisenbahnverwaltungen sind verpflichtet, die für den durchgehenden Verkehr und zur Herstellung ineinander greifender Fahrpläne nöthigen Personenzüge mit entsprechender Fahrgeschwindigkeit, desgleichen die zur Bewältigung des Güterverkehrs nöthigen Güterzüge einzurichten, auch direkte Expeditionen im Personen- und Güterverkehr, unter Gestattung des Ueberganges der Transportmittel von einer Bahn auf die andere, gegen die übliche Vergütung einzurichten. **Art. 45** S. 1 Dem Reiche steht die Kontrole über das Tarifwesen zu. – **WRV: Art. 89** (1) Aufgabe des Reichs ist es, die dem allgemeinen Verkehre dienenden Eisenbahnen in sein Eigentum zu übernehmen und als einheitliche Verkehrsanstalt zu verwalten. (2) Die Rechte der Länder, Privateisenbahnen zu erwerben, sind auf Verlangen dem Reiche zu übertragen. **Art. 91** S. 1 Die Reichsregierung erläßt mit Zustimmung des Reichsrats die Verordnungen, die den Bau, den Betrieb und den Verkehr der Eisenbahnen regeln. **Art. 92** S. 1 Die Reichseisenbahnen sind, ungeachtet der Eingliederung ihres Haushalts und ihrer Rechnung in den allgemeinen Haushalt und die allgemeine Rechnung des Reichs, als ein selbständiges wirtschaftliches Unternehmen zu verwalten, das seine Ausgaben einschließlich Verzinsung und Tilgung der Eisenbahnschuld selbst zu bestreiten und eine Eisenbahnrücklage anzusammeln hat. **Art. 93** Zur beratenden Mitwirkung in Angelegenheiten des Eisenbahnverkehrs und der Tarife errichtet die Reichsregierung für die Reichseisenbahnen mit Zustimmung des Reichsrats

---

[123] Dazu BVerfGE 104, 249 (264 ff.); BVerwGE 58, 344 (347); 87, 332 (338 f.); *Schwarz*, in: Maunz/Dürig, Art. 87d (2011) Rn. 50.

Beiräte. **Art. 95** (1) Eisenbahnen des allgemeinen Verkehrs, die nicht vom Reiche verwaltet werden, unterliegen der Beaufsichtigung durch das Reich. (2) Die der Reichsaufsicht unterliegenden Eisenbahnen sind nach den gleichen vom Reiche festgesetzten Grundsätzen anzulegen und auszurüsten. Sie sind in betriebssicherem Zustand zu erhalten und entsprechend den Anforderungen des Verkehrs auszubauen. Personen- und Güterverkehr sind in Übereinstimmung mit dem Bedürfnis zu bedienen und auszugestalten. (3) Bei der Beaufsichtigung des Tarifwesens ist auf gleichmäßige und niedrige Eisenbahntarife hinzuwirken.

**Supra- und internationale Texte:** AEUV Art. 4 II lit. g und h, Art. 14, 26, 49, 56, 90 ff., 100 I, 106 ff., 170 ff., 294; VO (EG) Nr. 1370/2007 v. 23.10.2007 (ABl EU Nr. L 315/1), zul. geändert durch VO (EU) 2016/2338 v. 14.12.2016 (ABl EU Nr. L 354/22); VO (EG) Nr. 1371/2007 v. 23.10.2007 (ABl EU Nr. L 315/14); RL 2004/49/EG v. 29.4.2004 (ABl EU Nr. L 164/44), wurde zum 16.6.2020 aufgehoben durch RL (EU) 2016/798; RL 2008/57/EG v. 17.6.2008 (ABl EU Nr. L 191/1), wurde zum 16.6.2020 aufgehoben durch RL (EU) 2016/797 und RL (EU) 2016/798; RL 2007/58/EG v. 23.10.2007 (ABl EU Nr. L 315/44), aufgehoben zum 17.6.2015 durch RL 2012/34/EU, die zul. durch RL (EU) 2016/2370 geändert wurde; RL 2007/59/EG v. 23.10.2007 (ABl EU Nr. L 315/51), zul. geändert durch VO (EU) 2019/554 v. 5.4.2019 (ABl. EU Nr. L 97/1); RL 2012/34/EU v. 21.11.2012 (ABl EU Nr. L 343/32), zul. geändert durch RL (EU) 2016/2370; RL 2014/25/EU v. 26.2.2014 (ABl EU Nr. L 94/243); VO (EU) 2016/796 v. 11.5.2016 (ABl EU Nr. L 138/1); RL (EU) 2016/797 v. 11.5.2016 (ABl EU Nr. L 138/44); RL (EU) 2016/798 v. 11.5.2016 (ABl EU Nr. L 138/102); RL (EU) 2016/2370 v. 14.12.2016 (ABl EU Nr. L 352/1).

**Gesetzgebung:** AEG; BENeuglG; BEVVG; BNetzAG; DBGrG; ERegG.

**Leitentscheidungen:** BVerfGE 97, 198 (Bundesgrenzschutz); BVerfGE 129, 356 (Veräußerung von Vermögensgegenständen durch DB AG); BVerfGE 147, 50 (Keine Grundrechtsberechtigung der Deutschen Bahn AG); BVerwGE 102, 269 (Tunnelröhre); BVerwGE 129, 381 (Streckenstilllegung); BVerwGE 140, 359 (Schienennetz-Benutzungsbedingungen); BVerwGE 154, 198 (Zugangskosten); BVerwGE 155, 230 (Stuttgart 21).

**Schrifttum:** *R. Arnold,* Das Sicherstellungsgebot des Art. 87e GG im Bereich des Schienenpersonenfernverkehrs, FS Hablitzel, 2005, S. 33; *F. Berschin,* Zur Trennung von Netz und Betrieb der Deutschen Bahn AG aufgrund des europäischen Eisenbahnpakets, DVBl 2002, 1079; *F. Brosius-Gersdorf,* Wettbewerb auf der Schiene?, DÖV 2002, 275; *B. Burger,* Zuständigkeit und Aufgaben des Bundes für den öffentlichen Personenverkehr nach Art. 87e, 1998; *M. Burgi,* Die Deutsche Bahn zwischen Staat und Wirtschaft, NVwZ 2018, 601; *R. Etzold,* Die Gewährleistungsverantwortung des Bundes für die Schienenwege, 2010; *H. Gersdorf,* Schienenpersonenfernverkehr zwischen Eigenwirtschaftlichkeit und staatlicher Gewährleistungsverantwortung, DVBl 2010, 746; *ders.,* Dogmatische Neujustierung des Art. 87e GG?, DÖV 2018, 789; *T. Hammer,* Die unternehmerische Freiheit der Eisenbahnen des Bundes, DÖV 2011, 761; *G. Hermes,* Staatliche Infrastrukturverantwortung, 1998; *P. Hommelhoff/E. Schmidt-Aßmann,* Die Deutsche Bahn als Wirtschaftsunternehmen, ZHR 160 (1996), 521; *G. Jochum,* Die Grundrechtsbindung der Deutschen Bahn, NVwZ 2005, 779; *M. Knauff,* Der Gewährleistungsstaat, 2004; *ders.,* Die Beauftragung von Verkehrsleistungen im ÖPNV, DVBl 2014, 692; *U. Kramer,* Die Stilllegung von Eisenbahninfrastruktur durch ihren „Ersatz" (auch im Kontext von „Stuttgart 21"), NVwZ 2017, 209; *M. Lang,* Die Grundrechtsberechtigung der Nachfolgeunternehmen im Eisenbahn-, Post- und Telekommunikationswesen, NJW 2004, 3601; *P. Lerche,* Infrastrukturelle Verfassungsaufträge (zu Nachrichtenverkehr, Eisenbahnen), FS Friauf, 1996, S. 251; *M. Ludwigs,* Gesetz zur Stärkung des Wettbewerbs im Eisenbahnbereich, NVwZ 2016, 1665; *M. Möstl,* Grundweichenstellungen des deutschen Eisenbahnverfassungsrechts, FS Scholz, 2007, S. 833; *G. M. Neumann,* Daseinsvorsorgeauftrag Schienenpersonennahverkehr – Eine Analyse im Lichte des nationalen und des europäischen Rechts, 2015; *J. Oebbecke,* Was ist Personennahverkehr? – Zur Auslegung des Art. 87 IV 1, V 2 und 106a S. 1 GG, NVwZ 2017, 1084; *W. Pauly/M. Becker,* Aufgabenakzessorische Finanzierung von Eisenbahninfrastrukturprojekten, NVwZ 2013, 334; *H. Pünder,* Die Vergabe von Dienstleistungsaufträgen im Eisenbahnverkehr, EuR 2010, 774; *M. Ronellenfitsch,* Daseinsvorsorge und Wirtschaftlichkeit des Eisenbahnwesens, DVBl 2008, 201; *ders.,* «Delegation» der bundeseigenen Verwaltung nach Art. 87e GG auf Private, DVBl 2014, 1549; *R. Ruge,* Diskriminierungsfreier Netzzugang im liberalisierten Eisenbahnmarkt in Deutschland, AöR 131 (2006), 1; *E. Schmidt-Aßmann/G. Fromm,* Aufgaben und Organisation der Deutschen Bundesbahn in verfassungsrechtlicher Sicht, 1986; *E. Schmidt-Aßmann/H. C. Röhl,* Grundpositionen des neuen Eisenbahnverfassungsrechts (Art. 87e GG), DÖV 1994, 577; *A. Soldner,* Liberalisierung des Eisenbahnwesens, 2008; *S. Stamm,* Eisenbahnverfassung und Bahnprivatisierung, 2010; *S. Wilkens,* Wettbewerbsprinzip und Gemeinwohlorientierung bei der Erbringung von Eisenbahndienstleistungen, 2006; s. auch die Voraufl.

## Übersicht

# A. Allgemeines

## I. Entstehung

**1**    Der am 21.12.1993 in Kraft getretene[1] Art. 87e beruht auf inhaltlich übereinstimmenden Entwürfen, die aus der Mitte des BTag[2] und von der BReg[3] eingebracht worden sind. Er bildet die verfassungsrechtliche Grundlage der **Bahnreform,**[4] die eine weitreichende Umgestaltung der bis dahin aufgrund Art. 87 I 1 aF[5] in bundeseigener Verwaltung mit eigenem Verwaltungsunterbau geführten Bundeseisenbahnen bewirkt hat. Wesentliche Ziele der Reform waren eine **Organisationsprivatisierung** der Eisenbahnen des Bundes, eine **Privatisierung** ihrer **Aufgaben,** eine Öffnung des Verkehrs auf dem Schienennetz dieser Bahnen für den **Wettbewerb** und eine **Regionalisierung** des Schienenpersonennahverkehrs.

**2**    Die Neukonzeption wurde durch rechtliche, wirtschaftliche und finanzielle Faktoren auf nationaler und supranationaler Ebene ausgelöst.[6] Die **Liberalisierung der Eisenbahnverkehrsdienstleistungen** wurde und wird vor allem von der EU (EG) vorangetrieben.[7]

---

[1] Art. 2 des 40. G zur Änd. des GG v. 20.12.1993 (BGBl I 2089).

[2] BT-Dr 12/4610.

[3] BT-Dr 12/5015.

[4] *J. Schneider,* Die Privatisierung der Deutschen Bundes- und Reichsbahn, 1996, S. 40 ff.; zur geschichtlichen Entwicklung *Kilian/Hesse* Die Verwaltung 27 (1994), 175 ff.; zu den Gründen für die Bahnreform → Rn. 2; *Freise/Wittenberg* GewArch 1996, 353 f.; *Reinhardt* ZGR 1996, 374 (375).

[5] Die bis zum 20.12.1993 geltende Fassung des Art. 87 I 1 lautete: „In bundeseigener Verwaltung mit eigenem Verwaltungsunterbau werden geführt... die Bundeseisenbahnen ...".

[6] Vgl. etwa *Reinhardt* ZGR 1996, 374 (375 ff.); s. auch die 4. Aufl., Art. 87e Rn. 2.

[7] *Kilian/Hesse* Die Verwaltung 27 (1994), 174 (193 f.); *Freise,* FS Piper, 1996, S. 829 (834 f.); *Wachinger/Wittemann,* Regionalisierung des ÖPNV, 1996, S. 33 ff.; *Menges,* Die Rechtsgrundlagen für die Strukturreform der Deutschen Bahnen, 1997, S. 8 ff.; *Hermes,* Staatliche Infrastrukturverantwortung, 1998, S. 177 f.; zur Vereinbarkeit der Bahnreform mit EG-Recht *Schulz,* Das Eisenbahnwesen des Bundes und die Stellung der deutschen Bahnen auf dem Europäischen Binnenmarkt, 1995, S. 257 ff., 309 ff., 320 ff., 331 ff., 347 ff.

## II. Unionsrechtliche Vorgaben

Die EU (EG) drängt seit Anfang der 1990er Jahre verstärkt auf die Schaffung eines **integrierten** 3
**europäischen Eisenbahnraumes** als wesentliches Element eines unionsweiten Verkehrsmarktes,[8] der
effiziente Eisenbahnverkehrsleistungen in fairem Wettbewerb ermöglicht und zugleich ein hohes
homogenes Sicherheitsniveau gewährleistet. Ausgangspunkt und Treibkraft für die schrittweise Verwirklichung dieses Zieles war die Richtlinie 91/440/EWG (→ Rn. 7b). Sie verlangte eine Neuordnung des Eisenbahnwesens, um die **Leistungsfähigkeit des Eisenbahnnetzes** und die **Wettbewerbsfähigkeit des Eisenbahnverkehrs** zu **verbessern.** Dazu mussten die bis dahin staatlich
dominierten, gemeinnützigen Eisenbahnen in vom Staat unabhängige, erwerbswirtschaftlich handelnde
Eisenbahnunternehmen mit eigenständiger Geschäftsleitung und Rechnungsführung umgewandelt
werden (Art. 4, 5 I). Für Letztere ist ua aus Gründen der Transparenz eine Trennung zwischen dem
Betrieb der Eisenbahninfrastruktur und der Erbringung der Eisenbahnverkehrsleistung vorgesehen;
Quersubventionen zwischen diesen Bereichen sind verboten (Art. 6 I).

Diese Ansätze sind seither weiterentwickelt und durch zusätzliche Ziele ergänzt worden. Die 4
Mitgliedstaaten müssen oder können dabei den Stadt-, Vorort- und Regionalverkehr von Regulie-
rungsvorgaben der EU ausnehmen, da er partiell anderen Grundsätzen unterliegt.[9] Das als **erstes
Eisenbahnpaket** bezeichnete Maßnahmenbündel[10] dehnte zur Sicherung zuverlässiger und angemessener Verkehrsdienste die **Genehmigungspflicht** auf alle Eisenbahnunternehmen aus.[11] Der Geneh-
migungsanspruch wurde an die einheitlichen Kriterien der Zuverlässigkeit, finanziellen Leistungsfähigkeit und fachlichen Eignung dieser Unternehmen gekoppelt.[12]

Daneben wurden die Anforderungen an die Unabhängigkeit der Geschäftsführung, die innerbetrieb- 5
liche Kontrolle und die getrennte Rechnungsführung verschärft. Das **Trennungsgebot** gilt seither
nicht nur für Eisenbahnverkehrs- und -infrastrukturleistungen, zumal die Trassenvergabe, sondern
differenziert darüber hinaus bei **Verkehrsleistungen** zwischen Personenbeförderung und Gütertrans-
port. Sofern der Betreiber der Infrastruktur nicht rechtlich, organisatorisch oder in seinen Entscheidungen von Eisenbahnunternehmen unabhängig ist, müssen wesentliche Aufgaben, wie die Zuweisung
von Fahrwegkapazität oder die Festlegung des für die Streckennutzung anfallenden Wegeentgelts, von
einer unabhängigen Regulierungsstelle wahrgenommen werden.[13]

Durch diese funktionelle Trennung und die Harmonisierung der technischen und betrieblichen 6
Regeln zur Sicherstellung der Interoperabilität[14] wurden die Bedingungen für einen **gerechten,
diskriminierungsfreien Zugang** der Eisenbahnunternehmen zur Infrastruktur geschaffen, der ua
durch den Anspruch auf ein Mindestzugangspaket abgesichert wurde, dessen Inhalt von der EU
vorgegeben ist.[15] Diesem Ziel dienten auch verschärfte Vorgaben für die Festsetzung der Wegeentgelte,
für die größere Transparenz und stärkere Orientierung am Kostendeckungsprinzip gefordert wurden,
und für die Zuweisung von Fahrwegkapazität, für die eine optimale Auslastung und – bei Überlastung
– eine Kapazitätserhöhung verlangt wurden.[16]

---

[8] Aus der frühen Entwicklungsphase ist insbes. die VO (EWG) Nr. 1191/69 v. 26.6.1969 (ABl EG Nr. L 156/1;
dazu u. Rn. 7a) hervorzuheben, die in Art. 1 I 2, II aF die Aufhebung von Verpflichtungen des öffentlichen Dienstes
vorsah, soweit sie nicht zur Sicherstellung einer ausreichenden Verkehrsbedienung unerlässlich waren; dazu und zu
weiteren Rechtsakten der EG aus dieser Zeit *Gersdorf* MKS III, Art. 87e Rn. 5 f.; *Jarass* FS Scholz, 2007, S. 785
(787 f.).

[9] Art. 2 I–IV RL 2012/34/EU v. 21.11.2012 (ABl EU Nr. L 343/32), zul. geändert durch Art. 1 Nr. 1 RL (EU)
2016/2370 v. 14.12.2016 (ABl EU Nr. L 253/1).

[10] Es erging am 26.2.2001 und umfasste die RLn 2001/12/EG, 2001/13/EG, die die RLn 91/440/EWG und 95/
18/EG änderten, sowie die RL 2001/14/EG (ABl EG Nr. L 75/1/26/29); zu diesen Maßnahmen *Berschin* DVBl
2002, 1079 (1080 f.); *Ende/Kaiser* WuW 2004, 26 (27 f.); *Stüer/Berka* DVBl 2004, 1326 (1328); → Rn. 7b; s. auch
die inzwischen aufgehobene RL 2001/16/EG v. 19.3.2001 (ABl EG Nr. L 110/1).

[11] Art. 1 I der inzwischen aufgehobenen (→ Rn. 7b) RL 95/18/EG in der durch Art. 1 Nr. 1 RL 2001/13/EG
geänd. Fass.; Eisenbahnunternehmen sind nach der jetzt maßgebl. Definition in Art. 3 Nr. 1 RL 2012/34/EU jedes
nach dieser RL zugelassene öffentlich-rechtliche oder private Unternehmen, dessen Haupttätigkeit im Erbringen von
Eisenbahnverkehrsdiensten zur Beförderung von Gütern und/oder Personen besteht, wobei dieses Unternehmen die
Traktion sicherstellen muss; davon zu unterscheiden sind Infrastrukturbetreiber gem. Art. 3 Nr. 2 dieser RL; s. auch
Art. 2 Nr. 44 und 45 RL (EU) 2016/797 sowie → Rn. 38.

[12] Art. 4–8 RL 95/18/EG in der durch Art. 29 Nr. 1 RL 2004/49/EG geänderten Fassung; s. jetzt Art. 17–22
RL 2012/34/EU.

[13] Art. 4 II, 14 II RL 2001/14/EG; s. jetzt die durch Art. 1 Nr. 4 und 5 RL (EU) 2016/2370 verschärften
Anforderungen hinsichtlich Unabhängigkeit, Unparteilichkeit und finanzieller Transparenz in Art. 7, 7a, 7b und 7d
RL 2012/34/EU.

[14] Diese war zunächst gem. RL 96/48/EG auf das transeuropäische Hochgeschwindigkeitssystem beschränkt und
wurde dann durch RL 2001/16/EG auf das konventionelle transeuropäische Eisenbahnsystem ausgedehnt, die durch
RL 2008/57/EG aufgehoben worden ist, die ihrerseits durch RL (EU) 2016/797 ersetzt wurde; dazu → Rn. 7d; s.
auch RL 2007/32/EG v. 1.6.2007 (ABl EU Nr. L 141/63).

[15] Art. 5 I RL 2001/14/EG iVm Anhang II Nr. 1; s. jetzt Art. 13 I RL 2012/34/EU iVm Anhang II Nr. 1.

[16] Art. 4 ff., 13 ff., 21 ff. RL 2001/14/EG; s. jetzt Art. 29 ff., 38 ff., 47 ff. RL 2012/34/EU.

7 Einen wichtigen Schritt markierte 2004 das **zweite Eisenbahnpaket** der EU.[17] Es zielte darauf ab, das **Prinzip eines offenen und fairen Wettbewerbs** zeitlich gestuft auf den verschiedenen Märkten der Eisenbahnverkehrsleistungen zu verwirklichen. Zu diesem Zweck erhielten Eisenbahnunternehmen spätestens seit 1.1.2007 für alle Arten von Schienenfrachtdiensten ein Recht auf Zugang zur Infrastruktur aller Mitgliedstaaten zu angemessenen Bedingungen.[18] Daneben wurde das **Sicherheitskonzept homogenisiert** und **modernisiert,** indem einheitliche Sicherungsziele, -methoden und -indikatoren definiert sowie zur Förderung der Interoperabilität eine Europ. Eisenbahnagentur (Agentur) als eigenständige Sicherheitsbehörde errichtet wurden.[19]

7a Die weitere Entwicklung prägte das 2007 erlassene **dritte Eisenbahnpaket.**[20] Es verlangt die Öffnung des Marktes für grenzüberschreitende Schienenpersonenverkehrsdienste. Dazu erhalten Eisenbahnunternehmen mit Sitz in der EU spätestens seit 1.1.2010 ein **Recht auf Zugang zur Infrastruktur** in allen Mitgliedstaaten.[21] Komplementär dazu bleiben die Mitgliedstaaten verpflichtet, eine angemessene Eisenbahninfrastruktur und die Bereitstellung ausreichender öffentlicher Personenverkehrsdienste sicherzustellen, die im allgemeinen wirtschaftlichen Interesse erforderlich sind, aber derzeit nicht kommerziell betrieben werden können.[22] Um dabei den Anforderungen des Primärrechts der EU zu genügen (→ Rn. 66 f.) und Kohärenz bei der Liberalisierung der Personenbeförderung auf der Schiene herbeizuführen, wurde die Verordnung (EWG) Nr. 1191/69 zum 3.12.2009 aufgehoben und durch die VO (EG) Nr. 1370/2007 ersetzt. Sie regelt insbes. die Gewährung ausschließlicher Rechte oder Ausgleichsleistungen im öffentlichen Personenverkehr zur Erfüllung gemeinwirtschaftlicher Verpflichtungen im Rahmen öffentlicher Dienstleistungsaufträge.[23] Außerdem werden die Rechte der Fahrgäste im Eisenbahnverkehr ab diesem Zeitpunkt durch detaillierte Regelungen der Verordnung (EG) Nr. 1371/2007 besonders geschützt.[24]

7b Einen wichtigen Schritt markiert die RL 2012/34/EU v. 21.11.2012 zur Schaffung eines **einheitlichen europäischen Eisenbahnraumes (sog. Recast-RL),** die durch das Gesetz zur Stärkung des Wettbewerbs im Eisenbahnbereich vom 29.8.2016 verspätet umgesetzt worden ist.[25] Sie sieht eine Vereinheitlichung des Rechtsrahmens der EU für diesen Bereich vor, indem die grundlegenden Richtlinien 91/440/EWG, 95/18/EG und 2001/14/EG aus Gründen der Rechtsklarheit neu gefasst und zu einem Rechtsakt verschmolzen werden. Rechtstechnisch geschieht dies dadurch, dass diese Richtlinien am 15.12.2012 aufgehoben und ihre zT weiterentwickelten Inhalte in die neue Richtlinie aufgenommen wurden.[26] So sollen insbes. die Leistungsfähigkeit und Wettbewerbsfähigkeit des Eisenbahnverkehrs verbessert werden, indem Eisenbahnunternehmen als unabhängige, am Markt ausgerichtete Betreiber anerkannt werden, auf die grundsätzlich die Dienstleistungsfreiheit (Art. 56 AEUV) Anwendung findet. Zu diesem Zweck und zur Gewährleistung eines transparenten nichtdiskriminierenden Zugangs zur Infrastruktur gilt das Trennungsgebot nicht nur für den Infrastruktur- und

---

[17] Dazu gehören die am 29.4.2004 erlassenen RLn 2004/49/EG, 2004/50/EG und 2004/51/EG (ABl EU Nr. L 164/44/114/164); zu ihrem Inhalt *Bartosch/Jaros* WuW 2005, 15 (18 f.); *Ruge* AöR 131 (2006), 1 (8 f.); zu ihrer (teilweisen) Aufhebung s. Anhang IX Teil A RL 2012/34/EU.

[18] S. den durch Art. 1 Nr. 2 lit. a RL 2004/51/EG neu gefassten Art. 10 III RL 91/440/EG, der durch Art. 10 I RL 2012/34/EU ersetzt worden ist, der wiederum durch Art. 1 Nr. 6 RL (EU) 2016/2370 geändert wurde; daneben müssen die Mitgliedstaaten gerechte, nichtdiskriminierende spezifische Regeln für die Zuweisung von Fahrwegkapazität festlegen, s. Art. 13 ff. RL 2001/14/EG, die inzwischen durch Art. 38 ff. RL 2012/34/EU ersetzt wurden; s. zuletzt Art. 1 Nr. 11 RL (EU) 2016/2370; zu diesen Zugangsmöglichkeiten und ihrer Umsetzung *Gersdorf* ZHR 168 (2004), 576 (590 ff.); *Ruge* AöR 131 (2006), 1 (18 ff.); *Kühling/Ernert* NVwZ 2006, 33 ff.; *Koenig/Neumann* VerwArch 99 (2008), 1 (14 ff.).

[19] Vgl. Art. 1 lit. c–e, 4 ff. RL 2004/49/EG, zuletzt geändert durch RL 2014/88/EU v. 9.7.2014 (ABl EU Nr. L 201/9, ab 16.6.2020 ersetzt durch RL (EU) 2016/798; dazu Rn. 7d), die Änderungen der RLn 96/48/EG und 2001/16/EG durch Art. 1 und 2 RL 2004/50/EG (inzwischen aufgehoben durch RL 2008/57/EG v. 17.6.2008 [ABl EU Nr. L 191/1], die ab 16.6.2020 durch RL [EU] 2016/798 v. 11.5.2016 [ABl EU Nr. L 138/02] aufgehoben wird) sowie Art. 1 f., 6 f., 12 ff. VO (EG) Nr. 881/2004, aufgehoben und ersetzt durch VO (EU) 2016/796 v. 11.5.2016 (ABl EU Nr. L 138/1).

[20] S. die am 23.10.2007 erlassenen RL 2007/58/EG (teilw. aufgeh. durch RL 2012/34/EU) und RL 2007/59/EG (zul. geänd. durch VO [EU] 2019/554 v. 5.4.2019 [ABl. EU Nr. L 97/1]) sowie die VO (EG) Nr. 1370/2007 (zul. geändert durch VO [EU] 2016/2338 v. 14.12.2016 [ABl EU Nr. L 354/22]) und VO (EG) Nr. 1371/2007; dazu *Knauff* DVBl 2006, 339 ff.

[21] Art. 10 III a RL 91/440/EWG, der durch Art. 1 Nr. 8 RL 2007/58/EG eingefügt und durch Art. 10 II RL 2012/34/EU ersetzt wurde, der durch Art. 1 Nr. 6 lit. b RL (EU) 2016/2370 ab 1.1.2019 geändert wurde; → Rn. 7d.

[22] Vgl. Art. 1 I und Begründungserwägung 5 der VO (EG) Nr. 1370/2007.

[23] Art. 3 I VO (EG) Nr. 1370/2007 (→ Fn. 20); → Rn. 66; zudem ist gem. Art. 3 II dieser VO die Festsetzung von Höchsttarifen zulässig.

[24] S. insbes. die Pflichten der Eisenbahnunternehmen beim Abschluss von Beförderungsverträgen (Art. 4 ff.) und zur Hilfeleistung für Personen mit Behinderung (Art. 19 ff.) sowie ihre Haftung in Bezug auf Fahrgäste und Gepäck sowie für Verspätungen, Zugausfälle und verpasste Anschlüsse (Art. 11 ff.); dazu *Hilpert* MDR 2009, 967 (970); *Krüger* NJW 2013, 3407 f.

[25] BGBl I 2082; dazu *Ludwigs* NVwZ 2016, 1665 ff.

[26] Um Lücken infolge der Aufhebung dieser konstitutiven RLn zu vermeiden, gelten Bezugnahmen auf diese Rechtsakte als Bezugnahmen auf die RL 2012/34/EU (Art. 65).

Verkehrsbetrieb, sondern auch für die Erbringung von Schienengüter- und Personenverkehrsleistungen (Art. 6 RL 2012/34/EU).[27]

Zugleich sollen die Mitgliedstaaten sicherstellen, dass die Infrastrukturbetreiber eine **gesunde** 7c **Finanzstruktur** haben. Dazu können Infrastrukturausgaben unter Beachtung des Beihilferechts der EU durch direkte staatliche Finanzierung, aber auch durch andere Mittel, z. B. durch öffentlich-private Partnerschaft oder Finanzierung durch die Privatwirtschaft, gedeckt werden (Art. 8 II RL 2012/34/ EU), damit die Gewinn- und Verlustrechnung des Infrastrukturbetreibers über einen angemessenen Zeitraum ausgeglichen ist. Zur Finanzierung gemeinwirtschaftlicher Verpflichtungen kann für die Erbringung von Personenverkehrsdiensten auf Strecken, die eine öffentliche Dienstleistungsverpflichtung erfüllen, eine **Abgabe** durch die staatlichen Behörden erhoben werden (Art. 12 RL 2012/34/ EU).

Den vorläufigen Schlussstein bildet das **vierte Eisenbahnpaket.** Es umfasst die VO (EU) 2016/796 7d sowie die RLn (EU) 2016/797 und 2016/798 v. 11.5.2016.[28] Sie sind seit 15.6.2016 in Kraft und am 16.6.2020 umgesetzt worden.[29] Im Vordergrund stehen die **Verbesserung der Interoperabilität und Sicherheit** des Eisenbahnsystems in der Union durch Festlegung grundlegender Anforderungen und technischer Spezifikationen für die Interoperabilität (TSI), gemeinsamer Sicherheitsziele und -methoden (CST, CSM) sowie eine Harmonisierung der Regulierungsstruktur, etwa für das Inverkehrbringen von Fahrzeugen.[30] Dabei soll die Agentur (→ Rn. 7) eine stärkere Rolle spielen und die nationalen Sicherheitsbehörden größere Unabhängigkeit erhalten.[31] Daneben soll die **Öffnung des Marktes** für inländische Schienenpersonenverkehrsdienste vollendet und die Unabhängigkeit des Infrastrukturbetreibers auch in vertikal integrierten Unternehmen gerade bei wesentlichen Funktionen (Zugtrassenzuweisung, Wegeentgelte) durch Änderung der Recast-RL (→ Rn. 7b) sichergestellt werden.[32] Allerdings können das Zugangsrecht beschränkt[33] und abweichend vom wettbewerbsrechtlichen Vergabeverfahren **öffentliche Dienstleistungsaufträge** nach dem durch Art. 1 Nr. 5 VO (EU) 2016/2338 geänderten Art. 5 VO (EG) Nr. 1370/2007 direkt vergeben werden (→ Rn. 11a).

## III. Grundsätzliche Bedeutung

**1. Aufgabentrennung.** Im Mittelpunkt des Art. 87e steht die **Trennung** zwischen dem Staat 8 vorbehaltenen **hoheitlichen,** zumal gemeinnützigen Aufgaben und privatrechtlich organisierten Wirtschaftsunternehmen überantworteten **unternehmerischen Aufgaben.**[34] Wegen der besonderen Regelungen für Infrastrukturunternehmen in Abs. 3 S. 2 u. 3 und den Vorgaben des EU-Rechts, die vor allem dem Netzzugang große Bedeutung für einen fairen Wettbewerb auf den gemeinschaftlichen Märkten der Eisenbahnverkehrsleistungen zumessen (→ Rn. 7f, → Rn. 7d), muss innerhalb des unternehmerischen Tätigkeitsbereichs zwischen Betrieb der Infrastruktur **(Fahrweg)** und Erbringung der Verkehrsleistung **(Transport)** differenziert werden.[35] Das Unionsrecht verlangt weitergehend auch eine Trennung zwischen verschiedenen Verkehrsleistungen (Beförderung von Gütern oder Personen, → Rn. 7b).

**2. Privatisierung und Liberalisierung.** Bereits die Änderung des Art. 87 I 1[36] im Zuge der 9 Bahnreform (→ Rn. 1) ermöglichte dem Gesetzgeber infolge des Wegfalls der aus dieser Norm abgeleiteten Bindungen (dazu → Rn. 10) eine Neuordnung des Eisenbahnwesens durch Umwandlung der bisher in Behördenform geführten Bundeseisenbahnen in (ein oder mehrere) privatrechtlich organisierte, erwerbswirtschaftlich ausgerichtete Wirtschaftsunternehmen (sog. **Strukturreform**).[37] Der gleichzeitig eingefügte Art. 87e setzt hierfür einen durch Art. 73 I Nr. 6a, 74 I Nr. 23, 80 II und 143a flankierten verfassungsrechtlichen Rahmen, der die Grundzüge der Novellierung festschreibt und so die gesetzgeberische Gestaltungsfreiheit begrenzt.

---

[27] Allerdings kann das Zugangsrecht eingeschränkt werden, wenn seine Ausübung das wirtschaftliche Gleichgewicht eines öffentlichen Dienstleistungsauftrags gefährden würde (Art. 11 RL 2012/34/EU).

[28] ABl EU Nr. L 138/1/44/102; s. auch die VO (EU) 2016/2338 und die RL (EU) 2016/2370 v. 14.12.2016 (ABl EU Nr. L 354/22 u. 352/1).

[29] G. v. 16.3.2020 zur Umsetzung der technischen Säule des vierten Eisenbahnpakets der Europäischen Union (BGBl I 501).

[30] S. insbes. Art. 3 ff., 21 RL (EU) 2016/797, Art. 1, 6 f. RL (EU) 2016/798; s. auch schon Art. 1 ff. RL 2007/ 59/EG, zul. geändert durch Art. 1 VO (EU) 2019/554.

[31] Art. 1 ff. RL (EU) 2016/796.

[32] Art. 1 Nr. 4 f. RL (EU) 2016/2370.

[33] Vgl. die durch Art. 1 Nr. 6 f. RL (EU) 2016/2370 geänderten Art. 10 f. RL 2012/34/EU.

[34] Dazu *Hommelhoff/Schmidt-Aßmann* ZHR 160 (1996), 521 (525 ff.); *Hermes* (Fn. 7), S. 175 f.; *Jochum* NVwZ 2005, 779; anders *Wilkens,* Wettbewerbsprinzip und Gemeinwohlorientierung bei der Erbringung von Eisenbahndienstleistungen, 2006, S. 157.

[35] S. auch *Hermes* (Fn. 7), S. 176 f.; *Gersdorf* ZHR 168 (2004), 576 (583 ff.); *Möstl* FS Scholz, 2007, S. 833 (846 ff.).

[36] Gem. Art. 1 Nr. 4 des 41. G. zur Änd. des GG wurden in Art. 87 I 1 aF die Worte „die Bundeseisenbahnen" gestrichen.

[37] Vgl. Begr. RegE, BT-Dr 12/5015, S. 5; zu den personalrechtlichen Konsequenzen BVerwGE 108, 274 (276 ff.); → Art. 143a Rn. 7 ff.

10    Zur Verwirklichung der Reformziele (→ Rn. 1) war eine **Änderung des Grundgesetzes** wegen aufgaben- und organisationsrechtlicher Gewährleistungsschichten des Art. 87 I 1 aF **unumgänglich,** die einer umfassenden formellen Privatisierung der Bundeseisenbahnen und einer materiellen Privatisierung essentieller Funktionen des Eisenbahnwesens entgegenstanden.[38] Außerdem war es mit Art. 87 I 1 aF nicht zu vereinbaren, dass Bundeseisenbahnen als rein gewinnorientierte privatrechtliche Wirtschaftsunternehmen geführt, also kommerzialisiert, und dem Wettbewerb ausgesetzt werden. Eine solche **Liberalisierung,** insbes. ein gesetzlich abgesicherter diskriminierungsfreier Netzzugang, wird zwar von Art. 87e, anders als vom EU-Recht (→ Rn. 6 ff.), nicht explizit gefordert, aber zugelassen und anerkannt.[39] Der Gesetzgeber hat diese Vorgaben zunächst gem. §§ 14–14g AEG aF, EIBV und jetzt durch §§ 10 ff. ERegG umgesetzt.

11    **3. Regionalisierung.** Zudem sieht Art. 87e I, II, IV eine Neuverteilung der Verwaltungskompetenzen für die Eisenbahnverkehrsverwaltung zwischen Bund und Ländern vor. Praktisch bedeutsam ist insbes. die durch Art. 87e I 2 eröffnete, durch Art. 106a, 143a III abgesicherte und durch das Regionalisierungsgesetz umgesetzte Regionalisierung[40] durch **Übertragung** der **Aufgaben- und Finanzverantwortung** für den öffentlichen Schienenpersonennahverkehr (SPNV) **auf die Länder.** Sie sind in Übereinstimmung mit EU-Recht (→ Rn. 4) gem. Art. 143a III iVm § 1 RegG seit dem 1.1.1996 für diesen Bereich allein verantwortlich und müssen, unabhängig von Art. 87e IV (→ Rn. 60), die ausreichende Bedienung der Bevölkerung mit Verkehrsleistungen des SPNV sicherstellen. Dieser umfasst den Stadt-, Vorort- und Regionalverkehr.[41]

11a    § 4 RegG konkretisiert diesen Auftrag zur Daseinsvorsorge, indem er für die Sicherstellung einer ausreichenden Verkehrsbedienung im öffentlichen Personennahverkehr auf Straße und Schiene auf die VO (EG) Nr. 1370/2007 als maßgebliche Rechtsgrundlage (deklaratorisch) Bezug nimmt. Danach erfolgt die Erfüllung der nun in Art. 2a der VO spezifizierten **gemeinwirtschaftlichen Verpflichtungen**[42] aufgrund sog. allgemeiner Vorschriften oder im Rahmen öffentlicher Dienstleistungsaufträge unter Gewährung ausschließlicher Rechte und/oder Ausgleichsleistungen.[43] Zur Abdeckung daraus resultierender Defizite erhalten die Länder gem. Art. 106a direkte oder indirekte Bundesmittel (→ Art. 106a Rn. 2 ff.). Daneben gewährleistet der Zustimmungsvorbehalt in Art. 87e V über das Bundesorgan Bundesrat den Schutz ihrer Belange.

## B. Die Verwaltungskompetenzen (Abs. 1 u. 2)

### I. Obligatorische Bundeseigenverwaltung (Abs. 1 S. 1)

12    **1. Regelungsinhalt.** Art. 87e I 1 ordnet Eisenbahnverkehrsverwaltung für Eisenbahnen des Bundes **bundeseigener Verwaltung** zu. Die in Art. 87 I 1 aF angelegte Kompetenzverteilung wird insoweit für den durch Privatisierung veränderten Kompetenzgegenstand (→ Rn. 15) fortgeführt. Bundeseigene Verwaltung ist im engen Sinne als **unmittelbare Bundesverwaltung** zu verstehen.[44] Der obligatorische Charakter dieser Verwaltungsform steht unter dem Vorbehalt anderweitiger formell-gesetzlicher Regelung nach Art. 87e I 2 (→ Rn. 24 ff.).

13    **2. Voraussetzungen. a) „Eisenbahnen des Bundes"** sind nach der in Art. 73 I Nr. 6a enthaltenen Legaldefinition, die aus entstehungsgeschichtlichen und systematischen Gründen grds. auch für Art. 87e maßgeblich ist,[45] Eisenbahnen, die ganz oder mehrheitlich im Eigentum des Bundes stehen.

14    Der Verfassungsbegriff **„Eisenbahnen"** ist nicht gegenständlich, sondern funktionell als Beförderung durch Eisenbahnen zu verstehen, umfasst daher das **Gesamtsystem „Rad/Schiene",** dh das Erbringen solcher Verkehrsleistungen und das Betreiben der hierfür notwendigen Infrastruktur.[46]

---

[38] Dazu *W. Schmidt* NJW 1964, 2390 (2391); für einen organisationsrechtlichen Garantiegehalt des Art. 87 I 1 aF *Schmidt-Aßmann/Fromm,* Aufgaben und Organisation der Deutschen Bundesbahn in verfassungsrechtlicher Sicht, 1986, S. 100 („gewisse Formgrenzen"), ebda, S. 59 ff., auch für einen den Begriffskern umfassenden aufgabenrechtlichen Garantiegehalt; zur Bedeutung des Art. 87 I 1 aF für die Interpretation des Art. 87e *Hommelhoff/Schmidt-Aßmann* ZHR 160 (1996), 521 (532).

[39] Vgl. *Möstl* FS Scholz, 2007, S. 833 (836 ff.).

[40] Vgl. Begr. RegE, BT-Dr 12/5015, S. 5; *Hermes* (Fn. 7), S. 181; zum Verhältnis von Regionalisierung und Privatisierung *Benz* Die Verwaltung 28 (1995), 337 (351 f.).

[41] § 2 RegG; s. auch Art. 3 Nr. 6 u. 7 RL 2012/34/EU; *Burger,* Zuständigkeit und Aufgaben des Bundes für den öffentlichen Personenverkehr nach Art. 87e GG, 1998, S. 54 ff.; zum RegG *Wachinger/Wittemann* (Fn. 7), S. 72 ff.; *Neumann,* Daseinsvorsorge Schienenpersonennahverkehr, 2015, S. 84 f., 89 f.

[42] S. Art. 1 Nr. 3 VO (EU) 2016/2338.

[43] Art. 3 ff. VO (EG) Nr. 1370/2007 in der durch Art. 1 Nr. 4–9 VO (EU) 2016/2338 geänderten Fassung; dazu *Heinze* DVBl 2011, 534 (535 f.).

[44] *Schulz* (Fn. 7), S. 92; *Gersdorf* MKS III, Art. 87e Rn. 27; aA *Uerpmann-Wittzack,* in: v. Münch/Kunig II, Art. 87e Rn. 5, der auch mittelbare Bundesverwaltung darunter fasst.

[45] Diesen Zusammenhang betont BVerfGE 97, 198 (218 ff.); s. auch *Schulz* (Fn. 7), S. 84.

[46] So die Begr. RegE, BT-Dr 12/5015, S. 5 f.

Gemäß deutscher Verfassungstradition[47] sind Eisenbahnen zu definieren als die durch **festen Spurweg** gekennzeichneten **Schienenbahnen,** die keine Straßen-, Untergrund- oder Bergbahnen sind (→ Art. 73 Rn. 27).[48]

Das Merkmal **„des Bundes"** ist unter Aufgabe des früher zusätzlich herangezogenen Kriteriums der **15** Verkehrsbedeutung wie bei Art. 73 I Nr. 6a (→ Rn. 13) allein anhand der **Eigentumsverhältnisse** zu bestimmen.[49] Infolge der formellen Privatisierung der Bundeseisenbahnen (→ Rn. 38 ff.) kommt es darauf an, dass der Bund (zumindest) über die Mehrheit der Anteile an den Eisenbahnunternehmen verfügt.[50] Er ist nicht durch das Merkmal „Eisenbahnen des Bundes", sondern allein auf Grund und in den Grenzen des Art. 87e III 2 u. 3 daran gehindert, sein Mehrheitseigentum aufzugeben (→ Rn. 52 ff.). Allerdings entfällt dann seine Gesetzgebungskompetenz nach Art. 73 I Nr. 6a. Im Rahmen des Art. 87e führen die veränderten Eigentumsverhältnisse zu Verschiebungen bei der Gesetzgebungs- und Verwaltungskompetenz sowie zum Wegfall der Verpflichtung aus Abs. 4 (→ Rn. 61). Gegen Ersteres sind die Länder bei Veräußerung von Anteilen an Unternehmen iSv Abs. 3 S. 2 (→ Rn. 52) durch die Beschränkungen aus Abs. 3 S. 3 und im Übrigen durch den Zustimmungsvorbehalt des BRats nach Abs. 5 ausreichend geschützt.[51] Letzteres kann der Bund als Alleineigentümer verhindern, indem er der Veräußerung der Unternehmensanteile nicht zustimmt (→ Rn. 54).

**b)** Der Begriff **„Eisenbahnverkehrsverwaltung"** ist aus entstehungsgeschichtlichen, systemati- **16** schen und teleologischen Gründen ähnlich wie „Luftverkehrsverwaltung" iSv Art. 87d zu verstehen.[52] Zum Eisenbahnverkehr gehört demnach über den Wortlaut hinaus auch das Vorhalten der für den Transport von Personen und Gütern notwendigen Infrastruktur.[53] Die darauf bezogene Verkehrsverwaltung umfasst aber in Abkehr von der Rechtslage unter Art. 87 I 1 aF nicht mehr das Erbringen von Eisenbahnverkehrsleistungen und das Betreiben der Eisenbahninfrastruktur. Das folgt aus der Gegenüberstellung von Abs. 1 und 2 mit Abs. 3 S. 1, der diese Tätigkeiten privatrechtlichen Wirtschaftsunternehmen vorbehält (→ Rn. 44).

Eisenbahnverkehrsverwaltung beinhaltet zum einen die **herkömmlichen Verwaltungsaufgaben, 17** dh insbes. präventive und repressive ordnungsrechtliche Verwaltungsmaßnahmen, aber auch Hoheitsakte bei Planungs- und Leistungsverwaltung.[54] Dazu zählen etwa die Erteilung von Genehmigungen, aufsichtliche Maßnahmen, Verfolgung von Ordnungswidrigkeiten und bahnpolizeiliche Aufgaben.[55] Zur Eisenbahnverkehrsverwaltung gehört zum anderen die **Wahrnehmung der** auf den privatisierten Bereich bezogen **Gewährleistungspflicht** nach Art. 87e IV, zB durch Finanzierung des Ausbaus der Schienenwege der Eisenbahnen des Bundes.[56]

**3. Rechtsfolgen. a) Verwaltungskompetenz des Bundes.** Abs. 1 S. 1 weist die Zuständigkeit **18** zur Eisenbahnverkehrsverwaltung für Eisenbahnen des Bundes abweichend von der Regel des Art. 83 Hs. 1 vorbehaltlich anderer Regelung nach Abs. 1 S. 2 zwingend dem Bund zu.[57] Bundesbehörden, insbes. das Eisenbahn-Bundesamt,[58] aber auch das Bundeskartellamt[59] und die Bundesnetzagentur,[60] sind ausschließlich zuständig für den Verwaltungsvollzug.

---

[47] Zur besonderen Bedeutung eines traditionellen Begriffsverständnisses s. BVerfGE 97, 198 (219).

[48] Zur Ausgrenzung anderer spurgeführter Techniken, z. B. Magnetbahnen, s. *Wieland,* in: Dreier III, Art. 87e Rn. 11.

[49] *Studenroth,* in: Blümel/Kühlwetter (Hrsg.), Aktuelle Probleme des Eisenbahnrechts II, 1997, S. 329 (335 ff.); für funktionale Abgrenzung *Grupp* DVBl 1996, 591 (593); ablehnend auch *Gersdorf* MKS III, Art. 87e Rn. 16.

[50] *Schmidt-Aßmann/Röhl* DÖV 1994, 577 (579).

[51] Außerdem besteht gem. Art. 87e II die Möglichkeit der Aufgabenrückübertragung auf den Bund aufgrund eines zustimmungsbedürftigen Bundesgesetzes, vgl. *Schmidt-Aßmann/Röhl* DÖV 1994, 577 (579).

[52] Begr. RegE, BT-Dr 12/5015, S. 6 f.; s. auch BVerfGE 97, 198 (223).

[53] Vgl. *Studenroth* VerwArch 87 (1996), 97 (100); enger *Heinze* BayVBl 1994, 266 (267 f.).

[54] BVerfGE 97, 198 (222); *Schmidt-Aßmann/Röhl* DÖV 1994, 577 (583); zu den Auswirkungen der Privatisierung auf die Planfeststellung BVerwG NVwZ 2000, 673 (674); *Hermann,* Fachplanungsrechtliche Auswirkungen der Eisenbahnprivatisierung, 2003, S. 61 ff.

[55] Vgl. *Schmidt-Aßmann/Röhl* DÖV 1994, 577 (583); *Studenroth* (Fn. 49), S. 329 (333 f.); *Homeister,* Öffentliche Aufgabe, Organisationsform und Rechtsbindung, 2005, S. 30 ff.; zur Verwaltungskompetenz des Bundes nach Art. 87e I 1 für Aufgaben der Bahnpolizei BVerfGE 97, 198 (219 ff.); *Ronellenfitsch* DÖV 1996, 1028 (1034 ff.); → Rn. 33.

[56] §§ 1, 8 ff. SchwAbG; u. Rn. 66a; VG Düsseldorf Urt. v. 29.1.2015 – 6 K 7040/12; *Homeister* (Fn. 55), S. 33 ff.

[57] BVerfGE 95, 1 (18); anders für den Vollzug von Landesgesetzen OVG NRW NWVBl 2006, 20 ff.

[58] Das EBA ist als selbständige Oberbehörde (§ 2 I BEVVG) zuständig zur Wahrnehmung der Aufgaben der Eisenbahnverkehrsverwaltung gem. § 3 I BEVVG; dazu VG Köln NuR 2002, 116; OVG Münster NWVBl 2006, 20 (23); *Möstl,* in: Maunz/Dürig, Art. 87e Rn. 148 f.; *Kramer,* in: Kühlwetter/Kramer (Hrsg.), BEVVG, 2012, § 3 Rn. 2 ff.

[59] Die Aufgaben und Zuständigkeiten der Kartellbehörden nach dem GWB bleiben gem. § 9 III BEVVG (früher § 14b II 1 AEG) unberührt; zur Abgrenzung der Aufgabenbereiche *Gerstner,* in: Hermes/Sellner (Hrsg.), Beck'scher AEG-Kommentar, 2. Aufl. 2014, § 14b Rn. 24 ff.

[60] Diese selbständige Bundesoberbehörde (§ 1 S. 2 BNetzAG) ist zuständig für die Regulierung des Zugangs zur Eisenbahninfrastruktur (§ 2 I Nr. 4 BNetzAG, § 4 I u. II BEVVG) und muss jetzt auch politisch unabhängig sein (§ 4 III, IIIa, § 4a BEVVG); dazu *Ludwigs* NVwZ 2015, 1665 (1670 f.).

**19**    **b) Wahrnehmungspflicht des Bundes.** Der Bund ist zur ordnungsgemäßen Erfüllung der Aufgaben der Eisenbahnverkehrsverwaltung verpflichtet. Das folgt für die Verwaltungsaufgabe **„Infrastruktursicherung"** bereits unmittelbar aus Art. 87e IV, der den entsprechenden aufgabenrechtlichen Gehalt des Art. 87 I 1 aF in dem durch die Privatisierungsentscheidung nach Art. 87e III 1 veränderten Umfeld in reduziertem Umfang fortführt.[61] Bei **sonstigen Aufgaben der Eisenbahnverkehrsverwaltung** für Eisenbahnen des Bundes kommt die aufgabenrechtliche Bedeutung des Art. 87e I 1 zum Tragen. Soweit diese Hoheitsaufgaben als genuin staatliche Aufgaben in den Kernbereich dieser staatlichen Regelung fallen, wie z. B. die Eisenbahnaufsicht (§ 5 AEG), bleibt der Bund zu ihrer Wahrnehmung verpflichtet.[62] Art. 87e I 1 prolongiert insoweit die aufgabenrechtlichen Gewährleistungen des Art. 87 I 1 aF (→ Rn. 10).

**20**    **c) Verbot der Privatisierung von Kernaufgaben.** Kehrseite der verpflichtenden staatsaufgabenrechtlichen Dimension des Art. 87e I 1 ist ein Verbot materieller Privatisierung von Kernaufgaben der Eisenbahnverkehrsverwaltung für Eisenbahnen des Bundes.[63] Sie dürfen privaten Stellen, zumal Eisenbahnunternehmen, nicht zur eigenverantwortlichen privatwirtschaftlichen Wahrnehmung übertragen oder überlassen werden.

**21**    **d) Einschränkung der Organisationsprivatisierung.** Art. 87e I 1 begründet und begrenzt die Organisationsgewalt der Bundesorgane, deren Verteilung sich an Art. 86 ausrichtet (→ Art. 86 Rn. 31 ff.). Formelle Privatisierung durch Errichtung juristischer Personen des Privatrechts zur Wahrnehmung hoheitlicher Aufgaben der Eisenbahnverkehrsverwaltung für Eisenbahnen des Bundes ist nur in Randbereichen auf gesetzlicher Grundlage unter der Bedingung zulässig, dass der Bund ausreichende Ingerenzrechte besitzt,[64] um seinen Willen durchzusetzen. Art. 87e I 1 führt insoweit den organisationsrechtlichen Gehalt des Art. 87 I 1 aF fort[65] und lässt eine Beleihung oder sonstige Hilfe Privater allein unter diesen Voraussetzungen zu.[66]

**22**    **e) Obligatorische unmittelbare Bundesverwaltung.** Art. 87e I 1 verlangt, dass Eisenbahnverkehrsverwaltung für Eisenbahnen des Bundes in unmittelbarer Bundesverwaltung (→ Rn. 12) geführt wird; **mittelbare Bundesverwaltung** durch juristische Personen des öffentlichen Rechts ist **ausgeschlossen.**[67] Das folgt aus Text („bundeseigene Verwaltung") und systematischer Stellung der Regelung, die iVm den weiteren Bestimmungen des Art. 87e an die Stelle des Art. 87 I 1 aF für Eisenbahnen des Bundes ein spezielles, eigenständiges, geschlossenes, durch Art. 86 ergänztes, aber Art. 87 III verdrängendes Regelsystem gesetzt hat.

**23**    **f) Fakultativer Verwaltungsunterbau.** Die Errichtung von **Bundesoberbehörden** unterhalb der Ebene rechtlicher Verselbstständigung und die Übertragung von Aufgaben der Eisenbahnverkehrsverwaltung für Eisenbahnen des Bundes auf diese Stellen ist zulässig,[68] wenn die hierfür maßgeblichen Anforderungen gewahrt sind. Sie ergeben sich aus Art. 87e I 1 iVm Art. 86 und den die Organisationsgewalt des Bundes begrenzenden, sonstigen verfassungsrechtlichen Vorgaben. Gleiches gilt für die Entscheidung über einen **eigenen Verwaltungsunterbau** und die Errichtung von **Außenstellen,** die ebenfalls nicht den engen Voraussetzungen des Art. 87 III 2 unterliegt.[69] Die Nichterwähnung eines eigenen Verwaltungsunterbaus in Art. 87e I 1 überlässt diese Entscheidung dem Bundesgesetzgeber, der sich für einen eigenen Verwaltungsunterbau entscheiden kann, aber nicht muss.[70]

## II. Fakultative Landeseigenverwaltung (Abs. 1 S. 2)

**24**    **1. Regelungsinhalt.** Der strukturell Art. 87d II nachgebildete Art. 87e I 2 **ermächtigt** den **Bundesgesetzgeber,** nach seinem Ermessen Aufgaben der Eisenbahnverkehrsverwaltung für Eisenbahnen des Bundes[71] den Ländern als eigene Angelegenheit zu übertragen. Die konkrete Verteilung der

---

[61] Eingehend dazu *Hommelhoff/Schmidt-Aßmann* ZHR 160 (1996), 521 (529 ff.); → Rn. 62.

[62] Dazu *Hermes/Schweinsberg,* in: Hermes/Sellner (Fn. 59), § 5 Rn. 91; gegen einen aufgabenrechtlichen Gehalt des Art. 87e I 1 *Gersdorf* MKS III, Art. 87e Rn. 21.

[63] *Ronellenfitsch* DVBl 2014, 1549 (1556).

[64] Ausführlich dazu *Burger* (Fn. 41), S. 60 f., 71 ff.

[65] Dazu nur *Schmidt-Aßmann/Fromm* (Fn. 38), S. 104.

[66] Vgl. *Hermes/Schweinsberg* (Fn. 62), § 5 Rn. 90; restriktiver *Gersdorf* MKS III, Art. 87e Rn. 27.

[67] Ebenso *Gersdorf* MKS III, Art. 87e Rn. 27; *Pieroth,* in: Jarass/Pieroth, Art. 87e Rn. 1; aA *Uerpmann-Wittzack,* in: v. Münch/Kunig II, Art. 87e Rn. 5.

[68] Exemplarisch hierfür ist die Zuständigkeit der Bundesnetzagentur, dazu → Fn. 60.

[69] S. z. B. die dem EBA angegliederte Eisenbahn-Cert (EBC), die als benannte Stelle Aufgaben nach den Interoperabilitäts-RL der EU (→ Rn. 6 f., → Rn. 7d) wahrnimmt, § 5 Id AEG; *Hermes/Schweinsberg* (Fn. 62), § 5 Rn. 78 f.

[70] *Möstl,* in: Maunz/Dürig, Art. 87e Rn. 155; *Remmert,* in: Epping/Hillgruber, Art. 87e Rn. 3; *Pieroth,* in: Jarass/Pieroth, Art. 87e Rn. 1; aA *Wieland,* in: Dreier III, Art. 87e Rn. 12.

[71] Diese Einschränkung des Delegationsgegenstandes ergibt sich aus dem Zusammenhang mit Abs. 1 S. 1; außerdem besteht nur in diesen Fällen Raum und Bedarf für eine Übertragung der Verwaltungskompetenz auf die Länder, da sie für Eisenbahnen, die nicht solche des Bundes sind, ohnehin nach Art. 83 Hs. 1 zuständig sind; s. auch *Burger* (Fn. 41), S. 180; → Rn. 18, → Rn. 28.

Verwaltungszuständigkeiten ist damit stark gesetzesabhängig,[72] wobei Länderbelange durch den Zustimmungsvorbehalt (→ Rn. 25) gesichert sind.

**2. Voraussetzungen. a)** Die Aufgabenübertragung verlangt in formeller Hinsicht aufgrund des in 25 Art. 87e I 2 enthaltenen Vorbehalts des Gesetzes ein **förmliches Bundesgesetz,** das der Zustimmung des BRats bedarf (Abs. 5 S. 1, → Rn. 70). Insoweit besteht eine spezielle ausschließliche Gesetzgebungskompetenz des Bundes gem. Art. 87e I 2 („*Bundes*gesetz"), die Art. 73 I Nr. 6a vorgeht und daher keine Rückübertragung nach Art. 71 Hs. 2 zulässt.[73]

**b)** In materieller Hinsicht können nur **einzelne Aufgaben** der Eisenbahnverkehrsverwaltung für 26 Eisenbahnen des Bundes übertragen werden. Das Auswahlermessen des Gesetzgebers ist hierauf beschränkt. Wortlaut („Aufgaben", nicht: „*die* Aufgaben") sowie externe (Art. 83 Hs. 1 – Art. 87e I 2) und interne (Abs. 1 S. 1 – Abs. 1 S. 2) Regel-Ausnahme-Systematik stehen einer Übertragung aller Aufgaben dieses Bereichs entgegen.[74] Da die Gewährleistungspflicht nach Abs. 4 eine Pflichtaufgabe des Bundes begründet (→ Rn. 62), scheidet ihre Delegation auf die Länder nach Abs. 1 S. 2 aus.[75]

**c)** Die **Aufgabenübertragung** bedarf als Durchbrechung des Grundsatzes nach Abs. 1 S. 1 aus 27 rechts- und bundesstaatlichen Erwägungen angesichts der damit verbundenen Folgen für die Länder (Ausgabenverantwortung, Art. 104a I) eines **sachlichen Grundes,** wobei dem Gesetzgeber ein weiter Beurteilungsspielraum zusteht. Ein solcher Delegationsgrund ergibt sich etwa für die Übertragung der Genehmigung von Tarifen im SPNV der Eisenbahnen des Bundes (§ 5 IV 1 Nr. 2 AEG) aus dem regionalen Bezug.[76]

**3. Rechtsfolgen.** Entschließt sich der Bundesgesetzgeber zur Aufgabenübertragung auf die Länder, 28 wozu er berechtigt, aber nicht verpflichtet ist, führt dies zwingend zu **Landeseigenverwaltung.** Das folgt bereits aus Art. 83 Hs. 1. Die ausdrückliche Erwähnung der Verwaltungsform in Art. 87e I 2 („als eigene Angelegenheit") dient der Verdeutlichung gegenüber Art. 87d II („als Auftragsverwaltung"), hat somit vor allem klarstellende Funktion.[77] Ergeht kein Gesetz nach Abs. 1 S. 2, bleibt es beim Grundsatz bundeseigener Verwaltung (Abs. 1 S. 1).[78]

## III. Fakultative Bundesverwaltung (Abs. 2)

**1. Regelungsinhalt.** Art. 87e II ergänzt Art. 87e I 1, indem er den Bund in Anlehnung an Art. 89 29 II 2 fakultativ zur **Begründung einer Verwaltungszuständigkeit** für die über den Bereich der Eisenbahnen des Bundes hinausgehenden Aufgaben der Eisenbahnverkehrsverwaltung ermächtigt. Im Unterschied zu Abs. 1 S. 2 kann auf diese Weise nicht die an sich dem Bund zustehende Verwaltungskompetenz auf die Länder übertragen, sondern die Zuständigkeit von Bundesbehörden zu Lasten der Länder ausgedehnt werden.

**2. Voraussetzungen. a)** Formell-rechtlich bedarf es gemäß dem in Abs. 2 verankerten Vorbehalt 30 des Gesetzes eines **förmlichen Bundesgesetzes**[79] und der Zustimmung des BRats (Abs. 5 S. 1). Die konkurrierende Gesetzgebungskompetenz des Bundes nach Art. 74 I Nr. 23, 72 II wird durch die in Art. 87e II enthaltene besondere ausschließliche Gesetzgebungszuständigkeit für diesen Delegationsakt („eines *Bundes*gesetzes") verdrängt, für die Art. 71 nicht gilt.[80]

**b)** Materiell-rechtlich beschränkt sich Art. 87e II auf **Aufgaben der Eisenbahnverkehrsverwal-** 31 **tung, die über den Bereich der Eisenbahnen des Bundes hinausgehen.** Das ist aus entstehungsgeschichtlichen, systematischen und teleologischen Gründen nicht funktions-, sondern gegenstandsbezogen zu verstehen. Der Begriff „hinausgehen" bezieht sich nicht auf die Aufgaben der Eisenbahnverkehrsverwaltung, sondern auf das Merkmal „Bereich der Eisenbahnen des Bundes". Er erweitert nicht Art und Umfang der hoheitlichen Befugnisse, sondern den Geltungsbereich, in dem sie ausgeübt werden dürfen.

Die Ermächtigung des Abs. 2 betrifft daher Eisenbahnen, die im Gegensatz zu den in Abs. 1 S. 1 32 Genannten **nicht** oder jedenfalls nicht **mehrheitlich im Eigentum des Bundes** stehen. Für Auf-

---

[72] Vgl. *Studenroth* VerwArch 87 (1996), 97 (102).

[73] Diese Kompetenz wird auch als alleinige Gesetzgebungskompetenz des Bundes bezeichnet (*Gersdorf* MKS III, Art. 87e Rn. 29), ohne dass inhaltliche Abweichungen zu erkennen sind; für Anwendung des Art. 71 *Durner* DVBl 2008, 69 (77).

[74] Vgl. *Wieland,* in: Dreier III, Art. 87e Rn. 13; *Pieroth,* in: Jarass/Pieroth, Art. 87e Rn. 2; aA *Uerpmann-Wittzack,* in: v. Münch/Kunig II, Art. 87e Rn. 7, *ders.,* in: v. Münch/Kunig, Art. 87d Rn. 18.

[75] Zutreffend *Gersdorf* MKS III, Art. 87e Rn. 28.

[76] Dazu *Burger* (Fn. 41), S. 180 f.; *Hermes/Schweinsberg* (Fn. 62), § 5 Rn. 71.

[77] S. die Beschlussempfehlung des BT-RechtsA zum 40. GG-ÄndG-E, BT-Dr 12/6280, S. 8; BVerwG NVwZ 2000, 673 (674).

[78] *Burger* (Fn. 41), S. 180; *Pieroth,* in: Jarass/Pieroth, Art. 87e Rn. 2.

[79] Auf gesetzlicher Grundlage ist auch eine Vereinbarung zwischen den zuständigen Bundes- und Landesstellen zulässig, vgl. § 5 II 2 AEG; *Gersdorf* MKS III, Art. 87e Rn. 34.

[80] Vgl. nur *Gersdorf* MKS III, Art. 87e Rn. 34; s. auch → Rn. 25.

gaben der Eisenbahnverkehrsverwaltung sind insoweit gem. Art. 83 Hs. 1 die Länder zuständig, was die Einheitlichkeit des Verwaltungsvollzugs beeinträchtigen kann. Das gilt insbes. dann, wenn infolge Veräußerung von Bundesanteilen (dazu → Rn. 53 f.) eine Verschiebung der Verwaltungszuständigkeit zugunsten der Länder eintritt. Abs. 2 erlaubt in diesen und anderen Fällen die (Rück-)Übertragung der Verwaltungskompetenz für die Eisenbahnverkehrsverwaltung auf den Bund,[81] ermöglicht so eine Korrektur der an das Eigentum des Bundes an Eisenbahnen geknüpften Zuständigkeitsverteilung (s. auch → Rn. 15).

33    c) Der **für die Aufgabenübertragung** erforderliche **sachliche Grund** kann sich aus solchen Zuständigkeitsverschiebungen oder aus sicherheitsrechtlichen Erwägungen ergeben, wie z. B. bei Wahrnehmung bahnpolizeilicher Aufgaben durch die Bundespolizei.[82] Daneben kommen verkehrspolitische Zweckmäßigkeitsgründe in Betracht, etwa um Bundesaufsicht über den Eisenbahnverkehr anderer Eisenbahnunternehmen mit Sitz im Ausland auf dem Schienennetz deutscher Eisenbahnen zu ermöglichen.[83]

34    **3. Rechtsfolgen.** Aus dem insoweit offenen Wortlaut des Abs. 2 und seiner inhaltlichen Verwandtschaft mit Art. 89 II 2 folgt, dass der Bundesgesetzgeber unter obigen Voraussetzungen einzelne Aufgaben auf die Bundesverwaltung übertragen **kann,** aber **nicht muss.**[84] Art. 87e IV führt zu keiner Ermessensreduzierung, da diese Gewährleistungspflicht auf Eisenbahnen des Bundes beschränkt ist und daher bei Verlust dieser Eigenschaft entfällt.[85] Entschließt sich der Bund zu einer Kompetenzerweiterung gem. Abs. 2, kommt für die betroffenen Aufgaben aufgrund des Regelungszusammenhangs mit Abs. 1 S. 1 nur **unmittelbare Bundesverwaltung** mit oder ohne eigenen Verwaltungsunterbau (→ Rn. 22 f.) in Betracht.[86]

# C. Die Privatisierung (Abs. 3)

## I. Verfassungskräftiges Privatisierungsgebot (Abs. 3 S. 1)

35    **1. Regelungsinhalt. a)** Art. 87e III 1 enthält die Grundentscheidungen für eine **Organisationsprivatisierung** der Eisenbahnen des Bundes (→ Rn. 38 ff.) und eine **Privatisierung** ihrer **Aufgaben** (→ Rn. 42 ff.).[87] Dazu gehören gemäß dem weit gefassten Wortlaut das Erbringen der Eisenbahnverkehrsleistungen durch Transport von Personen und Gütern auf Schienenwegen sowie das Betreiben der Eisenbahnverkehrsinfrastruktur.[88] Dagegen sind die durch Abs. 1, 2 und 4 dem Staat zugewiesenen hoheitlichen Aufgaben der Eisenbahnverkehrsverwaltung ausgenommen. Abs. 3 S. 1 stellt für die in ihm angelegten Strukturprinzipien iVm Art. 143a Mindestanforderungen auf und sichert sie verfassungskräftig ab, ist mithin ein **Verfassungsauftrag** in Form eines Staatszieles, der sich nach Erfüllung in eine Einrichtungsgarantie wandelt.

36    **Adressat** dieser **objektiven Rechtspflicht** ist der **Bund.** Ihre Ausgestaltung obliegt aufgrund des Regelungsvorbehalts gem. Abs. 3 S. 4, der einen rechtsstaatlichen Vorbehalt des Gesetzes einschließt, dem BTag,[89] dem diese Bestimmung zugleich eine ausschließliche, nicht an Art. 71 gebundene Gesetzgebungskompetenz zuweist (→ Rn. 52). Belange der Länder werden durch das in Abs. 5 verankerte Erfordernis einer Zustimmung des BRats gewahrt (s. auch Art. 143a I 2). Daneben schützt Art. 87e III 1 die **Eisenbahnen des Bundes,** denen Privatrechtlichkeit der Organisationsform und Privatwirtschaftlichkeit der Unternehmensführung (→ Rn. 38 ff.) als **grundrechtsähnliche Rechte** gegenüber dem Staat garantiert werden (→ Rn. 48).[90]

37    **b)** Anders als Art. 87f II 1 ordnet Art. 87e III 1 die Öffnung dieses Bereichs für den Wettbewerb zwar nicht explizit an,[91] lässt aber nach seinem Wortlaut eine solche **Liberalisierung** zu, die der

---

[81] Anders *Gersdorf* MKS III, Art. 87e Rn. 32, der diese Fälle nicht als Rückübertragung ansieht.

[82] Dazu BVerfGE 97, 198 (223 f.); *Pieroth,* in: Jarass/Pieroth, Art. 87e Rn. 3; s. auch § 3 BPolG.

[83] Vgl. die Begr. des RegE, BT-Dr 12/5015, S. 7; s. jetzt § 5 Ia Nr. 1 lit. c AEG.

[84] *Burger* (Fn. 41), S. 181; *Möstl,* in: Maunz/Dürig, Art. 87e Rn. 168; *Wieland,* in: Dreier III, Art. 87e Rn. 14.

[85] S. auch *Brosius-Gersdorf* DÖV 2002, 275 (280 f.) und → Rn. 61; die Aufgabenübertragung nach Abs. 2 führt nicht dazu, dass die betroffenen Unternehmen Eisenbahnen des Bundes werden.

[86] Vgl. *Remmert,* in: Epping/Hillgruber, Art. 87e Rn. 7; aA *Schulz* (Fn. 7), S. 93; *Uerpmann-Wittzack,* in: v. Münch/Kunig II, Art. 87e Rn. 5, 8.

[87] So jetzt explizit BVerfGE 147, 50, Rn. 265; s. auch BVerwGE 155, 230, Rn. 22 ff.; anders noch VGH Mannheim DVBl 2015, 843 (845 f.); vgl. auch *Möstl* FS Scholz, 2007, S. 833 (839 ff.); aA *Knauff,* Der Gewährleistungsstaat, 2004, S. 237.

[88] BVerwGE 140, 359, Rn. 21; 154, 198, Rn. 41.

[89] Der Vorbehalt des Abs. 3 S. 4 findet nach seiner Genese und Stellung auch auf die Ausgestaltung der Gewährleistungen des Abs. 3 S. 1 Anwendung, vgl. *Gersdorf* MKS III, Art. 87e Rn. 64; aA *Möstl,* in: Maunz/Dürig, Art. 87e Rn. 179.

[90] *Hommelhoff/Schmidt-Aßmann* ZHR 160 (1996), 521 (532 ff.); *Jochum* NVwZ 2005, 779 (781); aA BVerfGE 147, 50, Rn. 276 ff.

[91] Dies folgt schon daraus, dass andere Unternehmen als Eisenbahnen des Bundes in Art. 87e III 1 weder erwähnt noch von ihm erfasst werden; s. auch *Brosius-Gersdorf* DÖV 2002, 275 (279).

Verfassungsgesetzgeber als Voraussetzung effizienter Eisenbahnverkehrsleistungen[92] anerkannt und gefordert hat.[93] Art. 87e III 1 liegt daher das Postulat einer Öffnung der Märkte für Eisenbahnverkehrsleistungen für einen funktionierenden Wettbewerb zugrunde.[94] Für seine Verwirklichung sind die **Trennung von Netz und Betrieb** sowie der Zugang von Verkehrsunternehmen zum Schienennetz und zu den Serviceeinrichtungen der Eisenbahnen des Bundes bedeutsam.[95] Wesentliche, über Art. 87e III 1 hinausgehende Vorgaben für die schrittweise Etablierung eines fairen Wettbewerbs beim Angebot dieser Verkehrsleistungen ergeben sich aus EU-Recht (→ Rn. 6 ff.), das zunächst durch die inzwischen aufgehobenen §§ 9, 9a und 14 AEG aF umgesetzt worden ist und jetzt durch §§ 5 ff., 10 ff. ERegG ausgestaltet wird.[96]

**2. Merkmale. a) Privatrechtliche Organisationsform.** Abs. 3 S. 1 verlangt eine **formelle Privatisierung** der Eisenbahnen des Bundes. Sie sind in privatrechtlicher Form zu organisieren und müssen sich dabei der Organisationsformen bedienen, die von der für jedermann geltenden Privatrechtsordnung zur Verfügung gestellt werden oder jedenfalls im allgemeinen Rechtsverkehr zugelassen sind.[97] Dieses verfassungsrechtliche Privatisierungsgebot geht weiter als EU-Recht, das neben privaten auch öff.-rechtl. Unternehmen als Eisenbahnunternehmen anerkennt.[98] 38

Zur Ermittlung der zulässigen Organisationsform ist nicht auf die formale Bezeichnung, sondern auf die tatsächlichen Verhältnisse abzustellen (sog. **materieller Formenbegriff**). Die Rechtsstellung des Unternehmens im Außenverhältnis und seine Organ- und Entscheidungsstruktur im Innenverhältnis müssen das der jeweiligen Rechtsform eigentümliche Mindestmaß an Eigenständigkeit und Unabhängigkeit garantieren. Das führt zu Verschränkungen zwischen den Gewährleistungen der Privatrechtlichkeit und der Privatwirtschaftlichkeit (→ Rn. 42 ff.), da letztere entsprechende organisationsrechtliche Grundbedingungen voraussetzt.[99] 39

Eine **bestimmte privatrechtliche Unternehmensform** schreibt Art. 87e III 1 nicht vor.[100] Seinen organisationsrechtlichen Anforderungen genügt aber am besten eine **Aktiengesellschaft**.[101] Sie gewährleistet aufgrund ihrer Rechtsnatur, Organisations- und Entscheidungsstruktur die notwendige Trennung zwischen staatlicher Eisenbahnverkehrsverwaltung und unternehmerischer Eisenbahnverkehrsleistung,[102] weil das Aktienrecht dem Eigentümer nur begrenzte Einwirkungsbefugnisse auf die Unternehmensführung einräumt (→ Rn. 68). 40

Die **Zahl der Unternehmen** lässt Art. 87e III 1 offen.[103] Die Ausgliederung der verschiedenen Bereiche in neu gegründete Aktiengesellschaften, die der Holding Deutsche Bahn AG (DB AG) unterstehen,[104] und die zur damals geplanten Kapitalprivatisierung (sog. Börsengang der Bahn) vorgenommene Zusammenführung der Transport- und Dienstleistungsgesellschaften unter dem Dach der im Alleineigentum der DB AG stehenden DB Mobility & Logistics AG[105] sind unions- und verfassungsrechtlich zulässig. EU-Recht verlangt zwar separate Rechnungsführung für den Infrastruktur- und Verkehrsbereich, stellt aber den Mitgliedstaaten die organisatorische Trennung dieser Unternehmensbereiche grds. frei.[106] Das gilt nicht für Infrastrukturbetreiber, die von einem Eisenbahnverkehrsunternehmen und in vertikal integrierten Unternehmen von anderen rechtlichen Einheiten 41

---

[92] Das gilt grds. auch für Schienenwege, für die aber zumindest im Fernverkehr ein natürliches Monopol besteht; das Schienennetz hat daher vor allem eine „dienende Funktion für den Wettbewerb auf dem Netz", BVerwGE 140, 359, Rn. 21; anders *Fehling* DÖV 2002, 793 (797) mwN.

[93] Vgl. Begr. RegE, BT-Dr 12/5015, S. 5, wo auf die Begr. des ENeuOG-E, BT-Dr 12/4609, S. 53, Bezug genommen wird; s. auch die Gegenäußerung der BReg zum 40. GG-ÄndG-E, BT-Dr 12/5015, S. 14.

[94] So auch *Möstl,* in: Maunz/Dürig, Art. 87e Rn. 66 f.; weitergeh. *Jochum* NVwZ 2005, 779; *Wilkens* (Fn. 34), S. 173 f.; gegen ein Bekenntnis zum Wettbewerb in Art. 87e III 1 *Brosius-Gersdorf* DÖV 2002, 275 (282); *Gersdorf* MKS III, Art. 87e Rn. 51, 69.

[95] Begründungserwägung 26 RL 2012/34/EU; wichtig ist auch die Unabhängigkeit des Infrastrukturbetreibers, → Rn. 7d.

[96] Sie betreffen die Unabhängigkeit von Eisenbahnunternehmen und Zugangsrechte; dazu *Ludwigs* NVwZ 2016, 1665 (1666 ff.); → Rn. 40 f.

[97] Vgl. *Berschin* DVBl 2002, 1079 (1085); eine Staatsbahn als autonome rechtsfähige Anstalt des öffentlichen Rechts nach dem Vorbild der Deutschen Reichsbahn-Gesellschaft ist unzulässig; *R. Wolf* KJ 2003, 192 (202); zu privatrechtlichen Sonderorganisationsformen *Schmidt-Aßmann/Röhl* DÖV 1994, 577 (580).

[98] Art. 3 Nr. 1 RL 2012/34/EU; Art. 3 Nr. 1 VO (EG) Nr. 1371/2007; → Fn. 11.

[99] Dazu auch *Gersdorf* MKS III, Art. 87e Rn. 43 mwN; → Rn. 42.

[100] Zur erforderlichen Autonomie des Organisationsgebildes *Fromm* DVBl 1994, 187 (189).

[101] S. zu anderen Gestaltungsformen, wie GmbH oder GmbH & Co. KG, *Hommelhoff/Schmidt-Aßmann* ZHR 160 (1996), 521 (537 ff.); *Wieland,* in: Dreier III, Art. 87e Rn. 15.

[102] Vgl. *Schmidt-Aßmann/Röhl* DÖV 1994, 577 (580).

[103] *Möstl,* in: Maunz/Dürig, Art. 87e Rn. 174.

[104] §§ 2 I, 25 DBGrG; dazu *Berschin* DVBl 2002, 1079; *Homeister* (Fn. 55), S. 54 ff.

[105] Vgl. den Beschluss des Aufsichtsrats der DB AG v. 15.5.2008; diese Umstrukturierung unterliegt nicht dem Vorbehalt des Gesetzes nach Art. 87e III 4, da die Existenz der betroffenen Gesellschaften nicht berührt wird, insbes. keine umwandlungsrechtliche Auflösung, Verschmelzung oder Aufspaltung, sondern eine bloße Ausgliederung vorliegt; → Rn. 52.

[106] Das folgt jetzt aus dem Gegenschluss zum durch Art. 1 Nr. 3 RL (EU) 2016/2370 neu gefassten Art. 6 II RL 2012/34/EU.

innerhalb des Unternehmens hinsichtlich der wesentlichen Funktionen unabhängig sein müssen.[107] Dies betrifft insbes. Entscheidungen über die Zuweisung von Zugtrassen und Wegeentgelte. Für Infrastrukturbetreiber gelten insoweit strenge Anforderungen an ihre Unabhängigkeit in Bezug auf Organisation, Rechnungsführung, Entscheidungen und Finanzierung.[108]

**42**　**b) Führung als Wirtschaftsunternehmen.** Der Text des Abs. 3 S. 1 („als … geführt"), seine Entstehungsgeschichte und das Zusammenwirken mit den Gewährleistungen der formellen Privatisierung (→ Rn. 38 f.) verlangen eine funktionsbezogene Auslegung dieses Merkmals. Ihm kommt eigenständiger Bedeutungsgehalt zu, zumal gewinnorientierte Teilnahme am Wettbewerb grds. auch in öffentlich-rechtlicher Organisationsform erfolgen kann.[109] Führung als Wirtschaftsunternehmen bedeutet im Einklang mit unionsrechtlichen Vorgaben[110] **kaufmännische, wettbewerbs- und gewinnorientierte Führung nach handelsrechtlichen Grundsätzen.**[111] Abs. 3 S. 1 verlangt somit eine Aufgabenprivatisierung,[112] mit der die vor allem von der EU vorangetriebene Sicherung und Förderung des Wettbewerbs durch schrittweise Liberalisierung der Eisenbahnverkehrsleistungen einhergeht (→ Rn. 7b, → Rn. 37).

**43**　Die Grundentscheidungen des Abs. 3 S. 1 signalisieren und garantieren einen ordnungspolitischen **Paradigmenwechsel von Gemein- zu Privatnützigkeit,** von Monopol- zu Wettbewerbswirtschaft.[113] Zwar eröffnet Abs. 4 dem Bund die Befugnis zur Durchsetzung von Gemeinwohlbelangen. Die durch Abs. 3 S. 1 gewährleistete Privatwirtschaftlichkeit der Unternehmensführung der Eisenbahnen des Bundes wird dadurch aber nicht aufgehoben, sondern kann nur zur Verwirklichung dieses Ziels unter Beachtung des Gebots der Verhältnismäßigkeit eingeschränkt werden (→ Rn. 63 f., → Rn. 69).[114]

**44**　Kehrseite des Gebots materieller Privatisierung ist ein **Handlungsverbot für den Bund.** Er darf die von Abs. 3 S. 1 erfassten Leistungen der Eisenbahnen des Bundes (→ Rn. 35) nicht selbst erbringen, sondern muss sich auf seine Aufsichts- und Gewährleistungsverantwortung nach Abs. 1 S. 1 und Abs. 4 zurückziehen. Verkehrsverwaltung darf nicht in Verkehrsbedienung umschlagen; Unionsrecht steht nicht entgegen, weil Art. 87e III 1 den Vorbehalt in Art. 5 II 1 VO (EG) Nr. 1370/2007 nutzt.[115] Abs. 3 S. 1 verbietet dem Bund aber nicht, sich an privatrechtlichen Eisenbahnverkehrs- und -infrastrukturunternehmen[116] zu beteiligen oder solche Gesellschaften zu gründen.[117]

**45**　**Essentialia unternehmerischer Entscheidungsrationalität** sind unabhängige Geschäftsführung durch eigenverantwortliche, im Rahmen der Rechtsordnung freie Festlegungen, insbes. hinsichtlich der Unternehmensziele und -politik, Verantwortung für unternehmerische Entscheidungen und daraus resultierende wirtschaftliche Ergebnisse, ein handelsrechtlichen Bilanzierungsgrundsätzen bzw. internationaler Standards (IFRS) verpflichtetes Rechnungswesen, das kaufmännische Führung nach innen gewährleistet und wahrheitsgemäß Rechenschaft nach außen ablegt.[118]

**46**　Die Privatwirtschaftlichkeitsgarantie des Abs. 3 S. 1 beinhaltet das grundsätzliche Recht zur **Verfügung über das Unternehmensvermögen.** Das schließt die Befugnis zur Veräußerung von Anteilen des Bundes an seinen Eisenbahnen ein. Bei Infrastrukturunternehmen sind der Schienenwegevorbehalt des Abs. 3 S. 3 Hs. 2 und der Vorbehalt des Gesetzes nach Abs. 3 S. 3 Hs. 1 zu beachten (→ Rn. 50 ff.). Bei Veräußerung von Anteilen an Verkehrsunternehmen kann sich das Erfordernis einer gesetzlichen Grundlage aus Abs. 4 S. 2 ergeben (→ Rn. 53).

**47**　**3. Rechtsfolgen. a) Keine Gemeinwohl- oder Grundrechtsbindung.** Die durch Art. 87e III 1 gebotene Privatwirtschaftlichkeit des Handelns[119] schließt eine unmittelbare Gemeinwohlbindung der

---

[107] S. den neu gefassten Art. 7 II RL 2012/34/EU (→ Fn. 106); vgl. auch §§ 8 II, 8a, 1 IVa ERegG.

[108] Art. 7–7d RL 2012/34/EU; §§ 7 ff. ERegG.

[109] Vgl. *Homeister* (Fn. 55), S. 73; anders *Ronellenfitsch* DVBl 2008, 201 (206).

[110] S. insbes. Art. 5 I 2 u. 3 RL 2012/34/EU; das gilt auch für hoheitlich auferlegte gemeinwirtschaftliche Verpflichtungen und öffentliche Dienstleistungsaufträge.

[111] Vgl. nur *Burger* (Fn. 41), S. 66 f. mwN; *Möstl*, in: Maunz/Dürig, Art. 87e Rn. 80 ff.

[112] BVerwGE 155, 230, Rn. 24; *Berschin* DVBl 2002, 1079 (1086); *Ruge* AöR 131 (2006), 1 (11); aA BVerfGE 147, 50, Rn. 267 wegen des Alleineigentums des Bundes an der Bahn AG und seiner Gewährleistungsverantwortung nach Art. 87e IV; dazu → Rn. 47a; *Wieland*, in: Dreier III, Art. 87e Rn. 17; *Remmert*, in: Epping/Hillgruber, Art. 87e Rn. 11; für Berechtigung, aber gegen Verpflichtung zu materieller Privatisierung *Brosius-Gersdorf* DÖV 2002, 275 (279).

[113] Vgl. *Metzler*, Die Privatisierung von Personenbahnhöfen, 1999, S. 118 f.

[114] S. hier nur *Gersdorf* MKS III, Art. 87e Rn. 49.

[115] *Hommelhoff/Schmidt-Aßmann* ZHR 160 (1996), 521 (526); *Jochum* NVwZ 2005, 779; aA *Wilkens* (Fn. 34), S. 145 ff.; nach Art. 5 II 1 VO (EG) Nr. 1370/2007 kann die Behörde selbst öffentliche Personenverkehrsdienste erbringen.

[116] Die Qualifizierung als Infrastrukturunternehmen ist an die Tätigkeit nach Art. 87e III 2 geknüpft (u. Rn. 51; s. auch § 2 I AEG und § 2 VII AEG „Betreiber der Schienenwege"); die EU spricht von „Eisenbahnunternehmen" und „Infrastrukturbetreiber" (Art. 3 Nr. 1 u. 2 RL 2012/34/EU).

[117] Vgl. jetzt § 5 S. 1 ERegG; s. auch Art. 4 I RL 2012/34/EU; *Storr*, Der Staat als Unternehmer, 2001, S. 145 ff.; *Cornils* AöR 131 (2006), 378 (417 ff.).

[118] Art. 4, 6 ff. RL 2012/34/EU; *Battis/Kersten* WuW 2005, 493 (497 ff.).

[119] Das schließt eine Gewinnmaximierung ein, s. *Kramer*, Das Recht der Eisenbahninfrastruktur, 2002, S. 72; widersprüchlich *Homeister* (Fn. 55), S. 77 f.

Eisenbahnverkehrs- und -infrastrukturunternehmen des Bundes aus.[120] Verkehrsdienstleistungen sind jetzt ein den Regeln des freien Marktes (Angebot, Nachfrage) unterworfenes Wirtschaftsgut. Gemeinwohlverpflichtungen der Unternehmen können in Widerspruch zu ihrer privatwirtschaftlichen Entscheidungsrationalität treten und bedürfen daher einer Rechtfertigung durch Statuierung staatlicher Einwirkungsmöglichkeiten (→ Rn. 65 ff.). Das gilt auch für den Betrieb des Schienennetzes. Zwar bestehen hier öffentliche Bindungen, deren Ausfluss ein Anspruch aller Anbieter auf einen diskriminierungsfreien Netzzugang ist.[121] Diese Verpflichtung ergibt sich aber nicht schon aus der Gemeinwohlbindung der Infrastrukturunternehmen, sondern bedarf einer gesetzlichen Begründung.[122]

Dagegen nimmt das BVerfG nunmehr eine unmittelbare Gemeinwohl- und Grundrechtsbindung **47a** der Eisenbahnverkehrs- und -infrastrukturunternehmen der Eisenbahnen des Bundes an und begründet dies mit dem Alleineigentum des Bundes und dessen Gewährleistungsverantwortung nach Art. 87e IV. Die DB AG sei ein vom Staat vollständig **beherrschtes Unternehmen**. Daran ändere die Privatwirtschaftlichkeitsgarantie des Art. 87e III 1 nichts, zumal sie dem Unternehmen kein Abwehrrecht gegenüber gemeinwohlorientierten Einwirkungen des Staats auf die Unternehmensführung verleihe.[123] Diese Auffassung ist abzulehnen. Sie höhlt die Verfassungsentscheidung für eine privatwirtschaftliche Unternehmensführung, ein Kernelement der Bahnreform, aus. Die Deutsche Bundesbahn und ihre Nachfolgeunternehmen sollten nicht nur von den staatsorganisatorischen Bindungen des Art. 87 I 1 aF freigestellt werden.[124] Vielmehr sollte ihr Handeln auch und gerade auf eine privatwirtschaftliche Entscheidungsrationalität ausgerichtet werden. Dieser durch 87e III 1 geforderte und garantierte Paradigmenwechsel wird durch die formale, allein an den Eigentumsverhältnissen ausgerichtete Beurteilung der Grundrechtsbindung durch das BVerfG unterlaufen. Diese Unternehmen unterliegen daher keiner unmittelbaren Grundrechtsbindung.[125]

**b) Subjektives Recht auf Entscheidungsautonomie.** Entgegen der Ansicht des BVerfG gewähr- **48** leistet Art. 87e III 1 den Eisenbahnen des Bundes privatwirtschaftliche Entscheidungsautonomie als subjektives Recht[126] und begrenzt zugleich objektiv-rechtlich die Möglichkeiten der Einflussnahme durch Bundesgesetzgeber und Bundesverwaltung. Gemeinwohlbelange können in beschränktem Umfang „von innen" im Rahmen der Beteiligungsverwaltung, im Übrigen aber nur durch hoheitliche Einflussnahme „von außen" mittels Regulierung durchgesetzt werden (→ Rn. 66).

**c) Grundrechtsfähigkeit der Eisenbahnen des Bundes.** Die Grundrechtsfähigkeit der Eisen- **49** bahnunternehmen des Bundes ist vor allem deshalb problematisch,[127] weil sie rechtlich begriffsnotwendig zumindest mehrheitlich, faktisch jedenfalls derzeit noch ausschließlich im Eigentum des Bundes stehen. Die Antwort ergibt sich nicht unmittelbar aus Art. 87e III 1, sondern aufgrund von Art. 19 III.[128] Entscheidend ist danach das Vorliegen einer **grundrechtstypischen Gefährdungslage**. Dies hängt wiederum von der **Art der** wahrgenommenen **Aufgaben** ab. Art. 87e III 1 ordnet die Tätigkeit der Eisenbahnen des Bundes dem privatwirtschaftlichen Bereich zu und schützt ihre Entscheidungsautonomie. Das gilt für die Erbringung von Verkehrsdiensten und die Bereitstellung der hierfür erforderlichen Infrastruktur (→ Rn. 35). Daher sind neben **Verkehrsunternehmen** auch **Infrastrukturunternehmen** der Eisenbahnen des Bundes **grundrechtsfähig**.[129] Bei Letzteren führt das durch Art. 87e III 3 Hs. 2 auf Dauer verfassungskräftig abgesicherte Mehrheitseigentum des Bundes nicht dazu, dass der privatwirtschaftliche Betrieb der Eisenbahnverkehrsinfrastruktur zu einer öffentlich-rechtlichen Tätigkeit des Staates wird, da die Gewährleistungen des Abs. 3 S. 1 entgegenstehen.[130]

---

[120] So noch BVerwGE 155, 230, Rn. 24 ff.; *Hommelhoff/Schmidt-Aßmann* ZHR 160 (1996), 521 (528, 535); *Menges* (Fn. 7), S. 127 ff., 145 ff.; *Gersdorf* MKS III, Art. 87e Rn. 54; *Möstl*, in: Maunz/Dürig, Art. 87e Rn. 80, 82; aA jetzt BVerfGE 147, 50, Rn. 265 ff.; *Heinze* BayVBl 1994, 266 (268) nimmt eine Bundesverwaltung in verfassungsrechtlich vorgeschriebener Privatrechtsform an.

[121] BVerwGE 140, 359, Rn. 21.

[122] S. die Regelung des Netzzugangs in §§ 10 ff. ERegG (vorher §§ 14 ff. AEG aF iVm der EIBV); dazu BVerwGE 140, 359, Rn. 22 ff.; zuletzt BVerwGE 154, 198, Rn. 41 f.

[123] BVerfGE 147, 50, Rn. 270 ff.; dazu *Burgi* NVwZ 2018, 601 (602 ff.); *Gersdorf* DÖV 2018, 789 ff.; s. auch schon BVerfGE 128, 226 (244 ff.); BVerwGE 113, 208 (211).

[124] So aber BVerfGE 147, 50, Rn. 280.

[125] Vgl. nun BVerwGE 155, 230, Rn. 26; *Uerpmann-Wittzack*, in: v. Münch/Kunig II, Art. 87e Rn. 10; grundsätzlich auch *Möstl*, in: Maunz/Dürig, Art. 87e Rn. 100 ff.; anders BVerfGE 128, 226 (244 ff.); 147, 50, Rn. 270 ff.; BVerwGE 113, 208 (211); *Battis/Kersten* WuW 2005, 493 (495 ff.); *Jochum* NVwZ 2005, 779 (781).

[126] So auch *Gersdorf* MKS III, Art. 87e Rn. 53; dazu zuletzt *Burgi* NVwZ 2018, 601 (606 ff.); → Rn. 36.

[127] S. *Möstl*, in: Maunz/Dürig, Art. 87e Rn. 100, 196 ff.; *Remmert*, in: Epping/Hillgruber, Art. 87e Rn. 13 ff.

[128] BVerwG NVwZ 2017, 1775, Rn. 45 zieht eine Qualifizierung des Art. 87e III 1 als Sonderregelung der Grundrechtsfähigkeit in Betracht; dagegen BVerfGE 147, 50, Rn. 271.

[129] Vgl. *Gersdorf* MKS III, Art. 87e Rn. 53 mwN in Fn. 65; *Lang* NJW 2004, 3601 (3604 f.); *Ruge* AöR 131 (2006), 1 (15 f.); *Uerpmann-Wittzack*, in: v. Münch/Kunig II, Art. 87e Rn. 10; aA BVerfGE 128, 226 (244 ff.); 147, 50, Rn. 270 ff.; *Grupp* DVBl 1996, 591 (594); *Homeister* (Fn. 55), S. 150 ff., 166.

[130] S. auch BVerwGE 155, 230, Rn. 24; → Rn. 68 f.

49a    Dagegen **lehnt** das BVerfG die **Grundrechtsberechtigung** der Eisenbahninfrastruktur- und -verkehrsunternehmen generell **ab** und sieht darin keinen wettbewerblichen Nachteil.[131] Diese Ansicht ist wirklichkeitsfremd und rechtlich inkonsistent. Das BVerwG betont gerade die wettbewerblichen Nachteile bei fehlender Grundrechtsberechtigung[132] und lehnt diese ausdrücklich nur für Infrastrukturunternehmen ab, weil beim Schienennetz wegen des faktischen Monopols kein Wettbewerb bestehe.[133]

## II. Einschränkungen in Bezug auf Infrastrukturunternehmen (Abs. 3 S. 2 u. 3)

50    **1. Regelungsinhalt.** Art. 87e III 2 legt fest, dass die Eisenbahnen des Bundes sein Eigentum sind, soweit ihre Tätigkeit den Bau, die Unterhaltung und das Betreiben von Schienenwegen umfasst. Infolge der Organisationsprivatisierung (→ Rn. 35, → Rn. 38 ff.) bedeutet Eigentum iSd Abs. 3 S. 2 Eigentum an den Anteilen dieser Gesellschaften. Die Zuweisung eröffnet dem Bund die eigentumstypischen **Nutzungs- und Verfügungsrechte**[134] und garantiert ihm die für einen Eigentümer üblichen **gesellschaftsrechtlichen Einwirkungsbefugnisse**.[135] Schachtelbeteiligungen sind zulässig, sofern sie sich auf den Bund zurückführen lassen, dieser also die erforderlichen Steuerungsbefugnisse besitzt.[136] Auf diese Weise wird die fortdauernde besondere Verantwortung des Bundes für den Infrastrukturbereich abgesichert (→ Rn. 57, → Rn. 67 ff.). Andere Unternehmen werden dadurch aber nicht an der Errichtung und dem Betrieb von Schienenwegen gehindert.[137]

51    **2. Merkmale. a) Bau** von Schienenwegen iSv Abs. 3 S. 2 umfasst den Neubau und Ausbau der Gleisanlagen und ihrer wesentlichen „schienenwegenotwendigen" Bestandteile (z. B. Steuerungs- und Sicherungssysteme, Bahnstromfernleitungen).[138] **Unterhaltung** verlangt ihre Aufrechterhaltung in einem verkehrsgeeigneten Zustand. **Betreiben von Schienenwegen** ist die Führung der Betriebsleit- und Sicherheitssysteme sowie die Bereithaltung der notwendigen Fahrwegkapazität und -ausstattung. Die Verkehrsbedienung als solche, also die Beförderungsdienstleistung, gehört nicht dazu.[139]

52    **b) Veräußerungsbeschränkungen gem. Abs. 3 S. 3** ergeben sich zunächst daraus, dass die Veräußerung von Anteilen des Bundes an diesen **Eisenbahninfrastrukturunternehmen** aufgrund des Vorbehalts des Gesetzes in Abs. 3 S. 3 Hs. 1 nur aufgrund eines förmlichen Gesetzes erfolgen darf, das gem. Abs. 5 der Zustimmung des BRats unterliegt (→ Rn. 70 f.).[140] Die ausschließlich, von Art. 71 losgelöste Gesetzgebungskompetenz liegt gem. Art. 87e Abs. 3 S. 4 („durch *Bundes*gesetz"), der den Vorbehalt des Abs. 3 S. 3 Hs. 1 ergänzt, beim Bund. Art. 143a I 1 ist insoweit mangels spezifischen Bezugs zur Unternehmensumwandlung nicht einschlägig, Art. 73 I Nr. 6a tritt als allgemeinere Regelung zurück.[141] Außerdem muss gem. Abs. 3 S. 3 Hs. 2 die Mehrheit der Unternehmensanteile, dh bei einer AG über 50 % der Stimmrechtsaktien, beim Bund verbleiben.[142]

53    Dagegen unterliegt die **Veräußerung von** Anteilen an **Eisenbahnverkehrsunternehmen** des Bundes (Kapitalprivatisierung)[143] nicht den Beschränkungen des Abs. 3, da sie keine Unternehmen iSv Abs. 3 S. 2 sind.[144] Insoweit ist die Veräußerung sämtlicher Bundesanteile zulässig und bedarf nicht nach Abs. 3 S. 3 Hs. 1 einer gesetzlichen Grundlage.[145] Ihre Notwendigkeit kann sich jedoch aufgrund

---

[131] BVerfGE 147, 50, Rn. 274; zu den Gründen → Rn. 47a.

[132] So für ein von der öffentlichen Hand beherrschtes gemischt-wirtschaftliches regionales Telekommunikationsunternehmen BVerwG, Urt. v. 21.9.2018, 6 C 7.17, Rn. 30.

[133] BVerwG NVwZ 2017, 1775, Rn. 45.

[134] Dazu gehört auch die Realisierung des Werts der Unternehmen, etwa indem der Bund seine Anteile an private Dritte veräußert; s. auch → Rn. 46.

[135] Ausführlich dazu *Masing*, Rechtsgutachten zur Verfassungsmäßigkeit des Entwurfs des Bundesministeriums für Verkehr, Bau und Stadtentwicklung für ein Gesetz zur Neuordnung der Eisenbahnen des Bundes, 2007, S. 10 ff.

[136] Dazu *Schmidt-Aßmann/Röhl* DÖV 1994, 577 (582); *Masing* (Fn. 135), S. 18 ff.

[137] *Uechtritz* DVBl 2002, 739 (744 f.); s. aber den Genehmigungsvorbehalt in § 6 I 1 Nr. 3 AEG.

[138] Abl. für nicht bahnnotwendige Liegenschaften BVerfGE 129, 356 (368 f.); s. auch § 2 VI AEG, wonach die Eisenbahninfrastruktur die Betriebsanlagen der Eisenbahnen einschließlich der Bahnfernstromleitungen umfasst; dagegen gehören Serviceeinrichtungen, z. B. Personenbahnhöfe und deren Gebäude, nicht zu den Schienenwegen iSv Art. 87e III 2, vgl. § 2 VII, IX AEG; ihre Betreiber unterliegen gesonderter Regulierung, dazu *Ludwigs* NVwZ 2016, 1665 (1666).

[139] *Schmidt-Aßmann/Röhl* DÖV 1994, 577 (582); → Rn. 44.

[140] *Brosius-Gersdorf* DÖV 2002, 275 (279); *Uerpmann-Wittzack*, in: v. Münch/Kunig II, Art. 87e Rn. 15.

[141] Zutreffend *Gersdorf* MKS III, Art. 87e Rn. 64.

[142] Zu gesellschaftsrechtlichen Anforderungen, insbes. in Form eines Aushöhlungsschutzes, *Hommelhoff/Schmidt-Aßmann* ZHR 160 (1996), 521 (550 f.); *Berschin* DVBl 2002, 1079 (1084 ff.).

[143] Zum alternativ gebrauchten Begriff „Vermögensprivatisierung" nur *Bauer* VVDStRL 54 (1995), 243 (251 mit Fn. 41) mwN.

[144] Anders wäre es, wenn wirtschaftlich betrachtet im Ergebnis Infrastrukturunternehmen veräußert werden, weil ihr Wert den der Verkehrsunternehmen „auflädt", so dass für deren Veräußerung infolge dieses Transfers die Beschränkungen des Art. 87e III 3 ebenfalls Geltung beanspruchen würden; diesem Vorgehen stehen aber Art. 6 I 2 RL 2012/34/EU, § 7 III–V ERegR entgegen, die die Übertragung öff. Gelder vom Infrastrukturbereich auf den Verkehrsbereich und umgekehrt verbieten und die Kontrolle dieses Verbots verlangen.

[145] Vgl. auch *Wieland*, in: Dreier III, Art. 87e Rn. 17; *Brosius-Gersdorf* DÖV 2002, 275 (279).

des Vorbehalts des Gesetzes in Abs. 4 S. 2 iVm der Privatisierungsfolgenverantwortung des Bundes ergeben.[146]

Allerdings verliert ein Unternehmen seinen Status als Eisenbahn des Bundes (→ Rn. 15) und fällt **54** damit aus dem Geltungsbereich von Art. 87e I, III 1 u. IV heraus, wenn der Bund sein Mehrheitseigentum aufgibt. Der Wegfall des Substrats der Eisenbahnverkehrsverwaltung nach Abs. 1 rechtfertigt indes **keine generelle Veräußerungssperre**.[147] Denn der Verlagerung der Verwaltungskompetenz auf die Länder kann im Rahmen von Abs. 2 Rechnung getragen werden (→ Rn. 29 ff.). Der Gefahr, dass die Gewährleistungspflicht nach Abs. 4 leerläuft und ein ausreichendes Verkehrsangebot durch Eisenbahnunternehmen des Bundes nicht mehr aufgrund dieser Regelung sichergestellt werden kann, ist dadurch zu begegnen, dass der Bund diese Konsequenzen vor Entscheidung über die Aufgabe der Mehrheitsanteile berücksichtigt und eine solche Veräußerung ablehnt oder ihren Umfang einschränkt, wenn die künftige Aufrechterhaltung des durch Abs. 4 gebotenen Versorgungsniveaus nicht gewährleistet ist.[148]

Aufgrund der Privatwirtschaftlichkeitsgarantie in Abs. 3 S. 1 und dem Gegenschluss zu Abs. 3 S. 3 **55** Hs. 2 kann der Bund daher seine Anteile an den **Verkehrsunternehmen** der Eisenbahnen des Bundes veräußern.[149] Aus der in Abs. 3 S. 1 geforderten Aufgabenprivatisierung kann indes **keine Verpflichtung zur Anteileveräußerung** abgeleitet werden.[150] Der Bund kann daher Anteile an diesen Unternehmen dauerhaft halten.[151]

**3. Rechtsfolgen. a) Unwirksamkeit der Veräußerung.** Ein Verstoß gegen die Veräußerungs- **56** beschränkungen nach Abs. 3 S. 3 (→ Rn. 52) führt aufgrund des Vorrangs der Verfassung (Art. 20 III Hs. 1) zur Nichtigkeit der gesetzlichen Regelung. Gleiches gilt aufgrund § 134 BGB für entsprechende private Rechtsgeschäfte und iVm § 59 I VwVfG für öffentlich-rechtliche Verträge der Bundesverwaltung; Art. 87e III 3 Hs. 2 ist ein Verbotsgesetz im Sinne dieser Vorschrift.

**b) Absicherung der Gewährleistungspflicht.** Die Veräußerungsbeschränkung des Abs. 3 S. 3 **57** Hs. 2 hat zur Konsequenz, dass Infrastrukturunternehmen iSv Abs. 3 S. 2 auf Dauer Eisenbahnen des Bundes bleiben. Sie verhindert, dass infolge einer Kapitalprivatisierung die Verwaltungskompetenz des Bundes nach Abs. 1 auf die Länder übergeht und seine Gewährleistungspflicht nach Abs. 4 sowie die Möglichkeit ihrer Erfüllung durch Beteiligungsverwaltung (→ Rn. 67 ff.) wegfallen.[152]

## D. Die Gewährleistungspflicht des Bundes (Abs. 4)

### I. Funktion

Der auf Drängen des BRats unter Vermittlung des Rechtsausschusses des BTags[153] in Art. 87e **58** aufgenommene Abs. 4 statuiert eine zT auch als Infrastruktursicherungsauftrag[154] bezeichnete Gewährleistungspflicht des Bundes in Bezug auf die dort genannten privatwirtschaftlichen Tätigkeiten. Dadurch soll vor allem, aber nicht nur, während der Übergangsphase bei Neuordnung des Eisenbahnwesens[155] die Erfüllung grundlegender, für die Allgemeinheit unverzichtbarer Eisenbahnverkehrs- und -infrastrukturleistungen, also eine Art „**Grundversorgung**",[156] **sichergestellt** werden. Das Ausmaß staatlicher Einwirkung hängt insbes. davon ab, inwieweit diese Gemeinwohlbelange durch und im angestrebten Wettbewerb gewahrt werden können.

---

[146] Dazu allgemeiner *Bauer* VVDStRL 54 (1995), 243 (279); krit. zur Privatisierungsfolgenverantwortung nach materieller Privatisierung *Weiß*, Privatisierung von Staatsaufgaben, 2002, S. 334 ff.; zu den Folgen für eine Kapitalprivatisierung s. 7. Aufl. Fn. 136; s. auch BVerfGE 129, 356 (368), für die Zustimmung des BTags zur Veräußerung von Vermögensgegenständen durch die DB AG.

[147] S. etwa *Gersdorf* MKS III, Art. 87e Rn. 62.

[148] Gegen eine Bindung an Art. 87e IV nach Verlust des Mehrheitseigentums *Schmidt-Aßmann/Röhl* DÖV 1994, 577 (582); *Metzler* (Fn. 113), S. 123 f.; aA *Wieland*, in: Dreier III, Art. 87e Rn. 23.

[149] BVerfGE 129, 356 (367 f.).

[150] Vgl. auch *Gersdorf* MKS III, Art. 87e Rn. 63; anders *Bauer* VVDStRL 54 (1995), 243 (252 mit Fn. 42); *Ronellenfitsch* DVBl 2008, 201 (206 f.).

[151] Vgl. *Gersdorf* MKS III, Art. 87e Rn. 63; zum Erwerb neuer Anteile durch den Bund *Wieland*, in: Dreier III, Art. 87e Rn. 23; s. auch → Rn. 44.

[152] BVerfGE 154, 198, Rn. 42 f.

[153] Vgl. die Stellungnahme des BRats zum 40. GG-ÄndG-E, BT-Dr 12/5015, S. 11, sowie die Beschlussempfehlung des BT-RechtsA, BT-Dr 12/6280, S. 8; zu diesem Kompromiss BVerfGE 129, 356 (357, 369); BVerwGE 155, 230, Rn. 25.

[154] S. etwa *Gersdorf* MKS III, Art. 87e Rn. 20.

[155] Für dauerhafte Verpflichtung *Schulz* (Fn. 7), S. 98; *Burger* (Fn. 41), S. 136, ebda. S. 126 ff., zum Meinungsstand; *Arnold* FS Hablitzel, 2005, S. 33 (35 f.); *Wieland*, in: Dreier III, Art. 87e Rn. 23; *Pieroth*, in: Jarass/Pieroth, Art. 87e Rn. 7; für Qualifizierung des Abs. 4 als Übergangsregelung *Metzler* (Fn. 113), S. 124; s. auch *Schmidt-Aßmann/Röhl* DÖV 1994, 577 (584).

[156] Vgl. *Lerche*, FS Friauf, 1996, S. 251 (257); *Ronellenfitsch* DVBl 2008, 201 (207).

## II. Geltungsbereich

**59** Adressat der Verpflichtung aus Art. 87e IV ist nur der Bund (→ Rn. 65). Ihr sachlicher Geltungsbereich erstreckt sich auf den Ausbau (= Erweiterung und Neubau) und Erhalt des öffentlichen Schienennetzes, also auf die **Eisenbahninfrastruktur** der Eisenbahnen des Bundes (→ Rn. 13, → Rn. 51),[157] und auf die **Eisenbahnverkehrsleistungen** dieser Unternehmen auf diesem Netz.

**60** Ausdrücklich **ausgenommen** vom Geltungsbereich des Abs. 4 ist der öffentliche **Schienenpersonennahverkehr.**[158] Die Sicherstellung einer ausreichenden Versorgung der Bevölkerung mit diesen Verkehrsleistungen ist seit 1.1.1996 Aufgabe der Länder (→ Rn. 11) und folgt besonderen Regelungen, die sich insbes. aus §§ 4 ff. RegG ergeben (→ Rn. 11a). Allerdings wird die Bereitstellung der für den SPNV erforderlichen Eisenbahnverkehrsinfrastruktur durch Eisenbahnen des Bundes vom Ausgrenzungsvorbehalt in Abs. 4 nicht erfasst. Insoweit trägt der Bund weiterhin die dort vorgesehene Gewährleistungspflicht.[159]

**61** Bei Verkehrsunternehmen **entfällt** die **Sicherstellungsverpflichtung,** wenn sie infolge Aufgabe des Mehrheitseigentums durch den Bund keine Eisenbahnen des Bundes mehr sind (→ Rn. 15, → Rn. 54). Der Bund ist ab diesem Zeitpunkt nicht mehr durch Art. 87e IV gebunden[160] und daher auch im Falle einer Unterversorgung nicht zum Rückerwerb von Anteilen an diesen Unternehmen verpflichtet.[161] Art. 87e IV begründet zwar eine dauerhafte Verpflichtung (→ Rn. 58); diese Rechtsfolge kommt aber nur zum Tragen, wenn sein Geltungsbereich eröffnet ist. Das ist für Unternehmen, die keine Eisenbahnen des Bundes (mehr) sind, durch den eindeutigen Wortlaut ausgeschlossen.[162] Allerdings kann sich eine Verpflichtung des Staates zur Sicherstellung gemeinnütziger Verkehrs- und Infrastrukturbedienung aus Unionsrecht und nationalen Gesetzen ergeben.[163]

## III. Rechtsnatur

**62** Abs. 4 S. 1 enthält keinen unverbindlichen, die politische Verantwortung des Bundes deklaratorisch hervorhebenden Programmsatz,[164] sondern begründet eine unmittelbare, objektive, bindende, gerichtlich kontrollierbare, aber vom Einzelnen nicht einklagbare **Rechtspflicht des Bundes** in Gestalt eines Staatsziels.[165] Dieser Verfassungsauftrag führt die bei Bundeseisenbahnen zum Kernbereich des aufgabenrechtlichen Gehalts von Art. 87 I 1 aF (→ Rn. 19) gehörende gemeinnützige Pflicht zur Bereitstellung einer ausreichenden Infrastruktur und der erforderlichen Verkehrsleistungen in Bezug auf die nunmehr privatwirtschaftlich handelnden Eisenbahnunternehmen des Bundes als staatliche Gewährleistungspflicht fort.[166] Abweichungen betreffen nicht die sozialstaatliche Ausrichtung der Gewährleistung,[167] sondern ihren Geltungsbereich (→ Rn. 59 ff.) und Umfang (→ Rn. 63 f.).

## IV. Inhalt

**63** Die Ausfüllung des Gewährleistungsauftrages muss sich am Wohl der Allgemeinheit, insbes. an den **Verkehrsbedürfnissen,** dh an der nachweisbaren Nachfrage nach Verkehrsleistungen der Eisenbahnen des Bundes orientieren. Die Gemeinwohlfokussierung steht der Berücksichtigung anderer Belange, zB des Wirtschaftlichkeitsgrundsatzes,[168] nicht entgegen. Dem Verkehrsbedürfnis wird durch seine Erwähnung in Art. 87e IV 1 **besonderes Gewicht, aber kein automatischer Vorrang** eingeräumt, was der Normtext verdeutlicht („... insbesondere ... Rechnung getragen"). Zielkonflikte mit der durch Abs. 3 S. 1 garantierten Privatwirtschaftlichkeit (→ Rn. 42 ff.) sind in der Struktur des Art. 87e angelegt[169] und durch Abwägung unter Beachtung von Verhältnismäßigkeit und praktischer Konkordanz auszugleichen.

---

[157] Gegenäußerung der BReg zur Stellungnahme des BRats zum 40. GG-ÄndG-E, BT-Dr 12/5015, S. 14.

[158] *Oebbecke* NVwZ 2017, 1084 ff.; für Einbeziehung des SPNV in Art. 87e IV wegen sachimmanenter Verknüpfung mit dem Schienenpersonenfernverkehr dagegen *Arnold,* FS Hablitzel, 2005, S. 33 (34 f.).

[159] *Hidien* DVBl 1997, 595 (596); *Burger* (Fn. 41), S. 53.

[160] *Knauff* (Fn. 87), S. 240 f.; aA *Arnold* FS Hablitzel, 2005, S. 33 (36); *Ronellenfitsch* DVBl 2008, 201 (207).

[161] So aber *Wieland,* in: Dreier III, Art. 87e Rn. 23; dazu *Wilkens* (Fn. 34), S. 190 f.

[162] Diese Begrenzung der Gewährleistungspflicht betont *Gersdorf* DVBl 2010, 746 (749 f.).

[163] Vgl. Art. 2a ff. VO (EG) Nr. 1370/2007 iVm § 15 AEG (→ Rn. 66); s. auch § 11 AEG.

[164] *Knauff* (Fn. 87), S. 238 f.; *Arnold* FS Hablitzel, 2005, S. 33 (36); aA *Fromm* Int. Verkehrswesen 46 (1994), 97 (101 f.).

[165] Vgl. LAG Chemnitz NZA 2008, 59 (70); *Gersdorf* MKS III, Art. 87e Rn. 74, verneint grundrechtsähnliche Rechte aus Art. 87e IV; gegen subjektive Rechte *Ruge,* in: Hofmann/Henneke, Art. 87e Rn. 30; gegen Annahme einer Staatszielbestimmung *Arnold* FS Hablitzel, 2005, S. 33 (36 ff.); zur Frage, ob die Regelung eine institutionelle Garantie enthält, *Schulz* (Fn. 7), S. 97.

[166] Dazu *Schoch* NVwZ 2008, 241 ff.; *Knauff* DÖV 2009, 581 (584).

[167] Zu dieser Ausrichtung von Art. 87 I 1 aF und Art. 87e IV *Lerche* (Fn. 156), S. 251 (258).

[168] Dazu und zu anderen Belangen *Burger* (Fn. 41), S. 112 ff.; *Knauff* (Fn. 87), S. 239.

[169] BVerfGE 129, 356 (369); aA *Knecht* NVwZ 2003, 932 (934).

Dem Bund steht dabei aufgrund seiner Einschätzungsprärogative ein **weiter Gestaltungsspiel-** **64** **raum** zu,[170] dessen Grenzen sich aus den Gewährleistungen des Abs. 3 S. 1 (→ Rn. 42 ff.) sowie aus den formellen und materiellen Mindestanforderungen des Abs. 4 ergeben. Er muss zudem beachten, dass anders als bei Art. 87 I 1 aF jetzt Privatwirtschaftlichkeit die Regel, Gemeinwirtschaftlichkeit dagegen die Ausnahme darstellt. Gemeinnützige Beschränkungen der unternehmerischen Entscheidungsautonomie bedürfen daher hinreichender sachlicher Rechtfertigung und dürfen diese Freiheit nicht überlagern.[171] Bestimmte Maßnahmen zur Erfüllung der Verpflichtung aus Art. 87e IV sind grds. nicht von Verfassungs wegen vorgegeben.[172] Der Gewährleistungsauftrag des Abs. 4 schließt beispielsweise nicht die Stilllegung von Schienenwegen zur Anpassung an die Erfordernisse des Verkehrsmarktes aufgrund eines mit Zustimmung des BRats (Abs. 5 S. 2, → Rn. 71) ergangenen Bundesgesetzes aus,[173] sofern eine adäquate „Grundversorgung" (→ Rn. 58) gewährleistet bleibt. Diese verlangt indes keine optimale, flächendeckende Eisenbahninfrastruktur oder die Aufrechterhaltung des Status quo.[174]

## V. Umsetzung

**1. Vorbehalt des Gesetzes.** Der Sicherstellungsauftrag des Abs. 4 S. 1 wendet sich an die gesetz- **65** gebende und vollziehende Gewalt des Bundes. Seine nähere Ausgestaltung obliegt gemäß dem Regelungsvorbehalt in Abs. 4 S. 2, der einen Gesetzgebungsauftrag und einen Vorbehalt des Gesetzes beinhaltet,[175] dem Gesetzgeber. Abs. 4 S. 2 weist dem **BTag** die **ausschließliche,** nicht an Art. 71 geknüpfte **Gesetzgebungskompetenz** zu.[176] Die gesetzliche Regelung bedarf gem. Abs. 5 S. 1 der Zustimmung des BRats (→ Rn. 70).

**2. Regulierung und Finanzierung.** Da die unmittelbare Bereitstellung der Infrastruktur und **66** Verkehrsleistungen durch den Bund gem. Abs. 3 S. 1 ausgeschlossen ist (→ Rn. 44), muss er zur Sicherstellung der nach Abs. 4 erforderlichen Versorgung auf seine Eisenbahnunternehmen einwirken. Wegen der Gewährleistungen des Abs. 3 S. 1 muss dies weitestmöglich mit privatwirtschaftskonformen Mitteln erfolgen.[177] Hierfür bietet sich **hoheitliche Regulierung** durch Auferlegung oder Vereinbarung gemeinwirtschaftlicher Leistungen gem. § 15 AEG im Rahmen eines **öffentlichen Dienstleistungsauftrags** nach Art. 3 ff. VO (EG) Nr. 1370/2007 an.[178] Auch insoweit ist die Privatwirtschaftlichkeitsgarantie des Abs. 3 S. 1 zu beachten.[179] Gleiches gilt für die Anforderungen der §§ 97 ff. GWB, da § 15 AEG u. Art. 3 ff. VO (EG) Nr. 1370/2007 nach Ansicht des BGH keinen Vorrang gegenüber dem allgemeinen Vergaberecht haben.[180] Das zieht einer Direktvergabe öffentlicher Dienstleistungsaufträge nach Art. 5 VO (EG) Nr. 1370/2007 Grenzen, grds. gilt das wettbewerbliche Vergabeverfahren.[181] Im Übrigen sind Ausgleichsleistungen bei gemeinwirtschaftlichen Verpflichtungen im Rahmen öffentlicher Dienstleistungsaufträge oder aufgrund allgemeiner Vorschriften gem. Art. 6 VO (EG) Nr. 1370/2007 grds. zulässig, wenn sie die Grenzen des Beihilferechts der EU (Art. 93, 107 u. 108 AEUV) einhalten.[182]

Diese Vorgaben muss der Bund auch beachten, wenn er die Gewährleistungspflicht nach Abs. 4 **66a** durch Einsatz von **Finanzmitteln** erfüllt. Exemplarisch hierfür ist die staatliche Finanzierung des Neu- und Ausbaus von Schienenwegen durch die DB AG (§§ 1, 8 ff. SchwAbG).[183] Unter Wahrung der Art. 93, 107 u. 108 AEUV können die Mitgliedstaaten dem Infrastrukturbetreiber insbes. für Neuin-

---

[170] S. auch *Gersdorf* MKS III, Art. 87e Rn. 72; *Wilkens* (Fn. 34), S. 173 ff.; der Bund muss auch die Folgen einer (teilweisen) Vermögensprivatisierung für die Erfüllung des Sicherstellungsauftrags nach Art. 87e IV berücksichtigen; → Rn. 54.

[171] Vgl. BVerfGE 129, 356 (368); o. Rn. 47, → Rn. 69.

[172] BVerwGE 155, 230, Rn. 26; *Lerche* (Fn. 156), S. 251 (257).

[173] Voraussetzungen und Verfahren sind in § 11 AEG geregelt; dazu BVerwGE 129, 381, Rn. 21 ff.; *Kramer* N&R 2016, 91 ff.; *ders.* NVwZ 2017, 209 ff.; s. auch *Spoerr* DVBl 1997, 1309 ff.

[174] S. auch *Kersten* DVBl 2006, 942 (947 f.); *Wilkens* (Fn. 34), S. 175 f.

[175] Vgl. BVerfGE 129, 356 (368 f.); ein Gewährleistungsgesetz fordert *Knecht* NVwZ 2003, 932 (935 f.); zurückhaltender *Wilkens* (Fn. 34), S. 188 f.

[176] *Gersdorf* MKS III, Art. 87e Rn. 83 mwN.

[177] *Hommelhoff/Schmidt-Aßmann* ZHR 160 (1996), 521 (552); *Cornils* AöR 131 (2006), 378 (409 ff.).

[178] § 15 AEG nimmt zwar ausdrücklich Bezug auf die VO (EWG) Nr. 1191/69; diese ist aber seit 3.12.2009 durch die VO (EG) Nr. 1370/2007 ersetzt worden (o. Rn. 7a). Auch wenn § 15 AEG nicht als dynamische Verweisung auf diese Verordnung eingestuft wird (so iE BGHZ 188, 200, Rn. 26), ist diese wegen ihrer unmittelbaren Geltung (Art. 288 II AEUV) anzuwenden.

[179] Vgl. Art. 5 I 3 RL 2012/34/EU; § 6 S. 2 ERegG.

[180] BGHZ 188, 200, Rn. 18 ff.; vgl. dazu *Polster* NZBau 2011, 209 (209 ff.); *Schreiber* N&R 2011, 130 (131 f.); da das Betriebsrisiko regelmäßig nicht übernommen wird, liegt keine Dienstleistungskonzession vor; zu dieser Abgrenzung BGHZ aaO, Rn. 27 ff.; BGH NZBau 2012, 248 (249 f.); *Diemon-Wies/Hesse* NZBau 2012, 341 (341 ff.).

[181] S. nur Art. 5 III VO (EG) Nr. 1370/2007; näher dazu § 131 GWB.

[182] Strittig ist etwa, ob Ausgleichsleistungen für gemeinwirtschaftliche Verpflichtungen staatliche Beihilfen iSv Art. 107 I AEUV sind; vgl. EuGH NJW 2003, 2515 (2518 f.) – Altmark Trans.

[183] S. auch *Reinhardt* ZGR 1996, 374 (381).

vestitionen finanzielle Mittel zuweisen. Sie müssen in angemessenem Verhältnis zu seinen Funktionen, der Größe der Infrastruktur und dem Finanzbedarf stehen.[184] Eine andere Fördermöglichkeit ist nun die **Anreizregulierung**.[185]

67    **3. Beteiligungsverwaltung.** Für die grundsätzliche Anerkennung gemeinnütziger **Beteiligungs- verwaltung**[186] spricht zunächst der Wortlaut des Abs. 4, der die Ausgestaltung der Gewährleistungs- pflicht dem BTag überantwortet und die Einwirkungsmodalitäten offenlässt. Für Infrastrukturunter- nehmen wird ihre Zulässigkeit durch die Eigentumszuweisung in Abs. 3 S. 2 (→ Rn. 50) und die Veräußerungsbeschränkung in Abs. 3 S. 3 untermauert, die auch zur Absicherung dieser Art der Steuerung in Art. 87e aufgenommen wurde. Die durch Abs. 3 S. 1 garantierte Privatwirtschaftlichkeit hindert den Bund nicht generell an gemeinnütziger Einflussnahme auf seine Eisenbahnunternehmen,[187] zumal das dahinterstehende Ziel gem. Abs. 4 ebenfalls im GG verankert ist.

68    Allerdings unterliegt gemeinnützige Beteiligungsverwaltung **formellen und materiellen Be- schränkungen.** Zum einen bedarf diese Form staatlicher Einwirkung einer gesetzlichen Grundlage, weil der subjektiv-rechtliche Schutz der Entscheidungsautonomie der Unternehmen durch Abs. 3 S. 1 (→ Rn. 48) von der Art der Einflussnahme unabhängig ist, also auch gegenüber Maßnahmen wirkt, die der Bund als Eigentümer im Rahmen einer Beteiligungsverwaltung trifft.[188] Stützt sich die Ein- wirkung auf das bestehende (Haushalts- und Gesellschafts-)Recht, sind die Befugnisse durch die privatrechtliche Organisationsform vorgezeichnet. Gegenüber einer AG lässt das AktG nur in eng begrenztem Umfang gemeinnützige Einflussnahme zu, da sie grds. dem Gesellschaftszweck zuwider- läuft.[189] Dieser kann nicht unter Berufung auf Art. 87e IV mittels sog. Verwaltungsgesellschaftsrechts überlagert oder zurückgedrängt werden, weil diese Rechtsfigur allgemein abzulehnen[190] und bei Eisenbahnen des Bundes überdies durch Art. 87e III 1 ausgeschlossen ist.[191]

69    Seine Gewährleistungen schränken auch die Befugnis des Gesetzgebers ein, besondere rechtliche Grundlagen für gemeinnützige Beteiligungsverwaltung gegenüber der Deutschen Bahn AG und ihren Tochtergesellschaften zu schaffen. Wegen der unmittelbaren Bindung durch die Privatwirtschaftlich- keitsgarantie des Abs. 3 S. 1 (→ Rn. 36, → Rn. 48) darf sich der Bund keine Einwirkungsmöglich- keiten als Eigentümer einräumen, die den **wirtschaftlichen Interessen** dieser Infrastruktur- und Verkehrsunternehmen **widersprechen und diese überlagern**.[192]

## E. Die Zustimmungsbedürftigkeit (Abs. 5)

70    Art. 87e I–IV stellt nur den verfassungsrechtlichen Rahmen für die Neuordnung des Eisenbahnwe- sens bereit. Seine Ausfüllung obliegt aufgrund der in den Regelungsvorbehalten des Abs. 1 S. 2, Abs. 2, Abs. 3 S. 4 und Abs. 4 S. 2 enthaltenen ausschließlichen Kompetenztitel dem BTag (→ Rn. 25, → Rn. 30, → Rn. 36, → Rn. 52, → Rn. 65). Für die darauf gestützten Bundesgesetze schreibt Abs. 5 S. 1 gleichsam „hinter die Klammer gezogen" die **Zustimmung des Bundesrates** vor. Durch diesen umfänglichen Vorbehalt werden als Gegengewicht zum weiten gesetzgeberischen Gestaltungsspielraum des Bundes die Beteiligungsrechte der Länder gestärkt.

71    Abs. 5 S. 2 **ergänzt** den allgemeineren **Zustimmungsvorbehalt** des Abs. 5 S. 1 in folgenden Fällen aus unterschiedlichen Gründen:[193]

---

[184] Art. 8 II 1 RL 2012/34/EU; zudem muss die Finanzierungsgrenze des Art. 8 IV dieser RL eingehalten werden.

[185] §§ 25 ff. ERegG; dazu *Ludwigs* NVwZ 2016, 1665 (1667 f.).

[186] Dafür BVerfGE 147, 50, Rn. 262 f.; BVerwGE 155, 230, Rn. 26; *Ruge,* in: Hofmann/Henneke, Art. 87e Rn. 30; *Wieland,* in: Dreier III, Art. 87e Rn. 21; aA *Gersdorf* MKS III, Art. 87e Rn. 78 ff.; *Ronellenfitsch* DVBl 2008, 201 (207); s. auch *Cornils* AöR 131 (2006), 378 (416 f.): „nur zur Lückenschließung".

[187] Anders *Hommelhoff/Schmidt-Aßmann* ZHR 160 (1996), 521 (534), wonach der Bund sich grds. wie ein normaler Eigentümer zu verhalten habe.

[188] Vgl. BVerfGE 129, 356 (368 f.); *Studenroth* VerwArch 87 (1996), 97 (107 f.); *Jochum* NVwZ 2005, 779 (781); zudem greift auch insoweit der in Abs. 4 S. 2 angelegte Vorbehalt des Gesetzes ein, dazu → Rn. 65; gegen solche Einschränkungen BVerfGE 147, 50, Rn. 276 ff.

[189] Zu Einwirkungsmöglichkeiten nach dem AktG, z. B. aufgrund Beherrschungsvertrags (§ 291), als (faktisch) herrschendes Unternehmen mit der Pflicht zum Nachteilsausgleich (§ 311) oder über den Aufsichtsrat, etwa durch Zustimmungsvorbehalte (§ 111 IV 2), *Spannowsky* ZGR 1996, 400 (423 ff.); *Berschin* DVBl 2002, 1079 (1081 ff.); *Möstl* FS Scholz, 2007, S. 833 (843 ff.); gegenüber einer GmbH hat der Eigentümer weitreichendere Einwirkungs- befugnisse, dazu *Hommelhoff/Schmidt-Aßmann* ZHR 160 (1996), 521 (554 ff.).

[190] S. neben den Nachw. unter Fn. 189 etwa *Brenner* AöR 127 (2002), 222 (235); anhand praktischer Konkordanz als Kollisionsregel differenzierend *v. Danwitz* AöR 120 (1995), 595 (609 ff., 620 ff.).

[191] Gegen eine Überlagerung des Gesellschaftsrechts durch Art. 87e IV nach Vorbild des Verwaltungsprivatrechts *Spannowsky* ZGR 1996, 400 (411, 422 ff.); *Menges* (Fn. 7), S. 129 f.

[192] S. auch *Gersdorf* MKS III, Art. 87e Rn. 74; *Möstl,* in: Maunz/Dürig, Art. 87e Rn. 83 ff., insbes. Rn. 96 ff.

[193] Abs. 5 S. 2 selbst enthält weder einen Vorbehalt des Gesetzes noch begründet er eine zusätzliche Gesetz- gebungskompetenz des Bundes, sondern setzt deren Bestehen voraus, *Gersdorf* MKS III, Art. 87e Rn. 58; aA *Heinze* BayVBl 1994, 266 (267).

- bei Bundesgesetzen, die die Auflösung, Verschmelzung und Aufspaltung von Eisenbahnunternehmen des Bundes regeln, weil dies deren Existenz berührt, was zu einer Veränderung der Verwaltungskompetenz führen kann (→ Rn. 15);
- bei Bundesgesetzen, die die Übertragung von Schienenwegen der Eisenbahnen des Bundes an Dritte vorsehen, um die Veräußerungsbeschränkungen in Abs. 3 S. 3 und damit die Erfüllung des Sicherstellungsauftrages nach Abs. 4 zusätzlich abzusichern (→ Rn. 50, → Rn. 54);[194]
- bei Bundesgesetzen, die die Stilllegung von Schienenwegen der Eisenbahnen des Bundes ermöglichen (vgl. § 11 AEG), um einer Aushöhlung der in Abs. 4 S. 1 verankerten Infrastrukturverantwortung des Bundes zu begegnen; sie soll ua eine ausreichende Versorgung auch in der Fläche gewährleisten, liegt somit im Interesse der Länder;[195]
- bei Bundesgesetzen, die Auswirkung auf den Schienenpersonennahverkehr haben, weil die Länder für diese Verkehrsleistungen aufgrund der Regionalisierung die Aufgaben- und Finanzverantwortung tragen (Art. 106a, 143a III, dazu → Rn. 11 f.).

Der BRat kann durch Verweigerung der Zustimmung insbes. nachträgliche Änderungen des **72** ENeuOG verhindern, das parallel zu Art. 87e erlassen worden ist und dessen Vorgaben ausgestaltet. Die auf rechtspolitischen Kompromissen beruhende Neuregelung des Eisenbahnwesens wird auf diese Weise stabilisiert.[196] Allerdings führt der weitreichende, zT unscharf gefasste Zustimmungsvorbehalt des Abs. 5 zu einer starken **Abhängigkeit** des Bundesgesetzgebers **von Länderinteressen,** die trotz ihrer Konstruktion über das Bundesorgan Bundesrat im Hinblick auf das Bundesstaatsprinzip nicht frei von **Bedenken** ist.[197]

## Art. 87f [Post- und Telekommunikationsverwaltung]

**(1) Nach Maßgabe eines Bundesgesetzes, das der Zustimmung des Bundesrates bedarf, gewährleistet der Bund im Bereich des Postwesens und der Telekommunikation flächendeckend angemessene und ausreichende Dienstleistungen.**

**(2) Dienstleistungen im Sinne des Absatzes 1 werden als privatwirtschaftliche Tätigkeiten durch die aus dem Sondervermögen Deutsche Bundespost hervorgegangenen Unternehmen und durch andere private Anbieter erbracht. Hoheitsaufgaben im Bereich des Postwesens und der Telekommunikation werden in bundeseigener Verwaltung ausgeführt.**

**(3) Unbeschadet des Absatzes 2 Satz 2 führt der Bund in der Rechtsform einer bundesunmittelbaren Anstalt des öffentlichen Rechts einzelne Aufgaben in bezug auf die aus dem Sondervermögen Deutsche Bundespost hervorgegangenen Unternehmen nach Maßgabe eines Bundesgesetzes aus.**

**Entstehungsgeschichte: Erstfassung:** 41. G. zur Änd. des GG v. 30.8.1994 (BGBl I 2245), Art. 1 Nr. 4 (dazu: BT-Dr 12/6717, 12/7269 [Entwürfe], 12/8108; BT-Prot 12/17922, 18153, 19415; BR-Dr 114/94, 676/94; BR-Prot 94/71, 377, 430).
**Historische Verfassungstexte: RV 1849:** § 41 (1) Die Reichsgewalt hat das Recht der Gesetzgebung und die Oberaufsicht über das Postwesen, namentlich über Organisation, Tarife, Transit, Portotheilung und die Verhältnisse zwischen den einzelnen Postverwaltungen. (2) Dieselbe sorgt für gleichmäßige Anwendung der Gesetze durch Vollzugsverordnungen, und überwacht deren Durchführung in den einzelnen Staaten durch fortdauernde Controle. (3) Der Reichsgewalt steht es zu, die innerhalb mehrerer Postgebiete sich bewegenden Course im Interesse des allgemeinen Verkehrs zu ordnen. § 43 Die Reichsgewalt hat die Befugniß, insofern es ihr nöthig scheint, das deutsche Postwesen für Rechnung des Reiches in Gemäßheit eines Reichsgesetzes zu übernehmen, vorbehaltlich billiger Entschädigung der Berechtigten. § 44 (1) Die Reichsgewalt ist befugt, Telegraphenlinien anzulegen, und die vorhandenen gegen Entschädigung zu benutzen, oder auf dem Wege der Enteignung zu erwerben. (2) Weitere Bestimmungen, so wie über Benutzung von Telegraphen für den Privatverkehr, sind einem Reichsgesetz vorbehalten. – **RV 1871: Art. 48** (1) Das Postwesen und das Telegraphenwesen werden für das gesammte Gebiet des Deutschen Reichs als einheitliche Staatsverkehrs-Anstalten eingerichtet und verwaltet. **Art. 49** Die Einnahmen des Post- und Telegraphenwesens sind für das ganze Reich gemeinschaftlich. Die Ausgaben werden aus den gemeinschaftlichen Einnahmen bestritten. Die Ueberschüsse fließen in die Reichskasse (Abschnitt XII.). **Art. 50** (1) Dem Kaiser gehört die obere Leitung der Post- und Telegraphenverwaltung zu. Die von ihm bestellten Behörden haben die Pflicht und das Recht, dafür zu sorgen, daß Einheit in der Organisation der Verwaltung und im Betriebe des Dienstes, sowie in der Qualifikation der Beamten hergestellt und erhalten wird. (2) Dem Kaiser steht der Erlaß der reglementarischen Festsetzungen und allgemeinen administrativen Anordnungen, sowie die ausschließliche Wahrnehmung der Beziehungen zu anderen Post- und Telegraphenverwaltungen zu. – **WRV: Art. 88** (1) Das Post- und Telegraphenwesen samt dem Fernsprechwesen ist ausschließlich Sache des Reichs. (3) Die Reichsregierung erläßt mit Zustimmung des Reichsrats die Verordnungen, welche Grundsätze und Gebühren

---

[194] S. für eine Kapitalprivatisierung bei Infrastrukturunternehmen der Eisenbahnen des Bundes BVerwGE 140, 359, Rn. 21; zum Konnex mit der Aufgabenprivatisierung BVerwGE 155, 230, Rn. 27.
[195] Dazu BVerwGE 129, 381, Rn. 25; *Möstl,* in: Maunz/Dürig, Art. 87e Rn. 186, 193.
[196] Dieses Ziel betont der BT-RechtsA in seiner Beschlussempf., BT-Dr 12/6280, S. 8; s. auch BVerwGE 155, 230, Rn. 28 ff.
[197] Dazu *Möstl,* in: Maunz/Dürig, Art. 87e Rn. 7, 191.

für die Benutzung der Verkehrseinrichtungen festsetzen. Sie kann diese Befugnis mit Zustimmung des Reichsrats auf den Reichspostminister übertragen. (4) Zur beratenden Mitwirkung in Angelegenheiten des Post-, Telegraphen- und Fernsprechverkehrs und der Tarife errichtet die Reichsregierung mit Zustimmung des Reichsrats einen Beirat.

**Supra- und internationale Texte:** AEUV Art. 4 II lit. a, f und h, 14, 26 f., 34–37, 56 ff., 102, 106 f., 114, 169–172, 294; VO (EG) Nr. 2887/2000 v. 18.12.2000 (ABl EG Nr. L 336/4), aufgehoben durch RL 2009/140/EG v. 25.11.2009 (ABl EU 2009 Nr. L 337/37); RL 97/67/EG (Postdiensterichtlinie) v. 15.12.1997 (ABl EG 1998 Nr. L 15/14), zul. geändert durch Art. 1 RL 2008/6/EG v. 20.2.2008 (ABl EU Nr. L 52/3); RL 2002/19/EG (Zugangsrichtlinie) v. 7.3.2002 (ABl EG Nr. L 108/7), zul. geändert durch RL 2009/140/EG, wird zum 21.12.2020 aufgehoben durch RL (EU) 2018/1972; RL 2002/20/EG (Genehmigungsrichtlinie) v. 7.3.2002 (ABl EG Nr. L 108/21), zul. geändert durch RL 2009/140/EG, wird zum 21.12.2020 aufgehoben durch RL (EU) 2018/1972; RL 2002/21/EG (Rahmenrichtlinie) v. 7.3.2002 (ABl EG Nr. L 108/33), zul. geändert durch RL 2009/140/EG, wird zum 21.12.2020 aufgehoben durch RL (EU) 2018/1972; RL 2002/22/EG (Universaldienstrichtlinie) v. 7.3.2002 (ABl EG Nr. L 108/51), zul. geändert durch VO (EU) 2015/2120 v. 25.11.2015 (ABl EU Nr. L 310/1), wird zum 21.12.2020 aufgehoben durch RL (EU) 2018/1972; RL 2002/58/EG (Datenschutzrichtlinie) v. 12.7.2002 (ABl EG Nr. L 201/37), zul. geändert durch RL 2009/136/EG; RL 2002/77/EG v. 16.9.2002 (ABl EG Nr. L 249/21); VO (EU) Nr. 531/2012 (Roaming-VO) v. 13.6.2012 (ABl EU Nr. L 172/10), zul. geändert durch VO (EU) 2015/2120; VO (EU) 2016/679 v. 27.4.2016 (ABl EU Nr. L119/1); RL (EU) 2018/1972 v. 11.12.2018 (ABl EU Nr. L 321/36); ITU-Konstitution; GATS.

**Gesetzgebung:** BAPostG; BNetzAG; DigiNetzG; PEntgV; PostG; PostUmwG; PTSG; PUDLV; TKG.

**Leitentscheidungen:** BVerfGE 12, 205 (Deutschland-Fernsehen); BVerfGE 106, 28 (Zeugenaussagen über rechtswidrig mitgehörte Telefongespräche); BVerfGE 108, 169 (Telekommunikationsgesetz); BVerfGE 108, 370 (Briefmonopol); BVerfGE 115, 205 (Geschäftsgeheimnis); BVerfGE 130, 52 (Postpersonalrechtsgesetz); BVerfG (K) NJW 2016, 3508 (Telekommunikation); BVerwGE 114, 160 (Netzzugang); BVerwGE 140, 221 (Versteigerung von Mobilfunklizenzen); BVerwGE 163, 136 (Vectoring I); BVerwG Urt. v. 21.9.2018 – 6 C 7/17 (Regionales TK-Unternehmen).

**Schrifttum:** *A. v. Arnauld,* Grundrechtsfragen im Bereich von Postwesen und Telekommunikation, DÖV 1998, 437; *K. Cannivé,* Infrastrukturgewährleistung in der Telekommunikation zwischen Staat und Markt, 2001; *M. Cornils,* Staatliche Infrastrukturverantwortung und kontingente Marktvoraussetzungen, AöR 131 (2006), 378; *T. v. Danwitz,* Die Liberalisierung der Postmärkte in Europa, FS Badura, 2004, S. 857; *M. Eifert,* Grundversorgung mit Telekommunikationsleistungen im Gewährleistungsstaat, 1998; *M. Fehling,* Mitbe-nutzungsrechte Dritter bei Schienenwegen, Energieversorgungs- und Telekommunikationsleitungen vor dem Hintergrund staatlicher Infrastrukturverantwortung, AöR 121 (1996), 59; *T. Fetzer,* Breitbandinternetzugang als Universaldienst?, MMR 2011, 707; *M. Freund,* Infrastrukturgewährleistung in der Telekommunikation, 2002; *T. Gerpott,* Regulierung der Mindestqualität von Internetzugangsdiensten, NuR 2017, 143; *A. Guckelberger,* Digitalisierung und ihre Folgen für die postalische Bekanntgabe von Verwaltungsakten, NVwZ 2018, 359; *H. D. Jarass,* Die verfassungsrechtliche Stellung der Post- und TK-Unternehmen, MMR 2009, 223; *J. Kühling/M. Biendl,* Zulässiger Universaldienstumfang im Zeitalter des Breitbandausbaus, DÖV 2012, 409; *P. Lerche,* Einige Verfassungsfragen der Postreform II, FS Kreile, 1994, S. 377; *ders.,* Infrastrukturelle Verfassungsaufträge (zu Nachrichtenverkehr, Eisenbahnen), FS Friauf, 1996, S. 251; *D. Lück/ M. Dombert,* Breitband an jeder Milchkanne? – Zur Zulässigkeit der Breitbandversorgung durch Städte und Gemeinden, KommJur 2019, 201; *R. Müller-Terpitz,* Die wirtschaftliche Betätigung von Kommunen im Bereich der Telekommunikation, NWVBl 1999, 292; *D. Müller-Using,* Nochmals: Zu den verfassungsrechtlichen Aspekten der Postreform II, ArchPT 1995, 46; *M. Paulweber,* Regulierungszuständigkeiten in der Telekommunikation, 1999; *M. Rottmann,* Zu den verfassungsrechtlichen Aspekten der Postreform II, ArchPT 1994, 193; *P. Schumacher,* Breitband-Universaldienst, MMR 2011, 711; *K. Stern,* Postreform zwischen Privatisierung und Infrastrukturgewährleistung, DVBl 1997, 309; *K. Windthorst,* Der Universaldienst im Bereich der Telekommunikation, 2000; *ders.,* Zur Grundrechtsfähigkeit der Deutschen Telekom AG, VerwArch 95 (2004), 377; *ders.,* Drittschutz im Telekommunikationsrecht, WiVerw 2011, 196; *S. Wipperfürth,* Das Postwesen: Monopolrechte und Infrastrukturgewährleistungsauftrag, 2005.

# Übersicht

# A. Allgemeines

## I. Grundsätzliche Bedeutung

Art. 87 f bildet gemeinsam mit Art. 143b das verfassungsrechtliche Fundament der Postreform II.[1] **1** Im Mittelpunkt stehen die **Organisationsprivatisierung** der Deutschen Bundespost und die **Aufgabenprivatisierung** (→ Rn. 22 ff.) im Postwesen und in der Telekommunikation (Abs. 2 S. 1). Auslöser und Antrieb der Reform waren unionsrechtliche Vorgaben (→ Rn. 7 ff.), technischer Fortschritt in der Telekommunikation (z. B. Digitalisierung, Datenkomprimierung), der zu Multifunktionalität der Geräte und Netze und zu Konvergenz der Netze und Dienste führte,[2] sowie gewandelte wirtschaftliche Bedingungen und gesellschaftliche Erwartungen (Globalisierung, Informationsgesellschaft), die einen ordnungspolitischen Paradigmenwechsel bei dem in staatlicher (Leistungs-)Verwaltung geführten Post- und Fernmeldewesen verlangten.[3]

Die Umsetzung der Reformziele **erforderte** wegen des Funktionsvorbehalts in Art. 33 IV und der **2** organisations- und aufgabenrechtlichen Gewährleistungsdimensionen des Art. 87 I 1 aF[4] eine **Änderung des Grundgesetzes.** Ob dies in dem vorgenommenen Umfang notwendig war, ist – wie bei Art. 87e – fraglich.[5] Jedenfalls bei Art. 87 f III ist der Verfassungsgesetzgeber über das Ziel hinausgeschossen. Diese Regelung ist letztlich die Frucht eines fragwürdigen Kompromisses zwischen den an der Verfassungsänderung Beteiligten.[6]

## II. Struktur der Vorschrift

Herzstück des Art. 87f ist der in Abs. 2 enthaltene **Grundsatz** einer **Trennung** von privatwirt- **3** schaftlichen Dienstleistungen (Satz 1), deren Erbringung den Nachfolgeunternehmen der Deutschen Bundespost und anderen privaten Anbietern vorbehalten ist, und Hoheitsaufgaben (Satz 2), für deren Wahrnehmung ausschließlich der Bund zuständig ist.[7] Verschränkungen des Trennungsgrundsatzes enthalten Art. 87 f I, 143b II für den privaten, Art. 87f III für den hoheitlichen Funktionsbereich (→ Rn. 23 ff., → Rn. 37 ff.). Zweckmäßigerweise hätte die Kernforderung nach Privatisierung (Abs. 2 S. 1) statt der sie voraussetzenden staatlichen Universaldienstgewährleistung (Abs. 1) an die Spitze der Vorschrift gestellt werden müssen. Dies sah Art. 87f I 1 RegE[8] auch vor. Die spätere

---

[1] Dazu *Gramlich* NJW 1994, 2785 (2788 ff.); *ders.* VerwArch 88 (1997), 598 (621 ff.); *Scherer* CR 1994, 418 ff.; zur Postreform I s. nur *Schatzschneider* NJW 1989, 2371 f.; zu den Unterschieden zwischen diesen Reformen *Riehmer,* in: Mestmäcker (Hrsg.), Kommunikation ohne Monopole II, 1995, S. 369 ff.

[2] Dazu *Windthorst,* Der Universaldienst im Bereich der Telekommunikation, 2000, S. 61 ff.; *Kugelmann* VerwArch 95 (2004), 515 (519 f.).

[3] Zu diesen Veränderungen und ihren Interdependenzen *Windthorst* (Fn. 2), S. 61 ff., 119 ff., 388 ff.; zur geschichtlichen Entwicklung ebda, S. 59 f.

[4] S. dazu nur *R. Schmidt* FS Lerche, 1993, S. 965 ff.; zu daraus abgeleiteten Einschränkungen der Organisations- und Aufgabenprivatisierung *Möstl,* in: Maunz/Dürig, Art. 87 f Rn. 15.

[5] Krit. zur Notwendigkeit des Art. 87 f I mit Blick auf das Sozialstaatsprinzip *Freund,* Infrastrukturgewährleistung in der Telekommunikation, 2002, S. 53 ff.

[6] S. zum PTNeuOG-E, BT-Dr 12/8060, S. 179 ff.; *Blanke/Sterzel* KJ 1993, 278 (292 ff.); → Rn. 40.

[7] Begr. RegE, BT-Dr 12/7269, S. 4; *Gramlich* NJW 1994, 2785 (2787).

[8] BT-Dr 12/7269, S. 3.

Umstellung sollte der Privatisierung einen eigenen Absatz zuweisen;[9] rechtssystematisch betrachtet, ist dies missglückt.[10]

## III. Sachlicher Geltungsbereich

4    Der sachliche Geltungsbereich des Art. 87f wird durch die Begriffe „Postwesen" und „Telekommunikation" eingegrenzt. Sie sind wie in Art. 73 I Nr. 7 entwicklungsoffen „dynamisch" auszulegen, somit zur Aufnahme neuer (Beförderungs-)Techniken bestimmt und geeignet, sofern sie die Merkmale des historisch gewachsenen Wesenskerns aufweisen, der diese Rechtsbegriffe weiterhin prägt (→ Rn. 5 f.).

5    **1. Postwesen.** Der terminologisch unverändert belassene Begriff „Postwesen" ist im Sinne von „Postbereich" zu verstehen[11] und unter Beachtung des traditionellen Erscheinungsbilds postalischer Dienstleistungen zu definieren. Charakteristisch ist die Nachrichten*weitergabe,* dh ihr **körperlicher Transport** an einen anderen Ort.[12] Das Postwesen umfasst, unabhängig von Art und Status der Anbieter, diese Form spezifisch postalischer Beförderung von Nachrichten und Kleingütern national wie international, insbes. durch Übermittlung in einem standardisierten, auf massenhaften Verkehr angelegten Transportnetz.[13] Dazu gehören die herkömmlichen, typischen Postdienste wie Brief- und Paketbeförderung, nicht aber das Postbankwesen.[14]

6    **2. Telekommunikation.** Der Begriff „Telekommunikation" ersetzt gemäß dem international üblichen Sprachgebrauch die frühere Bezeichnung „Fernmeldewesen" und öffnet sich so neuen Techniken (→ Rn. 1). Eine inhaltliche Änderung ist damit nicht verbunden.[15] Wesensprägend ist die Nachrichten*wiedergabe,* also die **körperlose Übermittlung** beliebiger Informationen in der Weise, dass sie am Empfangsort wieder erzeugt bzw. entschlüsselt werden.[16] Dabei darf der Träger der Information verändert werden (zB Daten), nicht aber ihr (beliebiger) Inhalt. Ausgenommen bleiben Herstellung und Angebot der Information (z. B. als Rundfunk, Multimedia- oder Internetdienst);[17] Telekommunikation beschränkt sich auf eine (ihrer Übermittlung) dienende Funktion.[18]

## IV. Unionsrechtliche Vorgaben

7    Die EU spielt eine wesentliche Rolle bei der Neuordnung der Telekommunikation und zunehmend auch des Postwesens.[19] Auf der Grundlage der Art. 14, 26 f., 34–37, 56 ff., 102, 106 f., 114, 169–172, 294 AEUV sind übergreifende Ziele der Union die **Liberalisierung** dieser Bereiche, die **Harmonisierung** der einschlägigen Bestimmungen, die Sicherung und Förderung eines offenen, fairen, nicht-diskriminierenden **Wettbewerbs** sowie die Gewährleistung eines gemeinschaftlichen **Universaldienstes.**[20] Als Maßnahmen zu ihrer Umsetzung verlangt(e) Gemeinschaftsrecht die (schrittweise) Aufhebung ausschließlicher und besonderer Rechte, die Vereinheitlichung technischer Standards und

---

[9] Vgl. die Stellungnahme des BRates zum 41. GG-ÄndG-E, BT-Dr 12/7269, S. 8; s. auch *Wieland* Die Verwaltung 28 (1995), 315 (332).

[10] Dazu *Möstl,* in: Maunz/Dürig, Art. 87f Rn. 2; aA *v. Danwitz,* Verfassungsfragen der gesetzlichen Exklusivlizenz der Deutschen Post AG, 2002, S. 32 ff., der Art. 87 f I systematischen und sachlichen „Vor-Rang" zubilligt (Hervorhebungen im Original).

[11] *Lerche* BT-RechtsA-Prot 12/117, S. 103.

[12] Vgl. *Ossenbühl,* Bestand und Erweiterung des Wirkungskreises der Deutschen Bundespost, 1980, S. 44; *B. Mayer,* Die Bundespost: Wirtschaftsunternehmen oder Leistungsbehörde, 1990, S. 30 f.

[13] Begr. RegE, BT-Dr 12/7269, S. 4.

[14] Zur Ausgrenzung des Postbankwesens aus Art. 87 f, das anderen Bedingungen und Grundsätzen als das Postwesen unterliegt, vgl. 7. Aufl. Fn. 14; *Uerpmann-Wittzack,* in: v. Münch/Kunig II, Art. 87f Rn. 4; s. auch → Art. 73 Rn. 31 f.; *Gersdorf* MKS III, Art. 87f Rn. 11, lässt bei der Postbank nur Art. 87 f III zur Anwendung kommen; zur Kritik daran 4. Aufl. Fn. 15.

[15] Begr. RegE, BT-Dr 12/7269, S. 4; BVerfGE 106, 28 (36); 108, 169 (183); *Scherer* CR 1994, 418 (422); zu den Gründen für die neue Terminologie *Windthorst* (Fn. 2), S. 44 ff. mwN.

[16] Vgl. BVerfGE 106, 28 (36); 115, 166 (182 f.), wonach es auf die Übertragungstechnik nicht ankomme; *Schacke/ Rosin* DVBl 1997, 471 (472 ff.); zur Auslegung von „Telekommunikation" iSv Art. 73 I Nr. 7 s. nur BVerfGE 113, 348 (368); → Art. 73 Rn. 33; gegen einheitliche Auslegung dieses Begriffs im GG BVerfG (K) NJW 2016, 3508, Rn. 32.

[17] Anders BVerfG (K) NJW 2016, 3508, Rn. 31; zum Rundfunkbegriff nur *Starck,* FS Stern, 1997, S. 777 (778 ff.); *Scholz,* FS Kriele, 1997, S. 523 (529 ff.); zum Begriff der Multimediadienste *Bullinger/Mestmäcker,* Multimediadienste, 1997, S. 15 f., 31.

[18] Grundlegend BVerfGE 12, 205 (226 f.); auch VG Berlin MMR 1998, 164 (166 f.); *Bortnikov* MMR 2014, 435 ff.; krit. *Holznagel/Daufeldt* CR 1998, 151 (156); zu den Abgrenzungsproblemen *Gersdorf* AfP 1997, 424 (426 ff.); *Windthorst* (Fn. 2), S. 96 ff.

[19] Vgl. RL 97/67/EG (PostdiensteRL), zul. geändert durch Art. 1 RL 2008/6/EG.

[20] Zur Telekommunikation: *Haar,* Marktöffnung in der Telekommunikation, 1995, S. 235 ff.; *Windthorst* (Fn. 2), S. 141 ff.; *Hoffmann-Riem* DVBl 1999, 125 ff.; *Scherer* CR 2000, 35 (36 ff.); zum Postwesen: *v. Danwitz,* in: Badura/ v. Danwitz/Herdegen/Sedemund/Stern (Hrsg.), Beck'scher PostG-Kommentar, 2. Aufl. 2004, EuGrdl Rn. 2 ff.; *Gersdorf* MKS III, Art. 87f Rn. 2.

rechtlicher Vorgaben (zB bezüglich der Genehmigungsverfahren), den Abbau staatlicher Beschränkungen beim Marktzutritt und bei der Leistungserbringung, die Trennung von Aufsicht und Betrieb, die Sicherung ausreichender Transparenz der Rechnungsführung sowie die Gewährleistung einer Mindestversorgung der Bevölkerung mit gemeinschaftsrechtlich festgelegten Post- und Telekommunikationsdienstleistungen (Universaldienst).[21]

In der **Telekommunikation** standen zunächst das Recht der Wettbewerber auf einen adäquaten **7a** Zugang zu den Netzen, deren Zusammenschaltung und die Weiterentwicklung des Universaldienstes im Vordergrund.[22] Zu einem tiefen Einschnitt in die mitgliedstaatliche Regulierung führte das am 24.4.2002 in Kraft getretene **Richtlinienpaket** der EU,[23] das an die Stelle des bisherigen Konvoluts von RLn und Empfehlungen getreten ist.[24] **Beweggründe** für diese Neuordnung waren zum einen die Konvergenz von Telekommunikation, Medien und Informationstechnologie. Die Übertragung von Signalen über elektronische Kommunikationsnetze, zu denen auch Rundfunknetze gehören, wurde deshalb einem einheitlichen Regulierungsregime unterstellt, das weder den Inhalt der übertragenen Informationen noch (Telekommunikations-)Endeinrichtungen erfasste.[25] Die nach deutschem Recht notwendige Unterscheidung zwischen Übermittlung und Inhalt der Information (→ Rn. 6, → Rn. 11) findet sich somit auch im Telekommunikationsrecht der Union.[26] Zum anderen kommen in dem Richtlinienpaket veränderte Zielsetzungen und Akzente zum Ausdruck. Einige Ziele, etwa die Beseitigung der Monopole, waren erreicht und damit hinfällig,[27] andere Ziele, etwa Verbraucherschutz und spezielle Universaldienstaspekte (z. B. Belange behinderter und sozial schwacher Personen), sollten künftig stärkere Beachtung finden. **Wesentliche Inhalte** des Richtlinienpakets sind detaillierte Vorgaben für die Definition der Märkte und die Ermittlung beträchtlicher Marktmacht,[28] weitreichende Transparenz-, Informations-, Rechnungslegungs- und Gleichbehandlungsverpflichtungen,[29] Erleichterung der Lizenzierung, die nunmehr vom Grundsatz der Allgemeingenehmigung ausgeht,[30] Fortentwicklung des Universaldienstes,[31] zu dessen Sicherstellung nicht nur marktbeherrschende, sondern prinzipiell alle Unternehmen beitragen müssen.[32]

Die durch Änd. des TKG v. 3.5.2012 (BGBl I 958) verspätet umgesetzten RLn 2009/136/EG und **7b** 2009/140/EG[33] haben diese Ansätze weiterentwickelt und an die veränderten technologischen und wettbewerblichen Bedingungen **angepasst,** indem sie die Rahmenrichtlinie und die Einzelrichtlinien modifizieren und ergänzen. Wesentliches Ziel ist ein **Binnenmarkt für elektronische Kommunikation,** in dem hochwertige öffentlich zugängliche Dienste, insbes. ein funktionsadäquater Internetzugang, unionsweit für alle Teile der Informationsgesellschaft zu angemessenen Preisen verfügbar sind. Dies soll grds. durch einen wirksamen Wettbewerb geschehen, den eine differenzierte, technologieneutrale Re-

---

[21] Zur Entwicklung in der *Telekommunikation: Trute,* in: Trute/Spoerr/Bosch, Telekommunikationsgesetz mit FTEG, 2001, Einf. II Rn. 5 ff.; s auch u. Fn. 23; zum *Postwesen: v. Danwitz* (Fn. 20), EuGrdl Rn. 10 ff.; *ders.,* FS Badura, 2004, S. 857 (858 ff.); *Huber* FS Schmitt Glaeser, 2003, S. 509 (516 ff.).

[22] Vgl. Begründungserwägung 15 RL 97/13/EG; Art. 1, 3–5 RL 97/33/EG; Art. 1 I, 3–8 RL 98/10/EG; diese RLn sind inzwischen aufgehoben worden, → Fn. 24.

[23] Dazu gehören die RahmenRL (2002/21/EG) sowie die neuen Zugangs-, Genehmigungs- und UniversaldienstRLn (2002/19/EG; 2002/20/EG; 2002/22/EG); s. auch die DatenschutzRL 2002/58/EG; dazu *Kugelmann-*VerwArch 95 (2004), 515 (533 ff.); die EU-Datenschutz-GrundVO begründet grds. keine weitergehenden Pflichten, Art. 95 VO (EU) 2016/679 v. 27.4.2016 (ABl EU Nr. L 119/1); zur Umsetzung dieses Richtlinienpakets durch das neu gefasste TKG v. 22.6.2004 (TKG 2004, BGBl I 1190) *Scherer* NJW 2004, 3001 ff.

[24] Art. 26 RahmenRL.

[25] Vgl. Art. 1 III u. IV sowie Begründungserwägungen 5 und 8 RahmenRL; s. auch Art. 1 Nr. 3 RL 2002/77/EG.

[26] Anders *Beese/Merkt* MMR 2000, 532 (536 f.); de constitutione ferenda für eine echte Gemeinschaftskompetenz von Bund und Ländern *Koenig/Roeder* K&R 1998, 416 (420 f.).

[27] Art. 2 I u. II RL 2002/77/EG; ex-ante-Maßnahmen sollen nur ergriffen werden, wenn auf dem jeweiligen Markt kein wirksamer Wettbewerb besteht und die Instrumente des nationalen und gemeinschaftlichen Wettbewerbsrechts nicht ausreichen, Begründungserwägung 27 u. Art. 8, 8a RahmenRL.

[28] Vgl. Art. 14 ff. RahmenRL; Leitlinien der Kommission v. 11.7.2002 zur Marktanalyse und Ermittlung beträchtlicher Marktmacht nach dem gemeinsamen Rechtsrahmen für elektronische Kommunikationsnetze und -dienste (ABl EG Nr. C 165/6); Empfehlung der Kommission v. 11.2.2003 über relevante Produkt- und Dienstmärkte des elektronischen Kommunikationssektors (ABl EU Nr. L 114/45); s. jetzt die Empfehlung v. 9.10.2014 (2014/710/EU [ABl EU Nr. L 295/79]).

[29] Art. 5 f. RahmenRL; Art. 9 ff. ZugangsRL.

[30] Vgl. Art. 3 II Genehmigungsrichtlinie, der den Ansatz der vorherigen RL 97/13/EG weiterentwickelt; dazu *Koenig* K&R 2001, 41 (44 ff.); *Koenig/Kühling* MMR 2001, 80 (84 f.).

[31] S. Begründungserwägung 8 und Art. 4 II UniversaldienstRL, wonach zum von der EU geforderten Universaldienst etwa der Zugang zur Datenkommunikation über das feste öffentliche Telefonnetz mit Übertragungsraten gehört, die für einen funktionalen Internetzugang ausreichen; Art. 4 der RL lässt nach seiner Neufassung durch Art. 1 Nr. 3 RL 2009/136/EG in Abs. 1 und 3 getrennte Anordnungen in Bezug auf den Netzzugang und die Verfügbarkeit von Diensten zu, was für die wachsenden IP-Netze relevant ist; vgl. → Rn. 7b; zur Netzneutralität *Holznagel* AfP 2011, 532 ff.

[32] Eine zentrale Rolle spielen für die Mitwirkungspflicht § 80 TKG, für die Erbringungspflicht die sog. Benennung nach Art. 8 UniversaldienstRL; näher dazu *Windthorst,* in: Scheurle/Mayen (Hrsg.), TKG-Kommentar, 3. Aufl. 2018, § 80 Rn. 3, § 81 Rn. 6 f.

[33] Vom 25.11.2009, ABl EU Nr. L 337/11 und Nr. L 337/37; dazu *Fetzer* WiVerw 2010, 148 ff.

gulierung durch EU und Mitgliedstaaten ergänzt. Sie greift ein, wenn der Markt versagt oder besondere Bedürfnisse bestimmter Endnutzer, etwa behinderter Personen, nur so gewährleistet werden können. So stellt die VO (EU) 2015/2120 v. 25.11.2015 (ABl EU Nr. L 310/1) einen **freien Zugang zum öffentlichen Internet** unter Wahrung der Privatsphäre sicher (Art. 3 ff.) und hat die Roaming-Aufschläge für Endnutzer bei angemessener Nutzung („Fair Use Policy") ab 15.6.2017 grds. abgeschafft.[34]

**7c** Zur Verwirklichung eines digitalen Binnenmarktes hat die RL (EU) 2018/1972 v. 11.12.2018 das Richtlinienpaket (→ Rn. 7a) in einem europäischen Kodex für elektronische Kommunikation zusammengeführt und weiterentwickelt.[35] Er schafft den unionsweiten rechtlichen Rahmen für eine hochleistungsfähige und sichere elektronische Infrastruktur. Im Vordergrund stehen neben dem nun vollharmonisierten Verbraucherschutz der Ausbau von Breitbandnetzen. Dies soll durch die Privatwirtschaft im Wettbewerb erfolgen. Der Zugang zu einem angemessenen Breitbandinternetzugangsdienst wird nunmehr durch Art. 84 I RL (EU) 2018/1972 als Universaldienst gewährleistet.

**7d** Die Vorgaben der EU für die Umgestaltung des **Postwesens** sehen eine langsamere, schrittweise, kontrollierte **Liberalisierung** bei gleichzeitiger Fortentwicklung und **Stärkung des Universaldienstes** vor.[36] Zunächst wurden Postdienste gem. Art. 7 I, III RL 97/67/EG durch stufenweise sukzessive Absenkung der Gewichts- und Preisgrenzen für reservierbare Bereiche für den Wettbewerb geöffnet.[37] Die übergangsweise Aufrechterhaltung von Exklusivrechten sollte die wirtschaftliche und finanzielle Leistungsfähigkeit der Universaldienst leistenden Unternehmen und damit die notwendige flächendeckende Versorgung mit adäquaten Postdiensten im erstarkenden Wettbewerb sicherstellen.[38] Inzwischen geht die EU davon aus, dass das grundlegende Ziel einer auf Dauer garantierten Bereitstellung des Universaldienstes ohne die Notwendigkeit eines reservierten Bereichs erreicht werden kann.[39] Die RL 2008/6/EG änderte daher Art. 7 RL 97/67/EG dahingehend, dass die Mitgliedstaaten ab 1.1.2011 für die Erbringung sämtlicher Postdienste keine besonderen oder ausschließlichen Rechte mehr gewähren oder aufrechterhalten dürfen.[40] Die Liberalisierung des Postwesens ist damit abgeschlossen. Zudem wurden Inhalt, Sicherstellung und Finanzierung des Universaldienstes neu geregelt.[41]

## B. Universaldienstgewährleistung (Abs. 1)

### I. Funktion

**8** Zielidentisch mit Art. 87e IV[42] begründet Art. 87 f I die Verpflichtung zur Gewährleistung eines Universaldienstes als hoheitliche Aufgabe des Bundes (→ Rn. 31).[43] Dadurch soll **verhindert** werden, dass es bei und nach Privatisierung und Liberalisierung von Postwesen und Telekommunikation zu einer **Unterversorgung** kommt, weil der Wettbewerb (noch) nicht funktioniert oder sich auf lukrative Bereiche beschränkt (sog. Rosinenpicken).[44] Der Staat darf sich nicht abrupt vollständig zurückziehen und Gemeinwohlbelange ausschließlich dem „Spiel des freien Marktes" überlassen. Vielmehr wandelt sich seine früher in Art. 87 I 1 aF angelegte unmittelbare Erfüllungsverpflichtung in eine sozialstaatlich gebotene Gewährleistungs- und Überwachungsverantwortung.[45] Sie legitimiert (dazu → Rn. 20) und sichert verfassungskräftig eine postalische und telekommunikative Grundversorgung.[46]

---

[34] S. die durch Art. 7 Nr. 5 VO (EU) 2015/2120 in die VO (EU) Nr. 531/2012 v. 13.6.2012 (ABl EU Nr. L 172/10) eingefügten Art. 6a ff.

[35] ABl EU Nr. L 321/36; die RL ist bis zum 21.12.2020 umzusetzen, Art. 124.

[36] Vgl. insbes. den durch Art. 1 Nr. 3 RL 2008/6/EG geänderten Art. 3 RL 97/67/EG; s. auch *v. Danwitz* (Fn. 20), EuGrdl Rn. 12 ff.; *Uerpmann-Wittzack*, in: v. Münch/Kunig II, Art. 87f Rn. 2.

[37] Dazu wurde Art. 7 RL 97/67/EG v. 15.12.1997 durch Art. 1 Nr. 1 RL 2002/39/EG v. 10.6.2002 (ABl EG Nr. L 176/21) geändert.

[38] Begründungserwägung 16 RL 97/67/EG; Begründungserwägung 11 RL 2002/39/EG; dieser Konnex zwischen gesetzlicher Exklusivlizenz und Verpflichtung zur Erbringung von Universaldienstleistungen kommt auch in den inzwischen durch Zeitablauf gegenstandslos gewordenen §§ 51 f. PostG zum Ausdruck; dazu BVerfGE 108, 370 (395 f.); zur Rechtfertigung ausschließlicher Rechte für Universaldienstleistungen gem. Art. 106 II AEUV (Art. 86 II EGV) *v. Danwitz* (Fn. 21), S. 857 (861 ff.); *Storr* DÖV 2002, 357 (359 ff.).

[39] Begründungserwägung 11 RL 2008/6/EG v. 20.2.2008.

[40] Vgl. Art. 1 Nr. 8, Art. 2 u. 3 RL 2008/6/EG, ebda auch zur späteren vollständigen Öffnung der Postmärkte in einzelnen Mitgliedstaaten der Union, die zT bis zum 1.1.2013 dauerte. In Deutschland ist das Postmonopol bereits am 1.1.2008 vollständig weggefallen, → Rn. 25.

[41] Art. 3 ff. RL 97/67/EG in der Neufassung durch Art. 1 Nr. 3–8, 14–16 RL 2008/6/EG.

[42] Zu den Unterschieden *Lerche* FS Friauf, 1996, S. 251 ff.

[43] *Stern* DVBl 1997, 309 f.; davon zu trennen ist die Frage, ob Art. 87f I nur mit hoheitlichen Mitteln umgesetzt werden darf (u. Rn. 16 ff.); zu den Begriffen „Universaldienst" und „Universaldienstgewährleistung" und zu den alternativen Bezeichnungen „Infrastruktursicherung" und „Infrastrukturgewährleistung" BVerfGE 108, 370 (394); *Windthorst* CR 1998, 281, 340 (343); *Wipperfürth*, Das Postwesen: Monopolrechte und Infrastrukturgewährleistungsauftrag, 2005, S. 192.

[44] BVerfGE 108, 370 (393); *Fehling* VerwArch 86 (1995), 600 (608 f.); *Säcker* AöR 130 (2005), 180 (186 f.).

[45] Vgl. *Stern* DVBl 1997, 309 (312, 315 f.); *Schoch* NVwZ 2008, 241 ff.

[46] Beschlussempfehlung des BT-RechtsA, BT-Dr 12/8108, S. 5; zum rundfunkrechtlich befrachteten Begriff „Grundversorgung" in der Telekommunikation *Windthorst* (Fn. 2), S. 113 f., 274 f.; zu den Unterschieden *ders.* CR 2002, 118 (122 f.); zum Universaldienst im Postwesen BVerfGE 108, 370 (394).

## II. Adressat

Der Verfassungsauftrag in Abs. 1 verpflichtet allein den **Bund.** Er richtet sich vorrangig an den  9 **Gesetzgeber,** dem die Ausgestaltung der Universaldienstgewährleistung überantwortet ist (→ Rn. 19 f.), bindet aber auch die **vollziehende Gewalt** als Direktive bei der Erfüllung von Hoheitsaufgaben (→ Rn. 31) und sonstigem Handeln,[47] zB bei Wahrnehmung der Eigentümerrechte in Bezug auf die aus dem Sondervermögen Deutsche Bundespost hervorgegangenen Unternehmen (→ Rn. 17). Dagegen führt Art. 87f I zu **keiner unmittelbaren Grundrechts- oder Gemein- wohlbindung** der **Nachfolgeunternehmen** der Deutschen Bundespost und anderer **privater Anbieter.**[48] Zwar sind nur sie zur Bereitstellung der Universaldienstleistungen berechtigt (→ Rn. 22), eine entsprechende Verpflichtung kann aber nur durch staatliche Einflussnahme (→ Rn. 16 ff.) her- beigeführt werden.

## III. Inhalt

**1. Flächendeckend angemessene und ausreichende Dienstleistungen.** Die Merkmale des  10 Art. 87f I „flächendeckend", „angemessen" und „ausreichend" legen **Gegenstand** und **Umfang** der den **Universaldienst** ausfüllenden Dienstleistungen fest. Die Anforderungen müssen kumulativ vor- liegen, eine Rangordnung zwischen ihnen besteht nicht. Zielkonflikte sind gemäß dem Gebot praktischer Konkordanz aufzulösen.[49]

**a)** „Dienstleistung" bedeutet Bereithalten und Erbringen postalischer und telekommunikativer  11 Leistungen. Darunter fallen nicht Herstellung und Vertrieb von Wirtschaftsgütern, wohl aber das Angebot zweckentsprechender Infrastruktur (z. B. Telekommunikationsnetze). Auf die Gewerbs- mäßigkeit der Leistung kommt es im Rahmen des Art. 87f I nicht an.[50] Der in Abs. 1 aufgenom- mene, wenig klare Zusatz „im Bereich des Postwesens und der Telekommunikation" qualifiziert sie als **Post- und Telekommunikationsdienstleistungen.** Kennzeichnend hierfür ist, dass sie die Merkmale der Verfassungsbegriffe „Postwesen" oder „Telekommunikation" aufweisen (→ Rn. 5 f.), ein Erfordernis, das gerade in letztgenanntem Bereich oftmals nicht genügend beachtet wird.[51] Dienstleistungen im Bereich der Telekommunikation sind nur Dienstleistungen *der* Telekommunika- tion, dh die körperlose Übermittlung von Nachrichten jeden Inhalts, nicht jedoch Dienstleistungen *durch* Telekommunikation, also Leistungen, die eine solche Übermittlung voraussetzen (z. B. Rund- funk, Multimediadienste).[52]

**b)** Der durch Art. 87f I gebotene Universaldienst ist nicht auf den Ausbau einer optimalen Infra-  12 struktur gerichtet, sondern auf eine Grundversorgung durch flächendeckende Bereitstellung angemes- sener und ausreichender Dienstleistungen.[53] Das erforderliche Mindestniveau der vorzuhaltenden Post- und Telekommunikationsdienstleistungen ist anhand objektiver Betrachtung aus Sicht der Nutzer zu fixieren (→ Rn. 19). Dabei bezieht sich das Merkmal **„angemessen"** auf die Qualität und den Preis der Dienstleistung, während **„ausreichend"** ihre Quantität festlegt.[54] Universaldienstleistungen müs- sen demnach von angemessener Beschaffenheit und erschwinglich sein sowie in ausreichendem Maße zur Verfügung stehen.

**c)** Nach Abs. 1 ist das **flächendeckende** Angebot angemessener und ausreichender Dienstleistun-  13 gen (→ Rn. 12) zu gewährleisten. Dieses Erfordernis betrifft den Bereitstellungsraum, verlangt insoweit eine Abdeckung der Fläche und im Zusammenspiel mit den anderen Universaldienstmerkmalen eine gewisse Gleichmäßigkeit des Versorgungsgrades („flächengleich").[55] Es konkretisiert als Ausprägung

---

[47] S. für fiskalische Maßnahmen die Stellungnahme des BRates, BT-Dr 12/7269, S. 7; aA die Gegenäußerung der BReg, BT-Dr 12/7269, S. 10; *Stern/M. Bauer,* in: Stern (Hrsg.), Postrecht der Bundesrepublik Deutschland, Art. 87f (1997) Rn. 26; *Cannivé,* Infrastrukturgewährleistung in der Telekommunikation zwischen Staat und Markt, 2001, S. 56 ff.: „gestufte Bindung", ebda. S. 60, zur Bindung der Judikative.

[48] Vgl. VG Berlin MMR 1998, 164 (166 f.); *v. Arnauld* DÖV 1998, 437 (445 f.); *Wirth* JA 1998, 820 (822); *Cannivé* (Fn. 47), S. 61 f.; *Lang* NJW 2004, 3601 (3604); *Gersdorf* MKS III, Art. 87 f Rn. 70 f.; differenzierend *Möstl,* in: Maunz/Dürig, Art. 87 f Rn. 57 f.; aA *Mager,* in: Säcker (Hrsg.), TKG, 3. Aufl. 2013, Vor § 78 Rn. 6.

[49] Ausführlich dazu *Windthorst* (Fn. 2), S. 272 f. mwN.

[50] Zutreffend *Gersdorf* MKS III, Art. 87f Rn. 17.

[51] S. *Bullinger* JZ 1996, 385 (389 ff.); *Bullinger/Mestmäcker* (Fn. 17), S. 80 f.

[52] Näher dazu *Windthorst* (Fn. 2), S. 263 ff.; *Möstl,* in: Maunz/Dürig, Art. 87f Rn. 31; anders BVerfG (K) NJW 2016, 3508, Rn. 31.

[53] BVerfGE 108, 169 (183); Begr. RegE, BT-Dr 12/7269, S. 5; zum gem. Art. 87f I notwendigen Mindeststan- dard *Windthorst* (Fn. 2), S. 276 ff.; s. auch § 78 II TKG; § 11 PostG iVm §§ 1 ff. PUDLV; zu den Folgen des demographischen Wandels für den Universaldienst *Kersten* DVBl 2006, 942 (947 ff.).

[54] So auf Rückfrage des BRats (BT-Dr 12/7269, S. 8) die BReg (BT-Dr 12/7269, S. 10); dazu *Lerche* (Fn. 42), S. 251 (253).

[55] Zu dieser Auslegung, die einem Versorgungsgefälle in der Fläche entgegenwirkt, *Windthorst* (Fn. 2), S. 269 ff.; s. auch das durch Art. 1 Nr. 2 lit. b ee TKGÄndG v. 3.5.2012 (BGBl I 958) neu gefasste Regulierungsziel des § 2 II Nr. 4 TKG: „die Sicherstellung einer flächendeckenden gleichartigen Grundversorgung in städtischen und ländlichen Räumen ..."; das kann sich insbes. auf den Zugang zu Breitbandnetzen auswirken, dazu → Rn. 7c; *Kühling/Biendl* DÖV 2012, 409 (414); *Schumacher* MMR 2012, 711 ff.

des Sozialstaatsprinzips[56] zugleich das Ziel gleichwertiger Lebensverhältnisse im Bundesgebiet, das auch in Art. 72 II verankert ist. Allerdings tritt das Postulat einer Flächendeckung nicht einseitig, andere Belange zurückdrängend, in den Vordergrund (→ Rn. 10), sondern kann aus überwiegenden Gründen, zB bei kostenintensivem Aufbau eines Hochleistungsnetzes, auch etappenweise verwirklicht werden. Sofern solche Leistungen überhaupt zum Universaldienst gehören, bedeutet „flächendeckend" keine sofortige umfassende lückenlose Versorgung mit ihnen, sondern eine zu optimierende Zielvorgabe, die eine schrittweise Einführung und sukzessive räumliche Durchdringung mit technischen Innovationen zulässt.[57]

**14**   **2. „Gewährleisten".** **a)** Dieses Merkmal des Abs. 1 betrifft die Art und Weise, in der die Verfügbarkeit eines Universaldienstes sicherzustellen ist. Es verlangt vom Bund rechtliche Maßnahmen zur Aufrechterhaltung und Fortentwicklung (→ Rn. 19 f.) des verfassungsrechtlich gebotenen Versorgungsniveaus. Art. 87 f I ist kein unverbindlicher Programmsatz, sondern begründet eine (den Bund, → Rn. 9) bindende Rechtspflicht zur Universaldienstgewährleistung in Form eines **Staatsziels,**[58] verleiht den Einzelnen aber keine grundrechtsähnlichen oder wehrfähigen grundrechtsgleichen Rechte. Art. 87 f I führt die früher für die Bundespost aus Art. 87 I 1 aF abgeleitete aufgabenrechtliche Gemeinwohlverantwortung in einem privatisierten und liberalisierten Umfeld in veränderter Form und reduziertem Umfang fort.[59] Er gewährleistet einen Universaldienst als Mindestversorgung[60] und wirkt insoweit als **Einrichtungsgarantie.**[61]

**15**   **b)** Der Bund ist durch das Privatisierungsgebot des Abs. 2 S. 1 daran gehindert, die Verpflichtung zur Gewährleistung eines Universaldienstes durch eigene Dienstleistungen zu erfüllen (→ Rn. 22). Er ist darauf beschränkt, den Verfassungsauftrag des Abs. 1 durch Einwirkung auf den privatwirtschaftlichen Post- und Telekommunikationsbereich umzusetzen. „Gewährleisten" iSd Art. 87 f I verlangt, dass der Bund die hierfür nötigen Steuerungsbefugnisse besitzt oder begründet und sie anhand der verfassungsrechtlichen Vorgaben ausübt (→ Rn. 16 ff.). Aus dem Zusammenwirken von Abs. 2 S. 1 und Abs. 1 folgt der Grundsatz, dass der an die Stelle der herkömmlichen Daseinsvorsorge getretene **Universaldienst** regelmäßig schon **im und durch Wettbewerb sichergestellt** wird.[62] Staatliche Einwirkung ist daher vor allem, aber nicht nur, bei der Umstellung auf oder bei Versagen von Wettbewerb notwendig.[63]

**16**   **c)** Adäquates, vom (Verfassungs-)Gesetzgeber vorgesehenes Mittel zur Ausfüllung der Pflicht zur **Universaldienstgewährleistung** ist hoheitliche **Regulierung,**[64] die folgerichtig (→ Rn. 15) auch auf Förderung und Sicherung eines funktionsfähigen Wettbewerbs abzielt.[65] Regulierungsmaßnahmen können grds. gegenüber allen Anbietern ergriffen werden. Sie haben den Vorzug der Effizienz und Transparenz. Zur Gewährleistung eines Universaldienstes sehen §§ 81 f. TKG bzw. §§ 12 ff. PostG einen komplizierten Mechanismus von Ausschreibung der Universaldienstleistung und – wenn dies erfolglos bleibt – Auferlegung entsprechender Pflichten unter Ausgleich daraus resultierender finanzieller Nachteile des Unternehmens vor.[66] Die Verwaltungskompetenz liegt gem. Abs. 1 iVm Abs. 2 S. 2 beim Bund und wird von der Bundesnetzagentur als Regulierungsbehörde für Telekommunikation und Post ausgefüllt (→ Rn. 32 f.).

---

[56] S. zum sozialstaatlichen Gehalt des Art. 87 f I die Begr. RegE, BT-Dr 12/7269, S. 5; zum Rückgriff auf das Sozialstaatsprinzip neben Art. 87 f I *Windthorst* (Fn. 2), S. 260 ff.; *Eifert*, Grundversorgung mit Telekommunikationsleistungen im Gewährleistungsstaat, 1998, S. 182.

[57] BVerwGE 163, 136, Rn. 52 für VDSL2-Vectoring-Technik; aA *Lerche* (Fn. 42), S. 251 (254 f.); krit. auch *Eifert* (Fn. 56), S. 192 ff.

[58] Begr. RegE, BT-Dr 12/7269, S. 5; *Stern* DVBl 1997, 309 (313 ff.); *Freund* NVwZ 2003, 408 (410); *Wipperfürth* (Fn. 43), S. 178; aA *Müller-Using* ArchPT 1995, 46.

[59] Vgl. *Lerche* (Fn. 42), S. 251 (258); *Stern* ArchPT 1996, 148 (149).

[60] Darunter ist die mindestens vorzuhaltende Versorgung zu verstehen, weshalb zT auch von „Untergrenze" (→ Rn. 19) oder von „Untermaßverbot" (*Eifert* [Fn. 56], S. 198) gesprochen wird; dagegen ist nichts einzuwenden, sofern Mindestversorgung nicht mit einer Minimumversorgung gleichgesetzt wird; in diese Richtung aber *Kühling/Biendl* DÖV 2012, 409 (414).

[61] Zur näheren Begründung *Windthorst* (Fn. 2), S. 346 ff. mwN.

[62] S. *Kühling* WiVerw 2008, 239 ff.: „Daseinsvorsorge im Wettbewerb".

[63] Dazu *Windthorst* CR 2002, 119 (122) mwN; *Gersdorf* MKS III, Art. 87 f Rn. 34; ähnlich BVerfGE 108, 370 (393 f.): „Verhinderung marktwirtschaftlich bedingter Nachteile für eine Grundversorgung"; BVerfGE 130, 52 (72); s. aber → Fn. 99; zur Sicht der EU *Storr* DÖV 2002, 357 (364).

[64] Gegenäußerung der BReg, BT-Dr 12/7269, S. 10; BVerfGE 108, 370 (393); zum Begriff „Regulierung" *Durner* VVDStRL 70 (2011), 398 (401 f.) mwN; *Attendorn* DÖV 2008, 716 ff.; zu einem Regulierungsermessen *ders.* MMR 2009, 238 ff.

[65] S. u. Rn. 25; zur Bedeutung dieses Regulierungsziels für den Universaldienst *Degenhart* K&R 2001, 32 (37); zu den Folgen der Regulierung für den Wettbewerb kontrovers *Hefekäuser* MMR 1999, 144 ff., insbes. 150 f.; *Fuhr/Kerkhoff* MMR 1999, 213 (214 ff.).

[66] Zur Universaldienstregulierung nach dem TKG *Windthorst* (Fn. 32), § 81 Rn. 3, 19 ff., 29 ff.; *Mager* (Fn. 48), § 81 Rn. 7 ff.; ein postalischer Universaldienst ist nach Ablauf der gesetzlichen Exklusivlizenz der Deutschen Post AG zum 31.12.2007 (u. Rn. 25) durch allgemeine Universaldienstregulierung nach §§ 12 ff. PostG sicherzustellen (vgl. § 52 Satz 2 PostG); nach BVerfGE 108, 370 (401), hat der Gesetzgeber die Wahl zwischen einer Sicherung des Universaldienstes durch Einräumung eines Monopols oder durch Regulierung.

**d)** Daneben eröffnet Art. 87f I gegenüber den Nachfolgeunternehmen der Deutschen Bundespost **17** grds. die Möglichkeit einer **Universaldienstgewährleistung durch Beteiligungsverwaltung.**[67] Allerdings setzt eine solche gemeinwirtschaftliche Beeinflussung der Unternehmensführung voraus, dass der Bund Allein- oder Mehrheitseigentümer dieser Unternehmen ist, was inzwischen weder bei der Deutschen Telekom AG noch bei der Deutschen Post AG mehr der Fall ist; zudem darf sein Handeln die Grundentscheidung für Privatwirtschaftlichkeit (→ Rn. 24a, → Rn. 27) nicht überlagern.[68] In formeller Hinsicht erfordert auch diese Art der Steuerung aufgrund des Vorbehalts des Gesetzes eine gesetzliche Grundlage (→ Rn. 20). Das AktG als gemäß der Rechtsform der Nachfolgeunternehmen als Aktiengesellschaften einschlägiges Gesellschaftsrecht sieht gemeinnützige Einwirkung auf die Unternehmensführung nicht vor und lässt hierfür wegen seiner privatnützigen Ausrichtung nur einen schmalen Spielraum,[69] der nicht durch Annahme eines Verwaltungsgesellschaftsrechts erweitert werden kann.[70] Post- und Telekommunikationsrecht räumen dem Staat keine weitergehenden Befugnisse ein;[71] ihrer Neubegründung zieht Art. 87f II 1 enge Grenzen (→ Rn. 24a).

**e)** Schließlich ist prinzipiell auch eine **Universaldienstgewährleistung durch Einsatz finanziel-** **18** **ler Mittel** möglich.[72] Die Einwirkung kann zB dadurch erfolgen, dass wirtschaftlich unrentable, aber gemeinnützige Dienstleistungen durch Bereitstellung von Finanzmitteln gefördert werden. Sekundärrecht der EU lässt diese Finanzierung von Defiziten infolge Universaldienstverpflichtung grds. zu.[73] Allerdings wird diese mittelbare Einflussnahme als alleiniges Steuerungsmittel dem Auftrag des Art. 87 f I zur Universaldienstgewährleistung kaum gerecht. Denn sie beeinflusst lediglich die Willensbildung der Unternehmen, garantiert aber nicht die notwendige Grundversorgung. Zudem ist die konkrete Ausgestaltung der staatlichen Finanzierung im Hinblick auf die Vorgaben des Beihilferechts der EU[74] und des Finanzverfassungsrechts[75] problematisch. Universaldienstsicherung durch Finanzierung kommt daher nur in Verbindung mit der Bereitstellung hoheitlicher Regulierungsmechanismen (→ Rn. 16) in Betracht.

**3. Nach Maßgabe eines zustimmungsbedürftigen Bundesgesetzes. a)** Hinter den Worten des **19** Art. 87 f I („Nach Maßgabe eines Bundesgesetzes …") verbirgt sich ein **Regelungsvorbehalt,** der dem Gesetzgeber bei Festlegung des Universaldienstes und der Gewährleistungsinstrumente (→ Rn. 16 ff.) einen weiten Gestaltungsspielraum einräumt. Er darf das verfassungsrechtlich gebotene Versorgungsniveau nicht unterschreiten **(Untergrenze),** aber in gewissem Umfang überschreiten. Die **Obergrenze**[76] ergibt sich aus Abs. 2 S. 1 und den (Wirtschafts-)Grundrechten der betroffenen Unternehmen (→ Rn. 24a, → Rn. 28 f.), die so vor einem zu breit angelegten Universaldienst geschützt werden.[77] Innerhalb dieses Rahmens hängt die Zuordnung einer Dienstleistung zum Universaldienst

---

[67] Stellungnahme des BRats zum 41. GG-ÄndG-E, BT-Dr 12/7269, S. 7; auch *Möstl,* in: Maunz/Dürig, Art. 87 f Rn. 53, 79; *Franzius* ZG 2010, 66 (75); *Cornils* AöR 131 (2006), 378 (414 ff.): „zur Lückenschließung"; aA *Gersdorf* MKS III, Art. 87 f Rn. 47 f., wegen unmittelbar verbindlicher Festlegung des Unternehmensgegenstands und -zwecks in Art. 87 f II 1; *Cannivé* (Fn. 47), S. 72 ff., wegen fehlender dauerhafter Zuweisung des Mehrheitseigentums an den Bund in Art. 87 f.

[68] *Jarass* MMR 2009, 223 (224 f.); der Bund hält direkt oder über die KfW nur noch 32 % der Anteile der Telekom AG und 21 % der Anteile der Post AG.

[69] *Leisner* WiVerw 1983, 212 ff.; *Herres* ArchPT 1994, 302 ff.; *Schön* ZGR 1996, 429 (435 ff., 446 ff.); zum Einfluss nach § 311 AktG als herrschendes Unternehmen *Cornils* AöR 131 (2006), 378 (415 f.).

[70] Gegen diese Rechtsfigur *Spannowsky* ZGR 1996, 400 (422 f.); differenzierend anhand des Grundsatzes praktischer Konkordanz *v. Danwitz* AöR 120 (1995), 595 (619 ff.).

[71] Die Einwirkungsbefugnisse auf die Unternehmensführung nach § 3 I Nr. 1, § 9 BAPostG aF iVm § 32 Satzung der BAPT sind weggefallen, s. auch → Rn. 36.

[72] Vgl. neben den Nachweisen in Fn. 47 etwa *Scherer* CR 1994, 418 (422).

[73] S. für die Telekommunikation Art. 13 I lit. a Universaldienstrichtlinie, der eine Finanzierung durch Entschädigung der Unternehmen aus öff. Mitteln ausdr. erlaubt; ebenso Art. 90 I lit. a RL (EU) 2018/1972; § 83 TKG favorisiert aber das Alternativmodell einer Universaldienstleistungsabgabe (dazu u. Fn. 75); auch im Postwesen ist eine Entschädigung aus öffentlichen Mitteln gem. Art. 7 III lit. a RL 97/67/EG nF zulässig; zu sonstigen Finanzierungsmöglichkeiten s. Begründungserwägungen 25 ff. RL 2008/6/EG; § 16 PostG hat sich für eine Ausgleichsabgabe entschieden; dazu *Herdegen,* in: Badura/v. Danwitz/Herdegen/Sedemund/Stern (Hrsg.), Beck'scher PostG-Kommentar, 2. Aufl. 2004, VerfGrdl Rn. 41 ff.

[74] Zur Frage, ob Ausgleichsleistungen unter den Beihilfetatbestand des Art. 107 I AEUV (Art. 87 I EGV) fallen, s. Beschluss der Kommission v. 20.12.2011 (ABl EU 2012 Nr. L 7/3); Mitt. d. Komm. v. 23.3.2011 (KOM [2011] 146 endg.).

[75] Krit. zur verfassungsrechtlichen Zulässigkeit einer Sonderabgabe zur Finanzierung des Universaldienstes *Schütz/Cornils* DVBl 1997, 1146 (1153 ff.); *Windthorst* CR 1998, 281, 340 (344); *Cannivé* (Fn. 47), S. 187 ff., insbes. 207 ff., 240 ff.; *Freund* (Fn. 5), S. 182 ff.; aA *Heimlich* NVwZ 1998, 122 (123 ff.); auch unter unionsrechtlichem Aspekt *Kühling/Biendl* DÖV 2012, 409 (410 f., 414 ff.).

[76] Ober- und Untergrenze markieren nur Eckpunkte, innerhalb derer sich der Gestaltungsspielraum des Gesetzgebers entfaltet; wären sie deckungsgleich (so *Gersdorf* MKS III, Art. 87 f Rn. 36), stünde der Universaldienst von Verfassungs wegen abschließend fest und müsste vom Gesetzgeber nur nachvollzogen werden, was der Universaldienstkonzeption des GG und der EU widerspricht.

[77] Ein zu weit gefasster Universaldienst kann Innovationen und Investitionen behindern, wenn deshalb finanzielle Mittel, etwa für den Ausbau moderner Breitbandnetze, zurückgehalten werden oder in eine „Breitenversorgung"

davon ab, inwieweit die Nutzer bei objektiver Betrachtung auf ihre Bereitstellung zur Realisierung grundrechtlicher Freiheiten (insbes. aus Art. 5 I 1) angewiesen sind. **Indikatoren** hierfür sind Nachfrage sowie Verbreitungsgrad und -zeitraum. Im Falle einer Divergenz genießt erstgenanntes Kriterium den Vorrang gegenüber letztgenanntem, auf den Status quo abstellenden Merkmalen.[78] Dadurch ist sichergestellt, dass der Universaldienst entwicklungsoffen bleibt (sog. **Entwicklungsgarantie**).

20    **b)** Art. 87 f I enthält außerdem einen **Gesetzgebungsauftrag,** der den Bund zur Ausgestaltung, kontinuierlichen Überprüfung und dynamischen Fortentwicklung des Universaldienstes verpflichtet.[79] Zu seiner Ausfüllung bedarf es eines förmlichen Gesetzes. Dieser **Vorbehalt des Gesetzes** ergibt sich aus der Funktion des Regelungsvorbehalts (→ Rn. 19) und der Intention des Verfassungsgesetzgebers. Zudem greifen Maßnahmen zur staatlichen Universaldienstgewährleistung in die durch Abs. 2 S. 1 garantierte privatwirtschaftliche Entscheidungsautonomie der Post- und Telekommunikationsunternehmen ein (→ Rn. 24a, → Rn. 27 f.), bedürfen schon aus diesem Grund – unabhängig von deren Grundrechtsfähigkeit (→ Rn. 28 f.) – einer gesetzlichen Rechtfertigung.[80] Bundesgesetz iSd Art. 87f I ist daher als obligatorisches, förmliches, nachkonstitutionelles Gesetz zu verstehen.[81] Die Regelung weist dem Bund zugleich die **ausschließliche Gesetzgebungskompetenz** zu, deren Ausübung nicht an Art. 71 Hs. 2 gebunden ist, da Art. 73 I Nr. 7 als allgemeinere Bestimmung zurücktritt.[82] Dem Gesetzgeber ist freigestellt, ob er die Verpflichtung aus Art. 87 f I durch ein oder mehrere Bundesgesetz(e) erfüllt. Der Begriff „*eines*" in Abs. 1 Hs. 1 ist nicht als Zahlwort, sondern als unbestimmter Artikel zu verstehen.[83] Art. 87f I legt das Gesetzes*ziel,* nicht die Gesetzes*zahl* fest.

21    **c)** Das Bundesgesetz bedarf gem. Abs. 1 Hs. 2 der **Zustimmung des Bundesrates.** Dieses gegenüber Einspruchsgesetzen verstärkte Mitwirkungsrecht bei der Bundesgesetzgebung trägt dem Anliegen der Länder nach erweiterter Einflussnahme auf die Sicherung einer flächendeckenden Grundversorgung mit Post- und Telekommunikationsdienstleistungen Rechnung. Sie berufen sich dabei auf ihre Mitverantwortung für die Verwirklichung des Sozialstaatsprinzips des Grundgesetzes und der dort postulierten Gleichwertigkeit der Lebensverhältnisse.[84]

## C. Privatwirtschaftlichkeitsgarantie (Abs. 2 S. 1)

### I. Allgemeine Bedeutung

22    **1. Privatisierungsgebot.** Art. 87 f II 1 legt fest, dass Angebot und Ausführung der Dienstleistungen im Bereich des Postwesens und der Telekommunikation (→ Rn. 4 ff.) allein privatwirtschaftliche Tätigkeit der Nachfolgeunternehmen der Deutschen Bundespost und anderer privater Anbieter sind. Ihre Wahrnehmung als Verwaltungsaufgabe in öffentlich-rechtlicher oder privatrechtlicher Organisationsform ist unzulässig[85] und kann auch nicht durch die Pflicht aus Art. 87f I gerechtfertigt werden (→ Rn. 15). Art. 87 f II 1 enthält ein **verfassungsrechtliches Privatisierungsgebot,** dessen Kehrseite ein grds. **staatliches Betätigungsverbot** ist.[86] Dieser Verfassungsauftrag verlangte und ermöglichte erst die Postreform II (→ Rn. 1 f.). Er schützt zugleich als Verfassungsgarantie vor künftiger Re-Verstaatlichung des Postwesens und der Telekommunikation (→ Rn. 28a).[87]

23    Das Gebot einer **Organisationsprivatisierung** ist dem Grunde nach schon in Art. 87 f II 1 angelegt („… aus dem Sondervermögen Deutsche Bundespost hervorgegangenen Unternehmen …") und wird durch den Umwandlungsauftrag in Art. 143b I konkretisiert und gesetzgebungskompetenz-

fließen; dazu *Haucap/Heimeshoff* WiVerw 2010, 92 (94 ff.); zur Regulierung in Bezug auf diese Netze *Holznagel/Deckers* DVBl 2009, 482 ff.; *Kühling* WiVerw 2010, 135 ff.; zu unions- und verfassungsrechtlichen Grenzen eines Breitbandausbaus *Kühling/Biendl* DÖV 2012, 409 (410 ff.); allg. zu Grundrechten als Regulierungsgrenze *Lepsius,* in: Fehling/Ruffert (Hrsg.), Regulierungsrecht, 2010, § 4 Rn. 45 ff.

[78] Dazu *Windthorst* (Fn. 2), S. 277 ff.; für eine Beurteilung aus Nutzerperspektive BVerfGE 108, 169 (183); *Eifert* (Fn. 56), S. 187; *Cornils* AöR 131 (2006), 378 (386); aA *Stern/M. Bauer* (Fn. 47), Art. 87f Rn. 34; eine gesetzliche Konkretisierung der in Art. 87 f I angelegten Entwicklungsgarantie enthalten § 11 II 2 PostG u. § 78 IV TKG.

[79] S. nur *Stern* DVBl 1997, 309 (315).

[80] Nach BVerwGE 114, 160 (190 f.), greifen Netzzugangsverpflichtungen in die Grundrechte der betroffenen Unternehmen aus Art. 12 I und 14 I ein; *Stern/Dietlein* ArchPT 1998, 309 (317 ff.); zum grundrechtlichen Vorbehalt des Gesetzes *Koenig* K&R 2001, 41 (43).

[81] Das schließt materielle Normen nicht aus, sofern sie auf einem hinreichend bestimmten förmlichen Gesetz beruhen.

[82] Vgl. *Windthorst* (Fn. 2), S. 365; auch *Uerpmann-Wittzack,* in: v. Münch/Kunig II, Art. 87f Rn. 9; *Gersdorf* MKS III, Art. 87f Rn. 37, spricht von „alleiniger Gesetzgebungskompetenz"; dazu 4. Aufl., Art. 87f Fn. 77.

[83] S. die Beschlussempfehlung des BT-RechtsA zum 41. GG-ÄndG-E, BT-Dr 12/8108, S. 6.

[84] Stellungnahme des BRates zum 41. GG-ÄndG-E, BT-Dr 12/7269, S. 7.

[85] Vgl. Begr. RegE, BT-Dr 12/7269, S. 4; *Gersdorf* MKS III, Art. 87f Rn. 52.

[86] BVerfGE 108, 169 (183); *Stern* DVBl 1997, 309 f.; einschränkend *Cornils* AöR 131 (2006), 378 (383, 408 ff.): „relativ weitestmögliche Staatszurückhaltung"; offen für mehrheitlich staatliche Breitband-Netz-AG *Gramlich* NJ 2009, 274 (277 ff.); zu Einschränkungen dieses Verbots → Rn. 28a.

[87] S. auch VG Berlin MMR 1998, 164 (167); krit. gegenüber dieser weitreichenden Sperrwirkung *Heun* BT-RechtsA-Prot 12/117, S. 9, 63; allerdings gewähren weder Art. 87f II 1 noch Art. 143b I 1 den derzeit bestehenden einzelnen Nachfolgeunternehmen eine Bestandsgarantie, vgl. *Stern* ArchPT 1996, 148 (151).

rechtlich abgesichert.[88] Es wird weder durch die Pflicht aus Art. 87f I zur Gewährleistung eines Universaldienstes (→ Rn. 8 ff.) noch durch die Übergangsregelung des Art. 143b II 2 eingeschränkt,[89] da sie den Status der Nachfolgeunternehmen als Privatrechtssubjekte und die privatrechtliche Natur ihres Handelns[90] nicht antasten.

Der Wortlaut des Abs. 2 S. 1 („… als privatwirtschaftliche Tätigkeiten …“) und der dahinterstehen- **24** de Wille des Verfassungsgesetzgebers fordern zudem eine **materielle Privatisierung** des Postwesens und der Telekommunikation.[91] Dem stehen weder die Sperrfrist des Art. 143b II 2 für die Aufgabe der **Mehrheitsanteile** des Bundes an der Deutschen Post AG noch die übergangsweise **Aufrechterhaltung ausschließlicher Rechte** nach Art. 143b II 1 entgegen, zumal beides inzwischen durch Fristablauf gegenstandslos geworden ist. Monopole schränken zudem nicht unmittelbar die Aufgabenprivatisierung ein, sondern schließen den angestrebten Wettbewerb aus.[92] Die in Art. 143b III geregelte Personalüberleitung ist durch die Privatisierung erst nötig geworden. Daraus resultierende Lasten für die Unternehmen beeinträchtigen zwar deren durch Art. 87f II 1 garantierte Entscheidungsautonomie, was aber als zulässig angesehen wird, weil sie Gesamtrechtsnachfolger der Deutschen Bundespost sind.[93]

Der **Universaldienstgewährleistungsauftrag** des Art. 87f I stellt die Aufgabenprivatisierung nach **24a** Art. 87f II 1 GG ebenfalls nicht infrage. Denn er verändert nicht den privatwirtschaftlichen Charakter der Leistungserbringung, begründet insbes. keine unmittelbare Grundrechts- oder Gemeinwohlbindung der Anbieter (→ Rn. 9, → Rn. 28 f.), selbst wenn sie in staatlichem Minderheitseigentum stehen, sondern statuiert eine gemeinnützige Ingerenzpflicht des Bundes, die dieser nur auf gesetzlicher Grundlage durch Einwirkung auf unternehmerische Entscheidungen (→ Rn. 16 ff.) durchsetzen kann. Dabei rechtfertigen die in Art. 87f I festgelegten gemeinnützigen Ziele zwar im Rahmen des Verhältnismäßigkeitsgrundsatzes Einschränkungen der durch Art. 87f II 1 und die (Wirtschafts-)Grundrechte gewährleisteten privatwirtschaftlichen Entscheidungsautonomie der Unternehmen;[94] sie dürfen diese aber weder verdrängen noch überlagern.[95] Das verlangt einen **Ausgleich zwischen** den **Geboten des Abs. 1 und Abs. 2 S. 1.**[96] Konsequenz ihres Ineinandergreifens ist staatlich regulierte oder influenzierte privatwirtschaftliche Tätigkeit privatrechtlicher, früher vollständig, jetzt teilweise in öffentlicher Hand befindlicher Unternehmen. Aufgabenprivatisierung unter dem Vorbehalt hoheitlicher Regulierung ist kein Widerspruch, sondern zumindest in der Übergangsphase bis zur Entstehung eines funktionsfähigen Wettbewerbs, der die erforderliche Versorgung gewährleistet, die Regel, um die Gemeinwohlverantwortung des Staates weiterhin sicherstellen zu können.[97]

**2. Postulat eines offenen und fairen Wettbewerbs.** Aus Text („… und durch andere private **25** Anbieter …“), Genese[98] und Zweck des Art. 87f II 1 (→ Rn. 22) wird das verfassungsrechtliche Gebot eines offenen, fairen und funktionierenden Wettbewerbs im Postwesen und in der Telekommunikation abgeleitet,[99] das im Kern schon in der Garantie der Privatwirtschaftlichkeit angelegt ist.[100] Es zielt zunächst auf **Öffnung** dieser früher durch Art. 87 I 1 aF abgeschotteten Bereiche **für den Wettbewerb** durch Beseitigung gesetzlicher Monopole. Diese Forderung, die im Unionsrecht noch deutlicher zum Ausdruck kommt (→ Rn. 7 ff.), wird durch den Gegenschluss zu Art. 143b II 1 untermauert und ist

---

[88] Die Gesetzgebungskompetenz für den Umwandlungsakt folgt aus Art. 143b I 1; zur Reichweite des Art. 143b I 2 *Windthorst* (Fn. 2), S. 237 f.

[89] Nach Art. 143b II 2 darf der Bund die Kapitalmehrheit an der Deutschen Post AG erst seit 1.1.2000 aufgeben; § 3 IIa PostUmwG stellt ihm inzwischen die Veräußerung sämtlicher Anteile frei.

[90] Vgl. *Gersdorf* MKS III, Art. 87f Rn. 55.

[91] BVerfGE 130, 52 (69); *Grzeszick* DVBl 1997, 878 (879); *Müller-Terpitz* NWVBl 1999, 292 (294); *Wieland,* in: Dreier III, Art. 87f Rn. 23 f.; anders *Gersdorf* MKS III, Art. 87f Rn. 58, der nur eine erweiterte Organisationsprivatisierung annimmt.

[92] Zu Letzterem BVerfGE 108, 370 (388, 394 f.); *Windthorst* (Fn. 2), S. 211, 221 ff.; zur Legitimation ausschließlicher Rechte durch Art. 87f I *v. Danwitz* (Fn. 10), S. 47 f.; s. auch → Fn. 38, → Rn. 25.

[93] BVerwG NVwZ-RR 2015, 818, Rn. 18, 24 ff.; NZA-RR 2015, 494, Rn. 24 ff.; zum Ganzen schon *Wolff* AöR 127 (2002), 72 ff.

[94] BVerfGE 108, 370 (394); BVerwGE 114, 160 (190 f.); 140, 221, Rn. 33 ff.; *Degenhart* K&R 2001, 32 (37); zur Entscheidungsautonomie der Anbieter *Stern* ArchPT 1996, 148 (149).

[95] BVerfGE 108, 370 (394), nimmt eine Störung (erst) an, wenn die durch Art. 87f II 1 vorgegebene Ordnung nicht monopolisierter Dienstleistungen durch Erfüllung der Pflicht aus Art. 87f I gestört wird.

[96] Vgl. BVerfGE 108, 370 (394 f.); 130, 52 (73); *Stern* DVBl 1997, 309 (315 f.).

[97] Dies führt zu dem vermeintlichen Paradoxon, dass der Regulierungsbedarf bei materieller Privatisierung jedenfalls in der Anfangsphase ansteigt, s. *Wieland* Die Verwaltung 28 (1995), 315 (330 ff.).

[98] Art. 87f I 3 RegE (BT-Dr 12/7269, S. 3) sprach noch von „durch Wettbewerber“; diese Formulierung wurde im Gesetzgebungsverfahren aufgrund fortbestehender Monopole zugunsten der offeneren Bezeichnung „durch andere private Anbieter“ aufgegeben (BT-RechtsA, BT-Dr 12/8108, S. 5).

[99] S. BVerwGE 114, 160 (191); BVerwG Urt. v. 21.9.2018, 6 C 7.17, Rn. 31; *Kühling* BK, Art. 87f (2015) Rn. 142; gegen völlige Freigabe der Dienstleistungen aus dem marktwirtschaftlichen Wettbewerb wegen des Vorbehalts des Art. 87f I BVerfGE 108, 370 (392 f.); zum Zusammentreffen von Abs. 1 und Abs. 2 BVerfGE 130, 52 (72); für grundrechtlich gewährleistete Wettbewerbsfreiheit und -gleichheit *Scholz,* Postmonopol und Grundgesetz, 2001, S. 57.

[100] *Stern* DVBl 1997, 309 (310), ordnet dies unmittelbar dem Gebot materieller Privatisierung zu.

vom Gesetzgeber konkretisiert worden.[101] Da eine vollständige Liberalisierung der Telekommunikationsmärkte in Deutschland bereits seit 1.1.1998 gegeben ist[102] und seit 1.1.2008 auch die gesetzliche Exklusivlizenz der Deutschen Post AG für die in § 51 I 1 PostG genannten Postdienstleistungen weggefallen ist,[103] steht nunmehr das Postulat eines chancengleichen Wettbewerbs zwischen den privaten Anbietern und den Nachfolgeunternehmen der Deutschen Bundespost, also die **Wettbewerbsgleichheit,** neben der Verwirklichung der **Wettbewerbsfreiheit** im Vordergrund.[104] Das gilt in der Telekommunikation vor allem für das Angebot von schnellen Breitbandanschlüssen mit großem Datenvolumen, während im Postwesen die gewerbsmäßige Beförderung von Briefsendungen mit einem Einzelgewicht bis zu 50 Gramm und KEP-Dienstleistungen im Mittelpunkt stehen.[105] Abs. 2 S. 1 verlangt die Sicherung und Förderung eines solchen offenen, fairen Wettbewerbs auf diesen und anderen Post- und Telekommunikationsmärkten.[106] Für die Umsetzung dieser Gewährleistungen spielt die Ausgestaltung der Regulierung im TKG und im PostG iVm der PUDLV eine zentrale Rolle.[107]

## II. Inhalt

26 **1. Erbringen von Dienstleistungen.** Gegenstand des Art. 87f II 1 ist dem Wortlaut nach das Erbringen flächendeckender angemessener und ausreichender Dienstleistungen iSd Art. 87f I. Diese Bezugnahme ist missverständlich. Entstehungsgeschichte und Regelungszweck belegen, dass Dienstleistungen iSd Abs. 2 S. 1 **sämtliche Post- und Telekommunikationsdienstleistungen** (→ Rn. 11) sind, nicht nur Universaldienstleistungen gem. Abs. 1.[108] Der Verweis in Abs. 2 S. 1 auf Abs. 1 beschränkt sich somit auf die Begriffe „Dienstleistungen im Bereich des Postwesens und der Telekommunikation", die Attribute „flächendeckend", „angemessen" und „ausreichend" bleiben ausgeklammert. Das Merkmal „Erbringen" umfasst **Angebot** und **Ausführung** der Dienstleistungen.

27 **2. Privatwirtschaftliche Tätigkeit.** Dienstleistungen sind gem. Abs. 2 S. 1 als privatwirtschaftliche Tätigkeiten zu erbringen. Darunter versteht man Wirtschaftstätigkeit durch kaufmännisches, **wettbewerbs- und gewinnorientiertes Handeln** mit privatrechtlichen Mitteln.[109] Der im Gesetzgebungsverfahren vollzogene Begriffswechsel von „privater" zu „privatwirtschaftlicher" Tätigkeit soll den Gegensatz zur Staatswirtschaft verdeutlichen. Darin kommt zugleich die Abkehr von dem unter der Ägide des Art. 87 I 1 aF bestehenden Regel-Ausnahme-Verhältnisses zwischen Leistungsstaatlichkeit und Privatnützigkeit zum Ausdruck.[110] Demgegenüber verblasst die alternativ vorgeschlagene Bezeichnung „privatrechtlich", weil sie nur die Rechtsform des Handelns, nicht aber die damit verfolgten Ziele festlegt.[111]

27a Der durch Art. 87f II 1 den gemischt-wirtschaftlichen Nachfolgeunternehmen sowie anderen privaten Anbietern garantierte verfassungsrechtliche Schutz ihrer privatwirtschaftlichen Entscheidungsfreiheit verleiht ihnen ein **grundrechtsähnliches Recht,**[112] aufgrund dessen sie sich gegen Eingriffe des Staates durch Regulierung oder gemeinnützige Beteiligungsverwaltung (→ Rn. 16 f.) wehren können.[113] Zudem werden private Anbieter gemäß der in dieser Norm enthaltenen Grundentscheidung für Wettbewerb beim Zugang zu und Handeln auf den inzwischen vollständig liberalisierten Telekommunikations- und Postmärkten durch grundrechtliche Gewährleistungen (insbes. aus Art. 12 I, 14 und 2 I) geschützt.[114]

---

[101] S. nur § 2 II Nr. 2 TKG, § 2 II Nr. 2 PostG; vgl. auch BVerwGE 117, 93 (100 f.); *Gersdorf* MKS III, Art. 87f Rn. 60 f.

[102] Vgl. die Aufhebung des Sprachtelefondienstmonopols gem. § 99 I Nr. 1 lit. b TKG 1996.

[103] Zur Verfassungsmäßigkeit dieses Monopols BVerfGE 108, 370 (392 ff.); aA *Gersdorf* DÖV 2001, 661 (667 ff.); *Scholz* (Fn. 99), S. 49 ff., 66 ff.; s. auch *v. Danwitz* (Fn. 10), S. 50 ff., 82 ff., ebda, S. 100 ff., zum Vertrauensschutz; *Huber* (Fn. 21), S. 509 (510 ff.); zu den Vorgaben der EU → Rn. 7d.

[104] BVerfGE 130, 52 (72); BVerwG NZA-RR 2015, 494, Rn. 51 ff.

[105] Vgl. Bundesnetzagentur, Jahresbericht 2018, S. 48 ff.; daneben sind Verbraucherschutz, etwa vor unerlaubter Telefonwerbung, und Roaming-Entgelte bedeutsam, Jahresbericht, S. 60 ff., 128 ff.; im Postwesen besteht auf dem Briefmarkt noch kein selbsttragender Wettbewerb, ebda, S. 90 ff.; dagegen entwickelt sich der Kurier-Express-Paketbereich (KEP) zu einem Wachstumsmarkt mit hoher Wettbewerbsintensität (ebda, S. 94 ff.).

[106] S. die Begr. zu Art. 87f RegE (BT-Dr 12/7269, S. 4), die auf die Begr. zum PTNeuOG-E Bezug nimmt, in der diese Zielsetzung zum Ausdruck kommt (BT-Dr 12/7270, S. 6 iVm BT-Dr 12/6718, S. 75 f.); s. auch BVerwG Urt. v. 21.9.2018, 6 C 7.17, Rn. 31; zurückhaltender BVerfGE 108, 370 (393), wonach die uneingeschränkte Festlegung auf das Wettbewerbsprinzip im Widerspruch zu Art. 87 f I stehe; s. aber BVerfGE 130, 52 (72); gegen wettbewerbsbezogene Aussagen des Art. 87f II 1 *v. Danwitz* (Fn. 10), S. 36 ff.

[107] Dazu 4. Aufl., Art. 87 f Rn. 25a u. b; zum TKG 2012 *Holznagel* NJW 2012, 1622 ff.

[108] *Möstl,* in: Maunz/Dürig, Art. 87 f Rn. 33; s. auch *Scherer* CR 1994, 418 (420).

[109] Vgl. BVerfGE 108, 370 (393); *Jarass* MMR 2009, 223 (224).

[110] *Lerche* (Fn. 42), S. 251 (253); *G. Schmidt* NJW 1998, 200 (203); *Windthorst* CR 2002, 118 (119, 212 f.).

[111] Dazu *Scholz* BT-RechtsA-Prot 12/117, S. 19.

[112] *Kühling* BK, Art. 87f (2015) Rn. 145; *Gersdorf* MKS III, Art. 87f Rn. 69.

[113] S. nur *G. Schmidt* NJW 1998, 200 (203); *Windthorst* (Fn. 2), S. 228 ff.

[114] Eine Lizenzpflichtigkeit der Betätigung ändert daran nichts. In der Telekommunikation besteht ohnehin nur noch eine mit § 14 GewO vergleichbare Meldepflicht nach § 6 TKG; zur früheren Situation nur *Spoerr* MMR 2000, 674 ff. Im Postwesen bedarf zwar die gewerbsmäßige Beförderung von Briefsendungen mit einem Einzelgewicht von

**3. Durch Nachfolgeunternehmen der Deutschen Bundespost und andere private Anbieter.** 28
**a)** Telekommunikations- und Postdienstleistungen werden von den aus dem Sondervermögen Deutsche Bundespost hervorgegangenen Unternehmen Deutsche Post AG und Deutsche Telekom AG angeboten (→ Rn. 23). Sie sind dabei durch Grundrechte geschützt, etwa aus Art. 12 I und 14, aber auch durch Art. 3 I.[115] Die **Grundrechtsfähigkeit der Nachfolgeunternehmen** kann freilich nicht unmittelbar aus Art. 87f II 1 abgeleitet werden,[116] sondern beurteilt sich nach Art. 19 Abs. 3.[117] Auch bei einem möglichen Durchblick auf ein grundrechtsfähiges Substrat[118] kann ihre Grundrechtsfähigkeit nicht schon mit der Schutzbedürftigkeit der privaten Anteilseigner begründet werden.[119] Entscheidend ist vielmehr der spezifische personale Eigenwert des Unternehmens, der in seiner Fähigkeit zu eigenständiger Willensbildung und der besonderen Schutzbedürftigkeit seiner Interessen zum Ausdruck kommt. Das hängt zunächst von der Art der wahrgenommenen Aufgabe ab.[120] Grundrechtsfähigkeit fehlt bei Erfüllung hoheitlicher Aufgaben. Dagegen ordnet Art. 87f II 1 das Erbringen der dort genannten Dienstleistungen (→ Rn. 26) zwingend dem privatwirtschaftlichen Bereich zu. Dies hat zur Folge, dass die Deutsche Telekom AG und die Deutsche Post AG hierbei durch materielle Grundrechte, insbes. aus Art. 14, 12 I, 2 I und 3 I, geschützt sind.[121] Außerdem stehen sie mit anderen Anbietern in einem offenen Wettbewerb und befinden sich somit in einer **grundrechtstypischen Gefährdungslage.**[122] Die Grundrechtsfähigkeit dieser Unternehmen scheitert nicht daran, dass der Bund einen Teil ihrer Anteile hält,[123] da er nicht Mehrheitseigentümer ist, so dass von vornherein kein **„verdecktes" staatliches Handeln** vorliegt.[124] Aber selbst bei Allein- oder Mehrheitseigentum der öffentlichen Hand wäre die Grundrechtsfähigkeit der Unternehmen bei privatwirtschaftlicher Entscheidungsautonomie gegeben (→ Rn. 28a).

**b)** Telekommunikations- und Postdienstleistungen (→ Rn. 11) können gem. Art. 87f II 1 auch 28a
von anderen nationalen oder internationalen **privaten Anbietern**[125] erbracht werden. Dazu zählen alle natürlichen Personen sowie juristische Personen des Privatrechts, außer sie handeln als Hoheitsträger (Beliehene, vgl. Art. 143b III 2).[126] Umstritten ist, ob auch Unternehmen, die ausschließlich oder mehrheitlich im Eigentum eines Hoheitsträgers stehen, private Anbieter iSd Art. 87f II 1 sind.[127] Dies ist gerade im Hinblick auf die Betätigung **öffentlicher und gemischt-wirtschaftlicher Unternehmen,** etwa der Energieversorgung, auf den Märkten der Telekommunikation und die Beteiligung der öffentlichen Hand, insbes. der Kommunen, an solchen Unternehmen praktisch

---

nicht mehr als 1000 Gramm gem. § 5 I PostG der Erlaubnis; für andere Postdienstleistungen besteht aber ebenfalls nur eine Anzeigepflicht nach § 36 PostG. Zum Eigentumsschutz von Frequenznutzungsrechten aufgrund UMTS-Lizenz BVerwGE 140, 221, Rn. 29 ff.; *Martini* NVwZ 2012, 149 (151 ff.); *Selmer* JuS 2012, 1053 (1054 f.).

[115] Vgl. BVerfGE 115, 205 (229); BVerwGE 114, 160 (189); 140, 221, Rn. 28 ff.; *Ruffert* AöR 124 (1999), 237 (270); *Cannivé* (Fn. 47), S. 151 ff.; *Jochum,* Zur Frage der Verfassungsmäßigkeit des Lizenzversagungsgrundes § 6 Abs. 3 Satz 1 Nr. 3 PostG, 2001, S. 28 f.; *Lang* NJW 2004, 3601 (3602 ff.); *Windthorst* VerwArch 95 (2004), 377 (388 ff.); aA *Kühling* BK, Art. 87 f (2015) Rn. 146; differenzierend *Gersdorf* MKS III, Art. 87 f Rn. 67; ausgenommen sind von vornherein Grundrechte, die an Eigenschaften anknüpfen, die nur natürlichen Personen zustehen können.

[116] In diese Richtung aber BVerwGE 114, 160 (189); *Stern* DVBl 1997, 309 (310); aA *Cannivé* (Fn. 47), S. 134 ff.; *Gersdorf* MKS III, Art. 87f Rn. 66.

[117] BVerfGE 115, 205 (227); aus der Grundrechtsfähigkeit nach EU-Recht können wegen des unterschiedlichen Ansatzes und Maßstabs keine zwingenden Rückschlüsse auf die Grundrechtsfähigkeit dieser Unternehmen nach dem GG abgeleitet werden, s. *Windthorst* (Fn. 2), S. 231.

[118] Vgl. *Gersdorf* MKS III, Art. 87 f Rn. 67.

[119] *Windthorst* VerwArch 95 (2004), 377 (389 ff.); anders *Cannivé* (Fn. 47), S. 142 ff.; dagegen BVerfGE 128, 226 (246); s. auch *Scholz,* FS Lorenz, 1991, S. 213 (225 ff.).

[120] Zu diesem funktionellen Kriterium BVerfG (K) NJW 1990, 1783; BVerfGE 128, 226 (244 ff.); *Kämmerer,* Privatisierung, 2001, S. 469 ff.; *Lang* NJW 2004, 3601 (3603 ff.).

[121] BVerwGE 140, 221, Rn. 28 ff.; s. auch zu anderen Grundrechten, zB aus Art. 9 I u. III, *Jarass* MMR 2009, 223 (227 f.).

[122] So auch *Wirth* JA 1998, 820 (823); *Jochum* (Fn. 115), S. 29; unter dem Aspekt der Wettbewerbsgleichheit BVerwG Urt. v. 21.9.2018, 6 C 7.17, Rn. 30 f.; VG Berlin MMR 1998, 164 (166 ff.); *Windthorst* (Fn. 2), S. 227; *Uerpmann-Wittzack,* in: v. Münch/Kunig II, Art. 87 f Rn. 11a.

[123] S. o. Fn. 68.

[124] Vgl. BVerfGE 128, 226 (246 ff.); 143, 246, Rn. 190.

[125] Unternehmen aus Mitgliedstaaten der EU sind aufgrund des unionsrechtlichen Diskriminierungsverbots nach Art. 18 I AEUV sowie der Niederlassungs- und Dienstleistungsfreiheit (Art. 49, 56 AEUV) Unternehmen mit Sitz in Deutschland gleichzustellen; zu von einem ausländischen Staat beherrschte Unternehmen s. BVerfGE 143, 246, Rn. 191 ff.; zum Zutritt zum Telekommunikationsmarkt durch Unternehmen aus Staaten, die die Verpflichtungen des Vierten Protokolls zum GATS bezüglich Basistelekommunikationsdiensten erfüllt haben, s. *Paulweber,* Regulierungszuständigkeiten in der Telekommunikation, 1999, S. 180 ff.; *Hupperts* K&R 2001, 402 (403 f.).

[126] Vgl. *Stern/M. Bauer* (Fn. 47), Art. 87 f Rn. 54; zur Beleihung der Nachfolgeunternehmen gem. Art. 143b III BVerfGE 130, 52 (68 f.); BVerwGE 103, 375 (377); *Wolff* AöR 127 (2002), 72 (75); *Badura* DÖV 2010, 533 ff.; *Battis,* Art. 143b Rn. 7 f.

[127] Dafür *Ebsen* DVBl 1997, 1039 (1042); *Ehlers* DVBl 1998, 497 (502); *Trute* VVDStRL 57 (1998), 216 (226 f.); dagegen BVerwGE 113, 208 (211); *Bullinger/Mestmäcker* (Fn. 17), S. 83; iE auch BVerfGE 128, 226, Rn. 50 ff.; zum Meinungsstand *Möstl,* in: Maunz/Dürig, Art. 87 f Rn. 58.

relevant.[128] Gegen ihre Anerkennung als private Anbieter sprechen Entstehungsgeschichte und Zweck des Art. 87f II 1, der eine verdeckte Rückverstaatlichung verbietet.[129] Allerdings ist ein Unterlaufen dieses Verbots nicht anzunehmen, wenn die privatwirtschaftliche Entscheidungsautonomie nach Art. 87f II 1 gewährleistet ist.[130] Unter dieser Voraussetzung können auch öffentliche oder gemischtwirtschaftliche Unternehmen private Anbieter im Sinne dieser Verfassungsnorm sein. Das BVerwG verweist dabei auch auf ihr Recht auf Teilnahme an einem funktionsfähigen Wettbewerb.[131]

## D. Unmittelbare Bundesverwaltung bei Hoheitsaufgaben (Abs. 2 S. 2)

### I. Allgemeine Bedeutung

29    Art. 87f II 2 setzt die kompetenz-, organisations- und aufgabenrechtlichen Gewährleistungen des Art. 87 I 1 aF in veränderter Form und modifiziertem Umfang fort.[132]

### II. Inhalt

30    **1. Hoheitsaufgaben im Bereich des Postwesens und der Telekommunikation. a)** Die Begriffe **„Postwesen"** und **„Telekommunikation"** markieren den äußeren Geltungsrahmen des Abs. 2 S. 2. Sie sind inhaltsgleich wie in Abs. 1 zu verstehen (→ Rn. 5 f.).

31    **b) Hoheitsaufgaben i. S. d. Abs. 2 S. 2** sind nur die notwendigerweise von einem Hoheitsträger mit hoheitlichen Mitteln wahrzunehmenden öffentlichen Aufgaben,[133] namentlich die **Verwaltung im traditionellen materiellen Sinn.** Darunter fallen z. B. Fragen der Standardisierung und Normierung, die Funkfrequenzverwaltung, die Erteilung von Genehmigungen und die Vorsorge für den Krisen- und Katastrophenfall.[134] Die Sicherung der Grundrechtsgewährleistungen des Art. 10 als grundrechtliche Schutzpflicht[135] und die Wahrnehmung des **Universaldienstgewährleistungsauftrags** des Art. 87f I durch Regulierung sind ebenfalls hoheitliche Aufgaben, weil sie auch in einem privatisierten Umfeld zum Schutz Einzelner bzw. im Interesse des Gemeinwohls vom Staat mittels hoheitlicher Gewalt wahrzunehmen sind.[136]

32    **2. Ausführung in bundeseigener Verwaltung. a) Kompetenzrechtlicher Gehalt.** Abs. 2 S. 2 weist die Verwaltungskompetenz für die im Bereich des Postwesens und der Telekommunikation (fort-)bestehenden hoheitlichen Aufgaben ausschließlich dem Bund zu.[137] Die oberste Leitung und Vollziehung liegt vor allem in der Hand des Bundeswirtschaftsministers,[138] der aufgrund seiner Ressortverantwortung das Letztentscheidungsrecht hat. Landesverwaltung oder ein mitbestimmender Einfluss der Länder auf die Bundesverwaltung sind dadurch ebenso ausgeschlossen wie eine Ausdehnung der Bundeskompetenz mit Zustimmung der Beteiligten.[139] Soweit Entscheidungen von Bundesbehörden die Kompetenzausübung durch Landesbehörden beeinträchtigen können, wie zB die Zuteilung von Funkfrequenzen für die Übertragung von Rundfunk, bedarf es der Abstimmung zwischen ihnen.[140]

33    **b) Organisationsrechtlicher Gehalt.** Art. 87f II 2 legt fest, dass die dort angesprochenen Hoheitsaufgaben in obligatorischer unmittelbarer Bundesverwaltung auszuführen sind. Ein eigener Verwaltungsunterbau ist zulässig, aber anders als bei Art. 87 I 1 aF nicht zwingend erforderlich. Die Erfüllung der zum Kernbestand hoheitlicher Verantwortung zählenden Aufgaben (→ Rn. 34) durch eine dem

---

[128] Dazu *Müller-Terpitz* NWVBl 1999, 292 f.; *Vesting* AK GG, Art. 87f Rn. 96 ff. mwN.

[129] Vgl. *Windthorst* (Fn. 2), S. 203 ff.; → Rn. 22; aA *Storr*, Der Staat als Unternehmer, 2001, S. 150 ff.; *Cornils* AöR 131 (2006), 378 (418 f.); s. auch aufgrund der Gleichstellung mit Nachfolgeunternehmen in Art. 87 f II 1 *Ebsen* DVBl 1997, 1039 (1042); zu sonstigen gesetzlichen Grenzen, die sich für Kommunen insbes. aus Art. 28 II, Kommunalrecht und EU-Beihilferecht ergeben können, *Pünder* DVBl 1997, 1353 (1357 ff.); *Lück/Dombert* KommJur 2019, 201 (202 ff., 205 ff.).

[130] So jetzt ausdrücklich BVerwGE 163, 136, Ls 1 mit Verweis auf die Ausrichtung am Gewinnprinzip.

[131] Urt. v. 21.9.2018, 6 C 7.17, Rn. 31; zum selben Ergebnis gelangt das Unionsrecht, vgl. *Pünder* DVBl 1997, 1353 f.; *Ehlers* DVBl 1998, 497 (502).

[132] Vgl. *Möstl*, in: Maunz/Dürig, Art. 87f Rn. 99 ff., der jedoch einen eigenständigen aufgabenrechtlichen Gehalt des Art. 87 f II 2 ablehnt; dazu → Rn. 34.

[133] Zu diesen kumulativen Anforderungen *Gersdorf* MKS III, Art. 87f Rn. 72.

[134] Begr. RegE, BT-Dr 12/7269, S. 5; BVerfGE 108, 169 (183); *G. Schmidt* NJW 1998, 200 (203 f.); *Kühling* BK, Art. 87 f (2015) Rn. 148; zu diesen Maßnahmen *Grzeszick* DVBl 1997, 878 ff.

[135] S. nach Privatisierung der Telekommunikation BVerfGE 108, 28 (36); BVerfG (K) NJW 2007, 3055.

[136] Zu diesen neben die „klassischen" Verwaltungsaufgaben tretenden Hoheitsaufgaben *Wieland,* in: Dreier III, Art. 87f Rn. 26; *Gersdorf* MKS III, Art. 87f Rn. 73.

[137] BVerfGE 108, 169 (182 f.); BVerfG (K) NVwZ 1999, 520 (521 f.).

[138] Über die Bundesanstalt für Post und Telekommunikation Deutsche Bundespost hat gem. § 2 BAPostG der Bundesfinanzminister die Aufsicht.

[139] Vgl. *Möstl*, in: Maunz/Dürig, Art. 87f Rn. 100.

[140] Dieses Verfahren kann normiert sein, s. § 57 I TKG (dazu *Gersdorf* MKS III, Art. 87f Rn. 80), ergibt sich im Übrigen aus der Bundestreue.

Bund gehörende, aber organisatorisch ausgegliederte juristische Person des Privatrechts ist **ausgeschlossen,** weil für diese Kernaufgaben eine solche **formelle Privatisierung** mit dem Wesen bundeseigener Verwaltung unvereinbar ist[141] und den Trennungsgrundsatz des Abs. 2 (→ Rn. 3, → Rn. 22) aufzuweichen droht.[142] Mittelbare Bundesverwaltung ist durch den Wortlaut des Art. 87f II 2 ausgeschlossen und würde zudem die Vorbehaltsklausel des Abs. 3 (→ Rn. 36) unterlaufen.[143] Die Bundesnetzagentur als Regulierungsbehörde für Telekommunikation und Post[144] ist eine selbstständige Bundesoberbehörde im Geschäftsbereich des Bundesministeriums für Wirtschaft und Energie[145] mit (einigen nicht) weit (genug)[146] gehender personeller und sachlicher Unabhängigkeit.[147] Ihre Konstituierung, Stellung, Organisation und Aufgaben bewegen sich in dem durch das Grundgesetz, zumal Art. 87f II 1, zugelassenen Rahmen. Von der möglichen Errichtung eines eigenen Verwaltungsunterbaus wurde abgesehen.

**c) Aufgabenrechtlicher Gehalt.** Der Bund ist aufgrund Abs. 2 S. 2 zur Wahrnehmung der Hoheitsaufgaben verpflichtet. Das folgt aus Wortlaut und Entstehungsgeschichte der Vorschrift und wird durch Gegenüberstellung mit Art. 87 I 1 aF unterstrichen. Art. 87f II 2 enthält auch nach materieller Privatisierung des Postwesens und der Telekommunikation weiterhin die Essentialia, also den **Kernbereich** der Bundespostverwaltung i. S. d. Art. 87 I 1 aF, der nach damaligem Rechtsverständnis vom Bund erfüllt werden musste.[148] Die Verfassungsänderung hat daran insoweit etwas geändert, als die neue Hoheitsaufgabe „Universaldienstgewährleistung" hinzugetreten ist (→ Rn. 31), deren Wahrnehmung durch Art. 87f I zwingend angeordnet wird (→ Rn. 14). Für die übrigen „überschießenden" Hoheitsaufgaben (→ Rn. 31) besitzt Art. 87f II 2 dagegen eigenständigen aufgabenrechtlichen Gehalt.[149]

## E. Mittelbare Bundesverwaltung bei einzelnen Aufgaben (Abs. 3)

### I. Allgemeine Bedeutung

Abs. 3 weist einzelne Aufgaben in Bezug auf die Nachfolgeunternehmen der Deutschen Bundespost einer bundesunmittelbaren Anstalt des öffentlichen Rechts zu (→ Rn. 40). Ausschlaggebend für diese Verwaltungsform waren laut Gesetzesbegründung die „fortbestehenden besonderen Beziehungen des Bundes zu diesen Unternehmen, die historisch gewachsene Einheit des Post- und Fernmeldewesens und die Bedeutung der bisherigen Deutschen Bundespost für die Infrastruktur".[150] Die Zielsetzung des Verfassungsgesetzgebers bleibt trotz dieser Eingrenzung diffus, die Aufgabenzuweisung ist unscharf, widersprüchlich und überdies inzwischen erheblich reduziert worden, die Notwendigkeit dieser Anstalt insgesamt fraglich. Sie sollte wohl als flexible **Reserveinstitution mit Residualfunktionen** fungieren, um Eigentümerrechte des Bundes an den Nachfolgeunternehmen wahrzunehmen und Abwicklungsprobleme aufzufangen.[151]

### II. Inhalt

**1. Vorbehaltsklausel.** Die den zunächst vorgeschlagenen Begriff „neben" ersetzende Formulierung „Unbeschadet des Abs. 2 Satz 2" (sog. Vorbehaltsklausel) **verschließt** nach ihrem Wortlaut und der Intention der an der Verfassungsänderung Beteiligten[152] der Anstalt die **Wahrnehmung von Hoheitsaufgaben** iSd Abs. 2 S. 2. Für Irritationen hat die Aussage gesorgt, dass die Anstalt auch zur Erfüllung des Infrastruktursicherungsauftrages nach Abs. 1 geschaffen wurde.[153] Ein Widerspruch

[141] Vgl. *Gersdorf* MKS III, Art. 87f Rn. 82 mwN; anders verhält es sich im Falle einer Beleihung, dazu → Fn. 126.

[142] Dagegen ist die Errichtung von Organisationsgebilden, die mit eigenen Rechten ausgestattet, aber nicht als Rechtsträger verselbstständigt sind, grds. zulässig, sofern ein Bundesminister oder die Bundesregierung das Letztentscheidungsrecht besitzt.

[143] Insoweit zustimmend *Uerpmann-Wittzack,* in: v. Münch/Kunig II, Art. 87f Rn. 13; *Pieroth,* in: Jarass/Pieroth, Art. 87f Rn. 1; aA *Vesting* AK GG, Art. 87f Rn. 70.

[144] § 116 TKG; § 2 I Nr. 2 u. 3 BNetzAG; § 44 PostG (dazu 4. Aufl., Art. 87e Fn. 156); zum Beirat nach § 5 BNetzAG s. *Möstl,* in: Maunz/Dürig, Art. 87f Rn. 100.

[145] § 1 Satz 2 BNetzAG.

[146] Krit. *Bender* K&R 2001, 506 (507 ff.); zustimmend dagegen *Eschweiler* K&R 2001, 238.

[147] Dazu *Paulweber* (Fn. 125), S. 84 ff., insbes. 108 ff.; *Windthorst* (Fn. 2), S. 443 ff.; s. auch *Oertel,* Die Unabhängigkeit der Regulierungsbehörde nach §§ 66 ff. TKG, 2000, S. 108 ff., 155 ff., 171 ff.; krit. zur Abkopplung der Bundesnetzagentur von Regierung, Legislative und gerichtlicher Kontrolle *Durner* VVDStRL 70 (2011), 398 (405 ff.).

[148] Dazu nur *Lerche,* in: Maunz/Dürig, Art. 87 (1996) Rn. 86 mwN.

[149] AA *Möstl,* in: Maunz/Dürig, Art. 87f Rn. 104 mwN.

[150] Vgl. Begr. RegE, BT-Dr 12/7269, S. 4 f.; zur Entstehungsgeschichte der Regelung *Gersdorf* MKS III, Art. 87f Rn. 86.

[151] *Schuppert* BT-RechtsA-Prot 12/117, S. 41; ähnlich *Stober* ebda, S. 38: „Allzweckwaffe"; krit. auch *Lerche* FS Kreile, 1994, S. 377 (380 f.); *ders.* RdA 1997, 284 (286).

[152] S. insbes. die Stellungnahme des BRates zum 41. GG-ÄndG-E, BT-Dr 12/7269, S. 8.

[153] So die Begr. RegE, BT-Dr 12/7269, S. 5; s. auch *Herdegen* (Fn. 73), VerfGrdl Rn. 13.

zwischen Abs. 3 und Abs. 2 S. 2 kann indes dadurch vermieden werden,[154] dass die Sperrwirkung der Vorbehaltsklausel auf Universaldienstgewährleistung mittels hoheitlicher Regulierung (→ Rn. 16) beschränkt wird, aber die Erfüllung dieser öffentlichen Aufgabe mit privatrechtlichen Mitteln im Rahmen der Beteiligungsverwaltung nicht erfasst.[155]

37    **2. Einzelne Aufgaben in Bezug auf die Nachfolgeunternehmen der Deutschen Bundespost.** Der Geltungsbereich des Abs. 3 ist auf einzelne Aufgaben beschränkt,[156] die **weder** den **Hoheitsaufgaben** des Abs. 2 S. 2 (→ Rn. 31) **noch** den aufgrund Abs. 2 S. 1 staatlicher Wahrnehmung entzogenen **privatwirtschaftlichen Dienstleistungen** (→ Rn. 22, → Rn. 26) zuzuordnen sind. Sie fallen in den dazwischen liegenden Bereich, der durch eine gewisse Staatsferne und die besondere Beziehung („in bezug") des Bundes zu den aus dem Sondervermögen Deutsche Bundespost hervorgegangenen Unternehmen gekennzeichnet ist. Die konkreten einzelnen Aufgaben stehen nicht von Verfassungs wegen fest, sondern sind in den aufgezeigten Grenzen aus Abs. 2 durch förmliches Bundesgesetz zu bestimmen.[157]

38    Der **Regelungsvorbehalt des Abs. 3** („nach Maßgabe eines Bundesgesetzes") bezieht sich ausweislich der redaktionellen Umstellung im Gesetzgebungsverfahren auf die Rechtsform als bundesunmittelbare Anstalt des öffentlichen Rechts und auf den Aufgabenkreis.[158] Der Gesetzgeber ist zum Erlass eines entsprechenden Gesetzes verpflichtet.[159] Dieser **Gesetzgebungsauftrag** folgt aus dem insoweit eindeutigen Wortlaut der Bestimmung und entspricht allgemein der Funktion solcher Vorbehalte (→ Rn. 19 f.). Die **ausschließliche Gesetzgebungskompetenz** weist Abs. 3 („… Bundesgesetz …") als gegenüber Art. 73 I Nr. 7 spezielle Bestimmung dem **Bund** zu.[160] Die Zustimmung des BRates ist anders als beim Regelungsvorbehalt des Abs. 1 (→ Rn. 21) nicht erforderlich.

39    Inhaltlich sollten die Aufgaben nach Abs. 3 zum einen die aus der Eigentümerstellung fließenden Rechte des Bundes in Bezug auf die Nachfolgeunternehmen, insbes. die **Beteiligungsverwaltung** (→ Rn. 17) und die Koordinierung ihres Handelns durch Beratung und ähnliche Maßnahmen, zum anderen **soziale, arbeits- und dienstrechtliche (Abwicklungs-)Aufgaben** umfassen.[161] Für Ersteres waren in §§ 3 I, 9–13 BAPostG aF, § 2 I, §§ 29–39 Satzung der BAPT aF umfangreiche Befugnisse vorgesehen, die inzwischen ersatzlos gestrichen worden sind.[162] Das ist zu begrüßen, da sie entgegen Art. 87 f II 1 eine Einflussnahme auf das operative Geschäft ermöglichten. Das BAPostG betont nunmehr, dass die Bundesanstalt über die in diesem Gesetz genannten Aufgaben hinaus weder Rechte noch Einfluss in Bezug auf die Unternehmen ausüben darf (§ 3 IV).[163] Die verbliebenen Aufgaben beschränken sich auf soziale, dienst- und versorgungsrechtliche Angelegenheiten (§ 3 I BAPostG), die allerdings gegenüber dem früheren Umfang deutlich reduziert sind. Der Vorwurf, die Anstalt nehme insoweit Aufgaben wahr, die an sich privater Natur seien[164] und zum durch Art. 87 f II 1 abgeschirmten Hausgut der (Nachfolge-)Unternehmen gehörten,[165] kann daher in dieser Schärfe nicht aufrechterhalten werden.

40    **3. Ausführung durch den Bund in der Rechtsform einer Bundesanstalt.** Der **Bund** besitzt aufgrund Abs. 3 die **Verwaltungskompetenz** für die nach Maßgabe eines Bundesgesetzes ausgegliederten einzelnen Aufgaben (BAPostG, → Rn. 39), die neben die Zuständigkeit nach Abs. 2 S. 2 (→ Rn. 32, → Rn. 36) tritt.[166] Für die Wahrnehmung dieser Aufgaben sieht Abs. 3 zwingend **mittelbare Bundesverwaltung** in der Rechtsform[167] einer bundesunmittelbaren Anstalt des öff. Rechts vor, zu deren Errichtung und Ausgestaltung (Organisation, Aufsicht) der Gesetzgeber aufgrund des Regelungsvorbehalts (→ Rn. 38) verpflichtet ist.[168] Der damit der Anstalt eingeräumte **Bestandsschutz**[169]

---

[154] Vgl. *Heun* BT-RechtsA-Prot 12/117, S. 9, der schon früh auf mögliche Friktionen hingewiesen hat.

[155] S. auch *Gersdorf* MKS III, Art. 87f Rn. 90.

[156] Vgl. die Stellungnahme des BRates zum 41. GG-ÄndG-E, BT-Dr 12/7269, S. 8: „‚die einzelnen Aufgaben' –‚einzelne Aufgaben'"; s. auch *Lerche* (Fn. 151), S. 377 (383).

[157] Dies ist insbes. durch §§ 3 I, 15 ff. u. 26 BAPostG geschehen.

[158] Vgl. einerseits Art. 87 f II idF des RegE (BT-Dr 12/7269, S. 3), andererseits Art. 87f III idF der Beschlussempfehlung des BT-RechtsA (BT-Dr 12/8108, S. 3).

[159] S. auch *Möstl*, in: Maunz/Dürig, Art. 87f Rn. 108; *Pieroth*, in: Jarass/Pieroth, Art. 87f Rn. 2; → Rn. 40.

[160] Für „alleinige" Gesetzgebungskompetenz *Gersdorf* MKS III, Art. 87f Rn. 91.

[161] S. die Begr. RegE, BT-Dr 12/7269, S. 5.

[162] Art. 1 Nr. 4 lit. a, Nr. 11 und 12 des G. zur Reorganisation der Bundesanstalt für Post und Telekommunikation Deutsche Bundespost und zur Änderung anderer Gesetze v. 14.9.2005, BGBl I 2746.

[163] Dieser rechtspolitische Paradigmenwechsel hing eng mit der Veräußerung von (weiteren) Aktien des Bundes an den Nachfolgeunternehmen zusammen, s. *Herdegen* (Fn. 73), VerfGrdl Rn. 14.

[164] Davon ging auch die BReg aus und hielt deshalb eine verfassungsrechtliche Absicherung durch Abs. 3 für notwendig, Begr. RegE, BT-Dr 12/7269, S. 4; ebenso *Königshofen* ArchPT 1995, 112 (117).

[165] Vgl. *Schulz* JA 1995, 417 (418 f.); zu sozialen Aufgaben *Lerche* RdA 1997, 284 (286).

[166] S. auch *Gersdorf* MKS III, Art. 87f Rn. 92.

[167] „Rechtsform" bedeutet hier „Organisationsform", vgl. *Lerche* BT-RechtsA-Prot 12/117, S. 102.

[168] So auch *Pieroth*, in: Jarass/Pieroth, Art. 87f Rn. 2; der Bund ist dieser Pflicht gem. §§ 1 f., 4–8, 19–22 BAPostG in zweckentsprechender, verfassungskonformer Weise nachgekommen.

[169] Die hM nimmt nur einen Errichtungsauftrag an, vgl. *Wieland*, in: Dreier III, Art. 87f Rn. 23; *Gersdorf* MKS III, Art. 87f Rn. 93; *Möstl*, in: Maunz/Dürig, Art. 87f Rn. 108.

mag angesichts des „Aufgabenschwunds" verfassungspolitisch fragwürdig sein. De constitutione lata ist aber daran nicht zu rütteln, weil diese Sperrwirkung dem Normtext und dem dahinterstehenden, auf einem Kompromiss der Beteiligten beruhenden Willen des Verfassungsgesetzgebers entspricht, wonach eine de facto-Beseitigung der Anstalt durch Funktionsentleerung verhindert werden soll.

## Art. 88 [Bundesbank]

**Der Bund errichtet eine Währungs- und Notenbank als Bundesbank. Ihre Aufgaben und Befugnisse können im Rahmen der Europäischen Union der Europäischen Zentralbank übertragen werden, die unabhängig ist und dem vorrangigen Ziel der Sicherung der Preisstabilität verpflichtet.**

**Entstehungsgeschichte: Urfassung:** JöR nF 1 (1951), S. 652 f. **Änderungen:** G z. Änd. d. GG v. 21.12.1992 (BGBl I 2086), Art. 1 Nr. 7 (dazu: BT-Dr 12/3338 [Entwurf]; BT-Dr 12/3896 [Beschlußempfehlung und Bericht]; BT-Dr 12/6000, S. 26 f. [Bericht der GemVerfKom.]; BT-Prot 12/9315, 9766, 10809, 10888; BR-Dr 501/92; 809/ 92; BR-Prot 92/638, 653).
**Historische Verfassungstexte: GG 1949 Art. 88:** Der Bund errichtet eine Währungs- und Notenbank als Bundesbank.
**Supra- und internationale Texte:** EUV Art. 3 Abs. 4, 13 Abs. 1 S. 2; AEUV Art. 119, 127–144, 219, 282–284, 340, 343; Prot. (Nr. 4) über die Satzung des Europäischen Systems der Zentralbanken und der EZB; Prot. (Nr. 13) über die Konvergenzkriterien; Prot. (Nr. 14) betreffend die Euro-Gruppe; Prot. (Nr. 15) über einige Bestimmungen betreffend das Vereinigte Königreich Großbritannien und Nordirland; Prot. (Nr. 16) über einige Bestimmungen betreffend Dänemark; Prot. (Nr. 17) betreffend Dänemark; Prot. (Nr. 18) betreffend Frankreich; Abkommen über den Internationalen Währungsfonds v. 1./22.7.1944 (BGBl 1952 II 638) i. d. F. v. 30.4.1976 gem. G v. 9.1.1978 (BGBl II 13), in Kraft seit 1.4.1978, zul. geänd. durch VO v. 31.8.2015 (BGBl I 1474); Abkommen über die Internationale Bank für Wiederaufbau und Entwicklung v. 1./22.7.1944 (BGBl 1952 II 664), zul. geänd. gem. Bek. v. 12.6.2013 (BGBl II 1039); Prot. über die Satzung der Europ. Investitionsbank v. 25.3.1957 (BGBl II 964), ZustimmungsG v. 4.7.2019 zur Änd. (BGBl II 668); Abk. zwischen der Regierung der Bundesrepublik Deutschland und der EZB über den Sitz der EZB v. 18.9.1998 (BGBl II 2995); Bek. über das Inkrafttreten des Abkommens zwischen der Regierung der Bundesrepublik Deutschland und der EZB über den Sitz der EZB v. 18.3.1999 (BGBl II 367).
**Gesetzgebung:** BBankG; KWG; Euro-EG v. 9.6.1998 (BGBl I 1242) und v. 16.12.1999 (BGBl I 2402); MünzG.
**Leitentscheidungen:** EuGH Urt. v. 10.7.2003 – Rs. C–11/00, EuR 2003, 847 (OLAF); Urt. v. 16.6.2015 – Rs. C–62/14, EuZW 2015, 599 (OMT); Urt. v. 11.12.2018 – Rs. C–493/17, ECLI:EU:C:2018:1000 (PSPP); BVerfGE 14, 197 (Bundesaufsichtsamt für das Kreditwesen); BVerfGE 89, 155 (Maastricht); 97, 350 (Euro); BVerfGE 134, 366 (OMT-Vorlage); BVerfGE 142 123 (OMT-Endentscheidung); BVerfGE 146, 219 (PSPP-Vorlage); BVerwGE 41, 334 (Mindestreservepflicht).

**Schrifttum:** *Alesina/Summers,* Central Bank Independence and Macroeconomic Performance: Some Comparative Evidence, Journal of Money, Credit and Banking, Vol. 25 (1993), 151; *J. Bauerschmidt,* Finanzstabilität als Ziel der Bankenunion, ZHR 183 (2019), 476; *H. Beck,* Bundesbank; *J. Beutel,* Differenzierte Integration in der Europäischen Wirtschafts- und Währungsunion, 2006; *F. Brosius-Gersdorf,* Deutsche Bundesbank und Demokratieprinzip, 1997; *I. Dernedde,* Autonomie der Europäischen Zentralbank, 2002; *B. Dutzler,* The European System of Central Banks: An Autonomous Actor, 2003; *J. Endler,* Europäische Zentralbank und Preisstabilität, 1998; *H. Fögen,* Wirtschaftsplanung und Bundesbankautonomie, 1969; *H. Fögen,* Geld- und Währungsrecht, 1969; *G. Galahn,* Die Deutsche Bundesbank im Prozeß der europäischen Währungsintegration, 1996; *Hahn/Häde,* Währungsrecht, 2. Aufl. 2010; *C. Herrmann,* Währungshoheit, Währungsverfassung und subjektive Rechte, 2010; *W. Heun,* Die Europäische Zentralbank in der Europäischen Währungsunion, JZ 1998, 866; *D. Hofmann,* Die EZB in der Krise, 2015; *D. Janzen,* Der neue Artikel 88 Satz 2 des Grundgesetzes, 1996; *H.-U. Jörges* (Hrsg.), Der Kampf um den Euro, 1998; *P. Kirchhof,* Die Mitwirkung Deutschlands an der Wirtschafts- und Währungsunion, FS Franz Klein, 1994, S. 61; *J.-V. Louis,* A legal and institutional approach for building a monetary union, Common Market Law Review, Bd. 35 (1998), 33; *C. Manger-Nestler,* Par(s) inter pares? – Die Bundesbank als nationale Zentralbank im Europäischen System der Zentralbanken, 2008; *J. Mentgen,* Beschäftigungsförderung und Stabilitätsverpflichtung in der Europäischen Wirtschafts- und Währungsunion, 2004; *T. Möllers/F.-C. Zeitler* (Hrsg.), Europa als Rechtsgemeinschaft – Währungsunion und Schuldenkrise, 2013; *M. Monteagudo (Valdez),* Neutrality of Money and Central Bank Independence, in: Giovanoli/Devos (Hrsg.), International Monetary and Financial Law, 2010, S. 484–505; *U. Neyer,* Die Unabhängigkeit der Europäischen Zentralbank, Ordnungspolitische Perspectiven Nr. 97, Juni 2019; *C. Ohler,* Bankenaufsicht und Geldpolitik in der Währungsunion, 2015; *U. Palm,* Preisstabilität in der Europäischen Wirtschafts- und Währungsunion, 2000; *C. Proctor,* Mann on the legal aspects of money, 7th ed., 2012; *S. Radtke,* Liquiditätshilfen im Eurosystem, 2010; *G. Rule,* Understanding the central bank balance sheet, Bank of England, Centre for Central Banking Studies, Handbook – No. 32, 2015; *H. Siekmann,* Law and Economics of the Monetary Union, in: Eger/Schäfer (Hrsg.), Research Handbook on the Economics of the European Union Law, 2012; *ders.* (Hrsg.), EWU-Kommentar zur Europäischen Währungsunion, 2013; *ders.,* Die Einstandspflicht der Bundesrepublik Deutschland für die Deutsche Bundesbank und die Europäische Zentralbank, FS Baums, 2017, S. 1145; *ders.,* Legal Tender in the Euro Area, Institute for Monetary and Financial Stability Working Paper Series No. 122 (2018); *ders.,* The Asset Purchase Programmes of the ESCB in the Courts, in: Rövekamp/Bälz/Hilpert (Hrsg.), Monetary Policy Execution in East Asia, 2020; *ders.,* Monetary Aspects of the Euro as Single European Currency – a German Perspective, in: Freitag/Omlor, The Euro as Legal Tender, 2020, S. 1–50; *R. Smits,* The European Central Bank, 1997; *K. Stern,* Die Notenbank im Staatsgefüge, in: Deutsche Bundesbank (Hrsg.), Fünfzig Jahre Deutsche Mark, 1998, S. 141–198; *A. Stevens,* Digital currencies: Threats and opportunities for monetary

poliy, Notianl Bank of Belgium, Economic Review, June 2017, S. 79; *M. Sutter,* Der Stabilitäts- und Wachstumspakt in der Europäischen Währungsunion, 2000; *A. Thiele,* Die Unabhängigkeit der EZB, in: Kröger/Pilniok
(Hrsg.), Unabhängiges Verwalten in der Europäischen Union, 2016, S. 195–219; *K. v. Bonin,* Zentralbanken
zwischen funktioneller Unabhängigkeit und politischer Autonomie, 1979; *C. Waigel,* Die Unabhängigkeit der
Europäischen Zentralbank. Gemessen am Kriterium demokratischer Legitimation, 1999; *Zilioli/Selmayr,* The Law
of the European Central Bank, 2001.

## Übersicht

# A. Allgemeines

## I. Entstehungsgeschichte

Mit Art. 88 ist erstmals die **institutionelle Seite** des Geld-, Währungs- und Notenbankwesens in **1** einer deutschen Verfassung geregelt worden.[1] Die Verfassungen von 1870/71 und von 1919 räumten lediglich dem Reich die Gesetzgebungskompetenz im Münzwesen (Art. 4 Nr. 3 RV 1871), im Bankwesen und zur Ausgabe von Papiergeld (Art. 4 Nr. 3 und 4 RV 1871, Art. 7 Nr. 14 WRV) ein. Die **RBank** wurde durch ein einfaches Gesetz des Reiches[2] geschaffen (§ 12 BankG) und baute teilweise auf die Preuß. Bank von 1846[3] auf (§ 61 BankG). Sie stand unter Aufsicht und Leitung des Reiches (§ 12 I BankG). Die **Aufsicht** wurde von einem fünfköpfigen Bankkuratorium ausgeübt. Es bestand aus dem RKanzler, einem vom Kaiser und drei vom RRat ernannten Mitgliedern (§ 25 I BankG). Die **Leitung** stand dem RKanzler zu (§ 26 I BankG). Das Reichsbankdirektorium war ihm unterstellt und hatte „überall den Vorschriften und Weisungen des RKanzlers Folge zu leisten" (§ 27 II BankG). Nach dem Umbruch der Jahre 1918/19 trat lediglich an die Stelle des Kaisers der RPräs. Diese Kompetenzen waren dem Reichsfinanzministerium zur Ausübung übertragen. Ob die Bank tatsächlich weitgehend unabhängig agieren konnte, ist fraglich.[4] Es war aber diese Organisationsstruktur („governance") iVm der Aufhebung der Goldeinlösungspflicht,[5] die es ermöglichte, große Teile des ersten Weltkriegs monetär zu finanzieren.

Die folgende **Hyperinflation**, welche die ökonomischen und gesellschaftlichen Verhältnisse weit- **2** gehend zerrüttete, beruhte – soweit feststellbar – aber nicht auf einer Anordnung der RReg. Die RBank unter Leitung des noch vom Kaiser ernannten Präs *Rudolf von Havenstein* stützte die RReg auch dann noch mit Krediten, als sie auf Grund einer Forderung der Alliierten als Voraussetzung für ein Schuldenmoratorium die volle Unabhängigkeit erhalten hatte.[6] Dabei sind die genauen Motive, die *v. Havenstein* bewegt haben, die Regierung mit jeder gewünschten Menge Geld zu versorgen, unklar geblieben.[7] Nach dem Zwischenspiel von Deutscher Rentenbank[8] und **Rentenmark**, die aber kein gesetzliches Zahlungsmittel war, sowie der Golddiskontbank bestätigte das **BankG von 1924**[9] die Unabhängigkeit der Bank von der RReg. Ihr Leitungsorgan war das Reichsbankdirektorium, das von einem Generalrat – unter alliierter Beteiligung – berufen wurde. Das Bankkuratorium wurde als Aufsichtsorgan abgeschafft. Der Generalrat musste zur Hälfte aus ausländischen Mitgliedern bestehen. Seine deutschen Mitglieder durften weder Beamte des Reiches oder eines Landes sein, noch in

---

[1] *Stern,* StaatsR II, S. 464.

[2] BankG v. 14.3.1875, RGBl 177; dazu eingehend: *A. Wagner,* Die Zettelbankreform im Deutschen Reich, 1875; *Lotz,* Geschichte und Kritik des deutschen Bankgesetzes vom 14. März 1875, 1888, S. 137 ff.; *James,* in: Deutsche Bundesbank (Hrsg.), Fünfzig Jahre Deutsche Mark, 1998, S. 29 (30 ff.).

[3] Errichtet auf Grundlage der Bankordnung v. 5.10.1846, PrGS 1846, S. 435. Sie geht zurück auf die „Königliche Giro- und Lehn=banco"; gegründet von *Friedrich II.* durch „Edict und Reglement" v. 17.6.1765, abgedr. bei *Niebuhr,* Geschichte der Königlichen Bank in Berlin, 1848, S. 181–191.

[4] *Laband,* Das Staatsrecht des Deutschen Reiches, 1. Bd., 5. Aufl. 1911, S. 404: „Der eigentliche Direktor der Reichsbank ist der Reichskanzler; das Bankdirektorium nur sein Bureau und sein Hilfspersonal"; zurückhaltender, aber iE ähnlich mit Einzelbeispielen für Interventionen des Reichskanzlers *Prost,* Wandlungen im deutschen Notenbankwesen, 1972, S. 20–22; s. a. *Bruckhoff,* Zur Entwicklung der Zentralbanken und der Bankaufsicht in Deutschland und den Niederlanden, 2010, S. 12 Fn. 42 mwN; *Arndt,* Politik und Sachverstand im Kreditwährungswesen, 1963, S. 100 f.: zunächst faktisch „weisungsunabhängige Staatsanstalt" trotz Unterstellung unter den Reichskanzler, seit Aufhebung der Goldeinlösungspflicht 1914 aber tatsächlich abhängig; anders wohl: *Prost,* Wandlungen im deutschen Notenbankwesen, 1972, S. 19; zust. *Bruckhoff,* Zur Entwicklung der Zentralbanken und der Bankaufsicht in Deutschland und den Niederlanden, 2010, S. 12 Fn. 42 mwN.

[5] G v. 4.8.1914, RGBl 347.

[6] G über die Autonomie der Reichsbank v. 26.5.1922, RGBl II 135; zu seiner Entstehung und Bedeutung *Prost* (Fn. 4), S. 37–39.

[7] Einzelheiten bei: *Ahamad,* Die Herren des Geldes, 2010, S. 140–143; *Arndt* (Fn. 4), S. 103. Die Einzelheiten der – zuletzt fast vollständigen – Kreditfinanzierung des Reichshaushalts durch die – unabhängige – Notenbank sind dargestellt bei *Stucken,* Deutsche Geld- und Kreditpolitik 1914–1953, 2. Aufl. 1953, S. 37–39.

[8] Gegründet durch VO v. 15.10.1923, RGBl I 963.

[9] Bankgesetz v. 30.8.1924, RGBl II 235.

sonstiger Weise eine Bezahlung von ihnen erhalten. Damit sollte verhindert werden, dass die Bank wieder „in die Abhängigkeit des Deutschen Reiches" kam.[10] Die RBank war deshalb in keiner Weise mehr den Anordnungen der Exekutive unterworfen.

3     Nach 1933 folgten rasch massive Eingriffe in die Organisation der Bank, die letztlich dazu führten, dass die RBank als jur. Person des öff. Rechts dem „Führer und Reichskanzler" unmittelbar unterstellt wurde. Sie war nach seinen „Weisungen" und unter seiner „Aufsicht" zu verwalten. Die nationalsozialistische Regierung hatte schnell verstanden, wie wichtig es für ihre Pläne war, (wieder) einen unmittelbaren Zugriff auf das Geld- und Notenbankwesen zu erlangen. Die Finanzierung der anschließenden Hochrüstung über MeFo-Wechsel war nur mit Hilfe der RBank möglich.[11]

4     Trotz der damit verbundenen leidvollen Erfahrungen wurde die Unabhängigkeit der vom Bund zu errichtenden Währungs- und Notenbank nicht ausdrücklich in den Wortlaut des neuen Art. 88 aufgenommen. Selbst eine einfachgesetzliche Unabhängigkeitsgarantie war im ersten Entwurf für ein BBankG noch nicht enthalten.[12] Die Weisungsfreiheit wurde aber schließlich doch in das Gesetz aufgenommen. Verfassungsrechtlichen Rang erhielt sie aber erst im Jahre 1992 mit dem neuen Satz 2 von Art. 88, der als Grundlage für die geplante Schaffung der Europäischen Währungsunion in den Artikel aufgenommen wurde.[13]

## II. Grundsätzliche Bedeutung

5     Die lapidare Formulierung, dass der Bund eine Währungs- und Notenbank als BBank errichtet, wird weithin als **Verfassungsauftrag** verstanden (→ Rn. 6). Satz 1 begründet aber zumindest eine **Gesetzgebungszuständigkeit** des Bundes (→ Rn. 7). Die darüber hinaus in der Bestimmung enthaltenen Garantien für die Deutsche BBank (→ Rn. 9, 12–24) sind aber durch die Einfügung von Satz 2 erheblich modifiziert worden. Die Vorschrift enthält erstmals eine klare verfassungsrechtliche **Garantie der Unabhängigkeit** der Notenbank (→ Rn. 50 ff.). Vor allem erlaubt sie aber die **Übertragung der Aufgaben und Befugnisse der BBank** auf eine Einrichtung der EU, die **EZB** (u. Rn. 30). Damit wurden die verfassungsrechtlichen Voraussetzungen für die Schaffung des Europäischen Systems der Zentralbanken (ESZB) und die Einführung einer einheitlichen europäischen Währung durch den Vertrag von Maastricht[14] geschaffen. Mit dem Eintritt in die dritte Stufe der EWU am 1. Januar 1999[15] gingen die geld- und währungspolitischen Befugnisse[16] auf die **Union** über. Sie hat jetzt die ausschließliche Zuständigkeit für die Währungspolitik für die Mitgliedstaaten, deren Währung der Euro ist (Art. 3 I c, 119 II AEUV). Wesentliche Vorgaben für alle Währungs- und Notenbanken der Mitgliedstaaten, die den Euro eingeführt haben, ergeben sich jetzt aus dem Recht der EU, das vorrangig anzuwenden ist (näher u. Rn. 47). Diese Entwicklung ist als „vollständige Entnationalisierung und Entpolitisierung" der Geldpolitik kritisiert worden.[17] Auch wenn das stimmen sollte, liegt kein Rechtsverstoß vor, da dafür die notwendigen verfassungsrechtlichen Grundlagen geschaffen worden sind und mit Art. 79 III zu vereinbaren sind (→ Rn. 114, 117).

---

[10] Vgl. *Freyer,* Die alte und die neue Reichsbank, jur. Diss. Bonn 1929, S. 38 ff. m. w. Einzelheiten zu ihrem Status (S. 53: „Organismus eigener Art mit völkerrechtlichem Einschlag"). Damit sollte den Anforderungen des „Dawes-Plans" entsprochen werden, der sich detailliert mit der Stabilisierung der Währung und der Organisation der Notenbank befasste, abgedruckt in: Der Sachverständigen-Gutachten. Der Dawes- und McKenna-Bericht, 2. Aufl. 1924, S. 22 ff., 53 ff. und Anl. Nr. 1 (S. 83 ff.).

[11] Konzipiert von dem damaligen Reichsbankpräsidenten und späteren Reichswirtschaftsminister *Schacht.* Vorbild waren die Wechsel der Deutschen Gesellschaft für öffentliche Arbeiten AG (Öffa-Wechsel) von 1932. Da die Metallurgische Forschungsgesellschaft m. b. H. (MeFo), welche die von der Rüstungsindustrie ausgestellten Wechsel akzeptierte, nur vier Gesellschafter aus der Privatwirtschaft hatte (Siemens, Gutehoffnungshütte, Krupp, Rheinstahl), wurden die Wechsel als gute Handelswechsel von der RBank zum Diskont zugelassen, die einen der Geschäftsführer der Gesellschaft stellte. So war – später auch unter Einsatz der Golddiskontbank – auch die monetäre Staatsfinanzierung ermöglicht, ohne Spuren im Reichshaushalt, im Reichsschuldbuch oder in den Bilanzen der beteiligten Unternehmen zu hinterlassen, vgl. *Stucken* (Fn. 7), S. 123, 128, 149 f., 152. Diese Politik wurde später als „Keynesianische Wirtschaftspolitik" bewertet, bevor *Keynes* seine Ideen selbst vollständig entwickelt hatte, *Ahamad* (Fn. 7), S. 536.

[12] § 34 I des Entw. stellte sie „einer obersten Bundesbehörde" gleich. In der Begründung zu dieser Vorschrift wurde jedoch klargestellt, dass sich „unabhängig von der Richtlinienkompetenz des Bundeskanzlers" und dem „fachlichen Weisungsrecht der für das Geld- und Kreditwesen zuständigen Bundesressorts entzogen" sein sollte (BT-Dr I/4020, S. 22).

[13] G z. Änd. d. GG v. 21.12.1992 (BGBl I 2086), Art. 1 Nr. 7.

[14] Vertrag über die Europäische Union, unterzeichnet am 7.2.1992, ABl 1992/C 191/1, deutsches ZustimmungsG v. 28.12.1992, BGBl II 1251 (1253), in Kraft getreten am 1.11.1993 gem. Bekanntmachung v. 19.10.1993, BGBl II 1947; konsolidierte Fassung des durch Titel II des Vertrags über die Europäische Union (Vertrag von Maastricht) grundlegend geänderten Vertrags zur Gründung der Europäischen Gemeinschaft, ABl 1992/C 224/1.

[15] Auf der Grundlage des Art. 109j IV (121 IV) EGV und folgender Rechtsakte: Entscheidung des Rates v. 3.5.1988, ABl 1988/L 139/1; Art. 2 VO 974/98 des Rates v. 3.5.1998, ABl 1998/L 139/1; geänd. durch VO 670/2010 v. 13.7.2010, ABl 2010/L 196/1.

[16] In der deutschen Übersetzung werden „monetary" und „monetaire" fragwürdig mit „währungspolitisch" übersetzt; für eine umfassende Deutung des Begriffs „Währungswesen" allerdings *R. Schmidt* HStRV[3], § 117 Rn. 14.

[17] *Selmayr* WM 1999, 2429 (2429).

## B. Errichtung einer Währungs- und Notenbank (S. 1)

### I. Errichtung

Trotz seiner indikativischen Formulierung enthält Art. 88 S. 1 einen **Verfassungsauftrag**[18] – **6** gerichtet an den Bund. Welches Organ des Bundes ihn zu erfüllen hat, sagt die Vorschrift aber nicht. Deshalb wird teilweise vertreten, dass die Währungs- und Notenbank auch ohne Gesetz in Ausübung der Organisationsgewalt der BReg errichtet werden dürfe. Art. 88 verdränge als spezielle Regelung Art. 87 III. Die Gesetzgebungskompetenz aus Art. 73 Nr. 4 Alt. 1 betreffe nur das materielle Recht und nicht Organisationsfragen.[19] Zugleich wird jedoch eingeräumt, dass der Schwerpunkt der Organisationsgewalt hier aus rechtlichen und praktischen Gründen beim Gesetzgeber liegen müsse.[20] Richtig ist, dass Art. 88 **lex specialis** zu Art. 87 III ist.[21] Gleichwohl deutet fast das gesamte neuere Schrifttum die Vorschrift ohne Weiteres als Auftrag an den **Gesetzgeber**.[22] Diesen Auftrag hat der Bundesgesetzgeber – sehr spät – durch Erlass des Gesetzes über die Deutsche BBank[23] erfüllt.

Auch wenn Art. 88 nicht als Auftrag an den Gesetzgeber verstanden wird, räumt die Vorschrift aber **7** zumindest dem Bund eine **Gesetzgebungskompetenz** im Verhältnis zu den Ländern ein. Diese – strikt von der Organkompetenz zu unterscheidende – Verbandskompetenz des Bundes zur Organisation der Währungs- und Notenbank ist allgemein anerkannt.[24] Sie folgt nicht aus Art. 73 Nr. 4 Alt. 1 oder Art. 74 I Nr. 11, die nur das materielle Recht, nicht aber die Verwaltungsorganisation umfassen.[25]

### II. Stellung in der Verfassungsordnung

Die nach Art. 88 zu errichtende Bank ist eine **Einrichtung des Bundes** und Teil der **Exekutivge- 8 walt**. Das folgt aus der Stellung der Vorschrift in Abschnitt VIII des GG.[26] Sie gehört zur **obligatorischen Bundesverwaltung**[27] und ist eine (obere) Bundesbehörde.[28] **Funktional** wird die Währungs- und Notenbank aber vielfach eher dem Regierungsbereich zugeordnet.[29] Der jur. Erkenntnisgewinn dieser Zuordnung ist aber gering.[30] Auch vermag die Argumentation mit ihrer Rechtsfähigkeit, ihren bes. Instrumenten und ihrer Unabhängigkeit[31] kaum die Durchbrechung der klaren Systematik des GG (Regierung in Abschnitt VI und Verwaltung in Abschnitt VIII) zu rechtfertigen. Für die gewaltenmäßige Zuordnung führt auch das BBankG nicht weiter, obwohl es ebenfalls argumentativ angeführt wird.[32] Die einfachgesetzlich getroffene Einordnung ist nicht maßgebend für die Auslegung des GG. **Keinesfalls** ist die BBank jedoch ein **Verfassungsorgan**.[33] Dazu müsste sie durch die Verfassung selbst

[18] BVerwGE 41, 334 (349); *Stern*, Notenbank, S. 142; *Herdegen*, in: Maunz/Dürig, Art. 88 (2010) Rn. 2, 29; *Häde* BK, Art. 88 (2012) Rn. 98; *Blanke/Pilz* MKS III, Art. 88 Rn. 4; *Heun*, in: Dreier III, Art. 88 Rn. 14; *Umbach/Dollinger*, in: Umbach/Clemens, GG II, Art. 88 Rn. 7; *Ohler*, in: Hofmann/Henneke, Art. 88 Rn. 2.

[19] *Kämmerer*, in: v. Münch/Kunig II, Art. 88 Rn. 5: Die deutsche Rechtstradition, Errichtung der Notenbank durch Gesetz, sei nicht zu einem „Gesetzesvorbehalt kraft Verfassungsgewohnheitsrecht" erstarkt.

[20] *Wilke*, in: v. Mangoldt/Klein III, 2. Aufl. 1974, Art. 88 Anm. IV 1b bb (S. 2415). *Stern* weist darauf hin, dass „praktisch" auch nach dieser Auffassung ein Gesetz „notwendig" sei (StaatsR II, S. 472).

[21] BVerfGE 14, 197 (215), allerdings nur im Kontext der Errichtung von Mittel- und Unterbehörden.

[22] *Stern*, StaatsR II, S. 473; *ders.* (Fn. 18), S. 143; *Herdegen*, in: Maunz/Dürig, Art. 88 (2010) Rn. 29; *Pieroth*, in: Jarass/Pieroth, Art. 88 Rn. 2.

[23] V. 26.7.1957, BGBl I 745.

[24] BVerfGE 14, 197 (215); *Stern*, StaatsR II, S. 465; *Häde* BK, Art. 88 (2012) Rn. 110; *Kämmerer*, in: v. Münch/Kunig II, Art. 88 Rn. 5; *Blanke/Pilz* MKS III, Art. 88 Rn. 5.

[25] BVerfGE 14, 197 (215); *Häde* BK, Art. 88 (2012) Rn. 109; *Kämmerer*, in: v. Münch/Kunig II, Art. 88 Rn. 5; *Blanke/Pilz*, MKS III, Art. 88 Rn. 5; *Umbach/Dollinger*, in: Umbach/Clemens, GG II, Art. 88 Rn. 13.

[26] *Kämmerer*, in: v. Münch/Kunig II, Art. 88 Rn. 4, 11.

[27] *Pieroth*, in: Jarass/Pieroth, Art. 88 Rn. 1; *Häde* BK, Art. 88 (2012) Rn. 102.

[28] *Wilke*, in: v. Mangoldt/Klein III, 2. Aufl. 1974, Art. 88 Anm. IV 3b; *Kämmerer*, in: v. Münch/Kunig II, Art. 88 Rn. 4, 11: „Bundesbehörde", aber „keine typische Bundesbehörde" (Rn. 12); nicht eindeutig: *Herdegen*, in: Maunz/Dürig, Art. 88 (2010) Rn. 56: keine „Bundes**behörde** im eigentlichen Sinne".

[29] So schon BVerwGE 2, 217 (218); zurückhaltend BVerwGE 41, 334 ff.; *Fögen*, Geld- und Währungsrecht, S. 109: einem Regierungsorgan vergleichbar; *Samm*, Die Stellung der Deutschen Bundesbank im Verfassungsgefüge, 1967, S. 141 f.; *Blümel* HStR IV¹, § 101 Rn. 115; ähnl. *Herdegen*, in: Maunz/Dürig, Art. 88 (2010) Rn. 56: „exekutives Leitorgan" keine „schlichte Verwaltungsbehörde"; *Stern*, StaatsR II, S. 469: „oberstes exekutives Staatsorgan", „einem Regierungsorgan vergleichbar"; zust. *Blanke/Pilz* MKS III, Art. 88 Rn. 6; *R. Schmidt* HStR III¹, § 82 Rn. 18: „einem Regierungsorgan näher"; krit. *Kämmerer*, in: v. Münch/Kunig II, Art. 88 Rn. 12.

[30] *Kämmerer*, in: v. Münch/Kunig II, Art. 88 Rn. 12.

[31] *Herdegen*, in: Maunz/Dürig, Art. 88 (2010) Rn. 56.

[32] *Herdegen*, in: Maunz/Dürig, Art. 88 (2010) Rn. 56.

[33] *H. Schäfer*, DÖV 1958, 245 Fn. 39a; *Beck*, Bundesbank, § 2 Anm. 32; *Irrgang*, Die Rechtsnatur der Deutschen Bundesbank, 1969, S. 26 f.; *Samm* (Fn. 29), S. 138 f.; *Uhlenbruck*, Die verfassungsmäßige Unabhängigkeit der Deutschen Bundesbank, 1980, S. 83; *Stern*, StaatsR II, S. 468; *Galahn*, Die Deutsche Bundesbank im Prozeß der europäischen Währungsintegration, 1996, S. 176; *Blanke/Pilz* MKS III, Art. 88 Rn. 7; *Häde* BK, Art. 88 (2012) Rn. 178; *Kämmerer*, in: v. Münch/Kunig II, Art. 88 Rn. 12; aA *Starke* DÖV 1957, 606 (608); *ders.* WM 1957, 75 (89); wohl auch *Gaugenrieder*, Die rechtliche Stellung der deutschen Zentralnotenbank im Staatsgefüge in Geschichte und Gegenwart, 1960, S. 109.

institutionalisiert sein und ihre Tätigkeit müsste „recht eigentlich den Staat konstituieren und seine Einheit sichern".[34] Daran fehlt es jedoch. Der (beiläufige) Hinweis des BVerfG, dass die BBank nicht der Aufsicht durch „andere Organe der Exekutive" unterliege,[35] reicht als Begründung nicht aus.

## III. Institutionelle Festlegungen

9     **1. Bestand der Bank.** Die BBank ist gegenwärtig Teil der **mittelbaren** Bundesverwaltung. Auch wenn Art. 88 S. 1 keine näheren Vorgaben für die Organisationsstruktur der Bank enthält, ist – ungeachtet des Unabhängigkeitsproblems – zweifelhaft, ob sie auch als unmittelbare Bundesverwaltung organisiert werden dürfte.[36] Mit dem Begriff „Bank" ist die Vorstellung von eigener Rechtsfähigkeit des Unternehmens verbunden; auch schon zur Zeit der Entstehung der Vorschrift. Überwiegend wird sogar angenommen, dass sich der Errichtungsauftrag mit seiner Erfüllung in eine **Bestandsgarantie** für die Deutsche BBank verwandelt habe.[37] In diesem Zusammenhang sollten aber die vorbelasteten Begriffe „Institutsgarantie" oder „institutionelle Garantie" vermieden werden.[38] Allerdings hat jetzt das BVerfG in seiner Endentscheidung zum OMT-Beschluss des ESZB eine „institutionelle" Garantie unmittelbar aus Art. 88 S. 1 hergeleitet; verbunden mit einer „Anstaltslast". Die „institutionelle Garantie" erschöpfe sich nicht darin, „die bloße Existenz der Deutschen Bundesbank zu statuieren", sondern umfasse „vielmehr auch die Verpflichtung, diese so auszustatten, dass sie ihre verfassungsrechtlichen Aufgaben, die auch durch Art. 88 Satz 2 GG determiniert" würden, erfüllen könne. Die Bundesrepublik Deutschland sei „verfassungsrechtlich verpflichtet", „die Funktionsfähigkeit der Deutschen Bundesbank zu gewährleisten."[39]

9a     Ein grundgesetzlich verbürgtes **Recht** der Länder auf **Fortbestand der Landeszentralbanken** als Einrichtungen der Länder, die bei der Schaffung der BBank zunächst auf die Bank deutscher Länder verschmolzen worden waren, besteht allerdings nicht. § 8 BBankG aF hatte sie zu bloßen Hauptverwaltungen der BBank gemacht.[40] Eine ersatzlose Beseitigung der BBank darf jedenfalls nur unter den Voraussetzungen von Satz 2 erfolgen. Das wäre dann der Fall, wenn das ESZB durch eine zentralistische europäische Zentralbank ersetzt werden würde. Das könnte aber nur durch eine Änderung des Primärrechts der EU erfolgen,[41] für die eine parlamentarische Zustimmung mit verfassungsändernder Mehrheit erforderlich wäre. Ein spezifischer verfassungsrechtlicher **Namensschutz** ergibt sich weder aus Art. 88 noch aus der Erwähnung in Art. 109 IV 1 Nr. 2 aF.[42]

10     **2. Aufbau.** Da Art. 88 lex specialis zu Art. 87 III 2 ist (→ Rn. 6), konnte die BBank mit eigenem Verwaltungsunterbau errichtet werden, ohne dass die dort statuierten Voraussetzungen erfüllt sein mussten.[43] Im Ergebnis erlaubt Art. 88 einen dezentralen Aufbau der BBank, schreibt ihn aber nicht vor. Auch das Europarecht enthält keine Vorgaben für den Aufbau der nationalen Zentralbanken.[44] Die Organisation des Verwaltungsunterbaus der BBank in Form der Landeszentralbanken war nicht Ausfluss einer verfassungsrechtlichen Verpflichtung (→ Rn. 9a) und ist nicht als föderale Struktur zu deuten, auch wenn sie sich ursprünglich an den Landesgrenzen orientiert hatte (§ 8 I BBankG aF). Ob Art. 88 als Grundlage für einen föderalen Aufbau dienen könnte, ist nicht sicher.[45] Die organisatori-

---

[34] Statusbericht des Bundesverfassungsgerichts, JöR Bd. 6 (1957), S. 197 f.

[35] BVerfGE 62, 169 (183).

[36] Dafür *Pieroth*, in: Jarass/Pieroth, Art. 88 Rn. 1, unter Berufung auf *Kämmerer*, in: v. Münch/Kunig II, Art. 88 Rn. 4 und *Stern*, StaatsR II, S. 472 ff., wo das aber **so** nicht steht.

[37] *Herdegen*, in: Maunz/Dürig, Art. 88 (2010) Rn. 29; *Kämmerer*, in: v. Münch/Kunig II, Art. 88 Rn. 3; *Heun*, in: Dreier III, Art. 88 Rn. 14: Bestandsgarantie; *Umbach/Dollinger*, in: Umbach/Clemens, GG II, Art. 88 Rn. 11; *Stern*, StaatsR II, S. 465: „Verfassungsgarantie der Einrichtung Bundesbank", sinngemäß ebenso S. 474; *Blanke/Pilz* MKS III, Art. 88 Rn. 1, 4: „Garantie der Institution Bundesbank; *Häde* BK, Art. 88 (2012) Rn. 99: „Verfassungsgarantie der Institution Bundesbank"; ähnl. *Wilke*, in: v. Mangoldt/Klein III, 2. Aufl. 1974, Art. 88 Anm. II 3 („Bestandsschutz"); aA *Faber* AK GG, Art. 88 (2002) Rn. 1, 41.

[38] Für „institutionelle Garantie" aber: *Herdegen*, in: Maunz/Dürig, Art. 88 (2010) Rn. 29; *Pieroth*, in: Jarass/Pieroth, Art. 88 Rn. 2; jeweils unter Berufung auf *Stern*, StaatsR II, S. 474 f., der den Begriff indes nicht verwendet; *Blanke/Pilz* MKS III, Art. 88 Rn. 1, 4.

[39] BVerfGE 142, 123 Rn. 217, unter Berufung auf das Urteil des Bundesverwaltungsgerichts aus dem Jahre 2011, das nur in einem obiter dictum von der Existenz einer die Anstaltslast ohne gesetzliche Anordnung ausging, und ohne dessen juristische Angreifbarkeit zu erwähnen; gegen die Annahme einer „Anstaltslast" *Siekmann*, FS Baums, S. 1145 (1155–1166).

[40] *Häde* BK, Art. 88 (2012) Rn. 166 f.; *Heun*, in: Dreier III, Art. 88 Rn. 20.

[41] *Häde* BK, Art. 88 (2012) Rn. 99, 101; entgegen dem Wortlaut einschränkend *Heun*, in: Dreier III, Art. 88 Rn. 21: institutionelle Struktur der Währungsunion sei bei Einfügung von Satz 2 bekannt und mitgewollt gewesen; unklar *Blanke/Pilz* MKS III, Art. 88 Rn. 4: „Bestandsgarantie ... ist als institutionelle Garantie praktisch obsolet geworden"; ebenso *Kämmerer*, in: v. Münch/Kunig II, Art. 88 Rn. 39.

[42] *Kämmerer*, in: v. Münch/Kunig II, Art. 88 Rn. 12; *Häde* BK, Art. 88 (2012) Rn. 175; aA *Wilke*, in: v. Mangoldt/Klein III, 2. Aufl. 1974, Art. 88 Anm. III 1.

[43] BVerfGE 14, 197 (215); *Blümel* HStR IV¹, § 101 Rn. 115; *Häde* BK, Art. 88 (2012) Rn. 110, 133; *Kämmerer*, in: v. Münch/Kunig II, Art. 88 Rn. 5.

[44] *Häde* WM 2005, 205 (212); *Kämmerer*, in: v. Münch/Kunig II, Art. 88 Rn. 4, 11.

[45] Dagegen *Kämmerer*, in: v. Münch/Kunig II, Art. 88 Rn. 11. Die Fragen waren bei der Schaffung des BBankG heftig umstr. Der schließlich geschaffene dezentrale, zweistufige, aber nicht föderale Aufbau war ein als verfassungsmäßig angesehener Kompromiss, vgl. Ausschussbericht, *zu* BT-Dr 2/3606, S. 2 f.

schen Veränderungen durch das 7.[46] und das 8.[47] Gesetz zur Änderung des BBankG sind wegen der fehlenden Festlegungen im GG unbedenklich.

**3. Rechtsform.** Die BBank ist gegenwärtig als **Anstalt des öffentlichen Rechts** zu qualifizieren,[48] **11** obwohl sich das BBankG lediglich auf eine Einstufung als jur. Person des öff. Rechts festlegt (§ 2 S. 1 BBankG), ohne sie näher zu konkretisieren. Die Begriffsmerkmale einer Anstalt sind aber trotz Abgehens von dem urspr. geplanten einstufigen Aufbau weiterhin erfüllt.[49] Anders als noch die Reichsbank[50] hat die BBank keine privaten Anteilseigner oder Gesellschafter. Ihr Grundkapital „steht" allein „dem Bund zu", § 2 Satz 2 BBankG. Sie ist Hoheitsträger.[51] Gesellschaftsrecht ist nicht anwendbar; auch nicht entsprechend.[52] Allerdings wird die Einführung **privatrechtlicher Organisationsformen,** verbunden mit der Beleihung mit Hoheitsbefugnissen, als zulässig angesehen.[53] Der Wortlaut von Art. 88 S. 1 mag eine solche Deutung vielleicht noch hergeben, doch sprechen die historischen Vorbilder eindeutig dagegen. Die RBank hatte zwar private Aktionäre, wurde aber schon im (zeitgenöss.) Schrifttum als Einrichtung des öff. Rechts angesehen.[54] Auch bestehen erhebliche sachliche Bedenken gegen die Zulässigkeit privatrechtlicher Organisationsformen:[55] Selbst wenn formale Minimalanforderungen erfüllt sind (spezifische Regelung in einem förmlichen Gesetz, Transparenz), müssen grds. darüber hinausreichende inhaltliche Bedingungen (Leitung, Aufsicht und Kontrolle der Beliehenen durch den Staat) erfüllt sein. Das ist bei einer unabhängigen Einrichtung kaum zu leisten. Wenn eine (Form-)Privatisierung der BBank hätte erlaubt werden sollen, wäre es ein Leichtes gewesen, Art. 88 dahingehend zu modifizieren, wie das für die Eisenbahnen des Bundes (Art. 87e III) sowie für das Postwesen und die Telekommunikation (Art. 87f II) geschehen ist. Schließlich ist auch nicht sicher, ob es sich noch um Geld im Rechtssinne oder als gesetzliche Zahlungsmittel handeln kann, wenn die Geldzeichen von einem Privatrechtssubjekt ausgegeben werden.[56]

## IV. Aufgaben und Befugnisse

**1. Grundlagen.** Art. 88 S. 1 enthält eine **funktional angereicherte Bestandsgarantie.**[57] Sie **12** garantiert der BBank einen Bestand an Aufgaben und Befugnissen allerdings nur, soweit eine Über-

[46] V. 23.3.2002, BGBl I 1159: Vereinigung von Zentralbankrat und Direktorium zu einem achtköpfigen Vorstand.

[47] V. 16.7.2007, BGBl I 1382: Verringerung des Vorstandes um zwei auf sechs Mitglieder.

[48] *Stern,* StaatsR II, S. 471 m. näherer Begründung; *Beck,* Bundesbank, § 2 K 30 (S. 139); *Blanke/Pilz* MKS III, Art. 88 Rn. 17; *R. Schmidt* HStR V³, § 117 Rn. 30; *Herdegen,* in: Maunz/Dürig, Art. 88 (2010) Rn. 54; *Häde* BK, Art. 88 (2012) Rn. 106 f., unter Berufung auf BVerfGE 14, 197 (215), wo das aber nicht steht; *Kämmerer,* in: v. Münch/Kunig II, Art. 88 Rn. 4; *Siekmann,* in: Möllers/Zeitler, Europa, S. 150; *Heun,* in: Dreier III, Art. 88 Rn. 22; abw. *v. Spindler/Becker/Starke,* Die Deutsche Bundesbank, 4. Aufl. 1973, S. 168, 170: „anstaltsähnliche Einrichtung".

[49] Der RegE hatte die Bundesbank in § 2 noch ausdrücklich als Anstalt eingeordnet. Zur Begründung wurde zutreffend auf die gängigen Begriffsmerkmerkmale einer Anstalt zurückgegriffen, BT-Dr 2/2781, S. 31. Der Ausschussbericht schweigt zu den Gründen der Änderung (zu BT-Dr 2/3606, S. 2). Sie dürfte aber Folge des Übergangs zu einem zweistufigen Aufbau gewesen sein. In § 10 wurde aber weiterhin von „Zweiganstalten" gesprochen, die „unterhalten" werden dürfen.

[50] *Schulze,* Lehrbuch des Deutschen Staatsrechts, Zweites Buch, 1886, S. 227, 231, der ausdrücklich jegliche Haftung des Reiches ausschließt; *Laband,* Das Staatsrecht des Deutschen Reiches, 3. Bd., 5. Aufl. 1913, S. 144, unter Hinweis auf den Subskriptionspreis von 130 Prozent des Nennwertes; *Siekmann,* in: Fox/Ernst (Hrsg.), Money in the Western Legal Tradition, 2016, S. 489 (503 f.) mwN. Das Reich hatte sich aber das Recht vorbehalten, sämtliche Anteile zum Nennwert zurück zu erwerben, § 41 Abs. 1 lit. a Bankgesetz v. 14.3.1875, RGBl. v. 18.3.1875, S. 177.

[51] Deutlich bereits *v. Spindler/Becker/Starke* (Fn. 48), § 2 (S. 168, 173 ff.).

[52] *Siekmann* FS Baums, S. 1145 (1148); für die EZB ebd. S. 1149; zust. *Binder,* JZ 2015, 328 (330).

[53] *Wilke,* in: v. Mangoldt/Klein III, 2. Aufl. 1974, Art. 88 Anm. IV 2a (S. 2417 f.); *Stern,* StaatsR II, S. 471; *ders.* (Fn. 18), S. 151; *Herdegen,* in: Maunz/Dürig, Art. 88 (2010) Rn. 54; *Häde* BK, Art. 88 (2012) Rn. 103; zurückhaltender *Kämmerer,* in: v. Münch/Kunig II, Art. 88 Rn. 4, aber „Einschätzungsprärogative" für Wahl der Organisationsform.

[54] RGZ 15, 230 (236); 36, 141 (150 ff.); 45, 123 (126 f.); *Breit,* Bankgesetz, 1911, S. 52 f., 210; *Freyer,* (Fn. 10), S. 32; *Beck,* Bundesbank, S. 28; *Borchardt,* in: Deutsche Bundesbank (Hrsg.), Währung und Wirtschaft in Deutschland, 1976, S. 3 (15), der die Ähnlichkeiten der Organisationsstruktur der RBank mit der Preußischen Bank betont; wohl auch *James* (Fn. 2), S. 37: Einrichtung in privatem Besitz verwaltet von Staatsbeamten; *Hahn/Häde,* Währungsrecht, § 10 Rn. 7; (teilweise) aA *Laband,* Staatsrecht III, S. 142; *Meyer/Anschütz,* S. 832: „Aktiengesellschaft"; *Stern,* Staatsrecht II 1980, S. 466; widersprüchlich dazu *Bruckhoff* (Fn. 4), S. 12: „private Aktiengesellschaft" einerseits, „oberste Reichsbehörde" andererseits (S. 17).

[55] *Starke* WM 1957, 75 (86); *Maunz,* in: Maunz/Dürig, Art. 88 (Erstbearb.) Rn. 17; anders in der Zweitbearb. (1982) Rn. 5.

[56] Es ist der Staat oder ein anderer Hoheitsträger (e. g. supranationale Einheit), der eine Sache zum Zahlungsmittel macht, das von der Rechtsordnung anerkannt wird, *Knapp,* Staatliche Theorie des Geldes, 1905, S. 32 f.; dazu *K. Schmidt* FS Hahn, 1997, S. 81 (81); wohl für einen weiter gefassten Geldbegriff *R. Schmidt* HStR V³, § 117 Rn. 2, der aber immerhin „eine Anerkennung durch die Rechtsordnung" verlangt, damit „Geld als rechtliche Erscheinung" vorliege; näher *Siekmann,* Legal Tender, S. 4–7, 28 ff.

[57] *Stern,* StaatsR II, S. 465.

tragung nach Satz 2 auf die EZB nicht stattgefunden hat. Alle im Folgenden genannten Gewährleistungen stehen deshalb unter dem Vorbehalt der Regeln über die EWU.

**13** Nicht alle überkommenen Geschäftätigkeiten und Instrumente von Zentralbanken sind gewährleistet. Dem Gesetzgeber steht insoweit ein Gestaltungsspielraum zu, der aber sehr begrenzt ist, da Art. 88 **nicht** unter **Regelungsvorbehalt** steht. Das gesamte Erscheinungsbild der Einrichtung muss einer Währungs- und Notenbank entsprechen, auch wenn der gern propagierte Rückgriff auf ein „vorrechtliches Gesamtbild"[58] oder ein „vorverfassungsmäßiges Bild der deutschen Währungs- und Notenbank"[59] nur bedingt weiterhilft.[60] Dafür war die Entwicklung der Notenbanken in Deutschland[61] zu wechselhaft[62] und die ausländischen Beispiele bis zur Währungsunion zu uneinheitlich.[63] Fraglich ist allerdings, ob daraus eine Verpflichtung des Bundes folgen kann, die BBank mit finanziellen Mitteln auszustatten, da sie selbst die Zahlungsmittel herstellen darf, die sie zur Begleichung ihrer Verbindlichkeiten benötigt. Der bloße Ausweis eines negativen Eigenkapitals kann dafür jedenfalls nicht ausreichen.[64]

**14** **2. Tätigkeit als Bank.** Die mehrfache Verwendung des Begriffs „Bank" bedeutet, dass die vom Bund zu errichtende Organisationseinheit als **Kreditinstitut** agiert. Sie setzt zur Erfüllung ihrer (hoheitlichen) Aufgaben überwiegend „banktypische Geschäfte" ein.[65] Nicht alle banktypischen Geschäfte sind damit gewährleistet, wohl aber ein Kernbestand. Es kommen administrative Handlungsformen hinzu, die einer Geschäftsbank nicht zur Verfügung stehen, wie die Festsetzung von Mindestreserven. Soweit diese Instrumente typbestimmend sind, werden sie von der Vorschrift garantiert. Ihre Stellung als Haus- oder Geschäftsbank des Staates ist aber verfassungsrechtlich nicht abgesichert[66] und kann – je nach Ausgestaltung – in Widerspruch zu Art. 123, 124 AEUV geraten. Jedenfalls wurde die Möglichkeit der Gewährung von Kassenkrediten (§ 20 I Nr. 1 BBankG a. F.) aus diesem Grund abgeschafft.

**15** **3. Tätigkeit als Währungs- und Notenbank.** Es lassen sich drei wesentliche Aufgabenkreise ableiten, die der Bank durch die Verfassung zugewiesen sind: (a) die Versorgung der Wirtschaft mit Geldmitteln, (b) die Währungssicherung einschließlich der Kontrolle der Geldmenge und (c) die Ausgabe von Banknoten als gesetzliche Zahlungsmittel.[67] Zur Erfüllung dieser Aufgaben muss ihr das notwendige Instrumentarium zur Verfügung gestellt werden.[68] Die Befugnis zur Rechtssetzung gehört nicht dazu. Sie steht ihr nur auf Grund besonderer gesetzlicher Ermächtigung zu.[69] Überwiegend werden die von ihr erlassenen generell-abstrakten Regelungen als Rechtssätze eigener Art angesehen.[70] Die Erfordernisse des Art. 80 I 2 sollen aber entsprechend gelten.[71]

---

[58] So RegE BBankG, BT-Dr 2/2781, S. 25.

[59] BVerfGE 14, 197 (216).

[60] Die Existenz eines „vorrechtlichen Gesamtbildes", auf das in der Begründung zum RegEntw. (o. Fn. 58) zurückgegriffen wurde, wird ebenso wie die Existenz eines „vorverfassungsmäßigen" Gesamtbildes, das vom ParlRat angeblich zugrunde gelegt worden sei, widerlegt von: *Gramlich* DVBl 1980, 531; *Siebelt,* Der juristische Verhaltensspielraum der Zentralbank, 1988, S. 95 ff.

[61] Überblick zur Entwickl. bei *Lampe,* Die Unabhängigkeit der Deutschen Bundesbank, 1971, S. 3 ff.; *Stern,* StaatsR II, S. 466 f.; *Siebelt* (Fn. 60), S. 21 ff.; *Hahn/Häde,* Währungsrecht, § 10 f. je mwN.

[62] *Stern,* StaatsR II, S. 475; *Gramlich* DVBl 1980, 531 (531 ff.); *Siebelt* (Fn. 60), S. 95 ff., und → Rn. 1–4.

[63] Einzelheiten bei *O. Hahn,* Die Währungsbanken der Welt, 1968; *Lampe* (Fn. 61), S. 53 ff.; *Caesar,* Der Handlungsspielraum von Notenbanken, 1981, S. 167 ff.; *Cukiermann* Central Bank Strategy, Credibility, and Independence: Theory and Evidence, 1992, S. 371 ff.; *Alesina/Summers,* Journal of Money, Credit and Banking, Vol. 25 (1993), S. 151 ff.

[64] *Siekmann,* FS Baums, S. 1145 (1169–1175), mit weiteren Einzelheiten zu der noch wenig verstandenen Problematik; s. auch *Binder* JZ 2015, 328; aus ökonomischer Sicht: *Välimäki,* Bank of Finland Bulletin 4, 2011, S. 37–48; *Rule,* Understanding the central bank balance sheet, Bank of England, Centre for Central Bank Studies, Handbook – No. 32, 2015.

[65] *Kämmerer,* in: v. Münch/Kunig II, Art. 88 Rn. 6.

[66] *Samm* (Fn. 29), S. 53; *Stern,* StaatsR, S. 477; *Blanke/Pilz* MKS III, Art. 88 Rn. 15.

[67] *Herdegen,* in: Maunz/Dürig, Art. 88 (2010) Rn. 43; *Häde* BK, Art. 88 (2012) Rn. 115, 121 (ohne Nennung von Geldversorgung oder Zahlungsverkehr); *Kämmerer,* in: v. Münch/Kunig II, Art. 88 Rn. 7 f.

[68] *Stern,* StaatsR II, S. 476; näher: *Coburger,* Die währungspolitischen Befugnisse der Deutschen Bundesbank, 1988; *Hahn/Häde,* Währungsrecht, § 12 Rn. 13; *Kratzmann* Der Staat 35 (1996), 221 (232 ff.).

[69] BVerwGE 41, 334 (351); *Kämmerer,* in: v. Münch/Kunig II, Art. 88 Rn. 9; *Pieroth,* in: Jarass/Pieroth, Art. 88 Rn. 2 aE.

[70] BVerwGE 41, 334 (349): vorgehende Sonderregelung in Art. 88; *Samm* (Fn. 29), S. 205 ff.; *Häde* BK, Art. 88 (2012) Rn. 231; *Herdegen,* in: Maunz/Dürig, Art. 88 (2010) Rn. 50: „Rechtsnorm sui generis"; dagegen für Einordung als (privatrechtliche) allgemeine Geschäftsbedingungen: *Prost* NJW 1966, 806 (808); *Weiland,* Regelungskompetenzen des Deutschen Bundesbank, Diss. Hamburg, 1967, S. 61, 71, 78, 96, Mindestreservefestsetzung jedoch öffentlich-rechtliche innerdienstliche Weisung (S. 128); *Fögen,* Geld- und Währungsrecht, S. 76; *Möschel,* Das Wirtschaftsrecht der Banken, 1972, S. 107 ff.; für Allgemeinverfügung: *Kindermann,* Die Anfechtung von kreditpolitischen Beschlüssen der Bundesbank, 1974, S. 124, 131; *Coburger* (Fn. 68), S. 64, 108, 112, 138, 148–151; differenzierend *Stern,* Notenbank, S. 168 f.

[71] *Häde* BK, Art. 88 (2012) Rn. 232; aA *Herdegen,* in: Maunz/Dürig, Art. 88 (2010) Rn. 50: Grenzen unmittelbar aus der Aufgabenzuweisung.

**a) Geldversorgung.** Die BBank hat von Verfassungs wegen zunächst die Aufgabe, die Volkswirt- **16** schaft mit den notwendigen Zahlungsmitteln zu versorgen.[72] Das kann durch Bankgeschäfte gesche- hen, die unmittelbar mit Nicht-Banken abgeschlossen werden. Ganz überwiegend werden die not- wendigen Operationen jedoch über Banken durchgeführt. Dazu gehört auch die Kreditgewährung in ihren verschiedenen Formen, vor allem Diskont- und Lombardkredite, aber auch Wertpapierpensions- geschäfte aller Art. Die Kreditgewährung an Kreditinstitute ist das maßgebende Instrument, um (gesetzliche) Zahlungsmittel dem Wirtschaftskreislauf zuzuführen. Die ausgegebenen Zahlungsmittel erscheinen auf der Passivseite der Notenbankbilanz und die Forderungen aus der Kreditgewährung bilden die Gegenposition auf der Aktivseite. Sowohl die gesetzlichen Zahlungsmittel als auch das von den Geschäftsbanken geschaffene Buchgeld können deshalb als „Kreditgeld" bezeichnet werden. Die BBank hat vor allem aber auch für die „bankmäßige **Abwicklung des Zahlungsverkehrs**" im Inland und mit dem Ausland zu sorgen;[73] jetzt als Teil des Eurosystems, Art. 127 II, 4. Spiegelstrich AEUV (→ Rn. 99).

Nachdem das vormals gut funktionierende Angebot **insolvenzsicherer Zahlungsverkehrsdienst- 17 leistungen** in Deutschland durch staatliche oder kommunale Einrichtungen (Deutsche Bundespost, Landesbanken, kommunale Sparkassen) fast vollständig beseitigt worden war, stellte sich für informierte Nicht-Banken immer drängender die Frage, wie wieder Zugang zu einem sicheren Zahlungsverkehrs- system erlangt werden konnte.[74] Die Gründung einer eigenen Bank (Beispiel: Siemens) kommt nur als Ausnahme für sehr große Unternehmen in Betracht. Die Einrichtung eines Girokontos bei der BBank ist zwar ohne weiteres rechtlich möglich, § 19 S. 1 Nr. 2, 5, § 22 BBankG, wird aber (mittlerweile) regelmäßig abgelehnt. Eine gegen eine solche Ablehnung gerichtete Klage ist vom VG Frankfurt zurückgewiesen worden.[75] Die außerordentlich unübersichtlichen Einlagensicherungssysteme in Deutschland bieten jedoch weder rechtlich noch wirtschaftlich einen adäquaten Ersatz, nicht zuletzt im Hinblick auf deren unklare Solvenz bei einer größeren Krise.[76]

Die expandierenden Regelungen der EU zum Schutz der Nutzer von **Zahlungsdiensten** und ihre **17a** Umsetzung in deutsches Recht (→ Rn. 99a) sind zwar gut gemeint, gewährleisten aber nicht die Sicherheit, welche Wirtschaft und Verbraucher für die Abwicklung des Zahlungsverkehrs benötigen. Sie bleiben weit hinter dem **Sicherheitsstandard** zurück, der durch die Tätigkeit der Landeszentral- banken vor Ort, die Bankdienste der Deutschen Bundespost und die Institutsgarantien für Kredit- institute, vor allem durch Anstaltslast und Gewährträgerhaftung, für jedermann ohne weitere Prüfung und ohne kostenträchtige Sicherungseinrichtungen zur Verfügung stand.

Unter diesen Umständen ist zu erwägen, ob nicht doch ein **Rechtsanspruch auf Einrichtung 17b eines Girokontos bei der BBank** bejaht werden muss, solange kein ähnlich sicheres laufendes Konto für das breite Publikum zur Verfügung gestellt wird. Die Frage hat (wieder) ungeahnte Aktualität im Zusammenhang mit der Einführung von digitalen Zahlungsmitteln, möglicherweise als gesetzliche Zahlungsmittel, durch die Zentralbanken erlangt.

**b) Währungssicherung.** Die Bank muss auch in die Lage versetzt sein, die innere Stabilität der **18** Währung zu sichern und ihre Aufgabe als **„Hüterin der Währung"**[77] zu erfüllen. Die Pflicht zur Wahrung der Preisstabilität dürfte sich schon aus Art. 88 S. 1 ergeben.[78] In den Ausschussberatungen war das Problem behandelt worden, doch hatte man davon abgesehen, die BBank auf „eine Sicherung der Kaufkraft der Währung zu verpflichten". Als Begründung wurde angegeben, dass „eine solche Verpflichtung zu einer zweigleisigen Wirtschaftspolitik führen könnte und auch die Währungsbank überfordert". Aus den folgenden Erwägungen ist aber zu entnehmen, dass der eigentliche Grund für das Absehen die Befürchtung war, dass sich BReg, Gesetzgeber und Sozialpartner dann ihrer Ver- pflichtung zur Wahrung der Preisstabilität entziehen könnten.[79]

Die „Währungsaußenpolitik", also vor allem die **Wechselkurspolitik** bei festen Wechselkursen und **18a** die Schaffung von Wechselkurssystemen, blieb vornehmlich Aufgabe der BReg. Bei Paritätsentschei- dungen wirkte die BBank nur beratend mit.[80] Die Zuständigkeit für die Währungsaußenbeziehungen

---

[72] BVerwGE 41, 334 (349).

[73] BVerfGE 14, 197 (217).

[74] *Siekmann,* in: Möllers/Zeitler, Europa, S. 106.

[75] VG Frankfurt, Urt. v. 11.2.2010 – Az. 1 K 2319/09.F.

[76] Einzelheiten bei *Hissnauer,* Die Reform der Einlagensicherung und Anlegerentschädigung in Deutschland, jur. Diss. 2013, S. 31 ff., 123 ff.; krit. zu einem eng begrenzten Teilbereich *Fröhlich,* Die freiwillige Einlagensicherung der privaten Banken, 2008; ferner *Wagner,* Die Einlagensicherung bei Banken und Sparkassen nach dem Einlagensiche- rungs- und Anlegerentschädigungsgesetz, 2004; zT wenig problemadäquat *Bigus/Leyens,* Einlagensicherung und Anlegerentschädigung, 2008.

[77] Nachw. bei *Stern,* StaatsR II, S. 478.

[78] Dezidiert *Kämmerer,* in: v. Münch/Kunig II, Art. 88 Rn. 7; wohl auch BVerwGE 41, 334 (349); aber nicht: *Stern,* StaatsR II, S. 475 f., 478; *Heun,* in: Dreier III, Art. 88 Rn. 25: „kaum haltbar"; zurückhaltend *Herdegen,* in: Maunz/Dürig, Art. 88 (2010) Rn. 34.

[79] *Zu* BT-Dr 2/3603, S. 2.

[80] *Gleske* FS Hahn, 1997, S. 123 (133).

ist durch die Schaffung der EWU durch Art. 219 I 1–3 AEUV überwiegend auf den Rat der EU und nur zu einem geringen Teil auf die EZB übertragen worden. Sowohl die förmliche Vereinbarung von Wechselkurssystemen mit Drittstaaten (Abs. 1) als auch die Vorgabe „allgemeiner Orientierungen" für die Wechselkurspolitik (Abs. 2) sind nunmehr vornehmlich Aufgabe des Rates, allerdings mit vorbehaltenen Befugnissen für die Mitgliedstaaten (Abs. 4).[81]

**19**      Die Entscheidung über die Verwendung der **Gold- und Devisenreserven** der BBank darf nicht mit ihrer Aufgabe der Währungssicherung und der Verpflichtung zur Sicherung der Geldwertstabilität kollidieren. Entspr. gilt über Ausweis und Verwendung des **BBankgewinns.** Gegen den Willen der geldpolitischen Instanzen dürfen Parlament und Regierung insoweit keine Entscheidungen treffen,[82] da es sich um quantitativ nicht unbedeutende Größen handelt.[83] Wegen der früheren Beteiligung von Privatkapital an den Notenbanken ist die privatrechtliche Begrifflichkeit beibehalten worden; so auch in § 26 BBankG, der den Jahresabschluss und die Kostenrechnung regelt, sowie in § 27 BBankG über die „Gewinnverteilung". Dies darf aber nicht zu dem Fehlschluss verführen, dass es sich um Vermögen und Erträge eines Staatsunternehmens handele, über das der Träger nach Belieben verfügen dürfe. Vielmehr liegen öffentlich-rechtlich zu klassifizierende Residuen aus der Erfüllung öffentlicher oder gar hoheitlicher Aufgaben vor,[84] die einem anderen Rechtsregime unterliegen als die Gewinne privatwirtschaftlicher Unternehmen und allenfalls akzidentiell anfallen dürfen. Eine verfassungsrechtliche Verpflichtung zur Verwendung der Gewinne zur Rückführung der Schulden des Bundes besteht zwar nicht,[85] wäre aber verfassungspolitisch außerordentlich sinnvoll. Entsprechendes gilt für die Zuführung an einen selbständigen Staatsfonds. Die Abführung von Gewinnen an den Bund ist trotz ähnlicher gesamtwirtschaftlicher Wirkungen keine Kreditaufnahme im Sinne von Art. 109 III und 115 (→ Art. 115 Rn. 16).

**20**      **c) Schaffung gesetzlicher Zahlungsmittel.** Wie ihre Bezeichnung in Art. 88 bereits zum Ausdruck bringt, muss die Bank das **Recht** haben, **Banknoten** auszugeben, die als gesetzliche Zahlungsmittel rechtlich anerkannt sind. Dieses Recht gehört zu den durch Art. 88 S. 1 gewährleisteten Kernaufgaben.[86] Es hat auch von Anfang an im einfachen Recht Anerkennung gefunden. Dieses Recht wird durch Art. 128 I AEUV zu einer **Pflicht** verdichtet.[87] Nicht zu den Kernaufgaben wird jedoch das Recht zur **Ausgabe von Münzen** gerechnet,[88] das traditionell als besonderes (Ertrag bringendes) Hoheitsrecht des Herrschers („Münzregal") und später des Staates angesehen wurde. Allerdings kann es in Konflikt mit der Aufgabe der Währungssicherung treten, der Bank übertragen ist, zumal wenn hohe Nennwerte ausgeprägt werden. Es bedarf also in jedem Fall einer Abstimmung mit der Zentralbank, die jetzt durch Art. 128 II 1 AEUV gewährleistet ist (→ Rn. 97 f.).

**21**      Für die **Aufteilung der Kompetenzen** zur Ausgabe von Banknoten und zur Ausgabe von Münzen gibt es keine überzeugenden Sachgründe (mehr).[89] Dementsprechend hatten die Alliierten nach dem zweiten Weltkrieg diesen Anachronismus beseitigt und das Recht zur Münzausgabe auf die Bank Deutscher Länder übertragen.[90] Letztlich haben rein fiskalische Gründe aber dazu geführt, den Schritt zurückzunehmen und dem Zentralstaat wieder das (exklusive) Recht zur Ausgabe von Münzen einzuräumen. Rein fiskalische Erwägungen sind aber kein hinreichender Sachgrund für diese Ungleichbehandlung im Bereich der Hoheitsverwaltung.

---

[81] Näher *Häde,* in: Calliess/Ruffert, Art. 219 AEUV Rn. 19.

[82] Nähere Einzelheiten *Siekmann,* Eine stabile Geld-, Währungs- und Finanzordnung, 2013, S. 85 ff.

[83] Zusammenstellungen für 1993 bis 2003 bei *Siekmann* (Fn. 82), S. 81. Für die Folgejahre sind in den Geschäftsberichten der Bundesbank ausgewiesen (jeweils Mio. Euro): 676 (2004), 2 860 (2005), 4 205 (2006), 4 285 (2007), 6 261 (2008), 4 147 (2009), 2 206 (2010), 643 (2011), 664 (2012), 4 591 (2013), 2 954 (2014), 3 189 (2015), 399 (2016), 1 902 (2017), 2 433 (2018), 5 851 (2019).

[84] So jetzt wohl auch *Hummel,* Verfassungsrechtsfragen der Verwendung staatlicher Einnahmen, 2008, S. 472, der sich aber zu Unrecht auf BVerfGE 9, 305 (327) beruft.

[85] *Puhl,* Budgetflucht und Haushaltsverfassung, 1996, S. 266; *Hummel* (Fn. 84), S. 473.

[86] *Döll* DVBl 1956, 665 (669); *Fögen,* Geld- und Währungsrecht, S. 73 f.; *Samm* (Fn. 29), S. 61 f.; *Stern,* StaatsR II, S. 476 f.; *Herdegen,* in: Maunz/Dürig, Art. 88 (2010) Rn. 48; *Pieroth,* in: Jarass/Pieroth, Art. 88 Rn. 4; explizit zust. *Heun,* in: Dreier III, Art. 88 Rn. 25; aA: *Greitemann,* Die Verwaltung der Staatskassenmittel als Rechtsproblem, 1968, S. 40; *Wilke,* in: v. Mangoldt/Klein III, 2. Aufl. 1974, Art. 88 Anm. III 4b (S. 2403); *Häde* BK, Art. 88 (2012) Rn. 122; *Kämmerer,* in: v. Münch/Kunig II, Art. 88 Rn. 8.

[87] *Siekmann,* Restricting the Use of Cash in the European Monetary Union, IMFS working paper series No. 108 (2016), S. 11–19 mwN.

[88] *Stern,* StaatsR II, S. 477; *Häde* BK, Art. 88 (2012) Rn. 124 f.; *Kämmerer,* in: v. Münch/Kunig II, Art. 88 Rn. 8.

[89] *Stern,* StaatsR II, S. 477, der auch schon keinen sachlichen Grund für die unterschiedliche Behandlung finden konnte; aA *Höpker-Aschoff* WM 1956, Sonderbeil. 7, S. 12, der aber verkennt, dass auch Münzen gesetzliche Zahlungsmittel sind.

[90] Zunächst nur nach Maßgabe von Anweisungen der zuständigen alliierten Behörden, Art. III § 8 Gesetz der Militärregierung zur Errichtung der Bank deutscher Länder, Nr. 60 v. 1.3.1948 (US), VO Nr. 129 v. 1.3.1948 (brit.), VO Nr. 203 v. 26.3.1949 (frz.); Aufhebung des Anweisungsvorbehalts durch Bekanntmachung v. 1.11.1948; Änderung der Vorschrift durch G v. 29.6.1950 und Streichung der Worte „und Münzen". Unmittelbar anschließend wurde das „Bundesgesetz über die Ausprägung von Scheidemünzen" v. 8.7.1950 erlassen, BGBl. 323.

**d) Notenausgabemonopol.** Eine Währungsbank muss die Kontrolle über das Volumen der Zen- 22 tralbankgeldmenge haben, das ein wesentlicher Ansatzpunkt für die Geldpolitik ist. Die Steuerung der Zentralbankgeldmenge kann seit dem Wegfall von Deckungs- oder Einlösungspflichten im Wesentlichen nur durch das **exklusive Recht** zur Ausgabe von **Bankennoten** als gesetzlichen Zahlungsmitteln (Notenausgabemonopol) verwirklicht werden. Als Bestandteil der Währungssicherung gehört es (mittlerweile) zum garantierten Aufgabenbestand (→ Rn. 20). Die Notenbank muss aber nicht selbst die Geldzeichen herstellen. Es genügt, wenn sie die Kontrolle über den gesamten Vorgang bis zum Inverkehrbringen des Geldes behält.

Auch nach Gründung der RBank im Jahre 1875 war das Notenausgabemonopol in Deutschland nur 23 schrittweise (einfachgesetzlich) eingeführt worden.[91] Schon im BankG von 1924 wurde der RBank das „ausschließliche" Recht zur Ausgabe von Banknoten auf 50 Jahre verliehen; allerdings unter Beibehaltung überkommener Notenausgaberechte von vier „Privatnotenbanken".[92] Erst im Jahre 1939 sind diese Vorbehalte beseitigt worden.[93]

Die Notenbank muss alle Versuche, das Monopol zu unterlaufen, wirksam unterbinden. Das war 24 nicht zuletzt ein Ziel des bis 1990 geltenden Genehmigungsvorbehalts für Inhaberschuldverschreibungen und Inhaberwechsel (§§ 795 und 808a BGB aF)[94] und ist Zweck des Verbots der Annahme von Schecks, Art. 4 ScheckG. Aus diesen Gründen waren auch die lange Zeit von der deutschen Kreditwirtschaft ausgegebenen Scheckkartenschecks äußerst problematisch. Sie waren akzeptierten Schecks funktional gleichwertig. Nur war das Akzept nicht auf den Scheck selbst geschrieben, sondern in einer gesonderten Scheckkarte enthalten – eine klare Umgehung des Annahmeverbots und damit ein Verstoß gegen das Notenausgabemonopol.

## V. Zustimmung des BRat

Das Gesetz zur Errichtung der Währungs- und Notenbank bedarf **nicht** der **Zustimmung des** 25 **BRates.**[95] Das ergibt sich zwangsläufig, wenn Art. 88 als lex specialis zu Art. 87 verstanden wird (→ Rn. 6); im Übrigen daraus, dass die Zustimmungsbedürftigkeit im GG nicht angeordnet ist.[96] Deshalb war auch das BBankG in seiner konkreten Ausprägung nicht zustimmungspflichtig, obwohl wichtige Interessen der Länder betroffen waren. Der verfassungsändernde Gesetzgeber ging jedenfalls im Jahre 1967 bei der Einfügung von Art. 109 IV 1 Nr. 2 aF von der verfassungsgemäßen Erfüllung des Auftrags aus. Die Zustimmung des BRates ist auch dann nicht erforderlich, wenn der Bund „entweder durch ausdrückliche Änderung und Ergänzung des Bundesbankgesetzes oder durch ein besonderes Gesetz, wie das Kreditwesengesetz (KWG), der Bundesbank weitere Aufgaben" überträgt, „sofern diese noch in ihren Geschäftskreis als Währungs- und Notenbank fallen".[97] Auch eine ändernde Entscheidung des Gesetzgebers über die zentrale oder dezentrale Struktur der BBank ist nicht zustimmungspflichtig.[98]

# C. Übertragung von Aufgaben und Befugnissen im Rahmen der EU (S. 2)

## I. Ausgangspunkt: Vertragswerk von Maastricht

Vor Abschluss des Vertrages von Maastricht war die Notwendigkeit einer Ergänzung des GG zur 26 Ermöglichung der Übertragung der Währungshoheit auf europäische Institutionen kontrovers diskutiert worden.[99] Zur **verfassungsrechtlichen Absicherung** der Vorgaben für eine EWU[100] wurde aber schließlich Satz 2 eingefügt. Während die RegE lediglich die Ermächtigung enthielt, Aufgaben

[91] Kontingentierung und Besteuerung der darüber hinaus ausgegebenen Banknoten (§ 9 I 1 BankG v. 14.3.1875 RGBl S. 177), strikte Beschränkung der zulässigen Geschäfte (§ 7), Verlust der Befugnis und Anwachsen des Kontingents bei der RBank (§§ 9 I, 49); Einzelheiten bei *Lotz* (Fn. 2); *James* (Fn. 2), S. 33 f., 36.

[92] § 2 BankG v. 30.8.1924, RGBl II, 235, jedoch mit strikter Begrenzung des Ausgabevolumens.

[93] § 2 S. 2 RBankG v. 15.6.1939, RGBl I, 1015.

[94] Näher *Baums*, FS Möschel, 2011, S. 1097 (1115).

[95] BVerfGE 14, 197 (215); *Wilke*, in: v. Mangoldt/Klein III, 2. Aufl. 1974, Art. 88 Anm. IV 1b dd (S. 2416) m. Nachw. für die früher vertretene Gegenmeinung; *Stern*, StaatsR II, S. 472; *Herdegen*, in: Maunz/Dürig, Art. 88 (2010) Rn. 28.

[96] *Stern*, StaatsR II, S. 473.

[97] BVerfGE 14, 197 (215).

[98] *Heun*, in: Dreier III, Art. 88 Rn. 21, unter Berufung auf *Stern*, StaatsR II, S. 473, wo das aber nicht explizit steht.

[99] *Scholz* NVwZ 1993, 817 ff.; *ders.* NJW 1993, 1690 (1691 f.); *Weikart* NVwZ 1993, 834 ff.; *Häde* BK, Art. 88 (2012) Rn. 22 ff.; weit. Nachw. bei: *Janzen*, Der neue Artikel 88 Satz 2 des Grundgesetzes 1996, S. 34 mit Fn. 2.

[100] Die einzelnen Fragen sind vielfach im Schrifttum behandelt worden. Vgl. vor allem *Galahn* (Fn. 33) S. 67 ff.; *Kortz*, Die Entscheidung über den Übergang in die Endstufe der Wirtschafts- und Währungsunion, 1996; *Nicolaysen*, Rechtsfragen der Währungsunion, 1993; *Seidel* FS Börner, 1992, S. 417 (417 ff.); zu verfassungsrechtlichen Aspekten *Tettinger* RIW, Beil. 3 zu Heft 12/1992; *ders.*, List Forum für Wirtschafts- und Finanzpolitik Bd. 19 (1993), S. 307 ff.; *Janzen* (Fn. 99) S. 34 ff.; *Beisse* BB 1992, 645 (645 ff.).

und Befugnisse der BBank auf eine europäische Zentralbank zu übertragen,[101] ging diese Formulierung dem Sonderausschuss „Europäische Union" des Bundestages nicht weit genug. Wesentliches Anliegen für die Einfügung von Satz 2 war, sicherzustellen, dass auch die **künftige Geldpolitik** dem vorrangigen Ziel eines **stabilen Geldwertes** verpflichtet bleiben sollte.[102] Das verfassungsändernde Gesetz wurde sodann mit den präzisierenden Ergänzungen beschlossen. Der neue Satz 2 ist trotz der intensiven Beratungen[103] sprachlich misslungen, da das „ist" innerhalb des Satzes falsch platziert ist. Inhaltlich geht die Bestimmung mit ihrer Festlegung von zwingend einzuhaltenden Bedingungen für die künftige Währungsunion sowohl über Art. 24 I als auch über Art. 23 I deutlich hinaus, die aber auch zu beachten sind.[104]

## II. Voraussetzungen

27    Aufgaben und Befugnisse der BBank dürfen nur dann auf die EZB übertragen werden, wenn drei Voraussetzungen erfüllt sind:

– Einbindung in den Rahmen der EU;
– Unabhängigkeit der EZB;
– Verpflichtung auf das vorrangige Ziel der Sicherung der Preisstabilität.

Das BVerfG hat es als eine „Verfassungspflicht" bezeichnet, dass die jeweils zuständigen deutschen Verfassungsorgane bei allen weiteren Integrationsschritten diese Vorgaben genauestens einhalten.[105] Wenn sie missachtet werden, liegt ein **Verstoß gegen Art. 88 S. 2** vor, auch wenn die europarechtlichen Rahmenbedingungen eingehalten werden.

28    Der von Art. 88 S. 2 in Bezug genommene **„Rahmen der Europäischen Union"** ist bereits durch Art. 23 I 1 vorgegeben.[106] Voraussetzungen und Grenzen einer Übertragung der Währungshoheit ergeben sich also kumulativ aus Art. 88 S. 2 und Art. 23 I (→ Rn. 26). Da es sich um eine Übertragung von Hoheitsrechten auf die EU i. S. von Art. 23 I 2 handelt, muss sie durch zustimmungsbedürftiges Bundesgesetz erfolgen, das den Anforderungen von Art. 79 II, III genügt.[107] Wortwahl („im Rahmen **der** Europäischen Union, **der** Europäischen Zentralbank") und Entstehungsgeschichte legen eine alleinige Ausrichtung auf den Vertrag von Maastricht nahe. Ergänzungen, Modifikationen und Weiterentwicklungen im Zuge der dort angelegten „neue[n] Stufe bei der Verwirklichung einer immer engeren Union der Völker Europas" (Art. 1 I 2 EUV aF) sind aber möglich, soweit dabei die beiden weiteren Vorbehalte (Unabhängigkeit der EZB, materieller Vorrang der Preisstabilität) nicht angetastet werden.[108]

29    Einige grundlegende Strukturprinzipien müssen als konstitutiv für eine „Europäische Union" iSv Art. 88 S. 2 angesehen werden.[109] Das bedeutet, dass die Union (auch) eine Wirtschafts- und Währungsunion bleiben muss, um die Anforderungen der Vorschrift zu erfüllen. Die bisherigen Integrationselemente bilden die Grundlage für den weiteren, als notwendig anerkannten Integrationsprozess. Eine bestimmte Integrationsdichte, nicht aber eine politische Union oder gar ein Bundesstaat, müssen vorliegen, damit die Übertragung von Aufgaben und Befugnissen Art. 88 S. 2 entspricht.[110] Eine weitere Integration, nicht zuletzt zur Bewältigung der Banken- und Staatsschuldenkrise, die seit 2007 herrschte, ist dadurch nicht ausgeschlossen. Auch die Einfügung von Mechanismen zur Prävention und künftigen Bewältigung von Krisen in das Primärrecht ist mit Art. 88 S. 2 zu vereinbaren, wenn die Unabhängigkeitsgarantie und der Vorrang der Preisstabilität nicht angetastet werden.

## III. Rechtsfolge

30    Mit der verfassungsrechtlichen Ermächtigung in Satz 2 „ist die Entwicklung einer Europäischen Währungsunion verfassungsrechtlich anerkannt".[111] Die Vorschrift bringt „den Willen des Verfassunggebers zum Ausdruck, „eine Übertragung der Aufgaben und Befugnisse der Deutschen Bundesbank auf eine Europäische Zentralbank unter der Voraussetzung zuzulassen, dass die Europäische Zentral-

---

[101] BT-Dr 12/3338, S. 3, 21 f.

[102] *Janzen* (Fn. 99), S. 16, 151 ff.; *Häde* BK, Art. 88 (2012) Rn. 31 ff.

[103] Zur Genese *Scholz* NJW 1993, 1690 (1691 f.); *Weikart* NVwZ 1993, 834 (834 ff.); *Janzen* (Fn. 99), S. 80 ff.

[104] *Kämmerer*, in: v. Münch/Kunig II, Art. 88 Rn. 17; *Heun*, in: Dreier III, Art. 88 Rn. 15, 55: „spezielle Struktursicherungsklausel"; *Blanke/Pilz* MKS III, Art. 88 Rn. 79: „Spezialregelung", deren tatbestandlichen Voraussetzungen Art. 23 I „ergänzen und modifizieren"; teilweise anders *Häde* BK, Art. 88 (2012) Rn. 277 f.

[105] BVerfGE 89, 155 (201).

[106] *Kämmerer*, in: v. Münch/Kunig II, Art. 88 Rn. 17; *Heun*, in: Dreier III, Art. 88 Rn. 15, 55; *Blanke/Pilz* MKS III, Art. 88 Rn. 79: *Pieroth*, in: Jarass/Pieroth, Art. 88 Rn. 5.

[107] *Janzen* (Fn. 99), S. 60 f., 69 f.; *Remmert*, in: Epping/Hillgruber, Art. 88 Rn. 22.

[108] *Janzen* (Fn. 99), S. 82 f.; *Blanke/Pilz* MKS III, Art. 88 Rn. 49; *Häde* BK, Art. 88 (2012) Rn. 241.

[109] So zutr. *Janzen* (Fn. 99), S. 85 f.

[110] Vgl. *Morgenthaler* JuS 1997, 673 (673 f.); *Galahn* (Fn. 33), S. 161 ff.; *Janzen* (Fn. 99), S. 88. Ausdrücklich offen gelassen wird die Frage nach der Politischen Union als Voraussetzung der Wirtschafts- und Währungsunion in BVerfGE 89, 155 (206 f.).

[111] BVerfGE 89, 155 (174).

bank unabhängig und dem vorrangigen Ziel der Sicherung der Preisstabilität verpflichtet" ist. Der „Eintritt in die Währungsunion" ist eine „verfassungsrechtlich legitimierte Fortbildung der Europäischen Union".[112] Diese „speziell für die Gründung der Europäischen Union eingeführte Regelung besagt aber auch, dass die Inanspruchnahme der Ermächtigung als solche nicht den Grundrechten widerspricht".[113]

Die primärrechtlichen Rahmenbedingungen für das ESZB erfüllen die Voraussetzungen für eine 31 Übertragung.[114] Damit durfte der „Euro"[115] unwiderruflich an die Stelle der DM treten und das aus der EZB und den nationalen Zentralbanken bestehende ESZB gem. Art. 282 I 2 AEUV als „Betreiber" der Währungspolitik eingesetzt werden. Die Geldpolitik wird in Art. 127 II AEUV zu den „grundlegenden Aufgaben" des ESZB erklärt.[116]

Vor Eintritt in die dritte Stufe der EWU war in einem komplizierten Verfahren festzustellen, ob 32 „ein hoher Grad an dauerhafter Konvergenz" erreicht war. Als verbindlicher Maßstab dafür, welche Mitgliedstaaten die für die Einführung einer einheitlichen Währung „notwendigen Voraussetzungen" erfüllten, hatten namentlich vier Kriterien zu dienen: hohe Preisstabilität, öffentliche Haushalte ohne übermäßige Defizite, Wechselkursstabilität und Konvergenz der langfristigen Zinssätze.[117] Die Kriterien sind in einem Protokoll zum Vertrag von Maastricht, also im primären Gemeinschaftsrecht,[118] näher spezifiziert und werden dort als **Konvergenzkriterien** bezeichnet.[119] Diese Vorgaben gelten nicht nur für den Eintritt in die dritte Stufe der Wirtschafts- und Währungsunion, sondern auch für die Aufnahme neuer Teilnehmer in das „Eurosystem", Art. 140 I AEUV. Davon zu unterscheiden sind die Kriterien zur Beurteilung der Frage, ob „übermäßige öffentliche Defizite" vorliegen, Art. 126 I, II AEUV **(Defizitkriterien).** Sie sind ebenfalls in einem Protokoll zum Vertrag spezifiziert.[120] Das wird nicht immer hinreichend beachtet, wenn pauschal von **„Maastricht-Kriterien"** gesprochen wird. Der viel zitierte „Stabilitäts- und Wachstumspakt" ist allerdings nicht Bestandteil des Primärrechts (→ Rn. 87).

Das BVerfG hat zu Recht die Konvergenzkriterien als hinreichend stabile Sicherung verfassungs- 33 rechtlicher Anforderungen beurteilt: Im Rahmen der verbleibenden „Einschätzungs-, Bewertungs- und Prognosespielräume" sei vertraglich „hinreichend sichergestellt", dass ohne deutsche Zustimmung die Konvergenzkriterien nicht „aufgeweicht" werden können.[121] Sie müssen aber nicht sicherstellen, dass Fälschung und Täuschung durch Mitgliedsländer, wie im Falle Griechenlands,[122] verhindert werden. Dafür muss es andere Mechanismen geben.

## IV. Keine Entstehung einer Staatszielbestimmung

Die ausdrückliche verfassungsrechtliche Festlegung der beiden währungs- und geldpolitischen Er- 34 fordernisse soll „mittelbar zu deren allgemeiner Geltung als **Staatsziel**" führen.[123] Schon angesichts der institutionellen Verklammerung der EZB mit den nationalen Währungs- und Notenbanken im ESZB ist dem aber nicht zuzustimmen. Die Vervielfältigung der Staatszielbestimmungen widerspricht der Grundstruktur des GG als einem bindenden Rechtsgesetz und hat seinen normativen Gehalt bereits nennenswert lädiert. Nach den eindeutigen Intentionen des Verfassunggebers sollte es sie – wegen der Erfahrungen mit der Verfassung von Weimar – nicht mehr geben.[124] Jedenfalls müssen sie seltene Ausnahme bleiben.

---

[112] BVerfGE 97, 350 (372); zust. *Siekmann* EWiR 1998, 743 (743 f.).

[113] BVerfGE 89, 155 (174).

[114] BVerfGE 89, 155 (201 ff.); 97, 350 (372).

[115] VO (EG) Nr. 1103/97 des Rates v. 17.6.1997, ABl 1997/L 162/1; und die Entschließung des Rates v. 7.7.1997 zum Rechtsrahmen für die Einführung des Euro im ABl 1997/C 236/7; o. Rn. 5.

[116] Zur Parallelproblematik der Vereinbarkeit dieser Vertragsregelungen mit frz. Verfassungsrecht s. die Entscheidungen des Conseil constitutionnel v. 9.4.1992 (EuGRZ 1993, 187 [191]) und v. 2.9.1992 (EuGRZ 1993, 193 [195]). Art. 88 II frz. Verf. i. d. F. d. ÄndG v. 25.6.1992 erlaubt eine Übertragung der für die Herstellung der Währungsunion erforderlichen Zuständigkeiten nur unter dem Vorbehalt der Gegenseitigkeit und unter Wahrung des im EUV vorgesehenen Verfahrens.

[117] Vgl. BVerfGE 89, 155 (200). Die Einhaltung dieser Konvergenzkriterien hängt damit keinesfalls nur mittelbar mit dem Verfassungspostulat des Art. 88 S. 2 GG zusammen, wie *Janzen* (Fn. 99), S. 160, meint.

[118] Die Prot. zu den Gemeinschaftsverträgen und dem Unionsvertrag waren und sind integrale Bestandteile der Verträge, Art. 311 EGV, Art. 84 EGKS-Vertrag, Art. 207 EURATOM-Vertrag, Art. 239 EGV (Maastricht und Nizza), 311 (Amsterdam), 51 EUV (Lissabon).

[119] Prot. über die Konvergenzkriterien nach Art. 121 des Vertrages zur Gründung der EG (1992); jetzt Prot. (Nr. 13) über die Konvergenzkriterien, abgedr. ABl 2010/C 202/281.

[120] Art. 1, Prot. (Nr. 12) über das Verfahren bei einem übermäßigen Defizit, abgedr. ABl 2010/C 202/279.

[121] BVerfGE 89, 155 (202 f.); s. auch BVerfGE 97, 350 (373).

[122] Näher dargestellt im Bericht der EU-Komm. v. 8.1.2010: EUSTAT Report on Greek Government Deficit and Debt Statistics, Com(2010) 1 final.

[123] *Badura* FS Schambeck, 1994, S. 887 ff. (904); s. auch *Galahn* (Fn. 33), S. 193; weiter diff. *Brosius-Gersdorf*, Bundesbank, S. 387 f.

[124] *Stern*, StaatsR III/1, S. 877.

## D. Die Rechtslage nach der Übertragung

### I. Die Stellung der Bundesbank als Teil des ESZB

**35**    **1. Das ESZB.** Das Europäische System der Zentralbanken **(ESZB)** besteht aus der EZB und den nationalen Zentralbanken (NZB) der Mitgliedstaaten der EU und bildet ein einheitliches System, Art. 282 I 1 AEUV, Art. 1.2 ESZB/EZB-Satzung.[125] Zu ihm gehören auch die Zentralbanken der Länder, die **nicht** die gemeinsame Währung, den Euro, eingeführt haben,[126] also Dänemark und Schweden, sowie die meisten der neu aufgenommenen Mitgliedstaaten: Bulgarien, Kroatien, Tschechien, Ungarn, Polen und Rumänien.[127] Die Mitgliedstaaten, die den Euro nicht oder noch nicht eingeführt haben, werden als „Mitgliedstaaten, für die eine Ausnahmeregelung gilt" oder als „Mitgliedstaaten mit Ausnahmeregelung", bezeichnet (Art. 139 I AEUV).[128]

**36**    Das Unionsrecht geht aber weit davon aus, dass der **Euro** die **Währung** der EU ist und grds. in allen Mitgliedsländern eingeführt werden soll, soweit nicht das Primärrecht ausdr. Ausnahmen vorsieht, wie für Dänemark[129] und – bis zu seinem Austritt im Jahre 2020 – das Vereinigte Königreich[130]. Die Nichteinführung des Euro in Schweden beruht – rechtlich zweifelhaft – nur auf einer Ratsentscheidung.[131] Die grundsätzliche Pflicht zur Einführung des Euro gilt, obwohl die klare Regelung des Verfassungsvertrages[132] nicht in den Vertrag von Lissabon übernommen worden ist.[133]

**37**    Das **ESZB** ist kein Organ der EU, da es in Art. 13 I EUV nicht aufgeführt ist. Es hat auch **keine Rechtspersönlichkeit**,[134] wohl aber seine Bestandteile, die EZB (Art. 282 III 1 AEUV) und die nationalen Zentralbanken, wie die BBank (§ 2 BBankG). Das ESZB besteht nach dem Austritt des UK aus 28 rechtlich selbstständigen Einheiten.[135]

**38**    Die Diskussion, ob mit der Schaffung von ESZB und EZB eine eigenständige vierte Säule der EU, ein Teil der EG oder eine selbständige supranationale Einrichtung neben EU und EG errichtet worden sei,[136] bedarf keiner Vertiefung mehr.[137] Im Ergebnis ist das ESZB als **Einrichtung der EU** und die EZB als ihre **Zentralbank** anzusehen.[138] Weder die Unabhängigkeitsgarantie noch die Rechtspersönlichkeit der EZB lassen den Schluss auf das Vorliegen einer organisatorischen Einheit außerhalb der Union zu,[139] die nicht an das von den Organen der EU gesetzte Recht gebunden sei.[140]

**39**    Das gesamte ESZB wird von den Beschlussorganen der EZB, also EZB-Rat und EZB-Direktorium, geleitet (Art. 129 I AEUV). Zutreffend wird von einem zwar mehrstufigen, aber doch „zentralisierten

---

[125] Mit „ESZB/EZB-Satzung" wird im Folgenden das „Protokoll über die Satzung des Europäischen Systems der Zentralbanken und der Europäischen Zentralbank" v. 7.2.1992 bezeichnet, veröff. i. d. F. des Vertrags von Lissabon: Prot. (Nr. 4), ABl C 83/230. Die Satzung ist damit Teil des Primärrechts der EU, Art. 51 EUV.

[126] *M. Weber,* Die Kompetenzverteilung im Europäischen System der Zentralbanken bei der Festlegung und Durchführung der Geldpolitik, 1995, S. 49; *Selmayr* WM 1999, 2429; *Kempen,* in: Streinz, AEUV Art. 282 Rn. 1; *Becker,* in: Siekmann, EWU, AEUV Art. 282 Rn. 14, 17.

[127] *Kempen,* in: Streinz, AEUV Art. 282 Rn. 1; *Siekmann,* in: ders., EWU Einf Rn. 52.

[128] Näher *Becker,* in: Siekmann, EWU, AEUV Art. 282 Rn. 16 f., der noch weiter unterscheidet zwischen – „Outs", „Pre-Ins" und „Opt-Outs", also Vereinigtes Königreich und Dänemark.

[129] Prot. (Nr. 16) über einige Bestimmungen betr. Dänemark, ABl 2010/C 83/287; dazu eingehend: *Beutel,* Integration, S. 306; *Siekmann,* in: ders., EWU, Protokoll (Nr. 16) Rn. 10.

[130] Nr. 1 des Prot. (Nr. 15) über einige Bestimmungen betr. das Vereinigte Königreich Großbritannien und Nordirland, ABl 2010/C 83/284; dazu eingehend: *Beutel,* Integration, S. 306 f.

[131] Ratsentscheidung v. 3.5.1998 über die Auswahl der an der einheitlichen Währung teilnehmenden Mitgliedstaaten, ABl 1998/L 139/30. Die Rechtsfolge (Nichteinführung des Euro) trat gemäß Art. 121 I 3 EGV automatisch ein.

[132] Art. I-8 des Vertrages über eine Verfassung für Europa: „Die Währung der Union ist der Euro".

[133] *Siekmann,* in: ders., EWU, Einführung Rn. 32 mwN.

[134] *Manger-Nestler,* Bundesbank, S. 145 f.; *Kempen,* in: *Streinz,* AEUV Art. 282 Rn. 2: auch nicht im Hinblick auf die Aufgabenzuschreibung in Art. 127 I, II und 5 AEUV.

[135] Die 28 nationalen Zentralbanken der EU-Mitgliedstaaten und die EZB.

[136] Für unabhängige Einrichtung sui generis des Gemeinschaftsrechts neben den Gemeinschaften, aber keine vierte Säule der EU siehe: *Selmayr* WM 1999, 2429 (2433 ff.); *ders.* AöR 1999, 357 (369); *Zilioli/Selmayr,* European Central Bank, S. 29 f., 39 ff.; *dies.* CMLR 2000, 591 (591 ff.); ähnlich *Seidel* EuZW 2000, 552.

[137] So iE auch *Amtenbrink/de Haan,* CMLR 39 (2002), 65 (73 f.); *Gaitanides* FS Zuleeg, 2005, S. 550 (555); *Häde,* in: *Calliess/Ruffert,* Art. 108 AEUV Rn. 1, *ders.* WM 2006, 1605 (1608, 1613); *Manger-Nestler* EuR 2008, 577 (579); aA *Zilioli/Selmayr* CMLR 37 (2000), 591 (624); *Beutel,* Integration, S. 39 mwN; eingehende Darstellung der Klassifizierungsversuche, aber ohne eigene Festlegung *Becker,* in: Siekmann, EWU, AEUV Art. 282 Rn. 20–45.

[138] *Smits,* ECB, S. 24; *Torrent* CMLR 36 (1999), 1229 (1230); *Häde* WM 2006, 1605 (1608, 1612); *ders.* EuR 2009, 200 (209); *Kempen,* in: Streinz, AEUV Art. 282 Rn. 4: „Unionseinrichtung eigener Art"; weitere Einzelheiten bei *Becker,* in: Siekmann, in: ders., EWU, AEUV Art. 282 Rn. 105 f., der auch auf das Verhältnis der EZB zum ESZB eingeht.

[139] EuGH, Rs. C-11/00 – OLAF, Urt. v. 10.7.2003, Rn. 65–67, 91 f., 135, EuR 2003, 847 (860, 864, 870): „… dass sich die EZB … in den Gemeinschaftsrahmen einfügt", „hat diese Zuerkennung einer solchen Unabhängigkeit … nicht zur Folge, dass die EZB völlig von der Europäischen Gemeinschaft gesondert … wäre"; *Kempen,* in: Streinz, AEUV Art. 282 Rn. 2.

[140] So aber *Selmayr* WM 1999, 2429 (2435).

System" gesprochen.[141] Insgesamt hat die Währungsunion einen Integrationsgrad erreicht, der sich insoweit nicht mehr von einem (föderativen) Staatswesen unterscheidet.[142]

**2. Das Eurosystem.** Die **EZB** und die nationalen **Zentralbanken** der Mitgliedstaaten, deren **40** Währung der Euro ist, bilden das **Eurosystem,** Art. 282 I 2 AEUV, Art. 1.2 ESZB/EZB-Satzung. Es handelt sich um eine Teilmenge des ESZB.[143] Mittlerweile haben insgesamt 18 Mitgliedstaaten den Euro eingeführt.[144] Die nationalen Zentralbanken dieser Mitgliedstaaten sind integrale Bestandteile des Eurosystems (Art. 14.3 S. 1 ESZB/EZB-Satzung), **nicht** aber die Zentralbanken der Mitgliedstaaten, die den Euro (noch) nicht eingeführt haben, da Art. 14.3 ESZB/EZB-Satzung für sie nicht gilt, Art. 42.1 ESZB/EZB-Satzung.

Ein nennenswerter Teil der Aufgaben des Systems wird durch die nationalen Zentralbanken aus- **41** geführt, Art. 12.1 UA 1 ESZB/EZB-Satzung. Sie sind aber an die vom EZB-Rat erlassenen **Leitlinien** und **Weisungen** gebunden, Art. 14.3 iVm Art. 12.1 UA 1 ESZB/EZB-Satzung.[145] Trotz der dezentralisierten Aufgabenerfüllung darf es innerhalb eines Währungsraums nur eine **einheitliche Geldpolitik** geben.[146] Auch das Direktorium ist gegenüber den nationalen Zentralbanken weisungsbefugt.[147] Ob es sich dabei um innerdienstliche Weisungen oder Verwaltungsvorschriften im Sinne des deutschen Verwaltungsrechts handelt, ist nicht sicher.[148]

Bis zum Vertrag von Lissabon kannte das Primärrecht nur das ESZB. Da die Mehrzahl der **42** Regelungen über die EWU jedoch nur für die Mitgliedstaaten und ihre Zentralbanken gelten sollten, die den Euro eingeführt hatten, wurde die Anwendbarkeit dieser Vorschriften für die anderen Mitgliedstaaten ausgeschlossen. Obwohl nunmehr eine primärrechtliche Sammelbezeichnung für das europäische Zentralbankensystem der Mitgliedstaaten, die den Euro eingeführt haben, zur Verfügung steht, wurde die alte Regelungstechnik i. Ü. beibehalten. Undifferenziert spricht das Primärrecht auch dann von Mitgliedstaaten und (nationalen) Zentralbanken, wenn nur die Eurostaaten und das Eurosystem gemeint sind,[149] vor allem in Art. 127 AEUV. Ein Austritt aus diesem System ist rechtlich nicht möglich, da es integraler Bestandteil der EU ist und keine verselbständigte Organisationseinheit.[150]

**Mitgliedstaaten** i. S. der währungsrechtl. **Vorschriften** des AEUV sind weiterhin **nur die Staa-** **43** **ten,** die den **Euro** eingeführt haben, Art. 139 II 2 AEUV, Art. 42.3 ESZB/EZB-Satzung. Wesentliche Regelungen, wie die Festlegung der Ziele und Aufgaben des ESZB gelten **nicht** für **Mitgliedstaaten** mit **Ausnahmeregelung.**[151] Sie behalten ihre währungspolitischen Befugnisse und dürfen eine eigenständige Geld- und Währungspolitik betreiben, Art. 282 IV 2 AEUV, Art. 42.2 ESZB/EZB-Satzung und sind an den Entscheidungsprozessen im ESZB grundsätzlich nicht beteiligt.[152] Sie stellen kein Mitglied im EZB-Rat (Art. 283 I AEUV, Art. 10.1 ESZB/EZB-Satzung) und ihre Staatsangehörigen können nicht Direktoriumsmitglied werden (Art. 42.3 iVm Art. 11.1 UA 3 ESZB/EZB-Satzung). Ihre nationalen Zentralbanken sind nicht den Leitlinien und Weisungen der EZB unterworfen, Art. 42.1 iVm Art. 14.3 ESZB/EZB-Satzung.

---

[141] *Gaitanides,* in: Friauf/Höfling, Art. 88 (2007) Rn. 38; zur Ausgestaltung des „dezentralen Ansatzes" in der Geldpolitik nach Art. 9.2, 12.1 UA 3 ESZB/EZB-Satzung s. die Dokumentation des EWI, Die einheitliche Geldpolitik in Stufe 3. Allgemeine Regelungen für die geldpolitischen Instrumente und Verfahren des ESZB, Sept. 1997; krit. *Selmayr* WM 1999, 2429 (2440).

[142] *Schmidt,* FS Scholz, 2007, S. 889 (894); *Manger-Nestler* EuR 2008, 577 (578).

[143] *Becker,* in: Siekmann, EWU, AEUV Art. 282 Rn. 46.

[144] Belgien, Deutschland, Estland, Finnland, Frankreich, Griechenland, Irland, Italien, Lettland, Luxemburg, Malta, Niederlande, Österreich, Portugal, Spanien, Slowakei, Slowenien, Zypern. Weitere Staaten benutzen den Euro als gesetzliches Zahlungsmittel; überwiegend auf Grund von Abkommen mit der EU, näher *Siekmann,* in: ders., EWU Einf Rn. 58 f.; *Kadelbach,* ebd., AEUV Art. 219 Rn. 60 f., 65.

[145] *Theisen,* Die Wirksamkeit des Subsidiaritätsprinzips im Europäischen System der Zentralbanken, 2005, S. 63, der auf die Bedeutung des „weisungskonformen" Handelns der NZB hinweist; *Kempen,* in: Streinz, AEUV Art. 129 Rn. 3; weitere Einzelheiten bei *Steven,* in: Siekmann, EWU, Art. 14 ESZB/EZB-Satzung Rn. 35: „verbindliche Handlungsanweisungen"; gegen ein rechtliche Bindungswirkung allerdings *Seidel* EuR 2000, 861 (871 f.).

[146] *Selmayr* WM 1999, 2429 (2430).

[147] *Steven,* in: Siekmann, EWU, Art. 14 ESZB/EZB-Satzung Rn. 35.

[148] Näher *Manger-Nestler,* Bundesbank, S. 206–212, die Leitlinien als generell-abstrakte Rechtsakte sui generis (S. 210) und Weisungen als konkrete „verbindliche Rechtsakte mit Außenwirkung" (S. 211) ansieht; zu den (verbliebenen) Entscheidungsspielräumen der nationalen Zentralbanken bei der Durchführung der Geldpolitik S. 212–229.

[149] *Häde,* in: Calliess/Ruffert, Art. AEUV 282 Rn. 9 f.

[150] Näher *Siekmann* FS Monéger, 2017, S. 773 (792).

[151] Art. 126 IX und XI AEUV: Sanktionen im Rahmen der Haushaltsüberwachung, Art. 127 I, II, III und IV AEUV: Aufgaben und Befugnisse des ESZB, AEUV Art. 127: Entscheidungsmonopol der EZB über die Ausgabe des Euro, AEUV Art. 132: Rechtsakte der EZB, AEUV Art. 219: Wechselkursvereinbarungen und andere Maßnahmen der Wechselkurspolitik, Art. 283 II AEUV: aktives und passives Wahlrecht zum EZB-Direktorium.

[152] *Kempen,* in: Streinz, AEUV Art. 282 Rn. 1; *Hermann,* in: Siekmann, EWU, Art. 42 ESZB/EZB-Satzung Rn. 9, der die Satzungsbestimmung als deklaratorisch einstuft.

**44**     **3. Die EZB.** Ursprünglich waren weder das ESZB noch die EZB als Organe der Gemeinschaft eingestuft worden,[153] da sie in Art. 7 EGV, der die Organe abschließend aufzählte, nicht genannt waren. Sie waren vielmehr als **gesonderte Einrichtungen** in Art. 8 EGV geregelt. Der Vertrag von Lissabon hat bei genauer Betrachtung diese Einstufung nicht geändert, obwohl die EZB in Art. 13 I EUV und im sechsten Teil, Tit. 1, Kap. 1 AEUV als „Organ" der Union aufgeführt ist. Es handelt sich jedoch um einen Übersetzungsfehler, da sowohl in der französischen als auch in der englischen Fassung weiterhin der Begriff „institutions" verwendet wird. Auch wenn die deutsche Fassung des Vertragsrechts ebenso verbindlich ist wie die englische und französische, sollte die EZB weiterhin als Einrichtung der EU bezeichnet werden.[154] Bei genauem Hinsehen sind die Bedenken der EZB und vor allem der BBank[155] im Hinblick auf die Neuregelung durch den Vertrag von Lissabon daher nicht begründet.[156] Allerdings ist jetzt kein Zweifel mehr möglich, dass die **EZB ein Bestandteil der EU** ist[157] und an das von ihr gesetzte Recht gebunden ist.[158]

**45**     Die EZB besitzt **Rechtspersönlichkeit,** Art. 282 III 1 AEUV. Diese erstreckt sich auf das innerstaatliche Recht der Mitgliedstaaten, das inner-unionale Recht der EU sowie das Völkerrecht.[159] Ihre **Eigentümer** sind die Zentralbanken der Mitgliedstaaten.[160] Sie sind alleinige Zeichner und Inhaber des Kapitals der EZB, Art. 28.2 S. 1 ESZB/EZB-Satzung.[161] Ihre **Haftung** ist auf das eingezahlte Kapital, den allgemeinen Reservefonds und, falls erforderlich, nach einem entsprechenden Beschluss des EZB-Rates auf ihren jeweiligen Anteil an den monetären Einkünften (Art. 32.5 ESZB/EZB-Satzung) beschränkt (Art. 33.2 ESZB/EZB-Satzung). Darüber hinaus besteht **keine Pflicht** zum **Ausgleich** anfallender **Verluste der EZB.**[162]

**46**     **4. Die Doppelnatur der nationalen Zentralbanken und der Deutschen Bundesbank.** Die **nationalen Zentralbanken** sind **integrale Bestandteile** des Eurosystems (→ Rn. 40), aber nicht nur Zweigstellen der EZB.[163] Es ist das Europarecht, das ihre Pflichten, Befugnisse und Organisation unmittelbar festlegt, soweit sie Aufgaben im Rahmen des ESZB erfüllen.[164] Sie führen die ihnen übertragenen Aufgaben entsprechend den Vorgaben der EZB durch (→ Rn. 41) und können deshalb als ihr **„operativer Arm"** angesehen werden. Eine besondere Bedeutung kommt den nationalen Zentralbanken als alleinige Zeichner des EZB-Kapitals und durch die Mitgliedschaft ihrer Präsidenten im EZB-Rat (Art. 283 I AEUV) zu.[165]

**47**     Trotz ihrer weitreichenden Integration in eine europäische Einrichtung sind die nationalen Zentralbanken weiterhin **Geschöpfe des nationalen Rechts,**[166] das ebenfalls ihre Errichtung, Tätigkeit und Organisation regelt. Allerdings sind die nationalen Gesetzgeber nicht frei in ihren Entscheidungen. Das EU-Recht hat Vorrang vor dem nationalen Recht.[167] Jede Art von EU-Recht, primäres und sekundä-

---

[153] *Weber* WM 1998, 1465 (1465); *Faber* AK GG, Art. 88 (2002) Rn. 42; *Louis* CMLR 35 (1998), 33 (73 f.): kein „organ sui generis"; für „organähnlich": *Manger-Nestler* EuR 2008, 577 (580); *Hahn/Häde* ZHR 165 (2001), 30 (34): „Gemeinschaftsinstitution mit organähnlicher Stellung"; *Häde,* in: Calliess/Ruffert, EUV/EGV, 3. Aufl. 2007, Art. 8 EGV Rn. 4: „organähnliche Einrichtung eigener Art"; *ders.* WM 2006, 1605 (1613): „Quasi-Organ der EG"; *Beutel,*. Integration, S. 39.

[154] Dafür ausdr. auch *Manger-Nestler* EuR 2008, 577 (581), allerdings für die frühere Fassung der Verträge. Sie geht aber angreifbar davon aus, dass der Begriff im Primärrecht nicht explizit verwendet werde.

[155] Stellungnahme der EZB v. 19.9.2003, ABl 2003/C 229/7–11; zum Teil noch weitergehend die Bedenken der *Deutschen Bundesbank,* Zur Währungsverfassung nach dem Entwurf einer Verfassung für die Europäische Union, Monatsbericht Nov. 2003, S. 67 ff.

[156] Nähere Einzelheiten bei *Siekmann,* in: ders., EWU, EUV Art. 13 Rn. 1 ff., 13 ff.; AEUV Art. 130 Rn. 9, 13 ff., 160; *ders.* (Fn. 82), S. 49 f.; iE ähnl. *Becker,* in: Siekmann, EWU, AEUV Art. 65–90, der aber nur am Rande auf das Übersetzungsproblem eingeht; ferner *Waldhoff* ebda, AEUV vor Art. 127 Rn. 4.

[157] *Becker,* in: Siekmann, EWU, AEUV Art. 282 Rn. 55–61, unter eingehender Darlegung des früheren Streitstandes; zust. *Heun* in: Dreier III, Art. 88 Rn 32; *Kempen,* in: Streinz, AEUV Art. 282 Rn. 2; *Häde,* in: Calliess/Ruffert, AEUV Art. 282 Rn. 38 „geworden ist".

[158] *Becker,* in: Siekmann, EWU, AEUV Art. 282 Rn. 91–104; *Häde,* in: Calliess/Ruffert, AEUV Art. 282 Rn. 37 f.

[159] *Becker,* in: Siekmann, EWU, AEUV Art. 282 Rn. 107.

[160] *Langner,* in: Siekmann, EWU, vor Art. 28–33 ESZB/EZB-Satzung, Rn. 7.

[161] Näher zur Entstehung und Bedeutung dieser Bestimmung *Langner,* in: Siekmann, EWU, Art. 28 ESZB/EZB-Satzung Rn. 15 ff.

[162] Vorsichtig in diese Richtung auch *Langner,* in: Siekmann, EWU, vor Art. 2833 ESZB/EZB-Satzung, Rn. 14; näher *Siekmann* FS Baums, 2017, S. 1145 (1150–1155); ferner → Rn. 9.

[163] *Häde,* in: Calliess/Ruffert, AEUV Art. 282 Rn. 14 f.

[164] Umgesetzt in § 3 Satz 1 BBankG; dazu *Zilioli/Athanassiou,* in: von der Groeben/Schwarze/Hatje, Europäisches Unionsrecht, 7. Aufl. 2015, Art. 14 ESZB-Satzung Rn. 26 ff.

[165] Mit Wirkung v. 29.12.2010 ist das gezeichnete Kapital der EZB um 5 Mrd EUR von 5,76 Mrd EUR auf 10,76 Mrd erhöht worden; Anteil der Bundesbank per 1.1.2014: 1 948 Mio. Euro (= 17,9973 %), per 1.1.2019: 1988 Mio. Euro (= 18,3670%), nach dem Ausscheiden der BoE 2320 Mio. Euro (= 21,4394%).

[166] *Louis,* CMLR 35 (1998), 33 (73), der es auch als „federal and decentralized" charakterisiert (S. 50); zT anders die Lehre von der „fusion": *Rometsch/Wessels,* The European Union and member states: towards an institutional fusion?, 1996; zu den verschiedenen Konstruktionsmöglichkeiten *Hahn* DÖV 1989, 233 (238 ff.).

[167] St. Rspr.: EuGH Slg. 1964, 1251 (1257, 1269 f.); 1970, 1125 Rn. 3; 1978, 629 Rn. 17 f.; 1981, 1805 Rn. 43 für Verwaltungsvorschriften; 1984, 1891 (1908 f. Rn. 26); 1990, I-4135 (4159 Rn. 8); 2000, I-7321 (7361 Rn. 39);

res Recht, geht jedem nationalen Recht – gleich welcher Art und Rangstufe – vor.[168] Im Falle eines Konflikts würde sich das Satzungsrecht von ESZB und EZB selbst gegenüber nationalem Verfassungsrecht durchsetzen. Der gelegentlich vertretenen Auffassung, dass die nationalen Zentralbanken keine Unionseinrichtungen seien und eindeutig den Mitgliedstaaten zugeordnet werden müssten,[169] kann daher nicht zugestimmt werden. Eine solche Verschiebung der Gewichte auf das nationale Recht ist mit der hohen „Integrationsdichte" in diesem Bereich und der uneingeschränkten Subordination gegenüber der EZB (→ Rn. 41) nicht zu vereinbaren.

Daraus folgt, dass auch die **Deutsche Bundesbank** weder als rein europäische[170] oder zwischen-  **48** staatliche Einrichtung[171] noch als rein nationale Einrichtung einzustufen ist. Vielmehr ist sie **zugleich** Einrichtung der BRD und der EU.[172] Es liegt eine „doppelte Verankerung"[173] in zwei Rechtsordnungen vor. Die BBank gehört aber auch nach ihrer Eingliederung in das ESZB zur Exekutivgewalt des Bundes.[174] Dabei ist es zweitrangig, ob man sie als Behörde bezeichnen will und wie in diesem Kontext § 29 I 1 BBankG zu deuten ist (→ Rn. 8). Sie hat durch die Eingliederung auch nicht ihre rechtliche Selbstständigkeit verloren und ist weiterhin jur. Person des deutschen öff. Rechts, § 2 S. 1 BBankG, und übt deutsche Staatsgewalt aus,[175] auch wenn sie bei der Erfüllung der Aufgaben im Rahmen des ESZB der EZB rechtlich untergeordnet ist und sich an deren Leitlinien und Weisungen zu halten hat (→ Rn. 41). Das nationale Recht darf den nationalen Zentralbanken **weitere Aufgaben,** also Aufgaben ohne unmittelbaren Bezug zur Währungspolitik,[176] zuweisen, die sie in eigener Verantwortung wahrnehmen; beispielsweise in der Bankenaufsicht (→ Rn. 101, 103). Diese Aufgaben darf die nationale Zentralbank autonom in dem durch Art. 14.4 ESZB/EZB-Satzung gesteckten Rahmen ausführen. Der EZB-Rat kann die in nationaler Verantwortung wahrgenommen Aufgaben (z. B. die Gewährung von Notfallhilfen – ELA) allerdings unterbinden, wenn er mit Zweidrittelmehrheit feststellt, dass diese Aufgaben mit den Zielen und Aufgaben des ESZB nicht zu vereinbaren sind (Art. 14.4 S. 1 ESZB/EZB-Satzung).

Eine Haftung der nationalen Zentralbanken für Verbindlichkeiten der EZB besteht ebenso wenig  **49** wie eine Pflicht zur Abdeckung von **Verlusten** (→ Rn. 45). Das Unionsrecht gebietet auch nicht, dass die Mitgliedstaaten für eine ausreichende Kapitalisierung ihrer nationalen Zentralbanken zu sorgen haben. Selbst jahrelange Verlustvorträge sind zumindest so lange zulässig, wie die Existenz einer nationalen Zentralbank nicht gefährdet wird. Eine solche Gefährdung ist ausgeschlossen, wenn die gesetzlichen Zahlungsmittel, die sie schaffen können und dürfen, von ihren Gläubigern akzeptiert werden (müssen).[177]

## II. Die Unabhängigkeitsgarantie

Unter Unabhängigkeit ist die Möglichkeit zu verstehen, Entscheidungen ohne Beeinflussung von  **50** außen zu treffen. Wenn sie rechtlich abgesichert ist, gehören vor allem die Weisungsfreiheit, die

---

BVerfGE 73, 339 (375); 75, 223 (244); 85, 191 (202, 204); 116, 271 (314); 123, 267 (398); *Tomuschat* BK, Art. 24 (1981), Rn. 79, 81 aE; *H. P. Ipsen* HStR VII¹, § 181 Rn. 59; *Blanke,* Föderalismus und Integrationsgewalt, 1992, S. 290; *Uerpmann-Wittzack,* in: v. Münch/Kunig I, Art. 23 Rn. 41; *Jarass,* in: Jarass/Pieroth, Art. 23 Rn. 40; *ders.,* Grundfragen der innerstaatlichen Bedeutung des EG-Rechts, 1994, S. 2 f.; eingehend *Jarass/Beljin* NVwZ 2004, 1; *Wegener,* in: Calliess/Ruffert, Art. 19 EUV Rn. 28; *Schroeder,* in: Streinz, AEUV Art. 288 Rn. 41 ff.; *Streinz,* in: ders., EUV Art. 4 Rn. 35 ff.; *Geiger,* GG und Völkerrecht, S. 235.

[168] EuGH Slg. 1970, 1125 Rn. 3; Slg. 1979, 3727 Rn. 14; *Streinz,* in: ders., EUV/AEUV, Art. 4 EUV Rn. 35; *Schroeder,* in: Streinz, Art. 288 AEUV Rn. 44; *Jarass/Beljin* NVwZ 2004, 1 (12); *Tomuschat* BK, Art. 24 (1981), Rn. 79, 81 aE besonders gegenüber innerstaatlichem Verfassungsrecht.

[169] *Häde* BK, Art. 88 (2012) Rn. 625–627; *Kempen,* in: Streinz, 1. Aufl. 2003, EGV, Art. 107 Rn. 14; schwächer *M. Weber* WM 1998, 1465 (1472 f.).

[170] So aber: *H. J. Hahn,* Der Vertrag von Maastricht als völkerrechtliche Übereinkunft und Verfassung, 1992, S. 8, 73; *Selmayr* WM 1999, 2429 (2430 f.), der eine vollständige Entnationalisierung und Vergemeinschaftung der nationalen Zentralbanken annimmt.

[171] *Seidel* EuR 2000, 861 (863).

[172] *Seidel* FS Börner, 1992, S. 417 (425): „doppelt geschichtetes Organ der Gemeinschaft"; *Janzen* (Fn. 99) S. 99 f.; *Heun,* in: Dreier III, Art. 88 Rn. 33; *Kämmerer,* in: v. Münch/Kunig II, Art. 88 Rn. 19 aE; ansatzweise ebenso *A. Weber* JZ 1994, 53 (59); wohl auch *Häde,* in: Calliess/Ruffert, AEUV Art. 282 Rn. 15; *Manger-Nestler* EuR 2008, 577 (583 f.); u. U. anders *dies.,* Bundesbank, S. 189–193, 330; unklar auch *Beutel,* Integration, S. 42, der sich dezidiert dagegen ausspricht, dass die nationalen Zentralbanken „lediglich" organisatorische Untereinheiten der EZB seien, später aber den Zusatz „lediglich" weglässt und deshalb auf die These von der Doppelnatur nicht weiter eingeht.

[173] Zum Teil wird auch von „Doppelfunktion" („dédoublement fonctionnel") gesprochen, vgl. *Kämmerer,* in: v. Münch/Kunig II, Art. 88 Rn. 19 aE; anders *Pernice,* in: Dreier III, 2. Aufl. 2008, Art. 88 Rn. 22.

[174] *Häde* BK, Art. 88 (2012) Rn. 630 iVm 164.

[175] *Zimmermann,* Die nationalen Zentralbanken als Bestandteile des Europäischen Systems der Zentralbanken, 2000, S. 122; *Manger-Nestler,* Bundesbank, S. 310; *dies.* EuR 2008, 577 (586).

[176] Nur für Aufgaben außerhalb der Währungspolitik kommt das in Betracht, da die Mitgliedstaaten für die Währungspolitik keinerlei Zuständigkeit mehr haben, sobald sie den Euro eingeführt haben, Art. 3 I c AEUV; s. auch *Kämmerer,* in: v. Münch/Kunig II, Art. 88 Rn. 6.

[177] IE ebenso *Langner,* in: Siekmann, EWU, vor Art. 28–33 ESZB/EZB-Satzung, Rn. 10, 13 f.; *Siekmann* FS Baums, S. 1145 (1166–1176).

Freiheit von (nachträglicher) administrativer und parlamentarischer Kontrolle sowie die Unangreifbarkeit der persönlichen Stellung der Entscheidungsträger dazu.[178] Die Unabhängigkeit des ESZB und der Mitglieder seiner Beschlussorgane ist unmittelbar durch Art. 130, 283 II AEUV, Art. 7 ESZB/EZB-Satzung und mittelbar durch AEUV Art. 131, Art. 88 S. 2 GG garantiert. Daraus folgt zugleich eine Garantie der Unabhängigkeit der BBank und ihrer Beschlussorgane.

**51**    **1. Die unmittelbaren Anordnungen des Primärrechts.** AEUV Art. 131 spricht eine an die Mitgliedstaaten gerichtete Verpflichtung zur Anpassung ihres Rechts aus, während AEUV Art. 130 die Rechtslage unmittelbar gestaltet.[179] Zudem ist er wesentlich detaillierter, so dass er für die weitere Betrachtung an erster Stelle stehen muss. Den Begriff Unabhängigkeit verwendet das Primärrecht allerdings nicht in den umfassenden Grundnormen (AEUV Art. 130, Art. 7 ESZB/EZB-Satzung), sondern nur in den Sonderregelungen für die EZB in Art. 282 III 3, 4 AEUV und der amtlichen Überschrift von Art. 7 ESZB/EZB-Satzung. Unabhängigkeit ist gleichwohl umfassend garantiert.[180]

**52**    **a) Sachliche (institutionelle) Unabhängigkeit.** Für die Unabhängigkeit der Zentralbanken des ESZB und die Mitglieder ihrer entscheidungsbefugten Einrichtungen („decision-making bodies") hat die in AEUV Art. 130 angeordnete **Weisungsfreiheit** zentrale Bedeutung. Die Regelung bedarf nicht noch einer Umsetzung und ist unmittelbar geltendes, zwingendes Recht. Dies gilt auch im Hinblick auf die Verwendung des Begriffs „Grundsatz" in Satz 2. Eine eingeschränkte rechtliche Bindungskraft iSv „grundsätzlich" ist damit nicht gemeint.[181]

**53**    AEUV Art. 130 ordnet in **Satz 1** ausdrücklich an, dass „weder die EZB noch eine nationale Zentralbank noch ein Mitglied ihrer Beschlussorgane Weisungen einholen oder entgegennehmen" dürfen. Beschlussorgane sind das Direktorium und der EZB-Rat, aber auch der Erweiterte Rat,[182] solange er noch besteht. Der Kreis der **Verpflichteten** ist denkbar weit gezogen: die „Organe oder Einrichtungen der Gemeinschaft", die „Regierungen der Mitgliedstaaten", aber auch „andere Stellen". Dieser Begriff ist umfassend zu verstehen und erfasst beispielsweise Landesregierungen,[183] aber prinzipiell auch Privatrechtssubjekte.[184]

**54**    Die Regelung in AEUV Art. 130 geht in **zweifacher Hinsicht weiter** als § 12 BBankG:

– Bereits der Versuch einer Einflussnahme ist ausdrücklich untersagt.
– Die Unabhängigkeit ist nicht mehr nur für die Institutionen, sondern auch für die Mitglieder ihrer Beschlussorgane, also die handelnden Personen, garantiert.

Die Vorschrift untersagt nicht nur formelle Anweisungen, sondern auch die **Ausübung von Druck** auf die Organwalter, gleich welcher Art und Intensität. Auch der zielgerichtete Einsatz der **Medien** ist von der Vorschrift erfasst. Alle Versuche, in kompetenzwidriger Weise auf die Geld- und Währungspolitik einzuwirken, sollen schon „im Keime" erstickt werden.[185]

**55**    Geschützt sind sowohl **die EZB als auch die nationalen Zentralbanken,** allerdings nur, soweit sie Aufgaben im Rahmen des ESZB wahrnehmen. Sie sind aber verpflichtet, Weisungen der EZB im Innenverhältnis zu befolgen.[186] Wegen dieses Schutzes der Unabhängigkeit der Institution mag man von „institutioneller" Unabhängigkeit sprechen.[187] Ein eigenständiger inhaltlicher Gehalt kommt diesem Begriff jedoch nicht zu.[188]

**56**    Die **nationalen Zentralbanken** werden von der Garantie des AEUV Art. 130 erfasst, weil sie sowohl maßgebend an der Willensbildung der EZB als auch an der Ausführung ihrer Aufgaben

---

[178] Sinngemäß ist diese Deutung schon im Bericht des zust. Ausschusses zum BBankG zum Ausdruck gekommen, *zu* BT-Dr 2/3603, S. 5: „Unabrufbarkeit"; eingehend zum Inhalt des Begriffs Unabhängigkeit: *Siekmann,* in: ders., EWU, AEUV Art. 130 Rn. 16 ff., 41 ff.

[179] *Kempen,* in: Streinz, AEUV Art. 130 Rn. 4.

[180] *Siekmann,* in: ders., EWU, AEUV Art. 130 Rn. 18 ff.

[181] *Kempen,* in: Streinz, AEUV Art. 130 Rn. 4; weniger klar, aber implizit auch: *Gnan/Wittelsberger,* in: von der Groeben/Schwarze Kommentar zum EU-/EG-Vertrag, 6. Aufl. 2003, Art. 108 EGV Rn. 46.

[182] *Gnan/Wittelsberger* (Fn. 181), Art. 108 EGV Rn. 43; *Palm,* Preisstabilität, S. 118.

[183] *Kempen,* in: Streinz, AEUV Art. 130 Rn. 6.

[184] *J.-V. Louis* CMLR 35 (1998), 33 (43); *Kämmerer,* in: v. Münch/Kunig II, Art. 88 Rn. 27; weitere Einzelheiten bei *Siekmann,* in: ders., EWU, AEUV Art. 130 Rn. 92 ff; aA *Gnan/Wittelsberger,* in: von der Groeben, Kommentar zum EU-/EG-Vertrag, 5. Aufl. 1999, Art. 107 EGV Rn. 56; implizit wohl auch noch in der 6. Aufl. *Gnan/Wittelsberger,* (Fn. 181), Art. 108 EGV Rn. 41, aber nicht mehr in der 7. Auflage.

[185] EuGH, Urt. v. 10.7.2003, Rs. C-11/00, Rn. 134, EuR 2003, 847 (847): „vor jedem politischen Druck bewahren"; *Endler,* EZB, S. 410 ff.; *Kempen,* in: Streinz, AEUV Art. 130 Rn. 6; *Palm,* Preisstabilität, S. 119, der den Austausch sachlicher Argumente für zulässig hält, nicht aber die Ausübung von Druck; näher *Siekmann,* in: ders., EWU, AEUV Art. 130 Rn. 18–23, 112–117.

[186] *Häde* WM 2006, 1605 (1609); *Kämmerer,* in: v. Münch/Kunig II, Art. 88 Rn. 24: keine Geltung im Verhältnis der EZB zu den mitgliedstaatlichen Zentralbanken.

[187] I. d. S. *Wahlig,* FS H. J. Hahn, 1997, S. 265 (268); *Kempen,* in: Streinz, AEUV Art. 130 Rn. 7; wohl auch *Häde,* in: Calliess/Ruffert, AEUV Art. 130 Rn. 14; anders *Endler,* EZB, S. 504 (im Sinne von „institutionelle Garantie").

[188] *Siekmann,* in: ders., EWU, AEUV Art. 130 Rn. 66. Die institutionelle Unabhängigkeit wird meist mit der in AEUV Art. 130 ausdrücklich angeordneten Weisungsfreiheit gleichgesetzt, vgl. *Steven,* ebd, AEUV Art. 131 Rn. 15.

beteiligt sind (→ Rn. 41, 46).[189] Auch wenn die nationalen Zentralbanken Geschöpfe der jeweiligen nationalen Rechtsordnung geblieben sind (→ Rn. 47), garantiert AEUV Art. 130 unmittelbar auch ihre Unabhängigkeit als Institution und die der Mitglieder ihrer Beschlussorgane.[190] Das ist Folge der souveränitätsübergreifenden Struktur des ESZB. Ohne innere Brüche kann die Unabhängigkeit des Ganzen nur effektiv werden, wenn auch seine integralen Bestandteile, die nationalen Zentralbanken, völlig unbeeinflusst von außen handeln können. Ergänzend verpflichtet AEUV Art. 131 die Mitgliedstaaten zur Anpassung ihres nationalen Rechts, um Rechtsunsicherheiten aus mögl. Konflikten des nationalen Rechts mit dem UnionsR zu vermeiden.[191]

In **Satz 2** hat AEUV Art. 130 einen eigenartigen Regelungsgehalt in Form einer Selbstverpflich-  **57** tung. Die genaue Formulierung lautet: „Die Organe und Einrichtungen der Gemeinschaft sowie die Regierungen der Mitgliedstaaten verpflichten sich, diesen Grundsatz", also das Verbot, Weisungen einzuholen oder entgegenzunehmen, „zu beachten". Im Erg. will das Primärrecht der EU die Unabhängigkeit der EZB und der nationalen Zentralbanken auf diese Weise umfassend garantieren. Trotz ihrer unterschiedlichen Perspektive entsprechen sich die Regelungen der Sätze 1 und 2 von AEUV Art. 130 weitgehend, doch sind in Satz 2 „die anderen Stellen" nicht mit aufgeführt und nur Personen und nicht Institutionen benannt.

**b) Persönliche Unabhängigkeit.** Die zentrale Garantie der sachlichen Unabhängigkeit aller Be-  **58** standteile des ESZB wird durch Regelungen der persönlichen Unabhängigkeit ergänzt. Sie bildet ein „grundlegendes Element" der Zentralbankautonomie[192] und schützt vor allem die in den Beschlussorganen wirkenden natürlichen Personen.[193] Auch ohne ausdrückliche Statuierung ist sie schon aus dem allgemein akzeptierten Begriffsinhalt von Unabhängigkeit abzuleiten, folgt aber auch aus der Summe einer Vielzahl von Einzelbestimmungen.[194]

Die Entlassung eines Mitglieds der genannten Beschlussorgane vor Ablauf seiner Amtszeit ist damit  **59** ausgeschlossen, soweit das Primärrecht nicht eine Ausnahme vorsieht, wie in Art. 11.4 ESZB/EZB-Satzung für Mitglieder des Direktoriums und in Art. 14.2 ESZB/EZB-Satzung für die Präsidenten der nationalen Zentralbanken. Unabsetzbarkeit und Unversetzbarkeit gehören seit langem zu den Kernelementen einer Unabhängigkeitsgarantie. Auch eine „freiwillige" Verkürzung der Amtszeit, etwa durch eine **Aufteilung der Amtszeit**, ist damit nicht zu vereinbaren.[195] Alle Mitglieder des Direktoriums dürfen nur **eine Amtszeit** absolvieren, um jegliche Rücksichtnahme im Hinblick auf eine mögliche Verlängerung oder Wiederwahl auszuschließen.[196] Zulässig dürfte aber sein, innerhalb der vorher bestimmten Amtszeit in eine andere Funktion zu wechseln.[197] Die Amtszeit kann dadurch aber nicht verlängert werden. Für die Präsidenten der nationalen Zentralbanken ist allerdings nur eine Mindestamtsdauer von fünf Jahren vorgeschrieben, Art. 14.2 UA 1 ESZB/EZB-Satzung. Sonstige Vorgaben fehlen. Bei der Auslegung ist der defizitäre Gehalt dieser Regelung, soweit möglich, auszugleichen.

**c) Unterstützende Garantien.** Schon AEUV Art. 130 umfasst auch eine Garantie der **finanz-  60 wirtschaftlichen Unabhängigkeit.**[198] Sie wird unterstrichen durch Art. 282 III 2 AEUV, der ausdrücklich die Verwaltung der Mittel der EZB zur Unabhängigkeit rechnet. Hinzu kommt, dass Zeichner und Inhaber ihres Kapitals nicht die Union sind oder ihre Mitgliedstaaten sind, sondern ausschließlich die nationalen Zentralbanken (→ Rn. 46). Unmittelbare Einflussnahmen und Begehrlichkeiten von Kapitalgeberseite sind damit ausgeschlossen. Freilich mag der Kapitalanteil der BBank **wirtschaftlich** über § 2 S. 2 BBankG dem Bund zuzurechnen sein. Auch enthalten Art. 30–33 ESZB/EZB-Satzung detaillierte Vorschriften über die Gewinnverwendung und die Währungsreserven.

Vor allem um die Preisstabilität (→ Rn. 27 und Rn. 78) zu gewährleisten, enthält das Europarecht  **61** noch weitere Regelungen, welche die (allgemeine) Unabhängigkeitsgarantie konkretisieren und verstärken:

– das Verbot der Vergabe von **Zentralbankkrediten** an öffentliche Einrichtungen gleich welcher Art und Stufe (Art. 123 I AEUV)

---

[189] *Kämmerer,* in: v. Münch/Kunig II, Art. 88 Rn. 27; *Siekmann,* in: ders., EWU, AEUV Art. 130 Rn. 97–100.

[190] *Siekmann,* in: ders., EWU, AEUV Art. 130 Rn. 99.

[191] *Steven,* in: Siekmann, EWU, AEUV Art. 131 Rn. 7 mwN.

[192] *Palm,* in: Grabitz/Hilf, Das Recht der Europäischen Union, Art. 112 (2003) Rn. 33, für die Direktoriumsmitglieder.

[193] *Janzen* (Fn. 99), S. 107; *Heun* JZ 1998, 866 (869, 874); *Kempen,* in: Streinz, AEUV Art. 130 Rn. 9.

[194] *Siekmann,* in: ders., EWU AEUV Art. 130 Rn. 20 f.; 64; iE ebenso *Steven,* ebd., AEUV Art. 131 Rn. 15; Art. 11 ESZB/EZB-Satzung Rn. 15, Art. 14 Rn. 4.

[195] Weitere Einzelheiten bei *Siekmann,* in: ders., EWU, AEUV Art. 130 Rn. 118.

[196] *Potacs,* in: Schwarze, EU-Kommentar, 2. Aufl. 2009, Art. 112 Rn. 3.

[197] *Häde,* in Calliess/Ruffert, AEUV Art. 130 Rn. 10; *Siekmann,* in: ders., EWU, AEUV Art. 130 Rn. 120.

[198] *Galahn* (Fn. 33) S. 140, 142; *Häde,* in: Calliess/Ruffert, AEUV Art. 130 Rn. 24; *Becker,* in: Siekmann, EWU, AEUV Art. 282 Rn. 131.

– das Verbot eines **bevorrechtigten Zugangs** von staatlichen Stellen zu Finanzinstituten (Art. 124 AEUV)
– der **Haftungsausschluss** nach Art. 125 AEUV
– vielfältige **Initiativrechte, Anhörungsrechte und Empfehlungsmöglichkeiten** der EZB.

62     **d) Aufsicht und Kontrolle.** Das ESZB unterliegt nicht einer Aufsicht im Sinne der gängigen Kategorien des Staats- und Verwaltungsrechts. Es hat lediglich Informations- und Berichtspflichten gegenüber den Organen der EU und der Öffentlichkeit zu erfüllen (Art. 284 III AEUV, Art. 15 ESZB/EZB-Satzung).[199] Präsident und Direktoriumsmitglieder können vor dem zuständigen Ausschuss zu einer Anhörung geladen werden (Art. 284 III 3 AEUV). Eine darüber hinausgehende **parlamentarische Kontrolle** findet nicht statt. Die Mitglieder des ESZB sind auch den (nationalen) Parlamenten gegenüber nicht verantwortlich.[200] Der Präsident des Rates und die Kommissionsmitglieder dürfen an den Sitzungen des EZB-Rates teilnehmen. Im Hinblick auf die spezifische Regelung ihrer Unabhängigkeit in AEUV Art. 130 darf es sich dabei aber nur um einen Informationsaustausch handeln. Da auch schon der Versuch einer Einflussnahme unzulässig ist, hat jede Ausübung von Druck zu unterbleiben.

63     Die Aussprachen in den **Sitzungen des EZB-Rates** müssen **vertraulich** sein. Auch das dient der Vermeidung von Druckausübung. Eine Veröffentlichung der Ergebnisse der Beratungen ist jedoch zulässig, Art. 10.4 ESZB/EZB-Satzung, und geschieht mittlerweile in Pressekonferenzen im Anschluss an die Sitzungen. Eine Veröffentlichung der Sitzungsprotokolle darf jedoch nicht beschlossen werden.[201]

64     Eine **Entlastung** des Direktoriums ist nicht vorgesehen. Der Jahresabschluss wird lediglich vom Direktorium festgestellt und dann veröffentlicht (Art. 26.2 ESZB/EZB-Satzung). Die Jahresabschlüsse der EZB und der nationalen Zentralbanken sind allerdings durch externe Prüfer zu prüfen. Die **Rechnungsprüfung** durch den Rechnungshof der Gemeinschaft (Art. 285 AEUV) muss sich auf die Effizienz der Verwaltung der EZB beschränken (Art. 27.2 ESZB/EZB-Satzung). Darüber hinaus findet weder eine **Fachaufsicht,** noch auch nur eine **Rechtsaufsicht** statt.[202] Die erwogene Einführung einer Entlastung des Vorstands der BBank wäre ein Verstoß gegen die Unabhängigkeitsgarantie.[203]

65     Die **OLAF-VO** der EU zur **Betrugsprävention**[204] ist auch auf die EZB anzuwenden. Einen anderslautenden Beschluss des EZB-Rates[205] hat der EuGH für nichtig erklärt. Aus der Unabhängigkeit der EZB dürfe nicht abgeleitet werden, dass die EZB völlig von der EG getrennt zu sehen und von den Bestimmungen des Gemeinschaftsrechts ausgenommen sei.[206] Der daraufhin ergangene neue Beschluss ist am 1. Juli 2004 in Kraft getreten.[207]

66     Die Handlungen und Unterlassungen der EZB unterliegen der **gerichtlichen Kontrolle.** Sie erfolgt durch den EuGH in dem speziell auf das ESZB zugeschnittenen Verfahren nach Art. 271 lit. d AEUV, Art. 35.1, Art. 35.4 und Art. 35.6 EZB-Satzung sowie den allg. Verfahrensarten: Nichtigkeitsklage (Art. 263, 264 AEUV), Untätigkeitsklage (Art. 265 AEUV), Schadensersatzklage (Art. 268 iVm 340 AEUV), inzidente Normenkontrolle (Art. 277 AEUV), sowie im bes. Amtsenthebungsverfahren gegen ein Mitglied des Direktoriums (Art. 11.4 ESZB/EZB-Satzung). Im Übrigen sind auch Entscheidungen durch die Gerichte der Einzelstaaten möglich (Art. 35.2 ESZB/EZB-Satzung). Die Unterwerfung unter Gerichtsentscheidungen steht nicht in Widerspruch zur Unabhängigkeitsgarantie, sondern folgt aus der Gesetzesbindung, die ein Korrelat zur Autonomie ist.[208]

---

[199] Weitere Einzelheiten bei *H. J. Hahn* JZ 1999, 957 (957); *Becker,* in: Siekmann, EWU, AEUV Art. 284 Rn. 31 ff.; *Siekmann,* ebd., Art. 15 ESZB/EZB-Satzung Rn. 2–5. Es bestehen aber keine Verpflichtungen gegenüber den nationalen Parlamenten, *Zilioli/Urban,* in: von der Groeben/Schwarze/Hatje, Art. 15 ESZB-Satzung, Rn. 1; *Becker,* ebd., Rn. 49.

[200] *Stern* StaatsR II, S. 506; *ders.,* Notenbank, S. 190 f., der die Währungssicherung auch schon vor der Ergänzung von Art. 88 als einen „dem Grundgesetz immanenten Verfassungsauftrag" bezeichnet; für die EZB *Zilioli* in: von der Groeben/Schwarze, Kommentar zum EU-/EG-Vertrag, 6. Aufl. 2003, Art. 15 ESZB/EZB-Satzung, Rn. 1: „gegenüber den nationalen Parlamenten keine Verpflichtungen".

[201] *Selmayr,* in: Köhler/Rode (Hrsg.), Geldpolitik ohne Grenzen, 2003, S. 167 (185); zust. *Steven,* in: Siekmann, EWU, Art. 10 ESZB/EZB-Satzung Rn. 59.

[202] *Herdegen,* in: Maunz/Dürig, Art. 88 (2010) Rn. 54, 64 f.

[203] *Häde,* in: Calliess/Ruffert, AEUV Art. 130 Rn. 18.

[204] VO (EG) Nr. 1073/1999 des EuParl und des Rates v. 25.5.1999 über die Untersuchungen des Europ. Amtes für Betrugsbekämpfung (OLAF), ABl 1999/L 136/1.

[205] Beschl. 1999/726/EG der EZB, ABl 1999/L 291/36.

[206] EuGH, Urt. v. 10.7.2003, Rs. C-11/00, Rn. 64, 92, 135, EuR 2003, 847 (847); zum Streit zwischen der Komm. und der EZB über diese Frage, vgl. *Gnan/Wittelsberger* (Fn. 181), Art. 108 EGV Rn. 26; *Lavranos* EuR 2003, 878 (878); *Odudu* CMLR 2004, 1073 (1073); *Häde* WM 2006, 1605 (1609 ff.).

[207] Verabschiedet am 3.6.2004, EZB/2004/11.

[208] *Kempen,* in: Streinz, AEUV Art. 130 Rn. 11; eingehend zu Klagen gegen die EZB *Hahn/Häde* ZHR 165 (2001), 30 (30 ff.); ferner *H.-D. Hoppe,* Der Rechtsschutz gegen Akte der Währungspolitik, 1994.

**e) Grenzen der Unabhängigkeit.** Die Unabhängigkeitsgarantie hat aber auch Grenzen. Sie ist 67 kein Selbstzweck, sondern dient der Erfüllung der spezifischen Funktionen des ESZB. Dementsprechend knüpft Art. 130 S. 1 AEUV das Verbot von Weisungen an die „Wahrnehmung" der „durch diesen Vertrag und die Satzung des ESZB übertragenen Befugnisse, Aufgaben und Pflichten". Es handelt sich also um eine **„funktionsbezogene Unabhängigkeit".**[209] Insoweit wird die Tradition des BBankG fortgesetzt. Auch die Unabhängigkeit der BBank war nicht schlechthin gewährt, sondern zur Erfüllung spezifischer Aufgaben.[210] Die der EZB und den nationalen Notenbanken eingeräumte Unabhängigkeit ist weder ein „Statusprivileg" dieser Einrichtungen noch der Mitglieder ihrer Beschlussorgane. Sie steht ganz im Dienste der zu erfüllenden Aufgaben im Bereich der Geld- und Währungspolitik mit dem vorrangigen Ziel der Sicherung der Preisstabilität.[211]

Ob die Unabhängigkeitsgarantie auch für sonstige den Zentralbanken im Eurosystem zulässigerweise 68 zugewiesene Tätigkeiten, namentlich die **Bankenaufsicht**, gilt, war umstritten.[212] Der klare Wortlaut von Art. 130 Satz 1 AEUV spricht dagegen, da die Übertragung nicht „durch" die Verträge oder die Satzung erfolgt, sondern bestenfalls auf ihrer Grundlage.[213] Ob im Hinblick auf die Übertragung von Aufgaben in der Bankenaufsicht auf die EZB nach Art. 127 VI AEUV[214] „die Zuständigkeit der EZB … in ihrem Kern schon als ‚durch die Verträge' übertragen angesehen werden" kann,[215] ist nicht sicher.[216]

Nach streitiger Diskussion war die Bankenaufsicht bewusst und gewollt nicht auf die neue europäi- 68a sche Einrichtung übertragen worden. Nur durch eine, neue, einstimmige Entscheidung des Rates sollte das – im Vergleich zu einer Vertragsänderung – etwas leichter möglich sein. Angesichts der eingeführten Unterscheidung zwischen „durch" und „auf Grund" im Öffentlichen Recht dürften die Grenzen bloßer Auslegung zumindest berührt sein. Art. 282 III Sätze 3 und 4 AEUV reichen als Grundlage für die Erstreckung der Unabhängigkeitsgarantie kaum aus, da AEUV Art. 130 die präzisere Regelung ist und insoweit Vorrang hat.

Zudem gilt AEUV Art. 282 im Gegensatz zu AEUV Art. 130 nicht für nationale Zentralbanken 68b und Art. 127 VI AEUV scheidet als Argumentationshilfe aus. Dessen ungeachtet ist im Rahmen der Schaffung des *Single Supervisory Mechanism* (SSM) und des *Single Resolution Mechanism* (SRM) als den Hauptbestandteilen der sog. **Bankenunion** auch den nationalen Aufsichtseinrichtungen weitreichende Unabhängigkeit eingeräumt worden. [217]

Dennoch hat das **BVerfG** lediglich unter Verweis auf Art. 130 und Art. 282 III 1 und 2 AEUV die 68c **Weisungsfreiheit** auf die nach Art. 127 VI AEUV der EZB übertragenen Aufgaben in der **Bankenaufsicht** erstreckt (dazu → Rn. 103).[218] Eine Auseinandersetzung mit dem Wortlaut der Vorschriften fehlt ebenso wie mit der vorangegangenen Diskussion im Schrifttum. Die angegebenen Belege sind teilweise fragwürdig und blenden die Existenz des entgegenstehenden Schrifttums völlig aus.[219]

Im Hinblick auf eine mögliche **Verletzung** des (unionsrechtlichen und verfassungsrechtlichen) 68d **Demokratieprinzips** durch die Etablierung von Exekutiveinrichtungen mit weitreichenden Eingriffsbefugnissen nimmt die Entscheidung zwar „Einflussknicke" zur Kenntnis,[220] sieht die fehlenden Aufsichts- und Kontrollbefugnisse aber durch die Möglichkeit gerichtlichen Rechtsschutzes und die Rechenschafts- und Berichtspflichten als „kompensiert" an (→ Rn. 103a, b).[221]

---

[209] *Herdegen,* in: Maunz/Dürig, Art. 88 (2010) Rn. 65; *Kämmerer* NJW 2009, Editorial Heft 50.

[210] *Stern,* StaatsR II, S. 499.

[211] **Dafür:** *Kempen,* in: Streinz, AEUV Art. 130 Rn. 3.

[212] **Dafür:** *Herdegen,* WM 2012, 1889 (1894); *Dinov,* EuR 2013, 593 (606); *Wolfers/Voland,* CMLR 2014, 1463 (1487 f.); *Baroncelli,* in: Adams/Fabbrini/Larouche (Hrsg.), The Constitutionalization of European Budgetary Constraints, 2014, S. 125 (143); *Zilioli,* in: v. d. Groeben/Schwarze/Hatje, AEUV Art. 130 Rn. 22; i. E. auch *Ohler,* Bankenaufsicht, § 5 Rn. 82, 91; **dagegen:** *Stern,* StaatsR II, S. 478; *Kämmerer/Starski,* ZG 2013, 318 (328); *Manger-Nestler/Böttner,* EuR 2014, 621 (630); *Häde,* in: Calliess/Ruffert, AEUV Art. 130 Rn. 21; *Hahn/Häde,* Währungsrecht, § 12 Rn. 95 f., soweit es sich um in Bezug auf die „rein gewerberechtlichen oder ähnlichen Zuständigkeiten"; *Wutscher,* in: Schwarze, AEUV Art. 130 Rn. 7; im Hinblick auf die Übertragung von Aufgaben durch nationales Recht: *Herdegen,* in: Maunz/Dürig, Art. 88 Rn. 51; *Kaemmerer,* in: v. Münch/Kunig, Art. 88 Rn. 10 e.E; *Kempen,* in: Streinz, AEUV Art. 130 Rn. 8; unklar im Hinblick auf die Übertagung auf die EZB (Rn. 8 Fn. 23): „Zur möglichen Erweiterung des AEUV Art. 130 … Zilioli"; s. auch *Siekmann,* in: ders., EWU, AEUV Art. 130 Rn. 103 −111 m. w. N.

[213] *Siekmann,* in: ders., EWU, AEUV Art. 130 Rn. 110.

[214] Verordnung (EU) Nr. 1024/2013 des Rates v. 15.10.2013, ABl. L 287/63 (SSM-VO).

[215] So *Ohler,* Bankenaufsicht, § 5 Rn. 82.

[216] Krit. zur Übetragung der Bankenaufsicht *Neyer,* Unabhängigkeit, S. 31 ff., 40.

[217] Art. 19 I SSM-VO.

[218] Urt. des Zweiten Senats vom 30.7.2019 – BvR 1685/14, 2631/14, Rn. 208.

[219] Beispielsweise die Berufung auf *Kempen* (in: Streinz, AEUV Art. 130 Rn. 18). Dort findet sich allerdings keine Aussage zur Unabhängigkeit. Nicht eindeutig ist seine Bemerkung in AEUV Art. 130 Rn. 8, → Fn. 224.

[220] BVerfG Urt. des Zweiten Senats vom 30.7.2019 – BvR 1685/14, 2631/14, Rn. 208. Rn 210 f., im Hinblick auf die Errichtung des Aufsichtsgremiums (*Supervisory Board*) innerhalb der EZB, Rn. 220–222 im Hinblick auf die Unabhängigkeit nationale Behörden.

[221] BVerfGE 151, 202 Rn. 208 Rn 212 ff., 219 ff.

**69**    **2. Auswirkung auf das GG. a) Europarechtliche Vermittlung der Garantie.** Ob das GG die Unabhängigkeit der BBank garantiert, war unter der Geltung der urspr. Fassung von Art. 88 umstr.[222] Allerdings wurde der Vorschrift ganz überwiegend zumindest die **Ermächtigung** entnommen, einfachgesetzlich die Unabhängigkeit zu gewähren.[223] Die Kontroverse um die verfassungsrechtliche Unabhängigkeitsgarantie hat sich im Wesentlichen durch die Änderung von Art. 88 erledigt. Die Übertragung der währungspolitischen Aufgaben und Befugnisse auf die EZB und die damit verbundene Unabhängigkeitsgarantie aus Art. 130, 131, 282 III 1 und 2 AEUV, Art. 7, 14 ESZB/EZB-Satzung führen zu einer **mittelbaren verfassungsrechtlichen Garantie** auch für die BBank.

**70**    Sie hat zunächst Teil an der **europarechtlichen** Garantie der Unabhängigkeit der nationalen Zentralbanken (→ Rn. 51 ff.). Die Unabhängigkeitsgarantie ist aber auch **Bestandteil des deutschen Verfassungsrechts.** Allerdings lässt sich dieses Ergebnis nicht mit dem angeblichen „Verfassungsrang" des EG-Vertrages begründen,[224] sondern folgt mittelbar aus Art. 88 S. 2. Unmittelbar betrifft die Regelung zwar nur die EZB.[225] Die Unabhängigkeit der BBank ist aber auch grundgesetzlich dadurch abgesichert, dass nach Art. 88 S. 2 nur unter der Voraussetzung Aufgaben und Befugnisse auf die EZB übertragen werden dürfen, dass sie unabhängig ist (o. Rn. 27). Die BBank ist nun aber strukturell so mit der EZB verklammert, dass sie auch an deren Unabhängigkeit teilhaben muss. Beide sind integrale Bestandteile des ESZB (o. Rn. 46). Zudem erfüllt die EZB die ihr übertragenen Aufgaben und Befugnisse dezentral (o. Rn. 40, 46). Solange es ein ESZB mit den integralen Bestandteilen EZB und BBank gibt, ist die Unabhängigkeit der **gesamten** Einrichtung **verfassungsrechtlich** abgesichert.[226] Es handelt sich damit um eine „gemeinschaftsrechtlich vermittelte verfassungsrechtliche Unabhängigkeitsgarantie" für die BBank.[227]

**71**    **b) Inhalt der Garantie.** Zwar kann sich eine auf diese Weise abgeleitete Garantie nicht gegen die EZB richten (→ Rn. 55), wohl aber gegen jegliche Einwirkungen, die von außerhalb des ESZB kommen. Art. 88 S. 2 hat sich nicht mit der Übertragung der Befugnisse auf die EZB erschöpft, sondern stellt eine auf Dauer angelegte **Struktursicherungsklausel** dar (→ Rn. 84). Zur inhaltlichen Auffüllung dieser verfassungsrechtlichen Garantie ist auf die **Regelungen des Primärrechts** der EU zur Unabhängigkeit von ESZB und EZB **zurückzugreifen.** Sie stellen eine Konkretisierung der Intentionen des Verfassunggebers dar.[228] Dadurch geht der Schutz der Unabhängigkeit weiter, als durch eine – auch sehr weite – Interpretation alleine aus dem Grundgesetz hätte abgeleitet werden können.

**72**    Allerdings enthält die europarechtl. Unabhängigkeitsgarantie Unterschiede bzgl. der Präsidenten der nationalen Zentralbanken und der übrigen Mitglieder ihrer Leitungsorgane. Ausdrückliche Regeln zum Schutz der **persönlichen Unabhängigkeit** sind nur für die Präsidenten der nationalen Zentral-

---

[222] Umfassende Nachw. bei *Stern,* StaatsR II, S. 492–494; *Siekmann,* in: ders., EWU, AEUV Art. 130 Rn. 2–4.

[223] BVerwGE 41, 334 (354, 356); *Fichtmüller* AöR 91 (1966), 297 (299, 346 ff.); *Lampe* (Fn. 61), S. 100 f.; *R. Schmidt* FS P. J. Zepos, Bd. 2, 1973, S. 655 (671); *ders.* HStR III¹, § 82 Rn. 24; *Wilke,* in: v. Mangoldt/Klein III, 2. Aufl. 1974, Art. 88 Anm. IV 3b; *Stern,* StaatsR II, S. 497 mwN; *Janzen* (Fn. 99) S. 138; *P. Kirchhof* HStR IX¹, § 221 Rn. 37; *Kämmerer,* in: Münch/Kunig II, Art. 88 Rn. 13; *Pieroth,* in: Jarass/Pieroth, Art. 88 Rn. 3; *Hahn/ Häde,* Währungsrecht, § 12 Rn. 23; *Häde* BK, Art. 88 (2012) Rn. 212, 217, mit der juristisch nicht zwingenden Überlegung, dass man „insoweit von einer Art Gewaltenteilung innerhalb der Exekutive sprechen" könne (Rn. 211); *Ruge,* in: Hofmann/Hopfauf, 12. Aufl. 2011, Art. 88, Rn. 1; aA unter Berufung auf das Demokratieprinzip: *Böckenförde,* Die Organisationsgewalt im Bereich der Regierung, 1964, S. 198; *Faber,* Bundesbankautonomie, S. 71; ihm zust. *Hoffmann-Riem* in seiner Besprechung dieses Werkes (AöR 96 [1971], 443 [445]); *Füsslein,* Ministerialfreie Verwaltung, 1972, S. 338 f.; *E. Klein,* Die verfassungsrechtliche Problematik des ministerialfreien Raums, 1974, S. 215; *v. Bonin,* Zentralbanken, S. 170 f., 236 f.; ferner wohl auch *Irrgang* (Fn. 33), S. 93 ff., der aus verfassungsrechtlichen Gründen die Notwendigkeit einer Staatsaufsicht annahm und in das BBankG hinein interpretierten. Der Begriff „innere Gewaltenteilung" wurde von *Stern* für die Organvielfalt innerhalb der BBank verwendet (StaatsR II, S. 488).

[224] So aber wohl *Hauser,* Außenwirtschaft 1992, 151 (154).

[225] *J. Schwarze* JZ 1993, 585 (587): verfassungsrechtliche Garantie der Unabhängigkeit der EZB ohne Äußerung zu den Folgen für die BBank; *Blanke/Pilz* MKS III, Art. 88 Rn. 33; *Kämmerer,* in: v. Münch/Kunig II, Art. 88 Rn. 23.

[226] *Blanke/Pilz* MKS III, Art. 88 Rn. 12.

[227] Ansatzweise bereits *Galahn* (Fn. 33), S. 192 f.; *Häde* BK, Art. 88 (2012) Rn. 205, 253, 612 f., 314 aE; *Kämmerer,* in: v. Münch/Kunig II, Art. 88 Rn. 14, 30; zust. auch *Ruge,* in: Hofmann/Hopfauf, 12. Aufl. 2011, Art. 88 Rn. 1, 4; *Ohler,* in: Hofmann/Henneke, Art. 88 Rn. 5; *R. Schmidt* HStR V³, § 117 Rn. 39; *Herdegen,* in: Maunz/Dürig, Art. 88 (2010) Rn. 65 (zusätzliche Absicherung der bereits durch Satz 1 verfassungsrechtlich garantierten Unabhängigkeit); iE auch *Stern,* Notenbank, S. 181; *Brosius-Gersdorf,* Bundesbank, S. 383 ff.: teleologische Auslegung zur „Funktionssicherung" der EZB, aber mit weiteren Differenzierungen; *Heun,* in: Dreier III, Art. 88 Rn. 40; wohl auch *Blanke/Pilz* MKS III, Art. 88 Rn. 33, die aber den Umfang der Unabhängigkeitsgarantie unter Berufung auf Art. 20 III beschränken wollen (Rn. 36); aA *Faber,* in: AK GG, Art. 88 (2002) Rn. 33, wohl auch: *Janzen* (Fn. 99), der die Unabhängigkeit nicht geregelt sieht und Art. 88 S. 2 nicht auf die BBank bezieht (S. 175 f.); *Umbach/Dollinger,* in: Umbach/Clemens, GG II, Art. 88 Rn. 18; wohl auch *Pieroth,* in: Jarass/Pieroth, Art. 88 Rn. 3.

[228] *Herdegen,* in: Maunz/Dürig, Art. 88 (2010) Rn. 64 f., der sich für „einen völligen **Gleichlauf**" von verfassungsrechtlicher Unabhängigkeitsgarantie und dem gemeinschaftsrechtlichen Standard ausspricht, jedenfalls solange, als die Bundesrepublik Deutschland in die EWU eingebunden ist.

banken, nicht aber für die übrigen Mitglieder der Entscheidungsorgane der nationalen Zentralbanken getroffen worden (→ Rn. 59). Allerdings wird im Schrifttum eine unterschiedliche Behandlung iE für unzulässig gehalten, soweit sie Aufgaben i. R. des ESZB wahrnehmen.[229] Für eine Abberufung müssen daher die mat. Anforderungen von Art. 14.2 UA 2 ESZB/EZB-Satzung analog erfüllt sein.[230] Die Verletzung von Bestimmungen in den nicht veröff. Anstellungsverträgen reicht nicht aus.[231] Im Übrigen richtet sie sich nach nationalem Recht.[232]

Die Bestellung der Mitglieder des Vorstands der BBank ist in § 7 III BBankG geregelt, nicht **73** jedoch ihre **Abberufung;** unabhängig davon ob es sich um den Widerruf der Bestellung, eine Entlassung aus dem Amt oder die Kündigung eines Dienstvertrages handelt. Auch das Organisationsstatut für die Deutsche BBank vom 8. Mai 2002 schweigt zu dieser Frage. Ob sie auf Vorschlag der BReg durch den BPräs zu erfolgen hat, ist sehr zweifelhaft. Die vor der Ergänzung des GG nur einfachgesetzlich statuierte Weisungsfreiheit (→ Rn. 69) ist nicht zu vergleichen mit der jetzt europarechtlich und verfassungsrechtlich verankerten Garantie der Unabhängigkeit des ESZB. Daher kommt es nicht mehr darauf an, ob § 12 S. 2 BBankG aF auch eine persönliche Sonderstellung der Direktoriumsmitglieder umfasste.[233] Die These, dass eine Entlassung aus dem öffentlich-rechtlichen Amtsverhältnis durch den BPräs als „actus contrarius" zur Ernennung möglich sei, nachdem der privatrechtliche Anstellungsvertrag gekündigt worden sei,[234] stammte aus einer Zeit als die Weisungsfreiheit der BBank nur einfachgesetzlich statuiert war. Eine Übertragung auf die Rechtslage nach Einfügung von Satz 2 in Art. 88 ist nicht möglich.[235] Das gilt auch dann, wenn die Entlassung auf Vorschlag der BBank erfolgen soll. Darüber hinaus hat es eine „actus contrarius"-Lehre mit diesem Inhalt im Allgemeinen Verwaltungsrecht nicht gegeben,[236] vor allem nicht im Recht der öffentlich-rechtlichen Amtsverhältnisse.

Im Erg. ist in Deutschland eine Amtsenthebung von Mitgliedern des Vorstandes der BBank nur **74** durch gerichtl. Entscheidung zulässig. Für Beamte sieht das deutsche BeamtenR vor, dass sie nur durch eine gerichtl. Entscheidung ihres Amtes enthoben werden dürfen. Für Amtsträger, die verfassungsrechtl. Unabhängigkeit genießen, wie Richter und Mitglieder des BRH, ist dies sogar verfassungsrechtl. angeordnet, Art. 97 II 1, 114 II 1. In keinem Fall gilt eine „actus contrarius"-Regel idS, dass die Ernennungsinstanz auch mat. über die Amtsenthebung entscheidet. Die Mitglieder des BBank-Vorstandes sind zwar keine Beamten im staatsrechtl. Sinne, aber Amtsträger, deren Unabhängigkeit europa- und verfassungsrechtlich garantiert ist. Eine entspr. Anwendung der Regeln über Richter und Rechnungshofmitglieder ist angezeigt.

**c) Keine Einschränkungsmöglichkeiten.** Das Europarecht regelt jetzt die Grenzen einer Pflicht **75** zur Unterstützung der allgemeinen Wirtschaftspolitik (→ Rn. 79). Einschränkungen der Unabhängigkeit folgen auch nicht aus einer Pflicht zur Unterstützung der Regierungspolitik. Durch die Aufnahme der Anforderungen des „gesamtwirtschaftlichen Gleichgewichts" in das deutsche Staatsrecht war keine Wandlung der „planlosen" Zentralbankautonomie zur „planbeschränkten" Autonomie erfolgt.[237] Sie ergibt sich auch nicht aus der in § 13 III StabG[238] enthaltenen Verpflichtung von

---

[229] *EMI,* Progress towards Convergence, Nov. 1995, S. 93; *Smits,* ECB, S. 166 f.; *Zilioli/Athanassiou,* in: v. d. Groeben/Schwarze/Hatje, Art. 14 ESZB-Satzung Rn. 5, u. Hinw. auf die Vertretung des Präsidenten.

[230] *Häde,* in: Calliess/Ruffert, AEUV Art. 130 Rn. 32.

[231] *Häde* NJW 2004, 1641; *ders.* WM 2005, 205 (206 f.); *ders.,* in: Calliess/Ruffert, AEUV Art. 130 Rn. 34; aA *Krauskopf/Freimuth* WM 2005, 1297 (1298 f.); *Zeitler* NJW 2004, 2293 (2294).

[232] Siehe *Häde.,* in: Calliess/Ruffert, AEUV Art. 130 Rn. 33, der für eine analoge Anwendung der Vorschriften über das Abberufungsverfahren für die Mitglieder des EZB-Direktoriums kein Bedürfnis sieht.

[233] Dafür *Uhlenbruck* (Fn. 33), S. 50, der aber von einer verfassungsrechtlichen Unabhängigkeitsgarantie schon nach altem Recht ausging; dagegen *v. Bonin,* Zentralbanken, S. 185.

[234] *Uhlenbruck* (Fn. 33), S. 51, speziell für die Abberufung aus dem ör Amtsverhältnis; sinngemäß: *Lampe* (Fn. 61), S. 32; *v. Bonin,* Zentralbanken, S. 185 f.; *Siebelt* (Fn. 60), S. 174 ff.; *Hahn,* Währungsrecht, 1. Aufl. 1990, § 17 Rn. 13 ff.; modifiziert in *Hahn/Häde,* Währungsrecht, § 12 Rn. 63; *Häde* BK, Art. 88 (2012) Rn. 639. Die Kommentierung durch *v. Spindler/Becker/Starke* (Fn. 48), § 7 Anm. 4 Nr. 3, auf die sich die meisten Vertreter dieser Auffassung berufen, ist in der Sache sehr viel zurückhaltender. Nur für die Form (!), in der die Rücknahme der Bestellung zu erfolgen habe, stützt sie sich auf die Grundsätze des „actus contrarius".

[235] So aber *Häde* NJW 2004, 1641 (1642); *ders.* WM 2005, 205 ff.; später jedoch abgeschwächt: *ders.* BK, Art. 88 (2012) Rn. 639; *ders.,* in: Calliess/Ruffert, AEUV Art. 130 Rn. 34; *Manger-Nestler* EuR 2008, 577 (588), ohne Begründung; iE ähnlich *Gal/Sehrbrock* AöR 137 (2012), 360 (380 f.), unter Umbenennung in „Theorie (1) der Spiegelbildlichkeit". Ohne hinreichende Begründung wird eine analoge Anwendung des Beamtenrechts (S. 379) und die Parallele zu den ebenfalls durch eine verfassungsrechtliche Unabhängigkeitsgarantie geschützten Mitgliedern der Rechnungshöfe verworfen; gegen eine vorzeitige – auch freiwillige – Beendigung des Amtsverhältnisses *Prahl* VR 2011, 109 (111 f.).

[236] Bei *Forsthoff,* der gelegentlich als Beleg angeführt wird, spielt der Gedanke des actus contrarius keinesfalls die Rolle einer Ermächtigung für belastende Maßnahmen (Lehrbuch des Allgemeinen Verwaltungsrechts, 10. Aufl. 1973, S. 203, 264, 280, 388, 441, 493).

[237] *v. Spindler/Becker/Starke* (Fn. 48), § 12 Anm. 1; *Coburger* (Fn. 68), S. 44 f.; *Häde* BK, Art. 88 (2012) Rn. 217; krit. *Faber* AK GG, Art. 88 (2002) Rn. 13.

[238] „(3) Die bundesunmittelbaren Körperschaften, Anstalten und Stiftungen des öffentlichen Rechts sollen im Rahmen der ihnen obliegenden Aufgaben die Ziele des § 1 berücksichtigen".

Einheiten der mittelbaren Verwaltung, die Ziele des gesamtwirtschaftlichen Gleichgewichts zu berücksichtigen.[239] Weder das sehr allgemein gehaltene Prinzip der „Organtreue"[240] noch der in der Föderalismusreform II geänderte Art. 109 II bieten eine Grundlage für Einschränkungen der Unabhängigkeitsgarantie.[241]

76 Die BBank ist als Teil der vollziehenden Gewalt an Gesetz und Recht gebunden, Art. 20 III. Allerdings sind nur solche gesetzlichen Regelungen wirksam, welche die europarechtliche und verfassungsrechtliche Unabhängigkeitsgarantie beachten. Die BBank unterliegt als Bestandteil des ESZB nicht der parlamentarischen Kontrolle durch den Bundestag (→ Rn. 62). Allerdings soll es dem Parlament nicht verwehrt sein, die Tätigkeit der BBank zu erörtern und Petitionen zu bearbeiten, die ihren Aufgabenbereich berühren. Entsprechendes soll für parlamentarische Untersuchungsausschüsse gelten.[242] Problematisch werden diese Rechte allerdings, wenn sie **vor** der Entscheidungsfindung ausgeübt werden und damit Druck ausgeübt werden soll.

77 **3. Rückwirkungen auf das Europarecht.** Eine Beseitigung oder Einschränkung der Unabhängigkeit der EZB auf europäischer Ebene, die nur unter Mitwirkung aller Mitgliedstaaten durchgeführt werden könnte, wäre nicht mit Art. 88 S. 2 zu vereinbaren. **Änderungen** dieser Garantien können die verfassungsrechtlichen Voraussetzungen für die Übertragung der währungs- und notenbankpolitischen Befugnisse auf das ESZB entfallen lassen. Das deutsche Zustimmungsgesetz zu derartigen Änderungen bedürfte jedenfalls einer verfassungsändernden Mehrheit, auch wenn sich die innerstaatliche Funktions- und Aufgabenverteilung nicht änderte.[243] Aber auch eine **dauernde Missachtung** der Garantien in der Praxis ohne Textänderung wäre **nicht** mit Art. 88 S. 2 zu vereinbaren.

## III. Die vorrangige Verpflichtung auf die Sicherung der Preisstabilität

78 Als dritte Voraussetzung für eine Übertragung von Aufgaben und Befugnissen verlangt Art. 88 S. 2, dass die EZB **vorrangig** der **Sicherung der Preisstabilität** verpflichtet sein müsse. Die Notenbank muss von Verfassungs wegen berechtigt sein, auch gegenüber dringenden anderslautenden Wünschen der Politik eine Stabilisierungspolitik durchzusetzen. Das gilt auch dann, wenn die von ihr als notwendig erachteten Zinserhöhungen wegen der jahrzehntelangen unsoliden Staatsschuldenpolitik zu erheblichen wirtschafts- und finanzpolitischen Problemen führt.

79 **1. Die einzelnen Rechtsgrundlagen.** Das **Europarecht** ordnet verschiedentlich an, dass die Durchführung der (einheitlichen) Geld- und Wechselkurspolitik vorrangig das Ziel der Preisstabilität verfolgen muss. Preisstabilität ist als eine der Grundlagen der Union in Art. 3 III UA 1 EUV an prominenter Stelle erwähnt, allerdings ohne Anordnung ihres Vorrangs. Nachfolgende Konkretisierungen betonen aber immer wieder den Vorrang des Ziels der Preisstabilität: Bereits Art. 119 II AEUV spricht einen solchen Vorrang auch im Verhältnis zur allgemeinen Wirtschaftspolitik aus – und das für die gesamte Währungspolitik.[244] Art. 127 I 1 AEUV geht inhaltlich etwas weiter und schreibt vor, dass die Preisstabilität als vorrangiges Ziel zu „gewährleisten" sei; allerdings nur gerichtet an ESZB und EZB. Das Primat der Preisstabilität wird noch einmal bekräftigt in den institutionellen Bestimmungen des Vertrages (Art. 282 II 1 AEUV, Art. 2 ESZB/EZB-Satzung). Mit diesen Regelungen ist der „gesonderten Verfassungspflicht der Bundesrepublik Deutschland als Mitgliedstaat der Europäischen Gemeinschaft" aus Art. 88 S. 2 genügt.[245]

80 Weitere primärrechtliche Spezifizierungen des Postulats der Preisstabilität in Art. 140 I UA 1 AEUV (bei der Einführung des Euro in den Mitgliedstaaten) ergeben sich aus Art. 1 des Protokolls (Nr. 13) über die **Konvergenzkriterien.** Es wird dort eine **anhaltende** Preisstabilität gefordert. Anschließend

---

[239] *Faber,* Bundesbankautonomie, S. 42; *W. Hoffmann,* Rechtsfragen der Währungsparität, 1969, S. 220 ff.; ansatzweise auch *Stern,* Gesetz zur Förderung der Stabilität und des Wachstums der Wirtschaft, 2. Aufl. 1972, § 13 Anm. 3; s. a A *Möller,* Gesetz zur Förderung der Stabilität und des Wachstums der Wirtschaft und Art. 109 Grundgesetz, 2. Aufl. 1969, § 13 Rn. 6, der ausdr. in der Regelung eine Relativierung der „ausschließlichen Ausrichtung auf das Ziel der Währungssicherung" sieht: „Nunmehr hat die Bundesbank sich insbesondere auch an dem Ziel eines stetigen und angemessenen Wirtschaftswachstums zu orientieren …", aber eine Weisungsmöglichkeit der BReg ausschließt, soweit Maßnahmen der Währungssicherung durch die BBank betroffen sind. Im Grunde erkennt er damit doch die Unabhängigkeit an.
[240] *Herdegen,* in: Maunz/Dürig, Art. 88 (2010) Rn. 66, unter Berufung auf BVerfGE 89, 155 (191).
[241] Deutlich für Vorrang des BBankG als spezieller Regelung *R. Schmidt,* in: Grawert (Hrsg.), Instrumente der sozialen Sicherung und der Währungssicherung in der Bundesrepublik Deutschland und in Italien, 1982, S. 67; *Coburger* (Fn. 68), S. 44; iE ebenso *Stern,* Notenbank, S. 186; nicht erkannt von *Faber,* Bundesbankautonomie, S. 42.
[242] *Siebelt* (Fn. 60), S. 184 ff.; zust. *Herdegen,* in: Maunz/Dürig, Art. 88 (2010) Rn. 69.
[243] So auch *Kämmerer,* in: v. Münch/Kunig II, Art. 88 Rn. 32.
[244] *Siekmann,* in: ders., EWU, AEUV Art. 119 Rn. 98 f.
[245] BVerfGE 89, 155 (201); insoweit unzutr. die pauschale Schlussfolgerung bei *Schachtschneider/Emmerich-Fritsche* DSWR 1997, 172 (176).

erfolgt allerdings über die Orientierung an einem Vergleich der Inflationsraten der Mitgliedstaaten[246] eine relativierende Deutung der Zielsetzung.[247]

Ein Vorrang der Preisstabilität kann dagegen **nicht** aus **Art. 14** hergeleitet werden.[248] Der Geldwert **81** fällt „für sich genommen nicht in den Schutzbereich der Eigentumsgarantie". Sie enthält weder „eine staatliche Wertgarantie des Geldes noch das währungs- und wirtschaftspolitische Leitbild, die Vorstellung eines stabilen Geldwertes zu verwirklichen".[249]

**2. Keine Relativierung durch andere Vorschriften.** Die besondere Betonung des vorrangigen **82** Ziels Preisstabilität verbietet zunächst einmal Relativierungen unter Berufung etwa auf andere in Art. 3 EUV genannte Ziele und das in Art. 9 ff. EUV nunmehr näher ausgestaltete Demokratieprinzip. Erst recht dürfen die in Art. 3–6 AEUV genannten besonderen Zuständigkeitsbereiche nicht dazu verwendet werden, um den Vorrang des Ziels der Preisstabilität zu unterlaufen. Das gilt ebenfalls für das Ziel eines hohen Beschäftigungsniveaus, das in Art. 145, 147 II AEUV näher geregelt ist.[250] Beschäftigungsfördernde Maßnahmen nach Art. 149 AEUV müssen mit dem Gebot der Preisstabilität in Einklang stehen. Es genießt auch insoweit Vorrang.[251] Dies gilt selbst dann, wenn im Übrigen eine Gleichrangigkeit dieses Ziels mit den anderen wirtschaftspolitischen Zielsetzungen bestehen sollte.[252] Ein „duales Mandat" der EZB, das die **Finanzstabilität als gleichwertiges Ziel neben die Preisstabilität** setzt,[253] ist mit dem Primärrecht der EU nicht zu vereinbaren.[254]

Die Pflicht zur Unterstützung der „allgemeinen" Wirtschaftspolitik **in** der Union steht ausdrück- **83** lich unter dem Vorbehalt des Vorrangs des Ziels der Preisstabilität, Art. 119 I, 127 I 2, 282 II 3 AEUV.[255] Die allg. Wirtschaftspolitik fällt weiterhin in die Zuständigkeit der Mitgliedstaaten (→ Rn. 96, 96a, 104). Eine Unterstützung darf nur erfolgen, soweit die Verfolgung des vorrangigen Ziels der Preisstabilität nicht beeinträchtigt wird. Insbesondere darf das ESZB „zur reibungslosen Durchführung" von Maßnahmen „der zuständigen Behörden auf dem Gebiet der Aufsicht über Kreditinstitute und der Stabilität des Finanzsystems" nach Art. 127 V AEUV nur „beitragen", wenn dies ohne Beeinträchtigung des Ziels der Preisstabilität möglich ist. Eine Abwägung zwischen den damit verfolgten Zielen und der Preisstabilität ist nicht zulässig. Das Ziel der Preisstabilität hat in jedem Fall Vorrang.

**3. Auf Dauer angelegte Stabilitätsgemeinschaft.** Nur eine Währungsunion, die als **Stabilitäts-** **84** **gemeinschaft** konzipiert ist, entspricht dem materiellen Vorrang des Ziels „der Sicherung der Preisstabilität", wie er in Art. 88 S. 2 gefordert wird[256] und bei der Schaffung der Währungsunion anerkannt worden ist.[257] Diesen **Stabilitätsanforderungen** kommt nicht nur eine punktuelle Bedeutung im Sinne einer Momentaufnahme zu. Vielmehr sind die dort niedergelegten Verfassungsgebote auch im Hinblick auf zukünftige Konfliktszenarien als **dauerhaft** angeordnet zu verstehen:

> „*Diese Konzeption der Währungsunion als Stabilitätsgemeinschaft ist Grundlage und Gegenstand des deutschen Zustimmungsgesetzes. Sollte die Währungsunion die bei Eintritt in die dritte Stufe vorhandene*

---

[246] S. näher *Kortz* (Fn. 100), S. 86 ff.

[247] Dazu krit. aus interdisziplinärer Sicht bereits *Endler*, EZB, S. 396, 398. *Palm,* Preisstabilität, S. 30, wendet sich nach eingehender Analyse strikt gegen ein „dynamisches" Verständnis des Begriffs („absoluter Rechtsbegriff"); ebenso *Mentgen,* Beschäftigungsförderung, S. 98 f.

[248] Schon Schutzbereich von Art. 14 nicht berührt: BFHE 89, 422, solange die Inflation nicht erheblich in die Substanz eingreift, etwa bei einer negativen Realverzinsung von langfristigem Sparkapital; für eine grds. Verpflichtung aus Art. 14 aber: *Vogel/Waldhoff* BK, vor Art. 104a (1997) Rn. 305, m. w. Nachw. zum Streitstand; *Waldhoff,* in: Siekmann, EWU, Art. 127 Rn. 10, allerdings mit „Ermessensspielraum" der staatlichen Stellen; offen gelassen von BVerfGE 50, 57 (106 ff.).

[249] *Wieland,* in: Dreier I, Art. 14 Rn. 69, unter Berufung auf BVerfG (Vorprüfungsausschuss) HFR 1969, 347; nur i. Erg. ähnlich BVerfGE 97, 350 (372); 105, 17 (30 f.); zust. *Siekmann* EWiR 1998, 743 (743 f.). Etwas anderes kommt allenfalls in „Grenzfällen einer evidenten Minderung des Geldwertes durch Maßnahmen der öffentlichen Gewalt in Betracht", BVerfGE 129, 124 (174); 132, 195 (236 Rn. 96); 135, 317 (389 Rn. 131).

[250] *Mentgen,* Beschäftigungsförderung, S. 37.

[251] *Mentgen,* Beschäftigungsförderung, S. 203 f.

[252] Für Gleichrangigkeit außerhalb des Bereichs der Währungsunion *Häde* VVDStRL 59 (2000), S. 169 (169 f.); *ders* BK, Art. 88 (2012) Rn. 270; *Schulze-Steinen,* Rechtsfragen zur Wirtschaftsunion, 1997, S. 115 f.; aA *Herdegen* VVDStRL 59 (2000), S. 166 (166).

[253] Für eine Einbeziehung des Ziels Finanzstabilität in die Geldpolitik *Leeper/Nason*, Bringing Financial Stability into Monetary Policy, Sveriges Riksbank Working Paper Series No. 305 (July 2015), S. 45 f.; im Sinne einer rechtspolitischen Forderung und eher mit dem Ziel der Aufweichung der Definition von Preisstabilität *Fratzscher,* The ECB Needs a New Mandate, Project Syndicate, December 6, 2019.

[254] *Bauerschmidt,* ZHR 183, (2019), 499, weist trotz eines sehr weitgehenden Ansatzes zutreffend darauf hin, dass aus Zielen nicht ohne weiteres Kompetenzen abgeleitet werden dürfen; eingehend zur „Überwölbung des Ziels der Preisstabilität durch die Finanzstabilität" *Blanke/Pilz* MKS III, Art. 88 Rn. 65–77.

[255] *Siekmann,* in: ders., EWU, Art. 119 AEUV Rn. 98.

[256] BVerfGE 89, 155 (200); bestätigt in BVerfGE 97, 350 (370).

[257] Insoweit deutlich die Entschl. des Europ. Rates v. 16.6.1997 in Amsterdam über die Einführung eines Wechselkursmechanismus in der dritten Stufe der Wirtschafts- und Währungsunion, ABl C 236/5, unter 1.1.

*Stabilität nicht kontinuierlich im Sinne des vereinbarten Stabilisierungsauftrags fortentwickeln können, so würde sie die vertragliche Konzeption verlassen."[258]*

85     Die deutschen Staatsorgane müssen also auch nach dem erfolgten Eintritt in die dritte Stufe der Währungsunion darauf hinwirken, dass diese Konzeption verwirklicht wird. Daraus kann sich eine entsprechende Aktions- oder Interventionsverpflichtung ergeben,[259] die vor allem bei der Bewältigung der Folgen der Finanzmarkt- und Staatsschuldenkrise zu beachten ist. Eine deutsche Zustimmung zu Stabilisierungsmechanismen ist nur dann mit Art. 88 S. 2 zu vereinbaren, wenn sie keinerlei Gefahr für das Ziel der Preisstabilität hervorruft. Wenn eine weit zu verstehende Finanz(-markt)stabilität einen höheren Stellenwert erhalten soll als nach der gegenwärtigen Rechtslage (→ Rn. 82 f.), müssten sowohl die EU-Verträge als auch das GG geändert werden.

86     Ein wesentlicher Faktor für den Bestand einer Stabilitätsgemeinschaft auf Dauer ist die Wahrung strikter **Haushaltsdisziplin** der Mitglieder dieser Gemeinschaft. Aus diesem Grunde schreibt Art. 126 I AEUV die Vermeidung eines übermäßigen öffentlichen Defizits vor. Die zur Konkretisierung dieser Vorgabe vorgesehenen beiden Kriterien, das Verhältnis der **Neuverschuldung** einerseits und des gesamten öffentlichen **Schuldenstands** andererseits zum Bruttoinlandsprodukt (Art. 126 II 2a und b AEUV),[260] sind aber nicht strikt zu beachtende Grenzwerte, sondern lediglich „**Referenzwerte**" zur Einleitung und Durchführung eines mehrstufigen Durchsetzungsverfahrens.[261] Gleichwohl konnte ihre Wirksamkeit recht bald empirisch nachgewiesen werden.[262]

87     Vor diesem Hintergrund erweisen sich die Vorsorge-, Kontroll-, Abschreckungs- und Korrekturmechanismen des „**Stabilitätspaktes**"[263] aus dem Jahre 1997, der das insoweit defizitäre Vertragsrecht ergänzt,[264] als Minimalfolgerungen aus der Stabilitätsverpflichtung.[265] Sie sind möglicherweise durch die im Jahre 2005 erfolgte Aufweichung[266] unterschritten.[267] Die Weigerung des EU-Rates, gegen Deutschland und Frankreich nach Art. 126 VIII u. IX AEUV wegen anhaltender Verletzung der Stabilitätskriterien vorzugehen, hat der EuGH jedenfalls schon wie zur Änderung des „Paktes" für „nichtig" erklärt.[268] Die Entscheidung war notwendig, damit die Vollziehung der angedrohten Sanktionen auch glaubwürdig blieb.[269]

88     Nach den Erfahrungen mit der Staatsschuldenkrise und als Vorbereitung zur Stabilisierung des Bankensystems, das in wichtigen Mitgliedstaaten immer noch sehr labil ist, nicht zuletzt wegen der notwendigen, aber nicht realisierten Abschreibungen auf Immobilien- und Staatskredite, sind verschiedene **sekundärrechtliche („six-pack" und „two-pack")**[270] sowie **sondervertragliche Regelungen**[271] erlassen worden, um dem Gebot der Haushaltsdisziplin die gebotene Beachtung zu verschaffen.

---

[258] BVerfGE 89, 155 (205); bestätigt durch BVerfGE 97, 350 (370); 129, 124 (181); 132, 195 Rn. 115; 146, 216 Rn. 68; zust. *Hahn* JZ 1997, 1133 (1133): „stete Rechtspflicht"; *Heun*, in: Dreier III, Art. 88 Rn. 14, 46; *Siekmann*, in: ders., EWU, Einführung Rn. 78; *ders.*, in: Möllers/Zeitler, Europa, S. 125.

[259] BVerfGE 97, 350 (375); *P. Kirchhof* FS Franz Klein, 1997, S. 67 f.; *Morgenthaler* JuS 1997, 673 (674); *Palm*, Preisstabilität, S. 31 ff.: „Stabilitätsauftrag".

[260] Numerische Konkretisierung in Art. 1 des Prot. (Nr. 12) über das Verfahren bei einem übermäßigen Defizit 3 % für das Verhältnis zwischen dem geplanten oder tatsächlichen öffentlichen Defizit und dem Bruttoinlandsprodukt zu Marktpreisen sowie 60 % für das Verhältnis zwischen dem öffentlichen Schuldenstand und dem Bruttoinlandsprodukt zu Marktpreisen; zu den Referenzwerten und ihrer Stringenz eingehend *Konow*, Der Stabilitäts- und Wachstumspakt, 2002, S. 84 ff.

[261] Wenig überzeugend daher *Schachtschneider*, in: Jörges, Der Kampf um den Euro, 1998, S. 320.

[262] *Rotte/Zimmermann*, Public Choice 94 (1998), 385 (403 f.); eingehende Untersuchung der Effekte auch von *Sutter*, Stabilitäts- und Wachstumspakt, S. 60 ff., der aber zutreffend darauf hinweist, dass die Sanktionierung „glaubwürdig" vollzogen werden muss, damit die angestrebten Effekte eintreten; ebenso *Ohr/Schmidt*, in: Schäfer, Zukunftsprobleme der europäischen Wirtschaftsverfassung, 2004, S. 181 (196 f.).

[263] Der „Pakt" ist kein Vertrag im juristischen Sinne. Technisch besteht er aus einer Entschließung des Europ. Rates, die nicht zwingendes Recht enthält, und zwei – bindenden – VO des Rates; Nachw. bei → Rn. 26–33.

[264] Vgl. → Art. 109 Rn. 26.

[265] Dazu bereits *Tettinger* FS Stern, S. 1365 (1376 f.); *Galahn* (Fn. 33) S. 162 ff., 229. Vgl. auch *Jochimsen*, in: Jörges, Der Kampf um den Euro, 1998, S. 194 ff., der moniert, diesem Stabilitätspakt fehle es „am notwendigen Biß", da er weder die geforderte Automatik bei den Sanktionen noch eine Umkehrung der Beweislast zuungunsten des „Sünders" enthalte.

[266] → 109 Rn. 27.

[267] Zur Diskussion, ob es einen Bedarf zur Änderung des Paktes gab und gibt vgl. die Beiträge in: Conseil d'Analyse économique (ed.), Réformer le Pacte de stabilité et de croissance, 2004; weitere Einzelheiten bei *Ohr/Schmidt* (Fn. 265), S. 181 (198 ff.); *Gumboldt* DÖV 2005, 499 (504 f.); *Wieland* JZ 2006, 751 (754), und die Beiträge in *Breuss* (Hrsg.), The Stability and Growth Pact, 2007.

[268] Urt. v. 13.7.2004, JZ 2004, 1069 (m. zust. Anm. *Kotzur*).

[269] *Sutter*, Stabilitäts- und Wachstumspakt, S. 182 f., hatte schon im Jahre 2000 auf Grund von spieltheoretischen Analysen vorausgesagt, dass sich große Staaten aufgrund ihres Stimmgewichts ggf. der Feststellung eines übermäßigen Defizits entziehen würden. Genau das ist dann auch geschehen (Deutschland, Frankreich).

[270] Nachw. → Art. 109 Rn. 28–30.

[271] Vertrag vom 2.3.2012 über Stabilität, Koordinierung und Steuerung in der Wirtschafts- und Währungsunion; Unterzeichnung der Ratifikationsurkunde durch den BPräs. am 27.9.2012; Umsetzung durch G v. 18.9.2012, BGBl II, 1006; gebilligt durch BVerfGE 135, 317 (406, 432 f.).

**4. Inhalt des Begriffs Preisstabilität.** Der Begriff Preisstabilität (oder stabile Preise) erfasst in dem **89** hier interessierenden Kontext **nicht** die Stabilität des **Außenwertes** einer Währung,[272] ihres Wechselkurses oder der „terms of trade", sondern ihres **Binnenwertes**, ihrer Kaufkraft im Inneren des Währungsgebiets – hier der Eurozone.[273] Ob auch Deflation, die eher eine theoretische Sorge der Wirtschaftswissenschaften ist, gegen das Postulat der Preisstabilität verstößt, ist nicht sicher.[274] Aber selbst wenn das der Fall sein sollte, darf damit nur die sich selbst verstärkende Abwärtsspirale bezeichnet werden. Statt dessen werden nicht selten und ohne hinreichenden empirischen Beleg bereits deflationäre Tendenzen als (gefährliche) Deflationsgefahr bezeichnet.[275]

Die **EZB** verwendet jetzt folgende **Abgrenzung:** „Preisstabilität wird definiert als Anstieg des **90** Harmonisierten Verbraucherpreisindex (HVPI) für das Euro-Währungsgebiet von unter 2 % gegenüber dem Vorjahr. Preisstabilität muss mittelfristig gewährleistet werden." Mittelfristig sei eine Preissteigerungsrate von „unter, aber nahe 2 % beizubehalten".[276] Teile des neueren Schrifttums folgen dieser Definition.[277] Fraglich ist jedoch, ob eine Exekutiveinrichtung einen wesentlichen Verfassungsbegriff auf eine Weise authentisch interpretieren darf, die erhebliche (negative) Konsequenzen, vor allem für die (deutsche) Bevölkerung, haben kann.[278]

Jedenfalls bedeutet Preisstabilität nicht Konstanz jedes einzelnen Preises, sondern nur die Stabilität **91** des **Preisniveaus.**[279] Die **Feststellung** von Preisstabilität in dem so verstandenen Sinne kann nur anhand von Durchschnittsgrößen unter Verwendung von Indizes erfolgen. Dabei sind zahlreiche Mess- und Konstruktionsprobleme, wie Änderungen des Verbraucherverhaltens und der Qualität von Wirtschaftsgütern, zu bewältigen.[280] Ob die Verwendung eines Sozialproduktsdeflators[281] oder eines Maßes der rigiden Preise anstelle des harmonisierten Verbraucherpreisindex angemessener wäre, wird gegenwärtig von ökonomischer Seite diskutiert,[282] dürfte aber (noch) keine Bedeutung für die rechtliche Beurteilung haben. Sehr viel gravierender ist jedoch aus verfassungsrechtlicher Sicht die weitgehende Vernachlässigung der **Preise von Vermögenswerten** („asset prices") für die Bestimmung von Preisstabilität. Die Entwicklung dieser Preise war nicht nur für die Entstehung von Finanzkrisen, zumal Bankenkrisen, ein maßgebender Faktor, sondern schädigt die Bevölkerung in einer Weise, die verfassungsrechtlich relevant sein kann. Deshalb ist ihre Berücksichtigung bei der verfassungsrechtlichen Bestimmung von Preisstabilität möglicherweise geboten.

Eine **quantitative Festlegung** des noch zulässigen Grenzwertes ist weder im Verfassungstext noch **92** im Primärrecht der EU erfolgt. Im juristischen Schrifttum wird darüber gestritten, ob nur bei völlig fehlender Geldentwertung Preisstabilität herrscht („absoluter Stabilitätsbegriff")[283] oder ob auch die Einhaltung von Zielkorridoren mit „gewissen" Geldentwertungen noch die Stabilitätsanforderung

---

[272] *Smits,* ECB, S. 184; *Heun,* in: Dreier III, Art. 88 Rn. 49.

[273] *Europäische Zentralbank,* Die Geldpolitik der EZB, 2011, S. 69; *Selmayr* WM 1999, 2429 (2431 f.); *Häde,* in: Calliess/Ruffert, Art. 127 AEUV Rn. 3; *Kämmerer,* in: v. Münch/Kunig, Art. 88 Rn. 35; *Palm,* Preisstabilität, S. 20 ff.; *Blanke/Pilz* MKS III, Art. 88 Rn. 66; *Herdegen,* in: Maunz/Dürig, Art. 88 Rn. 30; *Siekmann,* in: ders., EWU, Art. 119 AEUV Rn. 43; *Waldhoff,* ebd., Art. 127 Rn. 12, der aber als Bezugspunkt zu Unrecht die Union wählt.

[274] *Siekmann,* in: ders., EWU, Art. 119 AEUV Rn. 44; dafür aber: *Heun,* in: Dreier III, Art. 88 Rn. 49 mwN; *Waldhoff,* in: Siekmann, EWU, Art. 127 Rn. 12; *Blanke/Pilz* MKS III, Art. 88 Rn. 67.

[275] *Blanke/Pilz* MKS III, Art. 88 Rn. 67.

[276] Presserklärung v. 8.5.2003, Monatsbericht Juni 2003, 87; *Europäische Zentralbank,* Die Geldpolitik der EZB, 2011, S. 69; s. auch *Siekmann,* in: ders., EWU, Art. 119 AEUV Rn. 49; *Thiele,* Das Mandat der EZB und die Krise des Euro, 2013, S. 30.

[277] *Kämmerer,* in: v. Münch/Kunig, Art. 88 Rn. 37; *Waldhoff,* in: Siekmann, EWU, 2013, Art. 127 Rn. 13 mwN: zuvor *Smits,* ECB, S. 185 im Anschluss an die Def. des EWI.

[278] Aber nicht beanstandet vom EuGH, Urt. v. 11.12.2018, Case C-493/17 [Heinrich Weiss and Others], ECLI: EU:C:2018:1000, Rn. 56.

[279] *Endler,* EZB, S. 63; *Herdegen,* in: Maunz/Dürig, Art. 88 Rn. 30; *Siekmann,* in: ders., EWU, Art. 119 AEUV Rn. 44; *Waldhoff* ebda, Art. 127 Rn. 12.

[280] Eingehend *Feldstein,* Journal of Economic Perspectives, Vol. 31 (2017), S. 145–164; *Mentgen,* Beschäftigungsförderung, S. 22 ff., 29 f., 79 ff.

[281] Der BIP-Deflator beruht auf den Preisen derjenigen Güter, die im Inland erzeugt worden sind. Lebenshaltungskostenindices, wie der Verbraucherpreisindex, erfasst dagegen die Waren und Dienstleistungen, die von privaten Haushalten erworben worden sind, vgl. *Mentgen,* Beschäftigungsförderung, S. 29.

[282] *Sachverständigenrat zur Begutachtung der gesamtwirtschaftlichen Entwicklung,* Jahresgutachten 2016/17, Rn. 433 mwN, der aber selbst für eine Beibehaltung des HVPI bei gleichzeitig mittelfristiger Betrachtungsweise plädiert (Rn. 406, 434).

[283] Dafür die h. M.: *Palm,* Preisstabilität, S. 25–30, nach eingehender Analyse strikt gegen ein „dynamisches" Verständnis des Begriffs; ebenso *Mentgen,* Beschäftigungsförderung, S. 98 f.; *Dutzler,* The European System of Central Banks, S. 29, mit Hinweis auf der Entsch. des Rates für den absoluten Stabilitätsbegriff; *Endler,* EZB, S. 396: „ein Zustand …, durch die Konstanz des Preisniveaus und damit keinerlei Inflationsraten, charakterisiert wird"; *Rodi* BK, Art. 109 (2004) Rn. 558; *ders.,* in: Vedder/Heintschel von Heinegg, Art. 119 AEUV Rn. 11; *Herdegen,* in: Maunz/Dürig, Art. 88 (2010) Rn. 31; *Häde,* in: Calliess/Ruffert, AEUV Art. 119 Rn. 21: „Preise … konstant bleiben"; *Kempen,* in: Streinz, AEUV Art. 119 Rn. 25: „verpflichtet, ein möglichst konstantes Preisniveau zu halten; *Khan,* in: Geiger/Khan/Kotzner, EUV/AEUV, 5. Aufl. 2010, Art. 119 Rn. 10.

erfüllen kann („relativer Stabilitätsbegriff").[284] Wenn man den **Begriff** aber ernst nimmt, bedeutet das Ziel der Preisstabilität, dass **völlige Konstanz** des relevanten Index anzustreben ist, Abweichungen in Grenzen tolerabel sind. Ob ein Mittelwert über einen festgelegten Bezugszeitraum angestrebt werden darf, wie vielfach gefordert, ist nicht sicher; möglichweise wenn als Mittelwert eine Inflationsrate von 0% angestrebt wird. Zwingende Voraussetzung wäre jedoch, dass auch eine milde Deflation zugelassen wird.

93    Die zur Verteidigung einer höheren Rate gerne angeführten **Messprobleme** wären nur dann ein Argument, wenn es klare empirische Beweise für eine systematische Verzerrung in Richtung auf zu niedrige Messwerte gäbe.[285] Die Nichtberücksichtigung der Kosten des selbstgenutzten Wohneigentums in den Verbraucherpreisindices deutet aber möglicherweise sogar in die gegenteilige Richtung.[286] Auch die angeblichen **Gefahren** einer **Deflation,** denen man sich auf keinem Fall aussetzen dürfte, mögen auf Fehlwahrnehmungen von Seiten des dominanten ökonomischen Schrifttums aus den U. S. A. beruhen.[287]

94    Eine relativ hohe Inflationsrate, möglicherweise verbunden mit staatlichen Ausgabenprogrammen oder Anleihekäufen durch Notenbanken, kommt den Wünschen durchsetzungskräftiger **Partikularinteressen** entgegen, schadet aber vor allem der deutschen Bevölkerung, deren Nettovermögen zum größten Teil aus Geldforderungen (oder Rentenanwartschaften) und nicht aus Grundvermögen oder Aktien, wie in vielen anderen Ländern, besteht. Die Sorge der Bevölkerung vor der Entwertung ihres Vermögens durch die Geldpolitik ist nur zu berechtigt und nicht „pervers".[288]

95    Eine Inflationsrate zwischen Null und dem (statistischen) Messfehler (des verwendeten Index) erfüllt wohl noch die verfassungsrechtlichen Anforderungen,[289] wenn die Preisstabilität nicht als Grenzwert, sondern als Zielgröße verstanden wird und der Messfehler für beide Richtungen berücksichtigt wird. Wenn die von der EZB aber angestrebte Zielgröße von knapp unter 2% Inflation tatsächlich über mehrere Jahrzehnte verwirklicht würde, hätte das eine substanzielle Entwertung von Sparvermögen, z. B. für die Alterssicherung, zur Folge, die der Gesetzgeber verhindern wollte. Als **Zielgröße** entspricht sie **nicht** den **verfassungsrechtlichen Anforderungen.**[290] Die Verwirklichung eines „Inflationsziels" ist nicht mit dem vorrangigen Ziel der Preisstabilität zu vereinbaren. Schon der Begriff ist dem EU-Recht und dem GG fremd. Das gilt erst recht, wenn es in Verbindung mit einer von der Notenbank erzwungenen **negativen Realverzinsung** verwendet wird („financial repression").

95a   Fraglich ist auch, ob die verschiedenen Programme der EZB zum **Ankauf** von **Wertpapieren,** namentlich von Staatsanleihen (Covered Bonds Programes I–III, Securities Markets Programe – SMP, LTRO, OMT, TLTRO, und das gegenwärtige expanded Asset Puchase Programme – (E)APP mit seinen Bestandteilen PSPP, CSPP, ABSPP und CBPP III),[291] mit dem Ziel der Preisstabilität nicht zu vereinbaren sind, auch wenn sich der HVPI gegenwärtig noch innerhalb einer akzeptablen Bandbreite bewegt.[292] Falls diese Maßnahmen zu einer länger andauernden **negativen Realverzinsung** führen ist das verfassungsrechtliche Postulat der Preisstabilität verletzt.

---

[284] Dafür: *Nicolaysen* (Fn. 100), S. 39; *Stadler,* Der rechtliche Handlungsspielraum des Europäischen Systems der Zentralbanken, 1996, S. 101–104; *Smits,* ECB, S. 185; *Janzen* (Fn. 99), S. 158 f.; *v. Bogdandy/Bast,* Europäisches Verfassungsrecht, 2. Aufl. 2009, S. 683 (731 f.); *Waldhoff,* in: Siekmann, EWU, Art. 127 Rn. 13; *Heun,* in: Dreier III, Art. 88 Rn. 49; aus dem ökonomischen Schrifttum: *Streißler,* in: Streißler/Beinsen/Schleicher/Suppanz, Zur Relativierung des Ziels der Geldwertstabilität, 1976, S. 16 ff.

[285] Eine systematische Unterschätzung des realen Sozialprodukts wird von *Feldstein* für die USA dargelegt (Journal of Economic Perspectives, Vol. 31 [2017], 145 ff.). Sie hätte Auswirkungen auf die Messung der Preisstabilität und die Geldpolitik.

[286] Für eine Einbeziehung jetzt auch die EZB, Börsen-Zeitung v. 4.2.2020, S. 4.

[287] Der Begriff „Deflation" ist zudem schillernd und wird zudem selten fehlerhaft verwendet. Ein Sinken von nominalen Löhnen und Preisen über einen mittleren Zeitraum in einem selbstverstärkenden Prozess hat es in Europa in den letzten hundert Jahren noch kaum gegeben.

[288] So aber der Präsident der EZB *Mario Draghi,* Der Spiegel 1/2014: „perverse Angst".

[289] *Palm,* Preisstabilität, S. 29.

[290] Wenn man eine Inflationsrate von 1,9% pro Jahr anstrebt, verringert sich die Kaufkraft eines Sparvermögens um 17,46% in 10 Jahren. Bei Berücksichtigung einer Verzinsung nach Steuern von gegenwärtig 0,966% pro Jahr (1,228% 10-jährige Bundesanleihe, 25% Abgeltungsteuer) träte immer noch ein Verlust von 8,96% ein; oder von 24,53% nach 30 Jahren bei im Übrigen gleichen Annahmen. (K(t) = K (0) (1+i)t): gegen eine staatliche Wertgarantie des Geldes aber BVerfG HFR 1969, S. 347, wo aber ein Substanzverzehr durch die Besteuerung als unvereinbar mit Art. 14 angesehen wird.

[291] Näher *Siekmann,* The Asset Purchase Programmes of the ESCB – an interdisciplinary evaluation, Institute for Monetary and Financial Stability Working Paper Series No. 134 (2020); *ders.,* Rövekamp/Bälz/Hilpert (eds.), Monetary Policy Execution in East Asia, 2020.

[292] ECB Economic Bulletin http://sdw.ecb.europa.eu/reports.do?node=1000004821 annual percentage changes of the Harmonised Index of Consumer Prices: Total excluding food and energy: 1,0% (2017), 1,0% (2018), 1,0 (2019); Total: 1,5% (2017), 1,8% (2018), 1,2% (2019); für Deutschland ergeben sich etwas höhere Werte: 0,4% (2016), 1,7% (2017), 1,9% (2018), 1,5% (2019), Monatsbericht der Deutschen Bundesbank Januar 2020, S. 71*.

## IV. Die ausschließliche Kompetenz der EU für die Währungspolitik

Die **Währungspolitik** für die Mitgliedstaaten, deren Währung der Euro ist, fällt in die ausschließ- **96** liche Zuständigkeit der EU, Art. 3 I c AEUV. Die Zuständigkeit für die **(allgemeine) Wirtschaftspolitik** ist in der Zuständigkeit der Mitgliedstaaten verblieben, verbunden allerdings mit einem Kooperationsgebot, Art. 119 I AEU. [293] Innerhalb der EU ist die Erfüllung der wesentlichen Aufgaben auf das ESZB (→ Rn. 35) übertragen, Art. 127 I AEUV. Dazu gehört namentlich die **Geldpolitik** der Union, Art. 127 II 1. Spiegelstrich AEUV. Sie sind ihm zwar **als Gesamtheit** zugewiesen, Art. 127 II AEUV, doch gelten die wesentlichen Vorschriften für die Arbeit des ESZB **nur** für die Staaten, die den Euro eingeführt haben (→ Rn. 43). Für den Teil des ESZB, der danach im Kern die Währungspolitik der EU gestaltet, hat der Vertrag von Lissabon die Bezeichnung „Eurosystem" eingeführt, Art. 282 I 2 AEUV, Art. 1.2 ESZB/EZB-Satzung (→ Rn. 40), das im Effekt die Geldpolitik zu betreiben hat. [294] Einzelaufgaben sind allerdings durch Spezialnormen auf die einzelnen Bestandteile des Systems weiter verteilt.

Die Wahrung der **Stabilität** des **Finanzsystems** gehört **nicht** zu den originären **Aufgaben** des **96a** ESZB. Lediglich die Unterstützung von Maßnahmen der **zuständigen Behörden** ist ihm primärrechtlich zugewiesen, Art. 127 V AEUV und Art. 3.3 ESZB/EZB-Satzung (→ Rn. 104). Dadurch ist die spezielle Wortwahl von Art. 127 I 1 und Art. 282 II 3 AEUV zu erklären, die anordnen, dass das ESZB die allg. Wirtschaftspolitik „in" der EU unterstützt. Dasselbe gilt für die **Bankenaufsicht**. [295] Allerdings dürfen spezielle Aufgaben in der Bankenaufsicht durch besonderen unionsrechtlichen Rechtsakt unter bestimmten Voraussetzung auf die EZB übertragen werden, Art. 127 VI AEUV (→ Rn. 102).

Ob auch „unkonventionelle" Maßnahmen, [296] wie die von der EZB beschlossenen Wertpapier- **96b** ankaufsprogramme, also vor allem das **OMT-Programm** und das **Pulic Sector Purchase Programme (PSPP)**, von den ihr eingeräumten Kompetenzen abgedeckt sind, ist fraglich. [297] Das BVerfG hat in seinen Vorlagebeschlüssen an den EuGH sowohl Zweifel hinsichtlich der Kompetenz der EZB für diese Maßnahme als auch hinsichtlich ihrer Vereinbarkeit mit dem Verbot der monetären Staatsfinanzierung (Art. 123 I AEUV) geäußert. [298] Das Schrifttum hat die Entscheidungen teilweise heftig kritisiert. [299] Der EuGH sah aber keinen Verstoß gegen das Recht der EU. [300] Im Ergebnis setzte er sich damit aber in Widerspruch zu den Grundsätzen der kurz zuvor ergangenen „Pringle"-Entscheidung, in der die Zuständigkeit für die Geldpolitik der EZB eng ausgelegt wurde. [301]

Ohne die klare begriffliche und systematische Trennung von Währungs und Geldpolitik im Primär- **96c** recht zu berücksichtigen, stellte der EuGH fest (ohne Nachweis), dass die Autoren der Verträge eine „absolute" Trennung zwischen den beiden Politikbereichen nicht beabsichtigt hätten [302] Im Übrigen sei entscheidend auf die Zwecke einer Maßnahme abzustellen und zusätzlich noch auf die eingesetzten Instrumente. [303] Letztlich seien die Ankaufsprogramme aber noch von einem sehr weit gefassten Beur-

---

[293] EuGH Urt. v. 27.11.2012, Rs. C-370/12, Pringle, Slg. 2012, S. I-0000, ECLI:EU:2012:756, Rn. 60; BVerfGE; *Siekmann*, in: ders., EWU, Art. 119 AEUV Rn. 23 ff.; *Waldhoff*, ebd., Art. 127 Rn. 28 m. w. Einzelheiten; *Becker*, ebd., AEUV Art. 282 Rn. 26; bekräftigt durch BVerfG JZ 2014, 341 (345).

[294] EuGH Urt. v. 27.11.2012, *Pringle*, Rs. C-370/12 ECLI:EU:C:2012:756, Rn. 49; Urt. v. 16.6.2015, *Gauweiler*, Rs. C-62/14, ECLI:EU:C:2015:400, Rn. 36; Urt. v. 11.12.2018, Rs. C-493/17, *Heinrich Weiss*, ECLI:EU:C:2018:1000, Rn. 48.

[295] Krit. zur Einbindung der EZB im Rahmen der geplanten Bankenunion und zu einer möglichen Doppelaufsicht bedeutender Institute (vgl. Art. 6 IV SSM-VO) durch EZB und nationale Behörden *Schneider* EuZW 2013, 452 (455 f.).

[296] Die „unkonventionellen" Maßnahmen werden von der EZB als „non-standard-monetary policy measures" bezeichnet, für die es folgende Instrumente nennt: *fixed-rate, full-allotment liquidity provision, expansion of list of assests eligible as collateral, longer-term liquidity provision, liquidity provision in foreign currencies, changes in the required reserve ratio, outright purchases of specific debt securities;* dazu *Giannone/Lenza/Pill/Reichlin,* Non-standard monetary policy measures and monetary developments, European Central Bank, Working Paper Series No. 1290, January 2011; *Cour-Thiemann/Winkler,* Oxford Review of Economic Policy 28 (2012), S. 765 ff.; *Lammers* EuZW 2015, 212 (213 f.); Dell'Ariccia/Rabanal/Sandri, Journal of Economic Perspectives 32 (2018), 147–172, Forward Guidance, Quantitative Easing, Negative Interest Rates (S. 149–152).

[297] Eingehende Darstellung bei *Siekmann,* Asset Purchase Programmes.

[298] Zum **OMT-Programm:** BVerfG 134 366; grundsätzlich zust.: *R. Schmidt* JZ 2015, 317; *Siekmann,* in: Rövekamp/Bälz/Hilpert, Central Banking and Financial Stability in East Asia, 2015, S. 101 (103–116); **zum PSPP:** BVerfGE 146, 219.

[299] *Heun* JZ 2014, 331; ferner *Mayer* EuR 2014, 473 ff.; *ders.* German Law Journal Vol. 15 No. 02, 111; *Thiele* German Law Journal Vol. 15 No. 02, 241 ff.; *ders.* EuZW 2014, 694; für Vereinbarkeit mit dem Primärrecht *Ukrow* ZEuS 2014, 119; zur Bedeutung des Beschlusses für die Ultra-vires-Lehre und iE differenzierend *Gött* EuR 2014, 514 (540).

[300] Urt. v. 16.6.2015, *Gauweiler*, Rs. C-62/14, ECLI:EU:C:2015:400; Urt. v. 11.12.2018, Rs. C-493/17, *Heinrich Weiss*, ECLI:EU:C:2018:1000; zust. *Mayer* NJW 2015, 1999; vgl. auch *Ohler* NVwZ 2015, 1001.

[301] Urt. v. 27.11.2012, *Pringle*, Rs. C-370/12 ECLI:EU:C:2012:756, Rn. 53–57.

[302] Urt. v. 11.12.2018, Rs. C-493/17, *Heinrich Weiss*, ECLI:EU:C:2018:1000, Rn. 60.

[303] EuGH Urt. v. 27.11.2012, *Pringle*, Rs. C-370/12 ECLI:EU:C:2012:756, Rn. 53; Urt. v. 16.6.2015, *Gauweiler*, Rs. C-62/14, ECLI:EU:C:2015:400, Rn. 42, 46; Urt. v. 11.12.2018, Rs. C-493/17, *Heinrich Weiss*, ECLI:EU:C:2018:1000, Rn. 50, 53.

teilungsspielraum oder Ermessen (*broad discretion*) der EZB.[304] In seiner Endentscheidung zu OMT hat das BVerfG aber letztlich einen Verstoß gegen das GG und dabei insbesondere das Vorliegen eines Ultra-vires-Aktes verneint.[305]

96d Sowohl der EuGH als auch das BVerfG haben es versäumt, konkret darzulegen, weshalb die Staatsanleihezinsen eines Mitgliedstaats im gegebenen Marktumfeld unangemessen seien und inwieweit die Stabilität der Währung hierdurch gefährdet wäre. Fragwürdig ist vor allem aber auch die Einräumung von Ermessen bei der Kompetenzabgrenzung. Auf diese Weise kann sich eine Einrichtung weitgehend unkontrolliert ausdehnen. Auch die weitgehend kritiklose Übernahme von tatsächlichen Behauptungen der EZB macht die gerichtliche Kontrolle der Einhaltung der Kompetenzgrenzen einer Einrichtung weitgehen wirkungslos. Sie wäre aber im Hinblick auf das – wegen der weitreichenden Unabhängigkeit – Fehlen anderer effektiver Kontrollmechanismen besonders wichtig.

## V. Die grundlegenden Aufgaben

97 **1. Festlegung und Ausführung der Geldpolitik.** Zu den grundlegenden Aufgaben des ESZB gehört es, die Geldpolitik der Union festzulegen und auszuführen, Art. 127 II, 1. Spiegelstrich AEUV, Art. 3 Abs. 3.1, 1. Spiegelstrich ESZB/EZB Satzung. Dazu gehört nicht zuletzt auch die **Versorgung mit Zahlungsmitteln**. Diese Aufgabe ist für BBank im Rahmen des Eurosystems von besonderer Bedeutung.

97a **a) Gesetzliche Zahlungsmittel.** Die Entscheidung über die Ausgabe von Banknoten ist mit der Einführung des Euro auf die EZB übertragen worden. Sie hat die Ausgabe zu genehmigen, Art. 128 I 1 AEUV. Die Ausgabe selbst erfolgt durch die nationalen Zentralbanken, Art. 128 I 2 AEUV, die dabei aber an die Weisungen der EZB gebunden sind, Art. 14.3 ESZB/EZB-Satzung. Allerdings ist zwischen den Vorbehalten von Absatz 1 („authorise") und von Absatz 2 („approval") zu unterscheiden; eine Unterscheidung, die in der deutschen Fassung zu Unrecht eingeebnet worden ist („genehmigen" und „Genehmigung"). Die so ausgegebenen Banknoten sind nach Art. 128 I 3 AEUV das einzige gesetzliche Zahlungsmittel im Gebiet des Eurosystems. Auf diese Weise ist ein **europarechtliches Monopol** zur Ausgabe von gesetzlichen Zahlungsmitteln errichtet worden. Das *jus monetae*[306] ist durch Art. 3 I c AEUV vollständig auf die EU übertragen worden. Die Mitgliedstaaten, deren Währung der Euro ist, haben dadurch die Befugnis verloren, zu definieren, was gesetzliche Zahlungsmittel sind.[307]. Die Einführung anderer Währungen oder von Parallelwährungen ist den Mitgliedstaaten, deren Währung der Euro ist, untersagt.[308]

97b Es handelt sich aber nicht nur um ein Recht, das nach Belieben in Anspruch genommen werden kann, sondern um eine primärrechtliche Pflicht – zumindest im gegenwärtigen Zeitpunkt (→ Rn. 20). Die Gesamtheit der geldrechtlichen Regelungen zeigt, dass das Primärrecht von der Existenz gesetzlicher Zahlungsmittel ausgeht, die nach der gegenwärtigen Kompetenzverteilung vom Eurosystem (Euro-Banknoten) und den Mitgliedstaaten, deren Währung der Euro ist (Euro-Münzen), zu schaffen sind.

97c **Banknoten** im Sinne des Primärrechts sind nur solche Gegenstände, die auch tatsächlich gesetzliches Zahlungsmittel geworden sind. Die Geldeigenschaft ist für in einen Acrylblock eingeschlossene 100-Euro Banknoten verneint worden, die im Auftrag der EZB hergestellt und in dem „Euro Information Centre & Bookshop" der EZB für weniger als die Hälfte des Wertes einer 100-Euro Banknote verkauft worden waren. Während sich das VG Frankfurt[309] letztlich entscheidend darauf stützte, dass entgegen der früheren gesetzlichen Regelung[310] keine Rechtsgrundlage für den geltend gemachten Anspruch bestehe, verneinte der HessVGH[311] anschließend schon die Banknoteneigenschaft des eingeschlossenen Gegenstandes. Er stellte dabei – nicht unproblematisch – auf die stoffliche Eigenschaft und den fehlenden „tatsächlichen Begebungsakt" ab. Banknoten sind danach: (1) Papiere oder papierähnliche Gegenstände, die dem Zweck dienen, gesetzliches Zahlungsmittel zu sein; (2) sie müssen den gestaltungsmäßigen Anforderungen einer ausgabeberechtigten Stelle entsprechen und (3) von dieser oder einer von ihr beauftragten Stelle tatsächlich in den Verkehr gebracht worden sein. Auf die Erkennbarkeit des letzten Merkmals dürfte es danach nicht ankommen.[312] Das wird aber bei (echten) Banknoten, die im Verlauf des Herstellungsprozesses abhandenkommen, entscheidend sein.

---

[304] Urt. V. 11.12.2018, Rs. C-493/17, *Heinrich Weiss*, ECLI:EU:C:2018:1000. Rn. 73.

[305] BVerfGE 142, 123. Die grundsätzliche Zulässigkeit des OMT-Programms bejahen: *Steinbach* NVwZ 2013, 918; *Ismer/Wiesner* DÖV 2015, 81 (89); *Thiele* EuZW 2014, 694 (698); krit. *Faßbender* NVwZ 2010, 799; *R. Schmidt* JZ 2015, 317.

[306] Dazu *Siekmann,* Monetary aspects, section III 3.

[307] *Proctor*, legal aspects of money, Rn. 31.10; *Papapaschalis*, in: von der Groeben/Schwarze/Hatje, Art. 128 AEUV Rn. 45; *Siekmann,* Monetary aspects, section IV 3, zur Entstehung und Entwicklung der gesetzlichen Zahlungsmittel sections II 3, IV.

[308] *Siekmann* FS Monéger, 2017, S. 773 (788–792).

[309] Urt. v. 8.3.2007, WM 2007, 2058 (2059).

[310] § 14 III S. 2 BBankG v. 26.7.1957.

[311] Beschl. v. 16.10.2007, ESVGH 58, 102 (104 f.).

[312] Dass der VGH dennoch die deutliche Erkennbarkeit hervorhebt, zeigt die Unsicherheit seiner Begründung, ebda, S. 105.

**b) Substitute.** Einer genaueren Prüfung bedürfen die lokal ausgegebenen geldähnlichen Leistungs-  **98** versprechen („Regionalwährungen")[313] und neue elektronische Instrumente, die Geldfunktionen erfüllen, wie „Bitcoins".[314] Sie sind aber keine gesetzlichen Zahlungsmittel, wenn sie nicht von den zuständigen Hoheitsträgern ausgegeben oder autorisiert worden sind (→ Rn. 97). Deshalb ist auch die gelegentlich vertretene Auffassung, dass das von den Geschäftsbanken geschaffene **Buchgeld** gesetzliches Zahlungsmittel sei,[315] nicht (mehr) vertretbar.

Die **regionalen Zahlungsmittel**, die von unterschiedlich organisierten „bürgernahen" Einrichtun-  **98a** gen ausgegeben werden,[316] hatten in Not- und Krisenzeiten eine weite Verbreitung („Notgeld" nach dem 1. und 2. Weltkrieg in Deutschland). Sie erfahren als „demokratisches" Geld (*complementary currencies*) eine gewisse Renaissance,[317] sind aber gegenwärtig quantitativ so unbedeutend, dass sie von den Zentralbanken im Hinblick auf das Notenmonopol und die Währungsstabilität nicht als Gefahr angesehen werden.[318] Meist handelt es sich um „Schwundgeld" in der Tradition des „Freigeldes" von *Silvio Gesell*,[319] damit Geld nicht gehortet wird, sondern möglichst schnell wieder in Wirtschaftskreislauf gelangt. Dieses Konzept nahm die gegenwärtige Geldpolitik des ESZB mit ihrem „negativen Zins" fast hundert Jahre früher vorweg.

**c) Central Bank Digital Currency.** Die Ausgabe elektronischer oder digitaler Zahlungsmittel für  **98b** das Publikum durch Notenbanken wird erst seit kurzem näher in den Blick genommen. Angestoßen durch die Pläne zur Einführung einer privaten „Währung" (Libra) durch ein Konsortium um Facebook[320], beschäftigen sich fast alle großen Notenbanken mit der Frage eines elektronischen gesetzlichen Zahlungsmittels **:Central Bank Digital Currency – CBDC).** Eine intensive Debatte ist entbrannt.[321] Überwogen zunächst Ablehnung und Skepsis, werden jetzt doch schon verschiedene Varianten diskutiert.[322] Immer wird dabei jedoch die Sorge um einen möglichen Missbrauch für kriminelle Aktivitäten, Steuerhinterziehung oder Terrorfinanzierung in den Vordergrund geschoben; möglicherweise wieder einmal nur ein probater Vorwand. Mittlerweile werden aber auch differenziert die Auswirkungen auf das Bankensystem analysiert.[323] Die Gefahr eines *„bank runs into CBDC"* wird erörtert.[324] Nicht zuletzt wird aber als Vorteil angesehen, dass möglicherweise die Null-Zins-Untergrenze der Geldpolitik durch die Einführung von Negativzinsen für CBDC effektiv unterschritten werden kann.[325]

Vor allem kann das **Stablecoin-Konzept** von Libra das ganze Gebäude der Geldschöpfung durch  **98c** Geschäftsbanken und die Schaffung von Zentralbankgeld nach Belieben (Fiat-Geld) erschüttern. Immerhin wird zunehmend erkannt, dass CBDC nicht zwingend mit der Blockchain-Technologie verknüpft ist. Denkbar sind unter anderem auch Bankkonten für jedermann bei den Notenbanken, über die elektronisch verfügt werden kann.[326] Auch kommt die Ausgabe von (prepaid) smart cards durch Notenbanken in Betracht.[327] Zuletzt wird nun auch die zwingende oder nicht zwingende Verknüpfung mit einem Bankkonto bei der Notenbank oder einer Geschäftsbank (ansatzweise) als wesentliches Teilproblem erkannt.[328]

In der EU ist aber eine Reihe von schwierigen Fragen zu beantworten. Zunächst ist die Verbands-  **98d** kompetenz im Hinblick auf Art. 3 I lit. c AEUV zu klären. Dann ist zu entscheiden, welches Organ oder welche Einrichtung innerhalb der EU zuständig ist. Zur Genehmigung wäre die EZB nach

---

[313] Beispiele; Berk-Shares http.//berkshares.org; Chiemgauer www.chiemgauer.info.

[314] *Kannenberg,* c't 25/2013, S. 78 ff.; *Boehm/Pesch,* in: Paulsen (Hrsg.), Sicherheit in versetzten Systemen, 2014, Teil F.

[315] *Simitis* AcP 39 (1960–1961), S. 423–427, aber ohne hinreichende Begründung.

[316] Gegenwärtig meist Vereine.

[317] *Kennedy/Litaer/Rodgers,* The promise of regional currencies, 2012.

[318] *Rösl,* Regionalwährungen in Deutschland – Lokale Konkurrenz für den Euro, Deutsche Bundesbank (Hrsg.), Diskussionspapier Nr. 43/2006, Reihe 1: Volkswirtschaftliche Studien.

[319] *Gesell,* Die natürliche Wirtschaftsordnung durch Freiland und Freigeld, 3. Aufl. 1919.

[320] White Paper vom Juni 2019: https://libra.org/en-US/white-paper/.

[321] *Skingsley,* Should the Riksbank issue e-krona? Sveriges Riksbank Speech of 16.11.2016; *Stevens,* Digital currencies; *Bjerk,* Designing New Money – The Policy Trilemma of Central Bank Digital Currency, CBS Working Paper, June 2017; *Wadsworth,* Reserve Bank of New Zealand, Bulletin, Vol. 81 No. 7, June 2018; Central bank digital currencies, Norges Bank Papers, No. 2, 2019; *Nabilou,* Central Bank Digital Currencies: Preliminary Legal Observations, https://ssm.com/abstract=3329993; *Hettler,* Börsen-Zeitung v. 14.1.2020, S. 13.

[322] Börsen-Zeitung v. 6.12.2019, S. 6.

[323] *Stevens,* Digital currencies, S. 85 ff.; *Bindseil,* Tiered CBDC and the financial system, ECB Working Paper Series, No 2351, January 2020, S. 8–13; *Hettler,* Börsen-Zeitung v. 14.1.2020, S. 13; s. auch Börsen-Zeitung v. 19.2.2020, S. 2; Börsen-Zeitung v. 2o.2.2020, S. 2.

[324] *Mersch,* Virtual or virtueless? The evolution of mones in the digital age, Lecture at the Official Monetary and Financial Institutions Forum, London 8.2.2018; *Bindseil,* Tiered CBDC and the financial system, ECB Working Paper Series, No 2351, January 2020, S. 13–16.

[325] *Stevens,* Digital currencies, S. 84 f.; *de la Rubia,* Börsen-Zeitung v. 19.12.2019, S. 5.

[326] *Bindseil,* Tiered CBDC and the financial system, ECB Working Paper Series, No 2351, January 2020, S. 22 ff.; *De la Rubia,* Börsen-Zeitung v. 19.12.2019, S. 5.

[327] *Hettler,* Börsen-Zeitung v. 14.1.2020, S. 13; Börsen-Zeitung v. 20.2.2020, S. 2.

[328] Börsen-Zeitung v. 20.2.2020, S. 2.

Art. 128 I 1 AEUV berufen, wenn es sich um Banknoten (in elektronischer Form) handelt. Sollte es sich eher um (elektronische) Münzen handelt, wären die Mitgliedstaaten zuständig, aber das Volumen müsste von der EZB gebilligt sein.

**98e**      Um im Wege der Auslegung des geltenden Rechts zu einer Vergleichbarkeit mit auf Euro lautenden Banknoten gelangen zu können, müsste eine Reihe von Voraussetzungen erfüllt sein: Die neuen Bargeld Substitute müssten ohne Offenlegung der Identität, also auch ohne Bezug zu einem Bankkonto, nutzbar sein. Sie müssten ohne zusätzliche Kosten übertragbar sein. Sie müssten als unbegrenztes Wertaufbewahrungsmittel dienen können. Sie müssten von allen öffentlichen Kassen jederzeit und in unbegrenzter Höhe angenommen werden und im privaten Geschäftsverkehr – bei fehlender abweichender Vereinbarung – mit Annahmezwang versehen sein.[329]

**99**      **2. Reibungsloser Zahlungsverkehr.** Zu den grundlegenden Aufgaben des ESZB gehört es auch, „das reibungslose Funktionieren der Zahlungssysteme zu fördern", Art. 127 II, 4. Spiegelstrich AEUV. Nähere Einzelheiten sind im Primärrecht nicht vorgegeben. Damit ist allerdings nicht gemeint, dass nur Systeme zu fördern sind, die von (privaten) Marktteilnehmern errichtet und betrieben werden. Vielmehr darf das Eurosystem dies nach dem Vorbild der USA auch selbst tun.[330] Zu diesem Zweck ist das *Trans-European Automated Real-time Gross settlement Express Transfer System*, nun in seiner zweiten Fassung geschaffen worden **(TARGET 2)**.[331] Es arbeitet unter der Obhut der Deutsche Bundesbank, der Banque de France und der Banca d'Italia.

**99a**      Primär zum Schutz der Benutzer des unbaren Zahlungsverkehrs ist das Zahlungsdiensteaufsichtsgesetz (ZAG) erlassen worden.[332] Mit ihm werden Richtlinien der EU[333] umgesetzt, doch sind die Vorgaben (zu) komplex und lösen vor allem nicht das eigentliche Problem: die Bereitstellung eines insolvenzsicheren Zahlungsverkehrs für das breite Publikum, eine Aufgabe, die früher durchaus auch die Notenbanken, aber auch andere staatliche (kommunale) Institutionen gut erfüllt haben (→ Rn. 17 ff.). Eine zu ihrer Errichtung wird man aber wohl nicht unmittelbar aus den genannten Vorschriften entnehmen können.

## E. Übertragung von Aufgaben außerhalb der Währungspolitik

**100**      Die verfassungsrechtlich abgesicherten Kernbefugnisse dürfen durch Zuweisung **weiterer Aufgaben** („Nebengeschäfte",[334] „Aufgaben im übertragenen Funktionskreis"[335]) effektuiert und ergänzt werden.[336] Die Wahrnehmung solcher Aufgaben ist mit den Anforderungen von Art. 88 S. 1 zu vereinbaren, wenn die Erfüllung der Kernaufgaben einer Währungs- und Notenbank nicht beeinträchtigt wird. Europarechtlich bietet Art. 14.4 S. 1 ESZB/EZB-Satzung eine hinreichende Grundlage für eine solche Übertragung, zu Recht allerdings unter (Verbots-)Vorbehalt gestellt (→ Rn. 48).

## I. Bankenaufsicht

**101**      **1. Bundesbank.** Das BVerfG hatte die Funktionen der BBank in der Bankenaufsicht allerdings in einer Entscheidung aus dem Jahre 1961 bereits unmittelbar aus der Aufgabe als Währungsbank abgeleitet.[337] Die einzelnen Funktionen, die der BBank in der Bankenaufsicht nach dem KWG zugewiesen seien, hingen „unmittelbar mit ihrer Aufgabe als Währungsbank" zusammen.[338] Die Formulierung ist aber missverständlich, da es im Kern darum ging, ob Aufgaben in der Bankenaufsicht – § 7 KWG – aufgrund von Art. 88 **übertragen** werden durften. Eine Übertragung wurde für zulässig erklärt, sofern die Aufgaben noch in den Geschäftskreis als Währungs- und Notenbank fielen.[339] Allerdings legte das

---

[329] Vgl. *Siekmann*, Legal Tender, S. 27 f.

[330] *Selmayr*, in: von der Groeben/Schwarze/Hatje, Art. 127 AEUV, Rn. 29.

[331] Guidelines of the European Central Bank of 5 December 2012 on a Trans-European Automated Real-time Gross settlement Express Transfer system (Target 2), ECB/2007/2. ABl. (2013), L 30/1.

[332] G über die Beaufsichtigung von Zahlungsdienste (Zahlungsdiensteaufsichtsgesetz – ZAG) v. 17.7.2017, BGBl I 2446.

[333] RL 2007/64/EG des Europäischen Parlaments und des Rates v. 13.11.2007 über Zahlungsdienste im Binnenmarkt, zur Änderung der Richtlinien 97/7/EG, 2002/65/EG, 2005/60/EG und 2006/48/EG sowie zur Aufhebung der Richtlinie 97/5/EG, ABl L 319/1; Richtlinie (EU) 2015/2366 des Europäischen Parlaments und des Rates v. 25.11.2015 über Zahlungsdienste im Binnenmarkt, zur Änderung der Richtlinien 2002/65/EG, 2009/110/EG und 2013/36/EU und der Verordnung (EU) Nr. 1093/2010 sowie zur Aufhebung der Richtlinie 2007/64/EG, ABl L 337/35.

[334] *Wilke* MKS III, 2. Aufl. 1974, Art. 88 Anm. II 4 b.

[335] *Maunz*, in: Maunz/Dürig, Art. 88, Zweitbearbeitung (1982) Rn. 41, unter Bezugnahme auf *Hahn* BayVBl 1982, 72.

[336] *Häde* BK, Art. 88 (2012) Rn. 129 ff.; *Herdegen*, in: Maunz/Dürig, Art. 88 (2010) Rn. 51; u. Einschränkungen auch *Blanke/Pilz* MKS III, Art. 88 Rn. 41, die aber eine Übertragung der gesamten Bankenaufsicht nicht von Art. 88 als gedeckt ansehen.

[337] BVerfGE 14, 197 (218).

[338] BVerfGE 14, 197 (218).

[339] BVerfGE 14, 197 (215).

Gericht Wert auf die Feststellung, dass die BBank nur „unterstützende Funktionen nicht obrigkeitlicher Art" zu erfüllen habe und keine „Zwangsmittel" anwenden dürfe.[340] Die Entscheidung geht (unausgesprochen) davon aus, dass es Funktionen gibt, die von Art. 88 garantiert werden, und solche, die zwar noch in den Bereich der Vorschrift fallen, aber nicht zu den garantierten Kernbefugnissen gehören.

**2. EZB.** Die Übertragung von Aufgaben in der **Bankenaufsicht** auf die EZB ist **nur** auf der **102** Grundlage einer eng gefassten **Sonderregelung** zulässig, Art. 127 VI AEUV. Sie ist das Ergebnis eines Kompromisses, da bei der Beratung des Vertrags von Maastricht umstritten war, ob die neu zu errichtende europäische Notenbank mit Aufgaben in der Bankenaufsicht, wie die BBank und andere nationale Zentralbanken, betraut werden sollte. Dafür fand sich zwar keine Mehrheit, doch sollte dieser Weg nicht für alle Zukunft verbaut werden, wenn **alle** Mitgliedstaaten mit der Übertragung **spezieller Aufgaben** in der **Aufsicht** über **Kreditinstitute** einverstanden sein sollten.[341] Die Übertragung sollte ohne Änderung des Primärrechts möglich sein. Der Vertrag von Lissabon hat die ursprünglich vorgesehene Zustimmung des Parlaments (Art. 105 VI EGV) auf ein bloßes Anhörungsrecht reduziert, obwohl im Übrigen die Rolle des Parlaments deutlich gestärkt worden ist. Wegen dieser detailreichen und intensiv beratenen Regelungen ist die Vorschrift als **abschließend** und **erschöpfend** anzusehen.[342]

Im Rahmen der Schaffung einer Bankenunion,[343] die zur Übertragung von weitreichenden Auf- **102a** sichtsbefugnissen auf die EZB geführt hat,[344] erlangte die Vorschrift große Bedeutung. Ob die schließlich verabschiedete Verordnung des Rates zur Übertragung von Aufgaben in der Bankenaufsicht, die Probleme der internen Leitungsstruktur („governance") löst und die Voraussetzungen von Art. 127 VI AEUV erfüllt, war nicht sicher.[345] Auch wurde die Vereinbarkeit mit dem deutschen Verfassungsrecht bezweifelt, namentlich mit dem Demokratieprinzip.[346] Frühere Studien haben zudem gezeigt, dass die Beteiligung von Notenbanken an der Bankenaufsicht mit höheren Inflationsraten korreliert.[347]

**3. Das BVerfG zum SSM.** Bis zum Inkrafttreten der SSM-VO „bestand in Deutschland eine **103** umfassende demokratische Rückbindung der gesamten Bankenaufsicht".[348] Die BBank war und ist zur Mitwirkung bei der Bankenaufsicht verpflichtet (§ 7 I 1 KWG), erlässt aber im Rahmen der von ihr durchgeführten „laufenden Überwachung" grundsätzlich keine nach außen wirkenden Hoheitsakte und die BaFin unterlag der Rechts- und Fachaufsicht des Bundesministeriums der Finanzen (§ 2 FinDAG 2002). Diese demokratische Rückbindung ist durch die SSM-VO fast **vollständig beseitigt** worden und das BVerfG hat im Ergebnis zugestimmt, jedenfalls keine Verletzung der Verfassungsidentität gesehen.[349]

Das Gericht hat weder eine Verletzung verfassungs- und unionsrechtlicher Anforderungen an die **103a** demokratische Ausgestaltung der EU[350] noch eine Überschreitung der Grenzen von Art. 127 VI AEUV[351] gesehen. In diesem Zusammenhang senkt das BVerfG seine Anforderungen an die **demokratische Ausgestaltung** der EU ganz allgemein deutlich ab.[352] Die mit der Unabhängigkeit der EZB und der nationalen Aufsichtsbehörden verbundene „Absenkung des demokratischen Legitimations-

---

[340] BVerfGE 14, 197 (212, 218).

[341] *Smits,* ECB, S. 236 f.

[342] *Siekmann,* Die Verwaltung, 43 (2010), 95 (111); zust. *Häde, in: Calliess/Ruffert,* Art. 127 AEUV Rn. 56. Möglicherweise schließt die Regelung deshalb auch die Schaffung des European System of Financial Supervision durch sekundäres Unionsrecht aus, vgl. *Siekmann,* in: Kadelbach (Hrsg.), Nach der Finanzkrise, 2012, S. 131 (184–186).

[343] COM(2012) 510 final, v. 12.9.2012; **Übertragung der Aufsicht auf die EZB (SSM):** VO (EU) Nr. 1024/2013 des Rates v. 15.10.2013, ABl. L 287/63; Änderung der EBA-VO: VO (EU) Nr. 1022/2013, des Parlaments und des Rates v. 22.10.2013, ABl. 2013/L 287/5; **Sanierung und Abwicklung von Kreditinstituten und Wertpapierfirmen (SRM):** VO (EU) 806/2015 v. 15.7.2014 des Parlaments und des Rates, ABl. L 225/1, Richtlinie 2014/59/EU des Parlaments und des Rates v. 15.5.2014 – BRRD, ABl L 173/190; Agreement on the transfer and mutualisation of contributions to the Single Resolution Fund of 14 May 2014, Council of the European Union document 8457/14 – IGA; **Einlagensicherung:** Richtlinie 2014/49/EU des Parlaments und des Rates (Neufassung) v. 16.4.2014, ABl L 173/149.

[344] Darstellung bei *Tröger,* The Single Supervisory Mechanism – Panacea or Quack Banking Regulation? IMFS Working Paper Series Nr. 73 (2013), S. 11 ff.; *ders.* ZBB 2013, 373–400.

[345] Keine Bedenken jetzt in der Entscheidung des EuGH EuZW 2017, 461 m. Anm. *Tröger;* s.aber *Müller-Kabisch,* Europäisierung der Banken- und Finanzunion – Vereinbarkeit mit dem deutschen Verfassungsrecht, Deutscher Bundestag, Wissenschaftliche Dienste – WD 4 – 3000 – 200/12, 8.

[346] *Müller-Kabisch* (Fn. 353), S. 8, der eine Zustimmung nach Art. 23 I für erforderlich hält; *Neyer,* Unabhängigkeit, S. 34 f.; 39 f.; vgl. auch *Rötting/Lange* EuZW 2012, 8 (13 f.); differenzierend *Häde* EuZW 2011, 662 (665).

[347] *Di Noia/Di Giorgio,* International Finance 1999, S. 361 (370, 376), die eindeutig für eine separate europäische Aufsichtseinrichtung plädieren.

[348] Urt. des Zweiten Senats v. 30.7.2019 – BvR 1685/14, 2631/14, Rn. 220.

[349] Urt. des Zweiten Senats v. 30.7.2019 – BvR 1685/14, 2631/14, Rn. 157, 203–230.

[350] Urt. des Zweiten Senats v. 30.7.2019 – BvR 1685/14, 2631/14, Rn. 157, 203–218.

[351] Urt. des Zweiten Senats v. 30.7.2019 – BvR 1685/14, 2631/14, Rn. 159–197.

[352] Urt. des Zweiten Senats v. 30.7.2019 – BvR 1685/14, 2631/14, Rn. 124–139, vor allem Rn. 130–133.

niveaus im Bereich der Bankenaufsicht" sei, weil sie „zu dem weitreichenden und schwer einzugrenzenden Mandat der EZB im Bereich der Währungspolitik" hinzutrete „zwar bedenklich" „im Ergebnis aber noch hinnehmbar".[353] Sie stelle die „parlamentarische Verantwortung" nicht in einer Art. 20 II 1 in Verbindung mit Art. 79 III berührenden Weise in Frage.[354] Selbst die Beeinträchtigung demokratische Aufsicht und Kontrolle durch die Statuierung weitgehender Unabhängigkeit für die nationalen Aufsichtsbehörden (→ Rn. 68c und d) sei wegen der Kompensation durch den gerichtlichen Rechtsschutz und die Informationsrechte des Bundestages gerechtfertigt.[355]

103b   Die Argumentation mit den Informationsrechten und Rechenschaftspflichten ist wohl durch die wohlfeile, aber verbreitete Rede von der „*Accountability*" bedingt. Sie ist aber im Vergleich zu § 2 FinDAG **bedeutungslos**. Wegen der umfassenden Unabhängigkeitsgarantie stehen weder der Kommission noch dem Parlament irgendwelche effektiven Einwirkungsmöglichkeiten zur Verfügung, so dass die Deduktion des BVerfG kaum überzeugen kann.

## II. Sicherung der Stabilität des Finanzsystems

104   Eine eigenständige Kompetenz zur Wahrung der **Finanzstabilität**[356] besteht **europarechtlich** für das ESZB, also EZB und NZB, nicht. Art. 127 V AEUV sieht lediglich vor, dass die Zentralbanken „zur reibungslosen Durchführung der von den zuständigen Behörden" ergriffenen Maßnahmen „auf dem Gebiet der Stabilität des Finanzsystems" beitragen. Die Regelung geht unmissverständlich davon aus, dass die notwendigen Maßnahmen von den **zuständigen Behörden** ergriffen werden und dass ESZB nur bei deren **Durchführung** Hilfe leistet.[357] Existenz und Wortlaut von Art. 127 V AEUV zeigen, dass für den Bereich der Finanzstabilität keine ausschließliche Kompetenz der EU begründet worden ist.[358] Diese Entscheidung darf nicht dadurch in ihr Gegenteil verkehrt werden, dass die Finanzstabilität im Wege der Auslegung in das geldpolitische „Mandat" des ESZB integriert wird.[359] Mithin aus Zielen nicht einfach Kompetenzen abgeleitet werden.[360] Jedenfalls enthält Art. 127 V AEUV eine ausgefeilte Spezialregelung, die in jedem Fall Vorrang genießt.

104a   Der **BBank** sind jetzt allerdings (begrenzte) Aufgaben zur Wahrung der Finanzstabilität durch nationales Recht übertragen worden. Nach § 1 I des Finanzstabilitätsgesetzes[361] soll sie im Inland durch Analyse der maßgeblichen Sachverhalte, Vorbereitung eines jährlichen Berichts über die Lage und Entwicklung der Finanzstabilität, Vorschläge für Warnungen und Empfehlungen des Ausschusses für Finanzstabilität sowie die Bewertung von Umsetzungsmaßnahmen zur Wahrung der Stabilität des Finanzsystems beitragen. Nach § 2 III des Gesetzes ist sie Mitglied des neuen Ausschusses für Finanzstabilität (zu ihm → Art. 109a Rn. 21–23).

105   Zentralbanken treten traditionell auch als „lender of last resort" auf.[362] Verfassungsrechtlich und europarechtlich zulässig sind aber nur Hilfen zur **Überbrückung von Liquiditätsengpässen** bei prinzipiell solventen Kreditinstituten. Die Rettung insolventer Banken ist ebenso wie die Rettung anderer Unternehmen vor der Insolvenz allenfalls eine Aufgabe der Wirtschaftspolitik und nicht der Geldpolitik[363] und deshalb nicht von Art. 88 GG und Art. 127 AEUV gedeckt. Diese Beschränkung gilt vor allem auch für die **Emergency Liquidity Assistance** (ELA),[364] die von NZB auf eigene Rechnung und eigenes Risiko in erheblichem Umfang gewährt worden ist[365] und angeblich auch auf der Grundlage des sehr unspezifischen Art. 14.4 ESZB/EZB-Satzung gewährt werden darf. Der EU

---

[353] Urt. des Zweiten Senats v. 30.7.2019 – BvR 1685/14, 2631/14, Rn. 209.

[354] Urt. des Zweiten Senats v. 30.7.2019 – BvR 1685/14, 2631/14, Rn. 207.

[355] Urt. des Zweiten Senats v. 30.7.2019 – BvR 1685/14, 2631/14, Rn. 219–230.

[356] Finanzstabilität dürfte gegenüber dem häufig synonym verwendeten Begriff der Finanzmarktstabilität weiter sein, doch ist noch keine abschließende Klärung der Begrifflichkeit erfolgt, vgl. *Bauerschmidt*, ZHR 183 (2019), 476 (477); ohne Definition trotz Befassung mit der Materie: EuGH Urt. v. 27.11.2012, *Pringle*, Rs. C-370/12 ECLI:EU:C:2012:756, Rn. 135–146.

[357] *Siekmann*, in: ders., EWU, Einführung Rn. 123; implizit jetzt auch BVerfGE 134, 366 Rn. 63, 68; aA *Radtke*, Liquiditätshilfen, S. 83–87, die einräumt, dass der klare Wortlaut der Bestimmung gegen ihre Auffassung spricht.

[358] *Blanke/Pilz* MKS III, Art. 88 Rn. 73; a. A. *Waldhoff*, in: Siekmann, EWU, Art. 127 A Rn. 78.

[359] Für dahingehende Bestrebungen s. die Nachw. in Fn. 254.

[360] Im Grundsatz ebenso *Bauerschmidt*, ZHR 183 (2019), 476 (499).

[361] Vom 28.11.2012, BGBl I 3171.

[362] Grundlegend *Thornton*, An Enquiry into the Nature and Effects of the Paper Credit of Great Britain, 1802, und *Bagehot*, Lombard Street: A Description of the Money Market, 1873, vor allem S. 196–199; weitere Einzelheiten und Nachweise bei *Radtke*, Liquiditätshilfen, S. 49 ff.

[363] Näher *Siekmann*, in: ders., EWU, Einführung Rn. 85, 124–127; ferner *Monteagudo* (*Valdez*), Neutrality, S. 484 (503 – Rn. 23.62).

[364] Zutreffend und speziell für die Bundesbank *Radtke*, Liquiditätshilfen, S. 83–87; umfangreiches Zahlenmaterial und normative Kritik an ihrer Verbuchung bei *Hofmann*, EZB, S. 179–234).

[365] Zum (intransparenten) Umfang und Missbrauch *Sinn*, Verantwortung der Staaten und Notenbanken in der Eurokrise, Gutachten im Auftrag des Bundesverfassungsgerichts, Zweiter Senat, Verfassungsbeschwerden 2 BvR 1390/12, 2 BvR 1439/12 und 2 BvR 1824/12 Organstreitverfahren 2 BvE 6/12, S. 13 f.; im internationalen Kontext *Manna*, Emergency Liquidity Assistance at work: both words and deeds matter, Studi e Note di Economica, Anno XIV (2009), S. 155–186.

– und damit auch der EZB – fehlt dagegen schon die Zuständigkeit für die Gewährung von Hilfen an einzelne Banken.[366]

Zudem ist die **Notwendigkeit** dieser Instrumente sehr kritisch zu prüfen. Es gibt eine Reihe von **106** Staaten, die eine fremde Währung verwenden, ohne dass sie formell dem Währungsgebiet angehören (z. B. Montenegro, Kosovo).[367] Ihr Bankensystem hat keinen „lender of last resort", ohne dass es zu Krisen gekommen wäre. Es entsteht vielmehr ein heilsamer Zwang zu einem sicherheitsorientierten Geschäftsgebaren.

## F. Vereinbarkeit mit höherrangigem Recht

Die Währungshoheit ist **kein** zentrales **Element** nationaler Souveränität und gehört nicht zu den **107** wesentlichen Elementen der **Staatlichkeit.** Die Mitglieder der zahlreichen Währungsunionen, die es in der Vergangenheit gegeben hat, hätten andernfalls ihre Staatseigenschaft verloren. Die Währungshoheit konnte und kann auf andere Einheiten übertragen werden, ohne dass ein wesentliches Element der Staatlichkeit aufgegeben wird.[368] Verfassungsrechtliche Bedenken gegen die „Vergemeinschaftung" dieses Politikfeldes bestehen letztlich nicht.[369]

## I. Demokratieprinzip

In Betracht kommt allenfalls ein Verstoß gegen das Demokratieprinzip. Obwohl die jahrzehntelange **108** Diskussion um die Vereinbarkeit der **Unabhängigkeit** der BBank mit dem **Demokratieprinzip** zu dem weithin akzeptierten Ergebnis geführt hatte, dass auch schon ohne ausdrückliche Absicherung im GG ein Verstoß gegen das Demokratieprinzip nicht vorliegt (→ Rn. 69), sind die Stimmen nicht verstummt, die zumindest für Einzelelemente der Unabhängigkeitsgarantien weiterhin Bedenken äußern.[370]

**1. Unionsrechtliches Demokratieprinzip.** Das Demokratieprinzip ist in Art. 2 EUV aufgeführt. **109** Ihm ist nach dem Vertrag von Lissabon ein ganzer Abschnitt zur näheren Ausgestaltung gewidmet (Tit. II EUV), der auch die Beteiligung der nationalen Parlamente an der Arbeit der Union vorsieht. In Art. 10 I EUV ist zudem ausdr. angeordnet, dass das Demokratieprinzip für die „Arbeitsweise" der Union gilt und nicht nur als vertragliche Verpflichtung der Mitgliedstaaten. Die neuen, detaillierten Vorschriften sind in Kenntnis der Regelungen über die Unabhängigkeit des ESZB in Art. 130 und 131 AEUV eingefügt worden, ohne sie anzutasten. Es ist deshalb nicht nur aus allg. Erwägungen, sondern wegen dieser konkreten Neugestaltung ausgeschlossen, einen Verstoß gegen das unionsrechtlich geregelte Demokratieprinzip anzunehmen. Die Figur eines „europarechtswidrigen" primären EU-Rechts ist dem Europarecht ohnehin fremd, nicht zuletzt wegen des Fehlens einer mit Art. 79 III vergleichbaren Vorschrift. Das Demokratieprinzip des EU-Rechts ist nicht verletzt.[371]

Das gilt insbesondere auch für die Übertragung von **Aufgaben der Bankenaufsicht** auf die EZB **110** nach Art. 127 VI AEUV. Der Primärrechtsgesetzgeber hat die Vorschrift in Kenntnis der neu gefassten Vorschriften über das Demokratieprinzip im Primärrecht so ausgestaltet. Unsicherheit bestand aber im Hinblick auf eine (mögliche) Erstreckung der Unabhängigkeitsgarantien auf die Tätigkeit der EZB in der Bankenaufsicht. Das BVerfG hat aber in seinem Urteil zur „Bankenunion" die Bedenken wegen einer Verletzung des unionsrechtlichen Demokratieprinzips zurückgewiesen (→ Rn. 103a).[372]

---

[366] *EZB,* Jahresbericht 1999, S. 102; *Schoenmaker,* in: Goodhart (Hrsg.), Which lender of last resort?, 2000, S. 215 (218); *Radtke,* Liquiditätshilfen, S. 103.

[367] Zur Verwendung des Euro außerhalb des Eurosystems *Siekmann,* in: ders., EWU, Einf. Rn. 58.

[368] Implizit insoweit ebenso das BVerfG, indem es die Anträge in den Verfahren zum Maastricht-Vertrag und zur Einführung des Euro zurückgewiesen hat: BVerfGE 89, 155 (155); 97, 350 (350); zurückhaltender *Tettinger* FS Stern, S. 1365 (1366 f. mwN).

[369] Eingehend *Proctor,* legal aspects of money, Rn. 19.52, 24.06; *Herrmann,* Währungshoheit, Währungsverfassung und subjektive Rechte, 2010, S. 74 (vor allem Fn. 390), 100 f., 112, der (widersprüchlich) unter Berufung auf *Janzen* (Fn. 99), S. 42 ff., einerseits eine „dingliche" Wirkung der Übertragung im Rahmen der EWWU ablehnt (S. 117), andererseits aber annimmt, dass die „Währungshoheit ... ausschließlich auf die EG übergegangen" sei (S. 120); *Hahn/Häde,* Währungsrecht, § 25 Rn. 62; *Siekmann,* in: ders., EWU, Einf. Rn. 58, 59.

[370] Dezidiert: *Faber,* in: AK GG, Art. 88 (2002) Rn. 31; *Nicolaysen* (Fn. 100), S. 28; *Schachtschneider* Recht und Politik, März 1994, 1 (8 f.); *Gormley/de Haan* European Law Review, 1996, 95 (95); *Waigel,* Unabhängigkeit, S. 215 ff., 243, 269, 283; *Weber,* Die Umsetzung der Bestimmungen über die Europäische Währungsunion in das deutsche Verfassungsrecht, 2000, S. 385 ff.; *Dernedde,* Autonomie, S. 137, 314; „Demokratische Defizite" werden geltend gemacht von: *Dutzler,* The European System of Central Banks: An Autonomous Actor, 2003, S. 88 ff.; *Wagener,* Die Europäische Zentralbank, 2001, S. 152 ff., 194; **anders jedoch:** BVerwGE 41, 334 (356 ff.); *Heun,* in: Dreier III, Art. 88 Rn. 43; *Zilioli/Selmayr,* European Central Bank, S. 48; insoweit ebenso *Torrent* CMLR 36 (2002), 1229 (1234): „Central Banks, including the ECB, were and are simply Central Banks, they lie within and not outside the system of democratically organized political power"; *Ladeur,* Staatswissenschaft und Staatspraxis, 1992, 497 (497 f., 500).

[371] Näher *Siekmann,* in: ders., EWU, AEUV Art. 130 Rn. 147–150; iE ebenso: *Heun* JZ 1998, 866 (874); *Schütz* EuR 2001, 291 (297 f.); *Häde, in: Calliess/Ruffert,* AEUV Art. 130 Rn. 39; *Hahn/Häde,* Währungsrecht, § 20 Rn. 109; zurückhaltender *Dutzler* Staat, 41 (2002), 495 (514).

[372] BVerfGE 151, 202 Rn. 209.

**111**    **2. Demokratieprinzip des Grundgesetzes.** EZB und ESZB üben keine deutsche Staatsgewalt aus, auch wenn die BBank integraler Bestandteil des ESZB ist (→ Rn. 35, → Rn. 46). Auch ihre Rechtshandlungen sind nicht unmittelbar am GG zu messen.[373] Allerdings könnte in der Einfügung von Satz 2 in Art. 88 ein Verstoß gegen Art. 79 III iVm Art. 20 I, II liegen.

**112**    Das **BVerfG** hat in der Neufassung von Art. 88 eine Verletzung des demokratischen Prinzips, soweit es von Art. 79 III für unantastbar erklärt wird, nicht zu erkennen vermocht. Die „unverzichtbaren Mindestanforderungen demokratischer Legitimation der dem Bürger gegenübertretenden Hoheitsgewalt" seien noch erfüllt.[374] Die „Modifikation" des Demokratieprinzips zur Sicherung des in eine Währung gesetzten „Einlösungsvertrauens" sei vertretbar, weil es der Besonderheit Rechnung trage, dass eine „unabhängige Zentralbank den Geldwert ... eher" sichere „als Hoheitsorgane, die ihrerseits in ihren Handlungsmöglichkeiten und Handlungsmitteln von Geldmenge und Geldwert abhängen und auf die kurzfristige Zustimmung politischer Kräfte angewiesen" seien.[375] Maßgebend war für das BVerfG die Erwägung, dass die „Verselbständigung der meisten Aufgaben der Währungspolitik bei einer unabhängigen Zentralbank ... staatliche Hoheitsgewalt aus unmittelbarer staatlicher oder supranationaler Verantwortlichkeit" löst, „um das Währungswesen dem Zugriff von Interessengruppen und der an einer Wiederwahl interessierten politischen Mandatsträger zu entziehen".[376]

**113**    Das Ergebnis, zu dem das BVerfG gelangt ist, hat im Schrifttum breite Zustimmung gefunden[377] und wird auch nicht durch die Ausführungen im Lissabon-Urteil relativiert.[378] Gegen die Begründung des BVerfG wird allerdings **zum Teil eingewandt,** dass sich das Demokratieprinzip aus strukturellen Gründen jeglicher „Modifikation" widersetze.[379] Stattdessen sei aus dogmatischen Gründen eine inhaltliche Begrenzung des Prinzips dahingehend vorzuziehen, dass eine Reduzierung der parlamentarischen Kontrolle auf Information und Konsultation genüge, wenn hinreichende sachliche Gründe dafür bestünden. Es reiche aber aus, wenn die Zentralbank selbst über eine zumindest mittelbare demokratische Legitimation in personeller und sachlicher Hinsicht verfüge. Das sei bei EZB und BBank der Fall.[380]

**114**    Auch wenn die **Unabdingbarkeit** der Unabhängigkeit mit einem Fragezeichen zu versehen sein sollte, ist der Argumentation des BVerfG iE zuzustimmen. Das BVerfG hat zu Recht die **Stabilität des Geldwertes** als ein Gut von **hohem verfassungsrechtlichem Rang** eingestuft.[381] Aber auch dem in Art. 20 I normierten Sozialstaatsprinzip können geldpolitische Pflichten entnommen werden,[382] da für die Schwachen und Schutzbedürftigen die Existenz von (staatlichem) Geld, dessen Wert stabil bleibt und zu dem sie diskriminierungsfrei Zugang haben, von besonderer Bedeutung ist. Unabhängigkeit der geldpolitischen Instanzen wird überwiegend als förderlich für dieses Ziel angesehen, auch wenn die empirischen Befunde nicht ganz eindeutig sind.[383] Das gilt aber nur sehr begrenzt auch für die Bankenaufsicht (→ Rn. 103a–c).

---

[373] *Classen* AöR 119 (1994), 238 (241); *Kämmerer,* in: v. Münch/Kunig II, Art. 88 Rn. 31; aA *Brosius-Gersdorf,* Bundesbank, S. 334 f.

[374] BVerfGE 89, 155 (172, 181, 208); dazu ausf. *Brosius-Gersdorf,* Bundesbank, S. 334 f.

[375] BVerfGE 89, 155 (208 f.) unter Berufung auf BVerfGE 30, 1 (24); 84, 90 (121).

[376] BVerfGE 89, 155 (208).

[377] *Endler,* EZB, S. 567; *Stern,* Notenbank, S. 181 f.; *Häde* BK, Art. 88 (2012) Rn. 282; *Häde,* in: *Calliess/Ruffert,* AEUV Art. 130 Rn. 38; *Hahn/Häde,* Währungsrecht, § 20 Rn. 113; *Sodan* NJW 1999, 1521 (1521 f.); *Zilioli/Selmayr,* European Central Bank, S. 48; *Dernedde, Autonomie,* S. 154; *Herdegen,* in: Maunz/Dürig, Art. 88 (2010) Rn. 63, allerdings mit Betonung des Verfassungsrangs der Stabilität des Geldwertes; mit leicht abgewandelter Begründung ebenso *Kämmerer,* in: v. Münch/Kunig II, Art. 88 Rn. 31; *Heun,* in: Dreier III, Art. 88 Rn. 43; *Siekmann,* in: ders., EWU, AEUV Art. 130 Rn. 157; *Thiele,* Unabhängigkeit, S. 202 ff.; krit. *Waigel,* Unabhängigkeit, S. 234 ff.

[378] Dort ist vor allem die Übertragung von neuen Hoheitsrechten auf die Union ohne erneute Zustimmung des Parlaments in einem Ratifikationsverfahren (Übertragung einer „Kompetenz-Kompetenz", „Blankettermächtigung") für unzulässig erachtet worden (Erfordernis der Bestimmtheit des Integrationsprogramms), BVerfGE 123, 267 (349, 351).

[379] *Pernice,* in: Dreier III, 2. Aufl. 2008, Art. 88 Rn. 27, mit der missverständlichen Feststellung, dass die Option für die Unabhängigkeit der Notenbank einer Präferenz für die monetaristische Denkschule gegenüber dem keynesianischen Ansatz „entspreche"; detaillierter *Janzen* (Fn. 99), S. 89 ff.

[380] *Pernice,* in: Dreier III, 2. Aufl. 2008, Art. 88 Rn. 28: „besonderen **Fall** sehr **mittelbarer Repräsentation**", „keineswegs das Demokratieprinzip modifiziert"; *Kämmerer,* in: v. Münch/Kunig II, Art. 88 Rn. 31; anders *Janzen* (Fn. 99), S. 139: „situationsgebundene Modifikation des Demokratieprinzips", aber hinreichende Legitimation (S. 140).

[381] Es folgt dabei der Denkrichtung von *Stern,* StaatsR II, S. 465, die aber schon Vorläufer hat, vgl. *Wagenhöfer* FS H. Ehard, 1957, S. 97 (105); Bestätigung des hohen verfassungsmäßigen Rangs bei *Monteagudo,* Neutrality, S. 488 (Rn. 23.15), 498 (Rn. 23.48).

[382] Das bedeutet aber nicht, dass eine verfassungsrechtliche Garantie der Unabhängigkeit aus dem Sozialstaatsprinzip abzuleiten wäre, *Häde* BK, Art. 88 (2012) Rn. 193; dafür aber *Prost,* FS Rittershausen, 1968, S. 110 (117 f.).

[383] *Alesina/Summers,* Journal of Money, Credit and Banking, Vol. 25 (1993), S. 151; *Cukierman* (Fn. 63); *Solveen,* Der Einfluss der Unabhängigkeit auf die Politik der Zentralbanken, 1998; *Endler,* EZB, S. 214 ff., unter eingehender Auswertung der Lit. (S. 220: empirische Begründungen, S. 225: theoretische Begründungen); *Waigel,* Unabhängigkeit, S. 47 ff.; positive Korrelation von „faktischem Unabhängigkeitsgrad" und Preisstabilität bei *Hänsch,* Gesamtwirtschaftliche Stabilität als Verfassungsprinzip, 2002, S. 270; ferner *Caesar* (Fn. 63), S. 513; *Monteagudo,* Neutrality, S. 495 (Rn. 23.39).

Im Übrigen hat das GG von Anfang an Ausnahmen von der demokratischen Verantwortlichkeit **115** allen Staatshandelns zugelassen. Zu denken ist nur an die Unabhängigkeit der Gerichte (Art. 97 I) und des BRH (Art. 114 I 1). Allerdings handelt es sich um ausdrückliche Abweichungen. Auch hat das BVerfG weitere Ausnahmen aus sachlichen Gründen, wie beispielsweise die Unabhängigkeit von staatlichen Prüfungskommissionen, hingenommen, wenn auch nicht ohne einige Kautelen.[384] Aus der Perspektive des deutschen Verfassungsrechts ist aber letztlich entscheidend, dass **Art. 79 III eng auszulegen** ist[385] und nicht im Einzelnen festlegt, wie der Vermittlungsprozess zwischen Bürgerwillen und Staatshandeln organisiert zu sein hat.[386] Zur Sicherung von Rechtsgütern mit Verfassungsrang sind begrenzte Ausnahmen möglich.[387]

Wegen der Weite der Unabhängigkeitsgarantien muss aber strikt auf die Einhaltung der **Kompetenz-** **116** **grenzen** des ESZB geachtet werden, da nur für die genannten besonderen Sachbereiche Abweichungen von den Anforderungen demokratischer Legitimation hingenommen werden können. Eine weiterzige Interpretation des Begriffs „Geldpolitik" und Übergriffe in den Bereich der „allgemeinen" Wirtschaftspolitik wären mit unabänderlichen Anforderungen des Demokratieprinzips nicht zu vereinbaren.[388]

## II. Grundrechte

In seiner Entscheidung zur Einführung des Euro wiederholt das Gericht seine Wendung vom **117** „Einlösungsvertrauen",[389] stellt sie aber noch deutlicher in den Kontext der Freiheitsrechte und verwendet dazu die plakative Formel: „Geld ist geprägte Freiheit".[390] Eine derartige Freiheit hänge aber entscheidend davon ab, dass mit dem Geld gegenwärtig und künftig auch eine feste Menge von Gütern erworben werden könne. Das Gericht nennt in diesem Kontext ausdrücklich die Eigentumsgarantie des Art. 14 I. Die Gleichwertigkeit von Geld- und Sacheigentum sei eine der „Funktionsgrundlagen" dieser Garantie.[391] Einen Verstoß gegen das Grundrecht vermochte das BVerfG jedoch nicht zu erkennen,[392] so dass der Frage, ob der menschenrechtliche Kern der Eigentumsgarantie durch Art. 79 III geschützt ist, nicht nachgegangen werden brauchte.

## G. Rechtsschutz

## I. Rechtsschutz auf nationaler Ebene

**1. Organstreitverfahren.** Die BBank ist kein Verfassungsorgan (→ Rn. 8) und auch kein „oberstes **118** Bundesorgan" im Sinne von Art. 93 I Nr. 1. Möglicherweise ist sie jedoch ein „anderer Beteiligter" den das GG mit eigenen Rechten ausgestattet hat. Das wird aber zum Teil verneint.[393] Zur Begründung wird darauf hingewiesen, dass das GG „keine Ansprüche auf bestimmte geld- und währungspolitische Instrumente" begründe,[394] sondern nur das einfache Gesetz Rechte der BBank normiere.[395] Zwar hat das BVerfG außerhalb des Kreises der Organteile bisher nur einzelne BT-Abgeordnete, Fraktionen und polit. Parteien unter bestimmten Voraussetzungen als „andere Beteiligte" akzeptiert. Dennoch ist die **Beteiligtenfähigkeit** der BBank in einem **Organstreitverfahren** zu bejahen,[396] jedenfalls wenn sie sich gegen den Verlust ihrer Eigenschaft als Bank, Währungs- oder Notenbank richtet,[397] ohne dass die Voraussetzungen von Art. 88 S. 2 erfüllt sind. Der Begriff „Recht" in Art. 93

---

[384] BVerfGE 84, 34 (45 f., 48 f.); 84, 59 (72, 79); 109, 279 (310); BVerfG DVBl 1995, 1349 (1349).

[385] BVerfGE 30, 1 (25); 80, 90 (121); Stern, StaatsR I, S. 168 mwN.

[386] *Bryde*, in: v. Münch/Kunig II, Art. 79 Rn. 41.

[387] *Anders* → Art. 79 Rn. 36.

[388] Gegenteilige Argumentation aber in BVerfG = GE 151, 202 Rn. 209.

[389] BVerfGE 97, 350 (372).

[390] BVerfGE 97, 350 (371).

[391] BVerfGE 97, 350 (370 f.).

[392] BVerfGE 97, 350 (372 f.). Methodisch fragwürdig wird das Zustimmungsgesetz zum Vertrag über die Europäische Union als (zulässige) Inhalts- und Schrankenbestimmung iSv Art. 14 I 2 bewertet, obwohl es sich um ein verfassungsänderndes Gesetz handelt. Die Annahme einer (anderen) Verfassungsbeschwerde hat das Gericht abgelehnt (NJW 1998, 3187); s. a. *Forkel* ZRP 2011, 140 und → Rn. 81.

[393] *Gaugenrieder* (Fn. 33), S. 170; *v. Spindler/Becker/Starke* (Fn. 48), § 2 Anm. 1; *Stern* BK, Art. 93 (1982) Rn. 137; *ders.*, StaatsR II, S. 470; *Galahn* (Fn. 33), S. 177, die den Verwaltungsrechtsweg nach § 49 VwGO für eröffnet ansieht; *Pieroth*, in: Jarass/Pieroth, Art. 93 Rn. 7; *Häde* BK, Art. 88 (2012) Rn. 182; *Umbach/Dollinger*, in: Umbach/Clemens, GG II, Art. 88 Rn. 22.

[394] *Häde* BK, Art. 88 (2012) Rn. 181.

[395] *Stern*, StaatsR II, S. 470; *Galahn* (Fn. 33), S. 177.

[396] Ohne Vorbehalt dafür: *Uhlenbruck* (Fn. 33), S. 86, 89; *Brosius-Gersdorf*, Bundesbank, S. 167 f.; *Herdegen*, in: Maunz/Dürig, Art. 88 (2010) Rn. 70; *Heun*, in: Dreier III, Art. 88 Rn. 53; wohl auch *Greitemann* (Fn. 86), S. 245 Fn. 41; *Pieroth*, in: Jarass/Pieroth, Art. 93 Rn. 11.

[397] *Blanke/Pilz* MKS III, Art. 88 Rn. 8, unter Berufung auf *Hahn/Häde* BK, Art. 88 (1999) Rn. 213, und die Vorauflage (2. Aufl., Rn. 17). *Häde* verneint aber eindeutig die „Antragsbefugnis" bei Erörterung der Beteiligtenfähigkeit (Parteifähigkeit) (BK, Art. 88 [2012] Rn. 181 aE).

I Nr. 1 ist nicht i. S. von „Anspruch" zu verstehen, sondern umfasst auch „subjektivierte" objektiv-rechtliche Regelungen, wie Kompetenz- oder Befugnisnormen.[398]

119    Das gilt erst recht, soweit Beeinträchtigungen der über Art. 88 S. 2 auch verfassungsrechtlich garantierten **Unabhängigkeit** (→ Rn. 69) abzuwehren sind.[399] Erwogen wird auch aus guten Gründen die Beteiligtenfähigkeit des Präsidenten wegen seiner herausgehobenen Stellung als Mitglied des EZB-Rates.[400]

120    **2. Verfahren vor den Fachgerichten.** Im Übrigen kann die BBank Klägerin oder Beklagte **vor den Fachgerichten** sein. Der Rechtsweg richtet sich danach, ob ihr Verhalten öffentlich-rechtlicher oder privatrechtlicher Natur ist.[401] Ein Verstoß gegen die Unabhängigkeitsgarantie liegt darin nicht.[402]

## II. Rechtsschutz auf supranationaler Ebene

121    Die EZB kann das Verfahren nach Art. 263 III AEUV einsetzen, um die **Unabhängigkeitsgarantie durchzusetzen.**[403] Es soll allerdings nur gegen verbindliche Akte[404] einsetzbar sein.[405]

122    Die BBank muss gemäß den Weisungen und Leitlinien der EZB handeln, Art. 14.3 S. 2 ESZB/EZB-Satzung. Wenn sie nach Auffassung der EZB ihren Verpflichtungen aus den Verträgen und der Satzung nicht nachkommt, kann die **EZB** in einem besonderen Verfahren den EuGH zur Durchsetzung anrufen, Art. 271 lit. d AEUV, Art. 35.6 ESZB/EZB-Satzung.

123    Die **BBank** kann sich **gegen Weisungen** und **Leitlinien** der EZB, die sie für rechtswidrig hält, durch Klage vor dem EuGH **wehren.** Dies gilt vor allem auch für die rechtlich fragwürdigen Ankaufsprogramme (→ Rn. 96b) der EZB, die im Wesentlichen durch die nationalen Zentralbanken durchzuführen sind. Die EZB ist nach Art. 263 I 1 AEUV passiv beteiligtenfähig. Die Antragsberechtigung der BBank folgt aus Art. 263 IV AEUV, wenn die EZB eine an sie gerichtete Weisung oder Leitlinie erlässt oder wenn eine Verordnung angegriffen werden soll.[406] Das kann im Rahmen der Ankaufsprogramme der Fall sein. Wenn die EZB allerdings vermeidet, ihren Willen durch Weisungen an die BBank durchzusetzen, sondern versucht, denselben Effekt durch interne Buchungen mittelbar zu erzielen („als ob die BBank gehandelt hätte"), muss nach der ratio der Vorschrift dasselbe gelten.

### Art. 89 [Wasserstraßen, Schifffahrt]

(1) **Der Bund ist Eigentümer der bisherigen Reichswasserstraßen.**

(2) **Der Bund verwaltet die Bundeswasserstraßen durch eigene Behörden. Er nimmt die über den Bereich eines Landes hinausgehenden staatlichen Aufgaben der Binnenschiffahrt und die Aufgaben der Seeschiffahrt wahr, die ihm durch Gesetz übertragen werden. Er kann die Verwaltung von Bundeswasserstraßen, soweit sie im Gebiete eines Landes liegen, diesem Lande auf Antrag als Auftragsverwaltung übertragen. Berührt eine Wasserstraße das Gebiet mehrerer Länder, so kann der Bund das Land beauftragen, für das die beteiligten Länder es beantragen.**

(3) **Bei der Verwaltung, dem Ausbau und dem Neubau von Wasserstraßen sind die Bedürfnisse der Landeskultur und der Wasserwirtschaft im Einvernehmen mit den Ländern zu wahren.**

---

[398] BVerfGE 2, 143 (152): „Jene ‚Rechte' der Staatsorgane sind allerdings nicht den subjektiven Privatrechten gleichzusetzen, und solche Verfahren sind auch bestimmt, das objektive Verfassungsrecht zu bewahren ...". „Auch der Streit um Kompetenzen ist ‚Streit um geltend gemachtes und bestrittenes Recht' ..." (S. 155); näher dazu *Stern* BK, Art. 93 (1982) Rn. 107.

[399] *Kämmerer,* in: v. Münch/Kunig II, Art. 88 Rn. 14; *Brosius-Gersdorf,* Bundesbank, S. 167 f. Fn. 69 aE; *Heun,* in: Dreier III, Art. 88 Rn. 53; anders aber wohl noch *Hahn/Häde* BK, Art. 88 (1999) Rn. 213, die letztlich in Übereinstimmung mit der vor Änderung von Art. 88 herrschenden Meinung eine Antragsbefugnis ablehnen; gegen Beteiligtenfähigkeit *Faber,* in: AK GG, Art. 88 (2002) Rn. 42; *Umbach/Dollinger,* in: Umbach/Clemens, GG II, Art. 88 Rn. 22.

[400] *Herdegen,* in: Maunz/Dürig, Art. 88 (2010) Rn. 70; aA *Häde* BK, Art. 88 (2012) Rn. 184; *Kämmerer,* in: v. Münch/Kunig II, Art. 88 Rn. 14 (mangels Ausübung deutscher Staatsgewalt, nur Teil eines europarechtlich mit eigenen Rechten ausgestatteten Beschlussorgans); *Blanke/Pilz* MKS III, Art. 88 Rn. 8, ohne Benennung der Befürworter.

[401] Aus der Praxis: HessVGH, Beschl. v. 16.10.2007, ESVGH 58, 102 (104 f.); VG Frankfurt, Urt. v. 8.3.2007, WM 2007, 2058 (2059); VG Frankfurt, Urt. v. 11.2.2010 – Az. 1 K 2319/09.F.

[402] *Siekmann,* in: ders., EWU, 2013, AEUV Art. 130 Rn. 37 mwN.

[403] *Kempen,* in: Streinz, AEUV Art. 130 Rn. 12; *Häde,* in: Calliess/Ruffert, AEUV Art. 130 Rn. 23; *Heun,* in: Dreier III, Art. 88 Rn. 54.

[404] Zum Weisungsbegriff *Siekmann,* in: ders., EWU, AEUV Art. 130 Rn. 112–114.

[405] *Endler,* EZB, S. 422; *Reumann,* Die Europäische Zentralbank: Zwischen Selbstbestimmung und vertragsmäßiger Zusammenarbeit in der Gemeinschaft, 2001, S. 231.

[406] Grds. anerkannt *Häde* BK, Art. 88 (2012) Rn. 660, 691.

**Entstehungsgeschichte: Erstfassung:** JöR nF 1 (1951), 653.
**Historische Verfassungstexte: RV 1849:** § 20 (1) Die Schifffahrtsanstalten am Meere und in den Mündungen der deutschen Flüsse (Häfen, Seetonnen, Leuchtschiffe, das Lootsenwesen, das Fahrwasser u. s. w.) bleiben der Fürsorge der einzelnen Uferstaaten überlassen. Die Uferstaaten unterhalten dieselben aus eigenen Mitteln. (2) Ein Reichsgesetz wird bestimmen, wie weit die Mündungen der einzelnen Flüsse zu rechnen sind. § 21 (1) Die Reichsgewalt hat die Oberaufsicht über diese Anstalten und Einrichtungen. (2) Es steht ihr zu, die betreffenden Staaten zu gehöriger Unterhaltung derselben anzuhalten, auch dieselben aus den Mitteln des Reiches zu vermehren und zu erweitern. § 24 (1) Die Reichsgewalt hat das Recht der Gesetzgebung und die Oberaufsicht über die in ihrem schiffbaren Lauf mehrere Staaten durchströmenden oder begrenzenden Flüsse und Seen und über die Mündungen der in dieselben fallenden Nebenflüsse, so wie über den Schifffahrtsbetrieb und die Flößerei auf denselben. (2) Auf welche Weise die Schiffbarkeit dieser Flüsse erhalten oder verbessert werden soll, bestimmt ein Reichsgesetz. (3) Die übrigen Wasserstraßen bleiben der Fürsorge der Einzelstaaten überlassen. Doch steht es der Reichsgewalt zu, wenn sie es im Interesse des allgemeinen Verkehrs für nothwendig erachtet, allgemeine Bestimmungen über den Schifffahrtsbetrieb und die Flößerei auf denselben zu erlassen, so wie einzelne Flüsse unter derselben Voraussetzung den oben erwähnten gemeinsamen Flüssen gleich zu stellen. (4) Die Reichsgewalt ist befugt, die Einzelstaaten zu gehöriger Erhaltung der Schiffbarkeit dieser Wasserstraßen anzuhalten. § 32 (1) Die Reichsgewalt hat das Recht, soweit sie es zum Schutze des Reiches oder im Interesse des allgemeinen Verkehrs für notwendig erachtet, zu verfügen, dass Landstraßen und Kanäle angelegt, Flüsse schiffbar gemacht oder deren Schiffbarkeit erweitert werde. (2) Die Anordnung der dazu erforderlichen baulichen Werke erfolgt nach vorgängigem Benehmen mit den beteiligten Einzelstaaten durch die Reichsgewalt. (3) Die Ausführung und Unterhaltung der neuen Anlagen geschieht von Reichswegen und auf Reichskosten, wenn eine Verständigung mit den Einzelstaaten nicht erzielt wird. § 38 Die Reichsgewalt hat das Recht der Gesetzgebung über den Handel und die Schifffahrt, und überwacht die Ausführung der darüber erlassenen Reichsgesetze. – **RV 1871: Art. 4** Der Beaufsichtigung Seitens des Reichs und der Gesetzgebung desselben unterliegen die nachstehenden Angelegenheiten: ... 7) Organisation eines gemeinsamen Schutzes des Deutschen Handels im Auslande, der Deutschen Schifffahrt und ihrer Flagge zur See und Anordnung gemeinsamer konsularischer Vertretung, welche vom Reiche ausgestattet wird; 8) das Eisenbahnwesen, in Bayern vorbehaltlich der Bestimmung im Artikel 46., und die Herstellung von Land- und Wasserstraßen im Interesse der Landesverteidigung und des allgemeinen Verkehrs; 9) der Flößerei- und Schifffahrtsbetrieb auf den mehreren Staaten gemeinsamen Wasserstraßen und der Zustand der letzteren, sowie die Fluss- und sonstigen Wasserzölle (seit G. v. 3.3.1873, RGBl 47:); desgleichen die Seeschifffahrtszeichen (Leuchtfeuer, Tonnen, Baken und sonstige Tagesmarken). **Art. 54** (2) Das Reich hat das Verfahren zur Ermittelung der Ladungsfähigkeit der Seeschiffe zu bestimmen, die Ausstellung der Messbriefe, sowie der Schiffscertifikate zu regeln und die Bedingungen festzustellen, von welchen die Erlaubnis zur Führung eines Seeschiffes abhängig ist. (3) In den Seehäfen und auf allen natürlichen und künstlichen Wasserstraßen der einzelnen Bundesstaaten werden die Kauffahrteischiffe sämtlicher Bundesstaaten gleichmäßig zugelassen und behandelt ... – **WRV: Art. 97** (1) Aufgabe des Reichs ist es, die dem allgemeinen Verkehre dienenden Wasserstraßen in sein Eigentum und seine Verwaltung zu übernehmen. (2) Nach der Übernahme können dem allgemeinen Verkehre dienende Wasserstraßen nur noch vom Reiche oder mit seiner Zustimmung angelegt oder ausgebaut werden. (3) Bei der Verwaltung, dem Ausbau oder dem Neubau von Wasserstraßen sind die Bedürfnisse der Landeskultur und der Wasserwirtschaft im Einvernehmen mit den Ländern zu wahren. Auch ist auf deren Förderung Rücksicht zu nehmen. (4) Jede Wasserstraßenverwaltung hat sich den Anschluss anderer Binnenwasserstraßen auf Kosten der Unternehmer gefallen zu lassen. Die gleiche Verpflichtung besteht für die Herstellung einer Verbindung zwischen Binnenwasserstraßen und Eisenbahnen. (5) Mit dem Übergange der Wasserstraßen erhält das Reich die Enteignungsbefugnis, die Tarifhoheit sowie die Strom- und Schifffahrtspolizei. (6) Die Aufgaben der Strombauverbände in Bezug auf den Ausbau natürlicher Wasserstraßen im Rhein-, Weser- und Elbgebiet sind auf das Reich zu übernehmen. **Art. 98** Zur Mitwirkung in Angelegenheiten der Wasserstraßen werden bei den Reichswasserstraßen nach näherer Anordnung der Reichsregierung unter Zustimmung des Reichsrats Beiräte gebildet. **Art. 101** Aufgabe des Reichs ist es, alle Seezeichen, insbesondere Leuchtfeuer, Feuerschiffe, Bojen, Tonnen und Baken in sein Eigentum und seine Verwaltung zu übernehmen. Nach der Übernahme können Seezeichen nur noch vom Reiche oder mit seiner Zustimmung hergestellt oder ausgebaut werden. **Art. 171** (1) Die Staatseisenbahnen, Wasserstraßen und Seezeichen gehen spätestens am 1. April 1921 auf das Reich über. (2) Soweit bis zum 1. Oktober 1920 noch keine Verständigung über die Bedingungen der Übernahme erzielt ist, entscheidet der Staatsgerichtshof.
S. ferner die in der 7. Aufl. unter Fn. 1 wiedergegebenen abgabenbezogenen Bestimmungen.
**Supra- und internationale Texte:** AEUV Art. 4 II lit. g; 90 ff.; s. auch die zu Art. 87e genannten Bestimmungen; Rev. Rheinschifffahrtsakte; Moselvertrag.
**Gesetzgebung:** BWStrVermRG; WaStrG; BinSchAufG; SeeAufgG.
**Leitentscheidungen:** BVerfGE 21, 312 (Hessisches Wassergesetz); BVerwGE 9, 50 (Reichswasserstraßen); BVerwGE 87, 181 (Ölverschmutzung); BGHZ 47, 117 (Schlei); BGHZ 49, 68 (Trave).

**Schrifttum:** S. das Schrifttum bei Art. 83, 85, 86, 87 sowie *A. Friesecke,* Bundeswasserstraßengesetz, 6. Aufl. 2009; *Reinheimer,* Das Verbindungskonzept der Bundeswasserstraßenverwaltung, 2008; *Kreuter,* Die Befugnisse des Bundes zur Verwaltung der Wasserstraßen in Deutschland, 2014.

**Übersicht**

# A. Allgemeines

## I. Entstehung

**1**   **1. Vorgeschichte.** Der Themenkomplex Wasserstraßen und Schifffahrt hat in den drei deutschen Verfassungen vor dem Grundgesetz – wie andere Bereiche des Verkehrs – erhebliche Aufmerksamkeit gefunden. **Vor 1919** blieben allerdings die Verwaltungskompetenzen des Reiches **im Wesentlichen** auf solche der (Ober-)**Aufsicht** beschränkt; wie noch in Art. 99, 100 WRV spielten Fragen der Abgabenerhebung auch in der Paulskirchenverfassung (§§ 22 f., 25 ff.) und in der RV 1871 (Art. 54 III–V) eine wesentliche Rolle.

**2**   **Art. 97 I WRV** übertrug dann **dem Reich** die Aufgabe, die dem allgemeinen Verkehr dienenden Wasserstraßen in sein **Eigentum** und seine **Verwaltung** zu übernehmen, Abs. 2 sicherte für die Folgezeit die Zuständigkeit des Reichs ab. Der nach Art. 171 I WRV kraft Verfassung eintretende Übergang auf das Reich am 21. April 1921 wurde von einem Staatsvertrag zwischen dem Reich und den Ländern zu den näheren Bedingungen der Übernahme, vgl. Art. 171 II WRV, flankiert.[1] Nach § 11 I dieses Staatsvertrags trat das Reich (nur) in die enumerierten Verwaltungszuständigkeiten der Landeszentralbehörden ein, während im Übrigen „die einstweilige Verwaltung der Reichswasserstraßen durch die mittleren und unteren Behörden der Länder auf Kosten des Reichs und unter Leitung des Reichsverkehrsministeriums" erfolgte.[2]

**3**   Nach dem Krieg wurden durch **Besatzungsrecht** den Ländern treuhänderisch das Eigentum und die Verwaltung der Bundeswasserstraßen übertragen;[3] die Befugnisse wurden aber schon bald durch bizonale Stellen wahrgenommen.[4]

**4**   **2. Verabschiedung des Grundgesetzes.** Art. 118 **HChE** sah bereits in Anknüpfung an die seit 1921 geschaffene Lage den Bund als Eigentümer der dem allgemeinen Verkehr dienenden bisherigen Reichswasserstraßen (Abs. 1). Verwaltung des Bundes wurde in Abs. 2 vorausgesetzt, in dem nur

---

[1] Vgl. dazu das genehmigende (Reichs-)Gesetz über den Staatsvertrag, betreffend den Übergang der Wasserstraßen von den Ländern auf das Reich, vom 29.7.1921, RGBl 961; ausführlich dazu *Kreuter,* Die Befugnisse des Bundes zur Verwaltung der Wasserstraßen in Deutschland, 2014, S. 27 ff.

[2] Näher *Boysen,* in: v. Münch/Kunig II, Art. 89 Rn. 2 ff.; der StGH für das Deutsche Reich, RGZ 112 Anhang S. 33 (43 f.), hat die nur begrenzt reichseigene Verwaltung für verfassungsmäßig erklärt.

[3] *Gröpl,* in: Maunz/Dürig, Art. 89 (2007) Rn. 9 mit Fn. 3 mwN.

[4] *Ibler* MKS III, Art. 89 Rn. 3.

Übertragungsmöglichkeiten auf Länder auf deren Antrag hin – zum Teil als Soll-Vorschrift – geregelt waren.

Im **ParlRat** blieb die Regelung der Eigentumsfrage bis auf redaktionelle Variatianten unverändert. 5 Im Übrigen favorisierte der Zuständigkeitsausschuss zunächst eine Verwaltung durch die Länder nach Weisung des Bundes, schlug aber dann dem HA gleichberechtigt eine zweite Fassung (Variante Dr. *Hoch* [SPD]) vor, die dem Endergebnis schon weithin entsprach. Die hiernach vorgesehene Ländermitwirkung in Beiräten (später: Ausschüssen) wurde allerdings – ohne Debatte – in der 4. Lesung des HA gestrichen. Schon in dessen 1. Lesung war die später nur noch redaktionell veränderte Ergänzung um die Schifffahrtsverwaltung eingefügt worden, in deren Rahmen der Bund ihm gesetzlich übertragene Aufgaben wahrnehmen sollte.

## II. Grundsätzliche Bedeutung

Art. 89 bestätigt hinsichtlich der **Wasserstraßen** den in der Weimarer Zeit entstandenen Eigen- 6 tumsstatus. Er sieht für die Bundeswasserstraßenverwaltung – ohne eine der früheren Gesetzeslage (→ Rn. 2) entsprechende Beschränkung der Verwaltungsstufen – Verwaltung durch eigene Behörden des Bundes vor, lässt aber auf Antrag der betroffenen Länder Auftragsverwaltung zu (nur prinzipiell obligatorische Bundeseigenverwaltung).

Hinsichtlich der **Schifffahrt** ist die Wahrnehmung gesetzlich übertragener staatlicher Aufgaben 7 durch den Bund vorgesehen, also fakultative Bundesverwaltung ohne nähere Bestimmung der Verwaltungsform.

## B. Das Eigentum des Bundes an den bisherigen Reichswasserstraßen (Abs. 1)

### I. Der Bund als Eigentümer

**1. Der Bund.** Der „Bund" ist im Rahmen des maßgeblichen zweigliedrigen Bundesstaatsbegriffs 8 (→ Art. 20 Rn. 55 mit Fn. 229) die **„Bundesrepublik Deutschland."**[5]

**2. Das Eigentum.** Unter Eigentum ist im Rahmen des Art. 89 I das **privatrechtliche Eigentum** 9 iSd BGB zu verstehen;[6] Inhalt und Schranken werden – vgl. allgemein Art. 14 I 2 – durch die Gesetze bestimmt;[7] zumal betrifft das das WaStrG, etwa hinsichtlich der Nutzungsrechte, §§ 5, 6, aber auch die öffentlich-rechtlichen Bestimmungen des WHG und der Landeswassergesetze.[8] Der Bund hat den Ländern in § 1 III WaStrG gesetzlich eine Reihe enumerierter Eigentümerbefugnisse zur unentgeltlichen Nutzung überlassen.[9] Auf Grund vorkonstitutioneller Staatsverträge können auch Fischereirechte der Länder fortbestehen, die aber insbesondere gegenüber im Verkehrsinteresse gebotenen Veränderungen der Wasserstraße entschädigungslos zurücktreten.[10]

### II. Die bisherigen Reichswasserstraßen

**1. Reichswasserstraßen.** Art. 89 I betrifft ohne sachliche Qualifizierung **alle und nur** die (Bin- 10 nen- und See-)[11]Wasserstraßen im Geltungsbereich des Grundgesetzes (noch → Rn. 17), die zum maßgeblichen Zeitpunkt **Reichswasserstraßen** waren.[12] Wie sie diese Eigenschaft erworben haben,

---

[5] Vgl. § 8 I letzter Satz BWStrVermG (zum Grundbucheintrag); demgegenüber für den „Zentralstaat" (im dreigliedrigen Bundesstaat) *Maunz*, in: Maunz/Dürig, Art. 89 (1962) Rn. 16; auch *v. Mangoldt/Klein* III, Art. 89 Anm. III 3a; wie hier jetzt *Ibler* MKS III, Art. 89 Rn. 14; *Gröpl*, in: Maunz/Dürig, Art. 89 (2007) Rn. 20.

[6] Ausdr. (in Abgrenzung zum „gemeinen Eigentum" des prALR) BGHZ 47, 117 (119) mwN; nach der Neuregelung des Wasserrechts BGHZ 49, 69 (71); 67, 152 (154); 69, 284 (286); 107, 342 (344); 110, 148 (149); 180, 372 (380); ferner OVG NRW OVGE 36, 1 (5); zum Jagdausübungsrecht BGHZ 84, 59 (60 ff.). Gemäß Art. 65 EGBGB sind durch das BGB die landesgesetzlichen Vorschriften des damaligen Wasserrechts unberührt geblieben, bestimmen ggf. auch die Privatrechtssituation mit, BGHZ 49, 68 (71); für die Seitenbegrenzungen eines Gewässers BGHZ 110, 148 (150). Die Nichtanerkennung von Wassereigentum nach Landesrecht wird allerdings jedenfalls durch Art. 89 I verdrängt, vgl. *Maunz*, in: Maunz/Dürig, Art. 89 (1962) Rn. 22; auch sonst soll der Staatsvertrag von 1921 als lex specialis et posterior dem Art. 65 EGBGB und darunter fallendem Landesrecht vorgehen, BGHZ 107, 342 (344 ff., 350). Zum Eigentum an der „,fließenden Welle'" offenlassend OVG NRW NWVBl 2014, 74, 77.

[7] Damit wird, anders als *Durner*, in: Friauf/Höfling, Art. 89 (2006) Rn. 12 Fn. 45, vermutet, nicht angenommen, Art. 14 GG gelte zugunsten des Bundes.

[8] BGHZ 49, 68 (71); 180, 372 (380). Vgl. zu § 3 I, IV AbfG BVerwG NVwZ 2003, 1252 f.; dazu *Brandner* AbfallR 2004, 34 (35).

[9] Die „aus dem Eigentum sich ergebenden Befugnisse zur Nutzung von Bodenschätzen" nach Nr. 2 umfassen nach BVerwGE 85, 223 (227 ff.), nicht die Entnahme von (schlichtem) Sand und Kies.

[10] BVerwGE 102, 74 (76 f.).

[11] Zu letzteren etwa *K. Faßbender* BK, Art. 90 (2016) Rn. 43 ff. mwN; *Kreuter* (Fn. 1), S. 56 ff.

[12] *K. Faßbender* BK, Art. 90 (2016) Rn. 25 mwN. Zu den gesetzlichen Ausnahmen → Rn. 16.

ist ohne Bedeutung.[13] Nicht erforderlich, aber auch nicht ausreichend ist, dass eine Wasserstraße dem allgemeinen Verkehr dient; dahingehende Formulierungen sind im Rahmen der Beratungen des ParlRat bewusst weggelassen worden.[14] Was im Einzelnen zu einer bestimmten Bundeswasserstraße gehörte, ist nach dem seinerzeitigen Rechtszustand zu bestimmen.[15] Die Vorschriften des § 1 II, III BWStrVermRG über bestimmte mit Reichswasserstraßen verbundene Vermögensrechte sind mit dem BereinigungsG v. 8.12.2010, BGBl. I 1864, Art. 102, aufgehoben.

**11**     **2. Bisheriger Bestand.** Die Beziehung auf den **bisherigen Bestand** an Reichswasserstraßen nennt keinen genauen zeitlichen Bezugspunkt; die Anknüpfung an den status quo im Reich spricht dafür, als Stichtag den 8.5.1945 als Tag der bedingungslosen Kapitulation des Deutschen Reichs anzusehen.[16]

## III. Das Bundeseigentum als Rechtsfolge

**12**     **1. Rechtserwerb des Bundes.** Die Formulierung („… ist Eigentümer") stellt keine bloße Mitteilung einer so bestehenden Rechtslage dar, sondern ordnet selbst mit unmittelbarer Rechtswirkung[17] an, dass der Bund mit Inkrafttreten des Grundgesetzes, also zugleich mit seiner eigenen Entstehung, Eigentümer ist. Diese Regelung ist jedenfalls soweit **konstitutiv,**[18] als sie anderen denkbaren Erwerbstiteln, zumal Art. 134 I, als Spezialregelung vorgeht.[19] Weitergehend bewirkt sie den Rechtsverlust früherer Eigentümer, soweit ausnahmsweise kein Reichseigentum (mehr) bestand.[20]

**13**     **2. Kein dauerndes Bundeseigentum.** Nach Formulierung und systematischer Stellung könnte es scheinen, dass die Wirkung des Art. 89 I über die Begründung des Bundeseigentums hinaus auch darauf gerichtet ist, das Bundeseigentum an den bisherigen Reichswasserstraßen dauernd festzuschreiben.[21] Dies ist nach dem erkennbaren Sinn der Vorschrift jedenfalls auf die **Dauer** des Fortbestands der Eigenschaft einer Bundeswasserstraße **zu begrenzen.**[22]

**14**     Art. 89 begründet indes für den Bund nicht die Pflicht, Eigentümer aller Bundeswasserstraßen zu sein. Insbesondere ist es verfassungsrechtlich möglich, dass **neue Bundeswasserstraßen nicht** im Eigentum des Bundes stehen.[23] Die Trennung von Eigentum und Verwaltungsträgerschaft ist somit verfassungsrechtlich nicht ausgeschlossen; Art. 89 lässt dem zuständigen Bundesgesetzgeber freie Hand, bei der Ausgestaltung des Bundeswasserstraßenrechts hinsichtlich des Eigentums andere Modelle als das Verbindungskonzept der WRV[24] zu verwirklichen.

**15**     Diese Möglichkeit gerade für bisherige **Reichswasserstraßen** als **ausgeschlossen** anzusehen, wird von Abs. 1 auch **nicht** erzwungen. Der Wortlaut lässt es vielmehr problemlos zu, die Feststellung des Eigentums des Bundes allein auf den Erwerbszeitpunkt zu beziehen; bei diesem Verständnis als Übergangsvorschrift[25] ist sie zwar insoweit im VIII. Abschnitt wenig systemgerecht angeordnet; dies knüpft aber erkennbar an Art. 97 I WRV an, der auch Eigentum und Verwaltung des Zentralstaats bei den Verwaltungsaufgaben des Reichs regelte.[26]

---

[13] BVerwGE 9, 50 (56 ff.); nicht abschließend BVerfGE 15, 1 (7): „… zunächst die vom Staatsvertrag und seinen Nachträgen erfassten Wasserstraßen"; für durch die Verordnung über die Reichswasserstraßen von 1943 begründetes Reichseigentum BGHZ 67, 152 (153 f.) mwN.

[14] Vgl. JöR nF 1 (1951), 654, auf Grund einer Eingabe, die sich gegen die als Erweiterung verstandene Formulierung von „dem allgemeinen Verkehr dienenden Wasserstraßen" richtete. In Art. 118 I HChE war das Erfordernis neben der Reichswasserstraßenqualität verlangt worden. Zustimmend *Kreuter* (Fn. 1), S. 47 ff.

[15] Für den Meeresstrand stellt BGHZ 44, 27 (30), – bezogen auf die Gegenwart – nur auf Regelungen des prALR ab; die seitliche Grenze der Weser bestimmt BGHZ 69, 284 (287), für das Gebiet des früheren Staates Oldenburg nach dem Gemeinen Recht.

[16] BGHZ 47, 117 (119 f.); 67, 152 (154); allgemeiner für den Zeitpunkt des Zusammenbruchs 1945 BVerwGE 9, 50 (53); BGHZ 108, 110 (113); 110, 148 (149); wie hier *Hermes,* in: Dreier III, Art. 90 Rn. 11; *Faßbender* BK, Art. 90 (2016) Rn. 47; anders (24.5.1949) *Gröpl,* in: Maunz/Dürig, Art. 89 (2007) Rn. 17; *Ibler* MKS III, Art. 89 Rn. 7; *Kreuter* (Fn. 1), S. 53 ff.

[17] Zur anfänglichen Hemmung durch Besatzungsrecht s. *Maunz,* in: Maunz/Dürig, Art. 89 (1962) Rn. 27.

[18] *Ibler* MKS III, Art. 89 Rn. 27; *Gröpl,* in: Maunz/Dürig, Art. 89 (2007) Rn. 22; *K. Faßbender* BK, Art. 90 (2016) Rn. 63.

[19] So auch *Hermes,* in: Dreier III, Art. 89 Rn. 10; → Art. 134 Rn. 5.

[20] Art. 14 III erfasst diesen Fall einer Eigentumsentziehung durch die Verfassunggebung nicht, vgl. *Gröpl,* in: Maunz/Dürig, Art. 89 (2007) Rn. 24.

[21] So etwa *Maunz,* in: Maunz/Dürig, Art. 89 (1962) Rn. 26; *Ibler* MKS III, Art. 89 Rn. 28.

[22] So im Ergebnis *Hoog,* in: v. Münch/Kunig III, 5. Aufl. 2003, Art. 89 Rn. 11; *Durner,* in: Friauf/Höfling, Art. 89 (2006) Rn. 19; ähnlich *Kreuter* (Fn. 1), S. 122, 148 ff.

[23] *Gröpl,* in: Maunz/Dürig, Art. 89 (2007) Rn. 38; *Ibler* MKS III, Art. 89 Rn. 29; *Hermes,* in: Dreier III, Art. 89 Rn. 15; *Kreuter* (Fn. 1), S. 69.

[24] Ausführlich zu dessen Bedeutung für das GG *Reinheimer,* Das Verbindungskonzept der Bundeswasserstraßenverwaltung, 2008.

[25] *K. Faßbender* BK, Art. 90 (2016) Rn. 35 mwN; den Übergangscharakter bezweifelt *Boysen,* in: v. Münch/ Kunig, Art. 89 Rn. 22; zu den Gründen für die abweichende Formulierung in Art. 134 I („wird" statt „ist") s. *Mager,* ebda, Art. 134 Rn. 2.

[26] Ob Art. 97 I WRV mit dem Übernahmeauftrag an das Reich ebenfalls auch eine Übergangsbestimmung war, die Art. 171 lediglich fristbezogen effektuierte, ist hier ohne Bedeutung.

Fehlt es demnach an einer Verfassungspflicht für den Bund, das bei ihm entstandene Bundeswasser- **16** straßeneigentum auch dauernd zu behalten,[27] lassen sich die andernfalls kaum zu legitimierenden[28] **Ausnahmen erklären,** wie sie das BWStrVermRG in § 4 vorsieht. Der Ausschluss des Bundeseigentums kann zwanglos auf eine nach dem (Durchgangs-)Erwerb des Bundes gemäß Art. 89 I vorgenommene rückwirkende Rückübertragung an den Voreigentümer gestützt werden.

### IV. Wasserstraßen der früheren DDR

Ob bei Inkrafttreten des Grundgesetzes **im Beitrittsgebiet** Art. 89 I auf die dort seit 1949 (vgl. **17** Art. 124 II 2 DDR-Verf. 1949) von der Republik verwalteten ehemaligen Reichswasserstraßen Anwendung finden kann, ist fraglich. Unabhängig von der zumal bei Art. 134 auftauchenden allgemeineren Problematik (→ Art. 134 Rn. 18 ff.) spricht schon der Wortlaut („bisherige") bei Art. 89 I dafür, dass die vorgesehene Rückanknüpfung nur auf das zeitlich eng anschließende Inkrafttreten des GG in seinem ursprünglichen Geltungsgebiet im Jahre 1949 bezogen war.[29] Nach Art. 21 I 1 EV ist der aktuelle Bestand an für den allgemeinen Verkehr genutzten **Wasserstraßen** ohne Rücksicht auf ihre frühere Qualität als Reichswasserstraßen als Verwaltungsvermögen Bundesvermögen geworden.[30] Ein Eigentumserwerb des Bundes an nicht mehr einschlägig genutzten früheren Reichswasserstraßen liegt nicht im Sinne des Art. 89 I.

## C. Die Verwaltung der Bundeswasserstraßen (Abs. 2 Sätze 1, 3, 4 und Abs. 3)

### I. Der Gegenstand der Verwaltungskompetenz

Gegenstand der nach Art. 89 II 1, 3, 4 und III vorgesehenen Kompetenzen ist die **Verwaltung der** **18** **Bundeswasserstraßen.**

**1. Bundeswasserstraßen.** Der Begriff der Bundeswasserstraße erhält als Verfassungsbegriff seine **19** Konturen aus dem Zusammenhang mit den Reichswasserstraßen des Abs. 1, die nach Art. 97 I WRV dem **allgemeinen Verkehr dienten.** An diesem Kriterium hält – auf die aktuelle Situation bezogen – § 1 I Nr. 1 WaStrG (für die Binnenwasserstraßen des Bundes) zutreffend fest;[31] hinzu kommt die unterschiedlich konstruierte Widmung.[32] Auch **Seewasserstraßen,** die § 1 I Nr. 2 WaStrG insbes. mit dem Küstenmeer insgesamt gleichsetzt, dürften – entgegen der neueren Judikatur – auf dessen dem allgemeinen Verkehr dienende Teile zu beschränken sein.[33]

**2. Verwaltung der Bundeswasserstraßen.** Die dem Bund übertragene Verwaltung bezieht sich **20** nicht auf jeden verwaltungsmäßig relevanten Aspekt der Bundeswasserstraßen, sondern ist auf ihre begriffsbestimmende **Funktion als Verkehrsweg** beschränkt.[34] In diesem Rahmen ist die Verwaltung

---

[27] Für mögliche Eigentumsaufgabe auch *Boysen,* in: v. Münch/Kunig, Art. 89 Rn. 19 ff.; *Faßbender* BK, Art. 90 (2016) Rn. 70; nur begrenzt *Durner,* in: Friauf/Höfling, Art. 89 (2006) Rn. 19.

[28] Nicht überzeugend der ungeschriebene Vorbehalt einer (vergleichsweisen) Lösung von Zweifelsfällen bei *Maunz,* in: Maunz/Dürig, Art. 89 (1962) Rn. 26; so auch noch *v. Mangoldt/Klein* III, Art. 89 Anm. III 2c; gegen diese Möglichkeit nun aber *Ibler* MKS III, Art. 89 Rn. 28.

[29] *Hermes,* in: Dreier III, Art. 89 Rn. 12; *Ibler* MKS III, Art. 89 Rn. 9, 12; *K. Faßbender* BK, Art. 90 (2016) Rn. 49; anders wohl BVerwGE 102, 74 (77); auch *Durner,* in: Friauf/Höfling, Art. 89 (2006) Rn. 18.

[30] Zustimmend *Kreuter* (Fn. 1), S. 62 ff., 66; wie hier auch *Erbguth/Erbguth* NordÖR 2005, 229 (230); nur im Ergebnis übereinstimmend *Friesecke,* Bundeswasserstraßengesetz, 6. Aufl. 2009, Einl Rn. 20; *Ibler* MKS III, Art. 89 Rn. 12, primär gestützt auf Art. 8 EV, Anl. I Kap. XI Sachgeb. E Abschn. III Nr. 7 lit. b (sowie für West-Berlin das 6. Überleitungsgesetz v. 25.9.1990, BGBl I 2106), und die darauf gestützte VO v. 13.11.1990, BGBl I 2524, die jedoch die Eigentumsfrage als solche nicht regelt.

[31] Wie hier etwa *Durner,* in: Friauf/Höfling, Art. 89 (2006) Rn. 21; iE auch *Kreuter* (Fn. 1), S. 75 ff.; zu Art. 74 I Nr. 21 → Art. 74 Rn. 94. Unklarheiten bestehen (wohl insoweit) bei Binnenhäfen, die nicht zu den Schutz-, Sicherheits- und Bauhäfen nach § 1 I Nr. 4 WaStrG zählen; vgl. für die Binnenhäfen am Rhein BVerfGE 2, 347 (367); BGHZ 69, 284 (288 ff.). Über das WaStrG hinausgehend *Friesecke* (Fn. 30), Einl Rn. 9 mwN; erweiternd auch OVG Bbg NVwZ-RR 2005, 403 (404 f.); OVG Bln-Bbg NVwZ-RR 2016, 36 Rn. 18 ff.; *Faßbender* EurUP 2016, 17 (24).

[32] S. etwa *Friesecke* (Fn. 30), Einl Rn. 14, für Widmung durch Art. 89 II 1 GG und § 1 WaStrG; für verfassungsunmittelbare Widmung auch *v. Mangoldt/Klein,* Art. 89 Anm. IV 1c; für Neu-Widmungen durch § 2 I WaStrG, sonst wohl für vorkonstitutionelle Widmung *Gröpl,* in: Maunz/Dürig, Art. 89 (2007) Rn. 56 bzw. 14; nur gegen die Notwendigkeit einer „ausdrückliche(n)" Widmung *MKP,* Art. 74 Rn. 1520.

[33] *Maunz,* in: Maunz/Dürig, Art. 89 (1962) Rn. 30; aA BGHZ 108, 110 (114 ff.); BVerwGE 89, 169 (174); BGH NVwZ 1997, 99 (100) (für das Eigentum), wonach der gesamte Bereich der Küstengewässer einzubeziehen ist; übereinst. *Friesecke* (Fn. 30), Einl Rn. 27, § 1 Rn. 12; *Ibler* MKS III, Art. 89 Rn. 11; skeptisch *Harders* NJW 1989, 2452 ff.; offen zuvor BGHZ 47, 117 (120 ff., 123 f.). Zum Eigentum bei Küstenhäfen *Löwe* NordÖR 2001, 235 ff. Zum Eigentum an den Küstengewässern in den alten und neuen Ländern *Diekamp* ZBB 2004, 10 (11 ff.).

[34] BVerfGE 21, 312 (320); für die Gesetzgebungskompetenz entspr. schon BVerfGE 15, 1 (9); erweiternd *K. Faßbender* BK, Art. 90 (2016) Rn. 82 ff., 88 f.; *ders.,* EurUP 2016, 17 25 f.; wegen der Begrenzung der Verwaltungs- durch die Reichweite der Gesetzgebungskompetenz BVerwGE 110, 9 (14); 115, 294 (298); OVG Bbg NVwZ-RR 2005, 403 (404); OVG NRW NWVBl 2012, 391 (394); OVG Bln-Bbg NVwZ-RR 2016, 36 Rn. 22 f. (für Satz 1); dazu allg. *Sachs,* Art. 86 Rn. 5.

umfassend, schließt namentlich die in Abs. 3 irreführend *neben* ihr genannten Aspekte des Ausbaus und Neubaus von Bundeswasserstraßen ein,[35] ferner etwa die Strompolizei und das Betreiben von Schifffahrtszeichen, §§ 24 ff., 34 WaStrG. Auch die grundsätzlich mögliche gesetzesfreie Verwaltung (→ Art. 87 Rn. 11) darf den Rahmen der Verkehrsverwaltung nicht verlassen.

21    Die alleinige Beziehung auf einen bestimmten Bereich von Verwaltungsaufgaben steht andererseits der ohnehin systemwidrigen Erstreckung der Verwaltungskompetenz auf die (nur) **private Vermögensverwaltung** als Eigentümer entgegen.[36] Diese scheidet allerdings immer aus, wenn zumindest auch öffentliche Aufgaben wahrgenommen werden.

## II. Bundesverwaltung durch eigene Behörden (Abs. 2 Satz 1)

22    Das imperative Präsens „verwaltet" kennzeichnet die Regelung des Abs. 2 S. 1 als **zwingende Vorschrift,** die allerdings nach den Sätzen 3 und 4 Ausnahmen zulässt. Im Übrigen wird der Bedeutungsgehalt der Formulierung „durch eigene Behörden" durch die Regelung des **Art. 87 I 1** präzisiert, der **bundeseigene Verwaltung mit eigenem Verwaltungsunterbau** vorsieht (näher → Art. 87 Rn. 14 ff.); mittelbare Bundesverwaltung ist ebenso wie Privatisierung[37] ausgeschlossen,[38] darf auch nicht über Art. 87 III 1 eingeführt werden (→ Art. 87 Rn. 18).

23    Die Möglichkeit der bundeseigenen Verwaltung soll im Bereich der Gesetzesvollziehung (zur gesetzesfreien Verwaltung → Art. 87 Rn. 61) ferner dadurch beschränkt sein, dass **einschlägige Bundesgesetze** bestehen. Die Berufung des BVerfG auf Art. 30[39] überzeugt freilich nicht, weil er von Art. 89 II 1 bei gegenteiliger Auslegung verdrängt würde.[40]

24    Die Bundesbehörden der Bundeswasserstraßenverwaltung sind unterhalb der Ministerialebene die durch eine Rechtsverordnung nach Art. 130[41] überführten Behörden der Wasser- und Schifffahrtsverwaltung. Insbesondere handelt es sich um Wasser- und Schifffahrtsdirektionen als **Mittelbehörden** sowie Wasser- und Schifffahrtsämter als **Unterbehörden;** hinzu kommen fachtechnische **Bundes-(ober)behörden** nach § 45 III WaStrG.[42]

## III. Auftragsverwaltung auf Antrag (Abs. 2 Sätze 3 und 4)

25    **1. Die Übertragung der Verwaltung.** Die unabhängig von der differenzierenden Terminologie insoweit einheitliche Rechtsfolge der S. 3 und 4 ist die **Ermächtigung** des Bundes, abweichend von S. 1[43] die Verwaltung von Bundeswasserstraßen einem Land als Auftragsverwaltung zu übertragen. Eine über die generelle Gemeinwohlverpflichtung hinausgehende Bindung besteht für die Übertragungsentscheidung nicht.

26    Wie die Übertragung vorzunehmen ist, ist nicht ausdrücklich geregelt. Insbesondere ist Art. 86 S. 2[44] nicht einschlägig, da er nur für die Verwaltung durch den Bund gilt; der Vorbehalt des Gesetzes nach Art. 89 II 2 lässt sich kaum heranziehen,[45] da dort Bundeskompetenzen begründet, nicht aber aufgegeben werden. Im Gegenteil wird gerade in dieser Vorschrift der Bund als Empfänger gesetzlich übertragener Aufgaben dem Gesetzgeber gegenübergestellt. „Der Bund" meint vielmehr schon in S. 1 die Bundesexekutive; auf diesen Bund nehmen S. 3 und 4 ebenso Bezug wie S. 2. Daher genügt den Anforderungen des Art. 89 – vorbehaltlich anderweitiger Notwendigkeit von Gesetzgebung[46] – ein **Übertragungsakt der Bundesregierung.**[47]

---

[35] BGHZ 86, 152 (158 f.); auch *Boysen,* in: v. Münch/Kunig, Art. 89 Rn. 27; zu nicht umfassten Bereichen *Pieroth,* in: Jarass/Pieroth, Art. 89 Rn. 3.

[36] IE ebenso *Gröpl,* in: Maunz/Dürig, Art. 89 (2007) Rn. 66; auch *v. Mangoldt/Klein* III, Art. 89 Anm. IV 2c cc; *Boysen,* in: v. Münch/Kunig II, Art. 89 Rn. 27, die Abs. 1 für einschlägig halten; anders wohl *Wolff,* in: Hömig/Wolff, GG, Art. 89 Rn. 3; *Ibler* MKS III, Art. 89 Rn. 43; umfassend erweiternd *K. Faßbender* BK, Art. 90 (2016) Rn. 88 ff.

[37] *Uerpmann-Wittzack* HStR IV, § 89 Rn. 53; restriktiv auch *Pechstein* DÖV 2013, 85 (87 und ff.); *Boysen,* in: v. Münch/Kunig, Art. 89 Rn. 30; anders *Schliesky/Tischer* DÖV 2013, 361 (367 f.); *K. Faßbender* BK, Art. 90 (2016) Rn. 111; zur in der Praxis verbreiteten Beteiligung an privatrechtsförmlichen Gesellschaften s. *Dittmann,* Die Bundesverwaltung, 1983, S. 192 f.

[38] *Gröpl,* in: Maunz/Dürig, Art. 89 (2007) Rn. 59; *Boysen,* in: v. Münch/Kunig II, Art. 89 Rn. 34; *Hermes,* in: Dreier III, Art. 89 Rn. 21; *Ibler* MKS III, Art. 89 Rn. 47; *K. Faßbender* BK, Art. 90 (2016) Rn. 75; *Schliesky/Tischer* DÖV 2013, 361 (367); *Pechstein* DÖV 2013, 85 (86); skeptisch gegenüber der im Wege der Organleihe betrauten See-Berufsgenossenschaft BGHZ 161, 224 (232).

[39] BVerfGE 21, 312 (325); ohne eigene Begründung ganz allg. schon BVerfGE 12, 205 (221).

[40] Hierzu ausf. *Salzwedel* DÖV 1968, 103 ff.; *Breuer* DVBl 1974, 268 ff.; *Friesecke* ZfW 1975, 29 ff.; auch *Ibler* MKS III, Art. 89 Rn. 49 ff.

[41] Vom 4.9.1951, BGBl I 826.

[42] Zur umstrittenen Rechtsnatur dieser Behörden vgl. *Blümel* HStR IV[1], § 101 Rn. 97 mit Fn. 537.

[43] Ausdr. auch *Umbach,* in: Umbach/Clemens II, Art. 89 Rn. 18.

[44] Dafür noch *v. Mangoldt,* Art. 89 Anm. 5, S. 82.

[45] Dafür *Maunz,* in: Maunz/Dürig, Art. 89 (1962) Rn. 54, 50.

[46] Dafür allgemein *Hermes,* in: Dreier III, Art. 89 Rn. 23 mwN.

[47] Zustimmend *Boysen,* in: v. Münch/Kunig, Art. 89 Rn. 36; für Notwendigkeit eines formellen Gesetzes *K. Faßbender* BK, Art. 90 (2016) Rn. 104 mN.

Die Übertragung richtet sich an ein Land, nicht an bestimmte Landesbehörden; das Land wird 27
Träger einer **Ausführungskompetenz** nach Maßgabe des **Art. 85** (→ Art. 85 Rn. 3 Fn. 5, → Art. 85
Rn. 4 f.).

**2. Die Beteiligung eines Landes (Satz 3).** Eine Übertragung der Verwaltung von Bundeswasser- 28
straßen nach S. 3 ist nur zulässig, „soweit sie im Gebiet eines Landes liegen". Trotzdem wird zT unter
Berufung auf Sinn und Zweck dieser Ermächtigung angenommen, die **Wasserstraße** könne **nur als
Ganzes,** dh hier: wenn sie ganz in dem einen Land liegt, der Auftragsverwaltung zugeführt werden.[48]
Demgegenüber halten andere auch die Übertragung der Verwaltung für ein Teilstück einer Wasserstraße für zulässig.[49] Angesichts solcher Einschätzungsdivergenzen scheint es nicht angemessen, den
Spielraum der beteiligten Verfassungsorgane des Bundes und des Landes einseitig einzuengen. S. 3 ist
seinem Wortlaut entsprechend nur die Einschränkung zu entnehmen, dass dem Land **keine Verwaltungsaufgaben außerhalb seines Gebiets** übertragen werden können.

Die Aufgabenübertragung kann **nur auf Antrag** des betreffenden Landes erfolgen. Die Organ- 29
zuständigkeit für die Antragstellung richtet sich nach dem Landesverfassungsrecht.[50]

**3. Die Beteiligung mehrerer Länder (Satz 4).** S. 4 betrifft nur Fälle, in denen mehrere Länder 30
von einer Wasserstraße berührt werden. Da nur ein Land beauftragt werden kann, spricht hier alles
dafür, dass eine Übertragung die **gesamte Bundeswasserstraße** betreffen muss.[51] Voraussetzung ist
ein gemeinsamer Antrag der beteiligten, dh von der Wasserstraße berührten Länder,[52] der auch das zu
beauftragende Land aus diesem Kreis bezeichnen kann. Der Bund muss auch hier nicht antragsgemäß
„beauftragen",[53] ist aber gegebenenfalls auf das im Antrag genannte Land beschränkt.

## IV. Einvernehmen mit den Ländern (Abs. 3)

Abs. 3 greift wörtlich ein schon in Art. 97 III 1 WRV enthaltenes Erfordernis auf, das der **doppel-** 31
**ten Rolle jeder Bundeswasserstraße** Rechnung trägt, die immer zugleich Verkehrsweg sowie
Wasserspender und Vorfluter ist.[54]

**1. Anwendungsbereich. Gegenständlich** greift Abs. 3 bei der Verwaltung (→ Rn. 20 f.) von 32
Wasserstraßen ein; damit sind nach dem Zusammenhang allein *Bundes*wasserstraßen gemeint.[55]

**Normadressat** ist insbesondere der **Bund** als Träger dieser Verwaltung; dies folgt aus dem sonst 33
leerlaufenden Einvernehmenserfordernis. Soweit ein Land nach Abs. 2 S. 3, 4 die Verwaltung im
Auftrage des Bundes wahrnimmt, wird der Bund in der Ausübung seiner Befugnisse nach Art. 85
gebunden, im Fall des **S. 4** an Stelle des Bundes auch das **beauftragte Land,** soweit bei seiner
Verwaltungsführung das Gebiet eines anderen beteiligten Landes berührt wird.[56]

**2. Materielle Bindung.** Inhaltlich wird die Wahrnehmung der Aufgabe der Wasserstraßenverwal- 34
tung darauf **verpflichtet,**[57] die Bedürfnisse der **Landeskultur** und der **Wasserwirtschaft** zu wahren,
wobei diese Belange wohl weit zu verstehen sind.[58] Das **„Wahren"** wird nicht nur auf Konservierung,
sondern − trotz des Fehlens der dahingehenden ausdrücklichen Anordnung des Art. 97 III 2 WRV −
auch auf eine verbessernde Förderung der Belange zu beziehen sein.[59]

---

[48] *Maunz,* in: Maunz/Dürig, Art. 89 (1962) Rn. 43; auch noch *v. Mangoldt/Klein* III, Art. 89 Anm. IV 3e dd; iE
wie hier *Ibler* MKS III, Art. 89 Rn. 66; *Gröpl,* in: Maunz/Dürig, Art. 89 (2007) Rn. 77.

[49] So *Boysen,* in: v. Münch/Kunig II, Art. 89 Rn. 36.

[50] Für Parlamentszuständigkeit bei fehlender Regelung *K. Faßbender* BK, Art. 90 (2016) Rn. 103 mN.

[51] So auch *K. Faßbender* BK, Art. 90 (2016) Rn. 102.

[52] Ebenso *Ibler* MKS III, Art. 89 Rn. 23.

[53] Dementsprechend gegen einen solchen Anspruch der Länder *Hermes,* in: Dreier III, Art. 89 Rn. 21.

[54] BVerfGE 21, 312 (320).

[55] *Gröpl,* in: Maunz/Dürig, Art. 89 (2007) Rn. 130; *Ibler* MKS III, Art. 89 Rn. 75.

[56] *Maunz,* in: Maunz/Dürig, Art. 89 (1962) Rn. 61; *Ibler* MKS III, Art. 89 Rn. 85.

[57] Für materielle Bindung die h. M., s. nur *Oebbecke* HStR III, § 136 Rn. 115; *Durner,* in: Friauf/Höfling, Art. 89
(2006) Rn. 45; schon für Art. 97 III 1 WRV *Anschütz,* WRV, Art. 97 Anm. 7; anders *Hermes,* in: Dreier III, Art. 89
Rn. 25; abwM, BVerfGE 69, 1, 57 (61).

[58] Allgemein zu beiden an Art. 97 III 1 WRV anknüpfenden Begriffen und ihrem gewandeltem Verständnis
BVerwGE 116, 175 (177 ff.); eng auch BVerwGE 156, 20 Rn. 55; insbes. für die „Landeskultur" str., für weite
Auslegung etwa *Gassner* NuR 1996, 130 (133 f.); auch *Ibler* MKS III, Art. 89 Rn. 76; *Hönes* NuR 2005, 279 ff.;
*Mast/Göhner* LKV 2009, 65 (67); anders *Friesecke* (Fn. 30), § 4 Rn. 2; *ders.* NuR 2000, 81 ff.; *Schulze* NVwZ 1999,
1289 (1291), unter Hinw. auf BReg, BT-Dr 13/7955 Anl. 3; BVerwGE 102, 74 (79), lässt offen, ob Belange der
Fischerei solche der Landeskultur sind. Nach BVerwGE 116, 175 (177 ff.), umfassen die Begriffe nicht die volle
Vollzugshoheit des Natur- und Landschaftsschutzes sowie des Denkmalschutzes. Zu Letzterem im Hinblick auf § 48
WaStrG BVerwG NVwZ 2009, 588 (591 f.).

[59] Vgl. in Anknüpfung an das zu Art. 97 III WRV entwickelte Verständnis *Maunz,* in: Maunz/Dürig, Art. 89
(1962) Rn. 66; wie hier noch *v. Mangoldt/Klein* III, Art. 89 Anm. VI 3a cc; *K. Faßbender* BK, Art. 90 (2016)
Rn. 139; aA *Ibler* MKS III, Art. 89 Rn. 84; *Gröpl,* in: Maunz/Dürig, Art. 89 (2007) Rn. 146.

35    **3. Einvernehmenserfordernis.** Flankierend wird das materielle Ziel der Bestimmung **verfassungsrechtlich** dadurch **gesichert,** dass die Wasserstraßenverwaltung[60] an das Einvernehmen der für die zu wahrenden Belange primär zuständigen Länder gebunden ist. Einvernehmen bedeutet mit dem Sprachgebrauch völlige **Willensübereinstimmung.**[61] Das Erfordernis bezieht sich nur auf **die Länder,** deren Gebiet von der jeweiligen Verwaltungsmaßnahme **betroffen** wird.[62] Die Bundeswasserstraßenverwaltung darf bei Berührung der zu schützenden Belange nicht ohne das Einverständnis der betroffenen Länder handeln; das Einvernehmen darf nur aus Gründen versagt werden, die sich aus der Wahrung der beiden Bedürfnisse ergeben.[63]

## D. Wahrnehmung gesetzlich übertragener landesüberschreitender Aufgaben der Schifffahrtsverwaltung (Abs. 2 Satz 2)

### I. Sachlicher Umfang

36    **1. Aufgaben der Binnenschifffahrt. Binnenschifffahrt** ist die Schifffahrt auf allen Binnenwasserstraßen.[64]

37    **Staatliche Aufgaben** der Binnenschifffahrt (1. Alt.) sind auf die Verwaltung der Binnenschifffahrt bezogene Staatsaufgaben, etwa die Wasserverkehrsverwaltung;[65] die Binnenschifffahrt als solche, also die **Führung einschlägiger Betriebe,** ist **nicht** der Inhalt der staatlichen Verwaltungsaufgaben, sondern als von der Bestimmung vorausgesetzte, nicht (wesensmäßig) staatliche Aktivität nur der Bezugspunkt des Verwaltungshandelns.[66]

38    Die Begrenzung auf Aufgaben, die **über den Bereich eines Landes hinaus** zu erfüllen sind, soll nach den Sachgegebenheiten von geringer Bedeutung sein.[67]

39    **2. Aufgaben der Seeschifffahrt. Seeschifffahrt** ist die Schifffahrt auf den Seewasserstraßen und auf der Hohen See.[68] Die ohne den Zusatz „staatlich" angesprochenen Aufgaben meinen trotz des zufälligen Formulierungsunterschiedes[69] auch hier nicht den Betrieb von Schifffahrtsunternehmen.[70] Überregionalität der Aufgabe im Einzelfall ist typisierend vorausgesetzt.

### II. Gesetzliche Übertragung

40    **1. Seeschifffahrt.** Die Verwaltungskompetenz des Bundes setzt für dieses Gebiet eindeutig eine gesetzliche Aufgabenübertragung voraus;[71] dabei meint Gesetz ersichtlich **Bundesgesetz.**[72] Einschlägig ist vor allem das **SeeAufgG.**[73]

41    **2. Binnenschifffahrt.** Trotz der sprachlich nicht eindeutigen, entstehungsgeschichtlich zufälligen Fassung[74] ist gerade im Vergleich zur Seeschifffahrt nicht anzunehmen, dass nur dort die Bundesverwaltung **von gesetzlicher Übertragung abhängen** soll.[75] Einschlägig ist vor allem das **Bin-**

---

[60] Für eine Erstreckung auch auf die Schifffahrtsverwaltung *K. Faßbender* BK, Art. 90 (2016) Rn. 126.

[61] BVerwGE 57, 98 (101); OVG NW NWVBl 1992, 58 (60); *Ibler* MKS III, Art. 89 Rn. 79; *K. Faßbender* BK, Art. 90 (2016) Rn. 133.

[62] *Gröpl*, in: Maunz/Dürig, Art. 89 (2007) Rn. 144; *Ibler* MKS III, Art. 89 Rn. 83; *Heinz/Esser* ZUR 2009, 254.

[63] *Gröpl*, in: Maunz/Dürig, Art. 89 (2007) Rn. 143; *Ibler* MKS III, Art. 89 Rn. 80; *Durner*, in: Friauf/Höfling, Art. 90 (2006) Rn. 44.

[64] *Gröpl*, in: Maunz/Dürig, Art. 89 (2007) Rn. 103; *Ibler* MKS III, Art. 89 Rn. 58; *K. Faßbender* BK, Art. 90 (2016) Rn. 115; *Kreuter* (Fn. 1), S. 225; anders *Durner*, in: Friauf/Höfling, Art. 90 (2006) Rn. 47 mwN.

[65] OVG Bln-Bbg NVwZ-RR 2016, 36 Rn. 22 mwN; *Durner*, in: Friauf/Höfling, Art. 90 (2006) Rn. 47.

[66] *Gröpl*, in: Maunz/Dürig, Art. 89 (2007) Rn. 105; *Ibler* MKS III, Art. 89 Rn. 58.

[67] *Maunz*, in: Maunz/Dürig, Art. 89 (1962) Rn. 54 zu cc; *Ibler* MKS III, Art. 89 Rn. 58.

[68] Ebenso *Ibler* MKS III, Art. 89 Rn. 59; *K. Faßbender* BK, Art. 90 (2016) Rn. 115; anders *Durner*, in: Friauf/Höfling, Art. 89 (2006) Rn. 47 mwN.

[69] Die zuerst im HA angenommene Formulierung hatte von „staatlichen Verwaltungsaufgaben der Binnenschiffahrt ... und der Seeschiffahrt" gesprochen, die Änderung sollte nur sprachlicher Natur sein, vgl. JöR nF 1 (1951), 656.

[70] *Gröpl*, in: Maunz/Dürig, Art. 89 (2007) Rn. 105; *Ibler* MKS III, Art. 89 Rn. 59.

[71] Andernfalls greift Art. 30 ein; zu den Kompetenzproblemen im Seeschifffahrtsbereich *Ehlers* NordÖR 2003, 385 (387 f.).

[72] *Schewerda*, Die Verteilung der Verwaltungskompetenzen zwischen Bund und Ländern nach dem Grundgesetz, 2008, S. 59 mwN.

[73] Zu den übertragenen Aufgaben *Boysen*, in: v. Münch/Kunig II, Art. 89 Rn. 54. Zur Beschränkung auf Aufgaben mit hinreichendem Bezug zur Seeschifffahrt BVerwG NordÖR 2012, 106 Rn. 10.

[74] Die zuerst im HA angenommene Fassung hatte den Vorbehalt noch eindeutig umfassend formuliert, die spätere Änderung sollte nur sprachlicher Natur sein, vgl. JöR nF 1 (1951), 656.

[75] *Gröpl*, in: Maunz/Dürig, Art. 89 (2007) Rn. 108.

**SchAufgG.**[76] Die übertragenen Aufgaben dürfen nicht in den Landesbereich der Wasserrechtskompetenzen übergreifen; ggf. sind sie entsprechend einschränkend zu interpretieren.[77]

## III. Wahrnehmung durch den Bund

Abs. 2 S. 2 sieht nur die Wahrnehmung der Aufgaben durch den Bund vor. Die **Form der** 42 **Bundesverwaltung** ist in Art. 87 I 1 auf bundeseigene Verwaltung mit eigenem Verwaltungsunterbau (→ Art. 87 Rn. 14 ff.) festgelegt;[78] die Maßgaben des Art. 89 enthalten keine Freistellung von dieser Bindung. Neben den auch hier zuständigen Behörden der **Wasser- und Schifffahrtsverwaltung** des Bundes (→ Rn. 24) und einigen Bundesoberbehörden finden sich verbreitet Organleihen von Landesbehörden und Selbstverwaltungseinrichtungen.[79]

## Art. 90 [Bundesautobahnen und sonstige Bundesstraßen des Fernverkehrs]

(1) **Der Bund bleibt Eigentümer der Bundesautobahnen und sonstigen Bundesstraßen des Fernverkehrs. Das Eigentum ist unveräußerlich.**

(2) **Die Verwaltung der Bundesautobahnen wird in Bundesverwaltung geführt. Der Bund kann sich zur Erledigung seiner Aufgaben einer Gesellschaft privaten Rechts bedienen. Diese Gesellschaft steht im unveräußerlichen Eigentum des Bundes. Eine unmittelbare oder mittelbare Beteiligung Dritter an der Gesellschaft und deren Tochtergesellschaften ist ausgeschlossen. Eine Beteiligung Privater im Rahmen von Öffentlich-Privaten Partnerschaften ist ausgeschlossen für Streckennetze, die das gesamte Bundesautobahnnetz oder das gesamte Netz sonstiger Bundesfernstraßen in einem Land oder wesentliche Teile davon umfassen. Das Nähere regelt ein Bundesgesetz.**

(3) **Die Länder oder die nach Landesrecht zuständigen Selbstverwaltungskörperschaften verwalten die sonstigen Bundesstraßen des Fernverkehrs im Auftrage des Bundes.**

(4) **Auf Antrag eines Landes kann der Bund die sonstigen Bundesstraßen des Fernverkehrs, soweit sie im Gebiet dieses Landes liegen, in Bundesverwaltung übernehmen.**

**Entstehungsgeschichte: Erstfassung:** JöR nF 1 (1951), 657. **Änderung:** G. z. Änd. des GG (Artikel 90, 91c, 104b, 104c, 107, 108, 109a, 114, 125c, 143d, 143e, 143f, 143g) v. 13.7.2017 (BGBl I 2347), Art. 1 Nr. 1 (dazu BR–Dr 769/16 [Entwurf]; BT-Dr 18/11131 [Entwurf]; BT-Dr 18/11186 [Gegenäußerung BReg]; BT-Dr 18/12588 [Beschlussempfehlung und Bericht Haushaltsausschuss]); BR-Prot 953, 6C ff.; BT-Prot 18/218, 21767 und 18/237, 23974A; BR-Prot 958, 261D).
**Historische Verfassungstexte: RV 1849:** § 31 (1) Die Reichsgewalt hat über die Landstraßen die Oberaufsicht und das Recht der Gesetzgebung, soweit es der Schutz des Reiches oder das Interesse des allgemeinen Verkehrs erheischt. Ein Reichsgesetz wird bestimmen, welche Gegenstände dahin zu rechnen sind. § 32 abgedruckt bei Art. 89. – **RV 1871:** Art. 4 Nr. 8 abgedruckt bei Art. 89. **GG 1949:** (1) Der Bund ist Eigentümer der bisherigen Reichsautobahnen und Reichsstraßen. (2) Die Länder oder die nach Landesrecht zuständigen Selbstverwaltungskörperschaften verwalten die Bundesautobahnen und sonstigen Bundesstraßen des Fernverkehrs im Auftrage des Bundes. (3) Auf Antrag eines Landes kann der Bund Bundesautobahnen und sonstige Bundesstraßen des Fernverkehrs, soweit sie im Gebiet dieses Landes liegen, in bundeseigene Verwaltung übernehmen.
**Supra- und internationale Texte:** AEUV Art. 4 II lit. g, 90 ff., 170–172; s. auch die zu Art. 87e genannten Bestimmungen.
**Gesetzgebung:** BFStrVermG; FStrBAG; FStrG; InfrGG.
**Leitentscheidungen:** BVerwGE 52, 226 (Bundesstraßenbaulast); BVerwGE 62, 342 (Planungs- und Linienführungsbestimmung).

**Schrifttum:** R. *Bartlsperger,* Das Fernstraßenwesen in seiner verfassungsrechtlichen Konstituierung, 2006; A. *Bucher,* Die Privatisierung von Bundesfernstraßen, 1996; *Herber,* in: Kodal (Hrsg.), Straßenrecht, 7. Aufl. 2010, Kap. 2; H. J. *Pabst,* Verfassungsrechtliche Grenzen der Privatisierung im Fernstraßenbau, 1997; S. *Weisheit,* Privatisierung von Bundesautobahnen, 2011; D. *Wolst,* Bundesauftragsverwaltung als Verwaltungsform 1974; J. *Zech,* Zuständigkeiten bei der Verwaltung der Bundesfernstraßen durch die Länder und Gemeinden, DVBl 1987, 1089.

---

[76] Zu den übertragenen Aufgaben iE s. dort § 1 I Nr. 1–7, mit von der Bedeutung in Art. 89 II 1 (o. Rn. 19) abweichendem Begriff der „Bundeswasserstraßen".
[77] Vgl. gegen eine Zuständigkeit des Bundes für Ölverschmutzungen an Bundeswasserstraßen kraft seiner Kompetenzen für die Schifffahrtspolizei BVerwGE 87, 181 ff., abweichend von der früheren Rechtsprechung; dazu etwa *Friesecke* VerwArch 82 (1991), 565 (569 ff.); gegen eine Bundeskompetenz für Bilgenölentsorgung (als Abfallentsorgung) BVerwGE 110, 9 (13 ff.).
[78] *Gröpl,* in: Maunz/Dürig, Art. 89 (2007) Rn. 112; *Hermes,* in: Dreier III, Art. 89 Rn. 28; *Oebbecke* HStR VI, § 136 Rn. 126; *Ibler* MKS III, Art. 89 Rn. 63, lässt unter Hinweis auf BVerwG VerwR.spr 1977, Nr. 50 (S. 214, 220 f.), auch Beleihung unter Bundesaufsicht zu; für Privatisierungsmöglichkeiten *Busche* DVBl 2017, 1136 ff.
[79] Zur Problematik etwa *Dittmann* (Fn. 37), S. 196 ff., 200 ff. mwN; auch *Hermes,* in: Dreier III, Art. 89 Rn. 29. Zur (fehlenden) haftungsrechtlichen Verantwortlichkeit des Bundes bei Amtspflichtverletzungen von Mitarbeitern der See-Berufsgenossenschaft BGHZ 161, 224 ff.

## Übersicht

## A. Allgemeines

### I. Entstehung

**1**    **1. Vorgeschichte.** Von weitergehenden Elementen der §§ 31, 32 RV 1849 abgesehen kannten beide deutschen Verfassungen des **19. Jahrhunderts** Kompetenzen der Reichs(ober)aufsicht hinsichtlich des **Landstraßenbaus,** die nicht nur im allgemeinen Verkehrsinteresse bestanden, sondern auch „zum Schutze des Reiches" bzw. im „Interesse der Landesverteidigung". Daran knüpfte Art. 7 Nr. 19 WRV nur noch mit der Gesetzgebungskompetenz des Reichs für „den Bau von Landstraßen, soweit es sich um den allgemeinen Verkehr und die Landesverteidigung handelt", an.

**2**    Im **NS-Staat** kam es rasch zu intensiven Aktivitäten des Reiches. Nach § 4 StrRegG von 1934 wurden die – zuvor als solche klassifizierten – Reichsstraßen durch den **Generalinspekteur für das deutsche Straßenwesen,** der schon 1933 als oberste Reichsbehörde errichtet worden war,[1] verwaltet; zur Erfüllung seiner Aufgaben bediente er sich allerdings der **Landesverwaltungen,** in Preußen der **Provinzialverwaltungen,** die seinen Anordnungen und Anweisungen Folge zu leisten hatten (zum Verlust der Staatlichkeit der Länder → Art. 87 Rn. 5). Auch die Landesverwaltung der übrigen klassifizierten Straßen war der Fachaufsicht des Generalinspekteurs unterworfen, §§ 6, 7 StrRegG. Eine Sonderbehandlung erfuhren die Reichsautobahnen,[2] die von dem **„Unternehmen Reichsautobahnen"** als besonderer juristischer Person des öffentlichen Rechts gebaut und betrieben wurden.[3]

**3**    **Nach 1945** galten die Regelungen des Reichsstraßenrechts grundsätzlich weiter; allerdings war die Verwaltungsstufe des Reichs entfallen. An ihre Stelle trat bald eine bizonale Koordinationsstelle, um den länderübergreifenden Aufgaben Rechnung zu tragen.[4]

**4**    **2. Verabschiedung des Grundgesetzes.** Nachdem der **HChE** das Thema der Straßen und ihrer Verwaltung nicht aufgegriffen hatte, kam es im Zuständigkeitsausschuss des **ParlRat** auf der Grundlage eines Gutachtens der Verkehrsverwaltung zu einschlägigen Beratungen. Mehrheitlich wurde dabei ein Vorschlag des Abg. Dr. *Strauß* (CDU) unterstützt, der schon weitgehend dem endgültigen Artikel entsprach. In der 2. Lesung des HA wurden dann in Abs. 1 das Eigentum des Bundes über die Autobahnen hinaus auf alle bisherigen Reichsstraßen erstreckt, in Abs. 2 in Anknüpfung an das preußische Vorbild die Selbstverwaltungskörperschaften als Verwaltungsträger einbezogen und in Abs. 3 die Möglichkeit der bundeseigenen Verwaltung auf alle Bundesfernstraßen ausgedehnt. Damit war bis auf redaktionelle Änderungen die endgültige Fassung erreicht.

---

[1] Erlass des Reichspräsidenten v. 30.11.1933, RGBl I 1057; näher *Salzwedel* JPU, Bd. 4, 1985, S. 911 (914, 918 ff.).

[2] So genannt seit dem G v. 3.7.1938, RGBl I 951, statt zuvor „Kraftfahrbahnen".

[3] Vgl. § 1 I 2 ReichsautobahnG v. 29.5.1941, RGBl I 313; nach Satz 1 der Vorschrift war die Deutsche Reichsbahn ermächtigt, ein Zweigunternehmen mit diesem Namen zu gründen; s. auch schon das G über die Errichtung eines Unternehmens „Reichsautobahnen" v. 27.6.1933, RGBl II 509.

[4] Näher etwa *Bartlsperger* BK, Art. 90 (1969) Rn. 8 ff.

**3. Änderung von 2017.** Die Änderung von 2017 geht auf den Beschluss der Regierungschefinnen 5
und -chefs von Bund und Ländern vom 14.10.2016[5] zurück und gehört zu den Maßnahmen zur
**Verbesserung der Aufgabenerledigung im Bundesstaat.** Zum Gesetzentwurf der BReg[6] machte
der BRat im ersten Durchgang einige Änderungsvorschläge, die die BReg jedoch durchweg ablehnte.
Im parlamentarischen Verfahren wurde dann Abs. 1 geändert („bleibt" statt „ist"); in Abs. 2 wurden
die S. 4 und 5 eingefügt. Zugleich wurde eine umfängliche Begleitgesetzgebung verabschiedet.[7]

## II. Grundsätzliche Bedeutung

Art. 90 verbindet auch nach der Änderung von 2017 wie Art. 89 Regelungen zur **Eigentumslage,** 6
hier hinsichtlich der Bundesstraßen des Fernverkehrs, mit Bestimmungen über deren Verwaltung.
Abweichend von Art. 89 II bestand in Anknüpfung an das Modell der NS-Zeit **ursprünglich** im
Grundsatz **allgemein Auftragsverwaltung.** Nach der Änderung von 2017 ist für die **Bundesauto-**
**bahnenverwaltung** nach Abs. 2 **Bundesverwaltung** vorgesehen, was nach Art. 143e I 1 spätestens
mit dem Ende des Jahres 2020 wirksam wird (→ Art. 143e Rn. 1, 3). Für die sonstigen Bundesfernstraßen bleibt es in den neu gezählten Abs. 3 und 4 bei den Regelungen der bisherigen Abs. 2 und 3;
diese Straßen können auf Antrag eines Landes – umgekehrt wie bei der Wasserstraßenverwaltung –
vom Bund in bundeseigene Verwaltung übernommen werden.[8] Zu Art. 143e II → Art. 143e Rn. 3.

## B. Das Eigentum des Bundes an den Bundesstraßen des Fernverkehrs (Abs. 1)

### I. Der Bund als Eigentümer

Der „Bund" ist wie bei Art. 89 I die **Bundesrepublik Deutschland,** das Eigentum wie dort das 7
**privatrechtliche Eigentum** (→ Art. 89 Rn. 8 f.), dessen Inhalt und Schranken weitgehend durch das
überlagernde öffentliche Straßenrecht bestimmt werden.[9]

### II. Die betroffenen Straßen

Während Abs. 1 ursprünglich nur die bereits vorhandenen Reichsstraßen ansprach,[10] betrifft die 8–12
geänderte Regelung **alle** bei ihrem Inkrafttreten bestehenden und später hinzukommenden **Bundes-**
**straßen des Fernverkehrs einschließlich der Bundesautobahnen,** auf die sich die Regelungen
zur Verwaltung (damals Abs. 2, 3; → Rn. 16 ff.) von Anfang an bezogen hatten. Abs. 1 nimmt
ersichtlich Bezug auf die gesetzlichen Begriffsbestimmungen in § 1 I – III FStrG.[11] Damit bleiben
unbeschadet der Sonderregelungen, insbes. zur Straßenbaulast, § 5 FStrG, und früher möglicher
Ausnahmeregelungen[12] auch die Ortsdurchfahrten Eigentum des Bundes, aber nur, wenn sie es bis
zum Inkrafttreten der Neuregelung waren.[13] Erfasst werden auch neu hinzukommende BFStr,
jedenfalls wenn sie einmal ins Bundeseigentum gelangt sind.[14] Was im Einzelnen zur Bundesfernstraße
gehört, ergibt sich aus dem dem Gesetzgeber bei der Verfassungsänderung bekannten § 1 Abs. 4
FStrG (aber → Rn. 13).[15]

---

[5] https://www.bundesregierung.de/breg-de/aktuelles/konferenz-der-regierungschefinnen-und-regierungschefs-
von-bund-und-laendern-am-14-oktober-2016-in-berlin-beschluss-430850 (zul. abgerufen 17.3.2020, 16:13 Uhr).

[6] BR-Drs. 769/16.

[7] Vgl. Art. 13 bis 22 des Gesetzes zur Neuregelung des bundesstaatlichen Finanzausgleichssystems ab dem Jahr
2020 und zur Änderung haushaltsrechtlicher Vorschriften vom14.8.2017, BGBl I, 3133.

[8] Allgemein zur Bundesfernstraßenverwaltung nach Art. 90 *Bartlsperger,* Das Fernstraßenwesen in seiner verfassungsrechtlichen Konstituierung, 2006, S. 25 ff.

[9] *Pabst,* Verfassungsrechtliche Grenzen der Privatisierung im Fernstraßenbau, 1997, S. 48 f.; *Umbach,* in: Umbach/
Clemens II, Art. 90 Rn. 11; *Durner,* in: Friauf/Höfling, Art. 90 (2006) Rn. 11 f.; nur für verfassungsrechtliche
Unbedenklichkeit BVerfGE 24, 367 (388 ff.); 42, 20 (33 f.). Zu Eigentümerpflichten *Durner,* in: Friauf/Höfling,
Art. 90 (2006) Rn. 13.

[10] Dazu 8. Aufl. § 90 Rn. 8 ff.

[11] Diese Verweisung lässt Raum für gewisse Fortentwicklungen; *Ibler* MKS, Art. 90 Rn. 11, sieht die Begriffsbestimmung dem Gesetzgeber überlassen, *K. Faßbender* BK, Art. 90 (2018) Rn. 73, lässt dem Gesetzgeber die Begriffe
„konkretisieren"; ähnlich *Hermes,* in: Dreier III, Art. 90 Rn. 12 Fn. 49 mwN.

[12] Dazu 8. Aufl., Art. 90 Rn. 14.

[13] Für regelmäßiges Eigentum der Gemeinden als Straßenbaulastträger *Hermes,* in: Dreier III, Art. 90 Rn. 23; *K.
Faßbender* BK, Art. 90 (2018) Rn. 68; auch *Ibler* MKS III, Art. 90 Rn. 14.

[14] So auch *Ibler* MKS III, Art. 90 Rn. 19, 54; *Gröpl,* in: Maunz/Dürig, Art. 90 (2018) Rn. 10; für eine Pflicht,
Bundeseigentum zu begründen, wohl *Hermes,* in: Dreier III, Art. 90 Rn. 24; gegen Geltung für neue Bundesstraßen
*K. Faßbender* BK, Art. 90 (2018) Rn. 72.

[15] *Gröpl,* in: Maunz/Dürig, Art. 90 (2018) Rn. 13; anders etwa *Jarass* DÖV 2019, 457 (465 ff.); *Dünchheim/Gräler*
DVBl 2019, 877 (881 f.); gegen die Übereignung von Nebenbetrieben nur für die Zukunft *Ibler* MKS III, Art. 90
Rn. 66; *Faßbender* DVBl 2018, 1585, 1588.

### III. Unveräußerliches Bundeseigentum als Rechtsfolge

13    Wie in Art. 89 I (→ Art. 89 Rn. 12) ist der Bund auch bei Art. 90 I mit Inkrafttreten des Grundgesetzes **unmittelbar kraft Verfassungsrechts** – freilich unbeschadet zwischenzeitlicher besatzungsrechtlicher Hemmungen[16] – **Eigentümer geworden.**[17] Für danach hinzugekommene Bundesfernstraßen galt diese Zuordnung des Eigentums von Verfassungs wegen nicht.[18] Die nach § 2 II 1 FStrG ohne Verfassungsverstoß[19] bestehende Möglichkeit, dass (neuere) Bundesfernstraßen nicht im Bundeseigentum standen, wäre mit Inkrafttreten der Neuregelung des Abs. 1 in der Entwurfsfassung („ist") entfallen; andere Eigentümer bestehender Bundesfernstraßen hätten ihr aufgrund der Widmung allerdings praktisch kaum mehr werthaltiges Eigentum verloren.[20] Der BRat hatte Bedenken gegen einen (verfassungs-)gesetzlichen Rechtsübergang, denen ein zusätzlicher Abs. 2a des Art. 143e begegnen sollte;[21] dieser wurde aber nicht beschlossen (→ Art. 143e Rn. 1). Stattdessen soll die Formulierung „bleibt" (→ Rn. 5) klarstellen, dass die **Eigentumslage** ausnahmsweise nicht im Bundeseigentum befindlicher Bundesfernstraßen **durch die Änderung des Art. 90 nicht berührt** wird.[22]

14    Das Bundeseigentum **musste** nach der Regelung von 1949 **nicht auf Dauer** fortbestehen.[23] Der Bund war daher zu abweichenden gesetzlichen Regelungen der Eigentumsfrage auch für die früheren Reichsfernstraßen befugt.[24] Bei diesem Verständnis ließen sich, wie im Rahmen des Art. 89 (→ Art. 89 Rn. 16), die im BFStrVermG vorgesehenen **Ausnahmen** (§ 5, vor allem aber § 7 für die Ortsdurchfahrten)[25] mit einer Konstruktion des Durchgangserwerbs des Bundes **rechtfertigen.** Das neue Prädikat „bleibt" lässt für eine Aufgabe einmal entstandenen Bundeseigentums trotz der anderen Intention (→ Rn. 13) keinen Raum mehr.

15    Dies gilt zumal mit Rücksicht darauf, dass der neue Art. 90 I 2 GG das Eigentum an den Bundesfernstraßen für **„unveräußerlich"** erklärt. Diese Formulierung richtet sich primär gegen rechtsgeschäftliche Veräußerungen des Grundstückseigentums als solchen, die anders als sonstige Verfügungen über dasselbe ausgeschlossen sein sollen; ob auch die Begründung begrenzter dinglicher Rechte verboten sein soll, ist fraglich.[26] Auch abweichende gesetzliche Regelungen der Eigentumslage sind nicht zulässig. Allerdings ist der Bund nicht gehindert, auf gesetzlicher Grundlage die Eigenschaft einer Straße als Bundesfernstraße zu beenden (vgl. § 2 VI FStrG) und damit der verfassungsrechtlichen Eigentumszuordnung die Grundlage zu entziehen. Das „unveräußerlich" gilt nach den erkennbaren Zielen der Grundgesetzänderung (→ Rn. 13) nur für das Eigentum des Bundes; namentlich wird ein Erwerb von sonstigen Eigentümern durch den Bund nicht ausgeschlossen.

## C. Die Bundesverwaltung der Bundesautobahnen (Abs. 2)

### I. Obligatorische Bundesverwaltung (Satz 1)

16    Abs. 2 Satz 1 sieht für die bisher – wie weiterhin für die sonstigen Fernstraßen des Bundes, Abs. 3 – grds. in Bundesauftragsverwaltung geführte Verwaltung der Bundesautobahnen (zum Begriff § 1 Abs. 3 FStrG) **zwingend die Führung in Bundesverwaltung** vor. Diese Regelung lässt **unterschiedliche Formen** von Bundesverwaltung zu, neben der (für Fälle des bisherigen Abs. 3 vor-

---

[16] Näher *Bartlsperger* BK, Art. 90 (1969) Rn. 11.

[17] *Bartlsperger* BK, Art. 90 (1969) Rn. 20; *Durner,* in: Friauf/Höfling, Art. 90 (2006) Rn. 14; *Herber,* in: Kodal, Straßenrecht, 7. Aufl. 2010, Kap. 6 Rn. 19; gegen die Ableitung weitergehender Rechtsfolgen aus Abs. 1 mit Recht *Bucher,* Privatisierung von Bundesfernstraßen, 1996, S. 112 ff.

[18] Zu den aufgrund des Einigungsvertrags in Bundeseigentum überführten Fernstraßen auf dem Gebiet der vormaligen DDR s. Rn. 14 f. in der 7. Aufl. 2014.

[19] *Hermes,* in: Dreier III, Art. 90 Rn. 21; *Umbach,* in: Umbach/Clemens II, Art. 90 Rn. 15.

[20] Dies hatte die Begründung des RegE, BR-Dr 769/16, B zu Art. 1 Nr. 1 Buchst. a, verkannt, wo es heißt: „Die Eigentumslage wird hierdurch nicht verändert."

[21] BT-Dr. 18/11131, S. 26 f.; zurückhaltend die Gegenäußerung der BReg, BT-Dr 18/11186, S. 3.

[22] BeschlEmpf. und Bericht des HaushaltsA, BT-Dr 18/12588, S. 33 oben; wie hier auch *Pieroth,* in: Jarass/Pieroth, Art. 90 Rn. 3; *Hermes,* in: Dreier III, Art. 90 Rn. 23; *Gröpl,* in: Maunz/Dürig, Art. 90 (2018) Rn. 9. Dies betrifft auch vor der Änderung des GG übereignete Teile von Bundesfernstraßen, namentlich Nebenbetriebe.

[23] *Arndt,* Die Privatisierung von Bundesfernstraßen, 1998, S. 166; aA *Maunz,* in: Maunz/Dürig, Art. 90 (1962) Rn. 13, 15; *v. Mangoldt/Klein* III, Art. 90 Anm. III 3b; wie hier *Hermes,* in: Dreier III, Art. 90 Rn. 15; *Umbach,* in: Umbach/Clemens II, Art. 90 Rn. 16; ähnlich *Ibler* MKS III, Art. 90 Rn. 26; *Gröpl,* in: Maunz/Dürig, Art. 90 (2007) Rn. 26, 84.

[24] S. entsprechend für Bundeswasserstraßen → Art. 89 Rn. 14 f.; im Ergebnis ebenso *Boysen,* in: v. Münch/Kunig II, Art. 90 Rn. 23.

[25] Für Unbedenklichkeit der Regelung schon *Marschall* DÖV 1950, 6 ff.; daran anschließend *Bartlsperger* BK, Art. 90 (1969) Rn. 18; wie hier *Hermes,* in: Dreier III, Art. 90 Rn. 13; *Durner,* in: Friauf/Höfling, Art. 90 (2006) Rn. 7, 15; aA *Ibler* MKS III, Art. 90 Rn. 10.

[26] Die Begründung des RegE, BR-Dr 769/16, B zu Art. 1 Nr. 1 Buchst. a, erklärte exemplarisch ausdrücklich „die Einräumung von Grunddienstbarkeiten und Nießbrauchsrechten" für zulässig. Anders jetzt etwa *Hermes,* in: Dreier III, Art. 90 Rn. 26 (mit Traditionsvorbehalt); *Faßbender* DVBl 2019, 1585 (1588); auch *Ibler* MKS, Art. 90 Rn. 63, bei wirtschaftlicher Entwertung.

gesehenen) „bundeseigenen", also bundesunmittelbaren Verwaltung (→ Art. 86 Rn. 13, auch zu möglichen Gestaltungsformen), die das Begleitgesetz (→ Rn. 5) in Art. 14 für das Fernstraßen-Bundesamt vorsieht, namentlich die mittelbare Bundesverwaltung durch verselbständigte, vom Bund beaufsichtigte öffentliche Rechtsträger (→ Art. 86 Rn. 14 ff.),[27] aber auch – wie S. 2 verdeutlicht – durch solche des Privatrechts (→ Rn. 17 ff.). Der Umfang der Verwaltungsaufgaben (→ Rn. 20 f.) bleibt unverändert.[28] Die Umwandlung der Auftrags- in die Bundesverwaltung erfolgt nach Art. 143e I 2 durch Bundesgesetz mit Zustimmung des BRat (→ Art. 143e Rn. 4). Die Übertragung von Bundesaufgaben auf Landesbehörden, wie sie § 3 III FStrBAG für Aufgaben des Fernstraßen-Bundesamtes auf Antrag eines Landes vorsieht, verstößt angesichts der Unverfügbarkeit grundgesetzlich zugewiesener Kompetenzen (→ Art. 30 Rn. 11) ohne verfassungsrechtliche Grundlage gegen das Grundgesetz.[29]

## II. Möglichkeit der Erledigung durch Gesellschaft privaten Rechts (Sätze 2 bis 6)

Explizit angesprochen wird in **Satz 2** die schon nach Satz 1 bestehende Möglichkeit des Bundes, **17** sich zur Erledigung seiner Aufgaben einer Gesellschaft privaten Rechts[30] zu bedienen, deren Rechtsform das Grundgesetz nicht festlegt. Vorgesehen ist nach § 2 I InfrGG die Gründung einer GmbH. Der RegE zählt als Tätigkeitsfelder dieser Gesellschaft **sämtliche Aufgaben,** wie sie auch Gegenstand der bisherigen Auftragsverwaltung waren, erneut auf, schließt aber hier ausdrücklich „Aufgaben der Straßenverkehrsverwaltung" aus.[31] Ein Teil der Hoheitsaufgaben soll allerdings dem zu errichtenden Fernstraßen-Bundesamt übertragen werden.

**Satz 3** sieht vor, dass die zu gründende Gesellschaft „im unveräußerlichen Eigentum des Bundes" **18** steht, wobei „Eigentum" – wie in Art. 87e III (→ Art. 87e Rn. 50) – untechnisch zu verstehen ist. Dies sollte jeder Übertragung von Gesellschaftsanteilen auf Dritte durch Rechtsgeschäft, aber auch durch Gesetz entgegenstehen und sicherstellen, dass allein der Bund dauerhaft Inhaber sämtlicher Anteile der Gesellschaft bleibt.[32] Im parlamentarischen Verfahren wurden nach einem Anstoß durch den BRat[33] die umfänglichen **Sätze 4 und 5** eingefügt, um die Schranken gegen eine Privatisierung auszubauen und zu präzisieren sowie weitreichende ÖPP auszuschließen.[34] **Satz 6** überträgt die Regelung des Näheren einem Bundesgesetz.[35]

## D. Die Auftragsverwaltung nach Abs. 3

### I. Der Gegenstand der Verwaltungskompetenz

**1. Sonstige Bundesstraßen des Fernverkehrs.** Die **sonstigen Bundesstraßen des Fernver-** **19** **kehrs** enthalten mit der Bestimmung für den Fernverkehr, also den erhebliche Strecken überwindenden Verkehr, unabhängig vom Überschreiten von Landesgrenzen,[36] ein verfassungsunmittelbares materielles Begriffselement, das die Reichweite des Art. 90 III eingrenzt. Umgekehrt ist es dem Bund im Rahmen seiner (konkurrierenden!) Gesetzgebungskompetenz möglich, den Ländern den Bau von Fernstraßen als eigene Angelegenheit zu überlassen oder zu übertragen, ohne diese zu Bundes-Fernstraßen zu erheben; Landes-Fernstraßen würden von Art. 90 III nicht erfasst.

**2. Verwaltung der sonstigen Bundesfernstraßen.** Die Verwaltung der Bundesfernstraßen nach **20** Art. 90 III umfasst unverändert alle mit **Bau** und **Unterhaltung** dieser Straßen zusammenhängenden **Aufgaben,** vgl. § 3 I 1 FStrG (zur Straßenbaulast), in einem **weiten,** den überkommenen Aufgaben

---

[27] Nach der „Protokollerklärung TH" zum Beschl. der Regierungschefs (→ Fn. 5) sollte namentlich auch die Rechtsform der Anstalt des öff. Rechts geprüft werden.

[28] Begründung des RegE, BR-Dr 769/16, B zu Art. 1 Nr. 1 Buchst. b, Abs. 1 („Planung, Bau, Betrieb, Erhaltung, Finanzierung und vermögensmäßige Verwaltung").

[29] Für evidenten Verfassungsverstoß *Schoch* NVwZ 2018, 17 (19 f.); auch *Gröpl,* in: Maunz/Dürig, Art. 90 (2018) Rn. 37 ff.; *K. Faßbender* BK, Art. 90 (2018) Rn. 103 f.; *Ibler* MKS III, Art. 90 Rn. 74; *Hermes,* in: Dreier III, Art. 90 Rn. 40; *Pieroth,* in: Jarass/Pieroth, Art. 90 Rn. 4.

[30] Im RegE, BR-Dr 769/16, A II 2, wie im Beschluss der Regierungschefs (→ Fn. 5) zu B 1. als „Infrastrukturgesellschaft Verkehr" bezeichnet; ausführlicher die Bezeichnung der Gesellschaft im InfrGG.

[31] Vgl. die Begründung des RegE, BR-Dr 769/16, B zu Art. 1 Nr. 1 Buchst. B, Abs. 3 und → Fn. 28.

[32] Missverständlich formuliert dafür die Begründung des RegE, BR-Dr 814/16, B zu Art. 13 § 1: dass die Gesellschaft im „unveräußerlichen, das heißt vollständigen Eigentum des Bundes" stehe.

[33] Für den später um die Tochtergesellschaften erweiterten Satz 4 vor dem Hintergrund von Bedenken wegen des nicht auf Gesellschaftsanteile passenden sachenrechtlichen Begriff des Eigentums BRat, s. BT-Dr 18/11131, S. 23 f.

[34] So BeschlEmpf. und Bericht des HaushaltsA, BT-Dr 18/12588, S. 17 oben. Zur Privatisierungsproblematik etwa *P. Reimer* DVBl 2015, 1405 ff.; *Burgi* NVwZ 2017 Heft 23 Editorial; *M. Meier* DÖV 2018, 268 ff.; *Ibler* MKS III, Art. 90 Rn. 67 ff., 97 ff.; *K. Faßbender* BK, Art. 90 (2018) Rn. 121 ff., 199 f.; *Gröpl,* in: Maunz/Dürig, Art. 90 (2018) Rn. 62 ff.; *Hermes,* in: Dreier III, Art. 90 Rn. 31 ff.; *Pieroth,* in: Jarass/Pieroth, Art. 90 Rn. 5.

[35] Dies soll zumal durch das InfrGG geschehen. Der BRat hatte ohne Erfolg vorgeschlagen, die Zustimmung des BRat zu verlangen, BT-Dr 18/11131, S. 23, mit ablehnender Gegenäußerung der BReg, BT-Dr 18/11186, zu Ziff. 4.

[36] *Maunz,* in: Maunz/Dürig, Art. 90 (1962) Rn. 30; *Ibler* MKS III, Art. 90 Rn. 32.

der Straßenbauverwaltung entsprechenden **Sinn** (§§ 2 ff. FStrG).[37] Nicht mehr erfasst ist die auch von Art. 74 I Nr. 22 nicht gedeckte Anweisung eines Landes zur Abstufung einer Bundesstraße zur Landesstraße durch den Bund.[38] Neben der Ausführung des FStrG ist **auch gesetzesfreie Verwaltung** eingeschlossen, die sich in diesem sachlichen Rahmen bewegt.[39]

21   Zur Verwaltung im Sinne des Art. 90 III wird über die Hoheitsaufgaben hinaus **die Vermögensverwaltung** gezählt;[40] allerdings wird die Wahrnehmung von Eigentümerbefugnissen und (reinen) Vermögensinteressen an den Bundesfernstraßen durchweg durch die öffentlichrechtliche Zweckbindung verdrängt.

22   **3. Durchbrechende Bundeskompetenzen.** Abweichend vom Wortlaut des Abs. 3, der nach wie vor für Bundesverwaltung keinen Raum lässt, sollen sich bei der Bundesfernstraßenverwaltung **Bundeskompetenzen** aus der **Natur der Sache** ergeben können (allgemein dazu → Art. 30 Rn. 38 f.; → Art. 83 Rn. 16 f.).[41] Ungeachtet der grundsätzlichen Berechtigung von Kompetenzen aus der Natur der Sache ist **besondere Zurückhaltung** geboten, wenn solche Bundeskompetenzen nicht nur die generelle Kompetenzzuweisung an die Länder nach Art. 30, 70 oder 83, sondern spezielle Kompetenzvorschriften des Grundgesetzes für einzelne Sachbereiche, wie Art. 90 III, durchbrechen sollen.

23   Das BVerwG hat namentlich § 16 I FStrG als Bundeskompetenz aus der Natur der Sache gerechtfertigt, weil die generelle Planung und **Linienbestimmung der Bundesfernstraßen** auf Grund ihrer überregionalen Bedeutung von den Ländern nicht sachgerecht wahrgenommen werden könnten.[42] Die **Finanzverantwortung** des Bundes für die Bundesfernstraßen wird als nur intern wirksame Kostentragungspflicht von Art. 90 III nicht erfasst, sondern richtet sich allein nach Art. 104a II.[43]

## II. Verwaltung im Auftrage des Bundes

24   Für die Verwaltung der sonstigen Bundesfernstraßen ordnet Abs. 3 im Grundsatz **obligatorisch** die Verwaltungsform der **Auftragsverwaltung** durch die Länder an, deren Bedeutung sich im Einzelnen aus **Art. 85** ergibt.[44] Damit ist jedenfalls grundsätzlich eine Übertragung der Aufgabe auf Private ausgeschlossen.[45] Es soll genügen, wenn das Land den Bund vertritt,[46] insbesondere bei der Vermögensverwaltung die Prozessführung übernimmt.[47]

25   **Träger** der Auftragsverwaltung können nicht nur die **Länder** sein, sondern auch die **nach Landesrecht zuständigen Selbstverwaltungskörperschaften.** Diese entsprechend preußischer Tradition aufgenommene (→ Rn. 4) Sonderregelung hatte der frühere § 5 I b Nr. 3 LVerbO NRW dahin

---

[37] Vgl. exemplarisch BVerfGE 102, 167 (173); insbes. zur Planung BVerwG NVwZ 2010, 1299 (1300). Zu Einzelheiten *Umbach,* in: Umbach/Clemens II, Art. 90 Rn. 21. Zur Verwaltung von Straßenbenutzungsgebühren in bundeseigener Verwaltung *Neumann/Müller* NVwZ 2002, 1295 (1296); *dies.* NZBau 2003, 299; zum ABMG allgemein auch *Uechtritz/Deutsch* DVBl 2003, 575 (576 ff.); vgl. auch *Bartlsperger* (Fn. 8), S. 238 ff. Nach OLG RhPf NVwZ-RR 2004, 322, sind die Länder einem Eigenbesitzer gleichstehende Verwalter iSd § 838 BGB. Für Haftung des Landes bei Verletzung der Verkehrssicherungspflicht OLG Hamm ZfSch 2016, 256 (257 ff.); OLG Bbg BeckRS 2014, 17226 Rn. 16. Auch → Rn. 22.

[38] So BVerfGE 102, 167 (173 f.); auch *Gröpl,* in: Maunz/Dürig, Art. 90 (2018) Rn. 105, 120; *Uerpmann-Wittzack* HStR IV, § 89 Rn. 33; allgemein zum Zusammenhang von Verwaltungs- und Gesetzgebungskompetenz → Art. 86 Rn. 5. Zur Abstufung von Bundesfernstraßen allgemein etwa *Ibler* MKS III, Art. 90 Rn. 35; *Sauthoff* DÖV 2009, 974 ff.

[39] *Bartlsperger* BK, Art. 90 (1969) Rn. 64; *Hermes,* in: Dreier III, Art. 90 Rn. 28; *Herber* (Fn. 17), Kap. 2 Rn. 32 ff.; kritisch zu den Begriffen, aber im Ergebnis ebenso *Ibler* MKS III, Art. 90 Rn. 79 f.

[40] BVerfGE 102, 167 (173), im Anschluss an BVerwGE 52, 226 (228 f.); 62, 342 (344); auch BVerwGE 52, 237 (241); BVerwG NVwZ-RR 2004, 84; ebenso schon *Bartlsperger* BK, Art. 90 (1969) Rn. 66; ferner *Hermes,* in: Dreier III, Art. 90 Rn. 28; *Ibler* MKS III, Art. 90 Rn. 78; *Herber* (Fn. 17), Kap. 2 Rn. 34; vgl. auch *U. Stelkens,* in: Grupp (wiss. Betr.), Beschleunigung und Verzögerung im Straßenbau, 2005, S. 33 (38); anders insbesondere *v. Mangoldt/Klein* III, Art. 90 Anm. IV 5b; *Durner,* in: Friauf/Höfling, Art. 90 (2006) Rn. 24; differenzierend *Gröpl,* in: Maunz/Dürig, Art. 90 (2018) Rn. 97.

[41] Hierfür *Bartlsperger* (Fn. 8), S. 41.

[42] BVerwGE 62, 342 (344) (auch für § 1 V 2 FStrG); *Bartlsperger* BK, Art. 90 (1969) Rn. 74 ff.; *Blümel* HStR IV¹, § 101 Rn. 118; ablehnend *Umbach,* in: Umbach/Clemens II, Art. 90 Rn. 21.

[43] S. dazu → Art. 104a Rn. 11, → Art. 104a Rn. 22; *Bartlsperger* BK, Art. 90 (1969) Rn. 71 ff.; *Ibler* MKS III, Art. 90 Rn. 177; s. auch BVerwGE 52, 237 (241); BGH NVwZ 2002, 1535 (1537).

[44] Speziell zur auftragsweisen Fernstraßenverwaltung *Ibler* MKS III, Art. 90 Rn. 150 ff.; *Wölst,* Die Bundesauftragsverwaltung als Verwaltungsform, 1974; *Rieder* DVBl 2001, 352; *Bartlsperger* (Fn. 8), S. 37 f.; allgemein → Art. 85 Rn. 1 ff.; *Zech* DVBl 1987, 1089 ff.; zu Weisungen nach Art. 85 III, 90 II BVerfGE 102, 167 (172 ff.); zum Rechtsschutz der Länder *Zillmer* DÖV 1995, 49 ff.

[45] Entsprechend → Art. 87 Rn. 19, → Art. 87 Rn. 70; s. ferner *Durner,* in: Friauf/Höfling, Art. 90 (2006) Rn. 20 f.; *Pabst* (Fn. 9), S. 133 ff.; *Kämmerer,* Privatisierung, 2001, S. 368 ff.; differenzierend *Arndt* (Fn. 23), S. 168; *Bartlsperger* (Fn. 8), S. 173 ff.; noch → Rn. 24; *Ibler* MKS III, Art. 90 Rn. 147.

[46] So BGH NJW 2002, 1535 (1537) für eine GoA.

[47] So BGH NJW 2014, 2874 Rn. 10 mwN; BayVGH BeckRS 2015, 45814 Rn. 24 ff. mwN (bei Einvernehmen mit dem Bund); gegen Beiladung des Bundes in Verfahren hinsichtlich einschlägiger Enteignungen VGH München BeckRS 2017, 117038; allgemein für „eine Art Prozessstandschaft" des Landes bei der Auftragsverwaltung BVerwG NVwZ 1999, 296; vgl. auch LG Karlsruhe NVwZ-RR 2014, 750 ff.

genutzt, dass den Landschaftsverbänden „im Auftrag des Landes" die Verwaltung der Bundesfernstraßen oblag.[48] Demgegenüber eröffnet Art. 90 III zumindest dem Wortlaut nach die Möglichkeit, durch Landesrecht ein direktes Auftragsverhältnis der Selbstverwaltungskörperschaften zum Bund zu begründen.[49] Überhaupt ist die Bedeutung der Bestimmung, insbes. in ihrem Verhältnis zu den Gestaltungsmöglichkeiten des Art. 85, in vielem problematisch.[50] Ausgeschlossen ist jedenfalls – wie nach Art. 85 I 2 für die Kommunen – eine durchgreifende Aufgabenübertragung durch Bundesgesetz.[51]

## E. Die Übernahme in Bundesverwaltung (Abs. 4)

### I. Die Rechtsfolgen des Abs. 4

Abs. 4 eröffnet dem Bund die **Möglichkeit,** nach seiner keinem Verfassungsorgan explizit zugewiesenen[52] freien Entscheidung[53] die Verwaltung der sonstigen Bundesfernstraßen innerhalb eines Landes in Bundesverwaltung zu übernehmen; dabei sieht es der Regierungsentwurf durch die Neufassung „klargestellt, dass es sich um die vollständige Übernahme aller auf Landesgebiet befindlichen Bundesstraßen handelt."[54] Die zum bisherigen Abs. 3 durchweg angenommene Möglichkeit, einzelne Bundesfernstraßen, einzelne Bestandteile derselben oder einzelne Verwaltungsfunktionen zu übernehmen,[55] ist durch den neuen Wortlaut wohl ausgeschlossen.[56] Die Umstellung von bundes*eigener* Verwaltung auf Bundesverwaltung eröffnet anders als bisher (s. 7. Aufl. Rn. 24) auch die Möglichkeit mittelbarer Bundesverwaltung durch besondere Rechtsträger, auch solche des Privatrechts. Die Regelung der Umwandlung erfolgt wie bei Abs. 2 (→ Rn. 16) nach Art. 143e I 2 durch zustimmungspflichtiges Bundesgesetz.

### II. Voraussetzungen der Übernahme

Abs. 4 sieht für die Übernahme nur die zwingende Voraussetzung eines **Antrags des betroffenen Landes** vor. Der Antrag kann von den landesverfassungsrechtlich dazu berufenen Landesorganen in freier Entscheidung gestellt werden.[57] Abs. 4 stellt dagegen **keine materiellen Anforderungen** für den Antrag des Landes wie für die Übernahmeentscheidung des Bundes auf. Diese dürfte von der BReg getroffen werden können, sofern keine gesetzliche Regelung erfolgt ist; der Regierungsentscheidung hätte die Umwandlungsgesetzgebung nach Art. 143e I 2 gegebenenfalls nachzufolgen. Das BVerfG hat gegen die Planung der „Südumfahrung Stendal" durch den Bund(esgesetzgeber) mit Rücksicht auf Art. 90 III aF ohne Prüfung des Antragserfordernisses keine Bedenken wegen der Verwaltungskompetenz des Bundes gesehen.[58]

---

[48] Seit dem 1.1.2001 werden diese Aufgaben vom Landesbetrieb Straßenbau NRW wahrgenommen.

[49] Dafür *Herber* (Fn. 17), Kap. 2 Rn. 60 ff.; *Sauerland,* Die Verwaltungsvorschrift im System der Rechtsquellen, 2005, S. 188; ablehnend *Bartlsperger* BK, Art. 90 (1969) Rn. 61; *Ibler* MKS III, Art. 90 Rn. 174; *Boysen,* in: v. Münch/Kunig II, Art. 90 Rn. 30; *Gröpl,* in: Maunz/Dürig, Art. 90 (2018) Rn. 93; wohl auch *Umbach,* in: Umbach/Clemens II, Art. 90 Rn. 19.

[50] Vgl. zu Einzelheiten etwa *Maunz,* in: Maunz/Dürig, Art. 90 (1962) Rn. 25 ff.; *Bartlsperger* BK, Art. 90 (1969) Rn. 56 ff.; *v. Mangoldt/Klein* III, Art. 90 Anm. IV 3; speziell zur Bindungswirkung von Verwaltungsvorschriften des Bundes gegenüber den Kommunen *Sauerland* (Fn. 49), S. 188 f.

[51] *Gröpl,* in: Maunz/Dürig, Art. 90 (2018) Rn. 92.

[52] Gegen einen „Parlamentsvorbehalt" *Ibler* MKS III, Art. 90 Rn. 187; auch *Boysen,* in: v. Münch/Kunig II, Art. 90 Rn. 54; die Begründung des RegE BR-Dr 769/16, zu B Art. 1 Nr. 11 Abs. 2, ordnet das bei Art. 143e II fehlende Ermessen der BReg zu; für Notwendigkeit eines förmlichen Gesetzes *Gröpl,* in: Maunz/Dürig, Art. 90 (2018) Rn. 151; *Hermes,* in: Dreier III, Art. 90 Rn. 58; s. aber jetzt Art. 143e I 2.

[53] Für Ermessen *Gröpl,* in: Maunz/Dürig, Art. 90 (2018) Rn. 150; *Ibler* MKS III, Art. 90 Rn. 187; *Umbach,* in: Umbach/Clemens II, Art. 90 Rn. 25; *Herber* (Fn. 17), Kap. 2 Rn. 63; jetzt auch die Begründung des RegE BR-Dr 769/16, zu B Art. 1 Nr. 11 Abs. 2 zum bei Art. 143e II fehlenden, der BReg zugeordneten Ermessen; gegen eine Übernahmepflicht ferner *Hermes,* in: Dreier III, Art. 90 Rn. 28; für eine begrenzte Übernahmepflicht – im Falle einer Verletzung der Bundestreue – *Bartlsperger* BK, Art. 90 (1969) Rn. 104.

[54] BR-Dr 769/16, B zu Art. 1 Nr. 1 Buchst. D.

[55] Vgl. 7. Aufl. Rn. 24; *Bartlsperger* BK, Art. 90 (1969) Rn. 102 f.; auch *Umbach,* in: Umbach/Clemens II, Art. 90 Rn. 25; *Gröpl,* in: Maunz/Dürig, Art. 90 (2007) Rn. 107; *Durner,* in: Friauf/Höfling, Art. 90 (2006) Rn. 40; *Hermes,* in: Dreier III, Art. 90 Rn. 27.

[56] *Gröpl,* in: Maunz/Dürig, Art. 90 (2018) Rn. 149. S. aber die Formulierung des § 1 III 1 InfrGG, § 2 III FStrBAG: „Soweit nach Artikel 90 Absatz 4 … Bundesstraßen … vom Bund in Bundesverwaltung übernommen werden, …".

[57] *Pabst* (Fn. 9), S. 48 ff.; *Herber* (Fn. 17), Kap. 2 Rn. 61.

[58] BVerfGE 95, 1 (18).

## Art. 91 [Innerer Staatsnotstand]

(1) **Zur Abwehr einer drohenden Gefahr für den Bestand oder die freiheitliche demokratische Grundordnung des Bundes oder eines Landes kann ein Land Polizeikräfte anderer Länder sowie Kräfte und Einrichtungen anderer Verwaltungen und des Bundesgrenzschutzes anfordern.**

(2) **Ist das Land, in dem die Gefahr droht, nicht selbst zur Bekämpfung der Gefahr bereit oder in der Lage, so kann die Bundesregierung die Polizei in diesem Lande und die Polizeikräfte anderer Länder ihren Weisungen unterstellen sowie Einheiten des Bundesgrenzschutzes einsetzen. Die Anordnung ist nach Beseitigung der Gefahr, im übrigen jederzeit auf Verlangen des Bundesrates aufzuheben. Erstreckt sich die Gefahr auf das Gebiet mehr als eines Landes, so kann die Bundesregierung, soweit es zur wirksamen Bekämpfung erforderlich ist, den Landesregierungen Weisungen erteilen; Satz 1 und Satz 2 bleiben unberührt.**

**Entstehungsgeschichte: Erstfassung:** JöR nF 1 (1951), 661. – **Änderung:** 17. G. zur Erg. des GG v. 24.6.1968 (BGBl I 709), § 1 Nr. 15 (dazu: BT-Dr V/1879 [Entwurf], V/2873, V/2942; BT-Prot V/5856, 9313, 9413, 9606; BR-Dr 162/67, 303/68; BR-Prot 67/51, 68/138).
**Historische Verfassungstexte: RV 1849:** § 54 (1) Der Reichsgewalt liegt die Wahrung des Reichsfriedens ob. (2) Sie hat die für die Aufrechterhaltung der innern Sicherheit und Ordnung erforderlichen Maaßregeln zu treffen: 1) wenn ein deutscher Staat von einem andern deutschen Staate in seinem Frieden gestört oder gefährdet wird; 2) wenn in einem deutschen Staate die Sicherheit und Ordnung durch Einheimische oder Fremde gestört oder gefährdet wird. Doch soll in diesem Falle von der Reichsgewalt nur dann eingeschritten werden, wenn die betreffende Regierung sie selbst dazu auffordert, es sei denn, dass dieselbe dazu notorisch außer Stande ist oder der gemeine Reichsfrieden bedroht erscheint; 3) wenn die Verfassung eines deutschen Staates gewaltsam oder einseitig aufgehoben oder verändert wird, und durch das Anrufen des Reichsgerichtes unverzügliche Hülfe nicht zu erwirken ist. § 55 (1) Die Maaßregeln, welche von der Reichsgewalt zur Wahrung des Reichsfriedens ergriffen werden können, sind: 1) Erlasse, 2) Absendung von Commissarien, 3) Anwendung von bewaffneter Macht. – **RV 1871: Art. 19** Wenn Bundesglieder ihre verfassungsmäßigen Bundespflichten nicht erfüllen, können sie dazu im Wege der Exekution angehalten werden. Diese Exekution ist vom Bundesrate zu beschließen und vom Kaiser zu vollstrecken. – **WRV: Art. 48** (1) Wenn ein Land die ihm nach der Reichsverfassung oder den Reichsgesetzen obliegenden Pflichten nicht erfüllt, kann der Reichspräsident es dazu mit Hilfe der bewaffneten Macht anhalten. (2) Der Reichspräsident kann, wenn im Deutschen Reiche die öffentliche Sicherheit und Ordnung erheblich gestört oder gefährdet wird, die zur Wiederherstellung der öffentlichen Sicherheit und Ordnung nötigen Maßnahmen treffen, erforderlichenfalls mit Hilfe der bewaffneten Macht einschreiten. Zu diesem Zwecke darf er vorübergehend die in den Artikeln 114, 115, 117, 118, 123, 124 und 153 festgesetzten Grundrechte ganz oder zum Teil außer Kraft setzen. (3) Von allen gemäß Abs. 1 oder Abs. 2 dieses Artikels getroffenen Maßnahmen hat der Reichspräsident unverzüglich dem Reichstag Kenntnis zu geben. Die Maßnahmen sind auf Verlangen des Reichstags außer Kraft zu setzen. (4) Bei Gefahr im Verzuge kann die Landesregierung für ihr Gebiet einstweilige Maßnahmen der in Abs. 2 bezeichneten Art treffen. Die Maßnahmen sind auf Verlangen des Reichspräsidenten oder des Reichstags außer Kraft zu setzen. (5) Das Nähere bestimmt ein Reichsgesetz. – **GG 1949: Art. 91** (1) Zur Abwehr einer drohenden Gefahr für den Bestand oder die freiheitliche demokratische Grundordnung des Bundes oder eines Landes kann ein Land Polizeikräfte anderer Länder anfordern. (2) Ist das Land, in dem die Gefahr droht, nicht selbst zur Bekämpfung der Gefahr bereit oder in der Lage, so kann die Bundesregierung die Polizei in diesem Lande und die Polizeikräfte anderer Länder ihren Weisungen unterstellen. Die Anordnung ist nach Beseitigung der Gefahr, im übrigen jederzeit auf Verlangen des Bundesrates aufzuheben.
**Geltende Landesverfassungen:** *BWVerf* Art. 62; *BayVerf* Art. 48; *HessVerf* Art. 125; *RhPfVerf* Art. 112; *SachsVerf* Art. 113.
**Gesetzgebung:** BKAG; BPolG; UZwG.
**Leitentscheidungen:** BVerfGE 97, 198 (Bundesgrenzschutz); BVerfGE 115, 118 (LuftSiG I); BVerfGE 132, 1 (Inlandseinsatz der Bundeswehr); BVerfGE 133, 241 (Inlandseinsatz der Bundeswehr II).

**Schrifttum:** *C. Arndt,* Bundeswehr und Polizei im Notstand, DVBl 1968, 729; *M Bäumerich/M. Schneider,* Terrorismusbekämpfung durch Bundeswehreinsätze im Innern, NVwZ 2017, 189; *E.-W. Böckenförde,* Der verdrängte Ausnahmezustand, NJW 1978, 1881; *P. Eichhorn,* Besondere Formen der Zusammenarbeit von Bund und Ländern im Katastrophenfall und zur Aufrechterhaltung der inneren Sicherheit, 1998; *D. Esklony,* Das Recht des inneren Notstands, Diss. Göttingen 2000; *D. Heesen/J. L. Hönle,* Zum inneren Notstand (Art. 91 GG) – unter besonderer Berücksichtigung des Einsatzes des Bundesgrenzschutzes, Die Polizei 72 (1981), 386; *D. Keidel,* Polizei und Polizeigewalt im Notstandsfall, 1973; *J. Kersten,* Ausnahmezustand?, JuS 2016, 193; *H. Kuschewitz,* Das Bundesverfassungsgericht und die neue „Sicherheitsarchitektur", 2014; *M. Ladiges,* Der Einsatz der Streitkräfte im Katastrophennotstand nach dem Plenarbeschluss des Bundesverfassungsgerichts, NVwZ 2012, 1225; *ders./R. Glawe,* Eine dramatische Vorstellung, zum bewaffneten innerdeutschen Einsatz der Streitkräfte bei Terrorgefahr, DÖV 2011, 621; *T. Linke,* Innere Sicherheit durch die Bundeswehr?, AöR 129 (2004), 489; *H. M. Parche,* Der Einsatz von Streitkräften im inneren Notstand, Diss. Münster 1974; *P. Reimer,* Das Staatsrecht des Notstands in Deutschland, in: O. Depenheuer/A. Scherzberg, Deutsch-Türkisches Forum für Staatsrechtslehre, Band 18, Berlin 2019; *H.-J. Rungweber,* Kompetenzverschiebungen im Bereich der Exekutive im Rahmen der Notstandsverfassung, Diss. Bochum 1979; *M. Sachs,* Staatsorganisationsrecht: Einsatz der Streitkräfte nach dem Luftsicherheitsgesetz, JuS 2013, 283; *W.-R. Schenke,* Die Verfassungswidrigkeit des § 14 III LuftSiG, NJW 2006, 736; *R. Schikowski,* Rechtsfragen der Abwehr einer drohenden Gefahr für den Bestand oder die freiheitliche demokratische Grundordnung des Bundes oder eines Landes (Art. 87a Abs. 4 und 91 GG), Diss. Würzburg 1972; *K. Windthorst,* Der Notstand, in: Thiel (Hrsg.), Wehrhafte Demokratie, 2003, S. 365; *H. A. Wolff,* Verwendung der Bundeswehr im Rahmen der Amtshilfe, in: Weingärtner (Hrsg.), Die Bundeswehr als Armee im Einsatz, 2010, S. 171.

**Übersicht**

# A. Allgemeines

## I. Grundsätzliche Bedeutung

Der durch die sog. Notstandsverfassung[1] erweiterte Art. 91 regelt zusammen mit Art. 35 II und **1** III, ergänzt durch Art. 87a IV, den **inneren Notstand**[2] bei im Gebiet der Bundesrepublik Deutschland entstandenen drohenden Gefahren für den Bestand oder die freiheitliche demokratische Grundordnung von Bund oder Ländern. Er unterscheidet sich von einer bloßen **Verfassungsstörung** durch Art und Ursache der Gefährdung, die aus der fehlenden Fähigkeit oder Bereitschaft eines Verfassungsorgans herrührt, seine Funktionen zu erfüllen.[3] Zur Abgrenzung gegenüber dem in Art. 115a–l normierten **äußeren Notstand** (Verteidigungsfall) ist auf die Herkunft der Bedrohung abzustellen.[4] Einen Terrorangriff ausländischer privater Organisationen muss sich ein fremder Staat zurechnen lassen, wenn er von seinem Gebiet aus erfolgt und von ihm gefördert oder zumindest

---

[1] Vgl. § 1 Nr. 15 des 17. G. zur Erg. des GG v. 24.6.1968 (BGBl I 709); dazu *Ule* DVBl 1967, 865 (867 ff.); *Stober/Eisenmenger* NVwZ 2005, 121 (122); zu den Gegenständen der Notstandsverfassung und zur Abgrenzung zur Wehrverfassung *Neumann* NZWehrR 1999, 142 ff.; zum historischen Kontext *Heesen/Hönle* Die Polizei 72 (1981), 386 ff.; *Esklony*, Das Recht des inneren Notstandes, 2000, S. 143 ff.

[2] Der Begriff geht auf Art. 143 aF zurück und wird trotz Aufhebung dieser Norm im Rahmen der Notstandsnovelle weiterhin verwendet; *Stern*, StaatsR II, S. 1456; zum Begriff „Staatsnotstand" *Folz*, Staatsnotstand und Notstandsrecht, 1962, S. 23 ff.; zu seiner Rechtsnatur *Jacob* KJ 2005, 323 (329 ff.); *Windthorst*, in: Thiel (Hrsg.), Wehrhafte Demokratie, 2003, S. 365 f.

[3] S. E. *Klein* HStR VII, § 169 Rn. 6; *Hesse* Grundzüge, Rn. 721; *Windthorst* (Fn. 2), S. 365 (368 f.).

[4] Vgl. *Parche*, Der Einsatz von Streitkräften im inneren Notstand, Diss. Münster 1974, S. 14; *Rungweber*, Kompetenzverschiebungen im Bereich der Exekutive im Rahmen der Notstandsverfassung, Diss. Bochum 1979, S. 2 f.; *Stern*, StaatsR II, S. 1458; *Jou*, Einsatz von Streitkräften im Innern für den Notstandsfall nach deutschem Verfassungsrecht, Diss. München 2000, S. 25, 27; *Gramm* NZWehrR 2003, 89 (91), stellt darauf ab, ob ein Angriff auf die äußere oder die innere Sicherheit vorliegt; nach *Wiefelspütz* Die Polizei 94 (2003), 301 (302), kommt es darauf an, ob wegen des Ausmaßes des Anschlages nur die Streitkräfte ihm wirksam begegnen können; eine klare Abgrenzung ist so kaum möglich; *Dreist* NZWehrR 2004, 89 (96 f.), weist auf tatsächliche Probleme bei der Ermittlung, woher der Angriff kommt, hin.

geduldet wird.[5] Auch beim inneren Notstand bildet die spezifische Gefährdung die äußere Klammer, die die unterschiedlichen Notstandslagen und -maßnahmen des Art. 91 zusammenhält. Seine innere Struktur wird durch den Grundsatz der Länderprärogative[6] geprägt, der diese Vorschrift wie ein roter Faden durchzieht.

2      Abs. 1 regelt eine **verdichtete bundesgenössische Form der Amtshilfe** auf Anforderung des bedrohten Landes,[7] während Abs. 2 dem Bund ein **requisitionsunabhängiges Interventionsrecht** verleiht.[8] Art. 91 verkürzt oder suspendiert aber keine grundrechtlichen oder rechtsstaatlichen Gewährleistungen. Er begründet kein materielles Ausnahmerecht,[9] sondern berührt bundesstaatliche Strukturen durch Kompetenzverlagerung zwischen Bund und Ländern im Bereich der vollziehenden Gewalt zur konzentrierten, gezielten Bekämpfung der drohenden Gefahr.[10] Die Verteilung der Gesetzgebungskompetenzen wird dadurch nicht angetastet.[11]

## II. Verbindungslinien zu anderen Verfassungsnormen

3      **1. Abgrenzung gegenüber Art. 35. Art. 91 I** ist **vorrangig** gegenüber **Art. 35 I, II 1**.[12] Dies folgt bei Art. 35 I aus dessen Auffangcharakter, bei Art. 35 II 1 aus dem enger gefassten Schutzgegenstand des Art. 91 I.[13] Demgegenüber besteht zu **Art. 35 II 2** grds. ein **Alternativverhältnis**.[14] Über die Zuordnung entscheidet die Ursache der Notstandslage. Bei Naturkatastrophen oder schweren Unglücksfällen (dazu → Art. 35 Rn. 38 f.) ist Art. 35 II 2 (sog. Katastrophennotstand) einschlägig, bei auf anderen Gründen beruhenden drohenden Gefahren für den Bestand oder die freiheitliche demokratische Grundordnung des Bundes oder eines Landes greift Art. 91 I (innerer Staatsnotstand) ein. Gleiches gilt im Verhältnis zwischen Art. 91 II und Art. 35 III. Allerdings kann es bei absichtlich herbeigeführten Unglücksfällen zu einer Überschneidung kommen. Sollen diese Fälle durch die Streitkräfte bekämpft werden, entfalten Art. 87a IV iVm Art. 91 im Rahmen ihres Geltungsbereichs gegenüber Art. 35 II u. III eine **Sperrwirkung**.[15]

4      **2. Abgrenzung gegenüber Art. 37.** Eine Konkurrenz zwischen Art. 37 und Art. 91 II entsteht, wenn ein anderes Land unberechtigterweise die gebotene Hilfeleistung nach Art. 91 I verweigert oder das bedrohte Land nicht selbst zur Bekämpfung der Gefahr bereit ist und dadurch Bundespflichten verletzt.[16] Der daran anknüpfende Bundeszwang erlaubt zwar grds. ebenfalls den Einsatz der Bundespolizei oder der Polizeikräfte anderer Länder,[17] **Art. 91 II verdrängt** aber insoweit als spezielle Regelung den **Art. 37**.[18]

5      **3. Zusammenwirken mit Art. 87a IV.** Art. 87a IV lässt als ultima ratio unter den dort genannten strengen Anforderungen bei innerem Staatsnotstand einen begrenzten Einsatz der Streitkräfte zur Unterstützung der Polizei eines Landes und der Bundespolizei zu (→ Art. 87a Rn. 66 ff.). **Art. 91 II** wird **von Art. 87a IV** tatbestandlich vorausgesetzt und auf der Rechtsfolgenseite **ergänzt**.[19]

---

[5] Näher dazu *Krings/Burkiczak* DÖV 2002, 501 (502 f.); *Windthorst* (Fn. 2), S. 365 (371); zur Notwendigkeit einer Neudefinition des Verteidigungsfalls bei Terrorangriffen *Arnold* RuP 2006, 136 (137 ff.); s. auch *Bäumerich/Schneider* NVwZ 2017, 189 (193).

[6] Zu dieser in Art. 30, 83 verankerten vorrangigen Zuständigkeit der Länder zur Bekämpfung der ihnen drohenden Gefahren *Köllbe* Die Polizei 51 (1960), 5 (7 ff.), 41 ff., der Art. 91 II als Durchbrechung dieses Grundsatzes versteht; auch *Dederer*, in: Maunz/Dürig, Art. 91 (2019) Rn. 48.

[7] *Evers* BK, Art. 91 (1969) Rn. 12.

[8] Vgl. *Grzeszick*, in: Friauf/Höfling, Art. 91 (2005) Rn. 2.

[9] So *Keidel*, Polizei und Polizeigewalt im Notstandsfall, 1973, S. 32; *Heun*, in: Dreier III, Art. 91 Rn. 5; *Herzmann* DÖV 2006, 678 (682); allerdings ermöglicht der (auch) auf eine Notstandslage abstellende qualifizierte Gesetzesvorbehalt des Art. 11 II Beschränkungen des Grundrechts auf Freizügigkeit, dazu → Art. 11 Rn. 25, die aber von dem allein auf das Verhältnis von Bund und Ländern bezogenen Art. 91 unberührt bleiben, vgl. *Hernekamp*, in: v. Münch/Kunig II, Art. 91 Rn. 40; in umgekehrter Richtung zieht Art. 9 III 3 Maßnahmen nach Art. 91 Grenzen, ist daher „notstandsfest", s. *Jacob*, Grenzen des Arbeitskampfrechts im Staatsnotstand, 1985, S. 40 f.; → Art. 9 Rn. 153; → Rn. 17.

[10] *Hernekamp*, in: v. Münch/Kunig II, Art. 91 Rn. 1.

[11] Die Exekutive erhält anders als bei Art. 48 II–IV WRV keine Rechtsetzungsbefugnisse in Form eines Notverordnungsrechtes, *Köttgen* JöR nF 3 (1954), 67 (99); anders § 111 HChE, JöR nF 1 (1951), 661.

[12] Vgl. *Dederer*, in: Maunz/Dürig, Art. 91 (2019) Rn. 35 f.; auch *Keidel* (Fn. 9), S. 88; *Epping*, in: ders./Hillgruber, Art. 91 vor Rn. 1; einschränkend für Art. 35 II 1 *Hernekamp*, in: v. Münch/Kunig II, Art. 91 Rn. 41.

[13] Das spezielle Merkmal „drohende Gefahr für den Bestand oder die freiheitliche demokratische Grundordnung" gem. Art. 91 I geht im allgemeineren Merkmal „(Gefahr für die) öffentliche Sicherheit oder Ordnung" iSd Art. 35 II 1 auf, vgl. *Stern*, StaatsR II, S. 1468.

[14] So noch BVerfGE 115, 118 (147 f.); vorher schon *Stern*, StaatsR II, S. 1459 f.; *E. Klein* HStR VII, § 169 Rn. 13; *Jou* (Fn. 4), S. 28; zur Entpolitisierung des Katastrophennotstands im Entwurfsstadium durch Herausnahme aus Art. 91 und Verankerung in Art. 35 *C. Arndt* Die Polizei 59 (1968), 129 ff.

[15] BVerfGE 132, 1, Rn. 45 f.

[16] Vgl. *Epping*, in: ders./Hillgruber, Art. 91 vor Rn. 1.

[17] Vgl. → Art. 37 Rn. 12 mwN.

[18] *Stern*, StaatsR I, S. 717; *Hernekamp*, in: v. Münch/Kunig II, Art. 91 Rn. 42; *Windthorst* (Fn. 2), S. 365 (370 f.); für Wahlrecht der BReg *Volkmann* MKS III, Art. 91 Rn. 11.

[19] Vgl. *C. Arndt* DVBl 1968, 729 (733 f.); *K. Ipsen* DVBl 1969, 396 (398 f.); zum Einsatz militärischer Mittel durch Streitkräfte im inneren Staatsnotstand BVerfGE 132, 1, Rn. 41 ff.

## B. Notstandsmaßnahmen auf Anforderung eines Landes (Abs. 1)
### I. Regelungsgehalt

Art. 91 I verleiht den Ländern zur Abwehr einer drohenden Gefahr für dort abschließend aufgeführte 6
Schutzgüter[20] das **Recht,** Polizeikräfte anderer Länder sowie Kräfte und Einrichtungen anderer Verwaltungen und der Bundespolizei **anzufordern.** Die Regelung baut auf der bundesstaatlichen Kompetenzverteilung auf. Sie geht auch bei innerem Staatsnotstand vom Vorrang landeseigener Gefahrenabwehr aus und lässt gesteigerte requisitionsabhängige Amtshilfe erst **subsidiär** auf einer zweiten Stufe zu.[21]

Die verfassungsrechtliche Verankerung in Art. 91 I verleiht dem Anforderungsrecht des Landes 7
erhöhte Bestandskraft (Art. 79) und **schützt** es aufgrund der Verfassungsbindung gem. Art. 20 III
Hs. 1 und der Kollisionsregel des Art. 31 **vor landesrechtlicher** Suspension oder **Derogation.**[22] Die
Bedeutung der Vorschrift liegt freilich weniger in der Hervorhebung und Sicherung der Anforderungsbefugnis des bedrohten Landes als in der ihr korrespondierenden grundsätzlichen Verpflichtung der
ersuchten Stelle zur Hilfeleistung[23] (→ Rn. 21 f.).

### II. Tatbestandsmerkmale

**1. Drohende Gefahr.** Die Auslegung des Merkmals „drohende Gefahr" orientiert sich aufgrund 8
seiner **polizeirechtlichen Herkunft**[24] an der dort entwickelten Definition,[25] wobei die geschützten
Rechtsgüter gegenüber dem Merkmal „öffentliche Sicherheit oder Ordnung" enger gefasst sind.[26]

**a) „Gefahr"** iSd Art. 91 I ist eine Sachlage, die bei ungehindertem Ablauf des weiteren Geschehens 9
zu einer Verletzung des Bestandes oder der freiheitlichen demokratischen Grundordnung des Bundes
oder eines Landes führen kann.[27] Von wem die Gefahr ausgeht, ist unerheblich;[28] der Schädiger muss
aber individualisierbar sein. Seine Motive sind irrelevant, eine Schädigungsabsicht ist nicht erforderlich,[29] objektiv widerrechtliches Verhalten genügt.[30]

**b)** Das Attribut **„drohend"** verengt den Gefahrbegriff, indem es eine aus objektiv vorliegenden 10
Umständen ableitbare **hinreichende Wahrscheinlichkeit** des Schadenseintritts[31] fordert. Drohende
Gefahr gem. Art. 91 I ist somit als konkrete Gefahr im polizeirechtlichen Sinne zu verstehen.[32] Das
Ausmaß der Gefährdung, also die konkrete Gefahrenschwelle, ist ex ante zu beurteilen, wobei den
Beteiligten aufgrund des politisch-prognostischen Charakters der Entscheidung eine **Einschätzungsprärogative** zusteht, deren Ausübung gerichtlich nur begrenzt nachprüfbar ist.[33]

**2. Für den Bestand oder die freiheitliche demokratische Grundordnung des Bundes oder** 11
**eines Landes. a) Bestand des Bundes oder eines Landes.** Dieses Merkmal wird ähnlich wie in
Art. 21 II ausgelegt.[34] Ausgehend von der „Drei-Elemente-Lehre"[35] versteht man unter **„Bestand des**

---

[20] *E. Klein* HStR VII, § 169 Rn. 15; *Martinez Soria* DVBl 2004, 597 (603); dies sind trotz der Notwendigkeit einer Einschätzung bzw. Wertung Rechtsbegriffe, die prinzipiell gerichtlich kontrollierbar sind, s. *Volkmann* MKS III, Art. 91 Rn. 13.

[21] Vgl. *E. Klein* HStR VII, § 169 Rn. 19; *Heun,* in: Dreier III, Art. 91 Rn. 6; *Dederer,* in: Maunz/Dürig, Art. 91 (2019) Rn. 75 zum Stufenverhältnis in Art. 91 auch *Dederer* aaO Rn. 102; *Karpinski,* Öffentlich-rechtliche Grundsätze für den Einsatz der Streitkräfte im Staatsnotstand, 1974, S. 24 f.; *Eichhorn,* Besondere Formen der Zusammenarbeit von Bund und Ländern im Katastrophenfall und zur Aufrechterhaltung der inneren Sicherheit, 1998, S. 153, 171, 175: „System kontrollierter Eskalation".

[22] *Dederer,* in: Maunz/Dürig, Art. 91 (2019) Rn. 32.

[23] S. *Dederer,* in: Maunz/Dürig, Art. 91 (2019) Rn. 49.

[24] *Schikowski,* Rechtsfragen der Abwehr einer drohenden Gefahr für den Bestand oder die freiheitliche demokratische Grundordnung des Bundes oder eines Landes (Art. 87a Abs. 4 und 91 GG), Diss. Würzburg 1972, S. 34; *Dederer,* in: Maunz/Dürig, Art. 91 (2019) Rn. 55, 69; *Heun,* in: Dreier III, Art. 91 Rn. 10.

[25] *Stern,* StaatsR II, S. 1470; aA *Schikowski* (Fn. 24), S. 34; krit. *Hase* AK GG, Art. 91 Rn. 18 a.

[26] *Stern,* StaatsR II, S. 1470 f.; zu Unterschieden in Bezug auf das prognostische Element *Volkmann* MKS III, Art. 91 Rn. 12.

[27] *Hernekamp,* in: v. Münch/Kunig II, Art. 91 Rn. 10; *Hillgruber/Hoffmann* NWVBl 2004, 176 (178); zu den Facetten des Gefahrbegriffs *Zieschang* GA 153 (2006), 1 (3 ff.).

[28] *Stern,* StaatsR II, S. 1471: „Staatsstreich von oben oder Putsch von unten"; Ausschreitungen genügen hierfür grds. nicht, *Herzmann* DÖV 2006, 678 (682).

[29] Vgl. *Epping,* in: ders./Hillgruber, Art. 91 Rn. 2.

[30] *Dederer,* in: Maunz/Dürig, Art. 91 (2019) Rn. 70.

[31] *Hernekamp,* in: v. Münch/Kunig II, Art. 91 Rn. 10; *Eichhorn* (Fn. 21), S. 160: „hohe Wahrscheinlichkeit"; *Volkmann* MKS III, Art. 91 Rn. 20, stellt primär auf die Schwere der Beeinträchtigung ab; gegen eigenständige Bedeutung des Merkmals „drohend" *Dederer,* in: Maunz/Dürig, Art. 91 (2019) Rn. 70.

[32] *Stern,* StaatsR II, S. 1470; auch *Dederer,* in: Maunz/Dürig, Art. 91 (2019) Rn. 70; *Heun,* in: Dreier III, Art. 91 Rn. 10, verlangt eine erhebliche Gefahr; auch → Fn. 31.

[33] Dazu *Stern,* StaatsR II, S. 1471; *Grzeszick,* in: Friauf/Höfling, Art. 91 (2005) Rn. 11; weitergehend *Schikowski* (Fn. 24), S. 33: „gerichtsfreier Beurteilungsspielraum der Bundesregierung".

[34] Vgl. *Keidel* (Fn. 9), S. 20; enger *Grzeszick,* in: Friauf/Höfling, Art. 91 (2005) Rn. 9.

[35] Dazu und zu weiteren Auslegungslinien *Hase* AK GG, Art. 91 Rn. 17; krit. *Esklony* (Fn. 1), S. 182.

**Bundes"** die **existentiellen Grundlagen seiner Gesamtstaatlichkeit.**[36] Dazu gehören neben der territorialen Integrität die Souveränität nach außen und ein Mindestmaß an Handlungsfähigkeit nach innen zur Aufrechterhaltung rechtsstaatlicher Grundfunktionen, die insbes. dann gefährdet sind, wenn das staatliche Gewaltmonopol insgesamt infrage gestellt wird.[37] Störungen des Sozial- und Wirtschaftsgefüges reichen dagegen nicht aus.[38]

12      Diese Essentialia formen auch das Merkmal **„Bestand eines Landes",** was durch die gesonderte ausdrückliche Hervorhebung im Normtext unterstrichen wird.[39] Geschützt ist daher **auch** die **territoriale Integrität** der Länder.[40] Das steht nicht im Widerspruch zu Art. 29, weil Neugliederungen bereits das gefahrimmanente Merkmal der Widerrechtlichkeit fehlt (→ Rn. 9). Ein solches Verständnis des landesbezogenen Bestandsbegriffs führt zu stärkerer Akzentuierung der Eigenstaatlichkeit und Bundesstaatsfähigkeit der Länder.[41]

13      **b) Freiheitliche demokratische Grundordnung des Bundes oder eines Landes.** Leitlinie für die Auslegung dieses Merkmals ist seine formelhafte Konkretisierung durch das BVerfG im Rahmen des Art. 21 II.[42] Danach ist „freiheitliche demokratische Grundordnung" eine Ordnung, die „unter Ausschluss jeglicher Gewalt- und Willkürherrschaft eine rechtsstaatliche Herrschaftsordnung auf der Grundlage der Selbstbestimmung des Volkes nach dem Willen der jeweiligen Mehrheit und der Freiheit und Gleichheit darstellt."[43]

14      Diese Formel ist **nicht abschließend** in dem Sinne, dass ihre Elemente ein für allemal feststehen; die darin enthaltenen Ausprägungen dürfen nicht kanonisiert werden.[44] Der unbestimmte Rechtsbegriff „freiheitliche demokratische Grundordnung" lässt in den durch Text, Genese, Zweck und Stellung des Art. 91 gezogenen Grenzen weitere und andere Ausformungen zu, die aber enge Verbindungslinien zu diesen Kriterien aufweisen müssen. Für eine **Reduktion auf** den durch **Art. 79 III** garantierten Fundamentalbestand von Freiheit und Demokratie[45] fehlen Anhaltspunkte im Wortlaut. Sie ist zudem aus systematischen und teleologischen Gründen fragwürdig, weil Art. 91 nicht die Grenzen der verfassungsändernden Gewalt festlegt, sondern wesentliche Elemente der geltenden Verfassung schützt.[46] Die gesonderte Erwähnung der Länder erklärt sich aufgrund ihrer Verfassungsautonomie und zielt auf Absicherung des sie begrenzenden Homogenitätsgebots (Art. 28 I 1) im Vorfeld der Gewährleistungspflicht des Bundes nach Art. 28 III.

15      **3. Anforderung durch ein Land zur Abwehr der Gefahr. a) Anforderung** bedeutet Bitte um Verfügungsgewalt.[47] Die ausdrückliche, förmliche, öffentliche Bekanntmachung des Notstandes[48] und/oder des Anforderungsbegehrens ist nicht erforderlich. Das folgt aus der Gegenüberstellung mit Art. 115a III und dem Charakter der Anforderung als Sonderfall eines Amtshilfeersuchens (→ Rn. 2, → Rn. 6).

16      **b) Anforderungsberechtigter** Rechtsträger ist jedes **bedrohte Land,**[49] allein oder gemeinsam mit anderen gefährdeten Ländern. Die Organzuständigkeit beurteilt sich primär nach Landesverfassungsrecht.[50] Sie liegt idR bei der Landesregierung oder beim Ministerpräsidenten. Diese müssen die Voraussetzungen des Art. 91 I prüfen und über die Anforderung fremder Kräfte entscheiden. Eine Mitwirkung der Legislative ist nicht vorgesehen.[51]

---

[36] Vgl. *Kölble* Die Polizei 51 (1960), 5; *Dederer,* in: Maunz/Dürig, Art. 91 (2019) Rn. 56.

[37] *Volkmann* MKS III, Art. 91 Rn. 15; *E. Klein* HStR VII, § 169 Rn. 16; *Stern,* StaatsR II, S. 1470, betont die Nähe der Handlungsfähigkeit des Staates nach innen zur freiheitlichen demokratischen Grundordnung; eine solche Gefährdung kann durch einen drohenden Terrorangriff entstehen; krit. *Dreist* NZWehrR 2004, 89 (101 f.) mwN; *M. Fischer* JZ 2004, 376 (382 f.).

[38] *Evers* BK, Art. 91 (1969) Rn. 20.

[39] Vgl. *Stern,* StaatsR II, S. 1470; gegen eigenständige Bedeutung *Eichhorn* (Fn. 21), S. 158.

[40] *Evers* BK, Art. 91 (1969) Rn. 20; *Rungweber* (Fn. 4), S. 4; aA *Heun,* in: Dreier III, Art. 91 Rn. 8.

[41] *Hernekamp,* in: v. Münch/Kunig II, Art. 91 Rn. 5.

[42] Vgl. *Stern,* StaatsR II, S. 1470; *E. Klein* HStR VII, § 169 Rn. 17; *Hernekamp,* in: v. Münch/Kunig II, Art. 91 Rn. 6; zurückhaltend wegen des „außergewöhnlichen Elements politischer Dezision" *Hase* AK GG, Art. 91 Rn. 18; krit. auch *Esklony* (Fn. 1), S. 189 ff.

[43] BVerfGE 2, 1 (12 f.); BVerfG NJW 2017, 611, Rn. 531 ff.; ebda auch zu den grundlegenden Prinzipien und Elemente dieser Ordnung.

[44] *Evers* BK, Art. 91 (1969) Rn. 21; in Bezug auf Terrorangriffe *Linke* AöR 129 (2004), 489 (527 f.).

[45] Vgl. *Heun,* in: Dreier III, Art. 91 Rn. 9.

[46] *E. Klein* HStR VII, § 169 Rn. 17; nach Ansicht von *Volkmann* MKS III, Art. 91 Rn. 18, muss der Bestand der freiheitlichen demokratischen Grundordnung auf dem Spiel stehen.

[47] Zum notwendigen Inhalt der Anforderung *Eichhorn* (Fn. 21), S. 182; s. auch § 11 IV 2 BPolG.

[48] *Stern,* StaatsR II, S. 1461; kritisch *Böckenförde* FS M. Hirsch, 1981, S. 259 (265 ff.).

[49] Vgl. *Volkmann* MKS III, Art. 91 Rn. 23; aA *v. Mangoldt/Klein* III, Art. 91 Anm. III 4a; *Dederer,* in: Maunz/Dürig, Art. 91 (2019) Rn. 81 spricht insoweit „vom inneren Notstand betroffene[n] Land".

[50] Vgl. *Dederer,* in: Maunz/Dürig, Art. 91 (2019) Rn. 82.

[51] Vgl. *E. Klein* HStR VII, § 169 Rn. 18.

Das dem bedrohten Land durch Art. 91 I eingeräumte **Entschließungsermessen**[52] („*kann …* 17
anfordern") ist begrenzt durch Art. 9 III 3[53] und der Ausrichtung der Anforderung auf Gefahrenabwehr.[54] Weitere Einschränkungen ergeben sich aus der Eigenstaatlichkeit der Länder und der
Rechtsnatur der Anforderung (→ Rn. 15).

Daraus folgt für die Wahrnehmung der Befugnis nach Art. 91 I ein inzidenter **Erforderlichkeits-** 18
**vorbehalt.**[55] Das Hilfeersuchen setzt demgemäß voraus, dass das bedrohte Land zur Bewältigung der
Gefahr mit eigenen Kräften außerstande ist.[56] Bei zweifelhaften Erfolgsaussichten einer Selbsthilfe kann
auch ohne vorhergehenden Versuch sofort Fremdhilfe angefordert werden. Die Subsidiarität der
Befugnis gem. Art. 91 I (→ Rn. 6) und die in Art. 28 I bzw. der Bundestreue angelegte Pflicht der
Länder zur Bekämpfung dort genannter Gefahren führen idR dazu, dass sich das Entschließungsermessen zu einer Rechtspflicht verdichtet.[57]

Dagegen unterliegt das **Auswahlermessen** des Landes, welche der in Art. 91 I genannten Kräfte 19
und Einrichtungen es in welchem Umfang anfordert, nur allg. Ermessensgrenzen.[58] Eine feststehende
*Reihen*folge lässt sich der Aufzählung in Abs. 1 Hs. 2 nicht entnehmen, weil sie keine zwingende
*Rang*folge konstituiert,[59] sondern allein entstehungsgeschichtlich begründet ist. Sie resultiert auch nicht
aus dem Übermaßverbot, da dieses im Verhältnis Bund – Länder nicht anwendbar ist[60] und zudem bei
primärer Anforderung der Bundespolizei nicht verletzt wäre.[61] Ein allg. bundesstaatliches Subsidiaritätsprinzip besteht nicht.[62]

c) **Anforderungsadressat** gem. Art. 91 I sind der Bund, andere Länder, im Einzelfall auch sonstige 20
Hoheitsträger, z. B. Gemeinden.[63] Das Hilfeersuchen kann neben- oder nacheinander an diese Stellen
gerichtet werden. Dem nach Bundes- oder Landesrecht zuständigen Organ des ersuchten Rechtsträgers
steht ein eigenständiges Prüfungsrecht zu, ob die Voraussetzungen für eine Hilfeleistung gem. Art. 91 I
vorliegen.[64]

Fehlen sie, muss die Hilfe verweigert werden.[65] Sind die Tatbestandsvoraussetzungen dagegen erfüllt, 21
ist die **ersuchte Stelle verpflichtet,** der **Anforderung stattzugeben,**[66] außer sie ist selbst durch eine
Gefahr iSd Art. 91 I bedroht (Einwand der *Eigengefahr*)[67] oder sie kann die angeforderten Kräfte und
Einrichtungen aus gegenüber der Anforderung überwiegenden Gründen nicht entbehren (Einwand
des vorrangigen *Eigenbedarfs*).[68]

Grundlage dieser requisitionsabhängigen Rechtspflicht ist für den Bund Art. 28 III, für die Länder 22
der Grundsatz der Bundestreue,[69] der auch zwischen den Ländern Geltung beansprucht. Dieser Verpflichtung korrespondiert **kein Rechtsanspruch des Einzelnen,** weil sie keine individuelle Begünstigung bezweckt, sondern der bundesstaatlichen Ebene zuzuordnen ist.[70] Sie endet, wenn das Land sein
Ersuchen zurücknimmt, die Voraussetzungen des Art. 91 I nicht mehr vorliegen, die angeforderten
Kräfte und Einrichtungen nicht mehr benötigt werden, die ersuchte Stelle selbst hilfsbedürftig wird
oder die Gefahr endgültig beseitigt ist.[71]

---

[52] *Evers* BK, Art. 91 (1969) Rn. 41; einschränkend *Dederer,* in: Maunz/Dürig, Art. 91 (2019) Rn. 85: „Das
Entschließungsermessen wird wohl stets ‚auf Null' reduziert sein"; *E. Klein* HStR VII, § 169 Rn. 19: „Kein freies,
sondern rechtlich gebundenes bzw. pflichtgemäßes Ermessen"; gegen Verwendung des Begriffs „Ermessen" *Heun,* in:
Dreier III, Art. 91 Rn. 12.

[53] Dazu *Evers* BK, Art. 91 (1969) Rn. 33; auch o. Fn. 9; nach *Hase* AK GG, Art. 91 Rn. 20, kommt es auf die
Rechtmäßigkeit des Streiks nicht an; anders *Neumann* NZWehrR 1999, 142 (147 f.).

[54] Andere Motive dürfen nicht verfolgt werden, *Dederer,* in: Maunz/Dürig, Art. 91 (2019) Rn. 87.

[55] *Volkmann* MKS III, Art. 91 Rn. 22; bei Weisungen gem. Art. 91 II 3 Hs. 1 besteht ein expliziter Erforderlichkeitsvorbehalt, dazu → Rn. 50 ff.

[56] Zum Beurteilungs- und Entscheidungsspielraum → Rn. 10; s. auch → Fn. 57.

[57] Vgl. *Dederer,* in: Maunz/Dürig, Art. 91 (2019) Rn. 85; anders *Hase* AK GG, Art. 91 Rn. 21; zur Ableitung
dieser Verdichtung *Heun,* in: Dreier III, Art. 91 Rn. 12.

[58] *Dederer,* in: Maunz/Dürig, Art. 91 (2019) Rn. 86; aA *Heesen/Hönle* Polizei 72 (1981), 386 (389).

[59] *Volkmann* MKS III, Art. 91 Rn. 22; aA *Heun,* in: Dreier III, Art. 91 Rn. 16.

[60] BVerfGE 81, 310 (338); aA *Volkmann* MKS III, Art. 91 Rn. 22.

[61] Aus landeshoheitlicher Sicht macht es keinen Unterschied, ob Kräfte des Bundes oder anderer Länder im Gebiet
des anfordernden Landes tätig werden; s. auch → Rn. 29.

[62] So *E. Klein* HStR VII, § 169 Rn. 21; aA *Hernekamp,* in: v. Münch/Kunig II, Art. 91 Rn. 23.

[63] Zu sonstigen juristischen Personen als Träger von Kräften und Einrichtungen anderer Verwaltungen *Evers* BK,
Art. 91 (1969) Rn. 46; *Hernekamp,* in: v. Münch/Kunig II, Art. 91 Rn. 21.

[64] *Volkmann* MKS III, Art. 91 Rn. 27, nimmt ein solches Recht erst bei unvertretbarer Einschätzung des
anfordernden Landes an; zum Umfang des Prüfungsrechts *Maunz,* in: Maunz/Dürig, Art. 91 (1979) Rn. 20.

[65] *Evers* BK, Art. 91 (1969) Rn. 44; *Grzeszick,* in: Friauf/Höfling, Art. 91 (2005) Rn. 16.

[66] *Dederer,* in: Maunz/Dürig, Art. 91 (2019) Rn. 89; *Eichhorn* (Fn. 21), S. 183 f.; aA Begr. RegE, BT-Dr V/1879,
S. 23: „pflichtgemäßes Ermessen"; ebenso *Rungweber* (Fn. 4), S. 15.

[67] *Volkmann* MKS III, Art. 91 Rn. 25.

[68] Dazu kommt es zB, wenn ein Land sich infolge der Hilfeleistung dem Risiko aussetzt, selbst anforderungsberechtigt zu werden, vgl. auch *Evers* BK, Art. 91 (1969) Rn. 45.

[69] Vgl. *Stern,* StaatsR II, S. 1464, 1471; anders *Dederer,* in: Maunz/Dürig, Art. 91 (2019) Rn. 89.

[70] *Evers* BK, Art. 91 (1969) Rn. 39.

[71] *Hernekamp,* in: v. Münch/Kunig II, Art. 91 Rn. 19; *Dederer,* in: Maunz/Dürig, Art. 91 (2019) Rn. 91.

23     Bei **rechtswidriger Verweigerung** der Hilfe durch den Bund oder ein Land kann das ersuchende Land wegen Verletzung bundesstaatlicher Pflichten Klage zum BVerfG gem. Art. 93 I Nr. 3 oder 4 erheben.[72] Daneben hat die BReg die Möglichkeit, Bundeszwang (Art. 37) gegen das ersuchte, aber Unterstützung verweigernde Land einzusetzen.[73]

## III. Rechtsfolgen

24     **1. Einsatz der Polizeikräfte anderer Länder.** Polizeikräfte iSd Art. 91 I sind die im polizeilichen Vollzugsdienst der Länder tätigen Personen, also die Angehörigen der **Landespolizei im formellen Sinne.**[74] Dazu gehören aufgrund des Normzwecks auch entsprechende sachliche Mittel („Einrichtungen", vgl. → Rn. 26). Die unterschiedliche Umschreibung der Anforderungsobjekte in Abs. 1 („Polizeikräfte …"; „Kräfte und Einrichtungen …") beruht allein auf entstehungsgeschichtlichen Gründen.[75] Auszuscheiden sind aber die Ordnungsverwaltungen der Länder (Polizei im materiellen Sinne)[76] und die Polizeikräfte des Bundes.[77]

25     Die Polizeikräfte dürfen nicht militärisch, sondern nur **polizeilich ausgerüstet**[78] und **eingesetzt** werden,[79] um ein Unterlaufen der besonderen Voraussetzungen des Art. 87a IV für einen Streitkräfteeinsatz bei innerem Staatsnotstand zu verhindern (dazu → Rn. 53). Polizeikräfte anderer Länder üben beim Notstandseinsatz **Staatsgewalt des anfordernden Landes** aus.[80] Sie unterstehen seinen Gesetzen und fachlichen Weisungen,[81] bleiben aber Organ ihres Herkunftslandes, weil sie weder in die Verwaltungsorganisation des Einsatzlandes eingegliedert noch an dieses ausgeliehen werden.[82] Die Verwaltungskompetenz des Einsatzlandes wird nicht berührt,[83] die Eingriffsbefugnisse der Polizei gegenüber dem Bürger werden nicht verändert (s. auch → Rn. 2).[84]

26     **2. Einsatz der Kräfte und Einrichtungen anderer Verwaltungen und der Bundespolizei.** **a) „Kräfte"** sind alle Bediensteten anderer Verwaltungen und der Bundespolizei.[85] Sie dürfen zwar an einem anderen Ort, aber nicht in einer anderen Funktion eingesetzt werden.[86] Die Streitkräfte sind keine Kräfte iSd Art. 91 I; ihr Einsatz unterliegt den speziellen Vorgaben des Art. 87a IV.[87] Unter **„Einrichtungen"** versteht man alle sächlichen Mittel dieser Stellen, unabhängig von ihrer ursprünglichen Zweckbestimmung, z.B. Kraft- und Wasserfahrzeuge, Fernmelde- und Verkehrsanlagen, Gebäude, Geräte, Decken, Medikamente und Lebensmittel.[88]

27     **b) „Andere Verwaltungen"** als Zuordnungssubjekt der Kräfte und Einrichtungen sind Verwaltungsstellen des Bundes, der Länder oder sonstiger Hoheitsträger,[89] die nicht in spezifisch polizeilicher Funktion tätig werden.[90] Dies sind etwa die technischen Sonderverwaltungen dieser Rechtsträger, zB THW.[91]

28     Kräfte anderer Verwaltungen nehmen beim Einsatz hoheitliche Gewalt des anfordernden Landes nach dessen fachlichen Weisungen wahr, bleiben aber **Organ der ersuchten Stelle.**[92] Rechtliche Grundlage ihres Handelns ist das Recht des ersuchenden Landes. Zudem sind sie an das dort geltende Bundesrecht gebunden,[93] das im Kollisionsfall vorgeht.

---

[72] *Ruge,* in: Hofmann/Henneke, Art. 91 Rn. 3.

[73] *Dederer,* in: Maunz/Dürig, Art. 91 (2019) Rn. 43, 89; krit. zur Durchsetzbarkeit *Hase* AK GG, Art. 91 Rn. 25.

[74] *Evers* BK, Art. 91 (1969) Rn. 46; *Grzeszick,* in: Friauf/Höfling, Art. 91 (2005) Rn. 17.

[75] Vgl. *Evers* BK, Art. 91 (1969) Rn. 46.

[76] *Keidel* (Fn. 9), S. 30 ff.

[77] Etwa das Bundeskriminalamt, s. dazu §§ 1 ff., 29 ff. BKAG; zur Bundespolizei → Rn. 29 f.

[78] Die zulässige Bewaffnung darf nicht spezifisch militärisch sein, BVerfGE 115, 118 (146 ff., 150 f.); *Schenke* NJW 2006, 736 (737); zum Meinungsstand *Linke* AöR 129 (2004), 489 (530 ff.).

[79] Zur Bestimmung polizeilicher Funktionen *Keidel* (Fn. 9), S. 29.

[80] *Keidel* (Fn. 9), S. 88 f.; *Rungweber* (Fn. 4), S. 12; *Dederer,* in: Maunz/Dürig, Art. 91 (2019) Rn. 88.

[81] Vgl. Begr. RegE, BT-Dr V/1879, S. 23; *Hernekamp,* in: v. Münch/Kunig II, Art. 91 Rn. 24; zu Inhalt und Umfang des Weisungsrechts *Keidel* (Fn. 9), S. 96 ff.

[82] *Pieroth,* in: Jarass/Pieroth, Art. 91 Rn. 2; aA *E. Klein* HStR VII, § 169 Rn. 20: „Organleihe …, die auf einem Akt der Amtshilfe beruht".

[83] Vgl. *Keidel* (Fn. 9), S. 88 f.; *Rungweber* (Fn. 4), S. 15: „kein automatischer Kompetenzübergang".

[84] So *Keidel* (Fn. 9), S. 32 f.; auch *Hase* AK GG, Art. 91 Rn. 24: „keine Befugniserweiterung".

[85] Vgl. *Keidel* (Fn. 9), S. 88.

[86] *Evers* BK, Art. 91 (1969) Rn. 46; *Keidel* (Fn. 9), S. 81.

[87] Vgl. BVerfGE 115, 118 (147 f.); 132, 1, Rn. 24 ff.; 133, 241, Rn. 62; *Hernekamp,* in: v. Münch/Kunig II, Art. 91 Rn. 21.

[88] *C. Arndt* DVBl 1968, 729; *Grzeszick,* in: Friauf/Höfling, Art. 91 (2005) Rn. 17.

[89] Beispielsweise Gebietskörperschaften, vgl. auch *Evers* BK, Art. 91 (1969) Rn. 46.

[90] *Evers* BK, Art. 91 (1969) Rn. 46; *Hase* AK GG, Art. 91 Rn. 24.

[91] *Keidel* (Fn. 9), S. 80; *Hernekamp,* in: v. Münch/Kunig II, Art. 91 Rn. 21; *Eichhorn* (Fn. 21), S. 177 f., nennt als andere Stellen den Bundesnachrichtendienst und das Bundesamt für Verfassungsschutz.

[92] Vgl. *Stern,* StaatsR II, S. 1465, 1471; *Dederer,* in: Maunz/Dürig, Art. 91 (2019) Rn. 88.

[93] *Evers* BK, Art. 91 (1969) Rn. 46.

c) Alternativ oder kumulativ[94] kann das bedrohte Land auch Kräfte und Einrichtungen der **Bundes-** 29 **polizei** anfordern. Diese vormals Bundesgrenzschutz genannte Polizei des Bundes (§ 1 I 2 BPolG)[95] übt dann polizeiliche Funktionen[96] des ersuchenden Landes nach dessen fachlichen Weisungen aus,[97] bleibt aber organisatorisch Teil bundesunmittelbarer Verwaltung.[98]

Das Handeln der Bundespolizei ist an das **Recht des ersuchenden Landes** gebunden,[99] weil 30 Art. 91 I als Sonderform der Amtshilfe (→ Rn. 2) der angeforderten Stelle keine anderen Kompetenzen als der anfordernden Stelle verleiht. Andernfalls würde der betroffene Bürger mit einer der Rechtssicherheit widersprechenden Gemengelage von Eingriffsvoraussetzungen und -befugnissen konfrontiert.[100] Bundesgesetzliche Bindungen der Bundespolizei werden beim Notstandseinsatz nach Art. 91 I aber nicht derogiert (→ Rn. 28).

# C. Notstandsmaßnahmen aufgrund Anordnung des Bundes (Abs. 2)

## I. Regelungsgehalt

Art. 91 II 1 ermächtigt die BReg, bei innerem Staatsnotstand (→ Rn. 3) Polizeikräfte des bedrohten 31 Landes und anderer Länder ihren Weisungen zu unterstellen und Einheiten der Bundespolizei einzusetzen, wenn das gefährdete Land nicht selbst zur Bekämpfung der Gefahr bereit oder in der Lage ist. **Beide Tatbestandsalternativen des Abs. 2 S. 1** (→ Rn. 34 ff.) stehen **gleichberechtigt** nebeneinander.[101] Die daraus abgeleiteten Befugnisse werden bei überregionalem innerem Staatsnotstand[102] (→ Rn. 40) durch die Möglichkeit der Weisungserteilung gem. Abs. 2 S. 3 Hs. 1 erweitert (→ Rn. 50 ff.).

Das **interventionistische Anordnungs- und Weisungsrecht** des Bundes nach Abs. 2 ist **sub-** 32 **sidiär** gegenüber dem requisitionsabhängigen Anforderungsrecht des bedrohten Landes gem. Abs. 1.[103] Die Berechtigung zur Weisungsunterstellung oder -erteilung (Abs. 2 S. 1 Hs. 2 Alt. 1 und Abs. 2 S. 3 Hs. 1) modifiziert als atypische Auftragsverwaltung (→ Rn. 45) lediglich die Verwaltungsform.[104] Der Einsatz der Bundespolizei (Abs. 2 S. 1 Hs. 2 Alt. 2) durchbricht dagegen die Verwaltungszuständigkeit des Landes zur Gefahrenabwehr (→ Rn. 48). In beiden Fällen ermöglicht Art. 91 II eine von Art. 83 Hs. 1 abweichende Regelung, „lässt etwas anderes zu" iSd Art. 83 Hs. 2 Alt. 2.[105]

## II. Tatbestandsmerkmale

**1. Drohende Gefahr i. S. d. Abs. 1.** Art. 91 II **übernimmt** die **Tatbestandsvoraussetzungen** 33 des Art. 91 I.[106] Dies folgt aus dem Wortlaut („das Land, in dem die *Gefahr* droht") und Zweck des Abs. 2 und wird durch das Stufenverhältnis zu Abs. 1 (→ Rn. 32) untermauert. Anordnungsbefugnisse des Bundes erfordern daher ebenfalls eine den inneren Staatsnotstand begründende Gefahr für den Bestand oder die freiheitliche demokratische Grundordnung des Bundes oder eines Landes (→ Rn. 8 ff.).[107]

**2. Das bedrohte Land ist nicht selbst zur Bekämpfung der Gefahr bereit.** Dieses Merkmal 34 stellt auf **subjektive Umstände** ab.[108] Entscheidend ist die erkennbare Entscheidung des bedrohten Landes, ob, auf welche Weise und in welchem Umfang es handeln will. Die Bereitschaft zur Gefahr-

---

[94] Das Wort „und" in Art. 91 I ist im Sinne von „oder" zu verstehen, da die Einsatzmöglichkeiten gleichrangig sind, o. Rn. 19; *Heun*, in: Dreier III, Art. 91 Rn. 16, nimmt insoweit Subsidiarität an.

[95] Vgl. Art. 1 G zur Umbenennung des BGS in Bundespolizei v. 21.6.2005, BGBl I 1818.

[96] Dazu und zur Unterscheidung gegenüber den Landespolizeikräften BVerfGE 97, 198 (215 ff.); zur Abgrenzung gegenüber den Streitkräften hinsichtlich Funktion und Bewaffnung → Fn. 78 f.

[97] § 11 I Nr. 3, II 2 BPolG; s. auch *Stern*, StaatsR II, S. 1465.

[98] Vgl. § 1 I 1 BPolG; s. auch *Keidel* (Fn. 9), S. 100 f.

[99] BT-RechtsA, BT-Dr V/2873, S. 15; *Stern*, StaatsR II, S. 1465; *Hase* AK GG, Art. 91 Rn. 26.

[100] Vgl. *Stern*, StaatsR II, S. 1465; auch *Volkmann* MKS III, Art. 91 Rn. 27.

[101] *Grzeszick*, in: Friauf/Höfling, Art. 91 (2005) Rn. 24; *Dederer*, in: Maunz/Dürig, Art. 91 Rn. 102.

[102] Vgl. zu diesem Begriff die Begr. des RegE, BT-Dr V/1879, S. 22 f.; die Abgrenzung zum *regionalen* inneren Staatsnotstand ist uneinheitlich; er wird teils in Abs. 1 (so Begr. RegE, aaO), teils in Abs. 2 S. 1 (*Stern*, StaatsR II, S. 1472) verortet.

[103] S. etwa *Linke* AöR 129 (2004), 489 (528).

[104] Vgl. *Grzeszick*, in: Friauf/Höfling, Art. 91 (2005) Rn. 27 ff.; anders *Dederer*, in: Maunz/Dürig, Art. 91 (2019) Rn. 116.

[105] *Stern*, StaatsR II, S. 1472; aA hinsichtlich des nur die Verwaltungsform berührenden Einsatzes der weisungsunterstellten Landespolizeikräfte *Keidel* (Fn. 9), S. 104.

[106] Vgl. Begr. RegE, BT-Dr V/1879, S. 23; s. auch *Volkmann* MKS III, Art. 91 Rn. 33.

[107] Der Wortlaut des Art. 91 II 1 lässt zwar offen, wer von der Bedrohung betroffen ist („… Land, *in dem* die Gefahr droht …"), so dass zunächst auch eine Gefährdung des Bundes denkbar erscheint (so *v. Mangoldt/Klein* III, Art. 91 Anm. IV 3a); diese Möglichkeit scheidet aber angesichts des Zwecks und der Zielrichtung des bundesinterventionistischen Anordnungsrechts aus; anders *Dederer*, in: Maunz/Dürig, Art. 91 (2019) Rn. 101.

[108] *Stern*, StaatsR II, S. 1472; *E. Klein* HStR VII, § 169 Rn. 23.

bekämpfung fehlt, wenn das Land explizit erklärt, dass es **nicht gewillt** ist, die Gefahr rechtzeitig und wirksam zu bekämpfen.[109]

35 Gleiches gilt, wenn das Land **aus vorwerfbaren Gründen** unfähig zur Gefahrbekämpfung ist, untätig bleibt,[110] unentschlossen oder zögerlich handelt bzw. untaugliche oder unzureichende Maßnahmen trifft. Ein solches Verhalten manifestiert konkludent fehlende Abwehrbereitschaft. Andernfalls könnte durch Vorspiegelung von Handlungswilligkeit und -fähigkeit die notwendige Gefahrbekämpfung unterlaufen werden.[111] Lässt sich die Vorwerfbarkeit nicht eindeutig feststellen (dazu → Rn. 37 f.), kann auf die gleichberechtigte Tatbestandsalternative (→ Rn. 31) „nicht zur Bekämpfung der Gefahr in der Lage" zurückgegriffen werden (→ Rn. 36 f.). Inhalt und Umfang des Interventionsrechtes des Bundes werden dadurch nicht angetastet.

36 **3. Das bedrohte Land ist nicht selbst zur Bekämpfung der Gefahr in der Lage.** Das bedrohte Land ist nicht selbst zur Bekämpfung der Gefahr in der Lage, wenn es ihm **aufgrund objektiver Umstände unmöglich** ist,[112] sie mit eigenen und nach Abs. 1 angeforderten Kräften und Einrichtungen[113] rechtzeitig und umfassend zu beseitigen. Dazu kommt es grds. nur bei Verweigerung oder Verzögerung der angeforderten Hilfe. Ist die Gefahrbekämpfung trotz Ausschöpfung aller Ressourcen schlechterdings unmöglich, bietet auch das Interventionsrecht aus Abs. 2 S. 1 keinen Schutz.[114]

37 Das Land ist außerdem bei auf **nicht vorwerfbarer** Unfähigkeit oder Untätigkeit beruhendem **Unvermögen** nicht selbst zur Gefahrbekämpfung in der Lage. Gleiches gilt, wenn die Maßnahmen aus nicht vorwerfbaren Gründen, zB wegen unverschuldeter Fehleinschätzung, untauglich oder unzureichend sind.[115]

38 Der **BReg** steht bei Prüfung dieser unbestimmten Rechtsbegriffe wegen ihres politisch-prognostischen Charakters ein **Beurteilungsspielraum** zu.[116] Sie darf nicht „sehenden Auges zuwarten, bis ein Land mit der Bekämpfung der Gefahr gescheitert ist".[117] Vielmehr genügen objektive Anhaltspunkte für eine hinreichende Wahrscheinlichkeit des Scheiterns.[118]

39 Bei unbeabsichtigten Fehleinschätzungen der BReg und bei Meinungsverschiedenheiten mit dem betroffenen Land, die sich insbes. am erforderlichen Maß der Gefahrbekämpfung entzünden können, ist ein Vorgehen nach Art. 91 II 1 (zunächst) zulässig.[119] Der **Entscheidungsvorrang des Bundes** ist allerdings nicht formal, sondern nur temporal. Er ist aufgrund des überragenden Interesses an schneller, effektiver Beseitigung der Gefahr gerechtfertigt. Die dem Land dadurch entstehenden Nachteile werden durch spätere Korrekturmöglichkeiten nach Art. 91 II 2 Hs. 2 (→ Rn. 56) oder Art. 93 I Nr. 3 kompensiert.[120]

40 **4. Die Gefahr erstreckt sich auf das Gebiet mehr als eines Landes.** Die Notstandsbefugnisse gem. Abs. 2 S. 1 werden durch den im Zuge der Notstandsgesetzgebung eingefügten[121] **überregionalen inneren Staatsnotstand**[122] gem. Abs. 2 S. 3 ergänzt. Er baut auf den Handlungsvoraussetzungen des Abs. 2 S. 1 auf (→ Rn. 33 ff.)[123] und verlangt zudem, dass der Gefahrenherd sich, unabhängig von der Angriffsrichtung, räumlich auf das Gebiet mehrerer Länder erstreckt. Hierfür müssen mindestens zwei Länder von derselben Gefahr bedroht sein.[124] Die Überregionalität der Notstandslage verlagert das Initiativrecht für ihre Bekämpfung auf die BReg und erweitert deren Kompetenz.[125]

---

[109] HM *Dederer*, in: Maunz/Dürig, Art. 91 (2019) Rn. 103.

[110] Ähnlich *Schikowski* (Fn. 24), S. 60.

[111] Krit. *Dederer*, in: Maunz/Dürig, Art. 91 (2019) Rn. 103.

[112] Vgl. *Hernekamp*, in: v. Münch/Kunig II, Art. 91 Rn. 27.

[113] Diese üben Staatsgewalt des bedrohten Landes aus („*selbst* zur Bekämpfung ...", vgl. → Rn. 25, → Rn. 28), dazu *Evers* BK, Art. 91 (1969) Rn. 50; anders *Kölble* Die Polizei 51 (1960), 5, 88 (89), wonach das Anforderungsrecht gem. Abs. 1 außer Betracht bleibt.

[114] S. C. *Arndt* DVBl 1968, 729 (730).

[115] *Hernekamp*, in: v. Münch/Kunig II, Art. 91 Rn. 27; anders *Volkmann* MKS III, Art. 91 Rn. 33.

[116] *Stern*, StaatsR II, S. 1472; *Pieroth*, in: Jarass/Pieroth, Art. 91 Rn. 3.

[117] So *Stern*, StaatsR II, S. 1472.

[118] Ähnlich *Evers* BK, Art. 91 (1969) Rn. 50: „wenn das Scheitern [...] objektiv zu besorgen ist".

[119] Diese Umstände geben daher zunächst, dh bis zu einer nachträglichen Korrektur, zu Lasten des bedrohten Landes, vgl. *Evers* BK, Art. 91 (1969) Rn. 50; *Parche* (Fn. 4), S. 156; aA *Hase* AK GG, Art. 91 Rn. 29, wonach die BReg nur bei Vorliegen außergewöhnlich gewichtiger Umstände berechtigt ist, die Lagebewertung der Landesorgane zu konterkarieren; krit. auch *Böckenförde* NJW 1978, 1881 (1889); *Volkmann* MKS III, Art. 91 Rn. 34, 12 f.

[120] S. *Hernekamp*, in: v. Münch/Kunig II, Art. 91 Rn. 28; *Epping*, in: ders./Hillgruber, Art. 91 Rn. 22.

[121] § 1 Nr. 15 des 17. G. zur Erg. des GG v. 24.6.1968 (BGBl I 709).

[122] Dazu und zur Abgrenzung gegenüber dem regionalen inneren Staatsnotstand → Fn. 102.

[123] Ebenso *Pieroth*, in: Jarass/Pieroth, Art. 91 Rn. 5; *Ruge*, in: Hofmann/Henneke, Art. 91 Rn. 5; aA *Evers* BK, Art. 91 (1969) Rn. 51.

[124] S. nur *Grzeszick*, in: Friauf/Höfling, Art. 91 (2005) Rn. 33.

[125] So zur vergleichbaren Lage bei Art. 35 III BVerfGE 115, 118 (150 f.); 132, 1, Rn. 52 ff.; → Rn. 50 f.

## III. Rechtsfolgen

**1. Weisungsunterstellung der Landespolizeikräfte. a) Gegenstand** der Weisungsunterstellung **41** gem. Abs. 2 S. 1 Hs. 2 Alt. 1 sind die Polizei des bedrohten Landes und die Polizeikräfte anderer Länder. Die Begriffe „Polizei" und „Polizeikräfte" sind trotz divergierenden Wortlauts inhaltsgleich wie in Abs. 1 als in polizeilicher Funktion handelnde Bedienstete der **Polizei im formellen Sinne** zu verstehen (→ Rn. 24 f.). Kräfte und Einrichtungen anderer Verwaltungen fallen nicht darunter.[126] Art. 91 II 1 Hs. 2 Alt. 1 stellt die BReg nicht vor die Alternative, sich alle oder keine Landespolizeikräfte zu unterstellen. Das Wort „und" in dieser Vorschrift ist als „oder" zu lesen, lässt daher auch „Kombinationslösungen" zu.[127]

**b)** Die **Zuständigkeit** zur Entscheidung über die Weisungsunterstellung liegt gem. Art. 91 II 1 **42** allein bei der **Bundesregierung** als Kollegialorgan (Art. 62).[128] Sie kann im Gegensatz zur Ausübung der Weisungsbefugnisse nicht auf andere Stellen (z. B. den Bundesinnenminister) delegiert werden.[129] Angesichts der Rechtswirkungen der Weisungsunterstellung bedarf sie aus Gründen der Rechtsklarheit einer **ausdrücklichen, förmlich bekannt gemachten Anordnung.**[130] Die Mitwirkung anderer Bundesorgane, insbes. die Zustimmung des BTages oder des BRates, ist nicht vorgesehen.[131]

Die BReg handelt bei der Entscheidung, ob sie Landespolizeikräfte ihren Weisungen unterstellt, **43** nach pflichtgemäßem **Entschließungsermessen** (Abs. 2 S. 1: „kann"),[132] das sich je nach Art und Ausmaß der Gefahr zu einer Rechtspflicht verdichten kann.[133] Zudem steht ihr ein **Auswahlermessen** zu, ob sie die Polizei des bedrohten Landes oder die Polizeikräfte anderer Länder in Anspruch nimmt. Ein Stufenverhältnis zwischen diesen Möglichkeiten lässt sich aus der Reihenfolge der Aufzählung in Abs. 2 S. 1 nicht ableiten,[134] weil sie allein in der Normgenese ihren Ursprung findet. Aus bundesstaatlicher Sicht liegt keine „schrittweise Intensivierung der Bundesintervention vor".[135]

**c)** Die Weisungsunterstellung entfaltet folgende **Rechtswirkungen:**                              **44**

Die unterstellten Landespolizeikräfte stehen in einem besonderen, im Hinblick auf die Einwirkungs- **45** rechte des Bundes der **Auftragsverwaltung ähnlichen**[136] **Rechtsverhältnis sui generis** zur BReg.[137] Sie werden nicht in die Bundesverwaltung eingegliedert,[138] üben keine Bundeskompetenzen aus,[139] sondern nehmen als Organe ihres Herkunftslandes[140] Aufgaben des Einsatzlandes[141] nach dessen Recht[142] bei fortbestehender Bindung an Bundesrecht (z. B. § 15 UZwG)[143] geleitet durch Bundesweisungen wahr.

Die Weisungsunterstellung gem. Abs. 2 S. 1 berechtigt die BReg zu **Einzelweisungen** und **all- 46 gemeinen Weisungen,**[144] nicht aber zum Erlass von Verwaltungsvorschriften oder Rechtsverordnun-

[126] *Volkmann* MKS III, Art. 91 Rn. 36.

[127] *Dederer,* in: Maunz/Dürig, Art. 91 (2019) Rn. 113; zum Verhältnis zwischen diesen Befugnissen → Rn. 43.

[128] S. *Dederer,* in: Maunz/Dürig, Art. 91 (2019) Rn. 110, 112; *Keidel* (Fn. 9), S. 112.

[129] Vgl. *Hernekamp,* in: v. Münch/Kunig II, Art. 91 Rn. 30; das gilt auch bei Eilbedürftigkeit, s. zu Art. 35 III BVerfGE 115, 118 (149 f.); 132, 1, Rn. 53, 56 ff.; s. aber BVerfGE 133, 241, Rn. 77; krit. *Schenke* NJW 2006, 736 (737 f.).

[130] *Evers* BK, Art. 91 (1969) Rn. 55; *Hase* AK GG, Art. 91 Rn. 30: „öffentliche Bekanntmachung"; s. auch *Schikowski* (Fn. 24), S. 47, der ihr aber nur deklaratorische Bedeutung beimisst; *Volkmann* MKS III, Art. 91 Rn. 35 mit Fn. 16, stellt allein auf die Praktikabilität ab.

[131] Zust. *Dederer,* in: Maunz/Dürig, Art. 91 (2019) Rn. 110; der BRat kann aber gem. Abs. 2 S. 2 Hs. 2 nachträglich jederzeit die Aufhebung der Anordnung verlangen, dazu → Rn. 56.

[132] HM, vgl. *Volkmann* MKS III, Art. 91 Rn. 35, ebda, Rn. 22, zu den Ermessensgrenzen; anders *Evers* BK, Art. 91 (1969) Rn. 54: „rechtlich gebundener Regierungsakt".

[133] Vgl. *Stern,* StaatsR II, S. 1472; *Hernekamp,* in: v. Münch/Kunig II, Art. 91 Rn. 29.

[134] *Stern,* StaatsR II, S. 1473; *Pieroth,* in: Jarass/Pieroth, Art. 91 Rn. 3; aA *Dederer,* in: Maunz/Dürig, Art. 91 (2019) Rn. 102 (mit Fn. 4); *Hernekamp,* in: v. Münch/Kunig II, Art. 91 Rn. 29.

[135] So aber *v. Mangoldt/Klein* III, Art. 91 Anm. IV 9 vor a.

[136] Unterschiede ergeben sich insbes. daraus, dass nicht Bundes-, sondern Landesrecht vollzogen wird; s. auch *Eichhorn* (Fn. 21), S. 187 ff.; *Heun,* in: Dreier III, Art. 91 Rn. 20; grds. krit. zum Begriff „Auftragsverwaltung" in diesem Kontext *Dederer,* in: Maunz/Dürig, Art. 91 (2019) Rn. 116.

[137] Vgl. *Stern,* StaatsR II, S. 1472; *Volkmann* MKS III, Art. 91 Rn. 11, siedelt Art. 91 II zwischen Auftragsverwaltung und Bundeszwang an.

[138] So aber *Ule/Rasch,* Allgemeines Polizei- und Ordnungsrecht III/1, 1965, S. 779; dagegen *Keidel* (Fn. 9), S. 102 ff.; *Rungweber* (Fn. 4), S. 21 ff.

[139] In diesem Sinne *Kölble* Die Polizei 51 (1960), 5, 41.

[140] Vgl. *Evers* BK, Art. 91 (1969) Rn. 70: „Organwalterleihe"; gegen Organleihe *Dederer,* in: Maunz/Dürig, Art. 91 (2019) Rn. 116.

[141] *Keidel* (Fn. 9), S. 105 f.; *Hernekamp,* in: v. Münch/Kunig II, Art. 91 Rn. 32, ebda, Rn. 34, zur Kostentragung; s. auch *Volkmann* MKS III, Art. 91 Rn. 40 mwN.

[142] *Evers* BK, Art. 91 (1969) Rn. 70; *Stern,* StaatsR II, S. 1473; anders *Rungweber* (Fn. 4), S. 34 ff., der zwischen der Polizei des bedrohten Landes und den Polizeikräften anderer Länder differenziert; für Letztere weist *Volkmann* MKS III, Art. 91 Rn. 38, auf eine Regelungslücke hin.

[143] Vgl. *E. Klein* HStR VII, § 169 Rn. 26; *Ruge,* in: Hofmann/Henneke, Art. 91 Rn. 4; zu § 15 UZwG *Wacke* JZ 1962, 137, 198 (202 f.); *Eichhorn* (Fn. 21), S. 192 f.

[144] *Kölble* Die Polizei 51 (1960), 5, 41 (42); *Evers* BK, Art. 91 (1969) Rn. 79; *Keidel* (Fn. 9), S. 111.

gen.[145] **Adressat** sind die weisungsunterstellten Polizeibehörden. Weisungen an Landesregierungen sind nur unter den Voraussetzungen des Abs. 2 S. 3 Hs. 1 zulässig,[146] Weisungen an andere Landesbehörden generell ausgeschlossen.[147] Sie können nicht durch Rückgriff auf Art. 85 begründet werden, weil die erschöpfende Sonderregelung des Art. 91 II ihn verdrängt.[148]

47    **Inhalt und Umfang des Weisungsrechtes** werden durch den in Abs. 2 S. 1 iVm Abs. 1 vorgegebenen Zweck beschränkt, drohende Gefahren für den Bestand oder die freiheitliche demokratische Grundordnung des Bundes oder eines Landes abzuwehren.[149] Die Polizeikräfte des angewiesenen Landes sind aber auch bei Rechtswidrigkeit der Bundesweisung grds. verpflichtet, diese zu befolgen, was von der BReg ggfs. durch Bundeszwang (Art. 37) oder gem. Art. 93 I Nr. 3 durchgesetzt werden kann.[150] Das Weisungsrecht des Landes gegenüber seinen Polizeibehörden wird insoweit durch die Weisungsgewalt des Bundes **verdrängt**.[151]

48    **2. Einsatz der Bundespolizei.** Neben oder statt einer Weisungsunterstellung von Landespolizeikräften[152] kann die BReg gem. Abs. 2 S. 1 Hs. 2 Alt. 2 nach **pflichtgemäßem Ermessen** Einheiten der in bundeseigener Verwaltung geführten Bundespolizei (→ Rn. 29) in polizeilicher Funktion[153] zur Gefahrenabwehr in dem bedrohten Land[154] einsetzen. Art. 91 II 1 begründet insoweit eine die Landeszuständigkeit (Art. 83 Hs. 1) verdrängende **Verwaltungskompetenz des Bundes,**[155] was der Regelungsvorbehalt in Art. 83 Hs. 2 Alt. 2 zulässt.

49    Die Bundespolizei handelt als **Bundesorgan**[156] aufgrund von **Bundesrecht.**[157] Beim zusätzlichen Einsatz von Landespolizeikräften entsteht eine **Gemengelage** mit Landesrecht. Dagegen erhobene Bedenken im Hinblick auf die Rechtsklarheit werden durch die Ähnlichkeit der Befugnisse und die Möglichkeit einer zentralen, auch die Landespolizei mittels Weisungen steuernden Einsatzleitung durch den Bund gemildert.

50    **3. Weisungserteilung an die Landesregierungen.** Art. 91 II 3 räumt der BReg als Kollegialorgan (Art. 62)[158] im überregionalen inneren Staatsnotstand (→ Rn. 40) nach **pflichtgemäßem Ermessen**[159] ein besonderes Weisungsrecht gegenüber den LReg ein, soweit dies zur Gefahrbekämpfung erforderlich ist. In diesem Vorbehalt kommt der in Art. 91 angelegte Vorrang der Anforderungsrechte des bedrohten Landes gem. Abs. 1 zum Ausdruck (→ Rn. 32);[160] zugleich begrenzt er den Inhalt des Weisungsrechts nach Abs. 2 S. 1.[161] Dagegen bleiben die Befugnisse nach Abs. 2 S. 1 unberührt, was Abs. 2 S. 3 Hs. 2 klarstellt („Satz 1 … bleiben unberührt"). Das Weisungsrecht des Abs. 2 S. 3 Hs. 1 ist insoweit **nicht subsidiär,** sondern komplementär; es tritt gleichrangig neben diese Rechte.[162]

51    **Adressat** von Bundesweisungen nach Abs. 2 S. 3 sind, anders als bei Weisungen gem. Abs. 2 S. 1, nicht einzelne Landesminister oder ihnen nachgeordnete Landesbehörden, sondern ausschließlich **Landesregierungen.**[163] Sie behalten zwar ihre Befugnisse, müssen diese aber nach Maßgabe der Weisungen, die auch bei Rechtswidrigkeit grds. binden, wahrnehmen,[164] was von der BReg gem. Art. 37 oder Art. 93 I Nr. 3 durchgesetzt werden kann.[165]

52    Das Weisungsrecht ist gegenständlich nicht beschränkt. Die BReg darf zur Bekämpfung der Gefahr den LReg **auf allen Gebieten der Landesverwaltung** Weisungen erteilen.[166] Sie kann auch ver-

---

[145] S. nur *Hase* AK GG, Art. 91 Rn. 31 mwN; aA *Wacke* JZ 1962, 137, 198 (202).

[146] Vgl. *Keidel* (Fn. 9), S. 113 sowie → Rn. 40.

[147] So *Evers* BK, Art. 91 (1969) Rn. 73; anders für das Innenministerium eines Landes *Dederer,* in: Maunz/Dürig, Art. 91 (2019) Rn. 108.

[148] Anders dazu *Dederer,* in: Maunz/Dürig, Art. 91 (2019) Rn. 109 (mit Fn. 4).

[149] Vgl. *Evers* BK, Art. 91 (1969) Rn. 75, dort auch zu weiteren Bindungen; *Keidel* (Fn. 9), S. 109 ff.

[150] Ebenso *Dederer,* in: Maunz/Dürig, Art. 91 (2019) Rn. 108, 121.

[151] *Volkmann* MKS III, Art. 91 Rn. 37.

[152] Vgl. *Stern,* StaatsR II, S. 1473 und → Rn. 43; zur Situation bei → Rn. 29.

[153] *Keidel* (Fn. 9), S. 38 f.; *Hase* AK GG, Art. 91 Rn. 32; allgemeiner auch BVerfGE 97, 198 (215).

[154] §§ 7 I, 11 I Nr. 3 BPolG; die Aufgaben der Bundespolizei sind nicht auf das Grenzgebiet beschränkt.

[155] *Evers* BK, Art. 91 (1969) Rn. 67; der Bund muss daher auch die Kosten tragen, *Hase* AK GG, Art. 91 Rn. 32, 34; zur Haftung *Grzeszick,* in: Friauf/Höfling, Art. 91 (2005) Rn. 31.

[156] Vgl. *Volkmann* MKS III, Art. 91 Rn. 39.

[157] S. § 14 I u. III BPolG; zur Rechtslage unter dem BGSG *Stern,* StaatsR II, S. 1473.

[158] *Rungweber* (Fn. 4), S. 56; *Eichhorn* (Fn. 21), S. 182; s. für Art. 35 III BVerfGE 115, 118 (149); 132, 1, Rn. 54 f.

[159] *Epping,* in: ders./Hillgruber, Art. 91 Rn. 14, 20, nimmt zudem einen Beurteilungsspielraum an.

[160] *Evers* BK, Art. 91 (1969) Rn. 51.

[161] Vgl. *Hase* AK GG, Art. 91 Rn. 36, der allerdings das Erforderlichkeitskriterium als nur teilweise justitiabel ansieht.

[162] *Stern,* StaatsR II, S. 1473; aA *Volkmann* MKS III, Art. 91 Rn. 42; *Epping,* in: ders./Hillgruber, Art. 91 Rn. 21.

[163] *Keidel* (Fn. 9), S. 114; *Stern,* StaatsR II, S. 1473.

[164] So *Evers* BK, Art. 91 (1969) Rn. 78; auch *Volkmann* MKS III, Art. 91 Rn. 43, mit Bezugnahme auf Art. 85 III; Grenzen der Bindung ergeben sich aus der Bundestreue, vgl. für die Auftragsverwaltung BVerfGE 81, 310 (337 f.); 104, 249 (269 f.).

[165] Vgl. *Rungweber* (Fn. 4), S. 54 ff.

[166] S. *Evers* BK, Art. 91 (1969) Rn. 78; *Pieroth,* in: Jarass/Pieroth, Art. 91 Rn. 5 mwN.

langen, dass diese das Anforderungsrecht nach Art. 91 I ausschöpfen.[167] Art. 91 II 3 lässt nur Einzelweisungen und allgemeine Weisungen zu, der Erlass von Verwaltungsvorschriften oder Rechtsverordnungen ist dagegen ausgeschlossen.[168]

**4. Einsatz der Streitkräfte. Art. 91 II** ermächtigt bei innerem Staatsnotstand **nicht** zum Einsatz 53 der Streitkräfte der Bundesrepublik Deutschland, normiert aber einen Teil der von **Art. 87a IV** als einschlägiger **verfassungsrechtlicher Grundlage** vorausgesetzten Tatbestandsmerkmale. Danach kann die BReg die Bundeswehr zur Unterstützung der Landes- und Bundespolizei beim Schutz von zivilen Objekten und bei der Bekämpfung organisierter und militärisch bewaffneter Aufständischer einsetzen, wenn eine Notstandslage i. S. d. Art. 91 I besteht, die Voraussetzungen des Art. 91 II vorliegen und die Polizeikräfte der Länder und des Bundes nicht ausreichen.[169] Nach Ansicht des Plenums des BVerfG ist der Streitkräfteeinsatz im Inneren nach Art. 87a IV iVm Art. 91 auf äußerste Ausnahmefälle begrenzt. Die Streitkräfte dürfen organisierte, militärisch bewaffnete Aufständische nicht allein deshalb bekämpfen, weil sie sich vorsätzlich in aggressiver Weise gegen den Staat wenden und damit die öffentliche Sicherheit gefährden. Vielmehr muss von ihnen eine Gefahr für den Bestand oder die freiheitliche demokratische Grundordnung des Bundes oder eines Landes ausgehen. Unter diesen engen Voraussetzungen dürfen die Streitkräfte als ultima ratio auch militärische Mittel einsetzen. Diese dürfen nicht durch Rückgriff auf Art. 35 II u. III unterlaufen werden.[170]

## IV. Aufhebung der Anordnung

**1. Regelungsgehalt.** Art. 91 II 2 **verpflichtet**[171] die BReg als Kollegium (Art. 62)[172] zur aus- 54 drücklichen, förmlich bekanntzumachenden[173] **Aufhebung** der Anordnung **der Weisungsunterstellung** gem. Abs. 2 S. 1 Hs. 2 Alt. 1,[174] wenn die Gefahr beseitigt ist (→ Rn. 55) oder der BRat die Aufhebung verlangt (→ Rn. 56). Gleiches gilt für Entscheidung über den Einsatz von Einheiten **der Bundespolizei** gem. Abs. 2 S. 1 Hs. 2 Alt. 2[175] und für im überregionalen inneren Staatsnotstand den LReg aufgrund Abs. 2 S. 3 Hs. 1 erteilte **Weisungen.**[176] Anders als bei der besonderen Amtshilfe nach Abs. 1 ist eine förmliche Beendigung der Bundesintervention notwendig, weil die Aufhebung als actus contrarius[177] zur Anordnung ebenfalls in die Verwaltungskompetenz der Länder eingreift bzw. die Verwaltungsform verändert (→ Rn. 32).[178] Daneben ist die BReg befugt, die Anordnung aus anderen sachl. Gründen nach Ermessen von sich aus aufzuheben.[179]

**2. Tatbestandsmerkmale. a) Nach Beseitigung der Gefahr.** Die Verpflichtung zur Auf- 55 hebung gem. Abs. 2 S. 2 Hs. 1 entsteht, wenn die **Gefahr beseitigt** worden ist. Gleiches gilt, wenn sie unter die erforderliche Gefahrenschwelle (→ Rn. 9 f.) sinkt oder sich herausstellt, dass die Gefahr nie vorgelegen hat.[180] Die Aufhebungspflicht der BReg bildet den Ausgleich gegenüber der Bindung der Länder an ihre Anordnungen und Entscheidungen gem. Abs. 2 S. 1 und S. 3 Hs. 1 (→ Rn. 47, 51).

**b) Auf Verlangen des BRates.** Unabhängig davon muss die BReg die Anordnung → Rn. 54) 56 aufheben, wenn der **Bundesrat** dies aufgrund Abs. 2 S. 2 Hs. 2 **verlangt.** Dazu ist ein mit Stimmenmehrheit (Art. 52 III 1) gefasster **Beschluss** erforderlich,[181] bei dem das gefahrbedrohte Land uneingeschränkt stimmberechtigt ist.[182] Das Aufhebungsbegehren kann **jederzeit** gestellt werden, auch wenn

---

[167] Vgl. *Rungweber* (Fn. 4), S. 54; *Hase* AK GG, Art. 91 Rn. 36.

[168] *Hernekamp,* in: v. Münch/Kunig II, Art. 91 Rn. 37 mwN.

[169] Dazu *Badura* ThürVBl 1994, 169 (173 f.); *Spranger* NZWehrR 1999, 72 ff.; *Klein* ZRP 2003, 140; *Hirsch* ZRP 2003, 378; *Linke* AöR 129 (2004), 489 (527 ff.); → Art. 87a Rn. 66 ff.

[170] BVerfGE 132, 1, Rn. 26, 30, 41, 45 f.; 133, 241, Rn. 62 f.

[171] *Dederer,* in: Maunz/Dürig, Art. 91 (2019) Rn. 125 ff.; für verdichtetes Ermessen *Schikowski* (Fn. 24), S. 104 f.; die Pflicht kann gem. Art. 93 I Nr. 3 durchgesetzt werden, s. *Evers* BK, Art. 91 (1969) Rn. 56.

[172] Ebenso wie bei Anordnung der Weisungsunterstellung besteht bei ihrer Aufhebung keine Delegationsmöglichkeit, → Rn. 42 mit Fn. 129, → Fn. 173.

[173] Vgl. *Pieroth,* in: Jarass/Pieroth, Art. 91 Rn. 3, 6 mw N; aA *Dederer,* in: Maunz/Dürig, Art. 91 (2019) Rn. 127.

[174] Erfasst wird nur die von der BReg getroffene Anordnung, nicht die übertragbare Ausübung des Weisungsrechts gem. Art. 91 II 1, vgl. *Schikowski* (Fn. 24), S. 104.

[175] Diese Erweiterung folgt aus dem Normzweck und betrifft nur die nicht übertragbare Entscheidung der BReg über den Einsatz, nicht aber Maßnahmen bei seiner Durchführung, s. *Hernekamp,* in: v. Münch/Kunig II, Art. 91 Rn. 35 f.; vgl. auch *Volkmann* MKS III, Art. 91 Rn. 44.

[176] Vgl. Abs. 2 S. 3 Hs. 2: „… Satz 2 bleiben unberührt“, der wegen der ungewöhnlichen, entstehungsgeschichtlich bedingten Stellung des Abs. 2 S. 2 der Klarstellung dient; s. *Stern,* StaatsR II, S. 1474.

[177] So auch *Dederer,* in: Maunz/Dürig, Art. 91 (2019) Rn. 127; s. auch *Schikowski* (Fn. 24), S. 102.

[178] Vgl. *Stern,* StaatsR II, S. 1474; → Rn. 32.

[179] *Dederer,* in: Maunz/Dürig, Art. 91 (2019) Rn. 127; *Volkmann* MKS III, Art. 91 Rn. 44.

[180] HM, vgl. *Evers* BK, Art. 91 (1969) Rn. 57.

[181] *Evers* BK, Art. 91 (1969) Rn. 56, 58.

[182] § 28 III GOBRat; *Hernekamp,* in: v. Münch/Kunig II, Art. 91 Rn. 36; krit. *Kölble* Die Polizei 51 (1960), 5, 88 (91).

die Gefahr objektiv noch besteht oder die BReg sie subjektiv für gegeben erachtet.[183] Dieser Entscheidungsvorrang des BRates gegenüber der BReg bei der Aufhebung der Anordnung kompensiert seine fehlende Mitwirkung bei ihrem Erlass, ermöglicht dadurch den Ländern Korrekturen, wenn der Bund seine Notstandskompetenzen überdehnt.[184]

[183] *Evers* BK, Art. 91 (1969) Rn. 57; ebenso aufgrund des eindeutigen Wortlauts *Schikowski* (Fn. 24), S. 102 f.; *Heun*, in: Dreier III, Art. 91 Rn. 22; nach *Dederer*, in: Maunz/Dürig, Art. 91 (2019) Rn. 129 besteht mittels „Art. 91 Abs. 2 Satz 2 Alt. 2 GG [nur eine] rein politische Kontrolle der Bundesregierung".
[184] *Schikowski* (Fn. 24), S. 103; *Hernekamp*, in: v. Münch/Kunig II, Art. 91 Rn. 36.

# VIIIa. Gemeinschaftsaufgaben, Verwaltungszusammenarbeit

## Art. 91a [Gemeinschaftsaufgaben]

(1) **Der Bund wirkt auf folgenden Gebieten bei der Erfüllung von Aufgaben der Länder mit, wenn diese Aufgaben für die Gesamtheit bedeutsam sind und die Mitwirkung des Bundes zur Verbesserung der Lebensverhältnisse erforderlich ist (Gemeinschaftsaufgaben):**
1. **Verbesserung der regionalen Wirtschaftsstruktur,**
2. **Verbesserung der Agrarstruktur und des Küstenschutzes.**

(2) **Durch Bundesgesetz mit Zustimmung des Bundesrates werden die Gemeinschaftsaufgaben sowie Einzelheiten der Koordinierung näher bestimmt.**

(3) **Der Bund trägt in den Fällen des Absatzes 1 Nr. 1 die Hälfte der Ausgaben in jedem Land. In den Fällen des Absatzes 1 Nr. 2 trägt der Bund mindestens die Hälfte; die Beteiligung ist für alle Länder einheitlich festzusetzen. Das Nähere regelt das Gesetz. Die Bereitstellung der Mittel bleibt der Feststellung in den Haushaltsplänen des Bundes und der Länder vorbehalten.**

**Entstehungsgeschichte: Erstfassung:** 21. G zur Änd. des GG v. 12.5.1969 (BGBl I 359), Art. I Nr. 1 (dazu: Komm. für die Finanzreform, Gutachten über die Finanzreform in der Bundesrepublik Deutschland, 2. Aufl. 1966, Tz. 198–215, BT-Dr V/2861 [Entw.], V/3605, V/3896, V/4021, V/4105; BT-Prot V/9145, 11 025; BR-Dr 138/68, 14/69, 217/69; BR-Prot 68/45, 69/1, 108) – **Änderungen:** 27. G zur Änd. des GG v. 31.7.1970 (BGBl I 1161), Art. I Nr. 2 (dazu: BT-Dr VI/115 [Entw.], VI/873; BT-Prot VI/667, 3279; BR-Dr 371/70; BR-Prot 70/138); G zur Änd. des GG v. 28.8.2006 (BGBl I 2034), Art. 1 Nr. 12 (dazu: BT-Dr 16/813 [Entw.], 16/2010, 2069; BT-Prot 16/1749, 4233, 4295; BR-Dr 178/06, 180/06, 462/06; BR-Prot 06/39, 62, 203, 222).

**Historische Verfassungstexte: GG 1969 Art. 91a:** (1) Der Bund wirkt auf folgenden Gebieten bei der Erfüllung von Aufgaben der Länder mit, wenn diese Aufgaben für die Gesamtheit bedeutsam sind und die Mitwirkung des Bundes zur Verbesserung der Lebensverhältnisse erforderlich ist (Gemeinschaftsaufgaben): 1. Ausbau und Neubau von wissenschaftlichen Hochschulen einschließlich der Hochschulkliniken, 2. Verbesserung der regionalen Wirtschaftsstruktur, 3. Verbesserung der Agrarstruktur und des Küstenschutzes. (2) Durch Bundesgesetz mit Zustimmung des Bundesrates werden die Gemeinschaftsaufgaben näher bestimmt. Das Gesetz soll allgemeine Grundsätze für ihre Erfüllung enthalten. (3) Das Gesetz trifft Bestimmungen über das Verfahren und über Einrichtungen für eine gemeinsame Rahmenplanung. Die Aufnahme eines Vorhabens in die Rahmenplanung bedarf der Zustimmung des Landes, in dessen Gebiet es durchgeführt wird. (4) Der Bund trägt in den Fällen des Absatzes 1 Nr. 1 und 2 die Hälfte der Ausgaben in jedem Land. In den Fällen des Absatzes 1 Nr. 3 trägt der Bund mindestens die Hälfte; die Beteiligung ist für alle Länder einheitlich festzusetzen. Das Nähere regelt das Gesetz. Die Bereitstellung der Mittel bleibt der Feststellung in den Haushaltsplänen des Bundes und der Länder vorbehalten. (5) Bundesregierung und Bundesrat sind auf Verlangen über die Durchführung der Gemeinschaftsaufgaben zu unterrichten.Bund und Länder können auf Grund von Vereinbarungen bei der Bildungsplanung und bei der Förderung von Einrichtungen und Vorhaben der wissenschaftlichen Forschung von überregionaler Bedeutung zusammenwirken. Die Aufteilung der Kosten wird in der Vereinbarung geregelt.Bund und Länder können. **GG 1970 Art. 91a:** [...] 1. Ausbau und Neubau von Hochschulen einschließlich der Hochschulkliniken. [...].

**Supra- und internationale Texte:** AEUV Art. 174–178.

**Gesetzgebung:** G über die Gemeinschaftsaufgabe „Verbesserung der regionalen Wirtschaftsstruktur" v. 6.10.1969 (BGBl I 1861), zul. geänd. durch Art. 269 VO v. 31.8.2015 (BGBl I 1474); G über die Gemeinschaftsaufgabe „Verbesserung der Agrarstruktur und des Küstenschutzes" v. 3.9.1969, i. d. F. der Bek. v. 21.7.1988 (BGBl I 1055), zul. geänd. durch Art. 1 G v. 11.10.2016 (BGBl I 2231).

**Leitentscheidungen:** BVerfGE 39, 96 (Finanzhilfen); 139, 194 (Mischverwaltung).

**Schrifttum: Allgemeines:** *R. Breuer,* Gemeinschaftsaufgaben und Mischfinanzierung ..., FS Krause, 2006, S. 325; *J. A. Frowein,* Gemeinschaftsaufgaben im Bundesstaat, VVDStRL 31 (1973), 13; *R. Grawert,* Zusammenarbeit und Steuerung im Bundesstaat, Der Staat 14 (1975), 229; *K. Hesse,* Der unitarische Bundesstaat, 1962; *ders.,* Aspekte des kooperativen Föderalismus in der Bundesrepublik Deutschland, FS Gebhard Müller, 1970, S. 141; *G. Kisker,* Kooperation im Bundesstaat, 1971; *Komm. für die Finanzreform,* Gutachten über die Finanzreform in der Bundesrepublik Deutschland, 2. Aufl. 1966 („Troeger-Gutachten"); *R. Loeser,* Theorie und Praxis der Mischverwaltung, 1976; *S. Marnitz,* Die Gemeinschaftsaufgaben des Art. 91a GG ..., 1974; *I. v. Münch,* Gemeinschaftsaufgaben im Bundesstaat, VVDStRL 31 (1973), 51; *H. Soell,* Sind die Gemeinschaftsaufgaben nach Art. 91a GG ein geeignetes Instrument zur Weiterentwicklung des föderativen Systems?, FS Forsthoff, 1972, S. 397; *B. Tiemann,* Gemeinschaftsaufgaben von Bund und Ländern in verfassungsrechtlicher Sicht, 1970 – **Zu Abs. 1 Nr. 1:** *P. Becker,* Die Gemeinschaftsaufgabe „Verbesserung der regionalen Wirtschaftsstruktur", Die Verwaltung 5 (1972), 59; *M. Pfeifer,* Investitionszulagengesetz und Rahmenplan der Gemeinschaftsaufgabe „Verbesserung der regionalen Wirtschaftsstruktur", DVBl 1975, 323; *R. Schmidt,* Regionale Wirtschaftspolitik, AöR 99 (1974), 86; *W. Spannowsky,* Der Handlungsspielraum und die Grenzen der regionalen Wirtschaftsförderung des Bundes, 1987; *K. Toepel,* Regionale Strukturpolitik in den neuen Bundesländern ..., APuZ B 49/1995, 31. – **Zu Abs. 1 Nr. 2:** *H. Pruns,* Gemeinschaftsaufgabe „Verbesserung der Agrarstruktur und des Küstenschutzes", DÖV 1973, 217.

# A. Allgemeines

1    Die Vorschrift erlaubt Formen der föderativen Kooperation („kooperativer Föderalismus"[1]), die sonst verfassungsrechtl. bedenklich wären, beschränkt sie aber auch zugleich. Das BVerfG hat immer wieder festgestellt, dass „in dem betont föderativ gestalteten Bundesstaat des Grundgesetzes [...] die Verfassungsbereiche des Bundes und der Länder grundsätzlich selbstständig nebeneinander" stehen.[2] Auch die Verwaltung des Bundes und die der Länder sind prinzipiell voneinander getrennt.[3] Diese **Trennung** verlangt eine klare **Aufteilung der Aufgabenerfüllung** durch Bund und Länder. Die gesondert zugewiesenen Aufgaben sind selbstständig und eigenverantwortlich zu erfüllen.[4] Diese Grundsätze sind nicht zuletzt eine Folge der allg. anerkannten Staatsqualität der Länder[5] und der Tatsache, dass Kompetenzzuweisungen nicht zur Disposition der Betroffenen stehen.[6] Eine nahe liegende Folgerung aus diesen Grundannahmen ist das weithin postulierte **Verbot der Mischverwaltung.**[7] Dieser Grundsatz darf nur durch verfassungsunmittelbare Abweichungen relativiert werden.[8]

---

[1] Grundlegend *Hesse,* Der unitarische Bundesstaat, 1962; *Kisker,* Kooperation im Bundesstaat, 1971; dazu *Hellermann,* in: Härtel (Hrsg.), Hdb Föderalismus II, 2012, S. 339 ff.

[2] BVerfGE 103, 332 (350); zuvor 96, 345 (368); 64, 301 (317), unter Berufung auf die eigene st. Rspr.: BVerfGE 4, 178 (189); 6, 376 (381 f.); 22, 267 (270); 41, 88 (118); 60, 175 (209), wo zum Teil auch von „Verfassungsräumen des Bundes und der Länder" gesprochen wird, die einander selbstständig gegenüberstehen. Dabei erkennt das BVerfG aber – problematisch – ein „Hineinwirken des Grundgesetzes in die Landesverfassung" an (BVerfGE 103, 332 [352]).

[3] *Stern,* StaatsR II, S. 832, deutlich jetzt auch BVerfGE 137, 108 (143 Rn. 80), unter Berufung auf diese Kommentierung.

[4] BVerfGE 119, 331 (367): grundsätzlich Wahrnehmung durch „eigene Verwaltungseinrichtungen, also mit eigenem Personal, eigenen Sachmitteln und eigener Organisation"; ähnlich schon BVerfGE 63, 1 (41): „Grundsatz eigenverantwortlicher Aufgabenwahrnehmung" durch „eigene Verwaltungseinrichtungen – mit eigenen personellen und sächlichen Mitteln".

[5] BVerfGE 1, 14 (18, 34); 13, 54 (75); 22, 267 (270); 34, 9 (19 f.); 36, 342 (360 f.); 60, 175 (207); 72, 330 (383, 388 f.); deutlich: *Jestaedt* HStR II, § 29 Rn. 65; *Rudolf* HStR VI, § 141 Rn. 4 f.; *Bauer,* in: Dreier II, Art. 20 (Bundesstaat), Rn. 41 f.

[6] BVerfGE 119, 331 (364): „Die Verwaltungszuständigkeiten von Bund und Ländern sind in den Art. 83 ff. erschöpfend geregelt und grundsätzlich nicht abdingbares Recht"; zuvor BVerfGE 63, 1 (39); ebenso BVerfGE 41, 291 (311) speziell für Finanzhilfen; BVerfGE 139, 194 (226 Rn. 109).

[7] Vgl. BVerfGE 11, 105 (124); 32, 145 (156); 39, 96 (108 f., 120); 41, 291 (311); 108, 169 (182); 119, 331 (365); 137, 108 Rn. 80, 139, 194 Rn. 109); BVerwGE 4, 24 (29); 18, 333 (334); *Isensee* HStR IV[1], § 98 Rn. 179, 183 f.; *Cornils* ZG 2008, 184; *Waldhoff* KritV 2008, 213 (214), der zugleich die Gemeinschaftsaufgaben als von der Verfassung ermöglichte Form der Mischverwaltung ansieht; weiter: *Loeser,* Die Mischverwaltung, 1973; *Ronellenfitsch,* Die Mischverwaltung im Bundesstaat, 1975; *Kirchhof,* in: Maunz/Dürig, Art. 83 (2009) Rn. 88 ff.; s. a. *Burgi* FS Schnapp, S. 15, der „Bausteine einer Dogmatik der vertikalen Kooperation" entwickelt (S. 22–27).

[8] So iE auch *Isensee* HStR IV[1], § 98 Rn. 184; *Pieroth,* in: Jarass/Pieroth, Art. 30 Rn. 10; *Seer* BK, Art. 108 (2011) Rn. 131 Fn. 642.

Seine Geltung ist allerdings insgesamt in Frage gestellt worden. Im Jahre 1983 hat das BVerfG dann **1a** – unter Abweichung von seiner früheren st. Rspr. – den Begriff der „Mischverwaltung" als bloß verwaltungswissenschaftliche Kennzeichnung bezeichnet, der nichts über die verfassungsrechtl. Zulässigkeit Aussage. Es gebe „keinen allgemeinen verfassungsrechtlichen Grundsatz, wonach Verwaltungsaufgaben ausschließlich vom Bund oder von den Ländern wahrzunehmen" seien, „sofern nicht ausdrückliche verfassungsrechtliche Regeln etwas anderes" zuließen. Auch das Zusammenwirken bei der Aufgabenerledigung bedürfe nicht in jedem Fall einer „besonderen verfassungsrechtlichen Ermächtigung".[9]

Gleichwohl ist daran festzuhalten, dass jede institutionelle Vermischung und Verbindung sowie jede **1b** Zusammenarbeit bei der Aufgabenerledigung im Einzelfall **Ausnahme** bleiben muss und einer **besonderen verfassungsrechtlichen Rechtfertigung** bedarf. Auch das BVerfG ist zu dieser Kernaussage wieder zurückgekehrt.[10] Allerdings lässt das BVerfG ein Zusammenwirken bei der Aufgabenerfüllung dann ohne bes. verfassungsrechtl. Ermächtigung zu, wenn ein „besonderer sachlicher Grund" vorliegt und es sich um eine „eng umgrenzte Verwaltungsmaterie" handelt.[11] In jedem Fall darf eine Zusammenarbeit und damit Finanzierungsbeteiligung nur erfolgen, soweit zumindest auch jeweils eigene Aufgaben wahrgenommen werden.[12] Unabhängig davon, ob man ungeschriebene Bundeszuständigkeiten im Allgemeinen akzeptieren will (→ Art. 70 Rn. 22 ff.), sind sie jedenfalls in den in Art. 91a I Nr. 1 und 2 genannten Sachbereichen ausgeschlossen.[13]

Besonders kritisch sind die Umgehungsmöglichkeiten durch die Schaffung von **Privatrechtssub-** **1c** **jekten** zur Aufgabenerfüllung, an denen sowohl der Bund als auch Länder beteiligt sind. Auch im Rahmen der Gemeinschaftsaufgaben entbindet die Wahl privatrechtl. Formen nicht von den Bindungen des öff. Rechts.[14]

## I. Entstehung und Bedeutung von Gemeinschaftsaufgaben und Verwaltungszusammenarbeit

**1. Einfügung in das GG.** Trotz des grds. Verbot der Mischverwaltung hatte sich in der Staatspraxis **2** eine vielfältige administr. **Zusammenarbeit** zwischen **Bund und Ländern** und der **Länder untereinander** entwickelt.[15] Diese erfolgte zT durch informelle Absprachen, zT durch Verwaltungsabkommen und Staatsverträge.[16] Die informellen Absprachen fanden vor allem zwischen den Ressorts der fachlich zuständ. Minister von Bund und Ländern statt („vertikale Fachbruderschaften"). Auch förml. Abkommen und Staatsverträge wurden trotz Fehlens eindeutiger Ermächtigung im GG für zulässig gehalten.[17]

Aber nicht nur bei der Erfüllung der Aufgaben, sondern auch bei ihrer **Finanzierung** bildeten sich **3** Mischformen heraus. Vor allem betätigte sich der Bund seit Gründung der Bundesrepublik im Kompetenzbereich der Länder, indem er die Erfüllung ihrer Aufgaben mit einer kaum durchschaubaren Vielfalt von Finanzhilfen und Fonds unterstützte.[18] Damit verbunden war regelmäßig auch eine Einflussnahme auf die Sachentscheidungen, da die finanz. Hilfen meist an (Verwendungs-)Auflagen und Mitsprecherechte geknüpft waren. So gewann der Bund zusätzlichen, nachhaltigen **Einfluss** auf die Erfüllung der **Länderaufgaben**.[19] Das BVerfG hat diese Wirkungen erkannt und deshalb folgende Maximen aufgestellt:
„Mittel aus dem Bundeshaushalt an die Länder für Landesaufgaben bringen die Länder in Abhängigkeit vom Bund und rühren damit an die Eigenständigkeit der Länder. Eine bundesstaatliche Ordnung

---

[9] BVerfGE 63, 1 (38–40); ferner 97, 198 (217, 227); zust. *Krebs* HStR V, § 108 Rn. 74; *Küchenhoff*, Die verfassungsrechtlichen Grenzen der Mischverwaltung, 2010, S. 159: grds. Zulässigkeit der Mischverwaltung, restriktiver aber S. 149; für weitreichende Kooperation und gegen Verwendung des Begriffs „Mischverwaltung" *Burgi* ZSE 2 (2008), 281 (289); gegen ein Verbot der „Bund-Länder-Kooperation" auch: *Mager*, in: v. Münch/Kunig II, Art. 91a Rn. 4; *Trute* MKS III, Art. 83 Rn. 28 ff.; *Volkmann/Kaufhold* MKS III, Art. 91a Rn. 4 („anachronistisch", „eigentümlich deplaziert", „kooperativer Föderalismus"). Ob das von ihm propagierte „neue Leitbild" nicht in Wahrheit schon wieder veraltet ist, bleibt unerörtert.

[10] BVerfGE 108, 169 (182) unter Verschweigen von BVerfGE 63, 1 (41); zust. *Cornils* ZG 2008, 184 (191 f.); *Glaser* BK, Vorb. 91a (2016) Rn. 44: ‚**Hauptaussage' der bundesstaatlichen Verwaltungsverfassung**"; Betonung des Regel- Ausnahmeverhältnisses in BVerfGE 137, 108 (143 Rn. 20); 139, 194 (226 Rn. 109).

[11] BVerfGE 119, 331 (366).

[12] *Siekmann* DÖV 2002, 629 (632).

[13] So deutlich *Mager*, in: v. Münch/Kunig II, Art. 91a Rn. 7, 46.

[14] ZT ebenso *Ronellenfitsch* HStR IV, § 98 Rn. 4, mit Darstellung des Streitstands.

[15] *Stern*, StaatsR II, S. 833; *Schlegel*, in: Umbach/Clemens II, Art. 91a Rn. 7 f.; eingehende Darstellung der Entwicklung der gemeinsamen Aufgabenwahrnehmung bei *Speiser*, Der deutsche Wissenschaftsföderalismus auf dem Prüfstand – der neue Art. 91b Abs. 1 GG, Diss. rer. publ. Speyer, 2016, S. 6–53.

[16] *Stern*, StaatsR II, S. 833.

[17] Vgl. *Grawert*, Verwaltungsabkommen zwischen Bund und Ländern, 1967, S. 137; *Rollenbleg* DÖV 1968, 225 (225 ff.); Beispiele finden sich bei *H. Schneider* VVDStRL 19 (1961), 1 (34 ff.).

[18] Vgl. *Köttgen*, Fondsverwaltung in der Bundesrepublik Deutschland, 1965, S. 27 ff.; *Müller-Volbehr*, Fonds- und Investitionshilfekompetenz des Bundes, 1975, S. 36 ff.

[19] BVerfGE 39, 96 (107).

muss deshalb prinzipiell sicherstellen, dass Finanzhilfen aus dem Bundeshaushalt an die Länder die Ausnahme bleiben und ihre Gewährung rechtlich so geregelt wird, dass sie nicht zum Mittel der Einflussnahme auf die Entscheidungsfreiheit der Gliedstaaten bei der Erfüllung der ihnen obliegenden Aufgaben werden. Diese Gefahr besteht vor allem, wenn der Gesamtstaat allein das Ob und Wie seiner Finanzhilfe bestimmt, die Länder auf Bundesmittel angewiesen sind und die Entscheidung darüber zugleich wesentliche Teile der Haushaltmittel der Länder festlegt, weil von ihrer finanziellen Beteiligung die Gewährung der Finanzhilfe des Bundes abhängt."

4 Es wurden aber auch immer wieder Zweifel an der verfassungsrechtl. Zulässigkeit dieser Kooperationsformen geäußert, und es setzte sich zunehmend die Auffassung durch, dass dieses Zusammenwirken auf eine gesicherte verfassungsrechtl. Basis gestellt werden müsse.[20] Dementspr. schlug die zur Vorbereitung einer umfass. Neugestaltung der Finanzverfassung eingesetzte **Sachverständigen Kommission** vor, Gemeinschaftsaufgaben und eine Investitionshilfekompetenz im GG zu verankern.[21] Für die Gemeinschaftsaufgaben war eine **Generalklausel** vorgesehen.[22]

5 Als diese Vorschläge bei der **Großen Finanzreform 1969** umgesetzt werden sollten, meldeten die Länder verfassungsrechtl. Bedenken an.[23] Nach langwierigen Verhandlungen einigten sich Bund und Länder darauf, dass an die Stelle der vorgeschlagenen Generalklausel eine Aufzählung von iE benannten Gegenständen der Gemeinschaftsaufgaben treten und die Forschungsförderung in einer gesonderten Bestimmung mit weniger einschneidenden Voraussetzungen geregelt werden sollte. Dieser Kompromiss fand Eingang in den RegE,[24] der kaum verändert schließlich verabschiedet wurde. Danach wurde ein neuer Abschnitt VIII a „Gemeinschaftsaufgaben" ins GG aufgenommen, der in Art. 91a die genau benannten Gemeinschaftsaufgaben und in Art. 91b die Forschungsförderung regelte. Die Finanzhilfekompetenz des Bundes wurde gesondert in Art. 104a IV aF normiert.[25]

6 **2. Andauernde Kritik.** Aber auch nach dieser Änderung des GG verstummte die Kritik nicht. Das neue Rechtsinstitut „Gemeinschaftsaufgaben" wurde als insgesamt misslungen angesehen.[26] Daraus folgte die Forderung nach ihrer Abschaffung (u. Rn. 7). Die Grundsatzkritik lässt vier Hauptangriffspunkte erkennen: (1) Durch die Gemeinschaftsaufgaben werde die Grundstruktur der bundesstaatlichen Verfassung geändert, insbesondere die eindeutige Zuweisung der staatlichen Aufgaben entweder an den Bund oder an die Länder. Sie führe zur **Verwischung der Verantwortlichkeiten** und zur Entscheidungsmüdigkeit.[27] (2) Die wesentlichen Entscheidungen würden durch die Regierungsvertreter im Bund-Länder-Ausschuss getroffen. Die Parlamente seien daran nicht beteiligt und könnten diese nur noch ratifizieren. Die Folge sei eine weitere **Entmachtung der Parlamente**.[28] (3) Die Rahmenplanung habe zudem ein Ausmaß angenommen, das die garantierte **Eigenständigkeit der Durchführung** auf ein *nudum ius* reduziere. Eine Rückverweisung an die Länder sei angezeigt.[29] (4) Weiter wird beklagt, dass der Bund eine Form von **Angebotsdiktatur** ausüben könne. Die Länder seien im politischen Prozess praktisch nicht in der Lage, Projekte abzulehnen, für die der Bund Finanzmittel zur Verfügung stelle.[30]

---

[20] Bezeichnend die beschönigende Diktion für die verfassungsrechtl. Absegnung einer zT verfassungswidrigen Praxis bei *Brockmeyer*, in: Schmidt-Bleibtreu/Klein/Brockmeyer, 10. Aufl. 2004, Vorb. v. Art. 91a Rn. 3: „Demgemäß war es das Ziel der Finanzreform,… die entsprechend den tatsächlichen Bedürfnissen bereits in der Verfassungswirklichkeit gemeinsam geförderten Aufgaben in die Systematik des Grundgesetzes einzuordnen."

[21] Kommission für die Finanzreform, Gutachten über die Finanzreform in der Bundesrepublik Deutschland, 2. Aufl. 1966 („Troeger-Gutachten"), TNo. 129 ff.

[22] Art. 85a I und II 1 des Entw. der Komm. (S. 173).

[23] Vgl. *Tiemann*, Gemeinschaftsaufgaben von Bund und Ländern in verfassungsrechtlicher Sicht, 1970, S. 185 ff.; *Seeger* DÖV 1968, 781 (781).

[24] BT-Dr V/2861, Tz. 81 f.

[25] 21. G z. Änd. des GG (FinanzreformG) v. 12.5.1969 (BGBl I 359).

[26] Vgl. *I. v. Münch* VVDStRL 31 (1973), 54 (54 ff.); *Barbarino* DÖV 1973, 19 (19 ff.); *ders.*, in: Politikverflechtung zwischen Bund, Ländern und Gemeinden, 1975, S. 103 ff.; *Wagener* VVDStRL 37 (1979), 213 (238 ff.); i. R. der Reformdiskussion: eingehend *Huber*, 65. DJT Bd. I, 2004, S. D 20 f.; *Starck*, FS Öhlinger, 2004, S. 254 (270): „greifen die Landesstaatlichkeit im Kern an"; *Scholz* FS Badura, 2004, S. 491 (492); *Grzeszick*, in: Maunz/Dürig, Art. 20 IV (2006) Rn. 151, zur Mischfinanzierung als „trojanisches Pferd des Bundesstaates"; *Breuer*, FS Krause, 2006, S. 325 (333 f.), für den Gemeinschaftsaufgaben und Mischfinanzierung eine „Crux" des Bundesstaates sind und der deshalb auch offen die Frage nach ihrer Verfassungsmäßigkeit stellt (S. 328); zurückhaltender *F. Kirchhof*, 61. DJT Bd. I, 1996, S. D 77; Darstellung der Kritik bei *Speiser* (Fn. 15), S. 12–16.

[27] *Wagener* VVDStRL 37 (1979), 213 (238 ff.); *Stern*, StaatsR II, S. 834; *Mager*, in: v. Münch/Kunig II, Art. 91a Rn. 55; *Heun*, in: Dreier III, Art. 91a Rn. 9.

[28] *Liesegang/Plöger* DÖV 1971, 228 (234 f.); *Mager*, in: v. Münch/Kunig II, Art. 91a Rn. 55; *Marnitz*, Die Gemeinschaftsaufgaben des Art. 91a GG als Versuch einer verfassungsrechtlichen Institutionalisierung der bundesstaatlichen Kooperation, 1974, S. 150 ff.; *Kisker* (Fn. 1), S. 229 f., 290; *Heun*, in: Dreier III, Art. 91a Rn. 9; *Dittmann*, Bildung und Wissenschaft in der bundesstaatlichen Kompetenzordnung, Rechtsgutachten 2004, S. 72; *Breuer* FS Krause, 2006, S. 325 (339 f.).

[29] *Kisker* (Fn. 1), S. 304 ff.; *Barbarino* DÖV 1973, 19 (19 ff.); *Stern*, *StaatsR* II, S. 837; anders: *Heun*, in: Dreier III, Art. 91a Rn. 9; *Breuer* FS Krause, 2006, S. 325 (337).

[30] *Seeger* DÖV 1968, 781 (782); *Heun*, in: Dreier III, Art. 91a Rn. 9; *Dittmann* (Fn. 28), S. 74, 80; *Breuer* FS Krause, 2006, S. 325 (335); *Petersen/Anton/Bork*, Mischfinanzierungen im deutschen Länderfinanzausgleich, 2001,

Die **Enquete-Kommission für Fragen der Verfassungsreform** des BT hat 1976 in ihrem **7** Schlussbericht für eine Aufhebung der Art. 91a, 91b und 104a IV plädiert.[31] An ihre Stelle sollten ein neuer Art. 28a und ein neuer Art. 104b treten. Der neue Art. 28a hätte eine gemeinsame, nicht auf einzelne Sachbereiche beschränkte, integrierte Rahmenplanung zwischen Bund und Ländern ermöglicht. Im neuen Art. 104b wären die verschiedenen Möglichkeiten des Bundes zur Mitfinanzierung von Aufgaben der Länder durch eine allgemeine Regelung über Investitionsbeiträge des Bundes zusammengefasst worden. Diese Vorschläge wurden indes nicht umgesetzt. Die Bestimmungen blieben im Wesentlichen unverändert. Im damaligen Abs. 1 S. 1 von Art. 91a wurde in Nr. 1 lediglich der Kreis der erfassten Hochschulen erweitert.[32] Erst im Zuge der Föderalismusreform 2006 wurde das Erfordernis einer zwingenden Rahmenplanung abgeschafft.[33]

**3. Reform des Jahres 2006 und weitere Entwicklung.** Im Oktober 2003 setzten BT und BRat **8** eine gemeinsame Kommission ein, um das Problem der langwierigen und komplizierten Entscheidungsprozesse, der übermäßigen institutionellen Verflechtung von Bund und Ländern und der dauerhaften Verfestigung aufgabenbezogener Finanztransfers vom Bund an die Länder zu lösen. Trotz hochkarätiger politischer Besetzung konnte sie sich jedoch nicht auf ein gemeinsames Reformkonzept einigen. Dies lag vor allem am Dissens über die grundlegende Zuordnung der Bildungspolitik. Die Vorstellungen der Kommissionsmitglieder zum Schicksal der Gemeinschaftsaufgaben Hochschulbau (Art. 91a I Nr. 1) und Bildungsplanung (Art. 91b) lagen zu weit auseinander.[34] Erst die nachfolgende große Koalition auf Bundesebene vermochte eine Verständigung auf der Grundlage der bisherigen Beratungen zu erzielen: Die erste Stufe der **Föderalismusreform** sollte unverzüglich verwirklicht werden. Dabei sollten Bildungsplanung und Hochschulbau fast vollständig in die alleinige Kompetenz der Länder fallen. Der **Abbau der Mischfinanzierungen** war eines der ausdrückl. Reformziele (→ Vor. Art. 104a Rn. 40).[35] Die zur Umsetzung dieser Einigung beschlossenen Gesetze, namentlich die Änderungen von Art. 91a und b, traten am 1.9.2006 in Kraft (Föderalismusreform I).[36]

Ungeachtet aller Kritik und der früheren Abschaffungsvorschläge wurde das Institut der Gemein- **9** schaftsaufgaben nicht vollständig beseitigt, sondern nur schlanker ausgestaltet. Der verfassungsänd. Gesetzgeber ging davon aus, dass die Gemeinschaftsaufgaben weiterhin erforderlich seien, um die erheblichen strukt. Unterschiede zwischen den Ländern auszugleichen.[37] Die Gemeinschaftsaufgaben „Verbesserung der regionalen Wirtschaftsstruktur" und „Verbesserung der Agrarstruktur und des Küstenschutzes" wurden wegen ihrer wichtigen Koordinierungsfunktion im Kontext der EU-Beihilfen- und Strukturpolitik beibehalten.[38] Entfallen sind die Gemeinschaftsaufgaben „Hochschulbau und Bildungsplanung". Gestrichen wurden auch Art. 91a III aF mit der Pflicht zur Rahmenplanung und Abs. 5 aF, der BReg und BRat ein **Unterrichtungsrecht** bzgl. der Durchführung der Gemeinschaftsaufgaben einräumte. Auch muss die Ausführungsgesetzgebung nicht mehr auf Grundsätze beschränkt sein. Das Ergebnis der Reform wurde zwiespältig beurteilt. Die Beibehaltung der Gemeinschaftsaufgaben wurde weitgehend kritisch bewertet. Statt Entflechtung seien neue Mischverwaltungs- und Mischfinanzierungstatbestände geschaffen worden.[39] Trotz der Unzulänglichkeiten der neuen Regelung wurde die Beibehaltung aber auch die „bessere Lösung" angesehen.[40]

---

S. 14: „Der Bundeseinfluss auf die Haushaltsgestaltung der Länder ist quantitativ und qualitativ überaus beachtlich …". Auch das BVerfG sieht die Gefahr von Abhängigkeiten der Länder vom Bund, die die „verfassungsrechtlich garantierte Eigenständigkeit" der Länder gefährdeten (BVerfGE 39, 96 [108]).

[31] Schlussbericht, BT-Dr 7/5924, S. 7, 148 ff.; ebenfalls für Abschaffung *Kisker* (Fn. 1), S. 293 ff.; *Korioth,* 65. DJT Bd. II/1, 2004, S. P 104 ff.; für „Entflechtung" *Nierhaus/Radermacher* LKV 2006, 386 (387); *Scholz* FS Badura, 2004, S. 491 (503); krit. *v. Münch* VVDStRL 31 (1973), 54 (56 ff.); für Abschaffung der Gemeinschaftsaufgaben, aber verbunden mit einer verstärkten Investitionshilfekompetenz des Bundes *Huber,* 65. DJT Bd. I, 2004, S. D 86, 97 ff.; *ders.* Beil. NJW 2004, 23 (25); *Heun* Der Staat 11 (1972), 205 (219); wN bei *Speiser* (Fn. 15), S. 28 Fn. 130.

[32] 27. G z. Änd. des GG v. 31.7.1970 (BGBl I 1161).

[33] Näher → Rn. 16, 33.

[34] Deutscher BT/BRat Öffentlichkeitsarbeit (Hrsg.), Dokumentation der Kommission von Bundestag und Bundesrat zur Modernisierung der bundesstaatlichen Ordnung, Zur Sache 1/2005, S. 518 f. und 622 ff.

[35] Gemeinsam für Deutschland – mit Mut und Menschlichkeit, Koalitionsvertrag zwischen CDU, CSU und SPD, v. 11.11.2005, S. 93; BT-Dr 16/813, S. 10; *Häde* JZ 2006, 930 (935).

[36] G z. Änd. des GG v. 28.8.2006 (BGBl I 2034).

[37] BT-Dr 16/813, S. 10.

[38] BR-Dr 178/06, S. 21; im Primärrecht der EU: Art. 174–178 AEUV.

[39] *Nierhaus/Rademacher* LKV 2006, 385 (393); *Breuer* FS Krause, 2006, S. 325 (332); *Selmer* NVwZ 2007, 872 (874); *Waldhoff* KritV 2008, 213 (230); zur Bewertung s. a. *Speiser* (Fn. 15), S. 28–32.

[40] *Heun,* in: Dreier III, Art. 91a Rn. 9; ausdrücklich zust. *Korioth/Schwabenbauer* JböffFin 2013, 429 (435); für die Notwendigkeit von Kooperation auch *Rudolf* HStR VI, § 141 Rn. 18.; wohl auch *Oebbecke* HStR VI, § 136 Rn. 6, trotz grundsätzlicher Anerkennung der o. Rn. 6 artikulierten Kritik; s. a. *Seckelman* DÖV 2009, 747. Der Regelungsgehalt von Art. 91a I Nr. 1 soll (teilweise) in den Art. 91b I 1 Nr. 3 verschoben worden sein, vgl. *Schmidt-De Caluwe,* in: Kluth (Hrsg.), Föderalismusreformgesetz, 2007, Art. 91a Rn. 3; *Suerbaum,* in: Epping/Hillgruber, Art. 91a Rn. 7. Das ist aber in wesentlichen Teilen nicht der Fall.

**10** Zur Kompensation für entfallende Bundesmittel wurde ein neuer **Art. 143c** geschaffen. Mit ihm sollte eine finanz. Unterstützung für die Übergangszeit und für die Verteilung dieser Mittel auf die Länder geregelt werden.[41] Die notw. gesetzl. Folgeregelungen finden sich im G zur Entflechtung von Gemeinschaftsaufgaben und Finanzhilfen, das als Art. 13 des **Föderalismusreform-BegleitG** parallel zur Änd. des GG erlassen wurde.[42]

**11** In der Folgezeit sind entgegen den urspr. Intentionen weitere, völlig **neue Mischverwaltungstatbestände** geschaffen worden, die nicht dem in Art. 91a I legal definierten Bild der Gemeinschaftsaufgaben entsprechen. Sie mussten deshalb als weitere Vorschriften in das GG eingefügt werden. Es handelt sich um die Art. 91c (Zusammenwirken bei informationstechnischen Systemen) und 91d (Vergleich der Leistungsfähigkeit von Verwaltungen), die am 1.8.2009 in Kraft getreten sind (Föderalismusreform II), und Art. 91e (Ausführung von BundesG zur Grundsicherung von Arbeitssuchenden), der am 27.7.2010 in Kraft getreten ist. Da Abschn. VIIIa nunmehr ein Sammelsurium von Regelungen enthält, musste auch seine Bezeichnung geändert werden. Der dort zusätzlich eingefügte Begriff der „Verwaltungszusammenarbeit" war urspr. rein deskriptiv zu verstehen, hat dadurch aber möglicherweise eine normative Bedeutung erlangt.[43]

**12** **4. Stellenwert.** Ungeachtet aller Kritik und der Ungewissheit über ihren normativen Gehalt sind die Gemeinschaftsaufgaben **Bestandteil der föderativen Ordnung.** Sie sind geltendes Verfassungsrecht, das strikt anzuwenden ist. Er darf aber auch nicht überdehnt werden, um damit die allfälligen Übergriffe des Bundes in die Kompetenzen der Länder zu bemänteln. Ihre Hauptbedeutung besteht darin, die in der Theorie klare Trennung der Aufgabenerfüllung zwischen Bund und Ländern (→ 1 ff.) im Anwendungsbereich dieser Vorschriften aufzuheben. An ihre Stelle treten **spezielle Formen und Verfahren** des **Zusammenwirkens von Bund und Ländern** im Aufgabenbereich der Länder, die „quer" zur Kompetenzordnung im Übrigen stehen.[44] Diese Kooperation erstreckt sich auf alle Gewalten im Sinne der Gewaltenteilungslehre – mit Ausnahme der Rechtsprechung. Allerdings ist nur ein Teil der vielfältigen Kooperationsformen normiert worden.[45] Die Vorschriften über die Gemeinschaftsaufgaben sind aber als (systemwidrige) **Ausnahmetatbestände** in jedem Fall **eng** auszulegen.[46]

**13** Das **Volumen** der in Erfüllung der Gemeinschaftsaufgaben nach Art. 91a bewegten Finanzmittel ist im Verhältnis zum Umfang der Geldleistungsgesetze nach Art. 104a III und der Finanzhilfen nach Art. 104b, c weniger bedeutsam. Dabei ergeben sich von Land zu Land erhebliche Unterschiede, wenn diese Zahlen auf die jeweilige Einwohnerzahl bezogen werden. Ihre (finanzielle) Bedeutung ist durch den Wegfall des Hochschulbaus weiter verringert worden.

**13a** Für 2020 sind im Rahmen der Gemeinschaftsaufgabe „Verbesserung der regionalen Wirtschaftsstruktur" Mittel des Bundes von 598 Mio. € vorgesehen. Die Länder steuern zu den Bundesmitteln eigene Mittel in gleicher Höhe bei.[47] Zusätzlich erhalten die Länder beträchtliche Mittel aus Strukturfonds der EU, die aber regional differenziert sind.[48]

**13b** Für die Gemeinschaftsaufgabe „Verbesserung der Agrarstruktur und des Küstenschutzes" sind im Haushalt 2020 Bundesmittel in Höhe von insgesamt 965 Mio. € angesetzt. Darin sind enthalten 25 Mio. € für den Sonderrahmen „Maßnahmen des Küstenschutzes in Folge des Klimawandels" und 100 Mio. € für den Sonderrahmenplan „Maßnahmen des präventiven Hochwasserschutzes".[49] Der Bundesanteil im Bereich der Agrarstrukturverbesserung beträgt 60 % und bei Maßnahmen zur Verbesserung des Küstenschutzes 70 % (→ Rn. 34).[50]

## II. Grundsätzliches zu Art. 91a

**14** **1. Struktur der Regelung.** Unabhängig davon, ob man den Inhalt der Bestimmung als einen Fremdkörper im System der föderativen Kompetenzverteilung ansieht, war ihre sprachliche und gesetzestechnische Qualität in der Ursprungsfassung indiskutabel und hat sich durch die Neufassung nur graduell verbessert. Sie enthält weder einen klar ausformulierten **Tatbestand** noch eindeutig bezeichnete **Rechtsfolgen.** Einer der Schwerpunkte der Regelung, die Mitwirkung des Bundes in

---

[41] BR-Dr 178/06, S. 53.

[42] Föderalismusreform-BegleitG v. 5.9.2006 (BGBl I 2098, 2102).

[43] Dafür *Glaser* BK Vorb. Art. 91a (2016) Rn. 16, 18–21.

[44] *Frowein* VVDStRL 31 (1973), 13 (23); zust. *Volkmann/Kaufhold* MKS III, Art. 91a Rn. 1, 5.

[45] *Heun*, in: Dreier III, Art. 91a Rn. 7.

[46] Zust. BVerfGE 137, 108 (143); *Suerbaum*, in: Epping/Hillgruber, Art. 91a Rn. 2; wohl a. A. *Glaser* BK, Vorb. 91–91e (2016) Rn. 36, 43, aber Beweislastregel (Rn. 57).

[47] Finanzbericht 2020, 1.3.2.4.4 (S. 30), 5.2.2 (S. 144). Hinzu kommen noch Rückflüsse, soweit sie die veranschlagte Einnamen um ca. 33 Mio. € übersteigen.

[48] In der Förderperiode 2014–2020 erhält Deutschland insgesamt 11,73 Mrd. € aus dem Europäischen Fond für regionale Entwicklung (EFRE) und 7,49 Mrd. € aus dem Europäischen Sozialfonds (ESF). Ein Teil der EFRE-Mittel wird für die Gemeinschaftsaufgabe Verbesserung der regionalen Wirtschaftsstruktur eingesetzt, Finanzbericht 2020, 1.3.2.4.4 (S. 31) und 5.2.2 (S. 144).

[49] Finanzbericht 2020, 1.3.2.3.2 (S. 27), 5.2.2 (S. 144); mehr → Rn. 33 mit Fn. 119.

[50] Finanzbericht 2020, 1.3.2.3.2 (S. 27) und 5.2.2 (S. 144).

Länderangelegenheiten, ist fast vollständig in der (Klammer-)Definition des Begriffs der Gemeinschaftsaufgaben in Abs. 1 versteckt. Diese Definition enthält sowohl Voraussetzungen als auch Rechtsfolgen der Regelung; die Rechtsfolgen allerdings nur zum Teil. Weitere Rechtsfolgen ergeben sich – wenig folgerichtig – aus Abs. 3.

Der **wesentliche Regelungsgehalt** von Art. 91a kann wegen seiner unklaren und inkonsistenten **15** Struktur nur von der Rechtsfolgenseite her bestimmt werden. Er besteht darin, dass bei Vorliegen einer Gemeinschaftsaufgabe sowohl verwaltungsmäßige als auch finanzwirtschaftliche Rechtsfolgen eintreten: Das sind die **Mitwirkung des Bundes** bei der **Erfüllung von Aufgaben der Länder** (Art. 91a I) und die Übernahme von finanziellen Lasten durch den Bund, die Folge der Erfüllung von Gemeinschaftsaufgaben sind (Art. 91a III 1, 2). Die Voraussetzungen, unter denen diese Rechtsfolgen eintreten, lassen sich nur (mittelbar) aus der Definition der Gemeinschaftsaufgaben in Abs. 1 ableiten (→ Rn. 22). Daneben enthält die Vorschrift in Abs. 2 und 3 auch **Ermächtigungen und Aufträge** für den **Bundesgesetzgeber.** Abs. 3 S. 4 normiert einen Vorbehalt zu Gunsten der **Landeshaushaltsgesetzgeber.**

An Stelle der gestrichenen verbindlichen Rahmenplanung (→ Rn. 33) soll nunmehr das Ausfüh- **16** rungsgesetz die „Einzelheiten der Koordinierung" regeln und so für eine „Entbürokratisierung und Erleichterung der Bund-Länder-Zusammenarbeit" sorgen.[51]

Art. 91a ändert nach wie vor nichts an der grundsätzlichen Zuordnung der betroffenen Aufgaben **17** zum **Kompetenzbereich der Länder.** Sie dürfen diese Aufgaben auch ohne den Bund erfüllen (→ Rn. 38).[52]

**2. Bewährung in der Praxis.** Ob sich die Einrichtung der Gemeinschaftsaufgaben in der Praxis **18** bewährt hat, wird **unterschiedlich beurteilt:** Überwiegend fällt das Urteil auch insoweit negativ aus.[53] Bisweilen ist aber auch eine (verhalten) positive Einschätzung zu finden.[54] Freilich zeigt sich immer mehr, dass die Mitfinanzierung durch den Bund für die finanzschwachen Länder ein Danaergeschenk ist. Sie führt zur Bindung eigener, im Vergleich zu den finanzstarken Ländern deutlich geringerer Mittel, in Projekten, denen nicht höchste Priorität zukommt. Letztlich werden so die Auswirkungen von Finanzkraftunterschieden noch verschärft statt abgemildert. Ebenso wie bei den Finanzhilfen nach Art. 104b und c besteht zudem die Gefahr, dass der Bund über die Gewährung von Finanzmitteln übermäßig Einfluss auf Sachentscheidungen nimmt und den Ländern „goldene Zügel" anlegt.[55]

In neuerer Zeit wird dem „kooperativen Föderalismus" der Gemeinschaftsaufgaben ein „Wett- **19** bewerbsföderalismus" gegenüber gestellt.[56] Auch wenn in den nun getroffenen Reformentscheidungen verfassungsrechtl. und verfassungssystematische Gesichtspunkte einen hohen Stellenwert haben, bedarf es noch eingehender empirischer Untersuchungen über die Wirtschaftlichkeit des Mitteleinsatzes in Mischsystemen, wie sie die Gemeinschaftsaufgaben darstellen. Er führt leicht zu organisierter Verantwortungslosigkeit oder (ineffizienter) Einigung auf den kleinsten gemeinsamen Nenner. Es bestehen Anzeichen dafür, dass eine völlige Abschaffung der Gemeinschaftsaufgaben zugunsten einer verbesserten Mittelausstattung der Länder, der bessere Weg gewesen wäre.

**3. Verhältnis zu anderen Bestimmungen des GG. Systematisch** stellt Art. 91a eine Sonder- **20** regelung gegenüber Art. 30, 83, 84 und 104a I dar. Das Konnexitätsprinzip des Art. 104a I (→ Art. 104a Rn. 2 f.) ist zT aufgehoben.[57] Ob allerdings auch im Hinblick auf die „unechten"

---

[51] BT-Dr 16/813, S. 16.

[52] *Heun,* in: Dreier III, Art. 91a Rn. 10; nicht eindeutig, aber zumindest für die Gesetzgebungskompetenz *Pieroth,* in: Jarass/Pieroth, Art. 91a Rn. 1; *Glaser* BK, Art. 91a (2016) Rn. 62; aA *Volkmann/Kaufhold* MKS III, Art. 91a Rn. 1 „gemeinsame Wahrnehmungszuständigkeit von Bund und Ländern". Dem Bund verbleibt „keine strukturell prägende Mitwirkungsmöglichkeit im klassischen Bildungsbereich" (*Speiser* DÖV 2014, 555 [556]).

[53] *Kloepfer,* EvStL, Sp. 878 (881 f.); *Stober* BayVBl 1989, 97 (103); im Hinblick auf Effizienzverluste *Heller,* in: Piduch, Bundeshaushaltsrecht, Art. 91a (2007) Rn. 2; *Gramm* AöR 124 (1999), 212 (232–234); *Nierhaus/Radermacher* LKV 2006, 385 (387); *Häde* JZ 2006, 930 (934): Begrenzungseffekt verfehlt; *Breuer* FS Krause, 2006, S. 325 (336 ff.).

[54] *Blümel* HStR IV¹, § 101 Rn. 125, insb. bezgl. der neuen Aufgaben der Politik nach dem deutschen Einigung; insoweit ebenso *Heller* (Fn. 53), Art. 91a (2007) Rn. 3; differenziert, aber mit deutlich negativem Einschlag *Volkmann/Kaufhold* MKS III, Art. 91a Rn. 3 f., allerdings ohne empirische Absicherung; allg. im Hinblick auf den „cooperative federalism" zur Überwindung des in der USVerf angelegten „separative federalism" auch *Rudolf* HStR VI, § 141 Rn. 2 f., 18 f.

[55] *Häde* JZ 2006, 930 (935); *Hillgruber* JZ 2004, 837 (844).

[56] *Calliess* DÖV 1997, 889 (890 f.); *Kirchgässner* FS v. Arnim, 2004, S. 375 (376); eingeh. *Nettesheim* FS Badura, 2004, S. 363 (374 ff.), der auch die verfassungsrechtlichen Grenzen der Kooperation auslotet (S. 380 ff.); krit. zum „Wettbewerbsföderalismus" als „primär" ökonomischem „Kalkül" *P. Kirchhof* FS Badura, 2004, S. 237 (251 f.); zust. *Huber* 65. DJT Bd. I, 2004, S. D 44 f.; *Rudolf* HStR VI, § 141 Rn. 15; *Jekewitz* FS Bothe, 2008, S. 1133; *Volkmann* FS Frotscher, 2007, S. 183 (184 ff.); *Volkmann/Kaufhold* MKS III, Art. 91a Rn. 38, aber ohne Behandlung der maßgebenden ökonomischen Erwägungen; zu diesen: *Tiebout,* Journal of Political Economy, 64 (1956), 416 (416–424); allg. *Schatz/van Ooyen/Werthes,* Wettbewerbsföderalismus, 2000; *Vanberg,* Bürgersouveränität und wettbewerblicher Föderalismus, 2004; zur Auseinandersetzung um „kooperativen" oder „kompetitiven" Föderalismus *Scholz,* FS Badura, 2004, S. 491 (494 f.); s. auch → Vor Art. 104a Rn. 41 f.

[57] *Blümel* HStR IV¹, § 101 Rn. 128; *Pieroth,* in: Jarass/Pieroth, Art. 91a Rn. 1; *Heun,* in: Dreier III, Art. 91a Rn. 31; *Volkmann/Kaufhold* MKS III, Art. 91a Rn. 33; *Glaser* BK, Vor Art. 91a-91e (2016) Rn. 35 (für Art. 83 ff.).

Gemeinschaftsaufgaben des Art. 104b[58] Spezialität besteht, mit der Folge, dass Investitionen, die von Art. 91a erfasst werden, nicht vom Bund nach Art. 104b mitfinanziert werden dürfen, ist nicht sicher.[59] Finanzverfassungsrechtl. ist darüber hinaus von Belang, dass Maßnahmen nach Art. 91a geeignet sind, die Wirtschafts- und Einnahmenstruktur eines Landes mittel- und langfristig nachhaltig zu verbessern, so dass daraus Konsequenzen für den Finanzausgleich gezogen werden müssen.[60]

21 Die in Abs. 2 und 3 dem Bund eingeräumten Gesetzgebungskompetenzen sind zusätzlich und lassen die allg. Vorschriften (Art. 70 ff.) iÜ unberührt.[61] Sie erlauben dem Bund aber nicht, gestützt auf Art. 87 III Verwaltungskompetenzen auf sich zu übertragen. Ob das über die allgemeinen Gesetzgebungskompetenzen geschehen darf oder ob insoweit Art. 91a einer Überführung in die Bundeszuständigkeit entgegensteht, ist zweifelhaft.[62] Die Einschränkung der Möglichkeit von Finanzhilfen des Bundes an die Länder könnte als eine Entscheidung des Verfassunggebers gegen eine Inanspruchnahme von allg. Gesetzgebungskompetenzen durch den Bund angesehen werden. Der bei der Föderalismusreform 2006 neu eingefügte Art. 104b enthält im Gegensatz zu Art 104a aF[63] die Möglichkeit von Finanzhilfen nur noch in dem Bereich, in dem der Bund die Gesetzgebungskompetenz für die Sachmaterie hat. Diese Einschränkung enthalten die im Jahre 2019 neu eingefügten Art. 104c und d wieder nicht mehr.

## B. Die Mitwirkung des Bundes bei der Erfüllung von Aufgaben der Länder im Rahmen von Gemeinschaftsaufgaben (Abs. 1)

### I. Begriff der Gemeinschaftsaufgaben

22 Nach der (Klammer-)Definition der Gemeinschaftsaufgaben in Abs. 1 ist die Mitwirkung des Bundes bei der Erfüllung von Aufgaben der Länder im Bereich der in Art. 91a I Nr. 1 und 2 genannten Gegenstände eine Gemeinschaftsaufgabe, wenn „diese Aufgaben für die Gesamtheit bedeutsam sind und die Mitwirkung des Bundes zur Verbesserung der Lebensverhältnisse erforderlich ist". Insgesamt ergeben sich danach drei Tatbestandsmerkmale: (1) Erfüllung einer Aufgabe auf eines der in Abs. 1 Nr. 1 und 2 genannten Gebiete, (2) Bedeutsamkeit der Aufgabe für die Gesamtheit und (3) Erforderlichkeit der Mitwirkung des Bundes zur Verbesserung der Lebensverhältnisse. Die in Art. 91a I enthaltene Definition des Begriffs der Gemeinschaftsaufgaben steht unter dem Vorbehalt näherer Bestimmung durch den Bundesgesetzgeber, Abs. 2. Wesentlich ist, dass es sich um **Aufgaben** im Bereich der **Verwaltungskompetenz der Länder** handelt und dass die Aufzählung der Gegenstände abschließend ist.[64]

23 Für die Gesamtheit **bedeutsam** ist eine Aufgabe nicht schon dann, wenn sie die Bevölkerung mehr als eines Landes berührt. Ihre Erledigung muss darüber hinaus aus gesamtstaatl. Sicht für das Gemeinwohl wichtig und vordringlich sein.[65] Die Mitwirkung des Bundes ist zur Verbesserung der Lebensverhältnisse **erforderlich,** wenn die Länder die Aufgabe nicht allein bewältigen können.[66] Beide Merkmale enthalten **keinen Beurteilungsspielraum;** die Verwendung unbestimmter Rechtsbegriffe rechtfertigt allein den Rückschluss auf die Einräumung eines Beurteilungsspielraums nicht.[67] Wortlaut und Zweck der Bestimmung bieten dafür keinen Anhaltspunkt. Soweit in den Begriffen prognostische Elemente enthalten sein sollten, geben sie dafür nichts her.[68] Selbst wenn in der Vorschrift ein

---

[58] Finanzhilfen des Bundes für die Länder waren zunächst in Art. 104a IV aF geregelt. Der im Rahmen der Föderalismusreform 2006 eingefügte Art. 104b legt zusätzlich fest, dass der Bund nur noch in dem Bereich Finanzhilfen gewähren kann, in dem er selbst die Gesetzgebungskompetenz für die Sachmaterie hat.

[59] Nach der früheren Rechtslage dafür *Schwarz*, in: Maunz/Dürig, Art. 91a (2016) Rn. 14; implizit wohl auch BVerfGE 39, 96 (111); dagegen: *Blümel* HStR IV¹, § 101 Rn. 137; *Oebbecke HStR* VI, § 136 Rn. 139; *Volkmann/ Kaufhold* MKS III, Art. 91a Rn. 33; *Heun*, in: Dreier III, Art. 91a Rn. 31; diff. je nachdem, ob der Störungsabwehrauftrag verfolgt wird *Mager*, in: v. Münch/Kunig II, Art. 91a Rn. 53.

[60] BVerfGE 86, 148 (267).

[61] *Blümel* HStR IV¹, § 101 Rn. 127; *Pieroth*, in: Jarass/Pieroth, Art. 91a Rn. 1; *Heun*, in: Dreier III, Art. 91a Rn. 31; *Volkmann/Kaufhold* MKS III, Art. 91a Rn. 31; diff. *Mager*, in: v. Münch/Kunig II, Art. 91a Rn. 49: „Verhältnis gegenseitiger Beschränkung".

[62] Dafür *Schwarz*, in: Maunz/Dürig, Art. 91a (2016) Rn. 13; *Pieroth*, in: Jarass/Pieroth, Art. 91a Rn. 2; *Blümel* HStR IV¹, § 101 Rn. 130; dagegen: *Volkmann/Kaufhold* MKS III, Art. 91a Rn. 31 („gewisse ‚Sperrwirkung' "). Zumindest besteht insoweit eine Sperrwirkung zu Lasten des Bundes, als dadurch die Entscheidung für eine gemeinschaftliche Aufgabenerfüllung nicht unterlaufen wird, BVerwGE 59, 327 (332); *Suerbaum*, in: Epping/Hillgruber, Art. 91a Rn. 9.

[63] Art. 104a i. d. F. v. 12.5.1969.

[64] *Schwarz*, in: Maunz/Dürig, Art. 91a (2016) Rn. 7; *Pieroth*, in: Jarass/Pieroth, Art. 91a Rn. 2; *Heun*, in: Dreier III, Art. 91a Rn. 10; im Wesentlichen jetzt ebenso *Glaser* BK, Art. 91a (2016) Rn. 6.

[65] BT-Dr V/2861, Nr. 262; *Henneke*, in: Hofmann/Henneke, Art. 91a Rn. 4; ähnlich wohl auch *Volkmann/ Kaufhold* MKS III, Art. 91a Rn. 40: „gesteigertes Bedürfnis nach einer länderübergreifenden Regelung".

[66] *Stern*, StaatsR II, S. 837; ähnl. *Henneke*, in: Hofmann/Henneke, Art. 91a Rn. 4; *Heun*, in: Dreier III, Art. 91a Rn. 12 mwN.

[67] BVerfGE 103, 142 (157).

[68] So ausdrückl. BVerfGE 103, 142 (157), für den nicht konkreteren unbestimmten Rechtsbegriff „Gefahr im Verzug" in Art. 13 II.

Verfassungsauftrag enthalten sein sollte (→ Rn. 29), ist das allein noch kein Grund, einen Beurteilungsspielraum anzunehmen, da die Tatbestandsseite der Norm davon nicht berührt wird. Das BVerfG, auf das sich das Schrifttum meist für die Annahme einer nur begrenzten Justiziabilität beruft,[69] hat sich in den zitierten Entscheidungen nicht konkret zu Art. 91a geäußert. Bei den untersuchten Vorschriften prüft es nach, ob die Beteiligten die Begriffe zutr. ausgelegt und sich an den dadurch abgesteckten Rahmen gehalten haben. Die sich danach ergebenden Freiräume bezeichnet das Gericht zu Recht nicht als Beurteilungsspielräume.[70] Die Tatbestandsmerkmale unterliegen daher voll der verfassungsgerichtl. Nachprüfung.

Nach der Erweiterung von Abschnitt VIIIa des GG und seiner Überschrift im Jahre 2009 muss der **24** Begriff der Gemeinschaftsaufgaben neu gedeutet werden. Die Klammerdefinition in Art. 91a I geht allerdings weiterhin davon aus, dass Gemeinschaftsaufgaben nur dann vorliegen, wenn der Bund bei der Erfüllung der dort genannten Aufgaben der Länder mitwirkt (Gemeinschaftsaufgaben ieS). Wegen der urspr. Fassung der Abschnittsüberschrift müssen wohl auch die Regelungen in **Art. 91b** zu den **Gemeinschaftsaufgaben** in einem **weit verstandenen Sinne** gerechnet werden.[71] Man wird nicht alle „kooperativ" wahrgenommenen Aufgaben von Abschnitt VIIIa als (unechte) Gemeinschaftsaufgaben oder Gemeinschaftsaufgaben iwS bezeichnen können.[72] Dann wäre die Erweiterung der Überschrift überflüssig gewesen. Der Begriff würde zudem seine Konturen verlieren, wenn darunter jede Mitwirkung des Bundes oder der Länder bei der Erfüllung von Aufgaben der anderen Seite zu verstehen wäre. Ob die Finanzierungskomp. der Art. 104a III, 104b, 104c und 104d zu den Gemeinschaftsaufgaben (iwS) gezählt werden können, ist noch zweifelhafter.[73]

Für das weiterhin zu beobachtende Zusammenwirken außerhalb jeglicher verfassungsrechtl. Sonder- **24a** regelungen sollte der Begriff ohnehin vermieden werden. Durch die engere verfassungsrechtl. Festlegung des Begriffs „Gemeinschaftsaufgabe" sind andere Formen des Zusammenwirkens von Bund und Ländern jedoch nicht ausgeschlossen, soweit sie auf einer verfassungsrechtl. Ermächtigung beruhen.[74] Sie sind aber keine Gemeinschaftsaufgaben im Sinne der Legaldefinition.[75]

## II. Beschränkung auf drei Sachbereiche

**1. Verbesserung der regionalen Wirtschaftsstruktur (Nr. 1).** Der Begriff der regionalen Wirt- **25** schaftsstruktur in Art. 91a I Nr. 1 ist strikt von der gesamtstaatl. oder sektoralen Wirtschaftsstruktur zu unterscheiden.[76] Es muss sich um **raumbezogene Maßnahmen** handeln, die darauf ausgerichtet sind, die wirtschaftl. Strukturbedingungen in einem bestimmten Gebiet zu verbessern. Verbesserung liegt nicht schon in der Verhinderung einer Verschlechterung, also der Bewahrung des status quo.[77] Regionalität kann auch noch bei einem länderübergreifenden Fördergebiet zu bejahen sein.[78] Eine branchen- oder bundesweite Förderung scheidet aber in jedem Fall aus.[79] Die Voraussetzungen der Vorschrift sind ebenfalls nicht erfüllt, wenn ²/₃ des Staatsgebietes erfasst werden.[80] Die Schranke dürfte aber noch deutlich darunter liegen; etwa bei einem Viertel, wenn nicht bes. Umstände gegeben sind, wie bei Eingliederung der neuen Länder. Deshalb war es verfassungsrechtl. geboten, das Fördergebiet in den alten Ländern auf 22 v. H. der Bevölkerung zurückzuführen.[81]

---

[69] *Schwarz,* in: Maunz/Dürig, Art. 91a (2016) Rn. 8; *Oebbecke* HStR VI, § 136 Rn. 147; *Pieroth,* in: Jarass/Pieroth, Art. 91a Rn. 2; *Heun,* in: Dreier III, Art. 91a Rn. 12; *Selmer,* Gestaltungsmöglichkeiten des Bundesgesetzgebers für die Gemeinschaftsaufgabe Hochschulbau nach Art. 91a GG, 2000, S. 16, 32 („beträchtlicher Beurteilungs- und Gestaltungsspielraum", „politischer [?] Beurteilungsspielraum"); *Volkmann/Kaufhold* MKS III, 91a Rn. 41; *Hellermann,* Hdb Föderalismus II, § 39 Rn. 35, der Gemeinschaftsaufgaben als nicht näher durch die Gerichte bestimmbar ansieht, da hierfür politische Wertungen maßgebend seien.

[70] Z. B. BVerfGE 13, 230 (233 f.; 26, 338 (382 f.); 39, 96 (115).

[71] *Schwarz,* in: Maunz/Dürig, Art. 91b (2016) Rn. 12: „fakultative" bzw. „unechte" Gemeinschaftsaufgaben; *Buscher,* Der Bundesstaat in Zeiten der Finanzkrise, 2010, S. 107, 113 f.; *Korioth/Schwabenbauer* JböffFin, 2013, S. 429 (430); enger *Stern,* StaatsR II, S. 834 f.: Beschränkung des Begriffs auf die Gemeinschaftsaufgaben nach Art. 91a I; dagegen *Volkmann/Kaufhold* MKS III, Art. 91a Rn. 1.

[72] *Glaser* BK, Vorb. Art. 91a–91 (2016) rechnet zu den Gemeinschaftsaufgaben im engeren Sinn nur die in Art 91a erfassten Sachgebiete (Rn. 3), zu den Gemeinschaftsaufgaben im weiteren Sinn „jede Mitwirkung des Bundes oder der Länder bei der Erfüllung von Aufgaben der jeweils anderen Ebene sowie jede sonstige institutionalisiert ebenenübergreifende vertikale Kooperation" (Rn. 4).

[73] So aber *Stober* BayVBl 1989, 97 (103); wohl auch *Volkmann/Kaufhold* MKS III, Art. 91a Rn. 1.

[74] *Heun,* in: Dreier III, Art. 91a Rn. 10.

[75] Vgl. *Stern,* StaatsR II, S. 834 f.

[76] Vgl. *Stern,* StaatsR II, S. 836; *Heun,* in: Dreier III, Art. 91a Rn. 14 f., mit Hinweis, dass eine teilweise Überschneidung nicht ausgeschlossen sei.

[77] BT-Dr V/2861, Tz. 88 ff.; *Mager,* in: v. Münch/Kunig II, Art. 91a Rn. 15 f.; *Heun,* in: Dreier III, Art. 91a Rn. 13; zum Begriff „Verbesserung" *Oebbecke* HStR VI, § 136 Rn. 145.

[78] *Stern,* StaatsR II, S. 836.

[79] *Schwarz,* in: Maunz/Dürig, Art. 91a (2016) Rn. 21, 39; *Volkmann/Kaufhold* MKS III, Art. 91a Rn. 44; aA für die Förderung ganzer Branchen früher *Richter/Faber,* AK GG, 2. Aufl. 1989, Art. 91a/b Rn. 4.

[80] *Heun,* in: Dreier III, Art. 91a Rn. 14.

[81] Im 25. Rahmenplan (1996–1999), BT-Dr 13/4291, S. 9; s. a. 29. Rahmenplan, BT-Dr 14/3250, S. 16.

26    In engem Zusammenhang mit den Maßnahmen im Rahmen der Gemeinschaftsaufgabe „Verbesserung der regionalen Wirtschaftsstruktur", aber nicht von ihr erfasst, stehen die Förderungsmaßnahmen nach dem **InvZulG,**[82] die sich auf die insg. als Fördergebiet geltenden neuen Länder erstrecken. Das frühere InvZulG, das dieselben Fördergebiete wie die Gemeinschaftsaufgabe in den alten Ländern betraf, ist auf Grund des SteuerreformG 1990[83] ausgelaufen. Bedeutung für die regionale Wirtschaftsförderung haben ferner die Förderungsmaßnahmen aus dem ERP-Vermögen, die Wirtschaftsförderung der Länder und der kommunalen Gebietskörperschaften sowie die regionale Strukturförderung der EU (→ Rn. 13a, → Rn. 40).

27    **2. Verbesserung der Agrarstruktur (Nr. 2 Alt. 1).** Zur Gemeinschaftsaufgabe „Verbesserung der Agrarstruktur" nach Art. 91a Nr. 2 Alt. 1 zählen alle Maßnahmen zur Verbesserung (→ Rn. 25) der **landwirtschaftlichen Erzeugungs-, Arbeits- und Absatzbedingungen** auf Dauer. Forst- und Fischwirtschaft werden dazu gerechnet.[84] Bloße Einkommens- und Kreditsubventionen **scheiden aus,** da sie nicht der Strukturverbesserung dienen.[85] Dementspr. erfüllen die Ausgleichszulagen nach den RL der EU über die Landwirtschaft in den Berggebieten und in bestimmten benachteiligten Gebieten[86] ebenso wenig die Voraussetzungen wie Erntehilfen, Subventionen für Ernteschäden oder die bloße Bewirtschaftung von Betrieben.[87] Maßnahmen zur allg. Verbesserung der Lebensverhältnisse auf dem Land, wie die Dorferneuerung,[88] und reine Natur- und Landschaftspflege fallen ebenfalls nicht unter die Gemeinschaftsaufgabe.[89] Probl. ist auch die undifferenzierte Einbeziehung von Maßnahmen zur Verbesserung der „Marktstruktur" für land- und forstwirtschaftl. Erzeugnisse, da sie zu kaum lösbaren Abgrenzungsschwierigkeiten führt.[90] **Erfasst** sind dagegen Flurbereinigung, Wasserwirtschaft und Kulturbautechnik, Leistungsprüfungen in der tierischen Erzeugung sowie die Bildung von Erzeugergemeinschaften und sonstigen Zusammenschlüssen. Auch die Mehrkosten einer ökologischen Ausrichtung der Verbesserung der Agrarstruktur sollen über die Gemeinschaftsaufgabe finanzierbar sein.[91]

28    **3. Küstenschutz (Nr. 2 Alt. 2).** Zum Küstenschutz zählen alle **Maßnahmen zum Schutz der deutschen Nord- und Ostseeküste** sowie an den fließenden oberirdischen Gewässern und in Tidegebieten **gegen Sturmfluten.**[92] Beispiele sind der Bau von Deichen und Sperrwerken. Küstenschutz dient dem großräumigen Flächenschutz, also dem Schutz des Küstenlandes vor den Gefahren des Meeres. Er umfasst auch den Schutz von Mensch und Tier sowie des sonstigen Eigentums, **nicht** jedoch den gezielten **Schutz einzelner Objekte.**[93] Der Verbesserung des Küstenschutzes dienen nur der Neubau und der Ausbau von Küstenschutzwerken. Reine Reparaturmaßnahmen zählen nicht dazu, auch nicht, wenn sie etwa nach Sturmfluten ein erhebl. Ausmaß annehmen.[94]

## III. Rechtsfolgen

29    Zunächst räumt Art. 91a I dem **Bund die Befugnis** ein, bei der Erfüllung von Landesaufgaben mitzuwirken, also im Kompetenzbereich der Länder tätig zu werden. Allerdings müssen die Länder bereits die Initiative ergriffen haben. Unmittelbare Rechtsbeziehungen zu den Gemeinden dürfen nicht erzeugt werden.[95] Anders als die Regelung in Art. 91b beschränkt ich die Vorschrift aber nicht auf eine Ermächtigung. Vielmehr soll sie auch den **Verfassungsauftrag für Bund und Länder** enthalten, sich gemeinsam der Verwirklichung der Gemeinschaftsaufgaben zu widmen.[96] Diese For-

[82] InvZulG 1996 v. 24.6.1991 (BGBl I 1333); neu gefasst durch Bekanntmachung v. 22.1.1996, BGBl I 60). Neuere Versionen sind das InvZulG 2005 (BGBl I 2961), das InvZulG 2007 (BGBl I 282) und das InvZulG 2010 (BGBl I 2350), zul. geänd. durch G v. 22.12.2009 (BGBl I 3950); vgl. dazu *Uhlmann* BB 2007, 854 (858 f.).

[83] V. 25.7.1988 (BGBl I 1093).

[84] *Heun,* in: Dreier III, Art. 91a Rn. 17.

[85] *Schwarz,* in: Maunz/Dürig, Art. 91a (2016) Rn. 23; *Heun,* in: Dreier III, Art. 91a Rn. 17; *Volkmann/Kaufhold* MKS III, Art. 91a Rn. 46.

[86] ABl EG v. 19.5.1975, Nr. L 128/1.

[87] *Henneke,* in: Hofmann/Hennecke, Art. 91a Rn. 17.

[88] BT-Dr 8/2754, S. 231.

[89] *Schwarz,* in: Maunz/Dürig, Art. 91a (2016) Rn. 23; *Pieroth,* in: Jarass/Pieroth, Art. 91a Rn. 4; *Heun,* in: Dreier III, Art. 91a Rn. 17.

[90] Für eine Einbeziehung aber *Heun,* in: Dreier III, Art. 91a Rn. 17.

[91] *Mager* in: v. Münch/Kunig III, Art. 91a Rn. 26 mwN.

[92] Vgl. nur BT-Dr V/2861, Tz. 96; *Heun,* in: Dreier III, Art. 91a Rn. 18; *Volkmann/Kaufhold* MKS III, Art. 91a Rn. 47.

[93] *Schwarz,* in: Maunz/Dürig, Art. 91a (2016) Rn. 24.

[94] *Schwarz,* in: Maunz/Dürig, Art. 91a (2016) Rn. 24; *Heun,* in: Dreier III, Art. 91a Rn. 18.

[95] *Liesegang* JuS 1972, 40 (41); *I. v. Münch* VVDStRL 31 (1973), 51 (81, 142); *Heun,* in: Dreier III, 91a Rn. 10.

[96] IdS schon die Begründung des FinanzreformG, BT-Dr V/2861, Tz. 259; ferner *Schwarz,* in: Maunz/Dürig, Art. 91a (2016) Rn. 17; *Stern,* StaatsR II, S. 835; *Mager* in: v. Münch/Kunig II, Art. 91a Rn. 3; *Volkmann/Kaufhold* MKS III, Art. 91a Rn. 49; *Selmer* (Fn. 69), S. 16; *Schmidt-De Caluwe* (Fn. 40), Rn. 1; aA *Schlegel,* in: Umbach/Clemens II, Art. 91a Rn. 12; auf Grund seiner Deutung als einer Ermächtigung für eine „freiwillige" Kooperation (Rn. 11).

mulierung ist indes nicht eindeutig und hat Anlass zu Auseinandersetzungen gegeben. Einigkeit dürfte allerdings insoweit bestehen, dass der Bund verpflichtet ist, an der Erfüllung einer Gemeinschaftsaufgabe mitzuwirken, wenn sie von den Ländern in Gang gesetzt wird („wirkt... mit").[97] Unklar ist aber, ob die Länder ihrerseits durch die Vorschrift zur Durchführung der Gemeinschaftsaufgaben verpflichtet werden, wenn ihre Voraussetzungen erfüllt sind. Die Frage dürfte zu verneinen sein (→ Rn. 38).[98] Die Einstufung als Staatszielbestimmung ist problematisch und liefert keinen juristisch greifbaren Erkenntnisgewinn.[99]

Dem Bund stehen seit der Neufassung der Vorschrift keine weiteren Aufsichts- und Weisungsbefugnisse mehr zu.[100] Das Unterrichtungsrecht des alten Art. 91a V ist entfallen. Allerdings ist es im neuen Art. 104b III in anderer Gestalt wiederaufgelebt. Auf diese Regelung nehmen auch die neuen Art. 104c und 104d Bezug. Die – fortbestehende – Prüfungsbefugnis des BRH ist eingeschränkt (str., näher → Art. 114 Rn. 30). **30**

## C. Auftrag zur näheren gesetzlichen Regelung (Abs. 2)

Gemäß Art. 91a II werden die Gemeinschaftsaufgaben durch förmliches Bundesgesetz, das der Zustimmung des Bundesrates bedarf, „näher" bestimmt. Damit wird eine **ausschließliche Gesetzgebungskompetenz des Bundes,** zugleich aber auch ein **Regelungsauftrag** statuiert. Er kann durch ein oder mehrere zustimmungsbedürftige Gesetze erfüllt werden.[101] Der Bund hat in Ausführung von Art. 91a II drei Gesetze erlassen.[102] Wegen des Wegfalls der Gemeinschaftsaufgabe „Hochschulbau" hat das HochschulbauförderungsG nur noch bis zum 31.12.2006 gegolten, Art. 125c I.[103] **31**

Es ist nicht in das Belieben des Gesetzgebers gestellt, wie er die Gemeinschaftsaufgabe abgrenzen will. Er ist an die grds. Vorgaben von Abs. 1 gebunden. Dem Gesetzgeber steht **kein Beurteilungs- oder Gestaltungsspielraum** für die Frage zu, ob die allg. Voraussetzungen von Art. 91a vorliegen (auch → Rn. 13, → Rn. 23).[104] Andernfalls stünde eine Verfassungsnorm zur Disposition des einfachen Gesetzgebers und wäre im Grunde überflüssig. Urspr. durften im AusführungsG nur „allgemeine Grundsätze", die generelle Zielvorstellungen, nicht aber Detailanweisungen,[105] umfassen, geregelt werden. Nach der Neufassung darf das AusführungsG auch **Einzelheiten der Koordinierung** regeln. Intention des Reformgesetzgebers war es, durch die Ausweitung des Regelungsspielraums für den Bund die Bund-Länder-Zusammenarbeit zu verbessern.[106] Wie zuvor bei der Rahmenplanung darf das Gesetz nur bei hinreichenden sachlichen Gründen zwischen den Ländern differenzieren. Es gilt das föderale Gleichbehandlungsgebot. Eine Ungleichbehandlung nach parteipolit. Kriterien ist in keinem Fall erlaubt.[107] **32**

In diesem Zusammenhang steht auch die Abschaffung der Bestimmung, dass das Ausführungsgesetz „Bestimmungen über das Verfahren und über Einrichtungen für eine gemeinsame Rahmenplanung"[108] zu treffen hat. Bisher wurde die **Rahmenplanung** als das „eigentliche Kernstück des Zusammenwirkens bei den Gemeinschaftsaufgaben"[109] angesehen, da sie zu einer echten Mischverwaltung **33**

---

[97] *Pieroth,* in: Jarass/Pieroth, Art. 91a Rn. 1; wohl auch *Volkmann/Kaufhold* MKS III, Art. 91a Rn. 49; aA *Henneke,* in: Hofmann/Hennecke, Art. 91a Rn. 6: an „Bund und Länder" gerichteter „Verfassungsauftrag, zu prüfen, ob das Gemeinwohl die gemeinsame Erfüllung einer Aufgabe erfordert"; anders *Heller* (Fn. 53), Art. 91a (2007) Rn. 7: „Verbot eine Gemeinschaftsaufgabe vollständig austrocknen zu lassen".

[98] So zu Recht *Pieroth,* in: Jarass/Pieroth, Art. 91a Rn. 1; *Schlegel,* in: Umbach/Clemens II, Art. 91a Rn. 12; *Glaser* BK, Art. 91a (2016) Rn. 62; aA *Volkmann/Kaufhold* MKS III, Art. 91a Rn. 49.

[99] *Mager,* in: v. Münch/Kunig II, Art. 91a Rn. 4; *Schlegel,* in: Umbach/Clemens II, Art. 91a Rn. 13; aA *Heun,* in: Dreier III, Art. 91a Rn. 8 mwN.

[100] Relativierend *Schmidt-De Caluwe* (Fn. 40), Rn. 13, der wegen der Streichung von Art. 91a V aF sowohl den Schluss auf das Wiederaufleben der regulären Bundesaufsicht als auch die Bestätigung des Ausschlusses jeglicher Aufsichts- und Weisungsbefugnisse für zulässig ansieht.

[101] *Rengeling* HStR IV[1], § 100 Rn. 285; *Pieroth,* in: Jarass/Pieroth, Art. 91a Rn. 5; *Heun,* in: Dreier III, Art. 91a Rn. 19; *Mager,* in: v. Münch/Kunig II, Art. 91a Rn. 28, 30; *Volkmann/Kaufhold* MKS III, Art. 91a Rn. 51; *Glaser* BK, Art. 91a (2016) Rn. 80.

[102] Die noch geltenden sind o. unter „Gesetzgebung" aufgeführt. *Volkmann/Kaufhold* MKS III, Art. 91a Rn. 56, halten sie trotz vereinzelter Kritik insg. für eine „sachgerechte und verfassungskonforme Umsetzung des Regelungsauftrags".

[103] Erst durch Art. 15 G v. 8.12.2010 (BGBl I 1864 [1865]) förmlich aufgehoben.

[104] So aber *Heller* (Fn. 53), Art. 91a (2007) Rn. 7; *Pieroth,* in: Jarass/Pieroth, Art. 91a Rn. 2, unter Berufung auf BVerfGE 39, 96 (115), wo freilich Art. 91a nicht geprüft wird und auch nicht von „Beurteilungsspielraum" die Rede ist; unklar *Glaser* BK, Art. 91a (2016) Rn. 64, der einerseits eine strikte Bindung des Gesetzgebers an die aus Art. 91a fließenden materiellen Vorgaben postuliert, andererseits aber einen „erheblichen Ausgestaltungsspielraum" angesichts der „relativen Unbestimmtheit einiger ... Begriffe" zugesteht. Die bloße Unbestimmtheit eines Begriffs rechtfertigt jedoch nicht ohne weiteres Freiräume. Methodisch korrekt ist sie durch Auslegung zu reduzieren.

[105] Vgl. *Marnitz* (Fn. 28), S. 71 ff.

[106] BR-Dr 178/06, S. 37.

[107] *Volkmann/Kaufhold* MKS III, Art. 91a Rn. 50; allg. BVerfGE 72, 330 (331 f., 404); 116, 327 (Rn. 169, 179); 119, 394 (Rn. 50); 122, 1 (Rn. 129 f.). Grundlegend für die Gleichbehandlung der Staaten im Bundesstaat: *Leibholz,* Die Gleichheit vor dem Gesetz, 1959, S. 138–158; *Pleyer,* Föderative Gleichheit, 2005, S 112.

[108] Art. 91a i. d. F. v. 31.7.1970.

[109] BT-Dr V/2861 Tz. 271.

führe.[110] Diese Feststellung ist **so** jetzt nicht mehr haltbar.[111] Das **weitere Schicksal** der **Rahmenplanung** ist damit aber noch nicht besiegelt. In der Gesetzesbegründung ist ausgeführt, dass „das Instrument der Rahmenplanung nicht mehr zwingend vorgeschrieben" werde.[112] Eine gemeinsame Planung von Bund und Ländern mag auch ohne gesetzliche Ermächtigung zulässig sein.

33a      In der Praxis ist der bish. Planungsausschuss durch einen **Koordinierungsausschuss** ersetzt worden. An die Stelle des Rahmenplans ist ein **Koordinierungsrahmen** für die Gemeinschaftsaufgabe „Verbesserung der regionalen Wirtschaftsstruktur"; nicht aber bei der Gemeinschaftsaufgabe „Verbesserung der Agrarstruktur und des Küstenschutzes", getreten. Dort blieb es bei Planungsausschuss und Rahmenplan. Der Rahmenplan kann als Koordinierung iSv Art. 91a II angesehen werden.[113] Allerdings macht die Planung wenig Sinn, wenn sie ohne Rechtswirkungen bleibt. Selbst das „In-Aussicht-Stellen" finanz. Unterstützung ist fragwürdig, da jedenfalls Art. 91a dem Bund keine Grundlage mehr bietet, im Bereich des Hochschulbaus den Ländern Geld zur Verfügung zu stellen. Die Regelungen in Art. 125c, 143c stehen dem entgegen. Fraglich ist jedoch, ob insoweit das Mehrheitsprinzip gelten darf.[114] Einfachgesetzlich wurde das Mehrheitsprinzip derweil ausdr. in § 5 II GRWG und § 6 III GAKG normiert.

# D. Finanzierung (Abs. 3)

## I. Lastenverteilung (S. 1–3)

34      Ein weiterer **essentieller Teil** der Gemeinschaftsaufgaben ist die **gemeinsame Finanzierung** (Art. 91a III). Die Föderalismusreform I[115] übernahm die alte Regelung im Wesentlichen unverändert. Es erfolgten nur redaktionelle Anpassungen. Die Finanzierung ist durch Gesetz zu regeln, wobei für die Aufgaben nach Nr. 1 ein fester Finanzierungsanteil (jew. 50 v. H.) vorgeschrieben ist. Bei Gemeinschaftsaufgaben nach Nr. 2 kann der Bund auch einen größeren Anteil tragen.[116] Es besteht insoweit ein variables Finanzierungsmodell. Allerdings ordnet Art. 91a III 2 Hs. 2 verbindlich an, dass die Beteiligung für alle Länder einheitlich festzusetzen ist. Art. 91a III erlaubt also **keinen vertikalen Finanzausgleich** mit horizontal umverteilender Wirkung zusätzlich zum „allgemeinen" Finanzausgleich.[117] Wenn allerdings eine Maßnahme zu Unrecht, z. B. wegen fehlender Planungs- und Gestaltungsmöglichkeiten der Länder, in die Gemeinschaftsaufgabe aufgenommen worden ist,[118] tritt jedenfalls nicht die damit bezweckte Rechtsfolge, variable Finanzierungsanteile, ein. Die finanzielle Beteiligung des Bundes bezieht sich aber nur auf die Zweckausgaben (dazu → Art. 104a Rn. 9 f.).[119] Die Verwaltungsausgaben (dazu → Art. 104a Rn. 9 f.) („Verwaltungskosten") haben die Länder nach Art. 104a V 1, dem insoweit Vorrang eingeräumt wird, selbst zu tragen (→ Art. 104a Rn. 13).[120] Ein **Verzicht** auf die parallele Finanzierung einzelner Vorhaben durch den Bund im Wege der Vereinbarung ist unzulässig.

35      Die bisher für die entfallene Gemeinschaftsaufgabe „Hochschulbau" eingesetzten Bundesmittel sind nach Maßgabe des neuen Art. 143c den **Ländern zur Verfügung** zu stellen.

---

[110] *Volkmann/Kaufhold* MKS III, Art. 91a Rn. 52 ff.

[111] Die Neufassungen des G über die Gemeinschaftsaufgabe „Verbesserung der regionalen Wirtschaftsstruktur" (§§ 4–5) v. 7.9.2007 und des G über die Gemeinschaftsaufgabe „Verbesserung der Agrarstruktur und des Küstenschutzes" (§§ 4–6) v. 31.10.2006 zeigen jedoch, dass die Staatspraxis von der Aufrechterhaltung des bisherigen Systems ausgeht und nur der Terminologie modifiziert hat, vgl. *Schmidt-De Caluwe* (Fn. 40), Rn. 10; ähnl. *Starck,* Föderalismusreform, 2007, Rn. 290.

[112] BR–Dr 178/06, S. 37.

[113] BT–Dr 16/13950; *Glaser* BK, Art. 91a (2016) Rn. 72; für fortdauernde Zulässigkeit der Rahmenplanung: auch: *Heun,* in: Dreier III, Art. 91a Rn. 21; *Kesper* NdsVBl 2006, 145 (153), die als Grund für das weitere Festhalten an der Rahmenplanung vor allem die Abstimmung einer einheitlichen Position von Bund und Ländern gegenüber der EU beim europ. Strukturfond sieht; → Rn. 41.

[114] *Schmidt-De Caluwe* (Fn. 40), Rn. 11 f., sieht nach Streichung des ausdr. Zustimmungserfordernisses in Art. 91a III 2 GG aF und dem Entfallen des Anmeldeerfordernisses für eine Maßnahme der Länder, welches als Zustimmung gedeutet werden konnte, den Mehrheitsbeschluss als theoretisch möglich an, nimmt jedoch bei regionaler Wirtschaftsförderung gegen den Willen eines Landes einen Eingriff in die Eigenstaatlichkeit und somit einen Verfassungsverstoß an; ähnlich jetzt auch *Glaser* BK, Art. 91a (2016) Rn. 78.

[115] G z. Änd. des GG v. 28.8.2006 (BGBl I 2034).

[116] Er hat von dieser Möglichkeit Gebrauch gemacht und den Bundesanteil bei der Förderung der Agrarstruktur grds. auf 60 v. H. und beim Küstenschutz auf 70 v. H. festgelegt, § 10 Abs. 1 G über die Gemeinschaftsaufgabe „Verbesserung der Agrarstruktur und des Küstenschutzes"; → Rn. 13b.

[117] *Stern,* StaatsR II, S. 838; *Heun,* in: Dreier III, Art. 91a Rn. 24; *Mager,* in: v. Münch/Kunig II, Art. 91a Rn. 37; jetzt ebenso *Glaser* BK, Art. 91a (2016) Rn. 85.

[118] Die Praxis verfährt vor allem im Agrarsektor bei Leistungen der EU so, aber nicht nur dort.

[119] Abw. *Mager,* in: v. Münch/Kunig II, Art. 91a Rn. 38 mwN: „Investitionskosten".

[120] So der klare Wille des Gesetzgebers BT–Dr V/2861 Tz 301; *Blümel* HStR IV[1], § 101 Rn. 153; *v. Arnim* HStR IV[1], § 103 Rn. 22, 66; *Mager,* in: v. Münch/Kunig II, Art. 91a Rn. 38; *Heun,* in: Dreier III, Art. 91a Rn. 23; aA *Stern,* StaatsR II, S. 1139.

## II. Haushaltshoheit der Parlamente von Bund und Ländern (S. 4)

Art. 91a III 4 statuiert darüber hinaus einen **Haushaltsplanvorbehalt** zugunsten der Parlamente  **36**
von Bund und Ländern. Damit sollte deren Befugnis gesichert werden, ungeachtet der Ansätze in der
gemeinsamen Rahmenplanung,[121] frei über die Bewilligung der Mittel zu entscheiden. Wenn ein
Parlament iR seiner „Budgethoheit" die Ansätze änderte, musste der Rahmenplan unter Beteiligung
des zuständigen Planungsausschusses revidiert werden. In der politischen Praxis blieb dieser Vorbehalt
allerdings weitgehend Theorie. Die im Wesentlichen von der Exekutive gestalteten Pläne entfalteten
starke tatsächliche Bindungen.[122] Zumindest die Landesparlamente waren praktisch gezwungen, den in
der Rahmenplanung vorgesehenen Mittelansätzen ohne Modifizierung zuzustimmen, da sonst die
Gefahr bestand, dass die vorgesehenen Bundesmittel dem Land verloren gingen.[123]

Daran wird sich trotz Wegfalls der zwingenden gemeinsamen Rahmenplanung wenig ändern, da  **37**
Art. 91a II die Möglichkeit eröffnet, im **AusführungsG** Einzelheiten der Koordinierung der Gemeinschaftsaufgaben näher zu bestimmen. Um dem Haushaltsplanvorbehalt Genüge zu leisten,[124] ist es
angebracht, in das AusführungsG eine Regelung aufzunehmen, die seinen Vollzug unter den Vorbehalt
der Mittelbereitstellung durch die Haushaltsgesetze (der Länder) stellt.

## E. Sperrwirkung der Vorschrift?

Klärungsbedürftig sind die Rechtsfolgen, wenn keine Mehrheit für Projekte der Gemeinschafts-  **38**
aufgaben zustande kommt oder ein Projekt nicht angemeldet wird. Die Materien der Gemeinschaftsaufgaben sind nach der Legaldefinition des Art. 91a I nach wie vor Aufgaben der Länder (→ Rn. 17).
Deshalb darf der Bund sie nicht anstelle der Länder erfüllen. Ihm ist es nur gestattet, im Rahmen des
von Art. 91a vorgesehenen Verfahrens tätig zu werden. Die Länder sind jedoch nicht gehindert, diese
„autonom", also auch **ohne Mitwirkung des Bundes,** zu erfüllen. Allerdings müssen sie dann auch
die Kosten alleine tragen. So darf ein Land auch in vollständiger Eigenfinanzierung die regionale
Wirtschaftsstruktur verbessern. Das wurde bisher jedenfalls bei fehlender Einigung über die – inzwischen nicht mehr erforderliche – Rahmenplanung angenommen.[125] Dann stellt sich jedoch die Frage,
wie dieses isolierte Vorgehen mit der Mitwirkungspflicht des Bundes (→ Rn. 29) zu vereinbaren ist.
Möglicherweise muss sie einschränkend als ein bloßer Anspruch der Länder interpretiert werden, der
aber nicht geltend gemacht werden muss. Das Land hat aber in jedem Fall auf etwaige Rahmen-
planungsentscheidungen **Rücksicht zu nehmen** und darf sie durch seine Maßnahmen nicht konterkarieren.[126]

Eine unmittelbare Einwirkung des Bundes auf die Aufgabenerfüllung durch die Gemeinden ist von  **39**
der Vorschrift nicht gedeckt. Die **Gemeinden** sind daher nicht gehindert, eine eigene Wirtschaftsförderung zu betreiben. Kommunale Maßnahmen dürfen jedoch nicht Bund und Länder bei der
Erfüllung des Auftrags des GG zur regionalen Wirtschaftsförderung behindern. Die spezielle Bund-
Länder-Sachzuweisung auf Grund des Art. 91a geht der allgemeinen Kompetenz der Gemeinden aus
Art. 28 II vor.[127] Die neuen Art. 104c, und d haben den Gemeinden jetzt allerdings unter (systemwid-
riger) Durchbrechungen der Zweistufigkeit der Finanzverfassung eine besondere Bedeutung im Finanzverfassungsrecht zugewiesen.

---

[121] *Volkmann/Kaufhold* MKS III, Art. 91a Rn. 63; einschränkend *Zitzelsberger* DÖV 1990, 724 (730 f.), der die
Parlamente für gebunden hält, wenn sie bereits einen Teil der Kosten bewilligt haben und das Projekt in Angriff
genommen wurde.

[122] *Heun,* in: Dreier III, Art. 91a Rn. 26.

[123] Vgl. *Liesegang/Plöger* DÖV 1971, 228 (234 f.); *Glaser* BK, Art. 91a (2016) Rn. 90.

[124] Die Haushaltspläne werden durch Gesetz festgestellt: Für den Bund erfolgt dies gem. Art. 110 I, II iVm § 1
BHO, für die Länder finden sich entspr. Regelungen in den Landesverfassungen. Im Verhältnis zu einem AusführungsG zu Art. 91a würde für das BHG der lex posterior-Regel gelten, während für die jeweiligen LandeshaushaltsG ohne Art. 91a III Art. 31 greifen würde.

[125] So der eindeutige Wille des verfassungsändernden Gesetzgebers BT-Dr V/2861, Tz. 275; ebenso *Tiemann*
DÖV 1970, 725 (727); *Stern,* StaatsR II, S. 835; *Rengeling* HStR IV[1], § 100 Rn. 287; *Mager,* in: v. Münch/Kunig II,
Art. 91a Rn. 14; *Heun,* in: Dreier III, Art. 91a Rn. 29; *Volkmann/Kaufhold* MKS III, Art. 91a Rn. 49; *Breuer* FS
Krause, 2006, S. 325 (338); aA *Goroncy* DÖV 1970, 109 (111 ff.), der ein selbständiges Vorgehen der Länder in dem
durch die AusführungsG zu Art. 91a abgegrenzten Bereich gemeinsamen Bund-Länder-Handelns für ausgeschlossen
hält; zum Ganzen *Neupert,* Regionale Strukturpolitik als Aufgabe der Länder…, 1986, S. 251 ff.

[126] Zutr. Herleitung unmittelbar aus Art. 91a I: *I. v. Münch* VVDStRL 31(1973), 51 (73 mwN); *Mager,* in:
v. Münch/Kunig II, Art. 91a Rn. 44; problem. Rückgriff auf die Bundestreue bei: *Schwarz,* in: Maunz/Dürig,
Art. 91a (2016) Rn. 26; *Stern,* StaatsR II, S. 835; *Heun,* in: Dreier III, Art. 91a Rn. 29 (Herleitung primär unmittelbar aus Art. 91a I, erg. Bundestreue); vgl. ferner *Frowein* VVDStRL 31(1973), 13 (32); *Volkmann/Kaufhold* MKS III,
Art. 91a Rn. 49.

[127] Vgl. *Altenmüller* DVBl 1981, 619 (622 mwN); *Mager,* in: v. Münch/Kunig II, Art. 91a Rn. 45 aE.

## F. Europarechtliche Überlagerung

**40**      Die von der Vorschrift erfassten Sachbereiche sind mittlerweile in erheblichem Umfang auch Gegenstand unionsrechtl. Vorgaben. Dies gilt vor allem für die Gemeinschaftsaufgaben „Verbesserung der regionalen Wirtschaftsstruktur" (Art. 91a I Nr. 1) und „Verbesserung der Agrarstruktur" (Art. 91a I Nr. 2 Alt. 1). Sie unterliegen der **Beihilfenaufsicht nach Art. 107–109 AEUV,** wenn dadurch bestimmte Unternehmen oder Produktionszweige wettbewerbswidrig unterstützt werden. Dementspr. sollte der früher vorgeschriebene Rahmenplan nach Art. 91a III aF der Genehmigung der Komm. bedürfen.[128] Die Beihilfenkontrolle im Bereich der **Agrarpolitik** wird durch Art. 42 AEUV und die Befugnis zur Schaffung von „gemeinsamen Ordnungen der Agrarmärkte" (Art. 40 AEUV) modifiziert. Die Leistungen iRd **Hochschulbaus,** sind bisher nicht als Beihilfen angesehen worden. Diese Sicht wird aber nicht mehr ohne weiteres haltbar sein, sobald Hochschulkliniken oder ganze Hochschulen in Privatrechtsform organisiert sind oder an Privatrechtssubjekte verkauft werden. In der Praxis wird die Beihilfenkontrolle fast flächendeckend durchgeführt.[129] Für die Genehmigungsfähigkeit von Beihilfen zur **Regionalförderung** war zwischen der BReg und der EU-Kommission umstritten, wie groß der Anteil der Fördergebiete nach Art. 91a Nr. 1 an der Fläche der Bundesrepublik sein durfte.[130] IE wurde eine Einigung dahin erzielt, dass das gesamte Gebiet der neuen Länder vorläufig Fördergebiet bleiben durfte (abgedeckt von Art. 107 IIc AEUV), iÜ aber der Anteil der Fördergebiete in den alten Ländern deutlich reduziert werden musste. Inzwischen hat die Kommission neue Leitlinien für staatl. Beihilfen mit reg. Zielsetzung beschlossen, die eine weitere Reduzierung des höchstzulässigen Fördergebietsanteils auf 17,6 v. H. vorsehen (→ Rn. 25).[131] Jedenfalls ist der Bund der Forderung nachgekommen,[132] hatte aber Klage gegen die auf die neuen Leitlinien gestützte Kommissionsentsch. v. 14.3.2000 vor dem EuGH erhoben, die aber mangels hinreichender Beschwer als unzulässig abgewiesen worden ist.[133]

**41**      Neben die regionale Strukturpolitik von Bund und Ländern iRd Gemeinschaftsaufgabe tritt zunehmend die (eigene) **Regionalpolitik der EU** nach Art. 174–178 AEUV, die nicht nur die Koordination der nationalen Politiken zum Gegenstand hat, sondern unter Einsatz der europäischen Strukturfonds (Art. 175 I AEUV) auch durchaus eigene Ziele verfolgt.[134] Namentlich werden Mittel aus dem Europäischen Fonds für regionale Entwicklung in nennenswertem Umfang zur Finanzierung von Projekten iRd Gemeinschaftsaufgabe „Förderung der regionalen Wirtschaftsstruktur" verwendet. Allerdings ist mit dem Beitritt der ostmitteleuropäischen Staaten das durchschnittl. Einkommen in der EU deutlich gesunken, so dass viele Regionen nicht mehr die Kriterien für eine Förderung durch die EU erfüllen. Das trifft vor allem für fast das gesamte Gebiet der neuen Länder zu, während alle Beitrittsländer nach Ziel 1 förderungswürdig sind.[135] Die Gemeinschaftsaufgabe „Verbesserung der Agrarstruktur" überschneidet sich mit den Maßnahmen iR einer **gemeinsamen Agrarstrukturpolitik** der EU nach Art. 39–41, 43 AEUV. Insoweit ist die Tätigkeit folgender Einrichtungen der EU zu berücksichtigen:

- European Regional Development Fund (ERDF)
- European Social Fund (ESF)
- European Agricultural Fund for Rural Development (EAFRD)
- European Maritime and Fisheries Fund (EMFF)
- Cohesion Fund
- European Territorial Cooperation Goal (ETC)
- European Grouping of Territorial Cooperation (EGTC).[136]

**42**      Die Einstellung der Fördermittel der EU bei Gemeinschaftsaufgaben[137] ist indes fragwürdig, wenn ihre Vergabe weitgehend rechtl. determiniert ist, da Art. 91a I verlangt, dass für die Länder ein Planungs- und Gestaltungsspielraum bestehen bleiben muss.[138] Dieser Spielraum besteht aber nicht,

---

[128] *Mager,* in: v. Münch/Kunig II, Art. 91a Rn. 18; *Heun,* in: Dreier III, Art. 91a Rn. 4, unter Berufung auf *Blümel* HStR IV[1], § 101 Rn. 147 (dort nicht so deutlich).

[129] VO (EWG) Nr. 26 v. 4.4.1962 des Rates zur Anwendung bestimmter Wettbewerbsregeln auf die Produktion landwirtschaftlicher Erzeugnisse und den Handel mit diesen Erzeugnissen, ABl EG 1962, 993/62.

[130] Auflistung der zahlr. Kontroversen zwischen Deutschland und der Kommission in BT-Dr 14/776, S. 31.

[131] ABl 98/C 74/9; dazu näher *Jung/Hassold* DÖV 2000, 190 (190 ff.).

[132] BT-Dr 14/776, S. 29 f.; *Puttler,* in: Magiera/Sommermann, Verwaltung in der Europäischen Union, 2001, S. 171 (185).

[133] EuGH, Urt. v. 18.6.2002, Rs. C-242/00, NVwZ 2002, 975.

[134] Vgl. *Puttler* (Fn. 132), S. 171 (173); *Mehde* NWVBl 2002, 178.

[135] Vgl. *Mehde* NWVBl 2002, 178 (182).

[136] Zu ihrer Stellung mit Quellenangaben *Siekmann,* in: Rövekamp/Bälz/Hilpert, Central Banking and Financial Stability in East Asia, 2015, S. 43 (54 f.).

[137] 36. Rahmenplan der Gemeinschaftsaufgabe „Verbesserung der regionalen Wirtschaftsstruktur" für den Zeitraum 2007 bis 2010, BT-Dr 16/5215; *Heun,* in: Dreier III, Art. 91a Rn. 4.

[138] *Mager,* in: v. Münch/Kunig II, Art. 91a Rn. 24.

wenn nach Grund und Höhe bestimmte oder bestimmbare Geldleistungen festgesetzt werden, auf welche die Berechtigten einen Anspruch haben. Wenn derartige Fördermaßnahmen gleichwohl in die Gemeinschaftsaufgaben aufgenommen werden, um die Lastentragungsregelung des Art. 104a I, III 2 zu unterlaufen,[139] kann die bezweckte Rechtsfolge, Änderung der Finanzierungskompetenz, nicht eintreten (→ Rn. 36), so dass die Lastentragungsschlüssel für die von der EU veranlassten Maßnahmen, die nicht mit den Regeln des Art. 104a übereinstimmen, verfassungswidrig sind.

## Art. 91b [Zusammenwirken bei der Forschungsförderung und bei Leistungsvergleichen im Bildungswesen]

(1) **Bund und Länder können auf Grund von Vereinbarungen in Fällen überregionaler Bedeutung bei der Förderung von Wissenschaft, Forschung und Lehre zusammenwirken. Vereinbarungen, die im Schwerpunkt Hochschulen betreffen, bedürfen der Zustimmung aller Länder. Dies gilt nicht für Vereinbarungen über Forschungsbauten einschließlich Großgeräten.**

(2) **Bund und Länder können auf Grund von Vereinbarungen zur Feststellung der Leistungsfähigkeit des Bildungswesens im internationalen Vergleich und bei diesbezüglichen Berichten und Empfehlungen zusammenwirken.**

(3) **Die Kostentragung wird in der Vereinbarung geregelt.**

**Entstehungsgeschichte: Erstfassung:** 21. G zur Änd. des GG v. 12.5.1969 (BGBl I 359), Art. I Nr. 1 (dazu BT-Dr V/2861 [Entw.], V/3605, V/3896, V/4021, V/4105; BT-Prot V/9145, 11 025; BR-Dr 138/68, 14/69, 217/69; BR-Prot 68/45, 69/1, 108) – **Änderung:** G zur Änd. des GG v. 28.8.2006 (BGBl I 2034), Art. 1 Nr. 13 (dazu: BT-Dr 16/813 [Entw.], 16/2010 [Beschlussempfehlung RechtsA], 16/2069 [Bericht RechtsA]; BT-Prot 16/1749, 4233, 4295; BR-Dr 178/06, 180/06, 462/06; BR-Prot 06/39, 62, 203, 222); G zur Änd. des GG v. 23.12.2014 (BGBl I 2438), Art. 1 (dazu: BT-Dr 18/2710) [Entw.], 18/3141 [Beschlussempfehlung und Bericht], BT-Prot 18/5383A, 6222D, 6237D); BR-Dr 323/14, BR-Prot 14/271, 404C, 407D,).
**Historische Verfassungstexte: GG 2009 Art. 91b:** Bund und Länder können auf Grund von Vereinbarungen bei der Bildungsplanung und bei der Förderung von Einrichtungen und Vorhaben der wissenschaftlichen Forschung von überregionaler Bedeutung zusammenwirken. Die Aufteilung der Kosten wird in der Vereinbarung geregelt.Bund und Länder können. **GG 2014 Art. 91b:** (1) Bund und Länder können auf Grund von Vereinbarungen in Fällen überregionaler Bedeutung zusammenwirken bei der Förderung von: 1. Einrichtungen und Vorhaben der wissenschaftlichen Forschung außerhalb von Hochschulen; 2. Vorhaben der Wissenschaft und Forschung an Hochschulen; 3. Forschungsbauten an Hochschulen einschließlich Großgeräten. Vereinbarungen nach Satz 1 Nr. 2 bedürfen der Zustimmung aller Länder. (2) Bund und Länder können auf Grund von Vereinbarungen zur Feststellung der Leistungsfähigkeit des Bildungswesens im internationalen Vergleich und bei diesbezüglichen Berichten und Empfehlungen zusammenwirken. (3) Die Kostentragung wird in der Vereinbarung geregelt.
**Supra- und internationale Texte:** AEUV Art. 165 f., 179–190.
**Gesetzgebung:** EntflechtG.

**Schrifttum:** *M. Bormann,* Bildungsplanung in der Bundesrepublik Deutschland, 1978; *A. Dittmann,* Bildungsplanung als Gemeinschaftsaufgabe, 1975; *U. Karpen,* Bildung, Wissenschaft und Kultur in der Föderalismusreform, ZG 21 (2006), 271; *S. Korioth/T. Schwabenbauer,* Gestaltungsmöglichkeiten gemeinsamer Forschungsfinanzierung von Bund und Ländern nach Art. 91b Abs. 3 GG, JböffFin 2013, S. 429; *E. Schmidt-Aßmann,* Die Bundeskompetenzen für die Wissenschaftsförderung nach der Föderalismusreform, FS Isensee, 2007, S. 405; *M. Seckelmann,* Föderalismusreform III im Wissenschaftsbereich? NVwZ 2015, 248; *M. Seckelmann/S. Lange/T. Horstmann* (Hrsg.), Die Gemeinschaftsaufgaben von Bund und Ländern in der Wissenschafts- und Bildungspolitik, 2010; *S. Siweke,* Verfassungsrechtliche Anforderungen an die Fortsetzung der Exzellenzinitiative, DÖV 2009, 946; *G. Speiser,* Der deutsche Wissenschaftsföderalismus auf dem Prüfstand ..., Diss. Speyer, 2016; *H.-H. Trute,* Verwaltungskompetenzen nach der Föderalismusreform ..., FS Schneider, 2008, S. 302; *J. Wolff,* Der neue Artikel 91b GG, DÖV 2015, S. 771. S. auch das Schrifttum zu Art. 91a.

### Übersicht

---

[139] Eine Beteiligung des Bundes wäre nicht möglich, Beispiele bei *Mager,* in: v. Münch/Kunig II, Art. 91a Rn. 25 f.

# A. Allgemeines

## I. Entstehung und Verlauf

**1**    Die Vorschrift ist ebenso wie Art. 91a 1969 durch das Finanzreformgesetz in das GG eingefügt worden.[1] Aber auch **schon vor der Änderung des GG** bestand eine vielfach verästelte, **umfangreiche Zusammenarbeit** von Bund und Ländern auf den Gebieten von Wissenschaft und Bildung.[2] Ihre verfassungsrechtl. Zulässigkeit wurde jedoch sehr unterschiedlich beurteilt.[3] Daher lag es nahe, mit Art. 91b eine eindeutige Rechtsgrundlage für die meisten Maßnahmen zu schaffen und die ebenfalls streitige Finanzierungsfrage zu klären.[4] Namentlich konnte so die auf Vereinbarungen beruhende Förderung der DFG und der MPG verfassungsrechtl. abgesichert werden.[5] Die Vorschrift wurde auch als Anerkennung der gesamtstaatliche Bedeutung von Bildung und Forschung durch das GG verstanden.[6]

**2**    Art. 91b hat im Rahmen der **Föderalismusreform I**[7] zwei wesentl. Änderungen erfahren: (1) Die Möglichkeit des Zusammenwirkens von Bund und Ländern bei der Förderung wiss. Forschung mit überreg. Bedeutung wurde in Bezug auf Adressaten und Förderungsgegenstände präziser und differenzierter geregelt. (2) Die Möglichkeit einer Zusammenarbeit bei der Bildungsplanung[8] nach Art. 91b aF – einer der umstrittensten Punkte in der Föderalismuskomm.[9] – wurde gestrichen. An ihre Stelle ist die Zusammenarbeit von Bund und Ländern bei der nationalen Bildungsberichterstattung getreten, Art. 91b II (u. Rn. 22 f.). Die Bildungsplanung wurde durch das Zusammenwirken bei der (nachträgl.) Bildungsevaluation ersetzt.

**3**    Daraus ergaben sich **zwei gravierende Folgen:** Hochschulbau (Art. 91a I Nr. 1 aF) und Bildungsplanung (Art. 91b aF) gehörten danach nicht mehr zu den Gemeinschaftsaufgaben. Um den Ausfall der für diese Mischfinanzierungen bis zur Föderalismusreform I eingesetzten oder vorgesehenen Bundesmittel zu kompensieren, wurde **Art. 143c** geschaffen, der für eine Übergangszeit die Mittel-

---

[1] 21. G z. Änd. des GG (FinanzreformG) v. 12.5.1969, BGBl I 359. Die Entstehungsgeschichte verläuft parallel zu Art. 91a, dazu → Art. 91a Rn. 2–7; *Schlegel*, in: Umbach/Clemens II, Art. 91b Rn. 1 f.

[2] Vgl. *Stern*, StaatsR II, S. 839; *Dittmann*, Bildungsplanung als Gemeinschaftsaufgabe, 1975, S. 27 ff.; *Grawert*, Verwaltungsabkommen zwischen Bund und Ländern in der Bundesrepublik Deutschland, 1967, S. 322 ff.; zusammenfassende Darstellung bei *Collin*, in: Seckelmann/Lange/Horstmann, S. 37 (37–46).

[3] Vgl. *Grawert* (Fn. 2), S. 131 ff.; *Tiemann*, Gemeinschaftsaufgaben von Bund und Ländern in verfassungsrechtlicher Sicht, 1970, S. 104 ff.; Darstellung aus jüngster Zeit bei *Speiser*, Der deutsche Wissenschaftsföderalismus auf dem Prüfstand – der neue Art. 91b Abs. 1 GG, Diss. Speyer, 2016, S. 8 f.

[4] *Schwarz*, in: Maunz/Dürig, Art. 91b (2016) Rn. 1; *Stern*, StaatsR II, S. 839; *Heun*, in: Dreier III, Art. 91b Rn. 1, 6; *Volkmann/Kaufhold* MKS III, Art. 91b Rn. 1.

[5] *Collin* (Fn. 2), S. 41 f., hält zwar die damalige Förderungspraxis „nicht per se" für unzulässig, da das GG von der „prinzipiellen Zulässigkeit von Bundeszuschüssen für Länderaufgaben ausgegangen" sei, nimmt aber das Fehlen einer „verfassungsrechtlichen Legitimation" an (S. 41), die notwendig gewesen sei, um die „Rückkehr" des „Trennungsdenkens" von Seiten der Wissenschaft abwehren zu können. Die Kategorie der „Legitimation" ist allerdings der verfassungsrechtlichen Dogmatik fremd und allenfalls dem Denkschemata von *Carl Schmitt* zu entnehmen. Die Rspr. des BVerfG zur „eigenverantwortlichen Aufgabenwahrnehmung" wird zudem übergangen.

[6] So wohl *Stern*, StaatsR II, S. 839.

[7] G z. Änd. des GG v. 28.8.2006 (BGBl I 2034); weitere Einzelheiten zu den Reformbemühungen bei *Siekmann*, Art. 91a Rn. 8–10; Darstellung der Kritik an der bish. Rechtslage *Speiser* (Fn. 3), S. 12–25.

[8] Dazu *Asche*, Bildungsplanung nach Art. 91b GG, 1971; *Bormann*, Bildungsplanung in der Bundesrepublik Deutschland, 1978; *Dittmann*, Bildungsplanung als Gemeinschaftsaufgabe, 1975; *Oppermann* DÖV 1972, 591 (591); *Schlegel*, in: HdbWissR, 2. Aufl. 1996, S. 1689; *Thierfelder* DVBl 1973, 521 (521).

[9] Zusammenfassung der Diskussionsabläufe in: Deutscher BT/BRat (Hrsg.), Dok. der Komm. von BT und BRat zur Modernisierung der bundesstaatlichen Ordnung, Zur Sache 1/2005, S. 588 ff.

zuweisung an die Länder und deren Verteilung regelt. Das Gesetz zur Entflechtung von Gemein-schaftsaufgaben und Finanzhilfen (**Entflechtungsgesetz**) wurde als Art. 13 des Föderalismusreform-BegleitG erlassen und regelt auf einfachgesetzlicher Ebene Höhe und Verteilungsschlüssel für die Kompensationsleistungen (näher → Art. 143c Rn. 8 f.). Allerdings blieb ein begrenztes Zusammen-wirken von Bund und Ländern beim Hochschulbau iRv Art. 91b I 1 Nr. 3 aF möglich.

Die ursprünglich mit der Föderalismusreform I beabsichtigte weitgehende „Entflechtung von Ver-    **4** antwortlichkeiten"[10] im Bereich der Hochschulen wurde zT schon im Gesetzgebungsverfahren rück-gängig gemacht und die Fördermöglichkeiten sogar erweitert,[11] da die 2005 „zwischen Bund und Ländern vereinbarte **Exzellenzinitiative** (→ Rn. 25) verfassungswidrig zu werden drohte".[12] Selbst wenn man das Werk als „neue Bildungs- und Wissenschaftsverfassung bezeichnen wollte,[13] hatte es ein wesentliches **Reformziel,** die Schaffung klarer Verantwortlichkeiten, **verfehlt.** Dennoch ging die Neuregelung einflussreichen Stimmen nicht weit genug. Es wurde recht bald massiver Druck auf-gebaut, die Kompetenzen des Bundes im Bereich der Wissenschaftsförderung und -finanzierung (wieder) deutlich auszudehnen. Vor allem sollte das angeblich durch die Reform eingeführte **„Koope-rationsverbot"** wieder beseitigt werden, da es verschiedenen „Initiativen" und „Pakten" im Wege gestanden habe.[14] Eine Vielzahl von Gesetzesvorschlägen sind zu diesem Zwecke vorgestellt worden.[15] Bereits 2012 sah ein vom Bundeskabinett beschlossener Entw. zur Änderung des GG vor, Art. 91b I 1 Nr. 2 so zu ergänzen, dass ein Zusammenwirken von Bund und Ländern nicht nur bei der Förderung von „Vorhaben", sondern auch von „Einrichtungen" der Wissenschaft an Hochschulen erlaubt werden sollte.[16] Im Herbst 2014 legte die BReg erneut einen Entw. zur Novellierung von Art. 91b I vor, um ausweislich der Gesetzesbegründung eine institutionelle Förderung von Hochschulen durch Bundes-mittel zu ermöglichen.[17] Mit Wirkung zum 1.1.2015 wurde Art. 91b I neu gefasst und die bislang nur für die Forschung außerhalb von Hochschulen gegebene Möglichkeit einer institutionellen Förderung durch Bund und Länder (wieder) auf die Hochschulen zu erstrecken.[18] Die Differenzierung des Wortlauts nach „Vorhaben" und „Einrichtungen" wurde insg. aufgegeben. Stattdessen wurde ein einheitlicher Ansatz gewählt und nicht mehr nach Adressaten der Förderung und Förderungsgegen-ständen unterschieden.[19]

## II. Grundsätzliche Bedeutung

Die grds. Bedeutung der Vorschrift hat sich infolge der Neuregelung des Abs. 1 mit Wirkung zum    **5** 1.1.2015 nicht geändert.[20] Art. 91b bietet die verfassungsrechtl. Grundlage für ein Zusammenwirken von Bund und Ländern bei der Wissenschaftsförderung (Abs. 1) und der Bildungsevaluation im internat. Vergleich (Abs. 2). Die Bestimmung stellt eine **Ausnahme** von dem für die Kompetenz-ordnung grundlegenden **Trennprinzip** mit dem daraus folgenden Verbot der Mischverwaltung dar[21] und kann deshalb als „Kooperationserlaubnisnorm" bezeichnet werden.[22] Sie erlaubt anders als Art. 91a nicht nur die **Mitwirkung des Bundes** bei der Erfüllung von **Landesaufgaben,** sondern auch der **Länder** bei **Bundesaufgaben.**[23] Nur zT handelt es sich um originäre Aufgaben der Länder, wie im Schulwesen, bei denen das Zusammenwirken erlaubt wird.[24] Die Bezugnahme auf kontraktu-

---

[10] *Müntefering/Stoiber,* in: Holtschneider/Schön (Hrsg.), Die Reform des Bundesstaates, 2006, S. 9; krit. *Burgi* ZSE 2 (2008), 281 (282 ff.).

[11] Einzelheiten bei *Siekmann,* Voraufl., Rn. 4 und 19; krit. distanzierte Darstellung der Einzelheiten der Entwick-lung auch bei *Glaser* BK, Art. 91b Rn. 10–15.

[12] *Seckelmann* DÖV 2012, 701 (703); s. a. *Speiser* (Fn. 3), S. 30 mit Wiedergabe des Streitstandes; weitere Einzel-heiten → Rn. 6, 12, 35.

[13] So der Abg. *Kröning,* speziell zu Art. 91b, BT-Prot 16/44, 4252.

[14] Einzelheiten bei *Geis* ZG 2013, 305; *Speiser* DÖV 2014, 555; *Seckelmann* DÖV 2012, 701 (70 f.), die eine erneute Grundgesetzänderung als „das absolute Mindesterfordernis zur zeitgerechten Fortentwicklung des deutschen Wissen-schaftsföderalismus" bezeichnete. Eine empirische Absicherung dieser Behauptung wird allerdings nicht gegeben.

[15] Darstellung der einz. Vorschläge bei *Seckelmann* DÖV 2012, 701 (706 f.); *Speiser* (Fn. 3), S. 33–38.

[16] Beschlossen am 30.5.2012, vgl. *Seckelmann* DÖV 2012, 701; zu den Gründen seines Scheiterns *Speiser* (Fn. 3), S. 38–42.

[17] BT-Dr 18/2710, S. 6. Neben dem wieder stark ansteigenden Druck von Lobbyorganisationen wurde die Einigung auf den Entwurf durch erhebliche finanzielle Leistungen des Bundes an die Länder ermöglicht; zu den Einzelheiten dieses „Koppelgeschäfts" *Speiser* (Fn. 3), S. 44 ff.

[18] BT-Dr 18/2710, S. 1.

[19] *Wolff* DÖV 2015, 771 (779).

[20] *Wolff* DÖV 2015, 771 (771 f.).

[21] → Art. 91a Rn. 1; *Heun,* in: Dreier III, Art. 91b Rn. 8, 19; *Burgi,* FS Schnapp, 2008, S. 15 ff.; *Huber* DÖV 2008, 844 ff.

[22] *Seckelmann* DÖV 2012, 701.

[23] *Mager,* in: v. Münch/Kunig II, Art. 91b Rn. 7; *Heun,* in: Dreier III, Art. 91b Rn. 7; *Volkmann/Kaufhold* MKS III, Art. 91b Rn. 11; *Schmidt-De Caluwe,* in: Kluth (Hrsg.), Föderalismusreformgesetz, 2007, Art. 91b Rn. 6; *Korioth/Schwabenbauer* JbÖffFin 2013, 429 (430); *Speiser* (Fn. 3), S. 125.

[24] BVerfGE 98, 218 (248): „ausschließliche Zuständigkeit der Länder" „vorbehaltlich eines Zusammenwirkens von Bund und Ländern gemäß Art. 91b"; vgl. auch *Siekmann* DÖV 2002, 629 (632, 634).

elle Formen des Zusammenwirkens zeigt, dass die Norm im Gegensatz zu Art. 91a von der Gleichberechtigung der Kooperationspartner ausgeht. Sie befreit aber nicht von der Beachtung des Vorbehalts des Gesetzes. Im Ergebnis ist danach die Wissenschaftsförderung durch Bund und Länder gemeinsam, durch den Bund alleine und durch jedes einzelne Land zulässig. Entgegen einem weit verbreiteten Sprachgebrauch enthielt die Vorschrift **kein „Kooperationsverbot"**, sondern **erlaubte** ein an sich verbotenes Zusammenwirken von Bund und Ländern; allerdings nicht unbegrenzt.[25] Diese Grenze ist durch die Neuregelung wieder verschoben worden. Indem sie jetzt allg. die Förderung von Wissenschaft, Forschung und Lehre erlaubt, dehnt sie die Mischfinanzierungsmöglichkeiten im Vergleich zur Neufassung durch die Föderalismusreform I wieder deutlich aus.[26]

6   Die Vorschrift hat erhebl. finanzwirtschaftl. Bedeutung.[27] Die **Ausgaben** iRv Art. 91b weisen hohe Schwankungen sowohl im Zeitablauf als auch in ihrer regionalen Verteilung auf. Das gilt ebenso für die Absolutbeträge und die Zahlen pro Einwohner. Die GWK (→ 26 f.) gibt als Soll 2019 (2018) insg. 15,4 (14,95) Mrd. € Förderung durch Bund und Länder auf der Grundlage des Art. 91b an.[28] Der Finanzbericht des Bundes weist in seinem Finanzplan nur das Gesamtsoll der Ausgaben des Bundes für Wissenschaft, Forschung und Entwicklung außerhalb der Hochschulen (2019: 12,85 Mrd. €), der Ausgaben für Hochschulen (2019: 3,47 Mrd. €) und der Ausgaben zur Förderung des wiss. Nachwuchses (2019: 4,06 Mrd. €) aus.[29] Auch aus den Erläuterungen ist nicht klar erkennbar, welche Ausgaben insg. auf Art. 91b gestützt werden.

7   Die Schwankungsbreite zwischen den Ländern und Ländergruppen legt die Annahme nahe, dass mit den Zahlungen im Rahmen der Gemeinschaftsaufgabe ein **separater horizontaler Finanzausgleich** durchgeführt wird,[30] der verfassungsrechtl. sehr bedenklich wäre. Eine wirksame Barriere gegen derartige Gestaltungen bietet nur das Einstimmigkeitsprinzip für Leistungen aufgrund von Vereinbarungen, die im Schwerpunkt Hochschulen betreffen, das in Art. 91b I 2 nF normiert ist. Zudem dürften die Kriterien ökonomischer Effizienz für die Bemessung von Staatsleistungen zur Finanzierung öff. Güter verletzt sein. Die Berücksichtigung regionalpolitischer Effekte bei Maßnahmen im Rahmen von Art. 91b ist verfassungswidrig.

## III. Verhältnis zu anderen Verfassungsbestimmungen

8   **Systematisch** ist Art. 91b wie Art. 91a lex specialis zu Art. 30, 83, 84 und 104a I,[31] nicht aber zu Art. 104a V[32] und dem iRd Föderalismusreform I neu eingefügten Art. 104b,[33] der wie Art. 104a IV aF die Möglichkeit von Finanzhilfen des Bundes für die Länder regelt, allerdings mit der Einschränkung, dass Finanzhilfen nur noch insoweit zulässig sind, als es sich um eine Materie handelt, die in die Gesetzgebungskompetenz des Bundes fällt.[34] Hierfür spricht auch die unterschiedliche Zielrichtung der Normen: Art. 91b regelt die Zusammenarbeit bei der Forschungsförderung in einer Vielzahl von Bereichen, während Art. 104b nur für genau definierte Ausnahmetatbestände gilt und einer besonderen Erforderlichkeitsprüfung unterliegt.[35] Entsprechendes gilt für Art. 104c und d.

---

[25] Art. 104a I enthält das grundlegende Verbot der Mischfinanzierung, das keineswegs durch die Föderalismusreform eingeführt worden ist. Art. 91b ist eine Erlaubnisnorm; zust.: *Seckelmann* DÖV 2012, 701, auch bezogen auf Art. 104b I; *dies.* NVwz 2015, 248; *dies.,* in: Friauf/Höfling, Art. 91b Rn. 3: Art. 104b und Art. 91b enthalten eine „Kooperationserlaubnis"; *Korioth/Schwabenbauer* JböffFin 2013, 429 (431).

[26] *Wolff* DÖV 2015, 771 (772). Zu bezweifeln ist, dass es so zu einer Akzentverschiebung zugunsten der Länder gekommen ist, so aber *Seckelmann*, in: Friauf/Höfling, Art. 91b Rn. 7; *Glaser* BK, Art. 91b Rn. 4.

[27] Vgl. BVerfGE 86, 148 (267).

[28] Gemeinsame Förderung des Bundes und der Länder auf der Grundlage des Artikels 91b Absatz 1 GG, https://www.gwk-bonn.de/themen/finanzierung-von-wissenschaft-und-forschung/finanzierungsuebersicht/.

[29] Finanzbericht 2020, S. 21 (Tabelle 5).

[30] Zust. *Oebbecke* HStR VI, § 136 Rn. 138; angesprochen bereits in BVerfGE 86, 148 (267); *Huber* Beil. NJW 2004, 23 (26): „parakonstitutionellen Finanzzuweisungen des Bundes" die wegen des neuen Art. 104b als verfassungswidrig anzusehen seien, wenn sie nicht dessen Tatbestandsvoraussetzungen erfüllen; vgl. auch *Knopp* NVwZ 2006, 1216 (1218).

[31] *Dittmann* (Fn. 2), S. 180 f.; *Pieroth*, in: Jarass/Pieroth, Art. 91b Rn. 1; *Oebbecke* HStR VI, § 136 Rn. 138; iE ebenso *Heun*, in: Dreier III, Art. 91b Rn. 20 f.; *Seckelmann*, in: Friauf/Höfling, Art. 91b Rn. 49; aA *Speiser* (Fn. 3), S. 106.

[32] BT-Dr V/2861, Tz. 301; *Dittmann* (Fn. 2), S. 182 f.; *v. Arnim* HStR IV¹, § 103 Rn. 67; *Hellermann*, in: Starck (Hrsg.), Föderalismusreform, 2007, Rn. 311; *Pieroth*, in: Jarass/Pieroth, Art. 91b Rn. 6; *Mager*, in: v. Münch/Kunig II, Art. 91b Rn. 33; *Heun*, in: Dreier III, Art. 91b Rn. 21; aA *Volkmann/Kaufhold* MKS III, Art. 91b Rn. 37; *Korioth/Schwabenbauer* JböffFin 2013, 429 (432).

[33] Vgl. auch *Kluth* RdJB 2008, 257 (261); für ein Nebeneinander von Art. 91b und Art. 104a IV aF, *Oppermann* DÖV 1972, 591 (596 f.); *Dittmann* (Fn. 2), S. 119; *Blümel* HStR IV¹, § 101 Rn. 136 f.; *Mager*, in: v. Münch/Kunig II, Art. 91b Rn. 39; *Siekmann* DÖV 2002, 629 (636 ff.); dagegen für Vorrang von Art. 91b gegenüber Art. 104a IV aF *Schwarz*, in: Maunz/Dürig, Art. 91b (2016) Rn. 13.

[34] Die Forschungsförderung fällt gem. Art. 74 I Nr. 13 in den Bereich der konkurrierenden Gesetzgebung und unterliegt dem Erforderlichkeitsvorbehalt des Art. 72 II.

[35] Ausdrücklich zust. *Korioth/Schwabenbauer* JböffFin 2013, 429 (435).

Die Norm **unterscheidet sich von Art. 91a** vor allem dadurch, dass (1) eine Pflicht zur Koope- 9
ration nicht begründet wird, (2) die Länder auch an der Erfüllung von Aufgaben des Bundes mitwirken
dürfen, (3) bestimmte Formen der Kooperation nicht vorgeschrieben sind und (4) eine gesetzliche
Regelung nicht erforderlich ist. Es darf auf Grund von Vereinbarungen gehandelt werden.[36] Art. 91a
ist gegenüber Art. 91b die speziellere Vorschrift und geht ihr vor, entfaltet aber keine Sperrwirkung.
Das betraf vor allem die – weggefallene – Gemeinschaftsaufgabe Ausbau und Neubau von Hochschulen.[37] Schon vor der Einfügung des Art. 91b in das GG hatte der Bund nach Art. 74 Nr. 13 die
Gesetzgebungskompetenz zur Förderung der wissenschaftlichen Forschung, die durch Art. 91b nicht
berührt wird.

## B. Das Zusammenwirken von Bund und Ländern (Abs. 1 und 2)

### I. Gegenstände des Zusammenwirkens

Das **von Art. 91b erlaubte Zusammenwirken** von Bund und Ländern erstreckt sich wegen der 10
Grundgesetzänderung mit Wirkung vom 1. Januar 2015 einheitlich auf die Förderung von Wissen-
schaft, Forschung und Lehre in Fällen überregionaler Bedeutung sowie die gemeinsame Feststellung
der Leistungsfähigkeit des Bildungswesens im internationalen Vergleich einschließlich darauf bezogener
Berichte und Empfehlungen. Bestimmte Formen des Zusammenwirkens sind nicht vorgeschrieben.
Die Förderung darf unbefristet sein und – nach der Neuregelung – auch Institutionen erfassen.

**1. Wissenschaftsförderung (Abs. 1).** Trotz der **deutlichen Ausweitung des Anwendungs-** 11
**bereichs** der Vorschrift hielt der verfassungsänd. Gesetzgeber daran fest, dass die Möglichkeit des
Zusammenwirkens von Bund und Ländern im Bereich der Wissenschaftsförderung auf Fälle überregionaler Bedeutung beschränkt bleiben soll. Aufgegeben wurde die Diff. in Art. 91b I 1 aF zwischen
der Förderung von „Einrichtungen und Vorhaben der wissenschaftlichen Forschung außerhalb von
Hochschulen" (Nr. 1), „Vorhaben der Wissenschaft und Forschung an Hochschulen" (Nr. 2) und der
Förderung von „Forschungsbauten an Hochschulen einschließlich Großgeräten" (Nr. 3). Wissenschaft,
Forschung und Lehre dürfen nunmehr an wie außerhalb von Hochschulen gefördert werden.[38] Damit
ist auch die Unterscheidung zwischen „Einrichtungen", „Vorhaben" und „Forschungsbauten" entfallen.[39] Insgesamt ist diese Regelung dadurch deutlich schlanker geworden.

**a) Förderung.** Der Begriff Förderung umfasst sowohl die Planung als auch die Finanzierung, nicht 12
aber die Durchführung im Einzelfall.[40] Die Begr. des Gesetzentw. von 2006 stellt unpassend darauf ab,
ob die Förderung (nicht das Vorhaben) „Ausstrahlungskraft über das einzelne Land hinaus" habe „und
bedeutend" sei „im nationalen und internationalen Kontext".[41] Dies wird im Gesetzestext von 2014
stillschweigend korrigiert, indem unter Verweis auf die Gesetzesbegründung von 2006 darauf abgestellt
wird, dass der Gegenstand der Förderung diese Wirkung haben müsse.[42] Der zunächst falsche Bezugspunkt ergab sich wohl daraus, dass unkritisch Erläuterungen zu Art. 91b aF übernommen worden sind,
die bei der geänderten Struktur der Vorschrift nicht mehr passten.[43] Auf der Ebene der Verwaltungsabkommen fand sich bisher auch eine andere Definition. Überregionale Forschung zeichnet sich
danach „in der Regel durch ein innovatives, interdisziplinäres Forschungskonzept aus. Indizien für die
erfolgreiche Umsetzung eines solchen Konzepts können z.B. Graduiertenschulen, Exzellenzcluster,
DFG-Forschungszentren, Sonderforschungsbereiche, DFG-Forschungsgruppen, Graduiertenkollegs,
BMBF-, EU-Förderung, herausragende Drittmitteleinwerbung und Publikationstätigkeit sowie re-
nommierte Preise sein".[44] Danach konnte die Fortführung der Exzellenziniative (→ Rn. 25) bereits

---

[36] Jetzt ebenso *Pieroth*, in: Jarass/Pieroth, Art. 91b Rn. 1.

[37] *Schwarz*, in: Maunz/Dürig, Art. 91b (2016) Rn. 14; *Schmidt-De Caluwe* (Fn. 23), Art. 91b Rn. 9; i. Erg. ebenso:
*Volkmann/Kaufhold* MKS III, Art. 91b Rn. 12 (keine Überschneidungen mehr mit Art. 91a GG); *Glaser* BK, Art. 91b
(2016) Rn. 52 („stehen ... selbständig nebeneinander"); *Seckelmann*, in: Friauf/Höfling, Art. 91b Rn. 49.

[38] *Glaser* BK, Art. 91b (2016) Rn. 21.

[39] *Wolff* DÖV 2015, 771 (775); *Glaser* BK, Art. 91b (2016) Rn. 20 unter Nennung weiterer Förderungsgegenstände; zur Zulässigkeit der Förderung anderer Bauten als Forschungsbauten → Rn. 20.

[40] A. A. (auch Mitverwaltungskompetenz): *Pieroth*, in: Jarass/Pieroth, Art. 91b Rn. 4; *Mager*, in: v. Münch/Kunig
III, 5. Aufl. 2003, Art. 91b Rn. 17, aber nicht mehr in der Neuauflage; *Heun*, in: Dreier III, Art. 91b Rn. 13; wohl
auch *Volkmann/Kaufhold* MKS III, Art. 91b Rn. 14; *Glaser* BK, Art. 91b Rn. 49, der aber eine Grundlage in der
Bund-Länder-Vereinbarung verlangt.

[41] Ergebnis der Koalitionsarbeitsgruppe zur Föderalismusreform v. 7.11.2005, Anl. 2, S. 33 zu: Gemeinsam für
Deutschland – mit Mut und Menschlichkeit, Koalitionsvertrag zwischen CDU, CSU und SPD, 11.11.2005; wörtlich
übernommen in die Begründung zum Entw., BT-Dr 16/813, S. 17; ebenso *Schmidt-De Caluwe* (Fn. 23), Art. 91b
Rn. 7.

[42] BT-Dr 18/2710, S. 7.

[43] Krit. jetzt auch *Hellermann* (Fn. 32), Rn. 293.

[44] § 3 III Nr. 2 AV Forschungsbauten an Hochschulen einschl. Großgeräten (AV-FuG) v. 21.5.2007, BAnz
S. 5863, geänd. durch Verwaltungsabk. v. 11.9.2007, BAnz Nr. 195 v. 18.10.2 007, BAnz Nr. 195, S. 7787, Die AV-
FuG ist eine auf Grundlage des Art. 91b I Nr. 3 GG am 21.5.2007 geschlossene Vereinbarung von Bund und
Ländern.

zwanglos auf Art. 91b I aF gestützt werden. Die Voraussetzungen von Art. 104b sind dagegen nicht erfüllt.[45]

**13**    **b) Überregionale Bedeutung.** Der **Förderungsgegenstand** – nicht die Förderung – (→ Rn. 12) muss von überregionaler Bedeutung sein. Diese Bedeutung sollte im gesamtstaatlichen wissenschaftlichen Interesse zum Ausdruck kommen und sich an der nationalen oder – besser noch – in der internationalen Ausstrahlung orientieren.[46] Bei der Abgrenzung kommt Bund und Ländern kein Beurteilungsspielraum zu.[47]

**13a**    In der Staatspraxis war die überreg. Bedeutung von Forschungsvorhaben meist mit einer bestimmten **finanziellen Größenordnung** gleichgesetzt worden. Zur Frage, ob die bei Schaffung der Vorschrift genannte „Orientierungsgröße" von 5 Mio. € nur für **Forschungsbauten** oder auch für die **Beschaffung von Großgeräten** gelten sollte, sind die Gesetzesmaterialien widersprüchlich. UU sollte nur die Konkretisierung für Großgeräte einer Vereinbarung zwischen Bund und Ländern überlassen bleiben.[48] Tatsächl. ist aber eine Grenze für beide Bereiche in der AV-FuG[49] festgelegt worden.[50] Für Forschungsbauten und für Großgeräte, die als Forschungsbauten angemeldet werden, liegt sie bei 5 Mio. €, § 3 III Nr. 3, IV AV-FuG, bei der Beschaffung von (sonstigen) Großgeräten an Fachhochschulen bei 100 000 €, an anderen Hochschulen bei 200 000 €, § 8 III Nr. 2 AV-FuG.

**14**    **c) Fördergegenstände.** Die Differenzierung zwischen der Förderung von Einrichtungen und Vorhaben an und außerhalb von Hochschulen ist in der Neufassung entfallen. Deshalb muss auch nicht mehr entschieden werden, ob es sich um ein „Vorhaben" oder um eine „Einrichtung" handelt, die gefördert werden soll. Die Kategorie „institutionelle Förderung" hat in diesem Zusammenhang ihre Bedeutung verloren. Dasselbe gilt für die gesonderte Behandlung von Forschungsbauten einschl. Großgeräten. Auch wurde die fragwürdige Verwendung der Begriffe „wissenschaftliche Forschung" (Art. 91b I 1 Nr. 1 aF) und „Wissenschaft und Forschung" (Art. 91b I 1 Nr. 2 aF) beseitigt. Einheitliche Voraussetzung ist nur noch, ob es sich um Wissenschaft, Forschung und Lehre handelt, die gefördert werden.

**15**    Zweck der nun gewählten Formulierung war nicht zuletzt die ausdr. Klarstellung, dass auch die **Lehre** Förderungsgegenstand sein darf.[51] Damit werden zwar die Ungereimtheiten der zuvor geltenden Fassung beseitigt,[52] doch ist die Aufzählung bei Beachtung der eingeführten Begrifflichkeit wohl redundant: Wissenschaft ist der Oberbegriff, der sich aus Forschung und (wiss.) Lehre zusammensetzt.[53] Probl. kann allenfalls die Zuordnung der Industrieforschung sein, die zT auch aus dem Anwendungsbereich von Art. 5 Abs. 3 ausgeschlossen wird.[54] Darüber hinaus enthält die Neufassung keine gegenständl. Grenzen mehr, solange es sich um Förderung von Wissenschaft handelt. Eine **nahezu unbegrenztes „Paktieren"** von Bund und Ländern, also bei realistischer Betrachtung der jew. Exekutiven, ist ermöglicht.

**16**    Die Förderung der „wissenschaftlichen Forschung", soweit sie nicht an Hochschulen betrieben wurde, durfte sich nach Abs. 1 S. 1 Nr. 1 aF sowohl auf Einrichtungen als auch auf Vorhaben beziehen. Mit der Änderung sind diese Tatbestandsmerkmale entfallen. Eine Einschränkung zulässiger Kooperationsmöglichkeiten folgt daraus aber nicht.[55] Es ist danach wie bisher für die Forschung außerhalb von Hochschulen sowohl die Förderung von Projekten als auch von Institutionen zulässig.[56] Neben Vorhaben dürfen jetzt aber auch Einrichtungen im Bereich von Hochschulen langfristig gefördert werden.[57] Eine **institutionelle Förderung** ist jetzt zulässig. Die allg. Unterstützung von Forschung (zB: Nachwuchsförderung, Heisenberg-Programm) ist noch Forschungsförderung.[58] Es

---

[45] *Kluth* RdJB 2008, 257 (362).

[46] *Suerbaum,* in: Epping/Hillgruber, Art. 91b Rn. 9; *Wolff* DÖV 2015, 771 (776); *Glaser* BK, Art. 91b (2016) Rn. 27.

[47] A. A. *Schwarz,* in: Maunz/Dürig, Art. 91b (2016) Rn. 23; *Mager,* in: v. Münch/Kunig II, Art. 91a Rn. 16; unklar *Volkmann/Kaufhold* MKS III, Art. 91b Rn. 24: „gewisser Beurteilungsspielraum"; ebenso *Speiser* (Fn. 3), S. 129; *Glaser* BK, Art. 91b (2016) Rn. 28, der aber gleichwohl die volle Justiziabilität betont. Wie eine „volle" gerichtliche Kontrolle aber tatsächlich erfolgen soll, ist schwer vorstellbar, wenn materiellrechtlich ein „weiter Spielraum" zugestanden wird. Nur ein exquisit dummer Entscheider wird eine Sprachregelung verwenden, die eine Überschreitung dieser Grenzen gerichtsfest dokumentiert.

[48] BT-Dr 16/813, S. 17.

[49] Nachw. in Fn. 44.

[50] Die „Orientierungsgröße" wurde ausdrücklich als Voraussetzung für die Realisierung eines Forschungsbaus bezeichnet, § 3 III Nr. 3 AV-FuG.

[51] BT-Dr 18/2710, S. 7; zur Frage, ob die Lehre auch bereits von Art. 91b I 1 Nr. 2 aF erfasst war, *Siekmann,* 7. Aufl. Rn. 19.

[52] Näher *Siekmann,* 7. Aufl. Rn. 19.

[53] Eindeutig BVerfGE 35, 79 (113); näher *Speiser* (Fn. 3), S. 139 f.

[54] In diese Richtung *Seckelmann,* in: Friauf/Höfling, Art. 91b Rn. 17; näher zum Wissenschaftsbegriff unter Hinzuziehung von Rspr. und Lit. zu Art. 5 (3) *Speiser* (Fn. 3), S. 134–140.

[55] *Suerbaum,* in: BeckOK GG, Art. 91b (Stand 2017) Rn. 12a.

[56] Vgl. zur aF *Pieroth,* in: Jarass/Pieroth, Art. 91b Rn. 4; *Schmidt-De Caluwe* (Fn. 23), Art. 91b Rn. 8, der auch die Förderung von Baumaßnahmen und Großgeräten darunter fassen will (Rn. 9).

[57] BT-Dr 18/2710, S. 7.

[58] *Heun,* in: Dreier III, Art. 91b Rn. 14; *Glaser* BK, Art. 91b (2016) Rn. 20 ff.

werden sowohl Institutionen, die selbst forschen (Forschungseinrichtungen), als auch Einrichtungen zur Forschungsförderung (Beispiel: DFG) erfasst. Die Gründung von Universitäten des Bundes oder von „Exzellenz Universitäten" als gemeinsamen Einrichtungen von Bund und Ländern wäre danach wohl zulässig.[59]

In seiner urspr. Fassung bezog sich Art. 91a I nur auf die wiss. **Hochschulen.** Nach der Änderung **17** der Vorschrift 1970,[60] mit der die Gemeinschaftsaufgabe Hochschulbau neu abgegrenzt wurde, waren alle Hochschulen unter Einschluss solcher in privater Trägerschaft von der Regelung erfasst, also auch Kunst- und Musikhochschulen ebenso wie Pädagogische Hochschulen, Fachhochschulen und Akademien der Wissenschaften.[61] Laborschulen und Oberstufenkollegs wurden aber auch nach der damaligen Änderung weiterhin nicht zu den Hochschulen gerechnet.[62] Diese Abgrenzung wurde für Art. 91b I in der bisher geltenden Fassung übernommen.[63]

Fraglich ist aber, ob ein so weites Verständnis mit dem neuen Wortlaut zu vereinbaren ist. Der **18** Begriff „Hochschule", gleich wie abgegrenzt, wird nur noch beim Zustimmungserfordernis von S. 2 verwendet. Für die Abgrenzung eines zuläss. Zusammenwirkens kommt es nunmehr alleine darauf, ob Wissenschaft gefördert wird. Mittlerweile wird man aber auch Fachhochschulen als Einrichtungen der angewandten Wissenschaft nicht gänzlich ausschließen können, so dass auch sie vom **Wissenschafts-begriff der Vorschrift** erfasst werden. Dies gilt nicht zuletzt bzgl. der von der Politik energisch betriebenen Einebnung der Unterschiede, zB durch Verleihung des Promotionsrechts, das bisher ein griffiges Abgrenzungskriterium war. Es kommt maßgebend auf die Ausgestaltung von Aufgaben und Tätigkeiten durch den Gesetzgeber an.[64] An Kunst- und Musikhochschulen wird aber allenfalls in Randbereichen Wissenschaft betrieben, so dass sie vom Wortlaut des Tatbestandes nicht erfasst werden.

Art. 91b I aF bot keine hinreichende Grundlage für die gemeins. Förderung eines **Zusammen-** **19** **schlusses** von **Hochschulen und außerhochschulischen Einrichtungen.**[65] Die Fusion der Univ. Karlsruhe mit dem Forschungszentrum Karlsruhe, einem Forschungsinstitut der Helmholtz Gesellschaft, das zu 90 % vom Bund finanziert wurde, war bereits mangels zeitlicher Begrenzung kein „Vorhaben" und deshalb nicht von Art. 91b I 1 Nr. 2 aF gedeckt.[66] Diese als **„Zwittereinrichtun-** **gen"** bezeichneten Förderungsgegenstände sind nunmehr zulässig.[67] Allerdings wird der Anreiz abnehmen, solche Einrichtungen zu schaffen, da die gemeinsame Förderung von Forschungseinrichtungen nicht mehr daran scheitert, dass sie zu Hochschulen gehören.[68] Allerdings bedürfen Kooperationsvereinbarungen weiterhin der Zustimmung aller Länder, wenn sie schwerpunktmäßig Hochschulen betreffen, Art. 91b I 2 nF. In der Gesetzesbegründung wird darauf abgestellt, ob die Förderung der Hochschule im Vordergrund steht.[69]

**d) Forschungsbauten und Großgeräte.** Auch nach der Neufassung von Art. 91b I GG dürfen **20** Forschungsbauten unter Einschluss der Großgeräte weiterhin von Bund und Ländern gemeinsam gefördert werden.[70] Als Förderungsgegenstände werden sie in Abs. 1 S. 1 zwar nicht mehr erwähnt. Die Zulässigkeit ihrer Förderung ergibt sich aber zumindest aus der Rückausnahme in Abs. 1 S. 3, wonach Vereinbarungen über Forschungsbauten einschließlich Großgeräten dann nicht der Zustimmung aller Länder nach S. 2 bedürfen, wenn die Vereinbarungen im Schwerpunkt Hochschulen betreffen.[71] Nicht sicher ist jedoch, ob nach der Neufassung auch die Förderung anderer Bauten, beispielsweise von Gebäuden, die der Lehre dienen, zulässig ist,[72] denn für sie gilt das Argument der Rückausnahme nicht.

Der Gesetzesbegründung ist zu entnehmen, dass sich die Finanzierung des allgemeinen Hochschul- **21** baus bis 2019 weiterhin ausschließlich nach Art. 143c GG richten und zumindest die Förderung von Bauten der studentischen Fürsorge wie Wohnheime oder Mensen grundsätzlich Länderaufgabe bleiben

---

[59] *Glaser* BK, Art. 91b (2016) Rn. 22.

[60] 27. G z. Änd. des GG v. 31.7.1979, BGBl I 1161.

[61] *Heun,* in: Dreier, III, Art. 91a Rn. 14; *Mager,* in: v. Münch/Kunig III, 5. Aufl. 2003 Art. 91 Rn. 21; *Hellermann* (Fn. 32), Rn. 296; *ders.* JZ 2008, 81 (82).

[62] *Heun,* in: Dreier III, Art. 91a Rn. 13.

[63] *Oebbecke* HStR VI, § 136 Rn. 149; *Henneke,* in: Hofmann/Henneke, Art. 91 Rn. 14; speziell für Akademien der Wissenschaften *Hellermann* (Fn. 32), Rn. 296; dazu auch die am 8.1.2007 geschlossene „Ausführungsvereinbarung Akademienprogramm (AV-AK)"; BAnz, S. 1829; AV-AK v. 27.10.2008, BAnz Nr. 18a v. 4.2.2009, S. 17.

[64] BVerfGE 126, 1 (19), zur Geltung von Art. 5 III für Hochschullehrer an einer Fachhochschule. Die Wissenschaftsfreiheit sei nicht auf „Fortschreibung der tradierten Formen und Einrichtungen" beschränkt.

[65] Vgl. auch *Glaser* BK, Art. 91b (2016) Rn. 6.

[66] *Siekmann,* 7. Aufl. Rn. 19; *Sieweke* VBlBW 2009, 290 (292); dagegen *Wagner* VBlBW 2010, 133 (134) unter Überdehnung der Vorschrift.

[67] BT-Dr 18/2710, S. 7; *Wolff* DÖV 2015, 771 (775); *Suerbaum* BeckOK GG, Art. 91b (Stand 2017) Rn. 11.2; *Glaser* BK, Art. 91b (2016) Rn. 21.

[68] *Wolff* DÖV 2015, 771 (775).

[69] BT-Dr 18/2710, S. 7.

[70] *Wolff* DÖV 2015, 771 (775).

[71] Vgl. *Wolff* DÖV 2015, 771 (775).

[72] Dafür *Glaser* BK, Art. 91b (2016) Rn. 22; zust. *Seckelmann,* in: Friauf/Höfling, Art. 91b Rn. 20; dagegen *Wolff* DÖV 2015, 771 (775).

soll.[73] Gegen eine Einbeziehung der Gebäude, die der Lehre dienen, spricht, dass die alte Gemeinschaftsaufgabe „Hochschulbau" in der vorletzten Änderung bewusst auf Forschungsbauten unter Einschluss der Großgeräte verengt worden war. Zwar würde der Wortlaut jetzt auch die Förderung von Lehrgebäuden umfassen, doch wäre es für den verfassungsändernden Gesetzgeber leicht gewesen, eine entspr. Klarstellung vorzunehmen, wenn die Wiedereinführung einer umfassenden Gemeinschaftsaufgabe „Hochschulbau" beabsichtigt gewesen wäre. Das spricht für eine **einengende Auslegung,** zumal die alten Abgrenzungsprobleme wegen der Rückausnahme in S. 3 weiter bestehen bleiben. Hochschulbauten dienen selten allein oder auch nur überwiegend der Forschung.[74] Eine „Schwerpunktbetrachtung"[75] mag daher eine pragmatische Lösung sein.[76] Nimmt man den neuen Wortlaut ernst, muss die Förderung aller Bauten zulässig sein, wenn sie unmittelbar der Wissenschaft unter Einschluss der (wiss.) Lehre dienen. Nur Bauten der „studentischen Fürsorge" wären nicht erfasst.[77]

22    **2. Leistungsfähigkeit des Bildungswesens (Abs. 2).** Im Rahmen der Föderalismusreform I wurde die bisherige Gemeinschaftsaufgabe gesamtstaatliche Bildungsplanung durch die Möglichkeit ersetzt, Vereinbarungen zwischen Bund und Ländern zur **Bildungsevaluation und -berichterstattung** zu schließen. Die Streichung der Gemeinschaftsaufgabe Bildungsplanung betont die Kulturhoheit der Länder und stellt klar, dass der Bund keinen allgemeinen Einfluss auf das Schulwesen haben soll, da die „Kulturhoheit, besonders aber die Hoheit auf dem Gebiete des Schulwesens", als „Kernstück der Eigenstaatlichkeit der Länder"[78] nicht angetastet werden darf.

23    Die Gemeinschaftsaufgabe von Abs. 2 umfasst jetzt in Bezug auf das Bildungswesen **drei Elemente:** (1) Feststellung der Leistungsfähigkeit, (2) Berichterstattung und (3) Möglichkeit der Abgabe von gemeins. Empfehlungen, jew. im **internationalen Vergleich.** Ziel der Zusammenarbeit zwischen Bund und Ländern soll die Schaffung von Grundinformationen einschließl. Finanz- und Strukturdaten für die Gewährleistung der internat. Gleichwertigkeit und Wettbewerbsfähigkeit des deutschen Bildungswesens sein.[79] Damit ist eine Mitwirkung des Bundes bei der Durchführung und Auswertung weiterer Bildungserhebungen ermöglicht (PISA, TIMSS, IGLU).[80] Die Zusammenarbeit kann sich auf einen Teil der drei Elemente beschränken. Die Vergleiche müssen auch nicht durch internationale Organisationen durchgeführt werden. Es werden auch Vergleiche zwischen einzelnen Ländern erfasst, auch innerhalb der EU durch die EU. Sie müssen sich allerdings auf das Bildungssystem beziehen und nicht nur auf einzelne Schüler.[81] Der Begriff Bildung ist dabei auf die traditionellen Inhalte zu beschränken. Das Bildungswesen umfasst alle Ebenen, Einrichtungen und Organisationsformen.

23a    Die Zuständigkeit der Länder für die Folgerungen aus den Ergebnissen des Zusammenwirkens iRd neuen Gemeinschaftsaufgabe bleibt jedoch unangetastet. Eine **Kompetenz des Bundes** zur Festlegung nationaler Bildungsstandards ist damit ebenso wenig begründet worden, wie eine allg. Einwirkungsmöglichkeit auf die Schulen.[82] Das Ganztagsschulprogramm des Bundes dürfte keine verfassungsrechtl. Grundlage in dieser Vorschrift haben.[83] Dafür kommt jetzt der neue Art. 104c in Betracht.

## II. Die Vereinbarungen

24    **1. Grundlagen.** Das Zusammenwirken von Bund und Ländern hat auf der Grundlage von **Vereinbarungen** zu erfolgen. Der **Begriff** Vereinbarung ist **weit** auszulegen. Darunter fallen nicht nur Verwaltungsabkommen und Staatsverträge,[84] sondern auch bloße Absprachen (z. B. in gemeinsamen

---

[73] BT-Dr 18/2710, S. 7.

[74] *Hellermann* (Fn. 32), Rn. 305.

[75] Dafür *Oebbecke* HStR VI, § 136 Rn. 151; *Schmidt-De Caluwe* (Fn. 23), Art. 91b Rn. 12; *Kluth* RdJB 2008, 257 (264).

[76] Die AV-FuG (Fn. 44) verlangt bei Bauten, dass die Infrastruktur, die gefördert werden soll, „überwiegend" (§ 3 III Nr. 1) und bei Großgeräten „weit überwiegend der Forschung" (§ 8 III Nr. 1) dient.

[77] In diesem Sinne auch *Seckelmann,* in: Friauf/Höfling, Art. 91b Rn. 20.

[78] BVerfGE 6, 309 (346 f.); 86, 148 (267).

[79] BT-Dr 16/813, S. 17.

[80] *Häde* JZ 2006, 930 (936); *Guckelberger,* in: Seckelmann/Lange/Horstmann, S. 215 (225); *Seckelmann,* in: Friauf/Höfling, Art. 91b Rn. 31.

[81] *Guckelberger* (Fn. 80), S. 215 (225); zust. *Seckelmann,* in: Friauf/Höfling, Art. 91b Rn. 37 f. Modellversuche des Bundes sind nach der Verfassungsreform 2006 nicht fortzuführen, *Speiser* (Fn. 3), S. 31.

[82] Deutlich gegen eine Kompetenz des Bundes zur Umsetzung von Empfehlungen *Speiser* (Fn. 3), S. 84; s. a. *Häde* JZ 2006, 930 (936); *Guckelberger* NVwZ 2005, 750 (752), zur bish. Rechtslage; zum ganzen *dies.* (Fn. 80), S. 215. Der Bereich der außerschulischen beruflichen Bildung und Weiterbildung und der Hochschulzulassung und Hochschulabschlüsse sind Gegenstände der konkurr. Gesetzgebung des Bundes.

[83] *Häde* JZ 2006, 930 (936); *Wollenschläger* RdJB 2007, 8 (19); *Guckelberger,* in: Seckelmann/Lange/Horstmann, S. 215 (225); krit. zuvor schon *Siekmann* DÖV 2002, 629 (639); *Hillgruber* JZ 2004, 837 (844); *Hufen* RdJB 2005, 323 (334).

[84] *Schwarz,* in: Maunz/Dürig, Art. 91b (2016) Rn. 25, 31; *Pieroth,* in: Jarass/Pieroth, Art. 91b Rn. 2; *Heun,* in: Dreier III, Art. 91b Rn. 9; *Volkmann/Kaufhold* MKS III, Art. 91b Rn. 14; *Korioth/Schwabenbauer* JböffFin 2013, 429 (432); enger: *Köstlin,* Die Kulturhoheit des Bundes, 1989, S. 243 ff.; *Mager,* in: v. Münch/Kunig II, Art. 91b Rn. 12, die (ratifikationsbedürftige) Staatsverträge für erforderlich hält und erhebliche Zweifel im Hinblick auf die Verfassungsmäßigkeit der in der Praxis ausschließlich geschlossenen Verwaltungsabkommen anmeldet.

Koordinierungsgremien), wenn sie mit Bindungswillen getroffen worden sind.[85] Schriftform dürfte aber in jedem Fall erforderlich sein, und zwar entsprechend § 126 I 1 BGB in Gestalt einer Verbriefung in einer einzigen Urkunde. Schriftlicher Antrag und Bewilligungsbescheid reichen danach nicht aus.[86] Es greifen hier ähnliche Gesichtspunkte ein, die bei Art. 104b die Rspr. veranlasst haben, eine derartige Form zu verlangen.[87]

Bei Vereinbarungen nach Art. 91b sind idR alle Länder Gesprächs- und Verhandlungspartner des  **24a** Bundes.[88] Nur in bes., sachl. begründeten Fällen dürfen Vereinbarungen auch mit einem Teil der Länder geschlossen werden, ausnahmsweise sogar nur mit einem einzigen Land.[89] Auf Grund des Gebots zu bundesfreundlichem Verhalten müssen aber **alle Länder** in Vereinbarungen einbezogen werden, wenn dies von der Sache her geboten ist.[90] Es gilt das **föderale Gleichbehandlungsgebot.**[91] Dem Bund ist es nicht erlaubt, „auf die Spaltung der Länder auszugehen, nur mit einigen eine Vereinbarung zu suchen und die anderen vor den Zwang des Beitritts zu stellen".[92] Auch dürfen die LReg bei den Verhandlungen nicht verschieden behandelt werden, insb. nicht im Hinblick auf ihre parteipolitische Zusammensetzung.[93]

Grundsätzlich dürfen Vereinbarungen nur geschlossen werden, indem alle Vertragspartner zustim-  **24b** men (Einstimmigkeitsprinzip). Allerdings wurde es schon vor der Verfassungsänderung 2006 für zulässig gehalten, dass die Vereinbarungen für die Folgeakte Mehrheitsbeschlüsse vorsahen.[94] Da Art. 91b I 2 nunmehr für Vereinbarungen, die im Schwerpunkt Hochschulen betreffen, **Einstimmigkeit** verlangt, muss im Rückschluss davon ausgegangen werden, dass im Übrigen das Mehrheitsprinzip vom GG anerkannt ist.[95] In der Beratung wurde das Einstimmigkeitserfordernis des Art. 91b I 2 aF sogar als erheblicher Nachteil gegenüber dem angeblich zuvor geltenden Mehrheitsprinzip angesehen.[96] Die Koalitionsarbeitsgruppe zur Föderalismusreform hielt jedenfalls eine Mehrheit von 13 Stimmen auf Länderseite für ausreichend.[97]

Zu bezweifeln ist, dass die Verwaltungsabk. als solche eine hinreichende Basis für „grundrechts-  **24c** relevantes Staatshandeln" bieten, auch wenn sie ausdr. in Art. 91b vorgesehen sind.[98]

**2. Wissenschaftsförderung (Abs. 1).** Zahlreiche Programme werden auf der Grundlage von  **25** Abkommen nach Art. 91b I, II durchgeführt,[99] zB vornehmlich: der **Hochschulpakt 2020**[100], der zunächst aus zwei „Säulen" bestand: dem Programm zur Aufnahme zusätzl. Studienanfänger und dem Programm zur Finanzierung von Pauschalen für von der DFG geförderte Forschungsvorhaben. 2010 haben Bund und Länder als „dritte Säule" einen **„Qualitätspakt Lehre"** vereinbart,[101] durch

---

[85] *Dittmann* (Fn. 2), S. 90, 148 ff.; *Brohm* VVDStRL 30 (1972), 245 (296 f.); *Glaser* BK, Art. 91b (2016) Rn. 29; *Suerbaum,* in: Epping/Hillgruber, Art. 91b Rn. 6; *Seckelmann,* in: Friauf/Höfling, Art. 91b Rn. 31; ähnlich *Speiser* (Fn. 3), S. 12.

[86] Vgl. *Schwarz,* in: Maunz/Dürig, Art. 91b (2016) Rn. 25; *Henneke,* in: Hofmann/Henneke, Art. 91b Rn. 3; *Heun,* in: Dreier III, Art. 91b Rn. 9.

[87] → Rn. 40; zust. *Seckelmann,* in: Friauf/Höfling, Art. 91b Rn. 31; anders wohl *Volkmann/Kaufhold* MKS III, Art. 91b Rn. 14.

[88] *Mager,* in: v. Münch/Kunig II, Art. 91b Rn. 10; *Heun,* in: Dreier III, Art. 91b Rn. 10.

[89] Zust. *Hellermann* (Fn. 32), Rn. 302; vgl. ferner *Dittmann* (Fn. 2), S. 127 ff.; *Tiemann* (Fn. 3), S. 255; *Pieroth,* in: Jarass/Pieroth, Art. 91b Rn. 9; *Heun,* in: Dreier III, Art. 91b Rn. 10; *Hellermann,* Hdb Föderalismus II, § 39 Rn. 30.

[90] *Mager,* in: v. Münch/Kunig II, Art. 91b Rn. 10; *Schmidt-De Caluwe* (Fn. 23), Art. 91b Rn. 13; *Starck* JZ 2008, 81 (82); *Seckelmann* DÖV 2012, 701 (703).

[91] Allgemeine Anerkennung dieses Gebots: BVerfGE 72, 330 (331 f., 404); 116, 327 (Rn. 169, 179); 119, 394 (Rn. 50); 122, 1 (Rn. 129 f.). Grundlegend für die Gleichbehandlung der Staaten im Bundesstaat: *Leibholz,* Die Gleichheit vor dem Gesetz, 1959, S. 138–158; *Pleyer,* Föderative Gleichheit, 2005, S 112,.

[92] BVerfGE 12, 205 (255 f.).

[93] BVerfGE 12, 205 (255 f.).

[94] Für Zulässigkeit ausdrücklich auch *Hellermann* (Fn. 32), Rn. 302; *Mager,* in: v. Münch/Kunig II, Art. 91b Rn. 10 m. Nachw. zum (früheren) Streitstand; *Volkmann/Kaufhold* MKS III, Art. 91b Rn. 50.

[95] Ebenso zu Art. 91b I 2 aF *Kluth* RdJB 2008, 257 (261); gegen Rückschlüsse auf die anderen Vorschriften *Schmidt-De Caluwe* (Fn. 23), Art. 91b Rn. 13; aA *Speiser* (Fn. 3), S. 118 mit beachtl. Gründen.

[96] Dabei waren sich die Abg. über die bisherige Rechtslage uneinig, vgl. z. B. BT-Prot 16/44, 6261 (B).

[97] Anl. 2, Begleittext zu Art. 91 (Fn. 41), S. 33; wiederholt in BT-Dr 16/813, S. 16.

[98] *Glaser* BK, Art. 91b (2016) Rn. 31.

[99] Sie sind einschließlich ihre finanziellen Ausstattung von der GWK zusammengestellt: Gemeinsame Förderung des Bundes und der Länder auf der Grundlage des Artikels 91b Absatz 1 GG, file:///D:/Daten%20komplett/Eigene %20Daten/Bücher/Kommentar%20Grundgesetz/9 %20 Auflage/Material/91b/GemFofoe-2018–2019.pdf; zum Finanzvolumen → Rn. 6. Die rechtlichen Grundlagen und Instrumente sind zu finden in: https://www.gwk-bonn.de/fileadmin/Redaktion/Dokumente/Papers/Grundlagen_GWK_2019_finale_Fassung.pdf.

[100] Verwaltungsvereinbarung zwischen Bund und Ländern über den Hochschulpakt 2020 – Hochschulpakt I – v. 20.8.2007, Bekanntmachung v. 5.9.2007, BAnz v. 12.9.2007, S. 7480; Verwaltungsvereinbarung zwischen Bund und Ländern gemäß Artikel 91b Absatz 1 Nr. 2 des GG über den Hochschulpakt 2020 (2. Programmphase) – Hochschulpakt II – v. 24.6.2009, BAnz v. 16.7.2009, S. 2419; zuletzt geänd. durch Beschl. v. 13.6.2013; Verwaltungsvereinbarung zwischen Bund und Ländern gemäß Artikel 91b Absatz 1 Nummer 2 des GG über den Hochschulpakt 2020 – Hochschulpakt III – v. 19.3.2015, BAnz v. 15.4.2015.

[101] Verwaltungsvereinbarung zwischen Bund und Ländern gemäß Artikel 91b Absatz 1 Nr. 2 des Grundgesetzes über ein gemeinsames Programm für bessere Studienbedingungen und mehr Qualität der Lehre v. 30.9.2010, BAnz, S. 3631.

den Mittel zur Finanz. zusätzl. Studienplätze bereitgestellt werden sollen. Die **Exzellenzinitiative**[102] ist ein weiteres gemeins. Programm. Sie ist 2016 umbenannt und inhaltlich modifiziert worden. Sie wird jetzt als **„Exzellenzstrategie"** über das urspr. geplante Auslaufen zum Jahresende 2017 hinaus fortgeführt[103] und sieht sowohl Exzellenzcluster als Exzellenzuniversitäten vor. Darüber sind noch zu nennen: das **Professorinnenprogramm**,[104] das **Programm zur Förderung des wissenschaftlichen Nachwuchses**[105] und die Förderinitiative **„Innovative Hochschule"**[106].

26    **3. Leistungsfähigkeit des Bildungswesens (Abs. 2).** Für das Zusammenwirken von Bund und Ländern im Bereich der (neuen) Gemeinschaftsaufgabe „Feststellung der Leistungsfähigkeit des Bildungswesens im internationalen Vergleich" ist nach der Föderalismusreform I ebenfalls durch **Verwaltungsabkommen** eine Grundlage geschaffen worden.[107]

## III. Das Zusammenwirken

27    Art. 91b begründet keine (subj.) Rechte und Pflichten und enthält **kein** verfassungsrechtl. **Gebot zum Zusammenwirken.**[108] Die Vorschrift gewährt vielmehr nur eine **kompetenzrechtliche Handlungsmöglichkeit.** Anders als Art. 91a, der eine „integrative Form der föderalen Kooperation" verbindlich regelt, überlässt Art. 91b die Ausgestaltung der Kooperation vertraglichen Absprachen zwischen Bund und Ländern.[109] Nicht sicher ist, ob die Vereinbarungen bereits das entscheidende Kooperationsinstrument sind oder ob sie nur die Grundlage für das von der Vorschrift vorgesehene Zusammenwirken darstellen.[110] Der Wortlaut von Art. 91b spricht eher für die zweite Deutung (können „auf Grund von Vereinbarungen... zusammenwirken"). Auf der Grundlage einer Vereinbarung kann jede Form des Zusammenwirkens gewählt werden, auch die Schaffung von **Institutionen.**[111]

27a    Dementspr. ist schon 1970 eine gemeinsame Kommission für Bildungsplanung errichtet worden,[112] deren Aufgabenbereich durch die „Rahmenvereinbarung Forschungsförderung" 1975[113] auf die For-

---

[102] Bund-Länder-Vereinbarung gemäß Artikel 91b des Grundgesetzes (Forschungsförderung) über die Exzellenzinitiative des Bundes und der Länder zur Förderung von Wissenschaft und Forschung an deutschen Hochschulen – Exzellenzvereinbarung (ExV) – v. 18.7.2005, BAnz S. 13 347; fortgesetzt durch die Verwaltungsvereinbarung zwischen Bund und Ländern gemäß Artikel 91b des Grundgesetzes über die Fortsetzung der Exzellenzinitiative des Bundes und der Länder zur Förderung von Wissenschaft und Forschung an deutschen Hochschulen – Exzellenzvereinbarung II (ExV II) – v. 24.6.2009, BAnz S. 2416; dazu *Trute* FS Schneider, S. 302 (318); *C. Möllers*, in: Kaube (Hrsg.), Die Illusion der Exzellenz, 2009; *Sieweke* DÖV 2009, 946 ff.

[103] Verwaltungsvereinbarung zwischen Bund und Ländern gemäß Artikel 91b Absatz 1 des Grundgesetzes zur Förderung von Spitzenforschung an Universitäten – „Exzellenzstrategie" – gemäß Beschluss der Regierungschefinnen und Regierungschefs von Bund und Ländern v. 16.6.2016, BAnz AT 27.10.2016 B6.

[104] Bund-Länder-Vereinbarung gemäß Artikel 91b Abs. 1 Nr. 2 des Grundgesetzes über das Profesorinnenprogramm des Bundes und der Länder zur Förderung der Gleichstellung von Frauen und Männern in Wissenschaft und Forschung an deutschen Hochschulen v. 19.11.2007, BAnz 2008, S. 1073, BT-Dr 18/2710; fortgesetzt durch die Bund-Länder-Vereinbarung gemäß Art. 91b I Nr. 2 des GG über die Fortsetzung des Professorinnenprogramms des Bundes und der Länder zur Förderung der Gleichstellung von Frauen und Männern in Wissenschaft und Forschung an deutschen Hochschulen v. 29.6.2012, BAnz v. 27.12.2012 B7; dazu *Seckelmann* DÖV 2012, 701 (705 f.).

[105] Verwaltungsvereinbarung zwischen Bund und Ländern gemäß Artikel 91b Absatz 1 des Grundgesetzes zur Förderung des wissenschaftlichen Nachwuchses v. 16.6.2016, BAnz AT 27.10.2016 B8.

[106] Verwaltungsvereinbarung zwischen Bund und Ländern gemäß Artikel 91b Absatz 1 des Grundgesetzes zur Förderung des forschungsbasierten Ideen-, Wissens- und Technologietransfers an deutschen Hochschulen v. 16.6.2016, BAnz AT 28.8.2019 B4.

[107] Verwaltungsabkommen über das Zusammenwirken von Bund und Ländern gemäß Artikel 91bAbs. 2 des Grundgesetzes (Feststellung der Leistungsfähigkeit des Bildungswesens im internationalen Vergleich) v. 21.5.2007, BAnz Nr. 106 v. 13.6.2007, S. 5861; in Kraft getreten zum 1.1.2007 (Art. 10).

[108] Ebenso jetzt auch *Schmidt-De Caluwe* (Fn. 23), Art. 91b Rn. 6; *Heun,* in: Dreier III, Art. 91b Rn. 7: keine „unmittelbaren Rechte oder Pflichten" oder „Verfassungsauftrag"; ebenso *Speiser* (Fn. 3), S. 107 f.; für die aF *Mager,* in: v. Münch/Kunig II, Art. 91b Rn. 7; *Volkmann/Kaufhold* MKS III, Art. 91b Rn. 14.

[109] *Mager* in: v. Münch/Kunig II, Art. 91b Rn. 2, 7 f.: Die Ermächtigung zur Zusammenarbeit dispensiere aber von Anforderungen, die sonst für die föderale Kooperation gelten, wie die Begrenzung auf den je eigenen Kompetenzbereich sowie den Grundsatz der eigenverantwortlichen Aufgabenwahrnehmung.

[110] Im erstgenannten Sinne wohl *Pieroth,* in: Jarass/Pieroth, Art. 91b Rn. 2 („Das Zusammenwirken geschieht durch schriftliche Vereinbarungen ..."); im zweitgenannten Sinn wohl *Heun,* in: Dreier III, Art. 91b Rn. 7 f.; nicht eindeutig *Volkmann/Kaufhold* MKS III, Art. 91b Rn. 14.

[111] *Schwarz,* in: Maunz/Dürig, Art. 91b (2016) Rn. 26; *Heun,* in: Dreier III, Art. 91b Rn. 11; *Volkmann/Kaufhold* MKS III, Art. 91b Rn. 15; zust. *Kluth* RdJB 2008, 257 (266); *Speiser* (Fn. 3), S. 127; *Glaser* BK, Art. 91b (2016) Rn. 20.

[112] Verwaltungsabkommen zwischen Bund und Ländern über die Errichtung einer gemeinsamen Kommission für Bildungsplanung (BLK-Abk.) v. 25.6.1970, Bull BReg Nr. 90 v. 3.7.1970, S. 891; i. d. F. v. 17./21.12.1990, BAnz Nr. 28 v. 9.2.1991, S. 683.

[113] RV zwischen Bund und Ländern über die gemeinsame Förderung nach Artikel 91b GG, BAnz Nr. 240 v. 30.12.1975, S. 4; zul. geänd. durch Vereinb. v. 25.10.2001, BAnz Nr. 238 v. 20.12.2001, S. 25–218; abgedr. BLK Informationen 2004, S. 31.

schungsförderung erweitert worden ist. Sie führte nach Art. 8 I 2 der Vereinbarung die offizielle Bezeichnung „Gemeinsame Kommission für Bildungsplanung und Forschungsförderung. Nach Wegfall der Gemeinschaftsaufgabe „Bildungsplanung" trat am 1.1.2008 an ihre Stelle die **Gemeinsame Wissenschaftskonferenz (GWK)** (→ Rn. 29).[114] Als ersten Anwendungsfall des 2014 geänd. Art. 91b GG wird der Bund auch **Exzellenzuniversitäten** erstmals dauerhaft fördern, soweit die alle sieben Jahre stattfindenden Evaluationen positiv verlaufen.[115]

Wenn Institutionen oder Gremien geschaffen werden, dürfen sie auch **verbindliche Entscheidun-  28 gen** treffen oder an der Entscheidungsfindung teilhaben.[116] Ihre Verbindlichkeit ist aber grds. auf das Verhältnis zwischen den beteiligten Regierungen beschränkt. Anders als nach der bish. Regelung in Art. 9 II 2 BLK-Abk. können auch nach einstimmig gefasste Beschlüsse alle Beteiligten binden, sofern nicht binnen vier Wochen nach Zugang des Beschlusses die Beratung und Beschlussfassung der Regierungschefs beantragt wird, Art. 4 VI GWK-Abk.

Gleichwohl stellen sich Fragen der demokratischen Verantwortlichkeit und Kontrolle. Auch ist die  28a (mittelbare) Auswirkung auf Grundrechtsträger, vor allem von Art. 5 III, zu beachten. Die **Versagung** der **Förderung** von Forschungsprojekten, die politisch nicht erwünscht sind oder wichtigen weltanschaul. Strömungen zuwider laufen, meist unter Berufung auf ethische Maßstäbe, die fremdverbindlich und absolut gesetzt werden, ist eine wachsende Gefahr und als Eingriff in die Wissenschaftsfreiheit zu beurteilen. Besondere **verfassungsrechtl. Probleme** bereitet in diesem Zusammenhang die Tätigkeit der als e. V. organisierten, aber weitgehend von Zahlungen nach Art. 91b abhängigen **DFG**. Sie greift mit ihren Entscheidungen, Vorhaben zu fördern oder nicht zu fördern massiv in die Forschungsfreiheit ein, da sie konkrete, nicht verbotene, aber politisch-weltanschaulich unerwünschte Forschungsvorhaben unmöglich machen kann und das auch getan hat. Entsprechendes gilt für sogenannte **Ethikrichtlinien**, Vorgaben für gute Wissenschaft uä, die faktisch mit der Drohung von Mittelentzug durchgesetzt werden. Diese Verhaltensweisen, die Hoheitsmacht zu usurpieren, sind verfassungsrechtl. nicht akzeptabel.

**1. Wissenschaftsförderung (Abs. 1).** Die **Gemeinsame Wissenschaftskonferenz – GWK**  29 (→ Rn. 27) deckt den bisherigen Aufgabenbereich nach der Rahmenvereinbarung Forschungsförderung ab und ist zuständig für alle Bund und Länder gemeinsam berührenden Fragen der Forschungsförderung, der wissenschafts- und forschungspolitischen Strategien und des Wissenschaftssystems, Art. 1 I 3 GWK-Abk. Der Aufgabenbereich der GWK umfasst nach Art. 2 I Nr. 2 GWK-Abk. alle in Art. 91b I 1 genannte Förderbereiche. Errichtung und Arbeit des Wissenschaftsrates sind nicht auf Art. 91b gestützt,[117] erfüllten wohl auch nicht die Voraussetzungen der alten Fassung der Vorschrift, da auch die Hochschul**lehre** wesentlich von seiner Arbeit betroffen ist. Das hat sich durch die neue Formulierung in Art. 91b I 1 aber geändert.

Der GWK gehören die für Wissenschaft und Forschung sowie die für Finanzen zuständ. Ressort-  30 chefs des Bundes und der Länder an, Art. 1 I 2 GWK-Abk. Der Vorsitz wechselt nach Art. 4 I GWK-Abk. in jährl. Rhythmus zwischen Bund und Ländern. Die Besetzung einer solchen Kommission allein mit Regierungsvertretern und die eingeschränkte Bindungswirkung ihrer Entscheidungen werden überwiegend als verfassungsmäßig angesehen (→ Rn. 28).

In § 1 I der Anlage zum GWK-Abk.[118] sind die einzelnen **Gegenstände der gemeinsamen**  31 **Förderung** der Wissenschaft und Forschung aufgeführt. Die Liste umfasst sowohl Vorhaben als auch Einrichtungen. Sie waren zT in der „Blauen Liste"[119] enthalten. U. a. sind genannt:

– die Deutsche Forschungsgemeinschaft e. V.
– die Mitgliedseinrichtungen der Helmholtz-Gemeinschaft e. V.
– die Max-Planck-Gesellschaft e. V.
– die Frauenhofer-Gesellschaft e. V.

---

[114] Verwaltungsabkommen zwischen Bund und Ländern über die Errichtung einer Gemeinsamen Wissenschaftskonferenz (GWK-Abk.) v. 11.9.2007, BAnz Nr. 195 v. 18.10.2007, S. 7787, in Kraft getreten zum 1.1.2008; zul. geänd. durch Beschluss der Gemeinsamen Wissenschaftskonferenz (GWK) v.16.11.2018, BAnz AT 7.2.2019 B6. Die Begründung des verfassungsändernden G zur Neuf. von Art. 91b 2006 sah lediglich eine Anpassung des BLK-Abk. vor, BT-Dr 16/813, S. 16.

[115] Finanzbericht 2020, S. 140.

[116] Str., für Zulässigkeit: *Dittmann* (Fn. 2), S. 133 ff.; *Heun,* in: Dreier III, Art. 91b Rn. 11, unter der Voraussetzung, dass die Entscheidungen der Parlamente nicht präjudiziert werden; *Glaser* BK, Art. 91b (2016) Rn. 44; aA *Köstlin* (Fn. 84), S. 246 f. *Mager,* in: v. Münch/Kunig II, Art. 91b Rn. 9, hält als vermittelnde Lösung lediglich eine „dauerhafte, nicht wieder rückgängig zu machende Abtretung von Befugnissen an institutionalisierte Kooperationsgremien" für unzulässig.

[117] Anders *Mager,* in: v. Münch/Kunig II, Art. 91b Rn. 9. Der Wissenschaftsrat wurde bereits durch Verwaltungsabk. v. 5.9.1957 gegründet (GMBl 553 f.). Spätere Fortschreibungen greifen aber ebenfalls nicht auf Art. 91b zurück; zul. i. d. F. v. 27.4.2005; abgedr. in: Wissenschaftsrat, Empfehlungen und Stellungnahmen 2004, Bd. 3, Köln 2006, S. 539; zu ihm *H. C. Röhl,* Der Wissenschaftsrat, 1994.

[118] O. Fn. 114.

[119] Abgedr. BLK Informationen 2004, S. 65 ff.; weitere Einzelheiten bei *Helfrich* WissR 1990, 244 (244 ff.); *Paulig* HdbWissR, S. 1325 (1325 ff.).

– die Mitgliedseinrichtungen der Leibnitz-Wissenschaftsgemeinschaft e. V.
– die deutsche Akademie der Technikwissenschaften (acatech)
– die Akademie Leopoldina
– das Wissenschaftskolleg zu Berlin e. V.
– das von der Union der deutschen Akademien der Wissenschaften e. V. koordinierte Akademieprogramm
– Forschungsbauten an Hochschulen einschließlich Großgeräten.

32    **2. Leistungsfähigkeit des Bildungswesens (Abs. 2).** Nach der Föderalismusreform I ist für das Zusammenwirken von Bund und Ländern im Bereich der (neuen) Gemeinschaftsaufgabe „Feststellung der Leistungsfähigkeit des Bildungswesens im internationalen Vergleich" durch **Verwaltungsabkommen** eine Grundlage geschaffen worden.[120] Es sieht vor, dass wesentliche Vorhaben auf Ministerebene beraten werden (Art. 2). Die Erfüllung laufender Aufgaben ist einer Steuerungsgruppe übertragen, die aus acht leitenden Ministerialbeamten besteht, die je zur Hälfte von Bund und Ländern gestellt werden (Art. 3 und 4). Daneben ist ein wiss. Beirat gebildet worden (Art. 5 und 6). In einer Anlage zu diesem Abkommen werden laufende Vorhaben aufgeführt, die weitergeführt werden (§ 1), aber auch neue Vorhaben (§§ 2, 3). Das „Zentrum für internationale Bildungsvergleichsstudien", das als Institut **an** der TU München errichtet worden ist, kann als Einrichtung im Sinne von Art. 91b II angesehen werden, die gemeinsam von Bund und Ländern finanziert wird.

32a    Auf dieser Grundlage kann eine **gemeinsame Evaluation** durchgeführt werden, möglichst international.[121] Die Vorschrift erlaubt eine Teilnahme des Bundes an Bildungserhebungen, wie PISA, TIMSS, IGLU (→ Rn. 23), obwohl Bildung grds. nicht in seine Kompetenz fällt. Dazu gehört auch die Mitwirkung an (internat.) Berichten und ihrer Veröffentlichung.[122] Es handelt sich um **schlicht hoheitliches** Verwaltungshandeln[123]. Die daraus folgenden **Empfehlungen** sind allerdings nicht verbindlich.[124] Sie dürfen nicht zu der abgeschafften Bildungsplanung führen.

32b    Aus dem klaren Wortlaut von Art. 91b II („können") folgt, dass Bund und Länder frei entscheiden dürfen, ob und inwieweit sie in einem der Bereiche (→ Rn. 23) mitwirken wollen. Diese Gemeinschaftsaufgabe wird deshalb auch als **fakultative Gemeinschaftsaufgabe** klassifiziert.[125]

## C. Aufteilung der Kosten (Abs. 3)

### I. Der Verteilungsschlüssel

33    Nach Art. 91b III muss in den Vereinbarungen stets die Kostentragung geregelt werden. Mit ihr wird die **Kompetenz zu einer (Mit-)Finanzierung** begründet, allerdings beschränkt auf die in der Vorschrift geregelten Gegenstände:[126] Wissenschaftsförderung und Bildungsevaluation. Im Gegensatz zu Art. 91a III ist der Finanzierungsschlüssel im GG nicht festgelegt und Verhandlungssache.[127] Art. 91b I 2 aF verlangte dagegen eine Bestimmung zur „Aufteilung der Kosten", woraus zu schließen war, dass eine volle Kostenübernahme durch den Bund oder die Länder nicht zulässig sein sollte. Mit der Föderalismusreform I wurde durch den Begriff „Kostentragung" klargestellt, dass der Bund im Rahmen der Vereinbarung mit Zustimmung der Länder auch alleine fördern darf.[128] Eine Aussage über die Herkunft der Mittel, welche die Länder aufzubringen haben, enthält die Vorschrift nicht.[129] Es besteht auch insoweit weitgehende Freiheit, in der Vereinbarung nach Abs. 2 dazu Regelungen zu treffen.[130]

---

[120] Verwaltungsabkommen über das Zusammenwirken von Bund und Ländern gemäß Artikel 91b Abs. 2 des Grundgesetzes (Feststellung der Leistungsfähigkeit des Bildungswesens im internationalen Vergleich) v. 21.5.2007, BAnz Nr. 106 v. 13.6.2007, S. 5861; in Kraft getreten zum 1.1.2007 (Art. 10).

[121] *Guckelberger* RdJB 2008, 267 (274 f.); *Hellermann*, in: Härtel (Hrsg.), Handbuch des Föderalismus, Bd. III, 2012, § 39 Rn. 27; *Suerbaum*, in: Epping/Hillgruber, Art. 91b Rn. 16; *Glaser* BK, Art. 91b (2016) Rn. 55.

[122] *Seckelmann*, in: Friauf/Höfling, Art. 91b Rn. 42.

[123] *Guckelsberger* RdJB 2008, 267 (277).

[124] *Guckelsberger* RdJB 2008, 267 (279).

[125] *Guckelberger*, in: Seckelmann/lange/Horstmann, S. 215 (227 f.); *Glaser* BK, Art. 91b (2016) Rn. 65.

[126] *Heun*, in: Dreier III, Art. 91b Rn. 17; *Mager*, in: v. Münch/Kunig II, Art. 91b Rn. 33; aA *Speiser* (Fn. 3), S. 123, der davon ausgeht, dass durch die Vorschrift nicht die gemeinsame Finanzierung einer gemeinsamen Aufgabe „legitimiert" wird.

[127] *Pieroth*, in: Jarass/Pieroth, Art. 91b Rn. 6; *Volkmann/Kaufhold* MKS III, Art. 91b Rn. 37.

[128] BT-Dr 16/813, S. 17; zust. *Pieroth*, in: Jarass/Pieroth, Art. 91b Rn. 6; jetzt ebenfalls so *Hellermann* (Fn. 32), Rn. 310; *Waldhoff* KritV 2008, 213 (220), der aber zutr. darauf hinweist, dass die Entlastung der Länder mit einer Steigerung des Einflusses des Bundes „erkauft" wird; *Korioth/Schwabenbauer* JböffFin 2013, 429 (434).

[129] Eingehend *Korioth/Schwabenbauer* JböffFin 2013, 429 (435 ff.), die sogar eine vollständige Refinanzierung aus „Drittmitteln" für zulässig halten und auch keine anderweitigen verfassungsrechtlichen Beschränkungen sehen (S. 437–439).

[130] *Korioth/Schwabenbauer* JböffFin 2013, 429 (439 ff.), die bei Fehlen von Festlegungen von vollständiger Freiheit der Länder bei der Auswahl der von ihnen aufzubringenden Mittel ausgehen.

**a) Wissenschaftsförderung.** Die Rahmenvereinbarung Forschungsförderung war grds. von der **34** **Verfassungsänderung** 2006 „unberührt" geblieben. Sie war jedoch einschließlich der hierzu ergangenen Ausführungsvereinbarungen „anzupassen".[131] Dabei waren nach dem Willen des verfassungsänd. Gesetzgebers die „Eckpunkte" aus dem Begleittext zu Art. 91b des Ergebnisses der Arbeitsgruppe zur Föderalismusreform[132] zu beachten,[133] die aber nicht die im letzten Stadium des Gesetzgebungsverfahrens vorgenommenen Änderungen berücksichtigten.

Der alte Verteilungsschlüssel nach Art. 6 I der Rahmenvereinbarung Forschungsförderung[134] ist **35** mittlerweile weitgehend durch die Regelung in § 1 II und § 2 der Anlage zum GWK-Abk.[135] sowie neue Ausführungsvereinbarungen der GWK ersetzt worden. Danach sind vorbehaltlich abweichender vertragl. Vereinbarungen folgende **Finanzierungsanteile von Bund und Ländern** vorgesehen: Deutsche Forschungsgemeinschaft 58 : 42,[136] Max-Planck-Gesellschaft 50 : 50,[137] Wissenschaftsgemeinschaft-Leibnitz (WGL) 50 : 50,[138] Fraunhofer-Gesellschaft 50 : 50,[139] Deutsche Akademie der Technikwissenschaften (acatech) 50 : 50,[140] Helmholtz-Zentren 90 : 10,[141] Akademieprogramm 50 : 50,[142] Forschungsbauten an Hochschulen einschließlich Großgeräten 50 : 50,[143] Professorinnenprogramm 50 : 50,[144] Exzellenzinitiative 75 : 25,[145] Hochschulpakt 2020: Festbeträge des Bundes,[146] Förderung der angewandten Forschung und Entwicklung an Fachhochschulen 90 : 10,[147] Deutsche Akademie der Naturforscher „Leopoldina" 80 : 20,[148] Wissenschaftskolleg zu Berlin 50 : 50.[149] Die Aufteilung der Bundesmittel für die Bildungsplanung wurde im neuen Art. 143c geregelt, der eine Kostentragung von jeweils zur Hälfte für Bund und Länder festlegt.

Für Großforschungseinrichtungen und Forschungsvorhaben außerhalb der aufgeführten Einrichtun- **36** gen und Programme müssen **Einzelvereinbarungen** abgeschlossen werden, wie z. B. für die Stiftung Deutsches Krebsforschungszentrum (BW), das Forschungszentrum Jülich (NRW) und die Stiftung Deutsches Elektronen-Synchrotron (HH und BE).[150]

**b) Leistungsfähigkeit des Bildungswesens.** Das Abkommen über das Zusammenwirken des **37** Bundes und der Länder iRd Gemeinschaftsaufgabe **Leistungsfähigkeit des Bildungswesens** nach Art. 91b II[151] sieht als Grundregel eine Aufteilung der Kosten zwischen Bund und Ländern zu je ein

---

[131] BT-Dr 16/813, S. 16.
[132] O. Fn. 41, S. 33 f.
[133] BT-Dr 16/813, S. 16.
[134] → Rn. 27.
[135] O. Fn. 114.
[136] § 3 I AV-DFG v. 27.10.2008, BAnz Nr. 18a v. 4.2.2009, S. 4, zul. geänd. durch Beschluss der Gemeinsamen Wissenschaftskonferenz v. 17.4.2015, BAnz AT 16.7.2015 B5. Der Länderanteil ist zu $^2$/$_3$ nach dem Verhältnis der Steuereinnahmen, zu $^1$/$_3$ nach dem Verhältnis der Bevölkerungszahl aufzubringen, § 4 AV-DFG („Königsteiner Schlüssel", der jährlich vom Büro der GWK fortgeschrieben und im BAnz veröff. wird). Die Förderung von Programmpauschalen ist separat im Hochschulpakt 2020 (→ Rn. 25b) geregelt.
[137] § 3 I AV-MPG v. 27.10.2008, BAnz Nr. 18a v. 4.2.2009, S. 8, zul. geänd. durch Beschl. der gemeins. Wissenschaftskonferenz (GWK) v. 17.5.2016, BAnz AT 8.6.2016 B3. Der Länderanteil ist zu 50 % vom jew. Sitzland der Einrichtung und zu 50 % von allen Ländern gemeinsam aufzubringen, § 4 I AV-MPG.
[138] § 3 I AV-WGL v. 27.10.2008, BAnz Nr. 18a v. 4.2.2009, S. 8, zul. geänd. am 20.4.2012, BAnz AT 12.2.2013 B3. Die Bauinvestitionen sind vom Sitzland aufzubringen. Im Übrigen sind 75 % des Länderanteils vom Sitzland und 25 % von der Ländergesamtheit – aufgeteilt nach Steueraufkommen und Einwohnerzahl – aufzubringen. Lediglich 25 % sind vom Sitzland aufzubringen, wenn es sich um Einrichtungen handelt, die in erheblichem Umfang wiss. Infrastrukturaufgaben wahrnehmen, § 5 AV-WGL.
[139] AV-FhG v. 27.10.2008, BAnz Nr. 18a v. 4.2.2009, S. 12, zul. geänd. am 17.4.2015, BAnz AT 16.7.2015, B6. Der Länderanteil wird von den Sitzländern zu $^1$/$_3$ nach dem Königsteiner Schlüssel (Fn. 136) und $^2$/$_3$ entspr. dem Verhältnis des Zuwendungsbedarfs der Einrichtungen der FhG im Sitzland aufgebracht, § 4 AV-FhG.
[140] § 3 I AV acatech (AV-acatech) v. 27.10.2008, BAnz Nr. 18a v. 4.2.2009, S. 16. Der Länderanteil ist zu zwei Dritteln nach dem Verhältnis der Steuereinnahmen, zu einem Drittel nach dem Verhältnis der Bevölkerungszahl aufzubringen, § 4 AV-acatech.
[141] Art. 6 I der RV Forschungsförderung (Fn. 113). Der Länderanteil wird vom jew. Sitzland aufgebracht.
[142] § 4 I AV-AK (Fn. 63). Jedes einzelne Land trägt dabei den Anteil der Ausgaben, für die im jew. Land durchgeführten Vorhaben.
[143] § 9 I AV-FuG (Fn. 44).
[144] § 2 I Bund-Länder-Vereinbarung gem. Artikel 91b I 2 des GG über das Professorinnenprogramm des Bundes und der Länder zur Förderung der Gleichstellung von Frauen und Männern in Wissenschaft und Forschung an deutschen Hochschulen v. 19.11.2007, BAnz v. 26.3.2008, S. 1073,.
[145] § 2 I 3 ExV (Fn. 102). Der Länderanteil wird von dem jeweiligen Sitzland aufgebracht.
[146] Zusätzliche Studienplätze: Art. 1 § 2 Hochschulpakt (Fn. 31); Programmpauschalen für DFG Forschungsvorhaben: Art. 2 § 2.
[147] § 4 ProfessorinnenV (Fn. 104) Der Länderanteil wird durch das Sitzland durch Bereitstellung der Grundausstattung erbracht.
[148] Art. 6 I der RV Forschungsförderung (Fn. 113). Der Länderanteil wird vom Sitzland Sachsen-Anhalt aufgebracht.
[149] Art. 6 I der RV Forschungsförderung (Fn. 113)). Der Länderanteil wird vom Sitzland Berlin aufgebracht.
[150] V. 3.11.2003, BAnz, S. 24921.
[151] Vgl. → Fn. 107.

halb vor (Art. 8 I). Bei internationalen Leistungsuntersuchungen trägt der Bund die internationalen Ausgaben und die Länder die nationalen Ausgaben (Art. 8 II).

## II. Beschränkung auf Zweckausgaben

**38**    Es dürfen **nur die Zweckausgaben** gemeinsam finanziert werden, nicht aber die Verwaltungskosten. Ebenso wie bei Art. 91a[152] geht Art. 104a V als speziellere Regelung vor.[153] Personalkosten von Forschungseinrichtungen können aber als Zweckausgaben behandelt werden.[154]

## III. Vorbehalt der Mittelbewilligung

**39**    Die **Haushaltshoheit der Parlamente** wird durch Art. 91b **nicht berührt.** Daher stehen Vereinbarungen, die finanz. Verpflichtungen vorsehen, bis zur parl. Billigung unter dem Vorbehalt, dass die Parlamente die haushaltsrechtl. Voraussetzungen schaffen.[155] Dementspr. enthält zB das Verwaltungsabkommen zur Leistungsfähigkeit des Bildungswesens[156] auch ausdr. einen Vorbehalt bzgl. der Bereitstellung der erforderlichen Mittel durch die jew. zuständ. gesetzgebenden Körperschaften (Art. 8 IV). Finanzregelungen nach Art. 91b III bedürfen grds. keiner bes. staatsvertragl. Ratifikation. Sie werden durch die Verabschiedung des jew. HaushaltsG verbindlich.[157] Das BVerfG hat zutreff. darauf hingewiesen, dass Maßnahmen nach Art. 91b dazu geeignet sein können, die Wirtschafts- und Einnahmestruktur eines Landes mittel- und längerfristig nachhaltig zu verbessern; mit Auswirkungen auf den Finanzausgleich.[158]

## D. Sperrwirkung

**40**    Art. 91b soll keine Sperrwirkung zukommen, weil die Vorschrift lediglich eine Ermächtigung zur Zusammenarbeit enthält (→ Rn. 8 f.).[159] Dabei ist jedoch zu beachten, dass eine Bund-Länder-Kooperation in den geregelten Sachgebieten grds. nicht zulässig wäre, da erst Art. 91b die **notwendige verfassungsrechtl. Gestattung** für die Durchbrechung des Trennprinzips (→ Rn. 5) enthält. Die Kompetenzordnung des GG steht nicht zur Disposition der Beteiligten, auch nicht durch (einvernehmliche) Absprachen.[160] Im Übrigen sind Bund und Länder frei, jeweils im Rahmen ihres Kompetenzbereichs tätig zu werden, soweit keine verbindliche Kooperation vereinbart ist. Insoweit kommt der Vorschrift tatsächlich keine Sperrwirkung zu.

## E. Kritische Würdigung

## I. Verfassungsrechtliche Aspekte

**41**    Unter **bundesstaatlichen** Gesichtspunkten bestehen gegen diese Regelung keine Bedenken, da die auf freiwilligem Zusammenwirken aufbauende verfassungsrechtl. Ermächtigung zum Abschluss von Vereinbarungen nach Art. 91b die von Art. 79 III geschützte Eigenstaatlichkeit der Länder nicht antastet.[161]

**42**    Verfassungsrechtl. besteht aber Anlass zu Bedenken im Hinblick auf das **Demokratieprinzip.** Art. 91b schreibt eine Mitwirkung der Parlamente bei dem Zusammenwirken von Bund und Ländern nicht vor. Erst bei der Bereitstellung der erforderlichen Haushaltmittel sind die Parlamente von Bund und Ländern beteiligt.[162] Vielfach ist kritisiert worden, dass Art. 91b die Volksvertretungen vor vollendete Tatsachen stelle und sie von wichtigen politischen Problembereichen ausschlie-

[152] → Art. 91a Rn. 34.

[153] Für die Möglichkeit zur Übertragung der Verwaltungskosten auf den Bund aber *Volkmann/Kaufhold* MKS III, Art. 91b Rn. 37; *Korioth/Schwabenbauer* JböffFin 2013, 429 (432); wN o. Fn. 32.

[154] *Schwarz*, in: Maunz/Dürig, Art. 91b (2016) Rn. 39; *Blümel* HStR IV¹, § 101 Rn. 164; *Heun*, in: Dreier III, Art. 91b Rn. 18.

[155] Vgl. *Mager*, in: v. Münch/Kunig II, Art. 91b Rn. 31 f.; *Blümel* HStR IV¹, § 101 Rn. 165; *Heun*, in: Dreier III, Art. 91b Rn. 19.

[156] Nachw. in → Fn. 107.

[157] *Dittmann* (Fn. 2), S. 185; *Korioth/Schwabenbauer* JböffFin 2013, 429 (433): Wirksamkeitserfordernis, der zutreffend darauf hinweist, dass nach den Landeshaushaltsordnungen deshalb eine frühzeitige Einbeziehung der Landesparlamente vorgesehen ist.

[158] BVerfGE 86, 148 (267).

[159] *Volkmann/Kaufhold* MKS III, Art. 91b Rn. 12; jetzt ebenso *Seckelmann* DÖV 2009, 747 (753) für Forschungsbauten; *Speiser* (Fn. 3), S. 108 ff.

[160] Unmissverständlich BVerfGE 32, 145 (156); 63, 1 (39); *Mager*, in: v. Münch/Kunig II, Art. 91b Rn. 35.

[161] Vgl. auch *Heun*, in: Dreier III, Art. 91b Rn. 7.

[162] → Rn. 39; für eine weitergehende Kooperation und die „Renaissance" der Gemeinschaftsaufgaben in der Föderalismusreform II: *Seckelmann* DÖV 2009, 747 ff.; für eine Ausweitung durch Grundgesetzänderung *dies.* DÖV 2012, 701 (706–709).

ße.[163] Notwendig sei es, den BT und die Landtage frühzeitig in laufende Planungsprozesse einzubeziehen, z. B. durch ständige Information und daran anknüpfende Sachdebatten und Ausschussberatungen.[164]

## II. Verfassungspolitische Aspekte

Die Schaffung von Art. 91b ist insofern zu begrüßen, als durch sie einige begriffliche und systematische Ungereimtheiten beseitigt worden sind. Auch ist die Vereinfachung des Tatbestandes hilfreich, geht aber zu Lasten einer weiteren Ausdehnung von **„Politikverflechtung"**[165] zwischen Bund und Ländern, die Transparenz und Kontrolle erheblich erschwert.[166] Eine eindeutige Zuweisung von Verantwortlichkeiten wird zunehmend erschwert. Von der ursprünglich angestrebten Entflechtung,[167] ist wenig übrig geblieben (→ Rn. 4 und → Art. 91a Rdn. 8 f.). Das gilt erst recht angesichts der laufenden Einfügung neuer Mischverwaltungs- und Mischfinanzierungstatbestände durch Art. 91c-e und Art. 104c, d. Bedenklich ist vor allem aber auch, wie leichthin binnen kurzer Zeit wiederholt Änd. derselben Vorschrift in einem wichtigen Bereich der föderalen Ordnung vorgenommen werden, ohne die Formulierungen hinreichend zu durchdenken und ohne klare Prinzipien wiederholt Richtungswechsel vorzunehmen.

Wenn man der Auffassung folgen will, dass die Länder nicht über hinreichende Mittel im Bereich der Wissenschaftsförderung verfügen,[168] ist der bundesstaatliche Finanzausgleich neu auszutarieren. Dafür wäre namentlich eine Änderung der **Umsatzsteuerverteilung** vorzunehmen.[169] Hinter dem permanenten Druck zur Ausdehnung der Bundeskompetenzen statt Stärkung der Landesfinanzen steht im Grunde ein starker antidemokratischer Reflex: Man traut den Landesparlamenten keinen verantwortungsvollen und zweckgerechten Umgang mit (zusätzlichen) nicht zweckgebundenen finanziellen Mitteln zu.

43

44

## Art. 91c [Zusammenwirken bei informationstechnischen Systemen]

(1) **Bund und Länder können bei der Planung, der Errichtung und dem Betrieb der für ihre Aufgabenerfüllung benötigten informationstechnischen Systeme zusammenwirken.**

(2) **Bund und Länder können auf Grund von Vereinbarungen die für die Kommunikation zwischen ihren informationstechnischen Systemen notwendigen Standards und Sicherheitsanforderungen festlegen. Vereinbarungen über die Grundlagen der Zusammenarbeit nach Satz 1 können für einzelne nach Inhalt und Ausmaß bestimmte Aufgaben vorsehen, dass nähere Regelungen bei Zustimmung einer in der Vereinbarung zu bestimmenden qualifizierten Mehrheit für Bund und Länder in Kraft treten. Sie bedürfen der Zustimmung des Bundestages und der Volksvertretungen der beteiligten Länder; das Recht zur Kündigung dieser Vereinbarungen kann nicht ausgeschlossen werden. Die Vereinbarungen regeln auch die Kostentragung.**

(3) **Die Länder können darüber hinaus den gemeinschaftlichen Betrieb informationstechnischer Systeme sowie die Errichtung von dazu bestimmten Einrichtungen vereinbaren.**

(4) **Der Bund errichtet zur Verbindung der informationstechnischen Netze des Bundes und der Länder ein Verbindungsnetz. Das Nähere zur Errichtung und zum Betrieb des Verbindungsnetzes regelt ein Bundesgesetz mit Zustimmung des Bundesrates.**

(5) **Der übergreifende informationstechnische Zugang zu den Verwaltungsleistungen von Bund und Ländern wird durch Bundesgesetz mit Zustimmung des Bundesrates geregelt.**

**Entstehungsgeschichte: Erstfassung:** G zur Änd. des GG (Art. 91c, 91d, 104b, 109, 109a, 115, 143d) v. 29.7.2009 (BGBl I 2248) (dazu: BT-Dr 16/12410 [Entw.]; 16/13221 [Beschlussempfehlung und Bericht RechtsA]; BT-Prot 16/215, 255; BR-Dr 262/09, 510/09; BR-Prot 859); G zur Änd. des GG (Art. 90, 91c, 104b, 104c, 107, 108, 109a,

---

[163] Vgl. *Heun,* in: Dreier III, Art. 91a Rn. 26; *Mager,* in: v. Münch/Kunig II, Art. 91b Rn. 42; im Erg. zust. *Volkmann/Kaufhold* MKS III, Art. 91b Rn. 5; *Wiesner,* Politik unter Einigungszwang – Eine Analyse föderaler Verhandlungsprozesse, 2006; *P. M. Huber,* Deutschland in der Föderalismusfalle?, 2003, S. 9 f.

[164] Vgl. *Liesegang* ZParl 3 (1972), 162 (163 ff.). Auch wenn versucht worden ist, die Parlamente vorab in den Planungsprozess einzubeziehen, war die faktische Bindung groß, vgl. *Röhl* (Fn. 117), S. 210 f.

[165] *Scharpf/Reissert/Schnabel,* Politikverflechtung. Theorie und Empirie des kooperativen Föderalismus in der Bundesrepublik, 1976.

[166] → Art. 91a Rn. 6 ff.

[167] *Scholz,* Subsidiaritätsprinzip und zu erneuernde Staatlichkeit FS Isensee, 2007, S. 405–421; *Karpen* ZG 21 (2006), 271–287; *Seckelmann* DÖV 2009, 747 (748). *Scharpf,* in: Seckelmann/Lange/Horstmann, S. 23 (33), spricht sich dafür aus, die „Politikverflechtung ... flexibler und effizienter" auszugestalten; krit. zur Entflechtung *Burgi* ZSE 2 (2008), 281 (282 ff.).

[168] Von *Seckelmann,* in: Seckelmann/Lange/Horstmann, S. 65 (71), angesprochen, aber nicht kritisch untersucht.

[169] Uneingeschränkt zust. *Glaser* BK, Art. 91b (2016) Rn. 70 f. *Seckelmann* DÖV 2012, 701 (707), erwägt, den Anteil der Länder an der Umsatzsteuer zu erhöhen,bezweifelt aber, ob das möglich sein werde.

114, 125c, 143d, 143e, 143f, 143g) v. 13.7.2017 (BGBl I 2347), (dazu: BT-Dr 18/11131 [Entw.]; BT-Pr 18/218, 21767C ff.; BT-Prot 18/237, 23974A; BR-Dr 798/16; BR-Prot 958, 261D).
**Historische Verfassungstexte: GG 2009 Art. 91c:** (1) Bund und Länder können bei der Planung, der Errichtung und dem Betrieb der für ihre Aufgabenerfüllung benötigten informationstechnischen Systeme zusammenwirken. (2) Bund und Länder können auf Grund von Vereinbarungen die für die Kommunikation zwischen ihren informationstechnischen Systemen notwendigen Standards und Sicherheitsanforderungen festlegen. Vereinbarungen über die Grundlagen der Zusammenarbeit nach Satz 1 können für einzelne nach Inhalt und Ausmaß bestimmte Aufgaben vorsehen, dass nähere Regelungen bei Zustimmung einer in der Vereinbarung zu bestimmenden qualifizierten Mehrheit für Bund und Länder in Kraft treten. Sie bedürfen der Zustimmung des Bundestages und der Volksvertretungen der beteiligten Länder; das Recht zur Kündigung dieser Vereinbarungen kann nicht ausgeschlossen werden. Die Vereinbarungen regeln auch die Kostentragung. (3) Die Länder können darüber hinaus den gemeinschaftlichen Betrieb informationstechnischer Systeme sowie die Errichtung von dazu bestimmten Einrichtungen vereinbaren. (4) Der Bund errichtet zur Verbindung der informationstechnischen Netze des Bundes und der Länder ein Verbindungsnetz. Das Nähere zur Errichtung und zum Betrieb des Verbindungsnetzes regelt ein Bundesgesetz mit Zustimmung des Bundesrates.
**Gesetzgebung:** Art. 4 BegleitG zur zweiten Föderalismusreform (IT-NetzG) v. 10.8.2009 (BGBl I 2702); G zum Vertrag über die Errichtung des IT-Planungsrats und über die Grundlagen der Zusammenarbeit beim Einsatz der Informationstechnologie in den Verwaltungen von Bund und Ländern – Vertrag zur Ausführung von Artikel 91c (IT-Staatsvertrag) v. 27.5.2010 (BGBl I 662); G zur Verbesserung des Onlinezugangs zu Verwaltungsleistungen (OZG) v. 14.8.2017 (BGBl I 3122) (dazu BT-Dr 18/11135 [Entw.]).

**Schrifttum:** *F. Albrecht,* Voraussetzungen für die vergaberechtsfreie interkommunale (IT-)Beschaffung, jurisPR-ITR 22/2009 Anm. 4; *A. Berger,* Digitales Vertrauen – Eine verfassungs- und verwaltungsrechtliche Perspektive, DVBl 2017, 804; *D. Heckmann,* Grundgesetz 2.0: Staat und IT in guter Verfassung?, K&R 2009, 1; *H. Henneke,* Kommunalrelevanz der Finanz- und Verwaltungsthemen in der Föderalismusreform II, Der Landkreis 2009, 223; *M. Herrmann / K. Stöber,* Das Onlinezugangsgesetz des Bundes – Wie der Gang zum Amt überflüssig werden soll, NVwZ 2017, 1401; *M. Martini,* Transformation der Verwaltung durch Digitalisierung, DÖV 2017, 443; *M. Martini / C. Wiesner,* Art. 91c Abs. 5 GG und das neue Zugangsregime zur digitalen Verwaltung – Quantensprung oder zu kurz gesprungen?, ZG 2017, 193; *D. Rüscher,* Der digitale Zugang des Bürgers von Staat durch das Onlinezugangsgesetz, DVBl 2017, 1530; *M. Schallbruch / M. Städler,* Neuregelung der Bund-Länder-Zusammenarbeit bei der IT durch Art. 91c, CR 2009, 619; *U. Schliesky,* Die Aufnahme der IT in das Grundgesetz, ZSE 2008, 304; *ders.* Eine Verfassung für den Digitalen Staat, ZRP 2015, 65; *U. Schliesky / G. Hoffmann,* Die Digitalisierung des Föderalismus – Der Portalverbund gem. Art. 91c Abs. 5 GG als Rettung des E-Goverment?, DÖV 2018, 193; *S. Schulz / M. Tallich,* Rechtsnatur des IT-Staatsvertrages und seiner Beschlüsse, NVwZ 2010, 1338; *P. Selmer,* Die Föderalismusreform II – Ein verfassungsrechtliches monstrum simile, NVwZ 2009, 1255; *C. Sichel,* Informationstechnik und Benchmarking – Neue Gemeinschaftsaufgaben im Grundgesetz, DVBl 2009, 1014; *T. Siegel,* IT im Grundgesetz, NVwZ 2009, 1128; *ders.,* Regelungsoptionen im IT-Bereich durch die Föderalismusreform II, DÖV 2009, 181; *ders.,* Neue Querschnittaufgaben und Gewaltenteilung, Der Staat, 49 (2010), 299; *ders.* Auf dem Weg zum Portalverbund – Das neue Onlinezugangsgesetz (OZG), DÖV 2018, 185.

## Übersicht

# A. Allgemeines

## I. Entstehung und Verlauf

1    Art. 91c GG wurde im Zuge der **Föderalismusreform II** neu in das GG eingefügt und ist am 1.8.2009 in Kraft getreten.[1] Bei der Einfügung der Vorschrift in das GG – zusammen mit Art. 91d – ist die Abschnittsüberschrift um die zusätzl. Bezeichnung „Verwaltungszusammenarbeit" erweitert wor-

---

[1] G v. 29.7.2009, BGBl I 2248; Inkrafttreten nach Art. 2 des G.

den. Vorausgegangen war die Einsetzung einer gemeinsamen Kommission von BTag und BRat zur Modernisierung der Bund-Länder-Finanzbeziehungen **(Föderalismuskommission II),** deren Aufgabe die Erarbeitung von Empfehlungen für eine Reform war.[2]

Die Schaffung einer derartigen Regelung für das Zusammenwirken bei der Planung, der Errichtung **2** und dem Betrieb **informationstechnischer Systeme** war nicht von Anfang beabsichtigt gewesen. Bund und Länder hatten unterschiedliche Vorstellungen, wie diese Zusammenarbeit, vor allem unterhalb der Ebene des Verfassungsrechts, aussehen sollte. Das Bundeskonzept sah eine Ergänzung des GG mit einer Zusammenarbeitspflicht vor sowie eine Regelung durch zustimmungspflichtiges Bundesgesetz. Die Länder strebten eine Regelung durch Grundlagenstaatsvertrag an,[3] die der Bund aber als nicht praktikabel ablehnte.[4] Zudem sprachen sich die Länder gegen eine Bundeskompetenz und eine stärkere Bündelung der IT aus, da sie die IT als Kernbestandteil ihrer Verwaltungskompetenzen ansahen.[5] Trotz dieser unterschiedlichen Ausgangspositionen konnte ein **Kompromiss** gefunden werden, der in der abschließenden Sitzung der Föderalismuskommission II am 5. März 2009 verabschiedet wurde.[6]

Die Schaffung der Vorschrift wurde mit der wachsenden Bedeutung der IT für die öffentliche **3** Verwaltung und mit dem raschen Fortschritt der Informationstechnik begründet.[7] Zudem wurde die **bisherige Zusammenarbeit** als **ungenügend** empfunden.[8] Auch im Hinblick auf die Umsetzung der EU-Dienstleistungsrichtlinie,[9] welche die Mitgliedstaaten verpflichtet, die Verfahrensabwicklung auch in elektronischer Form zu ermöglichen[10] und dafür einen einheitlichen Ansprechpartner einzurichten, erschien eine Regelung geboten.[11] Sie sollte vor allem auch die „Interoperabilität des Datenaustauschs zwischen Bund und Ländern sowie der Länder untereinander" sicherstellen und „Medienbrüche" verhindern.[12]

Im **Jahre 2017**, keine acht Jahre nach seinem Inkrafttreten, wurde Art. 91c schon wieder geändert **3a** und um einen zusätzlichen Absatz erweitert. Der **neue Abs. 5** enthält eine (weitere) **Gesetzgebungsermächtigung.** Mit Zustimmung des Bundesrates darf der übergreifende informationstechnische Zugang zu den Verwaltungsleistungen von Bund und Ländern näher geregelt werden. Bisher ermöglichte Art. 91c lediglich die (staatsinterne) Koordination von informationstechnischen Systemen zwischen Bund und Ländern. Auf der Grundlage des neuen Absatzes kann nun auch der (gemeinsame) Ausbau des **Zugangs von Bürgern** und **Unternehmen** zu online angebotenen **Verwaltungsleistungen** von Bund und Ländern geregelt werden.

## II. Grundsätzliche Bedeutung

In Abweichung von der Kompetenzordnung der Art. 83 ff. erlaubt die Vorschrift wie Art. 91a und **4** 91b eine **Mischverwaltung** von Bund und Ländern, die grds. unzulässig ist (→ Art. 91a Rn. 1, Art. 91b Rn. 5). Das BVerfG hat mehrfach betont, die Verwaltungseinrichtungen von Bund und Ländern hätten prinzipiell getrennt zu sein und dürften auch mit Zustimmung aller Betroffenen nicht zusammengeführt werden. Die Verwaltungszuständigkeiten von Bund und Ländern seien in den Art. 83 ff. „erschöpfend geregelt und grundsätzlich nicht abdingbares Recht".[13] Die Verwaltungsträger hätten die ihnen zugewiesenen Aufgaben „grundsätzlich mit eigenem Personal, eigenen Sachmitteln und eigener Organisation wahrzunehmen". Allerdings schließe der Grundsatz der „eigenverantwortlichen Aufgabenwahrnehmung" ein Zusammenwirken dann nicht aus, wenn es (1) einen besonderen sachlichen Grund gebe und (2) die „Heranziehung" einer „an sich" verfassungsrechtl. unzuständigen Verwaltungseinrichtung nur für eine „eng umgrenzte Verwaltungsmaterie" erfolge.[14]

---

[2] BT-Prot 16/074, S. 7410; BR-Dr 913/06 (Beschluss); Darstellung ihrer Arbeit bei *Schliesky* BK, Art. 91c (2012) Rn. 20 f.

[3] Einzelheiten bei *Schliesky* ZSE 2008, 304 (308 ff.); *Heckmann* K&R 2009, 1 (3); *Sichel* DVBl 2009, 1014 (1014 f.).

[4] Vgl. Positionspapier der Mitglieder der BReg in der Föderalismuskomm. II, Komm.-Dr 098, S. 9.

[5] *Schallbruch/Städler* CR 2009, 619 (622).

[6] Komm.-Dr 174, S. 68 ff.

[7] BT-Dr 16/12410, S. 7 f.; zum IT-Einsatz in der öff. Verwaltung *Heckmann* Verwaltung, 2013, 1 f.; ferner *Gärditz*, Der Staat 54 (2015), 113 ff., allerdings sehr allg. und mit wenig prakt. Relevanz; *Schliesky* BK, Art. 91c (2012) Rn. 2 ff.; *ders.* ZRB 2015, 56 (58), der über Art. 91c hinaus weitere Regelungen im GG befürwortet; s. a. *ders.* DVP 10/13, 420 (421 f.); zur IT-Ausstattung der Justiz *Scholz* DRiZ 2012, 158 ff.

[8] *Schallbruch/Städler* CR 2009, 619 (620); *Heckmann* bezeichnet die föderale IT-Steuerung als „gescheitert" (K&R 2009, 1 [2]).

[9] RL 2006/123/EG des EuParl und des Rates v. 12.12.2006 über Dienstleistungen im Binnenmarkt, ABl Nr. L 376/36 v. 27.12.2006, Art. 6.

[10] RL 2006/123/EG (Fn. 9), Art. 6 I.

[11] So auch *Siegel* DÖV 2009, 181 (182). *Schliesky* DVP 10/13, 420 (421): „zentrale Grundlage des föderalen E-Government", die „überfällig war".

[12] Begr. des RegE, BT-Dr 16/12410, S. 9. Ausgangspunkt war die Diskussion um die Weiterentwicklung des TESTA-D Netzes und die Festlegung von Sicherheit- und Interoperabilitätsstandards, näher *Sichel* DVBl 2009, 1014 (1015 f.); *Schliesky* ZSE 2008, 304 (315 f.); *ders.* BK, Art. 91c (2012) Rn. 2 ff.

[13] BVerfGE 108, 169 (182); 119, 331 (364, 367).

[14] BVerfGE 119, 331 (367); dazu *Schulz* DÖV 2008, 1028 ff.

5 Angesichts des erreichten Umfangs der Verwendung „informationstechnischer Systeme" in allen Bereichen staatl. Tätigkeit, ist das Zusammenwirken nicht auf eine eng begrenzte Verwaltungsmaterie beschränkt. Die zweite Voraussetzung für die vom BVerfG erlaubte Kooperation ist nicht erfüllt. IT-Fragen sind nicht „per se" ein rechtfertigender Grund für eine Abweichung vom Trennungsprinzip.[15] Die Vorschrift hat deshalb nicht nur klarstellenden Charakter, sondern enthält eine **konstitutive Erlaubnis** zur Abweichung vom Verbot der Mischverwaltung.[16]

6 Mit der Vorschrift ist wohl **nicht** die Grundlage für eine **neue** (fakultative) **Gemeinschaftsaufgabe** geschaffen worden,[17] da dann die Erweiterung der Abschnittsüberschrift im Jahre 2009 (→ Art. 91a Rn. 24) nicht erforderlich gewesen wäre.

### III. Verhältnis zu anderen Verfassungsbestimmungen

7 **Systematisch** ist die Vorschrift lex specialis gegenüber Art. 30, 83, 84 und zT gegenüber 104a I.[18] Sie steht selbstständig neben Art. 91a und 91b. Soweit es allerdings (in Randbereichen) Überschneidungen geben sollte, geht Art. 91c als speziellere Vorschrift vor.[19] Eine Sperrwirkung entfaltet Art. 91c allerdings nicht, da er keine Kooperationspflicht begründet.[20] Die Gesetzgebungskompetenz, die dem Bund in Art. 91c IV 2 eingeräumt worden ist, tritt neben die allgemeinen Regelungen in Art. 70 ff. und lässt diese unberührt. Art. 91c IV 1 führt eine obligatorische unmittelbare Bundesverwaltung ein und ist lex specialis zu Art. 83 ff.[21]

## B. Das Zusammenwirken von Bund und Ländern (Abs. 1)

### I. Grundsätze

8 Das von Art. 91c erlaubte Zusammenwirken von Bund und Ländern erstreckt sich auf die Planung, Errichtung und den Betrieb von informationstechnischen Systemen, die zur Aufgabenerfüllung benötigt werden. Nach dem eindeutigen Wortlaut der Vorschrift begründet sie – im Gegensatz zu der vom Bund in der Föderalismuskommission II favorisierten Lösung (→ Rn. 2) – **keine Kooperationspflicht.** Die Vorschrift gewährt vielmehr nur eine kompetenzrechtliche Handlungsmöglichkeit („können"). Damit trägt sie der Eigenstaatlichkeit und Eigenverantwortlichkeit der Länder etwas besser Rechnung.[22] Da Art. 91c I eine umfassende Regelung auch des Betriebs der Systeme enthält, sollen die Abs. 2 und 4 trotz ihrer weiter gehenden Rechtsfolgen im Bereich ihrer Regelungen nicht Abs. 1 verdrängen.[23]

### II. Gegenstände und Art des Zusammenwirkens

9 Der **Begriff** der „informationstechnische Systeme" ist **weit** zu verstehen. Er umfasst alle technischen Mittel zur Verarbeitung und Übertragung von Informationen.[24] Mit der bewusst weiten Fassung soll eine rasche Anpassung an den ständigen Fortschritt der IT sowie ihrer wachsenden Bedeutung für die öffentliche Verwaltung ermöglicht werden. Die weite Fassung soll zudem die einheitliche Umsetzung der schnell wachsenden Vorgaben der EU erleichtern.[25] Das Zusammenwirken umfasst sowohl die rechtliche als auch die tatsächliche Kooperation[26] und erlaubt eine ebenenüberschreitende (vertikale)

---

[15] *Seckelmann* DÖV 2009, 747 (755), die auch darauf hinweist, dass die Entscheidung des BVerfG zu den Arbeitsgemeinschaften ein Anlass für die verfassungsrechtliche Regelung gewesen sei; vgl. auch *Seckelmann,* in: Friauf/Höfling, Art. 91c Rn. 13 ff.; zust. *Speiser,* Der deutsche Wissenschaftsföderalismus auf dem Prüfstand – der neue Art. 91b Abs. 1 GG, Diss. Speyer, 2016, S. 82.

[16] *Siegel* DÖV 2009, 181 (183); *ders.* Staat 49 (2010), 299 (304, 306); *Suerbaum,* in: Epping/Hillgruber, Art. 91c Rn. 6 f.; *Pieroth,* in: Jarass/Pieroth, Art. 91c Rn. 1; *Schliesky* BK, Art. 91c (2012) Rn. 11; *ders.* DVP 10/13, 420 (422); *Schliesky/Hoffmann* DÖV 2018, 193 (193 f.); *Herrmann/Stöber* NVwZ 2017, 1401 (1402); aA *Sichel* DVBl 2009, 1014 (1015); differenzierend *Gröpl* in: Maunz/Dürig, Art. 91c (2018) Rn. 8; für die Abs. 1–3 („Daseinsberechtigung ... zweifelhaft"), nicht aber für Abs. 4.

[17] Uneingeschränkt zust. *Schliesky* BK, Art. 91c (2012) Rn. 15; für fakultative Gemeinschaftsaufgabe aber: *Sichel* DVBl 2009, 1014 (1015); *Seckelmann* DÖV 2009, 747 (754).

[18] *Suerbaum,* in: Epping/Hillgruber, Art. 91c Rn. 8.

[19] *Heun/Thiele,* in: Dreier III, Art. 91c Rn. 26; *Seckelmann,* in: Friauf/Höfling, Art. 91c (2018) Rn. 64.

[20] *Sichel* DVBl 2009, 1014 (1017), der aber die Befugnis zur einfachgesetzlichen Regelung durch den Bund ablehnt (S. 1018).

[21] *Pieroth,* in: Jarass/Pieroth, Art. 91c Rn. 1; *Suerbaum,* in: Epping/Hillgruber, Art. 91c Rn. 8.

[22] *Seckelmann* DÖV 2009, 747 (754); *Heun/Thiele,* in: Dreier III, Art. 91c Rn. 11; *Henneke* Der Landkreis 2009, 223 (228); ferner *Albrecht/Schmid* K&R 2013, 529 (535); widersprüchlich *Schliesky* DVP 10/13, 420 (421): „zu erfüllende Aufgabe", aber inkonsequent differenzierend (S. 422).

[23] *Pieroth,* in: Jarass/Pieroth, Art. 91c Rn. 1; *Seckelmann,* in: Friauf/Höfling, Art. 91c (2018) Rn. 24.

[24] BT-Dr 16/12410, S. 8.

[25] Begr. des RegE, BT-Dr 16/12410, S. 9; Bedenken wegen der tatbestandlichen Weite bei *Heckmann,* Sachverständigenanhörung am 4.5.2009, S. 14 f.

[26] Begr. des RegE, BT-Dr 16/12410, S. 9.

Kooperation.[27] Aus Entstehungsgeschichte und Zweck der Vorschrift ergibt sich aber, dass nur ein Zusammenwirken in allen Fragen, die in Zusammenhang mit IT im öff. Sektor stehen, erlaubt sein sollte. Es muss der Standardisierung und Verknüpfung der Infrastruktur dienen.[28]

Bund und Länder dürfen die erforderlichen **Einrichtungen** (IT-Planungsrat) schaffen,[29] sich aber **10** auch auf **bloße Absprachen** beschränken. Wie bei Art. 91b können Staatsverträge, Verwaltungsabkommen und einfache Absprachen getroffen werden. Sie müssen aber schriftlich erfolgen (→ Art. 91b Rn. 24). Sie können zwischen dem Bund und allen oder mehreren Ländern oder zwischen allen oder einzelnen Ländern geschlossen werden (→ Art. 91b Rn. 23).[30] Von dieser Möglichkeit ist mit dem „Vertrag über die Errichtung des IT-Planungsrates und über die Grundlagen der Zusammenarbeit beim Einsatz der Informationstechnologie in den Verwaltungen von Bund und Ländern – Vertrag zur Ausführung von Art. 91 c" **(IT-Staatsvertrag)** Gebrauch gemacht worden.[31]

## C. Zusammenwirken auf Grund von Vereinbarungen zwischen Bund und Ländern (Abs. 2)

### I. Die Vereinbarungen

Abs. 2 **konkretisiert** den weit gefassten Grundtatbestand des Abs. 1 und sieht vor, dass Bund und **11** Länder aufgrund von Vereinbarungen die für die Kommunikation zwischen ihren informationstechn. Systemen notw. Standards und Sicherheitsanforderungen festlegen können. Nach dem Willen des Verfassungsänderungsgesetzgebers soll es sich dabei um den „Regelfall der Art und Weise" des Zusammenwirkens handeln.[32] Andere Formen bleiben aber zulässig (→ Rn. 8). Durch die Festlegung von (techn.) Standards und Sicherheitsanforderungen soll ein effizienter, sicherer und schneller Datenaustausch ohne System- und Medienbrüche gewährleistet werden.[33] Die Begriffe IT-System, Informationstechnik oder Sicherheitsanforderungen sind weder im GG noch im IT-Staatsvertrag (→ Rn. 10) näher abgegrenzt. Auch wenn es sich wieder einmal um eine sprachl. misslungene Erg. des GG handelt, kann der Regelung doch entnommen werden, dass sie deutlich enger sein soll als die allg. Ermächtigung in Abs. 1.[34]

Die Standards und Anforderungen sollen aber nicht schon in den Vereinbarungen selbst festgelegt **12** werden, sondern durch Regelungen auf der Grundlage einer solchen Vereinbarung („auf Grund").[35] Die Vereinbarung liefert die rechtliche Grundlage dafür, dass der IT-Planungsrat dahingehende **Beschlüsse mit Bindungswirkung** für die Vertragspartner fassen darf. Auch aus diesem Grund ist die Regelung nicht nur deklaratorisch oder gar überflüssig.[36] Ohne sie wäre die Bindungswirkung von Beschlüssen des IT-Planungsrates zweifelhaft. Das gilt zumindest, wenn sie als bloße Mehrheitsentscheidung erfolgen (näher → Rn. 14).

Der Tatbestand der Vorschrift wird weiter durch das Wort „notwendig" eingeschränkt. Standards **13** müssen nicht nur geeignet sein, sondern es darf darüber hinaus **keine anderen gleich effektiven Maßnahmen** geben.[37] Ein weiterer Erkenntnisgewinn wird kaum dadurch erzielt, wenn diskutiert wird, ob sie auch „zwingend" erforderlich sein müssen.[38] Fraglich ist auch, ob als Vereinbarungen anders als iRv Art. 91b nur Staatsverträge in Frage kommen (→ Rn. 19).

---

[27] Dezidiert *Schliesky* BK, Art. 91c (2012) Rn. 25.

[28] BT-Dr 16/12410, S. 7 f.; *Suerbaum,* in: Epping/Hillgruber, Art. 91c Rn. 13; für eine einschränkende Interpretation auch *Sichel* DVBl 2009, 1014 (1016), der aber die Grundsätze d. BVerfG zum kommunalen Optionsgesetz in den Art. 79 III hereinliest; einschränkend auch *Wischmeyer* MKS III, Art. 91c Rn. 14.

[29] Der IT-Planungsrat ist durch § 1 des Vertrages zur Ausführung von Art. 91c geschaffen worden, der am 1.4.2010 in Kraft getreten ist.

[30] *Pieroth,* in: Jarass/Pieroth, Art. 91c Rn. 2.

[31] Vom 20.11.2009. Das ZustimmungsG des Bundes stammt vom 27.5.2010, BGBl I 662. Der Vertrag ist am 1.4.2010 in Kraft getreten, § 7 I IT-Staatsvertrag, BGBl I 662. Seine materielle Rechtsnatur, möglicherweise Verwaltungsabkommen in der Form eines Staatsvertrags, soll von der Art der Beschlüsse des IT-Planungsrates abhängen.

[32] BT-Dr 16/12410, S. 8 f.

[33] BT-Dr 16/12410, S. 9.

[34] I. E. ebenso *Heun/Thiele,* in: Dreier III, Art. 91c Rn. 15.

[35] Anders entgegen dem Wortlaut der Bestimmung *Suerbaum,* in: Epping/Hillgruber, Art. 91c Rn. 12 („durch Vereinbarungen").

[36] *Heun/Thiele,* in: Dreier III, Art. 91c Rn. 14; *Schliesky* BK, Art. 91c (2012) Rn. 12. Die Beschlüsse werden teils als Rechtsverordnungen (*Siegel* Der Staat, 49 [2010], 299 [315]) teils als bloße vertragliche Verpflichtung zur Umsetzung (*Schulz/Tallich* NVwZ 2010, 1338 [1340]) angesehen; zum Rechtsschutz gegen Beschlüsse des IT-Planungsrates *dies.* ebd., S. 1341 f.; zur möglichen Pflicht der Länder zum Erlass von Umsetzungsgesetzen *Schulz* DÖV 2010, 225.

[37] BT-Dr 16/12410, S. 7 f.; *Suerbaum,* in: Epping/Hillgruber, Art. 91c Rn. 13.

[38] Dafür *Heckmann* (Fn. 25), S. 15; *Sichel* DVBl 2009, 1014 (1016): das Erfordernis der Notwendigkeit gehe schon „semantisch" über eine „allgemeine Erforderlichkeit" hinaus; dagegen *Heun/Thiele,*in: Dreier III, Art. 91c Rn. 15.

## II. Durchbrechung des Einstimmigkeitsprinzips

14    Art. 91c II 2 erlaubt eine Abweichung von dem als Regelfall angeordneten Einstimmigkeitsprinzip. Für einzelne nach Inhalt und Ausmaß bestimmte Aufgaben kann in Vereinbarungen über die Grundlagen der Zusammenarbeit vorgesehen werden, dass Ausführungsregelungen („nähere Regelungen") über die Zusammenarbeit nicht nur einstimmig, sondern mit **qualifizierter Mehrheit** beschlossen werden können („Passerelle-Klausel"). Durch die Möglichkeit von Mehrheitsentscheidungen sollen die Schwerfälligkeiten der bish. Entscheidungsfindung und das Ausweichen in unverbindl. Empfehlungen vermieden[39] sowie die Dauer der Entscheidungsfindung deutlich verkürzt[40] werden. Neben diesen Voraussetzungen müssen bei derartigen Vereinbarungen zusätzlich die bes. Anforderungen von S. 3 (→ Rn. 17) erfüllt sein.

15    Allerdings erlaubt § 1 VII IT-Staatsvertrag[41] generell, dass der IT-Planungsrat mit qualif. Mehrheit entscheidet. Bloße Empfehlungen dürfen sogar mit einfacher Mehrheit ausgesprochen werden. Enger ist die Regelung für die Festlegung von IT-Interoperabilitäts- und IT-Sicherheitsstandards in § 3 II IT-Staatsvertrag. Die Abweichung von der Einstimmigkeit ist nur erlaubt, „soweit dies zum bundländerübergreifenden Datenaustausch oder zur Vereinheitlichung des Datenaustauschs der öffentlichen Verwaltung mit Bürgern und Wirtschaft notwendig ist".

16    Möglicherweise verbietet die in Art. 91c II getroffene Regelung im **Umkehrschluss** eine Abweichung vom Einstimmigkeitsprinzip im darüber hinaus gehenden Regelungsbereich von Abs. 1. Die Entstehungsgeschichte spricht jedoch dagegen.[42] Abs. 2 enthält dann keine Sperre, sondern schafft nur eine verfassungsrechtl. unangreifbare Grundlage für Mehrheitsentscheidungen. Aus der Regelung in Art. 91b I 2 kann wohl entnommen werden, dass der Gesetzgeber von der grds. Zulässigkeit von **Mehrheitsentscheidungen** mit Bindungswirkung in derartigen Gremien für begrenzte Sachgebiete (→ Art. 91b Rn. 24) ausgeht. Grundlegende Fragen sollten jedoch nur nach dem Konsensualprinzip, also einstimmig, entschieden werden, um die eigenverantwortliche Aufgabenwahrnehmung der Länder zu gewährleisten. Bei technischen Ausführungsentscheidungen ist eine Mehrheitsentscheidung dagegen weniger bedenklich.[43]

16a   In dieser Auslegung verstößt die Regelung **nicht** gegen **Art. 79 III**. Die Eigenstaatlichkeit der Länder ist jedenfalls dann nicht verletzt, wenn sie einstimmig vereinbaren, dass in eng begrenzten Fragen mit qualifizierter Mehrheit entschieden werden darf. Auch ist in solchen Fällen keine Beteiligung der Parlamente erforderlich, wenn die wesentlichen Fragen durch Gesetz geregelt sind.[44] Das ist hier geschehen. Die Wendung „für einzelne nach Inhalt und Ausmaß bestimmte Aufgaben" ist keine bloße Leerformel,[45] sondern greift die Rspr. des BVerfG auf.

## III. Wahrung der Parlamentsrechte

17    Art. 91c II 3 ordnet an, dass die Vereinbarungen über die Grundlagen der Zusammenarbeit der **Zustimmung des BT** und der **Volksvertretungen der beteiligten Länder** bedürfen (Hs. 1) und dass das **Recht zur Kündigung** dieser Vereinbarungen nicht ausgeschlossen werden darf (Hs. 2). Es handelt sich also um **Staatsverträge.** Bund und Länder hätten auch ohne diese Regelung Staatsverträge schließen können.[46] Es wäre aber fraglich gewesen, ob auf diese Weise eine Grundlage für Mischverwaltungen hätte geschaffen werden können. Bloße Verwaltungsabkommen sind durch die Regelung auch ausgeschlossen.

18    Dabei ist aber nicht ganz sicher, ob sich die Bestimmung nur auf die Grundlagenvereinbarungen oder auch auf die näheren Regelungen bezieht. Sprachlich sind beide Deutungen wegen der Verwendung des Pronomens „sie" möglich. Sinnvoll ist aber nur eine **Bezugnahme auf die Vereinbarungen,** da die Anwendung des schwerfälligen parl. Zustimmungsverfahrens für alle (technischen) Detailregelungen dem erklärten Ziel der Regelung zuwiderlaufen würde.

19    Weiter ist unklar, ob sich die Anforderungen von Satz 3 auf alle Vereinbarungen im Sinne von Satz 1 beziehen oder sogar **nur** auf solche, die **Grundlagenregelungen** im Sinne von Satz 2 enthalten.[47] Möglicherweise sind nur Vereinbarungen erfasst, die Mehrheitsentscheidungen ermögli-

[39] *Heun/Thiele,* in: Dreier III, Art. 91c Rn. 16; *Gröpl* in: Maunz/Dürig, Art. 91c (2018) Rn. 29.
[40] BT-Dr 16/12 410, S. 9.
[41] Vgl. → Fn. 31.
[42] *Heun/Thiele,* in: Dreier III, Art. 91c Rn. 17.
[43] So auch *Calliess,* Sachverständigenanhörung am 8.11.2007, Komm.-Drs. 066, S. 36; *Heckmann* (Fn. 25), S. 16; *Siegel* NVwZ 2009, 1128 (1130); *Sichel* DVBl 2009, 1014 (1017), bezogen auf IT-Interoperabilitäts- und IT-Sicherheitsstandards.
[44] BVerfGE 90, 60 (104).
[45] So aber *Suerbaum,* in: Epping/Hillgruber, Art. 91c Rn. 15; kein Verstoß gegen Art. 79 III: *Siegel* Staat 49 (2010), 299 (309) für die Festlegung von Standards und für Beschlüsse über das Verbindungsnetz, wohl auch für allg. Beschlüsse und § 1 VII (S. 311); *Schliesky* BK, Art. 91c (2012) Rn. 58.
[46] *Heckmann* (Fn. 25), S. 10; *Siegel* DÖV 2009, 181 (184); *Pieroth,* Sachverständigenanhörung am 8.11.2007, Komm.-Dr 065, S. 21.
[47] *Heun/Thiele,* in: Dreier III, Art. 91c Rn. 18.

chen.[48] Sprachlich sind alle genannten Deutungen möglich. Die Anforderungen des Demokratieprinzips, die Lehre vom Parlamentsvorbehalt sowie die Eigenstaatlichkeit der Länder sprechen für die zweite Variante.[49] Die erste Variante ist eher theoretischer Natur, da Vereinbarungen im Sinne von Satz 1 nicht das Zusammenwirken inhaltlich regeln. Es dürfte sich immer (auch) um Grundlagenvereinbarungen handeln.

## IV. Kostentragung

Die Vereinbarungen müssen eine Regelung zur Kostentragung enthalten, Art. 91c II 4. Weitere **20** Vorgaben enthält die Vorschrift nicht, so dass die Verteilung der Kosten in der jeweiligen Vereinbarung **ähnlich variabel wie nach Art. 91b III** festgelegt werden kann (→ Art. 91b Rn. 30 f.). Dies betrifft wie in Art. 91b allerdings nur die Zweckausgaben (→ Art. 91b Rn. 34). Auch hier dürfte Art. 104a V als speziellere Regelung vorgehen. Der IT-Staatsvertrag[50] sieht in § 2 I 2 vor, dass die Finanzierung der Geschäftsstelle des IT-Planungsrates hälftig von Bund und Ländern nach dem Königsteiner Schlüssel (→ Art. 91b Rn. 35 Fn. 136) getragen wird.

## D. Zusammenarbeit der Länder untereinander (Abs. 3)

Auch unabhängig vom Bund können die Länder untereinander Vereinbarungen zum Betrieb **21** informationstechnischer Systeme sowie zur Errichtung dazu bestimmter Einrichtungen abschließen. Art. 91c III stellt klar, dass eine solche Zusammenarbeit nicht nur in den Formen und unter den Voraussetzungen von Abs. 1 und 2 erfolgen darf.[51] Für eine derartige Zusammenarbeit bedarf es – anders als bei der Kooperation von Bund und Ländern – keiner (besonderen) verfassungsrechtl. Ermächtigung. Die Vorschrift hat daher nur **klarstellende Funktion**.[52]

Vereinzelt wurde bezweifelt, dass die Regelung in Einklang mit dem **EU-Vergaberecht** steht. Ziel **22** der Regelung soll es gewesen sein, durch Schaffung eines innerstaatlichen Organisationsakts das Zusammenwirken aus dem Anwendungsbereich des EU-Vergaberechts auszuscheiden. Da die Vorschrift aber keine Grundlage für neue Kooperationsmöglichkeiten bietet, sondern nur das klarstellt, was ohnehin aus der Staatlichkeit der Länder folgt, und Private nicht betroffen sind, kann EU-Vergaberecht nicht berührt sein.[53] Nicht auszuschließen ist jedoch, dass sie eine **wettbewerbsrechtliche Bedeutung** hat. Das würde aber voraussetzen, dass die geregelte Kooperation in vollem Umfang und ebenso sicher auch vom Markt bereitgestellt wird. Das ist bei genauer Prüfung aller Aspekte (Sicherheit?) eher zweifelhaft.[54] Schon die bloße Verwendung des Betriebssystems Windows 10, die Microsoft gegenwärtig flächendeckend durchzusetzen versucht, ist unter Sicherheits- und Datenschutzaspekten in der öff. Verwaltung solange nicht zu rechtfertigen, wie (verschlüsselte) Informationen laufend nach Redmond gesendet werden.

## E. Errichtung eines Verbindungsnetzes durch den Bund (Abs. 4)

Art. 91c IV GG begründet eine Kompetenz des Bundes für Errichtung und Betrieb eines Ver- **23** bindungsnetzes zwischen den informationstechnischen Netzen des Bundes und der Länder. Sie umfasst sowohl die **Verwaltung** (S. 1) als auch die **Gesetzgebung** (S. 2). Mit dieser Regelung soll dauerhaft und sicher die gegenseitige Erreichbarkeit aller Einrichtungen der öff. Verwaltung unmittelbar oder mittelbar über das Verbindungsnetz und die daran angeschlossenen Netze von Bund und Ländern

---

[48] *Suerbaum*, in: Epping/Hillgruber, Art. 91c Rn. 16, aber ohne Begründung; wohl auch *Sichel* DVBl 2009, 1014 (1016).

[49] *Heun/Thiele*, in: Dreier III, Art. 91c Rn. 18.

[50] Vgl. → Fn. 31.

[51] BT-Dr 16/12410, S. 9.

[52] *Suerbaum*, in: Epping/Hillgruber, Art. 91c Rn. 18; ebenso *Gröpl*, in: Maunz/Dürig Art. 91c (2018) Rn. 16; eingehend *Siegel* NVwZ 2009, 1128 (1130); *Heun/Thiele*, in: Dreier III, Art. 91c Rn. 20; *Seckelmann*, in: Friauf/Höfling, Art. 91c (2018) Rn. 43; a.A. *Schliesky* BK, Art. 91c (2012) Rn. 64, da insoweit sonst eine Mischverw. vorliege. Sie sei zudem ein „Signal" für die Zulässigkeit und möglicherweise Erwünschtheit einer derartigen Kooperation in anderen Bereichen. Mit der Vorschrift sei „erstmalig verfassungsrechtlich anerkannt und zugleich erlaubt ... eine gemeinsame Erledigung einzelner Aufgabenteile ... zentralisiert und gemeinsam wahrzunehmen". S. a. *Schallbruch/Städler* CR 2009, 619 (622). Es ist aber die Frage, ob insoweit eine Mischverwaltung im Sinne der Rspr. überhaupt vorliegt.

[53] *Suerbaum*, in: Epping/Hillgruber, Art. 91c Rn. 18.1; mN aus der Rspr. des EuGH eingehend *Sichel* DVBl 2009, 1014 (1018): gemeinsame Planung durch Bund und Länder, die einen ausreichenden Planungsspielraum für Bund und Länder aus dem Charakter der Gemeinschaftsaufgabe herleiten will, ohne zu berücksichtigen, dass es sich wohl nicht mehr um eine Gemeinschaftsaufgabe im Rechtssinne handelt; wohl auch *Wischmeyer* MKS III, Art. 1c Rn. 10; aA wohl *Henneke* Der Landkreis 2009, 223 (228); *Schallbruch/Städler* CR 2009, 619 (622).

[54] Vgl. *Schliesky* BK, Art. 91c (2012) Rn. 70: „Rechtfertigungstitel" für die Beurteilung staatlicher wirtschaftlicher Tätigkeit.

ermöglicht werden.[55] Die Kompetenzen für die an das Verbindungsnetz angeschlossenen Netze verbleiben jedoch beim Bund oder dem jew. Land.[56]

**24**    Aus der Formulierung „errichtet" folgt, dass es sich um einen **Verfassungsauftrag** handelt. Der Bund ist **verpflichtet**, ein derartiges Netz zu schaffen. Auch wenn der Wortlaut der Bestimmung auf die Errichtung beschränkt ist, soll auch der fortlaufende Betrieb durch den Bund erfolgen.[57] Die Kosten für die Errichtung und den Betrieb trägt der Bund nach den allg. Regeln, Art. 104a I,[58] die Länder haben für die Kosten ihres Anschlusses an das Netz aufzukommen.

**25**    Das Nähere zur Errichtung und zum Betrieb des Verbindungsnetzes soll gem. Abs. 4 S. 2 ein BundesG regeln. Dadurch ist eine **ausschließliche Gesetzgebungskompetenz** des Bundes begründet worden.[59] Das Gesetz bedarf der Zustimmung des BRat. Dadurch soll die Berücksichtigung der Länderinteressen und deren Verwaltungskompetenzen sichergestellt werden.[60] Die Kompetenz umfasst auch die Planung des Betriebsnetzes, die nicht nur auf dem Wege der Vereinbarung nach Abs. 1 oder 2 erfolgen darf.[61] Für die (rein techn.) Errichtung eines Netzes ohne die zugehörige Planung bedarf es keines Gesetzes und keiner Regelung der Gesetzgebungskompetenz. Dabei kann es nicht darauf ankommen, ob sich die Länder bei der Aushandlung der Bestimmung Planungs- und Kontrollbefugnisse vorbehalten haben. Zu bemängeln ist jedoch die Normierung einer ausschließl. Gesetzgebungskompetenz außerhalb von Art. 71 und 73.[62]

**26**    Der Bund hat von seiner Kompetenz Gebrauch gemacht und das „Gesetz zur Ausführung von Art. 91c Absatz 4 (IT-NetzG)" erlassen.[63] Das IT-NetzG stellt unter anderem in § 1 I noch einmal klar, dass der Bund das Verbindungsnetz errichtet und dass Bund und Länder hierbei zusammenwirken. Die Zusammenarbeit soll in einem **Koordinierungsgremium** erfolgen, dessen Aufgaben vom IT-Planungsrat wahrgenommen werden, soweit dieser errichtet worden ist, § 1 III IT-NetzG. Begriffbestimmungen des informationstechnischen Netzes und des Verbindungsnetzes sind in § 2 IT-NetzG enthalten.

## F. Der übergreifende informationstechnische Zugang (Abs. 5)

**27**    Der im Jahre 2017 eingefügte Abs. 5 hat den **Regelungsbereich** des Artikels, der bisher auf den Innenbereich von Bund und Ländern beschränkt war, deutlich **ausgeweitet**. Er erfasst nunmehr auch den Außenbereich, namentlich das Staat-Bürger-Verhältnis.

### I. Verpflichtung zur Harmonisierung des Zugangs

**28**    War bis zur (erneuten) Verfassungsänderung Bund und Ländern nur die **Möglichkeit** zur föderalen Zusammenarbeit im Bereich der informationstechn. Systeme eingeräumt worden, ist ihnen nun **verbindlich** die **Harmonisierung** des Onlinezugangs zu Verwaltungsleistungen von Bund und Ländern einschließlich der Gemeinden aufgetragen worden.[64] Dieser Auftrag ist zwar nicht ausdr. in Art. 91c V GG enthalten, ergibt sich aber aus der indikativischen Formulierung, die in deutlichem Gegensatz zur Wortwahl in Abs. 1 steht. Die Formulierung in Abs. 5 weist zudem Parallelen zum Wortlaut von Art. 91a II auf, der ebenfalls als Statuierung eines Auftrags verstanden wird (→ Art. 91a Rn. 31). Es kann also davon ausgegangen werden, dass die Vorschrift einen **Regelungsauftrag** und eine ausschließliche Gesetzgebungsbefugnis des Bundes, enthält. Nicht sicher ist jedoch sein Inhalt. Im Ergebnis folgt aus ihm nicht nur die **Pflicht** zur Vereinheitlichung, sondern auch zur Einrichtung einer effektiven **Zugangsmöglichkeit**.[65] Die Regelung einer bloßen Vereinheitlichung macht für

[55] BT-Dr 16/12410, S. 9. Die Bundeskompetenz tritt an die Stelle des bisherigen gemeinsamen Trägervereins (Deutschland Online Infrastruktur-DOI e. V.), vgl. *Sichel* DVBl 2009, 1014 (1018); zu Effizienz und IT-Zentralisierung *Heckmann* Verwaltung, 2013, 1 (9 f.).

[56] BT-Dr 16/12410, S. 10.

[57] *Suerbaum,* in: Epping/Hillgruber, Art. 91c Rn. 20; *Heun/Thiele,* in: Dreier III, Art. 91c Rn. 22; *Seckelmann,* in: Friauf/Höfling, Art. 91c (2018) Rn. 53; *Gröpl* in: Maunz/Dürig, Art. 91c (2018) Rn. 46; i. Erg. ebenso *Schliesky* BK, Art. 91c (2012) Rn. 84; *ders.* DVP 10/13, 420 (422); *Wischmeyer* MKS III, Art. 91 Rn. 32.

[58] BT-Dr 16/12410, S. 10.

[59] BT-Dr 16/12410, S. 10.

[60] BT-Dr 16/12410, S. 10.

[61] Im Erg. ebenso *Heun/Thiele,* in: Dreier III, Art. 91c Rn. 23; *Schliesky* BK, Art. 91c (2012) Rn. 76; aA *Henneke* Der Landkreis 2009, 223 (228); *Suerbaum,* in: Epping/Hillgruber, Art. 91c Rn. 21; *Gröpl,* in: Maunz/Dürig, Art. 91c Rn. 49.

[62] *Schallbruch/Städler* CR 2009, 619 (622).

[63] Art. 4 des BegleitG zur zweiten Föderalismusreform v. 10.8.2009, BGBl I 2702 (2706).

[64] BT-Dr 18/11131, S. 16; *Siegel,* Stellungnahme v. 27.3.2017, S. 1; *Martini/Wiesner* ZG 2017, 193 (213); *Herrmann/Stöber* NVwZ 2017, 1401 (1403); *Pieroth,* in: Jarass/Pieroth, Art. 91c Rn. 6; *Gröpl,* in: Maunz/Dürig, Art. 91c Rn. 53, Einbeziehung der Gemeinden nur auf Verfassungsrechtl. Ebene (Rn. 65–71), nicht aber auf einfachgesetzl. Ebene (Rn. 72).

[65] *Herrmann/Stöber* NVwZ 2017, 1401 (1402 f.); *Pieroth,* in: Jarass/Pieroth, Art. 91c Rn. 6; *Gröpl,* in Maunz/Dürig, Art. 91c Rn. 64; *Siegel* DÖV 2018, 185 (187); wohl auch *Wischmeyer* MKS, Art. 91c Rn. 33; aA *Martini* DÖV 2017, 443 (449); *Martini/Wiesner* ZG 2017, 193 (205).

sich wenig Sinn, wenn sie nicht auch ihren Gegenstand, den Zugang, umfasst. Nach ihrem Sinn und Zweck enthält die Klausel auch die Pflicht, den informationstechn. **Zugang** (einheitlich) zu gewähren; zumindest muss sie die einfachgesetzliche Anordnung einer dahingehenden Kooperationspflicht erlauben. In diesem Sinne ist die einfachgesetzliche Regelung denn auch erfolgt (→ Rn. 30).

## II. Die Ausführungsgesetzgebung

Neben die bisherigen begleitenden Regelungen, das IT-NetzG und den IT-Staatsvertrag, ist das **29** **Onlinezugangsgesetz (OZG)** getreten.[66] Entsprechend dem Regelungsauftrag versucht es, den bisher zersplittert ausgestalteten, „elektronischen Gang zur Behörde" durch Vereinheitlichung der Internetportale zu erleichtern und sicherer machen.[67] Das OZG knüpft zur Durchführung (z. B. in §§ 4 I 1, 6 I OZG) an bestehende Institutionen, wie etwa den durch § 1 IT-Staatsvertrag eingerichteten IT-Planungsrat, an.

Der Ausführungsgesetzgeber hat sich für die ausdrückliche Aufnahme einer Verpflichtung ent- **30** schieden: „sind verpflichtet", § 1 OZG. Zumindest muss er davon ausgegangen sein, dass Art. 91c V eine Befugnis zur Statuierung einer **Kooperationspflicht** gewährt.

Wesentliche Eckpfeiler bilden im Übrigen die Regelung der **IT-Komponenten** (§ 2 VI OZG), der **31** Standards für das **elektronische Verwaltungsverfahren** (§ 4 OZG), sowie der **Sicherheits-** (§ 5 OZG) und **Kommunikationsstandards** (§ 6 OZG). Das Gesetz über die „Koordinierte neue Software-Entwicklung der Steuerverwaltung" (KONSENS-Gesetz) ist dagegen kein Ausführungsgesetz zu Art. 91c V, sondern beruht auf Art. 108 IV 1 und 3 (→ Art. 108 Rn. 42).

## III. Zustimmung des Bundesrates

**Zustimmungserfordernisse** des BRat sind für jede Norm jeweils gesondert geregelt worden. Der **32** RegE sah lediglich bei § 5 OZG die Entbehrlichkeit der Zustimmung des BRats vor.[68] Im zeitlich stark gestrafften Gesetzgebungsverfahren wurde schließlich auch das Zustimmungserfordernis iRd § 6 OZG in letzter Minute gestrichen, ebenso der klarstellende Ausschluss ungeeigneter Verwaltungsleistungen (§ 1 I 2 OZG-RegE).[69] Wünschenswert wäre das Gegenteil gewesen, etwa eine Konkretisierung durch Regelbeispiele,[70] welche die Auslegung erleichtert hätten.

## G. Kritische Würdigung

Die Schaffung von Art. 91c ist insofern zu begrüßen, als dadurch die Zusammenarbeit zwischen **33** Bund und Ländern im IT-Bereich auf eine **klare verfassungsrechtl. Grundlage** gestellt worden ist. Die in der Föderalismusreform I angestrebte Entflechtung[71] ist durch die Einführung der Vorschrift aber zT wieder rückgängig gemacht worden.[72] Auch wenn eine Verbesserung der IT-Zusammenarbeit zwischen Bund und Ländern geboten erscheint, ist fraglich, ob dafür die Verfassung (wieder einmal) geändert werden musste (→ Rn. 5). Die Gründe für die Abschaffung oder zumindest deutl. Reduzierung der föderativen Verflechtungen sind in den wenigen Jahren, die seit der Föderalismusreform I verstrichen waren, nicht entfallen.[73] Falls tatsächlich ein unabweisbarer Bedarf für eine bundeseinheit. Regelung bestehen sollte, ist zunächst eine Bundeskompetenz oder eine staatsvertragl. Regelung der Länder in Betracht zu ziehen, nicht aber die Schaffung eines neuen Mischverwaltungs- und Mischfinanzierungstatbestandes.[74]

---

[66] Gesetz zur Verbesserung des Onlinezugangs zu Verwaltungsleistungen (Onlinezugangsgesetz – OZG) v. 14.8.2017 (BGBl. I 3138), beschlossen als Art. 9 des G v. 14.8.2017 (BGBl I 3122) vom BTag mit Zustimmung des BRat. Es ist gem. Art. 25 I dieses G am 18.8.2017 in Kraft getreten.

[67] Begr. des RegE, BT-Dr 18/11131, S. 16; *Seiler* JZ 2009, 721 Fn. 3; näher: *Rüscher* DVBl. 2017, 1530; *Berger* DVBl. 2017, 804; *Siegel* DÖV 2018, 185; *Hermann/Stöber* NVwZ 2017, 1401; *Schliesky/Hoffmann* DÖV 2018, 193.

[68] BT-Dr 18/11135, S. 32, 93 f. Die Entbehrlichkeit hielt bei enger Auslegung der erfassten Standards *Siegel*, Stellungnahme v. 27.3.2017, S. 4, für „föderal vertretbar". Die Stellungnahme bezieht sich allerdings auf den RegE und wurde vor der weiteren Streichung des § 6 OZG abgegeben. Ob vor dem Hintergrund der weiteren Streichung noch von einer „Ausnahme" die Rede sein kann, ist zweifelhaft.

[69] BT-Dr 18/12589, S. 56, 59.

[70] *Siegel*, Stellungnahme v. 27.3.2017, S. 3.

[71] Begründung, BT-Dr 16/813, S. 7, 10; *Papier* NJW 2007, 2145; *Wollenschläger* RdJB 2007, 8 (16); *Ipsen* NJW 2006, 2801 (2804); *Kesper* NdsVBl 2006, 145 (146); *Reineck* DVP 2006, 485; ferner *Hillgruber* JZ 2004, 837; *Huber* Beilage zu NJW 27/2004, 23; *Kloepfer* DÖV 2004, 566 (569); *Schwanenengel* DÖV 2004, 553 (554); *Wilms* ZRP 2003, 86 (90).

[72] Ebenso *Seckelmann* DÖV 2009, 747 (753 f.); *Selmer* NVwZ 2009, 1255 (1259); *Kemmler* DÖV 2009, 549 (550); tendenziell auch *Suerbaum*, in: Epping/Hillgruber, Art. 91c Rn. 26.

[73] *Huber*, in: Bitburger Gespräche Jb 2005/1, S. 27 (36), leitet aus Art. 20 sogar ein Verfassungsgebot der Entflechtung ab; dagegen führt *Seckelmann* DÖV 2009, 747 (755) große prakt. Probleme bei der Entflechtung und neue „Informationsasymmetrien" an und begrüßt die Einführung von Art. 91c und d.

[74] *Seiler* JZ 2009, 721 Fn. 3.

34　　Im Hinblick auf die Funktion einer Verfassung als rechtlicher Grundordnung sind die **detaillierten Regelungen** insbes. in Abs. 2 **problematisch.**[75] Auch ist die Erforderlichkeit des deklaratorischen Abs. 3 nicht einsichtig. Stattdessen hätte man sich auf den Grundtatbestand des Abs. 1 beschränken und den Rest in einem einfachen Gesetz, wie es in Abs. 4 vorgesehen ist, regeln können. Wenn die Gesetzesbegründung auf die sich immer schneller entwickelnde IT hinweist, ist es wenig folgerichtig, so detaillierte Regelungen in das GG aufzunehmen, die später nur schwer geändert werden können.[76] Insgesamt ist fraglich, ob durch den neuen Abs. 5 tatsächlich der angestrebe Schritt zur E-Goverment gemacht worden ist.[77]

## Art. 91d [Zusammenwirken bei Leistungsvergleichen in der Verwaltung]

**Bund und Länder können zur Feststellung und Förderung der Leistungsfähigkeit ihrer Verwaltungen Vergleichsstudien durchführen und die Ergebnisse veröffentlichen.**

**Entstehungsgeschichte: Erstfassung:** G zur Änd. des GG (Art. 91c, 91d, 104b, 109, 109a, 115, 143d) v. 29.7.2009 (BGBl I 2248) (dazu: BT-Dr 16/12410 [Entw.]; 16/13221 [Beschlussempfehlung und Bericht RechtsA]; BT-Prot 16/215, 255; BR-Dr 262/09, 510/09; BR-Prot 859).

**Schrifttum:** *H. Fahlevi,* The application of benchmarking in public sector ..., Jurnal Ilmiah Administrasi Publik (JIAP) Vol. 1, No. 1 (2015), 1; *T. Hammer,* Leistungsvergleiche im Bundesstaat und föderale Kompetenzverteilung – Zugleich eine Bestimmung vom Anwendungsbereich und Regelungsgehalt des Art. 93d GG, DVBl 2012, 515; *H. Henneke,* Kommunalrelevanz der Finanz- und Verwaltungsthemen in der Föderalismusreform II, Der Landkreis 2009, 223; *T. Hammer,* Leistungsvergleiche im Bundesstaat und föderale Kompetenzverteilung DVBl 2012, 525; *I. Kemmler,* Schuldenbremse und Benchmarking im Bundesstaat, DÖV 2009, 549; *S. Kuhlmann,* Messung und Vergleiche von Verwaltungsleistungen: ..., Die Verwaltung 44 (2011), 144; *V. Mehde,* Die Evaluation von Verwaltungsleistungen, Die Verwaltung 44 (2011), 211; *M. Seckelmann,* „Renaissance" der Gemeinschaftsaufgaben in der Föderalismusreform II?, DÖV 2009, 747; *dies.,* Benchmarking (Art. 91d) und Evaluation ..., in: H. Hill/ U. Schliesky (Hrsg.) Innovation in und um Recht, 2010, S. 201; *dies.,* Informationen durch Performance Measurement ..., Karlsruher Dialog zum Informationsrecht, Bd. 2, 2012; *C. Sichel,* Informationstechnik und Benchmarking ..., DVBl. 2009, 1014; *A. Thau,* Benchmarking in öffentlichen Verwaltungen, 2009.

### Übersicht

## A. Allgemeines

### I. Entstehung

1　　Die Vorschrift ist im Jahre 2009 zusammen mit Art. 91c im Zuge der **Föderalismusreform II** in das GG eingefügt worden (näher → Art. 91c Rn. 1). Durch sie sollte der Weg zur Einführung des Instruments der Leistungsvergleiche, das der „deutschen Verwaltungtradition fremd" sei, geebnet werden. Leistungsvergleiche, die als sog. Benchmarking fester Bestandteil der angelsächsischen Verwaltungskultur seien, hätten sich als „wirksames Instrument zur Verbesserung der Effektivität und Effizienz staatlichen Handelns" erwiesen.[1] In der Gesetzesbegründung wird aber durchaus eingeräumt, dass es in Deutschland auch schon bisher **Leistungsvergleiche** gegeben habe, vor allem in den Stadtstaaten, den Kommunen, im Gesundheitswesen und in der Finanzverwaltung. Es bestünden aber noch erhebliche „Ausbaumöglichkeiten" bei Bund und Ländern.[2]

### II. Grundsätzliche Bedeutung

2　　In **Abweichung von der Kompetenzordnung** der Art. 83 ff. erlaubt die Vorschrift ebenso wie Art. 91a, 91b, 91c und 91e ein Zusammenwirken von Bund und Ländern, das i. Ü. nur sehr begrenzt

---

[75] Näher *Heckmann* K&R 2009, 1 (4); grundlegend *Kägi,* Die Verfassung als rechtliche Grundordnung des Staates, 1945.

[76] So auch *Selmer* NVwZ 2009, 1255 (1259 f.).

[77] Vgl. *Schliesky/Hoffmann* DÖV 2018, 193 ff.; anders aber *Martini* ZG 2017, E. Fazit: „Paukenschlag für die Digitalisierung der Verwaltung".

[1] BT-Dr 16/12410, S. 8; Kritik u. Rn. 10.

[2] BT-Dr 16/12410, S. 8 gleichwohl als „Novum innerhalb der deutschen Verfassungs- und Verwaltungstradition" bezeichnet, vgl. *Gröpl,* in: Maunz/Dürig, Art. 91d (2013) Rn. 1.

zulässig ist (→ Art. 91a Rn. 1, → Art. 91b Rn. 1). Diese Kooperation soll völlig freiwillig sein (→ Rn. 7). Die Erstellung von Leistungsvergleichen wird dementsprechend auch als (weitere) „fakultative Gemeinschaftsaufgabe" bezeichnet; eine Kategorisierung, die aber im Hinblick auf die zugleich geschaffene Abschnittsüberschrift fragwürdig ist.[3] Gegen die Durchführung von Leistungsvergleichen von Bund und Ländern auf freiwilliger Grundlage bestanden aber auch schon vor der Einfügung von Art. 91d keine durchgreifenden Bedenken. Im Gegensatz zu Art. 91b wird dabei nicht in einem allein den Ländern zugewiesenen Kompetenzbereich gewirkt.[4] Die Möglichkeit der vertragl. Kostenverteilung kann aber in Konflikt zu Art. 104a I geraten, so dass die Norm schon daher **nicht** als rein **deklaratorisch** anzusehen ist.[5]

Das Zusammenwirken von Bund und Ländern bildet den Kern der Regelung, auch wenn es – **3** anders als in Art. 91b und 91c – nicht ausdrücklich genannt ist. Aus der Gesetzesbegründung ist zu entnehmen, dass mit dem neuen Art. 91d eine „verfassungsrechtliche Grundlage für das Zusammenwirken von Bund und Ländern bei Leistungsvergleichen in der Verwaltung" geschaffen werden sollte; dies wäre bei einer **rein deklaratorischen Regelung kaum möglich.** Darüber hinaus sollte auf diese Weise die „Bereitschaft zu Leistungsvergleichen" „nachhaltig" gefördert werden.[6] Leistungen, Qualität und Kosten der Verwaltung sollen zunächst „transparent" gemacht werden, um dann einen „Wettbewerb um innovative Lösungen" in Gang zu setzen.[7]

### III. Verhältnis zu anderen Verfassungsbestimmungen

**Systematisch** ist Art. 91d lex specialis gegenüber Art. 30, 83, 84, soweit er eine Tätigkeit erfasst, **4** die als Verwaltung im Sinne dieser Vorschriften verstanden werden kann. Art. 91b II geht Art. 91d vor, da dort ein Sonderfall von Leistungsvergleichen geregelt ist. Art. 91d ist eine anderweitige Bestimmung im Sinne von Art. 104a I Hs. 2.[8]

### B. Die Leistungsvergleiche

Art. 91d hat Leistungsvergleiche innerhalb der Bundesverwaltung, zwischen Bundes- und Landes- **5** verwaltungen sowie zwischen den Verwaltungen der Länder zum Gegenstand.[9] Auch sind Vergleiche zwischen einzelnen Behörden vom Regelungsbereich der Vorschrift erfasst.[10] **Über die Einzelheiten** des jeweiligen Vergleichs können Bund und Länder **Vereinbarungen** schließen. Diese Möglichkeit ist nicht unmittelbar dem Wortlaut der Bestimmung zu entnehmen, ergibt sich aber eindeutig aus der Gesetzesbegründung.[11] Sie entspricht zudem der Vorgehensweise des Gesetzgebers in Art. 91 c.

Durch eine solche Vereinbarung kann vor allem auch generell oder einzelfallbezogen eine durch **6** Kompetenz und Unabhängigkeit ausgewiesene Einrichtung beauftragt werden, Leistungsvergleiche durchzuführen, den Gegenstand und die Methoden von Vergleichsstudien zu bestimmen und die teilnehmenden Verwaltungen und die Art und Weise der **Veröffentlichungen** festzulegen.[12] Die sich nach dem Willen des verfassungsändernden Gesetzgebers ergebende Möglichkeit, gemeinsam einen **Dritten** zu **beauftragen,** zielt vor allem auf die (kostspielige) Einschaltung von – im Zweifel angelsächsisch geprägten – **Unternehmensberatungen.** Ob diese aber wirklich weiterführende Lösungen präsentieren (können), dürfte zu bezweifeln sein. Unbedingt ist das Wirtschaftlichkeitsgebot zu beachten und die Auftragnehmer müssen sich eindeutig durch Kompetenz und Unabhängigkeit auszeichnen. Die Aufteilung der Kosten, die mit solchen Vergleichsstudien verbunden sind, kann

---

[3] *Hammer* DVBl 2012. 525 (528); *Schliesky* BK, Art. 91d (2013) Rn. 3; a. A. *Seckelmann* DÖV 2009, 747 (754); näher zur Begrifflichkeit → Art. 91a Rn. 22–24a, → Art. 91c Rn. 7.

[4] *Heun,* in: Dreier III, Art. 91d Rn. 4.

[5] *Kemmler* DÖV 2009, 549 (550); *Seckelmann,* Informationen durch Performance Measurement …, 2012, S. 7 f.; *dies.,* DVBl 2010, 1284 (1286); *dies.,* in: Friauf/Höfling, Art. 91d (2015) Rn. 6; *Hammer* DVBl 2012. 525 (528); *Schliesky* BK, Art. 91d (2013) Rn. 2; aA *Henneke,* Sachverständigenanhörung am 4.5.2009, S. 11; *Huber,* ebda, S. 10; *Sichel* DVBl 2009, 1014 (1019); *Hammer* DVBl 2012, 525 (532); *Mager,* in: v. Münch/Kunig, Art. 91d Rn. 4; *Mehde,* Verwaltung 44 (2011), 179 (194); *Gröpl,* in: Maunz/Dürig Art. 91d (2013) Rn. 2: überflüssig.

[6] BT-Dr 16/12410, S. 8, 10; *Hellermann,* Hdb Föderalismus II, § 39 Rn. 20; *Fahlevi* JIAPP 1(2015), 1.

[7] BT-Dr 16/12410. S. 8. Ob die Norm deshalb als ein Produkt der Idee des „Wettbewerbsföderalismus" anzusehen ist, mag man aber in Frage stellen; dafür jedoch *Speiser,* Der deutsche Wissenschaftsföderalismus auf dem Prüfstand – der neue Art. 91b Abs. 1 GG, Diss. Speyer, 2016, S. 81; für Ausdruck eines „gestaltenden" Föderalismus *Seckelmann* (Fn. 5), S. 17.

[8] *Heun,* in: Dreier III, Art. 91d Rn. 7; *Seckelmann,* in: Friauf/Höfling, Art. 91d (2015) Rn. 31; *dies.* (Fn. 5), S. 26; *Schliesky* BK, Art. 91d (2013) Rn. 31.

[9] BT-Dr 16/12410, S. 8.

[10] *Heun,* in: Dreier III, Art. 91d Rn. 6.

[11] BT-Dr 16/12410, S. 10; *Heun,* in: Dreier III, Art. 91d Rn. 5; *Pieroth,* in: Jarass/Pieroth, Art. 91d Rn. 1; *Seckelmann,* in: Friauf/Höfling, Art. 91d (2015) Rn. 22; *Schliesky* BK, Art. 91d (2013) Rn. 17; z. T. aA *Gröpl,* in Maunz/Dürig, Art. 91d (2013) Rn. 15 f.: keine Rechtsgrundlage für BundesG, das in Verwaltungshoheit der Länder eingreift.

[12] BT-Dr 16/12410, S. 10.

ebenfalls in der Vereinbarung geregelt werden. Das Schweigen der Verfassung in Abweichung von Art. 91b III bedeutet keinen Ausschluss einer solchen Regelung. Bei fremdvergebenen Studien bietet Art. 91d eine Basis für eine gemeinsame Kostentragung.[13]

7    Wortlaut und Entstehungsgeschichte[14] zeigen, dass Art. 91d ausschließlich eine **freiwillige** Kooperation vorsieht. Die Vorschrift ähnelt damit Art. 91b II[15] und 91c I, II. Es besteht weder eine Pflicht zum Abschluss von Vereinbarungen noch zur Zusammenarbeit bei Vergleichsstudien.[16] Art. 91d begründet **keine „Kooperationspflicht"** und ermöglicht eine „flexible Herangehensweise". In der Folgezeit sind verschiedene Vorschläge erarbeitet worden, wie die Vergleiche technisch-organisatorisch durchgeführt werden sollten.[17]

## C. Kritische Würdigung

8    Die Norm führt zu einer weiteren Überfrachtung des GG mit Selbstverständlichkeiten oder technischen Details, die **keine Verfassungshöhe** haben. Die Verfassung sollte die Grundordnung des Staates sein.[18] Die Aufnahme einer kompetenzrechtl. Norm in das GG ist nur geboten, wenn wesentl. Änd. der bundesstaatl. Ordnung betroffen sind, bisherige Regelungen dem entgegenstehen oder die Neuordnung einer verfassungsrechtl. Legitimation bedarf. Falls tatsächlich ein unabweisbarer Bedarf für eine bundeseinheitl. Regelung bestanden haben sollte, ist zunächst eine Bundeskompetenz oder eine staatsvertragliche Regelung der Länder in Betracht zu ziehen, nicht aber die Schaffung eines neuen Mischverwaltungs- und Mischfinanzierungstatbestandes.[19]

9    Zudem zeigt sich eine **Inkonsistenz** in der Gesetzgebung: Die Freiwilligkeit der Leistungsvergleiche wird zum Teil als unerlässlich für die Akzeptanz der Ergebnisse angesehen.[20] An anderer Stelle wird sie jedoch im Gegensatz dazu als Effektivitätshemmnis betrachtet.[21] Entsprechendes gilt für das Einstimmigkeitsprinzip,[22] das ähnlich wirkt.

10    Fraglich ist, ob durch die Veröffentlichung der Ergebnisse des Leistungsvergleichs tatsächlich öffentlicher Druck in der Weise ausgeübt werden kann, dass die erkannten Probleme beseitigt werden, wie z. B. im Zusammenhang mit der PISA-Studie.[23] Immerhin mögen Transparenz und Kontrolle verstärkt werden.[24] Für die pauschale Annahme der Gesetzesbegründung, dass „Benchmarking"[25] zu Effizienzsteigerungen in der Verwaltung führe und deshalb „die" angelsächsische Verwaltung leistungsfähiger sei als „die" deutsche,[26] fehlen jedoch hinreichende Nachweise. Der Begriff „Benchmarking" wird mit dem Begriff „Leistungsmessung" und „Leistungsvergleich" im Wesentlichen gleichgesetzt.[27] Ihn Einsatz in der öff. Verwaltung unterscheidet sich schon deswegen von einer Verwendung in der Privatwirtschaft, da eines der Hauptziele der politischen Leitung von Verwaltungen ist, wiedergewählt zu werden und Effizienzwettbewerbe zu gewinnen oder Gewinne zu maximieren. Zudem besteht kein allg. Konsens über die Bewertungskriterien.[28]

11    Ein weiteres gravierendes Problem stellen Verfügbarkeit und Qualität von Daten dar. Die Anwendung von komplexen Auswertungsverfahren kann keine besseren Ergebnisse erzielen als die Qualität

---

[13] BT-Dr 16/12410, S. 10; *Seckelmann* (Fn. 5), S. 15; *Gröpl*, in: Maunz/Dürig, Art. 91d (2013) Rn. 21.

[14] BT-Dr 16/12410, S. 8, 10: „Die Regelung schafft eine Grundlage für das freiwillige Zusammenwirken (…)."

[15] *Seckelmann* DÖV 2009, 747 (754); *Sichel* DVBl 2009, 1014 (1019).

[16] *Mehde*, Verwaltung 44 (2011), 179 (195); *Seckelmann*, Informationen (Fn. 5), S. 15; *Suerbaum*, in: Epping/Hillgruber, Art. 91d Rn. 6; *Heun*, in: Dreier III, Art. 91d Rn. 6; *Gröpl*, in: Maunz/Dürig, Art. 91d (2013) Rn. 9; *Pieroth*, in: Jarass/Pieroth, Art. 91d Rn. 1; *Sichel* DVBl 2009, 1014 (1019 f.); *Schliesky* BK, Art. 91d (2013) Rn. 18 f.; *Hellermann*, Hdb Föderalismus II, § 39 Rn. 20, der als „vornehmliches Ziel" die Förderung der „Bereitschaft zur freiwilligen Durchführung von Leistungsvergleichen" betont; *Fahlevi* JIAPP 1(2015), 1 (3).

[17] *Adamaschek/Kröning/Timmer*, Leistungsvergleiche nach Art. 91d GG, Bertelsmann Stiftung, 18.4.2011, S. 29 ff., auf der Grundlage von – methodisch angreifbaren – Interwievs S. 11–19; *Kuhlmann*, Verwaltung 44 (2011), 155 ff.; *Seckelmann* (Fn. 5), S. 10 ff.; *dies.*, DVBl 2010, 1284 (1286).

[18] Ebenso *Suerbaum*, in: Epping/Hillgruber, Art. 91d Rn. 8; ähnl. *Heun*, in: Dreier III, Art. 91d Rn. 4. Die Begrifflichkeit geht auf *Kägi*, Die Verfassung als rechtliche Grundordnung des Staates, 1945, zurück, der aber nicht genannt wird.

[19] *Seiler* JZ 2009, 721 Fn. 3.

[20] *Kemmler* DÖV 2009, 549 (550).

[21] *Suerbaum*, in: Epping/Hillgruber, Art. 91d Rn. 7; *Heun*, in: Dreier III, Art. 91d Rn. 4.

[22] *Sichel* DVBl 2009, 1014 (1015).

[23] *Jann*, Sachverständigenanhörung am 8.11.2007, Komm.-Dr 073, S. 26; für „Wirkmächtigkeit" von Art. 91d *Seckelmann* (Fn. 5), S. 18 f. 20, 27 f., unter ausdrücklicher Erwähnung der PISA-Studien (S. 21), zu Lerneffekten *dies.*, in: Hill/Schliesky (Hrsg.), Innovationen in und um Recht, 2010, S. 201 (219–221).

[24] *Hill*, Sachverständigenanhörung am 8.11.2007, Komm.-Dr. 064, S. 14. Auch *Seckelmann* betont die Schaffung von Transparenz durch die Vorschrift (DÖV 2009, 747 [754]).

[25] Dazu *Thau*, Benchmarking in öffentlichen Verwaltungen, 2009; *Mehde*, Verwaltung 44 (2011), 179 (194 f.); *Seckelmann* (Fn. 5), S. 6, 10–12, 20–22; *dies.* DVBl 2010, 1284 (1285); *Kuhlmann*, Verwaltung 44 (2011), 155 (156–163).

[26] O. Fn. 1.

[27] *Kuhlmann*, Verwaltung 44 (2011), 155 (156), mit Nachw.

[28] Ebd., S. 160.

der verwendeten Primärdaten vorgibt.[29] Sie ist der eigentliche empirische Engpassfaktor. *Kuhlmann* unternimmt einen Vergleich von Leistungsmessungen in Großbritannien, Deutschland und Schweden und stellt fest, dass „gaming-Effekte" zu beobachten sind, wenn die Leistungsvergleiche als Instrument staatl. Kontrolle eingesetzt werden. Sie können auch demotivierend wirken und ein Übermaß an Transaktionskosten verursachen.[30] Ein Erfolg hängt maßgeblich vom Design im Einzelnen ab. **Reale** Verwaltungsleistungen und **realer** Ressourcenverbrauch müssen dafür verglichen werden. Eine länderübergreifende Vergleichsstudie gem. Art. 91d für Waldflurbereinigungen wird von *Hinz* vorgestellt.[31]

## Art. 91e [Zusammenwirken bei der Grundsicherung für Arbeitsuchende]

(1) **Bei der Ausführung von Bundesgesetzen auf dem Gebiet der Grundsicherung für Arbeitsuchende wirken Bund und Länder oder die nach Landesrecht zuständigen Gemeinden und Gemeindeverbände in der Regel in gemeinsamen Einrichtungen zusammen.**

(2) **Der Bund kann zulassen, dass eine begrenzte Anzahl von Gemeinden und Gemeindeverbänden auf ihren Antrag und mit Zustimmung der obersten Landesbehörde die Aufgabe nach Absatz 1 allein wahrnimmt. Die notwendigen Ausgaben einschließlich der Verwaltungsausgaben trägt der Bund, soweit die Aufgaben bei einer Ausführung von Gesetzen nach Absatz 1 vom Bund wahrzunehmen sind.**

(3) **Das Nähere regelt ein Bundesgesetz, das der Zustimmung des Bundesrates bedarf.**

**Entstehungsgeschichte:** G zur Änd. des GG (Art. 91e) v. 21.7.2010 (BGBl I 944) (dazu: BT-Dr 17/1554 [Entw. Fraktionen], 17/1939 [Entw. BReg]; BT-Dr 17/2183 [Beschlussempfehlung und Bericht InnenA]; BT-Prot 17/46, 4620D, 17/49, 4950C; BR-Dr 186/10 [Entw. BReg]; BR-Dr 348/10 [Überweisung], 348/1/10 [Beschl.], BR-Prot 871/183; 873/238D).
**Gesetzgebung:** G zur Weiterentwicklung der Organisation der Grundsicherung für Arbeitsuchende v. 3.8.2010 (BGBl I 1112); VO zur Zulassung von kommunalen Trägern als Träger der Grundsicherung für Arbeitsuchende (Kommunalträger-Zulassungsverordnung – KomtrZV) v. 24.9.2004 (BGBl I 2349); zul. geänd. durch Art. 1 VO v. 29.5.2017 (BGBl I 1349); Verordnung über das Verfahren zur Feststellung der Eignung als zugelassener kommunaler Träger der Grundsicherung für Arbeitsuchende (Kommunalträger-Eignungsfeststellungsverordnung – KtEfV) v. 12.8.2010 (BGBl I 1155).
**Leitentscheidungen:** BVerfGE 119, 331 (Hartz IV-Arbeitsgemeinschaften); 137, 108 (Grundsicherung für Arbeitsuchende).

**Schrifttum:** *M. Cornils,* Verbotene Mischverwaltung, ZG 2008, 184; *H. Dreier,* Verfassungsänderung, leicht gemacht, ZSE 2008, 399; *H.-G. Henneke,* Stellung der SGB II-Optionskommunen im bundesstaatlichen Gefüge, DÖV 2012, 165; *P. Huber,* Das Verbot der Mischverwaltung …, DÖV 2008, 845; *S. Korioth,* Leistungsträgerschaft und Kostentragung bei der Grundsicherung für Arbeitsuchende (SGB II) …, DVBl 2008, 812; *U. Lübking,* Neuorganisation der Leistungsträgerschaft im SGB II …, Die Gemeinde SH 2008, 96; *M. Mempel,* Hartz IV-Organisation auf dem verfassungsrechtlichen Prüfstand, 2007; *H. Meyer,* Das SGB II und die Kommunen …, NVwZ 2015, 116; *H. Nakielski,* Die Neuorganisation der Grundsicherungs-Verwaltung, Soziale Sicherheit 2010, 165; *K. Ritgen,* Selbstverwaltungsgarantie und Mischverwaltungsverbot als Schranken der Organisationsgewalt des Bundes, NdsVBl 2008, 185; *S. Schulz,* Kooperationsmodelle zur Umsetzung des Einheitlichen Ansprechpartners als unzulässige Mischverwaltung?, DÖV 2008, 1028; *A. von Mutius/F. von Mutius,* Grundsicherung für Arbeitsuchende unter einem Dach …, KommJur 2008, 201; *V. Wahrendorf/C. Karmanski,* Koordination statt Kooperation – zu neuen Organisationsstrukturen im SGB II …, NZS 2008, 281; *J. Wieland,* Verfassungsrechtliche Rahmenbedingungen für die Organisation des Vollzugs des SGB II, Landkreis 2009, 556; *D. Winkler,* Die Umsetzung von Hartz-IV als Herausforderung an das Organisationsrecht, VerwArch 99 (2008), 509.

### Übersicht

---

[29] Das ist ein auch in der Ökonometrie regelmäßig unterschätztes oder verdrängtes Problem, grundlegend *Griliches,* The American Economic Review 75 (1985), 196–200; *ders.,* in: Griliches/Intriligator (eds.), Handbook of Econometrics, 1986, S. 1466 (1466–1476); zum Problem auch *Kuhlmann,* Verwaltung 44 (2011), 155 (162 f.).
[30] *Kuhlmann* Verwaltung 44 (2011), 155 (175).
[31] *Hinz* zfv 2013, 415.

## A. Allgemeines

### I. Entstehung

1    Die Vorschrift ist im Jahre 2010 neu ins GG eingefügt worden.[1] Ihre Einfügung war eine **Folge der Entscheidung des BVerfG** vom 20.12.2007, in der das Gericht die Arbeitsgemeinschaften zur Erbringung der Leistungen der Grundsicherung für Arbeitsuchende nach § 44b SGB II[2] für verfassungswidrig erklärt hatte.[3] In dieser Entscheidung war dem Gesetzgeber der Auftrag erteilt worden, bis zum 31.12.2010 einen verfassungsgemäßen Zustand herzustellen.[4]

2    **1. Die Reform der Leistungen zur Grundsicherung.** Die angegriffene Regelung war durch das 4. Gesetz für moderne Dienstleistungen am Arbeitsmarkt v. 24.12.2003 („Hartz IV")[5] in das SGB eingefügt worden und am 1.1.2004 in Kraft getreten (Art. 61 II). Grundanliegen dieses Gesetzes war es, die historisch voneinander getrennten **Systeme der Arbeitshilfe und der Sozialhilfe** in einer gemeinsamen „Grundsicherung für Arbeitsuchende" **zusammenzuführen.** Als Träger dieser Grundsicherung waren einerseits die Bundesagentur für Arbeit (§ 6 I 1 Nr. 1 SGB II) und andererseits die Kommunen (§ 6 I 1 Nr. 2 SGB II) vorgesehen. Diese beiden Träger waren nach § 44b I 1 SGB II verpflichtet, Arbeitsgemeinschaften zur „einheitlichen Wahrnehmung ihrer Aufgaben" zu bilden und diesen ihre Aufgaben zu übertragen.[6] Zudem enthielt § 6a SGB II eine Experimentierklausel, die es höchstens 69 Kommunen ermöglichte, auf Antrag neben ihren eigenen Aufgaben auch Aufgaben der Bundesagentur für Arbeit wahrzunehmen (sog. Optionskommunen[7]). Ihre Zulassung erfolgte in einer gesonderten RVO (KomtrZVO). Die gemeinsame Zuständigkeit der Arbeitsgemeinschaften war im Gesetzgebungsverfahren heftig umstritten. Gegen die Neuregelungen des Hartz-IV-Gesetzes erhoben elf Landkreise komm. Vb zum BVerfG.[8]

3    **2. Die Entscheidung des Bundesverfassungsgerichts aus dem Jahre 2010.** Die Bf. wandten sich gegen die Zuweisung einzelner Leistungen der Grundsicherung für Arbeitsuchende („Hartz IV") auf die Kommunalkörperschaften, ohne dass ein vollständiger Ausgleich für die sich daraus ergebenden Mehrbelastungen im Gesetz vorgesehen war.[9] Zudem wurde die Verpflichtung, Arbeitsgemeinschaften mit der Bundesagentur für Arbeit zu bilden, beanstandet.[10] Das BVerfG erklärte die **Arbeitsgemeinschaften** für **unvereinbar** mit Art. 28 II 1 und 2 iVm Art. 83. Das Gericht hatte dabei auch wegen der fehlenden internen Trennung der Verantwortungsbereiche Bedenken im Hinblick auf das Rechtsstaatsprinzip und das Demokratieprinzip. Im Übrigen wurde die Verfassungsbeschwerde für unbegründet erklärt.[11]

---

[1] G zur Änd. des GG (Artikel 91e) v. 21.7.2010, BGBl I 944.

[2] BT-Dr 17/2192, S. 1.

[3] BVerfGE 119, 331 „Hartz IV-Arbeitsgemeinschaften"; dazu im Wesentlichen zust.: *Huber* DÖV 2008, 844; *Korioth* DVBl 2008, 812; *Wahrendorf/Karmanski* NZS 2008, 281; *Ritgen* NdsVBl 2008, 185 (191 f.); *Meyer* NVwZ 2008, 275 (277); *Trapp* DÖV 2008, 277; *Mempel* ArchsozArb 2008, 114 (118); *Gusy/Worms* RuP 2008, 146; *Henneke* Landkreis 2008, 167; *Lübking* Die Gemeinde SH 2008, 96; *Wenner* Soziale Sicherheit 2008, 34; krit. in Bezug auf die Begründung *Cornils* ZG 2008, 184 (192–197); *Winkler* VerwArch 99 (2008), 509 (525 f., 529 f.); *Suerbaum* BK, Art. 91e (2017) Rn. 9 ff.

[4] BVerfGE 119, 331 (383).

[5] BGBl I 2954. In einem zweiten Schritt wurde das „Gesetz zur optionalen Trägerschaft von Kommunen nach dem Zweiten Buch Sozialgesetzbuch" v. 30.7.2004 erlassen (BGBl I, 2014); dazu *Winkler* VerwArch 99 (2008), 509 (511–513); allg. zur Reform der Arbeitsverwaltung *Frick* (Hrsg.), Arbeitsverwaltung im Wandel – Erfahrungen aus 15 Ländern im Vergleich, 2002; *Bruttel,* Die Privatisierung der öffentlichen Arbeitsvermittlung: Australien, Niederlande und Großbritannien, 2005; speziell zu den Arbeitsgemeinschaften *Sell,* Modernisierung und Professionalisierung der Arbeitsvermittlung, 2006, S. 79 ff.

[6] Im Jahre 2010 existierten 345 Arbeitsgemeinschaften; in 23 Fällen nahmen die Träger ihre Aufgaben in getrennter Trägerschaft wahr, vgl. *Nakielski,* Soziale Sicherheit 2010, 165 (166); für weitere Einzelheiten der überaus komplizierten Ausgestaltung s. *Winkler* VerwArch 99 (2008), 509 (516–519).

[7] In der Anlage zu § 1 I KomtrZVO hatte der BMin für Wirtschaft und Arbeit ursprünglich 63 Landkreise und 6 kreisfreie Städte zugelassen. Die Anlage ist fünfmal geändert worden.

[8] Einzelheiten sind im Sachverhalt von BVerfGE 119, 331 (332 ff.) geschildert; für Verfassungswidrigkeit zuvor schon: *Henneke* Landkreis 2004, 3 (9); *ders.* Landkreis 2005, 3 f.; *Ruge/Vorholz* DVBl 2005, 403 (408); *Mempel,* Hartz IV-Organisation auf dem verfassungsrechtlichen Prüfstand, 2007, S. 97, 105, 119, 137; *Korioth* DVBl 2008, 812 (814 f.); wohl auch *Winkler* VerwArch 99 (2008), 509 (522, 534).

[9] BVerfGE 119, 331 (343 f.).

[10] BVerfGE 119, 331 (344).

[11] BVerfGE 119, 331 (352, 360); zu Recht krit. im Hinblick auf die im Grunde überflüssige Heranziehung des Demokratieprinzips und des Rechtsstaatsprinzips sowie die Anknüpfung an die Garantie kommunaler Selbstverwal-

IE führte das Gericht aus, dass die Arbeitsgemeinschaften dem Grundsatz eigenverantwortl. Auf- **4** gabenwahrnehmung widersprächen, der auch für die Gemeinden und Gemeindeverbände gelte.[12] Dieser verpflichte den zuständigen Verwaltungsträger seine Aufgaben grds. durch eigene Verwaltungseinrichtungen, also mit eigenem Personal, eigenen Sachmitteln und eigener Organisation wahrzunehmen.[13] Das GG schließe, von begrenzten Ausnahmen abgesehen, eine sog. **Mischverwaltung** aus.[14] Die **Verwaltungszuständigkeiten** von Bund und Ländern seien **grds. getrennt** und dürften „selbst mit Zustimmung der Beteiligten nur in den vom GG vorgesehenen Fällen zusammengeführt werden". Diese Grundsätze gälten auch für das Verhältnis von Bund und Kommunen.[15] Das BVerfG führt weiter aus: „Der Spielraum bei der organisatorischen Ausgestaltung der Verwaltung findet in den Kompetenz- und Organisationsnormen der Art. 83 ff. seine Grenzen. (...) Mitplanungs-, Mitverwaltungs- und Mitentscheidungsbefugnisse gleich welcher Art im Aufgabenbereich der Länder, (...) sind durch das Grundgesetz ausgeschlossen."[16] Die rechtsstaatl. Grundsätze der Normenklarheit und Widerspruchsfreiheit müssten auch bei der Bestimmung von Verwaltungszuständigkeiten beachtet werden. Dies sei auch wegen des Demokratieprinzips zu fordern.[17] Das Handeln der Arbeitsgemeinschaften erfolge hoheitlich, könne aber entgegen diesen Anforderungen keinem der Träger klar zugerechnet werden.[18]

Allerdings schließt der Grundsatz der „eigenverantwortlichen Aufgabenwahrnehmung" für das **5** Gericht ein Zusammenwirken dann nicht aus, wenn es (1) einen besonderen sachl. Grund gibt und (2) die „Heranziehung" einer „an sich" verfassungsrechtlich unzuständigen Verwaltungseinrichtung nur für eine **„eng umgrenzte Verwaltungsmaterie"** erfolgt.[19] Diese Voraussetzungen waren jedoch nicht erfüllt, so dass § 44b SGB II die Grenzen des verfassungsrechtl. Zulässigen überschritt. Damit wurde zugleich das komm. SelbstverwaltungsR verletzt.[20]

**3. Diskussion der Neuordnung.** Im Anschluss an das Urteil wurden mehrere Möglichkeiten einer **6** Neuordnung der Grundsicherung für Arbeitsuchende diskutiert. Übereinstimmung bestand insoweit, dass die **Aufgabenwahrnehmung grundsätzlich in einer Hand** verbleiben sollte, zumal das BVerfG eine solche Vorgehensweise als sinnvoll eingestuft hatte, allerdings unter der Voraussetzung, dass sie im Rahmen der geltenden Kompetenzordnung verwirklicht wird.[21] Das BVerfG hatte darauf hingewiesen, dass dem Anliegen der Reform sowohl im Wege bundeseigener Verwaltung nach Art. 87 als auch durch Belassung des Gesetzesvollzugs bei den Ländern nach Art. 83 Rechnung getragen werden könne.[22] Die BReg hatte eine getrennte Aufgabenwahrnehmung oder stattdessen eine Kooperation in Form eines kooperativen Jobcenters vorgeschlagen.[23] Eine Verfassungsänderung, um den status quo aufrechterhalten zu können, wurde zunächst nicht in Betracht gezogen[24] und stieß später auf breite Ablehnung im Schrifttum.[25]

---

tung *Cornils* ZG 2008, 184 (194 ff., 202). Der Verstoß gegen die Kompetenzordnung ist der Kern des Problems, das auch dort zu lösen ist. Dann wären die antragstellenden Landkreise aber wohl nicht antragsbefugt gewesen, sondern die Länder, die aber kein Interesse an der Überprüfung hatten.

[12] BVerfGE 119, 331 (361, 364).

[13] BVerfGE 119, 331 (361, 364, 367). *Klein*, in: Maunz/Dürig, Art. 91e (2015) Rn. 4, sieht darin eine Rückkehr zur ursprünglichen Rspr. eines grundsätzlichen Verbots der Mischverwaltung. Die „erste Wende rückwärts" sei bereits durch BVerfGE 108, 169 (181) erfolgt.

[14] BVerfGE 119, 331 (365) unter Bezugnahme auf BVerfGE 63, 1 (38 ff.); 108, 169 (182); krit. zum Begriff „Mischverwaltung" und für einen Verzicht auf seine Verwendung *Burgi* ZSE 2008, 281 (289).

[15] BVerfGE 119, 331 (364).

[16] BVerfGE 119, 331 (365) mit Verweis auf BVerfGE 32, 145 (156); 198, 169 (182).

[17] BVerfGE 119, 331 (366).

[18] BVerfGE 119, 331 (366).

[19] BVerfGE 119, 331 (367); zu den Zulässigkeitsgrenzen, die sich danach für Kooperationsmodelle ergeben *Schulz* DÖV 2008, 1028 (1033–1035).

[20] BVerfGE 119, 331 (367); krit. zu dieser Argumentation *Klein*, in: Maunz/Dürig, Art. 91e Rn. 5 (2015); ebenfalls krit. *Volkmann/Kaufhold* MKS III, Art. 91e Rn. 2.

[21] BVerfGE 119, 331 (371); zust. *Mempel* ArchsozArb 2008, 114 (118 f.); konkrete Darstellung der Vorteile bei *Lamers* Die Gemeinde SH 2008, 94 (95 f.).

[22] BVerfGE 119, 331 (371).

[23] *Henneke* Landkreis 2008, 163 (164 f.); *Nakielski* Soziale Sicherheit 2010, 165 (167). Ein Kooperationsmodell in Form einer Anstalt hält *Schulz* DÖV 2008, 1028 (1035), für keine unzulässige Mischverwaltung.

[24] *Hermes*, in: Dreier III, Art. 91e Rn. 13. Andere Autoren erwähnen die Möglichkeit einer Verfassungsänderung überhaupt nicht.

[25] *Huber* DÖV 2008, 845 (850): „schlechteste aller denkbaren Lösungen"; *Dreier* ZSE 2008, 399 (401); krit. auch *Henneke* Landkreis 2009, 55 (57); *ders.* Landkreis 2010, 159 (160); *B. Küchenhoff*, Die verfassungsrechtlichen Grenzen der Mischverwaltung, 2010, S. 184, allerdings für erste wohl kaum. Überlegungen und die Verwendung des Begriffs „Mischverwaltung". *Lübking* Die Gemeinde SH 2008, 96 (98), sah keine polit. Mehrheit für eine Verfassungsänderung. *v. Mutius/v. Mutius* KommJur 2008, 201 (202, 206), hielten für die vorgeschlagenen Einheitsmodelle eine tiefgreifende Änderung der Kompetenzordnung und der Finanzverfassung für erforderlich. Für das vorgeschlagene Modell einer getrennten Aufgabenerfüllung, aber „unter einem Dach", sei die (unerwünschte) Verfassungsänderung nicht erforderlich (S. 206).

**7**     Eine kommunale Ausführungszuständigkeit hätte verwirklicht werden können, indem die Ausführung des SGB II den Ländern nach Art. 83 als eigene Angelegenheit belassen worden wäre. Dann hätten die Länder sie auf ihre Kommunalkörperschaften weiter übertragen können. Nur eine unmittelbare Aufgabenzuweisung an die Gemeinden und Gemeindeverbände durfte der Bundesgesetzgeber seit der Föderalismusreform I nicht mehr vornehmen, Art. 84 I 7. Dieses Verbot gilt strikt und umfassend.[26] Eine derartige **kommunale Ausführungszuständigkeit** wurde vom deutschen Landkreistag favorisiert.[27] Sie hätte auch weiterhin die einheitliche Aufgabenerledigung aus einer Hand sichergestellt und dem Regelfall der Art. 30, 83 entsprochen.[28] Der Bund lehnte sie allerdings ab, vor allem weil sie zu einer dauerhaften Verschiebung erheblicher Finanzmittel zu den Ländern geführt hätte.[29] Der neue Art. 91e wird allerdings nicht nur als Ausnahme vom Verbot der Mischverwaltung, sondern auch vom Verbot der Aufgabenübertragung durch den Bund auf die Gemeinden angesehen.[30]

**8**     Für die Ausführung eines BundesG in Bundesverwaltung bedarf es nach Art. 83 einer **Grundlage im GG.** Dafür hätte sich Art. 87 II angeboten, der für „soziale Versicherungsträger" eine Abweichung von der grds. Ausführung der Bundesgesetze durch die Länder vorsieht. Der Bund hätte aber auch eine selbstst. Bundesoberbehörde oder neue bundesunmittelbare Körperschaften und Anstalten des öff. Rechts gem. Art. 87 III durch Bundesgesetz errichten können. Das BVerfG hatte in seiner Entscheidung offen gelassen, ob der Bund seine Verwaltungskompetenz auf die Art. 87 II oder III hätte stützen können, da es sich bei den Arbeitsgemeinschaften nicht um Einrichtungen des Bundes handelte.[31] Bei dem Weg über Art. 87 II oder III wäre die Bundesanstalt für Arbeit einheitlich für alle Arbeitslosen und alle Leistungen sowie für die Kosten von Unterkunft und sozialen Begleitmaßnahmen zuständig gewesen. Ob aber Art. 87 II für eine so weitreichende Kompetenz eine hinreichende Grundlage bietet, ist zweifelhaft. Die Vorschrift ist auf den Vollzug des SozialversicherungsR beschränkt, während es sich bei der Grundsicherung für Arbeitsuchende um ein steuerfinanziertes **Fürsorgesystem** handelt. Es kann nicht mehr zur Sozialversicherung gerechnet werden,[32] auch wenn der Begriff weit zu fassen ist.[33] Es fehlt das notwendige Element der Versicherung.[34] Allerdings wäre Art. 87 III als Grundlage für eine einheitl. Leistungserbringung durch den Bund ohne Mischverwaltung in Betracht gekommen.[35] Nur eine rein vertragl. Lösung musste ausscheiden.[36]

**9**     Eine getrennte Aufgabenwahrnehmung von Bund und Kommunen hätte aber dazu geführt, dass die Leistungen **nicht mehr aus einer Hand** angeboten worden wären. Damit wäre aber eines der Reformziele vereitelt worden. Doppelte Sachverhaltsermittlungen, doppelte Bescheide und allgemein ein größerer Arbeitsaufwand wären die Folge gewesen.[37] Die Schaffung kooperativer Jobcenter, die ebenfalls erwogen worden war, hätte aber nur eine Umetikettierung der verfassungswidrigen Arbeitsgemeinschaften bedeutet.[38]

**10**     **4. Verständigung.** Nach weiteren länger andauernden Auseinandersetzungen legte das BMAS am 25.1.2010 Arbeitsentwürfe zur Neuorganisation des SGB II vor. Es wurden sowohl eine getrennte Aufgabenwahrnehmung als auch eine Verstetigung der kommunalen Option vorgeschlagen. Ihre verfassungsrechtl. Bewertung war jedoch unsicher. Bedenken wurden vor allem von Länderseite geäußert.[39] Die BReg, die Ministerpräsidenten der Länder und die Spitzen der CDU/CSU BTags-Fraktion **einigten sich schließlich überraschend** am 7.2.2010 auf eine Änd. des GG. Diese sollte drei wesentliche Punkte enthalten: (1) eine Fortsetzung des Zusammenwirkens von Bundesanstalt für Arbeit und Kommunen, (2) eine Fortführung der Option für die Kommunen ohne zahlenmäßige

---

[26] *Schoch* DVBl 2007, 261 ff.; *Pieroth,* in: Jarass/Pieroth, Art. 84 Rn. 7.

[27] *Henneke* Landkreis 2008, 113.

[28] *Ritgen* NdsVBl 2008, 185 (193); *Mempel* ArchsozArb 2008, 114 (123); *Korioth* DVBl 2008, 812 (817 f.); *Wahrendorf/Karmanski* NZS 2008, 281 (283); *Wieland* Landkreis 2009, 556 (557), der ausdr. eine Finanzierung gestützt auf Art. 106 VIII für zulässig und Art. 84 I 7 für überwindbar hält.

[29] Vgl. *Henneke* Landkreis 2010, 59 (60); *Suerbaum* BK, Art. 91e (2017) Rn. 30.

[30] *Engels,* in: Friauf/Höfling (2015), Art. 91e Rn. 7 Fn. 23 aE, unter Berufung auf BVerfG NVwZ 2015, 136 (138) (= BVerfGE 137, 108 [141]).

[31] BVerfGE 119, 331 (370).

[32] *Brosius-Gersdorf* VRRS 2005, 335 (352); *Wahrendorf/Karmanski* NZS 2008, 281 (282); *Mempel* (Fn. 8), S. 104; *ders.,* ArchsozArb 2008, 114 (121); *Henneke* Landkreis 2008, 167 (168).

[33] BVerfGE 75, 108 (146 f.); 87, 1 (34); 88, 203 (313).

[34] *Degenhart,* Art. 74 Rn. 56.

[35] *Korioth* DVBl 2008, 812 (819); *Hermes,* in: Dreier III, Art. 91e Rn. 22, 24 f.; zurückhaltend *Wahrendorf/Karmanski* NZS 2008, 281 (282); aA *Henneke* Landkreis 2008, 167 (169) mit unzutr. Begründung; *ders.* Landkreis 2009, 13 (17); *Mempel* (Fn. 8), S. 105; *ders.* ArchsozArb 2008, 114 (122 f.).

[36] *Gusy/Worms* RuP 2008, 146 (151); aA aber ohne Begründung MinPräs. *Beck* im BRat in der Schlussberatung, BR-Prot 873, 242 A.

[37] *Korioth* DVBl 2008, 817 (821).

[38] *Henneke* Landkreis 2008, 163 (166).

[39] *Henneke* Landkreis 2010, 59.

Beschränkung und (3) eine einheitliche Bundesaufsicht über die Optionskommunen. Zudem sollte eine eigene Finanzierungsgrundlage im GG verankert werden.[40]

## II. Wirksamkeit

Im Schrifttum ist erwogen worden, ob durch die Neuregelung **verfassungswidriges Verfassungs-** **11** **recht** geschaffen worden ist,[41] das unwirksam und nichtig wäre. Die Befrachtung des GG mit schlecht formulierten Details eines polit. Kompromisses beschädigt nicht nur deren Würde und Ansehen,[42] sondern entzieht Einzelregelungen der künftig Neugestaltung durch den einfachen Gesetzgeber. Verfassungspolitisch ist die Vorschrift, wie die meisten anderen Änd. des GG, außerordentlich bedenklich, verfassungswidrig ist sie deshalb aber nicht, obwohl das BVerfG sein Verdikt gegen die Mischverwaltung auch auf Rechtsstaats- und Demokratieprinzip gestützt hat.[43] Das gilt auch bzgl. der fehlenden rational nachvollziehb. Begründung für das Regel-Ausnahme-Verhältnis zwischen Abs. 1 und Abs. 2 und für den Umstand, dass die Evaluation der Experimentierklausel (§ 6a SGB II)[44] nicht berücksichtigt worden ist. Darüber hinaus führt auch die sachlich nicht begründete Begrenzung der Zahl der Optionskommunen (→ Rn. 20) **nicht** zu einem **Verstoß** gegen **Art. 79 III**.[45] Die für ein Berühren der Grundsätze von Art. 20 erforderliche Beseitigung der geltenden Verfassungsordnung „in ihrer Substanz" und „in ihren Grundlagen"[46] kann trotz aller Fragwürdigkeit der Verfassungsänderung nicht angenommen werden. Art. 79 III ist eine eng auszulegende Ausnahmevorschrift, die Änderungen der Einzelausprägungen dieser Grundsätze nicht verbietet. Dieses Ergebnis hat das BVerfG jetzt bestätigt und die Auffassung, dass „verfassungswidriges Verfassungsrecht" geschaffen worden sei, ausdrücklich zurückgewiesen.[47] Ein absolutes Verbot der „Mischverwaltung" lasse sich Art. 79 III nicht entnehmen.[48] Auch bei einer weiteren Auslegung von Art. 79 III wurde eine Modif. der dort verankerten Grundsätze „in begrenzten Ausnahmefällen" „aus sachgerechten Gründen" für zulässig erklärt. Das habe der verfassungsänd. Gesetzgeber „mit Art. 91e GG getan".[49]

## III. Grundsätzliche Bedeutung

Die Vorschrift ermöglicht, die seit 2004 bereits einfachgesetzlich vorgesehene **Zusammenarbeit** **12** von Arbeitsagenturen und Kommunen in den Arbeitsgemeinschaften, die das BVerfG als verfassungswidrig erkannt hatte, über das Jahr 2010 hinaus fortzusetzen. Sie ist als „umfassende Absicherung der Verwaltungspraxis" zu verstehen,[50] so wie sie bis dahin gesetzlich normiert war. Entgegen den Zielen der Föderalismusreform I ist damit eine **neue Mischverwaltung** verankert worden. Art. 91e durchbricht aber nicht nur das grundsätzliche Verbot der Mischverwaltung, sondern auch das Verbot der **Aufgabenübertragung** durch Bundesgesetz **auf die Gemeinden und Gemeindeverbände,** das in Art. 84 I 7 normiert ist. Die Abweichung von Art. 84 I 7 gilt für beide Absätze von Art. 91e.[51] Eine getrennte – parallele – Wahrnehmung der Aufgaben auf dem Gebiet der Grundsicherung für Arbeitsuchende soll nicht mehr zulässig sein (obligatorische Mischverwaltung), wohl aber der Gesamtvollzug durch die Länder als eigene Angelegenheit entspr. der Grundregel des Art. 83 oder durch den Bund, gestützt auf Art. 87 III.[52] Für den einfachen Gesetzgeber ist es nicht mehr möglich, in diesem Bereich

---

[40] Vgl. *Nakielski* Soziale Sicherheit 2010, 165 (168 f.).

[41] *Hermes,* in: Dreier III, Art. 91e Rn. 20, 42; *Dauderstädt* GdS 2010, 14 (15).

[42] *Hermes,* in: Dreier III, Art. 91e Rn. 21, der die Änderung zu den „Pragmatismen" rechnet, die zur fortlaufenden Verschlechterung des GG führen.

[43] BVerfGE 119, 331 (365 f.); bestätigt durch BVerfGE 137, 108 (143 f.); ferner 139, 194 (226 Rn. 109); → Art. 91a Rn. 1.

[44] Evaluation der Hartz-Gesetze vom BT gewünscht (Entschließung v. 14.11.2002, BT-Dr 15/98); Bericht zur Evaluation der Experimentierklausel nach § 6c des zweiten Sozialgesetzbuchs v. 18.12.2008 (BT-Dr 16/11488); dazu *Knigge* ZFSH/SGB 2009, 529; zur Evaluation ferner: *Sell* (Fn. 5), S. 89 ff.; *Hesse,* Evaluation der Aufgabenträgerschaft nach dem SGB II, 3. Zwischenbericht, 2007, speziell auch zum Arbeitsgemeinschaften und Optionskommunen (S. 34 ff.).

[45] *Wieland* Landkreis 2009, 556 (559); zust. BVerfGE 137, 108 Rn. 160; *Klein,* in: Maunz/Dürig, Art. 91e Rn. 13 aE (2015); *Meyer* NVwZ 2015, 116 (118); *Engels,* in: Friauf/Höfling, Art. 91e Rn. 17 ff.; *Suerbaum* BK, Art. 91e (2017) Rn. 34, 47; anders wohl *Hermes,* in: Dreier III, Art. 91e Rn. 42: „erscheint **willkürlich** und wirft die Frage nach verfassungswidrigem Verfassungsrecht auf"; ähnl. *Dauderstädt* GdS 2010, 14 (15).

[46] BVerfGE 30, 1 (24); 94, 49 (102 f.); 109, 279 (310).

[47] BVerfGE 137, 108 Rn. 80; zust. *Meyer* NVwZ 2015, 116 (118); *Glaser* BK Vor Art. 91a-91e (2016) Rn. 82; *Suerbaum* BK, Art. 91e (2017) Rn. 45.

[48] BVerfGE 137, 108 Rn. 84, unter Berufung auf BVerfGE 63, 1 (38 ff.); 108, 169 (182); 119, 331 (364 ff.); 127, 165 (191).

[49] BVerfGE 137, 108 Rn. 84.

[50] BVerfGE 137, 108 Rn. 87.

[51] BR-Dr 186/10, S. 4; a. A. *Engels,* in: Friauf/Höfling, Art. 91e Rn. 24; gegen ihn zutreffend *Suerbaum* BK, Art. 91e (2017) Rn. 57.

[52] Wohl auch: *Volkmann/Kaufhold* MKS III, Art. 91e Rn. 7; *Hermes,* in: Dreier III, Art. 91e Rn. 22, 24 f., der aber deshalb in Art. 91e keine Anordnung einer obligatorischen Mischverwaltung sieht (Rn. 25).

zum verfassungsrechtl. Regelfall der getrennten Verwaltungsräume von Bund und Ländern zurückzukehren. Die alleinige Aufgabenerfüllung durch Optionskommunen wird ebenfalls erlaubt, muss aber die Ausnahme bleiben (→ Rn. 19). Mit Art. 91e ist eine „neue eigenständige Form der Verwaltungsorganisation" geschaffen worden.[53] Indem Art. 91e II „unmittelbare Verwaltungs- und Finanzbeziehungen zwischen dem Bund und den Optionskommunen herstellt, durchbricht er, wenn auch nur punktuell, die Zweistufigkeit des Staatsaufbaus der Bundesrepublik Deutschland."[54] Dennoch soll die Vorschrift nicht grds. restriktiv interpretiert werden.[55]

## IV. Verhältnis zu anderen Verfassungsbestimmungen

13 **Systematisch** ist die Vorschrift lex specialis zu Art. 30, 83, 84, 104a I und V 1 HS 1, allerdings nur soweit ihr Regelungsbereich geht.[56] Vor allem schließt sie eine Anwendung von Art. 84 II–V aus.[57] Die Anwendung von Art. 87 dürfte aber nicht schlechthin präkludiert sein.[58] Das BVerfG hatte in seiner Entsch. von 2007 offen gelassen, ob die Ausgestaltung der Arbeitsgemeinschaften gegen das Aufgabenübertragungsverbot des Art. 84 I 7 verstößt, da die angegriffene einfachgesetzl. Regelung erlassen worden war, als diese Vorschrift noch nicht in das GG eingefügt worden war.[59] Die Begründung zu Art. 91e stellt klar, dass Art. 84 I 7 und 85 I 2 im Regelungsbereich von Art. 91e keine Anwendung finden sollen. Dieses Ergebnis lässt sich auch aus den Formulierungen in Art. 91e I und II ableiten, dass das Zusammenwirken nicht zwischen der Bundesanstalt für Arbeit und den Ländern, sondern auch den nach Landesrecht zuständigen Gemeinden und Gemeindeverbänden zu erfolgen habe. Dieser Auslegung ist das BVerfG gefolgt und bezeichnet Art. 91e (insoweit) als „abschließende Sonderregelung".[60]

## B. Das Zusammenwirken von Bund und Ländern (Abs. 1)

### I. Allgemeines

14 Mit Art. 91e I wurde eine verfassungsrechtl. Grundlage für die Fortführung der gemeinsamen Aufgabenwahrnehmung der Grundsicherung für Arbeitsuchende zwischen der Bundesagentur für Arbeit und den komm. Trägern in den Arbeitsgemeinschaften geschaffen. Es wurde aber **nicht nur** eine **Ermächtigung** zum Zusammenwirken in das GG aufgenommen, sondern eine dahingehende **Verpflichtung**, um zu gewährleisten, dass „die erwerbsfähigen Hilfsbedürftigen aus einer Hand betreut werden und Leistungen aus einer Hand erhalten".[61] Bund und Länder oder die nach LandesR zuständigen Kommunen müssen bei der Ausführung von Bundesgesetzen auf dem Gebiet der Grundsicherung für Arbeitsuchende in der Regel auch in gemeinsamen Einrichtungen zusammenwirken.[62] Ob es aber weiterhin zulässig ist, durch einfachgesetzliche Anordnung den Gesetzesvollzug insgesamt den Ländern und ihren Kommunen als eigene Angelegenheit zu überlassen, ist zweifelhaft.[63] Der Wortlaut der Bestimmung spricht dagegen. Ihr Sinn und Zweck würde sie zulassen, solange tatsächlich das Reformziel („Leistungen aus einer Hand") nicht gefährdet wird. Bei vergleichbarem Wortlaut ist für Art. 91a keine vollständige Pflicht zum Zusammenwirken angenommen worden (→ Art. 91a Rn. 29).

15 Die gemeinsame Aufgabenwahrnehmung ist jedenfalls als **Regelfall** vorgesehen. Die in Abs. 2 vorgesehene Wahlmöglichkeit bildet die Ausnahme von dieser Regel.[64] Die grundgesetzl. nur ausnahmsweise erlaubte Mischverwaltung wird damit im Bereich der Grundsicherung für Arbeitsuchende

---

[53] *Volkmann/Kaufhold* MKS III, Art. 91e Rn. 9.
[54] BVerfGE 137, 108 Rn. 89; anders zuvor *Henneke* DÖV 2012, 165 (167).
[55] BVerfGE 137, 108 Rn. 87 aE.
[56] Bestätigt durch BVerfGE 137, 108 Rn. 85: „In seinem Anwendungsbereich verdrängt Art. 91e GG sowohl die Art. 83 ff. GG als auch Art. 104a GG"; vgl. zuvor auch schon *Hermes*, in: Dreier III, Art. 91e, 2. Aufl. 2008, Rn. 51, 56, für den gesamten Abs. 5.
[57] BVerfGE 137, 108 Rn. 87.
[58] Näher *Volkmann/Kaufhold* MKS III, Art. 91e Rn. 10; *Suerbaum* BK, Art. 91e (2017) Rn. 37 f., der auch Art. 87 III präkludiert sieht, mwN zum Streitstand.
[59] BVerfGE 119, 331 (359).
[60] BVerfGE 137, 108 Rn. 86–88; dazu näher *Meyer* NVwZ 2015, 116.
[61] BT-Dr 17/1554, S. 4; *Pieroth*, in: Jarass/Pieroth, Art. 91e Rn. 1; *Hermes*, in: Dreier III, Art. 91e Rn. 22; *Volkmann/Kaufhold* MKS III, Art. 91e Rn. 12; *Henneke* Landkreis 2010, 159 (160): „Statuierung einer Verfassungspflicht zur Mischverwaltung"; aA *Engels*, in: Friauf/Höfling (2015), Art. 91e Rn. 14 Fn. 50 mwN.
[62] Für obligatorische Mischverwaltung *Volkmann/Kaufhold* MKS III, Art. 91e Rn. 13 f.; *Klein*, in: Maunz/Dürig, Art. 91e (2015) Rn. 12, 14: „Verbot getrennter Aufgabenwahrnehmung"; *Suerbaum* BK, Art. 91e (2017) Rn. 52; u. Einschr. *Hermes*, in: Dreier III, Art. 91e Rn. 22.
[63] Dafür *Hermes*, in: Dreier III, Art. 91e Rn. 24 f.; ausführlich gegen ihn *Suerbaum* BK, Art. 91e (2017) Rn. 53 f.
[64] Ausdrücklich zustimmend BVerfGE 137, 108 Rn. 104; i. Erg. ebenso: *Hermes*, in: Dreier III, Art. 91e Rn. 39; *Volkmann/Kaufhold* MKS III, Art. 91e Rn. 18; *Klein*, in: Maunz/Dürig, Art. 91e (2015) Rn. 27; *Engels*, in: Friauf/Höfling (2015), Art. 91e Rn. 13, 28; *Mager*, in: v. Münch/Kunig, Art. 91e Rn. 8; *Suerbaum* BK, Art. 91e (2017) Rn. 75.

zum verfassungsrechtl. Normalfall. Diese Lösung wurde als genügend flexibel angesehen, um künftig auch andere Wege einschlagen zu können, als bisher einfachgesetzlich vorgesehen waren.[65]

## II. Regelungsbereich und Arten des Zusammenwirkens

Gegenstand des Zusammenwirkens ist die „Grundsicherung für Arbeitsuchende". Dieser Begriff **16** müsste nach den allg. Auslegungsregeln aus dem GG selbst ausgelegt werden. Allerdings hat sich der verfassungsänd. Gesetzgeber erkennbar an dem bereits vorhandenen einfachgesetzl. Sprachgebrauch orientiert. Er rechnet zur **Grundsicherung** „staatliche Leistungen, die der Beendigung oder Verringerung der Hilfsbedürftigkeit Arbeitsuchender" dienen, vor allem zur „Eingliederung in Arbeit" als auch zur „Sicherung des Lebensunterhalts" (§ 19a SGB I).[66] Zu den **Arbeitsuchenden** sollen nur die „erwerbsfähigen Hilfebedürftigen" zu rechnen sein sowie die Personen, die mit ihnen in einer Bedarfsgemeinschaft leben.[67] Der Gesetzgeber darf jedoch den Umfang der zu gewährenden Leistungen einfachgesetzl. ausweiten, solange eine Subsumtion unter den Begriff „Grundsicherung" gefasst werden kann.[68]

Es sind Bund und Länder, die zusammenwirken sollen. Damit besteht Spielraum zur Einführung **17** anderer Organisationsformen als die bisher schon einfachgesetzlich vorgesehene Zusammenarbeit der Agenturen für Arbeit und der Kommunalkörperschaften. Insoweit ist weder die Organisationsgewalt des Bundes noch die der Länder eingeschränkt worden.[69] Der Verweis auf die nach Landesrecht zuständigen Gemeinden und Gemeindeverbände bedeutet nur die Anknüpfung an die kommunalrechtl. Binnenstruktur der Länder, schränkt aber nicht die Übertragungsbefugnis des Bundesgesetzgebers ein.[70] Das Zusammenwirken zur Erbringung dieser Leistungen muss allerdings in **gemeinsamen Einrichtungen** stattfinden. Aus der Gesetzesbegründung ist zu entnehmen, dass damit im Wesentlichen die Arbeitsgemeinschaften nach § 44b SGB II gemeint sind, da sich diese grds. bewährt hätten.[71] Darüber hinaus sind unter Einrichtungen aber auch alle Organisationseinheiten oder Institutionen zu verstehen, die mit Personal- und Sachmitteln ausgestattet sind.[72] Die rechtl. Behandlung dieses (neuen) Typs von Verwaltungseinrichtung wirft zahlreiche Zweifelsfragen auf, die auch schon die fachgerichtliche Rspr. beschäftigt haben.[73] IRd Art. 91e folgen verfassungsrechtl. Grenzen im Wesentlichen nur aus dem Willkürverbot, dem Demokratieprinzip und dem Rechtsstaatsgebot.[74]

Art. 91e I erfasst nur die Ausführung von **Bundesgesetzen.** Auf uU zulässige landesgesetzl. **18** Regelungen zur Grundsicherung findet er keine Anwendung.[75] Eine bes. Regelung der **Kostentragung** im Anwendungsbereich von Abs. 1 ist anders als für die Optionskommunen (→ Rn. 21) nicht getroffen worden. Daraus ist zu schließen, dass insoweit die allg. Vorschriften gelten sollen, also vor allem Art. 104a I.[76] Andererseits hat das BVerfG ohne einen Vorbehalt oder eine Beschränkung auf Art. 91e II 2 angenommen, dass Art. 104a von Art. 91e verdrängt werde.[77] Nähere Ausführungen hat es allerdings nur zur Verteilung der Ausgaben für die Optionskommunen gemacht.[78] Das könnte bedeuten, dass die Beteiligten im Bereich des Zusammenwirkens nach Abs. 1 frei von den Regelungen in Art. 104a die Verteilung der Ausgabenlasten ausgestalten dürften. Ob die Vorgaben für die Verteilung der Verwaltungsausgaben (Art. 104a V 1, 1. Alt.) auf die gemeinsamen Einrichtungen nicht anzuwenden wären, ist nicht sicher.[79] Statt einer freien Verteilung durch Gesetz kommt auch eine Verteilung nach dem Umfang der Tätigkeit in Betracht. Andernfalls wäre die Erfassung der „Verwaltungsausgaben" in Art. 91e II 2 wenig sinnvoll. Der eigentl. Zweck der Regelung besteht darin, einen Gleichlauf der Ausgabenverteilung zwischen zugelassenen Verwaltungsformen herzustellen. Der

---

[65] So auch *Hermes,* in: Dreier III, Art. 91e Rn. 28.

[66] *Engels,* in: Friauf/Höfling (2015), Art. 91e Rn. 20; ähnlich: *Hermes,* in: Dreier III, Art. 91e Rn. 26; *Pieroth,* in: Jarass/Pieroth, Art. 91e Rn. 2; *Klein,* in: Maunz/Dürig, Art. 91e (2015) Rn. 18; *Suerbaum* BK, Art. 91e (2017) Rn. 62.

[67] *Hermes,* in: Dreier III, Art. 91e Rn. 26; *Suerbaum* BK, Art. 91e (2017) Rn. 64.

[68] *Volkmann/Kaufhold MKS III,* Art. 91e Rn. 16; *Engels,* in: Friauf/Höfling (2015), Art. 91e Rn. 20; *Klein,* in: Maunz/Dürig, Art. 91e Rn. 18 (2015); *Suerbaum* BK, Art. 91e (2017) Rn. 62 a. E.

[69] *Hermes,* in: Dreier III, Art. 91e Rn. 28–30; aA wohl *Engels,* in: Friauf/Höfling (2015), Art. 91e Rn. 24.

[70] *Hermes,* in: Dreier III, Art. 91e Rn. 32.

[71] BT-Dr 17/1554, S. 4.

[72] *Pieroth,* in: Jarass/Pieroth, Art. 91e Rn. 2; i. Erg. ähnlich *Engels,* in: Friauf/Höfling (2015), Art. 91e Rn. 25.

[73] Einzelheiten bei *Hermes,* in: Dreier III, Art. 91e Rn. 38; zu den verfassungsrechtl. Grenzen der Ausgestaltung durch den Gesetzgeber *Engels,* in: Friauf/Höfling (2015), Art. 91e Rn. 26.

[74] → Rn. 11, Rn. 25; wohl auch *Engels,* in: Friauf/Höfling (2015), Art. 91e Rn. 26, aber nicht eindeutig.

[75] Jetzt ebenso *Engels,* in: Friauf/Höfling (2015), Art. 91e Rn. 21; z.T abw. *Suerbaum* BK, Art. 91e (2017) Rn. 65.

[76] Für die Anwendung von Art. 104a I „zumindest als Auffangtatbestand" *Volkmann/Kaufhold* MKS III, Art. 91e Rn. 17, 24.

[77] BVerfGE 137, 108 Rn. 85, aber nicht konsistent, da die Ausgestaltung der Vorschrift ermögliche, „die Verteilung der Finanzierungslasten zwischen Bund und Ländern im Übrigen unangetastet zu lassen (Rn. 88). Die Ausführungen sind bzgl. der Verteilung der Finanzierungslasten im Regelfall des Abs. 1 bestenfalls unklar.

[78] BVerfGE 137, 108 Rn. 88.

[79] So aber *Volkmann/Kaufhold* MKS III, Art. 91e Rn. 17, da es sich weder um eine „Behörde" des betroffenen Landes handele noch eine des Bundes, sondern um eine „Mischbehörde".

Bund sollte nicht dadurch bessergestellt werden, dass die Optionskommunen alleinige Aufgabenträger sind. Die einfachgesetzl. vorgefundene Verteilung der finanz. Lasten sollte aber im Übrigen nicht geändert werden. Ob und inwieweit sie mit den allg. Regelungen des GG kompatibel war, blieb offen. Der Vergleich mit Art. 91a und b spricht eher für deren Geltung im Rahmen von Art. 91e I.[80] Die Verteilung der Verwaltungsausgaben dürfte aber möglicherweise dennoch frei geregelt werden.

## C. Die Optionskommunen (Abs. 2)

19     Abs. 2 führt die Experimentierklausel des § 6a SGB II auf verfassungsrechtl. Ebene fort und verstetigt sie. Die Regelung eröffnet auf Dauer die Möglichkeit, dass der Bund auf Antrag von Gemeinden oder Gemeindeverbänden und mit Zustimmung der obersten Landesbehörde eine **Ausnahme** vom Regelfall der Mischverwaltung im Bereich der Grundsicherung von Arbeitsuchenden (→ Rn. 15) zulässt. Kommunalkörperschaften dürfen mit der **alleinigen Wahrnehmung** der Aufgaben im Sinne von Abs. 1 betraut werden, müssen es aber nicht.[81] Der **Ausnahmecharakter** der Bestimmung lässt sich nicht mit dem Verbot unmittelbarer Finanzbeziehungen zwischen Bund und Kommunen begründen, da der Verfassunggeber eine eigenständige Finanzierungsregelung getroffen hat, die eine Heranziehung von Art. 106 VIII erübrigt (u. Rn. 21). Er folgt vielmehr daraus, dass lediglich für eine „begrenzte Anzahl" von Kommunalkörperschaften die alleinige Aufgabenerfüllung vom Bund erlaubt werden darf.[82] Die Voraussetzungen für die Zulassung sind in § 6a SGB II und das Zulassungsverfahren in der Kommunalträger-Eignungsfeststellungsverordnung des Bundes geregelt.[83]

20     Die bereits vor der Verfassungsänderung existierenden Optionskommunen behalten ihre Zulassung. Die **Zahl der Optionskommunen** soll allerdings erhöht werden können.[84] Die zahlenmäßige Begrenzung hat lediglich rudimentär Niederschlag im Verfassungstext gefunden („begrenzte Anzahl"). Trotz der im Gesetzgebungsverfahren mehrfach geäußerten Absicht dürfte es nicht möglich sein, aus dem Wortlaut von Art. 91e eine konkrete zahlenmäßige Grenze abzuleiten. Eine Ausweitung des Optionsmodells hatte das BVerfG auch schon nach der alten Rechtslage für zulässig erachtet. Es hatte darauf hingewiesen, dass nicht ersichtlich sei, warum die nach § 6a III 1 SGB II zugelassenen Kreise die Leistungen des § 44b SGB II nicht auch ohne die zahlenmäßige Beschränkung vornehmen könnten.[85] Von Verfassungs wegen war weder eine zahlenmäßige noch eine zeitliche Begrenzung der Optionskommunen erforderlich.[86] Eine zahlenmäßige Begrenzung kann auch nicht aus Art. 84 I 7 abgeleitet werden, da die Vorschrift nur Aufgabenzuweisungen auf die kommunale Ebene als Ganzes verbietet.[87] Das BVerfG hat allerdings im Jahre 2014 das Erfordernis einer **Zweidrittelmehrheit** (§ 6a II 3 SGB II) für die Zulassung von Optionskommunen für **verfassungswidrig** erklärt. Art. 91e gewähre zwar keinen Anspruch, enthalte aber eine „Chance" auf Zulassung auf alleinige Aufgabenerfüllung in diesem Bereich.[88] Mit der Zweidrittelmehrheit werde die durch Art. 28 II geschützte kommunale Organisationshoheit schon deshalb verkürzt, weil dem Bundesgesetzgeber insoweit die Gesetzgebungshoheit fehle,[89] aber vor allem auch, weil das „normativ verknappte Gut" nicht willkürfrei verteilt worden sei.[90] Im Ergebnis wird ein Verstoß gegen Art. 28 II 1, 2 und Art. 70 bejaht.[91] Der weit ausholende argumentative Rückgriff des Gerichts auf Art. 28 II,[92] die darin geschützte kommunale Organisationshoheit[93] und das „interkommunale Gleichbehandlungsgebot"[94] ist allerdings angreifbar, da der verfassungsänd. Gesetzgeber die einfachgesetzl. Regelungen verfassungsrechtl. absichern wollte. Das Willkürverbot[95] wäre

---

[80] Wohl auch *Volkmann/Kaufhold* MKS III, Art. 91e Rn. 18; *Engels*, in: Friauf/Höfling (2015), Art. 91e Rn. 27; *Klein*, in: Maunz/Dürig, Art. 91e (2015) Rn. 23, unter Berufung auf BVerfGE 137, 108 Rn. 88, ohne jedoch die Ausführungen des Gerichts (dazu o. Fn. 78) näher zu untersuchen.

[81] BVerfGE 137, 108 Rn. 105; *Volkmann/Kaufhold* MKS III, Art. 91e Rn. 19; Mit der Einführung des Antragserfordernisses sollte den Garantien des Art. 28 II Rechnung getragen werden, vgl. *Hermes*, in: Dreier III, Art. 91e Rn. 43. Das ist allerdings nicht überzeugend. Der verfassungsändernde Gesetzgeber ist nicht an Art. 28 II gebunden.

[82] BVerfGE 137, 108 Rn. 103.

[83] BGBl I 1155.

[84] BT-Dr 17/1554, S. 5. *Nakielski* nennt danach als Höchstzahl 110 Kommunen (Soziale Sicherheit 2010, 165 [169]).

[85] BVerfGE 119, 331 (372).

[86] Vgl. *Wieland* Landkreis 2009, 556 (557). Gleichwohl war behauptet worden, das Grundgesetz erlaube eine Aufhebung der Kontingentierung nicht, vgl. *Schmachtenberg* Wirtschaftsdienst 2008, 3 f.; *Mosley* Wirtschaftsdienst 2008, 90 (91).

[87] *Henneke* Landkreis 2008, 113.

[88] BVerfGE 137, 108 Rn. 101 f., 105, unter Hinweis, dass es dem Gesetzgeber freistehe überhaupt Optionskommunen einzuführen.

[89] BVerfGE 137, 108 Rn. 123, 131–146.

[90] BVerfGE 137, 108 Rn. 106.

[91] BVerfGE 137, 108 Rn. 147; ähnlich zuvor schon *Henneke* DÖV 2012, 165 (168), der die Begründung des Gerichts vorzeichnet; *ders.* DÖV 2013, 825 (829).

[92] BVerfGE 137, 108 Rn. 113–119.

[93] BVerfGE 137, 108 Rn. 129.

[94] BVerfGE 137, 108 Rn. 109 f.

[95] *Volkmann/Kaufhold* MKS III, Art. 91e Rn. 23; *Hermes*, in: Dreier III, Art. 91e Rn. 42.

eher der richtige Maßstab und auch hinreichend gewesen. Die **Begrenzung auf 25 %** durch § 6a II 4 SGB II hat das BVerfG dagegen nicht beanstandet,[96] auch wenn diese Grenze nicht im GG vorgezeichnet und sachlich fragwürdig ist.[97] Einer verfassungskonf. Auslegung bedürfe es nicht.[98] **Gegenwärtig sind 89 Kreise und 13 Städte zugelassen.**[99]

Art. 91e II 2 enthält eine **Finanzierungsregelung.** Danach trägt der Bund die notw. Ausgaben **21** der Optionskommunen, soweit sie bei der Ausführung von Gesetzen nach Abs. 1 entstehen. Die Regelung modifiziert den Grundsatz der Konnexität von Aufgabenverantwortung und Ausgabenlast (→ Art. 104a Rn. 2). Außerdem weicht sie von Art. 104a V 1 HS 1 ab, da der Bund auch die Verwaltungskosten zu tragen hat. Schließlich ermöglicht sie sonst nicht zulässige unmittelbare Finanzbeziehungen zwischen Bund und Kommunen.[100] Allerdings ist die Kostentragung des Bundes auf die Kosten begrenzt, die er zu tragen hätte, wenn die Leistungen iR einer gemeinsamen Einrichtung i. S. von Abs. 1 erbracht würden. Auch das BVerfG hat jetzt Art. 91e als umfass. Sondervorschrift gegenüber Art. 104a angesehen und als punktuelle Durchbrechung der Zweistufigkeit des Staatsaufbaus der BRD, die auch das Finanzverfassungsrecht prägt, bezeichnet (→ Rn. 12); jedenfalls bzgl. der Optionskommunen.

## D. Aufsicht und Kontrolle

IRd **Mischverwaltung** nach Abs. 1 soll der Bund für die **Aufsicht** über die Bundesagentur für **22** Arbeit zuständig sein und die Länder für die komm. Träger. Die Aufsicht über die gemeinsamen Einrichtungen übt der Bund grds. im Einvernehmen mit dem jew. Land aus. Dabei ist nach dem Willen des verfassungsänd. Gesetzgebers ein „Konfliktlösungsmechanismus" vorzusehen, der „eine effektive Wahrnehmung der Aufsicht" gewährleistet.[101] Für die **Aufsicht** über die **Optionskommunen** enthält Abs. 2 keine bes. Vorgaben. Eine Aufsicht des Bundes erfolgt iRv Art. 84 III und IV über die Länder. Die Aufsicht über die zugelass. Kommunen erfolgt durch die Länder nach den allg. Vorschriften. Nach der Vorstellung des verfassungsänd. Gesetzgebers soll der Bund aber auch die Finanzkontrolle über die Optionskommunen ausüben und rechtswidrig verwendete Mittel zurückverlangen dürfen. Das Prüfungsrecht des BRH soll unberührt bleiben.[102] Es ist aber nicht sicher, dass diese von der Sache her durchaus gebotene Kontrollbefugnis von Bundesorganen über Kommunalkörperschaften schon aus den allg. Regeln (Art. 84, 114 II) abgeleitet werden kann. Sie ist zwar im Bereich der Mischfinanzierung anerkannt, aber für nachgeordnete Landeseinrichtungen bestritten (→ Art. 114 Rn. 33).

Ob die in Bezug auf die Optionskommunen in § 6b III SGB II vorgesehene **Finanzkontrolle 23** durch den **BRH** und die **Prüfungsbefugnisse** durch das **Bundesministerium** für Arbeit und Soziales einer verfassungsgerichtl. Prüfung standhalten würden, war daher nicht sicher.[103] Der Gesetzgeber ging jedoch davon aus, dass sich die Aufsicht über die Wahrnehmung der Aufgaben nach Art. 91e II als eigene Angelegenheit der Länder an der Zuständigkeitsverteilung lediglich „orientiert". Diese Vorstellung bedeutet aber eine so weitgehende Abweichung von den Vorgaben in Art. 84 III und IV, dass für ihre Verwendung eine ausdrückliche verfassungsrechtl. Grundlage erforderlich ist. Das AusführungsG nach Abs. 3 (→ Rn. 24) reicht nicht aus. Nur wenn Art. 91e als „umfassende Absicherung der Verwaltungspraxis" verstanden wird, der vor allem auch eine Anwendung von Art. 84 II–V ausschließt,[104] lässt sich eine Beurteilung als verfassungswidrig vermeiden.[105] Das BVerfG hat die gegen § 6b III und IV SGB II gerichteten **Kommunalverfassungsbeschwerden** jedenfalls **zurückgewiesen.**

Da Art. 91e II die Zweistufigkeit des Staatsaufbaus der Bundesrepublik Deutschland durchbricht **23a** (→ Rn. 12), ermöglicht er die **besondere Finanzkontrolle des Bundes** über die **Optionskom-**

---

[96] BVerfGE 137, 108 Rn. 151, 157–161; zur gegenteiligen Auffassung o. Rn. 11.

[97] Ausdrücklich der hier vertretenen Auffassung zust. *Henneke* DÖV 2012, 165 (171); *Hermes*, in: Dreier III, Art. 91e Rn. 42; s. a. *Volkmann/Kaufhold* MKS III, Art. 91e Rn. 23; *Suerbaum* BK, Art. 91e (2017) Rn. 82, 84, mit ausf. Diskussion von „Verfahren und Kriterien der Zulassungsentscheidung" (Rn. 89–102; *Engels*, in: Friauf/Höfling (2015), Art. 91e Rn. 32, der eine Ausweitung der Optionskommunen über die Quote von 25 Prozent für unbedenklich hält; *Klein*, in: Maunz/Dürig, Art. 91e (2015) Rn. 27, der seine frühere Auffassung angesichts der Entscheidung des BVerfG aus dem Jahre 2014 für „überholt" erklärt.

[98] BVerfGE 137, 108 Rn. 162–166; aA *Hermes*, in: Dreier III, Art. 91e Rn. 42.

[99] Anlage zu § 1 I KomtrZVO i. d. F. v. 29.5.2017.

[100] BT-Dr 17/1554, S. 5; zuvor aber möglich gehalten bei Organleihe *Müller-Franken* VSSR 2000, 155 (162 ff.).

[101] BT-Dr 17/1554, S. 5; krit. *Hermes*, in: Dreier III, Art. 91e Rn. 36 f., der zu Recht darüber hinausgehende eigene Maßstäbe aus dem Verfassungsrecht abzuleiten sucht.

[102] BT-Dr 17/1554, S. 5.

[103] Bedenken bei: *Hermes*, in: Dreier III, Art. 91e Rn. 53 f.; *Henneke* NVwZ 2012, 399; *ders.* DVBl 2013, 1522 (1523); *Klein*, in: Maunz/Dürig, Art. 91e (2015) Rn. 32, ohne die Entscheidung des BverfG aus dem Jahre 2014 zu berücksichtigen; aA *Mayen* NVwZ 2011, 584 (588).

[104] BVerfGE 137, 108 Rn. 87.

[105] Vgl. zu den Bedenken *Siekmann* in der 7. Aufl., Rn. 23; krit. auch *Suerbaum* BK, Art. 91e (2017) Rn. 120: keine Grundlage zur Finanzkontrolle durch den Bund aus Art. 91e III.

munen.[106] Sie unterscheidet sich aber von der (allgemeinen) Aufsicht und der Finanzkontrolle durch den BRH. Art. 91e regelt nicht die (Rechts- und Fach-)Aufsicht, die bei den Ländern verbleibt. Die Finanzkontrolle des Art. 91e II 2 beschränkt sich auf die Überprüfung der Rechnungslegung, die Wirtschaftlichkeit der Ausgaben und die Durchsetzung eventueller Ersatzansprüche.[107] Sie unterscheidet sich von der Finanzkontrolle durch den BRH dadurch, dass sie nicht durch ein unabhängiges Organ erfolgt, einen engeren Aufgabenbereich hat, aber mit weiterreichenden Befugnissen, vor allem Sanktionsbefugnissen, ausgestattet ist.[108]

23b   Das BSG hat einen **Erstattungsanspruch** für grob fahrlässiges oder vorsätzliches Verwaltungshandeln der Optionskommunen bejaht.[109] Das BVerfG hat allerdings im Hinblick auf § 6a ZuInvG bereits für „Erhebungen" des BRH als Vorstufe für Rückforderungsansprüche eine verfassungsrechtl. Grundlage verlangt.[110] Etwas anderes soll nur gelten, wenn „konkrete Tatsachen" das Bestehen eines Anspruchs nach Art. 104a V 1 HS 1 möglich erscheinen ließen.[111] Wenn Art. 91e II jedoch als „abschließende Sonderregelung" zu verstehen ist, die auch eine Finanzkontrolle zulässt,[112] liegt es nahe, dass Ersatz für fehlerhaftes Verwaltungshandeln, das bei einer Prüfung aufgedeckt wird, verlangt werden darf. Das BVerfG erwähnt, dass die durch Art. 91e II 2 ermöglichte Finanzkontrolle auch der „Durchsetzung eventueller Erstattungsansprüche" dient,[113] die auch im Wege der Verrechnung durchgesetzt werden dürfen.[114] Eine Beschränkung auf Vorsatz oder grobe Fahrlässigkeit dürfte ausscheiden. Allerdings wird nicht jede vertretbare Rechtsauffassung beanstandet werden dürfen.[115]

## E. Das Ausführungsgesetz (Abs. 3)

24   Nach Art. 91e III ist das Nähere durch zustimmungsbedürftiges BundesG zu regeln. Die Bestimmung enthält einen **Regelungsvorbehalt** und einen **Gesetzgebungsauftrag**.[116] Sie begründet eine ausschließl. Kompetenz des Bundes und bezieht sich auf Abs. 1 und 2. Das ergibt sich aus ihrer system. Stellung, ist aber auch im Gesetzgebungsverfahren deutlich zum Ausdruck gekommen.[117] Das BundesG soll iRv Abs. 1 folgende Bereiche ausgestalten: „Organisation, Behördeneinrichtung, Verwaltungsverfahren, Wahrnehmung von Dienstherrenbefugnissen, Übergang und Rechtsstellung des Personals sowie Personalvertretung, Aufsicht, Zielvereinbarung, Mittelbewirtschaftung, Finanzkontrolle, Rechnungsprüfung und Leistungsbewertung".[118] Zu Abs. 2 sollen ua Regelungen getroffen werden: „zur Festlegung der Zahl der Optionskommunen, zu den Kriterien für die Zulassung der Optionskommunen, zu Übergang und Rechtsstellung des Personals der Optionskommunen und zu Kostentragung, Aufsicht, Zielvereinbarungen, Mittelbewirtschaftung, Finanzkontrolle, Rechnungsprüfung und Leistungsbewertung sowie Übergangsbestimmungen bei der Veränderung der Organisation der Gesetzesdurchführung".[119] Diese Aufzählungen sollen nicht als abschließend zu betrachten sein. IE sind dem Ausführungsgesetzgeber **weitgehende Handlungsspielräume** eingeräumt worden.[120]

25   Bei der **näheren Ausgestaltung** ist aber darauf zu achten, dass die Vorgaben des BVerfG zur Vermischung von Verwaltungszuständigkeiten beachtet werden. Auch wenn Art. 91e eine Mischverwaltung erlaubt, müssen die grundlegenden Regeln des Demokratieprinzips, der Normenklarheit und Widerspruchsfreiheit beachtet werden.

26   Die **vorgeschriebene nähere Regelung** ist mit dem G zur Weiterentwicklung der Organisation der Grundsicherung für Arbeitsuchende v. 3.8.2010[121] und den zugehörigen AusführungsVO[122] erlassen worden. Dieses Gesetz ändert das SGB II, um sicherzustellen, dass die gemeinsame Aufgabenwahrnehmung von der Bundesagentur für Arbeit und den Kommunen fortgesetzt wird. Den zugelassenen komm. Trägern soll ermöglicht werden, die Aufgaben unbefristet wahrzunehmen. Dies bedeutet

---

[106] BVerfGE 137, 108 Rn. 96.
[107] BVerfGE 137, 108 Rn. 98 f.
[108] BVerfGE 137, 108 Rn. 100.
[109] BSG DVBl 2013, 1519; dazu näher *Mayen* NVwZ 2011, 584, der den in § 6b V SGB II normierten Rückforderungsanspruch als verfassungskonform ansieht; *Höfling,* Der Landkreis 2011, 158 ff.; *Suerbaum* BK, Art. 91e (2017) Rn. 117; aA *Henneke* DÖV 2013, 825 (832).
[110] BVerfGE 127, 165 (210).
[111] BVerfGE 127, 165 (223).
[112] BVerfGE 137, 108 Rn. 86–88, 96.
[113] BVerfGE 137, 108 Rn. 99 f.
[114] BVerfGE 137, 108 Rn. 180; Bejahung von Erstattungsansprüchen in einem weit verstandenen Sinn auch *Engels,* in: Friauf/Höfling (2015), Art. 91e Rn. 43; aA *Henneke* DÖV 2013, 825 (832).
[115] BVerfGE 137, 108 Rn. 182.
[116] *Pieroth,* in: Jarass/Pieroth, Art. 91e Rn. 1; *Suerbaum* BK, Art. 91e (2017) Rn. 55; s. a. *Hermes,* in: Dreier III, Art. 91e Rn. 22: Regelungsvorbehalt.
[117] BT-Dr 17/1554, S. 5.
[118] BT-Dr 17/1554, S. 5.
[119] BT-Dr 17/1554, S. 5.
[120] *Volkmann/Kaufhold* MKS III, Art. 91e Rn. 8, 28.
[121] BGBl I 1112.
[122] KomtrZV, KtEfV.

eine Änderung der Regelung, die in der Experimentierklausel des § 6a SGB II aF enthalten war. Zudem erweitert das Gesetz die Zahl der zugelassenen Optionskommunen auf ein Viertel der zum Antragszeitpunkt bestehenden Aufgabenträger.

## F. Kritische Würdigung

Auch wenn die rechtlichen Bedenken gegen die Verfassungsänderung letztlich nicht durchgreifen 27 (→ Rn. 11), bestehen erhebl. verfassungspol. Bedenken gegen die erneute Änderung des GG.[123] Mit der Einfügung von Art. 91e I wurde ein weiterer **Mischverwaltungstatbestand** geschaffen, obwohl es ein Grundanliegen der Föderalismusreform I gewesen war, Entflechtung und Transparenz zu fördern. Die erzielten Fortschritte werden schon nach wenigen Jahren weitgehend rückgängig gemacht, wie schon bei der Föderalismusreform II des Jahres 2009[124] und den nachfolgenden Änderungen und Einfügungen 2017 und 2019 (Art. 91e V, 104b, 104c und 104d). Die Kurzlebigkeit von grundlegenden Reformen, der schludrige Umgang mit dem GG und der kontinuierliche Qualitätsverfall auch der Gesetzgebung sind schon bemerkenswert. Hinzu kommt die zunehmende Befrachtung der rechtl. Grundordnung des Staates mit wenig durchdachten zweit- und drittrangigen Details, die nicht in eine Verfassung gehören.[125] Sie behindern zudem eine möglicherweise kurzfristig erforderliche Änderung von Einzelheiten.[126] Art. 91e wirkt insgesamt als Fremdkörper im Abschnitt über die Gemeinschaftsaufgaben.[127]

Zwar durfte die Verwaltung der Grundsicherung für Arbeitsuchende nicht in einer gemeinsamen 28 Einrichtung erfolgen, da das GG für eine derartige Mischverwaltung keine Grundlage enthielt.[128] Das Reformziel („Leistungen aus einer Hand") hätte auch ohne die Schaffung neuer Einrichtungen der Mischverwaltung erreicht werden können. Der politische Prozess war nur unfähig, eine verfassungskonforme Neuregelung auf einfachgesetzlicher Ebene zu schaffen, obwohl dies rechtlich möglich gewesen wäre (→ Rn. 6, 8). Die Entscheidung des BVerfG war auch nicht so fragwürdig, dass der Gesetzgeber sie gewissermaßen als „Akt der ‚Notwehr‛„ hätte korrigieren müssen.[129] Im Gegenteil ist sie gut und nachvollziehbar begründet und bemüht sich zu Recht, dem Hang des politischen Prozesses zu Intransparenz und **Verantwortungsdilatation** entgegenzutreten. Sie gibt dem Gesetzgeber auf, für eine **klare Trennung** der staatlichen Ebenen in der Verwaltung zu sorgen. Die Begrenzung der Anzahl der Optionskommunen war nicht zwingend, da nach der Einfügung von Art. 91e ein Rückgriff auf Art. 106 VIII für die Regelung der Finanzierung nicht mehr notwendig war.[130]

---

[123] Deutlich *Dreier* ZSE 2008, 399 (404 ff.).

[124] *Huber* DÖV 2008, 844 (850 f.); → Art. 91c Rn. 27.

[125] *Huber* DÖV 2008, 844 (850); *Dreier* ZSE 2008, 399 (404): „Textwänste", die im Korpus des GG „schlicht nichts zu suchen haben"; zust. *Suerbaum* BK, Art. 91e (2017) Rn. 33; grundlegend *Kägi*, Die Verfassung als rechtliche Grundordnung des Staates, 1945.

[126] *Dreier* ZSE 2008, 399 (405); weniger krit. *Mager*, in: v. Münch/Kunig, Art. 91e Rn. 14; *Volkmann/Kaufhold* MKS III, Art. 91e Rn. 5, der aber eine deutliche Verantwortlichkeit des BVerfG für die Entwicklung sieht.

[127] *Volkmann/Kaufhold* MKS III, Art. 91e Rn. 7, der in seiner Ausrichtung nach besser in dem Abschnitt über Verwaltungskompetenzen untergebracht sieht; dagegen *Klein*, in: Maunz/Dürig, Art. 91e (2015) Rn. 11.

[128] BVerfGE 119, 331 (369).

[129] Der Gedanke ist aufgeworfen worden von *Hermes,* in: Dreier III, Art. 91e Rn. 21, der die Änderung aber doch zu den „Pragmatismen" rechnet, die zur fortlaufenden Verschlechterung des GG führen.

[130] *Engels,* in: Friauf/Höfling (2015), Art. 91e Rn. 32.

# IX. Die Rechtsprechung

## Art. 92 [Gerichtsorganisation]

**Die rechtsprechende Gewalt ist den Richtern anvertraut; sie wird durch das Bundesverfassungsgericht, durch die in diesem Grundgesetze vorgesehenen Bundesgerichte und durch die Gerichte der Länder ausgeübt.**

**Entstehungsgeschichte: Erstfassung:** JöR nF 1 (1951), 667. – **Änderung:** 16. G. zur Änd. des GG v. 18.6.1968 (BGBl I 657), Art. 1 Nr. 1 (dazu: BT-Dr V/1449 [Entwurf]; BT-Prot V/5023, 9184; BRDr 468/66, 262/68; BR-Prot 66/262, 68/121).

**Historische Verfassungstexte: RV 1849:** § 174 Alle Gerichtsbarkeit geht vom Staate aus. Es sollen keine Patrimonialgerichte bestehen. § 175 (1) Die richterliche Gewalt wird selbständig von den Gerichten geübt. Cabinets- und Ministerialjustiz ist unstatthaft. – **WRV: Art. 103** Die ordentliche Gerichtsbarkeit wird durch das Reichsgericht und durch die Gerichte der Länder ausgeübt. – **GG 1949:** Die rechtsprechende Gewalt ist den Richtern anvertraut; sie wird durch das Bundesverfassungsgericht, durch das Oberste Bundesgericht, durch die in diesem Grundgesetze vorgesehenen Bundesgerichte und durch die Gerichte der Länder ausgeübt.

**Geltende Landesverfassungen:** *BW*Verf Art. 65 I; *Bay*Verf Art. 5 III; *Bln*Verf Art. 63; *Bbg*Verf Art. 2 IV 3; *Brem*Verf Art. 135; *Hmb*Verf Art. 62; *Hess*Verf Art. 126 I; *MV*Verf Art. 76 I; *Nds*Verf Art. 51 I; *NRW*Verf Art. 3 III; *RhPf*Verf Art. 121; *Saar*lVerf Art. 109; *Sachs*Verf Art. 77 I; *LSA*Verf Art. 83 I, III; *SchlH*Verf Art. 43 I; *Thür*Verf Art. 86 I.

**Supra- und internationale Texte:** AEUV Art. 251 ff., zuvor EGV Art. 220 ff.; IGH-Statut.

**Gesetzgebung:** DRiG; GVG.

**Leitentscheidungen:** BVerfGE 4, 331 (Gericht i. S. d. GG); BVerfGE 18, 241 (Mittelbare Staatsgerichtsbarkeit); BVerfGE 22, 49 (Materielle Rechtsprechung); BVerfGE 27, 18 (Kernbereichstheorie); BVerfGE 103, 111 (Funktionelle Rechtsprechung).

**Schrifttum:** *A. Arndt,* Rechtsprechende Gewalt und Strafkompetenz, FG C. Schmid, 1962, S. 5; *P. Kirchhof,* Der Auftrag des Grundgesetzes an die rechtsprechende Gewalt, in: Juristische Fakultät Heidelberg, 1986, S. 11; *Th. Pfeiffer,* Rechtsprechungsbegriff, richterliche Neutralität und hessische Wahlprüfung, ZRP 2000, 378; *M. Reinhardt,* Konsistente Jurisdiktion, 1997; *A. Tschentscher,* Demokratische Legitimation der dritten Gewalt, 2006; *W. Voit,* Privatisierung der Gerichtsbarkeit, JZ 1997, 120; *F. Wittreck* u. *F. Brosius-Gersdorf,* Dritte Gewalt im Wandel: Veränderte Anforderungen an Legitimität und Effektivität?, VVDStRL 74 (2015), 115 u. 169; s. auch die Lit. zu Art. 97.

### Übersicht

## A. Allgemeines

**1** Art. 92 kommt eine **doppelte Funktion** zu.[1] Der 1. Hs. konkretisiert den Grds. der **Gewaltenteilung** des Art. 20 II 2, indem er die Ausüb. der rspr. Gewalt den Ri anvertraut.[2]

**1a** Daraus folgt ua, dass der GesGeber **rechtskräftige Gerichtsentscheidungen respektieren** muss[3] u. nicht nachträgl. durch (Sonder-)Ges. abändern oder aufheben darf.[4] Das StrRehaHomG v. 17.7.2017,[5] das bestimmte auf der Grundl. der §§ 175, 175a StGB aF ergangene rkr. Strafurt. (Strafbarkeit der männl. Homosexualität) für nichtig erklärt, verstößt gegen Art. 92 u. den Gewaltenteilungsgrds. des Art. 20 II 2.[6] Die gesetzl. Aufhebung best. rkr. Strafurt., die in der Zeit des Nationalso-

---

[1] BVerfGE 22, 49 (76); weitergehend *Hillgruber,* in: Maunz/Dürig, Art. 92 Rn. 13 ff.

[2] Näher BVerfGE 148, 69 Rn. 50 ff.; BVerfG(K), 8.3.2006 – 2 BvR 486/05 – juris Rn. 74 f.

[3] *Heusch,* in: Hofmann/Henneke, Art. 97 Rn. 27.

[4] BVerfGE 7, 183 (188); *Burkiczak,* in: Friauf/Höfling, Art. 92 Rn. 6; *Hopfauf,* in: Hofmann/Henneke, Art. 92 Rn. 28.

[5] BGBl I, 2443.

[6] *Grziwotz,* Protokoll der 132. Sitzung des Rechtsausschusses des Deutschen Bundestages, 17. Wahlperiode, vom 15.5.2013, S. 14 f.; *Schwarz,* ebenda, S. 23; *Krieg/Wieckhorst,* Staat 54 (2015), 565 f., allerd. mit der nicht überzeugenden Differenz. zw. einer zul. Kassation von DDR-Urt. u. unzul. Kassation von BRD-Urt.; *Gärditz,* Protokoll,

zialismus erlassen worden sind, durch das NS-AufhebungsG v. 25.8.1998,[7] betrifft eine völlig andere Fallkonstell. Das NS-AufhebungsG betraf Urt. von Ger., die insoweit nicht als Ger. im rstaatl. Sinne, sondern als Teile eines verbrecherischen Unrechtsregimes handelten.[8] Demgegenüber betrifft der zuerst genannte Fall die rkr. Verurt. eines Verhaltens, das nach damaligem ganz überw. Verständnis, u. auch nach der bverfgerichtl. Rspr., sittenwidrig u. strafwürdig war.[9] Gewandelte Moralvorstellungen ermächtigen den GesGeber nicht zur Aufhebung rkr. Strafurt. – auch nicht mit dem Hinweis auf eine Menschenrechtswidrigkeit dieser Urt. aus **heutiger** Sicht. Die Gewaltenteilung u. das RsprMonopol der Dritten Gewalt unterliegen keinem Moralvorbehalt.[10] Deshalb verstieße auch ein Ges., das nach einer Änderung des BtMG vorher ergangene rkr. Strafurt. wegen best. Drogendelikte für unwirksam erklärt, geg. Art. 92 u. den Gewaltenteilungsgrds. Keinen Verstoß gegen das Gewaltenteilungspr. stellen dagegen (Sonder-)Ges. dar, die ein vorher strafbares Verhalten rückwirkend für straffrei erklären u. zugunsten der rkr. Verurt. ein besonderes gerichtl. WiederaufnahmeVf. vorsehen.[11]

Art. 92 Hs. 2 betrifft als lex specialis zur (Bundesstaats-)Fundamentalnorm des Art. 30 die **Verteilung** **1b** **der Kompetenzen** von Bund u. Ländern zur Organisation der Rspr. Art. 92 komplettiert die Best. der Art. 70, 83 insow., als er die allg. Zuständigkeitsvermutung des Art. 30 zugunsten der Länder für die Rspr. konkretisiert: Die Befugnis zur Errichtung der Ger. steht grds. den Ländern zu, die Bundeszuständigkeit ist auf die im GG enumerierten Bundesger. (Art. 95 I, 96 I–IV) u. das BVerfG beschränkt.

Ebenso wie viele andere GGBest. ist auch Art. 92 nicht viel mehr als eine **ausfüllungsbed.** **2** **Blankettformel.** Auslegungsbed. sind namentl. die unbest. Elementarbegriffe „rechtsprechende Gewalt", „Richter", „anvertraut" u. „Gerichte", die für den gesamten 9. Abschnitt des GG konstituierend sind. Ein Rückgriff auf **einfaches Gesetzesrecht,** wie das GVG, das DRiG u. die versch. Prozessordnungen, wird desh. grds. für unzul. gehalten. Auslegungsmaßstab ist das GG selbst[12] sowie das „verfassungsrechtl. Vorverständnis" des ParlRates.[13] Der einfache GesGeber ist freilich gehalten, den durch die **grundgesetzl. Elementarbegriffe** vorgegebenen Rahmen auszufüllen. Desh. dürfen die einfachen Ges. bei der Best. der verfrechtl. Dimension des Begriffs der rspr. Gewalt nicht unberücksichtigt bleiben.[14]

Vereinzelt wird Art. 92 nicht nur als **objekt. VerfR,** sondern auch als **subj. öR** des einzelnen Ri **3** charakterisiert.[15] Wird einem Ri die richterl. Tätigkeit entzogen, obwohl keiner der in Art. 97 II, 98 II, V genannten Fälle gegeben ist, soll danach das „sich aus Art. 92 ergebende subjektive Recht des einzelnen Richters verletzt [sein]".[16] Art. 92 gewährt den Ri jedoch keine subj. öR.[17] Individ. geschützt wird der einzelne Ri vielmehr durch Art. 97 I u. die dort normierte Unabhängigkeit der Ri u./oder durch die **hergebrachten Grundsätze des Berufsbeamtentums** des Art. 33 V. Jedenfalls Art. 33 V, der auch für Ri gilt **(hergebrachten Grds. des Richteramtsrechts),**[18] enthält – teilt nur – wie Art. 97[19] – subj. ö R des einzelnen Ri, sondern darüber hinaus – anders als Art. 97 – auch ein per VB rügefähiges grundrechtsgl. Recht. Folgt man dem BVerfG, wonach Berufe des ö. Dienstes u. damit auch die Tätigkeit der Beamten, Ri u. Soldaten in den Schutzbereich von Art. 12 I fallen,[20] der danach nicht von Art. 33 – unter den Begriff des ö. Amtes iSv Art. 33 II fällt auch das RiAmt[21] – iVm Art. 92, 97 u. 98 verdrängt wird, ist auch ein Rekurs auf Art. 12 I mögl.

---

aaO, äußert verfrechtl. Bedenken hinsichtl. des allgem. Gleichheitssatzes; aA *Bruns*, Protokoll, aaO, S. 4 f.; *Hopfauf* (Fn. 4), Art. 92 Rn. 29; *Burgi/Wolff*, Rehabilitierung der nach § 175 StGB verurteilten Männer, 2016; *Rampp/ Johnson/Wilms* JZ 2018, 1143 ff.

[7] G zur Aufhebung nationalsozialist. Unrechtsurt. in der Strafrechtspflege v. 25.8.1998, BGBl I, S. 2501.

[8] Diesen Untersch. betonen zutr. *Krieg/Wieckhorst*, Staat 54 (2015), 555, 559 ff.; nur desh. hat BVerfG(K), 8.3.2006 – 2 BvR 486/05 – juris Rn. 75 das NS-AufhebungsG für verfmäßig erklärt.

[9] BVerfGE 6, 389 (434): „Gleichgeschlechtliche Betätigung verstößt eindeutig gegen das Sittengesetz"; vgl. auch BVerfGE 6, 389 (436 aE); gegen einen Menschenwürdeverstoß dieser Strafurt. *Gärditz*, Protokoll, aaO, S. 6.

[10] Vgl. hierzu *Schwarz* (Fn. 6), S. 22.

[11] Zutr. *Krieg/Wieckhorst* Staat 54 (2015), 567 ff.

[12] BVerfGE 22, 49 (76); 103, 111 (136 f.).

[13] *Achterberg* BK, Art. 92 (1981) Rn. 47; s. auch BVerfGE 64, 175 (179); 76, 100 (106).

[14] So nunmehr auch BVerfGE 103, 111 (136 f.); 138, 33 Rn. 18; *Schulze-Fielitz*, in: Dreier III, Art. 92 Rn. 20, 38; *Hillgruber* (Fn. 1), Art. 92 Rn. 6: die vorkonstitutionellen Regelungen; krit. *Achterberg* BK, Art. 92 (1981) Rn. 65 ff.; dazu iE → Rn. 11 ff.

[15] *Wassermann* AK GG, Art. 92 Rn. 40; vgl. auch BVerfGE 64, 261 (294), wonach aus dem RStaatspr. iVm. Art. 92 subj. ö R des Bürgers folgen sollen.

[16] *Wassermann* AK GG, Art. 92 Rn. 40.

[17] Ebenso *Hillgruber* (Fn. 1), Art. 92 Rn. 16; *Schulze-Fielitz* (Fn. 14), Art. 92 Rn. 18; *Classen* MKS II, Art. 92 Rn. 5; *Pieroth*, in: Jarass/Pieroth, Art. 92 Rn. 1; nunmehr auch *Meyer*, in: v. Münch/Kunig II, Art. 92 Rn. 7 (aA Voraufl. Rn. 11).

[18] BVerfGE 12, 81 (88); 38, 139 (151); 55, 372 (391 f.); 148, 69 Rn. 86.

[19] → Art. 97 Rn. 7.

[20] BVerfGE 92, 140 (151, 153); 96, 205 (211); 96, 189 (197 f.); zust. *Mann*, Art. 12 Rn. 55; *Kämmerer*, in: v. Münch/Kunig I, Art. 12 Rn. 21; *Jarass*, in: Jarass/Pieroth, Art. 12 Rn. 7, 85; aA BVerwGE 6, 13 (14); *Scholz*, in: Maunz/Dürig, Art. 12 Rn. 207; *Wieland*, in: Dreier I, Art. 12 Rn. 44, 179.

[21] → Art. 33 Rn. 24.

## B. Ausübung der rechtsprechenden Gewalt durch die Richter

### I. Begriff der rechtsprechenden Gewalt

**4**    Das GG selbst definiert den Begriff der rspr. Gewalt nicht, sondern setzt ihn axiomatisch voraus. Gleiches gilt für den synonymen Begriff der Rspr., der zB in Art. 1 III, 20 II 2, 20 III verwendet wird. Abzustellen ist daher auf die im GG explizit zum Ausdruck gekommenen Wertungen u. das „**verfassungsrechtl. Vorverständnis**" (→ Rn. 2, → Rn. 9).

**5**    **1. Rechtsweggarantien und Richtervorbehalte.** Zur rspr. Gewalt iSd Art. 92 ressortieren desh. jedenf. diejenigen Aufgaben u. Tätigkeitsber., die das GG ausdrückl. den Ri oder Ger. zugewiesen hat.[22] Das betrifft sowohl die **RWeggarantien** als auch die **Richtervorbehalte des GG.**[23]

**6**    **RWeggarantien** idS sind Best. des GG – sowie das konkretisierende einfache GesetzesR –, die anordnen, dass in best. Angelegenheiten die Ri bzw. Ger. letztverbindl. entscheiden müssen. Garantiert ist nur, dass Ger. in den bezeichneten Angelegenh. irgendwann einmal angerufen werden können, idR nachträgl. Dh, die RMäßigkeit des in Rede stehenden Verhaltens hängt nicht von einer vorangegangenen richterl. Entsch. ab. RWeggarantien idS statuieren zB Art. 13 IV 2, 14 III 4, 15 S. 2, 19 IV 1 u. 2, 34 S. 3, 41 II, 104 II 2, III, auch Art. 93 I, II.

**7**    Im Unterschied hierzu verlangen die **grundgesetzl. RiVorbehalte,** dass über best. Angelegenh. entweder grds. nur die Ri bzw. Ger. entscheiden oder dass andere Stellen nur nach Maßgabe einer vorangegangenen richterl. Entsch. handeln dürfen. RiVorbehalte idS enthalten namentl. Art. 13 II, III, IV 1, 18 S. 2, 21 II 2, 61, 84 IV 2, 98 II, V, 104 II 1 sowie 100 I hinsichtl. der Normverwerfung, Art. 100 II hinsichtl. der Verifikation, Art. 100 III hinsichtl. der Abweichungsberechtigung u. Art. 126 hinsichtl. der Qualifizierung.

**8**    Durch ausdrückl. RWeggarantien u. grundgesetzl. RiVorbehalte des GG sind damit folgende Sachbereiche u. Gegenst. der rspr. Gewalt zugewiesen: Die im GG begründeten Zuständigk. des BVerfG, die **repressive** (Art. 19 IV 1) RKontrolle durch die allgem. u. besond. VwGer., die Zuständigk. der ordentl. Ger. zur Nachprüfung von Bußgeldbesch. der Vw (Art. 19 IV 1), die Zuständigk. für Entsch. über Eingriffe in die Wohnungsfreiheit (Art. 13), der zu Freiheitsstr. oder Ersatzfreiheitsstr. führende Teil der Strafgewalt (Art. 104 II 1), die letztverbindl. Entsch. über jede sonstige Freiheitsentziehung (Art. 104 II, III) sowie die der ordentl. Gerichtsbarkeit zugewiesenen Enteignungs- u. Amtshaftungssachen (Art. 14 III 4, 34 S. 3) einschließl. Entschädigung für Sozialisierung (Art. 15 S. 2).[24]

**9**    **2. Materielle Bedeutung von Art. 92.** Soweit es um diese RWeggarantien u. RiVorbehalte geht, besitzt Art. 92 ledigl. **deklarator. Bedeutung.**[25] Hierin erschöpft sich die Funktion von Art. 92 jedoch nicht. Vielmehr hat Art. 92 auch einen **mat., konstitutiven Bedeutungsgehalt.**[26] Danach gehören zur rspr. Gewalt nicht nur die Angelegenh., die das GG den Ri bzw. Ger. ausdr. zugewiesen hat,[27] sondern auch Angelegenh., die nach **traditionell verfrechtl. Vorverständnis** zu den klassischen Aufgabenbereichen der Rspr. zählen.[28] Das gilt insb. für die Entsch. bürgerl. RStreitigkeiten vermögensrechtl. Art u. für die Ausübung der Strafgerichtsbarkeit.[29] Auch die Ermittlung des entscheidungserhebl. Sachverhalts gehört zur rspr. Gewalt,[30] ebenso die Entsch., welche Beweismittel zur Aufklärung der Sache erforderl. sind. Eine Behörde ist nur aus unabweisbaren, zwingenden Sachgründen – etwa bei geheimhaltungsbedürftigen Vorgängen – berechtigt, vom Ger. angeforderte Beweismittel nicht zur Verfügung zu stellen.[31]

**10**    Die Verhängung von **Disziplinarstr.** ist grds. keine Rspr. im mat. Sinn.[32] Disziplinar- u. Kriminalstr. verfolgen unterschiedl. Zwecke u. haben eine verschiedene RNatur. Keine Rspr. iSv Art. 92

---

[22] BVerfGE 22, 49 (76 f.).

[23] BVerfGE 49, 329 (341) zu Art. 13 II; näher *Hillgruber* (Fn. 1), Art. 92 Rn. 33 ff., 40; *Schulze-Fielitz* (Fn. 14), Art. 92 Rn. 30 f.; zum RiVorbehalt im Kontext der GrR-Begrenzungen → Art. 1 Rn. 99, → Art. 1 Rn. 116; speziell zu den einfachgesetzl. RiVorbehalt im PolizeiR *Wolter* DÖV 1997, 939 ff. Offenbar aA BVerfG 107, 395 (406), wonach richterl. Tätigkeit, die keine spruchrichterl. Tätigkeit ist, sondern (nur) aufgr. eines ausdrückl. RiVorbeh. ausgeübt wird, ö. Gewalt iSv Art. 19 IV GG ist; für Rspr. im materiellen Sinn (Art. 92) *Voßkuhle* NJW 2003, 2196; unklar BVerfG (K) NJW 2004, 2726 (III 1 aaa).

[24] BVerfGE 22, 49 (77).

[25] Ebenso *Burkiczak* (Fn. 4), Art. 92 Rn. 35; *Schulze-Fielitz* (Fn. 14), Art. 92 Rn. 32.

[26] BVerfGE 22, 49 (73 ff., 77 f.); 27, 18 (28); 64, 175 (179); 103, 111 (137); die ganz überw. Auffassung ist dem BVerfG gefolgt und bestimmt den Begriff der Rspr. nach jedenfalls auch mat. Kriterien, s. nur *Stern*, StaatsR II, S. 898 f. mN in Fn. 54; *Hillgruber* (Fn. 1), Art. 92 Rn. 45 ff.; *Schulze-Fielitz* (Fn. 14), Art. 92 Rn. 33 ff.; *Classen* MKS II, Art. 92 Rn. 7; *Achterberg* BK, Art. 92 (1981) Rn. 92 ff. (106); *Wilke* HStR V, § 112 Rn. 58 ff.

[27] *Burkiczak* (Fn. 4), Art. 92 Rn. 29; *Schulze-Fielitz* (Fn. 14), Art. 92 Rn. 32; geg. einen formellen RsprBegriff *Hillgruber* (Fn. 1), Art. 92 Rn. 46.

[28] BVerfGE 22, 49 (76 ff.); 64, 175 (179); 103, 111 (136 f.); 138, 33 Rn. 18.

[29] BVerfGE 8, 197 (207); 12, 264 (274); 14, 56 (66); 22, 49 (78); 27, 18 (28); *Hillgruber* (Fn. 1), Art. 92 Rn. 52 ff.

[30] *Schulze-Fielitz* (Fn. 14), Art. 92 Rn. 37; *Pietzcker* NVwZ 1996, 316.

[31] BVerfGE 57, 250 (287 f.).

[32] BVerfGE 22, 311 (317); *Burkiczak* (Fn. 4), Art. 92 Rn. 45.

soll nach BVerfGE 22, 311 (317) auch die Verhängung von disziplinarer Freiheitsstr. sein, während es in BVerfGE 22, 49 (77) noch heißt, Rspr. im mat. Sinn sei „jede sonstige Freiheitsentziehung (Art. 104 Abs. 2)". Jedenfalls die letztverbindl. richterl. Entsch. über Freiheitsentziehungen, die der RWeggarantie des Art. 104 II 2 unterfällt, ist aber zugl. materielle Rspr. iSv Art. 92.[33]

Zu beachten ist folgende Einschränkung. Nicht alles, was nach einfachem GesetzesR zum bürgerl. **11** u. zum StrafR zählt, muss auch in Zukunft den Ri vorbehalten bleiben. Vielmehr ist es dem einfachen GesGeber unbenommen, im Wege der **Gesetzesänderung** – zB durch eine Reduzierung oder Ausweitung der Materie StrafR – mittelb. den Umfang der den Ri nach Art. 92 vorbehaltenen Aufgaben zu bestimmen.[34]

Dieser Grds. gilt nicht nur für das StrafR, sondern auch für die anderen RGebiete. Selbst dem **12** BVerfG können die ihm nach Art. 93 III durch einfache BundesG zugew. Kompetenzen ebenso auch wieder entzogen werden. Der GesGeber ist von Verf. wegen gehalten, die unbest. Elementarbegriffe des GG – hier den der rspr. Gewalt – durch GesetzesR auszufüllen. Insoweit ist Art. 92 in der Tat eine durch das GesetzesR **normgeprägte VerfBestimmung**.[35] Den einschlägigen Ges. wie dem GVG, dem DRiG u. den versch. ProzessO kommt desh. bei der Best. des grundgesetzl. Elementarbegriffs der rspr. Gewalt **indizierende Bedeutung** zu.[36]

Indes ist es dem GesGeber nicht verwehrt, der Dritten Gewalt auch **Aufgaben** zuzuweisen, **die** **13** **nicht mat. Rspr.** iSv Art. 20 II 2, 92 **sind** (§ 4 II DiRG).[37] Zu nennen sind hier vor allem Aufgaben der freiw. Gerichtsbarkeit,[38] wie zB die Mitwirkung des Grundbuchri. bei der Übertragung von Grundstückseigentum, die versch. Genehmigungsvorbehalte des VormundschaftsR, die Erbscheinserteilung oder die Registereintragung.[39] Obwohl es sich bei derartigen Gegenst. nicht um mat. Rspr. iSv Art. 20 II 2, 92 handelt, gelten **für die Ri** die Vorschr. der Art. 97 f.;[40] dies insb., aber nicht nur, wenn Angelegenh. in Rede stehen, die in engem Zusammenh. mit Aufgaben stehen, die schon von jeher zur rspr. Gewalt im mat. Sinne gehören.[41]

Von diesen der Dritten Gewalt übertragenen Aufgaben, für die die Vorschr. der Art. 97 f. gelten, **14** sind weitere Aufgaben zu unterscheiden, die in **keinem näheren Zusammenh. mit der genuin** **rspr. Tätigkeit** des Ri stehen. Dies ist anerkannt für die sog. JustizVw (vgl. § 4 II Nr. 1 DRiG),[42] gilt aber auch für andere zugewiesene u. zugelassene Aufgaben[43] wie im Bereich von Forschung u. Lehre (§ 4 II Nr. 3 DRiG) u. im Prüfungswesen (§ 4 II Nr. 4 DRiG). Ebenso verhält es sich bei gesetzl. nicht näher geregelten Tätigkeiten, die nur einen äußeren, aber keinen inneren Sachzusammenh. mit der rspr. Tätigkeit aufweisen, wie z.B. die Weitergabe von Informationen aus GerAkten eines laufenden Prozesses an nichtvfbet. Dritte.[44] Bei der Erfüllung solcher Aufgaben nehmen die Ri funktionell Aufgaben der Exekutive wahr[45] u. sind keine verfunmittelb. Organe der Rspr. (→ Rn. 24), sondern **weisungsabhängige Amtswalter der vollziehenden Gewalt**.[46]

Eine Zuweisung von Aufgaben, die nicht zur Rspr. iSv Art. 92 gehören, ist jedoch nicht in das **15** maßstablose Belieben des GesGebers gestellt. **Verfrechtl. Grenzen** setzen zum einen die **speziellen** **grundgesetzl. Funktionsvorbehalte** zugunsten der anderen Gewalten.[47] Zum anderen gilt es, das Gewaltenteilungspr. des Art. 20 II 2 als allg. übergeordneten Grds. zu beachten, der Eingriffe in die Kernbereiche der Vw (Hausgut der Vw) sowie auch eine Verlagerung von VwAufgaben auf die Dritte Gewalt in großem Stil verbietet.[48]

Von diesem dem Zugriff des einf. GesGebers unterliegenden Geltungsbereich des Art. 92 ist ein **16** **unantastbarer gesetzesfester Kernbereich** zu unterscheiden.[49] Er steht der rspr. Gewalt als un-

---

[33] *Hopfauf* (Fn. 4), Art. 92 Rn. 24.

[34] BVerfGE 22, 49 (78); 23, 113 (126); 27, 18 (28, 33).

[35] Vgl. BVerfGE 64, 175 (179); 76, 100 (106); *Schulze-Fielitz* (Fn. 14), Art. 92 Rn. 38.

[36] N. in Fn. 14.

[37] BVerfGE 25, 336 (346); *Schulze-Fielitz* (Fn. 14), Art. 92 Rn. 43; *Wilke* HStRV, § 112 Rn. 33 ff.

[38] Vgl. BVerfGE 21, 139 (144); 76, 100 (106); s. auch BVerfGE 64, 175 (179).

[39] *Schulze-Fielitz* (Fn. 14), Art. 92 Rn. 44; *Heyde* HdbVerfR, § 33 Rn. 17.

[40] S. BVerfGE 21, 139 (145); 22, 49 (78); 25, 336 (345 f.); 107, 395 (406); *Heusch* (Fn. 3), Art. 97 Rn. 10; BVerfGE 22, 49 (78), wo auch Art. 92 genannt ist, betrifft nach der hier entwickelten Konzeption diejenige Fallgestaltung, in der der GesGeber einzelne Gegenst. dem Bereich der mat. Rspr. iSd Art. 92 zuordnet, obwohl er hierzu von Verf. wegen nicht gezwungen ist; BVerfGE 25, 336 (345 ff.) betrifft demgegenüber eine übertragene Angelegenheit, die keine mat. Rspr. iSv Art. 92 ist, für die aber gleichwohl die Art. 97 f. gelten.

[41] Vgl. BVerfGE 64, 175 (179 f.); *Heyde* HdbVerfR, § 33 Rn. 18.

[42] *Burkiczak* (Fn. 4), Art. 92 Rn. 53; *Hopfauf* (Fn. 4), Art. 92 Rn. 36.

[43] Dazu die vielen N. von *Hopfauf* (Fn. 4), Art. 92 Rn. 22.

[44] BVerfGE 138, 33 Rn. 18 ff.

[45] BVerfGE 138, 33 Rn. 16 ff. mit der Konsequenz, dass die RSchutzgarantie des Art. 19 IV auch diese Tätigkeiten erfasst.

[46] *Hopfauf* (Fn. 4), Art. 92 Rn. 37; *Schulze-Fielitz* (Fn. 14), Art. 92 Rn. 48; *Papier* NJW 2001, 1090; aA *Wilke* HStRV, § 112 Rn. 42; aA nun offenbar auch *Meyer* (Fn. 17), Art. 92 Rn. 23.

[47] BVerfGE 64, 175 (179); 76, 100 (106).

[48] Ebenso *Schulze-Fielitz* (Fn. 14), Art. 92 Rn. 43; *Hillgruber* (Fn. 1), Art. 92 Rn. 59; *Hopfauf* (Fn. 4), Art. 92 Rn. 31; *Wilke* HStRV, § 112 Rn. 36.

[49] Zu dieser Untersch. insb. BVerfGE 22, 49 (77 f.); 27, 18 (29 f.); vgl. BVerfGE 138, 33 Rn. 20.

entziehbares Hausgut zu. Auf dem Gebiet des StrafR soll dies nach der Rspr. des BVerfG für alle „bedeutsamen Unrechtstatbestände" gelten.[50] Nicht dazu gehören die minder gewichtigen strafr. TB, die zwar de lege lata durch Kriminalstr. (einschl. Geldstr.) geahndet werden, die aber nach Maßgabe des sonst. VerfR de lege ferenda entkriminalisiert werden dürfen.[51]

**17**    Diese Unterscheidung zw. tradit., aber nicht zwingend genuinen Aufgaben der Rspr. einerseits u. jedenfalls durch einf. GesetzesR unentziehbaren RsprFunktionen andererseits hat – übertragen auf das Gebiet des StrafR – folgende Konsequenz: Macht der GesGeber von seiner Befugnis zur **Reduzierung der Materie StrafR** Gebrauch, muss dies zu einer echten **Entkriminalisierung** der entspr. TB führen. Dies ist nicht der Fall, wenn ein best. Verhalten zwar aus dem Bereich des StrafR herausgenommen wird, aber von Organen, die nicht zur rspr. Gewalt zählen, mit Sanktionen belegt wird, die bei wertender Betrachtungsweise wie Kriminalstr. wirken.[52]

**18**    Demgegenüber ist es dem einf. GesGeber per se verwehrt, andere Organe als die der Rspr. mit der Ahndung von TB zu betrauen, die zum **Kernbereich des StrafR** zählen.[53] Ein entspr. einf. Gesetz verstieße jedenfalls gegen Art. 92. Weiterhin kommen Verstöße gegen grundgesetzl. Schutzpfl., die unter best. Vorauss. einen Verzicht auf den Einsatz des StrafR nicht zulassen, in Betracht,[54] des weiteren ein Verstoß geg. das Gewaltenteilungspr. des Art. 20 II 2, das gem. Art. 79 III auch dem Zugriff des verfändernden GesGebers entzogen ist. Insow. genießt auch Art. 92, der eine Ausprägung des Gewaltenteilungspr. ist (o. Rn. 1), mittelb. den Schutz der **Ewigkeitsgarantie** des Art. 79 III.[55]

**19**    Umstr. ist, wann die Grenze des Art. 79 III erreicht ist. Nach der in der Lit. überw. vertr. Auffassung sind der durch verfänderndes Ges. eingefügte Art. 10 II 2 sowie das Ges. zu Art. 10, sog. G 10, verfwidrig.[56] Die Kontrolltätigkeit der im G 10 vorgesehenen Kommission ist keine rspr. Gewalt iSd Art. 92, 20 II 2. Die Schaffung **rsprfreier Räume** greift jedenfalls dann in den Kernbereich der rspr. Gewalt ein, wenn zugl. die RWeggarantie des Art. 19 IV 1 ausgelöst ist. Eben dies ist – wie auch Art. 19 IV 3 zeigt – bei Beschränkungen nach Art. 10 II 2 der Fall. Derartige verfändernde Ges. sind im Hinblick auf Art. 79 III iVm Art. 20 II 2, 92 nur durch eine ihrerseits probl. Lesart des in Art. 79 III verwendeten Begriffs „berühren" zu rechtfertigen.[57]

**20**    Die nicht nur für das StrafR geltende **Kernbereichstheorie** des BVerfG wurde wiederholt kritisiert.[58] Eine andere rundherum überzeugende Definition der rspr. Gewalt wurde allerd. auch noch nicht gefunden.[59] Insb. die **Abgrenzung der Rspr.** von der Vw bereitet erhebl. Schwierigkeiten. Leichter fällt die Abschichtung von Rspr. u. GesGebung: Rspr. ist die konkrete Entsch. des Einzelfalls, GesGebung die Setzung generell-abstrakter Regelungen.[60] Nicht GesGebung, sondern Rspr. sind auch normverwerfende Entsch. des BVerfG trotz ihrer GesKraft nach § 31 II BVerfGG.[61] Gleiches gilt für normverwerfende Entsch. der OberVwGer., die nach § 47 V 2 VwGO allg. verbindl. sind.

**21**    Die Lösung der Probl. hat letztl. beim Einzelfall anzusetzen; die von der Lit. hierzu entwickelten **Definitionsvorschläge**[62] können dabei nur erste Orientierungshilfen bieten. Dies gilt namentl. für die von *Stern* entwickelte Formel, wonach die Rspr. mat. definiert wird „als die in besonders geregelten Verfahren zu letztverbindlicher Entscheidung führende rechtliche Beurteilung von Sachverhalten in Anwendung des geltenden Rechts durch ein unbeteiligtes (Staats-)Organ, den Richter",[63] ebenso für die Def. von *Heyde:* „ ‚Rechtsprechung' im materiellen Sinne liegt vor, wenn eine verbindliche rechtliche Beurteilung – letztlich rechtskräftige Entscheidung – von festzustellenden Sachverhalten in Fällen brauchts, verletzten oder bedrohten Rechts mit dem Ziel möglichst richtiger Rechtserkenntnis erforderlich ist",[64] oder für die Kurzformel von *Wassermann,* der die rspr. Gewalt definiert als „Staatstätigkeit …, die in verselbständigter Weise dem Gelten des Rechts gewidmet ist".[65]

---

[50] BVerfGE 22, 49 (81); 22, 125 (132 f.); 27, 18 (28); 64, 261 (294).

[51] BVerfGE 22, 49 (81); 22, 125 (133); 23, 113 (126); 27, 18 (28).

[52] BVerfGE 22, 49 (79 ff., 81); 22, 125 (131); s. a. BVerfGE 22, 311 (317); 23, 113 (126); 27, 18 (33).

[53] BVerfGE 22, 49 (81); 27, 18 (29 f.); 64, 261 (294).

[54] Vgl. BVerfGE 88, 203 (257 f.); s. auch BVerfGE 27, 18 (30).

[55] Ebenso *Burkiczak* (Fn. 4), Art. 92 Rn. 3; *Schulze-Fielitz* (Fn. 14), Art. 92 Rn. 67; *Classen* (Fn. 17), Art. 92 Rn. 31.

[56] Vgl. dazu → Art. 10 Rn. 46 ff.; ausf. *Löwer,* in: v. Münch/Kunig I, Art. 10 Rn. 66 ff. mwN.

[57] Zur einschränkenden Handhabung von Art. 79 III BVerfGE 30, 1 (24); 84, 90 (121); 94, 12 (34); dazu *Pieroth* (Fn. 17), Art. 79 Rn. 9 ff.; → Art. 79 Rn. 35 ff.

[58] S. nur *Wilke* HStR V, § 112 Rn. 73; *Hillgruber* (Fn. 1), Art. 92 Rn. 41.

[59] *Wilke* HStR V, § 112 Rn. 79; für eine Kombination mat. und funktioneller Elemente *Hillgruber* (Fn. 1), Art. 92 Rn. 45 ff.

[60] Dazu *Stern,* StaatsR II, S. 894 f.; *Wilke* HStR V, § 112 Rn. 32.

[61] BVerfGE 1, 89 (90); BGHZ 13, 265 (278); *Sachs,* Die Bindung des BVerfG, 1977, S. 297; *Bettermann* DVBl 1982, 91 ff.; aA *Wassermann* AK GG, Art. 92 Rn. 15 ff., 29.

[62] Etwa *A. Arndt* FG C. Schmid, 1962, S. 6 (ihm folgend *Wassermann* AK GG, Art. 92 Rn. 28); *Stern,* StaatsR II, S. 898; *Achterberg* BK, Art. 92 (1981) Rn. 111; *Classen* MKS II, Art. 92 Rn. 10 ff.; *Heyde* HdbVerfR, § 33 Rn. 15.

[63] *Stern,* StaatsR II, S. 898; ähnl. BVerfGE 103, 111 (138); 138, 33 Rn. 18; s. zu dieser Definition *Heyde* HdbVerfR, § 33 Rn. 13.

[64] *Heyde* HdbVerfR, § 33 Rn. 15; ganz ähnl. BVerfGE 103, 111 (137).

[65] *Wassermann* AK GG, Art. 92 Rn. 28.

**3. Funktionelle Bedeutung von Art. 92.** „In funktioneller Hinsicht handelt es sich – ungeachtet **21a** des jeweiligen sachlichen Gegenstandes – um Rechtsprechung, wenn der Gesetzgeber ein gerichtsförmiges Verfahren hoheitlicher Streitbeilegung vorsieht und den dort zu treffenden Entscheidungen eine Rechtswirkung verleiht, die nur unabhängige Gerichte herbeiführen können. Zu den wesentlichen Begriffsmerkmalen der Rechtsprechung in diesem Sinne gehört das Element der Entscheidung, der letztverbindlichen, der Rechtskraft fähigen Feststellung und des Ausspruchs dessen, was im konkreten Fall rechtens ist".[66] **Funktionelle Rspr.** idS kann, muss aber nicht auch zugl. mat. Rspr.[67] sein.[68] Entscheidend für die Qualifizierung als funktionelle Rspr. ist nicht der konkr. sachl. Gegenst., sondern die gerichtsförmige Ausgestaltung des EntscheidungsVf. u. der EntschWirkungen. Schreibt der GesGeber – auch wenn er dies nicht tun muss – ein Vf. vor, das die vom BVerfG genannten Vorauss. erfüllt, wozu insb. die **RKraft** der in diesem Vf. getroffenen Entsch. gehört, handelt es sich funktionell um Rspr., die nur von Ri iSv Art. 92, dh von neutralen, unparteil. u. in der Sache nicht bet. Dritten ausgeübt werden darf. Weist der GesGeber eine Angel., die funktionell zur Rspr. gehört, anderen Stellen als mit solchen Ri besetzten Ger. zu, verstößt er gegen Art. 92.[69]

Eben dies war bei der gesetzl. Ausgestaltung des Vf. zur Überprüfung der Wahlen zum hess. Landtag **21b** der Fall. Vor allem dadurch, dass der Gesetzgeber in § 17 HessWahlPrüfG aF die sofortige **RKraft** der Urt. des Wahlprüfungsger. anordnete,[70] schrieb er ein WahlprüfVf. vor, das funktionelle Rspr. ist.[71] Er hätte deshalb die Wahlpr. neutralen u. in der Sache nicht beteil. Personen, dh Ri iSv Art. 92, zuweisen müssen. Dies hat er nicht getan: Nach Art. 78 III HessVerf, §§ 1, 2 HessWahlPrüfG besteht das Wahlprüfungsger. aus zwei unabhängigen Ri u. aus drei Mitgl. des Landtages, die der Natur der Sache nach selbst Partei sind. Da diese drei Mitgl. des Wahlprüfungsger. keine Ri iSv Art. 92 sind,[72] hat das BVerfG § 17 HessWahlPrüfG aF für nichtig erklärt.[73] § 17 HessWahlPrüfG nF[74] spricht den Entsch. des Wahlprüfungsger. keine RKraft mehr zu. Damit gehören sie funktionell nicht mehr zur Rspr. Eine andere Frage ist, ob gegen Entsch. eines Wahlprüfungsger., das nicht aus Ri iSv Art. 92 besteht, ein den Effektivitätsanforderungen des Art. 19 IV genügender RSchutz durch Ri iSv Art. 92 gewährt werden muss.[75]

**4. Einzelfälle**

**Mat. Rspr. iSv Art. 20 II 2, 92** wurde in folgenden Fällen angenommen, wobei es sich entweder um Aufgaben **22** handelt, die den Ger. einfachgesetzl. zugewiesen sind, ohne dass dies von Verf. wegen zwingend geboten wäre, oder um Angelegenh., die den Ger. von Verf. wegen vorbehalten bleiben müssen: Ausübung von staatl. Strafgewalt;[76] Entsch. von bürgerl. Streitigkeiten;[77] Bestimmung des Inhalts einer richterl. BeweisAO;[78] verbindl. Entsch. über str. Statusfragen (Staatsangehörigkeit).[79]

**Keine Rspr. iSv Art. 20 II 2, 92** wurde in folgenden Fällen angenommen: gerichtl. eidl. Zeugenvernehmung auf **23** Ersuchen einer VwBehörde;[80] Verhängung von Bußen im OWiVf.;[81] Fahrverbote nach § 25 StVG;[82] gebührenpfl. Verwarnungen;[83] Nichterteilung einer Fahrerlaubnis;[84] Verhängung von diszipl. Freiheitsstr.;[85] Entsch. über Aberkennung staatl. Leistungen aufgr. schuldhaften, pflichtw. Verhaltens;[86] Aktenversendung, Anforderung von Strafregisterauszügen uä;[87] Entsch. über die Gewährung von Urlaub aus der Haft nach § 13 StVollzG;[88] erst- u. beschwerde

---

[66] BVerfGE 103, 111 (137); 138, 33 Rn. 18.

[67] Wie oben in Rn. 9 beschrieben.

[68] BVerfGE 103, 111 (137); BVerfG (K) NJW 2004, 2726; zum Begriff der funktionellen Rspr. näher *Meyer* (Fn. 17), Art. 92 Rn. 18 ff.; *Hillgruber* (Fn. 1), Art. 92 Rn. 43 ff. m. eigenem Ansatz; sehr krit. *Wilke* HStR V, § 112 Rn. 75 ff.; *Hermes* JZ 2001, 857 f.

[69] BVerfGE 103, 111 (136).

[70] A. A. *Puttler* DÖV 2001, 856, die § 17 HessWahlPrüfG aF entgegen seinem ausdrückl. Wortlaut als ledigl. „verwaltungsrechtliche Bestandskraftregelung" versteht.

[71] A. A. *Puttler* DÖV 2001, 854 ff., 856; dazu *Pfeiffer* ZRP 2000, 380 ff.

[72] *Schulze-Fielitz* (Fn. 14), Art. 92 Rn. 55; insow. auch HessStGH NJW 2000, 2891 (2892 f.); dazu *Pfeiffer* ZRP 2000, 385 f.

[73] BVerfGE 103, 111 (113, 141) mit dem Hinw. darauf, dass ifd RGültigkeit von § 17 HessWahlPrüfG aF die Zusammensetzung des Wahlprüfungsger., also Art. 78 III HessVerf u. § 2 HessWahlPrüfG beanstandet werden müssten.

[74] HessWahlPrüfG idF v. 5. 11 2002, GVBl I 676.

[75] Dazu *Puttler* DÖV 2001, 851 ff.; *Wild* DVBl 2001, 891 f.; *Kersten* DVBl 2001, 773 ff.

[76] BVerfGE 8, 197 (207); 12, 264 (274); 22, 49 (77 ff.); 22, 311 (317); 27, 18 (28).

[77] BVerfGE 14, 56 (66); 27, 18 (28).

[78] BVerfGE 57, 250 (287 f.), auch zu den Ausnahmen; BGHZ 76, 288 (291).

[79] BayVGH DVBl 1977, 108.

[80] BVerfGE 7, 183 (189); anders dageg. ifd Best. des Inhalts einer richterl. BeweisAO, BGHZ 76, 288 (291).

[81] BVerfGE 8, 197 (207); 22, 49 (79); 27, 18 (30).

[82] BVerfGE 27, 36 (40 ff.).

[83] BVerfGE 22, 125 (131).

[84] BVerfGE 20, 365 (369 f.).

[85] BVerfGE 22, 311 (317); s. auch BVerfGE 21, 378 (384 ff.).

[86] BVerfGE 12, 264 (274 f.).

[87] BVerfGE 29, 148 (153).

[88] BVerfGE 64, 261 (278 f.).

instanzl. Entsch. des Patentamts im PatenterteilungsVf.;[89] Entsch. des Bundesoberseeamtes;[90] Entsch. der LandesjustizVw über einen Antr. auf Anerkennung u. Feststellung der Wirksamkeit eines ausländ. Ehescheidungsakts;[91] Entsch. der GerVw über den Antr. auf Versendung von Urt. zum Zwecke der Veröffentlichung;[92] richterl. Auskunftsert. (Datenübermittlung) aus laufendem GerVf. gegenüber nicht vfbet. Dritten;[93] gerichtl. Vorauswahl von Insolvenzverwaltern;[94] Tätigkeit der Mitgl. des Dt. Patent- u. Markenamtes.[95]

## II. Richter und Gerichte

24      Art. 92 weist die Ri als **verfunmittelb. Organe** aus, die das GG mit der Wahrnehmung der Rspr. betraut hat. Sie sind **keine bloßen Organwalter** der Ger.[96] Auch hierdurch unterscheidet sich ihre RStellung von derjenigen der Staatsbeamten. Hs. 2, in dem die Ger. genannt sind, betrifft nur die Form, in der die rspr. Gewalt ausgeübt wird.[97] Ger. idS sind **Spruchkörper,** die mit Ri iSv Hs. 1 besetzt sind.[98] Daneben sind die Ger. auch **Behörden;** insow. geht es aber nicht um Rspr.

25      Der **Begriff des Ri** ist in Art. 92 ebensowenig definiert wie der Begriff der rspr. Gewalt. Maßgebl. sind wiederum alle einschlägigen Best. des GG. Zu den Wesensmerkmalen eines Ri zählen seine **organisat. Selbständigkeit,** seine **persönl. u. sachl. Unabh.** sowie seine **prinzipielle Neutralität** gegenüber den VfBet.[99] Der RiBegr. des Art. 92 deckt sich mit dem des Art. 97 I. Ri iSv Art. 97 I u. damit auch iSv Art. 92 sind „sämtliche Personen, die Rechtsprechung ausüben – Berufsrichter wie ehrenamtliche, Bundes- wie Landesrichter."[100] Kennzeichnend für den Ri ist seine **vfrechtl. sachl. Unabh. (Art. 97 I).**[101] Konstitutionell sachl. nicht unabh. Personen sind keine Ri Trotz ihrer sachl. Unabh. repräsentieren die Ri den Staat. Sie üben **Staatsgewalt** aus.[102] Dies gilt auch für die Schöffen. Ihre ehrenamtl. rspr. Tätigkeit ist kein Handeln von Privatpersonen.[103]

Personen, die nicht hauptamtl. u. planmäßig endgültig als Ri angestellt u. deshalb nicht nach Art. 97 II persönl. unabh. sind, können gleichwohl Ri iSv Art. 92 sein, wenn sie nach Maßg. anderer grundgesetzl. Vorschr. über ein Mindestmaß an persönl. Unabh. verfügen.[104]

Die Bestellung von nicht berufsmäßigen, also **ehrenamtl. Ri** ist vfrechtl. zulässig. Überw. u. sogar ausschl. mit ehrenamtl. Ri besetzte Spruchkörper sind nicht zwangsl. verfwidrig, sondern werden weithin akzeptiert.[105] Soweit dagegen Berufsri. beschäftigt werden, müssen sie grds. dem RiBild des Art. 97 II entsprechen. Berufsri., die nicht auf diese Weise in ihrer persönl. Unabh. gesichert sind (insbes. Ri auf Probe, kraft Auftrags u. abgeordnete Ri), dürfen nur aus **zwingenden Gründen** an der Rspr. mitwirken. Die Mitwirkung nur eines derart. Ri ist im Allg. nicht zu beanstanden. Die Beteiligung mehrerer derart. Ri ist dagegen nur in ganz bes. gelagerten Ausnahmefällen zul.[106] Ansonsten überschreitet sie selbst dann die verfrechtl. Grenzen der Art. 92, 97 II, wenn sie einfachgesetzl. voraussetzungslos zugelassen ist.[107] Art. 101 I 2 verleiht den Bürgern ein grundrechtsgl. Recht darauf, dass ihr RStreit von Ri entschieden wird, die den aus Art. 92 u. 97 folgenden Anford. an einen Ri genügen.[108]

---

[89] BVerwGE 8, 350 (353 f.).
[90] BVerwGE 32, 21 ff.
[91] BGHZ 82, 34 (39 f.).
[92] OVG Bremen JZ 1989, 633.
[93] BVerfGE 138, 33 Rn. 19 ff.
[94] BVerfG (K) NJW 2004, 2725.
[95] BVerfG (K) NVwZ 2003, 469.
[96] *Zinn* DÖV 1949, 57; *Meyer* (Fn. 17), Art. 92 Rn. 12; *Wassermann* AK GG, Art. 92 Rn. 36; s. auch *Stern,* StaatsR II, S. 903; *Classen* MKS II, Art. 92 Rn. 34; *Schulze-Fielitz* (Fn. 14), Art. 92 Rn. 57; vgl. BVerwGE 93, 287 (289: „Richter … als besondere Organe"); vgl. auch BVerfGE 101, 397 (405), wonach die RPfleger zwar als Ger., nicht aber als Ri entscheiden; aA *Burkiczak* (Fn. 4), Art. 92 Rn. 121; *Achterberg* BK, Art. 92 (1981) Rn. 267; *Wilke* HStRV, § 112 Rn. 19.
[97] *Wassermann* AK GG, Art. 92 Rn. 36.
[98] *Meyer* (Fn. 17), Art. 92 Rn. 13.
[99] BVerfGE 3, 377 (381); 4, 331 (346); 87, 68 (85); 103, 111 (140); 148, 69 Rn. 69; *Pieroth* (Fn. 17), Art. 92 Rn. 7; näher *Stern,* StaatsR II, S. 902 ff.; *Sodan* HStRV, § 113.
[100] BVerfGE 26, 186 (201).
[101] BVerfGE 101, 397 (405); *Mielke* BayVBl 2004, 522; aA *Hillgruber* (Fn. 1), Art. 92 Rn. 66.
[102] *Wassermann* AK GG, Art. 92 Rn. 47.
[103] Ebenso *Burkiczak* (Fn. 4), Art. 92 Rn. 63; aA *Bader* NJW 2007, 2966.
[104] Dazu → Art. 97 Rn. 29 ff.
[105] BVerfGE 4, 387 (406); 27, 312 (319); 42, 206 (208 f.); 48, 300 (317); 54, 159 (167); *Wassermann* AK GG, Art. 92 Rn. 46; *Pieroth* (Fn. 17), Art. 92 Rn. 7; differenz. *Achterberg* BK, Art. 92 (1981) Rn. 289; *Hillgruber* (Fn. 1), Art. 92 Rn. 71 f.; rechtspol. krit. zum Einsatz ehrenamtl. Ri *Kramer* DRiZ 2002, 150 ff.; *ders.* NVwZ 2005, 537 ff.
[106] BVerfGE 4, 331 (345 f.); 14, 156 (162 ff.); dazu → Art. 97 Rn. 29 ff.
[107] So zu dem bis zum 28.2.1998 gültigen § 29 DRiG BVerfG (K) NJW 1998, 1053; BVerwGE 102, 7 (8 f.); HessVGH NVwZ-RR 1998, 269; BGHZ 130, 304 ff.
[108] BVerfGE 148, 69 Rn. 48, 69 f.

**Bejaht** wurde die **Richtereigensch.** in folgenden Fällen:[109] ärztl. Beisitzer bei Berufsger., wenn sie nicht den **26** Beschluss- u. VwOrganen der Ärztekammern angehören u. gegenüber deren Angehörigen auch nicht weisungsgeb. sind;[110] ehrenamtl. Arbeitsri.;[111] Gemeinderi.;[112] kassenärztl. Sozialri.;[113] landwirtschaftl. Beisitzer, wenn sie nicht dem Vorstand der Landwirtschaftskammer angehören;[114] Rechtsanwälte als ehrenamtl. Ri an Ehrenger.;[115] technische Beisitzer am Flurbereinigungsger.[116]

**Verneint** wurde die **Richtereigensch.** in folgenden Fällen: ausgeschlossene Ri;[117] Beschwerdeausschüsse nach **27** dem SoforthilfeG v. 8.8.1949;[118] Einigungsstelle nach dem BetrVG;[119] fehlerhaft gewählte Schöffen;[120] Gemeindefriedensger., die mit Gemeindebeamten besetzt sind;[121] Rechtspfleger (de lege lata);[122] Spruchkörper der Sozialversicherungs- u. VersorgungsVw;[123] Untersuchungsausschussmitgl.;[124] Mitgl. des hess. WahlprüfGer, die zugleich LT-Abg. sind.[125]

## III. Rechtsprechung als den staatlichen Gerichten anvertraute Aufgabe

Ger. iSv Art. 92 sind nur **staatl. Gerichte,** die ihre Existenz staatl. Ges. verdanken.[126] **Nichtstaatl.** **28** **Ger.** sind nach Art. 92 ff. weder erlaubt noch verboten.[127] Sie üben keine Rspr. iSd Art. 92 aus. Ihnen dürfen auch keine Aufgaben zugewiesen werden, die den staatl. Ger. gem. Art. 92 vorbeh. sind; hinsichtl. der Ausübung von Rspr. iSd Art. 92 besteht ein **Funktionsvorbehalt u. Richtermonopol** zug. der staatl. Gerbarkeit. Die verfrechtl. Zulässigkeitsgrenzen nichtstaatl. Gerbarkeiten, wozu namentl. die Schiedsgerbarkeit, die Verbands- u. Betriebsjustiz sowie die kirchl. Ger. rechnen, ergeben sich vor allem aus den GrR.[128] Die kirchl. Gerbarkeit ist allerd. durch Art. 140 iVm Art. 137 III WRV verfrechtl. gewährleistet.[129] Die Tätigkeit **muslimischer Friedensrichter**[130] verstößt aus den genannten Gründen nicht gegen Art. 92. Sie ist keine Rspr. iSd Art. 92, ersetzt keine gerichtl. StreitE u. tritt nicht in unmittelb. Konkurrenz zur staatl. Gerbarkeit. Vielmehr ist sie GrundRAusübung der Beteiligten.[131] Gesetzl. Beschränkungen oder Verbote lassen sich nicht auf Art. 92 stützen. Sie wären anders zu begründen. Auswüchsen der friedensrichterl. Tätigkeit kann schon de lege lata strafrechtl. begegnet werden.[132]

Ein Rückzug des Staates aus Kernbereichen der RPflege muss sich auch am Maßstab von Art. 92 **29** messen lassen.[133] Eben dies gilt für den Fall, dass der Staat weite Bereiche, die herkömmlicherweise zu den Aufgaben der staatl. Ger. gehören u. Rspr. im mat. Sinn darstellen, der nichtstaatl. Gerbarkeit zugängl. macht (**„Privatisierung der Rspr.").**[134] Die Regelung des **schiedsrichterl. Vf.** in den §§ 1025 ff. ZPO durch das Schiedsverfahrens–NeuregelungsG vom 22.12.1997[135] ist desh. verfrechtl. bedenkl.[136] § 1030 I 1 ZPO lautet: „Jeder vermögensrechtliche Anspruch kann Gegenstand einer

---

[109] Dazu auch *Meyer* (Fn. 17), Art. 92 Rn. 26 ff.

[110] BVerfGE 4, 74 (92 f.); 18, 241 (254 ff.).

[111] BAGE 40, 75 (83).

[112] BVerfGE 14, 56 (59 f.).

[113] BVerfGE 27, 312 (320 f.); 33, 171 (182).

[114] BVerfGE 21, 73 (77); 42, 206 (209 f.); 54, 159 (168 ff.).

[115] BVerfGE 26, 186 (200 f.); 48, 300 (316 ff.).

[116] BVerwGE 44, 96 (100).

[117] BVerfGE 4, 412 (417); 63, 77 (80).

[118] BVerfGE 4, 331 (344 ff.).

[119] BVerfG (K) NJW 1988, 1135.

[120] BVerfGE 31, 181 (184).

[121] BVerfGE 10, 200 (216 ff.).

[122] BVerfGE 30, 170 (171 f.); abwM *Böhmer,* BVerfGE 49, 220 (240 f.); 101, 397 (405); *Heyde* HdbVerfR, § 33 Rn. 16, 87; → Art. 97 Rn. 9 f.

[123] *Meyer* (Fn. 17), Art. 92 Rn. 29; vgl. auch BVerfGE 4, 193 (198 f.).

[124] BVerfGE 77, 1 (42).

[125] BVerfGE 103, 111 (140).

[126] BVerfGE 26, 186 (194 ff.); *Hillgruber* (Fn. 1), Art. 92 Rn. 84; *Wilke* HStRV, § 112 Rn. 87 ff.

[127] BGHZ 65, 59 (61); *Hillgruber* (Fn. 1), Art. 92 Rn. 87.

[128] Dazu *Hillgruber* (Fn. 1), Art. 92 Rn. 88; *Achterberg* BK, Art. 92 (1981) Rn. 173 ff.; *Wassermann* AK GG, Art. 92 Rn. 51 ff.; *Heyde* HdbVerfR, § 33 Rn. 37 ff.

[129] BVerwG NJW 1981, 1972; *Stern,* StaatsR II, S. 924 ff.; *Rüfner* HdbStKirchR II, § 73 III.

[130] Dazu näher *Ernst* DÖV 2015, 809 ff.

[131] *Brosius-Gersdorf* VVDStRL 74 (2015), 193; *Ernst* DÖV 2015, 812.

[132] Dazu *Ernst* DÖV 2015, 814.

[133] Dazu BVerfGE 27, 18 (28); *Ohler* JZ 2015, 344; aA *Schenk,* Schiedsfreiheit und staatliche Schutzpflichten, 2020, S. 130 ff., der stattdessen auf die staatl. grundrechtl. Schutzpfl. abstellt; *Wittreck* VVDStRL 74 (2015), 135; insb. das in der ZPO geregelte schiedsrichterl. Vf. lässt sich nicht mit anderen Erscheinungsformen staatl. nicht reglementierter „Privatgerichtsbarkeit", dazu Rn. 28, vergleichen; zutr. demgeg. *Brosius-Gersdorf* VVDStRL 74 (2015), 180.

[134] Dazu und zur SchiedsGerbarkeit näher *Hesselbarth,* Schiedsgerichtsbarkeit und Grundgesetz, 2004; *Prütting* SchiedsVZ 2011, 233 ff.; *Steiner* SchiedsVZ 2013, 15 ff.

[135] BGBl I 1997, 3224; dazu krit. *Voit* JZ 1997, 120 (124).

[136] Zweifelnd auch *Meyer* (Fn. 17), Art. 92 Rn. 11; aA *Wassermann* AK GG, Art. 92 Rn. 52; vgl. auch *Schulze-Fielitz* (Fn. 14), Art. 92 Rn. 52.

Schiedsvereinbarung sein." Damit wird der Schiedsgerbarkeit anders als nach § 1025 I ZPO aF eine von der Vergleichsbefugnis der Parteien losgelöste u. aus sich selbst heraus begründete Entscheidungsbef. eingeräumt. Von der Vergleichsbef. der Parteien hängt nach § 1030 I 2 ZPO nur noch die Wirksamkeit von Schiedsvereinbarungen über **nichtvermögensrechtl.** Anspr. ab. Zwar werden auch bei dieser Ausgestaltung des schiedsrichterl. Vf. die staatl. Ger. durch die Schiedsgerbarkeit nicht verdrängt. Da ein das staatl. GerVf. ersetzendes schiedsrichterl. Vf. nach wie vor eine schriftl. Vereinbarung voraussetzt,[137] kommt der Schiedsgerbarkeit wie bisher nur eine Komplementärfunktion zu. Bedenkl. ist es aber, dass das Schriftformerfordernis so ausgestaltet wurde, dass ihm keine ausr. Warnfunktion mehr zukommt.[138] Vor allem aber setzt Art. 92 auch dann einem ungeordneten staatl. Rückzug aus Kernbereichen der Rspr. verfrechtl. Grenzen, wenn er unter dem Vorbehalt privatrechtl. Vereinbarung zw. den Parteien steht. Die de lege lata nur sehr eingeschr. Möglichk., Schiedssprüche, denen nach § 1055 ZPO inter partes die **Wirkung eines rkr. gerichtl. Urt.** zukommt, einer Kontrolle durch staatl. Ger. zu unterziehen (§ 1059 ZPO), vermag dann die weitreichende Preisgabe staatl. RPflege nicht mehr zu kompensieren.[139] Anders verhält es sich bei solchen SchlichtungsE privater Einrichtungen, die zwar auf Verbindlichk. zielen, aber vor dem staatl. Ri uneingeschr. angefochten werden können.

30    Zur staatl. Gerbarkeit iSd Art. 92 gehört auch die sog. **mittelb. Staatsgerbarkeit;** gemeint sind Ger., die nicht vom Bund oder von den Ländern, sondern von anderen jur. Pers. des öR, wie von Gemeinden oder Berufsorganisationen, errichtet wurden.[140] Damit ihnen Aufgaben der staatl. rspr. Gewalt zugewiesen werden dürfen, müssen die mittelb. Staatsger. zum einen auf **staatl. Gesetz** beruhen; zum anderen müssen in personeller Hinsicht dem Staat best. **Mitwirkungsbefugnisse** vorbehalten bleiben.[141] Nicht zur mittelb. Staatsgerbarkeit zählen die Schiedsstellen in den Gemeinden der neuen BuLänder, die die aufgelösten gesellschaftl. Ger. ersetzt haben.[142] Sie üben schon deshalb keine rspr. Gewalt iSd Art. 92 aus, weil sie geg. den Willen der Betroffenen str. RFragen nicht letztverbindl. entscheiden dürfen.

## C. Kompetenzverteilung

31    Art. 92 Hs. 2 betrifft nur die **Kompetenz zur Errichtung** der Ger. Die Kompetenz zur (gesetzl.) **Regelung der Gerichtsverf.** u. des **gerichtl. Vf.** – auch der Ger. der Länder – bestimmt sich dagegen nach Art. 74 I Nr. 1.[143] Da zur Gerichtsverf. iSd Art. 74 I Nr. 1 auch die Entsch. über die Zuständigkeiten gehört, entscheidet weitgehend der BuGesGeber durch einf. BuG über die Verteilung der **mat. RsprZuständigkeiten.**

32    Der Bund ist ledigl. berechtigt, das BVerfG sowie die in Art. 95 I u. Art. 96 genannten **obligatorischen u. fakultativen Bundesger.** zu errichten. Iü kommt die Errichtungskompetenz den Ländern zu; in ihre alleinige Zuständigk. fällt daher auch die mittelb. Staatsgerbarkeit.[144]

33    Hierbei gilt es aber zu beachten, dass der Bund kraft Art. 74 I Nr. 1 nicht nur das Vf. vor den Landesger., sondern auch deren Errichtung (durch die Länder) durch einf. BuG anordnen u. steuern darf.[145] Maßgebl. für die **Zuordnung eines best. Ger.** entweder zur Bundes- oder zur Landesorganisation ist der individuelle Organisationsakt (nicht das zugrunde liegende form. Ges.), durch den das Ger. errichtet wurde.[146]

34    Für die Einrichtung von Ger. gilt der **Vorbehalt des Gesetzes.**[147] Erforderl. ist ein form. Ges. Die Errichtung der einzelnen Ger. in den Ländern sowie die Best. u. Veränderung ihrer Bezirke ist Sache der LaGesGeber.[148]

---

[137] § 1031 I ZPO.

[138] *Voit* JZ 1997, 120 (121).

[139] Sehr großzügig dagegen *Achterberg* BK, Art. 92 (1981) Rn. 185 ff. unter Betonung der in Art. 2 I verankerten Privatautonomie; vgl. auch BGH NJW 2016, 2266 ff.; zu dieser Entsch. *Heermann* NJW 2016, 2224 ff.; *Steiner* BayVBl 2016, 825 f.

[140] BVerfGE 4, 74 (92); 10, 200 (214 ff.); 14, 56 (66); 18, 241 (253); 26, 186 (195); 27, 312 (320).

[141] Dazu *Hillgruber* (Fn. 1), Art. 92 Rn. 86; *Classen* MKS II, Art. 92 Rn. 39 ff.; strenger *Bettermann* HStR III2, § 73 Rn. 73 ff. (76).

[142] Dazu *Luther* DtZ 1991, 17 ff.; *Müller* DtZ 1992, 18 ff.; *Heyde* HdbVerfR, § 33 Rn. 41.

[143] Dazu *Achterberg* BK, Art. 92 (1981) Rn. 249 ff.; *Schulze-Fielitz* (Fn. 14), Art. 92 Rn. 63 f.; *Classen* MKS II, Art. 92 Rn. 37 f.

[144] BVerfGE 10, 200 (213); *Pieroth* (Fn. 17), Art. 92 Rn. 13 aE.

[145] BVerfGE 24, 155 (166 f.); 30, 103 (106); *Hopfauf* (Fn. 4), Art. 92 Rn. 101; *Achterberg* BK, Art. 92 (1981) Rn. 247 (s. auch Rn. 249).

[146] *Achterberg* BK, Art. 92 (1981) Rn. 247 f.; *Schulze-Fielitz* (Fn. 14), Art. 92 Rn. 64.

[147] BVerfGE 2, 307 (316 ff.); 24, 155 (167); *Schulze-Fielitz* (Fn. 14), Art. 92 Rn. 64.

[148] BVerfGE 24, 155 (167).

## Art. 93 [Bundesverfassungsgericht, Zuständigkeiten]

(1) Das Bundesverfassungsgericht entscheidet:

1. über die Auslegung dieses Grundgesetzes aus Anlass von Streitigkeiten über den Umfang der Rechte und Pflichten eines obersten Bundesorgans oder anderer Beteiligter, die durch dieses Grundgesetz oder in der Geschäftsordnung eines obersten Bundesorgans mit eigenen Rechten ausgestattet sind;
2. bei Meinungsverschiedenheiten oder Zweifeln über die förmliche und sachliche Vereinbarkeit von Bundesrecht oder Landesrecht mit diesem Grundgesetze oder die Vereinbarkeit von Landesrecht mit sonstigem Bundesrecht auf Antrag der Bundesregierung, einer Landesregierung oder eines Viertels der Mitglieder des Bundestages;
2a. bei Meinungsverschiedenheiten, ob ein Gesetz den Voraussetzungen des Artikels 72 Abs. 2 entspricht, auf Antrag des Bundesrates, einer Landesregierung oder der Volksvertretung eines Landes;
3. bei Meinungsverschiedenheiten über Rechte und Pflichten des Bundes und der Länder, insbesondere bei der Ausführung von Bundesrecht durch die Länder und bei der Ausübung der Bundesaufsicht;
4. in anderen öffentlich-rechtlichen Streitigkeiten zwischen dem Bunde und den Ländern, zwischen verschiedenen Ländern oder innerhalb eines Landes, soweit nicht ein anderer Rechtsweg gegeben ist;
4a. über Verfassungsbeschwerden, die von jedermann mit der Behauptung erhoben werden können, durch die öffentliche Gewalt in einem seiner Grundrechte oder in einem seiner in Artikel 20 Abs. 4, 33, 38, 101, 103 und 104 enthaltenen Rechte verletzt zu sein;
4b. über Verfassungsbeschwerden von Gemeinden und Gemeindeverbänden wegen Verletzung des Rechts auf Selbstverwaltung nach Artikel 28 durch ein Gesetz, bei Landesgesetzen jedoch nur, soweit nicht Beschwerde beim Landesverfassungsgericht erhoben werden kann;
4c. Beschwerden von Vereinigungen gegen ihre Nichtanerkennung als Partei für die Wahl zum Bundestag;
5. in den übrigen in diesem Grundgesetze vorgesehenen Fällen.

(2) Das Bundesverfassungsgericht entscheidet außerdem auf Antrag des Bundesrates, einer Landesregierung oder der Volksvertretung eines Landes, ob im Falle des Artikels 72 Abs. 4 die Erforderlichkeit für eine bundesgesetzliche Regelung nach Artikel 72 Abs. 2 nicht mehr besteht oder Bundesrecht in den Fällen des Artikels 125a Abs. 2 Satz 1 nicht mehr erlassen werden könnte. Die Feststellung, dass die Erforderlichkeit entfallen ist oder Bundesrecht nicht mehr erlassen werden könnte, ersetzt ein Bundesgesetz nach Artikel 72 Abs. 4 oder nach Artikel 125a Abs. 2 Satz 2. Der Antrag nach Satz 1 ist nur zulässig, wenn eine Gesetzesvorlage nach Artikel 72 Abs. 4 oder nach Art. 125a Abs. 2 Satz 2 im Bundestag abgelehnt oder über sie nicht innerhalb eines Jahres beraten und Beschluss gefasst oder wenn eine entsprechende Gesetzesvorlage im Bundesrat abgelehnt worden ist.

(3) Das Bundesverfassungsgericht wird ferner in den ihm sonst durch Bundesgesetz zugewiesenen Fällen tätig.

**Entstehungsgeschichte: Erstfassung:** JöR nF 1 (1951), 669. – **Änderungen:** 19. G. zur Änd. des GG v. 29.1.1969 (BGBl I 97), Art. 1 Nr. 1 (dazu: BT-Dr V/2677 [Entwurf], V/3506; BT-Prot V/9209, 10817; BR-Dr 673/68; BR-Prot 68/319); 42. G. zur Änd. des GG v. 27.10.1994 (BGBl I 3146), Art. 1 Nr. 12 (dazu: BT-Dr 12/6000 [Ber. GemVerfKom.], 12/6633 [Entwurf], 12/8165, 12/8399, 12/8423; BT-Prot 12/18086, 20947, 21278; BR-Dr 360/92 [Kom. Verf. Reform BR], 886/93 [Entwurf], 834/94; BR-Prot 93/623, 94/505); 52. G. zur Änd. des GG v. 28.8.2006 (BGBl I 2034) (dazu: BT-Dr 16/813; BT- Prot 16/4233; BR-Dr 462/06; BR-Prot 06/203; öffentl. Anhörung v. 15./16.5.2006, Prot Rechtsausschuss 16/12); 53. G zur Änd. des GG v. 8.10.2008 (BGBl I 1926) (dazu BT-Dr 16/8488 [Entwurf]; 16/8912); 59. G zur Änd. des GG v. 11.7.2012 (BGBl I 1478) (dazu: BT-Dr 17/9392; BT-Prot 17/181; BR-Dr 289/12; BR-Prot 897. Sitzung.

**Historische Verfassungstexte: RV 1849:** § 126 Zur Zuständigkeit des Reichsgerichts gehören: a) Klagen eines Einzelstaates gegen die Reichsgewalt wegen Verletzung der Reichsverfassung durch Erlassung von Reichsgesetzen und durch Maßregeln der Reichsregierung, sowie Klagen der Reichsgewalt gegen einen Einzelstaat wegen Verletzung der Reichsverfassung. b) Streitigkeiten zwischen dem Staatenhause und dem Volkshause unter sich und zwischen jedem von ihnen und der Reichsregierung, welche die Auslegung der Reichsverfassung betreffen, wenn die streitenden Theile sich vereinigen, die Entscheidung des Reichsgerichts einzuholen. c) Politische und privatrechtliche Streitigkeiten aller Art zwischen den einzelnen deutschen Staaten.... e) Streitigkeiten zwischen der Regierung eines Einzelstaates und dessen Volksvertretung über die Gültigkeit oder Auslegung der Landesverfassung. ... g) Klagen deutscher Staatsbürger wegen Verletzung der durch die Reichsverfassung ihnen gewährten Rechte. Die näheren Bestimmungen über den Umfang dieses Klagerechts und die Art und Weise, dasselbe geltend zu machen, bleiben der Reichsgesetzgebung vorbehalten ... – **RV 1871: Art. 76** (1) Streitigkeiten zwischen verschiedenen Bundesstaaten, sofern dieselben nicht privatrechtl. Natur und daher von den kompetenten Ger.behörden zu entscheiden sind, werden auf Anrufen des einen Teils von dem Bundesrate erledigt. (2) Verfassungsstreitigkeiten in solchen Bundesstaaten, in deren Verfassung nicht eine Behörde zur Entscheidung solcher Streitigkeiten bestimmt ist, hat auf Anrufen eines Teiles der Bundesrat gütlich auszugleichen oder, wenn das nicht gelingt, im Wege der Reichsgesetzgebung zur Erledigung zu bringen. – **WRV: Art. 13** (2) Bestehen Zweifel oder Meinungsverschiedenheiten darüber, ob eine landesrechtliche Vorschrift mit dem Reichsrecht vereinbar ist, so kann die zuständige Reichs- oder Landeszentralbehörde nach näherer Vorschrift eines Reichsgesetzes die Entscheidung eines obersten Gerichtshofs des Reiches anrufen. **Art. 19** (1) Über Verfassungsstreitigkeiten innerhalb eines Landes, in dem kein Gericht zu ihrer Erledigung besteht, sowie über Streitigkeiten nichtprivatrechtlicher Art zwischen verschiedenen Ländern oder zwischen dem Reiche und einem Lande entscheidet auf Antrag eines der streitenden Teile der Staatsgerichtshof für das Deutsche Reich, soweit nicht ein anderer Gerichtshof des Reichs zuständig ist. (2) Der Reichspräsident vollstreckt das Urteil des Staatsgerichtshofs. – Ferner **Art. 15 III, 18 VII, 59, 90 S. 2, 170 II, 171 II.** – **GG 1949:** (1) Bis auf Art. 93 I Nr. 2a, 4a, 4b geltende Fassung. – (2) Das Bundesverfassungsgericht wird ferner in den ihm sonst durch Bundesgesetz zugewiesenen Fällen tätig.

**Geltende Landesverfassungen:** *BW*Verf Art. 68 I, II; 76; *Bay*Verf Art. 60–67, 98 S. 4; *Bln*Verf Art. 84 II; *Bbg*Verf Art. 113; *Brem*Verf Art. 140; *Hmb*Verf Art. 65 III, IV; *Hess*Verf Art. 131, 132; *MV*Verf Art. 53; *Nds*Verf Art. 54; *NRW*Verf Art. 75; *RhPf*Verf Art. 135 I; *Saar*lVerf Art. 97, 123; *Sachs*Verf Art. 81 I, 90; *LSA*Verf Art. 75; *SchlH*Verf Art. 44 I, II, 59c; *Thür*Verf Art. 80 I, II.

**Supra- und internationale Texte:** EMRK Art. 19 ff.; AEUV Art. 258 ff.

**Gesetzgebung:** BVerfGG, insbes. §§ 13 f., 36–97; Beschluss des Plenums des BVerfG v. 15.11.1993 gem. § 14 IV BVerfGG (BGBl I 2492); GO BVerfG.

**Schrifttum (s. auch: Allgemeines Schrifttum – Darstellungen zum Verfassungsprozessrecht):** *H.-G. Dederer,* Die Grenzen des Vorrangs des Unionsrechts – Zur Vereinheitlichung von Grundrechts-, Ultra-vires- und Identitätskontrolle, JZ 2014, 313; *S. Detterbeck,* Streitgegenstand und Entscheidungswirkungen im Öffentlichen Recht, 1995; *S. Dietz,* Die europarechtsfreundliche Verfassungsidentität in der Kontrolltrias des Bundesverfassungsgerichts AöR 142 (2017), 78; *A. Engels,* Die Zulässigkeitsprüfung im Organstreit vor dem BVerfG, Jura 2010, 421; *R. Grote,* Der Verfassungsorganstreit, 2010; *W. Heun,* Normenkontrolle, FS 50 Jahre BVerfG I, 2001, S. 615; *E. Klein,* Verfahrensgestaltung durch Gesetz und Richterspruch: Das „Prozeßrecht" des Bundesverfassungsgerichts, FS 50 Jahre BVerfG I, 2001, S. 507; *S. Korioth,* Bundesverfassungsgericht und Rechtsprechung („Fachgerichte"), FS 50 Jahre BVerfG I, 2001, S. 55; *S. Kreutzberger,* Die gesetzlich nicht geregelten Entscheidungsvarianten des Bundesverfassungsgerichts, 2007; *K. Lange,* Das Bundesverfassungsgericht und die Landesverfassungsgerichte, FS 50 Jahre BVerfG I, 2001, S. 289; *W. Löwer,* Zuständigkeiten und Verfahren des Bundesverfassungsgerichts HStR III, § 70; *M. Ludwigs/P. Sikora,* Der Vorrang des Unionsrechts unter Kontrollvorbehalt des BVerfG, EWS 2016, 121; *J. Menzel,* Landesverfassungsrecht, 2002; *Ohler,* Das Bundesverfassungsgericht als europäisches Kompetenzgericht, ZG 35 (2020), 95; *F. Ossenbühl,* Bundesverfassungsgericht und Gesetzgebung, FS 50 Jahre BVerfG I, 2001, S. 33; *J. Pietzcker,* Organstreit, FS 50 Jahre BVerfG I, 2001, S. 587; *A. Proeß,* Bundesverfassungsgericht und überstaatliche Gerichtsbarkeit, 2014; *H. Rensen/S. Brink* (Hrsg.), Linien der Rechtsprechung des Bundesverfassungsgerichts, 2009; Bd. 2, 2011 (Hrsg. *S. Emmenegger/A. Wiedmann*); Bd. 3, 2014 (Hrsg. *Y. Becker/F. Lange*); *G. Roellecke,* Aufgabe(n) und Stellung des Bundesverfassungsgerichts im Verfassungsgefüge/in der Gerichtsbarkeit HStR III, §§ 67, 68; *W.-R. Schenke,* Verfassungsgerichtsbarkeit und Fachgerichtsbarkeit, 1987; *F. Schorkopf,* Die prozessuale Steuerung des Verfassungsrechtsschutzes, AöR 130 (2005), 465; *H. Schultzky,* Zulässigkeitsfragen im Bund-Länder-Streit, VerwArch 100 (2009), 552; *P. Selmer,* Bund-Länder-Streit, FS 50 Jahre BVerfG I, 2001, S. 563; *S. Simon,* Grenzen des Bundesverfassungsgerichts im europäischen Integrationsprozess, 2016. – **Speziell zur Verfassungsbeschwerde:** *R. Alleweldt,* BVerfG und Fachgerichtsbarkeit, 2006; *S. Detterbeck,* Individualer und kommunaler Rechtsschutz gegen untergesetzliches Landesrecht im Bermudadreieck zwischen Bundesverfassungsgericht, Hessischem Staatsgerichtshof und Hessischem Verwaltungsgerichtshof, FS Wagner, 2013, S. 275; *ders.,* Gemeinsame Zulässigkeitshürden von Bundes- und Landesverfassungsbeschwerde in der Praxis, AöR 136 (2011), 222; *A. Guckelberger,* Verfassungsbeschwerden kommunaler Gebietskörperschaften, Jura 2008, 819; *O. Klein/C. Sennekamp,* Aktuelle Zulässigkeitsprobleme der Verfassungsbeschwerde, NJW 2007, 945; *M. Kleine-Cosack,* Verfassungsbeschwerden und Menschenrechtsbeschwerde, 3. Aufl. 2013; *G. Lübbe-Wolf,* Substantiierung und Subsidiarität der Verfassungsbeschwerde, EuGRZ 2004, 669; *D. Lück,* Der Beitrag der Kommunalverfassungsbeschwerde nach Art. 93 Abs. 1 Nr. 4b GG, § 91 BVerfGG zum Schutz der kommunalen Selbstverwaltung, 2014; *N. Marsch,* Die objektive Funktion der Verfassungsbeschwerde in der Rechtsprechung des Bundesverfassungsgerichts, AöR 137 (2012), 592; *H.-J. Papier,* Das Verhältnis des BVerfG zu den Fachgerichtsbarkeiten, DVBl 2009, 473; *B. Pieroth/P. Silberkuhl,* Die Verfassungsbeschwerde, 2008; *W.-R. Schenke,* Zulässigkeitsprobleme der Rechtssatzverfassungsbeschwerde – Unmittelbare Betroffenheit, Subsidiarität, Rechtswegerschöpfung, Verfassungsbeschwerdefrist, FS Steiner, 2009, S. 682; *T.J. Schmidt,* Die Kommunalverfassungsbeschwerde, JA 2008, 763; *R. Zuck,* Das Recht der Verfassungsbeschwerde, 5. Aufl. 2017.

## Übersicht

## A. Das Bundesverfassungsgericht – Allgemeines

### I. Ursprungsfassung und Änderungen des Art. 93

Bereits der HChE (August 1948) sah ein BVerfG vor. Die wichtigsten Kompetenzen des akt. Art. 93 **1** waren dort schon genannt (Art. 98 HCHE). Eine gewisse Orientierung bot die Institution des BayVerfGH nach der BayVerf von 1946.[1] Der ParlRat entschied sich nach kontrov. Debatte gegen das Modell eines Obersten Bundesger. mit Zuständigk. auch für VerfStreitigkeiten u. für die **institutionelle Selbständigkeit** der VerfGerichtsbarkeit, aber deren Einbettung in den Abschn. über die Rspr.

Die Aufnahme der **VB** in den Kompetenzkatalog des BVerfG war schon in Herrenchiemsee umstr.[2] **2** In die erste Fassung des Art. 93 fand sie ebensowenig Eingang wie die komm. VB.

Das 19. Gesetz zur **Änderung des GG** nahm 1969 die beiden VB in den grundgesetzl. Zuständig- **3** keitskatalog des BVerfG (Art. 93 I Nr. 4a, 4b) auf. Sie dem Zugriff des einf. GesGebers zu entziehen u. dem Schutz des Art. 79 II zu unterstellen, war das Ziel dieser GGÄnd., die ein Gegengewicht bilden sollte zur umstr. Notstandsverf. von 1968.[3] Durch nachfolgende GGÄnd. wurde der Kompetenzkatalog des Art. 93 mehrf. erweitert.[4]

---

[1] Vgl. *Stern* BK, Art. 93 (1982) Rn. 4 ff.; *Wieland,* in: Dreier III, Art. 93 Rn. 15.
[2] JöR nF 1 (1951), 671.
[3] Vgl. *Stern* (Fn. 1), I B.
[4] Dazu die Kommentierung der einzelnen Zuständigkeiten.

## II. Rechtsstellung des Bundesverfassungsgerichts

**4**      **1. Hüter der Verfassung.** Die vielfach – auch vom Ger. selbst[5] – gebrauchte Charakterisierung des BVerfG als des Hüters der Verfassung enthält eine zusammenfass. **Aufgabenbeschreibung.** Die Verwendung dieser Formel diente dem Ger. meist zur Eingrenzung seiner Kompetenzen. Sie drückt jedenfalls **kein Auslegungsmonopol** aus.[6] Die Befugnis zur VerfKonkretisierung kommt auch anderen Staatsorganen zu, vor allem den anderen obersten VerfOrganen.[7]

**5**      Das BVerfG ist aber **Oberster Hüter** der Verf.,[8] was vor allem bedeutet: Es hat – im Streitfall u. auf zul. Antrag hin – die Normen des GG verbindl. auszulegen u. mit seinen Entsch. zu bewirken, dass das **Zusammenspiel der VerfOrgane** im Bund u. zw. Bund u. Ländern den Regeln des GG entspricht, dass die Staatsgewalt die ihr form. u. mat. gezogenen **Grenzen nicht überschreitet** u. dass sich die gesamte Tätigkeit aller Staatsorgane an den **grundgesetzl. Wertentscheidungen** orientiert.[9] Die Aufgabe der „schöpferischen Rechtsfindung"[10] schließt die **VerfFortbildung** ein.[11]

**6**      **2. Bundesverfassungsgericht als Verfassungsorgan.** Die rechtl. Qualifizierung des BVerfG als ein **oberstes VerfOrgan** ist heute **unstr.**[12] Auch das BVerfG selbst bezeichnet sich so.[13] In § 1 BVerfGG wird es als „ein allen übrigen Verfassungsorganen gegenüber selbständiger Gerichtshof" bezeichnet, was mittelb. seine VerfOrganstellung bestätigt.

**7**      Es steht damit auf einer Organisations-, Funktions- u. Legitimationsebene mit BT, BRat, BPräs u. BReg. Obwohl das GG den Terminus des VerfOrgans nicht verwendet, folgt die VerfOrganqualität des BVerfG aus **dem GG selbst,** insb. aus Art. 93, 94, 100, 115g:[14] Darin werden – wie bei den anderen VerfOrganen – die **Existenz,** die **RStellung** u. die wesentl. **Kompetenzen** durch das GG konstituiert. Es nimmt nach der Art seiner Zuständigkeiten teil „an der Ausübung der **obersten Staatsgewalt".**[15] Seine alle anderen Staatsorgane bindenden Entsch. betreffen (auch) Bereiche polit. Gesamtleitung u. polit. Willensbildung.[16] Ebenso wird seine **Zusammensetzung** im Kern vom GG bestimmt (Art. 94).

**8**      Eine Reihe **konkr. Konsequenzen** aus der Stellung als VerfOrgan steht heute außer Streit:[17] so die Unabhängigkeit des BVerfG gegenüber jedem anderen Staatsorgan, das Recht auf einen eigenen Haushalt (im Rahmen des BuHaushalts), die eigenst. RStellung der Ri. des BVerfG, die Eigenverantwortlichkeit für das Personal des Ger. u. die **GeschOAutonomie**[18] iRd BVerfGG.

**9**      **3. Bundesverfassungsgericht als Gericht.** Anders als die VerfOrganqualität ist die **GerEigenschaft des BVerfG** im GG ausdrückl. normiert: Es regelt seine Zusammensetzung u. die wesentl. Zuständigkeiten im IX. Abschnitt, es weist in Art. 92 Hs. 2 die rspr. Gewalt ausdrückl. auch dem BVerfG zu, u. es bringt schon im Namen dieses Organs seine Gerichtsqualität zum Ausdr. Dementspr. bezeichnet § 1 I BVerfGG das BVerfG als selbständigen u. unabh. Gerichtshof des Bundes.

**10**      Symptomatisch für seine Zugehörigkeit zur Dritten Gewalt ist die Maßgeblichkeit verschiedener ProzessRMaximen auch für das Vf. des BVerfG.[19] Sie wirken zugl. kompetenzbegrenzend. Hierzu gehört das **Antragsprinzip** (→ Rn. 33), das die VfAufnahme ex officio verbietet. Das BVerfG ist zur **verbindl. Streitentsch.** berufen, die grds. eine nachträgl. ist.[20] Gerichtl. Vergleichsvorschl.[21] müssen, obgleich klassisches gerichtl. Handlungsinstrumentarium, wegen der Aufgabe zur verbindl. VerfAuslegung seltene Ausnahme bleiben.[22] Konsequent wurde die gerichtsfremde Aufgabe der Gutachtenerstellung 1956 aus dem BVerfGG gestrichen. Das BVerfG entscheidet in einem **gerichtsförmigen Vf.,** dessen Regeln im Wesentl. gesetzl. vorgegeben sind. Seine Ri. unterliegen allen prozessualen Anforderungen des **gesetzl. Ri.** gem. Art. 101 I 2.[23] Auch die Verpfl. des Art. 6 I EMRK zu gerichtl. Entsch. binnen angemessener Frist gilt für das BVerfG.

---

[5] BVerfGE 1, 184 (195); 1, 396 (408 f.); 2, 124 (131); 40, 88 (93 f.); Statusdenkschrift des BVerfG, JöR nF 6 (1957), 144 ff.; krit *Pieroth,* in: Jarass/Pieroth, Art. 93 Rn. 5; *Meyer,* in: v. Münch/Kunig II, Art. 93 Rn. 6.

[6] BVerfGE 2, 124 (131).

[7] BVerfGE 62, 1 LS 4b; vgl. auch *Kischel* AöR 131 (2006), 219 (224 ff.).

[8] So schon *Leibholz,* in: Das Bundesverfassungsgericht 1951–1971, 2. Aufl. 1971, S. 34 f.

[9] Ähnl. *Maunz,* in: Maunz/Dürig, Art. 94 Rn. 3; *Starck* FS 50 Jahre BVerfG I, 2001, S. 1 ff.

[10] Vgl. BVerfGE 34, 269 (287 f.).

[11] BVerfGE 74, 297 (350 f.); 120, 274 (303 ff.); dazu *Walter* AöR 125 (2000), 517.

[12] So z. B. *Burkiczak* BDS, § 1 Rn. 49; *Schlaich/Korioth,* Rn. 30; *Roellecke* HStR III, § 67 Rn. 15; näher *Bethge* MSKB, § 1 Rn. 16 ff.; krit. zu diesem Begriff *Benda/E. Klein,* in: Benda/Klein/Klein, Rn. 106.

[13] BVerfGE 7, 1 (14).

[14] *Bethge* MSKB, § 1 Rn. 16.

[15] *Leibholz* JöR nF 6 (1957), 111; ebenso etwa *Stern* (Fn. 1), Rn. 25.

[16] *Hesse,* Grundzüge, Rn. 669; vor falschen Schlüssen warnen zu Recht *Schlaich/Korioth,* Rn. 32 ff.

[17] Dazu *Bethge* MSKB, § 1 Rn. 38 ff.; *Benda/E. Klein* (Fn. 12), Rn. 110 f.

[18] Vgl. die erste Fassung der GeschO vom 2.9.1975, BGBl I 2515.

[19] Zusammenf. *Bethge* MSKB, § 1 Rn. 5; *Roellecke* HStR III, § 67 Rn. 16.

[20] BVerfGE 1, 396 (406 ff.).

[21] Wie im Streit um den Religionsunterricht in Brandenburg, BVerfGE 104, 305; 106, 210.

[22] Krit. auch *Hillgruber/Goos,* Rn. 6.

[23] Dazu BVerfGE 40, 356 (360); 65, 152 (154).

Das BVerfG hat seine Entsch. nach keinem anderen **Maßstab** als dem **des Rechts** zu treffen. Es darf **11** keiner Streitfrage, wenn sie in einem zul. Antrag an das Ger. herangetragen worden ist, die Entsch. verweigern, mag diese auch mit polit. Interessenlagen u. Folgen verwoben sein. Eine **Political-Question-Doctrin** ginge am Wesen der grundgesetzl. VerfGerbarkeit vorbei.[24] Hieraus ergibt sich auch eine Grenze für die Rücksichtnahme auf den polit. Gestaltungsspielraum – die „pflichtgemäße Einschätzung" der BReg[25] oder des GesGebers (→ Rn. 14 ff.). Der Maßstab für das BVerfG bleibt ein normativer, auch wenn er **Maßstab für das Politische** ist.[26] Entscheidungsmaßstab auch für hochpolitische Angelegenheiten bleibt das (Verfassungs-)Recht.[27]

Auch die bverfgerichtl. prinzipale NK des formellen GesGebers ist **funktionell Rspr.** iSd Gewal- **12** tenteilungspr.[28] Auch die Nichtigerklärung eines Ges. bedeutet nicht negative GesGebung, sondern ist selbst in der abstr. NK **gerichtl. Streitentscheidung** am Maßstab höherrangigen Rechts. Die prekäre Grenzziehung gegenüber dem (Grund-)GesGeber ist dem Ger. aber nicht immer mit der erforderl. Behutsamkeit geglückt.[29] Gleiches gilt für sein Verhältnis zur Fachgerbarkeit.[30]

**4. Verhältnis zu anderen Staatsorganen.** Das BVerfG u. die anderen VerfOrgane sind zur **13** gegens. Rücksichtnahme verpflichtet **(Verfassungsorgantreue).**[31] Diese Verpfl. zu Loyalität u. Beachtung der Funktionen der jew. anderen oberst. Staatsorgane duldet, weil im verfrechtl. Kompetenzgefüge begründet, keine Einschränkungen aufgr. polit. Erwägungen.[32]

Das Verhältnis des **BVerfG zum GesGeber**[33] prägen besonders strenge Maßstäbe, bedingt durch **14** dessen unmittelb. demokrat. Legitimation u. Kompetenz für die grundl. Entsch. im Gemeinwesen. Auch wo es um die Stellung des Parlaments als VerfOrgan geht, ist die Rspr. des BVerfG zu Recht sehr zurückhaltend.[34] Der gesetzgeb. Wille soll durch eine verfgerichtl. Entsch. möglichst wenig beeinträchtigt werden.[35] Die Wahrung der „Gestaltungsfreiheit u. Gestaltungsverantwortung" des GesGebers[36] gehört zu den schwierigsten Aufgaben verfgerichtl. Rspr.

**Judicial self-restraint**[37] betont das BVerfG bes. im Bereich der WirtschaftsO[38] u. bei der Auf- **15** stellung des Haushalts.[39] Es konzediert dem GesGeber zu Recht weiten Gestaltungsspielraum in der Bewältigung der Aufgabe, die planwirtschaftl. geschaffenen Verhältnisse der DDR in marktwirtschaftl. zu überführen;[40] ferner bei VertragsG,[41] bei außenpol. Einschätzungen u. Rücksichtnahmen,[42] bei Prognose-[43] oder Planungsspielräumen.[44] Bei PlanungsG billigt es Beurteilungsspielräume auch in der Wahl der Regelungsform zu.[45] Leidet das Ges. nur an einem **VfFehler,** bleibt es gültig, wenn der Verstoß nicht evident ist.[46] Schüfe die Nichtigerkl. eines Ges. einen Zustand, der der verfmäßigen Ordnung noch ferner stünde als die verfwidrige gesetzl. Regelung, stellt das BVerfG nur die VerfWid-

[24] Ebenso *Bethge* MSKB, Vorb. Rn. 19; *Benda/E. Klein* (Fn. 12), Rn. 27 f.; *Voßkuhle* MKS III, Art. 93 Rn. 22.

[25] BVerfGE 84, 90 (127).

[26] Zutreffend *Stern* (Fn. 1), Rn. 35, 48; *Isensee* FS Kloepfer, 2013, S. 43 ff.

[27] BVerfGE 68, 1 (77 f.).

[28] Ebenso *Heun* FS 50 Jahre BVerfG I, 2001, S. 616 f.; *Bethge* MSKB, Vorb. Rn. 18 ff.; *Schlaich/Korioth,* Rn. 35, die gute Gründe gegen einen verbreiteten „funktionell-rechtlichen Ansatz" geltend machen (Rn. 506 ff. mwN); aA *v. Brünneck,* Verfassungsgerichtsbarkeit in den westlichen Demokratien, 1992, S. 166 ff.; *Starck,* in: Starck/Stern, Landesverfassungsgerichtsbarkeit, Teilbd. 1, 1983, S. 292; nach *Roellecke* HStR III, § 67 Rn. 40 gelten Bemühungen, die VerfGerbarkeit in das Gewaltenteilungsschema zu pressen, als gescheitert; demgegenüber *Löwer* HStR III, § 70 Rn. 2; missverständl. BVerfGE 1, 396 (409).

[29] *Simon* HdbVerfR, § 34 Rn. 55 warnt, der Hüter der Verf. dürfe nicht zu ihrem Herrn werden; scharfe Kritik von *Rüthers,* Die heimliche Revolution vom Rechtsstaat zum Richterstaat, 2014; krit auch *Isensee* FS Kloepfer, 2013, S. 49: „Oberlehrer der Verfassungsinterpretation"; *Scholz,* Der gesetzgebende Richter, ZG 2013, 107 ff. m. Fn. 20.

[30] *Isensee* FS Kloepfer, 2013, S. 51 ff.

[31] Vgl. insbes. BVerfGE 6, 257 (264 f.); 35, 193 (199); 35, 257 (261 f.); 45, 1 (39); 89, 155 (191); 90, 286 (336); 119, 96 (125); *Simon* HdbVerfR, § 34 Rn. 48 ff.; *Schenke,* Die Verfassungsorgantreue, 1977; *Lorz,* Interorganrespekt im Verfassungsrecht, 2001; zur VerfOrgantreue und der Kritik am BVerfG *Voßkuhle* NJW 1997, 2216.

[32] BVerfGE 35, 193 (199).

[33] Ausführl. *Bethge* MSKB, Vorb. Rn. 160 ff.

[34] BVerfGE 112, 118 (insb. 132 f., 147 f.).

[35] BVerfGE 4, 331 (350).

[36] BVerfGE 77, 84 (104).

[37] Vgl. zum Begriff BVerfGE 36, 1 (14): „Verzicht, Politik zu treiben"; *Benda/E. Klein* (Fn. 12), Rn. 27; krit. zur Verwendung des Begriffs *Rinken* (Fn. 5), Rn. 92; *Voßkuhle* MKS III, Art. 93 Rn. 36; vergleichend *Rau,* Selbst entwickelte Grenzen in der Rechtsprechung des US Supreme Court und des BVerfG, 1996.

[38] BVerfGE 4, 7 (17 f.); 50, 290 (336 ff.).

[39] BVerfGE 119, 96 (LS 3, 140 ff.).

[40] BVerfGE 95, 267 (309).

[41] BVerfGE 89, 155 (181, 187 f.); 95, 39 (45 ff.).

[42] BVerfGE 94, 115 (143 ff.); 92, 26 (41 ff.).

[43] BVerfGE 38, 61 (82, 87 ff.).

[44] BVerfGE 76, 107 (121 f.).

[45] BVerfGE 95, 1 (17).

[46] BVerfGE 34, 9 (25); 91, 148 (175); 120, 56 (79).

rigk. des Ges. fest (**Unvereinbarerklärung**,[47] § 79 I 1, § 31 II 2, 3 BVerfGG) u. erklärt es vorüber-gehend – zT unter genauer Datumsangabe – für anwendbar.[48] Dies betrifft auch finanzwirksame Ges., wenn andernfalls eine geordnete Finanz- u. Haushaltswirtschaft gefährdet wäre.[49] Gleiches gilt auch für andere Ges., wenn die VerfRLage bislang noch nicht hinr. geklärt war u. dem GesGeber deshalb eine angem. Frist für eine Neuregelung eingeräumt werden soll.[50] So verfährt das BVerfG bisweilen auch, wenn die VerfWidrigk. einer RNorm nicht ihren Kern, sondern nur einzelne, untergeordnete Aspekte ihrer rstaatl. Ausgestaltung wie die Beachtung des Zitiergebots des Art. 19 I 2 betrifft u. der GesGeber leicht nachbessern kann.[51] Generell begnügt sich das BVerfG bei gleichheitsw. Ges. mit einer Unver-einbarerkl. (ohne WeitergeltungsAO), wenn der GesGeber mehrere Möglichk. hat, den Gleichheits-verstoß zu beseitigen.[52] Konsequenterweise hält das BVerfG die bloße Unvereinbarerkl. regelm. für geboten, wenn der GesGeber verschiedene Möglichk. hat, den VerfVerstoß zu beseitigen.[53] Da dies eben nicht nur bei Gleichheitsverst., sondern in vielen anderen Fällen auch der Fall ist, gerät die Unvereinbarerkl. zum Normalfall. Verfrechtl. oder sonstwie dogmat. geboten ist diese um sich greifende EntschPraxis jedenfalls dann nicht, wenn mit der Unvereinbarerkl. des Ges. keine Weitergel-tungsAO verbunden ist.[54] Denn ohne bverfgerichtl. WeitergeltungsAO führt auch die Unvereinbarerkl. zu einer Anwendungssperre, idR mit ex tunc Wirkung.[55] Eine Nichtigerkl. des Ges. bedeutet deshalb grds. keinen Nachteil für die RPraxis u. den GesGeber, dem auch ifd Nichtigerkl. verschiedene Möglichk. verbleiben, ein verfkonformes Ges. zu schaffen. Fälle, in denen eine Unvereinbarerklärung des Ges. mit befristeter WeitergeltungsAO wirklich verfrechtl. geboten ist, stellen die Ausnahme dar. Das Ziel, so wenig wie mögl. die EntschFreiheit des GesGebers einzuengen, verfolgen auch die anderen **Varianten des EntschAusspruchs** bei der NK, die auch Anwendung finden bei unterge-setzl. Normen.[56] Dazu gehören neben der (auch teilweisen) Nichtigerkl. die Appellentsch. u. auch die verfkonforme Auslegung. Quasilegislatorische Vorgaben für den GesGeber[57] sind desh. problemat., weil ihnen dezisionistische Elemente innewohnen. Die Kompetenzüberschreitung wird besonders dort augenfällig, wo diese Vorgaben auf nicht entscheidungserhebl. Erwägungen beruhen.[58] Auch eine befristete Fortdauer einer Freiheitsentziehung aufgr. eines verfwidrigen Ges. ist zumindest problemat.[59] Stellt sich die detailgenaue EntschFormel zum künftig geltenden Recht hingegen als Vollstreckungs-maßnahme gegen einen pflichtwidrig untätig bleibenden GesGeber dar, kann dies die Effizienz der Rspr. des BVerfG erfordern.[60]

**16**     Bei der Kontrolle von Maßnahmen der **BReg** lässt die Rspr. des BVerfG ebenfalls weitreichende Zurückhaltung erkennen. Im Bereich der **ausw. Gewalt** geht sie von einem breiten Raum eigenver-antwortl. Beurteilung der BReg aus, der sich verfgerichtl. Nachprüfung entziehe.[61] Auf dem Feld der Verteidigungspolitik besteht das Ger. auf einer Stärkung der Rolle des Parlaments.[62] Soweit sich einschl. GGBest. auch unter Berücksichtigung der anerkannten Auslegungsregeln keine genauen rechtl. Maßstäbe entnehmen lassen, beschränkt sich das BVerfG der Sache nach zu Recht auf eine bloße Willkürkontrolle.[63]

---

[47] Zu den versch. Fallgruppen näher *Bethge* MSKB, § 31 Rn. 210 ff.

[48] BVerfGE 33, 303 (347 f.); 37, 217 (262 f.); 61, 319 (356 f.); 73, 40 (101 f.); 105, 73 (134 f.); 109, 190 (235 f.); 111, 191 (224 f.); 147, 253 Rn. 252 f.

[49] BVerfGE 87, 153 (178); 93, 121 (148); 105, 73 (134); 117, 1 (70); 120, 125 (168).

[50] BVerfGE 120, 125 (167 f.); vgl. auch 125, 175 (258).

[51] BVerfGE 150, 309 Rn. 96 f. zu Art. 19 I 2.

[52] BVerfGE 22, 349 (361 ff.); 97, 35 (48); 98, 365 (402); 131, 239 (264 f.); 135, 238 Rn. 24; 147, 253 Rn. 252; 148, 147 Rn. 164 f.

[53] BVerfGE 77, 308 (337); 87, 114 (135 f.); 87, 153 (178); 120, 125 (167); 145, 304 Rn. 123; 147, 253 Rn. 252; 148, 147 Rn. 165.

[54] AA stellvertr. *Schlaich/Korioth*, Rn. 401 ff. für Gleichheitsverständnis, wie hier aber grds. für die anderen Konstellationen (Rn. 404).

[55] BVerfGE 37, 217 (261 f.); 55, 100 (110); 61, 319 (356); 73, 40 (101 f.); 135, 238 Rn. 24; 148, 147 Rn. 180; 148, 147 Rn. 165; *Bethge* MSKB, § 31 Rn. 221; *Schlaich/Korioth*, Rn. 417 ff.

[56] BVerfGE 113, 1 (25 f.); zusammenf. *Schlaich/Korioth*, Rn. 378 ff.; *Voßkuhle* MKS III, Art. 93 Rn. 46–52; umfassend *Kreutzberger*, Die gesetzlich nicht geregelten Entscheidungsvarianten des Bundesverfassungsgerichts, 2007.

[57] Vgl. zB BVerfGE 85, 264 (288 f.); 88, 203 (270 ff., 281 ff., 289 ff.); NVwZ 2015, 1047 Rn. 97 ff.; dazu *Scholz* ZG 2013, 107 ff.; *Stuttmann* NVwZ 2015, 1007 ff.; *Beckermann* DÖV 2015, 1009 ff.

[58] So z. B. die Ausführungen zur Höchstgrenze der Besteuerung des Vermögens „in der Nähe einer hälftigen Teilung (des Sollertrages) zwischen privater und öffentlicher Hand", obwohl nur die Wertermittlung des Grundvermögens gegenüber anderem Vermögen EntschGegenstand war: BVerfGE 93, 121 (138) mit abwM *Bö-ckenförde* 149 ff.; krit. auch *Arndt/Schumacher* NJW 1995, 2603; *Bull* NJW 1996, 281; *Vogel* NJW 1996, 1505 (1510); anders *Leisner* NJW 1995, 2591. Inzw. vom BVerfG selbst in der Bedeutung minimiert („Gesamtbelastung des Vermögens", nicht der Steuerbelastung insgesamt): BVerfGE 115, 97 (108 ff.) mit zust. Anm. *Sacksofsky* NVwZ 2006, 661.

[59] BVerfGE 109, 190 (mit abwM 244 ff.); krit. z. B. *Gärditz* NJW 2004, 693; *Kinzig* NJW 2004, 911.

[60] Vgl. BVerfGE 88, 203 (209) u. 99, 300 (331), wo sich das Ger. ausdr. auf § 35 BVerfGG bezieht.

[61] BVerfGE 84, 90 (127 f.); 94, 12 (35).

[62] BVerfGE 90, 286 (381 ff.); 121, 135 (153 ff.); 140, 160 Rn. 67 ff.

[63] So zur Frage der BTAuflösung BVerfGE 62, 1 (48 ff.); 114, 121 (155 ff.).

Gegenüber den **Gerichten der fünf Fachgerichtsbarkeiten** kommt dem BVerfG zwar die 17 Kassationsbefugnis zu (§ 95 II BVerfGG); der bverfgerichtl. Prüfungsmaßstab ist allerd. ausschließl. auf das VerfR beschränkt.[64] Es übt gegenüber den Fachger. keine allgem. RKontrolle aus u. fungiert **nicht** als „**Superrevisionsinstanz**". So betont das BVerfG selbst dann die Zuständigkeit der Fachger. zur Auslegung des einf. Rechts, wenn es nicht um die Kontrolle fachgerichtl. Entsch., sondern um abstr. NK geht.[65]

Gerade in VBVerfahren betont es die Funktionenteilung gegenüber der Fachgerbarkeit u. deren 18 Aufgabe, den **effektiven RSchutz** iSd Art. 19 IV auch bei GrRVerl. zu gewährleisten. In der Konsequenz verpfl. das BVerfG die Fachger. zu eff. RSchutz auch gegenüber schon vollzogenen GrREingriffen, die sich typischerw. kurzfristig erledigen,[66] wie Freiheitsentziehung oder Durchsuchung. Eine Verwerfung von RM wegen prozessualer Überholung wird nunmehr insb. dort ausgeschlossen, wo eine AO dem Ri. vorbehalten bleibt, so in Art. 13 II, 104 II, III.[67] Der normative Begriff „Gefahr im Verzug" unterliegt vollständiger fachgerichtl. Kontrolle.[68]

Entspr. seiner Aufgabe zur Gewährleistung des GrRSchutzes beschränkt sich das BVerfG bei der 19 Kontrolle fachgerichtl. Entsch. auf die Überprüfung, ob die Ger. gerade gegen GrR verstoßen haben. Es prüft ledigl., ob die angegriffene Entsch. in spezif. Weise gegen VerfR verstoßen hat (Verletzung „spezifischen VerfR", dazu Rn. 90).

### III. Bundesverfassungsgericht und Landesverfassungsgerichte

Die VerfGerbarkeiten des Bundes u. die der Länder stehen grds. **selbst. nebeneinander.**[69] Dies 20 beruht auf der prinzipiellen Trennung der verfrechtl. Räume von Bund u. Ländern, die in den Grenzen der Art. 31, 142 voneinander unabh. sind.[70] Prüfungsmaßstab des BVerfG ist allein das BuVerfR. Zu seinem Prüfungsgegenstand zählen zwar auch Akte der LaStaatsgewalt. Entsch. der LVerfG überprüft das BVerfG aber nur im Ausnahmefall, insb. bei VB wegen Verletzung der Art. 101 I 2, 103 I;[71] auch zur Wahrung der Rundfunkfreiheit hat es gegen laverfgerichtl. Entsch. RSchutz gewährt.[72] Hingegen ist in Abweichung von der früheren Spruchpraxis[73] eine Wahlprüfung von LTag-Wahlen unter Rückgriff auf den allg. Gleichheitssatz des GG versperrt.[74]

EntschGegenstand der LVerfG sind ausschließl. Akte der LaStaatsgewalt. Prüfungsmaßstab ist 21 primär das LVerfR. BundesR kommt vor allem dann in Betracht, als er für die Beantwortung vorgreifl. Fragen relevant ist, wie etwa im Falle der Prüfung la**verfrechtl.** Vorschr. am Maßstab des BundesR, um den Anforderungen des Homogenitätsgebots des Art. 28 I oder der Art. 1 III, 20 III, 31 u. 142 zu genügen.[75] Aus der Parallelität der verfgerichtl. Vf.[76] ergeben sich wegen der **verschie-**

---

[64] Zum Gesamtkomplex *Schenke,* Verfassungsgerichtsbarkeit u. Fachgerichtsbarkeit, 1987; *ders.* FS Klein, 2013, S. 453 ff.; *Alleweldt,* Bundesverfassungsgericht u. Fachgerichtsbarkeit, 2006; vertiefte Referate *Alexy, Kunig, Heun, Hermes* VVDStRL 61 (2002), 7 ff.; vgl. *Jestaedt* DVBl 2001, 1309; *Korioth* FS 50 Jahre BVerfG I, 2001, S. 55 ff.; *Kenntner* DÖV 2005, 269; *Detterbeck* AöR 136 (2011), 222 ff.; *Roellecke* HStR III, § 68 Rn. 11 ff.

[65] BVerfGE 101, 239 (257); vgl. u. Rn. 57.

[66] BVerfGE 96, 27 (40); 104, 220 (233); 110, 77 (86).

[67] BVerfGE 96, 27 (39 ff.); 117, 244 (268 ff.).

[68] BVerfGE 103, 142 (150 ff., 156 ff.); BVerfG(K) NJW 2002, 1333.

[69] BVerfGE 6, 376 (382), st. Rspr.

[70] Dazu grundl., umfassend u. weiterf. *Menzel,* Landesverfassungsrecht, 2002; *Lindner* AöR 143 (2018), 437 ff.

[71] BVerfGE 13, 132 (140 f.); 69, 112 (120 ff.); das BVerfG sieht sich an jeder Überprüfung gehindert, wenn die Streitig. vom LVerfG abschl. entsch. wird, wie bei der komm. VB gem. Art. 93 I Nr. 4b, BVerfG(K) NVwZ 2004, 980.

[72] BVerfGE 90, 277 ff.; 97, 298 (308 f.).

[73] Z. B. BVerfGE 34, 81 (95 ff.).

[74] BVerfGE 99, 1 (7 ff.); vgl. u. Rn. 89.

[75] Insow. zutr. BayVerfGH BayVBl 2019, 225 Rn. 67. Zur heftig umstr. Frage der Berücksichtigung von BVerfR als in das LVerfR hineinwirkendes Recht BVerfGE 1, 208 (232 f.) für Art. 3 I, 20 III, 25 bej.; BVerfGE 23, 33 (39) für Art. 21 bej.; BVerfG(K) NVwZ-RR 2016, 521 Rn. 48 ff.; restriktiv BVerfGE 103, 332 (357 f.); ebenfalls für Art. 21 I bej. ThürVerfGH ThürVBl 2016, 273 (275) u. 281 (282); 25.9.2018 – 24/17 – juris Rn. 146; für Art. 70 ff. abl. StGH Bremen NordÖR 2013, 357 ff.; HessStGH NVwZ-RR 2014, 410; demgegenüber die Art. 70 ff. prüfend ThürVerfGH, 7.9.2010 – 27/07 – juris Rn. 58; 1.6.2011 – 43/08 – juris Rn. 60; nebulös ThürVerfGH, 7.12.2016 – 28/12 – juris Rn. 76; für das grundgesetzl. Demokratiepr. bej. StGH Bremen NordÖR 2014, 262 ff. m. abwM; der BayVerfGH prüft eingeschr., ob der bayer. GesGeber deshalb geg. das RStaatspr. bzw. das BayVerf verstoßen hat, weil er BundesR, z. B. die Art. 70 ff., offenkundig u. schwerw. verletzt hat, s. nur BayVerfGH NJW 2014, 3215 Rn. 69; NVwZ-RR 2018, 457 Rn. 96; BayVBl 2019, 225 Rn. 65 – dies beanstandet – entgegen der verkündeten Darstellung von BayVerfGH BayVBl 2019, 225 Rn. 68 – BVerfG(K) NVwZ-RR 2016, 521 Rn. 54, das laverfgerichtl. Entsch. aber nur – wie fachgerichtl. Entsch. – einer Willkürkontrolle unterzieht, Rn. 48, 53, 55; zur Probl. näher *Rozek,* Das Grundgesetz als Prüfungs- u. Entscheidungsmaßstab der Landesverfassungsgerichte, 1993, insbes. S. 100 ff.; *Menzel* (Fn. 70), S. 156 ff.; 243; *Löwer* NdsVBl 2010, 138 ff.; *Heusch* NWVBl 2020, 180 f.; zur Frage von laverfrechtl. inkorporierten BuGrR etwa *Heusch* NWVBl 2020, 178 ff.

[76] In Betracht kommen VB – BVerfGE 22, 267 (270 f.), abstr. – BVerfGE 9, 268 (278) – wie konkr. NK – BVerfGE 17, 172 (179); zusammenfass. BVerfGE 36, 342 (368).

denen **VfGegenstände** regelm. auch keine Divergenzprobleme: So wie das LVerfG nur seinen Maßstab, die LVerf., heranzieht,[77] so prüft das BVerfG auch larechtl. Maßnahmen nur am Kontrollmaßstab des GG u. nicht an der LVerf.[78] Gleicherm. ist dem BVerfG der Umweg versperrt, über Art. 2 I (verfmäßige Ordnung) nach der Vereinbarkeit einer larechtl. Norm mit der LVerf. zu fragen.[79] Entsprechend beschränkt sich der EntschAusspruch auf die Vereinbarkeit des geprüften Hoheitsakts jeweils entweder mit dem GG oder mit der LVerf.[80] Gleichwohl können **Entsch. der LVerfG mit der VB zum BVerfG angegriffen** werden.[81] Dass das GG nicht zum laverfgerichtl. Prüfungsmaßstab gehört, bedeutet nicht, dass die LVerfG von der Bindung an die BuGrR freigestellt sind. Art. 1 III nimmt auch die LVerfG in die Pflicht. Allerd. ist eine VB unzul., wenn das LVerfG an keine mit der VB rügefähigen Rechte gebunden war.[82] Die zweite vom BVerfG formulierte Ausnahme – abschließende laverfgerichtl. Entsch. in der Sache[83] – ist abzulehnen.[84] Soweit die laverfgerichtl. Entsch. oder grundrechtsgl. Rechte des GG beeinträchtigt, hat das LVerfG weder abschl. noch ausschließl. in der Sache zu entsch. Auch **Auslegungsdivergenzen** werfen keine systemat. Probl. auf, da jedes LVerfG die Normen seiner LVerf. autonom aus deren Zusammenh. auszulegen hat, was Bindungen an Auslegungsergebnisse des BVerfG selbst dort ausschließt, wo es um mit dem GG wortgl. Bestimmungen der LVerf. geht.[85]

22       Wird das LVerfG gegen einen RAkt der Landesstaatsgewalt, der auf der Anwendung von mat. oder form. BundesR beruht, angerufen (bei landesgerichtlicher Entsch. ist dies der Regelfall, denn sie wenden das Bundesprozessr an), ist im Einzelnen str., ob das LVerfG prüfen darf, ob die Anwendung des BundesR durch die LaGewalt gegen die LVerf. verstoßen hat.[86] Festzuhalten ist zunächst, dass die Anwendung von BundesR durch LaOrgane **Landesstaatsgewalt** ist.[87] Die Anwendung von BundesR – gleichviel durch welches LaOrgan – ist auch kein BundesR iSv Art. 31. Diese Vorschr. gilt nur für RSätze, nicht für Einzelfallentsch.[88] Auch bei der Anwendung von BundesR hat die LaStaatsgewalt das LVerfR zu beachten, soweit es nicht nach Art. 31, 142 durch **gültiges** BundesR gebrochen wird.[89]

23       Jedenfalls dann, wenn das BundesR der LaStaatsgewalt Anwendungs- u. EntschSpielräume belässt, dürfen u. müssen die LVerfG die Auslegung u. Anwendung dieses BundesR durch die LaStaatsgewalt am Maßstab des LVerfR überprüfen.[90] Gleiches gilt aber auch, wenn das BundesR keine Spielräume belässt.[91] In diesem Fall kann eine **fehlerhafte Anwendung** des BundesR gegen LVerfR verstoßen.[92] Eine einfachrechtl. **richtige** Anwendung zwingenden BundesR kann gegen LVerfR verstoßen, wenn das einfache BundesR gegen BVerfR verstößt u. deshalb das LVerfR nicht nach Art. 31 bricht;[93] insoweit ist Art. 100 I zu beachten. Auch die LVerfG sind aber auf die Prüfung der Verletzung spezif. LVerfR beschränkt.[94]

23a      Das BVerfG stellt für die laverfgerichtl. Kontrolle der Anwendung von Bu**Verfahrens**R den Grds. auf, das LVerfG sei auf die Überprüfung am Maßstab des LVerfR beschränkt, das mit dem GG inhaltsgleich sei u. auch in der Anwendung zum selben Ergebnis wie das GG führe.[95] Ein stichhaltiger Grund, zwischen der Anwendung von BuVfR (z. B. ZPO, StPO) u. von materiellem BundesR durch

---

[77] Betont vom BVerfG als LVerfG SchlH gem. Art. 99: BVerfGE 103, 332 (347 ff.).

[78] Ausnahme: Art. 100 I 1, 1. Alt. iVm Art. 99; vgl. BVerfG(K) NVwZ 2005, 205.

[79] BVerfGE 60, 175 (209), st. Rspr.

[80] Vgl. BVerfGE 69, 112 (118).

[81] BVerfGE 13, 132 (140); 42, 312 (325); 69, 112 (120); 85, 148 (157); 96, 231 (242); 97, 298 (314 f.); zust. *Hillgruber/Goos,* Rn. 937 ff.; abl. *Ruppert/Schorkopf* BDS § 90 Rn. 71; ausführl. zur Probl. *Pohlreich,* in: Leitentscheidungen BVerfG III, S. 37 ff.

[82] BVerfGE 99, 1 (7 ff.).

[83] BVerfGE 96, 231 (243 f.).

[84] Ebenso *Bethge* MSKB, Vorb. Rn. 283 f.; *Henke* BDS, § 90 Rn. 255; *Hillgruber/Goos,* Rn. 938 f.; vgl. auch *Pohlreich* (Fn. 81), S. 50, der die Rspr. des BVerfG als teilw. widersprüchl. kritisiert.

[85] BVerfGE 36, 342 (362); vgl. BVerfGK 17, 131 f.

[86] Dazu umfassend *v. Coelln,* Anwendung von Bundesrecht nach Maßgabe der Landesgrundrechte?, 2001; *Rozek* (Fn. 75), S. 190 ff.; *ders.* AöR 119 (1994), 450 ff.; *Menzel* (Fn. 70), S. 294 ff.; *Schlaich/Korioth,* Rn. 351 ff.; *Kleine-Cosack,* Verfassungsbeschwerden und Menschenrechtsbeschwerde, 3. Aufl. 2013, 1476 ff.; *Heusch* NWVBl 2020, 177 ff.; s. auch BayVerfGH NVwZ-RR 2014, 121 ff.

[87] BVerfGE 96, 345 (366); zu Unrecht zweifelnd *Hillgruber/Goos,* Rn. 913.

[88] BVerfGE 96, 345 (364).

[89] So auch der Ausgangspunkt von BVerfGE 96, 345 (363 ff.).

[90] *Sacksofsky* BK Art. 142 (2004) Rn. 110 f.; *Rozek* AöR 119 (1994), 467 Fn. 72; *ders.* HGR III, § 85 Rn. 44 f.; *v. Coelln* (Fn. 86), S. 266, 272; *Baldus,* in: 20 Jahre Verfassungsgerichtsbarkeit in den neuen Ländern, 2014, S. 40 f., 43, 45; vgl. BVerfGE 96, 345 (366).

[91] Hiervon ausgehend BVerfGE 96, 345 (367 f., 373); aA *Sacksofsky* (Fn. 90), Rn. 110; *Huber* SächsVBl 2020, 210; *Heusch* NWVBl 2020, 185.

[92] *Huber,* Art. 31 Rn. 9; *Baldus* (Fn. 90), S. 40; aA *Rozek* AöR 119 (1994), 465 ff.

[93] *v. Coelln* (Fn. 86), S. 268; diese Möglichk. außer Acht lassend *Huber* → Art. 31 Rn. 8 f., → Art. 142 Rn. 15; *Sacksofsky* (Fn. 90), Rn. 110.

[94] Ebenso *Sacksofsky* (Fn. 90), Rn. 118; dazu u. Rn. 90.

[95] BVerfGE 96, 345 (373 f.); abl. *Heusch* NWVBl 2020, 184 f.

die LaStaatsgewalt zu unterscheiden, besteht nicht.[96] Die folgenden Ausführungen gelten deshalb unterschiedslos für beide Bereiche. Die bverfgerichtl. Rspr. ist uneingeschr. zutr., wenn das BundesR den gesetzesanwendenden Beh. u. Ger. **keinen EntschSpielraum** belässt. Die Beschränkung der LVerfG auf inhalts- u. ergebnisgl. LVerfR folgt in diesem Fall aus Art. 31 u. der Bindung der LVerfG auch an das einfache BundesR (Art. 20 III).[97] Verstößt etwa eine fachgerichtl. Anwendung einfachen BundesR, das keinen EntschSpielraum im RSinn eröffnet, nicht gegen das GG, ist die fachgerichtl. Entsch. burechtl. determiniert. Eine lverfrechtl. Best., die weitergehenden RSchutz gewährt als die entspr. GGBestimmung u. deshalb zur LaVerfWidrigk. der fachgerichtl. Entsch. führen würde, wäre insoweit unvereinbar mit dem vom Fachger. angewendeten einfachen BundesR. Dies ist ein Anwendungsfall des Art. 31. Das LVerfG darf desh. das im Vergl. zum GG weiterreichende LVerfR nicht anwenden.

Anders verhält es sich, wenn das einfache BundesR dem GesAnwender **rechtl. relevante Entsch-** 23b **Spielräume** belässt. In einem solchen Fall ist es mögl., dass die GesAnwendung zwar mit dem GG vereinbar ist, nicht aber mit dem im konkr. Fall rschutzintensiveren LVerfR, ohne dass eine lverfkonforme Anwendung mit dem GG oder dem anzuwendenden einfachen BundesR unvereinbar ist.[98] In derart. Fällen gehört auch LVerfR, das weiterreichenden RSchutz gewährleistet als das GG, zum Prüfungsmaßstab der LVerfG. Die Rspr. des BVerfG steht dem nicht entgegen.[99]

Ob eine burechtl. Vorschrift den anwendenden Beh. u. Ger. **EntschSpielräume** eröffnet, lässt sich 23c nicht nach den im allgem. VwR geläufigen Kriterien Ermessen u. unbest. RBegriffe mit Beurteilungsspielraum[100] beantworten.[101] Denn die Frage lautet nicht, ob den GesAnwendern überhaupt ein EntschSpielraum eingeräumt wird. Vielmehr stellt sich die Frage, ob die burechtl. Regelung EntschSpielräume eröffnet, die nicht nur durch BVerfR, sondern auch durch **LVerfR** beschränkt sind.[102] Steckt die burechtl. Regelung einen **abschließenden** burechtl. **Rahmen** ab, dürfen hierdurch den RAnwendern eröffnete EntschSpielräume durch LVerfR **nicht strukturell** eingeschränkt werden. So verhält es sich etwa bei § 128 I 1 StPO. Danach muss ein Festgenommener spätestens am Tage nach der Festnahme dem Ri. vorgeführt werden – wobei diese Frist aus bverfrechtl. Gründen nur ausgenutzt werden darf, wenn eine frühere Vorführung nicht möglich ist.[103] Art. 19 II 1 HV, der zwingend eine kürzere Frist vorschreibt (binnen 24 Stunden nach der Festnahme), ist unanwendbar.[104] Denn diese Vorschr. würde den Rahmen des § 128 I 1 StPO (u. Art. 104 III 1) generell einschränken. Eine burechtl. zul. Ausreizung der Frist des § 128 I 1 StPO wird nicht durch Art. 19 II 1 HV rechtsw. Verbietet ein überschießendes LaGrR dagegen nur im konkr. Einzelfall eine Anwendung von BundesR, die nach Maßgabe des korrespondierenden BuGrR erlaubt ist, kann diese lverfrechtl. Restriktion mit den b(verf)rechtl. Strukturvorgaben vereinbar sein. Fälle dieser Art dürften aber nur die seltene Ausnahme sein. Stellen die burechtl. Vorschr. dagegen kein abgeschlossenes Regelungssystem dar,[105] bleibt Raum auch für Strukturergänzungen nach Maßg. des LVerfR. Auch derartige Fallkonstell. dürften kaum auftreten. IE bleibt überschießendes LVerfR bei der Anwendung von BundesR u. damit auch bei einer nachfolgenden laverfgerichtl. Kontrolle idR außer Betracht.[106] Ungeachtet der dogmat. Bewertung verschiedener Einzelaspekte ist das Konzept des BVerfG iE zutr.[107]

[96] Ebenso *Bethge* MSKB, § 85 Rn. 29 a. E.; *Sacksofsky* (Fn. 90), Rn. 117; *Voßkuhle* MKS II, Art. 93 Rn. 77 Fn. 408; *Rozek HGR* III, § 85 Rn. 42 mN; *Schlaich/Korioth*, Rn. 353 mN.

[97] BVerfGE 96, 345 (365).

[98] *Sacksofsky* (Fn. 90), Rn. 113; *Korioth*, in: Maunz/Dürig, Art. 142 Rn. 15.

[99] BVerfGE 96, 345 (366). Bei der laverfgerichtl. Anwendung von BuVfR beschränkt das BVerfG die LVerfG nur für den **Regelfall** auf die Berücksichtigung von LaGrR, die mit den BuGrR inhalts- und ergebnisgl. sind, BVerfGE 96, 345 (373); dies ist zutr., weil das BuVfR im Regelfall einen abschl. RRahmen setzt, der durch über die BuGrR hinausgehende LaGrR nicht strukturell verändert werden darf. Ebenso die Bewertung der Entsch. des BVerfG durch *Rozek HGR* III, § 85 Rn. 44; *Günther*, Verfassungsgerichtsbarkeit in Hessen, 2004, § 43 Rn. 46 (S. 764).

[100] Näher *Detterbeck*, Allgem. VerwaltungsR, 18. Aufl. 2020, Rn. 303 ff.; unbest. RBegriffe ohne BeurtSpielraum eröffnen dem RAnwender von vornherein keinen EntschSpielraum; zu Letzterem weiterf. u. überz. *Sacksofsky* (Fn. 90), Rn. 115.

[101] Ebenso *Dreier*, in: Dreier III, Art. 142 Rn. 48.

[102] Überz. *Sacksofsky* (Fn. 90), Rn. 113 aE; *Rozek HGR* III, § 85 Rn. 45.

[103] *Schmitt*, in: Meyer-Goßner/Schmitt, StPO, 62. Aufl. 2019, § 128 Rn. 6; vgl. BVerfGE 105, 239 (249) zu Art. 104 II 2, 3.

[104] Ebenso offenbar *E. Stein*, in: Zinn/Stein, Die Verfassung des Landes Hessen, 16. Lfg. 1999, Art. 19 Anm. 4; ebenso zu Art. 5 II Rh-Pf Verf. aF im Verh. zu § 117 V StPO aF OLG Koblenz GA 1984, 130 f.; ebenso allgem. zu strengerem LVerfR *Schmitt*, aaO; aA *Paeffgen*, in: Wolter (Hrsg.), Systematischer Kommentar zur Strafprozessordnung, Bd. II, 5. Aufl. 2016, § 128 Rn. 5; *Maunz*, in: Maunz/Dürig, Art. 104 Rn. 42 aE speziell zu Art. 19 II 1 HV.

[105] Zu den mögl. Krit. *Sacksofsky* (Fn. 90), Rn. 114; *Rozek HGR* III, § 85 Rn. 45.

[106] So auch der Befund von *Rozek HGR* III, § 85 Rn. 45; *Günther* (Fn. 99), § 43 Rn. 46 (S. 764) zum BuVfR.

[107] Ebenso z. B. *Voßkuhle* MKS II, Art. 93 Rn. 77; *Schlaich/Korioth*, Rn. 356; *Baldus* (Fn. 90), S. 46 f.; aA die Voraufl.; *Sacksofsky* (Fn. 90), Rn. 106; *Hillgruber/Goos*, Rn. 950 f.; *v. Coelln* (Fn. 86), S. 290 ff.; krit. auch *K. Lange* NJW 1998, 1280 f.

**23d**    Völlig anders verhält es sich, wenn mat. BundesR durch die Länder – wie im Normalfall (Art. 83) – vollzogen wird. Die Art u. Weise des Vollzuges regeln die Länder gesetzl. (Art. 84 I 1). Bei der Anwendung u. Auslegung dieser LVwVfG müssen auch lverfrechtl. Vorgaben beachtet werden, die über das korrespondierende BVerfR hinausreichen. Insoweit ist beim Vollzug mat. BundesR auch LVerfR zu beachten, das weiterreicht als BVerfR.

**23e**    Ein über Art. 31 aufzulösender Konflikt zwischen GG u. LVerfR besteht allerdings in **mehrpoligen RVerhältnissen,** in denen ein laverfrechtl. GrRSchutz, der über das grundgesetzl. Schutzniveau hinausgeht, zu einer stärkeren Beschränkung der BuGrR eines Bet. führt als im Falle eines ident. Schutzniveaus der korrespondierenden Bundes- u. LandesGrR.[108] BuGrR können nicht durch kollidierende LaGrR eingeschränkt werden. Dies gilt auch in Fällen nur **mittelbarer Drittwirkung von GrR.**[109]

## IV. EU-Recht und Europäische Menschenrechtskonvention

**24**    **1. Europäischer Gerichtshof als gesetzlicher Richter.** An dem auch aus Art. 23 I 2 (bzw. Art. 24 I aF) folgenden Anwendungsvorrang des EU-R gegenüber dem nation. Recht[110] u. damit auch gegenüber dem dt. VerfR knüpfen sich vfrechtl. Folgen für die Stellung des EuGH: Für die letztverbindl. Prüfung der EU-Rechtm. von sekund. EU-R hat grds. nur der EuGH EntschKompetenz, ebenso für die letztverbindl. Kontrolle nation. Rechts am Maßstab des EU-R (anders nunmehr das BVerfG zur Kontrolle am Maßstab der EU-GrR, Rn. 27b). Insow. ist auch für den dt. Unionsbürger ausschließl. der EuGH **gesetzl. Ri.** iSd Art. 101 I 2.[111] Vfrechtl. **Konsequenzen für das BVerfG** bestehen im Wesentl. darin, dass die Entsch. eines dt. Ger., mit der (willkürl.) eine notwendige **Vorlage beim EuGH unterlassen** wird, vor dem BVerfG wegen Verstoßes gegen Art. 101 I 2 angefochten werden kann.[112]

**25**    **2. EU-Recht vor dem Bundesverfassungsgericht.** Das BVerfG hat seine früher vertretene Auffassung, EU-R könne nicht prinzipaler Gegenstand einer VB sein, weil es kein Akt grundrechtsgeb. dt. Staatsgewalt sei,[113] in der Maastricht-Entsch. zunächst ausdrückl. aufgegeben (näher Rn. 26).[114] Die allg., also nicht nur die VB betreffende Aussage in der Solange-I-Entsch., die Zuständigk. des BVerfG beschränke sich auf die Kontrolle von Akten der dt. Staatsgewalt,[115] hatte es schon früher dadurch entkräftet, dass es in derselben Entsch. die Vorlage einer EU-VO nach Art. 100 I für zul. erklärt hat.[116]

**25a**    Zu unterscheiden ist zw. der bverfgerichtl. Kontrolle des primären u. des sekundären EU-R. Das prim. EU-R unterliegt von jeher dadurch der bverfgerichtl. (präventiven) Kontrolle, dass die dt. ZustimmungsG Gegenstand prinzipale bverfgerichtl. Kontrolle sind (VB,[117] abstr. NK,[118] konkr. NK[119] sowie der Sache nach auch im BuOrgan- u. im Bu.-Lä.-Str.[120]). Neben den versch. grundgesetzl. vfrechtl. Anforderungen an das ZustimmungsG – so sind etwa iFd EU-Erweiterung die Mitwirkungskompetenzen des BuRates umstr. (bloßes EinspruchsR nach Art. 59 II 1, ZustErfordernis

---

[108] *Korioth* (Fn. 98), Rn. 14; *Scholz,* in: Maunz/Dürig, Art. 9 Rn. 329 Fn. 1; → Art. 142 Rn. 13a; *Dreier* (Fn. 101), Art. 142 Rn. 47; *Unruh* MKS II, Art. 142 Rn. 13; *Maurer HGR* III, § 82 Rn. 64.

[109] HessStGH, 10.5.2017 – P. St. 2545 – juris Rn. 59 ff. m. abwM *Sacksofsky/Gasper/Giani; Scholz,* aaO; *Dreier,* aaO; *Maurer,* aaO; → Art. 142 Rn. 13a Fn. 31; aA *Kaiser/Lindner* DVBl 2017, 1329 ff.; die materiell-rechtl. Argumentation des StGH verkennend, diesem aber iE wegen der prozessualen Folgen des § 43 I 2, 3 StGHG zutr. zust. *Donath* KritV 2017, 308 ff.

[110] BVerfGE 73, 339 (375); 85, 191 (204); 123, 267 (398, 400, 402); 126, 286 (301 f.).

[111] BVerfGE 73, 339 (366 ff.); 135, 155 Rn. 177.

[112] Zwar nimmt das BVerfG nur dann einen Verstoß gegen Art. 101 I 2 an, wenn Art. 267 AEUV offensichtl. unhaltbar gehandhabt wurde, BVerfGE 135, 155 Rn. 180; 147, 364 Rn. 40; allerd. unterzieht nunmehr das BVerfG eine mittels VB angegriffene fachgerichtl. Nichtvorlageentsch. einer **Vertretbarkeitskontrolle,** BVerfGE 135, 155 Rn. 184 f.; 147, 364 Rn. 41 ff.; 152, 216 Rn. 74: zurückgenommener Vertretbarkeitsmaßstab des Art. 101 I 2; insow. kann die Parallele zur bverfgerichtl. Vertretbarkeitskontrolle fachgerichtl. Nichtvorlagen im Anwendungsbereich des Art. 100 I (BVerfGE 138, 64 Rn. 76 f.) gezogen werden; dies trägt auch dem Erfordernis des EU-rechtl. effet utile Rechnung u. ist weder verf.- noch EU-rechtl. zu beanstanden; das BVerfG ist weder eine Superrevisionsinstanz noch ein „oberstes Vorlagenkontrollgericht“ (BVerfGE 135, 155 Rn. 180); ebenso *Huber* FS Klein, 2013, S. 123 ff.; *Schütter,* in: Leitentscheidungen BVerfG III, S. 363 ff., 387; *Finck/Wagner* NVwZ 2014, 1286 ff.; *Wolff* AöR 141 (2016), 40 ff. – auch zur früher divergierenden, nunmehr aber in der Sache übereinst. Auffassung der Kammern u. Senate.

[113] BVerfGE 22, 293 (295 ff.); 58, 1 (27 ff.).

[114] BVerfGE 89, 155 (175); bestätigt von BVerfGE 102, 147 (161, 164); 123, 267 (354 f.); BVerfGK 17, 266 (269 f.).

[115] BVerfGE 37, 271 (283).

[116] BVerfGE 37, 271 (277, 285).

[117] BVerfGE 89, 155 (171).

[118] BVerfGE 36, 1 (13).

[119] BVerfGE 52, 187 (199).

[120] BVerfGE 123, 267 (354 f.).

nach Art. 23 I 2 oder $^2/_3$-Mehrheitserfordernis nach Art. 23 I 3 iVm Art. 79 II) – bestimmt Art. 23 I 3 iVm Art. 79 III den Prüfungsmaßstab des BVerfG.[121] Eine Erstreckung auch auf Art. 23 I 1[122] würde dem ZustimmungsgesGeber iE keine substanziellen zusätzl. Bindungen auferlegen.[123]

Art. 79 III ist sowohl ifv Änderungen des GG als auch von ZustimmungsG zur Schaffung prim. **25b** EU-R eng auszulegen. Art. 79 III verbietet nur eine prinzipielle Preisgabe der genannten Prinzipien u. Grundstrukturen.[124] Integrationsresistent u. EU-fest ist nur der **„Kerngehalt der Verfassungsidentität des Grundgesetzes"**[125] u. damit Deutschlands. Zu diesen Tabuzonen gehören: Die grundlegenden Elemente des Rechts-, Demokratie-, Sozial- u. Bundesstaatspr., das Willkürverbot, grundl. Gerechtigkeitspostulate sowie ein grundrechtl. Kernbestand einzelner GrR, die Kernfunktionen der BuVerfOrgane sowie die Kernbereiche bes. verfgeprägter Sachgebiete.[126] Soweit diese vom BVerfG genannten einzelnen Sachgebiete, näml. das Straf- u. SozialR, das Polizei- u. Verteidigungswesen, die Budgethoheit u. kulturell bedeutsame Bereiche (z. B. FamR, Schule u. Bildung, religiöser Bereich)[127], nicht kraft Art. 79 III sakrosankt sind, ist diese Rspr. abzulehnen.[128] Art. 79 III verbietet es auch, der EU nicht näher limitierte Blankettkompetenzen[129] einzuräumen; die sprachl. verunglückte verbotene „Kompetenz-Kompetenz"[130] ist nur ein Unterfall.

Fragl. ist, ob der Zulässigkeit einer VB gegen ZustimmungsG, mit der die Verletzung des grund- **25c** rechtl. Mindestgehalts dt. GrR oder die Verletzung des Demokratiepr. des Art. 38 I 1 GG[131] wegen Missachtung demokr. Mindestanforderungen gerügt wird, der **Subsidiaritätsgrds.**[132] entgegensteht; ob der BeschwFührer also auf fach- u. verfgerichtl. RSchutz gegen dt. u. EU-rechtl. Vollzugsakte verwiesen werden kann. Die Mobilisierung dieser Zulässigkeitshürde ist abzulehnen. Die Verweisung auf späteren RSchutz wäre unzumutbar – vor allem wegen der völker- u. EU-rechtl. Implikationen.[133] Zwar ist prim. EU-R in Dtl. nicht anwendbar, wenn das ZustimmungsG gegen Art. 23 I 3, 79 III verstößt; dies gilt auch für das entspr. sekund. EU-R.[134] Die Frage ist nur, ob der EuGH dies etwa in einem Vorabentsch.- oder gar VertragsverletzungsVf. genauso sieht. Desh. darf der BeschwFührer auch nicht auf die Gewährung von RSchutz durch den EuGH nach Maßgabe der EU-GrR gegen sekund. EU-R verwiesen werden, wenn er ein dt. ZustimmungsG angreift.

Die bverfgerichtl. Kontrolle der dt. **ZustimmungsG** u. damit auch präventiv des prim. EU-R **25d** erfolgt, anders als im Falle sekund. EU-R, nicht im Kooperationsverh. zum EuGH. Auch eine Vorlage nach Art. 267 AEUV scheidet aus.[135] Da das EU-R keine mit Art. 79 III vergleichbaren Vorgaben kennt – der vom BVerfG in Art. 79 III verortete EU-feste Kerngehalt der VerfIdentität des GG rechnet zwar auch zu den durch Art. 4 II 1 EUV geschützten mitgliedstaatl. verfmäßigen Strukturen,[136] diese Bestimmung bindet indes nur die EU-Organe –, ist die Entstehung EU-rechtsw. prim. EU-R insow.

[121] BVerfGE 89, 155 (172); hieran anknüpfend BVerfGE 123, 267 (340); 132, 195 Rn. 88, 92, 104; zusammenf. *Murswiek* FS Wahl, 2011, S. 782 f.; primär auf Art. 23 I 1 abstellend *Uerpmann-Wittzack,* in: v. Münch/Kunig I, Art. 23 Rn. 57.

[122] Dafür *Streinz,* Art. 23 Rn. 16; *ders.* FS Stern, 2012, S. 964 f.; *Bethge* MSKB, Vorb. Rn. 332; *Uerpmann-Wittzack,* aaO, Art. 23 Rn. 13, 57; *Dederer* JZ 2014, 315; offenb. auch BVerfGE 123, 267 (332); NJW 2019, 3204 Rn. 124; abl. *Classen* MKS II, Art. 23 Rn. 46, 50; *Selmayer/Prowald* DVBl 1999, 273.

[123] *Herdegen,* Europarecht, 22. Aufl. 2020, § 10 Rn. 21 aE; *Proelß,* Bundesverfassungsgericht und überstaatliche Gerichtsbarkeit, 2014, S. 92; vgl. BVerfG NJW 2019, 3204 Rn. 124.

[124] Allgemein BVerfGE 30, 1 (24 f.); speziell zu Art. 23 I 3: BVerfGE 123, 267 (353, 356 ff.); 132, 195 Rn. 109 („Identitätskern"), 112, 118, 183; restr. auch *Streinz* FS Stern, 2012, S. 973.

[125] BVerfGE 123, 267 (353); 132, 195 Rn. 109 („Identitätskern"), 118; 140, 317 Rn. 41 ff.; 142, 123 Rn. 137 ff.; krit. gegenüber dem Rekurs auf die VerfIdentität *Ingold* AöR 140 (2015), 21 ff.; *Polzin,* Verfassungsidentität, 2018, lehnt dieses RInstitut vollst. ab, da es zu einer Ausweitung des Art. 79 III führe.

[126] BVerfGE 123, 267 (356 ff.); 129, 124 (169 ff.); 132, 195 Rn. 104 ff.; 146, 216 Rn. 128 ff.; NJW 2020, 1647 Rn. 103 f., 115; dazu *Streinz,* Art. 23 Rn. 92 ff.; *Hufeld* HStR X, § 215 Rn. 63 f.; *Murswiek* FS Wahl, 2011, S. 795 f.; *Dietz* AöR 142 (2017), 92 ff.; der Vorbeh. der VerfIdentität wird auch ausgelöst, wenn wesentl. Staatsfunktionen, wie im Bereich des AsylR u. Lizenzschutzes, aufgr. von EU-R der Sache nach von anderen Mitgliedstaaten wahrgenommen u. von diesen in einer Weise (nicht) ausgeübt werden, dass dem dt. Staat obliegende zentrale Aufgaben nicht mehr erfüllt werden u. dadurch die nat. Identität Dtl. bedroht wird, so zutr. zur Flüchtlingskrise 2015/16 *Möstl* AöR 142 (2017), 216 ff.

[127] BVerfGE 123, 267 (359).

[128] Abl. auch *Simon,* Grenzen des Bundesverfassungsgerichts im europäischen Integrationsprozess, 2016, S. 130 ff. (140); *Polzin* (Fn. 125), S. 164 ff.; krit. *Herdegen* (Fn. 123), § 10 Rn. 26.

[129] BVerfGE 142, 123 Rn. 130; 151, 202 Rn. 121.

[130] BVerfGE 132, 195 Rn. 105; 142, 123 Rn. 130; 151, 202 Rn. 121; NJW 2020, 1647 Rn. 102.

[131] Nw. Fn. 194.

[132] Dazu → Art. 94 Rn. 20 ff.

[133] Dazu auch BVerfGE 132, 195 Rn. 88.

[134] BVerfGE 123, 267 (354, 402); 126, 286 (302); 134, 366 Rn. 27; 146, 216 Rn. 57 f.; EuZW 2020, 324 Rn. 133; *Streinz,* Art. 23 Rn. 96; *Jarass,* in: Jarass/Pieroth, Art. 23 Rn. 44; *Hufeld* HStR § 215 Rn. 66, 72.

[135] Ebenso *Bethge* MSKB, Vorb. Rn. 348a.

[136] Vgl. BVerfGE 142, 123 Rn. 140: (bverfgerichtl. IdentKontrolle) der Sache nach in Art. 4 II 1 EUV angelegt; allerd. geht die in Art. 4 II 1 EUV genannte nat. Identität über den Begriff der VerfIdentität (weit) hinaus, BVerfGE 134, 366 Rn. 29; näher *v. Bogdandy/Schill,* in: Grabitz/Hilf/Nettesheim I, Art. 4 EUV Rn. 10 ff.; *Murswiek* FS Wahl, 2011, S. 79 ff.

ausgeschlossen. Der Grds. der lex posterior gilt insow. uneingeschr.[137] Die vom EuGH hier nicht einforderbare Europarechtsfreundlichkeit des BVerfG kann durch eine restriktive Handhabung der integrationsfesten Tabuzonen des Art. 79 III sichergestellt werden.

26     Auch **sekund. EU-R**[138] kann **prinzipaler** Gegenstand der bverfgerichtl. Kontrolle sein.[139] In Betracht kommen vor allem die konkr. NK **analog**[140] Art. 100 I,[141] die abstr. NK analog Art. 93 I Nr. 2[142] u. die VB nach Art. 93 I Nr. 4a.[143] Der staatsrechtl. Logik des Art. 23 I 3, 79 III entspricht es, dass von der EU gesetztes Recht für Dtl. u. innerhalb von Dtl. nicht anwendbar ist, wenn es auf einer Ermächtigung des prim. EU-R beruht, die wegen Verstoßes des dt. ZustimmungsG gegen Art. 23 I 3, 79 III in u. für Dtl. nicht anwendbar ist oder wenn es ohne ausr. Ermächtigung des prim. EU-R erlassen wird;[144] dies gilt auch für die form. Anforderungen des Art. 23 I 2, 3, 79 II an das dt. ZustimmungsG.[145] Dem Einwand, dass prinzipaler Prüfungsgegenst. des BVerfG nur Akte der dt. Staatsgewalt sein könnten,[146] ist entgegenzuhalten, dass sekund. EU-R anders als sonstiges nichtdt. Recht für u. in Dtl. unmittelb. Verbindlichkeit beansprucht u. desh. auch **unmittelb.** mit dt. VerfR kollidieren kann.[147] Die Integrationsgrenze des Art. 23 I 3, 79 III gilt iE auch für das sekund. EU-R. Der Einwand, eine Verletzung dieser Grenze könne nicht mehr gerügt werden, wenn das dt. ZustimmungsG zum ermächtigenden prim. EU-R formal ratifiziert worden sei, wäre unzutr.[148] Ob bverfgerichtl. RSchutz gegen sekund. EU-R, insb. eine VB, deshalb unzul. ist, weil ausr. RSchutz gegen dt. Ausführungsakte oder sonstiges Verhalten dt. Staatsgewalt im Zusammenh. mit dem sekund. EU-R besteht,[149] ist keine Frage des Angriffs- u. Prüfungsgegenst., sondern betrifft völlig andere Zulässigkeitsvorauss. Demgegenüber kann nach **neuer Rspr. des BVerfG sekund. EU-R kein unmittelb. Gegenst. einer VB** sein; es könne nur vorfrageweise Gegenst. bverfgerichtl. Kontrolle sein – im Rahmen von VB gegen Handeln oder Unterl. dt. Staatsgewalt im Zusammenh. mit dem betreffenden EU-R.[150] Konsequenterweise müsste diese Rspr. auch auf andere bverfgerichtl. Vf. übertragen werden.[151] Die Problematik für die abstr. u. konkr. NK liegt auf der Hand, wenn die dt. Bezugsakte keine taugl. Angriffsgegenst. darstellen. In Betracht kommt dann ledigl. eine analoge Anwendung des einschlägigen ProzessR. Immerhin hält das BVerfG daran fest, äußerste VerfGrenzen überschreitendes EU-R für in Dtl. unanwendbar zu erklären – allerd. ledigl. im Rahmen bverfgerichtl. Inzidentkontrollen. Die prozessuale u. materiell-rechtl. Logik dieser bverfgerichtl. Beschränkung auf inzidenten RSchutz gegenüber sekund. EU-R erschließt sich nicht.[152] Der vom BVerfG nunmehr eingeschlagene Umweg ist steinig.

---

[137] Vgl. EuGH NJW 2013, 29 Rn. 33 – Pringle, wonach der EuGH für die Prüfung der Gültigkeit des PrimärR unzust. ist; allerd. prüft er die form. Vorgaben des AEUV für Vertragsänderungen.
[138] Hierzu zählen auch Entsch. des EuGH, vgl. BVerfGE 133, 277 Rn. 91; NJW 2020, 1647 Rn. 118 ff.; sie können vom BVerfG aber nur incidenter geprüft werden; vgl. dazu *Funke* ZG 2011, 176.
[139] BVerfGE 37, 271 (277, 285); 89, 155 (175); 123, 267 (354 f.); BVerfGK 17, 266 (269 f.): „ Grundsatz der Angreifbarkeit supranationaler Hoheitsakte mit der Verfassungsbeschwerde" (sub bb); NJW 2001, 2705 f.; vgl. auch BVerfGE 132, 195 Rn. 98; widersprüchl. BVerfGE 134, 366 ff.: in Rn. 2 wird unter dem Gliederungspunkt „Verfahrensgegenstand" der OMT-Beschluss der EZB genannt, gegen diesen wendet sich auch die VB (366); in Rn. 1 werden die Antr. aber ausgelegt als (zT vorbeugende – dazu Rn. 34) Antr. gegen Verhalten dt. Staatsgewalt; ähnl. BVerfGE 146, 216 Rn. 3 oben, 69, 75; wie hier auch *Bethge* MSKB, Vorb. Rn. 356 m. Fn. 1338, Vorb. § 13 Rn. 29, § 90 Rn. 334; *Voßkuhle* MKS II, Rn. 175; *Pieroth* (Fn. 5), Rn. 86; *Hopfauf*, in: Hofmann/Henneke, Art. 93 Rn. 474; *Zippelius/Würtenberger*, § 49 Rn. 86; *Zuck*, Das Recht der Verfassungsbeschwerde, 5. Aufl. 2017, Rn. 52 ff.; *Proelß* (Fn. 123), S. 272 ff.; *Simon* (Fn. 128), S. 214 ff.; *Horn* FS Landau, 2016, S. 219 ff.; *Peterek*, in: Leitentscheidungen BVerfG III, S. 556 ff.; *Nettesheim* JZ 2016, 425 sub 1.; *Ludwigs/Sikora* EWS 2016, 129 f.; schwankend *Dietz* AöR 142 (2017), 89 m. Fn. 68 f., 91 m. Fn. 75.
[140] Vgl. dazu *Schöbener* JA 2011, 893; *Thiemann* Jura 2012, 905 ff.
[141] BVerfGE 37, 271 (283); 102, 147 (161); 123, 267 (354).
[142] BVerfGE 123, 267 (354); dazu auch Rn. 55.
[143] BVerfGE 102, 147 (164); 123, 267 (355); *Pieroth* (Fn. 5), Art. 93 Rn. 86; hiervon ausgehend BVerfG(K) NJW 2014, 375 f.
[144] BVerfGE 89, 155 (188); 123, 267 (402); 134, 366 Rn. 27; 140, 317 Rn. 42; 146, 216 Rn. 57; EuZW 2020, 324 Rn. 133; *Herdegen* (Fn. 123), § 10 Rn. 22; *Jarass* (Fn. 134), Art. 23 Rn. 44; krit. *Funke* ZG 2011, 178 ff.
[145] BVerfGE 366 Rn. 53; 142, 123 Rn. 137; 146, 216 Rn. 50; EuZW 2020, 324 Rn. 133; Verstöße geg. diese form. Anford. können über den Hebel des Art. 38 I 1 (dazu Rn. 27) mittels VB gerügt werden, BVerfGE 134, 366 Rn. 53; 151, 202 Rn. 144; EuZW 2020, 324 Rn. 97 f., 132 ff. m. abwM *König/Langenfeld/Maidowski*.
[146] Nw. in Fn. 150.
[147] Insow. auch *Eifert/Gerberding* Jura 2016, 637, obwohl vorher (635) eine Bindung von EU-Akten an die dt. GrR abgelehnt worden war, was freil. keinen Widerspr. darstellt.
[148] Vgl. Rn. 25c, 29 aE, 30.
[149] Dazu BVerfGE 134, 366 Rn. 44 ff.; *Hillgruber*, in: Hofmann/Henneke, Art. 23 Rn. 57; *Ludwigs/Sikora* EWS 2016, 130.
[150] BVerfGE 129, 124 (175 f.); 142, 123 Rn. 97 ff.; 151, 202 Rn. 101, 112; NJW 2020, 1647 Rn. 93; ebenso *Hillgruber*, aaO, Art. 23 Rn. 57; *Schlaich/Korioth*, Rn. 214; *Hillgruber/Goos*, Rn. 965; *Gärditz/Hillgruber* JZ 2009, 873 f.; *Streinz* FS Stern, 2012, S. 965, s. auch S. 976.
[151] So für die abstr. NK nach Art. 93 I Nr. 2 *Rozek* MSKB, § 76 Rn. 37 (S. 34).
[152] Vgl. *Ohler* ZG 35 (2020), 96: prozessualer Looping; symptomatisch BVerfG NJW 2020, 1647 Rn. 89 einerseits → Rn. 95 andererseits.

Die bverfgerichtl. Kontrolle sekund. EU-R beschränkt sich wie beim prim. EU-R iE auf den Schutz **26a** der **integrationsfesten Tabuzonen** des Art. 79 III. Zwar wird gemeinhin unterschieden zw. einem Mindestmaß an GrRSchutz, den Kerngehalten der VerfIdentität des GG u. dem Ultra-vires-Verbot, dh dem Verbot kompetenzwidrigen Handelns der EU-Organe. Alle drei Teilaspekte unterfallen aber dem Art. 79 III.[153] Zum Kerngehalt der VerfIdentität gehören näml. sowohl ein Mindestmaß an auch prozessual durchsetzbarem GrRSchutz[154] – auch soweit er über den durch Art. 1 iVm Art. 79 III garantierten hinausreicht[155] – als auch das Verbot kompetenzwidr. Ausübung von nichtdt. Hoheitsgewalt in Dtl. Setzen EU-Organe ohne ausr. u. wirksame Ermächtigung im prim. EU-R für u. in Dtl. verbindl. sekund. EU-R, widerspricht dies dem in Art. 79 III angelegten Prinzip, dass Hoheitsgewalt in Dtl. nur vom dt. Staat ausgeübt werden darf, es sei denn, ein nichtdt. Hoheitsträger ist hierzu rwirksam ermächtigt worden. In **sämtl. Fällen** der Überprüfung sekund. EU-R durch das BVerfG ist indes zu beachten, dass das BVerfG seine Kontrollkompetenz im **Kooperationsverh. zum EuGH** ausübt, soweit dieser nach Maßgabe des EU-R einen RSchutz gewähren kann u. gewährt, der den Mindestanford. des Art. 79 III genügt. Dies kann zu einer Zurücknahme der Kontrolle bis hin zu einem fakt. Verzicht führen. Die integrationsfesten Tabuzonen des Art. 79 III werden dann vom BVerfG nicht oder nur eingeschränkt verteidigt. Insow. kann zw. den oben genannten drei Fallgruppen der bverfgerichtl. Überprüfung sekund. EU-R unterschieden werden. Sowohl ein einfachgesetzl. als auch ein – im Wege der GG-Änderung – verfrechtl. **Ausschluss der bverfgerichtl. Kontrolle der EU-festen Grenzen** des Art. 23 I 3 iVm Art. 79 III verstieße geg. Art. 79 III u. würde diesbezügl. Antr. zum BVerfG nicht unzul. machen. Dies gilt namentl. für Ultra-vires-VB u. VerfassungsidentitätsVB, die das BVerfG als Mittel der Verteidigung des grundrechtsgleichen Rechts auf demokrat. Selbstbestimmung anerkennt (→ Rn. 27).

Die Möglichk. einer zul. u. erst recht einer begr. **GrRRüge gegenüber sekund. EU-R** ist rein **26b** theoret. Natur, soweit nicht die Menschenwürde des Art. 1 I betroffen ist. Das BVerfG gewährt insow. GrRSchutz nur noch im Kooperationsverh. zum EuGH.[156] Danach ist eine Anrufung des BVerfG – gleichviel in welchem Vf. – nur noch zul., wenn der Antragst. substanziiert darlegt, dass das RSchutzniveau der europ. GrR u. der vom EuGH gewährte GrRSchutz **generell** unter dem unabdingbaren u. unaufgebbaren (Mindest-)RSchutz der dt. GrR liegt.[157] Danach kann das BVerfG nicht mit der Begründung angerufen werden, der EuGH bleibe in einem (bes. schwerwiegenden) Einzelfall unter dem unabdingbaren RSchutzniveau der dt. GrR.[158] Etwas anderes gilt nach dem **bverfgerichtl. Haftbefehlsbeschl.** v. 15.12.2015[159] für die Menschenwürdegarantie des Art. 1 I. Ist die durch Art. 23 I 3, 79 III, 1 I integrationsfest garantierte Menschenwürde betroffen, reklamiert das BVerfG eine **uneingeschränkte Einzelkontrolle**[160] sekund. EU-R oder EU-rechtl. determinierten dt. Rechts, dh dt. Recht, das auf keinen Anwendungsspielraum belassendem EU-R beruht. Hierbei handelt es sich nicht um die oben skizzierte, den Solange-Restriktionen[161] unterliegende u. deshalb nur noch rein theoretische GrRKontrolle. Vielmehr handelt es sich um einen Fall bverfgerichtl. Identitätskontrolle (dazu Rn. 26e).[162] Für sie gelten die Grds. der Solange-Rspr. unstr. nicht. Revolutionär ist die bverfgerichtl. Entsch. nicht. Das Solange-Dogma wurde nicht verabschiedet,[163] sondern ledigl. weiterentwickelt. Dass die Menschenwürdegarantie Teil der nach Art. 23 I 3 iVm 79 III EU-festen bundesdt. VerfIdentität ist, belegt schon der bloße Wortlaut des Art. 79 III u. war bereits vor der Haftbefehlsentsch. in der bverfgerichtl. Rspr. anerkannt.[164] Außer Streit steht auch, dass sich der vom GG als unabdingbar geforderte GrRSchutz nicht auf den Schutzbereich der Menschenwürde beschränkt. Demgemäß fordert die Solange-Rspr. einen auch prozessual durchsetz-

[153] *Dederer* JZ 2014, 315 f.; *Proelß* (Fn. 123), S. 249, 267 f., 276, 279; zum Identitäts- u. Ultra-vires-Vorbehalt: BVerfGE 142, 123 Rn. 121, 153; 151, 202 Rn. 204; insow. auch *Bethge* MSKB, § 90 Rn. 334; *Dietz* AöR 142 (2017), 125 ff.; in diese Richtung bereits vorher der Berichterst. *Huber* FS Landau, 2016, S. 242; aA *Thiele* EuR 2017, 367 ff.; *Ludwigs/Sikora* EWS 2016, 128 – vgl. aber *Ludwigs* NVwZ 2015, 539, der eine Rückführung des Ultra-vires-Vorb. auf den Identitätsvorb. fordert; *Ingold* AöR 140 (2015), 11 m. Fn. 50; offenb. auch BVerfGE 151, 202 Rn. 94: Ultra-vires-Akte außerh. des integrationsfesten Bereichs des Art. 23 I 3 iVm Art. 79 III; zum Meinungsstand *Huber,* in: Streinz, EUV/AEUV, Art. 19 EUV Rn. 88 ff.

[154] BVerfGE 133, 277 Rn. 91; *Jarass* (Fn. 134), Art. 23 Rn. 46: GrRKontrolle als Unterfall der IdentKontrolle; *Simon* (Fn. 128), S. 117: ältester Anwendungsfall der Identitätskontrolle; *Bethge* (Fn. 12), Vorb. Rn. 338b; der Sache nach bereits BVerfGE 37, 271 (279 f.).

[155] *Dederer* JZ 2014, 316; vgl. demgeg. *Ingold* AöR 140 (2015), 20 f.; *Dietz* AöR 142 (2017), 106 f., 119.

[156] BVerfGE 89, 155 (175).

[157] BVerfGE 102, 147 (161, 164); 118, 79 (95); BVerfGK 3, 331 (334).

[158] *Jarass* (Fn. 134), Art. 23 Rn. 46; *Streinz* FS Stern, 2012, S. 975; aA *Scholz* DVBl 2014, 199; *Dederer* JZ 2014, 317 f.

[159] BVerfGE 140, 317 ff.

[160] BVerfGE 140, 317 Rn. 49 aE; 151, 202 Rn. 156.

[161] Näher *Hobe,* in: Friauf/Höfling, Art. 23 Rn. 35 ff.

[162] So ausdrückl. BVerfGE 140, 317 Rn. 34, 48, 49 aE; NJW 2020, 1647 Rn. 115.

[163] Zutr. *Ludwigs/Sikora* EWS 2016, 124; *Dietz* AöR 142 (2017), 118 ff.; aA *Nettesheim* JZ 2016, 428: fakt. Ende der Solange-Rspr.; *Sauer* NJW 2016, 1134: „Solange" in Altersteilzeit.

[164] BVerfGE 123, 286 (302); 126, 286 (302).

baren RSchutz gegenüber sekund. EU-R u. EU-rechtl. determiniertem dt. Recht, der über den Menschenwürdebereich hinausgeht.[165] Dass sich die das BVerfG auf die Rolle eines Reservisten ohne realistische Einsatzchancen reduzierende Solange-Rspr. auch auf den Bereich der Menschenwürdegarantie des Art. 79 III iVm Art. 1 I erstreckt, hat das BVerfG vor der Haftbefehlsentsch. nicht erklärt. Nach Maßgabe der Haftbefehlsentsch. ist die bverfgerichtl. GrRKontrolle zweispurig:[166] Außerhalb des Menschenwürdebereichs unterliegt sie wie bisher den Restriktionen der Solange-Grds. u. ist ledigl. theoret. Natur. Im Anwendungsber. der Menschenwürde wird sie zur Identitätskontrolle. Sie erfolgt befreit von den Solange-Fesseln uneingeschr. u. **einzelfallbezogen.** Damit eröffnet sich das BVerfG die Möglichk. einer prinzipiell uneingeschr. Einzelfallkontrolle auch in den Kernbereichen der EinzelGrR. Denn die „unentbehrliche Substanz elementarer Grundrechte" verortet das BVerfG in der Menschenwürdegarantie.[167] Teilw. wird sogar sämtl. GrR ein der Ewigkeitsgarantie des Art. 79 III unterfallender Menschenwürdekern zuerkannt.[168] Dies u. der inflationäre Umgang mit der Menschenwürde birgt die Gefahr, dass ein EU-rechtl. determinierter Fall schnell zum Identitätsfall gerät.[169] Nicht nur desh. empfiehlt sich eine Beschr. der bverfgerichtl. grundrechtl. Identitätskontrolle auf offensichtl.[170] Menschenwürdeverstöße[171] u. die Zuerkennung von Fehlertoleranz gegenüber dem EuGH. Die bundesdt. Menschenwürdegarantie ist zwar nach tradit. Auffassung abwägungsresistent. Im Anwendungsfall ist sie aber deutungsoffen. Auch bei der Auslegung der Menschenwürdegarantie sind idR versch. Auffassungen vertretbar. Damit verschließt sich auch die Menschenwürdegarantie des GG nicht der Fehlertoleranz gegenüber dem EuGH. Art. 23 I 3 iVm Art. 79 III u. Art. 1 I gebietet ledigl., dass das BVerfG offensichtl. menschenunwürdigen EU-Rechtechtsakten – das betrifft sowohl das sekund. EU-R als auch dieses bestätigende EuGH-Judikate – die Unwirksamkeit in Dtl. attestiert. Eine uneingeschr. Erstreckung der bverfgerichtl. Jurisdiktionsgewalt auf wirkliche EU-rechtl. determinierte grundrechtl. schwerwiegende Einzelfälle u. Ausreißer sowie Fehlertoleranz gegenüber dem EuGH auch im Anwendungsber. der Menschenwürde stehen der Idee des Kooperationsverh. zw. BVerfG u. EuGH viel näher als eine hiervon völlig unabh. bverfgerichtl. Einzelfallkontrolle. Sollte der Haftbefehlsbeschl. tatsächl. eine derart unkooperative Einzelfallkontrolle im Auge haben,[172] ist die nur eingeschr. Bindung dieses Beschl. zu berücksichtigen. Entscheidungstragend sind seine identitären Passagen nicht.[173] Denn zwingende EU-rechtl. Vorgaben galt es nicht abzuwehren; des Rückgriffs auf Art. 23 I 3 iVm Art. 79 III u. Art. 1 I bedurfte es, wie vom BVerfG selbst eingeräumt, gar nicht.[174]

26c     Die bverfgerichtl. **Ultra-vires-Kontrolle sekund. EU-R**[175] betrifft die Frage, ob der betreffende RAkt der EU auf einer ausreichenden Ermächtigungsgrundl. im prim. EU-R beruht. Auch diese Ultra-vires-Kontrolle übt das BVerfG im Kooperationsverh. zum EuGH aus.[176] Denn ob sich sekund. EU-R im Rahmen des ermächtigenden prim. EU-R hält, überprüft **uneingeschr.** der EuGH. Das BVerfG reduziert seine Ultra-vires-Kontrolle darauf, ob die EU **offensichtl. kompetenzwidrig**[177] gehandelt hat u. ob der angegriffene EU-RAkt im Kompetenzgefüge zw. Mitgliedstaat u. EU **strukturell bedeutsam** ist (erhebl. ins Gewicht fällt).[178] Nur wenn beide Vorauss. kumulativ erfüllt sind, kann danach ein bverfgerichtl. Antrag erfolgreich sein. Anders als iFd kooperativen GrRKontrolle des BVerfG nach herkömml. Art (Rn. 26b) erfolgt die kooperative Ultra-vires-Kontrolle des BVerfG aber nicht erst dann, wenn die Kompetenzkontrolle des EuGH generell unzureichend ist. Der bverfge-

---

[165] Anliegen von Solange-I war es, einen GrRSchutz sicherzustellen, der (im Wesentl.) dem grundgesetzl. gebotenen gleichkommt, BVerfGE 37, 271 (280 ff., 285); nachfolgend hat das BVerfG insbes. auf die über Art. 1 I hinausreichende Wesensgehaltsgarantie des Art. 19 II Bezug genommen, BVerfGE 73, 339 (387); 102, 147 (164); 118, 79 (95); hierauf abstellend auch *Simon* (Fn. 128), S. 119; *Dietz* AöR 142 (2017), 82; vgl. auch *Eifert/Gerberding* Jura 2016, 631 f.; *Dederer* JZ 2014, 316.

[166] Ebenso *Sauer* NJW 2016, 1135; *Karaosmanoğlu/Ebert* DVBl 2016, 877 f.; *Dietz* AöR 142 (2017), 118 ff.; zutr. auch *Eifert/Gerberding* Jura 2016, 632: durch die IdentKontrolle ergänzte GrRKontrolle.

[167] BVerfGE 94, 12 (34); 102, 370 (392); 109, 279 (310 ff.); 123, 267 (343 aE).

[168] BVerfGE 93, 266 (293): Menschenwürde als Wurzel aller GrR, sämtl. GrR Konkretisierungen der Menschenwürde; 142, 123 Rn. 138: Menschenwürdekern der GrR; NJW 2020, 1647 Rn. 115; gegen diese Menschenwürdekern-Theorie *Isensee* HGR IV, § 87 Rn. 121 ff.

[169] *Schönberger* JZ 2016, 424 aE; *Nettesheim* JZ 2016, 427; *Sauer* NJW 2016, 1136.

[170] Insow. kann auf die bverfgerichtl. Handhabung dieses Krit. im Bereich der Ultra-vires-Kontrolle verwiesen werden, BVerfGE 142, 123 Rn. 150.

[171] Zutr. *Karaosmanoğlu/Ebert* DVBl 2016, 879 f.; *Ohler*, ZG 35 (2020), 100.

[172] Vgl. BVerfGE 140, 317 Rn. 49 aE.

[173] *Sauer* NJW 2016, 1135; *Schönberger* JZ 2016, 422 ff. m. auch insow. heftiger Kritik am BVerfG.

[174] BVerfGE 140, 317 Rn. 84, 125.

[175] Dazu wohltuend *Huber* FS Landau, 2016, 233 ff.

[176] BVerfG NJW 2020, 1647 Rn. 111 f.; zur Problematik *Murswiek* FS Wahl, 2011, S. 798 ff.

[177] Dazu BVerfGE 142, 123 Rn. 148 ff.; 151, 202 Rn. 151 f.; NJW 2020, 1647 Rn. 113.

[178] BVerfGE 126, 286 (304); 134, 366 Rn. 36 f.; 142, 123 Rn. 157; 146, 216 Rn. 63 („ein für das Demokratieprinzip und die Volkssouveränität erhebliches Gewicht"); 151, 202 Rn. 153; NJW 2020, 1647 Rn. 110; durch das Krit. „strukturell bedeutsam" sollen Bagatell-Fälle ausgeschieden werden, einzelfallübergreifende Bedeutung ist aber nicht erforderl., *Huber* FS Landau, 2016, S. 240.

richtl. Zugriff ist auch in **singulären Fällen** offensichtl. u. strukturwirksamer Kompetenzverstöße mögl.[179]

Bevor das BVerfG sekund. EU-R im Zuge der GrR- oder Ultra-vires-Kontrolle für unanwendbar **26d** erklärt, muss der EuGH grundsätzl. erfolglos im Wege der Nichtigkeitskl. nach Art. 263 AEUV oder des VorabentscheidungsVf. nach Art. 267 AEUV angerufen worden sein;[180] ggf. muss das BVerfG selbst einen VorabentscheidungsAntr. stellen.[181] Durch die Beschränkung seiner Ultra-vires-Kontrolle auf „offensichtliche u. strukturwirksame Kompetenzverstöße"[182] billigt das BVerfG dem EuGH „Fehlertoleranz" zu.[183] Für die GrRKontrolle des EuGH gilt dies wegen der noch höheren Zugangshürden zum BVerfG verstärkt. Beseitigt der EuGH nicht die Verletzung EU-festen VerfR durch das betr. sekund. EU-R u. liegt seine Entsch. nicht innerh. der ihm vom BVerfG zugestandenen Fehlertoleranz,[184] überschreitet sowohl die Entsch. des EuGH als auch der EU-rechtl. Sekundärakt die unaufgebbare Grenze dt. VerfR. Das BVerfG ist deshalb an die Entsch. des EuGH nicht gebunden[185] u. kann den Sekundärakt für in Dtl. unanwendbar erklären. Die Erfolgsaussichten eines bverfgerichtl. Ultra-vires-Vf sind im Unterschied zum GrRKontrollVf. herkömml. Art (→ Rn. 26b) nicht nur theoret. Natur, wie der Paukenschlag des **PSPP-Urt. des BVerfG** vom 5.5.2020 eindrucksvoll belegt.[186]

Auch bei der **bverfgerichtl. Identitätskontrolle im Übrigen,** dh im Hinblick auf die sonstigen **26e** Gegenst. des Art. 79 III, kommen Kooperation[187] mit u. Fehlertoleranz gegenüber dem EuGH in Betracht. Die in Art. 4 II 1 EUV genannte jew. Nationalität wird maßgebl. durch die verfmäßigen Strukturen bestimmt, die ebenfalls in dieser Vorschr. genannt sind. Zu diesen Strukturen rechnet auch der EU-feste Kerngehalt der VerfIdentität des GG.[188] Diesen bestimmt zwar letztverbindl. auch gegenüber dem EuGH das BVerfG.[189] Jedenfalls aber besteht die Chance, dass der EuGH sekund. EU-R, das mit den Vorgaben des Art. 79 III unvereinbar ist, über den Hebel des Art. 4 II 1 EUV, der in den Vf. der Nichtigkeitskl. (Art. 263 AEUV) u. der Vorabentsch. (Art. 267 AEUV) unmittelb. Prüfungsmaßstab ist, für ungültig oder in best. Fällen für unanwendbar erklärt.[190] Deshalb setzt auch die bverfgerichtl. Identitätskontrolle grundsätzl. voraus, dass vorher der EuGH mit der Sache befasst wird.[191]

Diese Grds. u. Beschränkungen der bverfgerichtl. Reservefunktion sind auch zu beachten, wenn ein **26f** **dt. Rechtsakt** angegriffen wird, der zur **Umsetzung sekund. EU-R** ohne mat. mitgliedstaatl. Gestaltungsspielraum erlassen worden ist oder der auf einem solchen dt. Umsetzungsakt beruht.[192] Eine uneingeschr., nicht auf Art. 79 III fixierte bverfgerichtl. Kontrolle am Maßstab des bundesdt. VerfR ist nur noch mögl., wenn die dt. Staatsgewalt über einen Gestaltungsspielraum verfügt u. EU-rechtl. nicht determiniert ist.[193]

---

[179] *Dederer* JZ 2014, 315; *Sauer* EuZW 2011, 96.

[180] BVerfGE 126, 286 (304); 142, 123 Rn. 156; 146, 216 Rn. 58.

[181] So BVerfGE 134, 366 (369 ff.) – scharfe Kritik von *Heun* JZ 2014, 331 ff. (336: „juristisch unhaltbar"; 337 aE: „Der Vorlagebeschluss ist … verfassungswidrig."); 146, 216 (219 ff.).

[182] BVerfGE 126, 286 (308).

[183] BVerfGE 126, 286 (307); 142, 123 Rn. 149, 157; 151, 202 Rn. 151; NJW 2020, 1647 Rn. 112.

[184] Dies betont BVerfGE 142, 123 Rn. 149; insow. auch *Dietz* AöR 142 (2017), 121 Fn. 276, aber mit abzul. Differenzierung.

[185] BVerfG NJW 2020, 1647 Rn. 154, 163.

[186] BVerfG NJW 2020, 1647 ff. (nach Vorl. zum EuGH durch BVerfGE 146, 216 ff.); Vorabentsch. EuGH JZ 2019, 296 ff. m. Anm. *Heide*); zust. *Kahl* NVwZ 2020, 824 (828 a. E.); wohlwollend *Haltern* NVwZ 2020, 817 ff.; differenz. *Nettesheim* NJW 2020, 1631 ff.; abl. *Mayer* JZ 2020, 725 ff.; *Frenz* DVBl. 2020, 1017 ff. (Urt. des BVerfG als Ultra-vires-Akt); *Ipsen* RuP 2020, 344 ff.; *Hellwig* NJW 2020, 2497 ff.; dazu auch die 12 Beiträge in EuZW 2020, 491 ff.; diese BVerfG-Entsch. ist der logische (vorl.) Endpunkt dies ankündigender Entsch., BVerfGE 133, 277 Rn. 91; 134, 366 Rn. 55 ff. (abwM *Lübbe-Wolf* u. *Gerhard*); 151, 202 Rn. 151; die bverfgerichtl. Ultra-vires-Kontrolle ist keineswegs ein dt. Sonderweg, wie nicht selten behauptet; auch andere nationale Höchst- u. VerfGer. haben EU-RAkte (u. Entsch. des EuGH) in ihren Staaten für unanwendbar erklärt, so TschechVerfGH, 31.1.2012 – Pl US 5/12 – Holubec; Dänisches Oberstes Gericht, 6.12.2016 – Rs. 15/2014 – Dansk Industrie; vgl. die Drohung des Ital. VerfGerichts, Corte Constituzionale, 26.1.2017, Nr. 24/2017, S. 1 ff.; zu einem englischen Problemfall *Huber* FS Landau, 2016, S. 244.

[187] In Form einer Vorlage nach Art. 267 AEUV, vgl. BVerfGE 140, 317 Rn. 46, 125.

[188] Rn. 25d mN.

[189] *v. Bogdandy/Schill* (Fn. 136), Art. 4 EUV Rn. 44; ähnl. *Puttler*, in: Callies/Ruffert, Art. 4 EUV Rn. 22.

[190] *Thiele* EuR 2017, 379; vgl. EuGH NJW 1996, 3199 Rn. 35; NVwZ 2004, 1471 Rn. 31 ff. – Omega; NVwZ 2014, 1001 Rn. 34 – Digibet u. Albers; BVerfGE 142, 123 Rn. 140; dazu und zum Verhältnis BVerfG u. EuGH im Anwendungsbereich des Art. 79 III u. des Art. 4 III EUV näher *v. Bogdandy/Schill* (Fn. 136), Art. 4 EUV Rn. 41 ff.; *Wischmeyer* AöR 140 (2015), 442 ff.

[191] BVerfGE 140, 317 Rn. 46; 142, 123 Rn. 156; 146, 216 Rn. 58.

[192] BVerfGE 113, 273 (292 ff., 300 f.); 118, 79 (95); 121, 1 (15); 122, 1 (20); 125, 260 (306); 142, 74 Rn. 115 (mit dem Hinweis auf die uneingeschr. bverfgerichtl. Überprüfbarkeit der fachgerichtl. Annahme einer strikten EU-rechtl. Bindung; ebenso schon BVerfGE 129, 78/103); 142, 123 Rn. 115; dazu *Heck* NVwZ 2008, 523 ff.; zur uneingeschr. bverfgerichtl. Kontrolle solcher dt. RAkte am Maßstab der EU-GrR Rn. 27 b.

[193] BVerfGE 125, 260 (306 f.); 129, 186 (199); 148, 40 Rn. 19 ff.; dazu *Wollenschläger* JZ 2018, 984 ff. Um einen solchen Fall handelt es sich beim bverfgerichtl. Haftbefehlsbeschl. BVerfGE 140, 317 ff., wie auch das BVerfG entgegen seiner apodiktischen Feststellung in Rn. 76 später selbst zutr. feststellt, Rn. 84.

27 Die genannten Restriktionen des bverfgerichtl. Prüfungsmaßstabes für die Kontrolle sowohl dt. ZustimmungsG als auch sekund. EU-R oder hierauf beruhender dt. Umsetzungsakte sowie die sonstigen bes. EntschVorauss. sind bereits **ZulVorauss.** eines bverfgerichtl. RB.[194] Er ist nur zul., wenn der Antragst. substanziiert darlegt, dass die bverfgerichtl. Kontrollkompetenz eröffnet ist. Ob sie tatsächl. besteht, ist eine Frage der Begründetheit des RB. Gegen die Verletzung von Kerngehalten der VerfIdentität sowohl durch dt. Recht als auch durch sekund. EU-R sowie gegen Ultra-vires-Akte des sekund. EU-R steht auch die VB zur Verfügung. Grundrechtl. Hebel ist nach der bverfgerichtl. Rspr. das **WahlR des Art. 38 I 1**, dem das BVerfG sogar einen Menschenwürdekern beimisst[195] u. das nach gefestigter bverfgerichtl. Rspr. sowohl durch identitätsmissachtende als auch durch Ultra-vires-Akte verletzt werden kann.[196] Das BVerfG leitet aus Art. 38 I 1, Art. 20 I, II iVm Art. 79 III ein **verfbeschwerdefähiges Recht auf demokrat. Selbstbestimmung** ab.[197] Es schützt nicht nur vor einer Übertragung von Hoheitsgewalt, die die Grenzen des Art. 79 III überschreitet, u. vor EU-RAkten, die die VerfIdentität verletzen oder ultra-vires liegen.[198] Das BVerfG sieht dieses grundrechtsgl. Recht aus Art. 38 I 1, 20 I, II iVm Art. 79 III auch durch ZustGes. als verletzt an, wenn ein ZustGes. die formellen Anforderungen des Art. 23 I 3 iVm Art. 79 II (Gleiches muss für Art. 23 I 2 gelten) nicht erfüllt **(formelle Übertragungsrüge)**.[199] Die verbindl. Festst. eines Ultra-vires-Aktes u. der Verl. der VerfIdentität (einschließl. der Verl. der Menschenwürde des Art. 1 I u. des Menschenwürdekerngehalts einzelner GrR) bleibt dem BVerfG vorbehalten.[200] Andere Ger. u. Beh. dürfen sich über entspr. EU-RAkte u. dt. Ausführungsakte nicht hinwegsetzen.[201] In allen Fällen, in denen das BVerfG EU-R für in Dtl. nicht anwendbar erklärt oder dt. Ausführungsakte wegen der Unanwendbarkeit des zugrundel. EU-R für ungültig erklärt, ist ein VorabentschVf. nach Art. 267 AEUV durchzuführen, wenn die Vorauss. für ein Vf. erfüllt sind.[202]

27a Eine völlig andere Frage ist, ob **EU-R zum Prüfungsmaßstab des BVerfG** zählt. Das BVerfG hat dies in st. Rspr. bislang zutr. abgelehnt.[203] Für diese restrikt. Praxis spricht schon der eindeutige Wortlaut der einschl. GGBest. Nach ihnen bildet, abgesehen von Ausnahmen, nur das VerfR den Prüfungsmaßstab des BVerfG. EU-R wird auch nicht mittelb. etwa über die Elfes-Konstruktion[204] oder über Art. 23 I 1, 2[205] zum bverfgerichtl. Prüfungsmaßstab. Dies schließt es aber nicht aus, dass das BVerfG das EU-R bei der Auslegung des VerfR mitberücksichtigt.[206] Als Orientierungshilfe u. Erkenntnisquelle ist das EU-R dem BVerfG nicht verschlossen. Insow. drängt sich die Parallele zur EMRK-freundl. Auslegung des GG durch das BVerfG geradezu auf.[207]

27b Vor diesem Hintergrund geradezu revolutionär sind die beiden bverfgerichtl. Entsch. v. 6.11.2019.[208] Nach ihnen gehören die GrR der **EU-GrCh zum unmittelb. Prüfungsmaßstab** der VB, wenn Angriffsgegenst. ein Akt der dt. Staatsgewalt ist; dies muss konsequenterw. auch für andere bverfgerichtl. Vf. gelten. Vorauss. hierfür sei, dass der dt. RAkt – hier eine fachgerichtl. Entsch. – einen

---

[194] So zur GrRRüge gegenüber sekund. EU-R und dt. Umsetzungsakten BVerfGE 102, 147 (161, 164); 118, 79 (95); BVerfGK 3, 331 (334); zur IdentKontr. mittels VB BVerfGE 129, 124 (167 ff.); 140, 317 Rn. 50; 147, 364 Rn. 34: erhöhte ZulVorauss. einer IdentKontr.; mittels Organstr. BVerfGE 142, 123 Rn. 112; zur Ultra-vires-Kontrolle mittels VB BVerfGE 142, 123 Rn. 85 ff.; 151, 202 Rn. 107 ff., 112; NJW 2020, 1647 Rn. 90 (auch zur VerfIdentVB).

[195] BVerfGE 123, 267 (341); 129, 124 (169): „Der letztlich in der Würde des Menschen wurzelnde Anspruch des Bürgers auf Demokratie"; 142, 123 Rn. 124: in der Menschenwürde verankerter menschenrechtl. Kern des Demokratiepr.; 144, 20 Rn. 542; 151, 202 Rn. 116, 118.

[196] BVerfGE 89, 155 (171); 123, 267 (340 ff.); 129, 124 (167 ff., 169); 132, 195 Rn. 92, 104, 106; 134, 366 Rn. 17 ff. (aA abwM *Gerhardt* Rn. 137 ff.); 135, 317 Rn. 125; 142, 123 Rn. 121 ff.; 146, 216 Rn. 44 ff.; 151, 202 Rn. 114, 120 ff., 140 ff. unter Verwendung der infantilen Wortschöpfung „Einfluss-Knicke" in Rn. 130 f.; abl. z. B. *Bethge* MSKB, Vorb. Rn. 151 ff., 342 ff.; *Sachs* FS Stern, 2012, S. 597 ff.; *Ludwigs* NVwZ 2015, 540: systemfremde actio popularis; *Ipsen* RuP 2020, 357 ff.: Popularklage; zust. *Murswiek* FS Kloepfer, 2013, S. 134 f.

[197] BVerfG EuZW 2020, 324 Rn. 134; NJW 2020, 1647 Rn. 98 ff.

[198] BVerfG NJW 2020, 1647 Rn. 101 ff., 114 f.

[199] BVerfG EuZW 2020, 324 Rn. 98, 132, 137 f. – abwM *König / Langenfeld / Maidowski*: „allgemeine Rechtmäßigkeitskontrolle" (Rn. 17).

[200] BVerfGE 140, 317 Rn. 43; 142, 123 Rn. 155.

[201] BVerfGE 140, 317 Rn. 43.

[202] Oben Rn. 26d, e mN; der Sache nach auch *Wischmeyer* AöR 140 (2015), 450; zum Nutzen auch für den Bürger, der grundsätzl. nur VB zum BVerfG einlegen, wegen der restriktiven Vorgaben des Art. 263 IV AEUV aber prinzipiell keine Nichtigkeitskl. zum EuGH erheben kann, *Mayer* NJW 2015, 2002.

[203] BVerfGE 82, 159 (191); 110, 141 (154 f.); 115, 276 (299 f.); 136, 69 Rn. 43.

[204] → Art. 2 Rn. 89, 101; → Rn. 89.

[205] Dies ausschließend BVerfGE 136, 69 Rn. 43.

[206] So BVerfGE 139, 19 Rn. 61 ff. bei einer VB (als Verstärkung verfrechtl. Erfordernisse); ebenso BVerfGE 143, 246; Rn. 196 ff. (Auslegung des Art. 19 III unter maßgebl. Berücksichtigung der Art. 49, 54 AEUV).

[207] Rn. 30.

[208] BVerfGE 152, 152 u. 216; zust. *Hoffmann* NVwZ 2020, 33 ff.; *Kühling* NJW 2020, 275 (z. T. Kritik auf S. 277); krit. *Kämmerer / Kotzur* NVwZ 2020, 177 ff.; abl. *E. Klein* DÖV 2020, 341 ff.; *Wolff* BayVBl 2020, 123: „gewaltfreier Staatsstreich"; zwiesp. *Edenharter* DÖV 2020, 349 ff.; zu verfprozessualen Folgefragen *Scheffczyk* NVwZ 2020, 977 ff.

R.Bereich betreffe, der durch EU-R vollharmonisiert sei, oder dass sonstwie zwingendes EU-R ohne EntschSpielraum vollzogen werde u. dem dt. Gesetz- u. Normgeber desh. kein Gestaltungsspielraum zukomme.[209] Denn in einem solchen Fall stelle sich der dt. RAkt als Vollzug zwingenden EU-R dar, das wegen dessen Anwendungsvorranges auch die Anwendbarkeit der dt. GrR prinzipiell ausschließe. Dt. RAkte, die in Anwendung u. Auslegung des vollharmonisierenden EU-R u. damit auch der dt. R.Normen, die in Vollziehung dieses EU-R ergangen seien, würden grds. nicht (auch) am Maßstab der dt. GrR, sondern grds. nur am Maßstab der EU-GrR überprüft. Hierfür sei das BVerfG kompetent. Außerdem sei das BVerfG auch in nicht EU-rechtl. vollharmonisierten RGebieten dazu berufen, dt. RAkte am Maßstab der EU-GrR zu überprüfen, wenn das Schutzniveau dieser EU-GrR weiterreiche als dasjenige der parallel anwendbaren dt. GrR.[210] In sämtl. Fällen der bverfgerichtl. Kontrolle dt. RAkte unmittelbar am Maßstab der EU-GrR sei unter den Vorauss. des Art. 267 AEUV eine Vorabentsch. des EuGH einzuholen.[211] Diese bverfgerichtl. Entsch. sind **lupenreine Ultra-vires-Akte.** Sie bilden einen Dammbruch. Das EU-R, auch nicht die EU-GrR, zählt nicht zum unmittelb. Prüfungsmaßstab des BVerfG. Eine diesbezügl. Prüfungskompetenz lässt sich auch nicht aus Art. 23 I ableiten.[212] Diese Best. äußert sich hierzu ganz offensichtl. nicht. Art. 23 I dehnt die grundgesetzl. u. einfachrechtl. fest umrissene Prüfungskompetenz nicht aus u. verleiht dem BVerfG auch keine diesbezügl. „Kompetenz-Kompetenz". Der bverfgerichtl. Hinweis auf andernfalls bestehende R.Schutzdefizite im Bereich des GrRSchutzes[213] rechtfertigt keine Kompetenzanmaßung. Auch das BVerfG ist an das GG u. das BVerfGG gebunden. Sieht man dies anders, könnten sich auch die LVerfGer. dazu berufen fühlen, LandesR unmittelb. am Maßstab der EU-GrR zu prüfen. Auch wäre iFe Verstoßes von form. Ges. geg. EU-GrR an eine VorlPflicht nach Art. 100 I zu denken.[214] Problemat. ist die Frage, inwieweit der bverfgerichtl. Auslegung von EU-GR Bindungswirkung nach § 31 BVerfGG zukommt – auch im Hinblick auf etwaige abweichende (nachfolgende) Judikatur des EuGH. Diskutabel wäre der Weg, das einschlägige sekund. EU-R u. das in seinem Anwendungsbereich gesetzte dt. Recht vorfrageweise am Maßstab der EU-GrR zu messen u. in einem Fall der Missachtung von EU-GrR den dt. RAkt – ggf. nach Durchführung des Vf. nach Art. 267 AEUV – als Verstoß geg. das entspr. dt. GrR zu qualifizieren.

Auf einer anderen Ebene liegt die Frage, ob das BVerfG prüft, ob grundgesetzl. Best. mit EU-R **27c** vereinbar sind. Dies betrifft etwa den Deutschenvorbehalt verschiedener GrR oder die Beschränkung des Art. 19 III auf inländ. jurist. Pers. In derart. Fällen geht es nicht um die Frage, ob der Angriffsgegenst. der VB neben GrR auch EU-R verletzt. Vielmehr geht es um die Frage, ob dt. VerfR, das den bverfgerichtl. Prüfungsmaßstab bildet, mit EU-R vereinbar ist. Diese Frage muss das BVerfG vorfrageweise beantworten, weil es selbst an EU-R gebunden ist u. keine EU-rechtsw. Entsch. treffen darf. Desh. legt das BVerfG seinen verfrechtl. Prüfungsmaßstab ggf. EU-rechtskonform aus[215] oder wendet ihn nicht an,[216] soweit er EU-rechtsw. ist u. eine EU-rechtskonforme Auslegung wegen des eindeutigen Wortlautes der betreffenden VerfBest. ausgeschl. ist.

**3. Die Bedeutung der EMRK.** Die Ausgangslage scheint einfach: Der EGMR wendet im Vf. der **28** Individualbeschw. gem. Art. 34 EMRK (nur) die EMRK an u. stellt – mangels Kassationsbefugnis[217] – ggf. die Verletzung fest, oft verbunden mit einem Entschädigungsanspr., u. das auch dann, wenn am Ende die innerstaatl. RWeges eine Entsch. des BVerfG stand.[218] Der bekl. Staat muss alle Maßnahmen treffen, um die Verletzung abzustellen.[219] Im VBVf. des BVerfG spielen demgegenüber nur die GrR des GG (Art. 93 I Nr. 4a) eine Rolle. Eine Verletzung der EMRK ist nicht **unmittelb.** rügbar,[220] auch nicht über Art. 25 oder Art. 2 I.[221] Verletzungen allgemeiner Regeln des VölkerR, jedenfalls wenn sie individuell-rechtl. Bezüge haben, sind über Art. 2 I iVm Art. 25 mittelbar mit der VB angreifbar.[222] Das BVerfG betont den Rang der EMRK als einfaches BundesR mit völkerrechtl. Verpflichtung, aber ohne VerfRang.[223] In den Vf. vor dem BVerfG u. dem EGMR geht es also um **verschiedene Prüfungsmaßstäbe.** Nur im Vf. der konkr. u. abstr. NK, soweit LandesR zur Prüfung

---

[209] BVerfGE 152, 216 Rn. 32, 42 ff., 50 ff.

[210] BVerfGE 152, 152 Rn. 67 ff.; E 152, 216 Rn. 60.

[211] BVerfGE 152, 216 Rn. 68 ff.

[212] So aber BVerfGE 152, 216 Rn. 53 ff., 67.

[213] So BVerfGE 152, 216 Rn. 60.

[214] Dazu u. zu Art. 93 I Nr. 2 *E. Klein* DÖV 2020, 346 f.

[215] BVerfGE 129, 78 (99); BVerfG(K) NJW 2016, 1436 Rn. 10 ff.

[216] BVerfGE 129, 78 (99) – Anwendungsvorrang.

[217] Dazu BVerfGE 111, 307 (320 f.).

[218] Was die Regel ist, denn nach der EGMR-Rspr. gehört die VB zu diesem RWeg, vgl. *Bergmann* UCD, S. 130 Rn. 3 Fn. 5.

[219] EGMR NJW 2004, 3397 LS 5.

[220] BVerfGE 111, 307 (317); 128, 326 (367).

[221] *Bethge* MSKB, Vorb. Rn. 371; dazu *Bergmann* UCD, S. 131 Rn. 7; *Proelß*, in: Leitentscheidungen BVerfG I, S. 577 ff.; *Sachs* FS E. Klein, 2013, S. 320 ff. (331).

[222] BVerfGE 112, 1 (21 f.); BVerfG(K) NJW 2018, 2312 Rn. 33 ff.

[223] BVerfGE 111, 307 (315 ff.); 128, 326 (367); 131, 268 (295); 148, 296 Rn. 127.

ansteht, ist die EMRK als BundesR mögl. Prüfungsmaßstab.[224] Das BVerfG unterliegt als echtes Ger. auch dem Beschleunigungsgebot des Art. 6 I EMRK u. hat dieses nach Ansicht des EGMR verschiedentl. verletzt.

29     Probleme bereitet das **Hineinwirken der EMRK** (sowie anderer völkervertragsrechtl. Bindungen) u. der Rspr. des EGMR in die Auslegung u. Anwendung des innerstaatl. Rechts u. des GG.[225] In der Rspr. des BVerfG wird die Bedeutung der EMRK u. anderer völkervertragsrechtl. Bindungen als **Auslegungshilfe** für die Best. von Inhalt u. Reichweite der GrR u. rechtsstaatl. Grds. des GG unterstrichen, die auch bei der Anwendung einf. Rechts vor allem mit Abwägungsspielräumen, bei der Anwendung des Verhältnismäßigkeitsgrds. u. des Willkürverbots Beachtung verlange.[226] Die Pflicht der dt. Ger., die EMRK in der Auslegung des EGMR bei Interpretation u. Anwendung der dt. GrR u. auch bei der Auslegung des einf. GesR u. der Kontrolle staatl. Handelns zu berücksichtigen, wird aus Art. 1 II iVm Art. 59 II abgeleitet. Denn das GG weise mit Art. 1 II dem Kernbestand an internat. MenschenR einen besond. Schutz zu.[227] Zusätzl. führt das BVerfG den **Grds. der Völkerrechtsfreundlichkeit** an, den es insbes. aus Art. 23, 24, 25, 59 ableitet u. dem es VerfRang beimisst.[228] Die Pflicht zur Berücksichtigung der EMRK besteht danach unabh. davon, ob unmittelb. zur umstr. RFrage bereits konkr. Entsch. des EGMR ergangen sind. Entsch. des EGMR müssen bei der Auslegung u. Heranziehung von Vorschriften der EMRK auch dann berücksichtigt werden, wenn sie einen anderen Fall u. einen anderen Streitgegenst. betreffen.[229] Die Missachtung von Vorgaben der EMRK (in der Auslegung des EGMR) bedeutet zugl. eine Verletzung der entspr. GrR des GG iVm dem RStaatspr. (Art. 20 III iVm Art. 59 II).[230] Das BVerfG hält sich auch für berufen, Verletzungen des VölkerR zu korrigieren.[231] Die EMRK ist damit **mittelbarer** Prüfungsmaßstab des BVerfG. Verstößt die dt. Staatsgewalt gegen die EMRK, kann dies iE mittels VB gerügt werden.[232] Zur Vermeidung völkerrechtsw. RAkte, für die Dtl. völkerrechtl. zur Verantwortung gezogen werden kann, beschränkt sich das BVerfG zu Recht nicht darauf zu prüfen, ob die zuvor angerufenen Fachger. (§ 90 II 1 BVerfGG) die EMRK grundl. verkannt oder unvertretbar ausgelegt u. angewendet haben.[233] Nachfolgende Entsch. des EGMR beseitigen zwar nicht die RKraft von Entsch. dt. Ger.[234] u. stellen ohne eine diesbezügl. gesetzl. Regelung auch keinen Wiederaufnahmegrund dar. Dies bestätigt § 580 Nr. 8 ZPO. Allerd. können sie einer rechtserhebl. Änderung der Sach- u. RLage gleichstehen.[235] Im VerfProzess schließen dann weder die RKraft noch die Bindungswirkung u. GesKraft bverfgerichtl. Entsch. erneute Anträge in derselben Sache u. nunmehr abweichende Entsch. aus.[236] Das muss auch im fachgerichtl. Vf. gelten.[237] Hebt das BVerfG eine gerichtl. Entsch. im Zuge einer VB wegen GrundR-Widrigkeit auf u. verweist die Sache gem. § 95 II HS 2 BVerfGG zurück, entfalten weder die RKraft, noch die Bindungswirkung nach § 31 I BVerfGG, noch die hiervon zu unterscheidende innerprozessuale Bindungswirkung für das erneut zu entscheidende Fachger. ein absolutes Wiederholungsverbot. Hat das BVerfG bei seiner GrRPrüfung einschlägige Vorschr. der EMRK nicht berücksichtigt, ist das Fachger. durch die wie auch immer geartete Bindungswirkung der bverfgerichtl. Entsch. nicht daran gehindert, unter Hinweis auf die bei der GrRAuslegung zu berücksichtigende EMRK von der GrRKonformität der aufgehobenen Entsch. auszugehen u. eine gleichlautende Entsch. zu treffen.[238] Die materielle RKraft, Bindungswirkung u. innerprozessuale Bindungswirkung bverfgerichtl. Entsch. schließen – anders als die RKraft fachgerichtl. Entsch. – nicht die Berufung auf rechtl. oder tatsächl. Umstände aus, die im Zeitpunkt der bverfgerichtl. Entsch. zwar vorlagen, die das BVerfG aber tatsächl.

---

[224] Dazu *Hillgruber/Goos,* Rn. 946.

[225] Dazu u. zum Kooperationsverh. zw. BVerfG und EGMR zB *U. Steiner* FS Bethge, 2009, S. 653 ff.; *Landau/Trésoret* DVBl 2012, 1325 ff.; *Sachs* FS E. Klein, 2013, S. 321 ff.; *Griebel* Staat 52 (2013), 373 ff.; *Daiber* DÖV 2018, 957 ff.; *Haug* NJW 2018, 2674 ff.; *Spitzlei/Schneider* JA 2019, 9 ff.; zum Verhältnis zw. den versch. GrRRegimen *Stern* FS Schwarze, 2014, S. 244 ff.

[226] BVerfGE 74, 358 (370); 111, 307 (315 ff.); 128, 326 (367 f., 371); 131, 268 (295); 137, 273 Rn. 128; 148, 296 Rn. 128 ff.; 151, 1 Rn. 62 ff.

[227] BVerfGE 111, 307 (329); 128, 326 (369); 148, 296 Rn. 130; näher *Proelß* (Fn. 123), S. 567 ff.; *Hoffmann/Mellech* Jura 2009, 256; krit. *Frenz* VerwArch 101 (2010), 168.

[228] BVerfGE 141, 1 Rn. 64 ff.; 148, 296 Rn. 129.

[229] BVerfGE 148, 296 Rn. 129 f.; 151, 1 Rn. 64; *Voßkuhle* NJW 2013, 1320; aA zur fachgerichtl. Berücksichtigungspflicht *Cammarera* JuS 2016, 793.

[230] BVerfGE 148, 296 Rn. 109, 190.

[231] BVerfGE 111, 307 (328); dazu *Griebel* DVBl 2014, 204 ff.; *Meyer-Ladewig/Petzold* NJW 2005, 15; als Beispiel BVerfG(K) NJW 2005, 2685 (2688 f.).

[232] BVerfGE 111, 307 (329 f.); 148, 296 Rn. 109; *Bethge* FS Isensee, 2007, S. 630: „mittelbare Verfassungsbeschwerdefähigkeit"; *Hopfauf* (Fn. 139), Art. 93 Rn. 123.

[233] BVerfGE 111, 307 (328 f.); *Griebel* FS Bohl, 2015, S. 328: „unbegrenztes Prüfungsrecht"; aA *Proelß* (Fn. 123), S. 215; offenbar auch BVerfGE 148, 296 Rn. 190 f.

[234] BVerfGE 111, 307 (325); BAGE 144, 59 Rn. 32; NJW 2016, 1034 Rn. 25.

[235] Ebenso *Voßkuhle* MKS II, Art. 93 Rn. 89.

[236] BVerfGE 128, 326 (364 f.) – im Hinbl. auf BVerfGE 109, 133 ff.

[237] Näher *Ehlers* JZ 2017, 200 f.

[238] A. A. unter Berufung auf BVerfGK 8, 211 ff. BVerwG NVwZ 2017, 65 Rn. 9, 25 m. Anm. *Heusch;* zust. *Ehlers* JZ 2017, 199 f.; dazu Anm. *Breuer* DVBl 2017, 196 ff.; *Sturm* Jura 2018, 691 f.

nicht berücksichtigt hat.[239] Probl. wird es, wenn die Rspr. des BVerfG u. des EGMR im selben Fall divergiert. Das BVerfG hebt zu Recht in einem Grundsatzbeschl. hervor, dass das VölkervertragsR nicht mit einem Souveränitätsverzicht einhergehe. Es kann nur gelten, „wenn es „in Übereinstimmung mit materiellem Verfassungsrecht inkorporiert worden ist". Es entfaltet „Wirkung nur im Rahmen des demokratischen und rechtsstaatlichen Systems des Grundgesetzes".[240] Wie im Verh. zur Rspr. des EuGH ist dies die Markierung **äußerster Grenzen** der Berücksichtigung der Rspr. des EGMR, näml. die der Essenz der Verf.: Art. 79 III iVm Art. 23 I 3.[241] Da den KonventionsR kein Vorrang vor dem bundesdt. VerfR zukommt, sondern ledigl. Auslegungsmaxime für das GG ist,[242] ist die Grenze allerd. schon vorher erreicht. Eine Auslegung grundgesetzl. Vorschriften im Lichte des EGMR u. der Rspr. des EGMR scheidet aus, wenn das GG keinen Auslegungsspielraum belässt.[243]

Zwar kommt der EMRK als unter dem GG rangierendem **VölkervertragsR** kein Anwendungs- **30** vorrang gegenüber dem BVerfR zu – u. nicht einmal gegenüber dem einfachen BundesR.[244] Desh. ist sie in Dtl. unanwendbar, soweit sie geg. das GG verstößt.[245] Gleiches gilt für Entsch. des EGMR, die die EMRK in einer Weise auslegen, die mit dem GG unvereinbar ist. Dies betrifft insb. Entsch. in mehrpoligen GrRVerhältnissen, in denen ein Mehr an GrRSchutz des einen GrRTrägers ein Weniger an GrRSchutz des anderen bedeutet.[246] Allerd. müssen die EMRK u. die Rspr. des EGMR trotz eines solchen Weniger an GrRSchutz dann berücksichtigt werden, wenn dies mit den GrRPositionen der hiervon nachteilig betroffenen GrRTräger noch vereinbar ist.[247] Eine erste Relativierung des Vorranges des GG gegenüber der EMRK u. der Rspr. des EGMR folgt schon aus der vom BVerfG geprägten RFigur der Verletzung spezif. VerfR (→ Rn. 90). Kann nicht schon jede fehlerhafte Auslegung u. Anwendung einf. Rechts durch die dt. FachgerBarkeit als VerfVerstoß vor dem BVerfG gerügt werden, muss dies auch für die Auslegung u. Anwendung der EMRK durch den EGMR gelten. Eine zweite Einschränkung folgt aus dem vom BVerfG in st. Rspr. betonten Grds. der VölkerRFreundlichkeit des GG[248] u. damit auch des BVerfG. Er gebietet zur Vermeidung völkerrechtl. problemat. Konfliktsituationen zunächst eine möglichst EMRK-freundl. Auslegung des GG,[249] wie sie das BVerfG seit langem praktiziert. Außerdem sind Entsch. des EGMR, die als grundgesetzl. Sicht noch vertretbar sind,[250] auch dann vom BVerfG zu respektieren u. von der dt. Staatsgewalt als verbindlich zu befolgen, wenn sie nicht den bisherigen Leitlinien des BVerfG zur Auslegung des GG entsprechen. Begrenzt wird dieser fakt. Vorrang der EMRK[251] u. der Rspr. des EGMR jedenfalls durch die Tabuzonen des Art. 79 III einschließl. des Ultra-vires-Verbots.[252] In derartigen Extremfällen wäre das BVerfG dazu berufen, den Entsch. des EGMR die RVerbindlichkeit für Dtl. abzusprechen.[253] Die aufsehenerregenden Fälle der letzten Jahre, in denen der EGMR das BVerfG iE korrigiert hat,[254] bewegen sich indes intra vires u. stoßen nicht in die Tabuzonen des Art. 79 III vor.

Verstößt ein **BuGes.** gegen Best. der EMRK (in der Auslegung durch den EGMR), verstößt es **30a** zugleich gegen die entspr. Best. des GG, wenn diese im Lichte der EMRK u. der Rspr. des EGMR ausgelegt werden.[255] Etwas anderes gilt im Ausnahmefall, dass eine EMRK-konforme Auslegung des

[239] *Detterbeck,* Streitgegenstand, S. 333 ff., 370 f. mwN; zu pauschal BVerfGK 8, 211 ff., wobei das Fachger. seine gleichlautende Wiederholungsentsch. gar nicht auf keine vom BVerfG nicht gewürdigten Umstände gestützt hatte; *Stark* BDS, § 95 Rn. 114.

[240] BVerfGE 111, 307 (318 f.); 141, 1 Rn. 72; harsche Kritik aus völkerrechtl. Sicht an dieser Rspr. übt *Cremer* EuGRZ 2004, 683.

[241] *Bethge* MSKB, Vorb. Rn. 379 f.; *Hömig* NdsVBl 2016, 111; *Mann* NJW 2004, 3221; vgl. BVerfGE 128, 326 (371).

[242] BVerfGE 148, 296 Rn. 132.

[243] BVerfGE 148, 296 Rn. 132, vgl. auch Rn. 129 aE.

[244] BVerfGE 148, 296 Rn. 133; 151, 1 Rn. 61.

[245] BVerfGE 148, 296 Rn. 133 f.; BVerwGE 149, 117 Rn. 23 ff., 56 f.; verbaliter enger BVerfGE 151, 1 Rn. 63.

[246] BVerfGE 128, 326 (371); 138, 273 Rn. 129; 148, 296 Rn. 134; BAG NJW 2016, 1034 Rn. 14; *F. Kirchhof* NJW 2011, 3682; vgl. auch *Sachs* FS E. Klein, 2013, S. 330 f.

[247] Vgl. *Buchholtz* NJW 2015, 1038.

[248] BVerfGE 111, 307 (317); 120, 180 (200 f.); 128, 326 (365); 141, 1 Rn. 64 ff.; 148, 296 Rn. 129; 151, 1 Rn. 62.

[249] BVerfGE 111, 307 (328); 128, 326 (369 f.); 151, 1 Rn. 63.

[250] Auf die Vertretbarkeitskontrolle abstellend auch BVerfGE 128, 326 (371); für Unvereinbarkeit eines aus Art. 11 EMRK folgenden StreikR für Beamte mit Art. 33 V BVerwGE 149, 117 Rn. 47 ff.; vgl. speziell hierzu BVerfGE 148, 296 Rn. 172; *Wienbracke* EuZW 2018, 653 f.; *Jacobs/Payandeh* JZ 2019, 23 f.; *Lindner* BayVBl 2019, 365 f.

[251] Vgl. BVerfGE 151, 1 Rn. 64; *Payandeh/Sauer* Jura 2012, 295: VerfRang der EMRK der Sache nach; *Jacobs/Payandeh* JZ 2019, 24 f.

[252] *Bethge* MSKB, Vorb. Rn. 379 f.; *Mann* NJW 2004, 3221; *Hömig* NdsVBl 2016, 111; (verbal) schon vorher ansetzend BVerfGE 111, 307 (329); 128, 326 (371); 148, 296 Rn. 133 f., 172; vgl. allerd. den weiterf. Hinw. auf die „absolute Grenze des Kerngehalts der Verfassungsidentität des Grundgesetzes gemäß Art. 79 Abs. 3 GG" in BVerfGE 128, 326 (371) u. 148, 296 Rn. 133; vgl. dazu auch *Sachs* FS E. Klein, 2013, S. 326 ff.

[253] Vgl. *Bethge* MSKB, Vorb. Rn. 383 aE; *Hopfauf* (Fn. 139), Art. 93 Rn. 128.

[254] EGMR EuGRZ 2004, 700 – Görgülü; NJW 2004, 2647 – Caroline v. Hannover; EuGRZ 2010, 42 – SorgeR; EuGRZ 2010, 25 – Sicherungsverwahrung; EuGRZ 2010, 417 – Gäfgen.

[255] BVerfGE 128, 326 (366 ff.).

bundesdt. VerfR wegen dessen eindeutigen Wortlautes oder anderer zwingender bverfgerichtl. Vorgaben nicht mögl. ist. In einem solchen Fall ist das dt. Ges. zwar EMRK-rechtsw., aber nicht verfwidrig u. muss von den dt. Organen weiter angewendet werden.[256] Auch sonstiges durch ZustG transformiertes VölkervertragsR ist bei der Auslegung u. Anwendung des dt. VerfR u. einfachen GesR zu berücksichtigen, selbst wenn dieses erst nach dem völkerrechtl. Vertrag wirksam geworden ist.[257] Dies folgt maßgebl. aus dem Grds. der VölkerRFreundlichkeit des GG. Ist eine völkervertragskonforme Auslegung eines später erlassenen BuGes. nicht mögl., gelangt die lex-posterior-Regel zur Anwendung. Art. 59 II 1 schränkt diesen Grds. nicht ein. Es besteht dann zwar ein völkerrechtsw. Zustand. Art. 59 II 1, das RStaatspr. u. der Grds. der Völkerrechtsfreundlichkeit führen aber nicht zur Nichtigkeit des BuGes.[258]

## B. Die Zuständigkeiten des Bundesverfassungsgerichts – Gemeinsame Fragen –

### I. Funktion des Art. 93

31      Weder das GG noch das BVerfGG enthalten eine Generalklausel, die den RWeg zum BVerfG unter allg. Vorauss. eröffnet. Die Zuständigkeiten des BVerfG sind enumerativ aufgezählt. Art. 93 ist die Grund- u. Ausgangsnorm. Er benennt verschiedene Zust. u. VfArten des BVerfG. IÜ verweist er in Abs. 1 Nr. 5 auf die weiteren im GG vorgesehenen Zust. sowie in Abs. 3 auf bugesetzl. normierte Zust. Die Regelung des Art. 93 lässt zwar dem einfachen GesGeber die Möglichk. der Einführung weiterer Zust. (Abs. 3), ist aber insofern **abschließend,** als sie dem Ger. selbst jede Erweiterung – etwa durch Analogie – verschließt.[259]

### II. Verfassungsprozessuale Grundsätze

32      **1. Lückenhafte Regelung.** Das aufgr. von Art. 94 II erlassene BVerfGG enthält keine geschlossene ProzessO, sondern ist – bewusst – **lückenhaft.** Nur für einige Fragen der äußeren Prozessgestaltung wird die entspr. Anwendung des GVG angeordnet (§ 17 BVerfGG). Der GesGeber wollte dem BVerfG über die ihm in § 1 III BVerfGG ausdrückl. eingeräumte Geschäftsordnungsbefugnis[260] hinaus Raum zur angem. VfGestaltung lassen,[261] um den Eigenarten des VerfProzesses gerecht zu werden.[262] Dem entspricht die Selbstcharakterisierung des BVerfG als **„Herr des Verfahrens".**[263] Sie ist nicht zu beanstanden, wenn sie zugl. den **„Rahmen rechtlicher Bindungen"** betont.[264] Denn in die verfrechtl. u. einfachgesetzl. VfRegelungen ist auch das BVerfG gebunden. Soweit Regelungslücken bestehen, bedarf es trotz einer gewissen bverfgerichtl. **VfAutonomie** des Rückgriffs auf die allg. VfGrds. des dt. ProzessR, soweit die Besonderh. des VerfProzesses nicht entgegenstehen.[265] Denn trotz aller Besonderh. des VerfProzesses u. trotz seiner Eigenschaft als VerfOrgan ist das BVerfG nach der Grundentsch. des Art. 92 Teil der rspr. Gewalt u. ein Ger. (§ 1 BVerfGG). Das VerfProzessR ist in das allg. ProzessR eingebettet.[266]

33      **2. Einzelne Grundsätze.** Von den einzelnen, teilw. ungeschr. Grds. des VerfProzessR sind von element. Bedeutung:

– Das **Antragserfordernis,** das in § 23 BVerfGG vorausgesetzt wird. Jede Sachentsch. setzt einen zul. Antrag voraus. Die GerQualität des BVerfG u. damit die Gewaltenteilung lassen ein EigeninitiativR nicht zu. Damit im Einklang steht die vom BVerfG entwickelte Praxis, auch ohne Antrag eine einstw. AO zu erlassen,[267] wenn sie in einem bereits anhängigen HauptsacheVf. ergeht.[268] Pro-

---

[256] Vgl. BVerfGE 111, 307 (319); 151, 1 Rn. 63; BVerwGE 149, 117 Rn. 55 ff. zu dem aus Art. 33 V abgeleiteten Streikverbot.

[257] BVerfGE 74, 358 (370).

[258] BVerfGE 141, 1 ff. m. abwM *König;* zust. *Frenz* DVBl 2016, 509 ff.; *Funke* DÖV 2016, 833 ff.; *Heinke* Staat 55 (2016), 393 ff.; ebenso *Müller-Terpitz* MSKB, § 80 Rn. 132; abl. *Sachs* JuS 2016, 57 ff.; *Fastenrath* JZ 2016, 636 ff.; *Henrich* NVwZ 2016, 668 ff.

[259] Ebenso BVerfGE 1, 396 (408), st. Rspr.; *Löwer* HStR III, § 70 Rn. 3; *E. Klein* BKK, Rn. 404; *Bethge* MSKB, Vorb. Rn. 44 ff.

[260] Das BVerfG hat von dieser Befugnis durch den Erlass einer GeschO, die Bestimmungen über Organisation, Verwaltung und vor allem das Verfahren enthält, Gebrauch gemacht (BGBl 1986 I S. 2529).

[261] BT-Sten Ber I Wp, 112. Sitzung, S. 4224 (Abg. *Wahl*).

[262] Vgl. *E. Klein* BKK, Rn. 192 mwN; *Bethge* MSKB, Vorb. Rn. 212: Rspr. des BVerfG als verfprozessuale RQuelle.

[263] BVerfGE 13, 54 (94); 36, 342 (357); 60, 175 (213).

[264] So BVerfGE 60, 175 (213); strikt abl. *Schlaich/Korioth,* Rn. 33, 56; krit. *Bethge* MSKB, § 1 Rn. 34 f.; *Pieroth* (Fn. 5), Art. 93 Rn. 4.

[265] Dazu näher *E. Klein* BKK, Rn. 194 ff.

[266] So zutr. *Bethge* MSKB, Vorb § 17 Rn. 15 f.; *E. Klein* BKK, Rn. 195 mit Rn. 197 ff. zur aA (Eigenständigkeit des VerfProzessR).

[267] BVerfGE 1, 74 (75); 1, 281 (283); 42, 103 (119 f.); 46, 337 (338).

[268] Mit dieser Einschr. auch *Graßhof* MSKB, § 32 Rn. 36; *Berkemann* UCB, § 32 Rn. 67 ff.; *Lenz/Hansel,* § 32 Rn. 115; *E. Klein* BKK, Rn. 1318; ausdrückl. ohne diese Einschr. BVerfGE 42, 103 (119 f.); ausnahmsl. abl. *Rinken* AK GG, Art. 94 Rn. 79; *Erichsen* FG BVerfG I, 1976, S. 178.

blemat., letztl. aber nicht zu beanstanden, ist auch die Praxis des BVerfG, bei a-limine-Entsch. nach § 24 BVerfGG die Zul. eines Antr. ausdrückl. offen zu lassen u. ihn als jedenf. unbegr. zu verwerfen.[269] § 24 BVerfGG ermöglicht es nicht ledigl., einen offensichtl. unbegr. Antr. wegen dann etwa fehlender AntrBefugnis als unzul. zu verwerfen.[270] Obwohl sein Wortlaut „verwerfen" nur die Möglichk. einer bloßen Prozessentsch. nahelegt, lässt § 24 BVerfGG auch Sachentsch. zu.[271] Diese dürfen selbst dann getroffen werden, wenn die Zul. des Antr. ausdrückl. offen gelassen wird u. der Sachentsch. GesKraft nach § 31 II BVerfGG zukommt.[272] § 24 BVerfGG lässt eine **Ausnahme** von dem Grds. des dt. ProzessR zu, dass über die Begründetheit eines RSchutzgesuchs nur entsch. werden darf, wenn es zul. ist.[273] Aus dem Antrag ergibt sich regelm. die Stellung eines **Beteiligten** im VerfProzess (Ausnahme: Art. 100 I–III).

– Die **Dispositionsmaxime** (Verfügungsgrds.),[274] die sich aus dem Antragsgrds. ergibt, im BVerfGG **34** aber nicht ausdrückl. formuliert wird. Sie bedeutet, dass erst ein Antr. eines AntrBerechtigten ein Vf. in Gang setzt, dass dieser Antr. auch den VfGegenst. bestimmt[275] u. seine Rücknahme das Vf. grds. beendet.[276]

– Der **Untersuchungsgrds.** (Inquisitionsmaxime), der die Sachverhaltsfeststellung[277] u. die Beweis- **35** erhebung in die Hand des Ger. legt (§ 26 I 1 BVerfGG). Der VerfProzess kennt keine subj. Beweis (führungs)last.

## III. Einstweiliger Rechtsschutz

**1. Zulässigkeit.** Die Möglichk. des Erlasses einer einstw. AO gem. § 32 BVerfGG[278] besteht in **36** allen Vf. vor dem BVerfG. Der Begriff „im Streitfall" (§ 32 I BVerfGG) beschränkt ihre **Statthaftigkeit** nicht auf kontradikt. Vf.[279]

Die **Antragsberechtigung**[280] entspricht derjenigen im HauptsacheVf., setzt also Beteiligtenfähig- **37** keit voraus. Das HauptsacheVf. muss noch nicht anhängig sein. Wäre dieses von vornherein unzul. oder offensichtl. unbegr., ist ein Antr. auf Erlass einer einstw. AO unzul.[281]

Der **Regelungsgrund** (§ 32 I BVerfGG: schwere Nachteile – drohende Gewalt – anderer wichtiger **38** Grund) setzt die Darlegung bes. Dringlichkeit voraus. Der einstw. RSchutz darf die Hauptsacheentsch. nicht vorwegnehmen, es sei denn, diese käme möglicherw. zu spät u. anderer RSchutz steht nicht zur Verfügung.[282]

**2. Begründetheit.** Die AO muss „zum gemeinen Wohl dringend geboten" sein (§ 32 I BVerfGG). **39** Regelm. nimmt das BVerfG dabei grds. keine summarische Prüfung der Aussichten des HauptsacheVf. vor, sondern eine **Folgenabwägung.** Die Erfolgsaussicht des Hauptsacheantr. ist nur dann relevant, wenn er sich als von vornherein unzul. oder **offensichtl. unbegr.** erweist;[283] dasselbe gilt, wenn die behauptete RVerletzung bei Verweigerung einstw. RSchutzes nicht mehr rückgängig gemacht werden könnte, die Entsch. in der Hauptsache also zu spät käme.[284] Bei offenem Ausgang wägt das Ger. die Folgen für den Antragst. (sowie für Dritte u. die Allgemeinheit), die entstünden, wenn die vorl. Entsch. nicht erginge, die Haupts. sich aber als erfolgreich erwiese, gegen die Nachteile ab, die einträten, wenn die einstw. AO erginge, der Hauptsacheantr. jedoch scheitern würde.[285] Bei der Suspendierung einer

---

[269] So BVerfGE 80, 109 (110, 117); 82, 316 (319 f.); jenseits des § 24 BVerfGG BVerfGE 146, 319 Rn. 13.

[270] So aber *Bettermann* NJW 1957, 338.

[271] BVerfGE 9, 334 (336); 95, 243 (244, 248).

[272] So in BVerfGE 53, 100 (106); 67, 202 (203, 206 f.); 96, 1 (5); 96, 10 (20).

[273] Ebenso letztl. *Dollinger* BDS, § 24 Rn. 23; *E. Klein* BKK, Rn. 376 mit Rn. 377 zur uneinheitl. Tenorierungspraxis; diff. *Sachs*, Die Bindung des BVerfG, 1977, S. 162 f.; strikt abl. *Bettermann* NJW 1957, 338.

[274] Eingehend *E. Klein* BKK, Rn. 327 ff.

[275] Beisp.: BVerfGE 110, 33 (45); Ausnahmen: §§ 67 S. 3, 78 S. 2, 95 I 2, III 2 BVerfGG.

[276] Nur bei RMissbrauch kommt eine Unwirksamkeit der Rücknahme in Betracht, vgl. u. Rn. 77; aA BVerfGE 24, 299 (300): Organstr.; BVerfGE 1, 396 (414): abstr. NK; BVerfGE 98, 218 (242 f.): VB. Auf der Linie des BVerfG (diff. zur VB) *E. Klein* BKK, Rn. 333 ff.; *Pestalozza*, VerfProzR, § 2 Rn. 43. Für die Unzul. einer AntrRücknahme im ParteiverbotsVf. jedenfalls nach dem Beschl., die Verhandlung durchzuführen: *J. Ipsen* NJW 2002, 867. Wie hier: *Rinken* AK GG, Art. 94 Rn. 37 ff.; *Knies* FS Stern, 1997, S. 1163 f.; *Voßkuhle* MKS II, Art. 93 Rn. 21; *Hillgruber/Goos*, Rn. 327.

[277] Zur Frage der Bindung des BVerfG an die tatsächl. Feststellungen fachgerichtl. Entsch. *Kley* VerwArch 107 (2016), 359 ff.

[278] Zusammenf. *Schoch* FS 50 Jahre BVerfG I, 2001, S. 695 ff.

[279] Nw. bei *Lechner/Zuck,* § 32 Rn. 17; *Berkemann* UCB, § 32 Rn. 47.

[280] Zum AntrErfordernis Rn. 33.

[281] Vgl. BVerfGE 113, 113 (120); str., dazu *E. Klein* MKK, Rn. 1326 ff.

[282] BVerfGE 67, 149 (151); 108, 35 (40 f.); 147, 39 Rn. 11.

[283] BVerfGE 108, 238 (245 f.); 118, 111 (122); 130, 367 (369); 140, 211 Rn. 12; 150, 163 Rn. 9; zur umstr. Frage, ob ein offensichtl. unbegr. Antr. schon unzul. oder erst unbegr. ist – für letzteres z. B. BVerfGE 130, 367 (369) –, *E. Klein* MKK, Rn. 1326 ff. mwN; zur Zul. des Antr. gehört jedenfalls, dass der Antragst. substantiert darlegt, dass sein Antr. nicht von vornherein unzul. oder offensichtl. unbegr. ist, BVerfG(K) BayVBl 2018, 555 Rn. 5.

[284] BVerfGE 111, 147 (153); BVerfG(K) NJW 2017, 798 Rn. 1 f.

[285] ZB BVerfGE 93, 181 (186 ff.); 108, 238 (246 ff.); 140, 211 Rn. 12.

gesetzl. Regelung wird zu Recht ein strenger Maßstab angelegt;[286] dasselbe gilt im Organstr., bei sekund. EU-R u. (ZustimmungsG zu) völkerrechtl. Verträgen.[287] Gegenüber allen Möglichkeiten fachgerichtl. EilRSchutzes ist der Antr. zum BVerfG streng subsidiär[288] u. nicht auf lückenl. Schutz gerichtet.[289]

**40** **3. Widerspruch.** Gegen den Beschl., mit dem eine einstw. AO erlassen oder abgelehnt wird, kann jeder VfBet. Widerspr. einlegen, mit Ausn. des BeschwFührers einer VB (§ 32 III 1, 2 BVerfGG). Am Vf. der VB können sich nur best. VerfOrgane durch Beitritt beteiligen u. damit Widerspruchsberechtigung erlangen, nicht jedoch der (ledigl. äußerungsberechtigte, § 94 III BVerfGG) Begünstigte des gerichtl. AusgangsVf.[290]

## C. Die einzelnen Verfahrensarten nach Art. 93

### I. Organstreit (Abs. 1 Nr. 1 iVm §§ 13 Nr. 5, 63–67 BVerfGG)

**41** **1. Allgemeines.** Dem BVerfG können **Bundesorganstreitigkeiten** zur Entsch. unterbreitet werden, während für Organstreitig. innerh. eines Landes weitestgehend (vgl. Art. 93 I Nr. 4, 3. Var.; u. Rn. 74 ff.) die LVerfG zust. sind. Der Gegenst. des Vf. nach Art. 93 I Nr. 1 ist der Streit über den Umfang von **Rechten u. Pflichten** der Bet. aus dem GG. Wenngl. es sich dabei nicht um **individ.** Rechte handelt, sondern um Kompetenzen u. Statusfragen, spricht nichts gegen ihre Qualifizierung als **subj.** Rechte.[291]

**42** Der Organstr. stellt ein **kontradikt. Vf.** dar, das ein **VerfRVerhältnis** von Antragst. u. Antragsgeg. voraussetzt. Er dient der Abgrenzung der Kompetenzen, nicht der davon losgelösten Kontrolle der obj. VerfMäßigkeit eines Organhandelns, § 64 I BVerfGG.[292] Die str. Rechte u. Pflichten müssen sich aus dem GG ergeben u. die Streitparteien als VerfOrgane oder andere Bet. auf der Organisationsebene des Bundes angesiedelt sein. Antragsgeg. ist jeweils ein konkr. VerfOrgan des Bundes oder ein anderer Bet., niemals der Staat selbst.

**43** Das **Wesen der Streitentsch.** des BVerfG besteht zwar nach dem GG in einer Entsch. „über die Auslegung dieses GG" aus Anlass der Streitigkeit. Aber nach § 67 S. 1 BVerfGG hat das Ger. bei begründetem Antr. die **VerfWidrigkeit der beanstandeten Maßn. festzustellen,** kann dabei allerd. eine Auslegungsfrage im Tenor von Amts wegen mitentsch. (Satz 3).[293] Die Frage der VerfMäßigkeit von Normen ist nicht ihr Gegenst.;[294] eine VerfWidrigerkl. darf auch nicht nach § 67 S. 3 BVerfGG erfolgen.[295]

**44** Trotz fehlender Kassations- oder sonst. Gestaltungswirkung ergibt sich aus der Bindungswirkung der Feststellungsentsch. über ein Wiederholungsverbot hinaus auch eine Verpfl. zur Korrektur verfwidr. Maßnahmen.[296]

**45** **2. Zulässigkeitsfragen. Parteifähigkeit** (zu prüfen für Antragst. u. Antragsgeg.) spricht das GG den obersten BOrganen oder anderen Bet. zu, die durch das GG oder die GeschO eines obersten BOrgans mit eigenen Rechten ausgestattet sind. Das GG zählt die **obersten BOrgane** weder auf noch definiert es sie. Oberste BOrgane **iSd Art. 93 I Nr. 1** sind Organisationseinheiten, die eigenverantwortl. Zuständigk. des Bundes wahrnehmen u. denen kein anderes Organ hierarchisch übergeordnet ist. Außerdem muss ein oberstes BOrgan seine RStellung unmittelb. aus dem GG ableiten u. über spezif. grundgesetzl. Kompetenzen verfügen.[297] Dieses Krit. folgt daraus, dass BOrganstrVf. des Art. 93 I Nr. 1 als VerfStr. zw. Faktoren des VerfLebens konzipiert sind.[298] Oberste BOrgane iSd Art. 93 I Nr. 1 können desh. auch als **VerfOrgane** bezeichnet werden.[299] Die von *Stern* formulierte

---

[286] BVerfGE 96, 120 (129); 117, 126 (135 ff.); 140, 211 Rn. 13.

[287] BVerfGE 118, 111 (122 ff.); 143, 65 Rn. 45 ff. – CETA; BVerfG(K) NJW 2014, 375 f.: Antr. auf Außervollzugsetzung einer Kommissionsentsch.

[288] Vgl. BVerfG(K) NJW 2000, 1399 f.

[289] BVerfG(K) NJW 1999, 2174.

[290] BVerfGE 99, 49 (50).

[291] S. *Bethge* MSKB, § 64 Rn. 52 f., § 67 Rn. 3; vgl. BVerfGE 2, 143 (152).

[292] BVerfGE 104, 151 (193 f.); 118, 244 (257); 136, 190 Rn. 5; 140, 1 Rn. 58; 140, 115 Rn. 80; 146, 348 Rn. 31; 147, 31 Rn. 17; 150, 194 Rn. 18; 151, 58 Rn. 14; 152, 8 Rn. 28; 152, 35 Rn. 27.

[293] Eine verfkonforme Regelung, vgl. *Stern* (Fn. 1), Rn. 78 ff.; *E. Klein* BKK, Rn. 983 ff.; *Umbach* UCD, vor §§ 63 ff. Rn. 19 ff., 30 ff.; dass die sachl. Untersch. zw. Streitentsch. (BVerfGG) und bloßer Auslegung der Verf. (Wortlaut GG) gering sind, zeigt *Pietzcker* FS 50 Jahre BVerfG I, 2001, S. 590 ff.

[294] S. aber BVerfGE 134, 141 Rn. 184: Gesetz als Maßnahme iSd § 64 I BVerfGG.

[295] Ohne ausdrückl. Rekurs auf § 67 S. 3 BVerfGG BVerfGE 141, 182 Rn. 17; 151, 58 Rn. 14, 17; näher *Detterbeck,* Streitgegenstand, S. 399 f.; aA *Bethge* MSKB, § 67 Rn. 66.

[296] *Detterbeck,* Streitgegenstand, S. 396 ff.; *Pestalozza,* VerfProzR, § 7 Rn. 47.

[297] Danach gibt es auch oberste BOrgane, die nicht unter Art. 93 I Nr. 1 fallen, weil sie keine spezif. verfrechtl. Befugnisse haben wie zB die in Art. 95 f. genannten BuGer.

[298] BVerfGE 27, 240 (245 f.); *Voßkuhle* MKS III, Art. 93 Rn. 102.

[299] *Stern,* StaatsR II, S. 449; vgl. *Sachs,* VerfPrR, Rn. 301; keine Vorauss. für die Qualifizierung als oberstes Bund VerfOrgan ist, dass Aufgaben der obersten Staatsleitung wahrgenommen werden, so aber *Löwer* HStR III, § 70

Def. des VerfOrgans, auf die das BVerfG nunmehr für seine (Verf-)Organ-Def. nahezu wortlautgenau zurückgreift, entspricht im Wesentl. der hier vertretenen Auffassung, ist aber in einem Punkt zu restriktiv: „Verfassungsorgane sind … dadurch gekennzeichnet, daß sie von der Verfassung in Existenz, Status und wesentlichen Kompetenzen konstituiert werden, indem sie dem Staat durch Existenz und Funktion seine spezifische Gestalt verleihen und durch ihre Tätigkeit an der obersten Staatsleitung Anteil haben."[300] Die Beschränkung der im Organstr. parteifähigen BOrgane auf solche, die an der **obersten Staatsleitung** Anteil haben, ist zu restriktiv. Die vom BVerfG insow. zutr. Charakterisierung des Organstr. als VerfStreit zw. Faktoren des VerfLebens[301] rechtfertigt diese Einschränkung nicht. Faktoren des VerfLebens können auch solche obersten BOrgane sein, die keine staatsleitenden Funktionen ausüben. § 63 BVerfGG reduziert den Kreis auf die Organe BPräs, BT, BRat u. BReg sowie Teile des BT, BR u. der BReg.[302] Dies stellt eine **Teil**regelung dar (trotz der Formulierung „nur"), die aus dem GG unmittelb. ergänzt werden muss.[303] Danach zählen zu den **obersten BOrganen** außer den vier im Gesetz genannten Organen auch die BVers. u. der GemAussch. gem. Art. 53a sowie nach zutr. Auffassung der BKanzler u. der in Art. 114 mit bes. Kompetenzen ausgestattete BRechnungshof,[304] nicht aber die einzelnen BMinister.[305] **Nicht** in Betracht kommen als Streitparteien andere BOrgane wie die BBank oder gar das Staatsvolk oder der Staatsbürger selbst.[306]

Zu den **anderen Bet.** gehören die **Teile der VerfOrgane** BTag, BRat u. BReg: Ausschüsse **46** einschl. des UntersAusschusses, Präsidenten,[307] der VermAusschuss, die **Parlamentsmitgl.**, die (offenkundig) Teile des BTag sind,[308] die Mitgl. des BRat, die Mitgl. der BReg[309] – daneben auch die **Fraktionen** im BTag u. im UntersAusschuss, wenn sie MinderheitenR aus Art. 44 geltend machen.[310] Abstimmungsmehrheiten bzw. -minderheiten[311] kommt die Qualität eines Organteils oder eines anderen Bet. iSd Art. 93 I Nr. 1 nicht zu, wohl aber qualif. Minderheiten, die AntragsR wahrnehmen (insbes. Art. 44 I). Maßgebl. für die Parteifähigkeit eines Bet. ist der Status in demjenigen Zeitpunkt, in dem der Organstr. anhängig gemacht wurde. Verliert er danach seine Organqualität – etwa Ausscheiden aus dem BTag oder der BReg –, entfällt nicht seine Parteifähigkeit.[312]

---

Rn. 17; *Stern* BK, Art. 93 (1982) Rn. 92; *Voßkuhle* MKS III, Art. 93 Rn. 102; abzul. ist auch eine Untersch. zw. obersten BOrganen iSd Art. 93 I Nr. 1 u. VerfOrganen, die nur eine Teilmenge dieser obersten BOrgane seien, so aber *Kube,* in: Maunz/Dürig, Art. 114 Rn. 62; *Engels* BK, Art. 114 (2010) Rn. 314; → Art. 114 Rn. 25.

[300] *Stern* BK, Art. 93 (1982) Rn. 92; ebenso nunmehr nahezu wortlautidentisch BVerfGE 143, 1 Rn. 31, ohne die entspr. Passage ordnungsgem. als Zitat auszuweisen.

[301] BVerfGE 143, 1 Rn. 31.

[302] Das Wort „dieser" in § 63 BVerfGG bezieht sich nicht nur auf BTag und BRat, sondern auch auf die BReg, BVerfGE 90, 286 (338); 138, 102 Rn. 22; *Barczak,* in: Barczak, § 63 Rn. 46 ff.; *Schlaich/Korioth,* Rn. 88; aA *Hillgruber/Goos,* Rn. 333b; *Geis/Meier* JuS 2011, 701.

[303] *Bethge* MSKB, § 63 Rn. 2; *Barczak,* in: Barzak, § 63 Rn. 23; dagegen für Teilnichtigkeit des § 63 BVerfGG *Voßkuhle* MKS III, Art. 93 Rn. 101; *Hillgruber/Goos,* Rn. 313 ff.

[304] Ebenso *Bethge* MSKB, § 69 Rn. 21; *Voßkuhle* MKS II, Art. 93 Rn. 102; → Art. 114 Rn. 25; *Kemmler,* in: Hofmann/Henneke, Art. 114 Rn. 18; *Engels* BK, Art. 114 (2010) Rn. 486 qualifiziert ihn als „anderen Beteiligten"; für BetFähigkeit des Landesrechnungshofes nach Maßgabe des vergleichbaren LandesR NWVerfGH NVwZ 2012, 631 f.; VerfGSA, 23.11.2015 – VG 8/13 – juris Rn. 45 ff.; aA und gegen BetFähigkeit *E. Klein* BKK, Rn. 1003.

[305] Dazu *Detterbeck* HStR III, § 66 Rn. 5.

[306] BVerfGE 13, 54 (85, 95).

[307] So zum BT-Präs. *Grosche* JuS 2019, 869.

[308] BVerfGE 117, 359 (367): „… jeder einzelne Abgeordnete [ist] „Teil" des Bundestages"; hiervon ausgehend auch BVerfGE 62, 1 (31): „Der einzelne Abgeordnete … ist … parteifähig im Sinne von § 63 BVerfGG"; BVerfGE 140, 115 Rn. 55: § 63 BVerfGG; *Barczak* (Fn. 302), § 63 Rn. 31,42; *Schlaich/Korioth,* Rn. 88; *Gröpl,* StaatsR I, Rn. 930 (anders aber Rn. 1505); *Bethge* MSKB, § 90 Rn. 38: „Verfassungsorgan(teil)"; *Nellesen/Pützer* JuS 2018, 430 f.; *Ingold,* JuS 2020, 120 f.; aA BVerfGE 143, 1 Rn. 32; *Hillgruber/Goos,* Rn. 333; zum verfprozessualen Status der Abg. auch → Rn. 82. Widersprüchl. ist es zudem, wenn die Minister als Teile der BuReg qualifiziert werden (nächste Fn.), nicht aber die Abg. als Teil des BT.

[309] BVerfGE 90, 286 (338); 138, 102 Rn. 22: Die unter § 63 BVerfGG fallende AntrGegnerin ist eine BMinisterin; ebenso BVerfGE 148, 11 Rn. 28; aA *Gröpl,* StatsR I, Rn. 1505.

[310] BVerfGE 105, 197 (220); NVwZ 2017, 137 Rn. 72 ff.; näher *Glauben* NVwZ 2017, 129 ff.

[311] BVerfGE 90, 286 (341).

[312] BVerfGE 4, 144 (152); 102, 224 (231); 147, 50 Rn. 162; 148, 11 Rn. 29. Allerd. sind Einzelheiten nach wie vor umstr. Weitgehende Einigkeit besteht darüber, dass der Diskontinuitätsgrds. die Parteifähigkeit eines beteiligten **ständigen** Kollegialorgan(-Teils) unberührt lässt. Ein personeller Organwalterwechsel wirkt sich nicht auf die Parteifähigkeit aus. Partei bleibt der BT, der BRat oder die BReg, und zwar in der **aktuellen** Zusammensetzung, BVerfGE 4, 144 (152): „Identität einer gesetzgebenden Körperschaft"; *Bethge* MSKB, § 63 Rn. 81. Ob dies auch für ständige monokrat. Organe u. Organteile gilt, ist zweifelhaft; dafür offenb. *Barczak,* in: Barzak, § 63 Rn. 65 aE; *Pietzcker* (Fn. 293), S. 597 f.; insow. bestehen allerd. erhebl. Bedenken, wenn etwa best. Äußerungen des BuKa oder BuPr in Streit stehen; eine Fortführung des Prozesses durch einen neuen Organwalter als Buka oder BuPr erscheint kaum praktikabel; im Falle einer Ministerin auf die ausgeschiedene Organwalterin abstellend BVerfGE 148, 11 (Rubrum) mit Rn. 29, allerd. handelt es sich hier um kein st. Organ(-Teil). § 51 BVerfGG ist unergiebig; nach Sinn u. Zweck der PrAnkl. rückt ein neuer BuPr nicht in die AngeklPosition eines ausgeschiedenen Organwalters nach. Probl. treten auch bei nicht st. Organen u. Organteilen wie insbes. Fraktionen auf. Teilw. wird auf „Organidentität oder Organkontinuität" abgestellt, so *Bethge* MSKB, § 63 Rn. 82 aE unter Hinw. auf *Pietzcker* (Fn. 293), S. 598;

**47**     Als andere Bet. außerh. des Kreises der Organteile hat das BVerfG polit. **Parteien** (als Antragst., nicht Antragsgeg.) anerkannt.[313] Andererseits räumt ihnen das BVerfG aber auch die Berechtigung zur Erhebung von VB ein.[314] Die Abgrenzung ist im Einzelfall zT schwierig, rechtl. kaum begründbar u. letztl. ergebnisorientiert. Richtigerw. sind Part. auf die Erhebung einer VB beschränkt, mit der sie eine Verl. von GrR, die ihnen als privatrechtl. Vereinigungen zustehen, rügen können (ggf. iVm Art. 21).[315] Der in Art. 10 II 2 angelegten G10-Kommission hat das BVerfG den Status eines anderen Bet. iSd Art. 93 I Nr. 1 versagt.[316]

**48**     Die **AntrBefugnis** verlangt, dass der Antragst. geltend macht, dass er oder das Organ, dem er angehört, in seinen ihm vom GG übertragenen Rechten oder Pflichten verletzt oder unmittelb. gefährdet sei (§ 64 I BVerfGG). Es kann sich nur um **Rechte** (Kompetenzen, AntragsR, StatusR) oder **Pflichten** (z. B. aus dem Grds. der Organtreue)[317] **aus dem GG** handeln, nicht also um ledigl. gesetzl. oder durch GeschO[318] begründete, auch nicht um GrR.[319] Sie müssen dem Antragst. oder seinem Organ selbst zustehen. Es darf nach dem Antr. nicht von vornherein als ausgeschl. erscheinen, dass der Antragsgeg. diese Rechte durch seine beanstandete Maßn. verletzt oder unmittelb. gefährdet.[320] Die vom Antragst. als verletzt gerügten GGBest. beschränken weder den VfGegenst. noch schränken sie den Prüfungsmaßstab des BVerfG ein.[321] Ist der Antr. erst einmal zul., ist das BVerfG nach dem auch für die kontradikt. Vf. geltenden Untersuchungsgrds. zumindest berechtigt, alle in Betracht kommenden Best. des GG zu prüfen, die dem Antragst. Rechte gegenüber dem Antragsgeg. einräumen.

**49**     Nach § 64 I BVerfGG können Organteile im eigenen Namen die grundgesetzl. Rechte des Organs, dem sie angehören, gegenüber anderen Organen geltend machen (**Prozessstandschaft**). Diese Möglichk. hat das BVerfG bislang nur **kollegialen Organteilen**, näml. den Fraktionen, eingeräumt.[322] Hierauf u. auf Prozessstandschaft für den BT ist § 64 I BVerfGG aber nicht beschränkt.[323] Einzelnen Abgeordneten, die Teile des BT sind, hat es diese Befugnis zu Unrecht abgesprochen.[324] Abgeordnete sollen nur eigene Rechte geltend machen können. Dass die in § 63 BVerfGG genannten Organteile Gliederungen im Sinne eines kollegialen Organteils sind, verlangt indes weder § 63 BVerfGG noch § 64 I BVerfGG.[325] In einem obiter dictum einer Entsch. erkennt das BVerfG – offenbar versehentl. – die einzelnen Abgeordneten als Prozessstandschafter für das Parlament ausdrückl.

---

Pieroth (Fn. 5), Art. 93 Rn. 27a; BayVerfGH, 20.3.2014 – Vf. 72-IV a-12 – juris Rn. 64; 11.9.2014 – Vf. 67-IV a-13 – juris Rn. 36; HessStGH, 12.2.2020 – P. St. 2610 – juris Rn. 99 ff. zur abstr. NK; offenb. auch StGH BW, 6.10.2011 – GR 2/11 – juris Rn. 29; die Nachfolgefraktion tritt danach an die Stelle der antragst. Fraktion u. erlangt BetFähigk. Dieses Modell ist indes nicht praktikabel, wenn es keine Nachfolgefraktion gibt. Richtigerw. wird die alte antragst. Fraktion im Prozess als fortbestehend fingiert, behält ihre BetFähigkeit u. wird durch ihren alten Vorsitzenden verteten; § 54 VII 2 AbgG hat keine verfprozessuale Bedeutung, zutr. *Bethge*, aaO. Wie hier *SächsVerfGH*, 17.2.1995 – Vf. 4-I-93 – juris Rn. 34; VerfGH NRW NVwZ-RR 1998, 478; 30.10.2012 – 12/11 – juris Rn. 40; VerfG M-V, 27.5.2003 – 10/02 – juris Rn. 25, 30. Diese Auffassung ist zwingend, wenn der nicht mehr existente Bet. (derzeit) keinen Nachfolger hat oder haben kann, wie zB die qualif. Minderheit des Art. 44 I 1, so zur abstr. NK *Kees*, in: Barczak, § 76 Rn. 28, oder die schon vor der AntrStellung erloschene BuVersammlung, die von BVerfGE 136, 277 Rn. 60 als taugl. AntrGeg. fingiert wurde.

[313] BVerfGE 1, 208 (223 ff.); 4, 27 ff. – PlenarE; 85, 264 (284); 148, 11 Rn. 27 – st. Rspr.; zust. ua *E. Klein* BKK, Rn. 1018; *Umbach* UCD, §§ 63, 64 Rn. 92 ff.; *Pestalozza*, VerfProzR, § 7 Rn. 12.

[314] Z. B. BVerfGE 7, 99 (103); 47, 198 ff.; 69, 257 ff.

[315] So die überw. Auffassung, s. nur *Voßkuhle* MKS III, Art. 93 Rn. 106; → Art. 21 Rn. 50 ff. mwN; aA *Barczak,* in: Barzak, § 63 Rn. 60.

[316] BVerfG JZ 2016, 1161 ff. m. Anm. *Rossi* u. *Hain.*

[317] BVerfGE 90, 286 (337).

[318] So aber *Bethge* MSKB, § 71 Rn. 46; BVerfGE 43, 142 (148) spricht ausschließl. von verfrechtl. Rechten der Abg.

[319] BVerfGE 99, 19 (29); ist der Antragst. (ein Abgeordneter) durch die angegr. Maßnahme auch, aber nicht primär als natürl. Pers. betroffen, sind die entspr. GrR bei der Auslegung u. Anwendung der grundgesetzl. Kompetenzen u. StatusR mitzuberücksichtigen (aber nicht selbständig zu prüfen), BVerfGE 118, 277 (320, 354 f., abwM 377 f.); vgl. auch OVG Bln-Bbg NVwZ-RR 2017, 126 ff.; → Rn. 82. Soweit einzelne GrR Bestandteil des R.Staatspr. sind – so ist der allgem. Gleichheitssatz des Art. 3 I auch ein Element des R.Staatsgebots (rstaatl. Gleichbehandlungsgebot), BVerwGE 162, 284 Rn. 32 –, können sie im Organstreit zum Prüfungsmaßstab gehören.

[320] BVerfGE 94, 351 (362 f.); eine schlüssige Darlegung verlangt BVerfGE 134, 141 Rn. 161.

[321] *Lechner/Zuck,* § 64 Rn. 14; *Detterbeck,* Streitgegenstand, S. 395; *Sachs* (Fn. 273), S. 197 f.; aA BVerfGE 68, 1 (63); 73, 1 (28); 134, 141 Rn. 149, 151; 138, 102 Rn. 23; *Hillgruber/Goos,* Rn. 394; *Bethge* MSKB, § 64 Rn. 11 m. Fn. 32, Rn. 107, 123 – dazu konträr u. wie hier *ders., ebda,* § 69 Rn. 78 f. m. Fn. 249.

[322] BVerfGE 90, 286 (336); 100, 266 (268).

[323] Zutr. *E. Klein* BKK, Rn. 1030.

[324] BVerfGE 90, 286 (343 f.); 117, 359 (367 f.); 123, 267 (337); 134, 141 Rn. 172; zust. *Bethge* MSKB, § 64 Rn. 86b, 89 (vgl. dagegen *ders.,* § 90 Rn. 38); *Umbach* UCD, §§ 63, 64 Rn. 8; *Hillgruber/Goos,* Rn. 333a, 381; abl. u. wie hier *Barczak* (Fn. 293), § 64 Rn. 26; *Voßkuhle* MKS III, Art. 93 Rn. 110; *Rinken* AK GG, Art. 93 Rn. 12b; *Schlaich/Korioth,* Rn. 88, 94; *Pestalozza,* VerfProzR, § 7 Rn. 12 mit Fn. 58; *Nellesen/Pützner* JuS 2018, 433; *Ingold,* JuS 2020, 120 f.; diff. *Pietzcker* (Fn. 288), S. 615 f.

[325] *Voßkuhle* MKS III, Art. 93 Rn. 110; *Rinken* AK GG, Art. 93 Rn. 12b; *Schlaich/Korioth,* Rn. 94; aA *Hillgruber/Goos,* Rn. 333.

an.[326] Weder im GesWortlaut noch in der Systematik von Art. 93 I Nr. 1, § 64 I BVerfGG angelegt ist die in einer alten Entsch. des BVerfG geäußerte Auffassung, dass die im GG mit eigenen Rechten ausgestatteten Teile des BT nur diese Rechte geltend machen u. nicht als Prozessstandschafter für den BT agieren können.[327] Nach ebenfalls abzul. bverfgerichtl. Rspr. kann im Wege der Prozessstandschaft geltend gemacht werden, ein Mehrheitsbeschl. des Organs, dem der Prozessstandschafter angehöre, verletze Rechte eben dieses Organs.[328] Solche VerfProzesse sind der Sache nach **unzul. Insichprozesse;**[329] Der Antragst. rügt eine Selbstschädigung eines obersten BOrgans. Die mat. RKraft eines Urt. erstreckt sich nicht auf den BT, dessen Rechte eine Fraktion in Prozessstandschaft geltend macht.[330] Eine **passive Prozessstandschaft** gibt es nicht. Organteile sind für ihr Organ nicht passivlegitimiert. Sie können nicht für ein Verhalten ihres Organs prozessual zur Verantwortung gezogen werden.[331]

**Antragsgegenstand** bildet eine Maßn. oder Unterl. des Antragsgeg. (§ 64 I). Diese muss dem **50** Antragsgeg. zuzurechnen sein. Nur **rechtserhebl.** Handeln oder Unterl. kommt in Betracht.[332] Daran fehlt es regelm. der einfachen Meinungsäußerung,[333] der Rüge durch den ParlPräsidenten,[334] der Beantwortung einer Anfrage[335] sowie einer Maßn., die erst durch einen Umsetzungsakt rechtl. Bedeutung erhält.[336] Auch Handlungen nur vorbereitenden Charakters scheiden als Angriffsgegenst. aus.[337] Ein Unterl. ist nur dann rechtserhebl., wenn eine verfrechtl. Verpfl. zur Vornahme nicht ausgeschl. werden kann.[338] Die Frage der RErheblichk. kann ebensogut als Aspekt der AntrBefugnis begriffen werden: Ist der AntrGegenst. nicht rechtserhebl., scheidet von vornherein die Möglichk. einer RVerletzung aus. Als taugl. AntrGegenst. kommen zB in Betracht der Erlass eines Ges. oder einer sonst. RVorschrift (auch GeschOR),[339] die Ablehnung eines Antr., Regierungshandeln.

Auch die Zul. eines Organstr. setzt ein allgem. **Rechtsschutzbedürfnis** des AntrSt. voraus.[340] **50a** Problemat. ist insow. der Fall, dass sich der **AntrGegenst. erledigt** hat. Das bloße Interesse des AntrSt. an der Klärung der obj. VerfMäßigkeit des erledigten Organverhaltens begründet kein RSB. Denn die bloße Kontrolle der obj. VerfMäßigkeit von Organverhalten ist nicht Zweck des Organstr.[341] Ein RSB in Erledigungsfällen setzt desh. ein fortbestehendes EntschBedürfnis voraus. Es muss durch besond. Umst. wie eine Wiederholungsgefahr oder die Klärung bislang nicht entschiedener verfrechtl. Fragen belegt werden.[342] Die zu § 113 I 4 VwGO entwickelten Grds. dürfen nicht schematisch übertragen werden.

Nach § 64 III BVerfGG gilt eine **AntrFrist** von sechs Monaten. Bei einem Ges. kommt es auf den **51** Zeitp. der Verkündung an, bei Unterl. auf die Erkennbarkeit der Weigerung zu handeln.[343] § 64 III BVerfGG setzt eine Ausschlussfrist, Wiedereinsetzung ist unzul.[344]

---

[326] BVerfGE 129, 108 (123), wo von einer „st Rspr" die Rede ist; aA u. wie bisher nachfolgend wieder BVerfGE 134, 141 Rn. 172.

[327] BVerfGE 2, 143 (144 LS 5, 165).

[328] BVerfGE 123, 267 (338 f.); 132, 195 Rn. 125; 134, 366, Rn. 54; ebenso im Falle (verfwidriger) Untätigkeit des Organs BVerfGE 142, 123 Rn. 110 f.; zust. *Bethge* MSKB, § 64 Rn. 85a; *Barczak*, in: Barzak, § 64 Rn. 24; *Sachs*, VerfProzR, Rn. 332; *Grote*, Der Verfassungsorganstreit, 2010, S. 213 f.; ebenso zum LandesR NRW VerfGHNW, 10.8.2010 – VerfGH 5/10 – S. 4.

[329] *Schlaich/Korioth*, Rn. 94a; *Schwerdtfeger* EuR 2015, 305 f.; *Pieroth*, in: 50 Jahre VerfGH NW, 2002, S. 112; diff., aber grds. abl. auch *Sauer* FS Morlok, 2019, S. 227 ff. (245 f.); abl. zum vglbaren LandesR BerlVerfGH LVerfGE 1, 160 (168); StGH BW DÖV 2000, 730; SaarlVerfGH NVwZ-RR 2006, 666; MVVerfG, 27.8.2015 – LVerfG 1/14 – juris Rn. 78 ff.

[330] BVerfGE 104, 151 (196 ff.).

[331] BVerfGE 2, 143 (166 f.); 133, 273 Rn. 3. Die Frage der Passivlegit. ist zwar ein Aspekt der Begründeth. eines RB. Ist der Antragst. aber **offensichtl.** nicht passivlegitimiert, fehlt dem Antragst. die Antragsbefugnis.

[332] Z. B. BVerfGE 146, 1 Rn. 79; 150, 194 Rn. 17; vorbeugender (vorläufiger) RSchutz ist nur ausnahmsw. zul., BVerfGE 150, 163 Rn. 11.

[333] BVerfGE 2, 143 (168).

[334] BVerfGE 60, 374.

[335] BVerfGE 57, 1 (4 ff.).

[336] BVerfGE 96, 264 (277).

[337] BVerfGE 97, 408 (414); 99, 19 (31); 138, 45 Rn. 27.

[338] BVerfGE 103, 81 (86); 104, 310 (324); 107, 286 (294 ff.).

[339] BVerfGE 118, 277 (317).

[340] BVerfGE 119, 302 (307 f.); 136, 190 Rn. 4; 140, 115 Rn. 80; 142, 25 Rn. 76; 147, 31 Rn. 17; 148, 11 Rn. 33; 152, 35 Rn. 27 ff.: Einspr. nach § 39 GOBT als Vorauss. des Rechtsschutzbedürfnis für Organstreit); näher *Barczak* (Fn. 302), § 64 Rn. 36 ff.

[341] Dazu schon Rn. 42 mN.

[342] BVerfGE 119, 302 (308 f.); 136, 190 Rn. 6 ff.; *Bethge* MSKB, § 64 Rn. 98 f.; *Umbach* UCD, §§ 63, 64 Rn. 172; ebenso zum LVerfProzR MVVerfG DÖV 2003, 765; Hess StGH NVwZ-RR 2016, 937 ff.; *Zimmermann* NVwZ 2017, 1673 ff.; wohl auch S-HLVerfG NordÖR 2018, 372 Rn. 18 ff.; *Barczak* (Fn. 302), § 64 Rn. 40; vgl. zur VB BVerfGE 148, 267 Rn. 28; ausdrückl. offen lassend BVerfGE 140, 146 Rn. 81 f.; vgl. auch BVerfGE 147, 50 Rn. 187; 148, 11 Rn. 35.

[343] BVerfGE 92, 80 (87, 89); 110, 403 (405); 134, 141 Rn. 153, 184; 140, 1 Rn. 59.

[344] St. Rspr., vgl. BVerfGE 99, 361 (366); 109, 1 (12).

## II. Abstrakte Normenkontrolle (Abs. 1 Nr. 2 iVm §§ 13 Nr. 6, 76–79 BVerfGG)

**52**    **1. Allgemeines.** Das Wesen der abstr. NK besteht darin, dass sie **keinen konkr. Anwendungsstreit** zur Vorauss. hat, sondern nur – abstr. – Meinungsverschiedenheiten über die VerfMäßigkeit von Normen – ferner, dass der Antr. **unabh.** ist von einem **subjekt. Rechtsschutzinteresse.**[345]

**53**    Die abstr. NK ist ein obj. Vf., das keinen Antragsgeg. kennt. Nicht um subj. RPositionen geht es, sondern ausschließl. um den Schutz des BundesR.[346] Deshalb steht der Zul. des Antr. eine Zustimmung des Antragst. zum Ges. im BRat nicht entgegen.[347]

**54**    **2. Zulässigkeitsfragen. Antragsberechtigung:** Den – nicht fristgebundenen – Antr. können ausschließl. die BReg, eine LReg oder (mindestens) ein Viertel der Mitgl. des BT stellen. Die BetFähigkeit des ASt. erlischt nicht durch den Ablauf der Wahlperiode oder einen Wechsel der Organwalter bzw. Abgeordneten.[348] Jeder Antragsber. kann den Antr. für jeden zul. Gegenst. stellen, BOrgane also auch für LandesR, LReg auch für BundesR u. für LandesR anderer Länder.[349]

**55**    **Antragsgegenst.** sind Normen des **Bu- wie LandesR jeder Rangstufe,** von den VerfNormen (insbes. dem verfändernden Ges.) u. jedem Ges., das HaushaltsG eingeschlossen, bis zu Normen des UntergesetzesR in RVO, Satzungen, GeschO oder in anderer Form. VwVorschr. gehören nicht dazu.[350] Es genügt die Form des RSatzes.[351] Zu den AntrGegenst. zählen auch ZustimmungsG zu völkerrechtl. u. EU-Vertr. gem. Art. 59 II, Art. 23 I 2, 3 (die damit mittelb. der Prüfung zugängl. gemacht werden). Auch sekund. EU-R kann AntrGegenst. sein,[352] allerd. nur in anal. Anwendung von Art. 93 I Nr. 2, § 76 I BVerfGG. Ob es sich um vor- oder nachkonstit. Recht handelt, spielt keine Rolle.

**56**    Da das GG keine präventive NK kennt, sind nur **rechtl. existente** Normen antragsgeeignet, also bereits verkündete, nicht aber notwendig schon in Kraft getretene.[353] Ledigl. bei VertragsG verlangt die Wirksamkeit der Kontrolle eine Vorverlegung des Zeitpunkts zul. AntrStellung vor Ausfertigung u. Verkündung nach abgeschl. GesGebungsVf.[354]

**57**    Den **Prüfungsmaßstab** stellt nach Art. 93 I Nr. 2 für die Kontrolle von BundesR das GG[355] dar, für untergesetzl. BundesR auch das einfache höherrangige BundesR.[356] Hiervon geht auch § 76 I BVerfGG aus. Da ein Verstoß untergesetzl. BundesR gegen einfachgesetzl. BundesR eine Missachtung des grundgesetzl. RStaatspr. bedeutet, ist die Heranziehung unterverfrechtl. BundesR als Prüfungsmaßstab auch von Art. 93 I Nr. 2, § 78 S. 1 BVerfGG gedeckt. Die vom BVerfG praktizierte Vorfragen-Konstruktion, wonach untergesetzl. BundesR vorfrageweise am Maßstab des höherrangigen unterverfrechtl. BundesR gemessen wird, um festzustellen, ob überhaupt ein gültiger AntrGegenstand existiert,[357] ist ein Paradoxon u. abzulehnen.[358] Nach dieser Konstruktion müsste ein Antr. gegen BundesR, das gegen unterverfrechtl. BundesR verstößt, mangels taugl. AntrGegenst. als unzul. abgewiesen werden.[359] Zutr. ist es dagegen, wenn untergesetzl. BundesR am Maßstab des einfachgesetzl. BundesR wegen der rechtl. Relevanz dieser Kontrolle überprüft wird.[360] Prüfungsmaßstab für die Kontrolle von LandesR ist **jeweils BundesR** (u. in keinem Fall die LVerf.). Das BVerfG kann **jede Norm des GG** bzw. weiteren BundesR als Prüfungsmaßstab heranziehen, ohne dabei an den Antr. gebunden zu sein.[361] Dabei geht es grds. von der Auslegung des einf. Rechts durch die Fachger. aus, es sei denn, diese würde die Tragweite verfrechtl. Grds. verkennen oder zu einer unverhältnism. Beschränkung von VerfRechten führen.[362] **EU-R** gehört nicht zum Prüfungsmaßstab, auch nicht mittelb.

---

[345] ZB BVerfGE 1, 208 (219 f.); zum obj. Klarstellungsinteresse Rn. 58.

[346] BVerfGE 1, 184 (195 f.).

[347] BVerfGE 101, 158 (213); 150, 1 Rn. 137.

[348] Auf die Ausführungen zum Organstr. wird verwiesen, Rn. 46.

[349] Für den letztgenannten Gegenst. BVerfGE 83, 37 (49) mwN; *Graßhof* BDS, § 76 Rn. 41; zweifelnd *Sachs,* VerfProzR, Rn. 154.

[350] BVerfGE 12, 180 (199).

[351] BVerfGE 2, 307 (312).

[352] BVerfGE 123, 267 (354); *Hopfauf* (Fn. 139), Art. 93 Rn. 281 f.; *Graßhof* BDS, § 76 Rn. 22; unentsch. *Sachs,* VerfProzR, Rn. 135; aA die bislang hM, s. nur *Kees* (Fn. 312), § 76 Rn. 40; *Rozek* MSKB, § 76 Rn. 36 f. mwN; zur VB BVerfGE 142, 123 Rn. 97 ff.; dazu Rn. 26.

[353] BVerfGE 104, 23 (29); *E. Klein* BKK, Rn. 682 f.; *Stern* (Fn. 1), Rn. 256 f.; *Pestalozza,* VerfProzR, § 8 Rn. 8.

[354] BVerfGE 1, 396 (410 ff.), st. Rspr.

[355] Nicht aber VölkerR, BVerfGE 92, 365 (392).

[356] *Rinken* AK GG, Art. 93 Rn. 27; *Stern* (Fn. 1), Rn. 264; *Degenhart,* StaatsR I, Rn. 831; *Detterbeck,* Streitgegenstand, S. 423 ff.; *v. Mutius* Jura 1987, 540 f.; vgl. auch *Sachs,* VerfProzR, Rn. 147 f.; aA die hM, BVerfGE 127, 293 (318); *Kees* (Fn. 307), § 76 Rn. 59; *Rozek* MSKB, § 76 Rn. 63 m. v. w. N.

[357] BVerfGE 101, 1 (30 f.).

[358] *Rozek* MSKB, § 76 Rn. 67 mwN; *Lenz/Hansel,* § 76 Rn. 9 f.; *E. Klein* BKK, Rn. 691.

[359] *Rozek* MSKB, § 76 Rn. 67 nennt diese Konsequenz „geradezu perplex".

[360] So BVerfGE 106, 1 (12); 127, 293 (319); 136, 69 Rn. 45 unter Hinw. auf *Rozek* (Fn. 352).

[361] BVerfGE 1, 14 (41), st. Rspr.; vgl. zum EilRSchutz BVerfGE 143, 65 Rn. 36 ff.

[362] BVerfGE 101, 239 (257).

über die Europaklausel des Art. 23 I 1, 2. Ein Antr., mit dem geltend gemacht wird, eine dt. RVor-schrift verstoße desh. gegen Art. 23 I, weil sie mit EU-R unvereinbar sei, ist unzul.[363]

**Antragsvorauss.** (Antragsgrund) sind **Meinungsverschiedenheiten oder Zweifel** über die Ver-  **58** einbarkeit des AntrGegenst. mit dem Prüfungsmaßstab u. damit über die Gültigkeit der Norm. Es müssen nicht Zweifel des Antragst. selbst sein. Der Antr. kann sowohl auf die Nichtigerkl. (§ 76 I Nr. 1 BVerfGG) als auch auf die Gültigerkl. (§ 76 I Nr. 2 BVerfGG) der Norm gerichtet sein. Die in § 76 I BVerfGG genannten Zulässigkeitsanf. sind strenger als die des Art. 93 I Nr. 2, der bloße Meinungsverschiedenheiten oder Zweifel genügen lässt.[364] Das BVerfG hat § 76 BVerfGG für eine nach Art. 94 II zul. Konkretisierung des Art. 93 I Nr. 2 erklärt.[365] Art. 93 I Nr. 2 verlange ein „besonderes objektives Klärungsinteresse" des Antragst., das § 76 I BVerfGG in zul. Weise konkretisie-re.[366] Richtigerw. vermag § 76 I BVerfGG die grundgesetzl. AntrVorauss. nicht einzuschränken. Soweit nach Maßgabe des GG weniger strenge Vorauss. gelten, sind diese maßgebl.[367] Die Diskrepanz zw. § 76 I Nr. 1 BVerfGG u. Art. 93 I Nr. 2 dürfte kaum jemals prozessrelevant sein. Anders verhält es sich bei § 76 I Nr. 2 BVerfGG. Die in dieser Vorschr. genannte ZulVorauss. für einen Normbestäti-gungsantr., dass die in Rede stehende RVorschrift in einem konkr. Fall wegen angenommener Ungültigkeit nicht angewendet worden ist,[368] könnte allerd. nach dem auch dem BVerfGG immanen-ten ProzessRGrds. des objekt. RSchutzbedürfnisses[369] gerechtfertigt sein. Solange die RVorschrift trotz bestehender Zweifel angewendet wird, erscheint ein obj. Bedürfnis an einer bverfgerichtl. Norm-bestätigung zweifelhaft.[370] Ein obj. Klarstellungsint. besteht, wenn von einer aufgehobenen Norm noch RWirkungen ausgehen können.[371] Ein Antr., dass eine best. (umstr.) Auslegung u. Anwendung einer RVorschrift verfwidrig (§ 76 I Nr. 1 BVerfGG) sind bzw. nicht dem Willen des Normgebers ent-sprechen **(Antrag auf verfkonforme Auslegung)** u. damit iE eine Nichtanwendung der Norm sind (§ 76 I Nr. 2 BVerfGG), ist statthaft.[372] Der bverfgerichtl. Verwerfung einer best. GesAuslegung kommt eine teilkassatorische Wirkung zu,[373] der bverfgerichtl. Bestätigung einer best. GesAuslegung eine teilaffirmative Wirkung. Gegenüber einer uneingeschr. Normverwerfung oder Normbestätigung handelt es sich um ein wesensgleiches Minus, das Gegenst. einer akzor. NK sein kann. Hiervon zu unterscheiden ist ein Antr., der auf die verfgerichtl. Feststellung gerichtet ist, dass eine RVorschrift aus verfrechtl. Gründen auf best. Fälle nicht anwendbar sei. Ein Antr. auf bloße **verforientierte Aus-legung**[374] ist unzul., da er keine verfkonforme Auslegung der RVorschrift zum Gegenst. hat, sondern die verfrechtl. Klärung einer vorweggenommenen Einzelfallentsch.[375] Der Normenkontrollantr. ist gegenüber der Möglichk., die Norm auf dem Wege der GesInitiative zu ändern, nicht subsidiär.[376]

**3. Entscheidung und Prüfungsgegenstand.** Die auf den Normalfall bezogene Regelung des § 78  **59** S. 1 BVerfGG **(Feststellung der Nichtigkeit** bei begründetem Antr.) wird mit Rücksicht auf die Gestaltungsfreiheit des GesGebers richterrechtl. durch Tenorierungsvarianten ergänzt (Teilnichtigkeit, Unvereinbarkeit, Appellentsch., verfkonforme Auslegung).[377] Bei einem VfFehler bleibt die Norm gültig, wenn der Verstoß nicht evident ist.[378] Der **Prüfungsgegenstand** wird regelm. durch den Antr. bezeichnet, der mit Rücksicht auf die einzelnen Rügen auszulegen ist.[379] § 78 S. 2 BVerfGG lässt eine Ausdehnung der Entsch. über den Antr. hinaus auf weitere Normen desselben Ges. zu. Diese gesetzl. Durchbrechung des Grds. des ne ultra petita ist verfrechtl. nicht zu beanstanden.[380] Die Tenorierung

---

[363] BVerfGE 136, 69 Rn. 43; EU-R kann bei der Auslegung von VerfR aber mitberücksichtigt werden, so BVerfGE 139, 19 Rn. 61 ff. bei der VB; dazu auch Rn. 27a, 88.

[364] Näher – auch zu § 76 I BVerfGG aF – *Rozek* MSKB, § 76 Rn. 45 ff.; *Graßhof* BDS, § 76 Rn. 31.

[365] BVerfGE 96, 133 (137); zust. *Rozek* MSKB, § 76 Rn. 47.

[366] BVerfGE 106, 244 (250 f.).

[367] *E. Klein* BKK, Rn. 688; *Pestalozza*, VerfProzR, § 8 Rn. 13; andere gehen von (Teil-)Nichtigkeit des § 76 I BVerfGG aus, *Schlaich/Korioth*, Rn. 130 mwN; *Voßkuhle* MKS III, Art. 93 Rn. 123.

[368] Dem kann die fehlerhafte Anwendung gleichstehen, BVerfGE 119, 247 (258 f.).

[369] Vgl. *Schlaich/Korioth*, Rn. 130a; vgl. auch die von BVerfGE 83, 37 (49 f.) in Erwägung gezogene Beschr. der AntrBefugnis.

[370] Nach *Voßkuhle* MKS III, Art. 93 Rn. 123 bestehen dann keine Meinungsverschiedenheiten iSd Art. 93 I Nr. 2.

[371] BVerfGE 100, 249 (257); 150, 1 Rn. 138.

[372] BVerfGE 119, 247 (258 f.); *Bethge* MSKB, § 31 Rn. 260; *Graßhof* BDS, § 76 Rn. 34 (aA *dies.* UCD, § 76 Rn. 29); *Schlaich/Korioth*, Rn. 130; *Hillgruber/Goos*, Rn. 516; *Roth* NVwZ 1998, 564; aA *Rozek* MSKB, § 76 Rn. 49; *Löwer* HStR III, § 70 Rn. 61.

[373] *Löwer* HStR III, § 70 Rn. 127; *Bethge* MSKB, § 31 Rn. 261, 273.

[374] Dazu näher *Bethge* MSKB, § 31 Rn. 262; *Schlaich/Korioth*, Rn. 448.

[375] Näher *Detterbeck* FS Bethge, 2009, S. 185 ff. (187 f.).

[376] BVerfGE 116, 327 (375).

[377] Dazu *Schlaich/Korioth*, Rn. 378 ff.; *Stern* BK, Art. 93 (1982) Rn. 269 ff.; *Hillgruber/Goos*, Rn. 529 ff.; ausführl. *Kreutzberger* (Fn. 56).

[378] BVerfGE 34, 9 (25); 91, 148 (175); 120, 56 (79).

[379] BVerfGE 93, 37 (65).

[380] *Stern* BK, Art. 93 (1982), Art. 93 Rn. 296 ff.; *Kees* (Fn. 307), § 78 Rn. 18 (noch akzeptabel); *E. Klein* BKK, Rn. 711 („noch hinnehmbar"); *Detterbeck*, Streitgegenstand, S. 422 f.; aA *Voßkuhle* MKS III, Art. 93 Rn. 125, der

unbegr. NKAntr. regelt das BVerfGG nicht. Das BVerfG ist frei, ob es im Tenor den Antr. ledigl. abweist oder ob es die angegr. RNormen für gültig oder für vereinbar mit dem angewendeten Prüfungsmaßstab erklärt.[381] Das BVerfG macht allerd. inzw. durchgängig von der Möglichk. der Vereinbarkeitsfestst. Gebrauch.[382]

### III. Abstrakte Normenkontrolle am Maßstab des Art. 72 II (Abs. 1 Nr. 2a iVm §§ 13 Nr. 6a, 76 II, 77–79 BVerfGG)

**60**    **1. Zweck.** Die Regelung steht im Zusammenh. mit den Bemühungen, der „Auszehrung der Länderkompetenzen"[383] entgegenzuwirken. Sie soll die **Justiziabilität** der schärfer gefassten Klausel (Erforderlichkeit statt Bedürfnis) **des Art. 72 II verbessern,**[384] die die konkurrierende GesGebung des Bundes eingrenzt. Die Erforderlichkeit bundeseinheitl. Regelung kontrolliert das Ger. sehr eingehend; die Begriffe des Art. 72 II sind zu Recht voll justiziabel geworden.[385] Das Vf. nach Art. 93 I Nr. 2a ist nur auf BundesG **nach dem 15.11.1994** anwendbar. Vorher erlassene mussten nur die Bedürfnisklausel des Art. 72 II aF erfüllen, sind in dem Falle also kompetenzgerecht erlassen u. gelten als BundesR nach Art. 125a weiter;[386] hier kann das Vf. nach Art. 93 II Abhilfe schaffen.[387]

**61**    **2. Regelungsinhalt.** Die abstr. NK nach Abs. 1 Nr. 2a. steht selbst. neben der NK nach Abs. 1 Nr. 2. Für diese bleibt das ganze GG Maßstab, also auch Art. 72 II. Da **LReg** in beiden Vf. antrberechtigt sind, können sie zw. dem Antr. nach Nr. 2 u. Nr. 2a wählen oder beide Antr. gleichzeitig stellen,[388] auch wenn dies prozesstakt. keinen Sinn hat. Nr. 2a begründet für den **BRat** u. die **LParl** die AntrBerechtigung. Darin liegt prozessual die eigentl. Erweiterung.[389] IÜ richtet sich das Vf. nach den Vorschr. über die abstr. NK des Abs. 1 Nr. 2. AntrGegenst. können allerd. nur förml. BuG sein. Zur AntrVorauss. gehören Meinungsverschiedenh. (nicht nur: Zweifel) über die Vereinbarkeit des Ges. mit Art. 72 II, an denen der AntrSt. nicht notwendig beteiligt sein muss.[390] Auch hier formuliert das Ges. enger als das GG: Nach § 76 II BVerfGG muss der AntrSt. das BuG für nichtig halten. Dies kann ebenfalls nur als unvollst. Teilregelung verstanden werden, die die weitere Fassung des GG nicht verdrängt.[391]

### IV. Bund-Länder-Streit (Abs. 1 Nr. 3 iVm §§ 13 Nr. 7, 68–70 BVerfGG)

**62**    **1. Allgemeines.** Diese Zuständigk. des BVerfG dient der Bewahrung der bundesstaatl. Struktur u. gehört zum Kernbestand verfgerichtl. Kompetenzen im BStaat. Ihre Charakteristika weisen Parallelen zum Organstr. auf, weshalb die Vorschriften für dessen Vf. weitgehend im Bu-Lä-Str. zur Anwendung kommen (§ 69 BVerfGG). Es handelt sich um ein **kontradiktor. Vf.** u. auch hier um konkr. Streitigkeiten über **subj. Berechtigungen u. Verpflichtungen** aus dem GG. Bei begr. Antr. stellt das BVerfG die Unvereinbarkeit konkr. Handlungen oder Unterl. mit dem GG fest (§§ 69, 67 S. 1 BVerfGG).

**63**    Im Bu-Lä-Str. sind vergleichsw. wenige Entsch. ergangen.[392] Die Ursache liegt auch in der oft **konkurrierenden Möglichk.** eines Antr. auf **abstr. NK.** Keinem der Vf. kommt Vorrang zu,[393] beide sind auch nebeneinander mögl.[394] Die abstr. NK mit niedrigerer Zulässigkeitsschwelle u. weiterreichender Entsch. (Nichtigerkl.) findet zumeist den Vorzug. Für den Bu-Lä-Str. verbleiben vor allem Streitigk. um VwKompetenzen u. Gegenst. ohne die Form einer Norm.

---

§ 78 S. 2 BVerfGG für nichtig hält; *Rinken* AK GG, Art. 93 Rn. 28; das BVerfG geht auf diesen Meinungsstr. nicht ein, sondern wendet § 78 S. 2 BVerfGG an, u. zwar entspr. auch auf die konkr. NK u. die VB, BVerfGE 4, 178 (186); 4, 387 (398); 92, 53 (73); 94, 241 (265 f.); 104, 126 (150); 125, 175 (256 f.); 128, 326 (404); krit. *Bethge* MSKB, § 78 Rn. 2.

[381] *Schlaich/Korioth*, Rn. 372; *Detterbeck*, Streitgegenstand, S. 430; aA u. für eine zumindest eingeschränkte Pflicht zur Gültigkeitsfestst. *Bethge* MSKB, § 78 Rn. 109; *Hillgruber/Goos*, Rn. 530.

[382] Dies gilt – in Abkehr von BVerfGE 1, 14 (64) – auch für LandesR, BVerfGE 73, 118 (120 f.); dazu *Bethge* MSKB, § 78 Rn. 122; *E. Klein* BKK, Rn. 716.

[383] Bericht der GemVerfKomm., BT-Dr 12/6000, S. 33.

[384] Bericht der GemVerfKomm., BT-Dr 12/6000, S. 36.

[385] BVerfGE 106, 62 (135 ff.); 111, 226 (252 ff.); 140, 65 Rn. 31 ff.

[386] Vgl. → Art. 72 Rn. 23.

[387] Vgl. Rn. 106 ff.

[388] BVerfGE 140, 65 Rn. 27.

[389] *Löwer* HStR III, § 70 Rn. 75 weist auf die geringe prakt. Bedeutung des Vf. nach Art. 93 I Nr. 2a hin.

[390] Vgl. Rn. 58.

[391] Ebenso *E. Klein* BKK, Rn. 703; *Löwer* HStR III, § 70 Rn. 72.

[392] Zu den Gründen *Selmer* FS 50 Jahre BVerfG I, 2001, S. 564 ff.

[393] BVerfGE 20, 56 (95).

[394] Z. B. BVerfGE 1, 14 (30); 12, 205 (222 f.).

**2. Zulässigkeitsfragen. Parteifähig** sind als AntrSt. wie AntrGeg. der **Bund** u. jedes **Land.** Diese  64
werden (organschaftl.) vertreten durch die BReg bzw. die LReg (§ 68 BVerfGG).[395] Eine Vertretungs-
berecht. anderer VerfOrgane schließt § 68 BVerfGG in verfrechtl. nicht zu beanstandender Weise
aus.[396] Im Bu-Lä-Str. stehen sich der Bund auf der einen Seite u. ein Land bzw. mehrere Länder auf
der anderen Seite gegenüber, niemals ein Land einem anderen. Ein Land kann auch nicht auf BuSeite
beitreten.[397] Auch untergegangene Länder können Partei sein. Sie werden durch ihre noch bestehenden Gebietskörperschaften vertreten.[398]

**Antragsvorauss.** u. **–gegenst.** (vgl. §§ 69, 64 BVerfGG): Der Streit muss **konkr. Handlungen**  65
**oder Unterl.** des AntrGeg. betreffen. Dies kann legislat. Handeln sein,[399] anderes hoheitl. Handeln
oder Unterl.[400] oder auch Handeln in privatrechtl. Form.[401] Auch die Wahrnehmung von MitwirkungsR in Organen der EU durch die BReg kann eine im Bu-Lä-Str. angreifbare Maßn. sein.[402] Die
**AntrBefugnis** verlangt, dass die Möglichk. einer eigenen RVerl. geltend gemacht wird. Es muss sich
um **Rechte u. Pflichten** der Parteien handeln, die sich aus **dem GG** (insbes. Kompetenznormen) u.
nicht nur aus einfachen Ges. ergeben. Über nichtverfrechtl. Bu-Lä-Str. entscheidet nach § 50 I Nr. 1
VwGO das BVerwG. Der Grds. der BTreue stellt im bverfgerichtl. Bu-Lä-Str. zwar ein zentralen
Prüfungsmaßstab dar, ist aber akzessorischer Natur u. begründet für sich allein keine selbst. Pflichten
des Bundes oder eines Landes. Die RPflicht zu bufreundl. Verhalten kann also nicht isoliert zur
Begründung von Rechten oder Pflichten herangezogen werden, sondern nur im Zusammenh. mit
einem aus konkr. Vorschr. des GG sich ergebenden mat. VerfRVerhältnis.[403] Der AntrSt. hat substanziiert geltend zu machen, diese Rechte oder Pflichten seien bereits **verletzt** worden oder **un-**
**mittelb. gefährdet.** Die vom AntrSt. als verletzt gerügten GGBest. beschränken wie beim BOrgan-
streit weder den VfGegenstand noch den Prüfungsmaßstab.[404]

**Weitere Zulässigkeitsvorauss.:** Der Antr. muss binnen sechs Monaten nach der beanstandeten  66
Handlung gestellt werden (§§ 69, 64 III BVerfGG).[405] IFe Streits um die Ausübung der **Bundes-**
**aufsicht gem. Art. 84 IV 2** ist ein VorVf. vor dem BRat vorgeschaltet (Art. 84 IV 1). Erst wenn es
erfolglos durchgeführt worden ist, kann das BVerfG zulässigerw. angerufen werden.[406]

## V. Weitere föderative Streitigkeiten (Abs. 1 Nr. 4 iVm §§ 13 Nr. 8, 71–72 BVerfGG)

**1. Allgemeines.** Die Best. fasst drei Streitigkeiten in einer Ersatzzuständigkeit des BVerfG zusam-  67
men, näml. den **Bu-Lä-Str. für andere ör** Streitigkeiten (1. Var.), den **Zwischenländerstr.**
(2. Var.) u. den **Landesinnenstr.** (3. Var.) Es handelt sich bei der ersten Var. um ein den Bu-Lä-Str.
(Abs. 1 Nr. 3) ergänzendes Vf. Bei der zweiten Var. stehen sich als Parteien versch. Länder gegenüber.
In der dritten Var. sieht das GG für innerh. eines Landes stattfindende Organstreitig. die Entsch. des
BVerfG für den Fall vor, dass hierfür keine Zuständigk. eines LVerfG besteht.

Diese Vf. sind durch einige **Gemeinsamkeiten** gekennzeichnet: In jedem Fall findet ein **kon-**  68
**tradiktor. Vf.** statt (vgl. § 71 I BVerfGG). Sie sind in **mehrfacher Weise subsidiär,** näml. gegenüber anderen Vf. nach dem GG sowie gegenüber der RWegeröffnung zur Fachgerbarkeit, aber auch
zum LVerfG, u. werden deshalb weitgehend verdrängt. Gemeinsam ist den Vf. die **Sechs-Monats-**
**Frist** für die Antragstellung (§§ 71 II, 64 III BVerfGG). Zum **EntschInhalt** vgl. § 72 I, II BVerfGG.

**2. Andere öffentlich-rechtliche Bund-Länder-Streitigkeit (1. Var.).** Der Bu-Lä-Str. nach  69
Art. 93 I **Nr. 3** erfasst nur **grundgesetzl.,** also formell verfrechtl. Streitig. (§ 69 iVm § 64 I
BVerfGG). Über ör Bu-Lä-Str. nichtverfrechtl. Art entscheidet nach §§ 40 I 1, 50 I Nr. 1 VwGO,
§§ 51, 39 II SGG die allg. u. besond. VwGerbarkeit. Wegen der Subsidiarität des Bu-Lä-Str. nach

---

[395] BVerfGE 8, 122 (129); 129, 108 (115 ff.); ganz hM; aA *Degenhart,* StaatsR I, Rn. 825: Regierungen als
Parteien, die für Bund und Länder als Prozessstandschafter auftreten.

[396] Ausführl. BVerfGE 129, 108 ff.

[397] BVerfGE 12, 308 (311).

[398] Diese agieren nicht als Prozessstandschafter, sondern als gesetzl. Vertreter für die im Prozess als fortbestehend
fingierten Länder, so zum Zwischenländerstr. nach Art. 93 I Nr. 4, 2. Var. deutl. BVerfGE 22, 221 (230 f.); ebenso
BVerfGE 3, 267 (279 f.); 62, 295 (312); *Bethge* MSKB, § 68 Rn. 5a, § 71 Rn. 105 ff.; *Meister* BDS, § 71 Rn. 40;
*Detterbeck,* Streitgegenstand, S. 420; nunmehr auch *E. Klein* BKK, Rn. 1125; für Prozessstandschaft *Schlaich/Korioth,*
Rn. 107; *Umbach/Dollinger* UCD, § 71 Rn. 38; *Löwer* HStR III, § 70 Rn. 52; offenb. auch BVerfGE 4, 250 (268).

[399] BVerfGE 1, 14 (30), st. Rspr.

[400] BVerfGE 8, 122 (128 f.); 102, 167.

[401] BVerfGE 12, 205 (246).

[402] BVerfGE 92, 203 (227).

[403] BVerfGE 42, 103 (117); 103, 81 (87 ff.); 104, 238 (247 ff.).

[404] Rn. 48 mN pro et contra.

[405] Dazu BVerfGE 21, 312 (319 f.); 116, 271 (300 ff.); wird das BVerwG nach § 50 I Nr. 1 VwGO angerufen und
soll die Möglichk. einer Sachentsch. des BVerfG nach einer Vorlage gem. § 50 III VwGO offen gehalten werden,
muss das BVerwG innerh. der Frist des § 64 III BVerfGG angerufen werden, BVerfGE 109, 1 (10).

[406] *Bethge* MSKB, § 70 Rn. 13; *E. Klein* BKK, Rn. 1087 mwN.

Art. 93 I Nr. 4, 1. Var. verbleiben für diesen föderativen Streit derzeit nur die ausschließl. mat. verfrechtl. Streitigk., die also nicht im GG, sondern im sonstigen BVerfR wurzeln.[407] Dies betrifft etwa Rechte, die der **Einigungsvertrag** zugunsten der DDR oder der Länder des Beitrittsgebiets begründet. Sie können diese im Bu-Lä-Str. nach Abs. 1 Nr. 4 geltend machen.[408]

70   Zur Frist nach §§ 71 II, 64 III BVerfGG o. Rn. 66.

71   **Parteifähig** sind gem. § 71 I Nr. 1 BVerfGG Bu. u. Lä., vertreten durch die Reg.[409]

72   **3. Zwischenländerstreit (2. Var.).** In diesem Vf. können **alle ör Streitigk.** zw. Ländern AntrGegenst. sein. Wegen des vorrangigen VwRWegs zum BVerwG (§§ 40 I, 50 I Nr. 1 VwGO) bleiben als Anwendungsfeld verfrechtl. Streitigk. Prakt. Bedeutsamkeit hat das Vf. vor allem im Streit untergegangener Länder gegen existente Länder erlangt.[410]

73   **Parteifähig** sind die Länder selbst, die durch die LReg vertreten werden (§ 71 I Nr. 2 BVerfGG). Untergegangene Länder werden von den Gebietskörpersch. Landkreis/kreisfreie Stadt vertreten.[411]

74   **4. Landesinnenstreit (3. Var.).** Das Vf. betrifft ausschließl. **verfrechtl. Organstreitigk.**[412] § 71 I Nr. 3 BVerfGG stellt dies klar. Das GG garantiert damit die gerichtsförmige Entsch. solcher Konflikte innerh. eines Landes durch das BVerfG in subsid. Funktion u. am **Maßstab der LVerf.** Im LandesR vorgesehene Zuständigk. eines LVerfG (jetzt in allen 16 Ländern), aber auch eine gem. Art. 99 durch LandesG dem BVerfG ausdrückl. zugewiesene Kompetenz (bis 2008 durch Schleswig-Holstein) verdrängen dieses Vf. Im Beitrittsgebiet war es im Zeitraum bis zur Schaffung der LVerfG. von Bedeutung.[413]

75   Der **Umfang der Verdrängung** ist allerd. **str.** Das BVerfG sieht in konkreter Betrachtungsweise seine Zuständigk. schon dann als gegeben an, wenn einem AntrSt. nach § 71 I Nr. 3 BVerfGG PartFähigkeit u. AntrBefugnis zukommen, ihm diese aber im Organstr. vor dem LVerfG fehlen.[414] Die Zuständigk. des BVerfG entfällt allerd. u. macht einen anhängigen Antr. unzul., wenn während eines Vf. vor dem BVerfG das LandesR einen eigenen RWeg zur Verfügung stellt.[415] Nach anderer, abstrakt argumentierender Auffassung ist die Reservekompetenz des BVerfG nach Art. 93 I Nr. 4, 3. Var. bereits dann nicht eröffnet, wenn die Möglichk. eines larechtl. Organstr. generell, also nicht notwendig auch für das konkr. LOrgan(-teil) besteht.[416] Zuzustimmen ist dem BVerfG. Denn Art. 93 I Nr. 4, 3 Var. gewährleistet jedenfalls dann den lückenlosen RSchutz, wenn die Vorauss. des § 71 I Nr. 3 BVerfGG erfüllt sind. Verteidigt z. B. ein hess. LT-Abgeordneter seine ihm in der Hess. Verf. eingeräumten Kompetenzen gegen ein hess. VerfOrgan, ist das BVerfG nach Art. 93 I Nr. 4, 3. Var. zust.[417] Zwar entscheidet der HessStGH nach Art. 131 I HV, § 42 I StGHG auch über lainterne Organstreitigk. Der einzelne Abgeordnete gehört aber nicht zum Kreis der nach Art. 131 II HV, § 42 II StGHG AntrBerechtigten u. kann deshalb den HessStGH nicht anrufen.

76   Die **PartFähigkeit** der obersten Staatsorgane der Länder[418] u. ihrer Teile gem. § 71 I Nr. 3 BVerfGG entspricht der Regelung im Organstr. der BOrgane, jedoch ohne die Möglichk. des Handelns eines Organteils in Prozessstandsch. für das Organ.[419] Die **AntrBefugnis** setzt die Verl. oder unmittelb. Gefährdung eigener Rechte u. Zuständigk. aus dem LVerfR voraus.[420] Obwohl das

---

[407] BVerfGE 94, 297 (310); 95, 250 (266); *Bethge* MSKB, § 13 Nr. 8 Rn. 14, § 71 Rn. 43 ff.; *Löwer* HStR III, § 70 Rn. 48; *Voßkuhle* MKS III, Art. 93 Rn. 151, 154; *Müller*, in: Barczak, § 71 Rn. 20 ff.; *Detterbeck*, Streitgegenstand, S. 416 ff.; nach aA erfasst Art. 93 I Nr. 4, 1. Var. nur nichtverfrechtl. Streitigk., z. B. *Stern*, BK Art. 93 (1982) Rn. 376 f.; *Hopfauf* (Fn. 139), Art. 93 Rn. 380; *Schlaich/Korioth*, Rn. 106; aA auch BVerfGE 49, 10 (14 f.), wonach Art. 93 I Nr. 4, 1. Var. auch im GG wurzelnde RVerhältnisse erfasst.

[408] BVerfGE 94, 297 (309 ff.).

[409] Obwohl § 71 I Nr. 1, 2 BVerfGG die dort genannten VerfOrgane anders als § 68 BVerfGG ausdrückl. als Antragst. u. Antragsg. bezeichnet, regelt er nicht die Parteifähigkeit, sondern die Prozessfähigkeit; die genannten VerfOrgane agieren desh. als Vertreter, *Bethge* MSKB, § 71 Rn. 56 f., 103 f.; *Meister* BDS, § 71 Rn. 35, 38; *Müller* (Fn. 402), § 71 Rn. 28. Die Terminologie des BVerfG ist allerd. uneinheitl., BVerfGE 3, 267 (268): LReg. als Antragsg.; BVerfGE 22, 221: LReg. für die Länder als Antragst. u. Antragsg.; BVerfGE 62, 295 (295: Land als Antragsg.; 312: Antragst. u. Antragsg. können nur LReg. sein); BVerfGE 94, 297 (298): LReg. u. BReg als Antragst. u. Antragsg.; dazu *Detterbeck*, Streitgegenstand, S. 419.

[410] Nw. *Meister* BDS, § 71 Rn. 39 ff.

[411] Allg. zur Vertretung Rn. 71, speziell zu untergegangenen Ländern Rn. 64 jew. mN.

[412] Näher *Bethge* MSKB, § 71 Rn. 134 f.; *Detterbeck*, Streitgegenstand, S. 401 f., 580; vgl. BVerfGE 60, 175 (199 f.).

[413] Vgl. BVerfGE 99, 332; 102, 224.

[414] BVerfGE 4, 375 (377); 93, 195 (202); 102, 245 (250); 109, 275 (279); ebenso *Bethge* MSKB, Vorb. Rn. 259, § 71 Rn. 151; *Müller* (Fn. 402), § 71 Rn. 42; *E. Klein* BKK, Rn. 1138; *Günther* (Fn. 99), § 42 Rn. 19; *Pietzcker* (Fn. 288), S. 612 f.

[415] BVerfGE 102, 245 (251 f.).

[416] *Zierlein* AöR 118 (1993), 98 ff.; *Umbach/Dollinger* UCD, § 71 Rn. 42, 45; *Voßkuhle* MKS III, Art. 93 Rn. 159; *Hopfauf* (Fn. 139), Art. 93 Rn. 387.

[417] *Günther* (Fn. 99), § 42 Rn. 10, 19, 20.

[418] Nicht das Land selbst, vgl. BVerfGE 109, 275 (278).

[419] BVerfGE 60, 319 (325 f.); 91, 246 (250).

[420] BVerfGE 88, 63 (67 f.); 93, 195 (203).

BVerfG als VerfGer. für das Land entscheidet, agiert es nicht wie ifd Art. 99 qua Organleihe als LVerfG u. damit als LaOrgan,[421] sondern als BuOrgan.[422]

## VI. Verfassungsbeschwerde (Abs. 1 Nr. 4a iVm §§ 13 Nr. 8a, 90, 92–95 BVerfGG)

**1. Allgemeines.** Die **VB** dient als einziges Vf. des BVerfG dem IndividualRSchutz des Bürgers   **77** gegen GrRVerletzungen. Sie garantiert mit VerfRang ein **subjektiv-öffentl. VerfahrensR**[423] u. sichert die unmittelb. Geltung der GrR gegenüber den drei Gewalten nach Art. 1 III prozessual ab.[424] Ihr grundl. Zweck besteht in der Beseitigung einer grundrechtsw. Beschwer. Auch wenn sie entfallen ist, kann das RSB des BeschwFührers fortbestehen, wenn er ein besonderes FeststInt. hat.[425]Die abstr. Klärung einer RFrage kann nicht begehrt werden.[426] Ergänzend zu dieser subj. Funktion der VB tritt eine obj. Funktion hinzu.[427] Zum Ziel, einen individ. GrREingriff zu korrigieren, tritt die fallüber-greifende, **generelle Wirkung** der Entsch. hinzu.[428] Wie das BVerfG im Vf. der VB neben den GrR obj. VerfNormen als Prüfungsmaßstab heranzieht (u. Rn. 89), betont es dessen Funktion, auch das **obj. VerfR zu wahren.**[429] Diese soll unter engen Vorauss. (fortgeschrittenes VfStadium u. allg. Bedeutung nach § 90 II 2 BVerfGG)[430] sogar legitimieren, eine **Rücknahme der VB** nach mündl. Verhandlung als unwirksam zu behandeln[431] oder trotz zwischenzeitl. Todes des BeschwFührers eine Sachentsch. zu treffen.[432] Fallübergreifende Wirkung haben nicht allein RSatzVB. Sie kann auch VB gegen Urt. zukommen.

Die VB ist ein außerordentl. RBehelf.[433] Sie verdrängt nicht den grundrechtl. RSchutz durch die   **78** Fachger., sondern ist diesem gegenüber **subsidiär.** Das schließt es indes nicht aus, auch den RWeg zur VerfGerbarkeit mittels VB als RWeg iSd Art. 19 IV zu begreifen.[434] Suspensiveffekt ist mit ihr nicht verbunden. Das BVerfG sichert die Beachtung der GrR nur **nachträgl.** u. muss durch die VfGe-staltung auch nicht unter allen Umständen in die Lage versetzt werden, die Vollstreckung eines grundrechtsverl. Hoheitsakts zu verhindern.[435]

Das Vf. der VB ist **nichtkontradiktorisch.**[436] Die für den beanstandeten Hoheitsakt verantwortl.   **79** VerfOrgane haben nicht die Stellung des BeschwGegners, sondern nur die Möglichk. der Anhörung u. des Beitritts (§ 94 I, V BVerfGG).

Trotz einer niedrigen Erfolgsquote[437] bleibt sie doch als Schlussstein im RSchutzsystem[438] unentbehrl.   **80** für die Entfaltung der GrR in der ROrdnung.[439] Es kann indes nicht übersehen werden, dass die Praxis des BVerfG die Zulässigkeitsvorauss. – insbes. im Bereich von RWegerschöpfung/Subsidiarität sowie des AnnahmeVf.[440] – kaum mehr überschaubar ausdifferenziert u. zugangserschwerend handhabt.

[421] BVerfGE 7, 77 (82 f.); 103, 332 (344); 120, 82 (101).

[422] *Bethge* MSKB, Vorb. Rn. 263, § 72 Rn. 54; *E. Klein* BKK, Rn. 1138 Fn. 21; *Detterbeck,* Streitgegenstand, S. 403, 405; sehr missverständl. BVerfGE 109, 275 (278 f.): „subsidiäres Landesverfassungsgericht"; vorsichtiger BVerfGE 99, 1 (17): „der Sache nach … subsidiäres Landesverfassungsgericht".

[423] Ebenso *Bethge* MSKB, § 90 Rn. 7; *Rinken* AK GG, Art. 93 Rn. 38; *Voßkuhle* MKS III, Art. 93 Rn. 164; *Kloepfer* DVBl 2004, 678.

[424] Zu dieser Funktion *Bethge* MSKB, Vorb. Rn. 6 f., § 90 Rn. 3 f.

[425] BVerfGE 148, 267 Rn. 28.

[426] BVerfGE 2, 139 (141); ähnl. BVerfGE 29, 304 (310).

[427] Also als Nebeneffekt – betont von *Bethge* MSKB, § 90 Rn. 9; *Ruppert/Schorkopf* BDS, § 90 Rn. 4. Strikt abl. u. die VB ausschließl. als Instrument des subj. RSchutzes qualifizierend *Schlink* NJW 1984, 92 f.; dazu ausf. *Marsch* AöR 137 (2012), 592 ff.

[428] BVerfGE 33, 247 (259): „genereller Edukationseffekt" (Terminus von *Zweigert* JZ 1952, 321); 81, 278 (290).

[429] BVerfGE 33, 247 (259); 45, 63 (74); 79, 365 (367); 85, 109 (113); 94, 166 (214); 98, 218 (243); 124, 300 (318).

[430] Dazu näher *Marsch* AöR 137 (2012), 617 ff.

[431] So BVerfGE 98, 218 (242 f.) zur Rechtschreibreform; in BVerfGE 106, 210 (213) und in BVerfGE 128, 224 (225 f.) wird das öffentl. Interesse an einer Entsch. allerd. verneint. Zust. *Bethge* MSKB, § 90 Rn. 12, 124e, 447; *Löwer* HStR III, § 72 Rn. 172; (nur iE) *O. Klein* BKK, Rn. 504; *Marsch* AöR 137 (2012), 621 f.; abl. *Hillgruber/Goos,* Rn. 103b; *Schlaich/Korioth,* Rn. 58; *Wagner* NJW 1998, 2640.

[432] BVerfGE 124, 300 (318 f.); zust. *Bethge* MSKB, § 90 Rn. 124e; *Marsch* AöR 137 (2012), 621 f.; abl. *O. Klein* BKK, Rn. 515 m. Fn. 258; *Lepsius* Jura 2010, 529.

[433] BVerfGE 18, 315 (325), st. Rspr.

[434] → Art. 19 Rn. 134; *Schenke* BK, Art. 19 Abs. 4 (2009), Rn. 134; *Huber* MKS II, Art. 19 Rn. 450; *Detterbeck* (Fn. 100), Rn. 1398; *Geis* FS Schenke, 2011, S. 718; aA BVerfGE 79, 365 (367).

[435] BVerfGE 94, 166 (212 ff., insbes. 213 f.); vgl. u. Rn. 81.

[436] BVerfGE 79, 365 (367 f.).

[437] Vgl. *O. Klein* BKK, Rn. 439 f. sowie die Statistiken, Anl. S. 597 ff.; *Zuck,* Das Recht der Verfassungsbeschwer-de, 5. Aufl. 2017, Rn. 103 ff. Die Erfolgsquote wird mit 1,5–2 % errechnet, *Schlaich/Korioth,* Rn. 195.

[438] *Stern,* StaatsR III/2, S. 1291.

[439] Ebenso *Rinken* AK GG, Art. 93 Rn. 38; *Schlaich/Korioth,* Rn. 203; *Stern,* StaatsR III/2, S. 1289 ff.; *Kloepfer* DVBl 2004, 678 ff. betont die politisch-psychologische Bedeutung; ähnl. *Schorkopf* AöR 130 (2005), 493: Die VB bestimmt die Identität des BVerfG maßgebl. Anders *Pestalozza,* VerfProzR, § 12 Rn. 7, der für ihre Abschaffung plädiert. Die Kommission Entlastung des BVerfG (Hrsg. BMJ, 1997) ging von der Beibehaltung der VB aus, schlug aber eine Annahme nach Ermessen des Gerichts vor (S. 32 f., 42 ff.).

[440] Vgl. → Art. 94 Rn. 15 ff., 23 ff.

**81**    Die subjektiv-rechtl. **Effizienz** der VB ist zudem in dem Maß zurückgedrängt, in dem sie das BVerfG von der RSchutzaufgabe der Fachger. abgrenzt u. ihre **Nachträglichkeit** auch gegenüber grundrechtsverl. Vollzugsakten unterstreicht.[441] Zumindest dann, wenn schwerwiegende u. irreparable GrRechtsverl. drohen, muss dem BVerfG die Möglichk. bleiben, sie durch rechtzeitigen Erlass einstw. AO zu verhindern.[442]

**82**    **2. Zulässigkeitsfragen.** Abgesehen von Ausnahmen darf das BVerfG nur dann eine Sachentsch. treffen, wenn die ZulVorauss. der VB **innerh. der BeschwFrist**[443] erfüllt sind u. auch noch **im Zeitpunkt der bverfgerichtl. Entsch.** gegeben sind.[444]

   **BeschwFähigkeit** (PartFähigkeit): VB kann nach Art. 93 I Nr. 4a GG, § 90 I BVerfGG „jedermann" erheben, also jeder, der **Träger der in diesen Best. genannten GrR ist.** Das VfR folgt der GrRBerechtigung.[445] Das bedeutet jedenf. für Nicht-EU-Bürger die Beschränkung der BeschwFähigkeit auf den Kreis der Jedermann-GrR u. für jur. Pers. des PrivatR u. die gleichgestellten nichtrechtsf. Vereinigungen eine Beschränkung auf den Normbereich des Art. 19 III. Auch eine jur. Pers., an der der Staat Anteile hält – wenn sie nicht zu beherrschendem staatl. Einfluss führen –, ist beschwfähig.[446] Im Konkurs geht die BeschwFähigkeit auf den KonkursVw. über,[447] im Erbfall – bei finanziellen Anspr. – auf den Erben.[448] Bei jur. Pers. des öR schlagen sich in derselben Konsequenz die Probleme der GrRFähigkeit[449] in der BeschwFähigkeit nieder. Polit. Parteien können nach der abzul. Rspr. des BVerfG keine VB erheben, soweit es um Fragen ihres spezif. verfrechtl. Status aus Art. 21 geht (ausschließl. Organstr.[450] – außer der Antr. im Organstr. wäre unzul., weil gegenüber dem AntrGeg. kein VerfRVerhältnis besteht oder ein taugl. AntrGeg. fehlt[451]), ähnl. Mitgl. kommunaler Vertretungskörpersch.[452] Richtigerw. sind die Parteien stets auf die Erhebung der VB (oder Nichtanerkennungsbesch. nach Art. 93 I Nr. 4c) beschränkt (→ Rn. 47). Abgeordnete können ihre spezif. Rechte aus Art. 38 I 2 richtigerw. nur im Organstreit verteidigen.[453] Eine VB können sie nur dann erheben, wenn sie nicht primär eine Verl. ihrer StatusR aus Art. 38 I 2, die keine GrR oder grundrechtsgl. Rechte sind,[454] geltend machen, sondern sich primär auf ihre ihnen daneben zustehenden GrR berufen. Denn ein u. dieselbe staatl. Maßn. kann einen Abg. nicht nur in seinem AbgStatus aus Art. 38 I 2, sondern zugl. in seiner RStellung als natürl. Person u. damit in seinen GrR treffen.[455] Strikt abzul. ist die neuere Rspr. des BVerfG, wonach Verstöße gegen die spezif. AbgR aus Art. 38 I 2 ggf. iVm anderen Vorschr. des GG grundsätzl. im OrganstrVf. geltend zu machen seien, subsidiär aber eine VB zul. sei, wenn für einen Organstr. ein taugl. Angriffsgegenst. (wie iFe gerichtl. Entsch.) oder ein taugl. AntrGeg. fehle.[456] Die VB begründet keine subs. Allzuständigk. des BVerfG; sie ist kein Ersatz für unzul. Organstreitigk.[457] Auch bei Unterzeichnern eines Volksbegehrens im Rahmen eines larechtl. ausgestalteten GesInitiativR geht es nicht um GrRSchutz, sondern um Rechte, die auf einer bes. kompetenziellen Funktion im VerfLeben beruhen; eine VB scheidet aus.[458]

**83**    **VfFähigkeit** (Prozessfähigkeit): Regelungen über die VfFähigkeit enthält das BVerfGG nicht. Wegen der Besonderh. der VB lassen sich die Regeln des allg. ProzessR (§§ 51 ff. ZPO, 62 VwGO)

---

[441] Ausführl. BVerfGE 94, 166 (212 ff.).

[442] Ebenso abwM *Limbach, Böckenförde, Sommer,* BVerfGE 94, 166 (223 ff.).

[443] Nicht zwingend schon im Zeitpunkt der Einreichung, so aber *Hillgruber/Goos,* Rn. 86; ist eine VB im Zeitpunkt ihrer Einlegung mangels hinreichender Begründung unzul., kann die erforderl. Begründung innerh. der BeschwFrist noch nachgeholt werden, nach Fristabl. dagegen nicht mehr, BVerfGE 9, 109 (114 f.); 18, 85 (89); 109, 279 (304); BVerfG(K), 6.6.2001 – 1 BvR 859/01 – juris Rn. 3 ff.

[444] BVerfGE 106, 210 (214); BVerfG(K) NVwZ 2017, 227 Rn. 26 zum RSB (u. zu Ausnahmen); *Bethge* MSKB, § 90 Rn. 123; Ausnahmen zum RSB: BVerfGE 139, 245 Rn. 53; s. a. Rn. 46.

[445] Dazu → vor Art. 1 Rn. 70 ff.

[446] BVerfGE 115, 205 (227 f.).

[447] BVerfGE 95, 267 (299).

[448] BVerfGE 117, 302 (310).

[449] Dazu → Art. 19 Rn. 89 ff.

[450] BVerfGE 4, 27; 27, 10 (17); 111, 382 (397 ff.); 148, 11 Rn. 27; dazu bereits → Rn. 47.

[451] BVerfGE 69, 257 (265 f.); 111, 54 (80 f.).

[452] BVerfG(K) NVwZ 1994, 56; aA *Zuck* (Fn. 437), Rn. 653.

[453] BVerfGE 64, 301 (312 ff.).

[454] BVerfGE 6, 445 (448); *Bethge* MSKB, § 90 Rn. 38; *Ruppert* UCD, § 90 Rn. 68; *Hillgruber/Goos,* Rn. 122 f.; *Stern,* StaatsR I, S. 1067; *H. H. Klein* HStR III, § 51 Rn. 31; *Maurer,* StaatsR I, § 13 Rn. 70; *Möllers* JZ 2011, 50; vgl. BVerfGE 151, 191 Rn. 21: organschaftl. Stellung iSd Art. 38 I 2; aA BVerfGE 108, 251 (266 f.); 134, 141 Rn. 85; BVerfG(K) NJW 2014, 3085 Rn. 26.

[455] Erwägend, aber offen lassend BVerfGE 99, 19 (29); 118, 277 (320); 134, 141 Rn. 144; vgl. OVG Berl.-Bdbg. NVwZ-RR 2017, 126 ff.; Rn. 48.

[456] BVerfGE 108, 251 (266 ff.): Art. 38 I 2 iVm Art. 47; 134, 141 Rn. 85 f.; zust. *Hellmann,* in: Barczak, § 90 Rn. 58 f.; dageg. *Bethge* MSKB, § 90 Rn. 38, 84, 100, 449; *Detterbeck,* ÖffR, Rn. 106, 592; *Hillgruber/Goos,* Rn. 57, 122 f., s. auch Rn. 349 im Hinbl. auf BVerfG(K) NJW 2014, 3085 Rn. 26.

[457] *Bethge* MSKB, § 90 Rn. 38, 443, 449; *Hillgruber/Goos,* Rn. 123.

[458] BVerfGE 96, 231 (239 ff.).

nicht ohne weiteres übertragen,[459] sondern nur insow. entspr. heranziehen, wie der VerfProzess nichts Abweichendes verlangt. Betreute bedürfen gesetzl. Vertretung; aber im RStreit um die Betreuung selbst u. um Maßn. wie die Unterbringung sind vor dem BVerfG die Betroffenen verfahrensfähig.[460]

Bei **Minderj.** richtet sich die VfFähigkeit primär nach der (gesetzl.) **Ausgestaltung** des GrR im **84** AusgangsVf.[461] Jedenfalls dort, wo die ROrdnung Minderj. die Möglichk. zu vfrechtl. relevanten Handlungen einräumt, besteht auch im VerfProzess VfFähigkeit. In anderen Fällen kann auf die Reife u. Einsichtsfähigkeit des Minderj. abgestellt werden.[462] Im Interessenwiderstr. zw. Kind u. Eltern ist für die Führung des RStreits des Minderj. gegen einen Hoheitsakt ein Ergänzungspfleger zu bestellen.[463]

**BeschGegenstand:**[464] Zul. Gegenst. der VB sind alle rechtl. relevanten Akte der dt. u. suprana- **85** tionalen ö. Gewalt, die unmittelb. an das GG gebunden sind. Damit **scheiden** von vornherein **aus:** Akte ausländ. Hoheitsträger, Akte internat. Organisationen ohne Durchgriffswirkung auf den Einzelnen,[465] innerkirchl. Maßnahmen,[466] nichthoheitl. Vorgänge, rechtl. irrelevante Meinungsäußerungen.[467] Akte **supranation. Organisationen** iSd Art. 23 oder 24 I zählte das BVerfG ebenfalls zu den zul. BeschGegenst.[468] – mit Ausnahme der Akte, die in der innerstaatl. ROrdnung keine unmittelb. Rechtswirkung entfalten.[469] Nunmehr beschränkt es den BeschGegenstand streng auf ein Verhalten der dt. Staatsgewalt.[470] Auch unmittelb. wirkendes sekund. EU-R kann danach nur noch mittelb. Gegenst. einer VB sein. Unabh. davon sind die prozess. u. mat.-rechtl. Hürden aber besonders hoch.[471]

Akte der ö. Gewalt sind alle nach außen rechtl. wirksamen Maßnahmen. Auch **Unterlassen** der **86** drei öffentl. Gewalten kann Angriffsgegenst. sein;[472] dies belegen die §§ 92, 95 I 1 BVerfGG. Beim Unterl. von RVorschr. ist zu differenzieren. Wird geltend gemacht, der Normgeber habe eine unzureichende, lückenhafte Regelung getroffen (unechtes Unterl.), ist Angriffsgegenst. die (gesetzl. wie auch untergesetzl.) RVorschr. Nur wenn keine RVorschr. existiert (echtes Unterl.), ist das Unterl. als solches Angriffsgegenst.[473] Beim Unterl. der zweiten u. dritten Gewalt hängt die Bestimmung des Angriffsgegenst. vom Ziel des BeschFührers ab. Kann oder konnte das Ziel durch Aufhebung eines RAktes erreicht werden, ist dieser Angriffsgegenst. Ansonsten ist Angriffsgegenst. das Unterl. als solches. Die Frage, ob das Unterl. GrR des BeschFührers verletzt, ist keine Frage des BeschGegenst., sondern der BeschBefugnis[474] u. der Begründetheit der VB. Die gerichtl. nicht überprüfbaren Gnadenentsch. können auch mit der VB nicht angegriffen werden[475] – anders ihr Widerruf.[476] Richtigerw. handelt es sich bei den genannten Fällen um keine Frage des BeschGegenst., sondern der BeschBefugnis.

Zur **ö. Gewalt** iSd Abs. 1 Nr. 4a zählen alle Organe der gesgebenden, der vollziehenden u. der rspr. **87** Gewalt, also auch Gemeinden u. andere jur. Pers. des öR. BeschGegenst. können Normen aller Rangstufen sein, auch solche einer LVerf.[477] Ebenso kann jede Gerichtsentsch. mit der VB angegriffen werden, auch die eines Wahlprüfungsger. oder LVerfG.[478] Dies gilt ebenso für die Entsch. in einem ZwischenVf., sofern sie einen bleibenden rechtl. Nachteil zur Folge haben.[479] Dazu gehören unter best., an § 90 II 2 BVerfGG orientierten Vorauss. auch Entsch. über die Gewährung vorl. RSchutzes.[480]

**BeschBefugnis** (Behauptung der GrRVerletzung): Die VB bedarf der Behauptung, der Besch- **88** Führer werde vom BeschGegenst. in einem seiner GrR verletzt. Der Antr. kann sich nur auf **GrR des GG** sowie die in Abs. 1 Nr. 4a abschl. aufgezählten Normen, soweit diese subj. Rechte verbürgen,

---

[459] BVerfGE 1, 87 (88 f.).
[460] BVerfGE 10, 302 (306); 65, 317 (321).
[461] BVerfGE 28, 243 (254); ähnl. schon BVerfGE 1, 87 (89); offenb. ebenso *Bethge* MSKB, § 90 Rn. 171; aA *Hopfauf* (Fn. 139), Art. 93 Rn. 453.
[462] *Bethge* MSKB, 90 Rn. 171; *Schlaich/Korioth,* Rn. 212; auch BVerfGE 99, 145 (163).
[463] BVerfGE 107, 150 (167 f.).
[464] Die in Art. 93 I Nr. 4a gen. Rechte bilden den Prüfungsmaßstab; sie sind nicht BeschGegenst., so aber *Ruppert/Schorkopf* BDS, § 90 Rn. 98.
[465] BVerfG(K) NJW 2006, 2908.
[466] BVerfGE 18, 385 (386); anders aber zu kirchl. Steuerbesch. BVerfGE 19, 288 (289).
[467] BVerfGE 2, 237 (244); 37, 57 (61), st. Rspr.
[468] Zum sekund. EU-R: BVerfGE 89, 155 (174 f.); 102, 147 (164); 123, 267 (335); BVerfGK 17, 266 (269 f.): „Grundsatz der Angreifbarkeit supranationaler Hoheitsakte mit der Verfassungsbeschwerde" (bb); NJW 2001, 2705.
[469] BVerfG(K) NVwZ 2006, 1403.
[470] BVerfGE 142, 123 Rn. 97 ff.; BVerfG(K), 25.4.2019 – 2 BvR 1728/16 – juris Rn. 5; näher Rn. 26.
[471] Näher zum Ganzen mwN Rn. 26 ff.
[472] *Hellmann* (Fn. 456), § 90 Rn. 128 ff. mwN.
[473] BVerfGE 56, 54 (71); BVerfG(K) NVwZ 2018, 1635 Rn. 8 mwN; *Hellmann* (Fn. 456), § 90 Rn. 129.
[474] Dazu Rn. 90.
[475] BVerfG(K) NJW 2001, 3771.
[476] BVerfGE 30, 108 (110).
[477] BVerfGE 41, 65 (76).
[478] BVerfGE 34, 81 (94 ff.); BVerfG(K) NVwZ 2005, 205; dazu bereits → Rn. 21.
[479] Z. B. Haftbefehl, Durchsuchungsbefehl, Beschlagnahme, vgl. BVerfGE 1, 322 (324 f.); 24, 56 (61); 58, 1 (23); ferner Verweigerung der Aktenvorlage, BVerfGE 101, 106 (120) – „in camera"-Verfahren.
[480] BVerfGE 86, 15 (22); dazu → Art. 94 Rn. 20.

beziehen, **nicht** auch auf eine LVerf.[481] oder unmittelb. die EMRK,[482] auch nicht über Art. 25,[483] nicht auf die Verl. von EU-R,[484] auch nicht über Art. 23 I[485] – das BVerfG kann aber EU-rechtl. Vorgaben bei der Auslegung von VerfR berücksichtigen[486] –, ferner nicht isoliert auf obj.VerfR. Die neue Rspr. des BVerfG, nach der es dt. RAkte unter best. Vorauss. unmittelb. am Maßstab der EU-GrR kontrolliert, überschreitet die grundgesetzl. u. einfachgesetzl. gezogenen Kompetenzgrenzen des BVerfG (näher → Rn. 27b).

89 IVm dem zul. Vortrag, in einem GrR verletzt zu sein, kann allerd. seit dem Elfes-Urt.[487] auch der Verstoß gegen obj. VerfR gerügt werden.[488] Macht ein BeschFührer eine Verl. der Rechte aus Art. 38 I 1 geltend, so kann er wegen des untrennbaren Zusammenh. zugl. die Grundgedanken des Demokratiepr. in die Rüge mit einbeziehen (näher → Rn. 27)[489] – eine gekünstelte Konstruktion, die mit dem Wesen der VB als ein ausschließl. dem GrRSchutz dienendes Vf. schwerl. vereinbar erscheint.[490] Zutr. hingegen geht die Rspr. davon aus, dass eine fehlende Rügefähigkeit der WahlRGrds. des Art. 28 I 2 für LT-Wahlen nicht durch Rückgriff auf den allg. Gleichheitssatz (Art. 3 I) substituiert werden kann.[491] IRe zul. erhobenen VB zieht das BVerfG gelegentl. als Prüfungsmaßstab nicht nur weitere, vom BeschFührer nicht genannte GrR heran,[492] sondern darüber hinaus jeden weiteren in Betracht kommenden verfrechtl. Gesichtspunkt.[493]

90 Der Rügevortrag muss **substanziiert** sein u. die behauptete GrRVerletzung **mögl.** erscheinen lassen. Wird der Schutzbereich eines als verletzt gerügten GrR nicht berührt, ist die VB unzul.[494] IÜ gelten strenge Substanziierungsanford.[495] Besonders strenge Anford. gelten, wenn die Verletzung grundrechtl. **Schutzpflichten** behauptet wird – gleichviel durch welche öffentl. Gewalt. Der Besch-Führer muss insoweit substanziiert darlegen, dass eine grundrechtl. Schutzpflicht als solche besteht u. dass Schutzvorkehrungen überhaupt nicht getroffen worden sind oder dass getroffene Regelungen oder Maßnahmen offensichtl. ungeeignet oder völlig unzulängl. sind.[496] Wenn iFd Unterlassung keine grundrechtl. Schutzpflichten in Rede stehen, gelten die übl. strengen Substanziierungsanforderungen.[497] Das zu § 42 II VwGO entwickelte Grobraster ist nicht übertragbar. Das gilt vor allem für VB gegen gerichtl. Entsch. (kurz: UrteilsVB).[498] Sie bilden die bei weitem größte Zahl der VB. Verstöße der Fachger. gegen **einfaches Recht** werden nicht in Anwendung der Elfes-Konstruktion schematisch zu GrRVerstößen hochgezont. Das BVerfG ist keine Superrevisionsinstanz. Deshalb prüft es zu Recht nur, ob die angegriffene gerichtl. Entsch. **in spezif. Weise gegen GrR verstößt** (sog. Heck'sche Formel der Verletzung spezif. VerfR).[499] Ausgehend von der bverfgerichtl. Rspr. u. den in der Lit. entwickelten Vorschlägen[500] bieten sich folgende Fallgruppen spezif. GrRVerst. an:

1. Das Fachger. hat ein im konkr. Fall einschläg. GrR entweder völlig außer Acht gelassen oder seine Bedeutung u. Tragweite grundl. verkannt; die fachgerichtl. Fehler müssen zudem in ihrer mat. Bedeutung für den RFall von einigem Gewicht sein.[501] Hierzu gehört auch die grundrechtsrelevante Überschreitung der Grenzen richterl. RFortbildung.[502]

---

[481] BVerfGE 41, 88 (118 ff.).

[482] BVerfGE 74, 102 (128); 74, 358 (370); mittelb. aber schon, → Rn. 28 ff.

[483] BVerfG(K) NJW 2005, 1567.

[484] BVerfGE 82, 159 (191); 110, 141 (154 f.); 115, 276 (299 f.); aA unter best. Vorauss. BVerfGE 152, 216 Rn. 32, 42 ff., 50 ff. – dazu strikt abl. → Rn. 27b; *Griebel* DVBl 2014, 204 ff.; *ders.* FS Bohl 2015, S. 332, 335 (speziell zu den EU-GrR unter Hinweis auf die vom BVerfG praktizierte Einbeziehung der EMRK); *Frenz* VerwArch 101 (2010), 162 ff., 168 f.; sympathisierend *Lerche* FS Schmitt Glaeser, 2003, S. 51.

[485] BVerfGE 136, 69 Rn. 43 zu Art. 93 I Nr. 2; → Rn. 57.

[486] BVerfGE 139, 19 Rn. 61 ff. (als Verstärkung verfrechtl. Erfordernisse); → Rn. 27a.

[487] BVerfGE 6, 32; vgl. → Art. 2 Rn. 89, 101.

[488] BVerfGE 101, 297 (305 ff.): Art. 76 f.; BVerfGE 115, 25 (41 ff.): Sozialstaatsprinzip.

[489] BVerfGE 89, 155 (170 ff., 181 ff.); EuZW 2020, 324 Rn. 96, 134 ff.; wN in Fn. 195, 197, 198, 199.

[490] Krit. auch *Bethge* MSKB, § 90 Rn. 45; *König/Langenfeld/Maidowski* EuZW 2020, 332 ff.

[491] BVerfGE 99, 1 (7 ff.).

[492] Z. B. BVerfGE 71, 202 (204); 108, 370 (376, 403); anders BVerfGE 82, 6 (11); 85, 1 (11); vgl. *Görisch/Hartmann* NVwZ 2007, 1007.

[493] BVerfGE 42, 312 (325 f.); 76, 1 (74); 99, 100 (119); 102, 370 (384); krit. *Bethge* MSKB, § 90 Vorb. Rn. 148.

[494] BVerfGE 110, 274 (287 ff.).

[495] Rn. 97; näher *O. Klein* BKK, Rn. 596 ff.

[496] BVerfGE 77, 170 (212 ff.) – C-Waffen; 79, 179 (202) – Straßenverkehrslärm; NJW 1998, 3265 – Waldschäden; NJW 1998, 2961 f. – Nichtraucherschutz; BVerfG(K) NVwZ 2013, 502 – WaffenR; NVwZ 2016, 841 – Pflegenotstand; NJW 2018, 2312 Rn. 32 – Atomwaffen.

[497] Vgl. BVerfGE 129, 124 (176); 142, 123 Rn. 94.

[498] Dazu näher *Detterbeck* AöR 136 (2011), 224 ff.; *Schenke* FS E. Klein, 2013, S. 453 ff.

[499] Seit BVerfGE 18, 85 (92 f.) – geprägt vom Berichterstatter *Heck*, Richter des BVerfG 1954–1965.

[500] Sehr ausf. *Lechner/Zuck*, Einl. Rn. 89 ff., § 90 Rn. 97 ff.; außerdem *Schlaich/Korioth*, Rn. 292 ff.; *Hillgruber/Goos*, Rn. 182 ff.; *Alleweldt* (Fn. 64), S. 169 ff.; *Korioth* (Fn. 64), S. 58 ff.

[501] BVerfGE 30, 173 (197); 95, 28 (37); 99, 145 (160); 100, 214 (222); 101, 361 (388 f.); 103, 89 (100); 107, 104 (129 f.); 107, 275 (280 f.); 112, 93 (108).

[502] BVerfGE 96, 375 (398 f.); 128, 193 (210 f.); 132, 99 Rn. 73 ff.; für eine eigene Fallgruppe *Bethge* MSKB, § 90 Rn. 316a; *Korioth* (Fn. 64), S. 67 f.

2. Die fachgerichtl. Entsch. führt zu einer unverhältnism. GrRBeschränkung.[503]
3. Die fachgerichtl. Entsch. ist einfachrechtl. vollkommen unhaltbar u. damit iE willkürl.[504] Dann ist das Willkürverbot des Art. 3 I verletzt.

Das BVerfG stellt ergänzend auf die grundrechtl. Bedeutung der fachgerichtl. Entsch. ab. Je gewichtiger die Entsch. für die Grrechtsausübung des nachteilig Betroffenen ist, je intensiver sie in seine GrR eingreift, desto schneller schlägt eine Missachtung einfachen Rechts in einen GrRVerstoß um u. desto genauer u. intensiver überprüft das BVerfG die Anwendung u. Auslegung des einfachen Rechts durch das Fachger.[505] Diese Rspr. hat insbes. dort zur konkr. Nachprüfung auch der Sachverhaltsfestst. geführt, wo Tatsachenfestst., Tatsachenbewertung u. Normauslegung untrennbar verbunden sind, insbes. im Normbereich der Kunst- u. Meinungsfreiheit,[506] im Spannungsfeld von allgem. PersönlichkeitsR u. Pressefreiheit[507] sowie allg. im StrafR.[508]

Eine gewisse Sonderstellung nehmen die **Justizgrundrechte** u. hier vor allem Art. 103 I ein. Die Rüge der Verl. des GehörsR gehört zum Standardprogramm von UrteilsVB u. damit auch zum verfgerichtl. Tagesgeschäft. In einer Reihe von Entsch. hat das BVerfG die einfachgesetzl. VfRegelungen u. die JustizGrR als deckungsgleich behandelt.[509] Jeder Verstoß gegen einfaches ProzessR geriet dadurch zur Verl. eines JustizGrR.[510] Um nicht als Superrevisionsinstanz fungieren zu müssen, stellt das BVerfG in anderen Entsch. darauf ab, ob das Fachger. gegen die verfrechtl. zwingend gebotene Kernsubstanz, dh gegen den „spezifisch verfassungsrechtlichen Gehalt des einfachen Gesetzesrechts"[511] verstoßen hat.[512] Dieser Rspr. ist grds. zuzustimmen.[513] Die Verzahnung zwischen einfachem ProzessR u. den JustizGrR ist tendenziell enger als zw. mat. Recht u. den GrR. Deshalb ist es geboten, Auslegung u. Anwendung des einfachen ProzessR verfgerichtl. strenger zu kontrollieren, als dies ansonsten der Fall ist. Diese gesteigerte GrRRelevanz des einfachen ProzessR gebietet folgende Verknüpfung des verfgerichtl. Prüfungsmaßstabes: Das entspr. ProzessGrR, insbes. Art. 103 I, ist bereits dann verletzt, wenn die fachgerichtl. Auslegung u. Anwendung des einfachen ProzessR **offenkundig unrichtig** ist.[514] Das ist nicht schon bei jeder im Ergebnis unstr. fehlerhaften Anwendung des einfachen ProzessR der Fall.[515]

In folgenden beiden Fällen gilt die Formel der Verletzung spezif. VerfassungsR nicht: Wenn das Fachger. GrR tatsächl. auslegt u. anwendet, ist die Prüfungsintensität des BVerfG insow. unbeschränkt.[516] Gleiches gilt für die bverfgerichtl. Überprüfung von RVorschriften (formelle Ges. u. untergesetzl. Vorschr.), wenn mit der VB geltend gemacht wird, eine gerichtl. (u. behördl.) Entsch. sei desh. grundrechtsw., weil sie zu Unrecht die VerfMäßigkeit eines Ges. angenommen habe.[517] Denn die Überprüfung von RVorschriften am Maßstab des VerfR ist eine spezif. Aufgabe des BVerfG. Das Erfordernis der Verl. spezif. VerfR ist nicht erst ein Aspekt der Begründetheit der VB,[518] sondern bereits ihrer Zulässigk.[519] Wenn die angegriffene Entsch. nur unter ganz spezif. Vorauss. gegen GrR verstößt, muss die Möglichkeit, dass diese Vorauss. erfüllt sind, auch substanziiert vorgetragen werden.

**Betroffensein:** Zentrales Element der BeschBefugnis ist, dass der BeschFührer durch den Angriffs- **91** gegenst. in besonderer Weise betroffen, dh beschwert ist. Aus dem Vortrag des BeschFührers muss sich ergeben, dass er vom angegr. Hoheitsakt **selbst, gegenwärtig u. unmittelbar betroffen** ist.[520] Dieses Erfordernis gilt es vor allem bei RSatzVB zu beachten.

---

[503] Das BVerfG behandelt diese Fälle als Untergruppe der ersten Fallgruppe, BVerfGE 85, 248 (258); 97, 12 (27); 111, 336 (373, 380 f.).

[504] BVerfGE 62, 338 (343); 83, 82 (84); 87, 273 (278 f.); BVerfG(K) NJW 2009, 3293 Rn. 13; abl. *Korioth* (Fn. 64), S. 72 f.; *Kenntner* DÖV 2005, 277 f.

[505] Deutl. seit BVerfGE 42, 143 (149); so auch BVerfG(K) NJW 2013, 3774 Rn. 13; NVwZ-RR 2014, 1 f.; NJW 2014, 291 Rn. 15; dazu *Korioth* (Fn. 64), S. 70 f.; krit. *Isensee* FS Kloepfer, 2013, S. 51; *Kenntner* DÖV 2005, 274 ff.

[506] BVerfGE 43, 130 (136); 54, 208 (215); 82, 272 (281); 83, 130 (145 f.); 86, 122 (129); 90, 255 (259 ff.); 102, 347 (359 f.); 107, 275 (280 ff.).

[507] Vgl. BVerfGE 101, 361 (386 ff.); BVerfG(K) NJW 2005, 3271.

[508] BVerfGE 85, 1 (14); so auch die beschwerdestattgebende quasi-revisionsinstanzl. Entsch. BVerfG(K) NJW 2013, 3228 im Fall *Mollath*.

[509] S. nur BVerfGE 50, 32 (36); 65, 305 (307); BVerfG(K) NJW 2009, 1585 Rn. 21 ff.; 15.3.2006 BeckRS 2006, 21932 (sub III 2 aE).

[510] BVerfGE 17, 265 (268); 18, 380 (383 f.); 34, 157 (159 f.); 60, 313 (317); 63, 80 (86 ff.); 64, 203 (206 f.); 64, 224 (227); BVerfG(K) NJW 2009, 1585 Rn. 21 ff.; grundsätzl. zust. *O. Klein/Sennekamp* NJW 2007, 947.

[511] *Fleury*, VerfProzR, Rn. 310.

[512] BVerfGE 60, 305 (310 f.); 69, 126 (138 f.); 74, 228 (233); 75, 302 (309 ff.); 81, 97 (105); 87, 282 (284 f.).

[513] Ebenso *Isensee* FS Kloepfer, 2013, S. 56; abl. *Kenntner* DÖV 2005, 276.

[514] Insow. auch BVerfGE 69, 145 (149); 75, 302 (312); vgl. auch BVerfGK 11, 13 (18); 14, 439 (443); für größere Fehlertoleranz hinsichtl. der einfachgesetzl. gerichtl. Zuständigkeitsregelung u. Art. 101 I 2 BVerfGE 147, 364 Rn. 39; diff. *Lechner/Zuck*, Einl. Rn. 100.

[515] BVerfG(K), 22.9.2009 – 1 BvR 1822/08 – juris Rn. 7.

[516] BVerfGE 108, 282 (294 f.); vgl. auch BVerfG(K) NJW 2011, 47 Rn. 19 ff.

[517] *Benda*, in: Benda/Klein, VerfProzR, 2. Aufl. 2001, Rn. 653; *Schlaich/Korioth*, Rn. 326 f.

[518] So aber *Schlaich/Korioth*, Rn. 281.

[519] BVerfGK 11, 203 (206); *Lechner/Zuck*, Einl. Rn. 103; *O. Klein* BKK, Rn. 481; *Detterbeck* AöR 136 (2011), 236 f.; *O. Klein/Sennekamp* NJW 2007, 952 f.

[520] BVerfGE 1, 97 (101), st. Rspr.

**92**   **Selbst:** Nur der RInhaber selbst kann VB erheben.[521] So kann eine Organisation nicht die Interessen ihrer Mitgl. mit einer eigenen VB verfolgen[522] u. umgekehrt.[523] Bei Normen, die einen anderen Personenkreis als Adressaten haben, bejaht das Ger. rechtl. Betroffenheit des BeschFührers, wenn eine hinreichend enge Beziehung zwischen dessen GrRPosition u. der Norm besteht.[524] Nicht ausr. ist eine nur fakt. Betroffenheit, die sich auch nach Maßgabe des weiten Begriffs des GrREingriffs als bloßer RReflex darstellt.[525] Dieses Erfordernis ausreichender unmittelb. grundrechtl. Betroffenheit ist vom vollzugsaktbezogenen Unmittelbarkeitskrit. (Rn. 94) zu unterscheiden.[526] Die Grenze ist aber fließend.

**93**   **Gegenwärtig:** Die behauptete GrRVerletzung muss schon im Zeitpunkt der Einlegung der VB (aktuell) vorliegen, nicht (virtuell) irgendwann in der Zukunft; anders, wenn die künftige Auswirkung auf den BeschFührer gewiss ist.[527] Ebenso reicht aus, dass ein Ges. den Normadressaten bereits jetzt zu später nicht mehr korrigierbaren Dispositionen veranlasst.[528] Gegen VertragsG kann, wie in Normenkontrollverfahren, schon vor Verkündung VB erhoben werden.[529] Bei **erledigten** Einzelakten ergibt sich gegenw. Beschwer bei Wiederholungsgefahr u. bei diskriminierendem Charakter der Maßnahme,[530] bei besond. Relevanz des GrREingriffs auch dann, wenn vor Erledigung RSchutz vor dem BVerfG nicht zu erlangen war[531] oder andernfalls die Klärung einer verfrechtl. Frage von grds. Bedeutung unterbliebe.[532] Das RSB entfällt also regelm. nicht, wenn durch Vollzug des angegriffenen Hoheitsakts das grundrechtsbeschädigende Ereignis tatsächl. eingetreten ist, vor allem nicht, wenn es sich um Eingriffe handelt, die nach dem GG unter Richtervorbehalt stehen.[533] In vergleichbarer Weise verpflichtet das BVerfG die Fachger. zu nachträgl. RSchutz trotz Erledigung bei (tiefgreifendem u.) typischerweise kurzfristig erledigtem GrREingriff, insbes. bei Freiheitsentziehung oder Durchsuchungen von Wohn- oder Redaktionsräumen (→ Rn. 18). Letztendl. kann VB wegen Verstoßes gegen Art. 19 IV erhoben werden.[534]

**94**   **Unmittelbar:** Das Erfordernis der unmittelb. Betroffenheit des BeschFührers ist insbes. bei RSatzVB relevant. Der BeschFührer ist durch einen RSatz jedenfalls dann unmittelb. betroffen, wenn er sich direkt, dh ohne weiteren Ausführungsakt, der den RSatz erst umsetzt, auf seine GrR auswirkt.[535] Als Ausführungsakte kommen vor allem VA in Betracht, aber auch untergesetzl. RNormen wie RVO u. Satzungen. Gegen diese Ausführungsakte kann idR fachgerichtl. RSchutz in Anspruch genommen werden. Bleibt er erfolglos, besteht zumindest noch die Möglichk. der UrteilsVB.

**95**   ZT lehnt das BVerfG schon dann (idR) unmittelb. Betroffenheit ab, wenn das Ges. selbst besondere Vollzugsakte vorsieht oder wenn solche Vollzugsakte in der VwPraxis ergehen;[536] dies selbst dann, wenn das Ges. der vollziehenden Vw. keinen EntschSpielraum belässt.[537] Die bverfgerichtl. Rspr. ist allerd. schwankend. Ganz überw. wird das Krit. der unmittelb. Betroffenheit wie folgt **flexibel** gehandhabt:[539] Sieht ein Ges. Ausführungsakte vor oder sind Ausführungsakte mögl., ist dies nur ein **Indiz** dafür, dass der BeschFührer durch das Ges. nicht unmittelb. betroffen ist.[540] Dieses Indiz kann entkräftet werden. Zwingt das Ges. den BeschFührer schon vor Ergehen der Ausführungsakte zu (rechtl. oder wirtschaftl.) Dispositionen, die später nicht oder nur sehr schwer zu korrigieren sind, oder ist die Verweisung auf die Inanspruchnahme fachgerichtl. RSchutzes aus anderen Gründen unzumutbar, betrifft das Ges. den BeschFührer trotz vorgesehener oder mögl. Ausführungsakte gleichwohl unmittelb.[541] Dies gilt in verstärktem Maße, wenn die angegriffene Norm keinen Auslegungs- u.

---

[521] Zu Fragen einer grundsätzl. nicht zul. Prozessstandsch. vgl. *Cornils* AöR 125 (2000), 45; *Lechner/Zuck*, § 90 Rn. 65 ff.; zur Fortführung des RStreits durch Erben vgl. Rn. 82.
[522] BVerfGE 2, 292 (294); 11, 30 (35); 13, 54 (89 f.); 16, 147 (158).
[523] BVerfGE 44, 353 (366 f.).
[524] Vgl. BVerfGE 13, 230 (232 f.); 108, 370 (384).
[525] Dazu näher → vor Art. 1 Rn. 83 ff.
[526] S. auch *Schlaich/Korioth*, Rn. 242.
[527] BVerfGE 50, 290 (321); 140, 42 Rn. 58 f.; vgl. auch BVerfGE 72, 1 (5 ff.).
[528] BVerfGE 60, 360 (372 f.); 75, 256 (263).
[529] BVerfGE 24, 33 (52 f.); 140, 42 Rn. 59.
[530] BVerfGE 104, 220 (234 f.); BVerfG(K) NJW 2006, 40 (41).
[531] BVerfGE 91, 125 (133) mwN; 139, 245 Rn. 53; ebenso BVerfG(K) NVwZ 2017, 227 Rn. 26 zum RSB, aber ohne das Erfordernis bes. Grundrechtsrelevanz.
[532] BVerfGE 100, 104 (124 f.); 119, 309 (317 f.).
[533] BVerfGE 9, 89 (93 f.); 94, 166 (220); 115, 166 (181);116, 69 (79 f.).
[534] BVerfGE 104, 220 (230 f.); BVerfG(K) NJW 2002, 2699 und 2700.
[535] BVerfGE 110, 141 (152) – st. Rspr.; viele N. bei *Kleine-Cosack* (Fn. 86), Rn. 561 Fn. 649.
[536] BVerfGE 1, 97 (102 f.); 68, 287 (300); BVerfGK 15, 421 (423 f.).
[537] BVerfGE 72, 39 (43 f.) unter Hinw. auf hiervon abw. Entscheidung.
[538] Dazu die Auflistung von *Zuck* (Fn. 437), Rn. 704 ff.
[539] Dazu die Einschätzung von *Schlaich/Korioth*, Rn. 240.
[540] So nahezu wörtl. BVerfGE 70, 35 (51); 71, 305 (335); 73, 40 (68); 90, 128 (136); 140, 42 Rn. 64; der Sache nach auch BVerfGE 75, 246 (262 f.); 97, 157 (164); 102, 197 (207, 209); 109, 279 (306 f.); 115, 118 (137); ebenso *Bethge* MSKB, § 90 Rn. 372 m. Rn. 373b; *Hillgruber/Goos*, Rn. 204 f.
[541] BVerfGE 140, 42 Rn. 64; dazu BVerfGE 65, 1 (36 f.); 70, 35 (51–53); 72, 39 (44); 73, 40 (68 f.); 75, 246 (262 f.); 90, 128 (136); 97, 157 (164); 100, 313 (354); 102, 197 (207, 209); 109, 279 (306 f.); 110, 370 (382); 115, 118 (137); 125, 260 (305); BVerfGK 11, 337 (347 f.); NVwZ 2003, 1249.

EntschSpielraum belässt.[542] Ebenfalls dazu gehört der Fall, dass der BeschFührer von einem gegen ihn gerichteten Vollzugsakt nichts erfährt oder erst sehr spät informiert wird u. dass er mit einiger Wahrscheinlichkeit von Vollzugsakten betroffen sein wird; so verhält es sich vor allem, wenn das Ges. oder die Vollzugsmaßnahmen eine große Streubreite haben.[543] Daneben gibt es aber auch noch viele andere Fallkonstellationen.[544] Ist ein Ges. straf- oder bußgeldbewehrt, ist die Verhängung einer Strafe oder eines Bußgeldes kein Vollzugsakt, der die gesetzl. Beschwer erst umsetzt u. der Annahme von unmittelb. Beschwer entgegenstehen könnte. Denn die Strafe oder das Bußgeld setzen das gesetzl. Ge- oder Verbot nicht im Einzelfall um, sondern sanktionieren die Missachtung des Ges. Aber auch wenn ein Ges. den BeschFührer nach alldem unmittelb. betrifft, kann die Zulässigk. der VB immer noch am Grds. ihrer Subsid. scheitern.[545] Durch die Flexibilisierung u. Aufweichung des Unmittelbarkeitserfordernisses durch Zumutbarkeitserwägungen hat es seine Bedeutung als eigenst., wichtiger Aspekt der BeschBefugnis verloren. Die dem Unmittelbarkeitskrit. zugedachte Funktion wird vollst. vom Gebot der RWegerschöpfung des § 90 II BVerfGG u. dem eng mit ihm zusammenh. SubsidGrds. erfüllt.[546]

**RWegerschöpfung/Subsidiarität:** Zu den Zulässigkeitsvorauss. der RWegerschöpfung gem. **96** § 90 II BVerfGG sowie des Grds. der Subsid. → Art. 94 Rn. 15 ff., 20 ff.

**Form, Frist:** Zur Begründung des schriftl. Antrags (§ 23 I BVerfGG) gehört nach § 92 BVerfGG **97** die Angabe des GrR,[547] dessen Verl. der BeschFührer behauptet, sowie des angegr. Hoheitsakts. Angefochtene Gerichtsentsch. müssen entweder innerh. der Frist vorgelegt oder in ihrem wesentl. Inhalt mitgeteilt werden.[548] Die Verletzung muss substanziiert dargelegt werden.[549] Das BVerfG verlangt auch für nicht grundrechtsbezogene Rügen (obj. VerfNormen betreffend) substanziierten Vortrag.[550] Vertretungszwang besteht nicht (anders in der mündl. Verhandlung: § 22 I 1 HS 2 BVerfGG).

Die **Frist** beträgt bei VB gegen gerichtl. u. behördl. Entsch. einen Monat ab Zustellung oder **98** Bekanntgabe (§ 93 I BVerfGG) bzw. – für NichtVfBet. – ab Kenntnis.[551] Ein offensichtl. unzul. RM beeinflusst den Ablauf der Frist nicht.[552] Bei Unterl. als Gegenst. der VB läuft regelm. keine Frist;[553] anders bei der Rüge nur unvollst. Regelung.[554] Wiedereinsetzung ist seit 1993 mögl. (§ 93 II BVerfGG). Bei Ges., auch solche im nur mat. Sinn wie RVO u. Satzung,[555] gilt eine BeschFrist von einem Jahr nach Inkrafttreten (§ 93 III BVerfGG). Sind aufgr. eines Ges. Ausführungsakte (insbesondere VA, RVO, Satzungen) mögl. u. ist der BeschFührer desh. durch das Ges. nicht unmittelb. betroffen, beginnt im Falle einer erfolglosen RWegerschöpfung gegen den Ausführungsakt die Besch-Frist des § 93 III BVerfGG für eine VB gegen ein Ges. nicht erneut zu laufen.[556] Hinzu kommt, dass der BeschFührer auch nach erfolgloser RWegerschöpfung gegen den Ausführungsakt durch die ihm zugrundeliegende RVorschrift nicht unmittelb. betroffen ist. Aber auch wenn das Ges. den BeschFührer unmittelb. betrifft u. eine RSatzVB am Grds. der allg. Subsid. der VB scheitert,[557] läuft die Jahresfrist nach erfolglosem Abschluss des fachgerichtl. Vf. für eine nunmehr grds. mögl. RSatzVB in aller Regel nicht erneut.[558] Ist die Jahresfrist – wie zumeist – abgelaufen, kann nur noch UrteilsVB erhoben werden. Die Frist des § 93 III BVerfGG für eine RSatzVB gegen eine **untergesetzl.** Norm beginnt auch nicht erneut zu laufen, wenn ein NormenkontrollVf. nach § 47 VwGO erfolglos durchgeführt wurde. Ist die Jahresfrist des § 93 III BVerfGG abgelaufen – wie im Regelfall –, ist auch hier nur noch eine UrteilsVB innerh. der Monatsfrist des § 93 I BVerfGG mögl. – einschließl. inzidenter NK u. Entsch. nach § 95 III 2 BVerfGG.[559] Eine Ausnahme von diesem Grds. gilt nur in

---

[542] BVerfGE 140, 42 Rn. 64.

[543] BVerfGE 125, 260 (305); ebenso, allerd. zum Erfordernis der eigenen und gegenwärtigen Betroffenheit BVerfGE 109, 279 (307 f.); 113, 348 (363); 120, 378 (396 f.).

[544] Dazu *Bethge* MSKB, § 90 Rn. 373b ff.; *Schlaich/Korioth,* Rn. 240.

[545] BVerfGE 69, 122 (125); 74, 69 (74); dazu näher → Art. 94 Rn. 20.

[546] *Schenke* NJW 1986, 1459 f.; ausführl. *ders.* FS Steiner, 2009, S. 688 ff., 701 ff.; zust. *Lechner/Zuck,* § 90 Rn. 131; *Detterbeck* DÖV 1990, 564; so verfährt auch BVerfG(K) NVwZ 2013, 423, wenn es die Zul. einer VB gegen ein form. Gesetz, das behördl. Vollzugsakte vorsieht, nicht an der fehlenden unmittelbaren Betroffenheit des Besch-Führers, sondern am Grds. der allg. Subs. der VB scheitern lässt.

[547] Nicht notw. des Artikels, BVerfGE 91, 176 (181).

[548] Zusammenf. BVerfG(K) NJW 2002, 955; *Seyfarth* ZRP 2000, 272.

[549] St. Rspr., vgl. BVerfGE 89, 155 (171 ff.); 99, 84 (87); dazu *Lübbe-Wolff* EuGRZ 2004, 676 ff.

[550] BVerfGE 115, 118 (135 f.); krit. *Schenke* NJW 2006, 736 f.

[551] BVerfGE 99, 145 (155 f.).

[552] → Art. 94 Rn. 18; vgl. BVerfGE 150, 309 Rn. 48.

[553] BVerfG(K) NJW 1997, 2811 (2812); NJW 1999, 2582 f.

[554] BVerfG(K) NVwZ 1999, 175.

[555] BVerfGE 107, 1 (8); 131, 66 (78); *Hömig* MSKB, § 93 Rn. 72 mwN.

[556] *Detterbeck* FS Chr. Wagner, 2013, S. 278 ff. mN; hiervon ausg. auch *Hömig* MSKB, § 93 Rn. 73; *Barczak* DVBl 2019, 1047; zumindest sehr missverständl. BVerfGK 11, 337 (348); diese Fristaussage gilt richtigerw. nur für NKVf. nach § 47 VwGO u. anschl. **kommunale** VB gegen die erfolglos angegriffene Rechtsnorm.

[557] Dazu → Art. 94 Rn. 20.

[558] BVerfGE 150, 309 Rn. 47 f.; *Detterbeck* FS Chr. Wagner, 2013, S. 279 f.

[559] *W.-R. Schenke,* in: Kopp/Schenke, VwGO, 26. Aufl. 2020, § 47 Rn. 86; *Sachs,* VerfProzR, Rn. 592 f.; *Detterbeck* FS Chr. Wagner, 2013, S. 278 ff.; *Schenke* FS Steiner, 2009, S. 722 f.; *Gröpl* NVwZ 1999, 968; so auch die

folgendem Fall: Der BeschFührer legt gegen das Ges. aus SubsidGründen keine VB ein, sondern ergreift zunächst einen fachgerichtl. RB. Dieser wird als unstatthaft oder aus anderen Gründen als unzul. zurückgewiesen. Hat der RBFührer die Unzul. des RB nicht zu vertreten – insbes. wenn er aus SubsGründen gehalten war, einen RB einzulegen, dessen Zul. zweifelhaft ist[560] –, darf ihm ein mittlerweile eingetretener Ablauf der Jahresfrist (§ 93 III BVerfGG) für eine RSatzVB nicht zum Nachteil gereichen. Vielmehr kann dann nach einer neuen bverfgerichtl. Entsch. innerh. der **Monatsfrist** des § 93 I 1 BVerfGG – bezogen auf die abschl. fachgerichtl. Entsch. – RSatzVB erhoben werden.[561] Richtigerw. beginnt in diesen Ausnahmefällen die **Jahresfrist** des § 93 III BVerfG erneut zu laufen.[562] Denn die nachfolgende VB ist eine RSatzVB, für die nicht § 93 I BVerfGG, sondern § 93 III BVerfGG gilt. Zu beachten ist: Das Hinausschieben der Frist für eine nachfolgende RSatzVB setzt voraus, dass der fachgerichtl. RB, auch wenn dieser ansonsten nicht fristgebunden ist, innerh. der Jahresfrist des § 93 III BVerfGG eingelegt wurde.[563] Außerdem muss der fachgerichtliche RB aus Gründen, die der BeschFührer nicht zu vertreten hat, als **unzul.** abgewiesen worden sein u. desh. eine nachfolgende UrtVB, mit der inzident die VerfWidrigkeit des zugrundeliegenden Ges. gerügt werden kann, nicht mehr mögl. ist.[564] Ein freies WahlR, nach Abschluss des fachgerichtl. Vf. entweder UrtVB oder fristverlängerte RSatzVB zu erheben, besteht gerade nicht.[565] Für die Berechnung der Fristen des § 93 BVerfGG sind die §§ 187 ff. BGB heranzuziehen.[566] Besonderh. gelten für VB bei GesÄnderungen.[567]

**99**    **3. Entscheidung.** Bei **Urteils**VB hebt die stattgebende Entsch. – auch der Kammer, § 93c BVerfGG – die angegriffene Gerichtsentsch. einschließl. bestätigender RMEntsch.[568] auf u. verweist die Sache an die zust. Instanz zurück (§ 95 II BVerfGG), also an das Ger., das die verfwidrige Entsch. erlassen hat. Hatte sich die Gerichtsentsch. schon vorher **erledigt,** beschränkt sich das BVerfG regelm. auf die Festst. der GrRVerl. gem. § 95 I 1 BVerfGG.[569] Eine erfolgreiche VB gegen eine **Norm** führt idR zur Nichtigerkl., ebenso, wenn eine angefochtene Gerichtsentsch. auf einer verfwidrigen Norm beruht (§ 95 III BVerfGG).[570] Trotz verfwidriger Norm kann eine darauf beruhende Gerichtsentsch. Bestand haben, wenn die für verfwidrig erklärte Regelung übergangsw. anwendbar bleibt.[571]

## VII. Kommunale Verfassungsbeschwerde (Abs. 1 Nr. 4b iVm §§ 13 Nr. 8a, 90 II– 95 BVerfGG)

**100**    **1. Allgemeines.** Die meisten VfVorschriften der §§ 90 ff. BVerfGG gelten auch für die komm. VB, auch diejenigen über das AnnahmeVf.[572] Neben Elementen subj. RSchutzes[573] hat dieser RB aber auch Züge eines **obj.** Vf.: Er dient der Bewahrung der institutionellen Garantie der komm. SelbstVw. u. ist gegenständl. **NK.**[574] Wegen des auf Art. 28 II beschränkten Prüfungsmaßstabs des BVerfG ist dieses nicht berechtigt, iFe zul. komm. VB die Begründetheitsprüfung auf beliebig andere VerfBest. auszuweiten.[575] Sowohl BeschBefugnis als auch Prüfungskompetenz des BVerfG erstrecken sich über Art. 28 II hinaus nur auf solche VerfBest., die das Bild der SelbstVwGarantie mitbestimmen.[576] Hierzu gehören neben den Finanzgarantien des Art. 106 u. den Durchgriffsverboten des Art. 84 I 7, 85 I 2[577] auch die Art. 30, 70 ff.[578] Die komm. SelbstVwGarantie ist keine allgem. Handlungsfreiheit der

---

Konzeption von BVerfGE 98, 106 (114, 116 ff., 133 f.); aA BVerfGK 11, 337 (341 f., 348); *Hömig* MSKB, § 91 Rn. 80; *Hammer* BDS, § 93 Rn. 69; *Rozek* FS SächsOVG, 2002, S. 391 ff.

[560] Vgl. BVerfGE 150, 309 Rn. 43.

[561] BVerfGE 150, 309 Rn. 48, wonach dem BeschFührer nur **offensichtl. Unzul.** des fachgerichtl. RB schadet. Richtigerw. ist auf Vertretenmüssen abzustellen. Denn das Gebot der RWegerschöpfung u. der aus ihm folgende SubsGrds. verlangen, dass der fachgerichtl. RBH ordnungsgemäß, dh insbes. fristgerecht u. ausr. begründet eingelegt wird, BVerfGE 107, 257 (267); *Bethge* MSKB, § 90 Rn. 395; *Schlaich/Korioth*, Rn. 246.

[562] *Barczak* DVBl 2019, 1048.

[563] BVerfGE 150, 309 Rn. 48; zur komm. VB Rn. 103.

[564] Ersichtl. BVerfGE 150, 309 Rn. 46 ff.

[565] AA *Barczak* DVBl 2019, 1048 unter Außerachtlassung der in BVerfGE 150, 309 Rn. 48 ausdr. genannten Ausnahmesituation.

[566] BVerfGE 102, 254 (295).

[567] BVerfG(K) NVwZ-RR 2017, 433 ff.; *Bonhage/Dieterich* NVwZ 2017, 1352 ff.

[568] BVerfGE 4, 412 (424).

[569] BVerfGE 42, 212; 44, 353; 53, 152; gelegentl. ein aufhebender Tenor, BVerfGE 83, 24.

[570] Zu abw. Tenorierung vgl. o. Rn. 15, 59.

[571] BVerfGE 117, 163 (181).

[572] BVerfGE 95, 27 f.

[573] *Sachs* BayVBl 1982, 37 ff.; *O. Klein* BKK, Rn. 639; *Detterbeck*, Streitgegenstand, S. 510 f.

[574] BVerfGE 137, 108 Rn. 70: RSatzVB; *Bethge* MSKB, Vorb. Rn. 264 mN; näher *Detterbeck*, aaO S. 540 ff.

[575] BVerfGE 119, 331 (356); 137, 108 Rn. 126.

[576] BVerfGE 1, 167 (181); 56, 298 (310); 71, 25 (37); 91, 228 (242); 119, 331 (357); 137, 108 Rn. 127.

[577] Dazu u. zu weiteren Beisp. → Art. 28 Rn. 74 ff.

[578] BVerfGE 137, 108 Rn. 127.

Gemeinden.[579] Dies schließt eine Anwendung der Elfes-Formel[580] indes keineswegs aus.[581] Ihr Anwendungsbereich ist schon längst nicht mehr auf die allgem. Handlungsfrh. des Art. 2 I beschränkt. GerEntsch. u. behördl. Vollzugsakte können nicht Angriffsgegenst. sein.[582]

**2. Zulässigkeitsfragen. Beschfähig** sind Gemeinden u. Gemeindeverbände,[583] dageg. weder Bür-  **101** ger noch Organisationen wie Zweckverbände. Unter **„Gesetzen"** des Bundes oder des Landes (BeschGegenstand) versteht das BVerfG RNormen aller Rangstufen mit Außenwirkung den Kommunen gegenüber.[584] Nach dem eindeutigen Wortlaut des Art. 93 I Nr. 4b ist **absolutes Unterl.** eines Normgebers kein taugl. BeschGegenst.[585] Völliges Untätigbleiben ist kein Ges. Etwas anderes folgt auch nicht aus den §§ 92, 95 I 1 BVerfGG, die auch auf die komm. VB anwendbar sind. Diese Vorschr. normieren nicht die taugl. BeschGegenst., sondern setzen einen taugl. BeschGegenst. nach Maßgabe anderer Vorschr. voraus. Im Falle einer aus Sicht der Kommune unzureichenden gesetzl. Regelung – **relatives oder unechtes Unterl.** – kann die defizitäre gesetzl. Regelung angegriffen werden.[586] Rügefähig ist ausschließl. die Verletzung des Rechts auf SelbstVw. gem. Art. 28 II.[587] Zudem zieht das BVerfG als Maßstab Normen des GG heran, die ihrem Inhalt nach das verfrechtl. Bild der SelbstVw. mitzubestimmen geeignet sind. Dazu gehören Kompetenzregeln,[588] im Kern auch Art. 106 V[589] sowie bei Betroffenheit einzelner Gemeinden Verhältnismäßigkeit u. Willkürverbot.[590]

Wie bei jeder RSatzVB überprüft das BVerfG auch hier, ob die Kommune selbst, gegenwärtig u.  **102** unmittelb. **betroffen** ist. Das Erfordernis unmittelb. Betroffenseins gilt aber nur, wenn das angegriffene Ges. durch eine rangniedere RVorschrift vollzogen wird, die ihrerseits mit der komm. VB angegriffen werden kann, wenn das Normenkontrollvf. nach § 47 VwGO erfolglos durchgeführt wurde.[591] Denn behördl. Vollzugsakte können nicht Gegenst. einer nachfolgenden komm. VB sein u. auch nicht im Wege einer komm. VB gegen die ihnen zugrundeliegende RVorschrift beseitigt werden.[592]

**Das Erfordernis der RWegerschöpfung** gem. § 90 II 1 BVerfGG gilt auch für die komm. VB.[593]  **103** Soweit also bei untergesetzl. Normen die verwaltungsgerichtl. NK nach § 47 I VwGO eröffnet ist, muss erst diese durchgeführt werden. Nach einer Kammerentsch. gebietet § 90 II 1 BVerfGG sogar die Erhebung von atypischen FeststKl. unmittelb. gegen den Bund, wenn BeschGegenst. der komm. VB eine BundesRVO ist.[594] Nach hM ist der für die IndividualVB geltende **Grds. der allg. Subsidiarität der VB,**[595] der nach traditioneller Auffassung neben dem in § 90 II BVerfGG geregelten Erfordernis der RWegerschöpfung steht, auf die komm. VB nicht anwendbar.[596] Einen stichhaltigen Grund gibt es indes nicht. Auf vwgerichtl. RSchutz gegen behördl. Vollzugsakte dürfen die Kommunen aus dem oben genannten Grund (Rn. 102) zwar nicht verwiesen werden. Etwas anderes gilt aber für vwgerichtl. FeststKl., gerichtet auf Festst., dass sie das gesetzl. Ge- oder Verbot nicht befolgen müssen, oder

[579] *Detterbeck*, Streitgegenstand, S. 541; ebenso *Bethge* FS Isensee, 2007, S. 620.

[580] BVerfGE 6, 32 ff.

[581] Näher *Detterbeck*, aaO S. 541; *Wernsmann* FS Bethge, 2009, S. 608 f.; aA *Bethge* MSKB, § 91 Rn. 65.

[582] BVerfGE 71, 25 (36); 79, 127 (140).

[583] Dazu → Art. 28 Rn. 79 ff.

[584] BVerfGE 76, 107 (114).

[585] *Bethge* MSKB, § 91 Rn. 40; *Scheffczyk* BeckOK BVerfGG, § 91 Rn. 21; *Lechner/Zuck*, § 91 Rn. 15; *Hopfauf* (Fn. 139), Art. 93 Rn. 559; *Löwer* HStR III, § 70 Rn. 77; *O. Klein* BKK, Rn. 647; *Hillgruber/Goos*, Rn. 283; aA *Barczak* (Fn. 302), § 91 Rn. 17; *Pieroth* (Fn. 5), Art. 93 Rn. 132; *Magen* UCD, § 91 Rn. 30; *Lange* DÖV 2014, 797 ff.; *Ehlers* DVBl 2000, 1520 ff.; offenb. auch *Voßkuhle* MKS III, Art. 93 Rn. 198; *Pestalozza*, VerfProzR, § 12 Rn. 58; offen gelassen von BVerfG(K) NVwZ 2001, 67; vgl. auch NWVerfGH DVBl 2015, 171 Rn. 63, der unter Aufgabe der bish. Rspr. unter dem in § 52 I VerfGHG NRW verwendeten Begriff „Landesrecht" nunmehr auch den Nichterlass form. Gesetze versteht; audrückl. offenlassend VerfGHBW NVwZ 2020, 1107 Rn. 21 f.

[586] *Bethge* MSKB, § 91 Rn. 40; *Lenz/Hansel*, § 91 Rn. 17; *Hillgruber/Goos*, Rn. 283; ebenso BVerfG(K) NVwZ 2018, 1635 Rn. 8 zu Art. 93 I Nr. 4a; ebenso zur komm. VB nach § 52 I VerfGHG NRW NWVerfGH NVwZ 2017, 780 Rn. 29 f., 41; dazu krit. *Lange* NVwZ 2017, 773 f. (zu den Besonderh. des Art. 78 III NRWVerf ders. ebda, 771 f.).

[587] Dazu *St. Bauer*, Der Prüfungsmaßstab im Kommunalverfassungsbeschwerdeverfahren, 2013 – auch zu den LVerfGer.

[588] BVerfGE 56, 298 (310 f.).

[589] BVerfGE 71, 25 (37 f.).

[590] BVerfGE 76, 107 (119 ff.); BVerfG(K) NVwZ 2005, 82.

[591] BVerfGE 71, 25 (35 f.); 76, 107 (112 f.); 137, 108 Rn. 63; *Bethge* MSKB, § 91 Rn. 46, 53 f.

[592] BVerfGE 71, 25 (36); 137, 108 Rn. 62.

[593] BVerfGE 76, 107 (114 f.); 107, 1 (8); *Bethge* MSKB, § 91 Rn. 47; *Lechner/Zuck*, § 91 Rn. 56; für eine anal. Anw. des § 90 II 1 BVerfGG *Sachs*, VerfProzR, Rn. 625; *Magen* UCD, § 91 Rn. 45; geg. eine (auch anal.) Anw. des § 90 II BVerfGG *Lenz/Hansel*, § 91 Rn. 40 ff.

[594] BVerfGK 16, 396 (402 f.); gerade weil sie nicht erhoben wurde, sondern nur Anfechtungskl. geg. einen auf der RVO beruhenden VA, wurde die Jahresfr. des § 90 III BVerfGG nicht aufgehalten und war im Zeitp. der nachfolgend eingel. komm. VB abgelaufen; dies übersehen *Lenz/Hansel*, § 91 Rn. 44.

[595] Dazu → Art. 94 Rn. 20 ff.

[596] *Bethge* MSKB, § 91 Rn. 54; *Magen* UCD, § 91 Rn. 46; *Löwer* HStR III, § 70 Rn. 78; *Mückl*, in: Ehlers/Schoch, § 14 Rn. 54; *Warmke*, Die Subsidiarität der Verfassungsbeschwerde, 1993, S. 282; *Detterbeck* AöR 136 (2011), 256 Fn. 156.

für vergleichbare FeststKl.[597] **Die Jahresfrist** des § 93 III BVerfGG gilt auch für die komm. VB. Nach RWegerschöpfung, dh nach erfolglosem NKVf. gem. § 47 VwGO oder einer FeststKl., beginnt sie erneut zu laufen;[598] allerd. muss eine einfachgesetzl. nicht fristgebundene FeststKl. grds. innerh. der Jahresfrist des § 93 III BVerfGG erhoben werden, um die für eine nachfolgende RSatzVB geltende Jahresfrist nicht zu umgehen.[599] Gleiches gilt, wenn zunächst ein nicht von vornherein aussichtsl. RB zum LVerfGer. eingelegt wurde, dieser aber erfolglos geblieben ist, weil das LVerfR weniger RSchutz gewährt als Art. 28 II (dazu Rn. 104). Ebenso verhält es sich, wenn die Kommune zunächst komm. VB zum BVerfG erhoben hat, vom BVerfG auf die Inanspruchnahme fachgerichtl. oder landesverfge-richtl. RSchutzes verwiesen wurde u. dann nach Abschluss dieses Vf. erneut komm. VB zum BVerfG erhebt.[600] Fristprobleme können dadurch auftreten, dass auch das fach- oder landesverfgerichtl. Vf. innerh. der Jahresfrist des § 93 III BVerfGG einzuleiten ist.[601]

104     **Subsidiarität:** Nach Art. 93 I Nr. 4b HS 2, § 91 S. 2 BVerfGG ist den Gemeinden der Weg zum BVerfG versperrt, wenn sie wegen der Verletzung der SelbstVwGarantie eine Beschw. zum LVerfG erheben können. Dann unterliegen die Entsch. der LVerfG auch nicht der Kontrolle des BVerfG, was die Einhaltung der VfGrds. angeht.[602] Der Subsidiaritätsgrds. des Art. 93 I Nr. 4b HS 2, § 90 S. 2 BVerfGG gilt jedoch nicht, wenn die laverfrechtl. Garantie der komm. SelbstVw das Gewährleistungs-niveau des Art. 28 II materiell nicht erreicht oder wenn der laverfgerichtl. RSchutz aus prozessualen Gründen hinter dem durch das BVerfG gewährten RSchutz zurückbleibt.[603] Letzteres ist insbes. der Fall, wenn der Kreis der taugl. laverfgerichtl. Angriffsgegenst. kleiner ist als der Kreis der taugl. bverfgerichtl. Angriffsgegenst., wenn also vor dem LVerfG nur RSchutz gegen formelle Ges., nicht auch gegen RVO mögl. ist.[604] Gleiches gilt, wenn die Möglich. vwgerichtl. RSchutzes gegenüber der RNorm besteht, der entweder nach § 90 II 1 BVerfGG oder aus Gründen der allgem. Subs. der komm. VB in Anspr. genommen werden muss, u. das LVerfG iFe bundesrechtl. Normbestätigung nicht mehr angerufen werden kann.[605] Vierzehn Länder eröffnen einen solchen laverfgerichtl. RWeg.[606] In diesen Ländern können Gemeinden/Gemeindeverbände grds. ledigl. BundesR vor dem BVerfG angreifen.

## VIII. Nichtanerkennungsbeschwerde (Abs. 1 Nr. 4c, §§ 13 Nr. 3a, 96a ff. BVerfGG)

104a     **1. Allgemeines.** Abs. 1 Nr. 4c wurde durch ÄnderungsG v. 11.7.2012[607] in das GG eingefügt. Durch ÄnderungsG v. 12.7.2012[608] wurden die entspr. Ausführungsvorschr. – §§ 13 Nr. 3a, 96a ff. BVerfGG, § 18 IVa BWG – erlassen. Zweck dieser Neuregelung war es, eine RSchutzlücke zu schließen.[609] Vereinigungen, die vom BWahlausschuss nicht als wahlvorschlagsberechtigte Partei an-erkannt wurden (§ 18 IV BWG), stand gegen diese Entsch. **vor** der BTWahl kein RSchutz zur Verfügung. Auch eine VB nach Art. 93 I Nr. 4a schied wegen des Vorrangs der besonderen RB gegenüber Entsch., die sich unmittelb. auf das WahlVf. beziehen, aus. Mögl. war nur nachträgl. RSchutz gem. Art. 41 iVm § 48 BVerfGG, § 49 BWG.[610]

104b     **2. Zulässigkeitsfragen. Beschfähig** sind (polit.) Vereinigungen u. Parteien (§ 96a I BVerfGG); letztere sind ebenfalls Vereinigungen iSv Art. 93 I Nr. 4c. Taugl. **BeschGegenst.** ist nach § 96a I

---

[597] *Barczak* (Fn. 302), § 91 Rn. 68, 73; *Scheffczyk* (Fn. 585), § 91 Rn. 62 f.; *Hillgruber/Goos,* Rn. 292; hierauf hinw. BbgVerfG NVwZ-RR 2019, 7 Rn. 27; näher *Detterbeck* FS Chr. Wagner, 2013, S. 297 ff.; erwägend auch *Bertrams* FS Hoppe, 2000, S. 983; BVerfGK 16, 396 (402 f.) verlangt die Erhebung solcher FeststKl. unmittelb. geg. den BNormgeber u. die BRVO unter Hinw. auf § 90 II 1 BVerfGG. Für die Erhebung solcher FeststKl. gilt die Jahresfr. des § 90 III BVerfGG, *Barczak,* in: Barzak, § 91 Rn. 73; aA insow. *Hillgruber/Goos,* Rn. 292a.

[598] BVerfGE 76, 107 (116); 107, 1 (8); 147, 185 Rn. 63 f.; BVerfGK 16, 396 (402); BbgVerfG NVwZ-RR 2019, 7 Rn. 29 zu § 51 II BbgVerfGG; *Barczak* (Fn. 302), § 91 Rn. 73; aA u. für Monatsfr. nach § 93 I 1 BVerfGG *Hillgruber/Goos,* Rn. 299; vgl. auch BVerfGE 150, 309 Rn. 48 – dageg. zutr. *Barczak* DVBl 2019, 1048; *Schenke* FS Steiner, 2009, S. 719, aber ohne Untersch. zw. komm. und individ. VB; dageg. *Detterbeck* aaO, S. 302 f.

[599] *Barczak,* in: Barzak, § 91 Rn. 73; *Magen* UCD, § 91 Rn. 48; *Detterbeck* FS Chr. Wagner, 2013, S. 302; vgl. BVerfGE 76, 107 (115 f.) zur bis zum 1.11.1996 fristungeb. NK n. § 47 VwGO; vgl. auch BVerfGE 150, 309 Rn. 48 zur VB n. Art. 93 I Nr. 4a: fachgerichtl. RSchutz geg. das (form.) Gesetz innerh. eines Jahres nach Inkrafttr.

[600] So zu beiden Varianten BVerfGE 147, 185 Rn. 63 f.

[601] BVerfGE 147, 185 Rn. 64; vgl. zur Problematik auch *Detterbeck* AöR 136 (2011), 251 ff.

[602] BVerfG(K) NVwZ 2004, 980.

[603] BVerfGE 147, 185 Rn. 50.

[604] BVerfGE 107, 1 (8 ff.); 147, 185 Rn. 51.

[605] So zB gem. § 44 I 3 HessStGHG; dazu näher *Detterbeck* FS Chr. Wagner, 2013, S. 307 ff.

[606] Im Einzelnen *Bethge* MSKB, § 91 Rn. 72; in den Stadtstaaten Hamburg und Berlin entfällt die Problematik strukturell, anders in Bremen, vgl. Art. 143 f. BremVerf.

[607] BGBl I S. 1478; dazu die Begr. in BT-Dr 17/9392, S. 4 ff.

[608] BGBl I S. 1501; dazu die Begr. in BT-Dr 17/9391, S. 1 ff.

[609] Zur Frage der Effektivität dieser neuen RB *Frau* DÖV 2014, 421 ff.

[610] S. nur BVerfGE 74, 96 (101); 83, 156 (158); NVwZ 2012, 161 Rn. 11; BVerfGK 16, 153 (153 f.); BayVBl 2009, 750 f.; Beschl. v. 24.8.2009 – 2 BvR 1898/09 – juris, Rn. 2 ff.; BT-Dr 17/9392, S. 4.

BVerfGG die Entsch. des BWahlA, die Antragst. nicht als wahlvorschlagsberechtigte Partei für die BTWahl nach § 18 IV BWG anzuerkennen. Insow. konkretisiert § 96a I BVerfGG den Art. 93 I Nr. 4c, der ledigl. von der Nichtanerkennung als Partei für die Wahl zum BT spricht. Denn ein formelles Vf. zur Anerkennung von Vereinigungen als Parteien für die BTWahlen kennt das ParteienR nicht.[611] Stattdessen gelten nach § 18 I BWG solche Vereinigungen als Partei für die BTWahl iSv Art. 93 I Nr. 4c, die Wahlvorschläge einreichen können. Dies sind nach § 18 IV 1 BWG Vereinigungen, die entweder im BT oder in einem LT seit der letzten Wahl aufgr. eigener Wahlvorschläge mit mindestens fünf Abg. vertreten waren (Nr. 1) oder die – falls die Vorauss. des § 18 IV 1 Nr. 1 BWG nicht erfüllt sind – vom BWahlA als Partei iSv Art. 21 iVm § 2 PartG anerkannt worden sind (Nr. 2). Der BWahlA prüft aber zunächst, ob die formellen Vorauss. des § 18 IV 1 Nr. 1 BWG erfüllt sind. Ist dies nicht der Fall, prüft er nach § 18 IV 1 Nr. 2 BWG, ob die Vereinigung die mat. Vorauss. des Art. 21 I iVm § 2 PartG erfüllt. BeschGegenst. ist die Negativfestst. des BWahlA nach § 18 IV 2 BWG. Die **Vertretung** bestimmt sich nach § 11 III 2 PartG, § 26 I 2, 3 BGB.[612]

Das Erfordernis einer **BeschBefugnis** ist weder in Art. 93 I Nr. 4c noch in den §§ 96a ff. BVerfGG, **104c** § 18 IVa 1 BWG genannt. Gleichwohl ist eine Nichtanerkennungsbesch. nur zul., wenn die antragst. Vereinigung hinr. substanziiert vorträgt, dass sie die Vorauss. des § 18 IV 1 Nr. 1 oder Nr. 2 BWG erfüllt.[613] Denn auch die Nichtanerkennungsbesch. nach Art. 93 I Nr. 4c dient dem subj. RSchutz der BeschFührerin. Das Erfordernis der Antrags- bzw. BeschBefugnis ist den subj. RSchutzVf. immanent. Die sehr kurze **Viertagesfrist** des § 96a II BVerfGG, innerh. deren die Nichtanerkennungsbesch. zu erheben u. zu begründen[614] ist, erklärt sich aus den zeitl. Vorgaben des BWG:[615] Entsch. des BWahlA spätestens am 79. Tage vor der BTWahl (§ 18 IV 1 BWG), Anerkennung der beschführenden Vereinigung als wahlvorschlagsberechtigt bis längstens zum Ablauf des 59. Tages vor der BTWahl (§ 18 IVa 2 BWG).

**3. Entscheidung. Prüfungsmaßstab** des BVerfG sind im Wesentl. § 18 IV 1 BWG sowie § 2 **104d** PartG.[616] Der **EntschTenor** ist nicht gesetzl. geregelt. Die Anerkennung als wahlvorschlagsber. Partei darf das BVerfG nicht aussprechen.[617] Diese Festst. bleibt dem BWahlA vorbehalten. IFe begründeten Besch. darf das BVerfG ledigl. feststellen, gegen welche Best. der BWahlA verstoßen hat. Außerdem hat es dessen Festst. aufzuheben.[618] In Betracht kommt eine entspr. Anwendung von § 95 I, II BVerfGG. Maßgebl. ist die Sach- u. RLage im Zeitpunkt der Entsch. des BVerfG.[619] Der Entsch. kommt RKraft u. **Bindungswirkung** nach § 31 I BVerfGG[620] (jedenfalls bei Sachentsch.) zu. Die Bindungswirkung erfasst den Tenor[621] sowie die tragenden EntschGründe auch zum einfachen GesetzesR, sow. es in einem nachfolgenden Vf. wiederum um die Frage der Zulassung der Vereinigung als wahlvorschlagsber. Partei geht. Dies kann insbes. in nachfolgenden WahlprüfungsVf. von Bedeutung sein.[622] Auf die Festsetzung einer **EntschFrist** für das BVerfG hat der GesGeber bewusst verzichtet.[623] Da die Fiktion des § 18 IVa 2 BWG spätestens mit Ablauf des 59. Tages vor der BTWahl endet u. vorl. bverfgerichtl. RSchutz nach § 96a III BVerfGG ausgeschl. ist, gebietet es der aus Art. 19 IV folgende Grds. der Effektivität des RSchutzes, dass das BVerfG spätestens am 59. Tag vor der BTWahl entscheidet.[624]

## IX. Übrige im GG vorgesehene Fälle (Abs. 1 Nr. 5 iVm §§ 13 Nr. 1–4, 9–14 BVerfGG)

Diese Bestimmung **verweist** auf folgende **EntschZuständigkeiten** des BVerfG: GrRVerwirkung **105** gem. Art. 18; Parteiverbot gem. Art. 21 II; Wahlprüfung u. Mandatsfeststellung gem. Art. 41 II; Präsidentenankl. gem. Art. 61; Richterankl. gem. Art. 98 II, V; VerfStreitigkeit innerh. eines Landes

---

[611] Dazu *Lenz/Hansel*, § 96a Rn. 4 f.

[612] Für eine mat. Anw. des § 18 II 3 BWG *Hummel* BDS, § 96a Rn. 14; *Bechler/Neidhardt* NVwZ 2013, 1440; für einen Rückgriff auf § 44 BVerfGG *Lenz/Hansel*, § 96a Rn. 5.

[613] Für Geltung der BeschBefugn. auch *Bechler* BDS § 96a Rn. 7.

[614] Dazu näher *Bechler/Neidhardt* NVwZ 2013, 1439 f.

[615] Dazu *Lenz/Hansel*, § 96a Rn. 6 ff.

[616] *Bechler/Neidhardt* NVwZ 2013, 1440 f.; aA *P. Klein* DÖV 2013, 590: Prüfungsmaßstab ist die Verf., vor allem Art. 21, für dessen Interpretation das PartG Anhaltspunkte bietet.

[617] So aber BVerfGE 134, 124 vor Rn. 1; BT-Drs 17/9392, S. 4; zust. *Müller-Terpitz* MSKB, § 96a Rn. 70; *Bechler* (Fn. 613), § 96a Rn. 19; *Hummel* BDS, § 96a Rn. 24.

[618] AA *Bechler* (Fn. 613), § 96a Rn. 19; *Bechler/Neidhardt* NVwZ 2013, 1442: nicht erforderl., nur zweckm.; BVerfGE 134, 124 vor Rn. 1 hat die Aufhebung im Tenor ausgespr.

[619] *Frau* DÖV 2014, 426.

[620] Dazu näher *P. Klein* DÖV 2013, 593 f.

[621] Allgem. BVerfGE 104, 151 (197) – ohne Beschr. auf die verfrelevanten Aussagen; hiervon ausg. auch *Bethge* MSKB, § 31 Rn. 82; vgl. dageg. BVerfGE 19, 377 (392); 40, 88 (94); dazu *Detterbeck*, Streitgegenstand, S. 355 f.

[622] Dazu *H. H. Klein*, in: Maunz/Dürig, Art. 41 Rn. 57b; *P. Klein* DÖV 2013, 593 f.; *Bechler/Neidhardt* NVwZ 2013, 1442; vgl. auch *Detterbeck*, Streitgegenstand, S. 359 f., 370.

[623] BT-Dr 17/9391, S. 11.

[624] *Lenz/Hansel*, § 96a Rn. 9; vgl. auch BT-Dr 17/9391, S. 11.

(aufgr. lagesetzl. Zuweisung) gem. Art. 99; konkr. NK gem. Art. 100 I; Verifikation von VölkerR gem. Art. 100 II; Divergenzvorlage eines LVerfG gem. Art. 100 III; Fortgelten von Recht als BundesR gem. Art. 126. Die Regelung des Art. 84 IV 2 ist Bestandteil des Bu-Lä-Str. gem. Art. 93 I Nr. 3.

### X. Kompetenzfreigabeverfahren (Abs. 2 iVm §§ 13 Nr. 6b, 96 BVerfGG)

106     **1. Zweck und Verhältnis zu Abs. 1 Nr. 2a.** Mit der Föderalismusreform 2006 wurden zwei Kategorien der konkurrierenden GesGebung geschaffen: diejenige, die (wie früher alle Materien der konkurrierenden GesGebung) der Erforderlichkeitsklausel unterliegt, u. die andere, bei der BuG ohne Rücksicht darauf ergehen können (Art. 72 II nF). Nur für die erstgenannte ist das Verfahren nach Art. 93 II (u. Art. 93 I Nr. 2a) von Bedeutung.

107     Schon mit der GGÄnderung 1994 wurde dem BGesGeber durch Art. 72 III (jetzt Abs. 4) die Möglichk. eingeräumt, das Entfallen der Erforderlich. festzustellen u. damit den Ländern das Recht zu eigener Regelung zu geben. Darauf bezieht sich Art. 93 II („im Falle des Artikels 72 Abs. 4") – „ein textliches Zuständigkeitsungetüm"[625] –, der nunmehr auch den Ländern u. dem BRat den Weg eröffnet, unter best. VfVorauss. das BVerfG zur Entsch. über die Erforderlich. iSd Art. 72 II anzurufen.

108     Das bedingt eine Überschneidung mit der Möglichk. der abstr. NK am Maßstab des Art. 72 II nach Art. 93 I Nr. 2a, der unangetastet blieb, u. nach Art. 93 I Nr. 2. Handelt es sich um BuG, die **nach dem 15.11.1994** in Kraft traten u. damit der Erforderlichkeitsklausel des Art. 72 II genügen mussten, ist bei Meinungsverschiedenh. über das Merkmal der Erforderlich. nach wie vor das Vf. nach **Art. 93 I Nr. 2a u. Nr. 2 anwendbar.** Das bedeutet echte NK mit Nichtigerkl. (§ 78 BVerfGG) des Ges., wenn eine burechtl. Regelung nicht erforderl. war. Die Vorauss. des Art. 72 II müssen jedoch nur beim Erlass des BuG erfüllt sein. Fallen sie später weg, führt das nicht zur VerfWidrigkeit des Ges.[626] Gerade dies belegt auch Art. 72 IV, wonach nicht einmal eine verfrechtl. Freigabepflicht des BGes-Gebers u. erst recht keine Pflicht zur Aufhebung des Ges. besteht. Abstr. NK nach Art. 93 I Nr. 2, 2a führen deshalb nicht zum Erfolg. Gerade für diese Fälle ist Art. 93 II konzipiert.

109     Es bleiben auch die Fälle der BuG **vor dem 15.11.1994,** die zwar die damalige Bedürfnisklausel des Art. 72 II aF erfüllten, aber nicht der strengeren Erforderlichkeitsklausel des aktuellen Art. 72 II genügt hätten.[627] Nach Art. 125a II wurden sie nicht verfwidrig, sondern gelten weiter, bis ein BuG den Ländern grünes Licht zur eigenen Regelung gibt. Wenn ein BuG, das die Erforderlich. iSd Art. 72 II verneint, nicht zustande kommt, schafft nunmehr Art. 93 II die Möglichk. für den BRat u. die Länder, es **durch Entsch. des BVerfG ersetzen** zu lassen.[628]

110     **2. Regelungsinhalt.** Den **Antrag** können – wie nach Art. 93 I Nr. 2a – der BRat, eine LReg. oder ein LParl. stellen. Vorauss. ist, dass eine GesVorl. nach Art. 72 IV oder 125a II 2 im BT oder BRat abgelehnt worden, dh gescheitert ist oder der BT nicht innerh. eines Jahres über sie Beschl. gefasst hat (Art. 93 II 3). Die GesVorl. muss nicht vom Antragst. selbst in das GesGebungsVf. einge-bracht worden sein.[629]

111     **3. Entscheidung.** In dem Vf. nach Art. 93 II findet eine spezielle NK am Maßstab des Art. 72 II statt, die nicht zur Aufhebung der geprüften Regelung als nichtig führt. Das Vf. endet mit einer **Feststellungsentsch.,** die – wenn der Antrag erfolgreich ist – ein BuG nach Art. 72 IV oder 125a II 2 ersetzt (nicht schafft) u. den Ländern das Recht zu eigener Regelung verschafft (Art. 93 II 2). Vorläufig gilt das BuG jedoch weiter. Es handelt sich um keinen Fall eines Bu-Lä-Str.,[630] sondern um eine völlig neuartige VfArt.[631] Treffend ist die Bezeichnung **Kompetenzfreigabe- oder Normsurrogati-onsVf.**[632]

### XI. Sonstige durch Bundesgesetz zugewiesene Fälle (Abs. 3 iVm § 13 Nr. 15 BVerfGG)

112     Aus Art. 93 III ergibt sich, dass die vom **GG** dem BVerfG zugewiesenen Zuständigk. **keinen abschl. Katalog** darstellen, sondern vom BGesGeber erweitert werden können. Bis 1969 beruhten vor allem die Institutionen der individualen u. der komm. VB auf dieser Ermächtigung, bis 1956 auch das GutachtenVf.

---

[625] So treffend E. *Klein* FS Merten, 2007, S. 227.

[626] → Art. 72 Rn. 38; *Oeter* MKS II, Art. 72 Rn. 89; *v. Coelln* MSKB, § 96 Rn. 4.

[627] Vgl. → Art. 72 Rn. 23, 45 ff.

[628] Insofern steckt ein materieller Kern in der Prozessnorm, vgl. *Meyer,* Anhörung Rechtsausschuss BT, 16/12. Sitzung, S. 66; Stellungnahme Teil II, S. 11 ff.; *Sachs/Jasper* NVwZ 2015, 469.

[629] BT-Dr 16/813, G-Begr. zu Nr. 14 zu Buchst. a, S. 18.

[630] So aber BT-Dr 16/814, S. 13; dageg. zu Recht *v. Coelln* MSKB, § 96 Rn. 12.

[631] Vgl. *E. Klein* FS Merten, 2007, S. 230: „hybride Verfahrensart".

[632] So *v. Coelln* MSKB, § 96 Rn. 12.

Nach geltendem Recht handelt es sich insbes.[633] um folgende **Zuständigkeiten:** § 33 II PartG; **113** § 26 III EuropawahlG; § 24 V 3 G Artikel 29 Abs. 6;[634] §§ 13 Nr. 11a, 82a BVerfGG iVm § 36 II PUAG; § 97b BVerfGG; § 105 BVerfGG. Auch § 50 III VwGO u. § 39 II 2, 3 SGG beruhen auf Art. 93 III.[635] Zwar setzen diese Vorschr. eine schon bestehende EntschKompetenz des BVerfG voraus. Ohne diese Vorschr. dürfte das BVerfG aber über die in ihnen geregelten Vorlagen nicht entscheiden.

## Art. 94 [Bundesverfassungsgericht, Zusammensetzung und Verfahren]

**(1) Das Bundesverfassungsgericht besteht aus Bundesrichtern und anderen Mitgliedern. Die Mitglieder des Bundesverfassungsgerichtes werden je zur Hälfte vom Bundestage und vom Bundesrate gewählt. Sie dürfen weder dem Bundestage, dem Bundesrate, der Bundesregierung noch entsprechenden Organen eines Landes angehören.**

**(2) Ein Bundesgesetz regelt seine Verfassung und das Verfahren und bestimmt, in welchen Fällen seine Entscheidungen Gesetzeskraft haben. Es kann für Verfassungsbeschwerden die vorherige Erschöpfung des Rechtsweges zur Voraussetzung machen und ein besonderes Annahmeverfahren vorsehen.**

**Entstehungsgeschichte: Erstfassung:** JöR nF 1 (1951), 682. – **Änderung:** 19. G. zur Änd. des GG vom 29.1.1969 (BGBl I 97), Art. 1 Nr. 2 (vgl. dazu Materialien bei Art. 93).
**Historische Verfassungstexte: RV 1849:** § 127 Ueber die Frage, ob ein Fall zur Entscheidung des Reichsgerichts geeignet sei, erkennt einzig und allein das Reichsgericht selbst. § 128 (1) Ueber die Einsetzung und Organisation des Reichsgerichts, über das Verfahren und die Vollziehung der reichsgerichtlichen Entscheidungen und Verfügungen wird ein besonderes Gesetz ergehen. – **WRV: Art. 108** Nach Maßgabe eines Reichsgesetzes wird ein Staatsgerichtshof für das Deutsche Reich errichtet. – **GG 1949:** Bis auf Art. 94 II 2 wie geltende Fassung.
**Geltende Landesverfassungen:** *BW*Verf Art. 68 III, IV; *Bay*Verf Art. 68, 69; *Bln*Verf Art. 84 I; *Bbg*Verf Art. 112, 114; *Brem*Verf Art. 139; *Hmb*Verf Art. 65 I, II, V–VII; *Hess*Verf Art. 130; *MV*Verf Art. 52, 54; *Nds*Verf Art. 55; *NRW*Verf Art. 76; *RhPf*Verf Art. 134, 135 II, III, 136; *Saar*Verf Art. 96; *Sachs*Verf Art. 81 II–IV; *LSA*Verf. Art. 74, 76; *SchlH*Verf Art. 44 III–V, 59b; *Thür*Verf Art. 79, 80 III–V.
**Supra- und internationale Texte:** EMRK Art. 19 ff.; AEUV Art. 251 ff.
**Gesetzgebung:** BVerfGG, insbes. §§ 1–35, 93a–93d; GO BVerfGG; Beschl. des Plenums des BVerfG vom 15.11.1993 gem. § 14 IV BVerfGG (BGBl I 2492).
**Leitentscheidung:** BVerfGE 131, 230 (Verfassungsmäßigkeit der indirekten Wahl der Bundesverfassungsrichter nach § 6 BVerfGG).

**Schrifttum:** Vgl. bei Art. 93. – Ferner **zu Abs. 1:** *U. Kischel,* Amt, Unbefangenheit und Wahl der Bundesverfassungsrichter HStR III, § 69; *S. Pieper,* Verfassungsrichterwahlen, 1998; *N. Schreier,* Demokratische Legitimation von Verfassungsrichtern, 2016; *M. Schröder,* Verfassungsrichterwahl im transparenten Konsens?, ZG 2015, 150. – **Zu Abs. 2:** *T. Barczak,* Die negative Feststellungsklage als allgemeine Normenabwehrklage – Zur Neubestimmung des Rechtsschutzes gegen formelle Gesetze im Verhältnis zur Fach- und Verfassungsgerichtsbarkeit, DVBl 2019, 1040; *K. Adler,* Alle Macht den Kammern? Die Kompetenzverteilung zwischen Senaten und Kammern im Annahmeverfahren und ihre praktische Handhabung am Bundesverfassungsgericht, 2013; *Ph. Aust / F. Meinel,* Entscheidungsmöglichkeiten des BVerfG, JuS 2014, 25; *H. Bethge,* Die Entscheidungswirkungen von Normbeanstandungen des Bundesverfassungsgerichts, Jura 2009, 18; *H. Schulze-Fielitz,* Wirkung und Befolgung verfassungsgerichtlicher Entscheidungen, FS 50 Jahre BVerfG I, 2001, S. 385; *M. Sachs,* Die Bindung des Bundesverfassungsgerichts an seine Entscheidungen, 1977; *H. Sodan,* Der Grundsatz der Subsidiarität der Verfassungsbeschwerde, DÖV 2002, 925; *J. F. Sturm,* Gesetzeskraft und Bindungswirkung von Entscheidungen des Bundesverfassungsgerichts, Jura 2018, 682; *R. Warmke,* Die Subsidiarität der Verfassungsbeschwerde, 1993.

### Übersicht

---

[633] Weitere Vf. nennt *Voßkuhle* MKS III, Art. 93 Rn. 217.
[634] Vgl. BVerfGE 96, 139.
[635] Ebenso *Voßkuhle* MKS III, Art. 93 Rn. 205; *E. Klein* BKK, Rn. 405; aA *Hopfauf* (Fn. 139), Art. 93 Rn. 577.

## A. Zusammensetzung des Bundesverfassungsgerichts und Wahl der Richter (Abs. 1)

### I. Zusammensetzung (Satz 1)

**1**    Unter den Ri. des BVerfG müssen sich Bundesri. (aus den obersten Bundesger. gem. Art. 95 I) befinden – alles andere überlässt das GG dem GesGeber. Dieser legte die **Zahl der Verfassungsri.** auf zunächst zwölf, seit 1963 auf acht in jedem der beiden Senate fest (§ 2 II BVerfGG),[1] darunter die der Bundesri. auf jeweils (mindestens)[2] drei (§ 2 III BVerfGG). Deren obligat. Berücksichtigung soll qualifizierte richterl. Erfahrung am BVerfG gewährleisten. Die Ri. des BVerfG amtieren (seit 1970) einheitl. zwölf Jahre, längstens bis zur Altersgrenze von 68 Jahren (§ 4 I, III BVerfGG). Diese Regelung, die zugl. die Wiederwahl ausschließt (§ 4 II BVerfGG), intendiert neben dem Schutz der Unabhängigkeit der Ri. ein ausgewogenes Verhältnis von Kontinuität der Arbeit u. Offenheit für Wandel.[3] Für alle Ri. verlangt das Gesetz volljurist. Ausbildung (§ 3 II BVerfGG).

### II. Wahl der Richter (Satz 2)

**2**    Die Bestimmung der VerfRichter legt das GG je zur Hälfte in die Hand von **BT u. BRrat** (Satz 2 – vgl. § 5 I BVerfGG). Mit der Wahl durch die GesGebungsgremien will es den Mitgliedern des VerfOrgans BVerfG **demokrat. Legitimation** durch Bindung an polit. Mehrheitsverhältnisse vermitteln u. zugl. föderale Aspekte berücksichtigen.[4] Die für jeden der beiden Senate festgeschriebene Parität (§ 5 I BVerfGG) gilt nicht für die Besetzung der Kammern.[5] Die Ri. werden jeweils als Mitgl. eines best. Senats gewählt. Präsidenten u. Vizepräsidenten des BVerfG bestimmen BTag u. BRat abwechselnd (§ 9 BVerfGG).

**3**    Seit der Neufassung des § 6 BVerfGG durch G. v. 24.6.2015 (BGBl I, S. 973) werden die vom BT zu wählenden Ri. nicht mehr von einem die Mehrheitsverhältnisse des BT widerspiegelnden WahlA gewählt, sondern direkt vom BT, § 6 I 2 BVerfGG. Allerd. hat dieser WahlA (§ 6 II BVerfGG) das alleinige RichtervorschlagsR, § 6 I 1 BVerfGG. Teile der Lit. hatten die Delegation der RiWahl auf den WahlA als verfwidrig abgelehnt.[6] Kritikfähig ist nunmehr ledigl. noch das alleinige VorschlagsR des WahlA.[7]

**4**    Als verfpolit. notwendig[8] wird die Festlegung eines **Abstimmungsquorums** von zwei Dritteln der Stimmen in beiden Wahlorganen (§§ 6 I 2, 7 BVerfGG) anerkannt. Es verhindert den Zugriff der jeweiligen polit. Mehrheiten auf frei werdende RiStellen u. sichert damit insgesamt eine gewisse Ausgewogenheit der Besetzung des BVerfG sowie die Akzeptanz jedes einzelnen Ri. Mit dem Quorum sind Kompromisse u. personelle Absprachen zwischen Mehrheiten u. Minderheiten im BTag, aber auch im BRat notwendig verbunden. Bei aller Kritik an der **Praxis des WahlVf.**[9] erscheinen die Probleme eher als polit. Stilfragen, eher als Aufgabe einer krit. Öffentlichkeit[10] denn als solche des GesGebers.

### III. Unvereinbarkeiten (Satz 3)

**5**    Die Inkompatibilität des verfrichterl. Amtes mit der Mitgliedschaft in den anderen VerfOrganen BTag, BRat u. BReg zieht die Konsequenz aus dem **Gewaltenteilungspr.**[11] Um die wirtschaftl. Unabhängigkeit der Ri., aber auch um die Hauptberuflichkeit des Amtes geht es beim Verbot jeder anderen berufl. Tätigkeit als der des Hochschullehrers (§ 3 IV BVerfGG). Damit orientiert sich das Gesetz verfkonform an ähnl. Regeln für andere VerfOrgane (Art. 55 II, 66).

---

[1] Zur Entwicklung *Heinrichsmeier* BDS, § 2 Rn. 10.

[2] *Heinrichsmeier* aaO, § 2 Rn. 15 ff.; *Ruppert* ebda, § 5 Rn. 8 ff.

[3] Zur Angemessenheit der Amtszeit *E. Klein* BKK, Rn. 120 ff. mit pro et contra.

[4] Vgl. *Stern* BK, Art. 94 (1965) Rn. 62 ff.; *Schreier*, Demokratische Legitimation von Verfassungsrichtern, 2016.

[5] BVerfGE 19, 88 (91).

[6] *Voßkuhle* MKS III, Art. 94 Rn. 10; *Wieland*, in: Dreier III, Art. 94 Rn. 15; *Pieper*, Verfassungsrichterwahlen, 1998, S. 29 ff.; für VerfMäßigkeit BVerfGE 131, 230 (234 ff.).

[7] Vgl. *Berkemann* DVBl 2017, 832 aE; *Schreier* (Fn. 4), S. 168 ff. bezweifelt die VerfMäßigkeit der Wahl der Mitglieder des WahlA nach dem d'Hondt'schen Vf.

[8] Nach *E. Klein* BKK, Rn. 129 wäre ein Wahlmodus mit einfachen Mehrheiten verfrechtl. bedenkl.

[9] Zusammenf. *Voßkuhle* MKS II, Art. 94 Rn. 14 f.; *Wieland* (Fn. 6), Art. 94 Rn. 11 ff.; *Kischel* HStR III, § 69 Rn. 32 ff.; *Schlaich/Korioth*, Rn. 46 ff.

[10] Ebenso *E. Klein* BKK, Rn. 140; auf dieser Linie auch *Fromme* NJW 2000, 2977.

[11] Vgl. *Sturm*, Die Inkompatibilität, 1967, S. 81 ff.

# B. Verfahren des Bundesverfassungsgerichts (Abs. 2)

## I. Regelung der Verfassung und des Verfahrens (Satz 1 Hs. 1)

Das BVerfGG beruht auf der Regelungsermächtigung des Abs. 2. Von Anfang an wurden **zwei** 6 **Senate** eingerichtet (§ 2 I BVerfGG), deren Vermehrung trotz erhebl. gestiegener Arbeitslast zu Recht allg. abgelehnt wird. Damit ist eine **gesetzl. Zuweisung der Zuständigkeiten** an jeden der Senate verbunden (§ 14 BVerfGG – Zwillingsgericht). Zur Entlastung des primär für GrR zust. Ersten Senats beschloss das Plenum des BVerfG – erstmals 1959 – nach § 14 IV BVerfGG eine Verlagerung einer Reihe von Zuständigk. auf den Zweiten Senat (zur gegenw. Fassung des Beschl. vgl. Materialien).

Das **Plenum** entscheidet, wenn ein Senat von einer Entsch. des anderen Senats abweichen will 7 (§ 16 BVerfGG), wobei es sich jew. um eine die Entsch. des anderen Senats tragende RAuffassung handeln muss.[12]

Das Ziel dieser Regelung, die Einheitlichkeit der Rspr. des BVerfG zu sichern, spricht – trotz der 8 Umständlichkeit des Vf. – für ein weites Verständnis der Pflicht zur Vorlage an das Plenum, bei der nur reine Hilfserwägungen u. obiter dicta außer Betracht bleiben können.[13] Es reicht aus, wenn einer Entsch. unausgesprochen eine (tragende) RAuffassung zugrunde liegt, die zu Ende gedacht mit der vom anderen Senat vertretenen Auffassung nicht vereinbar ist.[14]

Zum Status des BVerfG als **VerfOrgan u. Gericht** (§ 1 I BVerfGG) → Art. 93 Rn. 6 ff., 9 ff. Aus 9 der VerfOrganqualität des BVerfG fließt seine GeschOAutonomie; § 1 III BVerfGG hat ledigl. klarstellenden Charakter.[15] Die GeschO des BVerfG rangiert unter dem BVerfGG.

## II. Gesetzeskraft der Entscheidungen (Satz 1 Hs. 2)

Die in der Ermächtigung des Satz 1 HS 2 allein angesprochene **Gesetzeskraft** (§ 31 II BVerfGG) 10 verfgerichtl. Entsch. steht in untrennbarem Zusammenh. mit den Fragen der (ungeschr., auf allg. ProzessR beruhenden) **Rechtskraft**[16] u. der **Bindungswirkung** gem. § 31 I BVerfGG. Bei allen Schwierigkeiten der Abgrenzung lassen sich diese EntschWirkungen vor allem nach ihrer **personellen Reichweite** unterscheiden: Während mat. RKraft Bindung unter den VfBet. (inter partes – Antragst., Antragsgeg., Beigetretene) bedeutet,[17] erstreckt sich die Bindung gem. § 31 I BVerfGG auf alle Staatsorgane (einschließl. der Fachger.) u. gilt die GesKraft gem. § 31 II BVerfGG für u. gegen jedermann, Hoheitsträger eingeschl. (inter omnes). RKraft u. Bindung gem. § 31 I BVerfGG treten zudem in allen Vf. des BVerfG ein, während sich **GesKraft** auf **normenbezogene Entsch.** beschränkt.

Bei normkontrollierenden Entsch. wird der Gegenst. der UrtWirkungen im Wesentl. durch den 11 VfGegenst. (Streitgegenst.) bestimmt. Parallelnormen anderer Normgeber[18] werden weder von der RKraft noch von der GesKraft des § 31 II BVerfGG erfasst.[19] Der Bindungswirkung des § 31 I BVerfGG unterliegt aber auch der formelle GesGeber des Bundes u. der Länder.[20] Da sich die Bindungswirkung des § 31 I BVerfGG auf die entscheidungstragenden Ausführungen des BVerfG zum VerfR erstreckt, müssen sämtl. Normgeber ihren Normenbestand daraufhin überprüfen, ob dieser RNormen enthält, die nach Maßgabe der bindenden Ausführungen des BVerfG verfwidrig sind. Die Normgeber trifft eine Fehlerbeseitigungspflicht u. ein Fehlerwiederholungsverbot.[21]

---

[12] Dazu ausf. BVerfGE 132, 1 Rn. 10 ff. mwN.

[13] *Burkiczak* BDS, § 16 Rn. 37 nimmt nur **offensichtl.** nicht tragende Erwägung aus.

[14] BVerfGE 4, 27 (28); NJW 2020, 314 Rn. 86; *Jerxsen*, in: Barczak, § 16 Rn. 16; sehr viel enger der Erste Senat in der aufsehenerregenden Entsch. BVerfGE 96, 375 (403 ff.) – Kind als Schaden –, der im Konflikt mit dem Zweiten Senat (vgl. dessen Stellungnahme BVerfGE 96, 409 ff.) die Anrufung des Plenums verweigerte – vermutl. Ausdruck des allg. vorhandenen „horror pleni"; dazu *O. Klein* BKK, Rn. 170 f.; *Burkiczak* BDS, § 16 Rn. 23, 34 f.; zur Problematik des gesetzl. Ri. in diesem Zusammenh. *Hillgruber* NVwZ 1999, 153; zur umstr. Vorlagepfl. im Kopftuchstr. (Abweichung des Ersten Senats in BVerfGE 138, 296 f. vom Zweiten Senat in BVerfGE 108, 282 ff.) vern.: *Hong* Staat 54 (2015), 409 ff.; *Hecker* NVwZ 2019, 1479; bej.: *Burkiczak* BDS, § 16 Rn. 34; *W. Bock*, Ist die Regelung in §§ 2, 3 des Gesetzes zu Art. 29 der Verfassung von Berlin vom 27.1.2005 […] mit dem Grundrecht auf Glaubensfreiheit aus Art. 4 GG […]vereinbar?, www.berlin.de/sen/bjf/aktuelles/gutachten-berliner-neutralitaetsgesetz.pdf, S. 57 ff.; *ders.*, ebenda, S. 64 ff. zur Frage der Bindungswirkung (§ 31 I BVerfGG) divergierender Entsch. bei unterl. Plenaranrufung; *Franzius* Staat 54 (2015), 447 ff.

[15] Für eine auch konstitutive Bedeutung (GeschO-Pflicht) *Burkiczak* BDS, § 1 Rn. 102.

[16] Dazu *Detterbeck*, Streitgegenstand, S. 327 ff.; *Bethge* FS Musielak, 2004, S. 77 ff.

[17] Etwa BVerfGE 104, 151 (196 f.).

[18] Die Existenz inhaltl. identischer oder im Wesentl. gleicher Normen desselben Normgebers ist kaum vorstellbar.

[19] Näher *Detterbeck*, Streitgegenstand, S. 448 ff., 455, 467 ff., 530.

[20] BVerfGE 1, 14 (37); 85, 117 (123); *Detterbeck*, aaO, S. 366 ff.; aA BVerfGE 77, 84 (103 f.); *Korioth* Staat 30 (1991), 556; *Sturm* Jura 2018, 690 f.

[21] *Detterbeck*, Streitgegenstand, S. 361, 448 ff. mN in Fn. 139 f., S. 451 f., 467 ff.; *Hecker* NVwZ 2019, 1478 f. zu den Folgen von BVerfGE 138, 296 (Kopftuch II); vgl. auch BVerfGE 104, 151 (197 aE), wo es allerd. nicht um eine Parallelnorm, sondern die Frage eines sonst. Parallelfalles geht; *E. Klein* BKK, Rn. 1458; aA zB *Bethge* MSKB, § 31 Rn. 121 aE.

**12**    Der **sachl. Umfang** der EntschWirkung bezieht sich bei der **RKraft** nur auf den Tenor,[22] wobei die Gründe ggf. zu dessen Auslegung herangezogen werden müssen.[23] Auch die **GesKraft** erfasst nur die EntschFormel – ggf. nach Maßgabe der EntschGründe – u. setzt darin eine Sachaussage voraus, die bei bloßer Verwerfung oder Zurückweisung fehlt.[24] Probleme des Umfangs der GesKraft werfen normbestätigende Entsch. auf;[25] diese kann nur im Umfang der – uU aus den Gründen sich ergebenden – vorgenommenen Überprüfung eintreten.[26] Die **Bindungswirkung gem. § 31 I** BVerfGG, die auch KammerE zukommt,[27] erstreckte das BVerfG von Anfang an über den Tenor hinaus auf die **tragenden Gründe**.[28] Während der Durchgriff auf die Gründe im Falle einer hierauf im Tenor verweisenden Entsch. rechtslogisch nahe liegt, wird iÜ dem BVerfG die Gefahr einer Versteinerung der VerfAuslegung bei diesem Umfang einer Bindungswirkung entgegengehalten[29] u. funktionale Grenzüberschreitung moniert.[30] Gerade abweisende Entsch. aber machen deutl., dass der Zweck der Bindungswirkung (ua die Entlastung des Ger. von der Befassung mit Wiederholungsfällen) anders nicht erreicht werden kann.[31] Anders als im Falle der mat. RKraft binden die tragenden EntschGründe, soweit sie das VerfR betreffen, über den konkreten Fall hinaus.[32]

Eine wirkliche Gefahr der Kanonisierung der tragenden bverfgerichtl. EntschGründe u. der Erstarrung der REntwicklung besteht nicht. Denn auch für die Bindungswirkung des § 31 I BVerfGG gilt die clausula rebus sic stantibus. § 31 I BVerfGG schließt auch nicht die Berufung auf Umstände u. rechtl. Erwägungen aus, zu denen sich das BVerfG nicht geäußert hat.[33] Schließlich erfasst die Bindungswirkung auch nicht das BVerfG.[34] Es kann seine RAuffassung deshalb in nachfolgenden Entsch. ändern. Entgegen der hM entfalten nicht nur Sach-, sondern auch ProzessE Bindungswirkung nach § 31 I BVerfGG, wenn sie tragende Ausführungen zum VerfR enthalten.[35]

**13**    Probleme eines **Normwiederholungsverbots** für den GesGeber stellen sich sowohl bei § 31 I als auch bei § 31 II BVerfGG u. sind stark umstr.[36] Während der Erste Senat des BVerfG den GesGeber nicht gehindert sieht, eine inhaltsgl. Neuregelung zu beschließen,[37] geht der Zweite Senat von einem Normwiederholungsverbot aus.[38] Von anderen Argumenten abgesehen: Die **VerfOrgantreue**[39] u. der Sinn der sich aus dem GG selbst ergebenden Zuständigk. des BVerfG zur NK verbieten dem GesGeber eine Missachtung der normverwerfenden Entsch. des BVerfG durch Erlass einer inhaltsgl.

---

[22] BVerfGE 33, 199 (203).

[23] BVerfGE 69, 92 (103 f.).

[24] Dazu *E. Klein* BKK, Rn. 1437; *Detterbeck,* Streitgegenstand, S. 373 f.

[25] Dazu *Löwer* HStR III, § 70 Rn. 113; *Detterbeck,* aaO, S. 375 ff.

[26] *Detterbeck,* aaO, S. 382.

[27] BVerfG(K) NVwZ 2004, 90 (92); NVwZ 2006, 586 (588); NVwZ 2006, 672 (674); *Bethge* MSKB, § 31 Rn. 84 (aber nur „punktuelle Bindungswirkung"); *Burkiczak* BDS, § 31 Rn. 52; *Koch,* in: Barczak, § 31 Rn. 18; aA BGH NStZ 2006, 346 (347); *Ulsamer* MSKB, § 15a Rn. 10; *Wieland,* in: Dreier III, Art. 94 Rn. 28 aE; *Schultze-Fielitz* FS 50 Jahre BVerfG I, 2001, S. 388 Fn. 17; *Rinken* AK GG, Art. 94 Rn. 69, Art. 94 Rn. 66; *Stark* JZ 1996, 1041.

[28] BVerfGE 1, 14 (37); später zB BVerfGE 40, 88 (93 f.); 112, 268 (277 f.).

[29] Zusammenf. etwa *Schlaich/Korioth,* Rn. 485 ff.; *Löwer* HStR III, § 70 Rn. 106 ff.; *Rinken* AK GG, Art. 94 Rn. 65 ff.; *Häberle* JöR nF 45 (1997), 128; *Schulze-Fielitz* (Fn. 27), S. 391; auf der Linie des BVerfG *E. Klein* BKK, Rn. 1450 ff.; *Detterbeck,* Streitgegenstand, S. 357 ff.; *Bethge* MSKB, § 31 Rn. 96 ff.; *Heusch* BDS, § 31 Rn. 56 ff.

[30] *Voßkuhle* MKS III, Art. 94 Rn. 32.

[31] Vgl. zB BVerwGE 108, 355 (359 ff.).

[32] BVerfGE 1, 14 (37); 19, 377 (392); 20, 56 (87); 40, 88 (93); 79, 256 (264); 112, 268 (277); BVerwGE 108, 355 (359 ff.); offenbar auch BVerfGE 96, 375 (404); ebenso *Bethge* MSKB, § 31 Rn. 94 ff.; *Hopfauf,* in: Hofmann/Henneke, Art. 94 Rn. 153; *Koch* (Fn. 27), § 31 Rn. 22; *Heusch* BDS, § 31 Rn. 56 f.; *Hillgruber/Goos,* Rn. 13 ff.; *Detterbeck,* Streitgegenstand, S. 354 ff.; aA und für Bindung an die tragenden EntschGründe nur in Bezug auf denselben Streitgegenst. BVerfGE 24, 289 (297); 104, 151 (197 f.); *Schlaich/Korioth,* Rn. 485 ff.; *Sachs,* VerfProzR, Rn. 666 ff.; für eine Beschr. der Bindungswirkung auf den Tenor *Voßkuhle* MKS III, Art. 94 Rn. 32 aE; offen lassend BVerfGE 115, 97 (109); zum Verhältnis zw. § 31 I BVerfGG u. der Bindung des Ausgangsgeri. iFd § 95 II BVerfGG BVerwG NVwZ 2017, 65 ff. einerseits u. *Bethge* MSKB, § 31 Rn. 39 andererseits.

[33] *Detterbeck,* aaO, S. 370 f.; vgl. aber BVerwG NVwZ 2017, 65 Rn. 8 f., 25 m. Anm. *Heusch;* dazu auch Anm. *Breuer* DVBl 2017, 199 ff.; dazu auch → Art. 93 Rn. 19.

[34] BVerfGE 4, 31 (38); 20, 56 (87); 77, 84 (104); 78, 320 (328); 82, 198 (205); 85, 117 (121); 104, 151 (197); ebenso die ganz hM in der Lit., s. nur *Bethge* MSKB, § 31 Rn. 118 mwN; aA *Lechner/Zuck,* § 31 Rn. 29.

[35] BGHZ 13, 265 (286 f.); *Detterbeck,* Streitgegenstand, S. 363 f.; *Pestalozza,* VerfProzR, § 20 Rn. 89 mit Fn. 269; aA die hM, z. B. BVerfGE 78, 320 (328); 92, 91 (107); 107, 339 (360); *Bethge* MSKB, § 31 Rn. 83; *Heusch* BDS, § 31 Rn. 52.

[36] ZB im Streit um die RFolgen aus dem Kruzifix-Beschl. BVerfGE 93, 1; vgl. etwa *Badura* BayVBl 1996, 33; *Detterbeck* NJW 1996, 426. Nw. dazu und zu anderen Streitanlässen bei *Sachs* FS Kriele, 1997, S. 434 Fn. 7; *E. Klein* BKK, Rn. 1466 ff.; zuletzt BVerfGE 135, 259 Rn. 36 f.

[37] BVerfGE 77, 84 (103 f.); 96, 260 (263); 98, 265 (320 f.); ebenso *Heusch* BDS, § 31 Rn. 61, 63; *Bethge* MSKB, § 31 Rn. 71, 99, 195 ff.; ähnl. *Schlaich/Korioth,* Rn. 484; *Korioth* Staat 30 (1991), 549 ff. mwN.

[38] BVerfGE 1, 14 (37); 69, 112 (115); so auch *Hopfauf* (Fn. 32), Art. 94 Rn. 171; *E. Klein* BKK, Rn. 1466 ff.; *Sachs,* VerfProzR, Rn. 660; *Detterbeck,* Streitgegenstand, S. 443 ff., 469 f., 529 ff.; *ders.* AöR 116 (1991), 391 ff., jew. mwN; differenz., aber mit ähnl. Erg. stellt *Sachs* FS Kriele, 1997, S. 431 auf die sich aus der Verf. für den GesGeber ergebenden Grenzen ab (S. 446 ff.).

[39] Vgl. → Art. 93 Rn. 13.

Norm,[40] wobei sich freilich im zeitl. Abstand, insb. bei sich wandelnden Verhältnissen, mit Rücksicht auf die Gestaltungsverantwortung des GesGebers dessen Spielraum zunehmend vergrößert. In genau diese Richtung bewegt sich mittlerw. die Rspr. des Ersten Senats, der – bei nomineller Bekräftigung seiner bish. Linie – für eine Normwiederholung **besondere Gründe** verlangt, „die sich vor allem aus einer wesentlichen Änderung der … maßgeblichen tatsächlichen oder rechtlichen Verhältnisse oder der ihr zugrunde liegenden Anschauungen ergeben können".[41] Tatsächl. dürften zw. den beiden Positionen iE kaum Unterschiede bestehen.[42] Dies gilt jedenfalls dann, wenn Rechts-, Gesetzeskraft u. Bindungswirkung im VerfProzess die Berufung auf Umstände u. rechtl. Erwägungen, zu denen sich die normverwerfende Entsch. nicht geäußert hat, nicht ausschl.[43]

Die grds. Unzul. **wiederholter NKAnträge** nach normbestätigender Entsch. des BVerfG, vom **14** Ger. variierend mit der RKraft u./oder der Bindungswirkung u. GesKraft nach § 31 I, II BVerfGG begründet,[44] steht neuen Antr. jedenfalls dann nicht entgegen, wenn wesentl. Änderungen tatsächl. oder rechtl. Art eingetreten sind,[45] ebenso bei einem Wandel der allg. RAuffassung.[46] Wiederholte NKAntr. können aber auch auf Umstände u. rechtl. Erwägungen gestützt werden, zu denen sich das BVerfG in seiner normbestätigenden Entsch. nicht geäußert hatte,[47] u. wenn eine inhaltsgl. Norm nur unter engen Vorauss. angenommen wird.[48]

## III. Rechtswegerschöpfung bei Verfassungsbeschwerden (Satz 2 Hs. 1)

**1. Rechtswegerschöpfung.** Das Gebot der RWegerschöpfung betont den Nachrang der VB **15** gegenüber allen fachgerichtl. RSchutzmöglichkeiten u. ihre Funktion als außerordentl. RB.[49] Es gilt nicht nur für die Individual-, sondern auch für die komm. VB.[50]

Die **Funktion** dieser Regelung (u. des allg. Subsidiaritätsgedankens) besteht darin zu sichern, dass **16** dem BVerfG geprüftes Tatsachenmaterial unterbreitet u. die RAuffassung der fachnahen Ger. vermittelt wird. Sie nimmt Rücksicht auf die grundgesetzl. Zuständigkeitsverteilung, die den Fachger. vorrangig die RSchutzaufgabe auch bei GG-Verstößen zuweist.[51] RWegerschöpfung u. Subsidiarität dienen ferner der Entlastung des Ger.[52] u. bewirken, zunehmend rigide gehandhabt, das Scheitern eines Großteils der VB.[53]

**Rechtsweg** ist jede gesetzl. vorgesehene Möglichk. der Anrufung eines Ger.[54] RB müssen in der **17** geschriebenen ROrdnung geregelt u. in ihren Vorauss. für den Bürger erkennbar sein; dem genügen von der Rspr. entwickelte außerordentl. RB nicht.[55] Behördl. Kontrolle gehört nur bei obligator. Vf. vor gerichtl. Klagen (§§ 68 ff. VwGO) dazu. Nicht nur der nach der jew. ProzessO eröffnete Instanzenzug, sondern auch jeder andere in Betracht kommende RB ist zu nutzen – so Wiedereinsetzungsantr. u. Antr. nach § 33a StPO,[56] die Gehörsrüge gem. § 321a ZPO u. ähnl. Regelungen in den VfOrdnungen nach dem AnhörungsrügenG,[57] auch nicht von vornherein aussichtslose Nichtzulassungsbeschw.,[58] NKAnträge gem. § 47 VwGO, **nicht aber:** Amtshaftungs-, Klageerzwingungs-, Wiederaufnahmeantr.,[59] Dienstaufsichtsbeschw.,[60] auch nicht die Anrufung des LVerfG etwa mit einer

---

[40] Ähnl. im Ansatz E. Klein BKK, Rn. 1470; Kischel AöR 131 (2006), 228 ff.; einschränkend Schlaich/Korioth, Rn. 484; Korioth Staat 30 (1991), 565 ff.; Löwer HStR III, § 70 Rn. 105; Voßkuhle MKS III, Art. 94 Rn. 33 leitet aus der VerfOrgantreue für den GesGeber zumindest das Verbot ab, das Ger. in direktem Angr. Anschluss offen zu brüskieren; ähnl. Rinken AK GG, Art. 94 Rn. 71a; Bethge MSKB, § 31 Rn. 69 ff., 195 ff.; Heusch BDS, § 31 Rn. 62.

[41] BVerfGE 96, 260 (263); 102, 127 (141 f.).

[42] Ähnl. Heusch BDS, § 31 Rn. 63; Hopfauf (Fn. 32), Art. 94 Rn. 171 aE; E. Klein BKK, Rn. 1473.

[43] Detterbeck, Streitgegenstand, S. 333 ff., 445, 448.

[44] Vgl. zB BVerfGE 33, 199 (203); 70, 242 (249); 79, 256 (264); 82, 198 (205); E. Klein BKK, Rn. 1460.

[45] BVerfGE 33, 199 (203 f.); 82, 198 (205 ff.); 84, 348 (358); 87, 341 (346); 109, 64 (83 f.); zur Begründung einer erneuten RiVorlage vgl. BVerfG(K) NJW 1999, 2581 f.

[46] HM, Hopfauf (Fn. 32), Art. 94 Rn. 172; E. Klein BKK, Rn. 1463; vgl. BVerfGE 96, 260 (263).

[47] Detterbeck, Streitgegenstand, S. 452 f.; ebenso zum bayer. VerfPrR BayVerfGH BayVBl 2019, 225 Rn. 60 mwN.

[48] Eine WahlRNorm, die eine 3 %-Hürde vorsieht, ist nicht inhaltsgl. mit einer für verfwidrig erklärten Norm, die eine 5 %-Hürde vorschrieb, BVerfGE 135, 259 Rn. 36.

[49] Vgl. → Art. 93 Rn. 78.

[50] Vgl. → Art. 93 Rn. 103.

[51] BVerfGE 68, 376 (380).

[52] Vgl. BVerfGE 51, 130 (139).

[53] Vgl. Schlaich/Korioth, Rn. 244.

[54] BVerfGE 67, 157 (170).

[55] BVerfGE 107, 395 (416).

[56] Für beide: BVerfGE 42, 242 (255, 256 f.).

[57] Dazu BVerfG(K) NJW 2013, 3506; Buhmann, Die verfassungsrechtlichen und verfassungsprozessualen Auswirkungen der Plenarentscheidung des BVerfG vom 30.4.2003, 2010; Detterbeck AöR 136 (2011), 238 ff.; Jost, in: Leitentscheidungen BVerfG I, S. 59 ff.; Häfen/Kessen, in: Leitentscheidungen BVerfG III, S. 93 ff.; Jooß NJW 2016, 1210 ff.

[58] BVerfGE 52, 380 (387).

[59] BVerfGE 22, 42 (46 f.).

[60] BVerfG(K) NJW 2004, 2891.

VB (§ 90 III BVerfGG).[61] Wird eine gegen das GrR auf effektiven RSchutz (Art. 19 IV 1) verstoßende überlange Dauer des GerVf gerügt, gehört auch die **Verzögerungsrüge nach § 198 III GVG** (iVm den auf diese Vorschrift verweisenden anderen Ges.) zum RWeg des § 90 II 1 BVerfGG.[62]

**17a**     Bei der Frage, ob auch die **Entschädigungskl. nach § 198 I GVG** (ggf. iVm den auf ihn verweisenden Vorschr.) zum RWeg des § 90 II 1 BVerfG gehört oder zumindest einen fachgerichtl. RB darstellt, der nach dem Grds. der allgem. Subsidiarität der VB vorrangig zu ergreifen ist, muss differenziert werden. Wird die überlange VfDauer eines **abgeschlossenen GerVf** gerügt, gehört die Entschädigungskl. zum vorrangigen fachgerichtl. RWeg bzw. RB nach dem Subsidiaritätsgrds.[63] Die Frage, ob dies auch bei noch **nicht abgeschlossenen GerVf** gilt, hat das BVerfG bislang noch nicht entschieden.[64] Richtigerw. gehört auch in diesen Fällen die Entschädigungskl. zu den vorrangig zu ergreifenden fachgerichtl. RB (§ 90 II 1 BVerfGG oder Grds. der Subs.).[65] Der BGesGeber hat mit der Entschädigungskl. nach § 198 I GVG (einschließl. der FeststMöglichk. des Entschädigungsger. nach § 198 IV GVG) eine fachgerichtl. Sanktionsmöglichkeit bei überlanger VfDauer geschaffen. Damit besteht gegenüber einer bverfgerichtl. Feststellung einer diesbezügl. GrRVerletzung ein vorrangig zu ergreifender fachgerichtl. RB. Über ihn kann – insbes., aber nicht nur dann, wenn mit der Entschädigungskl. kein Vermögensnachteil geltend gemacht wird, § 198 II, IV GVG – auch schon vor Abschluss des fachgerichtl. Vf entschieden werden; § 201 III GVG sieht nur eine Aussetzungs**möglichkeit** vor. Zu weitgehend ist es indes, wenn im Falle der VB wegen überlanger Dauer einer erhobenen Entschädigungskl. insoweit die vorrangige Erhebung einer weiteren Entschädigungskl. verlangt wird.[66] Fällen, in denen die Verweisung auf die fachgerichtl. Entschädigungskl. keine ausr. fachgerichtl. RSchutzgewährung erwarten lässt u. desh. unzumutbar ist, kann durch § 90 II 2 BVerfGG Rechnung getragen werden.[67] Die Qualifizierung der fachgerichtl. Entschädigungskl. als vorrangig zu ergreifender RB widerspricht nicht der gegenteiligen Einordnung einer Amtshaftungskl. (oben). Diese ist – anders als die Entschädigungskl. – kein spezifischer fachgerichtl. RB zur Sanktionierung einer überlangen VfDauer.

**17b**     Das Gebot, bei innerkirchl. Streitigk. einen offen stehenden **kirchlichen Rechtsweg** vor Erhebung einer VB zu erschöpfen, folgt nicht aus § 90 II 1 BVerfGG, sondern aus dem Erfordernis des RSchutzbedürfnisses u. verfrechtl. Rücksichtnahmegebot gegenüber dem kirchl. Selbstverständnis.[68]

**18**     **Erschöpft** hat der BeschFührer den RWeg, wenn er form- u. fristgerecht alle RB eingelegt hat. Offensichtl. aussichtslose. unzul. oder unbegr. RB gehören nicht zum RWeg u. setzen keine neue Frist in Lauf.[69] Offensichtl. aussichtslos ist ein RB nur dann, wenn der RBFührer nach dem Stand der Rspr. u. Lehre bei Einlegung des RB über dessen Aussichtslosigk. nicht im ungewissen sein kann.[70] Danach gehören auch solche RB zum RWeg, die nur aufgr. einer verfkonf. Auslegung einfachgesetzl. RBVorschr. möglicherw. statthaft sind.[71] Eine VB, die neben einem nicht offensichtl. aussichtslosen fachgerichtl. RB (zum Zwecke der Wahrung der Frist für die VB) eingelegt wird, ist unzul.[72] Die Rügen des Betroffenen müssen den Fachger. die Möglichk. der Beseitigung des GrRVerstoßes geben.[73] Erschöpft ist der RWeg nicht, wenn ein Revisionsger. an die Vorinstanz zurückverweist, außer bei endgültiger Entsch. über den strafrechtl. Schuldspruch.[74]

---

[61] BVerfG(K) NJW 1996, 1464.

[62] BVerfG(K), 21.12.2011 – 1 BvQ 44/11 – juris Rn. 2; 6.6.2013 – 2 BvQ 26/13 – juris Rn. 4 (Grds. der Subsidiarität); *Hellmann*, in: Barczak, § 90 Rn. 339.

[63] BVerfGK 19, 424 (426 f.): RWeg; BVerfG(K), 20.6.2012 – 2 BvR 1565/11 – juris Rn. 11 (mat. Subsidiarität); 5.9.2013 – 1 BvR 2447/11 – juris Rn. 12 ff. (Subs.); 16.10.2014 – 2 BvR 437/12 – juris Rn. 14 f. (mat. Subs.); *Hellmann* (Fn. 62), § 90 Rn. 346 ff.

[64] Ausdr. offen gelassen von BVerfG(K), 6.6.2013 – 2 BvQ 26/13 – juris Rn. 4.

[65] So zum vergleichbaren Berl. Recht BerlVerfGH, 14.11.2012 – 33/12 – juris Rn. 20; 20.6.2014 – 64/14 – juris Rn. 37 ff.; 20.6.2014 – 91/14 – juris Rn. 16 f.; aA *Hellmann* (Fn. 62), § 90 Rn. 343 f.; *Henke* BDS, § 90 Rn. 228.

[66] So aber BerlVerfGH, 20.6.2014 – 91/14 – juris Rn. 16.

[67] BerlVerfGH, 20.6.2014 – 64/14 – juris Rn. 44 ff. zum vergleichbaren Berl. LandesR.

[68] BVerfG(K) NJW 1999, 349 f.; NVwZ-RR 2019, 577 Rn. 4 ff.

[69] BVerfGE 52, 380 (387); 91, 93 (106); 107, 299 (308); 150, 309 Rn. 48; BVerfGK 11, 203 (205); 13, 496 (498); NJW 2009, 3710 Rn. 16.

[70] So nahezu wörtl. zur Frage der Statthaftigk. (und sonst. Zulässigkeit) BVerfGE 28, 1 (6); 48, 341 (344); NJW 2019, 842 Rn. 48; BVerfG(K) NJW 2015, 2175 Rn. 10.

[71] BVerfG(K) NJW 2019, 987 f.; ebenso BVerfG(K) NJW 2015, 2175 Rn. 11 ff. zur nicht von vornherein ausgeschl. Möglichk. einer Beschw. zum OLG gegen sitzungspolizei. AO des Vorsitzenden einer LG-Strafkammer in möglicherw. grundrechtskonf. Auslegung des § 304 I StPO mit Teilen der fachgerichtl. Rspr. entgegen der bish. restrikt. Rspr. des BVerfG; BVerfG(K) NJW 2015, 2175 Rn. 15 deutet auch eine erweiternde Auslegung des § 304 IV StPO an; allgem. BVerfG NJW 2019, 842 Rn. 43.

[72] Ausführl. *Detterbeck* AöR 136 (2011), 244 ff., 248 ff. insbes. zu vorsorgl. eingelegten Gehörsügen mN pro et contra; ebenso zum Grds. der allgem. Subs. BbgVerfG NVwZ-RR 2019, 7 Rn. 31; vgl. BVerfG(K) NJW 2015, 2175 Rn. 10: Widerspruch zur Funktion der VB.

[73] Grundl. BVerfGE 16, 124 (127); 107, 395 (414) – von Bedeutung insbes. bei Art. 103 I; vorsichtig eingrenzend BVerfGE 112, 50 (63 f.); dazu *Linke* NJW 2005, 2190; zu den Fragen der Rügeobliegenheit vgl. auch *Bender* NJW 1988, 808 ff.; ders. AöR 112 (1987), 169 ff.; *Henke* BDS, § 90 Rn. 171 ff.; *Schlaich/Korioth*, Rn. 249 – jeweils mwN.

[74] BVerfGE 82, 236 (258); BVerfG(K) NJW 2000, 3198 f.

Das Gebot der RWegerschöpfung verlangt nicht nur, dass der RWeg als solcher be- u. durchschritten wird. Erforderl. ist auch, dass der BeschFührer die ihm günstigen Umstände bereits vor den Fachger. u. nicht erst vor dem BVerfG geltend macht (**materielle Rügepflicht**).[75] Verfrechtl. Darlegungen werden dagegen grds. nicht (mehr) verlangt.[76] Etwas anderes gilt nach bverfgerichtl. Rspr. insb. dann, wenn der Erfolg fachgerichtl. Klagen von der VerfWidrigkeit einer RNorm abhängt.[77]

Die **Ausnahmen des § 90 II 2 BVerfGG** legen eine VorabE in das Ermessen des BVerfG.[78] Allg. **19** Bedeutung kommt einer VB zu, wenn sie **grundsätzl.** Probleme aufwirft, die eine Vielzahl gleichgelagerter Fälle betreffen.[79] Bei RSatzVB gilt ein bes. strenger Maßstab. Die Entsch. über die Gültigkeit von RVorschriften betrifft idR eine unbest. Vielzahl von Personen u. Fällen. Das ist der Normalfall. Er allein vermag die Annahme einer einzelfallübergreifenden, allg. Bedeutung iSv § 90 II 2 BVerfGG nicht zu begründen.[80] Zudem setzt eine VorabE wegen allg. Bedeutung grds. voraus, dass eine vorherige fachgerichtl. Klärung der Sach- u. RFragen nicht geboten ist.[81] Ein schwerer u. unabwendbarer Nachteil ist anzunehmen, wenn der GrREingriff für den BeschFührer eine weit aus dem Rahmen des Üblichen fallende Belastung bedeutet, die entweder fachgerichtl. nicht oder nicht ausr. beseitigt werden kann oder die das BVerfG im Falle erfolglos gebliebenen fachgerichtl. RSchutzes nicht oder nicht ausr. beseitigen könnte.[82] Daneben sieht das BVerfG von der Notwendigk. der RWegerschöpfung ab, wenn sich diese als **unzumutbar** erweist. Das wird insb. bei entgegenstehender gefestigter, jüngerer u. einheitl. höchstrichterl. Rspr. angenommen.[83] Auch eine einstw. AO kann erlassen werden, wenn im AusgangsVf. vor RWegerschöpfung nicht in zumutbarer Weise rechtzeitig RSchutz erlangt werden kann.[84]

**2. Subsidiarität.** Den **Grds. der (allg.) Subsidiarität** der VB[85] entwickelte das BVerfG als zusätzl. **20** u. ungeschriebene Anforderung an ihre Zul. Auf § 90 II 1 BVerfGG stellte es (zunächst) nicht ab.[86] Nach dieser Konzeption handelt es sich um einen neben dem Gebot der RWegerschöpfung stehenden Grds. In mehreren Entsch. heißt es, dieser Grds. sei in § 90 II 1 BVerfGG zum Ausdruck gelangt.[87] In seiner neueren Rspr. stellt das BVerfG zunehmend unmittelbar auf § 90 II 1 BVerfGG ab.[88] Dieser Ansatz ist zutr.[89] Nach dem SubsGrds. muss der Betroffene **alle** zur Verfügung stehenden **verfahrensrechtl. Möglichk.** ergreifen, um eine Korrektur der VerfVerletzung zu erwirken oder den GrRVerstoß zu verhindern.[90] Wenn eine anderw. Möglichk. besteht oder ohne Inanspruchnahme des BVerfG im prakt. Ergebnis dasselbe erreicht werden kann, ist die VB unzul.[91] Gleiches gilt, wenn die Möglichk. anderw. RSchutzes nicht genutzt wurde u. jetzt nicht mehr besteht. Zu diesen Möglichk. gehört, im Strafprozess geeignete Beweisantr. zu stellen,[92] sich auf Ausnahmeregelungen zu berufen,[93] eine Bil-

---

[75] BVerfGE 66, 337 (364); 68, 384 (388 f.); 72, 84 (88); 112, 50 (60); 140, 229 Rn. 10; VerfGH NRW NVwZ-RR 2020, 329 f.

[76] BVerfGE 112, 50 (60 ff.); NJW 2016, 1505 Rn. 10.

[77] BVerfGE 112, 50 (62); abl. *Löwer* HStR III, § 70 Rn. 196.

[78] BVerfGE 8, 222 (226 f.); 76, 248 (251 f.); 86, 15 (26).

[79] BVerfGE 19, 268 (273); st. Rspr., vgl. BVerfGE 94, 49 (83).

[80] BVerfG(K), 5.12.2005 – 1 BvR 13/05 – juris Rn. 8; hiervon ausgehend auch BVerfG(K) NJW 2015, 2242 Rn. 17; ebenso BVerfGE 47, 146 (159) zur Zul. einer RiVorl. nach Art. 100 I trotz fehlender EntschErheblichk. in anal. Anw. von § 90 II 2 BVerfGG; so auch BbgVerfG NVwZ-RR 2019, 7 Rn. 35 zu § 45 II 2 Alt. 1 BbgVerfGG; *Henke* BDS, § 90 Rn. 190; *Schmidt-De Caluwe,* Die kommunale Grundrechtsklage in Hessen, 1996, S. 58 zur Parallelvorschr. des § 44 II StGHG.

[81] BVerfGE 145, 365 Rn. 19; BVerfG(K) NVwZ 2018, 1635 Rn. 19; ebenso StGHBW VBlBW 2014, 426 (427) zu § 55 II 2 BWStGHG.

[82] Dazu BVerfGE 69, 233 (241); BVerfGK 3, 277 (283); *Henke* BDS, § 90 Rn. 192 f.; *O. Klein* BKK, Rn. 588.

[83] BVerfGE 9, 3 (7), st. Rspr.; näher *Henke* BDS, § 90 Rn. 200 ff.

[84] BVerfG(K) NJW 1995, 2023.

[85] Dazu näher *Bethge* MSKB, § 90 Rn. 401 ff.; *Henke* BDS, § 90 Rn. 134 ff.; *Zuck,* Das Recht der VB, 5. Aufl. 2017, Rn. 28 ff.; *Warmke,* Die Subsidiarität der VB, 1993; *Posser,* Die Subsidiarität der VB, 1993; *Schenke* FS Steiner, 2009, S. 705 ff.; *Sodan* DÖV 2002, 925 ff.; *Detterbeck,* ÖffR, Rn. 620 ff.; *ders.* DÖV 1990, 558 ff. u. 858 ff.; *ders.* AöR 136 (2011), 255 ff.

[86] BVerfGE 70, 180 (185); 71, 305 (335 f.); 74, 69 (74 f.); 74, 102 (113); 75, 108 (145); 77, 84 (100); 77, 381 (401); 78, 58 (68); 78, 290 (301); 80, 40 (45); 93, 1 (12); 95, 163 (171); 123, 148 (172).

[87] BVerfGE 72, 39 (43); 93, 165 (171); 95, 193 (207); 102, 197 (207).

[88] PlenarE 107, 395 (414): in § 90 II BVerfGG verankertes Prinzip; 108, 341 (348); 112, 50 (60); BVerfG(K) NVwZ 2018, 1635 Rn. 12 f.; unmittelb. auf Art. 94 II 2 abstellend BVerfG(K) NJW 2019, 987 Rn. 5.

[89] Ebenso *Schenke* FS Steiner, 2009, S. 705 ff.; *Niesler* BeckOK BVerfGG, § 90 Rn. 61 ff.; *Henke* BDS, § 90 Rn. 146, 150, 221; *Hillgruber/Goos,* Rn. 207; aA *Bethge* MSKB, § 90 Rn. 401; *Löwer* HStR III, § 70 Rn. 198; *Schlaich/Korioth,* Rn. 252 ff.

[90] BVerfGE 81, 22 (27 f.); 81, 97 (102 f.); 114, 258 (279); 145, 20 Rn. 85; allerd. müssen die im fachgerichtl. Vf. gegebenen Möglichk. mit einer gewissen Verlässlichk. zu einer solchen Korrektur beitragen können, BVerfGE 114, 1 (32 f.).

[91] BVerfG(K) NJW 2008, 209.

[92] BVerfG(K) NJW 2005, 3769 (3770).

[93] BVerfGE 78, 58 (68 f.); BVerfG(K) NVwZ 2000, 1407.

ligkeitsmaßnahme zu beantr.,[94] eine FeststKl. zu erheben anstelle einer nicht eröffneten NK nach § 47 VwGO,[95] einen Abänderungsantr. gem. § 80 VII VwGO zu stellen,[96] sich an einem ZivilRStreit im Wege der Nebenintervention zu beteiligen,[97] von der Möglichk. der Anschlussberufung nach § 524 ZPO Gebrauch zu machen[98] oder eine Entschädigungskl. wegen überlanger Dauer eines GerichtsVf. nach § 198 GVG zu erheben, statt insoweit einen Verstoß gegen das GrR auf effektiven RSchutz mittels VB zu rügen (→ Rn. 17a). Die Mitteilung der Strafvollstreckungskammer, ein RB werde wegen darin enthaltener Beleidigungen nicht bearbeitet, muss als „Entscheidung" mit der RBeschwerde angefochten werden.[99] In **vorläufigen Rechtsschutzverfahren** ist grds. erst die HauptsacheE herbeizuführen, soweit es um Rügen geht, die sich auf die Hauptsache beziehen, u. wenn die Verweisung auf den HauptsacheRWeg zumutbar ist.[100] Gegen die letztinstanzl. Eilentsch. kann jedoch dann VB erhoben werden, wenn eine Verl. von GrR gerade durch das EilVf. selbst geltend gemacht wird oder wenn die Entsch. des BVerfG von keiner weiteren tatsächl. oder einfachrechtl. Aufklärung abhängt u. die Vorauss. entspr. § 90 II 2 BVerfGG gegeben sind.[101] Auch weitgehende Anforderungen an die Substanziierungspflichten im AusgangsVf. werden mit der Subsidiarität begründet; vgl. die Ausführungen zur RWegerschöpfung (→ Rn. 18).

Auch bei form. Ges., die den BeschFührer selbst, gegenwärtig u. unmittelbar betreffen, kann die Zul. der VB die vorherige Anrufung der Fachger. zur Vorklärung der Sach- u. RLage voraussetzen.[102] In Betracht kommen insb. vwgerichtl. Klagen auf Festst., dass der Betroffene das gesetzl. Ge- oder Verbot nicht befolgen müsse.[103] Das BVerfG verweist den BeschFührer sogar auf die Möglichk., eine im Ges. vorgesehene behördl. Genehmigung zu beantr., obwohl er offensichtl. nicht zum Kreis der Antragsberechtigten gehört, u. nach der AntrAblehnung den VwRWeg zu erschöpfen.[104] Von vornh. aussichtslos sind derartige RB desh. nicht, weil auf diesem Wege eine Vorlage des Ges. nach Art. 100 I erreicht werden kann oder andernfalls das Ges. im Wege einer UrtVB incidenter vor dem BVerfG angegriffen werden kann.[105] Die Inanspruchnahme solchen fachgerichtl. RSchutzes kommt selbst bei straf- u. bußgeldbewehrten Ges. in Betracht.[106] Hier ist auch an die Inanspruchn. vorläuf. fachgerichtl. RSchutzes zu denken.[107] Ein Verhalten im berechtigten Vertrauen auf eine rkräftige vwgerichtl. Entsch., u. sei es auch nur eine vorl., die dieses Verhalten für zul. erklärt hat, darf nicht mit einem Bußgeld oder einer Strafe belegt werden.[108] Dies gilt unabh. davon, ob die Strafverfolgungs-, Bußgeldbeh. oder Strafger. der RKraft solcher vwgerichtl. Entsch. unterliegen.[109] Alle Anforderungen aus dem Gedanken der Sub-

---

[94] BVerfGE 93, 165 (171).

[95] BVerfGE 115, 81 (91 ff.).

[96] BVerfGE 70, 180 (187 ff.); BVerfG(K) NVwZ 2002, 848.

[97] BVerfG(K) NJW 1998, 2663.

[98] BVerfG(K) NJW 2006, 1505.

[99] BVerfG(K) NJW 2001, 3615.

[100] BVerfGE 77, 381 (402); 86, 15 (22); 104, 65 (70 f.).

[101] BVerfGE 79, 275 (278 f.); 86, 15 (22 ff.); 93, 1 (12); BVerfG(K) NJW 2015, 3708 Rn. 13 f.; NJW 2017, 2985 Rn. 9 ff.

[102] BVerfGE 69, 122 (125 f.); 74, 69 (74 f.); 95, 193 (208); 97, 157 (165); 114, 258 (279 ff.); 120, 274 (300 f.); 123, 148 (172 f.); 143, 246 Rn. 209; 145, 20 Rn. 84 ff.; 150, 309 Rn. 44; BVerfG(K) NJW 1997, 3086; NVwZ-RR 2014, 537 (538); NJW 2015, 2242 Rn. 10 ff. (MindestlohnG); NVwZ-RR 2016, 1 Rn. 7, 14 (HessSpielhG); NVwZ 2018, 1635 Rn. 13; NJW 2019, 659 Rn. 3; ebenso HessStGH NVwZ-RR 2009, 588 (589); NVwZ-RR 2014, 409 (412); StGHBW VBlBW 2014, 426 f.; *Hellmann* (Fn. 62), § 90 Rn. 379; *Löwer* HStR III, § 70 Rn. 198; aA *Bethge* MSKB, § 90 Rn. 407, 412; *Henke* BDS, § 90 Rn. 223; *Hopfauf* (Fn. 32), Art. 94 Rn. 213 ff., der die bverfgerichtl. Subsidiaritätsrspr. insgesamt strikt ablehnt.

[103] BVerfGE 74, 69 (76); 145, 20 Rn. 86: negative Feststellungskl.; 150, 309 Rn. 44; BVerfG(K) NVwZ-RR 2000, 473; NVwZ 2004, 977 (979); NVwZ-RR 2014, 537 Rn. 13; NJW 2015, 2242 Rn. 11 f.; NVwZ-RR 2016, 1 Rn. 7; BVerwGE 124, 47 (53 f.); 129, 199 (201 iVm Rn. 16); vgl. auch BVerfGE 115, 81 (95 f.), ebenso HessStGH NVwZ-RR 2009, 588 (589); NVwZ-RR 2014, 409 (412); *Löwer* HStR III, § 70 Rn. 198; *W.-R. Schenke*, in: Kopp/Schenke, VwGO, 25. Aufl. 2019, § 43 Rn. 8a, c, d; *Pietzcker* SSB, § 43 Rn. 25 mwN; *Detterbeck*, ÖffR, Rn. 624 f., 630; *ders.* AöR 136 (2011), 261; ausf. *Barczak* DVBl 2019, 1040 ff.; einschr. BVerfGE 143, 246 Rn. 210; aA *Bethge* MSKB, § 90 Rn. 407.

[104] BVerfG(K) NVwZ 2018, 1635 Rn. 14.

[105] Zuletzt BVerfGE 150, 309 Rn. 44, 47; BVerfG(K) NVwZ 2018, 1635 Rn. 13 f.

[106] BVerfGE 145, 20 Rn. 86; BVerfGK 4, 113 (114); 11, 337 (347 f.); 13, 237 (240 f.); NVwZ 2004, 977 ff.; NJW 2015, 2245 Rn. 10 ff.; NJW 2019, 659 Rn. 5; DVBl. 2020, 631 Rn. 15 zu RVO; HessStGH NVwZ-RR 2009, 588 f.; *Epping*, GrundR, Rn. 192; *Detterbeck*, ÖffR, Rn. 630; *ders.* AöR 136 (2011), 262 f.; s. auch *Sodan*, in: Sodan/Ziekow, VwGO, 5. Aufl. 2018, § 43 Rn. 85 f.; aA *Löwer* HStR III, § 70 Rn. 198; s. auch BVerfGE 131, 47 (56 f.); 142, 268 Rn. 44.

[107] Zuletzt BVerfGE 145, 20 Rn. 86; 150, 309 Rn. 45; BVerfG(K) NJW 2015, 2245 Rn. 16; NVwZ-RR 2016, 1 Rn. 14; zu bußgeldbewehrten RVO BVerfG(K) DVBl. 2020, 631 Rn. 15; dies außer Acht lassend BVerfGE 142, 268 Rn. 44; dazu *Henke* BDS, § 90 Rn. 220.

[108] *Clausing* SSB, § 121 Rn. 41; iE *Schenke/Roth* WiVerw 1997, 119; in diese Richtung VGH Kassel NVwZ 1988, 446 aE; hiervon ausgehend auch die in den beiden vorher. Fn. genannte Rspr. des BVerfG; vgl. auch OVG NRW NVwZ-RR 2018, 54 Rn. 10.

[109] Gegen RKraftbindung BVerwG, 13.1.1969, Buchholz 310 zu § 43 VwGO Nr. 31; OVG NRW NVwZ-RR 2018, 54 Rn. 10; *Clausing*, aaO; *Schenke/Roth* WiVerw 1997, 110 ff.; dafür *Lässig* NVwZ 1988, 446; *Dickersbach*

sidiarität stehen unter dem Vorbehalt der **Zumutbarkeit.** Daran fehlt es, wenn das Ges. den BeschFührer bereits jetzt zu erhebl. finanziellen Dispositionen zwingt, die eine Verzögerung der Klärung als untragbar erscheinen lassen.[110] Auch ist es BeschFührern nicht zuzumuten, zunächst gegen eine straf- oder bußgeldbewehrte Norm zu verstoßen, um danach im Straf- oder OWiVf. die VerfWidrigkeit geltend zu machen.[111] Die Verweisung auf anderw. fachgerichtl. RSchutz kann jedoch zumutbar sein (dazu oben).

Dieser **SubsGrds.** nimmt im Ansatz zutr. Rücksicht auf die funktionale Abgrenzung von Fachger-  **21** barkeit u. VerfGerbarkeit.[112] Der SubsGrds. soll vor allem gewährleisten, dass das BVerfG, wenn es später im Wege der RiVorlage oder der UrtVB angerufen wird, auf der Grundlage der eingehenden fachgerichtl. Vorprüfung des Falles in tatsächl. u. rechtl. Hinsicht entscheiden kann.[113]

Auf den Grds. der allg. Subsidiarität der VB ist § 90 II 2 BVerfGG (zumindest) analog anwendbar.[114]  **22** Insow. kann auf obige Ausführungen (→ Rn. 19) verwiesen werden. Räumt eine RVorschrift der Behörde keinerlei EntschSpielraum ein, folgt hieraus noch nicht die Unzumutbark. fachgerichtl. RSchutzes[115] – etwa in Form einer vwgerichtl. FeststKl., dass der Kläger das gesetzl. Ge- oder Verbot nicht befolgen müsse. Auch in einem solchen Fall besteht ggf. über den Umweg des Art. 100 I eine Erfolgschance. Dies gilt selbst dann, wenn das (formelle) Ges. straf- oder bußgeldbewehrt ist. Zwar ist es dem BeschwFührer nicht zuzumuten, zunächst gegen eine solche Norm zu verstoßen, um danach im Straf- oder OWiVf. ihre VerfWidrigkeit geltend zu machen.[116] Die Verweisung auf anderw. fachgerichtl. RSchutz (→ Rn. 20) kann aber durchaus zumutbar sein. Verzichtbar ist die Inanspruchnahme fachgerichtl. RSchutzes indes, wenn die fachgerichtl. Entsch. ausschließl. von der VerfMäßigkeit der RVorschrift u. nicht auch von der Prüfung tatsächl. oder einfachrechtl. Fragen abhängt.[117] Auch iFe nur analogen Anwendung des § 90 II 2 BVerfGG ist aber zu berücksichtigen, dass diese Vorschr. **keine EntschPflicht,** sondern nur eine **EntschBefugnis des BVerfG** begründet (→ Rn. 19). Fristen für RSatzVB nach der Abweisung fachgerichtl. RSchutzes als unzul. müssen ggf. rschutzfreundl. ausgelegt werden (→ Art. 93 Rn. 98).

## IV. Annahmeverfahren für Verfassungsbeschwerden (Satz 2 Hs. 2)

Jede – auch komm. – VB **bedarf der Annahme** zur Entsch. (§ 93a I BVerfGG),[118] die entweder  **23** einstimmig die Kammer oder mit den Stimmen von mindestens drei Ri. der Senat beschließen kann (§§ 93b, 93d III BVerfGG). Die Nichtannahme ist ihrer Wirkung nach eine Verwerfung oder Zurückweisung ohne Sachentsch.[119] Bereits die Kammer kann einer VB **stattgeben,** wenn sie offensichtl. begründet u. die maßgebl. Frage bereits entschieden ist. Geskräftige normverwerfende Entsch. können die Kammern nach § 93c I 3 BVerfGG nicht treffen. Ges. iSd Vorschr. sind auch RVO u. Satzungen.[120] Dies folgt schon aus dem fehlenden Verweis in § 93c II BVerfGG auf § 95 III BVerfGG: Ges. iSd Vorschr. sind ebenso wie iSd § 93 III BVerfGG auch untergesetzl. RVorschriften. Sinn u. Zweck des § 93c I 3 BVerfGG bestehen darin, die GesKraft des § 31 II BVerfGG auf SenatsE zu beschränken. Deshalb dürfen die Kammern auch keine normbestätigenden Entsch. im Tenor treffen.[121] Eine nur in den EntschGründen erfolgende inzidente NKEntsch. ist ihnen dagegen nicht verwehrt.[122] Denn geskräftig werden solche Entsch. nicht.

---

GewArch 1989, 48; auf die Untersch. zw. OWiVf u. StrafVf kommt es deshalb entgegen *Barczak*, in: Leitentscheidungen BVerfG V, 2019, S. 36 nicht an.

[110] BVerfGE 75, 108 (145 f.); 150, 309 Rn. 45.

[111] BVerfGE 98, 265 (296); 131, 47 (56 f.); 142, 268 Rn. 44; 145, 20 Rn. 86; 150, 309 Rn. 45.

[112] Ebenso *Zuck* (Fn. 85), Rn. 33; *Löwer* HStR III, § 70 Rn. 198; zu den versch. Begründungen *Warmke* (Fn. 85), 1993, S. 72 ff.

[113] BVerfGE 79, 1 (20); 86, 382 (386 f.); 114, 258 (279 f.); 143, 246 Rn. 209; 150, 309 Rn. 42; zusammenf. BVerfG(K) NVwZ-RR 2016, 1 Rn. 4.

[114] BVerfGE 90, 128 (137); 91, 294 (306); 93, 319 (338); 95, 193 (208); 97, 157 (168); 97, 298 (309); für direkte Anwendung zutr. *Henke* BDS, § 90 Rn. 221 mN in Fn. 884.

[115] BVerfGE 123, 148 (173); 150, 309 Rn. 44; BVerfG(K) NVwZ-RR 2016, 1 Rn. 10; NVwZ 2018, 1635 Rn. 13, 19; NJW 2019, 659 Rn. 3; vgl. dageg. BVerfGE 102, 197 (208).

[116] Nachw. in Fn. 111.

[117] BVerfGE 123, 148 (173); 143, 246 Rn. 211; 150, 309 Rn. 44; NJW 2020, 2235 Rn. 78 f.; zur dogmat. Einordnung dieser Ausnahme *Henke* BDS, § 90 Rn. 222.

[118] Dazu ausf. und krit., auch zur Frage der Vereinbarkeit der KammerE mit dem Anspr. auf den gesetzl. Ri. nach Art. 101 I 2, *Adler,* Alle Macht den Kammern?, 2013.

[119] Vgl. *Badura* AöR 131 (2006), 154.

[120] *Graßhof* MSKB, § 93c Rn. 28 zu VO; *Lenz/Hansel,* § 93c Rn. 26; *Schemmer* UCD, § 93c Rn. 20; *Nettersheim,* in: Barczak, § 93c Rn. 13; *Lechner/Zuck,* § 93c Rn. 15 f.; *Sachs* NVwZ 2003, 442 ff.; aA BVerfG(K) 11, 337 (341); auch andere KammerE erklären untergesetzl. Vorschr. im Tenor für nichtig, so Beschl. v. 20.8.1996 – 1 BvR 1848/91 – juris; 12.9.1996 – 1 BvR 461/92 – juris; 12.9.1996 – 1 BvR 1677/92 – juris; 18.2.2002 – 1 BvR 1644/01 – juris; zust. *Schenk* BDS, § 93c Rn. 9; *O. Klein* BKK, Rn. 458.

[121] Dies war in § 93b II BVerfGG aF ausdrückl. bestimmt und wurde in die Folgeregelung des § 93c I 3 BVerfGG aufgr. eines Redaktionsversehens nicht übernommen, dazu näher *Graßhof* MSKB, § 93c Rn. 22 f.; *Lechner/Zuck,* § 93c Rn. 16.

[122] Z T a A *Graßhof* MSKB, § 93c Rn. 29 ff. m. nicht überzeug. Untersch. zw. inzidenter NKEntsch. u. inzidenter Normenbeanstandung.

24     Eine **Pflicht zur Annahme** sieht § 93a II BVerfGG nur bei grds. Bedeutung vor oder wenn diese zur Durchsetzung der GrR angezeigt ist, was bei bes. schwerem Nachteil der Fall sein kann. **Grundsätzl. Bedeutung** bejaht das Ger. bei klärungsbedürftigen, dh auch entscherhebl., kontrovers diskutierten verfrechtl. Fragen, die über den Einzelfall hinausgehende Bedeutung haben.[123] **Angezeigt** erscheint ihm die Annahme bei bes. Gewicht der GrRVerl. oder existenziellem Betroffensein.[124] Existenzielle Betroffenheit bejaht das BVerfG regelm. beim Schuldspruch einer strafgerichtl. Verurteilung.[125] In allen Fällen des bes. schweren Nachteils ist allerd. Vorauss., dass die VB hinreichend Aussicht auf Erfolg hat.[126] IÜ können Kammer (einstimmig) oder Senat auch begründete VB ablehnen. Abl. Entsch. brauchen nicht begründet zu werden (§ 93d I 3 BVerfGG), wovon das Ger. in der großen Mehrzahl der Fälle Gebrauch macht. Nichtannahmebeschl. sind **unanfechtbar** (§ 93d I 2 BVerfGG) u. können auf Gegenvorstellung hin grds. auch durch die Kammer nicht abgeändert werden.[127]

## Art. 95 [Oberste Gerichtshöfe des Bundes]

(1) **Für die Gebiete der ordentlichen, der Verwaltungs-, der Finanz-, der Arbeits- und der Sozialgerichtsbarkeit errichtet der Bund als oberste Gerichtshöfe den Bundesgerichtshof, das Bundesverwaltungsgericht, den Bundesfinanzhof, das Bundesarbeitsgericht und das Bundessozialgericht.**

(2) **Über die Berufung der Richter dieser Gerichte entscheidet der für das jeweilige Sachgebiet zuständige Bundesminister gemeinsam mit einem Richterwahlausschuß, der aus den für das jeweilige Sachgebiet zuständigen Ministern der Länder und einer gleichen Anzahl von Mitgliedern besteht, die vom Bundestage gewählt werden.**

(3) **Zur Wahrung der Einheitlichkeit der Rechtsprechung ist ein Gemeinsamer Senat der in Absatz 1 genannten Gerichte zu bilden. Das Nähere regelt ein Bundesgesetz.**

**Entstehungsgeschichte: Erstfassung:** JöR nF (1951), 690. – **Änderung:** 16. G. zur Änd. des GG v. 18.6.1968 (BGBl I 657), Art. 1 Nr. 2 (dazu: BT-Dr V/1449 [Entwurf] V/2376; BT-Prot V/5023, 9184; BR-Dr 468/66, 468/1/66, 262/68; BR-Prot 66/262, 68/121).
**Historische Verfassungstexte: RV 1849:** § 125 Die dem Reiche zustehende Gerichtsbarkeit wird durch ein Reichsgericht ausgeübt. § 126 Zur Zuständigkeit des Reichsgerichts gehören: a)–n) [zT abgedr. bei Art. 93]. § 128 [Abs. 1 abgedr. bei Art. 94]. § 129 Der Reichsgesetzgebung bleibt es vorbehalten, Admiralitäts- und Seegerichte zu errichten, sowie die Bestimmungen über die Gerichtsbarkeit der Gesandten und Consuln des Reiches zu treffen. – **WRV: Art. 103** Die ordentliche Gerichtsbarkeit wird durch das Reichsgericht und durch die Gerichte der Länder ausgeübt. **Art. 107** Im Reiche und in den Ländern müssen nach Maßgabe der Gesetze Verwaltungsgerichte zum Schutze der einzelnen gegen Anordnungen und Verfügungen der Verwaltungsbehörden bestehen. – **GG 1949:** (1) Zur Wahrung der Einheit des Bundesrechts wird ein Oberstes Bundesgericht errichtet. (2) Das Oberste Bundesgericht entscheidet in Fällen, deren Entscheidung für die Einheitlichkeit der Rechtsprechung der oberen Bundesgerichte von grundsätzlicher Bedeutung ist. (3) Über die Berufung der Richter des Obersten Bundesgerichtes entscheidet der Bundesjustizminister gemeinsam mit einem Richterwahlausschuss, der aus den Landesjustizministern und einer gleichen Anzahl von Mitgliedern besteht, die vom Bundestage gewählt werden. (4) Im übrigen werden die Verfassung des Obersten Bundesgerichts und sein Verfahren durch Bundesgesetz geregelt.
**Gesetzgebung:** GVG §§ 12, 123; VwGO §§ 2, 10; FGO §§ 2, 10ff.; ArbGG §§ 40ff.; SGG §§ 38ff.; RiWG; Gesetz zur Wahrung der Einheitlichkeit der Rechtsprechung der obersten Gerichtshöfe des Bundes v. 19.6.1968 (BGBl I 661).
**Leitentscheidungen:** BVerfGE 8, 174 (Zuständigkeiten der ober[st]en Bundesgerichte, Art. 96 aF); BVerfGE 26, 186 (Senat für Anwaltssachen); NJW 2016, 3425 (Modifikationen des Grds. der Bestenauslese bei Bundesrichterwahlen).

**Schrifttum:** *E.-W. Böckenförde,* Verfassungsfragen der Richterwahl, 2. Aufl. 1998; *D. Ehlers,* Verfassungsrechtliche Fragen der Richterwahl, 2. Aufl. 1998; *K. J. Grigoleit/A. Siehr,* Die Berufung der Bundesrichter: Quadratur des Kreises?, DÖV 2002, 455; *K. F. Gärditz,* Reformbedarf bei der Bundesrichterwahl?, ZBR 2015, 325; *E. Hien,* Verwaltungs-, Sozial- und Finanzgerichtsbarkeit unter einem Dach?, DVBl 2004, 464; *O. R. Kissel,* Der Gemeinsame Senat der obersten Gerichtshöfe des Bundes, FS 75 Jahre Reichsfinanzhof – Bundesfinanzhof, 1993, S. 591; *S. Lovens,* Verfassungswidrige Richterwahl?, ZRP 2001, 465; *K. Miebach,* Der gemeinsame Senat der obersten Gerichtshöfe des Bundes, 1971; *W. Priebke,* Zusammensetzung des Richterwahlausschusses, DRiZ 1972, 11; *ders.,* Die Richterwahl in Bund und Ländern, DRiZ 1989, 225; *K. Redeker,* Vereinheitlichung der öffentlich-rechtlichen Gerichtsbarkeiten? NJW 2004, 496; *P. Rieß,* Zur Reform der öffentlich-rechtlichen Gerichtsbarkeit in der Bundesrepublik Deutschland, 1991; *J.-E. Schenkel,* Verbietet Art. 95 Abs. 1 GG die Zusammenlegung von Gerichtsbarkeiten der Länder?, DÖV 2011, 481; *R. Scholz,* Die Wahl der Bundesrichter, FS 50 Jahre Bundesverwaltungsgericht, 2003, S. 151; *F. Steiner,* Die Prüfungskompetenz des Bundespräsidenten bei der Ernennung der Bundesrichter, 1974; *J. Strelitz,* Entstehung und Problematik von Richterwahlausschüssen in Bund und Ländern, FS M. Hirsch, 1981,

---

[123] BVerfGE 90, 22 (24 f.); EntschErheblichkeit zu Recht abl. BVerfGE 111, 1 (4 ff.).
[124] BVerfGE 90, 22 (24 ff.); BVerfG(K) NJW 1994, 1719; NJW 2001, 1200 f.
[125] BVerfGE 96, 245 (249).
[126] BVerfGE 90, 22 (26); 96, 245 (250).
[127] BVerfG(K) NJW 2008, 1582 – Ausnahme offen; vgl. aber BVerfG(K) NJW 2016, 788: zunächst erfolgreiche Gegenvorst. geg. Ablehnung eines Antr. auf e. A.

S. 355; *B. Stüer/C. D. Hermanns,* Der verfassungsrechtliche Rahmen einer Vereinheitlichung der öffentlich-rechtlichen Fachgerichtsbarkeit, DÖV 2001, 505; *F. Wittreck,* Auftakt zu einer neuen Runde: die Vereinheitlichung der öffentlich-rechtlichen Fachgerichtsbarkeiten, DVBl 2005, 211.

**Übersicht**

## A. Allgemeines

Die **aktuelle Fassung** von Art. 95 beruht auf dem 16. Gesetz zur Änderung des GG vom 18.6.1968 **1** (BGBl I 657). An die Stelle der in Art. 95 aF verwendeten Bezeichnung „oberste Bundesgerichte" trat die Bezeichnung „oberste Gerichtshöfe". Das in Art. 95 I aF vorgesehene Oberste Bundesgericht zur Wahrung der Einheit des BundesR wurde durch den Gemeinsamen Senat des Art. 95 III nF ersetzt. Inhaltl. entspricht Art. 95 nF den Regelungen des Art. 95 aF u. des Art. 96 II, III aF.[1]

Art. 95 I u. Art. 96 nennen die vom Bund obligator. u. fakultativ zu errichtenden **Bundesgerichte.** **2** Art. 95 II regelt das Vf. der Richterberufung. Die in Art. 95 III angeordnete Bildung eines Gemeinsamen Senats der fünf obersten Gerichtshöfe zur Wahrung der Einheitlichkeit der Rspr. dient auch der RSicherheit.

## B. Errichtung der obersten Bundesgerichte

Abs. 1 enthält eine **abschl. Aufzählung** der obersten GerHöfe; weitere oberste GerHöfe dürfen **3** nicht errichtet werden. Art. 95 I verpflichtet den Bund zur Errichtung der genannten GerHöfe. Zugl. untersagt er die Auflösung der nach dieser Best. errichteten GerHöfe. Sie sind **verfrechtl. institutionell garantiert.** Der Bund ist seiner verfrechtl. Pflicht nachgekommen durch die Errichtung des **BGH** mit Sitz in Karlsruhe, §§ 12, 123 GVG, des **BVerwG** in Leipzig, § 2 VwGO, des **BFH** in München, § 1 FGO, des **BAG** in Erfurt, § 40 I ArbGG, u. des **BSG** in Kassel, § 38 I SGG.

Art. 95 I sichert aber nicht nur die fünf obersten GerHöfe als solche institutionell ab. Er enthält auch **4** eine mat. Komponente. Art. 95 I nennt **fünf Fachgerichtsbarkeiten** – nicht ledigl. fünf oberste GerHöfe – u. bezeichnet deren **Sachgebiete:** Die ordentl., die Verwaltungs-, die Finanz-, die Arbeits- u. die Sozialgerichtsbarkeit. Damit sind die fünf Fachgerichtsbark. verfrechtl. garantiert.[2] Dh, die Abschaffung einer dieser Gerichtsbark. durch einfaches Ges. ist verfrechtl. unzul. Weiterhin garantiert Art. 95 I durch die Benennung fünf **besonderer Sachgebiete** den genannten Gerichtsbark. auch einen **Kernbestand an entspr. Sachkompetenz.**[3]

An diese **grundgesetzl. funktionale Trennung** ist der einfache GesGeber gebunden. Zwar **5** kommt ihm bei der Best. der sachl. Zuständigk. im Einzelnen ein **weiter Gestaltungsspielraum** zu. Danach ist es ihm unbenommen, einzelne Kompetenzen u. Materien, die nach allg. Auffassung einem best. Sachgebiet u. damit einer best. Gerichtsbark. zuzuordnen sind, durch bes. gesetzl. Regelungen einer eigentl. sach- u. fachfremden Gerichtsbark. zuzuweisen. Einer bes. Ermächtigung im GG oder gar Anordnung wie bei Art. 14 III 4, 34 S. 3 bedarf es nicht. Beisp. für eine solche einfachgesetzl. (abdrängende) **Sonderzuweisung** ist § 40 II 1 VwGO, der best. ör Streitigk., über die ansonsten die allg. VwGerichtsbark. nach § 40 I VwGO zu entscheiden hätte, der ordentl. Gerichtsbark. zugewiesen hat. In diesem Zusammenh. ist auch § 17 II 1 GVG zu nennen. Nach dieser im Einzelnen umstr. Vorschrift entscheidet das Ger. des zul. RWeges den RStreit unter allen in Betracht kommenden rechtl. Gesichtspunkten; dh, das Ger. muss auch solche RFragen entscheiden, die ansonsten in die Sachkompetenz einer anderen Gerichtsbark. fallen.

Eine Austrocknung einzelner Sachgebiete durch die Auslagerung u. Übertragung substanzieller **6** Zuständigkeiten, die zum Kernbereich einer best. Fachgerichtsbark. gehören, oder gar eine auf **diese Weise** bewirkte **materielle** Vereinheitlichung verschiedener Gerichtsbark. ist dem einfachen GesGeber jedoch verwehrt.[4] Dies gilt erst recht für eine **Zusammenlegung** von Gerichtsbark. auf Länderebene.[5]

---

[1] Abgedruckt bei *Jachmann-Michel,* in: Maunz/Dürig, Art. 95.
[2] *Schulze-Fielitz,* in: Dreier III, Art. 95 Rn. 21; *Degenhart* HStR V, § 114 Rn. 14.
[3] *Jachmann-Michel* (Fn. 1), Art. 95 Rn. 87; *Achterberg* BK, Art. 95 (1985) Rn. 129 ff.; *Meyer,* in: v. Münch/Kunig II, Art. 95 Rn. 5, 9; *Pieroth,* in: Jarass/Pieroth, Art. 95 Rn. 1; *Stern,* StaatsR II, S. 388; *Degenhart* HStR V, § 114 Rn. 27; *Schulze-Fielitz* (Fn. 2), Art. 95 Rn. 21; s. auch BVerfGE 8, 174 (177); aA BVerwG DÖV 1955, 443; BGHZ 38, 208 (211); vgl. auch *Wassermann* AK GG, Art. 95 Rn. 18 f.
[4] *Meyer* (Fn. 3), Art. 95 Rn. 5, 9; *Schulze-Fielitz* (Fn. 2), Art. 95 Rn. 21; *Voßkuhle* MKS III, Art. 95 Rn. 22 aE; *Degenhart* HStR V, § 114 Rn. 27.
[5] *Achterberg* BK, Art. 95 (1985), Rn. 135; *Degenhart* HStR V, § 114 Rn. 21, 26 f.; aA *Jachmann-Michel* (Fn. 1), Art. 95 Rn. 111; *Schulze-Fielitz* (Fn. 2), Art. 95 Rn. 20; *Meyer* (Fn. 3), Art. 95 Rn. 5 aE; *Voßkuhle* MKS III, Art. 95 Rn. 29 (der aber fakt. Vorgaben aus Art. 95 I ableitet); *Heusch,* in: Hofmann/Henneke, Art. 95 Rn. 11; *Stern,*

7    Eine nur **organisator. Zusammenlegung** der obersten GerHöfe ist dagegen verfrechtl. zulässig, soweit hiervon Aufgaben betroffen sind, die nicht zur mat. Rspr. iSv Art. 92[6] gehören. [7] Dies betrifft nicht nur den Bereich der JustizVw., sondern auch solche Angelegenheiten, die in einem engen Zusammenh. mit der mat. Rspr. stehen,[8] so dass auch für sie die Vorschr. der Art. 97 ff. gelten. Die **funktionelle Eigenständigkeit** der fünf obersten GerHöfe darf jedoch nicht angetastet werden.[9]

8    Obwohl das GG in Art. 92 u. 95 von einer organisator. Aufteilung der Rspr. im Bu–Lä–Verhältnis nach Instanzenzügen ausgeht, garantiert Art. 95 den **Instanzenzug** nicht in jedem Fall.[10] Der BuGes-Geber darf den obersten BuGer. auch **erstinstanzl. Zuständigkeiten** zuweisen, obwohl diese GerHöfe traditionell als **Revisionsger.** tätig werden.[11] Umgekehrt schließt Art. 95 die Existenz herkömmlicher **oberster LaGer.**, die letztinstanzl. als Revisionsinstanz fungieren, nicht aus.[12] Die Befugnis zur Errichtung solcher oberster LaGer. ist dem LaGesGeber bundesgesetzl. durch § 8 I EGGVG eingeräumt.[13]

9    Obwohl weder Art. 95 noch eine andere Best. des GG einen durchgängigen mehrinstanzl. RZug ausdr. anordnen, geht Art. 95 gleichwohl davon aus, dass die fünf genannten Fachgerichtsbark. **im Allg. zumindest aus zwei GerInstanzen** bestehen.[14] Wenn Art. 95 vorschreibt, dass an der Spitze der fünf Fachgerbarkeiten je ein oberster GerHof stehen muss, ist die Folgerung geradezu zwingend, dass damit die grundsätzl. nachinstanzl. Gliederung einer jeden Fachgerbarkeit von dieser Best. ver-frechtl. vorausgesetzt wird.[15] Einen klagbaren subj. Anspr. auf ein zumindest zweiinstanzl. Vf. ver-mittelt Art. 95 jedoch nicht.[16]

10    Die den Bund treffende Verpflichtung zur Errichtung der obersten GerHöfe erstreckt sich auf die Schaffung der sachl., personellen u. normativen Grundlagen der Rspr. dieser Ger. Der Bund besitzt die entspr. **GesGebungs- u. VwKompetenz.**[17]

11    Allg. anerkannt ist die grundsätzl. **Gleichwertigkeit der fünf GerZweige** u. der obersten GerHö-fe.[18] Dem entspricht auch die besoldungsmäßige Gleichstellung der jew. entsprechenden Ri.[19]

## C. Berufung der Bundesrichter (Abs. 2)

12    Es ist zu unterscheiden zw. der **Berufung** u. der nachfolg. **Ernennung der BRichter.** Art. 95 II, der das BerufungsVf. sowie die Zusammensetzung u. Wahl des RiWahlA bestimmt,[20] hat seine Aus-gestaltung im **RichterwahlG** gefunden. Über die Berufung der BRi. entscheidet der für das jeweilige Sachgebiet zuständige **BMin**[21] gemeinsam mit dem **RiWahlA.** Mitgl. **kraft Amtes** sind nach § 3 I RiWG diejenigen LMin, „zu deren Geschäftsbereich die diesem obersten Gerichtshof im Instanzenzug untergeordneten Ger. des Landes gehören". Die geborenen Mitgl. bestimmen sich damit nach der Art des jew. Ger.[22] Die gekorenen Mitgl. – gleiche Anzahl wie die geborenen – werden vom BTag gem.

---

StaatsR II, S. 388; *Schenkel* DÖV 2011, 481 ff.; zu den versch. Reformbemühungen *v. Heimburg* FS Scholz, 2007 S. 483 ff. mit erhebl. Zweifeln am prakt. Nutzen einer Zusammenlegung.
    [6] Dazu → Art. 92 Rn. 9 ff. (13 f.).
    [7] *Meyer* (Fn. 3), Art. 95 Rn. 5; *Schulze-Fielitz* (Fn. 2), Art. 95 Rn. 23; *Voßkuhle* MKS II, Art. 95 Rn. 23; *Heusch* (Fn. 5), Art. 95 Rn. 8.
    [8] Vgl. *Meyer* (Fn. 3), Art. 95 Rn. 5, 9.
    [9] *Meyer* (Fn. 3), Art. 95 Rn. 5, 9; *Degenhart* HStR V, § 114 Rn. 26.
    [10] BVerfGE 42, 243 (248); 54, 277 (291 f.); 107, 395 (402); *Jachmann-Michel* (Fn. 1), Art. 95 Rn. 101; *Wassermann* AK GG, Art. 95 Rn. 4; *Degenhart* HStR V, § 114 Rn. 28; *Heyde* HdbVerfR, § 33 Rn. 19. Gleiches gilt sub specie Art. 19 IV: BVerfGE 107, 395 (401 f.); 78, 88 (99); 65, 76 (90); NJW 1991, 1284; aA *Lorenz* FS Menger, 1985, S. 153 f.; dazu ausf. *Voßkuhle,* Rechtsschutz gegen den Richter,1993.
    [11] *Schulze-Fielitz* (Fn. 2), Art. 95 Rn. 19; *Wassermann* AK GG, Art. 95 Rn. 15.
    [12] BVerfGE 6, 45 (51 f.) zu Art. 96 aF; *Meyer* (Fn. 3), Art. 95 Rn. 7.
    [13] Aufgr. dieser Ermächtigung wurde das aufgelöste Bay Oberste Landesgericht durch G. v. 12.7.2018 – BayGVBl. 2018, S. 545 – wiedererrichtet.
    [14] *Jachmann-Michel* (Fn. 1), Art. 95 Rn. 100; *Hillgruber,* in: Maunz/Dürig, Art. 92 Rn. 80; *Schulze-Fielitz* (Fn. 2), Art. 95 Rn. 20; *Meyer* (Fn. 3), Art. 95 Rn. 7; *Degenhart* HStR V, § 114 Rn. 29; *Stern,* StaatsR II, S. 389 f.; *Dörr* Jura 2004, 334.
    [15] *Degenhart* HStR V, § 114 Rn. 29; aA BVerfGE 54, 277 (291); 107, 395 (402); skept. auch *Voßkuhle* MKS III, Art. 95 Rn. 28.
    [16] *Heusch* (Fn. 5), Art. 95 Rn. 6; *Degenhart* HStR V, § 114 Rn. 28; für einen aus Art. 19 IV folgenden Anspr. auf ein zweiinstanzl. Vf. *Voßkuhle* (Fn. 10), S. 255 ff.; *ders.* MKS II, Art. 95 Rn. 28 Fn. 44; für einen klagbaren Anspr. auch *Schumann,* in: P. Gilles, Rechtsmittel im Zivilprozeß, 1985, S. 268 f.; dazu abl. *Jachmann-Michel* (Fn. 1), Art. 95 Rn. 103.
    [17] *Meyer* (Fn. 3), Art. 95 Rn. 8; dazu auch → Art. 92 Rn. 31 ff.
    [18] BVerfGE 12, 326 (333); zum Sozialprestige vgl. *Wassermann* AK GG, Art. 95 Rn. 16 f.
    [19] Dazu BVerfGE 12, 326 (333 ff.); 26, 72 (76 f.); 55, 372 (388 ff.).
    [20] Dazu im Einzelnen *Schmidt-Räntsch,* Deutsches Richtergesetz, 6. Aufl. 2009, §§ 1 ff. RiWG; *Achterberg* BK, Art. 95 (1985) Rn. 248 ff.; *Wassermann* AK GG, Art. 95 Rn. 22.
    [21] BMinister der Justiz: BGH, BVerwG, BFH; BMinister für Arbeit u. Soziales: BAG, BSG; dazu *Stern,* StaatsR II, S. 403; *Jachmann-Michel* (Fn. 1), Art. 95 Rn. 128.
    [22] *Achterberg* BK, Art. 95 (1985) Rn. 249.

§ 5 II RiWG nach dem **d'Hondtschen HöchstzahlVf.** gewählt. Wählbar ist nach § 4 RiWG, wer das passive WahlR nach Art. 38 II hat u. im RLeben erfahren ist. Art. 95 II schreibt ledigl. vor, dass die gekorenen Mitgl. des RiWahlA vom BTag gewählt werden. Dh, Art. 95 II setzt gerade nicht voraus, dass die Gewählten auch selbst Mitgl. des BTag sind.[23]

Der RiWahlA entscheidet in **geheimer Abstimmung** mit der Mehrheit der abgegebenen Stim- 13 men, § 12 I RiWG. Das VorschlagsR für die Kandidaten zum obersten GerHof, die dann vom RiWahlA zu wählen sind, steht nach § 10 I RiWG dem zust. BMin u. jedem Ausschussmitgl. zu. Vor der Wahl im RiWahlA ist nach §§ 55, 57 DRiG der Präsident desjenigen obersten Ger. zu beteiligen, dh anzuhören, an das der Kandidat berufen werden soll.[24]

Der zuständige BMin hat kein WahlR. Stimmt er der vom WahlA getroffenen Wahl aber nicht zu, 14 § 13 RiWG, ist die Berufung des gewählten Bewerbers gescheitert.[25] Auch für die Berufung der Ri. an die obersten GerHöfe sowie für deren Wahl durch den RiWahlA gelten das **Leistungsprinzip des Art. 33 II** u. die dieses Prinzip ausfüllenden Auswahlkrit. Allerd. wird Art. 33 II durch Art. 95 II modifiziert.[26] Dem RiWahlA u. damit auch jedem seiner Mitgl. steht bei der Prüfung der unbest. RBegriffe des Art. 33 II – Eignung, Befähigung u. fachl. Leistung – ein weiter Beurteilungsspielraum zu. Der BMin hat sich die Wahlentsch. des RiWahlA grds. zu eigen zu machen. Seine Zustimmung darf er nur verweigern, wenn die formellen Ernennungsvorauss. nicht erfüllt sind, vfrechtl. Vorgaben nicht beachtet wurden oder das Ergebnis mat.-rechtl. nicht mehr nachvollziehbar ist.[27] Dies schließt das auch für den RiWahlA aus Art. 33 II folgende Verbot ein, unsachgemäße oder willkürl. Erwägungen anzustellen.[28] Etwa die Mitgliedschaft in best. polit. Parteien oder die Nähe zu ihnen oder die Gewerkschaftszugehörigkeit sind verfrechtl. unzul. Kriterien.[29] Diese Vorgaben markieren zugleich die Grenzen des Beurteilungsspielraums, die der RiWahlA nicht überschreiten darf.[30]

Eine Entsch. des RiWahlA, die diese Grds. missachtet, unterliegt nach der bverfgerichtl. Rspr. der 15 mittelbaren vwgerichtl. Kontrolle. Zwar ist die Entsch. des RiWahlA, die diese Grds. missachtet, kein (isoliert anfechtbarer) VA.[31] Ein angreifbarer VA ist aber die **Entsch. des BMin** über die Berufung, die er nach Art. 95 II gemeinsam mit dem RiWahlA trifft.[32] Dieser mehrstufige VA[33] kann im Wege einer vwgerichtl. Klage mit der Begründung angegriffen werden, die Entsch. des RiWahlA sei rechtsw., weil er seinen Beurteilungsspielraum überschritten habe. Die Entsch. des RiWahlA sind damit der GerKontrolle nicht entzogen. Allerd. hat sich die gerichtl. Kontrolle der Entsch. des BMin u. mittelbar des RiWahlA auf die Einhaltung der soeben genannten Beurteilungs- u. Auswahlgrenzen zu beschränken.[34] Die gerichtl. Nachprüfbarkeit wird durch die fehlende Begründung des RiWahlA u. grds. auch des BMin faktisch erhebl. erschwert. In der Natur der Sache liegt der Verzicht auf ein Begründungserfordernis nicht.[35] Auch Gremienentsch., selbst geheime, sind einer Begründung zugängl. Das BVerfG erachtet eine Begründung des Wahlergebnisses des RiWahlA für verfrechtl. entbehrl.[36] Dem BMin bürdet es nur ausnahmeweise eine Begründungspflicht auf: Insbes. dann, wenn er der Wahl des RiWahlA seine Zust. verweigert u. wenn er der Wahl eines Kandidaten zustimmt, der nach der Stellungnahme des Präsidialrats oder den dienstl. Beurteilungen nicht geeignet ist.[37] Außerdem verlangt das BVerfG einen Beleg dafür, dass dem RiWahlA (u. auch dem BMin) alle für die zu treffende Auswahlentsch. relevanten Unterlagen u. Informationen zur Verfügung standen.[38]

Nach erfolgter Berufung des BRi. ist der BPräs gem. Art. 60 I zur **Ernennung** grds. verpflichtet. 16 Der BPräs ist auf die **Überprüfung der Rechtm.** der Berufung beschränkt. Dies betrifft unstr. die

---

[23] *Jachmann-Michel* (Fn. 1), Art. 95 Rn. 129; *Schulze-Fielitz* (Fn. 2), Art. 95 Rn. 26; *Voßkuhle* MKS III, Art. 95 Rn. 35; *Stern,* StaatsR II, S. 403.

[24] Dazu – zT krit. – *Meyer* (Fn. 3), Art. 95 Rn. 12.

[25] *Achterberg* BK, Art. 95 (1985) Rn. 269; *Schulze-Fielitz* (Fn. 2), Art. 95 Rn. 28.

[26] BVerfGE 143, 22 Rn. 28, 32, 34 aE m. zust. Anm. *Gärditz* NJW 2016, 3429; ebenso BVerfGE 24, 268 (276) zum allerd. etwas anders formulierten Art. 63 HmbVerf; *Jachmann-Michel* (Fn. 1), Art. 95 Rn. 133a; *Voßkuhle* MKS II, Art. 95 Rn. 38; ausf. *Heusch* (Fn. 5), Art. 95 Rn. 25; *Grigoleit/Siehr* DÖV 2002, 458 f.; *Gärditz* ZBR 2015, 328; aA *Meyer* (Fn. 3), Art. 95 Rn. 11; *Schulze-Fielitz* (Fn. 2), Art. 95 Rn. 29.

[27] BVerfGE 143, 22 Rn. 32.

[28] So BVerwGE 105, 89 (93) zu Entsch. der LRiWahlA.

[29] *Voßkuhle* MKS III, Art. 95 Rn. 38.

[30] Vgl. BVerfGE 143, 22 Rn. 31.

[31] So zu den Entsch. der LRiWahlA BVerwGE 105, 89 (91 f.); OVG Hamburg NordÖR 2013, 22; HessVGH DVBl 1990, 307; *Ziekow/Guckelberger* NordÖR 2000, 18; dazu auch *Grigoleit/Siehr* DÖV 2002, 460 f., wonach der nach § 10 I RiWG erfolgte Wahlvorschlag isoliert angreifbar sei.

[32] *Jachmann-Michel* (Fn. 1), Art. 95 Rn. 134; *Meyer* (Fn. 3), Art. 95 Rn. 11; ebenso BVerwGE 99, 371 (374 f.); 105, 89 (91) zur Entsch. eines LMin nach Art. 98 IV; diese vfrechtl. Konstruktion billigend BVerfGE 143, 22 Rn. 34.

[33] Vgl. HessVGH DVBl 1990, 307.

[34] BVerfGE 143, 22 Rn. 34 aE; BVerwGE 105, 89 (93) zu Entsch. der LRiWahlA.

[35] AA BVerfGE 24, 268 (276); zutr. *Gärditz* ZBR 2015, 332 f. auch unter Hinw. auf die begründungspfl. Berufungsvorschl. universitärer Berufungskommissionen und mit überzeug. Reformvorschlägen.

[36] BVerfGE 143, 22 Rn. 34.

[37] BVerfGE 143, 22 Rn. 35.

[38] BVerfGE 143, 22 Rn. 33 (zum BMin. vgl. Rn. 32).

form. Rechtm. wie insb. die Ordnungsgemäßheit des BerufungsVf. u. die form. Berufungs- u. Ernennungsvorauss. des Vorgeschlagenen.[39] Zur Rechtm. der Berufung gehört aber auch die Beachtung der Vorgaben des Art. 33 II. Denn zur Ernennung eines rechtsw. Berufenen kann der BPräs nicht verpflichtet sein. Die Überprüfung der Beurteilungsfehlerfreiheit obliegt nicht erst der VwGerbarkeit, sondern auch dem BPräs. Sein mat. PrüfungsR ist allerd. in gleicher Weise beschränkt wie die oben skizzierte gerichtl. Kontrollkompetenz.[40] Weitergehende Entscheidungs- u. Mitwirkungsbefugnisse stehen ihm nicht zu. Einen **Einschätzungsspielraum** – zB hinsichtlich der moral. Qualitäten des Bewerbers – hat das GG nur dem zust. BMin u. dem RiWahlA, nicht dagegen auch dem BPräs eingeräumt. Allerd. kann die Berufung einer Person, deren Ernennung dem Staatswohl in hohem Maße abträgl. wäre, beurteilungsfehlerhaft sein. Insow. besteht dann auch ein mat. PrüfungsR des BPräs.[41]

17    Art. 95 II gilt nur für die Berufsri., nicht auch für ehrenamtl. Ri.;[42] für deren Berufung ist die Mitwirkung des RiWahlA nicht vorgesehen.

## D. Gemeinsamer Senat (Abs. 3)

18    Den VerfAuftrag des Art. 95 III zur Errichtung eines **Gemeinsamen Senates der obersten GerHöfe** hat der BuGesGeber durch den Erlass des G zur Wahrung der Einheitlichkeit der Rspr. der obersten GerHöfe des Bundes vom 19.6.1968 (BGBl I 661) erfüllt. Der Gemeinsame Senat mit Sitz in Karlsruhe besteht aus den Präsidenten der obersten GerHöfe (ständige Mitgl.) sowie den vors. Ri. der beteil. Senate u. je einem weiteren Ri. der beteil. Senate (Ad-hoc-Mitglieder). Art. 95 II ist bei der Besetzung nicht anwendbar.[43]

19    Der Gemeinsame Senat muss angerufen werden, wenn ein oberster GerHof des Bundes in einer RFrage von einer Entsch. eines anderen obersten GerHofs des Bundes oder des Gemeinsamen Senats **abweichen** möchte. Will ein Senat von einer Entsch. eines anderen Senats **desselben** obersten GerHofs abweichen, müssen der jew. zust. Große Senat (vgl. z. B. § 132 GVG, § 45 ArbGG, § 11 VwGO) oder die Vereinigten Großen Senate (§ 132 GVG) angerufen werden; der Gemeinsame Senat entscheidet nur dann, wenn der Große Senat oder die Vereinigten Großen Senate von der Entsch. des anderen obersten GerHofs oder des Gemeinsamen Senats abweichen wollen.

20    Die Entsch. des Gemeinsamen Senats ist für das vorlegende Ger. **bindend.**

## Art. 96 [Weitere Bundesgerichte]

(1) **Der Bund kann für Angelegenheiten des gewerblichen Rechtsschutzes ein Bundesgericht errichten.**

(2) **Der Bund kann Wehrstrafgerichte für die Streitkräfte als Bundesgerichte errichten. Sie können die Strafgerichtsbarkeit nur im Verteidigungsfalle sowie über Angehörige der Streitkräfte ausüben, die in das Ausland entsandt oder an Bord von Kriegsschiffen eingeschifft sind. Das Nähere regelt ein Bundesgesetz. Diese Gerichte gehören zum Geschäftsbereich des Bundesjustizministers. Ihre hauptamtlichen Richter müssen die Befähigung zum Richteramt haben.**

(3) **Oberster Gerichtshof für die in Absatz 1 und 2 genannten Gerichte ist der Bundesgerichtshof.**

(4) **Der Bund kann für Personen, die zu ihm in einem öffentlich-rechtlichen Dienstverhältnis stehen, Bundesgerichte zur Entscheidung in Disziplinarverfahren und Beschwerdeverfahren errichten.**

(5) **Für Strafverfahren auf den folgenden Gebieten kann ein Bundesgesetz mit Zustimmung des Bundesrates vorsehen, dass Gerichte der Länder Gerichtsbarkeit des Bundes ausüben:**

1. **Völkermord;**
2. **völkerstrafrechtliche Verbrechen gegen die Menschlichkeit;**
3. **Kriegsverbrechen;**
4. **andere Handlungen, die geeignet sind und in der Absicht vorgenommen werden, das friedliche Zusammenleben der Völker zu stören (Artikel 26 Abs. 1);**
5. **Staatsschutz.**

---

[39] VGH BW NJW 1996, 2526; *Schulze-Fielitz* (Fn. 2), Art. 95 Rn. 32; *Butzer,* in: Hofmann/Henneke, Art. 60 Rn. 14.

[40] *Butzer* (Fn. 39), Art. 60 Rn. 18 f.; für ein mat. PrüfungsR auch *Achterberg* BK, Art. 95 (1985) Rn. 279.

[41] Vgl. *Butzer* aaO.

[42] HM, BVerfGE 26, 186 (201); BGHZ 33, 381 (382); *Schulze-Fielitz* (Fn. 2), Art. 95 Rn. 27; *Achterberg* BK, Art. 95 (1985) Rn. 272 mwN; aA *Jachmann-Michel* (Fn. 1), Art. 95 Rn. 126; *Voßkuhle* MKS III, Art. 95 Rn. 32.

[43] *Jachmann-Michel* (Fn. 1), Art. 95 Rn. 158; *Achterberg* BK, Art. 95 (1985) Rn. 310; *Schulze-Fielitz* (Fn. 2), Art. 95 Rn. 34.

**Entstehungsgeschichte: Erstfassung:** JöR nF 1 (1951), 711. – **Änderungen:** 7. G. zur Änd. des GG v. 19.3.1956 (BGBl I 111), Art. I Nr. 11 und 12 (dazu: BT-Dr II/124 und 125 [Entwürfe]; BT-Prot II/243, 552, 6819; BR-Dr 68/54; BR-Prot 54/54, 56/76); 12. G. zur Änd. des GG v. 6.3.1961 (BGBl I 141), Art. I (dazu: BT-Dr III/1901 [Entwurf]; BT-Prot III/7152, 7951, 7974; BR-Dr 39/61; BR-Prot 61/28); 16. G. zur Änd. des GG v. 18.6.1968 (BGBl I 657), Art. I Nr. 3 und 4 (dazu: BT-Dr V/1449 [Entwurf]; BT-Prot V/5023, 9184; BR-Dr 108/60, 468/66, 262/68; BR-Prot 60/378, 66/262; 68/121); 22. G. zur Änd. des GG v. 12.5.1969 (BGBl I 363), Art. I Nr. 3 (dazu: BT-Dr V/3515 [Entwurf]; BT-Prot V/10 903, 12 056, 12 538; BR-Dr 323/68; BR-Prot 68/185; 26. G. zur Änd. des GG v. 26.8.1969 (BGBl I 1357), Art. I (dazu: BT-Dr V/4085 [Entwurf]; BT-Prot V/12 690, 13 072; BR-Dr 61/69, 360/69; BR-Prot 69/67, 69/198); 51. G. zur Änd. des GG v. 26.7.2002 (BGBl I 2863), Art. 1 (dazu: BT-Dr 14/8994 [Entwurf]).
**Supra – und internationale Texte:** Römisches Statut des JGH v. 17.7.1998 (BGBl II – 2000, 1394).
**Historische Verfassungstexte: RV 1849:** § 176 (2) Die Militärgerichtsbarkeit ist auf die Aburtheilung militärischer Verbrechen und Vergehen sowie der Militär-Disciplinarvergehen beschränkt, vorbehaltlich der Bestimmungen für den Kriegszustand. – **WRV: Art. 105** Ausnahmegerichte sind unstatthaft. Niemand darf seinem gesetzl. Richter entzogen werden. Die gesetzl. Bestimmungen über Kriegsgerichte und Standgerichte werden hiervon nicht berührt. Die militärischen Ehrengerichte sind aufgehoben. **Art. 106** Die Militärgerichtsbarkeit ist aufzuheben, außer für Kriegszeiten und an Bord der Kriegsschiffe. Das Nähere regelt ein Reichsgesetz. – **GG 1949:** (1) Für das Gebiet der ordentlichen, der Verwaltungs-, der Finanz-, der Arbeits- und Sozialgerichtsbarkeit sind obere Bundesgerichte zu errichten. (2) Auf die Richter der oberen Bundesgerichte findet Artikel 95 Absatz 3 mit der Maßgabe Anwendung, dass an die Stelle des Bundesjustizministers und der Landesjustizminister die für das jeweilige Sachgebiet zuständigen Minister treten. Ihre Dienstverhältnisse sind durch besonderes Bundesgesetz zu regeln. (3) Der Bund kann für Dienststrafverfahren gegen Bundesbeamte und Bundesri. Bundesdienstgerichte errichten.
**Gesetzgebung:** PatentG §§ 65 ff.; BDO §§ 41 ff., 79 ff.; WDO §§ 62 f., 73, 109 f.; WBO § 17 II; ZDG §§ 66 f.; Gesetz über das Zivilschutzkorps § 57; BGSG aF (nach Maßgabe des Art. 3 II BGS NeuRG) § 58; VO über die Errichtung von Truppendienstgerichten v. 24.11.1972 (BGBl I 2154); DRiG § 61; GVG § 120; G. zur allgemeinen Einführung eines zweiten Rechtszuges in Staatsschutz-Strafsachen v. 8.9.1969 (BGBl I 1582); IStGM-Statutgesetz v. 4.12.2000 (BGBl II 1393); VStGB § 1; WStG v. 26.6.2002 (BGBl I 2254); WStG.

**Schrifttum:** *M. Berg,* Wehrstrafrechtgerichte oder Kriegsgerichte, DRiZ 1986, 128; *H.-H. Günter/K. Müller-Knapp,* Wehrstrafgerichtsbarkeit im Meinungsstreit, DRiZ 1986, 112; *A. Krieger,* Die Errichtung des Bundespatentgerichts vor 25 Jahren, FS 25 Jahre Bundespatentgericht, 1986, S. 31; *E. Pakuscher,* 40 Jahre Bundespatentgericht: Rückblick und Ausblick, FS W. Lorenz, 2001, S. 19; *K. Spring,* Brauchen wir in Deutschland eine Militärgerichtsbarkeit?, 2008; *E. Steinkamm,* Die Wehrstrafgerichtsbarkeit im Grundgesetz der Bundesrepublik Deutschland, 1974; *W. Wagner,* Die gerichtliche Zuständigkeit in Staatsschutz-Strafsachen, FS Dreher, 1977, S. 625.

### Übersicht

## A. Entstehungsgeschichte

Die **Erstfassung** von Art. 96 enthielt in Abs. 3 eine Regelung, die inhaltl. dem heut. Art. 96 IV **1** entsprach; die Abs. 1 u. 2 des ursprüngl. Art. 96 sind dag. die Vorläufer des heut. Art. 95 I, II.

Durch das 7. G zur Erg. des GG vom 19.3.1956 (BGBl I 111) wurde Art. 96 III aF dahingehend **2** erweitert, dass dem Bund auch die Ermächtigung zur Errichtung von **BDienstgerichten** zur Durchführung von DienststrafVf. geg. Soldaten u. zur Durchführung von Vf. über Beschw. von Soldaten eingeräumt wurde. Zugl. wurde in das GG Art. 96a eingefügt, der inhaltl. dem heut. Art. 96 II, III entsprach.

Durch das **12. G zur Ä** des GG v. 6.3.1961 (BGBl I 141) wurde Art. 96a neu gefasst. Insbes. wurde **3** in Art. 96a ein neuer Abs. 1 eingefügt, der wortlautident. mit dem Art. 96 I war, außerdem wurde Art. 96 III aF zu Art. 96a IV.

Durch das **16. G zur Ä** des GG v. 18.6.1968 (BGBl I 657) wurde Art. 96 aF in den neuen Art. 95 **4** übernommen, außerdem wurde Art. 96a zu Art. 96.

Das **22. G zur Ä** des GG v. 12.5.1969 (BGBl I 363) verlieh Art. 96 IV seine heut. Fassung. Durch **5** das **26. G zur Ä** des GG v. 26.8.1969 (BGBl I 1357) wurde Art. 96 um den heut. Abs. 5 erweitert. Abs. 5 wurde durch das **51. G zur Ä** des GG v. 26.7.2002 (BGBl I 2863) neugefasst.

## B. Fakultative besondere Bundesgerichte (Abs. 1–4)

### I. Bundesgericht für Angelegenheiten des gewerblichen Rechtsschutzes (Abs. 1)

Der Bund hat von der Ermächtigung des Art. 96 I durch die Errichtung des **BPatGer.** mit Sitz in **6** München (§§ 65 ff. PatentG) teilw. Gebrauch gemacht. Die beim BPatGer. bestehenden **Beschwerdesenate** entscheiden über Beschw. geg. Beschl. des Dt. Patentamtes. Den **Nichtigkeitssenaten** obliegt die Entsch. über die Nichtigerkl. von Patenten u. die Erteilung von Zwangslizenzen. Für die Entsch. sonst. Angelegenheiten des gewerbl. RSchutzes – dieser Begriff deckt sich mit dem des Art. 73 I Nr. 9 – sind die Ger. der Länder zust. geblieben.

7    Das BPatGer. ist ein **unabhängiges BGer. erster Instanz,** jedoch kein oberstes BGer.; übergeordnete Instanz ist gem. Art. 96 III der BGH. Art. 96 III garantiert aber keine lückenlose Kontrolle der Entsch. des BPatGer. durch den BGH.[1] Obwohl damit der RWeg nicht zum BVerwG führt, gehört das BPatGer. nicht zur ordentl., sondern zur **VwGerbark.**[2] Denn der Sache nach entscheidet das BPatGer. über **ör Streitigkeiten.**[3] Dies gilt desh. auch für den BGH, soweit er gem. Art. 96 III, §§ 100, 101 I PatG als RMGericht fungiert.

## II. Wehrstrafgerichtsbarkeit (Abs. 2)

8    Art. 96 II ermächtigt den Bund ledigl. zur Errichtung von Wehr**straf**ger.; die existierenden Wehr**dienst**ger. fallen unter Art. 96 IV. Da der Bund von der ihm zustehenden Ermächtigung bisl. noch keinen Gebrauch gemacht hat,[4] entscheiden zur Zeit die **Strafger.** der ordentl. Gerichtsbark. über diejen. Angelegenh., die in die potenzielle EntschKompetenz der nach Art. 96 II **fakultat. Wehrstrafgerbark.** fallen.

9    Die Zuständigkeit der Wehrstrafgerbark. ist nicht auf die Anwendung des **KriminalstrafR** beschränkt, vielmehr erstreckt sie sich auch auf die Entsch. über **Ordnungswidrigkeiten;**[5] insoweit gilt Entsprechendes wie für den Begriff des StrafR in Art. 74 I Nr. 1. Anzuwendendes Recht sind neben dem allg. Straf- u. OwiR auch **spezif. militärstrafrechtl. Tatbestände** sowie das WStG.[6] Weiterhin ist die EntschKompetenz der Wehrstrafger. von Verf. wegen nicht auf das dienstl. Verhalten beschränkt.[7]

10   Die **Strafgewalt der Wehrstrafger.** erstreckt sich im Verteidigungsfall (Art. 115a I) auf sämtl. Angehörige der Streitkräfte (Art. 87a I), in Friedenszeiten dagegen nur auf diejenigen Angehörigen der Streitkräfte, die in das Ausland entsandt – zB aufgr. der Eingliederung der Bundeswehr in die NATO – oder an Bord von Kriegsschiffen eingeschifft sind. Art. 96 II steht einer Unterstellung von **Kriegsgefangenen,** die ausländ. Streitkräften angehören, nicht entgegen.[8] Sinn u. Zweck der **person. Beschränkung** des Art. 96 II ist es, Zivilisten von der Strafgewalt der Wehrstrafgerbark. als einer **Sondergerbark.** auszunehmen. Die Erstreckung auf (alle) Kriegsgefangene[9] ist in Art. 84 I des III. **Genfer Abkommens vom 12.8.1949** über die Behandlung von Kriegsgefangenen, dem die BRD mit G v. 21.8.1954 (BGBl II 781) beigetreten ist, ausdrückl. bestimmt.

11   Für die **Überprüfbarkeit der Entsch.** der Wehrstrafger. durch den BGH, Art. 96 III, gelten die Ausführungen zum BPatGer. entsprechend.[10]

## III. Bundesdisziplinar- und Bundesbeschwerdegerichte (Abs. 4)

12   Art. 96 IV ermächtigt den Bund zur Errichtung von Bundesdisziplinar- u. Bundesbeschwerdeger. Die Kompetenzen dieser Ger. sind personell u. sachlich beschränkt.

13   In **personeller Hinsicht** erstreckt sich die Kompetenz nur auf Personen, die zum Bund in einem ör Dienstverh. stehen; dies sind vor allem Bundesbeamte, Bundesri., Soldaten, Ersatzdienstleistende u. Angehörige des Zivilschutzes.

14   Die Kompetenz der **BDisziplinarger.** ist in **sachl. Hinsicht** beschränkt auf die Entsch. in DisziplinarVf., dh die Entsch. über **Disziplinarmaßnahmen** aufgr. von Dienstvergehen.[11] Die Kompetenz der **BBeschwGer.** erstreckt sich auf die Entsch. in **BeschwerdeVf.;** diese haben – nach

---

[1] *Jachmann-Michel,* in: Maunz/Dürig, Art. 96 Rn. 16; *Pieroth,* in: Jarass/Pieroth, Art. 96 Rn. 1; *Schulze-Fielitz,* in: Dreier III, Art. 96 Rn. 17; *Voßkuhle* MKS III, Art. 96 Rn. 16.

[2] *Schulze-Fielitz* (Fn. 1), Art. 96 Rn. 18; *Schmitt Glaeser/Horn,* Verwaltungsprozessrecht, 15. Aufl. 2000, Rn. 67; *Heusch,* in: Hofmann/Henneke, Art. 96 Rn. 5; aA BGHZ 128, 280 (293 f.).

[3] BVerwGE 8, 350 (351); *Meyer,* in: v. Münch/Kunig, II, Art. 96 Rn. 5; *Ehlers/Schneider* SSB, § 40 Rn. 695; s. auch BGHZ 18, 81 (92).

[4] Zu den pers. und administr. Vorbereitungsmaßn. s. *Schulze-Fielitz* (Fn. 1), Art. 96 Rn. 20; *Voßkuhle* MKS III, Art. 96 Rn. 15; *Günter/Müller-Knapp* DRiZ 1986, 112 ff.

[5] *Jachmann-Michel* (Fn. 1), Art. 96 Rn. 25; *Pieroth* (Fn. 1), Art. 96 Rn. 3; *Schulze-Fielitz* (Fn. 1), Art. 96 Rn. 22; *Stern,* StaatsR II, S. 397; aA *Meyer* (Fn. 3), Art. 96 Rn. 7; *Wassermann* AK GG, Art. 96 Rn. 19; *Voßkuhle* MKS III, Art. 96 Rn. 11.

[6] *Jachmann-Michel* (Fn. 1), Art. 96 Rn. 25.

[7] *Heusch* (Fn. 2), Art. 96 Rn. 7; *Pieroth* (Fn. 1), Art. 96 Rn. 3.

[8] *Haratsch,* in: Sodan, Art. 96 Rn. 3; *Meyer* (Fn. 3), Art. 96 Rn. 8 (aA in der Voraufl.); unentsch. *Heusch* (Fn. 2), Art. 96 Rn. 7; aA *Jachmann-Michel* (Fn. 1), Art. 96 Rn. 27 (aA in der vorh. Lfg. *Herzog,* Rn. 17); *Wassermann* AK GG, Art. 96 Rn. 20; *Pieroth* (Fn. 1), Art. 96 Rn. 2; *Voßkuhle* MKS III, Art. 96 Rn. 12.

[9] Eine Ausdehnung auf sonst. Kriegsgefangene, die nicht ausländ. Streitkräften angehören, ist mit Art. 96 II indes nicht mehr vereinbar.

[10] S. o. Rn. 7 (Sätze 1 u. 2); ebenso *Jachmann-Michel* (Fn. 1), Art. 96 Rn. 31; *Pieroth* (Fn. 1), Art. 96 Rn. 3 aE; *Schulze-Fielitz* (Fn. 1), Art. 96 Rn. 26.

[11] *Schulze-Fielitz* (Fn. 1), Art. 96 Rn. 28; *Voßkuhle* MKS III, Art. 96 Rn. 19.

Maßgabe entspr. gesetzl. Regelungen – grds. **alle Klagen** des Dienstnehmers gegen den Dienstherrn aus dem Dienstverh. zum Gegenstand.[12] Erfasst sind sämtl. RBeziehungen aus dem ör Dienstverh.

Art. 96 IV ermächtigt den Bund zur Errichtung selbständiger BDisziplinar- u. BBeschwGer. Er **15** kann insow. verschiedene BuGer. errichten u. auch zw. den versch. Personengruppen, die zu ihm in einem ör Dienstverh. stehen, trennen. Mögl. wäre daher auch die Errichtung mehrerer BDisziplinarger. u. BBeschwGer. Ebenfalls zul. wäre die Errichtung von mehreren BuGer., die sowohl in Disziplinar- als auch in BeschwAngelegenh. entscheiden. Zul. wäre schließl. auch die Errichtung je eines BDisziplinar- u. BBeschwGer. für sämtl. in Art. 96 IV genannten Personen oder die Beschränkung auf ein einziges BuGer. für sämtl. Disziplinar- u. BeschwAngelegenh. Der Bund kann von der Ermächtigung des Art. 96 IV aber auch dadurch Gebrauch machen, dass er die Bildung besonderer Senate für Disziplinar- u. BeschwAngelegenh. an den schon existierenden BuGer. anordnet, die dann insoweit als BDisziplinar- u. BBeschwGer. fungieren.[13] Der Bund muss von der Ermächtigung des Art. 96 IV aber keinen Gebrauch machen. Die GerZuständigkeit für die Entsch. über die in Art. 96 IV genannten Disziplinar- u. BeschwAngelegenh. bestimmt sich dann nach dem allg. Prozess- u. GerichtsVfR; danach wäre regelm. die Zuständigk. der allg. VwGerbark. gegeben.

Der Bund hat von der Kompetenz des Art. 96 IV nur teilw. Gebrauch gemacht.[14] Eine Sonder- **16** gerbark. für BBeamte gibt es nicht mehr. Das ehem. BDiszG wurde zum 31.12.2003 aufgelöst (§ 85 VII BDG). In **bundesbeamtenrechtl. Disziplinarangelegenh.** entscheidet nunmehr die allg. VwGer. in einem dreiinstanzl. Vf. (§§ 45, 64, 67, 69 BDG). Ein Disziplinarsenat am BVerwG ist gesetzl. nicht mehr vorgeschr.; die BDO, die eine solche Vorgabe enthielt, wurde aufgehoben u. durch das neue BDG ersetzt.[15] Nicht ausgeschl. ist freilich die Beibehaltung der bish. Disziplinarsenate. Sie fallen dann aber unter § 10 II VwGO u. fungieren nicht mehr als BDisziplinargerichtsbark. iSv Art. 96 IV. Von seiner Kompetenz zur Errichtung einer bes. **BBeschwGerbark. für BBeamte** hatte der Bund auch schon früher keinen Gebrauch gemacht. Auch hier entscheiden die allg. VwGer.[16] Die allg. VwGerbark. entscheidet nunmehr auch in Disziplinar- u. BeschwAngelegenh. von **Zivildienstleistenden** (so § 66 ZDG für Disziplinarangelegenh.). Gleiches gilt für die **BPolizei,**[17] für deren Beamte das BDG anwendbar ist.[18] In Disziplinar- u. BeschwAngelegenheiten von **BRichtern,**[19] aber auch in weiteren gesetzl. zugew. Fällen (§§ 62, 79 III DRiG), entscheidet ein **bes. Senat des BGH.** Diesen Senat bezeichnet das Gesetz als **Dienstger. des Bundes** (§§ 61 f. DRiG). Insow. fungiert der BGH als BDisziplinar- u. BBeschwGer. iSv Art. 96 IV.[20] Für **Soldaten** wurden die **Wehrdienstger.** – nicht zu verwechseln mit den in Art. 96 II genannten Wehrstrafger. – errichtet (§ 68 ff. WDO). Wehrdienstger. sind nach § 68 WDO die TruppDienstger. (§§ 69 ff. WDO) u. das BVerwG (§ 80 WDO). Die Wehrdienstgerichte fungieren nach § 68 WDO sowohl als BDisziplinar- als auch BBeschwGer.[21] iSv Art. 96 IV. Das BVerwG, bei dem Wehrdienstsenate gebildet wurden (§ 80 I WDO), ist Rechtsmittelinstanz[22] für Entsch. der TruppDienstgerichte (§§ 114 ff. WDO).

**Soweit** der Bund von der Ermächtigung des Art. 96 IV Gebrauch macht u. die BDisziplinar- u. **17** BBeschwGerbarkeit der allg. VwGerbark. nicht eingliedert, handelt es sich um **bes. VwGerbarkeiten.**[23] Die entspr. gesetzl. Kompetenzzuweisungsnormen sind abdrängende Sonderzuweisungen iSv § 40 I 1 VwGO. Sie gehen als leges speciales auch den §§ 126 I BRRG, 126 I BBG vor. **Soweit** der Bund von der Ermächtigung des Art. 96 IV keinen Gebrauch macht u. keine bes. VwGerbark. schafft, bestimmt sich der RWeg nach § 40 VwGO u. den einschlägigen auf- u. abdrängenden Sonder-

---

[12] *Jachmann-Michel* (Fn. 1), Art. 96 Rn. 44; *Meyer* (Fn. 3), Art. 96 Rn. 12; *Wassermann* AK GG, Art. 96 Rn. 26; *Pieroth* (Fn. 1), Art. 96 Rn. 4; *Voßkuhle* MKS III, Art. 96 Rn. 19.

[13] *Schulze-Fielitz* (Fn. 1), Art. 96 Rn. 27; *Pieroth* (Fn. 1), Art. 96 Rn. 4; *Voßkuhle* MKS II, Art. 96 Rn. 23.

[14] Dazu *Ehlers/Schneider* SSB, § 40 Rn. 54 ff.

[15] Art. 27 II 1 G zur Neuordnung des BundesdisziplinarR v. 9.7.2001, BGBl I 1510 (1534).

[16] Der VwRWeg ist (§ 40 VwGO, 126 I, II BRRG, 126 I BBG eröffnet, *Jachmann-Michel* (Fn. 1), Art. 96 Rn. 47; *Wassermann* AK GG, Art. 96 Rn. 26.

[17] Der BGrenzschutz wurde in BPolizei umbenannt, Art. 1 G zur Umben. des BGrenzschutzes in BPolizei v. 21.6.2005, BGBl I S. 1818.

[18] Die aus §§ 53 IV, 59 I BGSG aF iVm Art. 3 II BGSNeuRG (BGBl 1994 I 2978) folgende Zuständigk. der Wehrdienstger. betrifft nur die Grenzschutzdienstpflichtigen – sie stehen den Wehrdienstleistenden gleich (§§ 49 ff. BGSG aF) –, nicht aber die von ihnen zu untersch. Angehörigen des BGrenzschutzes (nunmehr der BPolizei).

[19] Ausgenommen sind nach §§ 69 DRiG, 105 BVerfGG die Ri. des BVerfG.

[20] *Schulze-Fielitz* (Fn. 1), Art. 96 Rn. 31; *Voßkuhle* MKS II, Art. 96 Rn. 21, 23; *Pieroth* (Fn. 1), Art. 96 Rn. 4; *Sodan,* in: Sodan/Ziekow, VwGO, 5. Aufl. 2018, § 40 Rn. 108; *Ehlers/Schneider* SSB, § 40 Rn. 694; aA *Schmidt-Räntsch,* Deutsches Richtergesetz, 6. Aufl. 2009, § 61 Rn. 4; *Heusch* (Fn. 2), Art. 96 Rn. 11; zur Zuständigk. auch der allgem. VwGerbark. Rn. 17.

[21] Allerd. entscheiden sie nicht bei allen Kl. der Soldaten geg. ihren Dienstherrn, sondern nur in Disziplinarangelegenh. und in solchen BeschwAngelegenh., die der WBO (§§ 1, 17, 21 WBO) unterfallen. IÜ ist nach § 82 (früher § 59) SoldG die allg. VwGerbark. zuständig, *Ehlers/Schneider* SSB, § 40 Rn. 62; *Nicolai,* in: Redeker/v. Oertzen, VwGO, 16. Aufl. 2014, § 40 Rn. 74 f.

[22] Erstinstanzl. entscheidet es in den in § 21 WBO gen. Fällen.

[23] *Sodan* (Fn. 20), § 40 Rn. 103; so auch zum Dienstger. des Bundes – trotz § 61 III DRiG – wie auch zu den Dienstger. der Länder *Sodan* (Fn. 3), § 40 Rn. 108; *Stelkens/Panzer* SSB, § 1 Rn. 18 m. Fn. 94.

zuweisungen.²⁴ So verhält es sich bei Entsch. in BeschwVf. Hier sind gem. § 17 WBO für Beschw. (Klagen) von Soldaten die TruppDienstGer. zust. Allerd. begründet § 17 WBO die Zuständigk. der TruppDienstGer. nur, wenn die Beschw. des Soldaten eine Verletzung seiner Rechte oder eine Verl. von Pflichten eines Vorgesetzten zum Gegenstand hat, die im Zweiten Unterabschn. des Ersten Abschn. des SG mit Ausnahme der §§ 24, 25, 30 u. 31 SG geregelt sind. IÜ bestimmt § 82 SG die Zuständigk. der allg. VwGerbark.; denn § 82 SG eröffnet für alle Klagen aus dem Wehrdienstverh. den VwRWeg, soweit nicht – wie nach § 17 WBO – ein anderer RWeg gesetzl. vorgeschr. ist.²⁵ Für Klagen von Beamten hat der Bund von seiner Kompetenz zur Schaffung einer bes. BeschwGerbark. keinen Gebrauch gemacht. Hier ist daher der VwRWeg nach §§ 40 VwGO, 126 I, II BRRG, 126 I BBG eröffnet, wenn die Vorauss. dieser Vorschriften erfüllt sind.²⁶ Auch über RStreitigkeiten, die die RiDienstverh. betreffen, entscheiden die allgem. VwGer., soweit nicht ausdrückl. die Dienstger. für Ri. zur Entsch. berufen sind, vgl. § 46 DRiG iVm § 126 I BBG, § 71 DRiG iVm § 54 I BeamtStG, § 60 DRiG.²⁷

## C. Mittelbare Bundesgerichtsbarkeit qua Organleihe (Abs. 5)

**18**     Art. 96 V setzt voraus, dass die Strafgerbarkeit zur Verfolgung der genannten Straftaten in die Zuständigk. des Bundes u. damit des BGH fällt.²⁸ Zu den bisl. bezeichneten Gebieten des Art. 26 I (insbes. §§ 80, 80a StGB) u. des Staatsschutzes (§§ 81–101a StGB) kamen durch das **51. G zur Ä** des GG v. 26.7.2002 (BGBl I 2863) neu hinzu der Völkermord (§ 6 VStGB = § 220a StGB aF), der freilich auch schon vorher dem Bereich des Art. 26 I zuzurechnen war, sowie die völkerrechtl. Verbrechen gegen die Menschlichkeit u. die Kriegsverbrechen. Diese GGÄnderung steht im Zusammenh. mit dem Erlass des Völkerstrafgesetzbuches (VStGB) vom 26.6.2002 (BGBl I 2254), durch das das dt. mat. StrafR in einem bes. StrafG an das Römische Statut des IStGH vom 17.7.1998 (BGBl II 2000, 1394) angepasst wurde. Das VStGB enthält Strafbest. für schwerste Verbrechen, die die internat. Gemeinschaft als Ganzes berühren, insbes. Völkermord, Verbrechen gegen die Menschlichkeit u. Kriegsverbrechen.

**19**     Von der Delegationsermächtigung des Art. 96 V hat der Bund durch das G zur allg. Einführung eines zweiten RZuges in Staatsschutz-Strafsachen v. 8.9.1969 (BGBl I 1582), durch das § 120 GVG entspr. gefasst wurde, sowie durch die anschl. Neufassung von § 120 GVG durch G v. 26.7.2002 (BGBl I 2914) Gebrauch gemacht. Die hiernach iSd Art. 96 V zuständ. Ger. der Länder üben im Wege der **Organleihe** BuGerbark. aus.²⁹ Damit bleibt die Mitwirkungsbefugnis des Generalbundesanwalts bei der Verfolgung der entspr. Straftaten unberührt; das BegnadigungsR kann weiterhin vom BPräs ausgeübt werden.

## Art. 97 [Unabhängigkeit der Richter]

(1) **Die Richter sind unabhängig und nur dem Gesetze unterworfen.**

(2) **Die hauptamtlich und planmäßig endgültig angestellten Richter können wider ihren Willen nur kraft richterlicher Entscheidung und nur aus Gründen und unter den Formen, welche die Gesetze bestimmen, vor Ablauf ihrer Amtszeit entlassen oder dauernd oder zeitweise ihres Amtes enthoben oder an eine andere Stelle oder in den Ruhestand versetzt werden. Die Gesetzgebung kann Altersgrenzen festsetzen, bei deren Erreichung auf Lebenszeit angestellte Richter in den Ruhestand treten. Bei Veränderung der Einrichtung der Gerichte oder ihrer Bezirke können Richter an ein anderes Gericht versetzt oder aus dem Amte entfernt werden, jedoch nur unter Belassung des vollen Gehaltes.**

**Entstehungsgeschichte: Erstfassung:** JöR nF 1 (1951), 715.
**Historische Verfassungstexte: RV 1849:** § 177 (1) Kein Richter darf, außer durch Urtheil und Recht, von seinem Amt entfernt, oder an Rang und Gehalt beeinträchtigt werden. (2) Suspension darf nicht ohne gerichtlichen Beschluss erfolgen. (3) Kein Richter darf wider seinen Willen, außer durch gerichtlichen Beschluss in den durch das Gesetz bestimmten Fällen und Formen, zu einer andern Stelle versetzt oder in Ruhestand gesetzt werden. – **WRV: Art. 102**

---

²⁴ *Sodan* (Fn. 20), § 40 Rn. 104, 161 ff.
²⁵ Zur Abgrenzung zw. allg. VwGerbark. (§ 82 SG) und Truppdienstgerbark. (§ 17 WBO) BVerwG DÖV 2005, 1047 mwN.
²⁶ *Jachmann-Michel* (Fn. 1), Art. 96 Rn. 47; *Wassermann* AK GG, Art. 96 Rn. 26.
²⁷ Zur im Einzelnen sehr umstr. Abgrenzung der Zust. zw. den RiDienstger. u. den allgem. VwGer. BVerwGE 134, 388 ff.; *Ehlers/Schneider* SSB, § 40 Rn. 81 ff.; *Guckelberger*, in: Sodan/Ziekow, VwGO, 5. Aufl. 2018, § 38 Rn. 30 f.; *Schmidt* DV 51 (2018), 232 ff.
²⁸ *Jachmann-Michel* (Fn. 1), Art. 96 Rn. 57; *Wassermann* AK GG, Art. 96 Rn. 28; *Voßkuhle* MKS II, Art. 96 Rn. 24; *Heusch* (Fn. 2), Art. 96 Rn. 13; hiervon geht auch § 120 VI GVG aus; aA *Stern*, StaatsR II, S. 394; *Meyer* (Fn. 2), Art. 96 Rn. 14 ff.
²⁹ *Jachmann-Michel* (Fn. 1), Art. 96 Rn. 56; *Wassermann* AK GG, Art. 96 Rn. 28; *Heusch* aaO; *Schulze-Fielitz* (Fn. 1), Art. 96 Rn. 35; *Voßkuhle* MKS II, Art. 96 Rn. 24.

Die Richter sind unabhängig und nur dem Gesetz unterworfen. **Art. 104** (1) Die Richter der ordentlichen Gerichtsbarkeit werden auf Lebenszeit ernannt. Sie können wider ihren Willen nur kraft richterlicher Entscheidung und nur aus den Gründen und unter den Formen, welche die Gesetze bestimmen, dauernd oder zeitweise ihres Amtes enthoben oder an eine andere Stelle oder in den Ruhestand versetzt werden. Die Gesetzgebung kann Altersgrenzen festsetzen, bei deren Erreichung Richter in den Ruhestand treten. (2) Die vorläufige Amtsenthebung, die kraft Gesetzes eintritt, wird hierdurch nicht berührt. (3) Bei einer Veränderung in der Einrichtung der Gerichte oder ihrer Bezirke kann die Landesjustizverwaltung unfreiwillige Versetzungen an ein anderes Gericht oder Entfernung vom Amte, jedoch nur unter Belassung des vollen Gehalts, verfügen. (4) Auf Handelsrichter, Schöffen und Geschworene finden diese Bestimmungen keine Anwendung. – **GG 1949:** Wie geltende Fassung.

**Geltende Landesverfassungen:** *BW*Verf Art. 25 III 2, Art. 65 II, Art. 66 I; *Bay*Verf Art. 85; *Bln*Verf Art. 63 I; *Bbg*Verf Art. 2 IV 3, Art. 108 I; *Brem*Verf Art. 135 I, Art. 137; *Hmb*Verf Art. 62; *Hess*Verf Art. 126 II, Art. 128; *MV*Verf Art. 76 I 2; *Nds*Verf. Art. 51 IV; *NRW*Verf Art. 3 III; *RhPf*Verf Art. 121, Art. 122 II; *Saar*Verf Art. 110, Art. 111; *Sachs*Verf Art. 3 II 3, 77 II, 79 I; *LSA*Verf Art. 83 II; *SchlH*Verf Art. 2 III, 43 I 2; *Thür*Verf Art. 47 III, 86 II.

**Gesetzgebung:** DRiG.

**Leitentscheidungen:** BVerfGE 11, 56 (Persönliche Unabhängigkeit von Ehrenrichtern); BVerfGE 12, 81 (Hergebrachte Grundsätze des richterlichen Amtsrechts); BVerfGE 14, 156 (Atypische Richterarten); BVerfGE 26, 141 (Richterbesoldung); BVerfGE 148, 69 (Grundsätzliche Verfassungsmäßigkeit des Einsatzes von Verwaltungsrichtern auf Zeit).

**Schrifttum:** *F. Busse,* Gute Rechtsprechung – Ressourcengarantie und Leistungsverpflichtung, Verhandlungen des 66. DJT, Bd. II/1, 2006, R 21 ff.; *W. Geiger,* Die Unabhängigkeit des Richters, DRiZ 1979, 65; *ders.,* Zum verfassungsrechtlichen Status der Richter, FS H. Schäfer, 1975, S. 79; *R. Gröschner,* Reichweite richterlicher Inamovibilität im Verfassungsstaat des Grundgesetzes, 2005; *P.M. Huber/S. Storr,* Gerichtsorganisation und richterliche Unabhängigkeit in Zeiten des Umbruchs, ZG 2006, 105; *R. Kiener,* Richterliche Unabhängigkeit, 2001; *M. Minkner,* Die Gerichtsverwaltung in Deutschland und Italien, 2015; *H.-J. Papier,* Die richterliche Unabhängigkeit und ihre Schranken, NJW 2001, 1089; *M. Redeker,* Die Dienstaufsicht über Richter, SächsVBl. 2007, 73; *G. Roellecke,* Die Bindung des Richters an Gesetz und Verfassung, VVDStRL 34 (1976), 7; *E. Schilken,* Die Sicherung der Unabhängigkeit der Dritten Gewalt, JZ 2006, 860; *J.N. Scheuer,* Dienstaufsicht und richterliche Unabhängigkeit, FS Chr. Wagner, 2013, S. 191; *G. Schmidt,* Die richterliche Unabhängigkeit – eine Bestandsaufnahme, DV 51 (2018), 227; *H. Schulze-Fielitz/C. Schütz* (Hrsg.), Justiz und Justizverwaltung zwischen Ökonomisierungsdruck und Unabhängigkeit, 2002; *C. Schütz,* Der ökonomisierte Richter. Gewaltenteilung und richterliche Unabhängigkeit als Grenzen Neuer Steuerungsmodelle in den Gerichten, 2005; *D. Simon,* Die Unabhängigkeit des Richters, 1975; *Chr. Starck,* Die Bindung des Richters an Gesetz und Verfassung, VVDStRL 34 (1976), 45; *E. Stilz,* Das Justizgewährungsdefizit, Verhandlungen des 66. DJT, Bd. II/1, 2006, R 43 ff.; *A. Thiele,* Die Unabhängigkeit des Richters – grenzenlose Freiheit? – Das Spannungsverhältnis zwischen richterlicher Unabhängigkeit und Dienstaufsicht, Der Staat 52 (2013), 415; *F. Wittreck,* Die Verwaltung der Dritten Gewalt, 2006; *ders.,* Judex amovibilis?, ThürVBl. 2005, 245. Weit. Lit. zu Art. 92.

**Übersicht**

## A. Allgemeines

Die in Art. 97 I normierte **Unabhängigkeit der Richter** rechnet zu den **verfgestaltenden 1 Strukturprinzipien** des GG. Die richterl. Unabhängigk. ist nicht nur Ausdr. des Gewaltenteilungspr., Art. 20 II 2, sie gehört auch zum Grundstandard rechtsstaatl. Handelns: Die Gewährung des grundrechtl. garantierten **effektiven RSchutzes,** Art. 19 IV, ist nur durch unabh. Ri. mögl.[1] Demgemäß gehört es zum **Wesen richterl. Tätigkeit,** dass sie durch einen nichtbet. Dritten in persönl. u. sachl. Unabh. ausgeübt wird.[2]

---

[1] *Papier* NJW 1990, 9 f.
[2] BVerfGE 87, 68 (85); 103, 111 (140).

2 Vor allem diese verfrechtl. garantierte Unabh. unterscheidet den Ri. vom Beamten. Der Beamte ist in die Behördenhierarchie eingegliedert u. unterliegt den Weisungen seiner Vorgesetzten (§§ 3 II 2, 55 BBG, 35 S. 2 BeamtStG). Die Ri. sind nur dem Gesetz (u. dem Recht) unterworfen. Den anderen beiden Staatsgewalten ist es untersagt, direkt oder auch nur mittelb. die richterl. Entscheidung konkr. Fälle zu beeinflussen. Dem GesGeber ist es auch verwehrt, Ges. zu erlassen, die eine solche Einflussnahme ermöglichen. Die grundgesetzl. Garantie der richterl. Unabh. **verpflichtet den Gesetzgeber** vielmehr, gesetzl. Vorkehrungen für eine möglichst effektive Entfaltung der richterl. Unabh. zu schaffen.[3]

3 Die Einräumung von **Standesprivilegien** der Richterschaft bezweckt weder Art. 97 noch Art. 33 V.[4] Die richterl. Unabh. gebietet es nicht, dem einzelnen Ri. bei der organisatorischen **Gestaltung des Arbeitsablaufs** weitestgehend freie Hand zu lassen. Verfrechtl. geboten ist weder die Befreiung von einem Dienststundenzwang noch die Freistellung von Arbeitszeitordnungen.[5]

4 Eine gesetzl. Regelung des richterl. DienstR ist trotz der richterl. Unabh. unerlässl. u. verfrechtl. sogar vorgeschr., Art. 98. Dass dadurch die persönl. u. dienstl. RStellung der Ri. berührt wird, ist zwangsl. Folge. Auch die in Art. 33 II enthaltene **staatl. Personalhoheit** u. das **Prinzip der Bestenauslese** wirken sich bei der gesetzl. Regelung der RStellung der Ri. zwangsläufig auf deren Status aus. Die Implementierung des sog. neuen Steuerungsmodells[6] zur Effektuierung der Justiz u. ihrer Arbeitsabläufe ist mit Art. 97 vereinbar, wenn dadurch die richterl. RAnwendung nicht beeinflusst wird.[7]

5 Verfrechtl. verboten ist jede **vermeidbare Einflussnahme** auf die RStellung der Ri.[8] Vermeidbar sind solche gesetzl. Regelungen, die der Exekutive EntschBefugnisse einräumen, die zur Erhaltung der Funktionsfähigkeit der Ger. nicht nötig sind.[9] Dies gilt auch für vergleichbare Einzelmaßnahmen, die auf gesetzl. (General-)Vorschr. gestützt werden. Grds. unzul. sind insb. auf das DienstR gestützte Maßnahmen, die unmittelb. oder mittelb., subtil oder psychologisch die rspr. Tätigkeit des Ri. u. damit seine sachl. Unabh. beeinträchtigen.[10]

6 Das BVerfG verortet die „Unabhängigkeit der Gerichte" in **Art. 20 II, III, 92 u. 97.**[11] Soweit Art. 97 Ausdruck des Gewaltenteilungs- u. RStaatspr. ist, verbietet **Art. 79 III** VerfÄnderungen.[12]

7 Art. 97 gewährt zwar **subj. ö R,**[13] enthält jedoch **keine Grundrechte** oder grundrechtsgl. Rechte.[14] Die richterl. Unabh. gehört aber zu den **hergebrachten Grds. des richterl. Amtsrechts,** die ebenfalls dem Schutz des Art. 33 V unterfallen (Rn. 32 ff.). Art. 33 V ist zugl. ein per VB rügefähiges grundrechtsgl. Recht des einzelnen Ri. Das gilt sowohl für die sachl. Unabh., Art. 97 I, als auch für die in Art. 97 II geregelte persönl. Unabh.[15] Eine Verl. der Rechte aus Art. 97 I, II kann der einzelne Ri. über Art. 33 V, 3 I mit der **VB** rügen.[16] Folgt man dem BVerfG, wonach auch Berufe des ö Dienstes in den Schutzbereich von Art. 12 I fallen,[17] ist auch ein Rückgriff auf Art. 12 I mögl. Art. 2 I ist dann durch Art. 12 I u. Art. 33 V verdrängt.

8 Der **Richterbegriff** des Art. 97 I deckt sich mit demjenigen des Art. 92.[18] Ri. iSv Art. 97 I sind „sämtliche Personen, die Rechtsprechung ausüben – Berufsrichter wie ehrenamtliche, Bundes- wie Landesrichter."[19] Demgeg. gilt Art. 97 II nur für einen **speziellen Richtertypus,** näml. für den hauptamtl. u. planmäßig endgültig angestellten Ri. (Rn. 23 ff.).

---

[3] *Hermanns*, abwM BVerfGE 148, 133 Rn. 6; *Wassermann* AK GG, Art. 97 Rn. 20; *Meyer*, in: v. Münch/Kunig II, Art. 97 Rn. 4; *Schulze-Fielitz*, in: Dreier III, Art. 97 Rn. 17.

[4] Zum Verh. dieser beiden Vorschr. Rn. 7, 32 ff.

[5] Ebenso *Hillgruber*, in: Maunz/Dürig, Art. 97 Rn. 84; *Pieroth*, in: Jarass/Pieroth, Art. 97 Rn. 6; *Wassermann* AK GG, Art. 97 Rn. 17; *Schulze-Fielitz* (Fn. 3), Art. 97 Rn. 35; *Classen* MKS III, Art. 97 Rn. 5; *Redeker* NJW 2000, 2797; *Wittreck* NJW 2004, 3014 f.; *Schilken* JZ 2006, 867; *M. Redeker* SächsVBl. 2007, 77; *Scholz* ZG 2013, 116; ausf. *Schröder* NJW 2005, 1160 ff.; aA BVerwGE 78, 211 (213 f.); 125, 365 Rn. 19; NJW 1983, 62; DRiZ 1981, 470; BGHZ 113, 36 (40 f.); NJW 2003, 282; NJW 2001, 3275; *Lecheler* HStR V, § 110 Rn. 50.

[6] Dazu etwa *Schütz*, in: Hill/Diekmann, Moderne Justiz, 2013, S. 57 ff.; *Berlit*, in: Schulze-Fielitz/Schütz, Justiz und Justizverwaltung zwischen Ökonomisierungsdruck und Unabhängigkeit, 2002, S. 135 ff.; *Reinhardt* ebda, S. 179 ff.

[7] *Schütz*, Der ökonomisierte Richter, 2005, S. 427, allerd. für eine gesetzl. Regelung; *Damkowski/Precht* VerwArch 96 (2005), 529 f.; *Voßkuhle*, in: Schulze-Fielitz/Schütz (Fn. 6), S. 45 f.

[8] BVerfGE 12, 81 (88); 26, 79 (93, 96); 38, 1 (21); *Schulze-Fielitz* (Fn. 3), Art. 97 Rn. 19; für eine enge Auslegung des Art. 97 I GG zu Recht *Hoffmann/Riem* FS Scholz, 2007, S. 499 ff.

[9] BVerfGE 26, 79 (94); ähnl. *Schilken* JZ 2006, 864.

[10] BVerfG(K) NVwZ 2016, 764 Rn. 77; dazu *Hillgruber* (Fn. 5), Art. 97 Rn. 79 ff.; *Papier* NJW 2001, 1091 ff.; *Scheuer* FS Wagner, 2013, S. 191 ff.; s. auch die Bsp. in Rn. 20.

[11] BVerfGE 60, 253 (296).

[12] *Hillgruber* (Fn. 5), Art. 97 Rn. 2; *Schulze-Fielitz* (Fn. 3), Art. 97 Rn. 62; *Schilken* JZ 2006, 861; ebenso, aber sehr weitgehend *Wassermann* AK GG, Art. 97 Rn. 14; aA *Holtkotten* BK, Art. 97 (1968) Erl. 1 c.

[13] *Schmidt-Räntsch*, Deutsches Richtergesetz, 6. Aufl. 2009, § 25 Rn. 9; *Schulze-Fielitz* (Fn. 3), Art. 97 Rn. 16 („mittelbar").

[14] BVerfGE 27, 211 (217); 48, 246 (263); BVerwGE 78, 216 (220 f.); vgl. → Art. 92 Rn. 3.

[15] BVerfGE 12, 81 (88); 55, 372 (391 f.); BVerfG(K) NVwZ 2016, 764 Rn. 76; NJW 2016, 3711 Rn. 14; *Lecheler* HStR V, § 110 Rn. 50; dazu u. Rn. 32 ff.; für Art. 97 II offen gel. von BVerfGE 38, 139 (151).

[16] BVerfG(K) NJW 1996, 2150; BGH DVBl 2005, 310 (312).

[17] Nw. pro et contra → Art. 92 Fn. 10.

[18] *Schulze-Fielitz* (Fn. 3), Art. 97 Rn. 18; dazu → Art. 92 Rn. 25 ff.

[19] BVerfGE 26, 186 (201); *Schilken* JZ 2006, 862.

Umstr. ist, ob auch der **RPfleger** Ri. iSv Art. 97 I, 92 ist.[20] Das BVerfG verneint dies: „Der **9** Rechtspfleger ist nicht Richter im Sinne des Verfassungsrechts und des Gerichtsverfassungsrechts."[21] Dem ist zuzustimmen. Zwar ist es richtig, dass der einf. GesGeber nicht daran gehindert ist, auch RPflegern dieselbe sachl. Unabh. wie den Ri. einzuräumen u. ihre RStellung derjenigen der Ri. anzugleichen.[22]

Dies ist durch § 9 RPflG weitgehend geschehen. Danach ist der RPfleger sachlich unabh. u. nur an **10** Recht u. Ges. gebunden. Eine vollst. Gleichstellung mit der sachl. Unabh des Ri. nach Art. 97 I besteht aber nach wie vor nicht. Der RPfleger ist nicht nach Art. 100 I zur Vorlage an das BVerfG berechtigt, sondern nach § 5 I Nr. 1, 2 RPflG zur Vorlage an den Ri. verpflichtet. Die den RPflegern einfachgesetzl. eingeräumte sachl. Unabh. kann ihnen ohne Bindung an Art. 97 I einfachgesetzl. wieder entzogen werden. Als Beamte des (gehobenen) Justizdienstes (§ 2 I 1 RPflG) ist der RPfleger auch nicht persönl. unabh.[23] Diese nach wie vor auch einfachgesetzl. Unterscheidung zw. der RStellung des Ri. u. des RPflegers verstößt nicht gegen Art. 97. Vielmehr stellt sich umgekehrt die Frage, welche Angelegenh. zum unantastbaren Kernbereich der Rspr. zählen[24] u. deshalb gem. Art. 92 dem RPfleger eben wegen seiner **fehlenden RiEigenschaft** durch einf. Ges. nicht übertragen werden dürfen.[25]

## B. Die sachliche und persönliche Unabhängigkeit der Richter

### I. Die sachliche Unabhängigkeit (Abs. 1)

**1. Allgemeine Bedeutung.** Die in Art. 97 I garantierte **sachl. Unabh.** der Ri. bedeutet primär, **11** dass die Ri. in ihrer richterl. Tätigkeit an Weisungen nicht gebunden sind.[26] Die sachl. Unabh. nach Art. 97 I gilt anders als die persönl. Unabh. nach Art. 97 II auch für nicht hauptamtl. u. nicht planmäßig endgültig angestellte Ri. Allerd. schützt auch Art. 97 I – u. nicht nur Art. 97 II – vor solchen Beeinträchtigungen der persönl. RStellung, die die sachl. Unabh. gefährden.[27] Von dem Grds. der sachl. Unabh. macht auch die in Art. 20 III, 97 I normierte Bindung der Ri. an die form. u. mat. Ges.[28] (u. an das Recht)[29] keine Ausnahme.[30]

Die sachl. Unabh. erstreckt sich sowohl auf den Bereich der **mat. Rspr.** iSv Art. 20 II 2, 92 als auch **11a** auf solche Aufgaben u. Gegenstände, die der GesGeber den Ri. gerade im Hinblick auf ihre Unabh. übertragen hat, wie z B im Bereich der freiw. Gerbark. Soweit die Ri. darüber hinaus **funktionelle Aufgaben der Exekutive** wahrnehmen – insbes. solche der JustizVw. –, genießen sie nicht den Schutz des Art. 97 I.[31]

Ein Spannungsverh. besteht zw. der sachl. (u. auch persönl.)[32] Unabh. u. der **Dienstaufsicht,** der die **11b** Ri. gem. § 26 DRiG unterliegen. Sowohl die richterl. Unabh. als auch die Dienstaufsicht über die Ri. sind letztl. Ausdruck der rechtsstaatl. Justizgewährungspflicht.[33] Beide stellen die Gewährung effektiven RSchutzes im Allgemeinen u. im Einzelfall sicher. Die richterl. Unabh. ist eine wesentl. Vorauss. für die Effektivität des RSchutzes; die Dienstaufsicht überwacht die Erfüllung dieser richterl. Dienstpflicht.

Die Dienstaufsicht gem. § 26 I, II DRiG erstreckt sich auf die gesamte richterl. Tätigkeit einschl. **11c** des gerichtsrelevanten außerdienstl. Verhaltens,[34] darf aber die richterl. Unabh. nicht beeinträchtigen (§ 26 I DRiG). Demgemäß unterscheidet das **Dienstger. des Bundes** (ein bes. Senat des BGH, § 61 I DRiG) zw. einem **Kernbereich** u. einem **äußeren Ordnungsbereich** der richterl. Tätigkeit. Zum Kernbereich gehören die eigentl. RFindung, dh vor allem die gerichtl. Entsch. selbst u. die ihr mittelb. dienenden Sach- u. VfEntsch. Der Kernbereich ist der Dienstaufsicht grds. entzogen.[35] Eine Ausnahme

---

[20] Dafür *Habscheid* FS Geimer, 2002, S. 285 ff.; dem zuneigend *Wassermann* AK GG, Art. 97 Rn. 19.

[21] BVerfG 56, 87 (127); 101, 397 (405); ebenso BVerwGE 125, 365 Rn. 18; *Hillgruber* (Fn. 5), Art. 97 Rn. 20; *Schulze-Fielitz* (Fn. 3), Art. 92 Rn. 55; RPflegervorl. nach Art. 100 I hält das BVerfG für unzul., BVerfGE 16, 82 (87); 30, 170 ff.; 55, 370 ff.; nach BVerfGE 107, 395 (406) handelt der RPfleger nicht in richterl. Unabh.

[22] *Wassermann* AK GG, Art. 97 Rn. 19.

[23] BVerfGE 101, 397 (405); *Mielke* BayVBl 2004, 522.

[24] Dazu → Art. 92 Rn. 16.

[25] Vgl. *Heyde* HdbVerfR, § 33 Rn. 16; für VerfWidrigk. der Übertragung der nach § 765a ZPO zu treffenden HärtefallE auf den RPfleger gem. § 20 Nr. 17 RPflG *Gaul* JZ 2013, 1081 ff.; dass die nach Art. 92 den Ri. vorbeh. Aufgaben nicht den RPflegern übertragen werden dürfen, betont BVerfGE 101, 397 (405).

[26] BVerfGE 3, 213 (224); 87, 68 (85).

[27] BVerfGE 148, 69 Rn. 59, 61, 65.

[28] BVerfGE 78, 214 (227): Bindung auch an RVO, Satzungen und GewohnheitsR, nicht dageg. an allg. VwVorschr.; BVerfGE 111, 307 (325 f.): Bindung an die EMRK (in der Auslegung durch den EGMR).

[29] Zur Frage, ob zw. Recht und Gesetz ein sachl. Untersch. besteht, vgl. (vern.) *Hillgruber* (Fn. 5), Art. 97 Rn. 37 f.; *Wassermann* AK GG, Art. 97 Rn. 52; *Sodan* HStR V, § 113 Rn. 29; *Stern,* StaatsR II, S. 913; (bej.) *Meyer* (Fn. 3), Art. 97 Rn. 21 f., 35; *Holtkotten* BK, Art. 97 (1968) Erl. 2b α; *Heyde* HdbVerfR, § 33 Rn. 93.

[30] BVerfGE 111, 307 (325); *Hillgruber* (Fn. 5), Art. 97 Rn. 25.

[31] Dazu näher → Art. 92 Rn. 13 f.

[32] Dazu unten Rn. 28 ff. (37).

[33] *Papier* NJW 1990, 9; *ders.* NJW 2001, 1091; vgl. BGH NJW 2018, 158 Rn. 25.

[34] Zutr. *Papier* NJW 2001, 1091; *Scheuer* (Fn. 10), S. 192; *Heusch,* in: Hofmann/Henneke, Art. 97 Rn. 18.

[35] BGHZ 42, 163 (169); 47, 275 (286); 90, 41 (45); 93, 238 (243); vgl. NJW 2018, 158 Rn. 18.

gilt für Extremfälle krasser offensichtl. Fehlentsch.[36] Zum Ordnungsbereich gehören der Geschäftsablauf, die äußere Form der Erledigung der Amtsgeschäfte u. solche Angelegenheiten, die dem Kernbereich so weit entrückt sind, dass für sie die Garantie des Art. 97 I vernünftigerw. nicht mehr in Anspr. genommen werden kann. Der Ordnungsbereich unterliegt der Dienstaufsicht, deren Maßn. aber auch nicht mittelb. steuernd in den Kernbereich der RFindung eingreifen dürfen. Diese Untersch. zw. grds. dienstaufsichtsfestem Kernbereich u. dienstaufsichtsunterworfenem Ordnungsbereich hat zu einer reichhaltigen Kasuistik geführt.[37] Der BGH hat an dieser Untersch. trotz zT heftiger Kritik in der Lit.[38] festgehalten.[39]

**12**    **2. Die Unabhängigkeit von der Legislative.** Die Anwendung von Ges. u. Recht im Einzelfall ist geradezu kennzeichnend für die richterl. Tätigkeit. Rspr. ohne Bindung an Ges. u. Recht wäre ein Widerspruch in sich selbst. **Rspr. u. richterl. GesBindung** sind keine Gegensätze, sondern **bedingen einander.**[40] Die Unabh. des Ri. auch von der Legislat.[41] äußert sich darin, dass es der Ersten Gewalt untersagt ist, **unmittelbaren** Einfluss auf die Entsch. **konkreter Fälle** in **laufenden Vf.** zu nehmen;[42] dies gilt sowohl für Maßn. informeller Art als auch für schlichte Parlamentsbeschl. oder für EinzelfallG.[43] Gewährleistet der HaushaltsgesGeber durch entspr. Mittelbereitstellungen nicht ein Mindestmaß an ausreichender Personal- u. Sachausstattung der Justiz, beeinträchtigt er zwar nicht die sachl. Unabh. der Ri.[44] In Extremfällen können aber die hergebrachten Grds. des richterl. AmtsR (Art. 33 V), zu denen auch die Gewährleistung zumutbarer Arbeitsbedingungen der Ri. gehört, sowie die staatl. verfrechtl. Justizgewährungspflicht u. der verfrechtl. Justizgewährungsanspr.[45] verletzt sein.[46]

**13**    **3. Die Unabhängigkeit von der Exekutive.** Unbestr. ist, dass Art. 97 I die sachl. Unabh. der Ri. von der Exekut. garantiert. Untersagt ist die Einflussnahme auf die Rspr. durch Einzelweisungen,[47] VwVorschriften[48], sonstige Handlungsformen[49] u. Handlungen auch nur mittelb., subtiler u. psychologischer Art, die zur Erhaltung der Funktionsfähigk. der Ger. nicht erforderl. sind. Mit Art. 97 I unvereinbar ist desh. eine in der Wortwahl **unmäßige Urteilsschelte** durch herausgehobene Repräsentanten des Staates u. seiner Organe, wenn diese sich in amtl. Eigenschaft äußern.[50] Zum geschützten Tätigkeitsbereich der Rspr. zählen nicht nur der **EntschAusspruch,** sondern auch die **vfleitenden u. vfbegleitenden Anordnungen**[51] wie Terminanberaumung,[52] Fristsetzung, sitzungspolizeil. Maßnahmen,[53] Beweiserhebung u. Geschäftsverteilung.[54] Auf **JustizVwAngelegenheiten** erstreckt sich die sachl. Unabh. dagegen nicht.[55]

[36] BGHZ 67, 184 (187 f.); 176, 162 Rn. 16; 181, 268 Rn. 16; zust. *Hillgruber* (Fn. 5), Art. 97 Rn. 81 ff.; *Meyer* (Fn. 3), Art. 97 Rn. 8; *Heusch* (Fn. 34), Art. 97 Rn. 22; *Wassermann* AK GG, Art. 97 Rn. 30; *Scheuer* (Fn. 10), S. 194 f.; noch weitergehend *Wittreck,* Die Verwaltung der Dritten Gewalt, 2006, S. 197 ff.; aA *Thiele* Staat 52 (2013), 415 (426 f.).

[37] Dazu Rn. 20 f.; s. *Schmidt-Räntsch* (Fn. 13), § 26 Rn. 24 ff.; *Kissel/Mayer,* GVG, 9. Aufl. 2018, § 1 Rn. 63 ff.; *G. Schmidt* DV 51 (2018), 238 ff.

[38] *Mayer* DRiZ 1978, 313; *Rudolph* DRiZ 1979, 97; *Schilken* JZ 2006, 865 f.; *Thiele* Staat 52 (2013), 415 (421 ff.); *Schmidt-Räntsch,* Dienstaufsicht über Richter, 1985, S. 61 ff.; 101 f.

[39] BGH DRiZ 1997, 468; letztl. billigend *Kissel/Mayer* (Fn. 37), § 1 Rn. 60.

[40] S. *Heyde* HdbVerfR, § 33 Rn. 92; *Schulze-Fielitz* (Fn. 3), Art. 97 Rn. 21; *Sodan* HStRV, § 113 Rn. 34 f.

[41] So BVerfGE 12, 67 (71); 38, 1 (21).

[42] *Hillgruber* (Fn. 5), Art. 97 Rn. 92; zu rechtskräftig abgeschl. Vf → Art. 92 Rn. 1a; vgl. auch *Heusch* (Fn. 34), Art. 97 Rn. 27.

[43] *Schulze-Fielitz* (Fn. 3), Art. 97 Rn. 23, 25; *Hillgruber* (Fn. 5), Art. 97 Rn. 92.

[44] *Schulze-Fielitz* (Fn. 3), Art. 97 Rn. 24; *Schütz* ThürVBl 2006, 85; aA *Kissel/Mayer* (Fn. 37), § 1 Rn. 104; *Pfeiffer* DRiZ 1988, 85; *Scheuer* (Fn. 10), S. 210; vgl. BVerfG(K) NJW 2016, 3711 Rn. 20; offen gelassen von BGH NJW 2005, 906.

[45] Dazu näher *Detterbeck* AcP 192 (1992), 327 ff.; *Maurer* FS Bethge, 2009, S. 535 ff.

[46] BVerfG(K) NJW 2006, 671 („Versagen des Staates"); NJW 2005, 906; BayVerfGHE 58, 212 (242); VerfGBbg LVerfGE 14, 169 (174); *Scheuer* (Fn. 10), S. 211; *Schilken* JZ 2006, 864; *Stilz,* Verhandlungen des 66. DJT, Bd. II/1, 2006, R 53 f.; vgl. auch *Schulte-Kellinghaus* ZRP 2006, 170.

[47] BVerfGE 14, 56 (69); 26, 186 (198); 27, 312 (322); 31, 137 (140); 36, 174 (185); 60, 175 (214).

[48] *Pieroth* (Fn. 5), Art. 97 Rn. 3.

[49] BVerfGE 26, 79 (93); 55, 372 (389); 148, 69 Rn. 57 f.; *Thiele* Staat 52 (2013), 415 (416 Fn. 6); zur Probl. amtl. UrtSchelte *Mishra,* Zulässigkeit und Grenzen der Urteilsschelte, 1997, S. 204 ff.; *Wittreck* (Fn. 36), S. 169 ff.

[50] Dies gilt auch für Vertreter der Legislative, etwa für einen Bundestagsvizepräsidenten, wenn er ein zumal auf der bisherigen Linie der höchstrichterl. Rspr. liegendes nicht rechtskr. Urt. eines LAG öffentl. als „barbarisches Urteil von asozialer Qualität" brandmarkt; so *Wolfgang Thierse* zu LAG Brandenburg NZA-RR 2009, 188 (Fall *Barbara Emme;* dazu erhellend *Rieble* NJW 2009, 2101 ff. m. Fn. 19; vgl. auch *Stoffels* NJW 2011, 118); äußern sich Amtsträger allerd. in nichtamtl. Eigenschaft, gilt ein anderer Maßstab, dazu Rn. 17 ff.

[51] S. dazu *Pieroth* (Fn. 5), Art. 97 Rn. 3; *Wassermann* AK GG, Art. 97 Rn. 28.

[52] BVerwGE 46, 69 (71).

[53] BGHZ 90, 41 (45); 93, 238 (243 f.); 102, 369 (372).

[54] BVerwGE 50, 11 (16); BGHZ 46, 147 (149).

[55] BVerfGE 38, 139 (152 f.); *Pieroth* (Fn. 5), Art. 97 Rn. 4 a.

**4. Die Unabhängigkeit von der Judikative.** Die richterl. sachl. Unabh. gilt auch gegenüber der  **14**
rspr. Gewalt selbst.[56] Insow. ist freilich eine Einschr. geboten. Eine Bindung des Ri. an andere gerichtl.
Entsch. verstößt nicht gegen Art. 97 I, soweit sie Ausdruck **typischer u. traditioneller „Funktionsbedingungen"**[57] der rspr. Gewalt ist, also zum Wesen der richterl. Tätigkeit gehört. Hierzu rechnen
namentl. Tatbestandswirkung, Feststellungswirkung, RKraft u. sonstige Bindungswirkungen gerichtl.
Entsch. wie innerprozessuale Bindungswirkung, Bindungswirkung nach § 31 I BVerfGG u. GesKraft
nach § 31 II BVerfGG.

Die sachl. Unabh. des einzelnen Ri. auch von der Dritten Gewalt äußert sich vielmehr darin, dass er  **15**
– außerh. der oben genannten Bindungsinstitute – nicht daran gehindert ist, auch dann eine **eigene
RAuffassung** zu vertreten u. seinen Entsch. zugrunde zu legen, wenn alle anderen Ger., auch die im
RZug übergeordneten, den gegent. Standpunkt einnehmen.[58] „Die Rechtspflege ist wegen der
Unabhängigkeit der Richter konstitutionell uneinheitlich".[59] Gesetzl. begrenzt ist diese richterl.
Unabh. durch den RBeugeTB des § 339 StGB, der allerd. im Lichte des Art. 97 I einschr. auszulegen
ist.[60]

Die Garantie der sachl. Unabh. kann auch **innerhalb der Gerbark. u. im Innenverh. einer  16
GerKammer** Wirkung entfalten.[61] Verändert der Vorsitzende einer Kammer EinzelriEntsch. inhaltl.
durch Streichungen ohne Einwilligung des Einzelri., verletzt er dessen sachl. Unabh. Art. 97 I schützt
den einzelnen Ri. jedenfalls vor solchen internen Eingriffen anderer Ri., für die es ersichtl. keine
rechtl. Grundlage gibt. Derartige Eingriffe stellen funktionell keine Rspr. iSv Art. 92 dar. Der insow.
ultra vires handelnde Ri. kann sich desh. seinerseits nicht auf den Schutz des Art. 97 I berufen.[62]

**5. Der Schutz vor gesellschaftlicher Einflussnahme.** Umstr. ist, ob die rspr. Gewalt auch vor  **17**
gesellschaftl. Einflussnahme geschützt ist.[63] Der Vorschr. des Art. 97 I ist die **obj. Wertentsch.** des
VerfGebers zu entnehmen, dass die Ger. in voller sachl. Unabh. entscheiden dürfen u. müssen, also
auch frei von privaten oder gesellschaftl. Pressionen.

Zwar gewährt Art. 97 I dem einzelnen Ri. kein GrR, gleichwohl ist er **unmittelb. geltendes  18
(objektives) Recht,** auch soweit es um den Schutz der Dritten Gewalt vor gesellschaftl. Einflussnahme
geht.

Andererseits sind **ö Kritik** auch an einzelnen richterl. Entsch. sowie krit. Berichte in den Medien  **19**
über laufende Vf. nicht per se unzulässig.[64] Im Gegenteil: Die Kritik übenden gesellschaftl. Kräfte
können namentl. die verschiedenen durch Art. 5 I gewährleisteten GrR für sich reklamieren. Beide
**kollidierenden VerfGüter** müssen im Einzelfall zum Ausgl. gebracht werden, so zB bei der Anwendung des NötigungsTB des § 240 StGB, der auch den einzelnen Ri. schützt.[65] **Live-Übertragungen**
im Radio, Fernsehen u. Internet aus **laufenden** GerichtsVf. sowie Aufzeichnungen verstoßen grds.
gegen die sachl. richterl. Unabh. u. gegen den Grds. effektiven RSchutzes, weil hierdurch die Unbefangenheit nicht nur der Ri., sondern sämtl. VfBeteiligter gefährdet wird u. damit auch die RFindung.[66] Entspr. Ges. wären verfwidrig. Auch diesbezügl. journalist. Tätigkeit ohne gesetzl. Grundl. ist
unzul. Art. 97 I verbietet den medialen staatl. Show-Prozess. Live-Übertragungen von EntschVerkün-
dungen sind zwar nicht völlig unproblemat. Die Gefahr der Beeinträchtigung der sachl. Unabh. u. der
RFindung ist aber so gering, dass sie verfrechtl. tolerabel ist.

---

[56] BVerfG(K) NJW 1996, 2150; *Hillgruber* (Fn. 5), Art. 97 Rn. 34; *Schulze-Fielitz* (Fn. 3), Art. 97 Rn. 41; *Papier*
NJW 2002, 2587; differenz. BVerfG(K) NJW 1996, 2150; *Pieroth* (Fn. 5), Art. 97 Rn. 7; aA BVerfGE 12, 67 (71);
31, 137 (140); *Reinhardt*, Konsistente Jurisdiktion, 1997, S. 112, 114 ff.

[57] *Pieroth* (Fn. 5), Art. 97 Rn. 7; *Schulze-Fielitz* (Fn. 3), Art. 97 Rn. 40.

[58] BVerfGE 87, 273 (278); 98, 17 (48); *Schulze-Fielitz* (Fn. 3), Art. 97 Rn. 41; letztl. auch *Classen* MKS III,
Art. 97 Rn. 19 ff., obw. er die Gleichh. der RAnwendung als element. Bestandteil der Gerechtigk. bezeichnet; vgl.
auch BVerfGE 83, 216 (227 f.).

[59] BVerfGE 87, 273 (278); 78, 123 (126) m. Hw. auf *Dürig*, in: Maunz/Dürig, Art. 3 Abs. I (1973) Rn. 410.

[60] Dazu BVerfG(K) NJW 2016, 3711 Rn. 19 f.

[61] BVerfGE 148, 69 Rn. 56; BVerfG(K) NJW 1996, 2149; *Schulze-Fielitz* (Fn. 3), Art. 97 Rn. 43; *Schilken* JZ
2006, 862.

[62] BVerfG(K) NJW 1996, 2150 f.; *Sodan* HStR V, § 113 Rn. 26.

[63] Bej.: *Pieroth* (Fn. 5), Art. 97 Rn. 9; *Schulze-Fielitz* (Fn. 3), Art. 97 Rn. 45 f.; *Kissel/Mayer* (Fn. 37), § 1
Rn. 109, § 16 Rn. 68; *Classen* MKS III, Art. 97 Rn. 35; *Stern*, StaatsR II, S. 912; *Sodan* HStR V, § 113 Rn. 27;
*v. Coelln*, Zur Medienöffentlichkeit der Dritten Gewalt, 2005, S. 206; *Reinhardt* (Fn. 56), S. 118 ff.; wohl auch
BVerfGE 148, 69 Rn. 56; vern. *Hillgruber* (Fn. 5), Art. 97 Rn. 24 (s. aber auch Rn. 93); *Wassermann* AK GG, Art. 97
Rn. 85 ff.; *Heusch* (Fn. 34), Art. 97 Rn. 34; *Sendler* NJW 2001, 1909 ff.; offenbar auch *Papier* NJW 2001, 1091.

[64] S. *Wassermann* AK GG, Art. 97 Rn. 86; *Sodan* HStR V, § 113 Rn. 27; *Dehoust* SächsVBl 2010, 236 ff.; *Rennert*
JZ 2015, 538; ausf. *Mishra* (Fn. 49); zu einem bemerkensw. Fall medialer Sensationsberichterstattung *Freuding* ZRP
2010, 159 ff.

[65] *Hillgruber* (Fn. 5), Art. 97 Rn. 93; vgl. auch EGMR NJW 2016, 3147 Rn. 87, wonach „eine heftige Presse-
kampagne" („feindselige Presseberichterstattung", Rn. 90) die in Art. 6 I, II EMRK garantierte Fairness des GerVf.
u. Unschuldsvermutung (iFe StrafVf.) beeinträchtigen kann.

[66] Vgl. BVerfGE 103, 44 (64); näher, mit zT aA, *v. Coelln* (Fn. 63), S. 392 ff.; vgl. die differenz. Regelungen im G
über die Erweiterung der Medienöffentlichkeit in GerVf. v. 8.10.2017 – BGBl I, S. 3546 – das insbes. § 169 GVG u.
die anderen GerG sehr moderat geändert hat.

**6. Einzelfälle**

20  Eine **unzul. Beeinträchtigung** der sachl. Unabh. wurde in folgenden Fällen angenommen:[67] Anleitungen u. Empfehlungen hinsichtl. des VfAblaufs u. des EntschAusspruchs;[68] behördl. Bitten u. Beschw.;[69] dienstaufsichtl. Maßn. zum Zwecke der Beeinfl. der richterl. Entsch.;[70] dienstl. Beurteilungen, die an einen best. Einzelfall anknüpfen[71] oder die Art der Prozessführung oder der Prozesserled. beeinflussen sollen;[72] Einwirkungen auf den Ri. zur Veranlassung der umgehenden Bearbeitung best. Fälle;[73] Unwerturt. enthaltende Vorhaltungen;[74] krit. Äußerungen des Dienstvorges. über die Art u. Weise der richterl. Verhandlungsführung;[75] dienstaufsichtsrechtl. Anordnung, mehr als einen Sitzungstag pro Woche abzuhalten;[76] zeitl. Beschränkung des Zugangs zum Dienstzimmer, wenn sie nicht durch die Notwendigkt eines geregelten u. finanzierbaren Dienstbetriebs gerechtfertigt ist.[77]

21  **Keine unzul. Beeinträchtigung** der sachl. Unabh. wurde in folgenden Fällen angenommen: Berufung in herausgehobene RiÄmter;[78] Beweis- u. Verwertungsverbote;[79] dienstaufsichtl. Maßn. bei offensichtl. fehlerhafter RAnwendung;[80] dienstl. Beurteilungen,[81] aber mit Differenzierung;[82] Geschäftsprüfungen;[83] Meldungen über Nichterledigungen;[84] Tatbestandswirkungen;[85] Urlaubsversagung zum Zwecke der fristgem. Absetzung der Urteilsgründe;[86] Zulagengewährung;[87] ministerielle Festlegung eines sog. Pensenschlüssels für Ri., nach dem das durchschnittl. Arbeitspensum eines Ri. berechnet wird;[88] Vorhalt erhebl. unterdurchschnittl. Erledigungszahlen u. hierauf bezogene Ermahnung.[89]

## II. Die persönliche Unabhängigkeit (Abs. 2)

22  **1. Grundsatz der Inamovibilität.** Die sachl. Unabh. der Ri. wird durch die Garantie der persönl. Unabh. gem. Art. 97 II **institutionell gesichert.**[90] Art. 97 II statuiert den Grds. der **Inamovibilität.** Dh, dass Ri. während ihrer Amtszeit grds. nicht gegen ihren Willen versetzt oder entlassen werden dürfen. Etwas anderes gilt nur unter den in Art. 97 II genannten Vorauss. Allerd. genießen nur die hauptamtl. u. planmäßig endgültig angestellten Ri. den vollen Schutz des Art. 97 II.

23  **2. Hauptamtliche und planmäßige Anstellung. Hauptamtl. u. planmäßig angestellt** sind Ri., die keine andere Haupttätigkeit als die des Ri. ausüben u. auf eine Planstelle bei einem best. Ger. berufen worden sind.[91] Diese Vorauss. erfüllen nicht die **ehrenamtl. Richter** (§ 1 DRiG). Sie sind vom Anwendungsber. des Art. 97 II ausgenommen.

24  Beim **Ri. im Nebenamt** muss untersch. werden. Hier gibt es ganz versch. Konstellationen.[92] Handelt es sich um einen Ri. iSv Art. 97 II, dem bei einem anderen Ger. ein weiteres RiAmt übertragen wird, ist § 27 II DRiG einschlägig.[93] Die nebenamtl. Tätigk. ist dann in Wahrheit Bestandteil der gesamten richterl. Tätigk. des betr. Ri. Auch die nebenamtl. Tätigk. fällt dann unter Art. 97 II.[94]

---

[67] Näher *Pieroth* (Fn. 5), Art. 97 Rn. 5a f.; *Heusch* (Fn. 34), Art. 97 Rn. 23; *Scheuer* (Fn. 10), S. 193 ff.

[68] *Wassermann* AK GG, Art. 97 Rn. 23.

[69] BVerwGE 46, 69 (71).

[70] BVerfGE 38, 139 (151 f.); s. aber auch BGHZ 67, 184 (187 f.).

[71] BGHZ 57, 344 (348 f.).

[72] BGHZ 69, 309 (313); 90, 41 (46 f.); NJW 1988, 423; NJW 2002, 359; NJW-RR 2003, 492; OVG Berlin NVwZ-RR 2004, 627.

[73] BGH NJW 1987, 1198.

[74] BGHZ 51, 363 (370 f.).

[75] OLG Hamm NVwZ-RR 2005, 77.

[76] BGH NJW 1988, 423.

[77] BGH NJW 2003, 282.

[78] BVerfGE 56, 146 (165 f.).

[79] BVerfGE 36, 174 (185).

[80] Dazu Rn. 11c.

[81] BVerwGE 62, 135 (138); BGH NJW 1988, 420; näher BVerfG(K) NVwZ 2016, 764.

[82] BGH NJW 2018, 158 Rn. 24.

[83] BGH NJW 1988, 418.

[84] BGH DRiZ 1978, 185.

[85] BGHZ 95, 212 (218).

[86] BGHZ 102, 369 (372 f.).

[87] BVerfGE 36, 372 (379).

[88] OVG NRW NJW 2002, 1592; krit. wegen der damit verbundenen Qualitätseinbußen BVerfGE 133, 168 Rn. 3 aE; BVerfG(K), 14.7.2016 – 2 BvR 661/16 – juris Rn. 21.

[89] BGH NJW 2018, 158 ff., aber differenz., m. zust. Anm. *Wittkowski; Thiele* Staat 52 (2013), 415 (430 ff.); grds. abl. *Minkner,* Die Gerichtsverwaltung in Deutschland und Italien, 2015, S. 208 ff.; *Wittreck* NJW 2012, 3287 ff.

[90] BVerfGE 87, 68 (85); 148, 68 Rn. 64; dazu, dass bereits Art. 97 I (mittelb.) auch vor Beeinträchtigungen der persönl. Unabh. schützen kann, Rn. 11.

[91] BVerfGE 148, 69 Rn. 63.

[92] Dazu *Schmidt-Räntsch* (Fn. 13), vor §§ 40–42 Rn. 2.

[93] *Schmidt-Räntsch* (Fn. 13), vor §§ 40–42 Rn. 2.

[94] Vgl. *Schmidt-Räntsch* (Fn. 13), § 27 Rn. 14; aA *Schulze-Fielitz* (Fn. 3), Art. 97 Rn. 50; *Heusch* (Fn. 34), Art. 97 Rn. 42 aE.

Das richterl. Nebenamt eines **ordentl. Professors** nach § 16 DRiG fällt dagegen nicht in den 25 Anwendungsber. des Art. 97 II.[95] Hier fehlt näml. das Erford. der hauptamtl. Anstellung iSv Art. 97 II. Diese ist nicht gegeben, wenn eine andere Haupttätigk. als diejenige des Ri. ausgeübt wird.

**3. Endgültige Anstellung.** Endgültige Anstellung bedeutet Ernennung auf Lebenszeit oder für 26 eine best. Amtsdauer.[96] Art. 97 II 1 gebietet keine Anstellung der Ri. auf Lebenszeit.[97] Allerd. ist das im BeamtenR geltende **Lebenszeitpr.** auch ein Grds., der das richterl. AmtsR prägt.[98] Einfachgesetzl. gelangt dies dadurch zum Ausdr., dass die RiErnennung nicht auf Lebenszeit – wie im BeamtenR – die Ausnahme ist,[99] § 28 DRiG, § 15 I VwGO. Das beamtenrechtl. Lebenszeitpr. ist ein hergebrachter Grds. des Berufsbeamtentums iSd Art. 33 V.[100] Dieses Prinzip soll die Unabh. der Beamten gewährleisten.[101] Die richterl. Unabh. ist nicht weniger schutzwürdig. Gerade Art. 97 hebt die richterl. Unabh. verfassungsrechtl. besonders hervor. Desh. wäre es ein verfassungsrechtl. Paradoxon, die grundsätzl. Geltung des Lebenszeitpr. auch für die Ri. unter Hinw. auf die fehlende Verankerung in Art. 97 u. eine insoweit abschließende Regelung in dieser Vorschr. abzulehnen.[102] Vielmehr ist das richterl. Lebenszeitpr. ein hergebrachter Grds. des richterl. AmtsR, der durch Art. 33 V verfrechtl. abgesichert ist.[103] Da indes das beamtenrechtl. Lebenszeitpr. Modifikationen u. Ausnahmen zulässt – wie Altersgrenzen[104], aber auch zeitl. befristete Beamtenverh.[105] –, gilt dies auch für die RiVerh.[106] Das durch Art. 33 V abgesicherte BerufsriLebenszeitpr. steht hiervon abweichenden gesetzl. Regelungen wie §§ 11 ff. DRiG, §§ 17 f. VwGO nicht von vornh. entgegen.[107] **Endgültig** iSv Art. 97 II 1 schließt nicht aus, dass unter Art. 97 II auch solche Ri. fallen, die nach Ablauf einer von vornh. fest bestimmten, also befristeten Amtszeit aus dem RiAmt ausscheiden. Auch die **Ri. auf Zeit** (§ 11 DRiG iVm § 17 Nr. 3, § 18 VwGO)[108] gelten als endgültig angestellt[109] u. genießen den Schutz des Art. 97 II.[110] Allerd. muss die Dauer der richterl. Amtszeit gesetzl. geregelt sein.[111] Hierbei genügt es, wenn das Ges., wie etwa § 18 S. 1 VwGO, einen zeitl. Rahmen vorgibt, den die Ernennungsbeh. im jew. Einzelfall durch die RiErnennung für eine von ihr best. Zeitdauer ausschöpft.[112] Indes darf die Entsch. über die Dauer des RiAmtes nicht in das Belieben der Exekut. gestellt werden. Der einschlägigen RVorschrift oder ihrem Zweck müssen sich vielmehr Maßstäbe für die von der Exekut. im Einzelfall zu treffenden Entsch. entnehmen lassen.[113] Außerdem darf die Amtszeit nicht derart kurz bemessen sein, dass hierdurch Zweifel an der richterl. Unabh. entstehen.[114] Das BVerfG hat § 17 Nr. 3, § 18 VwGO als (noch) vereinbar mit dem Grds. der richterl. Unabh. erklärt[115] – allerdings mit der Einschr., dass eine wiederholte Bestellung zum Ri. auf Zeit ausgeschl. ist.[116]

[95] *Hillgruber* (Fn. 5), Art. 97 Rn. 100; *Schulze-Fielitz* (Fn. 3), Art. 97 Rn. 50; *Schmidt-Jortzig* FS Menger, 1985, S. 364; aA *Panzer* SSB, § 16 Rn. 11; *Schmidt-Räntsch* (Fn. 13), § 8 Rn. 8 b.

[96] BVerfGE 148, 69 Rn. 63.

[97] BVerfGE 3, 213 (224); 4, 331 (345); 14, 57 (70 f.); 148, 69 Rn. 79 ff.

[98] *Classen* MKS III, Art. 97 Rn. 36 verweist desh. zutr. auf Art. 33 V; ebenso *Kronisch* DVBl 2016, 491; *Ferlemann*, in: Mülder/Drechsler ua (Hrsg.), Richterliche Abhängigkeit – Rechtsfindung im Öffentlichen Recht, 2018, S. 45 (die zitierten Rspr.-Belege stützen diese Auffassung indes nicht); für einen Grds. des richterl. AmtsR auch *Heusch* (Fn. 34), Art. 97 Rn. 43 aE.

[99] So auch der Hinw. von *Hermanns*, abwM BVerfGE 148, 133 Rn. 3.

[100] BVerfGE 70, 251 (267); 121, 205 (220 ff.); 139, 19 Rn. 78; 148, 69 Rn. 84.

[101] BVerfGE 121, 205 (221 f.); 148, 69 Rn. 84 f.

[102] Zutr. desh. *Schulze-Fielitz* (Fn. 3), Art. 97 Rn. 62; insow. auch BVerfGE 148, 69 Rn. 86.

[103] Ebenso *Classen* MKS III, Art. 97 Rn. 36; *Kronisch* DVBl 2016, 491; *Ferlemann* (Fn. 98), S. 45; für ein VerfPr. auch *Heusch* (Fn. 34), Art. 97 Rn. 43 aE; BVerfGE 3, 213 (224) steht dieser Annahme nicht entgegen, da sich die hier einschl. Äußerung ersichtl. auf Art. 97 I bezieht; BVerfGE 148, 69 Rn. 86 f. lässt die Frage der Existenz eines verfassungsrechtl. abgesicherten richterl. Lebenszeitpr. ohne erkennbare Tendenz ausdrückl. offen.

[104] BVerfGE 71, 255 (268 ff.).

[105] BVerfGE 121, 205 (222 f.).

[106] BVerfGE 148, 69 Rn. 87.

[107] BVerfGE 148, 69 Rn. 89; *Kronisch* NJW 2019, 1925 f.

[108] Beide Vorschr. eingefügt durch G v. 20.10.2015 (BGBl. I S. 1722).

[109] BVerfGE 148, 69 Rn. 90; *Hillgruber* (Fn. 5), Art. 97 Rn. 99; *Sodan* HStR V, § 113 Rn. 70.

[110] Ebenso BVerfGE 148, 69 Rn. 90.

[111] BVerfGE 27, 355 (363).

[112] BVerfGE 148, 69 Rn. 117 ff.; *Kronisch* DVBl 2016, 493; aA *Ruthig*, in: Kopp/Schenke, VwGO, 25. Aufl. 2019, § 18 Rn. 1 aE; *Meierhöfer* NVwZ 2015, 1656; demgegenüber hatte der GesGeber iFv BVerfGE 27, 355 (363) die Best. der Amtsdauer in ein nicht näher eingegrenztes Ermessen des Satzungsgebers gestellt.

[113] BVerfGE 148, 69 Rn. 118 ff.

[114] BVerfGE 148, 69 Rn. 124 ff., 131; dazu im einzelnen *Ferlemann* (Fn. 98), S. 63 ff.

[115] BVerfGE 148, 69 ff.; für VerfMäßigk. auch *Kronisch* DVBl 2016, 490 ff.; aA *Hermanns*, abwM BVerfGE 148, 133 ff. (grds. Verstoß geg. die richterl. Unabh.); *Ruthig* (Fn. 112), § 18 Rn. 1 ff.; *Meierhöfer* NVwZ 2015, 1655 ff.; *Ferlemann* (Fn. 98), S. 62 (zu kurze Mindestamtsdauer).

[116] BVerfGE 148, 69 Rn. 151 ff.; für die Zul. einer wiederholten Berufung *Kronisch*, in: Sodan/Ziekow, VwGO, 5. Aufl. 2018, § 18 Rn. 14.

**27**   Durch das Wort endgültig sind ledigl. die nur **vorl.** angestellten Ri. vom Anwendungsber. dieser Vorschr. ausgenommen. Dies ist vor allem der **Richter auf Probe** (§ 12 DRiG).[117] Nach § 12 II 1 DRiG ist er zwar spätestens fünf Jahre nach seiner Ernennung zum Ri. oder Staatsanwalt auf Lebenszeit zu ernennen u. genießt im zuerst gen. Fall den Schutz des Art. 97 II. Nach § 22 I DRiG kann er aber vorher zum Ablauf des sechsten, zwölften, achtzehnten oder vierundzwanzigsten Monats seiner Ernennung entlassen werden. Ri. auf Probe sind damit keine Ri. auf Zeit. Nicht endgültig angestellt ist auch der **Richter kraft Auftrags** (§ 14 DRiG). Für seine Entlassung gelten nach § 23 DRiG die Best. des § 22 DRiG entspr.

**28**   Beim **Richter auf Abordnung** (§ 37 DRiG) ist zu untersch. Wird der Ri. zu einer anderen Stelle im ö Dienst abgeordnet, ohne dass ihm dort ein RiAmt übertragen wird – auch das ist eine Abordnung iSv § 37 DRiG[118] –, übt er keine rspr. Tätigkeit mehr aus. Deshalb kann er sich **insow.** auch nicht auf Art. 97 berufen.[119] Erfolgt die Abordnung dageg. zu einer anderen RiStelle, gilt während der nach § 37 II DRiG notwendig zeitl. Befristung der Abordnung insow. auch Art. 97 II.

**29**   **4. Persönliche Unabhängigkeit atypischer Richterarten?** Das GG geht zwar prinzipiell von der Einstellung hauptamtl. u. planmäßig endgültig angestellter Ri. aus.[120] Die Beschäftigung auch **anderer RiTypen** (Ri. auf Probe, § 12 DRiG; Ri. kraft Auftrags, § 14 DRiG; abgeordneter Ri., § 37 DRiG; Ri. im Nebenamt, §§ 27 II DRiG, 16 VwGO; Ri. im Angestelltenverh.;[121] ehrenamtl. Ri., § 1 DRiG) ist durch Art. 97 II zwar nicht ausgeschl., muss aber aus zwingenden Gründen erfolgen u. auf das unverzichtbare Maß beschr. sein.[122]

**30**   Von der Frage der verfrechtl. Zulässigk. dieser RiTypen zu untersch. ist die Frage, ob u. nach **welchen Vorschr.** die persönl. Unabh. der entspr. Ri. geschützt wird; dass sie gem. Art. 97 I sachl. unabh. sind, wurde bereits gesagt. Erfüllt eine atypische RiArt die TBVorauss. des Art. 97 II 1 – wie zT der Ri. auf Abordnung –, garantiert Art. 97 II den Ri. auch ihre persönl. Unabh., freilich nicht als GrR oder grundrechtsgl. Recht.

**31**   Die nicht planmäßig endgültig angestellten Ri. werden nicht durch Art. 97 II geschützt.[123] Dass auch ihnen ein Mindestmaß an persönl. Unabh. garantiert sein muss, ist unstr.[124] Denn ohne jede persönl. Unabh. wäre es um die sachl. Unabh., die nach Art. 97 I jedem Ri. garantiert ist, schlecht bestellt. Art. 97 II stellt die persönl. Unabh. der nicht hauptamtl. u. planmäßig endgültig angestellten Ri. nicht allg. zur Disposition des GesGebers oder gar der JustizVw.[125] Auch hier gibt es **verfrechtl.** Grenzen. Nur werden sie nicht von Art. 97 II gezogen.[126]

**32**   Abzustellen ist vielmehr auf Art. 33 V.[127] Diese Vorschr. gewährleistet auch die **„für das Amtsrecht der Richter charakteristischen hergebrachten Grundsätze".**[128] Hierzu rechnet der elementare Grds. der persönl. u. sachl. Unabh. des Ri.,[129] u. zwar auch, soweit er sich nicht auf Art. 97 II berufen kann. Art. 33 V schafft allerd. keine Grds., sondern setzt ihre auf Tradition gründende oder anderweitig verfrechtl. vermittelte Existenz voraus u. sichert sie auch individualrechtl. ab[130] – etwa das aus Art. 97 I folgende **Mindestmaß** an persönl. Unabh. auch von Ri., die sich nicht auf Art. 97 II berufen können,[131] oder das zum traditionellen RiBild zählende Lebenszeitpr. Der so durch Art. 33 V gewährleistete Schutz muss zwar – bzgl. der persönl. Unabh. – nicht identisch sein mit dem des Art. 97 II. Grundvorauss. für die Unabh. des gesamten RiStandes ist aber der Ausschluss jeder vermeidbaren Einflussnahme der Exekutive auf den Status des einzelnen Ri.[132] Ges., die diese Grundvorauss. nicht erfüllen, verstoßen jedenfalls gegen Art. 33 V u. sind nichtig. Weiterhin gewährleistet Art. 33 V, dass ein Ri. vor Ablauf seiner Amtszeit nur unter den im Ges. vorgesehenen Vorauss. aus seinem Amt

---

[117] BVerwGE 102, 7 (8); 102, 81 (84).

[118] *Schmidt-Räntsch* (Fn. 13), § 37 Rn. 3 f.

[119] *Schmidt-Räntsch* (Fn. 13), § 37 Rn. 1.

[120] BVerfGE 14, 156 (162 f.); 87, 68 (85); 148, 69 Rn. 66.

[121] BVerfGE 3, 213 (224) hat diesen Typus gebilligt; im DRiG ist er nicht mehr vorgesehen.

[122] BVerfGE 148, 69 Rn. 67 f.; *Hillgruber* (Fn. 5), Art. 97 Rn. 102; *Schulze-Fielitz* (Fn. 3), Art. 97 Rn. 52 f.; dazu → Art. 92 Rn. 25.

[123] *Heusch* (Fn. 34), Art. 97 Rn. 43; zT aA BVerfGE 14, 56 (70, 72), dazu gleich im Text.

[124] S. nur BVerfGE 87, 68 (85) mwN; *Wassermann* AK GG, Art. 97 Rn. 70.

[125] BVerfGE 14, 56 (70).

[126] So aber für die ehrenamtl. Ri. BVerfGE 14, 56 (71 f.); BVerfG(K) NVwZ-RR 2014, 2; ebenso für alle Berufsri. *Meyer* (Fn. 3), Art. 97 Rn. 38, 41; allg. *Hillgruber* (Fn. 5), Art. 97 Rn. 101 m. Fn. 4. Dieses allseits anerkannte verfkräftige Minimum des Schutzes der persönl. Unabh., das auch den nicht hauptamtl. und planmäßig endgültig angest. Ri. zusteht, ist nicht in BVerfGE 38, 139 (151) gemeint, wo auf Art. 97 II verwiesen wird.

[127] *Pieroth* (Fn. 5), Art. 97 Rn. 10a; *Schulze-Fielitz* (Fn. 3), Art. 97 Rn. 60; *Sodan* HStR V, § 113 Rn. 3, 73.

[128] BVerfGE 12, 81 (88); 55, 372 (384); BVerfGE 26, 29 (93) stellt auch – unter insow. unzutr. Verweisung auf BVerfGE 12, 81 – auf Art. 97 I ab.

[129] BVerfGE 12, 81 (88); ebenso BVerfGE 55, 372 (391 f.); BVerfG(K) NJW 1996, 2150; *Lecheler* HStR V, § 110 Rn. 50; ausdrückl. offen gelassen von BVerfGE 38, 139 (151).

[130] BVerfGE 12, 81 (87).

[131] Vgl. *Heusch* (Fn. 34), Art. 97 Rn. 43; *Hillgruber* (Fn. 5), Art. 97 Rn. 101; vgl. auch BVerfGE 148, 69 Rn. 82.

[132] BVerfGE 12, 81 (88); 148, 69 Rn. 57 f.

abberufen werden kann.[133] Eine Entlassung, die den einfachgesetzl. Vorgaben nicht genügt, verstößt zugl. gegen Art. 33 V u. kann mittels VB angegriffen werden.[134]

Keine unabdingbare Grundvorauss. der durch Art. 33 V geschützten Unabh. der Ri. ist, dass sie vor 33 Ablauf ihrer Amtszeit gegen ihren Willen stets nur kraft richterl. Entsch. (unter den im Ges. vorgesehenen Vorauss.) aus ihrem Amt abberufen werden können.[135] In **Ausnahmefällen,** näml. beim Ri. auf Probe u. beim Ri. kraft Auftrags, wird die Entlassung, die sich nach § 22 DRiG bzw. nach § 23 iVm § 22 DRiG bestimmt, durch die Dienstbeh. verfügt.[136] Die Heranziehung von Ri. auf Probe – Entspr. gilt für die vergleichbaren Ri. kraft Auftrags – ist in den Grenzen, die sich nach verständigem Ermessen aus der Notwendigkeit ergeben, Nachwuchs heranzubilden, verfrechtl. zulässig.[137]

Darüber hinaus hindert Art. 33 V den einfachen GesGeber daran, die derzeit geltende **Probezeit** 34 **über Gebühr zu verlängern.** Genaue Vorgaben können der Vorschr. des Art. 33 V nicht entnommen werden.

**5. Eingriffe in die persönliche Unabhängigkeit.** Die unter Art. 97 II fallenden Ri. dürfen grds. 35 nicht des **Amtes enthoben** oder gegen ihren Willen versetzt werden.[138] Untersagt sind auch Maßn. gleicher Wirkung, einer Entlassung, einer dauernden oder zeitweisen Amtsenthebung oder einer Versetzung in den Ruhestand gleichkommen.[139] Danach verstößt eine Geschäftsverteilung gegen Art. 97 II, wenn sie einen Ri. von der Ausübung seines Amtes prakt. ausschließt u. ihn so fakt. aus seinem Amt verdrängt.[140] Gleiches gilt für die Übertragung eines weiteren RiAmtes gem. § 27 II DRiG, wenn dadurch der Umfang der Tätigkeit des betr. Ri. bei dem bisherigen Ger. nennenswert eingeschr. wird.[141] Zul. ist dies nur, wenn der Ri. zustimmt, obwohl § 27 II DRiG die Zust. nicht vorschreibt.[142]

Der Entzug von **Verwaltungsbefugnissen** berührt dagegen nicht die persönl. Unabh. u. ist daher 36 an einen anderen verfrechtl. Grds. u. GGBest. wie dem Verhältnismäßigkeitspr., dem grundrechtsgl. Recht aus Art. 33 V u. dem GrR des Art. 12 bzw. 2 I zu messen (→ Rn. 7), wobei die Gewährung von GrRSchutz voraussetzt, dass der Ri. nicht nur als Teil der GerichtsVw.,[143] sondern auch individuell in seiner persönl. RStellung betroffen ist.[144]

**Dienstaufsichtl. Maßn.,** die von der Spitze der **Exekut.** gegenüber Ri. getroffen werden, dürfen 37 nicht in deren RiStellung u. damit in deren persönl. Unabh. eingreifen.[145] Dies ist auch einfachgesetzl. in § 26 I DRiG ausdrückl. bestimmt. Etwas anderes gilt für entspr. **gerichtl.** Maßnahmen. Sie dürfen in die persönl. Unabh. eingreifen. Art. 97 II steht unter dem **Vorbehalt richterl. Entsch.**

### III. Veränderungen der Einrichtungen der Gerichte oder ihrer Bezirke

Veränderungen der Einrichtungen der Ger. oder ihrer Bezirke bedürfen einer **formellen gesetzl.** 38 **Grundlage,** die eine den Erfordernissen des Art. 80 genügende Ermächtigung der Exekut. enthalten darf.[146] Eine Festlegung der auf die einzelnen Ger. entfallenden RiZahlen durch Ges. (oder RVO aufgr. eines form. Ges.) ist eine Bestimmung oder Veränderung der Einrichtung der Ger. iSv § 32 I 1 DRiG, Art. 97 II 3.[147] Eine Änderung der RiZahl an einem Ger. bedeutet eine Vergrößerung oder Verkleinerung des Ger. u. betrifft damit seine Einrichtung (GerOrganisation).[148] Eine Versetzung eines Ri., der über die persönl. Unabh. des Art. 97 II verfügt, an ein anderes Ger. unter Hinweis auf gesetzl. geänd. Zuweisungszahlen verstieße deshalb nicht gegen Art. 97 II, sollte sie gegen den Willen des Ri. erfolgen.[149]

---

[133] BVerfGE 87, 68 (85) mwN, allerd. nicht ausdrückl. sub specie Art. 33 V.

[134] Wobei sich allerd. das Probl. der bverfgerichtl. Kontrolldichte stellt, wenn nach der gem. § 90 II 1 BVerfGG erforderl. RWegerschöpfung UrtVB erhoben wird; spez. zu Art. 97 BVerfG(K) NJW 1996,2150.

[135] So aber – allerd. zu Art. 33 V – BVerfGE 87, 68 (85) mwN; *Schulze-Fielitz* (Fn. 3), Art. 97 Rn. 61, *Classen* MKS III, Art. 97 Rn. 42 u. *Pieroth* (Fn. 5), Art. 97 Rn. 10 zu ehrenamtl. Ri.

[136] *Schmidt-Räntsch* (Fn. 13), § 22 Rn. 17.

[137] BVerfGE 4, 313 (345); 14, 156 (162); *Hillgruber* (Fn. 5), Art. 97 Rn. 102; vgl. BVerwGE 102, 7 ff.

[138] Dazu auch → Art. 98 Rn. 12 ff.

[139] BVerfGE 17, 252 (259); 148, 68 Rn. 65; dazu *Pieroth* (Fn. 5), Art. 97 Rn. 11; die Zuweisung zu einem anderen Senat eines obersten GerHofes zur Behebung schwerer Spannungen innerh. des Spruchkörpers (Umsetzung) ist zul., BVerfG(K) NVwZ 2017, 51 ff.

[140] BVerfGE 17, 252 (262).

[141] BGHZ 67, 159 (163 f.).

[142] BGHZ 88, 1 (6); *Schmidt-Räntsch* (Fn. 13), § 27 Rn. 22.

[143] Dazu → Art. 92 Rn. 14.

[144] BVerfGE 38, 139 (152 aE, 153 f.).

[145] BVerfGE 38, 139 (151 f.).

[146] BVerfGE 2, 307 (326); 24, 155 (166); 30, 103 (106); vgl. auch BVerfG(K) LKRZ 2007, 79 f.

[147] *Gröschner*, Reichweite richterlicher Inamovibilität im Verfassungsstaat des Grundgesetzes, 2005, S. 46 ff.; *Huber/Storr* ZG 2006, 127; aA *Wittreck* ThürVBl 2005, 249 ff.; ihm folgend *Heusch* (Fn. 34), Art. 98 Rn. 49; *Meyer* (Fn. 3), Art. 97 Rn. 41.

[148] *Schulze-Fielitz* (Fn. 3), Art. 97 Rn. 59; vgl. BGH NVwZ-RR 2004, 466 f.

[149] *Schulze-Fielitz* (Fn. 3), Art. 97 Rn. 59; *Gröschner* (Fn. 147), S. 59 ff.; *Huber/Storr* ZG 2006, 128; aA konsequenterw. *Wittreck* ThürVBl. 2005, 252; ihm folgend *Meyer* (Fn. 3), Art. 97 Rn. 41.

## Art. 98 [Rechtsstellung der Richter]

(1) Die Rechtsstellung der Bundesrichter ist durch besonderes Bundesgesetz zu regeln.

(2) Wenn ein Bundesrichter im Amte oder außerhalb des Amtes gegen die Grundsätze des Grundgesetzes oder gegen die verfassungsmäßige Ordnung eines Landes verstößt, so kann das Bundesverfassungsgericht mit Zweidrittelmehrheit auf Antrag des Bundestages anordnen, daß der Richter in ein anderes Amt oder in den Ruhestand zu versetzen ist. Im Falle eines vorsätzlichen Verstoßes kann auf Entlassung erkannt werden.

(3) Die Rechtsstellung der Richter in den Ländern ist durch besondere Landesgesetze zu regeln, soweit Artikel 74 Abs. 1 Nr. 27 nichts anderes bestimmt.

(4) Die Länder können bestimmen, daß über die Anstellung der Richter in den Ländern der Landesjustizminister gemeinsam mit einem Richterwahlausschuß entscheidet.

(5) Die Länder können für Landesrichter eine Absatz 2 entsprechende Regelung treffen. Geltendes Landesverfassungsrecht bleibt unberührt. Die Entscheidung über eine Richteranklage steht dem Bundesverfassungsgericht zu.

**Entstehungsgeschichte: Erstfassung:** JöR nF 1 (1951), 718. – **Änderung:** 28. G. zur Änd. des GG v. 18.3.1971 (BGBl I 206), Art. I Nr. 3 (dazu: BT-Dr VI/1009 [Entwurf], VI/1585; BT-Prot VI/3694, 6024; BR-Dr 122/71; BR-Prot 71/79).
**Historische Verfassungstexte: RV 1849:** § 177, abgedr. bei Art. 97. – **WRV:** Art. 104, abgedr. bei Art. 97. – **GG 1949:** (1), (2), (4) und (5) wie geltende Fassung. (3) Die Rechtsstellung der Richter in den Ländern ist durch besondere Landesgesetze zu regeln. Der Bund kann Rahmenvorschriften erlassen.
**Geltende Landesverfassungen:** *BW*Verf Art. 66 II, III; *Bay*Verf Art. 87 II; *Bln*Verf Art. 69, 70 II, III; *Bbg*Verf Art. 109, 111; *Brem*Verf Art. 136, 138; *Hmb*Verf Art. 63; *Hess*Verf Art. 127; *MV*Verf Art. 76 III, 77; *Nds*Verf Art. 51 III, 52; *NRW*Verf Art. 73; *RhPf*Verf Art. 122, 132; *Saarl*Verf Art. 111; *Sachs*Verf Art. 79, 80; *LSA*Verf Art. 83 IV, 84; *SchlH*Verf Art. 43 II–V; *Thür*Verf Art. 89 II–IV.
**Gesetzgebung:** DRiG.
**Leitentscheidungen:** BVerfGE 26, 141 (Richterbesoldung); BVerfGE 55, 372 (Bundesbesoldungsgesetz für Landesrichter).

**Schrifttum:** *K. A. Bettermann,* Der Richter als Staatsdiener, 1967; *Th. E. Dietrich,* Richterwahlausschüsse und demokratische Legitimation, 2007; *K. F. Gärditz,* Richterwahlausschüsse für Richter im Landesdienst – Funktion, Organisation, Verfahren und Rechtsschutz, ZBR 2011, 109; *ders.,* Richterwahl im Vergleich, DRiZ 2018, 20; *K. Lerch,* Die Rechtsprechung des BVerfG zum Richterstatus, DRiZ 1993, 225; *E. Mahrenholz,* Über Richterwahlausschüsse in den Ländern, NdsVBl 2003, 225; *J. P. C. Petersen/J. Lobsien,* Der Weg zur eigenständigen Richterbesoldung, DRiZ 1984, 165; *R. Wassermann,* Richteranklage im Fall Orlet?, NJW 1995, 303; *J. Ziekow/A. Guckelberger,* Die Wahl von Richtern in den Ländern: Verfassungsrechtliche Vorgaben, Auswahlmaßstäbe und Rechtsschutz, NordÖR 2000, 13. S. auch das Schrifttum zu Art. 92, 95 u. 97.

### Übersicht

## A. Allgemeines

1    Art. 98 enthält Vorgaben für die Regelung des **Amts- u. DienstR** der Ri. in Bund u. Ländern. Obligatorisch ist die Regelung der **RStellung** der Bundes- u. Landesri. durch **besonderes** Bu- bzw. durch besondere LaG.

2    Art. 98 ist Ausdruck einer **verfrechtl. Grundentsch.** Danach sind die Ri. keine bloße spezielle Beamtenspezies. Vielmehr kommt ihnen ein **besonderer Status** zu, der nicht in den allg. BeamtenG normiert sein darf, sondern einer **spezialgesetzl. Regelung** bedarf.[1]

3    Art. 98 **gilt nicht** für ehrenamtl. Ri. u. für Staatsanwälte.

## B. Die gesetzliche Regelung der Rechtsstellung der Richter (Abs. 1 und 3)

4    Art. 98 I, III ist **lex specialis** zu Art. 73 I Nr. 8.[2] Er enthält sowohl einen **zwingenden GesGebungsauftrag** als auch eine Regelung der **GesGebungskompetenzen** (dazu → Rn. 10 f.).

5    Art. 98 I, III verpflichtet den Bundes- und Landesgesetzgeber, die RStellung der Ri. in **spez. form. Ges.** zu regeln. Diese Verpfl. betrifft das **gesamte DienstR** der Ri. wie namentl. die Anstellung,

---

[1] Ebenso *Hillgruber,* in: Maunz/Dürig, Art. 98 Rn. 19; *Meyer,* in: v. Münch/Kunig II, Art. 98 Rn. 2; *Wassermann* AK GG, Art. 98 Rn. 16 ff. mwN; dazu → Art. 92 Rn. 24.

[2] *Schulze-Fielitz,* in: Dreier III, Art. 98 Rn. 22; *Pieroth,* in: Jarass/Pieroth, Art. 98 Rn. 1; aA *Hillgruber* (Fn. 1), Rn. 26: nur deklaratorisch.

Ausbildung, Beförderung, Entlassung, Amtsbezeichnung[3] sowie die organisationsrechtl. Einordnung der Ri., die funktionsrechtl. Aufgabenzuweisung einschließl. der Grds. der Amtswahrnehmung,[4] aber auch die Verpfl. zum Anlegen einer Amtstracht bei Amtshandlungen.[5] Der Regelungsauftrag erstreckt sich auch auf die **Besoldung u. Versorgung** der Ri.[6]

Das grundgesetzl. Gebot einer spezialgesetzl. Regelung des richterl. Amts- u. DienstR ist Folge u.  **6** Ausdruck der bes. verfrechtl. RStellung der Ri., die sich grundlegend von der RStellung der Beamten unterscheidet. Die Beamten genießen keine persönl. u. sachl. Unabh., sondern sind weisungsabhängige Glieder der Behördenhierarchie. Dieser vom BeamtenR abgehobene bes. verfrechtl. RiStatus verbietet nicht nur eine materiell-rechtl. Vereinheitlichung des Beamten- u. RichterR; er gebietet auch eine **formelle Trennung** beider RMaterien.[7] Dies bedeutet, dass die RVerhältnisse der Ri. nicht im Beamten- oder im ö DienstR geregelt werden dürfen. Desh. ist es mit Art. 98 I kaum vereinbar, die Beamten- u. RiBesoldung im selben Ges. zu regeln, wie es nach Maßgabe von § 1 I BBesG der Fall ist.[8] Zul. sind dagegen **Verweise** auf Best. in den allg. BeamtenG.[9]

Dieses **Trennungsprinzip**, das Art. 98 I, III zugrunde liegt, wird nicht dadurch unterlaufen,[10] dass  **7** das BVerfG den bes. grundgesetzl. Stellenwert der Ri. durch die Zuerkennung eines grundrechtsgl. Rechts aus Art. 33 V absichert. Die Ableitung eines „grundrechtsähnlichen Anspruchs auf Berücksichtigung der hergebrachten Grundsätze des richterlichen Amtsrechts" aus Art. 33 V[11] darf allerd. nicht dazu führen, dass die Ri. an die allg. Grds. des Berufsbeamtentums gebunden werden. Bei der Konturierung der hergebrachten Grds. des richterl. AmtsR muss die bes. verfrechtl. Stellung der Ri. stets beachtet werden. Unreflektierte Anleihen bei den hergebrachten Grds. des Berufsbeamtentums sind trotz der Sprachverwandtschaft beider RInstitute zu vermeiden.

Art. 98 I enthält einen ausdr. **GesVorbehalt.** Das bedeutet jedoch nicht, dass der parl. GesGeber  **8** auch noch das letzte Detail des richterl. Amts- u. DienstR in einem formellen Ges. regeln müsste. Die Möglichk. von VOErmächtigungen ist durch Art. 98 I nicht ausgeschlossen.[12] Macht der GesGeber von dieser Möglichk. Gebrauch, sind aber an die nach Art. 80 I 2 erforderl. formell-gesetzl. Vorgaben strenge Anford. zu stellen.

Die in Art. 97 I garantierte sachl. Unabhängigkeit der Ri. verbietet eine hierarchisch geprägte  **9** Strukturierung der RiÄmter u. damit auch die Schaffung von Beförderungsämtern nach Art des beamtenrechtl. Laufbahnwesens.[13] Dies bedeutet indes nicht, dass eine unterschiedl. Besoldung der verschiedenen RiÄmter verfrechtl. ausgeschl. wäre. Jedenfalls Art. 95 I ist das Erfordernis der prinzipiellen Mehrinstanzlichkeit des RZuges zu entnehmen.[14] Die besondere rechtl. u. tats. Bedeutung höherinstanzl. Entsch. u. die dementspr. besonderen Anforderungen, die an diese richterl. Tätigk. zu stellen sind, rechtfertigen auch eine **instanzorientierte Besoldungsregelung.**[15]

Von der Frage der staatl. Regelungsverpfl. zu trennen ist die Frage der **Verteilung der Ges-**  **10** **Gebungskompetenzen** im Bu-Lä-Verh. Für die gesetzl. Regelung der **RStellung der Bundes-** **richter** ist gem. Art. 98 I ausschl. der Bund kompetent. Für die Regelung der **RStellung der Ri. in** **den Ländern** besitzt der Bund **konkurrierende GesGebungskompetenz** nach Art. 74 I Nr. 27 iVm Art. 72 I GG. Die BKompetenz erstreckt sich nur auf die StatusR u. -pflichten der Richterl. Regelungen über die Laufbahnen, Besoldung u. Versorgung. Richterl. **Statusrechte u. -pflichten** iSv Art. 74 I Nr. 27 sind: Wesen, Vorauss., RForm der Begründung, Arten, Dauer sowie Nichtigkeits- u. Aufhebungsgründe des Dienstverh.; Abordnungen u. Versetzungen zw. den Ländern u. zw. Bund u. Ländern; Vorauss. u. Formen der Beendigung des Dienstverh.; wesentl. Rechte u. statusprägende Pflichten einschl. Folgen ihrer Nichterfüllung; Bestimmung der Dienstherrnfähigkeit (BT-Dr 16/813, S. 14). Die bugesetzl. Regelungen bedürfen der Zust. des BRat (Art. 74 II). Eine Abweichungskompetenz der Länder nach Art. 72 III besteht nicht. Sie bleiben aber für die Regelung der sonst. Rechte

---

[3] BVerfGE 38, 1 (8 ff.) unter Aufgabe von BVerfGE 32, 199 (220 f.).

[4] *Meyer* (Fn. 1), Art. 98 Rn. 4.

[5] *Schulze-Fielitz* (Fn. 2), Art. 98 Rn. 25; offen gelassen von BVerwGE 67, 222 (230).

[6] Bej.: *Wassermann* (Fn. 1), Art. 98 Rn. 20; *Schulze-Fielitz* (Fn. 2), Art. 98 Rn. 27; *Classen* MKS II, Art. 98 Rn. 2; differenz. *Pieroth* (Fn. 2), Art. 98 Rn. 2; vern. BVerfGE 26, 141 (154 f.), allerd. in einer 4: 4-Entsch.; *Hillgruber* (Fn. 1), Art. 98 Rn. 27; vern. speziell zur Versorgung der Ri. im Ruhestand BVerfG DRiZ 1976, 381; offen BVerfGE 32, 199 (213); 55, 372 (385).

[7] Ebenso *Schulze-Fielitz* (Fn. 2), Art. 98 Rn. 28; *Pieroth* (Fn. 2), Art. 98 Rn. 2; *Heusch,* in: Hofmann/Henneke, Art. 98 Rn. 2; aA *Meyer* (Fn. 1), Art. 98 Rn. 27; *Classen* MKS II, Art. 98 Rn. 3 unter Betonung der inhaltl. Eigenständigk. der Regelungen für Ri.

[8] Ebenso *Schulze-Fielitz* (Fn. 2), Art. 98 Rn. 28.

[9] BVerwGE 67, 222 (230); *Schulze-Fielitz* (Fn. 2), Art. 98 Rn. 28; *Pieroth* (Fn. 2), Art. 98 Rn. 2.

[10] So aber *Wassermann* (Fn. 1), Art. 98 Rn. 25; wie hier *Schulze-Fielitz* (Fn. 2), Art. 98 Rn. 31.

[11] BVerfGE 55, 372 (384); 12, 81 (87 f.); dazu → Art. 97 Rn. 7, 26, 32 ff. mwN.

[12] *Hillgruber* (Fn. 1), Art. 98 Rn. 22; *Wassermann* (Fn. 1), Art. 98 Rn. 21; *Schulze-Fielitz* (Fn. 2), Art. 98 Rn. 25; *Classen* MKS II, Art. 98 Rn. 2; *Heusch* (Fn. 7), Art. 98 Rn. 2; aA *Meyer* (Fn. 1), Art. 98 Rn. 2.

[13] *Meyer* (Fn. 1), Art. 98 Rn. 6; *Schulze-Fielitz* (Fn. 2), Art. 98 Rn. 29.

[14] → Art. 95 Rn. 8 f.

[15] *Hillgruber* (Fn. 1), Art. 98 Rn. 29; *Schulze-Fielitz* (Fn. 2), Art. 98 Rn. 30; dazu ausf. und zT sehr krit. *Meyer* (Fn. 1), Art. 98 Rn. 6, 14.

u. Pflichten aus dem RiDienstverh. kompetent. Streit über die Unterscheidung zw. den der konkurrierenden BKompetenz unterfallenden StatusR u. -pflichten u. den der LKompetenz unterliegenden sonst. Rechten u. Pflichten dürfte im Einzelfall unvermeidbar sein.

11    Für die gesetzl. Regelung der **Besoldung u. Versorgung der BRi.** bleibt es bei der ausschließl. BKompetenz nach Art. 98 I. Für die Regelung der **Besoldung u. Versorgung der LRi.** sind nach Art. 98 III iVm Art. 74 I Nr. 27 nunmehr ausschließl. die Länder kompetent.

## C. Die Richteranklage (Abs. 2 und 5)

12    Den Bestimmungen über die RiAnkl., Art. 98 II, V, kam **bislang keine prakt. Bedeutung** zu.[16] Art. 98 II will die dienstl. u. außerdienstl. **VerfTreue der BRi.** (zu den Ri. am BVerfG s. § 105 I Nr. 2 BVerfGG) gewährleisten. Das **Prinzip der streitbaren Demokratie**, das von den Bürgern eine Verteidigung der freiheitl. Ordnung erwartet u. einen Missbrauch der GrR zum Kampf gegen diese Ordnung nicht hinnimmt, gelangt nicht nur in Art. 9 II, 18, 20 IV, 21 II, sondern auch in Art. 98 II u. V zum Ausdruck.[17]

13    Bei der RiAnkl. geht es nicht um die strafrechtl. Verantwortlich. des angekl. Ri., sondern um den **Schutz der freiheitl. demokrat. Grundordnung.**[18] Die unbest. RBegriffe „Grundsätze des Grundgesetzes" u. „verfassungsmäßige Ordnung eines Landes" sind nicht anders zu interpretieren als der in Art. 91 I verwendete Begriff der freiheitl. demokrat. Grundordnung des Bundes oder eines Landes.[19]

14    Obwohl von den Berufsri. ein besonderes Maß an VerfTreue zu erwarten ist,[20] sanktioniert Art. 98 II, V nicht jedwede Missachtung des GG. Zum einen nennt Art. 98 II 1 ledigl. die „Grundsätze des Grundgesetzes" u. die „verfassungsmäßige Ordnung eines Landes"; beide Begriffe sind wegen der Homogenitätsbest. des Art. 28 I 1 im Wesentl. deckungsgl.[21] Zum anderen rechtfertigt nicht jeder Verstoß gegen die Grds. des GG eine RiAnkl. Vorauss. ist vielmehr eine **aggressiv-kämpferische Haltung** gegen die freiheitl. demokrat. Grundordnung.[22]

15    Besondere Vorsicht ist bei richterl. Urt. u. Entsch., die in der Öffentlichkeit als skandalös bezeichnet werden, geboten.[23] Die rechtl. Kontrolle richterl. Entsch. obliegt nur den übergeordneten GerInstanzen. Allein die Tatsache, dass ein Urt. schlechterdings unvertretbar u. unhaltbar ist, eröffnet noch nicht den Anwendungsber. des Art. 98 II. An eine RiAnkl. darf erst dann gedacht werden, wenn die Urteilsgründe eine aggressiv-kämpferische Haltung gegen die freiheitl. demokrat. Grundordnung offenbaren. Außerdem müssen die so gearteten UrtGründe auch **einem best. Ri.** eindeutig **zurechenbar sein.** Allein die Unterschrift der Ri. unter das Urt. genügt hierfür nicht. Denn zur Unterschriftsleistung sind auch diejenigen Ri. **gesetzl. verpflichtet,** die das Urt. u. die UrtGründe ablehnen.

16    Eine RiAnkl. ist nicht nur an strenge mat. Vorauss. geknüpft. Auch die **prozessuale Hürde** ist sehr hoch: Antrag des BTag bzw. bei LRi. Antrag des LTag; Zweidrittelmehrheit des BVerfG.

17    Nach der eindeutigen Regelung des § 59 I BVerfGG erkennt das BVerfG entweder auf **Freispruch** oder auf eine der in Art. 98 II vorgesehenen Maßn. Ordnet das BVerfG keine dieser Maßn. an – was selbst dann mögl. ist, wenn die TBVorauss. von Art. 98 II erfüllt sind –, muss gem. § 59 I BVerfGG freigesprochen werden.[24] Eine Feststellung, ob der Ri. gegen Grds. des GG oder gegen die verfmäßige Ordnung eines Landes verstoßen hat, darf im Tenor jedenfalls de lege lata nicht getroffen werden, u. zwar auch dann nicht, wenn der angekl. Ri. tatsächl. gegen die freiheitl. demokrat. Grundordnung verstoßen hat.[25] Andere Entsch. aus prozessualen Gründen sind natürl. mögl.[26]

18    Einem antragstattgebenden Urt. des BVerfG kommt **konstitutive Wirkung** zu. Erkennt das BVerfG auf Entlassung des Ri., wird die RLage unmittelb. gestaltet: Der Amtsverlust tritt mit Verkündung des Urt. ein, § 59 II BVerfGG. Wird dagegen nur die Versetzung in ein anderes Amt oder in den Ruhestand angeordnet, bedarf diese Entsch. erst noch des behördl. Vollzuges, § 59 III BVerfGG.[27]

---

[16] Zum Hintergr. *Schulze-Fielitz* (Fn. 2), Art. 98 Rn. 40. Diskutiert wurde die Möglichk. einer RiAnkl. im Zusammenh. mit dem sog. Deckert-Urteil, dazu *Wassermann* NJW 1995, 303; *Sendler* DRiZ 1995, 71; *ders.* ZRP 1994, 377.

[17] BVerfGE 28, 36 (48).

[18] *Maunz* MSKB, § 58 Rn. 2; *Schulze-Fielitz* (Fn. 2), Art. 98 Rn. 37 f.

[19] *Schulze-Fielitz* (Fn. 2), Art. 98 Rn. 37; *Hillgruber* (Fn. 1), Art. 98 Rn. 35.

[20] *Hillgruber* (Fn. 1), Art. 98 Rn. 36; *Meyer* (Fn. 1), Art. 98 Rn. 9.

[21] *Meyer* (Fn. 1), Art. 98 Rn. 9; *Schulze-Fielitz* (Fn. 2), Art. 98 Rn. 36.

[22] *Schulze-Fielitz* (Fn. 2), Art. 98 Rn. 38; *Meyer* (Fn. 1), Art. 98 Rn. 9; *Meister* BDS, § 59 Rn. 5; aA *Hillgruber* (Fn. 1), Art. 98 Rn. 36; *Heusch* (Fn. 7), Art. 98 Rn. 4.

[23] Dazu *Meyer* (Fn. 1), Art. 98 Rn. 11.

[24] Ebenso *Schulze-Fielitz* (Fn. 2), Art. 98 Rn. 39; *Meister* BDS, § 59 Rn. 10; aA *Maunz* MSKB, § 13 Nr. 9 Rn. 5: Mögl. ist auch die Zurückweisung des Antr. ohne Freispruch; *Umbach* UCD, § 59 Rn. 9: Einst. des Vf. (aus nichtprozessualen Gründen).

[25] *Maunz* MSKB, § 59 Rn. 1; *Lechner/Zuck,* § 59 Rn. 1; *Detterbeck,* Streitgegenstand, S. 568; *Schulze-Fielitz* (Fn. 2), Art. 98 Rn. 39; aA *Geiger,* Gesetz über das BVerfG v. 12. März 1951, 1952, § 59 Anm. 1 a.

[26] *Diehm,* in: Barczak, § 59 Rn. 1.

[27] *Meister* BDS, § 59 Rn. 16; *Diehm* (Fn. 26), § 59 Rn. 4; aA zur Ruhestandsversetzung *Maunz* MSKB, § 13 Nr. 9 Rn. 5: automat. Eintritt der Wirkung des UrtInhalts.

Gleichwohl gestaltet auch eine solche Entsch. die RLage.[28] Es wird näml. nicht nur festgestellt, was bereits vorher rechtens war. Vielmehr schafft die Entsch. des BVerfG eine neue, vorher nicht existente RLage.

Auch bei einer **Anklage von LRi.** nach Maßgabe des entspr. LandesR steht die Sachentscheidungs- 19 kompetenz dem BVerfG zu, Art. 98 V.[29]

## D. Landesrichterwahlausschüsse (Abs. 4)

Art. 98 IV bestätigt nicht nur eine schon aus der Justizhoheit der Länder folgende Kompetenz zur 20 Einsetzung von RiWahlA.[30] Diese Vorschr. enthält auch eine diesbezügl. **Garantie** u. schließt anderslautende Regelungen durch einfaches BundesR aus.[31]

Daneben ist Art. 98 IV auch eine **Kompetenzbindungsnorm.** Die Länder sind zur Einrichtung 21 von RiWahlA von GG wegen zwar nicht verpflichtet. Machen sie aber von dieser Möglichkeit Gebrauch,[32] unterliegen sie den Bindungen des Art. 98 IV.[33]

Nach aA kommt Art. 98 IV eine **bloße Schutzfunktion** zu. Da die Länder bei der Anstellung 22 ihrer Ri. nicht an das in Art. 98 IV genannte Modell gebunden seien, komme ihnen bei der RiBestellung jede Freiheit zu. So könnten sie insb. eine reine RiWahl einführen u. den RiWahlA allein, dh ohne MitentschBefugnis des LaJustizministers, über die Anstellung der Ri. entscheiden lassen.[34]

Diese Auffassung vernachlässigt sowohl den Wortlaut als auch die Entstehungsgeschichte[35] von 23 Art. 98 IV. Diese Vorschr. setzt dem LaGesGeber jedenfalls dann eine **verfrechtl. Obergrenze,** wenn RiWahlA in das RiBerufungsVf. einbezogen werden. Den RiWahlA darf keine Allein- oder Letztentsch-Befugnis eingeräumt werden. Ohne Zust. des zust. La(Justiz)min. oder der nach LVerfR zust. LReg.[36] ist eine RiBestellung unzul. Mehr als ein Kondominium iS einer Gleichberechtigung von LaMin u. RiWahlA lässt Art. 98 IVnicht zu.[37]

Grundgesetzw. wäre aber auch jede **andere Form der LRiBestellung** ohne maßgebl. Beteiligung 24 des zust. La(Justiz)min. bzw. der LReg. Das gilt namentl. für eine etwaige RiWahl durch das LaParl.[38] Die Personalhoheit bei der RiBestellung liegt grds. bei den LandesReg.[39] Modifikationen sind nur innerh. der Grenzen des Art. 98 IV zul. Deshalb ist es auch unzul., wenn das LandesParl. als RiWahlA fungiert u. die Ri. auf Vorschlag des zust. La(Justiz)min. wählt. Denn ein RiWahlA ist ein vom LTag zu unterscheidendes Gremium.[40]

Art. 98 IV gilt ledigl. für die **Berufsri.,** nicht auch für ehrenamtl. Ri.[41] Ausgenommen sind auch 25 LVerfRi.[42]

Art. 98 IV betrifft **nicht nur die erstmalige Anstellung,** sondern auch die Übernahme in das 26 RiVerh. auf Lebenszeit[43] u. die Beförderung.[44]

Der Begriff des LaJustizmin. ist **funktionell,** nicht organisat. zu verstehen. LaJustizmin. iSv Art. 98 27 IV ist die nach dem LandesR für den jew. GerZweig zust.oberste LaBeh.[45]

---

[28] *Sachs,* Die Bindung des BVerfG, 1977, S. 284 f.

[29] Dazu krit. *Wassermann* (Fn. 1), Art. 98 Rn. 47.

[30] Dazu *Wassermann* (Fn. 1), Art. 98 Rn. 28.

[31] *Pieroth* (Fn. 2), Art. 98 Rn. 4; *Meyer* (Fn. 1), Art. 98 Rn. 12; *Wassermann* (Fn. 1), Art. 98 Rn. 30.

[32] Dazu der Überbl. von *Wittreck,* Die Verwaltung der Dritten Gewalt, 2006, S. 392 ff.

[33] *Hillgruber* (Fn. 1), Art. 98 Rn. 56; *Schulze-Fielitz* (Fn. 2), Art. 98 Rn. 42; *Stern,* StaatsR II, S. 406; *Ehlers,* Verfassungsrechtliche Fragen der Richterwahl, 1998, S. 15 ff. mit ausf. Aufbereitung der Probl.; *Mahrenholz* NdsVBl 2003, 226; *Ziekow/Guckelberger* NordÖR 2000, 15 f.; *Wittreck* (Fn. 32), S. 403; *Gärditz* ZBR 2011, 109; vgl. auch BVerfGE 41, 1 (10); BVerwGE 70, 270 (274).

[34] *Wassermann* (Fn. 1), Art. 98 Rn. 32; *Classen* MKS II, Art. 98 Rn. 11 ff.; *Thomas,* Richterrecht, 1986, S. 68; *Böckenförde,* Verfassungsfragen der Richterwahl, 2. Aufl. 1998, S. 16 ff.; *Tschentscher,* Demokratische Legitimation der dritten Gewalt, 2006, S. 236 ff., 241.

[35] Dazu ausf. *Ehlers* (Fn. 33), S. 18 ff.

[36] Nach Art. 63 I 1 HambVerf werden die Ri. vom Senat (der LReg, Art. 33 II 1 HmbVerf) auf Vorschl. eines RiWahlA ernannt.

[37] *Hillgruber* (Fn. 1), Art. 98 Rn. 56; *Schulze-Fielitz* (Fn. 2), Art. 98 Rn. 43; *Heusch* (Fn. 7), Art. 98 Rn. 9; *Stern,* StaatsR II, S. 406; *Ehlers* (Fn. 33), S. 16, 28, 43.

[38] *Hillgruber* (Fn. 1), Art. 98 Rn. 56; *Heusch* (Fn. 7), Art. 98 Rn. 12; aA *Tschentscher* (Fn. 34).

[39] *Schulze-Fielitz* (Fn. 2), Art. 98 Rn. 43; vgl. BVerfGE 41, 1 (10); BVerwGE 70, 270 (274); aA *Classen* MKS II, Art. 98 Rn. 12; *Wittreck* (Fn. 32), S. 405 f.

[40] *Ziekow/Guckelberger* NordÖR 2000, 16 f.; *Heusch* (Fn. 7), Art. 98 Rn. 12; aA OVG Schleswig NVwZ-RR 1990, 420 f.

[41] *Hillgruber* (Fn. 1), Art. 98 Rn. 54; *Ehlers* (Fn. 32), S. 45 f.

[42] *Hillgruber* (Fn. 1), Art. 98 Rn. 54; *Ehlers* (Fn. 32), S. 44 f.

[43] BGHZ 85, 319 (323); *Pieroth* (Fn. 2), Art. 98 Rn. 4.

[44] BVerwGE 70, 270 (274); *Hillgruber* (Fn. 1), Art. 98 Rn. 52; *Pieroth* (Fn. 2), Art. 98 Rn. 4; *Ziekow/Guckelberger* NordÖR 2000, 13 ff.

[45] *Hillgruber* (Fn. 1), Art. 98 Rn. 55; *Ehlers* (Fn. 33), S. 49 ff. (51 f.).

28    Hinsichtl. der Zusammensetzung der **RiWahlA** u. der näheren Ausgestaltung des EntschVf. hat der GesGeber einen weiten Gestaltungsspielraum. Freilich ist er sowohl an die grundgesetzl. Vorgaben wie insb. das Demokratiepr. als auch an das jew. LVerfR gebunden.[46]

29    Die Entsch. des für die RiAnstellung zust. La(Justiz)min. u. damit incidenter auch die Entsch. des RiWahlA ist einer nur sehr eingeschränkten **gerichtl. Kontrolle** zugängl.[47] Die bverfgerichtl. Modifikationen der Anforderungen des Art. 33 II an den RiWahlA u. den BuMin.[48] sind auf die Entsch. des LaJustizmin. u. LandesRiWahlA nicht ohne Weiteres übertragbar.[49]

## Art. 99 [Verfassungsstreit innerhalb eines Landes]

**Dem Bundesverfassungsgerichte kann durch Landesgesetz die Entscheidung von Verfassungsstreitigkeiten innerhalb eines Landes, den in Artikel 95 Abs. 1 genannten obersten Gerichtshöfen für den letzten Rechtszug die Entscheidung in solchen Sachen zugewiesen werden, bei denen es sich um die Anwendung von Landesrecht handelt.**

**Entstehungsgeschichte: Erstfassung:** JöR nF 1 (1951), 73. – **Änderung:** 16. G. zur Änd. des GG v. 18.6.1968 (BGBl I 657), Art. 1 Nr. 5 (dazu: BT-Dr V/1449 [Entwurf], V/2376; BT-Prot V/5023, V/9184; BR-Dr 468/66, 262/68; BR-Prot 66/262, 68/121).
**Historische Verfassungstexte: GG 1949:** Artikel 99. Dem Bundesverfassungsgericht kann durch Landesgesetz die Entscheidung von Verfassungsstreitigkeiten innerhalb eines Landes, den oberen Bundesgerichten für den letzten Rechtszug die Entscheidung in solchen Sachen zugewiesen werden, bei denen es sich um die Anwendung von Landesrecht handelt.
**Gesetzgebung:** BVerfGG §§ 13 Nr. 10, 73–75.
**Leitentscheidungen:** BVerfGE 27, 44 (Amtszeit des Ministerpräsidenten); BVerfGE 48, 70 (U-Ausschuss SchlH); BVerfGE 120, 82 (5 %-Klausel bei Kommunalwahlen).

**Schrifttum:** Vgl. bei Art. 93.

## A. Landesgesetzliche Zuständigkeitsübertragung auf das Bundesverfassungsgericht (Art. 99, 1. Alt.)

### I. Allgemeines

1    Art. 99, 1. Alt. enthält das Angebot der BVerf. an die Länder, auf die Einrichtung eines LVerfG zu verzichten u. sich zur Entsch. von landesrechtl. VerfStreitigk. im Wege der **Organleihe** des BVerfG zu bedienen. Die Zuweisung dieser Zuständigkeit an das BVerfG bedarf der Regelung in der LVerf. oder in einem förml. LandesG. Von dieser Möglichk. hatte nur das Land **Schleswig-Holstein** Gebrauch gemacht, u. zwar in einer jeher hinausreichenden Bandbreite. Mit der VerfÄnderung von 2006 u. dem Ges. zur Ausführung[1] hat auch SchlH ein LVerfG eingerichtet.

2–5    **Abgrenzung** gegenüber der subsid. Zust. des BVerfG zur Entsch. eines **Landesinnenstreits nach Art. 93 I Nr. 4 (3. Var.):** Diese bezieht sich ausschließl. auf lverfrechtl. Organstreitigkeiten u. eröffnet qua BundesR (also ohne lrechtl. Regelung) die Zuständigk. des BVerfG, wenn das Land keine oder keine umfassende lverfgerichtl. Streitentsch. vorsieht.[2]

### II. Maßstab

6    VerfStreitigkeiten innerh. eines Landes sind nach dem Maßstab der **LVerf.** zu entscheiden. Zu berücksichtigen sind aber auch Grds. des GG, die als ungeschr. Bestandteile in die LVerf. hineinwirken.[3] Wegen der Autonomie der VerfRäume ist dies aber eine eng begrenzte Ausnahme.[4]

## B. Landesgesetzliche Zuständigkeitsübertragung auf oberste Bundesgerichte (Art. 99, 2. Alt.)

7    Nach Art. 99, 2. Alt. kann ein Land ferner die Entsch. über die **Anwendung von (einfachem) LandesR** im letzten Rechtszug obersten Bundesger. (Art. 95) zuweisen. Dies gilt aber nur, soweit in

---

[46] Dazu näher *Schulze-Fielitz* (Fn. 2), Art. 98 Rn. 45; *Hillgruber* (Fn. 1), Art. 98 Rn. 57 ff. mit sehr weitr. Vorgaben; *Wittreck* (Fn. 32), S. 396 ff.; *Ziekow/Guckelberger* NordÖR 2000, 16 ff.; spez. zur NRW Verf. *Ehlers* (Fn. 33), S. 56 ff.
[47] Dazu OVG Hamburg NordÖR 2013, 21 ff.
[48] → Art. 95 Rn. 15.
[49] OVG Schleswig NVwZ-RR 2020, 496 ff.: keine Übertragbark. auf das in Art. 50 II LVerfSH geregelte Vf.
[1] VerfÄnderung v. 17.10.2006, GVBl S. 220; G über das Schleswig-Holsteinische LVerfGer. – LVerfGG v. 10.1.2008, GVBl S. 25.
[2] Dazu → Art. 93 Rn. 74 ff.
[3] Dazu → Art. 93 Rn. 20 mN.
[4] BVerfGE 103, 332 (347 ff.).

dieser Frage der Bund nicht von seiner prozessualen GesGebungskomp. Gebrauch gemacht hat. Diese Vorschr. schränkt die konkurrierende Kompetenz des Bundes aus Art. 74 I Nr. 1 oder die ausschließl. nach Art. 108 VI nicht ein.[5] Bundesgerichtl. revisibel nach Maßg. des Art. 99, 2. Alt. ist zB die Anwendung des allg. VwRechts in Bayern (Art. 97 BayVwVfG), Berlin (§ 5 AGVwGO) u. Schleswig-Holstein (§ 327 LVwG).[6] IFd Art. 99, 2. Alt. entscheiden die obersten BuGer. nicht als Landes-, sondern als BuGer.[7] Ihre Entsch. sind desh. der lverfgerichtl. Kontrolle entzogen.

## Art. 100 [Vorlagen zu Verfassungsgerichten]

(1) **Hält ein Gericht ein Gesetz, auf dessen Gültigkeit es bei der Entscheidung ankommt, für verfassungswidrig, so ist das Verfahren auszusetzen und, wenn es sich um die Verletzung der Verfassung eines Landes handelt, die Entscheidung des für Verfassungsstreitigkeiten zuständigen Gerichtes des Landes, wenn es sich um die Verletzung dieses Grundgesetzes handelt, die Entscheidung des Bundesverfassungsgerichtes einzuholen. Dies gilt auch, wenn es sich um die Verletzung dieses Grundgesetzes durch Landesrecht oder um die Unvereinbarkeit eines Landesgesetzes mit einem Bundesgesetze handelt.**

(2) **Ist in einem Rechtsstreite zweifelhaft, ob eine Regel des Völkerrechtes Bestandteil des Bundesrechtes ist und ob sie unmittelbar Rechte und Pflichten für den Einzelnen erzeugt (Artikel 25), so hat das Gericht die Entscheidung des Bundesverfassungsgerichtes einzuholen.**

(3) **Will das Verfassungsgericht eines Landes bei der Auslegung des Grundgesetzes von einer Entscheidung des Bundesverfassungsgerichtes oder des Verfassungsgerichtes eines anderen Landes abweichen, so hat das Verfassungsgericht die Entscheidung des Bundesverfassungsgerichtes einzuholen.**

**Entstehungsgeschichte: Erstfassung:** JöR nF 1 (1951), 734. – **Änderung:** 16. G. zur Änd. des GG v. 18.6.1968 (BGBl I 657), Art. 1 Nr. 6 (vgl. dazu Materialien bei Art. 99).
**Historische Verfassungstexte: GG 1949:** (1)–(3) wie geltende Fassung. Dazu Art. 100 III aE: will es bei der Auslegung von sonstigem Bundesrechte von der Entscheidung des Obersten Bundesgerichtes oder eines oberen Bundesgerichtes abweichen, so hat es die Entscheidung des Obersten Bundesgerichtes einzuholen.
**Geltende Landesverfassungen:** *BW*Verf Art. 68 I Nr. 3, 88; *Bay*Verf Art. 65, 92; *Bln*Verf Art. 84 II Nr. 4; *Bbg*Verf Art. 113 Nr. 3; *Brem*Verf Art. 142; *Hmb*Verf Art. 64 II, 65 III Nr. 6; *Hess*Verf Art. 133; *MV*Verf Art. 53 Nr. 5; *Nds*Verf Art. 54 Nr. 4; *NRW*Verf Art. 75 Nr. 4 (i. V. mit § 13 Nr. 7 VerfGHG); *RhPf*Verf Art. 130 III, 135 I Nr. 1; *Saar*lVerf Art. 97 Nr. 3; *Sachs*Verf Art. 81 I Nr. 3; *LSA*Verf Art. 75 Nr. 5; *SchlH*Verf Art. 44 II Nr. 3; *Thür*Verf Art. 80 I Nr. 5.
**Supra- und internationale Texte:** AEUV Art. 267.
**Gesetzgebung:** BVerfGG §§ 13 Nr. 11–13, 80–85.
**Leitentscheidungen: Zu Abs. 1:** BVerfGE 1, 184 (Formelle Gesetze); BVerfGE 2, 124 (Nachkonstitutionelle Gesetze); BVerfGE 6, 55 (Zusammenveranlagung); BVerfGE 7, 171 (Entscheidungserheblichkeit); BVerfGE 13, 97 (Befähigungsnachweis Handwerk); BVerfGE 86, 382 (Vorläufiger Rechtsschutz); BVerfGE 114, 303 (VO geändert durch G); BVerfGE 125, 175 (Hartz IV-Bedarfsermittlung). – **Zu Abs. 2:** BVerfGE 23, 288 (Lastenausgleichsabgabe); BVerfGE 75, 1 (ne bis in idem); BVerfGE 117, 141 (Argentinien – Anleihen I – Botschaftspfändung). – **Zu Abs. 3:** BVerfGE 1, 208 (7,5 %-Sperrklausel); BVerfGE 3, 261 (Niederdeutsche Union); BVerfGE 36, 342 (Inhaltsgleiches Landesverfassungsrecht); BVerfGE 96, 345 (Landesverfassungsgerichte).

**Schrifttum:** Vgl. bei Art. 93. – **Zu Abs. 1:** ferner *Y. Becker,* Die Entscheidungserheblichkeit im Verfahren der konkreten Normenkontrolle gemäß Art. 100 Abs. 1 GG, in: Becker/Lange, Linien der Rechtsprechung des Bundesverfassungsgerichts, Bd. 3, 2014, S. 3; *K. A. Bettermann,* Die konkrete Normenkontrolle und sonstige Gerichtsvorlagen, FG BVerfG I, 1976, S. 323; *W. Heun,* Richtervorlagen in der Rechtsprechung des Bundesverfassungsgerichts, AöR 122 (1997), 610; *ders.,* Normenkontrolle, FS 50 Jahre BVerfG I 2001, S. 615 (621); *W.-R. Schenke,* Verfassungsgerichtliche Verwerfungsmonopole und verwaltungsgerichtlicher vorläufiger Rechtsschutz, JuS 2017, 1141; *R. Wernsmann,* Konkrete Normenkontrolle (Art. 100 Abs. 1 GG), Jura 2005, 328. – **Zu Abs. 2:** *E. Klein,* Die Völkerrechtsverantwortung des Bundesverfassungsgerichts – Bemerkungen zu Art. 100 Abs. 2 GG –, FS W. Rudolf, 2001, S. 293; *Meyer/Fallois,* Das Völkerrechtsverifikationsverfahren nach Art. 100 II GG im Überblick, JuS 2019, 1066.

### Übersicht

---

[5] BVerfGE 10, 285 (292 ff.).
[6] Zu weiteren Fällen aus dem MedienR *Eichberger/Buchheister* SSB, § 137 Rn. 64.
[7] *Walter,* in: Maunz/Dürig, Art. 99 Rn. 20; *Schulze-Fielitz,* in: Dreier III, Art. 99 Rn. 15.

# A. Konkrete Normenkontrolle des Bundesverfassungsgerichts (Abs. 1 iVm §§ 13 Nr. 11, 80–82 BVerfGG)

## I. Wesen und Zweck

1　Die konkr. NK kennzeichnet, dass sie aus Anlass u. **im Rahmen eines in aller Regel fachgerichtl. Vf.** stattfindet (nicht aufgr. abstr. Meinungsverschiedenheiten) u. vom Fachger. beim BVerfG beantragt wird. Sie intendiert nicht den Schutz subj. RPositionen. Es handelt sich um ein obj. Vf. zum Schutz der Verf., das die Anwendung ausschließl. verfgem. Normen gewährleisten soll.[1] Allerd. verletzt eine verfwidrige Nichtvorl. das grundrechtsgl. Recht der VfBet. auf den gesetzl. Ri. nach Art. 101 I 2. Im Rahmen einer hierauf gestützten VB führt das BVerfG – nach Erschöpfung des RWeges – zu Recht eine im Vergl. zu Fällen, in denen eine nur einfachrechtl. Vorlagepfl. besteht, strengere Vertretbarkeitskontr. durch.[2]

2　Die Monopolisierung der konkr. NKEntsch. für förml. Ges. beim BVerfG soll verhindern, dass sich jedes Ger. über den Willen des konstitutionellen GesGebers hinwegsetzen kann,[3] u. so dessen **Autorität** wahren.[4] Damit wird auf die demokrat. Legitimation des parl. GesGebers Rücksicht genommen, dessen Kontrolle in die Hand eines Ger. mit VerfOrganqualität gelegt wird. Desh. reduziert das BVerfG die konkr. NK auf **förml. nachkonstitut. Ges.** (u. Rn. 7, 9 f.). Art. 100 I verfolgt den weiteren Zweck, inzidente, divergierende Entsch. der Fachger. über die Gültigkeit derartiger Ges. u. damit **RZersplitterung zu vermeiden.**[5]

3　Die Handhabung der RiVorl. ist **praktisch kompliziert** geworden, weil das BVerfG – gewiss auch zur Steuerung der immensen Belastung – strenge Anford. an ihre Zul. (EntschErheblichkeit, Fassung des Vorlagebeschl. – vgl. u. Rn. 21) stellt.[6] Der Grundgedanke der „Subsidiarität der Verfassungsgerichtsbarkeit"[7] rechtfertigt strenge Maßstäbe an die Sorgfalt des vorlegenden Ger., zumal die Vorl. zum BVerfG zunächst eine Verweigerung der Entsch. in der Sache u. damit ihre Verzögerung bedeutet.[8] Dabei geht es auch um die Wahrung des Wesensunterschieds zur abstr. NK.[9]

## II. Zulässigkeitsfragen

4　**1. Vorlagekompetenz. Gerichte** im Sinn des Abs. 1 sind alle staatl. Spruchstellen, die sachl. unabhängig, gesetzl. mit den Aufgaben eines Ger. betraut u. als Ger. bezeichnet sind.[10] Dies gilt für alle Instanzen, jeden GerZweig, ebenso für LVerfG,[11] unter gewissen Vorauss. auch für Berufs- u. Ehrenger.[12] Der Vorlagebeschl. ist in derselben **Besetzung** zu treffen wie die SachE, für die es auf die Gültigk. des vorzulegenden Ges. ankommt.[13] Das kann auch der statt des Kollegialger. zur Entsch. berufene **Einzelri.** sein – nicht aber dann, wenn dessen Einsetzung nur auf einer Ermessensnorm beruht. In diesem Fall stellt es einen Ermessensmissbrauch dar, wenn der Berichterstatter den Vorlagebeschl. erlässt.[14] RPfleger sind **nicht** vorlageberechtigt,[15] so wenig wie Kirchenger. oder private Schiedsger.

---

[1] BVerfGE 45, 63 (74).
[2] BVerfGE 138, 64 Rn. 71, 76 f., 79.
[3] BVerfGE 1, 184 (197 f.).
[4] BVerfGE 22, 373 (378); 97, 117 (122); dazu *E. Klein* BKK, Rn. 755 f.; *Schlaich/Korioth,* Rn. 136 ff.
[5] BVerfGE 1, 184 (199 f.), st. Rspr.
[6] Krit. Akzente bei *E. Klein* BKK, Rn. 885 ff.: prozessuales Roulette; *Löwer* HStR III, § 70 Rn. 90 ff.; *Schlaich/Korioth,* Rn. 145; *Rinken* AK GG, Art. 100 Rn. 23.
[7] BVerfGE 47, 146 (154); 63, 1 (22); 79, 256 (265).
[8] BVerfGE 78, 165 (178); BVerfG(K) NJW 1999, 1098 f. Das ZwischenVf. vor dem BVerfG dauert oft Jahre. Der EGMR sah bei einer VfDauer von sieben Jahren allein vor dem BVerfG einen Verstoß gegen den Anspr. auf ein faires Vf. gem. Art. 6 I EMRK (EGMR NJW 1997, 2809).
[9] So BVerfGE 97, 49 (66 f.).
[10] BVerfGE 6, 55 (63).
[11] BVerfGE 36, 342 (356).
[12] BVerfGE 48, 300 (315 f.).
[13] BVerfGE 54, 159 (163 f.).
[14] BVerfG(K) NJW 1999, 274.
[15] BVerfGE 61, 75 (77) mwN; s. auch § 5 I Nr. 1, 2 RPflG.

**VfStadium:** Die Vorlagepfl. kann grds. von jeder Entsch. ausgelöst werden, die von der Gültigkeit 5
des Ges. abhängt, also auch von ZwischenE, außer wenn nicht ausgeschl. werden kann, dass es im
weiteren Vf. auf diese Norm nicht mehr ankommt.[16] Einstw. RSchutz kann aber schon vor der im
HauptsacheVf. einzuholenden Entsch. des BVerfG vom Fachger. gewährt werden, wenn die HauptsacheE dadurch nicht vorweggenommen wird.[17] Dass die Vorlagefrage bereits beim BVerfG anhängig
ist, lässt die Vorlagepfl. nicht entfallen (Mehrfachvorlagen).[18]
Die Möglichk., den **EuGH nach Art. 267 AEUV** anzurufen, hindert die konkr. NK nach Art. 100 6
I jedenf. dann nicht, wenn die verfrechtl. Fragen unabhängig von der Klärung der Vereinbark. des Ges.
mit EU-R zu beantworten sind.[19] Zwar wäre im Falle der EU-Rechtswidrigkeit des Ges. die Frage
seiner VerfMäßigkeit wegen des Anwendungsvorranges des EU-R nicht entscherhebl. iSv Art. 100 I
GG. Andererseits wäre bei VerfWidrigkeit des Ges. aber auch die Frage seiner EU-Rechtswidrigkeit u.
damit der Auslegung des EU-R nicht entscherhebl. iSv Art. 267 II AEUV. Desh. kann das
Fachger. wählen, ob es (zuerst) beim BVerfG nach Art. 100 I oder beim EuGH nach Art. 267 AEUV
vorlegt.[20] Auch eine gleichzeitige Anrufung beider Ger. durch dasselbe Vorlageger. ist mögl. Nur
wenn feststeht, dass das Ges. EU-R widerspricht u. wegen des Anwendungsvorranges des EU-R nicht
angewendet werden darf, ist die Frage der VerfMäßigkeit des Ges. nicht mehr entscherhebl. iSv
Art. 100 I.[21] Stehen EU-Rechtswidrigkeit u. Unanwendbarkeit des Ges. nur mit hinr. Wahrschein-
lichk. fest, ist eine Vorl. nach Art. 100 I nur zul., wenn das Ger. die EU-rechtl. Thematik eingehend
geprüft hat.[22]
Legt das Ger. dem BVerfG ein Ges. vor, das **sekund. EU-R umgesetzt hat,** ist die Frage der 6a
VerfMäßigk. des dt. Ges. nur in zwei Fällen entscherhebl., dh nur dann ist die Vorlage zum BVerfG
zul.:[23] (1) Das umgesetzte EU-R belässt dem dt. GesGeber hinreichenden EntschSpielraum, der es ihm
ermöglicht hätte, ein – aus Sicht des vorlegenden Ger. – verfmäßiges Ges. zu erlassen. Denn wenn dies
nicht der Fall ist, muss das AusführungsG selbst im Falle seiner VerfWidrigk. wegen des Anwendungsvorranges des EU-R angewendet werden. Eine Vorl. zum BVerfG ist aber nur zul., wenn zweifelsfrei
iS der sehr rigiden Vorgaben der acte-clair-Doktrin[24] feststeht, dass der dt. GesGeber einen Umsetzungsspielraum hat. Steht dies nicht zweifelsfrei fest, ist eine RiVorlage nur zul., wenn das Ger. vorher
den EuGH nach Art. 267 AEUV angerufen u. der EuGH einen Umsetzungsspielraum anerkannt
hat. Diese Vorlageobliegenheit trifft auch ein Instanzger., für das Art. 267 II AEUV keine strikte
Vorlagepfl. statuiert.[25] (2) Belässt das EU-R – aus Sicht des vorl. Ger. – dem GesGeber keinen
EntschSpielraum, ist die Frage der VerfMäßigkeit des Ges. ausnahmsweise nur noch dann entscherhebl., wenn das umgesetzte EU-R (u. damit auch das dt. Ges.) die EU-festen Grenzen, über deren
Beachtung auch das BVerfG wacht (unabdingbarer GrRStandard, Ultra-vires- u. VerfIdentitätsvor-
behalt),[26] verletzt,[27] weil dann dem EU-R kein Anwendungsvorrang mehr zukommt. Eine auf diesen
Aspekt gestützte Vorl. zum BVerfG ist indes nur zul., wenn das Ger. die Verletzung der EU-festen
Grenzen substanziiert darlegt[28] u. vorher den EuGH nach Art. 267 AEUV angerufen hat, wenn dieser
die Frage der Gültigkeit des umgesetzten EU-R am Maßstab des höherrangigen EU-R beantworten
kann.[29]

**2. Vorlagegegenstand.** Vorlagefähig sind, ungeachtet des wechselnden Sprachgebrauchs in Abs. 1 7
S. 1 u. 2, ausschließl. **förml. Ges. des Bundes u. der Länder,**[30] **nicht** also: andere Normen, insbes.
UntergesetzesR,[31] auch nicht, wenn der GesGeber eine bestehende VO ändert oder ergänzt,[32] gesetz-
geber. Unterlassen,[33] – **wohl aber** ein satzungsvertretendes Ges. (Bebauungsplan im Stadtstaat, § 246

---

[16] BVerfGE 63, 1 (21 f.).
[17] BVerfGE 86, 382 (389); näher *Schenke* JuS 2017, 1141 ff.; *Froesel/Kempny/Schiffbauer* DÖV 2017, 261 ff.
[18] *Schlaich/Korioth,* Rn. 159: keine Aussetzung ohne Vorlagebeschl.; *Heun* FS 50 Jahre BVerfG I, 2001, S. 626: geradezu erwünscht.
[19] BVerfGE 106, 275 (294 ff.); weiterf. *Masing* JZ 2015, 480 ff.
[20] BVerfGE 106, 275 (295); 116, 202 (214 f.); 129, 186 (203).
[21] BVerfGE 106, 275 (295); 116, 202 (214).
[22] BVerfGE 85, 191 (205).
[23] BVerfGE 129, 186 (198 ff.).
[24] Dazu EuGH Slg. 1982, 3415 (3430) – C. I. L. F. I. T.; BVerfGE 82, 159 (193); 129, 186 (201).
[25] BVerfGE 129, 186 (201 f.); abl. die EntschAnm. *Foerster* JZ 2012, 515 ff.
[26] Näher → Art. 93 Rn. 26a ff.
[27] BVerfGE 129, 186 (199 f.).
[28] Vgl. BVerfGE 129, 186 (205 ff.).
[29] Näher → Art. 93 Rn. 26d, e.
[30] Grundl. BVerfGE 1, 184 (195 ff.); zur Begründung aus der Funktion der konkr. NK (Rn. 2) kommt das
prozessökon. Arg. der Beschränkung auf die „wichtigeren Aufgaben", S. 200 f.
[31] Anders bei einer VO, die in untrennb. Zusammenh. mit einem Ges. steht: BVerfGE 75, 166 (173 ff.).
[32] Auch ohne sog. Entsteinerungsklausel wertet das BVerfG iSd Normenklarheit zutr. die Norm einheitl. als VO:
BVerfGE 114, 196 (232 f.); 114, 303 (310 ff.); zust. *Müller-Terpitz,* in: Hofmann/Henneke, Art. 100 Rn. 9; aA *E. Klein* (Fn. 4), Rn. 780.
[33] *E. Klein* BKK, Rn. 790 f.

II BauGB),[34] verordnungsvertretende Ges. (gem. 80 IV),[35] Normen einer LVerf.,[36] Ges. zur Änderung des GG,[37] ebenso die ZustimmungsG zu völkerrechtl. Vertr.,[38] zu EU-Vertr.,[39] zu Staatsvertr.[40] u. damit mittelb. auch deren Inhalte.

8 Die Norm muss **existent, also verkündet** u. (wegen der EntschErheblichkeit) grds. in Kraft sein.[41] Außer Kraft getretenes Recht kann nur vorgelegt werden, solange es im AusgangsVf. entscherhebl. bleibt.[42] Vorzulegen ist jew. der einzelne, entscherhebl. **RSatz,** bei untrennbarem Zusammenh. auch ein Normenkomplex.[43]

9 Aus dem Zweck des Abs. 1 (o. Rn. 2) ergibt sich eine Beschränkung der Vorlagegegenstände auf **nachkonstitut.,** also nach Inkrafttreten des GG verkündete Ges.[44] Dazu rechnet auch eine vorkonstitut. Norm, die der nachkonstitut. GesGeber in seinen Willen aufgenommen hat. Auf einen konkr. Bestätigungswillen kann aus dem engen sachl. Zusammenh. zw. unverändeten u. geänderten Normen geschlossen werden, auch aus der Tatsache, dass eine alte Norm als Ges. neu verkündet wird (nicht aus der exekut. Neubekanntmachung) oder dass eine neue Norm auf die alte verweist.[45] Ebenso setzt die Vorlagepfl. nach **Abs. 1 S. 2, 2. Alt.** eine Kollision des LandesG mit einem schon **vorher existenten BundesG** voraus.[46]

10 **Fortgeltende Ges. der DDR** sind nicht unter der Herrschaft des GG verkündet, sondern erst durch den EV dessen Geltungsanspruch unterworfen. Sie sind daher vorkonstitutionellem Recht gleichzustellen.[47] Die Aufnahme in die Anlage II zum EinigungsV ändert hieran nichts, weil diese nicht als Aufnahme in den Willen des BuGesGebers gedeutet werden kann.

11 Grundsätzl. nur **dt.** Ges. unterliegen der Vorlagepfl., nicht also Normen des VölkerR.[48] Sekund. EU-R kann unter äußerst strengen Vorauss. analog Art. 100 I vorgelegt werden.[49]

12 **3. Kontrollmaßstab.** Gegenüber Bu- wie LaG sind für das BVerfG (wie für das vorlegende Ger.) **alle Normen des GG** Kontrollmaßstab. Auch **VölkerR** gehört zum Prüfungsmaßstab des BVerfG. Die **allg. Regeln des VölkerR** sind gem. Art. 25 S. 1 Bestandteil des BundesR u. gehen den BuG gem. Art. 25 S. 2 vor. Damit sind die allg. Regeln des VölkerR Prüfungsmaßstab, wenn ein **LaG** vorgelegt wird. Gleiches gilt für das sonstige VölkerR, das nach Art. 59 II im Range eines BuG steht. Kollidiert ein **BuG** mit einer **allg. Völkerrechtsregel,** ist Art. 100 I zumindest **analog** anwendbar.[50] Erblickt man in der Missachtung des Vorranges, der den allg. VölkerRRegeln gegenüber den einfachen BuG nach Art. 59 II zukommt, zugl. eine Verletzung des RStaatspr.,[51] ist Art. 100 I unmittelb. anwendbar. Die sonst. VölkerRRegeln scheiden bei BuG als unmittelbarer Prüfungsmaßstab aus. Soweit sie wie zB die EMRK bei der Auslegung der GrR zu berücksichtigen sind,[52] kommen sie aber mittelb. als Prüfungsmaßstab in Betracht. Ein Ger. muss ein BuG nach Art. 100 I vorlegen, wenn es zur Überzeugung gelangt, das BuG verstoße gegen ein GrR, das in best. Weise völkerrechtskonform ausgelegt werden müsse.[53] Nach **Art. 100 I 2** sind LaG dem BVerfG vorzulegen, wenn sie gegen das GG verstoßen, aber auch **(2. Alt.),** wenn sie nur mit BuG oder sonstigem, also untergesetzl. BundesR[54] unvereinbar sind.

---

[34] AA BVerfGE 70, 35 (57 f.); *Müller-Terpitz* (Fn. 32), Art. 100 Rn. 9; wie hier abwM *Steinberger,* BVerfGE 70, 35 (59 ff.); *Pestalozza,* VerfProzR, § 13 Rn. 9 Fn. 24; *E. Klein* BKK, Rn. 779; *Rinken* AK GG, Art. 100 Rn. 10.

[35] → Art. 80 Rn. 63; *Müller-Terpitz* (Fn. 32), Art. 100 Rn. 9; *Hillgruber/Goos,* Rn. 585; aA *Sieckmann/Kessal-Wulf* MKS II, Art. 100 Rn. 24; *Pieroth,* in: Jarass/Pieroth, Art. 100 Rn. 8; *Schütz* NVwZ 1996, 38 ff.

[36] BVerfGE 36, 342, (356).

[37] *Müller-Terpitz* (Fn. 32), Art. 100 Rn. 7.

[38] BVerfGE 95, 39 (44).

[39] BVerfGE 52, 187 (199).

[40] BVerfGE 63, 131 (140).

[41] *Löwer* HStR III, § 70 Rn. 89.

[42] Vgl. BVerfGE 47, 46 (64).

[43] BVerfGE 99, 165 (177).

[44] Grundl. BVerfGE 2, 124 (128).

[45] BVerfGE 70, 126 (129 f.); 121, 108 (117); 124, 251 (262).

[46] BVerfGE 65, 359 (373).

[47] BVerfGE 97, 117 (122 ff.).

[48] *E. Klein* BKK, Rn. 792 f.; aA *Stern* BK, Art. 100 (1967) Rn. 226.

[49] *E. Klein* BKK, Rn. 792 f.; aA → Sodan, Art. 100 Rn. 11 f.; *Sieckmann/Kessal-Wulf* MKS II, Art. 100 Rn. 21 unter Berufung auf BVerfGE 140, 317 Rn. 34; iE ebenso *Dederer,* in: Maunz/Dürig, Art. 100 Rn. 118 („richterrechtliche Fortbildung des Verfassungsprozessrechts"); vgl. demgegenüber aber BVerfGE 142, 123 Rn. 97 ff.; aA *Wieland* MKS II, Art. 100 Rn. 22; *Moradi Karkaj,* in: Barczak, § 80 Rn. 52; näher → Art. 93 Rn. 26.

[50] *Dollinger* BDS, § 80 Rn. 103; *Hillgruber/Goos,* Rn. 628 f.; *Müller-Terpitz* (Fn. 32), Art. 100 Rn. 15; *Löwer* HStR III, § 70 Rn. 100; *E. Klein* BKK, Rn. 879.

[51] Vgl. → Art. 93 Rn. 57.

[52] Dazu → Art. 93 Rn. 28 ff.

[53] Zutr. *Payandeh* DÖV 2011, 388; in diese Richt. auch *Löwer* HStR III, § 75 Rn. 100; vgl. auch *Mückl* Staat 44 (2005), 424.

[54] BVerfGE 1, 202 (207); 1, 283 (292).

**4. Weitere Vorlagevoraussetzungen.** Vorauss. für den Vorlagebeschl. ist die **Überzeugung** des 13 Ger., der Vorlagegegenstand sei mit dem Kontrollmaßstab unvereinbar. Weder die Überzeugung anderer[55] noch Zweifel reichen aus. Das Ger. muss sich in eigener Verantwortung entscheiden u. dabei auch eine verfkonf. Auslegung ausschließen.[56]

Auf die Gültigkeit der vorzulegenden Norm muss es in der **abschließenden** Entsch. des Ger. 14 ankommen **(Entscheidungserheblichkeit).**[57] Das bedeutet, dass das Ger. bei Gültigkeit der Norm zu einem anderen Erg. käme als im Falle ihrer Ungültigkeit.[58] Eine andere Entsch. besteht zB in der Abweisung statt Klagestattgabe, Verwerfung als unzul. statt Zurückweisung als unbegr., in einem teilweisen anstelle eines vollst. Klageerfolgs.[59] Auch die Notwendigkeit einer weiteren Aussetzung des Vf. bei einer Unvereinbarkeitserkl. genügt.[60] Auf die Frage, ob das Ges. gegen Rechte des Kl. oder Bekl. im AusgangsVf. verstößt, kommt es nicht an.[61] Ein Ges. darf auch dann nicht angewendet werden, wenn es nur **obj. mit höherrangigem Recht unvereinbar** ist. Auch ein nur obj. verfwidriges Ges. kann desh. entscheherbl. sein.

Maßgebl. kommt es auf den **Tenor** der anstehenden Entsch. an. Ledigl. **unterschiedl. Begrün-** 15 **dungen** lösen die Vorlagepfl. aus, wenn sie für Inhalt u. Wirkung der Entsch. Bedeutung haben, insbes. dann, wenn bei einer tragenden alternativen Begründung die RKraftwirkungen im Unklaren bleiben.[62] Diese Konsequenz einer anderen Entsch. muss **feststehen,** was verlangt, dass auch aufwändige Beweisaufnahmen vor einer Vorl. erforderl. sein können.[63]

Für die Beurteilung der EntschErheblichkeit ist grds. die **RAuffassung des vorlegenden Ger.** 16 maßgebl., es sei denn, dessen rechtl. oder tatsächl. Würdigung ist eindeutig unrichtig oder offensichtl. unhaltbar.[64] Die RAuffassung muss vom Fachger. in der Begründung des Vorlagebeschl. hinr. deutl. gemacht werden.[65] Für verfrechtl. Erwägungen (Vorfragen, Folgerungen) nimmt das BVerfG seine volle Überprüfungskompetenz an.[66] Das BVerfG beschränkt nicht nur den Vorlagegegenstand auf den entscherhebl. Teil,[67] es deutet gelegentl. auch um[68] u. dehnt bei engem Sachzusammenh. die Prüfung auf andere Regelungen oder Normteile aus (§§ 82 I, 78 S. 2 BVerfGG).[69]

Besondere Probleme der EntschErheblichkeit wirft die Konstellation eines gleichheitswidrigen 17 **Begünstigungsausschlusses** des Klägers oder Dritter durch eine vorgelegte Norm auf, der das BVerfG differenziert gerecht zu werden versucht.[70]

Die **Gesetzeskraft** einer vom BVerfG getroffenen Entsch. der VerfMäßigk. einer Norm (§ 31 II 18 BVerfGG) steht regelm. der Zul. einer erneuten Vorl. entgegen, ebenso die **Bindungswirkung** (Tenor u. tragende Gründe) gem. § 31 I BVerfGG.[71] Eine erneute Vorl. kommt aber bei Auftreten neuer u. erhebl. tatsächl. oder rechtl. Gesichtspunkte in Betracht.[72] Dies gilt auch, wenn das BVerfG die Unvereinbark. einer Norm mit einer bestimmten GGVorschrift festgestellt u. die vorübergehende Weitergeltung der Norm angeordnet hat.[73]

Weitreichende Sorgfaltsanforderungen stellt das BVerfG an die Fassung des **Vorlagebeschl.** (vgl. 19 § 80 II BVerfGG).[74] Er muss aus sich heraus verständl. darlegen, dass das Ger. bei Gültigk. der vorgel. Norm zu einem anderen Erg. käme als bei ihrer Ungültigk. u. wie das Ger. dieses Erg. begründen würde.[75]

---

[55] ZB einer „hM", vgl. BVerfGE 78, 1 (6); Auffassung eines Oberger., BVerfGE 68, 337 (345).

[56] BVerfGE 68, 337 (344).

[57] Dazu ausf. *Becker,* in: Leitentscheidungen BVerfG III, S. 3 ff.

[58] BVerfGE 84, 233 (236 f.).

[59] Nw. bei *Pestalozza,* VerfProzR, § 13 Rn. 20.

[60] BVerfGE 99, 69 (77).

[61] *Müller-Terpitz* MSKB, § 80 Rn. 179; missverständl. *Hillgruber/Goos,* Rn. 614 (iFv BVerfGE 122, 151/179 f. kam es auf die Frage eines ganz best. GrRVerstoßes desh. nicht an, weil eine hierauf beruhende VerfWidrigk. des Ges. dem Kl. des AusgangsVf. nichts genützt hätte; ähnl. BVerfGE 116, 96/120; 117, 272/291 f.).

[62] BVerfGE 44, 297 (300 f.); 63, 1 (24); 70, 191 (198).

[63] BVerfGE 11, 330 (334 f.), st. Rspr.; Ausnahmen bei allg., grundsätzl. Bedeutung sowie Dringlichkeit: BVerfGE 47, 146 (157 ff.).

[64] BVerfGE 2, 181 (190 f.); 87, 114 (133); 88, 187 (194 ff.).

[65] So bedarf es bei Anfechtungs- und Verpflichtungskl. näherer Darlegungen zur subj. RVerl. des Kl. des AusgangsVf., vgl. BVerfGE 97, 49 (61 ff.).

[66] BVerfGE 46, 268 (284); 63, 1 (27 ff.).

[67] BVerfGE 99, 280 (289).

[68] BVerfGE 58, 300 (318 ff.).

[69] BVerfGE 78, 132 (143) mwN; zT legt es den Vorlagebeschl. auch ausdehnend aus, BVerfGE 99, 165 (177); 99, 367 (387); 102, 99 (113 f.).

[70] Vgl. zum Kläger BVerfGE 49, 280 (282); 98, 70; zum Dritten BVerfGE 66, 100 (105); 67, 239 (244); hierzu *Dederer* (Fn. 49), Art. 100 Rn. 162 ff.; *Schlaich/Korioth,* Rn. 149, 154 ff.; *E. Klein* BKK, Rn. 844 ff.

[71] Vgl. BVerfGE 33, 199 (203); BVerwGE 94, 269 (272).

[72] BVerfGE 33, 199 (203 f.); BVerfG(K) NJW 2004, 3620; näher → Art. 94 Rn. 12.

[73] BVerfGE 139, 285 Rn. 44 ff.

[74] BVerfGE 148, 64 Rn. 13 f.; dazu im Einzelnen *Baumgarten,* Anforderungen an die Begründung von Richtervorlagen, 1996.

[75] BVerfGE 7, 171 (173 f.); 94, 315 (323 ff.).

**20**    In der Begründung der EntschErheblichkeit u. insb. seiner Überzeugung von der VerfWidrigk. des Ges. hat sich das Ger. eingehend mit der RLage auseinanderzusetzen, die in Lit. u. Rspr. entwickelten RAuffassungen[76] sowie die Entstehungsgeschichte der Norm zu berücksichtigen[77] u. auch Möglichk. verfkonf. Auslegung zu erörtern.[78] Die **eigene, erschöpfende Darlegung** des wesentl. Sachverh. u. der rechtl. Erwägungen[79] kann auch nicht durch Hinweise auf Ausführungen eines anderen Ger., etwa eines obersten BuGer., ganz oder teilweise ersetzt werden – es sei denn, dass für eine allg. geteilte rechtl. Einschätzung zur Vermeidung von Wiederholungen auf eine veröffentl., ausführl. höchstrichterl. Entsch. verwiesen wird.[80]

**21**    Bei einer **erneuten Vorl.** gelten gesteigerte Anforderungen an die Begründung zur Änderung der maßgebl. Umstände.[81]

### III. Entscheidung

**22**    Die **Unzul.** einer Vorl. kann seit 1993 einstimmig von einer Kammer festgestellt werden, außer bei Vorl. von LVerfG u. obersten BuGer. (§ 81a BVerfGG). Im Übrigen entscheidet das BVerfG die **RFrage der Vereinbark.** der vorgel. Norm mit dem Kontrollmaßstab (§ 81 BVerfGG), nicht den Ausgangsfall selbst. Entspr. dem Zweck der konkr. NK – Schutz der Verf. (Rn. 1) – beschränkt sich die Prüfung des BVerfG weder auf die im Vorlagebeschl. genannten RVerstöße noch auf (Grund-)Rechte der VfBeteiligten.[82] Die Prüfung erfolgt unter **jedem (verf-)rechtl. Gesichtspunkt.**[83] Verstößt die Norm gegen das GG oder BundesR, erklärt das BVerfG sie für nichtig (§§ 82, 78 S 1 BVerfGG) oder – in Ausnahmefällen – für unvereinbar mit dem entspr. Recht. Im anderen Fall stellt das BVerfG ausdrückl. die Vereinbark. des Ges. mit dem GG bzw. des LaG mit BundesR fest.[84]

### B. Konkrete Normenkontrolle des Landesverfassungsgerichts (Abs. 1 S. 1, 1. Alt.)

**23**    Das GG statuiert für die Länder zwei zwingende Vorgaben verfprozessualen Inhalts: Neben der subsid. Zuständigk. des BVerfG für die Entsch. von LOrganstreitigkeiten (Art. 93 I Nr. 4, 3. Var.) steht die Einrichtung der konkr. NK durch die (soweit existierenden) LVerfG für förml. LaG am **Maßstab der LVerf** (Art. 100 I 1, 1. Alt.). Die Wiederholung dieser Zuständigkeitszuweisung in LVerf. hat lediglich deklarat. Bedeutung. Diese können aber – konstitutiv – den **Vorlagegegenst.** auf UntergesR[85] sowie auf vorkonstitut. Normen ausweiten.[86] Existiert kein LVerfG u. hat das Land von der Möglichk. des Art. 99 keinen Gebr. gemacht, ist das BVerfG nicht nach Art. 93 I Nr. 4, 3. Var. subsidiär für eine konkr. NK von LandesR am Maßstab des LVerfR zuständig. Denn der Anwendungsbereich der Art. 93 I Nr. 4, 3. Var. ist auf den landesinternen Organstreit beschr.[87]

**24**    Bei förml. LaG stehen die Zuständigk. des BVerfG u. des LVerfG auch dann **nebeneinander,** wenn es sich um inhaltsgl. Maßstabsnormen in GG u. LVerf handelt.[88] Das Ger. kann gleichzeitig vorlegen oder zunächst zum BVerfG[89] bzw. zum LVerfG.[90] Nur wenn – bei gleichzeitiger Vorl. – ein VerfG die vorgel. Norm für nichtig oder mit der Verf. unvereinbar erklärt, wird die andere Vorl. unzul.

### C. Völkerrechtsverifikation (Abs. 2 iVm §§ 13 Nr. 12, 83–84 BVerfGG)

### I. Wesen und Zweck

**25**    **Abs. 2** sichert prozedural die Integration der **allg. Regeln des VölkerR** in das BundesR (Art. 25). Es handelt sich hierbei um das universell geltende VölkergewohnheitsR sowie die allg. RGrds.[91] Anderes VölkerR, insbes. das VölkervertragsR sowie Normen des partikulären VölkergewohnheitsR,

---

[76] Zusammenf. BVerfGE 78, 1 (5); 148, 64 Rn. 13.
[77] BVerfGE 88, 70 (74).
[78] BVerfGE 85, 329 (333 f.).
[79] Zu den strengen Anford. BVerfG(K) NJW 2019, 3054 Rn. 33 ff. – Mietendeckelung.
[80] BVerfGE 93, 121 (131 ff.).
[81] BVerfGE 105, 61 (70 ff.); BVerfG(K) NJW 2002, 1709 (1710).
[82] So spez. zum zweiten Aspekt auch *Müller-Terpitz* MSKB, § 80 Rn. 179; dazu o. Rn. 14.
[83] BVerfGE 67, 1 (11); 90, 145 (168); 90, 226 (236); 93, 121 (133); 126, 77 (98); 126, 268 (276); 126, 369 (388).
[84] Z. B. BVerfGE 89, 346 (347).
[85] So in Bayern, Bremen, Hamburg, Hessen; vgl. *Pestalozza,* VerfProzR, § 21 Rn. 1.
[86] BVerfGE 4, 178 (188 f.); so in Bayern und Ba-Wü.
[87] → Art. 93 Rn. 74.
[88] BVerfGE 2, 380 (388 f.).
[89] BVerfGE 55, 207 (224 f.); 69, 174 (182 f.).
[90] BVerfGE 17, 172 (179 f.).
[91] BVerfGE 109, 38 (53); 117, 141 (149); 118, 124 (134); *Will* Jura 2015, 1169.

bleibt der Anwendung u. Auslegung der Fachger. überlassen,[92] deren Entsch. allenfalls im VBVerfahren kontrolliert werden können.[93]

Da es für die allg. Regeln des VölkerR an formalisierter RErzeugung fehlt, ersetzt das Verifikati- 26 onsVf. vor dem BVerfG iE das GesetzgebungsVf.[94] Es dient der **Vergewisserung** über deren Geltung u. Rang, hat also deklarat. Wirkung u. bedeutet insbes. keine NK.[95] Nach § 83 I BVerfGG stellt das BVerfG in seiner Entsch. die **Existenz** (oder das Nichtbestehen) dieser Regeln als **Bestandteil des BundesR** u. deren unmittelb. RWirkung für u. gegen den Einzelnen fest. Die Entsch. können nach § 31 II BVerfGG gesetzeskräftig werden u. Bindungswirkung nach § 31 I BVerfGG entfalten.[96] Geht es um die Frage der Vereinbark. eines Ges. mit (nicht zweifelhaften) allg. Regeln des VölkerR, so ist die Frage dem BVerfG nach Abs. 1 vorzulegen (o. Rn. 12). Wie ein NKVf. dient aber auch die Verifikation nach Abs. 2 der Verhinderung diverg. Entsch. der Ger.[97] Sie stellt ein **ZwischenVf.** dar.[98]

Ein willkürl. Unterl. der Vorl. verletzt die Prozesspart. im Anspr. auf den **gesetzl. Richter** nach 27 Art. 101 I 2.[99] Für einen Beurteilungsspielraum des Fachri. bleibt in Anbetracht der gefestigten Rspr. des BVerfG zu Art. 100 II indes kaum Raum. Deshalb missachtet das Fachger. idR Art. 101 I 2, wenn es trotz bestehender ernstzunehmender Zweifel, ob u. inwieweit eine allg. Regel des VölkerR existiert, das BVerfG entgegen Art. 100 II nicht anruft.[100] Art. 101 I 2 ist aber nur dann verletzt, wenn die fachgerichtl. Entsch. auch **auf der Nichtvorl. beruht,** das BVerfG also zum Schluss kommt, dass eine – entscheidungserhebl. – allg. Regel des VölkerR besteht. Ist das nicht der Fall, entscheidet das BVerfG im VBVerfahren auch über das Nichtbestehen, wenn derselbe Senat zust. ist.[101]

### II. Zulässigkeitsfragen

Auch die Vorlagepfl. zur Völkerrechtsverifikation kann sich nur im Rahmen eines konkr. RStreits – 28 jeder Art eines gerichtl. Vf.[102] – ergeben. Sie setzt **EntschErheblichkeit** der aufgetauchten Zweifel voraus, ihrer Klärung muss es also zur Erledigung des AusgangsRStreits bedürfen.[103] Hierfür ist die RAuffassung des vorl. Ger. maßgebl., außer sie erweist sich als offensichtl. unhaltbar. Die Anforderungen an die Auseinandersetzung mit den in Rspr. u. Lit. entwickelten RAnsichten entsprechen denen der Vorl. nach Art. 100 I.[104] Ernstzunehmende **Zweifel** im Sinn der Vorschr. muss sich das Ger. nicht zu eigen machen,[105] darf sie aber auch nicht selbst klären, weil dies dem BVerfG vorbehalten ist.[106] Es genügt, dass obj. Zweifel an der Geltung oder Tragweite einer allg. VölkerRRegel bestehen. Dies gilt insb., wenn das Ger. von der Meinung eines VerfOrgans oder Entsch. hoher dt., ausländ. oder internat. Ger. oder von Lehren anerkannter Autoren der VölkerRWissenschaft abweichen würde.[107]

## D. Divergenzvorlage (Abs. 3 iVm §§ 13 Nr. 13, 85 BVerfGG)

### I. Wesen und Zweck

Die Vorlage**pflicht,** die Abs. 3 für LVerfG formuliert, setzt voraus, dass diese – obwohl Hüter der 29 LVerf – auch Normen des GG auszulegen u. anzuwenden haben.[108] Die Divergenzvorl. sichert im (seltenen) Fall unterschiedl. Auffassungen zw. LVerfG oder einem LVerfG u. dem BVerfG die einheitl. Auslegung des GG[109] u. damit die Auslegungsdominanz des BVerfG. Der auf Vorl. des SächsVerfGH[110] ergangene Beschl. des BVerfG[111] zur Überprüfung von landesgerichtl. Entsch., die in einem bundesrechtl. geregelten Vf. ergangen sind, anhand der VfGrundR der LVerf durch die LVerfG im VBVerfahren erweitert das Anwendungsfeld des Art 100 III. Denn die in diesem Beschl. mit der EntschBefugnis

---

[92] BVerfGE 94, 315 (328); BVerfG(K) NJW 2012, 293 (294).

[93] BVerfGE 59, 52 (89).

[94] BVerfGE 23, 288 (318).

[95] *Will* Jura 2015, 1170; auch nicht Normqualifikation, *E. Klein* BKK, Rn. 925 ff.

[96] Dazu näher *Detterbeck,* Streitgegenstand, S. 489 ff.

[97] BVerfGE 64, 1 (21).

[98] BVerfGK 13, 246 (251); 14, 524 (533); NJW 2012, 293 (294).

[99] BVerfGE 64, 1 (20 f.).

[100] BVerfGE 96, 68 (77 f.); 109, 13 (23 f.); noch nicht so eindeutig BVerfGE 64, 1 (21).

[101] BVerfGE 96, 68 (86); 109, 13 (27); 109, 38 (53).

[102] BVerfGE 75, 1 (11).

[103] BVerfGE 117, 141 (147 f.); 118, 124 (133 f.).

[104] BVerfGE 100, 209 (212) – vgl. o. Rn. 19 f.

[105] BVerfGE 64, 1 (14); 96, 68 (77); 109 13 (23).

[106] BVerfGE 109, 13 (23 f.).

[107] BVerfGE 23, 288 (316 ff.); 96, 68 (77), st. Rspr.

[108] BVerfGE 1, 208 (232 f.); 60, 175 (206 f.); 69, 112 (117 f.) – zB Art. 21 in Landesorganstreitigkeiten; näher *Kluth* NdsVBl 2010, 130 ff.

[109] BVerfGE 3, 261 (265).

[110] SächsVerfGH NJW 1996, 1736.

[111] BVerfGE 96, 345 ff.

der LVerfG verknüpfte Bindung der Anwendung der LVerfahrensgrundR an die Auslegung der inhaltsgl. Best. des GG durch das BVerfG[112] verpflichtet die LVerfG zugl. zur Auslegung des GG u. damit bei beabsichtigter Abweichung von der Linie des BVerfG zur Vorl. nach Art. 100 III.[113] IE ist die Konzeption des BVerfG zutreffend.[114] Die Vorl. führt zu einem **ZwischenVf.** vor dem BVerfG, das mit der Entsch. der Auslegungsfrage (§ 85 III BVerfGG − nicht also über die Gültigkeit einer Norm) abgeschlossen wird.

## II. Zulässigkeitsfragen

30    Die Vorlagepfl. ergibt sich − wie bei Abs. 1 − aus einem konkr. AusgangsVf. vor dem LVerfG. Sie setzt **EntschErheblichkeit** der Auslegung des GG für die tragenden Gründe der anstehenden Entsch. des LVerfG voraus.[115] Die Abweichung von einer Entsch. des BVerfG (bzw. eines anderen LVerfG) kann deren Tenor oder tragende Gründe betreffen.[116] Ihr Gegenstand muss eine **andere Auslegung des GG** sein. Dies betrifft in erster Linie Fälle, in denen einzelne GG-Best. nicht zum unmittelb. Prüfungsmaßstab des LVerfG zählen, sondern vorgreifl. für die Anwendung des LVerfR sind u. desh. incidenter ausgelegt werden.[117] Sind die Vorauss. des Abs. 1 wie des Abs. 3 erfüllt, kommt dem LVerfG ein WahlR zu.[118]

## Art. 101 [Gesetzlicher Richter]

(1) **Ausnahmegerichte sind unzulässig. Niemand darf seinem gesetzlichen Richter entzogen werden.**

(2) **Gerichte für besondere Sachgebiete können nur durch Gesetz errichtet werden.**

**Entstehungsgeschichte: Erstfassung:** JöR nF 1 (1951), 739.
**Historische Verfassungstexte: RV 1849: § 175** (1) Die richterliche Gewalt wird selbstständig von den Gerichten geübt. Cabinets- und Ministerialjustiz ist unstatthaft. (2) Niemand darf seinem gesetzlichen Richter entzogen werden. Ausnahmegerichte sollen nie stattfinden. − **WRV: Art. 105** Ausnahmegerichte sind unstatthaft. Niemand darf seinem gesetzlichen Richter entzogen werden. Die gesetzlichen Bestimmungen über Kriegsgerichte und Standgerichte werden hiervon nicht berührt. Die militärischen Ehrengerichte sind aufgehoben.
**Geltende Landesverfassungen:** *BayVerf* Art. 86; *BlnVerf* Art. 15 I; *BbgVerf* Art. 52 I, II; *BremVerf* Art. 6 I, II; *HessVerf* Art. 20 I; *RhPfVerf* Art. 6 I; *SaarVerf* Art. 14 I, 109 II; *LSAVerf* Art. 21 II, III; *LSAVerf* Art. 78 I; *ThürVerf* Art. 87.
**Supra- und internationale Texte:** EUGrundRCharta Art. 47; IPBürgR Art. 14; EMRK Art. 6.
**Leitentscheidungen:** BVerfGE 17, 294 (Geschäftsverteilungsplan); BVerfGE 19, 52 (Übersetzung); BVerfGE 40, 268 (Vorbefasster Richter); BVerfGE 82, 159 (EuGH als gesetzlicher Richter); BVerfGE 95, 322 (Spruchgruppen − Plenarbeschluss); BVerfGE 147, 364 (Vorlagepflicht − Europ- Haftbefehl): BVerfGE 152, 216 (Recht auf Vergessen II).

**Schrifttum:** *G. Britz,* Das Grundrecht auf den gesetzlichen Richter in der Rechtsprechung des BVerfG, JA 2001, 573; *dies.,* Verfassungsrechtliche Effektuierung des Vorabentscheidungsverfahrens, NJW 2012, 1313; *A. Bruns,* Die Revision zum Europäischen Gerichtshof in Zivilsachen, JZ 2011, 325; *C. Callies,* Der EuGH als gesetzlicher Richter im Sinne des Grundgesetzes, NJW 2013, 1905; *C. Degenhart,* Gerichtsorganisation HStR V[3], § 114; *D. Dommermuth-Alhäuser,* Verwerfungsbeschlüsse zur Vereitelung der Verfassungsbeschwerde?, NJW 2014, 2483 ff.; *U. Fastenrath,* Der Europäische Gerichtshof als gesetzlicher Richter, FS Ress, 2005, S. 461; *C. Gloria,* Verfassungsrechtliche Anforderungen an die gerichtlichen Geschäftsverteilungspläne, DÖV 1988, 849; *C.-F. Güntge,* Die willkürliche Ablehnung von Befangenheitssachen nach § 26a StPO und der gesetzliche Richter, JR 2006, 363; *H.-D. Horn,* Verbot von Ausnahmegerichten und Anspruch auf den gesetzlichen Richter HGR V, § 132;.; *W. Leisner,* „Gesetzlicher Richter" − vom Vorsitzenden bestimmt?, NJW 1995, 285 ff.; *J. Lüttringhaus,* Der Missbrauch des Gerichtsstandes im Zivilprozess, ZZP 2014, 29; *L. Michael,* Grenzen einer überschärften Auslegung der Art. 267 Abs. 3 AEUV durch das Bundesverfassungsgericht, JZ 2012, 870; *M. Otto,* Grundfälle zu den Justizgrundrechten. Art. 101 I 2 GG − Das Recht auf den gesetzlichen Richter, JuS 2012, 21; *M. Rodi,* Vorlageentscheidungen, gesetzlicher Richter und Willkür, DÖV 1989, 750; *H. Roth,* Die Gerichtsorganisation in der Rechtsprechung des Bayerischen Verfassungsgerichtshofs, BayVBl 2011, 97; *W. Roth,* Verfassungsgerichtliche Kontrolle der Vorlagepflicht an den EuGH, NVwZ 2009, 345; *E. Šarcevic,* Der EuGH als gesetzlicher Richter, DÖV 2000, 941; *F. Schoch,* Der „gesetzliche Richter" im Vorabentscheidungsverfahren, in: FS Rolf Stürner, 2013, S. 43 ff.; *M. Schwab,* Der gesetzliche sachverständige Laien-

---

[112] Vgl. auch → Art. 93 Rn. 20 ff.
[113] BVerfGE 96, 345 LS 4b, 5 (372 ff.).
[114] Näher → Art. 93 Rn. 23 ff.
[115] BVerfGE 36, 342 (356).
[116] BVerfGE 3, 261 (264 f.); 36, 342 (356 f.).
[117] So auch, wenn die LVerfG die Anwendung von BundesR durch die LaStaatsgewalt am Maßstab der LVerf kontrollieren und wegen Art. 142, 31 gezwungen sind zu prüfen, ob die anzuwendenden LaGrR inhalts- und ergebnisgl. mit den korrespondierenden BuGrR sind, BVerfGE 96, 354 (374 f.); dazu u. zu weiteren Fällen *Löwer* HStR III, § 70 Rn. 143.
[118] BVerfGE 36, 342 (356).

richter, DRiZ 2014, 252; *C. Sowada,* Der gesetzliche Richter im Strafverfahren, 2002; *E. Träger,* Der gesetzliche Richter, FS Zeidler I, 1987, S. 123; *D. Wolff,* Willkür und Offensichtlichkeit, AöR 140 (2016), 40.

## Übersicht

## A. Allgemeines: Verbot von Ausnahmegerichten und Prinzip des gesetzlichen Richters, Verfahrensgrundrechte

Art. 101 sichert als **Grundnorm für die Gerichtsorganisation** nach dem GG die Rechtsstaatlich- **1** keit im gerichtl. Verfahren.[1] Die zentrale Aussage enthält **Abs. 1 S. 2** mit dem Recht auf den gesetzl. Richter[2] als jedenfalls **grundrechtsgleiches,** nach Art. 93 I Nr. 4a verfassungsbeschwerdefähiges Recht.[3] Das Verbot von Ausnahmegerichten in Art. 101 I 1 bezeichnet einen Teilausschnitt aus der Garantie des gesetzl. Richters und bedeutet dessen Konkretisierung, ebenso wie Abs. 2.[4]

Das Recht auf den gesetzlichen Richter weist zwei grds. Dimensionen auf:[5] **verfahrensmäßig** als **2** Recht auf den gesetzl. bestimmten, **materiell** als Recht auf den dem Gesetz gemäßen Richter. Es verwirklicht die rechtsstaatl. Funktion der Gerichtsorganisation und des gerichtl. Verfahrens[6] und konkretisiert das Rechtsstaatsprinzip.[7] Es enthält „auch objektives Verfassungsrecht; der grundsatz dient der Sicherung der Rechtsstaatlichkeit im gerichtlichen Verfahren schlechthin".[8] Ein **Justizge-währanspruch** folgt dagegen aus **Art. 19 IV** gegen die öff. Gewalt, i. Ü. aus dem allg. **Rechtsstaats-prinzip** i. V. m. Art. 2 I und umfasst Rechtsschutz und Streitentscheidung durch rspr. Gewalt iSv Art. 92 ff.[9] Weitere Verfahrenserfordernisse wie das Fairnessgebot werden aus dem Rechtsstaatsprinzip abgeleitet (Art. 103 Rn. 3 ff., 42 ff.).[10]

**Europäisches Recht** enthält kein explizit. Prinzip des gesetzl. Richters; so existiert für den EuGH **3** kein GVP. Die Verteilung auf die Kammern erfolgt nach dessen VerfahrensO.[11] Gemeins. Verfassungs-traditionen entspricht das Verbot des gezielten Eingriffs.[12] Art. 6 I EMRK ist in seinem Gehalt nicht identisch mit Art. 101 I 2. Art. 47 UA 2 GRCh fordert nur ein durch Gesetz errichtetes Gericht, von einem gemeineurop. Grundrechtsstandard kann insoweit nicht gesprochen werden.[13]

---

[1] Näher BVerfGE 138, 64 Rn. 67; *Jachmann-Michel,* in: Maunz/Dürig, Art. 101 (2018) Rn. 1; *Schoch* FS Stürner, S. 43 ff.; *Degenhart* HStR V[3], § 114 Rn. 2, 29 ff.; *Horn* HGR V, § 132 Rn. 2 ff.; 12; BayVerfGH NJW 2005, 3699; historisch *Remus,* Präsidialverfassung und gesetzl. Richter, 2008, S. 23 ff., 44 ff.

[2] Vgl. *Pieroth,* in: Jarass/Pieroth, Art. 101 Rn. 1.

[3] Vgl. *Schulze-Fielitz,* in: Dreier III, Art. 101 Rn. 17; *Sachs,* in: Stern, StaatsR III/1, S. 359 f.; *Britz* JA 2001, 573 (573): grundrechtsähnlich; andererseits werden Art. 101 ff. durchweg als Justizgrundrechte bezeichnet, vgl. BVerfGE 28, 314 (323): „prozessuales Grundrecht"; 14, 156 (161 f.): „Grundrecht"; *Jachmann-Michel,* in: Maunz/Dürig, Art. 101 (2018) Rn. 16: „Verfahrensgrundrecht".

[4] *Ipsen* BK Art. 101 (2014) Rn. 120.

[5] Näher *Träger* FS Zeidler I, 1987, S. 123 (124 ff.).

[6] *Degenhart* HStR V[3], § 114 Rn. 1, 29 sowie § 115 Rn. 5 ff.; *Papier* HStR VIII[3], § 176 Rn. 7 f.

[7] Vgl. BVerfGE 27, 355 (362); 40, 356 (360); *Kunig,* in: v. Münch/Kunig II, Art. 101 Rn. 1; *Schulze-Fielitz,* in: Dreier III, Art. 101 Rn. 16; *Jachmann-Michel,* in: Maunz/Dürig, Art. 101 (2018) Rn. 19.

[8] BVerfGE 138, 64 Rn. 67; BVerfG (K) NJW 2018, 40 Rn. 14.

[9] BVerfGE 107, 395 (401 ff.), zur Verfassungsbeschwerdefähigkeit s. *Degenhart* HStR V, § 114 Rn. 8; *Uhle* HGR V, § 129 Rn. 8., 27.

[10] Vgl. *Horn* HGR V, § 132 Rn. 2.

[11] Vgl. hierzu näher *Schulze-Fielitz,* in: Dreier III, Art. 101 Rn. 9 f.

[12] Grundlegend *Seif,* Recht und Justizhoheit, 2005, S. 338 ff.

[13] Vgl. *Alber,* in: Stern/Sachs, GRCh, 2016, Art. 47 Rn. 107 f.; *Bruns* JZ 2011, 325 (329); *Jachmann-Michel,* in: Maunz/Dürig, Art. 101 (2018) Rn. 43; *Horn* HGR V, § 132 Rn. 53 ff.

## B. Das Recht auf den gesetzlichen Richter (Abs. 1 S. 2)

### I. Zur subjektiven Berechtigung aus Abs. 1 S. 2

**4**    Abs. 1 S. 2 ist „Jedermann-Recht". Sein Schutzzweck bestimmt die **Anspruchsberechtigung:**[14] **jede Prozesspartei,** also jeder, der als Partei oder in ähnl. Rechtsstellung beteiligt ist, auch Beigeladene, Nebenintervenienten. Privat- und Nebenkläger,[15] auch die **ausländische** jur. Person[16] und die – sonst nicht grundrechtsfähige (Art. 19 Rn. 90) – **juristische Person des öffentlichen Rechts,**[17] auch Staaten,[18] Behörden, wenn diese anstelle des Rechtsträgers beteiligtenfähig sind,[19] sowie generell, „wer nach den einschlägigen Prozessnormen parteifähig ist",[20] auch eine nicht rechtsfähige Personenvereinigung,[21] die BGB-Gesellschaft,[22] der Antragsteller in einem abstrakten Normenkontrollverfahren, oder wer vom dem Verfahren unmittelbar betroffen wird.[23] Der übergangene **Richter** selbst jedoch kann seine Kompetenzen **nicht** aus Abs. 1 S. 2 einfordern; er ist nicht Partei und auch nicht vom Verfahren unmittelbar betroffen.[24] Die StA ist nicht Träger des Rechts aus Art. 101 I 2.[25]

### II. Der „gesetzliche Richter"

**5**    **1. Der Grundsatz: rechtssatzmäßige Bestimmung. a)** Art. 101 I 2 will sachwidrige Eingriffe in die Rspr. **von außen** abwehren – dies die **historische** Wurzel –, fordert andererseits auch **innerhalb** der Gerichtsorganisation eine klare Zuständigkeitsordnung, will vermeiden, dass durch ad-hoc-Bestimmung der Richter die Entscheidung beeinflusst werden kann, gleichgültig, von wem.[26] Deshalb ist **rechtssatzmäßige, abstrakt-generelle** und rechtsstaatlich-**bestimmte** Festlegung erforderlich.[27] Entscheidend ist bereits die Möglichkeit der Manipulation.[28] Der gesetzlichen Richter ist im Voraus durch generelle, jeden möglichen Einzelfall erfassende Regelungen so eindeutig wie möglich festzulegen, jeden vermeidbaren Spielraum auszuschließen.[29] **Richter** in diesem Sinn ist zunächst das sachlich, örtlich und instanziell zuständige Gericht, innerhalb des Gerichts der zuständige Spruchkörper bzw. Einzelrichter, auch Ermittlungsrichter, Haftrichter, innerhalb eines Spruchkörpers (Kammer, Senat) der im Einzelfall **zur Mitwirkung berufene Richter.**[30] Art. 101 I 2 verlangt ein System von allg. Regelungen, das die Vorausbestimmung des Richters bis hin zum konkret zuständ. Richter ermöglicht.[31] Dessen Bestimmung durch die Gerichte selbst ist nicht schlechthin ausgeschlossen; dies betrifft auch die Terminierung durch den Vorsitzenden und deren Auswirkungen auf die Richterbank.[32]

**6**    „Unvermeidbare Ungewissheiten" sind hinzunehmen.[33] Art. 101 I 2 verlangt nicht allg., dass die Besetzung des Gerichts während des ges. Verfahrens unverändert bleibt, etwa beim Ausscheiden von Richtern.[34] Unzul. war die **ad-hoc-Bestimmung** durch den Vors. in übersetzten Spruchkörpern

---

[14] Näher *Horn* HGRV, § 132 Rn. 35 ff.

[15] BVerfGE 96, 231 (244); *Classsen* MKS III, Art. 101 Rn. 10.

[16] BVerfGE 18, 441 (447); 64, 1 (1); 129, 78 (91); *Degenhart* EuGRZ 1981, 161 ff.

[17] BVerfGE 21, 362 (373); 61, 81 (104) – Gemeinden –; 138, 64 Rn. 53; BerlVerfGH DÖV 2001, 337 – Asta; *Wipfelder* VBlBW 1982, 33 ff.; *Horn* HGRV, § 132 Rn. 38. Krit. *Lenz/Hansel,* BVerfGG, § 90 Rn. 141 ff.

[18] BVerfG (K) NJW 2014, 1723 Rn. 31 – für dem Fall der Verletzung der Staatenimmunität.

[19] BVerfGE 138, 64 Rn. 54 f.

[20] BVerfGE 3, 359 (363), wonach sich dies auch aus sinngemäßer Anwendung von Art. 19 III ergeben soll; ebenso BVerfGE 19, 52 (56); 61, 82 (104).

[21] BVerfGE 19, 52 (56).

[22] BVerfG (K) DVBl 2003, 130.

[23] BVerfGE 40, 356 (360); 82, 286 (296 f.).

[24] BVerfGE 15, 248 (301).

[25] Ebenso *Sowada,* Der gesetzl. Richter im Strafverfahren, S. 158 ff.; *Schulze-Fielitz* in: Dreier III, Art. 101 Rn. 35; für Art. 103 I → Art. 103 Rn. 8.

[26] BVerfGE 95, 322 (327) unter Bezugnahme auf BVerfGE 17, 294 (299); 48, 246 (254); 82, 286 (296): BVerfG (K) NJW 2017, 1233 Rn. 21.

[27] BVerfGE 95, 322 (329); BVerfG (K) NVwZ 2007, 691 (693); *Schwab* DRiZ 2014, 252 ff.

[28] BVerfGE 18, 65 (69); 95, 322 (330).

[29] BVerfG in st. Rspr. vgl. BVerfGE 17, 294 (298 ff.); 19, 52 (59); 22, 254 (258); 30, 149 (152 f.); 40, 268 (271); 48, 246 (253); 63, 77 (79); 82, 286 (298); 95, 322 (328 ff.); BVerfG (K) NJW 2017, 1233 Rdn. 212; *Britz* JA 2001, 573 (574); *Horn* HGRV, § 132 Rn. 29: Optimierungsgebot.

[30] BVerfGE 14, 56 (70); 17, 294 (298); 18, 65 (69); 18, 344 (349); 19, 52 (59); 40, 356 (361); 69, 112, (120 f.); BVerfG NJW 1995, 2703 (2704); BVerfGE 95, 322 (327 f.); *Horn* HGRV, § 132 Rn. 40.

[31] BVerfGE 95, 322 (329); 97, 1 (10); zum Aspekt einer institut. Garantie s. *Horn* HGRV, § 132 Rn. 28 s. auch BAGE 156, 359 Rn. 23: obj. Verfassungsrecht.

[32] BVerfG (K) NVwZ 2007, 691 (693).

[33] BVerfGE 18, 423 (425 f.).

[34] BVerfG (K) NJW 2004, 3696.

(→ Rn. 14), unzul. ist eine gesetzl. Regelung bzw. deren Auslegung, die dazu führt, dass bei Entscheidung außerhalb der Hauptverhandlung zwei unterschiedl. besetzte Spruchkörper in der gleichen Sache zuständig sein können.[35] – Kritisiert wurde im Zusammenhang verzögerter Richterwahl[36] die Regelung des BVerfGG über Amtszeit und Neuwahl der Richter des BVerfG.

**b)** Die Bestimmung des zust. Richters hat weitestgehend durch **Gesetz** zu erfolgen; dem Gesetz-  **6a** geber obliegen die fundamentalen Regeln über die sachl., örtl. und instanz. **Zuständigkeit** der Gerichte und ihrer Spruchkörper[37] Da es bei der Vielfalt der Gerichtsbarkeiten, der unterschiedl. Organisation und Größe der Gerichte und des wechselnden Geschäftsanfalls nicht möglich ist, den konkret zur Entscheidung berufenen Spruchkörper durch Gesetz festzulegen,[38] hat dies in Ergänzung zur gesetzlichen Bestimmung durch **Geschäftsverteilungs-** und **Mitwirkungspläne,** also rechtssatzmäßig zu erfolgen: gesetzl. Richter ist der durch Rechtssatz bestimmte Richter.[39] Grds. dem **Gesetzgeber** vorbehalten ist die **Gerichtsorganisation,** also die Errichtung der Gerichte und die Bestimmung der Gerichtsbezirke;[40] Einzelfragen wie zB die Bildung gemeinsamer Amtsgerichte[41] oder die Konzentration örtl. Zuständigkeiten für bestimmte Sachbereiche[42] können auf die Exekutive delegiert werden.[43] Dabei hat der Gesetzgeber Ermessen in der Organisation der Gerichtsbarkeit, muss jedoch eine funktionsfähige Rspr. gewährleisten; dies fordert der Anspruch auf Justizgewährung. Mit dieser Maßgabe sind auch rechtsprechungsexterne Aspekte berücksichtigungsfähig.[44]

Die Bestimmung des konkret zur Entscheidung berufenen Richters ist Funktion der Geschäfts-  **7** verteilungs- und Mitwirkungspläne,[45] ggf. auch einer „Geschäftsordnung".[46] Die **Geschäftsverteilungspläne,**[47] in ihrer Rechtsnatur einer autonomen Satzung zumindest vergleichbar,[48] sind jährlich im Voraus[49] in richterl. Unabhängigkeit aufzustellen.[50] In ihnen sind die gerichtsintern zust. **Spruchkörper** zu bestimmen und diesen die erforderlichen Richter zuzuweisen.[51] Darüber hinaus sind **Mitwirkungspläne,** § 21g II GVG, jedenfalls für **überbesetzte** Spruchkörper erforderlich (→ Rn. 14).[52] Die Parteien müssen sich hiervon in zumutb. Weise Kenntnis verschaffen können.[53] Werden die Eingänge nach dem Rotations- oder Turnussystem verteilt, sind geeignete Vorkehrungen insb. für den Fall gleichzeitigen Eingangs erforderlich.[54]

**Gesetzlicher Richter** iSd Art. 101 I 2 sind ua: BVerfG[55] und LVerfG;[56] – soweit letztere in einer landesverfassungs-  **8** rechtl. Streitigkeit abschließend entscheiden, kann Art. 101 nicht durch Vb zum BVerfG geltend gemacht werden;[57] Richter in der freiw. Gerichtsbarkeit;[58] Untersuchungsrichter;[59] der Richter bei Anberaumung des Termins zur

---

[35] BGHSt 43, 91 (94).

[36] Vgl. *Rüthers* NJW 1996, 1867; s. auch *Höfling/Roth* DÖV 1997, 67 ff.

[37] S. BVerfGE 19, 52 (59); 95, 322 (329); GVG und Prozessordnungen; ferner BVerfGE 23, 321 (325); 31, 145 (163); zur Organisationshoheit des Gesetzgebers BayVerfGH NJW 2005, 3699 (3703 ff.); *Otto* Jus 2013, 21, auch *Jachmann-Michel,* in: Maunz/Dürig, Art. 101 (2018) Rn. 46.

[38] Vgl. BVerfGE 19, 52 (60); 69, 112 (120); 95, 322 (328).

[39] BVerfGE 95, 322 (328).

[40] BVerfGE 2, 307 (319 f.); 95, 322 (328).

[41] BVerfGE 24, 155 (166).

[42] BVerfGE 27, 18 (34 ff.).

[43] BVerfGE 2, 307 (326); BVerfG (K) NVwZ 1993, 1079 (1080); B. v. 20.11.2014 – 1 BvL 4/13 – Rn. 12; *Jachmann/Michel,* in: Maunz-Dürig, Art. 101 (2018) Rn. 70; *Classen* MKS II Art. 101 Rn. 17.

[44] BayVerfGH NJW 2005, 2699 (3704 f.): Auflösung des BayObLG.

[45] Zusammenfassend BVerfGE 95, 322 (323 ff.).

[46] BVerfG (K) NVwZ 1993, 1079 (1080); dort zur „kleinen Besetzung" des BayVerfGH; zur Geltung des Art. 101 für Landesverfassungsgerichte auch BVerfGE 82, 286 (296 ff.).

[47] Vgl. BVerfGE 17, 294 (299, 301); 19, 52 (59 f.); 47 (54); 95, 322 (328); zu den Anforderungen an GVP BVerfG (K) wistra 2017, 187: Keine Delegation der E. an die Spruchkörper.

[48] Vgl. *Schulze-Fielitz,* in: Dreier III, Art. 101 Rn. 22; offengelassen bei BVerfGE 31, 47 (52); vgl. auch BayVerfGH NJW 1986, 1673 (1674); ob tauglicher Gegenstand einer Normenkontrolle offengelassen durch BVerwG NVwZ-RR 2014, 317.

[49] Nicht notwendig stets vor Jahresbeginn, BVerfGE 69, 112 (121).

[50] S. hierzu *Müller* JZ 1976, 587 ff.; zur Richteröffentlichkeit der Präsidiumssitzungen s. ThürOVG ThürVBl 2005, 110.

[51] BVerfGE 95, 322 (328); vgl für den Einzelrichter OLG Nürnberg, StraFo 2014, 17–18 Rn. 20 ff.

[52] BVerfGE 95, 322 (328 f.) mit Anm. *Berkemann* und *Katholnigg* JR 1997, 281 und 284.

[53] BVerfG (K) NJW 1998, 369 (370).

[54] KG, B. v. 18.5.2013 – (4) 161 Ss 14/13 (18/13) – Rn. 39.

[55] BVerfGE 13, 132 (142 ff.); zur Selbstablehnung BVerfGE 91, 226; zur Entscheidung über ordnungsgemäße Besetzung BVerfGE 131, 230 (233); *Pieroth,* in: Jarass/Pieroth, Art. 101 Rn. 3; *Sangmeister* NJW 1996, 2561; über die Senatszuständigkeit *H. H. Klein* FS Steinberger, 2001, S. 505 (510 ff.).

[56] S. BVerfGE 60, 175 (214).

[57] BVerfGE 96, 231 (242), abl. *Classen* MKS III, Art. 101 Rn. 12; kritisch auch *Jachmann-Michel,* in: Maunz/Dürig, Art. 101 (2018) Rn. 44.

[58] BVerfGE 21, 139 (144 f.) für FGG.

[59] BVerfGE 25, 336 (345 f.).

Hauptverhandlung;[60] der ehrenamtliche Richter;[61] der Jugendschöffe nach JGG;[62] DDR-Richter nach EV;[63] der im Instanzenzug zuständige Richter;[64] aber auch der **EuGH** nach Art. 267 AEUV.[65] Art. 101 gilt für alle spez. richterl. Tätigkeiten, die der Richter iR seine Unabhängigkeit ausübt. Nur hoheitl. Gerichtsbarkeit wird erfasst, so auch die Ehrengerichtsbarkeit der Rechtsanwälte,[66] nicht aber private Schiedsgerichtsbarkeit.[67] Schiedsvereinbarungen bedeuten einen Verzicht auf den Justizgewährsanspruch und den gesetzl. Richter[68] – was Freiwilligkeit der Schiedsvereinbarung voraussetzt.[69] Schiedsgerichte müssen jedoch rechtsstaatl. Verfahrensstandards einhalten, ua rechtl. Gehör gewähren.[70]

9 **2. Materielle Anforderungen.** Der verfassungsrechtl. Funktionsbereich des „Richters" ist der der „rechtsprechenden Gewalt" i. S. d. **Art. 92**, unter Einbeziehung der Funktionen, für die Richtervorbehalt besteht, nicht aber der Justizverwaltung;[71] hieraus und aus **Art. 97** ergeben sich die Anforderungen an den dem GG gemäßen Richter.[72] Art. 101 I 2 verleiht den Prozessparteien ein subj., verfassungsbeschwerdefähiges Recht auf den dem GG gemäßen, unabhängigen und unparteiischen Richter,[73] der Gewähr für Neutralität und Objektivität bietet.[74] Deshalb ist die Mitwirkung von Richtern, die, wie Richter auf Probe, nicht in vollem Maße Unabhängigkeit genießen, nur eingeschränkt zulässig.[75] Art. 101 I 2 hat damit auch **materiellen** Gehalt.[76] Der Gesetzgeber hat deshalb Vorsorge zu treffen, dass die Richterbank nicht mit Richtern besetzt ist, die dem Fall nicht in profess. Distanz und Neutralität gegenüberstehen, und damit auch für Ausschluss oder Ablehnung eines Richters.[77] Die Mitwirkung eines befangenen (bzw. zur Besorgnis der Befangenheit Anlass gebenden) Richters, der erfolglos abgelehnt wurde, kann daher das Recht auf den gesetzl. Richter verletzen, dies aber erst dann, wenn das Ablehnungsgesuch als willkürl. Erwägungen zurückgewiesen wurde[78] (Rn. 17 ff., 21). Andererseits darf der an sich zuständige, also „gesetzliche" Richter nicht ohne triftigen Grund ausgeschlossen werden.[79] Deshalb kann sich ein „im privaten Bereich" von einer Frau betrogener Kläger nicht darauf berufen, ihm fehle das Vertrauen in die Objektivität von Richterinnen.[80] Bei Medienäußerungen kommt es darauf an, ob der Eindruck persönl. Festlegung entsteht.[81] Nicht unbedenklich waren Hinweise zur Heilung von Verfahrensmängeln im Verwaltungsprozess.[82] Verfahrensverstöße – zB Gehörsverweigerung – begründen als solche noch nicht die Besorgnis der Befangenheit,[83] wohl aber die Äußerung eines Richters, ihn „interessiere die Wahrheit nicht", mit der Folge

---

[60] BVerfGE 4, 412 (417 f.).

[61] BVerfGE 91, 93 (117); 93, 1 (16); BGHZ 127, 327 (329); BFH 194, 346 (351); zur religiösen Bekleidung einer Schöffin LG Dortmund NJW 2007, 3013 und LG Bielefeld NJW 2007, 3014 mit Anm. *Bader* NJW 2007, 2964; zur Mitwirkung des ehrenamtl. Richters trotz abgelaufener Amtsperiode BVerwG, B. v. 29.2.2012 – 6 PB 22/11.

[62] BVerfGE 31, 181 (183); s. für ehrenamtl. Richter auch BVerfGE 48, 300 (317); zur Mitwirkung der Schöffen s. auch BGHSt 43, 91; OLG Hamburg JR 1998, 169.

[63] BVerfG (K) DtZ 1991, 408.

[64] BVerfGE 30, 165 (168); 63, 77 (89); vgl. auch BVerfGE 76, 93 (96 f.), zur Nichtvorlage an das im Instanzenzug übergeordnete Gericht.

[65] S. BVerfGE 73, 339 (366 ff.); 75, 223 (233 f.); 82, 159 (192); BVerfGE 126, 286 (315 ff.); BVerfG (K) NJW 2011, 288; *Šarcevic* DÖV 2000, 941 (945 f.); *Schoch* FS Stürner, S. 44 f.; für den IStGH s. BVerfGK 18, 355 (358).

[66] BVerfGE 26, 186 (194 ff.), 48, 300 (315 ff.).

[67] Vgl. *Bleistein/Degenhart* NJW 2015, 1353 ff.; *Otto*, JuS 2013, 21 (23).

[68] Vgl. *Bleistein/Degenhart* NJW 2015, 1353 (1354); zur Bedeutung des Art. 6 I EMRK für die (Sport-)Schiedsgerichtsbarkeit s. EGMR v. 2.10.2018 – Mutu und Pechstein vs. Schweiz –, *Blandfort* SchiedsVZ 2019, 129.

[69] BGHZ 128, 93 (98 ff.); 144, 146 (148); *Heermann* SchiedsVZ 2014, 66 (69); EGMR NJW 2013, 548; zuletzt BGH NJW 2016, 2266 Rn. 52 ff., dort allerdings mit deutlich abgesenkten Anforderungen an die „Freiwilligkeit", gegen OLG München WRP 2015, 379 mit Anm. *Kluth*, GWR 2015, 83.

[70] *Remmert*, in: Maunz/Dürig, Art. 103 (2016) Rn. 56.

[71] Vgl. *Classen* MKS III, Art. 101 Rn. 11; weiter *Schulze-Fielitz*, in: Dreier III, Art. 101 Rn. 30.

[72] Vgl. *Pieroth*, in: Jarass/Pieroth, Art. 101 Rn. 1, 6; *Jachmann-Michel*, in: Maunz/Dürig, Art. 101 (2018) Rn. 20; *Ipsen*, BK. Art. 101 (2014) Rn. 44.

[73] BVerfGE 10, 200 (213); 14, 156 (162); 54, 159 (172); 60, 175 (214); 82, 286 (298); *Pieroth*, in: Jarass/Pieroth, Art. 101 Rn. 6; *Horn* HGRV, § 132 Rn. 7; *Alber*, in: Stern/Sachs, GRCh, Art. 47 Rn. 94 ff.

[74] Vgl. BVerfGE 10, 200 (213); 21, 139 (145 f.); 23, 85 (91); 23, 321 (326); 30, 149 (152 f.); 40, 268 (271); 54, 159 (172); 89, 28 (36); BVerfG (K) NJW 2006, 3129 (3130); NVwZ-RR 2008, 289; NVwZ 2009, 581; NJW 2012, 2334 Rn. 12; MDR 2013, 294 Rn. 13; für Art. 6 I EMRK vgl. *Klenke* DÖV 1998, 155; vgl. auch *Schwab* DRiZ 2014, 252 zu Nichtjuristen als Richtern.

[75] *Jachmann/Michel*, in: Maunz-Dürig, Art. 101 (2018) Rn. 86: nicht mehr als ein Richter.

[76] *Grupp*, in: Stern/Becker, Art. 101 Rn. 17; diff. *Horn* HGRV, § 132 Rn. 47 ff.: kein allg. ProzessgrundR.

[77] Vgl. BVerfG (K) NJW 1998, 369, dort auch zur Hinweispflicht des Gerichts.

[78] Vgl. BVerfG (K) NJW 1997, 2912; NJW 2005, 3410; NJW 2006, 3129 (3130); BVerfG (K), B. v. 28.4.2011 – 1 BvR 2411/10 –; s. auch BVerfGE 102, 192 zur „Befangenheit" im Normenkontrollverf.; zum BVerfG *Benda* NJW 2001, 3620.

[79] Vgl. BVerfG (K) NJW 2004, 3550 (3551): bloß koll. Verhältnis eines Richters zur Gegenpartei begründet idR noch keinen Zweifel an der Objektivität.

[80] LSG Hessen NJW 2003, 1270.

[81] BGH NJW 2006, 3290.

[82] Aufgehoben durch G v. 28.12.2001 (BGBl I 3987), Art. 103 Rn. 49.

[83] BayVGH, B. v. 2.9.2016 – 10 C 16.1214 – Rn. 16.

eines Verstoßes gegen Art. 101 I 2,[84] ebenso Drohung an Prozesspartei mit Strafanzeige.[85] Dass der GVP zu einer Überbelastung des Richters führen könnte (Doppelvorsitz BGH), verstößt nicht gegen Art. 101 I 2.[86] Der EGMR leitet aus dem Recht auf faires Verfahren nach **Art. 6 I EMRK** das Gebot der Unparteilichkeit und prüft nach subj. und obj. Aspekten.[87] Der „blinde Richter" ist eine Frage des Art. 103 I.[88]

## III. Verletzung des Rechts auf den gesetzlichen Richter durch den Gesetzgeber

Durch den **Gesetzgeber** wird Art. 101 I 2 verletzt, wenn keine eindeutige, Manipulationen aus- **10** schließende Vorausbestimmung erfolgt, oder wenn der mat. dem GG gemäße Richter nicht gewähr- leistet ist (→ Rn. 9).[89] Die Anforderungen an die Regelungsdichte sind höher, wenn die abschließende. Bestimmung (→ Rn. 6a) der Exekutive, als dann, wenn sie der Rspr obliegt.[90] Unbestimmte Rechts- begriffe müssen so ausgelegt werden, dass sich der gesetzl. Richter nach sachgerechten und eindeutigen Kriterien ergibt.[91]

Kein Eingriff ist die gerichtliche Zuständigkeitsbestimmung durch bindende **Weiterverweisung;**[92] **11** zulässig ist ein **Wahlrecht des Rechtsmittelgerichts** bei Zurückverweisung,[93] es sollte jedoch den konkret zuständigen Spruchkörper bestimmen.[94] Rechtsmittel dürfen von einer Zulassungsentschei- dung abhängig gemacht werden, die sich allerdings nicht an der Arbeitsbelastung eines Revisions- gerichts ausrichten darf[95] – dies dürfte auch gelten für die **Nichtannahme von Verfassungs- beschwerden.**[96]

Die Bestimmung des gesetzl. Richters wird der rspr Gewalt selbst zugewiesen, soweit sie durch GVP erfolgt (Rn. 7). **12** Durchbrechungen erfolgen im StrafProz durch das System **beweglicher Gerichtsstände.** Dies wird vom BVerfG toleriert, wenn die Zuständigkeit justizgemäß generalisiert und sachfremden Einflüssen vorgebeugt wird,[97] vergleich- bare Fragen stellen sich für „fliegende Gerichtsstände" im Zivilrecht.[98] Mit Abs. 1 S. 2 vereinbar sind Änderungen der Zuständigkeiten, die auch anhängige Fälle erfassen („Ableitung"[99]), wenn das neue Gesetz bzw. der neue GVP generell künftige gleichartige Fälle umfasst,[100] Es sei denn bei verdeckter Einzelzuweisung.[101] Auswahl, Ernennung, Amtszeit der Richter müssen gesetzl. geregelt sein.[102]

Verfassungswidrig im Blick auf Art. 92, 97 (→ Rn. 9) war die Mitwirkung von Vorstandsmitgliedern der Land- **13** wirtschaftskammern bei den Landwirtschaftsgerichten,[103] während die Mitwirkung von Anwälten im Anwaltssenat beim BGH verfassungskonform war;[104] ebenso die Besetzung des Entschädigungssenats mit Richtern aus dem Kreis der Verfolgten.[105] Die Möglichkeit, einen Richter wegen Parteilichkeit auszuschließen oder abzulehnen, muss durch Gesetz gewährleistet,[106] nicht aber soll jede Mitwirkung eines **vorbefassten** Richters ausgeschlossen sein.[107]

---

[84] BVerfG (K) MDR 2013, 294 Rn. 16.

[85] Jedenfalls wenn nicht sorgfältig abgewogen und begründet, BVerfG (K) NJW 2012, 3228.

[86] BVerfG (K) NJW 2012, 2334.

[87] EGMR NJW 2007, 3553.

[88] *Schulze-Fielitz,* in: Dreier III, Art. 103 I Rn. 59; *Sowada,* Der gesetzl. Richter im Strafverfahren, S. 193.

[89] Vgl. *Schulze-Fielitz,* in: Dreier III, Art. 101 Rn. 40; *Uhle* HGRV, § 129 Rn. 42 ff.

[90] Vgl. *Degenhart* HStR V³, § 114 Rn. 34; vgl. BVerfGE 118, 212 (228 ff.) zu § 354 Ia 1 StPO: Ermessen des Revisionsgerichts, ob eigene Strafzumessung oder Zurückverweisung (aufgehoben).

[91] BVerfGE 91, 93 (117).

[92] Vgl. BVerfGE 6, 45 (52); 24, 170 (174).

[93] Vgl. BVerfGE 20, 336 (342) zu § 354 II StPO aF; zu § 565 ZPO aF s. *Zeihe* DVBl 1999, 1322 ff.

[94] Vgl. hierzu *Zeihe* DVBl 1999, 1322 (1323 f.) mwN.

[95] Vgl. BVerfGE 54, 277 (293), für § 554a ZPO1975, (jetzt § 563); s. auch BVerfGE 65, 77 (91).

[96] Vgl. *Lamprecht* NJW 2001, 419; *Schulze-Fielitz,* in: Dreier III, Art. 101 Rn. 44; zum Vorprüfungsausschuss als gesetzl. Richter s. BVerfGE 19, 88 (91).

[97] BVerfGE 9, 223 (226 f.); 22, 254 (259 ff.); a. M. *Kunig,* in: v. Münch/Kunig III, Art. 101 Rn. 26; *Classen* MKS, Art. 101 Rn. 22, 33 ff.; krit. auch *Jachmann/Michel,* in: Maunz/Dürig, Art. 101 (2018) Rn. 66.

[98] Vgl. *Grupp,* in: Stern/Becker, Art. 101 Rn. 21 und *Classen* MKS III, Art. 101 Rn. 34 zur systemat. betriebenen Wahl des Gerichtsstands bei Persönlichkeitsverletzungen durch Medien; *Lüttringhaus* ZZP 2014, 29 ff.; *Schlüter* GRURPrax 2014, 272; für Verfassungswidrigkeit *Classen* aaO; anders OLG Köln AfP 2019, 43 Rn. 20; ebenso U. v. 11.10.2018 – 15 U 81/17; krit. auch *Uhle* HGRV, § 129 Rn. 39.

[99] BGH (K) StV 2014, 6.

[100] BVerfGE 24, 33 (54 f.); BVerfG (K) NJW 2003, 345; NJW 2005, 2689; *Schulze-Fielitz,* in: Dreier III, Art. 101 Rn. 45; zu Änderungen der Geschäftsverteilung, die ausschließlich anhängige Verfahren betreffen BVerfG (K) NJW 2009, 1734.

[101] BVerfG (K) NJW 2005, 2689; NJW 2008, 909 zu Änderungen in der Aufgabenzuweisung.

[102] BVerfGE 27, 355 (363 ff.).

[103] BVerfGE 54, 159 (172); ähnl. BVerfGE 18, 241 (245), für Standesgerichtsbarkeit.

[104] BVerfGE 26, 186 (193 ff.).

[105] BVerfGE 95, 322 (329); BVerfGE 23, 85 (91); vgl. zu dieser „Blindlingsformel" *Horn* HGRV, § 132 Rn. 8.

[106] BVerfGE 21, 139 (146); 30, 149 (153) – nicht notwendig Vorrang des Ausschlusses vor Ablehnung, dort für § 23 II StPO; s. auch BVerfG (K) NJW 1998, 369; NJW 2005, 3410.

[107] BVerfGE 30, 149 (155); mit abwM BVerfGE 30, 157 (161); 78, 331 (337 f.); während nach BVerfGE 30, 149 Ergänzungsrichter und am Eröffnungsbeschluss beteiligter Richter im Wiederaufnahmeverfahren nicht ausgeschlossen waren, galt dies nach BVerfGE 30, 165 (168) nicht für den am Revisionsverfahren beteiligten Richter; s. auch BVerfGE 31, 295 (296); 63, 77 (80).

Insbes. kann für die **Anhörungsrüge** Besorgnis der Befangenheit nicht allein auf Vorbefassung gestützt werden.[108] Verfassungswidrig war der Ausschluss der Richterablehnung nach FGG,[109] ebenso gemeindliche Friedensgerichtsbarkeit, die Funktionen von Ortspolizei und Gerichtsbarkeit vermengte,[110] ebenso die Strafgewalt der Finanzämter.[111]

## IV. Verletzung des Rechts auf den gesetzlichen Richter durch die Rechtsprechung

14  **1. Geschäftsverteilungs- und Mitwirkungspläne.** Die **Geschäftsverteilungspläne** müssen im Voraus generell-abstrakt[112] nach obj.[113] Kriterien die Zuständigkeit der Spruchkörper und die Zuweisung der einz. Richter regeln, damit die einz. Sache „blindlings" aufgrund allg., vorab festgelegter Merkmale an den entscheidenden Richter gelangt und so der Verdacht einer Manipulation der rspr Gewalt ausgeschlossen wird.[114] Dies betrifft insb. den **überbesetzten** Spruchkörper[115] und andere Fälle variabler Besetzung[116] wie auch die Übertragung auf den Einzelrichter. Mag auch die Überbesetzung im Blick auf erwartbaren Geschäftsanfall, Verhinderungsgründe uä mitunter unvermeidbar sein, so darf die Verteilung der richterl. Aufgaben gleichwohl nicht im Ermessen des Vorsitzenden stehen:[117] dies bedingt Aufstellung verfassungskonf. **Mitwirkungspläne** nach § 21g II GVG. Schriftform ist verfassungsrechtl. geboten.[118] Insbes. sind den im Spruchkörper gebildeten **Sitzgruppen** die einz. Fälle nach **objektiven** Kriterien wie Eingangsdatum, Rechtsgebiet oder Herkunftsgerichtsbezirk zuzuweisen; dass sich dies erst durch die Terminierung des Vorsitzenden ergibt, reicht nicht aus.[119] Schließlich bedarf es auch eines nachvollziehbaren Konzepts für den Fall der Überlastung von Spruchkörpern.[120] Die unterjährige Änd. von GVP ist grds. auch dann möglich, wenn sie bereits anhängige Verfahren betrifft; dann dürfen Neuverteilung oder Beibehaltung bestehender Zuständigkeiten nicht von Beschlüssen einz. Spruchkörper abhängig sein.[121]

15  Ein generelles Recht auf den **gesetzl. Berichterstatter** folgt nicht aus Art. 101 I 2.[122] Soweit allerdings die Bestimmung des gesetzl. Richters von der Person des **Berichterstatters** abhängt, muss auch diese abstrakt-generell vorausbestimmt sein,[123] insbes. dann, wenn in überbesetzten Spruchkörpern hiervon die Zusammensetzung der Spruchgruppe abhängt[124] oder dann, wenn der Berichterstatter anstelle der Kammer alleinentscheidungsbefugt ist. Dass mitunter ein Gericht selbst entscheiden kann, in welcher Besetzung es entscheidet, tangiert nicht den Schutzzweck des Art. 101 I 2, da kein Eingriff von außen.[125] Dies gilt auch für die Möglichkeit der Übertragung auf den Einzelrichter.[126]

16  **Unbestimmte Rechtsbegriffe** wie der der Verhinderung, des Sachzusammenhangs, des Schwerpunkts sind unbedenkl., soweit mit gesicherten Auslegungsmethoden die Bestimmung des gesetzl. Richters möglich ist.[127] Schriftform ist stets erforderl..[128] Für die **ehrenamtl.** Richter darf den bes. Bedingungen ihrer Heranziehung Rechnung

---

[108] BVerwG ThürVBl 2009, 228; vgl. auch BVerfG StrFO 2007, 370 Rn. 5.

[109] BVerfGE 21, 139 (146).

[110] BVerfGE 10, 200 (214 ff.).

[111] BVerfGE 22, 49 (73 ff.).

[112] BVerfGE 4, 412 (416); 17, 294 (301 ff.) 82, 286 (296); 95, 322 (330).

[113] Ohne Ansehen der Person oder des Einzelfalls, BVerfGE 18, 65 (69); 82, 286 (298); *Kunig,* in: v. Münch/Kunig II, Art. 101 Rn. 38.

[114] BVerfG(K) NJW 2017, 1233 Rdn. 24.

[115] Dazu iE BVerfGE 95, 322 (327 ff.); 97, 1 (10 f.); zur spruchkörperinternen Geschäftsverteilung *Kissel* NJW 2000, 460 (462); zu BVerfGE 95, 322 *Sangmeister* NJW 1998, 721.

[116] Vgl. BGH NJW 2000, 371 (372); *Roth* NJW 2000, 3692 (3693).

[117] Anders BVerfG vor BVerfGE 95, 322, vgl. BVerfGE 17, 294 (300); 18, 65 (69); 18, 344 (352); 19, 145 (147); 22, 282 (286); 69, 112 (121); BFH MDR 1992, 830.

[118] BGH NStZ 2017, 429.

[119] BVerfGE 95, 322 (330 ff.); 97, 1 (10 f.); vgl. auch BVerfG (K) NJW 2005, 2540: mit Anfallsliste der Großen Strafkammer obj. Kriterium (Eingang), wenn Vors. fortan keine Möglichkeit einseitiger Änderung der Listenführung hat.

[120] BGH StV 2016, 626 Rn. 17; zur Änd. des GVP s. LG Potsdam NStZ-RR 2015, 19.

[121] BVerfG (K) NVwZ 2019, 82; NJW 2018, 1155; wistra 2017, 187 Rn. 25, *Jachmann-Michel,* in: Maunz/Dürig, Art. 101 (2018) Rn. 52.

[122] BVerfGE 95, 322 (330 f.); *Schulze-Fielitz,* in: Dreier III, Art. 101 Rn. 53; zur Bestimmung des Berichterstatters *Felix* BB 1995, 166; BSG NJW 1996, 2181; ThürVerfGH ThürVBl 2007, 215 (217); *Grupp,* in: Stern/Becker, Art. 101 Rn. 24; *Classen* MKS, Art. 101 Rn. 13.

[123] BVerfGE 95, 322 (332); so in §§ 6, 87a II VwGO, § 348a ZPO; vgl. auch für § 79a I FGO BerlVerfGH NVwZ-RR 1997, 505; SächsOVG B. v. 20.6.2016 – 3 A 195/16.

[124] BVerfGE 95, 322 (332); ThürVerfGH ThürVBl 2007, 215 (217); in dieser Sache s. aber auch BVerfG (K) NVwZ 2007, 691 (693); zum senatsinternen GVP BFH ZSteu 2012, R 49.

[125] Näher *Jachmann-Michel,* in: Maunz/Dürig, Art. 101 (2018) Rn. 58 ff.

[126] Krit. *Leuze,* in: Friauf/Höfling, Art. 101 Rn. 13; wie hier *Classen* MKS III Art. 101 Rn. 43.

[127] BVerfGE 95, 322 (332 f.); abl. *Sangmeister* NJW 1998, 721 (725).

[128] BGHZ 126, 63 (85 f.); BVerfGE 95, 322 (328).

getragen werden.[129] Sie dürfen aber nicht durch eine Ermessensentscheidung des Vors. bestimmt werden.[130] Ladung durch den Vors. bei Festlegung des Sitzungstages ist zul..[131] Es reicht auch aus, wenn sich ihre Bestimmung durch die Terminierung iVm einer festgelegten Reihenfolge ergibt.[132] **Hilfsrichter** – die nicht planmäßig und hauptamtl. endgültig angestellt sind – müssen so gleichmäßig wie mögl. verteilt werden.[133] Für den Fall der **Verhinderung** muss vorsorgl. die Vertretung geregelt sein.[134] Mitwirkung von zwei **Proberichtern** in einem Spruchkörper ist nur ausnahmsw. bei sachl. Notwendigkeit zulässig,[135] regelmäßig verletzt der Verstoß gegen § 29 DRiG auch das Recht auf den gesetzl. Richter.[136] Über **Haftfragen** ist außerh. der Hauptverh. nur durch Berufsrichter zu entscheiden.[137]

**2. Die fehlerhafte gerichtliche Entscheidung. a)** Die Gesetzesabhängigkeit des Art. 101 I 2[138]  **17** bringt mit sich, dass das BVerfG sich notwendig mit der Anwendung einfachgesetzlichen Verfahrensrechts befassen muss. Dabei führt die nur fehlerhafte Anwendung – der **error in procedendo** – noch nicht zum grundrechtswidrigen „Entzug". Hinzukommen muss gemäß dem Schutzzweck des Art. 101 I 2 und der funktionalen Beschränkung des BVerfG auf spezifisches Verfassungsrecht **Willkür**[139] im Sinn eines obj. Willkürmaßstabs;[140] die Entscheidung muss auf sachwidr. Erwägungen oder sachlich offensichtlich unhaltbar sein,[141] sich so weit vom verfassungsrechtl. Grundsatz des gesetzl. Richters entfernt haben, dass sie bei verständiger Würdigung nicht mehr verständlich erscheint.[142] Dies kann der Fall sein bei Nichtberücksichtigung einer offensichtl. einschlägigen Norm,[143] wenn das Gericht Ermessen beansprucht, das ihm nach GVP nicht zustand,[144] es seine Entscheidungszuständigkeit gravierend verkennt,[145] so bei mat. Umgangsregelung nach Untätigkeitsbeschwerde.[146] Die Beschränkung auf Willkür gilt für die Anwendung der Regeln zur Bestimmung des gesetzl. Richters, nicht für die Prüfung der Regeln selbst.[147] Demgegenüber beschränkt sich die Prüfung durch das BVerfG nicht auf Willkür, wenn es nicht um fehlerhafte Anwendung eines GVP geht, sondern um die Vorfrage, ob eine Zuständigkeitsregel eines GVP überhaupt als generell-abstrakte Regelung iSd Garantie des gesetzl. Richters anzusehen ist.[148] Ein strenger Maßstab gilt bei Anwendung von **Ausnahmevorschriften**.[149] Präklusionsnormen, wonach die Unzuständigkeit nicht mehr geltend gemacht werden kann, wenn sie nicht bis zu einem bestimmten Stadium des Verfahrens gerügt wurde, sind grds. zulässig.[150]

Keine Beschränkung auf eine bloße Willkürprüfung erfolgt für die mat. Anforderungen der Neu-  **18** tralität und Unvoreingenommenheit.[151] Die Besorgnis der Voreingenommenheit kann bereits durch

---

[129] Dazu grds. im Hinblick auf deren spezif. Funktion BVerwG NVwZ-RR 2000, 474 (475); s. auch BVerfG (K) NJW 1998, 2962; restriktiver *Roth* NJW 2000, 3692 (3693 f.).

[130] BAGE 84, 189.

[131] S. SächsVerfGH, NZA-RR 1998, 461; *Schulze-Fielitz,* in: Dreier III, Art. 101 Rn. 55.

[132] BVerwG NVwZ-RR 2000, 474 (475).

[133] BVerfGE 14, 156 (162 ff.); BGHZ 130, 304.

[134] Vgl. *Degenhart* HStR V³, § 114 Rn. 41 für ad-hoc-Bestimmung durch Gerichtspräsidenten – BVerfG NJW 1982, 29; zu Vertretungsregelungen s. ThürVerfGH ThürVBl 2007, 215 (217).

[135] S. für die beitrittsbedingte Situation BVerfG (K) NJW 1998, 1053.

[136] Vgl. OLG Karlsruhe StraFo 2016, 125 Rn. 19.

[137] OLG Köln NJW 2009, 3113 – dies gilt abgesehen vom gesetzl. geregelten Fall der §§ 268b und 120 I 2 StPO.

[138] S. für Art. 103 I *Degenhart,* Art. 103 Rn. 12; für Art. 101 I 2 *Sowada,* Der gesetzl. Richter im Strafverfahren, S. 224 f.; *Wolff,* AöR 141 (2016), 41 (52 ff.).

[139] Vgl. BVerfGE 3, 359 (364); 4, 412 (416 ff.); 7, 327 (329); 9, 223, (230); 13, 132 (144); 14, 56 (72); 15, 245 (248); 19, 38 (48); 29, 45 (49); 37, 67 (75); 42, 237 (241); 45, 142 (181); 54, 100 (115); 64, 1 (21); 69, 112 (120); 73, 339 (365 f.); 82, 159 (194); 86, 133 (142); 87, 282 (286 f.); 95, 322 (328 ff.); 131, 268 (312); 138, 64 Rn. 71; BVerfG (K) NJW 2005, 3129 (3130); NVwZ 2009, 581 (582); NVwZ 2016, 764 Rn. 89 ff.; NJW 2018, 40 Rn. 14.

[140] BVerfGE 138, 64 Rn. 71; BVerfG (K) B. v. 23.9.2016 – 2 BvR 1790/15 – Rn. 13; v. 18.2.2020 – 1 BvR 1750/19 – Rn. 11; vgl. *Sowada,* Der gesetzl. Richter im Strafverfahren, S. 202 f.; dort auch zu den Ableitungen der Willkürformel; eingehend zur Kritik an der Willkürkontrolle s. *Wolff,* AöR 141 (2016), 41 (61 ff.); kritisch auch *Classen* MKS III, Art. 101 RN. 31 ff.

[141] Vgl. BVerfGE 15, 245 (248); 29, 45 (49); 73, 339 (365 f.); 87, 282 (286 f.); BVerfG (K) NVwZ 2016, 764 Rn. 89 ff.; BVerfG (K) NJW 1995, 2912 (2913) zur Mitwirkung befangener Richter; NJW 2005, 3410 zur Mitwirkung des abgelehnten Richters bei der Entscheidung über das Ablehnungsgesuch.

[142] BVerfG (K) NJW 2004, 1790 – zu den unterschiedlichen Formulierungen.

[143] BayVerfGHE 55, 12 (18); BayVerfGH E. v. 23.10.2018 – Vf. 65766-VI-17 Rn. 40.

[144] BVerfG (K) v. 18.2.2020 – 1 BvR 1750/19 – Rn. 16; BVerfGK 15, 537 (544).

[145] S. für den Einzelrichter trotz grds. Bedeutung der Sache KG, MDR 2013, 114 Rn. 2; für unterlassene Abgabe an die zuständige WEG-Abteilung des AG BVerfG (K) NJW 2014, 3147 Rn. 15; für Verweisung an VG für Eingliederungshilfe BVerfG (K) NVwZ-RR 2016, 361.

[146] Vgl. BVerfG (K) NJW 2005, 1106; NJW 2005, 2686 zu OLG Naumburg.

[147] *Jachmann/Michel,* in: Maunz-Dürig, Art. 101 (2018) Rn. 70.

[148] BVerfG (K) NJW 2017, 1233 Rn. 28.

[149] BVerfG (K) NJW 2018, 40 Rn. 19 für § 155 II 2 SGG; SächsOVG DVBl 2018, 1299 Rn. 12 für 123 II 3 iVm 80 VIII VwGO.

[150] S. auch *Jachmann/Michel,* in: Maunz/Dürig, Art. 101 (2018) Rn. 56.

[151] *Jachmann/Michel,* in: Maunz-Dürig, Art. 101 (2018) Rn. 879; zu Mängeln des GVP als absolutem Revisionsgrund s. *Sangmeister,* BB 2019, 2077.

richterl. Vorbereitungshandlungen begründet sein.[152] Der Verstoß gegen die Wartepflicht des § 47 ZPO kann durch verfassungskonf. Zurückweisung des Ablehnungsgesuchs geheilt werden.[153] Der Verstoß gegen §§ 26a, 27 StPO ist willkürlich, wenn der abgelehnte Richter sein eigenes Verhalten „wertend beurteilt".[154] Fehlerhafte Unterscheidung zwischen Tatsachenfeststellungen und Rechtsausführungen durch das Revisionsgericht[155] oder unvollst, Auswertung einschlägiger Rspr begründen noch nicht Willkür,[156] wohl aber eine obj. nicht mehr verständl. Zuständigkeitsüberschreitung des Revisionsgerichts bei Sachverhaltsfeststellung und Strafzumessung,[157] eine fehlerhafte Zurückweisung der **Rechtsbeschwerde** nach § 574 II Nr. 1 ZPO, wenn das Gericht sich weder auf gesicherte RSpr. noch gefestigte Literaturmeinung stützen kann,[158] generell bei nicht nachvollziehb., offensichtl. unhaltbarer Zuständigkeitsbestimmung.[159] Art. 101 I 1 kann verletzt sein, wenn das Revisionsgericht gebotene Zurückverweisung unterlässt; dies setzt jedoch Willkür voraus.[160] Art. 101 I 1 ist verletzt bei verwehrtem Zugang zur höheren Instanz, wenn die Entscheidung sachlich nicht zu rechtfertigen und somit obj. willkürlich ist,[161] bei obj. unter keinem Aspekt vertretb Abweichung eines OLG vom BGH,[162] Nichtzulassung der **Revision** bei klärungsbedürftiger und –fähiger Rechtsfrage,[163] unterlassener Zurückverweisung durch ein Revisionsgericht[164] oder **Verweisung** nach § 270 StPO ohne Beweisaufnahme[165] und willkürl. Nichtzulassung der sofortigen Beschwerde.[166] Nichtzulassung der Berufung ohne Begründung kann bei grds. Bedeutung gegen Art. 101 I 2 verstoßen.[167] Bei richterl. Zuständigkeitsbestimmung wird darauf abgestellt, ob Abs. 1 S. 2 „grundlegend verkannt" wurde.[168] Entscheidung des **Einzelrichters** in einer dem Kollegium zugewiesenen Sache[169] verstößt ebenso wie Entscheidung entgegen § 568 S. 2 Nr. 2 ZPO gegen Art. 101 I 2 GG,[170] ebenso Einzelrichterentscheidung ohne wirksamen Übertragungsbeschluss,[171] aber auch E. durch den Senat anstelle des Einzelrichters entgegen § 568.1 ZPO,[172] durch den Kammervorsitzenden entgegen § 123 II 3 VwGO iVm § 80 VIII VwGO.[173] Ein strenger Willkürmaßstab gilt bei der Verweisung nach § 281 Abs. 4 Satz 2 ZPO.[174] Beim **Geschäftsverteilungsplans** gilt die Beschränkung auf Willkür nicht[175] – ist er rechtswidrig, so bedeutet seine Anwendung einen Verfassungsverstoß; beruht die Entscheidung auf einer rechtswidr. Änderung, so entzieht sie schon deshalb den gesetzlichen Richter,[176] ebenso dann, wenn der GVP wegen des Jährlichkeitsprinzips außer Kraft getreten ist.[177] Entscheidung in fehlerhafter Besetzung entgegen einer offensichtl. einschlägigen Norm verstößt und nicht in der gesetzlich vor-

---

[152] BVerfG (K) NJW 2019, 505 Rn, 20 – so bei einseitiger Auswertung von Erkenntnisquellen bzw. deren Besorgnis; VerfGH NRW, E. v. 12.11.2019 – 50.19.VB–3 – Rn. 8 f.

[153] VerfGH BW, B, v, 25.3.2019 – 1 VB 2/18 –, Rn. 4 f.

[154] BGH NStZ-RR 2019, 120 Rn. 35; BVerwG, B. v. 19.9.2018 – 8 B 2/18 – Rn. 16; BFH B. v. 5.4.2017 – III B 122/16.

[155] BVerfGE 3, 359 (366).

[156] BVerfGE 87, 282 (286 f.).

[157] BVerfG (K) NJW 1996, 116 (117); s. auch NJW 1997, 2745 (2746) zur Beweisprognose des BGH bei § 114 ZPO: Keine Entscheidung anstelle des OLG; zum Willkürbegriff bei fehlerhafter Zuständigkeitsbestimmung s. BGHSt 42, 205; *Kolf* NJW 1997, 1489.

[158] BVerfG (K) B. v. 27.8.2010 – 2 BvR 3052/09 –, BVerfG (K) NJW 2014, 1581 Rn. 33.

[159] Vgl. BayVerfGH BayVBl 2008, 106.

[160] BVerfG (K) GRUR 2018, 401 – Sparkassenrot – für die unterbliebene Zurückverweisung nach § 89 IV MarkenG mit Anm. *Schrader* WRP 2018, 524.

[161] BVerfGE 42, 237 (241); 67, 90 (94); 101, 331 (349); BVerfG (K) HFR 2016, 279 Rn. 12 ff.; BVerfG (K) WM 2015, 1748 Rn. 12.

[162] BVerfGE 42, 237 (241 f.).

[163] BVerfG (K) ZUM-RD 2017, 73; NJW 2012, 1715; zum obj. Willkürmaßstab BVerfGK 2, 202 (204); 19, 364 (267); BVerfG (K) NJW 2014, 2417 Rn. 27, 32; BVerfG (K), B. v. 1.8.2013 – 1 BvR 2515/12 – Rn. 10; B; s. auch BVerfG (K) WM 2014, 251: Rechtsschutzgarantie; zu Verwerfungsbeschlüssen *Dommermuth-Alhäuser* NJW 2014, 2483 ff.

[164] BVerfGE 54, 100 (115); BVerfG (K) NJW 2004, 1790 zu § 354 StPO.

[165] BGHSt 45, 58 (59 f.); zur Verweisungsbeschlüssen s. *Fischer* MDR 2016, 500 ff.

[166] BVerfG NJW 2009, 3710 (3712) Abs. 26; dort zugleich Prüfung nach Art. 2 I iVm Art. 20 III GG unter dem Aspekt der Erschwerung des Zugangs zu einer weiteren Instanz.

[167] BVerfG (K) B. v. 10.7.2019 – 2 BvR 1545/14 – für Asylverfahren.

[168] S. zB BVerfGE 82, 286 (299); instruktiv BGHSt 38, 212; s. zur willkürl. Zuständigkeitserklärung BGHSt 42, 205; s. auch BVerfG (K) NJW 1996, 116.

[169] BGH MDR 2016, 388 für Beschwerdegericht in einer Betreuungssache.

[170] BGH WM 2015, 1427 Rn. 6; s. auch zur Übertragung an den Einzelrichter ohne vorheriges Gehör OLG München MDR 2016, 179 Rn. 16: nicht zwingend Entzug des gesetzl. Richters; zur fehlerhaften Bekanntgabe BVerwG NVwZ-RR 2002, 150; OVG NRW, B. v. 21.12.2018 – 8 B 1335/18 –.

[171] NdsOVG DVBl 2019, 649.

[172] BayVerfGH E. v. 23.10.2018 – Vf. 65.VI-17 Rn. 40 f.; BVerfG NJW-RR 2010, 268.

[173] SächsOVG DVBl 2018, 1299 Rn. 8 ff.

[174] OLG Brandenburg, B. v. 30.9.2013 – 1 (Z) Sa 54/13 –.

[175] BVerfG (K) NJW 2012, 2334 Rn. 13.

[176] BVerfG (K) NJW 2005, 2689 (2690); einschränkend *Jachmann/Michel*, Maunz-Dürig, Art. 101 (2018) Rn. 7.

[177] OLG Nürnberg, B. v. 15.11.2013 – 2 Ws 221/13 – Rn. 20 ff.

gesehenen Senatsbesetzung – wie nach § 33. 1 SGG – verstößt gegen Art. 101 I 2.[178] Bei §§ 124, 124a VwGO kann willkürl. oder manipulative Zurückweisung mit dem Antrag auf **Zulassung der Berufung** geltend gemacht werden.[179] Die bloß fehlerhafte Anwendung des GVP bedeutet idR einen Entzug des gesetzl. Richters erst dann, wenn das Gericht seine Zuständigkeit, willkürlich, nämlich ohne sachl. Grund oder offensichtl. unhaltbar, angenommen hat;[180] die Bestimmungen des GVP sind in einer Nichtzulassungsbeschwerde mitzuteilen.[181]

**b)** Ein Entzug des gesetzl. Richters kann darin liegen, dass das Gericht einer **Vorlagepflicht** nicht **19** nachkommt, so zum BVerfG nach Art. 100 I GG[182] und zum EuGH nach Art. 267 III AEUV. Das BVerfG prüft, ob die Vorlagepflicht in „offensichtlich unhaltbarer Weise" gehandhabt wurde, dies bei Art. 100 I GG[183] ebenso wie bei Art. 267 III AEUV.[184]

Der **EuGH** ist „gesetzlicher Richter"; [185] ihn entzieht die Verletzung der Vorlagepflicht. Das **19a** letztinstanzl. Gericht muss nach Art. 267 III AEUV vorlegen, wenn sich eine Frage des UnionsR stellt, die entscheidungserheblich ist, und nur ausnahmsweise[186] dann nicht, wenn sie bereits in einem and. Verfahren entschieden wurde oder hierzu eine gesicherte Rspr des EuGH existiert („acte éclairé")[187] oder wenn die richtige Anwendung des UnionsR nicht derart offenkundig ist, dass für einen vernünf. Zweifel kein Raum bleibt („acte clair").[188] Keine Vorlagepflicht besteht, wenn eine Klärung der Vorlagefragen durch den EuGH nicht zu erwarten ist.[189]

Für die Annahme einer nicht vertretb., willkürlichen Handhabung der Vorlagepflicht unterscheidet **19b** das BVerfG diese Fallgruppen:[190]

– **Grundsätzliche Verkennung** der Vorlagepflicht:[191] das Gericht zieht eine Vorlage einer entscheidungserhebl. unionsrechtl. Frage überhaupt nicht in Erwägung, obwohl es selbst Zweifel hegt; ebenso, wenn Entscheidungserheblichkeit verkannt wird;[192]
– **bewusstes Abweichen ohne Vorlagebereitschaft** von der Rspr. des EuGH zu entscheidungserheblichen Fragen;[193]
– **Unvollständigkeit der Rechtsprechung:** Bei Fehlen einschlägiger Rspr. des EuGH[194] oder auch dann, wenn eine Fortentwicklung seiner Rspr. denkbar erscheint, muss das Gericht seinen Beurteilungsspielraum in unvertretb. Weise überschritten haben.[195] Dies ist der Fall, wenn mögliche Gegenauffassungen gegenüber der vom Gericht vertretenen Meinung *eindeutig* vorzuziehen sind,[196] das Gericht sich auf Mindermeinungen stützt oder über europ. Recht nicht hinr. kundig

---

[178] BayVerfGH E. v. 23.10.2018 – Vf. 65.VI-17 Rn. 40 f.; für fehlerhafte Senatsbesetzung BSG, B. v. 24.10.2013 – B 13 R 240/12B – Rn. 11.

[179] BVerG (K) NVwZ-RR 2008, 289; BayVGH, B. v. 21.9.2004 – 10 ZB 04.127 – Abs. 2; v. 4,.2.2005 – 6 ZB 02.319 – Abs. 19; B v. 18.1.2006 – 12 ZB 05.371 – Abs. 3.

[180] OVG Münster, B. v. 27.9.2019 – 13 B 1056/19 – Rn. 6, unter Verweis auf BVerfG (K) NJW-RR 2010, 268 Rn. 21.

[181] BSG, V. v. 14.5.2019 – B 14 AS 144/18 B Rn. 3.

[182] BVerfGE 75, 223 (245); 117, 330 (356); 130, 1 (41 ff.); 138, 64 Rn. 65 ff.

[183] BVerfGE 130, 1 (42 f.); 138, 64 Rn. 69 ff.: Entzug des gesetzl. Richters durch unvertretb. verfassungskonf. Auslegung.

[184] Vgl. BVerfGE 126, 286 (315 f.); 129, 78 (106); BVerfGE 135, 155 Rn. 180 ff.; BVerfG (K) NJW 2016, 1366 Rn. 28 f.; BVerfG NJW 2016, 237 Rn. 29; s. auch BFHE 217, 230; vgl. dazu *D.Wolff* AöR 141 (2016), 41 (52 ff.).

[185] Zum EuGH als gesetzl.m Richter s. BVerfGE 73, 339 (366); 82, 159 (195 f.); 126, 286 (315); 128, 157 (186 f.); 129, 78 (105); BVerfGE 135, 155 Rn. 177; BVerfG (K) JZ 2001, 923 mit Anm. *Voßkuhle;* BVerfG (K) NVwZ 2003, 1111; *Fastenrath* FS Ress, 2005, S. 461 (469 ff.); *Schoch,* FS Stürner, S. 44 f.; zur ausnahmsweisen Vorlagepflicht nicht letztinstanzlicher Gerichte nach EuGH s. *Callies* NJW 2013, 1905 (1906).

[186] S. zur Vorlagepflicht nach der RSpr des EuGH *Schoch* FS Stürner, S. 43 (48 f.).

[187] BVerfG (K) NJW 2011, 288 Rn. 56; NZG 2013, 464 Rn. 22; BVerfGE 135, 155 Rn. 184; BVerfG (K) NZA 2014, 1160 Rn. 15: vertretb. Auslegung des europ. Rechts; ebenso BVerfG (K), B. v. 22.7.2019 – 2 BvR 1712/18 – mit Anm. *von Roetteken* jurisPRArbRecht 45/2019 Anm. 7.

[188] BVerfGE 135, 155 Rn. 178, 181; BVerfG (K) NJW 2011 Rn. 57; NZA 2013, 164 Rn. 22 ff.; NZG 2013, 464 Rn. 22; vgl. *D.Wolff* AöR 141 (2016), 41 (55 ff.) sowie zur acte-clair-Doktrin *Schoch* FS Stürner, S. 43 (48).

[189] BVerfG (K), B. v. 3.9.2018 – 1 BvR 552/17 – = ZInsO 2018, 2721.

[190] Vgl. BVerfGE 82, 159 (195); 129, 78 (106 f.); 135, 155, Rn. 181; BVerfG (K) NJW 2006, 3049; BVerfGK 12, 158 (163); 13, 171 (175); 13, 572 (574); BVerfG (K), HFR 2008, 629; BVerfG (K) NJW 2011, 1131; NJW-RR 2016, 1366 Rn. 20; näher *Roth* NVwZ 2009, 345 (349 ff.); *D.Wolff* AöR 141 (2016), 41 (55 ff.).

[191] BVerfGE 82, 159 (195); 126, 286 (316); BVerfG (K) NZA 2015, 375 Rn. 20.

[192] BVerfG (K) NZA 2015, 375 Rn. 43.

[193] BVerfGE 128, 157 (188); 135, 155 Rn. 182; zum bewussten Abweichen s. BVerfG (K) NJW 2012, 598 Rn. 31 ff.; BVerfG (K) 6.9.2016 – 1 BvR 1305/13 – Rn. 6 ff., 12 f.

[194] S. dazu BVerfGE 128, 157 (188); 135, 155 Rn. 80 ff.;147, 364 Rn. 40 ff., 43; Rn. 183 ff.; BVerfG (K) NJW 2006, 3049; BVerfG (K), ZUM 2011, 236 (238); BVerfG (K) B. v. 17.11.2017 – 2 BvR 1131/16; dabei ist eine ex-ante-Betrachtung geboten.

[195] So die vorst. RSpr.; krit. zur Beschränkung der Prüfungsdichte *Roth* NVwZ 2009, 345 (349 ff.); *Schoch* FS Stürner, S. 43 (50 ff.).

[196] BVerfGE 135, 155 Rn. 185: kein Verstoß gegen Art. 101 I 2 aber bei zumindest vertretb. Beantwortung der entscheidungserheblichen Frage, BVerfG NJW 2010, 3422; BVerfG (K) NJW 2011, 1131; BVerfG NVwZ 2015, 52.

macht,[197] wenn seine Lösung nicht auf die Rspr. des EuGH zurückgeführt werden kann.[198] Das BVerfG sieht sich nicht gehalten, sich strikt an der RSpr. des EuGH zu Art. 267 III AEUV[199] auszurichten, konzediert vielmehr den Fachgerichten einen Spielraum eigener Einschätzung.[200] Es kommt in erster Linie auf Vertretbarkeit der Handhabung der Vorlagepflicht, nicht der Auslegung des UnionsR an;[201] bei Unvollständigkeit der EuGH-RSpr. muss die dann erforderliche Beurteilung sich im Beurteilungsrahmen halten.[202] Soweit Beurteilung der mat. Rechtslage nach UnionsR erforderlich ist, muss diese vertretb. sein. Ob insb. das Fachgericht die acte-clair-Doktrin oder eine der weiteren Ausnahmen von der Vorlagepflicht nach der EuGH-RSpr. annehmen durfte, wird vom BVerfG nach Vertretbarkeitskriterien geprüft;[203] dies ist eine Frage des Verhältnisses von Vb und Fachgericht.[204] Dieses muss die Nichtvorlage jedenfalls begründen,[205] in Auseinandersetzung mit der unionalen Rechtslage.[206] Eine Verletzung der Vorlagepflicht kann gegen das Fairnessgebot nach Art. 6 I EMRK verstoßen.[207] Keine Vorlagepflicht besteht im Eilverfahren.[208] Das Unterlassen einer **Begründung** für die Nichtvorlage stellt nicht per se einen Verstoß gegen Art. 101 I 2 dar.[209]

19c    Auch das **BVerfG** ist letztentscheidendes Gericht iSv Art. 267 III AEUV und muss insb. dann vorlegen, wenn bei vollständig vereinheitlichtem Fachrecht Kontrollmaßstab allein die GRCh ist, entspr. BVerfGE 152, 216 – Recht auf Vergessen II –; ob dann das letztinstanzliche Fachgericht gleichwohl vorlagepflichtig bleibt, lässt es offen, scheint aber dazu zu neigen.[210] Umgekehrt kann ein Vorabentscheidungsersuchen an den EuGH, obwohl dessen Zuständigkeit nicht gegeben ist, das BVerfG als gesetzl. Richter entziehen.[211]

20    Der Bf muss nach dem Grundsatz der Subsidiarität der Vb im Verfahren vor den Fachgerichten die Frage der Unionsrechtswidrigkeit aufwerfen.[212] Dies gilt auch für Art. 100 II, wo die Nichtvorlage zum BVerfG trotz obj. ernsthafter Zweifel über die **allgemeine Regel des Völkerrechts** idR einen Verfassungsverstoß darstellt.[213] Das Gericht muss schon dann vorlegen, wenn es auf ernsthafte Zweifel stößt, ohne dass es diese selbst teilen müsste.[214] während i. Ü. bei Verletzung einer Vorlagepflicht auf – objektivierte – Willkür abgestellt wird.[215] Die Vorlagepflicht nach Art. 100 I dürfte wie die nach

---

[197] Intensivierung des Prüfungsmaßstabs in BVerfG (K) NJW 2001, 1276; s. zul. BVerfG (K) NJW 2016, 3153 Rn. 54 ff.; BVerfG (K) NJW 2018, 606: Verweis auf innerstaatl. höchstrichterl. RSpr. nicht ausreichend; BVerfGE 75, 223 (233 ff.): Nichtbeachtung einer Entscheidung des EuGH wegen Kompetenzüberschreitung durch diesen unzul.; *Classen* MKS III, Art. 101 Rn. 57: wenn Meinung des Gerichts nicht eindeutig vorzuziehen; für Verfassungsgerichte HessStGH EuGRZ 1997, 213.

[198] BVerfG (K) NJW 2001, 2167 (2168).

[199] S. hierzu *D. Wolff* AöR 141 (2016), 41 (55 f.).

[200] BVerfGE 126, 286 (315).

[201] BVerfGE 82, 159 (194 f.); 128, 157 (187 f.); 135, 155 Rn. 182 ff.; BVerfG (K) NJW 2011, 288 (289); B. v. 19. 07 2011 – 1 BvR 1916/09 –, Rn. 98; BVerfGK 14, 148 (156); 18, 211 (218); 18, 460 (466); BVerfG (K) NVwZ 2012, 1404; B. v. 24.10.2011 – 2 BvR 1969/09 –, Rn. 27; NZA 2013, 164 Rn. 23; NVwZ 2012, 426; NVwZ 2012, 1033; NJW 2012, 1202; NJW 2011, 1427 Rn. 104; BVerfGK 19, 197 (206); 19, 388; BVerfG (K) NJW 2016, 3153 Rn. 54 ff.; NJW 2014, 2489 Rn. 18, 23; näher *Britz* NJW 2012, 1313 ff.; kritisch *Callies* NJW 2013, 1905 (1907).

[202] BVerfG (K) NJW-RR 2018, 305 Rn. 24, 28 unter Verweis auf BVerfGE 135, 155 Rn. 183.

[203] Vgl. BVerfGE 126, 286 (315); BVerfG (K) NJW 2013, 1220 Rn. 24, wo auf die vertretb. Auslegung des Unionsrechts abgestellt wird: sie liege auf der Linie des EuGH; s. auch BVerfG (K), B. v. 15.5.2012 – 1 BvR 2821/09 – Rn. 20; BVerfG (K) NJW 2011, 1131; *Callies* NJW 2013, 1905 (1908) sieht diesen Prüfungsmaßstab auch bei BVerfGE 128, 157 (187); ähnlich für BVerfG (K) NJW 2010, 1268 Rn. 19 f.; NJW 2011, 288 Rn. 52 ff.; wohl BVerfGK 19, 74 (78); BayVerfGH BayVBl 2013, 463; BVerfG (K) NJW 2012, 598 Rn. 31 ff.;auf die acte clair – Doktrin des EuGH (CILFIT-RSpr.) abstellend unter Beibehaltung des Willkürmaßstabs der Zweite Senat BVerfGE 135, 155 Rn. 182 ff.; näher zu den zeitweisen Divergenzen zwischen den Senaten *D.Wolff* AöR 141 (2016), 41 (48 f.).

[204] Unberechtigt daher der Vorwurf der Unionsrechtswidrigkeit bei *Schoch*, FS Stürner, S. 43 (55 ff.).

[205] BVerfG K), NJW 2001, 1267 = JZ 2001, 923 (924) m. zust. Anm. von *Voßkuhle; D. Wolff* AöR 141 (2016), 41 (46 f.).

[206] BVerfG (K) NJW 2016, 237 Rn. 29; BVerfG (K) B. v. 24.3.2016 – 1 BvR 1305/10 – Rn. 20.

[207] Vgl. zu den Voraussetzungen EGMR EuGRZ 2008, 274 (276).

[208] BVerfGK 5, 196 (201); 9, 330 (335 f.); BVerfG (K) B. v.19.12.2016 – 1 BvR 1221/12; BVerfG (K) BayVBl 2018, 354; VG Cottbus, B. v.22.1.2019 – 5 L 696/18.A Rn. 34; EuGH U. v. 27.10.1982 – C-35/8 – Rn. 7 f.

[209] Näher BVerfG (K) B. v. 20.2.2017 – 2 BvR 63/15 –.

[210] BVerfGE 152, 216 Rn. 73 ff. Vgl. *Kämmerer/Kotzur* NVwZ 2020, 177.

[211] BVerfGE 135, 155 Rn. 177; *Streinz*, Europarecht Rn. 259.

[212] Vgl. hierzu *Roth* NVwZ 2009, 345 (348).

[213] BVerfGE 23, 288 (320); 64, 1 (20 f.); BVerfG (K) NJW 2001, 1848; BVerfG JZ 2004, 410 mit Anm. *Vogel* – bei der Vb prüft das BVerfG die angegriff. Entscheidungen in der Sache, da es selbst der gesetzl. Richter ist, der entzogen wurde, ebenso BVerfGE 96, 68 (86).

[214] BVerfGK 13, 246 (252); 14, 222 (226); BVerfG (K) EuGRZ 2013, 563 Rn. 51.

[215] BVerfGE 13, 132 (143); 17, 99 (104); 18, 441 (447); 19, 38 (43); 22, 254 (266); 23, 288 (319); 29, 198 (207); 42, 237 (241 f.); 45, 142 (181); 67, 90 (94 f.); 76, 93 (96); 87, 282 (285); BVerfG (K) B. v, 23.10.2014 – 1 BvR 2566/10 – Rn. 13; BVerfG (K) NJW 2014, 1874 Rn. 34 mit abl. Anm. *Rüthers* JZ 2014, 738; kennzeichnend für einen objektivierten Willkürbegriff bes. BVerfGE 82, 6 (17 f.) zur Nichteinholung eines Rechtsentscheids in Mietsachen:

Art. 100 II zu behandeln sein.[216] – Auch das Unterlassen der Divergenzvorlage entzieht den gesetzl. Richter.[217]

**c)** In der Mitwirkung eines **ausgeschlossenen Richters** liegt idR ein Verfassungsverstoß,[218] so im Wiederaufnah- **21** meverfahren[219] oder bei der ungültigen Wahl eines Schöffen.[220] Fehler bei der Wahl eines ehrenamtl. Richters müssen schwerwiegend sein.[221] Die Zurückweisung eines **Ablehnungsgesuchs** muss grds. willkürlich sein.[222] Wird die Stellungnahme der Gegenseite eingeholt, kann es geboten sein, auch den Antragsteller anzuhören.[223] Willkürl. ist Verfahrenseinstellung unter Mitwirkung des abgelehnten Richters ohne vorherige Entscheidung über Ablehnungsgesuch.[224] Die Entscheidung über den Befangenheitsantrag ist vor der E. in der Sache zu treffen.[225] Mitwirkung des Richters an der Entscheidung über das gegen ihn gerichtete Ablehnungsgesuch verstößt nur dann nicht gegen Art. 101 I 2, wenn es rechtsmissbräuchl. oder gänzlich untauglich war,[226] auch im Fall der §§ 54 VwGO, 44 ff. ZPO.[227] An die Verwerfung eines Ablehnungsantrags als unzul. sind strenge Anforderungen zu stellen.[228] Das Gericht ist gehalten, ihn „vollständig zu erfassen und ggf. wohlwollend auszulegen"; nur offensicht. Missbrauch soll verhindert werden; dieser liegt nicht vor, wenn der Antrag auf unsachl. Äußerungen des Gerichts gestützt wird.[229] Die Entscheidung muss auf dem Verstoß gegen Art. 101 I 2 GG **beruhen.** Dies ist immer dann der Fall, wenn nicht ausgeschlossen werden kann, dass das Gericht sonst in anderer Besetzung entschieden hätte.[230]

**3. Erreichbarkeit des gesetzlichen Richters, Gerichtsorganisation, Verfahrensdauer.** Jus- **22** tizgewährungsanspruch und Rechtsschutzgarantie sowie das Recht auf den gesetzl. Richter als verfassungsrechtl. Direktiven begründen eine obj. Verfassungspflicht zur Bereitstellung einer eff. Rechtsschutz gewährleistenden Gerichtsorganisation, verpflichten also den Staat, für eine funktionsfähige Gerichtsbarkeit zu sorgen,[231] verleihen jedoch keinen Anspruch auf Bildung bestimmter Gerichtsbezirke,[232] Einrichtung bestimmter Gerichte oder Spruchkammern und auf eine bestimmte personelle Ausstattung. Wo allerdings Eingriffe wie Durchsuchungen und Freiheitsentziehungen unter **Richtervorbehalt** stehen,[233] sind bes. Vorkehrungen auch in der Gerichtsorganisation erforderlich. Ihre Außerachtlassung lässt den Eingriff fehlerhaft werden. So muss im Rahmen des Möglichen sichergestellt sein, dass auch in der Masse der Alltagsfälle die im GG vorgesehene „Verteilung der Gewichte", nämlich die Regelzuständigkeit des Richters, gewahrt bleibt.[234] Organisationsmängel können zu Amtshaftungsansprüchen führen.[235] Das Fairnessgebot nach **Art. 6 I EMRK** bedingt eine Gerichtsorganisation, die eine **überlange Verfahrensdauer** wirksam verhindert (→ Art. 103 Rn. 52).

## C. Verbot von Ausnahmegerichten (Abs. 1 S. 1)

**Ausnahmegerichte** i. S. d. Abs. 1 S. 1 sind Gerichte, *„die in Abweichung von der gesetzlichen* **23** *Zuständigkeit besonders gebildet und zur Entscheidung einzelner konkreter oder individuell bestimmter Fälle berufen sind";*[236] ihre Bildung bedeutet per se einen Entzug des gesetzlichen Richters. Ein verbotenes

---

obj. Gesetzeszweck; BVerfG (K) NJW 1999, 1020 – Nichtvorlage durch ein Landesverfassungsgericht; typis. Darstellung der mögl. Verfassungsverstöße bei *Rodi* DÖV 1989, 750 f.; zum Willkürbegriff *Voßkuhle* JZ 2001, 924 (925 f.).

[216] Vgl. BVerfG (K) DVBl 2002, 1624 unter Verweis auf BVerfGE 23, 288 (319) – dort zu Art. 100 II.

[217] BVerfG (K), B. v. 5.11.2013 – 2 BvR 1579/11 – Rn. 32; BVerfG (K) NStZ 2008, 39; NJW 2012, 3020 Rn. 35, BVerfGK 18, 209 (210); BVerfG (K), B. v. 5.11.2013 – 2 BvR 1579/11 – Rn. 132 ff.; BVerfG (K) FamRZ 2015, 2123 Rn. 12.

[218] BVerfGE 4, 412 (417); 30, 165 (167); 63, 77 (79); *Schulze-Fielitz,* in: Dreier III, Art. 101 Rn. 57.

[219] BVerfGE 30, 165 (168); 31, 295 (296); 63, 77 (79); vgl. hierzu *Arzt* NJW 1971, 1112 ff.

[220] BVerfGE 31, 181 (184).

[221] BFHE 194, 346 (350).

[222] Vgl. BayVerfGH BayVBl 1997, 238 (240); 2007, 269; BVerfG (K), B. v. 12.12.2012 – 2 BvR 1750/12.

[223] BVerfG (K), NVwZ-RR 2008, 289 Rn. 34.

[224] BVerfG (K) B v. 28.4.2011 – 1 BvR 2411/10 –.

[225] BVerfG (K) NVwZ 2007, 691 (693).

[226] Für § 26a StPO s. BVerfG (K) NJW 2005, 3410; im Anschluss hieran BGH NJW 2005, 3434 (3436); BGHSt 50, 216 (220 ff.); BVerfGK 13, 72 (79); BVerfG (K) B. v. 11.3.2013 – 1 BvR 2853/11 – Rn. 28 ff.; BVerfG (K) B. v. 15.6.2015 – 1 BvR 1288/14 – Rn. 15 ff. für § 45 I ZPO; BSG, B. v. 19.2.2013 – B 1 KR 70/12 B – Rn. 8; KG StraFo 2013, 203 Rn. 9 f. VerfGH NW B v. 11.2.2020 – VerfGH 32/19VB 3.

[227] Vgl. BVerfG (K), NVwZ-RR 2008, 289 – Verwaltungsprozess –; NJW 2007, 3771 – Zivilprozess –.

[228] BVerfG (K) NJW 2006, 3129 (3131); dazu *Güntge* JR 2006, 363 (365).

[229] BVerfG (K) NJW 2007, 3771.

[230] Vgl. BVerfG (K) NVwZ 2007, 691 (693), dort auch zur fehlerhaften Terminierung; zu den Darlegungsanforderungen s. BVerfG (K) B v. v. 2.9.2016 – 2 BvR 436/16 –.

[231] Vgl. *Maurer* FS 50 Jahre BVerfG II, 2001, S. 467 (492); s. auch BayVerfGH NJW 2005, 3699 (3704): keine Verletzung durch Auflösung des BayObLG; dazu kritisch *Roth* BayVBl 2011, 97 (101).

[232] BVerfGE 24, 155 (166 ff.).

[233] BVerfGE 103, 142 (155); 105, 239 (251).

[234] BVerfGE 103, 142 (155).

[235] BGHZ 170, 260; vgl. dazu *Ossenbühl* JZ 2007, 690; *Terhechte* DVBl 2007, 1134.

[236] BVerfGE 3, 213 (223); 8, 174 (182); 10, 200 (214).

Ausnahmegericht wäre also auch dann gegeben, wenn ein Gericht **ad hoc** oder **ad personam** durch Gesetz gebildet würde;[237] Willkür ist nicht erforderlich,[238] dürfte aber in derartigen Fällen regelmäßig vorliegen.[239] Bereits der von außen, sei es durch die Exekutive, sei es durch den Gesetzgeber, erfolgende Eingriff in die Rspr. hebt deren rechtsstaatliche Funktion auf und verstößt gegen Art. 101 I 1.[240] Ausnahmegerichte sind mit einer freiheitlichen und rechtsstaatl. Rechtspflege unvereinbar.[241]

## D. Gerichte für besondere Sachgebiete (Abs. 2)

24    Die Anforderungen des Abs. 1 S. 2 gelten auch für die Gerichte nach Abs. 2, also die Sondergerichte.[242] Für ihre Errichtung gilt der Vorbehalt des **formellen Gesetzes,** der sich auch auf die grundlegenden Fragen, wie Zuständigkeiten und Instanzenzug, Zusammensetzung der Spruchkörper und Auswahl und Ernennung der Richter, erstreckt (Rn. 6a).[243] Die Bildung der Gerichte hat für bestimmte **Sachmaterien** – wie z. B. Berufsrecht der Ärzte oder Anwälte – zu erfolgen, nicht für bestimmte Personenkreise.[244] Wenn die Bestimmung nach abstrakten Kriterien für Sachgebiete erfolgt, faktisch aber eine ad-hoc-Bestimmung vorliegt (gleichsam ein getarntes Ausnahmegericht), kann das Willkürkriterium als Korrektiv herangezogen werden.[245] Sondergerichte unterscheiden sich also dadurch von Ausnahmegerichten, dass sie zwar wie diese an die Stelle der an sich nach den Verfahrensordnungen zuständigen Gerichte treten, ihre Zuständigkeit aber abschließend und im Voraus bestimmt ist und sie nicht ad hoc gebildet werden.[246] Dabei kann es sich nur um Landesgerichte handeln, da die möglichen Bundesgerichte in Art. 95, 96 abschl. genannt sind.[247] Keine besond. Gerichte nach Abs. 2 sind **Spezialspruchkörper** innerhalb eines Gerichts, die durch Gesetz vorgesehen sind oder auch durch das Präsidium im Wege der Geschäftsverteilung eingerichtet werden können.[248]

25    Gerichte i. S. d. Abs. 2 müssen den Erfordernissen der Art. 92[249] und 97[250] genügen. Die von den Standesorganisationen getragenen Berufsgerichte,[251] so auch die Anwaltsgerichtshöfe,[252] die Richterdienstgerichte,[253] aber auch die Jugendgerichte,[254] die Arbeits- und Sozialgerichte[255] werden dazu gezählt – obgleich jedenfalls bei den in Art. 95 benannten Fachgerichtsbarkeiten[256] nicht von „Sonder"gerichtsbarkeiten i. S. d. Art. 101 gesprochen werden sollte. Auch Abs. 2 ist **verfassungsbeschwerdefähig.**

## Art. 102 [Abschaffung der Todesstrafe]

**Die Todesstrafe ist abgeschafft.**

**Entstehungsgeschichte:** Erstfassung: JöR nF 1 (1951) 739.
**Historische Verfassungstexte:** RV 1849: § 139 Die Todesstrafe, ausgenommen wo das Kriegsrecht sie vorschreibt, oder das Seerecht im Fall von Meutereien sie zuläßt, so wie die Strafen des Prangers, der Brandmarkung und der körperlichen Züchtigung, sind abgeschafft.
**Supra- und internationale Texte:** EUGrundRCharta Art. 2 II, Art. 19 II; AMRE Art. 3; IPBürgR Art. 6; 2. Fakultativprotokoll zu IPBürgR, EMRK Art. 3, 6. ZP Art. 1.

---

[237] Vgl. *Jachmann/Michel,* Maunz-Dürig, Art. 101 (2018) Rn. 90.
[238] Str., vgl. näher *Sowada,* Der gesetzl. Richter im Strafverfahren, S. 140 ff.
[239] Vgl. *Kunig,* in: v. Münch/Kunig II, Art. 101 Rn. 8; *Degenhart,* HStR V³, § 114 Rn. 48.
[240] Vgl. BVerfGE 10, 200 (212 f.); 14, 56 (72 f.) für die Friedens- und Gemeindegerichtsbarkeit BW: Willkür verneint, tragende Erwägung war die abstrakt-generelle Vorausbestimmung; die konkrete Ausgestaltung – Bürgermeister als Friedensrichter – verstieß jedoch gegen die Gewaltenteilung.
[241] Für Gerichte der DDR im Rehabilitierungsverfahren BVerfG (K) NJW 2000, 2417 (2418).
[242] Zum Begriff *Sowada,* Der gesetzl. Richter im Strafverfahren, S. 145 f.
[243] Vgl. *Kunig,* in: v. Münch/Kunig II, Art. 101 Rn. 43 f.
[244] *Kunig,* in: v. Münch/Kunig II, Art. 101 Rn. 41; vgl. BVerfGE 26, 186 (192 ff.): keine Ehrengerichte für „Rechtsanwälte schlechthin", also auch deren allg. Rechtsangelegenheiten.
[245] Vgl. *Sowada,* Der gesetzliche Richter im Strafverfahren, S. 142 f.; *Horn* HGR V, § 132 Rn. 23.
[246] Vgl. BVerfGE 10, 200 (214); *Horn* HGR V, § 132 Rn. 20.
[247] BVerfGE 10, 200 (213) – für Friedensgerichte.
[248] Vgl. *Sowada,* Der gesetzl. Richter im Strafverfahren, S. 145 f.
[249] BVerfGE 27, 355 (361 f.).
[250] BVerfGE 26, 186 (192 ff.); 48, 300 (315 ff.).
[251] BVerfGE 71, 162 (178); s. auch BVerfG 18, 241 (257); 22, 42 (47).
[252] Zur Gemeinschaftsrechtskonformität s. BVerfG (K) NJW 2006, 3049 (3050).
[253] BVerfGE 48, 300 (324).
[254] BayObLG JR 1975, 204.
[255] Vgl. *Kunig,* in: v. Münch/Kunig III Art. 101 Rn. 42.
[256] Vgl. zur fachlich gegliederten Gerichtsbarkeit nach Art. 95 *Degenhart* HStR V³, § 114 Rn. 17 f.; *Wittreck* DVBl 2005, 211.

**Leitentscheidungen:** BVerfGE 18, 112 (Auslieferung); BVerfGE 60, 348 (Auslieferung); EGMR NJW 1990, 2183 (Soering).

**Schrifttum:** *R.-P. Calliess,* Die Todesstrafe in der Bundesrepublik Deutschland, NJW 1988, 849; *G. Frankenberg,* Ausweisung und Abschiebung trotz drohender Todesstrafe?, JZ 1986, 414; *W. K. Geck,* Art. 102 GG und der Rechtshilfeverkehr zwischen der Bundesrepublik und Ländern mit der Todesstrafe, JuS 1965, 221; *F. Wittteck,* Die Todesstrafe in den deutschen Landesverfassungen, JöR 49 (2001), 157.

## A. Allgemeines – völker- und europarechtliche Bezüge

Das absolute Verbot der Todesstrafe wurde maßgeblich als Reaktion auf deren Missbrauch im **1** Dritten Reich in das GG aufgenommen.[1] Die EMRK erklärte mit Art. 1 des 6. ZP von 1983 die Todesstrafe (mit Ausnahmen für den Kriegsfall in Art. 2) für abgeschafft,[2] während Art. 2 II GRCh ein generelles Verbot enthält. Für Europa[3] kann daher von einem allg. Grundsatz des Verbots der Todesstrafe ausgegangen werden.[4] IÜ sind völkerrechtlich entspr., wenn auch nicht ganz einheitl. Tendenzen erkennbar,[5] ohne dass jedoch – schon wegen zahlreicher Vorbehalte einz. Staaten, wie der USA – von einem generellen Verbot im univers. VölkerR ausgegangen werden könnte.[6] Auch sind in Art. 10, 11 AMRE und in Art. 9, 14, 15 IPBürgR Verfahrensgarantien enthalten, ebenso in Art. 36 der Wiener Konsularrechtskonvention bei Verhängung der Todesstrafe gegenüber ausländ. Staatsbürgern.[7]

## B. Verbot der Todesstrafe

**Todesstrafe** i. S. d. Art. 102 ist entspr. der Anknüpfung an die Todesstrafe als Sanktion des Straf- **1a** rechts die von Staats wegen angeordnete Tötung eines Menschen zur Ahndung einer Straftat.[8] Durch Art. 102 wurde die – bei Inkrafttreten in den westlichen Besatzungszonen noch für Mord geltende[9] – Todesstrafe mit **unmittelbarer Wirkung** abgeschafft. Dies bedeutete: Deutsche Staatsorgane durften sie, soweit angedroht, nicht mehr verhängen, soweit bereits verhängt, nicht mehr vollstrecken; der Gesetzgeber durfte sie als Strafandrohung nicht mehr einführen.[10] Die in einzelnen LVerf enthaltenen Aussagen zur Todesstrafe, zB in Art. 47 IV a. F. BayVerf, wonach der Vollzug der Bestätigung durch die Staatsregierung bedurfte, enthielten keine mat. Aussage zur Todesstrafe – § 211 RStGB war der Länderzuständigkeit entzogen –, sondern wollten ihre Anwendung begrenzen; die Behauptung, die BayVerf habe „bis 1989 noch die Todesstrafe vorgesehen", ist falsch.[11] Mit dem GG war der Vorbehalt obsolet geworden. Das Verbot gilt absolut und unterliegt keinen verfassungsimmanenten Schranken.[12] Dies ist völlig unstr.; zur Frage, einer Verfassungsänderung Rn. 7. **Grundrechtsqualität** ist str.; dagegen spricht Nichterwähnung in Art. 93 I Nr. 4a;[13] dafür die system. Stellung. Jedenfalls aber ist Art. 102 als Schranken-Schranke für das GrundR auf Leben in Art. 2 II 1 verfassungsbeschwerdefähig.[14]

Art. 102 bezieht sich nicht auf präventive Maßnahmen wie den **polizeilichen Todesschuss;**[15] **2** Todesstrafe ist nach Wortsinn und rechtl. Sprachgebrauch als die repressive Reaktion des Strafrechts zu

---

[1] BVerfGE 18. 112 (117); *Germelmann BK,* Art. 102 (2015) Rn. 111 ff.; *Dreier,* in: Dreier III, Art. 102 Rn. 24 ff.; dort Rn. 1 ff. zu ideen- und verfassungsgeschichtlichen Aspekten.

[2] Zur Frage der Vereinbarkeit mit Art. 3 EMRK s. EGMR NJW 1990, 2183 m. Anm. *Blumenwitz.*

[3] S. auch die rechtsvergleichenden Hinweise bei *Dreier,* in: Dreier III, Art. 102 Rn. 31 f.

[4] Vgl. *Peters* EuGRZ 1999, 650 (656 f.).

[5] *Gusy* MKS III, Art. 102 Rn. 7 ff.; *Peters* EuGRZ 1999, 650 (651).

[6] Vgl. eingehend *Germelmann BK,* Art. 102 (2015) Rn. 28 ff.; ebenso *Kersten,* in: Manz/Dürig, Art. 102 (2014) Rn. 60.

[7] S. aber IGH EuGRZ 1999, 450 und EuGRZ 1999, 451.

[8] *Germelmann BK,* Art. 102 (2015) Rn. 122; *Gusy* MKS III, Art. 102 Rn. 19; *Jarass,* in: Jarass/Pieroth, Art. 102 Rn. 2: staatl. Reaktion auf Straftat.

[9] S. Zum Gemengelage von fortgeltendem Reichsrecht, Landesrecht und Besatzungsrecht nach 1945 s. *Wittreck* JöR 49 (2001), 157; insbes. zu den vorkonstitut. LandesVerf *Germelmann BK,* Art. 102 (2015) Rn. 103 ff.

[10] BVerfGE 18, 112 (116); *Dreier,* in: Dreier III, Art. 102 Rn. 4; *Gusy* MKS III, Art. 102 Rn. 20; vgl. für Straftaten vor Inkrafttreten des GG OHGZ-BZ DRZ 1949, 308; OLG Koblenz DRZ 1949, 309; OLG Bremen JR 1959, 512:

[11] *Lindner,* in: Lindner/Möstl/Wolff, Verfassung des Freistaates Bayern, Art. 47 Rn. 2 Fn. 3; s. auch *Dreier,* in: Dreier III, Art. 102 Rn. 37, der darauf verweist, dass die Länder, die in ihrer Verfassung die Todesstrafe erwähnten, wie Bayern oder Hessen, sie bis 1949 in keinem Fall anwandten, wie dies in anderen Ländern der Fall war; dazu näher *Wittreck,* JöR 49 (2001), 157 (167 ff.).

[12] *Germelmann* BK, Art. 102 (2015) Rn. 131 f.

[13] *Dreier,* in: Dreier III, Art. 102 Rn. 39.

[14] Vgl. *Germelmann* BK, Art. 102 (2015) Rn. 133; *Dreier,* in: Dreier III, Art. 102 Rn. 39.

[15] Vgl. *Germelmann* BK, Art. 102 (2015) Rn. 124; Epping, in: Epping/Hillgruber, Art. 102 Rn. 3; *Jarass,* in: Jarass/Pieroth, Art. 102 Rn. 2; *Dreier,* in: Dreier III, Art. 102 Rn. 45.

verstehen; die Verfassungsmäßigkeit des Todesschusses ist eine Frage des Art. 2 II (Art. 2 Rn. 182). Die lebenslange Freiheitsstrafe wird thematisch von Art. 102 nicht berührt,[16] auch nicht im Hinblick auf ihre persönlichkeitszerstörende Wirkung.[17] Wortlaut und strafrechtliche Terminologie stehen entgegen,[18] abgesehen von der Entstehungsgeschichte.[19]

## C. Weiterungen: auslandsbezogene Sachverhalte

3      Str. ist die Bedeutung des Art. 102 für **Ausweisung/Abschiebung** und vor allem **Auslieferung**[20] bei drohender Todesstrafe. Art. 102 richtet sich unmittelbar gegen die deutsche Staatsgewalt, der Androhung, Verhängung und Vollzug untersagt sind.[21] Andererseits steht Art. 102 in engem Zusammenhang mit **Art. 2 II 1**, aus dem Schutzpflichten abzuleiten sind (Art. 2 Rn. 188 ff.), und enthält seinerseits eine **objektive Wertentscheidung**.[22] Sie ist bei Ausweisung und Abschiebung maßgebl. zu berücksichtigen,[23] ebenso bei Auslieferung, für die einfachgesetzl.[24] und völkerrechtl.[25] Garantien bestehen. Verbote bei drohender Todesstrafe, Folter und unmenschl. Behandlung enthält **Art. 19 II GRCh.**[26]

4      **Völkerrechtlich** ist die Auslieferung ausgeschlossen, wenn die Todesstrafe in völkerrechtswidr. Weise verhängt wurde,[27] nicht allerdings generell, solange keine generelle völkerrechtl. Ächtung festgestellt werden kann (Rn. 1).[28] Auf **einfachgesetzl.** Ebene sehen § 8 IRG,[29] § 60 III AufenthG (früher: § 53 II 1 AuslG) sowie Art. 11 Europ. Auslieferungsübereinkommen[30] weitgehende Beschränkungen vor.[31] Auch von Verfassungs wegen müssen Auslieferung und Ausweisung/Abschiebung bei drohender Todesstrafe in aller Regel als unzul. gelten.[32] Dabei wird auf die drohende Vollstreckung abgestellt.[33] Bedenken aus der völkerrechtsfreundlichen Tendenz des GG – kein octroi der Wertung des Art. 102[34] – haben angesichts verbreiteter und besonders für den europ. Raum feststellb. Tendenzen zur Ächtung (→ Rn. 1)[35] an Gewicht verloren.[36] Das **BVerfG** will offenbar an seiner zunächst – unter Vorbehalt[37] – „auslieferungsfreundliche" Rspr. nicht mehr unbedingt festhalten.[38]

5/6    Mithin ist für Ausweisung bzw. Abschiebung sowie Auslieferung im Zuge von Rechtshilfe bei drohender Todesstrafe grds. verfassungswidr., da unverhältnism. hinsichtl. der Wertung der Art. 102, 2 II 1[39] bzw. staatl. Schutzpflichten.[40] Ausnahmen für den Fall, dass überragend wichtige Belange der

---

[16] *Kunig,* in: v. Münch/Kunig III, Art. 102 Rn. 8; *Gusy* MKS III, Art. 102 Rn. 19; s. auch BVerfGE 45, 187 (223 ff., 270 f.).

[17] *Calliess,* Theorie der Strafe im demokratischen Rechtsstaat, 1974, S. 175 f. („sozialer Tod").

[18] Vgl. *Kunig,* in: v. Münch/Kunig III, Art. 102 Rn. 8.

[19] BVerfGE 45, 187 (223 ff.).

[20] Dazu grds. BVerfGE 18, 112 (116 f.); 94, 115 (123); *Kunig,* in: v. Münch/Kunig III, Art. 102 Rn. 12 ff.; *Dreier,* in: Dreier III, Art. 102 Rn. 15 ff.; *Germelmann* BK, Art. 102 (2015) Rn. 135 ff.; *Frankenberg* JZ 1986, 414 ff.

[21] Vgl. BVerfGE 18, 112 (116); OVG NRW DVBl 1983, 37 (38); *Sodan,* in: Sodan, Art. 102 Rn. 3 weitergehend *Germelmann* BK, Art. 102 (2015) Rn. 137 ff.

[22] BVerfGE 18, 112 (118); s. auch BVerfGE 39, 1 (41); *Calliess* NJW 1988, 849 (853).

[23] So etwa BayObLG DVBl 1964, 588 (591); OVG NRW NJW 1986, 2206; OVG Hamb NVwZ 1986, 781; BVerwGE 78, 285 (294); HessVGH NVwZ-RR 1990, 511; *Frankenberg* JZ 1986, 414 ff.; zur Zurechenbarkeit an deutsche Staatsgewalt *Sachs,* in: Stern, StaatsR III/2, S. 198 ff. mwN.

[24] § 8 IRG, vgl. *Frankenberg* JZ 1986, 414 (416); *Kunig,* in: v. Münch/Kunig III, Art. 102 Rn. 13 ff.

[25] Europäisches Auslieferungsabkommen, BGBl 1964 II 1371; 1976 II 1778.

[26] S. auch EGMR NJW 1990, 2183 (Soering).

[27] *Gusy* MKS III, Art. 102 Rn. 23; zum Recht auf Verweigerung der Auslieferung trotz Auslieferungsabkommen s. *Peters* EuGRZ 1999, 650 (654).

[28] *Gusy* MKS III, Art. 102 Rn. 23; s. auch BVerfGE 94, 115 (138).

[29] Gesetz über die internationale Rechtshilfe in Strafsachen, BGBl I 1982, 2071.

[30] BGBl II 1964, 1371; II 1976, 1778.

[31] S. dazu BVerfGE 94, 115 (138).

[32] *Kunig,* in: v. Münch/Kunig III, Art. 102 Rn. 12 ff.; anders für Auslieferung (nicht Abschiebung) *Dreier,* in: Dreier III, Art. 102 Rn. 49 ff.; generell für Unzulässigkeit *Gusy* MKS III, Art. 102 Rn. 25 ff.; *Germelmann* BK, Art. 102 (2015) Rn. 139 auch für Auslieferung.

[33] BVerfG (K) NVwZ 2018, 1390 Rn. 47 ff. für Tunesien zur Gewissheit, dass jedenfalls Vollstreckung ausgeschlossen.

[34] BVerfGE 18, 112 (117 f.); *Geck* JuS 1965, 221 (227 ff.); *Dreier,* in: Dreier III, Art. 102 Rn. 50; gegen dieses Argument jedoch *Gusy* MKS III, Art. 102 Rn. 26.

[35] Gegen diesen Aspekt aber *Dreier,* in: Dreier III, Art. 102 Rn. 50.

[36] Näher *Frankenberg* JZ 1986, 414 (416 f.); idS zu Prot. Nr. 6 zur EMRK EGMR NJW 1990, 2183 (2186).

[37] Einschränkend BVerfGE 18, 112 (116 ff.), darauf verweist zutr. *Frankenberg* JZ 1986, 415.

[38] BVerfG 60, 348 (354) gegen BVerfGE 18, 112; BVerfGE 113, 154 zu lebenslanger Freiheitsstrafe ohne Möglichkeit der Bewährung (aber möglicher, wenn auch seltener Begnadigung) und Zusicherung, dass Todesstrafe nicht beantragt wird.

[39] Für Abwehranspruch auf der Grundlage eines Eingriffskonzepts *Gusy* MKS III, Art. 102 Rn. 27 – dort ohne die bei *Dreier,* in: Art. 102 Rn. 53 vorgenommene Diff. zwischen Ausweisung und Abschiebung; ähnlich *Germelmann* BK, Art. 102 (2015) Rn. 137: Verbot von Mitwirkungshandlungen.

[40] Hierauf maßgeblich abstellend *Gusy* MKS III, Art. 102 Rn. 28.

BRep, wie die Bekämpfung des intern. Terrorismus sie erzwingen, werden überw. abgelehnt.[41] Auch im sonst. **Rechtshilfeverkehr** ist die Wertung des Art. 102 zu beachten;[42] sie steht der Rechtshilfe nicht grds. entgegen,[43] doch gelten auch insoweit die dargelegten absoluten Schranken, so auch § 73 IRG.[44]

## D. Abänderbarkeit?

Ob im Wege der **Verfassungsänderung** Art. 102 abänderbar wäre, war stets str., wird mitt- 7 lerweile wohl überw— m. E. zu Recht – **verneint**.[45] Von den Grundsätzen des Art. 79 III sind die Menschenwürdegarantie[46] und das Rechtsstaatsprinzip berührt.[47] Auch wenn nicht von grds. Unvereinbarkeit mit einer rechtsstaatl. Ordnung auszugehen ist,[48] Ist doch das Rechtsstaatsprinzip in seiner konkreten Ausformung nach dem GG – auf sie kommt es an –[49] durch die zentrale Bedeutung der Menschenwürdegarantie und des sie konkretisierenden **Rechts auf Leben**[50] gekennzeichnet, wie auch durch die bewusste Entgegensetzung zum vorausgehenden NS-System mit seiner maßlosen Todesstrafenpraxis; dies spricht dafür, das Verbot der Todesstrafe – als einer Instrumentalisierung des GrundR aus Art. 2 II 1[51] – zu den tragenden Verfassungsprinzipien nach Art. 79 III zu zählen. Wenn der Verfassungsgeber die Todesstrafe sogar angesichts der Verhältnisse des Jahres 1949 und der alle Dimensionen sprengenden NS-Verbrechen nicht als legitime Sanktion[52] wertete,[53] so sind rechtf. Aspekte nach der Wertordnung des GG nicht begründbar.[54] Auch völker- und unionsrechtl. Bindungen stünden entgegen.[55]

## Art. 103 [Rechtliches Gehör, Grundrechte des Angeklagten]

(1) **Vor Gericht hat jedermann Anspruch auf rechtliches Gehör.**

(2) **Eine Tat kann nur bestraft werden, wenn die Strafbarkeit gesetzlich bestimmt war, bevor die Tat begangen wurde.**

(3) **Niemand darf wegen derselben Tat auf Grund der allgemeinen Strafgesetze mehrmals bestraft werden.**

**Entstehungsgeschichte: Erstfassung:** JöR nF 1 (1951), 70.
**Historische Verfassungstexte: WRV: Art. 116** Eine Handlung kann nur dann mit einer Strafe belegt werden, wenn die Strafbarkeit gesetzlich bestimmt war, bevor die Handlung begangen wurde.
**Geltende Landesverfassungen:** *Bay*Verf Art. 91 I, 104 I, II; *Berl*Verf Art. 15 I, II, III; *Bbg*Verf Art. 52 III, 53, I, III; *Brem*Verf Art. 7 I, II; *Hess*Verf Art. 22 I, III; *RhPf*Verf Art. 6 II, III, IV; *Saar*lVerf Art. 15; *LSA*Verf Art. 21 IV, 22 I, II; *Sachs*Verf Art. 78 II, III; *Thür*Verf Art. 88.
**Supra- und internationale Texte:** EUGrundRCharta Art. 47–50; AMRK Art. 10, 11 II; EMRK Art. 6, 7, Prot. Nr. 7 Art. 4; IPBürgR Art. 14 VII, 15 I, II; SDÜ Art. 54.
**Leitentscheidungen: Zu Abs. 1:** BVerfGE 9, 89 (U-Haft); BVerfGE 52, 203 (Fristgebundener Schriftsatz – Geschäftsstelle); BVerfGE 54, 117 (Präklusion im Zivilprozess); BVerfGE 57, 250 (Zeuge vom Hörensagen); BVerfGE 75, 302 (Präklusion); BVerfGE 99, 145 (Kindesentführung); BVerfGE 101, 397 (Rechtspfleger); BVerfGE 106, 28 (Zeugenaussagen über rechtswidrig mitgehörte Telefongespräche); BVerfGE 107, 395 – Plenum (Rechtsprechung keine öffentliche Gewalt) und BVerfGE 108, 341 (Umsetzung der Plenarentscheidung); EGMR NJW

---

[41] *Kersten,* Manz/Dürig, Art. 102 (2014) Rn. 76; *Dreier,* in: Dreier III, Art. 102 Rn. 53; *Gusy* MKS III, Art. 102 Rn. 32; *Germelmann* BK, Art. 102 (2015) Rn. 145; anders OVG Hmb NVwZ 1986, 781; für striktes Verbot OLG Düsseldorf NJW 1994, 1485.

[42] Vgl. *Gusy* MKS III, Art. 102 Rn. 31.

[43] Vgl. OLG Karlsruhe NJW 1990, 2208 (2211); *Lorenz* HStR VI, § 128 Rn. 27.

[44] Vgl. *Frankenberg* JZ 1976, 416, dort zu entspr. Vorbehalten in internat. Übereinkommen.

[45] Bejahend unter engen Voraussetzungen *Dreier,* in: Dreier III, Art. 102 Rn. 54 ff.; verneinend *Germelmann* BK, Art. 102 (2015) Rn. 179; *Kunig,* in: v. Münch/Kunig III, Art. 102 Rn. 18; *Gusy* MKS III, Art. 102 Rn. 33; *Lorenz* HStR VI, § 128 Rn. 41; *Hufen* JuS 2010, 1 (8).

[46] Vgl. auch BVerfGE 94, 115 (138).

[47] *Kersten,* in: Manz/Dürig, Art. 102 (2014) Rn. 28.

[48] Vgl. auch BVerfG aaO.

[49] So auch *Gusy* MKS III, Art. 102 Rn. 33.

[50] Zu den Zusammenhängen s. *Scholz,* in: Maunz/Dürig, Art. 102 Rn. 11.

[51] I. S. der „Objektformel", vgl. *Höfling,* Art. 1 Rn. 13; *Gusy* MKS III, Art. 102 Rn. 33; den eindeutigen normativen Gehalt der Formel in Frage stellend dagegen *Dreier,* in: Dreier III, Art. 102 Rn. 57.

[52] Vgl. zu den verfassungsrechtlichen Anforderungen an Strafsanktionen *Scholz,* in: Maunz/Dürig, Art. 102 Rn. 11.

[53] Dieser Aspekt wurde gesehen, vgl. JöR nF 1 (1951) 740.

[54] Vgl. die Widerlegung der gängigen Rechtfertigungsversuche bei *Scholz,* in: Maunz/Dürig, Art. 102 Rn. 32, dort auch zur einzig denkbaren, prakt. aber nicht begründbaren Ausnahme (Schutz gleichrangiger Rechtsgüter *definitiv* bei genauester Prüfung nicht anders zu gewährleisten).

[55] *Dreier,* in: Dreier III, Art. 102 Rn. 60.

2001, 2387 – Verfahren in Abwesenheit des Angeklagten. – **Zu Abs. 2:** BVerfGE 14, 174 (Gesetzesgebundenheit im Strafrecht); BVerfGE 73, 206 (Sitzblockaden I); BVerfGE 92, 1 (Sitzblockaden II); BVerfGE 95, 96 (Mauerschützen); BVerfGE 105,135 (Vermögensstrafe); BVerfGE 109, 133 (Sicherungsverwahrung I); BVerfGE 110, 1 (Erweiterter Verfall); EGMR NJW 2010, 2495 (nachträgliche Sicherungsverwahrung – zu BVerfGE 109, 133); BVerfGE 126, 170 (Untreuetatbestand); BVerfGE 128, 326 (Sicherungsverwahrung II); BVerfGE 140, 317 (Schuldprinzip); BVerfGE 143, 38 (Rindfleischettikettierung); BVerfG, NVwZ-RR 2020, 569 (LFBG); – **Zu Abs. 3:** BVerfGE 3, 248 (Strafbefehl); BVerfGE 56, 22 (§ 129 StGB); BVerfGE 65, 377 (Strafbefehl); EuGH Rs. C-436/04 Van Esbroeck (SDÜ), NJW 2006, 1781.

**Schrifttum:** *G. Beaucamp,* Zum Analogieverbot im öffentlichen Recht, AöR 134 (2009), 83; *T. Ceffinato,* Das Institut der Wahlfeststellung und seine verfassungsrechtliche Zulässigkeit, Jura 2014, 655; *C. Degenhart,* Gerichtsverfahren HStR V³, § 115, 2007; *M. Desens,* Die subsidiäre Verfassungsbeschwerde und ihr Verhältnis zu fachgerichtlichen Anhörungsrügen, NJW 2006, 1243; *C. Grabenwarter,* Wirkungen eines Urteils des Europäischen Gerichtshofs für Menschenrechte, JZ 2010, 857; *K. Graßhof,* Rechtliches Gehörd HGR V, § 133, 2013; *J. Gundel,* Neue Anforderungen des EGMR an die Ausgestaltung des nationalen Rechtsschutzsystems – Die Schaffung effektiver Rechtsbehelfe gegen überlange Verfahrensdauer, DVBl 2004, 17; *B. Hartmann/H. Apfel,* Das Grundrecht auf ein faires Strafverfahren, Jura 2008, 495; *P. Heinrichsmeier,* Probleme der Zulässigkeit der Verfassungsbeschwerde im Zusammenhang mit dem fachgerichtlichen Anhörungsrügeverfahren, NVwZ 2010, 228; *K.E Heinz,* Anhörungsrüge und Verfassungsbeschwerde wegen Nichtgewährung des rechtlichen Gehörs, DÖD 2016, 22; *H. Höfler,* Das Therapieunterbringungsgesetz und der verfassungsrechtliche Strafbegriff, StV 2015, 268; *E. Hoven,* Verfassungsmäßigkeit von Blankettstrafgesetzen, NStZ 2016. 377; *H. Jarass,* Bedeutung der EU-Rechtsschutzgewährleistung für nationale und EU-Gerichte, NJW 2011, 1393; *A. Kaufmann,* Die Radbruchsche Formel vom gesetzlichen Unrecht und vom übergesetzlichen Recht in der Diskussion um das im Namen der DDR begangene Unrecht, NJW 1995, 81; *A. Kettinger,* Die Verfahrensgrundrechtsrüge – Das Anhörungsrügengesetz in der zivilprozessualen Praxis, 2007; *ders.,* Die Verletzung von Verfahrensgrundrechten – Reicht eine Verfassungsbeschwerde?, BayVBl 2007, 489; *F.-L. Knemeyer,* Das rechtliche Gehör im Gerichtsverfahren HStR VIII³, § 178; *L. Kuhlen,* Zum Verhältnis von Bestimmtheitsgrundsatz und Analogieverbot, FS H. Otto, 2007, S. 89; *P. Lerche,* Zum „Anspruch auf rechtliches Gehör", ZZP 78 (1965), 1; *H. Maurer,* Rechtsstaatliches Prozeßrecht, FS 50 Jahre BVerfG II, 2001 S. 467 ff.; *M. Möstl,* Grundrechtliche Garantien im Strafverfahren HStR VIII³, § 179; *U. Neumann,* Die Rechtsprechung im Kontext des verfassungsgerichtlichen Prüfungsprogramms zu Art. 103 Abs. 2 GG, FS Beulke, S. 197; *G. Nolte,* Ne bis in idem HGR V, 2013, § 135; *E. Pache,* Das europäische Grundrecht auf einen fairen Prozess, NVwZ 2001, 1342; *F. Saliger,* Das Untreuestrafrecht auf dem Prüfstand der Verfassung, NJW 2010, 3195; *W. R. Schenke,* Verfassungsrechtliche Garantie eines Rechtsschutzes gegen Rechtsprechungsakte?, JZ 2005, 116; *ders.,* Außerordentliche Rechtsbehelfe im Verwaltungsprozessrecht nach Erlass des Anhörungsrügengesetzes, NVwZ 2005, 729; *W. Schomburg,* Die Europäisierung des Verbots doppelter Strafverfolgung, NJW 2000, 1833; *E. Schumann,* Der Einfluß des Grundgesetzes auf die zivilprozessuale Rechtsprechung, FG 50 Jahre BGH, 2000, S. 3, *A. Uhle,* Das Recht auf wirkungsvollen Rechtsschutz, FS Württemberger, 2013, S. 935; *ders.,* Rechtsstaatliche Prozeßgrundrechte und –grundsätze HGR V, 2013 § 129; *A. Voßkuhle,* Bruch mit einem Dogma: Die Verfassung garantiert Rechtsschutz gegen den Richter, NJW 2003, 2193; *G. Werle,* Rückwirkungsverbot und Staatskriminalität, NJW 2001, 3001; *W. Wohlers,* Rechtliches Gehör im strafrechtlichen Revisionsverfahren, JZ 2011, 78; *H. A. Wolff,* Nullum crimen, nulla poena sine lege HGR V, 2013, § 134; *R. Zuck,* Wann verletzt ein Verstoß gegen ZPO-Vorschriften zugleich den Grundsatz des rechtlichen Gehörs?, NJW 2005, 3753.

## Übersicht

## A. Überblick

Art. 103 enthält in **Abs. 1** die tradierte – wenngleich in der deutschen Verfassungsgeschichte erst **1** nach 1945 explizit anerkannte – rechtsstaatl. Verfahrensgarantie des rechtl. Gehörs als **prozessuale Grundnorm** für alle gerichtl. Verfahren,[1] in **Abs. 2 und 3** die **„Grundrechte des Angeklagten"** als mat.-rechtsstaatl. Garantien gegenüber der staatl. Strafgewalt, also für das Strafverfahren. Für die Auslegung des Art. 103 GG sind Art. 6 und 7 **EMRK** heranzuziehen.

## B. Das Recht auf Gehör (Abs. 1)

### I. Grundsätzliche Bedeutung

**1. Systematische Stellung im Grundgesetz.** „Rechtliches Gehör ist nicht nur ein ‚prozessuales **2** Urrecht', sondern auch ein objektivrechtliches Verfahrensprinzip und für ein rechtsstaatliches Verfahren schlechthin konstitutiv"[2] – so die Plenarentscheidung des BVerfG vom 30.4.2003. Hierin kommt der Doppelcharakter des Rechts zum Ausdruck. Als jedenfalls **grundrechtsgleiches Recht**[3] konkretisiert es den Menschenwürdesatz des Art. 1 I für das gerichtl. Verfahren,[4] in dem der Betroff. *„nicht Objekt der richterlichen Entscheidung sein, sondern ... zu Wort kommen soll"*, über sein *„Recht nicht von obrigkeitswegen verfügt wird"*.[5] Es wurzelt zugleich im **Rechtsstaatsgebot,**[6] das gesicherte justiz. Verfahrensstandards bedingt.[7]

Es bestehen Berührungspunkte und Überschneidungen mit weiteren **verfassungsrechtlichen 3 Verfahrensgrundsätzen,** die in Ergänzung zu den klass. ProzessgrundR entwickelt wurden. Ein aus dem Rechtsstaatsgebot iVm Art. 2 I abgeleitetes Recht auf ein rechtsstaatl.[8] bzw. **rechtsstaatlich-faires Verfahren**[9] hat als allg. ProzessgrundR die Bedeutung einer prozessrechtl. Generalklausel erlangt (→ Rn. 42 ff.), der ebenfalls hieraus folgende **Justizgewährungsanspruch**[10] und die dem für die öff. Gewalt entspr. Rechtsschutzgarantie des Art. 19 IV[11] enthalten eine Garantie wirkungsvollen Rechtsschutzes.[12] Für den ZivilProz folgt die Garantie eff. Rechtsschutzes aus Art. 2 I iVm Art. 20

---

[1] „Prozessuales Urrecht": BVerfGE 6, 12 (14); 9, 89 (96); 55, 1 (6); 70, 180 (188); zum histor. Hintergrund *Schulze-Fielitz,* in: Dreier III, Art. 103 I Rn. 1.
[2] BVerfGE 107, 395 (408) unter Bezugnahme auf BVerfGE 55, 1 (6).
[3] Zur Grundrechtsqualität s. BVerfGE 53, 219 (222); 61, 14 (17); 65, 305 (307): ProzessgrundR; s. aber BVerfGE 61, 82 (104): grundrechtsähnlich; zu den unterschiedl. Deutungen *Schulze-Fielitz,* in: Dreier III, Art. 103 I Rn. 13; *Remmert,* in: Maunz/Dürig, Art. 103 (2018) Rn. 2: die Frage kann wegen Art. 93 I Nr. 4a letztlich dahinstehen.
[4] Näher s. *Degenhart* HStR V³, § 115 Rn. 3 f.
[5] BVerfGE 9, 89 (95); 84, 188 (190); 86, 133 (144).
[6] Vgl. *Remmert,* in: Maunz/Dürig, Art. 103 (2016) Rn. 21 f.; BVerfGE 74, 228 (233).
[7] Vgl. *Degenhart* HStR V³, § 115 Rn. 3; *Schulze-Fielitz,* in: Dreier III, Art. 103 I Rn. 13.
[8] Vgl. z. B. BVerfGE 79, 372 (376 f.); 88, 118 (123 ff.), dort vor allem zum Erfordernis wirksamen Rechtsschutzes; BVerfGE 91, 176 (181 f.).
[9] BVerfGE 78, 123 (126); 93, 99 (107); 101, 397 (405); 110, 226 (253); 110, 339 (342); BVerfG (K) B. v. 4.2.2020 – 2 BvR 900/19 – Rn. 19 ff.
[10] Vgl. etwa zum funktionalen Zusammenhang BVerfG (K) NJW 2008, 2167.
[11] Vgl. BVerfGE 88, 118 (123); 107, 395 (401 f.); s. auch BVerfGE 110, 339 (342) zu Art. 19 IV als Justizgewährungsanspruch gegen die öff. Gewalt; BVerfGE 116, 135: Justizgewährungsanspruch bei Vergabe öff. Aufträge: Art. 20 III GG.
[12] BVerfGE 84, 366 (369); 85, 337 (345); 91, 176 (181); 96, 27 (39 f.); 107, 395 (401); 112, 185 (207); vgl. auch *Uhle* FS Württemberger, 2013, S. 935 ff.

III GG.[13] Sie umfasst den Zugang zum Gericht, die Prüfung des Begehrens im förml. Verfahren durch den Richter[14] und die verbindl. gerichtl. Entscheidung.[15] Hierdurch sind die Verfahrensbeteiligten in die Lage zu versetzen, ihre Rechte wirksam wahrzunehmen.

4  **Systematisch** ist zwischen Zugang zum Verfahren und geordnetem Verfahrensablauf zu unterscheiden.[16] Ersteren sichern Justizgewährungsanspruch und Art. 19 IV;[17] letzteren das Recht auf Gehör und weitere Verfahrensmaximen. Die Abgrenzung ist nicht durchweg eindeutig:[18]

So werden Handhabung von Fristen und Wiedereinsetzung regelmäßig dem rechtlichen Gehör,[19] mitunter – vor allem für erstmaligen Zugang zum Gericht oder einer Instanz – rechtsstaatlicher Verfahrensgestaltung,[20] aber auch Art. 19 IV[21] zugeordnet, wobei Fristen „fair" zu handhaben sind.[22] Dies gilt auch bei der Bewertung eines Verhaltens als „schuldhaft" bei Wiedereinsetzung: hier darf auf die Rspr. der obersten Bundesgerichte vertraut werden.[23] Überzogene Anforderungen an eine Revisionsrüge im StrafProz verletzen den Anspruch auf eff. Rechtsschutz,[24] ebenso verspätete Absetzung der Gründe eines Berufungsurteils im Hinblick auf Revisionseinlegung.[25] Zurückweisung verspäteten Vorbringens wird dem Willkürverbot des Art. 3 I,[26] Präklusionsregelungen werden dem Recht auf Gehör wie auch dem Grundsatz der Waffengleichheit[27] zugeordnet. Dieser wird einerseits aus Art. 3 I,[28] aber auch aus dem rechtsstaatl. Fairnessgebot[29] und dem Gebot eff. Rechtsschutzes abgeleitet.[30] Art. 19 IV und Art. 103 I werden schließlich dem gleichen Ziel wirkungsvollen Rechtsschutzes zugeordnet[31] Vorrangig sollte im Verfahren auf den spezif. hierauf bezogenen Art. 103 I abgestellt werden.[32]

5  **2. Verhältnis zum Landesrecht.** Neben den VerfahrensgrundR des GG haben die Gerichte inhaltsgleiche **landesverfassungsrechtliche Garantien** dort zu beachten, wo sie im Verfahren VerfahrensgrundR eigenständig durchzusetzen haben. Die ja durchweg in durch die Prozessordnungen bundesrechtl. geregelten Verfahren ergangenen Entscheidungen der Gerichte der Länder sind dann am Maßstab landesverfassungsrechtl. VerfahrensgrundR durch die LVerfGe zu überprüfen, wenn diese mit den Garantien des GG inhaltsgleich sind,[33] nicht gilt dies für Hoheitsakte einer Bundesbehörde.[34]

---

[13] BVerfG (K) B. v.4.7.2017 – 2 BvR 2751/15 – Rn. 13; B. v. 16.7.2019 – 2 BvR 881/17 – Rn. 13 f.

[14] Vgl. ThürVerfGH NJ 2003, 195: Recht des Verurteilten auf umfass. Prüfung seines Vorbringens durch einen Richter iR wirksamen Rechtsschutzes.

[15] BVerfGE 107, 395 (401); dazu etwa *Redeker* NJW 2003, 2956; zur Justizgewährung bei Überprüfung kirchlicher Maßnahmen s. BVerfGE 111, 1.

[16] BVerfGE 107, 305 (402 ff.); vgl. auch *Uhle* HGR V, § 129 Rn. 4: Ansprüche auf und im gerichtl. Rechtsschutz.

[17] BVerfGE 112, 185 (207); BVerfG (K) B. v. 16.7.2019 – 2 BvR 881/17 – Rn. 13 f.; BVerfG (K) NJW 2004, 1371; NJW 2007, 2241; NJW 2008, 2167; zur Effektivität s. etwa *Sachs*, in: Erbguth, Effektiver Rechtsschutz im Umweltrecht?, 2005, S. 15 ff.

[18] *Remmert*, in: Maunz/Dürig, Art. 103 (2016) Rn. 30 ff.; *Nolte/Aust* MKS III, Art. 103 Rn. 88; so z. B. BVerfG (K) NJW 2001, 3695 (3696) – Recht des Angeklagten auf Verteidigung durch Anwalt seines Vertrauens: Rechtsstaatsgebot iVm Art. 2 I, aus Art. 103 I, Art. 3 I GG und Art. 6 III lit. c) EMRK; BVerfGE 89, 120 (130) – Hauptverhandlung in Abwesenheit des Angeklagten; BVerfG (K) NJW 2014, 2563 zu § 349 II StPO: Art. 103 I, Fairnessgebot nach Art. 6 EMRK und proz. Waffengleichheit; BVerfG 140, 317 Rn. 53 – Abwesenheitsurteil und Schuldgrundsatz.

[19] Vgl. BVerfGE 41, 23 (28); 44, 302 (302 f., 306); 50, 1 (39); 51, 146 (149); 51, 352 (354); 53, 148 (151); 62, 334 (336); 67, 208 (212); 72, 84 (88); 74, 220 (224); 87, 275 (278); BVerfG (K) NJW 2013, 592; BbgVerfG NJW 2004, 3259.

[20] BVerfGE 79, 372 (375); 93, 99 (107); BVerfG (K) NJW 2005, 2137; BVerfGK 18, 105; anders BayVerfGH BayVBl 2008, 140 für Einwände gegen Beweiskraft der Postzustellungsurkunde als Voraussetzung für Zulässigkeit des Einspruchs und damit Zugang zum Gericht: GehörsR; BayVerfGH BayVBl 2004, 493 für Klageerzwingungsantrag; ähnl. für § 329 ZPO BerlVerfGH NJW 2004, 1158; zur Berufungszulassung RhPfVerfGH NVwZ-RR 2005, 218; BVerfG (K) NVwZ 2005, 1176; NJW 2008, 3275.

[21] S. BVerfGE 101, 239 – Umlegungsverfahren; 101, 106 zu § 99 VwGO; 110, 339 (342); BVerfG (K) NJW 1995, 2545 für Strafbefehl; NJW 1995, 2544 für Revision; BVerfG (K) NJW 2005, 3346 für Rechtsmittelfrist; NVwZ 2003, 341; für Berufungsbegründungsfrist im Zivilprozess BVerfG (K) NJW 2004, 2583.

[22] BVerfGE 110, 339; ThürVerfGH ThürVBl 2004, 116 (119); BVerfG (K) NJW 2008, 2167.

[23] BVerfG (K) NJW 2007, 3342.

[24] BVerfGE 112, 185 (213 f.).

[25] BVerfG (K) NJW 2001, 2161; BbgVerfG NJ 2004, 32.

[26] BVerfGE 54, 117 (123); s. zum allg. Willkürverbot auch BVerfGE 42, 64 (72); 71, 202 (204).

[27] Vgl. BVerfGE 69, 126 (139).

[28] Vgl. BVerfGE 51, 131 (153 ff.) – Arzthaftungsrecht; BVerfGE 69, 248 (254) – Präklusion.

[29] BVerfG (K) NJW 2000, 1483: Beweislast im arbeitsgerichtl. Verfahren als Frage des Art. 20 III; s. auch BVerfGE 53, 131 (132 ff., 153 ff.); anders *Maurer* FS 50 Jahre BVerfG II, 2001, S. 467 (499): Art. 3 I.

[30] S. auch *Schumann*, FG 50 Jahre BGH, 2000, S. 3 (15 f.).

[31] Vgl. BVerfG (K) NJW 1997, 726; BVerwGE 109, 115 (119).

[32] *Remmert*, in: Maunz/Dürig, Art. 103 (2016) Rn. 31; *Schulze-Fielitz*, in: Dreier III, Art. 103 I Rn. 84: Spezialität; vgl. auch *Schenke* NVwZ 2005, 729 (735 f.): bei Verstoß gegen Fairnessgrundsatz regelmäßig auch Gehörsverstoß.

[33] BVerfGE 96, 345 (365); BbgVerfG LVerfGE 8, 82 (84); NJW 2004, 3259; BerlVerfGH NJW 1999, 47; JR 2001, 363; SächsVerfGH JbSächsOVG 3, 97; ThürVerfGH DÖV 2001, 335; ThürVBl 2004, 116 (118) – dort zur Unschuldsvermutung; RhPfVerfGH NJW 2006, 3341; einschränkend HessStGH DÖV 1999, 388: Aussetzung des Verfahrens bis zur Entscheidung durch das BVerfG; probl. ThürVerfGH ThürVBl 2004, 88: Keine „Anwendung" von Bundesrecht bei unhaltbarer Gesetzesanwendung.

[34] SächsVerfGH NJW 1999, 51.

**3. Europäisches Recht.** Art. 6 I EMRK gewährleistet jedermann das Recht, dass „seine Sache 6 in billiger Weise öffentlich[35] und innerhalb einer angemessenen Frist gehört wird", umfasst damit einen allg. Justizgewährsanspruch[36] und ein Recht auf **faires Verfahren,** das ein Recht auf Gehör einschließt.[37] Diese schließen Eingriffe der Gesetzgebung in die Justiz mit dem Ziel der Beeinflussung von Verfahren,[38] aber auch judizielle Eingriffe aus.[39] Über das Recht auf faires Verfahren (Rn. 42 ff.) kann die gebotene Konkordanz zwischen GG und Art. 6 I EMRK[40] erzielt werden. Soweit das Verfahrensrecht hinter Art. 6 EMRK zurückbleibt,[41] ist dem nach Möglichkeit durch seine EMRK-konforme Anwendung Rechnung zu tragen.[42] Die Aufwertung der EMRK zu einem Auslegungskriterium für die Garantien des GG findet zusehends Niederschlag in der Rspr.[43] Art. 6 I EMRK gilt ungeachtet der Formulierung „zivilrechtliche Ansprüche" in Verfahren vor ordentl. wie vor Verwaltungsgerichten[44] und insbes. auch im Strafverfahren (→ Rn. 43, → Rn. 46).[45] Das Recht auf Gehör hatte stets die Qualität eines allg. Grundsatzes des GemeinschaftsR[46] ebenso das Recht auf faires Verfahren,[47] s. auch Art. 47 II GRCh,[48] und auf eff. gerichtl. Rechtsschutz, Art. 47 I GRCh.[49]

Rechtl. Gehör und faires Verfahren zählen zum ordre public.[50] Sie stehen der Vollstreckbarkeits- 7 erklärung von Gerichtsentscheidungen entgegen, wenn im Ausgangsstaat Gehör nicht gewährt wurde oder kein faires Verfahren stattgefunden hat.[51]

## II. Schutzbereich und Schutzgehalt

**1. Sachlicher Geltungsbereich: „vor Gericht".** Der Anspruch besteht vor **Gerichten** iSd 8 Art. 92, also **staatl.** Gerichten,[52] auch Verfassungsgerichten.[53] Er gilt für alle Verfahren[54] und Instanzen,[55] für die Kostenentscheidung nach § 97 ZPO.[56] die freiw. Gerichtsbarkeit,[57] das Vormundschaftsgericht,[58] das Gericht im Insolvenzverfahren,[59] den **Haftrichter,** generell bei Richtervorbehalt,[60]für die Berufsgerichtsbarkeit,[61] im Strafvollstreckungsverfahren (§§ 449 ff. StPO) und im Verfahren nach §§ 109 ff. StVollzG.[62] Voraussetzung ist, dass Richter i. S. d. Art. 92 tätig werden. **Rechtspfleger**

---

[35] Zum Öffentlichkeitsprinzip, Art. 6 EMRK *Morscher/Christ* EuGRZ 2010, 272 ff.; *Lipp* LPR 2011, 37.

[36] EGMR NJW 2003, 649.

[37] *Peukert* RabelsZ 63 (1999), 600.

[38] Vgl. EGMR NJW 2007, 1259; zum Recht des Angeklagten, in mündl. Verh. zu Beweisen Stellung zu nehmen, s. EGMR NJW 2009, 2873.

[39] Vgl. EGMR NJW 2007, 3409: Verletzung des Grundsatzes der Rechtssicherheit und des Rechts auf ein faires Verfahren durch Aufhebung eines rechtskräftigen Urteils gegen den Staat.

[40] Vgl. auch *Nolte/Aust* MKS III, Art. 103 Rn. 14; *Pache* NVwZ 2001, 1342 zum europ. GrundR auf fairen Prozess; BVerfGE 110, 339 (342).

[41] Für das GehörsR bleibt der Standard des Art. 103 I nicht hinter Art. 6 EMRK zurück, so dass ersterer maßgeblich bleibt, vgl. *Graßhof* HGRV, § 133, Rn. 3 f.

[42] Vgl. *Dörr* JuS 2000, 287 unter Bezug auf BVerfGE 58, 1 (34); 63, 1 (20).

[43] Vgl. z. B. BVerfG (K) NJW 2001, 3695 (3696); ThürVerfGH NJW 2001, 2708; BGHSt 45, 308; 46, 93; 46, 159; 46, 178; NJW 2001, 237; BVerwGE 110, 203 (205 ff.).

[44] Vgl. BVerwGE 110, 203 (213).

[45] Vgl. EGMR JR 2006, 89 mit Anm. *Gaede.*

[46] Vgl. zur grundlegenden Bedeutung etwa EuGH NJW 2009,1938 (1939) Ziff. 27, 37; *Schulze-Fielitz,* in: Dreier III, Art. 103 I Rn. 8.

[47] Vgl. EuGH EuZW 1999, 115; EuGH EuGRZ 2000, 44; *Pache* EuGRZ 2000, 601 (602).

[48] Vgl. BGH NJW 2016 Rn. 22; dazu *Pache* EuGRZ 2000, 601 (603); zum Geltungsbereich *Remmert,* in: Maunz/Dürig, Art. 103 (2016) Rn. 17.

[49] Näher hierzu *Calliess* NJW 2002, 3577; *Jarass* NJW 2011, 1393.

[50] EuGH, U. v. 6.9.2012 – C-619/10 –; BGH NJW 2016, 130 Rn. 22.

[51] Vgl. EuGH NJW 2000, 1853; EuGH ZIP 2000, 859 für das Adhäsionsverfahren; dort wurde dem Verteidiger eines abwesenden Angeklagten verwehrt, für diesen aufzutreten.

[52] Vgl. *Schulze-Fielitz,* in: Dreier III, Art. 103 I Rn. 16; *Nolte/Aust* MKS III, Art. 103 Rn. 17.

[53] Vgl. dazu etwa BayVerfGH NJW 1999, 2660.

[54] BVerfGE 7, 53 (56 f.); 18, 49 (51); 19, 148 (149); aus neuerer Zeit etwa BVerfGE 89, 381 (390) – Verfahren mit Untersuchungsgrundsatz; s. ferner z. B. BVerfGE 17, 139 (142 ff.) – Sicherungsverwahrung; BVerfGE 20, 347 (350) – Gewährung des Armenrechts; dazu auch BVerfG (K) NJW 2000, 1936; BVerfG 70, 180 (188 f.) – Eilverfahren.

[55] Vgl. BVerfGE 8, 89 (90); 53, 25 (289); 60, 313 (317); Abs. 1 gewährt kein Recht auf eine 2. Instanz, wohl aber auf gleichmäßigen Zugang zu einer 2. Instanz, BVerfGE 74, 228 (233 ff.).

[56] BVerfGE 60, 305 (308); BVerfG (K) B, v. 24.7.2016 – 2 BvR 1552/14 – Rn. 6.

[57] BVerfGE 19, 49 (51); 79, 51 (68); 89, 381 (390); nicht richterliche Zulassung der Grundbucheinsicht, BVerfG (K) NJW 2003, 503 (506); für Grundbuch s. OLG Bamberg MittBayNot 2015, 402.

[58] Vgl. BVerfGE 92, 138 (160 ff.) für das Verfahren über die Adoption des nichtehel. Kindes.

[59] BVerfG (K) NJW 2004, 1233.

[60] Ähnl. *Pieroth,* in: Jarass/Pieroth, Art. 103 Rn. 5; für den Haftrichter s. BVerfGE 18, 399 (404).

[61] *Schulze-Fielitz,* in: Dreier III, Art. 103 I Rn. 15.

[62] S. hierzu *Seebode* NJW 1997, 1754 (1756).

fallen nicht hierunter[63] (s. aber Rn. 47). Abs. 1 gilt auch für richterl. **Zwischenentscheidungen,** die die Rechtsstellung der Beteiligten berühren, etwa über Prozesskostenhilfe,[64] Zuständigkeit, Selbstablehnung oder einen Befangenheitsantrag, Verhängung von Ordnungshaft.[65]Für **private** (Schiedsgerichte − → Art. 101 Rn. 8 −,[66] Verbandsgerichte) und sonstige nichtgerichtl. Streitbeilegungsverfahren[67] gilt Abs. 1 ebensowenig[68] wie für kirchl. Gerichtsbarkeit.[69] Auf das **Verwaltungsverfahren** ist Abs. 1 auch nicht entspr. anzuwenden,[70] ebensowenig auf das staatsanwaltl. Ermittlungsverfahren[71] und andere förml., auch gerichtsähnl. Verfahren.[72] Anhörungsrechte folgen jedoch aus Art. 1 und dem Rechtsstaatsgebot.[73]

9 **2. Anspruchsberechtigte.** Die Anspruchsberechtigung entspricht der für Art. 101:[74] auch jur. Personen des öff. Rechts,[75] sowie Behörden, soweit beteiligtenfähig,[76] und ausl. jur. Personen (Art. 101 Rn. 4)[77] oder nicht rechtsfähige Personenvereinigungen.[78] Dies dürfte jedoch für den allg. Justizgewährungsanspruch bzw. Art. 19 IV nicht gelten.[79] Voraussetzung ist hinreichende **Beziehung zum Verfahren.**[80] Sie ist unprobl. bei förmlich Beteiligten,[81] also den Parteien im streitigen Verfahren,[82] Beschuldigten und Privatklägern[83] im Strafverfahren, sonstigen Adressaten einer gerichtl. Entscheidung, förmlich beteiligten Dritten, wie Nebenklägern, Beigeladenen[84] und Nebenintervenienten,[85] **nicht** aber Zeugen und Sachverständigen.[86] Nicht aus Abs. 1 berechtigt ist der Staatsanwalt, da − ebenso wie der Vertreter des öff. Interesses nach § 35 I VwGO nicht Partei,[87] erst recht nicht das vorlegende Gericht nach Art. 100 I.[88]

10 Über die förml. Beteiligten hinaus wird das Anhörungsrecht auf **Dritte** erstreckt, die durch das Verfahren **unmittelbar** in ihren Rechten betroffen sind,[89] wie den Rechtsnachfolger nach § 265 ZPO,[90] z. B. den Vater des Kindes im Adoptionsverfahren,[91] das **Kind** in familiengerichtl. Verfahren, für das ein **Pfleger** (Rn. 23) zur Gehörswahrung zu bestellen ist,[92] so bei gegenläufigen Rückführungsanträgen.[93] Hauptfall sind **Gestaltungsurteile,** die gegen Dritte wirken, so die Auflösungsklage des GmbH-Gesellschafters,[94] bei der den Mitgesellschaftern, und die Nachbarklage nach VwGO, bei der dem Begünstigten Gehör gewährt werden muss, ebenso dem Beschuldig-

---

[63] BVerfGE 34, 150 (151); 101, 397 (404 f.); *Nolte/Aust* MKS III, Art. 103 Rn. 16 offen gelassen durch BayVerfGH, E. v.13.2.2020 − Vf. 23-VI-18; s. auch BVerfG (K) NJW-RR 2008, 512 zu § 10 RPflG.

[64] BVerfGE 20, 280 (282).

[65] OLG Köln NJW 2008, 2865.

[66] Vgl. *Remmert,* in: Maunz/Dürig, Art. 103 (2016) Rn. 56.

[67] Vgl. hierzu *Lembcke,* NVwZ 2008, 42 (44 f.).

[68] BGHZ 85, 288; BGH NJW 1992, 2299; *Schulze-Fielitz,* in: Dreier III, Art. 103 I Rn. 17.

[69] *Nolte/Aust* MKS III, Art. 103 Rn. 19; *Schulze-Fielitz,* in: Dreier III, Art. 103 I Rn. 18; a. M. *Kunig,* in: v. Münch/Kunig II, Art. 103 Rn. 4.

[70] *Schulze-Fielitz,* in: Dreier III, Art. 103 Rn. 18; *Remmert,* in: Maunz/Dürig, Art. 103 (2016) Rn. 53; diff. *Knemeyer HStR* VIII, § 178 Rn. 63 ff. zu BVerwG NVwZ 1984, 234 f.; zu Art. 6 EMRK gegenüber EU-Organen s. EGMR EuGRZ 2000, 334; EuGH EuZW 1999, 115.

[71] Vgl. BVerfGE 27, 88 (103).

[72] Vgl. *Remmert,* in: Maunz/Dürig, Art. 103 (2016) Rn. 54; für das Patentamt BVerwGE 8, 350; für das Disziplinarverfahren BVerfGE 46, 17 (26); BVerfG (K) JZ 2005, 411 mit Anm. *Gärditz.*

[73] I. W. unstr., vgl. *Nolte/Aust* MKS III, Art. 103 Rn. 29.

[74] BVerfGE 138, 64 Rn. 53 ff.

[75] S. dazu etwa BVerfGE 61, 82 (104); 138, 64 Rn. 53; SächsVerfGH LKV 2007, 511; abl. *Lenz/Hansel,* BVerfGG, § 90 Rn. 141 ff.

[76] BVerfGE 138, 64 Rn. 54 f.

[77] *Remmert,* in: Maunz/Dürig, Art. 103 (2016) Rn. 42 ff.

[78] Für BGB-Gesellschaft ThürVerfGH ThürVBl 2005, 61.

[79] SächsVerfGH LKV 2007, 511; offen gelassen mit verneinender Tendenz bei BVerfG (K) DVBl 2007, 901 jeweils zu einer Vb der Stadt Dresden.

[80] S. hierzu etwa SächsVerfGH JbSächsOVG 6, 36.

[81] So insbes. BVerfGE 17, 356 (361); 21, 362 (373); 65, 227 (233); 75, 201 (215); *Nolte/Aust* MKS III, Art. 103 Rn. 25 f.

[82] BVerfGE 17, 356 (361); für FGG BVerfGE 18, 49 (51); 89, 381 (390).

[83] Vgl. für den Privatkläger BVerfGE 17, 188 (190); allg. für den StrafProz *Niemöller/Schuppert* AöR 107 (1982), 387 (475 ff.).

[84] Insbes. zum Beigeladenen im Verwaltungsprozess VGH BW NVwZ-RR 2000, 728.

[85] *Schulze-Fielitz,* in: Dreier III, Art. 103 I Rn. 22; vgl. auch BVerfGE 65, 227 (233); für den Nebenkläger BVerfG (K) NJW 1995, 317.

[86] Vgl. *Nolte/Aust* MKS III, Art. 103 Rn. 26, dort zu Ausnahmen: Zeugnisverweigerung − dazu bes. BVerfGE 36, 193 (203 f.); 44, 353 (376); generell erscheint die Rolle des Zeugen verfassungsrechtlich eher unterbelichtet.

[87] Ebenso *Remmert,* in: Maunz/Dürig, Art. 103 (2016) Rn. 46; *Nolte/Aust* MKS III, Art. 103 Rn. 25; für §§ 1, 33 StPO s. BGHSt 42, 46.

[88] BVerfG (K) NJW 2000, 1554.

[89] Vgl. BVerfGE 60, 7 (13); 89, 381 (390); 75, 201 (215).

[90] *Nolte/Aust* MKS III, Art. 103 Rn. 27 f.

[91] BVerfGE 92, 158 (183 f.).

[92] Vgl. BVerfGE 99, 145 (163); *Schulze-Fielitz,* in: Dreier III, Art. 103 I Rn. 20.

[93] BVerfGE 99, 145 (162) = JZ 1999, 459 (461) mit Anm. *Coester-Waltjen.*

[94] BVerfGE 60, 7 (13).

ten im Klageerzwingungsverfahren.[95] Art. 103 I begründet keine unmittelb. Klagerechte,[96] sondern fordert nur, dass Dritte am Verfahren beteiligt werden oder keine Nachteile erleiden. Der **Rechtsnachfolger** muss das Verfahren in dem Stadium übernehmen, in dem er es vorfindet, hat deshalb keine zusätzl. GehörsR.[97]

**3. Der Inhalt des Rechts auf Gehör: Information, Äußerung, Berücksichtigung – Stufen 11 der Realisation.** Gehör bedeutet zunächst, dass Gelegenheit gegeben wird, sich zum Verfahrensstoff zu äußern, um auf das Verfahren Einfluss nehmen zu können,[98] und dass das Gericht nur solche Tatsachen seiner Entscheidung zugrunde legt, zu denen die Beteiligten sich äußern konnten.[99] Das Gericht muss weiterhin deren Äußerungen zur Kenntnis nehmen und „in Erwägung ziehen".[100] Die Möglichkeit, sich zu äußern, setzt hinreich. Kenntnis von verfahrensrelev. Vorgängen voraus. Demgemäß bedeutet rechtl. Gehör das Recht auf Information, Äußerung und Berücksichtigung,[101] diese drei **Stufen der Realisation** sind also zu unterscheiden:[102] erstens **Mitteilungs- und Informationspflichten** des Gerichts,[103] zweitens die Möglichkeit, sich zum Verfahrensstoff zu **äußern;** weder darf dieses Äußerungsrecht verkürzt, noch darf wesentl. Vorbringen unzulässig ausgeschlossen werden;[104] bei der Handhabung von Normen zu Präklusion, Fristen und Zustellung ist dem Rechnung zu tragen.[105] Die Verpflichtung des Gerichts, die Ausführungen der Beteiligten zu erwägen, führt schließl. drittens zum grds. Anspruch auf **Begründung** (→ Rn. 40).

**4. Prozessgrundrecht und einfachgesetzliches Verfahrensrecht.** Das Recht auf Gehör steht **12** nicht unter Gesetzesvorbehalt, ist jedoch in besonderer Weise **gesetzesabhängig:**[106] es setzt Regeln über die Art und Weise der Ausübung voraus, bedarf der Ausgestaltung durch Prozessrecht.[107] Hierin ist es Beschränkungen zugänglich, wenn diese ihrerseits dem eff. Rechtsschutz und der Rechtssicherheit dienen.[108] Demgemäß sind die Verfahrensbeteiligten gehalten, die ihnen zumutbar eröffneten proz. Möglichkeiten auszuschöpfen, wenn sie eine Gehörsverletzung geltend machen wollen.[109] Sofern es an verfahrensrechtl. Ausgestaltung fehlt, ist Art. 103 I unmittelbar anzuwenden.[110] Die Modalitäten der Gehörsgewährung sind der Ausgestaltung durch den einfachen Gesetzgeber überlassen. Präklusionsnormen[111] sind durch das Anliegen der Verfahrenskonzentration und -beschleunigung als prozessrechtl. Ausgestaltung des Rechts auf Gehör rechtsstaatl. legitimiert, dürfen jedoch keine unzumutbare Einschränkung bewirken.[112]

Das Zumutbarkeitskriterium gilt auch für den durch Art. 2 iVm Art. 20 III bzw. durch **13** Art. 19 IV[113] garantierten Zugang zum Gericht und den eff. Rechtsschutz.[114] Rechtsschutz gegenüber **Gehörsverletzungen** durch das Gericht[115] ist ein Gebot des Rechtsstaatsprinzips iVm Art. 103 I.

---

[95] BVerfGE 17, 356 (363); *Nolte/Aust* MKS III, Art. 103 Rn. 28.

[96] Vgl. *Knemeyer* HStR VIII³, § 178 Rn. 27.

[97] BGH NJW 1981, 1517; NJW 1983, 2032; zur Begrenzung der Urteilswirkungen gegenüber Nichtparteien *Schack* NJW 1988, 1169 ff.

[98] BVerfG in st. Rspr., vgl. aus neuerer Zeit etwa BVerfGE 89, 28 (35); 101, 128 (129); *Radtke/Hagemeier* BeckOK GG, 41. Ed. Art. 103 Rn. 11.

[99] BVerfG in st. Rspr., vgl. zum Äußerungsrecht BVerfGE 1, 418 (429); 6, 12 (14); 60, 175 (210); 60, 305 (310); 64, 135 (143 f.); 65, 227 (234); 81, 123 (126); 84, 188 (190); 86, 133 (144 f.); 89, 381 (392); 101, 106 (129); zum korrespondierenden Verwertungsverbot s. BVerfGE 6, 12 (14); 24, 56 (61); 12, 110 (113); 57, 250 (274); 65, 135 (143 ff.); zu umstrittenen Tatsachen BVerfG (K) NJW 2008, 2170.

[100] BVerfG in st. Rspr., vgl. z. B. BVerfGE 11, 218 (220); 34, 344 (347); 42, 364 (367 f.); 53, 219 (223); 54, 86 (91); 59, 330 (333); 60, 250 (252); 64, 108 (114); 64, 135 (143 f.); 70, 215 (218); 81, 97 (107); 86, 133 (145).

[101] BVerfGE 107, 395 (409).

[102] *Remmert,* in: Maunz/Dürig, Art. 103 (2016) Rn. 46 ff.; *Nolte/Aust* MKS III, Art. 103 Rn. 28.

[103] Zu den Informationspflichten des Gerichts s. BVerfGE 25, 40 (43 f.); 74, 1 (5); 84, 188 (190); 86, 133 (144); 86, 280 (284); 89, 28 (36).

[104] Präklusionsnormen und ihre Handhabung bilden einen der Schwerpunkte in der Rspr., vgl. *Degenhart* HStR V³, § 115 Rn. 10, 24; grds. BVerfGE 55, 72 (90); 65, 117 (123); 75, 302 (312 f.); 81, 97 (106); *Nolte/Aust* MKS III, Art. 103 Rn. 59 ff.

[105] Vgl. für Fristen BVerfGE 44, 302 (206 f.); 50, 1 (3); 52, 203 (207); 62, 334 (336); BVerfG (K) NJW 2007, 2242 zur Anhörungsrüge; für Gesuch um Fristverlängerung BVerfG (K) BayVBl 2019, 671: für die Zustellung → Rn. 19.

[106] S. *Maurer* FS 50 Jahre BVerfG II, 2001, S. 467 (489 f.); *Schulze-Fielitz,* in: Dreier III, Art. 103 I Rn. 27.

[107] Vgl. BVerfGE 89, 28 (35); 93, 99 (107).

[108] BVerfGE 101, 106.

[109] BVerfG (K) LKV 2010, 468; OVG NRW, B. v. 28.4.2015 – 4 A 618/14 – Rn. 4; HessVGH B. v. 17.4.2015 – 6 A 215/15.Z.A – (für Asylverfahren).

[110] Vgl. für das Recht auf Gehör *Kunig,* in: v. Münch/Kunig II, Art. 103 Rn. 8.

[111] Vgl. *Nolte/Aust* MKS III, Art. 103 Rn. 60 ff.; BVerfGE 54, 117 (123); 55, 72 (90 ff.); 75, 302 (312 ff.); s. auch BAG NJW 2008, 2362.

[112] Vgl. für § 338 Nr. 1, § 222b I StPO BVerfG (K) NJW 2003, 3545.

[113] S. hierzu *Schenke* JZ 2005, 116 (122 ff.); krit. *Spiecker* NVwZ 2003, 1464; gegen diese Differenzierung auch *Voßkuhle* NJW 2003, 2193; zust. *Pache/Knauff* BayVBl 2004, 385.

[114] BVerfGE 77, 275 (284); BVerf (K) v.16.7.2019 – 2 BvR 881/17 – Rn. 13 f.

[115] BVerfGE 107, 295 (410); dazu *Schenke* JZ 2005, 116 und NVwZ 20005, 729.

**14**   **Wie** i. E. Gehör zu gewähren ist, bestimmt sich zunächst nach Maßgabe des einfachen Prozessrechts.[116] Die Verfassungsnorm ist Maßstab für das Prozessrecht[117] und Leitlinie für dessen Anwendung. Ein **Verfahrensfehler** bedeutet dann einen Verfassungsverstoß, wenn hierbei die Anforderungen des GrundR verkannt wurden.[118] Wie stets kommt es auf die Verletzung **spezifischen Verfassungsrechts** an,[119] bei tendenziell höherer Kontrolldichte.[120] Soweit Normen des ProzessR unmittelbar den Gehalt des ProzessgrundR zum Ausdruck bringen, bedeutet der Verfahrensfehler regelmäßig einen Verfassungsverstoß, so bei Präklusionsnormen.[121] Gesetzes- und Verfassungswidrigkeit können für Abs. 1 nicht mit gleicher Stringenz unterschieden werden wie für mat. GrundR:[122] wegen der Gesetzesabhängigkeit manifestiert sich der Grundrechtsverstoß idR in fehlerhafter Gesetzesanwendung.[123]

**15**   Als grundsätzlichere **Abgrenzungskriterien** werden in der Rspr. zugrunde gelegt: die **Offenkundigkeit** von Gesetzesverstößen, die das rechtl. Gehör verkürzen,[124] wenn zB bei § 296 II ZPO (aF) das Gericht sein Entscheidungsermessen nicht betätigt[125] oder einem Ablehnungsantrag einen anderen als den geltend gemachten Sachverhalt zugrunde legt.[126] Abzustellen ist auf die **Intensität** des Grundrechtsverstoßes[127] sowie vor allem ein grds. Verkennen der Bedeutung des ProzessgrundR; davon ist auch auszugehen, wenn die Gesetzesauslegung, als abstr. Rechtssatz formuliert, verfassungswidrig wäre.[128] Daher bedeutet ein Verstoß gegen § 258 StPO (letztes Wort) auch einen Verstoß gegen Art. 103 I.[129]

### III. Insbes.: Aufklärungs- und Informationspflichten des Gerichts

**16**   Der Verfahrensbeteiligte soll Einfluss auf das Verfahren nehmen können;[130] dies setzt voraus, dass er zu erkennen vermag, auf welche Aspekte es bei der Entscheidung ankommt.[131] Daher wird aus Abs. 1 die Verpflichtung des Gerichts abgeleitet, über den gesamten rel. **Verfahrensstoff** zu informieren,[132] dies auch im Eilverfahren nach § 80 V VwGO,[133] doch kann auch der Verfahrensbeteiligte gehalten sein, in zumutb. Weise Information durch das Gericht zu veranlassen.[134] Die Informationspflicht erstreckt sich idR auf den Verfahrensstoff in tatsächl. Hinsicht, bedeutet im Strafverfahren, dass das Gericht bei zunächst ungenauer Fassung der Anklageschrift baldmöglichst eindeutig über den zugrunde zu legenden genauen Tatablauf zu informieren hat.[135] Die Verwertung von Unterlagen, die nicht in die Hauptverhandlung eingeführt wurden, entgegen § 261 StPO bedeutet daher einen Gehörsverstoß.[136] Werden Maßnahmen nach § 33 StPO ohne Anhörung angeordnet, so ist im Beschwerde-

---

[116] BVerfGE 9, 89 (95 f.); 18, 399 (405); 74, 1 (5); 81, 123 (129); 89, 28 (36); 89, 381 (391); BVerfG spricht – etwa in E 9, 89 (95) – vom vorverfassungsrechtlichen Gesamtbild des Prozessrechts; näher *Degenhart* HStR IV, § 115 Rn. 10, 53; *Schulze-Fielitz,* in: Dreier III, Art. 103 I Rn. 27 ff.

[117] Vgl. z. B. BVerfGE 55, 72 (95); 74, 228 (233); BVerfG (K) NJW 2004, 1233 (1234).

[118] Vgl. BVerfGE 60, 305 (310); 75, 302 (312 ff.).

[119] Vgl. zu den damit verbundenen Abgrenzungsproblemen *Schulze-Fielitz,* in: Dreier III, Art. 103 I Rn. 30 ff.

[120] Vgl. BVerfG (K) NJW 2004, 3551; *Zuck* NJW 2005, 3753.

[121] BVerfG (K) B. v. 20.12.2018 – 1 BvR 1155/18 – Rn. 10; zum Strafverfahren *Niemöller/Schuppert* AöR 107 (1982), 387 (477); BVerfG (K) NJW 1988, 817; für den ZivilProz BVerfGE 17, 265 (268); 18, 380 (384).

[122] BVerfGE 60, 305 (310); 75, 302 (312); 89, 38 (39); probl. OLG Dresden NZV 2016, 438; Aufhebung nur, wenn Vb zum BVerfG unzw. erfolgreich.

[123] *Schmidt-Aßmann* DÖV 1987, 1029 ff.; *Schulze-Fielitz,* in: Dreier III, Art. 103 II Rn. 30 ff.; vgl. zu den unterschiedl. Maßstäben *Remmert,* in: Maunz/Dürig, Art. 103 (2016) Rn. 107.

[124] Vgl. BVerfGE 69, 126 (139); 69, 145 (149); 70, 288 (293); 75, 302 (312); 86, 133 (145); BVerfG (K) NJW 2004, 3551 (3552); *Zuck* NJW 2005, 3753 (3754); *Lerche* FS Heldrich, 2005, S. 1282 (1286 ff.); *Schulze-Fielitz,* in: Dreier III, Art. 103 I Rn. 31.

[125] BVerfGE 69, 145 (149 f.).

[126] Instruktiv BVerfG (K) NJW 2005, 3410, damit auch Entzug des gesetzl. Richters.

[127] Vgl. *Deubner* NJW 1985, 1140; BVerfGE 59, 330 (334); 60, 1 (6); 60, 177 (180); 62, 249 (254); 69, 145 (149).

[128] BVerfGE 74, 228 (233); 89, 28 (36); sog. „Schumannsche Formel", vgl. *Schumann,* Verfassungs- und Menschenrechtsbeschwerde gegen gerichtliche Entscheidungen, 1963, S. 207; *Zierlein,* in: Umbach/Clemens, GG II, Art. 103 Rn. 108 ff.

[129] OLG Celle B. v. 24.6.2915 – 2 Ss (OWi) 165/15 – Rn. 9.

[130] S. aber auch BVerfG (K) NZI 2002, 30: Schutzzweck ist nicht, Zeit zu geben, um neue Tatsachen zu schaffen.

[131] BVerfGE 84, 188 (190); 86, 133 (144).

[132] BVerfGE 50, 280 (284); 67, 90 (96); BVerfG (K) B. v. 15.8.2014 – 2 BvR 969/14 Rn. 49; B. v. 15.12.2015 – 2 BvR 3073/14 – Rn. 4; B. v. 15.7.2016 – 2 BvR 857/14 – Rn. 8; BVerfG (K) NJW 2017, 3218 Rn. 50; *Schulze-Fielitz,* in: Dreier III, Art. 103 I Rn. 34; BVerfGE 89, 28 (35 f.); zu Hinweispflichten im Patentverfahren BGH, B. v. 12.4.2011 – X ZB 1/10 –,Hinweispflichten des BVerfG *Graßhof* HGR V, § 133 Rn. 37.

[133] VGH Mannheim VBlBW 2015, 78.

[134] So für die fachkundig vertretene Partei BAG NJW 2008, 2364.

[135] BGH NJW 1998, 3788; s. auch BGHSt 48, 221 zu Hinweispflichten entspr. § 265 StPO; zur Hinweispflicht nach § 139 ZPO s. *Zuck* NJW 2005, 3753 (3754).

[136] OLG Köln NStZ-RR 2015, 385.

verfahren uneingeschr. Gehör zu verschaffen.[137] Zu einem **„Rechtsgespräch"**[138] oder Hinweis auf seine Rechtsauffassung[139] ist das Gericht grds. nicht verpflichtet, ggf. aber bei geänderter Rechtsauffassung, insbesondere veränderter Besetzung;[140] zur Überraschungsentscheidung s. Rn. 17.[141] Im Fall beabsichtigter richterl. Rechtsfortbildung dürften weitergehende Pflichten bestehen.[142] Entscheidung gegen die den Parteien gegenüber geäußerte Rechtsauffassung verstößt gegen Art. 103 I sowie das Fairnessgebot.[143] Das Berufungsgericht kann verpflichtet sein, auf seine von der Erstinstanz abw. Auffassung hinzuweisen.[144] Im **Strafverfahren** gewährt **Art. 6 III lit. a EMRK** dem Angeklagten das Recht, über die rechtl. Bewertung des ihm vorgeworfenen Sachverhalts genau und vollständig informiert zu werden, als Voraussetzung einer wirks. Verteidigung und damit eines fairen Verfahrens.[145] Dies gilt auch für ein grundgesetzl. Fairnessgebot. Die **Fürsorgepflichten** des Gerichts nach § 139 ZPO sind kein unmittelb. Gebot des Abs. 1,[146] der jedoch im Einzelfall erfordern kann, Beteiligte auf grobe Interessenwidrigkeit eines Antrags hinzuweisen.[147] Darauf, dass eine Berufung beim unzust. Gericht eingelegt wurde, braucht jedoch nicht hingewiesen zu werden,[148] wohl aber auf unklare oder unvollst. Angaben in einem Wiedereinsetzungsantrag.[149] Will das Gericht die Berufungszulassung ablehnen, hat es zu den maßgebl. Gründen Gehör zu gewähren,[150] auch bei Zurückweisung gem. § 522 ZPO,[151] ua dann, wenn zunächst Termin zur mündl. Verhandlung bestimmt wurde; das Gericht hat hier auf seine geänderte Einschätzung hinzuweisen.[152] Zurückweisung ohne nachweisl. Zugang des Hinweises nach § 522 II 2 ZPO verstößt gegen Art. 103 I.[153]

Die **Überraschungsentscheidung** kann gegen Art. 103 I verstoßen Dies ist jedoch nicht der Fall, wenn die **17** maßgebl. rechtl. Aspekte bereits im Vortrag der Partei angesprochen[154] oder kontrovers erörtert wurden,[155] nicht bei rechtl. Hinweis in der mündl. Verh.,[156] wohl aber, wenn das Gericht sich auf Erwägungen stützt, mit denen der gewissenhafte und kundige Beteiligte auch unter Berücks. der Vielfalt mögl. Rechtsauffassungen nach dem Prozessverlauf nicht zu rechnen braucht.[157] Dies kann bei Verletzung der Hinweispflicht nach § 139 II 2 ZOP der Fall sein,[158] auch bei überraschender Anhebung des Streitwerts um das 50fache,[159] unterlass. Hinweis auf Zweifel an der Prozessfähigkeit.[160] Auf zusätzl. **Substantiierungsanforderungen** muss grds. hingewiesen werden,[161] ebenso darauf, dass das Berufungsgericht der **Beweiswürdigung** des Erstrichters nicht folgen will.[162] Ein Gehörsverstoß kann auch darin liegen, dass aus einem unstr. Sachverhalt überrasch. Schlussfolgerungen gezogen werden.[163] Ohne erneute Vernehmung eines **Zeugen** darf eine Zeugenaussage durch das Berufungsgericht nicht abw.

---

[137] BVerfG (K) B v. 15.7.2016 – 2 BvR 857/14 – Rn. 9.

[138] BVerfGE 31, 364 (379); 66, 116 (147); 74, 1 (5); 86, 133 (145); 98, 218 (263); BVerfG (K) NJW 2003, 1726; *Schulze-Fielitz,* in: Dreier III, Art. 103 I Rn. 37; zum arbeitsgerichtlichen Verfahren BAG NJW 2005, 2638.

[139] BVerfG 66, 116 (147); 74, 1 (5); SächsVerfGH NVwZ-RR 2002, 150; für die Beweiswürdigung s. BSG NJW 2000, 3590 (3591); *Remmert,* in: Maunz/Dürig, Art. 103 (2016) Rn. 82.

[140] OLG Köln, U. v. 30.7.2014 – I 17 U 62/13 – Rn. 19 ff.

[141] Grds. BVerfGE 84, 188 (190); 86, 133 (144 f.); 98, 218 (263); 108, 282 (338 f.); 108, 341 (345 f.); vgl. auch BVerfG (K) NVwZ 2003, 341: Vertrauen auf eindeutige Rspr. eines obersten Bundesgerichts; *Schulze-Fielitz,* in: Dreier III, Art. 103 I Rn. 46.

[142] *Schulze-Fielitz,* in: Dreier III, Art. 103 I Rn. 37.

[143] BVerfG (K) NVwZ-Beilage 9/1995, 65.

[144] BVerfG (K) NJW 2018, 3218 Rn. 52; BGH MDR 2016, 414.

[145] EGMR NJW 1999, 3543; s. auch EGMR NJW 2003, 1229.

[146] Vgl. BVerfG (K) NJW 1994, 848 (849); *Schulze-Fielitz,* in: Dreier III, Art. 103 I Rn. 43.

[147] Vgl. BVerfG (K) NJW 1993, 1699 für Rechtspfleger in der ZV; vgl BVerfGE 75, 302 (318): grds. keine Verpflichtung zur Belehrung über Folgen einer Fristversäumung jedenfalls bei anwaltlich vertretener Partei.

[148] BVerfG (K) NJW 2001, 1343 (zum Recht auf faires Verfahren).

[149] BGH NJW 2014, 77; OLG Bamberg, U. v. 18.8.2016 – 1 U 24/16 –.

[150] BVerfG (K) BayVBl 2006, 600 für § 124 VwGO.

[151] Zu den Anforderungen iFd § 522 ZPO BVerfG (K) NJW 2009, 572, dort auf eff. Rechtsschutz abstellend; BVerfG (K) NJW-RR 2014, 1431; BbgVerfGH B. v.30.11.2018 – 46/17 – Rn. 20 f.; dort auch zum gesetzl. Richter.

[152] BVerfG (K) NJW-RR 2006, 1654.

[153] BVerfG (K) B. v. 26.2.2019 – 1 BvR 1264/17 –, dot auch zu Substantiierungsanforderungen.

[154] BVerfGE 88, 133 (145); s. auch BVerfG (K) NJW 2002, 2940: Verstreichenlassen der Berufungsfrist ohne Ankündigung einer Stellungnahme.

[155] BayVGH BayVBl 2016, 32.

[156] BFH, B. v. 25.10.2019 – X B 68/19 –.

[157] BVerfGE 86, 133 (144 f.); 108, 341 (345 f.); vgl. z. B. BVerfG (K) NJW 2002, 1334; NJW 2003, 1726; NJW 2007, 3771 (3773); BVerfG (K) NZM 2018, 440 Rn, 16; BVerwG NVwZ-RR 2000, 396; BGH JR 1999, 423; BSG NJW 2000, 3590; BerlVerfGH JR 1999, 234; JR 2005, 233; ThürVerfGH NJW 2003, 740; BerlVerfGH JR 2006, 418 – mit zutr. Kritik im Sondervotum –; s. auch *Schulze-Fielitz,* in: Dreier III, Art. 103 I Rn. 46; *Nolte/Aust* MKS III, Art. 103 Rn. 50; zum Asylverfahren s. *Höfling/Rixen* AöR 125 (2000), 613 (619).

[158] BVerfG (K) B. v. 6.5.2019 – 2 BvR 142/16 –: Berufungsentscheidung aufgrund abw. Vertragsauslegung ohne Hinweis nach § 139 ZPO; dazu auch BAG, B. v. 28.8.2019 – 5 AZN 381/19 – Rn. 5; BerlVerfGH, B. v. 28.9.2016 – 135/15 –.

[159] BVerfG (K) AnwBl 2016, 933.

[160] VerfGH BW VBlBW 2018, 369.

[161] Zu Anforderungen an den Sachvortrag s. grds. BVerfGE 84, 188 (190).

[162] BVerfG (K) NJW 2003, 2524.

[163] BFH. v. 2.8.2016 – X B 10/16 – Rn. 14, 17.

beurteilt werden.[164] Dagegen bedeutet es keine Überraschungsentscheidung, wenn ein Gericht den Streitstoff im Klageverfahren anders beurteilt als im vorausgegangen Eilverfahren.[165] Den Beteiligten zur Kenntnis zu bringen sind insbes. **beigezogene** Gerichtsakten[166] und Sachverständigengutachten aus anderen Verfahren, auf die das Gericht sich stützt,[167] ebenso von Amts wegen eingeführte Tatsachen und Beweismittel,[168] etwa bei erlaubter **Abwesenheit** des Betroff., ohne dass dieser hiervon Kenntnis hat.[169] Dass das Gericht seiner Entscheidung nur solche Tatsachen – einschließl. **Behördenauskünften** – zugrunde legen darf, zu denen die Beteiligten sich äußern konnten, gilt auch im Verfahren des **einstweiligen** Rechtsschutzes.[170] Soweit dies für eff. Rechtsschutz unabdingbar ist, dürfte auch eine Entscheidung ohne vorherige Anhörung der Gegenseite zulässig sein.[171] Legt das Gericht seiner Entscheidung ungeprüft ein **Sachverständigengutachten** zugrunde,[172] das wesentl. Befundtatsachen nicht offenlegt, so kann hierin ein Verstoß gegen das Fairnessgebot liegen;[173] systematisch vorzugswürdig erschiene die Anknüpfung im Recht auf Gehör. Hiergegen wird verstoßen durch unkrit. Übernahme von Sachverständigengutachten, wenn Privatgutachten zu deutlich anderen Ergebnissen gelangen; die Entscheidungsgründe müssen erkennen lassen, dass das Gericht sich mit den konträren Aussagen auseinandergesetzt hat.[174] Ist im Verfahren ausländ. Recht anzuwenden, müssen die Gerichte dies vollständig ermitteln, um den Parteien die Äußerung hierzu zu ermöglichen.[175]

18  Zu informieren ist weiterhin über das wesentl. **prozessuale** Geschehen und die vom Gericht beabsichtigte Verfahrensweise,[176] so z. B. über die **Selbstablehnung** eines Richters,[177] über die Mitwirkung miteinander verheirateter Richter an einer Entscheidung,[178] über Änderungen in der Besetzung[179] oder über Wiedereinsetzungsbeschlüsse,[180] über einen Antrag der Gegenseite auf Schriftsatznachlass,[181] im StrafProz über Beschwerden anderer Verfahrensbeteiligter, wenn sich die Entscheidung nachteilig für den Angeklagten auswirken kann,[182] über die Beauftragung eines Gutachters durch Beschluss zur Prüfung der **Betreuungsbedürftigkeit**.[183] Auch Absprachen oder Verständigungen zwischen dem Gericht und einem Verfahrensbeteiligten können eine Information der anderen Beteiligten durch das Gericht erforderlich machen.[184] Im Fall des § 159 FamFG fordert Art. 103 I Dokumentation der Anhörung, verleiht aber den Eltern kein Recht auf simultane Videoübertragung.[185] Ein verfassungsrechtl. garant. Recht auf **Akteneinsicht**[186] beschränkt sich auf die tatsächlich vorliegenden Akten, erfordert nicht die Beiziehung zusätzl. Akten,[187] erstreckt sich aber auf dem Gericht vorlieg. Stellungnahmen der Gegenseite.[188] Verstöße gegen § 147 StPO sind damit in aller Regel auch Verstöße gegen Art. 103 I;[189] dies kann auch der Fall sein bei verweigerter Akteneinsicht im Bußgeldverfahren.[190] Dass hiernach Akteneinsicht nur dem Verteidiger, nicht dem Beschuldigten

---

[164] BVerfGK 18, 58.

[165] VGH Kassel NVwZ-RR 2006, 364.

[166] BVerfG (K) NJW 1994, 1210.

[167] BGH NJW 1991, 2824 (2825), dies gilt generell für Tatsachenfeststellungen aus anderen Verfahren; für Sachverständigengutachten auch BVerwG, B. v. 1.4.2011 – 2 B 84/10 – für gerichtskundige Tatsachen BVerfGE 10, 177 (192 f.).

[168] BVerfG (K) NJW 1991, 2757; s. auch für als offenkundig behandelte Tatsachen BVerfGE 48, 206 (209).

[169] Vgl. für das OWi-Verfahren OLG Hamm NJW 1996, 534 und OLG Köln, NJW 1996, 535; vgl. ferner BayObLG NJW 1995, 2800 zur Verwertung von Zentralregisterauszügen; BVerwG NVwZ 1996, 1102 für das vereinfachte Berufungsverfahren nach § 130a VwGO.

[170] BerlVerfGH JR 1997, 189.

[171] *Höfling/Burkiczak* in: Friauf/Höfling, Art. 103 (2009) Rn. 87.

[172] Vgl. zur Beweiswürdigung insoweit *Zuck* NJW 2010, 622 ff.

[173] Vgl. BVerfGE 91, 176 (181 f.); BVerfG (K) NJW 1997, 1909; zu Art. 103 I im Mieterhöhungsprozess s. aber BVerfG (K) NJW 1997, 311.

[174] BGH NJW-RR 2019, 841; s. auch BVerfG (K) NJW 1997, 122: BVerfG (K) ArztR 2012, 228; BGH B. v. 1.7.2014 – VI ZR 219/13 – Rn. 2.

[175] OLG Frankfurt a. M., U. v. 12.6.2019 – 19 U 67/18 –; BGH NJW 2014, 1244.

[176] BVerwG NVwZ-RR 1999, 537; BVerfG (K) NJW 2004, 1233 (1234) für die beabsichtigte Eröffnung des (Verbraucher-)Insolvenzverfahrens; für Änderung einer Entscheidung BVerfG (K) NJW 2018, 1077.

[177] BVerfGE 89, 28 (36): kein innerdienstlicher Vorgang; s. aber BVerfG (K) NJW 1998, 369 (370).

[178] OLG Thüringen B. v. 15.8.2016 – 1 Ws 305/16 –.

[179] BVerfG (K) B. v. 22.10.2015 – BvR 2396/14 –.

[180] BVerfGE 62, 320 (322); allg. für prozessleitende Verfügungen BVerfGE 64, 203 (207).

[181] BVerfG (K) B v. 14.12.2015 – 2 BvR 3073/14 – Rn. 4.

[182] Vgl. *Niemöller/Schuppert* AöR 107 (1982), 387 (477), m. w. Nw.; der Verstoß gegen § 308 StPO bedeutet damit regelmäßig einen Verfassungsverstoß, BVerfGE 4, 190 (192); 17, 197 (198).

[183] BVerfGK 18, 283 (288 f.).

[184] Vgl. BGHSt 42, 46 (49).

[185] BVerfG (K) NJW 2019, 2532.

[186] Vgl. KG NStZ-RR 2016, 52; *Nolte/Aust* MKS III, Art. 103 Rn. 32 ff.; *Schulze-Fielitz*, in: Dreier III, Art. 103 I Rn. 41 ff.; *Seebode* NJW 1997, 1754 (1756); für den VerwProz BayVGH NVwZ 1999, 889; BVerfGE 101, 106; für den StrafProz s. BVerfG (K) NJW 2006, 1048.

[187] BVerfGE 63, 45 (59 f.), dort zur Beiziehung von Spurenakten; vgl. auch BVerfGE 18, 399 (495); BVerfG (K) NJW 1988, 405; BFH, B. v. 15.5.2019 – IX B 105/18 –; s. auch BVerfG (K) NJW 1996, 2222 (2223): Keine Beeinträchtigung durch Aktenversendungspauschale.

[188] BVerfG (K), NJW 2018, 1077Rn. 14.

[189] Vgl. *Kunig*, in: v. Münch/Kunig II, Art. 103 Rn. 15 – „Akteneinsicht", unter Bezugnahme auf BVerfGE 18, 399 (405); zur Akteneinsicht vgl. ferner BVerfG (K) NJW 2018, 1077; *Remmert*, in: Maunz/Dürig, Art. 103 (2016) Rn. 87; *Schulze-Fielitz*, in: Dreier III, Art. 103 I Rn. 41 f.; für das OWi-Verfahren VerfGH Saarbrücken NZV 2018, 275 Rn. 27, der das Recht auf Akteneinsicht aus dem Fairnessgebot, dem Gebot der Waffengleichheit – als Gleichheit im Wissensstand – und dem GehörsR ableitet.

[190] OLG Celle StRR 2016 Nr. 8, 18–19.

selbst gewährt wird,[191] steht teils im Widerspruch zur Rspr. des EGMR.[192] Generell zählen zum relevanten Verfahrensstoff die **Schriftsätze** der Beteiligten, die daher der jeweiligen **Gegenseite** bekanntgegeben werden müssen, einschließl. der Anlagen hierzu.[193] Im **Verwaltungsprozess** ist Akteneinsicht bzw. Aktenvorlage eine Frage des Art. 19 IV.[194] **Geheimhaltungsinteressen,** wie der verfassungsrechtl. Schutz von Betriebsgeheimnissen können Einschränkungen des Rechts auf Gehör durch Beweisgewinnung in camera rechtfertigen,[195] nicht allerdings im StrafProz.[196] Hier wirken Geheimhaltungsbedürfnisse „in dubio pro reo".[197] Erkenntnismittel im Asylverfahren sind so einzubringen, dass die Beteiligten sich dazu äußern können.[198]

Der Realisierungsstufe gerichtlicher Informationspflichten – unter „informationsgerechter Hand- **19** habung" des Prozessrechts[199] ist die **Zustellung** zuzuordnen.[200]

Fehlerhafte Zustellung der Verteidigungsanzeige nach §§ 697 II, 276 entgegen § 172 I 1 ZPO verletzt das Recht auf Gehör, wenn damit Äußerungsmöglichkeiten zur Gänze abgeschnitten werden.[201] Probl. sind Formen der Zustellung, bei denen tatsächl. Kenntnisnahme nicht gewährleistet ist, wie Ersatz- oder öff. Zustellung.[202] Sie können zur Verfahrensabwicklung- und beschleunigung gerechtfertigt sein, doch ist Effektivität rechtl. Gehörs zu wahren. Daher hat das Gericht substantiierten Einwänden gegen die Richtigkeit der Postzustellungsurkunde nachzugehen, insbes. dann, wenn davon wie beim Strafbefehl der Zugang zum Gericht abhängt.[203] **Öffentliche** Zustellung kann dann gegen Abs. 1 verstoßen, wenn eine andere Form ohne Weiteres möglich gewesen wäre.[204] Zustellung an den Verteidiger reicht aus.[205] Wird eine gerichtl. Mitteilung formlos übersandt, trägt der Bürger weder Risiko noch Beweislast;[206] das Gericht trägt auch die Beweislast für Zugang der Ladung bei Zustellung an Anwalt.[207]

## IV. Insbes.: Recht auf Gehör als Recht auf Äußerung

Entspr. dem Schutzzweck des Abs. 1, wirks. Wahrnehmung der Rechte der Beteiligten durch **20** Einwirkung auf das Verfahren, ist grds. **vorheriges Gehör** zu gewähren,[208] sofern nicht andernfalls der Verfahrenszweck vereitelt würde;[209] dies gilt auch im verwaltungsgerichtl. Eilverfahren.[210] Gehör ist dann jedoch unverzüglich nachzuholen.[211] Zum Erlass einer einstw. Verfügung ohne mdl. Verh. (§ 937 II ZPO) hat das Gericht grds. einen weiten Wertungsrahmen; im **Äußerungsrecht** verletzt der Erlass ohne vorh. Anhörung des Antragsgegners dessen Recht auf Gehör und proz. Waffengleichheit.[212]

**Einzelfälle:** Es bedeutet einen Gehörsverstoß, wenn im Kartellzivilverfahren unter Geltung der Dispositionsmaxime **21** das Gericht einen Sachverhalt zugrundlegt, der von keinem Beteiligten vorgetragen wurde.[213] Abs. 1 ist jedenfalls dann verletzt, wenn eine E. ergeht, ohne dass dem Betroffenen überhaupt Gelegenheit zur Äußerung gegeben

---

[191] *Nolte/Aust* MKS III, Art. 103 Rn. 35; BVerfGE 53, 207 (214); zum AkteneinsichtsR des inhaftierten Beschuldigten *Nolte/Aust* ebenda Rn. 35; BVerfG (K) NJW 1994, 3219 (3220).

[192] EGMR NStZ 1998, 429; probl. LG Mainz NJW 1999, 1271; s. *Nolte/Aust* MKS III, Art. 103 Rn. 34; *Schmahl,* in: Hofmann/Henneke, Art. 103 Rn. 24.

[193] BVerfGE 49, 325 (328); 50, 82 (84); 55, 95 (99); BVerfG (K) B. v. 15.11.2010 – 2 BvR 1183/09 –.

[194] BVerfGE 101, 106 (124 ff.); zu § 99 VwGO s. BVerwG DVBl 2006, 1245; zu § 138 II TKG BVerwG NVwZ 2014, 790; ferner BVerfG (K), B. v. 15.11.2010 – 2 BvR 1183/09 – dazu *Oster* DÖV 2004, 916; *Remmert,* in: Maunz/Dürig, Art. 103 (2016) Rn. 88.

[195] Zum StrafProz, BVerfGE 57, 280 (288); BVerfGE 101, 106 (129 f.); zum in camera-Verfahren s. Graßhof HGRV, § 133 Rn. 76 ff.

[196] BVerfG (K) NSt-RR 2013, 379; s. auch EGMR NJW 2002, 2013; BVerfGK 10, 7 (10).

[197] BVerfGE 101, 106 (130); BVerfG (K) NJW 2006, 1048.

[198] BayVGH E. v.15.7.2017 – 10 ZB 19.32520 –.

[199] Vgl. *Schulze-Fielitz,* in: Dreier III, Art. 103 I Rn. 38 ff.

[200] BVerfGE 67, 208 (211); zu Bekanntgabe und Zustellung *Schulze-Fielitz,* in: Dreier III, Art. 103 I Rn. 38 ff.; *Remmert,* in: Maunz/Dürig, Art. 103 (2016) Rn. 86; zu unzul. Zugangsvermutung BVerfG (K) NJW 1991, 2757; NJW 2019, 1433; zur Zustellung im Ausland BVerwG NVwG 2009, 115 (119).

[201] BVerfG (K) B. v. 16.7.2016 – 2 BvR 1614/14 – Rn. 11 ff., 21 ff.

[202] Zur Ersatzzustellung insbes. BVerfGE 25, 158 (165); 26, 315 (318); 67, 208 (212); zur Form der Anörung BVerfGE 81, 123 (126 ff.); zur öff. Zustellung BGHZ 153, 189; *Gaul* JZ 2003, 1088 (1091); ThürVerfGH DVBl 2001, 560.

[203] BayVerfGH BayVBl 2008, 140.

[204] BVerfG (K) NJW 1988, 2361; BGHZ 118, 45 (47 f.); *Schulze-Fielitz,* in: Dreier III, Art. 103 Rn. 40.

[205] BVerfG (K) NJW 2002, 1640.

[206] BVerfG (K) NJW 2013, 2658.

[207] BVerwG NJW 2015, 3386.

[208] BVerfGE 9, 89 (96); 57, 346 (359); 83, 24 (35); *Remmert,* in: Maunz/Dürig, Art. 103 (2016) Rn. 74; *Nolte/Aust* MKS III, Art. 103 Rn. 46; *Schulze-Fielitz,* in: Dreier III, Art. 103 I Rn. 48 ff.

[209] Vgl. z. B. für Beschlagnahmeanordnungen BVerfGE 7, 346 (350); 49, 329 (342) – Vereitelungsfälle, auch hier aber Verzicht auf Vorherigkeit nur iRd Erforderlichen; für die Durchsuchungsanordnung BVerfGE 57, 346 (358).

[210] OVG NRW NVwZ-RR 1997, 759 für Baunachbarstreit; BVerfG (K) EuGRZ 1997, 502 für § 80 VIII VwGO im sog. „Flughafenverfahren" zu Abschiebungshindernissen.

[211] Vgl. *Schulze-Fielitz,* in: Dreier III, Art. 103 I Rn. 50.

[212] BVerfG (K) NJW 2018, 3631 Rn. 20 ff. – insbes. wenn kein Abmahnverfahren vorangegangen ist; dazu *Vollkommer,* MDR 2019, 965.

[213] BGH NZKart 2019, 490.

wurde,[214] sei es, dass z. B. keine Möglichkeit einer Kenntnisn. vom Aufruf zur Sache bestand,[215] dass nicht ausgeschl. werden kann, dass die Partei ohne Verschulden keine Kenntnis von der Terminsbestimmung erhalten, das Gericht gleichwohl die mündl. Verh. durchgeführt hat[216] oder aber i. f. d. § 130a VwGO keinen angemessenen Äußerungszeitraum abwartet,[217] sei es, dass der Aufruf zur Sache nicht ordnungsgemäß erfolgte,[218] oder bei geringfügiger Verspätung die mündl. Verh. geschlossen wurde,[219] sei es, dass trotz berechtigter Gründe eine **Terminsverschiebung** nicht vorgenommen wurde,[220] so bei kurzfristiger Erkrankung des Prozessbevollmächtigten[221] oder bei Terminkollision.[222] In diesem Fall liegt ein Gehörsverstoß auch vor, wenn in Abwesenheit des Bevollmächtigten verhandelt wird.[223] Daher ist die E. über einen **Wiedereinsetzungsantrag** ohne vorherige Anhörung der Gegenpartei verfassungswidrig,[224] ebenso bei einem Verweisungsantrag[225] oder E. über Gehörsrüge bei neuem Vorbringen.[226] Hier folgt der Anspruch auf Anhörung **unmittelbar** aus Abs. 1. Auch die sehr kurzfristige Aufhebung einer Terminsaufhebung kann einen Gehörsverstoß bedeuten.[227] Erst recht liegt ein Gehörsverstoß vor, wenn die Ladung zur mündl. Verh. (§ 102 VwGO) unterblieben ist.[228]

**22**     Für die **Modalitäten** der Gehörsgewährung ist eine bestimmte Form nicht geboten, sie sind Sache des einf. Gesetzgebers. Insbes. folgt aus Abs. 1 kein verfassungsrechtl. Anspruch auf **Mündlichkeit,**[229] so bei Verwerfung der Revision nach § 349StPO; hierin liegt auch kein Verstoß gegen Fairness und proz. Waffengleichheit.[230] Mündlichkeit ist jedoch geboten, wenn sie durch die in der Sache betroff. Rechte bedingt ist,[231] sie kann auch aus dem Öffentlichkeitsgrundsatz des Art. 6 I EMRK folgen.[232] Sieht das Gesetz mündl. Verh. als Regelfall vor, so wird Art. 103 I verletzt, wenn dies gesetzwidrig nicht beachtet wird,[233] etwa der Kläger nicht wirksam darauf verzichtet hat[234] oder im Fall des § 495a S. 2 ZPO.[235] Im StrafProz ist demgemäß die Verh. in Abwesenh. des Angeklagten nur in engen Grenzen zul.; dies kann auch der Auslieferung eines in absentia Verurteilten nach IRG entgegenstehen.[236] Im Berufungsverfahren kann i. F. d. § 130a VwGO, wenn das erstinstanzl. Verfahren fehlerhaft war, auf die mündl. Verh. nicht verzichtet werden.[237] Die Absicht, im schriftl. Verfahren zu entscheiden, ist den Verfahrensbeteiligten rechtzeitig mitzuteilen.[238] **Unmittelbarkeit** der Anhörung ist geboten;[239] dem genügt Vermittlung durch Behörden (Polizei) idR nicht.[240] Zu berücksichtigen ist auch die Schwere eines zur Überprüfung gestellten Grundrechtseingriffs.[241] Verletzung der Anhö

---

[214] *Schulze-Fielitz,* in: Dreier III, Art. 103 I Rn. 59; *Degenhart HStR* V, § 115 Rn. 35.

[215] Vgl. BVerwGE 72, 28.

[216] Vgl. BVerwG NVwZ-RR 1995, 534.

[217] BVerwG NVwZ 2005, 466.

[218] Vgl. BVerfGE 42, 364 (370 ff.); BVerwGE 72, 28 (30 ff.).

[219] BVerwG NVwZ 1989, 858; zur notwendigen Wartezeit BerlVerfGH JR 2002, 11 (auch erheblich über 15 Minuten) sowie BerlVerfGH NJW 2004, 1158.

[220] BFH. v. 2.8.2016 – X B 10/16 – Rn. 11; BayVGH BayVBl 2014, 765.

[221] Nds OVG B. v. 20.4.2011 – 11 LA 57/11 –.

[222] BFH, B. v. 18.4.2011 – VIII B 140/10.

[223] VGH BW NVwZ 2000, 213.

[224] Vgl. BVerwG NJW 1992, 2042 – mündl. Verh. in Abwesenheit des Betroffenen; BVerwG NJW 1984, 882 – kurzfristige Erkrankung des Prozessbevollm.; s. aber auch BVerfGE 14, 195 (196) zu Terminverschiebung wegen Urlaubs; BVerwG NJW 1992, 2042 für Erkrankung einer Partei.

[225] BVerfGE 61, 37 (41); zu Abs. 1 als unmittelb. Anspruchsgrundlage ferner BVerfG 9, 89 (96 f.); 24, 56 (62); 60, 7 (14); OVG Saarl NVwZ 1998, 645 zu § 6 I VwGO; OLG Hamm, B. v. 16.8.2019 – I 32 SA 50/19 –.

[226] BVerfG (K) B. v. 27.11.2019 – 1 BvR 1716/19 – Rn. 7 ff.

[227] Vgl. SächsOVG NVwZ-RR 2004, 4.

[228] BayVerfGH BayVBl 2007, 527.

[229] *Remmert,* Maunz/Dürig, Art. 103 (2016) Rn. 65 f.; BVerfGE 9, 89 (95 ff.); 60, 1 (5); 74, 1 (5); 81, 123 (129 f.); 89, 28 (36); 89, 381 (391); 112, 185 (202 f.); BVerfG (K) NJW 2005, 1485; NJW 2014, 2563; für Entscheidung ohne mündl Verh. BVerwG NVwZ-RR 1996, 477; NVwZ-RR 1999, 537; NVwZ-RR 2004, 77; NVwZ 2005, 466; StGH Bad-Württ. Justiz 2015, 175; BerlVerfGH JR 1998, 232: Recht auf Gehör grds. gewahrt bei anw. Anwalt; OVG Hamb NVwZ-RR 2001, 408; dagegen für Art. 6 I EMRK BVerwGE 110, 203 (für Normenkontrollverfahren); *Degenhart HStR* V³, § 115 Rn. 36; *Wohlers* JZ 2011, 78 (79 f.); zur Mündlichk. im sozialgericht. Verfahren *Rieker,* NZS 2020, 71.

[230] BVerfG (K) NJW 2014, 2563 Rn. 8 f.; s. auch BGH wistra 2016, 452; BGH NStZ 2016, 179.

[231] Vgl. für Gewissensentscheidung des Kriegsdienstverweigerers BVerwGE 77, 157 (159); 81, 229 (241); für Feststellung der Prozessfähigkeit BSG NJW 1994, 215.

[232] Vgl. *Nolte/Aust* MKS III, Art. 103 Rn. 44.

[233] BVerfG (K) NJW-RR 2017, 690 Rn. 7; BFHE 166, 415 (416 f.); BVerwG NVwZ-RR 2004, 77; *Schulze-Fielitz,* in: Dreier III, Art. 103 I Rn. 51.

[234] BFH NJW 1996, 1496; s. auch BFH, U. v. 20.6.2013 – VI B 115/15 –: Übertragung an Einzelrichter, obwohl Kläger diesen Fall vom Verzicht ausgenommen hat; BFH, B. v. 3.8.2015 III B 154/14 – zur Reichweite des Verzichts.

[235] BVerfGK 19, 377 (381 f.); BVerfG (K) – B. v. 8.6.2018 – 1 BvR 896/17 –.

[236] BVerfGE 140, 317 Rn. 99 ff. für Italien; *Nolte/Aust* MKS III, Art. 103 Rn. 35.

[237] BVerwG NVwZ 2015, 1299.

[238] BVerfG (K) NJW-RR 2008, 562; BFH, B. v. 6.6.2016 – III B 92/15 – für § 94a.1 FGO.

[239] Vgl. BVerfG (K) FamRZ 2015, 1688 für Betreuungsverfahren.

[240] Vgl. BVerfGE 83, 24 (36): Aussage vor Polizei genügt Abs. 1 allenfalls dann, wenn bekannt ist, dass sie für das Gericht bestimmt ist.

[241] BVerfG (K) NJW 2004, 1519 (für Art. 13 GG).

rungspflicht vor Anordnung der Unterbringung nach § 322 iVm § 283 III FamFG verstößt gegen Art. 103 I.[242] Wird Gehör in schriftl. Form gewährt, hat das Gericht sich zu vergewissern, dass übersandte Schriftstücke in Besitz der Partei gelangt sind.[243] Das Recht auf Äußerung umfasst gem. Art. 5 I 1 auch „starke, eindringliche Ausdrücke, ... um die eigene Rechtsposition zu unterstreichen".[244]

Verschaffung des Gehörs durch einen Anwalt reicht idR aus, so dass mit der Wahrnehmung des **23** ÄußerungsrR durch diesen dem der Partei genügt ist,[245] diese sich unzureich. Wahrnehmung zurechnen lassen muss.[246] Umgekehrt wird die Zuziehung eines **Anwalts** grds. nicht zum Inhalt des Gehörs nach Abs. 1 gezählt.[247] In familienrechtl. Streitigkeiten, in denen es um das **Kindeswohl** geht (Sorgerecht, Aufenthaltsbestimmung) kann das Gericht nach Art. 103 I iVm Art. 6 II gehalten sein, einen Pfleger zu bestellen.[248] Im Betreuungsverf. fordert Art. 103 I die Beteiligung eines Verfahrenspflegers bei Anhörung des Betroffenen.[249] Im Strafprozess wird das Recht auf **Verteidigerbeistand** aus der rechtsstaatl. Garantie wirks. Verteidigung abgeleitet.[250] Vorzugswürdig wäre Rückgriff auf den thematisch einschlägigen und spezielleren Art. 103 I (Rn. 4).[251] I. Ü. gilt hierfür Art. 6 III lit. c EMRK:[252] Recht auf Verteidigerbeistand bereits bei der ersten Vernehmung des Beschuldigten.[253] Umgekehrt bedeutet **Anwaltszwang** eine gesetzl. Ausgestaltung des Rechts auf Gehör und ist verfassungsrechtl. grds. unbedenkl.[254]

**Prozesskostenhilfe** als vorrangig rechtsstaatl. Verfahrenspostulat soll proz. Waffengleichheit si- **24** chern und der „armen" Partei gleichen Zugang zum Gericht ermöglichen.[255] Verfassungsrechtl. Standort ist die Rechtsschutzgleichheit aus Art. 3 I iVm Art. 20 III GG[256] sowie Art. 6 I EMRK,[257] für den VerwProz Art. 19 IV.[258] – Zu Kostenfragen als Aspekt des Justizgewährungsanspruchs s. Rn. 49.

Der Stufe der Äußerungsrechte sind **sprachliche Verständigungsschwierigkeiten** zu behan- **25** deln,[259] die das BVerfG jedoch überwiegend dem allgemeineren Fairnessgebot zuordnet.[260] Ein Recht auf Beiordnung eines Dolmetschers folgt unmittelbar aus Art. 6 III lit. e EMRK.[261] Lehnt das Gericht die Verwertung einer fremdsprachigen Urkunde nur wegen fehlender deutscher Übersetzung ab, verletzt es das rechtliche Gehör.[262] Eine Rechtsmittelbelehrung muss in einer für den Beteiligten verständl. Sprache abgefasst sein, andernfalls darf er nicht anders behandelt werden, als wenn die

---

[242] BVerfG (K) NJW 2018, 2186 Rn. 15 ff.

[243] BVerfG (K) EuGRZ 2006, 306.

[244] BVerfG (K) B. v. 8.11.2016 – 1 BvR 988/15 – Rn. 6 unter Verweis auf BVerfGE 76, 171 (192) sowie BVerfG (K) B. v. 28.9.2015 – 1 BvR 3217/14 –.

[245] BVerfGE 81, 123 (126); s. bereits BVerfGE 7, 327 (329); zum Schlusswort des Angeklagten s. BVerfGE 54, 140 (141); vgl. auch OVG Hmb NVwZ-RR 2001, 408.

[246] BVerfGE 81, 123 (126).

[247] BVerfGE 9, 124 (132); 31, 297 (301); 38, 105 (118); 39, 156 (168); für das Insolvenzverfahren s. BVerfG (K) NJW 2003, 2668; krit. *Schulze-Fielitz,* in: Dreier III, Art. 103 I Rn. 54; für schwierigen Prozessstoff *Nolte/Aust* MKS III, Art. 103 Rn. 66; *Remmert,* in: Maunz/Dürig, Art. 103 (2016) Rn. 68.

[248] BVerfGE 99, 145 = JZ 1999, 459 (461) mit Anm. *Coester-Waltjen.*

[249] BGH FamRZ 2019, 1358, s. auch BGH FamRZ 2019, 1272.

[250] Näher *Degenhart* HStR V³, § 115 Rn. 16 f., 38; BVerfGE 39, 156 (168); 66, 313 (321 ff.); EGMR in st. Rspr., etwa NJW 2007, 3409; s. zu § 142 StPO nach StrafVerfÄndG 1987 *Meyer-Goßner* NJW 1987, 1161 ff.; zu Wahl- und Pflichtverteidigung s. z. B. *Kempf* NJW 1997, 1729 (1734).

[251] Zur „Konfliktverteidigung" s. *Malmendier* NJW 1997, 227 (233 ff.).

[252] EGMR NJW 2001, 2387 (2390); NJW 2003, 1229; NJW 2009, 3707.

[253] EGMR NJW 2009, 3707.

[254] BVerfGE 35, 41 (63); *Schulze-Fielitz,* in: Dreier III, Art. 103 I Rn. 55; einschränkend *Remmert,* in: Maunz/Dürig, Art. 103 (2016) Rn. 69.

[255] BVerfGE 9, 256 (258); 10, 264 (270); 22, 83 (86), stellt – wie BVerfG (K) NJW 1997, 2103 für SGG – mehr auf das Sozialstaatsprinzip, BVerfGE 67, 245 (249) vor allem auf Gleichheit ab, ebenso BVerfG (K) NJW 1999, 3186; NJW 2000, 1936 betont rechtsstaatl. gebotenen gleichen Zugang zum Gericht; ähnl. BVerfG (K) NJW 2010, 987 für Verteidigung gegen Berufung nach Obsiegen in 1. Instanz; zur vorhergehenden Prüfung der Erfolgsaussichten s. BVerfGE 71, 122 (131 f.); 81, 347 (357 f.); BVerfG (K) NJW 1997, 2102 (2103); NJW 2000, 1936: Gleichstellung nur mit einem „Bemittelten", der die Kostenrisiken vernünftig einschätzt.

[256] Vgl. etwa BVerfG (K) B. v.12.2.2020 – 1 BvR 1246/19; BVerfG (K) NVwZ 2003, 341; NJW 2003, 2976; NJW 2003, 3190; NJW 2005, 3489: unzul. ex-post-Betrachtung; NVwZ-RR 2007, 361: keine Entscheidung schwieriger, ungeklärter Rechts- und Tatfragen im PKH-Verfahren; ebenso BVerfG (K) EuGRZ 2008, 215; DVBl 2013, 581; B. v. 3.6.2020 – 1 BvR 1246/20; B. v. 9.7.2020 – 1 BvR 157/19 – iVm Art. 19 IV GG.

[257] Vgl. EuGH EuGRZ 2000, 44; EGMR NJW 2008, 2317; NJW 2008, 2320.

[258] BVerwG NVwZ 2002, 992.

[259] S. dazu BVerfGE 40, 95 (100); EGMR NJW 2003, 1229; *Schulze-Fielitz,* in: Dreier III, Art. 103 I Rn. 55; *Remmert,* in: Maunz/Dürig, Art. 103 (2016) Rn. 71 f.; *Nolte/Aust* MKS III, Art. 103 Rn. 71 ff.

[260] BVerfGE 64, 135 (146 f.); BVerfG (K) NJW 2004, 50; 2004, 1096 – dort Dolmetscherkosten; s. aber andererseits BVerfG (K) NJW 1991, 2208 sowie BerlVerfGH JR 2001, 101; ambivalent *Schulze-Fielitz,* in: Dreier III, Art. 103 I Rn. 55.

[261] Dazu s. BGHSt 46, 178; für Haftpost s. *Kropp* JR 2003, 53.

[262] BVerwG NJW 1996, 1553.

Rechtsmittelbelehrung überhaupt unterblieben wäre.[263] Sachlich entsprechen §§ 184 f. GVG dem verfassungsrechtl. Gehalt des GehörsR,[264] das durch mangelnde **Sprachkenntnisse** nicht verkürzt werden darf.[265] Für fremdsprachige Schriftsätze ist jedoch § 184 GVG verfassungskonform; auch die Übermittlung schriftl. Äußerungen des Gerichts in deutscher Sprache verstößt nicht gegen Abs. 1.[266] Weitergehende Garantien folgen für das **Strafverfahren** aus **Art. 6 EMRK**[267] sowie aus Art. 3 III RL 2010/64/EO.[268]

26     Sachl. bezieht sich das Äußerungsrecht auf den **gesamten Verfahrensstoff** in rechtl. und tatsächl. Hinsicht[269] entspr. dem Umfang der gerichtlichen Informationspflichten (→ Rn. 16 ff.).

Insbes. zu Tatsachen und Beweismitteln, die das Gericht von Amts wegen einführt und die es bei seiner Entscheidung berücksichtigen will, hat es die Beteiligten zu hören;[270] zur Beiziehung in camera gewonnener Beweismittel s. Rn. 18. Wenn Beweismittel und Tatsachenbehauptungen der gegn. Partei erst in der mündl. Verh. eingebracht werden, ist auf Antrag eine Erklärungsfrist einzuräumen.[271] Zu neuem Parteivorbringen nach erfolgter Anhörungsrüge ist die Gegenseite zu hören.[272] Den Beteiligten ist die Möglichkeit einzuräumen, Fragen an gerichtliche **Sachverständige** zu stellen;[273] deshalb bedeutet Ablehnung eines Antrags auf Anhörung eines Sachverständigen jedenfalls dann einen Gehörsverstoß, wenn das Gericht dessen Gutachten als überzeugend und nicht erörterungsbedürftig sieht.[274] Wer eröffnete Äußerungsmöglichkeiten zurechenbar nicht wahrnimmt, hat hierdurch sein ÄußerungsR ausgeschöpft.[275] Dies gilt insbes. dann, wenn er sich selbst der Möglichkeit der Teil. an der mündl. Verh. begibt,[276] während es andererseits geboten sein kann, bei Mittellosigkeit die Teiln. durch Bewilligung von Reisekosten zu ermöglichen.[277] Generell hat die Handhabung des ProzessR in der Weise zu erfolgen, dass die Teilnahme an der mündl. Verh. ermöglicht wird, wenn sonst die Wahrnehmung des GehörsR erschwert würde.[278]

27     Das Gericht darf die Möglichkeit der Äußerung nicht unzumutbar erschweren, keine überzogenen Substantiierungsanforderungen stellen[279] und muss hinr. Zeit für eine substantielle Stellungn. gewähren,[280] **angemessene Äußerungsfristen** einräumen.[281] Diese können nicht generell angegeben werden – drei Arbeitstage in normalen Angelegenheiten werden als Untergrenze genannt.[282] Das Gericht hat die von ihm gesetzten Äußerungsfristen auch bei Entscheidungsreife abzuwarten.[283] Es darf nicht ohne Gründe über einen Antrag auf Schriftsatznachlass hinweggehen.[284] Inwieweit in der Berufungsinstanz neue Tatsachen vorgebracht werden dürfen, ist eine Frage verfassungskonformen Rechtsmittelrechts[285] und seiner Handhabung etwa bei § 531 II ZPO.[286]

---

[263] BVerfGE 40, 95 (100).

[264] BVerfGE 64, 135 (146); *Sachs* BayVBl 1984, 208.

[265] BVerfG (K) NJW 1991, 2208; BFHE 231, 500 Rn. 20; *Schulze-Fielitz,* in: Dreier III, Art. 103 I Rn. 55.

[266] Vgl. BVerfGE 64, 135 (146).

[267] S. hierzu EGMR NJW 2001, 2387; *Pache* NVwZ 2001, 1342; *Callewaert* EuGRZ 1996, 366 ff.

[268] EuGH NJW 2016, 303; *Meyer/Goßner/Schmitt,* § 184 GVG Rn. 2a.

[269] Vgl. etwa BVerfGE 84, 188 (190); 86, 133 (144); 86, 280 (284); zur grds. Bedeutung der Rechtssache als Berufungszulassungsgrund s. BerlVerfGH JR 2003, 154.

[270] BVerfGE 70, 180 (189); 101, 106 (129).

[271] BVerfG (K) FamRZ 1995, 1561; BVerfG (K) NJW 2015, 1166 Rn, 19.

[272] BVerfG (K), B. v. 27.11.2019 – 1 BvR 1716/19 –.

[273] BVerfG (K) NJW 1997, 122, s. auch für Privatgutachten BVerfG (K) ArztR 2012, 228; BSG, B. v. 16.6.2016 – B 13 R 119/14 B –; BGH NJW-RR 2015, 510; BGH FamRZ 2016, 1148 Rn. 31zum Zeitpunkt der Kenntnisgabe; dazu auch BGH NJW-RR 2016, 257; s. auch OLG Hamm, U. v. 30.1.2015 – I-26 U 5/14, 26 U 5/14 – Rn. 46 für den Arzthaftungsprozess.

[274] BVerfG (K) FamRZ 2015, 2042; BGH NJW 2018, 3097 Rn. 8; MDR 2019, 1013.

[275] Vgl. etwa BVerfGE 5, 9 (10); 15, 256 (267); 41, 246 (249) zum Abwesenheitsverfahren nach StPO, BVerfGE 140, 317 Rn. 99 ff. – dazu s. *Nolte/Aust* MKS III, Art. 103 Rn. 35; für § 74 OWiG s. BayObLG, B. v. 6.9.2019 – 202 ObOWi 1581/19 –: weite Auslegung der Entschuldigungsgründe für Hauptverh.

[276] BVerfGE 41, 246 (249).

[277] BayVGH NJW 2006, 2204.

[278] S. hierzu etwa BVerwG NJW 1984, 882 für krankheitsbedingte Verhinderung des Prozessbevollmächtigten; BVerwG NJW 1992, 2042 zur Verschiebung eines letzten mündlichen Termins; weitere Beispiele bei *Schulze-Fielitz,* in: Dreier III, Art. 103 I Rn. 52; *Waldner,* Der Anspruch auf rechtliches Gehör, 2. Aufl. 2000 Rn. 256 ff.

[279] BVerwG LKV 2015, 30; instruktiv BGH Grundeigentum 2014, 1197 Rn. 8.

[280] BVerfGE 49, 212 (215).

[281] Dies auch im Verfahren des vorläufigen Rechtsschutzes, vgl. BVerfG (K) NVwZ-RR 2003, 859; zum Gebotensein nachgelassener Schriftsätze BGH NJW 1991, 1547.

[282] S. hierzu *Schulze-Fielitz,* in: Dreier III, Art. 103 I Rn. 71; BVerfGE 24, 23 (25); 36, 298 (302) für gerichtliche bzw. gesetzl. Fristen.

[283] BVerfGE 12, 110 (113); BVerfGE 61, 119 (122); BVerfG (K) B. v. 27.8.2003 – 1 BvR 1646/02 –; zum Gehör nach Abschluss der mündl. Verh. s. *Sangmeister* BB 1992, 1535 ff.

[284] BVerfG (K) NJW 2015, 1166 Rn. 13.

[285] Vgl. zu § 529 ZPO *Lechner* NJW 2004, 3593; BVerfG (K) NJW 2005, 1487.

[286] BGH VersR 2015, 1293 für widersprüchl. Angaben des Sachverständigen; BGH MDR 2015, 536: neues Vorbringen in der Berufungsinstanz auf Grund fehlerhaften Verfahrens in 1. Instanz.

## V. Insbes.: Berücksichtigungs- und Erwägungspflicht des Gerichts

**1. Zum Inhalt der Berücksichtigungspflicht.** Dem Gericht obliegt es, die Ausführungen der **28** nach Abs. 1 Äußerungsberechtigten zur Kenntnis zu nehmen und in Erwägung zu ziehen, sie also angemessen zu berücksichtigen.[287] Wenn mithin ein Vorbringen einer Partei von vornherein **unberücksichtigt** bleibt,[288] weil ein in zulässiger Weise eingereichter **Schriftsatz übersehen** oder nicht berücksichtigt wird, so liegt hierin stets eine Verletzung des Rechts auf Gehör,[289] ebenso bei Nichtberücksichtigung wegen irriger Annahme der Verfristung[290] oder falsch angegeben Aktenzeichens im Schriftsatz,[291] Nichtberücksichtigung eines erheblichen **Beweisangebots,** wenn sie im Prozessrecht keine Stütze findet.[292] Die Beteiligten haben aus Art. 103 I einen Anspruch darauf, dass das Gericht sich mit den von ihnen angebotenen Beweismitteln – soweit erheblich – beschäftigt. Unzulässige Beweiserhebung hat dabei im Zivilprozess ein generelles Beweisverwertungsverbot zur Folge.[293] Greift ein Beweismittel in Rechte Dritter ein, so im Fall der **Dash-Kamera,** kann auf der Grundlage einer Abwägung die Verwertung gleichwohl zulässig sein.[294]

Art. 103 I gewährt weder ein Recht auf ein bestimmtes oder bestimmte Arten von Beweismittel,[295] **29** auch nicht im **StrafProz.**[296] Hier zählt das Recht des Angeklagten, **Beweisanträge** zu stellen, zum Recht auf Gehör wie auch auf rechtsstaatlich-faires Verfahren[297] (Rn. 42); entscheidungserhebliche Beweisanträge sind zu berücksichtigen.[298]

Die Berücksichtigungspflicht bezieht sich auf mat. und proz. **zulässiges Vorbringen.** Art. 103 I **30** gewährt keinen Schutz dagegen, dass das Gericht ein Parteivorbringen aus Gründen des form. oder mat. Rechts unberücksichtigt lässt,[299] oder wegen abw. Rechtsauffassung ein Beweisangebot nicht berücksichtigt.[300] Ebensowenig kann die tatricherl. Beweiswürdigung als solche angegriffen werden,[301] während unzul. Beweisantizipation einen Gehörsverstoß darstellen kann,[302] ebenso das Übergehen tatbestandl. festgestellten Parteivortrags.[303] Das Gericht muss nicht auf jedes, sondern nur auf für das Verfahren erhebl. – in keinem Fall aber auf abwegiges[304] – Vorbringen eingehen.[305] Für einen ordnungsgem. Vortrag darf gefordert werden, dass das Gericht ihm ohne unangemessenen Aufwand folgen kann.[306]

---

[287] *Schulze-Fielitz,* in: Dreier III, Art. 103 I Rn. 60 ff.; *Zierlein,* in: Umbach/Clemens, GG II, Art. 103 Rn. 84 ff.; *Degenhart* HStR V³, § 115 Rn. 46 ff.

[288] Zur Kausuistik stattgebender Kammerentscheidungen des BVerfG s. *Höfling/Rixen* AöR 125 (2000), 613 (619 f. – Asylrecht, 623 f. – Mietrecht, 625 f. – Arbeitsrecht, 626 f. – Familienrecht).

[289] BVerfGE 11, 218 (220); 70, 288 (295); 72, 119 (121); 83, 24 (35); BVerfG (K) BayVBl 2019, 1271; BVerfG (K) B. v. 29.5.2019 – 2 BvR 217/19 –, dies auch bei Angabe eines falschen Aktenzeichens, BVerfG (K) B. v. 19.3.2018 – 1 BvR 2313/17.

[290] BVerfG FamRZ 2013, 1876.

[291] BVerfG (K) NJW 2013, 925.

[292] BVerfGE 50, 32 (35); 60, 247 (249); 60, 250 (252); 65, 305 (307); 69, 145 (148); 79, 51 (62); 105, 279 (311); BVerfG (K) 2017, 3218 Rn. 45; BGH VersR 2009, 1137; BGH B. v. 15.9.2015 – VI ZR 391/14 –; BGH VersR 2015, 338; BGH BauR 2015, 1528 – Beweiserhebung ist ggf. in der Berufungsinstanz vorzunehmen; BGH BKR 2014, 430; BGH BKR 2014, 295; BGH MietPrax-AK § 26 Nr. 8 EGZPO Nr 16; BVerfG (K) NJW 2000, 945 für unvollst. Beweisanträge; für Einholung eines Sachverständigengutachtens s. BVerfG (K) NJW 2009, 1585; BVerfG WM 2012, 492; BVerwG NJW 2009, 2614; *Schulze-Fielitz,* in: Dreier III, Art. 103 I Rn. 67 f.; zum Asylverfahren s. *Höfling/Rixen* AöR 125 (2000), 613 (619); zu Beweisanträgen über ausländ. Recht BVerwG NVwZ-RR 2005, 466; zur erneuten Vernehmung eines Zeugen in der Berufungsinstanz s. BVerfG (K) NJW 2005, 1487; NJW 2011, 49; zur Ablehnung eines „ins Blaue" gestellten Beweisantrags BGH NJW-RR 2015, 829.

[293] BGHZ 218, 348 Rn. 31.

[294] BGZ 218, 348 Rn. 28 ff.; OLG Nürnberg NJW 2017, 3597 Rn. 30 ff.; s. für das Recht am gesprochenen Wort einschränkend BVerfGE 106, 28 (50); BGH NJW-RR 2010, 1289; BGHZ 162, 1 (6) für DANN-Analyse; BGH NJW 2013, 2668 für GPS-Bewegungsprofil.

[295] BVerfG (K) NJW 1996, 3145 in familienrechtlichem Zusammenhang (Kindesrückführung).

[296] BVerfGE 57, 250 (274); BVerfG (K) NJW 1997, 999 (1000).

[297] S. z. B. BVerfG (K) NJW 2004, 209 (211).

[298] BVerfGE 60, 247 (249); 69, 1 (45); BVerfG (K) NJW 1996, 2785 (2786); s. auch BSG NVwZ-RR 1998, 408: erneute Anhörung zu beabsichtigter Zurückweisung einer Berufung durch Beschluss, wenn neue, substantiierte Beweisanträge vorliegen; s. aber auch BerlVerfGH NJW 2004, 1791 für Ablehnung der Ladung des Auslandszeugen nach § 244 V StPO.

[299] BVerfG in st. Rspr., vgl. etwa BVerfGE 21, 191 (194); 60, 1 (5); 69, 141 (143 f.); 69, 145 (148 f.); 70, 288 (294); 82, 209 (235); 84, 34 (58); ThürVerfGH ThürVBl 2005, 107; BerlVerfGH NJW 2004, 1791.

[300] BVerfG (K) NJW 2005, 3345.

[301] BVerfGE 22, 267 (273); BVerwG. B. v. 30.7.2014 – 5 B 25.14 –; BayVGH, B. v. 14.11.2016 – 13a ZB 16.30293 –.

[302] BVerfG (K) NJW 2001, 1006; BGH BauR 2015, 1325 Rn. 20; OLG Nürnberg, U. v. 3.2.2016 – 4 U 1078/15 –.

[303] BGH MietPrax-AK § 543 BGB Nr 37.

[304] Vgl. BVerfG (K) NJW 1996, 2785; NJW 1997, 1433.

[305] BVerfGE 47, 182 (187 f.); 58, 353 (357): die wesentlichen, der Rechtsverfolgung dienenden Tatsachen; ebenso *Knemeyer* HStR VI², § 155 Rn. 32.

[306] Vgl. für Art. 19 IV (sozialgerichtliches Verfahren) BVerfG (K) NVwZ 2001, 425.

**31** Für den **Regelfall** wird davon ausgegangen, dass die Gerichte das Parteivorbringen berücksichtigen;[307] es muss sich aus den Umständen ergeben, dass es ein Vorbringen überhaupt nicht zur Kenntnis oder ersichtlich nicht in Erwägung gezogen hat.[308] Dies ist jedenfalls anzunehmen, wenn Parteivorbringen ausdr. zurückgewiesen, z. B. ein Beweisantrag als unzulässig oder ein Verweis auf **erstinstanzliches Vorbringen** als unzureichend bezeichnet,[309] das Vorbringen in einem unstatthaften Hilfsantrag nicht berücksichtigt wird, wenn es für den Hauptantrag bedeutsam sein kann,[310] ebenso, wenn der Hinweis auf ein **Sachverständigengutachten** schlicht übergangen,[311] ein von der Rechtsauffassung des Gerichts abw., auf obergerichtl. Rspr. gestütztes Vorbringen nicht berücksichtigt wird.[312] Der wesentl., die Rechtsverfolgung und –verteidigung stützende Sachvortrag muss in den Gründen verarbeitet werden.[313] Geht ein Gericht auf den wesentl. Kern des Tatsachenvortrags zu einer Frage von zentraler Bedeutung nicht ein, so indiziert dies Nichtberücksichtigung,[314] ebenso, wenn es das Gegenteil des Vorgebrachten annimmt.[315] Die unrichtige Tatsachenfeststellung als solche auf Grund fehlerhafter Bewertung eines Tatsachenvortrags begründet noch keinen Gehörsverstoß.[316]

**32** IÜ wird auf **Offenkundigkeit** der Gehörsverweigerung abgestellt;[317] es müssen **besondere Umstände** gegeben sein,[318] die einerseits formal aus ausdr. Zurückweisung eines Vorbringens, andererseits in mat. Evidenzkontrolle bestimmt werden;[319] für Beweisanträge Rn. 28.[320] Das Recht auf Gehör ist auch verletzt, wenn über eine zuläss. Klage durch Prozess- und nicht durch Sachurteil entschieden wird.[321]

**33** Bes. Umstände liegen auch vor, wenn das Gericht nicht **aufnahmefähig** oder –**bereit** war.[322] Dies betrifft den **schlafenden** Richter, bei dem es bereits an der Aufnahmefähigkeit fehlt,[323] während beim blinden Richter dies nur ausnahmsweise der Fall ist.[324] Abfassung des Urteils vor oder während derb Verh. kann, muss aber nicht Gehörsverletzung sein,[325] obschon hier der Schutzzweck betroffen ist. Wechsel der Richterbank während des Prozesses kann Verletzung des Gehörs bedeuten, wenn der neu hinzugekommene Richter bis dahin erfolgte Äußerungen nicht selbst anhand späterer Äußerungen der Beteiligten bewerten und damit auch nicht wie geboten berücksichtigen kann.[326] Das Gericht ist auch nicht grds. gehindert, Äußerungen eines Beteiligten im Verfahren zu dessen Nachteil zu werten.[327]

**34** **2. Berücksichtigungspflicht, Fristen und Präklusion.** Das VerfahrensR kann gesetzl. oder richterl. bestimmte **Fristen** für das Parteivorbringen vorsehen, mit der Folge, dass verspätetes Vorbringen nicht mehr berücksichtigt wird, sofern nicht Wiedereinsetzung gewährt wird (→ Rn. 37 ff.). Dies ist mit Abs. 1 und rechtsstaatl. Verfahrensgestaltung[328] vereinbar, Fristen dienen der **Rechts-**

---

[307] BVerfGE 40, 101 (104); 51, 126 (129); 54, 43 (46); 86, 133 (145 f.); 88, 366 (375); BayVerfGH NJW 1999, 1020 (1021); BVerwG LKV 2004, 27 (28); *Knemeyer* HStR VI², § 155 Rn. 32.

[308] Instruktiv BVerfG (K) NJW 1997, 2310 (2312); BVerfG (K) NVwZ 2016, 1475 Rn. 20; s. auch BVerwG, B. v. 19.4.2016 – 6 B 3/16 –.

[309] BVerfG (K) NJW 1992, 495: in Ausnahmefällen Verstoß gegen Abs. 1, wenn z. B. vorinstanzliches Vorbringen erst in 2. Instanz relevant, da nach dem Rechtsstandpunkt der 1. Instanz unerheblich, s. auch BVerfGE 36, 32 (99); 60, 305 (311); 70, 288 (295): grds. Unzulässigkeit globaler Bezugnahme.

[310] BVerfG (K) NVwZ 2016, 1475 Rn. 16 f.

[311] Vgl. BSGE 79,125; BVerfG (K) DVBl 2007, 253; zur Nichtberücksichtigung eines der Paretei günstigen Sachverständigengutachtens s. BGH MDR 2020, 114.

[312] BVerfG (K) NJW 1997, 187; NZS 2013, 737.

[313] BVerfG (K) NZFam 2018, 677 Rn. 24.

[314] BVerfGE 47, 142 (189); 86, 133 (146); BVerfG (K) NVwZ-RR 2004, 3; DVBl 2007, 253; NJW 2008, 1726 (1728); NJW 2009, 1584; BVerfGK 18, 83 (87); BVerfG (K) NVwZ 2016, 238 Rn. 45 – auch bei Qualifizierung von Tatsachenvorbringen als Werturteil; BVerfG (K) B. v. 29.7.2016 – 1 BvR 1225/15 – Rn. 11; BVerfG (K) K&R 2915, 651 – dort zur RSpr. des EGMR zu Art. 10 EMRK, auf den sich der Vortrag maßgeblich stützte; BerlVerfGH JR 2002, 101; BGH NJW 2015, 2125 Rn. 11.

[315] BVerfG (K) DVBl 2007, 253; zu bewußtem Übergehen ArztR 2012, 228.

[316] Vgl. BAG NJW 2009, 543.

[317] Vgl. BVerfGE 27, 248 (251 f.); 47, 182 (187); 51, 126 (129); 65, 293 (295); 70, 288 (293); 85, 386 (404); 86, 133 (146); st. Rspr., vgl. *Kunig,* in: v. Münch/Kunig II, Art. 103 Rn. 10.

[318] BVerfGE 22, 267 (274); 27, 248 (251 f.); 60, 305 (312); 65, 293 (295); 70, 288 (293); 80, 269 (286); 86, 133 (146); 87, 363 (392 f.); BVerwG NZWehrR 2016, 85.

[319] Vgl. *Schulze-Fielitz,* in: Dreier III, Art. 103 I Rn. 50, 65.

[320] BVerfG (K) B v. 19.8.2016 – 1 BvR 1283/13 – Rn. 16; BayVGH, B. v. 3.16.2019 – 13a ZB 18.13460 –.

[321] S. zul. BFH, U. v. 22.6.2016 – V R 49/15 – Rn. 21 f.

[322] Vgl. *Rüping* BK, Art. 103 Abs. 1 (2005); *Schulze-Fielitz,* in: Dreier III, Art. 103 I Rn. 61 f.; *Radtke/Hagemeier* Beck-OK GG, 41. Ed. Art. 103 Rn. 13.

[323] S. die Differenzierung bei BVerwG DÖV 1986, 437: Kämpfen mit dem Schlaf einerseits, fester Schlaf andererseits; *Nolte/Aust* MKS III, Art. 103 Rn. 54; *Remmert,* in: Maunz/Dürig, Art. 103 (2016) Rn. 91.

[324] BVerfGE 20, 52 (55); BVerfG (K) NJW 1992, 2075: wenn es auf Sehvermögen ankommt.

[325] BGHSt 11, 74 (76); krit. *Schulze-Fielitz,* Dreier III, Art. 103 I Rn. 62.

[326] Dazu eingehend *Gusy* JuS 1990, 712 ff.

[327] BVerfG (K) B. v. 8.11.2016 – 1 BvR 988/15 – Rn. 6 (für arbeitsgerichtliches Verfahren).

[328] Auf sie wird für die Fristenproblematik abgestellt, zusammenfassend BVerfG (K) NJW 1991, 2076 und NJW 1996, 1811 zum fairen StrafProz.

**sicherheit**[329] und zeitgerechtem Rechtsschutz,[330] dürfen diesen jedoch **nicht unzumutbar erschweren**.[331] Sie sind unter Wahrung des Gehörs zu handhaben, Verfahrensverstöße können hier Verfassungsverstöße darstellen (→ Rn. 27).[332]

Verzögerungen, die ihre Ursache in der **Sphäre des Gerichts** haben, sind daher nicht den Verfahrensbeteiligten anzulasten,[333] sofern nur die Äußerung rechtzeitig in dessen Verantwortungsbereich gelangt ist[334] – wie generell Fehler im Verantwortungsbereich des Gerichts nicht den Verfahrensbeteiligten zu Last gelegt werden dürfen.[335] Verzögerte Weiterleitung innerhalb des Gerichts darf nicht zur Nichtberücksichtigung führen, auch wenn z. B. an der Posteingangsstelle ein Hinweis angebracht ist, dass fristwahrende Schriftsätze bei den Geschäftsstellen abzugeben sind.[336]

**Fristen** dürfen bis zum **letzten Tag** ausgenutzt werden;[337] ist keine Äußerungsfrist bestimmt, sind bei Gericht eingegangene Schriftsätze auch noch zu berücksichtigen, wenn das Urteil bereits unterschrieben ist.[338] Auf reguläre **Postlaufzeiten** darf vertraut werden,[339] auch unter Berücksichtigung zeitgl. elektron. Übermittlungsmöglichkeiten.[340] Hat sich ein Verfahrensbeteiligter vorbehalten, eine Begründung nachzureichen, hat das Gericht ggf. eine angem. Frist abzuwarten.[341] Auch für **Telefax** dürfen Hindernisse in der Sphäre des Gerichts wie Störungen im Empfangsgerät nicht zu Lasten der Verfahrensbeteiligten gehen.[342] Dies dürfte generell für elektronische Kommunikationsformen gelten; der Absender hat jedoch Sorge zu tragen, dass sein Dokument bei Gericht gelesen bzw. bearbeitet werden kann.[343] Verzögerungen wegen fehlerhafter Spracherkennungssoftware sind einzukalkulieren.[344]

In derartigen Fällen ist Wiedereinsetzung geboten,[345] bei der die Anforderungen an unverschuldete Fristversäumnis nicht überspannt werden dürfen;[346] so brauchen z. B. während **Urlaubsabwesenheit** keine besonderen Vorkehrungen für die Zustellung getroffen zu werden. Die neuere Rspr. stellt insoweit vorrangig auf das rechtsstaatl. Gebot wirksamen Rechtsschutzes bzw. der Fairness[347] ab (→ Rn. 48).[348] Wird der Briefumschlag mit dem Poststempel bei Gericht nicht aufbewahrt, darf dies nicht zu Lasten der Partei gehen.[349] Bei Fristversäumnis durch **Anwaltsverschulden** wird dieses grds. der Partei zugerechnet,[350] nicht aber im Strafverfahren für die Wiedereinsetzung.[351] Versäumnisse des Büropersonals sind den Parteien idR nicht zuzurechnen, es sei denn bei Organisationsverschulden des Anwalts.[352]

---

[329] Vgl. BVerfGE 60, 253 (266 ff.).

[330] *Degenhart* HStRV³, § 115 Rn. 45; *Uhle* HGRV, § 129 Rn. 64 ff.

[331] BVerfG in st. Rspr., für richterlich gesetzte Fristen BVerfGE 49, 212 (216); BVerfG (K) MDR 2018, 614 Rn. 8; für gesetzl. Fristen BVerfGE 36, 298 (302 ff.); zusammenfassend etwa BVerfG (K) NJW 1991, 2076; zu Untergrenzen für Fristen s. *Remmert,* in: Maunz/Dürig, Art. 103 (2016) Rn. 101.

[332] Häufig geht es um Bagatellstreitigkeiten, Nachw. bei *Degenhart* HStRV³, § 115 in Fn. 371.

[333] Instruktiv BVerfG (K) NJW 1996, 1811; grds. BVerfGE 75, 183 (190); 78, 123 (126).

[334] Vgl. grds. BVerfGE 52, 203 (209); 57, 117 (120); 69, 381 (386); bestätigend BVerfG (K) NJW 2005, 3346; anders noch NdsOVG NVwZ 2004, 116.

[335] BVerfG (K) NJW 2008, 2167; NJW 2008, 3275.

[336] Fallgestaltung bei BVerfGE 57, 117; vgl. auch BVerfGE 34, 344 (347).

[337] BVerfGE 40, 42 (44); 69, 381 (385); BVerfG (K) NJW 2000, 574 zur Sorgfalt bei Notfristen, dazu *Späth* NJW 2000, 1621; BVerfG (K) NJW 2005, 3346 (zu Art. 19 IV).

[338] BGH NJW-RR 2015, 1090.

[339] BVerfGE 53, 25 (28); 62, 216 (221); 62, 334 (336); BVerfG (K) NJW 1994, 1854; NJW 1995, 2546; NJW 2001, 744; *Schmahl,* in: Hofmann/Henneke, Art. 103 Rn. 19.

[340] BVerfG (K) NJW 1994, 1854 – Bestätigung der Rspr.; BVerfG (K) NJW 1995, 2546; *Nolte/Aust* MKS III, Art. 103 Rn. 65.

[341] Vgl. BayVerfGH BayVBl 2006, 14 für Beschwerdebegründung.

[342] BVerfG (K) NJW 1996, 2857, das primär auf Art. 2 I abstellt, aber auch Art. 103 I einbezieht; BVerfG (K) NJW 2001, 3473 für sechs Stunden vor Fristablauf begonnenen, gescheiterten Übermittlungsversuch, wenn Empfangsstörung nicht auszuschließen; bestätigt in BVerfG (K) NJW 2000, 1636; NJW 2006, 829; zur Belegung des Fax-Gerätes durch andere eingehende Sendungen s. BVerfG (K) NJW 2007, 2838; *Roth,* NJW 2008, 785; s. auch GmS-OGB NJW 2000, 2340 zu eingescannter Unterschrift; zu den Sorgfaltspflichten des Anwalts s. BayVGH NJW 2006, 169.

[343] Vgl. zum JKomG vom 22.3.2005, BGBl I 837; *Viefhues* NJW 2005, 1009.

[344] BGH NJW-RR 2015, 1196 Rn. 10.

[345] Eingehend zur Rspr. des BGH zur Wiedereinsetzung *Müller* NJW 2000, 322 ff.

[346] *Pieroth,* in: Jarass/Pieroth, Art. 103 Rn. 53; BVerfGE 38, 35 (38); 60, 253 (289); ThürVerfGH ThürVBl 2004, 116 (119); BbgVerfG NJW 2004, 3259; für Strafbefehlsverfahren s. BVerfG (K) NJW 1991, 351; NJW 1995, 2545.

[347] Vgl. z. B. BVerfG (K) NJW 2007, 3342.

[348] BVerfGE 34, 154 (156); 40, 88 (91); 41, 332 (335); zu Einschränkungen während eines Prozesses s. *Roth,* in: Stein/Jonas, ZPO, 22. Aufl. 2005, § 233 Rn. 2 f.

[349] BVerfG (K) NJW 1997, 1770 (1771).

[350] BVerfGE 60, 253 (266 ff.); BVerfG NJW 2000, 1633; 2001, 814; s. aber für geringe Verspätung in der mündl. Verh. BVerwG NVwZ 1989, 857; zu Postlaufverzögerung wegen falscher Postleitzahl s. BFHE 189, 573.

[351] BVerfG (K) NJW 1994, 1856.

[352] BVerfG (K) NJW 2004, 2583.

**38**     Unter rechtsstaatl. Aspekten der Verfahrenskonzentration und -beschleunigung grds. gerechtfertigt sind **Präklusionsvorschriften**.[353] Sie bewirken bei verfassungskonf. Handhabung[354] eine verfahrensrechtl. Ausgestaltung des Rechts auf Gehör, wie sie Funktion des ProzessR ist,[355] dürfen wiederum keine unzumutbare Einschränkung bewirken, daher nur an schuldhaftes – iSd Verstoßes gegen Obliegenheiten zur Prozessförderung[356] – Versäumen einer Äußerungspflicht anknüpfen.[357] In der Handhabung ist ihrem Ausnahmecharakter Rechnung zu tragen.[358] Dies bedeutet intensivierte verfassungsgerichtl. Kontrolle.[359] Von einem **Verfassungsverstoß** ist jedenfalls auszugehen bei offenkundig unrichtiger Rechtsanwendung,[360] fehlerhafter Verfahrensgestaltung durch das Gericht als Ursache für die Fristversäumnis,[361] insbes. unzureichender Terminvorbereitung.[362] Bei einer Fristsetzung nach § 411 IV ZPO ist die Partei über die Präklusionsfolgen zu belehren.[363]

**39**     Art. 103 I ist verletzt bei **missbräuchlicher Anwendung** von Präklusionsnormen, wenn die Präklusion ersichtlich nicht der Verfahrensbeschleunigung dient,[364] wenn sich das Gericht in Widerspruch zu seinem proz. Vorverhalten setzt[365] – wie fehlerhafte Verfahrensgestaltung typischerweise den Missbrauchseinwand nach sich zieht.[366] Das Recht auf Gehör wird auch verletzt, wenn auf Grund divergierender Rspr. **unterschiedlicher Fachgerichtsbarkeiten** den Prozessbeteiligten Einwendungen dergestalt abgeschnitten werden, dass sie iE von keiner der beiden Gerichtsbarkeiten gehört werden.[367] Präklusion im VwVf ist eine Frage des Art. 19 IV.[368]

**40**     **3. Berücksichtigungs- und Begründungspflicht.** Das Gebot, wesentl. Parteivorbringen zu berücksichtigen, führt – nur dann erkennt der Betroff., ob es berücksichtigt wurde – zu verfassungskräftigen **Begründungserfordernissen**.[369] Sie werden vom **EGMR** aus dem Gebot geordneter Rechtspflege, Art. 6 I EMRK, abgeleitet,[370] vom EuGH auch aus Art. 46 II GRCh.[371] Auch wenn grds. davon ausgegangen wird, dass das Gericht das Vorbringen der Beteiligten berücksichtigt hat (Rn. 31), müssen doch die wesentlichen, der Rechtsverfolgung und -verteidigung dienenden Tatsachen in den Gründen verarbeitet werden.[372] Die Begründungspflicht gilt nicht für Entscheidungen, die mit Rechtsmitteln nicht mehr anfechtbar sind,[373] auch bei der Entscheidung über die Anhörungsrüge durch den BGH. Es besteht keine Verpflichtung, andere Entscheidungen zu zitieren,[374] unbe-

---

[353] Vgl. näher *Leipold* ZZP 93 (1980), 237 ff.; *Nolte/Aust* MKS III, Art. 103 Rn. 60 ff.; grds. aus der Rspr. des BVerfG, s. BVerfGE 54, 117 (123); 55, 72 (90 ff.); 75, 302 (312 ff.); zu § 531 II 1 Nr. 3 ZPO nF s. *Hunke/Dübers* NJ 2002, 184; BVerfG (K) NJW 2005, 1487; NJW 2005, 1768.

[354] BVerfGE 59, 330 (334); 60, 1 (6); 62, 249 (254); 66, 260 (264); 75, 302 (312 ff.); 81, 97 (106).

[355] Vgl. BVerfGE 54, 117 (123 f.) für § 296 ZPO aF; s. aber auch BVerfGE 59, 330 (334): keine analoge Anwendung im Beschwerdeverfahren; BVerfGE 69, 248 (253) für §§ 296a, 356 ZPO aF; zu weiteren Ausgestaltungen zu § 323 ZPO s. *Braun* NJW 1992, 1593.

[356] BVerfGE 62, 249 (254); 67, 39 (41 f.).

[357] BVerfGE 54, 117 (123); 81, 97 (105).

[358] Grds. Zusammenf. der Rspr. bei BVerfGE 75, 302 (312); 81, 264 (273); s. ferner BVerfGE 69, 145 (149); darauf bezugnehmend z. B. BVerfG (K) NJW 2000, 945 zur Nichtberücksichtigung von Beweisanträgen; zu § 67 I ArbGG BVerfG (K) NJW 1995, 2980; zu §§ 444 und 356 ZPO s. BerlVerfGH JR 2009, 325.

[359] BVerfGE 75, 302 (312 ff.), weitergehend BVerfGE 51, 188 (192); krit. *Deubner* NJW 1980, 265 f.

[360] BVerfGE 69, 145 (149); 75, 302 (313); BGH MDR 2015, 536 Rn. 7; zum Offenkundigkeitskriterium s. näher *Lerche*, FS Heldrich, 2005, S. 1283 (1287 f.).

[361] BVerfGE 51, 188 (192); 60, 1 (6); s. auch BVerfGE 69, 126: als Durchlauftermin ausgestalteter früher erster Termin, gleichwohl dann Anwendung des § 296 II ZPO.

[362] BVerfGE 69, 145 (149).

[363] BGH JR 2006, 520 mit Anm. *Bauer-Gerland*.

[364] BVerfGE 75, 302 (315 ff.): wenn klar erkennbar, dass eine Verspätung nicht kausal für eine Verzögerung ist, Anwendung der Präklusionsvormen rechtsmissbräuchlich.

[365] Vgl. auch BVerfGE 69, 126 (139) – unzureichende Terminvorbereitung.

[366] So auch BVerfGE 75, 183 (190).

[367] Vgl. BVerfG (K) NJW 1997, 726.

[368] BVerfG (K) NVwZ 2000, 546.

[369] BVerfGE 54, 86 (91 f.); 71, 122 (135); 81, 97 (106); BerlVerfGH JR 2002, 101; *Zierlein*, in: Umbach/Clemens, GG II, Art. 103 Rn. 90 ff.; *Pieroth*, in: Jarass/Pieroth, Art. 103 Rn. 43; *Schulze-Fielitz*, in: Dreier III, Art. 103 I Rn. 76 f.; für das strafrechtliche Revisionsverfahren *Wohlers*, JZ 2011, 78 (81); für das Bundesverfassungsgericht s. *H. H. Klein* FS Steinberger, 2002, S. 505 (514 f.).

[370] EGMR NJW 1999, 2429.

[371] EuGH, U. v. 6.9.2012 – C-619/10 –; BGH NJW 2016, 130 Rn. 22.

[372] BVerfGE 47, 182 (187); 58, 353 (357); BVerfG (K) NJW 1996, 2785 (2786): Nichtannahme einer Berufung als offensichtlich unbegründet trotz neuer Beweisanträge i. F. d. § 313 II 1 StPO; BVerfG (K) NVwZ 2016, 238 Rn. 45: Verarbeitung des wesentlichen Tatsachenvorbringens; zur verkürzten Begründung „zu Protokoll" gem. § 495a ZPO aF s. BbgVerfG NJ 1997, 307; s. jetzt BayVerfGH BayVBl 2011, 282; *Uhle* HGR V, § 129 Rn. 48 f.

[373] BVerfGE 50, 287 (289 f.); 65, 293 (295); 71, 122 (135); 86, 133 (146); 94, 166 (210); 104, 1 (7); 118, 212 (238); BVerfG (K) NJW 1997, 1693 für Zurückweisung der Revision wegen offensichtl. Unbegründetheit; BVerfGK 18, 301 (304) für Zurückweisung der Nichtzulassungsbeschwerde nach § 544 IV ZPO; s. aber BVerfGK 19, 364 (367); EGMR NJW 1999, 2429: Rechtsmittelgericht kann auf Begründung der angefochtenen E. verweisen; für abgekürzte Strafurteile BVerfG (K) NJW 2004, 209.

[374] BVerfGE 80, 170 (181).

gründetes Abweichen von höchstrichterl. Rspr. in einer str. Rechtsfrage kann aber das Recht auf Gehör verletzen,[375] ebenso undiff. Bezugnahme auf die Gründe einer Vorinstanz.[376] Im Fall der Nichtzulassung der Revision durch das Berufungsgericht bejaht das BVerfG eine „Begründungsobliegenheit",[377] die Verwerfung der Revision durch unbegründ. Beschl. nach § 349 II StPO bedeutet keinen Gehörsverstoß.[378] Demgegenüber kann unbegründete Zurückweisung der Berufungszulassungsbeschwerde als Entzug des gesetzl. Richters iSv Art. 101 I 2 zu werten sein.[379] Dass trotz neuer Beweisanträge (Rn. 29) Offensichtlichkeit nach § 313 II StPO gegeben ist, hat das Gericht zu begründen.[380] Verspätete Absetzung eines Urteils ist für sich allein noch kein Indiz für eine Gehörsverletzung.[381]

## VI. Rechtsfolgen eines Verfassungsverstoßes – Gehörsrüge und Verfassungsbeschwerdede

Die Verletzung rechtl. Gehörs führt zur **Aufhebung** der Gerichtsentscheidung, wenn sie auf **41** diesem Mangel **beruht,** also nicht ausgeschl. werden kann, dass die Gewährung des Gehörs zu einer anderen Entscheidung geführt hätte.[382] Dazu muss der Bf auch ausführen, was er vorgetragen hätte.[383] Potentielle Kausalität reicht aus.[384] **Heilung** ist grds. in gl. oder höherer Instanz mögl.;[385] demgem. ist – entspr. der Subsidiarität der VB[386] – Korrektur primär über die Fachgerichte anzustreben, auch im Wege der Selbstkorrektur[387] und hierfür eröffneter Rechtsbehelfe[388] wie Revisionszulassung wegen grds. Bedeutung,[389] Nichtigkeitsklage,[390] wie auch neuartige Rechtsbehelfe,[391] Wiedereröffnung der mündl. Verh.,[392] analog § 514 II ZPO[393] und § 321a ZPO.[394] Die Forderung im Plenarbeschluss **BVerfGE 107, 395** nach eff. Rechtsschutz (Rn. 13), auch durch den judex a quo,[395] führte zum AnhörungsrügenG v. 9.12.2004.[396] Außerordentl. Rechtsbehelfe wie die Gegenvorstellung sind damit nicht mehr erforderl.,[397] wenn überhaupt noch zulässig;[398] uU kann eine Umdeutung in eine Anhörungsrüge in Betracht kommen.[399] Auf sonstige VerfahrensgrundR erstreckt sich das Gesetz

[375] BVerfG (K) NJW 1995, 2911; s. auch BVerfG (K) NJW 1997, 187.

[376] Vgl. BSG NJW 1997, 2003 für § 153 II SGG; umgekehrt besteht keine generelle Verpflichtung, sich mit den Gründen der Vorinstanz auseinanderzusetzen, BVerfG (K) NVwZ-RR 1999, 217 (218).

[377] BVerfGK 19, 364 (367).

[378] BVerfG (K) NJW 2014, 2563 Rn. 16; B. v. 20.6.2007 – 2 BvR 746/07 – Rn. 22.

[379] BVerf (K) B. v. 10.7.2019 – 1 BvR 1545/14 – Rn. 19.

[380] BVerfG NJW 1996, 2785.

[381] BVerfG NJW 1997, 2303.

[382] BVerfGE 7, 95 (99); 60, 247 (249); 62, 392 (396); 86, 133 (147); 89, 381 (392); BVerfG (K), B. v. 26.5.2014 – 2 BvR 683/12 – Rn. 15; für Nichtzulassungsbeschwerde BAG NJW 2006, 110: die Partei ist zu stellen wie bei Gehörsgewährung; BVerfG (K) NJW 2009, 1595 für alternative Begründungen; instruktiv: BayVerfGH BayVBl 2010, 622.

[383] BVerfGE 28, 17 (20); BVerfG (K) NZA 2014, 496.

[384] Vgl. zum Kausalitätserfordernis *Schulze-Fielitz,* in: Dreier III, Art. 103 I Rn. 79.

[385] BVerfGE 73, 322 (326); zur Heilung im Revisionsverfahren BVerwG NVwZ 2003, 224; näher *Remmert,* in: Maunz/Dürig, Art. 103 (2016) Rn. 113 f.

[386] Vgl. BVerfGE 60, 96 (98 f.); 61, 119 (121); 72, 119 (121); 79, 80 (83); s. auch z. B. BVerfG (K) NJW 1996, 1273; BVerfG (K) NJW 2004, 3696.

[387] Vgl. z. B. BVerfG (K) NJW 2003, 1513 und BVerfG (K) B v. 15.7.2016 – 2 BvR 857/14 – Rn. 10 ff. für nachträgliche Anhörung nach § 33a StPO für Eingriffsmaßnahmen nach § 33 IV StPO.

[388] Vgl. BVerfGE 42, 243 (248); 49, 252 (259); 61, 78 (80); 63, 77 (79); 69, 233 (242); 73, 322 (327); 81, 97 (102); BVerfG (K) NJW 1993, 2793; *Nolte/Aust* MKS III, Art. 103 Rn. 77 ff.

[389] BGHZ 152, 182; s. auch BAG NJW 2005, 2637 zur Nichtzulassungsbeschwerde.

[390] Vgl. aber jetzt BGHZ 153, 189; dazu *Gaul* JZ 2003, 1088.

[391] Überblick bei Schmahl, in: Hofmann/Henneke, Art. 103 Rn. 22; s. auch *Voßkuhle* NJW 2003, 2193 (2194); vgl. auch BGH JR 2005, 201 – ergänzende Zulassung der Rechtsbeschwerde analog § 321a ZPO.

[392] Für das Verwaltungsgericht s. *Dolderer* DÖV 2000, 491 (493 f.).

[393] Vgl. BVerfG (K) NJW 1997, 1301 unter Bezugnahme auf BVerfGE 60, 96 (99) (zu § 513 ZPO aF).

[394] Vgl. z. B. BbgVerfG NJW 2004, 1651; NJW 2004, 3259; s. auch OLG Jena NJW 2003, 3495; zur Zurückweisung der Berufung durch Beschluss nach § 522 II ZPO s. BVerfG (K) B. v. 26.2.2019 – 1 BvR 1264/17 –; OLG Celle NJW 2003, 906; OLG Koblenz NJW 2003, 2100; OLG Rostock NJW 2002, 2105; BVerfG (K) NJW-RR 2006, 1654; NJW 2007, 3118; zu § 321a ZPO s. etwa *Müller* NJW 2003, 2743.

[395] Krit. *Voßkuhle* NJW 2003, 2193 (2197); *Graßhof* HGR V, § 133 Rn. 106.

[396] BGBl I 3220; vgl. *Gehb* DÖV 2005, 683; *Zuck* NJW 2005, 1226 und NVwZ 2005, 739; *Treber* NJW 2005, 97; BFHE 209, 419; VGH BW NJW 2005, 920; *Schenke* NVwZ 2005, 729.

[397] Vgl. für die Gegenvorstellung krit. wegen Rechtsmittelklarheit *Voßkuhle* NJW 2003, 2193 (2198); ähnl. *Schenke* NVwZ 2005, 729; zur Bedeutung für den Beschwerdefrist nach § 93 I 1 BVerfGG s. BVerfG (K) NJW 2003, 575; zum Abänderungsantrag nach § 80 VII VwGO BVerfG (K) NVwZ 2002, 848.

[398] Vgl. BVerfG (K) B. v. 18.2.2020 – 1 BvR 1750/19 Rn. 9; 1; zur Gegenvorstellung s. BFH NJW 1996, 1496; zur Umdeutung in eine Anhörungsrüge s. BbgVerfG LKV 2007, 176; zum Ausschluss bei nicht abänderbarer gerichtlicher Entscheidung s. BFH, B. v. 12.4.2011 – S 31/09.

[399] BVerfG (K) NJW 2014, 991 Rn. 26 – dort zur Auslegung einer „sofortigen Beschwerde" als Anhörungsrüge.

nicht.[400] Der Anwendungsbereich der Anhörungsrüge nach § 321a ZPO, § 152a VwGO, § 356a StPO,[401] § 133a FGG[402] ist auf Art. 103 I beschränkt.[403] Er umfasst nicht Art. 101 I 2.[404] Unvertretb. Verwerfung der Anhörungsrüge verstößt gegen Art. 103 I; der Verstoß ist nicht kausal, wenn die Rüge unbegründet war.[405] Ein Gehörsverstoß kann mit der Anhörungsrüge nicht mehr geltend gemacht werden, wenn die Partei die Möglichk. zur Äußerung nach gerichtl. Hinweis nicht genutzt hat;[406] damit stünde auch für die VB der Grundsatz der Subsidiarität entgegen. Die Anhörungsrüge bestimmt „Inhalt und Grenzen einer auf Art. 103 Abs. 1 GG gestützten Verfassungsbeschwerde",[407] hat also die Gehörsverletzung substantiiert darzulegen.

**41a**   Wird eine VB auf die Verletzung des rechtl. Gehörs gestützt, so zählt das Anhörungsrügeverfahren zur Erschöpfung des Rechtswegs,[408] dies auch dann, wenn rechtl. Gehör der Sache nach gerügt wird, auch wenn Bf. sich auf faires Verfahren oder sonstige Verfahrensgarantien oder auf Willkür stützt.[409] Für den Beginn der **Beschwerdefrist** ist dann die Entscheidung über die Gehörsrüge maßgeblich[410] – dies auch, wenn daneben mat. GrundR gerügt werden.[411] Der Bf ist an sich nicht gehalten, zur Fristwahrung zwei Verfassungsbeschwerden zu erheben[412] – was angesichts einer nicht in allem eindeutigen Rspr des BVerfG gleichwohl sinnvoll sein kann.[413] Wird keine Anhörungsrüge erhoben und wäre diese nicht offensichtl. aussichtslos gewesen, so ist die auch auf rechtl. Gehör gestützte VB insgesamt unzulässig, soweit sie den gleichen Streitgegenstand betrifft.[414] Die unterblieb. Rüge nach § 321a ZPO kann im Verfahren der VB nicht nachgeholt werden.[415] Gleiches gilt wegen der mat. SubsidiaritätVB, wenn der Gehörsverstoß mit der **Nichtzulassungsbeschwerde** nach § 544 ZPO hätte gerügt werden können.[416] Hält allerdings das BVerfG die Gehörsrüge für von vornherein aussichtslos, etwa bei offensichtl. Unzulässigkeit, dann vermag diese die Beschwerdefrist nicht offenzuhalten.[417] Hat das Gericht jedoch über die Anhörungsrüge in der Sache entschieden, ohne auf deren Verfristung einzugehen, so wird die VB nicht wegen Subsidiarität unzulässig.[418] Wenn also die Gehörsverletzung aus Sicht des Bf zumindest fraglich ist, sollte wegen Verletzung mat. GrundR VB fristgerecht eingelegt werden, ohne die Entscheidung über die Gehörsrüge abzuwarten.

**41b**   Wird rechtl. Gehör weder ausdr. noch der Sache[419] nach zum Gegenstand der VB gemacht, ist zur **Rechtswegerschöpfung** die Durchführung des Gehörsrügeverfahrens nicht erforderlich.[420] Dies gilt auch, wenn die Rüge der Gehörsverletzung vor dem BVerfG zurückgenommen wird.[421] Wurde das

---

[400] S. BT-Dr 15/3706; für § 152a VwGO bej. *Schenke* NVwZ 2005, 729 (736 f.) – dort auch für mat. grob gesetzwidr. Entsch.; zur außerordentl. Beschwerde *Blochinger/Kettinger* NJW 2005, 860; BVerfG (K) NJW 2007, 3418 (3419): „streitig".

[401] Vgl. hierzu BayVerfGH BayVBl 2007, 757.

[402] S. hierzu BFH NJW 2007, 2576.

[403] Vgl. BVerfG(/K) NJW 2009, 3710 Abs. 17 f., unter Bezugnahme auf NJW 2007, 3418, wo die Frage noch als str. bezeichnet worden war und BGH NJW 2008, 2126 (2127); anders noch VGH Mannheim NJW 2005, 920 und OVG NdsOVG NJW 2006, 2506; für Art. 19 IV jedoch abl. OVG Bbg NVwZ 2005, 1213; s. auch *Roth*, NVwZ 2009, 345 (346 ff.): für analoge Anwendung auf Art. 101 I 2.

[404] Vgl. BFH NJW 2007, 2576.

[405] BVerfG (K) B. v. 22.5.2015 – 1 BvR 2291/13 – Rn. 3 f.

[406] BGH NJW-RR 2018, 404.

[407] BVerfG (K) B. v. 10.2.2020 – 2 BvR 336/19 – Rn. 8.

[408] BVerfGE 122, 190 (198); 126, 1 (17); 134, 106 (115); BVerfGK 19, 262; BVerfG (K) B. v. 6.6.2016 – 1 BvR 1152/16 – B. v. 8.6.2016 – 1 BvR 2714/12 –.

[409] BVerfGE 134, 106 (115); BVerfGK 19, 23; BVerfG (K) B. v. 7.10.2016 – 2 BvR 1313/16 –; B. v. 8.6.2016 – 1 BvR 2825/15 –; B. v. 6.10.2014 – 2 BvE 1569/12 – Rn. 9 ff.; *Allgeyer* NJW 2013, 3484; insb. zur Anhörungsrüge im Eilverfahren BVerfG (K) B v. 8.6.2016 – 1 BvR 3046/15 ua.

[410] Vgl. BVerfG (K) NJW 2008, 2635; NJW-RR 2008, 75; NJW 2009, 3710 Abs. 16.

[411] So jetzt auch SächsVerfGH, B. v. 20.7.2007 – 21–VI–06 – mit Anm. *Jutzi* NJ 2008, 24; vgl. ferner BVerfG (K) NJW 2009, 3710 Abs. 16.

[412] So ausdrücklich BVerfG (K) NJW 2005, 3059 (3060).

[413] So auch *Sturm* AnwBl 2018, 94; *Lenz/Hansel,* BVerfGG, § 90 Rn. 405.

[414] Vgl. BVerfG (K) NJW 2005, 3059; *Lenz/Hansel* aaO Rn. 506 (111); gemeint ist der Streitgegenstand im fachgerichtl. Verfahren, vgl. *Allgeyer* NJW 2013, 3484 (3845) – der jedoch darauf verweist, dass dies kein strafproz. Begriff ist.

[415] BayVerfGH NJW 2006, 283.

[416] BVerfG (K) NJW 2007, 3418 (3419).

[417] BVerfG (K) NJW 2009, 3710 Abs. 16; BVerfG (K) B. v. 11.9.2015 – 2 BvR 1586/15 – Rn. 4; vgl. *Heinrichsmeier,* NVwZ 2010, 228 (231 f.); *Lenz/Hansel,* BVerfGG, § 90 Rn. 502 f.; keine neue Beschwerdefrist mit Entscheidung über die offensichtl. unzul. Anhörungsrüge: BayVerfGH BayVBl 2010, 399.

[418] BVerfG (K) B. v. 29.8.2017 – 2 BvR 863/17 – Rn. 12.

[419] Vgl. hierzu *Heinrichsmeier* NVwZ 2010, 228 (229), dort insbes. auch zur Ausnahme der offensichtlichen Unzulässigkeit der Anhörungsrüge, s. auch BerlVerfGH JR 2009, 367: entscheidend, ob Gehörsverstoß in der Sache geltend gemacht wurde – kein nachträglicher Rügeverzicht.

[420] BVerfGE 134, 106; BVerfG (K) B. v. 25.4.2018 – 2 BvR 2435/17 –; dies gilt auch dann, wenn beim Antrag auf Wiedereinsetzung keine neue, eigenständige Gehörsverletzung durch das Rechtsmittelgericht gerügt wird, BVerfG (K) NJW 2013, 592.

[421] BVerfGE 126, 1 (17); BVerfGE 134, 106 (111).

Gehörsrügeverfahren gleichwohl durchgeführt, wird dann aber im Verfahren der VB der Gehörsverstoß nicht gerügt, so ist das Verfahren jedoch fristbestimmend für die VB (es sei denn, die Gehörsrüge wird vom BVerfG als von vornherein aussichtslos erachtet, Rn 41a). Der Bf kann die VB also grds. auf die Rüge mat. GrundR beschränken. Dann bedarf es nicht der Erhebung der Anhörungsrüge oder anderer ungeschriebener Rechtsbehelfe wie zB Gegenvorstellung.[422] Allerdings ist diese Dispositionsbefugnis nicht unbeschränkt: unter dem Aspekt der **Subsidiarität** der VB kann der Bf gleichwohl gehalten sein, im fachgerichtl. Verfahren die Gehörsverletzung zu rügen, wenn *„den Umständen nach ein Gehörsverstoß durch die Fachgerichte naheliegt und zu erwarten wäre, dass vernünftige Verfahrensbeteiligte … bereits im gerichtlichen Verfahren einen entsprechenden Rechtsbehelf ergreifen würden.“*[423] Wird also bei sich aufdrängender Gehörsrüge diese nicht erhoben, so kann die VB wegen Subsidiarität unzulässig sein; dies wurde auch angenommen, wenn das Fachgericht einen nach Auffassung des BVerfG zentralen Aspekt des Vorbringens des Bf nicht berücksichtigt hatte.[424]

Der Gehörsverstoß durch das Berufungsgericht ist Zulassungsgrund nach § 543 II Nr. 2 ZPO.[425] Die Entscheidung **41c** über die Gehörsrüge selbst ist nicht mit der VB angreifbar, wenn sie keine eigenständige Beschwer schafft, sondern die durch die Ausgangsentscheidung eingetretene Gehörsverletzung fortbestehen lässt, indem eine „Selbstkorrektur" unterbleibt; anders, wenn die Rüge den Zugang zum Anhörungsverfahren betrifft.[426] Die Entscheidung über die Anhörungsrüge kann jedoch eine eigene verfassungsrechtl. Beschwer enthalten, wenn z. B. der Zugang zum Rügeverfahren unzulässig verweigert wird.[427] Wird ein Gehörsverstoß in einer Vorinstanz durch die Rechtsmittelinstanz nicht geheilt, so liegt in der Zurückweisung des Rechtsmittels kein eigenst. Gehörsverstoß, der im Wege der **„sekundären" Anhörungsrüge** nach § 321a ZPO bzw. den entspr. Bestimmungen der Prozessordnungen gerügt werden könnte. Hier gilt: Der fortwirkende Gehörsverstoß der Vorinstanz ist mit der VB gegen deren Entscheidung geltend zu machen; ein selbständiger Gehörsverstoß der Rechtsbehelfsinstanz mit der VB gegen deren Entscheidung, also die Zurückweisung der Gehörsrüge.[428] Dies gilt auch dann, wenn der Gehörsverstoß mit der Nichtzulassungsbeschwerde geltend gemacht wurde.[429] Eine **Heilung des Gehörsverstoßes** im Anhörungsrügeverfahren ist möglich, wenn das Gericht durch ergänzende Rechtsausführungen abhelfen kann; anders z. B. beim Übergehen eines erheblichen Beweisantrags.[430] Dass die Zusammensetzung des Gerichts sich geändert hat, z. B. auf Grund geänderter Geschäftsverteilung, ist unschädlich.[431]

**Rechtsmittelklarheit**[432] wird mit der Regelung zur Anhörungsrüge nur teilweise erreicht. Bei **41d** Bedenken bzgl. der Zulässigkeit der Anhörungsrüge dürfte es nach wie vor angezeigt sein, VB vorsorglich innerhalb der Vier-Wochen-Frist einzulegen, um das Risiko der Verfristung einer erst nach dem Anhörungsrügeverfahren eingelegten VB zu vermeiden.[433]

## VII. Weitere Verfahrenserfordernisse

**1. Faires Verfahren als allgemeines Prozessgrundrecht. a)** Der Grundsatz des **fairen Ver- 42 fahrens** als **allgemeines ProzessgrundR** (Rn. 3) bedeutet die Verpflichtung des Richters, das Verfahren so zu führen, wie die Parteien „es von ihm erwarten dürfen", sich nicht widersprüchl. zu verhalten, aus gerichtl. Versäumnissen keine Nachteile für die Parteien abzuleiten.[434] Es hat vor allem Bedeutung im Strafprozess erlangt.[435] Das Recht auf ein vorhersehbares Verfahren[436] ist daher auch ein Aspekt proz. Fairness. Die **prozessuale Generalklausel** ergreift einerseits jene Teilaspekte des Verfahrens, die, wie die Beschränkung der Gerichtsöffentlich. im Interesse Verfahrensbeteiligter,[437]

---

[422] Vgl. hierzu *Desens* NJW 2006, 1243 (1245); *Heinrichsmeier* NVwZ 2010, 228.

[423] BVerfGE 134, 106 (111) Rn. 28; BVerfG (K) B. v. 6.10.2014 – 2 BvE 1569/12 – Rn. 9 ff.

[424] BVerfG (K) B v. 4.5.2015 – 2 BvR 2169 und 2170/13, unter Bezugnahme auf BVerfGE 134, 306.

[425] BVerfG (K) NJW 2007, 3418.

[426] BVerfG (K) NJW 2007, 2242 (2243), NJW 2008, 2167 (2168); NJW 2008, 2635; offengelassen durch BayVerfGH BayVBl 2011, 283.

[427] Vgl. BVerfG (K) NJW 2008, 2167, dort auch zur Rechtsschutzgarantie aus Art. 20 III GG.

[428] BVerfG (K) NJW 2008, 2635.

[429] BVerfG (K) NJW 2007, 3418, BVerfG (K) NJW 2008, 2635; vgl. zum Verhältnis von Nichtzulassungsbeschwerde und Anhörungsrüge *Sangmeister* NJW 2007 2363 f.; *Zuck* NJW 2008, 2079 ff.

[430] BVerfG (K) NJW 2009, 580.

[431] BVerfG aaO.

[432] Vgl. zu Rechtsmittelklarheit und außerordentlichen Rechtsbehelfen BVerfG (K) NJW 2007, 2538.

[433] Vgl. hierzu BVerfG (K) NJW 2007, 2243; NJW-RR 2008, 75; *Lenz/Hansel*, BVerfGG, § 90 Rn. 405 f.; zu den Substantiierungserfordernissen für die Vb s. SächsVerfGH, B. v. 18.4.2011 – Vf. 6-IV-11 –.

[434] BVerfGE 78, 123 (126 f.): Nichtberücksichtigung einer unleserlichen Unterschrift, die das Gericht über längere Zeit nicht beanstandet hatte; BVerfGE 110, 339 zur Wiedereinsetzung nach Irreführung durch das Gericht; BVerfG (K) NJW 2004, 2149 – Verwerfung eines Wiedereinsetzungsantrags nach zweijähriger Befassung in der Sache; ThürVerfGH ThürVBl 2004, 116 (119); für den StrafProz s. auch EGMR NJW 2003, 1229 zur (ausnahmsweisen) Verantwortung des Staates für Fehler eines Pflichtverteidigers, zur „Auffangfunktion" s. *Uhle* HGR V, § 129 Rn. 60.

[435] Vgl. BVerfG (K) B. v. 4.2.2020 – 2 BvR 900/19 – Rn. 19 ff. – dort zu Mitteilungspflichten nach § 243 IV StPO.

[436] BVerfGE 87, 48 (65).

[437] Dazu BVerfGE 103, 44 (64); zur Gerichtsöffentlichkeit als Element des Fairnessgebots nach Art. 6 I EMRK s. jedoch EGMR NJW 2009, 2873; zu Eingangskontrollen/Videoüberwachung s. VG Wiesbaden NJW 2010, 1220; *Klotz* NJW 2011, 1186.

keinem der spez. VerfahrensgrundR zugeordnet werden können, kann andererseits aber auch in Fallgruppen erfasst werden, so im Gebot einer fairen Handhabung des Beweisrechts, insbes. bei der Verwertung rechtswidrig, z. B. durch Eingriffe in PersönlichkeitsR gewonnener Beweise[438] oder bei Aussagen anonymer Zeugen;[439] s. aber zum Beweisantragsrecht im Zivilprozessrecht Rn. 28. Auch nimmt die Generalklausel Anforderungen der **EMRK** auf verfassungsrechtl. Ebene auf,[440] so auch die Beiordnung eines **Dolmetschers,** obschon die sprachl. Verständigung auch den Äußerungsmöglichk. vor Gericht und damit dem Recht auf Gehör zugeordnet werden könnte.[441] Hier kann zudem das unionsrechtl. Diskriminierungsverbot zum Tragen kommen.[442] Insoweit bestehen Ansätze zu einer allg. **due-process-**Klausel auch im GG. Das Recht auf faires Verfahren ist über Art. 2 I bzw. im Strafverfahren bei Freiheitsstrafen über Art. 2 II 2[443] **verfassungsbeschwerdefähig.**[444] Die rechtsstaatl. Anforderungen an ein faires Verfahren sind auf der Schutzbereichsebene festzustellen; wird ein Eingriff festgestellt, kommt eine verfassungsrechtl. Rechtfertigung nicht mehr in Betracht.[445] Dem Recht auf faires Verfahren wird vom EGMR ein „herausragender Platz" in einer demokr. Gesellschaft zugewiesen; es darf deshalb nicht restriktiv ausgelegt werden.[446]

43     **b)** Das allg. ProzessgrundR bedeutet im **StrafProz**[447] vor allem ein Recht auf wirksame **Verteidigung,**[448] auf Mitwirkung eines Verteidigers,[449] der das Vertrauen des Angeklagten genießt; damit auch auf freie Wahl des Verteidigers[450] sowie das Vertrauensverhältnis zwischen Strafverteidiger und Beschuldigtem.[451] §§ 140 ff. StPO werden als Ausprägung sowohl des Fairnessgebots als auch des Art. 103 I gewertet.[452] Verfassungsrechtl. gewährleistet ist das Institut der **notwendigen** Verteidigung[453] und das Recht der Verteidigung, in jeder Situation des Verfahrens auf die Wahrheitsermittlung Einfluss zu nehmen,[454] die daher über einen sehr kurzfristig anberaumten Anhörungstermin informiert werden muss.[455] Die Beiordnung eines zusätzl. Pflichtverteidigers gegen den Willen des Angeklagten wurde, wenngleich extra legem erfolgend, aus dem Erfordernis einer „funktionstüchtigen Strafrechtspflege" gerechtfertigt, doch dürften die Kosten − jedenfalls bei Freispruch − nicht dem Angeklagten überbürdet werden.[456] Wiederholt wurde die extensive Handhabung von Ausschließungsgründen − etwa Verbot der Mehrfachverteidigung − als Eingriff in das Recht auf freie Verteidigerwahl beanstandet.[457] IVm **Art. 5 I** kann das Recht auf Verteidigung Äußerungen rechtfertigen, die den Tatbestand des § 185 StGB erfüllen.[458] Bestandteil des Rechts auf faires Verfahren ist auch das Recht des ausländ. Beschuldigten auf konsular. Unterstützung, der hierüber informiert werden muss.[459] Ein Recht auf Anwaltsbeistand kann auch im Strafvollzug bestehen[460] − weshalb Anträge des nicht anwaltlich vertretenen Strafgefangenen mit bes. Sorgfalt auszulegen sind.[461] Ein rechtsstaatl. Erfordernis **funktionstüchtiger Strafrechtspfle-**

---

[438] BVerfGE 106, 28 (48 ff.) für den Zeugen über Mithöreinrichtung verfolgter Telefonate; dazu *Foerste* NJW 2004, 262.

[439] EGMR NJW 2006, 2753.

[440] Vgl. BVerfGE 74, 358 (370); BayObLG JR 2003, 79 (80); *Nolte/Aust* MKS III, Art. 103 Rn. 91.

[441] So auch *Zierlein,* in: Umbach/Clemens GG II, Art. 103 Rn. 83; vgl. zur notwendigen Übersetzung eines Haftantrags BGH InfAuslR 2015, 301.

[442] Vgl. EuGH EuZW 1999, 82; zur Frage der Zustellung eines Schriftstücks in der falschen Sprache s. EuGH NJW 2006, 491.

[443] S. z. B. BVerfGE 57, 250 (274 f.); 70, 297 (322 f.); BVerfG (K) EuGRZ 2001, 516 (517); BVerfG (K) JR 2004, 37.

[444] Vgl. auch BVerfG (K) NJW 2003, 3043: Verstoß gegen Fairness als Nachteil iSv § 32 BVerfGG.

[445] Vgl. *Hartmann/Apfel* Jura 2008, 495 (500 f.).

[446] EGMR NJW 2009, 2873.

[447] Vgl. BVerfGE 38, 105 (111 f.); 57, 250 (274 ff.); 63, 45 (60); 78, 123 (126); BVerfG (K) B. v. 4.2.2020 − 2 BvR 900/19 − Rn. 19 ff.; *Hill* HStR VI, § 156 Rn. 35 ff.; *Hartmann/Apfel* Jura 2008, 495 ff.; zum OWi-Verfahren VerfGH Saarbrücken NZV 2018, 275 Rn. 27.

[448] BVerfGE 38, 105 (118); 39, 156 (168); 57, 250 (274 ff.); 63, 45 (60); 64, 135 (145); 66, 313 (318); 109, 13 (34 f.) − V-Mann-Problematik; BVerfG (K) NJW 2004, 3319; *Uhle* HGR V, § 129 Rn. 63 f.

[449] Vgl. *Zierlein,* in: Umbach/Clemens II, Art. 103 Rn. 81.

[450] Vgl. BVerfGE 66, 313 (321 ff.); zu § 142 Abs. 1 StPO i. d. F. des StrafVerfÄndG 1987 (BGBl I S. 475) s. *Meyer-Goßner* NJW 1987, 1161; BVerfG (K) NJW 2001, 3695 (3696).

[451] Vgl. BVerfG (K) NJW 2007, 2749 zum Grundsatz des unüberwachten mündlichen Verkehrs.

[452] Vgl. BVerfG (K) NJW 2001, 3695 − dies gilt auch für den Zweitverteidiger.

[453] BVerfGE 65, 171 (174) zum Ableitungszusammenhang Rechtsstaat − ordnungsgemäßes Verfahren − wirksame Verteidigung − notwendige Verteidigung.

[454] BVerfGE 63, 45 (70 ff.).

[455] OLG Nürnberg B v. 2.12.2015 − 1 WS 546/15 −.

[456] BVerfGE 66, 313 (321 ff.); zu den Kosten. auch BVerfG (K) NJW 2003, 196; BVerfG (K)NJW 2004, 3319 − 2. Wahlverteidiger; EuGH NJW 2004, 833 − aus andere, EU-Mitgliedstaat.

[457] Vgl. *Niemöller/Schuppert* AöR 107 (1982), 387 (438); BVerfG (K) NJW 2006, 1503: kein Anspruch auf Beiordnung eines bestimmten Rechtsbeistands.

[458] Vgl. BVerfG (K) NJW 2000, 3196; *Nolte/Aust* MKS III, Art. 103 Rn. 43.

[459] BVerfG JZ 2007, 887 mit Anm. *Burchard; Hartmann/Apfel* Jura 2008, 495 (499).

[460] OLG Bamberg NStZ-RR 2015, 93; OLG Nürnberg StV 2012, 169; OLG Karlsruhe NStZ-RR 2002, 29.

[461] BVerfG (K) B. v. 15.9.2014 − 2 BvR 2192/13 − Rn. 19 ff.; BVerfG (K) NStZ-RR 2013, 30.

**ge**[462] ist im rechtsstaatlich geordneten Verfahren anzustreben.[463] Gegenüber Beschränkungen von Verteidigerrechten aus diesem topos ist Zurückhaltung geboten. Dem Recht auf faires Verfahren zuzuordnen sind Absprachen im StrafProz.[464] Für den Strafrichter wirkt der Fairnessgrundsatz in erster Linie als Auslegungsrichtlinie für das VerfahrensR.[465]

**EGMR** und **EuGH** sehen das Recht auf **Anwaltsbeistand** als Grundlage eines fairen Verfahrens, das auch dem **44** **abwesenden** Angeklagten nicht vorenthalten werden darf,[466] Art. 6 III EMRK insoweit als Ausprägung des Art. 6 I. So ist zB § 141 III StPO für die Verteidigerbestellung vor ermittlungsrichterlicher Vernehmung des Belastungszeugen im Lichte des Art. 6 III lit. d EMRK auszulegen,[467] § 142 I im Lichte des Art. 6 III lit. c EMRK[468] Das Recht auf angemessene Vorbereitung der Verteidigung in Art. 6 III lit. b EMRK kann schließlich in Konflikt geraten mit der starren Revisionsbegründungsfrist nach § 345 I StPO.[469] Methodisch ist für die Beschuldigtenrechte nach Art. 6 III EMRK zu beachten, dass diese vom **EGMR** als Konkretisierungen des Fairnessgrundsatzes nach Art. 6 I EMRK aufgefasst werden und für die Konventionswidrigkeit des Verfahrens auf eine **Gesamtbetrachtung** abgestellt wird.[470] Art. 6 EMRK begründet also ein Gesamtrecht auf ein faires Verfahren, das unterschiedliche Teilrechte umschließt, so das ausdr. niedergelegte Recht auf Konfrontation mit dem Belastungszeugen, Art. 6 III lit. d)[471] oder das Recht auf proz. Waffengleichheit.[472] Auch die **Vertraulichkeit** des Gesprächs zwischen Anwalt und Mandant zählt zum Recht auf faires Verfahren nach Art. 6 I EMRK.[473] Art. 6 I EMRK kann auch verletzt sein, wenn ein Anwalt wegen contempt of court belangt und in seiner forensischen Redefreiheit verletzt wird.[474]

Nicht nur sein Schweigerecht (nemo-tenetur-Grundsatz),[475] auch **Mitwirkungsrechte** des Beschuldigten werden auf das Rechtsstaatsgebot zurückgeführt,[476] das Verfahren muss das rechtsstaatliche **45** **Schuldprinzip** wahren, der Angeklagte darf nicht Objekt staatl. Handelns werden. Thematisch sind diese Rechte an sich dem Recht auf Gehör zugeordnet,[477] so ist die Möglichkeit verbürgt, durch Beweisanträge auf die Beischaffung bestimmter Beweismittel zu dringen.[478] § 244 V 2 StPO trägt dem hinr. Rechnung,[479] ebenso § 240 II 1 StPO.[480] Dem Fairnessgebot zugeordnet werden rechtsstaatl. Anforderungen an das **Beweisverfahren,**[481] so ein Recht auf Aktenherausgabe,[482] auf mat. Beweisteilhabe, auf Wissensparität durch Zugang zu den Quellen der Sachverhaltsfeststellung,[483] der mittelb. Beweismittel (V-Männer, Zeugen vom Hörensagen), die vom EGMR deutlich restriktiver behandelt werden,[484] aber auch das Zeugnisverweigerungsrechte wie nach § 52 StPO.[485] Gehen Beweismittel auf den Einsatz von **agents provocateurs** zurück, so kann diese Verletzung des Fairnessgebots ab initio

---

[462] Vgl. z. B. BVerfGE 33, 367 (383).

[463] Vgl. *Degenhart* HStR V³, § 115 Rn. 38.

[464] Dazu BVerfG (K) B. v. 4.2.2020 – 2 BvR 900/19 – Rn. 19 ff.; BGHSt 50, 40; *Beulke/Swoboda* JZ 2005, 67; *Schöch* NJW 2004, 3462; *Hettinger* JZ 2011, 292.

[465] Vgl. *Rose* JR 2003, 80 (81) – zu BayObLG JR 2003, 79.

[466] Vgl. insbes. EuGH EuGRZ 2000, 160 für Zurückweisung des Anwalts in französischem Abwesenheitsverfahren; EGMR NJW 1999, 2353 dazu Anm. *Dörr* JuS 2000, 388; EGMR NJW 2001, 2387; NJW 2008, 2317; s. auch BVerfG (K) DVBl 2004, 695: Verurteilung in Abwesenheit (Italien) unter Gehörsverstoß als Auslieferungshindernis – Recht auf Gehör als Bestandteil des deutschen ordre public.

[467] BGHSt 46, 93.

[468] BGH NJW 2001, 237.

[469] Vgl. hierzu *Grabenwarter* NJW 2002, 109.

[470] S. dazu *Eisele* JR 2004, 12 (15 f.).

[471] S. EGMR JR 2006, 89 mit Anm. *Hahn;* zur Verlesung der Aussage eines Belastungszeugen s. EGMR NJW 2009, 2873; zur Verwertbarkeit der Aussagen nicht konfrontierter Belastungszeugen s. BGHSt 51, 150; BVerfG (K) NJW 2010, 925.

[472] Vgl. hierzu *Gaede* JR 2006, 292 (293).

[473] EGMR NJW 2007, 3409; zum Schutz der Kommunikation zwischen Strafverteidiger und Beschuldigtem auch BVerfG NJW 2007, 2749.

[474] EGMR NJW 2006, 2901; NJW 2009, 2873; zur forensischen Redefreiheit des Anwalts *Degenhart* BK Art. 5 I und II (2017) Rn. 445; der Parteien BVerfG (K) NJW 2000, 199; B. v. 8.11.2016 – 1 BvR 988/15 – Rn. 6.

[475] Dazu *Möstl* HStR VIII³, § 179 Rn. 69; grundlegend EGMR EuGRZ 1996, 587; weiterhin EGMR NJW 2006, 3117; NJW 2008, 3549; näher *Müller* EuGRZ 2002, 546 (550 f.) primär auf Art. 1 I abstellend BVerfGE 56, 37 (49).

[476] BVerfGE 57, 250 (279 ff.): Beweisantrags-, Frage- und Auskunftsrechte; s. auch BVerfGE 41, 246 (249): Recht auf Teilnahme in der Hauptverhandlung; BVerfG (K) NJW 2004, 209 (211); BVerfG (K) NJW 2004, 209 (211) für die Beweisregeln der §§ 244 ff. StPO; EGMR NJW 1999, 2353.

[477] Antragsrechte und Anwesenheit in der Hauptverhandlung betreffen vorrangig das Recht auf Gehör, wenngleich BVerfG in st. Rspr. – etwa BVerfGE 15, 249 (256); 31, 364 (370); näher *Niemöller/Schuppert* AöR 107 (1982), 387 (464 ff.) – aus Art. 103 I keinen Anspruch auf Mündlichkeit ableitet.

[478] Vgl. BVerfGE 57, 250 (274); BVerfG (K) NJW 1996, 3408; NJW 1997, 999 (1000).

[479] BVerfG (K) NJW 1997, 999 (1000).

[480] BVerfG (K) NJW 1996, 3408.

[481] BVerfGE 57, 250 (274 ff.); 63, 45 (60); 130, 1 (25); BVerfG (K) JR 2004, 37 zu § 244 II StPO mit Anm. *Böse.*

[482] Zu § 96 StPO s. VG Weimar ThürVBl 2002 93 (94) – dort als Frage des Art. 103 I eingestuft.

[483] Vgl. VerfGH Saarbrücken NZV 2018, 275 Rn. 27; BVerfGE 63, 45 (69) für Spurenakten.

[484] Dazu grundlegend BVerfGE 57, 250 (274 ff., 280 f.); s. auch BVerfG (K) NJW 1992, 168; NJW 1997, 999; BVerfGE 109, 13 (34 ff.); EGMR NJW 2006, 2753 (2755); *Hartmann/Apfel* Jura 2008, 495 (498).

[485] Vgl. BVerfG (K) NJW 2010, 287.

als Verstoß gegen Art. 6 I EMRK ein **Beweisverwertungsverbot** nach sich ziehen,[486] ebenso heimliche Gesprächsüberwachung[487] oder sonst rechtswidrige Beweisgewinnung,[488] wenn besondere Umstände einen Verstoß gegen das Fairnessgebot begründen; sowie unmenschliche Behandlung, Art. 3 EMRK[489] (Art. 104 Rn. 27). Das Fairnessgebot bestimmt das Verfahren der Wahrheitserforschung im StrafProz; probl. daher die Strafzumessung durch Revisionsgerichte; jedenfalls ist restr. Handhabung des § 354 I a 1 StPO geboten; es besteht eine **Anhörungsverpflichtung** und eine Pflicht zur Begründung der Entscheidung.[490] Das Fairnessgebot gilt im Disziplinarverfahren und gebietet. dass staatliche Sanktionen auf zureichender, der Bedeutung der betroff. GrundR gemäßer richterl. Sachaufklärung beruhen.[491]

**45a**  Im (strafrechtl.) **Rehabilitierungsverfahren** kann die ungeprüfte Übernahme der Tatsachenfeststellungen eines **DDR-Gerichts** das Recht auf wirks. Rechtsschutz verletzen.[492] Als Frage des fairen Verfahrens wird auch das AnwesenheitsR bei der richterlichen Vernehmung des Mitbeschuldigten gesehen,[493] obschon es auch hier um spezif. Fragen des Gehörs geht.

**46**  Eine prinzipielle **Unschuldsvermutung,** wie in Art. 6 II EMRK[494] wird für das GG aus dem **Rechtsstaatsgebot** abgeleitet:[495] sie richtet sich gegen den **Staat** und ist verletzt durch Aussagen zur Schuld einer Person, die noch nicht verurteilt worden ist,[496] wenn zB in der E. nach § 467 StPO, schuldhafte Begehung einer Straftat festgestellt wird, noch nicht bei der Feststellung „in hohem Maße verdächtig".[497] Auch staatliche Informationstätigkeit kann dagegen verstoßen, so bei der Erklärung eines Kammervorsitzenden nach Einstellung, er halte den Angeklagten für schuldig.[498] „**Vorverurteilungen"** durch die Medien sind keine Frage der Unschuldsvermutung, sondern der Schranken der Pressefreiheit.[499]

**47**  c) Für den **Zivilprozess** hat das Recht auf faires Verfahren i. Ü.[500] geringere Relevanz erlangt[501] und überlagert sich zT mit dem Gebot der Waffengleichheit (→ Rn. 49). Wesentl. Aspekte eines rechtsstaatl. Verfahrens wie die Auslegung proz. Willenserklärungen[502] oder die Beiziehung von Sachverständigengutachten[503] betreffen überwiegend das Recht auf Gehör.[504] Auf faires Verfahren ist abzustellen, wo mangels richterl. Tätigkeit Art. 103 I nicht anwendbar ist, so vor dem Rechtspfleger.[505]

**48**  d) Auf **wirksamen Rechtsschutz** nach dem Justizgewährungsanspruch bzw. Art. 19 IV stellt das BVerfG zunehmend ab, wo es um den **Zugang zum Gericht** oder einer **Instanz** geht;[506] dies auch für Kostenfragen: Kostenrisiken dürfen die Anrufung des Gerichts nicht prakt. Unmögl. machen und

---

[486] EGMR EuGRZ 1999, 660; NJW 2009, 3565, zu Beweisverwertungsverboten bei Gehörsverstößen *Wolter* FS Roxin, 2001, S. 1141 (1151); bei sonstigen Verfassungsverstößen BVerfG (K) EuGRZ 2004, 807 (808); NJW 2010, 287; bei schwerwiegenden Verfahrensverstößen bei Durchsuchung und Beschlagnahme BVerfGE 113, 29 (61); zu § 136a StPO *Jahn* JuS 2005, 1057; problematisch ThürVerfGH ThürVBl 2010, 179: Beweisverwertungsverbot bei Verstoß gegen Richtervorbehalt nur wenn „besonders schwerwiegender Fehler" der Strafverfolgungsbehörden.

[487] BGHSt 53, 296 (306) – Ehegattengespräch in U-Haft; s. dazu auch *Zuck* JR 2010, 17.

[488] BVerfGE 130, 1 (25, 40).

[489] EGMR NJW 2006, 3117; NJW 2007, 2461; NJW 2010, 3145 Abs. 162 ff.; vgl. hierzu *Grabenwarter* NJW 2010, 3128 (3131).

[490] BVerfGE 118, 212 (235 f.).

[491] BVerfGE 118, 212 (230 ff.).

[492] BVerfGE 101, 275; s. auch BVerfG (K) ZOV 2015, 19 Rn. 13 zu unzureichender Sachaufklärung. BVerfG (K) B. v. 9.12.2014 – 2 BvR 429/11 – Rn. 14.

[493] BGHSt 42, 391; BGH JR 1998, 165 mit Anm. *Theisen:* keine enstpr. Anwendung des § 168c II StPO.

[494] Vgl. etwa EGMR NJW 2004, 43; dazu *Krumm* NJW 2005, 1832.

[495] BVerfG in st. Rspr.; vgl. zusammenfassend BVerfGE 74, 358 (370 f.); 82, 106 (114 ff.); BVerfG (K) EuGRZ 2002, 466 – Datenspeicherung trotz Freispruch; NJW 2005, 817; BVerfG (K) NJW 2009, 3569 zur Wirkung gegenüber Verfahrensunbeteiligten; s. auch BbgVerfG NJW 1997, 451 zum Verhältnis von Unschuldsvermutung und selbstständiger Einziehung; ThürVerfGH ThürVBl 2004, 116 (118); s. hierzu *Lindner* AöR 133 (2008), 235 (242 ff.), der vor allem auf das allg. Persönlichkeitsrecht abstellen will.

[496] EGMR NJW 2004, 43; für Drittwirkung auf der Grundlage einer Persönlichkeitsrechtlichen Ableitung *Lindner* AöR 133 (2008), 235 (257 f.).

[497] BVerfGE 82, 106 (114 ff.) mit abwM 122 ff.; dort auch zur uneinheitlichen Linie des EGMR.

[498] S. hierzu EGMR NJW 2006, 1113; dort zu den näheren Voraussetzungen.

[499] S. hierzu *Hassemer* NJW 1985, 1921; *Degenhart* BK, Art. 5 (2017) Rn. 462.

[500] Vgl. unter dem Aspekt unzul. Überraschungsentscheidungen BVerfG (K) NJW 1996, 3202 (→ Rn. 17); BVerfGK 19, 377 (381); für Rechtsmittelbelehrung s. BVerfGE 93, 99 (107 ff.); zur Einlegung der Berufung beim unzuständigen Gericht BVerfG (K) NJW 2001, 1343; zum Hinweis auf Kostenfolgen BVerfG (K) NJW 2004, 1097 und 1098, für das Mahnverfahren auf Fairness abstellend.

[501] Zur grundsätzlichen Geltung s. BVerfGE 78, 123 (126).

[502] BVerfGE 88, 118 (123 ff.).

[503] Vgl. → Rn. 17 mit Fn. 144 f.

[504] BVerfGE 88, 118 (123); BVerfGE 78, 123 (126) für Überraschungsentscheidung.

[505] BVerfGE 101, 397 (404).

[506] BVerfG (K) B. v. 20.2.2020 – 1 BvR 427/19 – Rn. 10; s. auch *Nolte/Aust* MKS III, Art. 103 Rn. 88; *Huber* MKS I, Art. 19 IV Rn. 364.

nicht außer Verhältnis zum Rechtsschutzziel stehen.[507] Ein **Instanzenzug** ist nicht geboten,[508] auch nicht durch das Fairnessgebot im StrafProz.[509] Wo aber eine weitere Instanz eröffnet ist, darf der Zugang nicht unverhältnism. erschwert werden,[510] etwa durch übersteigerte Anforderungen an die Darlegung der Zulassungsgründe,[511] ebenso wenig bei Verlängerung einer oder Wiedereinsetzung in die Begründungsfrist[512] (s. auch Rn. 37) oder im Fall unleserl. Unterschriften[513] oder fristgebundener Erklärungen, die beim unzuständigen Gericht eingehen.[514] Für den StrafProz wird hierfür auch **Art. 19 IV** herangezogen,[515] ähnlich auch für das **sozialgerichtliche** Verfahren[516] sowie für Entscheidungen des **Rechtspflegers**.[517] Art. 19 IV wurde verletzt durch Nichtbearbeitung eines Antrags auf gericht. Entscheidung nach StVollzG wegen darin enthaltener Beleidigungen.[518] Der EGMR sieht gleichmäßigen Zugang zu den Gerichten als Erfordernis eines fairen Verfahrens, **Art. 6 I EMRK**.[519]

e) **Prozessuale Waffengleichheit**[520] kann im Zivilprozess ua für die Beweislast bedeutsam sein, **49** so bei struktureller Überlegenheit einer Seite, wie im Arzthaftungsprozess.[521] Als Gebot der **Rechtsschutzgleichheit** betrifft es den Zugang zum Gericht (s. Rn. 24 – Prozesskostenhilfe) und bindet auch den Gesetzgeber.[522] Gleichheit der proz. Stellung folgt jedoch aus Art. 3 I ebenso wie aus dem Recht auf Gehör; dies betrifft auch den Zugang zu Rechtsmitteln,[523] während die Beweislastverteilung ein Aspekt des fairen Verfahrens ist,[524] ähnlich wie im **StrafProz** Waffengleichheit,[525] auch für den **Nebenkläger;** Versagung der Kostenerstattung ihm gegenüber kann den Grundsatz des fairen Verfahrens und der Waffengleichheit verletzen.[526] Der Grundsatz gilt auch im **Verwaltungsprozess**.[527]

2. **Willkürverbot und materielle Grundrechte.** Das **allgemeine Willkürverbot** wird mit- **50** unter zur Korrektur fehlerhafter Anwendung von Verfahrensnormen eingesetzt,[528] auch wenn es um die speziellere Thematik des Gehörs geht. Es gilt als verletzt, wenn die Entscheidung „sachlich unhaltbar und mithin objektiv willkürlich",[529] unter keinem denkbaren Aspekt rechtlich vertretb.

[507] BVerfG (K) NJW 2006, 136.
[508] Vgl. etwa BVerfGE 65, 76 (90); 78, 88 (99); 96, 27 (39); 104, 220 (231 f.); 136, 382 Rn, 32; ebenso für Art. 6 EMRK *Peukert* RabelsZ 63 (1999); 600 (611).
[509] BVerfGE 118, 212 (235) zur Strafzumessung durch das Revisionsgericht.
[510] Vgl. BVerfGE 88, 118 (123); 93, 99 (107); 97, 27 (39); 104, 220 (232); 112, 185 (207 f.); BVerfG (K) NJW 2004, 1371 zur Revisionszulassung im Zivilprozess; dazu auch B. v. 1.8.2013 – 1 BvR 2515/12: Entzug des gesetzl. Richters; BVerfGE 54, 277 (291 f.) für Revisionsannahme; anders BayVerfGH BayVBl 2001, 746 für Zugang zu Instanzen; BGH NJW 2000, 3284 für Wiedereinsetzung in Einspruchsfrist gegen im Ausland zuzustellendes Versäumnisurteil; BbgVerfG NVwZ 2000, 60 für Antrag Berufungszulassung; zu § 124 VwGO BVerfG (K) NVwZ 2005, 1176; BayVerfGH BayVBl 2010, 212; für Verschulden bei Wiedereinsetzung BVerfG (K) NJW 2007, 3342; NJW 2012, 592; für Fristen bei Prozesskostenhilfe BVerfG (K) B. v. 20.2.2020 – 1 BvR 427/19 – Rn. 10.
[511] BayVerfGH BayVBl 2010, 212.
[512] Vgl. BVerfG (K) NJW 1997, 2941; NJW 2000, 944; NJW 2000, 1634 (bei Arbeitsüberlastung); NJW 2001, 812; NJW 2001, 3473; NJW 2004, 2583 (Versäumnisse des Personals).
[513] BVerfG (K) NJW 1998, 1853 mit Anm. *Schneider* NJW 1998, 1844.
[514] Zur Verpflichtung des Gerichts, diese weiterzuleiten, s. BVerfGE 93, 99 (112 ff.); BVerfG (K) NJW 2005, 2137; zur anwaltlichen Sorgfalt bei Übermittlung durch Kurierdienst BVerfG (K) NJW 1999, 3701.
[515] Vgl. BVerfG NJW 1996, 1811 für Rechtsmittelbelehrung im StrafProz; BVerfG (K) NJW 1995, 2544 für Wiedereinsetzungsgesuch: Art. 19 IV iVm Art. 103 I; BVerfG (K) NJW 2000, 649 zur Behandlung auslegungsfähiger Anträge als Frage des Art. 19 IV; BerlVerfGH JR 1999, 187; JR 1999, 188: Wiedereinsetzung; dazu auch BVerfG (K) NVwZ 2001, 1392.
[516] Vgl. BSG NJW 1997, 1326 (1327) für die Aufforderung des Gerichts, innerhalb bestimmter Frist Prozessvollmacht vorzulegen: Verstoß gegen Art. 19 IV und zugleich gegen Art. 103 I.
[517] Vgl. BVerfGE 101, 397 (407 f.) zu §§ 62, 55 FGG; *Mielke* BayVBl 2004, 520.
[518] BVerfG (K) NJW 2001, 3615.
[519] EGMR NJW 1999, 1173 – dort zur Gewährung von Immunität für internationale Organisationen; NJW 2003, 649 zur Einschränkbarkeit durch zwischenstaatliche Vereinbarungen.
[520] Grundlegend EGMR NJW 1995, 1413; Vgl. *Remmert*, in: Maunz/Dürig, Art. 103 (2016) Rn. 35; insb. zum ArzthaftungsR BVerfGE 52, 131 (153 ff.); OLK Koblenz B. v. 16.10.2015 – 5 U 853/15 –.
[521] OLG Hamm, U. v. 30.1.2015 – I-26 U 5/14, 26 U 5/14 – Rn. 46.
[522] Hierzu BVerfG (K) NJW 2005, 659.
[523] BVerfG 35, 263 (271 ff.); vgl. auch BVerfG (K) NJW 1997, 2229.
[524] Vgl. BVerfGE 52, 131 (143 ff., 153 ff.).
[525] Näher *Degenhart* HStR V³, § 115 Rn. 16, 49.
[526] BVerfG (K) NJW 2006, 136.
[527] Vgl. zur 6. VwGO-Novelle durch G. vom 1.11.1996, BGBl I 1626; *Hatje* DÖV 1997, 477 (452) sowie die Korrektur durch RmBereinVpG v.20.12.2001, BGBl I 3987.
[528] BVerfGE 42, 64 (70); 52, 131 (161 f.) – Hinweispflichten; BVerfGE 54, 117 (123) und 69, 248 (254) – Präklusion; BVerfGE 71, 202 (204) – Auslegung von Prozesserklärungen; s. auch BVerfG (K) NJW 1997, 999 (1000); BVerfGE 89, 1 (14); BVerfG (K) NJW 1998, 369; NJW 2001, 1125; BayVerfGH NJW 1997, 1001 (1002); BerlVerfGH JR 1998, 99; BerlVerfGH JR 2002, 453 – nicht nachvollziehbare Handhabung von Beweislastregeln im Zivilprozess.
[529] BVerfGE 58, 163 (167 f.); für nicht haltbare Beweiswürdigung BVerfG (K) B. v. 23.3.2020 – 2 BvR 1615/16 –.

ist,[530] nicht, wenn sich das Gericht mit der Rechtslage eingehend auseinandergesetzt hat.[531] Auch als Korrektiv für die Anwendung mat. Rechts wird das Willkürverbot des Art. 3 I bzw. der LandesgrundR herangezogen,[532] jedoch nur dann, wenn die Entscheidung unter keinem Aspekt vertretb., schlechthin unhaltbar oder eindeutig unangemessen ist,[533] wenn ihr offensichtlich unsachl. Erwägungen zugrunde liegen,[534] die Begründung völlig nichtssagend oder unverständlich ist, eine offensichtl. einschlägige Vorschrift nicht berücksichtigt,[535] der Inhalt der Norm ganz offenkundig verfehlt wird.[536] Dann sehen sich die LVerfG auch befugt, die Anwendung – oder eben Nicht-Anwendung – von BundesR durch Landesgerichte zu prüfen.[537]

51    Art. 2 II 2 verstärkt im **StrafProz** rechtsstaatliche Erfordernisse und macht sie rügefähig für die VB (Rn. 42). Dass für das **Zwangsvollstreckungsverfahren** auf Art. 14 abgestellt wird,[538] ist durch die dortige Eingriffssituation bedingt. Insgesamt wird der ZivProz vom Gedanken der **Grundrechts-relevanz des Verfahrensrechts** (s. *Sachs*, vor Art. 1 Rn. 34) nur am Rande beeinflusst. Für das **arbeitsgerichtliche** Verfahren kann Art. 12 I heranzuziehen sein,[539] in familienrechtl. Angelegenheiten Art. 6 II.[540] Mat. GrundR sind relevant, wenn, wie bei Durchsuchungen und Freiheitsentziehungen, der Grundrechtseingriff unter **Richtervorbehalt** steht.[541]

### 3. Insbes.: überlange Verfahrensdauer

52    Der EGMR leitet aus dem Fairnessgebot in Art. 6 I EMRK die Konventionswidrigkeit überlanger Verfahrensdauer ab.[542] Er sah für die BRep hier ein strukt. Problem und konventionswidrige Praxis und vermisste eine wirksame Beschwerdemöglichkeit nach Art. 13 EMRK.[543] Dem will das ÜberlVfRSchutzG vom 24.11.2001[544] durch Ver-zögerungsrüge und Verzögerungsbeschwerde nach §§ 198 ff. GVG abhelfen.[545] Die Verfahrensdauer ist nicht Thema des Art. 103 (s. demgegenüber das Recht auf zügiges Verfahren nach Art. 52 IV 1 BbgVerf[546] oder Art. 78 III 1 SächsVerf[547]), doch fordert das Rechtsstaatsprinzip[548] iVm Art. 6 I EMRK[549] im Interesse der Rechtssicherheit und eff. Rechtsschutzes,[550] dass stritt. Rechtsverh. in „angemessener" Zeit geklärt werden. Bei Haftsachen folgt das Beschleunigungsgebot aus Art. 2 II 2 GG iVm dem Rechtsstaatsgebot[551] sowie Art. 104 I,[552] aber auch aus Art. 6 I

---

[530] BVerfGE 62, 189 (192); 80, 48 (51); 86, 59 (62); 87, 273 (278); BVerfG (K) NJW 2005, 3345 (3346); BVerfG (K) FamRZ 2016, 21: Übergehen des § 1357 III BGB trotz Vortrags Verstoß gegen Willkürverbot und gegen Art. 103 I.

[531] BVerfGE 87, 273 (279); BVerfG (K) NJW 1999, 1387 (1389).

[532] Vgl. *Remmert*, in: Maunz/Dürig, Art. 103 (2016) Rn. 36; BerlVerfGH JR 1998, 99; BVerfG (K) NJW 2000, 2494; BayVerfGHE 36, 75 (78); 50, 60 (64); 51, 67 (69); 53, 157 (159); BayVerfGH NJW 2005, 1347; BayVBl 2005, 302 (303); ThürVerfGH LKV 2004, 125; BerlVerfGH NJ 2003, 361; JR 2003, 365; krit. *Kenntner* NJW 2005, 785 (787 f.).

[533] Zusammenfassend BayVerfGH BayVBl 2005, 302 (303).

[534] BerlVerfGH JR 2003, 365.

[535] BVerfG (K) NJW 2014, 3147 – fehlende Aktivlegitimation –.

[536] ThürVerfGH ThürVBl 2004, 88.

[537] ThürVerfGH ThürVBl 2004, 88; BayVerfGH BayVBl 2003, 591 (592).

[538] Vgl. BVerfGE 46, 325 (334 f.); 49, 220 (225 f.); 51, 150 (156).

[539] BVerfG (K) NJW 2000, 1483.

[540] BVerfGE 99, 145 (162 ff.): Art. 6 II iVm Art. 103 I erfordert Pflegerbestellung – zu weiteren mat. GrundR s. *Nolte/Aust* MKS III, Art. 103 Rn. 86.

[541] BVerfGE 103, 142 (155); 105, 239 (251); *Lisken* NVwZ 2002, 513 (517 f.).

[542] Für Strafverfahren EGMR NJW 1999, 3545; 2002, 2856; NVwZ-RR 2006, 513; für Steuersachen s. EGMR NJW 2002, 3452; für den Zivilprozess EGMR NJW 2006, 2389; 2007, 1259 (1262) für Entigungsentschädigung; EGMR EuGRZ 2007, 268; zu den Beurteilungskriterien – Komplexität des Falles, Verhalten der Beteiligten, Vorgehen der Gerichte, Auswirkungen auf die Beteiligten s. zB EGMR EuGRZ 2002, 325 (327); näher *Peukert* RabelsZ 63 (1999), 600 (618 f.); *Laue* Jura 2005, 89 ff.; *Wohlers* JR 2005, 187 zur revisionsrechtlichen Behandlung.

[543] EGMR NJW 2010, 3355; s BGH JZ 2011, 471; *Althammer* JZ 2011, 446.

[544] G über den Rechtsschutz bei überlangen Gerichtsverfahren und strafrechtlichen Ermittlungsverfahren, BGBl. I S. 3202.

[545] Vgl. hierzu *Schenke*, NVwZ 2012, 257.

[546] Dazu s. BbgVerfG NJ 1996, 585; NJ 1997, 22; LKV 2003, 427 – vorzeitige Zulässigkeit der Vb; LKV 2005, 354.

[547] Für VerwProz SächsVerfGH LKV 2003, 426; krit. *Scheffer* NJ 2010, 265 ff.; BVerfG (K) BayVBl 2006, 108 für Absetzung eines landesarbeitsgerichtl. Berufungsurteils mehr als 5 Monate nach Verkündung; EGMR NJW 2006, 2389.

[548] Vgl. BVerfG (K) NJW 2000, 797: 15-jähriger Rechtsstreit zwischen Wohnungseigentümern, dreijähriges Untätigbleiben auf sofortige weitere Beschwerde wegen Arbeitsüberlastung des Gerichts; s. auch BVerfG (K) NJW 2003, 2225 sowie NJW 2003, 2228 für Strafverfahren.

[549] Vgl. BGHSt 46, 160.

[550] Vgl. BVerfG (K) NJW 2004, 334: 5$\frac{1}{2}$ Jahre Verfahrensdauer für PKH bei Sozialhilfe als Verstoß gegen Art. 19 IV; BVerfG (K) NVwZ-RR 2004, 2 für zehnjähriges Revisionsverfahren beim BFH; BVerfG (K) NJW 2005, 3488.

[551] BVerfG (K) NJW 2001, 2707 zur Strafaussetzung nach § 57a StGB – 11 Monate als überlange Verfahrens-dauer; NJW 2005, 3485 zu 8-jähriger U-Haft; BVerfG (K), StV 2008, 198 – Pflicht zur Überprüfung der auf die Gesamtdauer der Hauptverhandlung bezogenen Terminierungsdichte; zur Abwägung mit dem Recht auf den gesetzl. Richter bei Amtsenthebung von Schöffen s. OLG Rostock B 10.3.2016 – 20 AR 8/16 – Rn. 5.

[552] BVerfGE 20, 45 (50); 36, 264 (270 ff.); 53, 152 (161 f.); BVerfGK 19, 241 (248); *Wittreck* HStR VII, § 151 Rn. 49.

EMRK;[553] für U-Haft ist Art. 5 III EMRK zu beachten.[554] In Strafsachen verletzt eine von den Strafverfolgungs-organen zu verantwortende erhebl. Verzögerung den Beschuldigten in seinem Recht auf rechtsstaatlich-faires Ver-fahren.[555] Überlange Verfahrensdauer kann unter bes. Umständen ein zur Einstellung führendes Verfahrenshindernis begründen,[556] ist iÜ bei der Strafzumessung zu kompensieren,[557] aber auch außerhalb des Strafprozesses zu berück-sichtigen.[558] Die Rspr. des EGMR ist heranzuziehen.[559] Bes. Bedeutung kann die Verfahrensdauer in Kindschafts-sachen erlangen.[560] In einer Kammerentscheidung hat das BVerfG einer VB wegen gerichtl. Untätigkeit stattgege-ben.[561] Art. 6 I EMRK gilt auch für VerfG;[562] eine Verfahrensdauer von 8 Jahren kann selbst bei chron. Arbeitsüber-lastung nicht hingenommen werden.[563] Unter dem Aspekt der Subsidiarität kann der Bf gehalten sein, vor Erhebung einer VB Rechtsmittel nach dem ÜberlVfRSchutzG zu ergreifen.[564]

## C. Nullum crimen, nulla poena sine lege (Abs. 2)

### I. Allgemeines: Rechtsstaatliche Grundlagen des Strafrechts – Schuldprinzip

Abs. 2 als Konkretisierung des **Rechtsstaatsgebots** für die staatl. Strafgewalt[565] und spez. Will- **53** kürverbot für die Strafgerichtsbark.[566] nimmt eine zentrale Errungenschaft der liberalen Verfassungs-bewegung auf.[567] Eine Tat kann nur bestraft werden kann, wenn die Strafbarkeit gesetzl. bestimmt war, bevor sie begangen wurde. Seine Bedeutung erschöpft sich nicht im Verbot der gewohnheitsrechtl. oder rückw. Strafbegründung, sondern enthält für die Gesetzgebung ein striktes Bestimmtheitsgebot sowie ein korrespondierendes, an die Rspr. gerichtetes Verbot strafbegründender Analogie.[568] Der Garantiegehalt umfasst iE[569] das an den Gesetzgeber gerichtete Prinzip der Gesetzesbestimmtheit der Strafe, also **Gesetzlichkeitsprinzip** und **Bestimmtheitsgebot**[570] sowie generelles **Rückwirkungs-verbot**[571] *(nullum crimen, nulla poena sine lege);* des Weiteren das an die Rspr. gerichtete **Analogie-verbot,**[572] wie auch ein allg. Präzisierungsgebot und Vorgaben für die Auslegung von Strafrechts-normen.[573] Abs. 2 ist jedenfalls **grundrechtsgleiches Recht**[574] und über Art. 93 I Nr. 4a verfassungs-beschwerdefähig; die Bezeichnung als „Prozessgrundrecht"[575] trifft nicht den Kern, da es um die mat. Bindung der Strafgewalt geht. Auch Abs. 2 gilt für **„jedermann",** mithin auch für jur. Personen, soweit diese von Strafsanktionen i. S. d. Abs. 2 betroffen sein können.

Anders als ein allg.-rechtsstaatl. Vertrauensschutzprinzip ist Art. 103 II einer Abwägung nicht **54** zugänglich.[576] **Rechtsstaatliche Funktion des Strafrechts** ist nach Abs. 2, die Ausübung der Staats-gewalt in diesem Teilbereich höchster Eingriffsintensität voraussehbar, berechenbar und messbar zu machen,[577] jede Willkür auszuschließen,[578] Rechtssicherheit durch Bestimmtheit, Klarheit, Verlässlich-

---

[553] Vgl. zB BGHSt 45, 308.

[554] S. z. B. EGMR EuGRZ 2001, 391 – überlange U-Haft bei sehr komplexen Verfahren gegen mutmaßl. Terroristen: 5 Jahre 11 Monate als Verstoß gegen Art. 5 III EMRK; BVerfG (K) EuGRZ 2005, 168.

[555] BVerfGE 63, 45 (69); BVerfG (K) NJW 2001, 357; NJW 2005, 1767; BVerfG (K) EuGRZ 2005, 168 (170); NJW 2005, 3485.

[556] BGHSt 46, 160 mit Anm. *Ostendorf/Radke* JZ 2001, 1094 BVerfG (K) StV 2000, 233 (234); EuGRZ 2004, 808 (808).

[557] Vgl. grds. BVerfG NStZ 1997, 591; BGH NStZ 1999, 181; NJW 2000, 748; NJW 2003, 2759; NJW 2005, 1813; BGHSt 49, 342; EGMR NVwZ-RR 2006, 513.

[558] Vgl. BVerfG (K) NJW 2004, 835 für eff. Rechtsschutz in Kindschaftssachen; zum finanzgerichtl. Verfahren BVerfG (K) NJW-RR 2004, 2.

[559] Vgl. ThürVerfGH NJW 2001, 2708 (2709 f.).

[560] Vgl. BVerfG (K) NJW 2004, 835; vgl. auch EGMR FamRZ 1999, 1645 – Antrag auf Umgangsregelung.

[561] BVerfG (K) NJW 2008, 503 mit Anm. *Steinbeiß-Winkelmann* NJW 2008, 1783.

[562] *Gundel* DVBl 2004, 17; EGMR EuGRZ 1996, 514 zur Dauer von 3 Jahren 4 Monaten bei VB wg. einigungs-bedingter Belastung des BVerfG; EGMR NJW 1997, 2809; NJW 2001, 211 und 213; NJW 2005, 41 – 7 Jahre als Verstoß gegen Art. 6 I EMRK; zu Art. 13 EMRK EGMR NJW 2001, 2694; EuGRZ 2004, 150.

[563] EGMR NJW 2001, 213.

[564] Vgl. BVerfG (K) NVwZ 2014, 62.

[565] Vgl. *Degenhart* HGRV, § 134 Rn. 1 ff. *Pohlreich* BK, Art. 103 Abs. 2 (2018) Rn. 14 f.

[566] BVerfG (K) NJW 2001, 1848 (1849).

[567] *Schulze-Fielitz,* in: Dreier III, Art. 103 II Rn. 1 ff.

[568] Vgl. BVerfGE 126, 170 (194).

[569] Zusammenfassend BVerfGE 109, 133 (171); 126, 170 (194 f.); zur Systematik *Kuhlen,* FS Otto, 2007, S. 89–.

[570] Vgl. *Schulze-Fielitz,* in: Dreier III, Art. 103 II Rn. 38 ff.

[571] Vgl. *Pohlreich* BK, Art. 103 Abs. 2 (2018) Rn. 68 ff.; *Schulze-Fielitz,* in: Dreier III, Art. 103 II Rn. 50 ff.

[572] Vgl. zum Wortsinn als Grenze der Auslegung BVerfGE 64, 389 (393); 71, 108 (114); 91, 1 (12); BVerfG (K) NJW 2003, 1030; NJW 2004, 3768; *Schulze-Fielitz,* in: Dreier III, Art. 103 II Rn. 46 ff.; EGMR NJW 2001, 3035 (3037) – zu Art. 7 EMRK.

[573] BVerfGE 126, 170; 130, 1 (43); *Saliger* NJW 2010, 3195 (3196 ff.).

[574] *Radtke/Hagemeier* Beck-OK GG, 41. Ed. Art. 103 Rn. 18; *Sachs,* in: Stern, Staatsrecht III/1, S. 359 f.

[575] Vgl. *Schulze-Fielitz,* in: Dreier III, Art. 103 II Rn. 16.

[576] BVerfGE 109, 133 (171).

[577] Vgl. *Wassermann* AK II, 2. Aufl., Art. 103 Rn. 44.

[578] Zu Abs. 2 als Ausdruck auch des Willkürverbots s. BVerfGE 64, 389 (394); *Kunig,* in: v. Münch/Kunig III, Art. 103 Rn. 17; *Pohlreich* BK, Art. 103 Abs. 2 (2018) Rn. 48; *Reichenbach* JR 2005, 405 (407 f.).

keit der Rechtsordnung[579] zu gewährleisten; Art. 103 II ist eine *"spezielle rechtsstaatliche Garantie des Vertrauens in die Verlässlichkeit der Rechtsordnung, die eine klare Orientierung zu geben hat, was strafbar und was straflos ist."*[580]

**55**  Art. 103 II geht vom „rechtsstaatl. Grundsatz aus, dass Strafe Schuld voraussetzt",[581] beruht auf dem **materiellen Schuldprinzip** – nulla poena sine culpa[582] –, das seinerseits aus Art. 1 I iVm Art. 2 II 1 und dem rechtsstaatl. Übermaßverbot abgeleitet[583] und zur Verfassungsidentität des GG gezählt wird (BVerfGE 140, 317 Rn. 49). *"Die unverlierbare Würde des Menschen als Person besteht gerade darin, dass er als selbstverantwortliche Persönlichkeit anerkannt bleibt. Jede Strafe muss in einem gerechten Verhältnis zur Schwere der Straftat und zum Verschulden des Täters stehen".*[584] Nach dem Schuldprinzip muss die Strafe durch eine hinr. gesetzl. bestimmte Strafandrohung für den Normadressaten vorhersehbar sein.[585] Sie muss nach Art und Maß im angemessenen Verh. zum strafbaren Verhalten stehen.[586] Unterschieden in der Begehungsweise ist Rechnung zu tragen; regelmäßig durch Abstufung in den Rechtsfolgen, ggf. auch eine Auflockerung des strikten Verfolgungszwangs.[587] Dem entspricht es, auch den Grundsatz **in dubio pro reo** an dessen Verfassungsrang teilhaben zu lassen.[588]

**56**  Umfass. Schutz vor willkürl. Strafverfolgung fordert **Art. 7 I EMRK**.[589] Art. 7 II EMRK enthält eine Ausnahme für **Verbrechen gegen die Menschlichkeit** – sog. Nürnberg-Klausel[590] –. Die BRep hat einen Vorbehalt zu Art. 7 II EMRK erklärt, der jedoch insoweit nicht greift, als Art. 103 II selbst durch den Rechtsgedanken des Art. 7 II EMRK Einschränkungen erfährt.[591] Im **Völkerstrafrecht** gilt der Grundsatz des nulla poena sine lege insofern eingeschränkt, als die Verfolgung von Verbrechen gegen die Menschlichkeit hierdurch nicht ausgeschlossen sein kann (s. Rn. 74 f.).[592] Es reicht grds. aus, dass eine Straftat bei Begehung nach allg. völkerrechtl. Grundsätzen strafbar war.[593]

## II. Tatbestandliche Reichweite

**57**  **1. Strafe und Strafbarkeit.** Die Garantien des Art. 103 II gelten überall dort, wo „Strafen" verhängt werden. „Strafe" wird in der rechtsstaatl. Garantienorm des Art. 103 II nicht deckungsgleich mit dem Kompetenzbegriff „Strafrecht" in Art. 74 I Nr. 1 definiert.[594] **Strafe** wird verstanden als Auferlegung eines Rechtsnachteils wegen einer schuldhaft begangenen rechtswidrigen Tat, eine „missbilligende hoheitliche Reaktion auf schuldhaftes Verhalten".[595] Sie ist also – neben ihrer Aufgabe abzuschrecken und zu resozialisieren – eine Reaktion auf strafrechtlich verbotenes Verhalten.[596] Unter Art. 103 II fallen auch Maßnahmen, die wie Strafe wirken: „strafähnliche Maßnahmen", dies sind jedoch nicht alle mit einem „Übel" (Einbuße an Freiheit oder Eigentum) verbundenen Maßnahmen, sondern nur solche, die nach Anlass und Zweck auf einem strafrechtlichen Schuldvorwurf aufbauen und bei denen die vergeltende Sanktion im Vordergrund steht:[597] Für sie greift der Normzweck des Art. 103 II.[598]

**58**  **Strafe** i. S. d. Abs. 2 sind daher alle in der Strafandrohung vorgesehenen Sanktionen: Hauptstrafen, Nebenstrafen, Nebenfolgen gem. §§ 38–45b StGB.[599] **Maßregeln** nach StGB werden vom BVerfG auf Grund ihres präventiven Charakters nicht als „Strafen" eingeordnet; so die Unterbringung,[600] die

---

[579] Vgl. *Degenhart* Staatsrecht I, Rn. 371, 377 f.; *Wolff* HGRV, § 134 Rn. 13 ff.

[580] BVerfGE 113, 273 (308).

[581] BVerfGE 25, 269 (285); 105, 135 (154); 109, 133 (170); 110, 1 (13); 140, 317 Rn. 48 ff.

[582] Zum Verfassungsrang s. BVerfGE 45, 187 (228); 109, 133 (170).

[583] Vgl. BVerfGE 45, 187 (228); 54, 100 (108); 91, 1 (27); 57, 250 (275); 80, 244 (255); 95, 96 (140); 109, 133 (171); 110, 1 (13 f.); BVerfG (K) NVwZ 2003, 1504; NJW 2005, 1344 (1345); *Nolte//Aust* MKS III, Art. 103 Rn. 167.

[584] BVerfGE 109, 133 (170); 140, 317 Rn. 48.

[585] BVerfGE 105, 135 (153); 109, 133 (170).

[586] BVerfGE 54, 100 (108); 110, 1 (13); BVerfG (K) NJW 2005, 1344 (1345).

[587] BVerfGE 90, 145 (184, 191).

[588] Offengelassen bei BVerfG MDR 1975, 468; für Verfassungsrang *Möstl* HStR VIII³, § 179 Rn. 70.

[589] EGMR NJW 2001, 3035; NJW 2010, 2495.

[590] *Pieroth* VVDStRL 51 (1992), 91 (103 f.); *Frowein/Peukert* EMRK, 2. Aufl. 1996, Art. 7 Rn. 8.

[591] Vgl. etwa in Bestätigung von BVerfGE 95, 96 (Fall Krenz); BVerfG (K) NJW 2000, 1480; vgl. auch zur Relevanz dieses Vorbehalts *Rau* NJW 2001, 3008 (3013 f.).

[592] S. dazu *Nolte/Aust* MKS III, Art. 103 Rn. 122.

[593] *Schulze-Fielitz*, Dreier III, Art. 103 II Rn. 6; zu den allg. Regeln des VölkerR *Wolff* HGRV, § 134 Rn. 21.

[594] BVerfGE 109, 133 (167 ff.).

[595] Vgl. BVerfGE 26, 186 (204); *Schulze-Fielitz*, in: Dreier III, Art. 103 II Rn. 19; *Wolff* HGR V, § 134 Rn. 29 ff.

[596] S. zuletzt BVerfGE 110, 1 (13); ferner BVerfGE 95, 96 (140); 105, 135 (153); 109, 133 (167).

[597] BVerfGE 110, 1 (14); zum TherapieunterbringungsG s. *Höfler* StV 2014, 168.

[598] BVerfGE 109, 133 (171).

[599] Vgl. *Schulze-Fielitz*, in: Dreier III, Art. 103 II Rn. 19; auch Verfall, Einziehung, Unbrauchbarmachung als bes. Folgen der Tat fallen hierunter.

[600] BVerfGE 91, 1 (27).

**Sicherungsverwahrung,**[601] und der **Therapieunterbringung,**[602] während der EGMR zunächst für die Sicherungsverwahrung „Strafe" iSv **Art. 7 I EMRK** wegen fehlender Unterschiede zum Strafvollzug bejahte,[603] hieran nach den erfolgten Änderungen im Vollzug jedoch nicht mehr festhält;[604] seinen Bedenken ist iRd Verhältnismäßigkeits- und „Abstandsgebots" Rechnung getragen.[605] Es gilt jedoch Vertrauensschutz[606] (Art. 104 Rn. 16a). Strafe sind die Rechtsfolgen nach § 5 II JGG wie zB Jugendarrest, da für sie auf den Unrechtsgehalt der Tat abstellen ist, im Gegensatz zu Maßnahmen nach § 5 I JGG.[607] Keine „Strafe" sind U-Haft[608] und pol. Unterbindungsgewahrsam (Art. 104 Rn. 31 f.). Die Vermögensstrafe nach § 43a StGB ist Strafe,[609] nicht aber der erweiterte Verfall nach § 73d StGB als präventive, „vermögensordnende und normstabilisierende" Korrektur einer rechtswidrigen Vermögenszuordnung als „Störung".[610] Nicht unter Art. 103 II fällt die unbefristete Verlängerung der **Führungsaufsicht,** § 69c III StGB.[611]

Sanktionen für **Ordnungswidrigkeiten** fallen unter Abs. 2;[612] für sie trifft der Normzweck – 59 Vorhersehbarkeit staatlicher Reaktion – gleichermaßen zu, mag auch die Intensität des Schuldvorwurfs unterschiedlich sein.[613] Als Strafe werden überwiegend auch **disziplinarrechtliche**[614] und **ehrengerichtliche** Maßnahmen aufgefasst.[615] Allerdings werden trotz Geltung von Abs. 2[616] dessen Anforderungen deutlich zurückgenommen,[617] generalklauselartige Tatbestände im Disziplinarrecht anders als sonst im Strafrecht toleriert;[618] ähnl. für berufsrecht. Normen.[619]

**Keine Strafe** i. S. d. Abs. 2 sind **prozessuale Sanktionen** wie Zwangs- und Ordnungsmittel, nach 60 § 178 GVG sowie in der Zwangsvollstreckung;[620] für strafähnliche Ahndung wie zB das **Ordnungsgeld nach § 890 ZPO** gelten rechtsstaatliche Erfordernisse wie nach Abs. 2, insbes. das **Schuldprinzip.**[621] Für verwaltungsrechtliche Zwangmittel mit Beugecharakter gilt Abs. 2 nicht.[622] Keinen strafähnl. Charakter haben **zivilrechtl. Sanktionen** wie die Schmerzensgeld,[623] Verwirkung von Ansprüchen,[624] Kostentragungspflicht des Kfz-Halters,[625] Verzinsungspflichten.[626] Für den von der Rspr. für Prominente[627] entwickelten sog. „Strafschaden" *(punitive damages)* mag dies in Frage gestellt werden.[628]

**2. Garantiefunktion des Abs. 2 – Tatbestand und Rechtsfolgen. Strafbarkeit** iSd Abs. 2 61 bedeutet die Festlegung des gesetzlichen **Tatbestandes** – nullum crimen sine lege –[629] und der Rechtsfolgen, soweit **Strafen.** Die Bestimmung des Tatbestandes umfasst die Regeln des Allg. und der Tatbestandsmerkmale des Bes. Teils des StGB sowie Rechtfertigungs- und Schuldausschließungsgrün-

---

[601] BVerfGE 109, 133 (173 ff.); 128, 326 (391 ff.); BVerfG (K) B. v. 22.1.2014 – 2 BvR 2759/12 –.

[602] BVerfG NJW 2013, 3151.

[603] EGMR NJW 2010, 2495 Abs. 120 ff. – endgültig –; EGMR v. 13.1.2011 20008/07: nachträgliche Verlängerung konventionswidrig; *Grabenwarter* JZ 2010, 857 (864 ff.)

[604] EGMR NJW 2017, 1007 Rn. 123 ff.; *Pohlreich,* BK Art. 103 II (2018) Rn. 55.

[605] BVerfGE 128, 326 (377 ff.).

[606] BVerfGE 128, 326 (399 ff.); 134, 33 Rn. 69.

[607] BVerfG (K) NJW 2005, 2140; *Radtke/Hagemeier* Beck-OK GG, 41. Ed. Art. 103 Rn. 19.

[608] BVerfGE 19, 342 (347).

[609] BVerfGE 105, 135 (153 ff., 157).

[610] BVerfGE 110, 1 (14 f.); für Einziehung s. LG Münster NStZ 2018, 669.

[611] OLG Nürnberg OLGSt StGB § 68c Nr 3 Rn. 8.

[612] BVerfGE 38, 348 (371); 71, 108 (114); 81, 132 (135); 87, 399 (411); BVerfG (K) NJW 2016, 1229; NJW 2015, 3641 Rn. 7;NJW 2014, 1431 Rn. 1 ff. für § 335 HGB; BayVerfGHE 36, 149 (152); *Zierlein,* in: Umbach/Clemens, GG II, Art. 103 Rn. 117; *Wolff* HGRV, § 134 Rn. 31.

[613] BVerfGE 9, 167 (171); 45, 272 (288).

[614] Vgl. BVerfG (K) NJW 2003, 1030; aM *Pohlreich* BK Art. 103 II (2018) Rn. 8.

[615] BVerfGE 26, 186 (203); 33; 125 (164); 45, 346 (351); 57, 29 (35); 76, 171 (223); 66, 337 (355); BVerfG (K) NJW 2005, 1346; *Schulze-Fielitz,* in: Dreier III, Art. 103 II Rn. 19; *Remmert,* in: Maunz/Dürig, Art. 103 II (2017) Rn. 58 f.; a. M. *Schmidt-Aßmann,* in: Maunz/Dürig, Art. 103 (1992) Rn. 196; diff. *Nolte/Aust* MKS III, Art. 103 Rn. 107.

[616] Vgl. für Disziplinarverfahren BVerfG NVwZ 2003, 1504; BVerfG (K) NVwZ 2008, 669: Dienstentfernung eines StA wegen Besitzes kinderpornographischen Materials.

[617] *Remmert,* in: Maunz/Dürig, Art. 103 II (2017) Rn. 58.

[618] Grds. BVerfGE 26, 186 (204); 45, 346 (351); BayVerfGHE 23, 23 (28); BGHSt 19, 90 (91); *Schulze-Fielitz,* in: Dreier III, Art. 103 II Rn. 19.

[619] BVerfGE 60, 215 (233); BVerfG (K) NJW 2014, 2019 Rn. 13.

[620] S. BVerfGE 84, 83 (89): Abs. 2 gilt nicht für § 890 ZPO; BGH BB 2018, 331 Rn. 24; *Schulze-Fielitz,* in: Dreier III, Art. 103 Rn. 21.

[621] BVerfGE 84, 82 (87 ff.); BGHZ 160, 298 (302).

[622] BVerfG (K) NVwZ 2006, 681; BVerfG 20, 323 (331).

[623] BVerfGE 34, 269 (293); 84, 82 (89).

[624] BVerfGE 27, 231 (235).

[625] BVerfG (K) NJW 1992, 1953 für § 25a StVG.

[626] BVerfG (K) NJW 2013, 1418.

[627] Vgl. näher *Degenhart* BK, Art. 5 I u. II (2017) Rn. 445, 482.

[628] *Hoppe* ZUM 1999, 951 (952).

[629] Vgl. BVerfGE 25, 269 (286); *Schulze-Fielitz,* in: Dreier III, Art. 103 II Rn. 23.

de,[630] Strafbarkeitsbedingungen und Strafausschließungsgründe[631] und Bestimmungen über den räuml. Anwendungsbereich des StrafR.[632] Auch Art und Weise der Bestrafung, die Verknüpfung von Tatbestand und Rechtsfolgen, sind in den Garantiegehalt des Abs. 2 einzubeziehen,[633] also Strafzumessungsregeln, Bedingungen für die Strafaussetzung zur **Bewährung**[634] und die Verwarnung mit Strafvorbehalt. Abs. 2 gilt also umfass. auch für die **Strafandrohung**.[635]

62    Nicht unter Abs. 2 fallen das **Strafverfahrensrecht**,[636] auch verfahrensmäßige Verfolgungsvoraussetzungen wie **Verjährung**[637] und **Antragserfordernisse**,[638] die verfahrensrechtliche Erstreckung der deutschen Strafgewalt,[639] die **Strafvollstreckung** und damit auch die Strafaussetzung der lebenslangen Freiheitsstrafe.[640] Nicht unmittelbar anwendbar ist Art. 103 II auf den Bewährungswiderruf.[641] Das Auslieferungsverfahren ist Verfahrensrecht;[642] ob hier Abs. 2 anwendbar ist, die Tat also nach deutschem Recht strafbar gewesen sein muss, lässt BVerfGE 109, 13 offen; nach zutr. Ansicht des BVerfG zum europ. Haftbefehl kann **Auslieferung** eines Deutschen wegen einer zur Begehungszeit in Deutschland straffreien Tat mat. Rückwirkung gleichkommen:[643] dies entspricht der mat. Garantiefunktion des Straftatbestands.

## III. Gesetzlichkeitsprinzip, Bestimmtheitsgebot, Analogieverbot

63    **1. Gesetzlichkeitsprinzip – Bestimmtheit des Gesetzes.** Gesetz i. S. d. Abs. 2 ist das **formelle (Parlaments-)Gesetz**. In Konkretisierung und **Verschärfung** des allg. rechtsstaatl. **Bestimmtheitsgebots**[644] verpflichtet Abs. 2 den parl. Gesetzgeber, *„wesentliche Fragen der Strafwürdigkeit oder Straffreiheit im demokratisch-parlamentarischen Willensbildungsprozess zu klären und die Voraussetzungen der Strafbarkeit so konkret zu umschreiben, dass Tragweite und Anwendungsbereich der Straftatbestände zu erkennen sind und sich durch Auslegung ermitteln lassen".*[645] Gem. dem Vorbeh. des Gesetzes für Eingriffsakte bzw. dem Parlamentsvorbeh. in grundrechtswesentl. Fragen (Art. 20 Rn. 116 f.) ist die Entscheidung über den Einsatz des StrafR als einem der intensivsten Eingriffe vom parl. Gesetzgeber zu treffen,[646] er soll abstrakt-generell über die Strafbarkeit entscheiden, deren Voraussetzungen und der Art der Strafe.[647] Art. 103 II hat zudem freiheitssichernde Funktion: *„Jeder Teilnehmer am Rechtsverkehr soll vorhersehen können, welches Verhalten verboten und mit Strafe bedroht ist."*[648] Art. 103 II ist Ausdruck des Gesetzlichkeitsprinzips: nulla poena sine lege scripta.[649] Ausgeschlossen ist daher jede **gewohnheits-**[650] oder **richterrechtliche** Begründung der Strafbarkeit[651] (während Rechtfertigungsgründe auf diesem Weg Geltung erlangen können).[652] Auch die **Strafandrohung** muss zur Voraussehbarkeit der Sanktion

---

[630] Vgl. für die Verwerflichkeitsklausel des § 240 StGB BVerfGE 104, 92 (108).

[631] BVerfG (K) NVwZ 2015, 361 Rn. 19, 21; *Schulze-Fielitz,* in: Dreier III, Art. 103 II Rn. 23.

[632] BVerfGE 92, 277 (324) (DDR-Spionage), krit. *Arndt* NJW 1995, 1803; BVerfG (K) NJW 2001, 1848 (1850).

[633] BVerfG (K) NVwZ 2015, 361 Rn. 21.

[634] *Pieroth,* in: Jarass/Pieroth, Art. 103 Rn. 64; dies betrifft Strafaussetzung im Urteil, während der nachträgl. Widerruf, da im Urteil bereits angelegt, nicht an Abs. 2 zu messen ist; vgl. auch BVerfG (K) NJW 1992, 2877.

[635] BVerfGE 105, 135 (156); BVerfG (K) NJW 2005, 2140.

[636] BVerfG (K) NJW 1992, 2877; *Schulze-Fielitz,* in: Dreier III, Art. 103 II Rn. 25; *Wolff* HGR V, § 134 Rn. 40.

[637] BVerfGE 25, 269 (284, 287); BerlVerfGH JR 1996, 453 (454); *Nolte/Aust* MKS III, Art. 103 Rn. 111; für NS-Verbrechen s. *Lüderssen* JZ 1979, 449 ff.; *Papier/Möller* NJW 1999, 3289 (3291); zur Anordnung des Ruhens der Verjährung s. BVerfG (K) NJW 2000, 1554; zur Verlängerung der Verjährungsfrist für noch nicht verjährte Taten s. BGH NStZ 2013, 415; *Dannecker* NZWiSt 2014, 6.

[638] Vgl. BVerfGE 64, 261 (280); 86, 288 (311) – dort für Strafaussetzung bei lebenslanger Freiheitsstrafe; dazu das Sondervotum BVerGE 86, 288 dort 340 (342).

[639] BVerfGE 92, 277 (323 ff.).

[640] BVerfGE 86, 288 (311); 117, 71 (111).

[641] OLG Karlsruhe, B. v. 6.3.2019 – 3 Ws 35/19 – Rn. 10.

[642] BVerfGE 109, 13 (37); 109, 38 (63); OLG Braunschweig NStZ-RR 2005, 18 (19).

[643] BVerfGE 113, 273 (308 f.) – jedenfalls bei Taten ohne Auslandsbezug; gegen diese Einschränkung Sondervotum *Broß* BVerfGE 113, 273 (322).

[644] BVerfGE 49, 168 (181); 78, 374 (381); 105, 135 (172, 176 ff. – Sondervotum).

[645] Vgl. grds. BVerfGE 126, 170 (195) unter Bezugnahme auf BVerfGE 73, 206 (234 f.); BVerfG (K) NJW 2001, 1848 (1850); BVerfGE 105, 135; BerlVerfGH ZUM-RD 2007, 510; *Nolte/Aust* MKS III, Art. 103 Rn. 140; *Pohlreich,* BK Art. 103 II (2018) Rn. 5562 ff.: strenger Gesetzesvorbehalt.

[646] BVerfGE 87, 399 (411); BVerfG (K) NJW 1995, 3050 (3051); BVerfGE 126, 170 (194); BVerfGE 143, 38 Rn. 36; *Nolte/Aust* MKS III, Art. 103 Rn. 152 f.

[647] BVerfGE 75, 329 (342); 78, 375 (392); 82, 236 (269); 85, 69 (72); 87, 399 (411); 126, 170 (194 f.); *Wolff* HGR V, § 134 Rn. 43 ff.; für Art. 7 EMRK s. EGMR NJW 2001, 3035 (3037).

[648] BVerfGE 143, 38 Rn. 37; ebenso BVerfGE 73, 206 (234 f.); Geltung nur im Strafverfahren: BVerfGE 84, 82 (89); grds. hierzu auch BVerfGE 126, 170 (194 f.).

[649] *Kuhlen,* FS Otto, 2007, S. 89 (91 f.); *Schulze-Fielitz,* in: Dreier III, Art. 103 II Rn. 14.; *Pohlreich,* BK Art. 103 II (2018) Rn. 53.

[650] BVerfGE 130, 1 (43 f.); *Wolff* HGR V, § 134 Rn. 48; *Nolte/Aust* MKS III, Art. 103 Rn. 136.

[651] Zu ergänzendem Richterrecht in Form der allg. Lehren der Strafrechtsdogmatik s. *Schulze-Fielitz,* in: Dreier III, Art. 103 II Rn. 30.

[652] BVerfGE 95, 96 (132); *Pohlreich* BK Art. 103 II (2018) Rn. 55´3.

führen. Hier besteht ein rechtsstaatl. In-Sich-Konflikt:[653] das Verhältnismäßigkeitsgebot erfordert Schuldangemessenheit und damit abgestufte Reaktionsmöglichk. innerh. des **Strafrahmens.** Die anerkannten Strafzumessungsregeln begründen hinr. Bestimmth.– weshalb bei neuartigen Sanktionen dem Richter präzisere Strafzumessungsregeln an die Hand zu geben sind.[654]

**Auslegungsbedürftigkeit** schließt Bestimmth. nicht aus,[655] **unbest. Rechtsbegriffe** und **Ge-** 64 **neralklauseln** sollen „der Vielgestaltigkeit des Lebens Rechnung tragen"[656] und verstoßen nicht gegen Abs. 2.[657] Doch sind die Strafbarkeitsvoraussetzungen umso präziser zu bestimmen, je schwerer die angedrohte Strafe ist.[658] Andererseits sind für Verhaltenspflichten und Sanktionsnormen im BerufsR weiterg. Generalklauseln zul.[659] Tatsächl. hat sich das Gebot der Bestimmtheit des Tatbestandes – sieht man von Blankettnormen (Rn. 65 ff.) ab – in der Praxis nicht als relevanter Nichtigkeitsgrund erwiesen.[660]

**Einzelfälle:** Nicht gegen Abs. 2 verstoßen deshalb im allg. Teil des StGB die Rechtsfigur des unechten Unterlassungsdelikts[661] und im besonderen Teil Formulierungen wie „besonders schwerer Fall",[662] „grober Unfug",[663] „verräterische Beziehung" (§ 100e StGB aF),[664] „bandenmäßiges Handeltreiben" (mit Betäubungsmitteln),[665] ebenso wenig der erheblich ausfüllungsbedürftige Nötigungstatbestand des § 240 StGB[666] oder der Beleidigungstatbestand des § 185 StGB.[667] Das Merkmal „Betreiben einer genehmigungspflichtigen Anlage" betrifft das Problem der Verwaltungsrechtsakzessorietät (Rn. 68); es verstößt nicht gegen Abs. 2;[668] dies gilt auch für das Merkmal der Durchführung einer unangemeldeten Versammlung in § 26 Nr. 2 VersG.[669] Generell dürfen Straftatbestände an verwaltungsrechtlich festgelegte Begrifflichkeiten anknüpfen.[670] Das Gericht ist dabei an die Auslegung durch die Exekutive nicht gebunden.[671] Verfassungsgemäß ist auch die Häufung unbestimmter Rechtsbegriffe in § 131 StGB, da eine begrenzte Auslegung der Norm möglich ist,[672] ebenso in § 89a StGB – Vorbereitung einer schweren staatsgefährdenden Gewalttat –.[673] Hinreichend bestimmt sind die Tatbestände des Steuerstrafrechts;[674] ebenso das Merkmal der „sonstigen Täuschungshandlungen" in § 20a I 1 Nr. 3 WpHG bei Auslegung nach zugrundeliegenden Richtlinien der EU.[675] Die Verwendung der Generalklausel der öff. Sicherheit und Ordnung ist grds. verfassungsrechtlich möglich;[676] zweifelhaft ist dies beim Begriff der „guten Sitten",[677] der jedenfalls verfassungskonform auszulegen ist.[678] Ausreichend bestimmt ist der Begriff „würdig" bei strafbewehrten Berufspflichten[679] und deren Umschreibung durch Generalklauseln,[680] ebenso der Begriff „Schrittgeschwindigkeit" ungeachtet i. E. uneinheitl. Rspr.[681] Herumtreiben „nach Art eines Land- und Stadtstreichers" ist nicht bestimmt genug,[682] wohl aber „grob

---

653 BVerfGE 105, 135 (155); *Nolte/Aust* MKS III, Art. 103 Rn. 148.

654 BVerfGE 105, 135 (155) zur Vermögensstrafe.

655 Vgl. BVerfGE 85, 69 (73); 87, 363 (391 f.); 96, 68 (97 f.); 126, 170 (195 f.); BVerfG (K) NJW 2001, 1848 (1850); NJW 2003, 1030; EGMR NJW 2001, 3035 (3037); s. hierzu etwa OVG Münster NWVBl. 2016, 430 Rn. 42.

656 Vgl. zB BGHSt 59, 218 Rn. 9.

657 BVerfGE 45, 363 (371 f.); 48, 48 (56); 73, 206 (238 f.); 84, 133 (149); 86, 288 (311); 92, 1 (14); 104, 92 (108); *Nolte/Aust* MKS III, Art. 103 Rn. 139a.

658 BVerfGE 14, 245 (251 f.); 75, 329 (342 f.); BVerfGE 143, 38 Rn. 45; *Schulze-Fielitz,* in: Dreier III, Art. 103 II Rn. 39; kritisch *Nolte/Aust* MKS III, Art. 103 Rn. 145.

659 BVerfG (K) NJW 2014, 2019 Rn. 15 ff. zu §§ 29 ff., 60 HeilBerG NW.

660 Vgl. die bei *Pieroth,* in: Jarass/Pieroth, Art. 103 Rn. 83 ff. aufgeführten Einzelfälle: kein Fall einer Nichtigerklärung wegen Unbestimmtheit des Tatbestandes durch das BVerfG; ähnl. die Aufzählung bei *Schulze-Fielitz,* in: Dreier III, Art. 103 II Rn. 42; zu BVerfGE 78, 374 s. Rn. 66 mit Fn. 598.

661 BVerfG (K) NJW 2003, 1030.

662 BVerfGE 45, 363 (372); kritisch *Pohlreich* BK Art. 103 II (2018) Rn. 73, 106.

663 BVerfGE 26, 41 (43) für § 360 I Nr. 11 StGB aF; kritisch *Nolte/Aust* MKS III, Art. 103 Rn. 139a.

664 BVerfGE 28, 175 (183).

665 BVerfG (K) NJW 1997, 1910 (1911).

666 BVerfGE 73, 206 (237 ff.); 76, 211 (216); hierzu *Calliess* NJW 1985, 1506 ff.; aber auch BVerfGE 92, 1 (14 ff.) zu verfassungswidr. Auslegung; BVerfGE 104, 92 (108).

667 BVerfGE 93, 266 (292 f.).

668 BVerfGE 75, 329 (343 ff.); zu § 15 II a FAG s. Rn. 66 mit Fn. 598; für VersG s. dort Fn. 600.

669 Vgl. BVerfGE 85, 69 (72 ff., 75); zweifelnd *Schulze-Fielitz,* in: Dreier III, Art. 103 II Rn. 43.

670 Vgl. BVerfGE 75, 329 (343); *Schulze-Fielitz,* in: Dreier III, Art. 103 II Rn. 43.

671 Vgl. KG MMR 2018, 929 Rn. 14 f. zur Strafbarkeit des Handelns mit Bitcoins.

672 BVerfGE 87, 209 (225) zur Häufung unbestimmter Merkmale im Straftatbestand der Gewaltdarstellung und Aufstachelung zum Rassenhass sowie zum Tatbestandmerkmal „in einer die Menschenwürde verletzenden Weise" (ebenda, 228).

673 BGHSt 59, 218 Rn. 9 ff.

674 S. BVerfGE 37, 201 (208 ff.) für Steuerhinterziehung; BVerfG (K) NJW 1992, 35 für § 370 I Nr. 1 AO – unrichtige/unvollständige Angaben zu steuerlich erheblichen Tatsachen.

675 BGH NJW 2016, 3459 Rn. 14.

676 BVerfGE 14, 245 (253 f.); 23, 265 (269).

677 Für § 226a StGB *Pieroth,* in: Jarass/Pieroth, Art. 103 Rn. 87.

678 BGH NJW 2019, 3253 Rn. 18.

679 BVerfGE 45, 346 (352); zum Standesrecht OVG Bln-Bbg GesR 2019, 375 Rn. 80.

680 BVerfGE 94, 372 (394).

681 OLG Hamm NJW 2020, 351.

682 VGH BW NJW 1984, 507 (508); s. auch BVerfG (K) NJW 1999, 3399 (3400) für den Begriff der offenkundig nahestehenden Personen im TransplantationsG.

ungehörig" (§ 118 OWiG).[683] Hinreichend bestimmt ist „sexuelle Handlung", auch im Zusammenhang mit der „artwidrigen" Verwendung von Tieren.[684] Unbestimmte Rechtsbegriffe oder anderweitige weit gefasste Tatbestandsbegrif führen für die Gesetzesanwendung zu einem Präzisierungsgebot (Rn. 69).[685]

**65**    **2. Verweisungsnormen, Blankettstrafnormen.** Die Verweisung auf andere Normen ist nicht ausgeschlossen, grds. in Form der statischen und nur ausnahmsweise der dynamischen Verweisung.[686] Die Bezugsnorm darf dann nicht dem Einfluss des deutschen Gesetzgebers entzogen sein.[687] Von einem **Blankettstrafgesetz**[688] spricht man, wenn das Gesetz den Straftatbestand nicht aus sich heraus abschl.ießend bestimmt, sondern auf andere, auch untergesetzl. Normen[689] oder Rechtsakte der EU[690] verweist. Dann muss auch die ausfüllende Norm Art. 103 II genügen.[691] Dabei ist zu unterscheiden: Verweist das G. auf ein anderes **formelles Gesetz,** etwa im Verh. des sog. Nebenstrafrechts zum StGB, so ist der Parlamentsvorbeh. nicht berührt; hier genügt bloße Verweisung;[692] die Normen müssen in ihrer Gesamth. Abs. 2 genügen, dies auch bei Anknüpfung an völkerrechtl. Bestimmungen.[693] Anders bei Verweisung auf **untergesetzliches Recht:** Hier sind strenge Anforderungen an die Bestimmtheit der Verweisungsnorm zu stellen, die bei VO-Ermächtigungen über Art. 80 I 2 hinausgehen.[694] Bereits aus der **Ermächtigung** und nicht erst aus der VO müssen Straftatbestände, Schuldformen sowie Art und Maß der Strafe eindeutig zu ermitteln sein,[695] der VO-Geber ist auf Konkretisierung des Straftatbestands beschränkt.[696] Rechtsgut und Tathandlung jedenfalls müssen im Gesetz benannt sein,[697] Dies gilt auch für Satzungen,[698] auf die Art. 80 I 2 nicht anwendbar ist.[699] Der tatbestandl. Anwendungsbereich einer Strafnorm kann im Wege der RVO geändert werden – so i. F. d. § 1 II BtMG die Liste der in Frage kommenden Stoffe und Zubereitungen.[700] Für **Satzungen** – gelten die gleichen Anforderungen. Diese Anforderungen gelten sinngemäß bei Verweisung auf Rechtsakte der EU.[701] Diese ist dann verfassungswidrig, wenn diese Rechtsakte nicht vom Gesetzgeber selbst bezeichnet werden.[702] Der Regelungsgehalt kann sich aus dem Zusammenlesen von Einzelnormen einer Verweisungskette ergeben; abzustellen ist auf das „normative Leitbild eines sach- und fachkundigen Normadressaten".[703]

**66**    Verweisung auf **Verwaltungsvorschriften**[704] – bedeutsam im UmweltstrafR – dürfte nur dann Abs. 2 genügen, wenn diese in der Verweisungsnorm genau bezeichnet sind, rechtsstaatl. Publizitätserfordernissen entsprechen und die maßgeblichen Verhaltenspflichten nicht konstitutiv festlegt, sondern nur gesetzlich begründete Pflichten näher spezifiziert. Dies dürfte generell für Strafrechtsnormen gelten, die an die Verletzung verwaltungsrechtl. Pflichten anknüpfen.[705] Verweisung auf Rechtsnormen der EU ist auch dann zulässig, wenn deren Inkrafttreten hinausgeschoben ist.[706]

**67/68**    **Blankettnormen,** die sich auf **verwaltungsaktmäßig** festgelegte Pflichten beziehen, sind zulässig, wenn die Voraussetzungen des VA hinreichend durch Gesetz bestimmt sind; bei weitem

---

[683] Vgl. OLG Rostock NStZ 2018, 539 mit Anm. *Mayer* juris – PR – Strafrecht 6/2018 Anm. 5.
[684] BVerfG (K) NJW 2016, 1229 Rn. 7 f.
[685] Weitere Einzelfälle s. *Pohlreich*, BK Art. 103 II (2018) Rn. 70.
[686] BVerfGE 143, 38 Rn. 43; BGH, U. v. 27.11.2019 – 3 StR 233/19 – Rn. 21 f zu § 6a AMG,; s. auch BGH PharmR 2019, 393.
[687] BGH NStZ-RR 2019, 86 Rn. 10.
[688] BVerfG NVwZ 2020, 242; *Hoven* NStZ 2016, 377 ff.
[689] Vgl. BVerfGE 14, 245 (252); 22, 1 (18); 22, 21 (25); 23, 265 (269); st. Rspr., aus neuerer Zeit etwa BVerfGE 75, 329 (342); 87, 399 (407); 92, 191 (197); *Wolff* HGR V, § 134 Rn. 65 ff.; zur Rückwirkungsproblematik in diesem Zusammenhang s. *Brandenstein* NJW 2000, 2326; zum Tatbestandsmerkmal „illegal" in § 326 II StGB s. Börner, NZWiSt 2014, 378.
[690] BVerfGE 143, 38 Rn. 36 f.; BVerfG, NVwZ-RR 2020, 242 Rn. 81; s. *Hecker* JuS 2014, 458 zu BGH NJW 2014, 1029.
[691] BVerfGE 75, 329 (342 ff.); 143, 38 Rn. 34 ff.; BVerfGK 18, 482 (489); *Pohlreich*, BK Art. 103 II (2018) Rn. 83.
[692] BVerfGE 75, 329 (342).
[693] BVerfG (K) NJW 2001, 1848 (1850).
[694] So auch *Pieroth*, in: Jarass/Pieroth, Art. 103 Rn. 77; *Schulze-Fielitz*, in: Dreier III, Art. 103 II Rn. 33.
[695] BVerfGE 32, 346 (361 ff.); BVerfGE 143, 38 Rn. 47.
[696] BVerfGE 14, 174 (185 ff.); 22, 21 (25) – für § 6 StVO als zulässige Spezifizierung; 51, 60 (71) st. Rspr., s. zuletzt BVerfGE 75, 329 (342); 78, 374 (382); BVerfGE 143, 38 Rn. 47; BVerfG NVwZ-RR 2020, 242 Rn. 83.
[697] BVerfG, NVwZ-RR 2020, 242 Rn. 88.
[698] Vgl. *Schmidt-Aßmann*, in: Maunz/Dürig, Art. 103 (1992) Rn. 211; zur Ausfüllung eines Bußgeldblanketts durch Gemeindesatzung s. BGHSt 42, 79.
[699] BVerfG in st. Rspr., z. B. BVerfGE 19, 253 (267); 33, 125 (157).
[700] BVerfG (K) NJW 1998, 669; s. auch BVerfG (K) NJW 1997, 1910 (1911).
[701] VerfGE 111, 382 (387); BVerfGE 143, 38 Rn. 47.
[702] BVerfGE 143, 38 Rn. 48 ff.
[703] BVerfG, B. v.11.3.2020 – 2BvL 5/17 – Rn. 96 f.
[704] Vgl. *Schröder* VVDStRL 50 (1991), 196 (215 ff.); *Wolff* HGR V, § 134 Rn. 76 ff.
[705] *Schröder* VVDStRL 50 (1991), 196 (211); für Steuerstrafrecht (§ 396 AO) BVerfG (K) NStZ 1991, 88.
[706] BGHSt 62, 13 Rn. 8; BGH NStZ-RR 2019, 49 Rn. 21.

Ermessen würde die Exekutive den Inhalt des Strafgesetzes bestimmen.[707] Der VA selbst muss hinreichend bestimmt sein. An die **Tatbestandswirkung** des VA darf grds. angeknüpft werden,[708] anders, wenn ein Verstoß unabhängig von Bestandskraft und Rechtmäßigkeit strafbar sein soll, wie bei Versammlungsauflösung, da dann der Exekutive unzulässiger Einfluss eingeräumt würde.[709] Weisungen iRd **Führungsaufsicht,** deren Nichtbeachtung strafbar ist müssen, den Bestimmtheitsanforderungen des Art. 103 II genügen;[710] ebenso der Beschluss über die Führungsaufsicht nach § 68 I StGB.[711]

**3. Bestimmtheitsgebot: Anwendung des Gesetzes und Analogieverbot.** Auch die Anwen- 69
dung eines Gesetzes kann gegen das Bestimmtheitsgebot verstoßen; Art. 103 II verpflichtet demgemäß auch die **Strafgerichte** in mehrfacher Hinsicht.[712] Da der Gesetzgeber über die Strafbarkeit zu entscheiden hat, ist es ihnen verwehrt, dessen Entscheidung zu korrigieren. Hieraus folgt das strafrechtl. **Analogieverbot.**[713] Es gilt umfass. für die Voraussetzungen der Strafbarkeit (→ Rn. 61)[714] und beschränkt sich nicht auf die Analogie im engeren – technischen – Sinn, sondern meint jede Auslegung, die über den **Wortsinn** hinausgeht:[715] dieser ist äußerste Grenze der Auslegung.[716] Maßgebend ist in erster Linie der für den Adressaten erkenn- und verstehbare Wortlaut.[717] Das Analogieverbot gilt für strafbarkeitsbegründende und strafverschärfende Gesetzesauslegung.[718] Es ist Sache des Gesetzgebers, etwaige Strafbarkeitslücken zu schließen.[719] Es gilt ein **Verschleifungs- und Entgrenzungsverbot:** einzelne Tatbestandmerkmale dürfen nicht so ausgelegt werden, dass sie vollständig in anderen aufgehen;[720] dies würde die gesetzgeb. Differenzierung unzulässig überspielen. Für die „Handhabung weit gefasster Tatbestände und Tatbestandselemente" begründet Abs. 2 ein allg. **Präzisierungsgebot.**[721] Die Gerichte sind gehalten, *„Unklarheiten über den Anwendungsbereich einer Norm durch Präzisierung und Konkretisierung im Wege der Auslegung nach Möglichkeit auszuräumen".*[722] Unzulässig ist auch sonst eine obj. unhaltbare und deshalb willkürl. Auslegung des mat. Strafrechts.[723] Der Wortsinn, den ein Tatbestandsmerkmal in der Rspr. erhalten hat, darf in die Bandbreite zuläss. Interpretationsmöglichkeiten einbezogen werden.[724] Verfassungsgerichtl. Kontrolle ist nicht auf Vertretbarkeit beschränkt,[725] sondern erstreckt sich darauf, ob das Gericht Auslegung und Anwendung der Strafnorm auf ein gefestigtes Verständnis eines Tatbestandsmerkmals oder der Norm gestützt hat, ob allg. Grundsätze oder eine gesicherte Kasuistik für die Auslegung bestehen; existiert ein gefestigtes Normverständnis, von dem das Fachgericht ausgegangen ist, so wird dieses nur daraufhin überprüft, ob es evident ungeeignet zur

---

[707] BVerfGE 78, 374 (389) für Ermessenstatbestände nach FAG; BVerfG (K) NVwZ 2012, 504 für Nebenbestimmungen nach BImSchG; näher *Schröder* VVDStRL 50 (1991), 220 ff.; *Pohlreich,* BK Art. 103 II (2018) Rn. 93.

[708] Näher *Wolff* HGR V, § 134 Rn. 78 ff.; keine Grundlage ist der nichtige VA, OLG Oldenburg NVwZ 1992, 607; *Schulze-Fielitz,* in: Dreier III, Art. 103 II Rn. 37.

[709] Pohlreich 87, 399 (411); gegen Abs. 2 verstieß m entspr. Auslegung von § 29 I Nr. 2 VersG, s. demgegenüber BVerfGE 85, 69 (72); zu § 26 Nr. 2 VersG; zu § 266 StGB s. BVerfGE 126, 170.

[710] OLG Saarbrücken NStZ-RR 2016, 843 Rn. 11, 14.

[711] BGH StV 2015, 36. Rn. 6.

[712] S. herzu grundlegend BVerfGE 126, 170 (197 f.); 130, 1 (43 f.); *Pieroth,* in: Jarass/Pieroth, Art. 130 Rn. 60; *Saliger,* NJW 2010, 3195 (3196 ff.).

[713] Vgl. zusammenf. BVerfGE 73, 206 (235 f.); 92, 1 (13 ff.); 126, 170 (197); 130, 1 (43); BVerfGE 143, 38 Rn. 36 f.; ferner BVerfG (K) NVwZ 2019, 1509 zum „faktischen Versamnmlungsleiter"; *Amelung* NJW 1995, 2584 (2587); *Schulze-Fielitz,* in: Dreier III, Art. 103 II Rn. 14, 46 ff.; *Wolff* HGR V, § 134 Rn. 87 ff.; zur sexuellen Nötigung BVerfG (K) NJW 2004, 3768; s. dazu *Güntge* NStZ 2004, 3750; *Reichenbach* JR 2005, 405; zum Analogieverbot als Grenze richtlinienkonformer Auslegung s. *Hecker* JuS 2014, 385 ff.

[714] BVerfG (K) NVwZ 2015, 361 Rn. 21 zu § 95 V AufenthG 2004.

[715] BVerfGE 92, 1 (13); 130, 1 (44); BVerfG (K) NJW 2001, 1848 (1850); NJW 2006, 3050 für § 86a StGB (rechtsextremistische Phantasieparole).

[716] BVerfGE 71, 108 (115); 82, 236 (269); 87, 363 (392); 126, 170; 130, 1 (43 f.); BVerfG (K) NVwZ 2019, 1509; NJW 2015, 3641 Rn. 7 – für OWi-Tatbestände; *Schulze-Fielitz,* in: Dreier III, Art. 103 II Rn. 46 f.; *Pohlreich,* BK Art. 103 II (2018) Rn. 100.

[717] BVerfGE 71, 108 (114); 82, 236 (269); 92, 1 (12); 130, 1 (44).

[718] Vgl. BVerfG (K) NJW 2005, 2140.

[719] BVerfGE 126, 170 (197); s. etwa BVerfG (K) NJW 2006, 3050 zu § 86a II 2 StGB; *Hinrichs* NJW 2001, 932 zur „Beförderungserschleichung".

[720] BVerfGE 126, 170 (198); BVerfG (K) NJW 2015, 2949 Rn. 68 (zu § 261 II Nr. 2 StGB);;vgl. OLG Köln wistra 2014, 362 für den Untreuetatbestand.

[721] BVerfGE 126, 170 (198 f.); 130, 1 (44); *Saliger* NJW 2010, 3195 (3196).

[722] BVerfGE 126, 170 (198 f.).

[723] BerlVerfGH ZUM-RD 2007, 510 (512).

[724] BVerfGE 73, 206 (242 ff.) für den Gewaltbegriff nach § 240 StGB; anders allerdings BVerfGE 92, 1 (13 f.); – anders die abw. Meinung ebenda, S. 20; der Mehrheit zust. *Amelung* NJW 1995, 2584 (2587); a. M. *Scholz* NStZ 1995, 417 (419); s. ferner BVerfGE 26, 41 (43); 45, 363 (371); 57, 250 (262); für den Beleidigungstatbestand § 185 StGB bejahend BVerfGE 93, 266 (292 f.).

[725] *Pieroth,* in: Jarass/Pieroth, Art. 103 Rn. 60; BVerfGE 126, 170 (199); 130, 1 (443); vgl. auch BVerfG (K) NVwZ 2015, 361 Rn. 24: volle Nachprüfbarkeit der Anwendung völkerrechtlicher Normen.

Konkretisierung des Tatbestandes ist.[726] Ein Analogieverbot wie generell ein Verbot extensiver Auslegung zu Lasten des Angeklagten enthält auch **Art. 7 EMRK.**[727] Kein generelles Analogieverbot gilt für belastende VAe.[728]

70 **Einzelfälle:** Die Tatbestandsauslegung darf sich nicht gänzl. vom allg. Sprachgebrauch lösen, da sie dann nicht mehr vorhersehbar ist.[729] Dies betrifft den Nötigungstatbestand des § 240 StGB und dessen Gewaltbegriff;[730] Einbeziehung von Zwangseinwirkungen allein durchgeistig-seelischen Einfluss, ist unzul. tatbestandsausweitende Interpretation, die auch die Tatbestandsalternativen unzul. entgrenzt;[731] Dies betraf nach BVerfGE 92, 1 und 104, 92 den Gewaltbegriff für sog. Sitzblockaden[732] – obschon hier das Bestrafungsrisiko bewusst sein musste.[733] Es geht jedoch generell um die Vorhersehbark. der Rspr.,[734] dies gilt auch für die Verwerflichkeitsklausel als Ausdruck des Verhältnismäßigkeitsgrundsatzes.[735] Die Rspr. zur Nötigung im Straßenverkehr durch bedrängendes Auffahren steht im Einklang mit Art. 103 II.[736] Die Einordnung eines Pkw als **„Waffe"** iSv § 113 II 2 Nr. 1 StGB verstößt gegen das Analogieverbot.[737] Eine Versammlung „unter freiem Himmel" auch für ein Sportstadion mit überdachtem Tribünenbereich sprengt nicht den Wortsinn.[738] Der **Untreuetatbestand** des § 266 StGB ist „noch" mit Art. 103 II vereinbar, dies mit Maßgabe begrenzender Auslegung der Merkmale Vermögensbetreuungspflicht, Pflichtverletzung und Vermögensnachteil.[739] Konkludentes Verhalten durfte unter die Täuschungshandlung nach **§ 263 StGB** subsumiert werden, ebenso die Gefahr eines künftigen Schadens als Vermögensschaden **(Eingehungsbetrug),** dies unter der Prämisse hinr. bestimmter Schadensfeststellung.[740] Die Grenze des Wortsinns war überschritten für § 131 StGB mit der Subsumtion sog. **Zombies** unter „Mensch",[741] ebenso bei § 241 I StGB: nichtexistente als „nahestehende" Person[742] oder bei § 176 IV Nr. 4 StGB: Schriften ohne Abbildungen als „Darstellung".[743] Gegen das Analogieverbot verstieß die Gleichsetzung des „unvorsätzlichen" Entfernens vom Unfallort mit „berechtigt" oder „entschuldigt" als Voraussetzung strafbewehrter Meldepflichten in **§ 142 II Nr. 2 StGB.**[744] Die weite Auslegung des „Erschleichens" in § 265a StGB wird toleriert.[745] Gleichsetzung von Vermittlern mit Veranstaltern von Glücksspielen in § 284 StGB dürfte gegen Abs. 2 verstoßen.[746] Hinr. bestimmt ist der Begriff der **Pornographie** bzw. der pornograph. Darstellung.[747] Eine Häufung unbest. Rechtsbegriffe enthält § 15 Abs. 2 JuSchG insbes. mit dem Begriff der „selbstzweckhaften" Gewalt in Nr. 3 a.[748] Abs. 2 kann auch einer Einbeziehung sog. „Scheinjugendlicher" in den TB der Posendarstellung entgegenstehen.[749] Das BVerfG sieht sich befugt, nach Nichtigerklärung von Strafnormen gem. § 35 BVerfGG Übergangsregelungen anzuordnen, die sich in Rahmen desfür nichtig erklärten StrafG halten.[750] Die sog. echte **Wahlfeststellung** [751]ist grundsätzlich mit Art. 103 II vereinbar.[752]

---

[726] BVerfGE 126, 170 (199 f.).

[727] Vgl. zusammenf. EGMR NJW 2001, 3035 (3037).

[728] Vgl. BVerwGE 155, 35 Rn. 36; 157, 249 Rn, 29; anders für strafähnliche Sanktionen OVG Hmg, U. v. 21.8.2018 – 5 Bf 26/17 – Rn. 60.

[729] So die die E. nicht tragenden Richter in BVerfGE 73, 206 (244 f.); BVerfGE 92, 1 (13).

[730] BVerfGE 73, 206 (237 ff.); 76, 211 (216); 92, 1 (13 ff.); 104, 92 (108); jeweils im Zusammenhang mit den sog. „Sitzblockaden"; vgl. dazu etwa *Scholz* NStZ 1995, 417; *Jean d'Heur* NJ 1995, 465; *Amelung* NJW 1995, 2584 (2585 – insbes. zum Gewaltbegriff); zu E 92, 1 und 104, 92 s. jetzt BVerfG (K) NJW 2006, 136 zum Gewaltbegriff in § 113 StGB; für § 316b StGB s. BVerfG (K) NVwZ 2006, 583.

[731] BVerfGE 92, 1 (13); krit. zu diesem Topos *Scholz* NStZ 1995, 417 (418).

[732] S. auch BVerfGK 18, 365 (369) – sog. Zweite-Reihe-Rspr.

[733] *Amelung* NJW 1995, 2584 (2587).

[734] Deshalb ist Erzwingen des Überholens – BGHSt 19, 263 – wegen der durch dichtes Auffahren hervorgerufenen Erregung des Nervensystems als phys. Zwangseinwirkung nach wie vor Gewaltanwendung.

[735] BVerfGE 104, 92 (109); zur Verwerflichkeit auch EGMR NJW 2008, 2322.

[736] BVerfG (K) NJW 2008, 49.

[737] BVerfG (K) NJW 2008, 3627.

[738] OLG Bamberg,. NStZ 2016, 487.

[739] BVerfGE 126, 170 (200 f.); *Saliger* NJW 2010, 3195 (3196 f.); *Krüger* NStZ 2011, 369.

[740] BVerfGE 130, 1 (45 ff.).

[741] BVerfGE 87, 209 (225).

[742] BVerfG (K) NJW 1995, 2776; vgl. dazu *Küper* JuS 1996, 783 ff.

[743] OLG Düsseldorf NJW 2000, 1129.

[744] BVerfG (K) NJW 2007, 1666.

[745] BVerfG (K) NJW 1998, 1135; krit. *Hinrichs* NJW 2001, 932.

[746] *Horn* NJW 2004, 2047 (2053).

[747] S. dazu *Erdemir,* MMR 2003, 628.

[748] Vgl. *Degenhart,* UFITA 2009, 331 (389 ff.); *Erdemir,* Filmzensur und Filmverbot, 2000, S. 94 ff.; ders., ZUM 2000, 699 (705), dort auch zur mangelnden Eignung dieses Kriteriums, die Menschenwürdewidrigkeit einer Darstellung zu konkretisieren.

[749] BayVGH MMR 2011, 557; vgl. auch *Erdemir,* in: Bornemann/Erdemir, Jugendmedienschutzstaatsvertrag, 2017, § 4 Rn. 126 ff.

[750] BVerfGE 88, 203 (209, 236 f.) – § 218 StGB aF.

[751] Vgl. einerseits für Zulässigkeit BGH NStZ-RR 2015, 39; 2014, 308, anders BGH NStZ 2014, 392; s. dazu *Kotsoglou* ZStW 127 (2015), 334; *Ceffinato,* Jura 2014, 655; *Bauer,* wistra 2014, 475; kritisch *Nolte/Aust* MKS III, Art. 103 Rn. 157b.

[752] BVerfG (K) NJW 2019, 2837: gewerbsmäßige Hehlerei und Diebstahl.

## IV. Rückwirkungsverbot

**1. Bedeutung für den Gesetzgeber.** Das **Rückwirkungsverbot** des Abs. 2 als absolutes, abwä- **71** gungsresistentes[753] Verbot der Rückbewirkung von Rechtsfolgen (→ Rn. 61) verbietet rückw. **Begründung** und **Verschärfung**[754] der Strafbarkeit,[755] und schützt generell davor, dass die Bewertung des Unrechtsgehalts einer Tat nachträgl. zum Nachteil des Täters geändert wird,[756] erstreckt sich also auch auf den nachträgl. Wegfall von **Rechtfertigungsgründen** – jedenfalls des positiven Rechts.[757] Sieht man die Grundlage des Rückwirkungsverbots auch im Vertrauensschutz, so muss es in der Konsequenz auch auf gewohnheits- oder richterrechtl. anerkannte Rechtfertigungsgründe Anwendung finden,[758] nicht jedoch auf den **Normenaustausch,** also die Ersetzung einer Strafnorm durch eine andere, die den gleichen Tatbestand in gleicher Weise unter Strafe stellt, auch wenn der Normgeber ein anderer ist.[759] Vorübergehende zwischenzeitl. Aufhebung[760] oder Milderung einer Norm berührt den Garantiegehalt des Rückwirkungsverbotes nicht.

Das Rückwirkungsverbot kann in Konflikt geraten mit **mat. Gerechtigkeit,** wenn offensichtl., **72** unerträgl. Verstöße gegen elementare Gebote der Gerechtigkeit und gegen völkerrechtl. geschützte Menschenrechte ungeahndet bleiben müssten.[761] Dies betrifft NS-Unrecht[762] und DDR-Kriminalität (→ Rn. 74 ff.).

**2. Rückwirkende Rechtsprechungsänderung.** Das Rückwirkungsverbot Abs. 2 wird bisher **73** nicht auf **rückwirkende Rechtsprechungsänderung** bezogen,[763] BVerfGE 126, 170 erstreckt die Garantiefunktion des Abs. 2 insofern auf Änderungen der Rspr., als es nachprüft, ob die Gerichte bei ihren bisherigen, die Norm konkretisierenden Obersätzen geblieben sind oder sie ggf. folgerichtig weiterentwickelt haben.[764] Die Rspr. müsste durch Mindestmaß an Kontinuität einen Vertrauenstatbestand begründet haben.[765] Für Geltung des Abs. 2 spricht die Bedeutung **gesetzesergänzenden** Richterrechts bei ausfüllungsbedürftigen Tatbestandsmerkmalen, wie z. B. der Fahruntüchtigkeit; ist das Gesetz in seiner Auslegung durch eine gefestigte RSpr. bestimmt, so liegt es nahe, den Garantiegehalt des Rückwirkungsverbotes hierauf zu beziehen.[766] Die vom BVerfG angedeutete Diff. nach einer das strafrechtl. Unwerturteil modif. Rechtsprechungsänderung,[767] erscheint nur bedingt praktikabel. Denn Feststellung und Bewertung der Tatsachenbasis lassen sich kaum eindeutig trennen, wie für den Ausgangssachverhalt – **Promillegrenze** – deutlich wird, wo die Funktion der Rspr. der eines als „Ersatzgesetzgebers" ist.[768]

**3. Bewältigung „vor-rechtsstaatlicher" Vergangenheit und Rückwirkungsverbot** Bei Bestrafung von **NS-Verbrechen**[769] und **DDR-Unrecht** (wie generell der Aufarbeitung von Unrechts- **74** systemen)[770] geht es um den klass. **rechtsstaatl. In-Sich-Konflikt** zwischen Rechtssicherheit und mat. Gerechtigkeit; hier kann es nicht von vornherein ausgeschl. sein, in extremer Ausnahmesituation erstere zurücktreten zu

---

[753] BVerfGE 95, 96 (131).

[754] Für Dauerstraftaten s. BayObLG NJW 1996, 1422.

[755] Vgl. BVerfGE 25, 269 (286): Schutz auch für rückwirkende Höherbewertung des Unrechtsgehalts; BVerfGE 81, 132 (135); 95, 96 (131 f.).

[756] BVerfGE 46, 188 (193); 95, 96 (131).

[757] BVerfGE 95, 96 (132); s. insbes. zu den Rechtfertigungsgründen des DDR-Rechts nachstehend Rn. 74; vgl. zur Problematik etwa *Schmidt-Aßmann,* in: Maunz/Dürig, Art. 103 (1992) Rn. 255; *Nolte/Aust* MKS III, Art. 103 Rn. 120.

[758] BVerfG (K) NJW 1998, 669; s. auch BVerfG (K) NJW 1997, 1910 (1911).

[759] BVerfGE 81, 132 (136), für das Verhältnis von Bundes- und EG-Recht; zum Begriff s. *Schulze-Fielitz,* in: Dreier III Art. 103 Abs. 2 Rn. 51.

[760] BVerfGE 81, 132 (135); BVerfG DVBl 2008, 1440.

[761] Vgl. hierzu grds. BVerfGE 96, 96 (134 f.); BGHSt 40, 218; 41, 101; unter Bezugnahme jeweils auf die sog. *Radbruch*'sche Formel, SJZ 1946, 105 ff., nach der bei einem Verstoß gegen die allen Völkern gemeinsamen, auf Wert und Würde bezogenen Rechtsüberzeugungen das positive Recht der Gerechtigkeit weichen muss; abl. *Schulze-Fielitz,* in: Dreier III, Art. 103 II Rn. 52.

[762] Vgl. BVerfGE 95, 96 (133 ff.) unter Bezugnahme auf BVerfGE 3, 225 (232); 23, 98 (106); – dort allerdings jeweils im außerstrafrechtlichen Zusammenhang.

[763] BVerfGE 95, 96 (132); BVerfG (K) NJW 2008, 3205 (3206); *Pohlreich,* BK Art. 103 II (2018) Rn. 113 ff., BVerfGK 18, 430 (435) schließt die Möglichkeit nicht aus; BayObLG NJW 1990, 2833; BGHSt 37, 89 (91 ff.); BGH wistra 2010, 263; krit. *Krahl* NJW 1991, 808; diff. *Schulze-Fielitz,* in: Dreier III², Art. 103 II Rn. 53 f.; *Pieroth,* Jarass/ Pieroth Art. 103 Rn. 93; *Leite* GA 2014, 220 ff.

[764] BVerfGE 126, 170 (199).

[765] BVerfGK 18, 430 8435); dort auch zum rechtsstaatl. Vertrauensschutzprinzip.

[766] Zutr. *Pieroth,* in: Jarass/Pieroth, Art. 103 Rn. 93 – in der Sache wohl auch BVerfGE 126, 170 (199).

[767] BVerfG (K) NJW 1990, 3140; NJW 1995, 125 – Promille-Grenze.

[768] Krit. *Pieroth,* Jarass/Pieroth Art. 103 Rn. 94; *Nolte/Aust* MKS III, Art. 103 Rn. 120; *Brockmeyer,* in: Hofmann/ Henneke, Art. 103 Rn. 11a.

[769] Dazu *Werle* NJW 2001, 3001; *Schulze-Fielitz,* in: Dreier III, Art. 103 II Rn. 55 f.

[770] Vgl. dazu *Papier/Möller* NJW 1999, 3289; *Bär* Jura 1999, 281; *Alwart* JZ 2000, 227; *Schroeder* NJW 2000, 3017; *Arnold/Karsten/Kreicker* NJ 2001, 561.

lassen.[771] Für die „Mauerschützen" wurde der Rechtfertigungsgrund in § 27 DDR-GrenzG wegen offensichtl. Menschenrechtswidrigk. nicht anerkannt.[772] Eine Beschränkung auf Fälle in sich unzutreff. Anwendung des DDR-Rechts,[773] (Exzesstaten) nimmt das BVerfG nicht vor.[774] Dies entspr. in der Sache auch dem Standpunkt des **VölkerR** seit dem IMT-Statut von Nürnberg:[775] Bei best. Verbrechen gegen die Menschlichkeit können innerstaatl. Rechtfertigungsgründe nicht akzeptiert werden. Dieser Grundsatz bestimmt auch die Einschränkung des Art. 103 II durch die sog. *Radbruch*'sche Formel; völkerrechtl. Aspekte werden auch insoweit herangezogen, als § 27 DDR-GrenzG auch völkerrechtl. Bindungen der DDR widersprach.[776] Nach gleichen Grundsätzen ist Rechtsbeugung zu behandeln.[777] Keine Frage des Abs. 2 ist die Verfolgung der **Spionagetätigkeit** von DDR-Agenten;[778] allerdings soll die Bestrafung gegen das Gebot der Verhältnismäßigkeit als mat. Schranke der Strafgewalt verstoßen.[779]

**75** Die Einschränkung des Art. 103 II entspricht der EMRK.[780] Die „*Nürnberg-Klausel*" des **Art. 7 II EMRK** kann, für sich gesehen, Art. 103 II nicht derogieren.[781] Daher vermeidet auch BVerfGE 95, 96 die Bezugnahme.[782] Gleichwohl kommt dessen Rechtsgedanke zum Tragen.[783] Dagegen stellt der **EGMR** auf DDR-Recht ab und versucht nachzuweisen, dass bereits hiernach keine Rechtfertigungsgründe zum Tragen kamen[784] – was auf eine die Rückwirkungsfrage nur scheinbar umgehende Auslegung des DDR-Rechts jedenfalls entgegen der seinerzeitigen Praxis hinausläuft.[785] Jedenfalls bei **völkerrechtlichen Verbrechen** kann das Rückwirkungsverbot eingeschränkt werden.[786]

# D. Ne bis in idem (Abs. 3)

## I. Grundsätzliche Bedeutung

**76**   Zu den Errungenschaften liberal-rechtsstaatl. Strafrechtspflege zählt der bis in das röm. Recht zurückzuverfolgende[787] Grundsatz des **ne bis in idem** in Abs. 3.[788] Abs. 3 knüpft an ein vorgefundenes Prinzip des **Strafprozessrechts** an;[789] doch ist dieses „**vorverfassungsrechtliche Gesamtbild**"[790] für den Gehalt der Verfassungsnorm nicht konstitutiv:[791] einfaches Recht ist vom VerfassungsR her zu durchdringen;[792] das ProzessgrundR[793] darf nicht von den strafrechtsdogm. „Verästelungen" des Tatbegriffs abhängig gemacht werden.[794]

## II. Der Tatbegriff des Abs. 3

**77**   Zentrales Element des Garantietatbestandes ist die **Tat** als der „geschichtliche Vorgang, auf welchen Anklage- und Eröffnungsbeschluss hinweisen und innerhalb dessen der Angeklagte als Täter oder

---

[771] Vgl. für das – rückwirkende – Kontrollratsgesetz Nr. 10 *Radbruch* SJZ 1946, 105 ff.; dazu *A. Kaufmann* NJW 1995, 81 ff.; eingehend *Pohlreich*, BK Art. 103 II (2018) Rn. 117 ff.; für die Balkankriegsverbrechen s. *Roggemann* NJW 1994, 1436 ff.

[772] BGHSt 39, 1 (14); 39, 168 (181 ff.); 40, 241 (250); 41, 101 (111 f.); BVerfGE 95, 96 (137); zu IPBürgR BVerfG (K) NJW 1998, 2585 (2586); krit. *Pieroth* VVDStRL 51 (1992), 91 (102 ff.); ausf. *Nolte/Aust* MKS III, Art. 103 Rn. 1124 ff.

[773] Fehlerhafte Anwendung des DDR-Rechts muss nicht übernommen werden: *Starck* VVDStRL 51 (1992), 9 (26 f.); einschränkend *Schulze-Fielitz*, in: Dreier III, Art. 103 II Rn. 57.

[774] BVerfGE 95, 96 (133); BVerfG (K) EuGRZ 1997, 413 (416); krit. *Dreier* JZ 1997, 421; *Krajewski* JZ 1997, 1054; zust. *Starck* JZ 1997, 147; zu Exzesstaten *Schulze-Fielitz*, in: Dreier III, Art. 103 II Rn. 57.

[775] Vgl. dazu etwa *Werle* NJW 2001, 3001 (3002).

[776] Insbes. Art. 6, 12 IPBürgR; skeptisch zu diesem Ansatz *Nolte/Aust* MKS III, Art. 103 Rn. 128.

[777] BGHSt 40, 30 (72); 40, 272 (276 f.); 41, 157 (164); BVerfG (K) NJW 1998, 2585 (2586); *Schroeder* NJW 2000, 3017 (3021).

[778] BVerfGE 92, 277; BayObLG NStZ 1992, 281 (282); a. M. *Widmaier* NJW 1991, 2460 (2462 ff.).

[779] BVerfGE 92, 277 (323 ff.) mit abwM der Richter *Klein, Kirchhof* und *Winter*.

[780] Vgl. *Nolte/Aust* MKS III, Art. 103 Rn. 132 ff.; *Kadelbach* Jura 2002, 329 (332); s. ferner UN-AMR EuGRZ 2004, 143.

[781] *Schulze-Fielitz*, in: Dreier III, Art. 103 II Rn. 6.

[782] Vgl. *Sendler* NJW 1997, 3146 – anders BVerfG (K) NJW 2000, 1480.

[783] Vgl. auch *Nolte/Aust* MKS III, Art. 103 Rn. 132.

[784] EGMR NJW 2001, 3035 (3037 ff.).

[785] Krit. *Rau* NJW 2001, 3008; *Werle* NJW 2001, 3001 (3004 f.); *Roellecke* NJW 2001, 3024; abl. BVerfGE 95, 96 (132 ff.); BVerfG (K) NJW 2000, 1480.

[786] *Nolte/Aust* MKS III, Art. 103 Rn. 135.

[787] Vgl. *Schulze-Fielitz*, in: Dreier III, Art. 103 III Rn. 1.

[788] Vgl. *Wassermann* AK II, Art. 103 Rn. 5; zust. *Schulze-Fielitz*, in: Dreier III, Art. 103 III Rn. 2; für die Balkankriegsverbrechen s. *Roggemann* NJW 1994, 1436 ff.

[789] BVerfGE 3, 248 (252 f.); zur „Normgeprägtheit" des Abs. 3 siehe *Schulze-Fielitz*, in: Dreier III, Art. 103 III Rn. 15 f.

[790] BVerfGE 9, 89 (96); s. aber dann BVerfGE 23, 191 (202); 56, 22 (34).

[791] *Schulze-Fielitz*, in: Dreier III, Art. 103 III Rn. 15 f.

[792] Vgl. grds. BVerfGE 23, 191 (202).

[793] Zu Abs. 3 als ProzessgrundR bzw. grundrechtsgleiches, verfassungsbeschwerdefähiges Recht vgl. *Schmidt-Aßmann*, in: Maunz/Dürig, Art. 103 (1992) Rn. 271; *Appel* Jura 2000, 571 (573 f.).

[794] So auch BVerfGE 56, 22 (34); *Pieroth*, in: Jarass/Pieroth, Art. 103 Rn. 99.

Teilnehmer einen Straftatbestand verwirklicht haben soll";[795] dies entspricht dem vorverfassungsrechtl. Gesamtbild des ProzessR.[796] Entsch. ist für Abs. 3 als eigenständige verfassungsrechtl. Basisgarantie[797] die **natürl. Lebensauffassung** über einen bestimmten Lebensvorgang.[798] Dies entspr. dem Schutzzweck der Rechtssicherheit für den Grundrechtsträger, auf dessen Sicht vorrangig abzustellen ist.

Es besteht also keine **Identität** mit dem Tatbegriff der **§§ 52, 53 StGB;**[799] bei Tateinheit iSd StGB **78** wird idR, muss aber nicht ausnahmslos eine Tat iSd Abs. 3 vorliegen,[800] bei Tatmehrheit kann nur eine Tat anzunehmen sein.[801] Art. 103 III greift auf den strafproz. Tatbegriff der §§ 155, 264 StPO zurück, ohne allerdings mit diesem identisch zu sein.[802] Auf die **rechtliche Bewertung** kommt es nicht an; auch wenn später erschwerende Umstände hervortreten, bleibt es bei einer Tat.[803] Als **selbständige Tat** wurde gewertet **Mord** im Verhältnis zur Mitgliedschaft in einer krimin. Vereinigung,[804] trotz Tateinheit nach § 52 StGB, wohl zu Recht, da sich ein Mord, mag er auch in einer Vereinigung iSd § 129 StGB begangen worden sein, als selbständiger Lebensvorgang dargestellt.[805] Andererseits wurde die auf einem einheitl. Gewissensentschluss beruhende mehrfache und als Tatmehrheit gewertete Ersatzdienstverweigerung (Zeugen Jehovas) als eine Tat iSd Abs. 3 beurteilt.[806] Dagegen liegen bei Schulpflichtverstößen über mehrere Schuljahre hinweg jeweils neue Taten vor.[807]

### III. Verbot der Mehrfachbestrafung als Verbrauch der Strafklage – Sperrwirkung des Abs. 3

**1. Voraussetzungen der Sperrwirkung – Strafklageverbrauch.** Über den Wortlaut hinaus- **79** gehend wird Abs. 3 als Verbot nicht nur mehrfacher Bestrafung**,** sondern auch wiederholter Verfolgung aufgefasst; es wird das prozessrechtl Institut des **Verbrauchs der Strafklage** aufgenommen.[808] Auch bei Freispruch greift also Abs. 3 ein.[809] Voraussetzung ist eine rechtskräftige Entscheidung auf Grund der allg. Strafgesetze**.** Sie begründet umfass. Sperrwirkung und verbraucht die Strafklage unter jedem rechtl. Gesichtspunkt.[810] **Strafbefehlen** wird ebenfalls Strafklageverbrauch beigemessen;[811] angesichts der erhebl. Bedeutung, die diese in der Praxis erlangt haben, würde der Schutzzweck des Abs. 3 verfehlt.[812] Reinen Prozessurteilen nach § 260 III StPO wird mangels Sachprüfung keine, gerichtl. **Einstellungsbeschlüssen** eingeschränkte, staatsanwaltschaftl. Einstellungsbeschlüssen keine Sperrwirkung beigemessen.[813]

Unter **Strafgesetze** iSv Abs. 3 wird – anders als nach Abs. 2 (→ Rn. 57 ff.) – nur das Kriminal- **80** strafrecht gefasst, **nicht** das Recht der Ordnungswidrigkeiten,[814] das DienststrafR und Diszipli-

---

[795] BVerfGE 23, 191 (202); 45, 434 (435); 56, 22 (28); ebenso das Schrifttum, vgl. *Schulze-Fielitz,* in: Dreier III, Art. 103 II Rn. 17.

[796] Vgl. etwa BVerfG (K) NJW 2004, 279.

[797] BVerfGE 56, 22 (34 f.); *Schmidt-Aßmann,* in: Maunz/Dürig, Art. 103 (1992) Rn. 265 f.

[798] *Nolte/Aust* MKS III, Art. 103 Rn. 202, 206; *Pohlreich* BK Art. 103 III (2018) Rn. 43; EuGH NJW 2006, 1781.

[799] BVerfGE 56, 22 (29 ff.); *Pieroth,* in: Jarass/Pieroth, Art. 103 Rn. 99.

[800] BVerfGE 56, 22 (29 ff.); BVerfG (K) NJW 2004, 279; *Pohlreich* BK Art. 103 III (2018) Rn. 44 f., dort auch zur Rspr. zum Fortsetzungszusammenhang, BGHSt 40, 138; BGH NJW 1994, 2966.

[801] BVerfGE 45, 434 (436); *Pieroth,* in: Jarass/Pieroth, Art. 103 Rn. 99.

[802] BVerfGE 56, 22 (31 ff.); *Pohlreich* BK Art. 103 III (2018) Rn. 44; *Schulze-Fielitz,* Dreier III, Art. 103 III Rn. 18.

[803] BVerfGE 56, 22 (31 f.); 65, 377 (381): keine Ergänzungsklage.

[804] BVerfGE 56, 22 (31 ff.); s. auch BVerfG (K) NJW 2004, 279 (280) zum Organisationsdelikt; *Pohlreich* BK Art. 103 III (2018) Rn. 48.

[805] Zu § 129b StGB s. OLG Düsseldorf, B. v. 10.10.2018 – III- 6 StS 5/18–; vgl. auch OLG München, U. v. 22.3.2019 – 4 OLG 13 Ss 491/18 –: Konsum eines Joints aus dem Vorrat des Täters während einer Trunkenheitsfahrt ohne den Führerschein.

[806] BVerfGE 23, 191 (203 ff.); s. andererseits BVerfGE 28, 264 (279 f.): wiederholte Befehlsverweigerung neue Tat i. S. d. Abs. 3, wenn erneute Gewissensentscheidung; die Ungleichbehandlung der Fälle ist schwer einsichtig; einschränkend auch OLG Celle NJW 1985, 2275; ferner BayObLG StV 1983, 369; BVerfG NJW 1984, 1675; kritisch auch Remmert, Maunz/Dürig, Art. 103 III (2016) Rn. 53.

[807] BVerfG (K) NJW 2015, 44 Rn. 27.

[808] BVerfGE 12, 62 (66); *Pieroth,* in: Jarass/Pieroth, Art. 103 Rn. 107.

[809] BVerfGE 12, 62 (66); *Schulze-Fielitz,* in: Dreier III, Art. 103 III Rn. 26; ebenso strafproz. BGHSt 5, 323 (330); 20, 292 (293); 38, 54 (57).

[810] Vgl. *Schmidt-Aßmann,* in: Maunz/Dürig, Art. 103 (1992) Rn. 295: auch wenn der als Jagdwilderei beurteilte Schuss Mordversuch war.

[811] BVerfGE 65, 377 (382 ff.); anders noch BVerfGE 3, 248 (252 ff.); *Pieroth,* in: Jarass/Pieroth, Art. 103 Rn. 105; *Schulze-Fielitz,* in: Dreier III, Art. 103 III Rn. 26; *Pohlreich* BK Art. 103 III (2018) Rn. 50.

[812] Daher ist auf Art. 103 III abzustellen, nicht, wie nach BVerfGE 65, 377, auf Art. 3 I.

[813] Vgl. *Nolte/Aust* MKS III, Art. 103 Rn. 217; *Pohlreich* BK Art. 103 III (2018) Rn. 51 für § 260 III StPO, Rn. 50 für §§ 153 II, 153a II StPO; Sperrwirkung verneinen für Einstellungsverfügungen nach § 170 II und § 153 I StPO.

[814] BVerfGE 21, 391 (401); 43, 101 (105); aA *Pieroth,* in: Jarass/Pieroth, Art. 103 Rn. 101; für Verwarnungen s. OLG Düsseldorf NJW 1991, 241; s. auch OLG Naumburg NJW 1995, 3332; OLG Zweibrücken NJW 1999, 962 für räumlich und zeitlich zusammenfallende Ordnungswidrigkeiten.

narRr;[815] die Disziplinarstrafe betreffe einen besonderen, nicht von Art. 103 III erfassten Rechte- und Pflichtenstatus.[816] Nicht in Anwendung allg. StrafG ergehen VA wie Widerruf der Asylanerkennung[817] oder Nichterteilung der **Fahrerlaubnis**.[818] Nicht unter Art. 103 III fallen parlamentsrechtl. Sanktionen.[819]

**81**     **2. Internationale und europarechtliche Bezüge.** Abs. 3 gilt für das Urteil eines **deutschen Gerichts;** das Urteil eines ausländ. Gerichts löst – vorbehaltlich Art. 54 SDÜ und Art. 50 GRCh[820] – nicht die Sperrwirkung aus.[821] Gerichte der **EU** sind nicht „ausländische" Gerichte in diesem Sinn;[822] sie üben sich mit der eigenständigen Rsp-Gewalt der EU mittelbar auch ein Stück deutscher – der EU übertragener – Hoheitsgewalt aus.[823] Urteile von DDR-Gerichten bleiben nach Art. 18 I EV wirksam und fallen daher unter Abs. 3.[824]

**82**     Nach **EMRK** gilt das Verbot der Doppelbestrafung nur innerhalb desselben Staates,[825] 7. ZP Art., ebenso nach Art. 14 VII IPBürgR. Ein Verbot der Mehrfachbestrafung enthält das Schengener Durchführungsübereinkommen in Art. 54.[826] Danach darf niemand für eine Tat, für die er in einem anderen Vertragsstaat „rechtskräftig abgeurteilt" worden ist, verfolgt werden; auch bei rechtskräftigem Freispruch[827] und Einstellung durch die StA;[828] i. F. d. Verurteilung jedoch unter der Bedingung, dass die Strafe vollstreckt wurde oder wird.[829] Das Verbot gilt auch bei einer zur Bewährung ausgesetzten Freiheitsstrafe,[830] sowie dann, wenn die in einem anderen Vertragsstaat rechtskräftig verhängte Strafe nie vollstreckt werden konnte.[831] Nicht als vollstreckte Strafe gilt U-Haft.[832] Der Anwendungsbereich des Art. 50 GRCh wurde vom EuGH zunächst sehr weit gezogen, mittlerweile präzisiert.[833] Ein Nacheinander von steuerl. und strafrechtl. Sanktion ist danach mit Art. 50 vereinbar, sofern erstere keinen strafrechtl. Charakter hat, was vom nationalen Gericht zu prüfen ist.[834] Der Grundsatz ne bis in idem gilt auch für kartellrechtliche Sanktionen.[835] Der EuGH vertritt einen engen Tatbegriff und fordert Identität des Sachverhalts, des Zuwiderhandelns und des geschützten Rechtsguts.[836]

**83**     **3. Folgen des Strafklageverbrauchs.** Die Folgen des Strafklageverbrauchs nach Abs. 3 sind korrespondierend zu dessen Voraussetzungen zu bestimmen. Abs. 3 begründet zunächst ein **Verbot erneuter Strafverfolgung** auch nach anderen rechtlichen Gesichtspunkten (→ Rn. 79);[837] es steht als

---

[815] BVerfGE 21, 391 (401); 43, 101 (105); 66, 337 (357).

[816] Vgl. BVerfGE 21, 378 (384) zur Disziplinarstrafe als „Zucht- und Ordnungsmittel", ferner BVerfGE 27, 180 (186); 32, 40 (48); für prinzipielle Anwendbarkeit aber *Fliedner* AöR 99 (1974), 242 (274); *Heinemann,* NZWehrr 2014, 11: für rechtsstaatl. Bindung des Disziplinarrechts; ähnl. *Schmidt-Aßmann,* in: Maunz/Dürig, Art. 103 (1992) Rn. 288; zu Art. 104 II BayVerfGH NVwZ 1990, 357; für Widerruf der Approbation s. VG Minden, U. v. 11.4.2018 – 7 K 880/18 –.

[817] BayVGH, B. v. 19.12.2017 – 21 ZB 17.31692 – Rn. 10.

[818] BVerfGE 20, 365 (372); für Entzug von Versorgungsbezügen BVerfGE 22, 387 (420).

[819] VerfG Hamburg NordÖR 2018, 198 Rn. 60; für Gemeinderat BVerwGE 151, 179 Rn. 16.

[820] Vgl. dazu EuGH NJW 2011, 983.; näher *Pohlreich* BK Art. 103 III (2018) Rn. 7 ff.; zu bilateralen Abkommen s. *Schomburg* NJW 2000, 1833 (1834 f.); *Nolte* MKS III, Art. 103 Rn. 190 ff.

[821] BVerfGE 12, 62 (66); 75, 1 (15); BVerfGK 19, 265 (271); BVerfG (K) NJW 2012, 1202 Rn. 31: *Kunig,* in: von Münch/Kunig II, Art. 103 Rn. 44; *Nolte/Aust* MKS III, Art. 103 Rn. 190; krit. *Schomburg* NJW 2000, 1833 (1840); zu transnationalen Serienstraftaten BGH NJW 2000, 1964.

[822] BGHSt 24, 54 (57).

[823] Ebenso *Schulze-Fielitz,* in: Dreier III, Art. 103 III Rn. 28, auch für Gerichte anderer EU-Staaten.

[824] A. M. *Remmert,* Maunz/Dürig, Art. 103 III (2018) Rn. 83: einfachgesetzlicher Strafklagegebrauch; wie hier *Schulze-Fielitz,* in: Dreier III, Art. 103 III Rn. 28.

[825] *Remmert,* Maunz/Dürig, Art. 103 III (2018) Rn. 32.

[826] Dazu EuGH NJW 2006, 1781 = JZ 2006, 1018 mit Anm. *Kühne;* EuGH NJW 2006, 3403; NJW 2009, 3149; *Hecker,* Europäisches Strafrecht⁴, 2012, § 13, Rn. 12 f.; *Remmert,* Maunz/Dürig, Art. 103 III (2018) Rn. 33.

[827] Auch wegen Verjährung, EUGH EuGRZ 2006, 572 (575), oder Mangels an Beweisen EuGH NJW 2006, 3403 (Abs. 23 ff.).

[828] EuGH NJW 2003, 1173; NJW 2005, 1337 (1338): nur bei Prüfung in der Sache.

[829] EuGH NJW 2014, 3007; dazu *Hecker* JuS 2014, 845; *Pohlreich* BK Art. 103 III (2018) Rn. 14; aM *Gaede* NJW 2014, 2990.

[830] EuGH NJW 2007, 3412 Abs. 38 ff.

[831] Vgl. EuGH NJW 2009, 3149 (für Abwesenheitsurteile).

[832] OLG Celle OLGSt IRG § 83 Nr 18 Rn. 25.

[833] Vgl. EuGH NJW 2013, 1415 – Akerberg Fransson –, dazu *Kingreen* EuR 2013, 446; einschränkend EuGH NVwZ 2014, 597 Rn. 31 ff.; NVwZ 2014, 795 Rn. Rn. 34 ff.; vgl. *Pohlreich* BK Art. 103 III (2018) Rn. 15; *Ladenburger/Vondung,* in: Stern/Sachs, GRCh Art. 50 Rn. 29.

[834] EuGH NJW 2013, 1415 Rn. 32 ff.

[835] *Eilmannsberger,* in: Streinz, EUV/AEUV, 3. Aufl. 2018, Art. 102 AEUV Rn. 10.

[836] Vgl. zum Tatbegriff des SDÜ EuGH NJW 2006, 1781 Rn. 38; EuGH NJW 2006, 3403; NJW 2007, 3412; NJW 2007, 3416 Rn. 55 ff.; für Art. 50 GRCh *Pohlreich* BK Art. 103 III (2018) Rn. 13; *Streinz,* in Streinz, EUV/AEUV, GRCh Art. 50 Rn. 3.

[837] Vgl. *Schulze-Fielitz,* in: Dreier III, Art. 103 III Rn. 12: Verbot erneuter Bestrafung innerhalb des Unrechts- und Schuldgehalts einer Tat.

**Verfahrenshindernis**[838] bereits der Einleitung eines Strafverfahrens entgegen.[839] Für Strafbefehle und Einstellungsbeschlüsse gilt dies entspr. dem mit ihnen verbundenen Strafklageverbrauch (→ Rn. 79). Ausgeschlossen wird auch die **„Ergänzungsklage"**, wenn nach Rechtskraft erschwerende Umstände hinzutreten.[840] Bei Zweifeln über den Umfang ist **zugunsten des Angeklagten** zu entscheiden.[841] Unter Verstoß gegen Abs. 2 zustande gekommene Urteile sind unwirksam; sie sind nicht vollstreckbar, § 458 StPO.[842]

Die **Wiederaufnahme zuungunsten des Angeklagten** (die zu seinen Gunsten wird nicht von Abs. 3 erfasst) soll durch Abs. 3 nicht ausgeschlossen sein. Nicht zwingend erscheint hier der Gesichtspunkt eines „unerträglichen" Widerspruchs zum Rechtsstaatsprinzip, doch dürfte § 362 StPO als immanente Schranke zu rechtfertigen sein.[843] Restriktive Handhabung ist geboten.[844] **84**

Entspr. der Voraussetzung einer Entscheidung auf Grundlage der allg. StrafG (→ Rn. 79 f.) erstreckt sich auch die Sperrwirkung nur hierauf: **Disziplinarmaßnahmen** werden ebenso wenig ausgeschlossen wie **verwaltungrechtl. Sanktionen** – zB Gewerbeuntersagung oder Entzug des Jagdscheins wegen Unzuverlässigk.,[845] Verspätungszuschlag im Steuerrecht.[846] Auch das Überprüfungsverfahren nach § 44b AbgG – Stasi-Verstrickung – ist einer Ahndung mangels Sanktionscharakters nicht gleichzustellen.[847] Nachträgl. Anordnung der Unterbringung/**Sicherungsverwahrung** wird vom BVerfG nicht als erneute „Strafe gesehen" (Rn. 58) – der Begriff ist identisch für Abs. 3 und 2;[848] aus allg. rechtsstaatl. Erwägungen könnte beim Vergleichbark. der Sanktionen Anrechnung erwogen werden.[849] **85**

Auf Grund der innerstaatl. Wirkung des Abs. 3[850] soll hieraus kein **Auslieferungshindernis** wegen drohender Verfolgung im Ausland nach Verurteilung im Inland erfolgen;[851] zu beachten ist jedoch § 83b IRG; s. auch Art. 9 EuAlÜbk. Der Rechtshilfe nach IRG in Form der Vernehmung steht Art. 103 III nicht entgegen.[852] **86**

## Art. 104 [Rechtsgarantien bei Freiheitsentziehung]

(1) **Die Freiheit der Person kann nur auf Grund eines förmlichen Gesetzes und nur unter Beachtung der darin vorgeschriebenen Formen beschränkt werden. Festgehaltene Personen dürfen weder seelisch noch körperlich mißhandelt werden.**

(2) **Über die Zulässigkeit und Fortdauer einer Freiheitsentziehung hat nur der Richter zu entscheiden. Bei jeder nicht auf richterlicher Anordnung beruhenden Freiheitsentziehung ist unverzüglich eine richterliche Entscheidung herbeizuführen. Die Polizei darf aus eigener Machtvollkommenheit niemanden länger als bis zum Ende des Tages nach dem Ergreifen in eigenem Gewahrsam halten. Das Nähere ist gesetzlich zu regeln.**

(3) **Jeder wegen des Verdachtes einer strafbaren Handlung vorläufig Festgenommene ist spätestens am Tage nach der Festnahme dem Richter vorzuführen, der ihm die Gründe der Festnahme mitzuteilen, ihn zu vernehmen und ihm Gelegenheit zu Einwendungen zu geben hat. Der Richter hat unverzüglich entweder einen mit Gründen versehenen schriftlichen Haftbefehl zu erlassen oder die Freilassung anzuordnen.**

---

[838] BVerfGE 56, 22 (32); BGHSt 20, 292 (293); 38, 37 (43); BayVerfGHE 11, 11 (14); *Rüping* BK, Art. 103 III (1982) Rn. 72 ff.

[839] BGHSt 20, 292 (293); *Nolte/Aust* MKS III, Art. 103 Rn. 216.

[840] BVerfGE 65, 377 (381).

[841] BayObLGSt 1968, 75 (77).

[842] Vgl. *Schulze-Fielitz*, in: Dreier III, Art. 103 III Rn. 34.

[843] Vgl. BVerfGE 3, 248 (251 ff.); *Radtke* Beck OK, Art. 103 Rn. 47; *Schmahl*, in: Hofmann/Henneke, Art. 103 Rn. 87; *Pieroth*, in: Jarass/Pieroth, Art. 103 Rn. 109 f.; *Pohlreich* BK Art. 103 III (2018) Rn. 65 und *Nolte/Aust*MKS III, Art. 103 Rn. 223 – dort für immanente Schranke, ebenso *Burkiczak*, in: Friauf/Höfling, Art. 103 Rn. 115.

[844] So auch *Schulze-Fielitz*, in: Dreier III, Art. 103 III Rn. 32; *Pohlreich* BK Art. 103 III (2018) Rn. 65; *Möstl* HStR VIII³, § 179 Rn. 72; *Nolte/Aust* MKS III, Art. 103 Rn. 224; s. auch *Nolte* HGR V § 135 Rn. 19: angesichts Art. 4 I 7. ZPEMRK: international vertretbar.

[845] Vgl. BVerfGE 20, 365 (371 ff.) für Entziehung der Fahrerlaubnis; für Disziplinarmaßnahmen Rn. 80 s. für strafrechtliche Ahndung nach Ungehorsamsarrest gem. §§ 11 III, 23 I 4 JGG aber BVerfG (K) NJW 1989, 2529: zulässig; *Schulze-Fielitz*, in: Dreier III, Art. 103 III Rn. 22.

[846] FG Bln-BBg EFG 2018, 962 Rn. 13; BFHE 264, 165.

[847] Offengelassen bei BVerfGE 94, 351 (364 f.).

[848] BVerfGE 109, 133 (175); BVerfGE 128, 326 Rn. 142.

[849] Dafür *Schulze-Fielitz*, in: Dreier III, Art. 103 III Rn. 23.

[850] Vgl. jedoch BVerfGE 113, 273 (305 f.) für den europ. Haftbefehl.

[851] *Gillmeister* NJW 1991, 2245 ff.; für Auslieferungen s. OLG Karlsruhe NJW 1988, 1476; s. auch BGHSt 33, 26; einschränkend *Schmidt-Aßmann*, in: Maunz/Dürig, Art. 103 (1992) Rn. 305; *Lagodny* NJW 1988, 2146 ff.; zum IRG s. *Vogler* NJW 1983, 2114 ff.; für *Ausweisungen* s. etwa OVG NRW NVwZ 1982, 454; OVG Hamb NVwZ 1986, 781 – Ausweisung kein Abschiebungshindernis; HessVGH NVwZ-RR 1990, 511, bejaht Ermessensrelevanz; einschränkend OVG RhPf NVwZ-RR 1992, 660; s. auch BVerfG (VPr) NVwZ 1985, 105.

[852] OLG Stuttgart NStZ-RR 2015, 387 Rn. 7.

**(4) Von jeder richterlichen Entscheidung über die Anordnung oder Fortdauer einer Freiheitsentziehung ist unverzüglich ein Angehöriger des Festgehaltenen oder eine Person seines Vertrauens zu benachrichtigen.**

**Entstehungsgeschichte: Erstfassung:** JöR nF 1 (1951), 745.
**Historische Verfassungstexte: RV 1849:** § 138 (2) Die Verhaftung einer Person soll, außer im Falle der Ergreifung auf frischer Tat, nur geschehen in Kraft eines richterlichen, mit Gründen versehenen Befehls. Dieser Befehl muss im Augenblicke der Verhaftung oder innerhalb der nächsten vier und zwanzig Stunden dem Verhafteten zugestellt werden. (3) Die Polizeibehörde muss Jeden, den sie in Verwahrung genommen hat, im Laufe des folgenden Tages entweder freilassen oder der richterlichen Behörde übergeben. (4) Jeder Angeschuldigte soll gegen Stellung einer vom Gerichte zu bestimmenden Kaution oder Bürgschaft der Haft entlassen werden, sofern nicht dringende Anzeigen eines schweren peinlichen Verbrechens gegen denselben vorliegen. (5) Im Falle einer widerrechtlich verfügten oder verlängerten Gefangenschaft ist der Schuldige und nötigenfalls der Staat dem Verletzten zur Genugtuung und Entschädigung verpflichtet. – **WRV: Art. 114** (1) Die Freiheit der Person ist unverletzlich. Eine Beeinträchtigung oder Entziehung der persönlichen Freiheit durch die öffentliche Gewalt ist nur auf Grund von Gesetzen zulässig. (2) Personen, denen die Freiheit entzogen wird, sind spätestens am darauffolgenden Tage in Kenntnis zu setzen, von welcher Behörde und aus welchen Gründen die Entziehung der Freiheit angeordnet worden ist; unverzüglich soll ihnen Gelegenheit gegeben werden, Einwendungen gegen ihre Freiheitsentziehung vorzubringen.
**Geltende Landesverfassungen:** *Bay*Verf Art. 102; *Bln*Verf Art. 8; *Bbg*Verf Art. 9; *Brem*Verf Art. 5 III, IV, V; *Hess*Verf Art. 5, 19, 21, 23; *RhPf*Verf Art. 5; *Saarl*Verf Art. 13; *LSA*Verf Art. 23; *Sachs*Verf Art. 17; *Thür*Verf Art. 4.
**Supra- und internationale Texte:** EUGrundRCharta Art. 4; AMRE Art. 9; IPBürgR Art. 9–11; EMRK Art. 3, Art. 5.
**Leitentscheidungen:** BVerfGE 10, 302 (Volljähriger Entmündigter); BVerfGE 42, 1 (Sicherungsverwahrung); BVerfGE 58, 208 (Unterbringungsverfahren); BVerfGE 83, 24 (Polizeigewahrsam); BVerfGE 105, 239 (Abschiebegewahrsam); BVerfGE 109, 190 (Straftäterunterbringung); BVerfGE 128, 326, BVerfGE 131, 268 (Sicherungsverwahrung I und II; BVerfGE 134, 33 (TherapieunterbringungsG); BVerfGE 149, 293 (Fixierung); EGMR NJW 2001, 51 (Aquilina/Malta); EGMR NJW 2006, 3117 (Jalloh/Deutschland); EGMR NJW 2007, 3699 (McKay/ Vereinigtes Königreich); EuGH NJW 2019, 2145 (Europäischer Haftbefehl).

**Schrifttum:** *H-J. Cremer,* Freiheitsentzug und Zwangsbehandlung in einer Privatklinik, Rechtskraftdurchbrechung und (mittelbare) Drittwirkung der EMRK, EuGRZ 2008, 562; *E. Denninger,* Normbestimmtheit und Verhältnismäßigkeitsgrundsatz im Sächsischen Polizeigesetz, 1995; *C. Grabenwarter,* Androhung von Folter und faires Strafverfahren – Das (vorläufig) letzte Wort aus Straßburg, NJW 2010, 3128; *A. Guckelberger,* Der präventiv-polizeiliche Gewahrsam, Jura 2015, 926; *C. Gusy,* Freiheit der Person HGR IV, 2011, § 93; *ders.,* Freiheitsentziehung und Grundgesetz, NJW 1992, 457; *P. Hantel, P. Hantel,* Das Grundrecht der Freiheit der Person nach Art. 2 II 2, 104 GG, JuS 1990, 865; *G. Lübbe-Wolff,* Die Rechtsprechung des Bundesverfassungsgerichts zum Strafvollzug und Untersuchungshaftvollzug, 2016; *E. Pohlreich,* Die Rechtsprechung des EGMR zum Vollzug von Straf- und Untersuchungshaft, NStZ 2011, 560; *F. Rottmann,* Das Mißhandlungsverbot des Art. 104 Abs. 1 Satz 2 GG, in: Goerlich (Hrsg.), Staatliche Folter, 2007, S. 75 ff.; *J. Schemmel,* Freiheitsentziehung durch Fixierung – Verfassungsrechtliche Maßstäbe für Gesetzgeber und Rechtsprechung, DVBl 2019, 277; *St. Schmahl,* Der Europäische Haftbefehl vor dem EuGH, DVBl 2007, 1463; *J. Schuhr,* Brechmitteleinsatz als unmenschliche und erniedrigende Behandlung, NJW 2006, 3538; *F. Wittreck,* Freiheit der Person HStRV³, 2009, § 151.

## Übersicht

## A. Allgemeines – Systematik

Art. 104 ergänzt das GrundR der **Freiheit der Person** in **Art. 2 II 2**[1] durch zusätzl. **verfahrens- 1 mäßige Sicherungen,**[2] die traditionell unter dem Begriff des **habeas corpus** zusammengefasst werden und zu den ältesten Grundrechtsgarantien überhaupt zählen.[3] Es sind dies ein formeller **Gesetzesvorbehalt,** verbunden mit weiteren Verfahrensgarantien für jede Art von Freiheitsbeschränkung, Abs. 1 S. 1, sowie ein **Richtervorbehalt,** verbunden wiederum mit weiteren Verfahrensgarantien, für qualif. Freiheitsbeschränkungen in Form der **Freiheitsentziehung,** Abs. 2–4. Hierin kommt die bes. Bedeutung der Freiheit der Person *„als Grundlage und Voraussetzung der Entfaltungsmöglichkeiten des Bürgers"*[4] zum Ausdruck, wie auch darin, dass Art. 2 II 2 sie als „unverletzlich" bezeichnet.[5] Mit der mat. und verfahrensmäß. Absicherung, die die persönl. Bewegungsfreiheit durch Art. 2 II 2 und Art. 104 I erfährt, soll auch die Einhaltung eines fairen und rechtsstaatl. Verfahrens garantiert werden.[6] Eine zusätzl. Garantie enthält das **Misshandlungsverbot,** Abs. 1 S. 2.[7]

Die Freiheit der Person insbes. vor Inhaftierung ist Gegenstand der Garantien **Art. 5 EMRK,**[8] betr. 2 die Gründe für Freiheitsentziehungen, die in Art. 5 I abschl. genannt werden,[9] und die Rechte der festgenommenen und inhaftierten Personen auf Information, Rechte in der U-Haft und das Recht auf gerichtl. Haftkontrolle (Habeas-Corpus-Verfahren – → Rn. 19). Sie sind bei Auslegung des Art. 104 bzw. entspr. landesverfassungsrechtl. Garantien[10] in völkerrechtsfreundl. Auslegung[11] heranzuziehen; so auch das Folterverbot des Art. 3 EMRK für Art. 104 I 2 (→ Rn. 22). Ausnahmen sind eng auszulegen.[12] Der Schutz vor willkürl. Freiheitsentziehung ist gemeinsame Verfassungstradition der EU-Staaten.

Die Freiheitsentziehung durch **Europäischen Haftbefehl** setzt nach Art. 6 I des Rahmenbeschlus- 2a ses 2002/584 Ausstellung durch eine Justizbehörde voraus; der EuGH verneint dies mit Urteil vom 27.5.2019 für die deutsche Staatsanwaltschaft auf Grund fehlender Unabhängigkeit.[13]

## B. Schutzbereich des Art. 104

### I. Freiheit der Person, Freiheitsbeschränkung und -entziehung

Art. 104 verleiht ein verfassungsbeschwerdefähiges subj. Recht auf Einhaltung der dort genannten 3 Anforderungen an Freiheitsbeschränkungen[14] und ist hierin jedenfalls **grundrechtsgleiches** Recht,[15] dies in all seinen Einzelbestimmungen.[16] Es steht **jeder natürlichen Person** zu, unabh. von Alter und Geschäftsfähigkeit.[17]

Der **sachliche Schutzbereich** – Freiheit der Person – des Art. 104 entspricht dem des Art. 2 II 2.[18] 4 Geschützt ist die **körperliche Bewegungsfreiheit**[19] vor Beeinträchtigungen durch unmittelbaren – physischen – Zwang[20] (→ Art. 2 Rn. 228 ff.), weshalb die Pflicht, an einem bestimmten Ort zu erscheinen (Präsenzpflichten) nicht unter Art. 104 fällt,[21] so Schulpflicht, Wehrpflicht.[22] Dagegen ist zwangsweise Vorführung Freiheitsbeschränkung, ebenso Festhalten und Verbringen zur Dienststelle

---

[1] Vgl. zum systematischen Zusammenhang *Wittreck* HStR VII[3], § 151 Rn. 12; *Jarass,* in: Jarass/Pieroth, Art. 2 Rn. 58; *Schulze-Fielitz,* in: Dreier III, Art. 104 Rn. 13 f.; BVerfGE 10, 302 (323); 29, 183 (195); BVerfG (K) EuGRZ 1997, 519 (520); BVerfG (K) NJW 2000, 3775 (3776); BVerfGE 109, 190 (239); 128, 326 Rn. 98 ff.

[2] *Schulze-Fielitz,* in: Dreier III, Art. 104 Rn. 13; ähnl. *Gusy* NJW 1992, 457: Schranken-Schranke.

[3] *Gusy* MKS III, Art. 104 Rn. 1 ff.; *Schulze-Fielitz,* in: Dreier III, Art. 104 Rn. 1 ff.

[4] Vgl. BVerfGE 109, 133 (157); 128, 326 Rn. 98.

[5] BVerfGE 35, 185 (190); 109, 133 (157); 128, 326 Rn. 98.

[6] BVerfG (K) NJW 2000, 3775 (3776); *Gusy* MKS III, Art. 104 Rn. 13 ff.

[7] S. auch nach *Jarass,* in: Jarass/Pieroth, Art. 104 Rn. 6: eine mate. Voraussetzung der Freiheitsbeschränkung; jedenfalls wird die Form des Vollzugs beschränkt, BVerfG 2, 118 (119); 64, 261 (280).

[8] S. EGMR 2014, 43 Rn. 63.

[9] BVerfGE 131, 268 (296) unter Verweis auf EGMR, U. v. 17.12.2009; BVerfG (K) NVwZ 2016, 1079 Rn. 37.

[10] Vgl. etwa SächsVerfGH SächsVBl 1996, 160 (171).

[11] BVerfGE 128, 326 (367 ff.); 134, 33 Rn. 86 f.

[12] EGMR NJW 2007, 3699.

[13] EuGH NVwZ 2019, 1185 mit Anm. *Kluth* NJW 2019, 1175,

[14] BVerfGE 16, 119 (122).

[15] Vgl. *Jarass,* in: Jarass/Pieroth, Art. 104 Rn. 1; *Müller-Franken,* in: Stern/Becker, Art. 104 Rn. 3; s. BVerfGE 58, 208 (220): GrundR aus Art. 2 II 2 iVm Art. 104.

[16] BVerfGE 10, 302 (329).

[17] Vgl. BVerfGE 10, 302 (309) – auch fehlender selbstständiger Wille lässt Schutz nicht entfallen; vgl. zur Frage der Bewegungsfähigkeit *Wittreck* HStR VII[3], § 151 Rn. 11.

[18] Vgl. *Jarass,* in: Jarass/Pieroth, Art. 104 Rn. 2; BVerfGE 10, 302 (322); 58, 208 (220); BVerfGK 15, 139: unlösbarer Zusammenhang.

[19] Vgl. BVerfGK 15, 139; *Jarass,* in: Jarass/Pieroth, Art. 104 Rn. 2; *Pohlreich* BK Art. 104 (2019) Rn. 25.

[20] BVerfGE 22, 21 (26); *Hantel* JuS 1990, 865 (866); *Müller-Franken,* in: Stern/Becker, Art. 104 Rn. 21; anders aber *Gusy* MKS III, Art. 104 Rn. 22.

[21] *Gusy* MKS III, Art. 104 Rn. 18; *Müller-Franken,* in: Stern/Becker, Art. 104 Rn. 37.

[22] *Müller-Franken,* in: Stern/Becker Art. 104 Rn. 37; a. M. *Wittreck* HStR VII[3], § 151 Rn. 10.

zur Identitätsfeststellung.[23] Die Befugnis, sich an einem beliebigen Ort aufzuhalten und sich überallhin zu bewegen, fällt nicht unter Art. 2 II 2 iVm Art. 104, wird also durch räuml. Aufenthaltsbeschränkungen (z. B. für Asylbewerber) nicht berührt.[24] **Freiheitsbeschränkung** liegt vor, wenn jemand (durch die öff. Gewalt) gegen seinen Willen gehindert wird, einen ihm faktisch wie rechtlich zugängl. Ort aufzusuchen, sich dort aufzuhalten bzw. von dort zu entfernen,[25] nicht also bei Ein- und Ausreisebeschränkungen. Zweifelhaft ist dies bei Unterbringung von Asylsuchenden im Transitraum eines Flughafens.[26] Mit dieser Maßgabe der phys. Beeinträchtigung schützt Art. 104 iVm Art. 2 II 2 gegenüber jegl. Form der Beeinträchtigung.[27] Bereits die Androhung einer Freiheitsstrafe kann den Adressaten in seinem Grundrecht aus Art. 2 II 2 iVm Art. 104 verletzen.[28]

5   **Freiheitsentziehung** ist ein Unterfall der Freiheitsbeschränkung und deren **intensivste** Form.[29] Sie bedeutet **Festhalten auf eng umgrenztem Raum,**[30] so dass die körperliche Bewegungsfreiheit „nach jeder Richtung hin" aufgehoben ist.[31]

5a   Ein Mindestmaß an Eingriffsintensität ist gefordert;[32] sie ist in erster Linie nach der Dauer der Maßn. zu bestimmen.[33] Bloße **Freiheitsbeschränkung** ist demgemäß das Anhalten und idR auch Festhalten zur Identitätsfeststellung,[34] zwangsweise Vorführung[35] oder Verbringung zur Blutentnahme,[36] wie auch der sog. Verbringungsgewahrsam – wenn eine Person zur Durchsetzung eines Platzverweises zu einem anderen Ort verbracht und dort freigelassen wird,[37] idR auch **unmittelbarer Zwang** zur Durchsetzung hoheitl. Anordnungen,[38] es sei denn, er ist unmittelbar mit einem Festhalten bzw. Einschließen verbunden, wie die „Einkesselung" von Versammlungsteilnehmern.[39] Eine mehrstündige Straßenabsperrung, die physisch am Verlassen eines Ortes hindert, ist (nur) Freiheitsbeschränkung.[40]

6   **Freiheitsentziehungen** sind demnach unstrittig[41] alle Formen der **Haft** wie U-Haft,[42] Abschiebe- oder Auslieferungshaft,[43] Zwangshaft als Mittel der Verwaltungsvollstreckung,[44] Erzwingungs- oder Beugehaft[45] und die Strafhaft im Strafvollzug von Freiheitsstrafen;[46] ebenso **Sicherungsverwahrung**[47]

---

[23] BVerfG (K) B. v. 2.11.2016 – 1 BvR 289/15 – Rdn. 22; VerfG MV DÖV 2000, 71; BVerfGE 22, 21 (26), für Vorladung zum Verkehrsunterricht; *Schulze-Fielitz,* in: Dreier III, Art. 104 Rn. 24; gegen dieses Kriterium *Gusy* NJW 1992, 457 (459).

[24] BVerfGE 94, 166 (198); BVerfGE 96, 10 (21).

[25] BVerfGE 149, 293 Rn. 67.

[26] Vgl. BVerfGE 94, 166 (198): kein Fall des Art. 104; diff. *Gusy* MKS III, Art. 104 Rn. 20; *Pohlreich* BK Art. 104 (2019) Rn. 25; für Einschlägigkeit von Art. 5 EMRK aber EGMR NVwZ 1997, 1102.

[27] Vgl. *Hantel* JuS 1990, 865 (868).

[28] BVerfG U. v. 26.2.2020 – 2 BvR 2347/15 u. a. – zum Suizidhelfer (§ 217 StGB).

[29] Vgl. grds. BVerfGE 10, 302 (323); *Schulze-Fielitz,* in: Dreier III, Art. 104 Rn. 22; *Wittreck* HStR VII³, § 151 Rn. 19 f.; *Müller-Franken,* in: Stern/Becker, Art. 104 Rn. 32 f.

[30] *Gusy* MKS III, Art. 104 Rn. 19; aus der Rspr etwa BVerwGE 62, 325 (327); BGHZ 82, 261 (267).

[31] Vgl. BVerfGE 105, 239 (248); BVerfGE 149, 293BVerfGE 149, 293 Rn. 67; *Müller-Franken,* in: Stern/Becker, Art. 104 Rn. 33.

[32] BVerfGE 149, 293 Rn. 67; *Jarass,* in: Jarass/Pieroth, Art. 104 Rn. 11; *Schulze-Fielitz,* in: Dreier III, Art. 103 III Rn. 25; *Müller-Franken,* in: Stern/Becker, Art. 104 Rn. 33: aA *Gusy* MKS III, Art. 104 Rn. 20 wg. Abgrenzungsschwierigkeiten.

[33] So auch *Jarass* aaO; *Pohlreich* BK Art. 104 (2019) Rn. 28; *Müller-Franken,* in: Stern/Becker, Art. 104 Rn. 33; diff. *Kunig,* in: v. Münch/Kunig II, Art. 104 Rn. 19: alle nicht ganz flüchtigen Eingriffe; zu weiteren Kriterien *Hantel* JuS 1990, 865 (870); *Schulze-Fielitz,* in: Dreier III, Art. 104 Rn. 23; s. ferner BGHZ 82, 261 (269); KG NVwZ 2000, 468.

[34] Sistieren – vgl. *Schulze-Fielitz,* in: Dreier III, Art. 104 Rn. 24; *Müller-Franken,* in: Stern/Becker, Art. 104 Rn. 35.

[35] Für Freiheitsentziehung *Kunig,* in: v. Münch/Kunig II, Art. 104 Rn. 20.

[36] Vgl. *Kunig,* in: v. Münch/Kunig II, Art. 104 Rn. 20 – Blutentnahme; *Schulze-Fielitz,* in: Dreier III, Art. 104 Rn. 24.

[37] Unklar *Gusy* MKS III, Art. 104 Rn. 23.

[38] Vgl. BVerwGE 62, 325 (327); *Müller-Franken,* in: Stern/Becker, Art. 104 Rn. 35; *Gusy* aaO will nach der durchgesetzten Pflicht differenzieren: sei diese kein Eingriff in die Freiheit, gelte dies auch für die zwangsweise Durchsetzung; doch kann vom GrundVA nicht auf den Vollzugsakt geschlossen werden.

[39] KG NVwZ 2000, 468 (471); OVG NRW DVBl 2001, 839; *Wittreck* HStR VII³, § 151 Rn. 20; *Pohlreich* BK Art. 104 (2019) Rn. 29.

[40] OVG Lüneburg NVwZ-RR 2007, 103; *Schulze-Fielitz,* in: Dreier III, Art. 104 Rn. 27.

[41] Zu den einzelnen Fällen *Wittreck* HStR VII³, § 151 Rn. 19 f.

[42] *Gusy* MKS III, Art. 104 Rn. 19; zu den Anforderungen etwa für U-Haft BVerfG (K) B. v. 9.3.2020 – 2 BvR 103/20 – = EuGRZ 2020, 365.

[43] S. hierzu BVerfG (K) NJW 2000, 1252; NVwZ 2015, 1204 Rn. 20; *Kunig,* in: v. Münch/Kunig II, Art. 104 Rn. 20 – Abschiebungshaft –; nach BVerwGE 62, 325 (327), nicht bei kurzfristiger Anwendung unmittelbaren Zwangs.

[44] Zur Ersatzzwangshaft OVG NRW NVwZ-RR 1997, 763; OVG Bremen NVwZ-RR 2004, 658.

[45] Vgl. zu den Voraussetzungen nach StPO BVerfG (K) NJW 1999, 779; NJW 2000, 3775 (3776); BVerfGK 6, 197; 10, 216, dort insbes. zum Grundsatz der Verhältnismäßigkeit; für § 901 ZPO BVerfG (K) NJW 2018, 531.

[46] Vgl. BVerfGE 29, 312 (316); 86, 288 (311).

[47] Dazu BVerfGE 2, 118 (119 f.); 42, 1 (5 ff.); zur nachträglichen Sicherungsverwahrung s. Art. 103 Rn. 58, 85 mwN.

und Unterbringung in geschlossenen Anstalten,[48] der **Strafarrest**,[49] der **Polizeigewahrsam** als Unterbindungsgewahrsam[50] bzw. **Präventivgewahrsam** zur Unterbindung einer Straftat,[51] unabhängig von der Zielrichtung der Maßnahme, ob Repression, Prävention oder Fürsorge[52] Auch das unmittelbare Festhalten in einer bestimmten Position **(Fixierung)** ist als intensivste Form eines Festhaltens jedenfalls Freiheitsentziehung, wenn es nicht nur für einen ganz kurzen Zeitraum erfolgt;[53] dies betrifft auch zusätzliche Eingriffe in die körperliche Bewegungsfreiheit bei Unterbringung: sie nimmt dem Untergebrachten auch die ihm sonst verbleibende Freiheit, sich innerhalb der Anstalt zu bewegen. Es liegt also ein selbständiger, besonders intensiver Eingriff vor, der durch die Unterbringungsanordnung nicht gedeckt ist;[54] anders bei verschärfenden Maßnahmen wie der Beschränkung auf begrenzte Bereiche der Anstalt.[55] Diese Grundsätze gelten auch für den Maßregelvollzug nach § 63 StGB.[56]

In all diesen Fällen wird das Festhalten durch physischen Zwang mit physischen bzw. techn. Mitteln **7** bewirkt:[57] Gefängnismauern, Schließvorrichtungen, Wachen. Die Wirkung von **Medikamenten** ist dem gleichzusetzen.[58] Das bloße Gebot, sich in einem bestimmten Raum aufzuhalten bzw. das Verbot, ihn zu verlassen, bedeutet für sich gesehen noch keine Freiheitsentziehung, sondern erst dann, wenn damit der tatsächl. Erfolg der Aufhebung der Bewegungsfreiheit verbunden ist, etwa durch psych. Hemmnisse wie Furcht vor Sanktionen,[59] wie beim nächtl. **Hausarrest** im Asylverfahren[60] oder Kontrollsystemen.[61] Bei der sog. „elektron. Fußfessel" dürfte auf die konkreten Umstände des Einzelfalles abzustellen sein.[62] **Quarantäne** nach § 30 I InfSchG ist nach Dauer und Intensität[63] der Beschränkungen einer Freiheitsentziehung gleichzusetzen. Soweit sie nicht nach § 30 II IfSchG durch unmittelb. Zwang durchgesetzt wird, sieht das Gesetz jedoch keinen Richtervorbehalt vor. Dies ist nur dann mit Art. 104 I vereinb., wenn man phyische Hindernisse fordern will.[64] Stellt man dagegen auf den Sanktionsdruck durch die Strafbewehrung ab, dürfte, wie auch im Fall einer Ausgangssperre,[65] Freiheitsentziehung naheliegen.[66] Dies dürfte auch der Fall sein bei den mit Bauzäunen abgeriegelten Wohnquartieren während der Covid 19-Pandemie.

## II. „Drittwirkung" des Art. 104

Die Verfahrensgarantien des Art. 104, insbesondere der Richtervorbehalt, gelten für jede ör **8** begründete Freiheitsentziehung,[67] damit auch für die **Unterbringung** in einer geschloss. Anstalt bei **Betreuung**,[68] gemäß § 1906 BGB, dies bereits auf Grund ihres ör Charakters.[69] Für die Bestellung eines Bevollmächtigten bestehen Zweifel am ö-r Charakter der Freiheitsentziehung und damit der

---

[48] Vgl. hierzu BVerfGE 58, 208 (220 f.); 70, 288 (311 ff.); EGMR NJW 1999, 2727; BVerfG (K) NStR-RR 2016, 389; BbgVerfG JR 2003, 192 für einstw. Unterbringung in Jugendhilfeeinrichtung anstelle von U-Haft; für „Organisationshaft" – Vorwegvollzug bis Überstellung in Maßregeleinrichtung – s. BVerfG (K) EuGRZ 2005, 622, s. zur Zwangsbehandlung des Untergebrachten BVerfGE 128, 282 (394); 129, 269 (280); 133, 112 Rn. 48 ff.

[49] BVerfGE 22, 311 (317).

[50] Vgl. hierzu VGH BW DVBl 2011, 626.

[51] Vgl. BVerfG (K) NVwZ 2016, 1079 Rn. 25; dort Rn. 37 zur Vereinbarkeit mit Art. 5 EMRK; vgl. näher *Guckelberger*, Jura 2015, 926 ff.

[52] BVerfGE 149, 293 Rn. 68 ff.; BVerfG (K) NJW 2020, 675 Rn. 44 f., dort zum Anspr. auf effektive Strafverfolgung;; *Pohlreich* BK, Art. 104 (2019) Rn. 29; *Gusy* MKS III Art. 104 Rn. 20.

[53] BVerfGE 149, 293 Rn. 68 ff.; *Pohlreich* BK, Art. 104 (2019) Rn. 28, 30.

[54] BVerfGE 149, 293 Rn. 68–71; ebenso bereits BGH NJW 2012, 3728; BayObLG FamRZ 1994, 721; ebenso die Vorau1., zur Intensität des Eingriffs anschaulich BVerfG 49, 293 Rn. 70.

[55] BVerfGE 49, 293 Rn. 69.

[56] OLG Hamm, B. v. 20.11.2018 – 1 Vollz (Ws) 391/18 –.

[57] Vgl. *Gusy* MKS III, Art. 104 Rn. 22.

[58] *Schulze-Fielitz*, in: Dreier III, Art. 104 Rn. 23.

[59] *Schulze-Fielitz*, in: Dreier III, Art. 104 Rn. 25; *Wittreck* HStR VII § 151 Rn. 20.

[60] VG Hamburg B. v. 6.3.2019 – 19 E 792/19 –; anders VG Hamburg B. v. 16.11.2018 – 7 E 4941/18 –; s. auch *Gusy* MKS III, Art. 104 Rn. 22.

[61] *Schulze-Fielitz*, Dreier III, Art. 104 Rn. 23, zur „elektron. Fußfessel" *Wittreck* HStR VII § 151 Rn. 20; *Gusy* MKS III, Art. 104 Rn. 21.

[62] Für Freiheitsentziehung *Müller-Franken*, in: Stern/Becker, Art. 104 Rn. 36; LG Frankfurt/Main NJW 2001, 697.

[63] Vgl. *Jarass*, Jarass/Pieroth, Art. 104 Rn. 18; *Pohlreich* BK Art. 104 (2019) Rn. 28.

[64] OVG NRW BeckRS 2020/17887; *Degenhart*, NJW-Aktuell 38/2020 S. 7.

[65] *Wittreck* HStR VII § 151 Rn. 20.

[66] Dies erwägt *Seegmüller*, https://www.judid.de/corona-krise-verwaltungsrichter-hinterfragen-regierungshandeln/, abgerufen am 13.5.2020.

[67] BVerfG (K) NJW-RR 2016, 193 Rn. 15.

[68] Vgl. BVerfG (K) NJW-RR 2016, 193 Rn. 15; BVerfGE 10, 302 (322 ff.) für das Rechtsinstitut der Vormundschaft; ebenso BVerfGE 74, 236 (242).

[69] BVerfG (K) NJW-RR 2016, 193 Rn. 15; für die Vormundschaft BVerfGE 10, 302 (323); zur fürsorgerischen Unterbringung s. *Neumann* NJW 1982, 2588.

entspr. Anwendbarkeit des Art. 104 II 1;[70] ähnl. bei der elterlich veranlassten Unterbringung von **Kindern**.[71] In diesen Fällen ist jedoch von einer staatl. Schutzpflicht auszugehen.[72] Sie kommt zur Geltung in § 1631b BGB bzw. § 1906 V BGB.[73] Die Entscheidung über die grds. Zulässigkeit geschlossener Unterbringung deckt nicht notwendig zusätzl. Eingriffe,[74] dem entspricht § 1906 V BGB.

## C. Generelle Garantien bei Freiheitsbeschränkung (Abs. 1 S. 1)

### I. Gesetzesvorbehalt

9    Für **jede** Form der Freiheitsbeschränkung gilt der **Vorbehalt des förmlichen Gesetzes** in Abs. 1 S. 1.[75] Hierin entspr. die Anforderungen des Art. 104 weitg. denen des Art. 103 II[76] (Art. 103 Rn. 63 ff.), begründen ua ein Analogieverbot,[77] ebenso wie GewohnheitsR ausscheidet. Nur der parl. Gesetzgeber soll entscheiden, wann Freiheitsentziehungen zul. sein sollen.[78] Ob eine befristete Weitergeltungsanordnung eines für verfassungswidrig erklärten Gesetzes damit vereinbar ist, wurde zu BVerfGE 109, 190 in Frage gestellt.[79] Da sich jedoch die Weitergeltungsanordnung auf die wenn auch fehlerhafte gesetzl. Anordnung bezieht, dürfte die Freiheitsentziehung noch auf letztere zurückzuführen sein.

10    Das Gesetz muss hinreichend **bestimmt** sein.[80] Freiheitsentziehungen sind in messbarer, berechenbarer und kontrollierbarer Weise zu regeln.[81] Für die Androhung von **Freiheitsstrafe**[82] bestimmt sich die Regelungsdichte auch nach der Höhe der angedrohten Freiheitsstrafe.[83] Die gleichen Bestimmtheitsanforderungen gelten für präventive Freiheitsentziehung.[84] Delegation auf den **Verordnungsgeber** ist nur unter den gleichen strengen Voraussetzungen wie nach Art. 103 II zulässig (Art. 103 Rn. 64); durch RVO darf also nur nähere Spezifizierung des Eingriffstatbestandes erfolgen, während das die Freiheitsbeschränkung auslösende Verhalten, Art und Maß der Beschränkung sich aus dem Gesetz selbst ergeben müssen.[85] Identische Anforderungen ergeben sich für gerichtl. Bewährungsauflagen.[86]

11    **Unbestimmte Rechtsbegriffe** sind zulässig.[87] Die Eingriffstatbestände des **Polizeirechts** aus Gründen der öff. Sicherheit und Ordnung (Unterbindungsgewahrsam) sind daher grds. verfassungskonform,[88] dieser Zentralbegriff des Sicherheitsrechts ist hinreichend geklärt.[89] Eine Bes0timmung, die für alle Fälle polizeilichen Gewahrsams eine einheitliche Höchstdauer von 14 Tagen vorsieht, obgleich diese in Voraussetzungen und Schutzzweck sich deutlich unterscheiden, ist nicht mehr hinreichend bestimmt.[90] Dies gilt auch für Polizeigewahrsam zur Identitätsfeststellung, wenn die Voraussetzungen generalklauselartig weit formuliert sind – VA als Anknüpfungspunkte für Freiheitsentziehungen müssen in ihren Voraussetzungen hinreichend bestimmt sein.[91]

---

[70] Offengelassen bei BVerfG (K) NJW-RR 2016, 193 Rn. 15.

[71] Offengelassen bei BVerfGE 19, 302 (328).

[72] BVerfG (K) NJW-RR 2016, 193 Rn. 16; *Gusy* MKS III, Art. 104 Rn. 18; *Müller-Franken*, in: Stern/Becker, Art. 104 Rn. 46; S. dazu *Pohlreich* BK Art. 104 (2019) Rn. 35.

[73] BVerfG (K) NJW-RR 2016, 193 Rn. 16 f.

[74] Vgl. die Beispiele bei *Schulze-Fielitz*, in: Dreier III, Art. 104 Rn. 68.

[75] BVerfGE 14, 174 (186); 78, 374 (383). st. Rspr.

[76] *Schulze-Fielitz*, in: Dreier III, Art. 104 Rn. 25 f.; BVerfGE 22, 1 (12); 75, 329 (342); 149, 293 Rn. 46.

[77] BVerfGE 29, 183 (196); 83, 24 (31); BVerfG (K) NJ 1995, 583; *Pohlreich* BK Art. 104 (2019) Rn. 42; *Gusy* MKS III, Art. 104 Rn. 25.

[78] BVerfGE 29, 183 (196).

[79] BVerfGE 109, 190 (244, 253); s. auch *Gärditz* NVwZ 2004, 693; für Zulässigkeit *Lerche*, FS Ress, 2005, S. 1221.

[80] BVerfGE 14, 245 (251); 75, 329 (333 ff., 340 f.); 78, 374 (387 f.); 109, 133 (188); 117, 71 (111); 131, 268 (306); 134, 33 Rn. 111; *Schulze-Fielitz*, in: Dreier III, Art. 104 Rn. 27 ff. – anders die Sondervoten zu BVerfGE 109, 190.

[81] BVerfGE 149, 293 Rn. 79; BVerfGE 131, 268 (306); 134, 33 Rn. 111.

[82] BVerfGE 149, 293 Rn. 79; 75, 329 (340 f.); BVerfG (K) NJW 1997, 1910 (1911).

[83] BVerfGE 14, 245 (251); für Blankettnormen BVerfGE 14, 245 (252).

[84] BVerfGE 149, 293 Rn. 79.

[85] BVerfGE 14, 174 (187 f.); 14, 245 (251); 22, 21 (25); 75, 329 (342); 78, 374 (383); 109, 133 (188); zusammenfassend *Gusy* NJW 1992, 457 (461).

[86] BVerfG (K) NJW 2016, 148 Rn. 19; BVerfG (K) B. v. 14.10.2014 – 2 BvR 2343/14 – Rn. 11.

[87] Vgl. BVerfGE 117, 71 (111); *Schulze-Fielitz*, in: Dreier III, Art. 103 III Rn. 28.

[88] Zur Rechtfertigung nach Art. 5 I lit b EMRK – Erfüllung einer gesetzlichen Verpflichtung – bzw. lit c vgl. EGMR EuGRZ 2005, 474; NVwZ 2014, 43.

[89] So auch *Schulze-Fielitz*, in: Dreier III, Art. 104 Rn. 28, s. aber für die Abschiebungshaft nach Art. 2 Abs. 14 Nr. 5a AufenthG *Pohlreich* BK Art. 104 (2019) Rn. 49.

[90] Vgl. SächsVerfGH SächsVBl 1996, 160 (171); *Gusy* MKS III, Art. 104 Rn. 26; s. auch *Denninger*, Normbestimmtheit und Verhältnismäßigkeitsgrundsatz ..., 1995, S. 13 ff., 16 ff.

[91] BVerfGE 78, 374 (388).

Vorbeh. des formellen Gesetzes bedeutet Vorbeh. des ParlamentsG. Bei **Umsetzung** von Vorgaben 12
des UnionsR sind daher die Legislativorgane gehalten, den verfassungsrechtl. Anforderungen an freiheitsbeschränkenden Maßnahmen Rechnung zu tragen – was beim Europ. Haftbefehl unterlassen
worden war.[92]

## II. Beachtung der vorgeschriebenen Formen

Durch Abs. 1 S. 1 werden **Gesetzesverstöße** zu **Verfassungsverstößen** erklärt, soweit es um die 13
Wahrung der in dem zur Freiheitsbeschränkung ermächtigenden Gesetz vorgeschriebenen **Formen**
geht. Ihre Beachtung ist Verfassungsgebot.[93]

Dies betr. die Verfahrensregelungen in den einschlägigen Gesetzen, wie z. B. Antragserfordernisse oder Anhörungs 14
rechte,[94] oder das Recht auf Anwesenheit des Verteidigers bei Eröffnung des Haftbefehls.[95] **Anhörungsrechte** sollen
vor allem einen persönl. Eindruck vermitteln; deshalb ist idR. **mündl.** Anhörung vorgeschrieben, anders als nach
Art. 103 I.[96] Insb. im Unterbringungsverfahren führtunterbliebene Anhörung zur Fehlerhaftigkeit des ges. Verfahrens
und damit zur Grundrechtswidrigkeit.[97] Schließt das VerfahrensR AnhörungsR aus, etwa bei Verständigungsunmöglichk., so muss sich dies an Art. 103 I[98] 104 messen lassen.[99] Unter Abs. 1 S. 1 fallen auch Regelwidrigkeiten der
Strafvollstreckungsbehörden.[100] Im Unterbringungsverfahren ist der Verstoß gegen § 464 V StPO gleichbedeutend
mit einem Verfassungsverstoß,[101] bei Aussetzung des Vollzugs eine Haftbefehls § 116 IV StPO.[102]

Bei unterschiedl. Auslegungsmöglichkeiten einfachen Rechts ist die Auslegung durch das Fachgericht 15
hinzunehmen, solange sie vertretb. ist und nicht verfassungsrechtl. Wertungen widerspricht.[103] Auch
nach erledigtem Eingriff besteht für die VB Rechtsschutzbedürfnis, wenn dieser schwer wiegt, eine
verfassungsrechtl. Frage von grds. Bedeutung zu entscheiden ist oder die Beeinträchtigung fortwirkt.[104]

## III. Materielle Anforderungen – Verhältnismäßigkeit

Die mat. Verfassungsmäßigkeit einer Freiheitsbeschränkung[105] bestimmt sich nach Art. 104 in 16
gleicher Weise wie nach Art. 2 II 2.[106] Der Grundsatz der **Verhältnismäßigkeit** ist strikt zu beachten.[107] Für **Freiheitsstrafen** gilt das Gebot der Schuldangemessenheit.[108] Art. 1 I fordert ihre
menschenwürdige Ausgestaltung.[109] Deshalb muss zumindest die Chance bestehen, wieder in Freiheit
zu kommen.[110]

Dies gilt erst recht für **präventiven** Freiheitsentzug durch **Unterbringung, Sicherungsverwahrung** und **Thera-** 16a
**pieunterbringung,** die einen bes. intensiven Eingriff bedeutet, da nur auf einer Gefährlichkeitsprognose beruhend.[111] *„Präventive Eingriffe, die nicht dem Schuldausgleich dienen, sind im Allgemeinen nur zulässig, wenn der Schutz anderer
oder der Allgemeinheit dies erfordert"*[112] mithin nur bei strikter Verhältnismäßigkeit zum Schutz hochwertiger Rechtsgüter auf der Grundlage sorgfältiger Sachaufklärung,[113] was auch die Beiziehung externer Gutachter bedeuten

---

[92] BVerfGE 113, 273, dort für Art. 16 GG; der BT war fälschlich von einer Verpflichtung zur 1:1-Umsetzung
ausgegangen, vgl. *Böhm* NJW 2005, 2588; *Masing* NJW 2006, 264 (265 f.); *Schmahl,* DVBl 2007, 1463 (1464); zur
Verweigerung der Vollstreckung EuGH NJW 2010, 283; ferner EuGH JZ 2008, 1045 m. Anm. *Schorkopf.*
[93] Vgl. BVerfGE 58, 208 (220); 105, 239 (247); BVerfGK 18, 125 (133); 19, 1 (5) –; BVerfG (K) NJW 2012, 516;
*Schulze-Fielitz,* in: Dreier III, Art. 104 Rn. 32; RhPfVerfGH NJW 2006, 3341.
[94] Vgl. *Neumann* NJW 1982, 2588 (2591); *Hantel* JuS 1990, 865 (867); Übl. über mögliche Verfahrensfehler bei
*Pentz* NJW 1990, 2777 ff.; vgl. auch BVerfG NJW 2001, 2247 zu mat. Anforderungen.
[95] RhPfVerfGH NJW 2006, 3341 (3343).
[96] Vgl. BVerfGE 58, 208 (220); BVerfG (K) NJW 2009, 2659 (2661) und BVerfGK 18, 125 (133) zu § 5
FreihEntzG; zum relevanten Zusammenhang; *Wehowsky,* in: Umbach/Clemens II, Art. 104 Rn. 22; für Art. 103 I
Art. 103 Rn. 22.
[97] BGH NJW-RR 2014, 642 Rn. 25; *Pohlreich* BK Art. 104 (2019) Rn. 52.
[98] Zum Unterbringungsrecht s. *Neumann* NJW 1982, 2588 (2591 f.).
[99] Dazu insbes. BVerfGE 58, 208 (220 f.).
[100] Vgl. für § 67 StGB BVerfG (K) EuGRZ 1997, 519.
[101] BVerfG (K) NJW 2014, 3294 Rn. 26.
[102] KG StV 2019, 567 Rn. 37.
[103] Vgl. BVerfGE 65, 317 (323); BVerfGK 19, 1 (6); *Schulze-Fielitz,* in: Dreier III, Art. 104 Rn. 36.
[104] RhPfVerfGH NJW 2006, 3341 (3342); insb. zum Rehabilitierungsinteresse BVerfG (K) NStZ-RR 2017, 379.
[105] Zu legitimen Zwecken s. *Wittreck* HStR VII³, § 151 Rn. 28.
[106] So wohl *Jarass,* in: Jarass/Pieroth, Art. 104 Rn. 1 f.; *Schulze-Fielitz,* in: Dreier III, Art. 104 Rn. 39; *Müller-
Franken,* in: Stern/Becker, Art. 104 Rn. 65; BVerfG (K) NJW 2000, 3775 (3776); für Beugehaft vgl. z. B. BVerfG
(K) NJW 1999, 775.
[107] BVerfGE 128, 326 Rn. 98 ff.; BVerfG (K) NJW 2020, 150, Rn. 22; RuP 2019, 177 Rn. 26 zum Bewährungswiderruf; BVerfG (K) B. v. 16.7.2019 – 2 BvR 419/19 – Rn. 44 für über 13 Monate dauernde Auslieferungshaft;.
*Gusy* MKS III, Art. 104 Rn. 27.
[108] BVerfGE 20, 323 (331); 25, 269 (286); 27, 18 (29); 45, 187 (228); 50, 5 (10 ff.); s. auch Art. 103 Rn. 55.
[109] BVerfGE 131, 268 (287).
[110] BVerfGE 45, 187 (229); 109, 133 (150); 131, 268 (287); BVerfGK 19, 209 (220 f.).
[111] BVerfGE 128, 326 (374).
[112] BVerfGE 149, 293 Rn. 73.
[113] BVerfG (K) NStZ-RR 2019, 357 zum Widerruf der Aussetzung der Sicherungsverwahrung.

kann;[114] s. zum Verfahren Rn. 14. Auch zum Schutz des Betroff. selbst kann Freiheitsentziehung gerechtfertigt sein, bis hin zur Fixierung, dies auch zum Schutz des Krankenhauspersonals.[115]

**16b**  Mit zunehmender Dauer der Freiheitsentziehung erlangt der Freiheitsanspr. erhöhtes Gewicht; damit steigen die Anforderungen an die **Prognose.**[116] Der Verhältnismäßigkeit insb. der Sicherungs- verwahrung ist auch durch das **Abstandsgebot** im Verh. zum Strafvollzug[117] Rechnung zu tragen; dies bedeutet, auch wg. Art. 7 I EMRK, einen freiheits- und therapiegerichteten Vollzug.[118] (BVerfGE 2, 118 aus 1953 hatte noch keine Einwände dagegen, dass der Vollzug der Sicherungsverwahrung der Zuchthausstrafe weitgehend angeglichen war). Es gilt das **ultima-ratio-Prinzip.** Das BVerfG nennt weiterhin Individualisierungs- und Intensivierungs-, Motivierungs-, Trennungs- (gegenüber dem Strafvollzug),[119] Minimierungs-, Rechtsschutz –und Unterstützungs- sowie Kontrollgebot.[120] Für grundrechtsintensive Eingriffe wie die Fixierung sind in der Ermächtigungnorm die Voraussetzungen und die Ausgestaltung gemäß dem Verhältnismäßigkeitsgebot und entspr. der bes. Schutzbedürftigkeit bei Unterbringung[121] zu regeln, insb. ärztliche Überwachung und Dokumentation der Maßnahme.[122] Liegt der Maßnahme die Straftat eines Amtsträger zugrunde, so besteht ein Anspruch auf effektive Strafverfolgung.[123]

**16c**  Die Überschreitung der Überpüfungsfrist nach § 463 IV StPO bedeutet einen Verstoß gegen Art. 104 I 1.[124] Freiheitsentziehung für **psychisch Kranke** ist nur dann nach Art. 5 I lit e EMRK gerechtfertigt, wenn sie in einer Klinik oder geeigneten Einrichtung vollzogen wird.[125] Bes. Anforde- rungen gelten bei **nachträglicher** präventiver Freiheitsentziehung wie nachträglicher Anordnung der Sicherungsverwahrung oder Aufhebung der Höchstfrist.[126] Sie kann konventionsrechtlich nicht nach Art. 5 I lit. a EMRK gerechtfertigt werden, da nicht auf dem Urteil zur Schuldfeststellung beruhend,[127] sondern nur nach lit.e (psychische Störung).[128] Hier wird das FreiheitsgrundR durch **Vertrauens- schutz** verstärkt (→ Art. 103 Rn. 58); entspr. ist der *„und durch Vertrauensschutzbelange verstärkte Eingriff … nur verhältnismäßig, wenn der gebotene Abstand zur Strafe gewahrt wird, eine hochgradige Gefahr schwerster Gewalt- oder Sexualstraftaten aus konkreten Umständen in der Person oder dem Verhalten des Untergebrachten abzuleiten ist und die Voraussetzungen des Art. 5 I lit. e EMRK erfüllt sind".*[129]

**16d**  Für die **U-Haft**[130] ist zudem der rechtsstaatl. Unschuldsvermutung (Art. 103 Rn. 46) Rechnung zu tragen. Unabdingbare Voraussetzung ist zunächst dringender Tatverdacht; mit zunehmender Dauer sind die Anforderungen zu steigern,[131] auch an die Begründungstiefe.[132] Dem Verhältnismäßigkeits-

---

[114] BVerfG (K) NStZ 2013, 116 – Beiziehung externer Gutachter; BVerfGK 15, 287 Rn. 54; BVerfG (K) NStZ- RR 2014, 222; s. auch OLG Rostock, B. v. 11.11.2011 – I WS 271/11 –; BVerfG (K) NJW 2012, 513 – einstw. Unterbringung nach § 126a StPO; BVerfG (K) B. v. 22.1.2015 – 2 BvR 2049/13, 2 BvR 2445/14 –; BVerfG (K) B. v. 23.1.2014 – 2 BvR 119/14 –. BVerfG (K) NJW 2014, 3294 Rn. 21 ff.; BVerfG (K) B v. 23.1.2014 – 2 BvR 1020/ 12; B. v. 2.7.2014 – 2 BvR 1056/12 –.

[115] BVerfGE 149, 293 Rn. 74; ebenso BVerfGK 11, 323 (329).

[116] Grundlegend BVerfGE 70, 297 (311 ff.); EGMR NJW 2000, 2727; BVerfGE 109, 133 (152); 128, 326 (382) – Kontrollgebot; BVerfGE 19, 241 (249 f.), BVerfG (K) NStZ 2013, 116; NStZ-RR 2013, 322; zu Grundrechts- verletzung durch Aufrechterhaltung der Sicherungsverwahrung BVerfG(K), B. v. 7.5.2013 – 2 BvR 1238/12 –; B. v. 28.3.2013 – 2 BvR 553/12; BVerfG (K) B. v. 23.3.2018 – 2 BvR 1509/15 –:

[117] BVerfGE 109, 133 (166); 128, 326 (372); EGMR NJW 2010, 2495 Rn. 120 ff.

[118] BVerfGE 128, 326 (374 ff.).

[119] BVerfG NStZ-RR 2013, 26 zur Verlegung eines Sicherungsverwahrten; EGMR NJW 2013, 1791.

[120] BVerfGE 128, 326 (379 ff.).

[121] BVerfGE 149, 293 Rn. 82.

[122] AaO Rn. 83 f. als Vorwirkung der Rechtsschutzgarantie.

[123] BVerfG (K) B. v. 15.1.2020 – 2 BvR 1763/16 – Rn. 44; Rechtsgrundlage ist Art. 2 II 1, 2 iVm Art. 1 I GG; s. auch OLG Frankfurt aM RuP 2019, 244 zum Anspruch auf Schmerzensgeld.

[124] BVerfG (K) NStZ-RR 2010, 122; s. auch für § 67e StGB BVerfG (K) NStZ-RR 2016, 389; NStZ-RR 2019, 272 Rn. 40; BVerfG (K) RuP 2019, 37 Rn. 40; BVerfG (K) B. v. 16.8.2017 – 2 BvR 2077/14 Rn. 20 ff. (Über- schreitung um 20 Monate); BVerfG (K) RuP 2017, 227; RuP 2017, 165; ferner BVerfG (K) B. v. 30.3.2016 – 2 BvR 746/14 – Rn. 18.

[125] EGMR NJW 2013, 1791 (1794).

[126] BVerfGE 128, 326 (399).

[127] EGMR NJW 2011, 2495 Rn. 97 ff.; JR 2013, 78; BVerfGE 133, 40 (51 f.).

[128] BVerfGE 128, 326 (396 ff.).

[129] BVerfGE 134, 33 Rn. 69 für Therapieunterbringung; BVerfGE 128, 326 (405 ff.); 129, 37 (45); 133, 40 Rn. 27; BVerfG (K), B. v. 18.4.2012 – 2 BvR 741/10; v. 17.4.2012 – 2 BvR 1762/10; v. 16.4.2012 – 2 BvR 16396/ 10 –; BVerfG 19, 62 (69 f.) – dort zur „psychischen Störung" für „Altfälle" s. auch BGH NStZ 2013, 524.

[130] Grds. BVerfGE 19, 342 (347); BVerfG (K) NJW 2019, 915; BVerfG, B. v. 25.6.2018 – 2 BvR 631/18 – Rn. 34 f.

[131] S. EGMR NJW 2001, 2694 für Art. 5 III EMRK: zweijährige Dauer nur bei sehr zwingenden Gründen; EGMR EuGRZ 2001, 391 zu überlanger U-Haft in sehr komplexen Strafverfahren; EGMR NJW 2003, 1439 zu über 5-jähriger U-Haft; EGMR NJW 2005, 3125 für Art. 5 EMRK: hinreichender Tatverdacht nicht ausreichend; B. v. 1.4.2020 – 2 BvR 225/20 – Rn. 59: mehr als einjährige Dauer nur in ganz besonderen Ausnahmefällen.; BVerfG (K) EuGRZ 2020, 365 Rn. 65 ff.; B. v. 1.4.2020 – 2 BvR 225/20 – Rn. 47 ff.

[132] BVerfG (K) B. v. 18.2.2020 – 2 BvR 2090/19 –; B. v. 1.4.2020 – 2 BvR 225/20 –; BVerfG EuGRZ 2020, 365 Rn. 65 ff.

grundsatz entspricht das Gebot der **Verfahrensbeschleunigung** [133] bzw. der Beförderung des Verfahrens nach Art. 5 III EMRK.[134] Dies bedingt hinreichende Verhandlungsdichte.[135] Die gesetzlich bestimmte Höchstdauer einer Freiheitsbeschränkung ist in jedem Fall zu beachten.[136] Insoweit handelt es sich um spezif. VerfassungsR, mit der Folge entspr. intensivierter Kontrolldichte des BVerfG.

Bei Freiheitsbeschränkungen zur **Identitätsfeststellung** müssen für alle Maßnahmen, die über das **17** bloße Anhalten und die Aufforderung, sich auszuweisen, hinausgehen, Anhaltspunkte für eine konkrete Gefahr gegeben sein.[137] Die Unterscheidung zwischen **Störer und Nichtstörer** als Grundprinzip rechtsstaatl. Polizeirechts verbietet die beliebige Inanspruchnahme des Nichtstörers. Der Gesetzgeber hat entspr. hohe Eingriffsschwellen vorzusehen.[138] Beim **polizeilichen Unterbindungsgewahrsam** ist Verhältnismäßigkeit auch im Vergleich mit strafproz. Eingriffen und Strafandrohungen zu bestimmen.[139] Für **präventive** Freiheitsentziehungen enthält Art. 5 I 2 EMRK diff. Garantien;[140] 19stündiger polizeilichen Gewahrsam bei einer Ordnungswidrigkeit ist unverhältnismäßig.[141] Polizeigewahrsam zur Störungsabwehr bedarf restriktiv-verfassungskonformer Anwendung, vor allem, wenn die Störung keine Straftat darstellt. Eine undiff. 14tägige gesetzl. Höchstfrist (zur Bestimmtheit Rn. 11) ist unzulässig.[142] Wiederholungshaft ist ausgeschlossen.[143] **Art. 5 I 2 lit. C 2. Alt. EMRK,** der Freiheitsentziehungen nur zur Verhinderung von mit Strafe bedrohten Handlungen zulässt,[144] gilt nur im Zusammenhang mit einem Strafverfahren.[145] Allerdings kann Präventivhaft nach Art. 5 I lit. b) zur Erfüllung einer gesetzl. Verpflichtung in Betracht kommen, so auch der Verpflichtung, keine Straftat zu begehen, wenn diese hinreichend konkretisiert ist.[146] **Ersatzzwangshaft** (Beugehaft) **in** der Verwaltungsvollstreckung **ist** erst als ultima ratio nach Erfolglosigkeit von Zwangsgeld bzw. unmittelbarem Zwang zulässig;[147] dabei muss es sich um Zwangsgeld in einer realistischerweise beizubringenden Höhe handeln.[148]

(nicht besetzt)    **18**

## D. Zusätzliche Verfahrenserfordernisse bei Freiheitsentziehung (Abs. 2–4)

### I. Freiheitsentziehung durch den Richter

**1. Die richterliche Entscheidung (Abs. 2 S. 1).** Grds. bedarf jede Freiheit**sentziehung 19** (→ Rn. 5 f.) der **vorherigen** Anordnung durch den **Richter,** Abs. 2 S. 1. Sie muss die Regel, Freiheitsentziehungen durch die Exekutive müssen nach Abs. 2 S. 2, 3 die Ausnahme sein und grds. richterlich bestätigt werden (näher → Rn. 31). Der Richtervorbeh. des Abs. 2 bedeutet eine zusätzl. verfahrensmäßige Freiheitsgarantie; er ist unmittelb.r geltendes Recht; der Gesetzgeber ist jedoch zur näheren Ausgestaltung des Verfahrens verpflichtet.[149] Die Vorherig. der richterl. Entscheidung ist nur verzichtbar, wenn andernfalls der verfassungsrechtliche zulässige Zweck der Freiheitsentziehung, zB bei unmittelbarer Selbst- oder Fremdgefährdung nicht erreicht werden könnte. In diesem Fall ist die richterliche Entscheidung unverzüglich nachzuholen;[150] → Rn. 33.

---

[133] BVerfGE 20, 45 (50); 36, 264 (270 ff.); 53, 152 (161 f.); BVerfGK 19, 241 (248); BVerfG (K) NJW 2019, 915 *Müller-Franken,* in: Stern/Becker, Art. 103 Rn. 95; *Pohlreich* BK Art. 104 (2019) Rn. 56..

[134] Vgl. EGMR NJW 2003, 1439; 2005, 3125; 2007, 3699 (3701); BVerfGK 9, 339.

[135] BVerfG (K) NJW 2019, 915 Rn. 54 ff., 66 ff.

[136] S. auch EGMR EuGRZ 1998, 129; NJW 1999, 775; 2001, 2694.

[137] AM Möstl/Trurnit BeckOK PolR BW 19 ed. 2020, § 26 Rn. 27.

[138] VerfG MV DÖV 2000, 71.

[139] Vgl. *Denninger,* Normbestimmtheit und Verhältnismäßigkeitsgrundsatz, 1995, S. 16 ff.; *Paeffgen* NJ 1996, 454 (455 f.); SächsVerfGH SächsVBl 1996, 160 (171 f.); BVerfG (K) EuGRZ 1997, 374 (376); zum Anscheinsstörer VGH BW DVBl 2011, 626.

[140] Vgl. dazu EGMR EuGRZ 1983, 633; EGMR, U. v. 31.7.2000 – Jerius/Litauen –; *Ullenbruch* NStZ 2001, 292 (296); zur präventiven Freiheitsentziehung bei Terrorismusverdacht s. *Maierhöfer* EuGRZ 2005, 460; für den Abschiebegewahrsam EGMR NVwZ 1997, 1093.

[141] EGMR EuGRZ 2005, 474 (478 f.) unter Hinweis auf Höchstbuße von EUR 250.

[142] SächsVerfGH SächsVBl 1996, 160 (171 f.); hierin präziser als BayVerfGH NVwZ 1991, 665 (667); 14tägiger Gewahrsam nur unter engen Voraussetzungen, etwa bei mehrwöchigen Aktionen von Störern mit erheblichem kriminellen Potential, Mobilität und Logistik, SächsVerfGH aaO.

[143] Vgl. hierzu *Paeffgen* NJ 1996, 454 (456).

[144] Vgl. *Blankenagel* DÖV 1989, 696 f. dazu EGMR EuGRZ 1983, 633; EGMR, U. v. 31.7.2000 – Jerius/Litauen –.

[145] Vgl. EGMR NVwZ 2014, 43 Rn. 66; s. auch BayVerfGH BayVBl 1990, 654 (656) Ordnungswidrigkeiten von erheblichem Gewicht.

[146] EGMR NVwZ 2014, 43 Rn. 92 f. – Präventivhaft eines Fußballhooligans.

[147] Vgl. BVerwGE 4, 196 (198); OVG NW NVwZ-RR 1997, 764 zur ausnahmsweisen Zulässigkeit nach erledigter Ordnungsverfügung; zu den Voraussetzungen der Beugehaft nach § 70 II StPO BVerfG (K) NVwZ 2000, 273; NJW 2000, 3775 (3776); OVG Bremen NVwZ-RR 2004, 658 (659); zur Ersatzzwangshaft in der Verwaltungsvollstreckung s. OVG LSA B. v. 11.10.2016 – 3 O 172/16 –.

[148] OVG Bremen NVwZ-RR 2004, 658 (659): keine Schlechterstellung Mittelloser.

[149] BVerfGE 149, 293 Rn. 95.

[150] Zu „unverzüglich" BVerfGE 149, 293 Rn. 98 ff.; *Gusy* MKS III, Art. 104 Rn. 43, 48.

**19a**    Der Richter hat eine **eigene Verhältnismäßigkeitsentscheidung** zu treffen;[151] für die richterl. Entscheidung[152] bedingt dies hinr. **Begründungstiefe,** insbesondere bei **Haftdortdauerentschei-dungen.**[153] Art. 5 IV EMRK garantiert ein Haftprüfungsverfahren, das sich auf die form. und mat. Anforderungen der Freiheitsentziehung erstreckt und in dem entspr. Art. 6 EMRK Waffengleichheit zwischen Anklagebehörde und Verteidigung besteht.[154] Dagegen fordert Art. 5 III EMRK die Prüfung von Amts wegen.[155]

**20**    Richter nach Abs. 2 S. 1 ist der **gesetzliche Richter** gemäß Art. 92 GG;[156] sein Entzug verletzt neben Art. 101 I 2 auch Art. 104 II, so auch bei Mitwirkung eines nicht hauptamtlich und planmäßig angestellten Richters.[157] Aus der Notwendigkeit eigener – konstitutiver – Entscheidung des Richters folgt dessen Verpflichtung, selbst den Sachverhalt bestmöglich aufzuklären[158], insbes. die die Freiheits-entziehung rechtfertigenden Tatsachen, auch die Prognosen von Sachverständigen zu prüfen[159] und sich nicht auf eine Kontrolle der Plausibilität von Seiten der Exekutive vorgetragener Tatsachen zu beschränken,[160] dies auch bei **Eilentscheidungen.**[161]

**21**    Dem ist nicht genügt, wenn in die richterl. Entscheidung über polizeil. Unterbindungsgewahrsam nur polizeilicherseits vorgetragene Tatsachen über bevorstehende Begehung eines Landfriedensbruchs übernommen werden;[162] Indiz für einen Verstoß kann auch die Verwendung von **Beschlussformula-ren** sein – so mit dem Vermerk „gemäß § 33 HSOG richterlich genehmigt".[163] Die E. ist zu begründen.[164]

**22**    Grds. muss sich der Richter einen **persönlichen Eindruck** verschaffen, die Anhörung muss also mündlich sein.[165] Unterbliebene Anhörung stellt einen Verstoß auch gegen Art. 104 I 1 dar,[166] der auch nicht rückwirkend, sondern nur mit Wirkung für die Zukunft heilbar ist;[167] kann daneben auch gegen Art. 103 I[168] und gegen Art. 5 III EMRK[169] verstoßen.

**23**    Die Verpflichtung zur persönlichen Anhörung folgt, soweit sie nicht explizit gesetzlich vorgeschrie-ben ist, unmittelbar aus Abs. 2;[170] bei Unmöglichkeit der Anhörung vor der richterlichen Entschei-dung ist sie baldmöglichst nachzuholen.[171] Die Notwendigkeit eines **Verteidigerbeistands** kann sich aus dem Anspruch auf rechtsstaatlich-faires Verfahren ergeben,[172] der auch bei Art. 104 II zu beachten ist.[173] Auch hieraus folgt die Verpflichtung zu richterlicher **Sachaufklärung** bei Entscheidungen über den Entzug der persönlichen Freiheit.[174] Daher sind bei einer Haftanordnung regelmäßig die Akten der Ausländerbehörde beizuziehen.[175]

---

151 Vgl. *Schulze-Fielitz,* in: Dreier III, Art. 104 Rn. 37.

152 Vgl. BVerfGE 83, 24 (33 f.); BVerfGK 19, 209 (220 ff.); OVG Bremen NVwZ-RR 2004, 658 (659); *Gusy* JZ 1998, 167 (172 f.); *Schulze-Fielitz,* in: Dreier III, Art. 104 Rn. 19, 40 ff.; für Art. 5 IV EMRK s. EGMR NJW 2000, 2883.

153 BVerfG (K) B. v. 15.1.2020 – 2 BvR 1763/16 – Rn. 44; Rechtsgrundlage ist Art. 2 II 1, 2 iVm Art. 1 I GG; s. auch OLG Frankfurt aM RuP 2019, 244 zum Anspruch auf Schmerzensgeld.

154 S. zum Haftprüfungsverfahren EGMR NJW 2002, 2013; NJW 2002, 2018.

155 EGMR NJW 2007, 3699 (3700).

156 Vgl. *Gusy* MKS III, Art. 104 Rn. 42 – damit sind auch die Mindestanforderungen nach Art. 5 III EMRK abgedeckt, zu diesen s. EGMR NJW 2000, 2883.

157 BVerfGE 14, 156 (162); *Pohlreich* BK Art. 104 (2019) Rn. 69.

158 BVerfG (K) NStZ-RR 2019, 252, NStZ-RR 2019, 289; RuP 2018, 37.

159 Vgl. *Gusy* MKS III, Art. 104 Rn. 44; *Schulze-Fielitz,* in: Dreier III, Art. 104 Rdn 40; vgl. etwa BVerfGE 109, 133 (164) für Unterbringung; s. auch BVerfG (K) RuP 2018, 27 Rn. 29 zu Differenzen zwischen Gutachter und Anstalt.

160 Krit. insoweit zur Praxis *Schulze-Fielitz,* in: Dreier III, Art. 104 Rn. 21.

161 Vgl. hierzu insbes. BVerfGE 83, 24 (33 f.), dort zu den Mitteln richterlicher Sachaufklärung in Eilfällen; *Schulze-Fielitz,* in: Dreier III, Art. 104 Rn. 22, 40.

162 BVerfGE 83, 24 (34).

163 BVerfGE 83, 24 (35); zur Verwendung formularmäßiger bzw. fotokopierter Haftbefehle s. BVerfG NJW 1982, 29, aber auch BayVerfGH NJW 1984, 1874; wie hier auch *Gusy* MKS III, Art. 104 Rn. 44; einschr. *Pohlreich* BK Art. 104 (2019) Rn 77.

164 Vgl. *Müller-Franken,* in: Stern/Becker, Art. 104 Rn. 92.

165 Vgl. *Müller-Franken,* in: Stern/Becker, Art. 104 Rn. 86 ff.; *Jarass,* in: Jarass/Pieroth, Art. 104 Rn. 18.

166 BVerfGE 58, 208 (223); 65, 317 (322); 66, 191 (195); *Schulze-Fielitz,* in: Dreier III, Art. 104 Rn. 42.

167 BVerfGE 58, 208 (222); 61, 123 (125).

168 Dazu s. *Neumann* NJW 1992, 2588 (2591); *Schulze-Fielitz,* in: Dreier III, Art. 104 Rn. 37; BVerfG 83, 24 (35 f.): zugleich Verstoß gegen Art. 103 I.

169 EGMR NJW 2001, 51.

170 So zutr. *Gusy* NJW 1992, 457 (462 f.); s. auch *ders.* JZ 1998, 167 (172 f.); *Schulze-Fielitz,* in: Dreier III, Art. 103 III Rn. 42.

171 BVerfGE 66, 191 (195); *Müller-Franken,* in: Stern/Becker, Art. 104 Rn. 88.

172 BVerfGE 70, 297 (322 f.); zur expliz. Garantie des Art. 9 II 2 BbfVerf s. BbgVerfG JR 2003, 192.

173 BVerfG (K) NJW 2000, 3775 (3776); *Schulze-Fielitz,* in: Dreier III, Art. 104 Rn. 38.

174 BVerfGE 70, 297 (316 f.); BVerfG (K) NJW 1995, 3047; NJW 1995, 3048 (3049).

175 BVerfG (K) NVwZ 2008, 304; BVerfGK 19, 1 (5).

Der Richtervorbehalt des Abs. 2 gilt für jede Entscheidung über die **erstmalige** Anordnung und 24
die **Fortdauer** einer Freiheitsentziehung;[176] ebenso bei Anordnung von Maßregeln und Freiheitsstrafe
über deren Reihenfolge,[177] für die Entscheidung über die **Strafrestaussetzung** zur Bewährung, hier
bes. Sorgfaltsanforderungen an die gerichtl. Prognose begründend.[178] Entscheidungen in Haftsachen
erfordern vertiefte Begründung.[179] Im Fall eines **zweistufigen** Verfahrens, wie bei Anordnung der
**Sicherungsverwahrung** durch das erkennende Gericht nach § 66 StGB und der Vollzugsentscheidung nach § 67c I StGB, soll bereits erstere hinreichende Grundlage für die spätere Freiheitsentziehung
sein, so dass die Sicherungsverwahrung im Zeitraum zwischen Strafende und der letzten Entscheidung noch den Erfordernissen des Abs. 2 S. 1 genügt.[180] Der Richtervorbehalt gilt insb. auch bei
zusätzl. Freiheitsentziehung in der Unterbringung (Fixierung).[181]

**2. Die Benachrichtigungspflicht (Abs. 4).** Die **Benachrichtigungspflicht** nach Abs. 4 gilt für 25
**jede** richterli. Entscheidung über Anordnung oder Fortdauer einer Freiheitsentziehung, also auch z. B.
eines RechtsmittelG über Aufrechterhaltung eines Haftbefehls;[182] es handelt sich um ein **subjektives,**
auch im Wege der VB geltend zu machendes Recht des Betroff. und gleichzeitig um ein **objektives**
Verfahrenserfordernis; Schutzzweck ist es, das spurlose „Verschwinden" von Personen zu verhindern.[183]

Bereits dieser Schutzzweck spricht **gegen** die Möglichk. eines Verzichts auf die Benachrichtigung 26
nach Abs. 4,[184] zumal es auch darum geht, Missbrauch vorzubeugen. Dem Persönlichkeitsschutz des
Betroff. kann durch ein Benennungsrecht Rechung getragen werden.[185] Jedenfalls sind Verzichtserklä-
rungen, hält man sie für zul., eng auszulegen,[186] überwieg. Gründe sprechen gegen die Zulässigkeit.

Dem Betroff. dürfte ein Recht auf **Auswahl** der Person einzuräumen sein, die benachrichtigt werden 27
soll: Abs. 4 dient seinem Schutz. Doch steht ein AuswahlR unter dem Vorbeh. der Sicherung des
Haftzwecks, während auch für eine vom Richter nach pflichtgem. Ermessen zu treffende Auswahlentscheidung der Vorschlag des Festgenommenen maßgebl. ist, wenn nicht der Haftzweck gefährdet wird.[187]

Der Begriff der **Angehörigen** wird entspr. § 52 I StPO bestimmt, unter Einbeziehung auch nichtehelicher 28
Partner;[188] **Vertrauensperson** i. S. d. Abs. 4 kann der Wahl – oder auch der **Pflichtverteidiger** sein, letzterer nur,
wenn seine Bestellung dem Wunsch des Festgenommenen entspricht; die Benachrichtigung des von Amts wegen
bestellten Pflichtverteidigers genügt jedenfalls dann nicht, wenn Zweifel an der Vertrauensbeziehung bestehen bzw.
sich dem Richter aufdrängen.[189] Gänzliches Absehen von der Benachrichtigung können auch der Haftzweck und
sonstige Erfordernisse der Strafrechtspflege (Art. 103 Rn. 45a) unter keinen Umständen rechtfertigen.[190]

Die Benachrichtigung hat von Amts wegen zu erfolgen.[191] Bei **Minderjährigen** dürfte Benach- 29
richtigung der Erziehungsberechtigten geboten sein.[192] Das Erfordernis der **Unverzüglichkeit** ist strikt
zu handhaben, nicht nur im Sinn „nicht schuldhaften Zögerns".[193]

**Materielle** Bindungen für den Richter folgen aus Art. 2 II 2 und dem hierbei strikt zu wahrenden 30
Verhältnismäßigkeitsgebot (→ Rn. 16 ff., → Rn. 19).[194] Die **lebenslange Freiheitsstrafe** ist in mat.
Hinsicht kein spezif. Problem des Art. 104.[195]

---

[176] *Jarass,* in: Jarass/Pieroth, Art. 104 Rn. 20; *Kunig,* in: v. Münch/Kunig II, Art. 104 Rn. 17; EGMR NJW 2000,
2883.

[177] Vgl. BVerfG (K) EuGRZ 2005, 622 für die „Organisationshaft" vor Maßregelvollzug.

[178] BVerfGE 117, 71 (112); BVerfGK 15, 390 (396); 16, 44 (47); 19, 209 (220 ff.); 19, 460 (465), BVerfG (K) B. v.
11.1.2016 – 2 BvR 2961/12, 2 BvR 2484/13 –; B. v. 16.1.2020– 2 BvR 252/19 – Rn. 24 ff.;zur Bestimmtheit der
Bewährungsauflagen BVerfG (K) NJW 2016, 148.

[179] BVerfG (K) B. v. 16.1.2020– 2 BvR 252/19 – Rn. 24 ff.; für U-Haft BVerfG (K) B. v. 9.3.2020 – 2 BvR 103/
20 –. B. v. 1.4.2020 – 2 BvR 225/20 – Rn. 47 ff.

[180] BVerfGE 42, 1 (6); abw. Meinung BVerfGE 42, 11 (12 f.) offen gelassen bei *Schulze-Fielitz,* in: Dreier III,
Art. 104 Rn. 34.

[181] BVerfGE 149, 293 Rn. 95 ff.; *Baur* NJW 2019, 2273 ff.

[182] BVerfGE 16, 119 (123); 38, 32 (34).

[183] *Schulze-Fielitz,* in: Dreier III, Art. 104 Rn. 56.

[184] Gegen Verzichtbarkeit *Pietzcker* Der Staat 17 (1978), 527 (549); *Hantel* JuS 1990, 865 (871); für grds. Verzichts-
möglichkeit unter strengen Voraussetzungen *Kunig,* in: v. Münch/Kunig II, Art. 104 Rn. 39; *Schulze-Fielitz,* in:
Dreier III, Art. 104 Rn. 58; *Gusy* MKS III, Art. 104 Rn. 75.

[185] *Gusy* MKS III, Art. 104 Rn. 75.

[186] So BVerfGE 16, 119 (122) – das damit die grds. Möglichkeit bejaht.

[187] Vgl. einerseits *Hantel* JuS 1990, 865 (872); *Jarass,* in: Jarass/Pieroth, Art. 104 Rn. 20; *Gusy* MKS III, Art. 104
Rn. 74; andererseits *Kunig,* in: v. Münch/Kunig II, Art. 104 Rn. 38.

[188] *Pohlreich* BK Art. 104 (2019) Rn. 96; *Gusy* MKS III, Art. 104 Rn. 74.

[189] BVerfGE 16, 119 (124); 38, 32 (34); BbgVerfG NJ 2000, 312 (LS).

[190] *Gusy* MKS III, Art. 104 Rn. 73.

[191] *Schulze-Fielitz,* in: Dreier III, Art. 104 Rn. 50.

[192] *Jarass,* in: Jarass/Pieroth, Art. 104 Rn. 21 unter Hinweis auf Art. 6 II.

[193] *Schulze-Fielitz,* in: Dreier III, Art. 104 Rn. 56 mit Rn. 47; *Gusy* MKS III, Art. 104 Rn. 72 mit Rn. 47.

[194] Vgl. zur Unterbringung BVerfGE 70, 297 (288 f.); insbes. bei Selbstgefährdung *Neumann* NJW 1982, 2588 ff.

[195] Vgl. BVerfGE 45, 187 (245); 64, 261 (271); OLG Stuttgart NJW 2004, 3437 zum Europäischen Haftbefehl;
*Börgers* JR 2004, 139 – zu den Anforderungen des Art. 104 II 1 im Aussetzungsverfahren s. BVerfG (K) NJW 2009,
1941.

## II. Die vorläufige Freiheitsentziehung durch die Exekutive

**31**   **1. Freiheitsentziehung nach Abs. 2 S. 2 und 3.** Freiheitsentziehung durch die **Exekutive** muss nach der Systematik die **Ausnahme** und darf nur **vorläufig sein.** Von der Vorherigkeit als Regelfall[196] darf nur abgegangen werden, wenn andernfalls der Zweck der Freiheitsentziehung vereitelt würde.[197] Dies gilt auch für präventiv-polizeiliche Freiheitsentziehungen.[198] Dabei ist die Justiz in die Lage zu versetzen, ihre Regelzuständigkeit auch tatsächlich zu wahren.[199] Wie aus dem Erfordernis unverzüglicher richterlicher Entscheidung in S. 2 deutlich wird, kann die Freiheitsentziehung durch die Exekutive nur aufrechterhalten werden, bis eine Entscheidung des Richters eingeholt werden kann oder aber die verfassungsrechtlich festgelegte Höchstdauer überschritten ist.[200]

**32**   Erforderlich ist eine ausdr. **Ermächtigung** in einem formellen Gesetz nach Abs. 1 S. 1, das nach Abs. 2 S. 4 auch das Verfahren näher regeln muss,[201] und die Beachtung der dort vorgeschr. **Formen** (→ Rn. 13 f.). **Materiell** besteht strikte Bindung an den Verhältnismäßigkeitsgrundsatz; so ist eine sorgfältige Gefahrenprognose zu fordern, und müssen beim **Unterbindungsgewahrsam** (→ Rn. 11, → Rn. 17) Rechtsgüter von hinreich. Gewicht bedroht sein;[202] Das Bestimmtheitsgebot des Abs. 1 S. 1 (→ Rn. 10) dürfte für derartige Eingriffe hinreich. normative Direktiven für Gefahrenprognose und Abwägung bedingen. Zur Durchsetzung einer Versammlungsauflösung kann derartiges Einschließen verhältnismäßig sein, wenn die Freiheitsentziehung auf den kürzestmöglichen Zeitraum begrenzt wird.[203] Ob bei auslandsbezogenen Sachverhalten – Auslandseinsätzen nach Art. 24 II – die Anforderungen des Art. 104 insoweit abgeschwächt werden dürfen, ist str.[204]

**33**   Die **richterliche Entscheidung** (zum Verfahren → Rn. 19 ff.) muss, wenn sie ausnahmsweise erst nachträglich, dann **unverzüglich** herbeigeführt werden. Dieses Erfordernis ist wiederum strikt auszulegen. „Unverzüglich" bedeutet nicht wie sonst: „ohne schuldhaftes Zögern"; eine Verzögerung muss durch zwingende Umstände obj. bedingt sein, wie zB örtl. Verhältnisse, aber auch Verfahrenserfordernisse zum Schutz des Betroff. wie die Anhörung Dritter;[205] auf subj. Verschulden kommt es nicht an.[206]

Der maßgebl. Zeitraum beginnt mit der Freiheitsentziehung;[207] zwei bis drei Stunden werden zur Gefahrenabwehr unter normalen Umständen als ausr. gelten müssen.[208] Deshalb besteht eine grds. Verpflichtung, für die Erreichbarkeit des Richters in der **Gerichtsorganisation** Vorsorge zu treffen (s. Art. 101 Rn. 22).[209] Dies bedingt einen richterl. Bereitschaftsdienst, der die Zeit zwischen 6.00 und 21.00 Uhr abdeckt.[210] Eine Rufbereitschaft ist so zu organisieren, dass sie tatsächl. in Anspruch genommen werden kann.[211] Ist mit großer Wahrscheinlichkeit mit Festnahmen in erhebl. Maße zu rechnen, dürfte auch während der Nachtzeit ein Bereitschaftsdienst erforderl. sein.

---

[196] Vgl. BVerfGE 42, 1 (6 f.) abwM 11 ff.; 83, 24 (33); *Schulze-Fielitz,* in: Dreier III, Art. 104 Rn. 33, 44.

[197] BVerfGE 22, 311 (317); 105, 239 (247 f.); EGMR NJW 2000, 2883 zu Art. 5 IV EMRK; *Schulze-Fielitz,* in: Dreier III, Art. 104 Rn. 46; *Rabe von Kühlewein* DVBl 2002, 1545.

[198] Vgl. *Rabe von Kühlewein* DVBl 2002, 1545.

[199] BVerfGE 105, 239 (248); BVerfGE 149, 293 Rn. 96.

[200] Vgl. *Schulze-Fielitz,* in: Dreier III, Art. 104 Rn. 46.

[201] Zu Abs. 2 S. 4 s. *Jarass,* in: Jarass/Pieroth, Art. 104 Rn. 22 – Konkretisierungs-, nicht Eingriffsermächtigung; *Schulze-Fielitz,* in: Dreier III, Art. 104 Rn. 40; zu analoger Heranziehung von Verfahrensregelungen (nicht Eingriffsermächtigungen) BVerfGE 10, 302 (329); 29, 183 (197).

[202] Vgl. hierzu etwa BayVerfGH BayVBl 1989, 496 (498); zum Verhältnis von Wahrscheinlichkeitsgrad und Schwere zu erwartender Straftaten s. OLG Nürnberg NVwZ-RR 1991, 67 (69).

[203] Vgl. KG NVwZ 2000, 468 (471).

[204] Näher *Pohlreich* BK Art. 104 (2019) Rn. 36 ff.; *Fischer-Lescano* NordÖR 2009, 49; sehr weitgehend allerdings die Forderung nach einem Richter an Bord der Einsatzschiffe, *Pohlreich* a. a. O. Rn. 38; *Duttge,* in: Friauf/Höfling, Art. 104 Rn. 55.

[205] BVerfGE 149, 293BVerfGE 149, 293 Rn. 99 f.; *Gusy* MKS III, Art. 104 Rn. 47; BVerwGE 45, 51 (63); für Art. 5 III EMRK s. EGMR NJW 2001, 51; EGMR NJW 2007, 3699 (3700); die Anordnung ist unabhängig vom Antrag des Betroff., BVerfG (K) NVwZ 2017, 1198.

[206] BVerwGE 45, 51 (63); *Jarass,* in: Jarass/Pieroth, Art. 104 Rn. 25.

[207] *Hantel,* Der Begriff der Freiheitsentziehung in Art. 104 II GG, 1988, S. 39 ff.; *Gusy* MKS III, Art. 104 Rn. 48.

[208] OVG NRW DVBl 1979, 733; ebenso *Schulze-Fielitz,* in: Dreier III, Art. 104 Rn. 42.

[209] BVerfGE 105, 239 (248) mit Anm. *Rabe von Kühlewein* DVBl 2002, 1545 (1546); BVerfG (K), B. v. 4.5.2011 – 2 BvR 2781/10 –; BVerfG NJW 2019, 1428; OVG Bremen NordÖR 2014, 175 Rn. 42; *Müller-Franken,* in: Stern/Becker, Art. 104 Rn. 42; *Wittreck* HStRVII³, § 151 Rn. 37, 40.

[210] BVerfGE 149, 293 Rn. 100 in Anlehnung an § 758a Abs. 4 S. 2 ZPO; BVerfGE 105, 239 (248) und 139, 245 Rn. 36, jeweils auf § 304 Abs. 2 ZPO abstellend; zu den Anforderungen an Bereitschaftsdienst s. auch BVerfG NJW 2019, 1428 (für Durchsuchung); zur Notwendigkeit eines Bereitschaftsdienstes auch während der Nachtstunden s. *Pohlreich* BK Art. 104 (2019) Rn. 84; *Schulze-Fielitz,* in: Dreier III, Art. 103 III Rn. 51, 64jedenfalls für den Fall, dass Ermittlungsmaßnahmen nicht nur ausnahmsweise anfallen, OLG Hamm NJW 2009, 3109, 1428.

[211] OVG Bremen NordÖR 2014, 175 Rn. 47.

Eine **absolute Grenze**[212] setzt Art. 104 II 3 GG für Freiheitsentziehungen durch die **Polizei**. Die 34
Bestimmung dürfte auf die **Vollzugspolizei** zugeschnitten sein,[213] bei ihr bedarf das Handeln aus
„eigener Machtvollkommenheit" – also nicht als Hilfsorgan im Auftrag anderer Behörden[214] – bes.
Sicherungen. Handelt die Polizei zur Strafverfolgung, ist jedenfalls Abs. 3 vorrangig.[215]

Die Frage ist jedoch von geringerer prakt. Bedeutung: Auch die Frist des Satz 3 – sie endet an dem 35
der Festnahme folgenden Tag um 24.00 Uhr[216] – entbindet nicht von der Verpflichtung zu **unverzüglicher** Herbeiführung einer gerichtl. Entscheidung nach S. 2 (→ Rn. 33 – zum Verfahren
Rn. 19 ff.); Satz 3 setzt eine **zusätzliche,** absolute Grenze.[217] Umgekehrt ist schwer vorstellbar, dass
eine nach Ablauf der Frist des Satzes 3 herbeigeführte richterl. Entscheidung noch unverzüglich iSv
S. 2 sein kann.

Hat sich der Zweck der Freiheitsentziehung bei sehr kurzer Dauer **erledigt,** ehe die richterl. 36
Entscheidung erfolgen kann, so ist diese nicht mehr erforderl., wenn sie zu einer Verlängerung der
Freiheitsentziehung führen würde; ebenso, wenn dies von vornherein absehbar ist; dies muss sich aus
einer hinr. belegten und von einer verfassungsgem. Ausgestaltung der Gerichtsorganisation ausgehenden Prognose ergeben.[218] Verfassungskonform ist daher § 163c II 1 StPO für den Fall, dass die
Vorführung länger dauern würde als die mit der Festnahme bezweckte Identitätsfeststellung.[219] Keinesfalls darf der Festgenommene bis zum Ergehen einer gerichtl. Entscheidung festgehalten werden,
obwohl der Festnahmezweck entfallen ist.[220] **Nachträgliche gerichtliche Überprüfung** muss jedoch
in den Fällen des Art. 104 II, III wegen Art. 19 IV gewährleistet sein; dies betrifft die Fälle sog. proz.
Überholung.[221]

Wird die richterliche Entscheidung nicht unverzüglich bzw. bis zum Ablauf der Frist nach Art. 104 37
II 3 GG herbeigeführt, so ist die Aufrechterhaltung der Freiheitsentziehung rechtswidrig, der Festgehaltene also, wenn die **richterliche Entscheidung nicht rechtzeitig** ergeht, sofort freizulassen;[222]
ebenso, wenn der Zweck der Freiheitsentziehung weggefallen ist oder der Richter die Fortdauer für
unzulässig erklärt. Für die **richterliche Entscheidung** gelten die (o. Rn. 19 ff.) dargelegten formellen
und mat. Anforderungen, also auch das grds. Gebot persönl. Anhörung.

**2. Insbes.: Festnahme wegen Verdachts strafbarer Handlung (Abs. 3).** Auch Abs. 3 trifft 38
ergänzende Sonderregelungen für bestimmte Fälle der Freiheitsentziehung durch die Exekutive, die
der Festnahme wegen **Verdachts strafbarer Handlung.** Auch hier gilt zunächst, dass grds. eine
**vorherige** richterliche Entscheidung einzuholen ist, sofern hierdurch nicht der Zweck der Maßnahme
vereitelt würde; die Exekutive – insbes. die Polizei – ist nur zur **vorläufigen** Festnahme berechtigt
und hat dann nach den (→ Rn. 31 ff.) dargelegten Grundsätzen die **unverzügliche** Entscheidung des
Richters herbeizuführen.[223] Art. 104 III 1 GG setzt hierfür – wie Art. 104 II 3, der durch Art. 104
III 1 verdrängt wird[224] – eine absolute zeitliche Grenze, innerhalb derer der Festgenommene dem
Richter vorzuführen ist; die richterliche Entscheidung selbst muss dann unverzüglich erfolgen – dies
ergibt sich aus Abs. 3 S. 2 –, wobei zunächst eine provisorische Abfassung der Gründe des Haftbefehls
zulässig sein kann.[225]

Abs. 3 enthält in S. 1 und 2 bes. Anforderungen an die richterl. Entscheidung: persönl. Anhörung 39
und Begründung. Die Notwendigkeit **persönlicher** Anhörung ergibt sich – unabhängig von Art. 10 1
I und von Abs. 2 – bereits aus dem Gebot der **Vorführung:** sie bedeutet nach dem Wortsinn

---

[212] Vgl. *Jarass,* in: Jarass/Pieroth, Art. 104 Rn. 13, unstr.

[213] So *Hantel* JuS 1990, 865 (870); *Koschwitz,* Die kurzfristige polizeiliche Freiheitsentziehung, 1968, S. 101; OVG NRW DÖV 1952, 408; aA *Kunig,* in: v. Münch/Kunig II, Art. 104 Rn. 24; *Jarass,* in: Jarass/Pieroth, Art. 104 Rn. 27.

[214] *Schulze-Fielitz,* in: Dreier III, Art. 104 Rn. 55; – dieser Begriff spricht für Beschränkung auf Vollzugspolizei, da nur für sie die Abgrenzung zum Handeln als Hilfsorgan sinnvoll ist.

[215] *Kunig,* in: v. Münch/Kunig II, Art. 104 Rn. 29.

[216] *Schulze-Fielitz,* in: Dreier III, Art. 104 Rn. 54.

[217] *Gusy* MKS III, Art. 104 Rn. 57; *Hantel* JuS 1990, 865 (870); aus der Rspr. s. OVG Berlin DVBl 1973, 701 (703); BVerfGE 10, 302 (321).

[218] BVerfGE 149, 293 Rn. 100; BVerfGE 105, 239 (251) zu § 19 I 2 NGefAG; zu entspr. Klauseln im Polizeirecht der Länder vgl. *Gusy* MKS III, Art. 104 Rn. 55 sowie *ders.* NJW 1992, 457 (462).

[219] BVerfG (K) B. v. 2.11.2016 – 1 BvR 289/15 – Rdn. 22; *Pohlreich* BK Art. 104 (2019) Rn. 88.

[220] *Gusy* MKS III, Art. 104 Rn. 55.

[221] Vgl. *Schulze-Fielitz,* in: Dreier III, Art. 104 Rn. 47.

[222] *Schulze-Fielitz,* in: Dreier III, Art. 104 Rn. 47.

[223] Ebenso *Schulze-Fielitz,* in: Dreier III, Art. 104 Rn. 49.

[224] *Wehowsky,* in: Umbach/Clemens, Art. 104 Rn. 26 – s. dort Rn. 24 zu kürzeren Fristen nach einigen LVerf; diese gelten wegen Art. 142 GG fort; soweit nun einfaches Bundesrecht jedoch die Fristen des Art. 104 umsetzt, stellt sich die Frage nach der Anwendbarkeit des Art. 31 GG (dafür *Wehowsky* aaO): dieser setzt einen Normenkonflikt voraus, der im Fall einer weiterreichenden Garantie von LVerf an sich nicht gegeben ist.

[225] Vgl. *Kunig,* in: v. Münch/Kunig II, Art. 104 Rn. 31: wenn Einhaltung der Höchstfrist wegen der Begründungserfordernisse nicht möglich ist.

unmittelbare persönl. Gegenüberstellung;[226] nur bei Verhinderung aus Krankheitsgründen ist Entscheidung nach Aktenlage zulässig.[227] Auch nach **Art. 5 III EMRK** hat der Richter den Festgenommenen in Person zu hören.[228] Unzulässig ist es, nur den festnehmenden Polizeibeamten anzuhören; schon das Gehör nach Art. 103 I kann nur ausnahmsweise durch Dritte vermittelt werden (Art. 103 Rn. 22 f.); mit der Notwendigkeit der persönlichen Vorführung aber geht Abs. 3 über Abs. 1 hinaus;[229] auch sind die weiteren Verfahrenserfordernisse des Abs. 3 – der Richter hat dem Festgenommenen die Gründe mitzuteilen, er hat ihn zu vernehmen und ihm Gelegenheit zu Einwendungen zu geben – klar auf persönliche, umfass. und einzelfallbezogene Anhörung zugeschnitten; hierauf sind dann auch die Begründungserfordernisse nach Abs. 3 S. 2 gerichtet. Formularmäßige Begründungen oder hektographierte Haftbefehlsformulare werden dem schwerlich gerecht (→ Rn. 21).[230] – Zur U-Haft → Rn. 16.

40    *(nicht belegt)*

## E. Das Misshandlungsverbot des Abs. 1 S. 2

41    Für jede Freiheitsbeschränkung gilt ausnahmslos das nicht unter Gesetzesvorbeh. stehende **Misshandlungsverbot** des Abs. 1 S. 2,[231] das als an die öff. Gewalt adressierte Verbotsnorm formuliert ist. Wortlaut und Systematik, insbes. das Fehlen eines Gesetzesvorbehalts wie in Art. 2 II 3, stehen einer Deutung entgegen, die jede Beeinträchtigung der körperlichen Integrität oder der freien Willensentscheidung als Misshandlung auffasst.[232] Art. 104 I 2 und Art. 2 II sind insoweit in ihrem Normgehalt unabhängig voneinander zu sehen; als Verbotsnorm untersagt Art. 104 I 2 jegliche Misshandlung unabhängig von etwaigen Einschränkungen der GrundR aus Art. 2 II.[233] Für festgehaltene Personen ist Art. 104 I 2 die speziellere Norm.[234] Als Konkretisierung des Menschenwürdesatzes des Art. 1 I dürfte der Begriff der Misshandlung aus diesem zu bestimmen sein.[235]

Misshandlung ist jede Form der **Folter** als Zufügung von phys. oder psych. Leiden zur Brechung des Willens;[236] durch § 136a StPO dürfte die Reichweite des Misshandlungsverbots verfassungskonform umschrieben sein.[237] IÜ ist jede Anwendung körperl. Gewalt, die nicht auf Grund des Verhaltens der verletzten Person unbedingt notwendig ist, als menschenwürdewidrig zu erachten.[238] Aus dem Verstoß gegen Art. 104 I 2 kann ausnahmsweise ein Verfahrenshindernis folgen, doch wird dem Verfassungsverstoß idR. über die Kompensation nach § 136a III StPO hinreichend Rechnung getragen.[239] **Nicht** als Misshandlung gewertet wurde eine bis zu dreimonatige **Kontaktsperre**;[240] die Zulässigk. der **Zwangsernährung**[241] ist unmittelbar aus Art. 2 I iVm Art. 1 I unter dem Aspekt der Selbstgefährdung (→ Art. 2 Rn. 209 ff.) zu bestimmen. Als Misshandlung sind dagegen anzusehen: Gewalttätigkeiten, absolute Isolation, aber auch Einsperren in stark überbelegter Zelle, bei fehlenden hygienischen/medizinischen Mindeststandards,[242] generell „unmenschlicher Strafvollzug".[243] Das **zwangsweise** Verabreichen von **Brechmitteln** zur Beweissicherung wurde vom EGMR als Verletzung von Art. 3 EMRK gewertet.[244] Nicht gegen Art. 3 EMRK verstößt lang andauernde strenge **Einzelhaft** aus Gründen der Sicherheit bei internat. Terroristen („Carlos" – 8 Jahre).[245]

42    Bzgl. der Beweislast für Misshandlungen hat der EGMR den Grundsatz aufgestellt, dass für Verletzungen, die während eines Polizeigewahrsams entstanden sind, der Staat nachzuweisen hat, dass sie anders als durch polizeil. Misshandlung entstanden sind.[246] Dies ist durch die spezif. Gefährdungssituation bei Freiheitsentziehungen bedingt.

---

[226] *Pohlreich* BK Art. 104 (2019) Rn. 92; Abs. 3 geht über Art. 103 I hinaus, s. auch BVerfGE 58, 208 (220 f.).

[227] *Schulze-Fielitz,* in: Dreier III, Art. 104 Rn. 50.

[228] EGMR NJW 2001, 51; zu Art. 5 III EMRK EGMR NJW 2007, 3699 (3700).

[229] Ebenso *Schulze-Fielitz,* in: Dreier III, Art. 104 Rn. 49.

[230] Probl. BVerfGE 83, 24, s. dazu *Gusy* JuS 1992, 457 (463); BVerfG (K) NJW 1982, 29, vgl. dazu *Wehowsky,* in: Umbach/Clemens, GG II, Art. 104 Rn. 20 mit Fn. 25 („fragwürdig").

[231] S. hierzu BVerfGK 4, 283.

[232] *Pohlreich* BK Art. 104 (2019) Rn. 66; *Müller-Franken,* in: Stern/Becker, Art. 104 Rn. 68.

[233] Vgl. *Rottmann,* Misshandlungsverbot, S. 83.

[234] Vgl. *Schulze-Fielitz,* in: Dreier III, Art. 104 Rn. 55; *Rottmann,* Misshandlungsverbot, S. 85.

[235] Vgl. BVerfGK 4, 283; *Schulze-Fielitz,* in: Dreier III, Art. 104 Rn. 62.

[236] Vgl. *Schulze-Fielitz,* in: Dreier III, Art. 104 Rn. 62.

[237] Vgl. auch *Wehowsky,* in: Umbach/Clemens, GG II, Art. 104 Rn. 18: Rspr. zur Auslegung des § 136a StPO; s. auch BVerfGK 4, 283.

[238] Vgl. EGMR EuGRZ 1996, 504 – Ribitsch – für Art. 3 EMRK.

[239] BVerfGK 4, 283.

[240] BVerfGE 49, 24 (64).

[241] Dafür *Jarass,* in: Jarass/Pieroth, Art. 104 Rn. 6; *Schulze-Fielitz,* in: Dreier III, Art. 104 Rn. 56.

[242] Vgl. die Beispiele bei *Müller-Franken,* in: Stern/Becker, Art. 104 Rn. 72.

[243] BVerfGE 2, 118 (119).

[244] EGMR NJW 2006, 3117; dazu *Schuhr* NJW 2006, 3538.

[245] EGMR NJW 2006, 3117 = EuGRZ 2007, 150.

[246] EGMR EuGRZ 1996, 504; s. dazu *Rudolf* EuGRZ 1998, 497.

Das Misshandlungsverbot des Abs. 1 S. 2 gilt **absolut**[247] und ist abwägungsresistent.[248] Gleiches gilt 43
für **das Folterverbot** des **Art. 3 EMRK** als nicht einschränkbar,[249] durch Folter erlangte Beweise
unterliegen einem **Beweisverwertungsverbot**.[250] Es folgt aus dem Gebot des **fairen Verfahrens** in
Art. 6 I EMRK.[251] **Androhung** von Folter kann unmenschliche Behandlung iSv Art. 3 I EMRK
darstellen.[252] Ausnahmen werden mitunter aus staatl. Schutzpflichten zugunsten des Entführungsopfers
oder auch zur Abwehr terroristischer Gefahren vertreten.[253] Dies ist mit der strikten Fassung des
Art. 104 I 2 und des Art. 3 EMRK unvereinbar; diese kann auch nicht über das Notwehrrecht des
§ 32 StGB, das keine staatl. Handlungsbefugnisse begründet,[254] relativiert werden. Für extreme Konfliktsituationen werden teilweise individuelle Schuldausschließungsgründe in Erwägung gezogen.[255]
Sie haben jedoch nichts mit Art. 104 I 2 GG, 3 EMRK zu tun. Das Handeln eines einzelnen in einer
für ihn ausweglosen Konfliktsituation zu bewerten, ist eine Sache, ihm die höheren verfassungsrechtlichen Weihen zu verleihen, eine andere; dies verkennen die Protagonisten einer Aufweichung des
Folterverbots.

---

[247] Vgl. *Gusy* MKS III, Art. 104 Rn. 34.

[248] Vgl. *Schulze-Fielitz*, in: Dreier III, Art. 104 Rn. 54; *Rottmann,* Misshandlungsverbot, 2005, S. 76 f.; *Gusy* MKS
III, Art. 104 Rn. 34; *Pohlreich* BK Art. 104 (2019) Rn. 64; anders *Brugger* JZ 2000, 165 ff.; *Erb* NStZ 2005, 593 (599);
*Herzberg* JZ 2007, 326.

[249] Vgl. EGMR NJW 2001, 56; vgl. *Goerlich,* Vorwort, in: ders. (Hrsg.), Staatliche Folter, 2007, S. 7 (9); *Gebauer*
NVwZ 2004, 1405; *Hufen* JuS 2010, 1 (10).

[250] EGMR NJW 2006, 3117; zusammenfassend EGMR NJW 2010, 3145 Abs. 162 ff.

[251] EGMR aaO; *Grabenwarter* NJW 2010, 3128 (3131 f.).

[252] EGMR NJW 2010, 3145; hierzu *Grabenwarter* NJW 2010, 3128.

[253] So insbes. bei *Brugger* JZ 2000, 165 ff.; s. auch bereits *ders.* VBlBW 1995, 446 (450); ferner *Wittreck,* in: Gehl,
Folter – Zulässiges Instrument des Strafrechts, S. 37 (51).

[254] Vgl. *Seebode,* Strafrechtliche Bemerkungen zum Folterverbot, in: Goerlich (Hrsg.), Staatliche Folter, 2007,
S. 51 (71 f.), für Strafbarkeit der Androhung OLG Frankfurt NJW 2013, 75.

[255] Dafür wohl auch *Rottmann* Misshandlungsverbot, S. 94; *Hufen* JuS 2010, 1 (10).

# X. Das Finanzwesen

## Vorbemerkungen zu Abschnitt X

**Entstehungsgeschichte: Erstfassung:** JöR nF 1 (1951), 748. – **Änderungen:** G zur Änd. des Art. 107 des GG v. 20.4.1953 (BGBl I 130); 2. G zur Änd. des Art. 107 des GG v. 25.12.1954 (BGBl I 517); G zur Änd. und Erg. der Finanzverfassung (FinanzverfassungsG) v. 23.12.1955 (BGBl I 817); G zur Änd. und Erg. des Art. 106 des GG v. 24.12.1956 (BGBl I 1077); 15. G zur Änd. des GG v. 8.6.1967 (BGBl I 581); 20. G zur Änd. des GG v. 12.5.1969 (BGBl I 357); 21. G zur Änd. des GG (FinanzreformG) v. 12.5.1969 (BGBl I 359); G zur Änd. des GG v. 20.12.1993 (BGBl I 2089); G zur Änd. des GG v. 3.11.1995 (BGBl I 1492); G zur Änd. des GG v. 20.10.1997 (BGBl I 2470); G zur Änd. des GG v. 26.11.2001 (BGBl I 3219); G zur Änd. des GG (Föderalismusreform I) v. 28.8.2006 (BGBl I 2034); G zur Änd. des GG v. 19.3.2009 (BGBl I 606); G zur Änd. GG (Föderalismusreform II) v. 29.7.2009 (BGBl I 2248); G zur Änd. des GG v. 21.7.2010 (BGBl I 944); G zur Änd. des GG v. 23.12.2014 (BGBl I 2438), Art. 1; G zur Änd. des GG (Art. 90, 91c, 104b, 104c, 107, 108, 109a, 114, 125c, 143d, 143e, 143f, 143g) v. 13.7.2017 (BGBl I 2347); G zur Änd. des GG (Art. 104b, 104c, 104d, 125c, 143e) v. 28.3.2019 (BGBl I 404); G zur Änd. des GG v. 15.11.2019 (BGBl I 1546), Art. 1 Nr. 2; vgl. zu den Mat. i. Einzelnen. bei den jeweiligen Artikeln.

**Historische Verfassungstexte: RV 1871:** XII. Reichsfinanzen.
**Geltende Landesverfassungen:** *BW*Verf Zweiter Hauptteil, VII. Das Finanzwesen; *Bay*Verf Erster Hauptteil, 7. Abschn. Die Verwaltung; *Bln*Verf Abschn. VIII. Das Finanzwesen; *Bbg*Verf. 3. Hauptteil, 5. Abschn. Das Finanzwesen; *Brem*Verf Dritter Hauptteil, 6. Abschn. Gemeinden; *Hmb*Verf VII. Haushalts- und Finanzwesen; *Hess*Verf Zweiter Hauptteil, X. Das Finanzwesen; *MV*Verf 3. Abschn., III. Haushalt und Rechnungsprüfung; *Nds*Verf Achter Abschn. Das Finanzwesen; *NRW*Verf Dritter Teil, Siebenter Abschn. Das Finanzwesen; *RhPf*Verf Zweiter Hauptteil, IV. Abschn. Finanzwesen; *Saarl*Verf II. Hauptteil, 5. Abschn. Das Finanzwesen; *Sachs*Verf 8. Abschn. Das Finanzwesen; *LSA*Verf 3. Hauptteil, Siebenter Abschn. Finanzwesen; *SchlH*Verf Abschn. VIII. Das Haushaltswesen; *Thür*Verf Zweiter Teil, Achter Abschn. Das Finanzwesen.
**Supra- und internationale Texte:** AEUV Sechster Teil. Titel II. Finanzvorschriften.
**Gesetzgebung:** MaßstG, FAG.
**Leitentscheidungen:** BVerfGE 1, 117 (Länderfinanzausgleich I); BVerfGE 39, 96 (Finanzhilfen); BVerfGE 41, 291 (Finanzzuweisungen); BVerfGE 49, 343 (Abgabe wegen Veränderung der Gemeindeverhältnisse); BVerfGE 50, 217 (Gebühren); BVerfGE 55, 274 (Berufsbildungsabgabe); BVerfGE 57, 139 (Schwerbehindertenabgabe); BVerfGE 65, 325 (Zweitwohnungsteuer); BVerfGE 67, 256 (Investitionshilfeabgabe, Zwangsanleihe); BVerfGE 72, 330 (Länderfinanzausgleich II); BVerfGE 75, 108 (Künstlersozialversicherung); BVerfGE 78, 249 (Fehlbelegungsabgabe); BVerfGE 82, 60 (Existenzminimum I); 159 (Absatzfonds I); BVerfGE 86, 148 (Länderfinanzausgleich III); BVerfGE 87, 153 (Existenzminimum II); BVerfGE 89, 132 (Konkursausfallgeld Handelskammern); 144 (Konkursausfallgeld Rundfunkanstalten); BVerfGE 89, 346 (Existenzminimum III); BVerfGE 91, 186 (Kohlepfennig); BVerfGE 92, 91 (Feuerwehrabgabe); BVerfGE 93, 121 (Einheitswert und Vermögensteuer); 165 (Einheitswert und Erbschaftsteuer); 319 (Wasserpfennig); BVerfGE 97, 332 (Kindergartengebühren); BVerfGE 98, 83 (Abfallabgabengesetze); 106 (Verpackungsteuer); BVerfGE 99, 216 (Kinderbetreuung); 246 (Kinderexistenzminimum I); 268 (Kinderexistenzminimum II); 273 (Kinderexistenzminimum III); BVerfGE 101, 158 (Länderfinanzausgleich IV); BVerfGE 105, 185 (UMTS-Erlöse); BVerfGE 108, 1 (Rückmeldegebühr I – BW); 186 (Altenpflegeumlage); BVerfGE 110, 274 („Ökosteuer"); 370 (Klärschlamm-Entschädigungsfonds); BVerfGE 113, 128 (Abfallausfuhrabgabe); 167 (Risikostrukturausgleich); BVerfGE 116, 271 (Haftung für Anlastung); 327 (Länderfinanzausgleich V, extreme Haushaltsnotlage Berlin); BVerfGE 122, 316 (Absatzfonds II); BVerfGE 123, 132 (Absatzfonds III); BVerfGE 124, 235 (Umlage BaFin); 348 (Jahresbeiträge Einlagensicherung); BVerfGE 132, 334 (Rückmeldegebühr II – Berlin); BVerfGE 135, 155 (Filmförderabgabe); BVerfGE 136, 194 (Weinabgaben); BVerfGE 137, 1 (wiederkehrende Straßenausbaubeiträge); BVerfGE 137, 108 (Optionskommunen); BVerfGE 144, 369 (Rückmeldegebühr III – Brand) BVerfGE 145, 171 (Kernbrennstoffsteuer); BVerfGE 146, 164 (IHK-Beitrag); BVerfGE 149, 222 (Rundfunkbeitrag); BVerwGE 95, 188 (Luftsicherheitsgebühr); BVerwGE 96, 45 (Haftung); 272 (Verpackungsteuer); BVerwGE 139, 42 (Filmförderabgabe); BVerwGE 154, 275 (Rundfunkbeitrag).

**Schrifttum: Allgemein:** *L. Hummel,* Verfassungsfragen der Verwendung staatlicher Einnahmen, 2008; *M. Jachmann,* Die Rechtfertigung der ökologisch motivierten Steuer, FS Selmer, 2004, S. 707; *F. Kirchhof,* Grundsätze der Finanzverfassung des vereinten Deutschlands, VVDStRL 52 (1993), 71; *Kommission für die Finanzreform,* Gutachten über die Finanzreform in der Bundesrepublik Deutschland, 2. Aufl. 1966 („Troeger-Gutachten"); *A. Ortmann,* Die Finanzwirksamkeit verfassungsgerichtlicher Entscheidungen im Spiegel der Rechtsprechung des Bundesverfassungsgerichts, 2007; *R. Prokisch,* Die Justitiabilität der Finanzverfassung, 1993; *M. Rodi,* Ökonomische, ökologische und andere öffentliche Zwecke im Abgabenrecht, JZ 2000, 827; *P. Selmer,* Steuerinterventionismus und Verfassungsrecht, 1972; *ders.,* Grundsätze der Finanzverfassung des vereinten Deutschlands, VVDStRL 52 (1993), 10; *K. Ulsenheimer,* Untersuchungen zum Begriff „Finanzverfassung", Diss. Bonn 1967; *K. Vogel,* Das ungeschriebene Finanzrecht des Grundgesetzes, GS Martens, 1987, S. 265; *G. Wacke,* Das Finanzwesen der Bundesrepublik, 1950; *J. Wieland,* Deutschlands Finanzverfassung vor neuen Herausforderungen, FS Peter Selmer, 2004, S. 973 ff. – **Zur Finanzverfassung (Art. 104a–108):** *F. Kirchhof,* Klarere Verantwortungsteilung von Bund, Ländern und Kommunen?, DVBl 2004, 977; *K. A. Konrad/B. Jochimsen* (Hrsg.), Föderalismuskommission II: Neuordnung von Autonomie und Verantwortung, 2008; *H. Kube,* Finanzgewalt in der Kompetenzordnung, 2004; *V. Mehde,* Wettbewerb zwischen Staaten, 2005; *A. Schmehl,* Das Äquivalenzprinzip im Recht der Staatsfinanzierung, 2004. – **Zur Haushaltsverfassung (Art. 109–115):** *C. Gröpl,* Haushaltsrecht und Reform, 2001; *Heuer,* Kommentar zum Haushaltsrecht hrsg. von D. Engels und M. Eibelshäuser, Loseblatt, September 2009; *W. Thiele,,* Staatshaushalt und Staatsleitung, 1989; *E. A. Piduch,* Bundeshaushaltsrecht, 2. Auflage, Loseblatt, Stand: Dezember 2009. – **Zu den Finanzierungsfor-**

**men, Steuern:** *K. H. Friauf,* Verfassungsrechtliche Grenzen der Wirtschaftslenkung und Sozialgestaltung durch Steuergesetze, 1966; *M. Jachmann,* Die Rechtfertigung der ökologisch motivierten Steuer, FS Selmer, 2004, S. 707; *H. D. Jarass,* Nichtsteuerliche Abgaben und lenkende Steuern unter dem Grundgesetz, 1999; *P. Kirchhof,* Der Grundrechtsschutz des Steuerpflichtigen, AöR 128 (2003), 1; *W. Knies,* Steuerzweck und Steuerbegriff, 1976; *L. Osterloh,* „Öko-Steuern" und der verfassungsrechtliche Steuerbegriff, NVwZ 1991, 823; *R. Wernsmann,* Verhaltenslenkung in einem rationalen Steuersystem, 2005. – **Zu den Finanzierungsformen, nichtsteuerliche Abgaben:** *C. Degenhart,* Verfassungsfragen der Rundfunkfinanzierung nach dem Rundfunkbeitragsstaatsvertrag der Länder, Humboldt Forum Recht, 7/2013, S. 60; *M. Droege,* Legitimation und Grenzen nichtsteuerlicher Abgaben, Die Verwaltung 46 (2013), 313; *B. Eyben,* Die Abgabenform des Beitrags und ihre praktischen Schwerpunkte, Diss. Göttingen, 1969; *P. Henseler,* Begriffsmerkmale und Legitimation von Sonderabgaben, 1984; *W. Thiele,,* Die Sonderabgaben als verfassungsrechtlicher Abgabetypus, DVBl 1990, 666; *J. Hey,* Verbandslast – Mitgliedsabgabe – Kammersteuer, StuW 2008, 289; *F Kirchhof,* Die Höhe der Gebühr, 1981; *G. Kirchhof,* Die lenkende Abgabe, Verwaltung 46 (2013), 349; *H-J. Koch,* Umweltabgaben in der Rechtsprechung des Bundesverfassungsgerichts, FS Selmer, 2004, S. 769; *H. Kube,* Der Rundfunkbeitrag, 2014; *S. Magen,* Eckpunkte für einen stärker ökonomisch informierten Ansatz im Recht der nichtsteuerlichen Abgaben, Verwaltung 46 (2013), 383; *V. Perten,* Rundfunkfinanzierung in Europa, 2014; *E. Reimer/C. Waldhoff,* Verfassungsrechtliche Vorgaben für Sonderabgaben des Banken- und Versicherungssektors, 2011; *U. Sacksofsky,* Umweltschutz durch nicht-steuerliche Abgaben, 2000; *R. Staudacher,* Verfassungsrechtliche Zulässigkeit von Sonderabgaben, 2004; *C. Thiemann,* Die Dogmatik der Sonderabgabe im Umbruch, AöR 138 (2013), 60; *T. Ubber,* Der Beitrag als Institut der Finanzverfassung, Diss. Köln 1993; *C. Waldhoff,* Verfassungsrechtliche Fragen einer Steuer-/Haushaltsfinanzierung des öffentlich-rechtlichen Rundfunks, AfP 2011, S. 1; *J. Wieland,* Die Konzessionsabgaben, 1991; *R. Wendt,* Die Gebühr als Lenkungsmittel, 1975; *D. Wilke,* Gebührenrecht und Grundgesetz, 1973; *Wiss. Beirat BMF,* Öffentlich-rechtliche Medien – Aufgabe und Finanzierung, 03/2014. – **Zum Finanzausgleich:** *C. Carl,* Bund-Länder-Finanzausgleich im Verfassungsstaat, 1995; *O.-E. Geske,* Der bundesstaatliche Finanzausgleich, 2001; *U. Häde,* Finanzausgleich, 1996; *S. Kempny/E. Reimer,* Neuordnung der Finanzbeziehungen – Aufgabengerechte Finanzverteilung zwischen Bund, Ländern und Kommunen, Verh. d. 70. DJT, Bd. I: Gutachten, Teil D, 2014; *I. Kesper,* Bundesstaatliche Finanzordnung, 1998; *S. Korioth,* Der Finanzausgleich zwischen Bund und Ländern, 1997; *W. Renzsch,* Finanzverfassung und Finanzausgleich, 1991; *M. Seybold,* Der Finanzausgleich im Kontext des deutschen Föderalismus.

## Übersicht

## A. Die Bedeutung der öffentlichen Finanzwirtschaft

**1**  Träger der öff. Finanzwirtschaft sind zunächst einmal der Bund und die Länder. Hinzu treten die Gemeinden, die finanzverfassungsrechtl. als Teil der Länder angesehen werden (Rn. 10). Das GG hat ihnen jedoch von Anfang an eine Sonderstellung auch im Finanzrecht zugewiesen. Sie ist durch den neu eingefügten S. 3 in Art. 28 II noch verstärkt worden. Völlig systemwidrig lässt nunmehr der Ende 2010 eingefügte Art. 91e unmittelbare Finanzbeziehungen zwischen dem Bund und einzelnen Gemeinden zu. Neben den Gebietskörperschaften haben noch die zahlreichen **Parafisci** große und wachsende Bedeutung als Träger öff. Finanzwirtschaft. Das sind vor allem die **Sondervermögen,** die **Sozialversicherungsträger** und die **berufsständischen Einrichtungen** des öR. Aber auch die **öff. Unternehmen** dürfen hier nicht vernachlässigt werden, gleich in welcher Rechtsform sie geführt werden. Damit ist im Wesentlichen der **öff. Sektor** iSd ESVG[1] umschrieben.[2] Von einer ähnl. Abgrenzung gehen auch die Bestimmungen zur Verwirklichung der WWU aus, namentlich Art. 126 und 140 I 3 AEUV.[3] Eine deutsche Besonderheit, zumindest was Verbreitung und Finanzvolumen anbetrifft, stellen die ör **Rundfunkanstalten** dar. Sie werden durch Zwangsabgaben finanziert, die iE von allen Einwohnern Deutschlands zu bezahlen sind und von einem zusätzl. Verwaltungsapparat neben der allg. Finanzverwaltung erhoben werden (→ Rn. 117 f.). Da diese Anstalten weitgehend von wettbewerbsrechtl. Vorschriften dispensiert sind und auf hoheitl. Zwang beruhen, sind sie trotz ihrer „staatsfernen" Organisation Teil der Staatswirtschaft und dem öff. Sektor zuzuordnen.

**2**  Trotz aller Privatisierungsbemühungen[4] bildet der **öff. Sektor** – einschließl. gemischtwirtschaftlicher Formen – in Deutschland immer noch einen wesentlichen Teil der Gesamtwirtschaft. Die Ausgaben der öff. Haushalte beliefen sich Ende 2019 (2013) auf 1.606,7 (1.264,73) Mrd. € in der Abgrenzung des Europäische Systems Volkswirtschaftlicher Gesamtrechnungen (ESVG 2010).[5] Ihr Anteil am BIP (Staatsquote) betrug Ende 2019 46,8 % nach 44,5 % (1990), 48,5 % (2003) und 43,7 % (2008).[6] Der Anteil von Steuern und Sozialabgaben am BIP (Abgabenquote) belief sich in der Abgrenzung der volkswirtschaftlichen Gesamtrechnung im Jahr 2019 (2010) auf 41,6 % (38,1 %); die

---

[1] VO (EG) Nr. 2223/96 des Rates v. 25.6.1996 zum Europäischen System Volkswirtschaftlicher Gesamtrechnungen auf nationaler und regionaler Ebene in der EG, ABl L 310, v. 25.6.1996, S. 1–469, konsol. F. mit den nachfolgenden Änd. CONSLEG: 19962223-07/08/2003, Abgrenzung des Staates (S. 13) in 2.68 bis 2.70 (S. 53 f.).

[2] Deutlich enger *Vogel/Waldhoff* BK, vor Art. 104a (1997) Rn. 42, die ihre Überlegungen auf die „Träger der Finanzhoheit" in der Finanzverfassung des GG beschränken wollen.

[3] Art. 2 1. Spiegelst., des Prot. (Nr. 12), enthält die Abgrenzung.

[4] Überblick über die Privatisierungen 1994 bis 2013, Finanzbericht 2014, S. 69–75.

[5] Monatsbericht der Deutschen Bundesbank, Januar 2020, S. 58★.

[6] Finanzbericht 2007, Übersicht 16 (S. 415); Finanzbericht 2008, Übersicht 16 (S. 417); Finanzbericht 2011, Übersicht 15 (S. 392), Finanzbericht 2014, S. 400; Monatsbericht der Deutsche Bundesbank, Januar 2020, S. 58°, für die aktuelle Quote.

Steuerquote auf 24,2% (21,6%).[7] Im **internationalen Vergleich** befindet sich Deutschland damit insgesamt im Mittelfeld. Die USA, Kanada, Irland und auch noch Japan (mit zuletzt deutlichem Anstieg) haben aber deutlich geringere Quoten. Die Steuerquote ist allerdings eine der höchsten weltweit.[8]

Allein wegen seiner schieren Größe ist der öff. Sektor von kaum zu unterschätzender Bedeutung für **3** die wirtschaftliche Entwicklung eines Landes. Hinzu kommt der immer wichtiger werdende Einsatz der seiner Elemente und der Rechtsinstitute der Finanzverfassung zur unmittelbaren oder mittelbaren **Steuerung** des **privaten Sektors** und des **Verhaltens** der **Bürger.**

## B. Begriff und Abgrenzung der Finanzverfassung

Abweichend von seiner sonstigen Gliederung nach Funktionen und Organen hat das GG die **4** Regelung der staatl. Finanzwirtschaft in einem eigenen Abschnitt, „X. Das Finanzwesen", zusammengefasst. Er enthält einen **Querschnitt** durch alle **drei Staatsfunktionen:** Legislative, Exekutive und Judikative. Dabei handelt es sich aber nicht um einen völlig abgeschlossenen Regelungskomplex. Vereinzelt sind Regelungen mit finanzverfassungsrechtl. Gehalt auch außerhalb dieses Abschnitts zu finden. Das sind die Vorschriften über Gemeinschaftsaufgaben und Verwaltungszusammenarbeit (Art. 91a bis e), die Kriegsfolgelasten und die Zuschüsse zu den Lasten der Sozialversicherung (Art. 120, 120a) sowie über das Vermögen des Reichs und der aufgelösten Länder (Art. 134, 135) und Übergangsregelungen (Art. 125c, 143c, d). **Nicht** zur Finanzverfassung gehört die Ordnung des **Geld- und Währungswesens** (Art. 73 Nr. 4, Art. 88).[9] Schon wegen des Primats der Preisstabilität (→ Art. 88 Rn. 26, 30ff., Rn. 84ff.) und des Verbots der Staatsfinanzierung durch die Notenbanken (Art. 123 I AEUV) muss eine andere Abgrenzung ausgeschlossen sein.[10] Auch das Unionsrecht trennt strikt zwischen Währungspolitik und Wirtschaftspolitik (Fiskalpolitik), Art. 119, 123 I, 124 AEUV.[11] Das Recht der ör Religionsgesellschaften, Steuern zu erheben (Art. 140 iVm Art. 137 Abs. 6 WRV), mag man noch dazu rechnen. Eine solche Zuordnung ist aber wegen des Sonderstatus dieser Gesellschaften nicht unzweifelhaft.

Im **finanzwissenschaftlichen** Schrifttum wird der Begriff „Finanzverfassung" zT sehr **weit** ver- **5** standen und umfasst auch die Verteilung der Aufgaben auf die verschiedenen Ebenen der Staatlichkeit.[12] Dem soll hier nicht gefolgt werden. Für eine praktikable und aussagekräftige Abgrenzung ist eine **Beschränkung** auf unmittelbar **finanzwirksame Vorgänge** angebracht.

Aber auch auf dieser Grundlage ist der Begriff noch nicht eindeutig. Er umfasst **zwei** deutlich **6** voneinander zu unterscheidende **Regelungsbereiche:** (1) die Auferlegung und Verwaltung der staatl. Abgaben, vor allem der Steuern, und ihre Verteilung auf die verschiedenen Ebenen im Bundesstaat sowie (2) die interne Ordnung der Finanzwirtschaft des Bundes, namentlich das Haushaltswesen und die Kreditaufnahme. Der erste Bereich kann als **Finanzverfassung ieS** bezeichnet werden und ist Gegenstand der Art. 104a bis 109. Der zweite Bereich ist das **Haushaltsverfassungsrecht** und ist in den Art. 109 bis 115 geregelt.[13] Art. 109 verklammert beide Bereiche, vor allem mit seinen Abs. 2 bis 4; ebenso der neue Art. 109a. Übergreifend kann man sie als **Finanz- und Haushaltsverfassung** bezeichnen.[14]

Als **Finanzverfassung (i. w. S.)** lässt sich danach der Inbegriff der Verfassungsrechtssätze definieren, **7** welche die Finanzwirtschaft des (Bundes-)Staates regeln.[15]

---

[7] Monatsbericht der Deutschen Bundesbank, Juni 2017, S. 58*; Januar 2020, S. 58°.

[8] Finanzbericht 2020, Übersicht 12 (S. 331–333): Ausgaben; Übersicht 13 (S. 334): Abgaben; Übersicht 14 (S. 335): Steuern. Die Angaben erfolgen dort aber in der Abgrenzung der OECD, die sich deutlich von der Finanzstatistik und der VGR unterscheidet.

[9] Ebenso, allerdings unter dem Vorbehalt der Verpflichtung auf das gesamtwirtschaftliche Gleichgewicht *Stern,* StaatsR II, S. 1061; zutr. *R. Schmidt* HStR V, § 117 Rn. 1, 4; der die „Geldverfassung" völlig getrennt von der „Finanzverfassung" behandelt; anders: *Hettlage* VVDStRL 14 (1956), 2 (3); *Ulsenheimer,* Untersuchungen zum Begriff „Finanzverfassung", 1969, S. 132; *Vogel/Waldhoff* BK, vor Art. 104a (1997) Rn. 2; *Waldhoff* HStR V, § 116 Rn. 13; *Gröpl,* Haushaltsrecht und Reform, 2001, S. 11 Fn. 13, der insgesamt den Kreis der finanzverfassungsrechtlichen Vorschriften zu weit zieht; ebenso *J.-P. Schneider,* in: AK GG, vor Art. 104a (2001) Rn. 1.

[10] Das GG hat die „Geldverfassung" eindeutig vom Finanzwesen des Staates getrennt, Art. 73 Nr. 4, Art. 88. Das ist sachgerecht und europarechtlich zwingend, ebenfalls idS *R. Schmidt* HStR V³, § 117 Rn. 1, 4; zu weit *Waldhoff* HStR V, § 116 Rn. 1, wo das Geldwesen ohne hinreichende krit. Auseinandersetzung mit der Problematik einbezogen wird.

[11] *Siekmann,* in: ders. (Hrsg.), EWU, 2013, Einführung Rn. 66, Art. 119 Rn. 24ff.; skeptisch *Heun* JZ 2014, 33 (35).

[12] Umfassende Nachw. zu den verschiedenen Begriffsabgrenzungen bei *Stern,* StaatsR II, S. 1057f.; *Ulsenheimer* (Fn. 9), S. 6ff.; ferner *J.-P. Schneider* Der Staat 40 (2001), 272 (274f.); zu eng *Prokisch,* Justiziabilität, S. 17.

[13] Gegen eine Beschränkung des Begriffs „Finanzverfassung" auf die Finanzverfassung ieS *Vogel/Waldhoff* BK, vor Art. 104a (1997) Rn. 1, 6; *Hellermann* MKS III, Art. 104a Rn. 1; enger *Heun/Thiele,* in: Dreier III, vor Art. 104a Rn. 16, der den Begriff „staatsrechtlich" auf die Finanzverfassung ieS beschränkt.

[14] *Stern,* StaatsR II, S. 1050, 1061; auch *Ortmann,* Finanzwirksamkeit, S. 434 Fn. 1.

[15] *Vogel/Waldhoff* BK, vor Art. 104a (1997) Rn. 1: Verfassungsrechtssätze, „die sich auf die öffentlichen Finanzen beziehen"; übernommen von: *Gröpl* (Fn. 9), S. 11; *J.-P. Schneider* AK GG, vor Art. 104a (2001) Rn. 1.

8      Trotz dieser umfassenden Begriffsbestimmung und der „sehr viel weiter gespannten Überschrift"[16] von Abschnitt X des GG[17] befassen sich die Art. 105 bis 108 fast ausschließlich mit den **Steuern** (→ Rn. 74 ff.). Diese Sonderbehandlung entspricht ihrer tatsächlichen und rechtlichen Bedeutung (→ Rn. 71 f.) nach dem Konzept der Verfassunggeber. Dabei ist aber zu berücksichtigen, dass auch die in diesem Abschnitt nicht als Steuern bezeichneten Abgaben (Zölle,[18] einmalige Vermögensabgaben und Ausgleichsabgaben zur Durchführung des Lastenausgleichs,[19] Ergänzungsabgabe,[20] Spielbankenabgabe[21]) materiell Steuern sind; einzige Ausnahme: „Abgaben im Rahmen der Europäischen Gemeinschaften".[22] Die verfassungsrechtl. Abgrenzung der Steuern (→ Rn. 74 ff.) ist deshalb von eminenter Bedeutung. Fraglich ist aber, welche Folgerungen sich daraus für die Zulässigkeit anderer Einnahmen ergeben (→ Rn. 93 ff., → Rn. 118 ff., → Rn. 124 ff., → Rn. 133 ff., → Rn. 135 ff.).

## C. Finanzverfassung und allgemeines Verfassungsrecht

### I. Übernahme des zweistufigen Staatsaufbaus

9      Im Abschn. X des GG sind die Gemeinden und Gemeindeverbände mehrfach ausdr. angesprochen, Art. 104b I, 105 III, 106 III, V–IX, 107 II 1, 108 IV, V, VII und 109 IV (mittelbar). Weitere finanzverfassungsrechtl. relevante Regelungen, welche die Kommunalkörperschaften unmittelbar betreffen, finden sich jetzt in Art. 91e. Daraus darf jedoch **nicht** geschlossen werden, dass bei der Behandlung von finanzverfassungsrechtl. Fragen von einem **dreistufigen Staatsaufbau** auszugehen ist.[23] Auch am anderen Ende der Skala wird dieses Prinzip nicht durchbrochen, selbst wenn die Einwirkung der EU auf das Finanzverfassungsrecht ständig zunimmt[24] und seine Folgen auch explizit in den Text des GG Eingang gefunden haben (Art. 104a VI, 109 II, V).

10     Im Einklang mit den anderen Abschn. des GG behandelt die Finanzverfassung die **Gemeinden und Gemeindeverbände** als **Bestandteile** der **Länder** und ihres Verfassungsrechtskreises.[25] Das folgt eindeutig aus der Überschrift von Abschn. II des GG und aus Art. 106 IX, der die Einnahmen und Ausgaben der Gemeinden und Gemeindeverbände ausdr. den Einnahmen und Ausgaben der Länder zuordnet. Daran hat auch die Einführung von Art. 28 II 3 in keinem Fall etwas ändern wollen.[26] Auch bedeuten die bes. Garantien für die komm. Finanzausstattung (Art. 28 II 2, 106 V–VIII) keine Abkehr vom **Grundprinzip der Zweistufigkeit,**[27] selbst wenn das BVerfG gelegentlich etwas anderes angedeutet hat.[28] In den abschl. Beratungen der damaligen Änderung des GG ist dezidiert darauf hingewiesen worden, dass vermieden werden müsse, dass „auch nur dem Anschein nach vom im Grundgesetz begründeten zweigliedrigen Staatsaufbau abgewichen werde". „Die Finanzverfassung" solle „durch die vorgeschlagene Ergänzung von Art. 28 Abs. 2 GG nicht verändert werden".[29] In seiner Entscheidung zu „Optionskommunen" hat das BVerfG den neuen Art. 91e II 2 als Durchbrechung der „Zweistufigkeit des Staatsaufbaus der Bundesrepublik Deutschland" gekennzeichnet, die

---

[16] *Stern*, StaatsR II, S. 1090.

[17] Für *Vogel/Waldhoff* BK, vor Art. 104a (1997) Rn. 4, kommt dem Begriff „Finanzwesen" keine normative, sondern (nur) eine deskriptiv empirische Bedeutung zu.

[18] Vgl. → Art. 105 Rn. 15.

[19] Vgl. → Art. 106 Rn. 6; Art. 120a Rn. 5.

[20] Vgl. → Art. 106 Rn. 7.

[21] Vgl. → Art. 106 Rn. 11.

[22] Vgl. → Art. 106 Rn. 4.

[23] So auch deutl. *Vogel/Waldhoff* BK, vor Art. 104a (1997) Rn. 49; *Waldhoff* HStR V, § 116 Rn. 18; *Tappe* BK, Art. 104a (2017) Rn. 121; für die Behandlung der Gemeinden als eigenständige dritte Stufe der Finanzverfassung nur einige ältere Stimmen im Schrifttum: *Schmidt-Eichstaedt*, Bundesgesetze und Gemeinden, 1981, S. 123 (125); *Fuchs* Verwaltung 1 (1971), 385 (392); dagegen → Art. 104a Rn. 15 f.

[24] *Vogel/Waldhoff* BK, vor Art. 104a (1997) Rn. 52.

[25] BVerfGE 86, 148 (215): „Im Bundesstaat des Grundgesetzes stehen sich Bund und Länder und die Länder untereinander gegenüber; die Kommunen sind staatsorganisatorisch den Ländern eingegliedert"; bestätigt durch BVerfGE 119, 331 (364); 137, 108 Rn. 90.

[26] Das ist in der Begr. des GG (Art. 28 und 106) v. 20.10.1997 noch einmal ausdr. bekräftigt worden (BT-Dr 13/1685, S. 4) und damit als (fortbestehender) Wille des Verfassunggebers anzusehen; ebenso *Mückl*, Finanzverfassungsrechtlicher Schutz der kommunalen Selbstverwaltung, 1998, S. 159 f.; *Vogel/Waldhoff* BK, vor Art. 104a (1997) Rn. 51; *J.-P. Schneider* AK GG, Art. 106 (2001) Rn. 19; *Dreier*, in: Dreier II, Art. 28 Rn. 86.

[27] BVerfGE 86, 148 (215, 220); BVerfGE 137, 108 Rn. 90; *Grawert*, Die Kommunen im Länderfinanzausgleich, 1989, S. 23 ff., 45; *Vogel/Waldhoff* BK, vor Art. 104a (1997) Rn. 48; *Tappe* BK, Art. 104a (2017) Rn. 122 f. (jedenfalls für 104a); *Heintzen*, in: v. Münch/Kunig II, vor Art. 104a Rn. 49; *Stern*, StaatsR II, S. 1053; *P. Kirchhof*, HKWP VI, S. 3; *Waldhoff* HStR V, § 116 Rn. 18; *J.-P. Schneider*, AK GG, vor Art. 104a (2001) Rn. 3, Art. 106 Rn. 19; *Häde*, Finanzausgleich, S. 188; *Korioth*, Finanzausgleich, S. 42, 425; eindeutig *Mückl* (Fn. 26), S. 144 ff., 194; *Scholz*, in: Maunz/Dürig, Art. 28 (1997) Rn. 84b: „... verbleibt es aber – systemgerecht – beim definitiv **zweistufigen Aufbau der bundesstaatlichen Finanzordnung**"; *K.-A. Schwarz* MKS III, Art. 106 Rn. 99; *ders.* NWVBl 2012, 245 (247); unklar noch *Hellermann* MKS III, 5. Aufl. 2005, Art. 104a Rn. 23; jetzt zust. *ders.* MKS III, Art. 104a Rn. 23; *ders.*, in: Starck (Hrsg.), Föderalismusreform", 2007, Rn. 317.

[28] BVerfGE 101, 158 (230): „modifiziert die bisherige Zweistufigkeit der Finanzverfassung".

[29] Bericht des RechtsA, BT-Dr 12/6000, S. 47 f.

aber nur „punktuell" sei (→ Art. 91e Rn. 19).[30] Für den **Fortbestand der Zweistufigkeit** spricht auch die Berücksichtigung der Gemeinden (Gemeindeverbände) bei der Feststellung der Leistungsschwäche eines Landes als Voraussetzung für die neue Möglichkeit von Bundeszuweisungen nach Art. 107 II 6, die durch die Verfassungsänderung 2017 eingeführt worden ist.

Deshalb ist der Bund „weder berechtigt noch verpflichtet, die finanz. Verhältnisse der Gemeinden **11** unmittelbar ohne Einschaltung der Länder zu ordnen".[31] Ihm steht kein „unmittelbares Recht zum Durchgriff auf die Gemeinden" zu.[32] Auch in Finanzdingen sind **nur die Länder die „föderalistischen Partner"** des Bundes.[33] Damit sind Ansprüche der Gemeinden gegen den Bund wegen kostenträchtiger Gesetze ebenso ausgeschlossen wie finanz. Leistungen des Bundes an die Gemeinden unter Umgehung der Länder.[34] Abweichungen sind nur zulässig, wenn sie ausdr. im GG vorgesehen sind. Als einzige derartige Ausnahme wird idR Art. 106 VIII genannt.[35] Allerdings hat der durch die Föderalismusreform I neu gefasste Art. 84 I in Satz 7 eine kostenträchtige Übertragung von Aufgaben auf die Kommunalkörperschaften durch BundesG ausnahmslos verboten.[36] In mehrfacher Hinsicht **systemwidrig** erlaubt nun Art. 91e nicht nur eine grds. unzulässige Mischverwaltung, sondern auch direkte Durchgriffe des Bundes auf die Gemeinden mit finanz. Kompensation; die aber nicht gegen Art. 79 III verstoßen.[37]

## II. Die besondere Kompetenzordnung

**1. Grundlagen.** Abschnitt X des GG enthält ein eigenständiges System der bundesstaatl. Kom- **12** petenzverteilung, das als **lex specialis** den allg. Regeln vorgeht.[38] Es zeichnet sich dadurch aus, dass es **drei** Kompetenzarten unterscheidet:[39] (1) die **Gesetzgebungshoheit** (Art. 105), (2) die **Verwaltungshoheit** (Art. 108) und als Besonderheit (3) die **Ertragshoheit** (Art. 106, 107). Hinzu kommt noch die **Rechtsprechung** (Art. 108 VI). Daraus folgt, dass vor allem die Gesetzgebungshoheit nicht Art. 70 ff.[40] und die Ertragshoheit nicht Art. 30[41] entnommen werden dürfen. Die Ertragshoheit folgt dabei nicht ohne weiteres der Gesetzgebungshoheit.[42] Ausdrücklich geregelt sind aber – von kleinen Ausnahmen abgesehen – nur die Steuern, nicht aber die anderen Einnahmen des Staates. **Nichtsteuerliche Abgaben** unterliegen den allg. Regeln. Die Kompetenz zu ihrer gesetzl. Regelung richtet sich nach den Vorschriften über die Sachgesetzgebungskompetenzen, Art. 70 ff.[43] Sie müssen deshalb eindeutig von den Steuern abgegrenzt werden und sind – unabhängig von ihrer genauen Begriffl. Zuordnung – „kompetenzrechtlich" nur zulässig, wenn sie den „Anforderungen der Begrenzungs- und Schutzfunktion der bundesstaatlichen Finanzverfassung standhalten" (→ Rn. 26, 44, 72 f.).[44] Die Kompetenzvorschriften der Art. 104a ff. gelten nicht für die Erhebung und Verwaltung von Sozialversicherungsbeiträgen, auch wenn sie zum Gegenstand eines „sozialversicherungsrechtlichen Finanzausgleichsverfahrens" gemacht werden.[45]

Die Verfolgung **nichtfiskalischer Zwecke** bei der Abgabenerhebung wirft zunehmend Probleme **13** auf, die sich sowohl auf die begriffl. Einordnung als auch auf die Kompetenzverteilung auswirken.[46] Im

---

[30] BVerfGE 137, 108 Rn. 89.

[31] BVerfGE 26, 172 (182).

[32] BVerfGE 8, 122 (137); sinngem. bestätigt durch BVerfGE 26, 172 (181); zust. *Waldhoff* HStR V, § 116 Rn. 18.

[33] BVerfGE 39, 96 (122); 41, 291 (310 ff.).

[34] I. d. S. auch der Bericht des Rechtsausschusses (BT-Dr 12/6000, S. 48): „Die vorgeschlagene Ergänzung könne aber weder als eine Finanzausstattungsgarantie des Bundes zugunsten der Kommunen interpretiert werden, noch ließe sich aus ihr die Möglichkeit einer über die Bestimmungen des X. Abschnitts hinausreichenden finanziellen Inpflichtnahme des Bundes ableiten." Dementspr. spricht sich auch *Scholz* strikt gegen Ansprüche gegen den Bund (mit Ausnahme aus Art. 106 Abs. 5a) aus (in: Maunz/Dürig, Art. 28 (1997) Rn. 84b); ebenso *Volkmann* DÖV 2001, 497 (498); *Heintzen*, in: v. Münch/Kunig II, vor Art. 104a Rn. 50 mwN; *Waldhoff* HStR V, § 116 Rn. 24; *Meis*, Verfassungsrechtliche Beziehungen zwischen Bund und Gemeinden, 1989, S. 88 f., der aber eine „Sekundärverantwortung" des Bundes anerkennt; ebenso *Mückl* (Fn. 26), S. 74.

[35] *Vogel/Waldhoff* BK, vor Art. 104a (1997) Rn. 48; s. a. *Grawert* VVDStRL 36 (1978), 277 (302), der es als „systemgerechter" ansieht, Aufgabenbelastungen im allg. Bund-Länder-Finanzausgleich zu berücksichtigen.

[36] Zu den finanzwirtschaftlichen Hintergründen *Hermes*, in: Dreier III, Art. 84 Rn. 9.

[37] BVerfGE 137, 108 Rn. 80; näher → Art. 91e Rn. 11.

[38] BVerfGE 3, 407 (435 f.); 4, 7 (13); 7, 244 (251); 13, 181 (196 f.); 14, 76 (99); 16, 147 (162); 67, 256 (286): „eine für Bund *und* Länder abschließende Regelung"; 105, 185 (193 f.).

[39] Ausdrücklich BVerfG 145, 171 Rn. 61 (Kernbrennstoffsteuer).

[40] Ausdrücklich BVerfG 145, 171 Rn. 62 (Kernbrennstoffsteuer).

[41] Ebda. Rn. 80.

[42] BVerfGE 145, 171 Rn. 63, 69, 96 (Kernbrennstoffsteuer): „Ertragshoheit und die Gesetzgebungszuständigkeit für Steuern sind mithin jeweils gesondert geregelt (…)."

[43] BVerfGE 108, 186 (212); 110, 370 (384); 113, 128 (145);135, 155 (195) implizit; 136, 194 (241); 137, 1 (19).

[44] BVerfGE 93, 319 (LS, 345).

[45] BVerfGE 113, 167 (199).

[46] So hatte sich auch der 63. DJT im Jahre 2000 die Frage gestellt, inwieweit die Verfolgung ökonomischer, ökologischer und anderer öff. Zwecke durch Instrumente des Abgabenrechts zu empfehlen sei: *Trzaskalik*, Gutachten E, Berichterstatter *Jochum*, *R. Schmidt* und *Raupach*, Verh. 63. DJT, Bd. II/1, S. N 7 ff., N 25 ff., N 49 ff.; Begleit-

Vordergrund stehen dabei vor allem die Abgaben zum Schutze der Umwelt, die sowohl als Steuern („Öko-Steuern",[47] „ökologische Steuerreform"[48]) als auch als sonstige (nichtsteuerliche) Umweltabgaben[49] konzipiert sind und stetig wachsende Bedeutung erlangen.

**14**    **2. Lenkungssteuern.** Die Problematik der Lenkungssteuern[50] umfasst im Wesentlichen die bereits genannten **zwei Fragen:** ihre **begrifflich-systematische Zuordnung** und ihre **kompetenzrechtliche Behandlung.** Beide Aspekte sind zu trennen, stehen aber nicht unverbunden nebeneinander. Lange Zeit war der Streit um die Zulässigkeit von Lenkungszwecken überwiegend auf der Ebene des Steuerbegriffs ausgetragen worden. Mittlerweile ist es aber fast einhellige Auffassung, dass – von Extremfällen abgesehen – auch Lenkungssteuern Steuern iSd Finanzverfassungsrechts sind. Das gilt selbst dann, wenn der Lenkungszweck eindeutig im Vordergrund steht (→ Rn. 88). Es bleibt dann aber gleichwohl zu klären, ob und in welchem Umfang der Steuergesetzgeber eine **Kompetenz** zur Verfolgung von Sachzielen hat. Steuergesetzgebungskompetenz und Sachgesetzgebungskompetenz können auseinanderfallen. Dies hat zur Folge, dass die beabsichtigten Wirkungen in einem Sachgebiet eintreten können, für das der Steuergesetzgeber möglicherweise nicht zuständig ist.

**15**    Unklar und umstr. ist bereits, ob der Steuergesetzgeber bei der Verfolgung anderer als fiskalischer Zwecke **zusätzlich** auch die entspr. **Sachkompetenz** haben muss. Die Rspr. verneint das durchgängig,[51] während im Schrifttum sowohl die Steuergesetzgebungskompetenz nach Art. 105 als auch zusätzl. die Sachkompetenz verlangt wird.[52] Der „Steuertitel" sei kein „Globaltitel", der die Kompetenzordnung der Art. 30, 70 ff. überlagere.[53] Allerdings wächst der Anteil der Stimmen im Schrifttum, die sich der Grundposition des BVerfG anschließen, wenn auch mit großen Unterschieden bei der Beurteilung von **Art und Umfang** der zulässigen Instrumentalisierung des Steuerrechts für Verwaltungszwecke.[54] Vor allem wird zunehmend auch der Konflikt mit dem Prinzip der Besteuerung nach Leistungsfähigkeit gesehen.[55]

---

aufsätze: *Rodi* JZ 2000, 827 (827 ff.); *Sacksofsky* NJW 2000, 2619 (2619 ff.); *Selmer/Brodersen* DVBl 2000, 1153 (1153 ff.); ferner *F. Kirchhof* DVBl 2000, 1166 (1166 ff.).

[47] *Osterloh* NVwZ 1991, 823 (823 ff.); *Kloepfer/Schulte* UPR 1992, 201 (204); *Zitzelsberger* BB 1995, 1769 (1769 ff.); *W. Ritter* BB 1996, 1961 (1961 ff.); *Zeitler* FS Ritter, 1997, S. 649 ff.; *Söhn* FS Stern, 1997, S. 587 ff.; *Kruse* BB 1998, 2285 (2285 ff.); *Weber-Grellet* NJW 2001, 3657 (3663 f.); *Jachmann* FS Selmer, 2004, S. 707 ff.; krit. *P. Kirchhof* ebda., S. 745 (762).

[48] Gesetze zur ökol. Steuerreform sind das StromsteuerG v. 24.3.1999 (BGBl I 378) und das G zur Fortführung der ökologischen Steuerreform v. 16.12.1999 (BGBl I 2432); zur „ökologischen Steuerreform": BVerfGE 110, 274 (274 ff.) – Verfassungsmäßigkeit der „Ökosteuer"; Urteilsbespr. bei *Wernsmann* NVwZ 2004, 819 (819 ff.); *Selmer* GS Trzaskalik, 2005, S. 411; s. a. *Nagel*, Umweltgerechte Gestaltung des deutschen Steuersystems, 1993; *Bizer* NuR 1995, 385 (385 ff.); *Mohl/Dicken* NuR 1996, 328 (328 ff.); *R. Schmidt* StuW 1997, 70 (70 ff.); *Hey* StuW 1998, 32 (38 ff.); *Kruse* BB 1998, 2285 (2286 ff.); *Bongartz/Schröer-Schallenberg* DStR 1999, 962 (962 ff.); *Frenz* BB 1999, 1849 (1849 ff.); *Jobs*, Steuern als Element einer ökologischen Steuerreform, 1999; krit. *List* BB 2000, 1216 (1220); *Herdegen/Schön*, Ökologische Steuerreform, Verfassungsrecht und Verkehrsgewerbe, 2000, S. 30, 34 f. (keine Verbrauchsteuer), 39 (Unverhältnismäßigkeit der Zwecke); krit. zur Stromsteuer aus finanzwiss. Sicht *Bareis/Elser* DVBl 2000, 1176 (1180 ff.): vorzugswürdig statt dessen Zertifikatslösungen oder an zweiter Stelle emissionsorientierte Steuern.

[49] Vgl. BVerfGE 93, 319 (LS, 181) – Wasserpfennig; 98, 83 (101) – Abfallabgaben; 110, 370 – Abgabe zum Klärschlamm-Entschädigungsfonds; BVerfGE 113, 128 – Abfallausfuhrabgabe; aus dem Schrifttum: *Meßerschmidt*, Umweltabgaben, 1986, S. 46–50; *Klages* NVwZ 1988, 483 (483 ff.); *Hendler* AöR 115 (1990), 577 (577 ff.); ders. NuR 2000, 661 (661 ff.); *Kuchler* NuR 1994, 209 (209 ff.); *Kügel* NVwZ 1994, 535 (535 ff.); *Kretz* BWVP 1994, 29 (29 ff.); *Siekmann* ZAU 1994, 441 (441 ff.); *Franke* StuW 1994, 26 (26 ff.); *Selmer*, Sonderabfallabgaben und Verfassungsrecht, 1996; *Gawel*, Umweltabgaben zwischen Steuer- und Gebührenlösung, 1999, m. Bespr. *Oebbecke* DÖV 2000, 612 (612); *Hey* StuW 1998, 32 (33 ff.); *Sacksofsky*, Umweltschutz, S. 196 ff.; *dies.* NJW 2000, 2619 (2619 ff.); *Jarass* UPR 2001, 5 (5 ff.); ders., Nichtsteuerliche Abgaben und lenkende Steuern unter dem Grundgesetz, 1999, S. 61 ff.; *Koch* FS Selmer, 2004, S. 769 ff.

[50] Dazu *Trzaskalik*, Gutachten E, 63. DJT, 2000; *Wernsmann*, Verhaltenslenkung; *Weber-Grellet* NJW 2001, 3657.

[51] BVerfGE 13, 181 (196 f.); 14, 76 (99); 16, 147 (162); 36, 66 (71); 36, 321 (322 ff., 330), ohne Thematisierung der Kompetenzfrage: 38, 61 (80); 84, 239 (274); 93, 121 (147); 98, 106 (118) auch bei außerfiskalischem Hauptzweck, wenn nur die obj. Ertragsfunktion gewahrt ist; 110, 274 (292); 135, 126 (142); BVerwGE 96, 272 (288 f.); diese Entsch. abl. *Gern* NVwZ 1995, 771 (772); BVerwG JZ 2000, 946 (946 ff.) m. Anm. *Seitz;* FG Düsseldorf DStRE 2005, 1354 (1355), zur „Alkopopsteuer".

[52] *Selmer*, Steuerinterventionismus, S. 164; *Tipke*, Die Steuerrechtsordnung III, 1993, S. 1062; *Knies*, Steuerzweck, S. 124 ff.; *Stern*, StaatsR II, S. 1105; *Kluth* DVBl 1992, 1261 (1265); *Morgentaler* FS Isensee, 2007, S. 911 (915–917); undeutlich *P. Kirchhof* HStR IV¹, § 88 Rn. 56 einerseits und Rn. 57 andererseits.

[53] *Stern* ebda.

[54] *Maunz*, in: Maunz/Dürig, Art. 105 (1979) Rn. 24; *Starck* FS Wacke, 1972, S. 193 (206 ff.); *P. Kirchhof* HStR V, § 119 Rn. 40; *Sipp-Mercier* KStZ 1993, 227 (227 ff.); *Heintzen*, in: v. Münch/Kunig II, vor Art. 104a Rn. 35; so auch: *J.-P. Schneider*, in: AK GG, Art. 104a (2001) Rn. 3; *Heun/Thiele*, in: Dreier III, Art. 105 Rn. 16, aber Verbot einer „missbräuchliche[n] Umgehung der allgemeinen Kompetenznormen"; *Rodi* FS K. Vogel, 2000, S. 187 (199); *Waldhoff* HStR V, § 116 Rn. 63 aE; *Müller-Franken*, in: Friauf/Höfling, Art. 105 Rn. 48; *Wernsmann*, Verhaltenslenkung, S. 182; diff. *Selmer/Brodersen* DVBl 2000, 1153 (1160): Der Einbau „außerfiskalischer Wirkungszweckelemente" in „kompetenzrechtlich abgesicherte Steuergesetze" soll ohne weiteres zulässig sein, während die Ersetzung

Die Rspr. erlaubt dem Gesetzgeber sehr weitgehend, seine **Steuergesetzgebungskompetenz** auch **16** auszuüben, um damit „Lenkungswirkungen zu erzielen".[56] Das gilt vor allem auch für die Gewährung von Steuervorteilen. So hat das BVerfG die Regelung der Abzugsfähigkeit von Parteispenden bei der Ermittlung des steuerpflichtigen Einkommens unter den Kompetenztitel des Art. 105 II gefasst.[57] Allerdings sei eine „erkennbare Entscheidung" des Gesetzgebers erforderlich und nicht nur eine Einwirkung aufgrund der tatsächl. Entwicklung. Der Lenkungszweck müsse „von einer erkennbaren gesetzgeberischen Entscheidung getragen sein".[58] Nur wenn die steuerl. Lenkung nach Gewicht und Auswirkung einer verbindl. Verhaltensregel nahekomme, also die **Finanzfunktion** der **Steuer** durch eine **Verwaltungsfunktion** mit Verbotscharakter verdrängt werde, biete die Besteuerungskompetenz keine ausreichende Rechtsgrundlage mehr für eine Lenkungssteuer. Entsprechendes gelte, wenn ihr Aufkommen nicht zur **Finanzierung** von **Gemeinlasten** verwendet werden soll. Derartige Regelungen seien nicht mehr steuerl. Art und könnten nicht auf eine Steuerkompetenz gestützt werden.[59] Bes. Probleme wirft dabei die Instrumentalisierung der Verbrauchsteuern einschließl. der Aufwandsteuern auf.[60] IE ist der Rspr. aber zuzustimmen, da die Steuererhebung und die Anordnung von Verhaltenspflichten sich grds. unterscheiden.[61]

Das BVerfG verlangt ferner, dass die Ausübung der **Steuergesetzgebungskompetenz** zur Len- **17** kung in einem anderweitig geregelten Sachbereich nicht zu Regelungen führen dürfe, die den vom zuständigen Sachgesetzgeber getroffenen Regelungen widersprechen.[62] Trotz grds. Zulässigkeit von Lenkungssteuern sei es dem Steuergesetzgeber nur insoweit erlaubt, „lenkend und damit mittelbar gestaltend in den Kompetenzbereich eines Sachgesetzgebers" überzugreifen, als die Lenkung **weder** „der Gesamtkonzeption der sachl. Regelung **noch** konkreten Einzelregelungen" **zuwiderlaufe.**[63] Etwas überraschend stützt es sich dabei auf den aus dem Rechtsstaatsprinzip abgeleiteten Gedanken der Widerspruchsfreiheit der Rechtsordnung.[64]

Schon die Anwendung des Rechtsstaatsprinzips bei Kompetenzfragen ist probl.[65] Darüber hinaus **18** stellt sich die Ausrichtung an der Kategorie der Gemeinlasten in diesem Kontext aber auch als verfehlt dar. Richtig ist vielmehr, dass es sich um eine asymmetrische Beziehung handelt, wenn man schon den Begriff der Gemeinlasten verwenden will. Verfassungsrechtl. ist es nicht zu beanstanden, Aufgaben, die durch Vorzugslasten (→ Rn. 93) finanziert werden dürfen, stattdessen aus Steuermitteln zu finanzieren. Nur umgekehrt dürfen durch **Vorzugslasten** keine Gemeinlasten finanziert werden.[66] Das ist bei der Kampfhundesteuer von den Fachgerichten bisher nicht angenommen worden,[67] wohl aber zT bei der

---

des konstituierenden steuerlichen Sachverhalts durch rein lenkungsorientierte Aspekte als „Belastungsgrund" unzulässig sein soll. *Kube,* Finanzgewalt, S. 256, stellt maßgebend auf die „Übergriffsintensität" ab (S. 268).

[55] *Köck* JZ 1991, 692 (696); *Trzaskalik* StuW 1992, 135 (140 f.); *Söhn* FS Stern, 1997, S. 587 (591 ff.); *Gawel* StuW 1999, 374 (376 ff.); *Jachmann* StuW 2000, 239 (241–243); krit. *Hendler/Heimlich* ZRP 2000, 325 (326); s. a. u. Rn. 90, 107, 111; zum Leistungsfähigkeitsprinzip *Osterloh/Nußgerber,* Art. 3, Rn. 134.

[56] BVerfGE 98, 106 (117) unter Berufung auf BVerfGE 84, 239 (274); 93, 121 (147), wo das aber zurückhaltender formuliert ist; 135, 126 (142). Sehr früh hat das Gericht aber die „Besteuerungsfunktion des Staates" als ein „legitimes Mittel ... zur Wirtschaftssteuerung" bezeichnet, BVerfGE 13, 331 (346).

[57] BVerfGE 8, 51 (62); ferner zur Gesetzgebungsbefugnis BVerfGE 72, 200 (245); → Art. 104a Rn. 29.

[58] BVerfGE 93, 121 (147); 99, 280 (296); 105, 73 (112 f.); 110, 274 (293); 117, 1 (31 ff.); 135, 126 Rn. 81.

[59] BVerfGE 98, 106 (118); 135, 126 (142). Schon früher hatte die Rspr. die Sachkompetenz dann verlangt, wenn im Steuergesetz eine „unmittelbare Sachregelung" enthalten ist, das Gesetz also in eine „reine Verwaltungsfunktion mit Verbotscharakter" umschlägt, BVerfGE 38, 61 (81); zust. BVerwGE 96, 272 (288), allerdings für die Verpackungsteuer im konkreten Fall verneint. Vgl. zur Bedeutung der Unterscheidung von „Gemeinlast" und „Sonderlast" für die demokratische Legitimation der Staatsfinanzierung *Schmehl,* Äquivalenzprinzip, S. 33 ff., 247, 250, 258; zu Recht dazu krit. *Waldhoff* Verwaltung 39 (2006), 155 (180–183).

[60] Näher *Jachmann* StuW 2000, 239 (244); *Selmer/Brodersen* DVBl 2000, 1153 (1161). Die Zweifel an der Einordnung von Strom- und Mineralölsteuern als Verbrauchsteuer im Rahmen der „ökologischen Steuerreform" (vor allem bei *Herdegen/Schön* [Fn. 48], Prozessbevollmächtigte der Beschwerdeführer) hat das BVerfG dezidiert zurückgewiesen, BVerfGE 110, 274 (295 f.).

[61] *Trzaskalik,* Gutachten E, 63. DJT, 2000, E38.

[62] BVerfGE 98, 106 (118). Dagegen hatte das Gericht früher eine in den Regelungen des Bundesgesetzes „zum Ausdruck kommende Absicht des Bundesgesetzgebers zur steuerlichen Entlastung" nicht als Sperre gegenüber den Ländern zur Einführung von Belastungen ausreichen lassen, BVerfGE 49, 343 (359).

[63] BVerfGE 98, 106 (119).

[64] BVerfGE 98, 106 (118 f.); vgl. ferner BVerfGE 98, 83 (97 f.) für die nichtsteuerliche Lenkungsabgabe; 98, 265 (301), im Zusammenhang mit dem Bayerischen Schwangerenhilfeergänzungsgesetz.

[65] Krit. *Rodi* StuW 1999, 105 (108 ff.); jetzt auch: *Wernsmann,* Verhaltenslenkung, S. 184 ff.; *Schmidt* StuW 2017, 171 (181); zurückhaltend *Kube,* Finanzgewalt, S. 271 ff.; keine Einwände bei *Waldhoff* HStR V, § 116 Rn. 63 aE.

[66] Vgl. dazu und zum Postulat der Widerspruchsfreiheit: *Bothe* NJW 1998, 2333 (2333 ff.); *Kluth* DStR 1998, 892 (892 f.); *Sendler* NJW 1998, 2875 (2875 ff.); *Weidemann* DVBl 1999, 73 (73 ff.); *Rodi* StuW 1999, 105 (108 ff.); *Murswiek* Verwaltung 33 (2000), 241 (275 f.); *Rodi* JZ 2000, 827 (833); *Selmer/Brodersen* DVBl 2000, 1153 (1157); *Kloepfer/Bröcker* DÖV 2001, 1 (1 ff.).

[67] OVG LSA NVwZ 1999, 321 (321 ff.); OVG RhPf. NVwZ 2001, 228 (228 ff.); BWVGH VBlBW 2002, 210 (211); *Seitz* JZ 2000, 949 (951).

Vergnügungssteuer auf Gewaltspielgeräte.[68] Den Bedenken, die auch insoweit gegen die Stromsteuer geltend gemacht worden sind, ist das BVerfG nicht gefolgt,[69] wohl aber bei Landesabfallabgaben und der Kasseler Verpackungsteuer.[70]

19   **3. Lenkende nichtsteuerliche Abgaben.** Diese Probleme können nur begrenzt bei nichtsteuerl. Abgaben, vor allem den Vorzugslasten (→ Rn. 93), entstehen. Dort gibt es **keine Sachgesetzgebungskompetenz,** die von der Abgabenerhebungskompetenz zu unterscheiden wäre. Die bes. Kompetenzvorschriften der Finanzverfassung für Steuern greifen nicht ein. Nichtsteuerl. Abgaben dürfen nur aufgrund der allg. Kompetenzvorschriften (Art. 70 ff.) erhoben werden,[71] meist aufgrund von Annexkompetenzen, gelegentl. auch aus dem unmittelbaren Sachgehalt der Kompetenz.[72] Ihre Offenheit für Lenkungszwecke ist mittlerweile weitgehend anerkannt (näher → Rn. 110 f.),[73] stößt aber auf spezifische Grenzen und Vorbehalte bei den einzelnen Finanzierungsformen.

20   Jedenfalls dann, wenn Lenkungswirkungen außerhalb des Sachbereichs erzeugt werden sollen, für den die Vorzugslast erhoben wird, stellt sich die Kompetenzfrage. Sie ist entspr. der Entscheidung bei den Steuern (→ Rn. 15 ff.) zu beantworten. Es können aber auch **Kompetenzkonflikte** („Widersprüche") innerhalb desselben Sachbereichs entstehen; beispielsweise dann, wenn der Bund bei der Ausübung seiner konkurrierenden Gesetzgebungszuständigkeit Regelungsspielräume belassen hat. Entsprechendes gilt für die komm. Ebene: Lenkungszwecke bei der Erhebung von Vorzugslasten sind **zusätzliche** Handlungsparameter und erlauben, auf lokaler Ebene eine Politik zu verfolgen, die über die Festsetzungen auf Bundes- oder Landesebene hinausgeht. Selbst wenn davon abgesehen wird, die Sachkompetenz für die verfolgten Zwecke zu verlangen, dürfen Gemeinden und Gemeindeverbände nur in ihrem **örtlichen Wirkungskreis** tätig werden.[74] Darüber hinaus ist eine komm. Regelung – auch im Gewand einer Vorzugslast – unzulässig, wenn die bundes- oder landesrechtl. Vorgaben **abschließend** sind.[75] In seiner weiteren Rspr. hat das BVerfG auch darauf abgestellt, dass das **Regelungskonzept** des Sachgesetzgebers nicht angetastet wird und damit einen Teil der Gestaltungsfreiheit zurückgenommen.[76] Auch hier ist es iE **nicht statthaft,** Einzelregelungen oder Regelungskonzepte des sachl. zuständigen Gesetzgebers durch die intendierte Lenkungswirkung **zu konterkarieren.**

21   Entscheidend für alle nichtsteuerl. Abgaben und namentlich für diejenigen mit Lenkungszwecken ist vor allem, dass über den Zweck der Einnahmeerzielung hinaus eine besondere sachl. Rechtfertigung besteht und damit eine **klare Abgrenzung zur Steuer** möglich bleibt.[77] Die Abhängigkeit der nichtsteuerl. Abgabe von einer besonderen Leistung des Staates, in der Terminologie des BVerfG: einer (individuelle) Gegenleistung, erleichtert in jedem Fall diese Abgrenzung (→ Rn. 72 f.).

22   **4. Umweltabgaben.** Schwierig und in weiten Teilen ungeklärt ist jedoch der Einsatz von Umweltabgaben (→ Rn. 13). Schon ihre Kategorisierung ist häufig nur schwer möglich. Eine Vielzahl von Abgabeformen kommt dafür in Betracht. Die BVerfG weicht aber zunehmend einer eindeutigen Zuordnung aus (→ Rn. 177). In seiner Entscheidung zu den **Landesabfallabgaben** hat es den Einsatz dieser Abgaben zu Lenkungszwecken als solchen nicht beanstandet, sondern ihren (angebl.) Verstoß gegen das **Kooperationsprinzip** des BImSchG.[78] Dogmatisch ging das Gericht so vor, dass es zunächst eine „verfassungsrechtlich tragfähige Grundlage" für diese Abgaben suchte. Aber weder die konkurrierende Sachgesetzgebungskompetenz für das Abfallwirtschaftsrecht noch die Steuergesetzgebungskompetenz des Art. 105 II vermochten nach seiner Auffassung eine derartige Grundlage zu bilden, wobei der kompetenzrechtl. Gehalt dieser Wendung unklar bleibt. Unter Offenlassen der genauen finanzverfassungsrechtl. Einordnung der Abgaben konstatiert das Gericht dann einen Widerspruch der

---

[68] Nds OVG NVwZ-RR 1999, 792 (792 ff.); aber aufgehoben vom BVerwG NVwZ 2000, 929 (932 ff.); zust. *Rodi* JZ 2000, 827 (833). Die „Erdrosselungsgrenze" wurde auch im Beschl. v. 7.1.1998 nicht als erreicht beurteilt, BVerwG KStZ 1998, 238 f.

[69] BVerfGE 110, 274 (298 ff.); krit. *Wernsmann* NVwZ 2004, 819 (820); zuvor *Frenz* BB 1999, 1849 (1852 f.): widersprüchliches Verhalten der BReg; Bedenken eher bzgl. der Sonderabgabenjudikatur bei *Gröpl* DÖV 2001, 199 (199 ff.); krit. auch *Selmer/Brodersen* DVBl 2000, 1153 (1157).

[70] BVerfGE 98, 83 – Landesabfallabgaben; 98, 106 (117) – Verpackungsteuer. Durch die KrWG-Reform v. 24.2.2012 dürfte der Konflikt seine Relevanz verloren haben; vgl. *Krebs/Klinger* ZUR 2015, 664.

[71] BVerfGE 110, 370 (384) mwN; 135, 155 (206); 149, 222 (248 Rn. 51) (Rundfunkbeitrag); *Stern,* StaatsR II, S. 1111; *Heun,* in: Dreier III, Art. 105 Rn. 19, (für Vorzugslasten); *P. Kirchhof* HStR V, § 119 Rn. 59; jetzt auch G. *Kirchhof* Verwaltung 46 (2013), 349 (354).

[72] BVerfGE 78, 249 (267); 137, 1 (19 Rn. 45); 149, 222 (248 Rn. 51) (Rundfunkbeitrag): von der Kompetenz für „die jeweilige Sachmaterie umfasst".

[73] Nachweise Fn 389 f.

[74] BVerfGE 79, 127 (143, 147): Angelegenheiten der örtlichen Gemeinschaft.

[75] *Hoppe* DVBl 1990, 609 (611); *Kloepfer/Schulte* UPR 1992, 201 (206). Die Rspr. erlaubt aber gleichwohl die Verfolgung als Nebenzweck, BVerwG BayVBl 1994, 568 (568 ff.); *Jahn* GewArch 1995, 312 (312 ff.).

[76] Vgl. *Siekmann* EWiR 1998, 841 (841 f.) zu BVerfGE 98, 83 (101); mehr o. Rn. 18.

[77] Nachw. Fn. 225.

[78] BVerfGE 98, 83 (100, 104); dazu *Versteyl* UPR 2000, 297 (297 ff.); zum Kooperationsprinzip als Rechtsprinzip *Westphal* DÖV 2000, 996 (996 ff.); *Jarass* UPR 2001, 5 (5 ff.).

Lenkungsabgaben zu den Vorgaben des Bundes-Immissionsschutzrechts, das eine **„Gesamtkonzeption"** verfolge. Schon deshalb seien sie insgesamt verfassungswidrig.

Letztlich handelt es sich um eine kompetenzrechtl. Lösung unter Vermeidung inhaltlicher Fest- **23** legungen. Das ebenfalls angesprochene rechtsstaatl. Gebot der Widerspruchsfreiheit der Rechtsordnung (→ Rn. 17) hat demgegenüber dogmatisch nur eine untergeordnete Bedeutung.[79] Der vom Gericht eingeschlagene Weg wird aber nicht konsequent zu Ende gegangen. Einerseits soll eine positive verfassungsrechtl. Grundlage erforderl. sein, die aber nicht gegeben sei, während anschließend die inhaltl. Diskrepanzen mit den höherrangigen bundesrechtl. Vorgaben für entscheidend erachtet werden. Die Bedeutung des ersten Prüfungsschritts bleibt bestenfalls unklar.[80] Ungeachtet aller dogmatischen Ungereimtheiten ist das mit der Entscheidung verfolgte Ziel umso deutlicher zu erkennen: Nicht nur im Bereich der Steuern, sondern auch der nichtsteuerl. Abgaben sollen die vom Bundesgesetzgeber offen gelassenen Freiräume und Wahlfreiheiten für den Bürger iE auch nicht auf dem Wege über **landesrechtl. Lenkungsabgaben** eingeschränkt werden dürfen.[81]

## III. Besonderheiten des materiellen Finanzverfassungsrechts

**1. Normativer Gehalt.** Abzulehnen sind alle Versuche, das Finanzverfassungsrecht zum „Aus- **24** nahmerecht"[82] zu erklären.[83] Es mag Besonderheiten aufweisen.[84] Aber schon die häufig genannte geringere inhaltliche Bestimmtheit der verwendeten Begriffe[85] ist nicht so sicher. In ihrer Gesamtheit sind die Regelungen der Finanzverfassung nicht weiter und die in ihr verwendeten Begriffe nicht weniger bestimmt als sonst im GG. Im Gegenteil weist sie insgesamt eine **höhere Regelungsdichte** auf als manche anderen Abschnitte der Verfassung.[86]

Jedenfalls enthalten die Begriffe des Finanzverfassungsrechts **nicht** ohne weiteres **Beurteilungs-** **25** **oder Entscheidungsspielräume.**[87] Aber selbst wenn einzelne normative Festlegungen solche Spielräume enthalten sollten,[88] kann diese Eigenart bei Auslegung und Anwendung der Vorschriften hinreichend berücksichtigt werden, ohne dass es einer allg. Einschränkung der rechtl. Bindungskraft und der Justiziabilität der Regelungen bedürfte.[89] Eine insgesamt besonders „flexible" Interpretation des Finanzverfassungsrechts ist ebenfalls nicht angezeigt, auch nicht aus „funktionell-rechtlichen" Gründen.[90]

Die Normen des Finanzverfassungsrechts genießen **uneingeschränkte Geltungskraft.** Die Fi- **26** nanzverfassung erfüllt nach der Rspr. des BVerfG eine „Begrenzungs- und Schutzfunktion".[91] Sie bildet einen **„tragenden Pfeiler der bundesstaatlichen Ordnung"**[92] (→ Rn. 44 f.). Darüber hinaus entfaltet sie auch **„Schutzwirkung … im Verhältnis zum Bürger".**[93] Der Bürger darf darauf

---

[79] BVerfGE 98, 83 (100–105); zust. *Weidemann* DVBl 1999, 73 (73 ff.); kompetenzrechtliche Schwerpunktbildung zuvor bereits bei *Selmer,* Steuerinterventionismus, S. 24–74.

[80] Krit. auch *Bothe* NJW 1998, 2333 (2333 ff.); *Rodi* StuW 1999, 105 (105 ff.); *Schrader* ZUR 1998, 152 (152 ff.); speziell bzgl. der rechtsstaatlichen Fundierung des Gebots der Widerspruchsfreiheit *J.-P. Schneider,* in: AK GG, Art. 105 (2001) Rn. 23.

[81] Deutlich BVerfGE 98, 83 (104); s. a. *Siekmann* EWiR 1998, 841 f.

[82] *Hettlage* VVDStRL 14 (1956), 2 (8).

[83] So auch *Prokisch,* Justiziablilität, S. 49.

[84] Näher *Prokisch,* Justiziablilität, S. 26 ff.; *Vogel/Waldhoff* BK, vor Art. 104a (1997) Rn. 624.

[85] BVerfGE 72, 330 (390); *Ossenbühl* FS Carstens II, 1984, S. 743 (752); *Prokisch,* Justiziablilität, S. 85 ff., 109 f.

[86] So ausdr. BVerwGE 96, 45 (54); zust. *Vogel/Waldhoff* BK, vor Art. 104a (1997) Rn. 640; *Waldhoff* HStR V, § 116 Rn. 180; *J.-P. Schneider,* in: AK GG, vor Art. 104a (2001) Rn. 8; unklar *Hummel,* Verfassungsfragen, S. 46 und Fn. 40 aE.

[87] BVerfGE 103, 142 (157); in der Tendenz ebenso BVerwGE 96, 45 (53 f.); *Vogel/Waldhoff,* in: BK, vor Art. 104a (1997) Rn. 634 f., 637; *Heun/Thiele,* in: Dreier III, vor Art. 104a Rn. 21; unzutr. *K.-A. Schwarz* MKS III, Art. 106 Rn. 26 („somit").

[88] Dafür *Pieroth,* in: Jarass/Pieroth, Art. 104a Rn. 1; näher *Fischer-Menshausen,* in: Dreißig (Hrsg.), Probleme des Finanzausgleichs I, 1978, S. 135 ff.; *Prokisch,* Justiziablilität, S. 109 ff.; *Hellermann* MKS III, Art. 104a Rn. 6. Auch in der älteren Rspr. finden sich Wendungen, die in diese Richtung weisen, vgl. BVerfGE 72, 330 (390). Allerdings geht das BVerfG regelmäßig so vor, dass es voll nachprüft, ob die Beteiligten die Begriffe zutr. ausgelegt und sich an den dadurch abgesteckten Rahmen gehalten haben. Die danach noch bestehenden Freiräume bezeichnet das Gericht zu Recht aber nicht als Beurteilungsspielräume, vgl. BVerfGE 13, 230 (233 f.) zur alten Fassung von Art. 72 II; ebenso 26, 338 (382 f.); 39, 96 (115) zu Art. 104a IV aF. In seiner jüngsten Rspr. hat das Gericht jedenfalls deutl. hervorgehoben, dass die Verwendung unbestimmter Rechtsbegriffe als solche nicht den Rückschluss auf die Einräumung eines Beurteilungsspielraums trägt, BVerfGE 103, 142 (157).

[89] Näher zur These von der eingeschränkten Justiziabilität der Finanzverfassung u. Rn. 31–33.

[90] *Vogel/Waldhoff* BK, vor Art. 104a (1997) Rn. 634; *Waldhoff* HStR V, § 116 Rn. 180.

[91] BVerfGE 93, 319 (LS, 342, 345); 108, 1 (15 f.); 113, 128 (146); 122, 316 (333 f.); 123, 132 (140 f.); 124, 235 (243 f.); 132, 334 Rn. 47 f.; 137, 1 Rn. 38; 144, 369 (397 Rn. 62); 145, 171 (191 Rn. 60) (Kernbrennstoffsteuer).

[92] BVerfGE 72, 330 (388), Hervorhebung nicht im Original; 105, 185 (194): „Eckpfeiler der bundesstaatlichen Ordnung"; ebenso: 108, 1 (15); 186 (214); 145, 171 (190 Rn. 57) (Kernbrennstoffsteuer).

[93] Deutlich BVerfGE 144, 369 (397 Rn. 63); 145, 171 (191 Rn. 60) mwN. (Kernbrennstoffsteuer); zuvor schon ähnlich BVerfGE 67, 256 (288 f.); näher zum Schutz gegen übermäßige Belastung → Rn. 182. Auch *Vogel/Waldhoff* BK, vor Art. 104a (1997) Rn. 638, sehen dieses Schutzziel nur durch strikte Anwendung und umfassende Kontrolle des Finanzverfassungsrechts als erfüllbar an.

vertrauen, „nur in dem durch die Finanzverfassung vorgegebenen Rahmen belastet zu werden".[94] Daher kann sie weder insgesamt noch in Teilen ein Recht „minderer Geltungskraft" sein.[95] Ihre Normen sind **kein „soft law"**, wie es im Bereich des Völkerrechts vorkommen mag. Jede einzelne Vorschrift ist strikt und ungeschmälert anzuwenden.[96] Sonst würde der bundesstaatl. Verfassungsordnung in einem zentralen Punkt Stabilität und Sicherheit genommen, die Freiheit verbürgt. „Das Grundgesetz hat auch in diesem Bereich, der nicht das Verhältnis des Bürgers zum Staat, sondern das Verhältnis zwischen Bund und Ländern sowie der Länder untereinander betrifft, rechtliche Positionen, Verfahrensregeln und Handlungsrahmen festgelegt, die Verbindlichkeit beanspruchen. Dadurch erhalten politische Kooperation und Auseinandersetzung der Glieder des föderativen Staatsverbandes Regeln und Form."[97]

27 Wegen ihrer Bedeutung steht die verfassungsrechtl. Finanzordnung auch nicht zur Disposition der Beteiligten. Sie darf **nicht** durch **vertragl. Abmachung** modifiziert werden.[98] Deshalb sind von ihren Vorgaben abw. Kompromisse und Handhabungen auch dann nicht zulässig, wenn sie letztl. zu einem „vertretbaren Ergebnis" gelangen und auch frei von Elementen der Willkür sind.[99] Namentlich im Bereich der Zuständigkeiten sind Kompetenzverschiebungen zwischen Bund und Ländern nicht zulässig, auch nicht, wenn alle Beteiligten einverstanden sind.[100] Nur wo sie **ausdr.** vorgesehen sind, dürfen vertragl. Absprachen getroffen werden. In der Praxis werden dennoch derartige Vereinbarungen getroffen, die dann aber zunehmend durch inhaltl. und systematisch fragwürdige Änderungen des GG (Art. 91a bis e, 106 III, IV, 106a, 143c) **nachträglich** abgesichert werden (→ Art. 91e Rn. 10, → Art. 106 Rn. 19, → Art. 106a Rn. 1, → Art. 125c Rn. 10, → Art. 143c Rn. 3, → Art. 143c Rn. 26).[101] Sie können dann allerdings nur noch an Art. 79 III gemessen werden.[102] Widersprüche sind durch Konkurrenzregeln (idR lex specialis) zu lösen.

28 **2. Rahmenordnung.** Das BVerfG hat die Finanzverfassung mehrfach als **Rahmen- und Verfahrensordnung** bezeichnet.[103] Innerhalb dieses Rahmens sei der politische Prozess frei und vermöge „sich nach seinen eigenen Regeln und Bedingungen zu entfalten".[104] Nach einigem Zögern hat es aber klargestellt, dass dieser Rahmen selbst eine von der Verfassung **fest vorgegebene Grenze** sei, die weder der einfache Gesetzgeber noch die Exekutive überschreiten dürften.[105] Auf diese Weise konnte es den von ihm erkannten Besonderheiten des Finanzverfassungsrechts (→ Rn. 12) Rechnung tragen, zugleich aber auf die strikte Einhaltung seiner Normen (→ Rn. 24 f.) pochen. Für Analogieschlüsse, die „notwendig zu einer Erweiterung oder Aufweichung dieses Rahmens führen würden", ist in diesem Bereich kein Raum.[106]

29 **3. Ungeschriebenes Finanzverfassungsrecht.** Die Gesamtheit der Regeln, die Rspr. und Verfassungsrechtslehre den allg. Maßgaben des GG, insbes. dem Rechtsstaatsgebot und dem Gleichheitssatz, für die Finanzverfassung entnommen haben, ist das „ungeschriebene Finanzrecht des Grundgesetzes" genannt worden.[107] Die Bezeichnung ist nicht glücklich, da es sich genau genommen auch um „geschriebenes Recht" handelt, nur ist sein spezifisch finanzverfassungsrechtl. Gehalt erst im Wege der Auslegung und Konkretisierung zu erkennen.[108] Die speziellen finanzrechtl. Handlungsanweisungen sind in ihnen **nicht ausdrücklich** niedergelegt. Ob dafür eine zusammenfass. Bezeichnung

---

[94] BVerfGE 145, 171 (191 Rn. 60) (Kernbrennstoffsteuer), unter Berufung auf BVerfGE 67, 256 (288 f.); 108, 1 (16); 108, 186 (215) 123, 132 (141); 132, 334 (349 Rn. 48); 144, 369 Rn. 63; 145, 171 (191 Rn. 60) (Kernbrennstoffsteuer).

[95] BVerfGE 72, 330 (388).

[96] Zust.: *Vogel/Waldhoff* BK, vor Art. 104a (1997) Rn. 639; *Waldhoff* HStR V, § 116 Rn. 178 f.; *J.-P. Schneider,* in: AK GG, vor Art. 104a (2001) Rn. 8; *Hellermann* MKS III, Art. 104a Rn. 5; *Heun/Thiele,* in: Dreier III, vor Art. 104a Rn. 21; *Wieland,* FS 50 Jahre BVerfG I, 2001, S. 771 (773); *Höfling* FS v. Arnim, 2004, S. 259 (269); *Ortmann,* Finanzwirksamkeit, S. 439. Die Praxis sieht allerdings anders aus, so dass *Kitterer* und *Groneck* zum Ergebnis gelangen: „Verfassungsverstöße gelten offensichtlich als Kavaliersdelikte und interessieren weder die Mehrheit der Parlamentarier noch die Öffentlichkeit" (Wirtschaftsdienst 2006, 559 [559]).

[97] BVerfGE 72, 330 (389).

[98] BVerfGE 32, 145 (156); 39, 96 (109); 55, 274 (300).

[99] BVerfGE 72, 330 (388).

[100] BVerfGE 55, 274 (300 f.); 105, 185 (194); 145, 171 (191 Rn. 59) (Kernbrennstoffsteuer), für Kompetenzverschiebungen durch den einfachen Gesetzgeber.

[101] Die Koalitionsvereinbarungen sind wörtl. in die Begr. des verfassungsändernden Gesetzes bei der Föderalismusreform 2006 aufgenommen worden, BT-Dr 16/813.

[102] BVerfGE 137, 108 (143); vgl. zB → Art. 91e Rn. 11.

[103] Vgl. BVerfGE 67, 256 (288); 105, 185 (193): „in sich geschlossene Rahmen- und Verfahrensordnung"; ebenso BVerfGE 145, 171 (191 Rn. 58) (Kernbrennstoffsteuer); *Wieland* Jura 1989, 410 (418); *ders.,* FS 50 Jahre BVerfG I, 2001, S. 771 (774): Abweichung des BVerfG von diesem Verständnis.

[104] BVerfGE 39, 96 (115); 67, 256 (289); 73, 330 (390); 105, 185 (194).

[105] BVerfGE 67, 256 (289); 72, 330 (390); deutl. bzgl. des einfachen Gesetzgebers BVerfGE 105, 185 (194); BVerfGE 145, 171 (191 Rn. 59) (Kernbrennstoffsteuer).

[106] BVerfGE 105, 185 (194); 145, 171 (191 Rn. 58, 194 Rn. 68) (Kernbrennstoffsteuer).

[107] *K. Vogel* GS Martens, 1987, S. 265 ff.

[108] Das wird auch von *Vogel/Waldhoff* BK, vor Art. 104a (1997) Rn. 36, eingeräumt.

geschaffen werden muss, ist zu bezweifeln.[109] Richtig ist aber, dass auch Verfassungsrechtssätze außerhalb des X. Abschn. des GG zur Finanzverfassung gehören, wenn sie die Finanzwirtschaft des Staates zum Gegenstand haben (→ Rn. 4).

Das Gegen- und Miteinander der allg. Vorschriften des GG im Verhältnis zu den Regeln des **30** Abschn. X macht zudem erst die **Systemvorstellungen** des Verfassunggebers richtig deutlich. Sie begrenzen den Handlungsspielraum des einfachen Gesetzgebers mehr, als von Seiten der Politik meist angenommen wird.

**4. Justiziabilität.** In Anknüpfung an die Vorstellung, dass die Finanzverfassung „Ausnahmerecht" **31** sei und aus „funktionell-rechtlichen" Gründen eine flexiblere Handhabung erfordere, also nur einen „Rahmen" für den politischen Prozess bilde, ist die These von der eingeschränkten Justiziabilität der Finanzverfassung entwickelt worden. Im Bereich der Finanzverfassung sei die (verfassungs-)gerichtliche **Kontrolldichte** im Vergleich zu den anderen Teilen der Verfassung **reduziert.** Dem Gesetzgeber und nicht dem BVerfG stehe insoweit die letztverbindl. nähere inhaltl. Ausgestaltung („Normverdichtungskompetenz") zu.[110]

Die Frage nach der **Justiziabilität** ist nicht identisch mit der Frage nach der Rechtsgeltung der **32** finanzverfassungsrechtl. Normen[111] (→ Rn. 26). Die erste Frage hat die Existenz der rechtl. Bindung zum Gegenstand, während die zweite Frage sich mit der Durchsetzung dieser Bindung befasst. Allerdings stehen diese Aspekte nicht unverbunden nebeneinander. Strikte Bindung ohne Kontrolle ihrer Beachtung bleibt idR ein Lippenbekenntnis. Wenn man diese Bindung also tatsächl. will, muss ihre Einhaltung auch effektiv und ungeschmälert kontrolliert werden, namentl. durch Gerichte. Wenn dagegen **Entscheidungsfreiräume** gewollt sind, müssen sie **normativ,** also auf der Ebene des mat. Rechts, eingeräumt sein.[112] Einschränkungen der gerichtl. Kontrolldichte verschleiern nur der Verteilung der Entscheidungskompetenzen. IE gibt es aber auch **keine** „durchschlagenden" **Sachgründe für die Verringerung** der verfassungsrechtl. Bindung und ihrer **Kontrolle** im Finanzverfassungsrecht; auch nicht die angebliche Unbestimmtheit der verwendeten Begriffe.[113]

Das hat auch das BVerfG nach einigen gegenteiligen Bemerkungen letztlich anerkannt. In einer **33** seiner ersten Entscheidungen zu diesem Thema hatte es zwar die Frage nach der Intensität des horizontalen Finanzausgleichs als eine „finanzpolitische und keine verfassungsrechtliche" bezeichnet. Sie entziehe sich der „Prüfung durch das Gericht".[114] Auch bewertete es im Urteil zu den Finanzhilfen nach dem StBauFG die Voraussetzungen des Art. 104a IV 1 als so „unbestimmt", dass sich „die verfassungsgerichtliche Prüfung darauf beschränken müsse", ob die Beteiligten die „Begriffe zutreffend ausgelegt und sich in dem dadurch bezeichneten Rahmen gehalten" hätten.[115] Das Bild von dem „Rahmen" und der „Rahmenordnung" wurde später wieder aufgegriffen und vertieft; zuletzt allerdings verbunden mit der Klarstellung, dass die „Einhaltung... des Rahmens" „verfassungsgerichtlicher Nachprüfung" unterliege.[116] Wenn somit das BVerfG die Beachtung des Rahmens **uneingeschränkt überprüfen** will, ist es zweitrangig, ob die Vorschriften des Finanzverfassungsrechts als „Rahmenordnung" bezeichnet werden oder nicht (→ Rn. 28), letztlich eine der vielen semantischen Spielereien, mit denen sich die Staatsrechtslehre befasst.

## D. Die bundesstaatlichen Finanzbeziehungen

### I. Entwicklung

**1. Ausgangspunkt und Finanzreform 1969.** Die Finanzverfassung ieS, also die Ordnung der **34** Finanzbeziehungen im Bundesstaat, gehörte und gehört zu den umstrittensten Teilen des GG.[117] Schon im Verfassungskonvent auf Herrenchiemsee gab es darüber Auseinandersetzungen. Sie setzten sich im ParlRat fort, begleitet von wiederholten Anweisungen der alliierten Militärgouverneure, die fast zum

---

[109] Dafür aber *K. Vogel* GS Martens, 1987, S. 265 ff., unter Vernachlässigung der begrifflichen Problematik. Sie wird auch deutlich bei der praktischen Anwendung durch *Waldhoff,* Verfassungsrechtliche Vorgaben für die Steuergesetzgebung im Vergleich Deutschland-Schweiz, 1997, S. 309–335; wie hier jetzt auch *J.-P. Schneider* AK GG, vor Art. 104a (2001) Rn. 1.

[110] *Ossenbühl* FS Carstens II, 1984, S. 743 (752); *ders,* Verfassungsrechtliche Grundfragen des Länderfinanzausgleichs gem. Art. 107 II, 1984, S. 92–105; *ders.* FS K. Vogel, 2000, S. 227 (236); wohl auch *Franz Klein* FS Döllerer, 1988, S. 285 (287): „die Bestimmungen der Finanzverfassung (sind) nur beschränkt justiziabel".

[111] Dazu insgesamt *Prokisch,* Justiziabilität.

[112] BVerfG 61, 82 (111 ff.).

[113] *Vogel/Waldhoff* BK, vor Art. 104a (1997) Rn. 634 ff., 639; *Waldhoff* HStR V, § 116 Rn. 180; diff. *Fischer-Menshausen* (Fn. 88), S. 137; s. a. *Prokisch,* Justiziabilität, S. 109 ff.; *Ortmann,* Finanzwirksamkeit, S. 440; anders wohl *Korioth,* Finanzausgleich, S. 76 ff.; *J.-P. Schneider* AK GG, vor Art. 104a (2001) Rn. 8.

[114] BVerfGE 1, 117 (134).

[115] BVerfGE 39, 96 (114 f.).

[116] BVerfGE 67, 256 (289); 72, 330 (390).

[117] Beschreibung der Entwicklung von 1949 bis zur Reform 2009 durch *Renzsch,* Perspektiven der Wirtschaftspolitik, 2010, 288 ff.

Scheitern des gesamten Verfassungswerks geführt hätten.[118] Einzelne Vorschriften wurden bis in den Wortlaut hinein von den Alliierten vorgegeben. Auch nach Inkrafttreten des GG gingen die Auseinandersetzungen weiter und führten zu mehreren Novellierungen. Die bis zum 1.9.2006 geltende Fassung beruhte im Wesentlichen auf der **Finanzreform des Jahres 1969.** Sie ist nicht unerheblich vom Gutachten der Komm. für die Finanzreform (sog. Troeger-Komm.) aus dem Jahre 1964 beeinflusst worden.

35 Sie hat folgende **Grundgedanken** verwirklicht:

(1) Die Konnexität von Aufgaben- und Ausgabenverantwortung ist ausdr. festgehalten (Art. 104a I) und die Mischfinanzierung verfassungsrechtl. begrenzt und kanalisiert worden (Art. 91a und 91b sowie Art. 104a III und IV).

(2) Bund und Ländern werden je eigene Steuerquellen zur Verfügung gestellt – Trennsystem – (Art. 106 I und II).

(3) Daneben sind weitere Steuern in einem Verbundsystem zusammengefasst. Ihr Ertrag ist Bund und Ländern, zum Teil auch den Gemeinden, gemeinschaftl. zugewiesen (Art. 106 III und IV).

(4) Die Beteiligung der Gemeinden und Gemeindeverbände an den Verbundsteuern ist verfassungsrechtl. garantiert (Art. 106 V bis VII).

(5) Die Abgrenzung und Zerlegung der Steuereinnahmen sowie die Möglichkeit von „Ergänzungsanteilen" an der Umsatzsteuer sind verfassungsrechtl. vorgezeichnet (Art. 107 I).

(6) Neben dem Sonderlastenausgleich nach Art. 106 VIII ist ein sekundärer (berichtigender) Finanzausgleich der Länder untereinander (Art. 107 II S. 1) und durch „Ergänzungszuweisungen" des Bundes (Art. 107 II S. 3) vorgesehen.

36 **2. Die deutsche Einigung.** Teile der Finanzverfassung waren durch **Art. 7 EV** im Bereich der neuen Länder suspendiert. Sie sind aber seit dem 1. Januar 1995 auch in diesem Teil Deutschlands unbeschränkt in Kraft. Entgegen verschiedener Forderungen wurden Art. 106 und 107 dabei unverändert gelassen. Zu Recht wurde **kein neues Übergangsrecht** geschaffen. Aufgrund von Verhandlungen zwischen den alten, den neuen Ländern und dem Bund wurde jedoch eine Einigung über den Finanzbedarf der neuen Länder erzielt und in verschiedenen (einfachgesetzl.) Regelungen des Finanzausgleichs umgesetzt **(„Solidarpakt I").** Für die Zeit nach dem Auslaufen dieser Regelungen im Jahre 2004 wurden nach langem Ringen Anschlussregelungen vereinbart **(„Solidarpakt II"),** die in zwei „Körben" im Wesentlichen Sonderbedarfs-Bundesergänzungszuweisungen und Maßnahmen zur gezielten Wirtschafts- und Infrastrukturförderung enthalten.[119]

37 **3. Die Föderalismusreform I (2006).** Nach langjährigen Diskussionen über eine Modernisierung der bundesstaatl. Ordnung und der andauernden Forderung nach einer Reform der Finanzverfassung[120] setzten **BR und BT** zu diesem Zweck im Herbst 2003 eine **Kommission** ein, die Vorschläge für eine grundlegende Reform des föderativen Staatsaufbaus erarbeiten und den gesetzgebenden Körperschaften vorlegen sollte. Die Kommission gelangte auch in wesentlichen Einzelfragen zu übereinstimmenden Bewertungen,[121] doch konnte sie sich letztlich nicht auf einen gemeinsamen Vorschlag einigen.[122] Nach den Wahlen zum 16. BT wurde aber im Koalitionsvertrag vom 18. November 2005 eine Einigung über die Föderalismusreform erzielt.[123]

38 Daraufhin wurden rasch gleichlautende Gesetzentw. durch den BR (auf Antrag der Länder NRW, Bay, Berlin und Bremen) und aus der Mitte des BT eingebracht[124] und am 30.6.2006 vom BT beschlossen.[125] Nach Zustimmung des BR trat das Gesetz am 1.9.2006 in Kraft.[126]

39 Schon diese Föderalismusreform I hat **nennenswerte Teile** der **Finanzverfassung i. w. S. geändert,** obwohl der Kern der Finanzverfassung erst in einem zweiten Schritt grundlegend reformiert werden sollte. Neu geschaffen worden sind die Art. 104b, 125c und 143c. Substantielle Änderungen und Ergänzungen sind in Art. 91a und b, Art. 104a sowie Art. 109 vorgenommen worden; kleinere Änderungen in Art. 105 und 107.

---

[118] Vgl. *Renzsch,* Finanzverfassung, S. 63 ff.; *Vogel/Waldhoff* BK, vor Art. 104a (1997) Rn. 193–198; *Waldhoff* Verwaltung 39 (2006), 155, (160), der aber wohl zu Unrecht in der urspr. Fassung nur eine vorläufige Regelung sieht. Die Alliierten hatten das ganz anders gesehen.

[119] Detaillierte Darstellung *Huber,* 65. DJT Bd. I, 2004, S. D 25: „falsche, vom BVerfG verworfene Richtung"; *Wieland* FS Selmer, 2004, S. 971 (976 f.).

[120] *Hendler* DÖV 1993, 292 (292 ff.); *F. Kirchhof* VVDStRL 52 (1993), 71 (88, 95 ff.); namentl. für die Reformbedürftigkeit von Art. 104a *ders.* DVBl 2004, 977 (980 ff.); diff. *Selmer* VVDStRL 52 (1993), 39, 58: „zu spät und zu früh zugleich"; speziell zu Art. 104a eingehend: *Hellermann* MKS III, Art. 104a Rn. 127–138; *Heun/Thiele,* in: Dreier, III, vor Art. 104a Rn. 10; aus ökonom. Sicht: *Lenk,* Reformbedarf und Reformmöglichkeiten des deutschen Finanzausgleichs, 1993, S. 241 f.; *ders.,* Aspekte des Länderfinanzausgleichs, 2001, S. 39; *Färber,* in: Bundesrat (Hrsg.), 50 Jahre Herrenchiemseer Verfassungskonvent – Zur Struktur des deutschen Föderalismus, 1999, S. 89 ff.

[121] Deutscher Bundestag, Bundesrat (Hrsg.), Dokumentation der Kommission von Bundestag und Bundesrat zur Modernisierung der bundesstaatlichen Ordnung, Zur Sache 1/2005.

[122] BT-Dr 16/813, S. 7.

[123] Gemeinsam für Deutschland – mit Mut und Menschlichkeit, Koalitionsvertrag zwischen CDU, CSU und SPD, 11.11.2005, Anl. 2; dazu *Papier* NJW 2007, 2145 (2146).

[124] BT-Dr 16/813, BR-Dr 178/06.

[125] BT-Prot 16/4295.

[126] G z. Änd. des GG v. 28.8.2006, BGBl I 2034.

Orientiert an den Zielen der „Entflechtung, Verantwortungsklarheit und Handlungsautonomie" **40**
sollten mit der Reform:

– Mischfinanzierungstatbestände abgebaut (Art. 91a Abs. 1 Nr. 1),
– die Voraussetzungen für Finanzhilfen verschärft (Art. 104b),
– die regionale Steuerautonomie gestärkt (Art. 105 Abs. 2a),
– ein nationaler Stabilitätspakt im GG verankert (Art. 109 Abs. 5),
– die Lastentragung von Bund und Ländern bei der Verletzung von supranationalen und völkerrechtlichen Verpflichtungen im GG ausdrücklich geregelt (Art. 104a Abs. 6)

werden.[127]

**Ziel** der Reform war nicht nur die Entflechtung von Zuständigkeiten und die damit einhergehende **41**
Stärkung der Eigenständigkeit von Bund und Ländern, sondern auch die Schaffung einer neuen
Balance zwischen den föderalen Elementen der Solidarität und der Kooperation einerseits und des
Wettbewerbs andererseits.[128] Die bisher geltenden Regelungen über die „Gleichwertigkeit" (Art. 72
II) und die „Einheitlichkeit" (Art. 106 III) der Lebensverhältnisse hatten noch keine entschiedene
Stellungnahme im Richtungsstreit zwischen „föderativer Kooperation" und „föderativem Wett-
bewerb" geliefert.[129]

### 4. Die Föderalismusreform II (2009) und die weitere Entwicklung.
Die **zweite Stufe** der **42**
**Föderalismusreform** sollte eine grundl. Reform der Finanzverfassung bringen. Vor allem hätte sie
sich mit den negativen Folgen des Bund-Länder-Finanzausgleichs beschäftigen müssen, obwohl sich
einige Fortschritte bereits durch eine engere Auslegung und wesentl. striktere Anwendung der entspr.
verfassungsrechtl. Vorgaben erreichen ließe. Ein erster Schritt in diese Richtung wurde mit dem Urteil
des BVerfG getan, in dem ein Anspruch des Landes Berlin auf „Sonderbedarfs-Bundesergänzungszuweisungen zum Zwecke der Haushaltssanierung" verneint worden ist.[130] Allerdings bekämpft das
Gericht damit nur die Geister, die es zuvor leichtfertig selbst hervorgerufen hatte.[131] Das Konzept des
**Wettbewerbsföderalismus**[132] könnte auch schon ohne Verfassungsänderung im Ansatz verwirklicht
werden.[133] Die weiter geforderte grundlegende Neustrukturierung[134] und weitere Entflechtung[135] kann
aber nur durch Verfassungsänderungen erfolgen, wenn nicht der Weg des Art. 29[136] gegangen wird,
der zahlreiche Klippen aufweist.

Die schließlich 2009 erfolgte Verfassungsänderung hat aber keineswegs den Finanzausgleich wie **42a**
beabsichtigt neustrukturiert, sondern nur die Vorschriften über die **Kreditaufnahme** des **Bundes** neu
gestaltet und erstmals explizite **Kreditaufnahmeregeln** für die **Länder** („Schuldenbremse") in das
GG aufgenommen (Art. 109 III, 115). Eines der wichtigsten Ziele der erst wenige Jahre alten
Föderalismusreform I wurde sogar in sein Gegenteil verkehrt. Es wurden mit der Föderalismusreform
II **neue Mischverwaltungs- und Mischfinanzierungstatbestände** (Art. 91c und d) geschaffen,
statt alte abgeschafft. Ein Jahr später wurde als Reaktion auf ein Verdikt des BVerfG noch ein weiterer
Mischtatbestand im Bereich der Grundsicherung für Arbeitsuchende eingeführt (Art. 91e), der alle
bisher geschaff. Systemwidrigkeiten übertrifft, indem er eine Ausnahme zur Verteilung der Verwal-

---

[127] BT-Dr 16/813, S. 10; *Huber,* 65. DJT Bd. I, 2004, S. D 33 ff.: „Verfassungsgebot der Entflechtung"; *ders.* FS
*Scholz,* 2007, S. 602 ff.; s. a. → Art. 91a Rn. 8.

[128] BT-Dr 16/813, S. 1, 7; grundl. zu Wettbewerb und Kooperation im deutschen Bundesstaat *Mehde,* Wettbewerb, S. 202 ff.; s. a. → Art. 91a Rn. 19.

[129] *Osterloh* EuGRZ 2002, 309 (312); zu Einheitlichkeit und Gleichwertigkeit der Lebensverhältnisse: *Mehde,*
Wettbewerb, S. 141–176; *Häde,* in: Konrad/Jochimsen (Hrsg.), Föderalismuskommission II: Neuordnung von Autonomie und Verantwortung, 2008, S. 157; skeptisch bzgl. der Erreichung der selbstgesetzten Ziele *Papier* NJW 2007,
2145 (2148); s. a. *Schwanengel* DÖV 2004, 553 ff.; *Haug* DÖV 2004, 190 ff.

[130] BVerfGE 116, 327 (327 ff.).

[131] BVerfGE 72, 330 (330 ff.).

[132] Dazu *Vanberg,* Bürgersouveränität und wettbewerblicher Föderalismus: Das Beispiel der EU, 2003; *H. Bauer*
DÖV 2002, 871 (873); *Schatz/van Ooyen/Werthes,* Wettbewerbsföderalismus, 2000; *Kirchgässner* FS v. Arnim, 2004,
S. 375 ff.; *Kruis* DÖV 2003, 10 (13); *C. Fuest,* in: Konrad/Jochimsen (Hrsg.), Föderalismuskommission II: Neu-
ordnung von Autonomie und Verantwortung, 2008, S. 119; speziell zum Steuerwettbewerb unter den Ländern *Selmer*
NordÖR 2006, 221 (222), der aber in der Anwendung der Erforderlichkeitsklausel des Art. 72 II auf die Steuer-
setzgebung nach Art. 105 II noch keine Tendenz zu mehr Wettbewerbsföderalismus zu erkennen vermag; allg. zum
Wettbewerbsföderalismus → Art. 91a Rn. 19.

[133] Positiv zur Durchführung der Anpassung auf einfachgesetzlicher Ebene: *Korioth,* Finanzausgleich, S. 14, 412:
„für Verfassungsänderungen … ist derzeit kein Raum und Bedarf"; *Vogel/Waldhoff* BK, vor Art. 104a (1997)
Rn. 244; *Selmer* JuS 2006, 1052 (1059); im Erg. wohl ähnl. *J.-P. Schneider* Der Staat 40 (2001), 272 (284 ff.); *ders* in:
AK GG, vor Art. 104a (2001) Rn. 11, allerdings unter sehr allg. Bezugnahme auf politikwiss. Stereotypen. Auch sein
undiff. Rückgriff auf *Douglass North* ist fragwürdig. Vgl. aber auch *Mehde,* Wettbewerb, S. 201 f., der die Verwirklichung eines „reinen" Wettbewerbsföderalismus ohne vielfältige Verfassungsänderungen nicht für mögl. hält.

[134] *F. Kirchhof* ZG 2006, 280; *Braun* ZSE 2007, 235; *Seitz,* in: Konrad/Jochimsen (Hrsg.), Föderalismuskommission
II: Neuordnung von Autonomie und Verantwortung, 2008, S. 135; zurückhaltend *Korioth* ZG 2007, 1.

[135] *Waldhoff* VVDStRL 66 (2007), 216; *Hey* VVDStRL 66 (2007), 277.

[136] Er hat keinen Vorrang vor dem Finanzausgleich → Rn. 45.

tungskompetenzen (Art. 83 ff.) sowie zur Finanzierungsverantwortung (Art. 104a) schafft und zudem die Zweistufigkeit des Staatsaufbaus „punktuell" durchbricht. Gleichwohl hat das BVerfG ihn als „umfassende Sonderregelung" eingeordnet, die nicht gegen Art. 79 III verstößt (→ 91a Rn. 11). Danach gab es kein Halten mehr und die Mischfinanzierung wurde für weitere Bereiche eingeführt oder erweitert (Art. 91b, 104b, 104c, 104d) oder sind in der konkreten Planung.

42b   Die in den Gutachten zum 70. DJT gleichwohl empfohlene Entflechtung der Finanzverfassung ist zwar in der Sache nach wie vor richtig, aber weder sonderlich originell noch mit der tatsächl. Entwicklung auch nur ansatzweise zu vereinbaren.[137] Mit ihr würde auch das Postulat der Verantwortungsübernahme durch die Entscheidungsträger für ihre politischen Entscheidungen verwirklicht.[138] Auch diese Forderung ist ebenso trivial wie richtig, entspricht sie doch der alten Erkenntnis der Finanzwiss. von den Vorteilen „fiskalischer Äquivalenz". Die Analyse der Defizite im geltenden Recht ist ebenfalls nicht neu, aber weitgehend ohne Resonanz geblieben.

43   **5. Die Grundgesetzänderung 2017.** Der bundesstaatl. Finanzausgleich ist durch die Änderung des GG 2017 für die Zeit ab 2020 neu geregelt worden. Vordergründiger Anlass hierfür war die Befristung der Finanzausgleichsregeln bis zum Jahr 2019. Die Änd. beruhen (politisch) auf einem Beschluss der Regierungsspitzen von Bund und Ländern vom 14.10.2016 und der weitgehenden Einigung auf den Wortlaut des vorgesehenen Änd. des GG am 8.12.2016.[139] Wichtigste Änderungen im Gefüge der bundesstaatl. Finanzbeziehungen sind die Abschaffung des Vorweganteils bei der Umsatzsteuerverteilung (bisher Art. 107 I 4) und die Ersetzung des Landesfinanzausgleichs (bisher Art. 107 II 1, 2) durch einen **„Finanzkraftausgleich".**[140] Hierin liegt trotz terminolog. Abweichung kein grundlegender Systemwechsel.[141] Vielmehr orientiert sich das GG weiterhin an dem Grundsatz eines angemessenen Ausgleichs der unterschiedl. Finanzkraft der Länder,[142] der auch schon bisher klar in Art. 107 II 1 zum Ausdruck gekommen war. Im Zuge der Änderung des GG mussten auch zahlreiche Regelungen auf einfachgesetzl. Ebene angepasst werden, vor allem im MaßstG und im FAG.[143]

43a   Da die Änderungen des GG, die am Tag nach ihrer Verkündung, dem 20. Juli 2017, in Kraft getreten sind,[144] zu großen Teilen nur Ermächtigung für die Gesetzgebung[145] oder für Vereinbarungen enthalten, ist der **materielle Gehalt** der Veränderungen in den gleichzeitig verabschiedeten **Ausführungs-** und **Begleitgesetzen** zu finden. Die für das bundesstaatl. Finanzbeziehungen maßgebenden Vorschriften dieser Gesetze sind erst am 1.1.2020 in Kraft getreten.[146] Auch inhaltlich sind ihre Regelung erst auf die Haushaltsjahre ab dem Jahre 2020 ausgerichtet: zB § 1 I, II FAG nF, § 1 SanG. Auf diese Art und Weise sollte ein nahtloser Anschluss an die (einfachgesetzl.) Regelungen des „Solidarpaktes II", geschaffen werden, die Ende 2019 auslaufen (sollten). Bis dahin waren – von wenigen Ausnahmen abgesehen – die bish. Vorschriften anzuwenden. Im Einzelnen sind folgende Änderungen im Gesamtsystem vorgenommen worden:

43b   Der **bundesstaatliche Finanzausgleich** erfolgt nunmehr in **einer Stufe.** Die unmittelbaren Zahlungen zwischen den ausgleichpflichtigen und den ausgleichsberechtigten Ländern entfallen. Sie hatten in Vergangenheit und Gegenwart für mehrere, teilweise noch anhängigen, Streitigkeiten vor dem BVerfG geführt. An ihre Stelle tritt ein System von **Zuschlägen** und **Abschlägen** bei der **Verteilung** des **Umsatzsteueranteils** der Länderebene auf die **einzelnen Länder.**

43c   Darüber hinaus sind noch folgende Einzelelemente beachtenswert:[147]
– Bei der Bemessung der Finanzkraft wird die **bergrechtliche Förderabgabe** nur noch mit 33 % ihres Aufkommens einbezogen, § 7 II FAG nF.
– Der **Anteil der komm. Finanzkraft,** die in den Finanzkraftausgleich einbezogen wird, steigt von 64 % auf 75 %, § 8 III FAG nF.
– Der **Tarif** für die Bemessung der Höhe von **Zu- und Abschlägen** wird einheitlich auf 63 % der Fehlbeträge oder Überschüsse festgesetzt. Bisher gilt ein Tarif, der von 44 % auf 75 % progressiv ansteigt, § 10 I, II FAG nF.

---

[137] *Kempny* und *Reimer,* Aufgabengerechte Finanzverteilung zwischen Bund, Ländern und Kommunen, Verh. 70. DJT, Bd. I, Teil D, 2014; zust. *Schenke* NJW 2014, 2542 (2543).

[138] *Schenke* NJW 2014, 2542 (2543).

[139] BT-Dr 18/11131, S. 11; Monatsbericht BMF August 2017, 8.

[140] Dieser neue Begriff wird zum Gesetzesbegriff in Art. 107 II nF und in § 1 I MaßstG nF samt Gesetzesüberschrift.

[141] Vgl. *Reimer,* Stellungnahme vom 20.3.2017, Anl. Haushaltsausschuss-Dr 18/4218, S. 2.

[142] Begr. RegE, BT-Dr 18/11131, S. 11.

[143] G zur Neuregelung des bundesstaatlichen Finanzausgleichssystems … v. 14.8.2017 (BGBl. I 3122), vgl. dazu die Begründung zum RegE, BT-Dr 18/11135). Das G ändert in seinen Artikeln 25 Gesetze.

[144] Art. 2 G zur Änd des GG (Artikel 90, 91c, 104b, 104c, 107, 108, 109a, 114, 125c, 143d, 143e, 143f, 143g) v. 13.7.2017, BGBl I 2347.

[145] Z. Teil auch für Vereinbarungen, namentlich im Bereich der Gemeinschaftsaufgaben.

[146] Art. 25 III Nr. 1 und 2 G zur Neuregelung des bundesstaatlichen Finanzausgleichssystems ab dem Jahr 2020 und zur Änderung haushaltsrechtlicher Vorschriften v. 14.8.2017, BGBl I 3122.

[147] Die Zusammenstellung ist entnommen dem Monatsbericht des BMF, August 2017, 8 (9–14).

– Die **Ausgleichsobergrenze** für die (allg.) **Bundesergänzungszuweisungen** wird von 99,5 % auf 99,75 % erhöht. Die **Finanzkraftlücke** wird zu 80 % statt bisher zu 53,5 % aufgefüllt, § 11 II 2 und § 11 II 3 FAG nF.

– Neu eingeführt werden jährliche Zuweisungen an leistungsschwache Länder, die bei der Vergabe von Forschungsmitteln nach Art. 91b nur unterdurchschnittlich berücksichtigt werden, § 11 VI FAG nF.

– In einer Einzelregelung für das Land Brandenburg werden **Sonderbedarfs-Bundesergänzungszuweisungen** um 11 Mio. € jährlich erhöht, § 11 IV 1 FAG nF.

– Die **Sanierungshilfen** für Bremen und das Saarland, die strikt zeitlich begrenzt waren, werden künftig jährlich in Höhe von insgesamt 800 Mio. € gewährt.

– Zur Umsetzung der neugeschaffenen Möglichkeit zur Gewährung von Finanzhilfen an finanzschwache Kommunen zur Förderung von Investitionen in die **Schulinfrastruktur** (Art. 104c),[148] wird die Finanzierung des Kommunalinvestitionsförderungsfonds gestärkt.[149]

– Die Befugnisse des **Stabilitätsrates** (Art. 109a) sind erweitert worden.

– Die **Steuerungs- und Kontrollrechte** des Bundes, vor allem auch des BRH, bei der Verausgabung von Finanzhilfen des Bundes durch die Länder sind erweitert worden.

– Entsprechendes gilt für die Rechte des Bundes in der **Steuerverwaltung.**

Die **finanziellen Dimensionen** des gesamten Gesetzgebungspakets sind beträchtlich. Die BReg **43d** ging davon aus, dass der Bund die Länder ab 2020 insgesamt um etwas über 9,7 Mrd. € entlastet.[150] Dies führe zu einer Zusatzbelastung des Bundes von rund 8,4 Mrd. €.[151] Davon sollen sich ungefähr 4 Mrd. € aus der Änderung der Umsatzsteuerverteilung ergeben.[152] Außerhalb des Finanzausgleichs im engeren Sinne verlängerte der Bund die Finanzhilfen für Seehäfen (38 Mio. €).[153] Ebenfalls verlängert wurden die Finanzhilfen nach dem GemeindeverkehrsfinanzierungsG (Art. 125 II 2), das eigentlich 2019 auslaufen sollte.[154] Hinzu kommen die Sanierungshilfen für Bremen und das Saarland in Höhe von 800 Mio. € jährlich.[155] Allerdings sollten die wegfallenden Leistungen des Bund an die Länder aus dem „Solidarpakt II" und nach dem EntflechtungsG[156] abzuziehen sein, so dass sich nach Darstellung der BReg eine Nettobelastung des Bundes im Jahr 2020 von rund 4,3 Mrd. € ergab.[157] Die Darstellung ist aber schon insoweit angreifbar, als diese Belastung nicht nur im Jahr 2020 anfällt, sondern von 2020 an jährlich.

Bei einer Würdigung ist anzumerken, dass der Wegfall einer Ausgleichsstufe in Art. 107 eine Ver- **43e** einfachung darstellen mag, doch ist das neue System deutlich **intransparenter.**[158] Es lässt sich nicht mehr ohne weiteres feststellen, welche Länder von dem System profitieren und welche die Lasten tragen. Vor allem ist das Volumen der Begünstigungen und der Lasten bezogen auf die einzelnen Länder nur noch schwer zu ermitteln. Die Anreizeffekte für eine solide Finanzpolitik dürften sich für die Geberländer erhöhen, aber für die finanzschwachen Nehmerländer abnehmen. In der Regel werden sie mehr als 80 % von zusätzlichen Lohnsteuereinnahmen abgeben müssen. Als Grund wird die höhere Auffüllungsquote bei Bundesergänzungszuweisungen gesehen.[159] Insgesamt dürfte die Chance vertan worden sein, den Föderalismus zu stärken und die Ursachen für die positive oder negative Entwicklung der einzelnen Länder transparent zu machen, die mittelfristig nicht zuletzt auf politischen Entscheidungen der Verantwortlichen auf Landesebene beruhen.

## II. Bedeutung für den Bundesstaat

Die Ordnung der Finanzen im Allgemeinen und der Finanzausgleich im Besonderen besitzen eine **44** schlechterdings nicht zu überschätzende Bedeutung für das Funktionieren des bundesstaatl. Systems. Die in den Art. 104a bis 109 enthaltenen finanzverfassungsrechtl. Normen gehören daher zu den „**tragenden Pfeilern** der **bundesstaatlichen Ordnung**" des GG.[160] Dabei kommt der **strikten**

---

[148] Änderung des KommunalinvestitionsförderungsG, Art. 7 G v. 14.8.2017, BGBl I 3122 (3127).

[149] Änderung des G zur Errichtung eines „Kommunalinvestitionsförderungsfonds", Art. 6 G v. 14.8.2017, BGBl I 3122 (3127).

[150] Monatsbericht des BMF, August 2017, 8 (9); ähnlich *Hentze,* Die Abschaffung des Länderfinanzausgleichs, IW policy paper 16/2017, S. 7 (9,5 Mrd. €).

[151] Monatsbericht des BMF, August 2017, 8 (9).

[152] *Hentze* (Fn. 150), S. 7.

[153] § 1 I G v. 20.12.2001 (BGBl I 3955), geänd. durch Art. 3 G v. 14.8.2017 (BGBl I 3122 [3126]).

[154] Monatsbericht des BMF, August 2017, 8 (9).

[155] § 1 I, II SanierungshilfenG (SanG), Art. 5 G v. 14.8.2017, BGBl I 3122 (3126).

[156] Sie betragen insgesamt 3,6 Mrd. €: 695,3 Mio. € für die Hochschulen (§ 2 I), 19,9 Mio. € für die Hochschulplanung (§ 2 II), 1335,5 Mio. € für den Gemeindeverkehr (§ 3 I) und 1518,2 Mio. € für die Wohnraumförderung (§ 3 II).

[157] Monatsbericht des BMF, August 2017, 8 (9).

[158] *Hentze* (Fn. 150), S. 3: „auf eine weiterhin komplexe Art und Weise".

[159] *Ebd.*

[160] BVerfGE 72, 330 (388) (Hervorhebung nicht im Original); zuvor ähnl. schon BVerfGE 55, 274 (300); BVerfGE 105, 185 (194): „Eckpfeiler"; ebenso: 108, 1 (15); 108, 186 (214); 145, 171 (190 Rn. 57) (Kernbrennstoffsteuer).

**Beachtung** (→ Rn. 26, 28) der finanzverfassungsrechtl. Zuständigkeitsregeln eine „überragende Bedeutung für die Stabilität der bundesstaatlichen Verfassung" zu.[161] Über ihre im GG festgelegten Kompetenzen können weder der Bund noch die Länder verfügen; „einfachgesetzliche Kompetenzverschiebungen … wären auch nicht mit Zustimmung der Beteiligten zulässig."[162] Das gilt namentlich für die Ertragsverteilung der Steuern[163] und die Regelung des Finanzausgleichs in Art. 107.[164] Die Gesamtheit der Vorgaben soll eine Finanzordnung sicherstellen, die den „Gesamtstaat und die Gliedstaaten am Gesamtertrag der Volkswirtschaft sachgerecht beteiligt. Bund und Länder müssen im Rahmen der verfügbaren Gesamteinnahmen so ausgestattet werden, dass sie die zur Wahrnehmung ihrer Aufgaben erforderlichen Ausgaben leisten können".[165]

45　Die finanzverfassungsrechtl. Normen des GG dienen dazu, dass die „staatliche Selbständigkeit von Bund und Ländern real werden … kann". Eine „hinreichende Finanzausstattung" der Länder ist unabdingbare Voraussetzung dafür, dass die **Länder** ihre eigene **Staatlichkeit** entfalten können. Deshalb muss die Verfassung eines Bundesstaates die finanz. Positionen des Bundes und seiner Glieder bestimmen und absichern.[166] Nicht angebracht ist es jedoch, in diesem Kontext von der Finanzverfassung als einer „Folgeverfassung" zu sprechen.[167] Der Begriff erweckt den Eindruck eines einseitigen Wirkungszusammenhanges, der so nicht besteht.[168] Die Absicherung der Staatlichkeit hat auch **nicht** primär durch eine **Neugliederung** der bestehenden Einheiten zu geschehen. Art. 29 genießt keinen Vorrang vor den Normen des Finanzausgleichs.[169] Das System der **gesetzlichen Sozialversicherung** ist in Art. 74 I Nr. 12, Art. 87 II, 120 I 4 gesondert geregelt und von den allg. Einnahme- und Ausgleichsregelungen der bundesstaatl. Finanzordnung abgekoppelt.[170]

## III. Grundlagen des Finanzausgleichs und seine Abgrenzung

46　Eine der Hauptaufgaben des Finanzverfassungsrechts ist die **Verteilung** der **Einnahmequellen** und die **Umverteilung** der daraus fließenden **Erträge.**[171] „Es handelt sich um das Problem, wie die Gesamtmasse der öff. Einnahmen, insbesondere der Steuern, auf die verschiedenen Träger öff. Aufgaben sachgemäß zu verteilen ist." Dieses Problem stellt sich vordringlich im Bundesstaat, „wo die staatlichen Aufgaben nach Maßgabe der Verfassung zum Teil vom Gesamtstaat, zum Teil von den Gliedstaaten erfüllt werden".[172] Ausnahmsweise ist auch eine gemeinsame Erfüllung erlaubt. Dabei stellen sich vor allem **zwei Fragen:** „Es ist einmal zu entscheiden, welche Einnahmen dem Gesamtstaate, welche den Gliedstaaten zuzuweisen sind (,**vertikaler Finanzausgleich**'), zum anderen, ob und wie Unterschiede in Finanzkraft und Belastung zwischen den Gliedstaaten in Auswirkung des bundesstaatl. Gedankens ausgeglichen werden können (,**horizontaler Finanzausgleich**')."[173]

47　Darüber hinaus gibt es einen **„primären"** und einen **„sekundären"** Finanzausgleich.[174] Dieser Linie folgt auch das BVerfG, wenn es zwischen einer „primären" Verteilung und einer deren Ergeb-

---

[161] BVerfGE 105, 185 (194); 145, 171 (191 Rn. 59) (Kernbrennstoffsteuer).

[162] BVerfGE 145, 171 (191 Rn. 59) (Kernbrennstoffsteuer); allgemeiner zuvor BVerfGE 105, 185 (194).

[163] BVerfGE 145, 171 (191 Rn. 59) (Kernbrennstoffsteuer).

[164] BVerfGE 72, 330 (388).

[165] BVerfGE 55, 274 (300); 72, 330 (388); 78, 249 (266 f.); 86, 148 (214, 264); 105, 185 (194); 108, 1 (15); 108, 186 (214 f.); 145, 171 (190 Rn. 57) (Kernbrennstoffsteuer), aber „angemessen" statt „sachgerecht"; ähnl. bereits BVerfGE 32, 333 (338).

[166] BVerfGE 72, 320 (388); 86, 148 (214, 264).

[167] So jetzt auch *Kempny* VR 2014, 300 (306 f.) anders aber noch *F. Kirchhof* VVDStRL 52 (1993), 71 (80 f.); *Korioth,* Finanzausgleich, S. 12 f., 32, singem. S. 151 f., oder noch enger „akzessorische Folgeverfassung" (S. 32); *Hellermann* MKS III, Art. 104a Rn. 4; *Schwarz,* in: Starck (Hrsg.), Föderalismusreform, Rn. 391; *Huber,* 65. DJT Bd. I, 2004, S. 92 D, 127 D; *Hillgruber* JZ 2004, 837 (844).

[168] Zu Recht weisen *Vogel/Waldhoff* BK, vor Art. 104a (1997) Rn. 71, auf die vielfältigen Wechselbeziehungen hin, die mit dem Begriff „Folgeverfassung" nicht hinreichend zum Ausdruck kommen; ebenso *Waldhoff* HStR V, § 116 Rn. 58, der aber die alte finanzwiss. Regel, dass die Ausgaben den Aufgaben zu folgen haben, in Zweifel zieht; anders wohl noch *ders.,* Verwaltung 39 (2006) 155 (156); krit. auch *J.-P. Schneider,* in: AK GG, vor Art. 104a (2001) Rn. 7; *Heun* DVBl 1996, 1020 (1021); *Heun/Thiele,* in: Dreier III, vor Art. 104a Rn. 20. Jur. wenig hilfreich und sachl. angreifbar ist es, die Finanzverfassung als einen „Spiegel" oder „Seismogramm" für bundesstaatliche „Wandlungsprozesse" zu bezeichnen, so aber *Schuppert* StWiss 6 (1995), 675 (691); *Oeter,* Integration und Subsidiarität im deutschen Bundesstaatsrecht, 1998, S. 508.

[169] *Vogel/Waldhoff* BK, vor Art. 104a (1997) Rn. 74; *Huber,* 65. DJT Bd. I, 2004, S. D 128; aA *Korioth,* Finanzausgleich, S. 407 Fn. 1, als Folge seines Fehlverständnisses von der Finanzverfassung als „Folgeverfassung" (→ Rn. 45); w. Nachw. bei *Erbguth,* Art. 29 Rn. 18, der aber selbst von einem Vorrang ausgeht.

[170] BVerfGE 113, 167 (200); *Heun* FS Selmer, 2004, S. 657 (666) mwN; aA *F. Kirchhof* HStR V, § 125 Rn. 21; *ders.* DRV 1989, 32 (37 f.); *ders.* FS Dürig, 1990, S. 447 (459 ff.).

[171] Dazu eingehend *Stern,* StaatsR II, S. 1128.

[172] BVerfGE 1, 117 (119).

[173] BVerfGE 1, 117 (119) (Hervorhebung nicht im Original). Der vertikale Finanzausgleich kann durch die Art der Verteilung und möglicherweise Weitergabe (Rückgabe) umverteilende, „redistributive" Wirkung haben, vgl. BVerfGE 83, 362 (390).

[174] Vgl. *Kamp/Langheinrich/Stamm,* Die Ordnung der öffentlichen Finanzen, 1971, S. 57, 73; *Hidien* BK, Art. 106 (2001) Rn. 237 ff.; *Stern,* StaatsR II, S. 1161, 1171.

nisse korrigierenden, weiteren Umverteilung unterscheidet. Mit der „primären Aufteilung" wird den Ländern die ihnen „originär zustehende Finanzausstattung" zugewiesen. Deshalb sollten sowohl die vertikale als auch die horizontale Primärverteilung begriffl. zum Finanzausgleich gerechnet werden.

Danach ergeben sich **vier** Grundmuster des Finanzausgleichs, da die einzelnen Elemente (horizontal, **48** vertikal, primär, sekundär) in beliebiger Kombination auftreten. Weniger treffend wird auch von vier Stufen des Finanzausgleichs gesprochen, obwohl es sich genau genommen um eine Matrix handelt. Das BVerfG legt diese vier Kombinationen ebenfalls implizit zugrunde, setzt die denkbaren Varianten aber in ein Stufenverhältnis (→ Rn. 52).[175] Der Finanzausgleich im anglo-amerikanischen Raum wird häufig als „fiscal federalism" bezeichnet,[176] trifft damit aber auch nicht genau das System des Bundesfinanzausgleichs, der besser als „equalization system" zu bezeichnen wäre.[177]

Diese Unterscheidungen haben nicht nur theoretische oder rechtspolitische Bedeutung, sondern **49** bestimmen maßgebend die Auslegung der entspr. Vorschriften, die zumindest in ihrem Ausgangspunkt ein abgestimmtes **System** zu verwirklichen suchen und dadurch ihren spezifischen Sinn erhalten, der bei **Auslegung** und **Anwendung** zu beachten ist. Auch nach der Rspr. des BVerfG macht es einen erhebl. Unterschied, ob eine Vorschrift originäre Steuerquellen verteilt (primärer Finanzausgleich) oder eine Umverteilung der daraus zugeflossenen Einnahmen vornimmt (sekundärer Finanzausgleich).

Die Steuerquellen können im primären Finanzausgleich nur jeweils einer ertragsberechtigten Kör- **50** perschaft (Bund) oder der Ländergesamtheit zugeteilt werden. Das wäre ein mehr oder weniger reines **Trennsystem.** Sie können aber auch den Ertragsberechtigten gemeinschaftl. zugewiesen werden. Sie erhalten dann den ihnen zustehenden Anteil nach einem festgelegten Verteilungsschlüssel. Das wäre ein **Verbundsystem.** Die danach den Ertragsberechtigten zustehenden Anteile sind originäre („eigene") Steuerquellen und nicht bloß Finanzzuweisungen (zu ihnen → Art. 104b Rn. 12).

## IV. Ausgestaltung des Finanzausgleichs im GG

Das GG enthält ein **mehrstufiges System zur Verteilung des Finanzaufkommens** im Bundes- **51** staat.[178] Ziel dieser Verteilung ist es, „Bund und Länder finanziell in die Lage zu versetzen, die ihnen verfassungsrechtlich zukommenden Aufgaben wahrzunehmen". Damit „können sich Eigenständigkeit und Eigenverantwortung der Aufgabenwahrnehmung entfalten". Bund und Ländern muss im Rahmen der vorhandenen Finanzmasse soweit wie möglich eine „angemessene Finanzausstattung" verschafft werden.[179] Sinn des Finanzausgleichs kann es aber nicht sein, die Unterschiede zwischen den Ländern einzuebnen oder gar über zu kompensieren. Es gilt ein **Nivellierungsverbot** als „ungeschriebene Grenze" des (horizontalen) Finanzausgleichs,[180] das allerdings schwer zu quantifizieren ist.[181]

Die Vorschriften der Finanzverfassung regeln nach der Vorstellung des BVerfG „die Verteilung des **52** Finanzaufkommens in verschiedenen **aufeinander aufbauenden** und aufeinander bezogenen **Stufen,** wobei jeder Stufe bestimmte Verteilungs- und Ausgleichsziele zugeordnet sind. Daraus ergibt sich insgesamt ein verfassungsrechtl. normiertes Gefüge des Finanzausgleichs, das zwar durchaus beweglich und anpassungsfähig ist, dessen einzelne Stufen aber nicht beliebig funktional ausgewechselt oder übersprungen werden können".[182] Das GG sieht im Einzelnen folgende Verteilungen vor:

1. Verteilung der Ertragshoheit zwischen Bund und Ländern, **primärer vertikaler Finanzausgleich** (→ Rn. 55)
2. Ertragsaufteilung zwischen den Ländern, **primärer horizontaler Finanzausgleich** (→ Rn. 56)
3. Umverteilung unter den Ländern, **sekundärer horizontaler Finanzausgleich** (→ Rn. 57)
4. **sekundärer vertikaler Finanzausgleich** und Mischfinanzierungstatbestände (→ Rn. 57 f.).[183]

---

[175] Explizit für ein Stufenverhältnis *Fuest/Thöne,* Hdb Föderalismus II, § 37 Rn. 26–28; *Waldhoff* DVBl 2013, 677 (684).

[176] *Stiglitz,* Economics of the Public Sector, 3. Aufl. 2000, Kap. 26. In den verfassungsrechtl. Werken wird der Begriff allerdings nicht verwendet, da die amerikanische Verfassung keine dem Art. 107 vergleichbare Vorschrift enthält, vgl. *Currie,* The Constitution of the Federal Republic of Germany, 1994, S. 59.

[177] Vgl. *Grazzini/Petretto* FinArch 68 (2012), 303, die von „revenue equalization" sprechen.

[178] Deutlich BVerfGE 72, 330 (383–387); weniger klar BVerfGE 101, 158 (219–225); modifiziert in BVerfGE 116, 327 (LS, 378): mehrstufiges System „zur Verteilung des Finanzaufkommens im Bundesstaat", um „Bund und Ländern die Erfüllung ihrer verfassungsmäßigen Aufgaben in staatlicher Eigenständigkeit und Eigenverantwortung finanziell zu ermöglichen".

[179] BVerfGE 72, 330 (383); sinngem. ebenso BVerfGE 86, 148 (215 f.).

[180] Wörtl. oder sinngem. BVerfGE 1, 117 (131 f.); 72, 330 (398); 86, 148 (214 f.); 101, 158 (222); 116, 327 (380); *Heintzen,* in: v. Münch/Kunig II, Art. 107 Rn. 29; *Birk,* in: AK GG, 2. Aufl., Art. 107 Rn. 10; *Birk/Wernsmann* DÖV 2004, 868 (871); *Vogel/Kirchhof* BK, Art. 107 (1971) Rn. 50; *dies.* BK, vor Art. 104a (1997) Rn. 78; *Seiler,,* in: Maunz/Dürig, Art. 107 (2018) Rn. 79; *Waldhoff* HStR V, § 116 Rn. 73; *Korioth,* Finanzausgleich, S. 612 f.; *Häde,* Finanzausgleich, S. 239, allerdings unter Beschränkung auf den Länderfinanzausgleich; *Meyer* KritV 2008, 133 (148 ff.).

[181] Nähere Darstellung bei *Vogel/Waldhoff* BK, vor Art. 104a (1997) Rn. 79 f.

[182] BVerfGE 72, 330 (383, 385); 101, 158 (214); ihm folgend *Waldhoff* HStR V, § 116 Rn. 73; *ders.,* DVBl 2013, 677 (684).

[183] So auch deutlich BVerfGE 101, 158 (219–226); ebenso *Birk/Wernsmann* DÖV 2004, 868 (869 f.); *Fuest/Thöne,* Hdb Föderalismus, § 37 Rn. 28, mit Darstellung der zahlreichen Ungereimtheiten und Fehlanreize vor allem des horizontalen und vertikalen sekundären Ausgleichs (Rn. 51–67, 68–85).

**53**   **1. Verteilung von Einnahmequellen (primärer Finanzausgleich).** Ausdrücklich ist im GG – von unbedeutenden Ausnahmen abgesehen – nur die Verteilung von **Steuererträgen** geregelt. Gemeint ist die Ertragshoheit in dem Sinne, dass eine (Steuer-)Quelle zugewiesen wird. Davon zu unterscheiden ist der einfachgesetzl. Steueranspruch nach dem SteuerschuldR gegen den Bürger. Die Ertragshoheit für **Vorzugslasten** (Gebühren und Beiträge) folgt der Verwaltungskompetenz[184] oder dem Gegenstand der Sachregelung,[185] da sie Ausgleich für individuelle Leistungen des Staates sind. Im Schrifttum ist vertreten worden, dass die Ertragshoheit für **Sonderabgaben** und sonstige **nichtsteuerl. Einnahmen** dagegen der Gesetzgebungskompetenz folgen solle[186] und auch rechtl. verselbstständigten Einrichtungen zugewiesen werden könne.[187] Das ist aber inkonsequent und zeigt zudem, dass eine eigenständige Kategorie „Sonderabgaben" ein Fremdkörper in der Finanzverfassung des GG ist (näher → Rn. 147 ff.). Schließlich hat das BVerfG für alle Einnahmen, die nicht aus Steuern oder Finanzmonopolen stammen und bei denen „ein unmittelbarer Zusammenhang mit der Erfüllung einer bestimmten öffentlichen Aufgabe oder Tätigkeit besteht", klargestellt, dass „die Ertragszuständigkeit" grds. der **Verwaltungszuständigkeit** „für die Sachaufgabe, für die die Abgabe erhoben" wird, folgt, wenn keine anderweitige Regelung besteht.[188]

**54**   Mit den Vorschriften über die „primäre Aufteilung des Steueraufkommens" weist das GG Bund und Ländern die ihnen **„originär" zustehende Finanzausstattung** zu.[189] Sie erfolgt zunächst vertikal, also im Verhältnis des Bundes zur Ländergesamtheit, und dann horizontal, also im Verhältnis der einzelnen Länder untereinander.

**55**   Die **vertikale** Steuerertragsaufteilung[190] ist in Art. 106 geregelt. Sie folgt in der Grundanlage immer noch dem Trennsystem (→ Rn. 50). Die Aufkommen stärksten Einzelsteuern sind aber mittlerweile nach dem Verbundsystem (→ Rn. 50) als Gemeinschaftsteuern ausgestaltet. Ihre Aufteilung ist in Art. 106 III durch das GG selbst festgelegt. Davon ausgenommen ist nur die Umsatzsteuer. Sie wird durch einfaches BundesG zwischen Bund und Ländern aufgeteilt. Das GG gibt dafür in Art. 106 III 3 und IV ledigl. Leitlinien vor. Die damit ermöglichte Beweglichkeit wird aber nun durch das vom BVerfG geforderte MaßstäbeG eingeschränkt (→ Rn. 61).

**56**   Aufgrund der so vorgenommenen Verteilung der Steuererträge zwischen Bund und Ländergesamtheit erfolgt dann die Aufteilung des Anteils der Ländergesamtheit auf die einzelnen Länder. Diese primäre **horizontale** Steuerertragsaufteilung ist in Art. 107 I geregelt und richtet sich nach dem „Prinzip des örtlichen Aufkommens" (dazu näher → Art. 107 Rn. 7 ff.). Eine abw. Regelung ist wieder nur für die Umsatzsteuer getroffen worden. Sie wird grds. nach der Einwohnerzahl aufgeteilt. Beide Regelungen hat die Verfassungsänderung von 2017 im Wesentlichen nicht angetastet. Beseitigt wurde allerdings die Möglichkeit, Ergänzungsanteile (bis zu 25 % des Länderanteils) „vorweg" an finanzschwache Länder zuzuweisen („Umsatzsteuervorwegausgleich" nach Art. 107 I 4 aF). Die Verteilung des Umsatzsteueranteils der Länder erfolgt jetzt einheitlich im System der Zu- Abschläge nach Art. 107 II 2.

**57**   **2. Der Finanzkraftausgleich.** Der primäre Finanzausgleich wird im Interesse einer ausgewogenen Finanzausstattung aller Länder durch einen sekundären Finanzausgleich, also einer Umverteilung durch Leistungen aus „eigenen" Finanzmitteln, korrigiert. Diese Korrektur und Ergänzung erfolgen wieder horizontal und vertikal: Art. 107 II 1 aF sah einen **horizontalen** Ausgleich unter den Ländern vor, zum Teil auch **Finanzausgleich ieS** genannt. Er hatte zum Ergebnis, dass die finanzschwachen Länder 95 % der durchschnittl. Finanzkraft aller Länder erreichen. Daneben eröffnete Art. 107 II 3 dem Bund die Möglichkeit, aus seinen Mitteln, also im Wege eines ergänz., **vertikalen** Finanzausgleichs „Ergänzungszuweisungen" an leistungsschwache Länder zu gewähren.

**57a**   Die Verfassungsänderung 2017 hat die Verteilung des Aufkommens der Umsatzsteuer auf die einzelnen Länder neu geordnet und vorgeschrieben, dass sie – unter Wegfalls des Vorweganteils (Art. 107 I 4 aF) – in **einem** Ausgleichsschritt zusammengefasst wird (Art. 107 II 2). Der in Art. 107 II 1 alte und neue Fassung vorgeschriebene Ausgleich der unterschiedlichen Finanzkraft der Länder erfolgte bisher durch Zahlungen zwischen den Ländern, Finanzausgleich i. e. S. Er war Teil der primären Einnahmeverteilung. Durch die Neuregelung wurde der in Art. 107 II 1 unverändert vorgeschriebene Ausgleich der Finanzkraftunterschiede in die neugestaltete Umsatzsteuerverteilung (des Länderanteils) integriert und als **Finanzkraftausgleich** umetikettiert. Das war er bei richtiger Interpretation (→ Rn. 59). auch schon vorher. Funktional führt der neugestaltete Ausgleich zu primä-

---

[184] Vgl. *Pieroth,* in: Jarass/Pieroth, Art. 106 Rn. 2; *Vogel/Waldhoff* BK, vor Art. 104a (1997) Rn. 43, 425; *Heun,* in: Dreier III, Art. 106 Rn. 8.

[185] Näher *Stern,* StaatsR II, S. 1160.

[186] *Hidien* BK, Art. 106 (2001) Rn. 574; *Pieroth,* in: Jarass/Pieroth, Art. 106 Rn. 2; *Heun,* in: Dreier, III, Art. 106 Rn. 8.

[187] *Pieroth* ebda.

[188] BVerfGE 105, 185 (193). Inkonsequent benennt das BVerfG dann aber doch sowohl die Gesetzgebungs- als auch die Verwaltungskompetenz für die entspr. Sachmaterie.

[189] BVerfGE 72, 330 (385).

[190] Begriff jetzt auch bei BVerfGE 145, 171 (192 Rn. 63) (Kernbrennstoffsteuer).

ren Einnahmen des jeweiligen Landes, die aber nach umverteilenden Gesichtspunkten bemessen sind. Dieser Finanzkraftausgleich ist damit an erster Stelle **primärer** Finanzausgleich, enthält aber zugleich – wegen seiner umverteilenden Elemente – Teil des **sekundären** Finanzausgleichs.

Die Zuweisungen im Rahmen von Mischfinanzierungtatbeständen (Gemeinschaftsaufgaben nach　**58** Art. 91a bis e sowie Geldleistungen nach Art. 104a III und Finanzhilfen nach Art. 104b–104d) sind teilweise ebenfalls an Finanzkraftunterschieden orientiert („leistungsschwach"). Zumindest wegen ihrer ökonomischen Konsequenzen sind sie auch als Teil des sekundären Finanzausgleichs zu betrachten.[191]

**3. Keine Berücksichtigung des Finanzbedarfs.** Die gesamte Regelung des Finanzausgleichs im　**59** GG ist dadurch gekennzeichnet, dass **Bedarfsgesichtspunkte** nur ausnahmsweise berücksichtigt werden dürfen. Das gilt sowohl für den primären als auch für den sekundären Finanzausgleich. Im Vordergrund stehen generelle und bedarfsunabhängige Verteilungsmaßstäbe, wie das Prinzip des örtl. Aufkommens oder die Einwohnerzahl, die allenfalls in sehr abstraktem Sinne als Indikator für den Finanzbedarf angesehen werden können. Auch der sekundäre Finanzausgleich darf grds. nicht unterschiedlichen Finanzbedarf befriedigen, sondern nur Finanzkraftunterschiede ausgleichen. Ein Fremdkörper war und ist die Nennung des „Finanzbedarfs" der Kommunalkörperschaften neben ihrer „Finanzkraft", die bei Ausgleich zu berücksichtigen sind. Entsprechendes gilt für die Möglichkeiten zur Gewährung von Zuweisungen des Bundes an „leistungsschwache" Länder. Ihre Ausweitung durch die Verfassungsänderung 2017 (Art. 107 II 6) hat aber an der Geltung dieses Grundsatzes nichts geändert. Die Umbenennung der Umsatzsteuerverteilung als Finanzkraftausgleich (Überschrift, § 1 I 1 MaßstäbeG, → Rn. 66) unterstreicht dagegen die weiter geltende prinzipielle Orientierung an der Finanzkraft.

**Sonderbedarfe** einzelner Länder müssen unberücksichtigt bleiben.[192] Sonst entstünde der unwider-　**60** stehliche Anreiz, durch polit. Entscheidungen einen Bedarf zu erzeugen, der von dritter Seite zu decken wäre.[193] Nur zwei Ausnahmen hat das BVerfG im Rahmen des sekundären Finanzausgleichs weiterhin anerkannt: den Sonderbedarf der Stadtstaaten und den für die Unterhaltung der Seehäfen.[194] Auch der Begriff **leistungsschwache Länder** in Art. 107 II 5 und 6 ist nicht allein aufkommensorientiert, sondern bezeichnet die Relation zwischen Finanzaufkommen und Ausgabenlasten eines Landes. Das bedeutet, dass der Bund bei der Vergabe von Bundesergänzungszuweisungen Sonderlasten einzelner Länder berücksichtigen darf. Sie müssen jedoch als Ergänzung und nicht als Ersatz des primären und des sekundären horizontalen Finanzausgleichs angelegt sein und haben **Ausnahmecharakter.**[195]

**4. Konkretisierung und Ergänzung der verfassungsrechtlichen Maßstäbe durch den Ge-　61 setzgeber.** In seiner Entscheidung zum Finanzausgleich vom 11. November 1999 hat das BVerfG – etwas überraschend und dogmatisch nur schwer nachvollziehbar – einen besonderen **Regelungsauftrag** für den (einfachen) Gesetzgeber zur Konkretisierung und Ergänzung verfassungsrechtl. **Maßstäbe** erfunden. Die Finanzverfassung enthalte „keine unmittelbar vollziehbaren Maßstäbe, sondern verpflichte den Gesetzgeber, das verfassungsrechtlich nur in unbestimmten Begriffen festgelegte Steuerverteilungs- und Ausgleichssystem entspr. den vorgefundenen finanzwirtschaftlichen Verhältnissen und finanzwissenschaftlichen Erkenntnissen durch unmittelbar anwendbare, allgemeine und ihn selbst bindende Maßstäbe gesetzlich zu konkretisieren und zu ergänzen".[196] Diese Konkretisierung und Ergänzung sollte nach Vorstellung des BVerfG „,– unabhängig von wechselnden Ausgleichsbedürfnissen und von konkreten Zuteilungs- und Ausgleichssummen –" abstrakt und für lange Zeiträume erfolgen.[197] Besonderen Wert legte das Gericht nicht nur auf die **Dauerhaftigkeit** und **Langfristigkeit** der Maßstäbe, sondern auch auf ihre **zukunftsgestaltende Wirkung.** Deshalb müsse das „maßstabgebende Gesetz" zeitlich **vor** seiner konkreten **Anwendung** im FinanzausgleichsG beschlossen werden.[198] Dieses **MaßstäbeG** bedürfe der Zustimmung des BR.[199] Dabei hat sich das Gericht im Schwerpunkt von der Auffassung leiten lassen, dass eine „rein interessenbestimmte Verständigung über Geldsummen" ausgeschlossen oder erschwert werden sollte.[200]

Die Entscheidung hat damit dem Gesetzgeber ein **zweistufiges** Verfahren vorgegeben: (1) Zu-　**62** nächst sollten die verfassungsrechtl. Grundsätze in einem MaßstäbeG „inhaltlich zu verdeutlichen und

[191] Vom BVerfG zutr. in das finanzverfassungsrechtl. System des GG zur „Verteilung des Finanzaufkommens im Bundesstaat" miteinbezogen, BVerfGE 101, 158 (225).

[192] Dazu näher → Art. 107 Rn. 33.

[193] Zust. zur Gefahr von Fehlanreizen Birk/Wernsmann DÖV 2004, 868 (874).

[194] Dazu näher → Art. 107 Rn. 34.

[195] Dazu näher → Art. 107 Rn. 50–65.

[196] BVerfGE 101, 158 (215, 238).

[197] BVerfGE 101, 158 (215, 217 f., 226).

[198] BVerfGE 101, 158 (217 f.): „... dass die Maßstäbe der Steuerzuteilung und des Finanzausgleichs bereits gebildet sind, bevor deren spätere Wirkungen konkret bekannt werden"; „kann die Vorherigkeit des Maßstäbegesetzes eine institutionelle Verfassungsorientierung gewährleisten".

[199] BVerfGE 101, 158 (219).

[200] BVerfGE 101, 158 (217).

seine verfassungskonkretisierenden Maßstäbe der Zuteilung und des Ausgleichs tatbestandlich zu benennen" sein. (2) Sodann sollten „aus diesen Maßstäben die konkreten finanzrechtlichen Folgerungen für die jeweilige Ertragshoheit, Zuweisungsbefugnis und Empfangsberechtigung, Ausgleichsberechtigung und Ausgleichsverpflichtung zu ziehen" sein.[201]

63　Das Gericht nannte als vier **Hauptaufgaben** für das MaßstäbeG die Festlegung von (1) Maßstäben für die vertikale Umsatzsteuerverteilung zwischen Bund und Ländergesamtheit, Art. 106 III 4 aF, (2) Kriterien für die Gewährung von Umsatzsteuerergänzungsanteilen, Art. 107 I 4, 2. Hs. aF, (3) Voraussetzungen für Ausgleichsansprüche und Ausgleichsverbindlichkeiten sowie die Maßstäbe für deren Höhe im Länderfinanzausgleich, Art. 107 II 2 aF, (4) Maßstäben für die Benennung und Begründung der Bundesergänzungszuweisungen, Art. 107 II 3 aF.[202]

64　Diese Forderung des BVerfG an den Gesetzgeber steht zT in Widerspruch zu seiner bisherigen Rspr., stieß in jedem Fall aber auf erhebliche dogmatische und praktische Schwierigkeiten.[203] Es gab **keine Grundlage** für ein derartiges Postulat in der Verfassung. Im Gegenteil ging Art. 107 II 1 von **einem** Gesetz zur Regelung des Finanzausgleichs aus (→ Art. 107 Rn. 41). Nur im Spezialfall der Bundesergänzungszuweisungen verlangte Art. 107 II 2 die Festlegung von Maßstäben in einem Gesetz. Sie hatte aber in dem Gesetz zu erfolgen und nicht auf einer vorgelagerten Stufe.[204] Wenn das GG ein MaßstäbeG mit der Breitenwirkung, wie es das Gericht verlangt, vorgeschrieben hätte, wäre es ein leichtes gewesen, das ausdr. anzuordnen, wie es beispielsweise in Art. 109 III geschehen ist.[205] Eine **Bindung** des **Gesetzgebers** durch ein derartiges Gesetz ist nach bisherigem Verständnis nicht begründbar und auch vom Gericht nur behauptet, aber nicht begründet worden.[206] Sie kann auch nicht im Wege der Selbstbindung entstehen.[207] Bei Gesetzen gleicher Rangstufe muss das „lex posterior" vorgehen.[208] Das MaßstäbeG ist zudem kein geeigneter Prüfungsmaßstab in einem möglichen Normenkontrollverfahren, da darin Gesetze nur auf ihre Vereinbarkeit mit dem GG, nicht aber mit einem MaßstäbeG, zu überprüfen sind. Diese Regelung steht auch nicht zur Disposition des einfachen Gesetzgebers.[209]

65　Die **Verfassungsänderung 2017** hat einem Bedenken Rechnung getragen. Art. 107 II 3 enthält nunmehr einen Auftrag zur gesetzlichen Regelung von „Maßstäben", spricht aber weiterhin von „dem" Gesetz, in dem sowohl die Verteilung als auch die Maßstäbe geregelt sein sollen. Auch wenn man dieser Formulierung nicht die Anordnung „eines" Gesetzes sehen will, bleiben die anderen Probleme, Rangordnung, Bindung des Gesetzgebers durch einfaches Gesetz und ihre Durchsetzung ungelöst.

66　Das im Jahre 2001 erlassene und 2017 an die Verfassungsänderung angepasste **MaßstäbeG**[210] entspricht äußerlich den Vorgaben des BVerfG (→ Rn. 63). Nach der Anpassung enthält es drei wesentliche Regelungskomplexe, denen allg. Bestimmungen vorangestellt sind (Abschn. 1), vertikale Umsatzsteuerverteilung nach Art. 106 III 4 und IV 1 (Abschn. 2), horizontale Umsatzsteuerverteilung nach Art. 107 I 4 (Abschn. 3) und Bundesergänzungszuweisungen nach Art. 107 II 6 (Abschn. 5). Es fehlt jedoch nach wie vor eine klare **Anordnung der Bindung** an die Maßstäbe des Gesetzes. Die in § 1 II MaßstG getroffenen Feststellungen sind Gemeinplätze, haben aber keinen normativen Gehalt. Ob damit auch inhaltl. den Forderungen des BVerfG entsprochen worden ist, dürfte zu bezweifeln sein.[211] Schon vor Erlass des Gesetzes war prognostiziert worden, dass namentlich die gesetzl. Regelung

---

[201] BVerfGE 101, 158 (216).

[202] BVerfGE 101, 158 (214 f.).

[203] Insgesamt krit. *Bull/Mehde* DÖV 2000, 305 (305 ff.); *Christmann* DÖV 2000, 315 (315 ff.); *Linck* DÖV 2000, 325 (329); *Lindner* NJW 2000, 3757 (3757 ff.), mit besonderer Erörterung der Figur des „Schleiers des Nichtwissens"; *Pieroth* NJW 2000, 1086 (1086 ff.); *H. P. Schneider/Berlit* NVwZ 2000, 841 (844); *Rupp* JZ 2000, 269 (269 ff.); *J.-P. Schneider,* in: AK GG, Art. 106 (2001) Rn. 15, 20; *ders.* Der Staat 40 (2001), 272 (296 ff.); *Trzaskalik* FS Rudolf, 2001, S. 379 (387); *Wieland* DVBl 2000, 1310 (1312 f.); *K.-A. Schwarz* MKS, III, Art. 106 Rn. 30 f.; *Starck* FS Öhlinger, 2004, S. 254 (269 f.); unter dem Stichwort „Maßstablosigkeit des MaßstG" krit. auch *Seiler,* in: Maunz/Dürig, Art. 107 (2018) Rn. 80; zT zust. *Degenhart* ZG 2000, 79 (79 ff.); *Ossenbühl* FS K. Vogel, 2000, S. 227 (230–234); *Waldhoff* ZG 2000, 193 (193 ff.), der Vorbilder aus den romanischen Rechtskreisen darstellt (S. 212 f.), die aber nur bedingt mit der nordatlantischen Verfassungstradition, der sich das GG angeschlossen hat, zu vergleichen sind; *Mehde,* Wettbewerb, S. 193: „bestechender Gedanke, … dass die Konkretisierung der Regeln des Finanzausgleichs quasi [!] zu einer Aufgabe reift, die sich in reiner Deduktion aus den abstrakten Maßstäben erschöpft." Der jur. Gehalt dieser Erwägungen bleibt aber dürftig.

[204] Im Wesentlichen wie hier *Becker* NJW 2000, 3742 (3744); *J.-P. Schneider* Der Staat 40 (2001), 272 (296).

[205] *Linck* DÖV 2000, 325 (328); *Rupp* JZ 2000, 269 (270); ähnl. *K.-A. Schwarz* MKS III, Art. 106 Rn. 30.

[206] Deutl. BVerfGE 101, 158 (217 oben).

[207] Vgl. *Linck* DÖV 2000, 325 (326 f.), der sich zu Recht ausdr. auch gegen die „Systemgerechtigkeit" als ein allg. Verfassungspostulat ausspricht.

[208] Zutr. *Rupp* JZ 2000, 269 (271) allenfalls „Selbstverpflichtung"; *Wieland* DVBl 2000, 1310 (1313), unter Hinw. auf die Fundierung der Regel im Demokratieprinzip; *Becker* NJW 2000, 3742 (3745); *K.-A. Schwarz* MKS III, Art. 106 Rn. 30 f.; aA *Ossenbühl* FS K. Vogel, 2000, S. 227 (232); zuvor schon *ders.* DÖV 1969, 548 (548 ff.), zur ähnl. Problematik bei der kommenden Neugliederung durch Gesetz.

[209] *Isensee* FS Leisner, 1999, S. 359 ff.; *Ossenbühl* FS K. Vogel, 2000, S. 227 (239).

[210] MaßstäbeG v. 9.9.2001 (BGBl I 2302); geänd. durch Art 1 des G zur Neuregelung des bundesstaatlichen Finanzausgleichssystems ab dem Jahr 2020 und zur Änderung haushaltsrechtlicher Vorschriften v. 14.8.2017 (BGBl I 3122).

[211] So auch *Mehde,* Wettbewerb, S. 194: lassen „wohlmeinende Intention" des BVerfG „ins Leere laufen".

für die Verteilung des Umsatzsteueraufkommens nach Art. 106 III 4 wieder so verabschiedet werden würde, dass eine vorher ausgehandelte Verteilung des Umsatzsteueraufkommens nachträgl. mit abstrakten Umschreibungen festgeschrieben würde.[212]

## E. Die Einnahmen des Staates

## I. Verfassungsrechtliche Grundanforderungen

Obschon das GG dem Finanzwesen des Staates einen besonderen Abschn. widmet, fehlt eine umfass. **67** Normierung, wie der staatl. **Finanzbedarf** zu decken ist. Die Verfassung geht vielmehr von einzelnen **Finanzierungsformen** aus. Sie sind zum Teil ausf. geregelt (Steuern und Kreditaufnahme), zum Teil bloß erwähnt (Gebühren: Art. 74 I Nr. 22, Art. 80 II, Einnahmen aus Beteiligungsvermögen: Art. 110 I, 135 VI) oder nur stillschweigend vorausgesetzt. Ohne jegl. Anknüpfungspunkt im GG hat das BVerfG darüber hinaus zu Beginn der 80er Jahre eine völlig neue Kategorie kreiert: die Sonderabgaben. Um begriffl. einigermaßen Klarheit zu gewinnen, hat sich eingebürgert, für alle Formen des hoheitl. Geldtransfers von Privaten auf den Staat den Begriff „Abgabe" zu verwenden.[213] Er umfasst als wichtigste Untergruppen die Steuern, die Vorzugslasten (Gebühren und Beiträge), die Sozialversicherungsbeiträge und die Sonderabgaben, nicht aber Verspätungszuschläge, Geldbußen, Geldstrafen und Zwangsgelder.[214] Für die finanzverfassungsrechtl. **Einordnung** einer **Geldleistungspflicht** kommt es dabei weder auf ihre Bezeichnung durch den Gesetzgeber noch auf ihre haushaltsmäßige Behandlung an. Entscheidend ist allein ihr **materieller Gehalt.**[215]

Lange Zeit hat das BVerfG beträchtliche Mühe aufgewandt, um eine konkrete Abgabe einer dieser **68** Finanzierungsformen zuzuordnen[216] und damit zugleich über ihre Zulässigkeit zu entscheiden. Davon ist es aber in den letzten Jahren immer mehr abgerückt und lässt zunehmend **neue Abgabeformen** zu[217] oder weicht einer sachlichen Zuordnung aus.[218] Damit verfehlt es zunehmend eine der Hauptaufgaben, die dem Verfassungsrecht zukommt: dem abgabeneinfordernden Herrscher Grenzen zu setzen. Es ist keineswegs so, dass das Abgabenleid des Bürgers ein natürliches Hindernis für den um seine Wiederwahl besorgten Politiker bildet. Es existieren verschiedene Asymmetrien und (Markt-) Unvollkommenheiten, die das – zumindest in Deutschland – weitgehend verhindern. Als besonders abschreckendes Beispiel soll hier nur die monströse Zweitwohnungsteuer genannt werden. Formenstrenge und Formenklarheit haben, nicht zuletzt im Finanzverfassungsrecht, ihren guten Sinn (→ Rn. 140).[219]

Vielfach ist versucht worden, einen **Vorrang** der **Steuerfinanzierung** aus der Charakterisierung **69** der BRD als **Steuerstaat** abzuleiten. Dieser – der Finanzwiss. entlehnte Begriff – hatte seinen Ursprung in der Kontroverse über die vorzugswürdige Finanzierung der Lasten des Ersten Weltkriegs in Deutschland.[220] Schon vor 100 Jahren stand dabei aber eher die „Krise des Steuerstaates" im Mittelpunkt des Interesses.[221] Staatstheorie und Staatsrechtswiss. haben den Begriff erst spät aufgegrif-

---

[212] Deutlich *Linck* DÖV 2000, 325 (329); *Ossenbühl* FS K. Vogel, 2000, S. 227 (229, 239); *Rupp* JZ 2000, 269 (270): „wirklichkeitsfremd"; ferner *Lindner* NJW 2000, 3757 (3758); *Wieland* FS 50 Jahre BVerfG I, 2001, S. 771 (795 f.); *ders.* FS Selmer, 2004, S. 971 (979 f.) sehr krit. auch: *Scholz* FS Badura, 2004 S. 491 (508, 510); *Selmer* NVwZ 2003, 1304 (1309); *Waldhoff* Verwaltung 39 (2006), 155 (161); *Seiler*, in: Maunz/Dürig, Art. 107 (2018) Rn. 80: „ungenügend".

[213] Dazu *Selmer* FS Starck, 2007, S. 435 (436 f.).

[214] *Drüen*, in: Tipke/Kruse (Hrsg.), Abgabenordnung, § 3 (2007), Rn. 7, 7a; *Seer*, in: Tipke/Lang, Steuerrecht 23. Aufl. 2018, § 2 Rn. 1, 9.

[215] BVerfGE 49, 343 (353), unter fragwürdiger Berufung auf BVerfGE 7, 244 (251 f.); 55, 274 (304 f.); 65, 325 (344); 67, 256 (276); 82, 159 (177); 92, 91 (114); 93, 319 (345); 108, 1 (13); 186 (212); 110, 370 (384); 113, 128 (145 f.); 122, 316 (333); 124, 348 (364); 137, 1 (17 Rn. 40); 149, 222 (250 Rn. 56) (Rundfunkbeitrag); 37 BVerwGE 72, 212 (221); *Mußgnug*, FS Forsthoff, 1972, S. 259 (273 ff.).

[216] *Selmer/Brodersen* DVBl 2000, 1153 (1154).

[217] BVerfGE 78, 249 (266, 268): „Abschöpfungsabgabe".

[218] Wasserentnahmeabgaben BVerfGE 93, 319 (LS, 342, 345); Abfallabgaben BVerfGE 98, 83 (101); Beiträge und Umlagen zur Finanzierung der Industrie- und Handelskammern BVerfGE 146, 164 (191 Rn. 71); Rundfunkbeitrag BVerfGE 149, 222 (254 Rn. 65); s. a. → Rn. 177.

[219] BVerfGE 105, 185 (195); aus Sicht des Umweltschutzes verständlicherweise anders: *Murswiek* Verwaltung 33 (2000), 241 (280 ff.); *Heimlich* DÖV 1997, 996 (996 ff.); deutlich *Hendler/Heimlich* ZRP 2000, 325 (328 f.); zu Recht krit.: *Vogel/Waldhoff* BK, vor Art. 104a (1997) Rn. 423; *Selmer/Brodersen* DVBl 2000, 1153 (1155); *Sacksofsky*, Umweltschutz, S. 188–195; s. a. *dies.* NJW 2000, 2619; ferner *G. Kirchhof* Verwaltung 46 (2013), 349 (351), der aber verkennt (S. 367), dass die Zulässigkeitsvoraussetzungen je nach „Abgabenart" durchaus unterschiedlich sind.

[220] Einerseits: *Goldscheid,* Staatssozialismus oder Staatskapitalismus. 4./5. Aufl. 1917 (unveränd. Nachdruck der 2./ 3. Aufl. 1917), S. 24; *ders.,* HdbFW I, 1. Aufl. 1926, S. 151, 153; andererseits: *Schumpeter,* Die Krise des Steuerstaates, 1918, der für eine Finanzierung durch Abgaben plädierte; dazu *Sacksofsky,* in: Sacksofsky/Wieland (Hrsg.) Vom Steuerstaat zum Gebührenstaat, 2000, S. 188 (197).

[221] *Schumpeter* ebda; später: *Andic/Andic* FinArch nF 43 (1985), 454 (460 ff.); *Grauhan*, in: Res Publica, 1977, S. 129, 139; *Hedtkamp,* in: Staatsfinanzierung im Wandel, 1983, S. 11 ff.; *Wittmann,* Steuerstaat, 1986, S. 11 ff., und die Neuveröff. der maßgebenden Abhandlungen von Goldscheid und Schumpeter durch *Hickel,* in: Die Finanzkrise des Steuerstaates, 1976, mit einem Beitrag von *dems.* zu den Krisenproblemen des „verschuldeten Steuerstaates" (ebda, S. 7 ff.).

fen,[222] jedenfalls lange nach Schaffung des GG. Auch sie haben den „modernen Staat" als Steuerstaat charakterisiert,[223] bisweilen auch beschränkt auf den Staat „in den westlichen Demokratien"[224] oder den Staat des GG.[225] Damit verbunden war eine Wendung ins Normative: Der Staat des GG wird nicht allein als Steuerstaat analysiert, sondern er hat es von Verfassung wegen auch zu sein,[226] möglicherweise sogar gesichert durch Art. 79 III.[227] Dem hat sich das BVerfG in einer etwas merkwürdig anmutenden „Klammerdefinition" angeschlossen.[228] Ob damit auch die Bestrebungen, wieder mehr auf die Äquivalenz von staatlicher Leistung und finanz. Gegenleistung des Bürgers abzustellen, ohne weiteres als verfassungswidrig zu beurteilen sind,[229] ist so nicht sicher. Für die – durchaus nicht neue – Forderung nach mehr „Responsivität zwischen Aufgaben- und Finanzierungsentscheidung"[230] gibt es durchaus ernst zu nehmende Gründe; die eher durch eine (echte) Gebührenfinanzierung zu verwirklichen wären.

70     Bedeutung und normativer Gehalt des Begriffs sind aber bis zuletzt unklar geblieben und dürften eher plakativer Natur sein. Jedenfalls kann ihm nicht entnommen werden, dass es neben Steuern keine anderen Finanzierungsformen geben darf.[231] Anschließend ist sogar noch eine Weiterentwicklung zum **Abgabenstaat** erwogen worden.[232] Damit wird die rechtl. Bedeutung des Steuerstaatsprinzips aber weiter aufgeweicht. Schließlich ist auch noch die Entwicklung des Steuerstaates zum **Gebührenstaat** erörtert worden.[233] Die **Grundsatzkritik** an der Steuerstaatsdoktrin kommt im Wesentlichen, aber nicht nur,[234] aus dem Lager des Umweltschutzes,[235] wo gerne nichtsteuerl. Abgaben zur Verhaltenslenkung eingesetzt werden, da sie leichter durchsetzbar und weniger fühlbar sind als Gebote und Verbote. Soweit wirtschaftswiss. Postulate übernommen werden, wird allerdings häufig verkannt, dass sie nur Effizienzaussagen enthalten, wie das Coase-Theorem. Kategorien wie Gerechtigkeit, Fairness und Verfassungsmäßigkeit sind dabei regelmäßig ausgeklammert.

71     Dennoch kann dem GG jedenfalls eine **Grundsatzentscheidung** für die **Finanzierung** des Staates durch **Steuern** entnommen werden.[236] Das ergibt sich einmal aus der quantit. und qualit. Sonderbe-

---

[222] Bezeichnend aber bereits (beiläufig und negativ) mit der Unterscheidung zwischen dem „heutigen Staat" und „Deutschland": *C. Schmitt,* Der Hüter der Verfassung, 1931, S. 81, ferner S. 92; *ders.,* Über die drei Arten des rechtswissenschaftlichen Denkens, 1934, S. 51; andeutungsweise auch *Köttgen* VVDStRL 6 (1929), 8 (31 f.); zur Entwicklung des Begriffs vgl. *K. Vogel* Der Staat 25 (1986), 498 (498 ff.), vor allem Fn. 123; *ders.* HStR II, § 30 Rn. 51 ff.; *Heun,* in: Sacksofsky/Wieland (Hrsg.), Vom Steuerstaat zum Gebührenstaat, 2000, S. 10 (11 ff.); *Wieland* FS 50 Jahre BVerfG I, 2001, S. 771 (776 f.).

[223] *H. Krüger,* Staatslehre, 2. Aufl. 1966, S. 897; ebenso jetzt auch *P. Kirchhof* Verwaltung 46 (2013), 349 (368) ohne entspr. Nachweis.

[224] *K. Vogel* Der Staat 25 (1986), 516.

[225] *Zeidler* VVDStRL 19 (1961), 208 (214) („unser Staat"); *Isensee,* in: Staatsfinanzierung im Wandel, S. 437: „Der Staat des Grundgesetzes ist Steuerstaat"; *Pieroth,* in: Jarass/Pieroth, Art. 105 Rn. 2: „… werden die öffentlichen Aufgaben grundsätzlich nur aus Steuern finanziert (Prinzip des Steuerstaates …)"; *Schmehl,* Äquivalenzprinzip, S. 68: „… ist Deutschland nicht nur, aber wesentlich auch als ‚Steuerstaat' zu beschreiben".

[226] *Friauf* FS Haubrichs, 2. Aufl. 1977, S. 103 (106 f.); *Isensee* FS H. P. Ipsen, 1977, S. 409 (420); *P. Kirchhof* JZ 1982, 305 (305 f.); *Stober* ZHR 145 (1981), 565 (587); *Pieroth,* in: Jarass/Pieroth, Art. 105 Rn. 2; *Osterloh* NVwZ 1991, 823 (824 f.); *Gramm* Der Staat 36 (1997), 267 (273 f.); *K. Vogel* HStR II, § 30 Rn. 69; *Isensee* HStR V, § 122 Rn. 71; *Waldhoff* HStR V, § 116 Rn. 5; eingehend *Vogel/Waldhoff,* in: BK GG, vor Art. 104a (1997) Rn. 327 ff.; *Rodi,* Die Rechtfertigung von Steuern als Verfassungsproblem, 1994, S. 28 ff.; *ders.* JZ 2000, 827 (832); *ders.* FS K. Vogel, 2000, S. 187 (189); *Drömann,* Nichtsteuerliche Abgaben im Steuerstaat, 2000, S. 90 ff., 141 ff.; *Jachmann* MKS III, Art. 105 Rn. 2; zum Ganzen *Wienbrake,* Bemessungsgrenzen der Verwaltungsgebühr. Zugleich ein Beitrag zum Steuerstaatsprinzip und zum Kostendeckungsprinzip unter Berücksichtigung des Europarechts, 2004, S. 68 ff.; *ders.* StuW 2005, 81 (81 ff.); *Kube,* Finanzgewalt, S. 116 f.; *Droege* Verwaltung 46 (2013), 313 (335); *Magen* Verwaltung 46 (2013), 383 (383); zur Inhaltsbestimmung des Steuerstaatsgebots des GG aus finanzwiss. Sicht *Gawel* Der Staat 39 (2000), 209 (209 ff.).

[227] So *Isensee* FS H. P. Ipsen, 1977, S. 409 (434).

[228] BVerfGE 78, 249 (267), unter Berufung allein auf *K. Vogel* HStR I¹, § 27 Rn. 70.

[229] So *Waldhoff* HStR V, § 116 Rn. 5.

[230] *Schmehl,* Äquivalenzprinzip, S. 12, 17, 220 ff.; näher aus Sicht der ökon. Analyse des Rechts *Magen* Verwaltung 46 (2013), 383 (389 ff.).

[231] Vgl. auch *Püttner,* Die öffentlichen Unternehmen, 2. Aufl. 1985, S. 198; *Drömann* (Fn. 226), S. 184 f., 370 f.; *P. Kirchhof* FS Mußgnug, 2005, S. 131 (134); krit. *Jachmann* StuW 2001, 92 (94 f.).

[232] *F. Kirchhof* Verwaltung 21 (1988), 137 (139 f.), aber ohne eindeutiges Ergebnis (S. 153); *Gramm* Der Staat 36 (1997) 267 (267 ff.).

[233] *Hendler* DÖV 1999, 749 (749 ff.); *Helbig* DVBl 1999, 688 (688 ff.); zust. *Droege* Verwaltung 46 (2013), 313 (314); vgl. auch die Beiträge in: Sacksofsky/Wieland (Hrsg.), Vom Steuerstaat zum Gebührenstaat, 2000: *Sacksofsky* selbst plädiert für eine „verstärkte" Gebührenfinanzierung, S. 188 (203); nun auch als neueste Variante die Perspektiven des „Entgeltstaates" *Gawel* Verwaltung 46 (2013), 467.

[234] *Heun* (Fn. 201), S. 10 ff.; *ders.,* in: Dreier III, Art. 105 Rn. 11; *Sacksofsky.* (Fn. 233), S. 198 f.

[235] *Hendler* DÖV 1999, 749 (749 ff.); *Sacksofsky,* Umweltschutz, S. 153 ff.; *Koch* FS Selmer, 2004, S. 769 (777); *Schmehl,* Äquivalenzprinzip, S. 71 ff.; 114; skeptisch auch *J.-P. Schneider,* in: AK GG, Art. 104a (2001) Rn. 6 f.

[236] In der Tendenz ebenso: *K. Vogel* GS Martens, 1987, S. 265 (266); *ders.* HStR II, § 30 Rn. 70; *Waldhoff* HStR V, § 116 Rn. 5, 82, 84; *ders.* AfP 2011, 1 (3); *Isensee* HStR V, § 122, Rn. 71; *v. Einem* BB 1987, 2367 (2368); wohl auch *P. Kirchhof* HStR V³, § 118 Rn. 5 („Sie [die Steuer] bestimmt das alltägliche Gesicht des Verfassungsstaates."); *Weyreuther* UPR 1988, 161 (167); *Rodi* JZ 2000, 827 (832); *Jachmann* MKS III, Art. 105 Rn. 2; *Jahndorf,* Grundlagen

handlung, die sie in den diff. Regelungen der Art. 105, 106, 107 und 108 erfahren haben. Sie enthalten „kompetentielle Zuweisungen von erheblichem Gewicht".[237] Diese bevorzugte Behandlung der Steuern durch den Verfassunggeber beruht auf einer bewussten Entscheidung und ist in voller Kenntnis ihrer fakt. Bedeutung für die Finanzwirtschaft des Staates erfolgt.[238] Das System des föderalen Einstehens für einander im Finanzausgleich (→ Rn. 51 ff.) müsste zudem zusammenbrechen, wenn die einzelnen staatl. Einheiten frei auf andere Einnahmequellen zugreifen dürften.[239] **Alle** Abgaben, die an den staatl. Sektor zu leisten sind, werden letztlich aus **derselben Quelle** gespeist. Sie partizipieren an der **Wirtschaftsleistung** des **privaten Sektors.** Es handelt sich um ein komplexes System gegenseitiger Abhängigkeiten, das durch unkoordinierte und punktuelle Einzelbelastungen **empfindlich** gestört würde. Es dient zudem dem **Schutz des Bürgers** vor übermäßigen Belastungen.[240]

Auch das **BVerfG** entnimmt in seiner **neueren Rspr.** der Finanzverfassung des GG das Gebot, dass   **72** „die Finanzierung der staatlichen Aufgaben ... in erster Linie aus dem Ertrag der in Art. 105 ff. geregelten Einnahmequellen erfolgt (Prinzip des Steuerstaates ...)".[241] Zuvor und danach spricht es aber immer noch nur von der „grundsätzlichen" Finanzierung der „Gemeinlasten" durch Steuern, ohne das Steuerstaatsprinzip anzuführen.[242] „Einnahmen außerhalb des von der Finanzverfassung erfassten Bereichs" sollen aber nur „ausnahmsweise, also „unter besonderen Voraussetzungen" erschlossen werden dürfen.[243] Ein solches Regel-Ausnahme-Verhältnis kann aber nicht bedeuten, dass erst alle Steuerquellen ausgeschöpft sein müssen, bevor andere Abgabeformen in Anspruch genommen werden dürfen. Die Wendung des Gerichts wird zum Teil rein qualitativ iS einer „erhöhten Rechtfertigungspflicht" verstanden.[244] Sie lässt sich aber gut auch als Ausdruck einer quantit. Begrenzung verstehen. **Nichtsteuerliche Abgaben**[245] sind letztl. – unabhängig von ihrer begriffl. Zuordnung – nur zulässig, wenn sie den „Anforderungen der Begrenzungs- und Schutzfunktion der bundesstaatlichen Finanzverfassung standhalten",[246] dem Prinzip der Belastungsgleichheit der Abgabepflichtigen entsprechen,[247] nicht gegen das Prinzip der Vollständigkeit des Haushaltsplans verstoßen[248] und nicht das fein ausbalancierte System des bundesstaatl. Finanzausgleichs stören.[249]

Danach ist Folgendes festzuhalten:   **73**

(1) Die Inanspruchnahme nichtsteuerl. Finanzierungsformen bedarf immer eines „über den Zweck der Einnahmeerzielung hinausgehenden, **besonderen sachlichen Rechtfertigungsgrundes.** Die Deckung des allg. Finanzbedarfs des Staates alleine reicht nicht aus."[250] Es besteht **kein allgemeines Wahlrecht** des Staates zwischen der Erhebung von Steuern und nichtsteuerl. Abgaben.[251]

---

der Staatsfinanzierung durch Kredite und alternative Finanzierungsformen im Finanzverfassungs- und Europarecht, 2003, S. 6; *Reimer/Waldhoff*, Sonderabgaben, Rn. 138; aA, aber mit zahlreichen Unterschieden i. Einzelnen *Heun*, in: Dreier III, Art. 105 Rn. 11: „schon nicht mehr haltbar"; *Sacksofsky*, Umweltschutz, S. 161–188; *dies.* (Fn. 233), S. 200 f.; wohl auch *Osterloh* NJW 1982, 1617 (1619 f.), bzgl. der Sozialversicherungsbeiträge.

[237] *Stern*, StaatsR II, S. 1098.

[238] Vgl. den Schwerpunkt der Auseinandersetzungen über das Finanzwesen im ParlRat, die im Wesentlichen nur über Fragen der Steuergesetzgebung, -verwaltung und -ertragsverteilung gingen: Bericht des Abg. *Dr. Höpker-Aschoff* an das Plenum des ParlRates (Anlage zum ParlRat-Prot d. 9. Sitzung am 6.5.1949, S. 53–59); ferner JöR nF 1 (1951), 748 (749); *Höpker-Aschoff* DÖV 1949, 282 (282 ff.); *Stern*, StaatsR II, S. 1070.

[239] BVerfGE 78, 249 (266); 93, 319 (342): 108, 1 (16); 132, 334 (349); *K. Vogel* GS Martens, 1987, S. 265 (266), mit dem Hinw., dass das „ausgefeilte Finanzverteilungssystem des Grundgesetzes aus den Angeln gehoben" würde, wenn andere Einnahmen eine mehr als marginale Bedeutung erlangten.

[240] BVerfGE 132, 334 (349); *Jahndorf* (Fn. 236), S. 20 ff.; s. a. *Isensee* FS Selmer 2004, S. 687 (694); o. Rn. 21, 26.

[241] BVerfGE 93, 319 (342, 345).

[242] BVerfGE 78, 269 (266 f.); 82, 159 (178); 92, 91 (113); 101, 141 (147).

[243] BVerfGE 78, 249 (266 f.); 82, 159 (178); *K. Vogel* HStR II, § 30 Rn. 71 aE: Das Grundgesetz setzt voraus, „daß sie (die nichtsteuerlichen Einnahmen) Ausnahmen bleiben, nicht zur Regel werden".

[244] *Selmer/Brodersen* DVBl 2000, 1153 (1165); *Drömann* (Fn. 226), S. 171–184; wohl auch *Müller-Franken*, in: Friauf/Höfling, Art. 105 Rn. 54; anders dagegen die Deutung des Wechsels in der Formulierung als Ausdruck einer quantit. Betrachtung *Hendler*, in: Sacksofsky/Wieland (Hrsg.), Vom Steuerstaat zum Gebührenstaat, 2000, S. 68 (81).

[245] Allg. zu den nichtsteuerl. Abgaben *Isensee* (Fn. 204), S. 435 ff.; *Jarass*, Nichtsteuerliche Abgaben und lenkende Steuern unter dem Grundgesetz, 1999; *Drömann* (Fn. 226); *Droege* Verwaltung 46 (2013), 313; *G. Kirchhof* ebda, S. 349; *Magen* ebda, S. 383; *Brüning* ebda, S. 413; *Gawel* ebda, S. 467.

[246] BVerfGE 93, 319 (LS, 345); 124, 348 (364); 132, 334 (349); 135, 155 (206); 144, 369 (397 Rn. 62); 149, 222 (254 Rn. 65) (Rundfunkbeitrag).

[247] BVerfGE 93, 319 (343); 108, 1 (16); 110, 370 (387); 132, 334 (349); 135, 55 (206); 144, 369 (397 Rn. 62); 149, 222 (254 Rn. 65) (Rundfunkbeitrag).

[248] BVerfGE 93, 319 (343); 108, 1 (16); 110, 370 (388).

[249] BVerfGE 55, 274 (300); 78, 249 (266).

[250] BVerfGE 55, 274 (298); 57, 139 (166 ff.); 67, 256 (275); 75, 108 (147); 91, 186 (201, 202 f.); 93, 319 (342, 347); 108, 1 (16); 108, 186 (115 f.); 110, 370 (387, 390); 113, 128 (147); 122, 316 (333 f.); 123, 132 (141); 124, 235 (243); 124, 348 (364); 132, 334 (349): sachliche Rechtfertigung sowohl dem Grunde nach als auch der Höhe nach „mit Blick auf die Begrenzungs- und Schutzfunktion der Finanzverfassung ... und zur Wahrung der Belastungsgleichheit der Abgabepflichtigen"; BVerfGE 135, 155 (206); 137, 1 (17 Rn. 47 ff.); 144, 369 (397 Rn. 62 f.), aber „kompetenzielle Bedeutung überhöhter Abgabenbemessung" bei der Rückmeldegebühr ausdrücklich offengelassen; BVerfGE 146, 164 (191 Rn. 71) (IHK-Beitrag); 149, 222 (254 Rn. 65) (Rundfunkbeitrag); *Schumacher* NJW 2000,

(2) Nichtsteuerl. Abgaben müssen sich deshalb ihrer Art nach von der Steuer, die voraussetzungslos auferlegt und geschuldet wird, „deutlich unterscheiden".[252]

(3) **Vorzugslasten** gehören zum „tradierten Bestand" staatlicher Tätigkeit. Sie unterscheiden sich durch ihre „Ausgleichsfunktion" von der Steuer. Die erforderliche Abhängigkeit der Geldleistungspflicht von einer Gegenleistung ist nur dann gegeben, wenn „deren Höhe den Wert der öff. Leistung nicht übersteigt".[253]

(4) Wenn das Aufkommen einer nichtsteuerl. Abgabe nicht in den **allgemeinen Haushalt** fließt, bedarf diese Ausgestaltung einer besonderen Rechtfertigung und muss dem Parlament vollständig zur Kenntnis gelangen.[254]

(5) Die Verteilung der Einnahmen aus derartigen Abgaben muss sich in die Verteilung der Finanzmassen durch das ausbalancierte System des bundesstaatl. **Finanzausgleichs** einpassen.

Ob darüber hinaus die Finanzierung des gesamten Staatsbedarfs, also des öff. Sektors iSd volkswirtschaftl. Gesamtrechnung, mit Ausnahme des – traditionell gesondert finanzierten – Sozialversicherungssystems auch quantitativ zum **größten Teil** auf Steuereinnahmen beruhen muss,[255] ist nicht sicher.[256] Es wäre danach zwar nur das **Gesamtergebnis** zu prüfen, doch würden nur grundlegende Disproportionalitäten erfasst werden können.

## II. Die allgemein anerkannten Finanzierungsformen

74 **1. Steuern. a) Grundlagen der begrifflichen Abgrenzung.** Es hat schon früh Versuche gegeben, das Wesen der Steuer auch von rechtswiss. Seite definitorisch einzufangen.[257] Aber erst seit Erlass des GG hat sich die Verfassungsrechtswissenschaft näher damit beschäftigt.[258]

75 Das BVerfG hat lange Zeit den Steuerbegriff des GG ohne nähere Begr. mit der einfachgesetzl. Definition aus § 1 I (R)AO und später § 3 I AO ausgefüllt.[259] Die Rspr. der Fachgerichte[260] und das Schrifttum[261] sind dem gefolgt. Mittlerweile besteht aber weithin Einigkeit, dass es einen **eigenständigen** verfassungsrechtl. Begriff der Steuer gibt, der **weder identisch** mit dem traditionellen Steuerbegriff ist,[262] noch verbindl. durch den **einfachen Gesetzgeber** festgelegt werden darf.[263] Seine Regelungen sind es, die daran zu messen sind. Er muss deshalb selbstständig aus der Verfassung

---

3096 (3098); *Waldhoff* HStR V, § 116 Rn. 91; *P. Kirchhof* HStR V, § 119 Rn. 75; *G. Kirchhof* Verwaltung 46 (2013), 349 (353); *Magen* Verwaltung 46 (2013), 383 (390); mit Einschränkungen: *F. Kirchhof* Verwaltung 21 (1988), 137 (150 f.); s. auch *Henseler* NJW 1987, 3103 (3105 f.), der aber nicht auf die Belastung, sondern die Möglichkeit von Sondereinnahmen abstellt; gegen eine „kompetenzielle Bedeutung überhöhter Abgabemessung bei Steuern BVerfGE 123, 1 (17 f.).

[251] BVerfGE 55, 274 (300); 67, 256 (275 f.); 93, 319 (342 ff.).

[252] BVerfGE 93, 319 (343); 108, 1 (16); 108, 186 (216); 149, 222 (254 Rn. 65) (Rundfunkbeitrag): „eine deutliche Unterscheidung gegenüber der Steuer ermöglichen".

[253] BVerfGE 93, 319 (347) – Wasserentnahmeentgelt; 108, 1 (17) – Rückmeldegebühr; teilweise auch 97, 332 (346) – Kindergartengebühren; im Ansatz weiter BVerfGE 132, 334 (349), wo nur ein rechtfertigender Sachgrund und Verhältnismäßigkeit als ausreichend angesehen wurde; speziell für Sonderabgaben: BVerfGE 108, 186 (228 f.) – Altenpflegeumlage; deutlicher 110, 370 (390 f.) – Klärschlamm-Entschädigungsfonds; BVerfGE 124, 235 (249) – BaFin-Umlage; BVerfGE 135, 155 – Filmförderabgabe.

[254] BVerfGE 93, 319 (343); 108, 1 (16); 108, 186 (216).

[255] Dafür: *P. Kirchhof* HStR V, § 118 Rn. 6 („Hauptfinanzierungsinstrument"); ähnl. auch *Jahndorf* (Fn. 236), S. 7; *Jachmann* MKS III, Art. 105 Rn. 2: „tragende Säule der Staatsfinanzierung"; mit eingehender Begr. *Wienbrake* (Fn. 226), S. 82 ff., 95, 106, 109; *ders.* StuW 2005, 81 (82, 83 ff.); *Reimer/Waldhoff*, Sonderabgaben, Rn. 138: „in erster Linie durch Steuern".

[256] Dagegen *Heun* (Fn. 201), S. 21.

[257] Vgl. zB *F. J. Neumann*, Die Steuer und das öffentliche Interesse, 1887, S. 1–42, 391; *O. Mayer*, Deutsches Verwaltungsrecht I, 3. Aufl. 1924, S. 316: „Die Steuer ist eine Geldzahlung, welche dem Untertanen durch die öffentliche Gewalt auferlegt wird schlechthin zur Vermehrung der Staatseinkünfte, aber nach einem allgemeinen Maßstabe".

[258] Vgl. z. B. *Bodenheim*, Der Zweck der Steuer, 1979; *Friauf*, Verfassungsrechtliche Grenzen der Wirtschaftslenkung und Sozialgestaltung durch Steuern, 1966, S. 14 f.; *Knies*, Steuerzweck; *Maunz*, in: Maunz/Dürig, Art. 105 (1979) Rn. 2–12; *Schaefer*, Der verfassungsrechtliche Steuerbegriff, 1997; *Selmer*, Steuerinterventionismus, S. 80 ff.; *Starck* FS Wacke, 1972, S. 193 (193 ff.); *Waldhoff* HStR V, § 116 Rn. 85; s. a. *Müller-Franken*, in: Friauf/Höfling, Art. 105 Rn. 58–73, der sich aber sehr an den einfach-gesetzlichen Merkmalen der AO orientiert.

[259] Grundl. BVerfGE 7, 244 (251); ferner BVerfGE 3, 407 (435); 8, 274 (317); 10, 372 (380 f.); 29, 402 (408 f.); 36, 66 (70); 38, 61 (79 f.); 42, 223 (228); 49, 343 (372); 55, 274 (299); 65, 325 (344); 67, 256 (282); 72, 330 (433); 93, 319 (346); 149, 222 (249 Rn. 53) (Rundfunkbeitrag): „an die Definition in § 3 Abs. 1 AO anknüpft".

[260] BFHE 141, 369 (372).

[261] Vgl. *Kruse*, Lehrbuch des Steuerrechts I, 1991, S. 30 mwN.

[262] BVerfGE 55, 274 (299); 67, 256 (282); wohl auch 149, 222 (249 Rn. 53); *Pieroth*, in: Jarass/Pieroth, Art. 105 Rn. 3; *Waldhoff* HStR V, § 116 Rn. 85; aA *Franz Klein*, Gleichheitssatz und Steuerrecht, 1966, S. 33; wohl auch: *Droege* Verwaltung 46 (2013), 313 (315): Abbildung des verfassungsrechtlichen Steuerbegriffs durch § 3 I AO.

[263] Grundl. *Leisner*, Von der Verfassungsmäßigkeit der Gesetze zur Gesetzmäßigkeit der Verfassung, 1964, vor allem S. 35; ebenso *Vogel/Waldhoff* BK, vor Art. 104a (1997) Rn. 370.

abgeleitet werden.[264] Dabei kann die überkommene einfachgesetzl. Abgrenzung der Abgabenordnung eine wichtige Auslegungshilfe sein.[265]

Versucht man Bilanz zu ziehen, bleibt wenig übrig. Eine Kennzeichnung anhand von **positiven** **76** Merkmalen ist letztlich wohl nicht möglich.[266] Jedes denkbare positiv umschreibende Kriterium wird auch von zumindest einer anderen Geldleistungspflicht erfüllt. Schon *E. Becker,* der Schöpfer der Reichsabgabenordnung, sah es unter Berufung auf *O. Mayer* als Wesensmerkmal der Steuer an, dass sie „schlechthin zur Erzielung von Einkünften auferlegt wird". Er musste aber selbst einräumen, dass dieses Begriffsmerkmal nicht „schön", aber zur Abgrenzung gegenüber Zöllen, Geld- und Ordnungsstrafen unerlässlich sei.[267]

Es ist also etwas **Negatives,** was die Steuern auszeichnet. Es ist der reine, zweckfreie Transfer von **77** Geld aus dem privaten in den öff. Sektor; und zwar aufgrund einseitiger (hoheitlicher) Anordnung. Diese Zahlungen stehen in keiner Form von Synallagma. Sie sind **nicht Gegenleistung** für irgendeine Art staatl. Leistung.[268] Das häufig verwendete Merkmal „ohne besonderes Entgelt" ist daher irreführend.[269] Mit dieser weiten Abgrenzung wird zugleich sichergestellt, dass das **positivrechtlich** ausgefeilte System der Ertragskompetenzen und des (sekundären) Finanzausgleichs nicht so einfach unterlaufen werden kann.

Diese Sicht hat dann grds. auch den **Standpunkt des BVerfG** geprägt, wenn es „Steuern im Sinne des **78** Grundgesetzes" als „einmalige oder laufende Geldleistungen" beschreibt, „die nicht Gegenleistung für eine besondere Leistung darstellen und von einem ör Gemeinwesen zur Erzielung von Einkünften allen auferlegt werden, bei denen der Tatbestand zutrifft, an den das Gesetz die Leistungspflicht knüpft".[270] Später floss dann noch die unklare Floskel von der „Gemeinlast" in die Definition ein,[271] die aber später stillschweigend wieder fallengelassen wurde.[272] In anderen Entscheidungen wurde auf die „Deckung des allgemeinen Finanzbedarfs eines öffentlichen Gemeinwesens" als entscheidendes Merkmal zur Abgrenzung von nicht-steuerl. Abgaben abgestellt.[273] Zuletzt hat es als **entscheidendes Kennzeichen** der Steuer bezeichnet, „dass sie ohne individuelle Gegenleistung und unabhängig von einem bestimmten Zweck (‚voraussetzungslos') zur Deckung des allgemeinen Finanzbedarfs eines öffentlichen Gemeinwesens erhoben wird".[274] Dafür beruft sich das Gericht auf eine Reihe von früheren Entscheidungen, in denen tatsächlich aber andere, nicht nur terminologisch abw., Formulierungen verwendet werden.

Danach muss es sich um **Geldzahlungen** und nicht um Naturalabgaben handeln. Sie dürfen **nicht** **79** **Gegenleistung** für eine besondere Leistung des Staates sein. Sie sind noch nicht einmal Gegenleistung für allg. Leistungen des Staates iSd steuerl. Äquivalenzlehren.[275] Es genügt nicht, sie als generelle Entgelte oder Kostenersatz zu charakterisieren. Vielmehr ist die „grds. Entgeltlosigkeit" eines der wesentl. Merkmale der Steuern im Gegensatz zu den Kausalabgaben. Das GG geht davon aus, dass das Wesen der Steuer darin liegt, dass ein beliebiges Objekt, der Steuergegenstand, **ohne weitere Voraussetzung** (‚voraussetzungslos'), also ohne irgendeinen Zusammenhang mit staatl. Leistungen, einseitig mit einer Geldzahlungspflicht belegt werden darf.[276] Steuern müssen der Deckung des **allgemeinen**

---

[264] *Stern,* StaatsR II, S. 1098; *Tipke* (Fn. 52), S. 1055; danach ebenso: *Vogel/Waldhoff* BK, vor Art. 104a (1997) Rn. 371, 373; *Waldhoff* HStR V, § 116 Rn. 85; iE wohl auch *Leisner-Egensperger,* Hdb Föderalismus II, § 40 Rn. 18; unausgesprochen, in der Sache aber schon in diesem Sinne BVerfGE 4, 7 (13 f.).

[265] *Stern,* StaatsR II, S. 1098; *Vogel/Waldhoff* BK, vor Art. 104a (1997) Rn. 371; *Waldhoff* HStR V, § 116 Rn. 85; *J.-P. Schneider,* in: AK GG, Art. 104a (2001) Rn. 8; zust. *Droege* Verwaltung 46 (2013), 313 (316).

[266] Wenig überzeugend noch der Versuch von *Vogel/Waldhoff* BK, vor Art. 104a (1997) Rn. 393.

[267] *E. Becker* Reichsabgabenordnung, 7. Aufl. 1930, § 1 Anm. 4.

[268] In diesem Sinne auch *Hedtkamp,* Lehrbuch der Finanzwissenschaft, 2. Aufl. 1977, S. 289; zutreffend wie hier *Thiemann* AÖR 138 (2013), 60 (77); ausdr. gegen die hier gegebene Definition als „weniger präzise" *Vogel/Waldhoff* BK, vor Art. 104a (1997) Rn. 393 mit Fn. 133. Die Weite der Abgrenzung liegt aber nicht an der Definition, sondern ist durch den Gegenstand begründet.

[269] Vgl. *Neumark* FS Stucken, 1953, S. 7 (16).

[270] BVerfGE 49, 343 (353); 65, 325 (344); 72, 330 (433).

[271] BVerfGE 84, 239 (269); 98, 106 (123); noch später variiert zu „Deckung des allgemeinen Finanzbedarfs" im Gegensatz zur Finanzierung eines „besonderen Finanzbedarfs" (BVerfGE 110, 370 [384]); wieder etwas anders BVerfGE 110, 274 (294); 137, 1 (17): „Steuern sind öffentliche Abgaben, die als Gemeinlast ohne individuelle Gegenleistung (‚voraussetzungslos') zur Deckung des allgemeinen Finanzbedarfs eines öffentlichen Gemeinwesens erhoben werden"; ebenso 145, 171 (206 Rn. 100) (Kernbrennstoffsteuer); ähnlich BVerwGE 154, 275 (279); vgl. iÜ *Vogel/Waldhoff* BK, vor Art. 104a (1997) Rn. 374–378; *Starck* FS Wacke, 1972, S. 193 (202 f.); *Draschka,* Steuergesetzgebende Staatsgewalt und Grundrechtsschutz des Eigentums, 1982, S. 32 f.; *Waldhoff* HStR V, § 116 Rn. 85; *J.-P. Schneider* AK GG, Art. 104a (2001) Rn. 8; *Wendt* HStR VI Rn. 18.

[272] Zuletzt BVerfGE 149, 222 (249 Rn. 53) (Rundfunkbeitrag).

[273] BVerfGE 124, 235 (243); 124, 348 (364).

[274] BVerfGE 145, 171 (Kernbrennstoffsteuer); 149, 222 (Rundfunkbeitrag).

[275] Dazu eingehend *F. K. Mann,* Steuerpolitische Ideale, 1973, S. 46; *Schmehl,* Äquivalenzprinzip, S. 91 ff., allerdings unter fast vollständiger Ausblendung des einschlägigen Schrifttums.

[276] Deshalb sind nach Einkommenshöhe gestaffelte Kindergartengebühren keine Steuer. Sie bleiben an die Inanspruchnahme einer staatl. Infrastruktureinrichtung geknüpft und sind damit nicht „voraussetzungslos" geschuldet, vgl. BVerfGE 97, 332 (343); Entsprechendes gilt für die Versteigerungserlöse, BVerfGE 105, 185 (194); unzutr. abgelehnt für den „Rundfunkbeitrag" BVerwGE 154, 275 (279).

**Finanzbedarfs** dienen, zumindest im Nebenzweck. Das ist nur dann der Fall, wenn die gezahlten Mittel **endgültig** bei dem erhebungsberechtigten Gemeinwesen verbleiben. Zwangsanleihen sind deshalb keine Steuern.[277]

80    Im **Ergebnis** kommt es für die verfassungsrechtl. Klassifikation einer Abgabe danach entscheidend drauf an, wie weit die Merkmale „Fehlen einer individuellen Gegenleistung" und „Unabhängigkeit von einem bestimmten Zweck" in der prakt. Anwendung verstanden werden. Die divergierenden Ergebnisse in den Entscheidungen zur Kernbrennstoffsteuer[278] und zum Rundfunkbeitrag[279] zeigen, wie wenig konsistent und eher ergebnisorientiert die Anwendung dann tatsächlich erfolgt (näher → Rn. 93a, → Rn. 117b, 117d).

81    **b) Die erhebungsberechtigten Körperschaften.** Es ist zu unterscheiden, welche juristische Person die Entscheidung über die **Auferlegung** einer Steuer trifft und wem ihr **Ertrag** zufließt. Dabei kann mit Auferlegung sowohl die rechtssatzmäßige Begründung der Zahlungspflicht als auch – bei Veranlagungsteuern – die Begründung durch Einzelakt gemeint sein.[280] Schwierig ist die zweite Frage zu beantworten, ob nur solche Geldzahlungen Steuern sein können, die an bestimmte ör Gemeinwesen zu zahlen sind, gleich wer die Entscheidung über die Begr. der Zahlungspflicht getroffen hat. Überwiegend wird verlangt, dass der **Ertrag** einer Steuer „einem kraft Verfassung ertragsberechtigten Gemeinwesen" zufließen muss.[281] Die bloße Auferlegung durch diese Institutionen reiche nicht aus.[282] Die **begriffliche Beschränkung** der Steuer auf Geldzahlungen an bestimmte Gebietskörperschaften ist jedoch **problematisch** und verursacht im Einzelfall schwer lösbare Abgrenzungsprobleme.[283] Herkommen und Finanztheorie erfordern sie nicht. Jedenfalls sind auch die Kirchen als Personalkörperschaften **steuererhebungsberechtigt,** Art. 140 iVm 137 VI WRV.[284] Das BVerfG weicht diesen Problemen zT dadurch aus, dass es jetzt als ertragsberechtigte Einrichtung ein öff. Gemeinwesen genügen lässt.[285]

82    Wie auch immer die Frage im Zusammenhang mit einem theoretischen Steuerbegriff zu beantworten wäre, sind hier jedoch konkrete Kompetenz- und Zuordnungsfragen im Rahmen der Finanzverfassung des GG zu klären. Deshalb kommt es maßgeblich darauf an, welche Einrichtungen **das GG** als steuererhebungsberechtigt iSv ertragsberechtigt anerkennt.[286] Das sind der Bund, die Länder und die Gemeinden (Gemeindeverbände) sowie die Kirchen.[287] Nur **Zahlungen** an diese Einrichtungen sind vom GG als Steuern anerkannt. Das ist aber keine Frage der Kategorisierung, sondern der Rechtmäßigkeit.

83    Ohne diese Beschränkung könnte der Staat versucht sein, das ganz auf die Steuern und ihre Verteilung zugeschnittene Finanzausgleichssystem des GG zu unterlaufen. Er könnte neue **steuererhebungsberechtigte** jur. Personen des öR außerhalb dieses Systems schaffen und auf sie Aufgaben, Ausgaben sowie Steuereinnahmen ganz oder zT übertragen. Das ist im Kern mit den Zwangsabgaben geschehen, die voraussetzungslos den Rundfunkanstalten zufließen, ohne dass den Zahlungspflichtigen eine individuelle Gegenleistung zukommt (→ Rn. 117c–e).

84    **c) Zwecksteuern und Steuerzwecke.** Wenn der einfache Gesetzgeber den Ertrag aus einer Steuer für besondere Zwecke bestimmt (zB Mineralölsteuer, Stromsteuer), ist damit das Prinzip der Gesamtdeckung („Non-Affektationsprinzip") (→ Art. 110 Rn. 47) berührt, nicht aber die Qualifikation als Steuer. Sie bleibt Steuer in Form der **Zwecksteuer.**[288] Anders sieht es aber möglicherweise aus, wenn andere Zwecke als die Erzielung von Einnahmen – nichtfiskalische **Steuerzwecke** – verfolgt werden. In der Entscheidung zum „Rundfunkbeitrag" hat das BVerfG denn auch zutr. festgehalten, dass die Erfüllung der speziellen öff. Aufgaben, zu deren Finanzierung die Zwecksteuer erhoben wird „nicht den Charakter einer Gegenleistung der Abgabeberechtigten zugunsten der Abgabepflichtigen" hat.[289]

---

[277] BVerfGE 4, 7 (14 f.); 67, 256 (282–285).
[278] BVerfGE 145, 171.
[279] BVerfGE 149, 222 (Rundfunkbeitrag).
[280] *Vogel/Waldhoff* BK, vor Art. 104a (1997) Rn. 378; *Heun,* in: Dreier III, Art. 105 Rn. 14. BVerfGE 10, 141 (176), stellt für den Steuerbegriff darauf ab, ob die Abgabe „vom Bund, von den Ländern oder von Gebietskörperschaften erhoben" wird s. a. BVerwGE 154, 275 (279).
[281] *Vogel/Waldhoff* BK, vor Art. 104a (1997) Rn. 378; *Mußgnung* FS Forsthoff, 1972, S. 259 (273); *Brodersen* FS Wacke, 1972, S. 103 (108).
[282] *Fischer-Menshausen,* in: v. Münch/Kunig III, 3. Aufl. 1996, Art. 105 Rn. 6; iE jetzt ebenso BVerfGE 91, 186 (201).
[283] Vgl. *Bopp,* Ist die Baden-Württembergische Feuerwehrabgabe eine Steuer im Sinne des Grundgesetzes?, Diss. Heidelberg 1967, S. 152 ff.; *Henseler,* Sonderabgaben, S. 27–54; *Heun,* in: Dreier III, Art. 105 Rn. 14.
[284] *Selmer,* Steuerinterventionismus, S. 192; *Wendt,* Gebühr, 1975, S. 41; *Maunz,* in: Maunz/Dürig, Art. 105 (1979) Rn. 4; *Kruse* (Fn. 261), S. 33; *Heun,* in: Dreier III, Art. 105 Rn. 14.
[285] BVerfGE 137, (17).
[286] So iE auch *Stern,* StaatsR II, S. 1100.
[287] Beispiele aus der Rspr bei *Stern,* StaatsR II, S. 1100 f.; ebenso jetzt auch *Waldhoff* HStR V, § 116 Rn. 85 aE.
[288] BVerfGE 7, 244 (254); 9, 291 (300); 49, 343 (354); 110, 274 (294); 149, 222 (249 Rn. 53) (Rundfunkbeitrag), wo aber nicht hinreichend zwischen Begriff und Zulässigkeit unterschieden wird.
[289] BVerfGE 249, 222 (249 Rn. 53).

Von der Kategorisierung einer Abgabe ist die Frage nach ihrer Zulässigkeit zu trennen. **Zweck-** 85 **steuern** werden grds. für **zulässig** gehalten.[290] Nur eine weit überwiegende Zweckbindung der Steuereinnahmen wäre möglicherweise nicht mit dem Non-Affektationsprinzip vereinbar.[291] Schwer vorstellbar ist aber, wie das Budgetrecht des Parlaments betroffen sein kann,[292] da das Gesetz, das eine Zwecksteuer einführt auch ein Parlamentsgesetz ist und eine (Selbst-)Bindung des Gesetzgebers durch ein einfaches Gesetz nicht möglich ist. Das die Zweckbindung des Aufkommens durchbrechende (Haushalts-)Gesetz ginge als lex posterior vor.[293]

Die neutrale Steuer gibt es nicht. Auferlegung und Zahlung von Steuern haben immer Wirkungen, 86 die über den bloßen Transfer von Geld aus dem privaten in den öff. Sektor hinausgehen.[294] Diese unausweichlichen Wirkungen können bewusst und gewollt eingesetzt werden. Die Abgabe kann dann insgesamt als **Lenkungssteuer** bezeichnet werden. Besser ist es, die entspr. Einzelvorschriften „Sozialzwecknormen" zu nennen.[295] Im Gegensatz zu den Zwecksteuern steht hier die **Instrumentalisierung** des Steuertatbestandes und nicht die Bindung des Aufkommens einer Steuer für bestimmte Zwecke im Vordergrund. In Betracht kommen namentlich wirtschafts-, sozial-, kultur- oder umweltpolitische Ziele.[296] Das BVerfG ist noch weiter gegangen und hat unterstellt, dass „die Steuer in der modernen Industriegesellschaft zwangsläufig auch zum zentralen Lenkungsinstrument aktiver staatlicher Wirtschafts- und Gesellschaftspolitik geworden" sei.[297]

Lange Zeit war es eine der wichtigsten Streitfragen gewesen, ob Steuern derart zur Verfolgung 87 **nichtfiskalischer Zwecke** instrumentalisiert werden dürfen. Obwohl es nicht immer deutlich wurde, handelte es sich zunächst einmal um eine Frage der begriffl. Abgrenzung (→ Rn. 14).[298] Das schließt indes nicht aus, dass die begriffl. Zuordnung einer Abgabe Konsequenzen für ihre Zulässigkeit hat. Im Gegensatz zu den Vorzugslasten (→ 93) dürfen Lenkungssteuern auch Personen auferlegt werden, die von dem verfolgten Zweck **keinen Vorteil** haben.[299] Aus rechtsstaatl. Gründen dürfen diese Steuern aber nicht ungeeignet zur Erreichung des angestrebten Zwecks sein.[300]

Die – gehäufte – Verfolgung nichtfiskalischer Zwecke gerät regelmäßig in Konflikt mit den 88 Erfordernissen von Klarheit, Berechenbarkeit und Widerspruchsfreiheit staatl. Handelns sowie mit dem Gebot fiskalpolitischer **Rationalität**. Vor allem sind die zahlreichen interventionistischen oder gruppenbezogenen Sondervorschriften nichtfiskalischer Art nur schwer mit den Anforderungen der **Steuergerechtigkeit** und dem daraus abgeleiteten Prinzip der Besteuerung nach der **Leistungsfähigkeit** in Einklang zu bringen.[301] Trotz dieser berechtigten Bedenken ist mittlerweile im Schrifttum[302] und in der Rspr. des BVerfG[303] anerkannt, dass sie mit dem **Begriff** der Steuer **vereinbar** sind. Ob die Erzielung von Einnahmen dabei **Hauptzweck** sein muss,[304] ist dagegen nicht immer deutlich geworden. Zum Teil hat das Gericht genügen lassen, wenn mit der Steuer nur fiskalische **Nebenzwecke** verfolgt werden.[305]

---

[290] BVerfGE 93, 319 (348); 149, 222 (249 Rn. 53) (Rundfunkbeitrag); *Vogel/Waldhoff* BK, vor Art. 104a (1997) Rn. 383; *Waldhoff* StuW 2002, 285 (285 ff.).

[291] Richtig die Differenzierung jetzt auch *Musil* DVBl 2007, 1526 (1531).

[292] So aber *Pieroth*, in: Jarass/Pieroth, Art. 105 Rn. 6; für mögl. gehalten bei einer „Zweckbindung in unvertretbarem Ausmaß" von BVerfGE 93, 319 (348), ohne das weiter auszuführen; wie hier auch *Heun*, in: Dreier III, Art. 105 Rn. 15.

[293] Implizit anerkannt von BVerfGE 149, 222 (249 Rn. 53) (Rundfunkbeitrag); anders: *Waldhoff* StuW 2002, 285 (301), *Thiemann* AÖR 138 (2013), 60 (73). Eine Bindung mag für Zustimmungsgesetze zutreffen, aber kaum für § 7 S. 2 Alt. 1. HGrG.

[294] Ebenso *Stern*, StaatsR II, S. 1102; früh auch bereits der U.S. Supreme Court, der alle im Folgenden angesprochenen Fragen eingehend erörtert und bis hin zu den verwendeten Begriffen schon früher ähnl. entschieden hat; vgl. vor allem 296 U.S. 287 (1935); 300 U.S. 506 (1937); 345 U.S. 22 (1953).

[295] *Tipke*, Die Steuerrechtsordnung I, 2. Aufl. 2000, S. 77 ff.

[296] *Osterloh* NVwZ 1991, 823 (823 ff.); *Waldhoff* HStR V, § 116, Rn. 133; *P. Kirchhof* HStR V, § 118 Rn. 46 mwN; *Rodi* JZ 2000, 827 (827 ff.).

[297] BVerfGE 55, 274 (299); 67, 256 (282).

[298] *Stern*, StaatsR II, S. 1102: „der eigentliche Streit", mwN.

[299] BVerfGE 49, 343 (353 f.); 65, 325 (344).

[300] BVerwGE 66, 140 (144); *Pieroth*, in: Jarass/Pieroth, Art. 105 Rn. 6; *Leisner-Egensperger*, Hdb Föderalismus II, § 40 Rn. 19, verlangt aber eine klare gesetzl. Bestimmung der angestrebten Lenkungswirkungen.

[301] *Tipke* StuW 1994, 58 (59); *ders.* (Fn. 295), S. 6, 79, 83; *Schemmel* StuW 1995, 39 (43 f.); *Söhn* FS Stern, 1997, S. 587 (591 ff.); *Elsner/Kaltenborn* JA 2005, 823 (825).

[302] Vgl. *Selmer/Brodersen* DVBl 2000, 1153 (1156) mwN; *Wernsmann*, Verhaltenslenkung, S. 178; *Weber-Grellet* NJW 2001, 3657 (3664).

[303] BVerfGE 3, 407 (436) (Gutachten); 6, 55 (81); 13, 331 (345 f.); 16, 147 (161); 19, 101 (114); 19, 119 (125); 21, 160 (169); 30, 250 (264); 31, 8 (23 f.); 32, 78 (85); 36, 66 (70 f.); 38, 61 (80); 67, 265 (282); ferner auch BVerfGE 7, 244 (254); 37, 1 (16).

[304] In diesem Sinne BVerfGE 13, 181 (196); 14, 76 (98); 19, 101 (114) (allerdings ohne unmittelbare Relevanz für den *Begriff* der Steuer); BVerfGE 32, 78 (85). In der Entscheidung BVerfGE 26, 172 (183 f.) wird verlangt, dass die Steuer „*in erster Linie* … den allgemeinen Finanzbedarf des Staates und der Gemeinden zu decken" habe.

[305] BVerfGE 3, 407 (436); 16, 147 (162); 55, 274 (299); ebenso BVerwGE 96, 272 (277 f.), aus anderen Gründen aufgeh. v. BVerfGE 98, 106 (106 ff.); aber wohl kaum BVerfGE 7, 244 (251), auf das sich das Gericht ebenfalls beruft.

**89** Die Annahme eines fiskalischen (Neben-)Zwecks und seine Abgrenzung zu den nichtfiskalischen Zwecken erzeugen mannigfache Schwierigkeiten. Dementspr. wird gefordert, auf jegliches Zweckelement in der Begriffsbestimmung zu verzichten.[306] Auf die subj. Vorstellung des Gesetzgebers kann es jedenfalls nicht entscheidend ankommen. Allerdings ist es auch nicht möglich, auf die „fiskalische Dimension" ganz zu verzichten. Sie hat die Steuern geprägt und unterscheidet sie von den anderen Instrumenten des Staatshandelns. Die „Finanzierungsfunktion" der Steuern muss in ihrer begriffl. Abgrenzung zum Ausdruck kommen.[307] Eine Regelung muss mindestens **„Ertragsrelevanz"**, einen „potenziellen Ertragseffekt", haben; sonst ist sie keine Steuer.[308] Sie muss „geeignet" sein, zu (dauerhaften) Einnahmen im Haushalt des Ertragsberechtigten zu führen[309] und seinen finanz. Handlungsspielraum zu erweitern. Wenn eine Geldzahlungspflicht auferlegt wird, das Gesetz aber darauf abzielt, die Erfüllung des Abgabentatbestandes (praktisch) unmöglich zu machen und dadurch die Abgabenregelung nach „Gewicht und Auswirkung einem Verhaltensgebot nahekommt", liegt schon **begrifflich** keine Steuer vor.[310] Diese Sicht dürfte der teilweise vom BVerfG thematisierten „erdrosselnden" Wirkung einer Steuer überlegen sein.[311] Ein von allen fiskal. Elementen befreiter Steuerbegriff genügt nicht den verfassungsrechtl. Anforderungen.[312] Das gilt vor allem im Umweltrecht zu beachten, wo die Steuern zum Schutze der Umwelt („Öko-Steuern") wachsende Bedeutung erlangen (→ Rn. 13).

**90** Der Gesetzgeber ist weitgehend frei in der Auswahl von Steuergegenstand und Steuersatz. Bei der Auswahl der **Steuerquellen** darf er sich allein am Finanzbedarf orientieren (→ Rn. 140). Er bedarf auch keines besonderen „Belastungsgrundes" für die Auferlegung einer Steuer.[313] Für die Steuereigenschaft einer Abgabe kommt es nicht darauf an, ob sie an eine (vermutete) wirtschaftl. Leistungsfähigkeit anknüpft. Sie ist jedenfalls **kein** Begriffsmerkmal der Steuer. Deshalb erübrigt sich in diesem Zusammenhang die Frage, ob Umweltbelastungen und ihre Vermeidung ein zulässiger Anknüpfungspunkt für die Auferlegung von Steuern oder die Bemessung von Steuersätzen sein dürfen.

**91** Das Problem der begriffl. Einordnung von Steuern mit lenkendem Haupt- oder Nebenzweck ist von der Frage zu unterscheiden, ob eine derartige Abgabe, wenn man sie als Steuer im verfassungsrechtl. Sinn klassifiziert, zulässig ist, vor allem, ob sie auf den konkreten **Kompetenztitel** für die Steuergesetzgebung gestützt werden kann (dazu → Rn. 15 f.). Beide Aspekte werden nicht immer hinreichend klar getrennt.

**92** **d) Einzelfälle.** Für die Beurteilung der Rechtsnatur einer bestimmten Abgabe kann weder „die formale Klassifizierung oder Benennung noch die konkrete haushaltsmäßige Behandlung der Abgabe durch den Gesetzgeber sein; maßgeblich ist vielmehr ihr materieller Gehalt."[314] Für die „Qualifizierung einer Abgabe als Steuer oder nichtsteuerliche Abgabe" soll aber die **Ausgestaltung** des betreffenden Gesetzes" entscheidend sein.[315] Die Rspr. hat als **Steuern** eingestuft: Getränkesteuer,[316] Kampfhunde-

---

[306] So schon *Nawiasky*, Steuerrechtliche Grundfragen, 1926, S. 30 f.; *Hensel*, Steuerrecht, 1924, S. 3; aber wohl nicht mehr in der 3. Aufl. 1933, S. 1, in der er schlicht die Definition von § 1 RAO übernahm; später *Selmer*, Steuerinterventionismus, S. 124–126; *Knies*, Steuerzweck, S. 123, 134; *Bodenheim* (Fn. 258), vor allem S. 182, 268, 293, 313; diff. *Vogel/Waldhoff* BK, vor Art. 104a (1997) Rn. 388–391.

[307] Vgl. auch *Fischer-Menshausen*, in: v. Münch/Kunig III, 3. Aufl. 1996, Art. 105 Rn. 106a: „wesentlich für den Steuerbegriff"; sehr weitgehend *Stern*, StaatsR II, S. 1099: „Kern des Steuerbegriffs".

[308] Vgl. *Knies*, Steuerzweck, S. 123 f., 134; *Köck* JZ 1991, 692 (695); *Jarass* (Fn. 49), S. 7.

[309] Vgl. BVerfGE 18, 315 (328); ähnl. BVerwG JZ 1995, 196 (197); *Starck* FS Wacke, 1972, S. 193 (203); *Fischer-Menshausen*, in: v. Münch/Kunig III, 3. Aufl. 1996, Art. 105 Rn. 6a; *Jarass* (Fn. 49), S. 7; *Wendt* HStR VI, § 13g Rn. 18.

[310] BVerwGE 96, 272 (278); BWVGH VBlBW 2002, 210 (212); *Pieroth*, in: Jarass/Pieroth, Art. 105 Rn. 4, unter Berufung auf BVerfGE 98, 106 (118), wo aber mit dieser Formulierung nur Kompetenzen, nicht aber der Steuerbegriff abgegrenzt werden (→ Rn. 80).

[311] BVerfGE 16, 147 (161); ähnl. BVerfGE 31, 8 (23); 32, 78 (85); 38, 61 (80). In der Sache stimmt dem auch BVerwGE 96, 272 (278) (Verpackungsteuer) zu: „keine Steuern im Rechtssinne". Obwohl sein Ausgangspunkt eine Erörterung des verfassungswidrigen *Formenmissbrauchs* war, im Grunde genommen also eine Rechtmäßigkeitsprüfung, lässt das Gericht letztl. doch keinen Zweifel daran, dass es der verfassungsrechtliche *Begriff* der Steuer ist, der zur Diskussion steht; ähnl. *Vogel/Waldhoff* BK, vor Art. 104a (1997) Rn. 392; *Seer*, in: Tipke/Lang, Steuerrecht, 22. Aufl. 2015, § 2 Rn. 10.

[312] Dafür aber *R. Schmidt*, Wirtschaftspolitik und Verfassung, 1971, S. 209; wohl auch *Leisner-Egensberger*, Hdb. Föderalismus II, § 40 Rn. 18.

[313] In diese Richtung aber *Köck* JZ 1991, 692 (695); *Trzaskalik* StuW 1992, 135 (140 f.); *Gawel* StuW 1999, 374 (374–376); *Jachmann* StuW 2000, 239 (240); *Selmer/Brodersen* DVBl 2000, 1153 (1159). Das BVerfG hat immerhin die Frage aufgeworfen, aber unbeantwortet gelassen, „ob diese [die Abfallabgabe] eine Entsorgungslast zum Gegenstand haben könne", BVerfGE 98, 83 (101).

[314] BVerfGE 92, 91 (114); BVerfGE 145, 171 (207 Rn. 103) (Kernbrennstoffsteuer).

[315] BVerfGE 145, 171 (207 Rn. 103) (Kernbrennstoffsteuer), unter Berufung auf 108, 1 (13); 108, 186 (212); 110, 370 (384); 113, 128 (145 f.); 122, 316 (333); 124, 348 (364); 137, 1 (17); frühere Rspr.: BVerfGE 7, 244 (256); 49, 343 (352); 92, 91 (114).

[316] BVerfGE 44, 216 (216 ff.).

steuer,[317] Kernbrennstoffsteuer,[318] Luftverkehrsteuer,[319] Verpackungsteuer[320] sowie einige zurzeit nicht erhobene Abgaben,[321] **nicht** dagegen: Abfallausfuhrabgabe,[322] (Beiträge zum) Absatzfonds der Landwirtschaft,[323] Altenpflegeumlage,[324] (Umlage zur Finanzierung der) Bundesanstalt für Finanzdienstleistungsaufsicht,[325] Feuerschutzabgabe (Bay),[326] Feuerwehrabgabe (BW),[327] Filmförderabgabe,[328] (Abgabe zur Finanzierung des Holzabsatzfonds),[329] Investitionshilfeabgabe 1952,[330] (rückzahlbare) Investitionshilfeabgabe 1982 (sog. Zwangsanleihe),[331] Hebammenabgabe,[332] (Jahresbeiträge zu) Einlagensicherungs- und Anlegerentschädigungseinrichtungen,[333] (nach Einkommen gestaffelte) Kindergartengebühren,[334] (Beitrag zum) Klärschlamm-Entschädigungsfonds,[335] „Krankenhausnotopfer",[336] (rückzahlbarer) Konjunkturzuschlag 1970,[337] (Ausgleichsabgabe nach dem) Milch- und Fettgesetz,[338] Preisausgleich nach dem Preisgesetz,[339] „Rundfunkbeitrag",[340] Spielbanken-Tronc-Abgabe,[341] (wiederkehrende) Straßenausbaubeiträge,[342] UMTS-Versteigerungserlöse,[343] Wasserentnahmeentgelte,[344] Weinbauabgabe nach dem Weinwirtschaftsgesetz.[345]

**2. Vorzugslasten: Gebühren und Beiträge.** Gebühren zählen zusammen mit den Beiträgen zu **93** den sog. **Vorzugslasten.**[346] Das BVerfG hat diese Begrifflichkeit, die aus der Finanzwiss. stammt, anerkannt.[347] Es verwendet jetzt auch explizit den Begriff der **nichtsteuerlichen Abgaben** als übergeordnete Kategorie.[348] Nach seiner Rspr. können auch bestimmte Sonderabgaben Vorzugslasten sein, für die es aber keinen „allgemeinen, verfassungsrechtlichen Begriff" gebe.[349] Die Vorzugslasten müssen eindeutig von den Steuern zu unterscheiden sein, damit nicht die diff. Vorschriften für die Steuern, die Abschn. X des GG über das Finanzwesen bereithält, unterlaufen werden können.[350]

Ihr gemeinsames Kennzeichen bestand urspr. darin, dass sie zum **Ausgleich** für eine besondere **93a** individuell zurechenbare Leistung (Vorteil) des Staates erhoben werden.[351] Ein individueller **Vorteil**

---

[317] BVerwG NVwZ 2000, 929 (929 ff.), bei 720 DM im Jahr, zust. Anm. *Seitz*, ebda., S. 951; OVG Nds. NVwZ 1997, 816 (819), bei 1200 DM jährlich; BayVGH BayVBl 1997, 760 (760 f.), bei ebenfalls 1200 DM; OVG RhPf NVwZ 2001, 228 (229): „Die Erfüllung des Steuertatbestandes [ist] nach wie vor möglich"; BWVGH VBlBW 2002, 210 (210 ff.).

[318] BVerfGE 145, 171 (206 f. Rn. 100, 104) (Kernbrennstoffsteuer).

[319] BVerfGE 137, 350 (362 Rn. 29).

[320] BVerfGE 98, 106 (106 ff.); BVerwGE 96, 272 (277).

[321] Beförderungsteuer (Werkfernverkehr) BVerfGE 16, 147 (161); Einwohnersteuer BVerfGE 16, 64 (74); BVerwG NVwZ 1992, 1098 (1098); Sonderumsatzsteuer nach dem AbsicherungsG BVerfGE 30, 250 (264); Stabilitätszuschlag 1973 BVerfGE 36, 66 (70); Straßengüterverkehrsteuer BVerfGE 38, 61 (79 f.); Weinabgabe (Baden) BVerfGE 7, 244 (251 f., 257); Zweigstellensteuer – Wareneinzelhandelsunternehmen BVerfGE 19, 101 (114); Zweigstellensteuer – Bank- und Kreditunternehmen BVerfGE 21, 160 (167).

[322] BVerfGE 113, 128 (146).

[323] BVerfGE 82, 159 (178); 122, 316 (332).

[324] BVerfGE 108, 186 212).

[325] BVerfGE 124, 235 (243).

[326] BVerfGE 92, 91 (114); BayVerfGH BayVBl 1979, 269 (269 ff.).

[327] BVerfGE 13, 167 (171); konventionswidrig EGMR NJW 1995, 1733 (1733); BVerfGE 92, 91 (114).

[328] BVerwGE 45, 1 (2); Verfassungsmäßigkeit bejaht von BVerwGE 133, 165 (174 ff.); → Rn. 73, 163, 165.

[329] BVerfGE 123, 132 (140).

[330] BVerfGE 4, 7 (13 f.).

[331] BVerfGE 67, 256 (282–285).

[332] BVerfGE 17, 287 (291 ff.).

[333] BVerfGE 124, 348 (364), wo aber fälschl. die begriffl. Zuordnung mit der „Rechtfertigung" zusammengefasst wird: „kann die Abgabe nicht als Steuer, sondern nur als eine nichtsteuerliche Abgabe verfassungsrechtlich gerechtfertigt werden".

[334] BVerfGE 97, 332 (343).

[335] BVerfGE 110, 370 (384).

[336] BSG NJW 2000, 3446 (3447).

[337] BVerfGE 29, 402 (409).

[338] BVerfGE 18, 315 (328 f.); BVerwGE 6, 134 (138); 14, 279 (280).

[339] BVerfGE 8, 274 (317).

[340] BVerwGE 154, 275 (279).

[341] BVerfGE 28, 119 (150).

[342] BVerfGE 137, 1 (17 f.).

[343] BVerfGE 105, 185 (194).

[344] BVerfGE 93, 319 (344 f.).

[345] BVerfGE 37, 1 (16).

[346] Zur Begriffsgeschichte: *Eyben*, Beitrag, S. 50 ff.; s. a. BVerwGE 154, 275.

[347] Zuletzt BVerGE 108, 1 (17); 108, 186 (216); 110, 370 (388); 113, 128 (146); 137, 1 (18); 145, 171 (206 Rn. 101) (Kernbrennstoffsteuer); 149, 222 (249 Rn. 54) (Rundfunkbeitrag).

[348] BVerfGE 149, 222 (249 Rn. 54) (Rundfunkbeitrag).

[349] BVerfGE 149, 222 (249 Rn. 54) (Rundfunkbeitrag).

[350] Das hat jetzt auch das BVerfG ausdrücklich anerkannt: BVerfGE 137, 1 (18): „... diese Vorzugslasten weisen jedoch Merkmale auf, die sie verfassungsrechtlich notwendig von der Steuer unterscheiden".

[351] So jetzt auch BVerfGE 145, 171 (206 Rn. 101) (Kernbrennstoffsteuer): „Gegenleistung für staatliche Leistungen".

oder **Nutzen** muss dem Zahlungspflichtigen einer Vorzugslast „**individuell-konkret** zugerechnet werden" können.[352] Dem steht nicht entgegen, dass Vorzugslasten häufig auch zur Deckung bestimmter Kosten auferlegt werden, die individuell verursacht worden sind. Für Gebühren und Beiträge hat das BVerfG diese duale Sicht im Grundsatz akzeptiert: „… werden erhoben, um einen Aufwand der öffentlichen Hand weiterzugeben oder um die Vorteile [!] desjenigen, dem eine öffentliche Leistung gewährt wird, ganz oder teilweise abzuschöpfen".[353] Zeitweise hat es bloß „mittelbare Vorteile" nicht mehr als „staatliche Leistung" akzeptiert, „die als Gegenleistung" die Auferlegung einer Vorzugslast rechtfertigen könnte,[354] zuletzt aber gefordert, den „Begriff der öffentlichen Leistung weit zu verstehen." Gleichwohl soll die Kernbrennstoffsteuer nicht die Voraussetzungen einer Vorzugslast erfüllen, da sie „nicht ausschließlich als ökonomische Kompensation" für einen „gezogenen Sondervorteil" zu verstehen sei.[355] Namentlich fehle es an dem urspr. angestrebten Zweck der Gewinnabschöpfung.[356] Wenig konsistent wird aber kurz darauf ein derartiger **Sondervorteil** beim Rundfunkbeitrag bejaht, obwohl er angesichts des für jeden frei zugänglichen ör Rundfunkangebots nicht zu erkennen ist. Im Einzelnen ist vieles unklar, und die Ergebnisse, zu denen das BVerfGE gelangt, sind wohl eher nach ihrer polit. Erwünschtheit oder Unerwünschtheit als nach systematischen und dogmatischen Prinzipien voraus zu schätzen(→ Rn. 101bf., → Rn. 112, → Rn. 115a-c, → Rn. 117e, → Rn. 173).

**93b**     Immerhin vermengt das Gericht zunächst einmal nicht mehr **Qualifikations- und Zulässigkeitskriterien** wie in großen Teilen der Sonderabgabenjudikatur (→ Rn 152). Vielmehr stellt es vorweg mit der wünschenswerten Klarheit fest, dass es für die formale Zuordnung einer Abgabe als Steuer oder Vorzugslast nicht auf ihre mat. Verfassungsmäßigkeit ankommt: „Die Kompetenznormen des Grundgesetzes enthalten grundsätzlich keine Aussagen zu diesen materiellen Fragen."[357] Bei der konkreten Anwendung **missachtet** es dann aber seine eigenen Vorgaben und verquickt bei der Prüfung einer Verletzung des allg, Gleichheitssatzes nach Belieben Kriterien der begriffl. Abgrenzung und der mat. Rechtfertigung.[358] Dementspr. hat dann auch das Ergebnis den Hauch der Beliebigkeit.

**94**     **a) Abgrenzungen.** Wiederholt hat das BVerfG betont, dass das GG keinen eigenständigen, verfassungsrechtl. **Gebührenbegriff** enthalte, aus dem sich unmittelbar Kriterien für die Verfassungsmäßigkeit von Gebührenmaßstäben, Gebührensätzen oder Gebührenhöhen ableiten ließen.[359] Das kann aber nur so gemeint sein, dass die Verfassung **keine Legaldefinition** enthält.[360] Da Gebühren immer in Konkurrenz zur Steuer stehen, ist aber eine eindeutige begriffl. Abgrenzung unerlässlich. Da **Gebühren** ebenso wie die Steuern einen Finanzierungszweck verfolgen, müssen sie die „besondere Zweckbestimmung" haben, Einnahmen zu erzielen, „um speziell die Kosten der individuell zurechenbaren öffentliche Leistung ganz oder teilweise zu decken."[361] Dementspr. hat das BVerfG regelmäßig folgende Abgrenzung verwendet:

> „Gebühren sind öffentlichrechtliche Geldleistungen, die aus Anlass individuell zurechenbarer öffentlicher Leistungen dem Gebührenschuldner durch eine öffentlichrechtliche Norm oder sonstige hoheitliche Maßnahmen auferlegt werden und dazu bestimmt sind, in Anknüpfung an diese Leistung deren Kosten ganz oder teilweise zu decken".[362]

**95**     Gebühren sind **Gegenleistungen** für besondere staatl. Leistungen. Sie lassen sich dadurch kennzeichnen, dass sie als finanz. **Ausgleich** für besondere **individuell zurechenbare Leistungen** des Staates oder für aus Anlass solcher Leistungen besonders **verursachter bedeutender Kosten** erhoben werden.[363] Zeitweise hat auch das BVerfG in seiner Abgrenzung die **Ausgleichsfunktion** besonders hervorgehoben:

---

[352] BVerfGE 149, 222 (254 f. Rn. 55, 65–67, 259 Rn. 76) (Rundfunkbeitrag) [Hervorhebung nicht im Original"].

[353] BVerfGE 145, 171 (206 Rn. 101) (Kernbrennstoffsteuer), unter Berufung auf BVerfGE 93, 319 (343 ff.).

[354] BVerfGE 110, 370 (389); zu Recht ebenfalls krit. *Drüen* (Fn. 214), Rn. 19. Einen Vorteil verlangt uneingeschränkt auch *G. Kirchhof* Verwaltung 46 (2013), 349 (353 f.): „Verwaltungspreis".

[355] BVerfGE 145, 171 (208 Rn. 106) (Kernbrennstoffsteuer).

[356] BVerfGE 145, 171 (209 Rn. 108 f.) (Kernbrennstoffsteuer).

[357] BVerfGE 149, 222 (252 Rn. 57) (Rundfunkbeitrag), unter Berufung auf BVerfGE 108, 1 (14 f.); 123, 1 (17).

[358] BVerfGE 149, 222 (255 Rn. 75) (Rundfunkbeitrag).

[359] BVerfGE 97, 332 (345); zuvor hatte es pauschal und unzutr. behauptet, es gebe keinen verfassungsrechtlichen Gebührenbegriff: BVerfGE 50, 217 (225 ff.); 85, 337 (346); ähnlich immer noch *Droege* Verwaltung 46 (2013), 313 (317), ohne genaue Analyse der neueren Rspr.

[360] So zu Recht *Vogel/Waldhoff* BK, vor Art. 104a (1997) Rn. 410.

[361] BVerfGE 50, 217 (226); 144, 369 (397 Rn. 64).

[362] BVerfGE 97, 332 (345); 110, 370 (388); 113, 128 (148); 137, 1 (18); inhaltl. ebenso 108, 1 (13); zuvor 50, 217 (226); 91, 207 (223), wo der Gebührenbegriff aber nur iRd Verhältnismäßigkeit (Angemessenheit) einer Belastung mit Gebühren eine Rolle spielt; etwas knapper jetzt BVerfGE 132, 334 (349): „öffentlichrechtliche Geldleistungen, die in Anknüpfung an eine individuelle öffentliche Leistung erhoben werden, um deren Kosten ganz oder teilweise zu decken".

[363] BVerfGE 91, 207 (223); 113, 128 (146) (IHK-Beitrag): konkretes Gegenleistungsverhältnis; *Wilke,* Gebührenrecht, S. 105, 109; *K. Vogel* FS Geiger, 1989, S. 518 (533): „doppelgliedriger Gebührenbegriff"; *P. Kirchhof* HStR V, § 119 Rn. 26.

> *„Gebühren sind als öffentlichrechtliche Geldleistungen, die in Anknüpfung an eine individuell zurechenbare öffentliche Leistung erhoben werden, um deren Kosten ganz oder teilweise zu decken [Nachweise] dem Grunde nach durch ihre Ausgleichsfunktion gerechtfertigt (vgl. BVerfGE 108, 186 [216])."*[364]

Wenig später hat es wie folgt abgegrenzt:

> *„Als Gebühren werden öffentlich-rechtliche Geldleistungen bezeichnet, die aus Anlass individuell zurechenbarer Leistungen dem Gebührenschuldner durch eine öffentlich-rechtliche Norm oder sonstige hoheitliche Maßnahme auferlegt werden."*[365]

Wesentlich ist aber jedenfalls das Vorliegen einer individuell zurechenbaren Leistung. Ihre Bestimmung entscheidet über das Ergebnis. Obschon dem Gesetzgeber für die Entscheidung über den Anknüpfungspunkt ein weiter Gestaltungsspielraum zustehen mag, hat das BVerfG anerkannt, dass unter „Leistung" ein „individuell-konkret zurechenbarer" **„Sondervorteil"** zu verstehen ist.[366]

Das ist vor allem wichtig bei der Erteilung von Erlaubnissen und Genehmigungen. Sie können zu **96** einem geldwerten Vorteil beim Begünstigten führen, der weit über den Kosten ihrer Erstellung liegt, unabhängig davon, wie man sie kalkuliert. Bei Sondernutzungserlaubnissen und Parkgebühren sieht die Rspr. mittlerweile die staatl. Leistung in der Überlassung von Straßenfläche zur Nutzung iS einer ör **Vermietung**.[367] Bei den in Bay und BW erhobenen **Feuerschutzabgaben** fehlt sie indes.[368] Entsprechendes gilt für Amtshandlungen, die eine (Abgaben-)Last reduzieren, zumindest dann, wenn auf die Reduktion ein Anspruch besteht. Für Bescheinigungen, Formulare, Anträge uä, die dazu dienen, eine Abgabenlast auf das gesetzl. geschuldete Niveau zurückzuführen – auch auf null (Freistellungsbescheinigung), dürfen keine Gebühren oder an ihre Stelle tretende Leistungen erhoben werden. Es liegt keine bes. Leistung des Staates vor. „Gebühren" für die Ausstellung eines für alle Bürger vorgeschriebenen **Personalausweises** erfüllt ebenfalls nicht das Erfordernis eines „Sondervorteils" oder einer bes. Inanspruchnahme von Verwaltungsleistungen, da ein Ausweisdokument von allen Bürgern ab einem bestimmten Alter unterschiedslos vorzuhalten ist.

Auch die **Beiträge** sollen einen **Sondervorteil** oder besonders verursachte Kosten ausgleichen. In **97** der Rechtsprechung des BVerwG ist deshalb anerkannt, dass sie von demjenigen erhoben werden, „dem die Einrichtung einen besonderen Vorteil gewährt".[369] Der mit der Beitragserhebung verbundene Vorteilsausgleich findet sich auch in der Rspr. des BVerfG.[370] Das Gericht hatte schon früh einen besonderen wirtschaftlichen Vorteil als Voraussetzung für einen „Beitrag" zu den Kosten eines „öffentlichen Vorhabens" verlangt.[371] Nunmehr hat es wieder bestätigt, dass ein „individuell konkret zurechenbarer" „Sondervorteil" vorliegen muss.[372] Der „Gedanke der Gegenleistung, also des Ausgleichs von Vorteilen und Lasten, ist der den Beitrag im abgabenrechtlichen Sinne bestimmende Gesichtspunkt".[373] Sprachlich misslungen, in der Sache aber zutr., betont es, dass sich durch den Ausgleich von Vorteilen und Lasten, der Beitrag „notwendig" von der Steuer unterscheide; gemeint ist, dass das Vorliegen eines **individuellen Vorteils** notwendige Bedingung für die Einstufung einer Abgabe als Beitrag sei.

Die Beiträge unterscheiden sich aber dadurch von den Gebühren, dass die Verbindung zwischen **97a** besonderer staatl. Leistung und Geldzahlungspflicht noch weiter gelockert ist. Es soll nicht erforderlich sein, dass tatsächlich ein Sondervorteil in Anspruch genommen worden ist. Die bloße **Möglichkeit** der Inanspruchnahme soll genügen.[374] Wegen der sich daraus ergebenden Konturlosigkeit ist eine handhabbare Abgrenzung zu den Steuern nur möglich, wenn weiter vorausgesetzt wird, dass es sich

---

[364] BVerfGE 144, 369 (397 Rn. 64).

[365] BVerfGE 149, 222 (250 Rn. 55).

[366] BVerfGE 137, 1 (22) für Beiträge; 145, 171 (206 Rn. 101) (Kernbrennstoffsteuer) für Gebühren und Beiträge.

[367] BVerwGE 80, 36 (40): „eine Art ‚Miete' öffentlichen Straßenraums". Das BVerfG stellt neuerdings auf die „aus der Sache selbst ableitbare" „besondere Verantwortlichkeit" des Zahlungspflichtigen ab – ähnl. wie bei den Sonderabgaben (→ Rn. 165) – (BVerfGE 91, 207 [223]).

[368] BVerfGE 92, 91 (115).

[369] BVerwGE 72, 212 (219): „eine Abgabe zur vollen oder teilweisen Deckung der Kosten einer öffentlichen Einrichtung, die von demjenigen erhoben wird, dem die Einrichtung einen besonderen Vorteil gewährt, also die Gegenleistung für einen gewährten Sondervorteil".

[370] BVerfGE 42, 223 (228); 133, 143 (158 f.), wo auch aus rechtsstaatlichen Gründen eine „Verjährung als abschließende Zeitgrenze" für die Festsetzung von Beiträge zum Vorteilsausgleich verlangt wird; BVerfGE 137, 1 (18), spricht sowohl von „Nutzen" als auch vom Ausgleich von Vorteilen und Lasten, verzichtet aber auf ausdrückliche Erwähnung des „besonderen" oder „individuellen" Nutzens (Vorteils).

[371] BVerfGE 7,244 (254 f.); 137, 1 (22–26).

[372] BVerfGE 137, 1 (22); zust. *Wernsmann* ZG 2014, 79 (85).

[373] BVerfGE 149, 222 (250 Rn, 55) (Rundfunkbeitrag).

[374] BVerfGE 91, 207 (224); 110, 370 (388): „potenzielle Inanspruchnahme"; 113, 128 (148); 137, 1 (18): „potentielle Inanspruchnahme"; 149, 222 (250 Rn. 55) (Rundfunkbeitrag); „potentiell … Nutzen"; BVerwGE 72, 212 (219), 154, 275 (285); zuvor BVerwGE 25, 147 (149); *Vogel/Waldhoff* BK, vor Art. 104a (1997) Rn. 41; unter eingehender Auswertung der dogmenhistorischen und finanzwissenschaftlichen Lit.: *Eyben*, Beitrag, S. 72 f.; *F. Kirchhof*, Grundriss des Steuer- und Abgabenrechts, 2. Aufl. 2001, Rn. 246; *Ubber*, Beitrag, S. 281 ff., der allerdings erhebl. Unterschiede bzgl. der Kostenverantwortlichkeit zwischen Gebühr und Beitrag sieht (S. 299); *Elsner/Kaltenborn* JA 2005, 823 (825); *Jochum* StuW 2006, 134 (135); *Sacksofsky* (Fn. 233), S. 189.

um **öff. Einrichtungen** handelt, deren Nutzung oder Nutzungsmöglichkeit vom Staat ermöglicht wird. Wenn diese aber ohne Zulassung für einen nicht **abgrenzbaren Personenkreis** benutzbar ist, liegt kein Sondervorteil oder keine besondere Kostenverursachung vor.[375] Es kann sich dann nicht mehr um eine Vorzugslast, sondern nur um eine Gemeinlast handeln, die eine Steuer ist. Die vom Gesetzgeber als „Beiträge" bezeichneten Geldleistungspflichten sind regelmäßig (Finanzierungs-)Sonderabgaben[376] oder auch Steuern, wie z. B. die „Rundfunkbeiträge".[377] Sonst ließen sich große Teile der öff. Verwaltung und fast alle ihre Einrichtungen (Bauordnungsämter, Schulen, etc.) über derartige „Beiträge" finanzieren, die alle Einwohner zu leisten hätten, unabhängig davon, ob sie deren „Leistungen" jemals in Anspruch nehmen würden.

**97b** Für die Qualifizierung einer nichtsteuerl. Abgabe im Einzelfall soll die **Ausgestaltung** des betreffenden **Gesetzes** maßgebend sein.[378]

**98** **b) Gebührenarten.** Traditionell werden zwei Arten von Gebühren unterschieden:
– Verwaltungsgebühren sowie
– Benutzungsgebühren.

Verwaltungsgebühren sind für individuell gewidmete **Amtshandlungen** der Verwaltung zu entrichten, während bei Benutzungsgebühren die besondere Leistung in der (tatsächlichen) **Inanspruchnahme** einer öff. Einrichtung besteht.[379]

**99** Daneben wird noch ein dritter Typ von Gebühren propagiert: die **Verleihungsgebühr.** Sie soll für die Verschaffung eines subj. Rechts zu leisten sein. Vor allem im Umweltschutz genießt sie großen Anklang, weil sie die bisherigen rechtl. Grenzen überschreitet und flexibel zur Durchsetzung außerfiskalischer Zwecke eingesetzt werden kann, ohne dafür auf das Instrument der Steuer, das strikten rechtl. Grenzen unterliegt, zurückgreifen zu müssen. Ein solcher Gebührentyp stößt indes auf erhebliche **verfassungsrechtl. Bedenken.**[380] Sie ist auch nicht durch das BVerfG in seiner Entscheidung zu den Wasserentnahmeentgelten anerkannt worden.[381] Eine rechtfertigende Kostenverursachung (→ Rn. 95) ist ebenfalls mit der Verleihung von Rechten nicht verbunden oder sie ist vernachlässigbar,[382] da dem Staat keine oder nur geringe Kosten für ihre Herstellung der Ressourcen entstehen, auf die durch die Verleihung zugegriffen werden darf. Soweit sie anfallen, können sie über eine Verwaltungsgebühr abgedeckt werden. Ihre Konturlosigkeit macht die Gefährlichkeit der Verleihungsgebühr aus. I. E. wäre sie ein „Preis für die Freiheit".[383] Es käme zudem zu Konflikten zwischen hoheitl. und fiskalischen Interessen.[384]

**100** **Studiengebühren** sind eine Vorzugslast in der Form einer Benutzungsgebühr. Sie sind keine bloße Verleihungsgebühr, da sie für die tatsächl. Benutzung der Hochschulen[385] oder die Inanspruchnahme von Verwaltungsleistungen (Einschreibung, Rückmeldung)[386] erhoben werden. In Betracht kommt auch die (vermehrte) Erhebung von Nutzungsentgelten. Der Erhebung von allg. Studiengebühren für bisher gebührenfreie Einrichtungen ist mit dem GG zu vereinbaren, solange und soweit sie „nicht prohibitiv wirken und sozial verträglich ausgestaltet sind." Es besteht kein Anspruch auf „Kostenfreiheit des Hochschulstudiums".[387] Auswärtige Studierende dürfen aber „nicht anders als Landeskinder" behandelt werden.[388] Die Einführung dieser Abgaben kann aber iE immer eine neue, besondere Belastung der Familien bedeuten und berührt daher Art. 6.

---

[375] I. Erg. ebenso *Brüning* Verwaltung 46 (2013), 413 (414).
[376] BVerfGE 110, 370 (388 f.) (Beiträge zum Klärschlamm-Entschädigungsfonds); 113, 128 (346) (Beiträge zum Solidarfonds Abfallrückführung); 122, 316 (333) (Beiträge zum Absatzfonds); 124, 348 (364 f.) (Jahresbeiträge zu Einrichtungen der Einlagensicherung und Anlegerentschädigung); ebenso sind die Beiträge der Kreditinstitute zum Restrukturierungsfonds der Banken nach § 12 I RestrukturierungsfondsG v. 9.12.2010 (BGBl. I 1921).
[377] Näher → Rn. 117a.
[378] BVerfGE 149, 222 (250 Rn. 56) (Rundfunkbeitrag).
[379] *P. Kirchhof* HStR V, § 119 Rn. 36.
[380] *Friauf* FS 600 Jahre Universität Köln, 1988, S. 679 (692–696), der sie mat. wie eine „Sonderabgabe" beurteilt wissen will (696); *P. Kirchhof* HStR V, § 119 Rn. 37; *Pietzcker* DVBl 1987, 774 (778); *Jachmann* MKS III, Art. 105 Rn. 10; *G. Kirchhof* Verwaltung 46 (2013), 349 (377); grds. positiv dagegen: *F. Kirchhof* DVBl 1987, 554 (554 ff.); *Stober* JA 1988, 250 (254); *Wieland,* Konzessionsabgaben, S. 305 f., der „nichtsteuerliche Konzessionsabgaben" als Verleihungsgebühren qualifiziert; *Murswiek* will sie zulassen, wenn sie sich durch einen besonderen Sachzweck rechtfertigen lässt (NuR 1994, 170 [172]); i. Erg. ebenfalls wohl auch positiv, aber rechtfertigungsbedürftig *Drömann* (Fn. 226), S. 293 ff., 302, 378 f.; unkrit. *Droege* Verwaltung 46 (2013), 313 (318).
[381] BVerfGE 93, 319 (319 ff.); unzutr. daher *Heimlich* DÖV 1997, 996 (996 ff.).
[382] *Drüen* (Fn. 214), § 3 Rn. 19.
[383] *Friauf* FS 600 Jahre Universität Köln, 1988, S. 679 (683 f.).
[384] Zu den „Ressourcennutzungsabgaben", die häufig auch als „Ressourcennutzungsgebühren" bezeichnet wurden, u. Rn. 176.
[385] BVerwGE 115, 32 (38); BWVGH DÖV 2000, 874 (875).
[386] Eine solche Gebühr muss aber auch bei der Bemessung von einer erkennbaren Entscheidung des Gesetzgebers über den verfolgten Verwendungszweck („Gebührenzweck") getragen sein, BVerfGE 108, 1 (13); 132, 334 (350); 144, 369 (398 Rn. 65).
[387] BVerfGE 134, 1 Rn. 35, 38; i. Erg. ebenso BayVerfGH BayVBl 2009, 593, für allg. Studienbeiträge.
[388] BVerfGE 134, 1 Rn. 54.

**c) Bemessung der Höhe von Vorzugslasten.** Aus ihrer Zweckbestimmung als Ausgleich für 101 bes. staatl. Leistungen oder Kosten (→ Rn. 93, 95) folgt, dass Vorzugslasten von Verfassungs wegen nicht in beliebiger Höhe festgesetzt werden dürfen. Traditionell wurden durch das Äquivalenzprinzip (1) und das Kostendeckungsprinzip (2) Grenzen gesetzt.[389] Auch das BVerfG hat nunmehr anerkannt, dass die **Bemessung von Vorzugslasten** verfassungsrechtl. Grenzen unterliegt und einer sachlichen Rechtfertigung bedarf. Neben dem Zweck der Kostendeckung seien auch Vorteilsausgleich, Verhaltenslenkung sowie „soziale Zwecke" anerkannt".[390] Zunächst hat es jedoch die konkrete Bemessung weitgehend der Beurteilung durch den Gesetzgeber ausgeliefert und nur bei einem „groben Missverhältnis" beanstandet.[391] Später hat das Gericht ein Missverhältnis aber schon dann bejaht, wenn der Gesetzgeber sich nicht an die von ihm selbst gesetzten Gebührenzwecke gehalten hat oder eine klare gesetzgeberische Entscheidung fehlt, welche Gebührenzwecke verfolgt werden.[392] Wenn die Gebührenhöhe die Kosten der Erfüllung des konkret zu benennenden Gebührenzwecks um mehr als **hundert Prozent** übersteigen, soll nach der Rspr. des BVerfG ein grobes Missverhältnis vorliegen.[393]

Dabei können nur solche Zwecke die **Gebührenbemessung** sachlich rechtfertigen, die von einer 101a aus dem jeweiligen Gebührentatbestand „erkennbaren gesetzgeberischen Entscheidung getragen werden."[394] An dem „erkennbaren Inhalt" der getroffenen Regelung muss sich „der Gesetzgeber festhalten lassen." Auch muss sich der Gesetzesvollzug daran „ausrichten können".[395] Neben dem „eng begrenzten Gebührentatbestand" dürfen nicht „weitere, ungenannte Gebührenzwecke" im Gesetzesvollzug herangezogen werden.[396] Es genüge nicht, dass der Gesetzgeber weitere Zwecke hätte „verfassungskonform" wählen können.[397]

Die in BW, Berl und Brand. erhobenen **Rückmeldegebühren** waren mit diesen Grundsätzen 101b unvereinbar. Die wortgleichen gesetzl. Regelungen in Berl[398] und in Brand[399] hat das BVerfG wegen Verstoßes gegen Art. 2 I iVm Art. 104a ff. sowie Art. 3 I für nichtig erklärt. In einer früheren Entscheidung war die gesetzliche Regelung in BW aber (nur) für unvereinbar mit Art. 70 I iVm Art. 105, 106 erklärt worden.[400]

Wenig später hat es dann im Verfahren um die Verfassungsmäßigkeit des **Rundfunkbeitrags** die 101c kurz zuvor aufgestellte Anforderung in Bezug auf die erkennbare gesetzgeberische Entscheidung wieder aufgeweicht und ausreichen lassen, wenn sie im Wege der Auslegung „erkennbar" ist.[401] Im Gegensatz zu den Rückmeldegebühren sollte Rundfunkbeitrag wohl in jedem Fall gehalten werden.

(1) Verbreitet wurde das **Äquivalenzprinzip**[402] zugleich als Existenz- und als Rechtmäßigkeits- 102 kriterium für die Vorzugslasten angesehen.[403] Dh: Nur wenn eine Abgabe finanz. Ausgleich für eine – näher zu definierende – Leistung des Staates ist, handelt es sich um eine Vorzugslast. Steht – aus welchen Gründen auch immer – fest, dass eine solche Last vorliegt, ist sie nur dann rechtmäßig, wenn Leistung und Gegenleistung äquivalent sind. Die vom Zahlungspflichtigen empfangene Sonderleistung ist rechtfertigender Grund für die Vorzugslast. Das soll auch für ihre konkrete Höhe gelten. Ist sie höher als der Vorteil, sei sie entweder Steuer oder willkürlich und damit unzulässig.[404] Auch wenn diese beiden Aspekte regelmäßig zusammenfallen, sollte das Äquivalenzprinzip auf die Bemessung der

---

[389] Vgl. *P. Kirchhof* HStR V, § 119 Rn. 45; für alternative Anwendung *K. Vogel* FS Geiger, 1989, S. 518 (534): Sicherung des Individualbezugs der Vorzugslasten durch Begrenzung auf die Abschöpfung des dem Abgabepflichtigen zugeflossenen (geldwerten) Vorteils (Äquivalenzprinzip) oder durch Ausgleich der von ihm zu verantwortenden Kosten (Kostendeckungsprinzip), aber sowohl als Regeln zur begrifflichen Abgrenzung wie zur Bestimmung der zulässigen Höhe; aA *F. Kirchhof*, Gebühr, S. 81. Besondere Probleme bereitet die Bemessung von Abfallgebühren, vgl. dazu *Siekmann*, in: Brede (Hrsg.), Preise und Gebühren in der Entsorgungswirtschaft, 1998, S. 47–77; *Klages* ZfW 2001, 1 (10–17).

[390] BVerfGE 144, 369 (397 Rn. 64).

[391] BVerfGE 108, 1 (17–19); 132, 334 Rn. 51; 144, 369 (398 Rn. 66): „Gestaltungsspielraum".

[392] BVerfGE 144, 369 (398 Rn. 65).

[393] BVerfGE 132, 334 Rn. 66; 144, 369 (406 Rn. 93, 410 Rn. 107).

[394] BVerfGE 108, 1 (19 f.); 132, 334 Rn. 50; 144, 369 (398 Rn. 65). Die vom Gesetzgeber verfolgten Zwecke müssen sich also durch Auslegung dem Gebührentatbestand entnehmen lassen. Ist der Wortlaut des Gebührentatbestandes eng gefasst, finden „ungenannte Gebührenzwecke" keine Berücksichtigung.

[395] BVerfGE 144, 369 (398 Rn. 65).

[396] BVerfGE 144, 369 (398 Rn. 65).

[397] BVerfGE 132, 334 Rn. 62; 144, 369 (404 Rn. 86).

[398] BVerfGE 132, 334.

[399] BVerfGE 144, 369. Als konkreter, rechtfertigender Gebührenzweck wurde in Übereinstimmung mit dem vorlegenden OVG nur die „Kostendeckung für die Bearbeitung der Rückmeldung" erkannt (Rn. 70 f., 84).

[400] BVerfGE 108, 1 (33 f.).

[401] BVerfGE 222 (250 Rn. 56).

[402] Dazu jetzt eingehend *Schmehl*, Äquivalenzprinzip, S. 97 ff.; *ders.* ZG 2005, 123 (123 ff.); *Gawel* Veraltung 46 (2013), 467 (467–474).

[403] Vgl. zB BVerfGE 20, 257 (270): „dem Begriff der Gebühr immanent"; in der Sache ähnl. für den Beitrag BVerfGE 42, 223 (228).

[404] So *K. Vogel* HStR IV¹, § 87 Rn. 96.

**Höhe** der Vorzugslast begrenzt werden und seine Verletzung zur Unzulässigkeit, nicht aber zur begriffl. Umstufung der fraglichen Abgabe führen.[405]

103 Die Rspr. der Bundesgerichte hat das Prinzip zwar auf einen allgemeingültigen bundeseinheitl. Rechtsgrundsatz zurückgeführt, aber statt Gleichwertigkeit von Leistung und Gegenleistung – Äquivalenz – zu verlangen, darin zuletzt nur eine **Ausprägung** des **Übermaßverbots** und des Gleichbehandlungsgrundsatzes gesehen.[406]

104 Während das **BVerwG** zunächst regelmäßig verlangte, dass zwischen Leistung und Gegenleistung bei der Gebühr ein „richtiges Verhältnis" bestehen müsse,[407] also das „Äquivalenzprinzip" gelte,[408] stellte es später entscheidend auf den Gleichheitssatz ab.[409] In der jüngeren Rspr. wendet es sowohl das Äquivalenzprinzip als Ausprägung des Grundsatzes der Verhältnismäßigkeit als auch den Gleichheitssatz an.[410] Zum Teil werden die beiden Grundsätze als gemeinsame Vorgabe miteinander verquickt.[411] Das Äquivalenzprinzip sei nur verletzt, wenn zwischen der Gebühr und der mit ihr abgegoltenen Leistung der Verwaltung ein grobes Missverhältnis bestehe.[412] Für die Prüfung der gesetzl. Abgrenzung des Kreises der Gebührenpflichtigen zieht das Gericht das Äquivalenzprinzip jedoch nicht mehr heran, sondern allein Art. 3 I.[413] Das **BVerfG** war von Anfang an **weniger streng:** Das Äquivalenzprinzip besage „nur, dass die Gebühren in keinem Missverhältnis" zur Leistung stehen dürften. Das Prinzip gebe nur eine Richtung an.[414] Die Grenzen für die Gebührenbemessung leitete es im Wesentlichen nur aus dem Gleichheitssatz und dem Verhältnismäßigkeitsprinzip ieS ab;[415] zT verwendet es dafür die Begriffe der **Abgabengerechtigkeit**[416] oder jetzt **Belastungsgleichheit**[417].

105 Allerdings erfüllt nicht jedes individuell zurechenbare und – möglicherweise – andere Empfänger ausschließende Tätigwerden des Staates ein so verstandenes Äquivalenzprinzip.[418] Auf diese Weise könnte der Staat sich sonst ergiebige Einnahmequellen an Abschn. X des GG vorbei verschaffen, indem er sich für die Beseitigung von zuvor errichteten administr. Hürden entspr. honorieren ließe.[419] Maßgebend muss eine Würdigung des **gesamten Zurechnungstatbestandes** sein.

106 In älteren Entscheidungen hat das BVerfG explizit einen „wirtschaftlichen Vorteil",[420] einen „besonderen wirtschaftlichen Vorteil"[421] oder einen „besonderen wirtschaftlichen Nutzen"[422] verlangt. Im Schrifttum wird es teilweise für ausreichend gehalten, wenn die Leistung des Staates mindestens **auch im privaten Interesse** des Zahlungspflichtigen erfolgt.[423] Ihr in Geld messbarer Nutzen dürfe abgeschöpft werden.[424] Auch später hat das Gericht für die begriffliche Abgrenzung zumindest implizit das Vorliegen eines **Vorteils** verlangt, da es den Gedanken der „Gegenleistung" im Sinne eines „Ausgleichs von Vorteilen und Lasten" als den „bestimmenden Gesichtspunkt" für die Abgrenzung des Beitrags von der Steuer bezeichnet hat.[425] Für den „Begriff des Beitrags" wird „wesentlich" auf die

---

[405] Zumindest das BVerwG geht auch so vor; vgl. BVerwGE 12, 162 (169 f.); ferner BVerwGE 69, 242 (244), wo es aber die Existenz eines bundeseinheitlichen Gebührenbegriffs insgesamt bestreitet (245); BVerwGE 81, 371 (371 ff.), ohne allerdings das Äquivalenzprinzip noch weiter zu nennen; aA K. Vogel FS Geiger, 1989, S. 518 (529 f.); zum Ganzen Wienbrake (Fn. 226).

[406] So das Fazit von F. Kirchhof DVBl 1987, 554 (559); ähnlich Brüning Verwaltung 46 (2013), 413 (436).

[407] BVerwGE 2, 246 (249); 22, 299 (305).

[408] BVerwGE 12, 162 (169); 22, 299 (305); aber nicht mehr erwähnt in BVerwGE 69, 242 (244 ff.); 81, 371 (371 ff.), obwohl es in der Sache geprüft wird; wohl aber wieder in BVerwGE 79, 90.

[409] BVerwGE 69, 242 (242 ff.); 81, 371 (371 ff.).

[410] BVerwGE 115, 32 (44 ff.); 118, 123 (126); BVerwG NVwZ-RR 2002, 217 (218); Beschl. v. 19.9.2005, 10 BN 2/05, juris Rn. 8; s. a. OVG NRW, Beschl. v. 15.11.2007, 9 A 281/05, juris Rn. 4.

[411] BVerwGE 118, 123 (126); Beschl. v. 19.9.2005, 10 BN 2/05, juris Rn. 8.

[412] BVerwGE 109, 272 (274); 115, 32 (44); 118, 123 (125).

[413] BVerwG DVBl 1999, 620 (620 ff.); Beschl. v. 4.4.2002, 6 B 1/02, juris Rn. 8.

[414] BVerfGE 20, 257 (270); 83, 363 (392); 108, 1 (19); 132, 334 (350) unter Berufung auf das BVerwG: „grobes Missverhältnis"; BVerfGE 144, 369 (398 Rn. 66). Vgl. auch Brüning Verwaltung 46 (2013), 413 (437): „nicht besonders konturiert", der darauf abstellt, ob „die Gebührenregelung nicht mehr durch sachliche Gründe zu rechtfertigen" sei; allerdings unter Einbeziehung des Grundsatzes der „Typengerechtigkeit".

[415] BVerfGE 50, 217 (226 ff.); 83, 363 (392); 91, 207 (223); 97, 332 (345);115, 381 (389, 392); 132, 344 Rn. 51; 144, 369 (398 Rn. 66).

[416] BVerfGE 97, 332 (346).

[417] BVerfGE 124, 235 (244); 132, 334 (349 Rn. 47); 137, 1 (20 Rn. 48); 149, 222 (254 Rn. 65) (Rundfunkbeitrag).

[418] So aber BVerfGE 50, 217 (226); jetzt strenger auch zur Gebührenbemessung BVerfGE 91, 207 (223).

[419] Das ist es wohl auch, was Friauf meint, wenn er sich gegen die Einführung von Gebühren als einem „vom Staat erhobenen Preis für Freiheit" wendet (FS 600 Jahre Universität Köln, 1988, S. 679 [683]); abl. zur Finanzierung des allg. Haushalts durch Vorzugslasten Kruse (Fn. 261), S. 39 mwN zum Streitstand. Genau das geschieht aber durch die Erhebung von „Gebühren" zur Finanzierung von Maßnahmen zur Gewährleistung von (Flug-)Sicherheit (falsch daher BVerwGE 95, 188 [201]).

[420] BVerfGE 11, 105 (117).

[421] BVerfGE 7, 244 (256).

[422] BVerfGE 9, 291 (297).

[423] Vgl. Fleiner FG Heusler, 1904, S. 92 (93, 95).

[424] K. Vogel FS Geiger, 1989, S. 518 (533); ähnl., aber zT noch strenger Staudacher, Sonderabgaben, S. 106 f., 154. Auf die Erlangung eines Vorteils verzichtet Müller-Franken, in: Friauf/Höfling, Art. 105 Rn. 92.

[425] BVerfGE 149, 222 (250 Rn. 55) (Rundfunkbeitrag).

Möglichkeit eines „besonderen wirtschaftlichen Nutzens" des Zahlungspflichtigen abgestellt. In der Sache zutr., wenn auch sprachlich misslungen, wird weiter verlangt, dass für die „individuell-konkrete Zurechenbarkeit" auf „konkrete Vorteile oder Nutzen" abgestellt werden müsse.[426] Vermutlich soll damit den in der Finanzwiss. seit langem anerkannten Kriterien der *non-rivalness* und (oder) *non-exclusiveness* für das Vorliegen echter öff. Güter Rechnung getragen werden.

Die **besonderen sachlichen Rechtfertigung,** die für jede nichtsteuerliche Abgabe vorliegen muss **106a** (→ Rn. 73), prüft das Gericht nunmehr überwiegend iRd mat. Rechtmäßigkeit unter dem Aspekt „Wahrung der Belastungsgleichheit". Der Schuldner einer nichtsteuerl. Abgabe sei „regelmäßig zugleich auch Steuerpflichtiger" und werde schon durch die Steuerzahlungen „zur Finanzierung der die Gemeinschaft treffenden Lasten" herangezogen.[427] In diesem Kontext wird auch klar das Vorliegen eines **Vorteils** verlangt. Bei Beiträgen müsse die „Differenzierung zwischen Beitragspflichtigen und nicht Beitragspflichtigen nach Maßgabe des Vorteils" vorgenommen werden, dessen „Nutzungsmöglichkeit [?] mit dem Beitrag abgegolten werden soll".[428]

Bzgl. der durch das Steuersystem insg. erzielte Gerechtigkeit der Lastenverteilung, muss der Kern **107** einer nichtsteuerl. Abgabe in der Abgeltung eines genossenen **Sondervorteils** bestehen. Nur wenn es nur dieser Vorteil ist, der durch die nichtsteuerl. Abgabe ausgeglichen wird, bleibt die zuvor gegebene Gerechtigkeit der Lastenverteilung per Saldo unberührt.[429] Das verbietet auch die Berücksichtigung von Leistungsfähigkeitsgesichtspunkten bei der Erhebung von Vorzugslasten.[430] Obwohl gerne in der Praxis verwendet, sind sozial motivierte Staffelungen Systembrüche und verfassungsrechtl. ebenso probl. (mehr → Rn. 111)[431] wie allg. die Anerkennung „sozialer Zwecke".[432]

Wenn der Staat dagegen ein **Verbot mit Erlaubnisvorbehalt** errichtet, erweitert die Erlaubnis **107a** nicht konstitutiv den Handlungsspielraum des Erlaubnisnehmers, sondern beseitigt nur eine formale Hürde zur Ausübung der – regelmäßig grundrechtl. garantierten – Freiheit. Der Nutzen einer derartigen Erlaubnis darf daher nicht mit dem Wert der nunmehr legalen Handlung gleichgesetzt werden. Die unkrit. Orientierung der Gebührenhöhe am „Gegenstandswert" ist vor diesem Hintergrund probl., auch bzgl. europarechtlicher Vorgaben.[433] Das gilt vor allem, wenn eine Einrichtung hoheitl. Verwaltung vollständig durch Gebühren, Beiträge und Umlagen der Aufsichtsunterworfenen finanziert wird,[434] auch wenn diese Form der Staatsfinanzierung in den letzten Jahren zunehmend im Wirtschaftsverwaltungsrecht eingebürgert worden ist. Als Beispiele können die Aufsichtsbehörden für die Telekommunikation und vor allem die Finanzmarktaufsicht durch die BaFin genannt werden. Das BVerfG hat sie als Sonderabgaben mit Finanzierungsfunktion (→ Rn. 163) gebilligt.[435] Die sehr knappe Begr. überzeugt nicht und wird der Problematik der damit erzeugten Anreizstrukturen in keiner Weise gerecht. Schwierigkeiten bereitet es auch immer, wenn Gebühren für die Erfüllung von Kernaufgaben des Staates, wie die Gewährung der öff. Sicherheit, erhoben werden.[436]

(2) Nicht zu verwechseln mit dem Äquivalenzprinzip ist das **Kostendeckungsprinzip.** Danach darf **108** die Vorzugslast nicht die Kosten für die Bereitstellung der Sonderleistung des Staates überschreiten. Es wird also nicht auf den Nutzen, den sie beim Zahlungspflichtigen stiftet, abgestellt, sondern auf die Kosten des Leistungserbringers. Gleichwohl werden Äquivalenz- und Kostendeckungsprinzip nicht selten als Einheit behandelt.[437] Von einer Verletzung des Kostendeckungsprinzips soll allerdings nicht schon gesprochen werden, wenn „in einem Einzelfalle eine Gebühr die Aufwendungen für eine besondere Leistung, für die sie gefordert wird, übersteigt" (spez. Kostendeckungsprinzip),[438] sondern erst dann, wenn „die Gesamtheit der Gebühren" „die Gesamtheit der Aufwendungen" (allg. Kostendeckungsprinzip)[439] übersteigt.[440]

---

[426] BVerfGE 149, 222 (255 Rn. 66) (Rundfunkbeitrag), allerdings systemwidrig iRd Vereinbarkeit mit Art. 3 I.

[427] BVerfGE 149, 222 (254 Rn. 65) (Rundfunkbeitrag).

[428] BVerfGE 149, 222 (254 f. Rn. 65 f.) (Rundfunkbeitrag), unter Berufung auf BVerfGE 137, 1 (21 Rn. 51).

[429] Im Prinzip erkennt auch das BVerfGE die „Ausgleichsfunktion" ausdrücklich an, allerdings nicht begrenzt auf Sondervorteile, sondern zunächst allgemeiner in Bezug auf „rechtfertigende Sachgründe": BVerfGE 97, 332 (346); 108, 1 (16); 108, 186 (216); 132, 334 (349); 144, 369 (397 Rn. 64). In der Entscheidung zum Rundfunkbeitrag wird sie aber deutlich betont BVerfGE 149, 222 (254 f. Rn. 65 f.) (Rundfunkbeitrag), aber bei der Anwendung auf die konkrete Abgabe nicht ernst genommen.

[430] Vgl. *P. Kirchhof:* Das „Entgelt" sei nur angemessen, „wenn es lediglich den Zuwendungsvorteil abschöpft" (HStR V, § 119 Rn. 48); *Vogel/Waldhoff* BK, vor Art. 104a (1997) Rn. 420; *Staudacher,* Sonderabgaben, S. 154.

[431] ZT aber anders BVerfGE 97, 332 (346); 108, 1 (16).

[432] BVerfGE 144, 369 (397 Rn. 64), wo allerdings deutlich betont wird, dass diese Zwecke nicht „nach Belieben" zur Bemessung der konkreten Gebühr herangezogen werden dürfen.

[433] EuGH NVwZ 1998, 833 (833): nur kostendeckende Handelsregistergebühren.

[434] Vgl. *Wende* NVwZ 2006, 765 (767), der sie überwiegend als Sonderabgaben einstuft.

[435] BVerfGE 124, 135.

[436] Dazu *Moench* FS Scholz, 2007, S. 813 ff.

[437] Vgl. zB BVerwGE 12, 162 (164, 166); Fehlverständnis als bloße Gebührenzwecke und Verquickung mit Vorteilsausgleich (Äquivalenz), Verhaltenssteuerung und sozialen Zwecken, BVerfGE 108, 1 (18).

[438] Vgl. *Arndt* K&R 2001, 23 (29).

[439] Vgl. *Arndt* K&R 2001, 23 (29).

[440] BVerwGE 12, 162 (166); 87, 154 (168 f.); st. Rspr.

**109** Fraglich und umstr. ist, ob das Prinzip ein **Wesensmerkmal** der Vorzugslast, namentlich der Gebühr, darstellt.[441] Es ist in zahlreichen Einzelvorschriften des Bundes- und Landesrechts enthalten, ist aber nach der Rspr. des BVerfG **nicht verfassungskräftig** festgelegt.[442] Jedenfalls muss es hilfsweise herangezogen werden, wenn die auszugleichende Leistung des Staates kein Nutzenäquivalent hat. Es dürfen aber nicht beliebige (kalkulatorische) Kosten mit ihr abgedeckt werden. Das gilt namentlich für die Einbeziehung externer Effekte, wie zB die Inanspruchnahme von Umweltgütern, denen aber keine Ausgaben des Staates gegenüberstehen. Es liegt dann in Wahrheit kein Finanzierungsinstrument mehr vor, sondern eine verfassungsrechtl. fragwürdige Verleihungsgebühr (→ Rn. 99). Eine Verwaltungsgebühr, die ein Mehrfaches der tatsächlich verursachten Kosten ausmacht, ist jedenfalls nicht gerechtfertigt und kann verfassungswidrig sein.[443] Davon zu unterscheiden ist die abgabenrechtl. **Kostenkontrolle**, die unabdingbar ist, um die allfälligen Ineffizienzen und Verschwendungen bei der Herstellung öff. Güter, deren Produktionskosten durch Zwangsabgaben oder wegen einer Monopolsituation auf die Bürger abgewälzt werden können. Rechtliche Basis wäre das (verfassungsrechtliche) Wirtschaftlichkeitsgebot.[444] **Fremdleistungen** dürfen bei die Kalkulation der Abgabenhöhe berücksichtigt werden,[445] müssen aber betriebsnotwendig sein und den Vorschriften des öff. Preisrechts genügen.[446]

**110** **d) Nichtfiskalische Zwecke.** Vorzugslasten sind dazu da, einen **besonderen** Finanzbedarf zu decken. Dieser (besondere) **Finanzierungsaspekt,** also die Abhängigkeit von einer Leistung des Staates, für die sie Gegenleistung sind, muss immer im Vordergrund stehen. Gleichwohl ist auch schon vor der Durchdringung vieler Rechtsgebiete durch die Anforderungen des Umweltschutzes erwogen worden, Gebühren nicht nur zu Finanzierungszwecken einzusetzen, sondern auch zu Lenkungszwecken. Mittlerweile sind „lenkende Gebühren" oder „Lenkungsgebühren" weitgehend anerkannt.[447]

**111** Auch die Rspr. erkennt nunmehr ausdr. an, dass mit einer Gebührenregelung neben der Kostendeckung auch andere Zwecke verfolgt werden dürfen.[448] Die Ausgestaltung von Gebührenmaßstäben und Gebührensätzen dürfe zu einer „begrenzten Verhaltenssteuerung" in bestimmten Tätigkeitsbereichen eingesetzt werden.[449] Dabei dürfen Gesichtspunkte wie die soziale Bedürftigkeit[450] oder der Umweltschutz – in Grenzen – Berücksichtigung finden. Darüber hinaus sei der Gesichtspunkt des Vorteilsausgleichs ein zulässiger Gebührenzweck.[451] Speziell hat das BVerfG die Staffelung von Kindergartengebühren nach der Höhe des Einkommens der Eltern gebilligt; allerdings nur insoweit, als dass selbst die Höchstgebühr die tatsächlichen Kosten der Einrichtung nicht deckt.[452]

**112** Im Ergebnis hat das Gericht zuletzt dem abgabenauferlegenden Staat **weite unkontrollierte** und **unkontrollierbaren Freiräume** eingeräumt, da der Gesetzgeber nicht nur bei „Entlastungs- und Befreiungstatbeständen" einen „weiten Spielraum" habe und „weitgehend frei" sei „in der Entscheidung darüber, welche Sachverhalte, Personen oder Unternehmen gefördert werden sollen", sondern auch „bei der Einschätzung, welche Ziele er für förderungswürdig hält". Bei der Ausgestaltung iE dürfe er sich zudem „in erheblichem Umfang" von Praktikabilitätserwägungen leiten lassen.[453] Als Grenze wird nur eine Regelung genannt, die sich auf „eine der Lebenserfahrung geradezu widersprechenden Würdigung der jeweiligen Umstände stützt"[454] und damit praktisch nicht existent ist.

---

[441] Vgl. zu den verschiedenen Auffassungen BVerwGE 12, 162 (164–166); *Wieland,* Konzessionsabgaben, S. 314 f.

[442] BVerfGE 33, 358 (365 f.); 50, 217 (226 f.); 97, 322 (345): „Das Kostendeckungsprinzip und ähnliche gebührenrechtliche Prinzipien sind keine Grundsätze mit verfassungsrechtlichem Rang"; BVerwGE 12, 162 (167); 13, 214 (222); 87, 154 (168); 95, 188 (200) – Luftsicherheit; aA *Wienbrake* (Fn. 226), S. 202 f.; *ders.* DÖV 2005, 201 (201 ff.); *Wild* DVBl 2005, 733 (735).

[443] *Cromme* DVBl 2001, 757 (757 ff.); Verfassungswidrigkeit der bad.-württ. Rückmeldegebühr BVerfGE 108, 1 (1 ff.); zust. *Wienbrake* (Fn. 226), S. 164; krit. auch *Schaffarzik* NJW 2003, 3250 (3252).

[444] Dafür *Magen* Verwaltung 46 (2013), 383 (394).

[445] Beispiel für eine einfachgesetzliche Regelung: § 6 II 4 KAG NW.

[446] OVG NRW, Urt. v. 24.11.1999, 9 A 6065/96, NWVBl 2000, 371; Beschl. v. 25.11.2010, 9 A 94/09, NWVBl 12011, 179; Urt. v. 27.4.2015, 9 A 2813/12, NWVBl 12015, 374.

[447] Vgl. *Kloepfer* AöR 97 (1972), 232 (260); *Wilke,* Gebührenrecht, S. 304; *Wendt,* Gebühr, S. 66; *P. Kirchhof* HStR V, § 119 Rn. 40; *Hendler/Heimlich* ZRP 2000, 325 (325 ff.); wohl auch *Vogel/Waldhoff* BK, vor Art. 104a (1997) Rn. 430 ff., 436 ff.; *Stober* JA 1988, 250 (255) unter Einschränkungen; ferner *G. Kirchhof* Verwaltung 46 (2013), 349 (367 ff., 380), ebenfalls mit dem Versuch, Grenzen zu ziehen (S. 367–379), allerdings unter weitgehender Ausklammerung einer genaueren Analyse der gesetzl. Regelungen oder belastbarer empirischer Erkenntnisse; anders noch: *Leisner* GS Peters, 1967, S. 730 (745) „Formenmissbrauch"; krit. *Schiller* NVwZ 2003, 1337 (1340).

[448] BVerfGE 50, 217 (226); 57, 139 (167); 97, 332 (345); 108, 1 (18 f.); 132, 334 (349); 144, 369 (397 Rn. 64) bezogen auf die Bemessung; 149, 222 (257 Rn. 71) (Rundfunkbeitrag); BVerwGE 26, 305 (311); BVerwG DVBl 1994, 816 (816 ff.); ebda. 820; BGH DVBl 1986, 1055 (1056); anders noch BVerwGE 12, 162 (170); BayVGH BayVBl 1985, 249 (250).

[449] BVerfGE 97, 332 (345); 108, 1 (18).

[450] BVerfGE 144, 369 (397 Rn. 64); 149, 222 (257 Rn. 71) (Rundfunkbeitrag).

[451] BVerfGE 108, 1 (18 f.).

[452] BVerfGE 97, 332 (345 f.).

[453] BVerfGE 149, 222 (257 Rn. 71) (Rundfunkbeitrag).

[454] BVerfGE 138, 136 (182 Rn. 125); 149, 222 (257 Rn. 71) (Rundfunkbeitrag).

Damit können praktisch nach Belieben Sonderinteressen bedacht werden. Nur in einem Fall exquisiter Dummheit würde eine Regelung zur sachwidrigen Begünstigung einer speziellen Klientel diese Vorgabe nicht einhalten.

**e) Sonderfall: „Rundfunkgebühren", „Rundfunkbeitrag".** Eine besondere verfassungsrechtl. **113** Stellung nehmen die Abgaben zur Finanzierung der **öffentlich-rechtlichen Rundfunkanstalten** ein. Dieser durch hoheitlichen Befehl angeordnete Transfer von Finanzmitteln Privater in den öff. Sektor hat erhebl. finanzwirtschaftl. Bedeutung und beeinflusst in erhebl. Umfang die deutsche Medienlandschaft und damit die (veröff.) Meinung. Sein Volumen betrug Ende 2018 8,01 Mrd. €.[455] Eine **Kontrolle** durch demokr. legit. Entscheidungsträger oder Konsumentenentscheidung findet iE **nicht statt.** Den Entscheidungsträgern in den Anstalten wird damit eine – auch im internat. Vergleich[456] – **extrem privilegierte Stellung** mit sehr hohen Gehältern und großzügiger Altersversorgung für die leitenden Funktionsträger zugestanden.

Finanzverfassungsrechtl. Aspekte werden zum Teil durch die Besonderheiten der grundrechtlich **113a** gewährleisteten **Rundfunkfreiheit** überlagert, da mit ihnen die von Art. 5 I 2 gebotene „funktionsgerechte Finanzierung" des ör Rundfunks gesichert werden soll.[457] Zwar hat das BVerfG schon frühzeitig die „Gebührenfinanzierung als die dem ör Rundfunk gemäße Art der Finanzierung" bezeichnet,[458] doch war das zu Zeiten, als die Rundfunkgebühr eine moderate Abgabe auf die zum Empfang bereit gehaltenen Rundfunkgeräte war; urspr. eine Verwaltungsgebühr für die Genehmigung zum Betrieb eines Geräts. Eine bestimmte Finanzierungsart war damit aber nicht zwingend von Verfassungs wegen vorgeschrieben.[459]

Auch eine **Steuerfinanzierung** wäre zulässig, wenn die besonderen Anforderungen, die sich aus **113b** der Rundfunkfreiheit ergeben, beachtet werden, also vor allem, wenn der zahlende Staat die redaktionelle Unabhängigkeit der Anstalten achtet.[460] Die Finanzierung von Einrichtungen mit verfassungsrechtl. garantierter Unabhängigkeit aus allg. Haushaltsmitten ist ohne weiteres möglich, ohne die ihnen gewährte Unabhängigkeit anzutasten. Obwohl zB BVerfG und BRH in deutlich größerem Umfang Weisungsfreiheit genießen als die Rundfunkanstalten, ist bislang ihre Finanzierung aus Steuermitteln nicht beanstandet worden. Eine Steuerfinanzierung würde sogar noch besser die vom BVerfG aufgestellte Hauptbedingung für eine funktionsgerechte Finanzierung des ör Rundfunks erfüllen, ihm zu erlauben, „unabhängig von Einschaltquoten und Werbeaufträgen ein Programm anzubieten, das den verfassungsrechtlichen Anforderungen gegenständlicher und meinungsmäßiger Vielfalt entspricht".[461] Wenn man den ör Rundfunk als ein Gut betrachtet, das allen Bürgern gleichermaßen zur Verfügung

---

[455] ARD ZDF Deutschlandradio Beitragsservice, Jahresbericht 2018, S. 8.

[456] Vgl. *Perten,* Rundfunkfinanzierung in Europa, 2014.

[457] BVerfGE 73, 118 (158); 87, 181 (199); 90, 60 (90); 119, 181 (218), zT anders (214): „bedarfsgerechte Finanzierung", obwohl im weiteren Verlauf entscheidend auf die „Erfüllung des Funktionsauftrags" und die „Funktionsfähigkeit" abgestellt wird (218 f., 221); BVerwGE 154, 275 (280); grundl. *Stern,* Funktionsgerechte Finanzierung der Rundfunkanstalten durch den Staat, 1968; *ders.,* in: Stern/Kirchhof/Höppener/Schwall-Düren/Geerlings/Hurnik, Die Neuordnung der Finanzierung des öffentlich-rechtlichen Rundfunks, 2012, S. 1 (4); *ders./Franz,* Rundfunkfreiheit versus parlamentarische Budgethoheit, 2006, S. 16 ff.; *Selmer/Gersdorf,* Die Finanzierung des Rundfunks in der Bundesrepublik Deutschland auf dem Prüfstand des EG-Beihilferegimes, 1994, S. 12 ff.; *Bethge,* in: Piazolo (Hrsg.), Das Bundesverfassungsgericht, 1995 S. 141 ff.; *Hess,* Verfassungsrechtliche Probleme der Gebührenfinanzierung im dualen Rundfunksystem, Diss. Köln 1996; *Greissinger,* Vorgaben des EG-Vertrages für nationales Rundfunk- und Multimediarecht, 2000, S. 130 ff.; *Stulz-Herrnstadt,* Nationale Rundfunkfinanzierung und europäische Beihilfenaufsicht im Lichte des Amsterdamer Rundfunkprotokolls, 2004, S. 40 ff., der aus der Finanzierungsgarantie eine „verfassungsrechtliche Anstaltslast" und eine „Gewährträgerhaftung" entwickelt; *v. Münch,* FS Selmer, 2004, S. 821 (821 f.); *Hasse,* Die Finanzierung des öffentlich-rechtlichen Rundfunks, 2005, S. 94 ff., der eine „ländereinheitliche" Erhebung von Rundfunkabgaben für erforderlich hält (S. 107); *Scheel,* Die staatliche Festsetzung der Rundfunkgebühr, 2007, S. 61 ff.; *Schwendinger,* Gemeinschaftsrechtliche Grenzen öffentlicher Rundfunkfinanzierung, 2007, S. 145145-147; *Fiebig,* Gerätebezogene Rundfunkgebührenpflicht und Medienkonvergenz, 2008; *Reuters,* Die Rundfunkgebühr auf dem Prüfstand der Finanzverfassung ..., 2009; *Badura* AöR 134 (2009), 240 (255); *A. Smith,* Das System der deutschen Rundfunkgebühr, 2010; Bspr. von Reuters und Smith durch *Bethge* rkm-journal 7.4.2011; *Waldhoff* AfP 2011, 1 (1 f.); *K. Herrmann* Wirtschaftsdienst 8/2013, 552–556; *Perten,* Rundfunkfinanzierung, S. 14; *Kube,* Der Rundfunkbeitrag, 2014, S. 22 f.; *Hoffmann,* Der Rundfunkbeitrag, 2016, S. 22, 38, 73–80.

[458] BVerfGE 90, 60 (90), unter Berufung auf BVerfGE 73, 118 (158); 87, 181 (199); ebenso BVerwG NJW 2006, 632 (634).

[459] BVerfGE 74, 297 (342, 347); 83, 238 (303 f.); 87, 181 (198); 89, 144 (153); 119, 181 (219 f.), allerdings nur bezogen auf Einnahmen aus Werbung und Sponsoring, welche die Gebührenfinanzierung „nicht in den Hintergrund drängen" dürften (*Stern/Franz* (Fn. 457), S. 43.

[460] *Fiebig* (Fn. 457), S. 213 f.; im Grundsatz ebenso, wenn auch zurückhaltend („ultima ratio"): *Brosius-Gersdorf/ Gersdorf,* Rechtsfragen des Teilnehmerentgeltsystems nach bayerischem Rundfunkrecht, Rechtsgutachten, 1997, S. 50 f.; *Lohbeck,* Die Verfassungsmäßigkeit der Rundfunkgebühr in ihrer gegenwärtigen Gestalt in der gegenwärtigen und einer zukünftigen Rundfunkordnung, 2000, S. 75; *Waldhoff* AfP 2011, 1; *Perten,* Rundfunkfinanzierung, S. 31, 206 f.; *Jutzi* NVwZ 2008, 603 (608); aA *Thieme* AöR 88 (1963), 38 (73 f.); *Hoffmann-Riem,* Finanzierung und Finanzkontrolle der Landesmedienanstalten, 2. Aufl., 1994, S. 78 mwN; *Hasse* (Fn. 457), S. 214; *Herrmann/Lausen,* Rundfunkrecht 2. Aufl. 2004, § 13 Rn. 44; *Eicher/Schneider,* NVwZ 2009, 741 (746).

[461] BVerfGE 90, 60 (90).

gestellt werden soll, ist „eine Finanzierung über Steuern sachgerecht". Wenn man aber den „veränderten technologischen Rahmenbedingungen Rechnung" trägt, sollte eine Finanzierung „durch nutzungsabhängige Gebühren" erfolgen,[462] die für wesentlich mehr **Effizienz in Allokation und Produktion** sorgen würde. Danach verbleibende Defizite könnten durch Subventionen oder Auftragsproduktionen gezielt ausgeglichen werden.[463] Vor allem würden die **substanziellen Kosten** der invasiven **Inkassobürokratie**[464] entfallen,[465] die zusätzlich zur allg. Finanzverwaltung errichtet worden ist.

114 Nach der bisherigen Rspr. des **BVerfG** darf die Entscheidung über die zur Verfügung gestellten Finanzmittel weder dem Gesetzgeber allein überlassen bleiben noch „den Rundfunkanstalten selber".[466] Eine **Ergebniskontrolle fällt** dabei weitgehend **aus**. Der Grundrechtsschutz ist deshalb schwergewichtig in den „Prozess der Entscheidungsfindung" über die Gebührenfestlegung vorverlagert.[467] Entsprechendes gilt zur Effektuierung des Gebots der „Trennung der medienpolitischen Konkretisierung des Rundfunkauftrags einerseits und der Gebührenfestsetzung andererseits".[468]

115 Mit Wirkung vom 1.1.2013 ist die „Rundfunkgebühr" durch einen geräteunabhängigen „**Rundfunkbeitrag**" ersetzt worden.[469] Er wird nach § 2 des Rundfunkbeitragsstaatsvertrags (RBStV)[470] „im privaten Bereich" von allen „Inhabern" einer Wohnung und nach § 5 RBStV im „nicht privaten Bereich" von den „Inhabern" einer „Betriebstätte" oder eines betrieblich genutzten Kraftfahrzeugs erhoben.[471] Die Begriffe „Wohnung" und „Inhaber" werden in § 3 RBStV außerordentlich weit definiert, so dass praktisch die gesamte (volljährige) Bevölkerung mit dieser Abgabe belastet wird, wenn man von einigen (eng gefassten) Befreiungstatbeständen (§ 4 FBStV) absieht. Fünf Jahre nach seiner Einführung und einer Vielzahl von verwaltungsgerichtl. Verfahren und Entscheidungen[472] hat das **BVerfG** diese Abgabe im Grundsatz als **verfassungskonform** akzeptiert und nur die (zusätzliche) Belastung von Zweitwohnungen als unvereinbar mit dem allg. Gleichheitssatz (Art. 3 I) angesehen.[473]

115a Die Beitragspflicht sei „formell verfassungsmäßig", da ihre Einführung in die Gesetzgebungskompetenz der Länder nach Art. 70 I falle.[474] Der Rundfunkbeitrag sei **keine Steuer**, die „anderen Anforderungen an ihre formelle Verfassungsmäßigkeit, vor allem Art. 105 GG, unterläge".[475] Es handele sich um eine nichtsteuerl. Abgabe, nämlich um einen **Beitrag**[476]. Er werde für die Möglichkeit erhoben, das Programm des ör Rundfunks zu empfangen. Das Aufkommen aus diesem Beitrag diene der „funktionsgerechten Finanzausstattung" (→ Rn. 113a, → Rn. 117g) des ör Rundfunks. Es stehe der Erhebung von Beiträgen nicht entgegen, wenn die „mediale Grundversorgung" durch die Anstalten als „‚eine Art informationeller Daseinsvorsorge' für die Gesamtbevölkerung" verstanden" werde".[477] Auch wenn Rundfunk von „fast allen Personen empfangen werden" könne und die Abgabe „deshalb" von einer „Vielzahl von Abgabepflichtigen" zu entrichten sei, verliere sie nicht den Charakter einer „Sonderlast". Sie bleibe Beitrag und werde „damit nicht zur Steuer".[478] Immerhin wird

---

[462] *Wiss. Beirat BMF,* Öffentlich-rechtliche Medien – Aufgabe und Finanzierung, 03/2014, S. 6, 27, 34, mit einem Überblick über die ökonomischen Parameter im internat. Vergleich (Anhang II, S. 38), die deutl. Hinw. auf die sehr schlechte Nutzen-Kosten Relationen des deutschen Systems geben.

[463] *Wiss. Beirat BMF* (Fn. 462), S. 33; wiederholt im Verfahren vor dem BVerfG, BVerfGE, 149, 222 (245 f. Rn. 42).

[464] IRd von den Anstalten verfolgten „framing"-Strategie zur Irreführung der Öffentlichkeit euphemistisch als „Service" bezeichnet.

[465] Für das Jahr 2018 (letzte verfügbare Zahl) mit 173,5 Mio. € angegeben, ARD ZDF Deutschlandradio Beitragsservice, Jahresbericht 2018, S. 8.

[466] BVerfGE 74, 297 (342); 87, 181 (202); 90, 60 (92).

[467] BVerfGE 90, 60 (96); *Bethge* betont die Rolle des BVerfG als „Ersatzgesetzgeber" (DÖV 1994, 445 [446]); zur Rolle der Komm. zur Ermittlung des Finanzbedarfs der Rundfunkanstalten (KEF) *Dörr/Zorn* NJW 2005, 3114 (3118); *Gröpl* DÖV 2006, 105 (106, 110 ff.): speziell zu den Möglichkeiten für eine Abweichung von ihren Feststellungen *Scheel* (Fn. 457), S. 104–190.

[468] Dem soll ein „gestuftes und kooperatives" Verfahren der Bedarfsfeststellung mit ihren beschränkten Abweichungsmöglichkeiten für die Landesgesetzgeber am ehesten gerecht werden, BVerfGE 119, 181 (222, 224); dazu die Beitr. von *Piel, Stern, Steiner* und *Michel,* in: Das Urteil des Bundesverfassungsgerichts zur Gebührenfinanzierung vom 11. September 2007, 2008; iSd Urteils zuvor schon eingehend *Scheel* (Fn. 457), S. 104 ff.

[469] Vorbereitet durch den ehemaligen Präsidenten des BVerfG *P. Kirchhof,* Gutachten über die Finanzierung des öffentlich-rechtlichen Rundfunks April 2010 (zit nach BVerwGE 154, 275 (278)); krit. *Weber,* Rundfunk-Berichte, 29.11.2010, der für eine allg. Informationssteuer plädiert.

[470] Eingeführt durch den Fünfzehnten Rundfunkänderungsstaatsvertrags (RÄStV) vom 15.12.2010, bis auf einige Übergangsvorschriften in Kraft getreten am 1.1.2013 (unzutreff. Angaben in BVerwGE 154, 275 Rn. 5). Zustimmung und Bekanntmachung in den einzelnen Ländern sind in BVerfGE 149, 222 (224 Rn. 1) nachgewiesen.

[471] Eingehend zur Entstehung und gegenwärtigen Ausgestaltung *Hoffmann* (Fn. 457), S. 54–60, 87–136.

[472] Das BVerwG hat alle Revisionen zurückgewiesen: BVerwGE 154, 275; 156, 358; BVerwG Urt. v.18.3.2016 – 6 C 7.15 –, juris; Urt. v. 25.1.2017 – 6 C 11.16 –, juris; Urt. v. 25.1.2017 – 6 C 15.16 –, juris.

[473] BVerfGE 149, 222.

[474] BVerfGE 149, 222 (248 Rn. 50) (Rundfunkbeitrag).

[475] BVerfGE 149, 222 (248 Rn. 52) (Rundfunkbeitrag).

[476] BVerfGE 149, 222 (251 Rn. 58) (Rundfunkbeitrag).

[477] BVerfGE 149, 222 (251 Rn. 60) (Rundfunkbeitrag), unter wörtlicher Zitierung von *Waldhoff* AfP 2011, 1 (2).

[478] BVerfGE 149, 222 (251 Rn. 60) (Rundfunkbeitrag).

aber ausdrücklich – wenn auch an systematisch falscher Stelle – festgestellt, dass ein Beitrag in Form der von interessierter Seite vielfach propagierten „Demokratieabgabe" keine Vorzugslast sei, da ein „gesamtgesellschaftlicher Vorteil" nicht den erforderlichen „individuellen Vorteil" schaffe.[479]

Bei genauer Betrachtung besteht die **Begründung** des BVerfG für die Qualifizierung des Rund- **115b** funkbeitrags als Vorzugslast nur aus **einem** (verschachtelten) **Satz**: „Denn sie" [die Sonderlast?] werde „für die jeweils individualisierbare Möglichkeit des Rundfunkempfangs durch die einzelne Person erhoben; in Ausübung dieser Möglichkeit individualisiert sich der konkrete Empfang bei jedem einzelnen Nutzer. Systematisch verfehlt, wird erst bei der Prüfung der Vereinbarkeit der Abgaben mit dem allg. Gleichheitssatz festgestellt, dass es „auch der Erhebung einer Vorzugslast nicht entgegen" stehe, wenn ein unbestimmter Kreis von Zahlungspflichtigen vorgesehen sein. Nur wird dabei übersehen oder verschwiegen, dass es sich bei der Unbestimmtheit des Kreises der Leistungsempfänger schon nicht um eine Vorzugslast handeln kann. Sonst könnte fast jede staatl. Tätigkeit nach Belieben als beitragspflichtiger Vorteil unterstellt und durch Vorzugslasten finanziert werden; vorbei an den finanzverfassungsrechtl. Regeln für die Steuererhebung, zumal das BVerfG dem Gesetzgeber für die Ausgestaltung des Anwendungsbereich einen weiten Gestaltungsspielraum zubilligt.[480] Die **systemwidrige** Vorteilsprüfung iRd allgemeinen Gleichheitssatzes höhlt auch die sonst viel beschworene Klarheit und Berechenbarkeit der Finanzverfassung aus, da als Rechtfertigung einer Ungleichbehandlung jeder „Sachgrund" als ausreichend angesehen wird,[481] während es bei der Beurteilung des konkreten, individuellen Vorteils im Rahmen der **Kompetenzprüfung** nur ein „ja" oder „nein" geben kann.

Ob die Möglichkeit des Empfangs **von Sendungen** der staatl. Rundfunkanstalten überhaupt ein **115c** **Vorteil** sein kann, wie er regelmäßig in früheren Entscheidungen zu den Vorzugslasten verlangt worden ist (→ Rn. 95, → Rn. 106–106a), kann angesichts des Niveaus dieser Sendungen durchaus **bezweifelt** werden. Vor allem ist bzgl. der vielfältigen Möglichkeiten zum Empfang hochklassiger Sendungen aus dem Ausland über das Internet, die zudem frei von allen Formen des Haltungsjournalismus, von Manipulationsversuchen und den verbreiteten Bemühungen zur Erziehung des Publikums sind,[482] nicht zu erkennen, worin der Vorteil für den Abgabenschuldner liegen soll.

Aber selbst wenn man unterstellt, dass ein Vorteil vorliegt, genügt das nicht. Es muss sich um einen **115d** Vorteil für eine **abgegrenzte Gruppe** im Vergleich zur Allgemeinheit handeln. Nur dann ist die für die Qualifizierung als Vorzugslast notwendige Bedingung **Sonderleistung des Staates** als Gegenleistung für die Abgabe erfüllt. Die von den Rundfunkanstalten ausgestrahlten (oder unverschlüsselt in das Internet gegebenen) Sendungen können von allen, auch Nichtzahlern, konsumiert werden, ohne den Konsum der Zahler zu beeinträchtigen. Vor allem können die Nichtzahler schon technisch unter den genannten Annahmen nicht vom Konsum ausgeschlossen werden. Es handelt sich also um echte öff. Güter, und die Abgaben zu ihrer Finanzierung sind Steuern. Das galt bei genauer Analyse bereits für die alte gerätebezogene Rundfunkgebühr, erst recht aber von den jetzt erhobenen Rundfunkbeitrag. Es fehlt die vom BVerfG selbst verlangte „individuell-konkrete Zurechenbarkeit" eines Vorteils oder Nutzens, wenn alle „Steuerbürger" die Empfangsmöglichkeit als Leistung erhalten.[483]

Entgegen der Auffassung des BVerfG und einer großen Zahl verwaltungsgerichtl. Entscheidungen **115e** musste man spätestens seit der Zulassung privater Rundfunkveranstalter die (alten) „Rundfunkgebühren", die als Geräteabgabe konzipiert waren, als Instrument zur Finanzierung der **Gesamtveranstaltung** „Grundversorgung durch öffentlich-rechtliche Rundfunkanstalten"[484] einstufen. Ein individualisierbarer Vorteil oder auch nur eine abgrenzbare Sonderleistung für den einzelnen Geräteinhaber, von dem sie erhoben werden, war bei genauer Analyse nicht mehr feststellbar.[485] Für die Annahme einer (Finanzierungs-)Sonderabgabe fehlten die besondere Sachverantwortung der Zahlungspflichtigen und die Gruppenhomogenität (→ Rn. 165).[486] Sie waren **(zweckgebundene) Steuern**.[487] Das wird im

---

[479] BVerfGE 149, 222 (259 Rn. 75) (Rundfunkbeitrag).

[480] BVerfGE 149, 222 (255 Rn. 68) (Rundfunkbeitrag).

[481] BVerfGE 149, 222 (256 Rn. 68) (Rundfunkbeitrag).

[482] E. g. RTS (Schweiz), France Musique (Frankreich), WNED (New York und Toronto, Canada); etc.

[483] BVerfGE 149, 222 (255 Rn. 66) (Rundfunkbeitrag).

[484] Dazu *Libertus,* Grundversorgungsauftrag und Funktionsgarantie, 1990; *Lohbeck* (Fn. 460), S. 34 ff.; ferner *Link,* Unternehmensbeteiligungen öffentlich-rechtlicher Rundfunkanstalten, 2005, S. 49 ff.

[485] So schon BVerfGE 31, 314 (330); *v. Münch* FS Selmer, 2004, S. 821 (822): Verteilung des Aufkommens widerspricht dem Wesen der Gebühr; aA wohl BVerwG NJW 2006, 632 (634).

[486] *Lohbeck* (Fn. 460), S. 140 ff.; *Hasse* (Fn. 457), S. 170; aA *Hess* (Fn. 457), S. 107, nach eingehender Darstellung und Erörterung der Meinungen zur „wahren" Rechtsnatur der Rundfunkabgabe, die von Konzessionsabgabe über Beitrag bis zur Sonderabgabe reichen (S. 92–108); unklar *W. Schmidt,* Die Rundfunkgebühr in der dualen Rundfunkordnung, 1989, S. 57 einerseits und S. 60 andererseits.

[487] So schon *Hümmerich / Beuchler* AfP 1989, 708 (714); mit eingehender Begr. jetzt ebenso: *Fiebig* (Fn. 457), S. 234, der aber anschließend wegen der fehlenden Kompetenz – methodisch – unhaltbar seine Einordnung wieder zurücknimmt (S. 236), aber schließl. doch mangels Alternative und zutr. analysierter „struktureller Vollzugsdefizite" zur Verfassungswidrigkeit der gegenwärtigen Praxis gelangt (S. 257, 285); *Reuters* (Fn. 457), S. 189–227, vor allem S. 223; *Perten,* Rundfunkfinanzierung, S. 20 f.; *Terschüren,* Die Reform der Rundfunkfinanzierung in Deutschland, 2013, S. 142 f.; aA *Zeitler,* Probleme der Rundfunkgebühr, 1961, S. 21, ohne klare Unterscheidung zwischen der Situation de lege lata und zulässigen Gestaltungen; *W. Schmidt,* Die Rundfunkgebühr in der dualen Rundfunkord-

Ausland auch zunehmend berücksichtigt.[488] Dafür spricht auch, dass das BVerfG die „finanzielle Belastung der Gebührenzahler" als einen „grundsätzlich zulässigen Abweichungsgesichtspunkt" gegenüber der Bedarfsfeststellung durch die KEF benannt hat.[489] Das ist aber ein Leistungsfähigkeitsgesichtspunkt, der typisch für die Steuererhebung ist. Es handelte sich um besondere Verbrauchsteuern oder Aufwandsteuern, für deren Erhebung den Ländern die **Kompetenz** fehlt.

116    Das BVerfG hielt es allerdings „weiterhin für gerechtfertigt, die „Gebührenpflicht" ohne Rücksicht auf die Nutzungsgewohnheiten der Empfänger allein an den Teilnehmerstatus zu knüpfen, der durch die Bereithaltung eines Empfangsgerätes begründet" werde.[490] Damit verliert die Gebühr jedoch die ihr von der Steuer unterscheidende Kontur. Die Grundversorgung der Bevölkerung (!) mit Rundfunkprogrammen und die Sicherung der Meinungsvielfalt sind **keinesfalls** individuell zurechenbare **Sonderleistungen,** die mit einer Vorzugslast oder einer Sonderabgabe abgegolten werden könnten.[491] Die angeblichen „Defizite des privaten Rundfunks an gegenständlicher Breite und thematischer Vielfalt"[492] mögen die Erforderlichkeit eines ör Rundfunks begründen, sind indes keinesfalls die für die Erhebung von Gebühren, Beiträgen oder Sonderabgaben unabdingbare „sachliche Rechtfertigung" die über die Einnahmeerzielung hinausgeht (→ Rn. 21). Wenn derartige Defizite auf der Anbieterseite bestehen sollten, ist ihre Beseitigung eine Aufgabe der Allgemeinheit und nicht derjenigen Bürger, die ein Rundfunkgerät bereithalten. Solche Aufgaben sind aus allgemeinen Haushaltsmitteln zu finanzieren Erst recht dürfen deshalb auch nicht die **Aufsichtsbehörden** (Landesmedienanstalten) durch Gebühren der Geräteinhaber finanziert werden.[493] Es handelt sich um eine gesamtstaatliche Aufgabe („Gemeinlast").

117    Ebenso wenig kann es verfassungsrechtl. erlaubt sein, **internetfähige Computer** und **Telefone** mit nichtsteuerl. Abgaben zur Finanzierung des ör Rundfunks zu belasten.[494] Das hat das BVerwG in seinen dazu ergangenen Entscheidungen[495] **grundlegend verkannt** und wurde auch vom BVerfG nicht beanstandet.[496] Ein (neues) Medium wird nicht dadurch zum Rundfunk, dass Inhalte des Rundfunks dort eingespeist werden.[497] Es gibt keinen eigenständigen „Programmauftrag Internet".[498] Wenn die Rundfunkanstalten meinen, ihre Programme nun auch dort anbieten zu sollen, steht ihnen das frei, kann aber nicht die Abgabenbasis für eine Vorzugslast verbreitern.[499]

---

nung, 1989, S. 24 ohne Begründung; *Hess* (Fn. 457), S. 103, dessen Argumentation gegen den Steuercharakter sich im Wesentlichen fälschl. auf die fehlende Kompetenz der Länder zur Erhebung einer solchen Steuer und die Zweckbindung des Aufkommens stützt, ohne das Institut der Zwecksteuer zu erkennen; ähnl. *Zeidler*, Probleme der Rundfunkgebühr, 1961, S. 21, der zudem auch darüber hinaus aus den Rechtsverstößen auf die Kategorisierung schließt; *Hasse* (Fn. 457), S. 160 f., der die Merkmale einer Steuer als gegeben ansieht, aber das Vorliegen einer Steuer – methodisch unhaltbar – mangels Kompetenz schließlich verneint; *Lohbeck* (Fn. 460), S. 139 f.; *Greissinger* (Fn. 457), der eine Mischform von Gebühr und Beitrag für gegeben ansieht; ebenso zuvor schon, aber unkrit. *Oppermann/ Kilian*, Rechtsgrundsätze der Finanzierung öffentlich-rechtlichen Rundfunks in der dualen Rundfunkverfassung der Bundesrepublik Deutschland, 1989, S. 90; gegen Einordnung als Gebühr und für Beitrag *Müller-Franken*, in: Friauf/ Höfling, Art. 105 Rn. 96; *Badura* AöR 134 (2009), 240 (257) „Beitrag ähnliche Vorzugslast; *Wagner*, Abkehr von der geräteabhängigen Rundfunkgebühr, 2011, S. 28 f., ohne hinreichende Begründung tendenziell für Beitrag; *Gröpl* DÖV 2006, 105 (107), unspezifisch für „hoheitlich auferlegte Geldleistung" (Abgabe). *Vogel/Waldhoff* BK, zu Art. 104a (1997) Rn. 466, halten die hier vorgenommene Einordnung für „verfrüht". Das BVerwG übersieht zunächst noch die Möglichkeit des Vorliegens einer Steuer, BVerwGE 108, 108 (108 ff.).

    [488] Näher *Perten*, Rundfunkfinanzierung, S. 91 (Polen), 106 f. (Italien), 127 (Spanien), 150 (Frankreich).

    [489] BVerfGE 119, 181 (227); Dabei ist das BVerfG nicht auf die „individuellen" Befreiungstatbestände eingegangen. Es muss sich also um etwas anderes handeln; vgl. dazu *Knies*, in: Das Urteil (Fn. 412), S. 40 f.

    [490] BVerfGE 90, 60 (90 f.); kein Anlass von diesen Grundätzen abzuweichen sah BVerfG (K) DVBl 2000, 39 (39); BVerwGE 154, 275 (285–288); s. auch *Oppermann* JZ 1994, 499 (501) mwN. *v. Münch* hält dagegen die „Rundfunkgebühr in ihrer überkommenen Form" für „ein verfassungsrechtlich unhaltbares Fossil" (FS Selmer, 2004, S. 821 [832]).

    [491] Zust. *Waldhoff* AfP 2011, 1 (2).

    [492] BVerfGE 90, 60 (90 f.); BVerwGE 108, 108 (112); nicht erwähnt in BVerfG (K) DVBl 2000, 39 (39).

    [493] *W. Schmidt* (Fn. 416), S. 74; aA BVerwGE 108, 108 (117 f.).

    [494] I. Erg. ebenso: *Jutzi* NVwZ 2008, 602 (608); *Betzinger/Müller* NVwZ 2010, 1131 (1134); *Wagner* (Fn. 416), S. 10; Nachw. für die Gegenansicht in Fn. 431 f.

    [495] Urt. v. 27.10.2010 – 6 C 12.09, NJW 2011, 946 (Vorinstanz: OVG RhPf, 7 A 10959/08, Urt. v. 12.3.2009), 6 C 17.09 (Vorinstanz: OVG NRW, 8 A 732/09, Urteil v. 26.5.2009) und 6 C 21.09 (Vorinstanz: VGH München, 7 B 08.2922, Urteil v. 19.5.2009). Das OVG RhPf hatte bereits die zutr. Entscheidung der Eingangsinstanz aufgehoben, DStR 2009, 1395; umfassende Übersicht über die Rspr. – auch der Eingangsinstanzen – bei *Reislhuber* MMR 2010, 459.

    [496] Beiläufig BVerfGE 119, 181 (219).

    [497] *Ory* AfP 1997, 845 (848); *Ernst* NJW 1997, 3006 (3006 f.); *Kemmler*, Die Anstaltslast, 2001, S. 173; aA *Tschentscher* AfP 2001, 93 (94); *A. Hesse,* Rundfunkrecht, 3. Aufl. 2003, S. 80 ff.; zweifelnd *Kitz* NJW 2006, 406 (407 f.); s. a. *Fiebig* K&R 2005, 71 (71 ff.); *Ricker* NJW 1997, 3199 (3203); *Reuters* (Fn. 403), S. 67 ff.; aA *Held*, Online-Angebote öffentlich-rechtlicher Rundfunkanstalten, 2008, S. 85, der einen uferlosen Rundfunkbegriff propagiert, nach jede Massenkommunikation erfasst, die auf elektronischem Wege erfolgt.

    [498] Vgl. *Degenhart* AfP 2005, 493 (495).

    [499] Vgl. *Jutzi* NVwZ 2008, 603 (608), der zutr. darauf hinweist, dass damit der Zugang zum Internet rechtlich fragwürdig von der Zahlung einer Abgabe an Dritten abhängig gemacht wird, die auf Grund eigener freier Entscheidung Inhalte anbieten, die durchaus nicht erwünscht sein müssen; zu den rechtl. Grenzen ör Online-Angebote *Peters*, Öffentlich-rechtliche Online-Angebote, 2010.

War schon die bisherige Abgabe bei genauerer verfassungsrechtl. Prüfung keine Vorzugslast, sondern **117a** eine **verfassungswidrige Steuer,** gilt dies entgegen der Auffassung des BVerfG[500] und des BVerwG[501] erst Recht für den neuen „Rundfunkbeitrag".[502] Der neue „Rundfunkbeitrag" kann bei genauer Prüfung nicht als Vorzugslast qualifiziert werden.[503] Das gilt vor allem auch, wenn man die vom BVerfG selbst anerkannten Grundsätze für die Abgrenzung von Vorzugslasten konsequent anwendet. Da es sich tatsächlich um eine Steuer handelt, kann es auf die Bezeichnung als „Beitrag" nicht ankommen.[504] Mangels Kompetenz der Länder zur Erhebung einer solchen Steuer[505] ist die Abgabe verfassungswidrig.

Bei der finanzverfassungsrechtl. Beurteilung des Rundfunkbeitrags kommt es entscheidend darauf **117b** an, ob durch die (nichtsteuerl.) Abgabe mit Finanzierungszweck **eine individuelle Leistung** des Staates für die **Abgabepflichtigen** ausgleichen wird. Nur wenn das der Fall ist, unterscheidet sich die Abgabe hinreichend von der Steuer. Auch das BVerfG stellt nicht in Abrede, dass ein **„Sonder-vorteil"** vorliegen muss, der „individuell konkret" dem Beitragspflichtigen zugerechnet werden kann (→ Rn. 93a, 95, 97, 97a). Es muss zumindest eine Gruppe von Leistungsempfängern, die durchaus groß sein kann, gegenüber der Allgemeinheit bevorzugt werden, sonst handelt es sich um eine Gemeinlast. Eine Abgabe, mit der eine Staatsaufgabe finanziert wird, deren Erfüllung der gesamten Bevölkerung zugutekommen soll, erfüllt diese Voraussetzung nicht und ist eine Steuer.[506] Diese Voraussetzung hat auch das BVerfG noch einmal ausdr. in seiner Entscheidung zum Rundfunkbeitrag anerkannt.[507] Die konkrete Anwendung dieser Grundsätze in der Entscheidung ist aber schlechterdings nicht mehr nachvollziehbar.

Es ist bereits zu bezweifeln, dass die Möglichkeit, die ör Programme empfangen zu können, ein im **117c** Sinne des verfassungsrechtl. Abgabenrechts relevanter Vorteil ist. Jedenfalls ist es kein Vorteil, der nur dem Abgabepflichtigen zugutekommt. Die *exclusiveness (in consumption),* die maßgebend die Vorzugslast von der Steuer unterscheidet, ist nicht gegeben. Alle können und dürfen die Sendungen konsumieren und nicht nur die Zahlungspflichtigen. Es fehlt die Bevorzugung der Zahlungspflichtigen gegenüber der Allgemeinheit. Durch den „Konsum" einer Sendung wird niemand vom (gleichzeitigen) Konsum derselben Sendung ausgeschlossen *(non-rivalness).*[508]

Angesichts des Umfangs und der schwachen Qualität der (Unterhaltungs-)Sendungen, der Lücken- **117d** haftigkeit von Informationen bei politisch brisanten Ereignissen und der verbreiteten Versuche, das Publikum im Sinne einer spezifischen politisch-ideologischen Weltanschauung zu erziehen, ist bereits zu bezweifeln, dass ein solches Programmangebot als Vorteil für den mündigen Bürger bezeichnet werden kann.

Sowohl das BVerwG als auch das BVerfG vernachlässigen schließlich, dass nicht irgendein Gegen- **117e** wert ausreicht, sondern ein „Sondervorteil" erforderlich ist. Weder eine Einzelperson noch eine Gruppe von Personen erlangt durch die Möglichkeit, den staatl. Rundfunk einen Vorteil im Vergleich zur Gesamtheit der Bevölkerung. Der Versuch einer Begründung, den das BVerfG unternimmt ist schon methodisch angreifbar, da er – systematisch verfehlt – im Rahmen der Prüfung des allgemeinen

---

[500] BVerfGE 149, 222 (248 Rn. 52) (Rundfunkbeitrag).

[501] Für den „privaten Bereich" BVerwGE 154, 275 (279), das die Abgabe ohne nähere Qualifizierung als „nicht-steuerliche Abgabe" einstuft; ebenso Rh-Pf VerfGH DVBl. 2014, 848 (844–846): „nichtsteuerliche Abgabe"; genauer BayVerfGH DVBl. 2014, 848 Rn. 72, 74, 76: „Beitrag", keine „Zwecksteuer"; zust. Anm. *Henneke* DVBl. 2014, 854 ff. m. Ausfällen gegen einen Kritiker der Entscheidungen; *Wernsmann* ZG 2015, 79 (86 f., 88, 92).

[502] *Degenhart* ZUM 2011, 193 (196); *ders.* Humboldt Forum Recht 7/2013, 60 (66); *Terschüren* (Fn. 416), S. 142 f.; dezidiert *Korioth/Koemm* DStR 2013, 833 (835 f., 843 f.); *Perten,* Rundfunkfinanzierung, S. 23: „Verfassungswidrige (Zweck-)Steuer"; vorsichtig ebenfalls in diese Richtung *Droege* Verwaltung 46 (2013), 313 (317, 338). Auch aus ökonomischer Sicht handelt es sich eindeutig um eine Steuer, vgl. *Wiss. Beirat BMF* (Fn. 462), S. 34; aA wohl *Hoffmann* (Fn. 403), S. 151, 154: trotz „Übereinstimmung mit einem der steurbegrifflichen Merkmale" sei eine „reine, rechtliche Qualifizierung als Steuer" nicht möglich, ohne sich mit der hier vertretenen Auffassung auseinander zu setzen.

[503] *Degenhart* (Fn. 502), 60 (68 f.); aA BayVerfGH DVBl. 2014, 842 (850): „Vorzugslast in der herkömmlichen Gestalt eines Beitrags"; ebenso: *Schneider* NVwZ 2013, 19 (21); *ders.* ZUM 2013, 472 (476 ff.); *Kube* (Fn. 403), S. 49; i. Erg. auch so, aber ohne eindeutige Qualifizierung BVerwGE 154, 275 (284 ff.); ähnlich Rh-Pf VerfGH DVBl. 2014, 842 (846); unklar *Wernsmann* ZG 2015, 79 (91).

[504] Maßgebend ist allein der mat. Gehalt der Abgabe, → Rn. 167; ausdr. zust. *Degenhart* (Fn. 502), 60 (68); *Perten,* S. 23; *Korioth/Koemm* DStR 2013, 833 (835).

[505] *Korioth/Koemm* DStR 2013, 833 (836); *Degenhart* (Fn. 502), 60 (69): mangels besonderer Leistungsfähigkeit keine Aufwandsteuer; ebenso *Waldhoff* AFP 2011, 1 (4). Aber auch eine (bundesweite) Aufwandsteuer dürfte keinesfalls durch einen paktierten Rechtsakt der Länder eingeführt werden. Er ist im Finanzverfassungsrecht des GG, das auf Formenstrenge und Formenklarheit ausgerichtet ist, nicht vorgesehen; von *Wernsmann* letztlich offen gelassen, ZG 2015, 79 (80 Fn 6 aE). Zudem ist das Steuerfindungsrecht strikt auf die in Art. 105 und 106 enthaltenen Steuerarten beschränkt, → Art. 105 Rn. 50; zust. *Seer* NJW 2017, 3 mit massiver Kritik an der Staatspraxis.

[506] *Degenhart* ZUM 2011, 193 (196); zust. *Korioth/Koemm* DStR 2013, 833 (835) mit ausdrücklicher Bejahung des Vorliegens einer Staatsaufgabe; ebenso *Waldhoff* AfP 2011, 1 (2).

[507] BVerfGE 149, 222 (259 Rn. 75) (Rundfunkbeitrag).

[508] Es handelt sich um ein öffentliches Gut oder „Klubgut", vgl. *Terschüren* (Fn. 416), S. 194 ff.; *Magen* Verwaltung 46 (2013), 383 (389); aA *Hoffmann* (Fn. 403), S. 182.

Gleichheitssatzes erfolgt und vor allem nicht hinreichend zwischen Vorteil und Sondervorteil für die Abgabepflichtigen unterscheidet.[509] Damit versperrt es sich den Weg zu der gebotenen Analyse, wodurch die Abgabepflichtigen eigentlich gegenüber der Allgemeinheit bevorzugt werden. Die Überlegungen des Gerichts zu den Vorteilen eines ör Rundfunks (inhaltliche Vielfalt,[510] Unabhängigkeit von Einschaltquoten und Werbeaufträgen)[511] und dem Versagen des „publizistischen und ökonomischen Wettbewerb[s]"[512] sind deshalb für die Beurteilung als Beitrag letztlich irrelevant. Für die tatsachenbezogenen Feststellungen, namentlich zu den Konzentrations- und Monopolisierungstendenzen und der Verstärkung von gleichgerichteten Meinungen,[513] werden zudem keine hinreichenden empirischen Belege gegeben. Ob der ör Rundfunk tatsächlich die gewünschte „inhaltliche Vielfalt" und Neutralität liefert, wird ebenfalls nicht empirisch hinterfragt. Der einzige „Nachweis" ist ein nichtssagender Hinweis („vgl. dazu")[514] in einem Sammelnachweis auf Veröff. von (ehem.) Justitiaren ör Rundfunkanstalten oder aus dem Umkreis von Instituten und Lehrstühlen, die von diesen Anstalten mittelbar oder unmittelbar finanz. unterstützt werden.

**117f** Für die Klassifizierung als Steuer oder Vorzugslast kann es zudem nicht darauf ankommen, in welchem Haushalt die Einnahmen verbucht werden. Die Verbuchung muss der verfassungsrechtl. korrekten Einordnung einer Abgabe folgen.[515] Sonst könnten die Voraussetzungen für die Zulässigkeit nichtsteuerl. Abgaben beliebig durch Schaffung selbständiger Einrichtung mit eigenem Haushalt unterlaufen werden.

**117g** Rundfunkgebühr und Rundfunkbeitrag entsprechen schließlich **nicht** den Anforderungen **des rechtsstaatlichen Verhältnismäßigkeitsprinzips,** die das BVerfG und das BVerwG entweder nur unzureichend[516] oder überhaupt nicht erörtern. Der beträchtliche Aufwand für die regelmäßige Erhebung und (fehleranfällige) Eintreibung einer zusätzlichen Abgabe durch eine selbständige Bürokratie – im Jahre 2018 173,5 Mio. € – ist überflüssig, da er bei einer vollständigen Finanzierung aus Steuermitteln, zB aus dem Länderanteil an einer Gemeinschaftssteuer vollständig entfallen würde. Ein derartiger überflüssiger Aufwand ist auch mit dem **verfassungsrechtlichen Wirtschaftlichkeitsprinzip nicht** zu **vereinbaren.** Probl. ist nicht zuletzt auch die mangelnde Befreiung für Zweitwohnungen; vor allem wenn sie beruflich bedingt sind.[517] Das hat das BVerfG immerhin nun auch erkannt. Jedenfalls gibt es wesentlich schonendere und kostengünstigere Formen der „funktionsgerechten" Finanzierung des ör Rundfunks als den gegenwärtigen Rundfunkbeitrag.

**118** **3. Verbandslasten.** Es gibt eine Vielzahl von mitgliedschaftl. strukturierten Einrichtungen des öff. Rechts, die ganz oder zT aus Zahlungen ihrer Mitglieder finanziert werden (zB: Industrie- und Handelskammern, Handwerkskammern, Rechtsanwaltskammern, Ärztekammern, Arbeitnehmerkammern). Diese Zahlungen werden zT als „Beiträge im abgabenrechtlichen Sinne" eingestuft. Sie sollen sich angeblich durch „die Beteiligung der Interessenten an den Kosten einer öffentlichen Einrichtung, auszeichnen, von der sie Nutzen" hätten.[518]

**119** Für die Gegenauffassung sind derartige **Verbandslasten** indes wesensmäßig verschieden von den Vorzugslasten, den Gebühren und Beiträgen.[519] Das hat erhebl. Konsequenzen für die Anwendbarkeit des Äquivalenzprinzips und des Gleichheitssatzes. Vorzugslasten, also auch die Beiträge, seien eine – wenn auch weitgehend pauschalierte – Gegenleistung für einen **individuellen Vorteil** des Zahlungs-

---

[509] BVerfGE 149, 222 (253 ff. Rn. 63, 66–70, 76) (Rundfunkbeitrag).
[510] Ebda., S. 260 Rn. 77.
[511] Ebda., S. 260 Rn. 78.
[512] Ebda., S. 260 Rn. 77.
[513] Ebda., S. 261 Rn. 79.
[514] Ebda., S. 262 Rn. 80.
[515] *Korioth/Koemm* DStR 2013, 833(835); unrichtig BVerwGE 154, 279 Rn. 15; vorgezeichnet durch *Wernsmann* ZG 2015, 79 (86) und wohl auch *Waldhoff* AfP 2011, 1 (6 f.).
[516] BVerwGE 154, 275 (289–295), wo Übrigen eine mit Fakten unterlegte Auseinandersetzung mit anderen wesentlich effizienteren Gestaltungsmöglichkeiten fehlt; ähnlich Rh-Pf VerfGH DVBl. 2014, 842 (847), soweit abgedruckt.
[517] *Korioth/Koemm* DStR 2013, 833 (837).
[518] Für Beiträge zu den **Arbeitnehmerkammern** in Bremen und im Saarl.: BVerfGE 38, 281 (311), unter Berufung auf BVerfGE 9, 291 (297 f.), wo allerdings keine Verbandslast zur Beurteilung anstand und zudem die Eigenschaft des Beitrags als Ausgleich für besondere Vorteile des Zahlungspflichtigen besonders hervorgehoben wurde; der bei Verbandslasten das Problem ist; BVerwGE 39, 100 (107), unter unzutr. Berufung auf *Fried. Klein;* BVerwG NVwZ 1990, 1167 (1167 f.); BVerwGE 92, 24 (26) für Mitgliedsbeiträge zu **berufständischen Kammern:** „Beiträge im rechtlichen Sinne"; offengelassen für Beiträge zu den IHK von BVerfGE 146, 164 (191 Rn. 71), wo aber eine Rechtfertigung für diese „Sonderlast" verlangt und mit einem (angeblichen) „individuellen Vorteil" für die Kammermitglieder bejaht wird – allerdings nur für die Umlagen; *Kluth,* Funktionale Selbstverwaltung, 1997, S. 312 ff.; weitere umfangreiche Nachw. bei *Ubber* Beitrag, S. 304.
[519] BVerwGE 42, 210 (217) für den „Beitrag" zu einem Wasserverband; BVerwG NVwZ 2002, 1508 (1508): mangels Entgeltcharakter kein „äquivalenter Vorteil" für Zahlungspflichtigen erforderlich; dagegen BVerfGE 146, 164 (191 Rn. 71) für Beiträge zu den IHK; *Junge* GewArch 1986, 153 (153 ff.); *Fried. Klein* DVBl 1959, 315 (319); *Drüen* (Fn. 214), § 3 Rn. 20 (2001); *Isensee* GS Geck, 1989, S. 355 (374); *Vogel/Waldhoff,* in: BK, vor Art. 104a (1997) Rn. 427 f.

pflichtigen, während Verbandslasten „Geldforderungen" seien, „die zur vollen oder teilweisen Deckung des Aufwands einer öffentlichen Einrichtung von denjenigen erhoben werden, denen der Bestand der Einrichtung und die Erfüllung der ihr übertragenen Aufgaben allgemeine Vorteile gewähren soll".[520] Wegen der fehlenden Verknüpfung von Zahlung und bes. staatl. Leistung werden derartige korporative „Beiträge" auch als (Zweck-)Steuern klassifiziert.[521]

Aber auch ein „mittelbarer Zusammenhang" ist lange als ausreichend angesehen worden, um eine **120** Vorzugslast in dem oben dargelegten Verständnis bejahen zu können. Danach bedürfte es keiner bes. Kategorie der Verbandslast.[522] Diesem Verständnis kann nach der „Klärschlamm-Entscheidung" des BVerfG[523] nicht mehr gefolgt werden. Die bloße Vermutung oder Fiktion eines Vorteils durch das auferlegende Gesetz genügt jedoch keinesfalls, auch wenn das BVerwG das ausreichen lässt.[524] Würde man dem folgen, könnte der einfache Gesetzgeber nahezu beliebig irgendwelchen Geldzahlungspflichten Beitragscharakter verleihen. Die **bloße Fiktion** eines Vorteils hat keine diskriminatorische Kraft und der Beitragsbegriff verlöre jegl. Kontur.[525]

Immerhin hat es derartige Finanzierungsformen schon bei Schaffung des GG gegeben, und es **121** besteht kein Anhaltspunkt dafür, dass der Verfassunggeber sie abschaffen wollte. Den traditionellen Bildern entspr. dürfen sich daher auch mitgliedschaftlich aufgebaute Einrichtungen (Verbände) unter dem GG durch die Erhebung von „Beiträgen" finanzieren, selbst wenn das einzelne Mitglied keine Vorteile oder Sonderleistungen genießt; auch nicht mittelbar, etwa durch die bloße Existenz der Einrichtung. Das BVerfG verlangt jetzt sogar explizit das Vorliegen einer Körperschaft und schließt Anstalten generell aus, also auch die körperschaftlich strukturierten Anstalten.[526] Dem ist zuzustimmen, da sonst – wie im entschiedenen Fall – unweigerlich von Seiten des Staates versucht werden wird, durch zweckgerichtete Gestaltungen zwingendes Recht zu unterlaufen. Für die anzuerkennenden, traditionellen Formen bleibt nur die Klassifizierung als **Abgabe sui generis.**[527]

Um sie aber hinreichend von den Steuern abgrenzen zu können, müssen folgende Voraussetzungen **122** erfüllt sein:

– **mitgliedschaftliche Struktur** der Einrichtung und darauf beruhende Mitwirkungsrechte des einzelnen Zahlungspflichtigen,
– Beschränkung der Tätigkeit der Einrichtung auf die Erfüllung einer besonderen, **traditionell übernommenen** und **sachlich eng begrenzten Aufgabe.**

Als verfassungsrechtl. anerkanntes Finanzierungsinstrument sind im **Ergebnis** Verbandslasten solche **123** Geldleistungen, die von Mitgliedern einer ör Einrichtung erhoben werden, die traditionell einen sachl. eng begrenzten Lebens- oder Wirtschaftsbereich mit Wirkung für ihre Mitglieder autonom verwaltet oder fördert.[528]

**4. Sozialversicherungsbeiträge.** Eine weitere vom Verfassunggeber vorgefundene und **akzep- 124 tierte Kategorie** sind die Sozialversicherungsbeiträge.[529] Sie sind an die Träger der gesetzl. Sozialversicherung zur Finanzierung der Kranken-, Unfall-, Renten- und Arbeitslosenversicherung zu leisten. Fraglich ist, ob darüber hinaus neue Versicherungszweige, wie die gesetzl. Pflegeversicherung, eingeführt und finanziert werden dürfen.[530]

---

[520] *Junge* GewArch 1986, 153 (153 ff.).

[521] *K. Vogel* DVBl 1959, 491 (491 ff.); zust. *Leisner* (Fn. 263), S. 35 Fn. 81; *Ubber* Beitrag, S. 310 f. (je nach Ausgestaltung).

[522] Vgl. in diesem Sinne BVerwGE 39, 100 (107); wohl auch BVerwGE 66, 330 (334); BVerwG NVwZ 1990, 1167 (1167 f.) mwN; BVerwG GewArch 1995, 425 (426); OVG NRW NJW 1960, 214 (214 f.); *P. Kirchhof* rechnet denn auch die Mitgliedsbeiträge, namentlich der Industrie- und Handelskammern, der Handwerkskammern, der Ärzte- oder Rechtsanwaltskammern, ohne weiteres zum allg. Rechtsinstitut des Beitrags, da das (Zwangs-)Mitglied durch deren Tätigkeit begünstigt werde (Jura 1983, 505 [514]); ähnl. *ders.* HStR V, § 119 Rn. 114, wo als rechtfertigender Grund nicht die Mitgliedschaft, sondern die iRd Mitgliedschaft zu erfüllende Finanzverantwortlichkeit genannt wird; näher *Tettinger* FS Kruse, 2001, S. 79 (85).

[523] BVerfGE 110, 370 (388 f.).

[524] BVerwGE 39, 100 (107 f.): „Zwischen dem Erhebungsanlass und dem Vorteil des Pflichtigen besteht allerdings nur ein mittelbarer Zusammenhang, der sich zu einer bloßen gesetzlichen Vermutung oder Fiktion des Vorteils verflüchtigen kann"; BVerwG 92, 24 (26): „nur vermutet werden kann". Deshalb erlaubt das Gericht (systemwidrig) eine Beitragsbemessung nach der wirtschaftl. Leistungsfähigkeit (ebda); ebenso BVerwG GewArch 1995, 425 (426).

[525] *Isensee* GS Geck, 1989, S. 355 (374): Die krampfhafte Konstruktion eines (individualisierbaren) Vorteils führt zu „gewaltsamen Dehnungen und Verbiegungen der Beitragsstrukturen". Ein Beispiel ist die Begründung des „individuellen Vorteils" für Umlagen der IHK durch das „bloße Mitgliedschaftsrecht" in BVerfGE 146, 164 (191 Rn. 71).

[526] BVerfGE 113, 128 (149).

[527] Dafür iE auch *Rapsch* DÖV 1987, 793 (797); wohl auch *Tettinger,* Kammerrecht, 1997, S. 201; *ders.* FS Kruse, 2001, S. 79 (93); *Hey* StuW 2008, 289 (294); starke Annäherung an die Sonderabgaben bei *P. Kirchhof* HStR V, § 119 Rn. 116; ebenso *Jachmann* MKS III, Art. 105 Rn. 21.

[528] I. E. ähnl. *Drüen* (Fn. 214), Rn. 26.

[529] Vgl. *Osterloh* NJW 1982, 1617 (1620); *Isensee* FS H. P. Ipsen, 1977, S. 409 (446 f.); *P. Kirchhof* HStR V, § 119 Rn. 110. *F. Kirchhof* NZS 1999, 161; *ders.* HStR V, § 125 Rn. 8, nennt neben den Sozialversicherungsbeiträgen sieben weitere Finanzierungsquellen, die aber hier nicht weiter relevant sind.

[530] Das BVerfG hat das unter bestimmten Voraussetzungen für zulässig erachtet, vgl. BVerfGE 75, 108 (146).

**125**    Ihre **Einordnung in die Systematik** der herkömml. Abgaben stößt auf erhebl. **Schwierigkeiten,** da die Beiträge nicht ohne weiteres als finanz. Ausgleich für die Leistungen der Sozialversicherungsträger angesehen werden können, und zwar auch dann nicht, wenn man als Leistung die Gewährung von Versicherungsschutz und nicht die tatsächl. gezahlten Geldbeträge oder die Sachleistungen ansieht. Dafür sind im Wesentlichen drei Gründe maßgebend:

(1) Der Versicherungsschutz besteht zum Teil unabhängig von Beitragszahlungen, z. B. für „mitversicherte Familienangehörige".

(2) In bestimmten Fällen sind Beiträge zu entrichten, obwohl bei realistischer Betrachtung nie ein Anspruch auf eine Versicherungsleistung oder eine Anwartschaft darauf entstehen wird, etwa bei bestimmten Rentenversicherungsbeiträgen.

(3) Die Beiträge sind häufig nicht äquivalent zur – wie auch immer definierten – Leistung. Insbes. sind sie typischerweise nicht an dem versicherten Risiko ausgerichtet, sondern überwiegend nach sozialen Gesichtspunkten, etwa der Einkommenshöhe, bemessen, wie bei der Krankenversicherung.

**126**    Einer Qualifikation als Steuer steht entgegen, dass sie nach Schuldnerkreis und Finanzierungszweck nicht Gemeinlast, sondern Sonderlast sind.[531] Sie sind aber auch keine Beiträge im allg. Sinne des Begriffs, da sie nicht Ausgleich für eine vom Empfänger gewährte besondere Leistung oder das zur Verfügung stellen einer besonderen Einrichtung an den Zahlungspflichtigen sind. Namentlich sind sie auch keine Verbandslasten (→ Rn. 118, 123), da sie nicht nur von den Mitgliedern einer Körperschaft erhoben werden. Bei der Beitragserhebung der Sozialversicherungsträger stehen vielmehr der **Solidarausgleich** unter den versicherten Arbeitnehmern und die allgemeine **Fürsorge** der **Arbeitgeber** für ihre Bediensteten im Vordergrund. Die Leistungen der Versicherungsträger stehen in erhebl. Umfang nicht in einem Ausgleichsverhältnis zu den Beitragszahlungen von Arbeitgebern und Arbeitnehmern.[532] Das ist verfassungsrechtl. nicht unbedenklich, vor allem im Hinblick auf Bestrebungen, den Arbeitgeberanteil vom individuellen Einkommen des Versicherten zu lösen und an die betriebliche Wertschöpfung zu knüpfen („Maschinenbeitrag").

**127**    IE dürfte es sich um eine besondere Abgabenart, speziell zugeschnitten auf das traditionelle System der Sozialversicherungen, handeln.[533] Die damit finanzierte Einrichtung muss sich aber insgesamt als **Sozialversicherung** darstellen. Das setzt voraus, dass sie im Grundsatz nach dem Versicherungsprinzip arbeitet. Sonst würde sich der Beitrag nicht mehr von einer (zweckgebundenen) Steuer zur Finanzierung bestimmter Sozialleistungen unterscheiden. Die Abgrenzung wirft iE jedoch zahlreiche Zweifelsfragen auf.

**128**    Nach Auffassung des BVerfG darf zur Zahlung von Sozialversicherungsbeiträgen auch herangezogen werden, wer von der Versicherung **keinen wirtschaftlichen Vorteil** zu erwarten hat.[534] Es müsse sich allerdings um einen „Beteiligten" an der Sozialversicherung handeln. Urspr. verstand das Gericht darunter nur die Versicherten und ihre Arbeitgeber, „deren Heranziehung zugunsten der Arbeitnehmer als Auswirkung eines Fürsorgeprinzips" angesehen werde, von dem das moderne Arbeitsverhältnis geprägt sei.[535] Später hat es dann den **Kreis der Beteiligten wesentlich weiter** gezogen. Es soll zwar „nicht einfach jeder" dazu gehören, „den der Gesetzgeber mit einer Abgabe belegt, deren Aufkommen zur Finanzierung von Sozialleistungen verwendet wird". Genügen soll aber nunmehr das Vorliegen eines „sachorientierten Anknüpfungspunktes in den Beziehungen zwischen Versicherten und Beitragspflichtigen, der diese Heranziehung nicht außerhalb der Vorstellungen liegend erscheinen lässt, von denen die Sozialversicherungen in ihrem sachlichen Grund bestimmt wird".[536]

**129**    Das mag im Ansatz zutr. sein, ist indes viel zu vage, um eine einigermaßen praktikable Abgrenzung von (Sozialzweck-)Steuern vornehmen zu können. Gehaltvoller sind dagegen die zusätzl. Anforderungen, die das Gericht darüber hinaus aufstellt: Die Belastung bestimmter Bürger mit Sozialversiche-

---

[531] Vgl. *F. Kirchhof* Verwaltung 21 (1988), 137 (144); *ders.* ZSR 1999, 161 (164); *ders.* HStR V, § 125 Rn. 23; *Vogel/Waldhoff* BK, vor Art. 104a (1997) Rn. 459; zust. *Heun* FS Selmer, 2004, S. 657 (660).

[532] BVerfGE 11, 105 (117); 14, 312 (317); 51, 115 (124), wo darauf hingewiesen wird, dass von Verfassung wegen die Geldleistungen der Höhe nach nicht „in voller Äquivalenz" zu den Beiträgen festgesetzt zu werden brauchten; ebenso BVerfGE 53, 313 (328 f.); 60, 68 (77), aber mit der Einschränkung, dass Beitragsäquivalenz berücksichtigt werden darf; vgl. auch *F. Kirchhof* HStR V, § 125 Rn. 25 ff.

[533] Vgl. BVerfGE 14, 312 (317 f.); wohl auch BVerfGE 75, 146 (158); *Isensee,* Umverteilung durch Sozialversicherungsbeiträge, 1973, 42; *Siekmann,* Die Staatsfinanzierung nach dem Grundgesetz, 1992 (2005), S. 438; *Vogel/Waldhoff,* in: BK, vor Art. 104a (1997) Rn. 461; *Waldhoff* HStR V, § 116 Rn. 95; *F. Kirchhof* HStR V, § 125 Rn. 23; zust. *Heun,* in: Dreier III, Art. 105 Rn. 23; *ders.* FS Selmer 2004, S. 657 (660); im Grundsatz auch *Henseler* NJW 1987, 3103 (3105), der aber gleichwohl die Anforderungen an Sonderabgaben auf sie anwenden will (S. 3107); eingehende Erörterung bei *Gössl,* Die Finanzverfassung der Sozialversicherung, 1992, S. 48 ff., der die Beiträge aber auch als „eigenen Abgabentypus" ansieht (S. 52).

[534] BVerfGE 11, 103 (117); 14, 312 (318); 75, 108 (157 f.).

[535] BVerfGE 11, 105 (112).

[536] BVerfGE 75, 108 (146 f.). *F. Kirchhof* sieht zu Recht in dieser Öffnung eine Überdehnung und neuerdings eine Verwässerung des Prinzips der sozialen Verantwortung (HStR V, § 125 Rn. 29).

rungsbeiträgen, die **Fremdlasten** sind, bedürfe einer „besonderen Rechtfertigung". Insoweit unterscheiden sie sich von der allg. Steuerzahlungspflicht der Bürger.

Nach der Rspr. reichen allerdings auch **nicht „beliebige Konfigurationen"** aus, „die sich der **130** Gesetzgeber fallweise zusammensuchen kann". Sie müssen sich vielmehr regelmäßig aus der „spezifischen Solidaritäts- oder Verantwortlichkeitsbeziehung zwischen Zahlungsverpflichteten und Versicherten,... die in den Lebensverhältnissen, wie sie sich geschichtlich entwickelt haben und weiter entwickeln, angelegt" sind, ergeben.[537]

IE können Sozialversicherungsbeiträge danach verfassungsrechtl. umschrieben werden als ör Geld- **131** leistungen, die den „Beteiligten" einer Sozialversicherung auferlegt sind, einem organisatorisch verselbstständigten Träger dieser Versicherung zufließen und dazu dienen, Risiken abzudecken, die vom Bild der „klassischen" Sozialversicherung geprägt sind. Beteiligter kann auch ein Nichtversicherter sein, wenn er in einer spezifischen Solidaritäts- und Verantwortlichkeitsbeziehung zum Versicherten steht, die in Lebensverhältnissen angelegt ist, wie sie sich geschichtlich entwickelt haben und sich weiter entwickeln. Wenn eine Abgabe Sozialversicherungsbeitrag ist, kann sie **nicht zugleich „Sonderabgabe"** sein.[538]

Die Einordnung der **Künstlersozialabgabe** als Sozialversicherungsbeitrag[539] ist ebenso wenig mit **132** dem vom Gericht selbst aufgestellten Kriterium des „traditionellen Bildes der Sozialversicherung" vereinbar wie die Umlage für die **Konkursausfallgeldversicherung**,[540] auch nicht als Weiterentwicklung. Damit kann die Erhebung dieser Abgaben kompetenzrechtl. nicht auf Art. 74 I Nr. 12 gestützt werden.

**5. Kreditaufnahme.** Über die Trias Steuern, Gebühren und Beiträge, unter Einschluss der Zölle **133** und Finanzmonopole, hinaus hat das GG die Kreditaufnahme in Art. 109 und 115 geregelt und damit – im Rahmen der dort gezogenen Grenzen – als Finanzierungsinstrument **anerkannt.** Dem steht das Gebot des Haushaltsausgleichs in Art. 110 I 2 nicht entgegen (→ Art. 110 Rn. 65 f.). Das gilt auch dann, wenn man mit dem BVerfG Art. 115 I 1 aF jegl. mat.-rechtl. oder kompetenzrechtl. Wirkungen absprechen will.[541] Hier geht es nur darum, festzuhalten, dass das GG dem Staat die Aufnahme von Krediten als eine mögl. Finanzierungsform zur Verfügung gestellt hat. Das gilt auch noch nach der Föderalismusreform II (→ Rn. 42), auch wenn der Anwendungsbereich dieser Finanzierungsform eingeschränkt worden ist.

Die Kreditaufnahme unterscheidet sich von allen anderen Finanzierungsformen dadurch, dass sie **134** durch übereinstimmende Willenserklärungen erfolgt und mit der Geldzahlung ein **Rückzahlungsanspruch** entsteht. Insoweit ist ganz zivilistisch zu denken, da das VerfassungsR keine eigene Begriffsabgrenzung enthält und eine klare, feststehende Vorstellung, die dem ZivilR entstammte, geläufig war. Rentenanwartschaften sind zwar ökonomische „implizite" Staatsschulden, erfüllen aber nicht die Kriterien der Kreditaufnahme, da jedenfalls bis zum Renteneintritt kein individueller Zahlungsanspruch besteht.[542]

**6. Gewinne und privatrechtliche Entgelte.** Obschon Erwerbseinkünfte und Vermögenserträge **135** nicht mehr die Rolle wie in früheren Zeiten spielen, tritt der Staat immer noch gewerblich am Markt mit der Absicht der **Gewinnerzielung** auf.[543] Möglicherweise ist es ihm aber grds. verwehrt, ohne besondere Legitimation in Konkurrenz zur Privatwirtschaft erwerbswirtschaftl. tätig zu werden.[544] Die geforderte Legitimation dürfte indes immer dann gegeben sein, wenn mit der wirtschaftl. Betätigung **öff. Aufgaben** erfüllt werden sollen. Die mittlerweile für die Finanzierung des Bundeshaushalts immer bedeutsameren BBankgewinne (→ Art. 88 Rn. 19) stoßen unter diesem Aspekt aber nicht auf Bedenken.[545]

---

[537] BVerfGE 75, 108 (158).

[538] Vgl. BVerfGE 75, 108 (147); *Osterloh* NJW 1982, 1617 (1620); *Gössl* (Fn. 533), S. 51 f.; *Heun* FS Selmer, 2004, S. 657 (660); *Butzer,* Fremdlasten in der Sozialversicherung, 2001, S. 292 ff.; anders: *Henseler,* Sonderabgaben, S. 91; *ders.* NJW 1987, 3103 (3105), der „Sonderabgabe" als einen Oberbegriff versteht, zu dem auch Sozialversicherungsabgaben gehören; ebenso *Arndt,* Steuern, Sonderabgaben und Zwangsanleihen, 1983, S. 71 f. Die Zahlungen der privaten Krankenversicherungen in den neuen „Gesundheitsfonds" sollen aber eine (unzulässige) Sonderabgabe sein, *Giesen* NZS 2006, 449 (453).

[539] So aber BVerfGE 75, 108 (159).

[540] So aber BVerfGE 89, 132 (144).

[541] Wirkungen „nur im Inter-Organ-Verhältnis zwischen Parlament und Regierung" (BVerfGE 67, 265 [281]).

[542] *Siekmann,* European Public Law, Vol. 13 (2007), S. 489 (494 ff.).

[543] Beispiele für rein erwerbswirtschaftl. Tätigkeit des Staates bei *P. Kirchhof* HStR IV[1], § 88 Rn. 300 aE.

[544] Vgl. *Scholz,* in: Maunz/Dürig, Art. 12 (2006) Rn. 413; *Grupp* ZHR 140 (1976), 367 (382) mwN, der allerdings eine unterverfassungsrechtliche Norm ausreichen lässt.

[545] Vgl. *Höfling,* Staatsschuldenrecht, 1993, S. 458 ff., der sich aber dezidiert gegen jeden Druck auf die Bundesbank zum Ausweis eines Gewinns ausspricht (S. 467); ferner *Puhl,* Budgetflucht und Haushaltsverfassung, 1996, S. 242 f., 266 f., mit Einzelheiten zur Veranschlagungspraxis; zur (teilweisen) Nettoveranschlagung der Gewinne und ihrer Rechtzeitigkeit → Art. 110 Rn. 49, 58; zur Einschätzung als (verbotene) „Kreditaufnahme bei der Notenbank" → Art. 115 Rn. 16; *ders.,* Eine stabile Geld-, Währungs- und Finanzordnung, 2013, S. 85.

136 Wesentl. zweifelhafter ist jedoch, ob der Staat sich unter der Geltung des GG auch **rein** erwerbswirtschaftl. oder „privatwirtschaftlich" betätigen darf, ob es sich also um ein zulässiges Finanzierungsinstrument des Staates handelt, und wenn ja, mit welchen Einschränkungen.[546]

137 Die **Verfassung enthält keine klare Aussage** über die Zulässigkeit einer „rein gewerblichen" Betätigung des Staates. Auch aus der mehrfachen Erwähnung von Unternehmen und Betrieben des Bundes (Art. 73 Nr. 6, Art. 87 I, 110 I, 134, 135 VI) können insoweit keine eindeutigen Schlüsse gezogen werden.[547] Entsprechendes dürfte für Art. 74 I Nr. 11 gelten. Dort ist das „privatrechtliche Versicherungswesen" erwähnt. Das spricht zwar dafür, dass es auch ör Versicherungsunternehmen mit ör geregelten Versicherungsbeziehungen geben darf.[548] Der Staat darf danach also das Versicherungsgeschäft betreiben. Damit ist aber nicht schon gesagt, dass er es auch aus (rein) erwerbswirtschaftl. Gründen tun darf. Auch die Erwähnung der Finanzmonopole in Art. 105 I, 106 I, 108 I hilft nicht recht weiter. In der Finanzwissenschaft werden sie ohnehin überwiegend nur als eine besondere Technik der Steuererhebung betrachtet. Obwohl ihre erwerbswirtschaftl. Komponente nicht zu leugnen ist,[549] handelt es sich aber nicht um eine **rein** erwerbswirtschaftl. Betätigung. Es werden immer auch Aufgaben öff. Verwaltung erfüllt. Aus ihr kann nicht auf die **generelle** Zulässigkeit staatlicher Teilnahme am Erwerbsleben geschlossen werden.[550]

138 Insgesamt dürfte aber trotz aller ordnungspolitischer Bedenken der **Gesamtheit** der Regelungen des GG eine grds. Billigung gewinnorientierter staatl. Erwerbswirtschaft zu entnehmen sein.[551] Ein mögliches Rechtsinstitut „Steuerstaat" steht letztl. ebenfalls nicht bedingungslos entgegen (→ Rn. 69, 71). Trotz alledem bleiben erhebl. Zweifel, ob der Staat nach Belieben **neue** Unternehmen gründen oder **neue** Beteiligungen erwerben darf, um sich auf diese Weise eine Einnahmequelle zu verschaffen. Aber auch die **rein** erwerbswirtschaftl. Betätigung der öff. Hand gehört in Deutschland wohl zum „vorverfassungsmäßigen Gesamtbild" des Staates, das insoweit vom GG nicht grds. in Frage gestellt worden ist.[552] Der Beteiligung des Staates an systemrelevanten Unternehmen in einer Finanzkrise (e. g. Commerzbank AG, Hypo-Real-Estate AG) stehen die Bedenken an einer rein erwerbswirtschaftl. Betätigung nicht entgegen. Es soll damit eine öff. Aufgabe (Finanzstabilität) erfüllt werden. Entsprechendes gilt in Katastrophenfällen, wie Pandemien, wenn dadurch die gesamtwirtschaftl. Stabilität gesichert werden soll. Möglicherweise ist aber geboten, dass der Staat (Bund oder Land) sich hinreichende Kontrollmöglichkeiten (e. g. Aufsichtsratsmandate) sichert und auch aktiv wahrnimmt.

## III. Neue Finanzierungsformen

139 **1. Numerus clausus der Finanzierungsformen. a) Schutz von Freiheit und Gerechtigkeit.** Bei der Auferlegung von einseitigen Geldleistungspflichten, insbes. bei gegenleistungsfreien Abgaben, fehlt ein den Auferlegungsberechtigten zügelndes und dirigierendes Maß aus der Sache selbst. Der Staat darf sich aus einer **Vielzahl von Einnahmequellen** die von ihm benötigten finanz. Mittel beschaffen. Welche Gegenstände er in welcher Höhe mit Abgaben belegt, ist aus jur. Warte weitgehend eine Frage der Zweckmäßigkeit, solange nicht bestimmte Überlastungsgrenzen und Konsistenzgebote verletzt werden. Probleme bereitet allerdings die föderale Verteilung der Kompetenzen, die dazu führen, dass es iÜ gibt es fast keine (einschränkenden) mat. Vorgaben[553] – weder jur. noch finanzwiss. Art. Nur das

---

[546] Grds. gegen Zulässigkeit oder nur unter bestimmten Voraussetzungen: *Grupp* ZHR 140 (1976), 367 (392); *Hamann* NJW 1957, 1422 (1422 ff.); *P. Kirchhof* FS Mußgnug, 2005, S. 131 (134). *Hidien,* Gemeindliche Betätigungen rein erwerbswirtschaftlicher Art und „öffentlicher Zweck" kommunaler öffentlicher Unternehmen, 1981, S. 200; *H. Krüger* (Fn. 223), S. 897; *Stober* ZHR 145 (1981), 565 (586–589); *Wolff/Bachof,* Verwaltungsrecht II, 4. Aufl. 1976, S. 206; *Burmeister* HkWP V, S. 2 (42); *K. Vogel* GS Martens, 1987, S. 265 (267); *Löwer* VVDStRL 60 (2001), 416 (418): „verfassungsrechtlich unzulässig". Für *Badura* stellt sich die Frage nicht, da nach seiner Auffassung auch die „rein erwerbswirtschaftliche" Betätigung der öff. Hand nur ein Schein und immer auch mit einem „öffentlichen Auftrag" verbunden sei (FS Schlochauer, 1981, S. 3 [7]).

[547] Vgl. die Arg. bei *Stober* ZHR 145 (1981), 565 (570 f.), der zudem zu Recht auf den Übergangscharakter von Art. 135 VI hinweist; ähnl. *Ronellenfitsch* HStR IV, § 98 Rn. 42.

[548] Vgl. BVerfGE 41, 205 (LS): „Mit der Beschränkung der konkurrierenden Gesetzgebungszuständigkeit des Bundes auf das privatrechtliche Versicherungswesen (Art. 74 Nr. 11) anerkennt das Grundgesetz die bestehenden landesrechtlichen Gebäudeversicherungsmonopole."

[549] Vgl. *Horak,* Die wirtschaftliche Betätigung der öffentlichen Hand in der Bundesrepublik Deutschland und ihre Probleme, 1964, S. 16; anders *Stober* ZHR 145 (1981), 565 (570).

[550] Sinngem. ebenso *H. H. Klein,* Die Teilnahme des Staates am wirtschaftlichen Wettbewerb, 1968, S. 147; *Stober* ZHR 145 (1981), 565 (570).

[551] So *H. H. Klein* (Fn. 550), S. 16, der vor allem aus Art. 15 die grds. Befugnis des Staates zur wirtschaftlichen Betätigung ableitet; iE ähnl. *Torz* DÖV 1958, 205 (209); *Storr,* Der Staat als Unternehmer, 2001; *Kube,* Finanzgewalt, S. 117. Auch *Ronellenfitsch* scheint insges. von der verfassungsrechtlichen Zulässigkeit rein erwerbswirtschaftlicher Betätigung der öff. Hand auszugehen (HStR IV, § 98 Rn. 33 ff.).

[552] Vgl. *Torz* DÖV 1958, 205 (209): Sie erhalte „ihre Legitimation lediglich durch ihre nicht wegzudiskutierende historisch bedingte Existenz"; ferner *H. H. Klein* (Fn. 550), S. 53 ff.; aA *Stober* ZHR 145 (1981), 565 (571).

[553] Vgl. *Friauf* DÖV 1980, 480 (482); speziell zur Besteuerung schon *O. Mayer,* Deutsches Verwaltungsrecht I, 3. Aufl. 1924, S. 315 f.; *ders.,* HdbFW I, 1. Aufl. 1926, S. 90; *Fleiner,* Institutionen des Deutschen Verwaltungsrechts, 8. Aufl. 1928, S. 421; ähnl. auch BVerfGE 67, 256 (275).

Leistungsfähigkeitspostulat für einige wichtige Steuerarten kommt in Betracht,[554] das aber kaum ohne subj. Gutdünken konkretisiert werden kann.

**Steuern** dürfen idealtypisch einem **prinzipiell unbegrenzten Zweck** dienen: der Mehrung der   **140** Staatsfinanzen. Die Größe des Finanzbedarfs darf das entscheidende Kriterium für die Auswahl des Steuergegenstandes und der Steuersätze sein.[555] Bei der Erschließung von **Steuerquellen** hat das BVerfG dem Gesetzgeber „weitgehende Gestaltungsfreiheit" gelassen,[556] allerdings nur unter Beachtung der föderalen Kompetenzverteilung (→ Rn. 141, → Art. 105 Rn. 50b). Es gibt „keine wie auch immer geartete Sachlogik der Steueranknüpfung".[557] Auch der später vom BVerfG angebrachte Vorbehalt der „Gestaltungsgleichheit", der zu beachten sei,[558] schränkt den Spielraum des Gesetzgebers nur unwesentlich ein. So betrachtet, ist die Auferlegung von Steuern an keine substantiellen Voraussetzungen geknüpft und im Wesentlichen nur über Kompetenz-, Form- und Verfahrenserfordernisse verfassungsrechtlich. zu bändigen. Grds. können nur die besondere Formenklarheit und Formenbindung[559] und die dadurch geförderte Transparenz diese Begrenzung der Macht des Staates gegenüber dem zahlungspflichtigen Bürger[560] leisten. Das verlangt eine rigorose Beschränkung der zulässigen Abgabeformen.

**b) Die Besonderheiten der Finanzwirtschaft im Bundesstaat.** Sobald die Verfassungsordnung   **141** eine Verteilung von Finanzierungsquellen auf ihre einzelnen Glieder vornimmt, müssen sie genau bezeichnet und abgegrenzt werden. Die einzelnen Teile müssen an diese Verteilung strikt gebunden sein. Auch darf es keinen freien Zugriff auf „unverteilte" Quellen geben. Das gilt in erhöhtem Maße, wenn neben die (primäre) Verteilung der Einnahmequellen noch eine (berichtigende) Verteilung der Einnahmen aus diesen Quellen (sekundärer Finanzausgleich) tritt. Diese Aufteilung muss sich zwangsläufig an formalen Kriterien orientieren und darf nicht zur Disposition der Betroffenen stehen, da die Regelung des Finanzwesens nach dem GG eine „sorgsam ausbalancierende" Gesamtordnung ist.[561] Ein Steuererfindungsrecht der jeweiligen Ebene kann es nur im Rahmen dieser Ordnung und der dort verwendeten Kategorien geben (→ Art. 105 Rn. 49–50c).

Bei der Abgrenzung der Kompetenzen verwendet das GG Begriffe, mit denen die verschiedenen   **142** Arten von Abgaben bezeichnet werden, die verteilt werden. Sie haben einen „objektiv bestimmbaren Inhalt", an den der einfache Gesetzgeber gebunden ist. Es kann nicht in seiner Hand liegen, „seine Zuständigkeit selbst zu begründen, indem er eine Abgabe mit einer bestimmten Bezeichnung belegt".[562] Auf die Bezeichnung, die der Gesetzgeber für eine Abgabe wählt, oder ihre haushaltsmäßige Behandlung kann es deshalb nicht ankommen. Entscheidend ist allein ihr **mat. Gehalt** (→ Rn. 67).

**c) Ergebnis.** Die Finanzverfassung des GG muss schwergewichtig als formale Ordnung begriffen   **143** werden. Damit ist die Schaffung neuer Finanzierungsformen grds. nicht zu vereinbaren. Die besondere **Formenstrenge** im Finanzwesen ist zur Gewährleistung von Freiheit und (Abgaben-)Gerechtigkeit des Einzelnen (Individualschutz) und zur Sicherung des föderativen Staatsaufbaus (obj. Ordnungsfunktion) erforderlich.[563] „Die Finanzverfassung … ist auf Formenbindung angelegt".[564] Das spricht **entgegen** der ganz **überwiegend** vertretenen **Doktrin**[565] für einen numerus clausus der zulässigen Finanzierungsformen.[566]

---

[554] BVerfGE 6, 55 (70 f.); 9, 237 (244); 13, 181 (202); 43, 108 (120); 47, 1 (29); 61, 319 (344); 66, 214 (223); 67, 290 (297); 68, 143 (152); 68, 287 (310); 72, 200 (260); 74, 182 (199 f.); *Paulick* FS Bühler, 1954, S. 121 (122 ff.), vor allem S. 141 ff.; *Franz Klein* (Fn. 262), S. 208 ff.; *ders.* FS Geiger, 1974, S. 697 (700); Gutachten der Steuerreformkommission, 1971, Abschnitt I, Allg. Teil, Rn. 39; Abschnitt IV, KSt, Rn. 54; *Kröger* JZ 1979, 631 (631 ff.); *Selmer*, Steuerinterventionismus, S. 356; *Tipke* BB 1973, 157 (157 ff.); *Hey*, in: Tipke/Lang (Fn. 214), § 3 Rn. 40 ff., Versuch der Konkretisierung Rn. 90–123; *Blaurock* JA 1980, 142 (145); *Birk*, Das Leistungsfähigkeitsprinzip als Maßstab für Steuernormen, 1983.

[555] BVerfGE 13, 181 (203).

[556] BVerfGE 13, 181 (202 f.); 49, 343 (360); 50, 386 (392); 81, 108 (117); 83, 395 (401); 84, 239 (271); 85, 238 (244); 93, 121 (136).

[557] *Kruse* StuW 1995, 80 (83).

[558] BVerfGE 93, 121 (136); 93, 165 (172); 99, 88 (95); mit Modifikationen zust. *Jachmann* StuW 2000, 239 (241).

[559] BVerfGE 105, 185 (193); 145, 171 (191 Rn. 58) (Kernbrennstoffsteuer).

[560] U. S. Supreme Court: „The power to tax implies the power to destroy", McCulloch vs. Maryland, 1 Cranch 223 (1806).

[561] BVerfGE 78, 249 (266).

[562] BVerfGE 8, 260 (270), unter Berufung auf BVerfGE 7, 244 (251 f.).

[563] Für beide Anforderungen BVerfGE 55, 274 (301, 302 f.); zust. *Friauf* FS 600 Jahre Universität Köln, 1988, S. 679 (693); insoweit jetzt ebenfalls so *P. Kirchhof* HStR V, § 119 Rn. 12 f.; bzgl. der grundrechtssichernden Wirkung von Formenklarheit *Selmer/Brodersen* DVBl 1983, 1153 (1155); speziell zum Steuerbegriff: BVerfGE 67, 256 (285 f.): „die die Finanzverfassung ordnende Funktion des Steuerbegriffs"; *Starck* FS Wacke, 1972, S. 193 (193 f.).

[564] BVerfGE 67, 256 (288).

[565] **Gegen** einen solchen **numerus clausus** das BVerfG in st. Rspr.: BVerfGE 82, 159 (181); 93, 319 (342); 108, 186 (215); 110, 370 (387); 113, 128 (146 f.); 122, 316 (333); 123, 132 (141); 137, 1 (18 Rn. 42); 149, 222 (249 Rn. 54): GG „kennt keinen abschließenden Kanon zulässiger Abgabentypen"; *Karpen* AöR 109 (1984), 417 (423); *F. Kirchhof* Verwaltung 21 (1988), 137 (143), aber für die Einführung durch den Verfassunggeber (VVDStRL 52 [1993], 71 [97]); *W. Schmidt* NVwZ 1991, 36 (39); *Jachmann* MKS III, Art. 105 Rn. 8; *Rodi* JZ 2000, 827 (832); *Drömann* (Fn. 226), S. 168; *Schmehl*, Äquivalenzprinzip, S. 101 f.; *Kube*, Finanzgewalt, S. 347; *Kube/Palm/Seiler* NJW 2003, 927 (928 f.); *Elsner/Kaltenborn* JA 2005, 823 (824); *Ossenbühl* DVBl 2005, 667 (668); *Jochum* StuW 2006, 134

**144**    **2. Das Verbot gegenleistungsfreier Abgaben außerhalb des Steuersystems.** Dessen ungeachtet stellt sich aber weiterhin die Frage, ob **nichtsteuerl.** Abgaben **Gewinn** abwerfen dürfen,[567] oder anders gewendet: ob derartige Abgaben dazu eingesetzt werden dürfen, einen Beitrag zur Deckung des **allg. Finanzbedarfs** des Staates zu leisten. Das ist iE zu **verneinen.** Wegen des besonderen Abgabenzugriffs bedürfen Sonderlasten jeweils einer besonderen Rechtfertigung. Die Steuern genießen dagegen insoweit eine Vorzugsbehandlung, dass der Hinweis auf den Finanzbedarf des Staates ausreicht. Das macht zugleich ihre besondere Stellung plastisch. Sie sind **„die" Gemeinlast,**[568] neben der es andere Gemeinlasten nicht geben darf. Das BVerfG ist allerdings weniger rigoros, verlangt aber eine besondere Rechtfertigung und die Einhaltung besonderer Voraussetzungen.[569]

**145**    Die Besonderheit der Steuer besteht darin, dass mit ihr Einnahmen erzielt werden, ohne dass der Staat seinerseits eine Leistung dafür erbringen muss. Da ein rechtfertigender Grund außer dem Finanzbedarf des Staates nicht vorhanden sein muss, richtet sich ihre Bemessung und Repartition prinzipiell nicht nach einer immanenten Sachgesetzlichkeit. Regeln dafür können aus gleichzeitig verfolgten nichtfiskalischen (Neben-) Zwecken, den persönlichen Umständen des Steuerpflichtigen oder seinen Verhaltensweisen, die antizipiert werden, abgeleitet werden. Damit ist dem Staat ein Bereich eröffnet, in dem er weitgehend nach Belieben agieren darf.

**146**    Eine derartige Abgabenform kann es sinnvoll in jeder Volkswirtschaft nur **einmal** geben. Für „allgemeinnützige" Finanzierungen (Gemeinlasten) gibt es **keine** tragfähigen **besonderen Verantwortlichkeiten.** Sie müssen ausschließl. den Steuern vorbehalten bleiben. Nichtsteuerl. Abgaben, die einzig auf die Erzielung von frei verfügbaren Einnahmen für den allg. Staatshaushalt gerichtet sind („Gewinne"), darf es in einem solchen System nicht geben.[570]

**147**    **3. Sonderabgaben und sonstige Mischformen. a) Die Sonderabgabe als eigenständige Abgabeform.** Im Text des GG ist ein „verfassungsrechtlicher Abgabentypus" der Sonderabgaben **nicht** zu finden. Gleichwohl erfreuen sich die Sonderabgaben großer Beliebtheit bei der Staatsleitung. Das BVerfG hat sie als an sich zulässige besondere Finanzierungsform anerkannt.[571] Die Rspr. der anderen Gerichtsbarkeiten ist ihr gefolgt.[572] Begriffsabgrenzung, Funktion und Zulässigkeitsvoraussetzungen blieben jedoch ungesichert[573] und sind vom BVerfG mehrfach modifiziert worden.

**148**    Fraglich ist, ob es sich bei den Sonderabgaben um eine eigenständige Abgabeform neben den Steuern und den Vorzugslasten handelt.[574] Im Schrifttum werden sie mittlerweile überwiegend als **eigenständige Finanzierungsform** angesehen.[575] Zum Teil werden sie aber auch nur als – negativ abgegrenzter – Auffangtatbestand für anderweitig nicht zuordenbare Abgaben angesehen.[576] Daneben gibt es eine Vielzahl vermittelnder Auffassungen.[577]

---

(134); *Müller-Franken,* in: Friauf/Höfling, Art. 105 (2008) Rn. 172; *Thiemann* AöR 138 (2013), 60 (65); wohl auch *Waldhoff* HStR V, § 116, Rn. 82 f., der ebenfalls die Wichtigkeit der Formenbindung anerkennt und nur meint, ein für einen numerus clausus erforderliches „in sich geschlossenes und widerspruchsfreies verfassungsrechtliches Abgabensystem" sei bisher „durch die Verfassungsrechtsdogmatik nicht entwickelt worden". So apodiktisch ist diese Aussage aber angreifbar.

[566] In der Tendenz ähnl. *Puwalla,* Qualifikation von Abgaben, 1987, S. 85 f., 88 f.; *Schumacher* NJW 2000, 3096 (3098); ansatzweise auch *Selmer/Brodersen* DVBl 2000, 1153 (1154, 1163): „(Wieder-)Anerkennung eines grundsätzlich geschlossenen Katalogs öffentlicher Abgaben".

[567] Vgl. *F. Kirchhof* Verwaltung 21 (1988), 137 (149); verneinend für die Gebühr *ders.,* Gebühr, S. 128 f.

[568] Das BVerfG verwendet den Begriff der „Gemeinlast" auch für die Sachaufgabe, die durch Steuern zu finanzieren ist; bejaht für die Sicherheit der Strom- oder Energieversorgung (BVerfGE 91, 186 [206]).

[569] → Rn. 72 f.

[570] Vgl. *Weyreuther* UPR 1988, 161 (169); *Wienbracke* StuW 2005, 81 (84); *ders.* DÖV 2005, 201 (203).

[571] Grundl.: BVerfGE 55, 274 (297) – Berufsbildungsabgabe; BVerfGE 57, 139 (166) – Schwerbehindertenabgabe; BVerfGE 67, 256 (274 f.) – Investitionshilfeabgabe; BVerfGE 108, 186 (217 f.) – Altenpflegeumlage.

[572] Vgl. zB das BVerwG DVBl 1984, 1175 f. zum „Kohlepfennig".

[573] Vgl. *Henseler* NJW 1987, 3103 (3103 ff.); *F. Kirchhof* Verwaltung 21 (1988), 137 (143, 150).

[574] Dafür zuerst wohl *W. Weber,* Die Dienst- und Leistungspflichten der Deutschen, 1943, S. 83; frühzeitig auch *Mai,* Sonderabgaben, Diss. Göttingen 1959, S. 11 ff.; später: *Mattern* BB 1970, 1405 (1405); *Meessen* BB 1971, 928 (928); *Brodersen* FS Wacke, 1972, S. 103 (106); *Friauf* FS Jahrreiß, 1974, S. 45 (51); *ders.* FG BVerfG II, 1976, S. 300 (307 ff.); *ders.* FS Haubrichs, 2. Aufl. 1977, S. 103 (109); *Richter,* Zur Verfassungsmäßigkeit von Sonderabgaben, 1977.

[575] *P. Kirchhof* HStR V, § 119 Rn. 70 („eigenständiger Abgabentypus"); *Osterloh* NJW 1982, 1617 (1619 f.); *Heun* DVBl 1990, 666 (666); *Reimer/Waldhoff,* (Fn. 236) Rn. 156; wohl auch *Selmer,* Steuerinterventionismus. S. 183 f., der den Begriff allerdings noch in Anführungszeichen setzt; *Müller-Franken,* in: Friauf/Höfling, Art. 105 Rn. 135, der aber zu Unrecht davon ausgeht, dass das GG ihn vorgefunden habe. Ein eigenständiger Abgabentyp „Sonderabgabe" war zurzeit der Schaffung des GG unbekannt; anders wohl auch *Maunz,* der den Begriff in seiner krit. Auseinandersetzung mit derartigen Abgaben nicht verwendet in: Maunz/Dürig, Art. 105 [1979] Rn. 13–23).

[576] *P. Kirchhof* ZIP 1984, 1423 (1428) („Auffangtatbestand"); anders aber jetzt *ders.* HStR V, § 119 Rn. 70; *Pietzcker* DVBl 1987, 774 (780) („Restkategorie"); Charakterisierung durch negative Abgrenzung auch bei *Rottländer,* Haushaltspolitische Bedeutung und Verfassungsmäßigkeit von Sonderabgaben, 1988, S. 22; *Jachmann* StuW 1997, 299 (300 ff.); *Sacksofsky,* Umweltschutz, S. 86 f.; *J.-P. Schneider,* in: AK GG, Art. 105 (2001) Rn. 12.

[577] So wohl *Henseler,* Sonderabgaben, S. 27 ff.; *ders.* NJW 1987, 3103 (3105 f.) „differenziertere Betrachtung", der sie allerdings als „weitgehend variabel" ansieht. Wegen der vielfältigen „Grauzonen" und „Zweifelsfälle" will *Richter*

Hatten die etablierten Finanzierungsformen wie Gebühr und Beitrag – wenn auch meist auf **149**
einfachgesetzl. Ebene – einigermaßen klare Konturen gewonnen, „so benutzte die Sonderabgabe ihre
**begriffl. Unschärfe** zur Okkupation neuer Gebiete".[578] „Ihre unklare Begrifflichkeit hat der Sonderabgabe zu einem Siegeszug durch das deutsche Abgabensystem verholfen, der zur Unterminierung des
Steuerstaates führen kann", so das Fazit von *F. Kirchhof.*[579]

**b) Verfassungsrechtliche Fragwürdigkeit.** Im Schrifttum sind massive verfassungsrechtl. Beden- **150**
ken gegen die Zulässigkeit der Sonderabgaben geäußert worden.[580] Hervorzuheben sind folgende
Gesichtspunkte:
– ausschließliche Belastung einzelner Gruppen,
– häufig fehlende Veranschlagung im Haushalt,
– Vermeidung parlamentarischer Aufsicht und Kontrolle,
– Durchbrechung der finanzverfassungsrechtlichen Kompetenzzuordnung.

Die entscheidende Frage jedoch, ob es sie überhaupt **als eigenständige Finanzierungsform**
geben darf, wird indes fast nicht (mehr) gestellt. Vielmehr wird nur versucht, den gröbsten Auswüchsen durch detaillierte Zulässigkeitsanforderungen, für die es iÜ keine Anhaltspunkte im GG gibt, zu
begegnen.[581]

Das BVerfG hat sich ebenfalls in mehreren Entscheidungen bemüht, der Entwicklung Einhalt zu **151**
gebieten.[582] Zutr. ist sein Ansatzpunkt: „Jede Sonderabgabe gerät zwangsläufig in Konkurrenz zu dem
verfassungsrechtlich umfassend geregelten Institut der Steuer", da sie ebenfalls dem Betroffenen eine
Geldleistungspflicht „voraussetzungslos", also „ohne Rücksicht auf eine korrespondierende Gegenleistung der öff. Hand auferlegt".[583] Trotzdem seien **Steuer** und **Sonderabgabe** in ihrem rechtl.
Charakter „wesensverschieden" und unterschieden sich grundlegend nach „Idee und Funktion".[584]

Der folgenschwerste Fehler dieser Rspr. liegt darin, dass die vom Gericht herausgearbeiteten **152**
**Unterscheidungsmerkmale** zugleich die Funktion von **Zulässigkeitskriterien** erfüllen.[585] Damit
waren die Sonderabgaben als eigenständige Abgabenkategorie nach dem GG anerkannt. Ihre verfassungsrechtl. Zulässigkeit **als solche** konnte nunmehr kaum noch in Zweifel gezogen werden. Es
ging nur noch darum, die Zulässigkeitsmerkmale weiter zu differenzieren und zu konkretisieren. Statt
zu untersuchen, ob eine zur verfassungsgerichtl. Prüfung gestellte Abgabe diese (selbstgeschaffenen)
Voraussetzungen erfüllt, hätte zunächst explizit erörtert werden müssen, ob es eine solche (neue)
Kategorie von Abgaben **überhaupt** geben darf. Diese Diskussion ist indes in der Rspr nie geführt
worden.[586] Sie hätte auch im Wesentlichen zu einem negativen Ergebnis führen müssen:[587] Entgegen

---

ausnahmsweise der Qualifikation durch den Gesetzgeber im Einzelfall und nicht dem mat. Gehalt Aussagekraft
beimessen (Fn. 574), S. 71 f.
[578] *F. Kirchhof* Verwaltung 21 (1988), 137 (143) (Hervorhebung nicht im Original); in der Sache zust. *Jochum* StuW
2006, 134 (136).
[579] Ebda.
[580] Vgl. *P. Kirchhof* HStR V, § 119 Rn. 71 („prinzipielle verfassungsrechtliche Bedenken"), Rn. 72 („finanziert
eine,schwarze' Kasse"), Rn. 74 („Fremdkörper im Verfassungsrecht"; *Waldhoff* HStR V, § 116 Rn. 93 aE; *Puwalla*
(Fn. 509), S. 102, 138 („kein Platz"); gegen ihn *Ubber*, Beitrag, S. 149 f.; *Wieland* FS 50 Jahre BVerfG I, 2001, S. 771
(783); *Staudacher*, Sonderabgaben, S. 135 Fn. 389.
[581] Dem stimmt jetzt auch *Waldhoff* HStR V, § 116, Rn. 93, ausdr. zu; i. Erg. ähnlich *Thiemann* AöR 138 (2013),
60 (66).
[582] BVerfGE 55, 274 (297 ff.); 57, 139 (164 ff.); 67, 256 (274 ff.); 82, 159 (178 ff.); 91, 186 (201–203); 101, 141
(147 f.); 108, 186 (217 ff.); ferner BVerfGE 75, 108 (147 f.); 79, 249 (266, 268); 89, 132 (144).
[583] BVerfGE 67, 256 (274 ff.); 145, 171 (207 Rn. 102) (Kernbrennsteuer): „denen ebenfalls keine unmittelbare
Gegenleistung gegenüber steht".
[584] BVerfGE 55, 274 (298), unter Berufung auf BVerfGE 18, 315 (328), wo das aber nicht steht; erneut BVerfGE
67, 256 (274 f.). Auf diese Weise wird der Eindruck einer langjährigen st. Rspr. erzeugt, die so aber nicht existiert hat;
später deutlich verwässert, vgl. BVerfGE 101, 141 (148); 145, 171 (207 Rn. 102) (Kernbrennsteuer): „unterscheidet
sich von der Steuer dadurch, dass sie die Abgabenschuldner über die gemeine Steuerpflicht hinaus mit Abgaben
belastet, ihre Kompetenzgrundlage in einer Sachgesetzzuständigkeit sucht [!] und das Abgabenaufkommen einem
Sonderfonds vorbehalten ist".
[585] Vgl. *Osterloh* JuS 1982, 421 (424 f.); *Henseler*, Sonderabgaben, S. 85; *ders.* NVwZ 1985, 398 (401); *Heun* DVBl
1990, 666 (666 f.); *Jakobs* FS Franz Klein, 1994, S. 663 (676 ff.); insoweit zust. *Vogel/Waldhoff*, in: BK, vor Art. 104a
(1997) Rn. 449; *Thiemann* AöR 138 (2013), 60 (75): „Notwendigkeit einer Unterscheidung von Abgabenidentifizie-
rung und Abgabenrechtfertigung", der von der (fragwürdigen) Annahme ausgeht, eine Abgabe könne sowohl Steuer
als auch Sonderabgabe sein; aA *Staudacher*, Sonderabgaben, S. 36. Nach Auffassung von *Jochum* StuW 2006, 134 (137),
ist dieser Kritik in BVerfGE 108, 186 (186 ff.), zT Rechnung getragen worden.
[586] Vgl. *Friauf* FS Haubrichs, 2. Aufl., 1977, S. 103 (109): „Der Weg zu einer … solchen Lösung scheint aber
endgültig verbaut zu sein, nachdem das Bundesverfassungsgericht … Sonderabgaben als an sich zulässig anerkannt hat,
ohne die Grundsatzfrage aufzuwerfen".
[587] Auch *P. Kirchhof* geht davon aus, dass das GG „die Erhebung einer Sonderabgabe … nicht vorsieht", scheut sich
aber, daraus die Konsequenz der Verfassungswidrigkeit als eigenständiger Finanzierungsform zu ziehen (ZIP 1984,
1423 [1428]); noch zurückhaltender *ders.* HStR V, § 119 Rn. 71, wo er aber noch die „prinzipiellen verfassungsrechtlichen Bedenken" anerkennt und durch mat.-rechtliche Schranken zu bannen sucht (Rn. 71).

der nunmehr fast einhelligen Meinung in Rspr und Lit[588] **lässt das GG die Einführung einer eigenständigen Abgabenkategorie „Sonderabgaben" nicht zu.**[589]

153    Hinzu kommt, dass die meisten Sonderabgaben mit wichtigen verfassungsrechtl. abgesicherten **Budgetgrundsätzen** nicht vereinbar sind. Das sind vor allem die Grundsätze der **Vollständigkeit** und der **Einheitlichkeit** des Haushaltsplans. Auch das BVerfG hat im Beschluss zum AbsatzfondsG[590] ausdr. anerkannt, dass „der Verfassungsgrundsatz der Vollständigkeit des Haushaltsplans" nicht nur das Budgetrecht des Parlaments, sondern „auch den fundamentalen Grundsatz der Gleichheit der Bürger bei der Auferlegung öffentlicher Lasten" sichere.[591] Nur durch Beachtung dieses Grundsatzes sei gewährleistet, „dass das Parlament in regelmäßigen Abständen den vollen Überblick über das dem Staat verfügbare Finanzvolumen und damit auch über die dem Bürger auferlegte Abgabenlast erhält, soweit sie der Verantwortung des Parlaments unterliegen."[592]

154    Wenn der Gesetzgeber „Einnahme- und Ausgabekreisläufe außerhalb des Budgets organisiert", wie bei den meisten Sonderabgaben, ist das nicht mehr der Fall.[593] Allerdings scheute sich das BVerfG, die erforderlichen Konsequenzen zu ziehen. Es beschränkt diesen Grundsatz in all seiner Schärfe nur auf das **Steueraufkommen.** Immerhin hat das Gericht aber mittlerweile insoweit eine Konsequenz aus dieser Kritik gezogen, dass es eine „vollständige Dokumentation" der Sonderabgaben verlangt (→ Rn. 165). Die damit verfolgte Absicht ist zwar anzuerkennen, doch steht von einer solchen Pflicht nichts im GG; auch nicht einmal andeutungsweise.

155    Das bedeutet indes nicht, dass nach der hier vertretenen Auffassung alle unter die Kategorie der Sonderabgaben subsumierten Abgaben verfassungswidrig sind. Es ist aber im Einzelnen zu prüfen, ob sie die **Voraussetzungen einer der zulässigen Formen** erfüllen. Trifft dies nicht zu, könnte eine derartige Abgabe (ausnahmsweise) noch als überkommene und vom Verfassunggeber akzeptierte „Sonderform" zulässig sein. Sonst sie sie verfassungswidrig.

156    Als **Ergebnis** ist danach festzuhalten, dass es von Verfassung wegen **keine eigenständige Finanzierungsform** „Sonderabgaben" gibt. Für alle praktischen Belange ist jedoch davon auszugehen, dass das BVerfG sie grds. verfassungsrechtl. anerkannt hat, wenn auch mit vielen Vorbehalten und Ungereimtheiten im Detail.

157    **c) Grundanforderungen.** Wenn man die Sonderabgaben als eigenständige Abgabeform anerkennt, ist es umso dringlicher, typenspezifische Zulässigkeitskriterien des Verfassungsrechts zu entwickeln, welche „die Erhebung einer Sonderabgabe im Einzelfall" als **Ausnahme** gegenüber den in Art. 104a ff. festgelegten Regeln legitimieren können.[594] Sonst droht eine „Verwilderung des Abgabenrechts".[595]

158    Nach der Rspr. des BVerfG dürfen „Sonderabgaben … als zusätzliche Belastung einzelner nur erhoben werden, wenn sie sich auf einen Zurechnungsgrund stützen lassen, der vor den Grundsätzen der bundesstaatlichen Finanzverfassung und vor dem Gebot der Gleichheit aller Bürger vor den öffentlichen Lasten Bestand hat."[596] Sie bedürfen also eines **besonderen Rechtfertigungsgrundes.** Grundlage ist die Überlegung, dass es dem Gesetzgeber nach dem GG versagt sein muss, Sonderabgaben zur Erzielung von Einnahmen für den **allg. Finanzbedarf** eines öff. Gemeinwesens zu erheben und das Aufkommen aus derartigen Abgaben zur Finanzierung allg. Staatsaufgaben zu verwenden.[597] Neben

---

[588] Immerhin spricht *P. Kirchhof* HStR V, § 119 Rn. 74, 88, 105, auch von einem „verfassungsrechtlichen Krisentatbestand der Sonderabgabe" und hält sie nur für „befristet zulässig". Er versucht aber immer noch, die alles andere als gradlinie Rspr., vor allem aber auch die methodisch fragwürdige Vermischung von Abgrenzungsmerkmalen und Rechtfertigungsgründen, zu rechtfertigen, ohne sich allerdings mit der Grundsatzkritik im Schrifttum offen auseinanderzusetzen.

[589] Im Erg. jetzt auch so *Schmehl,* Äquivalenzprinzip, S. 31, 75, 100 ff.; allerdings unter fast völliger Vernachlässigung des umfangreichen Schrifttums zum Problem. Dem Ergebnis steht nicht entgegen, dass ein generelles Verbot von **„Sondereinnahmen"** beim „jetzigen Stand der Sonderabgaben ernsthaft nicht mehr erwogen werden" könne (so aber *Henseler* NJW 1987, 3103 [3106], unter Berufung auf *Friauf* FS Haubrichs, 2. Aufl., 1977, S. 103 [109]). Auch überzeugt der Hinw. auf die Vielzahl von Abgaben, die es bereits bei der Entstehung des GG gegeben habe und die nun als Sonderabgaben einzuordnen seien, nicht; so aber das Hauptargument von *Vogel/Waldhoff* BK, vor Art. 104a (1997) Rn. 449, gegen die hier vertretene Auffassung. Diese Abgaben waren alle einzeln auf ihre Zulässigkeit zu prüfen. Sie können nicht schon durch ihre bloße Einordnung in eine dem GG fremde Finanzierungsform gerechtfertigt werden. Auch bedeutet die Ablehnung einer eigenständigen finanzverfassungsrechtl. Kategorie „Sonderabgabe" nicht, dass sie damit automatisch verfassungswidrig sind (→ Rn. 155).

[590] BVerfGE 82, 159 (159 ff.).

[591] BVerfGE 82, 159 (178 f.).

[592] BVerfGE 82, 159 (179); bestätigt durch BVerfGE 91, 186 (202).

[593] BVerfGE 82, 159 (179); noch offengelassen BVerfGE 23, 12 (24).

[594] *Friauf* FS Haubrichs, 2. Aufl., 1977, S. 103 (109).

[595] *Henseler* NJW 1987, 3103 (3103 ff.).

[596] BVerfGE 55, 274 (303 f.); 90, 60 (105) „Kabelgroschen", wobei offengelassen ist, ob es sich um eine Sonderabgabe handelt; verzerrt widergegeben von *Thiemann* AöR 138 (2013), 60 (62, 64, 68) als „Anspruch der Abgabepflicht auf Gleichheit".

[597] BVerfGE 55, 274 (298); 75, 108 (147); zust. *Droege* Verwaltung 46 (2013), 313 (335), der dieses Ergebnis aus einem normativen Verständnis des „Steuerstaatsprinzips" herleitet, obwohl von diesem Prinzip in den von ihm genannten Entscheidungen des BVerfG keine Rede ist.

den Steuern darf es keine weiteren Gemeinlasten geben. Für die danach noch rechtfertigungsfähigen und rechtfertigungsbedürftigen Sonderabgaben mit Finanzierungsfunktion hat das BVerfG die Bezeichnung **Sonderabgaben ieS** eingeführt.[598]

Sonderabgaben müssen also der **„Verfolgung eines Sachzweckes"** dienen, der über die bloße **159** Mittelbeschaffung hinausgeht.[599] In dem zugrundeliegenden Gesetz muss neben den finanzwirtschaftl. Seiten, Abgabenauferlegung und Verwendung des Aufkommens, auch eine sachl. Gestaltung enthalten sein. Wenn sich der Gesetzgeber zB auf Art. 74 I Nr. 11 stützt, muss die „gestaltende Einflussnahme auf die Wirtschaft" zum Ausdruck kommen. Entsprechendes gilt bei Art. 74 I Nr. 18. Nur wenn dem Gesetzgeber auf diese Weise die Art. 70 ff. zur Seite stehen, erlaubt ihm das BVerfG, sich im Einzelfall über den bundesstaatl. begründeten „Ausschließlichkeitsanspruch" der in Art. 104a ff. normierten Regeln hinwegzusetzen.[600]

Aber auch das BVerfG stellt diese Ausweichmöglichkeit nicht in das Belieben des Gesetzgebers, **160** sondern versagt ihm kategorisch, „eine öffentliche Abgabe **nach seiner Wahl** im Wege der Besteuerung oder durch Erhebung einer ‚parafiskalischen' Sonderabgabe zu finanzieren".[601] Deshalb soll die Erhebung von Sonderabgaben nur unter engen Voraussetzungen zulässig sein. Sie müssen **seltene Ausnahmen** bleiben[602] und stets auf ihre **Rücknehmbarkeit** überprüft werden,[603] damit sie nicht die Steuerverfassung der Art. 105 ff. unterlaufen.[604]

Im **Einzelnen** hat sich die Rspr. des BVerfG schrittweise in einer Vielzahl von Entscheidungen **161** entwickelt. Ausgangspunkt waren die Entscheidungen zu folgenden Abgaben, in denen aber noch eine dogmatische Durchdringung der Materie fehlt:

– Bundesausgleichsabgabe nach § 12 Milch- und Fettgesetz[605]
– Preisausgleichsabgabe[606]
– BW Feuerschutzabgabe[607]
– Hebammenabgabe[608]
– Mehrwertabgabe[609]
– Milchausgleichsabgabe[610]
– Spielbank-Tronc-Abgabe[611]
– Konjunkturzuschlag.[612]

Die dogmatischen **Kernaussagen** sind erst seit 1980 in den Entscheidungen zu folgenden Abgaben **162** getroffen worden:

– Berufsbildungsabgabe[613]
– Schwerbehindertenabgabe[614]
– Investitionshilfeabgabe[615]
– Absatzfondsgesetz.[616]

Als **Sonderabgaben** hat das Gericht – unabhängig von ihrer gesetzl. Bezeichnung (→ Rn. 67, **163** → Rn. 142, → Rn. 167) – eingestuft die:

– Berufsbildungsabgabe[617]

---

[598] BVerfGE 108, 186 (217); BVerfGE 123, 132 (141); zust. *Jochum* StuW 2006, 134 (136), die für die nicht erfasste Abgabengruppe die Begriffe „Sonderabgaben i. w. S." oder „sonstige Sonderabgaben" verwendet (S. 136, 141).
[599] BVerfGE 75, 108 (147); 108, 186 (218); 135, 155 (206); 136, 194 (242).
[600] BVerfGE 55, 274 (304); 67, 256 (275 f.); 82, 159 (179): gestaltende Einflussnahme auf den geregelten Sachbereich". Diese Gestaltung hat das BVerfG regelrecht zum Begriffsmerkmal gemacht, wenn es „alle Sonderabgaben" als „Abgaben" beschreibt, „die der Verwirklichung besonderer Sachaufgaben dienen". Allerdings spricht es auch – nicht ganz folgerichtig – von „hinzutretenden Lenkungszwecken" (BVerfGE 67, 256 [277 f.]).
[601] BVerfGE 67, 256 (275 f.).
[602] BVerfGE 55, 274 (308), unter Berufung auf *Friauf* FS Haubrichs, 1976, S. 103 (118); zust. *P. Kirchhof* HStR V, § 119 Rn. 71; bekräftigt zuletzt durch BVerfGE 108, 186 (217).
[603] BVerfGE 82, 159 (181); 108, 186 (218); zuvor schon BVerfGE 55, 274 (308), unter Berufung auf BVerfGE 49, 89 (130) („schneller Brüter"), wo zwar allg. etwas zum „Nachfassen" des Gesetzgebers steht, aber nichts zur speziellen Problematik finanzverfassungsrechtlicher Regelungen, geschweige denn zu den Sonderabgaben; zust. *P. Kirchhof* HStR V, § 119 Rn. 87.
[604] BVerfGE 67, 256 (278), speziell für die sog. Sonderabgaben mit Finanzierungszweck.
[605] BVerfGE 6, 134 (138).
[606] BVerfGE 8, 274 (316 f.).
[607] BVerfGE 13, 167 (170 f.).
[608] BVerfGE 17, 287 (292).
[609] BVerfGE 18, 274 (287).
[610] BVerfGE 18, 315 (328): „Abgabe besonderer Art", „keine Steuer", dient „nicht der Gewinnung von Mitteln für den allgemeinen Finanzbedarf des Staates".
[611] BVerfGE 28, 119 (150).
[612] BVerfGE 29, 402 (409).
[613] BVerfGE 55, 274 (297 ff.).
[614] BVerfGE 57, 139 (153).
[615] BVerfGE 67, 256 (275 ff.).
[616] BVerfGE 82, 159 (178 f.).
[617] BVerfGE 55, 274 (297 ff.).

– Schwerbehindertenabgabe[618]
– Investitionshilfeabgabe[619]
– Ausgleichsabgabe nach dem Dritten Verstromungsgesetz („Kohlepfennig")[620]
– Feuerwehrabgaben (Bay und BW)[621]
– Ausgleichsabgabe nach dem Hessischen Sonderurlaubsgesetz[622]
– Altenpflegeumlage[623]
– Absatzfondsabgabe[624]
– Forstabsatzfondsabgabe[625]
– Umlage zur Finanzierung der BaFin[626]
– Jahresbeiträge zu Einrichtungen der Einlagensicherung- und Anlegerentschädigung[627]
– Filmförderabgabe[628]
– Weinabgabe nach § 43 WeinG[629]
– Weinabgabe nach § 1 AbföG Wein Rh.-Pf.[630]

**Keine Sonderabgabe** sah es in folgenden Abgaben:

– Fehlbelegungsabgabe[631]
– Kernbrennstoffsteuer[632]
– Künstlersozialversicherungsbeitrag[633]
– Umlage für die Konkursausfallgeldversicherung.[634]

Die Umlage für die **Konkursausfallgeldversicherung** ist nach Auffassung des BVerfG deshalb keine Sonderabgabe, weil die Regelung über das Konkursausfallgeld auf „einer eigenen Abgabenkompetenz", „der Bundeskompetenz für die Sozialversicherung nach Art. 74 I Nr. 12", beruhe,[635] die „bereits aus sich heraus auch auf die Regelung der Finanzierung gerichtet ist".[636] Die Abgabe zur Insolvenzsng der Leistungen nach dem Betriebsrentengesetz soll nach Auffassung des BVerwG jedoch eine (zulässige) Sonderabgabe sein.[637]

**164**    Als verfassungsrechtl. **nicht zu rechtfertigende** Sonderabgaben hat es beurteilt die:

– Investitionshilfeabgabe[638]
– Ausgleichsabgabe nach dem Dritten Verstromungsgesetz („Kohlepfennig")[639]
– Feuerwehrabgaben[640]
– Ausgleichsabgabe nach dem Hessischen Sonderurlaubsgesetz[641]
– Abfallausfuhrabgabe[642]
– Absatzfondsabgabe[643]
– Forstabsatzfondsabgabe.[644]

Wegen der Vielfalt der Sonderabgaben wird im Schrifttum[645] eine **Typenbildung** vorgenommen und je nach Wirkung unterschieden zwischen:

– ausgleichenden Sonderabgaben (Ausgleichsabgaben)
– lenkenden Sonderabgaben
– fördernden Sonderabgaben
– Verursacherabgaben.

---

[618] BVerfGE 57, 139 (166).
[619] BVerfGE 67, 256 (278).
[620] BVerfGE 91, 186 (203).
[621] BVerfGE 92, 91 (115).
[622] BVerfGE 101, 141 (146).
[623] BVerfGE 108, 186 (220).
[624] BVerfGE 122, 316 (333).
[625] BVerfGE 123, 132 (141): Sonderabgabe mit Finanzierungsfunktion.
[626] BVerfGE 124, 235 (243): Sonderabgabe mit Finanzierungsfunktion; zust. BVerwG DVBl. 2012, 353 (355).
[627] BVerfGE 124, 348 (364): Sonderabgabe mit Finanzierungsfunktion.
[628] BVerfGE 135, 155 (209): Sonderabgabe mit Finanzierungsfunktion.
[629] BVerfGE 136, 194 (242): Sonderabgabe mit Finanzierungsfunktion.
[630] BVerfGE 136, 194 (268).
[631] BVerfGE 78, 249 (266, 268).
[632] BVerfGE 145, 171 (208 Rn. 105) (Kernbrennstoffsteuer).
[633] BVerfGE 75, 108 (147–149).
[634] BVerfGE 89, 132 (144).
[635] BVerfGE 89, 132 (144); Kritik → Rn. 132.
[636] BVerfGE 75, 108 (147 f.); 89, 132 (144).
[637] BVerwGE 64, 248 (263); 72, 212 (221).
[638] BVerfGE 67, 256 (278).
[639] BVerfGE 91, 186 (203).
[640] BVerfGE 92, 91 (115).
[641] BVerfGE 101, 141 (146 ff.).
[642] BVerfGE 113, 128 (145) „Solidarfonds Abfallrückführung".
[643] BVerfGE 122, 316 (332).
[644] BVerfGE 123, 132 (139).
[645] *P. Kirchhof* HStR V, § 119 Rn. 90, 93, 96, 99; s. a. *Hey* StuW 1998, 32 (37); krit. *Selmer/Brodersen* DVBl 2000, 1153 (1163).

**d) Die einzelnen Zulässigkeitsvoraussetzungen.** Nach dem derzeitigen Stand der Rspr. müssen **165** für die Erhebung von Sonderabgaben folgende fünf Voraussetzungen erfüllt sein:[646]

(1) Der Gesetzgeber darf sich des Finanzierungsinstruments der Sonderabgabe nur zur **Verfolgung eines Sachzweckes** bedienen, der über die bloße Mittelbeschaffung hinausgeht.[647]

(2) Es darf nur eine **abgrenzbare gesellschaftliche Gruppe** und nicht die Allgemeinheit mit einer Sonderabgabe in Anspruch genommen werden. Diese Gruppe muss „homogen" in dem Sinne sein, dass sie durch eine gemeinsame in der Rechtsordnung vorgegebene Interessenlage oder durch besondere gemeinsame Gegebenheiten von der Allgemeinheit und anderen Gruppen abgrenzbar ist.[648] Es reicht nicht aus, wenn erst für die beabsichtigte Abgabenerhebung Gruppen durch Normativakt gebildet werden, und zwar nach Gesichtspunkten, die nicht in der Rechts- und Sozialordnung vorgegeben sind.[649] Die Homogenität einer Gruppe soll allerdings nicht durch „Konkurrenz oder sonstige Interessengegensätze zwischen den Gruppenangehörigen" in Frage zu stellen sein.[650]

(3) Darüber hinaus setzt die Belegung mit einer Sonderabgabe eine „spezifische" Beziehung (**„Sachverantwortung"**)[651] zwischen dem Kreis der Abgabepflichtigen und dem mit der Abgabenerhebung verfolgten Zweck voraus. Ihm muss „deshalb eine besondere Finanzierungsverantwortung zugerechnet" werden können.[652] Die von der Rspr. verlange „spezifische Sachnähe" soll gegeben sein, „wenn die mit der Abgabe belastete Gruppe dem mit der Abgabenerhebung verfolgten Zweck näher steht als jede andere Gruppe oder die Allgemeinheit der Steuerzahler.[653] Die Gruppenverantwortung soll nicht nur für die Abgabenerhebung dem Grunde nach, sondern auch für die Bemessung der Höhe maßgeblich sein.[654] Eine „evidente" Nähe zum verfolgten Sachzweck, die in der früheren Rspr. verlangt worden war,[655] ist nicht mehr erforderlich, sondern ist durch das Erfordernis der „besonderen" oder „spezifischen" Sachnähe ersetzt worden.[656] Das führt dazu, dass der Gesetzgeber grds. nicht Gruppen von der Belastung mit der Abgabe ausnehmen darf, die „zum Sachzweck der Abgabe in gleicher oder gar noch größerer Nähe stehen als die Abgabenbelasteten".[657]

(4) Nicht nur die Erhebung einer solchen Abgabe, sondern auch die **Verwendung** ihres Aufkommens ist zur Zulässigkeitsvoraussetzung erhoben worden: „Das Abgabenaufkommen muss im Interesse der Gruppe der Abgabepflichtigen, also ‚gruppennützig', verwendet werden". Es genügt allerdings, wenn das Aufkommen „überwiegend" im Interesse der Gesamtgruppe und nicht jedes einzelnen Abgabepflichtigen verwendet wird.[658] Es ist jedoch methodisch wenig folgerichtig, die Verwendung des Aufkommens aus einer Abgabe zum Zulässigkeitskriterium zu erheben.[659]

---

[646] Vgl. BVerfGE 67, 256 (276 f.); 82, 159 (180); 108, 186 (220); zuvor schon: BVerfGE 55, 274 (305 ff.); BVerfGE 57, 139 (167); vgl. ferner 91, 186 (205 f.); ganz oder im Wesentlichen zust. *P. Kirchhof* HStR V, § 119 Rn. 78–86; *Simon* DÖV 2001, 63 (64 f.); krit. *Ossenbühl* DVBl 2005, 667 (675).

[647] BVerfGE 135, 155 (206); 135, 155 (206); 136, 194 (242); zuvor ähnl.: BVerfGE 75, 108 (147); 82, 159 (179); 108, 186 (218); 110, 370 (389); 113, 128 (150); 122, 316 (334); 123, 132 (142); 124, 235 (244); 124, 348 (366).

[648] BVerfGE 82, 159 (180); 91, 186 (205 f.); 92, 91 (120); 108, 186 (218, 223); 110, 370 (390); knapper 124, 348 (366); ausführlicher 135, 155 (207).

[649] BVerfGE 55, 274 (305 f.); 135, 155 (206); 136, 194 (243); zur Vorstrukturierung 124, 235 (245 f.).

[650] BVerfGE 135, 155 (212); 136, 194 (243 f.); „Vollständige Interessenharmonie ist nicht verlangt".

[651] BVerfGE 82, 159 (179); 92, 91 (120); 108, 186 (218); 124, 348 (366) „Sachnähe", „Sachnähe und Finanzierungsverantwortung"; ebenso BVerfGE 135, 155 (206 f.): „spezifische Sachnähe"; 136, 194 (242).

[652] BVerfGE 124, 348 (366); 135, 155 (206). Schon zuvor hatte das BVerfG auf die „besondere Finanzierungsverantwortlichkeit" abgestellt und diese für die letztl. mit dem sog. Kohlepfennig belasteten privaten Stromverbraucher bzgl. der Kohleverstromung verneint (BVerfGE 91, 186 [205 f.]); zust. *Lecheler* NJW 1995, 933 (933); *Wilms* NVwZ 1995, 550 (550); zur Ähnlichkeit der „Stromsteuer" mit dem Kohlepfennig *Gröpl* DÖV 2001, 199 (206 f.).

[653] BVerfGE 135, 155 (207), unter Berufung auf BVerfGE 101, 141 (149) und 124, 348 (372 f.), wo das aber so deutlich nicht steht.

[654] BVerfGE 110, 370 (390 f.).

[655] BVerfGE 82, 159 (180): „Die mit der Abgabe belastete Gruppe muss dem mit der Erhebung verfolgten Zweck evident näher stehen als jede andere Gruppe oder die Allgemeinheit der Steuerzahler. Aus der Sachnähe der Abgabepflichtigen muss eine besondere Gruppenverantwortung für die Erfüllung der mit der außersteuerlichen Abgabe zu finanzierenden Aufgabe entspringen"; im Anschluss an BVerfGE 55, 274 (306); 67, 256 (276).

[656] Eingehend BVerfGE 124, 372 (372 f.).

[657] Das ergibt sich wohl aus der gewundenen Formulierung in BVerfGE 135, 155 (207). Die dort angeführte Entscheidung BVerfGE 108, 186 (226 f.) gibt dieses Ergebnis kaum her, wohl aber die Annahme von Spielräumen des Gesetzgebers mit dem Ergebnis, dass die kaum überzeugende Abgrenzung der Abgabepflichtigen als „noch mit der Verfassung vereinbar" beurteilt wird; bestätigt durch BVerfGE 136, 194 (246, 270).

[658] BVerfGE 55, 274 (315 f.): eine „Art ‚Gegenleistung' · ‚Entgeltcharakter'„; 82, 159 (180); 108, 218 (186); knapper BVerfGE 124, 348 (366): „Das Abgabenaufkommen muss gruppennützig verwendet werden."; ebenso BVerfGE 135, 155 (206, 219 f.), wo die gruppennützige Verwendung der Filmförderabgabe, die nicht unwesentlich kulturpolitische Zwecke erfüllt, für die Kinobetreiber mit kaum nachvollziehbarer Begründung als gegeben angesehen wird; krit. auch *Thiemann* AöR 138 (2013), 60 (103): „fehlt ... Zuwendung eines Vorteils"; ferner BVerfGE 136, 194 (242).

[659] Die Systemwidrigkeit des Merkmals wird deutlich, wenn „fremdnützige Sonderabgaben" als „in der Regel unzulässig" bezeichnet werden (*P. Kirchhof* HStR V, § 119 Rn. 84). Damit ist (implizit) anerkannt, dass es sich nicht

(5) Schließlich sollen den Gesetzgeber haushaltsrechtl. Informationspflichten treffen, das heißt, alle erhobenen Sonderabgaben müssen in einer Anlage zum Haushaltsplan vollständig dokumentiert werden. Diese Dokumentation muss Aufschluss geben über Bestand und Entwicklung aller Sonderabgaben des betreffenden Gesetzgebers sowie über ihr Verhältnis zu den Steuern.[660]

**166**  Zuletzt hat das BVerfG besonderen Wert auf das **Zusammenspiel der 3. und 4. Voraussetzung** gelegt. Es bilde den „entscheidenden Rechtfertigungsgrund" für eine zu der Gemeinlast der Steuer hinzutretende Sonderlast und sichere so die verhältnismäßige Belastungsgleichheit.[661] Besonders ausgeprägt sei dieser Zusammenhang für die Zulässigkeit von Sonderabgaben, „mit denen Angehörige eines bestimmten Wirtschaftszweiges zur Finanzierung von Fördermaßnahmen zugunsten eben dieses Wirtschaftszweiges herangezogen werden".[662] Diese Erwägungen zeigen erneut die Fragwürdigkeit des gesamten Ansatzes, da nicht die Verwendung der Geldleistung (die Gegenleistung des Bürgers) die Belastungsgleichheit in Abgrenzung zur Steuer herstellt, sondern die besondere Leistung, die dem Bürger bei den Vorzugslasten vom Staat gewährt wird. Im Grunde handelt es sich um die „verschleierte" Mitführung des Äquivalenzprinzips als „Gruppen-Äquivalenz".[663] Über die Schaffung derartiger Finanzierungsströme außerhalb der zentralen Haushalte und die Errichtung von Anstalten zu ihrer Verwaltung kann zugleich die korporatistisch-syndikalistische Zergliederung des Gemeinwesens weiter vorangetrieben werden.[664]

**166a**  Zu begrüßen ist allerdings, dass mittlerweile die mehr oder weniger verkappte **Wertungsfrage,** was eigentlich eine der belasteten Gruppe „zuzurechnende Aufgabe" ist, die mit Hilfe der Abgabe erfüllt wird, deutlicher thematisiert wird. Die damit vom Gericht verbundene **Finanzierungsverantwortung**[665] stellt das eigentliche Sachproblem eines großen Teils der Sonderabgabenjudikatur dar. Teilweise wird sie jetzt iRd Voraussetzung einer „besonderen" oder „spezifischen" Sachnähe (implizit) diskutiert und daraus abgeleitet.[666] IE wird dann aber doch wieder auf die Abgrenzung der mit der Abgabe belasteten Gruppe zurückgegriffen, um festzustellen, dass die Regelung „noch mit der Verfassung vereinbar" sei.[667] Gruppenbildung und Finanzierungsverantwortung werden zusammengefasst und dem Gesetzgeber „Spielräume" zur Verfügung gestellt.[668] Teils wird aber auch systematisch getrennt eine „besondere Finanzierungsverantwortung der Gruppe der Abgabepflichtigen" ohne weitere Anknüpfung geprüft.[669] Im Zirkelschluss wird bei der Weinabgabe diese bes. Verantwortung daraus abgeleitet, dass das Abgabenaufkommen den Abgabebelasteten „in spezifischer Weise" zugutekomme.[670] Die erforderliche Abgrenzung des Allgemein- von einem „Gruppennutzen" kann sinnvoll kaum geleistet werden.[671]

---

um ein Existenzkriterium, sondern ein Rechtmäßigkeitskriterium handelt, also der urspr. Fehler des BVerfG, die methodisch fragwürdige Vermischung dieser Kategorien (→ Rn. 152), fortgeführt wird; krit. auch *W. Jakob* FS Franz Klein, 1994, S. 663 (676); *Simon* DÖV 2001, 63 (65); *Thiemann* AöR 138 (2013), 60 (100 ff.); für weitere Diff., die aber nicht weiter führen, *Selmer* FS Mußgnug, 2005, S. 217 (231, 236); nicht jedoch *Jochum* StuW 2006, 134 (139).

  [660] Grundl. BVerfGE 108, 186 (218 f.), Urteilsbesprechung von *Wahlhäuser* NVwZ 2005, 1389 (1389 ff.); danach st. Rspr. BVerfGE 110, 370 (389); 124, 348 (366); 135, 155 (207); 136, 194 (242 f.); s. a. → Rn. 154.

  [661] BVerfGE 124, 348 (366): „… entlaste die Gesamtgruppe der Abgabenschuldner von einer ihrem Verantwortungsbereich zuzurechnenden Aufgabe"; 135, 155 (208).

  [662] BVerfGE 135, 155 (208 f.).

  [663] So zu Recht *Magen* Verwaltung 46 (2013), 383 (391); i. Erg. ähnlich *Thiemann* AöR 138 (2013), 60 (60 f., 104) der die richtige Abgrenzung des Kreises der Abgabepflichtigen zu Recht (nur) als Problem des allg. Gleichheitssatzes ansieht.

  [664] Obwohl die Entscheidungsträger der Filmförderanstalt „nicht sämtlich in vollem Umfang personell demokratisch legitimiert sind", soll nach Auffassung des BVerfG das „insgesamt notwendige Maß an demokratischer Legitimation … gewahrt" sein, BVerfGE 135, 155 (225); ähnlich für die Weinabgabe und den Deutschen Weinfonds als Anstalt des öR BVerfGE 136, 194 (261–267). Trotz der wortreichen Rechtfertigungsversuche des Gerichts überzeugen diese Systeme in keiner Weise. Die Belastung einer ausgewählten Gruppe von Zahlungspflichtigen mit Abgaben und die Verwendung ihres Aufkommens für mehr oder weniger fragwürdige Projekte durch Entscheidungsträger mit fehlender oder schwacher demokr. Legitimation in einer bes. bürokrat. Einrichtung erfüllt alle Voraussetzungen für Ineffizienz und Nepotismus.

  [665] Krit. zum Merkmal der Finanzierungsverantwortung *Hummel* DVBl 2009, 874 ff.; s. a. *Thiemann* AöR 138 (2013), 60 (63); *P. Kirchhof* HStR V, § 119 Rn. 81, versucht das Problem dadurch zu lösen, dass die Gruppennützigkeit [der Verwendung der Abgabe] das Allgemeininteresse eindeutig überwiegen müsse; zust. *Reimer/Waldhoff,* (Fn. 236) Rn. 265. Das entspricht (i) nicht mehr der neuesten Rspr. des BVerfG und ist (ii) nur eine Formel, die Wertungen verdeckt.

  [666] BVerfGE 124, 372 (372 f.); 135, 155 (207 f.); 136, 194 (242).

  [667] BVerfGE 108, 186 (226 f.).

  [668] BVerfGE 135, 155 (208).

  [669] BVerfGE 136, 194 (249).

  [670] Mit ausführlicher Detailbegründung BVerfGE 136, 194 (249–260).

  [671] Krit. auch: *Hummel* DVBl 2012, 747 (748): „alles das, was auch im Entferntesten mit den Abgabenschuldner in Verbindung gebracht werden kann" werde für eine „besondere Finanzierungsverantwortung" als hinreichend angesehen; *Thiemann* AöR 138 (2013), 660 (669); AöR 60 (63 f., 89 f.): „Nähebeziehungen lassen sich vielfältig behaupten". *Droege* Verwaltung 46 (2013), 313 (335 f.), der allerdings keine klaren jur. Konsequenzen daraus zieht und stattdessen eine Parallelbehandlung zum „Privatisierungsfolgenrecht" befürwortet (336, 340). Statt die Zirkularität der Vorgehensweise der Rspr. klar zu benennen, will er lieber auf das Merkmal der „Homogenität" verzichten (339).

Für die Beurteilung der Frage, ob eine Abgabe die jeweils geforderten Zulässigkeitskriterien **167** erfüllt, ist weder die Klassifizierung noch die konkrete haushaltsmäßige Behandlung durch den Gesetzgeber entscheidend. Maßgebend ist allein eine **„materiell-inhaltliche" Betrachtungsweise.**[672] Sie gilt auch für landesrechtl. Abgaben.[673] Zudem ist der Gesetzgeber verpflichtet, regelmäßig das weitere Vorliegen der Voraussetzungen im Zeitablauf zu überprüfen.[674] Die tatsächl. gruppennützige Verwendung des Aufkommens aus der Abgabe soll der Rechtsgrund für das „Behaltendürfen" sein. Falls dem nicht genügt wird, bestehe ein Erstattungsanspruch.[675] Auch die Regeln für die **Bemessung** der **individuellen Abgabenhöhe** müssen den verfassungsrechtl. Anforderungen für nichtsteuerl. Abgaben genügen.[676] Das gilt vor allem für die zentrale Zulässigkeitsanforderung einer besonderen sachl. Rechtfertigung. „Die Finanzierungsverantwortung der zur Leistung einer Sonderabgabe Verpflichteten kann nicht weiter reichen als der voraussichtl. Mittelbedarf für die mit der Sonderabgabe verfolgten Zwecke".[677] Allerdings wird in der prakt. Anwendung dieses Grundsatzes sehr großzügig verfahren. „Amtshaftungslasten" der BaFin werden zB als umlagefähig angesehen.[678]

**e) Geltungskraft der Voraussetzungen.** Diese strengen Anforderungen konnte das BVerfG **168** jedoch nicht für solche Abgaben durchhalten, die **keinen Finanzierungszweck** verfolgen. Deshalb ist nach der Rspr. des Gerichts zu unterscheiden, ob die Sonderabgabe eine Finanzierungsfunktion erfüllen soll oder nicht.[679]

(1) Besteht ein solcher **Finanzierungszweck,** gelten die angeführten Zulässigkeitsvoraussetzungen **169** **uneingeschränkt,** unabhängig davon, ob er Haupt- oder Nebenzweck ist.[680] Hinzutretende Lenkungszwecke ändern daran nichts.[681] Die uneingeschränkte Geltung sei zur Sicherung der bundesstaatl. Finanzverfassung und zur Abgrenzung gegenüber Gemeinlasten erforderlich, die einzig aus dem Aufkommen von Steuern nach Maßgabe der steuerl. Ertragsverteilung zu finanzieren seien und nicht durch eine „atypische" Sonderabgabe in Form einer „Gemeinlast", die das GG nicht kenne. Die vom BVerfG entwickelten Zulässigkeitsmerkmale gelten **nicht nur für bestimmte Arten** von Sonderabgaben mit Finanzierungszweck. „Sie bezeichnen vielmehr allgemein die Voraussetzungen, unter denen solche Abgaben überhaupt ... zulässig sind".[682] Für **Sonderabgaben** mit Finanzierungsfunktion, die **ähnlich den Steuern** „voraussetzungslos" erhoben werden, hat das BVerfG in seiner neueren Rspr. noch einmal betont, dass die allg. finanzverfassungsrechtl. Begrenzungen für nichtsteuerl. Abgaben **in besonders strenger Form** anzuwenden seien.[683] Unter Finanzierung versteht das BVerfG jedoch nicht nur die Finanzierung des allg. Staatshaushalts. Durchlaufende Posten sollen ebenso dazu gehören wie die Dotierung von verselbstständigten **Aufsichtseinrichtungen**[684] und **Fonds.**[685] Auch für so genannte „Ausgleichs-Finanzierungsabgaben", die der Finanzierung von Ausgleichskassen dienen, die urspr. nicht als Sonderabgaben bezeichnet wurden,[686] sollen die oben aufgestellten Voraussetzungen in **vollem Umfang** gelten.[687] Die Beiträge zum Bankenrestrukturierungsfonds nach §§ 2, 12 I RestrukturierungsfondsG, der in der Folge der Finanzkrise von 2007 geschaffen worden ist,[688] dürften ebenfalls hierzu

---

[672] BVerfGE 55, 274 (304 f.); 67, 256 (276); 92, 91 (114); 93, 319 (345); 108, 1 (13), 186 (212); 110, 370 (384); 113, 128 (145 f.); 122, 316 (333); 124, 348 (364); BVerwGE 72, 212 (221).

[673] BVerfGE 92, 91 (115); 93, 319 (345); 108, 1 (13); 186 (212).

[674] BVerfGE 67, 256 (276); 82, 159 (181); 124, 348 (366).

[675] So mit guten Gründen *Simon* DÖV 2001, 63 (67).

[676] Speziell für Sonderabgaben: BVerfGE 108, 186 (228 f.) – Altenpflegeumlage; deutlicher 110, 370 (390 f.) – Klärschlamm-Entschädigungsfonds; BVerfGE 124, 235 (249) – BaFin-Umlage; BVerfGE 135, 155 – Filmförderabgabe; ferner für andere nichtsteuerl. Abgaben: BVerfGE 93, 319 (347) – Wasserentnahmeentgelt; 97, 332 (345) – Kindergartengebühren; 108, 1 (17) – Rückmeldegebühren.

[677] BVerfGE 110, 370 (391) – Altenpflegeumlage; 124, 235 (249) – BaFin-Umlage.

[678] BVerwG DVBl. 2012, 353.

[679] BVerfGE 122, 316 (334); 123, 132 (141 f.); 124, 235 (244); 348 (365).

[680] So auch *Reimer/Waldhoff*, (Fn. 236) Rn. 181, die sich insoweit auch auf neueste Entscheidungen des BVerfG berufen, wo das jedoch so nicht steht; dagegen *Thiemann* AöR 138 (2013), 60 (86), der die Unterscheidung für „überholt" hält; Nachw. u. Fn. 547.

[681] So auch *Wernsmann*, Verhaltenslenkung, S. 465.

[682] BVerfGE 67, 256 (278).

[683] BVerfGE 122, 316 (334); 123, (141); 124, 235 (244); 124, 348 (365).

[684] BVerfGE 124, 199 (243): Bundesanstalt für Finanzdienstleistungsaufsicht.

[685] BVerfGE 110, 370 (389): Klärschlamm-Entschädigungsfonds; 113, 128 (146): Solidarfonds Abfallrückführung; 122, 316 (333): Absatzfonds; 123, 132 (140): Forstabsatzfonds; 124, 348 (364 f.): Jahresbeiträge zu den Einlagensicherungs- und Anlegerentschädigungseinrichtungen.

[686] Vgl. BVerfGE 8, 274 (316 f.): „Bei den Leistungen an die Ausgleichskassen handelt es sich nicht um die Entrichtung von Steuern oder anderen öffentlichen Beiträgen, Abgaben und Gebühren, da sie nicht zur Deckung des Finanzbedarfs der öffentlichen Verwaltung bestimmt sind"; BVerfGE 17, 287 (292) – Hebammenabgabe; 18, 274 (287): „Mehrwertabgabe ... beitragsähnliche Zahlungspflicht"; 18, 315 (328): „die Milchausgleichsabgabe ... ist also ihrer Idee und Funktion nach eine Abgabe besonderer Art, keine Steuer".

[687] BVerfGE 98, 83 (84 ff.); 110, 370 (389).

[688] § 1 des RestrukturierungsfondsG v. 9.12.2010, BGBl. I S. 1900, 1921, beschl. als Art. 3 d. RestrukturierungsG v. 9.12.2010, BGBl I 1900 (1921).

gehören.[689] IE rechnet das Gericht also nur solche (Ausgleichs-)Abgaben zu den **Sonderabgaben ohne Finanzierungszweck,** die überhaupt **keinen** Finanzierungszweck verfolgen, weder als Haupt- noch als Nebenzweck.[690]

170    (2) Abgaben, bei denen „**nicht** die **Finanzierung** einer besonderen Aufgabe" Anlass zu ihrer Einführung war, seien nach milderen Kriterien zu beurteilen. Insoweit sollen die vom Gericht aufgestellten Zulässigkeitsvoraussetzungen für Sonderabgaben **nicht uneingeschränkt** gelten.[691] Derartige Abgaben hatte das BVerfG zu Recht urspr. völlig außerhalb des Finanzrechts angesiedelt.[692] Welche verfassungsrechtl. Anforderungen für sie aber im Einzelnen gelten sollen, ist kaum sicher festzustellen.[693] In der praktischen Anwendung sondert das Gericht jedenfalls die „Ausgleichsabgaben eigener Art" oder Abgaben, die „sonstige unterscheidungskräftige besondere Belastungsgründe" aufweisen, die eine Konkurrenz zur Steuer ausschließen, aus, bevor es die (strengen) Kriterien für die Sonderabgaben mit Finanzierungsfunktion anwendet.[694] Beherrschend ist die Sorge des Gerichts, dass sich der Gesetzgeber zunehmend der nichtsteuerl. Abgaben bedient, um die kompetenzrechtl. Anforderungen an die Steuererhebung zu unterlaufen.

171    In diese Kategorie (Sonderabgaben ohne jeden Finanzierungszweck) könnten die Wasserentnahmeabgaben, die Landesabfallabgaben (→ Rn. 177), Lizenzentgelte (zB UMTS,[695] → Rn. 178 f.) und allgemein „Ressourcennutzungsabgaben" (→ Rn. 176) eingeordnet werden. In Betracht kommt dafür aber auch die (probl. Verleihungsgebühr (→ Rn. 99), die bisher vom BVerfG nicht ausdr. anerkannt worden ist. Die konkreten finanzverfassungrechtl. Anforderungen sind häufig nur mittelbar festzustellen, da das Gericht in seiner jüngeren Rspr. zT von der eindeutigen Klassifizierung einer nichtsteuerlichen Abgabe abgesehen hat (→ Rn. 173, → Rn. 177) und nur die Beachtung grundl. (allg.) finanzverfassungsrechtl. Anforderungen prüft: Derartige Abschöpfungsabgaben, wenn man sie denn akzeptiert, bleiben abhängig von der Leistung des Staates und dürfen nur den erhaltenen Sondervorteil abschöpfen. Sonst wären sie voraussetzungslos geschuldet und damit Steuer.[696] Die **Ausgleichsabgabe** nach dem Hess. **Sonderurlaubsgesetz** ist deswegen als verfassungswidrig beurteilt worden, weil mit ihr eine Gemeinlast finanziert werde.[697] Als allg. Richtschnur für die Beurteilung einer Sonderabgabe lässt sich jedenfalls (nur) festhalten, dass Finanzierungs-Sonderabgaben, die nur allgemeinnützig sind, verfassungswidrig sind.

172    (3) Ein anderes Problem ist die **Anwendung** der statuierten Zulässigkeitsanforderungen im Einzelfall. Obwohl das BVerfG und ihm folgend die Verwaltungsgerichte mechanisch die selbst aufgestellten Zulässigkeitskriterien immer wieder darlegen, verfahren sie bei der konkreten Anwendung sehr **weitherzig.**[698] Durch das fast uferlose Verständnis von einer „homogenen Gruppe" im Einzelfall[699] und die Weite der als nützlich für die Abgabepflichtigen akzeptierten Kosten[700] verfehlen sie weitgehend ihre (Begrenzungs-)Funktion.

173    **f) Weiterentwicklung in der neueren Rspr.** Zudem ist zu beobachten, dass sich das BVerfG zT scheut, eine Abgabe einer bestimmten nichtsteuerl. Abgabenart zuzuordnen.[701] Es lässt sogar gelegentlich die fundamentale Kategorisierung offen, ob eine Abgabe überhaupt eine nichtsteuerl. Abgabe oder eine Steuer (→ Rn. 177). Eine weitere – implizite – Einschränkung seiner Sonderabgabenjudikatur nahm das BVerfG bei der Beurteilung der **Fehlbelegungsabgabe** im sozialen Wohnungsbau vor. Sie sei keine Sonderabgabe, sondern eine eigenständige Abgabenart, eine „Abschöpfungsabgabe" zur Rückabwicklung staatl. gewährter Subventionsvorteile,[702] mit der Folge, dass sie nicht den für die Sonderabgaben entwickelten Standards zu genügen brauchte.

[689] Vgl. *Martini* NJW 2010, 2019; *Thiemann* AöR 138 (2013), 60 (62); *Siekmann* Der Betrieb, 2011, S. 29 ff.; *Hanten/München* WM 2011, 1925 (1927 f.); *Schön/Hellgardt/Osterloh-Konrad* WM 2010, 2145 (2146 ff.); *Reimer/Waldhoff,* (Fn. 236) Rn. 156, die nach sehr weitgehenden Erwägungen zur Homogenität hinreichende Unterschiede zwischen Banken und sonstigen Finanzdienstleistungsinstituten ausmachen (Rn. 183–261); ähnlich jetzt auch *Droege* Verwaltung 46 (2013), 313 (341 f.): „Finanzierungssonderabgabe im engeren Sinne".

[690] Vgl. BVerfGE 55, 256 (277 f.); zB BVerfGE 13, 167, (170 f.) – Feuerwehrabgabe; BVerfGE 29, 402 (409) – Konjunkturzuschlag 1970; BVerfGE 57, 139 (153) – Schwerbehindertenausgleichsabgabe.

[691] BVerfGE 57, 139 (167); 67, 256 (278).

[692] BVerfGE 8, 274 (317): „kein Institut des Finanzrechts"; BVerfGE 18, 315 (328); insgesamt zu derartigen Abgaben und ihrer Abgrenzung zu den Steuern *Götz* AöR 85 (1960), 200 (202, 210).

[693] BVerfGE 67, 256 (278); nähere Einzelheiten bei *Jochum* StuW 2006, 134 (141–143).

[694] BVerfGE 124, 348 (365).

[695] S. zu den UMTS-Lizenzen BVerfGE 105, 185 ff. Ihre rechtliche Einordnung hat das Gericht offen gelassen.

[696] BVerfGE 93, 319 (347): ihre Höhe darf den „Wert der öffentlichen Leistung nicht übersteigen"; zu den Abschöpfungsabgaben *Jochum* StuW 2006, 134 (143 f.).

[697] BVerfG NVwZ 2000, 307 (308).

[698] *Hummel* DVBl. 2012, 747 (748): „deformiert"; s. a. *Thiemann* AöR 138 (2013), 60 (61); „reaktiviert", wodurch das Merkmal der „Gruppennützigkeit" als „selbständiges Kriterium entfallen" sei.

[699] Paradigmatisch: BVerfGE 108, 186 (222–228) – Altenpflege; 110, 370 (390–392); 124, 235 (245–248) – BaFin-Umlage; 135, 155 (209–217) – Filmförderung.

[700] Paradigmatisch: BVerfGE 108, 186 (229 f.) – Altenpflege; BVerwG DVBl. 2012, 353 für „Amtshaftungslasten" der BaFin.

[701] BVerfGE 110, 370 (389).

[702] BVerfGE 78, 249 (266, 268).

Keine Korrektur und Modifizierung der Sonderabgabenjudikatur wurde jedoch im Urteil zur die   **174**
**Künstlersozialabgabe** vorgenommen, obwohl das gelegentlich behauptet wird.[703] Das Gericht hatte
in dieser Entscheidung die Künstlersozialabgabe als Sozialversicherungsbeitrag und nicht als Sonderabgabe klassifiziert.[704] Damit hat es durchaus nicht die begrifflich-gegenständliche Weite der Sonderabgaben eingeschränkt, sondern nur die Grenze zu einer der etablierten und vom Verfassunggeber
anerkannten Abgabearten gezogen.[705]

## IV. Neue Abgaben

**1. Abgabenerfindungsrecht.** Im Gegensatz zur Schaffung neuer Finanzierungsformen dürfen   **175**
grds. **neue Einzelabgaben** entwickelt werden. Voraussetzung ist nach der hier vertretenen Auffassung
allerdings, dass sie einer der anerkannten Finanzierungsformen zugeordnet werden können
(→ Rn. 143). Damit ist auch zugleich die Zuordnung der aus ihnen fließenden Erträge gesichert. Das
gilt allerdings nicht für neue Steuern und Steuerarten. Sie müssen wegen der abschließenden Ertragsverteilung in Art. 106 unter eine der dort geregelten Steuern oder Steuerarten subsumiert werden
können (→ Rn. 49 f., → Rn. 50a–c).

Das BVerfG erkennt jetzt aber ausdr. „**weitere Abgaben**" an, wohl iSv **neuen Finanzierungs-**   **176**
**formen („sonstige atypische Abgaben"),** und nennt dafür zum Teil solche, die es urspr. den
Sonderabgaben zugeordnet hatte: Schwerbehindertenabgabe, Fehlbelegungsabgabe.[706] Damit befreit es
sie von den strengen Rechtmäßigkeitsanforderungen, die es – im Fall der Sonderabgaben – selbst
aufgestellt hatte. In „engen Grenzen" sollen **Ausgleichsabgaben eigener Art** verfassungsrechtl.
zulässig sein.[707] Sie werden denjenigen auferlegt, die eine primäre Pflicht nicht erfüllen. Daneben
spielen auch die Umwelt(-lenkungs-)abgaben und die Abschöpfungsabgaben eine große Rolle
(→ Rn. 13, → Rn. 22 f.). Eine bes. Bedeutung haben in diesem Zusammenhang die „**Ressourcen-**
**nutzungsabgaben**" erlangt. Alles menschl. Leben ist nur möglich, wenn Umweltressourcen, wie Luft
und Wasser, in Anspruch genommen werden. Eine weitergehende **besondere** Inanspruchnahme, die
mit Vorzugslasten belegt werden könnten, lässt sich nur schwer in einer Weise festlegen, die rechtsstaatl. Anforderungen genügt. Der Staat könnte nahezu jedes Verhalten seiner Bürger abgabepflichtig
machen. Soweit ein individ. Vorteil durch die Nutzung von (natürlichen) Ressourcen entsteht, kommt
jedoch eine (lenkende) Internalisierung negativer Externalitäten ihrer Nutzung über nichtsteuerl.
Abgaben in Betracht.[708] Sie darf aber den individ. Vorteil der Inanspruchnahme von Ressourcen nicht
übersteigen (→ Rn. 171).[709] **Universaldienstleistungsabgaben** des Telekommunikations- und des
PostR werden aber weithin als (unzulässige) Sonderabgaben eingestuft.[710]

**2. Offenlassen der Zuordnung.** Die Zuordnung derartiger Abgaben bereitet erhebl. Probleme.   **177**
Ihnen versucht das BVerfG dadurch aus dem Wege zu gehen, dass es deren finanzverfassungsrechtl.
Einordnung – wie auch bei anderen Abgaben (→ Rn. 68) – möglichst offen lässt oder neue Kategorien
kreiert. Beispiele sind die **Wasserentnahmeabgaben**[711] und die **Landesabfallabgaben.**[712] Bei den
bay und bw **Feuerwehrabgaben** ließ es die Einordnung als Sonderabgabe oder Ausgleichsabgabe
eigener Art offen, schied aber klar Steuer, Gebühr und Beitrag aus.[713] Die Abfallausfuhrabgabe zum
„Solidarfonds Abfallrückführung" hat es jedoch an den – von ihm aufgestellten – Anforderungen für
Sonderabgaben mit Finanzierungszweck gemessen.[714] Auch die Einordnung der Erlöse aus der
**UMTS-Versteigerung** hat das BVerfG bis auf die Verneinung der Steuereigenschaft (→ Rn. 179)
dezidiert offen gelassen.[715] Die **Vergütungsregelung nach dem Stromeinspeisungsgesetz** (§ 45

---

[703] *Henseler* NJW 1987, 3103 (3104).
[704] BVerfGE 75, 108 (147–149).
[705] BVerfGE 75, 108 (147).
[706] BVerfGE 92, 91 (114); 93, 319 (344).
[707] BVerfGE 92, 91 (117). Der HessVGH erkennt neben den öff. Abgaben noch „sonstige öffentlich-rechtliche
Abgaben" an, ZfW 1997, 109 (109); ähnl. *Selmer* NVwZ 2003, 1304 (1308); zu Recht krit. *Neuner* FS Selmer, 2004,
S. 443 (447).
[708] Ablehnung von „Ressourcennutzungsgebühren" mangels staatl. Leistung *G. Kirchhof* Verwaltung 46 (2013),
349 (377).
[709] Es bleibt das Problem, bei wem die externen Kosten eigentlich anfallen, vgl. *Magen* Verwaltung 46 (2013), 383
(406).
[710] Vgl. die Nachw. bei *Gersdorf* FS Selmer, 2004, S. 351 (353), der sie selbst aber als neuen (verfassungsmäßigen)
Abgabetyp einstuft (S. 371–373); *Staudacher,* Sonderabgaben, S. 183.
[711] BVerfGE 93, 319 (LS, 342, 345); für eine Einstufung als Gebühr NdsOVG NVwZ-RR 1995, 442 (442).
[712] BVerfGE 98, 83 (101); dazu *Siekmann* EWiR 1998, S. 841 (841 f.); *Schrader* ZUR 1998, 152 (152 ff.); krit. zur
Vorgehensweise des BVerfG *Rodi* StuW 1999, 105 (108 ff.).
[713] BVerfGE 92, 91 (315).
[714] BVerfGE 113, 128 (146); i. Erg. ähnl. bei den Beiträgen zum Klärschlamm-Entschädigungsfonds, BVerfGE
110, 370 (389).
[715] BVerfGE 105, 185 (193).

EEG) wird teilweise als Finanzierungsform sui generis angesehen;[716] teilweise aber auch als „staatliche Preisregelung".[717]

**178**  **3. Sonderfall: Versteigerung von Hoheitsakten.** Die **Erlöse** aus der Versteigerung von **UMTS-Frequenzen** nach § 11 TKG aF lassen sich nicht ohne weiteres in eine der Finanzierungsformen des GG einordnen.[718] Schon das angewendete Verfahren – eine Versteigerung von VA – war jedenfalls in dieser Größenordnung eine Neuerung[719] und wird aus ökonomischer Sicht als fehlerhaft konzipiert angesehen.[720] Hinzu tritt die Höhe der dabei transferierten Beträge (fast 100 Mrd. DM).[721] Sie waren bzgl. der Finanzierung des Bundeshaushalts (etwa 20 % der Gesamteinnahmen) und die finanzverfassungsrechtl. Balance von beträchtlichem Gewicht. Dabei dürfen die gewinnreduzierenden Abschreibungen auf diese Beträge nicht aus den Augen verloren werden, die sich bei den Einnahmen aus Verbundsteuern sehr fühlbar auch zu Lasten der Länder und Gemeinden auswirken.[722] Diese Bedenken gelten im Grundsatz auch für (neue) Versteigerungen nach § 61 TKG. Im Umweltrecht finden ähnl. Verfahren Anwendung, wie die Versteigerung von Emissionsrechten (Verschmutzungsrechten).

**179**  Eine Einordnung derartiger Einnahmen als **Steuer** scheidet aus, da die Beträge nicht voraussetzungslos geschuldet sind, sondern die Zahlungspflichtigen dafür einen VA erhalten, die Erlaubnis, bestimmte Frequenzen oder Umweltmedien benutzen zu dürfen.[723] Gegen die Beurteilung als **Verwaltungsgebühr** spricht die ganz außergewöhnl. Höhe der Beträge, die völlig außer Verhältnis zu den **Kosten** stehen, die dem handelnden Hoheitsträger entstehen. Zweifelhaft ist aber auch, ob der mögl. ökonomische **Vorteil** bei Erteilung einer Erlaubnis für nur präventiv verbotene Tätigkeiten überhaupt berücksichtigt werden darf. Es findet keine echte Erweiterung des Rechtskreises des Erlaubnisnehmers statt,[724] jedenfalls nicht in einem Umfang, der auch nur annäherungsweise den Geldbeträgen entspricht, welche die Erlaubnisnehmer zu zahlen haben.[725] Die Unsicherheiten bei der Schätzung künftiger Gewinnchancen als Grundlage für die Bemessung einer gegenleistungsbezogenen Abgabe sind zudem so groß, dass kaum von einer Gegenleistung im abgabenrechtlichen Sinne gesprochen werden kann.[726]

**180**  Der Grundstruktur nach kommen die Zahlungen iR einer Versteigerung von Frequenzen einer **Sonderabgabe**[727] ohne **Finanzierungszweck** (→ 170, 171) oder einer **Verleihungsgebühr** nahe[728] mit allen ihren finanzverfassungsrechtl. Gefahren und Problemen (→ Rn. 99). Das BVerfG hat zwar die ähnl. strukt. Wasserentnahmeabgabe gebilligt, aber ausdr. und an hervorgehobener Stelle darauf abgestellt, dass es sich um eine Maßnahme iRd Bewirtschaftung der „knappen natürlichen Ressource" Wasser handele, deren Benutzung als Sondervorteil gewährt wurde.[729] Aber auch eine derartige Abschöpfungsabgabe bleibt abhängig von der Leistung des Staates und darf allenfalls den erhaltenen Sondervorteil abschöpfen. Sonst wäre sie voraussetzungslos geschuldet und damit Steuer (→ Rn. 79).[730]

**181**  Trotz der äußerlichen Übernahme ökonom. Instrumente und Verfahren handelt es sich bei der Vergabe derartiger Berechtigungen um die verwaltungsmäßige Bewältigung einer Knappheitssituation durch eine Sonderform der Bewirtschaftung.[731] Sie muss – unabhängig von ihrer begriffl. Zuordnung – den Anforderungen der Begrenzungs- und Schutzfunktion der bundesstaatl. Finanzverfassung standhal-

---

[716] *Blanke/Peilert* RdE 1999, 96 (99).

[717] OLG Hamm EuWZ 2013, 417 Rn. 27 ff.; *Gawel* DVBl. 2013, 409 (410); *Droege* Verwaltung 46 (2013), 313 (337); aA *Manssen* DÖV 2012, 499 (502 f.): verfassungswidrige Sonderabgabe".

[718] Das BVerfG hat ledigl. klargestellt, dass es sich bei den Versteigerungserlösen nicht um Steuern handelt und sie auch nicht wie Steuern behandelt werden dürfen; iÜ hat es ihre Rechtsnatur aber offen gelassen, BVerfGE 105, 185 (193 f.); zur Kritik *Selmer* NVwZ 2003, 1304 (1304 ff.).

[719] Zu Versteigerungen in den Jahren 1996 und 1999 *Koenig/Neumann* ZRP 2001, 252 (252 ff.).

[720] *Magen* Verwaltung 46 (2013), 383 (389 Fn. 28) mwN.

[721] *Koenig/Neumann* ZRP 2001, 252 (253): 99,3682 Mrd. DM.

[722] Zu den Auswirkungen auf die monetäre und finanz. Entwicklung: EZB Monatsberichte 2000, 14, 49; s. a. *Schumacher* NJW 2000, 3096 (3098).

[723] BVerfGE 105, 185 (194); *Arndt* K&R 2001, 23 (25); *Selmer* NVwZ 2003, 1304 (1306).

[724] Vgl. dazu *Möstl* NVwZ 2001, 735 (738), der die UMTS Lizenzpflicht als präventives Verbot mit Erlaubnisvorbehalt einstuft; zur Gebührenbemessung in einer solchen Situation o. Rn. 106.

[725] Verneint von *Arndt* K&R 2001, 23 (30).

[726] I. E. ebenso, aber zu weit *Arndt* K&R 2001, 23 (27, 29) (nur „vage Hoffnungen" werden abgeschöpft), da erfahrene Leiter solcher Großunternehmen wohl solidere Grundlagen für ihre Gewinnerwartungen haben; skeptisch auch *Koenig/Neumann* ZRP 2001, 252 (255), aber ohne hinreichend stringente Analyse der zugrundeliegenden Problematik.

[727] Gegen Sonderabgabe *Arndt* K&R 2001, 23 (28).

[728] Vgl. *Schumacher* NJW 2000, 3096 (3099), der die Frequenzen gut vertretbar als „Güter der Allgemeinheit" qualifiziert, aber nicht begründet, dass es sich um eine „natürliche Ressource" handelt.

[729] BVerfGE 93, 319 (LS).

[730] Dafür aber wohl *Schumacher* NJW 2000, 3096 (3099); s. aF *Becker* Verwaltung 35 (2002), 1 (23): verfassungswidrig; zum Ganzen die Beiträge in: *Piepenbrock/Schuster* (Hrsg.), UMTS-Lizenzvergabe, 2001.

[731] *Arndt* K&R 2001, 23 (24); *F. Becker* Verwaltung 35 (2002), 1 (3 ff.).

ten.[732] Sie sind allenfalls als reiner **Verwaltungsvorgang**[733] ohne Finanzierungszweck haltbar,[734] so wie Geldstrafen und Zwangsgelder.

## V. Die Sicherung des Bürgers vor übermäßiger Belastung

Jede der Finanzverfassung entnommene Beschränkung des Staates, Abgaben zu erfinden, auszuge- **182** stalten und aufzuerlegen, **schützt** die Bürger vor **übermäßigen Belastungen** (→ Rn. 26). Die Diskussion um die verfassungsrechtl. Grenzen der **individuellen** oder **gesamtwirtschaftlichen Abgabenlast** unter Einbeziehung grundrechtlich-rechtsstaatlicher Anforderungen hat erst begonnen,[735] ist aber angesichts der ausufernden Abgabenauferlegungsphantasien vor allem der Umwelt- und Sozialpolitiker schon leider weitgehend eingeschlafen. Sie konzentrierte sich zeitweise auf die Steuern, vor allem anhand des vom BVerfG propagierten[736] und mittlerweile wieder stark relativierten[737] „Halbteilungsgrundsatzes". Es war aber immer verfehlt gewesen, in der urspr. Entscheidung des BVerfG eine „Steuer- und Eigentumswende" zu sehen.[738] Das ist aber angesichts komm. Gebührenpolitik und ausufernder Sonderabgaben, die zusätzl. Impulse durch vielfältige ökolog. Forderungen („Klimaschutz") erhalten, zu eng.[739] Es bleibt allein das Verfassungsrecht, da dem Bürger unmittelbare Einwirkungen – wie etwa im Ausland durch direktdemokratische Sachentscheidungen[740] – verwehrt sind und den polit. Prozess in Deutschland nicht selten Personen in Entscheidungspositionen bringt, die keinerlei wirtschaftliche Kenntnisse haben und auch noch nie einer marktmäßig nachgefragten Erwerbstätigkeit nachgegangen sind. Deshalb hat das BVerfG iR seiner Judikatur zu den nichtsteuerl. Abgaben zurecht immer wieder darauf hingewiesen, dass die strengen Voraussetzungen, die es aufgestellt hat, an prominenter Stelle dazu dienen, der „Belastungsgleichheit" der Abgabepflichtigen Rechnung zu tragen.[741]

Ein denkbarer Ansatzpunkt könnte auch Art. 106 III 4 Nr. 2 sein (Vermeidung einer „Überbelas- **183** tung der Steuerpflichtigen") (→ Art. 106 Rn. 17). Eine **konfiskatorische** Belastung ist jedenfalls verfassungswidrig.[742] Eine individuelle Belastungsgrenze ergibt sich auch aus dem **Existenzminimum** des Steuerpflichtigen und seiner Angehörigen, namentlich auch seiner Kinder, das von der Belastung mit direkten Steuern verschont bleiben muss.[743]

---

[732] BVerfGE 93, 319 (LS, 345).

[733] Die ergangenen Entscheidungen sollen zT VA in Form von personalen Allgemeinverfügungen sein, *Sachs* K&R 2001, 13 (19). Gleichwohl hat das BVerfG den Antrag der Länder BW, Bay und Hess auf Beteiligung an den Versteigerungserlösen zurückgewiesen. Art. 106 Abs. 3 dürfe nicht – auch nicht im Wege der Analogie – auf nichtsteuerliche Einnahmen erstreckt werden, BVerfGE 105, 185 (194).

[734] Für Abgabe sui generis *Arndt* K&R 2001, 23 (23 ff.); gegen öff. Abgabe *Selmer* NVwZ 2003, 1304 (1308), der am ehesten die Subsumtion der Versteigerungserlöse unter den Begriff der „laufenden Einnahmen" iSd Art. 106 III S. 4 Nr. 1 für einen gangbaren Weg hält, s. NVwZ 2003, 1304 (1308 f., 1313); wie hier für Verstoß gegen finanzverfassungsrechtliche Kompetenzordnung *Kube*, Finanzgewalt, S. 671; zurückhaltend auch *P. Kirchhof* HStR V, § 99 Rn. 41.

[735] *Herzog* StuW 1993, 322 (323 ff.); *Tipke* StuW 1994, 58 (58 ff.); *Mielke* StuW 1994, 232 (232 ff.); *Schemmel* StuW 1995, 39 (51 ff.); *Butzer*, Freiheitsrechtliche Grenzen der Steuer- und Sozialabgabenlast, 1999; *P. Kirchhof* AöR 128 (2003), S. 1 (1 ff.); *Möstl* DStR 2003, 720 (720 ff.); eingehend *Droege* Verwaltung 46 (2013), 313 (324–333).

[736] BVerfGE 93, 121 (LS 3). Der BFH hatte insoweit seine Gefolgschaft verweigert, BFHE 189, 413 (413 ff.); zust. *Wieland* JZ 2000, 357 (357 ff.); krit. *Seer* FR 1999, 1280 (1280 ff.).

[737] BVerfGE 115, 97 (108) „Der Beschluss vom 22. Juni 1995 (BVerfGE 93, 121 [136 ff.]) hat schon inhaltlich keine verfassungsrechtliche Obergrenze für die Gesamtbelastung mit der Einkommen- und Gewerbesteuer zum Gegenstand. Überdies kommt den Ausführungen zum so genannten Halbteilungsgrundsatz keine verfahrensgesetzliche Bindungswirkung gemäß § 31 Abs. 1 BVerfGG zu ...".

[738] So zu Recht *Wieland,* in: Dreier I, Art. 14 Rn. 66.

[739] BVerfGE 93, 319 (342); s. a. BVerfGE 55, 274 (300 ff.); aA *Tipke* StuW 1994, 58 (61).

[740] Hier ist vor allem an die verschiedenen „Steuerrevolten" in den USA zu erinnern: „proposition 13" in Kalifornien; dazu *Schwadron* (ed.), California and the American Tax Revolt, 1984; *Sears/Citrin,* Tax Revolt, 1985; *Folkers,* Begrenzung von Steuern und Staatsausgaben in den USA, 1983.

[741] BVerfGE 122, 316 (333 f.); 123, 132 (141); 124, 235 (243); 348 (364); 132, 334 (349); 144, 369 (397 Rn. 62).

[742] BVerfGE 63, 343 (368); 91, 121 (138); *Tipke* StuW 1994, 58 (61). Im Schrifttum wird die gesamte Problematik fast ausschließl. bei Art. 14 II angesiedelt, vgl. *Bryde,* in: v. Münch/Kunig, Art. 14 Rn. 23, 66 (Steuer- und Abgabenrecht). Das BVerfG hat aber in seiner gesamten Rspr. bisher noch nie ernsthaft eine Verletzung von Art. 14 durch die Auferlegung von Geldleistungspflichten in Betracht gezogen, *Wieland,* in: Dreier I, Art. 14 Rn. 65, 68: grds. Ablehnung der Schrifttumsmeinung, die im Kern Art. 14 als geeigneten Prüfungsmaßstab ansieht.

[743] BVerfGE 82, 60 (85); 87, 153 (169 ff.); 89, 346 (353); 91, 93 (108 f.) mit instruktiven Zahlenangaben zum Bedarf und zu den erforderlichen Freibeträgen (S. 112); *Herdegen,* in: Maunz/Dürig, Art. 1 (2009) Rn. 114; ausf. auch *Arnd/Schumacher* NJW 1994, 961 (961 ff.); *Forster* BB 1994, 691 (691 ff.); *Söhn* FinArch nF 51 (1994), 372 (372 ff.); *Hackmann* BB 1994, Beil. Nr. 19, 1 (1 ff.); *Neumann* NVwZ 1995, 426 (426 ff.); *K. Vogel* FS Offerhaus, 1999, S. 47 (47 ff.); *Seer/Wendt* NJW 2000, 1904 (1904 ff.).

## F. Vorgaben für die Staatsausgaben

**184**    Die Finanzverfassung enthält keine umfassende und systematische Regelung der Staatsausgaben,[744] wenn man von den eher formalen Vorschriften für Aufstellung und Vollzug des Haushalts absieht. Geregelt sind immer nur Teilaspekte und diese auch nur rudimentär:

(1) Die föderale **Verteilung** der **Ausgaben- und Finanzierungsverantwortung** findet sich in Art. 104a.

(2) Die Ausübung der Gesetzgebungskompetenz für die Steuern gem. Art. 105 kann über die Einräumung von **Steuervergünstigungen** zu Mindereinnahmen von Bund, Ländern und Gemeinden führen. Sie haben zT denselben wirtschaftlichen Effekt wie Ausgaben.

(3) Einzelheiten für die **Leistung von Ausgaben** sind für den Bund in den haushaltsverfassungsrechtl. Vorschriften der Art. 110–113 und für Bund und Länder gemeinsam in Art. 109 enthalten.

**185**    Besondere Schwierigkeiten bereitet die verfassungsrechtl. Behandlung der **Subventionen**. Schon der **Begriff** ist nicht eindeutig. Er sollte aber nicht auf Zuwendungen (§ 14 HGrG, § 23 BHO), also offene Geldzahlungen, beschränkt werden. Die BReg versteht ihn auch in einem weiteren Sinne, wenn sie den nach § 12 StWG vorgeschriebenen Bericht über die Finanzhilfen und Steuervergünstigungen als „Subventionsbericht" bezeichnet.[745] Allerdings enthält § 12 StWG keine Legaldefinition und ist nur ein einfaches Gesetz. Die Vorschrift verwendet zudem den Begriff der Finanzhilfe in einem anderen Sinne als Art. 104b I, der damit Zahlungen im Bund-Länder-Verhältnis anspricht (→ Art. 104b Rn. 12). Rechtl. klarere Konturen hat der europarechtl. Begriff der „Beihilfe" (Art. 107, 108 AEUV) gewonnen. Die Begriffe „Beihilfe" und „Subvention" werden nicht selten synonym verwendet. Dafür gibt es indes keine hinreichenden Anhaltspunkte im geschriebenen Recht.[746] In der Staatspraxis sehr beliebt und verfassungsrechtl. nur schwer zu erfassen ist die Zuwendung geldwerter Vorteile an eine begünstigte Gruppe, indem Dritte zur Vornahme kostenträchtiger Handlungen gezwungen werden, deren Vorteile dieser Gruppe zugutekommen. Sie haben aber nur dann einen finanzverfassungsrechtl. Bezug, wenn unmittelbar Geld gezahlt oder auf Einnahmen verzichtet wird. Die Verpflichtung zur Übernahme von Kosten Dritter kann ebenso dazu gerechnet werden; iÜ unterliegen sie den allg. Regeln, die aber insoweit keine wirksamen Grenzen setzen.

**186**    IE sind Subventionen iSd Finanzverfassungsrechts Geldzahlungen oder Einnahmeminderungen, die der Staat – oder auf Anordnung des Staates Dritte – Privatpersonen[747] ohne Gegenleistung zuwendet.[748] Das sind im Wesentlichen offene Transferzahlungen und Steuervergünstigungen.

**187**    Aber nicht alle **Steuervergünstigungen**[749] sind Subventionen oder gar Geldleistungen iSv Art. 104a III. Die Abgrenzung im Einzelfall ist zweifelhaft und umstr. Um das Ausmaß der Subventionierung optisch zu verringern, hat deshalb die BReg seit dem sechsten Subventionsbericht (1977) zahlreichen Steuervergünstigungen den „direkten Subventionscharakter" abgesprochen und führt sie nur noch als Anlage zum Subventionsbericht auf.[750] Finanz. Aufwendungen für „allgemeine Staatsaufgaben" sind ebenso ausgesondert worden wie große Teile der „allgemeinen Forschungs- und Entwicklungsförderung".[751] Aber auch sie kommen idR nur einem kleinen, eng begrenzten Kreis von Begünstigten zugute.

**188**    Die Gewährung von Subventionen wird von den Wirtschaftswiss. zu Recht **außerordentlich kritisch** beurteilt. Trotz ihrer weiten Verbreitung in der Staatspraxis[752] ist sie auch verfassungsrechtl. nicht unbedenklich.[753] Sie ermöglicht es der Staatsleitung nicht nur, auf diese Weise dringende öff.

---

[744] Vgl. aber den Versuch einer einheitlichen Behandlung durch *Hummel,* Verfassungsfragen; zu den Begriffen „Einnahmen" und „Ausgaben" in der staatlichen Doppik *Stüber/Keyhanian* DÖV 2013, 255 (256 f.).

[745] Bericht der Bundesregierung über die Entwicklung der Finanzhilfen des Bundes und der Steuervergünstigungen für die Jahre 2017 bis 2020 (27. Subventionsbericht) v. 6.11.2019, BT-Dr 19/15340 v. 13.11.2019. Auch das BVerfG unterscheidet deutlich zwischen „Finanzhilfen" und „Steuervergünstigungen" iRd „Subventionsabbaus", BVerfGE 125, 104 (124); 150, 204 (234 Rn. 85, 87, 90).

[746] *Kämmerer* HStRV, § 124 Rn. 5.

[747] Unklar *Dommach,* der einerseits nur Zahlungen an Unternehmen iRd Wirtschafts- und Forschungsförderung erfassen will, andererseits aber alle Privatrechtssubjekte als Empfänger nennt (in: Heuer, Kommentar zum Haushaltsrecht, § 23 BHO [1997] Anm. 5).

[748] Ähnl. auch *Kämmerer* HStRV, § 124 Rn. 6 mwN.

[749] Eingehend zu den Vergünstigungen und vergleichbaren Subventionsleistungen im deutschen und europ. Steuer-, Finanz- und Abgabenrecht *P. Kirchhof* AöR 128 (2003), 1 (46 f.); *ders.* FS Selmer, 2004, S. 745 (745 ff.); *G. Jochum,* Die Steuervergünstigung, 2006; *Morgenthaler* FS Isensee, 2007, S. 911 (913, 918, 921, 925).

[750] BT-Dr 13/2230, Anl. 3.

[751] Vgl. BT-Dr 13/2230, Tz. 3.

[752] BVerfGE 98, 83 (97 f., 104 f.); 98, 106 (118 f.), bei hinreichender Abstimmung. Die Länder haben zu ihrer Begrenzung einen Subventionskodex erstellt, abgedr. als Anlagen 10 und 11 im 9. Subventionsbericht, BT-Dr 10/352, S. 310, 312.

[753] Vgl. *v. Arnim* FinArch nF 44 (1986), 1 (1 ff.); *Kämmerer* HStRV, § 124 Rn. 2 mwN.

Aufgaben zu erfüllen, sondern auch, ihr nahestehende Gruppen oder Individuen Geld oder geldwerte Vorteile in erhebl. Umfang bei nur schwacher Kontrolle[754] ohne Gegenleistung zukommen zu lassen. Allerdings wird man eine „verfassungsrechtliche Grundentscheidung" zum Subventionsabbau dem GG kaum entnehmen können.[755]

Ungeachtet aller Abgrenzungs- und Erfassungsprobleme stellt sich vor allem die Frage, wie die **189** besonders schwer zu kontrollierenden **Einnahmeminderungen,** namentlich die Steuervergünstigungen, verfassungsrechtl. zu behandeln sind. Sie sind jedenfalls keine Geldleistungen iSv Art. 104a III. Subventionen durch Steuerermäßigungen könnten auf Art. 105 gestützt werden.[756]

Wenn jedoch das vom Steuergesetzgeber selbst gesetzte System des betreff. Gesetzes durchbrochen **190** wird, handelt es sich nicht mehr um eine steuerrechtl. Regelung. Das ist vor allem dann der Fall, wenn zur − systemwidrigen − Ausschaltung von Progressionswirkungen **zugunsten** des Steuerpflichtigen nur der Abzug von der Steuerschuld und nicht von der Steuerbemessungsgrundlage zugelassen wird. Falls darüber hinaus eine beliebige Steuerschuld dazu herangezogen wird und nicht eine solche, die in „innerem Zusammenhang" mit der Abzugsregelung steht, liegt erst recht keine steuerrechtl. Regelung mehr vor, sondern eine **„Leistung"** des Staates „Erfüllungs halber". Wenn eine solche Leistung nur formal iR eines Steuergesetzes geregelt ist und von den Finanzämtern unmittelbar aus dem örtl. Steueraufkommen bezahlt wird, ist sie nicht mehr von der **Steuergesetzgebungskompetenz** nach Art. 105 gedeckt.[757] Sie mag dann als Geldleistung iSv Art. 104a III zu beurteilen sein (→ Art. 104a Rn. 29 f.). Diese Vorschrift enthält aber nicht die entscheidenden Maßstäbe für die Beurteilung ihrer finanzverfassungsrechtl. Zulässigkeit. Nicht unbedenklich ist der mühsam nach zweimaliger Anrufung des VermA ausgehandelte Kompromiss zum Kindergeld,[758] der eine überkomplizierte modif. Finanzamtslösung verwirklicht hatte, bedenklich. Die Einschaltung der Bundesanstalt für Arbeit im Wege der Organleihe für offene Transferzahlungen ist nur schwer mit grundlegenden Transparenzgeboten vereinbar.

Maßgebend ist ihre Behandlung im Finanzausgleich (Art. 107) und im Haushaltsplan (Art. 110). **191** Jedenfalls dann, wenn die Finanzverwaltung auch **Nettozahlungen** zu leisten hat, wie bei den seit langem diskutierten Modellen der Integration von Abgaben- und Transfersystem (Finanzamtslösung für das Kindergeld, Bürgergeld, negative Einkommensteuer),[759] ist eine Veranschlagung im Haushalt verfassungsrechtlich zwingend erforderlich. Aber auch, wenn nur Verrechnungen vorgenommen werden, müssen die haushaltsverfassungsrechtl. Prinzipien der **Bruttoveranschlagung** und der **Haushaltsklarheit** beachtet werden. Ausgaben durch Saldierung auf der Einnahmenseite des Haushalts „verschwinden zu lassen",[760] anstatt sie in vollem Umfang auf der Ausgabenseite offen und kontrollierbar auszuweisen,[761] wäre nicht zulässig.

Eine einheitliche verwaltungsmäßige Abwicklung von Transfers und Steuerverschonungen durch **192** die (bestehende) **Finanzverwaltung** wäre dagegen unbedenklich, wenn die genannten Voraussetzungen erfüllt sind. Vor allem in Notsituationen wäre das ein gangbarer Weg, um schnell Liquidität den Destinataren zukommen zu lassen.

## Art. 104a [Ausgabenhoheit und Haftung]

(1) **Der Bund und die Länder tragen gesondert die Ausgaben, die sich aus der Wahrnehmung ihrer Aufgaben ergeben, soweit dieses Grundgesetz nichts anderes bestimmt.**

(2) **Handeln die Länder im Auftrage des Bundes, trägt der Bund die sich daraus ergebenden Ausgaben.**

(3) **Bundesgesetze, die Geldleistungen gewähren und von den Ländern ausgeführt werden, können bestimmen, daß die Geldleistungen ganz oder zum Teil vom Bund getragen werden. Bestimmt das Gesetz, daß der Bund die Hälfte der Ausgaben oder mehr trägt, wird es im Auftrage des Bundes durchgeführt. Bei der Gewährung von Leistungen für Unter-**

---

[754] Vgl. *Lange* FS General-Rechen-Kammer, 1989, S. 279 (292 ff.).

[755] *Kämmerer* HStRV, § 124 Rn. 4.

[756] *Selmer,* Steuerinterventionismus, S. 131, 179; mit Einschränkungen *Maunz,* in: Maunz/Dürig, Art. 104a (1977) Rn. 38 für Art. 106, 108; *Fischer-Menshausen,* in: v. Münch/Kunig III, 3. Aufl. 1996, Art. 104a Rn. 16; *Pieroth,* in: Jarass/Pieroth, Art. 104a Rn. 5; *Heun,* in: Dreier III, Art. 105 Rn. 17; *G. Jochum* (Fn. 694), S. 247; dagegen *Morgenthaler* FS Isensee, 2007, S. 911 (915, 920−922), der darüber hinaus einen Verstoß gegen das haushaltsverfassungsrechtliche Gebot der Vollständigkeit sieht (S. 922−925).

[757] *Selmer,* Steuerinterventionismus, S. 132, 181; *Fischer-Menshausen,* in: v. Münch/Kunig III, 3. Aufl. 1996, Art. 105 Rn. 11; ebenso jetzt auch *Heun,* in: Dreier III, Art. 105 Rn. 17; ähnl. *P. Kirchhof* FS Selmer, 2004, S. 745 (759 f.). (so auch *G. Jochum* [Fn. 694], S. 185).

[758] JahressteuerG 1996 v. 20.11.1995, BGBl I 1250.

[759] *Mitschke,* Steuer- und Transferordnung aus einem Guss, 1985.

[760] *Selmer,* Steuerinterventionismus, S. 181 f.

[761] *Heintzen,* in: v. Münch/Kunig II, Art. 110 Rn. 17.

kunft und Heizung auf dem Gebiet der Grundsicherung für Arbeitsuchende wird das Gesetz im Auftrage des Bundes ausgeführt, wenn der Bund drei Viertel der Ausgaben oder mehr trägt.

(4) Bundesgesetze, die Pflichten der Länder zur Erbringung von Geldleistungen, geldwerten Sachleistungen oder vergleichbaren Dienstleistungen gegenüber Dritten begründen und von den Ländern als eigene Angelegenheit oder nach Absatz 3 Satz 2 im Auftrag des Bundes ausgeführt werden, bedürfen der Zustimmung des Bundesrates, wenn daraus entstehende Ausgaben von den Ländern zu tragen sind.

(5) Der Bund und die Länder tragen die bei ihren Behörden entstehenden Verwaltungsausgaben und haften im Verhältnis zueinander für eine ordnungsmäßige Verwaltung. Das Nähere bestimmt ein Bundesgesetz, das der Zustimmung des Bundesrates bedarf.

(6) Bund und Länder tragen nach der innerstaatlichen Zuständigkeits- und Aufgabenverteilung die Lasten einer Verletzung von supranationalen oder völkerrechtlichen Verpflichtungen Deutschlands. In Fällen länderübergreifender Finanzkorrekturen der Europäischen Union tragen Bund und Länder diese Lasten im Verhältnis 15 zu 85. Die Ländergesamtheit trägt in diesen Fällen solidarisch 35 vom Hundert der Gesamtlasten entsprechend einem allgemeinen Schlüssel; 50 vom Hundert der Gesamtlasten tragen die Länder, die die Lasten verursacht haben, anteilig entsprechend der Höhe der erhaltenen Mittel. Das Nähere regelt ein Bundesgesetz, das der Zustimmung des Bundesrates bedarf.

**Entstehungsgeschichte: Erstfassung:** 21. G zur Änd. des GG v. 12.5.1969 (BGBl I 359), Art. I Nr. 2 (dazu: Kommission für die Finanzreform, Gutachten über die Finanzreform in der Bundesrepublik Deutschland, 2. Aufl. 1966, Nr. 198–215; BT-Dr V/2861 [Entw.], V/3605, V/3896, V/4021, V/4105; BT-Prot V/3145, 11025, 12056, 12538; BR-Dr 138/68, 14/69, 217/69; BR-Prot 68/45, 69/1, 78, 108) – **Änderungen:** G zur Änd. des GG v. 28.8.2006 (BGBl I 2034), Art. 1 Nr. 16 (dazu: BT-Dr 16/813 [Entw.], 16/2010 [Beschlussempfehlung RechtsA], 16/2069 [Bericht RechtsA]; BT-Prot 16/1749, 4233, 4295; BR-Dr 178/06, 180/06, 462/06; BR-Prot 06/39, 62, 203, 222); G zur Änd. des GG v. 29.9.2020 (BGBl I 2048), Art. 1 Nr. 2 (dazu: BT-Dr 19/20595 [Entw. Fraktionen CDU/CSU und SPD], BT-Dr 19/221752 [Entw. BReg], 19/22586 [Beschlussempfehlung und Bericht HaushaltsA]; BT-Prot 19/21136C, 22195D, 22196A; BR-Dr 540/20, 540/20 [Beschluss]; BR-Prot 993/ 290).

**Historische Verfassungstexte: RV 1849: § 48** Die Ausgaben für alle Maaßregeln und Einrichtungen, welche von Reichswegen ausgeführt werden, sind von der Reichsgewalt aus den Mitteln des Reiches zu bestreiten. – **RV 1871: Art. 58** Die Kosten und Lasten des gesammten Kriegswesens des Reichs sind von allen Bundesstaaten und ihren Angehörigen gleichmäßig zu tragen, so daß weder Bevorzugungen, noch Prägravationen einzelner Staaten oder Klassen grundsätzlich. zulässig sind. Wo die gleiche Vertheilung der Lasten sich *in natura* nicht herstellen läßt, ohne die öffentliche Wohlfahrt zu schädigen, ist die Ausgleichung nach den Grundsätzen der Gerechtigkeit im Wege der Gesetzgebung festzustellen. **Art. 62** (1) Zur Bestreitung des Aufwandes für das gesammte Deutsche Heer und die zu demselben gehörigen Einrichtungen sind bis zum 31. Dezember 1871 dem Kaiser jährlich soviel mal 225 Thaler, in Worten zweihundert fünf und zwanzig Thaler, als die Kopfzahl der Friedensstärke des Heeres nach Artikel 60 beträgt, zur Verfügung zu stellen. ... (2) Nach dem 31. Dezember 1871 müssen diese Beiträge von den einzelnen Staaten des Bundes zur Reichskasse fortgezahlt werden .... **GG 1969:** (1) (...) (2) (...) (3) Bundesgesetze, die Geldleistungen gewähren und von den Ländern ausgeführt werden, können bestimmen, daß die Geldleistungen ganz oder zum Teil vom Bund getragen werden. Bestimmt das Gesetz, daß der Bund die Hälfte der Ausgaben oder mehr trägt wird es im Auftrage des Bundes durchgeführt. Bestimmt das Gesetz, daß die Länder ein Viertel der Ausgaben oder mehr tragen, so bedarf es der Zustimmung des Bundesrates. (4) Der Bund kann den Ländern Finanzhilfen für besonders bedeutsame Investitionen der Länder und Gemeinden (Gemeindeverbände) gewähren, die zur Abwehr einer Störung des gesamtwirtschaftlichen Gleichgewichts oder zum Ausgleich unterschiedlicher Wirtschaftskraft im Bundesgebiet oder zur Förderung des wirtschaftlichen Wachstums erforderlich sind. Das Nähere, insbesondere die Arten der zu fördernden Investitionen, wird durch Bundesgesetz, das der Zustimmung des Bundesrates bedarf, oder auf Grund des Bundeshaushaltsgesetzes durch Verwaltungsvereinbarung geregelt. (5) Der Bund und die Länder tragen die bei deren Behörden entstehenden Verwaltungsausgaben und haften im Verhältnis zueinander für eine ordnungsgemäße Verwaltung. Das Nähere bestimmt ein Bundesgesetz, das der Zustimmung des Bundesrates bedarf. **GG 2006:** (1) (...) (2) (...). (3) Bundesgesetze, die Geldleistungen gewähren und von den Ländern ausgeführt werden, können bestimmen, daß die Geldleistungen ganz oder zum Teil vom Bund getragen werden. Bestimmt das Gesetz, daß der Bund die Hälfte der Ausgaben oder mehr trägt, wird es im Auftrage des Bundes durchgeführt. (4) Bundesgesetze, die die Pflichten der Länder zur Erbringung von Geldleistungen, geldwerten Sachleistungen oder vergleichbaren Dienstleistungen gegenüber Dritten begründen und von den Ländern als eigene Angelegenheit oder nach Absatz 3 Satz 2 im Auftrag des Bundes ausgeführt werden, bedürfen der Zustimmung des Bundesrates, wenn daraus entstehende Ausgaben von den Ländern zu tragen sind. (5) (...) (6) Bund und Länder tragen nach der innerstaatlichen Zuständigkeits- und Aufgabenverteilung die Lasten einer Verletzung von supranationalen oder völkerrechtlichen Verpflichtungen Deutschlands. In Fällen länderübergreifender Finanzkorrekturen der Europäischen Union tragen Bund und Länder diese Lasten im Verhältnis 15 zu 85. Die Ländergesamtheit trägt in diesen Fällen solidarisch 35 vom Hundert der Gesamtlasten entsprechend einem allgemeinen Schlüssel; 50 vom Hundert der Gesamtlasten tragen die Länder, die die Lasten verursacht haben, anteilig entsprechend der Höhe der erhaltenen Mittel. Das Nähere regelt ein Bundesgesetz, das der Zustimmung des Bundesrates bedarf.

**Supra- und internationale Texte: EUV:** Art. 41 II, III; **AEUV:** Art. 126 XI, 162, 176, 260 II, 310.

**Gesetzgebung: zu Abs. 3:** BAföG §§ 39, 56; OEG § 4; SparprämienG §§ 3 f., 7; Wohnungsbau-PrämienG § 7, G zur finanziellen Entlastung der Kommunen und neuen Länder § 1. – **zu Abs. 6:** LastG.

**Leitentscheidungen:** BVerfGE 39, 96 (Finanzhilfen); BVerfGE 41, 291 (Finanzzuweisungen); BVerfGE 86, 148 (Länderfinanzausgleich III); BVerfGE 99, 361 (Schadensersatzforderung wegen nicht ordnungsgemäßer Verwaltung von Bundesgeldern); BVerfGE 108, 186 (Altenpflegeumlage); BVerfGE 109, 1 (§ 50 Abs. 3 VwGO); BVerfGE 127, 165 (Informationsbeschaffung; Haftungsansprüche); BVerwGE 96, 45 (Haftung); BVerwGE 116, 226 (241) (Ordnungsgemäße Verwaltung); BGHZ 198, 374 (Amtspflichtverletzung und Haftung).

**Schrifttum:** *D. Carl,* Finanzierungskompetenz und Finanzverantwortung des Bundes auf dem Gebiet der sektoralen Wirtschaftsförderung, DÖV 1986, 581; *H. U. Erichsen,* Die Konnexität von Aufgabe und Finanzierungskompetenz im Bund-Länderverhältnis, 1968; *ders.,* Zur Haftung im Bund-Länder-Verhältnis, 1986; *U. Häde,* Zur Föderalismusreform in Deutschland, JZ 2006, 930; *K. M. Hettlage,* Mitplanung und Mitfinanzierung von Länderaufgaben durch den Bund, FS Carstens II, 1984, S. 613; *H.-G. Henneke,* Die Enkel der »Wilden 13« – oder: The same procedure as every year, DVBl 2020, 1168; *M. Höreth,* Zur Zustimmungsbedürftigkeit von Bundesgesetzen: Eine kritische Bilanz nach einem Jahr Föderalismusreform I, ZParl 2007, 712; *L. Hummel,* Länderkooperation bei der Schaffung und Unterhaltung von Aufnahmeeinrichtungen für Ausländer, DVBl 2008, 84; *ders.,* Verfassungsrechtsfragen der Verwendung staatlicher Einnahmen, 2008; *F. Kirchhof,* Die Verwaltungshaftung zwischen Bund und Ländern, NVwZ 1994, 105; *ders.,* Das Erlöschen von Ansprüchen nach Art. 104a Abs. 2 zwischen Bund und Ländern infolge Zeitablaufs, FS Selmer, 2004, S. 725; *G. Kirchhof,* Deutschland – Bonds, ZG 2012, 313; *Franz Klein,* Die Ausgabenabgrenzung zwischen Bund und Ländern nach Art. 104a, FS Geiger, 1989, S. 501; *A. Köttgen,* Fondsverwaltung in der Bundesrepublik, 1965; *S. Korioth,* Entlastung der Kommunen durch unmittelbare Finanzbeziehungen zum Bund?, NVwZ 2005, 503; *H. Kube,* Die Finanzgewalt in der Kompetenzordnung, 2004; *S. Mückl,* Finanzverfassungsrechtlicher Schutz der kommunalen Selbstverwaltung, 1998; *J. Müller-Volbehr,* Fonds- und Investitionshilfekompetenz des Bundes, 1975; *R. Rudisile,* Die Haftung für ordnungsgemäße Verwaltung zwischen Bund und Ländern (Art. 104a Abs. 5), DÖV 1985, 909; *F. Schoch/J. Wieland,* Finanzierungsverantwortung für gesetzgeberisch veranlasste Aufgaben, 1995; *U. Stelkens,* Verwaltungshaftungsrecht, 1998; *G. Trapp,* Das Veranlassungsprinzip in der Finanzverfassung der Bundesrepublik Deutschland, 1997.

## Übersicht

## A. Grundregeln der Lastenverteilung (Abs. 1 und 5 S. 1 Alt. 1)

**1**     Art. 104a regelt die **Finanzierungsverantwortung** (Ausgabenhoheit, Finanzverantwortung, Finanzlastenverteilung) im Bundesstaat. Die Vorschrift legt fest, wer im Verhältnis zwischen Bund und Ländern finanzielle Lasten zu tragen hat und wer finanzieren darf. Die Ausgabenhoheit umfasst sowohl die **Finanzierungslast** (Finanzierungspflicht, Ausgabenlast), also die Pflicht für die Erfüllung einer Aufgabe bezahlen zu müssen, als auch die **Finanzierungsbefugnis,** also das Recht, Mittel dafür zur Verfügung stellen zu dürfen[1] und damit auch Einfluss ausüben zu können. Nicht erfasst sind die finanziellen Beziehungen zwischen den Ländern und ihren Gemeinden.[2]

**1a**    Diese Grundregeln sind durch die Föderalismusreformen 2006 und 2009 nicht angetastet worden.[3] Neu gefasst wurden allerdings die Vorschriften zu den Geldleistungsgesetzen (jetzt Abs. 3 und 4) und den Investitionshilfen des Bundes, die in den neuen Art. 104b ausgelagert und inhaltlich modifiziert wurden. Neu geschaffen wurde auch eine Regelung zur Lastentragung bei Verletzung völkerrechtlicher und supranationaler Verpflichtungen in Abs. 6. Geändert wurde auch die Haftungsregelung in Art. 104a V 1 Alt. 2.

**1b**    Erst die nachfolgenden Änderungen haben durch die Einfügung von neuen Vorschriften (Art. 104c und d) die von Art. 104a verbotenen unmittelbaren Finanzbeziehungen zwischen Bund und Kommunalkörperschaften, die finanzverfassungsrechtlich Teil der Länder sind (→ vor Art. 104a Rn. 10), (systemwidrig) erlaubt; auch wenn formal die Zahlungen über die Länder erfolgen. Dies geschah zum Teil erst, nachdem der Versuch, sich einfachgesetzlich über dieses Grundprinzip der Finanzverfassung des GG hinwegzusetzen, vom BVerfG als verfassungswidrig beseitigt worden war: Einfügung von Art. 91e (→ Art. 91e Rn. 3 ff.). Diese Entwicklung erreichte im Herbst 2020 einen (vorläufigen) Höhepunkt mit dem neuen Art. 143h, der überhastet geschaffen wurde, um damit eine einmalige Zahlung des Bundes an die Länder zur Weiterleitung an die Gemeinden leisten zu dürfen. Damit sollte ihnen die Bewältigung von finanziellen Krisenfolgen erleichtert werden (→ Art. 143h Rn. 1, → Art. 143h Rn. 5, → Art. 143h Rn. 8).

**1c**    Mit dieser Verfassungsänderung wurde aber nicht nur die grundlegende Systematik der Finanzverfassung des GG durchbrochen, sondern auch eine (systemimmanente) Modifikation von Absatz III vorgenommen, die auf Dauer eine Ausnahme von der dort in Satz 2 angeordneten Auftragsverwaltung für einige – eng begrenzte – Sachgebiete statuiert (→ Rn. 35b).

**1d**    Im Hinblick auf die genannten Grundregeln der Lastenverteilung dürfte auch die **gemeinsame Kreditaufnahme** von Bund und Ländern problematisch sein. Das gilt vor allem für die „Deutschland-Bonds", bei denen der Bund nach außen auftritt und die Länder nur im Innenverhältnis einen Anteil übernehmen. Anders zu beurteilen sind aber wohl gemeinsame Anleihen von Bund und Länder, bei denen jeder Schuldner im Außen- und Innenverhältnis die alleinige Haftung für seinen Anteil übernimmt; möglicherweise in einem „Huckepack-Verfahren", das davon zu unterscheiden wäre.[4] Alle diese Verfahren sind finanzverfassungsrechtlich bedenklich,[5] doch dürften sie nicht zum Regelungsbereich von Art. 104a gehören.[6]

**1e**    Mehrausgaben und Minderausgaben auf Grund eines **Fehlverhaltens** im Bund-Länder-Verhältnis, die in Art. 104a V1 2. Alt. und VI geregelt sind, stehen nur in lockerem Zusammenhang mit den andern Materien der Vorschrift und bedürfen einer **gesonderten Betrachtung.**

## I. Verbindung von Aufgaben- und Ausgabenverantwortung

**2**     Abs. 1 normiert ein Prinzip, das für die Finanzverfassung des GG grundlegend ist: die **Konnexität** von **Aufgabenverantwortung** und **Ausgabenlast.**[7] Wer für die Erfüllung einer Aufgabe zuständig ist, muss auch die damit verbundenen Ausgaben tragen. Bund und Länder haben danach gesondert und jeweils für sich die Ausgaben zu finanzieren, die sich aus der Wahrnehmung ihrer Aufgaben ergeben. Dieser Grund-

---

[1] BVerwG NVwZ 2000, 673 (675); *v. Arnim,* HStR IV[1], § 103 Rn. 10; *Pieroth,* in: Jarass/Pieroth, Art. 104a Rn. 5; *Hellermann,* in: v. Mangoldt/Klein/Starck III, Art. 104a Rn. 18–20.

[2] BVerfGE 86, 148 (215); *Schwarz,* in: Maunz/Dürig, Art. 104a (2018) Rn. 32; für eine Geltung im Verhältnis des Bundes zu den Gemeinden *Pieroth,* in: Jarass/Pieroth, Art. 104a Rn. 3. Die genannte Entscheidung des BVerfG, auf die sich *Pieroth* bezieht, gibt das aber nicht her, vgl. *Hellermann,* in: v. Mangoldt/Klein/Starck III, Art. 104a Rn. 59; *Schwarz,* in: Maunz/Dürig, Art. 104a (2018) Rn. 31; näher → Rn. 15 f.

[3] *Hellermann,* in: Starck (Hrsg.), Föderalismusreform, 2007, Rn. 317; *ders.,* in: v. Mangoldt/Klein/Starck III, Art. 104a Rn. 31 f.

[4] Einzelheiten zur Begrifflichkeit und den sachlichen Unterschieden *G. Kirchhof* ZG 2012, 313 (314–317).

[5] Zumindest die „Deutschland-Bonds" (Auftreten des Bundes nach außen) verstoßen gegen Art. 109 I, vgl. *G. Kirchhof* ZG 2012, 313 (323); → Art. 109 Rn. 9.

[6] Anders *G. Kirchhof* ZG 2012, 313 (317 f., 321/323), der auch einen Verstoß gegen das „Konnexitätsprinzip" des Art. 104a annimmt.

[7] St. Rspr. BVerfGE 9, 305 (328 f.); 26, 338 (390); 39, 96 (108); 86, 148 (215); BVerwGE 81, 312 (313); zust. *Hufen* RdJB 2005, 323 (326); *Schwarz/Reimer* JuS 2007, 219 (219 f.); *Gersdorf* ZG 2011, 248 (252); ähnlich auch *Heintzen,* in: v. Münch/Kunig II, Art. 104a Rn. 1.

satz gilt sowohl für Tätigkeiten bei der Ausführung von Gesetzen als auch bei der „gesetzesfreien" Verwaltung. Diese „Lastenverteilungsregel" ist in der Vergangenheit häufig nicht beachtet worden, da die Finanzierungskompetenz nicht nur eine Last, sondern auch ein mächtiges „Instrument der Einflussnahme" ist.[8] Dem sollte durch die Einfügung von Art. 104a I im Jahre 1969 ein Riegel vorgeschoben werden. Damit ist eindeutig klargestellt worden, dass nur die verfassungsrechtlich ausdrücklich vorgesehenen Durchbrechungen des Konnexitätsprinzips erlaubt sind („soweit dieses Grundgesetz nichts anderes bestimmt").[9] Das sind im Wesentlichen die in den Abs. 2–4 geregelten Ausnahmen (Auftragsverwaltung und Geldleistungsgesetze), die Investitionshilfen nach Art. 104b, c, die Gemeinschaftsaufgaben nach Art. 91a, b, c und e, die Kriegsfolgelasten und die Lasten der Sozialversicherung (Art. 120) sowie der Lastenausgleich (Art. 120a). Sonderregelungen enthalten auch Art. 106 VIII (Ausgleich für Sonderbelastungen) und 106a (Ausgleich für Personennahverkehr), die aber eher als besondere Einnahmeverteilungsregeln zu verstehen sein dürften. Die Baulastträgerschaft an öff. Verkehrswegen[10] und die Zustandshaftung für Bundeswasserstraßen[11] gehören nicht zu den Ausnahmen, fallen also unter Abs. 1.

Jede Form der **Mischfinanzierung** bedarf danach ebenso einer besonderen verfassungsrechtlichen **3** Rechtfertigung wie das **Fondswesen** („Mischfinanzierungsverbot").[12] In der Staatspraxis besteht indes immer noch der Hang, in mehr oder weniger verdeckter Form diese grds. verfassungsrechtlich fragwürdigen Finanzierungsformen einzusetzen. Sie sind deswegen so beliebt, aber auch gefährlich, weil regelmäßig ein faktischer Zwang besteht, angebotene Finanzmittel anzunehmen, zudem häufig noch verbunden mit der Auflage, eigene Mittel beizusteuern.[13] Das kann leicht zu einer ineffizienten – nicht paretooptimalen – Allokation der Ressourcen führe, nicht zuletzt weil die beizusteuernden Eigenmittel dann nicht mehr zur Erfüllung anderer, dringenderer Aufgaben zur Verfügung stehen. Andererseits ist aber auch zu berücksichtigen, dass der Bund eine Verantwortung für die gesamtwirtschaftliche Entwicklung sowie die überregionale Infrastruktur trägt und die von den Ländern bevorzugten ungebundenen Transfers nicht immer die erforderliche Treffsicherheit aufweisen. Die Gründung und Beteiligung an juristischen Personen des Privatrechts – gemeinsam durch Bund und Länder – zur Erfüllung öff. Aufgaben ist grds. mit Art. 104a I nur dann zu vereinbaren, wenn eine verfassungsrechtliche Gestattung vorliegt (näher → Rn. 18).[14]

## II. Wahrnehmung von Aufgaben

Erhebliche Schwierigkeiten hat die Bestimmung des **Begriffs** der **Aufgaben** in Art. 104a I bereitet.[15] **4** Mittlerweile besteht aber weithin Einigkeit, dass damit die **Verwaltungskompetenz** gemeint ist.[16] Das gilt auch für die gesetzesfreie Verwaltung.[17] Ebenfalls dazu gehören die Justiz- und Parlamentsverwaltungen.[18] Ausgaben für die Judikative und die Legislative sind von dem zu tragen, dem das GG die

---

[8] *v. Arnim*, HStR IV[1], § 103 Rn. 15; allg. zu Finanzautonomie und Finanzverflechtung eingestuften Rechtsordnungen: *Hey* VVDStRL 66 (2007), 277 (277 ff.); *Waldhoff*, ebda., 216 (216 ff.); *Hummel*, Verfassungsrechtsfragen, S. 109 ff.

[9] Eindeutig BVerfGE 26, 338 (390): „nur eine Klarstellung"; weitere Einzelheiten → Rn. 12.

[10] *Vogel/Kirchhof* BK, Art. 104a (1971) Rn. 63: „Gegenstand des Konnexitätsgrundsatzes"; *Prokisch* BK, Art. 104a (2003) Rn. 155; *Pieroth*, in: Jarass/Pieroth, Art. 104a Rn. 4, 6; *Hellermann*, in: v. Mangoldt/Klein/Starck III, Art. 104a Rn. 46; aA BVerfGE 26, 338 (391), allerdings zu Art. 106 IV Nr. 1 aF; *Tappe* BK, Art. 104a (2017) Rn. 167: nicht mehr öffentliche Aufgabe des Bundes und deshalb nicht von Art. 104a I erfasst.

[11] *Pieroth*, in: Jarass/Pieroth, Art. 104a Rn. 4; aA BVerwGE 87, 181 (187); *Hellermann*, in: v. Mangoldt/Klein/Starck III, Art. 104a Rn. 46.

[12] Näher → Rn. 12.

[13] *Kisker*, Kooperation, S. 41 f. („Angebotsdiktatur"); *v. Arnim*, HStR IV[1], § 103 Rn. 14. Der Gefahr, dass die Länder auf diese Weise in weitere Abhängigkeit vom Bund geraten, ist durch einengende Auslegung vorzubeugen, sinngemäß BVerfGE 39, 96 (107); weniger krit. *Scheuner* DÖV 1972, 585 (585 ff.).

[14] Das BVerfG sieht jegliche Betätigung des Staates, „die der Erfüllung öffentlicher Aufgaben dient" von der Kompetenzordnung erfasst, „ohne Rücksicht darauf, ob Mittel des öffentlichen oder des privaten Rechts verwendet werden" (BVerfGE 12, 205 [244]); zu großzügig im Hinblick auf die privatrechtliche Stellung und privatwirtschaftliche Tätigkeit von Bund und Ländern *Hellermann*, in: v. Mangoldt/Klein/Starck III, Art. 104a Rn. 16, 46.

[15] Vgl. *Stern*, Staatsrecht II, S. 1136 f.

[16] BVerfGE 26, 338 (390) (zu Art. 106 IV 2 Nr. 1 [1955]); BVerwGE 44, 351 (365); 98, 18 (22); *Stern*, Staatsrecht II, S. 1138; *v. Arnim*, HStR IV[1], § 103 Rn. 30; *Heintzen*, in: v. Münch/Kunig II, Art. 104a Rn. 13; *Heun*, in: Dreier III, Art. 104a Rn. 12 f.; *Hellermann*, in: v. Mangoldt/Klein/Starck III, Art. 104a Rn. 42–44, 47, 118; *Erichsen*, Konnexität, S. 37 ff.; *Trapp*, Veranlassungsprinzip, S. 180 f.; *Mückl*, Schutz, S. 151; *Kube*, Die Finanzgewalt in der Kompetenzordnung, 2004, S. 181 f.; *F. Kirchhof* DVBl 2004, 977 (978, 984); *Gröpl* DVBl 2006, 1079 (1083); *Hey* VVDStRL 66 (2007), 277 (288 f.); *Waldhoff* ebda., 216 (230); *Ekardt/Buscher* DÖV 2007, 89 (91); *Korioth* FS Scholz, 2007, S. 677 (690); *Hummel*, Verfassungsrechtsfragen, S. 111 mwN, 122; *Schwarz*, in: Maunz/Dürig, Art. 104a (2018) Rn. 39–42; *Pieroth*, in: Jarass/Pieroth, Art. 104a Rn. 4; im Grundsatz zust. *Tappe* BK, Art. 104a (2017) Rn. 162 f.; aA *H. P. Schneider*, Staatswissenschaften und Staatspraxis 1993, 3 (7); irreführend *J.-P. Schneider* AK GG, Art. 104a (2001) Rn. 5, der darauf abstellt, wer über ausgabenbestimmende „Gestaltungsspielräume" verfüge. Das wäre aber auch, oder sogar vornehmlich, der Inhaber der Gesetzgebungskomp. Es trifft ferner nicht zu, dass durch das Konnexitätsprinzip letztlich den Parlamenten „eine Möglichkeit zur Kontrolle des Verwaltungshandelns eröffnet" wird.

[17] *Stern*, Staatsrecht II, S. 1146; *Heun*, in: Dreier III, Art. 104a Rn. 14.

[18] *Heintzen*, in: v. Münch/Kunig II, Art. 104a Rn. 17; *Pieroth*, in: Jarass/Pieroth, Art. 104a Rn. 4; *J.-P. Schneider* AK GG, Art. 104a (2001) Rn. 8; *Heun*, in: Dreier III, Art. 104a Rn. 14; *Hummel* DVBl 2008, 84 (87).

Zuständigkeit für die ausgeübte Tätigkeit zugewiesen hat. Es gilt ein modifiziertes Konnexitätsprinzip, weil diese Tätigkeiten nicht in Ausübung einer Verwaltungskompetenz erfolgen.[19] Die verbreitet in die Debatte geworfene Anbindung an die Gesetzgebung („Gesetzeskonnexität") ist allenfalls ein rechtspolitischer Wunsch, aber nicht geltendes Recht.[20] „Ungeschriebene" Zuständigkeiten des Bundes sind grds. nicht anzuerkennen,[21] auch wenn sie vom BVerfG gelegentlich aus der „Natur der Sache" oder „kraft Sachzusammenhangs"[22] bejaht worden sind.[23] Der Bereich der „gesamtstaatlichen Repräsentation" und vor allem der Fürsorge für die Bundeshauptstadt ist nunmehr ausdrücklich zur Bundesaufgabe im neuen Art. 22 I erklärt worden, bedarf also nicht mehr methodisch fragwürdiger, ergebnisorientierter Auslegungskunststücke.[24] Ein Bedarf für die Annahme ungeschriebener Kompetenzen besteht nicht (mehr). Eine Finanzierungskompetenz des Bundes folgt nunmehr aus einer direkten Anwendung von Abs. 1. Will man sie annehmen, gilt auch insoweit strikt der Konnexitätsgrds. **Ungeschriebene Finanzierungskompetenzen** kann es danach nicht geben, auch wenn ihre Existenz nicht selten behauptet wird.[25] Möglicherweise handelt es sich aber nur um eine sprachliche oder gedankliche Ungenauigkeit und es sind eigentlich ungeschriebene Verwaltungszuständigkeiten gemeint, die zu einer daran anknüpfenden Finanzierungskompetenz führen. Die (rein) fiskalische oder auch die (rein) erwerbswirtschaftliche Tätigkeit der öffentlichen Hand soll dagegen keine „Wahrnehmung von Aufgaben" iSv Art. 104 sein.[26] Fraglich ist allerdings, ob es überhaupt eine erwerbswirtschaftliche Tätigkeit des Staates geben darf, ohne dass damit eine öffentliche Aufgabe erfüllt wird.[27]

5     Es kommt **nicht** darauf an, wer die kostenträchtige Tätigkeit **verursacht** oder **veranlasst** hat oder wem sie **nutzt**.[28] Die unter Umständen erheblichen Folgekosten von Gesetzen sind dementsprechend nicht dem jeweiligen Gesetzgeber im Sinne von Art. 104 zuzurechnen.[29] Daran ist auch trotz der neueren Kritik[30] festzuhalten. Die Einführung eines allg. finanzverfassungsrechtlichen Verursachungs- oder Veranlassungsprinzips durch Uminterpretation von Art. 104a I ist nicht möglich, sondern bedarf einer Verfassungsänderung.[31] Ansätze in diese Richtung finden sich im neuen Abs. 4 (→ Rn. 36). Im **Ergebnis** ist es daher angebracht, unter **Aufgabenwahrnehmung** nur die **unmittelbar** Ausgaben

[19] Sinngemäß *Stern,* Staatsrecht II, S. 1138; ebenso *Hellermann,* in: v. Mangoldt/Klein/Starck III, Art. 104a Rn. 48; *Heun,* in: Dreier III, Art. 104a Rn. 14; deutlich auch *Hufen* RdJB 2005, 323 (332); i. Erg. jetzt auch *Tappe* BK, Art. 104a (2017) Rn. 164 f., der sich aber gegen die Bezeichnung als „modifiziertes Konnexitätsprinzip" wendet.
[20] In diesem Sinne auch *Heun,* in: Dreier III, Art. 104a Rn. 12; *Hellermann* (Fn. 3), Rn. 315 f.; näher → Rn. 5.
[21] Vgl. BVerwGE 98, 18 (23), verneint für das Personalausweiswesen; sehr zurückhaltend im Ausgangspunkt auch BVerfGE 98, 265 (299): „Ungeschriebene Gesetzgebungskompetenzen des Bundes sind dagegen nur in äußerst engen Grenzen anerkannt."
[22] BVerfGE 22, 180 (217): Natur der Sache; BVerfGE 4, 74 (84); 98, 265 (299): Sachzusammenhang.
[23] Grds. Anerkennung beider Rechtsfiguren, wenn auch im konkreten Fall verneint, schon durch BVerfGE 3, 407 (421 f.), bestätigt durch BVerfGE 98, 265 (299), wonach eine „Annexkompetenz" oder eine „Kompetenz kraft Sachzusammenhangs" in Betracht komme, „wenn der Bund von einer ihm ausdrücklich eingeräumten Kompetenz nicht ohne Zugriff auf eine den Ländern zustehende Materie sinnvoll Gebrauch machen" könne. Das Bedürfnis nach einer bundeseinheitlichen Regelung soll dafür aber nicht ausreichen. Die Kompetenz kraft Sachzusammenhangs stütze und ergänze vielmehr eine zugewiesene Zuständigkeit nur dann, wenn die entspr. Materie verständlicherweise nicht geregelt werden könne, ohne dass zugleich eine nicht ausdrücklich zugewiesene andere Materie mitgeregelt werde, wenn also das Übergreifen unerlässliche Voraussetzung für die Regelung der zugewiesenen Materie sei.
[24] Krit. *Heintzen* FS Raue, 2006, S. 83 (91, 94); zur Finanzierung der Reichshauptstadt aus historischer Sicht umfassend *Engler,* Die Finanzierung der Reichshauptstadt, 2004.
[25] *B. Tiemann,* Gemeinschaftsaufgaben von Bund und Ländern in verfassungsrechtlicher Sicht, 1970, S. 143; eindeutig *K. Vogel,* HStR IV¹, § 87 Rn. 25 a. E.; *Hufen* RdJB 2005, 323 (332); krit. auch *Vogel/Kirchhof* BK, Art. 104a (1971) Rn. 61; *Stern,* Staatsrecht II, S. 1146; *Heun,* in: Dreier III, Art. 104a Rn. 12; *Hellermann,* in: v. Mangoldt/Klein/Starck III, Art. 104a Rn. 118 („unhaltbar geworden"); so auch mit der wünschenswerten Klarheit: *Henneke,* in: Hofmann/Henneke, Art. 104a Rn. 12; *Hummel,* Finanzierungsverantwortung, S. 218 f.; offen gelassen: *Waldhoff* HStR V³, § 116 Rn. 72 a. E.; anders aber: *Heintzen* FS Raue, 2006, S. 83 (93); *ders.* in: v. Münch/Kunig II, Art. 104a Rn. 28 ff.; *Sturm* DÖV 1968, 466 (473); *Oppermann* DÖV 1972, 591 (596); *Lücke* DÖV 1977, 495 (497 ff.).
[26] *Hellermann,* in: v. Mangoldt/Klein/Starck III, Art. 104a Rn. 46 mit näherer Begründung; wohl auch *Gersdorf* ZG 2011, 248 (254).
[27] Näher → vor Art. 104 Rn. 136–138.
[28] BVerfGE 26, 338 (390); BVerwGE 44, 351 (365); BVerwG JZ 1992, 460 (461); *Stern,* Staatsrecht II, S. 1146; *Pieroth,* in: Jarass/Pieroth, Art. 104a Rn. 4; *Heun,* in: Dreier III, Art. 104a Rn. 15; *F. Kirchhof* DVBl 2004, 977 (978); *Korioth* NVwZ 2005, 503 (506); *Hertel/Karpenstein* ZAR 2015, 373 (374); trotz unklarer Argumentation i. E. wohl ebenso *J.–P. Schneider* AK GG, Art. 104a (2001) Rn. 6.
[29] *Schoch/Wieland,* Finanzierungsverantwortung, S. 130.
[30] *H. P. Schneider* StWissStPr 1993, 3 (7), für „Verursacherprinzip"; *Henneke,* in: Die Kreise im Bundesstaat, 1994, S. 61 (127 ff.); *F. Kirchhof* DVBl 2004, 977 (985), der sich für die Einführung einer Gesetzeskausalität ausspricht, dabei aber nicht hinreichend beachtet, dass Ansprüche auf „Kostenersatz" immer zu Ineffizienzen führen; *Trapp,* Veranlassungsprinzip, S. 242: Veranlassungsprinzip unter Abstellen auf die „realen Steuerungspotentiale". I. E. käme es dann aber zu einer unhaltbaren Kombination von Gesetzes- und Vollzugskausalität.
[31] BVerfGE 26, 338 (390); *v. Arnim,* HStR IV¹, § 103 Rn. 28, der lediglich Zweifel an der Zweckmäßigkeit der für ihn eindeutigen Regelung de constitutione lata äußert; eingehend *Mückl,* Schutz, S. 152–157; *Hellermann,* in: v. Mangoldt/Klein/Starck III, Art. 104a Rn. 44; *Morgenthaler* FS Isensee, 2007, S. 911 (920); nicht eindeutig *F. Kirchhof* VVDStRL 52 (1993), 71 (94); *Schwarz,* in: Maunz/Dürig, Art. 104a (2018) Rn. 41. *Trapp,* Veranlassungsprinzip, sieht im Anschluss an *Löwer* Art. 104a II als Angelpunkt an und hält dessen Streichung für unerlässlich.

verursachende **Tätigkeit** zu verstehen.[32] Ob die Einführung einer anderen Lastenverteilungsregel verfassungspolitisch wünschenswert wäre,[33] ist eine andere Frage. Die Abschätzung finanzieller Folgewirkungen von einzelnen gesetzlichen Anordnungen und ihre Kompensation durch Ausgleichszahlungen erzeugen jedenfalls nur schwer lösbare praktische Probleme und müssten zudem alle anderen bundesstaatlichen Finanzbeziehungen mit einbeziehen. Die konkrete Ermittlung und Zurechnung der einzelnen, Ausgaben verursachenden Faktoren dürfte kaum möglich sein.

**EU-RL,** die der Umsetzung durch Bundesgesetz bedürfen, sind finanzverfassungsrechtlich letztlich **6** wie jedes andere Bundesgesetz zu behandeln. Wenn keine Transformation erforderlich ist, hat die Ebene die Lasten zu tragen, die für ihren verwaltungsmäßigen Vollzug zuständig ist. Wenn die Umsetzung (ausnahmsweise) durch Landesgesetz zu erfolgen hat, besteht in jedem Fall auch eine Verwaltungszuständigkeit der Länder und sie müssen die mit ihr verbundenen Ausgaben tragen.[34] Probleme bereiten aber die Rechtsakte der EU, die keiner Umsetzung bedürfen: **EU-VO** gelten unmittelbar und bilden einen eigenen Rechtskreis, der weder Bundes- noch Landesrecht ist.[35] Entsprechendes gilt auch für **Richtlinien,** wenn sie (ausnahmsweise) innerstaatlich unmittelbar anwendbar sind. Für ihre Ausführung sind nach Art. 30 grds. auch die Länder zuständig. Soweit sie zuständig sind, tragen sie auch die finanziellen Lasten, falls sie nicht von der EU übernommen werden.[36] Soweit dagegen eine entspr. Anwendung der Art. 83 ff. befürwortet wird,[37] ergibt sich die grds. Verwaltungszuständigkeit der Länder aus Art. 83, allerdings mit deutlich größeren Bereichen, für die der Bund zuständig ist. Die Lastentragung folgt aber auch dann wieder entspr. Art. 104a I der Verwaltungszust.[38]

## III. Ausgaben

Zu den **Ausgaben** gehören alle finanz. Mittel, die für die Tätigkeit des Staates erforderlich sind. **7** Damit ist allerdings mehr der **Finanzbedarf** des Staates umschrieben als seine tatsächlichen Ausgaben. Eine weitere Schwierigkeit entsteht dadurch, dass die Bestimmung auch als Regel zur Verteilung der Kosten verstanden wird. **Ausgaben** und **Kosten** werden aber – meist unreflektiert – synonym verwendet, obwohl die Betriebswirtschaftslehre ebenso wie andere Gebiete des öff. Rechts die Begriffe deutlich unterscheiden. Der juristische Sprachgebrauch ist allerdings unsystematisch und inkonsistent. Er umfasst sowohl die Kosten „kostenrechnender Einrichtungen", die weitgehend dem betriebswirtschaftlichen Begriff entsprechen, als auch Notarkosten, Gerichtskosten, Verwaltungskosten, Kosten im Sinne des Kostendeckungsprinzips bei Vorzugslasten, Vollstreckungskosten, Verwahrungskosten uÄ.

Die Interpretation des GG muss aber vom **kameralistischen Rechnungswesen** ausgehen, das **8** ursprünglich ausschließlich im öffentlichen Sektor verwendet worden ist und nur einen Teil der Informationen liefert, die für eine modernen Anforderungen genügende Steuerung und Kontrolle wünschenswert sind.[39] Die Kameralistik ist eine einfache Einnahmen-Ausgaben-Rechnung, die rein

---

[32] Ähnlich wohl *Pieroth,* in: Jarass/Pieroth, Art. 104a Rn. 4.

[33] Dafür *Waechter* VerwArch 85 (1994), 208 (208 ff.); *Henneke,* in: J. Ipsen (Hrsg.), Kommunale Aufgabenerfüllung, 1995, S. 81, 97 ff.; *ders.* DÖV 1996, 713 (717 ff.); *F. Kirchhof,* 61. DJT, Gutachten D, 1996; *ders.* VVDStRL 52 (1993), 71 (94); *ders.* DVBl 2004, 977 (978), der die Entscheidung des Gesetzgebers als „Systemfehler des Grundgesetzes" bezeichnet, ohne die guten Gründe, die es dafür gibt, auch nur anzudeuten, und für „Gesetzeskausalität" plädiert; *Maraun,* in: M. Hoffmann u. a. (Hrsg.), Kommunale Selbstverwaltung im Spiegel von Verfassungsrecht und Verwaltungsrecht, 1996, S. 71 (71 ff.); *Bull/Welti* NVwZ 1996, 838 (844); *Schoch* ZRP 1995, 387 (387 ff.); *Trapp* ZRP 1996, 339 (339 ff.); *ders.,* Veranlassungsprinzip, S. 181, 185; *Grote* JZ 1996, 832 (837) für „Veranlassungsprinzip"; im Grundsatz auch *Hellermann,* in: v. Mangoldt/Klein/Starck III, Art. 104a Rn. 132; krit. zu Änderungsbestrebungen in Richtung auf ein „Veranlasserprinzip" *Karstendiek* ZRP 1995, 49 (49 f.); *Mückl,* Schutz, S. 156 f.; *Hummel,* Finanzierungsverantwortung, S. 122, der die Lastenverteilung nach dem Prinzip der Vollzugskausalität zutreffend als ihm aus „sachgerechte Regelung" bezeichnet; zurückhaltend auch *Heun,* in: Dreier III, Art. 104a Rn. 5, der zutreffend auf die Möglichkeiten zum Widerstand nach Art. 84 I 7, 85 I 2 gegen kostenträchtige Aufgabenübertragungen hinweist.

[34] *F. Klein* FS Geiger, 1989, S. 501 (502); *Hummel,* Finanzierungsverantwortung, S. 113 f.; grundsätzlich auch in diesem Sinne *Heun,* in: Dreier III, Art. 104a Rn. 7

[35] BVerfGE 22, 293 (295 f.).

[36] *Heintzen,* in: v. Münch/Kunig II, Art. 104a Rn. 35; *Magiera* FS Menzel, 1975, S. 621 (636); *Henneke,* in: Hofmann/Henneke, Art. 104a Rn. 17; *F. Klein* FS Geiger, 1989, S. 501 (502); *Keilmann,* in: Piduch, Bundeshaushaltsrecht, 2. Aufl., Art. 104a (2007) Rn. 41; *J.-P. Schneider* AK GG, Art. 104a (2001) Rn. 9; *Heun,* in: Dreier III, Art. 104a Rn. 5; *Hummel,* Finanzierungsverantwortung, S. 116; aA *v. Arnim* HStR IV¹, § 103 Rn. 40 (hälftige Aufteilung).

[37] BVerwGE 102, 119 (125 f.); insgesamt auch: *F. Kirchhof,* in: Maunz/Dürig, Art. 83 (2009) Rn. 69–71b; *Streinz,* HStR VII¹, § 182 Rn. 51; *Hellermann,* in: v. Mangoldt/Klein/Starck III, Art. 104a Rn. 120; *Dittmann,* Art. 83 Rn. 20; *Suerbaum,* Die Kompetenzverteilung beim Verwaltungsvollzug des Europäischen Gemeinschaftsrechts in Deutschland, 1998, S. 223–226, 254.

[38] *Heintzen,* in: v. Münch/Kunig II, Art. 104a Rn. 35; *Hellermann,* in: v. Mangoldt/Klein/Starck III, Art. 104a Rn. 122; aA *Carl* NVwZ 1994, 947 (949), mit dem sehr zweifelhaften Argument, dass Art. 104a ff. ausschließlich die Ausführung von Bundesgesetzen regelten.

[39] Vgl. Mühlhaupt/Eisele, Theorie und Praxis des öffentlichen Rechnungswesens der Bundesrepublik Deutschland, 1987, S. 440 ff.; Reichard, Betriebswirtschaftslehre der öffentlichen Verwaltung, 2. Aufl. 1987, S. 297 ff.; Gornas, Grundzüge einer Verwaltungskostenrechnung, 1992, S. 129 ff., 134 ff.; Bücker/Wetterau DÖV 1995, 147 (147 f.); Steinebach Verwaltungsbetriebslehre, 5. Aufl. 1998, S. 293 ff.; R. F. Heller, Haushaltsgrundsätze für Bund, Länder und Gemeinden, 1998, S. 130 ff.

finanzwirtschaftl. orientiert ist. Sie erfasst die Geldbewegungen des Haushaltsjahres, enthält aber keine Kostenrechnung, die der Unternehmensrechnung vergleichbar wäre. Kosten (im betriebswirtschaftlichen Sinne) können daher nur mit Hilfe von Zusatzrechenwerken[40] kalkuliert werden. Es werden nur die Kosten erfasst, die Ausgaben sind. Andererseits werden vermögenswirksame Ausgaben nicht ausgesondert, die keine dir. Kosten sind. Wenn in diesem Zusammenhang also von Kosten gesprochen wird, kann es sich nur um die Ausgaben des Verwaltungsträgers handeln. Ein weiterer Erkenntnisgewinn ist damit jedoch nicht verbunden.[41] Ob dabei auf den kassenmäßigen Abschluss oder die Sollstellung abzustellen ist, betrifft nur die hier nicht weiter interessierende Frage der zeitlichen Abgrenzung. Entscheidend ist der **Geldausgang,** die Zahlung von Geld an Dritte. Steuervergünstigungen gehören deshalb auch nicht zu den Ausgaben;[42] ebenso wenig wie eine bloße Haftung. Deshalb ist fraglich, ob eine (gemeinsame) Kreditaufnahme von Bund und Ländern (→ Rn. 1a) einen Verstoß gegen das Konnexitätsprinzip darstellen kann.[43] Auf Landesebene wurde deshalb auch zunehmend die doppelte Buchführung (Doppik) eingeführt, teilweise als Wahlrecht.[44] Ein solches Wahlrecht steht nunmehr durch die Neufassung des Haushaltsgrundsätzegesetzes allgemein zur Verfügung, §§ 1a, 7a HGrG.

## IV. Verwaltungsausgaben und Zweckausgaben

9    Die Grundregel erfasst zunächst ohne weitere Differenzierungen **jeden** Geldausgang.[45] Abs. 5 enthält jedoch eine Sonderregelung für die Verwaltungsausgaben. Sie sind ausnahmslos von der Ebene zu tragen, bei deren Behörde sie anfallen, Art. 104a V 1, Alt. 1; auch im Fall der Auftragsverwaltung und auch bei der Ausführung durch Kommunen.[46] Die Bestimmung setzt eine grundlegende Unterscheidung von Verwaltungsausgaben und Zweckausgaben voraus. Unter **Verwaltungsausgaben** sollen die „Kosten des Verwaltungspersonals und der Verwaltungseinrichtungen" zu verstehen sein.[47] Diese Umschreibung ist später dahingehend konkretisiert worden, dass sie die Kosten für die Unterhaltung und den Betrieb des administrativen Apparates,[48] also Personalkosten und Ausgaben für Dienstgebäude, Geräte, Fahrzeuge, Nachrichtenmittel, Geschäftsbedürfnisse, Reise- und Umzugskosten u. ä. umfassen soll, welche die Tätigkeit der Verwaltung ermöglichen.[49] **Zweckausgaben** sollen dagegen die Kosten sein, die bei der Verwirklichung des Verwaltungszwecks entstehen.[50] Sie werden durch die „Erfüllung der eigentlichen Sachaufgaben" verursacht.[51] Diese Umschreibungen liefern nur einen groben Anhaltspunkt, da der Verwaltungsapparat auch der Erfüllung einzelner Verwaltungsaufgaben dient und auch seine Kosten anteilmäßig zugerechnet werden müssten.

10   Die Abgrenzung iE ist schwierig und hätte durch ein Ausführungsgesetz nach Abs. 5 S. 2 erfolgen können, das aber bislang nicht erlassen worden ist.[52] Sie muss sich aber wieder an den Erkenntnismöglichkeiten des kameralistischen Rechnungswesens orientieren. Da eine Kostenträger- und Kostenstellenrechnung im Bereich der öff. Verwaltung erst jetzt eingeführt wird, kann nicht davon ausgegangen werden, dass das GG von einer Abgrenzung der Ausgaben und einer Leistungsverrechnung innerhalb der Verwaltung ausgeht. Das gilt auch dann, wenn nicht auf die (betriebswirtschaftlichen) Kosten abgestellt wird, sondern auf die Ausgaben. **Verwaltungsausgaben** sind den Gemeinkosten der Kostenrechnung vergleichbar. Es handelt sich um die Ausgaben, die nur **indirekt** der

---

[40] „Betriebskameralistik" und „erweiterte" Kameralistik, die aber im Wesentlichen nur für die (gemeindlichen) Gebührenhaushalte (kostenrechnende Einrichtungen) verwendet werden.

[41] Krit. Auseinandersetzung mit der Gleichsetzung von Kosten u. Ausgaben *Eichhorn* VerwArch 62 (1971), 39 (41).

[42] Bis in die Einzelheiten zustimmend *Heun,* in: Dreier III, Art. 104a Rn. 15; ebenso *Hellermann,* in: v. Mangoldt/Klein/Starck III, Art. 104a Rn. 49; *P. Kirchhof* FS Selmer, 2004, S. 745 (760); *Schmehl,* in: Friauf/Höfling, Art. 104a Rn. 39.

[43] So aber *G. Kirchhof* ZG 2012, 313 (323), der zwar ebenfalls davon ausgeht, dass keine Ausgabe vorliegt, aber eine „Umgehung" des Konnexitätsprinzips annimmt.

[44] Zum Nutzen des „doppischen Haushalts" und des „doppischen Jahresabschlusses" in der parlamentarischen Praxis des Landes Hessen s. *Kaufmann/Beyersdorff,* Jahrbuch für öffentliche Finanzen 2011, 385 ff.

[45] Vgl. BVerwGE 96, 45 (51); *Heun,* in: Dreier III, Art. 104a Rn. 16; zust. *Schwarz,* in: Maunz/Dürig, Art. 104a (2018) Rn. 44; aA *v. Arnim,* HStR IV[1], § 103 Rn. 26; s. a. *Hellermann,* in: v. Mangoldt/Klein/Starck III, Art. 104a Rn. 49, Grundregel jeder Geldausgang, aber Beschränkung von Abs. 1 aufdie Zweckausgaben (Rn. 50). I. E. dürfte sich die unterschiedliche Deutung kaum auswirken. In der ersten Variante hätte die Anordnung nur eine bestätigende, im zweiten Fall konstitutive Bedeutung (so deshalb auch *Hellermann* [Fn. 3] Rn. 171).

[46] *Müller-Franken* VSSR 2000, 155 (160) m. w. N.; *Tappe* BK, Art. 104a (2017) Rn. 313; z. T. a. A. *Hellermann,* in: v. Mangoldt/Klein/Starck III, Art. 104a Rn. 151–153; *U. Stelkens, 1998,* Verwaltungshaftungsrecht, S. 268 f.

[47] BT-Dr V/2861, Tz. 292, 301.

[48] *Pieroth,* in: Jarass/Pieroth, Art. 104a Rn. 16; *J.-P. Schneider* AK GG, Art. 104a (2001) Rn. 7; *Tappe* BK, Art. 104a (2017) Rn. 141, 304.

[49] BVerwG Buchholz 11 Art. 120 GG Nr. 5, S. 2; BGHZ 198, 374 Rn. 10; *Heintzen,* in: v. Münch/Kunig II, Art. 104a Rn. 19.

[50] *Pieroth,* in: Jarass/Pieroth, Art. 104a Rn. 16.

[51] BVerwG Buchholz 11 Art. 120 GG Nr. 5, S. 2; BGHZ 198, 374 Rn. 10; *Heintzen,* in: v. Münch/Kunig II, Art. 104a Rn. 19; *J.-P. Schneider* AK GG, Art. 104a (2001) Rn. 7; *Schwarz,* in: Maunz/Dürig, Art. 104a (2018) Rn. 91.

[52] Auch das Finanzanpassungsgesetz v. 30.8.1971 (BGBl I 1426) zuletzt geändert durch G v. 23.5.1975 Art. V § 6 (BGBl I 1173) enthält keine allg. Definition; ebenso jetzt auch *Tappe* BK, Art. 104a (2017) Rn. 308.

jeweiligen Leistung (Aufgabenerfüllung) zugerechnet werden können. **Zweckausgaben** sind den Einzelkosten vergleichbar und können **direkt** der Verwaltungsleistung zugerechnet werden. Sie sind regelmäßig mit ihr identisch.[53]

**Bau- und Erhaltungskosten** beim Fernstraßenbau sind danach Zweckausgaben, ebenso die **Zu-** 11 **wendungen** an die Begünstigten bei Geldleistungsgesetzen.[54] Als besonders schwierig hat die Regierungsbegründung die Zuordnung von **Baunebenkosten** bezeichnet und ausdrücklich „den nach Satz 2 vorgesehenen Gesetzen" überlassen.[55] Entwurfsbearbeitung, Aufsicht und ähnliche Leistungen, die eher den Bauausgaben zuzurechnen sind, können danach (erstattungsfähige) Zweckausgaben sein.[56] Sonstige **Personalausgaben** sind dagegen nach der Gesetzesbegründung keine Zweckausgaben.[57] Soweit Personalausgaben allerdings abgrenzbar sind, also alleine für eine bestimmte Aufgabe entstehen, haben sie ökonomisch denselben Stellenwert wie die sonstigen Zweckausgaben und sollten hinzugerechnet werden. Das gilt namentlich, wenn Dienstleistungen eingekauft und nicht durch eigenes Personal erbracht werden („contracting out"). Andernfalls könnte der Umfang der Erstattungspflicht durch den Anspruchsberechtigten freizügig verändert werden. Aber auch hier sind die Grenzen iE schwer zu bestimmen. Ausgaben, die durch **fehlerhaftes Verwaltungshandeln** (zB Amtshaftungsansprüche) verursacht worden sind, dürften nach der Intention des Gesetzgebers keine Zweckausgaben sein (näher → Rn. 46).

## V. Die Rechtsfolgen im Einzelnen

**1. Finanzierungsverbote.** Die Vorschrift enthält nicht nur das **Gebot,** die Ausgaben im Bereich 12 der jeweiligen Wahrnehmungszuständigkeit zu tragen, sondern auch das **Verbot,** fremde Aufgaben zu finanzieren.[58] Eine Gebietskörperschaft darf sich nicht außerhalb ihrer Aufgabenzuständigkeit an den Kosten beteiligen, die der Gebietskörperschaft einer anderen Ebene bei der Erfüllung von Aufgaben entstehen, die sie nach der verfassungsmäßigen Zuständigkeitsordnung alleine wahrzunehmen hat.[59] Namentlich ist es dem Bund untersagt, in Bereichen als Zuwendungsgeber aufzutreten, die in die Aufgabenverantwortung der Länder fallen, in denen er dazu nicht von der Verfassung besonders ermächtigt ist.[60] Dasselbe gilt für die finanzielle Beteiligung von Ländern an Aufgaben des Bundes. Auch ist jede Form der **Mischfinanzierung** nur in den verfassungsrechtlich vorgesehenen Fällen erlaubt.[61] Dasselbe gilt für das **Fondswesen.**[62] Keine Mischfinanzierung ist gegeben, wenn Bund und Länder eine „gemeinschaftliche Aufgabe" auch gemeinsam finanzieren.[63] Nicht zu beanstanden ist auch die finanzielle Beteiligung eines Landes an der Erfüllung von Aufgaben eines anderen Landes,[64] da die Vorschrift nur die Finanzverantwortung im Bund-Länder-Verhältnis regelt.

Nach der Grundregel des Abs. 1 haben die Länder **alle Ausgaben einschließlich** der **Zweck-** 13 **ausgaben** (→ Rn. 9 f.) zu tragen, wenn sie nach Art. 83, 84 Bundesgesetze als eigene Angelegenheit

---

[53] I. E. ähnlich *Stern,* Staatsrecht II, S. 1139; zust. *Tappe* BK, Art. 104a (2017) Rn. 310; der hier vorgeschlagenen engen Abgrenzung der Zweckausgaben jetzt folgend *U. Stelkens* (Fn. 46) S. 261; *J.-P. Schneider* AK GG, Art. 104a (2001) Rn. 7. *Morgenthaler,* FS Isensee, 2007, S. 911 (921), beurteilt (steuerliche) Verschonungssubventionen als Zweckausgaben.

[54] *J.-P. Schneider* AK GG, Art. 104a (2001) Rn. 7; *Heintzen,* in: v. Münch/Kunig II, Art. 104a Rn. 19.

[55] BT-Dr V/2861,Tz. 302.

[56] *Fischer-Menshausen,* in: v. Münch/Kunig III, 3. Aufl. 1996, Art. 104a Rn. 40.

[57] Das ergibt sich im Umkehrschluss aus der Abgrenzung in BT-Dr V/2861, Tz. 292, 301.

[58] BVerwGE 81, 312 (314); *J.-P. Schneider* AK GG, Art. 104a (2001) Rn. 5: „Fremdfinanzierungsverbot"; *v. Arnim,* HStR IV[1], § 103 Rn. 41 f.; *Henneke,* in: Hofmann/Henneke, Art. 104a Rn. 21; *Heun,* in: Dreier III, Art. 104a Rn. 17; *Hufen* RdJB 2005, 323 (326); *Winterhoff* JZ 2005, 59 (60); *G. Kirchhof* ZG 2012, 313 (321); *Hertel/Karpenstein* ZAR 2015, 373 (374); zust. *Tappe* BK, Art. 104a (2017) Rn. 144; ferner *Schwarz,* in: Maunz/Dürig, Art. 104a (2018) Rn. 22, 35, 46.

[59] BVerwGE 81, 312 (314).

[60] BVerfGE 26, 338 (390), aber letztlich wohl offen lassend; BGH NJW 1987, 1625 (1627); *Stern,* Staatsrecht II, S. 1138; weitere Einzelheiten zu der „Grauzone", in der der Bund ohne eindeutige Kompetenz finanziert, bei *Keilmann* (Fn. 36), Rn. 15–25. Die Finanzierungen nach dem Entw. eines „Flurbereinigungsabkommens" (1971) sind nur bei Vorliegen (ungeschriebener) Sachkompetenzen des Bundes zulässig; vgl. *Siekmann* DÖV 2002, 632 (635 f.); *Ogorek/Pu* GLJ 2005, 1335 (1348 f.).

[61] BVerwGE 44, 351 (364); 81, 312 (314); 102, 119 (124); BGH NJW 1987, 1625 (1627); *Stadler* BayVBl 1969, 297 (299); *Holch* DÖV 1970, 841 (842); *Petersen/Anton/Bork,* Mischfinanzierungen im deutschen Länderfinanzausgleich, 2001, S. 1 f.; Müller-Franken VSSR 2000, 155 (158); *Pieroth,* in: Jarass/Pieroth, Art. 104a Rn. 5; *Hellermann,* in: v. Mangoldt/Klein/Starck III, Art. 104a Rn. 36, 55; *Heun,* in: Dreier III, Art. 104a Rn. 17; *Tappe* BK, Art. 104a (2017) Rn. 144; *Ogorek/Pu* GLJ 2005, 1335 (1347); *Schmehl,* in: Friauf/Höfling, Art. 104a Rn. 25 (2009); *Dolde/Porsch* NVwZ 2011, 833 (834); *Gersdorf* ZG 2011, 248 (252); *G. Kirchhof* ZG 2012, 313 (322).

[62] *Stern,* Staatsrecht II, S. 1138, 1141; *Kisker,* Kooperation, S. 43.

[63] So wohl auch BVerfGE 26, 338 (391).

[64] *Schwarz,* in: Maunz/Dürig, Art. 104a (2018) Rn. 33; *Stern,* Staatsrecht II, S. 1146, mit Beispielen aus der Staatspraxis; *Pieroth,* in: Jarass/Pieroth, Art. 104a Rn. 6; *Hellermann,* in: v. Mangoldt/Klein/Starck III, Art. 104a Rn. 56; *Schmehl,* in: Friauf/Höfling, Art 104a Rn. 22; aA *Tappe* BK, Art. 104a (2017) Rn. 113–119; *Fischer-Menshausen,* in: v. Münch/Kunig III, 3. Aufl. 1996, Art. 104a Rn. 8; *Selmer* FS Thieme, 1993, S. 353 (367 ff.); *Hummel,* Finanzierungsverantwortung, S. 118 ff., mwN; unklar *Schwarz,* in: Maunz/Dürig, Art. 104a (2018) Rn. 22.

ausführen. Das gilt auch dann, wenn der Bund von seinen Aufsichts- und Steuerungsbefugnissen nach Art. 84 II–V Gebrauch macht. Nur im Fall der verfassungsrechtlich ausdrücklich vorgesehenen Durchbrechungen (→ Rn. 2) trägt der Bund diese Ausgaben. **Verwaltungsausgaben** (→ Rn. 9 f.) sind aber in jedem Fall vom Inhaber der Aufgabenkompetenz zu tragen, Abs. 5 S. 1 Alt. 1. Die von der Verfassung gestatteten Abweichungen von der Grundregel des Abs. 1 (Konnexität von Aufgaben- und Ausgabenverantwortung) betreffen **nur** die Zweckausgaben.[65] Das gilt vor allem auch für die Gemeinschaftsaufgaben nach Art. 91a, b und c[66] sowie für Art. 120.[67] Davon weicht jetzt lediglich der neu geschaffene Art. 91e ab, der auch insoweit lex specialis ist.[68] Art. 104a V 1 enthält keine Entscheidung über die Inzidenz der Ausgaben. Es ist dem Bundesgesetzgeber nicht verwehrt, einen Teil der Kosten über Vorzugslasten auf die Bürger abzuwälzen.[69] In dieser Ausdeutung hat Abs. 5 S. 1 Alt. 1 allerdings lediglich eine klarstellende Funktion.[70] I. E. besteht aber jedenfalls ein allg. Verbot der Erstattung von Verwaltungskosten[71] mit Ausnahme des Sonderfalls der Grundsicherung für Arbeitsuchende.

**14**  **2. Einrichtungen der mittelbaren Verwaltung.** In den Regelungsbereich von Art. 104a I fallen auch Einrichtungen der **mittelbaren Verwaltung** und die **Sondervermögen.** Sie werden ihrem jeweiligen Träger zugerechnet und über ihn erfasst.[72] Gleichwohl wird das ERP-Sondervermögen des Bundes davon abweichend behandelt.[73] Die hierfür angeführten historischen Gründe[74] reichen indes für eine Durchbrechung von Abs. 1 nicht aus.[75] Die Deutsche Bundesbahn war dem Bund zuzuordnen.[76] Aber auch die Verwirklichung von Infrastrukturprojekten der Deutschen Bahn AG soll „Wahrnehmung" von „Aufgaben" im Sinne von Art. 104a I sein.[77] Ob es für die finanzverfassungsrechtliche Zuordnung von Aufgaben allerdings entscheidend darauf ankommen kann, dass ein (öffentliches) Unternehmen in „privatrechtlicher Form" geführt wird, ist zweifelhaft.[78]

**15**  Die Regeln gelten (indirekt) auch im Verhältnis zu den **Gemeinden** und **Gemeindeverbänden,** da sie finanzverfassungsrechtlich als Teil der Länder anzusehen sind (→ vor Art. 104a Rn. 10). Auch Art. 104a stellt „allein Bund und Länder einander gegenüber und behandelt die Kommunen … als Glieder des betreffenden Landes"; ihre Aufgaben und Ausgaben werden denen des Landes zugerechnet.[79] Deshalb muss der Bund auch reine Finanzhilfen für kommunale Investitionen über die Länder leiten.[80] Abweichungen erlaubt aber insoweit Art. 91e.[81]

**16**  Auf keinen Fall können aus Art. 104a **Ansprüche** der Kommunalkörperschaften **gegen den Bund** für bundesgesetzlich veranlasste oder verursachte Ausgaben hergeleitet werden; selbst dann nicht, wenn ein „direkter" Durchgriff auf die kommunale Ebene vorliegt (→ Rn. 5). Nicht einmal die Übertragung von (neuen) Pflichtaufgaben durch Bundesgesetz auf die Gemeinden, die jetzt grundsätzlich unzulässig ist (Art. 84 I 7), könnte finanzielle Ansprüche gegen den Bund begründen. Derartige Lasten sind und

---

[65] *Müller-Franken* VSSR 2000, 155 (160); *Hummel,* Finanzierungsverantwortung, S. 124.

[66] → Art. 91a Rn. 34, Art. 91b Rn. 43, Art. 91c Rn. 20; aA für Art. 91a und Art. 91b, *Stern,* Staatsrecht II, S. 1139.

[67] → Art. 120 Rn. 16.

[68] → Art. 91e Rn. 13, 21.

[69] BVerwGE 95, 188 (195 f.).

[70] BVerwGE 96, 45 (51); *Heintzen,* in: v. Münch/Kunig II, Art. 104a Rn. 8; *Heun,* in: Dreier III, Art. 104a Rn. 14; a. A. *Hellermann,* in: v. Mangoldt/Klein/Starck III, Art. 104a Rn. 140.

[71] OVG NW DÖV 1992, 1066 (1067); *Hoppe* DVBl 1992, 117 (121 f.); *v. Arnim,* HStR IV[1,] § 103 Rn. 22; *Pieroth,* in: Jarass/Pieroth, Art. 104a Rn. 12; *Hellermann,* in: v. Mangoldt/Klein/Starck III, Art. 104a Rn. 141; ausdrücklich nur für Art. 104a II und Art. 91a die Regierungsbegründung BT-Dr V/2861; a. A. BVerwG BayVBl 1980, 473 (475): Geltung nur im Rahmen von Art. 104a.

[72] *F. Klein,* FS Geiger, 1989, S. 501 (503); ebenso jetzt auch: BVerfGE 113, 167 (206); *Hummel,* Finanzierungsverantwortung, S. 121 f.; zur Geltung für Sozialversicherungsträger *v. Einem* DVBl 1987, 979 (979 ff.).

[73] *Maunz,* in: Maunz/Dürig, Art. 104a (1977) Rn. 14.

[74] *Henneke,* in: Hofmann/Henneke, Art. 104a Rn. 19.

[75] *Hellermann,* in: v. Mangoldt/Klein/Starck III, Art. 104a Rn. 119 m. w. N.

[76] BVerwGE 81, 312 (313).

[77] *Meyer* DVBl 2011, 449 (450 ff.); *Dolde/Porsch* NVwZ 2011, 833 (834); abw. *Gersdorf* ZG 2011, 248 (258), der die Tätigkeit der Infrastrukturtöchter der Deutschen Bahn AG nicht als „Verwaltungstätigkeit" im Sinne von Art. 104a I ansehen will.

[78] So aber wohl *Gersdorf* ZG 2011, 248 (258), der „kaufmännisch geführte Unternehmen" von den Vorgaben des Art. 104a I ausnehmen will; speziell für Eisenbahninfrastrukturunternehmen des Bundes (2603). Die dabei vorgenommene Bezugnahme auf Art. 87e III 1 ist aber fragwürdig, da dort keineswegs von einer kaufmännischen Führung die Rede ist. Die Arg. leidet aber auch noch an weiteren (formalen) Schwächen. Auch muss die Herstellung und der Betrieb der Eisenbahninfrastruktur wegen Art. 87e IV wohl in jedem Fall finanzverfassungsrechtlich anders bewertet werden als die sonstige Tätigkeit von Bund und Ländern im Bereich des Eisenbahnwesens, unabhängig davon, wie man diese bewertet, näher *Windthorst,* Art. 87e Rn. 8, 47, 58–64.

[79] BVerfGE 86, 148 (215); BVerwGE 98, 18 (21); *Tappe* BK, Art. 104a (2017) Rn. 58; insoweit ausdrückl. zust. *Schoch/Wieland,* Finanzierungsverantwortung, S. 137; *Heun* DVBl 1996, 1022 (1026); *Korioth* NVwZ 2005, 503 (506); *Müller-Franken* VSSR 2000, 155 (158, 160).

[80] → Art. 104b Rn. 11.

[81] → Art. 91e Rn. 21.

waren aber im Bund-Länder-Finanzausgleich zu berücksichtigen.[82] Art. 104a I bietet keinen Schutz der kommunalen Selbstverwaltung vor finanzwirksamen Aufgabenzuweisungen durch Bund und Länder.[83] Unhaltbar ist daher die verbreitete Berufung auf Art. 104a I oder gar ein angeblich „allgemeines finanzverfassungsrechtliches Konnexitätsprinzip", um damit Ansprüche der Gemeinden zu begründen.[84] Zumindest verwirrend ist es daher, die landesverfassungsrechtlichen Vorschriften, die eine Erstattung von Kosten, die durch Aufgabenübertragung verursacht werden, als (striktes) Konnexitätsprinzip zu bezeichnen.[85] Die Vertreter der kommunalen Ebene haben diese Abweichung von der seit Jahrzehnten eingeführten Begrifflichkeit eingesetzt, um damit Ansprüche der Kommunen auf Kostenersatz für die Übertragung von Aufgaben durchzusetzen.[86] In der Sache handelt es sich vielmehr um ein „Veranlassungs-," oder „Verursachungsprinzip", das eben nicht in Art. 104a normiert ist, möglicherweise aber auf landesrechtlicher Ebene, wo es auch alleine hingehört.[87] Davon zu unterscheiden ist die Frage, in welchem Umfang Art. 28 II Ausgleichsansprüche der Gemeinden normiert. Diese Frage ist aber auch nach der zweimaligen Erweiterung der Vorschrift zu verneinen.[88] Etwas anderes mag für Ansprüche der Kommunalkörperschaften gegen die **Länder** gelten (dazu → Rn. 84 ff.).

Die Föderalismusreform 2006 hat indes zu Recht auf der Ebene der **Aufgabenzuweisung** ange- **17** setzt. Durch die eingeführten Verbote von Aufgabenübertragungen auf die kommunale Ebene in Art. 84 I 7 und Art. 85 I 2 ist eine Kostenverschiebung auf die kommunale Ebene nicht mehr – wie bisher – ohne weiteres möglich.[89]

**3. Überschneidungsbereiche.** Es gibt aber auch Überschneidungsbereiche zwischen Aufgaben **18** des Bundes und der Länder. Hier müssen die Zuständigkeiten eindeutig abgegrenzt und dementsprechend die Finanzierungsverantwortungen zugewiesen werden. Das gilt vor allem im Bereich der Gefahrenabwehr.[90] Die Länder haben danach die Kosten von Polizeieinsätzen endgültig zu tragen, auch wenn die Gefahrensituation vom Bund oder Dritten (mit-)verursacht worden ist, sie aber keine Störer im ordnungsrechtl. Sinne sind. Auch fällt die Bezeichnung von Bahnhöfen in den Zuständigkeitsbereich des Infrastrukturbetreibers. Er hat die Kosten für die Umbenennung eines Bahnhofs wegen eines geänderten Gemeindenamens zu tragen.[91] Echte **Doppelkompetenzen** bedürfen einer eindeutigen Anordnung und sind eine seltene Ausnahme. Unklar ist die Situation nicht selten im Bereich der leistenden Verwaltung, zB Versorgung mit Leistungen des Personennahverkehrs.

Bei bloß **faktischer** Überschneidung von Aufgaben, wie im Zusammenhang von Verkehrswege- **18a** kreuzungen und anderen Verkehrsbauten, wird eine anteilmäßige Finanzierung nach Maßgabe des „Anteils der verschiedenen staatlichen Ebenen an der Aufgabenverantwortung" als zulässig und geboten angesehen.[92] **Vereinbarungen** über eine Aufteilung der finanziellen Lasten nach Maßgabe der jeweiligen Aufgabenzuständigkeit mögen angehen. Enthalten sie jedoch frei ausgehandelte finanzielle

---

[82] Vgl. *Heintzen,* in: v. Münch/Kunig II, Art. 104a Rn. 24; *Huber,* 65. DJT, Gutachten D, 2004, S. D 93; *Löwer,* in: v. Münch/Kunig II, Art. 28 Rn. 93, m. Nachw. für die Gegenmeinung; *Schoch/Wieland,* Finanzierungsverantwortung, S. 138; *Witte* Der Städtetag 1996, 604 (605); *Hellermann,* in: v. Mangoldt/Klein/Starck III, Art. 104a Rn. 58 f.; s. a. *Nierhaus/Engels,* Art. 28 Rn. 71.

[83] Vgl. *Grawert,* Die Kommunen im Länderfinanzausgleich, 1989, S. 31; *Schoch/Wieland,* Finanzierungsverantwortung, S. 136–139; *Grote* JZ 1996, 832 (840); *Schwarz,* in: Maunz/Dürig, Art. 104a (2018) Rn. 31 f.; im Wesentlichen auch *Schoch,* Verfassungsrechtlicher Schutz der kommunalen Finanzautonomie, 1997, S. 116–129.

[84] So auch *Hellermann,* in: v. Mangoldt/Klein/Starck III, Art. 104a Rn. 58 f. m. Nachw. für die Gegenmeinung in Fn. 74; deutlich dagegen auch *Schwarz,* in: Maunz/Dürig, Art. 104a (2018) Rn. 31; i. E. ebenso *Huber,* 65. DJT, Gutachten D, 2004, S. D 81, 93 f.; *Korioth* NVwZ 2005, 503 (506 f.).

[85] BbgVerf DÖV 2002, 522 (523); *J. Ipsen* NJW 2006, 2801 (2805).

[86] Trotz Übernahme der (falschen) Begrifflichkeit in der Sache aber zutreffend *Grote* JZ 1996, 832 (840 f.).

[87] Zur Rspr. der Landesverfassungsgerichte: *Mandelartz/Neumeyer* DÖV 2000, 103 (103 ff.); *Schoch* AfK 2000, 225 (225 ff.); *ders.* FS v. Arnim, 2004, S. 411 (414 ff.); zu den „landesverfassungsrechtlichen Konnexitätsprinzipien" im Einzelnen: *Macht/Scharrer* DVBl 2008, 1150 (1151 f.); *Huber/Wollenschläger* VerwArch 100 (2009), S. 305 (310 ff.) m. w. N. vor allem in Fn. 18, die von der Einführung eines „strikten Konnexitätsgrundsatzes" in die Bay.Verf. sprechen (S. 313), aber auch das „neu gefasste, strikte Konnexitätsgebot" ansprechen (S. 315).

[88] *Heun* DVBl 1996, 1020 (1026); *Grote* JZ 1996, 832 (841); *Nierhaus,* Art. 28 Rn. 68 f.; *Siekmann,* FS Schnapp, 2008, S. 319 (330); ebenso *J.-P. Schneider* AK GG, Art. 104a (2001) Rn. 3; *Heintzen,* in: v. Münch/Kunig II, Art. 104a Rn. 24.

[89] *J. Ipsen* NJW 2006, 2801 (2805), dem diese Regelung aber nicht weit genug geht, da sie nur ex nunc wirke; ähnlich *Hummel,* Finanzierungsverantwortung, S. 118; näher *Pieroth,* FS Schnapp, 2008, S. 213 ff.; *Huber/Wollenschläger* VerwArch 100 (2009), 305 (306–310); speziell zur Verpflichtung der Länder gegenüber ihren Kommunen bei Aufgabenerweiterungen durch den Bund *Macht/Scharrer* DVBl 2008, 1150 (1152–1158).

[90] BVerwG JZ 1992, 460 (460 ff.) m. krit. Anm. *Lorenz* ebda., 462 (462 ff.); *Pieroth,* in: Jarass/Pieroth, Art. 104a Rn. 5.

[91] Im konkreten Fall war das der Bund, BVerwGE 102, 119.

[92] BVerwGE 81, 312 (314); *Vogel,* HStR IV[1], § 87 Rn. 25 f.; *Heintzen,* in: v. Münch/Kunig II, Art. 104a Rn. 25; *Gersdorf* ZG 2011, 248 (255); *Dolde/Porsch* NVwZ 2011, 833 (834): für alle öffentlichen Einrichtungen oder „komplexe Infrastrukturprojekte"; *Schwarz,* in: Maunz/Dürig, Art. 104a (2018) Rn. 34; *Pieroth,* in: Jarass/Pieroth, Art. 104a Rn. 6, für die Kostenaufteilung im öff. Personenverkehr; insoweit krit. *Fromm* NVwZ 1992, 536 (538); *Morlok* DVBl 1989, 1147 f.; insges. abl. *Meyer* DVBl 2011, 449.

Beteiligungen, sind sie nicht unbedenklich.[93] Fragwürdig ist auch die gemeinsame Errichtung und Finanzierung von öff. Einrichtungen (z. B. Großforschungseinrichtungen, Verkehrsunternehmen und -bauten),[94] auch wenn dies durch Gründung von Gesellschaften des privaten Rechts geschieht, an der sowohl der Bund als auch ein oder mehrere Länder beteiligt sind. Die Zusage des Landes Baden-Württemberg, sich mit einem Anteil an der Finanzierung des Bahnprojekts „Stuttgart 21" zu beteiligen, wird aber überwiegend als vereinbar mit Art. 104a I angesehen.[95]

19    Soweit eine Einrichtung Aufgaben in rechtlich zulässiger Weise im Zuständigkeitsbereich einer anderen Körperschaft erfüllt, wie bei **Amtshilfe, Katastrophenhilfe** oder **Organleihe,** wird sie **auch** kraft eigener Zuständigkeit tätig[96] und nimmt damit ebenso eigene Aufgaben im Sinne von Abs. 1 wahr. Daraus folgt, dass sie nach der Grundregel des Abs. 1 auch ihre Ausgaben selbst zu tragen hat.[97] Da in diesen Fällen die allg. Zuständigkeit der anderen Körperschaft bestehen bleibt, darf das einfache Recht (durch Gesetz oder Vereinbarung) die Begründung einer (teilweisen) Erstattungspflicht vorsehen.[98] Die im Schrifttum z. T. unmittelbar aus Abs. 1 entnommene Differenzierung nach Verwaltungsausgaben und Zweckausgaben[99] findet keine Stütze im Wortlaut der Vorschrift. Die Ausgaben für eine **kompetenzwidrige Tätigkeit** sind dagegen in jedem Fall von der handelnden Körperschaft zu tragen.[100] Wenn eine Körperschaft im Zuständigkeitsbereich einer anderen Körperschaft eine Aufgabe erfüllt hat, wird gelegentlich auch ein Aufwendungsersatzanspruch im Rahmen einer ör GoA gewährt, allerdings meist beschränkt auf Eil- und Notfälle.[101] Das erforderliche Interesse der anderen Körperschaft ist jedoch nur in seltenen Ausnahmefällen zu bejahen. Die Zuständigkeitsordnung steht als zwingendes Recht grds. entgegen.[102] Ein darüber hinausgehender, allg. ör Erstattungsanspruch ist durch die Grundregel des Abs. 1 ausgeschlossen. Auch in diesem Fall **untersagt** Abs. 5 S. 1 Alt. 1 zumindest den **Ersatz von Verwaltungsausgaben.**[103]

20    Die Grundregel des Abs. 1 und die „Geschlossenheit des Finanzausgleichssystems" verbieten zudem die **wechselseitige Besteuerung** hoheitlicher Tätigkeiten durch Bund, Länder und Gemeinden.[104]

---

[93] Teilweise wird eine „verfassungsmäßige Grundlage" verlangt, vgl. *Schmehl,* in: Friauf/Höfling, Art. 104a Rn. 25, unter Bezugnahme auf *Prokisch* BK, Art. 104a (2003) Rn. 105, der aber in Rn. 113 eher das Gegenteil annimmt; weiter wohl *G. Kirchhof* ZG 2012, 313 (321); *Tappe* BK, Art. 104a (2017) Rn. 185,.

[94] Das BVerwG hält Erstattungen und vertragliche Vereinbarungen über eine Kostenaufteilung im Bereich sich „überschneidender Wahrnehmungszuständigkeiten" für zulässig, im konkreten Fall für von Kommunen bestellten Schülerverkehr, allerdings vor der Bahnreform, BverwGE 81, 312 (314); weitere Einzelheiten *Fromm* NVwZ 1992, 536 (536 ff.).

[95] *Dolde/Porsch* NVwZ 2011, 833 (835 ff., 838), die auch die Beteiligung von Kommunen an der Finanzierung für zulässig halten. Der Schienenpersonennahverkehr und die Förderung der regionalen Wirtschaftsstruktur fielen in den Aufgabenbereich des Landes Baden-Württemberg. Die (städtebauliche) Gestaltung des Bahnhofsareals seien eine kommunale Aufgabe; i. E. zust. *Gersdorf* ZG 2011, 248 (256 f., 265, 267), der aber darauf hinweist, dass zwar nach Art. 87e IV die Länder für den Eisenbahnnahverkehr zuständig seien, der gesamte Bereich der Eisenbahninfrastruktur jedoch in die Verantwortung des Bundes falle, ohne zu berücksichtigen, dass es auch Eisenbahninfrastruktur gibt, die (mittelbar) einem Land gehört und von ihm betrieben wird (Beispiele: HLB, SWEG, HzL); i. E. ablehnend *Meyer* DVBl 2011, 449 (452 ff.).

[96] *Birk* AK GG, 2. Aufl. 1989, Art. 104a Rn. 9; *Heun,* in: Dreier III, Art. 104a Rn. 19; wohl auch *Schlink,* Die Amtshilfe, 1982, S. 147, aber möglicherweise nicht S. 165 f.; z. T. anders: *Tappe* BK, Art 104a (2017) Rn. 182–184.

[97] *J.-P. Schneider* AK GG, Art. 104a (2001) Rn. 8; *U. Stelkens* (Fn. 46), S. 263, der die ersuchte Behörde finanzverfassungsrechtlich wie eine eigene Behörde des Trägers der ersuchenden Behörde behandeln will; *Müller-Franken* VSSR 2000, 155 (164): „Ausnahme vom Verbot der Erstattung von Verwaltungsausgaben" m. w. N.; s. a. *Vogel/Kirchhof* BK, Art. 104a (1971) Rn. 60, die danach unterscheiden, ob die ersuchende Behörde die Aufgaben nicht erfüllen wolle oder nicht erfüllen könne; *Hellermann,* in: v. Mangoldt/Klein/Starck III, Art. 104a Rn. 62: keine Entscheidung in Art. 104a I, wer die Ausgabenlast bei zulässiger Organleihe und Amtshilfe zu tragen hat; nach Zweck- und Verwaltungsausgaben differenzieren: *Heintzen,* in: v. Münch/Kunig II, Art. 104a Rn. 26; *Tappe* BK, Art. 104a (2017) Rn. 182 f.

[98] *Heun,* in: Dreier III, Art. 104a Rn. 19; *Hellermann,* in: v. Mangoldt/Klein/Starck III, Art. 104a Rn. 64; zust. *Tappe* BK, Art 104a (2017) Rn. 185; *Schwarz,* in: Maunz/Dürig, Art. 104a (2018) Rn. 54.

[99] *Heintzen,* in: v. Münch/Kunig II, Art. 104a Rn. 26.

[100] I. E. ebenso, allerdings mit fragwürdiger Begründung: *J.-P. Schneider* AK GG, Art. 104a (2001) Rn. 8; keine Entscheidung durch Art. 104a I, wer Ausgabenlast bei kompetenzwidriger Aufgabenwahrnehmung zu tragen hat: *Schoch* JURA 1994, 241 (243 f.); *Hellermann,* in: v. Mangoldt/Klein/Starck III, Art. 104a Rn. 66: weder Finanzierungsverbot noch Erstattungsanspruch aus der verfassungsrechtlichen Regelung; i. Ansatz ähnlich, aber ohne klares Ergebnis *Schwarz,* in: Maunz/Dürig, Art. 104a (2018) Rn. 55.

[101] BGHZ 40, 28 (29); 63, 167 (168); 65, 354 (356); 65, 384 (389); OVG NW NJW 1976, 1956 (1956); speziell bzgl. Art. 104a; weiter BVerwGE 80, 170 (174 ff.): keine Beschränkung auf Notfälle bei GoA einer Privatperson für eine Behörde; dazu abl. *Maurer,* Allgemeines Verwaltungsrecht, 18. Aufl. 2011, § 29 Rn. 11.

[102] BverwG JZ 1992, 460 (461): offengelassen für Notfälle; grds. Gegen einen Anspruch *Fischer-Menshausen,* in: v. Münch/Kunig III, 3. Aufl. 1996, Art. 104a Rn. 5, 39; *Schoch* JURA 1994, 241 (244 f.) m. w. N.; *K. Vogel,* HStR IV¹, § 87 Rn. 37: Verstoß gegen die erschöpfende Regelung des Finanzausgleichs zwischen Bund und Ländern und der Länder untereinander; sehr zurückhaltend auch *Maurer* (Fn. 101); § 29 Rn. 11 f. (Beschränkung auf Notfälle und gesetzesfreie Verwaltung.)

[103] Z.T anders *Pieroth,* in: Jarass/Pieroth, Art. 104a Rn. 7.

[104] *K. Vogel,* HStR IV¹, § 87 Rn. 37; *P. Kirchhof,* HStR V³, § 118 Rn. 228, mangels „Steuerwürdigkeit"; zust. *J.-P. Schneider* AK GG, Art. 104a (2001) Rn. 8; krit. *Hellermann,* in: v. Mangoldt/Klein/Starck III, Art. 104a Rn. 67; a. A. *Schwarz,* in: Maunz/Dürig, Art. 104a (2018) Rn. 56

Sie dürfen auch nicht mit sonstigen Abgaben belegt werden, wenn sie nicht eindeutig einen äquivalenten Ausgleich für die Erbringung einer Leistung darstellen.

Wirken Bund und Länder zulässigerweise zusammen, wie bei der Amtshilfe oder der Organleihe, **21** mag durch zustimmungsbedürftiges **Bundesgesetz** nach Abs. 5 S. 2 eine genaue **Abgrenzung** der Ausgabenverantwortung erfolgen. Dabei können für Ausnahmefälle auch Erstattungen vorgesehen werden.[105] Eine bloße **Verwaltungsvereinbarung** reicht nicht aus.[106]

## B. Auftragsverwaltung (Abs. 2)

Auch wenn die Länder eine Angelegenheit im **Auftrag** des Bundes verwalten, handelt es sich um **22** Landesverwaltung (Art. 85). Die damit verbundenen Ausgaben müssten die Länder nach dem Konnexitätsprinzip des Abs. 1 selbst tragen. Deshalb bedarf es einer ausdrücklichen Anordnung im GG, wenn der Bund diese Lasten tragen soll. Sie ist in Abs. 2 getroffen worden. Danach hat der Bund die Ausgaben der Auftragsverwaltung zu tragen, allerdings wegen Abs. 5 S. 1 Alt. 1 nur die **Zweckausgaben** (→ Rn. 9). Es handelt sich um eine Pflicht des Bundes. Die Begründung zur Neuregelung im Jahre 1969 hat die Auftragsverwaltung der Länder aber wegen der weitgehenden Weisungsbefugnisse des Bundes als Wahrnehmung von Aufgaben des Bundes durch die Länder angesehen.[107] Von diesem Standpunkt aus dient die Vorschrift lediglich der Klarstellung.[108] Die Frage hat aber keine erkennbare praktische Bedeutung.

Die Bestimmung gilt nicht nur dann, wenn die Länder Bundes**gesetze** in Auftragsverwaltung **23** ausführen, sondern auch, wenn sie **unmittelbar** auf Grund einer Anordnung des GG im Auftrag des Bundes tätig werden.[109] Für die Überwälzung kommt es ferner nicht darauf an, ob die Auftragsverwaltung vom GG zwingend vorgeschrieben ist (obligatorische Auftragsverwaltung) oder von einer Entscheidung des einfachen Gesetzgebers abhängt (fakultative Auftragsverwaltung).[110] Werden Ausgaben auf Grund dieser Vorschrift erstattet, sind die Zahlungen keine Zuwendungen im Sinne des Haushaltsrechts (§ 14 HGrG, § 23 BHO). Der Bund kann die Entstehung von Ausgaben, die er zu finanzieren hätte, dadurch vermeiden, dass er Dritte verpflichtet, kostendeckende Gegenleistungen (Vorzugslasten, privatrechtliche Entgelte) zu erbringen. Damit wird die Finanzierungslast auf Personen und Einrichtungen außerhalb des Bund-Länder-Verhältnisses abgewälzt.[111]

Eine unmittelbare Anwendung der Vorschrift auf Kommunalkörperschaften ist ausgeschlossen.[112] **24** Die Vorschrift räumt ihnen keine Ansprüche gegen den Bund ein, wenn ihnen ausgabenträchtige Aufgaben übertragen worden sind (→ Rn. 15–17).[113]

## C. Geldleistungsgesetze (Abs. 3)

### I. Grundlagen

Die Regelung enthält eine (weitere) **Durchbrechung** des Grundsatzes von Aufgaben- und Aus- **25** gabenkonnexität.[114] Danach darf der Bund ganz oder z. T. die finanziellen Lasten übernehmen, die durch Ausführung von Bundesgesetzen durch die Länder entstehen, sofern sie Geldleistungen an Dritte gewähren. Die Vorschrift bietet keine Grundlage für den Erlass von Geldleistungsgesetze, sondern setzt sie ebenso voraus wie ein entspr. Gesetz.[115] Der Bund wird also ermächtigt, Zahlungen zu leisten. Ihre rechtliche Einordnung ist allerdings zweifelhaft. Obwohl die Art der Zahlungen für eine Erscheinungsform des sekundären Finanzausgleichs spricht, sind sie i. E. entspr. ihrer systematischen Stellung doch eher als besondere **Lastenverteilungsregelungen** einzustufen.[116] Das dürfte auch für solche Leistun-

---

[105] *Pieroth*, in: Jarass/Pieroth, Art. 104a Rn. 9.

[106] *Vogel/Kirchhof* BK, Art. 104a (1971) Rn. 155; aA BVerwGE 81, 312 (314); BVerwG NJW 1976, 1468 (1469): für Organleihe; *Fischer-Menshausen*, in: v. Münch/Kunig III, 3. Aufl. 1996, Art. 104a Rn. 39; *Pieroth*, in: Jarass/Pieroth, Art. 104a Rn. 9; a. A. *Hellermann*, in: v. Mangoldt/Klein/Starck III, Art. 104a Rn. 54, 153.

[107] BT-Dr V/2861, Tz. 116, 290; ebenso *Henneke*, in: Hofmann/Henneke, Art. 104a Rn. 22; zu Recht krit. *Stern*, StaatsR II, S. 1139 f.; *Hellermann*, in: v. Mangoldt/Klein/Starck III, Art. 104a Rn. 73.

[108] Ausdrücklich BT-Dr V/2861, Tz. 116.

[109] BT-Dr V/2861, Tz. 291.

[110] *Stern*, Staatsrecht II, S. 1140; *J.-P. Schneider* AK GG, Art. 104a (2001) Rn. 10; *Hellermann*, in: v. Mangoldt/Klein/Starck III, Art. 104a Rn. 75; *Heun*, in: Dreier III, Art. 104a Rn. 22; *Schwarz*, in: Maunz/Dürig, Art. 104a (2018) Rn. 59.

[111] BVerwGE 95, 188 (195); zust. *Schwarz*, in: Maunz/Dürig, Art. 104a (2018) Rn. 60; zu den Grenzen dieser Vorgehensweise *Papier*, FS Blümel, 1999, S. 421 (421 ff.); zum Erlöschen der Ansprüche infolge Zeitablaufs *F. Kirchhof*, FS Selmer, 2004, S. 725 (725 ff.).

[112] *F. Kirchhof* FS Scholz, 2007, S. 637 (642).

[113] *v. Arnim*, HStR IV¹, § 103 Rn. 31 f.; *Hellermann*, in: v. Mangoldt/Klein/Starck III, Art. 104a Rn. 77; *J. Ipsen* NJW 2006, 2801 (2802, 2805); aA *Schmidt-Jortzig* JuS 1980, 641 (643); *Hoppe* DVBl 1992, 117 (122).

[114] *Schwarz/Reimer* JuS 2007, 219 (220).

[115] *Kube*, in: Epping/Hillgruber, Art. 104a Rn. 34; zust. *Tappe* BK, Art 104a (2017) Rn. 251.

[116] So ausdrücklich *Vogel/Walter* BK, Art. 106 (1972) Rn. 85; *Hellermann*, in: v. Mangoldt/Klein/Starck III, Art. 104a Rn. 79; jetzt ebenso *Hummel*, Finanzierungsverantwortung, S. 134; *Schwarz*, in: Maunz/Dürig, Art. 104a

gen gelten, die ausschließlich für Länder und Gemeinden bestimmt sind und nicht letztlich Privatpersonen zufließen sollen.[117]

26 Die Vorschrift gilt **nicht** für Geldzahlungen im Rahmen des Finanzausgleichs (Art. 106, 107) und die Regelung der Kriegsfolgelasten (Art. 120).[118]

## II. Geldleistungen

27 **Geldleistungen** sind einmalige oder laufende Zuwendungen aus öff. Mitteln an Dritte, die nicht Gegenleistung für eine empfangene Leistung sind.[119] Insbes. fallen auch Prämien, Unterstützungen und Förderleistungen darunter, auch wenn sie als Darlehen gewährt werden.[120] Ihre nähere Abgrenzung ist entspr. dem Zuwendungsbegriff des Haushaltsrechts (§ 14 HGrG, § 23 BHO) vorzunehmen. Danach muss es sich um Zahlungen zur Erfüllung bestimmter Zwecke handeln. Sie umfassen sowohl Zahlungen an öff. Einrichtungen (Zuweisungen) als auch an Privatpersonen (Zuschüsse).[121]

27a Sie müssen allerdings **freiwillig** geleistet sein, sonst sind sie nicht „gewährt".[122] Gegenleistungen für empfangene Leistungen scheiden deshalb aus.

28 **Keine Geldleistungen** im Sinne der Vorschrift sind Sach- und Dienstleistungen,[123] wie sich nun auch deutlich aus dem neu eingefügten Abs. 4 ergibt, der explizit neben den Geldleistungen von Sachleistungen und Dienstleistungen spricht.[124] Das gilt auch für die Übernahme von Bürgschaften, Garantien und sonstige Gewährleistungen. Auch die Gewährung von Aufwendungsersatz, Entschädigung oder Schadensersatz sowie alle Zahlungen zur Erfüllung von zivilrechtlichen Verbindlichkeiten werden nicht vom Geldleistungsbegriff der Vorschrift erfasst.[125]

29 **Subventionen** (näher zu ihnen → vor Art. 104a Rn. 185 ff.) in der Form von Steuerermäßigungen sind grds. keine Geldleistungen, sondern Bestandteil der Steuergesetzgebung, die in Art. 105 geregelt ist. Es können allerdings „verdeckte" Ausgaben vorliegen (→ vor Art. 104a Rn. 187 f.). Wenn das der Fall ist, sind sie als Geldleistungen im Sinne von Art. 104a III anzusehen.[126] Sie bedürfen auch einer besonderen Lastenverteilungsregelung. Andernfalls würde sich die Verteilung der finanziellen **Leistungen** (Steuermindereinnahmen) auf die betroffenen Körperschaften **zwangsläufig** nach ihrem Anteil an den **Steuereinnahmen** richten, die verringert werden oder als Quelle für unmittelbare Auszahlungen durch die Finanzämter dienen. Das ist mit der Lastenverteilungsregel des Art. 104a nicht vereinbar.[127] Soweit die Einkommensteuer betroffen ist, könnte das zu einer unmittelbaren Finanzierung derartiger Staatsleistungen durch die Gemeinden führen, die keinesfalls von der Verfassung gewollt ist.[128]

---

(2018) Rn. 64 anders wohl *Fischer-Menshausen*, in: HdFW II, 1980, S. 636 (651), wegen Zugrundelegung eines weiteren Finanzausgleichsbegriffs; insgesamt krit. *ders.*, in: v. Münch/Kunig III, 3. Aufl. 1996, Art. 104a Rn. 21: schwer zu rechtfertigende Abweichung von Abs. 2, die insoweit lex specialis sei.

[117] Vgl. auch *Hellermann*, in: v. Mangoldt/Klein/Starck III, Art. 104a Rn. 82.

[118] Ausdrücklich für Art. 120: BT-Dr V/2861, Tz. 289; *Henneke*, in: Hofmann/Henneke, Art. 104a Rn. 35; *Heun*, in: Dreier III, Art. 104a Rn. 27; *Heintzen*, in: v. Münch/Kunig II, Art. 104 Rn. 42. Deshalb konnte auch das Gesetz über Hilfsmaßnahmen für Deutsche aus der sowjetischen Besatzungszone Deutschlands, das in das LAG eingefügt worden war, nicht auf Abs. 3 gestützt werden und die vorgeschriebene Beteiligung der Länder war problematisch, vgl. *Holch* DÖV 1970, 841 (844).

[119] Sinngemäß ebenso *Heintzen*, in: v. Münch/Kunig IV, Art. 104 Rn. 43; *Stern*, Staatsrecht II, S. 1141; *J.-P. Schneider* AK GG, Art. 104a (2001) Rn. 12; *Pieroth*, in: Jarass/Pieroth, Art. 104a Rn. 10; *Hellermann*, in: v. Mangoldt/Klein/Starck III, Art. 104a Rn. 82; *Heun*, in: Dreier III, Art. 104a Rn. 26; *Schwarz*, in: Maunz/Dürig, Art. 104a (2018) Rn. 68.

[120] *Henneke* NdsVBl 2008, 1 (5).

[121] *J.-P. Schneider* AK GG, Art. 104a (2001) Rn. 12; *Pieroth*, in: Jarass/Pieroth, Art. 104a Rn. 10; *Heun*, in: Dreier III, Art. 104a Rn. 26; *Schwarz*, in: Maunz/Dürig, Art. 104a (2018) Rn. 68: Leistungen an öfftl. Empfänger nur, wenn „diese Privaten tatsächlich gleichgestellt sind".

[122] *Pieroth*, in: Jarass/Pieroth, Art. 104a Rn. 11; *Schmehl*, in: Friauf/Höfling, Art. 104a Rn. 40.

[123] *Heintzen*, in: v. Münch/Kunig II, Art. 104a Rn. 41, 43; *Pieroth*, in: Jarass/Pieroth, Art. 104a Rn. 11; *Heun*, in: Dreier III, Art. 104a Rn. 27; krit. *Schoch/Wieland* (Fn. 29), S. 135; insges. weiter, aber ohne überzeugende Begründung *Schwarz*, in: Maunz/Dürig, Art. 104a (2018) Rn. 70: „auch Sachleistungen als Surrogat für Geldleistungen".

[124] So jetzt auch *Hummel*, Finanzierungsverantwortung, S. 136.

[125] *Kube*, in: Epping/Hillgruber, Art. 104a Rn. 35.

[126] Vgl. *Pieroth*, in: Jarass/Pieroth, Art. 104a Rn. 10; *F. Klein* FS Geiger, 1989, S. 501 (510); *Heintzen*, in: v. Münch/Kunig II, Art. 104a Rn. 40; so wohl auch *G. Jochum*, Die Steuervergünstigung, 2006, S. 185; a. A. *V. Sarrazin*, FS Haas, 1996, S. 305 (311); *Hellermann*, in: v. Mangoldt/Klein/Starck III, Art. 104a Rn. 83: „negative Steuern", die nicht unter Art. 104a fallen; *Heun*, in: Dreier III, Art. 104a Rn. 25; *Kube*, in: Epping/Hillgruber, Art. 104a Rn. 35.

[127] So auch *Morgenthaler*, FS Isensee, 2007, S. 911 (920 f.), der auch eine „Zuständigkeit für die Sachgesetzgebung" verlangt. Der Steuerausfall durch Verschonungssubventionen sei eine Zweckausgabe.

[128] *K. Vogel* DÖV 1977, 837 (841); *Morgenthaler*, FS Isensee, 2007, S. 911 (921), der auch eine „Zuständigkeit für die Sachgesetzgebung" verlangt und einen Verstoß gegen das Konnexitätsprinzip des Art. 104a I bejaht, da der Steuerausfall durch Verschonungssubventionen eine Zweckausgabe sei; a. A. *G. Jochum* (Fn. 126), S. 251, der allerdings eine Verpflichtung erkennt, die durch Steuervergünstigungen verursachten Mindereinnahmen der Gemeinden in den Landeshaushalten auszuweisen (S. 257). Das dürfte aber zumindest kaum lösbare praktische Probleme bereiten.

Es ist deshalb bedenklich, wenn in der Praxis Gesetze wie das Investitionszulagengesetz 2010,[129] das **30** Bergmannsprämiengesetz[130] und das Fünfte Vermögensbildungsgesetz[131] als steuerrechtliche Regelungen angesehen werden, obwohl Zahlungen unabhängig von der Steuerschuld geleistet werden.[132] Jedenfalls ist es verfassungsrechtlich nicht erlaubt, nach Belieben zwischen offenen Transferzahlungen und Steuervergünstigungen zu wechseln. Das gilt es auch bei der Regelung des **Kinderlastenausgleichs** (→ vor Art. 104a Rn. 191) zu beachten.

### III. Die gesetzliche Regelung und ihr Vollzug

**1. Das Geldleistungsgesetz.** Das **Gesetz selbst** muss die Geldleistungen anordnen. Dazu braucht **31** allerdings kein strikter Rechtsanspruch auf die Leistung eingeräumt zu werden.[133] Sie darf aber nicht im freien Ermessen der Behörden stehen. VO reichen aus, wenn sie an Bundesbehörden adressiert sind oder Landesbehörden **zwingend** verpflichten. Nur dann liegt die erforderliche Veranlassung von Zweckausgaben **durch** den Bund vor.[134]

Als **Beispiele für Geldleistungsgesetze** können genannt werden: **32**

– das Betreuungsgeldgesetz,[135]
– das Bundesausbildungsförderungsgesetz,[136]
– das Opferentschädigungsgesetz,[137]
– das Sparprämiengesetz,[138]
– das Wohngeldgesetz,[139]
– das Wohnungsbau-Prämiengesetz,[140]
– das Unterhaltsvorschussgesetz.[141]

**Kein** Geldleistungsgesetz ist das **Agrarmarktstrukturgesetz**,[142] das an die Stelle des Marktstruk- **33** turgesetzes getreten ist. Fraglich war auch, ob das frühere **Bundessozialhilfegesetz** dazu gerechnet werden kann. Der ausdrücklich genannte § 66 BSHG ist zusammen mit dem gesamten Unterabschnitt 8 aufgehoben worden.[143] Ob sich der Bund generell an den Aufwendungen nach diesem Gesetz hätte beteiligen dürfen, wie es 1988 von Niedersachsen über den BRat angestrebt worden war,[144] ist zweifelhaft. Eine Beteiligung des Bundes an den Ausgaben für Sachleistungen war jedenfalls nicht zulässig.[145] Auch legte das Gesetz die Höhe der Leistungen nicht immer selbst fest, sondern überließ ihre Bestimmung z. T. den Ländern.[146] Die **bevorzugte Behandlung** einzelner Länder verstößt jedenfalls gegen das „föderale Gleichbehandlungsgebot". Die in letzter Minute in das Gesetz zur Änderung des SGB eingefügte Besserstellung der Länder Baden-Württemberg und Rheinland-Pfalz[147] war deshalb rechtswidrig.

---

[129] Investitionszulagengesetz 2010 v. 7.12.2008 (BGBl. I 2350).

[130] I. d. F. v. 12.5.1969 (BGBl I 434), aufgeh. durch G v. 1.11.2011 (BGBl I 2131) (Art. 14 SteuervereinfachungsG) m. W. v. 1.1.2012.

[131] Vom 1.7.1965 i. d. F. v. 1.3.1994 (BGBl I 406).

[132] *Henneke*, in: Hofmann/Henneke, Art. 104a Rn. 37: für Geldleistungsgesetze; ferner zum Subventionscharakter der Investitionszulage BVerwG NJW 1985, 1972 (1972); kein Verstoß gegen Art. 104a III, aber haushaltsrechtliche Bedenken *Fischer-Menshausen*, in: v. Münch/Kunig III, 3. Aufl. 1996, Art. 104a Rn. 16.

[133] *Henneke*, in: Hofmann/Henneke, Art. 104a Rn. 26; *ders.* NdsVBl 2008, 1 (5); *Heun*, in: Dreier III, Art. 104a Rn. 28; a. A. ohne Begründung *Kube*, in: Epping/Hillgruber, Art. 104a Rn. 36.

[134] *Stern*, Staatsrecht II, S. 1142; *Heun*, in: Dreier III, Art. 104a Rn. 28; a. A. *Tappe* BK, Art. 104a (2017) Rn. 255; *Schwarz*, in: Maunz/Dürig, Art. 104a (2018) Rn. 67: nach allg. Ansicht nur formelle Gesetze.

[135] Vom 15.2.2013 (BGBl I 254), §§ 4a–d BetrGeldG, i. d. F. v. 15.2.2013, nichtig gem. Beschl. des BVerfG v. 21.7.2015, Az. 1 BvF 2/13.

[136] Vom 26.8.1971 (BGBl I 1409) i. d. F. v. 7.12.2010 (BGBl I 1952, ber. (2012) BGBl I 197.

[137] Vom 11.5.1976 (BGBl I 1181) i. d. F. v. 7.1.1985 (BGBl I 1).

[138] Vom 5.5.1959 (BGBl I 241) i. d. F. v. 10.2.1982 (BGBl I 125), aufgeh. durch G v. 22.12.1999 (BGBl I 2601) (StBereinG 1999) m. W. v. 1.1.2000.

[139] Vom 24.9.2008 (BGBl I 1856).

[140] Vom 17.3.1952 (BGBl I 319) i. d. F. v. 30.10.1997 (BGBl I 2678).

[141] Vom 23.7.1979 (BGBl I 1184), i. d. F. v. 17.7.2007 (BGBl I 1446); § 1 UhVorschG, i. d. F. v. 16.8.2001, nichtig gem. Urt. des BVerfG v. 18.12.2002; BVerfGE 106, 310–351.

[142] Vom 20.4.2013 (BGBl I 917).

[143] Vom 30.6.1961 (BGBl I 1815) i. d. F. v. 23.3.1994 (BGBl I 646), aufgeh. durch G v. 27.12.2003 (BGBl I 3022) (SozHiEinOG) m. W. v. 1.1.2005; §§ 119 u. 147b sind am 31.12.2003 außer Kraft getreten, § 101a am 1.7.2005 u. § 100 I am 31.12.2006 außer Kraft, § 146 gem. G v. 21.3.2005 (BGBl I 818) (VwVereinfSozG) am 31.12.2003 außer Kraft getreten.

[144] BR-Dr 124/88: „Albrecht-Initiative", dazu *Patzig* DÖV 1989, 330 (330); keine Bedenken: *Korioth* DVBl 1993, 356 (360 f.); *Heun* DVBl 1996, 1020 (1024); *Hellermann*, in: v. Mangoldt/Klein/Starck III, Art. 104a Rn. 93; abl. *F. Klein*, FS Geiger, 1989, S. 501 (505 ff.); *Keilmann* (Fn. 36) Rn. 59; für eine zwingende Beteiligung des Bundes an den Sozialhilfelasten *H. P. Schneider* StWissStPr 1993, 3 (7).

[145] *Maunz*, in: Maunz/Dürig, Art. 104a (1977) Rn. 33, 40.

[146] Bedenken bei *Patzig* DÖV 1989, 330 (330 ff.); *F. Klein*, FS Geiger 1989, S. 501 (505); anders aber *Heun* DVBl 1996, 1020 (1024); *Selmer* NJW 1996, 2062 (2067).

[147] BT-Dr 16/3572, S. 7 gegenüber BT-Dr 16/3269 – zweckgebundene Leistungen des Bundes an kommunale Träger für Unterkunft und Heizung, dazu *Huber*, 65. DJT, Gutachten D, 2004, S. D 98.

**34**  **VO der EU,** die unmittelbar Geldleistungen gewähren, sind keine Geldleistungsgesetze, da sie kein „Bundesgesetz" sind. Eine unmittelbare Anwendung der Vorschrift ist daher ausgeschlossen.[148] Teils wird aber eine analoge Anwendung[149] oder eine einvernehmliche Aufteilung zwischen den föderalen Ebenen[150] befürwortet. Z. T. wurde bisher die Aufteilungsquote aus Art. 104a III 3 a. F.[151] entnommen.[152] Die Praxis behilft sich auf verfassungsrechtlich fragwürdige Weise damit, dass sie einen großen Teil der Leistungen über die Gemeinschaftsaufgabe „Verbesserung der Agrarstruktur" abwickelt (→ Art. 91a Rn. 41 f.).

**35**  **2. Die Quote des Bundes – zwingende Auftragsverwaltung (Sätze 2 und 3).** Wenn das Leistungsgesetz die vom Bund zu tragende Quote auf die Hälfte der Ausgaben oder mehr festsetzt, wird es im **Auftrag** des Bundes ausgeführt (S. 2). Die damit verbundene Fachaufsicht durch den Geldgeber schafft die Möglichkeit, die Wirtschaftlichkeit der Mittelverwaltung zu fördern und zu kontrollieren. Sie vermindert das bei Geldzuwendungen besonders hohe Risiko, „Geschenke" auf Kosten Dritter zu machen. Die Bestimmung ist ggü Abs. 2 spezieller und geht ihm vor, so dass keine vollständige Entlastung von den Zweckausgaben eintritt, wie es bei Anwendung von Abs. 2 der Fall wäre.[153]

**35a**  Der durch die Verfassungsänderung vom September 2020 neu in Absatz 3 eingefügte Satz 3[154] ist keine Wiederbelebung des alten Satzes 3, der durch die Verfassungsänderung von 2006 gestrichen (→ Rn. 1a) und dessen Inhalt z. T. in den neuen Absatz 4 übernommen worden war (→ Rn. 36). Er enthält eine Ausnahme von der in Satz 2 zwingend angeordneten Verwaltung im Auftrag des Bundes.[155] Die Quote, ab der die Verfassung Auftragsverwaltung vorsieht, wurde jetzt für die Gewährung von Leistungen des Bundes auf dem Gebiet der Grundsicherung zur Begleichung von Unterkunft und Heizung von 50 % auf 75 % (und mehr) heraufgesetzt.

**35b**  Diese Ausnahme von der Grundregel wurde im Gesetzgebungsverfahren zusammen mit der einmaligen Unterstützungsleistung für die Gemeinden auf der Grundlage des ebenfalls neu geschaffenen Art. 143h behandelt.[156] In der (parlamentarischen) Diskussion wurde der Eindruck erweckt, dass beide Grundgesetzänderungen erforderlich seien, um die angestrebte finanzielle Entlastung der Gemeinden zu ermöglichen.[157] Es trifft zwar zu, dass die Gemeinden im Wesentlichen die betroffenen (Sozial-) Leistungen zu erbringen haben, doch hätten die Gemeinden ohne weiteres durch eine einfachgesetzliche Erhöhung der Zahlungen des Bundes unterstützt werden können.

**35c**  Die Grundregel, Auftragsverwaltung ohne Abweichungsmöglichkeit, ist aus guten Gründen geschaffen worden. Je höher der Anteil fremder Mittel ist, die verteilt werden, desto größer ist der Anreiz, sich unwirtschaftlich zu verhalten. Auftragsverwaltung gibt dem Bund aber deutlich mehr Befugnisse, beispielsweise im Wege von Fachweisungen, für eine wirtschaftliche Verwendung der Mittel zu sorgen, die im Wesentlichen von ihm stammen.[158] Von einer solchen, sehr sinnvollen Regel sollte nur aus

---

[148] *Heintzen,* in: v. Münch/Kunig II, Art. 104a Rn. 52; *J.-P. Schneider* AK GG, Art. 104a (2001) Rn. 13; *Magiera,* FS Menzel, 1975, S. 621 (636, 642); *F. Klein* FS Geiger, 1989, S. 501 (509); *Carl* NVwZ 1994, 947 (949); *Häde* Finanzausgleich, 1996, S. 127; *Hellermann,* in: v. Mangoldt/Klein/Starck III, Art. 104a Rn. 125.

[149] *Stern,* Staatsrecht II, S. 1147; *Hellermann,* in: v. Mangoldt/Klein/Starck III, Art. 104a Rn. 125 („allenfalls vertretbar").

[150] *Schwarz,* in: Maunz/Dürig, Art. 104a (2018) Rn. 74; *Selmer,* GS Sasse I, 1981, S. 229 (240): hälftige Teilung; abl. *Keilmann* (Fn. 36) Rn. 61.

[151] Dieser lautete: „Bestimmt das Gesetz, dass die Länder ein Viertel der Aufgaben oder mehr tragen, so bedarf es der Zustimmung des Bundesrates." Die Regelung wurde im Zuge der Föderalismusreform (G v. 28.8.2006, BGBl I 2034) gestrichen und dafür Art. 104a IV neu gefasst.

[152] *Magiera,* FS Menzel, 1975, S. 621 (636, 642): keine Verpflichtung der Länder, mehr als ein Viertel zu tragen; zust. *Heun,* in: Dreier III, Art. 104a Rn. 4; *v. Arnim,* HStR IV¹, § 103 Rn. 40: hälftige Aufteilung; s. a. *Busse* DÖV 2004, 93 (99 f.).

[153] *Pieroth,* in: Jarass/Pieroth, Art. 104a Rn. 12; *Hellermann,* in: v. Mangoldt/Klein/Starck III, Art. 104a Rn. 95; *Heun,* in: Dreier III, Art. 104a Rn. 30; *J.-P. Schneider* AK GG, Art. 104a (2001) Rn. 14; *Schmehl,* in: Friauf/Höfling, Art. 104a Rn. 43.

[154] Gesetz zur Änderung des Grundgesetzes (Artikel 104a und 143h) v. 29.9.2020, BGBl I, 2048.

[155] BT-Dr 19/20595, S. 6.

[156] Gleichlautende Entwürfe der Fraktionen der CDU/CSU und SPD (BT-Dr 19/20595) und der BReg (BT-Dr 19/21752).

[157] Bericht des (federführenden) HaushaltsA, BT-Dr 19/22586, S. 3; Abg.: Rohde (SPD) im BT-Plenum, BT-Prot 19/22181: „In der Anhörung, die wir als Ausschuss abgehalten haben, hat eine breite Mehrheit die Meinung vertreten, dass der Weg, den wir gewählt haben, einmalig wegen der Gewerbesteuerausfälle die Verfassung zu ändern, derjenige ist, der am zielgerichtesten [!] ist und auch sicherstellt, dass sich am Ende des Tages die Länder an dieser Aufgabe beteiligen. Daher ist die Änderung der Verfassung notwendig und richtig."

[158] Darauf weist zutreffend der Abg. Glaser (AfD) hin (BT-Prot 19/22181D): „Dies löst nach Artikel 104a Grundgesetz den Effekt aus, dass die Länder bzw. Kommunen dadurch zur Auftragsverwaltung des Bundes tätig werden. Auf diese Weise wird dann dem Hauptkostenträger Bund die Fachaufsicht ermöglicht, nach dem Motto: Wer bezahlt, muss auch kontrollieren dürfen. Zum allgemeinen Erstaunen der Fachwelt will die Große Koalition diesen logischen Mechanismus durch eine Verfassungsänderung außer Kraft setzen. Die vorhandene Systematik des Grundgesetzes soll also so geändert werden, dass eine unkontrollierte und damit, wie vom Bundesrechnungshof in vergleichbaren Fällen festgestellt, unwirtschaftliche Mittelverwendung bei den Kommunen geradezu provoziert wird.

überzeugenden Gründen abgewichen werden. Sie sind hier aber nicht ersichtlich. Allenfalls kommt ein erhöhtes Risiko, für Fehler bei der Verwaltung im Auftrag des Bundes zu haften (→ Rn. 53), in Betracht. Ein derartiges Motiv ist aber als Rechtfertigung fragwürdig und im Gesetzgebungsverfahren auch nicht genannt worden.

Die gewünschte Entlastung der Gemeinden, die tatsächlich auch parallel durch die Änderung von **35d** § 46 SGB II vorgenommen worden ist,[159] hängt keineswegs davon ab, ob Auftragsverwaltung eintritt oder nicht. Der Entwurf der BReg enthält insoweit keine Begründung und die Begründung des Fraktionsentwurfs beschränkt sich auf eine petitio principii: Nach der alten Rechtslage würde Auftragsverwaltung eintreten und das sei zu vermeiden.[160] Auch der Ausschussbericht liefert keine schlüssige Begründung und geht nicht näher auf die Bedenken von Sachverständigen und des BRH ein.[161] Im Gegenteil wird dort behauptet, dass die Grundgesetzänderungen die „verfassungsrechtliche Grundlage für die rechtssichere Umsetzung der Ergebnisse des Koalitionsausschusses … betreffend einen höheren Anteil des Bundes an den Ausgaben für die Leistungen für Unterkunft und Heizung" schaffen.[162] Das ist mehr als zweifelhaft und trifft jedenfalls nicht für die Änderung von Art. 104a zu. Die fehlende Rechtfertigung für die Änderung GG stellt aber noch keinen Verstoß gegen Art. 79 III dar.

Zu bezweifeln ist, dass diese Anknüpfung an eine Finanzierungsquote, gleich welcher Höhe, die **35e** Beteiligung des Bundes in Form eines **festen Geldbetrages** verbietet.[163] Sie kann auch dann ermittelt werden, sobald der Gesamtbetrag der Leistungen feststeht. Im Übrigen mag dieser Fall so behandelt werden, wie wenn der Bund keine Quote übernimmt. Werden **Geld- und Sachleistungen zusammen** in einem Gesetz gewährt, kommt es darauf an, ob die vom Bund mitfinanzierten Teile sinnvoll getrennt werden können. Die Quoten sind auf diese Teile bezogen zu berechnen. Ist eine Trennung nicht möglich, muss die gemeinsame Finanzierung ganz unterbleiben.[164] Die Länder haben demnach keinen Anspruch auf (Mit-)Finanzierung durch den Bund. Allerdings wurde die Position der Länder durch die im Rahmen der Föderalismusreform neu eingeführte Zustimmungspflicht des BRat nach Abs. 4 gestärkt.[165]

## D. Zustimmung des Bundesrates (Abs. 4)

### I. Allgemeines

Die Vorschrift wurde mit der Föderalismusreform 2006 in das GG eingefügt.[166] Nach dieser **36** Regelung bedürfen Bundesgesetze, die bestimmte Leistungspflichten der Länder gegenüber Dritten begründen, der Zustimmung des BRat. Die Neuregelung in Abs. 4 ersetzt und erweitert den bisherigen Art. 104a III 3 a. F. und ist als „Schutzrecht" vor „kostenbelastenden Bundesgesetzen" konzipiert.[167] Sie schafft Klarheit zugunsten der Länder in der Frage der Zustimmungsbedürftigkeit von Leistungsgesetzen des Bundes, die keine Regelung über die Aufteilung der Kosten enthalten. Bisher war umstritten, ob in diesem Fall das Gesetz der Zustimmung bedurfte.[168] Leistungsgesetze des Bundes, die Leistungspflichten der Länder gegenüber Dritten auslösen, bedürfen nunmehr **immer** der Zustimmung des BRat, auch wenn eine Aufteilung in dem Leistungsgesetz fehlt und die Länder nach Abs. 1 die Ausgaben in vollem Umfang zu tragen haben.[169] Die Neuregelung weitet den Anwendungsbereich der Vorschrift auch insoweit aus, als nunmehr auch „geldwerte Sachleistungen oder vergleichbare Dienstleistungen" erfasst werden. Das war vorher nicht der Fall. Voraussetzung ist jedoch immer,

---

[159] Heraufsetzung der Bundesquote auf 74 %, Art. 2 des Gesetzes zur finanziellen Entlastung der Kommunen und neuen Länder v. 6.10.2020, BGBl I 2072.

[160] BT-Dr 19/20595, S. 6.

[161] Insgesamt sehr kritisch auch *Henneke* DVBl 2020, 1168.

[162] BT-Dr 19/22586, S. 3.

[163] So aber die h. M.: *Pieroth*, in: Jarass/Pieroth, Art. 104a Rn. 12; *Hellermann*, in: v. Mangoldt/Klein/Starck III, Art. 104a Rn. 92; *Tappe* BK, Art. 104a (2017) Rn. 276; *Hummel*, Finanzierungsverantwortung, S. 140; *Kube*, in: Epping/Hillgruber, Art. 104a Rn. 38.

[164] *Heun*, in: Dreier III, Art. 104a Rn. 29; *Heintzen*, in: v. Münch/Kunig II, Art. 104a Rn. 43; *J.-P. Schneider* AK GG, Art. 104a (2001) Rn. 12; *Prokisch* BK, Art. 104a (2003) Rn. 195; wohl auch *Tappe* BK, Art 104a (2017) Rn. 263; a. A. *Hellermann*, in: v. Mangoldt/Klein/Starck III, Art. 104a Rn. 93. Durch das Inkrafttreten des SGB II im Jahr 2005 (BGBl I 2954) hat sich diese Streitigkeit bzgl. der Lastentragung deutlich entschärft.

[165] So jetzt auch fast wörtlich *Henneke*, in: Hofmann/Henneke, Art. 104a Rn. 29 *Ekardt/Buscher* DÖV 2007, 89 (91), gehen weiter und fordern eine zwingende Bundesbeteiligung an Landesausgaben bei Geldleistungsgesetzen.

[166] BGBl I 2034, 2036.

[167] Begründung, BT-Dr 16/813, S. 18.

[168] Dafür *Selmer*, GS Sasse I, 1981, S. 229 (238); *v. Arnim*, HStR IV[1]. § 103 Rn. 34; *J.-P. Schneider* AK GG, Art. 104a (2001) Rn. 14; *Henneke*, in: Hofmann/Henneke, Art. 104a Rn. 32; *Heintzen*, in: v. Münch/Kunig II, Art. 104a Rn. 50; *Hummel*, Finanzierungsverantwortung, S. 141 f. m. w. N. und erweiterter Begründung; dagegen: *Erichsen*, Konnexität, S. 41; *Wieland* DVBl 1992, 1181 (1185); *Hellermann*, in: v. Mangoldt/Klein/Starck III, Art. 104a Rn. 100; *ders.* (Fn. 3) Rn. 321, aber nach den „ratio geboten"; *Heun*, in: Dreier III, Art. 104a Rn. 29; vgl. *Häde* JZ 2006, 930 (935).

[169] Krit. zu dieser Neuregelung *Höreth* ZParl 2007, 712 (725), der davon ausgeht, dass die Zustimmungsrechte des BR vor allem in politisch bedeutenden Fragen eher vermehrt als vermindert werden und deshalb die Zustimmungspflicht im BR für eine politisch motivierte Blockadepolitik genutzt wird.

dass die Leistungen zu Ausgaben der Länder führen. Sie müssen, anders als in Abs. 3, nicht auf der gesetzlichen Regelung beruhen, sondern können unmittelbar aus Abs. 1 folgen. Eine Schwelle der Erheblichkeit ist nicht (mehr) vorgesehen. Auch geringfügige Belastungen reichen aus.[170] Die vielfach geforderte „Gesetzeskausalität" ist dagegen zu Recht nicht eingeführt worden.[171]

## II. Geldleistungen

37     Anknüpfungspunkt der Zustimmungsbedürftigkeit von Bundesgesetzen sind die Kostenfolgen dieser Gesetze für die Länder, unabhängig von ihrer Höhe, da sie insoweit deren Interesse maßgeblich berühren. Dabei knüpft die Regelung mit dem Tatbestandsmerkmal „Geldleistung" an den Regelungsgehalt von Art. 104a III 3 a. F. an.[172] Geldleistungen (→ Rn. 27 ff.) sind dadurch gekennzeichnet, dass den Ländern im Verwaltungsvollzug kein Ermessensspielraum hinsichtlich der Höhe der zu verausgabenden Mittel zukommt, sondern diese zahlenmäßig bestimmt ist.[173] Im Übrigen ist die Begriffsabgrenzung in Abs. 3 (→ Rn, 27–29) zu übernehmen.

## III. Geldwerte Sachleistungen und vergleichbare Dienstleistungen

38     Bei der Gewährung von geldwerten Sachleistungen oder vergleichbaren Dienstleistungen haben die Länder zwar einen „gewissen", aber letztlich doch beschränkten Einfluss auf den Umfang der anfallenden Zweckausgaben. Der Gesetzgeber hielt es aus diesen Gründen für angezeigt, eindeutig die Zustimmungsbedürftigkeit für derartige Gesetze anzuordnen,[174] die zuvor umstritten war. Auch damit sollte die Eigenständigkeit und Entscheidungsfreiheit der Länder gestärkt werden.[175] Die Zustimmungsbedürftigkeit als **Schutz vor kostenbelastenden Bundesgesetzen** stelle ein wesentliches Interesse der Länder dar.[176]

39     Die von den Ländern lang geforderte Möglichkeit, dass der Bund sich an solchen Kosten beteilige,[177] wurde hingegen nicht eingeführt.[178] Das ist zwar deswegen sinnvoll, weil keine neuen Mischfinanzierungstatbestände geschaffen werden sollten,[179] doch ist das neue Zustimmungsrecht in seiner Wirksamkeit dadurch beschränkt, dass die Länder den gewonnenen Einfluss nicht wie bei den Geldleistungsgesetzen nutzen können, um eine angemessene Kostenverteilung zu erreichen. Sie können auf diesem Wege nur die bundesgesetzliche Regelung insgesamt verhindern.[180]

40     Der Begriff der **Sachleistungen** wird unter Hinweis auf die Verwendung dieses Begriffes im Sozialversicherungsrecht so weit gefasst, dass eine klare Trennung zwischen Sachleistungen und vergleichbaren Dienstleistungen nicht möglich ist.[181] Insoweit birgt diese Regelung erhebliche Auslegungsprobleme.[181] Als Beispiel für Sachleistungen werden in der Gesetzesbegründung neben der Verpflichtung der Länder zur Schaffung von Einrichtungen für die Unterbringung von Asylbegehrenden, die Verpflichtung zur Schuldnerberatung sowie zur Bereitstellung von Tagesbetreuungsplätzen für Kinder genannt und gleichzeitig festgestellt, dass es sich dabei um ein Bündel von staatlichen Sach- und vergleichbaren Dienstleistungen handelt.[182]

41     **Nicht** hingegen fallen unter den Begriff der **Sachleistungen** reine Genehmigungen, Erlaubnisse oder sonstige Verwaltungsakte, die keine darüber hinausgehenden Leistungen gewähren, sondern nur die Vereinbarkeit mit der materiellen Vorschrift feststellen.[183]

42     Nach der Koalitionsvereinbarung von 2005,[184] auf welche die Gesetzesbegründung zu Art. 104a IV verweist,[185] ist die Vergleichbarkeit einer **Dienstleistung** mit Geld- und geldwerten Sachleistungen

---

[170] *Hellermann* (Fn. 3), Rn. 329; *Kluth*, in: ders. (Hrsg.), Föderalismusreformgesetz, 2007, Art. 104a Rn. 10; zust. *Schwarz*, in: Maunz/Dürig, Art. 104a (2018) Rn. 81.

[171] *Kempny* und *Reimer*, Aufgabengerechte Finanzverteilung zwischen Bund, Ländern und Kommunen, Bd. I: Gutachten/Teil D, 2014; zust. Wohl *Schenke* NJW 2014, 2542 (2544); aA *Hey* VVDStRL 66 (2007), 277 (288 f.); *Tappe* DVBl 2013, 1079 (1080 f.); ebenso wohl *Hellermann* (Fn. 3), Rn. 322; s. a. *Kluth* (Fn. 161), Rn. 10, der unzutreffend das Fehlen einer echten „Konnexität" rügt.

[172] *Henneke* NdsVBl 2008, 1 (5); *Schwarz*, in: Maunz/Dürig, Art. 104a (2018) Rn. 81.

[173] Begründung, BT-Dr 16/813, S. 18. „Gewisse Ermessensspielräume" sollen aber nicht ausgeschlossen sein, vgl. *Hellermann* (Fn. 3), Rn. 236.

[174] Begründung, BT-Dr 16/813, S. 18.

[175] I. E. ebenso schon *Schoch/Wieland*, Finanzierungsverantwortung, S. 135, die Sachleistungen unter den Begriff der „Geldleistungen" i. S. d. Art 104a III a. F. fassen wollten.

[176] So die Koalitionsvereinbarung v. 18.11.2005, Anl. 2, Rn. 32 ff.

[177] Vgl. *Häde*, Finanzausgleich, 1996, S. 122 f.

[178] *Hellermann* (Fn. 3); Rn. 326.

[179] *Häde* JZ 2006, 930 (935).

[180] *Häde* JZ 2006, 930 (935).

[181] So auch *Häde* JZ 2006, 930 (935); *Schmehl*, in: Friauf/Höfling, Art. 104a (2009) Rn. 47; *Schwarz*, in: Maunz/Dürig, Art. 104a (2018) Rn. 83.

[182] BT-Dr 16/813, S. 18. Daraus will *Hellermann* (Fn. 3), Rn. 325, auf ein weites Verständnis schließen.

[183] BT-Dr 16/813, S. 18.

[184] Vom 18.11.2005, Anl. 2, Rn. 32.

[185] BT-Dr 16/813, S. 18.

dann gegeben, wenn diese unter vergleichbar engen Voraussetzungen, wie dies bei Geld- und Sachleistungen der Fall ist, einem Dritten Vorteile gewährt oder sonstige Maßnahmen gegenüber Dritten veranlasst, die zu einer erheblichen Kostenbelastung der Länder führen.[186] Der Begriff der vergleichbaren Dienstleistungen wurde unter Beibehaltung der Gesetzesbegründung und Verweis auf den Koalitionsvertrag erst auf Empfehlung des BT-Rechtsausschusses[187] kurz vor Verabschiedung des Gesetzes noch in den Wortlaut aufgenommen.

## IV. Ausführung der Bundesgesetze

Die Zustimmungspflicht gilt für Bundesgesetze, die von den Ländern als eigene Angelegenheiten **43** gem. Art. 84 I ausgeführt werden.[188] Fälle der Bundesauftragsverwaltung sind von Art. 104a IV nicht erfasst, da gem. Art. 104a II der Bund die sich daraus ergebenden (Zweck-)Ausgaben selbst trägt. Etwas anderes gilt nach dem Gesetzeswortlaut für die Fälle der Auftragsverwaltung auf Grund von Art. 104a III 2. Da in diesen Fällen die Länder die Kosten zu tragen haben, sollen solche Geldleistungsgesetze nach dem Willen des Gesetzgebers ebenfalls zustimmungsbedürftig sein.[189]

Hingegen bleiben Geldleistungsgesetze dann zustimmungsfrei, wenn der Bund die Ausgaben gem. **44** Art. 104a III 1 vollständig übernimmt.[190] Um dies klarzustellen, wurde auf Antrag des BT-Rechtsauschusses[191] der Gesetzentwurf geändert und die Worte „wenn daraus entstehende Ausgaben von den Ländern zu tragen sind" eingefügt. Ebenso bleibt es bei der Zustimmungsfreiheit, soweit das Gesetz die Länder nicht als staatliches Organ, sondern wie einen privaten Dritten betrifft, etwa als Betreiber einer Anlage oder Einrichtung.[192]

## E. Verwaltungsausgaben und Haftung (Abs. 5 S. 1 und S. 2)

Art. 104a V S. 1 enthält in seinen beiden Halbsätzen zwei unterschiedliche Regelungen, die durch **45** den Ausgestaltungsvorbehalt in Satz 2 miteinander verklammert sind. Er gilt für beide Alternativen. Die Regelung der Verwaltungsausgaben (→ Rn. 9 f.) in der ersten Alternative enthält eine Konkretisierung des Konnexitätsprinzips aus Abs. 1.[193] Die zweite Alternative stellt klar, dass im Verhältnis zwischen Bund und Ländern die Verwaltungsträger für eine ordnungsmäßige Verwaltung" haften. Jeder Verwaltungsträger hat die durch Mängel seiner Verwaltung entstehenden **Mehrkosten** selbst zu tragen.[194] Diese **Haftungsregelung** kommt vor allem dann zur Anwendung, wenn Aufgaben- und Ausgabenverantwortung auseinanderfallen.[195] Führen beispielsweise Länder Bundesgesetze im Auftrag des Bundes aus, trägt der Bund grds. die Ausgaben nach Abs. 2. Durch fehlerhaftes Verwaltungshandeln verursachte erhöhte Ausgaben sollen ihm aber wegen Abs. 5 S. 1 Alt. 1 nicht zur Last fallen. Wenn die Mittel des Bundes jedoch schon ausgegeben worden sind, müssen sie ihm nach Abs. 5 S. 2 Alt. 2 ersetzt werden. Diese Regelung ist sachgerecht, da der Verwaltungsträger, in dessen Bereich das Fehlverhalten vorgekommen ist, durch hinreichende Kontrolle und Aufsicht den Eintritt eines Schadens verhindern kann.[196] Mit ihr sollte aber keine allg. Haftung für jede Art von Staatstätigkeit, sondern **nur für die Verwaltung** im Sinne von Art. 83 eingeführt werden,[197] allerdings unter Einbeziehung des Vollzugs von EU-Recht.[198] Für Ausgleichszahlungen an die EU („Anlastungen") stellt Art. 91a keine verdrängende Spezialregelung dar.[199] Für solche Zahlungen ist auch nicht Art. 104a I maßgebend, da die Vorschrift schon ihrem Wortlaut nach keinen Anspruch gewährt und zudem die Verwaltungszuständigkeit insoweit nicht nur bei den Ländern liegt.[200] Allerdings ist Art. 104a V 1, Alt. 2 **keine abschließende Regelung** der Haftung zwischen Bund und Ländern.[201]

---

[186] Ausdr. zust. *Schwarz,* in: Maunz/Dürig, Art. 104a (2018) Rn. 84.

[187] BT-Dr 16/2010.

[188] BT-Dr 16/813, S. 18.

[189] BT-Dr 16/813, S. 18.

[190] Vgl. *Hellermann* (Fn. 3), Rn. 331. Es dürfte sich um eine bereichsspezifische freiwillige Gesetzeskausalität handeln.

[191] BT-Dr 16/2010.

[192] BT-Dr 16/813, S. 18 f.

[193] *Tappe* BK, Art 104a (2017) Rn. 296 f.; *Schwarz,* in: Maunz/Dürig, Art. 104a (2018) Rn. 88.

[194] BT-Dr V/2861 Tnr. 303; BVerwGE 96, 45 (58); BVerwG NVwZ 1995, 991 (992); *Stern,* Staatsrecht II, S. 1139; *Schwarz,* in: Maunz/Dürig, Art. 104a (2018) Rn. 89.

[195] *Achterberg* DVBl 1970, 125 (125 ff.); *Birk* BayVBl 1981, 673 (676); zust. BVerfGE 116, 271 (312). Das betrifft vor allem die Bewirtschaftung von Bundesmitteln durch die Länder im Bereich von Art. 91a, 91b, 104a II, III und 104b, vgl. *U. Stelkens,* Hdb Föderalismus II, § 42 Rn. 15.

[196] Zust. *J.-P. Schneider* AK GG, Art. 104a (2001) Rn. 27.

[197] *Dederer* NVwZ 2001, 258 (260).

[198] Vgl. *Schwarz,* in: Maunz/Dürig, Art. 104a (2018) Rn. 94, für Gemeinschaftsrecht.

[199] BVerfGE 116, 271 (309).

[200] BVerfGE 116, 271 (310).

[201] BVerwG BayVBl 1980, 473 (475); BVerwGE 96, 45 (50); BGHZ 198, 381 Rn. 15; *Heintzen,* in: v. Münch/Kunig II, Art. 104a Rn. 56.

## I. Funktion der Haftungsregelung

**46**    Die Vorschrift ist an erster Stelle eine **Lastenverteilungsregel.** Sie regelt, welche Ebene im Bund-Länder-Verhältnis Mehrausgaben oder Mindereinnahmen, die durch Fehler verursacht worden sind, zu tragen hat. Das ergibt sich aus ihrer systematischen Stellung und ihrer Anbindung an die Verwaltungsausgaben. Allerdings ist ihr normativer Gehalt in dieser Ausprägung eher mager. Die Verteilung von Mehrbelastungen ergäbe sich auch schon aus Abs. 1 und der besonderen Zuordnung der Verwaltungsausgaben in S. 1 Alt. 1.[202] Die durch fehlerhaftes Handeln verursachten Lasten sind keine Zweckausgaben, für die alleine eine abweichende Verteilung möglich wäre.[203] Insoweit hat die Bestimmung lediglich **klarstellende Funktion.**[204]

**47**    Ihre eigentliche Bedeutung liegt darin, dass sie auch eine **Anspruchsgrundlage** für den **Ersatz** von **Vermögensschäden** bildet, die Bund oder Ländern durch fehlerhaftes Verwaltungshandeln entstanden sind (→ Rn. 49), allerdings gegenständlich beschränkt auf den Bereich der vorangehenden Absätze 2–4.[205] Bei einem Auseinanderfallen von Verwaltungs- und Finanzierungszuständigkeiten hat sie jedenfalls eine konstitutive Bedeutung. Das BVerfG hat sie noch erweitert um einen **Informationsanspruch** zur Vorbereitung der Durchsetzung von Haftungsansprüchen. Die Vorschrift verleihe dem Bund für derartige Ansprüche nicht nur eine **Gesetzgebungs-,** sondern auch eine **Verwaltungskompetenz.**[206]

**48**    Nur so kann die vom verfassungsändernden Gesetzgeber angestrebte Lösung des Haftungsstreites „ab sofort" verwirklicht werden.[207] Amtshaftungsgrundsätze sind nur ausnahmsweise anwendbar, da Bund und Länder grundsätzlich nicht „Dritte" im Sinne von Art. 34, § 839 BGB sind;[208] anders nur wenn „ein Beamter bei der Erledigung seiner Dienstgeschäfte" einer Person des öffentlichen Rechts (ausnahmsweise) wie gegenüber einem Staatsbürger auftritt, also namentlich im Straßenverkehr ohne Inanspruchnahme von Hoheitsrechten, kommen Amtshaftungsansprüche zwischen Bund und Ländern in Betracht.[209] Eine Haftung aus dem Gesichtspunkt der Bundestreue ist abzulehnen.[210] Eine Drittschadensliquidation kommt gleichfalls nicht in Betracht.[211] Für die Heranziehung der Grundsätze des bürgerlich-rechtlichen Auftragsrechts sind regelmäßig die Voraussetzungen nicht erfüllt.[212] Zur Annahme eines öffentlich-rechtlichen Erstattungsanspruchs fehlt die erforderliche Bereicherung des Anspruchsgegners.[213] Das waren auch die Gründe, warum die **Anordnung der Haftung** in der Verfassung bei der Neufassung von Art. 104a als **unerlässlich** angesehen wurde.[214]

## II. Die Anspruchsvoraussetzungen

**49**    **1. Ausgestaltung durch den einfachen Gesetzgeber.** Die **nähere Ausgestaltung** durch zustimmungsbedürftiges **Gesetz** (S. 2) begründet nicht erst die Haftung, sondern dient nur dazu, weitere Einzelheiten, namentlich zu Art und Umfang der Haftung, festzulegen. Aus der Vorschrift können

---

[202] So auch BVerwGE 96, 45 (52).

[203] Regierungsbegründung BT-Dr V/2861 Rn. 123; bezweifelt von BGHZ 198, 374 Rn. 13, für (ausnahmsweise) gegebene Ansprüche aus Amtspflichtverletzung zwischen Bund und Ländern.

[204] BVerwG BayVBl 1980, 473 (475); *Luther,* Die Lastenverteilung nach der Finanzreform, 1974, S. 135; *Heintzen,* in: v. Münch/Kunig II, Art. 104a Rn. 8; *Tappe* BK, Art. 104a (2017) Rn. 297; a. A. implizit *Nopper,* Die Bund-Länder-Haftung für den fehlerhaften Verwaltungsvollzug von Gemeinschaftsrecht durch die deutschen Länder, 1998, S. 97 f.; *U. Stelkens,* (Fn. 46), S. 324, 329; *ders.,* (Fn. 186), § 42 Rn. 9: „Verteilung von Schadenslasten", s. a. o. Rn. 13; *Hellermann,* in: v. Mangoldt/Klein/Starck III, Art. 104a Rn. 165; erhebliche Argumente für die Gegenansicht bei BGHZ 198, 374 Rn. 11, 14, letztlich aber offen gelassen.

[205] BVerwG BayVBl 1980, 473 (475): „begründet nicht ganz allgemein eine ‚Haftung' für ordnungsgemäße Verwaltung"; *Rudisile* DÖV 1985, 909 (911); *Erichsen,* Konnexität, S. 51 ff.; s. aber auch BVerwGE 96, 45 (52): keine Beschränkung auf Verfehlungen bei Zweckausgaben; a. A. BVerfGE 127, 165 (204 f., 207); *U. Stelkens,* (Fn. 186), § 42 Rn. 67; *Vogel/Kirchhof* BK, Art. 104a (1971) Rn. 169; *Fischer-Menshausen,* in: v. Münch/Kunig III, 3. Aufl. 1996, Art. 104a Rn. 42; *v. Arnim,* HStR IV¹, § 103 Rn. 25; *Hellermann,* in: v. Mangoldt/Klein/Starck III, Art. 104a Rn. 164.

[206] BVerfGE 116, 271 (312); 127, 165 (205).

[207] Zust. BVerwGE 128, 99 Rn. 20.

[208] BGHZ 27, 210 (214); BVerwGE 96, 45 (50); BVerwG NVwZ 1995, 991 (992); *Schulze* DÖV 1972, 409 (411); für eine Anwendung von Art. 34 (ohne § 839 BGB) *Pestalozza* FS v. Arnim, 2004, S. 283 (286); diff. *Achterberg* DVBl 1970, 125 (129 f.).

[209] BGHZ 198, 374 Rn. 7, unter Berufung auf BGHZ 153, 198 (201), 177, 37 Rn. 11.

[210] BVerwGE 12, 253 (255); 96, 45 (50); *Achterberg* DVBl 1970, 125 (129); a. A. *Kölble* DÖV 1959, 807 (811 f.).

[211] BT-Dr V/2861, S. 94, unter Berufung auf BGHZ 40, 91 (100 ff.); BVerwGE 96, 45 (50); BVerwG NVwZ 1995, 991 (992); a. A. *Achterberg* DVBl 1970, 125 (132); *Pappermann* DVBl 1970, 877 (877).

[212] BVerwGE 12, 253 (254); 96, 45 (50); BGHZ 198, 374 Rn. 17: Länder besorgen keine fremden Geschäfte bei Auftragsverwaltung; *Achterberg* DVBl 1970, 125 (130).

[213] BVerwGE 96, 45 (50); 100, 56 (60); i. E. abl. *Achterberg* DVBl 1970, 125 (131); diff. *Sturm* DÖV 1966, 256 (260 ff.); für Erstattungsanspruch, aber Vorrang von Art. 104a V *Bauer/Zirbes* JuS 1997, 511 (513).

[214] BT-Dr V/2861, S. 94.

**unmittelbar** Ersatzansprüche hergeleitet werden,[215] ohne dass es einer einfachgesetzlichen Ausgestaltung der Haftung bedarf.[216] Für diese Auslegung sprechen aber nicht nur systematische Einordnung, Wortlaut[217] und Wille des verfassungsändernden Gesetzgebers,[218] sondern auch die Funktion von Haftungsnormen: Es macht wenig Sinn, eine (deliktische) Haftung von einer Entscheidung des Schädigers abhängig zu machen. Bund und Länder könnten sich ihrer Haftung entziehen, indem sie – wie geschehen – vom Erlass des ausführenden Gesetzes absehen.[219] Rechtsstaatliche Bestimmtheitsanforderungen stehen dieser Deutung nicht entgegen.[220] Eine nähere Ausgestaltung der Haftung durch **Verwaltungsvereinbarung** ist ebenso wenig zulässig,[221] wie die Abgrenzung der Verwaltungsausgaben (→ Rn. 21).[222] Das vom BVerfG angenommene Recht des Bundes zur **Informationsbeschaffung** und zur Durchführung von Ermittlungen in der Landesverwaltung (→ Rn. 47), um feststellen zu können, ob die Voraussetzungen für einen Haftungsanspruch erfüllt sind, folgt ebenfalls unmittelbar aus Art. 104a V 1, Alt. 2, ohne dass es einer einfachgesetzlichen Grundlage bedarf.[223] Dieses Recht erstreckt sich grundsätzlich auch auf eine Tätigkeit des BRH.[224]

Damit die mit dem Zustimmungserfordernis angestrebte Mitwirkung der Länder beim Erlass eines   **50** Ausführungsgesetzes aber nicht leerläuft, muss die unmittelbar der Verfassung zu entnehmende Haftung auf einen **Kernbereich** beschränkt bleiben.[225] Für den denkbaren, weiter gezogenen Haftungskreis enthält die Vorschrift darüber hinaus eine Programmaussage, die an den Ausführungsgesetzgeber gerichtet ist.[226] Dieser Kernbereich darf aber einerseits nicht so eng eingegrenzt werden, dass von einer Haftung im eigentlichen Sinne nicht mehr gesprochen werden kann. Andererseits darf für die Ausführungsgesetzgebung nicht nur die Bestimmung des Verfahrens übrig bleiben.[227] Die verschuldensunabhängige Ausgestaltung der Haftung bei den „Anlastungsfällen" bewegt sich aber noch im zulässigen Bereich.[228]

**2. Verfassungsunmittelbare Voraussetzungen. Voraussetzung** für die Haftung ist eine **nicht**   **51 ordnungsmäßige Verwaltung.** Ohne Ausführungsgesetz kann der Verfassung nur nicht schon eine Haftung für jedes rechtswidrige Verhalten der Verwaltung entnommen werden. Nur „schwerwiegende Verletzungen der dienst- oder arbeitsrechtlichen Hauptpflichten" lösen die verfassungsunmittelbare Haftung aus.[229] Eine Beschränkung auf nationales Recht besteht aber nicht (→ Rn. 54). Die Pflicht-

[215] BVerfGE 116, 271 (317) m. Wiedergabe des Streitstandes S. 304–306; 127, 165 (204); BVerwGE 96, 45 (50); 100, 56 (60); 104, 29 (32); 116, 234 (241 f.); 128, 99 Rn. 20; 131, 153 (157); BSGE 105, 100 (105 f.); BGHZ 139, 148 (151); *Fischer-Menshausen,* in: v. Münch/Kunig III, 3. Aufl. 1996, Art. 104a Rn. 41; *Heintzen,* in: v. Münch/Kunig II, Art. 104a Rn. 55; *Henneke,* in: Hofmann/Henneke, Art. 104a Rn. 57; *Heun,* in: Dreier III, Art. 104a Rn. 37; *Schwarz,* in: Maunz/Dürig, Art. 104a (2018) Rn. 95; *Pieroth,* in: Jarass/Pieroth, Art. 104a Rn. 10; *Tappe* BK, Art. 104a (2017) Rn. 327; *Schneider* AK GG, Art. 104a (2001) Rn. 28; *Schuppert,* in: Umbach/Clemens II, Art. 104a Rn. 32; *U. Stelkens* (Fn. 46), S. 224 f.; *ders.,* (Fn. 186), § 42 Rn. 63; wohl auch *v. Arnim,* HStR IV¹, § 103 Rn. 24; *Storr,* in: Aulehner (Hrsg.), Föderalismus – Auflösung oder Zukunft der Staatlichkeit?, 1997, S. 269. Die (mittelbar) gegen die Rspr. des BVerwG eingeleiteten Bund-Länder-Streitverfahren waren zunächst wegen Fristversäumnis als unzulässig verworfen worden, BVerfGE 99, 361 (365); 109, 1 (5).

[216] Dafür aber: *Erichsen,* Zur Haftung im Bund-Länder-Verhältnis, 1986, S. 34 f.; *Jeddeloh,* Die Frage der Haftung bei fehlerhafter Ausführung von Bundesgesetzen durch die Länder, 1970, S. 130; *Saipa* DVBl 1974, 188 (190 f.); *F. Kirchhof* NVwZ 1994, 105 (107); *Hatje* Neue Justiz 1997, 285 (288 f.); *Littwin* DVBl 1997, 151 (156); *Nopper* (Fn. 193), S. 75, 87; *Bauer/Zirbes* JuS 1997, 511 (514); *Böhm* JZ 2000, 382 (386); *Koenig/Braun* NJ 2004, 97 (99); nur durch richterliche Rechtsfortbildung *Rudisile* DÖV 1985, 909 (912 f.); krit. *Hellermann,* in: v. Mangoldt/Klein/Starck III, Art. 104a Rn. 187.

[217] BVerwGE 96, 45 (51).

[218] BT-Dr V/2861, Tz. 123, 303 und S. 94; BVerwGE 96, 45 (52 f.).

[219] Darauf weist zu Recht *Birk* AK GG, 2. Aufl. 1989, Art. 104a Rn. 30, hin. Dieser Ausweg könnte allerdings auch durch eine verfassungsrechtliche Verpflichtung zum Erlass eines (haftungsbegründenden) Ausführungsgesetzes zumindest erschwert werden.

[220] BVerwGE 96, 45 (54).

[221] A. A. BVerwGE 81, 312 (314); BVerwG, NJW 1976, 1468; *Pieroth,* in: Jarass/Pieroth, Art. 104a Rn. 17; *Hellermann,* in: v. Mangoldt/Klein/Starck III, Art. 104a Rn. 150.

[222] *Vogel/Kirchhof* BK, Art. 104a (1971) Rn. 155; a. A. *Pieroth,* in: Jarass/Pieroth, Art. 104a Rn. 17; *Heun,* in: Dreier III, Art. 104a Rn. 36.

[223] BVerfGE 127, 165 (204, 207, 220 f.).

[224] BVerfGE 127, 165 (208 ff.).

[225] BVerwGE 128, 99 Rn. 20: „Haftungskern".

[226] BVerwGE 96, 45 (55); 100, 56 (60); 104, 29 (33); im Grundsatz zust. BVerfGE 116, 271 (318).

[227] BVerwGE 96, 45 (55).

[228] BVerfGE 116, 271 (18 f.).

[229] BVerwGE 96, 45 (57); ähnlich 128, 99 Rn. 21: die Rechtswidrigkeit muss „schwerwiegend" sein; *Papier* FS Blümel, 1999, S. 421 (437); *Seelmaecker,* Die Verwaltungshaftung nach Art. 104a V und ihre Anwendbarkeit auf die Gemeinschaftsaufgaben von Bund und Ländern im Sinne des Art. 91a, 1998, S. 78 ff.; *Wollgast,* Das haftende Subjekt der gemeinschaftsrechtlich gebotenen Staatshaftung in der Bundesrepublik Deutschland, 1998, S. 184 f.; **anders** jetzt BVerfGE 127, 165 (205). Im Rahmen der Kostentragung von Ausgaben für (illegale) Einwanderer („Flüchtlinge") sollen keine Anzeichen für ein Fehlverhalten von Landesbehörden im Rahmen ihrer humanitären Programme nach § 23 I AufenthaltsG bestehen, das den Tatbestand von Art. 104a V 1 erfüllt, *Hertel/Karpenstein* ZAR 2015, 373 (375).

verletzung muss in Ausübung eines anvertrauten öff. Amtes und nicht nur bei Gelegenheit der Amtsausübung erfolgt sein.[230] Sehr zweifelhaft ist jedoch, ob auch ein Fehlverhalten bei der **Gesetzgebung oder der Rechtsprechung** die Haftung begründen kann. Die gesamte Regelung ist auf verwaltungsmäßiges Handeln zugeschnitten, so dass die Rsprechung und der Erlass förmlicher Gesetze in jedem Fall ausscheiden müssen.[231] Denkbar ist jedoch die Einbeziehung rechtssatzmäßigen Verwaltungshandelns durch den Erlass von VO und Satzungen.[232] Voraussetzung für das Recht des Bundes zur **Informationsbeschaffung** (→ Rn. 47, 49) ist, dass „aufgrund konkreter Tatsachen" ein Haftungsanspruch unmittelbar aus Art. 104a V 2, Alt. 2 „möglich erscheint".[233]

52    Umstritten ist, ob ein **Verschulden** erforderlich ist.[234] Jedenfalls gehört ein Einstehenmüssen für Vorsatz und grobe Fahrlässigkeit – ohne Exkulpationsmöglichkeit für den Verwaltungsträger – zum Haftungskern, der unmittelbar aus der Verfassung folgt.[235] Das BVerfG hat den Begriff „haften" im spezifischen Kontext des Art. 104a jetzt aber „rein objektiv, von Verschuldenselementen vollständig gelöst" gedeutet, jedenfalls bei den „Anlastungsfällen" der EU.[236]

53    Die **Passivlegitimation** ist ebenfalls zum verfassungsunmittelbaren Kernbereich der Haftung zu zählen. Wenn Bedienstete von **Kommunalkörperschaften** den Pflichtverstoß begangen haben, ist das Land, dem sie zugeordnet sind, für den Anspruch passiv legitimiert, da die Gemeinden und Gemeindeverbände finanzverfassungsrechtlich den Ländern zugeordnet sind (→ vor Art. 104a Rn. 10). Das BVerwG stellt dagegen entscheidend darauf ab, ob sie im Bereich der Auftragsverwaltung für den Bund tätig geworden sind. Dann mache es wegen der weitgehenden Einwirkungsbefugnisse des Bundes keinen Unterschied, ob das Land den ihm obliegenden Vollzug des Gesetzes durch „eigene" Behörden oder durch Träger mittelbarer Landesverwaltung wahrnehmen lasse.[237] Die Gemeinden und Gemeindeverbände seien im Rahmen der Bundesauftragsverwaltung Teil einer einheitlichen Verwaltungsorganisation.[238]

54    **3. Die Verletzung von europarechtlichen Pflichten.** Nicht sicher war, ob Art. 104a V 1 Alt. 2 auch bei der Verletzung von europarechtlichen Pflichten durch die Länder anzuwenden ist. Eine unmittelbare Anwendung ist überwiegend befürwortet worden.[239] Teilweise wurde sie aber mit der Begründung abgelehnt, dass die Norm allein auf den bundesstaatlichen Zusammenhang ausgerichtet sei.[240] Allerdings kommt dann eine mittelbare oder entsprechende Anwendung in Betracht.[241] Das BVerfG hat schließlich zu Recht darauf hingewiesen, dass eine Differenzierung nach dem Normgeber

---

[230] BVerwGE 96, 45 (56 f.).

[231] *Dederer* NVwZ 2001, 258 (260); *Böhm* JZ 2000, 382 (386); *Tappe* BK, Art. 104a (2017) Rn. 337; *Schwarz,* in: Maunz/Dürig, Art. 104a (2018) Rn. 97.

[232] Vgl. *Stern,* Staatsrecht II, S. 738: „Verwaltungstätigkeit wurde seit jeher in allen Rechtsformen wahrgenommen"; diff. *Maurer,* Staatsrecht I, 7. Aufl. 2013, § 17 Rn. 135: Rechtsverordnungen von Regierungsorganen sollen der Gesetzgebung i. w. S. zuzurechnen sein, während Rechtsverordnungen von Verwaltungsbehörden dem Verwaltungsbereich zuzuordnen seien.

[233] BVerfGE 127, 165 (205, 207, 221 für den BRH).

[234] Gegen ein Verschuldenserfordernis *Fischer-Menshausen,* in: v. Münch/Kunig III, 3. Aufl. 1996, Art. 104a Rn. 41; *J.-P. Schneider* AK GG, Art. 104a (2001) Rn. 28; *Rudisile* DÖV 1985, 909 (914 ff.); *Schwarz,* in: Maunz/ Dürig, Art. 104a (2018) Rn. 97: *U. Stelkens* (Fn. 46), S. 220, der nicht an ein Verschulden des einzelnen Amtswalters, sondern an ein Lenkungsversagen von Regierung oder Parlament anknüpfen will; *Heitsch,* Die Ausführung der Bundesgesetze durch die Länder, 2001, S. 407 f.; aA *Maunz,* in: Maunz/Dürig, Art. 104a (1977) Rn. 71; *Birk* AK GG, 2. Aufl. 1989, Art. 104a Rn. 31: Vorsatz und grobe Fahrlässigkeit; offen gelassen BVerwGE 96, 45 (58); s. a. BVerfGE 116, 271 (322); *Tappe* BK, Art. 104a (2017) Rn. 342.

[235] BVerwGE 96, 45 (58); 100, 56 (60); *Pieroth,* in: Jarass/Pieroth, Art. 104a Rn. 19; *Schmehl,* in: Friauf/Höfling, Art. 104a Rn. 57; jetzt aber möglicherweise Beschränkung auf Vorsatz durch einen anderen Senat desselben Gerichts: BVerwGE 104, 29 (33); 128, 99 Rn. 22; für Beschränkung auf Vorsatz: *Hellermann,* in: v. Mangoldt/Klein/Starck III, Art. 104a Rn. 186.

[236] BVerfGE 116, 271 (322), im Übrigen offen lassend; als Befugnis für den Gesetzgeber BVerfGE 127, 165 (205): „Der Gesetzgeber kann eine verschuldensunabhängige Haftung begründen (...). Eine Beschränkung auf evidente oder grobe Rechtsverstöße kann dem Gesetzgebungsauftrag (...) nicht entnommen werden."

[237] BVerwGE 96, 45 (56).

[238] BVerwGE 100, 58 (60), mit Ausschluss des allg. Erstattungsanspruches im Verhältnis Land-Gemeinde; krit. *Bauer/Zirbes* JuS 1997, 511 (515) unter Hinweis auf § 16 II 1 LOG NRW. Bei (rechtswidrigen) Weisungen des Bundes an ein Land soll Anspruchsgegner im Außenverhältnis das Land sein, allerdings mit Regressmöglichkeit im Innenverhältnis nach Art. 104a V 1 HS 2, *Schmitt/Wohlrab* NVwZ 2015, 193 (196); dies. NVwZ 2015, 932 (934), „Schwerwiegender und vorsätzlicher Pflichtverstoß" des Bundes im Rahmen des „Moratoriums für Kernkraftwerke".

[239] *Dederer* NVwZ 2001, 258 (260); *Fisahn* DÖV 2002, 239 (245); *Henneke,* in: Hofmann/Henneke, Art. 104a Rn. 75; *Huber,* 65. DJT, Gutachten D, 2004, S. D 102, der aber gleichwohl Haftungsdefizite beim Vollzug von Unionsrecht sah; *Koenig/Braun* NJW 2004, 97 (101); *Prokisch* BK, Art. 104a Rn. 330; *Schwenke* NVwZ 2003, 1430 (1436).

[240] BVerwGE 116, 226 (241 f.); *Carl* NVwZ 1994, 947 (949); *Heintzen,* in: v. Münch/Kunig II, Art. 104a Rn. 58; *Littwin* DVBl 1997, 151 (156 f.); *Meyer/Luttmann* NVwZ 2006, 144 (145); *Häde,* Die innerstaatliche Verteilung gemeinschaftsrechtlicher Zahlungspflichten, 2006, S. 38; *ders.* JZ 2006, 930 (937).

[241] Für eine mittelbare Anwendung bei pflichtwidriger Verausgabung von EU-Mitteln *Heintzen,* in: v. Münch/ Kunig II, Art. 104a Rn. 58. *Pestalozza* plädiert für eine Anwendung von Art. 34 (ohne § 839 BGB), FS v. Arnim, 2004, S. 283 (283 ff.); *Hellermann* (Fn. 3), Rn. 333.

nicht zu überzeugen vermag.[242] Das Gemeinschaftsrecht ist verbindlich und genießt Anwendungsvorrang.[243] Das bedeutet jedoch nicht, dass die Regelung auch bei Nicht- oder fehlerhafter Umsetzung von EG-Richtlinien unmittelbar oder analog anzuwenden ist.[244] Das gilt jedenfalls dann, wenn Richtlinien durch die Legislative in nationales Recht umgesetzt wurden.[245] Eine Kreditaufnahme der Länder, die gegen die Stabilitätskriterien der Währungsunion verstößt („übermäßiges Defizit" nach Art. 104 I EGV, jetzt Art. 126 I AEUV) und deshalb kostenträchtige Sanktionen gegen den Bund hervorruft (→ Art. 109 Rn. 111 ff.), erfüllt nicht den Haftungstatbestand von Art. 104a V, weder in unmittelbarer noch in entspr. Anwendung.[246] Für diese Fälle ist der **neue Abs. 6** geschaffen worden (→ Rn. 57 ff.).

## III. Der Anspruchsumfang

Der Anspruch ist gerichtet auf **vollen Schadensausgleich**.[247] Ein „Mitverursachungsbeitrag" des     **55** Anspruchstellers ist allerdings anzurechnen.[248] Auch ein Vorteilsausgleich ist durchzuführen.[249] Im Hinblick auf das Recht des Bundes zur Informationsbeschaffung (→ Rn. 47, 49, 51), eröffnet Art. 104 V dem Bundesgesetzgeber jedenfalls die Möglichkeit, der Bundesverwaltung, die „Befugnis einzuräumen (…) bei den Landesverwaltungen Berichte anzufordern, Akten beizuziehen und Unterlagen einzusehen".[250] Nach Auffassung des BVerfG darf die Bundesverwaltung dazu unmittelbar örtliche „Erhebungen" bei „nachgeordneten Behörden auch der Länder und Kommunalverwaltungen" durchführen.[251] Entsprechendes gilt für den BRH.[252]

## IV. Verfahren

Bei einer **Streitigkeit über die Haftung** aus Art. 104a V kann es sich sowohl um einen Bund-     **56** Länder-Streit im Sinne von Art. 93 I Nr. 3, § 13 Nr. 7 BVerfGG handeln als auch um eine ör Streitigkeit nichtverfassungsrechtlicher Art nach §§ 40 I, 50 I Nr. 1 VwGO, über die das BVerwG in erster und letzter Instanz zu entscheiden hat. Dass die Beteiligten Subjekte des Verfassungsrechts sind, reicht allein noch nicht für die Annahme einer verfassungsrechtlichen Streitigkeit. Für die Beurteilung der Rechtsnatur der Streitigkeit ist vielmehr der Charakter des zwischen Bund und Land zu Grunde liegenden Rechtsverhältnisses entscheidend.[253] Entspringen die erhobenen Ansprüche einem engeren Rechtsverhältnis, so kommt es für ihre Rechtsnatur auf dieses Rechtsverhältnis und seine Rechtsnatur an. Maßgebend ist also, ob das zwischen Bund und Land streitige Rechtsverhältnis im verfassungsrechtlichen Grundverhältnis wurzelt.[254] Ist dies der Fall, ist die Streitigkeit verfassungsrechtlicher Art, beispielsweise bei einem Streit um die Zuordnung der Finanzierungslasten dem Grunde nach. Der Verwaltungsrechtsweg ist hingegen eröffnet, wenn die rechtliche Beurteilung der Verwaltungsmaßnahme den Kern des Rechtsstreits bildet. Dies hat das BVerwG nunmehr für die Ersatzansprüche aus Art. 104a V bejaht, so dass sie im Verwaltungsrechtsweg geltend zu machen sind.[255] Namentlich soll der Streit um die Höhe „einfachrechtlich geprägter Ansprüche oder die Frage einer Mitverantwortung des Bundes im konkreten Einzelfall" verwaltungsrechtlicher Natur sein und nach § 50 I 1 VwGO vom BVerwG in erster Instanz zu entscheiden sein.[256]

---

[242] BVerfGE 116, 271 (313 f.), m. Nachw. zum früheren Streitstand; s. a. o. Rn. 48.

[243] BVerfGE 73, 339 (375); 85, 191 (204); 116, 271 (314).

[244] *Nopper* (Fn. 195), S. 104 f.; *Wollgast,* Das haftende Subjekt der gemeinschaftsrechtlich gebotenen Staatshaftung in der Bundesrepublik Deutschland, 1998, S. 179, 187; wohl auch *Maurer,* FS Boujong, 1996, S. 591 (607); aA *Dederer* NVwZ 2001, 258 (260).

[245] *Koenig/Braun* NJ 2004, 97 (101).

[246] *Böhm* JZ 2000, 382 (386); *Dederer* NVwZ 2001, 258 (260 f.); *Koenig/Braun* NJ 2004, 97 (101); für eine Lösung über Art. 104a *Häde* (Fn. 231), S. 38, 65 ff.; *ders.* JZ 2006, 930 (937); a. A. *Tappe* BK, Art. 104a (2017) Rn. 361: Abs. 6 ist lex specialis gegenüber Abs. 5 S. 1 Hs 2.

[247] *Kube,* in: Epping/Hillgruber, Art. 104a Rn. 56; zust. *Schwarz,* in: Maunz/Dürig, Art. 104a (2018) Rn. 98: aber keine Naturalrestitution.

[248] BVerfGE 116, 271 (323) bezogen auf den Bund als Anspruchsteller; BVerwGE 128, 99 Rn. 33: Anrechnung von Mitverschulden; vgl. aber *Tappe* BK, Art. 104a (2017) Rn. 347: Kausalität der Mehrausgaben maßgeblich, Rn. 348: überhöhte Zweckausgaben sind nicht in Verwaltungsausgaben umzuqualifizieren, sind sind weiter vom Bund zu tragen.

[249] BVerwGE 128, 99 Rn. 40.

[250] BVerfGE 127, 165 (205).

[251] BVerfGE 127, 165 (205).

[252] BVerfGE 127, 165 (221).

[253] BVerfGE 42, 103 (113); 62, 295 (313); 109, 1 (6); BVerwGE 109, 258 (259); 116, 234 (237); nunmehr ausdrücklich bejaht im Streit um eine „Anlastung" der EU, BVerfGE 116, 271 (271 ff.).

[254] BVerfGE 109, 1 (6), das für das Grundverhältnis die verfassungsrechtliche Natur bejaht; zust. *Kaufmann* NVwZ 2004, 438 (440).

[255] BVerwGE 128, 99.

[256] *Schwarz,* in: Maunz/Dürig, Art. 104a (2018) Rn. 99.

## F. Lastentragung bei Verletzung supranationaler oder völkerrechtlicher Verpflichtungen (Abs. 6)

### I. Grundlagen

57    Die Vorschrift wurde mit der Föderalismusreform 2006 in das GG eingefügt.[257] Ziel dieser Reform war nicht zuletzt auch die Erhöhung der Europatauglichkeit der Finanzverfassung. Die Neuregelung klärt die bislang zwischen Bund und Ländern streitige Frage der Lastentragung im Falle finanzwirksamer Entscheidungen der EU oder anderer zwischenstaatlicher Einrichtungen wegen einer Verletzung von supranationalen oder völkerrechtlichen Pflichten. Als Beispiele für derartige finanzwirksame Entscheidungen nennt die Gesetzesbegründung die Verhängung von Zwangsgeldern oder Pauschalbeträgen durch die EU, Finanzkorrekturen durch die EU aufgrund fehlerhafter Verausgabungen von EU-Mitteln (Anlastungen) oder Verurteilungen durch den Europäischen Gerichtshof für Menschenrechte.[258] Die Vorschrift regelt nicht nur die vertikale, sondern auch die horizontale Verteilung von Lasten.[259] Das ist gegenüber dem bisherigen Recht eine Neuerung. Bemerkenswert ist die Einführung der Kategorie „supranational" in den Text der Verfassung.[260]

58    Die Regelungswirkung der Vorschrift ist begrenzt, wenn davon ausgegangen wird, dass Abs. 5 S. 1 Alt. 2 grds. auch bei der Verletzung von Europarecht anwendbar ist (→ Rn. 54).[261] Sie erfüllt aber auch dann eine wichtige Funktion, da Abs. 5 für den Fall Nicht- oder fehlerhafter Umsetzung von EU-RL ebenso wie für eine Kreditaufnahme der Länder, die gegen die Stabilitätskriterien der Währungsunion verstößt, nicht anwendbar ist. Darüber hinaus regelt sie die innerstaatliche Lastenverteilung konstitutiv. Sie erfasst auch Altfälle.[262]

### II. Lastentragung (S. 1)

59    Die Lastentragung zwischen Bund und Ländern sowie der Länder untereinander folgt nach S. 1 der innerstaatlichen Zuständigkeits- und Aufgabenverteilung hinsichtlich des beanstandeten Verhaltens.[263] Die Folgen einer Pflichtverletzung sollen demnach nunmehr grds. die Gebietskörperschaft treffen, in deren Verantwortungsbereich sie sich ereignet hat. Dabei gilt das Prinzip der innerstaatlichen Zuständigkeits- und Aufgabenverteilung gem. § 1 I LastG vertikal und horizontal für alle Fälle **legislativen, judikativen und exekutiven Fehlverhaltens**.[264] Die Verantwortlichkeit ist verschuldensunabhängig.[265]

60    Diese Regelung bedeutet in zweifacher Hinsicht einen **schwerwiegenden Systembruch,**[266] der erneut zu zahlreichen Missverständnissen führen kann: die partielle Einführung des **Verursacherprinzips**[267] und die Ausweitung des Tatbestandes über die Verwaltungstätigkeit hinaus.[268] Dabei ist der zuletzt genannte Systembruch schwerwiegender, da die Lastentragung – bei richtigem Verständnis – bislang im gesamten Regelungsbereich von Art. 104a ausschließlich an der Verwaltungstätigkeit orientiert war (→ Rn. 45), während Ansätze zu einer Verursacherhaftung auch bisher schon in Abs. 5 zu finden waren, aber auch nur dort.

61    Im Falle **legislativen Fehlverhaltens** haftet diejenige Körperschaft, die den beanstandeten Rechtsakt erlassen oder pflichtwidrig unterlassen hat.[269] Bei einem gleichartigen Verstoß mehrerer Länder kommt es zu einer Haftungsverteilung unter diesen nach dem sog. Königsteiner Schlüssel.[270]

---

[257] BGBl I 2034, 2036.

[258] BT-Dr 16/813, S. 19; BVerwGE 128, 342 Rn. 33. Sekundärrechtlich war das Finanzkorrekturverfahren geregelt durch: VO (EG) Nr. 1290/2005 des Rates v. 21.6.2005, ABl L 209/1, zul. geänd. durch VO (EU) Nr. 121/2012 des Parlaments und des Rates v. 15.2.2012, ABl L 44/1; VO (EG) Nr. 1083/2006 des Rates v. 11.7.2006, ABl L 210/25, aufgeh. durch VO (EU) Nr. 1303/2013 des Parlaments und des Rates v. 17.12.2013, ABl L 347/320.

[259] *Hellermann*, in: v. Mangoldt/Klein/Starck III, Art. 104a Rn. 198.

[260] *Tappe* BK, Art. 104a (2017) Rn. 366: „Kategorie aus der Wissenschaft".

[261] AA *Tappe* BK, Art. 104a (2017) Rn. 361; vgl. die Darstellung des Streitstandes vor Einfügung von Abs. 6 bei *Schwarz*, in: Maunz/Dürig, Art. 104a (2018) Rn. 103.

[262] BVerwGE 128, 342 Rn. 24 ff. Eingehende Darstellung der praktischen Fälle und der dazu ergangenen Rspr. bei *U. Stelkens*, (Fn. 186), § 42 Rn. 47–55; *Tappe* BK, Art. 104a (2017) Rn. 360.

[263] *Tappe* BK, Art. 104a (2017) Rn. 358.

[264] Begründung, BT-Dr 16/813, S. 19.

[265] *Hellermann* (Fn. 3), Rn. 337; *Tappe* BK, Art. 104a (2017) Rn. 368.

[266] Anders *Heun*, in: Dreier III, Art. 104a Rn. 41: gerechtfertigt; vgl. auch *Tappe* BK, Art. 104a (2017) Rn. 358, der die Kritik für „überzogen" hält (Rn. 368 Fn. 782).

[267] *Kluth* (Fn. 161), Rn. 26; *Schwarz*, in: Maunz/Dürig, Art. 104a (2018) Rn. 107; näher *Karpenstein/Kottmann* EuZW 2015, 256 (259 f.); bereits gefordert von *F. Kirchhof* DVBl 2004, 977 (984); *Häde* JZ 2006, 930 (937); in der Sache ähnlich *Tappe* BK, Art. 104a (2017) Rn. 358.

[268] *Tappe* BK, Art. 104a (2017) Rn. 358, 364; *Schwarz*, in: Maunz/Dürig, Art. 104a (2018) Rn. 107.

[269] Begründung, BT-Dr 16/813, S. 19.

[270] Königsteiner Schlüssel für das Jahr 2016, BAnz AT v. 20.6.2016, B1.

Im Falle **judikativen Fehlverhaltens** haftet ebenfalls diejenige Körperschaft, deren Gerichte die 62
Beanstandung verursacht haben.[271] Bei einer Verurteilung wegen überlanger Verfahrensdauer und
Anhängigkeit sowohl bei Bundes- als auch Landesgerichten ist die Haftung nach den Anteilen der
Verfahrensdauer zu bestimmen.

Im Falle **exekutiven Fehlverhaltens** wird ebenfalls nach dem Verursacherprinzip dem Verwal- 63
tungsträger die Haftung auferlegt, dessen Verhalten zu der Beanstandung geführt hat,[272] soweit es sich
nicht um einen Fall der länderübergreifenden Finanzkorrektur nach den Sätzen 2 und 3 handelt.

Hingegen gilt Art. 104a VI **nicht** für **Sanktionsmaßnahmen** der EU nach **Art. 126 AEUV.** 64
Vielmehr wurde im Rahmen der Föderalismusreform 2006 für diesen Fall mit Art. 109 V eine eigene
Haftungsregelung geschaffen, die auch (fälschlich) als „nationaler Stabilitätspakt" bezeichnet wird
(→ Art. 109 Rn. 111 ff.). Sie hat Vorrang.[273]

### III. Länderübergreifende Finanzkorrektur (S. 2 und 3)

Eine **Ausnahme vom Verursacherprinzip** bilden die Fälle länderübergreifender Finanzkorrektu- 65
ren durch die EU. Voraussetzung dafür ist ein exekutives Fehlverhalten. Nach § 2 II Lastentragungsgesetz – LastG (→ Rn. 68) soll eine länderübergreifende Finanzkorrektur nur vorliegen, wenn die
Kommission festgestellt hat, dass die zugrunde liegenden Verwaltungsfehler in allen Ländern aufgetreten sind. Für diesen Fall ordnen die Sätze 2 und 3 zwingend eine „**Solidarhaftung**"[274] sowohl
des Bundes in Höhe von 15 % als auch der Länder in Höhe von 35 % der Gesamtlasten an. Die 35 %
des Korrekturbetrages, für welche die Ländergesamtheit solidarisch haftet, werden ebenfalls nach dem
sog. Königsteiner Schlüssel[275] auf die einzelnen Länder verteilt, § 2 II 2 LastG. Die angeordnete
„Solidarhaftung" ist bzgl. der Erfordernisse einer rationalen Finanzwirtschaft problematisch. Sie ist im
Grundansatz verfehlt, da sie den – ohnehin schon wegen des bundesstaatlichen Finanzausgleichs viel zu
hohen – Anreiz erhöht, sich durch unlauteres Verhalten auf Kosten solider und rechtstreuer Glieder
der föderalen Gemeinschaft Sondervorteile zu verschaffen.

Die restlichen 50 % des Korrekturbetrages tragen die Länder, die nicht den Nachweis der **ord-** 66
**nungsgemäßen Verausgabung** der Gemeinschaftsmittel erbringen können, anteilig entspr. der
Höhe der erhaltenen Mittel. Diese verfassungsrechtliche Vorgabe ist in § 2 II 1 Nr. 3 LastG umgesetzt.
Die Regelung kann noch als sachgerecht angesehen werden, da, mangels genauerer Kenntnis über das
Fehlverhalten, das Volumen der bewegten Mittel ein grober Anhaltspunkt für das Ausmaß des Rechts-
bruchs sein kann. Sie dürfte jedenfalls vom Ausgestaltungsvorbehalt des Satzes 4 gedeckt sein.[276]

Die verfassungsrechtliche Regelung wird als defizitär beurteilt, weil sie weder die Anlastung länder- 67
spezifischen Fehlverhaltens noch die Kosten einer Prozessvertretung vor dem Gerichtshof der EU
erfasse.[277]

### IV. Nähere Regelung (S. 4)

Das Nähere wird gem. S. 4 durch Bundesgesetz, das mit Zustimmung des BRat ergeht, bestimmt. 68
Die Vorschrift begründet eine – ausschließliche – Gesetzgebungskompetenz des Bundes.[278] Das Zustimmungserfordernis dient auch dem Schutz der Länder.[279] Es handelt sich um einen Regelungsauftrag, der aber nicht zur Einschränkung der verfassungsrechtlichen Vorgaben ermächtigt.[280] Er ist
durch das Föderalismusreform-Begleitgesetz vom 5. September 2006, das Gesetz zur Lastentragung im
Bund-Länder-Verhältnis bei Verletzung von supranationalen oder völkerrechtlichen Verpflichtungen
(LastG),[281] erfüllt worden. Darin ist auch eine weitergehende Lastentragung des Bundes ausgeschlossen,
§ 2 II 3 LastG. Diese Anordnung entspricht der verfassungsrechtlichen Regelung, die mit ihren festen
Quoten trotz des Regelungsvorbehalts weder einer Modifikation durch den einfachen Gesetzgeber
noch durch Vereinbarungen zugänglich ist. Die Regelungen von Art. 104a stehen insgesamt nicht zur
Disposition der Betroffenen (→ Rn. 18; → vor Art. 104a Rn. 27).

Das Lastentragungsgesetz wirkt ebenso wie der gesamte Abs. 6 (→ Rn. 58) „zeitlich unbegrenzt 69
zurück" und ist auch „auf offene Altfälle anzuwenden".[282]

---

[271] Begründung, BT-Dr 16/813, S. 19.
[272] Begründung, BT-Dr 16/813, S. 19.
[273] *Kube,* in: Epping/Hillgruber, Art. 104a Rn. 59.
[274] Begründung, BT-Dr 16/813, S. 19. Die Verteilung der Lasten erfolgt unmittelbar durch gesetzliche Regelung,
so dass ein Ausgleich weder geltend gemacht werden braucht noch auf ihn verzichtet werden darf, vgl. *U. Stelkens,*
(Fn. 186), § 42 Rn. 12.
[275] → Fn. 264.
[276] *Tappe* BK, Art. 104a (2017) Rn. 376.
[277] *Schwarz,* in: Maunz/Dürig, Art. 104a (2018) Rn. 113.
[278] *Hellermann* MKS III, Art. 104a Rn. 211.
[279] *Heintzen,* in: v. Münch/Kunig II, Art. 104a Rn. 60; *Schwarz,* in: Maunz/Dürig, Art. 104a (2018) Rn. 115.
[280] *Hellermann* MKS III, Art. 104a Rn. 211.
[281] Föderalismusreform-BegleitG v. 5.9.2006 Art. 15, BGBl I 2098 (2105).
[282] *Tappe* BK, Art. 104a (2017) Rn. 360.

## Art. 104b [Finanzhilfen zur Abwehr von Störungen des gesamtwirtschaftlichen Gleichgewichts, zum Ausgleich unterschiedlicher Wirtschaftskraft und zur Förderung des wirtschaftlichen Wachstums]

(1) **Der Bund kann, soweit dieses Grundgesetz ihm Gesetzgebungsbefugnisse verleiht, den Ländern Finanzhilfen für besonders bedeutsame Investitionen der Länder und der Gemeinden (Gemeindeverbände) gewähren, die**

**1. zur Abwehr einer Störung des gesamtwirtschaftlichen Gleichgewichts oder**
**2. zum Ausgleich unterschiedlicher Wirtschaftskraft im Bundesgebiet oder**
**3. zur Förderung des wirtschaftlichen Wachstums**

**erforderlich sind. Abweichend von Satz 1 kann der Bund im Falle von Naturkatastrophen oder außergewöhnlichen Notsituationen, die sich der Kontrolle des Staates entziehen und die staatliche Finanzlage erheblich beeinträchtigen, auch ohne Gesetzgebungsbefugnisse Finanzhilfen gewähren.**

(2) **Das Nähere, insbesondere die Arten der zu fördernden Investitionen und die Grundzüge der Ausgestaltung der Länderprogramme zur Verwendung der Finanzhilfen, wird durch Bundesgesetz, das der Zustimmung des Bundesrates bedarf, oder auf Grundlage des Bundeshaushaltsgesetzes durch Verwaltungsvereinbarung geregelt. Das Bundesgesetz oder die Verwaltungsvereinbarung kann Bestimmungen über die Ausgestaltung der jeweiligen Länderprogramme zur Verwendung der Finanzhilfen vorsehen. Die Festlegung der Kriterien für die Ausgestaltung der Länderprogramme erfolgt im Einvernehmen mit den betroffenen Ländern. Zur Gewährleistung der zweckentsprechenden Mittelverwendung kann die Bundesregierung Bericht und Vorlage der Akten verlangen und Erhebungen bei allen Behörden durchführen. Die Mittel des Bundes werden zusätzlich zu eigenen Mitteln der Länder bereitgestellt. Sie sind befristet zu gewähren und hinsichtlich ihrer Verwendung in regelmäßigen Zeitabständen zu überprüfen. Die Finanzhilfen sind im Zeitablauf mit fallenden Jahresbeträgen zu gestalten.**

(3) **Bundestag, Bundesregierung und Bundesrat sind auf Verlangen über die Durchführung der Maßnahmen und die erzielten Verbesserungen zu unterrichten.**

**Entstehungsgeschichte: Erstfassung:** G z. Änd. d. GG v. 28.8.2006 (BGBl I 2034), Art. 1 Nr. 17 (dazu: BT-Dr 16/813 [Entwurf], 16/2010 [Beschlussempfehlung RechtsA], 16/2069 [Bericht RechtsA]; BT-Prot 16/1749, 4233, 4295; BR-Dr 178/06, 180/06, 462/06; BR-Prot 06/39, 62, 203, 222) – **Änderung:** G z. Änd. d. GG (Artikel 91c, 91d, 104b, 109, 109a, 115, 143d) v. 29.7.2009 (BGBl I 2248) (dazu: BT-Dr 16/12410 [Entwurf]; 16/13 221 [Beschlussempfehlung und Bericht RechtsA]; BT-Prot 16/215, 255; BR-Dr 262/09, 510/09; BR-Prot 859); G zur Änd. des GG (Artikel 90, 91c, 104b, 104c, 107, 108, 109a, 114, 125c, 143d, 143e, 143f, 143g) v. 13.7.2017 BGBl I 2347), Art. 1 (dazu: BT-Dr 18/11131, 18/12588); G zur Änd. des GG (Art. 104b, 104c, 104d, 125c, 143e) v. 28.3.2019 (BGBl I 404) (dazu: BT-Dr 19/3440 [Entwurf]; 19/6144 [Beschlussempfehlung und Bericht HaushaltsA]; 19/7940 [Beschlussempfehlung VermittlungsA]; BT-Prot 19/53, 5689 B; 19/68, 7694 D, 7715C; 19/83, 9692B, 9872C; BR-Prot 969, 194A; 973, 461; 975, 63.

**Historische Verfassungstexte: GG 2016:** (2) Das Nähere, insbesondere die Arten der zu fördernden Investitionen, wird durch Bundesgesetz, das der Zustimmung des Bundesrates bedarf, oder auf Grund des Bundeshaushaltsgesetzes durch Verwaltungsvereinbarung geregelt. Die Mittel sind befristet zu gewähren und hinsichtlich ihrer Verwendung in regelmäßigen Zeitabständen zu überprüfen. Die Finanzhilfen sind im Zeitablauf mit fallenden Jahresbeträgen zu gestalten. (3) Bundestag, Bundesregierung und Bundesrat sind auf Verlangen über die Durchführung der Maßnahmen und die erzielten Verbesserungen zu unterrichten. **GG 2018:** (2) (...) Zur Gewährleistung der zweckentsprechenden Mittelverwendung kann die Bundesregierung Bericht und Vorlage der Akten verlangen und Erhebungen bei allen Behörden durchführen. Die Mittel des Bundes werden zusätzlich zu eigenen Mitteln der Länder bereitgestellt. Sie sind befristet zu gewähren und hinsichtlich ihrer Verwendung in regelmäßigen Zeitabständen zu überprüfen. Das Nähere, insbesondere die Arten der zu fördernden Investitionen, wird durch Bundesgesetz, das der Zustimmung des Bundesrates bedarf, oder auf Grund des Bundeshaushaltsgesetzes durch Verwaltungsvereinbarung geregelt. Die Mittel sind befristet zu gewähren und hinsichtlich ihrer Verwendung in regelmäßigen Zeitabständen zu überprüfen. (...)

**Gesetzgebung:** EntflechtG; GVFG; WoFÜG; StWG; ZuInvG.

**Leitentscheidungen:** BVerfGE 39, 96 (Finanzhilfen); BVerfGE 41, 291 (Finanzzuweisungen); BVerfGE 86, 148 (Länderfinanzausgleich III); BVerfGE 127, 165 (Informationsbeschaffung).

**Schrifttum:** *U. Battis/B. Klein/B. Rusteberg,* Die Auswirkungen des neuen Art. 104b GG auf die Städtebauförderung, DVBl 2009, 682; *D. Carl,* Förderung von Investitionen Privater durch Finanzhilfen nach Art. 104a IV, DVBl 1989, 589; *U. Häde,* Zur Föderalismusreform in Deutschland, JZ 2006, 930; *C. Hillgruber,* Klarere Verantwortungsteilung von Bund, Ländern und Gemeinden?, JZ 2004, 837; *M. Huber,* Klarere Verantwortungsteilung von Bund, Ländern und Kommunen?, Beil. NJW 27/2004, 23; *ders.* Der ungeliebte Bundesstaat, NVwZ 2019, 665; *J. Ipsen,* Die Kompetenzverteilung zwischen Bund und Ländern nach der Föderalismusnovelle, NJW 2006, 2801; *S. Kempny,* Finanzhilfen und Nominalismus, ZRP 2014, 14; *F. Kirchhof,* Klarere Verantwortungsteilung von Bund, Ländern und Kommunen?, DVBl 2004, 977; *U. Kirste,* Finanzhilfen des Bundes an die neuen Länder nach Art. 104a IV, 1995; *G. Kisker,* Kooperation im Bundesstaat, 1971; *K. Kruis,* Finanzautonomie und Demokratie im Bundesstaat, DÖV 2003, 10; *H. Meyer/H. Freese,* Konjunkturpaket II: Art. 104b GG als Ärgernis und Garant des Föderalismus, NVwZ 2009, 609; *J. Müller-Volbehr,* Fonds- und Investitionshilfekompetenz des Bundes, 1975; *W. Schwanengel,* Die Malaise des deutschen Bundesstaates, DÖV 2004, 553; *P. Selmer*, Zur verfassungsrechtlichen Zulässigkeit von Zwischenländer-finanzhilfen, FS Thieme, 1993, S. 353; *H. Siekmann*, Finanzzuweisungen des Bundes an die Länder auf unklarer Kompetenzgrundlage, DÖV 2002, 629; *C. Winterhoff*, Finanzielle Förderung von Ganztagsschulen und Juniorprofessuren durch den Bund?, JZ 2005, 59.

## Übersicht

# A. Allgemeines

## I. Entstehung

Die Vorschrift beruht auf Art. 104a IV aF, der als Bestandteil der Finanzreform 1969 in das GG **1** eingefügt worden war, aber auch schon damals nicht unumstritten war.[1] Bei der Föderalismusreform 2006 ist Art. 104b dann unter Übernahme wesentlicher Elemente der bish. Regelung als selbstst. Vorschrift geschaffen worden. Sie ist seitdem mehrfach geändert worden: 2009, 2017 und 2019. Die Grundstruktur der Regelung ist dabei allerdings nicht angetastet worden. Jedoch wurde der **Kritik** an der bisherigen Regelung zT Rechnung getragen. Krit. waren vor allem die Möglichkeit der Mischverwaltung und der Mischfinanzierung, die Gefahr des Verlusts an Eigenständigkeit der Länder, die irrationale und ineffektive Bewältigung von Gemeinschaftsaufgaben und die weitgehende Ausschaltung der LParl gesehen worden.[2] Daher war sogar die vollständige Abschaffung der alten Regelung gefordert worden.[3] So weit mochte der verfassungsändernde Gesetzgeber im Jahre 2006 jedoch nicht gehen und hat wegen der „erheblichen strukturellen Unterschiede der Länder" von einer vollständigen Abschaffung der Finanzhilfen (und der sonstigen Mischfinanzierungstatbestände) „derzeit" abgesehen.[4]

Finanzhilfen des Bundes waren wie alle **Mischfinanzierungstatbestände** von Anfang an als Aus- **2** nahmen gedacht. Dessen ungeachtet hatten sie sich aber zu strukturell verfestigten Finanzierungsinstrumenten des Bundes – mit entspr. Einflussnahmemöglichkeiten auf die Sachentscheidungen – entwickelt. Ziel der Neuregelung bei der Föderalismusreform 2006 war es, ihre Verbreitung einzugrenzen. Die Voraussetzungen für ihre Gewährung sind deshalb verschärft worden.[5] Finanzhilfen des Bundes sollten entspr. ihrer urspr. Zielrichtung (wieder) **Ausnahmen** sein. Durch die Neufass. sollte das Instrument der Finanzhilfe des Bundes wieder auf seine eigentl. Zweckbestimmung, Bundesmittel

---

[1] *Heun/Thiele*, in: Dreier III, Art. 104b Rn. 1; *Schwarz*, in: Maunz/Dürig, Art. 104b (2019) Rn. 2.

[2] Vgl. *Kirste*, Finanzhilfen des Bundes, 1995, S. 43 f.; *Häde*, Finanzausgleich, 1996, S. 122 f.; *F. Kirchhof*, 61. DJT Bd. I, 1996, S. D 43; *Kruis* DÖV 2003, 10 (16).

[3] *Kisker*, Kooperation, S. 293 ff.; *Barbarino* DÖV 1973, 19 (21); *Borell*, Mischfinanzierungen, 1981, S. 60 ff., 90; *Korioth*, 65. DJT Bd. II/1, 2004, S. P 104 ff.; *Scholz* FS Badura, 2004, S. 491 (503); für „Entflechtung" *Nierhaus/Radermacher* LKV 2006, 386 (387); für Abschaffung der Gemeinschaftsaufgaben, aber verbunden mit verstärkter Investitionshilfekompetenz des Bundes *Huber*, 65. DJT Bd. I, 2004, S. D 86, 97 ff.; *ders.* Beil. NJW 2004, 23 (25).

[4] Begründung, BT-Dr 16/813, S. 10; vgl. auch *Wollenschläger* RdJB 2007, 8 (16).

[5] Begründung, BT-Dr 16/813, S. 10.

gezielt und flexibel zur Behebung konkreter Problemlagen einzusetzen, zurückgeführt werden.[6] Die Föderalismusreform wollte eine „klare Zuordnung der Finanzverantwortung erreichen".[7]

3   Die hauptsächl. Änd. durch die Neuregelung von 2006 gegenüber Art. 104a IV aF bestand darin, dass der Bund Finanzhilfen nur noch leisten darf, wo er die **Gesetzgebungsbefugnis** hat (→ Rn. 31–34a).[8] Neu ist ferner die zwingend angeordnete **Befristung** und **degressive Ausgestaltung** der Hilfen verbunden mit einer **Revisionsklausel,** Abs. 2 S. 6 und 7 (→ Rn. 56, 58). Zudem erhöht Abs. 3 **Transparenz und Kontrolle** der Mittelverwendung, indem er BT, BReg und BRat einen Anspruch auf Unterrichtung über die Durchführung der geförderten Maßnahmen und die erzielten Verbesserungen einräumt, Abs. 3 (→ Rn. 59).

4   Die Beschränkung der Kompetenz des Bundes zu Finanzhilfen hatte jedoch zur Folge, dass der Bund auch nicht mehr bei außergewöhnl. Notsituationen den Ländern finanz. Hilfe leisten durfte. Das wurde insb. bei den Konjunkturprogrammen zur Überwindung der Finanzkrise als so unerträglich empfunden,[9] dass die eben geschaffene Regelung erneut geändert wurde. Bei der Föderalismusreform II wurde 2009 in Abs. 1 S. 2 eine Ausnahmeklausel eingefügt (Rn. → 35–38),[10] die von der – eben erst eingefügten – Voraussetzung der Gesetzgebungsbefugnis des Bundes für Notsituationen wieder entbindet.

4a   Der Einfluss des Bundes auf die Auswahl der Programme durch die Länder und eine zweckentspr. und nachprüfbar wirtschaftl. Verwendung der den Ländern nach Art. 104b I zur Verfügung gestellten Mittel war beschränkt. Die dazu erlassenen gesetzl. Regelungen stießen auf erhebl. verfassungsrechtl. Bedenken (→ Rn. 7–9). Das BVerfG hatte deshalb d § 6a 2 und 4 ZuInvG für zT mit dem GG unvereinbar erklärt. Dagegen stand aber § 6a 3 ZuInvG nach Auffassung des Gerichts – in verfassungskonformer Auslegung – mit dem GG in Einklang.[11] Deshalb sollte mit der Erweiterung von Art. 104b II eine stabile verfassungsrechtl. Basis für das Anliegen des Bundes geschaffen werden, aber auch weitere Details für die Mittelgewährung und die Prüfung ihrer Verwendung festgeschrieben werden. Die neu in das GG aufgenommene Regelung[12] dient dazu – wieder einmal – (auch) dazu, eine Entscheidung des BVerfG durch Verfassungsänderung obsolet zu machen (Rn. → 45–48). Mit der nächsten Änd. wurde 2019 ein neuer S. 5 in Abs. 2 eingefügt,[13] mit dem sichergestellt werden sollte, dass die Bundesmittel tatsächlich zusätzlich für die verfolgten Zwecke eingesetzt werden (→ Rn. 49).

## II. Grundsätzliche Bedeutung

5   Teils wird die „Steuerungsfunktion" und nicht die „Finanzierungsfunktion" als maßgebl. Regelungszweck von Art. 104b angesehen.[14] Unabhängig davon, ob man eine derartige (vorrangige) Funktion dem insoweit nicht klaren Wortlaut entnehmen will, enthält sie an erster Stelle eine **Erlaubnis** für den Bund, abw. vom Verbot des Art. 104a I (→ Art. 104a Rn. 12) als Geldgeber in Bereichen aufzutreten, die nicht in sein Aufgabengebiet fallen. Die Vorschrift enthält aber nicht das vielfach beschworene „Kooperationsverbot". Wenn man überhaupt diese Begrifflichkeit verwenden will, folgt es aus Art. 104a 1 1 und Art. 104b 1 1 ist davon eine „Bereichsnahme".[15] Dabei sind unter „Aufgaben" wie in Art. 104a I (→ Art. 104a Rn. 4) die Verwaltungskompetenzen zu verstehen. Andernfalls hätte die neue zusätzl. Voraussetzung, dass der Bund (wenigstens) die Gesetzgebungskompetenz für die Materie haben muss, deren Erledigung er fördert, keinen Sinn. Der Bund darf also auch Verwaltungstätigkeiten finanzieren, die in die Zuständigkeit der Länder fallen, wenn die Voraussetzungen von Art. 104b I erfüllt sind. Diese Erlaubnis zum Abweichen vom Konnexitätsprinzip des Art. 104a I (→ Art. 104a Rn. 2) kann sich in Ausnahmefällen zu einer **Pflicht** verdichten.[16] Durch die genaue

---

[6] Begründung, BT-Dr 16/813, S. 19.

[7] BVerfGE 127, 165 (197). Die nachfolgenden Verfassungsänderungen haben dieses Ziel mit wachsender Geschwindigkeit durchlöchert. Mit dazu beigetragen haben zahlreiche Spielarten einer parakonstitutionellen Mischfinanzierung, *Huber* NVwZ 2019, 665 (668).

[8] *Häde* JZ 2006, 930 (935): „Damit ist künftig ein Hineinregieren des Bundes durch finanzielle Angebote an die Länder jedenfalls dort ausgeschlossen, wo den Ländern die Gesetzgebung zusteht.".

[9] In diesem Sinne dezidiert auch *Heun/Thiele,* in: Dreier III, Art. 104b Rn. 13; zu den jur. Problemen *Meyer/Freese* NVwZ 2009, 609 ff.

[10] G z. Änd. d. GG (Artikel 91c, 91d, 104b, 109, 109a, 115, 143d) v. 29.7.2009, BGBl I 2248.

[11] BVerfGE 127, 165 (190 f.).

[12] G z. Änd. des GG (Artikel 90, 91c, 104b, 104c, 107, 108, 109a, 114, 125c, 143d, 143e, 143f, 143g) v. 13.7.2017, BGBl I 2347.

[13] G z. Änd. d. GG (Artikel 104b, 104c, 104d, 125c, 143e) v. 28.3.2019, BGBl I 404.

[14] *Heun/Thiele,* in: Dreier III, Art. 104b Rn. 8, sehen die Regelung vornehmlich als (wünschenswerte) Modifikation des Systems des Finanzausgleichs an und betonen die allokativen, konjunkturstabilisierenden und strukturpolitischen Ziele; teilw. zust. *Pieroth,* in: Jarass/Pieroth, Art. 104b Rn. 1.

[15] So auch *Seckelmann* DÖV 2012, 701; unzutreffend daher *Huber* NVwZ 2019, 665 (668).

[16] BVerfGE 39, 96 (113); *Hellermann* MKS III, Art. 104b Rn. 51; *Heun/Thiele,* in: Dreier III, Art. 104b Rn. 10. „Zusagen" des BKanzlers, mit denen gelegentlich Stimmen im BRat „gesichert" werden, begründen keine Zahlungspflicht des Bundes, vgl. *Wermeckes* NVwZ 2002, 48 (49).

tatbestandl. Umschreibung der Voraussetzungen für Finanzhilfen und die Regelung des Verfahrens sollte die Bestimmung eine **Begrenzungsfunktion** erfüllen.[17] Sie ist allerdings durch die erneute Änderung von 2009 (→ Rn. 4) mit ihren begriffl. Unschärfen[18] erheblich relativiert worden.[19]

Der Regelungsgehalt der Vorschrift ist ausschließlich auf das **Verhältnis des Bundes zu den 5a Ländern** beschränkt.[20] Vor allem gewährt sie dem Bund keine Befugnis zur Gewährung von Leistungen unmittelbar an Kommunalkörperschaften (→ Rn. 11).

Die Informationsrechte und Kontrollbefugnisse, die § 6a ZuInvG dem Bund und insbes. dem BRH 5b einräumt, um eine zweckentspr. Verwendung der Mittel zu gewährleisten, konnten rechtswirksam weder auf Art. 84 III noch auf Art. 104b II S. 1 oder S. 2 Hs. 2 oder Abs. 3 gestützt werden.[21] Deshalb war die Einfügung von Abs. 2 S. 4 erforderlich. Für Teile von § 6a 1 und 4 ZuInvG bieten jedoch Art. 104a V (für Ermittlungen der BReg)[22] und 114 II 1 (für Erhebungen des BRH)[23] eine hinreichende Grundlage. Sie waren deshalb (nur) „teilweise" mit der Verfassung unvereinbar.[24] § 6a 3 stand dagegen bei „zutreffender Auslegung" in Einklang mit dem GG.[25] Allerdings hat das BVerfG sie **nicht** als uU unzulässige **Mischverwaltung** angesehen, da das „kennzeichnende Element" einer gemeinsamen Wahrnehmung von Verwaltungsaufgaben fehle. § 6a 1 ZuInvG räume der Bundesverwaltung keinen Einfluss auf die Entscheidungen der Landesbehörden ein.[26]

Die Einfügung von S. 4 in Abs. 2 hat im Hinblick auf die Informationsrechte und Kontrollbefug- 5c nisse bei der Mittelverwendung Klarheit geschaffen.

### III. Verhältnis zu anderen Bestimmungen des GG

Soweit Art. 104b I dem Bund erlaubt, abw. von Art. 104a I (→ Art. 104a Rn. 12) im Zuständig- 6 keitsbereich der Länder als Finanzier aufzutreten, ist die Vorschrift lex specialis und geht der Grundregel aus Art. 104a I vor. Als Ausnahme ist sie aber **eng auszulegen**[27] und Analogien grds. nicht zugänglich. IÜ bleiben die Vorgaben von Art. 104a aber auch auf die Finanzhilfen nach Art. 104b I anwendbar. Die Förderung der regionalen Wirtschaftsstruktur kann sowohl unter Art. 91a I Nr. 1 als auch unter Art. 104b fallen. Da es sich um unterschiedl. Regelungsbereiche mit unterschiedl. Voraussetzungen handelt, dürfte Art. 91a I Nr. 1 nicht die Anwendung von Art. 104b ausschließen (→ Art. 91a Rn. 20).[28] Die neuen Art. 104c und d erlauben in weiteren Bereichen Zahlungen des Bundes unter Durchbrechung des Konnexitätsprinzips.[29] Sie sind neben Art. 104b anwendbar, wenn ihre Voraussetzungen erfüllt sind. Die Ausgaben des Bundes für Investitionshilfen sind bei der Verteilung der USt anzusetzen (Art. 106 III 4), sind aber keine Einnahmen der Länder im Finanzausgleich.[30] Art. 114 II erlaubt nunmehr Erhebungen des BRH bei Stellen außerhalb der Bundesverwaltung.

## B. Die Voraussetzungen für die Gewährung von Finanzhilfen (Abs. 1)

### I. Grundsätze

Art. 104b I entspricht bis auf das Erfordernis der Gesetzgebungsbefugnis des Bundes Art. 104a IV 1 7 aF. Diese Vorschrift bezweckte, den Wildwuchs der Fondswirtschaft und Mischfinanzierung, der sich über lange Jahre neben der oder gegen die Finanzverfassung entwickelt hatte, auf eine tragfähige **verfassungsrechtliche Grundlage** zu stellen.[31] Gleichzeitig **grenzte** sie die zuläss. Finanzhilfen des Bundes[32] nach Zweck und Zielrichtung **ein.** Diese bleiben aber auch nach der Neufassung von 2006

---

[17] *Heun/Thiele,* in: Dreier III, Art. 104b Rn. 9; *Battis/Klein/Rusteberg* DVBl 2009, 682 (683): Ausrichtung an temporären Notlagen.

[18] *Seiler* JZ 2009, 721, der zu Recht die mit den (erneuten) Mischfinanzierungstatbeständen verbundene Einbuße an „Verantwortungsklarheit" rügt.

[19] Zust. *Schwarz,* in: Maunz/Dürig, Art. 104b (2019) Rn. 8; krit auch *Schmehl,* in: Friauf/Höfling, Art. 104b (2009) Rn. 41 ff.

[20] *Schmehl,* in: Friauf/Höfling, Art. 104b (2009) Rn. 9; *Schwarz,* in: Maunz/Dürig, Art. 104b (2019) Rn. 9.

[21] BVerfGE 127, 165 (191 f., 200, 203).

[22] BVerfGE 127, 165 (192, 204).

[23] BVerfGE 127, 165 (192, 210).

[24] BVerfGE 127, 165 (192, 204, 208).

[25] BVerfGE 127, 165 (191).

[26] BVerfGE 127, 163 (161 f.).

[27] *Hufen* RdJB 2005, 323 (326); *Schwarz,* in: Maunz/Dürig, Art. 104b (2019) Rn. 7.

[28] *Heun/Thiele,* in: Dreier III, Art. 104b Rn. 41; für ein Wahlrecht zwischen den beiden Bestimmungen: *Fischer-Menshausen,* in: v. Münch/Kunig III, 3. Aufl. 1996, Art. 104a Rn. 32; *J.-P. Schneider* AK GG Art. 104a (2001) Rn. 23; aA *Prokisch* BK, Art. 104a (2003) Rn. 265.

[29] In der Sache ebenso, aber „in einem gewissen Spannungsverhältnis"; *Thiele,* in: Dreier III, Art. 104c Rn. 25.

[30] *Hellermann* MKS III, Art. 104b Rn. 20 f.; *Heun/Thiele,* in: Dreier III, Art. 104b Rn. 41.

[31] *Stern,* StaatsR II,1980, S. 1143; zu ihrer Erforderlichkeit → Art 104a Rn. 3.

[32] Zu ihrer Rechtsnatur → Art 104a Rn. 23.

ein **Fremdkörper** im System der bundesstaatl. Finanzordnung des GG.[33] Ihre schiere Existenz ist ein starkes Indiz dafür, dass primärer und sekundärer Finanzausgleich nicht richtig justiert sind. Sonst wären sie prinzip. überflüssig. Sie dürfen jedenfalls einen sachgerechten Finanzausgleich nicht ersetzen (→ Rn. 5).[34] Wenn auch wenig konsistent, ist das Erfordernis einer **Gesetzgebungsbefugnis** des Bundes aber eine wesentl. Einschränkung, auch wenn sie sogleich durch S. 2 von Abs. 1 wieder aufgeweicht worden ist (→ Rn. 35).

8 Im Ergebnis muss sichergestellt sein, dass Finanzhilfen aus dem Bundeshaushalt an die Länder die **Ausnahme** bleiben und „ihre Gewährung rechtlich so geregelt wird, dass sie **nicht** zum **Mittel der Einflussnahme** auf die Entscheidungsfreiheit der Gliedstaaten bei der Erfüllung der ihnen obliegenden Aufgaben werden".[35] Die Gefahr besteht nicht zuletzt bei unklaren und widerspruchsvollen Kompetenzregelungen.[36] Nach Auffassung des BVerfG könnten die Länder, „die auf die Finanzhilfen angewiesen" seien, die ihnen angebotenen Bundesmittel „aus politischen Gründen praktisch nicht ablehnen".[37] Danach ist es bedenklich, wenn

– der Bund allein „Ob und Wie" bestimmt,
– die Länder auf die Bundesmittel angewiesen sind,
– durch ihre Annahme wesentliche Teile der Haushaltsmittel des Landes gebunden werden, weil eine Eigenbeteiligung Voraussetzung für die Gewährung der Finanzhilfen ist.[38]

9 Insges. durfte sich der Bund nur sehr begrenzt **Planungs- und Einwirkungsbefugnisse** vorbehalten. Die Auswahl einz. Projekte blieb den Prioritäten der Länder überlassen.[39] Allerdings durfte sich das Programm auch schon bisher auf ein einz. Projekt in einem Land beschränken.[40] Diese Beschränkungen sind durch die Einfügung von S. 2 in Abs. 2 erheblich relativiert worden. Nehmen die Länder Mittel **programmwidrig** in Anspruch, ist es dem Bund gestattet, auch **einzelne** Projekte von der Förderung **auszuschließen.**[41] Dazu waren die Länder verpflichtet, die „erforderlichen Informationen rechtzeitig und vollständig zu liefern.[42] Ob diese zur früheren Rechtslage entwickelten Grundsätze nach Art. 104b weiterhin zu beachten sind, hat das BVerfG allerdings offen gelassen.[43] Der neue S. 2 in Abs. 2 hat die Einwirkungsmöglichkeiten des Bundes aber deutlich erweitert, wenn auch nur im Konsens mit den Ländern (→ Rn. 45 ff.).

9a Schon aus dem Begriff „Hilfe" folgt jedoch, dass der Bund immer nur einen Teil der Finanzierung übernehmen darf.[44] Wenn verschiedene Arten von Unterstützungsleistungen zulässig sind, steht dem Bund ein Auswahlermessen zu.[45]

10 Der Bund darf seine Hilfen grds. nicht von Bedingungen und **Dotationsauflagen** finanz. oder sachl. Art abhängig machen.[46] Verboten ist auch eine willkürl. **Differenzierung** zwischen Ländern (näher → Rn. 42–44).[47] Eine regionale Diff. aus sachl. Gründen ist aber zulässig.[48] Entsprechendes gilt bei einer **Haushaltsnotlage** eines Landes. Dann ist es auch gestattet, von dem betroff. Land eine Mitwirkung in Form eines Sanierungsprogramms zu verlangen.[49]

11 Soweit Finanzhilfen für **Kommunen** bestimmt sind, müssen sie über die Länder vergeben werden. In deren Händen liegt dann die Vergabe der Mittel an die komm. Investitionsträger.[50] Föderale Partner sind in diesem Kontext „stets Bund und Länder, nicht Bund und Gemeinden, auch wenn die

[33] Krit. auch *Soell* FS Forsthoff, 1972, S. 402 ff.; *Stern,* StaatsR II, S. 1141; anders *Tiemann* BayVBl 1970, 157 (159); *Heun/Thiele,* in: Dreier III, Art. 104b Rn. 8, welche die Verfolgung allokativer und stabilisierender Ziele als rechtfertigende Gründe ansieht.

[34] BVerfGE 39, 96 (108, 111 f.); *Starck* JZ 1975, 363 (364); *Stern,* StaatsR II, S. 1164; *Pieroth,* in: Jarass/Pieroth, Art. 104b Rn. 2; *Schwarz,* in: Maunz/Dürig, Art. 104b (2018) Rn. 18 f.; eingehend zu den Argumenten für und gegen jegliche Form der Mischfinanzierung *Petersen/Anton/Bork,* Mischfinanzierungen im deutschen Länderfinanzausgleich, 2001, S. 15–23; in der Tendenz aber eher positiv zu den Finanzhilfen *Heun* Der Staat 31 (1992), 205 (220), aber möglicherweise „allgemeine Einnahmesubstitution" und falsche Anreizeffekte; noch deutlicher *Heun/Thiele,* in: Dreier III, Art. 104b Rn. 8.

[35] BVerfGE 39, 96 (107 f.) [Hervorhebung nicht im Orig.].

[36] BVerfGE 108, 169 (182).

[37] BVerfGE 127, 165 (194).

[38] BVerfGE 39, 96 (107).

[39] BVerfGE 39, 96 (115, 117 ff.); 41, 291 (310 ff.); 86, 148 (268).

[40] BVerfGE 39, 96 (121).

[41] BVerfGE 39, 96 (118); 41, 291 (313).

[42] BVerfGE 41, 291 (313).

[43] BVerfGE 127, 165 (252).

[44] So wohl BVerfGE 39, 96 (116), aber in etwas anderem Zusammenhang; *Heintzen,* in: v. Münch/Kunig III, 5. Aufl. 2003, Art. 104a Rn. 61; *J.-P. Schneider* AK GG, Art. 104a (2001) Rn. 19; *Hellermann* MKS III, Art. 104b Rn. 24; aA *Birk* AK GG, Art. 104a (1989) Rn. 21.

[45] BVerfGE 86, 148 (269).

[46] BVerfGE 39, 96 (120 f.); 41, 291 (313).

[47] BVerfGE 39, 96 (113, 117 ff.); 41, 291 (308).

[48] BVerfGE 86, 148 (267 f.).

[49] BVerfGE 86, 148 (267 f.).

[50] BVerfGE 41, 291 (313).

geförderten Investitionsprojekte von den Gemeinden durchgeführt werden".[51] An diese Grundprinzipien haben sich trotz ihres Ausnahmecharakters auch die neugeschaffenen Fördermöglichkeiten in Art. 104c und Art. 104d gehalten. An **Dritte** dürfen Finanzhilfen vom Bund nur gewährt werden, wenn die Länder bei diesen – unmittelbar oder über ihre Kommunen – **Investitionen** fördern wollen.[52] Die bloße Tatsache der Zuwendung ist keine Investition, auch nicht, wenn sie der Entschuldung dient.

## II. Die erfassten Leistungen

**Finanzhilfen** nach Abs. 1 sind zwar (auch) **Zuwendungen** iSd HaushaltsR (§ 14 HGrG, § 23   **12** BHO),[53] aber von diesen zu unterscheiden.[54] Sie sind auf Zahlungen an die Länder beschränkt, während Zuwendungen alle Leistungen an Stellen **außerhalb** der (zahlenden) Verwaltung des Bundes oder des Landes umfassen, § 14 HGrG. Haushaltssystematisch gehören sie zur Untergruppe der **Zuweisungen,** da es sich um Zahlungen im öff. Sektor handelt.[55] Gleichwohl unterscheiden sie sich nach Leistungsgrund und -ziel von den Finanzzuweisungen nach Art. 106 VIII (Sonderbedarfsausgleich), Art. 107 I 4 (Ergänzungsanteile) und II 3 (Ergänzungszuweisungen). Finanz. Fördermaßnahmen im Schul- und Hochschulwesen sind prinzip. derartige Finanzhilfen. Allerdings ist die Sonderregelung in Art. 91b zu beachten. Bei den Finanzmarktstabilisierungsmaßnahmen nach dem FMStG dürfte es sich aber auch dann nicht um Finanzhilfen iSv Art. 104a I handeln, wenn Zahlungen an Landesbanken geleistet werden, auch nicht, wenn sie als eine Anstalt des öR eines oder mehrerer Länder organisiert sind.[56]

Nicht die allg. Leistungsschwäche eines Landes, sondern ein spezieller, durch eine Einzelaufgabe   **13** erzeugter Finanzbedarf muss die Zahlungen erfordern. Sie zielen auf die Förderung von Objekten und Projekten der Länder und ihrer Kommunen, deren Verwirklichung auch aus Bundesperspektive wichtig ist. Deshalb dürfen Finanzhilfen nur für konkrete Projekte oder Projektarten geleistet werden. **Pauschale** Zuweisungen sind mit dem speziell und abschl. geregelten System des Finanzausgleichs (Art. 106, 107) nicht zu vereinbaren.[57]

## III. Der Verwendungszweck

Die Finanzhilfen müssen für besonders bedeutsame **Investitionen** der Länder und Kommunen   **14** bestimmt sein, die in die Gesetzgebungskompetenz des Bundes fallen, wenn nicht eine Ausnahmesituation iSv Art. 104b I 2 vorliegt. Das GG verwendete den Begriff „Investition" an verschiedenen Stellen (Art. 91a I aF, 104a IV aF, 115 I aF) und in wechselnder Bedeutung (→ 5. Aufl., Art. 115 Rn. 35 ff.). Übrig geblieben ist Art. 104b I 1. Nach dessen Zweck können darunter nur **Sachinvestitionen** und deren Förderung verstanden werden. Finanzinvestition jeglicher Art, namentlich Darlehen als solche, sind danach keine Investitionen iSd Vorschrift.[58] Entsprechendes gilt für die Tilgung von Schulden. Die Rückzahlung von Darlehen ist auch dann keine Investition iSv Art. 104b I 1, wenn gezeigt werden kann, dass die Einnahme aus dem Darlehen für Investitionen verwendet worden war. Ausgaben für „human capital" oder für milit. Zwecke sind weiterhin keine Investitionen, auch wenn einflussreiche Spezialinteressen seit langem für eine derartige Aufweichung des Investitionsbegriffs eintreten. An dieser Abgrenzung ist trotz der Aufweichung des Investitionsbegriffs in der Neufass. des ESVG[59] festzuhalten. Es liegt keine dynamische Verweisung auf EU-Recht vor.

[51] BVerfGE 39, 96 (122); 41, 291 (313); *Vogel/Waldhoff* BK, vor Art. 104a (1997) Rn. 48; *Pieroth*, in: Jarass/Pieroth, Art. 104b Rn. 2; s. a. BVerwGE 143, 50 Rn. 19: Rechtsverhältnis nur zwischen Bund und Ländern.

[52] BVerfGE 83, 363 (381); *Schwarz*, in: Maunz/Dürig, Art. 104b (2019) Rn. 45; *Heintzen*, in: v. Münch/Kunig III, 5. Aufl. 2003, Art. 104a Rn. 54; *Stern*, StaatsR II, S. 1143, 1145: stets an die Länder auszuzahlen; *Pieroth*, in: Jarass/Pieroth, Art. 104b Rn. 2: „im Auftrag und für Rechnung der Länder"; *Heun/Thiele*, in: Dreier III, Art. 104b Rn. 8; *Hellermann* MKS III, Art. 104b Rn. 28; einschränkend *Carl* DVBl 1989, 589 (594): „Nicht förderbar sind ... gewerbliche Investitionsvorhaben privater Dritter, die ausschließlich privaten Interessen" dienen.

[53] *Hugo/Sandfort*, in: Engels/Eibelshäuser, Kommentar zum Haushaltsrecht, § 23 BHO (2015) Anm. 6.

[54] *Hugo/Sandfort* ebda, Anm. 5; *J.-P. Schneider* AK GG, Art. 104a (2001) Rn. 17.

[55] Zahlungen an den privaten Sektor werden als Zuschüsse bezeichnet, vgl. *Hugo/Sandfort* (Fn. 53), § 23 BHO (2015) Anm. 7.

[56] *Ewer/Behnsen* BB 2008, 2582 (2585), allerdings ohne Begründung; zur Amtshaftung der Länder für ihre Landesbanken *Heidebach* Verwaltung 47 (2014), 493.

[57] Zustimmend *J.-P. Schneider* AK GG, Art. 104a (2001) Rn. 17.

[58] *Stern*, StaatsR II, S. 1143; *Schwarz*, in: Maunz/Dürig, Art. 104b (2019) Rn. 22; *Pieroth*, in: Jarass/Pieroth, Art. 104b Rn. 5; *Heun/Thiele*, in: Dreier III, Art. 104b Rn. 14, 22; ungenau *J.-P. Schneider* AK GG, Art. 104a (2001) Rn. 20; *Hellermann* MKS III, Art. 104b Rn. 26.

[59] VO (EU) 549/2013 des Europäischen Parlaments und des Rates v. 21.5.2013 zum Europäischen System Volkswirtschaftlicher Gesamtrechnungen auf nationaler und regionaler Ebene, ABl L 174/1; zuvor VO (EG) 2223/96 des Rates v. 25.6.1996 zum Europäischen System Volkswirtschaftlicher Gesamtrechnungen auf nationaler und regionaler Ebene in der Europäischen Gemeinschaft., ABl L 310/1.

**14a**  **Besonders bedeutsam** sind Investitionen dann, wenn sie „in Ausmaß und Wirkung ein besonderes Gewicht haben".[60] Sie müssen einen besonders hohen Stellenwert einnehmen und zudem überregionale, gesamtstaatliche Effekte auslösen können.[61] Ob das Merkmal begrenzende Wirkung in der Praxis erzeugen kann, ist allerdings zweifelhaft.[62] Beispiele, die diese Voraussetzungen erfüllen, sind (zT) die notw. Investitionen zur Verbesserung der Verkehrsverhältnisse in den Gemeinden und die Förderung des sozialen Wohnungsbaus, der ausdrücklich in der Begründung zur Schaffung der Vorschrift (ursprüngl. Art. 104a IV) genannt worden war.[63] Ihre weitere Förderung war nach der Neuregelung im Jahre 2006 wegen der ab 2007 erforderlichen Gesetzgebungskompetenz des Bundes (→ Rn. 3, 7, 31) im Wesentlichen nicht mehr zulässig (→ Art. 125c Rn. 4, 12); **nicht** aber wegen **Wegfalls** ihrer **gesamtstaatlichen Bedeutsamkeit.** Für die entfallenden Leistungen sieht Art. 143c I (zeitlich begrenzt) Kompensationszahlungen vor.

**14b**  Die letzten (langfristigen) Projekte zur Verbesserung der kommunalen **Verkehrsinfrastruktur,** die auf § 6 I GVFG gestützt wearen, sollten ursprünglich bis zum Ende des Jahres 2019 auslaufen (→ Art. 125c Rn. 5 f.). Letztlich wurde aber durch Art. 2 des 3. Gesetzes zur Änderung des GVFG vom 6.3.2020 rückwirkend zum 1.1.2020 eine zeitlich unbefristete Förderungsmöglichkeit geschaffen. Die notwendige verfassungsrechtliche Grundlage lieferte die Änderung von Art. 125c im Jahre 2019 (→ Art. 125c Rn. 9). Die Förderung des **sozialen Wohnungsbaus** auf Dauer wurde durch die Einfügung von Art. 104d im selben Jahr ermöglicht.

## IV. Die Förderungsziele

**15**  Die Finanzhilfen müssen erforderlich sein, um eines der Förderungsziele des Abs. 1 Nr. 1 bis 3 zu erreichen. Diese können mit **Konjunkturausgleich (Nr. 1), Angleichung der regionalen Wirtschaftskraft (Nr. 2)** und **Wachstumsförderung (Nr. 3)** umschrieben werden. Die Finanzhilfen sind kein „Instrument der Investitionssteuerung". Sie dürfen nicht zur „Durchsetzung **allgemeiner** wirtschafts-, währungs-, raumordnungs- oder strukturpolitischer Ziele des Bundes in den Ländern" verwendet werden.[64] Die damit gezogenen Grenzen sind bei der Förderung im Kultur- und Bildungsbereich idR überschritten.[65] Das gilt vor allem auch für die Förderung von Vorschuleinrichtungen, Ganztagsschulen und „Elite-Universitäten".[66] Bei der institut. Förderung von Hochschuleinrichtungen sind allerdings durch letzte Änd. von Art. 91b deutlich erweiterte Möglichkeiten geschaffen worden.

**16**  **1. Abwehr einer Störung des gesamtwirtschaftlichen Gleichgewichts (Nr. 1).** Mit diesem Förderungsziel sollen Maßnahmen zur Glättung von **Konjunkturschwankungen** ermöglicht werden. Deshalb sind schon von der Sache her nur zeitlich begrenzte Hilfen erfasst. Sie dürfen keinesfalls über einen Konjunkturzyklus hinausreichen. Die Wendung „Abwehr einer Störung des gesamtwirtschaftlichen Gleichgewichts" wurde urspr. auch in Art. 115 I 2 verwendet, ist dort aber entfallen. Darüber hinaus stellt Art. 109 II auf die „Erfordernisse des gesamtwirtschaftlichen Gleichgewichts" ab. Eine nähere Bestimmung dieser Begriffe enthält das GG nicht.

**17**  **a) Das gesamtwirtschaftliche Gleichgewicht.** Der **Begriff** des gesamtwirtschaftl. Gleichgewichts ist der Makroökonomie entnommen und in dem gleichzeitig erlassenen § 1 S. 2 StWG konkretisiert. Der verfassungsändernde Gesetzgeber sah die dort vorgenommene Konkretisierung als eine zutreff. Umschreibung des verfassungsrechtl. Begriffs an, wollte sie aber nicht in das GG aufnehmen, um das GG für neue Erkenntnisse der Wirtschaftswiss. offenzuhalten.[67]

**18**  Der Begriff des gesamtwirtschaftlichen Gleichgewichts ist ein „unbestimmter Verfassungsbegriff"[68] und deshalb durch **Auslegung** zu **konkretisieren.**[69] Angesichts der Weite der eröffneten „Wertungs-

---

[60] BT-Dr V/2861, Tz. 297; BVerfGE 39, 96 (115); *Stern*, StaatsR II, S. 1143: „nach Umfang, Rang und Wirkung gewichtig".

[61] *Schmehl*, in: Friauf/Höfling Art. 104b (2019) Rn. 10; *Schwarz*, in: Maunz/Dürig, Art. 104b (2019) Rn. 22.

[62] *Schmehl*, in: Friauf/Höfling, Art. 104b (2019) Rn. 10; *Schwarz*, in: Maunz/Dürig, Art. 104b (2019) Rn. 23; für Art. 104c *Wieland*, Stellungnahme v. 3.3.2017, Anl. HaushaltsA-Dr 18/4193, S. 2.

[63] BT-Dr VI 2861, Rz. 298.

[64] BVerfGE 39, 96 (111). Zu Unrecht wird bezweifelt, dass sich daraus effektive Schranken für Maßnahmen des Bundes ableiten lassen; so aber: *Fischer-Menshausen*, in: v. Münch/Kunig III, 3. Aufl. 1996, Art. 104a Rn. 47; *Pieroth*, in: Jarass/Pieroth, Art. 104b Rn. 5; *J.-P. Schneider* AK GG, Art. 104a (2001) Rn. 21; *Schmehl*, in: Friauf/Höfling, Art. 104a (2009) Rn. 10; *Schwarz*, in: Maunz/Dürig, Art. 104b (2019) Rn. 27; dagegen zu Recht *Prokisch*, Die Justiziablilität der Finanzverfassung, 1993, S. 188 ff.

[65] *Stern*, StaatsR II, S. 1144; *Henneke*, in: Hofmann/Henneke, Art. 104b Rn. 16; *Heintzen*, in: v. Münch/Kunig III, 5. Aufl. 2003, Art. 104a Rn. 57; *Siekmann* DÖV 2002, 629 (638); weiter dagegen *Vogel/Kirchhof* BK, Art. 104a (1971) Rn. 136; *Starck* JZ 1975, 363 (364).

[66] *Siekmann* DÖV 2002, 629 (638); *Stettner* ZG 2003, 315 (315 ff.); *Stein* ZG 2003, 324 (324 ff.); *F. Kirchhof* DVBl 2004, 977 (979); *Starck* FS Öhlinger, 2004, S. 254 (271); *Ogorek/Pu* German Law Journal 2005, 1335 (1351 f.); *Winterhoff* JZ 2005, 59 (62); *Hufen* RdJB 2005, 323 (329); aA *Maier* DÖV 2006, 145 (152).

[67] Bericht des RA zu BT-Dr V/1686, S. 3; übernommen von BVerfGE 79, 311 (338).

[68] BVerfGE 79, 311 (338).

[69] Dazu eingehend *Siekmann*, Institutionalisierte Einkommenspolitik, 1985, S. 149 mwN.

und Ausfüllbarkeitszone" dürfte er jedoch einen Beurteilungsspielraum oder eine Einschätzungsprärogative enthalten (zum Begriff der **Störung** des gesamtwirtschaftlichen Gleichgewichts → Rn 22 f.).[70] Da er den Wirtschaftswissenschaften entlehnt ist, steht er allerdings unter dem „in die Zeit offenen Vorbehalt" gesicherter neuer Erkenntnisse dieser Wissenschaften.[71] Bis dahin kann er mit den in § 1 S. 2 StWG niedergelegten Teilzielen näher bestimmt werden.[72] Sie stellen aber keine verfassungsrechtl. verbindliche Definition dar.[73]

Trotz vielfacher Kritik an diesem Kanon[74] hat sich bisher **keine gesicherte** neue **Erkenntnis** über **19** den Gehalt des Begriffs herausgebildet, so dass er weiterhin ausgefüllt werden kann mit den Teilzielen:

– Stabilität des Preisniveaus,
– hoher Beschäftigungsstand,
– außenwirtschaftliches Gleichgewicht,
– stetiges und angemessenes Wirtschaftswachstum.[75]

Eine Erweiterung auf die Schonung der wirtschaftl. Ressourcen sowie den pflegl. Umgang mit der Umwelt[76] oder allokationspolit. Ziele[77] ist nicht gedeckt.

Diese Teilziele können nicht immer und nicht in jeder Situation zugleich verwirklicht werden. **20** Darüber hinaus ist das einmal erreichte Gleichgewicht im Zeitablauf nicht stabil. Für diese einfache Erkenntnis wurde schon in den Gesetzesberatungen ein **„dynamisches" Verständnis** des gesamtwirtschaftlichen Gleichgewichts bemüht: „Nicht die volle und nachhaltige Erreichung aller Teilziele zugleich, sondern eine relativ-optimale Gleichgewichtslage in der Realisierung der Teilziele" sei gemeint. Dem hat sich das BVerfG angeschlossen, obwohl diese Umschreibung bestenfalls unklar ist.[78]

**Regionale** Ungleichgewichte genügen nicht.[79] Das Konzept eines **regional begrenzten** gesamt- **21** wirtschaftlichen Gleichgewichts („Regionalisierung") ist als in sich widersprüchlich abzulehnen.[80] Die Logik des Systems der Globalsteuerung, die der Regelung zugrunde liegt, verlangt, dass die gesamte Volkswirtschaft und nicht regionale „Teilwirtschaften" der entscheidende Bezugspunkt für die Ausfüllung des Begriffs „gesamtwirtschaftliches Gleichgewicht" sein müssen. Auch ist das gesamte Instrumentarium für die keynesianisch fundierte Stabilitätspolitik[81] (→ Art. 109 Rn. 12 f.) im GG und im StWG von Anfang an ohne regionale Differenzierungsmöglichkeiten ausgestaltet worden. Das wäre auch keine Globalsteuerung mehr, sondern Regionalpolitik.

---

[70] *Stern,* StaatsR II, S. 764; *Siekmann* (Fn. 69), S. 150 mwN; *Heun/Thiele,* in: Dreier III, Art. 104b Rn. 12.

[71] BVerfGE 79, 311 (338); 119, 96 (140); gegen eine Delegation der Entscheidung an die Wirtschaftswiss. *Rinck* FS Heymanns Verlag, 1965, S. 361 (367 f.); *Tettinger* StuW 1980, 220 f.; *K. Vogel* HStR IV[1], § 87 Rn. 17.

[72] H. M. BVerfG NJW 1989, 2457 (2459); *Maunz,* in: Maunz/Dürig, Art. 109 (1979) Rn. 25; *Heintzen,* in: v. Münch/Kunig II, Art. 109 Rn. 20; *Birk* JA 1983, 564; *Arndt* JuS 1990, 343 (343); *H. Pünder* HStR V[3], § 123 Rn. 44.

[73] *Kloepfer* Jura 1979, 13 (15); *Birk* JA 1983, 563 (564); *ders.* AK GG, Art. 104a (1989) Rn. 24; *K. Vogel* HStR IV[1], § 87 Rn. 16; *Häde* JA 1994, 80 (82); *Schwarz,* in: Maunz/Dürig, Art. 104b (2019) Rn. 30.

[74] Vgl. nur *Arndt* JuS 1990, 343 (344); *Heun/Thiele,* in: Dreier III, Art. 104b Rn. 17.

[75] BVerfGE 79, 311 (329); *Sachverständigenrat zur Begutachtung der gesamtwirtschaftlichen Entwicklung,* Jahresgutachten, 2005/06, 2005, Textnr. 478; *Heintzen,* in: v. Münch/Kunig II, Art. 109 Rn. 20 ff.; *H. Pünder* HStR V[3], § 123 Rn. 62; *Jarass,* in: Jarass/Pieroth, Art. 109 Rn. 10; *Hellermann* MKS III, Art. 104b Rn. 31; weitere Einzelheiten → Art. 109 Rn. 41.

[76] Dafür *K. Vogel* HStR IV[1], § 87 Rn. 17 aE: Die Ausrichtung der EG ist weiter und nennt in diesem Kontext auch den Umweltschutz (Art. 3 III EUV); Entsprechendes gilt für die Sicherung der Preisstabilität, Art. 119 II, 127 I, 282 II 2 AEUV; *Schmehl,* in: Friauf/Höfling, Art. 104b (2009) Rn. 13, der sie aber – inkonsequent – von einer Änd. des einfachen Rechts abhängig machen will.

[77] *Höfling* Staatsschuldenrecht, 1993, S. 227 ff.; dezidiert *Heun/Thiele,* in: Dreier III, Art. 104b Rn. 17; *Schmehl,* in: Friauf/Höfling, Art. 104b (2009) Rn. 13.

[78] BVerfGE 79, 311 (339); zum Verhältnis der Teilziele und einer Rangfolge vgl. *Siekmann* (Fn. 69), S. 151 f. mwN.

[79] Für die Inanspruchnahme der Ausnahmeklausel bei der Kreditaufnahme, die ebenfalls nur zur Abwehr einer Störung des gesamtwirtschaftl. Gleichgewichts zulässig war: *Höfling,* Staatsschuldenrecht, 1993, S. 411 Fn. 42; *Jahndorf,* Grundlagen der Staatsfinanzierung durch Kredite und alternative Finanzierungsformen ..., 2003, S. 187, 195, allerdings ohne *Höfling* zu zitieren; anders aber die Bestrebungen auf Landesebene; BerlVerfGH NVwZ 2004, 210 (214); zuvor NdsVerfGH NdsVBl 1997, 227 (229), unter Berufung auf spezielle Ausführungen in den Gesetzgebungsorganen bei der Schaffung der Vorschrift in der LVerf; ebenso für Berlin *Pfennig,* in: Pfennig/Neumann, Verfassung von Berlin, 3. Aufl. 2000, Art. 87 Rn. 19; *Korbmacher,* in: Driehaus, Verfassung von Berlin, 2. Aufl. 2005, Art. 87 Rn. 13.

[80] *Kloepfer/Rossi* VerwArch 94 (2003), 319 (331); *Nebel,* in: Piduch, Bundeshaushaltsrecht, 2. Aufl., Art. 109 (2015) Rn. 14 mwN; *Kube,* in: Maunz/Dürig, Art. 109 (2011) Rn. 100: **„immer auf die Bundesrepublik Deutschland als ganze** zu beziehen"; s. a. BVerfGE 79, 311 (331); aA NdsStGH NdsVBl 1997, 227 (229); BerlVerfGH NVwZ 2004, 210 (214). Der NdsStGH hat seine Einbeziehung landesbezogener Gesichtspunkte in den Begriff des gesamtwirtschaftl. Gleichgewichts („auf das Land bezogene Störung der Wirtschafts- und Beschäftigungsentwicklung") bestätigt, aber ausdr. zugelassen, dass sich der Haushaltsgesetzgeber bei Inanspruchnahme der Ausnahmeklausel für die Kreditaufnahme auf eine bundesweite Störung des gesamtwirtschaftl. Gleichgewichts stützt und dafür „Bundesdaten" verwendet, NdsVBl 2012, 100 (101 f.).

[81] *Höfling/Rixen* BK, Art. 115 (2003), Rn. 310.

22    **b) Störung des Gleichgewichts.** Es muss sich um **konjunkturelle** Störungen handeln, also zeitlich begrenzte Ereignisse.[82] Sie kann angenommen werden, ohne dass es der förml. Erklärung einer „Störungslage" bedarf. Bei der Schaffung der verschiedenen Regelungen im GG, die an die Erfordernisse des gesamtwirtschaftl. Gleichgewichts anknüpfen, ist bewusst davon abgesehen worden, die Verkündung einer Art „ökonomischen Notstands", analog zum Verteidigungsfall, vorzusehen. Es ist noch nicht einmal eine ausdr., wenn auch formlose, Feststellung einer Störung erforderlich. Auch die neue Regelung in Art. 109 III 2 enthält keine Abweichung von diesem in sich geschlossenen Konzept, da sie – abgesehen von Naturkatastrophen und außergewöhnl. Notsituationen – nur Abweichungen wegen der konjunkt. Entwicklung erlaubt.[83] Im Schrifttum gibt es jedoch Bestrebungen, auch „gravierende allokative Fehlentwicklungen" ausreichen zu lassen.[84] Eine solche Interpretation stellt dem Bund aber praktisch einen Freibrief für beliebige Leistungen an die Länder aus. Die Grundregel des Abs. 1 liefe weitgehend leer. Das Ergebnis entspräche zwar der Rechtlage in den USA, doch sieht die dortige Verfassung keinen sekundären Finanzausgleich vor, und eine Art. 104a entspr. Vorschrift existiert nicht. Die Probleme von Kreditinstituten im Verlauf der **Finanzkrise** von 2007 sind jedenfalls für sich genommen keine konjunkt. Störung.[85]

23    Für die Beurteilung, ob eine Störung des gesamtwirtschaftlichen Gleichgewichts vorliegt oder unmittelbar droht, steht nach der Rspr. des BVerfG dem Haushaltsgesetzgeber ein **Einschätzungs- und Beurteilungsspielraum** zu.[86] Bejaht hat das BVerfG eine erhebliche Störung des gesamtwirtschaftlichen Gleichgewichts in allen seinen Komponenten für das Jahr 1980/81 bei einer Arbeitslosenquote von 4,7 % (bezogen auf alle Erwerbspersonen), einem Anstieg der Verbraucherpreise um 6 % und einem „Defizit" der Leistungsbilanz von 28 Mrd. DM bei stagnierendem Sozialprodukt. Die Auslastung der Produktionskapazitäten, auf die es nach dem vom Sachverständigenrat zur Begutachtung der gesamtwirtschaftlichen Entwicklung vertretenen Konzept des „konjunkturneutralen Haushalts" maßgebend ankommt, war ca. 5 Prozentpunkte geringer als im Vorjahr.[87]

24    **c) Abwehr der Störung.** Wenn eine Störung des gesamtwirtschaftlichen Gleichgewichts eingetreten ist, darf der Bund mit **geeigneten** und **erforderlichen** Finanzhilfen auf eine Beseitigung der Ungleichgewichte hinwirken. Gemeint sind (global wirkende) **Konjunkturprogramme.** Diese müssen ihrer Natur nach zeitlich begrenzt sein.[88] Die Bekämpfung struktureller Ungleichgewichte wird von der Vorschrift nicht erfasst. Andernfalls wäre Nr. 2 überflüssig.

25    Auch wenn Konjunkturpolitik – und möglicherweise Stabilisierungspolitik insgesamt[89] – im Wesentlichen eine gesamtstaatliche Aufgabe ist, diese Maßnahmen im Hinblick auf ihre Zielsetzung überregionale Bedeutung haben und ihre Auswirkungen nicht auf das Gebiet eines Landes beschränkt bleiben, braucht die Entscheidung über die Vergabe im Einzelnen **nicht** maßgeblich in den Händen einer **zentralen Stelle** liegen. Ein Konjunkturförderungsprogramm ist nicht schon dann zur Erreichung des angestrebten Ziels ungeeignet, wenn sein Vollzug vollständig in der Hand der Länder liegt. Ob das zweckmäßig ist, wird vom BVerfG nicht nachgeprüft.[90]

26    **2. Ausgleich unterschiedlicher Wirtschaftskraft (Nr. 2).** Finanzhilfen, die dieses Förderungsziel verfolgen, müssen sich an solchen **besonderen Aufgaben** der Länder und Gemeinden orientieren, „deren regionale Erfüllung wegen des Zusammenhanges zwischen den öffentlichen Struktur- und Infrastrukturmaßnahmen und dem Wirtschaftswachstum zugleich überregionale Bedeutung zukommt und die die Länder ohne eine finanzielle Beteiligung des Bundes nicht aus eigener Finanzkraft den gesamtstaatlichen Bedürfnissen entsprechend bewältigen können".[91] Der Ausgleich für Sonderlasten durch Seehäfen, der bis 2004 im FAG enthalten war, erfüllt diese Voraussetzungen nicht, ist aber jetzt wohl durch Art. 143c III 3 verfassungsrechtlich abgesichert.[92]

27    Der Ausgleich regional unterschiedl. Wirtschaftskraft ist kein Selbstzweck, sondern ist auf die unterschiedl. **Lebensverhältnisse** im Bundesgebiet bezogen. Ob damit urspr. aber die „Einheitlichkeit der Lebensverhältnisse" erreicht werden sollte, ist nicht sicher.[93] Nach der Neufassung von Art. 72 II dürfte jedenfalls klargestellt sein, dass nur noch „gleichwertige Lebensverhältnisse" das Ziel der Maß-

---

[82] Vgl. *Hufen* RdJB 2005, 323 (330–332), verneint für Förderung von Vorschuleinrichtungen, Ganztagsschulen und „Elite-Universitäten"; deutlich *Henneke*, in: Hofmann/Henneke, Art. 104b Rn. 24.

[83] Ebenso *Ewer/Behnsen* BB 2008, 2582 (2585).

[84] *Heun/Thiele*, in: Dreier III, Art. 104b Rn. 17; uferlos *Henneke*, in: Hofmann/Henneke, Art. 104b Rn. 23: „auch qualitative Werte oder Verteilungsziele".

[85] *Ewer/Behnsen* BB 2008, 2582 (2585).

[86] BVerfGE 79, 311 (343), zu Art. 115 aA; NdsStGH NdsVBl 2012, 100 (101 f.), zu Art. 71 S. 3 NdsVerf aF.

[87] BVerfGE 79, 311 (347).

[88] *Heintzen*, in: v. Münch/Kunig III, 5. Aufl. 2003, Art. 104a Rn. 58; *Henneke*, in: Hofmann/Henneke, Art. 104b Rn. 24; zur Geeignetheit bei Inanspruchnahme einer Ausnahmeklausel für die (erhöhte) Kreditaufnahme NdsStGH NdsVBl 2012, 100 (101, 103–105).

[89] Dafür *Heun/Thiele*, in: Dreier III, Art. 104b Rn. 17.

[90] BVerfGE 41, 291 (312).

[91] BVerfGE 39, 96 (112).

[92] *Ekardt/Buscher* DÖV 2007, 89 (96) wollen die geförderten Projekte auch auf Großflughäfen ausweiten.

[93] So aber *Birk* AK GG, Art. 104a (1989) Rn. 25.

nahmen sein können. Letztlich geht es um die Schaffung einer länderübergreifenden gleichwertigen **Infrastruktur.**[94] Die BReg zeigt ein sehr weites Verständnis von Infrastruktur in ihren Schlussfolgerungen aus der Arbeit der Kommission „Gleichwertige Lebensverhältnisse",[95] die sie mit Beschluss vom 18.7.2018 eingesetzt hatte.[96] Darin spielen die Situation der komm. Finanzen (e. g. Altschulden) und die Schaffung von (bezahlbarem) Wohnraum eine wichtige Rolle.[97] Eine Förderung durch den Bund war stieß aber auf erhebl. verfassungsrechtl. Bedenken (→ Rn. 34a) und führte zur Schaffung von Art. 104d im Jahre 2019.

**Ausgleich** bedeutet Hilfe zur Selbsthilfe. Es werden nur die Voraussetzungen für regionale Anpas-  28
sungsprozesse geschaffen, nicht aber die Unterschiede eingeebnet. Zudem darf es sich nicht um eine **allgemeine** Stärkung der Finanzkraft handeln, die dem Finanzausgleich vorbehalten ist. In Betracht kommen nur abgegrenzte Maßnahmen zur Behebung von regionalen Strukturproblemen, beispielsweise zur Bewältigung eines Strukturwandels. Es bestehen Überschneidungen mit der Gemeinschaftsaufgabe „Verbesserung der regionalen Wirtschaftsstruktur" nach Art. 91a (→ Rn. 6).

Das KommunalinvestitionsförderungsG (mit dem Ziel: gesamtstaatlich bedeutsame komm. Bildungs-  28a
infrastruktur) konnte in seiner urspr. Fassung wohl noch auf Art. 104b I Nr. 2 gestützt werden.[98] Für seine Erweiterung[99] musste aber eine neue verfassungsrechtl. Grundlage geschaffen werden: Art. 104c. Das hatte zur Folge, dass die Fördermöglichkeiten dieses Gesetzes auf zwei verschiedenen Grundlagen beruhen: Art. 104b I Nr. 2, II (Kapitel 1) und Art. 104c (Kapitel 2). Die Ausrichtung auf „finanzschwache" Kommunalkörperschaften, die im (jüngeren) Art. 104c S. 1 ausdrücklich benannt ist, nicht aber im (älteren) Art. 104b I Nr. 2 führt zu Auslegungsproblemen.[100]

**3. Förderung des wirtschaftlichen Wachstums (Nr. 3).** Für dieses Förderungsziel gilt zunächst  29
derselbe Ansatz wie für die Ziele in Nr. 2.[101] Es unterscheidet sich aber dadurch von den Zielen in Nr. 2, dass es nicht regional, sondern **global** ausgerichtet ist. Wachstumsschwächen können auf vielfältigen Ursachen beruhen. Maßgebende Wachstumstheorien sehen **jede Investitionssteigerung** oder die **Vergrößerung der Sparquote** als wachstumsfördernd an. Damit könnte auch jede vom Bund unterstützte Investition eine Förderung des Wachstums sein. Ähnlich weit geht die Förderung der Spareigung. Eine so weite Finanzierungskompetenz ist verfassungspolitisch **bedenklich,**[102] verstößt aber noch nicht gegen Art. 79 III.[103]

Das Förderungsziel kann nur durch eine **restriktive Auslegung** mit den übrigen Anforderungen  30
der Finanzverfassung, namentlich den Regeln des Finanzausgleichs, in Einklang gebracht werden.[104] Teilweise wird bezweifelt, dass der Regelung überhaupt „nennenswerte Restriktionen" entnommen werden können.[105] Die gelegentlich geäußerte Kritik an dem Wachstumsziel an sich[106] ist dagegen juristisch nicht maßgebend und in der Sache nicht überzeugend. Die Vorschrift statuiert keine Pflicht zur Wachstumsförderung. Zudem kann Wachstum sehr unterschiedlich interpretiert werden und nicht nur als absoluter Zuwachs des Bruttosozialprodukts.

## V. Die Verwirklichung

**1. Grundlagen (Satz 1).** Bei der Neugestaltung von 2006 wurde die Zulässigkeit der Finanzhilfen  31
an die „Gesetzgebungsbefugnis" des Bundes geknüpft. Damit sind Finanzhilfen des Bundes jedenfalls bei Gegenständen der **ausschließlichen Gesetzgebung** der **Länder** ausgeschlossen.[107] IÜ sind

---

[94] *Heun/Thiele,* in: Dreier III, Art. 104b Rn. 19.

[95] Unser Plan für Deutschland- Gleichwertige Lebensverhältnisse überall – Schlussfolgerungen von BMin Seehofer als Vorsitzendem sowie BMin Klöckner und BMin Giffey als Co-Vorsitzenden zur Arbeit der Komm."Gleichwertige Lebensverhältnisse", Juli 2019; Finanzsituation (S. 15 f.), Finanzsituation der Kommunen (S. 20 ff.), Wohnraum (S. 21).

[96] Ebd., S. 8. Auftrag der Komm. war es, eine gerechte Verteilung von Ressourcen und Möglichkeiten für alle in Deutschland lebenden Menschen zu untersuchen und Vorschläge zu entwickeln, um diese Gleichwertigkeit zu erreichen.

[97] Ebd., S. 15 f., 21 f.

[98] Gesetz zur Förderung von Investitionen finanzschwacher Kommunen (Kommunalinvestitionsförderungsgesetz – KInvFG) vom 24.6.2015, BGBl I, S. 974, 975.

[99] Art. 7 des Gesetzes vom 14.8.2017, BGBl I, S. 3122.

[100] Ein Verfahren der abstrakten Normenkontrolle, das vom Senat des Landes Berlin beantragt worden ist, ist beim BVerfG anhängig, Az. 2 BvF 1/18.

[101] BVerfGE 39, 96 (112).

[102] *Fischer-Menshausen,* in: v. Münch/Kunig III, 3. Aufl. 1996, Art. 104a Rn. 47; *v. Arnim* HStR IV¹, § 103 Rn. 49; *J.-P. Schneider* AK GG, Art. 104a (2001) Rn. 24; *Heun/Thiele,* in: Dreier III, Art. 104b Rn. 21.

[103] *Hellermann* MKS III, Art. 104b Rn. 39; *Heun/Thiele,* in: Dreier III, Art. 104b Rn. 21: „nicht unwirksam"; für Verfassungswidrigkeit *Starck* StuW 1974, 271 (273).

[104] *Maunz,* in: Maunz/Dürig, Art. 104a (1977) Rn. 51; *v. Arnim* HStR IV¹, § 103, Rn. 49–51; *Heintzen,* in: v. Münch/Kunig III, 5. Aufl. 2003, Art. 104a Rn. 58: restriktive Handhabung auf der Ermessensebene; kein Grund für Einschränkung sieht *Hellermann* MKS III, Art. 104b Rn. 39.

[105] *Schwarz,* in: Maunz/Dürig, Art. 104b (2019) Rn. 35; ähnlich *Heun/Thiele,* in: Dreier III, Art. 104b Rn. 21.

[106] *Birk* AK GG, Art. 104a (1989) Rn. 26.

[107] Krit. *Hellermann* MKS III, Art. 104b Rn. 44.

Reichweite und Wirksamkeit dieser Voraussetzung zweifelhaft.[108] Die im Entw. verwendete negative Abgrenzung, die an der ausschließl. Gesetzgebungskompetenz der Länder anknüpfte,[109] ist im weiteren Verlauf des Gesetzgebungsverfahren durch die geltende positive Abgrenzung ersetzt worden: Finanzierung durch den Bund nur, soweit das GG ihm die Befugnis zur Gesetzgebung verliehen hat. Diese Änderung ergibt eigentlich nur dann Sinn, wenn sie als **Einschränkung** gegenüber der Entwurfsfassung gedeutet wird. Der RA des BT meinte aber, dass „mit dieser Klarstellung" Anwendungsmöglichkeiten „abgesichert" würden. Das kann nur als Erweiterung verstanden werden (→ Rn. 34). Voraussetzung der Finanzhilfen durch den Bund ist danach seine **positiv feststehende** Gesetzgebungsbefugnis. Nicht erforderlich ist, dass der Bund die Gesetzgebungskompetenz tatsächlich ausgeschöpft hat. IRd Abweichungszuständigkeit der Länder nach Art. 72 III besteht die Befugnis des Bundes zur Gesetzgebung. Wenn die Erforderlichkeit einer Regelung nach Art. 72 II fehlt, hat der Bund insoweit nicht die Befugnis zur Gesetzgebung, da nicht mehr nur auf die „Gegenstände" der Gesetzgebung abgestellt wird.[110]

32    Die Neufass. der Vorschrift stellt klar, dass der Bund keinen Einfluss auf das Schulwesen haben soll, auch nicht mit dem „goldenen Zügel" der Gewährung von Geld.[111] Ein neues **Ganztagsschul-Investitionsprogramm** sollte nach der Neuregelung jedenfalls unzulässig sein.[112] Die bestehende Bund-Länder-Vereinbarung vom 29.4.2003[113] soll aber aufgrund des Art. 125c II 2 fortgelten (→ Art. 125c Rn. 9). Es war schon nach altem Recht sehr zw., ob die Förderung des **Studentenwohnheimbaus** und die Schaffung weiterer Ausbildungskapazitäten in der **beruflichen Bildung** auf Art. 104a IV aF gestützt werden durfte. Die Förderung darf insoweit auch nicht auf den neu gefassten Art. 91b I 1 Nr. 2 (wiss. Lehre) gestützt werden.

33    Ähnlich zweifelhaft war es, den Einsatz von Mitteln des Bundes für Zwecke des **Naturschutzes** und der **Landschaftspflege** auf Art. 104a IV aF zu stützen. Nach der Neufassung von Art. 74 I mag jetzt etwas anderes gelten, doch ist wegen des „Abweichungsrechts" der Länder nach Art. 72 III nicht sicher, worauf abzustellen ist; iE wird man eine Befugnis des Bundes zur Gesetzgebung bejahen können, wenn die übrigen Bedingungen vorliegen (→ Rn. 31). Die **gesamtstaatliche Repräsentation** ist jetzt Aufgabe des Bundes, Art. 22 I. Ihre Finanzierung durch den Bund ist schon keine Abweichung mehr von Art. 104a I (→ Art. 104a Rn. 4).

34    Wo der Bund im **Bildungsbereich** Gesetzgebungskompetenzen hat (außerschulische berufl. Bildung und Weiterbildung, Hochschulzulassung und Hochschulabschlüsse), sollten nach der Entwurfsbegründung unter den Voraussetzungen des Art. 104b Finanzhilfen weiter zulässig sein, da sie nicht in den ausschließl. Zuständigkeitsbereich der Länder fallen. Auch sollte die gemeins. **Kulturförderung** von Bund und Ländern einschl. der im Einigungsvertrag enthaltenen Bestimmungen über die Mitfinanzierung von kulturellen Maßnahmen und Einrichtungen durch den Bund unberührt bleiben.[114] Da insoweit der Normtext geändert worden ist, kann das zwar nicht ohne weiteres übernommen werden. Versteht man die Änd. gegenüber dem Entwurfstext (auch) als Erweiterung (→ Rn. 31), mag dieses Ergebnis immer noch tragbar sein. Da der RA in seinem Bericht als Grund für die Änderung des Wortlauts der Bestimmung gegenüber dem Entw. ausdr. die Absicherung der Möglichkeit eines **Hochschulpakts zwischen Bund und Ländern** angegeben hat,[115] wird man eine solche Vereinbarung zwecks Verbesserung der Zulassungsmöglichkeiten und insges. quantit. Steigerung der Zulassungszahlen an den Hochschulen auch auf Art. 104b I stützen können. Zahlungen für nicht-investive Vorhaben dürfen nur unter den Voraussetzungen von Art. 91b geleistet werden.

34a    Die Gesetzgebungskompetenz des Bundes wird bejaht für die **Städtebauförderung,** allerdings mit Ausnahme der sozialen Wohnraumförderung (wegen der Änderung von Art. 74 I Nr. 18).[116]

35    **2. Ausnahme (Satz 2).** Die Ausnahmeklausel des Art. 104b I 2 (→ Rn. 4) entbindet nicht von allen Voraussetzungen des S. 1 für die Gewährung von Finanzhilfen, sondern nur von dem Erfordernis

---

[108] *Hellermann* MKS III, Art. 104b Rn. 44–46.

[109] „Satz 1 [Recht zur Gewährung von Finanzhilfen] gilt nicht für Gegenstände der ausschließlichen Gesetzgebung der Länder", BT-Dr 16/813, S. 4.

[110] I. Erg. anders *Heun/Thiele,* in: Dreier III, Art. 104b Rn. 22, da die Erforderlichkeit nur anhand eines konkreten (hypothetischen) Gesetzes beurteilt werden könnte; ebenso *Schmehl,* in: Friauf/Höfling, Art. 104b (2009) Rn. 23.

[111] Vgl. *Häde* JZ 2006, 930 (936). Einschränkung der Landeshoheit aber durch Art. 91b II, der eine Mitwirkung des Bundes bei Durchführung und Auswertung der PISA-Studien vorsieht.

[112] Begründung BT-Dr 16/813, S. 19; vgl. auch *Wöllenschläger* RdJB 2007, 8 (19); *Winkler,* DVBl 2013, 1069 (1076); *Henneke* in: Hofmann/Henneke, Art. 104b Rn. 2, 16, 40; *Hellermann* MKS III, Art. 104b Rn. 47.

[113] „Verwaltungsvereinbarung Investitionsprogramm ‚Zukunft Bildung und Betreuung' 2003–2007".

[114] Vgl. BT-Dr 16/813, S. 19 unter Berufung auf die Koalitionsvereinbarung und das „Eckpunktepapier der Länder über eine Systematisierung der Kulturförderung von Bund und Ländern und für die Zusammenführung der Kulturstiftung des Bundes und der Kulturstiftungen der Länder zur gemeinsamen Kulturstiftung" vom 26.6.2003; für Abschaffung der Mischfinanzierungen im Kulturbereich *Huber,* 65. DJT Bd. I, 2004, S. D 98 f.

[115] Vgl. BT-Dr 16/2069.

[116] *Battis/Klein/Rusteberg* DVBl 2009, 682 (685).

der Gesetzgebungsbefugnis des Bundes.[117] Wortlaut und Entstehungsgeschichte[118] sind insoweit eindeutig.[119] Ihre Tatbestandsvoraussetzungen stimmen wörtlich mit der Erlaubnis zur Überschreitung der Verschuldensgrenzen nach Art. 109 III 2 und Art. 115 II 6 überein. Die Formulierung folgt zudem dem Vorbild von Art. 122 II AEUV, der in Sondersituationen Finanzhilfen der EU für Mitgliedstaaten zulässt. Diese Anforderungen dienen nicht „einer Optimierung der Verwendung der Finanzhilfen im Einzelfall" und können deshalb nicht als Grundlage für § 6a ZuInvG dienen.[120]

Die Klausel enthält zwei Varianten, die zum gleichen Ergebnis führen: Entbindung vom Erfordernis **36** der Gesetzgebungsbefugnis bei Naturkatastrophen oder außergewöhnlichen Notsituationen. Unter **Naturkatastrophen** sind wie in Art. 35 II 2, III „unmittelbar drohende Gefahrenzustände oder Schädigungen von erheblichem Ausmaß" zu verstehen, „die durch Naturereignisse ausgelöst werden" wie Erdbeben, Hochwasser, Unwetter, Dürre, Massenerkrankungen.[121] Das verlangte erhebl. Ausmaß soll gegeben sein, wenn Gefahren für Leben und Gesundheit einer Vielzahl von Menschen oder für Sachgüter von bedeutendem Wert oder existentieller Bedeutung drohen oder entspr. Schäden schon eingetreten sind.[122] **Außergewöhnliche Notsituationen** können sein: „besonders schwere Unglücksfälle" iS von Art. 35 II 2, III oder „plötzliche Beeinträchtigungen der Wirtschaftsabläufe in einem extremen Ausmaß aufgrund eines exogenen Schocks". Als Beispiele werden die „gegenwärtige Finanz- und Wirtschaftskrise" [123] und die „Deutsche Wiedervereinigung"[124] genannt. Auf- und Abschwünge im Konjunkturverlauf stellen dagegen keine außergewöhnl. Ereignisse dar. Unter bes. schweren Unglücksfällen werden „Schadensereignisse von großem Ausmaß und von Bedeutung für die Öffentlichkeit" verstanden, „die durch Unfälle, technisches oder menschliches Versagen ausgelöst oder von Dritten absichtlich herbeigeführt werden".[125]

Da Massenerkrankungen ausdr. in den Gesetzesmaterialien genannt sind, wird man die durch das **36a** neue **Coronavirus** (SARS-CoV-2) ausgelöste Pandemie als Naturkatastrophe einordnen können, obwohl seine (weltweite) Ausbreitung durch erhebl. Versagen der zust. Entscheidungsträger zumindest zT ermöglicht worden ist. Allerdings ist zu beachten, dass der Bund die konkurr. Gesetzgebungskompetenz für „Maßnahmen gegen gemeingefährliche oder übertragbare Krankheiten" hat, Art. 74 I Nr. 19, die er auch mit dem IfSG[126] ausgeübt hat. Die Kosten von Massentests iR derartiger Epidemien fallen unter diese Vorschrift und sind nicht Teil der Sozialversicherung (Art. 74 I Nr. 12, 87 II, 120 I S. 4). Sie dienen der Allgemeinheit und sind keine Versicherungsleistungen für die gesetzl. Versicherten. Sie sind im Kern Gefahrenabwehr.

Fraglich ist, ob sich der einschränkende Relativsatz nur auf die zweite Variante oder auf die gesamte **37** Ausnahmeklausel bezieht.[127] Wortlaut und systemat. Stellung sprechen gegen die Beziehung auf die gesamte Klausel. Die Entstehungsgeschichte ist nicht konsistent. Einerseits werden Naturkatastrophen und außergewöhnl. Notsituationen im Kommissionsbericht deutlich unterschieden und die zusätzl. Anforderungen zunächst nur für Notsituationen aufgeführt. Abschließend wird dann aber das Erfordernis der erhebl. Beeinträchtigung der Finanzlage auf den Finanzbedarf zur Beseitigung der Schäden aus einer Naturkatastrophe bezogen.[128] Der Wortlaut der Vorbildbestimmung, Art. 122 II AEUV, spricht gegen eine Geltung für beide Varianten. Auch entzieht sich eine Naturkatastrophe regelmäßig der Kontrolle des Staates. Daher ist es sachgerecht, den einschränkenden Relativsatz nur auf den Finanzbedarf aus Notsituationen zu beziehen. Für sie ist die Einschränkung erforderlich, nicht aber für

---

[117] *Kube,* in: Epping/Hillgruber, Art. 104b Rn. 6; *Heun/Thiele,* in: Dreier III, Art. 104b Rn. 29.

[118] Entwurfsbegr. BR-Dr 262/09, S. 20: „Artikel 104b in der geltenden Fassung beschränkt die Möglichkeit zur Gewährung von Finanzhilfen des Bundes auf Bereiche, in denen dem Bund Gesetzgebungsbefugnisse zustehen. Durch den neuen Satz 2 wird diese [!] Beschränkung … aufgehoben". Im Folgenden wird zudem auf Investitionen und Investitionstätigkeit abgestellt. Es soll eine Unterstützung „in allen Investitionsbereichen durchgeführt werden können". „Eine Beschränkung auf bestimmte Investitionsbereiche" sei „nicht sinnvoll" (S. 20 f.). Damit ist zusätzlich klargestellt, dass nur von der Bereichsbeschränkung dispensiert werden sollte, nicht aber zB dem Investitionserfordernis.

[119] Unzutreff. daher *Schmehl,* in: Friauf/Höfling, Art. 104b (2009) Rn. 27, der das Gegenteil ohne Nachw. behauptet.

[120] BVerfGE 127, 165 (195).

[121] Komm. von BT und BRat zur Modernisierung der Bund-Länder-Finanzbeziehungen, Komm-Dr 174, S. 8 f., in Bezug auf die wortgleiche Regelung in Art. 109 III 2.

[122] Ähnlich *Heun/Thiele,* in: Dreier III, Art. 104b Rn. 28, die zutreffend darauf hinweisen, dass der Wortlaut der Vorschrift nur Finanzhilfen für die unmittelbare Katastrophenbekämpfung umfasst; ebenso *Schwarz,* in: Maunz/Dürig, Art. 104b (2019) Rn. 38 f.

[123] BR-Dr 262/09, S. 21.

[124] Komm-Dr 174, S. 9.

[125] Ebda.

[126] Gesetz zur Verhütung und Bekämpfung von Infektionskrankheiten beim Menschen (Infektionsschutzgesetz – IfSG) v. 20.7.2000, BGBl I 1045, zuletzt geänd. durch Art. 2 G. v. 19.5.2020, BGBl I 1018).

[127] Dafür *Schmehl,* in: Friauf/Höfling, Art. 104b (2009) Rn. 30; ausdr. für das Erfordernis der Beeinträchtigung der staatl. Finanzlage *Kube,* in: Epping/Hillgruber, Art. 104b Rn. 10, aber ohne Begründung; wohl auch *Heun/Thiele,* in: Dreier III, Art. 104b Rn. 25.

[128] Komm-Dr 174, S. 8: Auch das Vorbild in Art. 122 II AEUV ist eindeutig, vor allem in der engl. und franz. Fassung.

Naturkatastrophen. Die Folgen einer Katastrophe sind immer auch finanz. fühlbar, können aber bei hinreichender Vorsorge deutlich geringer sein, wie das Beispiel von SARS-CoV-2 zeigt. Das Auftreten wird ein Staat kaum verhindern können, seine Ausbreitung und Einschränkung (rechtzeitiges Schließen von Grenzen, strikte Quarantäne) unterliegt aber doch in nennenswertem Umfang der Kontrolle des Staates. Im internat. Vergleich sind durchaus Beispiele für eine weitgehende Eindämmung und insg. mildere Verläufe zu finden, die auf Vorbereitung und konsequenten Handeln beruhen: Taiwan, Singapur, Süd-Korea, Neu-Seeland, Australien.

38    Die zweite Tatbestandsvariante ist daher dann erfüllt, wenn

– eine außergewöhnliche Notsituation besteht,
– ihr Eintritt sich der Kontrolle des Staates entzieht und
– sie die staatliche Finanzlage erheblich beeinträchtigt.[129]

Eine Situation soll sich dann der Kontrolle des Staates entziehen, wenn sie auf „äußeren Einflüssen" beruht.[130] Mit dieser Umschreibung ist aber nicht viel gewonnen, wie sich auf europ. Ebene bei der Beurteilung der fiskal. Situation von Griechenland zeigt.[131] Ähnliche, wenig befriedigend beantwortete Fragen stellen sich bei den Ergänzungszuweisungen zur Beseitigung extremer Haushaltsnotlagen iRd (deutschen) Finanzausgleichs (→ Art. 107 Rn. 51). Die erhebl. Beeinträchtigung der staatl. Finanzlage muss Folge des Finanzbedarfs sein, der erforderlich ist, um die Folgen dieser Situation zu beseitigen.

## C. Ausführungsregelungen (Abs. 2)

### I. Nähere Regelung durch Gesetz oder Verwaltungsvereinbarung (Abs. 2 S. 1)

39    Art. 104b II 1 entspricht in der Grundanlage dem bisherigen Art. 104a IV 2. Voraussetzung für die Gewährung von Finanzhilfen ist danach eine nähere Regelung **durch** zustimmungsbedürftiges **BundesG** oder **auf Grund** des Haushaltsgesetzes **durch Verwaltungsvereinbarung.** Darin muss nicht nur die Art der geförderten Investitionen, sondern **„alles Wesentliche"** festgelegt sein.[132] Wesentliches darf weder VV (der BReg oder eines BMin) noch Ermessensentscheidungen eines BMin überlassen bleiben. Erst recht reicht eine bloße (einvernehmliche) Verwaltungspraxis nicht aus. Auf diese Weise wird den Ländern die Möglichkeit eingeräumt, maßgebend auf den Inhalt der sie berührenden Regelung Einfluss zu nehmen. Insb. sollen sie „durchsetzen können, dass die Mitfinanzierung des Bundes sie nicht in der Freiheit der Erfüllung ihrer eigenen Aufgaben beschränkt oder beeinträchtigt".[133] Die „Ausgestaltungskompetenz" des Bundes umfasst aber nicht die Regelung des Verwaltungshandelns des Bundes.[134]

40    Als wesentliche Bestandteile der „Verrechtlichung" der Finanzhilfen sind vor allem anzusehen:

– die **Auswahl** der zu fördernden Investitionen, wenn nicht ganze Investitionsbereiche unterstützt werden,
– die Bestimmung der Höhe des **Bundesanteils,**
– die Fixierung eines einheitlichen **Verteilungsmaßstabs,** nach dem mangels feststehender oder berechenbarer Landesquoten zu verfahren ist, wenn die Anforderungen der Länder die Ansätze im Bundeshaushalt übersteigen,
– die Festlegung des zu beobachtenden **Verfahrens.**[135]

41    Doch ist bei der Ausgestaltung zu beachten, dass es sich tatsächlich um Investitionshilfen handelt.[136] Allg. Finanzhilfen, die neben die Leistungen im Finanzausgleich treten, können nicht auf Art. 104b I gestützt werden. Die **Verwaltungsvereinbarung** darf den betroff. Ländern nicht aufoktroyiert werden. Ihr Abschluss muss im Wege des Aushandelns mit allen betroff. Ländern erzielt werden[137] und bedarf der **Schriftform.**[138] Zur Ausführung dieser Vorgaben ist schon 1986 eine „Grundvereinbarung" geschlossen worden.[139]

---

[129] Komm–Dr 174, S. 8.

[130] Komm–Dr 174, S. 9.

[131] Der Eintritt der aktuellen fiskalischen Situation hing von Faktoren ab, die außerhalb des Machtbereichs der griech. Regierung standen. Sie konnten sich aber nur so fatal auswirken, weil vorher Kredite in einem auf Dauer nicht tragbaren Umfang aufgenommen worden waren. Dieser Umstand entzog sich nicht der Kontrolle des Staates.

[132] BVerfGE 39, 96 (116); 41, 291 (310).

[133] BVerfGE 39, 96 (116); i. Erg. ebenso *Schwarz,* in: Maunz/Dürig, Art. 104b (2019) Rn. 43 mwN.

[134] BVerfGE 127, 165 (193).

[135] BVerfGE 39, 96 (116); 41, 291 (306 f.).

[136] *Heun / Thiele,* in: Dreier III, Art. 104b Rn. 30.

[137] BVerfGE 39, 96 (121).

[138] Vgl. BVerfGE 41, 291 (292, 305), das aber unter Missachtung der übl. vertragsrechtl. Terminologie später nur „ausdrücklich" abgegebene Willenserklärungen verlangt (S. 308). Das ist aber etwas anderes als das Schriftformerfordernis; für Schriftform auch *Hellermann* MKS III, Art. 104b Rn. 64; *Schwarz,* in: Maunz/Dürig, Art. 104b (2018) Rn. 45 mwN.

[139] V. 19.9.1986, BAnz 1986 Nr. 204.

Die Verteilung der Mittel muss der **föderalen Gleichbehandlung** der Länder entsprechen. Auch  42
wenn das GG keine ausdr. Anordnung eines föderativen Gebots der Gleichbehandlung aller Länder
enthält, ist das BVerfG in einigen Entscheidungen davon ausgegangen, dass das „Gebot föderativer
Gleichbehandlung … in der bundesstaatlichen Ordnung des Grundgesetzes anerkannt" sei.[140]

Die Verwendung des Begriffs „Gebot" könnte darauf hindeuten, dass eine strikte, gerichtlich voll  43
überprüfbare Anordnung gemeint ist, die dem Gesetzgeber keinen Gestaltungsspielraum belässt. Demgegenüber wird im neueren Schrifttum lediglich von einem „Grundsatz" der föderativen Gleichbehandlung gesprochen.[141] Auch das BVerfG lässt eine Abweichung von dem Gebot zu, „wenn sie durch
Sachgründe gerechtfertigt ist".[142] Letztlich handelt es sich um ein Willkürverbot[143] und lässt die
unterschiedliche Behandlung einzelner Länder zu, möglicherweise verbunden mit einer Verpflichtung
des Gesetzgebers, sie zu begründen und damit (auch gerichtlich) kontrollierbar zu machen.

Diese Auslegung ist erforderlich, da idR verschiedene Verteilungsmaßstäbe in Betracht kommen,  44
die jeder für sich sachgerecht sein, es aber kaum allen Ländern zugleich recht machen können. Das gilt
vor allem, wenn ein fest vorgegebener Betrag zu verteilen ist, wie nach §§ 2 und 11 KInvFG. Wenn
der Gesetzgeber mehrere Aspekte für seine Verteilungsentscheidung heranzieht, kann und muss nicht
jeder einzelne einer strikten Gleichbehandlung genügen. Nur das Gesamtergebnis muss vertretbar sein
und die Art und Weise seiner Gewinnung frei von Willkür. Die Frage liegt dem BVerfG zur Entscheidung vor.[144]

## II. Ermächtigung des Bundes zur Ausgestaltung von Länderprogrammen (Abs. 2 S. 2 und 3)

Bis zur Änderung des GG von 2017 durften in der näheren Ausgestaltung durch das BundesG oder  45
die Verwaltungsvereinbarung nur die Verwendungszwecke der gewährten Mittel des Bundes näher
bestimmt werden. Insb. durften Bestimmungen über die Investitionsbereiche und -arten enthalten
sein.[145] IÜ waren allein die Länder zuständig.[146] Aufgrund der neuen S. 2 und 3 dürfen jetzt auch
Bestimmungen iE über die Ausgestaltung der jew. Länderprogramme getroffen werden. Die Frage
einer möglicherweise unzulässigen Mischverwaltung[147] stellt sich nicht mehr. Das Verbot der Mischverwaltung steht in jedem Fall unter dem Vorbehalt einer Zulassung durch das GG, die hier besteht.

Die Föderalismusreformen I (2006) und II (2009) hatten nicht zuletzt zum Ziel, die verbreiteten  46
„Kompensationsgeschäfte" (Zuständigkeitsübertragung auf den Bund, dafür Zustimmungsbedürftigkeit
durch den BRat) zu reduzieren und stattdessen die jeweils zu erfüllenden Aufgaben klar abzugrenzen
und zu verteilen. Damit sollte auch der Staatspraxis ein Riegel vorgeschoben werden, bei knappen
Mehrheitsverhältnissen im BRat die Zustimmung einzelner Länder im wahrsten Sinne des Wortes zu
„erkaufen". Demgegenüber **erweitert** die Neufass. von Art. 104b II 1 die **Regelungsbefugnisse** für
den Bundesgesetzgeber. Nun darf er auch die „Ausgestaltung der Länderprogramme zur Verwendung
der Finanzhilfen" näher regeln. Ob es sich dabei auch um einen **Gesetzgebungsauftrag** handelt ist
**nicht sicher,** aber angesichts der Entstehung von untergeordneter Bedeutung.

Im Entw. der BReg war die Regelungsbefugnis auf **„Grundzüge"** beschränkt, was erhebl. Aus-  47
legungsspielräume eröffnet hätte. Der Begriff dürfte weiter sein als der Begriff „Grundsätze" in
Art. 106 IV 3, 109 IV, 138 I 2 WRV iVm Art. 140 sowie früher Art. 75 I Nr. 1a als Sonderfall der
Rahmengesetzgebung und Art. 91a I 2 aF. Aufgrund der Beschlussempf. des zust. Haushaltsausschuss
ist die Beschränkung entfallen.[148] Eine restriktive Auslegung mit ähnl. Ergebnis würde dem eindeutigen Willen des Gesetzgebers widersprechen. Detailregelungen des Bundes sind danach auch in
größerem Umfang zulässig.[149]

---

[140] BVerfGE 72, 330 [331, 404 f.]; 86, 148 [261]; 95, 250 [265]; 101, 158 [225]; 116, 327 [382]; 119, 394 [410 f.,
417 f.]; 122, 1 [38 f.]; BVerfGE 150, 1 [LS 5, Rn. 210]; aus dem Schrifttum *Leibholz,* Die Gleichheit vor dem Gesetz,
1959, S. 138–158; *Pleyer,* Föderative Gleichheit, 2005, S. 112 (betrifft WRV), der zudem nach eingehender Einzel-
analyse des GG zum Ergebnis gelangt, dass die Länder „mal gleiche, mal ungleiche Rechtspositionen" erhalten haben,
S. 230; *Hellermann* MKS III, Art. 104b Rn. 50; speziell zur Zeitkonsistenz *Becker* NJW 2000, 3742 (3745).
[141] *Deutscher Bundestag, Wissenschaftliche Dienste,* Verfassungsrechtliche Aspekte der bundesweit unterschiedlichen
Festsetzung der Landesbasisfallwerte, WD 9 3000 031 17 v. 28.7.2017, S. 7.
[142] BVerfGE 150, 1 (5, Rn. 212), unter Berufung auf BVerfGE 39, 96 (119 f., 124); 86, 148 (236 f., 275).
[143] *Grzeszick,* in: Maunz/Dürig, Art. 20 Teil IV (2006) Rn. 117; *Isensee* HStR VI, § 126 Rn. 140; ebenfalls für die
Zulässigkeit von Abweichungen *Becker* NJW 2000, 3742 (3745); in diesem Sinne auch schon *Leibholz,* Die Gleichheit
vor dem Gesetz, 1959, S. 243–245. Im Schrifttum zum strengen oder formalen Gleichheitssatz wird das föderative
Gleichbehandlungsgebot dementspr. auch nicht einbezogen, vgl. zB *v.Arnim* DÖV 1984, 85.
[144] Az. 2 BvF 1/18.
[145] *Heun/Thiele,* in: Dreier III, Art. 104b Rn. 32.
[146] *Heun/Thiele,* in: Dreier III, Art. 104b Rn. 32.
[147] Im konkreten Fall schon nach der alten Gesetzeslage von BVerfGE 127, 165 (191) verneint hatte, → Rn. 5.
[148] *Heun/Thiele,* in: Dreier III, Art. 104b Rn. 32,
[149] Vgl. *Heun/Thiele,* in: Dreier III, Art. 104b Rn. 32, aber in der Formulierung vorsichtiger: „…nicht von
vornherein ausgeschlossen sein dürften."

**48**　Die Festlegung der Kriterien für die Ausgestaltung der Länderprogramme soll nach Art. 104a II 3 „im Einvernehmen mit den betroffenen Ländern" erfolgen. Diese Formulierung spricht dafür, dass die nach S. 1 zulässigen Rechtsakte **nicht** für alle Länder **einheitlich** erfolgen müssen. In anderen Fällen einer Grundsatzgesetzgebung wird das zu Recht für unzulässig angesehen (→ Art. 109 Rn. 98). Hier besteht allerdings der Bezug zu „Länderprogrammen", die wegen der Gestaltungsmacht der Länder durchaus nennenswerte Unterschiede aufweisen können. Allerdings ist das Prinzip der föderalen Gleichbehandlung zu beachten (→ Rn. 42–44). Wegen dieser Unterschiede kann auch die Verwendungskontrolle nur unter Berücksichtigung der landesspezifischen Eigenarten sinnvoll erfolgen. Wegen des Erfordernisses von Einvernehmen mit dem betroffenen Land, kann es sich gegen zu weitgehende Ingerenzen wehren. **Einvernehmen** ist wörtlich zu verstehen. Benehmen genügt nicht. Eine ausdr. Willensübereinstimmung muss vorliegen.[150]

### III. Eigener Beitrag der Länder (Abs. 2 S. 5)

**49**　S. 5 ist im März 2019 in Abs. 2 eingefügt worden. Eine Änd. von Art. 104b war im Entw. der BReg[151] noch nicht enthalten gewesen. Die Einfügung erfolgte erst im Laufe der parl. Beratungen durch den HaushaltsA.[152] Mit der Neuregelung sollte sichergestellt werden, „dass die Länder mindestens die Hälfte der öffentlichen Investitionen in dem von der Finanzhilfe erfassten Investitionsbereich … selbst tragen". Es müsse verhindert werden, dass die „gesamtstaatliche Wirkung der Finanzhilfen … dadurch gemindert werde könne, dass die Länder im gleichen Zug ihre eigenen finanziellen Anstrengungen in dem jeweiligen Investitionsbereich verminderten und Haushaltmittel für andere Bereiche verwendeten".[153] Die vom Bund gewährten finanz. Hilfen sollten im jeweils geförderten Investitionsbereich „additiv zu den Investitionen des Landes" wirken und „nicht lediglich die eigenen Investitionen der Länder ersetzen".[154] Die Finanzhilfen sollten auch im wirtschaftl. Ergebnis dem verfolgten Zweck **zusätzlich** zugutekommen.

**50**　Auch ohne ausdr. Erwähnung im Text der Vorschrift ergibt sich eine **weitere Anordnung** aus der Entstehungsgeschichte: Die mit der Finanzhilfe gewährten Mittel je Land dürfen nicht höher sein als sämtl. öff. finanzierten Investitionen des jew. Landes iSd HaushaltsR in dem entspr. Förderbereich. Der komm. Anteil soll dabei außer Ansatz bleiben.[155] Ob die Regelung tatsächlich verhindern kann, dass die Länder zwar ihren Anteil formal bereitstellen, an anderer Stelle aber Mittel einsparen, wird maßgebend vom Einsatz der neuen Kontrollinstrumente von S. 4 und Art. 114 II (in Bezug auf den BRH) abhängen. Namentlich im **Haushaltsvollzug** dürften sich einige zweckwidr. Gestaltungsmöglichkeiten ergeben.

### IV. Befristung und degressive Ausgestaltung der Mittel sowie Überprüfung ihrer Verwendung (Abs. 2 S. 4, 6 und 7)

**51**　Ob alle Länder die ihnen als Investitionshilfen vom Bund zugewendeten Mittel tatsächlich immer entspr. ihrer Zweckbestimmung verwendet haben, war nicht über jeden Zweifel erhaben. Nicht zuletzt kann die Rechnungslegung durchaus „kreativ" eingesetzt werden. Es war daher ein Anliegen von BReg und BTag, mit eigenem Personal die Mittelverwendung genauer anzuschauen. Die BReg legte daher den Entw. für eine Erg. von Art. 104b II vor.[156] Grundanliegen des Entwurfs war es, die Mittelsteuerung durch den Bund zu stärken.[157] Dieser Entwurf wurde aber im Gesetzgebungsverfahren mehrfach erheblich verändert. Der RefE sah zunächst ein Aktenvorlage-, Erhebungs- sowie ein Weisungsrechts der BReg gegenüber obersten Landesbehörden vor.[158] Im RegE wurde dies durch das Erfordernis eines Einvernehmens mit den betroff. Ländern deutlich entschärft. Schließlich kehrte man auf Empfehlung des HaushaltsA (im zeitlich gestrafften Gesetzgebungsverfahren) zum Erhebungs- und Aktenvorlagerecht der BReg zurück.[159] Ein ausdr. WeisungsR des Bundes ist im Normtext nicht mehr enthalten.

**52**　Die Regelung **durchbricht grundlegende Prinzipien** des föderalen Aufbaus der BRD, wie auch schon zuvor Art. 91e II sowie Art. 104c und d.[160] Der Verwaltungsraum der föderalen Partner war weitgehend als selbständig und unabhängig angesehen worden; vor allem im Bereich der Haushaltswirtschaft von Bund und Ländern.[161] Nur bei „konkreten Tatsachen im Einzelfall" die einen Haftungs-

---

[150] *Heun/Thiele*, in: Dreier III, Art. 104b Rn. 34.
[151] BT-Dr 19/3440.
[152] HaushaltsA, Beschlussempfehlung und Bericht, BT-Dr 19/6144, S. 10.
[153] HaushaltsA, Beschlussempfehlung und Bericht, BT-Dr 19/6144, S. 10.
[154] HaushaltsA, Beschlussempfehlung und Bericht, BT-Dr 19/6144, S. 11.
[155] HaushaltsA, Beschlussempfehlung und Bericht, BT-Dr 19/6144, S. 10 f.
[156] BT-Dr 18/11131.
[157] BT-Dr 18/11131, S. 2.
[158] Nachweis in der Stellungnahme des BRH v. 15.3.2017, Anl. HaushaltsA-Dr 18/4219, S. 4 (dort in Fn. 9).
[159] BT-Dr 18/12588, S. 7.
[160] Ausdr. Zustimmung zur Kritik bei *Schwarz*, in: Maunz/Dürig, Art. 104b (2019) Rn. 7 f.; ähnlich *Huber* NVwZ 2019, 665 (667 f.).
[161] BVerfGE 127, 165 (191).

anspruch nach Art. 104a V 1, Alt. 2 als möglich erscheinen lassen, waren schon bisher derartige Kontrollbefugnisse zugestanden worden.[162] Die Durchbrechung dieser Prinzipien durch die – ebenfalls in Reaktion auf eine Entscheidung des BVerfG[163] eingefügte Regelung für „Optionskommunen" in Art. 91e II – ist aber vom BVerfG nicht beanstandet worden.[164] Folgt man der Argumentation zu dieser Vorschrift (→ Art. 91e Rn. 11), verstößt die neue Regelung erst recht **nicht gegen Art. 79 III.**

Die Ermächtigung zur **Kontrolle der Mittelverwendung** in Art. 104b II 4 ist systemat. klar von   53 den Vorgaben für die Ausgestaltungsgesetzgebung in den S. 1–3 abgegrenzt, die sich auch inhaltl. im Kern auf die „Länderprogramme" beziehen. Außerdem wird ausdr. die BReG ermächtigt und nicht der Gesetzgeber. Das spricht dafür, dass sie auch **ohne besondere gesetzliche Grundlage,** unmittelbar gestützt auf das verfassungsrechtl. Regelung, die dort genannte Kontrollhandlung vornehmen darf. Die Befugnisse des BRH, die auch in § 6a ZuInvG geregelt ist, ergeben sich nunmehr aus S. 2 in Art. 114 II (→ Art. 114 Rn. 52).

Inhaltlich geht sie deutlich über die weiter bestehende Unterrichtungspflicht nach Art. 104a III   54 hinaus (→ Rn. 44). Die Pflicht zur **Vorlage von Akten** ist weit zu verstehen und umfasst auch alle elektron. Speichermedien unter Einschluss der dienstl. **Personalcomuputer** der Mitarbeiter, die in weiten Bereichen an die Stelle von Akten getreten sind. Zugriffscodes müssten dem jew. Dienstvorgesetzten zur Verfügung gestellt werden,[165] auch wenn die Verwaltungspraxis nicht so verfahren sollte. PersönlichkeitsR, vor allem DatenschutzR, sind im dienstl. Verkehr reduziert. Etwas anderes dürfte lediglich für persönl. Vorüberlegungen, Entwürfe und Notizen gelten. Auch die Befugnis zu **Erhebungen vor Ort** geht sehr weit und umfasst vor allem die Endsendung von Prüfpersonal. Ihm muss uneingeschränkt Zutritt gewährt werden. Auch unangemeldete Kontrollen müssen möglich sein.

Die Umschreibung der **Adressaten** in Abs. 2 II 4 („alle Behörden") kennt das GG bereits in Art. 85   55 IV 2. Fraglich ist hierbei, ob **Behörde** im jur.-techn. Sinne zu verstehen ist, wie in § 1 II VwVfG, oder ob hierunter auch jur. Personen des öR und ihre Einrichtungen fallen. Die Begründung des HaushaltsA ist insoweit nicht eindeutig und lässt nicht erkennen, dass die Erfass. nachgeordneter Landesstellen beabsichtigt war.[166] Mit Blick auf die gesetzgeb. Intention, die Kontrolle der Mittelverwendung aus Sicht des Bundes zu stärken, liegt es näher, den Behördenbegriff untechnisch zu verstehen, zumal das BVerfG in seiner Entscheidung zum ZuInvG, die dem Gesetzgeber bekannt war, die Begriffe „nachgeordnete Landesstellen" und „nachgeordnete Landesbehörden" weitgehend synonym verwendet.[167]

Die weiteren in Abs. 2 S. 4 und S. 5 enthaltenen Vorgaben für die Gewährung von Finanzhilfen   56 sind bereits durch die Verfassungsänderung 2006 eingeführt worden. S. 2 ordnet zur Vermeidung von „schematisch verfestigten Förderungen" an,[168] dass Finanzhilfen nur noch zeitlich begrenzt gewährt werden dürfen. Schon unter Geltung des Art. 104a IV hat der Gesetzgeber den Vorteil der **Befristung** erkannt und verschieden zeitlich befristete Sonderprogramme geschaffen.[169]

Darüber hinaus schreibt S. 5 eine **Überprüfung** der Verwendung der Finanzhilfen in regelmäßigen   57 Abständen vor. Diese dient zum einen der erforderlichen Feststellung der zweckentspr. Inanspruchnahme und Verwendung der Bundesmittel. Zum anderen soll so kontrolliert werden, ob die mit den Finanzhilfen angestrebten Ziele erreicht wurden.[170] Die Regelung umfasst aber nicht die Frage der zweckgerechten Verausgabung von Mitteln für konkrete Einzelprojekte und kann deshalb nicht die in § 6a 1 ZuInvG statuierten Kontrollbefugnisse rechtfertigen.[171] Andernfalls wäre die Einräumung von Befugnissen zu Informationsbeschaffung in Art. 104b III überflüssig gewesen.[172]

Nach S. 6 sind die Jahresbeträge der Förderung **degressiv** auszugestalten,[173] ebenfalls um so einer   58 Verfestigung der Finanzhilfestrukturen von Anfang an entgegenzuwirken.[174] Es soll kein Gewöhnungseffekt oder die Vorstellung von „wohlerworbenen" Rechten entstehen. Zu Recht wurde in diesem

---

[162] BVerfGE 127, 165 (191, 204): Die Vorschrift verleihe dem Bund nicht nur eine Gesetzgebungs-, sondern auch eine Verwaltungskompetenz.

[163] BVerfGE 119, 331 (343 f.).

[164] BVerfGE 137, 108 Rn. 80; zust. *Meyer* NVwZ 2015, 116 (118).

[165] Wichtig zB bei Unfällen, Verhinderung oder plötzlicher Erkrankung.

[166] Vgl. auch BRH (Fn. 158), S. 4.

[167] BVerfGE 127, 165 (200 einerseits und 201 andererseits).

[168] BT-Dr 16/813, S. 19.

[169] Vgl. nur das G über Finanzhilfen des Bundes zur Förderung des Baus von Erdgasleitungen v. 29.1.1980 (BGBl I 109), für 1979 bis 1983; das G über Finanzhilfen des Bundes nach Art. 104a Abs. 4 des Grundgesetzes an das Saarland vom 20.12.1984 (BGBl I 1708), für 1985 bis 1987; das G über Finanzhilfen des Bundes nach Art. 104a Abs. 4 des Grundgesetzes an die Länder Schleswig-Holstein, Niedersachsen, Freie Hansestadt Bremen sowie Freie Hansestadt Hamburg v. 19.12.1986 (BGBl I 2584), für 1987 und 1988; das G über Finanzhilfen des Bundes nach Art. 104a Abs. 4 des Grundgesetzes für Investitionen zur vorläufigen Unterbringung von Aussiedlern und Übersiedlern v. 5.7.1990 (BGBl I 1347), nur für 1990.

[170] BT-Dr 16/813, S. 19.

[171] BVerfGE 127, 165 (193, 195, 202), unter Berufung auf *Meyer/Freese* NVwZ 2009, 609 (613).

[172] BVerfGE 127, 165 (196).

[173] BT-Dr 16/813.

[174] BT-Dr 16/813, S. 19.

Zusammenhang darauf hingewiesen, dass gleichbleibende Nominalbeträge auch bei jährlichen Preis-niveausteigerungen (Inflation) nicht „degressiv" iSv Abs. 2 S. 2 aF (Abs. 2 S. 6 nF) sind.[175] Vielmehr sind sinkende Nominalbeträge anzuordnen,[176] denn die Steigerung des Preisniveaus ist nicht zwingend. Die Degression muss vom Bundesgesetzgeber *selbst* und in ihrer Ausgestaltung *unbedingt* angeordnet werden.

## D. Unterrichtungspflicht (Abs. 3)

59   Abs. 3 begründet eine Informationspflicht für die Empfänger der Hilfen. Sie haben BTag, BRat oder BReg auf Verlangen über die Durchführung der Maßnahme und die bisher erreichten Ver-besserungen zu unterrichten. Diese Unterrichtungspflicht dient **Transparenz und Kontrolle** in einem Bereich, in dem Intransparenz und organisierte Verantwortungslosigkeit im Interesse vieler Beteiligter liegt. Die Pflicht erstreckt sich auf Informationen über **Einzelheiten** der mit Finanzhilfen geförderten Investitionsmaßnahmen und der erzielten Verbesserungen.[177] Die neue Erfolgskontrolle soll sich an dem jew. Förderungsziel orientieren und einen flexiblen und effekt. Einsatz des gesamt-staatlich ausgerichteten Steuerungsinstruments der Finanzhilfen ermöglichen.[178] Die „Informations-beschaffung" iSv Abs. 3 ist aber als ein der Prüfung vorausgehender Schritt behandelt" worden. Die Vorschrift enthält keinen Anhaltspunkt, dass den Bundesorganen die Befugnis eingeräumt werden sollte, „unmittelbar an nachgeordnete Landesstellen heranzutreten".[179] Die Vorschrift schließt weder „den Zugriff auf nachgeordnete Stellen und Kommunen ein, noch werden dem Bund damit Informa-tionsbefugnisse eingeräumt, die über den Anspruch auf Unterrichtung" hinausgehen.[180] Andernfalls wären die Änderungen von 2017 überflüssig gewesen.

## Art. 104c [Finanzhilfen im Bereich der kommunalen Bildungsinfrastruktur]

**Der Bund kann den Ländern Finanzhilfen für gesamtstaatlich bedeutsame Investitionen sowie besondere, mit diesen unmittelbar verbundene, befristete Ausgaben der Länder und Gemeinden (Gemeindeverbände) zur Steigerung der Leistungsfähigkeit der kommunalen Bildungsinfrastruktur gewähren. Artikel 104b Absatz 2 Satz 1 bis 3, 5, 6 und Absatz 3 gilt entsprechend. Zur Gewährleistung der zweckentsprechenden Mittelverwendung kann die Bundesregierung Berichte und anlassbezogen die Vorlage von Akten verlangen.**

**Entstehungsgeschichte: Erstfassung:** G zur Änd. des GG (Art. 90, 91c, 104b, 104c, 107, 108, 109a, 114, 125c, 143d, 143e, 143f, 143g) v. 13.7.2017 (BGBl I 2347), Art. 1 (dazu: BT-Dr 18/11131 [Entwurf], 18/12588 [Beschluss-empfehlung und Bericht HaushaltsA]); BT-Prot 18/218, 21767 C; 18/237, 23974 A; 18/237, 24024 B; BR-Prot 953, 6 C; 958, 261 D; **Änderung:** G zur Änd. des GG (Art. 104b, 104c, 104d, 125c, 143e) v. 28.3.2019 (BGBl I 404) (dazu: BT-Dr 19/3440 [Entwurf]; 19/6144 [Beschlussempfehlung und Bericht HaushaltsA]; 19/7940 [Be-schlussempfehlung VermittlungsA]; BT-Prot 19/53, 5689 B; 19/68, 7694 D, 7715C; 19/83, 9692B, 9872C; BR-Prot 969, 194A; 973, 461; 975, 63.
**Historische Verfassungstexte: GG 2016:** Der Bund kann den Ländern Finanzhilfen für gesamtstaatlich bedeutsame Investitionen der finanzschwachen Gemeinden (Gemeindeverbände) im Bereich der kommunalen Bildungsinfrastruk-tur gewähren. Artikel 104b Absatz 2 und 3 gilt entsprechend.
**Schrifttum:** *M. v. Bar/C.Brzezinski,* Die Beteiligung des Bundes an Investitionen in die Bildungsinfrastruktur auf Grundlage des neuen Art. 104c GG, DVBl 2018, 759; *U. Battis/N. Eder,* Der Krebsgang der Föderalismusreform, NVwZ 2019, 592–596; *F. J. Lindner,* Art. 104c GG als Grundlage einer Bundes Schulpolitik?, NVwZ 2018, 1843–1846
**Gesetzgebung:** KInvFG, KInvFErrG.

### Übersicht

---

[175] Vgl. aber BT-Dr 17/13970, S. 8.
[176] *Kempny* ZRP 2014, 14 (17).
[177] BT-Dr 16/813, S. 19.
[178] Vgl. BT-Dr 16/813, S. 19.
[179] BVerfGE 127, 165 (200) mwN; ebenso *Hellermann* MKS III, Art. 104b Rn. 58.
[180] BVerfGE 127, 165 (202); ähnlich zuvor *Meyer/Freese* NVwZ 2009, 609 (613).

## A. Entstehung und Entwicklung

Die Vorschrift ist mit der **Grundgesetzreform 2017** in das GG eingefügt worden.[1] Sie wurde als **1** erforderlich angesehen, da den Ländern die ausschl. Zuständigkeit für die schulische Bildung zukommt. Finanzhilfen des Bundes an die Länder im Bereich des Schulwesens sind daher grds. verfassungsrechtlich bedenklich und erfüllen idR nicht die Anforderungen der eng zu interpretierenden Ausnahmeregelungen, vor allem nicht von Art. 104b I nF (→ Art. 104b Rn. 15, 22, 32). Die nunmehr erforderl. Bundesgesetzgebungskompetenz liegt vor allem im Schulwesen idR nicht vor. Deshalb sollte die gewünschte Erweiterung des KInvFG durch ein neues Kap. 2[2] auf eine tragfähige verfassungsrechtl. Grundlage gestellt werden.[3] Kap. 1 des Gesetzes war noch auf Art. 104b gestützt, Kap. 2 beruht nunmehr auf dem neuen Art. 104c. Es waren also **einfachgesetzliche,** aber verfassungsrechtlich bedenkl. **Gesetzgebungsabsichten,**[4] die Anlass für die Schaffung der Vorschrift waren, im Grunde (wieder einmal) Verfassungsgebung nach Maßgabe des „einfachen" Rechts.

Keine zwei Jahre später sah sich die Politik gezwungen, die soeben geschaffene Vorschrift wieder zu **2** ändern. Die verschiedenen Maßnahmen waren bis zuletzt so umstr., dass der BRat einstimmig beschloss, den VermA anzurufen.[5] Art. 104c nF wurde erst in der vom VermA vorgeschlagenen Fassung[6] im **März 2019** Gesetz.[7]

Mit Hilfe des Bundes sollte in einer „Investitionsoffensive" die Bildungsinfrastruktur der Kommunen **2a** im gesamten Bundesgebiet den gestiegenen Anforderung angepasst werden und nicht nur in „finanzschwachen" Gemeinden.[8] Die Verteilung der als Festbetrag vorgesehenen Hilfen auf die einz. Länder war schon im Gesetzgebungsverfahren umstr. gewesen. Ihre Ausrichtung auf „finanzschwache" Kommunen gab bes. Anlass für Auslegungsstreitigkeiten, die letztlich zu einem (abstr.) Normenkontrollverfahren vor dem BVerfG geführt haben, das noch nicht abgeschlossen ist.[9] Während des anhängigen Verfahrens wurde das Merkmal „finanzschwach" denn auch durch die Verfassungsänderung vom März 2019 **gestrichen.**[10]

Der **Anwendungsbereich** der Vorschrift wurde zudem dadurch erweitert, dass nunmehr nicht nur **2b** „gesamtstaatlich bedeutsamen Investitionen", sondern auch (sonstige) Ausgaben der Länder und Gemeinden (Gemeindeverbände) unterstützt werden dürfen, wenn sie mit den gesamtstaatlich bedeutsamen Investitionen „unmittelbar" verbunden sind. Es dürfen jetzt also auch befristete nicht-investive Ausgaben gefördert werden. Ob für beide Varianten die Zweckbestimmung „Steigerung der **Leistungsfähigkeit** der **kommunalen Bildungsinfrastruktur**" passt, ist fraglich (→ Rn. 12a, b).

Wegen der nicht unbegründeten Befürchtung, dass die zugewendeten Mittel nicht (nur) für die vom **2c** Bund vorgesehenen Zwecke verwendet werden, waren zusammen mit den neuen Fördermöglichkeiten weit reichende **Rechenschaftspflichten** und **Kontrollbefugnisse** des Bundes durch den Verweis auf Art. 104b II und III – schon in der Ursprungsfassung – enthalten gewesen. Wegen der nochmals erweiterten Förderungs- und damit Einflussnahmemöglichkeiten des Bundes in einem Kernbereich der Landeskompetenzen durch die Verfassungsänderung vom März 2019 wurden die Rechenschaftspflichten und die Kontrollmöglichkeiten des Bundes statt der pauschalen Verweisung nunmehr modifiziert geregelt (näher → Rn. 15 f.).

## B. Bedeutung und systematische Stellung

Art. 104c stellt eine weitere **Durchbrechung** des in Art. 104a I verankerten **Konnexitätsprinzips** **3** (→ Art. 104a Rn. 2) dar. S. 1 erweitert gegenüber Art. 104b I deutlich den Kreis der Zwecke, zu denen der Bund den Ländern Finanzhilfen gewähren darf.[11] Zudem ist auf das Vorliegen einer Gesetz-

---

[1] BGBl I 2347.
[2] Gesetz zur Förderung von Investitionen finanzschwacher Kommunen (Kommunalinvestitionsförderungsgesetz – KInvFG) v. 24.6.2015 (BGBl I, 974, 975), erweitert durch Art. 7 des G v. 14.8.2017 (BGBl I, 3122).
[3] Vgl. BT-Dr 18/11135, S. 22, 84.
[4] *Braun Binder,* in: Friauf/Höfling, Art. 104c (2019) Rn. 2, 33: „nicht möglich gewesen".
[5] BR-PlenProt. 973, 481, BT-Dr 19/6612.
[6] BR-Dr 19/7940, S. 2.
[7] G. zur Änd. d. GG (Art. 104b, 104c, 104d, 125c, 143e) v. 28.3.2019 (BGBl I, 404).
[8] Begründung des Entwurfs der BReg, BT-Dr 19/3440, S. 1; vom BR akzeptiert, ebda, S. 14. Beschlussempfehlung und Bericht des HaushaltsA, BT-Dr 19/6144, S. 2.
[9] Antrag des Senats von Berlin, Az. 2 BvF 1/18.
[10] In der Entwurfsbegründung wird zutreffend die Erweiterung der Möglichkeiten des Bundes als Ziel des Gesetzentwurfs bezeichnet, BT-Dr 19/3440, S. 1, 8; zu ihm *Hennecke,* DVBl 2018, 817 ff.
[11] *Hellermann* MKS III, Art. 104c Rn. 4; *Schwarz,* in: Maunz/Dürig, Art. 104c (2019) Rn. 4; zustimmend *Thiele,* in: Dreier III, Art. 104c Rn. 6; *Pieroth,* in: Jarass/Pieroth, Art. 104c Rn. 1; s. a. *v.Bar/Brzezinski* DVBl 2018, 759 ff.

gebungskompetenz des Bundes verzichtet. Derartige Finanzhilfen waren bis dahin nach Art. 104a I verboten. Die S. 2 und 3 erlauben zudem **Einwirkungen** des **Bundes** auf die Gestaltung der Landesprogramme und verschärfen seine Möglichkeiten zur Kontrolle der Mittelverwendung, allerdings seit der Verfassungsänderung vom März 2019 nur noch differenziert (→ Rn. 15a).

4    Art. 104c ist eine **Ausnahmevorschrift,** die nicht analogiefähig ist.[12] Im Verhältnis zu Art. 104b I S. 1 ist sie **lex specialis**[13] und insoweit **abschließend,** als außerhalb ihres Regelungsbereichs das Konnexitätsprinzip uneingeschränkt weitergilt, soweit nicht die Voraussetzungen einer der anderen Durchbrechungen erfüllt sind. Wegen ihrer differenzierenden Ausgestaltung haben die S. 2 und 3 **konstitutive Bedeutung** und **Vorrang** vor allen anderen Vorschriften in diesem Bereich.[14] Keinesfalls verleiht die Vorschrift dem Bund eine – bisher nicht gegebene – Gesetzgebungs- oder Verwaltungskompetenz im Bildungs- und Schulbereich.[15]

5    Anders als in Art. 104b II sind in der neuen Vorschrift aber die Kommunalpolitik und die Bildungspolitik angesprochen, die zu den „Herzstücken" eigener Aufgaben der Länder gehören. Die Zustimmungsbedürftigkeit der Ausführungsgesetze (Art. 104c S. 2 iVm Art. 104b II 1) schützt nur die Ländergesamtheit, aber nicht das einzelne Land. Aber selbst unter Berücksichtigung der Modifikationen von Art. 104b II und Art. 114 sowie der Einfügung von Art. 91e II und Art. 104d dürfte die Staatlichkeit der Länder jedoch noch **nicht** so weit entkernt worden sein, dass ein **Verstoß** gegen **Art. 79 III** vorliegt (näher → Art. 91e Rn. 11, 104b Rn. 29, 47).[16] Es verbleiben den Ländern noch Bereiche für eigene Gestaltungen, wenn auch deutlich eingeschränkt. Art. 104c darf nicht als Grundlage für die Etablierung einer „Bundes-Schulpolitik" dienen.[17] Zumindest ist aber eine **restriktive Auslegung** im Einzelnen geboten (→ Rn. 14).[18]

## C. Regelungsgehalt

6    Abw. von Art. 104a I erlaubt Art. 104c dem Bund, den Ländern Finanzhilfen in einem Bereich zu gewähren, für den er nicht zuständig ist. Eine **Verpflichtung** zur Gewährung derartiger Finanzhilfen ist **nicht** begründet worden. Doch ist der Grundsatz **föderaler Gleichbehandlung** (dazu → Art. 104b Rn. 42) zu beachten.[19] Die urspr. Ausrichtung auf finanzschwache Gemeinden (Gemeindeverbände) war ohne weiteres mit diesem Grundsatz zu vereinbaren. Das Gebot der föderalen Gleichbehandlung ist nur als Grundsatz zu verstehen, von dem aus sachl. Gründen abgewichen werden darf.[20] Letztlich ist es als Willkürverbot zu verstehen.[21] In dieser Auslegung ist eine Unterstützung von einz. Gliedern eines Bundes in fiskal. Not jedenfalls gerechtfertigt (→ Art. 143d Rn. 11). Diese Argumentation würde auch iRv Art. 104c greifen, wenn finanzschwache Kommunen typischerweise in finanzschwachen Ländern liegen. Das ist aber mitnichten uneingeschränkt richtig. Das Prinzip der föderalen Gleichbehandlung war auf Verfassungsebene überhaupt nicht tangiert, jedenfalls aber durch den Verfassungsrang der Bestimmung modifiziert. Der Streit um die **Verteilung** der Mittel nach dem KInvFG betrifft denn auch nicht die Wirksamkeit von Art. 104c, sondern die einfachgesetzl. Ausgestaltung (→ Rn. 1).[22]

## I. Die Finanzhilfen (S. 1)

7    Der **Begriff Finanzhilfen** ist wie in Art. 104b I auszulegen.[23] Es muss sich um **finanzielle Leistungen** aus Bundesmitteln handeln. Sachzuwendungen oder die Erbringung von Dienstleistungen gehören nicht dazu. Sie dürfen nur an Länder und nicht an Dritte geleistet werden. Sonderzuwendungen an einz. Länder werden durch die neue Vorschrift ebensowenig erlaubt wie unmittelb. Zahlungen

---

[12] BT-Dr 18/11131, S. 17.

[13] Ebenso jetzt *Pieroth,* in: Jarass/Pieroth, Art. 104c Rn. 1.

[14] Insgesamt krit. *Henneke* DVBl 2018, 817 ff.; *ders.* DVBl 2019, 657 ff.

[15] *Lindner* NVwZ 2018, 1843 (1845).

[16] Ohne klares Ergebnis *Schwarz,* in: Maunz/Dürig, Art. 104c (2019) Rn. 6, der aber die „verfassungsrechtlich garantierte Eigenstaatlichkeit" der Länder berührt sieht.

[17] Dezidiert *Lindner* NVwZ 2018, 1843, trotz der Frageform in der Überschrift seines Artikels.

[18] Zustimmend *Schwarz,* in: Maunz/Dürig, Art. 104c (2019) Rn. 9; *Pieroth,* in: Jarass/Pieroth, Art. 104c Rn. 1; *Lindner* NVwZ 2018, 1843 (1845).

[19] Zust. *Lindner* NVwZ 2018, 1843 (1846).

[20] BVerfGE 150, 1 LS 5, Rn. 212, unter Berufung auf BVerfGE 39, 96 (119 f., 124); 86, 148 (236 f., 275).

[21] *Grzeszick,* in: Maunz/Dürig, Art. 20 Teil IV (2006) Rn. 117; *Isensee,* in: Isensee/Kirchhof HStR VI, § 126 Rn. 140; ebenfalls für die Zulässigkeit von Abweichungen *Becker* NJW 2000, 3742 (3745); in diesem Sinne auch schon *Leibholz,* Die Gleichheit vor dem Gesetz, 1959, S. 243–245. Im Schrifttum zum strengen oder formalen Gleichheitssatz wird das föderative Gleichbehandlungsgebot dementspr. auch nicht einbezogen, vgl. zB *v.Arnim* DÖV 1984, 85.

[22] Durchgreifende verfassungssystem. und rechtstatsächl. Bedenken bzgl. der Verteilungsregelung in § 11 II KInvFG bei *Schwarz,* in: Maunz/Dürig, Art. 104c (2019) Rn. 25, unter Hinweis auf die krit. Stellungnahmen iRd Anhörung im HaushaltsA des BT; krit. auch *Hellermann* MKS III, Art. 104c Rn. 14; *Thiele,* in: Dreier III, Art. 104c Rn. 15.

[23] Zustimmend *Braun Binder,* in: Friauf/Höfling, Art. 104c (2019) Rn. 35.

an Kommunen, da es sich um Leistungen an „die" Länder handeln muss (näher → Art. 104b Rn. 7, 12). Anders als Art. 91e II erlaubt die Vorschrift **nicht** eine **Durchbrechung** des grundleg. Prinzips der **Zweistufigkeit** der Finanzverfassung. Es bleibt daher dabei, dass Finanzhilfen, die für Kommunen bestimmt sind, über die Länder vergeben werden.[24] Föderale Partner sind in diesem Kontext „stets Bund und Länder, nicht Bund und Gemeinden, auch wenn die geförderten Investitionsprojekte von den Gemeinden durchgeführt werden" (→ Art. 104b Rn. 11).[25]

## II. Zweckbestimmung (S. 1)

Art. 104b I, aber auch schon 104a IV aF, aus dem er übernommen worden ist, unterscheiden **8** deutlich zwischen dem Zweck, für den die gewährten Mittel eingesetzt werden sollen, und den damit verfolgten (wirtschaftspolit.) Zielen (→ Art. 104b Rn. 14 f.). Diese Unterscheidung findet sich in Art. 104c nicht mehr. Es ist nur näher bestimmt, wofür die Mittel eingesetzt werden sollen, ohne das dabei letztlich verfolgte Ziel ausdrücklich zu benennen.

Die (geplante) **Mittelverwendung** muss zwei Voraussetzungen erfüllen. (1) Die erste kann alterna- **9** tiv in zwei Varianten erfüllt werden. Die gewährten Mittel müssen der Finanzierung von (a) **gesamtstaatlich bedeutsamen Investitionen** dienen **oder** von (b) **besonderen,** unmittelbar mit diesen **verbundenen,** befristeten **Ausgaben** der Länder und Gemeinden (Gemeindeverbände). (2) Die Investitionen oder die bes. Ausgaben müssen der Steigerung der Leistungsfähigkeit der komm. **Bildungsinfrastruktur** dienen.

**1. Investitionen oder besondere, damit verbundene Ausgaben. a) Investitionen.** Der Begriff **10** „Investitionen" ist wie in Art. 104b I auszulegen. Er umfasst nur **Sachanlagen** oder die Unterstützung von Sachanlagen, aber keine Finanzanlagen.[26] Das „investment in human capital" ist keine Investition iSd Vorschrift (näher → Art. 104b Rn. 14). Die gebotene enge Auslegung und die Ausrichtung auf die „Bildungsinfrastruktur" sprechen zusätzlich dafür, dass an dieser Abgrenzung auch im Kontext von Art. 104c festzuhalten ist.

Das Erfordernis der **gesamtstaatlichen Bedeutsamkeit** weicht deutlich von der Anforderung in **11** Art. 104b I ab, wo es genügt, dass die Investitionen „besonders bedeutsam" sind. Bei unbefangener Betrachtung zieht die hier gewählte Formulierung engere Grenzen als Art. 104b I.[27] Allerdings ging schon die Gesetzesbegr. der urspr. Fassung davon aus, dass Investitionen in die Bildungsinfrastruktur stets das Kriterium erfüllen.[28] Wenn dergestalt von der Bedeutung der hinter der Bildungsinfrastruktur stehenden öff. Aufgabe auf die Bedeutung einz. (komm.) Projekte geschlossen wurde, liegt aber keine Eingrenzung vor und die Anforderung läuft leer. Der Gesetzgeber hätte darauf verzichten können. Wenn man aber die Begrenzungsfunktion des Merkmals ernst nahm, konnte es kaum je erfüllt sein. Es war nur sehr schwer vorstellbar, dass Investitionen einer „finanzschwachen" Kommune in die Bildungsinfrastruktur für den Gesamtstaat Deutschland bedeutsam sein könnten.

Aus der Streichung des (einschränk.) Merkmals „finanzschwachen Gemeinden (Gemeindeverbän- **11a** den)" und der Neuformul. von S. 1 kann wohl entnommen werden, dass der Gesetzgeber eingesehen hat, dass die urspr. Fassung in sich widersprüchl. und misslungen war.[29] In der neuen Fass. ist nun klar zum Ausdruck gebracht, dass nicht (mehr) gesamtstaatl. bedeuts. Investitionen von (finanzschwachen) Kommunen gemeint sein können. Im Zentrum der Regelung soll nicht (mehr) die Bedürftigkeit der Kommune stehen, sondern die „Bewältigung zentraler struktureller Herausforderungen für den Bildungsstandort Deutschland".[30] Gemeint sind Ausgaben, die aufgrund ihres (geplanten) Gesamtvolumens oder ihrer Bedeutung iR eines bundesweiten Programms „von erheblichem Gewicht für die Gewährleistung einer zukunftstauglichen Bildungsinfrastruktur im gesamten Bundesgebiet sind". Im Vordergrund stehen Investitionen, die einen „bundesweiten, abgestimmten Investitionsschub" erfordern.[31] I. Erg. kann es sich dabei auch um die Zusammenfassung einer größeren Zahl kleinerer Projekte innerhalb eines Investitionsprogramms handeln.[32] Dieses Ergebnis

---

[24] *Hellermann* MKS III, Art. 104c Rn. 10; *Pieroth,* in: Jarass/Pieroth, Art. 104c Rn. 2; *Thiele,* in: Dreier III, Art. 104c Rn. 12; *Braun Binder,* in: Friauf/Höfling, Art. 104c (2019) Rn. 36.

[25] Vgl. *Hellermann* MKS III, Art. 104c Rn. 10; zu Art. 104a IV aF: BVerfGE 39, 96 (122); 41, 291 (313); *Vogel/Waldhoff* BK, vor Art. 104a (1997) Rn. 48.

[26] BT-Dr 19/3440, S. 10; ebenso jetzt auch *Braun Binder,* in: Friauf/Höfling, Art. 104c (2019) Rn. 37; deutlich weiter dagegen *Hellermann* MKS III, Art. 104c Rn. 12.

[27] So *Hellermann* MKS III, Art. 104c Rn. 13.

[28] BT-Dr 18/11131, S. 17.

[29] Vgl. *Siekmann,* Voraufl. Rn. 11; krit. auch *Hellermann* MKS III, Art. 104c Rn. 6.

[30] BT-Dr 19/3440, S. 8.

[31] BT-Dr 19/3440, S. 10.

[32] *Hellermann* MKS III, Art. 104c Rn. 13; *Braun Binder,* in: Friauf/Höfling, Art. 104c (2019) Rn. 37; *Schwarz,* in: Maunz/Dürig, Art. 104c (2019) Rn. 14, der aber darüber hinaus einen „substanziellen Mehrwert" zur Herstellung gleichwertiger Lebensverhältnisse verlangt (Rn. 15). Damit werden die Anforderungen der Vorschrift aber überdehnt.

hätte uU auch schon auf Grund einer sinnentspr. (berichtigenden) Auslegung der Ursprungsfassung erreicht werden können.[33]

**11b**    **b) Besondere, damit verbundene Ausgaben.** Durch die Änd. des GG vom März 2019 ist die zuläss. Zweckbestimmung der Finanzhilfen erweitert worden. Es muss sich nunmehr nicht mehr um Investitionen handeln. Finanziert werden können auch **sonstige Ausgaben,**[34] also auch Personalausgaben.[35] Im Gegensatz zu den Investitionen darf es sich jedoch nur um zeitlich begrenzte („befristete") Ausgaben handeln. Sie müssen zudem unmittelbar mit den Investitionen verbunden sein. Das Merkmal „besondere" ist so zu verstehen, dass zwar der unmittelb. Zusammenhang mit den Investitionen bestehen muss, aber eine gesonderte Erfassung sachlich und buchhalterisch möglich ist. Sie müssen „zeitlich auf die auf die Begleitphase der Investition bezogen sein." Als Beispiele nennt die Begründung des Haushaltsausschuss: Aufbau einer Systemadministration, Schulung des pädagogischen Personals bei Investitionen zB in die digitale Bildungsinfrastruktur, Finanzierung spez. personeller Ausstattung, die unmittelbar zur Verwirklichung des Investitionszwecks erforderlich ist, die Entwicklung gemeins. Bildungsstandards im geförderten Investitionsbereich. Die Ausgaben müssen jedoch in jedem Fall der Steigerung der Leistungsfähigkeit der komm. Bildungsinfrastruktur dienen (→ Rn. 12a, b). Für die idR mit der Planung und Umsetzung eines Investitionsprogramms einhergehenden **Verwaltungskosten** sowie für **allgemeine Folgekosten** sollen weiterhin die allg. finanzverfassungsrechtl. Regelungen (Art. 104a I und V 1) gelten.[36]

**11c**    Allerdings ist nicht sicher, ob sich der Zusatz „der Länder und Gemeinden (Gemeindeverbände)" auch auf die erste Alt. (Investitionen) oder nur auf die sonstigen Ausgaben bezieht. Sprachlich ist beides möglich. Aus dem Gesamtzusammenhang ist aber zu entnehmen (→ Rn. 12a, b), dass es nun eindeutig nicht mehr darauf ankommen soll, **wer** die Investition oder Ausgabe **vornimmt,** vorausgesetzt sie dient der Steigerung der komm. Bildungsinfrastruktur.

**12**    **2. Steigerung der Leistungsfähigkeit der kommunalen Bildungsinfrastruktur.** Nach der urspr. Fassung der Bestimmung genügte es, wenn die Finanzhilfen für Investitionen im „Bereich" der **kommunalen Bildungsinfrastruktur** verwendet werden sollten. Diese Zweckbestimmung orientierte sich zunächst an den überkommenen Bildungseinrichtungen. Das sind primär Kinderbetreuungseinrichtungen sowie die allgemeinbild. Schulen und die Berufsschulen, die einen „öffentlichen Bildungsauftrag auf kommunaler Ebene wahrnehmen". Dazu sollen auch Einrichtungen in freier Trägerschaft gehören, „soweit sie die öffentlichen Einrichtungen der kommunalen Bildungsinfrastruktur ersetzen (insbesondere Ersatzschulen)".[37] Erfasst wurden auch Mischformen wie Berufskollegs.[38] Innerbetriebl. Bildung und Weiterbildung zählten jedoch nicht dazu. Einrichtungen der Erwachsenenbildung und Volkshochschulen konnte man wohl noch darunter fassen, wenn sie nicht (einseitig) auf eine weltanschau. Schulung ausgerichtet sind. Die Verwendung des Begriffs „Infrastruktur" schließt die Förderung von Einzeleinrichtungen grds. aus.[39] Infrastruktur ist aber mehr als nur Einrichtungen und Institutionen. Das können zB auch Informationssysteme und Datenbanken sein. Es muss sich also nicht um „mit Personal und Sachmitteln ausgestatte Organisationseinheiten oder Institutionen" handeln.[40]

**12a**    Nach der Verfassungsänderung vom März 2019 reicht die bloße Zweckbestimmung für den so abgegrenzten Bereich der kommunalen Bildungsinfrastruktur jedoch nicht mehr. Vielmehr müssen die Finanzhilfen zur **Steigerung der Leistungsfähigkeit** dieser Infrastruktur dienen. Diese Verschärfung der Anforderungen war im Gesetzentwurf der BReg noch nicht enthalten gewesen, so dass die Begründung des Entwurfs zur weiteren Klärung unergiebig ist. Im Wesentlichen sollen vier Problemkreise durch eine **Investitionsoffensive** für **Schulen** einer Lösung zugeführt werden: (i) **steigende Schülerzahlen,** (ii) bundesweit gewandelte **Anforderungen** an die **Gebäudeinfrastruktur,** (iii) Anforderungen an das **Lernen** in der **digitalen Welt** (iv) strukturelle Lücken in der **ganztägigen Bildung** und **Betreuung** von Kindern im Grundschulalter.[41]

---

[33] Die Formulierung in der Vorauflage lautete: „Gemeint sind wohl Investitionsprogramme der Länder für (finanzschwache) Kommunalkörperschaften. Sie können eventuell gesamtstaatlich bedeutsam sein. Die Vorschrift müsste dann wie folgt gelesen werden: ‚Der Bund darf den Ländern Finanzhilfen für gesamtstaatlich bedeutsame Programme gewähren, mit denen Investitionen finanzschwacher Gemeinden oder Gemeindeverbände in die Bildungsinfrastruktur gefördert werden.'".

[34] In der Beschlussempf. des HaushaltsA, BT-Dr 19/6144, S. 5: „besondere unmittelbare Kosten".

[35] Anders noch die Entwurfsbegr., BT-Dr 19/3440, S. 10, die für die „personelle Ausstattung sowie Instandhaltung, Betrieb und Wartung" Art. 104a I weiter gelten lässt. Die Erweiterung auf sonstige Ausgaben war im RegEntw. aber auch noch nicht enthalten.

[36] Beschlussempfehlung und Bericht des HaushaltsA, BT-Dr 19/6144, S. 16.

[37] Ausdrücklich Bericht des Haushaltsausschusses, BT-Dr 19/6144, S. 11, zu eng daher *Pieroth,* in: Jarass/Pieroth, Art. 104c Rn. 2, der kommunale Trägerschaft verlangt.

[38] Zustimmend *Braun Binder,* in: Friauf/Höfling, Art. 104c (2019) Rn. 41.

[39] Ebenso jetzt *Braun Binder,* in: Friauf/Höfling, Art. 104c (2019) Rn. 41.

[40] In der Begründung werden ausdrücklich auch Betriebssoftware und Bildungs-Clouds genannt, BT-Dr 19/3440, S. 10; anders aber *Pieroth,* in: Jarass/Pieroth, Art. 104c Rn. 2.

[41] Beschlussempfehlung und Bericht des HaushaltsA, BT-Dr 19/6144, S. 2.

Der Haushaltsausschuss nahm die Ausweitung auf sonstige Ausgaben vor und brachte dabei auch den **12b** Qualitätsaspekt ein, der aber im weiteren Gesetzgebungsverfahren von den Ländern heftig bekämpft wurde.[42] Die letztlich Gesetz gewordene Anforderung „Steigerung der Leistungsfähigkeit" war noch nicht verlangt. S. 1 lautete in der Ausschussfassung: „Der Bund kann den Ländern zur Sicherstellung der Qualität und der Leistungsfähigkeit des Bildungswesens Finanzhilfen für gesamtstaatlich bedeutsame Investitionen sowie mit diesen verbundene besondere unmittelbare Kosten der Länder und Gemeinden (Gemeindeverbände) im Bereich der kommunalen Bildungsinfrastruktur gewähren."[43] Diese Formulierung und die dazu gegebene Begründ.[44] lassen erkennen, dass sich die verschärften Anforderungen wohl nur auf die nicht-investiven Ausgaben beziehen sollen. Allerdings ist auch das nicht eindeutig, da aus der allg. Beschreibung der gefundenen „Problemlösung" etwas anderes entnommen werden könnte.[45] Der BRat hat den VermA angerufen,[46] der die Gesetz gewordene, zweideutige Formulierung geschaffen hat.[47] Letztlich wird man wohl die Verschärfung nur auf die nicht-investiven, förderungsfähigen Ausgaben zu beziehen haben.[48]

Schon nach der Ursprungsfassung war nicht sicher, ob die Länder durch Art. 104c tatsächlich **12c** verpflichtet waren, die Mittel an die Kommunen weiter zu reichen.[49] Die neue Formulierung stellt nach der hier vertretenen Auslegung klar (→ Rn. 11c), dass die vom Bund zur Verfügung gestellten Mittel auch durch die **Länder selbst ausgegeben** werden dürfen,[50] solange sie letztlich dazu dienen, die Leistungsfähigkeit der kommunalen Bildungsinfrastruktur zu steigern.

**3. Weitere Anforderungen.** Die Verweisung auf Art. 104b II ist zwar durch die Änd. des GG vom **13** März 2019 modif. worden, doch ist ein Teil der Vorgaben weiterhin entspr. anwendbar. Die Mittel des Bundes müssen zusätzl. zu eigenen Mitteln der Länder gewährt werden, Art. 104b II 5. Sie müssen also zu einer tatsächl. Erhöhung der Ausgaben für die Bildungsinfrastruktur führen. Einsparungen an anderer Stelle im Landeshaushalt dürfen nicht zu einer Verringerung des angestrebten **Nettoeffekts** führen.[51] Die vom BT gewollte Sicherung der Zusätzlichkeit durch eine zwingende hälftige Ko-Finanzierung wurde nicht Gesetz.[52] Die Mittel dürfen weiterhin nur befristet gezahlt werden und ihre Verwendung ist in regelmäßigen Abständen zu überprüfen, Art. 104b II 6. Eine degressive Ausgestaltung der Förderung (fallende Jahresbeträge) ist nicht mehr erforderlich, da die Verweisung auf Art. 104b II 7 entfallen ist. Das **Zusätzlichkeitskriterium** ist idF des HaushaltsA zT als Erpressungsversuch gewertet worden und wurde auch im Vermittlungsverfahren abgemildert.[53]

## III. Die Auswahl der Projekte (S. 2 iVm Art. 104b II 1)

Das urspr. Merkmal der „finanzschwachen Gemeinden (Gemeindeverbände)" war keine Voraus- **14** setzung für die Gewährung der Hilfen, sondern nur eine **Zweckbestimmung** für die **landesinterne Verteilung** der Mittel. Auch wenn der Wortlaut der Bestimmung insoweit von Art. 104b abwich, durfte nicht die allg. Leistungsschwäche eines Landes, sondern nur ein **spezieller**, durch Einzelaufgaben erzeugter **Finanzbedarf** Anlass der Leistungen sein. Die Leistungsschwäche der letztlich zu unterstützenden Kommunen war zwar ein Bestandteil der Regelung, doch erlaubte diese Wendung nicht die Etablierung eines zusätzl. (umverteilenden) Finanzausgleichs auf Bundesebene, der sich an der Leistungsfähigkeit (Finanzkraft) von Kommunen orientierte. Bei der gebotenen restriktiven Auslegung durften nur **Landesprogramme** (mit-)finanziert werden, die **konkrete Projekte** oder **Projektarten** (→ Art. 104b Rn. 13) im Bereich einer als defizitär angesehenen Bildungsinfrastruktur ausgleichen sollen.

Aus der Funktion des inhaltl. schwer zu fass. Merkmals Finanzschwäche der Kommunen[54] als **14a** Zweckbestimmung für die Ausgabe der Mittel folgt weiter, dass es nicht das maßgeb. Kriterium für die

---

[42] Vgl. zu den Einzelheiten *Braun Binder,* in: Friauf/Höfling, Art. 104c (2019) Rn. 29, 40.

[43] Beschlussempfehlung und Bericht des HaushaltsA, BT-Dr 19/6144, S. 5.

[44] Beschlussempfehlung und Bericht des HaushaltsA, BT-Dr 19/6144, S. 16: „(...) Kosten besonderer Maßnahmen (...), die (...) der Sicherung der Qualität und der Leistungsfähigkeit im Bildungswesen dienen".

[45] Beschlussempfehlung und Bericht des HaushaltsA, BT-Dr 19/6144, S. 4: „Die Finanzhilfekompetenz des Bundes nach Artikel 104c GG zur ‚Förderung gesamtstaatlich bedeutsamer Investitionen in die kommunale Bildungsinfrastruktur' wird mit der Zielsetzung der Sicherstellung der Qualität und der Leistungsfähigkeit des Bildungswesens verbunden und um die Möglichkeit zur Mitfinanzierung solcher gewichtigen, besonderen Kosten erweitert, die mit der Nutzbarmachung der Investition in einem unmittelbaren Zusammenhang stehen.".

[46] BR-Dr 622/18 (B).

[47] BT-Dr 19/7940, S. 2.

[48] Von *Braun Binder,* in: Friauf/Höfling, Art. 104c (2019) Rn. 40, nicht angesprochen.

[49] So aber *Thiele,* in: Dreier III, Art. 104c Rn. 12, 17; zust. *Pieroth,* in: Jarass/Pieroth, Art. 104c Rn. 2.

[50] BT-Dr 19/3440, S. 10.

[51] Beschlussempfehlung und Bericht des HaushaltsA, BT-Dr 19/6144, S. 16.

[52] Vgl. dazu *Braun Binder,* in: Friauf/Höfling, Art. 104c (2019) Rn. 23, 44.

[53] Näher *Battis/Eder* NVwZ 2019, 592 (594, 596), der auch in der Gesetz gewordenen Fassung eine Stärkung der Ministerialbürokratie und Schwächung der Landesparlamente sieht.

[54] Krit. auch *Schwarz,* in: Maunz/Dürig, Art. 104c (2019) Rn. 19 f.

Verteilung der Bundesmittel unter den Ländern sein muss. Diese Verteilung darf wegen des Grundsatzes der föd. Gleichbehandlung (→ Rn. 6) nur nicht willkürlich sein. Der Bund hatte jedenfalls einen **Einschätzungsspielraum** bei der Konkret. des Merkmals Finanzschwäche.[55] Die Verteilungsregelung in § 11 I KInvFG war zwar schon im Gesetzgebungsverfahren umstr.[56] und führte zu einem Normenkontrollverfahrens vor dem BVerfG,[57] erfüllt aber die damal. Anforderungen.[58] In der Neufass. stellt sich das Problem nicht mehr in dieser Form. Ein berichtig. Federstrich des Gesetzgebers hat seitenlangen, tiefschürf. Überlegungen – zumindest für die Zukunft – die Grundlage entzogen (→ Rn. 2a).

**14b**     Durch die Verweisung in Art. 104c S. 2 auf Art. 104b II 1, 2 und 3 besteht die Möglichkeit,[59] durch **zustimmungspflichtiges Bundesgesetz** oder **Verwaltungsvereinbarung** das Nähere, vor allem die Arten der zu fördernden Investitionen, zu regeln. Diese Ermächtigung dürfte sich auch auf die bes. Ausgaben beziehen, um die Art. 104c Satz 1 erweitert worden ist. Art. 104b II 1 ist zwar nicht entspr. angepasst worden und spricht nur von Investitionen, doch handelt es sich (wohl) um ein bloßes Versehen oder eine solche Deutung liegt noch im Bereich einer „entsprechenden" Anwendung. Der Bund darf auch Einfluss auf die Grundzüge der Ausgestaltung der jew. Landesprogramme zur Verwendung der Finanzhilfen zu nehmen, Art. 104b II 2. Allerdings muss die Festlegung der Kriterien für die Ausgestaltung der jew. Landesprogramme im Einvernehmen mit den betroff. Ländern erfolgen, Art. 104b II 3. Nach der Gesetzesbegr. soll die zentrale Funktion dieser Kriterien sein, „die zielgerichtete und effiziente Verwendung der Mittel und den überregionalen und strukturellen Mehrwert für den Bildungsstandort Deutschland zu gewährleisten".[60]

**14c**     Als Ausführungsregelungen sind Kap. 2 des KInvFG[61] und der „Digitalpakt Schule"[62] anzusehen. Aufgrund des Digitalpakts gewährt der Bund aus dem Sondervermögen „Digitale Infrastruktur" Ländern und Gemeinden 5 Mrd. Euro. Die Länder erbringen einen investiven Eigenanteil in Höhe von mindestens 10 %.

## IV. Kontrolle der Mittelverwendung (S. 2 und 3)

**15**     Es war ein wichtiges Anliegen der Finanzreform III von 2017 gewesen, die Möglichkeiten des Bundes zu erweitern, die zweckgerechte und wirtschaftliche **Verwendung** der von ihm gewährten Mittel zu **kontrollieren**. Das geschah vor allem durch die neuen Abs. 2 und 3 in Art. 104b und die Neufassung von Art. 114 (→ Art. 104b Rn. 45 ff., → Art. 114 Rn. 52). Indem Art. 104c S. 2 pauschal die entsprechende Anwendung von Art. 104b II und III anordnete, waren auch die Finanzhilfen für die kommunale Infrastruktur betroffen. Die Verfassungsänderung vom März 2019 hat die Verweisung auf Art. 104b II durch eine **differenzierte Regelung** ersetzt, Art. 104c S. 2 und 3 (→ Rn. 2).

**15a**     Da nun nicht mehr auf S. 4 von Art. 104b II verwiesen wird,[63] besteht keine allg. Verpflichtung der Länder mehr, der BReg Akten vorzulegen und (vor allem) Erhebungen bei allen Behörden zu dulden. Der neue S. 3 erlaubt nur noch, „anlassbezogen" Aktenvorlage zu verlangen. Erhebungen bei Behörden im Landesbereich sind nicht mehr vorgesehen. Insoweit sollte eine **Einschränkung der Kontrollrechte des Bundes** erfolgen.[64] Geblieben ist allerdings die Verweisung auf Art. 104b III, der eine Verpflichtung enthält, auf Verlangen BT, BReg und BR über die „Durchführung der Maßnahmen" und die „erzielten Verbesserungen zu unterrichten". Die Abgrenzung zu Art. 104c S. 2 stößt auf Schwierigkeiten, da nach beiden Regelungen Berichtspflichten mit ähnl. Inhalt begründet werden können.[65]

## D. Kritische Würdigung

**16**     Die Vorschrift ist ein weiterer Schritt zur **Aushöhlung der Staatlichkeit der Länder** und erlaubt dem Bund, die Setzung von Prioritäten durch die Länder bei der Entscheidung über die Verwendung ihrer (knappen) Mittel zu konterkarieren.[66] Das gilt nicht zuletzt in der Zusammenschau mit dem

---

[55] *Thiele*, in: Dreier III, Art. 104c Rn. 13; anders wohl *Schwarz*, in: Maunz/Dürig, Art. 104c (2019) Rn. 21, der allerdings zu einer verfassungsrechtl. Pflicht des Bundes gelangt, „bundeseinheitliche verfassungsfeste Kriterien für das Vorliegen einer Finanzschwäche zu definieren".

[56] Vgl. die Nachw. bei *Schwarz*, in: Maunz/Dürig, Art. 104c (2019) Rn. 21 Fn. 4 f.

[57] Antrag des Senats von Berlin, Az. 2 BvF 1/18.

[58] Anders *Hellermann* MKS III, Art. 104c Rn. 14; *Henneke*, in: Hofmann/Henneke, Art. 104c Rn. 22, der Verfassungswidrigkeit konstatiert; ebenso *Schwarz*, in: Maunz/Dürig, Art. 104c (2019) Rn. 25 f.

[59] Es dürfte sich nicht um einen Regelungsauftrag handeln, da der Bund nicht verpflichtet ist, die Hilfen nach Art. 104c zu gewähren (→ Rn. 6).

[60] BT-Dr 19/3440, S. 10.

[61] Nachweis in Fn. 2.

[62] Verwaltungsvereinbarung DigitalPakt Schule 2019 bis 2024.

[63] Unzutreffend daher *Battis/Eder* NVwZ 2019, 592 (593).

[64] *Braun Binder*, in: Friauf/Höfling, Art. 104c (2019) Rn. 30.

[65] Vgl. dazu *Schwarz*, in: Maunz/Dürig, Art. 104c (2019) Rn. 35 f., 38 f.; *Braun Binder*, in: Friauf/Höfling, Art. 104c (2019) Rn. 49 f., aber ohne klares, konkretes Ergebnis.

[66] *Henneke* DVBl 2017, 214 (222); *Thiele*, in: Dreier III, Art. 104c Rn. 7.

durch die Änderung des GG vom März 2019 neu geschaffenen Art. 104d und der Ausweitung der Fördermöglichkeiten in Art. 104c. Letztlich geht es darum, dass der Bund die von den Ländern in ihrem tatsächl. Ausgabeverhalten offenbarten Prioritäten für verfehlt hält und mit seiner „Scheckbuchpolitik" – verbunden mit zuletzt etwas reduzierten Kontrollrechten – revidieren möchte. Wenn es darum ginge, die bestehenden, erhebl. Unterschiede der Leistungsfähigkeit der Länder, auszugleichen, wären zweckfreie Leistungen iRd primären und sekundären Finanzausgleichs das demokratietheoretisch richtige Instrument. Im Grunde zeigen diese neuen Finanzierungs- und Einwirkungsmöglichkeiten des Bundes auch ein erhebl. Misstrauen gegenüber den gewählten Repräsentanten des Volkes in den LParl.[67]

Bereits im Gesetzgebungsverfahren zur Ursprungsfassung war zum Teil **deutliche Kritik** geäußert  **17** worden, weil die durch Art. 104c neu eröffnete Möglichkeit föderaler Kooperation den allgemeinen Finanzausgleich untergrabe.[68] Der Kritik ist im Grundsatz zuzustimmen. Art. 104c wird der weiteren Verflechtung von Bund und Ländern und den damit verbundenen Folgen, nicht zuletzt der Verwischung von Verantwortlichkeiten, Vorschub leisten. Frühere Bestrebungen der Entflechtung der finanziellen Beziehungen der Föderalismusreform II (2009) werden zunichte gemacht.[69] Zudem wird die Handhabung des allgemeinen Finanzausgleichs erschwert, weil nunmehr die Berücksichtigung von Leistungen gem. Art. 104c im Raum steht. Zu bezweifeln ist auch, dass das Kriterium der „gesamtstaatlich bedeutsame[n] Investition" in der Praxis eine einschränkende Wirkung entfalten wird.[70] Immerhin hat die Neuregelung vom März 2019 insoweit Verbesserungen gebracht (→ Rn. 11 f.). Auch werden grundlegende Prinzipien des bundesdeutschen Finanzausgleichs, wie die Orientierung an der Finanzkraft statt am Finanzbedarf, durchlöchert.

Als **Motiv** für die **Schaffung** von Art. 104c nannte die Gesetzesbegründung vor allem, dem  **18** „bundesweit zu verzeichnenden erheblichen Sanierungs- und Modernisierungsbedarf im Bereich der kommunalen Bildungsinfrastruktur Rechnung getragen" werden sollte.[71] Wenn die Bildungsinfrastruktur tatsächlich aus Mangel an Finanzmitteln, und nicht wegen fehlenden politischen Willens, in allen Bundesländern Defizite aufgewiesen hat, wäre es an erster Stelle Aufgaben der Länder gewesen, insoweit für eine angemessene Finanzausstattung ihrer Kommunen zu sorgen.[72] Falls auch ihnen tatsächlich die für die Erfüllung dieses Kernaufgabe die erforderlichen Mittel fehlen, wäre der sachlich und systematisch richtige Weg gewesen, die für die Bundeshilfen nach Art. 104c bereit gestellten Mittel zur Verbesserung der allgemeinen Finanzausstattung der Länder aufgabenadäquat zu erhöhen.

In der Begr. zum Entw. der erneuten Änderung des GG wird betont, dass „eine Investitionsoffensive  **19** für Schulen in Deutschland" erforderlich sei und dass Bund und Länder nur „gemeinsam" die Bildungsinfrastruktur in Deutschland verbessern könnten.[73] Erneut werden die Lücken in der ganztägigen Bildung und Betreuung von Kindern im Grundschulalter kritisiert und die wachsende „gesellschaftliche Bedeutung" dieses Themenfeldes betont.[74] Auch werden die „Herausforderungen, die die schnell fortschreitende Digitalisierung in allen Lebensbereichen für das Bildungswesen mit sich bringt", als wichtiges Motiv genannt.[75] Dies mag alles zutreffen und war auch seit langem bekannt, wenn man zB an die (rechtl. nicht unzweifelhafte) Förderung der Ganztagsschulen durch den Bund denkt. Es fragt sich allerdings wieder, warum an den erkannten Defizite nicht vor Ort dafür zust. Ländern[76] beseitigt worden sind. An ihrer mangelnden finanz. Ausstattung kann es nicht gelegen haben. Jedenfalls war die Orientierung an der Leistungsschwäche der Kommunen verfehlt (→ Rn. 14 f.). Deshalb ist die Beschränkung auf finanzschwache Kommunen zu Recht aufgehoben worden. IÜ ist die – nicht näher begründete – Berufung auf die **gesamtstaatliche Verantwortung** des **Bundes** für die Verbesserung der komm. Bildungsinfrastruktur, also im **Kompetenzbereich** der **Länder**[77], wenig überzeugend.[78] Der Versuch des BT, vor Ermöglichung des Digitalpakts rasch tiefgreifende Änderungen des GG durchzusetzen, wird als „Geringschätzung der föderalen Strukturen und einer rigorosen unitarischen Haltung" gewertet.[79]

---

[67] Vgl. auch *Battis/Eder* NVwZ 2019, 592 (596 f.), der eine Schwächung der Landesparlamente diagnostiziert.

[68] *Waldhoff*, Stellungnahme v. 6.3.2017, Anl. HaushaltsA-Dr 18/4193, S. 1 f. („Sündenfall"); abw. *Wieland*, Stellungnahme v. 3.3.2017, Anl. HaushaltsA-Dr 18/4193, S. 2 (begrüßenswerte Lückenschließung); ebenso auch *Thiele*, in: Dreier III, Art. 104c Rn. 10.

[69] Zustimmend *Lindner* NVwZ 2018, 1843 (1844).

[70] *Wieland* (Fn. 68), Anl. HaushaltsA-Dr 18/4193, S. 2; für Art. 104b → Art. 104b Rn. 14a.

[71] BT-Dr 18/11131, S. 17.

[72] *Schwarz*, in: Maunz/Dürig, Art. 104c (2019) Rn. 19; *Thiele*, in: Dreier III, Art. 104c Rn. 7 ff.; *Pieroth*, in: Jarass/Pieroth, Art. 104c Rn. 1.

[73] Ohne nähere Begründung für „gemeinsam", BT-Dr 19/3440, S. 1; kritiklos vom BR akzeptiert, ebda, S. 14.

[74] BT-Dr 19/3440, S. 1.

[75] BT-Dr 19/3440, S. 2, 10.

[76] Ausdrücklich in der Begründung anerkannt, BT-Dr 19/3440, S. 1.

[77] BT-Dr 19/3440 Begründung A I.

[78] In diesem Sinne auch krit. *Schwarz*, in: Maunz/Dürig, Art. 104c (2019) Rn. 17: „unzulässiger Schluss von der Notwendigkeit auf die Befugnis".

[79] *Battis/Eder* NVwZ 2019, 592 (594).

20    Die Einvernehmensregelung in Art. 104b II 3, auf die in Art. 104c S. 2 Bezug genommen wird, versucht, die autonome Entscheidungsfindung „vor Ort" zu berücksichtigen, zugleich aber die übergeordneten Ziele der Zentralebene durchzusetzen. Die nunmehr erweiterten Kontrollmöglichkeiten werden jedenfalls die bisherigen Vermeidungsstrategien der dezentralen Ebene erschweren. Eine „saubere" **Lösung dieses Dilemmas** ist auch theoretisch nahezu **unmöglich,** da das deutsche System des Finanzausgleichs strukturell verhindert, dass diejenigen über die Mittelverwendung entscheiden, die auch das Abgabenleid tragen.

## Art. 104d [Finanzhilfen im Bereich des sozialen Wohnungsbaus]

**Der Bund kann den Ländern Finanzhilfen für gesamtstaatlich bedeutsame Investitionen der Länder und Gemeinden (Gemeindeverbände) im Bereich des sozialen Wohnungsbaus gewähren. Artikel 104b Absatz 2 Satz 1 bis 5 sowie Absatz 3 gilt entsprechend.**

**Entstehungsgeschichte: Erstfassung:** G zur Änd. des GG (Art. 104b, 104c, 104d, 125c, 143e) v. 28.3.2019 (BGBl I 404), (dazu: BT-Dr 19/3440 [Entwurf], 19/6144 [Beschlussempfehlung und Bericht HaushaltsA], 19/7940 [Beschlussempfehlung VermittlungsA], BT-Prot 19/53, 5689 B; 19/68, 7694 D, 7715C; 19/83, 9692B, 9872C; BR-Prot 969, 194A; 973, 461; 975, 63.

**Schrifttum:** *U. Battis / N. Eder,* Der Krebsgang der Föderalismusreform, NVwZ 2019, 592.

### Übersicht

## A. Allgemeines

1    Die Vorschrift wurde bei der Reform des GG vom März 2019 eingefügt und trat am 29.3.2019 in Kraft.[1] Bereits in Art. 104a IV aF (jetzt Art. 104b I) war iRd der Einführung der Gemeinschaftsaufgaben (→ Art. 91a Rn. 22) eine Finanzierungskomp. des Bundes für „besonders bedeutsame Investitionen" der Kommunen in genau abgegrenzten Aufgabenbereichen eingeführt worden, obwohl diese finanzverfassungsrechtl. zum Bereich der Länder gehören (→ vor Art. 104a Rn. 10). Aufgrund der Übergangsregelung von Art. 125c II 1 galten die nach Art. 104a IV aF geschaffenen Förderungsmöglichkeiten für die **Gemeindeverkehrsfinanzierung**[2] und die **soziale Wohnraumförderung**[3] aber nur bis zum 31.12.2006 fort.[4]

2    Entgegen den ursprünglichen Zielen der Föderalismusreform I des Jahres 2006, welche die Mischfinanzierungstatbestände zurückschneiden wollte, wurde im politischen Raum zunehmend der Wunsch verspürt, dass der Bund (wieder) die Schaffung von sozialem Wohnraum finanziell unterstützen sollte. Diese Unterstützung wurde als **notwendig** erachtet, um auf diese Weise den Schwierigkeiten bei der Versorgung von einkommensschwächeren und sozial benachteiligten Haushalten in zahlreichen Städten und Regionen mit bezahlbarem Wohnraum entgegenzuwirken. In zahlreichen Groß- und Mittelstädten ist – nicht zuletzt aufgrund des Zuzugs vieler Menschen aus dem In- und Ausland und der (mittelbaren) Folgen der Geldpolitik des ESZB – die Nachfrage nach Wohnraum deutlich angestiegen. Der spürbare **Wohnungsengpass** (zu einem gegebenen Mietniveau) sollte nach Auffassung des Gesetzgebers durch den Bau von deutlich mehr Sozialwohnungen gemildert werden.[5] Warum die Länder diese ihnen bewusst übertragene Aufgabe nicht hinreichend erfüllt haben, wurde meist nicht thematisiert, sondern nunmehr ein **gesamtstaatliches Problem** diagnostiziert.[6]

---

[1] BGBl I, 404.

[2] Nach dem GVFG erhalten die Länder Finanzhilfen für Investitionen zur Verbesserung der Verkehrsverhältnisse in den Gemeinden durch Vorhaben des komm. Straßenbaus und des ÖPNV.

[3] Einzelheiten bei *Klein,* in: Maunz/Dürig, Art. 125c (2017) Rn. 14.

[4] Fraglich ist jedoch, ob sie mit Fristablauf ihre Gültigkeit verloren haben, dafür aber: *Klein,* in: Maunz/Dürig, Art. 125c (2017) Rn. 6, 14; *Jarass,* in: Jarass/Pieroth, Art. 125c Rn. 1.

[5] BT-Dr 19/3440, S. 8.

[6] Vgl. *Braun Binder,* in: Friauf/Höfling, Art. 104d (2019) Rn. 2, die darauf hinweist, dass die Zweckbindung der Kompensationsmittel nach Art. 125c kaum durchsetzbar war und die Länder die Mittel teilweise für andere Zwecke verwendet haben, s. auch BR-Dr 165/18, 2 f.

Eine Fortführung der Förderung auf der Grundlage von Art. 104b I 1 war kaum noch zulässig, da **3** dem Bund hier in wesentlichen Teilen die **Gesetzgebungskompetenz** fehlt.[7] Mit der Neufassung des Art. 74 I Nr. 18 im Rahmen der Föderalismusreform I des Jahres 2006 war die bisherige konkurrierende Gesetzgebungskompetenz[8] des Bundes für das Wohnungswesen erheblich eingeschränkt worden. Das Recht der sozialen Wohnraumförderung fiel damit in die **ausschließliche** Gesetzgebungskompetenz der Länder.[9]

Durch die **Verfassungsänderung** im Jahre **2017** (Föderalismusreform III) war bereits ein neuer **4** Finanzhilfetatbestande in das GG eingefügt worden, der letztlich die Erfüllung kommunaler Aufgaben – außerhalb der Gesetzgebungskompetenzen des Bundes – zum Ziel hat: Art. 104c für den Bereich der kommunalen Bildungsinfrastruktur.[10] Keine zwei Jahre später folgte nach diesem Muster Art. 104d für den Bereich des **sozialen Wohnungsbaus**. Die neue Vorschrift erlaubt dem Bund, nun auch in diesem Bereich den Ländern Finanzhilfen für Investitionen der Länder und Gemeinden (Gemeindeverbände) zu gewähren. Auch für diese Finanzhilfen ordnet Art. 104d S. 2 die „entsprechende" Geltung der Kontrollrechte aus Art. 104b II 1 bis 4 und III an. Allerdings ist – ebenfalls entgegen den Zielen der Föderalismusreform I – eine Befristung und degressive Ausgestaltung der Hilfen nicht vorgesehen. Die Ausgestaltung der Vorschrift war umstritten und führte erst im Vermittlungsverfahren zu seiner endgültigen Fassung.[11]

## B. Systematische Stellung, Wirkung und Anwendung

Art 104d ist eine weitere Ausnahme von Art. 104a I und stellt damit eine **Durchbrechung** des dort **5** verankerten **Konnexitätsprinzips** (→ Art. 104a Rn. 2) dar. S. 1 erweitert den Kreis der Zwecke, zu denen der Bund den Ländern Finanzhilfen gewähren darf. S. 2 verweist auf Art. 104b II S. 1 bis 5 und III, wodurch weitreichende Einwirkungen des Bundes auf die Gestaltung der Landesprogramme erlaubt und die Möglichkeit des Bundes zur Kontrolle der Mittelverwendung verschärft werden. Wie Art. 104c hat Art. 104d **konstitutive Wirkung.**

Ebenso ist eine **restriktive Auslegung** unter Berücksichtigung der drohenden Aushöhlung der **6** Staatlichkeit der Länder geboten (näher → Art. 104c Rn. 4 f.). Finanzhilfen dürfen nur eine unterstützende Mittelzuwendung für klar abgegrenzte Sachbereiche sein. Sie dürfen nicht an die Stelle eines ausgewogenen primären und sekundären Finanzausgleichs treten.[12] Als **Ausnahmevorschrift** ist Art. 104d S. 1 nicht analogiefähig[13] und restriktiv auszulegen.[14] Die Vorschrift ist **lex specialis** im Verhältnis zu Art. 104b I 1 und insoweit abschließend. Das Konnexitätsprinzip besteht außerhalb des Art. 104d S. 1 und der anderen Durchbrechungen uneingeschränkt weiter.

Bei der Verteilung der Mittel des Bundes auf die einzelnen Länder ist der Grundsatz der **föderalen** **7** **Gleichbehandlung** (→ Art. 104c Rn. 6) zu beachten. Allerdings handelt es sich nur um einen Grundsatz, der keine strikte Regel vorschreibt. Sachliche Gründe erlauben Differenzierungen, so dass es sich im Kern um ein Verbot von Willkür oder des Einsatzes zu sachfremden Zwecken handelt (→ Art. 104b Rn. 47, → Art. 104c Rn. 6, → Art. 104c Rn. 14a, → Art. 143d Rn. 11).

Um eine effiziente Wirkung der Finanzhilfen zu gewährleisten, darf der Bund auch den unterschied- **8** lichen Förderungsbedarf der verschiedenen Regionen berücksichtigen, der wiederum von der **Finanzkraft** des betroffenen Landes abhängt. Finanzstärkere Länder benötigen weniger Finanzhilfen, finanzschwächere Länder mehr.[15]

## C. Regelungsgehalt

Die Vorschrift begründet **keine Verpflichtung** des Bundes. Er kann, muss aber nicht Finanzhilfen **9** im Bereich des sozialen Wohnungsbaus gewähren.

## I. Die Finanzhilfen (S. 1)

Der Begriff der Finanzhilfen ist wie in Art. 104b I und Art. 104c auszulegen.[16] Es muss sich um **10** **finanzielle Leistungen** handeln. Sachzuwendungen oder die Erbringung von Dienstleistungen sind

---

[7] *Butzer,* in: Kluth, Föderalismusreformgesetz, 2007, Art. 104b Rn. 30; *Heun/Thiele,* in: Dreier III, Art. 125c Rn. 9.

[8] BVerfGE 21, 117 (128); 78, 249 (266); *Pieroth,* in: Jarass/Pieroth, Art. 74 Rn. 48; → Art. 74 Rn. 81.

[9] Vgl. BT-Dr 19/3440, S. 2; *Heun/Thiele,* in: Dreier III, Art. 125c Rn. 9; *Braun Binder,* in: Friauf/Höfling, Art. 104d (2019) Rn. 15.

[10] Krit. *Henneke* DVBl 2019, 657 (665).

[11] Beschlussempfehlung des VermA, BT-Dr 19/7940.

[12] BVerfGE 39, 96 (114); *Klein,* in: Maunz/Dürig, Art. 104d (2019) Rn. 10 f. mwN; → Art. 104b Rn. 12, 15.

[13] *Schwarz,* in: Maunz/Dürig, Art. 104d (2019) Rn. 5.

[14] *Schwarz,* in: Maunz/Dürig, Art. 104d (2019) Rn. 10.

[15] *Battis/Eder* NVwZ 2019, 592 (597).

[16] *Braun Binder,* in: Friauf/Höfling, Art. 104d (2019) Rn. 17.

nicht erfasst.[17] Es dürfen ausschließlich Mittel des Bundes verwendet werden. Ob der Begriff eine vollständige Kostenübernahme verbietet,[18] ist indes nicht sicher.

**11**    Die Finanzhilfen dürfen nur an die Länder und nicht an Dritte geleistet werden (→ Art. 104b Rn. 7, 12, Art. 104c Rn. 7). Das **Prinzip der Zweistufigkeit** des Staatsaufbaus im Finanzverfassungsrecht bleibt auch hier bestehen, sodass auch Finanzhilfen, die letztlich den Gemeinden (Gemeindeverbänden) zu Gute kommen sollen, an die Länder vergeben werden müssen (→ Art. 104b Rn. 11, Art. 104c Rn. 7).[19]

**12**    In Abweichung von den Finanzhilfen nach Art. 104b GG wurde auf die Vorgabe einer **Befristung** und **degressiven Ausgestaltung** der Finanzhilfen verzichtet, da die Vorschrift nicht auf Art. 104b II 6 und 7 verweist.[20] So wird es dem Bund ermöglicht, nach Maßgabe des Haushaltsgesetzes langfristig und stetig den sozialen Wohnungsbau in Deutschland zu fördern.

## II. Zweckbestimmung (S. 1)

**13**    Die geplante Mittelverwendung muss drei Anforderungen genügen: Die Mittel müssen der Finanzierung von (1) **Investitionen** dienen. Diese Investitionsvorhaben müssen (2) **gesamtstaatlich bedeutsam** sein und im Bereich des (3) **sozialen Wohnungsbaus** durchgeführt werden.

**14**    (1) Das GG hatte den Begriff „Investitionen" an verschiedenen Stellen benutzt, ohne eine Legaldefinition zu liefern. Übrig geblieben ist seine Verwendung iRd Regelung von Finanzhilfen, Art. 104b I und Art. 104c S. 1. Er ist wie dort auszulegen und umfasst nur Sachanlagen und deren Förderung, aber nicht bloße Finanzanlagen. Das „investment in human capital" ist keine Investition iSd der Vorschrift (→ Art. 104b Rn. 14). Die gebotene enge Auslegung von Art. 104d als Ausnahmetatbestand spricht zusätzlich dafür, dass an dieser Abgrenzung auch im Kontext von Art. 104d festzuhalten ist. Die Gewährung eines Darlehens allein stellt noch keine Investition iSd Vorschriften dar (näher → Art. 104b Rn. 14). Die umständl. und – von Mitgliedern des BRat als überflüssig angesehene Änd. von Art. 104c vom März 2019[21] – bestätigt diese Interpretation. In der Protokollerklärung des Landes BW wurde betont, dass zB Lehrergehälter ebenso wie die laufenden Kosten der Verwaltung nicht zum Investitionsbegriff und auch nicht zu seiner Erweiterung gehören sollten.[22]

**15**    (2) Die Anforderung der **gesamtstaatlichen Bedeutsamkeit** weicht deutlich von dem Erfordernis der „besonders bedeutsamen" Investitionen des Art. 104b I (→ Rn. 14a) ab. Gesamtstaatlich bedeutsam sollen Investitionen sein, die in ihrer Gesamtheit von erheblichem Gewicht für die Gewährleistung eines ausreichenden Angebots an bezahlbarem Wohnraum sind und von den Ländern und Gemeinden nicht allein finanziert werden können.[23]

**16**    (3) Die Zweckbestimmung für den **sozialen Wohnungsbau** kann neben Neubaumaßnahmen wohl auch Modernisierungs- und Bestandsmaßnahmen erfassen. Die Frage der genauen Ausgestaltung sowie der Berücksichtigung der unterschiedlichen Wohnungsmarktsituationen in den Ländern bleibt jedoch der weiteren Ausgestaltung der Finanzhilfe vorbehalten.[24]

## III. Zusätzlichkeit (S. 2 iVm Art. 104b II 5)

**17**    Durch diese Bestimmung soll verhindert werden, dass Sozialwohnungen ausschließlich mit Mitteln des Bundes gebaut werden.[25] Die Höhe des Anteils der Länder ist wegen des Widerstands der Länder gegen eine zwingende, hälftige Ko-Finanzierung in der Gesetz gewordenen Fassung offen geblieben (weitere Einzelheiten → Art. 104c Rn. 13).[26]

## IV. Ausführungsregelung und Kontrolle der Mittelverwendung (S. 2)

**18**    Am 21.4.2020 ist die **Verwaltungsvereinbarung** über den sozialen Wohnungsbau[27] im Programmjahr 2020 nach Unterzeichnung durch alle 16 Länder in Kraft getreten. Die Verwaltungsvereinbarung bildet die Grundlage für die Gewährung von Bundesfinanzhilfen an die Länder für Investi-

---

[17] Zustimmend *Klein,* in: Maunz/Dürig, Art. 104d (2019) Rn. 13.

[18] So *Schwarz,* in: Maunz/Dürig, Art. 104d (2019) Rn. 12.

[19] Ebenso *Braun Binder,* in: Friauf/Höfling, Art. 104d (2019) Rn. 17.

[20] Die Finanzhilfen nach Art. 104c brauchen nicht degressiv ausgestaltet sein; krit. *Seiler* ZG 2018, 329 (332).

[21] BT-Prot 975, 65 f.

[22] BT-Prot 975, 65.

[23] BT-Dr 19/3440, 10.

[24] BT-Dr 19/3440, 20.

[25] *Braun Binder,* in: Friauf/Höfling, Art. 104d (2019) Rn. 25.

[26] Ebda, Rn. 26.

[27] Verwaltungsvereinbarung über den sozialen Wohnungsbau im Programmjahr 2020 (Artikel 104d des Grundgesetzes) vom 15. 1./21.4.2020, Verw https://www.bmi.bund.de/SharedDocs/downloads/DE/veroeffentlichungen/themen/bauen/wohnen/verwaltungsvereinbarung-sozialer-wohnungsbau.pdf;jsessionid=28C9205AB66337A31AB8006E154FB684.1_cid295?__blob=publicationFile&v=3

tionen in den sozialen Wohnungsbau. Im Bundeshaushalt 2020 ist dafür eine Milliarde Euro eingestellt. Für die Jahre 2021 bis 2024 ist ebenfalls jeweils eine Milliarde Euro pro Jahr geplant.[28]

Bzgl. der Kontrolle der zweckentspr. Verwendung und der Unterrichtungsrechte von BT, BRat **19** und BReg gilt **Artikel 104b II 1 bis 5 und III entsprechend** (dazu → Art. 104b Rn. 39 ff.).

## D. Kritische Würdigung

Auch zu Art. 104d wurde bereits iRd Gesetzgebungsverfahrens **deutliche Kritik** geäußert. Die **20** Gewährung von Finanzhilfen des Bundes an die Länder für Investitionen im Bereich des sozialen Wohnungsbaus berühre die Unabhängigkeit der Haushaltswirtschaft von Bund und Ländern gem. Art. 109 I und die Residualkompetenz der gem. Art. 30 GG. Es müsse deshalb gewährleistet werden, dass der Bund mit der Gewährung der Finanzhilfen keine Steuerungs- und Kontrollrechte auf die konkrete Erfüllung von Länderaufgaben gewinne. Es würde dem Bund ermöglicht werden, die Verwendungsbereiche für Finanzhilfen konkret zu definieren und zu steuern. Die Berücksichtigung länderspezifischer und regionaler Besonderheiten bei der Steuerung der erforderlichen Investitionen sei dagegen nicht gewährleistet.[29] Ein Verzicht auf Steuerungs- und Kontrollrechte lehnte die BReg allerdings mit dem Argument ab, dies würde den Grundregeln zu Finanzhilfen in Art. 104b GG widersprechen.[30]

Teilweise wird aber auch **positiv gewürdigt,** dass – anders als bei den Kompensationsmitteln nach **21** Art. 125c – nunmehr die für den sozialen Wohnungsbau bestimmten Mittel nicht mehr für andere Zwecke verwendet werden können.[31]

## Art. 105 [Steuergesetzgebungshoheit]

(1) **Der Bund hat die ausschließliche Gesetzgebung über die Zölle und Finanzmonopole.**

(2) **Der Bund hat die konkurrierende Gesetzgebung über die Grundsteuer. Er hat die konkurrierende Gesetzgebung über die übrigen Steuern, wenn ihm das Aufkommen dieser Steuern ganz oder zum Teil zusteht oder die Voraussetzungen des Artikels 72 Abs. 2 vorliegen.**

(2a) **Die Länder haben die Befugnis zur Gesetzgebung über die örtlichen Verbrauch- und Aufwandsteuern, solange und soweit sie nicht bundesgesetzlich geregelten Steuern gleichartig sind. Sie haben die Befugnis zur Bestimmung des Steuersatzes bei der Grunderwerbsteuer.**

(3) **Bundesgesetze über Steuern, deren Aufkommen den Ländern oder den Gemeinden (Gemeindeverbänden) ganz oder zum Teil zufließt, bedürfen der Zustimmung des Bundesrates.**

**Entstehungsgeschichte: Erstfassung:** JöR nF 1 (1951), 750. – **Änderungen:** FinanzreformG v. 12.5.1969 (BGBl I 359), G zur Änd. des GG v. 28.8.2006 (BGBl I 2034), Art. 1 Nr. 18 (dazu: BT-Dr 16/813 [Entw.], 16/2010 [Beschlussempf. RechtsA], 16/2069 [Bericht RechtsA], BT-Prot 16/1749, 4233, 4295; BR-Dr 178/06, 180/06, 462/06; BR-Prot 06/39, 62, 203, 222); G zur Änd. des GG v. 15.11.2019 (BGBl I 1546), Art. 1 Nr. 2 (dazu: BT-Dr 19/11084 [Entw.], 19/14136 [Beschlussempf. FinA], 19/14157 [Bericht FinA]; BT-Prot 19/13097B, 14692A; 14708A BR-Dr 499/19; BR-Prot 19/497, 982); weitere Einzelheiten s. Entstehungsgeschichte vor Art. 104a und zu Art. 104a.

**Historische Verfassungstexte: RV 1849:** § 34 Die Reichsgewalt ausschließlich hat die Gesetzgebung über das gesammte Zollwesen, so wie über gemeinschaftliche Produktions- und Verbrauchs-Steuern. – **RV 1871:** Art. 33 (2) Alle Gegenstände, welche im freien Verkehr eines Bundesstaates befindlich sind, können in jeden anderen Bundesstaat eingeführt und dürfen in letzterem einer Abgabe nur insoweit unterworfen werden, als daselbst gleichartige inländische Erzeugnisse einer inneren Steuer unterliegen. **Art. 35** (1) Das Reich ausschließlich hat die Gesetzgebung über das gesammte Zollwesen, über die Besteuerung des im Bundesgebiete gewonnenen Salzes und Tabacks, bereiteten Branntweins und Bieres und aus Rüben oder anderen inländischen Erzeugnissen dargestellten Zuckers und Syrups, über den gegenseitigen Schutz der in den einzelnen Bundesstaaten erhobenen Verbrauchsabgaben gegen Hinterziehungen, sowie über die Maßregeln, welche in den Zollausschlüssen zur Sicherung der gemeinsamen Zollgrenze erforderlich sind. (2) In Bayern, Württemberg und Baden bleibt die Besteuerung des inländischen Branntweins und Bieres der Landesgesetzgebung vorbehalten. Die Bundesstaaten werden jedoch ihr Bestreben darauf richten, eine Uebereinstimmung der Gesetzgebung über die Besteuerung auch dieser Gegenstände herbeizuführen. **Art. 37** Bei der Beschlußnahme über die zur Ausführung der gemeinschaftlichen Gesetzgebung (Art. 35.) dienenden Verwaltungsvorschriften und Einrichtungen giebt die Stimme des Präsidiums alsdann den Ausschlag, wenn sie sich für Aufrechthaltung der bestehenden Vorschrift oder Einrichtung ausspricht. **Art. 38** (1) Der Ertrag der Zölle und der anderen in Artikel 35. bezeichneten Abgaben, letzterer soweit sie der Reichsgesetzgebung unterliegen, fließt in die

---

[28] https://www.bmi.bund.de/SharedDocs/pressemitteilungen/DE/2020/04/verwaltungsvereinbarung-sozialer-wohnungsbau.html;jsessionid=28C9205AB66337A31AB8006E154FB684.1_cid295.

[29] BT-Dr 19/3440, S. 14.

[30] BT-Dr 19/3440, S. 20.

[31] *Braun Binder,* in: Friauf/Höfling, Art. 104d (2019) Rn. 16.

Reichskasse. (2) Dieser Ertrag besteht aus der gesammten von den Zöllen und den übrigen Abgaben aufgekommenen Einnahme nach Abzug: 1) der auf Gesetzen oder allgemeinen Verwaltungsvorschriften beruhenden Steuervergütungen und Ermäßigungen, 2) der Rückerstattungen für unrichtige Erhebungen, 3) der Erhebungs- und Verwaltungskosten, und zwar: a) bei den Zöllen der Kosten, welche an den gegen das Ausland gelegenen Grenzen und in dem Grenzbezirke für den Schutz und die Erhebung der Zölle erforderlich sind, b) bei der Salzsteuer der Kosten, welche zur Besoldung der mit Erhebung und Kontrollirung dieser Steuer auf den Salzwerken beauftragten Beamten aufgewendet werden, c) bei der Rübenzuckersteuer und Tabacksteuer der Vergütung, welche nach den jeweiligen Beschlüssen des Bundesrathes den einzelnen Bundesregierungen für die Kosten der Verwaltung dieser Steuern zu gewähren ist, d) bei den übrigen Steuern mit funfzehn Prozent der Gesammteinnahme. (3) Die außerhalb der gemeinschaftlichen Zollgrenze liegenden Gebiete tragen zu den Ausgaben des Reichs durch Zahlung eines Aversums bei. (4) Bayern, Württemberg und Baden haben an dem in die Reichskasse fließenden Ertrage der Steuern von Branntwein und Bier und an dem diesem Ertrage entsprechenden Theile des vorstehend erwähnten Aversums keinen Theil. **Art. 39** (1) Die von den Erhebungsbehörden der Bundesstaaten nach Ablauf eines jeden Vierteljahres aufzustellenden Quartals-Extrakte und die nach dem Jahres- und Bücherschlusse aufzustellenden Finalabschlüsse über die im Laufe des Vierteljahres beziehungsweise während des Rechnungsjahres fällig gewordenen Einnahmen an Zöllen und nach Artikel 38. zur Reichskasse fließenden Verbrauchsabgaben werden von den Direktivbehörden der Bundesstaaten, nach vorangegangener Prüfung, in Hauptübersichten zusammengestellt, in welchen jede Abgabe gesondert nachzuweisen ist, und es werden diese Uebersichten an den Ausschuß des Bundesrathes für das Rechnungswesen eingesandt. (2) Der letztere stellt auf Grund dieser Uebersichten von drei zu drei Monaten den von der Kasse jedes Bundesstaates der Reichskasse schuldigen Betrag vorläufig fest und setzt von dieser Feststellung den Bundesrath und die Bundesstaaten in Kenntniß, legt auch alljährlich die schließliche Feststellung jener Beträge mit seinen Bemerkungen dem Bundesrathe vor. Der Bundesrath beschließt über diese Feststellung. **Art. 40** Die Bestimmungen in dem Zollvereinigungsvertrage vom 8. Juli 1867. bleiben in Kraft, soweit sie nicht durch die Vorschriften dieser Verfassung abgeändert sind und so lange sie nicht auf dem im Artikel 7, beziehungsweise 78. bezeichneten Wege abgeändert werden. − **WRV: Art. 8** Das Reich hat ferner die Gesetzgebung über die Abgaben und sonstigen Einnahmen, soweit sie ganz oder teilweise für seine Zwecke in Anspruch genommen werden. Nimmt das Reich Abgaben oder sonstige Einnahmen in Anspruch, die bisher den Ländern zustanden, so hat es auf die Erhaltung der Lebensfähigkeit der Länder Rücksicht zu nehmen. **Art. 11** Das Reich kann im Wege der Gesetzgebung Grundsätze über die Zulässigkeit und Erhebungsart von Landesabgaben aufstellen, soweit sie erforderlich sind, um 1. Schädigung der Einnahmen oder der Handelsbeziehungen des Reichs, 2. Doppelbesteuerungen, 3. übermäßige oder verkehrshindernde Belastung der Benutzung öffentlicher Verkehrswege und Einrichtungen mit Gebühren, 4. steuerliche Benachteiligungen eingeführter Waren gegenüber den eigenen Erzeugnissen im Verkehre zwischen den einzelnen Ländern und Landesteilen oder 5. Ausfuhrprämien auszuschließen oder wichtige Gesellschaftsinteressen zu wahren. − **GG 1949:** Abs. 1 und 3 wie geltende Fassung. (2) Der Bund hat die konkurrierende Gesetzgebung über

1. die Verbrauch- und Verkehrsteuern mit Ausnahme der Steuern mit örtlich bedingtem Wirkungskreis, insbes. der Grunderwerbsteuer, der Wertzuwachssteuer und der Feuerschutzsteuer,
2. die Steuern vom Einkommen, Vermögen, von Erbschaften und Schenkungen,
3. die Realsteuern mit Ausnahme der Festsetzung der Hebesätze,

wenn er die Steuern ganz oder zum Teil zur Deckung der Bundesausgaben in Anspruch nimmt oder die Voraussetzungen des Artikels 72 Absatz 2 vorliegen. − **GG 1969** Abs. 2 und Abs. 3 wie geltende Fassung. (1) Der Bund hat die konkurrierende Gesetzgebung über die übrigen Steuern, wenn ihm das Aufkommen dieser Steuern ganz oder zum Teil zusteht oder die Voraussetzungen des Artikels 72 Abs. 2 vorliegen. (2a) Die Länder haben die Befugnis zur Gesetzgebung über die örtlichen Verbrauch- und Aufwandsteuern, solange und soweit sie nicht bundesgesetzlich geregelten Steuern gleichartig sind. − **GG 2006:** Einfügung von Satz 2 in Abs. 2a: Sie haben die Befugnis zur Bestimmung des Steuersatzes bei der Grunderwerbsteuer.

**Supra- und internationale Texte:** AEUV Art. 28–32, 37, 106 II, 107–109, 110–113, 115, 116, 207.

**Gesetzgebung:** → Rn. 6.

**Leitentscheidungen:** BVerfGE 8, 260 (Gemeindeeinführsteuer Helgoland); BVerfGE 14, 105 (Branntweinmonopol); BVerfGE 16, 64 (Einwohnersteuer BW); BVerfGE 40, 56 (nrw Vergnügungsteuer); BVerfGE 49, 343 (Abgabe wegen Änderung der Gemeindeverhältnisse); BVerfGE 65, 325 (Zweitwohnungsteuer); BVerfGE 69, 174 (Getränkesteuer Hamb); BVerfGE 98, 106 (Kasseler Verpackungsteuer); BVerfGE 123, 1 (Hamb Spielgerätesteuer); BVerfGE 135, 126 (degressiver Zweitwohnungsteuertarif); BVerfGE 145, 171 (Kernbrennstoffsteuer); BVerwG NJW 2009, 1097 (Zweitwohnungsteuer); BVerwGE 143, 301 (Übernachtungsteuer).

**Schrifttum:** *S. Braun,* Zulässigkeit einer Waffenbesitzsteuer, DÖV 2015, 97; *A. Eiling,* Verfassungs- und europarechtliche Vorgaben an die Einführung neuer Verbrauchsteuern, 2014; *R. U. Häde,* Finanzausgleich, 1996; *R. Hendler,* Finanzreform und Steuergesetzgebungshoheit der Länder, DÖV 1993, 292; *R. Klinger/D. Krebs,* Kommunale Verpackungsteuer − Nicht nur neu verpackt, sondern jetzt zulässig!, ZUR 2015, 664; *P. Kirchhof,* Besteuerungsgewalt und Grundgesetz, 1973; *H.-J. Koch,* Umweltabgaben in der Rechtsprechung des Bundesverwaltungsgerichts, FS Selmer, 2004, S. 769; *M. Küssner,* Die Abgrenzung der Kompetenzen des Bundes und der Länder im Bereich der Steuergesetzgebung sowie der Begriff der Gleichartigkeit von Steuern, 1992; *H.-J. Papier,* Der finanzrechtliche Gesetzesvorbehalt und das Demokratieprinzip, 1973; *M. Rodi,* Die Rechtfertigung von Steuern als Verfassungsproblem, 1994; *T. Schmidt,* Das Steuererfindungsrecht der Hoheitsträger, StuW 2015, 171; *G. F. Schuppert,* Verfassungsrechtliche Prüfungsmaßstäbe bei der verfassungsgerichtlichen Überprüfung von Steuergesetzen, FS Zeidler I, 1987, S. 691; *P. Selmer,* Zur Reform der bundesstaatlichen Finanzverfassung ..., NVwZ 2007, 872; *K. Tipke/J. Lang,* Steuerrecht, 23. Auflage 2018; *K. Vogel,* Zur Konkurrenz zwischen Bundes- und Landessteuerrecht nach dem Grundgesetz, StuW 1971, 308; *C. Waldhoff,* Verfassungsrechtliche Vorgaben für die Steuergesetzgebung im Verhältnis Deutschland-Schweiz, 1997; *J. Wieland,* Die Konzessionsabgaben, 1991; *R. Wernsmann,* Teilabschaffung des Solidaritätszuschlags verfassungsmäßig?, NJW 2018, 916.

# A. Grundlagen

## I. Überblick

Die Vorschrift regelt einen wichtigen Teil der Steuerhoheit: die Verteilung der Gesetzgebungs- **1** kompetenzen oder besser: der **Gesetzgebungshoheit** für Steuern im Bundesstaat.[1] Sie legt damit fest, welche föderale Einheit die Entscheidung über die **Einführung, Abschaffung** und **Ausgestaltung** einer Steuer fällen darf, einschließlich der Steuersätze. Sie erfasst nicht nur das (mat.) besondere SteuerR (SteuerschuldR, EinzelsteuerR), sondern auch das (mat.) **allg. Steuerrecht,** das zT in der AO 1977 geregelt ist,[2] und die **Steuervergünstigungen** (§ 12 III StWG), unabhängig davon, ob für sie zusätzlich auch die Sachkompetenz gegeben sein muss (u. Rn. 4). Das mat. allg. SteuerR findet sich auch in anderen Gesetzen, bis hin zum VerfassungsR, und in ungeschriebenen Normen. Die Gesetzgebungshoheit für eine Steuer umfasst auch die Kompetenz für die Regelung ihrer Bemessungsgrundlage einschl. der erforderl. Bewertungsregeln. Das BVerfG hat deshalb akzeptiert, dass das BewertungsG auch nach Einführung der Erforderlichkeitsklausel in Art. 72 1994 auf Art. 105 II gestützt wurde.[3] Ob das auch nach der Föderalismusreform bzgl. der 2. Var. von Abs. 2 (Voraussetzungen von Art. 72 II) (→ Rn. 22 f.) noch zutraf, war iRd Grundsteuerreform unklar. Im November 2019 wurde ein neuer S. 1 in Abs. 2 der Vorschrift eingefügt, der ausdr. dem Bund die konkurr. Gesetzgebung über die Grundsteuer zuweist.

Die AO enthält in großen Teilen formelles Recht, vor allem VwVfR. Die Kompetenz zur Regelung **1a** des verfahrensrechtlich-organisat. Teils des SteuerR folgt aus Art. 108 V (→ Art. 108 Rn. 31), nicht aus Art. 105 II. Deshalb ist es verfehlt, als Grundlage für das VwVfR eine Verbindung von Art. 105 II und Art. 108 V zu nennen.[4] Richtig ist jedoch, dass die AO insges. sowohl Art. 105 II als auch Art. 108 V als verfassungsrechtl. Grundlage benötigt, da sie sowohl mat. allg. SteuerR als auch SteuerVwVfR enthält.[5] **Nichtsteuerliche Abgaben** gehören dagegen nicht zum Regelungsbereich

---

[1] IdS *Stern,* StaatsR II, S. 1089, 1111 mwN; ihm folgend *Wendt* HStR IV[1], § 104 Rn. 16 ff.

[2] *Heintzen,* in: v. Münch/Kunig II, Art. 105 Rn. 44; *Pieroth,* in: Jarass/Pieroth, Art. 105 Rn. 1, 33; *Müller-Franken,* in: Friauf/Höfling, Art. 105 (2008) Rn. 77.

[3] BVerfGE 148, 146 Rn. 82 f.; *Müller-Franken,* in: Friauf/Höfling, Art. 105 (2008) Rn. 80, soweit sie in innerem Zusammenhang mit den Erhebungstatbeständen stehen. Sie werden grds. nicht von Art. 104a III erfasst, → vor Art. 104a Rn. 189, → Art. 104a Rn. 29.

[4] So aber *Heun,* in: Dreier III, Art. 105 Rn. 35.

[5] Insoweit zutreffend *Heun/Thiele,* in: Dreier III, Art. 108 Rn. 30.

der Bestimmung. Sie dürfen nur auf Grund der allg. Kompetenzvorschriften (Art. 70 ff.) geschaffen und erhoben werden.[6]

2 Die **Entscheidungsmacht** des einfachen Gesetzgebers ist allerdings eingeschränkt durch zT sehr detaillierte verfassungsrechtl. Vorgaben für die einz. Steuern und Steuerarten. Dazu gehört nicht zuletzt die Verteilung der Erträge aus einer Steuer. Die **Ertragshoheit** ist in Art. 106 besonders geregelt und ist weitgehend **unabhängig** von der **Gesetzgebungshoheit,** während diese auf vielfache Weise mit der Regelung der Ertragsverteilung verklammert ist. Das wirkt sich vor allem auf die Frage aus, ob und in welchem Umfang ein Steuer(er)findungsrecht des einfachen Gesetzgebers besteht (→ Rn. 49 f.). Bzgl. der in Art. 105 und 106 verwendeten Abgrenzungsbegriffe hat das BVerfG in seinem Beschluss zur Kernbrennstoffsteuer maßgebend darauf abgestellt, dass es sich um „Typusbegriffe" handele, die grds. weit zu interpretieren seien (→ Rn. 50c) Ihre „typusbildenden Unterscheidungsmerkmale" seien dem „traditionellen deutschen Steuerrecht" zu entnehmen. Ein „freies Steuererfindungsrecht" des einfachen Gesetzgebers hat das Gericht sowohl auf Bundes- wie auf Landesebene ausdr. verneint. Neue Steuern dürfen danach nur eingeführt werden, wenn sie dem Typus einer der herkömml. Steuern entsprechen (näher → Rn. 50, 50a).

3 Das Auseinanderfallen von Gesetzgebungs- und Ertragshoheit ist kennzeichnend für das finanzverfassungsrechtl. Konzept des GG, das sich aus den vielfachen Bestrebungen zur **Vereinheitlichung** von **Steuerrecht** und **Steuerbelastung** in dem vereinigten Wirtschaftsraum Deutschlands seit dem 19. Jahrhundert entwickelt hat.[7] Die zentralistischen Tendenzen auf dem Gebiet der Gesetzgebung sind durch die Finanzreform 1969 noch verstärkt worden.[8] Auf der anderen Seite stehen die Bemühungen, den Ländern ausreichende eigene Einnahmequellen zu verschaffen[9] und eine einheitl. zentrale Steuerverwaltung des Bundes zu verhindern. Das war vor allem auch die Position der Alliierten gegenüber der Mehrheit des ParlRates.[10] Ein freies Steuererfindungsrecht wäre damit kaum zu vereinbaren (näher → Rn. 50b, c).

## II. Das Verhältnis zu den allgemeinen Regeln

4 Die in Art. 105 getroff. Sonderregelung hat zur Folge, dass die allg. Vorschriften der Art. 70 ff. und namentlich die „Grundregel" (**nicht:** Vermutung) des Art. 70 verdrängt werden.[11] Das ergibt sich vor allem aus der im bundesstaatl. Kompetenzgefüge einmaligen Regelung des später eingefügten Abs. 2a,[12] der eine ausdr. Kompetenzzuweisung an die Länder vornimmt.[13] Verdrängungswirkung tritt allerdings nur ein, soweit der sachl. Regelungsbereich von Art. 105 reicht.[14] Die Regelung ist auch **abschließend,**[15] da Art. 105 II dem Bund die konkurr. Gesetzgebungskompetenz für alle nicht ausdr. aufgeführten Steuern – „die übrigen Steuern" – einräumt.[16] Diese bes. Kompetenzordnung gilt auch für Steuern, die nichtfiskal. Zwecken dienen. Ob für derartige **Lenkungsteuern** zusätzlich noch die Sachkompetenz gegeben sein muss, ist umstr. (→ vor Art. 104a Rn. 15).

## III. Dominanz des Bundes

5 IE hat das GG dem Bund zumindest die konkurrierende Gesetzgebungszuständigkeit für alle wichtigen Steuern zugewiesen. Seit das FinanzreformG 1969 die Einzelaufzählung von Gesetzgebungsmaterien durch die Formel von den „übrigen Steuern" in Abs. 2 ersetzt hat, stand dem Bund praktisch

---

[6] BVerfGE 110, 370 (384); 113, 128 (145) st. Rspr.; näher → vor Art. 104a Rn. 19; zust. *Jachmann-Michel/Vogel* MKS III, Art. 105 Rn. 7; jetzt auch *Müller-Franken,* in: Friauf/Höfling, Art. 105 (2008) Rn. 84.

[7] Darstellung der histor. Entw. bei *Waldhoff,* Verfassungsrechtliche Vorgaben für die Gesetzgebung im Vergleich Deutschland-Schweiz, 1997, S. 41 ff.

[8] *Wendt* HStR IV[1]. § 104 Rn. 20.

[9] → Art. 106 Rn. 2.

[10] → Art. 108 Rn. 2.

[11] BVerfG NJW 2017, 2249171 Rn. 62; vgl. auch BVerfGE 3, 407 (434 ff.), 4, 7 (13); 67, 256 (275 f.); 105, 185 (193 f.); *Vogel/Walter* BK, Art. 105 (2004) Rn. 62; *Wendt* HStR IV[1]. § 104 Rn. 17; *Waldhoff* (Fn. 7), S. 47; *J.-P. Schneider* AK GG, Art. 105 (2001) Rn. 3; *Heun,* in: Dreier III, Art. 105 Rn. 45; jetzt auch *Müller-Franken,* in: Friauf/Höfling, Art. 105 (2008) Rn. 42; aA *Knies* DÖV 2003, 10 (15), der aber nicht auf das Schrifttum eingeht; diff. *Heintzen,* in: v. Münch/Kunig II, Art. 105 Rn. 40: Art. 70 II, Art. 71, Art. 72 II sollen gelten; s. a. BVerfGE 16, 64 (78 f.), zur alten Fassung, wo es einen sachlichen Unterschied zwischen dem VII. und X. Abschnitt des GG nicht zu erkennen vermochte, der eine Nichtanwendung rechtfertigen könnte.

[12] Deshalb ist BVerfGE 16, 64 (78 f.) nicht mehr ohne weiteres einschlägig.

[13] *Jakob* BayVBl 1971, 249 (250); zust. *Stern,* StaatsR II, S. 1120; *J.-P. Schneider* AK GG, Art. 105 (2001) Rn. 33; s. u. Rn. 44 zu der i. R. der Föderalismusnovelle 2006 neu eingefügten Befugnis der Länder zur Bestimmung des Grunderwerbsteuersatzes.

[14] *Stern,* StaatsR II, S. 1111.

[15] So jetzt auch BVerfGE 145, 171 Rn. 69.

[16] BT-Dr 12/6000, S. 48; *Scholz* ZG 1994, 1 (17); *Vogel/Walter* BK, Art. 105 (2004) Rn. 64; *Küssner,* Die Abgrenzung der Kompetenz des Bundes und der Länder ... 1992, S. 57.

eine **Generalklausel** für die Steuergesetzgebung zur Verfügung,[17] die nur durch vereinzelte Ausnahmen durchbrochen wurde.

Der Bund hat von seinen Kompetenzen auch weitgehend Gebrauch gemacht: **6**

– AlkoholsteuerG v. 21.6.2013 (BGBl I 1650), in Kraft getreten am 1.1.2018, zul. geänd. durch VO v. 19.6.2020 (BGBl I 1328),
– BewertungsG idF v. 1.2.1991 (BGBl I 230), zul. geänd. durch G v. 12.12.2019 (BGBl I 2451),
– BiersteuerG 1993 idF d. Verbrauchsteuer-BinnenmarktG v. 21.12.1992 (BGBl I 2150, 2158, ber. 1993, 169), aufgehoben mWv. 1.4.2010 durch G v. 15.7.2009 (BGBl I 1870),
– BiersteuerG v. 15.7.2009 (BGBl I 1870, 1908), zul. geänd. durch VO v. 19.6.2020 (BGBl I 1328),
– BodenschätzungsG v. 20.12.2007 (BGBl I 3150, 3176), zul. geänd. durch G v. 26.11.2019 (BGBl I 1794),
– G über das Branntweinmonopol, 2. Teil, v. 8.4.1922 (RGBl I 335, 405) (BGBl III 612-7), zul. geänd. durch G v. 11.3.2017 (BGBl I 420), ist mit Ablauf d. 31.12.2017 außer Kraft getreten,
– EinkommensteuerG idF v. 8.10.2009 (BGBl I 3366, ber. I 2009 3862), zul. geänd. durch G v. 21.12.2019 (BGBl I 2886),
– EnergiesteuerG v.15.7.2006 (BGBl I 1534, 2008, 660, 1007),[18] zul. geänd. durch VO v. 19.6.2020 (BGBl I 1328),
– Erbschaftsteuer- und SchenkungsteuerG idF v. 27.2.1997 (BGBl I 378), zul. geänd. durch G v. 26.11.2019 (BGBl I 1794),
– FeuerschutzsteuerG idF v. 10.1.1996 (BGBl I 18), zul. geänd. durch G v. 2.11.2015 (BGBl I 1834),
– GewerbesteuerG idF v. 15.10.2002 (BGBl I 4167), zul. geänd. durch G v. 29.6.2020 (BGBl I 1512),
– GrunderwerbsteuerG idF v. 26.2.1997 (BGBl I 418, ber. 1804), zul. geänd. durch VO v. 19.6.2020 (BGBl I 1679),[19]
– GrundsteuerG v. 7.8.1973 (BGBl I 965), zul. geänd. durch G v. 30.11.2019 (BGBl I S. 1875),
– KaffeesteuerG idF v. 15.7.2009 (BGBl I 1870, 1919), zul. geänd. durch VO v. 19.6.2020 (BGBl I 13281),
– KörperschaftsteuerG idF v. 15.10.2002 (BGBl I 4144), zul. geänd. durch G v. 21.12.2019 (BGBl I 2875),
– KraftfahrzeugsteuerG 2002 idF v. 26.9.2002 (BGBl I 3818), zul. geänd. durch G v. 6.6.2017 (BGBl I 1491),
– G über den Lastenausgleich idF v. 2.6.1993 (BGBl I 845, ber. 1995 I 248), zul. geänd. durch VO v. 19.6.2020 (BGBl I 1328),
– LuftverkehrsteuerG v. 9.12.2010 (BGBl I 1885; 2013 I 81) zul. geänd. durch VO v. 19.6.2020 (BGBl I 1328),
– Schaumwein- und ZwischenerzeugnissteuerG v. 15.7.2009 (BGBl I 1870, 1896), zul. geänd. durch VO v. 19.6.2020 (BGBl I 1328),
– SolidaritätszuschlagG 1995 idF v. 15.10.2002 (BGBl I 4130), zul. geänd. durch G v.10.12.2019 (BGBl I 2115),
– StromsteuerG v. 24.3.1999 (BGBl I 378; 2000 I 147), zul. geänd. durch VO v. 19.6.2020 (BGBl I 1328),
– TabaksteuerG v. 15.7.2009 (BGBl 1870), zul. geänd. durch G v. 29.6.2020 (BGBl I 1512),
– UmsatzsteuerG idF v. 21.2.2005 (BGBl I 386), zul. geänd. durch G v. 29.6.2020 (BGBl I 1512),
– VermögensteuerG idF v. 14.11.1990 (BGBl I 2467), zul. geänd. durch G v. 29.10.2001 (BGBl I 2785),[20]
– VersicherungsteuerG idF v. 10.1.1996 (BGBl I 22), zul. geänd. durch G v. 19.11.2020 (BGBl I 529).

Hinzu kommen zahlreiche steuerliche Förderungsgesetze, die auch von Abs. 2 erfasst werden. Deshalb wird zu Recht von einer „Dominanz des Bundes"[21] in der Steuergesetzgebung gesprochen. Die daran geübte Kritik kann nur rechtspolitischer Natur sein.[22]

Der vom Bund seit dem 1.1.1995 unbefristet erhobene **Solidaritätszuschlag** zur Finanzierung der **7** deutschen Einheit ist eine Ergänzungsabgabe iSv Art. 106 I 6 (→ Art. 106 Rn. 7), für die der Bund die Gesetzgebungskompetenz nach Art. 105 II hat. Da das Aufkommen dieser Steuer allein dem Bund zusteht, war eine Zustimmung des BR weder für die Einführung der Abgabe noch für ihre grundlegende Modifikation Ende 2019 erforderlich.

Ergänzungsabgaben sind akzessorisch zu den auf Dauer angelegten Einkommen- und Körperschaft- **7a** steuern und dürfen nicht zur Aushöhlung dieser Steuern führen, die Gemeinschaftsteuern sind. Sie brauchen aber nicht zeitlich befristet zu sein.[23] Teils wird aus der drohenden Aushöhlung abgeleitet, dass sie nur als subsidiäres Finanzierungsinstrument anzusehen seien, das nur eingesetzt werden dürfe,

---

[17] *Birk* AK GG, Art. 105 (1989) Rn. 2; *Jachmann-Michel/Vogel* MKS III, Art. 105 Rn. 25a; *Heun,* in: Dreier III, Art. 105 Rn. 33; i. Erg. ähnlich: BVerfGE 145, 171 (194 ff. Rn. 70 ff.); offenes Sondervotum *Huber* und *Müller,* BVerfGE 145, 171 (230 ff. Rn. 3 ff.); *Huber* NVwZ 2019, 665 (668); „liegt praktisch ausschließlich in den Händen des Bundes".

[18] Das EnergiesteuerG (EnergieStG) ersetzt das MineralölsteuerG idF v. 21.12.1992 (BGBl I 2150, 2185), aufgehoben mW v. 1.8.2006 durch G v. 15.7.2006 (BGBl I 1534).

[19] Kein Verstoß gegen die MwSt-RL, EuGH DStR 2009, 223.

[20] Das G ist nicht förmlich aufgehoben worden. Der RegE zum JahressteuerG 1997 sah zwar in einem Art. 5 die „Aufhebung des Vermögensteuergesetzes" vor (BT-Dr 13/5951, S. 50). Er scheiterte jedoch in den parl. Gremien. Tatsächlich wird das G aber nicht mehr für Veranlagungen ab dem 1.1.1997 angewendet, obwohl das BVerfG in seiner Entscheidung v. 22.6.1995 (BVerfGE 93, 121 [122, 148]) ausdr. nur § 10 Nr. 1 VStG für unvereinbar mit dem Gleichheitssatz erklärt hatte; näher → Rn. 8.

[21] *Stern,* StaatsR II, S. 1114; ebenso *Wendt* HStR IV¹, § 104 Rn. 22; *Seer,* in: Tipke/Lang, Steuerrecht, § 2 Rn. 56; *Leisner-Egensperger,* Hdb Föderalismus II, § 40 Rn. 40.

[22] Sehr krit. *Knis* DÖV 2003, 10 (15), der auch die histor. Gründe für diese Entwicklung darlegt (S. 11), aber einen Verstoß gegen Art. 79 III verneint; s. a. die Vorschläge von *Kempny* und *Reimer,* Verh. 70. DJT, Bd. I, Teil D, 2014; skeptisch *Schenke* NJW 2014, 2542 (2544 f.), der zutreffend auf die (negativen) Externalitäten und die prakt. Erfahrungen mit den gesamtwirtschaftl. bereits sehr schädlichen Hebesätzen der Grunderwerbsteuern und den Wildwuchs komm. „Bagatellsteuern" hinweist, die nicht nur das Aufkommen anderer Steuern mindern, sondern auch zu massiven Fehlallokationen und „dead weight losses" führen. Das gilt namentlich auch für die Zweitwohnungsteuer.

[23] BVerfGE 32, 333 (338 ff.); BFHE 213, 573 (575); 234, 250 (253 ff.).

um „anderweitig nicht finanzierbare Zusatzbedarfe des Bundes abzudecken".[24] Jedenfalls dürfe eine Ergänzungsabgabe nicht dauerhaft zu allg. Staatsfinanzierung eingesetzt werden und ihr Belastungsmaß müsse in angemessenem Verhältnis zur Einkommen- und Körperschaftsteuer bleiben.[25]

**7b**     Der seit nunmehr über 25 Jahren erhobene Solidaritätszuschlag mag diese Anforderungen erfüllt haben, ist aber auch nach seiner grds. Billigung durch das BVerfG[26] zunehmend wieder in die politische und jur. Kritik geraten.[27] Das gilt nicht zuletzt für seine nur **teilweise Abschaffung** durch die umstr. und rechtlich probl. Regelung vom Dezember 2019.[28] Der Solidaritätszuschlag entfällt ab dem Veranlagungszeitraum 2021 für ca. 90 % der Steuerpflichtigen, aber nicht für Unternehmen (§ 3 III 1 Nr. 1 und 2 SolZG nF). Zwar sieht die Entlastung von 90 % der Zahlungspflichtigen politisch eindrucksvoll aus, verschleiert aber die Tatsache, dass der größte Teil seines Aufkommens – wie auch seine Bezugsteuern – von einem sehr kleinen Teil der Zahlungspflichtigen aufgebracht wird. Deshalb wird das Aufkommen des Solidaritätszuschlags durch die Änderung wohl nur ungefähr halbiert.

**7c**     Durch Art. 4 des FinanzmarktförderungsG[29] ist das KapitalverkehrsteuerG aufgehoben worden. **Börsenumsatzsteuer** und **Gesellschaftsteuer** sind damit abgeschafft. Ebenso ist mit dem WechselsteuerG und der **Wechselsteuer** verfahren worden. Das **Rennwett- und LotterieG** v. 8.4.1922 (RGBl I 393) ist als ReichsG erlassen worden und gilt idF v. 16.12.1986 (BGBl I 2441)[30] nach Art. 123 I fort. Es ist gemäß Art. 125 BundesR.[31] Es regelt in §§ 10 ff. die Besteuerung der am Totalisator gewetteten Beträge, der bei Buchmachern getätigten Wetteinsätze sowie der Lotterien und Ausspielungen.

**8**     Die **Vermögensteuer** war vor allem wegen der krassen Gleichheitsverstöße bei der Einheitsbewertung verfassungsrechtl. nicht mehr hinnehmbar.[32] Das BVerfG hat aber nur die Unvereinbarkeit von § 10 Nr. 1 VStG mit Art. 3 I GG ausgesprochen, nicht aber seine Nichtigkeit. Zugleich hatte es eine Frist zur Nachbesserung bis zum 31.12.1996 gesetzt. Bis dahin sollte das verfassungswidrige Recht „weiterhin anwendbar" sein.[33] Der Gesetzgeber hat die Frist aber untätig verstreichen lassen und das Gesetz weder aufgehoben noch verbessert (→ Fn. 21). Die vermögensteuerl. Rechtslage ist deshalb unmittelbar dem Tenor und den tragenden Gründen der Entscheidung des BVerfG zu entnehmen. Das hat zahlreiche Zweifelsfragen aufgeworfen.

**9**     Obwohl das Gericht nur den Steuersatz für natürl. Personen für unvereinbar mit Art. 3 I GG erklärt hat, werden von der Finanzverwaltung insges. **keine Veranlagungen** mehr für die Zeit nach dem 1.12.1997 durchgeführt. Das ist auch verfassungsrechtl. geboten.[34] Zweifelhaft war aber, ob das Gesetz durch den Beschluss des BVerfG iVm dem fruchtlosen Ablauf der Nachbesserungsfrist zum 1.12.1997 **außer Kraft** getreten ist.[35] Ein solches Ergebnis ist durch die – dogmatisch angreifbare – „Unvereinbarkeitstenorierung" des Gerichts weder ausgeschlossen noch geboten. Teils wird deshalb auch nur für eine Unanwendbarkeit plädiert.[36] Probleme bereiten aber in jedem Fall die Fälle aus der Zeit vor dem 1.12.1997. Das BVerfG hat später die Veranlagungen für diesen Zeitraum erlaubt.[37] Zweifelhaft

---

[24] *Kube,* in: Epping/Hillgruber, Art. 106 Rn. 14; zust. *Seiler,* in: Maunz/Dürig, Art. 106 Rn. 117; *Schwarz* MKS III, Art. 106 Rn. 49.

[25] *Seiler,* in: Maunz/Dürig, Art. 106 Rn. 117; *Schwarz* MKS III, Art. 106 Rn. 49.

[26] Nichtannahmebeschluss BVerfG (K) NJW 2000, 798; BFH, BeckRS 2011, 95989.

[27] Vorlagebeschluss NdsFG v. 21.8.2013 DStRE 2014, 534.

[28] Gesetz zur Rückführung des Solidaritätszuschlags v. 10.12.2019 (BGBl I 2115); dazu: *Wernsmann* NJW 2018, 916: verfassungswidrig; *Tappe* NVwZ 2020, 517.

[29] V. 22.2.1990 (BGBl I 266).

[30] Zul. geänd. durch G v. 31.8.2015 (BGBl I 1474).

[31] BVerwG DVBl 1995, 353.

[32] BVerfGE 93, 121 (142) auf Vorlage des FG RhPf., Beschl. v. 4.11.1991, Az. 5 K 2464/91; zuvor ebenso schon das oberste deutsche Steuergericht in einem Vorlagebeschluss nach Art. 100 I (BFHE 125, 188 [188 ff.]). Der Antrag wurde sechs (!) Jahre später vom BVerfG als unzulässig (!) verworfen (BVerfGE 65, 160 [160 ff.]). Vorsichtig geworden lehnte der BFH in späteren Verfahren eine erneute Vorlage ab, hielt aber ausdr. an seiner Auffassung in der Sache fest (BFHE 162, 450 [450 ff.]: Unvereinbarkeit von § 12 III VStG 1974 mit dem GG). Auch die Neuregelung des Bewertungsrechts für Zwecke der Erbschaftsteuer stößt auf verfassungsrechtliche Bedenken: *Lang* StuW 2008, 193 (197 ff.); *Broekelschen/Maiterth* DStR 2009, 833 (837).

[33] BVerfGE 93, 121 (122, 148).

[34] Vgl. *Schüppen* DStR 1997, 225 (226); zust. *Arndt/Jenzen* NJW 1997, 1678 (1679); *Bornheim* DB 1997, 1534 (1534 ff.): ab 31.12.1996; *Pelka/Balmes* DB 1997, 2575 (2575 f.); *Frerichs* DStZ 1997, 581 (581 ff.); *Müller-Franken* GmbHR 1998, 163 (163 ff.); aA *Rüth* DStZ 1997, 589 (589 ff.).

[35] In vollem Umfang, auch für zurückliegende Zeiträume, unanwendbar oder nichtig: *Roser/Hamminger* GmbHR 1997, 492 (492); *List* DB 1997, 2297 (2297 ff.); weitgehend auch für die Vergangenheit nicht mehr wirksam: *Schüppen* DStR 1997, 225 (226).

[36] Ab 1.1.1997 *Arndt/Jenzen* NJW 1997, 1678 (1683); *Bornheim* DB 1997, 1534 (1534 ff.): ab 31.12.1996; *Pelka/Balmes* DB 1997, 2575 f.; *Frerichs* DStZ 1997, 581 (581 ff.); *Müller-Franken* GmbHR 1998, 163 (163); aA *Rüth* DStZ 1997, 589 (589 ff.).

[37] Vgl. BVerfG NJW 1998, 1854. Damit wurde die Auffassung des BMF bestätigt, DStR 1997, 228, der sich schon das FG Saarland NJW 1997, 1728, und der BFH, BFHE 182, 379 (379 ff.), angeschlossen hatten; ebenso *Arndt/Jenzen* NJW 1997, 1678: Anwendung für Veranlagungsstichtage 1.1.1996 und früher; aA *Pelka/Balmes* DB 1997, 2575 f.; *Schüppen* DStR 1997, 225 (227 f.): keine Neu- und Nachveranlagung, Pflicht zur Aufhebung noch nicht bestandskräftiger Bescheide, nur Vollzug bestandskräftiger Bescheide.

bleibt aber die Bestrafung für die Hinterziehung von Steuern,[38] deren Verfassungswidrigkeit durch die Entscheidung des BVerfG unverrückbar feststeht, sowie die Festsetzung von Hinterziehungszinsen für solche Steuern,[39] jedenfalls für die Zeit nach 1983.

Die Länder sind aber in jedem Fall daran **gehindert,** eigene **LandesvermögensteuerG** auf Grund  10 ihrer konkurr. Gesetzgebungszuständigkeit zu erlassen.[40] Nicht sicher ist indes, ob überhaupt noch eine Vermögensteuer in verfassungsgemäßer Weise eingeführt werden kann (→ Art. 106 Rn. 10). Auch wenn man nicht so weit gehen will, ist eine Vermögensteuer jedenfalls in einem rationalen Steuersystem fehl am Platze.[41] Die gängige Rechtfertigung, dass nicht nur der Vermögensertrag, sondern auch das Vermögen selbst Ausdruck einer besonderen steuerlichen Leistungsfähigkeit sei,[42] überzeugt so pauschal jedenfalls nicht.[43]

## IV. Zustimmung des BR (Abs. 3)

Gemildert wird die Dominanz des Bundes dadurch, dass für alle BundesG, die Steuern zum Gegen-  11 stand haben, deren Aufkommen ganz oder zT den Ländern zufließt, die Zustimmung des BRat erforderlich ist, Art. 105 III. Damit ist zwar einer Austrocknung der Finanzquellen der Länder durch den Bund vorgebeugt, doch bedeutet Zustimmung des BRat **nicht Zustimmung der Länder.** Die beiden Rechtsinstitute sind nicht vergleichbar.[44] Eine Erweiterung der Zustimmungsbedürftigkeit darf es nicht geben, auch nicht durch eine, neues Verfassungsrecht schaffende, „kreative" Auslegung.[45] Der Zustimmungsvorbehalt bezieht sich aber nur auf das **materielle Recht** und nicht auf organisations- und verfahrensrechtl. Regelungen.[46]

## V. Europarechtliche Vorgaben

Der Steuergesetzgeber ist aber nicht nur an die detaill. Anordnungen des GG gebunden. Er hat  12 vielmehr zunehmend auch **europarechtliche Vorgaben** bei der Besteuerung zu beachten.[47] Sie betreffen nicht nur den **Warenverkehr,** sondern auch die Besteuerung des **Einkommens** und des **Vermögensbestandes** sowie der Einkommens- und Vermögensverwendung. Für den Warenverkehr über Binnengrenzen innerhalb der EU dürfen keine Zölle oder Abgaben gleicher Wirkung mehr erhoben werden, Art. 28 I, Art. 30 AEUV. Zudem finden die Diskriminierungsverbote der Art. 110 bis 112 AEUV Anwendung, die vor allem die steuerl. Benachteiligung von Waren bei der Ein- und Ausfuhr unterbinden sollen.[48] Neben den Art. 110 ff. AEUV sind auch die Regelungen über staatl. Beihilfen der Art. 107 ff. AEUV anwendbar.[49] Das gilt vor allem für Steuerverschonungen und Sonderbelastungen. Für den Warenverkehr über Außengrenzen hinweg hat die EU einen Gemeinsamen Zolltarif, gestützt auf Art. 23 I 1 Hs. 2 EGV (jetzt Art. 31 AEUV), erlassen.[50] Nur soweit er keine Regelung enthält, auf nationales Recht verweist, unvollständig oder unbestimmt ist, bleibt für nationale Regelungen Raum. Die Besteuerung von Einkommen und Vermögen (direkte Steuern) darf auch nicht zu einer Beeinträchtigung der Grundfreiheiten führen. Die aus der Arbeitnehmerfreizügigkeit (Art. 45 AEUV), der Niederlassungsfreiheit (Art. 49 AEUV), der Dienstleistungsfreiheit (Art. 56

---

[38] Für Strafbarkeit: OLG Frankfurt aM NJW 2000, 2368; zust. *Brandenstein* NJW 2000, 2326 (2328); für Nichtstrafbarkeit LG München II NJW 2000, 372; *Tipke* GmbHR 1996, 8 (15); *Ulsamer/Müller* Wistra 1998, 1 (1 ff.); *Plewka* BB 1999, 2429 (2432) gestützt auf § 2 III oder IV StGB; noch weitergehend auch für „nur" ungerechte Steuern *Saliddt* FS Tipke, 1995, S. 475 (480–482).

[39] Zugelassen: BFH BB 2000, 1663 (1663 f.).

[40] Die Sperrwirkung des Bundesrechts tritt auch bei Außerkrafttreten oder gar Unwirksamkeit des Gesetzes ein, dazu → Rn. 25 f.

[41] Vgl. die einz. Argumente bei *Hey,* in: Tipke/Lang, Steuerrecht, § 3 Rn. 62 ff.; *Tipke,* Die Steuerrechtsordnung II, 2. Aufl. 2003, S. 914 ff., 951 f., zu den Problemen ihrer Abschaffung S. 922, 949 f.

[42] Vgl. BVerfGE 93, 121 (139); noch deutlicher BVerfGE 93, 149 (157) (abwM *Böckenförde*): dem Einkommen aus Vermögen komme als „fundiertem Einkommen" eine „gesteigerte Steuerkraft" zu. Das ist eine bloße Behauptung, die empirisch nicht belegbar ist.

[43] Eingehende Begründung bei *Tipke* (Fn. 41), S. 775 ff., der auch keine anderen Rechtfertigungsgründe zu finden vermag, S. 914 ff.; *ders.* BB 1994, 437 (441); *Hey,* in: Tipke/Lang, Steuerrecht, § 3 Rn. 63.

[44] Zust. *Waldhoff* Verwaltung 39 (2006), 155 (170); ähnlich *Heintzen,* in: v. Münch/Kunig II, Art. 105 Rn. 56.

[45] *Seiler,* in: Maunz/Dürig, Art. 105 (2015) Rn. 186; *Pieroth,* in: Jarass/Pieroth, Art. 105 Rn. 35; *Heintzen,* in: v. Münch/Kunig II, Art. 105 Rn. 56 f.; für eine Ausweitung auf Gesetze, die eine neue Steuer einführen, die abw. Meinung *Huber* und *Müller* in BVerfGE 145, 171, 230 Rn. 38–41 (Kernbrennstoffsteuer), da ein den Ländern „potenziell" zustehendes Steueraufkommen entzogen wird, wenn das Aufkommen aus der neuen Steuer auch zT dem Bund zufließt.

[46] *Heintzen,* in: v. Münch/Kunig II, Art. 105 Rn. 57; *Seiler,* in: Maunz/Dürig, Art. 105 (2015) Rn. 191; aA *Maunz,* in: Maunz/Dürig, Art. 105 (1979) Rn. 63.

[47] Näher *Oppermann/Classen/Nettesheim,* Europarecht, 7. Aufl. 2016, § 35; *Waldhoff,* in: Calliess/Ruffert, Art. 110 Rn. 5 ff.; *Küssner* (Fn. 16), S. 66 ff.; *Eiling,* 2014, S. 113–127, 155–176; allg. *Jarass,* Grundfragen der innerstaatlichen Bedeutung des EG-Rechts, 1994; *Heun,* in: Dreier III, Art. 105 Rn. 3 ff.

[48] *Oppermann/Classen/Nettesheim* (Fn. 47), § 35 Rn. 16 ff.

[49] *Oppermann/Classen/Nettesheim* (Fn. 47), § 35 Rn. 29.

[50] Zollkodex der Europäischen Union (UZK) v. 9.10.2013, L 269/1, ABl. v. 10.10.2013.

AEUV) und der Freiheit des Kapitalverkehrs (Art. 63 AEUV) abgeleiteten spez. Diskriminierungsverbote sind bei der Erhebung direkter Steuern zu beachten.[51] Danach ist es zB einem Mitgliedstaat nicht erlaubt, einen Staatsangehörigen eines anderen Mitgliedstaats, der in seinem Gebiet einer nichtselbstständigen Beschäftigung nachgeht, bei der Erhebung direkter Steuern schlechter zu stellen als einen eigenen Staatsangehörigen in gleicher Lage.[52] Eine Diskriminierung bei der Besteuerung des Einkommens gebietsfremder Personen verletzt die Freizügigkeit der EU-Arbeitnehmer nach Art. 45 AEUV.

**13** Die EU hat keine besondere Kompetenz zur **Harmonisierung** der **direkten Steuern.** Sie erfolgt nur aufgrund der allg. Rechtsangleichungsvorschriften und ist noch nicht sehr weit gediehen.[53] Art. 114 I AEUV ist aber nicht auf Steuern anwendbar, Art. 114 II AEUV. Für die **indirekten** Steuern enthält das Unionsrecht einen ausdr. Auftrag zur Rechtsangleichung, Art. 113 AEUV. Zunächst wurde die Umsatzsteuer fast vollständig harmonisiert.[54] In Ausführung des Auftrags aus Art. 113 AEUV hat der Rat die sog. System-RL erlassen.[55] Darauf gestützt ist ein für die gesamte Union geltendes System von Steuern auf Tabakwaren, Mineralöle, Alkohol und alkoholische Getränke errichtet worden. Das **Verbrauch- und Verkehrsteuerrecht** ist so in erheblichem Umfang europarechtlich bestimmt.

## B. Ausschließliche Gesetzgebungshoheit des Bundes (Abs. 1)

**14** Das GG hat dem Bund die ausschl. Gesetzgebungskompetenz für **Zölle** und **Finanzmonopole** zugewiesen. Auf diesen Gebieten dürfen die Länder auch dann keine Gesetze erlassen, wenn der Bund untätig geblieben ist.[56] Etwas anderes gilt nur, wenn der Bund sie ausdr. dazu ermächtigt. Art. 71 ist insoweit – im Gegensatz zu Art. 70 (→ Rn. 4) – anwendbar; auch wenn die sich daraus ergebende Rechtszersplitterung nicht sehr zweckmäßig sein dürfte.[57] Daraus folgt aber nicht zwingend, dass damit auch die Ertragshoheit des Bundes nach Art. 106 I entfällt. Sie besteht durchaus nicht nur für bundesgesetzlich geregelte Finanzquellen.[58] Eine andere Auslegung ist mit dem eindeutigen Wortlaut von Art. 105 und 106 nicht zu vereinbaren[59] und würde die in Art. 106 I–III normierte Ertragsverteilung zur Disposition des einfachen Gesetzgebers stellen. Die Gesetzgebungshoheit für die Zölle liegt mittlerweile allerdings weitgehend bei der EU (→ Rn. 13).

**15** **Zölle** sind sowohl steuertheoretisch als auch nach den Systemvorstellungen des GG (Abs. 2: „übrige Steuern") eine Sonderform von Steuern. Mangels inhaltlicher Unterscheidungsmerkmale sind sie deshalb rein formal zu bestimmen: Sie sind „Abgaben, die nach Maßgabe des Zolltarifs von der Warenbewegung über die Zollgrenze erhoben werden".[60] Möglicherweise erfüllen bloße **Prohibitivzölle** jedoch nicht den Steuerbegriff des GG (→ vor Art. 104a Rn. 74 ff., → Art. 104a Rn. 89).[61] Dann sollte man sie aber auch nicht als Zölle i. S. d. Art. 105 I, 106 I ansehen, die immer eine gewisse „Ertragsrelevanz" haben müssen. Ein solcher Zoll wäre wie ein (reduziertes) Instrument des Verwaltungsvollzugs zu behandeln, vergleichbar einem Zwangsgeld oder einer Geldbuße. Bei den zurzeit von der EU erhobenen Zöllen steht zwar der Lenkungszweck im Vordergrund, doch ist der Finanzierungszweck nicht völlig entfallen, so dass es sich iE um Lenkungssteuern handelt.[62]

---

[51] *Englisch,* in: Tipke/Lang, Steuerrecht, § 4 Rn. 25 f. mwNmwN; zur wachsenden Bedeutung der Rspr. des EuGH für den Bereich der direkten Steuern vgl. die umfangreichen Nachw. Bei *Jachmann-Michel/Vogel* MKS III, Art. 105 Rn. 43; ebenso *Englisch,* ebda, Rn. 24–29 mit zahlr. Beispielen, zu den harmonisierten (indirekten) Steuern Rn. 30–36.

[52] EuGH EuGRZ 1995, 58, 61; dazu mit genauer Wiedergabe des Sachverhalts *Kaefer/Saß* DB 1995, 642, (648 f.).

[53] *Oppermann/Classen/Nettesheim* (Fn. 47), § 35 Rn. 42, 55 ff.

[54] Nähere Einzelheiten bei *Müller-Franken,* in: Friauf/Höfling, Art. 105 (2008) Rn. 38.

[55] RL 92/12 EWG v. 25.2.1992 (ABl EG Nr. L 76/1 v. 23.3.1992), zul. geänd. durch RL 2004/106/EG v. 16.11.2004 (ABl EU Nr. L 359/30 v. 4.12.2004); dazu *Jatzke,* Das System des deutschen Verbrauchsteuerrechts unter Berücksichtigung der Ergebnisse der Verbrauchsteuerharmonisierung in der Europäischen Union, 1997, S. 27 f.

[56] *J.-P. Schneider* AK GG, Art. 105 (2001) Rn. 27; *Wendt* HStR IV¹, § 104 Rn. 24; *Jachmann-Michel/Vogel* MKS III, Art. 105 Rn. 45; *Heun,* in: Dreier III, Art. 105 Rn. 30.

[57] *Maunz,* in: Maunz/Dürig, Art. 105 (1979) Rn. 28; *Stern,* StaatsR II, S. 1114; *Pieroth,* in: Jarass/Pieroth, Art. 105 Rn. 30; *J.-P. Schneider* AK GG, Art. 105 (2001) Rn. 27; *Heintzen,* in: v. Münch/Kunig II, Art. 105 Rn. 41; *Müller-Franken,* in: Friauf/Höfling, Art. 105 (2008) Rn. 198; einschränkend *Vogel/Walter* BK, Art. 105 (2004) Rn. 72 ff.; aA *Seiler,* in: Maunz/Dürig, Art. 105 (2015) Rn. 134; *Heun,* in: Dreier III, Art. 105 Rn. 30, der auch eine Ermächtigung nach Art. 71 für unzulässig hält.

[58] BVerfGE 145, 171 Rn. 96 (Kernbrennstoffsteuer); *Stern,* StaatsR II, S. 1114; aA *Maunz,* in: Maunz/Dürig, Art. 105 (1979) Rn. 28; *J.-P. Schneider* AK GG, Art. 105 (2001) Rn. 27; *Pieroth,* in: Jarass/Pieroth, Art. 105 Rn. 30.

[59] Deshalb plädieren *Fischer-Menshausen,* in: v. Münch/Kunig III, 3. Aufl. 1996, Art. 105 Rn. 28, und *Birk* AK GG, Art. 105 (1989) Rn. 14, für eine Änderung des Wortlauts von Art. 105 II.

[60] BVerfGE 8, 160 (269).

[61] So *J.-P. Schneider* AK GG, Art. 105 (2001) Rn. 28; *Jachmann-Michel/Vogel* MKS III, Art. 105 Rn. 44.

[62] So iE auch *Friedrich* StuW 1987, 133 (134); *Vogel* HStR IV¹, § 87 Rn. 51; aA *Kruse,* Lehrbuch des Steuerrechts I, 1991, S. 35.

**Finanzmonopole** lassen sich in ihrem Kern als Unternehmen oder allgemeiner als Einrichtung **16** verstehen.[63] Sie können schwergewichtig aber auch als eine Tätigkeit, als eine „Form, in der man Steuern" erhebt, gekennzeichnet werden.[64] Dem hat sich das BVerfG angeschlossen und die Finanzmonopole als eine „besondere Form der Erhebung von Abgaben" bezeichnet.[65] Sie können danach als das „Recht des Staates, zur Erzielung von Einnahmen Wirtschaftsgüter unter Ausschluss Dritter herzustellen, zu beziehen oder zu vertreiben", **definiert** werden.[66] Systematisch handelt es sich um eine bes. Erhebungsform von Verkehrsteuern[67] und nicht um wirtschaftliche Betätigung der öff. Hand, die allerdings damit verbunden sein kann. Zuletzt bestand nur noch das Branntweinmonopol,[68] das aber seit Jahren defizitär war und daher zu einer mehr oder weniger versteckten „Verteilungsstelle von Subventionen" denaturiert war.[69] Nach einer Entscheidung der EU-Kommission vom 16.11.2004[70] war die im G über das Branntweinmonopol enthaltene Beihilferegelung zugunsten der Hersteller von Kornbranntwein jedoch nicht mit Unionsrecht vereinbar.[71] Zunächst wurden diese Beihilfen abgeschafft und zum 31.12.2017 auch das Monopol selbst.

Jede Art von **Monopol** (Verwaltungs-, Finanz- und Wirtschaftsmonopol) gerät zwangsläufig in **17** Konflikt mit den Grundrechten, vor allem Art. 12 I. Gleichwohl sind Monopole nach dem GG nicht schlechthin unzulässig, da die Alliierten die strikt anti-monopolistische Sicht des anglo-amerik. Rechtsdenkens[72] bei Schaffung des GG nicht umf. durchgesetzt haben. Die damals bekannten Finanzmonopole sind jedenfalls durch Art. 105 I, 106 I und 108 I vom GG anerkannt. Die mit ihrer Struktur zwangsläufig verbundenen Beschränkungen der freien wirtschaftl. Betätigung des Einzelnen werden verfassungsrechtl. „hingenommen und gebilligt", allerdings nur „im Prinzip".[73] Bereits abgeschaffte Monopole dürfen wieder eingeführt werden.[74] Völlig neue Monopole sind aber nicht durch die finanzverfassungsrechtl. Vorschriften gedeckt und in vollem Umfang an den Grundrechten und Grundprinzipien des GG zu messen.[75] Hinzu treten die sehr viel strengeren Vorgaben des EU-Rechts, das in Art. 106 II AEUV speziell die Anwendung der Wettbewerbsregeln auf Finanzmonopole anordnet. Daneben können aber auch die Angleichungsvorschriften des Art. 37 AEUV für Handelsmonopole gelten.[76]

**Folge** der Regelung in Abs. 1 ist, dass die Länder und Gemeinden den grenzüberschreitenden **18** Warenverkehr nicht mit **Zöllen** oder sonstigen Steuern – gleich welcher Art – belasten dürfen. Das gilt auch für innerstaatl. Grenzen, vor allem auch die Gemeindegrenzen, und unabhängig von der gewählten (verschleiernden) Bezeichnung (näher → vor Art. 104a Rn. 75).[77] Deshalb hat das BVerfG die Gemeindeeinfuhrsteuer von Helgoland zu Recht für verfassungswidrig erklärt.[78] Gleichwohl besteht die andauernde Gefahr, dass solche (unzuläss.) Abgaben in neuem Gewande (Sonderabgaben, privatrechtl. Entgelte) mit anderem Gegenstand (UmweltR, EnergieR) wiederaufstehen. Stets ist genau zu prüfen, ob es sich nicht tatsächlich um Zölle handelt, für die nur der Bund die Gesetzgebungskompetenz besitzt.

---

[63] So grds. auch *Heintzen*, in: v. Münch/Kunig II, Art. 105 Rn. 43 „Bundesbetriebe"; *Pieroth*, in: Jarass/Pieroth, Art. 105 Rn. 32, Art. 12 Rn. 88; gegen eine institutionelle Sicht *Badura*, Das Verwaltungsmonopol, 1963, S. 2.

[64] So der Berichterstatter des FinA im ParlRat, *Höpker-Aschoff* JöR nF 1 (1951), 767 (767).

[65] BVerfGE 14, 105 (111).

[66] *Stern*, StaatsR II, S. 1115 f.; *Seer* BK, Art. 108 (2011) Rn. 63; *J.-P. Schneider* AK GG, Art. 105 (2001) Rn. 29; *Heintzen*, in: v. Münch/Kunig II, Art. 105 Rn. 43.

[67] So jetzt auch *Heintzen*, in: v. Münch/Kunig II, Art. 105 Rn. 43; unklar *P. Kirchhof* HStR V³, § 118 Rn. 255: „verbrauchsteuerähnlich".

[68] G v. 8.4.1922, RGBl I 335, 405; zul. geändert durch G v. 21.8.2015 (BGBl I 1); vgl. *Heintzen*, in: v. Münch/Kunig II, Art. 105 Rn. 43; *Pieroth*, in: Jarass/Pieroth, Art. 105 Rn. 32; *Seer*, in: Tipke/Lang, Steuerrecht, § 2 Rn. 33, der zutreffend darauf hinweist, dass sich der Fiskalzweck des Brantweinmonopols „längst überlebt" hatte (Fn. 81); *P. Kirchhof* HStR V³, § 118 Rn. 255.

[69] *Kruse* (Fn. 62), S. 85 f.; *Seer* BK, Art. 108 (2011) Rn. 63.

[70] Über eine Beihilferegelung Deutschlands zugunsten von Kornbranntweinbrennereien, ABl EG Nr. L 88 v. 25.3.2006, S. 50.

[71] BT-Dr 16/913, S. 8.

[72] *Scheuner* FS Gebhard Müller, 1970, S. 379 (387 f.).

[73] BVerfGE 14, 105 (111); *Fischer-Menshausen*, in: v. Münch/Kunig III, 3. Aufl. 1996, Art. 105 Rn. 15: mit Art. 12 I nicht vereinbar, „gilt" aber „bis auf Weiteres" als verfassungsrechtlich „anerkannt".

[74] *J.-P. Schneider* AK GG, Art. 105 (2001) Rn. 30; aA *Maunz*, in: Maunz/Dürig Art. 105 (1979) Rn. 38; *Müller-Franken*, in: Friauf/Höfling, Art. 105 (2008) Rn. 197.

[75] *Jockel*, Öffentlich-rechtliche Monopole, Diss. Köln 1968, S. 56 ff., 134 ff.; *Horn*, Das deutsche Branntweinmonopol unter EWG-Vertrag und Grundgesetz, Diss. Köln 1987, S. 272 ff.; *Seer* BK, Art. 108 (2011) Rn. 63; *Müller-Franken*, in: Friauf/Höfling, Art. 105 (2008) Rn. 197; noch strenger *J.-P. Schneider* AK GG, Art. 105 (2001) Rn. 30 („ausgeschlossen"), unter Berufung auf diese Kommentierung; für die Zulässigkeit von Monopolen für „vereinzelte Sachbereiche von wirtschaftlich untergeordneter Bedeutung" *Pestalozza* Der Staat 11 (1972), 165 f.

[76] *Heintzen*, in: v. Münch/Kunig II, Art. 105 Rn. 43.

[77] BVerfGE 8, 260 (269), für „Zölle" und „andere Abgaben vom Warenverkehr über eine Grenze".

[78] BVerfGE 8, 260 (261).

## C. Konkurrierende Gesetzgebungshoheit des Bundes (Abs. 2)

### I. Voraussetzungen für die Inanspruchnahme durch den Bund

19 Dem Bund steht nach dem durch die Änderung des GG vom November 2019[79] eingefügten Satz 1 für die **Grundsteuer** ohne weitere Voraussetzungen die konkurrierende Gesetzgebungszuständigkeit als Abweichungskompetenz, Art. 72 Abs. 3 S. 1 Nr. 7, zu. Für alle **übrigen Steuern** hat er nach S. 2 die konkurrierende Gesetzgebungskompetenz, wenn

– ihm entweder das Aufkommen aus der Steuer ganz oder zT zusteht

**oder**

– die Voraussetzungen des Art. 72 II erfüllt sind.

Darüber hinaus darf es sich **nicht** um

– die Regelung von örtlichen Verbrauch- und Aufwandsteuern (Abs. 2a S. 1),
– die Bestimmung des Steuersatzes der Grunderwerbsteuer (Abs. 2a S. 2) **oder**
– die Regelung von Kirchensteuern (Art. 140 iVm Art. 137 VI WRV)

handeln.[80] Der einfache Gesetzgeber darf aber nur Steuern einführen, die einer der in Art. 106 aufgeführten Steuern oder Steuerarten zugeordnet werden können (→ Rn. 50).

20 **1. Ertragshoheit.** Die erste Alt. zur Begründung einer Gesetzgebungskompetenz des Bundes nach S. 2 knüpft an die Ertragsverteilung in Art. 106 an (→ Rn. 50 ff.). Es sind die Steuern gemeint, deren Ertrag nach Abs. 1 dem Bund allein oder nach Abs. 3 dem Bund gemeinsam mit den Ländern zusteht. Es muss sich um eine originäre Ertragshoheit handeln. Bloße Ansprüche auf Teile des Ertrags einer Quelle reichen nicht, wie bei der Gewerbesteuer nach Art. 106 VI 4.[81] Es handelt sich **nicht** „in Wahrheit" um eine ausschließl. Bundeszuständigkeit,[82] wie bisweilen angenommen wird.[83] Solange und soweit der Bund seine Gesetzgebungszuständigkeit nicht ausgeübt hat, sind die Länder frei, in diesem Bereich SteuerG zu erlassen, auch wenn der Ertrag aus diesen Steuern dem Bund zusteht.[84] Daher ist es auch verfehlt, durch „berichtigende Auslegung" eine „mehr als ausschließliche" Bundesgesetzgebung herbeizuführen,[85] um so eine Abhängigkeit der Bundeseinnahmen von einer Vielzahl von LandesG zu vermeiden. Ob sich daraus **faktisch** eine ausschl. Bundeszuständigkeit entwickelt hat,[86] ist dogmatisch zweitrangig. Der Bund hat es in der Hand, eine unerwünschte Abhängigkeit von der Gesetzgebung der Länder zu vermeiden, indem er seine Gesetzgebungskompetenz ausübt. Wenn man aber entgegen der hier vertretenen Auffassung (→ Rn. 14) die Ertragshoheit des Bundes auf (tatsächlich) bundesrechtlich geregelte Steuern beschränkt, taucht das Problem nicht auf.[87]

21 **2. Erforderlichkeit bundesgesetzlicher Regelung.** Der zweite Weg zur Eröffnung der Gesetzgebungszuständigkeit des Bundes nach S. 2 ist nach der Änderung des Art. 72 II von 1994 nicht mehr so leicht zu begehen wie bis dahin. Die **verschärften Anforderungen** (→ Art. 72 Rn. 2, 10 ff.) gelten auch bei Verweisungen. Die neu eingeführte Normenkontrolle nach Art. 93 I Nr. 2a kann auch SteuerG zum Gegenstand haben und macht die frühere Rspr. des BVerfG zur eingeschränkten Nachprüfung obsolet.[88] Das war auch Ziel des Gesetzgebers.[89] Möglicherweise sind aber nur die Begründungs- und Darlegungslasten für den Bundesgesetzgeber verschärft worden.[90] Die Voraussetzungen von Art. 72 II sind bisher bei bundesweit erhobenen Steuern idR als erfüllt angesehen worden.[91]

22 Als bundesgesetzlich geregelte Steuern sind iRd S. 2 gegenwärtig betroffen: die Vermögensteuer (nicht mehr erhoben), die Erbschaft- und Schenkungsteuer, die Kraftfahrzeugsteuer, die Grunderwerbsteuer, die Feuerschutzsteuer, die Rennwett- und Lotteriesteuer sowie die Gewerbesteuer.

---

[79] Gesetz zur Änderung des Grundgesetzes (Artikel 72, 105 und 125b) v. 15.11.2019, BGBl I 1546.

[80] *Heun*, in: Dreier III, Art. 105 Rn. 33.

[81] *Stern*, StaatsR II, S. 1116; *Selmer/Hummel* NVwZ 2006, 14 (15).

[82] Wie hier jetzt auch: *J.-P. Schneider* AK GG, Art. 105 (2001) Rn. 31; *Heintzen*, in: v. Münch/Kunig, II, Art. 105 Rn. 49.

[83] Vgl. *Fischer-Menshausen*, in: v. Münch/Kunig III, 3. Aufl. 1996, Art. 105 Rn. 19; *Waldhoff* (Fn. 7), S. 50.

[84] So jetzt auch ausdrücklich BVerfGE 145, 171 Rn. 96.

[85] So aber *Vogel/Walter* BK, Art. 105 (2004) Rn. 76, 80; *K. Vogel* StuW 1971, 308 (308 ff.).

[86] In diesem Sinne *Stern*, StaatsR II, S. 1176; *Wendt* HStR VI § 139 Rn. 32.

[87] In diesem Sinne *Pieroth*, in: Jarass/Pieroth, Art. 105 Rn. 34.

[88] *Rybak/Hofmann* NVwZ 1995, 230 (231); *Schmehl* DÖV 1996, 724 (727).

[89] *GemVerfKom*, Abschlussbericht BT-Dr 12/6000 S. 33; interfraktioneller Gesetzesentwurf, BT-Dr 12/6633, S. 8.

[90] So *Rybak/Hofmann*, die weiterhin einen „politischen Ermessensspielraum" und einen Beurteilungsvorrang des Bundes annehmen, welcher der Nachprüfung durch das BVerfG entzogen sei (NVwZ 1995, 230 [231, 233]); skeptisch *Schmehl* DÖV 1996, 724 (729);); für volle Übertragung der Anforderungen *Müller-Franken*, in: Friauf/Höfling, Art. 105 (2008) Rn. 203.

[91] *Franz Klein*, in: ders. (Hrsg.), Öffentliches Finanzrecht, 2. Aufl. 1993, I Rn. 86; *Heun*, in: Dreier III, Art. 105 Rn. 35; zurückhaltend *Selmer/Hummel* NVwZ 2006, 15 (16).

Nach der **Neugestaltung von Art. 72 II** durch die Föderalismusreform I von 2006 erstreckt sich 23
die **Erforderlichkeitsklausel** nur noch auf die dort ausdr. benannten Kompetenztitel. Art. 105 ist
nicht genannt (→ Art. 72 Rn. 2, → Art. 72 Rn. 6 ff.). Darauf kommt es aber nicht an, da Art. 72 II
ohnehin von Art. 105 verdrängt wird (→ Rn. 4). Er erlangt nur über die Verweisung in Abs. 2
Bedeutung für die Steuergesetzgebung, allerdings nur alternativ (→ Rn. 19). Nach dem klaren Willen
des verfassungsänd. Gesetzgebers sollte sie weiter eingreifen.[92] Methodisch müsste man Art. 105 II 2
deshalb jetzt als Rechtsfolgenverweisung interpretieren. Weder die urspr. „Bedürfnisklausel" noch die
erst durch Änderung des GG von 1994 verschärfte Klausel hatten den Bund daran gehindert, nahezu
lückenlos SteuerG zu erlassen. Überwiegend wird bezweifelt, dass die Voraussetzungen „gleichwertige
Lebensverhältnisse" und „Wahrung der Rechts- oder Wirtschaftseinheit" wesentlich striktere Voraussetzungen für die Bundeskompetenz gebracht haben (→ Art. 72 Rn. 10 f.). Jedenfalls kann ihnen aber
nicht ein Dogma „gleicher Steuerbelastung" im Bundesgebiet entnommen werden.[93] Zudem fehlt den
Postulaten „einheitlicher" oder „gleichwertiger" Lebensverhältnisse bei richtigem Verständnis die
notwendige Direktionskraft.[94]

Zwar wird zur Wahrung der Wirtschaftseinheit vornehmlich auch eine einheitliche Steuergesetz- 24
gebung für das gesamte Bundesgebiet im gesamtstaatl. Interesse liegen. Nach der Konkretisierung des
**Erforderlichkeitskriteriums** in der Rspr. des BVerfG ist eine „steuerartenspezifische" Betrachtung
angezeigt.[95] Jedenfalls verbietet der klare Wortlaut der Vorschrift aber, die Erforderlichkeit einer
bundesgesetzl. Regelung als Erfordernis einer „bundeseinheitlichen" Regelung zu verstehen. Es kann
auch eine regionale Unterschiede berücksichtigende, also nicht bundeseinheitl. Regelung geboten
sein.[96] Zweifelhaft ist auch, ob gravierende Unterschiede bei der Ausgestaltung des Hebesatzrechts
durch die Gemeinden nach Art. 106 VI 2 die Einführung von Mindesthebesätzen durch BundesG[97]
erforderlich machen. Das BVerfG hat die Frage aber jetzt bejaht und ihre Einführung „im gesamtstaatlichen Interesse" zur „Wahrung der Rechts- und Wirtschaftseinheit" als notwendig gebilligt.[98]

## II. Auswirkungen für die Länder

**1. Das Verbot der Einführung gleichartiger Steuern.** Sobald und soweit der Bund von seiner 25
(konkurr.) Gesetzgebungskompetenz Gebrauch gemacht hat,[99] haben die Länder keine Kompetenz
mehr zum Erlass eines SteuerG. Diese **Sperrwirkung** tritt ein, wenn die Landessteuer und eine
bundesgesetzlich geregelte Steuer gleichartig sind.[100] Dieses **Gleichartigkeitsverbot** dient vor allem
zwei Zwecken:

– Es soll verhindern, dass die Länder eine Steuerquelle ausschöpfen, die dem Bund zugewiesen ist, und
diese dadurch **entwerten**.

---

[92] *Seer/Drüen,* in: Kluth (Hrsg.) Föderalismusreformgesetz, 2007, Art. 105 Rn. 5 f., die aber zu Recht darauf
hinweisen, dass eine Klarstellung in der zweiten Stufe der Reform angezeigt sei; ebenso *Müller-Franken,* in: Friauf/
Höfling, Art. 105 (2008) Rn. 203, der aber unzutr. *Seer/Drüen* als Gegenmeinung anführt; iE jetzt auch BVerfGE
125, 141 (154 f.), wo der Wortlaut aber als insoweit eindeutig bezeichnet wird.
[93] Vgl. *Waldhoff* (Fn. 7), S. 94, der insges. die Präzisierung auch aus der Warte der Steuergesetzgebung als wenig
gelungen ansieht; iE *Leisner-Egensperger,* Hdb Föderalismus II, § 40 Rn. 30: „Eine Begrenzung von Gewicht für den
Bund". Auch bei der Anwendung der Erforderlichkeitsklausel des Art. 72 II auf die Steuergesetzgebung nach
Art. 105 II dürfte daraus noch keine Tendenz zu mehr Wettbewerbsföderalismus (→ vor Art. 104a Rn. 42) folgen;
*Selmer* NordÖR 2006, 221 (222).
[94] So zutr. *Waldhoff* VVDStRL 66 (2007), 216 (248–252).
[95] *Hey* FS Solms, 2005, S. 35 (36 ff.); *dies.* VVDStRL 66 (2007), 277 (311); *Seer/Drüen* (Fn. 92) Rn. 8. Sonderge-
setzgebungskompetenzen wie Art. 105 IIa S. 2 sollen aber nicht erfasst sein (Rn. 9). Zweifel sind anzumelden für
immobile Steuergegenstände (Grund- und Grunderwerbsteuer) und möglicherweise auch die Vermögen-, Erbschaft-
und Schenkungsteuer, die zT auch sehr mobile Gegenstände erfassen; insges. aA *Heun,* in: Dreier III, Art. 105
Rn. 37.
[96] *Pestalozza* MKS III, 3. Aufl. 1996, Art. 72 Rn. 369; *Pieroth,* in: Jarass/Pieroth, Art. 72 Rn. 19; aA BVerfGE 18,
407 (415); 26, 338 (383) zur aF der Vorschrift; in der Sache jetzt aber wie hier BVerfG (K) NVwZ-RR 2004, 890
(891). *Seer,* in: Tipke/Lang, Steuerrecht, § 2 Rn. 40 f., verneint die Bundeskompetenz für die Grunderwerbsteuer,
die Biersteuer und die Feuerschutzabgabe wegen der kommunalen Realsteuern; gegen eine Kompetenz für die
Reform der Erbschaftsteuer *Wernsmann/Spernath* FR 2007, 829.
[97] G v. 16.5.2003, BGBl I, 660.
[98] BVerfGE 125, 141 (155); den Erlass einer einstweiligen Anordnung gegen die Regelung hat es schon abgelehnt,
BVerfGE 112, 226 (216 ff.). *Selmer/Hummel* sehen die bundesgesetzliche Einführung einer mit einem Mindesthebe-
satz gepaarten Erhebungspflicht als von der dritten Variante des Art. 72 II gedeckt an (NVwZ 2006, 15 [17]).
[99] Zur näheren Abgrenzung *Rybak/Hofmann* NVwZ 1995, 230 (230 ff.).
[100] BVerfGE 7, 245 (258 f.): „Steuerquellen, die der Bund in Anspruch genommen hat, kann ein Land nicht mehr
anzapfen. Einen Tatbestand, an den ein BundesG bereits eine Steuer geknüpft hat, darf der Landesgesetzgeber nicht
mehr mit einer gleichartigen Steuer belegen." Aus diesen Gründen sieht *Schuppert,* in: Umbach/Clemens II, Art. 105
Rn. 44, in dem „Gleichartigkeitsverbot" eine Entscheidung für die „Nachrangigkeit der Ländergesetzgebung" im
Bereich der Steuergesetzgebung; ähnl. *Heintzen,* in: v. Münch/Kunig II, Art. 105 Rn. 9, 50 (unitarischere Handhabung), der aber zugleich wie hier die Kategorien „Gleichartigkeit" und „Sperrwirkung" grds. gleichsetzt (Rn. 52);
*Müller-Franken,* in: Friauf/Höfling, Art. 105 (2008) Rn. 213.

– Die Bürger sollen vor einer übermäßigen und unkoordinierten **Mehrfachbelastung** geschützt werden.[101]

Obschon diese Zwecke nicht ausdr. in der Vorschrift angesprochen sind, folgen sie aus der „Begrenzungs- und Schutzfunktion der bundesstaatlichen Finanzverfassung", die auch die „Belastungsgleichheit" des Bürgers umfasst.[102]

26 Für die genaue Bestimmung dieser **Gleichartigkeit** werden vielfach wechselnde Einzelmerkmale angeführt.[103] Oft wird auf die Ausschöpfung der gleichen Quelle wirtschaftl. Leistungsfähigkeit[104] oder auf die gleiche wirtschaftl. Auswirkung[105] oder beides[106] abgestellt. Meist wird ein Gesamtvergleich gefordert.[107] Das BVerfG nimmt einen Vergleich der „steuerbegründenden Tatbestände" vor.[108] Dazu rechnet es iE Steuergegenstand (Steuerobjekt),[109] Steuermaßstab,[110] Steuerschuldner,[111] wirtschaftl. Auswirkungen der Steuer[112] und vereinzelt auch die Art der Steuererhebung.[113] Diese Einzelaspekte entsprechen im Wesentl. den aus der allg. Steuerlehre bekannten und wohl abgegrenzten Kategorien Steuerobjekt, Steuerbemessungsgrundlage, Steuersubjekt (Steuerschuldner) und Steuerwirkung. Darüber hinaus prüft das BVerfG, ob die zu vergleichenden Steuern aus derselben „Quelle wirtschaftlicher Leistungsfähigkeit" gespeist werden.[114] Im Interesse der Rechts- und Wirtschaftseinheit ist das Merkmal der Gleichartigkeit in jedem Fall **weit** zu verstehen.[115] **Keine Gleichartigkeit** besteht zwischen einer Abgabe zur Finanzierung der komm. Folgekosten des Wohnungsbaus und der (jetzt in Art. 72 III 1 Nr. 7 der Abweichungskompetenz der Länder unterworfenen) Grundsteuer[116] sowie zwischen der Schankerlaubnissteuer und der Gewerbe- sowie der Umsatzsteuer.[117]

27 Die Einführung einer Steuer, die nicht mit einer bundesgesetzl. geregelten Steuer gleichartig ist, kann gleichwohl gegen die **bundesstaatl. Kompetenzordnung** verstoßen. Das ist der Fall, wenn der Bundesgesetzgeber eine Sachregelung getroffen hat und der Landesgesetzgeber mit der Erhebung der Abgabe Lenkungswirkungen in demselben Sachgebiet erzielen will. Nach Auffassung des BVerfG darf der Abgabengesetzgeber auf Grund seiner Abgabenerhebungskompetenz nur insoweit lenkend in den Kompetenzbereich eines Sachgesetzgebers übergreifen, als „die Lenkung weder der Gesamtkonzeption der sachlichen Regelung noch konkreten Einzelregelungen zuwiderläuft" (→ vor Art. 104a Rn. 14 ff.).[118]

28 **2. Sperrwirkung bei Nichtausschöpfung einer Steuerquelle.** Fraglich ist, ob die Sperrwirkung[119] auch eintritt, wenn der Bund eine Steuer **nicht einführt** oder eine bestehende Steuer ganz oder zT **abschafft** oder das Steueraufkommen, das den Ländern zusteht, drastisch **reduziert,** entweder durch Schmälerung der Steuerbemessungsgrundlage oder durch Senkung der Steuersätze.

29 Auch wenn iRd allg. Regeln nicht sicher sein sollte, ob die bloße Aufhebung eines Gesetzes bereits die Kompetenz der Länder zur Gesetzgebung sperrt („durch Gesetz") (→ Art. 72 Rn. 25, 27, → Art. 72 Rn. 38), sind derartige Bedenken bei der Steuergesetzgebung idR nicht angebracht. Der

---

[101] *Wendt* HStR IV¹, § 104 Rn. 36; *Schuppert,* in: Umbach/Clemens II, Art. 105 Rn. 47; *Heintzen,* in: v. Münch/Kunig II, Art. 105 Rn. 52; *Müller-Franken,* in: Friauf/Höfling, Art. 105 (2008) Rn. 213; Betonung der individualschützenden Funktion der finanzverfassungsrechtlichen Kompetenzordnung bei *Waldhoff* VVDStRL 66 (2007), 216 (235 f.).

[102] BVerfGE 93, 319 (342).

[103] Zusammenstellung bei *Küssner* (Fn. 16), S. 78 f. mit ausf. Darstellung der verschiedenen Auffassungen, S. 82–108.

[104] BVerfGE 49, 343 (355 f.); 65, 325 (351); *Tipke* StuW 1975, 242 (242 ff.); *Wendt* HStR IV¹, § 104 Rn. 36; *Heintzen,* in: v. Münch/Kunig II, Art. 105 Rn. 53; krit. *Birk* SteuerStud 1987, 291.

[105] Bzgl. der „Wirkungsstrukturen" von Steuern will *J.-P. Schneider* AK GG, Art. 105 (2001) Rn. 32, deutlich zwischen Belastungs- und Gestaltungswirkung unterscheiden.

[106] *Seer,* in: Tipke/Lang, Steuerrecht, § 2 Rn. 50, § 8 Rn. 24, aber vornehmlich bzgl. Art. 105 IIa; *Pieroth,* in: Jarass/Pieroth, Art. 105 Rn. 8a, der darüber hinaus auch die meisten der von BVerfG benutzten Merkmale nennt (Steuergegenstand, Steuermaßstab, Art der Steuererhebung), vorrangig aber auf die Quelle der wirtschaftlichen Leistungsfähigkeit abstellt.

[107] *Vogel/Walter* BK, Art. 105 (2004) Rn. 98, 101 ff.; *K. Vogel* HStR IV¹, § 87 Rn. 59–61 („Typentheorie"); *Waldhoff* (Fn. 7), S. 51.

[108] BVerfGE 7, 244 (260 ff.); 13, 181 (193); 16, 64 (75); 16, 306 (316); 40, 56 (62).

[109] BVerfGE 7, 244 (262 f.); 13, 181 (193); 16, 64 (75 f.); 40, 56 (62); 65, 325 (351).

[110] BVerfGE 7, 244 (262 f.); 16, 64 (76); 16, 306 (316); 49, 343 (356); 65, 325 (351).

[111] BVerfGE 49, 343 (356).

[112] BVerfGE 7, 244 (263 f.).

[113] BVerfGE 7, 244 (264).

[114] BVerfGE 13, 181 (193); 16, 64 (76); 49, 343 (356); 65, 325 (351 ff.).

[115] *Müller-Franken,* in: Friauf/Höfling, Art. 105 Rn. 216.

[116] BVerfGE 49, 344 (355 ff.); abwM *Hirsch* BVerfGE 49, 363 (363 ff.).

[117] BVerfGE 13, 181 (192 ff.); zur besonderen Problematik der immer weiter wuchernden Zweitwohnungsteuer mit ihren zT grotesken Abgrenzungsproblemen → Rn. 41 f.

[118] BVerfGE 98, 83 (98); 98, 106 (118 f.).

[119] Sie setzt voraus, dass der Bund berechtigt war, die Regelung zu erlassen; für die aF *Maunz,* in: Maunz/Dürig, Art. 72 (1984) Rn. 7; für die n F *Rybak/Hofmann* NVwZ 1995, 230 (233).

Landesgesetzgeber ist nicht berechtigt, Steuern einzuführen, die der Bundesgesetzgeber **ersatzlos aufgehoben** hat.[120] Wenn der Bund zB aus Gründen der Steuervereinfachung, der Konjunkturpolitik, der Verteilungspolitik oder schlicht der Zweckmäßigkeit eine Steuer abschafft, hat er dadurch sein Gesetzgebungsrecht ausgeübt und die Länder von der Gesetzgebung ausgeschlossen. Das gilt auch für Steuern, deren Ertrag nach Art. 106 II den Ländern oder einer anderen Körperschaft zusteht.[121] Möglicherweise hat der Bund dabei aber besondere **Grenzen** zu beachten (→ Rn. 60). Diese Sperrwirkung besteht erst recht, wenn der Bundesgesetzgeber solche Steuern nur senkt.[122] Bei der ersatzlosen Aufhebung eines SteuerG ist mangels gegenteiliger Anhaltspunkte im Gesetz davon auszugehen, dass die Steuer nicht mehr erhoben werden soll. Es bedarf jedenfalls keiner ausdr. Anordnung der Sperrwirkung.[123] Auch das Ablaufen einer Frist bei befristet erhobenen Steuern reicht.[124]

Entsprechendes muss gelten, wenn eine Steuer nicht mehr erhoben wird, weil sie **verfassungs-** 30 **widrig** ist. Dabei genügt das Verstreichenlassen eines Termins, bis zu dem ein mit dem GG unvereinbares SteuerG weiter angewendet werden darf. Die Sperrwirkung bleibt auch bestehen, wenn nur eine einzige, wenn auch zentrale Vorschrift des SteuerG für unvereinbar mit dem GG erklärt worden ist, wie beim VStG (§ 10 Nr. 1 [→ Rn. 8 f.]; → Art. 106 Rn. 10).[125]

Das bloße **Absehen** von der Einführung einer **neuen** Steuer – und nicht nur einer Erhebungsform 31 oder Variante einer bereits geregelten Steuer – reicht nach der Neufassung von Art. 72 II wohl nicht mehr aus. Es muss einen Anhaltspunkt für den Ausschluss der Landesgesetzgebung geben.[126] Das BVerfG sieht jedoch nach wie vor in dem „absichtsvollen Unterlassen einer Regelung" ein Gebrauchmachen von einer Bundeszuständigkeit, das dann Sperrwirkung für die Länder erzeugt.[127]

**3. Einführung von Zuschlägen oder Hebesätzen durch die Länder.** Die Länder haben auch 32 nicht das Recht, **Zuschläge** oder **Hebesätze** zu bundesgesetzl. geregelten Steuern, namentlich zur Einkommen- und Körperschaftsteuer einzuführen. Im Bereich der konkurr. Gesetzgebung sind LandesG dann ausgeschlossen, wenn die bundesrechtl. Vorschriften erschöpfend sind und die Rechtsmaterie damit abschließend geregelt ist.[128] Eine idS abschließende Regelung liegt auch vor, wenn ergänzende Vorschriften, die der Sache nach möglich wären, nach dem aus Gesetzgebungsgeschichte und -materialien ablesbaren obj. Willen des Gesetzgebers ausgeschlossen sein sollen.[129]

Der Bundesgesetzgeber hat die Einkommensteuer und die Körperschaftsteuer **abschließend** und 33 **erschöpfend** im EStG und im KStG geregelt. Es handelt sich um Kodifikationen.[130] Die Gesetze entfalten Sperrwirkung auch, soweit sie Einzelaspekte der Materie nicht ausdr. regeln. Es wäre zudem schlecht möglich, all das aufzuzählen, was ungeregelt bleiben soll. EStG und KStG sehen ein Zuschlags- oder Hebesatzrecht der Länder nicht vor. Ihre Einführung ist deshalb den Ländern versperrt. Das gilt in jedem Fall, soweit Zuschläge bestanden haben und beseitigt worden sind,[131] dürfte aber auch für neuartige Modifikationen gelten. Vom Recht zur gesetzl. Regelung der Materie ist auch dann Gebrauch gemacht worden, wenn die Regelung entspr. einer von der Sache her geforderten und erklärten Gesamtplanung nicht in **einem** Gesetz, sondern in mehreren, sich zeitlich und inhaltlich aneinander anschließ. Gesetzen erfolgt ist.[132]

---

[120] *Heun,* in: Dreier III, Art. 105 Rn. 38 mwN; *Heintzen,* in: v. Münch/Kunig II, Art. 105 Rn. 51; zust. *Jachmann-Michel/Vogel* MKS III, Art. 105 Rn. 52; *Küssner* (Fn. 16), S. 46 ff.; aA *Vogel/Walter* BK, Art. 105 (2004) Rn. 75; *Müller-Franken,* in: Friauf/Höfling, Art. 105 (2008) Rn. 217.

[121] *Maunz,* in: Maunz/Dürig, Art. 105 (1979) Rn. 42; ähnl. *Selmer,* Steuerinterventionismus und Verfassungsrecht, 1972, S. 152; *Birk* AK GG, 2. Aufl., Art. 105 Rn. 23.

[122] *Heintzen,* in: v. Münch/Kunig II, Art. 105 Rn. 51.

[123] *Seiler,* in: Maunz/Dürig, Art. 105 (2015) Rn. 145: im Einzelfall durch Auslegung zu bestimmen; *Jachmann-Michel/Vogel,* MKS III, Art. 105 Rn. 52; allg. *Schmehl* DÖV 1996, 724 (730): kein ausdr. Ausschluss der Landesgesetzgebung verlangt, Auslegung des Gesetzes entscheidend; zw. *J.-P. Schneider* AK GG, Art. 105 (2001) Rn. 32.

[124] *Heintzen,* in: v. Münch/Kunig II, Art. 105 Rn. 50; aA *Müller-Franken,* in: Friauf/Höfling, Art. 105 (2008) Rn. 218.

[125] Für Sperre zum Erlass von Vermögensteuergesetzen der Länder durch den Fortbestand der verfassungswidrigen Norm *Arndt/Jenzen* NJW 1997, 1678 (1679 Fn. 14); wohl auch *Heintzen,* in: v. Münch/Kunig II, Art. 105 Rn. 51, unter aaO. Hinweis auf die hier vertretene Auffassung; vorsichtig aA *Schüppen* DStR 1997, 225 (227): „macht … von der Gesetzgebungskompetenz wohl gerade keinen Gebrauch"; *Hey* VVDStRl 66 (2007), 277 (311).

[126] GemVerfKom, Abschlussbericht, BT-Dr 12/6000, S. 33. Ein solcher Anhaltspunkt kann sich aber aus dem vom Bundesgesetzgeber verfolgten steuerpolitischen Gesamtkonzept ergeben, vgl. zur Bedeutung des „für den Regelfall bestehenden Konzept[s] des Bundesgesetzes" BVerfG 102, 99 (121).

[127] BVerfGE 32, 319 (327 f.); 98, 265 (300); anders *Heintzen,* in: v. Münch/Kunig II, Art. 105 Rn. 51, der ein SperrG verlangt.

[128] BVerfGE 20, 238 (248) mwNmwN; 32, 319 (327); 102, 99 (115): „Maßgeblich ist, ob ein bestimmter Sachbereich tatsächlich umfassend und lückenlos geregelt ist."

[129] BVerfGE 32, 319 (327); 102, 99 (115).

[130] Zum Kodifikationsprinzip in diesem Zusammenhang BVerfGE 24, 367 (386).

[131] *Maunz,* in: Maunz/Dürig, Art. 105 (1979) Rn. 42: „So könnten die Länder … die aufgehobene Ergänzungsabgabe … nicht mehr einführen."

[132] BVerfGE 34, 9 (28).

## III. Einzelfragen

34 Die Ausübung der Gesetzgebungskompetenz ist insoweit begrenzt, als die Besteuerung der hoheitl. Tätigkeit des Bundes, der Länder oder ihnen zuzuordnender Einrichtungen **mittelbarer Verwaltung** nicht erlaubt ist. Das ist nicht nur idR einfachgesetzl. angeordnet, sondern vom GG geboten.[133] Namentlich ist die Gesetzgebungskompetenz für die Umsatzsteuer dahingehend eingeschränkt, dass nur ein privatwirtschaftl. Leistungsaustausch besteuert werden kann.[134] Diese deutliche Aussage wird auch in der Praxis der Finanzverwaltung, wie viele andere verfassungsrechtl. Vorgaben, nicht immer hinreichend klar verstanden. Aus diesen Gründen hat das BVerfG die Unterwerfung der ör Rundfunkanstalten unter die Umsatzsteuer zu Recht für verfassungswidrig erklärt.[135]

## D. Ausschließliche Gesetzgebungshoheit der Länder (Abs. 2a)

35 Art. 105 II 2a begründet eine **ausschließliche** Landeszuständigkeit zur Regelung der örtlichen Verbrauch- und Aufwandsteuern.[136] Diese bilden eine gemeinsame Kategorie mit unterschiedlichen Schattierungen, aber fließenden Übergängen.[137] Steuersystematisch sind sie besondere Umsatzsteuern, die den **Privatkonsum** belasten.[138]

## I. Verbrauch- und Aufwandsteuern (S. 1)

36 **1. Abgrenzung.** Die Abgrenzung zwischen den beiden Formen spielt für die Rechtsfolgen aus Art. 105 IIa keine Rolle. Im Gesamtzusammenhang der Finanzverfassung hat der Verbrauchsteuerbegriff indes **erhebliche Bedeutung**.[139] Die Zuweisung von Ertragskompetenzen ist unmittelbar daran geknüpft (Art. 106 I Nr. 2). Mittelbar begrenzt er dadurch auch das Steuererfindungsrecht des Gesetzgebers (→ Rn. 49).

37 **a) Verbrauchsteuern.** Verbrauchsteuern belasten nach ihrer tradierten Intention den Verbrauch oder Verzehr von (tangiblen) Wirtschaftsgütern unter Einschluss des Verpackungsmaterials;[140] Beispiele: Energie- oder Mineralölverbrauch, Konsum von Bier, Schaumwein, Tabakwaren, Speiseeis, Verwendung von Einwegverpackungen.[141] Nach Auffass. des BVerfG soll der „Typusbegriff" (→ Rn. 50, 50a) Verbrauchsteuer „weit zu interpretieren sein.[142] Verbrauchsteuern werden definiert als „Steuern, die den Verbrauch vertretbarer, regelmäßig zum baldigen Verzehr oder kurzfristigen Verbrauch bestimmter Güter des ständigen Bedarfs belasten".[143] In der Begründung des FinanzverfassungsG von 1955 war zudem festgestellt, dass die Steuer „regelmäßig nicht vom Steuerschuldner, sondern im Wege der Überwälzung vom Endverbraucher getragen" werde.[144] Überwiegend lässt man dagegen ausreichen, dass die Steuer auf „Überwälzung der Steuerlast auf den Steuerträger angelegt" ist, unabhängig davon, ob die „Überwälzung im Einzelfall gelingt".[145] Ob dem Gesetz die „Idee" oder das „Konzept" der Abwälzbarkeit zugrunde liege, soll nach der „subjektiven Zielsetzung des Gesetzgebers,

---

[133] *Maunz*, in: Maunz/Dürig, Art. 105 (1979) Rn. 25 mwNmwN; nur bei gezieltem Zugriff auf die hoheitliche Tätigkeit *Brockmeyer*, in: Hofmann/Hopfauf, 11. Aufl. (2008) Art. 105 Rn. 6d.

[134] BVerfGE 31, 314 (333).

[135] BVerfGE 31, 314 (330, 333); dagegen *Brockmeyer*, in: Hofmann/Hopfauf, 11. Aufl. (2008) Art. 105 Rn. 6d, der wegen geänderter Vorschriften jedenfalls eine Umsatzbesteuerung der ör Rundfunkanstalten im Bereich ihrer hoheitlichen Tätigkeit für zulässig hält.

[136] BVerfGE 40, 56 (60).

[137] *Bökelmann*, Die örtlichen Steuern und das Gleichartigkeitsverbot in Art. 105 Abs. 2a, 1974, S. 214; *Heintzen*, in: v. Münch/Kunig II, Art. 105 Rn. 58; *Stern*, StaatsR II, S. 1121.

[138] *Heintzen*, in: v. Münch/Kunig II, Art. 105 Rn. 58; speziell zur ungleichmäßigen Belastung durch kommunale Verbrauch- und Aufwandsteuern *Tipke* DÖV 1995, 1027 (1027 ff.). Ob daraus aber eine Verletzung des Gleichheitssatzes folgt oder ob solche Steuern durch ihre Erwähnung in Art. 105, 106 verfassungsrechtlich „immunisiert" werden, ist fraglich; für eine Ausnahme von den Anforderungen des Gleichheitssatzes die ganz hM vgl. *Voß*, Strukturelemente der Verbrauchsteuern, 1988, S. 278, 281; *Förster*, Die Verbrauchsteuern, 1989, S. 99–104; *Peters*, Das Verbrauchsteuerrecht, 1989, Rn. 65; *Vogel* FS Tipke, 1995, S. 93 (102); dagegen dezidiert *Tipke* (Fn. 37), S. 1124 ff.

[139] Vgl. *Seer*, in: Tipke/Lang, Steuerrecht, § 2 Rn. 47.

[140] *Seer*, in: Tipke/Lang, Steuerrecht, § 2 Rn. 47.

[141] BVerwGE 96, 272 (281 f.); aufgehoben von BVerfGE 98, 83 (dazu *Siekmann*, vor Art. 104a Rn. 17 f.).

[142] BVerfG E145, 171 Rn. 114 (Kernbrennstoffsteuer).

[143] BT-Dr II/480, S. 107 Textnr. 160; übernommen von BVerfGE 98, 106 (123); ähnl., wenn auch etwas weiter zuvor BVerwGE 96, 272 (281); ausf. zum Begriff der Verbrauchsteuer: *Förster* (Fn. 138), S. 104; *Jatzke* (Fn. 55), S. 310 f.; *D. Müller*, Struktur, Entwicklung und Begriff der Verbrauchsteuern, Diss. Bochum 1995, S. 113 ff., 143 f.; *Eiling*, 2014, S. 58–62, 75; die zum Ergebnis gelangte, dass die weder das BVerfG noch der BFH bisher (im Jahre 2015) zu einer „gefestigten Rechtsprechung" hinsichtlich des Begriffs der Verbrauchsteuern gelangt seien (S. 62); vgl. auch *Jachmann-Michel*/*Vogel* MKS III, Art. 105 Rn. 55 ff.

[144] BT-Dr II/480, S. 107 Textnr. 160.

[145] BVerfGE 110, 274 (295); 145, 171 Rn. 119,124 f., 127 (Kernbrennstoffsteuer), mwNmwN; FG Düsseldorf DStRE 2005, 1354 (1355), bejaht für die „Alkopopsteuer"; zust. *Seer*, in: Tipke/Lang, Steuerrecht, § 2 Rn. 47; aA *Jatzke* (Fn. 55), S. 311, der eine Garantie des Gesetzgebers für grundsätzliche Abwälzbarkeit verlangt.

dem objektiven Regelungsgehalt des betreffenden Gesetzes und etwaigen flankierenden Maßnahmen zu beurteilen sein".[146] Der vom Gesetzgeber vorgesehene Träger der Steuerlast braucht kein privater Haushalt zu sein. Nach tradit. deutschem SteuerR kann eine Verbrauchsteuer auch den „produktiven Bereich" betreffen.[147] Deshalb hatte das BVerfG keine Bedenken, 2004 **Strom- und Mineralölsteuern** als Verbrauchsteuern iSv Art. 106 I Nr. 2 zu qualifizieren,[148] obwohl es grds. für das Vorliegen einer Verbrauchsteuer verlangt, dass das belastete Gut „der Befriedigung eines ständigen privaten Bedarfs dient".[149] Soweit Objekte des tradit. VerbrauchsteuerR mit ihrer Zweckerfüllung nicht mehr existent seien (Beispiel: Spielkarten), werden sie zu nicht „typusbestimmenden" Einzelfällen erklärt.[150]

Bei der Beurteilung der **Kernbrennstoffsteuer** legte das BVerfG im Jahre 2017 den Schwerpunkt  37a auf die Abgrenzung von den „Unternehmensteuern".[151] Die Unterscheidung zwischen der privaten „Einkommensverwendung" und der „unternehmerischen Einkommenserzielung" sei für das finanzverfassungsrechtl. „Verteilungsgefüge" von grds. Bedeutung.[152] Typischerweise seien „Güter des ständigen Bedarfs", die aber keine Genussmittel sein brauchen, Anknüpfungspunkt für die tradierten Verbrauchsteuern. Einzelne Abweichungen, wie zB die herkömmliche Spielkartensteuer, könnten als „nicht typusbestimmende Einzelfälle" vernachlässigt werden.[153] Im Ergebnis führt die gebotene „Gesamtbetrachtung"[154] dazu, dass die Kernbrennstoffsteuer nach Auffassung des BVerfG **nicht** unter den Typus **Verbrauchsteuer** fällt. Sie sei **nicht** auf eine **Abwälzung** auf den **privaten Verbraucher** angelegt, besteuere ein **„reines Produktionsmittel"** und erfülle nicht das Typusmerkmal **„Anknüpfung an ein Gut des ständigen privaten Bedarfs".**[155]

Im Übrigen muss Anknüpfungspunkt für die Verbrauchsteuern nicht der Verbrauch selbst sein. Es  37b genügt das **Inverkehrbringen** des zum Verbrauch vorgesehenen Gutes.[156] Die Besteuerung des **bloßen Gebrauchs** von Gegenständen sollte in diesem Kontext aber nicht als Verbrauchsteuer eingestuft werden,[157] da andernfalls die ohnehin schon schwierige Abgrenzung zu den Aufwandsteuern (→ Rn. 38) gänzlich unmöglich gemacht würde. Deshalb wäre eine reine Waffenbesitzsteuer, die auf kommunaler Ebene erwogen wird, keine Verbrauchsteuer.[158] Dennoch dürfte ein vollständiger stofflicher Verzicht nicht erforderlich sein.[159] Eine Verbrauchsteuer soll aber jedenfalls dann vorliegen, wenn der Besteuerungsgegenstand nach Sinn und Zweck des Gesetzes „verbrauchsteuerrechtlich als nicht mehr existent angesehen[160] oder funktions- und wertlos werden soll".[161]

Auch wenn der Versuch des BVerfG anzuerkennen ist, im historisch überkommenen, eher zufällig  37c entstandenen Verbrauchsteuerrecht eine inhärente Logik zu finden, sind seine Überlegungen insgesamt wenig kohärent und zT überartifiziell, wie zu den Kalkulationsmöglichkeiten des Unternehmers bzgl. der Überwälzbarkeit der Belastung durch eine Verbrauchsteuer.

b) **Aufwandsteuern.** Die **Aufwandsteuern** knüpfen dagegen an den sonstigen **Konsum** an, auch  38 wenn damit kein Verzehr tangibler Güter verbunden ist. Die in der Rspr. entwickelten Abgrenzungen

---

[146] 145, 171 Rn. 121 (Kernbrennstoffsteuer) unter Berufung auf BVerfGE 91, 186 (203). Bei produktiver Verwendung des belasteten Guts soll genügen, wenn der zunächst belastete Verbraucher „jedenfalls grundsätzlich nicht gehindert ist, die Verbrauchsteuerbelastung" in die Preiskalkulation einzubeziehen (Rn. 125).
[147] BVerfGE 110, 274 (296); 145, 171 Rn. 115 (Kernbrennstoffsteuer). Allerdings weist *Seer* zutreffend darauf hin, dass letztlich auch die Kernbrennstoffsteuer auf die Belastung des Konsumenten abzielt (in: Tipke/Lang, Steuerrecht, § 2 Rn. 47).
[148] BVerfGE 110, 274 (LS 1).
[149] BVerfGE 145, 171 Rn. 128 (Kernbrennstoffsteuer).
[150] BVerfGE 145, 171 Rn. 128 (Kernbrennstoffsteuer).
[151] BVerfGE 145, 171 Rn. 116 (Kernbrennstoffsteuer): Eine Steuer, die „gezielt auf den unternehmerischen Gewinn oder einen typisierend vermuteten unternehmerischen Gewinn (…) anstatt auf die Einkommensverwendung zugreift", „ist nicht als Verbrauchsteuer, sondern als Unternehmensteuer" einzuordnen; unter Berufung auf *Seer,* in: Tipke/Lang, Steuerrecht, 22. Aufl. 2015, § 2 Rn. 47, und *Hey* ebda, § 7 Rn. 22. Seer weist in seiner Antwort auf das BVerfG zutreffend darauf hin, dass der Verfassunggeber keineswegs die Schaffung beliebiger neuer partikularer Unternehmensteuern im Gewande einer Verbrauchsteuer erlauben wollte (ebda aE).
[152] BVerfGE 145, 171 Rn. 116 (Kernbrennstoffsteuer).
[153] BVerfGE 145, 171 Rn. 130 (Kernbrennstoffsteuer).
[154] BVerfGE 145, 171 Rn. 65 (Kernbrennstoffsteuer).
[155] BVerfGE 145, 171 Rn. 111, 134, 161 (Kernbrennstoffsteuer). Dem widersprechen die Richter *Huber* und *Müller,* die gleichwohl zur Verfassungswidrigkeit gelangen; wegen der fehlenden Zustimmung des BR (230 Rn. 1); iE wie die Senatsmehrheit zuvor schon FG Hamburg BeckRS 2013, 95378; *Stein/Thomas* BB 2011, 471 (477); *Seer* DStR 2012, 325 (329 f., 334); *Martini* ZUR 2012, 219 (225 f.); *Eiling,* Verfassungs- und europarechtliche Vorgaben … 2014, S. 193–201; aA *v. Heek,* in: v. Heek/Lehmann, Die Kernbrennstoffsteuer als „Verbrauchsteuer", 2012, S. 39 (58 f.).
[156] Näher BVerfGE 98, 106 (124); 145, 171 Rn. 142–148 (Kernbrennstoffsteuer) BVerwGE 96, 272 (281), für Einwegverpackungen; zuvor bereits *Schmölders,* Zur Begriffsbestimmung der Verbrauchsteuer, 1955, S. 93; *Birk/Förster,* Beilage zu DB 1985 Nr. 17, S. 1, 7 f.; *Förster* (Fn. 138), S. 104; *Eiling,* (Fn. 155) 2014, S. 91.
[157] So aber wohl für die bundesgesetzlich geregelten Verbrauchsteuern: *Kruse* (Fn. 62), S. 79.
[158] *Heller/Soschinka* DStR 2012, 494; *Braun* DÖV 2015, 97 (98, 100).
[159] *Eiling,* (Fn. 155) 2014, S. 105 f., insges. zum Streitstand: S. 104–107.
[160] BFHE 212, 340 (344).
[161] BVerfGE 98, 106 (124); 145, 171 Rn. 129 (Kernbrennstoffsteuer).

sind insgesamt wenig gehaltvoll. Maßgebend für den Charakter einer Steuer als Aufwandsteuer soll es jedenfalls sein, „dass die in der Einkommensverwendung zum Ausdruck kommende wirtschaftliche Leistungsfähigkeit getroffen werden soll".[162] Idealtypisch für Aufwandsteuern ist der Erwerb, das Innehaben oder die Benutzung von **Konsumgegenständen**.[163] Beispiele zeigen aber auch die Schwierigkeiten einer konsistenten Durchführung dieses Ansatzes, wie bei der Steuerpflicht für eine Zweitwohnung,[164] **nicht** aber, wenn sie aus beruflichen Gründen[165] oder als reine Kapitalanlage[166] gehalten wird. Die Auswahl der Steuerobjekte folgt zudem keinen rationalen Kriterien: Halten eines Hundes, nicht aber einer Katze; Gebrauch eines Spielgeräts; Besuch von Gaststätten, Filmtheatern und Diskotheken, nicht aber der Oper.

**39**    Die Rspr. lässt den „Gebrauch oder die Innehabung" von jeglichen „Gütern oder Dienstleistungen" als Indikator für diese Leistungsfähigkeit ausreichen. Damit kann jede Steuer, **die an die Einkommensverwendung anknüpft,** Aufwandsteuer sein. Zuletzt hat das **BVerfG** deshalb knapp **definiert:** „Aufwandsteuern sind Steuern auf die Einkommensverwendung für den persönlichen Lebensbedarf, in der die wirtschaftliche Leistungsfähigkeit zum Ausdruck kommt."[167] ZT nimmt die Rspr. sogar an, dass die Einkommensverwendung nicht einmal klar Ausdruck einer bes. Leistungsfähigkeit sein müsse. Der Aufwand „als ein äußerlich erkennbarer Zustand" sei „typischerweise Ausdruck und Indikator der wirtschaftlichen Leistungsfähigkeit, ohne dass es darauf ankäme, von wem und mit welchen Mitteln dieser finanziert" werde und „welchen Zwecken er des Näheren" diene.[168] Damit hat die Definition kaum noch abgrenzende Kraft. Um eine genauere Abgrenzung zu ermöglichen, müsste zumindest eine „besondere" wirtschaftl. Leistungsfähigkeit verlangt werden.[169]

**40**    Die **Angreifbarkeit dieser Rspr.** zeigt sich darin, dass die Studentin, die auswärts studiert und deshalb eine „Studentenbude" mietet und aus guten Gründen ihren Wohnsitz bei den Eltern beibehalten will, zahlungspflichtig für die Besteuerung des angeblichen Aufwandes „Zweitwohnung" ist, selbst wenn sie die Kosten nur durch Unterstützungszahlungen Dritter tragen kann.[170] Würde sie jedoch luxuriös in einer Hotelsuite nächtigen, wäre sie von der Zweitwohnungsteuer nicht erfasst. Wenn man nur einen „besonderen über die Befriedigung des allg. Lebensbedarfs hinausgehenden Aufwand" verlangt[171] und nicht auch eine besondere Leistungsfähigkeit, hängt die Beurteilung, was allgemeiner und was besonderer konsumtiver Aufwand ist, letztlich nur vom (subjektiven) **Empfinden des Betrachters** ab. Wertungswidersprüche entstehen auch, wenn die Heranziehung von **jur. Personen** zur Zweitwohnungsteuer für unvereinbar mit Art. 105 IIa erklärt wird,[172] ebenso bei der Bemessung der Steuer nach der gesamten Jahresrohmiete, obgleich von Anfang an nur eine zeitlich begrenzte

---

[162] BVerfGE 16, 64 (74); 49, 343 (354); 65, 325 (346); 123, 1 (15); 135, 126 Rn. 45; zust. BVerwGE 96, 272 (281); 99, 303 (305), allerdings unter Missachtung der vom BVerfG besonders betonten bloßen Absicht des Gesetzgebers im Gegensatz zur tatsächl. Festellung der bes. Leistungsfähigkeit des Steuerschuldners (BVerfGE 65, 325 [347]); BFHE 182, 243 (246), allerdings schon begrifflich eingeschränkt auf den persönl.Lebensbedarf; ähnl. OVG Nds NdsVBl 2008, 210.

[163] Der Konsum sei „als Aufwand typischerweise Ausdruck und Indikator der wirtschaftlichen Leistungsfähigkeit, BVerfGE 135, 126 Rn. 45.

[164] BVerfGE 65, 325 (348); 114, 316 (334); 135, 126 Rn. 44; BVerfG NVwZ 1996, 57 (58); BVerwGE 58, 230 (234); 99, 303 (305); BVerwG NVwZ 1998, 178 (178 ff.); DVBl 1999, 1655 (1655 f.); DÖV 2001, 292 (292 f.); BFHE 182, 243 (246); zum Wohnungsbegriff bei der Zweitwohnung *Mohl/Dohr* KStZ 2001, 83 (83 ff.); für Nichtigkeit der Zweitwohnungsteuer auf Campingwagen *Terwiesche* NWVBl 2001, 219 (219 ff.); s. a. OVG NRW NWVBl 1996, 140 (140 ff.).

[165] BVerwGE 58, 230 (235); OVG Nds. NVwZ-RR 1999, 790 (791); anders jetzt aber BVerfGE 114, 316 (333, 335); BVerwG DÖV 2000, 873 (873 ff.); BVerwG NJW 2009, 1097 (1098); OVG Nds. NdsVBl 2008, 210, das auf den Konsum abstellt, der über die Befriedigung der allg. Lebensbedarfs hinausgeht; BFHE 182, 243 (246), unter Berufung auf BVerfGE 65, 325 (347); dagegen zu Recht *v. Preuschen* BB 1997, 1825 f. Ohne Aufwand, wie bei der Benutzung von Freikarten darf die Steuer aber nicht erhoben werden, OVG NW KStZ 1998, 96 (97).

[166] BVerfGE 65, 325 (348); BVerwGE 58, 230 (235); 99, 303 (305); BVerwG DÖV 2000, 873 (873 ff.); OVG Nds. NVwZ-RR 1999, 790 (791); OVG NRW KStZ 2000, 237 (238).

[167] BVerfGE 114, 316 (334); 123, 1 (15); 145, 171 Rn. 118 (Kernbrennstoffsteuer); im Ansatz auch schon BVerfGE 65, 325 (347), wo allerdings noch einschränkend vom „Halten eines Gegenstandes" oder einem „tatsächlichen oder rechtlichen Zustand" als Anknüpfungspunkt gesprochen wird; BVerwGE 96, 272 (281); BVerwG NJW 2009, 1097 (1098); BFHE 182, 243 (245 f.).

[168] BVerfGE 114, 316 (334); im Grundsatz zuvor schon BVerfGE 65, 325 (347); ähnl. HessVerfG NVwZ 2001, 670 (670 ff.); BVerwGE 99, 303 (305); BVerwG NJW 2009, 1097 (1098): Anknüpfung an melderechtliche Verhältnisse erlaubt; DVBl 2009, 1191: rechtlich gesicherte Nutzungsmöglichkeit erforderlich; DVBl 2009, 1392 (1393); Erhebung von Dauercampern zulässig BayVGH BayVBl 2009, 688.

[169] *Schwarz,* in: Starck (Hrsg.), Föderalismusreform, 2007, Rn. 396; *Dietlein* AZUR 2010, 321 (322); zust. *Braun* DÖV 2015, 97 (100), der sie für den bloßen (legalen) Besitz einer Waffe zu Recht verneint (S. 101–104).

[170] BVerwG NJW 2009, 1097 (1099). Sie würde auch nicht die Befreiung von einem eventuell zusätzlich erhobenen „Kurbeitrag" rechtfertigen BayVGH BayVBl 2009, 725.

[171] BVerfG (K) NVwZ 1989, 1152 (1153) zur Jagdsteuer; BVerwGE 99, 303 (305); BVerwG NVwZ 1998, 178 (178 ff.), unter Berufung auf BVerfGE 65, 325 (346 f.), wo das so aber nicht steht; OVG RhPf NVwZ-RR 1997, 735 (736); OVG Nds. NVwZ-RR 1999, 790 (791).

[172] BVerwG DÖV 2001, 292 f., mit der vordergründigen, begriffsrealistischen Begründung, dass jur. Personen nicht „wohnen können".

Eigennutzung möglich war,[173] nicht aber die degressive Ausgestaltung des Steuertarifs, die dann aber gegen Art. 3 I verstoßen soll.[174]

Die Gründe, aus denen eine **Zweitwohnung** gehalten wird oder gehalten werden muss, sind **40a** mittlerweile so vielfältig, dass ein einfacher Schluss auf die Leistungsfähigkeit kaum (mehr) möglich ist. Erst recht ist es problematisch, auf Grund des „Innehaben einer teureren Wohnung" eine „größere Leistungsfähigkeit" zu vermuten.[175] In Anbetracht der Idiosynkrasien des Immobilienmarktes kann dieser Umstand im Gegenteil ein Indiz für eine geringere Leistungsfähigkeit sein. Die Erhebung der Zweitwohnungsteuer, um damit die Inhaber zur Verlegung ihres Hauptwohnsitzes zu bewegen, ist ohnehin nicht mit ihrem Charakter als Aufwandsteuer zu vereinbaren.[176]

Angesichts dieser Rspr. kann die „in der Einkommensverwendung zum Ausdruck kommende **41** wirtschaftliche Leistungsfähigkeit" kaum noch als charakteristisches Kennzeichen für beide Steuerarten angesehen werden.[177] Auch ihre **Abwälzbarkeit auf den Endverbraucher** wurde überwiegend zum Wesen dieser Steuern gerechnet.[178] Für die Aufwandsteuern ist das aber idR kaum der Fall. Die inkonsistente und unsystematische Rspr. zu Art. 105 IIa hat dazu geführt, dass die Kommunen dazu angeregt werden, neben der probl. Zweitwohnungsteuer nach weiteren störenden und tief in die Privatsphäre eindringenden Steuern zu suchen, bei denen häufig Belastung und Ertrag („dead weight loss") in einem grotesken Missverhältnis zueinander stehen, zumal die Länder immer weniger die gröbsten Auswüchse verhindern, wie sie das früher in ihren KAG getan haben.

**2. Örtlichkeit und Nicht-Gleichartigkeit.** Die Merkmale der **Örtlichkeit** und **Nicht-Gleich- 42 artigkeit** haben ebenfalls erhebliche Auslegungsprobleme bereitet, vor allem weil sie in bewusster Abkehr von der aF eingeführt worden waren, aber uU nicht mit dem Gleichartigkeitsbegriff von Abs. 2 (→ Rn. 26) übereinstimmen. Einigkeit besteht aber mittlerweile dahingehend, dass beide Begriffe nicht miteinander vermengt werden dürfen. Örtlichkeit bedeutet nicht schon Ungleichartigkeit.[179] Auch örtliche Steuern können mit bundesgesetzlich geregelten Steuern gleichartig sein.[180]

Das Merkmal der **Örtlichkeit** wird trotz der grundl. Neugestaltung der Vorschrift weitgehend mit **43** dem früheren Merkmal des „örtlich bedingten Wirkungskreises" gleichgesetzt.[181] Das BVerfG hat solche Steuern als örtlich bezeichnet, „die an örtliche Gegebenheiten, vor allem an die Belegenheit einer Sache oder an einen Vorgang, im Gebiet der steuererhebenden Gemeinde anknüpfen und wegen der Begrenzung ihrer unmittelbaren Wirkungen auf das Gemeindegebiet nicht zu einem die Wirtschaftseinheit berührenden Steuergefälle führen können".[182] Die erforderliche „örtliche Radizierung"[183] soll bei der Abgabe von Waren nur „zum Verzehr am Ort", nicht aber „zum Mitnehmen" gegeben sein.[184] Örtlich können auch Steuern sein, die flächendeckend für das ganze Land erhoben werden.[185] Erst recht steht nicht entgegen, wenn mehrere Gemeinden dieselbe Steuer erheben.[186] Bei der **Zweitwohnungsteuer** soll die Örtlichkeit gegeben sein, weil der Aufwand – Innehaben einer

---

[173] BVerwG DVBl 1999, 1655 f., mit iE zust. Anm. *Bayer* DVBl 2000, 274 (274 ff.).

[174] BVerfGE 135, 126 Rn. 46, 50.

[175] So aber BVerfGE 135, 126 Rn. 60.

[176] Vgl. *Wernsmann* Jura 2000, 175 (179); aA BVerfGE 135, 126 Rn. 48; BVerwG NJW 2009, 1097 (1099).

[177] *Pieroth,* in: Jarass/Pieroth, Art. 105 Rn. 38; ähnl. *J.-P. Schneider* AK GG, Art. 105 (2001) Rn. 34, (Anknüpfung an die „Konsumleistungsfähigkeit"); ausdr. nur für die Aufwandsteuer: BVerfGE 16, 64 (74); 49, 343 (354); 65, 325 (346); anders BVerwGE 96, 272 (282), das die Verpackungsteuer als Verbrauchsteuer beurteilt, obwohl die Verwendung von Einwegverpackungen **kein** Gradmesser für die wirtschaftliche Leistungsfähigkeit sei. Ohne weitere Begründung lässt das Gericht genügen, dass ihr „Gebrauch" zugleich „Verbrauch" sei.

[178] BVerfGE 14, 76 (95 f.); 27, 375 (384); 44, 216 (227); 69, 174 (183); 98, 106 (124 145, 171 Rn. 119–127) (Kernbrennstoffsteuer); anders BVerfGE 123, 1 (18): „Weiterentwicklung" der früheren Rspr.; „entscheidend" für *Brockmeyer,* in: Hofmann/Hopfauf, 11. Aufl. (2008) Art. 105 Rn. 15; nicht so strikt *Pieroth,* in: Jarass/Pieroth, Art. 105 Rn. 37 („regelmäßig"). Die Überwälzung muss aber nicht gelingen, BVerfGE 14, 76 (96); 27, 375 (384).

[179] Formulierung bei *Stern,* StaatsR II, S. 1122; wörtlich oder sachlich ebenso BVerfGE 40, 56 (61); 98, 106 (124); BVerwGE 58, 230 (239); *Seer,* in: Tipke/Lang, Steuerrecht, § 2 Rn. 52; *Tipke* StuW 1975, 248 f.; *Birk* AK GG Art. 105 (1989) Rn. 20. Dem hat sich auch das BVerwG nach Aufgabe seiner gegenteiligen Auffassung (BVerwGE 45, 264 [274]) angeschlossen, BVerwGE 58, 230 (239).

[180] *Seer,* in: Tipke/Lang, Steuerrecht, § 2 Rn. 51, die zutr. darauf hinweisen, dass die Rspr. die Gleichartigkeit idR verneint; zum ganzen Bereich sehr krit. *Tipke* BB 1994, 437 (443 f.).

[181] BVerfGE 40, 56 (60); 65, 325 (349); BVerwGE 96, 272 (283); *Heintzen,* in: v. Münch/Kunig II, Art. 105 Rn. 60; *Seer,* in: Tipke/Lang, Steuerrecht, § 2 Rn. 52 mit Fn 7; zu Recht krit. *Stern,* StaatsR II, S. 1122; sehr krit. auch *Tipke* (Fn. 41), S. 1105.

[182] BVerfGE 16, 306 (327); bestätigt durch BVerfGE 40, 56 (61); 65, 325 (349); zust. BVerwGE 96, 272 (283).

[183] BVerfGE 16, 306 (327); 40, 56 (61); BVerwGE 58, 230 (239); 96, 272 (283).

[184] Verneint für eine Steuer auf die Abgabe von Speiseeis im Gemeindegebiet ohne weitere Einschränkung: BVerfGE 16, 306 (327); bejaht für eine Steuer auf Speisen und Getränke in „nicht wiederverwendbaren Verpackungen zum Verzehr am Ort" (Verpackungsteuer): 98, 106 (124); BVerwGE 96, 272 (284); zust. *Seer,* in: Tipke/Lang, Steuerrecht, § 2 Rn. 52.

[185] *Küssner* (Fn. 16), S. 262 ff.; aA wohl BVerfGE 3, 407 (437); 7, 244 (258); *Pieroth,* in: Jarass/Pieroth, Art. 105 Rn. 39.

[186] BFHE 160, 61 (63).

Zweitwohnung – auf das Gemeindegebiet beschränkt sei.[187] Das sei aber nicht der Fall, wenn die Zweitwohnung eine bloße Kapitalanlage sei.[188] Diese Einschränkung hat das BVerfG in seiner letzten Entscheidung zu dieser Steuer nicht mehr vorgenommen.[189] Bei der erwogenen Waffenbesitzsteuer dürfte die Örlichkeit zu verneinen sein, da (legale) Waffen an verschiedenen Orten aufbewahrt und verwendet werden dürfen, nicht nur im Gebiet der steuererhebenden Gemeinde.[190]

44    Meist wird das Merkmal „gleichartig" in Abs. 2a **enger** verstanden als der zur Abgrenzung der konkurrierenden Gesetzgebung verwendete Begriff der **Gleichartigkeit** in Abs. 2 (→ Rn. 26).[191] Diesen Standpunkt hatte zunächst auch das BVerfG eingenommen, allerdings nur, um die Befugnis der Länder zur Regelung der „herkömmlichen" landesrechtlich geregelten Verbrauch- und Aufwandsteuern nicht anzutasten.[192] IE hat es damit das Gleichartigkeitsverbot für die „am 1.1.1970 üblicherweise bestehenden örtlichen Verbrauch- und Aufwandsteuern"[193] außer Kraft gesetzt.[194] Wie der Begriff bei der Beurteilung einer **neuen** örtlichen **Steuer** abzugrenzen wäre, hat es zunächst ausdrücklich **offengelassen,**[195] auch bei der Beurteilung der neu eingeführten Zweitwohnungsteuer.[196] In der Entscheidung zur Verpackungsteuer hat es dann verlangt, dass der „steuerbegründende Tatbestand nicht denselben Belastungsgrund" erfassen dürfe wie eine Bundessteuer, sich also in Gegenstand, Bemessungsgrundlage, Erhebungstechnik und wirtschaftlichen Auswirkungen von der Bundessteuer unterscheiden müsse.[197] Damit hat es sich für ungefähr denselben Maßstab wie in Abs. 2 entschieden. Auf diese Weise ist das Gericht den Forderungen nachgekommen, das **Gleichartigkeitsverbot einheitlich** auszulegen.[198] Eine engere Auslegung ist auch nicht erforderlich, um den Handlungsspielraum der Länder gegenüber Abs. 2 zu erweitern.[199] Dem Bund steht – anders als bei der konkurrierenden Gesetzgebungszuständigkeit – keine Kompetenz zur Regelung örtlicher Verbrauch- und Aufwandsteuern zu. Sie können deshalb nur **ausnahmsweise** mit bundesgesetzl. geregelten Steuern **gleichartig** sein. Das ist vor allem dann der Fall, wenn sie „unkoordiniert"[200] die „gleiche Quelle steuerlicher Leistungsfähigkeit ausschöpfen" wie die bundesgesetzl. geregelte Steuer.[201]

44a    Danach ist die **Zweitwohnungsteuer** – je nach Ausgestaltung – gleichartig zur Umsatzsteuer oder zur Vermögen- und Grundsteuer[202] und hätte vom BVerfG aus diesen Gründen verworfen werden müssen.[203] Bei der **Verpackungsteuer** mag die Gleichartigkeit mit der Umsatzsteuer verneint werden, da sie deutlich zu unterscheidende Quellen steuerlicher Belastbarkeit ausschöpft und vornehmlich auf die Umweltbelastung und nicht auf die Kaufkraft abzielt (Orientierung an Stückzahlen). Wegen des Widerspruchs zu den Vorgaben des bundesrechtlich geregelten Abfallrechts ist sie gleichwohl als verfassungswidrig beurteilt worden.[204] Dabei hätte aber nicht auf das – in diesem Zusammenhang nicht einschlägige – rechtsstaatliche Gebot der Widerspruchsfreiheit der Rechtsordnung zurückgegriffen werden brauchen.[205] Wegen der anschließend erfolgten Modifizierung des „Kooperationsgebots" durch die Novellierung des Abfall- und Kreislaufwirtschaftsrechts wäre möglicherweise jetzt anders zu

---

[187] BVerfGE 65, 325 (349 f.); 114, 316 (335); 135, 126 Rn. 44; BFHE 182, 243 (246).

[188] BVerfG NVwZ 1996, 57 (58); BVerwG DVBl 1996, 374 (374 ff.).

[189] BVerfGE 114, 316 (335).

[190] *Braun* DÖV 2015, 97 105).

[191] *Heintzen,* in: v. Münch/Kunig II, Art. 105 Rn. 63; *Pieroth,* in: Jarass/Pieroth, Art. 105 Rn. 41; *Henneke,* in: Schmidt/Bleibtreu/Hofmann/Henneke, Art. 105 Rn. 58.

[192] BVerfGE 40, 56 (64); 44, 216 (226 f.); 65, 325 (350 f.); 69, 174 (183): „gelten … als nicht mit bundesrechtlich geregelten Steuern gleichartig"; zust. BVerwGE 96, 272 (285): „gelten aus Gründen des gewollten Bestandsschutzes ohne Weiteres als mit Bundessteuern nicht gleichartig"; zuvor ähnl. BVerwGE 58, 230 (240).

[193] BVerfGE 40, 56 (64); bestätigt durch BVerfGE 98, 106 (125).

[194] *Stern,* StaatsR II, S. 1123; *Heintzen,* in: v. Münch/Kunig II, Art. 105 Rn. 63.

[195] BVerfGE 40, 56 (64); 69, 174 (183 f.).

[196] BVerfGE 65, 325 (351 f.); der BFH hat den örtlichen Bezug ausdr. bejaht, BFHE 182, 243 (246).

[197] BVerfGE 98, 106 (124 f.).

[198] Für einen einheitl., nicht von Abs. 2 abw. Gleichartigkeitsbegriff *Birk* AK GG, Art. 105 (1989) Rn. 20; *Bogler* NWVBl 1998, 87 (89); dagegen *Selmer* DÖV 1974, 374 (378); *Heintzen,* in: v. Münch/Kunig II, Art. 105 Rn. 63; skeptisch *Schmidt* StuW 2015, 171 (180): „keine hinreichende Trennschärfe".

[199] So aber *Heintzen,* in: v. Münch/Kunig II, Art. 105 Rn. 63.

[200] Auf den Schutz vor unkoordinierter steuerlicher Überbelastung des Bürgers stellt *Birk* AK GG, Art. 105 (1989) Rn. 20, ab.

[201] *Seer,* in: Tipke/Lang, Steuerrecht, § 2 Rn. 50; ähnl. jetzt auch BVerfGE 98, 106 (124 f.): Verbot der „Doppelbelastung derselben Steuerquelle"; ferner *J.-P. Schneider* AK GG, Art. 105 (2001) Rn. 36.

[202] *Birk* AK GG, Art. 105 (1989) Rn. 20, der zudem die Getränkesteuer und die Vergnügungsteuer als gleichartig mit der Umsatzsteuer ansieht; nur iE aA BVerfGE 65, 325 (351–354), das auch darauf abstellt, welche „Quelle wirtschaftlicher Leistungsfähigkeit ausgeschöpft" wird (S. 352); BFH BB 1997, 1831 (1832): keine Gleichartigkeit im Verhältnis zu Grund-, Einkommen-, Vermögen- und Umsatzsteuer.

[203] Das BVerfG hat aber kommunale Zweitwohnungsteuersatzungen (nur) wegen Verstoßes gegen das Diskriminierungsverbot aus Art. 6 I für nichtig erklärt, soweit sie die Innehabung einer aus beruflichen Gründen gehaltenen Zweitwohnung eines nicht dauernd getrennt lebenden Verheirateten besteuern, dessen eheliche Wohnung sich in einer anderen Gemeinde befindet, BVerfGE 114, 316 (335).

[204] BVerfGE 98, 106.

[205] So aber BVerfGE 98, 106 (124); dazu → vor Art. 104a Rn. 17 f.; krit. jetzt auch *Schmidt* StuW 2015, 171 (181).

entscheiden.[206] Gegen die Einführung einer **Waffenbesitzsteuer** wurden bereits rechtliche Bedenken, auch unter dem Gesichtspunkt der Gleichartigkeit („Sonderverkehrssteuer"), vorgebracht, sofern an den Erwerbsvorgang angeknüpft wird.[207]

**3. Einzelfälle.** Als nicht gleichartige örtliche Verbrauch- und Aufwandsteuern sind von der Rspr. **45** akzeptiert worden: Getränkesteuer (Gunzenhausen),[208] Getränkesteuer (Hamb),[209] Fischereisteuer,[210] Hundesteuer,[211] Jagdsteuer,[212] Reitpferdesteuer,[213] Speiseeissteuer,[214] Spielgerätesteuer,[215] Vergnügungsteuer (Hess),[216] Vergnügungsteuer (NRW),[217] Vergnügungsteuer (Nds, BW),[218] Verpackungsteuer für Waren zum Verzehr an Ort und Stelle,[219] Zweitwohnungsteuer,[220] wohl auch mittelbar die Schankerlaubnissteuer.[221] **Keine** örtliche Verbrauch- oder Aufwandsteuer sollen sein: Einwohnersteuer,[222] Feuerschutzabgabe,[223] Zweitwohnungsteuer, wenn die von der Steuer erfasste Wohnung ausschließlich der Einkommenserzielung dient, wie zB bei Dauervermietung.[224] Die Abgabe wegen Änderung der Gemeindeverhältnisse ist keine Verbrauchsteuer und entspricht nicht dem Bild einer Aufwandsteuer.[225] Eine Übernachtungsteuer (Bettenabgabe) ist jedenfalls dann verfassungswidrig, wenn sie auf beruflich bedingte Übernachtungen erhoben wird.[226]

**4. Kritische Würdigung.** Das Recht der komm. Verbrauch- und Aufwandsteuern ist mittlerweile **46** völlig aus dem Ruder gelaufen. Allein die Häufigkeit, mit der sich das BVerfG mit diesen – gesamtwirtschaftlich gesehen – „Bagatellsteuern", die aber für die Betroffenen sehr fühlbar sein können, befasst, zeigt, wie sehr die Dinge im Argen liegen, ganz zu schweigen von der Belastung der anderen Gerichte mit einer Vielzahl von Streitigkeiten im Grundsatz und im Details. In der **Rechtsprechung** ist ein – praktisch anwendbares – Ordnungsprinzip letztlich nicht mehr zu erkennen. Die komm. **Gesetzgebung** (→ Rn. 48) verfolgt entweder (unausgesprochen) rechtwidrige Ziele (bei der Zweitwohnungsteuer: Anmeldung von Hauptwohnsitzen zur Verbesserung der Position im komm. Finanzausgleich) oder orientiert sich am „Wegelagererprinzip": Wie kann ich möglichst wehrlose Ortsfremde belasten und meine eigene Wählerschaft, also idR die Ortsansässigen, verschonen? Im Übrigen ist sie weitgehend zufallsgesteuert. Dies hat zu einem kaum noch überschaubaren Wirrwarr von sich zT überlagernden Einzelbelastungen mit hohem bürokrat. Aufwand geführt (→ Art. 106 Rn. 6). Die Intransparenz wird zT gezielt eingesetzt, um die effektive Belastung des Bürgers zu verschleiern. Das ist

---

[206] Näher *Klinger/Krebs* ZUR 2015, 664 (666 f.), welche die Einführung von kommunalen Verpackungsteuern dringend empfehlen; zumindest seit dem KreislaufwirtschaftsG v. 24.2.2012, BGBl I 212.

[207] *Braun* DÖV 2015, 97 (102) sowie passim zu sonstigen Anknüpfungen, die der Verf. iE ablehnt.

[208] BVerfGE 44, 216 (226 f.).

[209] BVerfGE 69, 174 (183 f.).

[210] *Heintzen*, in: v. Münch/Kunig II, Art. 105 Rn. 59; *Pieroth*, in: Jarass/Pieroth, Art. 105 Rn. 42; *Henneke*, in: Hofmann/Henneke, Art. 105 Rn. 58.

[211] BFHE 151, 285 (288); OVG RhPf. NVwZ-RR 1997, 735 (736); BVerwGE 110, 265 (268): Zulässigkeit einer erhöhten Hundesteuer für „Kampfhunde", die nur bei Vorliegen eines positiven Wesenstests des Hundes und dem Nachweis der Zuverlässigkeit des Halters gehalten werden dürfen (Eignung der erhöhten Hundesteuer als Lenkungssteuer); BWVGH VBlBW 2002, 210 (210 ff.); *Seitz* JZ 2000, 949 (951).

[212] BVerfG-VPr NVwZ 1989, 1152 f.; HessVerf NVwZ 2001, 670 (670 ff.); BVerwG NVwZ-RR 1991, 423 (432); auch soweit die Gebietskörperschaft der Steuer unterworfen wird, OVG Nds. NdsVBl 2008, 210 (211).

[213] BayVerfGHE 35, 39 (40).

[214] BVerfGE 16, 306 (316 f.).

[215] Grundlegend BVerfGE 123, 1: unabhängig von Besteuerungsmaßstab und Abwälzbarkeit; zuvor: BVerfG DÖV 1997, 637 (638); BVerwG DVBl 1998, 1223 f.; BVerwGE 110, 237 (240); NVwZ 2000, 933 (934); 2000, 936 (936); BFHE 160, 61 (64); 180, 497 (500 ff.); dazu *Kronisch/Eschenbach* KStZ 1991, 87 (87 ff.); *Sipp-Mercier* KStZ 1993, 227 (227 ff.).

[216] BVerfGE 40, 52 (55).

[217] BVerfGE 40, 56 (61–64); OVG NRW KStZ 1998, 96 (97).

[218] BVerfGE 42, 38 (41); BVerwGE 45, 277 (283); Überblick bei *Sodan/Kluckert* NVwZ 2013, 241.

[219] BVerfGE 98, 116 (123); BVerwG JZ 1995, 196 (199) m. Anm. *Müller-Dehn*; HessVGH NVwZ 1993, 1018 (1018); *Pieroth* WiVerw 1996, 65 (70); *ders.*, in: Jarass/Pieroth, Art. 105 Rn. 43; aA *Brockmeyer*, in: Hofmann/Hopfauf, 11. Aufl. (2008) Art. 105 Rn. 114; *Konrad* BB 1995, 113 f.; zw. *Kluth* DVBl 1992, 1261 (1264).

[220] BVerfGE 65, 325 (349 ff.) – Überlingen; bestätigt durch Beschl. v. 29.6.1995, aber Erhebung der Steuer bei nicht ganzjähriger Vermietung unverhältnismäßig (BVerfG BB 1995, 2047 [2047 ff.]); BVerfGE 114, 316 (335) – Hannover, Dortmund; BVerwGE 58, 230 (234); BayVerfGHE 45, 33 (43); BFHE 182, 243 (245 ff.) – Hamburg; BFH NVwZ-RR 1996, 688 (689) insges. zu dieser bizarren neuen Variante im deutschen Steuerwirrwar *Bayer* KStZ 1998, 1 (1 ff.).

[221] BVerfGE 16, 306 (326 ff.); HessVGH GewArch 1993, 427 (427 ff.).

[222] BVerfGE 16, 64 (74); BVerwG NVwZ 1992, 1098 f. als Erstwohnungsteuer; BayVerf NVwZ 1993, 163 (164); *Heintzen*, in: v. Münch/Kunig II, Art. 105 Rn. 59; *Seiler*, in: Maunz/Dürig, Art. 105 (2015) Rn. 176; *Pieroth*, in: Jarass/Pieroth, Art. 105 Rn. 42.

[223] BayVerf BayVBl 1979, 2269 (269 ff.).

[224] BVerfG NVwZ 1996, 57 (58); BVerwGE 99, 303 (305).

[225] BVerfGE 49, 343 (354).

[226] BVerwG NVwZ 2012, 1407; zu Abgaben auf Übernachtungen *Selmer* JuS 2013, 187; *Thiemann* ZG 2013, 75; *Wernsmann* NVwZ 2013, 124.

nicht nur rechtsstaatlich bedenklich, sondern läuft einem rationalen Steuersystem, wie es vor Jahrzehnten einmal Politikziel war, diametral entgegen. Diese Steuern mögen ein Korrelat der komm.
Finanzautonomie sein, doch könnte die Einführung des in Art. 106 V 3 vorgesehenen Hebesatzrechts
für den Gemeindeanteil an der ESt dieses Ziel mindestens ebenso gut erfüllen und wäre einfacher,
transparenter und zweckrational.

## II. Steuersatz bei der Grunderwerbsteuer (S. 2)

**47**     Im Rahmen der Föderalismusreform I von 2006 wurde den Ländern die ausschließl. Befugnis zur
Bestimmung des Steuersatzes bei der Grunderwerbsteuer eingeräumt, Art. 105 IIa 2.[227] Mit Steuersatz
ist nicht nur ein „Hebesatz" gemeint.[228] Mit dieser Neuregelung soll die regionale Steuerautonomie
gestärkt werden.[229] Um Fehlanreize auszuschließen, musste aber auch Art. 107 I 4 angepasst werden.
Bei der Bestimmung von Ergänzungsanteilen an der Umsatzsteuer darf deshalb nur die in der Grunderwerbsteuer liegende Steuerkraft und nicht ihr tatsächl. Aufkommen berücksichtigt werden
(→ Art. 107 Rn. 17).[230] Die Zuweisung des Rechts zur Bestimmung des Steuersatzes bei der Grunderwerbsteuer stellt einen ersten Schritt zur Stärkung der Gestaltungsfreiheit der Länder im Bereich der
Steuergesetzgebung dar.[231] Dagegen wird jedoch eingewandt, dass die Reform im Bereich der Finanzverfassung zu kurz greife. Weitere strukt. Änd. seien nicht erfolgt und ein verstärkter Wettbewerb der
Länder bei der Steuergesetzgebung sei kaum zu erwarten.[232] Zudem sei das Aufkommen der Grunderwerbsteuer vergleichsweise gering.[233] Da die Grunderwerbsteuer als Verkehrsteuer nach Art. 106 II
Nr. 4 den Ländern zusteht (→ Art. 106 Rn. 11), ist die Gesetzgebungsbefugnis folgerichtig,[234] sprengt
aber mittlerweile jeden vernünftigen Rahmen. Sie hat neben dem dysfunktionalen Maklerwesen und
seiner Billigung durch die Rspr. nennenswert zur Unterminierung des Marktes für individuelle Wohnimmobilien in Deutschland beigetragen (→ Art. 106 Rn. 11).

## E. Kommunale Steuersatzungshoheit

**48**     Das Recht der Gemeinden zur Steuergesetzgebung ist nur rudimentär im GG geregelt.[235] Das in
Art. 28 II gewährte SatzungsR (→ Art. 28 Rn. 53) umfasst auch das Recht zum Erlass von Steuersat-
zungen. Allerdings ist schon aus rechtsstaatl. Gründen zu **bezweifeln,** dass es ein **originäres Recht**
zur Erschließung eigener Steuerquellen umfasst. Jedenfalls dürften die finanzverfassungsrechtl. Vor-
gaben der Art. 105, 106 **nur** eine von den Ländern **abgeleitete Kompetenz** mit den sich daraus
ergebenden Grenzen zulassen. Wichtig und verfassungsrechtl. anerkannt ist das **Hebesatzrecht** der
Gemeinden (→ Art. 106 Rn. 44). IÜ besteht aber **keine kommunale „Abgabenhoheit".** Die
Kompetenz zur Erhebung von Steuern ist in Art. 105 abschließend verteilt (→ Rn. 4) und sieht die
Kommunen nicht als Destinatar eines Steuererfindungsrechts vor.[236] Dies gilt vor allem auch für
Art. 105 IIa, der ebenfalls **keinen Anspruch** der Kommunen **auf Übertragung** eines solchen Rechts
enthält.[237] Das komm. SteuersatzungsR besteht nur auf der Grundlage und in den Grenzen landes-
gesetzl. Regelungen,[238] muss aber in jedem Fall das Finanzverfassungsrecht des Bundes achten, das

---

[227] G z. Änd. des GG v. 28.8.2006, BGBl I 2034.

[228] *Müller-Franken,* in: Friauf/Höfling, Art. 105 (2008) Rn. 239.

[229] BT-Dr 16/813, S. 20.

[230] Gemeinsam für Deutschland – mit Mut und Menschlichkeit, Koalitionsvertrag zwischen CDU, CSU und SPD,
11.11.2005, Anl. 2 Rn. 24.

[231] So die nahezu einhellige Meinung der Sachverständigen in der öff. Anhörung von BT und BRat zur
Föderalismusreform am 31.5.2006, RA-Protokoll 18: *Berthold,* S. 113, *Fuest,* S. 6, 126 f., *Homburg,* S. 135, *Kluth,*
S. 140, *Korioth,* S. 10, 150; ebenso *Nierhaus/Radermacher* LKV 2006, 385 (393).

[232] *Kluth* (Fn. 231), S. 140; *Korioth* (Fn. 231), S. 10, 150; *Berthold* (Fn. 231), S. 113; *Fuest* (Fn. 231), S. 127; *Seer/
Drüen* (Fn. 89), Rn. 11; insges. sehr krit. *Schwarz* (Fn. 163), Rn. 399–401; für ein Hebesatzrecht der Länder für die
Einkommen- und Körperschaftsteuer *Ekardt/Buscher* DÖV 2007, 89 (92); ebenso *Selmer* NVwZ 2007, 872 (875).

[233] *Korioth* (Fn. 231), S. 10.

[234] *Wieland,* 1991, S. 179.

[235] I. d. S. jetzt auch *Waldhoff* (Fn. 7), S. 52; *Jachmann-Michel/Vogel* MKS III, Art. 105 Rn. 25a.

[236] BVerwGE 96, 272 (280); *Pieroth,* in: Jarass/Pieroth, Art. 28 Rn. 28; mwN zum alten Recht, Art. 106 Rn. 12;
*Rennert,* in: Umbach/Clemens, Art. 28 Rn. 171; jetzt auch: *Heintzen,* in: v. Münch/Kunig II, Art. 105 Rn. 64;
*Müller-Franken,* in: Friauf/Höfling, Art. 105 (2008) Rn. 245; *Dietlein* AUR 2010, 321 ff.; *Braun* DÖV 2015, 97
(100); iE ebenso *Waldhoff* Die Verwaltung, 39 (2006), 155 (176 f.): kein Raum für ein originäres kommunales
Steuererfindungsrecht; aA *Meyer,* Die Finanzverfassung der Gemeinden, 1969, S. 50 ff.; *Mohl,* Die Einführung und
Erhebung neuer Steuern aufgrund des kommunalen Steuererfindungsrechts, 1992.

[237] So jetzt auch ausdrücklich *Schmidt* StuW 2015, 171 (183); aA ohne hinreichende Begründung *Lammers* DVBl
2013, 348 (350). Wenn die Gegenansicht zuträfe wären die lange Zeit im Kommunalabgabenrecht in verschiedener
Form enthaltenen Erlaubnisvorbehalte zur Einführung neuer kommunaler Steuern, die in einzelnen Bundesländern
(Zweckmäßigkeitskontrolle in Bayern und Thüringen) im Interesse eines einigermaßen rationalen Steuersystems
durchaus restriktiv gehandhabt worden sind, immer schon verfassungswidrig gewesen.

[238] *Braun* DÖV 2015, 97 (99); Darstellung der gegenwärtigen landesrechtlichen Gesetzeslage bei *Schmidt* StuW
2015, 171 (185, 186).

unbedingt Vorrang hat, auch vor Landesverfassungsrecht. Ein SteuerfindungsR der Kommunen ist auch nicht aus Art. 28 II 1, 3 zu entnehmen.[239]

## F. Einführung, Abschaffung und Verringerung von Steuern

### I. Das Steuerfindungsrecht des einfachen Gesetzgebers

Verbreitet ist die Bemerkung zu finden, dass mit der Eröffnung der Gesetzgebungskompetenz für **49** die „übrigen Steuern" in Abs. 2 Bund und Ländern ein **„allg. Steuererfindungsrecht"** eingeräumt worden sei. Damit sei die Gesetzgebungskompetenz nicht auf die herkömmlichen Steuerarten und deren tatbestandliche Ausgestaltung beschränkt. Sie erstrecke sich auch auf Steuern, die das deutsche Steuersystem nicht oder nicht mehr kenne.[240] Die Ertragsverteilung in Art. 106 stehe der Einführung neuer, auch neuartiger Steuern und grundlegende Reformen des Steuersystems nicht entgegen.[241] Sie könne durch einfaches Gesetz erfolgen, das aber über den Wortlaut von Abs. 3 hinaus zustimmungsbedürftig sei, damit der Ertrag aus der neuen Steuer nur in Übereinstimmung mit den Ländern verteilt werden könne.[242]

Zuzugestehen ist, dass Abschnitt X des GG keine verfassungsrechtl. Festlegung des bestehenden **50** Steuersystems enthält.[243] Doch ist mit der hM daran festzuhalten, dass der jeweils zuständige Bundes- oder Landesgesetzgeber **nicht frei** ist, neue oder gar neuartige Steuern zu erfinden. Art. 106 regelt erschöpfend und abschließend die Verteilung der Steuererträge.[244] Es handelt sich um ein geschlossenes System. Finanzverfassungsrechtlich darf es deshalb keine „freischwebenden" Steuererträge geben.[245] Die Verteilung der Steuererträge darf nicht Aufgabe des einfachen Gesetzgebers sein.[246] Andernfalls könnte das verfassungsrechtl. festgelegte System der Ertragsverteilung leicht unterlaufen werden. Es darf daher nur Steuern geben, die unter eine der in **Art. 106 genannten Steuern oder Steuerarten** subsumiert werden können. 106 enthält **keine Auffangklausel,** wie Art. 105 II („übrige Steuern").[247] Ein Rückgriff auf Art. 30 zur Verteilung der Erträge aus einer neu geschaffenen Steuer ist ebenfalls ausgeschlossen. Übrige Steuern iSv Art. 105 II sind deshalb „ausschließlich die in Art. 106 aufgeführten Steuern und Steuerarten."

Zudem können Art. 105 und 106 ihre „individualschützende Funktion" nur in einem abgeschlosse- **50a** nen System erfüllen. Dementspr. hat das BVerfG den „Schutz der Bürger vor einer unübersehbaren Vielzahl von Steuern" jetzt auch als originären und eigenständigen Zweck der Kompetenznormen der Finanzverfassung ausdrücklich anerkannt. Er wäre mit der „Annahme eines Steuerfindungsrechts nicht in Einklang zu bringen".[248]

---

[239] *Schmidt* StuW 2015, 171 (182).

[240] BVerfGE 16, 64 (78), allerdings zu Art. 105 aF, ohne Erwähnung der Ertragsverteilung, wohl überholt durch BVerfGE 67, 256 (286); 145, 171 Rn. 68, 71 – Kernbrennstoffsteuer; *Selmer* (Fn. 121), 154 f.; dafür aber die abw. Meinung der Richter *Huber* und *Müller* in BVerfGE 145, 171, 230 Rn. 2 (Kernbrennstoffsteuer); *Fischer-Menshausen* DÖV 1956, 161 (164); ders. in: v. Münch/Kunig III, 3. Aufl. 1996, Art. 105 Rn. 16, Art. 106 Rn. 14a; *Tipke,* Die Steuerrechtsordnung III, 1993, S. 1088 ff.; *ders.* BB 1994, 437 (442 f.); *Seer,* in: Tipke/Lang, Steuerrecht, § 2 Rn. 5; *Wendt* HStR VI, § 129 Rn. 29; *Wieland,* Die Konzessionsabgabe 1991, S. 290 ff.; *Heun,* in: Dreier III, Art. 105 Rn. 33; Art. 106 Rn. 15; *Korioth,* Der Finanzausgleich zwischen Bund und Ländern, 1997, S. 426 ff.; *J.-P. Schneider* AK GG, Art. 105 (2001) Rn. 22; *Schmidt* StuW 2015, 171 (175).

[241] Dezidiert: *Heun,* in: Dreier III, Art. 105 Rn. 33; Art. 106 Rn. 15: „enthält der (…) Katalog des Art. 106 GG keine abschließende und vollständige Enumerierung der zulässigen Steuern, die auch die Kompetenzen aus Art. 105 GG einschränken würde"; *Seer,* in: Tipke/Lang, Steuerrecht, § 2 Rn. 5; aA BVerfGE 145, 171, Rn. 68, 71 (Kernbrennstoffsteuer).

[242] Abw. Meinung der Richter *Huber* und *Müller* in BVerfGE 145, 171, 230 (Kernbrennstoffsteuer); *Fischer-Menshausen,* in: v. Münch/Kunig III, 3. Aufl. 1996, Art. 105 Rn. 17; *Brockmeyer,* in: Hofmann/Hopfauf, 11. Aufl. (2008) Art. 105 Rn. 18: auch für den Fall, dass dem Bund der gesamte Ertrag zugewiesen wird, wenn „die Steuer potentiell den Ländern" zusteht. Wann das sein soll, bleibt aber unklar; für eine Ertragsverteilung nach Art. 30 *Wieland,* 1991, S. 179.

[243] Im Erg. ähnlich BVerfGE 31, 8 (19); 145, 171 Rn. 68; anders *G. Wacke,* Das Finanzwesen der Bundesrepublik, 1950, S. 62 ff.; ähnl. auch *Vogel/Walter* BK, Art. 106 (1972) Rn. 159 ff.

[244] BT-Dr V/2861, Tz. 12 Nr. 4, Tz. 134; BVerfGE 145, 171 Rn. 69 (Kernbrennstoffsteuer); *Starck* StuW 1974, 271 (278); *Vogel/Walter* BK, Art. 105 (2004) Rn. 66; *Heun,* in: Dreier III, Art. 105 Rn. 33 f.; Art. 106 Rn. 15; *Jachmann-Michel/Vogel* MKS III, Art. 105 Rn. 46 f.; *Schwarz* MKS III, Art. 106 Rn. 17 ff.; *Heintzen,* in: v. Münch/Kunig II, Art. 105 Rn. 46 f.; *Müller-Franken,* in: Friauf/Höfling, Art. 105 Rn. 206 (2008); *Gärditz* ZfZ 2014, 18 (19); *Eiling,* 2014, S. 67.

[245] BVerfGE 145, 171 Rn. 82–86, unter Ablehnung der von *Fischer-Menshausen* DÖV 1956, 161 (164) „vorgeschlagenen Näherungsmethodik", der selbst unter einer Verteilung anhand der größten „Ähnlichkeit" spricht, und falls das nicht möglich ist, die Ausfüllung dieser „Verfassungslücke" durch den (einfachen) Bundesgesetzgeber vorsieht. Für *Wendt* HStR VI, § 129 Rn. 29, besteht die Gefahr „frei schwebender" Erträge aber auch bei der Gegenauffassung nicht.

[246] BVerfGE 145, 171 Rn. 84 f. (Kernbrennstoffsteuer).

[247] Auch anerkannt von *Schmidt* StuW 2015, 171 (176).

[248] BVerfGE 145, 171 Rn. 93 (Kernbrennstoffsteuer); aA *Heun,* in: Dreier III, Art. 106 Rn. 15.

**50b**     Der einfache Gesetzgeber darf deshalb nur solche Steuern einführen, deren Ertrag durch Art. 106 dem Bund, den Ländern oder Bund und Ländern gemeinschaftlich zugewiesen ist.[249] I. Erg. gewährt auch Art. 105 II dem Bund **kein „freies Steuererfindungsrecht"**.[250] Das gilt auch für den Landesgesetzgeber, wenn und soweit ihm Gesetzgebungskompetenzen verblieben sind.[251]

**50c**     Bei den in Art. 106 genannten Steuern oder Steuerarten handelt es sich um **Typusbegriffe,** die „weit zu interpretieren" seien.[252] Ihre „typusbildenden" Unterscheidungsmerkmale sind dem „traditionellen deutschen Steuerrecht" zu entnehmen.[253] Insoweit enthalten Art. 105 und 106 einen **numerus clausus** zulässiger Steuerarten.[254] Es müssen aber nicht alle „den Typus kennzeichnenden Merkmale vorliegen".[255] Vielmehr soll es auf eine Gesamtwürdigung ankommen.[256] Innerhalb der vorgegebenen Typusbegriffe steht es dem Gesetzgeber offen, neue Steuern zu erfinden oder bestehende Steuergesetze zu verändern.[257] Damit besteht ein hinreichend weites Feld für die Kreativität des Steuergesetzgebers. Keineswegs besteht die Gefahr einer „Versteinerung" der Finanzverfassung,[258] zumal die in Art. 105 und 106 verwendeten Begriffe „weit" zu interpretieren sind.

**51**     An diese Grundsätze sind auch die **Gemeinden** (Gemeindeverbände) gebunden. Der 1994 neu eingefügte Art. 28 II 3 gewährt ihnen **keine originäre Steuererhebungskompetenz** (→ Rn. 48). Es bleibt bei der Spezialität der finanzverfassungsrechtl. Vorschriften (→ Rn. 4). Allerdings dürfen die Länder ihre Gemeinden durch LandesG zur Einführung neuer Steuern ermächtigen. Das ist idR auch mit mehr oder weniger großen Vorbehalten geschehen. Sie können aber auf die Gemeinden nicht mehr an Befugnissen übertragen, als ihnen selbst zustehen. Die so geschaffenen Steuern sind deshalb nur zulässig, wenn sie sich in das abschl. System der Ertragsverteilung nach Art. 106 (→ Rn. 48) einpassen.[259] IE sind sie also auf die Regelung der örtl. Verbrauch- und Aufwandsteuern[260] sowie des Steuersatzes bei der Grunderwerbsteuer beschränkt.

**52**     Die Einführung der **Kernbrennstoffsteuer** ist vom BVerfG als mit Art. 104 II iVm Art. 106 I Nr. 2 unvereinbar und nichtig beurteilt. Dem Bundesgesetzgeber fehle die Gesetzgebungskompetenz zu ihrer Einführung.[261] Auch eine **Maschinensteuer** wäre nur zulässig, wenn sie als Erhebungsform der Gewerbesteuer ausgestaltet würde. Damit wäre aber zugleich entschieden, dass ihr Ertrag den Gemeinden zufließen müsste.[262] Die vorgeschlagene **Wertschöpfungsteuer**[263] könnte nur durch Änderung des GG eingeführt werden.[264] Entsprechendes gilt für die **Bürgersteuer,**[265] die von 1930–

---

[249] BVerfGE 145, 171 Rn. 71 mwNmwN: „kein freies Steuererfindungsrecht"; zust. *Seer* NJW 2017, 3: „kein Steuererfindungsrecht"; aus dem Schrifttum *Ossenbühl/di Fabio* StuW 1988, 349 (351 f.); *Förster,* (Fn. 138) S. 39; *K. Vogel* FS Tipke, S. 93 (94 f.); *Vogel/Walter* BK, Art. 105 (2004) Rn. 66; *Waldhoff* ZfZ 2012, 57 (59); *Kloepfer,* Finanzverfassungsrecht, 2014, S. 67; *Eiling,* (Fn. 155) S. 68–73; *Gärditz* ZfZ 2014, 18 (19); *Seiler,* in: Maunz/Dürig, Art. 106 Rn. 83; aA *Osterloh* NVwZ 1991, 823 (828). *Wieland,* (Fn. 240) S. 290; *Häde,* Finanzausgleich 1996, S. 163 ff.; *Söhn,* FS Stern, 1997, S. 587 (599 ff.); *Schmidt* StuW 2015, 171 (174 f.).

[250] BVerfGE 145, 171 Rn. 71 (Kernbrennstoffsteuer) [Hervorhebung nicht im Original].

[251] So jetzt auch BVerfGE 145, 171 Rn. 94 (Kernbrennstoffsteuer): kein „allgemeines Steuererfindungsrecht der Länder"; i. Erg. ebenso *Schmidt* StuW 2016, 171 (179) mit eingehender Begründung.

[252] BVerfGE 145, 171 Rn. 64 f., 114 (Kernbrennstoffsteuer).

[253] BVerfGE 145, 171 Rn. 64, 66 (Kernbrennstoffsteuer), unter Berufung auf BVerfGE 7, 244 (252); 14, 76 (91); 26, 302 (309); 31, 314 (332); 110, 274 (296); 123, 1 (16).

[254] BVerfGE 67, 256 (286): „numerus clausus der Leistungspflichten der Art. 105 f."; iE ebenso: BVerfGE 145, 171 Rn. 61 (Kernbrennstoffsteuer); BFHE 141, 369 (372); *Birk* AK GG, Art. 105 (1989) Rn. 21; *Heintzen,* in: v. Münch/Kunig II, Art. 105 Rn. 46 f.; *Jachmann-Michel/Vogel* MKS III, Art. 105 Rn. 32; *Kube,* Finanzgewalt in der Kompetenzordnung, 2004, S. 115; *Pieroth,* in: Jarass/Pieroth, Art. 106 Rn. 2; *Stern,* StaatsR II, S. 1119, 1160; *K. Vogel* HStR IV¹, § 87 Rn. 32; *Vogel/Walter* BK, Art. 105 (2004) Rn. 66 f.; *Waldhoff* (Fn. 7), S. 186; ebenso unter eingehender Würdigung aller Gesichtspunkte aus Entstehungsgeschichte, Systematik und Zweck *Küssner* (Fn. 16), S. 54–66; jetzt auch: *Müller-Franken,* in: Friauf/Höfling, Art. 105 (2008) Rn. 206; *Seiler,* in: Maunz/Dürig Art. 105 (2017) Rn. 83; *Eiling,* (Fn. 155) S. 67; aA *Heun,* in: Dreier III, Art. 105 Rn. 33; *Jarass,* Nichtsteuerliche Abgaben und lenkende Steuern unter dem GG, 1999, S. 17 f.; *Manssen,* in: Rechtswissenschaft im Aufbruch, 1996, S. 154 f.; unter Vorbehalten *Osterloh* NVwZ 1991, 823 (828); *J.–P. Schneider* AK GG, Art. 105 (2001) Rn. 22; *Selmer* (Fn. 121), S. 154 f.; *Wendt* HStR VI, § 129 Rn. 29 f. 28; möglicherweise implizite Anerkennung neuer Steuern in BVerfGE 49, 343 (354 f.); offengelassen von BVerfGE 98, 83 (101).

[255] BVerfGE 145, 171 Rn. 65 (Kernbrennstoffsteuer).

[256] BVerfGE 145, 171 Rn. 67 (Kernbrennstoffsteuer).

[257] BVerfGE 145, 171 Rn. 68 (Kernbrennstoffsteuer); in der Sache ähnlich bereits BVerfGE 31, 8 (19).

[258] So zu Recht BVerfG NJW 2017, 2249 Rn. 98 (Kernbrennstoffsteuer), m. Nachw. für die Gegenauffassung.

[259] Vgl. *Stern* StaatsR II, S. 1124; ihm folgend BVerwG JZ 1995, 196 (196 ff.); *Wendt* HStR IV¹, § 104 Rn. 41; *Tipke,* (Fn. 240) S. 1107; aA *Mohl,* Die Einführung und Erhebung neuer Steuern auf Grund des kommunalen Steuerfindungsrechts, 1992, S. 28–30.

[260] Zu ihrer Problemhaftigkeit siehe → Rn. 46.

[261] BVerfGE 145, 171 Rn. 56 (Kernbrennstoffsteuer).

[262] *Birk* AK GG, Art. 105 (1989) Rn. 21 mwN.

[263] Wiss. Beirat BMF, Gutachten zur Reform der Gemeindesteuern in der Bundesrepublik Deutschland, Schriftenreihe des BMF, Heft 31, 1982, S. 52 ff.

[264] *K. Vogel* HStR IV¹, § 87 Rn. 32; aA *Zitzelsberger,* Grundlagen der Gewerbesteuer, 1990, S. 233.

[265] Dazu *Haury* StuW 1979, 51 (51 ff.); *Ritter* BB 1986, 1161 (1163).

1942 erhoben worden war.[266] Davon zu unterscheidende **Kopfsteuern** sind auch dann verfassungswidrig,[267] wenn sie in getarnter Form erhoben werden, etwa als „Gebühr" für ein Ausweispapier (Personalausweis), das jeder Bürger besitzen muss.[268] Auch das BVerfG rechnet **Einwohnersteuern** in der Form von Wohnraumsteuern[269] nicht zu den örtl. Steuern, die von Art. 105 IIa gedeckt sind.[270] Allerdings hatte das Gericht dem Landesgesetzgeber entgegen der hM das Recht zur Erfindung einer solchen – im GG nicht vorgesehenen – „Personensteuer" zugebilligt. Die Entscheidung ist jedoch noch unter Geltung der alten, wesentlich abw. Fassung von Art. 105, 106 ergangen.[271] Die durch LandesR eingeführten **Abgaben von Spielbanken** sind wegen ihrer ausdr. Erwähnung in Art. 106 II Nr. 6 als vom GG gebilligt anzusehen.[272] Für sie liegt auch die notw. Verteilung der Erträge durch das GG vor.[273]

## II. Pflicht zur Ausschöpfung von Steuerquellen

Von der Frage, ob neue oder neuartige Steuern eingeführt werden dürfen, ist zu unterscheiden, ob **53** der (zuständige) Gesetzgeber Steuern abschaffen darf. Diese Befugnis könnte als **negatives Steuerfindungsrecht** bezeichnet werden. Sie hat nicht das Problem der „frei schwebenden" Steuererträge, ist insoweit weniger bedenklich.[274] Gleichwohl kann die Abschaffung von Steuern in Konflikt zu den Ertragsverteilungsregeln des Art. 106 geraten. Letztlich entscheidet erst das Zusammenspiel der finanzverfassungsrechtl. Verteilungsregelungen mit den Normen des einfachen Steuerrechts über die endgültige Verteilung der finanz. Gewichte.[275]

Die Einräumung einer Gesetzgebungskompetenz im Finanzverfassungsrecht ist möglicherweise so **54** zu verstehen, dass der Inhaber der Gesetzgebungskompetenz alle Einzelheiten für die Inanspruchnahme einer Finanzquelle regeln darf, nur **nicht** ihre **völlige Beseitigung,** zumindest dann, wenn er nicht alleiniger Inhaber der Ertragskompetenz ist. **Rechtsfolge** eines Verstoßes gegen ein derartiges Verbot könnte einmal die Verfassungswidrigkeit und damit Unwirksamkeit des entspr. Gesetzes sein. Denkbar wäre aber auch, dass nur die Sperrwirkung der Aufhebung (→ Rn. 28 f.) nicht eintritt, also die Kompetenz der Länder wiederauflebt, die ihnen von Verfassung wegen zugewiesene Steuerquelle durch eigene Gesetze zu erschließen.

Die Gesetzgebungskompetenz umfasst indes auch die **Befugnis, eine Steuer abzuschaffen.** Die in **55** Art. 106 genannten Steuern und Steuerarten müssen nicht erhoben werden.[276] Ihr Ertrag ist nicht verfassungsrechtlich garantiert. Das gilt namentlich für die Vermögensteuer.

In Richtung einer **Bestandsgarantie** für die **Realsteuern** zielen jedoch die Überlegungen von **56** *K. Stern.* Es müsse sie geben und ihr Aufkommen stehe den Gemeinden zu. Weitere Einzelheiten stünden jedoch zur Disposition, wie etwa die Beseitigung der Lohnsummensteuer innerhalb der Gewerbesteuer.[277] Überwiegend wird in Art. 106 VI jedoch keine institutionelle Garantie dieser Steuern gesehen, sondern nur eine **Ertragszuweisung** dahingehend, dass den Gemeinden das Aufkommen aus diesen Steuern zusteht, wenn und soweit sie existieren.[278] Ein bestimmtes Steueraufkom-

---

[266] Vgl. *Küssner* (Fn. 16), S. 355.

[267] I. E. ebenso *Vogel/Walter* BK, Art. 105 (2004) Rn. 67.

[268] Es kann sich nicht um eine Gebühr handeln. Jede Person muss ein Ausweispapier (Personalausweis oder Pass) besitzen. Seine Ausstellung kann daher keine besondere Leistung des Staates sein, die durch eine Vorzugslast zu entgelten wäre.

[269] Teils werden Wohnraumsteuern als Einwohnersteuern bezeichnet, wenn sie sich am Mietzins orientieren, zB in BW 1923 und von 1946–1964.

[270] Etwas anderes kann für Wohnraumsteuern gelten, *Küssner* (Fn. 16), S. 359 f.

[271] BVerfGE 16, 64 (74, 77 f.); dagegen *Haury* StuW 1979, 57 f. mwN.

[272] BVerfGE 28, 119 (145, 149), wo die Spielbankabgabe als Teil der einheitl. Materie SpielbankR angesehen wird; dazu näher *Siekmann,* FS Schnapp, 2008, S. 319 (320–322).

[273] Eingehend unter Diskussion der verschiedenen Meinungen BFHE 203, 206 (267 ff.); *Siekman* FS Schnapp, 2008, S. 319 (323 f.).

[274] Vgl. *Stern* StaatsR II, S. 1120 Fn. 203 mwN.

[275] *Wendt* HStR IV¹, § 104 Rn. 22.

[276] *Vogel/Waldhoff* BK, vor Art. 104a (1997) Rn. 581; *Heintzen,* in: v. Münch/Kunig II, Art. 105 Rn. 47, Art. 106 Rn. 10; *K. Vogel* HStR IV¹, § 87 Rn. 31; *Schwarz* MKS III, Art. 106 Rn. 20; *Pieroth,* in: Jarass/Pieroth, Art. 106 Rn. 1; *Korioth* (Fn. 233), 429; iE ebenso *Tipke* BB 1994, 437 (437 ff.); ferner *Maunz,* in: Maunz/Dürig, Art. 106 (1978) Rn. 19, 21, mit der Einschränkung, dass Gemeinschaftssteuern nicht abgeschafft werden dürften.

[277] *Stern,* StaatsR II, S. 1152; ähnl.: *Grawert,* Festgabe v. Unruh, 1983, S. 587 (593); *Wendt* BB 1987, 1677 (1678); *Rodi,* Die Rechtfertigung von Steuern als Verfassungsproblem, 1994, S. 172.

[278] *Maunz,* in: Maunz/Dürig, Art. 106 (1978) Rn. 88; *Mehde,* in: Maunz/Dürig, Art. 28 (2012) Rn. 147; *Pagenkopf,* Der Finanzausgleich im Bundesstaat, 1981, S. 191; *Meis,* Verfassungsrechtliche Beziehungen zwischen Bund und Gemeinden, 1989, S. 94; *C. Waldhoff* HStR V³, § 116 Rn. 66; *Pieroth,* in: Jarass/Pieroth, Art. 106 Rn. 1, 15; *Brockmeyer,* in: Hofmann/Hopfauf, 11. Aufl. (2008), Art. 106 Rn. 17c, 18a; *Löwer,* in: v. Münch/Kunig I, Art. 28 Rn. 101 aE; *Heintzen* in: v. Münch/Kunig II, Art. 106 Rn. 10, 45, 49; *Schwarz* MKS III, Art. 106 Rn. 125; *Häde* 1996, S. 190; *Hummel/Selmer* NVwZ 2006, 15 (19); *Siekmann* FS Schnapp, 2008, S. 319 (336); offen gelassen in BVerfGE 26, 172 (184). *Hennecke,* in: Hofmann/Hennecke, Art. 105, Rn. 67 verlangt eine kommunalfreundliche Ausgestaltung.

men aus diesen Quellen ist den Gemeinden damit nicht gewährleistet.[279] Daran hat auch die ausdrückliche Nennung der Grund- und der Gewerbesteuer in der Neufassung von Art. 106 VI nichts geändert. Sie sollte nur klarstellen, dass auch eine um die Gewerbekapitalsteuer kupierte Gewerbesteuer noch den Gemeinden zufließen sollte, da deren Realsteuercharakter zweifelhaft ist. Eine Bestandsgarantie war damit nicht beabsichtigt.[280] Die Gewerbesteuer ist aber auch nicht „als gleichheitswidrige Sonderlast" verfassungswidrig.[281] Sie ist durch die Neufassung vom verfassungsändernden Gesetzgeber anerkannt worden, auch in ihrer jetzigen Form.[282] Dass sie eine überholte und verfehlte Kuriosität der deutschen Steuerpolitik ist,[283] macht sie nicht verfassungswidrig.

**57**    Problematisch ist die **Bestandskraft** der **Anteile der Gemeinden** an der **Einkommensteuer** (Art. 106 V) und an der **Umsatzsteuer** (Art. 106 Va). Es wäre konsequent, auch insoweit eine Garantie dieser Erträge dem Grunde und der Höhe nach abzulehnen, wenn nur die durch Art. 28 II 3 gewährleistete Mindestausstattung nicht unterschritten wird.[284] Die abw. Formulierung und der Sinn der Regelung sprechen aber dafür, dass es diese Anteile geben muss, solange die entsprechenden Steuern erhoben werden (→ Art. 106 Rn. 30).[285]

**58**    Eine **Bestandsgarantie** dürfte auch **für die Umsatzsteuer** anzunehmen sein – schon wegen der detaillierten Sonderregelungen in Art. 106 III, IV (→ Art. 106 Rn. 14 ff.). Sie zeigen, dass der Verfassungsgeber von der Existenz einer solchen Steuer ausgeht.[286] Die Zuweisung von Ertragsanteilen an die Gemeinden durch Abs. 5a, der 1997 neu eingefügt worden ist, spricht zusätzlich für dieses Ergebnis, obschon die ähnliche, aber etwas weniger apodiktische Formulierung in Abs. 5 auch für eine Bestandsgarantie der Einkommensteuer angeführt werden könnte, die aber zu Recht bisher abgelehnt worden ist.[287]

**59**    Durch die Abschaffung einer bedeutenden Steuer, zB der Vermögensteuer, wird jedoch die insges. für die Länder zur Verfügung stehende Finanzmasse geschmälert und damit uU das austarierte **System** des **Finanzausgleichs** zwischen Bund und Ländern aus dem Lot gebracht. IdR wird aber ein neues Gleichgewicht ausgehandelt, da die Länder über den BR ihre Zustimmung zur Abschaffung geben müssen, abgesehen vom Fall einer verfassungswidrige Steuer. Aus Art. 106 kann aber auch dann bestenfalls abgeleitet werden, dass die Funktionsfähigkeit des Finanzausgleichssystems nicht gefährdet werden darf.[288] Das erfordert aber fast nie die Existenz einer bestimmten Steuer. Vorrangig ist jedenfalls die Revision der Umsatzsteuerverteilung nach Art. 106 III, IV. Die Umsatzsteuer ist auch daher in ihrem Bestand garantiert.[289]

**60**    Das **einzelne** Land kann aus dem Gesamtsystem des Finanzausgleichs keine Ansprüche herleiten. Auch Art. 79 III erfordert keine andere Auslegung. Er garantiert nur einen angemess. **Anteil** am Gesamtsteueraufkommen,[290] nicht jedoch den Fortbestand einzelner Steuerquellen. Allenfalls durch das „bündische Prinzip"[291] sind der (negativen) Regelungsbefugnis des Bundes Grenzen gezogen. Er darf bei der Gestaltung der steuerl. Regelungen nicht den Bedarf der Länder zur eigenverantwortl. Erfüllung ihrer Aufgaben außer Acht lassen.[292] Das wird aber kaum je den Bestand oder die Ausgestaltung einer **einzelnen** – auch bedeutenden – Steuer betreffen.

---

[279] BVerfGE 26, 172 (184); BFHE 168, 350 (360); *Maunz*, in: Maunz/Dürig, Art. 106 (1978) Rn. 88; *Hummel/Selmer* NVwZ 2006, 15 (19); *Siekmann* FS Schnapp, 2008, S. 319 (337) mwN.

[280] Im Gesetzgebungsverfahren deutlich ausgesprochen: Beschlussempfehlung und Bericht des Rechtsausschusses v. 10.9.1997, BT-Dr 13/8488, S. 9; Parl. Staatssekretär beim BMF *Hauser* BT-Prot 13. Wahlperiode, S. 17 156B, C; Abg. *Frick* ebda, S. 17 161B.

[281] Überlegungen in diese Richtung bei *Zitzelsberger* (Fn. 264), S. 174–197, der aber trotz großer Bedenken die Grenze noch nicht für überschritten hält; G. *Habscheid* BB 1994, 482 (485 f.); *Jachmann* BB 2000, 1432 (1433 f.); *dies.* NJW 2001, 1840 f.

[282] Vgl. BVerfG (K) NJW 2001, 1840 f.; zuvor Anerkennung der Verfassungsmäßigkeit in BVerfGE 21, 54 (63); 26, 1 (7); 46, 224 (233).

[283] Vgl. nur *Zitzelsberger* (Fn. 264), S. V, 292 ff.; *Tipke* (Fn. 41), S. 1133, 1161 f.; *Beichelt* FS Ritter, 1997, S. 321 (321 ff.); zur Reform der Gewerbesteuer H.-J. *Krebs* FS Ritter, 1997, S. 397 (397 ff.); *Homburg* AfK 2000, 42 ff.

[284] In diesem Sinne wohl auch BVerfGE 71, 25 (38); zust. *Pieroth*, in: Jarass/Pieroth, Art. 106 Rn. 1.

[285] *Hidien* BK, Art. 106 (2002) Rn. 1333; s. a. *Pieroth*, in: Jarass/Pieroth, Art. 106 Rn. 1, der annimmt, dass dann ein Anspruch nach Art. 106 IV entsteht.

[286] *Heintzen*, in: v. Münch/Kunig II, Art. 106 Rn. 10; K. *Vogel* HStR IV¹, § 87 Rn. 31; *Korioth* (Fn. 234), S. 428 f.; *Hidien* BK, Art. 106 (2002) Rn. 1331.

[287] AA *Maunz*, in: Maunz/Dürig, Art. 106 (1978) Rn. 21 mit Fn. 4.

[288] *Fischer-Menshausen*, in: v. Münch/Kunig III, 3. Aufl. 1996, Art. 105 Rn. 17, Art. 106 Rn. 13; enger *Maunz*, in: Maunz/Dürig, Art. 106 (1978) Rn. 21 mit Fn. 4.

[289] *Korioth* (Fn. 233), S. 428 f.

[290] BVerfGE 34, 9 (19 f.).

[291] BVerfGE 72, 330 (396); 86, 148 (214); ferner 31, 314 (354 f.); 55, 274 (345 f., abwM *Niebler*). *Bauer* nennt trotz grds. Bejahung von Gesetzgebungspflichten für den Bund keine Pflicht zur Steuergesetzgebung (Die Bundestreue, 1992, S. 329).

[292] *Birk* AK GG, Art. 105 (1989) Rn. 23. Art. 8 S. 2 WRV hatte das so zum Ausdruck gebracht: Beim Entzug von Abgaben und sonstigen Einnahmen, die bisher den Ländern zustanden, ist auf die Erhaltung der Lebensfähigkeit der Länder Rücksicht zu nehmen.

## III. Die Ausschöpfung von Steuerquellen durch Landesrecht

Wenn der Bund eine Steuer abschafft und ihre Wiedereinführung auf Landesebene ausschließt **61** (→ Rn. 28), haben die Länder insges. oder einzelne Länder keine Möglichkeit, **auf Landesebene Ersatz** zu schaffen. Das mag unbefriedigend sein, ist aber Folge der unterschiedlichen Verteilung von Gesetzgebungs- und Ertragskompetenzen in der Finanzverfassung des GG (→ Rn. 3) und der nur rudimentären Pflicht des Bundes zur Ausschöpfung von Steuerquellen (→ Rn. 53 ff.). Will man den Ländern echte eigene Finanzquellen zuweisen, wofür einiges spricht, müssen sie auch die Kompetenz zur Regelung dieser Finanzquellen erhalten. Die bloße Ertragskompetenz kann ohne die zugehörige Gesetzgebungskompetenz leerlaufen.

Danach verbleibt den Ländern, außer bei Kirchensteuer und Grunderwerbsteuer, fast kein Einfluss **62** mehr auf die **Ausschöpfung von Steuerquellen.** Der Bund hat nahezu lückenlos von seiner positiven und negativen Gesetzgebungskompetenz Gebrauch gemacht (→ Rn. 5). Ihre ausschl. Kompetenz zur Regelung der örtlichen Verbrauch- und Aufwandsteuern haben die Länder über ihre KAG weitergegeben. Auch fehlt ihnen insoweit die Ertragshoheit (Art. 106 VI).[293]

Diese schwache Position der Länder bedeutet aber noch keinen Verstoß gegen Art. 79 III.[294] Die **63** Länder der BRD müssen Staaten sein. Staatlichkeit bedeutet die Existenz der Länder als Zentren politischer Entscheidungsgewalt. Ihre Eigenständigkeit muss ein reales wirtschaftliches Fundament haben.[295] Das bedingt auch ein bestimmtes Maß an Kompetenzen im finanziellen Bereich.[296] Ein Grundbestand ländereigener **Steuerertragshoheit** darf nicht angetastet werden.[297] Ob ein Ausgleich für Kompetenzverluste durch Mitwirkung der Länder im BRat ausreicht, kann nicht generell beantwortet werden. Zu beachten ist jedenfalls, dass das **einzelne** Land im BRat überstimmt werden kann. Eine Kompetenz kann ihm dagegen nicht durch einfache Mehrheit entzogen werden.

Zugunsten der Länder besteht jedoch eine „Garantie der verfassungskräftigen Zuweisung eines **64** angemessenen Anteils am Gesamtsteueraufkommen im Bundesstaat".[298] Dies bedeutet aber nicht, dass dem einzelnen Land bestimmte autonome Gestaltungsspielräume, wie ein Zuschlag- oder Hebesatzrecht zustehen müssen. Das Bundesgebiet ist **ein** Wirtschaftsraum. Das verbietet eine zu große **Vielfalt** und zu große **Unterschiede** bei der Steuerbelastung. Sie könnten zu einer wirtschafts- und strukturpolitisch unerwünschten Konkurrenz der einzelnen Gebietskörperschaften untereinander führen, wie sie zB bei den Gemeinden zu beobachten ist, wo es Hebesatzrechte gibt. Andererseits gibt es Bundesstaaten, in denen die Unterschiede zwischen den Einzelstaaten noch wesentlich größer sind als in Deutschland.[299]

Verfassungs**politisch** mag es aber angezeigt sein, das GG dahingehend zu ändern, dass den Ländern **65** ein erweitertes Recht zur Steuererfindung eingeräumt wird. Es würde zu der finanztheoretisch wünschenswerten Stärkung der Finanzautonomie der Länder führen[300] und könnte zu einem Wohlfahrtsgewinn durch eine besser an die Präferenzen der Bürger adjustierte Abgabenbelastung führen. Dieses macht jedoch nur Sinn, wenn zugleich der bisherige Finanzausgleich mit seinen Anreizen zu einer unverantwortlichen Finanzpolitik drastisch reduziert würde. Dabei drohen aber in jedem Fall zwei nicht zu unterschätzende Gefahren: (1) Der **Zugriff des Staates** auf Einkommen und Vermögen der Bürger würde wachsen, da er aus verschiedenen Quellen gespeist würde. Die Entwicklung der Hebesätze bei der Grunderwerbsteuer ist ein warnendes Beispiel. (2) Es würden hohe (verlorene) **(Transaktions-)Kosten** beim Bürger entstehen, da bei realistischer Betrachtung des politischen Prozesses in Deutschland kaum angenommen werden kann, dass es einfache, klare und aufeinander abgestimmte steuerrechtliche Regelungen[301] der verschiedenen steuererfindungsberechtigten Einheiten geben würde.

---

[293] *Birk* AK GG, Art. 105 (1989) Rn. 23.
[294] So auch trotz seiner massiven Kritik *Kruis* DÖV 2003, 10 (15).
[295] BVerfGE 32, 333 (338); 39, 96 (108).
[296] Vgl. *Stern,* StaatsR I, S. 169.
[297] *Stern* ebda.
[298] BVerfGE 34, 9 (19 f.).
[299] Für die USA *Nowak/Rotunda,* Constitutional Law, 7. Aufl. 2004, § 8.11.
[300] *Kruis* DÖV 2003, 10 (13): Erweiterung der Finanzautonomie der Länder erforderlich wegen der „Grundentscheidung der Verfassung"; *Wilms* ZRP 2003, 86 (89); *Hillgruber* JZ 2004, 837 (844); *Waldhoff* Die Verwaltung 39 (2006), 155 (169 f.); *Waldhoff* VVDStRL 66 (2007), 216 (260 ff.), mit Einzelheiten zur Sicherung eines fairen Steuerwettbewerbs; *Hey* ebd., S. 304 ff. Eine erweiterte Steuerautonomie würde wohl auch nicht die finanzschwachen Länder benachteiligen, vgl. *Fuest* KritV 2008, 200 (210 f.).
[301] *Wilms* ZRP 2003, 86 (88): „chaotische und regelmäßig am Rande der Rechtsstaatlichkeit operierende Steuergesetzgebung"; *Kruis* DÖV 2003, 10 (11), nennt als positives Gegenbeispiel die Schweiz; ebenso *Waldhoff* (Fn. 7), S. 104 f.; *ders.* Verwaltung 39 (2006), 155 (170) sieht ein „Spannungsverhältnis" zu den Postulaten der Vereinfachung des Steuersystems und plädiert für Hebesatz- oder Zuschlagsmodelle; krit. *P. M. Huber,* 65. DJT Bd. I 2004, S. D. 75.

## Art. 106 [Steuerertragshoheit]

(1) Der Ertrag der Finanzmonopole und das Aufkommen der folgenden Steuern stehen dem Bund zu:

1. die Zölle,
2. die Verbrauchsteuern, soweit sie nicht nach Absatz 2 den Ländern, nach Absatz 3 Bund und Ländern gemeinsam oder nach Absatz 6 den Gemeinden zustehen,
3. die Straßengüterverkehrsteuer, die Kraftfahrzeugsteuer und sonstige auf motorisierte Verkehrsmittel bezogene Verkehrsteuern,
4. die Kapitalverkehrsteuern, die Versicherungsteuer und die Wechselsteuer,
5. die einmaligen Vermögensabgaben und die zur Durchführung des Lastenausgleichs erhobenen Ausgleichsabgaben,
6. die Ergänzungsabgabe zur Einkommensteuer und zur Körperschaftsteuer,
7. Abgaben im Rahmen der Europäischen Gemeinschaften.

(2) Das Aufkommen der folgenden Steuern steht den Ländern zu:

1. die Vermögensteuer,
2. die Erbschaftsteuer,
3. die Verkehrsteuern, soweit sie nicht nach Absatz 1 dem Bund oder nach Absatz 3 Bund und Ländern gemeinsam zustehen,
4. die Biersteuer,
5. die Abgabe von Spielbanken.

(3) Das Aufkommen der Einkommensteuer, der Körperschaftsteuer und der Umsatzsteuer steht dem Bund und den Ländern gemeinsam zu (Gemeinschaftsteuern), soweit das Aufkommen der Einkommensteuer nicht nach Absatz 5 und das Aufkommen der Umsatzsteuer nicht nach Absatz 5a den Gemeinden zugewiesen wird. Am Aufkommen der Einkommensteuer und der Körperschaftsteuer sind der Bund und die Länder je zur Hälfte beteiligt. Die Anteile von Bund und Ländern an der Umsatzsteuer werden durch Bundesgesetz, das der Zustimmung des Bundesrates bedarf, festgesetzt. Bei der Festsetzung ist von folgenden Grundsätzen auszugehen:

1. Im Rahmen der laufenden Einnahmen haben der Bund und die Länder gleichmäßig Anspruch auf Deckung ihrer notwendigen Ausgaben. Dabei ist der Umfang der Ausgaben unter Berücksichtigung einer mehrjährigen Finanzplanung zu ermitteln.
2. Die Deckungsbedürfnisse des Bundes und der Länder sind so aufeinander abzustimmen, daß ein billiger Ausgleich erzielt, eine Überbelastung der Steuerpflichtigen vermieden und die Einheitlichkeit der Lebensverhältnisse im Bundesgebiet gewahrt wird.

Zusätzlich werden in die Festsetzung der Anteile von Bund und Ländern an der Umsatzsteuer Steuermindereinnahmen einbezogen, die den Ländern ab 1. Januar 1996 aus der Berücksichtigung von Kindern im Einkommensteuerrecht entstehen. Das Nähere bestimmt das Bundesgesetz nach Satz 3.

(4) Die Anteile von Bund und Ländern an der Umsatzsteuer sind neu festzusetzen, wenn sich das Verhältnis zwischen den Einnahmen und Ausgaben des Bundes und der Länder wesentlich anders entwickelt; Steuermindereinnahmen, die nach Absatz 3 Satz 5 in die Festsetzung der Umsatzsteueranteile zusätzlich einbezogen werden, bleiben hierbei unberücksichtigt. Werden den Ländern durch Bundesgesetz zusätzliche Ausgaben auferlegt oder Einnahmen entzogen, so kann die Mehrbelastung durch Bundesgesetz, das der Zustimmung des Bundesrates bedarf, auch mit Finanzzuweisungen des Bundes ausgeglichen werden, wenn sie auf einen kurzen Zeitraum begrenzt ist. In dem Gesetz sind die Grundsätze für die Bemessung dieser Finanzzuweisungen und für ihre Verteilung auf die Länder zu bestimmen.

(5) Die Gemeinden erhalten einen Anteil an dem Aufkommen der Einkommensteuer, der von den Ländern an ihre Gemeinden auf der Grundlage der Einkommensteuerleistungen ihrer Einwohner weiterzuleiten ist. Das Nähere bestimmt ein Bundesgesetz, das der Zustimmung des Bundesrates bedarf. Es kann bestimmen, daß die Gemeinden Hebesätze für den Gemeindeanteil festsetzen.

(5a) Die Gemeinden erhalten ab dem 1. Januar 1998 einen Anteil an dem Aufkommen der Umsatzsteuer. Er wird von den Ländern auf der Grundlage eines orts- und wirtschaftsbezogenen Schlüssels an ihre Gemeinden weitergeleitet. Das Nähere wird durch Bundesgesetz, das der Zustimmung des Bundesrates bedarf, bestimmt.

(6) Das Aufkommen der Grundsteuer und Gewerbesteuer steht den Gemeinden, das Aufkommen der örtlichen Verbrauch- und Aufwandsteuern steht den Gemeinden oder nach Maßgabe der Landesgesetzgebung den Gemeindeverbänden zu. Den Gemeinden ist das Recht einzuräumen, die Hebesätze der Grundsteuer und Gewerbesteuer im Rahmen der Gesetze festzusetzen. Bestehen in einem Land keine Gemeinden, so steht das Aufkommen der Grundsteuer und Gewerbesteuer sowie der örtlichen Verbrauch- und Aufwandsteuern

**dem Land zu. Bund und Länder können durch eine Umlage an dem Aufkommen der Gewerbesteuer beteiligt werden. Das Nähere über die Umlage bestimmt ein Bundesgesetz, das der Zustimmung des Bundesrates bedarf. Nach Maßgabe der Landesgesetzgebung können die Grundsteuer und Gewerbesteuer sowie der Gemeindeanteil vom Aufkommen der Einkommensteuer und der Umsatzsteuer als Bemessungsgrundlagen für Umlagen zugrunde gelegt werden.**

(7) **Von dem Länderanteil am Gesamtaufkommen der Gemeinschaftsteuern fließt den Gemeinden und Gemeindeverbänden insgesamt ein von der Landesgesetzgebung zu bestimmender Hundertsatz zu. Im übrigen bestimmt die Landesgesetzgebung, ob und inwieweit das Aufkommen der Landessteuern den Gemeinden (Gemeindeverbänden) zufließt.**

(8) **Veranlaßt der Bund in einzelnen Ländern oder Gemeinden (Gemeindeverbänden) besondere Einrichtungen, die diesen Ländern oder Gemeinden (Gemeindeverbänden) unmittelbar Mehrausgaben oder Mindereinnahmen (Sonderbelastungen) verursachen, gewährt der Bund den erforderlichen Ausgleich, wenn und soweit den Ländern oder Gemeinden (Gemeindeverbänden) nicht zugemutet werden kann, die Sonderbelastungen zu tragen. Entschädigungsleistungen Dritter und finanzielle Vorteile, die diesen Ländern oder Gemeinden (Gemeindeverbänden) als Folge der Einrichtungen erwachsen, werden bei dem Ausgleich berücksichtigt.**

(9) **Als Einnahmen und Ausgaben der Länder im Sinne dieses Artikels gelten auch die Einnahmen und Ausgaben der Gemeinden (Gemeindeverbände).**

**Entstehungsgeschichte: Erstfassung:** JöR nF 1 (1951), 762. – **Änderungen:** G zur Änd. des GG v. 23.12.1955 (BGBl I 817), § 1 (dazu: BT-Dr II/480 [Entwurf], II/960, 1254, 1819, 1938; BT-Prot II/1314, 2665, 2838, 4163, 6047, 6375; BR-Dr 78/54, 78/55, 373/55, 424/55; BR-Prot 54/78, 55/69, 348, 378); 8. G zur Änd. des GG v. 24.12.1956 (BGBl I 1077), Art. I (dazu: BT-Dr II/1050 [Entwurf], II/2063, II/3004; BT-Prot II/4147, 6903, 9961; BR-Dr 94/56, 497/56; BR-Prot 56/117, 409, 439); 21. G zur Änd. des GG (FinanzreformG) v. 12.5.1969 (BGBl I 359), Art. I Nr. 4 (dazu: BT-Dr V/2861 [Entwurf], V/3605, 3896, 4021, 4105; BT-Prot V/9145, 11025, 12368; BR-Dr 138/68, 14/69, 217/69; BR-Prot 68/45, 69/1, 78, 81, 108). 43. G zur Änd. des GG v. 3.11.1995 (BGBl I 1492), Art. 1 (dazu: BT-Dr 13/2245 [Entwurf]; BT-Prot 13/4144, 4567, 4580; BR-Dr 581/95; BR-Prot 95/371); G zur Änd. des GG (Art. 28 u. 106) v. 20.10.1997 (BGBl I 2470), Art. 1 (dazu: BT-Dr 13/1685 [Entwurf]; BT-Prot 13/3433; 17156, 17172; BR-Dr 170/95, 687/97; BR-Prot 97/241, 361), G zur Änd. des GG (Art. 106, 106b, 107, 108) v. 19.3.2009 (BGBl I 606), Art. 1 (dazu: BT-Dr 16/11741 [Entwurf]; BT-Dr 16/11900 [Beschlussempf. FinA.]; BT-Dr 16/11901 [Bericht HaushaltsA.]; 16/11931 [Bericht FinA.]; BT-Prot 16/203, 21959; 206, 22267; BR-Dr 118/09; BR-Dr 118/09, 118/1/09 [Empf. Ausschüsse]; BR-Prot 09/855, 41; 856, 61.

**Historische Verfassungstexte: RV 1849:** § 34 S. 2 Welche Produktions- und Verbrauchs-Steuern gemeinschaftlich sein sollen, bestimmt die Reichsgesetzgebung. § 35 (2) Aus dem Ertrage [der Produktions- und Verbrauchs-Steuern] wird ein bestimmter Theil nach Maaßgabe des ordentlichen Budgets für die Ausgaben des Reiches vorweggenommen, das Uebrige wird an die einzelnen Staaten vertheilt. (3) Ein besonderes Reichsgesetz wird hierüber das Nähere feststellen. § 36 Auf welche Gegenstände die einzelnen Staaten Produktions- und Verbrauchs-Steuern für Rechnung des Staates oder einzelner Gemeinden legen dürfen und welche Bedingungen und Beschränkungen dabei eintreten sollen, wird durch die Reichsgesetzgebung bestimmt. § 37 Die einzelnen deutschen Staaten sind nicht befugt, auf Güter, welche über die Reichsgrenze ein- oder ausgehen, Zölle zu legen. § 49 Zur Bestreitung seiner Ausgaben ist das Reich zunächst auf seinen Antheil an den Einkünften aus den Zöllen und den gemeinsamen Produktions- und Verbrauchs-Steuern angewiesen. § 50 Die Reichsgewalt hat das Recht, insoweit die sonstigen Einkünfte nicht ausreichen, Matrikularbeiträge aufzunehmen. § 51 Die Reichsgewalt ist befugt, in außerordentlichen Fällen Reichssteuern aufzulegen und zu erheben oder erheben zu lassen, ... § 102 Ein Reichstagsbeschluß ist in folgenden Fällen erforderlich: ... 2) ... wenn das Reich ... Matrikularbeiträge oder Steuern erhebt. 3) Wenn fremde See- und Flußschifffahrt mit höheren Abgaben belegt werden soll ... – **RV 1871: Art. 70** Zur Bestreitung aller gemeinschaftlichen Ausgaben dienen zunächst die etwaigen Ueberschüsse der Vorjahre, sowie die aus den Zöllen, den gemeinschaftlichen Verbrauchssteuern und aus dem Post- und Telegraphenwesen fließenden gemeinschaftlichen Einnahmen. Insoweit dieselben durch diese Einnahmen nicht gedeckt werden, sind sie, so lange Reichssteuern nicht eingeführt sind, durch Beiträge der einzelnen Bundesstaaten nach Maßgabe ihrer Bevölkerung aufzubringen, welche bis zur Höhe des budgetmäßigen Betrages durch den Reichskanzler ausgeschrieben werden. – **GG 1949:** (1) Die Zölle, der Ertrag der Monopole, die Verbrauchsteuern mit Ausnahme der Biersteuer, die Beförderungsteuer, die Umsatzsteuer und einmaligen Zwecken dienenden Vermögensabgaben fließen dem Bunde zu. (2) Die Biersteuer, die Verkehrsteuern mit Ausnahme der Beförderungsteuer und der Umsatzsteuer, die Einkommen- und Körperschaftsteuer, die Vermögensteuer, die Erbschaftsteuer, die Realsteuern und die Steuern mit örtlich bedingtem Wirkungskreis fließen den Ländern und nach Maßgabe der Landesgesetzgebung den Gemeinden (Gemeindeverbänden) zu. (3) Der Bund kann durch Bundesgesetz, das der Zustimmung des Bundesrates bedarf, einen Teil der Einkommen- und Körperschaftsteuer zur Deckung seiner durch andere Einkünfte nicht gedeckten Ausgaben, insbesondere zur Deckung von Zuschüssen, welche Ländern zur Deckung von Ausgaben auf dem Gebiete des Schulwesens, des Gesundheitswesens und des Wohlfahrtswesens zu gewähren sind, in Anspruch nehmen. (4) Um die Leistungsfähigkeit auch der steuerschwachen Länder zu sichern und eine unterschiedliche Belastung der Länder mit Ausgaben auszugleichen, kann der Bund Zuschüsse gewähren und die Mittel hierfür bestimmten den Ländern zufließenden Steuern entnehmen. Durch Bundesgesetz, welches der Zustimmung des Bundesrates bedarf, wird bestimmt, welche Steuern hierbei herangezogen werden und mit welchen Beträgen und nach welchem Schlüssel die Zuschüsse an die ausgleichsberechtigten Länder verteilt werden; die Zuschüsse sind den Ländern unmittelbar zu überweisen.

**Gesetzgebung:** MaßstG; FAG; GemFinRefG; DEFG; G zur Regelung der finanziellen Kompensation zugunsten der Länder infolge der Übertragung der Ertragshoheit der Kraftfahrzeugsteuer auf den Bund (KraftStKompG) v. 29.5.2009 (BGBl I 1170).

**Leitentscheidungen:** BVerfGE 83, 363 (389 ff.) (Krankenhausumlage); BVerfGE 101, 158 (Länderfinanzausgleich IV); BVerfGE 145, 171 (Kernbrennstoffsteuer).

**Schrifttum:** *D. Bayer,* Staatliche Gemeindefinanzierung und Verfassungsrecht, DVBl 1993, 1287; *A. Eiling,* Verfassungs- und europarechtliche Vorgaben an die Einführung neuer Verbrauchsteuern, 2014; *W. Frenz,* Die Verhältnismäßigkeit von Steuern, GewArch 2006, 282; *U. Häde,* Finanzausgleich, 1996; *J. W. Hidien,* Die Verteilung der Umsatzsteuer zwischen Bund und Ländern, 1998; *J. Hinnendahl,* Die Steuerverteilung zwischen Bund und Ländern in der Bundesrepublik Deutschland, 1974; *W. Kluth,* Umlagen nach Art. 106 Abs. 6 S. 6 als Instrumente zwischengemeindlichen Finanzausgleichs, DÖV 1994, 456; *S. Korioth,* Der Finanzausgleich zwischen Bund und Ländern, 1997; *M. Rodi,* Die Rechtfertigung von Steuern als Verfassungsproblem, 1994; *K. Tipke/J. Lang,* Steuerrecht, 23. Auflage 2018; *K. Vogel,* FS Tipke, 1995, S. 93; *R. Wendt,* Abschaffung und Ersetzung der Gewerbesteuer aus verfassungsrechtlicher Sicht, BB 1987, 1677; *R. P. Schenke,* Aufgabengerechte Finanzverteilung, NJW 2014, 2542.

## A. Allgemeines

### I. Das System der Verteilung der Steuererträge

**1**    Die Vorschrift regelt die vertikale **Ertragshoheit** (→ vor Art. 104a Rn. 12, 53) für das Aufkommen aus Steuern. Um sie ist lange gerungen worden.[1] Die Länder sollten nicht mehr wie in der Weimarer Republik Kostgänger des Zentralstaates sein, sondern eigene, originäre Steuerquellen erhalten. Seit der Finanzreform von 1969 ist die Vorschrift dreimal geändert worden. Mit der Änderung vom 3. November 1995 wurde im Rahmen der Reform des Familienlastenausgleich Absätze 3 und 4 modifiziert. Mit dem 44. Änderungsgesetz vom 20. Oktober 1997 wurde den Gemeinden ein Anteil am Umsatzsteueraufkommen zugewiesen. Die Änderung vom 19. März 2009 hat den Ertrag der Kraftfahrzeugsteuer von den Ländern auf den Bund übertragen. Gleichzeitig wurde den Ländern ein verfassungsrechtlich abgesicherter Ausgleichsanspruch in Art. 106b eingeräumt.[2]

**2**    Die durch Art. 79 III garantierte Staatlichkeit des Bundes und der Länder erfordert eine **hinreichende Finanzausstattung.**[3] Bund und Länder müssen „im Rahmen der verfügbaren Gesamtein-

---

[1] Eingehende Darstellung bei *Stern,* Staatsrecht II, S. 1130–1132; s. a. *Vogel,* FS Tipke, 1995, S. 93 (101); *Hidien* BK Art. 106 (2002) Rn. 44–49; zum Gesamtsystem der Ertragsverteilung *Heun* Staat 31 (1992), 205 (212–221), der die Vorteile überwiegen sieht (S. 217).

[2] § 1 KraftStKompG.

[3] BVerfGE 34, 9 (20): „angemessener Anteil am Gesamtsteueraufkommen"; BVerfGE 39, 96 (108): „Die Staatlichkeit des Bundes und der Länder kann sich nur dann wirksam entfalten, wenn sowohl der Gesamtstaat als auch die Gliedstaaten … über hinreichende Anteile am Steueraufkommen verfügen"; *Seiler,* in: Maunz/Dürig, Art. 106 (2017) Rn. 4; *Stern,* Staatsrecht II, S. 1149 f. („ausreichende Finanzmittel"); wie *Stern* jetzt auch *Häde,* 1996, S. 2, 183; *Heintzen* in: v. Münch/Kunig II, Art. 106 Rn. 2; schwächer und ohne Bezug zu Art. 79 III *Schwarz* MKS III, Art. 106 Rn. 2; *Waldhoff* HStR V[3], § 116 Rn. 57.

nahmen" so ausgestattet werden, dass sie „die zur Wahrnehmung ihrer Aufgaben erforderlichen Ausgaben leisten können".[4] Es genügt aber nicht, dass die Landesebene insgesamt hinreichend finanziell ausgestattet ist. Vielmehr muss jedes einzelne Land über hinreichende Mittel verfügen.

Deshalb ordnet Art. 106 zunächst einmal Bund und Ländern **eigene Steuerquellen** zu. Sie bildet **2a** den Kern des primären vertikalen Finanzausgleichs (→ vor Art. 104a Rn. 47) im GG.[5] Im Rahmen dieser **vertikalen** Steuerertragsaufteilung (→ vor Art. 104a Rn. 55) weist Art. 106 zunächst die Erträge der meisten Steuern entweder dem Bund oder den Ländern zu und folgt damit dem **Trennsystem** (→ vor Art. 104a Rn. 50). Die aufkommenstärksten Einzelsteuern, Einkommen-, Körperschaft- und Umsatzsteuer, sind mittlerweile aber als Gemeinschaftssteuern ausgestaltet.[6] Insoweit ist das **Verbundsystem** (→ vor Art. 104a Rn. 50) verwirklicht worden. Von der Einkommensteuer erhalten aber die Gemeinden vorweg einen Anteil, Art. 106 V. Im Übrigen steht der Ertrag aus dieser Steuer je zur Hälfte dem Bund und der Gesamtheit der Länder zu. Die Aufteilung der Umsatzsteuer hat das GG dagegen variabel gehalten. Sie erfolgt erst durch einfaches BundesG, für das das GG in Abs. 3 S. 4 Leitlinien aufstellt. Damit verbunden ist eine Revisionsklausel in Abs. 4.

Art. 106 enthält **keine Regeln** für Einnahmen, die **nicht** aus **Steuern** oder Finanzmonopolen **2b** stammen. Eine entspr. Anwendung ist auch dann nicht möglich, wenn sie quantitativ sehr bedeutend sind, wie die UMTS-Erlöse,[7] da eine „Auffangklausel", wie in Art. 105 II („übrige Steuern") fehlt.[8] Wenn neuartige Einnahmequellen das von Art. 106 zu Grunde gelegte Verteilungssystem zu sprengen drohen, ist es Aufgabe des verfassungsänd. Gesetzgebers, für Abhilfe zu sorgen (näher → Art. 105 Rn. 50 f.).[9]

Die in der Bestimmung getroffenen Festlegungen sind **zwingend**. Abweichende einfachgesetzliche **2c** oder vertragliche Regelungen sind nicht zulässig.[10] Erlaubte Durchbrechungen sind abschließend in Art. 91a, b, c, e, 104b, 104c, 104d, 120, 120a[11], 143h geregelt.

## II. Auseinanderfallen von Gesetzgebungs- und Ertragskompetenz

Anders als bei den nicht-steuerlichen Abgaben, bei denen auch die Ertragskompetenz aus den allg. **3** Sachkompetenzen der Art. 70 ff folgt, fallen bei **Steuern** Gesetzgebungs- und Ertragskompetenz **nicht zusammen.** Sie sind finanzverfassungsrechtlich „jeweils gesondert geregelt und folgen anderen Grundsätzen".[12]

Die **Ertragshoheit folgt nicht** generell der **Gesetzgebungskompetenz.**[13] Darüber hinaus muss **3a** eine Ertragskompetenz kraft „Natur der Sache" oder als „Annexkompetenz" ebenso ausscheiden wie eine analoge Anwendung von Art. 106, da dort die Materie **erschöpfend** und **abschließend** für Steuern geregelt ist, die Ertragsverteilung nicht denknotwendig mit der Gesetzgebung verbunden ist und eine selbständige Regelungsmaterie darstellt, die nach dem vom GG verfolgten Konzept durchaus von der Gesetzgebungskompetenz abweichen kann, wie Art. 104 IIa und 106 II zeigen.[14] Die Regelung in Art. 106 III, IV, welche die Verteilung des Ertrags der Umsatzsteuer dem einfachen Gesetzgeber überlässt, aber an Kriterien bindet, würde leer laufen, wenn man eine allgemeine Ertragsverteilungskompetenz des (einfachen) Gesetzgebers bejaht. Die Ausweitung des Zustimmungserfordernisses nach Abs. 3, die zT von den Befürwortern eines Steuerfindungsrecht des einfachen Gesetzgebers zum Ausgleich angeboten wird, ist nicht mehr vom Wortlaut des Abs. 3 gedeckt und würde vor allem auch nicht den Landesgesetzgeber binden.

Auch ein **Rückgriff auf Art. 30** ist mit der Schaffung der Spezialregelung in Art. 106 nicht zu **3b** vereinbaren.[15] Ob es allerdings genügt hätte, die „Ertragshoheit des Bundes zu definieren", wenn

---

[4] BVerfGE 32, 333 (338); 55, 274 (300); 72, 330 (383); 78, 249 (266 f.); 86, 148 (215); 93, 319 (342); 141 (147); 101, 158 (219); 105, 185 (194); 108, 1 (15); 108, 186 (214 f.; 113, 167 (204); 145, 171 Rn. 57; dezidiert → Art. 107 Rn. 33; vertiefend *Korioth,* Der Finanzausgleich, S. 99 ff. vor allem S. 101.

[5] *Stern,* StaatsR II, S. 1149, 1153.

[6] So jetzt auch die Diktion des BVerfG, BVerfGE 116, 327 (327 ff.).

[7] BVerfGE 105, 185 (194); insoweit zust. *Selmer* NVwZ 2003, 1304 (1306); Vorschläge zu ihrer Behandlung bei *Becker* DÖV 2003, 177 (177 f.).

[8] Auch anerkannt von *Schmidt* StuW 2015, 171 (176), der wieder versucht, ein allgemeines Steuerfindungsrecht des Bundes zu rechtfertigen.

[9] BVerfGE 105, 185 (195).

[10] BVerfGE 32, 145 (156); 39, 96 (109); 55, 274 (300 f.); 72, 330 (388); 105, 185 (194); 145, 171 Rn. 59 – Kernbrennstoffsteuer; zust. *Pieroth,* in: Jarass/Pieroth, Art. 106 Rn. 3; *Schwarz* MKS III, Art. 106 Rn. 25; zust. *Heun,* in: Dreier III, Art. 106 Rn. 11; → vor Art. 104a Rn. 27, 44.

[11] Problematisch wird zunehmend die Zuordnung der bundesgesetzlich gewährten Steuersubventionen, die auch den Ertragsanteil der Länder verringern. Zumindest muss ihr Lenkungszweck tatbestandlich vorgezeichnet sein, BVerfGE 99, 280 (296 f.); zum Ganzen *P. Kirchhof* FS Selmer, 2004, S. 745 (747, 760).

[12] BVerfGE 145, 171 Rn. 63, 69.

[13] So jetzt auch ausdrücklich BVerfGE 145, 171 Rn. 71, 83, 96 (Kernbrennstoffsteuer): vgl. auch *Waldhoff* HStR V[3,] § 116 Rn. 66; *Birk* AK GG, Art. 105 (1989) Rn. 21.

[14] So auch *Schmidt* StuW 2016, 171 (176 f.), der aber gleichwohl (erneut) versucht, ein allgemeines Steuerfindungsrecht des Bundes zu rechtfertigen.

[15] BVerfGE 145, 171 Rn. 80, 88 f. (Kernbrennstoffsteuer); ebenso bereits *Stern,* StaatsR II, S. 1119; *Vogel/Walter* BK, Art. 105 (2004) Rn. 66; aA wenig konsistent *Schmidt* StuW 2016, 171 (177).

Art. 30 hätte anwendbar sein sollen, ist im Hinblick auf die verfassungsrechtliche Absicherung der Gemeindeanteile nicht sicher.[16] Entscheidend sind aber drei Gesichtspunkte, die den Rückgriff auf Art. 30 ausschließen: (i) die Detailliertheit der getroffenen Regelung ohne Öffnungsklausel, (ii) das Fehlen verlässlicher Kriterien, die eine Konkurrenz neu geschaffener Steuern mit den in Art. 106 geregelten Steuern verhindern, (iii) die Störung der für die Verteilung des Gesamtsteueraufkommens gefundenen Balance, die auch nicht durch die Neuverhandlung der Verteilung des Umsatzsteueraufkommens nach Art. 106 IV verlässlich ausgeschlossen werden kann.[17] Zudem wäre die „Annahme eines **Steuerfindungsrechts nicht** in Einklang zu bringen" mit der individualschützenden Funktion der Art. 105 und 106.[18]

3c Die Aufteilung im Einzelnen orientiert sich weitgehend an den herkömml. Steuern und Steuerarten, wie sie schon vor Erlass der verfassungsrechtl. Regelungen bekannt waren. Es können daher die Abgrenzungsmerkmale des traditionellen Steuerrechts herangezogen werden.[19] Das BVerfG spricht nunmehr von **Typusbegriffen,** deren „typusbildenden Unterscheidungsmerkmale" dem traditionellen deutschen SteuerR zu entnehmen seien.[20] Maßgeblich soll das durch „eine wertende Betrachtung gewonnene Gesamtbild" sein.[21]

## B. Alleinige Ertragshoheit des Bundes (Abs. 1)

4 In Abs. 1 sind die Steuern aufgezählt, deren Ertrag **allein** dem **Bund** zusteht. Das sind im Wesentlichen

– Zölle und Finanzmonopole (Nr. 1),
– Verbrauchsteuern, soweit sie nicht ausdr. anderen Ertragsberechtigten zugewiesen sind (Nr. 2),
– einige ausdr. aufgeführte Verkehrsteuern (Nr. 3, 4), jetzt unter Einschluss der Kraftfahrzeugsteuer,
– einmalige Vermögensabgaben und Lastenausgleichsabgaben (Nr. 5),
– Ergänzungsabgaben zur Einkommen- und Körperschaftsteuer (Nr. 6).

Hinzu kommen die Abgaben im Rahmen der EG [EU] (Nr. 7), die aber nicht nur Steuern umfassen,[22] sondern auch die Abgaben des EG[EU]-(Agrar-)Marktordnungsrechts.[23] Diese Abgaben sind in Art. 2 I des Beschl. des Rates über das Eigenmittelsystem der EU konkretisiert. Dieser „Eigenmittelbeschluss" ist auf Art. 311 III AEUV gestützt[24] und konkretisiert die eigenen Finanzmittel der Union. Nach Art. 2 I des Beschlusses ist zwischen traditionellen Eigenmitteln, „Mehrwertsteuer Eigenmitteln und besondere Finanzzuweisungen, deren Höhe sich am Bruttonationaleinkommen der Mitgliedstaaten orientiert („BNE-Eigenmittel"), zu unterscheiden. Nach Art. 8 I des Beschlusses ist die Ertragshoheit für die Zölle, abzüglich eines Anteils von 10 % zur Abdeckung der Erhebungskosten (Art. 10 III UA 1)[25] auf die EU übergeleitet.

5 Die Abgrenzung der **Finanzmonopole** und **Zölle** ist wie in Art. 105 vorzunehmen (→ Art. 105 Rn. 14 ff.), ebenso die der **Verbrauchsteuern** (→ Art. 105 Rn. 37 ff.).[26]

5a Ein vollständiger stoffl. Verzehr des **Steuerobjekts** der **Verbrauchsteuern** nicht erforderlich sein.[27] Ein Verbrauch soll aber jedenfalls dann vorliegen, wenn der Besteuerungsgegenstand nach Sinn und Zweck des Gesetzes „verbrauchsteuerrechtlich als nicht mehr existent angesehen[28] oder funktions- und wertlos werden soll".[29] Die Abgrenzung von den „Unternehmensteuern", die keine Verbrauchsteuern iSv Art. 106 I Nr. 2 sein sollen,[30] kann im Einzelfall schwierig sein, da nicht selten

---

[16] So aber BVerfGE 145, 171 Rn. 88.

[17] BVerfGE 145, 171 Rn. 89–92 (Kernbrennstoffsteuer).

[18] BVerfGE 145, 171 Rn. 93 (Kernbrennstoffsteuer); näher → Art. 105 Rn. 50 f.

[19] BVerfGE 7, 244 (252); 16, 306 (317); 31, 314 (331 110, 274 (296); 123, 1 (16); *Stern,* Staatsrecht II, S. 1154; *Waldhoff* HStR V³, § 116 Rn. 65 ff.; *P. Kirchhof* HStR V³, § 118 Rn. 71.

[20] BVerfGE 145, 171 Rn. 64, 66 (Kernbrennstoffsteuer).

[21] BVerfGE 145, 171 Rn. 64, 66 (Kernbrennstoffsteuer), unter Berufung auf *Wank,* Die juristische Begriffsbildung, 1985, S. 123 ff.; *Strahl,* Die typisierende Betrachtungsweise im Steuerrecht, S. 216 ff.; *Jacobi,* Methodenlehre der Normwirkung, 2008, S. 45; *Wernsmann,* NVwZ 2011, 1367, 1368, 1996.

[22] *Hidien* BK, Art. 106 (2002) Rn. 1435; *Seiler,* in: Maunz/Dürig, Art. 106 (2017) Rn. 69 f.: abgeleitete Finanzhoheit; *Pieroth,* in: Jarass/Pieroth, Art. 106 Rn. 4b; *Schemmel* StuW 1995, 39 (42); *J.-P. Schneider* AK GG, Art. 106 (2001) Rn. 5; zust. *Häde,* 1996, S. 187.

[23] *Seer* BK, Art. 108 (2011) Rn. 69.

[24] Beschl. des Rats v. 26.5.2014 (ABl Nr. L 168/105); zuvor Beschl. über die Ersetzung der Finanzbeiträge der Mitgliedstaaten durch eigene Mittel der Gemeinschaften v. 21.4.1970 (ABl Nr. L 94, S. 19); ferner die Beschl. v. 7.5.1985 (ABl Nr. L 128, S. 15), v. 24.6.1988 (ABl Nr. L 185, S. 24), v. 31.10.1994 (ABl Nr. L 293, S. 9).

[25] Anders *Seiler,* in: Maunz/Dürig, Art. 106 (2017) Rn. 70: 20 %, aber soweit erkennbar nicht korrekt.

[26] So wohl auch *Herdegen/Schön,* Ökologische Steuerreform, Verfassungsrecht und Verkehrsgewerbe, 2000, S. 28, die sich gegen ausweitende Tendenzen aussprechen; ähnlich BT-Dr II/480, S. 107; *Heintzen,* in: Münch/Kunig II, Art. 106 Rn. 17; s. auch *Hey* StuW 2000, 239 (244); vgl. *Pieroth,* in: Jarass/Pieroth, Art. 106 Rn. 4a, 4b.

[27] *Eiling,* 2014, S. 105 f., insges. zum Streitstand S. 104–107.

[28] BFHE 212, 340 (344).

[29] BVerfGE 98, 106 (124); 145, 171 Rn. 129.

[30] BVerfGE 145, 171 Rn. 116.

dasselbe Wirtschaftsgut sowohl im privaten Konsum als auch im (unternehmerischen) Produktionsprozess eingesetzt wird. Wenn die Steuer „gezielt auf den unternehmerischen Gewinn oder einen typisierend vermuteten unternehmerischen Gewinn zugreift (…) anstatt auf die Einkommensverwendung", soll sie keine Verbrauchsteuer, sondern eine Unternehmensteuer sein.[31] Typischerweise ist die Verbrauchsteuer auf Überwälzung angelegt. Dabei ist nicht erforderlich, dass die Überwälzung in jedem Einzelfall auch gelingt oder es eine Garantie dafür gibt.[32] Typisch für die Verbrauchsteuer ist auch, dass sie an ein „Gut des ständigen privaten Bedarfs" anknüpft und nicht nur ein reines Produktionsmittel besteuert. Nach Auffassung des BVerfG kommt es letztlich auf eine „Gesamtbetrachtung" an.[33] Die „Alkopopsteuer",[34] die Branntweinsteuer,[35] die Strom- und Mineralölsteuer,[36] die Schaumweinsteuer[37] und die Verpackungsteuer[38] sind Verbrauchsteuern, da sie auf Überwälzung angelegt sind. Die **Kernbrennstoffsteuer** fällt nach Auffassung des BVerfG nicht unter den Typus Verbrauchsteuer, da sie nicht auf eine Abwälzung auf den privaten Verbraucher angelegt sei, ein „reines Produktionsmittel" besteuere und nicht das Typusmerkmal „Anknüpfung an ein Gut des ständigen privaten Bedarfs" erfülle.[39]

Da die **Umsatzsteuer** mittlerweile überwiegend ebenfalls als Verbrauchsteuer angesehen wird,[40]  **5b** musste sie ausdr. ausgeklammert werden.[41] Weiter sind die **Biersteuer** (Abs. 2 Nr. 4) und die **örtlichen Verbrauch- und Aufwandsteuern** (Abs. 6) aus der Ertragskompetenz des Bundes herausgenommen worden. Daher kommt es in diesem Zusammenhang nicht entscheidend darauf an, ob die (örtlichen) Aufwandsteuern steuersystematisch Verbrauchsteuern sind (→ Art. 105 Rn. 38).[42]

Von den **Verkehrsteuern** (→ Rn. 9) stehen dem Bund zu: die Straßengüterverkehrsteuer,[43] die  **5c** Kraftfahrzeugsteuer und sonstige auf motorisierte Verkehrsmittel bezogene Steuern, die Kapitalverkehrsteuern und die Wechselsteuer, die alle zurzeit nicht erhoben werden,[44] sowie die Versicherungsteuer. Ob die **Kraftfahrzeugsteuer** eine Aufwand- oder Verkehrsteuer ist, bedarf keiner Entscheidung, da sowohl die Ertrags- als auch die Verwaltungskompetenz nun ausdr. dem Bund zugewiesen sind (Abs. 1 Nr. 3, Art. 108 I 1).[45]

Überwiegend werden unter **einmaligen Vermögensabgaben** iSv Nr. 5 nicht nur Abgaben zur  **6** Durchführung des Lastenausgleichs nach dem Zweiten Weltkrieg (Art. 120a) verstanden.[46] Aber auch wenn das richtig ist, bleibt zu prüfen, ob eine solche Abgabe eine Steuer ist. Nur wenn sie Steuer ist, kann sie auf Art. 106 I Nr. 5 gestützt werden.[47] Die Vorschrift will nicht besagen, dass

---

[31] BVerfGE 145, 171 Rn. 116, unter Berufung auf *Seer*, in: Tipke/Lang, Steuerrecht, 22. Aufl. 2015, § 2 Rn. 47, und *Hey* ebda, § 7 Rn. 22.

[32] BVerfGE 110, 274 (295); BVerfGE 145, 171 Rn. 119, 127 mwN; FG Düsseldorf, DStRE 2005, 1354 (1355); aA *Jatzke*, der eine Garantie des Gesetzgebers für grds. Abwälzbarkeit verlangt (Das System des deutschen Verbrauchsteuerrechts, 1997, S. 311).

[33] BVerfGE 145, 171 Rn. 65 (Kernbrennstoffsteuer).

[34] FG Düsseldorf v. 28.4.2005, DStRE 2005, 1354 (1355).

[35] BVerfGE 27, 375 (383); BFHE 141, 369 (372 ff.).

[36] BVerfGE 110, 274 (295).

[37] BVerfGE 27, 375 (383).

[38] BVerfGE 98, 106 (124).

[39] BVerfGE 145, 171 Rn. 111, 134, 161 (Kernbrennstoffsteuer). Dem widersprechen die Richter *Huber* und *Müller*, die gleichwohl zur Verfassungswidrigkeit gelangen; wegen der fehlenden Zustimmung des BR (230 Rn. 1).

[40] Vgl. EuGH Slg. 1982, II-1409, Tz. 10; 1996, I-959, Tz. 26; *Söhn* StuW 1975, 1 (1 ff.); *ders.* StuW 1996, 165 (165 ff.); *Stern*, Staatsrecht II, S. 1154; *Englisch*, in: Tipke/Lang, Steuerrecht, § 17 Rn. 10, mit zahlr. Nachw. zur Diskussion; *Seer* BK, Art. 108 (2011) Rn. 67 mwN; *J.-P. Schneider* AK GG, Art. 108 (2001) Rn. 6; *Maunz*, in: Maunz/Dürig, Art. 106 (1978) Rn. 32; s. aF *Kirchhof* MKS III, Art. 108 Rn. 38: nach ihrem Charakter „zweifellos Verbrauchsteuer", nach aber nach dem „Zugriffstatbestand". Die Einordnung als Gemeinschaftsteuer ist aber nicht konsistent, da es nicht um eine Kategorie der allg. Steuerlehre handelt, wie die übrigen Gruppen.

[41] *Stern*, Staatsrecht II, S. 1154.

[42] So wohl BVerfGE 16, 64 (74); BVerwGE 6, 247 (256), jeweils m. Nachw. aus dem finanzwiss. Schrifttum; deutlich unterschieden jetzt aber in BVerwGE 96, 272 (281).

[43] Nicht mehr erhoben seit 1972, § 14 G v. 28.12.1968 (BGBl I 1461) und G v. 23.12.1970 (BGBl I 1869); zu ihrer Verfassungsmäßigkeit BVerfGE 38, 61 (61 ff.).

[44] → Art. 105 Rn. 7c.

[45] Für Aufwandsteuer: *Vogel/Walter* BK, Art. 106 (1972) Rn. 242; *Seiler*, in: Maunz/Dürig, Art. 106 (2017) Rn. 108: einzige Aufwandsteuer, deren Ertrag dem Bund zusteht; aA BFHE 110, 213 (215, 217); nicht mehr eindeutig *Seer*, in: Tipke/Lang, Steuerrecht, § 2 Rn. 48: „Die ursprünglich als *direkte* Konsumsteuer konzipierte Kraftfahrzeugsteuer ist mittlerweile allerdings mit dem Lenkungszweck des Umweltschutzes ‚bepackt' worden und damit eher eine Lenkungssteuer […]"; *Englisch*, ebda, § 18 Rn. 86: „Indes lässt sich die Kfz.-Steuer inzwischen zumindest ansatzweise als umweltpolitische Lenkungssteuer legitimieren"; ähnlich *Pieroth*, in: Jarass/Pieroth, Art. 106 Rn. 4a, der sie aber als Verkehrsteuer einordnet; für Einordnung als allgemeine Mobilitätssteuer *Schwarz* MKS III, Art. 106 Rn. 55.

[46] *Heintzen*, in: v. Münch/Kunig II, Art. 106 Rn. 20; *J.-P. Schneider* AK GG, Art. 106 (2001) Rn. 5; *Heun*, in: Dreier III, Art. 106 Rn. 16; *Schwarz* MKS III, Art. 106 Rn. 48; wohl auch *Seiler*, in: Maunz/Dürig, Art. 106 (2017) Rn. 124, aber beschränkt auf historische Sondersituationen; aA *Vogel/Walter* BK, Art. 106 (1972) Rn. 237; unklar *Hidien* BK, Art. 106 (2002) Rn. 648.

[47] Ebenso jetzt auch: *Schwarz* MKS III, Art. 106 Rn. 48; *Seiler*, in: Maunz/Dürig, Art. 106 (2017) Rn. 114.

jede „einmalige Vermögensabgabe" eine Steuer ist, sondern nur, dass der Ertrag einer derartigen Abgabe dem Bund zufließt, vorausgesetzt, dass sie eine Steuer ist. Das lässt sich aus dem Wortlaut („... Aufkommen der folgenden Steuern ..."), aber auch aus der Entstehungsgeschichte der Vorschrift und des LAG belegen,[48] das seine endgültige Form erst drei Jahre nach den ersten Gesetzen zum Lastenausgleich fand.[49] Dem Bund sollte ermöglicht werden, weitere **einmalige** Vermögensabgaben oder Vermögensteuern zu erheben, für die man aber praktisch keinen Raum neben Lastenausgleich und (laufender) Vermögensteuer der Länder sah.[50] Die Vorschrift wurde im Laufe des Gesetzgebungsverfahrens mehrfach geändert, zum Teil wegen der Ablehnung der Alliierten.[51] Es ist indes nicht zu erkennen, dass damit eine von der Ursprungsversion abw. Regelung in der Sache beabsichtigt war.[52] Das ist wichtig für die Diskussion um die Finanzierung der Leistungen nach dem EALG geworden.

7     **Ergänzungsabgaben** nach Nr. 6 sind akzessorisch zu den auf Dauer angelegten Einkommen- und Körperschaftsteuern. Sie dürfen nicht zur Aushöhlung dieser Steuern führen, die Gemeinschaftsteuern (Abs. 3 S. 1) sind, brauchen aber nicht zeitlich befristet zu sein.[53] Die Erhebung einer solchen Abgabe zu rein konjunkturpolit. Zwecken mit dem Ziel der Stilllegung der Erträge in einer Konjunkturausgleichsrücklage soll nicht von der Vorschrift gedeckt sein.[54] Der seit dem 1.1.1995 unbefristet erhobene **Solidaritätszuschlag** zur Finanzierung der deutschen Einheit nach Art. 31 des G zur Umsetzung des föderalen Konsolidierungsprogramms entsprach diesen Anforderungen wohl noch,[55] blieb aber auch nach seiner Billigung durch das BVerfG politisch wie rechtlich umstritten (→ Art. 105 Rn. 7).

## C. Alleinige Ertragshoheit der Länder (Abs. 2)

8     Eine Aufzählung der Steuern, deren Ertrag **allein** den **Ländern** zusteht, enthält Abs. 2. Das sind die
– Vermögensteuer (Nr. 1),
– Erbschaftsteuer (Nr. 2),
– Verkehrsteuern, soweit sie nicht ausdrücklich anderweitig zugewiesen sind (Nr. 3),
– Biersteuer (Nr. 4),
– Spielbankenabgabe (Nr. 5).

Auch diese Regelung ist abschließend und zwingend.[56]

9     Unter dem Begriff **Verkehrsteuern** wird eine Vielzahl von unterschiedlichen Steuern zusammengefasst. Ihr gemeinsames Kennzeichen besteht darin, dass sie die Steuerbelastung an Akte oder Vorgänge des Rechts- und Wirtschaftsverkehrs knüpfen.[57] Einzelne wichtige Verkehrsteuern sind allerdings dem Bund zugewiesen (Abs. 1 Nr. 3 und 4).

10     Die **Vermögensteuer** kann trotz ihrer ausdr. Erwähnung im GG wegen ihrer konkreten Ausgestaltung (Einheitswerte) verfassungswidrig sein (→ Art. 105 Rn. 8). Das BVerfG entnimmt Art. 106 II 1 und VI aber ihre grds. Anerkennung als „zulässige Form des Steuerzugriffs".[58] Sie müsse allerdings

---

[48] Nach dem „Gesetz zur Milderung dringender sozialer Notstände" v. 8.8.1949 („Soforthilfegesetz") (WiGBl S. 205) wurde bereits eine jährliche (Vermögens-)Abgabe als Vorauszahlung auf den endgültigen Lastenausgleich und eine „Soforthilfe-Sonderabgabe" erhoben. Die „Soforthilfe-Sonderabgabe" sollte nach dem Regierungsentwurf in das Lastenausgleichsgesetz übernommen werden, wurde dann aber im weiteren Gesetzgebungsverfahren fallengelassen. Bereits geleistete Zahlungen wurden auf die Vermögensabgabe nach dem Lastenausgleichsgesetz angerechnet (*Schulze-Brachmann/Meilicke/Georgi,* Lastenausgleichsgesetz, 1953, S. 2, 14).

[49] Gesetz über den Lastenausgleich v. 14.8.1952 (BGBl I 446); Neufassung v. 2.6.1993 (BGBl I 845, BGBl I 1995, 248); zuletzt geänd. durch Art. 7 G zur Beendigung der Sonderzuständigkeit der Familienkassen des öffentlichen Dienstes im Bereich des Bundes v. 8.12.2016 (BGBl I S. 2835).

[50] Vgl. ParlRat-HA Prot. S. 171 (D), 172 (A), (D); in diesem Sinne auch *Wacke,* Das Finanzwesen der Bundesrepublik Deutschland, 1950, S. 33.

[51] Vgl. *Höpker-Aschoff* JöR nF 1 (1951), 788.

[52] So wohl auch *v. Mangoldt,* Das Bonner Grundgesetz, 1953, Art. 105 Anm. 4b.

[53] BVerfGE 32, 333 (338 ff.); BFHE 213, 573 (575).

[54] *Heun,* in: Dreier III, Art. 106 Rn. 16.

[55] BVerfG-K, NJW 2000, 798; *Seiler,* in: Maunz/Dürig, Art. 106 (2017) Rn. 118; *Pieroth,* in: Jarass/Pieroth, Art. 106 Rn. 4b.

[56] *Seiler,* in: Maunz/Dürig, Art. 106 (2017) Rn. 77 f.; *Hidien* BK, Art. 106 (2002) Rn. 679.

[57] Sinngemäß BVerfGE 16, 64 (73); dessen wörtliche Definition weniger deutlich ist: „Zum Wesen der Verkehrsteuern gehört, dass sie an Akte oder Vorgänge des Rechtsverkehrs, an einen rechtlichen oder wirtschaftlichen Akt, an die Vornahme eines Rechtsgeschäfts oder einen wirtschaftlichen Vorgang oder einen Verkehrsvorgang anknüpfen"; BVerfGE 137, 350 Rn. 29; ebenso BFHE 110, 213 (215); *Hidien* BK, Art. 106 (2002) Rn. 1442; *Pieroth,* in: Jarass/Pieroth, Art. 106 Rn. 4a; enger BVerwGE 96, 272 (281): „Die Verkehrsteuern ... besteuern Akte oder Vorgänge des Rechtsverkehrs"; *Fried. Klein,* HdbFW II, 2. Aufl. 1956, S. 616.

[58] BVerfGE 93, 121 (135). Eine Neuregelung stößt für *Arndt* auf aber „schwerste" verfassungsrechtliche Bedenken (Beil. 7 zu Heft 14 BB 1996); s. a. *Bareis* DB 1996, 1153 (1153 ff.), aus ökonomischer Sicht; für eine Abschaffung auch *Kruse* BB 1996, 717 (719); eingehende Darstellung der Gründe, die gegen eine Vermögensteuer sprechen, bei *Hey,* in: Tipke/Lang, Steuerrecht, § 3 Rn. 62–66; aA *Weber-Grellet* BB 1996, 1415 (1417): „Zugriff auf Vermögen ... geboten".

als **Sollertragsteuer**[59] ausgestaltet sein. Darüber hinaus sei erforderlich, dass (1) sie „die Substanz des Vermögens, den Vermögensstamm, unberührt" lasse und (2) „die steuerliche Gesamtbelastung des Sollertrages ... in der Nähe einer hälftigen Teilung zwischen privater und öffentlicher Hand" verbleibe.[60]

Die **Abgabe von Spielbanken** (Nr. 5) ist keine Gegenleistung für die Erteilung der Konzession.[61] **11** Sie ist eine **Steuer** im verfassungsrechtl. Sinn[62] und keine Vorzugslast. Die Zuweisung der aus ihr fließenden Erträge an die Länder ist zwingend. Abw. vertragl. Regelungen sind nicht zulässig. Die Vereinbarung über die Abführung von Teilen der Spielbankabgabe an den Bund war verfassungswidrig.[63] Die Weiterleitung von Mitteln aus der Spielbankabgabe an Kommunen berührt den bundesstaatl. Finanzausgleich dagegen nicht. Die Mittel werden lediglich **innerhalb** einer der föderalen Ebenen umgeschichtet. Es handelt sich deshalb schon a-limine nicht um einen Vorgang des bundesstaatl. Finanzausgleichs, sondern des Ausgleichs im Binnenbereich eines Landes.[64] Die Steuern nach §§ 10 ff. **Rennwett- und LotterieG** (→ Art. 105 Rn. 7c) sind spezielle Verkehrsteuern, deren Ertrag den Ländern zusteht.[65] Weitere den Ländern zustehende Verkehrsteuern sind die **Grunderwerbsteuer**[66] und die **Feuerschutzabgabe**.[67]

## D. Gemeinsame Ertragshoheit von Bund und Ländern (Abs. 3 und 4)

### I. Abgrenzung

Gemeinschaftsteuern sind die Einkommen-, Körperschaft-, und Umsatzsteuer. Zur **Einkommen-** **12** **steuer** gehören auch der Stabilitätszuschlag[68] und die Besteuerung von Veräußerungsgewinnen,[69] **nicht** aber die Ergänzungsabgaben (→ Rn. 7c). Die **Körperschaftsteuer** ist die von den juristischen Personen zu zahlende Einkommensteuer. Sie wurde erst 1920 aus dem EStG ausgegliedert und in einem selbstständigen Gesetz geregelt.[70] Das hat zu steuersystematisch und verfassungsrechtlich bedenklichen (wirtschaftlichen) Doppelbelastungen der Anteilseigner von Kapitalgesellschaften geführt.[71] Die Folge waren Vermeidungsstrategien, wie die Flucht in die GmbH & Co KG. Die gravierendsten Bedenken wurden 1977 mit Einführung des Anrechnungsverfahrens ausgeräumt. Danach waren im Grundsatz die von der Gesellschaft gezahlten Körperschaftsteuern auf die persönliche Steuerschuld anzurechnen. Der erneute Systemwechsel zum „Halbeinkünfteverfahren" war zumindest steuerpolitisch fragwürdig. Es wurde durch das Gesetz zur Unternehmensteuerreform 2008[72] zu einem Teileinkünfteverfahren modifiziert, mit Einführung einer Abgeltungsteuer.[73] Die **Umsatzsteuer** ist auf Grund verfassungsrechtlicher Bedenken des BVerfG gegenüber der alten Allphasenbruttoumsatzsteuer[74] jetzt zu Recht als Nettoumsatzsteuer (Mehrwertsteuer) ausgestaltet. Die Ge-

---

[59] BVerfGE 4, 407 (437); 43, 1 (7); 93, 121 (137, 139 f.).

[60] BVerfGE 93, 121, (137 f.); Modifikation dieser Anforderung durch BVerfGE 115, 97 (108 f.): keine absolute Belastungsobergrenze in der Nähe einer hälftigen Teilung bei Einkommensteuer und Gewerbesteuer. Das Gericht bestätigte damit eine Entscheidung des Bundesfinanzhofes, BFHE 189, 413 (413 ff.).

[61] BFHE 177, 276 (286) für die niedersächsische Spielbankabgabe; allgemein: *Siekmann,* FS Schnapp, 2008, S. 319 (321).

[62] *Seiler,* in: Maunz/Dürig, Art. 106 (2017) Rn. 134; *Pieroth,* in: Jarass/Pieroth, Art. 106 Rn. 5a; *Schwarz* MKS III, Art. 106 Rn. 58; *Siekmann* FS Schnapp, 2008, S. 319 (321); offen gelassen von BVerfGE 28, 119 (150 f.); Steuer im Sinne der Abgabenordnung: BFHE 58, 556 (558 ff.); 177, 276 (286); *Musil,* in: Hübschmann/Hepp/Spitaler, Abgabenordnung – Finanzgerichtsordnung, § 1 (2009) Rn. 9.

[63] *Seiler,* in: Maunz/Dürig, Art. 106 (2017) Rn. 133; *Pieroth,* in: Jarass/Pieroth, Art. 106 Rn. 3; *J.-P. Schneider* AK GG, Art. 106 (2001) Rn. 6; *Schwarz* MKS III, Art. 106 Rn. 58; *Heun,* in: Dreier III, Art. 106 Rn. 11, 17; *Heintzen,* in: v. Münch/Kunig II, Art. 106 Rn. 9; *Hidien* BK, Art. 106 (2001/2002) Rn. 484, 487, 679.

[64] Weitere Einzelheiten bei *Siekmann,* FS Schnapp, 2008, S. 319 (323 ff.).

[65] BVerfG NVwZ–RR 2004, 890 (891) (Lotteriesteuer für Sportwetten in Form der Oddset-Wetten statt Umsatzsteuer); BVerwG DVBl 1995, 353 (353); *Seer,* in: Tipke/Lang, Steuerrecht, § 2 Rn. 59.

[66] *Seer,* in: Tipke/Lang, Steuerrecht, § 2 Rn. 59. Im Rahmen der Föderalismusreform 2006 erhielten die Länder die Befugnis zur Bestimmung des Steuersatzes bei der Grunderwerbsteuer, Art. 105 IIa S. 2, s. hierzu → Art. 105 Rn. 47. Steuersätze und Aufkommen sind regelrecht explodiert und zerstören neben anderen (zu) hohen Transaktionskosten den Markt für Einzelwohnimmobilien. Kapitalgesellschaften können sie weitgehend vermeiden; Gesamtaufkommen 2005: 4,8 Mrd. Euro, 2013: 8,4 Mrd. Euro, 2019: 15,8 Mrd. Euro, vgl. Monatsberichte der Deutschen Bundesbank, Januar 2007, S. 57★ Tabelle IX 7; Mai 2020, S. 61★ Tabelle X 7.

[67] *Seer,* in: Tipke/Lang, Steuerrecht, § 2 Rn. 59.

[68] BVerfGE 36, 66 (71).

[69] BVerfGE 26, 302 (312); 27, 111 (126).

[70] *J.-P. Schneider* AK GG, Art. 106 (2001) Rn. 8.

[71] Das Abstellen auf die juristische Trennung der Steuersubjekte (Gesellschaft, Gesellschafter) reicht als Rechtfertigung nicht aus, vgl. *Hey,* in: Tipke/Lang, Steuerrecht, § 11 Rn. 6, § 13 Rn. 172 mwN, die zutreffend darauf hinweist, dass durch die mehrfache Senkung des Körperschaftsteuersatzes im Gegenteil nun Rechtfertigungsbedarf für diese Ungleichbehandlung besteht; aA BVerfGE 116, 164 (198).

[72] Unternehmensteuerreformgesetz v. 14.8.2007 (BGBl I 1912).

[73] Näher *Hey,* in: Tipke/Lang, Steuerrecht, § 11 Rn. 4, 12.

[74] BVerfGE 31, 314 (331); 37, 38 (45 f.).

meinschaftsteuern machen gut die Hälfte des Gesamtsteueraufkommens – einschl. der Gemeinde-steuern – aus.[75]

## II. Verteilung der Einkommen- und Körperschaftsteuer

13    Nachdem der Gemeindeanteil an der Einkommensteuer abgezogen ist (Abs. 3 S. 1 und 2),[76] wird der **Rest je zur Hälfte** auf Bund und Länder verteilt. Das Aufkommen der Körperschaftsteuer wird ungeschmälert je zur Hälfte aufgeteilt.

## III. Verteilung der Umsatzsteuer

14    **1. Festsetzung durch Bundesgesetz (Abs. 3 S. 3).** Die **Verteilung** des Aufkommens aus der Umsatzsteuer ist, anders als das Aufkommen der anderen beiden Gemeinschaftsteuern, quotenmäßig **nicht im GG festgelegt.** Die Anteile von Bund und Ländern werden vielmehr durch **einfaches Bundesgesetz** bestimmt, das der Zustimmung des BR bedarf, Art. 106 III 3. Damit sollte eine Steuermasse als „beweglicher Puffer" geschaffen werden,[77] mit dem flexibel auf die wechselnden Anforderungen an die Finanzwirtschaft von Bund und Ländern reagiert werden kann. Tatsächlich wird in aller Regel ein Kompromiss zwischen den Regierungschefs des Bundes und der Länder ausgehan-delt, der anschließend vom Gesetzgeber nur noch ratifiziert wird.[78] Dem versucht das BVerfG mit seiner im Urteil vom 11.11.1999 neu aufgestellten Forderung nach einem abstrakten, von interföde-ralen Verhandlungsprozessen abschirmenden **Maßstäbegesetz** (→ Rn. 18, vor Art. 104a Rn. 61 ff.) entgegenzuwirken.[79] In jedem Fall sei die verbreitete Praxis, die Entscheidung über das FAG in den BR zu verlagern, verfassungsrechtlich bedenklich.[80]

15    Zum Erlass des MaßstG und des **Verteilungsgesetzes** sind die beteiligten Organe verpflichtet.[81] Die Regelung darf aber zeitlich befristet sein.[82] Eine Befristung ist angezeigt, um strategische Verhaltensweisen derjenigen zu erschweren, die keine Änderung wünschen, bevor die Schwelle zur Revisionspflicht nach Abs. 4 S. 1 Hs. 1 überschritten ist. Eine Revision ist auch schon vorher zulässig (→ Rn. 21), so dass Abs. 4 einer Befristung nicht entgegensteht. Die Aufteilung muss nur **jederzeit gesetzlich** festliegen.[83] Verfassungsrechtlich bedenklich war es daher, wenn in der Ver-gangenheit nach Ablauf ihrer Geltungsdauer die alte Regelung vorläufig weiter angewendet und, sobald eine Einigung erzielt werden konnte, die neue Regelung mit Rückwirkung in Kraft gesetzt wurde.[84]

16    **2. Vorgaben für die Bestimmung der Anteile. a) Deckungsquoten (Abs. 3 S. 4).** Im Rah-men der Finanzreform des Jahres 1969 hat der Verfassunggeber in Art. 106 III 4 **Leitlinien** für die Entscheidung über die **Umsatzsteuerverteilung** aufgestellt, um sie auf diese Weise zu versachlichen und zu verstetigen.[85] Sie haben nicht gehalten, was man sich von ihnen versprochen hatte.[86] Wegen der Unbestimmtheit der verwendeten Begriffe ist dem Gesetzgeber in jedem Fall ein sehr weiter Ent-

[75] Deutsche Bundesbank Monatsbericht, Mai 2020, S. 60* Tabelle X 5 und X 6 für das Jahr 2019: rd. 344,02 Mrd. Euro von 799,42 Mrd. Euro = 43,03 %.
[76] Zur Ausgestaltung im Einzelnen u. Rn. 31 ff.
[77] Vgl. *Stern,* Staatsrecht II, S. 1158. Auf diese Weise ist rudimentär die Forderung von *Höpker-Aschoff* im Parlamentarischen Rat nach Bildung einer (wesentlich größeren) Steuermasse als „Puffer" (JöR 1 nF 1 [1951], 769 f.) verwirklicht worden. Die Kommission für die Finanzreform hatte ebenfalls eine erheblich weitere Abgrenzung dieser Masse vorgeschlagen, konnte sich aber nicht durchsetzen; zu den Gründen *Vogel/Walter* BK, Art. 106 (1972) Rn. 12 ff.; s. a. *Schwarz* MKS III, Art. 106 Rn. 11.
[78] Vgl. *Stern,* Staatsrecht II, S. 1158; erneut belegt für das FKPG durch *Korioth,* Der Finanzausgleich, S. 473–478, der keine Bedenken an der verfassungsrechtlichen Zulässigkeit einer solchen „paktierten Gesetzgebung" hat (S. 476 f.); eingehend *Hidien,* Die Verteilung der Umsatzsteuer zwischen Bund und Ländern, 1998, S. 125 f.; *ders.* BK, Art. 106 (2002) Rn. 708 ff.; *Linck* DÖV 2000, 325 (329).
[79] BVerfGE 101, 158 (218 f., 227). Der Versuch ist als gescheitert anzusehen: vgl. *Waldhoff,* Verwaltung, 39 (2006), 155 (163 f.); *Heun,* in: Dreier III, Art. 106 Rn. 26.
[80] BVerfGE 101, 158 (219); zust. *Huber* MKS III, Art. 107 Rn. 39.
[81] BVerfGE 101, 158 (215, 226); *Heintzen,* in: v. Münch/Kunig II, Art. 106 Rn. 29; *J.-P. Schneider* AK GG, Art. 106 (2001) Rn. 10; s. a. *Pieroth,* in: Jarass/Pieroth, Art. 106 Rn. 8a „Regelungsauftrag".
[82] *Stern,* Staatsrecht II, S. 1158 Fn. 145; im Erg. ebenso *Wendt* HStR IV[1,] § 104 Rn. 60; *Heun,* in: Dreier III, Art. 106 Rn. 29; *Heintzen,* in: v. Münch/Kunig II, Art. 106 Rn. 29; *Pieroth,* in: Jarass/Pieroth, Art. 106 Rn. 8a; aA *Vogel/Walter* BK, Art. 106 (1972) Rn. 54; *Seiler,* in: Maunz/Dürig, Art. 106 (2017) Rn. 45; krit. *J.-P. Schneider* AK GG, Art. 106 (2001) Rn. 18.
[83] *Stern,* Staatsrecht II, S. 1158 Fn. 145; zust. *Schwarz* MKS III, Art. 106 Rn. 68 f.; *Heun,* in: Dreier III, Art. 106 Rn. 29.
[84] Beispiel: Verteilung für die Jahre 1979 und 1980, rückwirkendes Inkrafttreten des G v. 10.5.1980 (BGBl I 560) zum 1.1.1979.
[85] BT-Dr V/2861 Tz. 144 f., 328.
[86] *Stern,* Staatsrecht II, S. 1159; s. a. *Meyer* KritV 2008, 132 (134): „Anforderungen ... nicht erfüllbar" für Streichung von S. 4–6, *Kempny/Reimer* NJW Beilage 2014, 39.

scheidungsspielraum verblieben.[87] Sicher ist aber, dass der Bund und die Länder einen „gleichmäßigen Anspruch" auf Deckung ihrer „notwendigen Ausgaben" haben.[88] Auf besondere Schwierigkeiten stößt vor allem die konkrete Berechnung dieser Ausgaben. Zweifelhaft ist, ob bei der Ermittlung der maßgeblichen „Deckungsbedürfnisse" „konkrete Bedarfe" berücksichtigt werden dürfen.[89]

**Art. 106 III 4 Nr. 1** sieht eine Art **vergleichender Deckungsquotenberechnung** vor.[90] Dass sie **17** bereits „ausgaben- und bedarfsorientierten Charakter" besitzt, wie das BVerfG meint,[91] ist indes zu bezweifeln. Sie erfolgt dadurch, dass „laufende Einnahmen"[92] und „notwendige Ausgaben"[93] in ein Verhältnis zueinander gesetzt werden. Einnahmen aus der wirtschaftlichen Betätigung von Bund und Ländern sowie – für den Bund – Münzgewinne und Ablieferungen der Bundesbank sollen einzubezie- hen sein.[94] Diese Quotienten werden in der Staatspraxis für den Bund und die Ländergesamtheit getrennt berechnet und einander gegenübergestellt. Daraus ergeben sich die Anteile am Aufkommen der Umsatzsteuer, die erforderlich sind, um sie zum Ausgleich zu bringen.[95] Es sind daneben aber auch andere Berechnungsverfahren denkbar, welche die Anforderungen der Bestimmung erfüllen. Die **weiteren Vorgaben** in **Art. 106 III 4 Nr. 2** haben noch weniger greifbaren Inhalt.[96] Die Anforde- rung des „billigen Ausgleichs" ist weitgehend inhaltsleer.[97] Erhebliche Interpretationsschwierigkeiten bereitet auch die Nebenbedingung „Wahrung der Einheitlichkeit der Lebensbedingungen", zumal der Begriff seit der Neufassung von Art. 72 II nicht mehr mit der dort ursprünglich verwendeten Formel übereinstimmt. Zu bezweifeln ist jedenfalls, dass damit die Bewahrung der gegenwärtigen Strukturen ausgeschlossen sein soll.[98] Auch ist ihre Berücksichtigung im vertikalen Finanzausgleich nicht ohne weiteres einsichtig.[99] Jedenfalls liefert die Formel keine Entscheidungshilfe im Richtungsstreit zwischen föderativer Kooperation und Wettbewerbsföderalismus (→ vor Art. 104a Rn. 42).[100] Äußerst proble- matisch ist schließlich die dritte Forderung: „Vermeidung einer Überbelastung der Steuerpflichtigen" im Rahmen der Umsatzsteuerverteilung. In der Sache ist sie mehr denn je beachtenswert. Nur kann sie prinzipiell nicht durch die Steuerertragsverteilung verwirklicht werden, sondern durch maßvolle Abgabengesetze. Auch das BVerfG sieht den wesentlichen Sinn der Klausel darin, zu verdeutlichen, dass „die Vermeidung einer Überbelastung der Steuerpflichtigen" – „gleichsam selbstverständlich" – zu gelten habe.[101]

Nunmehr verlangt das BVerfG, dass die Begriffe **vorweg** in dem **Maßstäbegesetz** (→ Rn. 14, **18** → vor Art. 104a Rn. 61) entsprechend den Geboten der Durchschaubarkeit und Ausgewogenheit zu konkretisieren seien.[102] Namentlich soll der Tatbestand der „laufenden Einnahmen" und der „notwen- digen Ausgaben" so „bestimmt und berechenbar geformt" werden, dass „daraus Verteilungsschlüssel abgeleitet werden können". In einer „Erforderlichkeits- und Dringlichkeitsbewertung" müsse der Gesetzgeber die **notwendigen** von den veranschlagten Ausgaben unterscheiden und für deren Erfas- sung dieselben Indikatoren für Bund und Länder vorgeben. Eine „großzügige Ausgabenpolitik" solle

---

[87] Vgl. *Stern*, Staatsrecht II, S. 1159; *Seiler*, in: Maunz/Dürig, Art. 106 (2017) Rn. 147; *Pieroth*, in: Jarass/Pieroth, Art. 106 Rn. 8a; *Wendt* HStR IV¹, § 104 Rn. 55 ff., 58 („Beurteilungsspielraum"); *J.-P. Schneider* AK GG (2001), Art. 106 Rn. 16 f. („Ermessensspielraum", der sie lediglich als „Verfahrensgrundsätze" verstehen will; *Eckertz* DÖV 1993, 281 (287), so jetzt auch *Korioth*, Der Finanzausgleich, S. 491: „Verfahrensordnung"; *Schwarz* MKS, III, Art. 106 Rn. 71; *Heun*, in: Dreier III, Art. 106 Rn. 22 („weite Beurteilungs- und Entscheidungsspielräume"); *Henneke*, in: Schmidt-Bleibtreu/Hofmann/Henneke, Art. 106 Rn. 73 („unbestimmte Rechtsbegriffe" mit einem „weiten Beurteilungsspielraum"; *Heintzen*, in: v. Münch/Kunig II, Art. 106 Rn. 31 („weite Beurteilungs- und Entscheidungsspielräume"); ebenso *J.-P. Schneider* AK GG, Art. 106 (2001) Rn. 15; in der Tendenz anders *Hidien* (Fn. 78), S. 134, 302 ff.; s. a. *Kesper*, Bundesstaatliche Finanzordnung, 1998, S. 240 ff.

[88] BVerfGE 101, 158 (219).

[89] BVerfGE 101, 158 (228).

[90] Das legt paraphrasierend nun auch § 4 I MaßstG fest.

[91] BVerfGE 72, 330 (384); 116, 327 (379).

[92] Sie werden zT mit den Begriffen „Regelmäßigkeit" und „Endgültigkeit" konkretisiert; näher *Heintzen*, in: v. Münch/Kunig II, Art. 106 Rn. 33 f.; *Korioth*, Der Finanzausgleich, S. 487–494; *Hidien* (Fn. 78), S. 153 ff.; s. a. *J.-P. Schneider* AK GG, Art. 106 (2001) Rn. 15.

[93] Eine Konkretisierung soll durch die Anforderungen der „wirtschaftlichen und sparsamen Haushaltsführung" möglich sein; näher *Korioth*, Der Finanzausgleich, S. 487 ff.; *Hidien* (Fn. 78), S. 222 ff.; skeptisch *J.-P. Schneider* AK GG, Art. 106 (2001) Rn. 15, namentlich auch zur Aktivierung des Sozialstaatsprinzips in diesem Zusammenhang.

[94] *Heun*, in: Dreier III, Art. 105 Rn. 23.

[95] Einzelheiten mit Angabe von Zahlen bei: *Korioth*, Der Finanzausgleich, S. 481; *Hidien* BK, Art. 106 (2002) Rn. 710 f.

[96] Dazu *Korioth*, Der Finanzausgleich, S. 497–501.

[97] Ebenso jetzt *Seiler*, in: Maunz/Dürig, Art. 106 (2017) Rn. 149; anders wohl *Fischer-Menshausen*, in: v. Münch/Kunig III, 3. Aufl. 1996, Art. 106 Rn. 26c; *Korioth*, Der Finanzausgleich, S. 500.

[98] *Fischer-Menshausen*, in: v. Münch/Kunig III, 3. Aufl. 1996, Art. 106 Rn. 26e.

[99] Zutreffend haben schon *Vogel/Walter* BK, Art. 106 (1972) Rn. 184, auf Schwierigkeiten ihrer Verwirklichung durch die Umsatzsteuerverteilung hingewiesen.

[100] *Osterloh* EuGRZ 2002, 309 (312).

[101] BVerfGE 115, 97 (115 f.); in diesem Sinne auch schon *Vogel/Walter* BK, Art. 106 (1972) Rn. 182; dagegen *Meyer* KritV 2008, 132 (133 ff.) ohne auf die Entscheidung des BVerfG einzugehen; krit. zur Entscheidung *Frenz* GewArch 2006, 282 (287); zur Belastungskumulation *Schacks* DÖV 2015, 817 (821).

[102] BVerfGE 101, 158 (227).

nicht noch durch erhöhte Umsatzsteuerzuteilungen belohnt werden. Diese Vorgaben hätten sich an der **mehrjährigen Finanzplanung** zu orientieren,[103] die sich allerdings seit längerem in einer bloßen Fortschreibung der Haushaltspläne erschöpft hat. Erst dann sei der Auftrag zur Umsatzsteuerverteilung „vollziehbar".[104]

**18a**  Zur Umsetzung dieser Vorgaben konnte auf die Überlegungen einer Sachverständigenkommission von 1981 zurückgegriffen werden.[105] Die **gesetzliche Regelung** findet sich nunmehr in § 4 MaßstG. Die geforderte Konkretisierung ist der Gesetzgeber aber im Wesentlichen schuldig geblieben. Die Vorschrift paraphrasiert nur das bisherige Minimalverständnis der Regelung des GG (Abs. 1), wiederholt wörtlich den Wortlaut von Abs. 3 S. 5 und enthält den damals kompetenzwidrigen Versuch, europarechtl. Pflichten des Bundes auf diesem Wege, also ohne Verfassungsänderung, erfüllbar zu machen (→ vor Art. 104a Rn. 66). Die verlangte bestimmbare und berechenbare Formung des grundgesetzlichen Tatbestands ist nicht zu gelingen.[106]

**18b**  Änderungen des MaßstG durch die **Verfassungsänderung** des Jahres **2017** betreffen die Fortführung des Länderfinanzausgleichs (nunmehr: „Finanzkraftausgleich") ab 2020. Dieser wird auch weiterhin zT über die Umsatzsteuerverteilung vollzogen. Die Reform des MaßstG betrifft dabei die techn. Details der Ablösung des Finanzausgleichs. So wird zB der Umsatzsteuervorausgleich (§ 5 MaßstG aF) gestrichen, jedoch in der Sache bei der Bemessung des Finanzkraftausgleichs berücksichtigt. Insgesamt beschränkt sich die Reform eher auf eine neue Terminologie und (teils fragwürdige) Detailänderungen, hält aber weiterhin am Grundprinzip des angemess. Ausgleichs der Finanzkraft der Länder fest.

**19**  **b) Familienlastenausgleich (Abs. 3 S. 5 und 6).** Der 1995 in das Grundgesetz eingefügte Art. 106 III 5 dient zur verfassungsrechtl. Absicherung des Kompromisses zum **Familienlastenausgleich.** Er ordnet an, dass Steuermindereinnahmen, die den Ländern wegen der Berücksichtigung von **Kinderlasten** im EinkommensteuerR **neu** entstehen, bei der Festsetzung der Umsatzsteueranteile zu berücksichtigen sind.[107] Damit sollte die **bisherige Lastenverteilung** zwischen Bund und Ländern von 74 : 26 auch im Finanzausgleichsrecht **festgeschrieben** werden.[108] Im Erg. sollen Länder und Gemeinden durch die Regelung des Kinderlastenausgleichs im ESt-Recht, gleich wie sie zu qualifizieren ist, finanziell nicht schlechter stehen als vorher. Die in Abs. 3 S. 6 vorgesehene nähere Regelung ist durch § 1 FAG[109] erfolgt (→ Rn. 26). § 1 S. 7 FAG sieht einen Anteil des Bundes an den Lasten aus „Leistungen nach den §§ 62 bis 78" EStG in Höhe von 74 vH und der Länder von 26 vH vor, der bei der künftigen Anpassung der Umsatzsteueranteile zugrunde zu legen ist. Das FAG wurde im Zuge der Änderung des GG 2017 auch insoweit überarbeitet (→ Rn. 28b).

**20**  Fraglich ist, ob mit der Änd. von 1995 eine zusätzl. Einschränkung des weiten Entscheidungsspielraums des Gesetzgebers für das Gesetz nach Abs. 3 S. 3, auf das (überflüssigerweise) noch einmal in Art. 106 III 6 verwiesen wird, verbunden ist. Das ist dann zu bejahen, wenn die in Abschnitt X EStG nunmehr normierte Lösung keine steuerrechtl. Regelung ist, sondern ein GeldleistungsG, das unter Art. 104a III fällt (→ vor Art. 104a Rn. 190 f., Art. 104a Rn. 29). Die **Verteilung** der daraus folgenden **Lasten** ist offen und einer **konstitutiven Regelung** zugänglich. Wenn es sich um eine bloß einnahmenverkürz. Regelung handelt, wäre sie ohnehin bei den laufenden Einnahmen iSv Art. 106 III 4 Nr. 1 zu berücksichtigen gewesen; die Regelung hätte nur **klarstellende** Funktion. Sie soll aber in jedem Fall bei der Konkretisierung der Deckungsbedürfnisse im MaßstG berücksichtigt werden.[110] Eine bloße Wiederholung des Wortlauts des GG, wie in § 4 II MaßstG geschehen, reicht dafür aber nicht aus.

**21**  **3. Pflicht zur Neufestsetzung (Abs. 4 S. 1).** Wenn sich das Verhältnis zwischen den Einnahmen und Ausgaben des Bundes und der Länder wesentlich anders entwickelt, ist der Bund **verpflichtet,** eine **Neufestsetzung** der Anteile vorzunehmen, Abs. 4 S. 1.[111] Wesentlich ist eine Entwicklung,

---

[103] BVerfGE 101, 158 (215), 219).

[104] BVerfGE 101, 158 (215, 220, 227). *H.-P. Schneider* und *U. Berlit* sehen den Gesetzgeber damit vor „wahrscheinlich unlösbare Aufgaben" gestellt (NVwZ 2000, 841 [845]); s. a. *Kroll* StuW 2000, 45 (49, 73).

[105] Gutachten zur Vorklärung finanzverfassungsrechtlicher Fragen für künftige Neufestlegungen der Umsatzsteueranteile – Maßstäbe und Verfahren zur Verteilung der Umsatzsteuer nach Art. 106 Abs. 3 und 4 Satz 1 GG, Schriftenreihe des Bundesministeriums der Finanzen, Heft 30, 1981.

[106] *Waldhoff* erklärt denn jetzt auch das „Scheitern des Konzepts des Maßstäbegesetzes" (Verwaltung 39 [2006], 155 [163 f.]), ohne freilich hinreichend anzuerkennen, dass diese Kreation sowohl finanzverfassungsrechtlich als auch finanzpolitisch eine Missgeburt war. Das war aber schon von Anfang an klar zu erkennen gewesen (→ vor Art. 104a Rn. 61–66); iE jetzt ebenso *Selmer* NVwZ 2003, 1304 (1309): „Ansammlung leerformelhaften Füllmaterials ohne wirkliche Konkretisierungssubstanz".

[107] Das ist überflüssigerweise noch einmal in § 4 II MaßstG wiederholt worden.

[108] BT-Dr 13/2245, S. 3; zustimmend: *Pieroth,* in: Jarass/Pieroth, Art. 106 Rn. 9; *Hidien* (Fn. 78), S. 320 f.; *ders.* DÖV 1999, 903 (906); *Henneke* ZG 1998, 1 (12); *J.-P. Schneider* AK GG, Art. 106 (2001) Rn. 17.

[109] G über den Finanzausgleich zwischen Bund und Ländern (FAG) v. 20.12.2001 (BGBl I 3955, 3956), zul. geänd. durch G v. 14.8.2017 (BGBl I 3122).

[110] BVerfGE 101, 158 (228).

[111] *Stern,* StaatsR II, S. 1159.

wenn sie zu einer nachhaltigen, erheblichen und offensichtlichen Änderung führt.[112] Es handelt sich um eine voll nachprüfbare Rechtsfrage.[113] Sie darf nicht nur vorübergehend sein. Kurzfristige Anpassungen sind durch den Mehrbelastungsausgleich nach S. 2 und 3 aufzufangen. Wenn die finanziellen Gewichte durch Abschaffung oder Modifikation einer Steuer oder Steuerart erheblich verschoben worden sind, kann auch das zu einem verfassungsrechtlichen **Anspruch** auf Neufestsetzung der Umsatzsteueranteile nach Abs. 4 S. 1 führen.[114] Es muss sich aber um Änderungen der „laufenden Einnahmen" handeln, so dass die Vorschrift zukunftsorientiert ist. Einmalige Ereignisse in der Vergangenheit vermögen den Revisionsanspruch nicht zu begründen.[115] Aber auch wenn die Voraussetzungen für eine Pflicht zur Neufestsetzung der Anteile nicht erfüllt sind, darf der Bundesgesetzgeber jederzeit Änderungen vornehmen.[116]

Nach dem 1995 neu eingefügten Hs. 2 sollen Steuermindereinnahmen wegen des steuerrechtlichen   **22** Kindergeldausgleichs den Anspruch nicht (mehr) auslösen. Das ist folgerichtig, zeigt aber ebenfalls die **Unsicherheit** bzgl. der richtigen Einordnung der Regelung.

**4. Die Entwicklung.** Die Höhe der Anteile hat häufig gewechselt[117] und war jedes Mal heftig   **23** umkämpft. Das ist angesichts der **Bedeutung der Umsatzsteueranteile** für Bund und Länder auch nicht verwunderlich. Die gesamten Steuereinnahmen der Gebietskörperschaften betrugen im Haushaltsjahr 2018 776,3 Mrd. € (Bund: 322,36 Mrd. €, Länder: 314,09 Mrd. €). Der Anteil der Steuern vom Umsatz am Gesamtsteueraufkommen betrug 30,2 % (=234 Mrd. €)[118]. Der Bund erhielt von diesen Steuern 116,53 Mrd. €, die Länder 110,84 Mrd. €.[119] Sowohl für den Bund als auch für die Länder machten diese Einnahmen mithin mehr als ein Drittel aller Steuereinnahmen aus. Vom Anteil des Bundes ist jedoch noch der Anteil der EU abzusetzen.[120]

Vor allem bei der Festsetzung der Finanzierungsquoten iRd **föderalen Konsolidierungspro-**   **24** **gramms** nahm die Verteilung der Umsatzsteuern eine Schlüsselrolle ein. Nach langen Auseinandersetzungen legte das FAG 1995 den Bundesanteil auf 56 % und den Anteil der Länder auf 44 % fest.[121] Der Bund hat damit auf sieben Prozentpunkte gegenüber 1993 verzichtet. Nur durch die starke Erhöhung des Länderanteils war es möglich gewesen, die neuen Länder uneingeschränkt in den Länderfinanzausgleich (→ Art. 107 Rn. 2) einzubeziehen.[122]

Die **Verteilung** wurde aber bereits **für 1998 wieder geändert** und wesentlich komplizierter   **25** ausgestaltet. Nunmehr wurden vom Umsatzsteueraufkommen Anteile vorweg verteilt: ab 2008 5,05 %

---

[112] *Pieroth,* in: Jarass/Pieroth, Art. 106 Rn. 10; *J.-P. Schneider* AK GG, Art. 106 (2001) Rn. 11; *Heintzen,* in: v. Münch/Kunig II, Art. 106 Rn. 40; etwas schwächer die negative Abgrenzung von *J.-P. Schneider* AK GG, Art. 106 (2001) Rn. 11.

[113] *J.-P. Schneider* AK GG, Art. 106 (2001) Rn. 11; *Prokisch,* Die Justiziabilität der Finanzverfassung, 1993, S. 226 ff.; *Hidien* (Fn. 78), S. 358; *ders.* BK, Art. 106 (2002), Rn. 978; *Heun,* in: Dreier III, Art. 106 Rn. 28; anders jetzt wohl BVerfGE 101, 158 (215): Revisionsklausel setzt gesetzlich festgelegten Maßstab für die Bestimmung der Einnahmen und Ausgaben von Bund und Ländern voraus.

[114] *Stern,* StaatsR II, S. 1159; *Heintzen,* in: v. Münch/Kunig II, Art. 106 Rn. 40.

[115] BVerfGE 105, 185 (195 f.) für die Erlöse aus der UMTS-Versteigerung; zust. *Becker* DÖV 2003, 177 (182). Der Zeitpunkt, auf den abzustellen ist, darf aber nicht zu eng gewählt werden. *Hidien* (Fn. 78), S. 354 f., plädiert für das dem ersten ernsthaften Begehren folgende Kalenderjahr; zust. *Selmer* NVwZ 2003, 1304 (1307) mit Kritik an der Entscheidung des konkreten Falls (S. 1308); s. auch *Hidien* DStZ 2002, 419 (420).

[116] *Vogel/Walter* BK, Art. 106 (1972) Rn. 66; *J.-P. Schneider* AK GG, Art. 106 (2001) Rn. 11; *Pieroth,* in: Jarass/Pieroth, Art. 106 Rn. 10; *Heun,* in: Dreier III, Art. 106 Rn. 28; *Seiler,* in: Maunz/Dürig, Art. 106 (2017) Rn. 162; aA *Maunz,* in: Maunz/Dürig, Art. 106 (1978) Rn. 64; *Hidien* (Fn. 78), S. 361 ff.

[117] Zusammenstellung bis 1980 bei *Stern,* StaatsR II, S. 1159. Danach wurden die Anteile wie folgt festgelegt:

| Bund | Länder | |
|---|---|---|
| 67,5 % | 32,5 % | 1979–1982 (BGBl I 1980, 560; 1982, 1857, 1866) |
| 66,5 % | 33,5 % | 1983 (BGBl I 1982, 1857, 1866) |
| 65,5 % | 34,5 % | 1984, 1985 (BGBl I 1983, 1583, 1591) |
| 65,0 % | 35,0 % | 1986–1992 (BGBl I 1985, 2354; 1988, 93; 1990, 822; 1992, 674) |
| 63,0 % | 37,0 % | 1993, 1994 (BGBl I 1992, 674) |
| 56,0 % | 44,0 % | 1995–1997 (BGBl I 1993, 944; 1997, 3121) |
| 50,5 % | 49,5 % | 1998, 1999 (BGBl I 1993, 944; 1997, 3121; 1998, 1290; 1999, 2552) |
| 50,25 % | 49,75 % | 2000, 2001 (BGBl I 1993, 944; 1997, 3121; 1998, 1290; 1999, 2552; 2000, 1917) |
| 49,6 % | 50,4 % | 2002–2004 (BGBl I 1993, 944; 1997, 3121; 1998, 1290; 1999, 2552; 2000, 1917; 2001, 2074, 3955; 2003, 2954) |
| 50,5 % | 49,5 % | 2005–2009 (BGBl I 2001, 3955; 2003, 2954; 2005, 2809; 2006, 1402) |

Ab dem Jahr 2010 sollte es bei der zuletzt genannten Verteilungsquote bleiben (§ 1 S. 4 FAG aF). Für den Bund war jedoch ein Festbetrag hinzuzuziehen, der jahresweise in § 1 S. 5 FAG festzusetzen war; dazu näher → Rn. 25.

[118] Vgl. Monatsbericht der Deutschen Bundesbank, Mai 2020, S. 60★ Tabelle 6.

[119] Werte jeweils in der Abgrenzung der Finanzstatistik, Finanzbericht 2020, S. 131, 238.

[120] Monatsbericht der Deutschen Bundesbank, Mai 2020, S. 60★ Tabelle 6 Fn. 5.

[121] § 1 I FAG aF (Art. 33 FKPG v. 23.6.1993, BGBl I 944). Gleichzeitig wurde der Länderanteil an der Finanzierung des Fonds „Deutsche Einheit" erhöht und zugunsten der finanzschwachen alten Länder eine stufenweise abzubauende Korrektur des Finanzausgleichs eingeführt, § 1 II, III FAG aF.

[122] Einzelheiten bei *Korioth,* Der Finanzausgleich, S. 462 ff.; *Vogel/Waldhoff* BK, vor Art. 104a (1997) Rn. 245 ff.

für den Bund als Ausgleich für die Belastungen aus dem erhöhten Bundeszuschuss für die gesetzl. Rentenversicherung, wobei bei Steuersatzänderungen der Vorweganteil entspr. anzupassen war, (§ 1 I 1 FAG aF). Mit dem **HaushaltsbegleitG 2006** wurde noch ein weiteres „Vorab" zugunsten des Bundes eingeführt:[123] ab 2007 erhielt er 3,89 % (ab 2008 4,42 %, ab 2009 4,45 %) des Umsatzsteueraufkommens als Ausgleich für die Belastungen, die auf der Senkung des Beitragssatzes zur Arbeitslosenversicherung um einen Prozentpunkt beruhen, § 1 S. 1 FAG.[124] Auch hier sah die Regelung vor, dass eine Dynamisierung des „Vorab-Anteils" bei Steuererhöhungen oder -senkungen nicht stattfinden sollte, § 1 S. 1 Hs. 2 FAG aF.[125] Bei all dem ist jedoch zw., ob der damit abgegoltene besondere Bedarf des Bundes überhaupt iRd nach Art. 106 III 4 maßgebenden „Deckungsbedürfnisse" berücksichtigt werden durfte.[126]

26 Den Gemeinden wurden in Ausführung von Art. 106 V vorweg (vom verbleib. Umsatzsteueraufkommen nach Abzug des „Vorabs" des Bundes) 2,2 % zugewiesen, „zuzüglich eines Betrages von jährlich 500 Mio. € in den Jahren 2015 und 2016 sowie 1500 Mio. € im Jahr 2017", § 1 S. 3 FAG aF. Der Rest wurde im Verhältnis 50,5 % zu 49,5 % zwischen Bund und Ländern aufgeteilt, wobei dem Bund jeweils ein Festbetrag aus dem 49,5 %-Anteil der Länder zusätzlich zugewiesen wird, § 1 S. 4, 5 FAG, welcher zT noch nachträglich erheblich[127] verändert wurde. Damit war die Regelung entgegen den unmissverständl. Vorgaben des BVerfG[128] noch komplizierter geworden und dürfte jetzt wegen **Unlesbarkeit** insgesamt bereits **verfassungswidrig** sein. Im Anteil der Länder sollten 5,5 Prozentpunkte als **Kompensation** für die zusätzl. Belastungen aus der Neuregelung des **Familienlastenausgleichs** dienen, § 1 S. 6 FAG. Er war danach so an die Entwicklung der Leistungen nach §§ 62 bis 78 EStG anzupassen, dass die Lasten hieraus zu 74 % vom Bund und zu 26 % von den Ländern getragen wurden, § 1 S. 7 FAG aF. Zum Ausgleich von Kindergelderhöhungen und von Maßnahmen der Familienförderung, die grds. von den Ländern ausgezahlt werden, verringerte sich der Anteil des Bundes (Ausgangsbasis: 50,5 %) ab 1.1.2000 um 0,25 Prozentpunkte, § 1 S. 8 FAG aF, und ab 1.1.2002 um weitere 0,65 Prozentpunkte, § 1 S. 10 FAG aF. Der Anteil der Länder war entspr. erhöht worden, § 1 S. 8, 10 FAG aF. Schließlich sieht eine **Anpassungsklausel** vor, dass bei Steuersatzänderungen eine entspr. Änderung dieser Quoten eintritt, § 1 S. 20 FAG aF. Zudem wurde eine Regelung zum **Ausgleich der Steuersatzerhöhung** getroffen: Ab dem 1.1.2007 sollten dem Bund gem. § 1 S. 14 FAG aF 0,08 Prozentpunkte und ab 2008 0,1 Prozentpunkte mehr zustehen, wobei sich der Länderanteil nach S. 4 entspr. verringerte.

27 Mit diesen überaus komplizierten, rein ergebnisorientierten Regelungen, wurde zwar äußerlich dem Auftrag von Art. 106 III 5 und 6 nachgekommen, doch kam dabei der **Vorgabe des GG** eher nur noch die Funktion eines **Merkpostens** zu (→ Rn. 18). Ob das verfassungsrechtlich geboten ist, ist umstr.[129]

28 **5. Die Reform im Rahmen der Grundgesetzänderung 2017.** Im Zuge der **Änderung des GG 2017** wurde das FAG **überarbeitet** und in zahlreichen Punkten deutlich vereinfacht. Durch die Neufassung von **§ 1 FAG**[130] wurde die kaum lesbare (→ Rn. 26) Vorläuferregelung in eine neu geschaffene **Anteils- und Festbetragslösung** (§ 1 I, II FAG) integriert. Etwaige Steuermindereinnahmen oder finanz. Lasten der Länder, die in § 1 S. 6 bis 13 FAG aF noch ausdr. erwähnt und kompensiert wurden, sind bei der Bemessung der Anteile und der Festbeträge berücksichtigt worden.[131] Das gilt auch für die Anteile der Gemeinden, die aufgrund von Art. 106 VIa unmittelbar in einem BundesG geregelt sind, § 1 I, II FAG (→ Rn. 39 ff.). Ihr Anteil kann als „Mitertragshoheit" angesehen werden. Das (neugefasste) FAG sollte gemäß § 20 FAG aF mit Ablauf des 31.12.2019 außer Kraft treten. Nach mehrfacher Aufhebung und Wiederinkraftsetzung des maßgebenden § 20 FAG wurde er schließlich 2018 vorläufig endgültig gestrichen. Dadurch ist die Geltung dieses Gesetzes (unbefristet) verlängert worden.[132] Weitere Änderungen des FAG folgten.[133]

28a § 1 I FAG teilt in seiner ab 2020 geltenden Fassung das Aufkommen der Umsatzsteuer nach folgenden **Prozentsätzen** auf:

– Bund: 52,81398351
– Länder: 45,19007254
– Gemeinden: 1,99594395

---

[123] HaushaltsbegleitG 2006 (HBeglG 2006) v. 29.6.2006 (BGBl I 1402).
[124] FAG v. 20.12.2001 (BGBl I 3955, 3956).
[125] BT-Dr 16/752, S. 24.
[126] Krit. BVerfGE 101, 158 (228).
[127] Für 2016 etwa wurde der Vorab zunächst mit minus 2 810 788 000 Euro angesetzt und nachträglich (durch ÄndG v. 1.12.2016, BGBl. I S. 2755) auf minus 7 365 216 248 Euro vergrößert.
[128] BVerfGE 101, 158 (238).
[129] Vgl. *Busse* DÖV 2004, 93 (96) mwN.
[130] Finanzausgleichsgesetz, geänd. durch Art. 2 Gesetz zur Neuregelung des bundesstaatlichen Finanzausgleichssystems ab dem Jahr 2020 und zur Änderung haushaltsrechtlicher Vorschriften v. 14.8.2017 (BGBl I 3122, 3123).
[131] BT-Dr 18/11135, S. 78.
[132] Art. 1 Nr. 2 G v. 17.12.2018 (BGBl I 2522).
[133] Art. 6 G v. 21.12.2019 (BGBl I 2886, 2889); Art. 10 G v. 29.6.2020 (BGBl I 1512, 1515).

Diese Anteile **verringern** oder **vergrößern** sich um **Festbeträge,** die für die Folgejahre jeweils individuell betragsmäßig festgelegt sind. Ab 2027 sollen sie sich nicht mehr verändern.

Obschon mit diesem, für das Finanzausgleichsrecht ungewöhnlich klaren System alle anspruchs- **28b** vergrößernden oder -verringernden Umstände abgedeckt sein sollten, erfolgte doch schon recht bald der erste Systembruch, durch den mühsam erzielte polit. Kompromisse im FinanzR abgebildet werden mussten: Zum Ausgleich für Belastungen der Länder aus dem KiTa-Qualitäts- und -TeilhabeverbesserungsG[134] und aus der Änderung des SGB VIII[135] sollten sich die in § 1 II FAG genannten Beträge für den Bund 2020 um 993 Mio. € und 2021 und 2022 um jew. 1993 Mio. € verringern; die in Abs. 2 genannten Beträge für die Länder sollten sich entspr. 2020 um 993 Mio. € und 2021 und 2022 um jeweils 1993 Mio. € erhöhen, § 1 V FAG. Um die Verwendung dieser Mittel für die Weiterentwicklung der Kindertagesbetreuung oder die finanzielle Entlastung der Eltern sicherzustellen, ist ihre Zahlung vom Abschluss von Verträgen mit allen Ländern nach § 4 KiQuTG abhängig gemacht worden. In typisch betriebswirtschaftlicher Sprache gehören zum Inhalt dieser Verträge Verpflichtungen zu regelmäßiger Berichterstattung, zu Maßnahmen der Qualitätsentwicklung, insbesondere Qualitätsmanagementsysteme, und die zur Teilnahme an einem länderspezifischen und länderübergreifenden „Monitoring". Es soll sich nach dem Willen des Gesetzgebers um „rechtsverbindliche Verträge" handeln. Damit hat der Gesetzgeber konsensuale Kooperationsformen, wie sie in Art. 104b–d geregelt sind, übernommen, obwohl die Voraussetzungen dieser Vorschriften nicht erfüllt sind. Das Hauptbedenken folgt jedoch aus Art. 107 I 4 (→ Art. 107 Rn. 25).[136]

Aber auch die unbenannten Zu- und Abschläge für 2020 in § 1 II FAG wurden bereits wieder **28c** verändert.[137]

### IV. Mehrbelastungsausgleich (Abs. 4 S. 2 und 3)

Die Regelung ist Bestandteil des vertikalen sekundären Finanzausgleichs. Sie erlaubt dem Bund, den **29** Ländern durch zustimmungsbedürftiges Gesetz **Finanzzuweisungen** zu gewähren, wenn ihnen durch Bundesgesetz zusätzliche Lasten auferlegt oder Einnahmen entzogen werden, Abs. 4 S. 2. Damit sollen kurzfristige[138] **Mehrbelastungen** ausgeglichen werden können, ohne eine Neufestsetzung der Umsatzsteueranteile nach S. 1 vornehmen zu müssen,[139] die länger dauernde Verschiebungen voraussetzen (→ Rn. 21). Die Ermächtigung des Bundes kann sich zu einer Verpflichtung verdichten, wenn die Zusatzbelastung unzumutbar ist.[140] Die Regelung hat bislang noch keine nennenswerte praktische Bedeutung erlangt[141] und darf auch nicht zur Bewältigung punktueller, in der Vergangenheit liegender Ereignisse eingesetzt werden, wie bei den UMTS-Erlösen.[142] Sie ist nicht, auch nicht analog bei einer Mehrbelastung für den Bundeshaushalt anwendbar.[143] Die Ermächtigung dient nicht dazu, die allgemeinen Lastenverteilungsgrundsätze zu modifizieren. Art. 104a III und Art. 91a und b sind im Verhältnis zu Art. 106 IV 2 lex specialis.[144] Die einzige Funktion der Ermächtigung besteht darin, zeitlich und sachlich begrenzt eine Revision der Umsatzsteuerverteilung unter erleichterten Voraussetzungen zu ermöglichen („auch").[145] Sie bedeutet **nicht** die verfassungsrechtliche Verankerung des von Spezialinteressen erwünschten Prinzips der „Gesetzeskausalität" der Lastentragung.

### E. Ertragshoheit der Gemeinden

Die Finanzreform von 1969 hatte auch eine grundlegende Neuregelung der **kommunalen Finanz–** **30** **ausstattung** gebracht.[146] Mit ihrer einfachgesetzl. Umsetzung im GemFinRefG sind die Gemeinden erstmals am Aufkommen der Einkommensteuer beteiligt worden (Abs. 5). Im Gegenzug mussten sie

---

[134] Art. 1 G v. 19.12.2018 (BGBl. I S. 2696).

[135] Art. 2 G v. 19.12.2018 (BGBl. I S. 2696).

[136] BT-Dr 19/4947, S. 27; näher *Rixen* NVwZ 2019, 432 (432 f.), der die Regelung nur dann für verfassungsgemäß hält, wenn man die Verträge „als bloß politisch verbindliche, nicht aber als rechtsverbindliche Vereinbarungen qualifiziert" (S. 438). Im Übrigen hat er keine verfassungsrechtlichen Bedenken; auch nicht als Umgehung von Art. 104b, c (S. 434 f.). Das ist indes fragwürdig, da diese Vorschriften Ausnahme vom Verbot des Art. 104a I 1 sind (→ Art. 104a Rn. 12, → Art. 104b Rn. 5).

[137] Art. 10 G v. 29.6.2020 (BGBl I 1512, 1515).

[138] Zum unbestimmten Verfassungsbegriff der Kurzfristigkeit vgl. *Hidien* AöR 122 (1997), 583 (591 ff.), der nur bei Mehrbelastungen bis zu zwei Jahren den Weg zum Mehrbelastungsausgleich eröffnet sieht; *ders.* BK, Art. 106 (2002) Rn. 1157.

[139] *Stern,* StaatsR II, S. 1161.

[140] *Hidien* BK, Art. 106 (2002) Rn. 1164; *Heintzen,* in: v. Münch/Kunig II, Art. 106 Rn. 41; *Pieroth,* in: Jarass/Pieroth, Art. 106 Rn. 11; *Heun,* in: Dreier III, Art. 106 Rn. 31; *Becker* DÖV 2003, 177 (183).

[141] Lediglich für Erhebung von Statistiken, vor allem Volkszählungen, vgl. *Hidien* AöR 122 (1997), 583 (584).

[142] Sie führen durch ihre Absetzbarkeit bei den Ertragsteuern auch nicht (nur) zu einer Belastung der Länder, *Becker* DÖV 2003, 177 (183 f.); in diese Richtung aber *Kämmerer* NVwZ 2002, 161 (164).

[143] *J.-P. Schneider* AK GG, Art. 106 (2001) Rn. 29.

[144] *Hidien* BK, Art. 106 (2002) Rn. 1153.

[145] BT-Dr II/480 Nr. 172.

[146] Überblick bei *Hey* StuW 2002, 314 (315), mit Erörterung einer Gemeindeeinkommensteuer (S. 321 ff.).

einen Teil des ihnen zustehenden Gewerbesteueraufkommens als Umlage an Bund und Länder abführen. Die erneute Änd. von Art. 106 im Oktober 1997 brachte den Gemeinden dann die lang diskutierte Beteiligung an der Umsatzsteuer (Abs. 5a). Damit sollte der Wegfall der Gewerbekapitalsteuer kompensiert werden. Die Bestimmungen ändern nichts an der grds. Zweistufigkeit des finanzverfassungsrechtl. Aufbaus (→ vor Art. 104a Rn. 10). Der Bestand dieser Anteile dürfte von Verfassung wegen garantiert sein (→ Art. 105 Rn. 54 f.). Wenn es in einem Land keine Gemeinden gibt (Berl, Hamb, wohl aber in Brem), steht die Ertragshoheit insoweit den Ländern zu, Abs. 6 S. 3 analog.[147]

## I. Anteil an der Einkommensteuer (Abs. 5)

31    Den **Gemeinden** steht nach Abs. 5 S. 1 ein **Anteil** am Aufkommen der Einkommensteuer zu. Die Länder sind verpflichtet, ihn auf ihre Gemeinden nach Maßgabe der Einkommensteuerleistung ihrer Einwohner zu verteilen, Abs. 5 S. 1. Damit ist der Maßstab für die horiz. Verteilung verhältnismäßig genau festgelegt. Die nähere Ausgestaltung hat durch zustimmungsbedürftiges BundesG zu erfolgen. Das ist mit §§ 1–5 GemFinRefG[148] geschehen. Dessen § 1 sieht vor, dass der **„Gemeindeanteil an der Einkommensteuer"** 15 % des „Aufkommens an Lohnsteuer und an veranlagter Einkommensteuer" sowie 12 % des „Aufkommens an Kapitalertragsteuer nach § 43 Absatz 1 Satz 1 Nummer 6, 7 und 8 bis 12 sowie Satz 2 des Einkommensteuergesetzes" beträgt. Die Verteilung dieses Anteils auf die einz. Gemeinden erfolgt anhand von Schlüsselzahlen, die in § 3 I GemFinRefG näher geregelt sind. Das BMF darf durch RVO nähere Bestimmungen zur Ermittlung der Schlüsselzahlen erlassen, § 3 III GemFinRefG.

32    Der **Anteil der Gemeinden** wird vom Aufkommen der Einkommensteuer abgezweigt, **bevor** es nach Art. 106 III 3 auf Bund und Länder aufgeteilt wird. Er ist Teil der Steuerquellenverteilung, also des primären Finanzausgleichs (→ vor Art. 104a Rn. 53 f.). Damit entsteht nicht nur ein Anspruch auf eine Zuweisung, sondern eine **eigenständige (Mit-)Ertragshoheit** der Gemeinden.[149] § 5 GemFinRefG spricht von der „Überweisung des Gemeindeanteils an der Einkommensteuer". Sprachlich und sachlich ist davon die von den Gemeinden im Ausgleich zu zahlende **Gewerbesteuerumlage** deutlich zu unterscheiden (→ Rn. 44 f.). Insoweit spricht das GemFinRefG von abführen (§ 6 I 1).

33    Es wäre nur konsequent,[150] auch insoweit eine **Garantie dieser Erträge** dem Grunde und der Höhe nach abzulehnen, wenn nur die durch Art. 28 II gewährleistete Mindestausstattung der Gemeinden mit Finanzmitteln nicht unterschritten wird.[151] Die abweichende Formulierung und der Sinn der Regelung sprechen aber dafür, dass es eine kommunale Beteiligung an der Einkommensteuer geben muss, solange diese überhaupt erhoben wird.[152]

## II. Anteil an der Umsatzsteuer (Abs. 5a)

34    Seit dem 1.1.1998 erhalten die Gemeinden einen Anteil an der Umsatzsteuer, Art. 106 Va 1. Die Länder sind verpflichtet, ihn aufgrund eines orts- und wirtschaftsbezogenen Schlüssels an ihre Gemeinden weiterzuleiten, Art. 106 Va 2. Damit ist der Maßstab für die horiz. Verteilung wie beim Anteil an der Einkommensteuer nach Abs. 5 verhältnismäßig genau festgelegt. Die nähere Ausgestaltung hat ebenfalls durch zustimmungsbedürftiges BundesG zu erfolgen, Abs. 5a S. 3. Eine Ermächtigung zur Einführung von Hebesätzen ist – im Gegensatz zur Beteiligung an der Einkommensteuer – nicht erteilt worden.

35    Der **Anteil der Gemeinden** belief sich nach § 1 S. 3 FAG aF auf 2,2 % und wurde vom Aufkommen der Umsatzsteuer abgezweigt, **bevor** dieses nach Art. 106 III 4 auf Bund und Länder aufgeteilt wird.[153] Bei der Grundgesetzreform 2017 ist der Anteil in die Anteils- und Festbetragslösung von § 1 I, II FAG nF (→ Rn. 28) integriert worden.[154] Er ist Teil der Steuerquellenverteilung, also des

---

[147] *Vogel/Walter* BK, Art. 106 (1972) Rn. 81; *Heintzen,* in: v. Münch/Kunig II, Art. 106 Rn. 42; *Pieroth,* in: Jarass/Pieroth, Art. 106 Rn. 12; *Schwarz* MKS III, Art. 106 Rn. 12.

[148] G. zur Neuordnung der Gemeindefinanzen (Gemeindefinanzreformgesetz), idF d. Bek. v. 10.3.2009 (BGBl I 2001, 502), zul. geänd. d. Art. 5 G v. 9.12.2019 (BGBl I 2051, 2052).

[149] *Elsner/Schüler,* Das Gemeindefinanzreformgesetz, 1970, S. 91; *Heintzen,* in: v. Münch/Kunig II, Art. 106 Rn. 44 f.; *Seiler,* in: Maunz/Dürig, Art. 106 (2017) Rn. 168; *Stern,* Staatsrecht II, S. 1172; *J.–P. Schneider* AK GG, Art. 106 (2001) Rn. 21; zust. *Schwarz* MKS III, Art. 106 Rn. 13, 100, 118; *Heun,* in: Dreier III, Art. 106 Rn. 33; *Hidien* BK, Art. 106 (2002) Rn. 1026; *Pieroth,* in: Jarass/Pieroth, Art. 106 Rn. 12; *Henneke,* in: Schmidt-Bleibtreu/ Hofmann/Hopfauf, Art. 106 Rn. 65; aA ausführlich *Korioth,* Der Finanzausgleich, S. 425 Fn. 58 mwN; für eine Zwischenposition *Häde,* 1996, S. 191 mwN.

[150] → Art. 105 Rn. 54 f.

[151] In diesem Sinne wohl BVerfGE 71, 25 (38); zustimmend *Pieroth,* in: Jarass/Pieroth, Art. 106 Rn. 1; zur Garantie der Finanzausstattung *Korioth,* Der Finanzausgleich, S. 41.

[152] *Vogel/Walter* BK, Art. 106 (1972) Rn. 201, 203; *Heun,* in: Dreier III, Art. 106 Rn. 33; *Henneke* ZG 1998, 1 (21).

[153] Dazu *Hidien* KStZ 1998, 101 (103 f.).

[154] Begründung RegE, BT-Dr 16/814, S. 75, wobei der Gemeindeanteil – entsprechend der Unübersichtlichkeit der aF – in der Gesetzesbegründung wohl versehentlich in „§ 1 S. 2 aF" (richtig: § 1 S. 3 aF) verortet wurde.

primären Finanzausgleichs (→ vor Art. 104a Rn. 53 f.). Damit entsteht nicht nur ein Anspruch auf eine Zuweisung, sondern eine **eigenständige (Mit-)Ertragshoheit** der Gemeinden wie beim Anteil an der Einkommensteuer (→ Rn. 32).[155] Die nähere Ausgestaltung der Aufteilung findet sich in §§ 5a–d GemFinRefG. Sie erfolgt in zwei Schritten. Zunächst wird der Gemeindeanteil auf die Länder aufgeteilt, § 5a. Anschließend erfolgt die Verteilung auf die einz. Gemeinden anhand einer „Schlüsselzahl", § 5b. Das BMF ist ermächtigt, durch RVO mit Zustimmung des BR nähere Bestimmungen über die Ermittlung der Schlüsselzahlen zu treffen, § 5e GemFinRefG.

### III. Alleinige Ertragshoheit (Abs. 6 S. 1–3)

Die alleinige Ertragshoheit ist den Gemeinden für das Aufkommen aus der **Grundsteuer** und der **36** **Gewerbesteuer** eingeräumt, die ausdr. in der Vorschrift aufgeführt sind. Diese Nennung hat nur klarstellende Funktion.[156] Allerdings entnimmt ihr das BVerfG die verfassungsrechtl. Anerkennung der Gewerbesteuer in ihrer Grundstruktur und herkömml. Ausgestaltung, auch wenn die Vorschrift nur die Ertragsverteilung regelt.[157] Eine Gewähr für den Fortbestand dieser Steuern ist damit aber nicht verbunden (→ Art. 105 Rn. 53–55). Für diese „Realsteuern" war kennzeichnend, dass sie für die Auferlegung der Steuer im Wesentlichen nur auf obj. Gegebenheiten und nicht auf die persönl. Verhältnisse des Steuerpflichtigen abstellen.[158] Dazu wurden die Grundsteuer (A und B) sowie die Gewerbesteuer (nach Ertrag und Kapital,[159] aber auch in der Form der Lohnsummensteuer[160]) gerechnet. Gewerbekapital- und Lohnsummensteuer werden nicht mehr erhoben. Die **örtlichen Verbrauch- und Aufwandsteuern** (→ Art. 105 Rn. 35 f.) stehen ebenfalls den Gemeinden zu, soweit sie nicht durch LandesG den Gemeindeverbänden zugewiesen sind.

Aus Abs. 6 können grds. keine konkreten **Teilhabeansprüche** der Spielbankgemeinden an der **37** **Abgabe von Spielbanken** (Abs. 2 Nr. 5) abgeleitet werden.[161] Zwar wird aus Praktikabilitätsgründen und wegen des „exorbitant hohen Steuersatzes" von 80 % auf die Bruttospielerträge – ohne Möglichkeit, die betriebl. veranlassten Kosten abzuziehen – auf die Erhebung aller anderen Steuern unter Einschluss der Steuern, deren Ertrag den Gemeinden zusteht, verzichtet.[162] Lediglich die Befreiung von der Umsatzsteuer in § 4 Nr. 9 Buchst. b UStG führte aus europarechtl. Gründen[163] zu unerwünschten Ergebnissen und wurde deshalb aufgehoben.[164] Eine Aufspaltung der Abgabe entspr. den „abgegoltenen" Steuern dürfte indes nicht möglich sein.[165] Nur wenn der Ausfall an Steuererträgen, die das GG den Gemeinden zuweist, größer ist als die landesrechtl- zugewiesene Beteiligung und die sonstigen positiven Effekte für eine Spielbankgemeinde,[166] kann Art. 106 VI eine Grundlage für Ansprüche oder sonstige Rechte der Gemeinden bieten.[167]

### IV. Beteiligung am Gemeinschaftsteueranteil der Länder (Abs. 7)

Über den Anteil der Gemeinden an der Einkommensteuer nach Abs. 5 (→ Rn. 31) und an der **38** Umsatzsteuer nach Abs. 5a (→ Rn. 34) hinaus müssen die Länder ihre Gemeinden und Gemeindeverbände prozentual am **Länderanteil** der **Gemeinschaftsteuern** beteiligen (S. 1). Die Beteiligung erfolgt durch Landesgesetz und ist Grundlage für die „Schlüsselzuweisungen" (Gegensatz: Zweckzuweisungen). Die Zuweisung von weiteren Mitteln aus dem Aufkommen der Landessteuern ist der Landesgesetzgebung freigestellt (S. 2). Verteilungsmaßstäbe gibt die Bestimmung nicht vor.[168]

---

[155] Zust. *Heun*, in: Dreier III, Art. 106 Rn. 33; *Schwarz* MKS III, Art. 106 Rn. 100, 122; *Hidien* BK, Art. 106 (2002) Rn. 1058; abw. *Brockmeyer*, in: Hofmann/Hopfauf, 11. Aufl. 2008, Art. 106 Rn. 17.

[156] BVerfGE 120, 1 (25).

[157] BVerfGE 120, 1 (26).

[158] BVerfGE 13, 331 (345); 16, 64 (73); 25, 28 (38); 46, 224 (237).

[159] BVerfGE 3, 407 (438).

[160] BVerfGE 21, 54 (63).

[161] VG Oldenburg, Urt. v. 8.7.2005, Az. 2 A 1373/05, Volltext in der Rechtsprechungsdatenbank des NdsOVG veröffentlicht, zT unter Beck RS 2005 28401; aA *Koch* NdsVBl 2001, 305 (307).

[162] BFH, NV 2002, 1294 (1296).

[163] Mit Urt. v. 17.2.2005 hatte der EuGH entschieden, dass eine Umsatzsteuerbefreiung von Glücksspielen mit Geldeinsatz in zugelassenen öffentlichen Spielbanken mit Art. 13 Teil B Buchst. f der Sechsten Richtlinie 77/388/ EWG des Rates v. 17.5.1977 unzulässig ist, wenn gleichartige Umsätze außerhalb dieser Spielbanken umsatzsteuerpflichtig sind, EuGH, Rs. C-453/02 und C-462/02 (EuZW 2005, 210 [210 ff.]); zur Vereinbarkeit der Befreiung von der GewSt mit dem Verfassungs- und Europarecht, vgl. BFH NV 2001, 1294 (1294 ff.).

[164] G v. 28.4.2006 (BGBl I 1095).

[165] Der BFH hat die Spielbankabgabe schon frühzeitig als „einheitliche Steuer" qualifiziert und eine gesonderte Beurteilung ihrer unterschiedl. Elemente ausdr. abgelehnt, BFHE 58, 556 (561).

[166] Das BVerfG hat 1970 die Vorteile einer Gemeinde, die sie durch das Betreiben einer Spielbank in ihrem Bereich hat, detailliert hervorgehoben, BVerfGE 28, 119 (147); vgl. auch *Schmitz* FinArch 1965, 472 (494 ff.).

[167] Näher *Siekmann*, FS Schnapp, 2008, S. 319 (340).

[168] Näher *Grawert*, Die Kommunen im Länderfinanzausgleich, 1989, S. 33; *Schwarz*, Finanzverfassung und kommunale Selbstverwaltung, 1996, S. 57 f.; *Schoch*, Verfassungsrechtlicher Schutz der kommunalen Finanzautonomie, 1997, S. 143; → Art. 28 Rn. 84 ff.

## V. Hebesatzrechte

39    Bedeutend für die Steuerhoheit der Gemeinden ist die ausdr. verfassungsrechtlich garantierte Befugnis, **Hebesätze** festzusetzen, Art. 28 II 3 Hs. 2 (→ Art. 28 Rn. 87). Hebesätze sind Größen (Vomhundertsätze), die an gesetzlich vorbestimmte Steuermessbeträge angelegt werden, und danach erst die Steuerschuld ergeben.[169] Das Hebesatzrecht **muss** nach Art. 106 VI 2 für die Grundsteuer und die Gewerbesteuer (bisher: Realsteuern) und **kann** nach Abs. 5 S. 3 für den Gemeindeanteil an der Einkommensteuer (→ Rn. 31) eingeräumt werden, nicht aber für den Anteil an der Umsatzsteuer (→ Rn. 34).

40    Das Recht, Hebesätze für die Realsteuern festzusetzen, ist nur „im Rahmen der Gesetze" gewährt. Dem Gesetzgeber ist damit ein Gestaltungsspielraum eingeräumt, der auch Ausgestaltungen mit beschränkendem Inhalt zulässt. Andernfalls wäre der Vorbehalt nicht erforderlich gewesen.[170] Das Hebesatzrecht darf aber nicht unverhältnismäßig beschränkt werden.[171] Eine vollständige Beseitigung des Hebesatzrechts ist in jedem Fall verfassungswidrig. Die Vorschrift will zwar fühlbare Unterschiede ermöglichen, doch umfasst sie nicht das Recht, den Hebesatz auf Null zu setzen und damit die Gewerbesteuer in der betreff. Gemeinde abzuschaffen.

41    Der Bundesgesetzgeber hat jedoch einen weiterreichenden Eingriff vorgenommen und hat die Entstehung von „Steueroasen", in denen der Hebesatz auf Null gesetzt worden war, dadurch unterbunden, dass er **Mindesthebesätze** vorgeschrieben.[172] Die Anordnung von Mindesthebesätzen, die im Endeffekt nur sicherstellen sollen, dass die Steuer überhaupt erhoben wird, dürfte noch mit Art. 106 VI 2 zu vereinbaren sein, wenn die sich daraus ergebende Mindestbelastung deutlich unter der durchschnittl. Belastung im überörtl. Vergleich liegt.[173] Andernfalls würde die fiskal. Autonomie der Gemeinden, die das GG aus guten Gründen gestärkt hat, verfassungsrechtlich zweifelhaft ausgehöhlt.

42    Von der durch die Finanzreform eingeführten Möglichkeit eines Hebesatzrechts für den Einkommensteueranteil ist bislang noch kein Gebrauch gemacht worden. Es wäre jedoch eine sinnvolle Alternative zur überaus fragwürdigen Gewerbesteuer.[174] Das Hebesatzrecht würde den Anteil der Gemeinden an der Einkommensteuer zur echten **Gemeindeeinkommensteuer** machen und zu einer nennenswerten Stärkung der komm. (Finanz-)Autonomie führen. Sie würde sofort die „fiskalische Äquivalenz" zwischen den Leistungen der Gemeinden und der Belastung der Bürger vergrößern[175] und die Transparenz der Gemeindepolitik mit ihren finanz. Konsequenzen deutlich erhöhen. Weitere Folge wäre ein Leistungswettbewerb zwischen den Gemeinden, der aus Sicht des steuerzahlenden Bürgers unbedingt wünschenswert wäre,[176] von den Gemeinden und ihren Verbände aber wenig geschätzt wird. Das ist verständlich, aber verfassungsrechtlich nicht maßgebend. Vielmehr muss dem Hebesatzrecht als ausdr. vom GG vorgesehenem Instrument zur Stärkung der komm. Selbstverwaltung **Vorrang** vor allen anderen Maßnahmen zukommen, die uU noch aus Art. 28 II 3 abgeleitet werden, dort aber nicht genannt sind.[177]

## VI. Umlagen (Abs. 6 S. 4–6)

43    Unter **Umlagen** sind Finanzlasten zu verstehen, die „einer Gebietskörperschaft von einer anderen Gebietskörperschaft, regelmäßig höherer Ordnung, auferlegt werden". „Sie lenken zunächst Finanzströme von unten nach *oben*".[178] An erster Stelle ist hier die Gewerbesteuerumlage zu nennen, die auf

---

[169] Dazu *Schnorr,* Das Hebesatzrecht der Gemeinden, 1973; *Häde,* 1996, S. 192.

[170] BVerfGE 125, 141 (163); BVerwG NVwZ 1991, 894 (894); NVwZ 1994, 176 (177): Vorbehalt, dass sich das Hebesatzrecht „adäquate gesetzliche Beschränkungen gefallen lassen muß".

[171] BVerfGE 125, 141 (168), unter Berufung auf: *Selmer/Hummel* NVwZ 2006, 14 (18 ff.); *Hidien* ZKF 2004, 29 (33); *Otting* DB 2004, 1222 (1223 f.); *Walz/Süß* DStR 2003, 1637 (1639 f.).

[172] Art. 2 Nr. 1 und Nr. 5 G z. Änd. d. GewStG v. 23.12.2003 (BGBl I 2922), gebilligt von BVerfGE 125, 141 (162), unter Berufung auf die wechselvolle Geschichte der Gewerbesteuer und Sinn und Zweck der Vorschrift; zuvor *Selmer/Hummel* NVwZ 2006, 14 (21); aA *Walz/Süß* DStR 2003, 1637 (1637, 1639 f.).

[173] BVerfGE 125, 141 (162 f., 169). Der Erlass einer einstw. Anordnung war bereits abgelehnt worden, BVerfGE 112, 216 (221).

[174] Vgl. *Zimmermann,* in: J. Ipsen (Hrsg.), Kommunale Aufgabenerfüllung in der Finanzkrise, 1995, S. 67 (75, 77), aber gegen eine Beteiligung an der Umsatzsteuer; *Hansmeyer/Zimmermann* AfK 1993, 221 (221 ff.), mit näheren Einzelheiten seiner Ausgestaltung (S. 231 ff.); *Henneke* DÖV 2013, 825 (833). Der Versuch einer Rechtfertigung der Gewerbesteuer durch *Rodi* überzeugt iE nicht (Die Rechtfertigung von Steuern als Verfassungsproblem, 1994, S. 195–235); eingehend zur Kritik *Hey* StuW 2002, 314 (314 ff.).

[175] Durch sie soll jeder Entscheidungsträger gezwungen werden, bei Beschlüssen über Vorteile und Ausgaben für die Bürger ihnen gleichzeitig die dafür erforderlichen finanziellen Lasten aufzuerlegen, vgl. *Hansmeyer/Zimmermann* AfK 1993, 221 (225 f.).

[176] Vgl. *Beland* AfK 37 (1998), 104 (120 f.).

[177] Eine völlige Freigabe ist nach den Erfahrungen in der Schweiz allerdings nicht zu empfehlen.

[178] BVerwGE 106, 280 (283 f.); zT wird auf die Definition von *Vogel/Walter* BK, Art. 106 (1972) Rn. 82, abgestellt, die die Umlagen aber als „Beitrag" bezeichnen; so BVerfGE 83, 363 (389) zur Krankenhausumlage, aber nur „regelmäßig" zur Finanzierung einer Körperschaft höherer Ordnung.

der Grundlage von Art. 106 VI 4, 5 durch – den laufend geänderten – § 6 GemFinRefG eingeführt und näher ausgestaltet worden ist (→ Rn. 44). Weitere Umlagen dürfen durch LandesG aufgrund von Abs 6 S. 6 eingeführt werden (→ Rn. 46).

Die **Gewerbesteuerumlage** wird seit 1995 in einem kompliz. und regional diff. Verfahren mit **44** Revisionsklausel nach 6 GemFinRefG berechnet, das zu erhebl. verfassungsrechtl. Bedenken Anlass gab. Inzwischen ist die Vorschrift aber deutlich schlanker und vor allem wegen der Streichung der Abs. 4[179] und 5[180] und der Neuformulierung von Abs. 3[181] verfassungsrechtlich kaum noch angreifbar.[182] Ausgegangen wird von den Steuermessbeträgen, die durch Division des Ist-Aufkommens durch die gemeindl. Hebesätze ermittelt werden (§ 6 II GemFinRefG). Die abzuführende Umlage ergibt sich durch Multiplikation dieser Beträge mit einem einheitl. Vervielfältiger. Der Vervielfältiger ist die Summe des Bundes- und Landesvervielfältigers für das jew. Land, § 6 III 1. Der Bundesvervielfältiger betrug 2008 12 %, 2009 13 % und ab 2010 14,5 %. Er wurde Ende 2019 auf 14,5 % festgelegt.[183] Der Landesvervielfältiger beträgt jetzt einheitlich für alle Länder 20,5 %.

Die Gewerbesteuerumlage begründet **keine** eigene Ertragskompetenz von Bund und Ländern, **45** sondern nur einen Anspruch gegen die Gemeinden. Die Verwendung des Begriffs „Umlage" im Gegensatz zum Anteil zeigt, dass die Ertragskompetenz bei den Gemeinden verblieben ist.[184]

Weitere Umlagen dürfen nach **Abs. 6 S. 6** durch **LandesG** als allg. Finanzierungsinstrument[185] **46** oder zur Finanzierung bes. Aufgaben **(Zweckumlagen)**[186] eingeführt werden. Bemessungsgrundlage muss das Aufkommen der Grundsteuer und der Gewerbesteuer oder der Gemeindeanteil an der Einkommensteuer und der Umsatzsteuer sein. Diese Vorschrift ist Grundlage für die **Kreisumlage**.[187] Umlagen sind jedenfalls dann zulässig, wenn ihr Aufkommen im komm. Raum verbleibt oder in diesen zurückfließt.[188] Darüber hinausgehende normative Vorgaben für einen **„interkommunalen horizontalen Finanzausgleich",** auch wenn er vom Land durchgeführt wird, enthält die Vorschrift nicht.[189] Namentlich schreibt sie nicht das Äquivalenzprinzip vor.[190]

## F. Ausgleich für Sonderbelastungen (Abs. 8)

Im Gegensatz zu den übrigen Verteilungsregelungen räumt diese Bestimmung **einzelnen** Ländern **47** oder Gemeinden (Gemeindeverbänden) einen **unmittelbaren** Anspruch gegen den Bund ein.[191] Damit sollen **atypische Sonderbelastungen** erfasst und ausgeglichen werden, die der Bund veranlasst hat und die wegen ihrer Höhe **unzumutbar** sind.[192] Zuvor ist allerdings ein Vorteilsausgleich vorzunehmen: Der Anspruch verringert sich um Entschädigungsleistungen Dritter und finanzielle Vorteile, die mit den Einrichtungen des Bundes verbunden sind (S. 2). Die Vorschrift hat **Ausnahmecharakter**.[193]

**Voraussetzung** ist, dass der Bund **besondere** Einrichtungen in einz. Ländern oder Gemeinden **48** veranlasst hat. Nicht gemeint sind eigene Einrichtungen des Bundes.[194] In Betracht kommen zB Behörden, Kulturstätten und Forschungseinrichtungen. Vor allem wurden aber **hauptstadtbedingte**

[179] Art. 5 Gesetz zur Beteiligung des Bundes an den Integrationskosten der Länder und Kommunen in den Jahren 2020 und 2021 v. 9.12.2019 (BGBl I 2051, 2052).

[180] Art. 6 Gesetz zur fortgesetzten Beteiligung des Bundes an den Integrationskosten der Länder und Kommunen und zur Regelung der Folgen der Abfinanzierung des Fonds „Deutsche Einheit" v. 17.12.2018 (BGBl I 2522, 2523).

[181] G. v. 9.12.2019 (BGBl I 2052).

[182] Die diff. Bevorzugung einz. Länder sollte beim Finanzausgleich iRd §§ 7 und 8 FAG ebenso außer Ansatz bleiben (§ 6 IV GemFinRefG aF) wie die im gestrich. Abs. 5 GemFinRefG aF vorgesehene Erhöhung des Länderanteils in den alten Ländern. Die Bevorzugung einz. Länder war kaum mit dem Prinzip der föd. Gleichbehandlung (→ vor Art. 104a Rn. 59, Art. 104c Rn. 6, 14a, Art. 107 Rn. 25, 33) zu vereinbaren. Die Regelungen erlaubten Umverteilungen außerhalb des Finanzausgleichs, obgleich dieser umfass. die Finanzkraft erfassen und nach für alle Länder prinzip. gleich geltenden Kriterien umverteilen soll; näher *Siekmann*, 8. Aufl. Art. 106 Rn. 36–38.

[183] Art. 5 Gesetz zur Beteiligung des Bundes an den Integrationskosten der Länder und Kommunen in den Jahren 2020 und 2021 v. 9.12.2019 (BGBl I 2051, 2052).

[184] BVerwG DVBl 1983, 137 (137 f.); *Brockmeyer*, in: Hofmann/Hopfauf, 11. Aufl. 2008, Art. 106 Rn. 20, aber nicht mehr in der neuesten Aufl.

[185] *Kluth* DÖV 1994, 456 (458).

[186] BVerfGE 83, 363 (390).

[187] *Pieroth*, in: Jarass/Pieroth, Art. 106 Rn. 17a; zur Kreisumlage näher → Art. 28 Rn. 79.

[188] BVerfGE 83, 363 (391).

[189] BVerfGE 83, 363 (391).

[190] BVerfGE 83, 363 (392); BVerwG Buchholz 401.64 § 3 AbwAG Nr. 1, S. 2 f., das aber das rechtsstaatliche Verhältnismäßigkeitsgebot für anwendbar hält.

[191] *Heintzen*, in: v. Münch/Kunig II, Art. 106 Rn. 55; *Pieroth*, in: Jarass/Pieroth, Art. 106 Rn. 19; eingehend *Meis*, Verfassungsrechtliche Beziehungen zwischen Bund und Gemeinden, 1989, S. 106 ff.; so jetzt auch *Häde*, 1996, S. 81; *Korioth* (Fn. 4), S. 25; *Heun*, in: Dreier III, Art. 106 Rn. 42.

[192] BVerfGE 86, 148 (268).

[193] *Seiler*, in: Maunz/Dürig, Art. 106 (2017) Rn. 188 *J.-P. Schneider* AK GG, Art. 106 (2001) Rn. 46; *Schwarz* MKS III, Art. 106 Rn. 114, 147.

[194] AA *Heintzen*, in: v. Münch/Kunig II, Art. 106 Rn. 57, 62; unentschieden wohl *Seiler*, in: Maunz/Dürig, Art. 106 (2017) Rn. 191.

Sonderlasten hierzu gezählt,[195] einschließl. der Lasten, die durch den Entzug der Hauptstadtfunktion (Bonn) entstanden sind.[196] Diese überaus fragwürdige Argumentation ist wegen der Neufass. von Art. 22 I 2 nicht mehr erforderlich. Die Vorschrift erlaubt die Übernahme von Finanzierungslasten durch den Bund in unmittelb. Anwendung von Art. 104 I.[197] Die in Art. 91a III und b III sowie in Art. 104b–d getroff. Ausgleichsregelungen gehen vor.[198]

49    Die Sonderbelastungen können sich in **erhöhten Ausgaben** oder **verringerten Einnahmen** niederschlagen. Der Ausfall künftiger Erträge ist aber nur dann eine Mindereinnahme im Sinne der Vorschrift, wenn „mit hinreichender Sicherheit" feststeht, dass es überhaupt zu den erwarteten Erträgen gekommen wäre. Darüber hinaus muss der Ertragsausfall „unmittelbar" auf die Bundeseinrichtung zurückzuführen sein.[199]

## Art. 106a [Sonderzahlungen für den öffentlichen Personennahverkehr]

**Den Ländern steht ab 1. Januar 1996 für den öffentlichen Personennahverkehr ein Betrag aus dem Steueraufkommen des Bundes zu. Das Nähere regelt ein Bundesgesetz, das der Zustimmung des Bundesrates bedarf. Der Betrag nach Satz 1 bleibt bei der Bemessung der Finanzkraft nach Artikel 107 Abs. 2 unberücksichtigt.**

**Entstehungsgeschichte: Erstfassung:** 40. G zur Änd. des GG v. 20.12.1993 (BGBl I 2089), Art. 1 Nr. 6 (dazu: BT-Dr 12/4610 [Entw. der FDP-Fraktion], 5015 [Entw. der BReg, beide noch ohne Art. 106a], 12/6280 [Beschlussempf. und Bericht des RechtsA mit Art. 106a]; BT-Prot 12/13801, 16958; BR-Dr 130/93, 872/93; BR-Prot 93/149, 185, 615, 637).

**Gesetzgebung:** Gesetz zur Regionalisierung des öffentlichen Personennahverkehrs (Regionalisierungsgesetz – RegG); Allgemeines Eisenbahngesetz (AEG) § 2 V, VII; Eisenbahnregulierungsgesetz (ERegG).

**Schrifttum:** *W. Blümel* (Hrsg.), Verkehrswegerecht im Wandel, 1994; *K.-P. Dolde/W. Porsch,* Eisenbahninfrastruktur und Finanzverfassung, NVwZ 2011, 833; *J. W. Hidien,* Der spezielle Finanzierungsausgleich gem. Art. 106a, DVBl 1997, 595; *E. Kiepe,* Die Beschlüsse zur Regionalisierung des Nahverkehrs, StT 1994, 78; *H. Meyer,* Der Stuttgarter Bahnkonflikt aus Sicht der Finanzverfassung, DVBl 2011, 449; *E. Schmidt-Aßmann/H. C. Röhl,* Grundpositionen des neuen Eisenbahnverfassungsrechts (Art. 87e), DÖV 1994, 577; *C. Waldhoff,* Maßstäbe zur Verteilung der Regionalisierungsmittel für den ÖPNV nach Art. 106a GG, DVBl 2013, 677; *A. Welge,* Nahverkehrsgesetzgebung in den Ländern – Ein Zwischenbericht, StT 1995, 319.

### Übersicht

## A. Entstehung

1    Die Vorschrift ist Ende 1993 eingefügt worden, um die **Privatisierung**[1] **und Regionalisierung** (Art. 87e III, 143a) der **Eisenbahnen** des **Bundes** durchführen zu können (→ Art. 87e Rn. 9, 11). Sie war im urspr. Entwurf nicht vorgesehen gewesen und wurde erst iRd Ausschussberatungen eingefügt. Mit ihr sollte die finanz. Kompensation für den Übergang der Aufgaben- und Finanzverantwortung vom Bund auf die Länder verfassungsrechtlich abgesichert werden. Diese hatte zuvor allein beim Bund gelegen.[2] Da die Bahnen, die bisher als Sondervermögen des Bundes geführt worden waren, nach Art. 87e III 1 zwingend in privatrechtl. Form als **Wirtschaftsunternehmen** zu führen

---

[195] *J.-P. Schneider* AK GG, Art. 106 (2001) Rn. 30; diff. *Heintzen*, in: v. Münch/Kunig II, Art. 106 Rn. 62.

[196] *Fischer-Menshausen,* in: v. Münch/Kunig III, 3. Aufl. 1996, Art. 106 Rn. 40a.

[197] Durch die Einfügung der Hauptstadtklausel in Art. 22 I GG im Rahmen der Föderalismusreform 2006 soll das Berlin/Bonn-Gesetz, das die Förderungen des Bundes für die Stadt Bonn regelt, nicht berührt werden, Gemeinsam für Deutschland – mit Mut und Menschlichkeit, Koalitionsvertrag zwischen CDU, CSU und SPD, 11.11.2005, Anl. 2 Rn. 41. *Kesper* NdsVBl 2006, 1145 (157) sieht aber immer noch Kosten, die bei der gebotenen engen Auslegung von Art. 22 I 2 anfallen und über Art. 106 VIII abzudecken seien.

[198] *Pieroth,* in: Jarass/Pieroth, Art. 106 Rn. 20; aA *Vogel/Walter* BK, Art. 106 (1972) Rn. 136, 142: „Mitveranlassung"; *Friauf* VerwArch 66 (1975), 99 (106 f.).

[199] BFH/NV 1995, 735 (735) verneint für Angehörige von NATO-Streitkräften, die nach Art. X Abs. 1 S. 2 des NATO-Truppenstatuts keine Einkommensteuer zahlen müssen.

[1] Dazu Bericht der Regierungskomm. Bundesbahnen, 1991; *Loschelder,* Strukturreform der Bundeseisenbahn durch Privatisierung?, 1993; zu den europarechtlichen Hintergründen *Schmidt-Aßmann/Röhl* DÖV 1994, 577 (579 f.).

[2] Überblick über die bisherige Lage bei *Kilian/Hesse* Verwaltung 27 (1994), 175 (181–187).

sind (→ Art. 87e Rn. 42 ff.), müssen sie sich an kaufmännischen Gesichtspunkten orientieren.[3] Defizitäre Dienste, die bisher aus Gemeinwohlgründen angeboten worden sind, brauchen nur noch fortgeführt zu werden, wenn die polit. Einheit, die sie wünscht, auch bezahlt. Das galt im Wesentlichen bisher schon für die komm. Verkehrsunternehmen, auch soweit sie schienengebundenen Verkehr betreiben (Straßenbahnen, Stadtbahnen, U-Bahnen). Für den davon strikt zu unterscheidenden **Schienenpersonennahverkehr,**[4] der bisweilen nur einen Kostendeckungsgrad von 20–30 % (im Durchschnitt 30–40 %[5]) aufweist, war die Regelung neu. Die Verkehrsangebote wurden vor der Reform von Ländern und Kommunen gewünscht, aber vom Bund bezahlt.[6] Die häufiger werdenden Durchbrechungen im Wege vertragl. Vereinbarungen waren zT nicht mit Art. 104a I zu vereinbaren.[7]

# B. Bedeutung

Aus den Gesetzesmaterialien[8] und aus Art. 143a III 3 ergibt sich unmissverständlich, dass Aufgaben **2** im **Schienenpersonennahverkehr** nunmehr von den Ländern zu erfüllen sind.[9] Unabhängig davon, ob und in welchem Umfang dem Bund ein **Grundversorgungsauftrag** für den Eisenbahnverkehr verblieben ist,[10] erfasst er jedenfalls nicht den Schienenpersonennahverkehr (→ Art. 87e Rn. 60).[11] Ein Grundversorgungsauftrag kann nun allerdings Länder und Gemeinden treffen.[12] Entspr. schreibt § 1 I RegG die Bereitstellung von Nahverkehrsleistungen als „Aufgabe der Daseinsvorsorge" fest. Sie können sich dazu vorhandener Einrichtungen und Unternehmen bedienen, müssen die Leistung also nicht selbst herstellen.[13] EU-Recht dürfte deshalb nicht entgegenstehen.[14]

Damit ist auch die **Finanzierungslast** nach Art. 104a I im Wesentlichen vom Bund **auf die Länder 3** übergegangen. Um das erforderliche Einverständnis der Länder zu diesem Grundkonzept zu erlangen, war der Bund bereit gewesen, die Mittel, die er bisher den Bahnen zur Abdeckung der Defizite aus dem Nahverkehr direkt oder indirekt zur Verfügung gestellt hatte, den Ländern zu überlassen. Auf diese Weise sollten die Länder und ihre Gemeinden (Gemeindeverbände) in die Lage versetzt werden, zumindest das bisherige Angebotsniveau im Personennahverkehr der Bahnen bestellen und bezahlen zu können. Das Einverständnis ist erst durch mehrfacher Erhöhung dieses Betrages erteilt worden.

Das RegG legte den Betrag schließlich auf 8,7 Mrd. DM für 1996 und auf 12 Mrd. DM jährlich ab **4** 1997 fest (§ 5 I RegG aF). Diese Beträge waren entspr. dem Wachstum der Umsatzsteuer ab 1998 zu steigern (§ 5 II RegG aF) und aus der (Erhöhung der) Mineralölsteuer zu finanzieren.[15] Im Rahmen

---

[3] *Schmidt-Aßmann/Röhl* DÖV 1994, 577 (581).

[4] Definition in § 2 V AEG: „Schienenpersonennahverkehr ist die allgemein zugängliche Beförderung von Personen in Zügen, die überwiegend dazu bestimmt sind, die Verkehrsnachfrage im Stadt-, Vorort- oder Regionalverkehr zu befriedigen. Das ist im Zweifel dann der Fall, wenn in der Mehrzahl der Beförderungsfälle eines Zuges die gesamte Reiseweite 50 Kilometer oder die gesamte Reisezeit eine Stunde nicht übersteigt."

[5] Es sind verschiedene Kostendeckungsgrade zu unterscheiden, je nachdem welche Ausgleichs- und Kompensationszahlungen als Einnahmen berücksichtigt werden. In den Berichten der BReg werden als Kostendeckungsgrad Ia die Nutzerfinanzierung, also die Erlöse aus Fahrausweisverkauf im Verhältnis zum Gesamtaufwand, bezeichnet, vgl. den [7.] Bericht der Bundesregierung über die Entwicklung der Kostendeckung im öffentlichen Personennahverkehr v. 19.4.2016, BT-Dr 18/8180, S. 2. Für die Unternehmensgruppe 3 (Unternehmen, die SPNV durchführen) wurde wegen aktuell gestiegener Nutzerzahlen (+ 2,9 % Personenkilometer p. a. im Zeitraum von 2005 bis 2012) und konstanter oder zurückgehender Angebotsvolumina (− 0,2 % Fahrzeugkilometer p. a. im Zeitraum bis 2005 bis 2012) ein steigender Kostendeckungsgrad 1a gegenüber dem deutlich niedrigeren Niveau zuvor ermittelt: 31,2 % (2005) und 36,8 % (2012). Wie sich die deutliche Ausweitung des Angebots (zusätzliche Züge, andere Gefäßgrößen, Streckenreaktivierung in der jüngsten Vergangenheit auf die Gesamtbilanz auswirken werden, bleibt abzuwarten; zumal auch die Personalkosten wegen der Knappheit des Betriebspersonals steigen. Zudem handelt es sich um eine Durchschnittsbetrachtung und die besonders defizitären Dienste außerhalb der Ballungsräume werden verstärkt (wieder) auf- und ausgebaut. Weitere Einzelheiten sind in dem vom BMVI in Auftrag gegebenen Gutachten der WIBERA v. 30.3.2016 zu finden, http://mobilitaet21.de/wp-content/uploads/2018/02/700897_Kostendeckung%C3%96PNV_Gutachten.pdf.

[6] BT-Dr 12/6280, S. 9.

[7] *Fromm* NVwZ 1992, 536 (538); *ders.* DVBl 1994, 187 (193); *Heun*, in: Dreier III, Art. 106a Rn. 3; *Waldhoff* DVBl 2013, 677 (685), der eingehend Hintergrund und Entstehungsgeschichte darstellt (677–679); Zweifel auch bei *Huber* MKS III, Art. 106a Rn. 1; aA BVerwGE 81, 312 (312); speziell zur Unvereinbarkeit der Beteiligung des Landes Bad.-Württ. am Bahnprojekt Stuttgart-Ulm *Meyer* DVBl 2011, 449 (450 ff.); s. a. *Dolde/Porsch* NVwZ 2011, 833 (835 f.).

[8] Bericht des RechtsA, BT-Dr 12/6280, S. 8. Die Entw. enthielten Art. 106a noch nicht.

[9] *Henneke*, in: Schmidt–Bleibtreu/Hofmann/Henneke, Art. 106a Rn. 2; *Huber* MKS III, Art. 106a Rn. 2; *Dolde/Porsch* NVwZ 2011, 833 (836).

[10] Dazu *Kiepe* StT 1994, 78 (78 f.).

[11] Siehe auch *Heinze* BayVBl 1994, 266 (269).

[12] Die Herleitung eines Sicherstellungsauftrags auf Dauer aus Art. 143a III ist nicht zwingend; so aber wohl; *Battis*, Art. 143a Rn. 10.

[13] *Fromm* DVBl 1994, 187 (194).

[14] Art. 1 I 2 und Abs. 5 der VO 1191/69; ersetzt durch VO (EG) Nr. 1370/2007 v. 23.10.2007; § 4 RegG, der auf die VO verweist, wurde durch Art. 4 des G v. 14.12.2012 (BGBl I S. 2598) geändert.

[15] Im Gegenzug wurden ab 1997 aber die Mittel nach dem GVFG um 3 Mrd. DM gekürzt.

des **HaushaltsbegleitG 2006** erfolgte eine Neufestsetzung der Regionalisierungsmittel ab 2006.[16] Den Ländern sollten danach jährlich sinkende Beträge zur Verfügung stehen: 7053,1 Mio. € für 2006, 6709,9 Mio. € für 2007 und 6609,9 Mio. € ab 2008.[17] Im Dezember 2007 wurde eine weitere Änd. des RegG beschlossen.[18] Es sieht für 2008 Mittel in Höhe von 6675 Mio. € vor (§ 5 I RegG aF). Diese Mittel sollten jährlich um 1,5 % steigen (§ 5 II RegG aF), und haben 2014 7,298 Mrd. € erreicht.[19] Für 2016 ist der Beitrag auf 8 Mrd. € festgesetzt worden, § 5 II RegG. Von 2017 bis 2031 steigen diese Mittel jährlich um 1,8 %, § 5 III RegG. Daneben wurden für die Länder Berl, Brand, MV, Saarl, Sachs, SachsAnh und Thür durch § 5 V RegG insgesamt weitere 200 Mio. € für 2016 zur Verfügung gestellt. Dieser Betrag steigt von 2017–2031 ebenfalls jährlich um 1,8 %, § 5 VI RegG. Schließlich sieht § 5 X RegG vor, dass die „Dynamik des Anstiegs der Infrastrukturentgelte, [insb.] der Stations- und Trassenentgelte im Schienenpersonennahverkehr der bundeseigenen Eisenbahninfrastrukturunternehmen, ... nach Maßgabe des Eisenbahnregulierungsrechts zu begrenzen" ist.

5     Die Regionalisierungsmittel sind jetzt wie folgt auf die einzelnen Länder verteilt worden:[20]

| Land/EUR | 2016 | 2017 | 2018 | 2019 |
|---|---|---|---|---|
| BW | 850 696 000,00 | 881 775 312,00 | 913 706 144,32 | 946 500 791,40 |
| BY | 1 208 720 000,00 | 1 240 974 576,00 | 1 274 006 982,05 | 1 307 818 039,13 |
| BE | 432 632 000,00 | 436 184 496,00 | 439 716 418,50 | 443 242 606,25 |
| BB | 445 496 000,00 | 442 007 456,00 | 438 248 983,71 | 434 211 996,01 |
| HB | 44 960 000,00 | 46 746 560,00 | 48 582 869,12 | 50 470 139,48 |
| HH | 157 360 000,00 | 163 205 760,00 | 169 210 982,72 | 175 379 514,79 |
| HE | 593 032 000,00 | 603 950 896,00 | 615 062 439,30 | 626 386 757,88 |
| MV | 257 144 000,00 | 253 156 240,00 | 248 949 896,58 | 244 501 662,34 |
| NI | 689 088 000,00 | 703 413 568,00 | 718 023 301,34 | 732 939 518,92 |
| NW | 1 286 640 000,00 | 1 336 104 640,00 | 1 386 933 135,68 | 1 439 158 559,30 |
| RP | 419 112 000,00 | 426 566 432,00 | 434 161 721,86 | 441 883 794,80 |
| SL | 104 640 000,00 | 105 546 240,00 | 106 451 201,28 | 107 354 544,18 |
| SN | 557 920 000,00 | 552 814 720,00 | 547 344 883,84 | 541 499 021,61 |
| ST | 389 832 000,00 | 384 062 896,00 | 377 951 508,10 | 371 504 113,67 |
| SH | 251 840 000,00 | 259 467 840,00 | 267 288 686,08 | 275 298 575,22 |
| TH | 310 888 000,00 | 308 022 368,00 | 304 952 845,54 | 301 673 021,02 |
| Land/EUR | 2020 | 2021 | 2022 | 2023 |
| BW | 980 180 004,99 | 1 014 756 257,62 | 1 041 649 677,46 | 1 069 173 415,30 |
| BY | 1 342 442 107,74 | 1 377 888 909,78 | 1 408 424 973,98 | 1 439 622 964,57 |
| BE | 446 744 676,90 | 450 229 211,49 | 456 018 342,59 | 461 870 008,14 |
| BB | 429 887 684,07 | 425 267 012,22 | 426 635 717,42 | 427 906 845,40 |
| HB | 52 409 610,73 | 54 402 550,62 | 55 916 026,07 | 57 466 360,22 |
| HH | 181 715 289,66 | 188 222 329,46 | 193 257 539,16 | 198 413 032,38 |
| HE | 637 910 879,97 | 649 646 921,14 | 661 474 123,11 | 673 516 618,74 |
| MV | 239 821 223,65 | 234 884 324,24 | 234 402 118,22 | 233 835 514,36 |
| NI | 748 160 080,77 | 763 691 110,45 | 778 488 201,88 | 793 570 552,68 |
| NW | 1 492 814 731,84 | 1 547 936 239,21 | 1 590 178 770,20 | 1 633 440 500,96 |

[16] Art. 12 Haushaltsbegleitgesetz 2006 (HBeglG 2006) v. 29.6.2006, BGBl I 1402.

[17] Die Novellierung war eine Umsetzung des Koalitionsvertrages von 2005, der gezielte Einsparungen bei einzelnen Fördertatbeständen und in diesem Rahmen Korrekturen bei den Regionalisierungsmitteln vorsah, vgl. BT-Dr 16/752, S. 29 mit Hinweis auf die Ergebnisse der Koalitionsarbeitsgruppe zur Föderalismusreform.

[18] G v. 12.12.2007, BGBl I 2871.

[19] Bundesministerium der Finanzen, Finanzbericht 2015, S. 139.

[20] Anlage 1 (zu § 5 Absatz 4 und 9) Verteilung der Regionalisierungsmittel auf alle Länder in absoluten Zahlbeträgen für die Jahre 2016 bis einschließlich 2031, BGBl I 2016, 2759–2760.

| Land/EUR | 2020 | 2021 | 2022 | 2023 |
|---|---|---|---|---|
| RP | 449 743 193,97 | 457 742 361,17 | 465 937 204,54 | 474 269 689,65 |
| SL | 108 255 917,24 | 109 154 956,86 | 110 585 516,54 | 112 032 210,15 |
| SN | 535 265 368,60 | 528 631 858,39 | 529 866 673,84 | 530 974 665,92 |
| ST | 364 693 565,02 | 357 517 469,28 | 356 963 280,47 | 356 273 305,20 |
| SH | 283 510 218,83 | 291 954 524,04 | 298 892 528,55 | 305 985 707,96 |
| TH | 298 184 909,83 | 294 464 738,19 | 295 135 114,06 | 295 743 280,98 |
| Land/EUR | 2024 | 2025 | 2026 | 2027 |
| BW | 1 097 350 513,20 | 1 126 204 967,79 | 1 153 877 969,47 | 1 182 192 043,35 |
| BY | 1 471 487 753,14 | 1 504 033 236,25 | 1 536 040 042,68 | 1 568 702 052,83 |
| BE | 467 784 583,71 | 473 753 044,77 | 480 291 616,44 | 486 912 080,70 |
| BB | 429 094 731,26 | 430 177 345,86 | 432 517 771,38 | 434 803 074,76 |
| HB | 59 054 389,61 | 60 680 968,96 | 62 232 222,51 | 63 819 660,55 |
| HH | 203 691 507,92 | 209 095 722,75 | 214 274 683,76 | 219 572 340,36 |
| HE | 685 778 326,61 | 698 253 843,23 | 710 937 161,44 | 723 850 844,85 |
| MV | 233 163 339,23 | 232 391 203,09 | 232 529 341,53 | 232 597 158,20 |
| NI | 808 943 637,94 | 824 603 644,07 | 840 354 939,46 | 856 396 375,37 |
| NW | 1 677 744 436,10 | 1 723 114 078,19 | 1 766 484 776,88 | 1 810 858 531,75 |
| RP | 482 760 407,82 | 491 403 128,47 | 500 200 572,69 | 509 165 244,83 |
| SL | 113 495 155,03 | 114 974 467,49 | 116 585 011,80 | 118 216 283,97 |
| SN | 531 950 868,92 | 532 790 179,43 | 535 265 962,97 | 537 658 250,69 |
| ST | 355 442 834,72 | 354 457 641,41 | 354 832 679,86 | 355 106 375,41 |
| SH | 313 237 400,65 | 320 679 194,92 | 327 904 908,10 | 335 277 112,37 |
| TH | 296 268 490,88 | 296 726 180,85 | 298 089 285,83 | 299 415 057,84 |
| Land/EUR | 2028 | 2029 | 2030 | 2031 |
| BW | 1 211 151 567,42 | 1 240 760 516,01 | 1 271 053 243,35 | 1 293 932 201,73 |
| BY | 1 602 052 128,13 | 1 636 094 546,68 | 1 670 843 427,41 | 1 700 918 609,11 |
| BE | 493 605 357,42 | 500 391 920,73 | 507 262 872,19 | 516 393 603,89 |
| BB | 437 020 603,54 | 439 187 175,30 | 441 290 148,96 | 449 233 371,65 |
| HB | 65 444 083,12 | 67 106 307,34 | 68 807 167,75 | 70 045 696,77 |
| HH | 224 991 287,59 | 230 534 175,49 | 236 203 710,17 | 240 455 376,96 |
| HE | 736 989 167,47 | 750 376 030,16 | 764 006 035,42 | 777 758 144,06 |
| MV | 232 592 076,77 | 232 511 450,93 | 232 352 562,73 | 236 534 908,85 |
| NI | 872 743 027,96 | 889 410 775,77 | 906 385 524,02 | 922 700 463,46 |
| NW | 1 856 257 400,74 | 1 902 703 910,85 | 1 950 221 067,92 | 1 985 325 047,14 |
| RP | 518 290 580,18 | 527 569 369,92 | 537 024 539,67 | 546 690 981,39 |
| SL | 119 868 508,40 | 121 541 910,83 | 123 236 718,35 | 125 454 979,28 |
| SN | 539 963 234,60 | 542 176 996,65 | 544 295 506,05 | 554 092 825,16 |
| ST | 355 265 048,46 | 355 324 467,40 | 355 270 919,56 | 361 665 796,11 |
| SH | 342 848 113,85 | 350 542 689,04 | 358 403 186,15 | 364 854 443,50 |
| TH | 300 682 066,95 | 301 907 766,05 | 303 069 899,61 | 308 525 157,80 |

**6**    Die zusätzlichen Regionalisierungsmittel nach § 5 V RegG in Höhe von 200 Mio. € werden nach folgendem Schlüssel auf die einzelnen Länder verteilt:[21]

| | |
|---|---|
| Berlin | 2,0385 |
| Brandenburg | 17,7717 |
| Mecklenburg-Vorpommern | 16,7221 |
| Saarland | 0,500 |
| Sachsen | 24,6730 |
| Sachsen-Anhalt | 24,4807 |
| Thüringen | 13,8140 |

**7**    Der Bund kann sich einen Teil der Beträge wieder beschaffen, da die Deutsche Bahn AG, die im Alleineigentum des Bundes steht, den neuen Trägern des Nahverkehrs „Trassenpreise" für die Bereitstellung der Infrastruktur (Strecken, Bahnhöfe) in Rechnung stellt, die nur schwer objektivierbar sind. Zudem steht dem Bund die **ausschließliche Gesetzgebungskompetenz** zur Regelung derartiger Entgelte zu, Art. 73 I Nr. 6a. Die urspr. Preisvorstellungen wurden auch rasch als „völlig überzogen" kritisiert.[22] Das Problem Deckelung der **Trassenentgelte,** oder gar deren Rückführung, wird zunehmend ein wichtiges Thema der Verkehrspolitik, das nur ansatzweise in § 5 X RegG angesprochen ist (→ Rn. 4). Immerhin ist die Bundesnetzagentur nun nach § 37 IV ERegG[23] verpflichtet, einen Bericht über die Kostendeckung der Eisenbahninfrastrukturunternehmen des Bundes zu erstellen, um so zumindest eine Überdeckung ermitteln zu können.[24]

## C. Einzelmerkmale

### I. Anspruch (S. 1)

**8**    Die Vorschrift räumt den Ländern einen **Anspruch gegen den Bund** ein. Er dient der Abdeckung der Defizite aus dem Personennahverkehr, für den die Länder nun in vollem Umfang die Aufgaben- und Ausgabenverantwortung tragen. In der Höhe orientiert er sich an der Defizitsituation der Bundesbahn zum Zeitpunkt der Regionalisierung (1.1.1996).[25]

**9**    Die Zahlungen sind aus den Steuereinnahmen des Bundes zu leisten. Sie sind keine Zweckzuweisungen des Bundes, sondern Bestandteil des **vertikalen primären Finanzausgleichs.**[26] Es handelt sich aber **nicht** um einen **echten Ertragsanteil** im Sinne von Art. 106, da diese Regelung nur durch einfaches Gesetz erfolgt ist, sondern um eine **Sonderzuweisung** zum Ausgleich eines **neuen Bedarfs,** der alle Länder trifft, wenn auch unterschiedlich schwer. Dafür spricht auch die in Art. 106a gewählte Formulierung.[27]

**10**    Ungeachtet des bes. Anlasses für die Normgebung müssen die Mittel **nicht** für den **schienengebundenen** Nahverkehr, also auch **nicht** für den **Schienenpersonennahverkehr** iSv § 2 V AEG,[28] ausgegeben werden. Sie dürfen auch für sonstige komm. oder regionale Nahverkehrsmittel verwendet werden.[29] Es muss sich aber um Ausgaben für den **Personennahverkehr** handeln, § 2 S. 1 des RegG umschreibt den Personennahverkehr als die „allgemein zugängliche Beförderung von Personen mit

---

[21] Anlage 2 zu § 5 VII, VIII und IX Verteilung der zusätzlichen Regionalisierungsmittel auf die Länder Berlin, Brandenburg, Mecklenburg-Vorpommern, Saarland, Sachsen, Sachsen-Anhalt und Thüringen, BGBl I 2016, 2761 f., Teil A.

[22] Vgl. die Darstellung bei *Krölls* GewArch 1995, 129 (140), insb. Fn. 86; ähnlich wie hier *Heun,* in: Dreier III, Art. 106a Rn. 3.

[23] Eisenbahnregulierungsgesetz (ERegG) v. 29.8.2016 (BGBl. I 2082); zul. geänd. durch Art. 2 G zur Änd. des Allgemeinen EisenbahnG und weiterer eisenbahnrechtl. Vorschriften v. 29.6.2020 (BGBl I 1531).

[24] *Bundesnetzagentur,* Kostendeckungsbericht SPNV-Entgelte, Bericht gemäß § 37 Eisenbahnregulierungsgesetz über die Kostendeckung der Eisenbahninfrastrukturunternehmen des Bundes durch die Entgelte der Verkehrsdienste nach § 36 Abs. 2 S. 2 Nr. 2 Eisenbahnregulierungsgesetz, Mai 2019; Unterrichtung durch die Bundesregierung: Kostendeckungsbericht SPNV-Entgelte der Bundesnetzagentur gemäß § 37 Absatz 5 des Eisenbahnergänzungsgesetzes [?] mit Stellungnahme der Bundesregierung, BT-Dr 19/13995.

[25] So wohl auch *Heun,* in: Dreier III, Art. 106a Rn. 4: Anspruch auf „vollen Ausgleich des Defizitrisikos" im Zeitpunkt der Regionalisierung.

[26] AA *Waldhoff* DVBl 2013, 677 (685): „zweckgebundene Leistungen des Bundes an die Länder"; wohl auch *Heintzen,* in: v. Münch/Kunig II, Art. 106a Rn. 6: „sowohl aus vertikalen als auch aus dem horizontalen Finanzausgleich herausgelöst"; *Huber* MKS III, Art. 106a Rn. 13.

[27] Beschlussempf. BT-Dr 12/6280, S. 9; *Kiepe* StT 1994, 78 (79); *Häde,* 1996, S. 254; *Huber* MKS III, Art. 106a Rn. 3; iE ähnlich wohl auch *Hidien* DVBl 1997, 595 (596 f.). Eine „Nähe zu den Investitionshilfen" sieht *Henneke,* der aber gleichzeitig auf die deutlichen Unterschiede hinweist, vor allem weil ein Anspruch der Länder begründet worden sei; vgl. *Henneke.* ZG 1999, 1 (7 f.); uneindeutig: *ders.,* in: Schmidt-Bleibtreu/Hofmann/Henneke, Art. 106a Rn. 4: „handelt es sich nicht um Zweckzuweisungen des Bundes", Rn. 8: „begründet (…) aber aufgabenspezifischen vertikalen Zahlungstransfer vom Bund zu den Ländern", Rn. 10: „Damit erweist sich die Bestimmung der Sache nach als eine Art Art. 104d (…)". S. a. *Kesper,* Bundesstaatliche Finanzordnung, 1998, S. 245 f.

[28] Definition in Fn. 4.

[29] *Henneke,* in: Schmidt-Bleibtreu/Hofmann/Henneke, Art. 106a Rn. 4; *Hidien* DVBl 1997, 595 (601); *Huber* MKS III, Art. 106a Rn. 10.

Verkehrsmitteln im Linienverkehr, die überwiegend dazu bestimmt sind, die Verkehrsnachfrage im Stadt-, Vorort- oder Regionalverkehr zu befriedigen".[30] Letztlich können die Mittel von den Ländern recht frei eingesetzt werden, zumindest indem Mittel, die bislang für den öff. Nahverkehr im Landeshaushalt bereitgestellt worden waren, disponibel werden. Nur wenn ein Land insg. weniger für den öff. Nahverkehr ausgibt, als es vom Bund erhält, liegt ein Verfassungsverstoß vor.[31]

## II. Gesetzgebungsauftrag (S. 2)

Der Bund ist verpflichtet, nähere Einzelheiten durch zustimmungsbedürftiges Gesetz zu regeln. Vor **11** allem muss die **Höhe des Ausgleichsbetrages** und seine **Verteilung** auf die Länder festgelegt werden.[32] Das ist mit § 5 I, IV, VII, VIII RegG iVm Anl. 1 bzw. Anl. 2 (→ Rn. 5) geschehen. In § 6 I RegG ist ferner vorgesehen, dass die Mittel insb. zur Finanzierung des Schienenpersonennahverkehrs zu verwenden seien. Diese Anordnung engt die Zweckbestimmung in Art. 106a S. 1, die nur „öffentlichen Personennahverkehr" verlangt, durch den Ausschluss nicht schienengebundener Verkehrsmittel ein. Auch wenn es sich nicht um eine harte Einschränkung handelt („insbesondere"), dürfte damit die Grenze zu einer „näheren Regelung" überschritten sein, zumal wenn ein Anspruch aus S. 1 angenommen wird (→ Rn. 7).

Die Höhe der **Gesamtmittel,** die der Bund zur Verfügung stellen muss, um den durch die **12** Bahnreform erzeugten Finanzbedarf der Länder zu decken, lässt sich Art. 106a nicht entnehmen, doch dürfte der in der ersten Fass. des RegG festgelegte Betrag, der parallel zur Änd. des GG vereinbart worden war, eine Untergrenze bilden.[33] Die **Verteilung** dieses Betrags auf die **einzelnen Länder** („horizontale Verteilung") muss systemgerecht sein, darf den Zielen der Bahnreform nicht zuwiderlaufen und keine falschen Anreize setzen;[34] keine „Luxusversorgung" der eigenen Wählerschaft auf Kosten Dritter. Fraglich ist jedoch, ob die Berücksichtigung eines historisch bedingten **Sonderbedarfs,** zB in den neuen Ländern, wie durch § 5 V RegG, ausgeschlossen ist.[35] Die Regelung läuft zwar grundlegenden Prinzipien des Finanzausgleichs zuwider, ist aber wohl nicht ausgeschlossen, da Art. 106a insg. eine Durchbrechung für ein einz. Sachgebiet darstellt. Bei den Festlegungen des RegG (→ Rn. 4–6) ist jedoch zu beachten, dass es sich um einfachgesetzl. Regelungen handelt, die grds. nicht den **künftigen Haushaltsgesetzgeber** zu binden vermögen. Praktisch werden die zwischen Bund und Länder vereinbarten Beträge wegen des Zustimmungserfordernisses (→ Rn. 11) nicht gegen Willen der Ländermehrheit zur Disposition des Haushaltsgesetzgebers stehen.

## III. Finanzausgleich (S. 3)

Die Zahlungen des Bundes bleiben bei der Bemessung der **Finanzkraft** (→ Art. 107 Rn. 53 ff.) **13** der Länder iRd (sekundären) horiz. Finanzausgleichs nach Art. 107 II außer Ansatz. Die Bestimmung hat nicht nur deklarat. Charakter, da die Zahlungen keine Zweckzuweisungen sind. Es soll eine Verteilung der Mittel unter den Ländern sichergestellt werden, die dem spezif. **örtlichen Bedarf** an Mitteln für den Nahverkehr entspricht.[36] Die Zahlungen vermindern die Finanzkraft des Bundes. So wird zwar die Finanzkraft der Länder erhöht, aber auch ihr Finanzbedarf durch die neue Aufgabenzuweisung. Da die Finanzkraft nach der Rspr. des BVerfG ohne Berücksichtigung eines Sonderbedarfs, wie des Nahverkehrs, zu ermitteln wäre (→ Art. 107 Rn. 28, 60), war die Regelung notwendig, um dieses allseits nicht gewünschte Ergebnis zu verhindern.[37] Der system. richtige Ort für eine solche Regelung wäre aber die Umsatzsteuerverteilung nach Art. 106 III oder der Finanzausgleich nach Art. 107 gewesen.

Mit der Neufass. des RegG 2015 wurden die Länder verpflichtet, bis zum 30.9. des jew. Folgejahres **14** die Verwendung der Mittel nach Maßgabe der Anlage nachzuweisen, § 6 II RegG. Ob diese Anordnung der nur eingeschränkt zuläss. Verwendungskontrolle durch den Bund entspricht, ist nicht sicher.[38] Das BVerfG hatte sie ohne bes. verfassungsrechtl. Grundlage nur bei „konkreten Tatsachen im Einzelfall" zugelassen, die einen Haftungsanspruch nach Art. 104a V 1 Alt. 2 als möglich erscheinen lassen.[39] Das

---

[30] Krit. zum Regionalverkehr als Aufgabe für Kommunen *Fromm* DVBl 1994, 187 (194); Definition des Schienenpersonennahverkehrs.

[31] *Huber* MKS III, Art. 106a Rn. 11; wohl auch *Heun,* in: Dreier III, Art. 106a Rn. 5.

[32] Ausdrücklich zust. *Waldhoff* DVBl 2013, 677 (680) im Hinblick auf die Entstehungsgeschichte; *Pieroth,* in: Jarass/Pieroth, Art. 106a Rn. 1; *Huber* MKS III, Art. 106a Rn. 7; *Heun,* in: Dreier III, Art. 106a Rn. 6.

[33] Vorsichtig ebenso *Waldhoff* DVBl 2013, 677 (686 f.).

[34] Vgl. *Waldhoff* DVBl 2013, 677 (686).

[35] Dafür *Waldhoff* DVBl 2013, 677 (686).

[36] Beschlussempf. BT-Dr 12/6280, S. 9; *Häde,* 1996, S. 255; *Henneke,* in: Schmidt-Bleibteu/Hofmann/Henneke, Art. 106a Rn. 8; zust. *Heun,* in: Dreier III, Art. 106a Rn. 7; probl. auch *Huber* MKS III, Art. 106a Rn. 14, der darin eine Regelung sieht, durch die sichergestellt werden soll, dass die Mittel tatsächlich dem ÖPNV zugutekommen.

[37] Anders aber wohl *Heinze* BayVBl 1994, 269.

[38] *Heintzen,* in: v. Münch/Kunig II, Art. 106a Rn. 3: Verwendungskontrolle durch den Bund muss hinter Art. 104b zurückbleiben; weniger deutlich *Heun,* in: Dreier III, Art. 104b Rn. 5.

[39] BVerfGE 127, 165 (191, 204).

war auch einer der Gründe für die Einfügung von Art. 91e II in das GG und die Neufassung von Art. 104b (→ Art. 104b Rn. 57 f.).

## D. Bewertung

15   Das **Grundanliegen** der Reform ist prinz. **positiv** zu werten, da damit die richtigen Anreizstrukturen geschaffen werden. Nunmehr macht es keinen Sinn mehr, möglichst umfangreiche, aber zT wenig nachgefragte Leistungen durchzusetzen, da sie nicht mehr von dritter Seite bezahlt werden. Kosten und Nutzen müssen nun in einer Weise zum Ausgleich gebracht werden, die zur Offenlegung von Präferenzen zwingt.[40] Die Festlegung der **Entgelte** für die Benutzung von Trassen und Verkehrseinrichtungen (Haltepunkten, Bahnhöfen) wird aber zunehmend ein Problem für den Wettbewerb, das noch nicht befriedigend gelöst ist. Vor allem wird das verbal von Seiten der Politik fast einhellig propagierte Ziel der **Verkehrsverlagerung** auf die **Schiene** zunehmend verfehlt, vor allem im Güterverkehr, aber auch im Personenfernverkehr; nicht zuletzt durch polit. Entscheidungen, wie die Zulassung von Fernbusverkehr durch private Anbieter. Fraglich ist jedoch, ob eine derartige Regelung im GG erfolgen sollte.[41]

## Art. 106b [Länderanteil an der Kraftfahrzeugsteuer]

**Den Ländern steht ab dem 1. Juli 2009 infolge der Übertragung der Kraftfahrzeugsteuer auf den Bund ein Betrag aus dem Steueraufkommen des Bundes zu. Das Nähere regelt ein Bundesgesetz, das der Zustimmung des Bundesrates bedarf.**

**Entstehungsgeschichte: Erstfassung:** G zur Änd. des GG (Art. 106, 106b, 107, 108) v. 19.3.2009 (BGBl I 606) (dazu: BT-Dr 16/11741 [Entw.]; BT-Dr 16/11900 [Beschlussempf. FinA.]; BT-Dr 16/11901 [Bericht HaushaltsA.]; 16/11931 [Bericht FinA.]; BT-Prot 16/203, 21959; 206, 22267; BR-Dr 118/09, 118/1/09 [Empf. Ausschüsse]; BR-Prot 855, 41; 856, 61).
**Gesetzgebung:** KraftStKompG.

**Schrifttum:** *P. Selmer,* Die Föderalismusreform II – Ein verfassungsrechtliches monstrum similie, NVwZ 2009, 1255.

## A. Allgemeines

### I. Entstehung und Einordnung

1   IRd **Übertragung** der Ertrags- und Verwaltungskomp. für die Kfz-Steuer von den Ländern **auf den Bund** wurde Art. 106b durch die GG-Änderung vom 19.3.2009 eingefügt.[1] Die Übertragung erfolgte durch die Änd. von Art. 106 I Nr. 3, II und Art. 108 I. Um den angestrebten fiskal. Effekt auch unter Berücks. der Mechanismen des Finanzausgleichs erzielen zu können, musste auch noch Art. 107 I 4 angepasst werden. Mit der verfassungskräftigen Zuwendung eines Festbetrages aus dem Steueraufkommen des Bundes sollten die Länder für den Wegfall der Einnahmen aus der Kfz-Steuer ab dem 1.7.2009 entschädigt werden.[2] Die Festlegung des genauen Betrages ist aber dem einfachen Gesetzgeber überlassen worden.

2   Diese Übertragung war schon länger geplant; mit ihr sollte dem Bund ermöglicht werden, die Kfz-Steuer nach seinen Vorstellungen frei von der Einholung der bislang wegen Art. 105 III erforderlichen Zustimmung des BR gestalten zu können.[3] Durch die Zusammenführung aller Kompetenzen auf dem Gebiet der „Mobilitätsbesteuerung" sollte die Entwicklung eines „in sich geschlossenen, in seinen einzelnen Elementen abgestimmten Konzepts zur Verkehrsbesteuerung" erleichtert werden. Die Kompetenzübertragung sollte zugleich mit der Umstellung der Bemessungsgrundlage der Kfz-Steuer auf den $CO_2$-Ausstoß[4] erfolgen.[5]

### II. Anspruch der Länder (S. 1)

3   Durch Art. 106b S. 1 wird den Ländern ab dem 1.7.2009 ein verfassungsrechtlich fundierter Anspruch auf Leistung eines jährl. Festbetrags aus dem Steueraufkommen des Bundes eingeräumt. Dieser Betrag ist jährl. zu leisten, auch wenn der Wortlaut der Vorschrift das nicht klar zum Ausdruck

---

[40] Vgl. auch *Fromm,* in: Blümel, Verkehrswegerecht im Wandel, 1994, S. 69; jetzt zust. *Heintzen,* in: v. Münch/Kunig II, Art. 106a Rn. 1.
[41] Für Streichung *Kempny/Reimer* NJW Beilage 2014, 39.
[1] G v. 19.3.2009, BGBl I 606.
[2] BT-Dr 16/11741, S. 4.
[3] BT-Dr 16/11741, S. 4.
[4] Krit. zur Einordnung der neuen Kfz-Steuer als Klimaschutzsteuer *Gawel* ZUR 2010, 3 (6–8).
[5] BT-Dr 16/11741, S. 1.

bringt. Die Gesetzgebungsmat. und das mit der Regelung verfolgte Ziel erfordern eine solche Auslegung.[6] Im Gegensatz zur Kompensationsregelung des Art. 106a (→ Art. 106a Rn. 10) sind die Leistungen des Bundes nicht zweckgebunden und können von den Ländern frei verwendet werden.[7] Die Garantie ist auch nicht befristet.[8]

Der zu leistende Festbetrag ist allerdings im GG nicht betragsmäßig festgelegt. Aus der Gesetzes- **4** begründung[9] ergab sich jedoch, dass für 2009 4,445 Mrd. € und für 2010 bis 2014 jeweils 8,89 Mrd. € vorgesehen werden sollten. In anderem Zusammenhang (Art. 143d II) hatte sich der verfassungsändernde Gesetzgeber allerdings nicht gescheut, konkrete Beträge auch tatsächlich in die Verfassung zu schreiben. Es ist daher nicht sicher, ob aus dieser bemerkenswerten Verbindung von Verfassung, Gesetzesbegründung und AusführungsG tatsächlich eine **verfassungsrechtliche Verpflichtung** des Bundes konstruiert werden kann, sich bei der Festlegung des Kompensationsbetrages an den Zahlen zu orientieren, die in der Begründung genannt sind.[10] Immerhin kann die Nennung der Motivation des Gesetzgebers („infolge der Übertragung der Kraftfahrzeugsteuer") als Anhaltspunkt dafür gewertet werden, dass das bisherige Aufkommen der Steuer der auszugleichende Betrag sein soll. Zu bezweifeln ist jedoch, dass die ebenfalls erwogene dynamische Ausgestaltung der Kompensation,[11] also Orientierung am jeweiligen Aufkommen der Steuer, dem einfachen Gesetzgeber offensteht.

Die Zahlungen sind aus den Steuereinnahmen des Bundes zu leisten. Sie sind aber keine Zweck- **5** zuweisungen des Bundes, sondern Bestandteil des **vertikalen primären Finanzausgleichs**.[12] Art. 106b weist – anders als Art. 106a – Anteile an einer bestimmten Einnahmequelle den Ländern zu (→ Art. 106a Rn. 9). Da der zu zahlende Betrag aber „vollumfänglich in den horizontalen Finanzausgleich einzubeziehen" sein sollte,[13] musste auch eine entspr. Anpassung in Art. 107 I 4 vorgenommen werden. So wird erreicht, dass der Betrag bei der Verteilung der Ergänzungsanteile an der Umsatzsteuer berücksichtigt wird.[14] Die Zahlungen erhöhen auch die Finanzkraft iRv Art. 107 II, da keine Regelung wie in Art. 106a S. 3 getroffen worden ist und der verfassungsänd. Gesetzgeber gezielt den weiten Finanzkraftbegriff des BVerfG zugrunde gelegt hat.[15] Diese Ausgestaltung ist deshalb adäquat, weil die Leistungen des Bundes den Ländern zur freien Verfügung stehen (→ Rn. 3). Die einfachgesetzliche Anordnung in § 7 I 1 Nr. 4 FAG ist dagegen nicht maßgebend.

### III. Nähere Regelung durch Gesetz (S. 2)

Der jährlich zu zahlende Betrag soll ebenso wie alle anderen Einzelheiten durch ein Bundesgesetz **6** geregelt werden, das der Zustimmung des BR bedarf, Art. 106b S. 2. Aus Funktion und Entstehungsgeschichte der Vorschrift ist zu entnehmen, dass der Bund **verpflichtet** ist, ein derartiges Gesetz zu erlassen. Andernfalls könnte der Anspruch auf Ausgleichszahlungen (→ Rn. 3) nur schwer verwirklicht werden. In dem Gesetz muss auch die „länderscharfe" Aufteilung der Zahlungen erfolgen.[16] In Ausführung dieses Gesetzgebungsauftrags hat der Bund das „Gesetz zur Regelung der finanziellen Kompensation zugunsten der Länder infolge der Übertragung der Ertragshoheit der Kraftfahrzeugsteuer auf den Bund – KraftStKompG –„ erlassen.[17] Nach § 1 dieses Gesetzes steht den Ländern aus den Mitteln des Bundes ein Betrag von rd. 8,99 Mrd. € ohne zeitliche Begrenzung zu. Er weicht damit nur unwesentlich von dem in der Gesetzesbegründung veranschlagten Betrag ab (→ Rn. 4). In § 2 KraftStKompG ist die Aufteilung der Kompensationszahlungen erfolgt. Der Gesetzgeber hat also die Vorgaben aus der Entwurfsbegründung übernommen, aber erst nach einem Vermittlungsverfahren.[18] Die sich danach ergebenden Beträge werden in vierteljährlichen Raten gezahlt, § 3 KraftStKompG.[19]

Von dem in § 1 KraftStKompG genannten Betrag steht den einzelnen Ländern folgender Anteil zu **7** (in Prozent):

---

[6] BT-Dr 16/11741, S. 4.

[7] *Kube,* in: Epping/Hillgruber, Art. 106b Rn. 2; *Heun,* in: Dreier Suppl. 2010, Art. 106b Rn. 4; *ders.* in: Dreier III, Art. 106b Rn. 4; *Pieroth,* in: Jarass/Pieroth, Art. 106b Rn. 1.

[8] *Kube,* in: Epping/Hillgruber, Art. 106b Rn. 2.

[9] BT-Dr 16/11741, S. 2.

[10] So aber *Heun,* in: Dreier Suppl. 2010, *ders.* in: Dreier III, Art. 106b Rn. 4; für eine Orientierung am bisherigen Aufkommen aus der Kfz-Steuer auch *Huber* MKS III, Art. 106b Rn. 2.

[11] *F. Kirchhof,* in: Durner/Peine (Hrsg.), Reform an Haupt und Gliedern, 2009, S. 43 (61).

[12] Zustimmend *Huber* MKS III, Art. 106b Rn. 3.

[13] BT-Dr 16/11741, S. 4.

[14] BT-Dr 16/11741, S. 4.

[15] *Huber* MKS III, Art. 106b Rn. 6.

[16] BT-Dr 16/11741, S. 4.

[17] Art. 1 des Gesetzes zur Neuregelung der Kraftfahrzeugsteuer und Änderung anderer Gesetze v. 29.5.2009, BGBl I 1170.

[18] BT-Dr 16/11742, 16/12122.

[19] *Huber* MKS III, Art. 106b Rn. 7, sieht eine verfassungsrechtliche Verpflichtung, den Kompensationsbetrag jährlich zu leisten, auch wenn sich das nicht aus dem Wortlaut der Vorschrift ergibt.

| | |
|---|---|
| Baden-Württemberg | 14,51618 |
| Bayern | 17,22275 |
| Berlin | 2,35275 |
| Brandenburg | 2,98641 |
| Bremen | 0,61711 |
| Hamburg | 1,80560 |
| Hessen | 7,68565 |
| Mecklenburg-Vorpommern | 1,81271 |
| Niedersachsen | 9,96509 |
| Nordrhein-Westfalen | 21,16979 |
| Rheinland-Pfalz | 5,37339 |
| Saarland | 1,32661 |
| Sachsen | 4,47004 |
| Sachsen-Anhalt | 2,58331 |
| Schleswig-Holstein | 3,54935 |
| Thüringen | 2,5632 |

## B. Kritische Würdigung

8    Art. 106b GG ist angesichts der Funktion der Verfassung als rechtlicher Grundordnung des Staates nicht unproblematisch. Die Vorschrift stattet eine Detailregelung mit Verfassungskraft aus, die ebenso in einem einfachen Gesetz hätte geregelt werden können,[20] zumal die Festlegung des schließlich zu leistenden Festbetrags doch dem einfachen Gesetzgeber überlassen worden ist. Die Vorschrift gehört zu den immer zahlreicheren Regelungen im GG, mit denen „kleinteilige finanzielle Kompromisse" zwischen Bund und Ländern abgesichert werden sollen, um eine Reform von Kompetenzverteilungen zu ermöglichen.[21] Auch wäre eine Regelung unmittelbar im Zusammenhang mit der Umsatzsteuerverteilung nach Art. 107 III systematisch stimmiger gewesen.[22] Zudem ist die Regelung – wie zuvor schon Art. 106a – von einem Misstrauen geprägt, das in einem bündischen System fehl am Platze ist. Schließlich hat das tatsächliche Kfz-Steueraufkommen von 2009 bis 2015 gezeigt, dass es sich bei der Festbetragslösung bisher um eine Überkompensation gehandelt hat.[23] Daher ist die Verwendung des Begriffs der „Kompensation" auf einfachgesetzlicher Ebene (KraftStKompG) wenig treffend.

## Art. 107 [Finanzausgleich]

(1) **Das Aufkommen der Landessteuern und der Länderanteil am Aufkommen der Einkommensteuer und der Körperschaftsteuer stehen den einzelnen Ländern insoweit zu, als die Steuern von den Finanzbehörden in ihrem Gebiet vereinnahmt werden (örtliches Aufkommen). Durch Bundesgesetz, das der Zustimmung des Bundesrates bedarf, sind für die Körperschaftsteuer und die Lohnsteuer nähere Bestimmungen über die Abgrenzung sowie über Art und Umfang der Zerlegung des örtlichen Aufkommens zu treffen. Das Gesetz kann auch Bestimmungen über die Abgrenzung und Zerlegung des örtlichen Aufkommens anderer Steuern treffen. Der Länderanteil am Aufkommen der Umsatzsteuer steht den einzelnen Ländern, vorbehaltlich der Regelungen nach Absatz 2, nach Maßgabe ihrer Einwohnerzahl zu.**

(2) **Durch Bundesgesetz, das der Zustimmung des Bundesrates bedarf, ist sicherzustellen, dass die unterschiedliche Finanzkraft der Länder angemessen ausgeglichen wird; hierbei sind die Finanzkraft und der Finanzbedarf der Gemeinden (Gemeindeverbände) zu berücksichtigen. Zu diesem Zweck sind in dem Gesetz Zuschläge zu und Abschläge von der jeweiligen Finanzkraft bei der Verteilung der Länderanteile am Aufkommen der Umsatzsteuer zu regeln. Die Voraussetzungen für die Gewährung von Zuschlägen sowie für die Erhebung von Abschlägen sowie die Maßstäbe für die Höhe dieser Zuschläge und Abschläge sind in dem Gesetz zu bestimmen. Für Zwecke der Bemessung der Finanzkraft kann die bergrechtliche Förderabgabe mit nur einem Teil ihres Aufkommens berücksichtigt werden. Das Gesetz kann auch bestimmen, dass der Bund aus seinen Mitteln leistungsschwachen Ländern Zuweisungen zur ergänzenden Deckung ihres allgemeinen Finanzbedarfs (Ergän-**

---

[20] So auch *Kube*, in: Epping/Hillgruber GG, Art. 106b Rn. 3; *Selmer* NVwZ 2009, 1255 (1260); für Streichung *Kempny/Reimer* NJW Beilage 2014, 39.

[21] *Heun*, in: Dreier Suppl. 2010, Art. 106b Rn. 3, der sie als deplatziert in einer Verfassung ansieht; *ders.* in: Dreier III, Art. 106b Rn. 3; krit. auch *Huber* MKS III, Art. 106b Rn. 3.

[22] Ähnlich *Huber* MKS III, Art. 106b Rn. 3.

[23] Finanzbericht 2017, S. 298 f., in dem die Kfz-Steuer stets als negativer Betrag ausgewiesen wurde, der sich schrittweise verringert hat; von −768 Mio. € im Jahre 2009 auf −187 Mio. € (Ist) im Jahre 2015 −192 Mio. € im Jahre 2016 (Soll).

**zungszuweisungen) gewährt. Zuweisungen können unabhängig von den Maßstäben nach Satz 1 bis 3 auch solchen leistungsschwachen Ländern gewährt werden, deren Gemeinden (Gemeindeverbände) eine besonders geringe Steuerkraft aufweisen (Gemeindesteuerkraftzuweisungen), sowie außerdem solchen leistungsschwachen Ländern, deren Anteile an den Fördermitteln nach Artikel 91b ihre Einwohneranteile unterschreiten.**

**Entstehungsgeschichte: Erstfassung:** JöR nF 1 (1951), 762. – **Änderungen:** G zur Änd. des GG v. 20.4.1953 (BGBl I 130), Art. 1 (dazu: BT-Dr I/3769 [Entwurf], BT-Prot I/10848, 11651, 11 807; BR-Dr 386/52, 497/52, 47/53; BR-Prot 52/453, 615, 53/36, 98 f.); G zur Änd. des GG v. 25.12.1954 [2. G zur Änd. des Art. 107 des GG] (BGBl I 517), Art. 1 (dazu: BT-Dr II/1078 [Entw.], BT-Prot II/3165; BR-Dr 434/54; BR-Prot 54/400); G zur Änd. des GG v. 23.12.1955 (BGBl I 817), § 1 (dazu: s. Art. 106); 21. G zur Änd. des GG v. 12.5.1969 (BGBl I 359), Art. I Nr. 5 (dazu: s. Art. 106); G zur Änd. des GG v. 28.8.2006 (BGBl I 2034), Art. 1 Nr. 19 (dazu: BT-Dr 16/813 [Entw.], 16/2010 [Beschlussempf. RechtsA], 16/2069 [Bericht RechtsA]; BT-Prot 16/1749, 4233, 4295; BR-Dr 178/06, 180/06, 462/06; BR-Prot 06/39, 62, 203, 222); G zur Änd. des GG (Art. 106, 106b, 107, 108) v. 19.3.2009 (BGBl I 606), Art. 1 (dazu: BT-Dr 16/11741 [Entw.]; BT-Dr 16/11900 [Beschlussempf. FinA.]; BT-Dr 16/11901 [Bericht HaushaltsA.]; 16/11931 [Bericht FinA.]; BT-Prot 16/203, 21959; 206, 22267; BR-Dr 118/09; BR-Dr 118/09, 118/1/09 [Empf. Ausschüsse]; BR-Prot 09/855, 41; 856, 61); weitere Einzelheiten s. Entstehungsgeschichte vor Art. 104a und bei Art. 104a; G zur Änd. des GG (Art. 90, 91c, 104b, 104c, 107, 108, 109a, 114, 125c, 143d, 143e, 143f, 143g) v. 13.7.2017 (BGBl I 2347), Art. 1 (dazu: BT-Dr 18/11131, 18/12588).

**Historische Verfassungstexte: GG 1949:** Die endgültige Verteilung der der konkurrierenden Gesetzgebung unterliegenden Steuern auf Bund und Länder soll spätestens bis zum 31.12.1952 erfolgen, und zwar durch Bundesgesetz, das der Zustimmung des Bundesrates bedarf. Dies gilt nicht für die einzelnen die Steuern mit örtlich bedingtem Wirkungskreis. Hierbei ist jedem Teil ein gesetzlicher Anspruch auf bestimmte Steuern oder Steueranteile entsprechend seinen Aufgaben einzuräumen – **GG 2016:** (1) Das Aufkommen der Landessteuern und der Länderanteil am Aufkommen der Einkommensteuer und der Körperschaftsteuer stehen den einzelnen Ländern insoweit zu, als die Steuern von den Finanzbehörden in ihrem Gebiet vereinnahmt werden (örtliches Aufkommen). Durch Bundesgesetz, das der Zustimmung des Bundesrates bedarf, sind für die Körperschaftsteuer und die Lohnsteuer nähere Bestimmungen über die Abgrenzung sowie über Art und Umfang der Zerlegung des örtlichen Aufkommens zu treffen. Das Gesetz kann auch Bestimmungen über die Abgrenzung und Zerlegung des örtlichen Aufkommens anderer Steuern treffen. Der Länderanteil am Aufkommen der Umsatzsteuer steht den einzelnen Ländern nach Maßgabe ihrer Einwohnerzahl zu; für einen Teil, höchstens jedoch für ein Viertel dieses Länderanteils, können durch Bundesgesetz, das der Zustimmung des Bundesrates bedarf, Ergänzungsanteile für die Länder vorgesehen werden, deren Einnahmen aus den Landessteuern, aus der Einkommensteuer und der Körperschaftsteuer und nach Artikel 106b je Einwohner unter dem Durchschnitt der Länder liegen; bei der Grunderwerbsteuer ist die Steuerkraft einzubeziehen. (2) Durch das Gesetz ist sicherzustellen, daß die unterschiedliche Finanzkraft der Länder angemessen ausgeglichen wird; hierbei sind die Finanzkraft und der Finanzbedarf der Gemeinden (Gemeindeverbände) zu berücksichtigen. Die Voraussetzungen für die Ausgleichsansprüche der ausgleichsberechtigten Länder und für die Ausgleichsverbindlichkeiten der ausgleichspflichtigen Länder sowie die Maßstäbe für die Höhe der Ausgleichsleistungen sind in dem Gesetz zu bestimmen. Es kann auch bestimmen, daß der Bund aus seinen Mitteln leistungsschwachen Ländern Zuweisungen zur ergänzenden Deckung ihres allgemeinen Finanzbedarfs (Ergänzungszuweisungen) gewährt.

**Gesetzgebung:** MaßstG; FAG; HGrG; StabiRatG; ZerlG; DEFG.

**Leitentscheidungen:** BVerfGE 1, 117 (Länderfinanzausgleich I); BVerfGE 72, 330 (Länderfinanzausgleich II); BVerfGE 86, 148 (Länderfinanzausgleich III); BVerfGE 101, 158 (Länderfinanzausgleich IV); BVerfGE 116, 327 (Länderfinanzausgleich V – extreme Haushaltsnotlage Berlin).

**Schrifttum:** *H. Bauer*, Entwicklungstendenzen und Perspektiven des Föderalismus in der Bundesrepublik Deutschland ..., DÖV 2002, 837; *F. Ekardt / D. Buscher*, Anspruch auf Sanierungshilfe für arme Bundesländer?, DÖV 2007, 89; *D. Carl*, Bund-Länder-Finanzausgleich im Verfassungsstaat, 1995; *W. Förster / E. Kronert*, Die Neuregelung des bundesstaatlichen Finanzausgleichs ..., ZG 2017, 228–246; *U. Häde*, Finanzausgleich, 1996; *A. Hensel*, Der Finanzausgleich im Bundesstaat in seiner staatsrechtlichen Bedeutung, 1922; *W. Heun*, Strukturprobleme des Finanzausgleichs, Staat 31 (1992), 205; *J. H. Hidien*, Die horizontale Steuerverteilung gem. Art. 107 Abs. 1 des Grundgesetzes, 1997; *ders.*, Ergänzungszuweisungen des Bundes gem. Art. 107 Abs. 2 Satz 3 des Grundgesetzes, 1977; *ders.*, Handbuch Länderfinanzausgleich, 1999; *ders.*, Der bundesstaatliche Finanzausgleich in Deutschland, 1999; *P. M. Huber*, Der ungeliebte Bundesstaat, NVwZ 2019, 665–662; *I. Kesper*, Bundesstaatliche Finanzordnung, 1998; *K. A. Konrad / B. Jochimsen*, Finanzkrise im Bundesstaat, 2006; *S. Korioth*, Der Finanzausgleich zwischen Bund und Ländern, 1997; *T. Lenk*, Aspekte des Länderfinanzausgleichs, 2001; *T. Lenk / P. Glinka*, Nach der Reform: Die Steuerzuordnung und Steuerzerlegung im horizontalen Verhältnis der Länder ..., JböffFin 2017, 385–399; *M. Maier*, Die Stellung Berlins im föderalen Finanzausgleich, 2017; *E. Mehlhaf*, Kommunen im Finanzausgleich des Grundgesetzes, 2017; *ders.*, Berücksichtigungsgebot des Art. 107 Abs. 2 Satz 1 GG alter und neuer Fassung, DÖV 2018, 647; *S. Oeter*, Integration und Subsidiarität im deutschen Bundesstaatsrecht, 1998; *H. Pagenkopf*, Der Finanzausgleich im Bundesstaat, 1981; *J. Popitz*, Der künftige Finanzausgleich zwischen Reich, Ländern und Gemeinden, 1931; *W. Renzsch*, Finanzverfassung und Finanzausgleich, 1991; *S. Rixen*, Ist das Gute-Kita-Gesetz verfassungswidrig?, NVwZ 2019, 432–438; *R. P. Schenke*, Aufgabengerechte Finanzverteilung, NJW 2014, 2542; *J.-P. Schneider*, Bundesstaatliche Finanzbeziehungen im Wandel, Staat 40 (2001), 272; *P. Selmer*, Das Bundesstaatsprinzip – ein regulärer Rettungsanker für alle Länder in extremer Haushaltsnot?, NordÖR 2006, 221; *P. Wendisch / M. Fonger*, Reform des föderalen Finanzsystems in Deutschland, 2006; *J. Wieland*, Finanzverfassung, Steuerstaat und föderaler Ausgleich, FS 50 Jahre Bundesverfassungsgericht, 2001, S. 771; *ders.*, Deutschlands Finanzverfassung vor neuen Herausforderungen, FS Selmer, 2004, S. 973.

**Übersicht**

## A. Allgemeine Bedeutung und Wirksamkeit

**1**    Art. 107 ist „Teil eines mehrstufigen Systems zur Verteilung des Finanzaufkommens im Bundesstaat".[1] Die Vorschrift ist eng mit Art. 106 verknüpft (→ vor Art. 104a Rn. 51 f.)[2] und hat im Wesentlichen zwei nur lose miteinander verbundene **Aufgaben** zu erfüllen: (1) das Aufkommen aus den Steuerquellen, die Art. 106 den Ländern zuweist, auf die **einzelnen Länder** zu verteilen und (2) anschließend sich danach ergebende Unterschiede ihrer finanziellen Leistungsfähigkeit **auszugleichen.** Die Erfüllung **beider** Aufgaben ist Teil des horizontalen Finanzausgleichs,[3] soweit nicht der Bund ergänzende Leistungen erbringt (Art. 107 II 5, 6). Diese sind Teil des vertikalen Finanzausgleichs. Die erste Aufgabe wird durch die Regelung in Abs. 1 erfüllt. Sie nimmt die **(primäre) Verteilung des Steuerertrags** auf die einzelnen Länder vor. Die zweite Aufgabe wurde durch die Regelung in Abs. 2 erfüllt, die Hauptbestandteil des **sekundären Finanzaus-**

---

[1] BVerfGE 72, 330 (383).
[2] So auch zuletzt BVerfGE 116, 327 (378 f.).
[3] BVerfGE 86, 148 (214); → vor Art. 104a Rn. 52, 56 f.

**gleichs**[4] war.[5] Ob das für die grundlegend neu gestaltete Bestimmung des Anteils jedes einzelnen Landes am Aufkommen der Umsatzsteuer nach Finanzkrafts- und Bedarfsgesichtspunkt (Art. 107 II 2–4 nF) noch zutrifft, ist nicht sicher (→ Rn. 36).

Die getroff. Regelung hat zwangsläufig **Kompromisscharakter**,[6] da sie zwei widerstreitende Ziele **2** zugleich verwirklichen muss: **Angleichung** der unterschiedl. Finanz- und Wirtschaftskraft der Länder einerseits und **Stärkung** ihrer **Eigenstaatlichkeit** und finanz. Selbstständigkeit andererseits.[7] Die Neuregelung hat das wohl nicht geschafft, vor allem wenn man sie im Kontext mit den zahlreichen anderen Neuregelungen im Bereich des bundesstaatl. Finanzausgleichs betrachtet. Insg. werden diese leichthändig vorgenommenen Verfassungsänderungen der letzten Jahre „zunehmend prekär" für die Staatlichkeit der Länder[8] und berühren damit Art. 79 III. Immerhin hat der einfache Gesetzgeber das Problem angesprochen und die „Eigenstaatlichkeit der Länder" als zu berücksichtigenden Gesichtspunkt für den angemes. Ausgleich iRd (alten) Finanzausgleichs (§ 6 S. 2 MaßstG aF) und der horiz. Umsatzsteuerverteilung (§ 6 II 2 MaßstG nF) ausdrücklich benannt.

Ob diese verfassungsrechtlichen Vorgaben in irgendeiner Form den Wettbewerbsföderalismus **3** (→ vor Art. 104a Rn. 42) gebieten oder verbieten, ist umstr., aber ohne wesentl. prakt. Bedeutung.[9] In jedem Fall sind die getroff. Regelungen **zwingendes Recht** und strikt zu beachten. **Vertragliche Abmachungen** über den Finanzausgleich sind **unzulässig**.[10] Die horiz. und vertik. Aspekte des (sekundären) bundesstaatl. Finanzausgleichs in Art. 107 **abschließend** geregelt.

Die Regelung des allg. horiz. Finanzausgleichs in Art. 107 II ist **abschließend** und **erschöpfend**.[11] **4** Je nach Ausgestaltung mag man verfassungsrechtlich erlaubte Durchbrechungen bei der Durchführung der Gemeinschaftsaufgaben iwS sehen (→ Art. 91a Rn. 34, → Art. 91b Rn. 33, → Art. 91c Rn. 20, → Art. 91e Rn. 21, → Art. 104b Rn. 35). Dennoch sind sowohl die verfassungsrechtl. Grundlagen als auch die in den AusführungsG enthaltenen mat. Gehalte tatsächlich von den Spitzen der beteiligten Staaten ausgehandelt und vertragsmäßig fixiert worden. Die Gesetzesbegründungen nehmen völlig unbefangen und ohne Problembewusstsein auf diese Abmachungen Bezug.[12] In der gegenwärtigen föderalen Praxis stellt sich die Bestimmung weitgehend als Prototyp **paktierter Verfassunggebung** dar.

Ziel dieser Stufe des Finanzausgleichs ist nicht „die finanzielle Gleichheit der Länder".[13] Bisher **5** bestand die Gefahr der „Übernivellierung,[14] die durch die Neuregelung von 2017 wohl reduziert worden ist.

---

[4] Diese Begrifflichkeit bereits bei *Hensel,* Der Finanzausgleich im Bundesstaat in seiner staatsrechtlichen Bedeutung, 1922, S. 14, allerdings bezogen auf die Verteilung der Staatsaufgaben, die aber in der Finanzwiss. auch zum (passiven) Finanzausgleich gerechnet wurden, vgl. dazu die Nachw. bei *Stern,* StaatsR II, S. 1128, Fn. 4. Diese Begrifflichkeit ist allen and. Klassifizierungsversuchen vorzuziehen, zumal sie sich schon lange, bevor sich die Staatsrechtslehre dafür näher zu interessieren begann, in der Finanzwiss. eingebürgert hatte; zT krit. *Tappe* DVBl 2013, 1079 (1082, 1084); *Kempny/Reimer,* 70. DJT 2014, Gutachten D S. 93; *Seiler,* in: Maunz/Dürig, Art. 107 (2018) Rn. 44.

[5] Grundlegend *Stern,* StaatsR II, S. 1149 f., 1161 f.

[6] Das gilt vor allem auch für die Neuregelung, vgl. *Huber* NVWZ 2019, 665 (669).

[7] Sinngemäß ebenso BVerfGE 72, 330 (385 f., 398); 86, 148 (215); 101, 158 (221); 116, 327 (380); *J.-P. Schneider* AK GG, Art. 107 (2001) Rn. 4; *Selmer* JuS 1995, 978 (979 f.); *Osterloh* verteidigt ausdr. die („vage") Linie des BVerfG, die aus „ökonomischer Sicht ... unbefriedigend" sein möge (EuGRZ 2002, 309 [313]). Dabei berücksichtigt sie aber nicht hinreichend, dass von der Kritik nicht so sehr ein Zusammenhang zwischen autonomer Landespolitik und Finanzkraft postuliert wird, sondern primär die Berücksichtigung des Finanzbedarfs als probl. angesehen wird. Finanzbedarf kann durchaus autonom erzeugt werden und ist dann im Wege des Finanzausgleichs von Dritten, nicht die Vorteile der Ausgaben genießen, zu finanzieren.

[8] *Huber* NVwZ 2019, 665 (671).

[9] Vgl. dazu *Calliess* DÖV 1997, 889 (891 ff.); *Kesper,* Bundesstaatliche Finanzordnung, 1998, S. 132 ff.; *Bull* DÖV 1999, 269 (269 ff.), m. Nachw. in Fn. 6; *Hidien,* Der bundesstaatliche Finanzausgleich in Deutschland, 1999, S. 792; *Schatz/van Ooyen/Werthes,* Wettbewerbsföderalismus ..., 2000; *R. P. Schenke* NJW 2014, 2542 (2543); *J.-P. Schneider* AK GG, Art. 107 (2001) Rn. 18; *ders.* Staat 40 (2001), 272 (284 ff.); *H. Bauer* DÖV 2002, 837 (837 ff.); *Kruis* DÖV 2003, 10 (13); *Haug* DÖV 2004, 190 (195 f.); *Hillgruber* JZ 2004, 837 (842); *P. Kirchhof,* FS Badura, 2004, S. 237 (241 f.); *Huber,* 65. DJT 2004, Gutachten D, S. 44 f.; *Kirchgässner,* FS v. Arnim, 2004, S. 375 (376 f., 384 f.); *Selmer* NordÖR 2006, 221 (222); *Hellermann,* in: Dannemann/Luft (Hrsg.), Die Zukunft der Stadtstaaten, 2006, S. 174 (174 ff.); keine Stellungnahme in BVerfGE 101, 158 (158 ff.), obwohl iR dieses Verfahrens ausf. dazu Postulate aufgestellt worden waren.

[10] BVerfGE 32, 145 (156); 39, 96 (109); 55, 274 (301); 105, 185 (194); allg. *Selmer* AöR 101 (1976), 238 (240 f.); → vor Art. 104a Rn. 27, 43; aA *Voss* BayVBl 1986, 326 (329).

[11] *Stern,* StaatsR II, S. 1173 mwN; ähnlich auch *Huber* MKS III, Art. 107 Rn. 90; *Selmer* NordÖR 2006, 221 (222). Auch zweckungebundene Finanztransfers zwischen den Ländern sind danach generell unzulässig, vgl. *Heun/Thiele,* in: Dreier III, Art. 107 Rn. 19 f.; aA *Pieroth,* in: Jarass/Pieroth, Art. 107 Rn. 2.

[12] ZB BT-Dr 18/11131, S. 11; BT-Dr 18/11135, S. 82.

[13] BVerfGE 116, 327 (380); ähnlich, aber weniger streng zuvor BVerfGE 86, 148 (214); 101, 158 (222); *Häde,* Finanzausgleich, 1996, S. 238 f.; *Korioth,* Der Finanzausgleich zwischen Bund und Ländern, 1997, S. 612 f. mwN. In seiner jüngsten Entscheidung hat das BVerfG die urspr. Relativierung durch den Zusatz „allein" aufgegeben.

[14] *R. P. Schenke* NJW 2014, 2542 (2545); krit. auch schon *Waldhoff* VVDStRL 66 (2007), 216 (230).

## B. Entstehung und Verlauf

**6**  Versucht man ein Fazit der **Entstehungs- und Entwicklungsgeschichte** von Art. 107 zu ziehen, ist sie wohl zutreffend als „wechselhaft und verworren" zu bezeichnen.[15]

### I. Finanzreform 1969 und deutsche Einigung

**7**  Die Vorschrift ist schon in der Anfangszeit der BRD häufig geändert worden. Nach ihrer grundlegenden **Umgestaltung** iRd **Finanzreform 1969** blieb sie aber bis 2006 unverändert. 2009 wurde sie bei der Einfügung von Art. 106b angepasst.

**8**  Im Verlauf der **deutschen Einigung** hatte Art. 7 III 1 EV die **Anwendung** wesentl. Teile der Bestimmung (Abs. 1 S. 4, Abs. 2) für die neuen Länder bis zum 31.12.1994 **ausgesetzt.** An ihre Stelle trat – verfassungsrechtlich bedenklich – außerhalb des Verfassungstextes ein völlig anders geartetes Regime der Umsatzsteuerverteilung und von Leistungen aus dem Fonds „Deutsche Einheit".[16] IRd „Föderalen Konsolidierungsprogramms"[17] zur Verwirklichung des „Solidarpaktes"[18] wurde diese – nur als Übergangsregelung – hinnehmbare Sonderbehandlung eines Teils der Länder nicht verlängert. Art. 107 gilt nunmehr wieder uneingeschränkt für alle Länder (→ vor Art. 104a Rn. 36).[19] Um dieses Ziel erreichen zu können, mussten allerdings zahlreiche einfachgesetzl. Vorgaben für die Entstehung und Aufteilung der Finanzmasse geändert werden. Die als **Solidarpakt I** bezeichneten Regelungen wiesen insoweit einen Bezug zu Art. 107 auf, als sie vor allem auch Sonderbedarfs-Ergänzungszuweisungen zum Abbau teilungsbedingter Sonderlasten sowie zum Ausgleich unterproport. komm. Steuerkraft enthielten.[20] Der zu seiner Fortführung beschloss. **Solidarpakt II** (→ vor Art. 104a Rn. 36) sah wiederum auf einfachgesetzl. Ebene Sonderbedarfs-Ergänzungszuweisungen in „Korb 1" nach Art. 107 II 3 aF vor.[21] Seine Regelungen wurden aber durch die Föderalismusreform 2006 (mittelbar) erstmals auf die verfassungsrechtl. Ebene gehoben (→ Art. 143c Rn. 22). Jetzt sind allg. formulierte Sonderbedarfs-Bundesergänzungszuweisungen an ihre Stelle getreten (→ Rn. 97, 113).

### II. Föderalismusreform 2006

**9**  Die **Föderalismusreform 2006**[22] hat nicht nur Regelungen des Solidarpakts II verfassungsrechtlich abgesichert, sondern den Ländern das Recht zur Bestimmung der Steuersätze für die Grunderwerbsteuer eingeräumt (→ Art. 105 Rn. 47). Es lag dann nahe, bei der Bestimmung der Anspruchsberechtigung für Umsatzsteuerergänzungsanteile nach Abs. 1 S. 4 nicht mehr das tatsächl. Aufkommen dieser Steuer, sondern die zugrunde liegende Steuerkraft zu berücksichtigen (→ Rn. 24). In diesem Sinne ist Art. 107 I 4 aF 2006 ergänzt worden. Die einfachgesetzl. Ausgestaltung des Finanzausgleichs wurde (wieder einmal) als unvereinbar mit Art. 107 II vor dem BVerfG angegriffen.[23]

---

[15] *Huber* MKS III, Art. 107 Rn. 2; *ders.* NVWZ 2019, 665 (668); vgl. bereits vor 40 Jahren *Stern*, StaatsR II, S. 1168 f.

[16] Das BVerfG verneinte allerdings einen Verstoß gegen Art. 79 I (BVerfGE 84, 90 [119]); zum Ganzen *Fiedler* DVBl 1990, 1263 (1263 ff.); *Franke* VerwArch 82 (1991), 526 (526 ff.); *Kilian* JZ 1991, 425 (425 ff.); *Korioth* DVBl 1991, 1048 (1048 ff.); *Milbradt* StWissStPr 1991, 304 (304 ff.); *Wieland* DVBl 1992, 1181 (1181 ff.); *Carl,* Bund-Länder-Finanzausgleich im Verfassungsstaat, 1995: weitgehend verfassungswidrig (S. 133, 147) und Verstoß gegen Art. 79 III, wenn keine ausreichende Kompensation des erhöhten Bedarfs herbeigeführt wird (S. 147), aber Fonds Deutsche Einheit als zeitweiliger Ersatz hinnehmbar (S. 137). Das BVerfG verlangt jetzt aber eine Einbeziehung der Tilgungslasten bei der Ausgestaltung des Finanzausgleichs, BVerfGE 101, 158 (237).

[17] Gesetz zur Umsetzung des föderalen Konsolidierungsprogramms – FKPG v. 23.6.1993 (BGBl I 944).

[18] Der Begriff „Solidarpakt" mag die tatsächlich gegebene „vertragsähnliche Verständigung" zwischen Bund und Ländern politologisch zutr. erfassen, doch ist er verfassungsrechtlich zumindest irreführend, vgl. *Huber*, 65. DJT 2004, Gutachten D, S. 25. Die getroff. Regelungen haben **einseitig** durch zustimmungsbedürftiges Gesetz des Bundes zu erfolgen, Art. 107 I 4 (u. Rn. 23, 38). Rechtssetzung ist hier **nicht zulässig,** BVerfGE 101, 158 (218 f.). Bei einem Vertrag hätten zudem die Landesparl. beteiligt werden müssen, *Christmann* DÖV 2000, 315 (329 f.); krit. auch *Renzsch* ZParl 1994, 116 (116 f.); *Waldhoff* Verwaltung 39 (2006), 155 (161).

[19] Darstellung auch der Vorüberlegungen bei *Heun* Staat 31 (1992), 215 (231 f.); *Eckertz* ZRP 1993, 297 (298 f.); *ders.* DÖV 1993, 281 (287 ff.); *Häde* JZ 1994, 76 (77 f.); *ders.* Finanzausgleich, 1996, 263 (267 f.), unter Hinweis auf weiter bestehende Sonderregelungen *Carl* (Fn. 16), S. 170 ff. mit Darstellung der verschiedenen Modelle (S. 151 ff.).

[20] Vor allem in Gestalt der Änd. des FAG (§ 11 IV aF) durch Art. 33 des FKPG v. 23.6.1993 (BGBl I 944), das am 1.1.1995 in Kraft getreten ist; dazu näher *Häde* (Fn. 13), S. 264 f., 282–290; *Korioth* (Fn. 13), S. 467–470; *Wieland* FS Selmer, 2004, S. 973 (976).

[21] Solidarpaktfortführungsgesetz – SFG v. 20.12.2001 (BGBl I 3955), geänd. d. G v. 21.6.2002 (BGBl I 2166); eingehende Darstellung von Entstehung und Inhalt bei *A. Fuchs* LKV 2001, 538 (538 ff.); *Wieland* FS Selmer, 2004, S. 973 (977 f.).

[22] G. v. 28.8.2006 (BGBl I 2034).

[23] Antrag auf abstrakte Normenkontrolle der Länder Bayern und Hessen, Az. BvF 1/13; vgl. *Kempny/Reimer,* 70. DJT 2014, Gutachten D S. 17; *Huber* NVwZ 2019, 665 (669).

### III. Anpassung die Kfz–Steuerreform 2009

Die **GG-Änderung** vom **März 2009**[24] passte die Bestimmung nur an die Übertragung der Ertrags- 10
hoheit für die Kfz-Steuer auf den Bund und ihre finanzausgleichsrechtl. Sonderbehandlung durch den
neuen Art. 106b an.

### IV. Föderalismusreform 2017

Nach langjährigem Ringen und unter dem Druck des Normenkontrollantrags[25] brachte schließlich 11
**die Föderalismusreform 2017**[26] eine erhebl. Umgestaltung des (sekundären) umverteilenden Finanzausgleichs zwischen den Ländern („Länderfinanzausgleich"), der in seiner bish. Ausgestaltung als
Ausdruck der „bündischen Solidargemeinschaft und des bündischen Einstehens füreinander" angesehen werden konnte,[27] und die Erweiterung der Möglichkeiten zur Gewährung von Ergänzungszuweisungen des Bundes. **Unverändert** beibehalten wurde der **Grundsatz,** nach dem der primäre horiz.
Finanzausgleich erfolgt: Verteilung des den Ländern zustehenden Anteils am Steueraufkommen auf die
einzelnen Länder nach dem **„örtlichen Aufkommen",** Art. 107 I 1. Beibehalten wurde auch die
Regelungstechnik, dass das GG nur **Vorgaben** für die weitere Verteilung und Zuweisung von Mitteln
durch einfaches, aber zustimmungsbedürftiges **Bundesgesetz** enthält. Diese Weisungen an den
Gesetzgeber sind nun aber deutlich detailreicher.[28]

Die Pflicht zum angemessenen **Ausgleich** der unterschiedl. **Finanzkraft** zwischen den Ländern ist 12
ebenfalls bestehen geblieben (Art. 107 II 1); allerdings erheblich modifiziert (→ Rn. 42 ff.). Sie hat nun
durch **Zuschläge** und **Abschläge** bei der Ermittlung des konkreten Anteils am Aufkommen der
**Umsatzsteuer** jedes einz. Landes zu erfolgen (Art. 107 II 2–4). Beibehalten worden ist auch die
Befugnis des Bundes iR eines umverteilenden vertikalen Finanzausgleichs finanzschwachen Ländern
Mittel als **„Ergänzungszuweisungen"** zur Deckung ihres allg. Finanzbedarfs zukommen zu lassen
(Art. 107 II 5, 6). Nicht aufgegeben wurde auch die Unterscheidung zwischen **Finanzkraft und
Steuerkraft** (→ Rn. 62, 112 ff.). Die Bezugnahme auf die Steuerkraft wurde zwar in Art. 107 I 4 aE
aF entfernt, aber durch den neuen Art. 107 II 6 wieder eingeführt. Für das vom BVerfG geforderte
MaßstäbeG (→ Rn. 50–52, 76) wurde (nachträglich) eine verfassungsgesetzl. Grundlage geschaffen,
Art. 107 II 3, die aber keine Aussage zum Rechtscharakter derartiger maßstabsetzender (einfacher)
Gesetze, die den einfachen Gesetzgeber binden sollen, enthält.

Die Änderung des GG 2017 hat insg. folgende **Änderungen** gebracht: 13

– Beseitigung des **Vorwegausgleichs** („Umsatzsteuervorausgleich") für finanzschwache Länder iRd
  Verteilung des Umsatzsteueranteils der Ländergesamtheit auf die einz. Länder nach Art. 107 I 4
  Hs. 2 aF.
– Neue Regeln für die **Umsatzsteuerverteilung** unter Berücks. von Finanzkraftunterschieden iRd
  Gesetzgebung zum horiz. umverteilenden Finanzausgleich, Art. 107 II 2.
– Schaffung einer verfassungsrechtl. Grundlage für die **Maßstabsgesetzgebug** mit gleichzeitiger
  faktischer Beschränkung auf die Verteilung des Aufkommens aus der Umsatzsteuer, Art. 107 II 3.
– Möglichkeit zur Nichtberücksichtigung der **bergrechtlichen Förderabgabe** bei der Bestimmung
  der Finanzkraft, Art. 107 II 4.
– Möglichkeit zur Gewährung einer **neuen Art** von **Zuweisungen** durch den Bund an finanz-
  schwache Länder zusätzlich zu den „Ergänzungszuweisungen", Art. 107 II 6.

Insg. sind die Änderungen überwiegend begrifflich-formaler und prozeduraler Natur. Einen gene- 14
rellen oder grundlegenden **Systemwechsel** wird man darin kaum sehen können.[29]

## C. Verteilung der Steuererträge auf die einzelnen Länder (Abs. 1)

Art. 107 I regelt die Aufteilung der Landessteuern und des Anteils der Ländergesamtheit an den 15
Verbundsteuern auf die einz. Länder. Sie ist Teil des **primären horizontalen** Finanzausgleichs
(→ Rn. 4 und vor Art. 104a Rn. 48, 56).[30] Die Ermächtigung zur Gewährung von Ergänzungsanteilen
an unterdurchschnittl. ausgestattete Länder, die durch die Reform mit Wirkung vom 1.1.2020

---

[24] G v. 19.3.2009 (BGBl I 606).
[25] *Huber* NVwZ 2019, 665 (669).
[26] G v. 13.7.2017 (BGBl I 2347).
[27] *Huber* NVwZ 2019, 665 (669).
[28] Vgl. zu Einzelheiten *Förster/Kronert* ZG 2017, 228 ff.
[29] *Benz* ZSE 2017, 395 (404); *Heun/Thiele,* in: Dreier III, Art. 107 Rn. 8, die auch eine signifikante Vereinfachung bezweifeln und das Finanzausgleichssystem weiterhin als „unverändert komplex" einstufen; aA *Lenk/Glinka*
ZSE 2017, 417 (422).
[30] Übernahme der Begrifflichkeit durch *Kempny/Reimer,* 70. DJT 2014, Gutachten D, S. 54; krit. zur Bezeichnung
*Seiler,* in: Maunz/Dürig, Art. 107 (2018) Rn. 44, der aber nicht berücksichtigt, dass es sich um eine seit langem
eingeführte Terminologie der Finanzwiss. handelt (→ Fn. 3). Primäre (Steuer-)Ertragsverteilung wäre isoliert gesehen
sicher der treffendere Begriff.

gestrichen worden ist (Art. 143g), hatte zwar eine horiz. ausgleichende Funktion, war aber system, als Teil des vertik, Finanzausgleichs anzusehen. Nach wie vor dient die Vorschrift dazu, die eigene (orig.) Finanzausstattung des Bundes und jedes einz. Landes zu bestimmen (→ Rn. 35).

## I. Grundsätzliche Anknüpfung an das örtliche Aufkommen (S. 1)

16 Der größte Teil der Steuererträge, die den Ländern zustehen, wird nach dem Prinzip des **örtlichen Aufkommens** verteilt. Es gilt für die Steuern, deren Ertrag nach dem Trennsystem (→ vor Art. 104a Rn. 50) **allein** den Ländern zugewiesen ist (→ Art. 106 Rn. 8), sowie für den **Länderanteil** an den Steuern, deren Ertrag nach dem Verbundsystem (→ vor Art. 104a Rn. 50) Bund und Ländern **gemeinsam** zugewiesen ist (→ Art. 106 Rn. 12 ff.). Durch das „Prinzip des örtlichen Aufkommens" soll sichergestellt werden, dass das einz. Land an den wirtschaftl. Leistungen partizipiert, die auf seinem Gebiet erbracht werden.[31]

17 Konkret bedeutet es, dass die Steuereinnahmen dem Land zustehen, dessen Finanzbehörden die Zahlungen rechtmäßig **vereinnahmt** haben.[32] Vereinnahmt ist ein Geldbetrag dann, wenn er in die Verfügungsmacht der Behörde gelangt ist. Dabei spielt es keine Rolle, ob das Geld freiwillig, also durch rechtsgeschäftl. Übereinkunft, oder zwangsweise, durch einseitige staatl. Anordnung, notfalls unter Einsatz von Vollstreckungsmaßnahmen, in die Gewalt der Finanzverwaltung gelangt ist.[33] Auf die Verbuchung kommt es ebenfalls nicht an.[34]

18 Die Vorschrift regelt **ausschließlich** das Verhältnis zwischen **Bund und Ländern** und der Länder untereinander. Rechte des Steuerpflichtigen werden ebenso wenig berührt wie die (obj.) Rechtmäßigkeit von Steuerbescheiden.[35]

## II. Korrektur durch Zerlegung und Abgrenzung (S. 2 und 3)

19 Die Orientierung am örtl. Aufkommen kann zu **Verzerrungen** führen, zB durch **Pendlerströme** oder die Einrichtung **zentraler Lohnbüros**.[36] Nicht selten erwirtschaftet der Steuerpflichtige den Steuerbetrag nicht dort, wo er ihn nach der Zuständigkeitsordnung der Finanzverwaltung abführen muss. Eine solche Verschiebung tritt vor allem bei Ertragssteuern auf, etwa wenn das für den Sitz des Unternehmens zuständ. FinA die Steuern vereinnahmt, die steuerbare wirtschaftl. Leistung aber in einer Betriebsstätte in einem anderen Land erbracht worden ist. Entsprechendes gilt für die Versteuerung von Lohnzahlungen an Arbeitnehmer, die über Landesgrenzen hinweg pendeln. Das ist mit der „gerechtigkeitsbezogenen Leitidee" einer Steuerverteilung nach der „wirklichen Steuerkraft" nicht zu vereinbaren.[37]

20 Deshalb ordnet Abs. 1 S. 2 **zwingend** an, dass für die Körperschaftsteuer und die Lohnsteuer durch zustimmungsbedürftiges BundesG Korrekturen am Prinzip des örtl. Aufkommens vorgenommen werden.[38] Vertragl. Vereinbarungen der Länder untereinander sind auch insoweit unzulässig (→ Rn. 3).[39] Das Gesetz **kann** sich auch auf andere Steuerarten erstrecken (S. 3). Die Korrektur erfolgt durch Abgrenzung und Zerlegung. Unter **Abgrenzung** ist dabei die Zuweisung des gesamten Ertrages aus einem Steuertatbestand an eines der beteiligten Länder zu verstehen,[40] während bei der **Zerlegung** die Einnahmen aus einem Steuertatbestand aufgeteilt und auf die Länder verteilt werden.[41] Als Folge der Zerlegung entstehen Ausgleichsansprüche zwischen den Ländern.

21 Weitere Vorgaben für Art und Umfang der Anpassung enthält das GG nicht. Allein das Ziel, Erfassung der „wirklichen Steuerkraft", steht von Verfassungs wegen fest. Es genügt ein **Wirken** des einfachen Gesetzgebers in Richtung auf dieses Ziel,[42] und ein **Abbau** vereinnahmungsbedingter Ver-

---

[31] Zust. *Huber* MKS III, Art. 107 Rn. 73; s. auch *Korioth* (Fn. 13), S. 511; *Wieland*, FS 50 Jahre BVerfG, 2001, S. 771 (788 f.).

[32] *Stern*, StaatsR II, S. 1169; *Wernsmann* BK, Art. 107 (2019) Rn. 124 f., der zutr. im Wesentlichen nur auf die steuerrechtlich angeordnete örtl. Zuständigkeit abstellt; für die Biersteuer, die von der Bundesfinanzverwaltung vereinnahmt wird, aber den Ländern zusteht, kommt es darauf an, in welchem Land die zuständige Behörde ihren Sitz hat; *Huber* MKS III, Art. 107 Rn. 66 mwN.

[33] Sinngemäß ebenso *Wernsmann* BK, Art. 107 (2019) Rn. 123.

[34] So aber *Vialon*, Haushaltsrecht, 2. Aufl. 1959, S. 176.

[35] BGH NJW 1971, 1335 (1336).

[36] Vgl. *Stern*, StaatsR II, S. 1170; *Hidien*, Steuerverteilung, 1997, S. 78; *Wernsmann* BK, Art. 107 (2019) Rn. 136 f.

[37] BVerfGE 72, 330 (392).

[38] *Heintzen*, in: v. Münch/Kunig II, Art. 107 Rn. 14; *Heun/Thiele*, in: Dreier III, Art. 107 Rn. 23; *Pieroth*, in: Jarass/Pieroth, Art. 107 Rn. 4; *Hidien* (Fn. 9), S. 87.

[39] *Seiler*, in: Maunz/Dürig, Art. 107 (2018) Rn. 44; *Wernsmann* BK, Art. 107 (2019) Rn. 145; *Heintzen*, in: v. Münch/Kunig II, Art. 107 Rn. 11; *Pieroth*, in: Jarass/Pieroth, Art. 107 Rn. 4; *Heun/Thiele*, in: Dreier III, Art. 107 Rn. 23; *J.-P. Schneider* AK GG, Art. 107 (2001) Rn. 8; *Huber* MKS III, Art. 107 Rn. 73; *Hidien* (Fn. 36), S. 65.

[40] *Korioth* (Fn. 13), S. 518; näher *Wernsmann* BK, Art. 107 (2019) Rn. 139; sinngemäß auch *Seiler*, in: Maunz/Dürig, Art. 107 (2018) Rn. 55.

[41] *Korioth* (Fn. 13), S. 518; näher *Wernsmann* BK, Art. 107 (2019) Rn. 140; sinngemäß auch *Seiler*, in: Maunz/Dürig, Art. 107 (2018) Rn. 56.

[42] BVerfGE 72, 330 (384).

zerrungen, „die einer Verteilung des Steueraufkommens nach der wirklichen Steuerkraft entgegenwirken".[43] Es muss aber ein relevantes Ausmaß haben. Bloße Randkorrekturen reichen nicht. Es steht dem einfachen Gesetzgeber jedoch frei, die „landeseigene wirkliche Steuerkraft" mehr nach dem Ort seiner Erarbeitung oder mehr nach dem Wohnsitzprinzip zu bemessen.[44] Insg. bleibt dem Gesetzgeber aber weniger Gestaltungsfreiheit als nach S. 1.[45]

Diesen **Gesetzgebungsauftrag** hat der Bundesgesetzgeber durch das ZerlG[46] erfüllt. Grds. wird auf **22** den **Wohnsitz** oder den Ort der Geschäftsleitung abgestellt, § 1 I ZerlG. Bei der Zerlegung der Körperschaftsteuer kommt den **Betriebsstätten** aber maßgebendes Gewicht zu (§§ 2–6). Die Zerlegung des Zinsabschlags erfolgt nach einem **gemischten Verfahren** (§ 8).[47] Sie ist aus verfassungsrechtl. Warte nicht zu beanstanden.[48] Entsprechendes gilt für die Zuweisung von Rechtsstreitigkeiten, die sich aus diesen Regelungen ergeben, an die Finanzgerichtsbarkeit (§ 11).

## III. Sonderregelung für den Länderanteil an der Umsatzsteuer (S. 4)

Das Aufkommen aus der Umsatzsteuer wird nach Art. 106 III 3–5 zwischen Bund und Ländern **23** aufgeteilt (→ Art. 106 Rn. 14–28). Die Verteilung des danach ermittelten Anteils der Ländergesamtheit auf die **einzelnen Länder** ist Gegenstand der Regelung von Art. 107 I 4 mit den Besonderheiten aus Art. 107 II 2–4 (→ Rn. 31 ff.).

**1. Grundsatz: Verteilung nach der Einwohnerzahl.** Das Prinzip des „örtlichen Aufkommens" **24** eignet sich nicht für die Verteilung der Erträge der **Umsatzsteuer**.[49] Das liegt am Steuergegenstand und an der angewandten Erhebungstechnik. Abzuführen ist iE nur eine Steuer auf die jew. Wertschöpfung, die an verschiedenen Orten erzeugt worden sein kann. Da diese Steuer aber auf Überwälzung angelegt ist, trägt die Last der Abgabe – idealtypisch – letztlich voll der Endverbraucher. Dieses Auseinanderfallen von Zahl- und Traglast (Inzidenz) sowie die Anknüpfung an eine uU weit transportierte Ware oder Dienstleistung zerreißt den Zusammenhang zwischen örtl. Aufkommen und dem Ort der wirtschaftl. Leistungserstellung oder des Verbrauchs. Daher hat sich das GG im Grundprinzip für eine Verteilung nach der **Einwohnerzahl** entschieden. Dieses Prinzip ist auch in der Reform von Art. 107 durch die Änderung des GG 2017 beibehalten worden (Abs. 1 Satz 4),[50] wenn auch mit Modifik. durch Abs. 2, auf den die Vorschrift ausdr. verweist.

Da diese Entscheidung implizit einen **Durchschnittskonsum** zugrunde legt, begünstigt sie die **25** wirtschafts- und damit idR auch finanzschwachen Länder.[51] Fraglich ist aber, ob sie deshalb bereits eine Verteilung nach Bedarfsgesichtspunkten darstellt.[52] Überwiegend wird sie jedenfalls nicht als „echte Ausnahme" vom „Prinzip der Ertragsverteilung nach der regionalen Steuerkraft" angesehen.[53] Wortlaut und Funktion der Regelung schließen jedenfalls eine Einwohnergewichtung, wie sie iRd Ausgleichs nach Abs. 2 praktiziert wird, strikt aus. Entsprechendes gilt für den Versuch, die Zuteilung von Anteilen der Länder an der USt vom Abschluss von Verträgen nach § 4 KiQuTG abhängig zu machen (→ Art. 106 Rn. 28b).[54]

[43] BVerfGE 72, 330 (395).

[44] BVerfGE 72, 330 (391–393).

[45] BVerfGE 72, 330 (392 f.); *J.-P. Schneider* AK GG, Art. 107 (2001) Rn. 5; *Korioth* (Fn. 13), S. 517; *Heun/Thiele,* in: Dreier III, Art. 107 Rn. 24; s. a. *J.-P. Schneider* AK GG, Art. 107 (2001) Rn. 9: „beträchtlicher Gestaltungsspielraum"; *Lenk/Glinka* JböffFin 2017, 385 ff.

[46] Zerlegungsgesetz (ZerlG) v. 6.8.1998 (BGBl. I S. 1998); zul. geänd. durch Art. 11 G v. 11.12.2018 (BGBl. I S. 2338).

[47] Anknüpfung an die Anteile des auf die Einkommen- und Körperschaftsteuer angerechneten Zinsabschlags (Abs. 1).

[48] Vgl. für das Wohnsitzprinzip BVerfGE 72, 330 (406 f.); aA für die Orientierung am Wohnsitzland *Selmer* NVwZ 2007, 872 (876 f.).

[49] So auch *Häde* (Fn. 13), S. 211; *Wieland* FS 50 Jahre BVerfG, 2001, S. 771 (789).

[50] BT-Dr 18/11131, S. 18.

[51] Das wird nicht hinreichend von *Wieland,* FS Selmer, 2004, S. 973 (986), berücksichtigt, der diese Art der Umsatzsteuerverteilung als nicht sinnvoll bei nennenswerten Finanzkraftunterschieden zwischen den einz. Ländern ansieht; wie hier jetzt auch *Huber* MKS III, Art. 107 Rn. 90; *Seiler,* in: Maunz/Dürig, Art. 107 (2018) Rn. 68.

[52] Dafür wohl BVerfGE 72, 330 (384): „abstrakter Bedarfsmaßstab"; bestätigt durch BVerfGE 101, 158 (221); 116, 327 (379); *J.-P. Schneider* AK GG, Art. 107 (2001) Rn. 6; *Pieroth,* in: Jarass/Pieroth, Art. 107 Rn. 5: Verteilung nach einem „pauschalen Bedarfsmaßstab"; dagegen wohl *Hidien* (Fn. 36), S. 210 ff.; deutlich anders *Carl* (Fn. 16), S. 40 ff.; eindeutig *Huber* MKS III, Art. 107 Rn. 89.

[53] *P. Kirchhof,* Der Verfassungsauftrag zum Länderfinanzausgleich als Ergänzung fehlender und Garant vorhandener Finanzautonomie, 1982, S. 5; ebenso, aber folgerichtig *J.-P. Schneider* AK GG, Art. 107 (2001) Rn. 6; *Korioth* (Fn. 13), S. 529; offen gelassen von *Heintzen,* in: v. Münch/Kunig II, Art. 107 Rn. 17; *J.-P. Schneider* AK GG, Art. 107 (2001) Rn. 11; wie hier auch BVerfGE 101, 158 (221).

[54] *Huber* MKS III, Art. 107 Rn. 90. Nach Auffassung von *Rixen* NVwZ 2019, 432 (434 f., 438 f.) soll nur dann kein Verfassungsverstoß vorliegen, wenn man die Abkommen – entgegen der gesetzgeberischen Intention – nur als „politisch" nicht aber „rechtlich" verbindlich einstuft.

26     **2. Vorabanteile (Abs. 1 Satz 4 aF).** Bis zu einem Viertel des Länderanteils an der Umsatzsteuer durfte durch einfaches BundesG mit Zustimmung des BRat außerhalb des Einwohnerschlüssels verteilt werden, S. 4 Hs. 2 aF. Diese **Ergänzungsanteile** gehörten zur originären (eigenen) Finanzausstattung eines Landes und ihre Regelung daher zum **primären Finanzausgleich.** Dem steht nicht entgegen, dass sie ein „horizontal ausgleichendes Element"[55] enthielten. Erst nach der Zuteilung dieser Ergänzungsanteile stand die „eigene Finanzausstattung"[56] jedes einz. Landes fest.[57] Diese Zuteilung wurde verbreitet als „Umsatzsteuervorausgleich" bezeichnet.[58] Die Ermächtigung – nicht Verpflichtung des Bundes – ist tatsächlich auch in vollem Umfang ausgeschöpft worden.

27     Das GG hatte die Gewährung derartiger Ergänzungsanteile dezidiert auf **finanzschwache Länder** beschränkt. Sie durften nur Ländern gewährt werden, deren Pro-Kopf-Einnahmen aus den Landessteuern, der Einkommen- und Körperschaftsteuer und den Kompensationszahlungen nach Art. 106b zum Ausgleich für die Übertragung der Kfz-Steuer unter dem Durchschnitt aller Länder lagen.[59] Bei der Ermittlung der relevanten Einnahmen war die **Grunderwerbsteuer** nur mit ihrer Steuerkraft anzusetzen und nicht ihr tatsächl. Ertrag, Art. 107 I 4 aE. Mit dieser Modifikation wollte der Gesetzgeber die Gefahr bannen, dass der neue Spielraum der Länder (→ Art. 105 Rn. 47) durch gegenläufige (kompensierende) Effekte bei den Vorweganteilen wieder zunichte gemacht wurde.[60] Allerdings hat die Regelung dazu geführt, dass die Länder in einen **Erhöhungswettlauf** eingetreten sind, der bereits für sich genommen außerordentlich **schädlich** für das Funktionieren des Marktes für individ. Wohnimmobilien gewesen ist.[61]

28     Die vorgeschriebene Ausführungsgesetzgebung war in sich wenig folgerichtig und berücksichtigte Bedarfsgesichtspunkte, die ein Fremdkörper im System des Länderfinanzausgleichs sind (→ Rn. 53, 58 f.). Das BVerfG hatte die (teilweise) Nichtberücksichtigung der Einnahmen aus der Grunderwerbsteuer, der Feuerschutzsteuer, der Spielbankabgabe und der bergrechtlichen Förderabgabe bei der Ermittlung der Finanzkraft für verfassungswidrig erklärt.[62] Die systemwidrige Einbeziehung von Sonderlasten (Sonderbedarf) einzelner Länder hat es – wenig konsistent – zT für verfassungsmäßig (Unterhalt und Erneuerung der Seehäfen in Brem und Hamb),[63] zT aber auch für verfassungswidrig (Saarl, SchlH) erklärt.[64] Durch Änderungen des GG, die zT die Ergebnisse dieser Entscheidung beseitigen, zT aber auch neue Zahlungsströme, wie die Ausgleichszahlungen nach Art. 104b, ausklammern sollten, war die Anwendung der Vorschrift noch komplizierter geworden und ließ kaum noch ein übergeordnetes Ordnungsprinzip erkennen.

29     Ua sollten auch die Voraussetzungen für die Gewährung von Ergänzungsanteilen nach Art. 107 I 4 aF in dem vom BVerfG verlangten MaßstäbeG (→ Rn. 50–52, 76, → vor Art. 104a Rn. 61) konkretisiert werden.[65] Die dazu in § 5 MaßstG aF[66] tatsächlich getroff. Regelung wiederholte aber überwiegend nur den Verfassungstext (Abs. 1), war also keine Konkretisierung. Ansätze für einen eigenständ. normat. Gehalt enthielt nur Abs. 2, der als Zweck der Ergänzungsanteile die „Verminderung besonders großer Unterschiede der Einnahmen" nannte. Die vom BVerfG auferlegte Aufgabe ist damit kaum erfüllt worden. Vor allem hat es die vom BVerfG zu Recht gewünschte Klarheit und Berechenbarkeit (→ Rn. 50–52) nicht erbracht.

30     Teile der Lit. plädierten schon seit einiger Zeit für eine vollst. Abschaffung oder zumindest deutl. Reduzierung dieser Vorabverteilung.[67] Durch die Finanzreform von 2017 sind sie tatsächlich **abgeschafft** worden, allerdings erst mit **Wirkung ab 1.1.2020** (Art. 143g). Genau genommen ist versucht worden, ihre Funktion in das neue einheitl. Verteilungssystem von Abs. 2 S. 2–4 zu integrieren und dadurch zu vereinfachen. Die bes. Unterstützung finanzschwacher Länder ist jetzt ein Krit. im neuen

[55] BVerfGE 72, 330 (385); 101, 158 (221); 116, 327 (379); *Heintzen,* in: v. Münch/Kunig II, Art. 107 Rn. 18; wohl auch noch *Huber* MKS III, Art. 143g Rn. 11; dagegen *Kempny/Reimer,* 70. DJT 2014, Gutachten D S. 94; insges. krit. zu der Systematisierung, die das BVerfG aber von der Finanzwissenschaft und wichtigen Teilen der Staatsrechtswissenschaft übernommen hatte, *Heun/Thiele,* in: Dreier III, Art. 107 Rn. 27.

[56] Die zT vorgenommene Unterscheidung zwischen „eigener" und „originärer" Finanzausstattung ist sekundär, vgl. dazu *Korioth* (Fn. 13), S. 421 f.

[57] BVerfGE 72, 330 (385); BVerfGE 101, 158 (221); sinngemäß ebenso BVerfGE 116, 327 (379). In § 7 I FAG hat der einfache Gesetzgeber konkretisiert, welche Einnahmen im Einzelnen als Steuereinnahmen eines Landes „gelten". Einnahmen aus Förderabgaben nach § 31 BBergG werden zu 33 % hinzugerechnet (Abs. 2).

[58] Vgl. *Kempny/Reimer,* 70. DJT 2014, Gutachten D, S. 93.

[59] § 2 I 1 FAG aF; zur (angeblichen) Geltung eines „Angemessenheitsprinzips" in diesem Bereich krit. *Kroll* StuW 2000, 45 (50 f.).

[60] BT-Dr 16/813, S. 20; *Nierhaus/Rademacher* LKV 2006, 385 (393).

[61] Näher *Kempny/Reimer,* 70. DJT 2014, Gutachten D, S. 98.

[62] BVerfGE 72, 330 (409 f.).

[63] BVerfGE 72, 330 (413).

[64] BVerfGE 72, 330 (414 f.).

[65] Im Erg. jetzt ebenso *Scholz* FS Badura, 2004, S. 491 (511); der „mit Nachdruck" bezweifelt, dass man dem Auftrag aus BVerfGE 101, 158 (215 f.) „gerecht geworden" sei.

[66] G v. 9.9.2001 (BGBl I 2302); geänd. durch: G v. 5.9.2006 (BGBl I 2098), G v. 9.12.2008 (BGBl I 2794), G v. 29.5.2009 (BGBl I 1170), 14.8.2017 (BGBl I 3122)

[67] *Huber,* 65. DJT 2004, Gutachten D, S. 99; zust. *Kempny/Reimer,* 70. DJT 2014, Gutachten D, S. 100 f.

System der Zuschläge und Abschläge und der Gewährung von (Ergänzungs-)Zuweisungen des Bundes (→ Rn. 86 ff.). § 5 MaßstG aF ist ebenso wie seine verfassungsrechtl. Grundlage mit Wirkung vom 1.1.2020 nicht mehr anzuwenden.

## D. Ausgleich unterschiedlicher Finanzkraft (Abs. 2 S. 1–4)

### I. Überblick

Bisher sollten die Finanzkraftunterschiede zwischen den Ländern durch verschiedene Verteilungs- 31 und Ausgleichsmaßnahmen ausgeglichen werden, die in ein mehrstufiges Verfahren eingebettet waren. Art. 107 nF sieht nun vor, dass der (einfache) Gesetzgeber diese Maßnahmen in einem **einheitlichen, einstufigen** Verfahren zusammenfasst,[68] das die horizontal ausgleichenden Elemente der Ertragsverteilung mit dem (umverteilenden) horizontalen Finanzausgleich nach Art. 107 II 1 aF verbindet. Die **Nivellierungsverbote** für den sekundären Finanzausgleich (→ Rn. 80) dürften nun auch für die Verteilung der Umsatzsteueranteile gelten. Das war bisher umstr.[69]

Die **Technik** des umverteilenden Finanzausgleichs zw. den Ländern ist unverändert geblieben und 32 stellt weiter auf die Unterschiede der jew. **Finanzkraft** ab, die „angemessen" auszugleichen sind, Art. 107 II 1. Die Berücksichtigung von Bedarfsgesichtspunkten (→ Rn. 33 ff. und vor Art. 104a Rn. 59) ist diesem System weiterhin fremd. Neu ist allerdings die allg. Einbeziehung von Finanzkraftunterschieden bei der **Verteilung des Länderanteils** am Aufkommen der **Umsatzsteuer**. Nunmehr ist nicht nur eine unterdurchschnittl. Finanzkraft zu kompensieren, sondern der allg. Finanzkraftausgleich nach S. 1 ist zusätzlich durch Zu- und Abschläge iRd Umsatzsteuerverteilung zu bewirken. Die gewählte Formulierung („zu diesem Zweck") zeigt, dass sie demselben Ziel zu dienen hat und eine einheitl. Bestimmung der Finanzkraft durch die Ausführungsgesetze (→ Rn. 49) zu erfolgen hat.

Art. 107 II 4 ermöglicht jetzt auch die (teilweise) Nicht-Berücksichtigung der **bergrechtlichen** 33 **Förderabgabe** bei der Bestimmung der landesspezif. Finanzkraft, die das BVerfG 1986 als unvereinbar mit dem GG beurteilt hatte.[70] Ohne auf die Entscheidung näher einzugehen, heißt es in der Gesetzesbegründung lapidar, dass die teilweise Berücksichtigung nunmehr möglich sei.[71] Verzichtet wurde auf die ausdr. Anordnung, dass die aus der **Grunderwerbsteuer** fließende Steuerkraft bei der Ermittlung der Finanzkraft einzubeziehen sei (Art. 107 I 4 aE aF). So war ohnehin nur aus der Historie zu erklären und beruhte auf der Unterscheidung zwischen Steuerkraft und Finanzkraft (→ Rn. 12, 19–21, 62, 112 ff.). Mit guten Gründen war die Abschaffung oder grundlegende Modifikation der bish. Regelung im Schrifttum gefordert worden.

Den in Art. 107 II 2 nF gewählten Formulierungen ist weiter zu entnehmen, dass der Finanzkraft- 34 ausgleich durch die Umsatzsteuerverteilung **alle Länder** einzubeziehen hat. Das kommt klar durch die gewählte Begrifflichkeit zum Ausdruck: „Zu- und Abschläge" statt „Ausgleichsleistung", „Ausgleichsverbindlichkeit".[72] Die Neuregelung und die mit ihr verbundene Ausführungsgesetzgebung (§ 10 FAG nF) gehen davon aus, dass die Berechnung der Zu- oder Abschläge für die einz. Länder auch zu einer symmetrischen **Verringerung** der Anteile finanzstarker Länder an der Umsatzsteuer kommen wird, sie sich also zu Null addieren dürften.

### II. Systematische Zuordnung

Die bish. Regelung in Art. 107 II 1 und 2 aF, die mit dem 31.12.2019 ausgelaufen ist (Art. 143g), 35 war Hauptbestandteil des **sekundären horizontalen Finanzausgleichs**.[73] Sie griff erst dann ein, wenn die **eigene (originäre) Finanzausstattung** der einz. Länder feststand, die nach Art. 106 und Art. 107 I zu ermitteln war. Sie sollte sicherstellen, dass die unterschiedl. Finanzkraft der Länder angemessen ausgeglichen wurde. Wenn die Ausstattung der einz. Länder mit **„eigenen" Finanzmitteln**, die sich nach Durchführung des primären Finanzausgleichs ergab, unangemessen große **Unterschiede** aufwies, mussten sie durch **Umverteilung** der Mittel **zwischen** den **Ländern** iRd sekund. Finanzausgleichs angemessen **ausgeglichen** werden. Die Geberländer hatten also aus ihren eigenen Mitteln den (finanzschwachen) Nehmerländern finanz. Unterstützung zu leisten. Das BVerfG nannte diese Umverteilung die „dritte Stufe des Finanzausgleichs".[74] Dieser Länderfinanzausgleich (Finanzausgleich ieS) ist durch die Änderung des GG 2017 unter Aufgabe des Begriffs neu geordnet worden. Fraglich ist jedoch, ob damit ein echter Systemwechsel erfolgt ist oder ob die Änderungen eher nur eine (begriffl.) Umetikettierung ohne grundlegende inhaltl. Neuausrichtung darstellen.

---

[68] BT-Dr 18/11131, S. 18.
[69] Näher *Kempny/Reimer*, 70. DJT 2014, Gutachten D, S. 94 f., die – von einem unrichtigen Ansatz ausgehend – schon nach bish. Recht von ihrer Geltung ausgingen.
[70] BVerfGE 72, 330 (410 f.).
[71] BT-Dr 18/11131, S. 18.
[72] BT-Dr 18/11131, S. 18.
[73] → vor Art. 104a Rn. 48, 57.
[74] BVerfGE 116, 327 (380).

**36**     Die Ersetzung des Länderfinanzausgleichs nach Art. 107 II 2 aF durch Zu- und Abschläge iRd Verteilung der Umsatzsteueranteile nach Art. 107 II 2–4 hat uU den **Rechtscharakter** der Regelung **verändert**. Sie könnte nunmehr zur primären Ertragsverteilung gehören und damit Teil des **horizontalen primären Finanzausgleichs** sein.[75] Eine unbefangene Lektüre der relevanten Formulierungen spricht ebenso für diese Deutung wie die Darstellung der Neuregelung in der Öffentlichkeit als großes Reformwerk.[76]

**37**     Die **Gesetzesbegründung** enthält allerdings insoweit keine klaren Aussagen. Zunächst ist nur von einer Zusammenfassung der Umsatzsteuerverteilung mit dem bish. Länderfinanzausgleich in einer (einzigen) „Ausgleichstufe" die Rede.[77] Zudem sei „klargestellt", dass der Finanzkraftausgleich „anlässlich" der Umsatzsteuerverteilung erfolge. Diese Aussage und die Verwendung des Begriffs „anlässlich" lässt sich bereits so verstehen, dass neben die Verteilung der Umsatzsteueranteile (primärer Finanzausgleich) nach der Grundregel des Art. 107 I 4 – wie bisher – ein separater Ausgleich von Finanzkraftunterschieden durch Zu- und Abschläge (sekund. Finanzausgleich) nach Art. 107 II 2–4 trete, allerdings mit neuer Begrifflichkeit und formal in einem Schritt zusammengefasst. Der Beginn des folgenden Satzes spricht noch deutlicher für diese Sicht: „Er [der Finanzkraftausgleich] tritt neben [!] die Umsatzsteuerverteilung (…)." Allerdings verliert diese Aussage dadurch viel von ihrer argument. Bedeutung, dass sie mit der probl. Feststellung fortfährt, der Ausgleich sei „nicht auf das Volumen eines bestimmten Anteils am Umsatzsteueraufkommen oder auf dieses Aufkommen selbst beschränkt".[78] Der folgende Absatz der Begründung, der den neuen S. 3 anspricht, kann ebenfalls so verstanden werden, dass es sich aus der Sicht der Gesetzesverfasser tatsächlich wohl doch eher nur um einen (modif.) Länderfinanzausgleich handelt, allerdings verbunden mit nennenswerten Verfahrensvereinfachungen.[79] Wirklich eindeutig ist er aber auch nicht.

**38**     Für eine Zuordnung des gesamten Abs. 2 zum sekundären Finanzausgleich spricht die **inhaltliche und systematische Ausrichtung** auch der neuen Umsatzsteuerverteilung an der Leitlinie des S. 1 von Abs. 2, die weiterhin einen angemess. Ausgleich der Unterschiede verlangt. Auch die Beibehaltung der systemat. Trennung von grds. Verteilung nach Einwohnerzahl (mit dem Vorbehalt der Regelung in Abs. 2) in Abs. 1 S. 4 und Finanzkraftausgleich nach Abs. 2 spricht für eine Zuordnung des Systems der Zuschläge und Abschläge zum **sekundären Finanzausgleich**.[80] Die Ausführungsgesetzgebung trennt deutlich wieder zwischen der (primären) Ertragsverteilung nach der Einwohnerzahl und dem (sekund.) Ausgleich durch Zu- und Abschläge, der zunächst separat vorgenommen wird.

**39**     Auch wenn eine Auslegung von Verfassungsbestimmungen anhand einfachen Gesetzesrechts dogmatisch außerordentlich probl. ist, dürfte im FinanzverfassungsR (ausnahmsweise) so zu verfahren sein, da sich dort idR der sachl. Gehalt einer Änderung, so wie er polit. vereinbart worden ist, seit der Finanzreform 1969 erst aus der **Ausführungsgesetzgebung** erschließt, die gleichzeitig oder zeitnah im Paket bei der Änderung beschlossen wird. Das war auch bei der Änderung der GG 2017 und der Gesetzgebung zum MaßstG, zum FAG und zum FinanzverwaltungsG der Fall. Die (amtl.) Überschrift von § 5 FAG spricht allerdings nur neutral von Grundsätzen für die „horizontale Umsatzsteuerverteilung", eine Begrifflichkeit, die bisher nicht verwendet worden war. Die Detailregelungen in §§ 4 ff. FAG und die Beibehaltung der Technik zur konkreten Berechnung der Zu- und Abschläge mittels Finanzkraftmesszahl und Ausgleichsmesszahl (§ 6 FAG), eine Begrifflichkeit, die auch schon für das alte Umverteilungssystem verwendet worden ist, sprechen jedoch dafür, die Neuregelung weiterhin dem sekund. Finanzausgleich zuzuordnen.[81]

**40**     Seine – wie bisher – **umverteilende Wirkung** ist jedenfalls gegeben, wenn die gesamte Verteilung unter Einschluss der Zu- und Abschläge auf den Umsatzsteueranteil der Länder beschränkt ist. Wenn die Zu- und Abschläge diesen Rahmen aber sprengen dürfen, wie das wohl die Konsequenz der

---

[75] Ausdr. *Henneke*, in: Hofman/Henneke, Art. 107 Rn. 26; ebenso auch *Heun/Thiele*, in: Dreier III, Art. 107 Rn 6: Verschiebung des angemess. Ausgleichs „von der sekundär horizontalen auf die primäre horizontale Ebene"; wohl auch: *Pieroth*, in: Jarass/Pieroth, Art. 107 Rn. 6; *Lenk/Glinka* ZSE 2017, 417 (422).

[76] *Seiler*, in: Maunz/Dürig, Art. 107 (2018) Rn. 82.

[77] BT-Dr 18/11131, S. 18.

[78] Ebda.

[79] BT-Dr 18/11131, S. 18: „Die Formulierung in Absatz 2 Satz 3 knüpft an den Wortlaut des bisherigen Satzes 2 an. Die Begriffe ‚Ausgleichsansprüche der ausgleichsberechtigten Länder' und ‚Ausgleichsverbindlichkeiten der ausgleichspflichtigen Länder' sowie der Begriff ‚Ausgleichsleistung' werden aufgrund der Neukonzeption des Systems [!] durch die Begriffe ‚Gewährung von Zuschlägen', ‚Erhebung von Abschlägen' sowie ‚Zu- und Abschläge' ersetzt."

[80] In der Sache ähnlich, aber begrifflich eindeutig für Zuordnung zum primären Ausgleich (Ertragsverteilung) *Heun/Thiele*, in: Dreier III, Art. 107 Rn. 6: „allein (…) Modifizierung des Verfahrens".

[81] *Seiler*, in: Maunz/Dürig, Art. 107 (2018) Rn. 86. Auch wenn *Heun/Thiele* das neue Ausgleichssystem insgesamt dem primären Finanzausgleich zuordnen (Rn. 6), sehen sie in der Sache keine Änderungen; iE „allein" Modifizierung des Verfahrens; unter Anwendung der einfachgesetzlichen Ausgestaltung: „keine wesentlichen Veränderungen" (ebda. Rn. 39). Von einem „grundlegenden Systemwechsel" könne nicht gesprochen werden; ähnlich *Wernsmann* BK, Art. 107 (2019) Rn. 160a, der zwar auch von einer Zuordnung zum primären Finanzausgleich ausgeht, der aber darin nur einen „formalen bzw. „technischen" Vorgang sieht. Die Änderungen seien nur „formaler" und „terminologischer" Natur, so dass auf die bisherige Rechtsprechung und Literatur zurückgegriffen werden könne.

einfachgesetzl. Regelung in §§ 6, 10 FAG ist, verbunden mit der unspezif. Formulierung in § 5 FAG, dürfen das nur „eigene" Mittel der mit Abschlägen belasteten Länder sein.

Die umverteilende Wirkung, die systemat. Einordnung der Regelung in Abs. 2 sowie der Ver- **41** teilungstechnik iE sprechen letztlich für eine überw. Zuordnung zum **sekundären Finanzausgleich**.[82] Aus dieser Entscheidung folgen aber kaum unmittelbare **Rechtsfolgen.** Bedeutung kann sie jedoch mittelbar für die Auslegung von Einzelelementen des Systems haben.

### III. Rechtspflicht zum Ausgleich und ihre Verwirklichung (Abs. 2 S. 1)

**1. Grundsatz.** Die Statuierung einer **Rechtspflicht** zu einer solchen Umverteilung[83] ist weiterhin **42** der wesentl. Regelungsgehalt von S. 1. Er gibt auch den Rahmen vor, wie sie zu erfolgen hat: Sie muss zwingend „bei" der Verteilung der Länderanteile am Aufkommen der Umsatzsteuer auf die einz. Länder erfolgen, Art. 107 II 2. Diese Formulierung lässt aber offen, ob sie – als Folge der Neuregelung – auf eine diff. Zuteilung des Länderanteils an der Umsatzsteuer beschränkt bleiben muss. Eine unbefangene Lektüre des Wortlauts der Regelung spricht dafür, zumal sie systematisch und sachlich im Kontext der Umsatzsteuerverteilung erfolgt (näher→ Rn. 44 f.).

In der Pflicht zum Finanzausgleich nach der alten Fass. verwirklichte sich das „bündische Prinzip" **43** des Einstehens füreinander, das nicht nur im Verhältnis von Bund und Ländern, sondern auch im Verhältnis der Länder untereinander gilt.[84] Ob das auch (uneingeschränkt) für das neue System der Zu- und Abschläge gilt, wird zum Teil in Frage gestellt.[85] In jedem Fall ist auch der neue Finanzkraftausgleich im Kontext des Sozialstaatsprinzips (Art. 20 I) zu sehen, dessen unmittelbare Anwendung im Bund-Länder-Verhältnis allerdings ausscheiden muss.[86] Durch die regionale Umschichtung finanz. Mittel wird jedoch eine wichtige Voraussetzung für die gleichwertige Versorgung der Bevölkerung mit notw. öff. Leistungen im gesamten Bundesgebiet zu schaffen versucht.[87] Für die Ermittlung des angemess. Ausgleichs können **sozialstaatliche Gesichtspunkte** durchaus eine Bedeutung haben.[88]

**2. Zugriffsobjekt und Umfang.** Fraglich ist allerdings, ob der neue Finanzkraftausgleich nur durch **44** Variation des jeweils auf ein Land entfallenden **Umsatzsteueranteils** zu erfolgen hat oder ob er tatsächlich „nicht auf das Volumen eines bestimmten Anteils am Umsatzsteueraufkommen oder auf dieses Aufkommen selbst beschränkt" bleiben muss.[89] Der Wortlaut der Regelung und ihre systemat. Einbindung sprechen eindeutig für die erste Alt., die Gesetzesbegründung dagegen.[90] Sie ist aber kaum damit zu vereinbaren, dass eine grundlegende Reform geschaffen werden sollte,[91] da eine solche Auslegung sowohl in der Detailausgestaltung als auch im mat. Gehalt eine noch weitergehende **Annäherung** an die **alte Praxis** ermöglichen würde. In der Praxis wird tatsächlich wohl auch so verfahren, soweit das anhand der Ausführungsgesetzgebung (bisher) feststellbar ist, so dass sich die „große Reform" im Endeffekt zunehmend als semantische Übung darstellt.[92] Dennoch dürfte dieser Praxis bei der Auslegung von Art. 107 II 2–4 nicht zu vernachlässigen sein.

Wie dargelegt (→ Rn. 39) kann (ausnahmsweise) FinanzverfassungsR in Deutschland anhand der **45** AusführungsG ausgelegt werden.

Zwar spricht die (amtliche) Überschrift von § 5 FAG in einer bisher nicht verwendeten Begrifflich- **46** keit von Grundsätzen für die „horizontale Umsatzsteuerverteilung". Die Detailregelungen in §§ 4 ff. FAG und die Beibehaltung der **Technik zur konkreten Berechnung** der Zu- und Abschläge mittels Finanzkraftmesszahl und Ausgleichsmesszahl (§ 6 FAG) (→ Rn. 82) sowie die Bestimmung des angemessenen Ausgleichs in § 10 FAG (→ Rn. 85) verwenden eine Technik, die auch schon für das alte Umverteilungssystem galt. Sie zeigen auch, dass nach ihrem wirtschaftl. Gehalt die Erhebung von

---

[82] Dafür *Huber* MKS III, Art. 107 Rn. 92 (Überschrift), allerdings ohne Begründung. Er plädiert sogar für die Beibehaltung der überkommenen Bezeichnung „Länderfinanzausgleich" für den neuen Finanzkraftausgleich (Rn. 97); in der Sache ebenso *Heun/Thiele,* in: Dreier III, Art. 107 Rn. 8, 39; unklar *Mehlhaf* DÖV 2018, 647, der „Länderfinanzausgleich" und „Finanzkraftausgleich" mit den sprachlogisch fragwürdigen Partikeln „bzw." miteinander verknüpft und damit die Beziehung der beiden Begriffe zueinander im Unklaren lässt.

[83] BVerfGE 72, 330 (386); 86, 148 (214): „Korrektur des primären Ausgleichs"; krit. zu dieser Unterscheidung: *Heun* Staat 31 (1992), 205 (226); *Heun/Thiele,* in: Dreier III, Art. 107 Rn. 29 („fragwürdige Fiktion"); *Häde* (Fn. 13), S. 214 ff.; s. a. *Wendt,* GS Burmeister, 2005, S. 457 (457 ff.). *Seiler,* in: Maunz/Dürig, Art. 107 (2018) Rn. 75, sieht als „Leitlinie" den angemess. Ausgleich der Finanzkraft je Einwohner.

[84] Für die alte Regelung: BVerfGE 72, 330 (386); 86, 148 (214); 101, 158 (222); 116, 327 (380): „Verwirklichung des bundesstaatlichen Prinzips des Einstehens füreinander"; *Huber* NVwZ 2019, 665 (669). *Bauer* setzt es mit dem Prinzip der Bundestreue gleich (Die Bundestreue, 1992, S. 344).

[85] *Huber* MKS III, Art. 107 Rn. 94; *ders.* NVwZ 2019, 665 (669, 671).

[86] *Huber* MKS III, Art. 107 Rn. 98.

[87] Weiter *Pieroth,* in: Jarass/Pieroth, Art. 107 Rn. 6: „gleichmäßige Versorgung"; vgl. auch *Häde* (Fn. 13), S. 234 mit Fn. 96.

[88] *Huber* MKS III, Art. 107 Rn. 98; s. a. *Heun/Thiele,* in: Dreier III, Art. 107 Rn. 31.

[89] *Pieroth,* in: Jarass/Pieroth, Art. 107 Rn. 8, unter Berufung auf die Entwurfsbegründung.

[90] BT-Dr 18/11131, S. 18.

[91] Deutlich *Huber* MKS III, Art. 107 Rn. 92.

[92] Zurückhaltend *Huber* MKS III, Art. 107 Rn. 141, der von behutsamer Weiterentwicklung spricht.

Abschlägen aus den „eigenen" Mitteln des jeweiligen Landes erfolgen und tatsächlich zusammen mit der Gewährung von Zuschlägen das Volumen des Länderanteils an der Umsatzsteuer übersteigen können. Schon die sprachl. Verrenkungen (Abschläge sollen „erhoben" werden) zeigen, dass in der Sache der alte sekundäre horiz. Finanzausgleich weitergeführt werden soll, aber so, dass es sprachlich nicht auffällt. Offen bleibt, woher die zusätzl. Mittel stammen sollen, wenn das Volumen des Länderanteils an der Umsatzsteuer überschritten wird.

47 Diese Vorgehensweise hätte allerdings weiter zu Folge, dass die Verteilungsmasse nicht relativ starr feststeht, was ein großer Vorteil der Neuregelung hätte sein sollen, sondern an vielen Stellschrauben noch „bereinigt" oder „veredelt" werden kann, also reiche Möglichkeiten der Vielzahl der finanzschwachen „Nehmerländer" bietet, mit Hilfe des Bundes die wenigen leistungsfähigen „Geberländer" auszubeuten oder bei Bedarf eine Zustimmung im BRat zu erlangen.

48 Auch das neue System mit der Erhebung von Abschlägen und der Gewährung von Zuschlägen dürfte nur als Korrektur der vom GG „grundsätzlich gewollten Ertragsaufteilung" zu verstehen sein. Es ist dieser gegenüber weiterhin als **subsidiär** zu beurteilen.[93] Er erfüllt letztlich dieselbe Funktion wie der alte Länderfinanzausgleich. Der Ausgleich der Finanzkraftunterschiede nach Abs. 2 S. 2 dürfte deshalb nicht als Instrument eingesetzt werden, um das Ergebnis der primären Ertragsaufteilung nach Abs. 1 durch ein völlig anders geartetes System zu ersetzen.

49 **3. Umsetzung durch Bundesgesetz.** Obwohl die Inhalte der gesetzl. Regelung in der Praxis weitgehend zwischen Bund und Ländern ausgehandelt werden, müssen sie nach dem klaren Wortlauf von Art. 107 II 1 durch (zustimmungspflichtiges) **Bundesgesetz** erlassen werden. Der Bund trägt die verfassungsrechtl. Verantwortung für die Erfüllung der Verpflichtung zum Ausgleich von Finanzkraftunterschieden und die Einhaltung der Vorgaben, die das BVerfG für Details seiner Ausgestaltung gemacht hat.

50 Der Bund war seiner Pflicht mit Erlass des **Finanzausgleichsgesetzes** 1969[94] im Wesentlichen nachgekommen. Einzelne Vorschriften seines zweiten Abschnitts hat das BVerfG allerdings 1986 wegen Verstoßes gegen Art. 107 II aF für verfassungswidrig erklärt.[95] Die Neufassung des Gesetzes[96] hat es jedoch – von kleineren Beanstandungen abgesehen – 1992 passieren lassen.[97] In einem weiteren Verfahren hat es 1999 von einer endgült. Würdigung abgesehen („kommt derzeit nicht in Betracht"), aber weitreichende Regelungsaufträge für den Bundesgesetzgeber (Erlass eines MaßstäbeG) ausgesprochen (→ vor Art. 104a Rn. 61–63). Völlig zu Recht hat es dabei die bislang sehr ungewöhnl. Mahnung an den Gesetzgeber ausgesprochen, auf eine Vereinfachung und verbesserte Verständlichkeit der Einzelregelungen hinzuwirken.[98] Sie hat aber bzgl. der nachfolgenden Änderungen des FAG zunächst kaum gefruchtet.

51 Das MaßstäbeG ist 2001 erlassen worden. Sein Inhalt ist aber dürftig und praktisch weithin bedeutungslos. Die Verpflichtung des Bundes zum Erlass eines derartigen Gesetzes ist durch Neuregelung von 2017 nun auch in den Wortlaut der Vorschrift aufgenommen worden, Abs. 2 S. 3. Dort ist allerdings auch insoweit nur die Rede von „dem" Gesetz. Diese Formulierung wird man wohl noch so deuten können, dass auch ein separates Gesetz zulässig sein kann und eine Integration in das FAG nicht erforderlich ist. Im Gegenteil sollte die Logik theoretisch so sein, dass dieses Gesetz Regeln für den – in einem zweiten Schritt – durch Gesetz vorzunehmenden Ausgleich aufstellen sollte. Das legt die Aufteilung auf zwei Gesetze durchaus nahe.

52 Die GG-Änderung von 2017 machte **umfangreiche Änderungen** des MaßstG und des FAG erforderlich. Zunächst war der Regelungsbereich beider Gesetze einzuschränken. Er erfasst jetzt nicht mehr den umverteilenden Finanzausgleich insgesamt, sondern nur noch die Verteilung und Umverteilung der Umsatzsteueranteile nach Abs. 2 S. 2. Für die neuen Zuweisungen nach Abs. 2 S. 6 ist zudem ausdr. eine Freistellung von den Beschränkungen einer Maßstabsgesetzgebung ausgesprochen. Auch die verwendete Begrifflichkeit musste den neuen verfassungsrechtl. Vorgaben angepasst werden: „Finanzkraftausgleich" statt „Länderfinanzausgleich", Zu- und Abschläge statt „Ausgleichsansprüche" und „Ausgleichsverpflichtungen".[99] § 4 III MaßstG wurde im Zuge der Neuregelung von § 2 S. 2 StabiRatG nF und § 51 HGrG nF gestrichen. Die nur teilweise Berücksichtigung der bergrechtl. Förderabgabe (§ 31 BBergG) gem. Art. 107 II 3 GG nF findet sich in § 7 V MaßstG nF und § 7 II FAG nF wieder. Danach wird die Abgabe nur zu 33 Prozent berücksichtigt (§ 7 II FAG nF).

---

[93] BVerfGE 72, 330 (386); 86, 148 (214 f.); 101, 158 (221).

[94] G. über den Finanzausgleich zwischen Bund und Ländern vom 28.8.1969 (BGBl. I S. 1432).

[95] BVerfGE 72, 330, m. abwM *Niebler*, S. 409; dazu *Mußgnug* JuS 1986, 872 (872, 878); *Patzig* DÖV 1986, 1037 (1038 f.); *Wieland* Jura 1988, 410 (411 ff.).

[96] G v. 28.1.1988 (BGBl I 94).

[97] BVerfGE 86, 148 (151 f.). Sie betrafen vor allem die Berechnung der Fehlbeträge und ihre Verteilung auf die Länder in § 10 III FAG aF Die Vorschrift ist durch G v. 28.4.1995 (BGBl I 583) dementspr. neu gefasst worden. Entsprechendes gilt für § 10 IV FAG aF, der Regelungen der Zahlungspflicht enthielt.

[98] BVerfGE 101, 158 (238).

[99] BT-Dr 18/11135, S. 59.

**4. Finanzbedarf des einzelnen Landes als Fremdkörper.** Art. 107 I 1 schreibt vor, dass die   53
unterschiedl. Finanzkraft der Länder angemessen auszugleichen ist. Der – uU unterschiedliche –
**Finanzbedarf** eines Landes spielt dafür zunächst keine Rolle. Bedarfsgesichtspunkte sind ein **Fremdkörper** im System des Finanzkraftausgleichs des GG.[100] Andernfalls wäre auch die ausdr. vorgeschriebene Einbeziehung des komm. Finanzbedarfs (S. 1 Hs. 2) überflüssig. Der individ. Bedarf ist kaum
objektiv feststellbar und beruht – zumindest mittelfristig – nicht selten auf frei gestaltbaren **politischen
Entscheidungen.** Die bündische Solidarität wird gesprengt, wenn eine finanzverfassungsrechtlich
anzuerkennende Ausgleichsbedürftigkeit durch eigene polit. (Fehl-)Entscheidungen eines Landes herbeigeführt werden könnte, zB durch Unterhaltung einer besonders aufwändigen Verwaltung oder
repräsent. Bauten und Bewirtungen.[101]

Die **Finanzkraft** eines Landes wird entscheidend durch das gesamte Finanzaufkommen – nicht nur   54
das Steueraufkommen – des Landes bestimmt.[102] Dem trägt auch § 6 I MaßstG im Grundsatz Rechnung: „Die Finanzkraft bemisst sich nach den ausgleichserheblichen Einnahmen." Das war eigentlich
auch schon vor Erlass dieser Bestimmung klar. Allerdings enthält die Vorschrift einen durchaus
relevanten Vorbehalt, die Beschränkung auf bestimmte, **ausgleichserhebliche** Einnahmen. Damit ist
zunächst einmal die Tür geöffnet, sich ausgleichsunschädlich gegen die volle Ausnutzung einer Einnahmequelle zu entscheiden.

Das BundesG hat dementspr. **nicht** die **tatsächlich** den einz. Ländern zur Verfügung stehenden   55
finanz. Mittel – auch nicht bezogen auf eine Vergleichsgröße, wie Einwohnerzahl, Fläche oder bes.
Aufgaben – zum Krit. des Ausgleichs nach Abs. 2 gemacht. Auszugleichen sind vielmehr die unterschiedl. **Möglichkeiten,** sich diese Mittel zu beschaffen. Ob sie tatsächl. ausgeschöpft werden, ist nicht
entscheidend. Es hat sich dabei von der Erwägung leiten lassen, dass in einem gegliederten Staatswesen
die Gliedstaaten auch die Freiheit zu einer mehr oder weniger weitgehenden Ausbeutung der ihnen
zugewiesenen Finanzquellen haben müssen. Eine solche Entscheidung darf nicht zu Gunsten oder zu
Lasten der bündischen Partner gehen, indem sie ihre Finanzausgleichszahlungen beeinflusst. Das soll
mit der Anknüpfung an die – so verstandene – **Finanzkraft** erreicht werden.[103] Damit entstehen aber
zugleich auch Manipulationsmöglichkeiten auf der Einnahmenseite zugunsten einz. Länder oder
Ländergruppen. Es entstehen Gestaltungsspielräume für die vollst. oder teilw. Nichtberücksichtigung
von Einnahmen, zB durch eine „Einwohnerveredelung" bei der Normierung der Solleinkünfte.

Manipulationsmöglichkeiten bestehen aber auch durch die (verdeckte) Berücksichtigung von Be-   56
darfsgesichtspunkten, da unter diesen Voraussetzungen die Abgrenzung von Finanzkraftunterschieden
und Bedarfsgesichtspunkten im Einzelfall nicht immer eindeutig ist. Es mag noch angehen, wenn das
BVerfG erlaubt, bestimmte strukt. Eigenarten von Ländern nach „objektiven Indikatoren" modifiz. zu
berücksichtigen.[104] Die bes. Verhältnisse **eines bestimmten Landes** dürfen jedenfalls **nicht** herangezogen werden. Allenfalls ist eine Orientierung an **abstrakten** (pauschalen) Bedarfsgesichtspunkten
zulässig, die **in allen** Ländern zutreffen.[105] Ein solches Verständnis ist schon nach dem Gebot der föd.
Gleichbehandlung geboten.

Die einfachgesetzl. Ausgestaltung stützt sich deswegen gern auf „abstrakte Bedarfskriterien" oder   57
„abstrakte Mehrbedarfe" (§ 7 MaßstG), um probl. Sonderregelungen zu rechtfertigen. Die system.
Zuordnung dieser Modifikationen des Grundprinzips ist nur schwer möglich, da sie sowohl auf der
Einnahmenseite (abw. Festlegung des Devisors bei der Ermittlung von pro-Kopf Einnahmen, nur teilw.
Berücksichtigung von Einnahmearten) bei der Ermittlung der Finanzkraft oder auf der Ausgabenseite,
als normierter Bedarf bei der Bestimmung der Ausgleichsmesszahl, eingesetzt werden. Bei einer
Gesamteinschätzung liegen den Modifikationen wohl überw. Bedarfsgesichtspunkte zugrunde. In den
einfachgesetzl. Ausführungsregelungen ist eine klare Zuordnung nicht enthalten.

**5. „Abstrakter" Bedarf und Mehrbedarf.** Bei der Durchführung des vorgeschriebenen Finanz-   58
kraftausgleichs soll als „abstraktes" Bedarfskriterium, das vom BVerfG grds. gebilligt worden war
(→ Rn. 50), die **Einwohnerzahl** eines Landes zugrunde zu legen sein, § 7 I 1 MaßstG. Ungeachtet
der dogm. Problematik von Vorgaben für den einfachen Gesetzgeber durch einfaches Gesetz ist in § 9 I
FAG so verfahren worden (→ Rn. 67). Unter der Überschrift Herstellung der „Vergleichbarkeit der
Finanzkraft" enthält das MaßstG in § 7 III Klauseln, die auf die Beibehaltung der Stadtstaatenklauseln
und der Einwohnerveredelung abzielen. Immer wird jedoch ein „abstrakter" Mehrbedarf und objektivierbare Kriterien verlangt, wohl im Hinblick auf den krit. Blick des BVerfG (→ Rn. 69 ff.). Auch wird
eine fundierte Vergleichsbetrachtung für die Feststellung eines solchen Bedarfs verlangt, § 7 II MaßstG.

---

[100] Ähnlich *Huber* MKS III, Art. 107 Rn. 126–140, der typis. Ermittl. der Aufgaben (Rn. 127 f.) und Abstellen auf
den abstr. Finanzbedarf (Rn. 129) verlangt, Sonderbedarfe allenfalls auf empirisch gesicherter Grundlage zulassen will
(Rn. 133 ff.; im Ansatz abw. *Heun/Thiele,* in: Dreier III, Art. 107 Rn. 36, die aber in der prakt. Anwendung fast
vollständig zu denselben Ergebnissen gelangen.

[101] Vgl. dazu *Korioth* (Fn. 13), S. 579 mwN.

[102] BVerfGE 72, 330 (400); 101, 158 (223, 228).

[103] BVerfGE 86, 148 (217 f.); s. a. *Korioth* (Fn. 13), S. 554 f.

[104] BVerfGE 72, 330 (400 f.).

[105] BVerfGE 72, 330 (400); zT weiter *Selmer* VVDStRL 52 (1993), 10 (44 f.).

**59** Fraglich ist aber, ob ein einfaches Gesetz eine Grundlage für Ausführungsregelungen schaffen kann, die verfassungsrechtl. probl. sind. Im Grunde ist der einfache Gesetzgeber davon ausgegangen, dass er sich auf diese Weise gegen verfassungsrechtl. Beanstandungen immunisieren könne. Das ist aber methodologisch kaum nachvollziehbar. Allerdings kannte der verfassungsänd. Gesetzgeber diese Vorgehensweise und hat sie uU implizit gebilligt. Ob das aber im Hinblick auf Art. 79 I 1 ausreicht, ist keinesfalls sicher.

**60** Wie sich bereits aus seiner Bezeichnung ergibt, handelt es sich bei dem „abstrakten" Mehrbedarf um die (systemwidrige) Einbeziehung von einz. Bedarfsgesichtspunkten in den Finanzkraftausgleich, die letztlich ganz bestimmten Ländern zugutekommen (sollen), auch wenn sie abstrakt formuliert sind. Systemwidrig, aber ausdr. angeordnet ist die Berücksichtigung des Finanzbedarfs der Kommunen beim Ausgleich der Finanzkraft der Länder, Art. 107 II 1 Hs. 2. Sie ist deshalb im Grundsatz verfassungsrechtlich nicht zu beanstanden.

## IV. Ermittlung der unterschiedlichen Finanzkraft

**61** Der Finanzkraftausgleich iRd Neuregelung erfolgt technisch ebenso wie der abgeschaffte Finanzausgleich durch die Gegenüberstellung der für jedes Land ermittelten **Ausgleichsmesszahl** mit seiner **Finanzkraftmesszahl.** Die Ausgleichsmesszahl kann als ein durchschnittl., durch verschied. Korrekturfaktoren normierter Finanzbedarf verstanden werden. Allerdings wird im Gegensatz zur bish. Regelung die Diff. nun unter Anwendung eines **einheitlichen Tarifs** zu 63 % ausgeglichen, § 10 I und II FAG (→ Rn. 85). Auf dieser Stufe kann also weitgehend auf die bish. Überlegungen und Erläuterungen zurückgegriffen werden.

**62** Die Ermittlung der Finanzkraft der einz. Länder spielt für den angemess. Ausgleich eine zentrale Rolle. Es handelt sich um einen **unbestimmten Rechtsbegriff,** der vom Gesetzgeber als „entwicklungsbestimmende[r] Tatbestand" und nicht nur als „Jahresereignis" zu entfalten ist. Er hat dazu „praktikable und ökonomisch rationale Indikatoren" zu finden, welche die Einnahmen der Länder vergleichbar machen.[106] Die Bestimmung des Begriffs muss vertretbar sein.[107] Entgegen der früheren Staatspraxis ist der Begriff jedoch gegenständlich **umfassend** zu verstehen. Die finanz. Leistungsfähigkeit eines Landes fließt nicht nur aus den ihm zur Verfügung stehenden Steuerquellen. Die Finanzkraft darf deshalb nicht auf die Steuerkraft reduziert werden, die allerdings als wichtiger Indikator für die Finanzkraft dienen kann.[108] Es sind daher **alle Abgaben** zu berücksichtigen, die von ihrem Volumen her bedeutsam sind. Das gilt auch für Abgaben, die nicht in allen Ländern anfallen. Dementspr. ist jetzt in § 6 I 2, II MaßstG angeordnet, dass „grundsätzlich (…) alle Einnahmen von Ländern und Gemeinden sowie Gemeindeverbänden zu berücksichtigen" sind; und zwar „in voller Höhe". Eine Konkretisierung ist in § 7 FAG erfolgt.

**63** **Außersteuerliche Einnahmen** dürfen nur dann aus Vereinfachungsgründen aus der vergleichenden Betrachtung ausgeschieden werden, wenn ihr Volumen nicht ausgleichserheblich ist, wenn sie in allen Ländern verhältnismäßig gleich anfallen, wenn sie als Entgelte oder entgeltähnliche Abgaben lediglich Leistungen des Landes ausgleichen oder wenn der Aufwand für ihre Ermittlung zur mögl. Ausgleichswirkung außer Verhältnis steht.[109] Diese Formulierung des BVerfG hat der Gesetzgeber wörtlich in das MaßstG übernommen (§ 7 I aF, jetzt § 6 I), das dennoch keine verbindl. Bestimmung des Verfassungsbegriffs enthalten kann.[110] Zu berücksichtigen sind danach die bergrechtl. Förderabgabe nach § 31 BBergG, unabhängig davon, ob sie als Steuer, Gebühr oder Sonderabgabe zu qualifizieren ist,[111] und die Kompensationszahlungen nach Art. 106b (→ Art. 106b Rn. 5), **nicht** aber die Zahlungen des Bundes für den öff. Personennahverkehr[112] kraft ausdr. Anordnung in Art. 106a S. 3.

**64** Die Neuregelung **erlaubt** nun aber ausdr., dass die **bergrechtliche Förderabgabe** „mit nur einem Teil ihres Aufkommens berücksichtigt" wird, Art. 107 II 4. Diese Ermächtigung hat der Gesetzgeber genutzt und angeordnet, dass „den Steuereinnahmen der Länder (…) 33 Prozent des Aufkommens aus der Förderabgabe" nach § 31 BBergG „hinzu gesetzt" werden, § 7 II FAG.

**65** Das FAG ist inzw. auch von einer rein statischen Betrachtungsweise abgerückt und berücksichtigt auch die **Entwicklung** der Steuereinnahmen. Bei Ländern, deren Steuereinnahmen sich überdurch-

---

[106] BVerfGE 101, 158 (216, 228).

[107] BVerfGE 72, 330 (399); 101, 158 (228).

[108] BVerfGE 101, 158 (223); zuvor ohne den Hinweis auf die Indikatorfunktion BVerfGE 72, 330 (398 f.); 86, 148 (216); *J.-P. Schneider* AK GG, Art. 107 (2001) Rn. 14; *Heun,* in: Dreier III, Art. 107 Rn. 33; aA *M. Niebler* BVerfGE 72, 330 (426 ff.). Eine Unterscheidung nimmt auch der verfassungsändernde Gesetzgeber vor, wenn er in Art. 107 I 4 letzter HS, der iRd Föderalismusreform 2006 neu eingefügt wurde, bei der Verteilung der Grunderwerbsteuer von der „Steuerkraft" spricht.

[109] BVerfGE 101, 158 (223); zuvor mit zT deutlicheren Abweichungen BVerfGE 72, 330 (400); 86, 148 (216); für eine Einbeziehung von Gewinnen aus öff. Unternehmen *Huber* MKS III, Art. 107 Rn. 116.

[110] Problematisch daher *Kube,* in: Epping/Hillgruber, Art. 107 Rn. 17.

[111] BVerfGE 72, 330 (410 f.); anders zuvor *Ossenbühl,* Verfassungsrechtliche Grundfragen des Länderfinanzausgleichs gem. Art. 107 II, 1984, S. 119 f.

[112] Näher → Art. 106a Rn. 7, 10.

schnittl. entwickeln, sind Kürzungen bei dem Ansatz der Finanzkraft vorzunehmen, maximal 12 % der überdurchschnittl. Einnahmen (§ 7 III FAG). Damit soll der ökonom. Erfolg nicht mehr durch den Finanzausgleich bestraft werden.

## V. Berücksichtigung des „abstrakten" Finanzbedarfs

In dem vom GG vorgeschriebenen Finanzkraftausgleich ist die Berücksichtigung von Bedarfs- **66** gesichtspunkten grds. unzulässig. Auch wenn sie ausnahmsweise zulässig ist, bleibt sie ein Fremdkörper in diesem System (→ Rn. 53). Ausdr. erlaubt ist sie allerdings iRd Einbeziehung der komm. Ebene bei der Ermittlung der Finanzkraft eines Landes (→ Rn. 79).

**1. Grundsätzliche Ausrichtung an der Einwohnerzahl.** Eindeutig zulässig ist allerdings die **67** Orientierung an der jew. **Einwohnerzahl** eines Landes als einem „abstrakten Kriterium", das gleichermaßen für alle Länder gilt und wenig manipulationsanfällig ist.[113] Daher darf das Finanzaufkommen pro Kopf zur prakt. Durchführung des Ausgleichs zugrunde gelegt werden. Die entspr. Praxis ist weiterhin in § 8 I 1 MaßstG vorgeschrieben, allerdings verbunden mit einem Modifikationsvorbehalt, wenn „strukturelle Eigenarten der Länder und ihrer Gemeinden" abstrakte Mehrbedarfe erzeugen. Mit Wirkung vom 1.1.2020 ist der Begriff „abstrakter Mehrbedarf" durch die Wendung „für Zwecke des angemessenen Ausgleichs" ersetzt worden. Derartige strukt. Eigenarten werden sich leicht finden lassen, wenn es gewünscht ist. Hier lässt das MaßstG einer Hintertür für selektive Begünstigungen oder Belastungen offen. Dennoch ist die Regelung ein Schritt in die richtige Richtung.[114] Hinzu kommt, dass die gebotene Gleichbehandlung aller Länder angeordnet ist, wenn derartige Bedarfe einbezogen werden, § 8 I 1 MaßstG. Die schließlich noch vorgeschrieb. Verwendung „objektivierbarer Indikatoren" zu ihrer Erfassung erfüllt ebenfalls kaum die Anforderungen des BVerfG, da der Gesetzgeber diese Indikatoren allg. vorgeben und nicht nur erwähnen sollte.

Von den Einnahmen darf ein bes. Aufwand abgesetzt werden, der zu ihrer Gewinnung erforderlich **68** war. Eine Umrechnung von absoluten Beträgen auf die Einwohnerzahl ist ebenfalls zulässig.[115] **Sonderbedarfe** eines Landes müssen aber außer Ansatz bleiben.[116] Das folgt auch aus dem Gebot der **föderativen Gleichbehandlung.**[117] Allenfalls dürfen „verlässliche, objektivierbare Indikatoren" verwendet werden.[118] Diese Formulierung ist wörtlich in § 8 II 2 (jetzt § 7 II 2) MaßstG übernommen worden, so dass bestimmte Aufwendungen als „abstrakter" Mehrbedarf die Finanzkraft mindern können, allerdings kaum selektiv für einzelne Länder.

**2. Einzelregelungen zur Berücksichtigung von „abstraktem" Mehrbedarf. a) Seehäfen, 69 Stadtstaaten und Einwohnerveredelung.** Systemwidrig wurden die Kosten für die Unterhaltung und Erneuerung der **Seehäfen** als Sonderbelastungen von den Einnahmen bei der Ermittlung der Finanzkraft norddeutscher Küstenländer (Brem, Hamb, MV, Nds) abgesetzt (§ 7 III FAG aF),[119] und die **Stadtstaaten** (Berl, Brem und Hamb) durch Gewichtung ihrer Einwohnerzahlen mit 135 % (§ 9 II FAG) bevorzugt.[120] Die Tradition vermag derartige Systembrüche **nicht zu rechtfertigen.**[121] Die

---

[113] BVerfGE 72, 330 (400); deutlicher hervorgehoben 101, 158 (223, 229).

[114] Vgl. *Wernsmann* BK, Art. 107 (2019) Rn. 179.

[115] BVerfGE 72, 330 (400).

[116] BVerfGE 72, 330 (399 f.); 86, 148 (224, 238); 101, 158 (229). *P. Kirchhof* (Fn. 53), S. 30 ff., 90 ff.; *Wernsmann* BK, Art. 107 (2019) Rn. 183 ff., der aber grds. Zweifel an der Richtigkeit einer weitgehenden Ausblendung von „Bedarfslagen" einz. Länder äußert (Rn. 179); *Heun/Thiele,* in: Dreier III, Art. 107 Rn. 36; grds. ebenso *Häde* (Fn. 13), S. 226 f., der ihn aber berücksichtigen will, soweit er bei der Umsatzsteuerverteilung anzusetzen ist (S. 229 f.); *Hidien,* Handbuch Länderfinanzausgleich, 1999, S. 133 ff., 163; *Henneke,* in: Hofman/Henneke, Art. 108 Rn. 58; aA *Schiedermair,* Der Härteausgleich im Gesetz über den Finanzausgleich zwischen Bund und Ländern, 1986, S. 11 ff., 22; *Selmer,* FS Friauf, 1996, S. 683 (692 f.) mwN in Fn. 31, 32; *Wendt* HStR IV1, § 104 Rn. 79; *Bull* DÖV 1999, 269 (278); für Gestaltungsfreiheit des Finanzausgleichsgesetzgebers (Fn. 112), S. 49, 54, 56 f.; wohl auch *Korioth* (Fn. 13), S. 581 ff., der aber gleichwohl eine Überprüfung der bish. Diskussion für erforderlich hält; krit. zur Rspr. des BVerfG *Brockmeyer,* in: Hofmann/Hopfauf, 12. Aufl. 2011, Art. 107 Rn. 14, der zu Recht auf die Inkonsistenz bzgl. der Seehafenlasten und der Stadtstaatenklausel hinweist. Das rechtfertigt aber nicht die Berücksichtigung von Sonderlasten, wie er wohl meint, sondern verlangt die Streichung der beiden (systemwidrigen) Sonderfälle (s. o. Rn. 30).

[117] *Wieland* Jura 1988, 410 (419); im Erg. ebenso *Prokisch,* Die Justiziabilität der Finanzverfassung, 1993, S. 241 f.; s. a. *Selmer* JuS 1995, 978 (981 f.).

[118] BVerfGE 86, 148 (239); zust. *Korioth* (Fn. 13), S. 579.

[119] Akzeptiert von BVerfGE 72, 330 (413 f.); 86, 148 (236 ff.); *Ossenbühl* (Fn. 112), S. 135 f.; krit. *Hidien* (Fn. 116), S. 161, 413 ff.; *ders.* DÖV 1999, 903 (905).

[120] Unter Vorbehalt akzeptiert von BVerfGE 72, 330 (415 ff.), 86, 148 (239 ff.); *Hidien* (Fn. 116), S. 184; vorsichtig *Ossenbühl* (Fn. 111), S. 140 f. zT „außerrechtliche Frage"; *Dietrich,* Einwohnerveredelung und Finanzausgleich, 1997; eingehend zur Einwohnergewichtung und eher krit. *Seiler,* in: Maunz/Dürig, Art. 107 (2018) Rn. 99–104.

[121] Für Verfassungswidrigkeit *Carl* (Fn. 16), S. 85, 87; *Lenk,* Reformbedarf und Reformmöglichkeiten des deutschen Finanzausgleichs, 1993, S. 265 ff.; *Henneke,* in: Hofman/Henneke, Art. 108 Rn. 80 f.: Verfassungswidrigkeit der Einwohnerveredelung; krit. auch *Wendt* HStR IV1, § 104 Rn. 83, der aber mehr auf die sachlich nicht gerechtfertigte Ungleichbehandlung abstellt; *Korioth* (Fn. 13), S. 600; *Kesper* (Fn. 9), S. 250 f.; *Heun/Thiele,* in: Dreier III, Art. 107 Rn. 37; *Huber* MKS III, Art. 107 Rn. 130.

Dimension der durch die Berücksichtigung dieser Bedarfe bewegten Mittel ist erheblich. Namentlich die Berücksichtigung der Seehäfen als „gesamtstaatliche Aufgabe" überzeugt nicht. Kein Land ist zum Altruismus verpflichtet. Wenn es meint, mit der Unterhaltung von Seehäfen eine Leistung für andere zu erbringen, mag es diese durch Erhebung kostendeckender Gebühren und Entgelte zur Finanzierung heranziehen.[122] Dann wird sich sehr schnell herausstellen, ob tatsächlich ein Interesse an diesen Leistungen besteht. Bedenklich war auch die langjährige Praxis, die **Einwohnerzahlen** zu „veredeln", indem sie mit zunehmender Größe und Siedlungsdichte stärker gewichtet wurden (§ 9 II FAG aF), auch wenn das mit dem Devisor für die komm. Steuereinnahmen geschah (§ 9 III FAG aF).[123] Ein angeblich höherer abstr. Bedarf lässt sich weder theoretisch noch empirisch begründen.

70 **b) Das Brechtsche Gesetz.** Hinter der Praxis, die Einwohnerzahlen so zu „veredeln" (→ Rn. 69), steht die auf *A. Brecht*[124] zurückgehende Vorstellung, dass die Staatsausgaben überproportional mit wachsender Agglomeration steigen. Er nannte diesen Zusammenhang 1932 das „Gesetz der progressiven Parallelität zwischen Ausgaben und Bevölkerungsmassierung".[125] Ein solcher Zusammenhang konnte in dieser Allgemeinheit jedoch empirisch nicht bestätigt werden.[126] Auch bei der Erbringung von Verwaltungsleistungen können die Gesetze der Massenproduktion zu sinkenden oder konstanten Stückkosten führen („economies of scale and of scope").[127] Das führt dazu, dass in dünn besiedelten Gebieten die Kosten vieler öff. Leistungen pro Kopf deutlich höher liegen können als in Städten.[128]

71 **c) Die Haltung des BVerfG.** Das BVerfG hat seine urspr. wohlwollende Haltung zu **„Hafenlasten"** und **„Einwohnerveredelung"** deutlich modifiziert. Nachdem es die „Einwohnerveredelung" zunächst noch hatte passieren lassen, allerdings versehen mit einem Prüfungsauftrag,[129] meldete es 1999 verstärkt Bedenken an und kritisierte die Einwohnerwertungen von § 9 III FAG aF als „frei gegriffen" und rügte die fehlende empirische Basis.[130] Es verlangte nunmehr eine Prüfung anhand von „objektivierbaren" und „ökonomisch rationalen Indikatoren".[131] Das anschließend erlassene MaßstG erlaubt die Modif. der Einwohnerzahl der Stadtstaaten und „besonders dünn besiedelter Flächenländer", § 8 III (jetzt § 7 III) MaßstG, erwähnt die Hafenlasten indes nicht mehr. Dementspr. sind sie auch nicht mehr im akt. FAG enthalten. Dabei handelte es sich im Wesentl. nur um eine formale Anpassung, da die entspr. Leistungen bis 2019 nunmehr in einem bes. Gesetz enthalten waren, das auf Art. 104a IV aF gestützt wurde.[132] Das wirtschaftl. Ergebnis war weitgehend dasselbe, allerdings die Zweckbindung deutlicher.

---

[122] Im Erg. wohl auch *Korioth* (Fn. 13), S. 604 f., der die Berücksichtigung im Länderfinanzausgleich für „passender" hält.

[123] Vgl. *Grawert*, Die Kommunen im Länderfinanzausgleich, 1989, S. 88 ff., 124; *Korioth* (Fn. 13), S. 594–598; *Kesper* (Fn. 9), S. 256 f.; *H.-W. Arndt*, Finanzausgleich und Verfassungsrecht, 1997 (Umdruck), S. 63 ff., 73; aA *Dietrich* (Fn. 120), S. 209.

[124] Es handelt sich um das Popitzsche Gesetz, wie das BVerfG behauptet (BVerfGE 86, 148 [177]); nun auch anerkannt von *Korioth* (Fn. 13), S. 588.

[125] Internationaler Vergleich der öffentlichen Ausgaben, 1932, S. 6 ff. Neun Jahre später befasste er sich erneut mit dem Einfluss der Bevölkerungsdichte auf die öff. Ausgaben und konkretisierte den Zusammenhang: Von einer nicht genau definierten Untergrenze der Bevölkerungsdichte an wüchsen die gesamten öff. Ausgaben schneller als die Gesamtzahl der Einwohner. Dadurch steige die „per capita" Ausgaben, bis ein oberer Grenzwert der Bevölkerungsdichte erreicht sei. Von da an finde ein solches Wachstum nicht mehr statt (*Brecht*, in: Friedrich/Mason, Public Policy, 1940, S. 289 [305 f.]).

[126] *Kaehler* FinArch 40 (1982), 445 (466). *Fecher*, HdWW I (1977), 334 (360), stuft es als „theoretisch unfundiert" und „statistisch in keiner Weise abgesichert" ein. Er weist jedoch auf weitere Arbeiten hin, welche die beiden Bestimmungsfaktoren „Bevölkerungsdichte" und „Verstädterung" voneinander trennen und durchaus positive Korrelationen gefunden haben (ebda., S. 360 f.). Eine erneute Überprüfung des „Brechtschen Gesetzes", allerdings bezogen auf die Stadtstaatenklausel (o. Rn. 34), hat gezeigt, dass sich „ein gesicherter Zusammenhang zwischen Agglomeration und Pro-Kopf-Kosten der öffentlichen Leistungserstellung auf der Landesebene" nicht belegen lässt, *Stegarescu*, ZEW Konjunkturreport 2001, S. 8 (9); eingehend *Büttner/Schwager/Stegarescu*, Einwohnergewichtung, Siedlungsdichte und Mehrbedarf, 2000.

[127] Das wird eindrucksvoll belegt, wenn die Kosten der Leistungserstellung nach Aufgabenbereichen aufgeschlüsselt werden. Es ergeben sich sowohl Erhöhungen als auch Verringerungen der Pro-Kopf-Kosten mit einem 10 % Signifikanzniveau, bei insgesamt hoher Variabilität. Das war zu erwarten, da „economies of scale" sehr stark von der Art des einz. „Verwaltungsprodukts" abhängen, das hergestellt wird. Die Aggregation der Einzelwerte führt zu einer symmetr. Verteilung der Schätzwerte um den Nullpunkt, vgl. *Stegarescu*, ZEW Konjunkturreport 2001, S. 8 (8 f.).

[128] Im Grundsatz auch von BVerfGE 101, 158 (231) anerkannt. Dementspr. wurde in § 8 III 2 MaßstG angeordnet, dass „die Berücksichtigung abstrakter Mehrbedarfe besonders dünn besiedelter Flächenländer notwendig werden" kann, Konsequenzen sind daraus mit dem neuen § 9 III FAG – wenn auch sehr pauschal – gezogen worden.

[129] BVerfGE 86, 148 (233); aufgegriffen von *Korioth* (Fn. 13), S. 594; keine Bedenken: BayVerfGH BayVBl 1997, 303 (304 ff.); 336 (337 ff.); NRWVerfGH NWVBl 1998, 390 (394); *Grawert* (Fn. 124), S. 92.

[130] BVerfGE 101, 158 (231); *Huber* MKS III, Art. 107 Rn. 133, verlangt deshalb nun auch eine Rechtfertigung auf Grund von empirisch gewonnenen Daten.

[131] BVerfGE 101, 158 (229 f.).

[132] G über Finanzhilfen des Bundes nach Artikel 104a IV des Grundgesetzes an die Länder Bremen, Hamburg, Mecklenburg-Vorpommern, Niedersachsen sowie Schleswig-Holstein für Seehäfen, v. 20.12.2001 (BGBl I 3955, 3962) gültig ab 1.1.2005.

**d) Die gegenwärtige Rechtslage.** Die Zu- oder Abschläge für ein bestimmtes Land werden durch 72 seine Finanzkraftmesszahl und seine Ausgleichsmesszahl bestimmt, § 10 FAG. Die Ausgleichsmesszahl spiegelt im Wesentlichen den normierten Finanzbedarf eines Landes wider. Sie wird durch Addierung der getrennt ermittelten Messzahlen für das Land und für seine Gemeinden ermittelt, die sich grds. an dem bundesweiten Durchschnitt der Einnahmen pro Kopf orientieren, § 6 II 2 FAG. Durch selektive Übergewichtung der Einwohner von iE aufgezählten Ländern (§ 9 II und III) werden ihre beiden Messzahlen, der normierte Finanzbedarf, überproportional erhöht und damit letztlich auch ihre Position in der Umsatzsteuerverteilung.

Die Einwohner von Berl, Brem und Hamb werden bei der Bestimmung der Messzahl zum Aus- 73 gleich der **Einnahmen des Landes** mit 135 % gewichtet, die übrigen mit 100 %, § 9 II FAG. Bei der Bestimmung der Messzahl zum Ausgleich der **Steuereinnahmen der Gemeinden** werden die Einwohner von Berlin, Bremen und Hamburg mit 135 %, von Mecklenburg-Vorpommern mit 105 %, von Brandenburg mit 103 % und von Sachsen-Anhalt mit 102 % gewichtet, § 9 III FAG. Obwohl formal die Modifik. auf der Einnahmenseite erfolgen, handelt es sich wirtschaftlich um **stilisierte Bedarfsgesichtspunkte,** die hier berücksichtigt werden.

Im Erg. sind hier die problematische **Stadtstaatenklausel,** die **Seehäfenklausel** und eine umge- 74 wandelte **Einwohnerveredelung** zur Begünstigung **dünn besiedelter** Gebiete im Norden der neuen Länder zu einem Mechanismus zusammengefasst worden. Er bleibt gleichwohl ein Fremdkörper im neuen System des Finanzkraftausgleichs und ist weiterhin verfassungsrechtlich probl. (→ Rn. 67, Rn. 79).

## VI. Einbeziehung der kommunalen Ebene

Die **Finanzkraft** der **Gemeinden** und **Gemeindeverbände** ist dem betreff. Land zuzurechnen. 75 Finanzkraft und Finanzbedarf dieser Kommunen sind iRd Finanzkraftausgleichs zu „berücksichtigen", Abs. 2 S. 1 Hs. 2. Eine vollst. Einbeziehung ist danach nicht erforderlich. In welchem Umfang sie zu erfolgen hat lässt die Bestimmung offen. Soweit nicht „verfassungsrechtlich legitimierte Gründe" dagegensprechen, muss aber als Ausgangspunkt die **gesamte kommunale Finanzkraft** dienen.[133] Die Saldierung von Einnahmen und Ausgaben oder die (teilw.) Nichtberücksichtigung der komm. Finanzkraft darf **nicht willkürlich** erfolgen. Die Entscheidungen des Gesetzgebers bedürfen einer nachvollziehbaren „rationalen Ableitung".[134]

Realsteuern und örtl. Verbrauch- und Aufwandsteuern, die in sachl. Zusammenhang mit örtlich 76 verwurzelten Lasten stehen, können aber (zT) außer Ansatz gelassen werden.[135] Entsprechendes gilt wohl auch für Konzessionsabgaben, die von Versorgungsunternehmen an Kommunen gezahlt werden.[136] Dazu besteht aber keine Pflicht. Sie können auch in vollem Umfang angesetzt werden.[137] Nach Auffass. des BVerfG ist es Aufgabe des Gesetzgebers, allg. Maßstäbe auszuformen und festzulegen, anhand derer dann zu entscheiden ist, welche komm. Einnahmen außer Betracht bleiben können. Dabei war vor allem krit. zu prüfen, ob die hälftige Kürzung verschiedener komm. Steuereinnahmen nach § 8 V FAG aF verfassungsrechtlich hinnehmbar war.[138]

Im MaßstG findet sich dazu allerdings nur eine Formulierung, die alles offen lässt: Einem noch nicht 77 anderweitig berücksichtigten „abstrakten Mehrbedarf" kann „durch einen Abschlag von den nach § 6 [MaßstG] ausgleichserheblichen Einnahmen der Gemeinden und Gemeindeverbände Rechnung getragen werden", § 7 IV MaßstG nF. Das kann kaum als prüfungsfähiger Maßstab für das FAG bezeichnet werden, wie ihn das BVerfG gewünscht hatte. Zudem versucht das Gesetz, systemwidrig Bedarfsgesichtspunkte bei der Bestimmung der Finanzkraft anzusetzen.

In Ausführung dieser Vorgaben werden die **Steuereinnahmen** der **Gemeinden** eines Landes nur 78 zT (75 %) bei der Ermittlung der Finanzkraft eines Landes angesetzt, § 8 III FAG. Immerhin war der Ansatz für die Realsteuern nach der letzten Änd. deutlich vereinfacht worden, § 8 II FAG. Ab 1.1.2025 soll aber eine außerordentlich kompliz. Neufassung von § 8 II FAG gelten. Wegen der Grundsteuerre-

---

[133] *Huber* MKS III, Art. 107 Rn. 116. Die wechselvolle Entwicklung ist dargestellt bei *Mehlhaf,* Kommunen, 2017, S. 364–421.

[134] *Huber* MKS III, Art. 107 Rn. 115; *Mehlhaf,* Kommunen, 2017, S. 363; *ders.* DÖV 2018, 647 (649): Sie müssen „auf rechts- und finanzwissenschaftlichen Erkenntnissen beruhen und einen nachvollziehbaren *Mehrwert* zur Abbildung der Leistungsfähigkeit der Gliedstaaten erbringen".

[135] BVerfGE 86, 148 (218 ff., 225, 231 f.); *Hidien* (Fn. 117), S. 443 ff.; krit. *Korioth* (Fn. 13), S. 573 f., 576 f.; *Lenk,* Aspekte des Länderfinanzausgleichs, 2001, S. 75: „keine sachliche Begründung"; abl. auch *Wendt/Elicker* DÖV 2001, 762 (771); diff. *Huber* MKS III, Art. 107 Rn. 118, nur soweit tatsächlich jeweils zuzuordnende Lasten darstellbar sind.

[136] BVerfGE 86, 148 (225 f.), allerdings beschränkt auf die „derzeitige Umstände", wohl auch *Wieland,* Die Konzessionsabgaben, 1991, S. 321 f.; *Korioth* (Fn. 13), S. 570; Bedenken gegen die Nichtberücksichtigung dieser Einnahmen in BVerfGE 101, 158 (229); *Huber* MKS III, Art. 107 Rn. 116.

[137] AA *Huber* MKS III, Art. 107 Rn. 43, 120: „(…) teilweise Nichtberücksichtigung (…) ist ein verfassungsrechtliches Gebot".

[138] BVerfGE 101, 158 (229).

form gelten ab diesem Zeitpunkt auch diff. Regelungen für die Berücksichtigung der Grundsteuer bei der Ermittlung der kommunalen Finanzkraft (§ 8 IV–VI FAG 2025).

**79** Im GG ausdr. zugelassen, daher unbedenklich ist die Berücksichtigung des **Finanzbedarfs** der Gemeinden und Gemeindeverbände, S. 1 Hs. 2. Ein Sonderbedarf der Gemeinden darf aber nicht angesetzt werden, sondern nur ihr **abstrakter** Finanzbedarf, der ohne Rücksicht auf die bes. Verhältnisse einzelner Gemeinden allg. bei der Erfüllung der komm. Aufgaben anfällt.[139] Es mag daher noch vertretbar sein, wenn die Einnahmen der Gemeinden aus dem Gemeindeanteil der Einkommen- und der Umsatzsteuer sowie die Einnahmen aus der Grund- und der Gewerbesteuer nur zu 75 % angesetzt werden (→ Rn. 78), da auf diese Weise pauschal der allg. komm. Finanzbedarf berücksichtigt werden kann.[140] Probl. ist jedoch, wenn zur Abdeckung eines angebl. „abstrakten Mehrbedarfs" der Stadtstaaten und „besonders dünn besiedelter Flächenländer" die Berücksichtigung der Steuereinnahmen selektiv noch weiter verringert wird (→ Rn. 69).

## VII. Der angemessene Ausgleich

**80** Das GG liefert keine expliziten Maßstäbe für die Angemessenheit des verlangten Ausgleichs. Sie sind durch Auslegung zu gewinnen, nicht aber durch ein „Maßstäbegesetz", auch wenn das BVerfG seine Schaffung verlangt hat (→ Rn. 50–52, 76 und vor Art. 104a Rn. 61).[141] Wie dadurch die Bindung der Finanzausgleichsgesetzgeber erzeugt werden kann, bleibt unergründlich (→ vor Art. 104a Rn. 64 f.). Der Finanzausgleich kann und darf die Ursachen für die tatsächlich bestehenden Unterschiede in der wirtschaftl. Leistungsfähigkeit zw. den Ländern nicht beseitigen.[142] Angemess. Ausgleich bedeutet daher nicht Nivellierung der reg. Unterschiede.[143] Ungeachtet aller Unitarisierungsbestrebungen darf er nicht dazu dienen, „gleichartige" oder auch nur „annähernd gleichwertige" Lebensverhältnisse zu schaffen.[144] Die Finanzkraftunterschiede zwischen allen am Finanzausgleich beteiligten Ländern sind zu verringern, aber nicht zu beseitigen.[145] Aus diesem **Nivellierungsverbot**[146] ergibt sich eine absolute Obergrenze für den horiz. Finanzausgleich.[147] Verschärft wird dieses Nivellierungsverbot durch das **Verbot der Übernivellierung**[148]. Die **Finanzkraftreihenfolge** der Länder darf sich durch den Finanzausgleich nach Art. 107 II nicht ändern.[149] Schließlich darf der Ausgleich auch **nicht** die Leistungsfähigkeit der gebenden Länder entscheidend **schwächen**.[150]

**81** Dieser Ausgleich gehört zum Verantwortungsbereich des Bundes und ist dem freien Aushandeln der Länder untereinander entzogen (→ Rn. 3). Letztlich ist es der **Bundesgesetzgeber,** der vom GG in die Pflicht genommen wird.[151] Ihm steht **kein weiter Regelungsspielraum** zu. Jedenfalls darf er nicht nur das Verhandlungsergebnis der Länder „ratifizieren", wie es gängige Staatspraxis gewesen ist.[152] Er muss die Voraussetzungen der Anspruchsberechtigung und -verpflichtung und die Maßstäbe für die Höhe der Ausgleichsleistungen selbst bestimmen.[153] Er darf auch keinem Land eine Garantie für seine absolute oder relative Finanzkraft geben. Es ist mit dem „bündischen Prinzip des Einstehens füreinander" unvereinbar, eine solche Garantie zu gewähren und „sie damit ein Stück weit aus der politischen Schicksalsgemeinschaft des Bundesstaates zu entlassen".[154]

---

[139] BVerfGE 86, 148 (223 f.); krit. *Häde* (Fn. 13), S. 233.

[140] BVerfGE 86, 148 (232 f.): „derzeit vereinbar", aber Prüfauftrag; erhebliche Bedenken in BVerfGE 100, 158 (230); für eine vollständige Berücksichtigung der kommunalen Finanzkraft *Mehlhaf* DÖV 2018, 647 (654).

[141] BVerfGE 101, 158 (216).

[142] Vgl. *J.-P. Schneider* AK GG, Art. 107 (2001) Rn. 18; jetzt ebenso *Häde* (Fn. 13), S. 239; *Korioth* (Fn. 13), S. 612.

[143] BVerfGE 86, 148 (214 f.); 101, 158 (222); 116, 327 (380); ähnlich bereits BVerfGE 1, 117 (131 f.); 72, 330 (398); *J.-P. Schneider* AK GG, Art. 107 (2001) Rn. 17 f.; *Patzig* DÖV 1989, 330 (330 ff.); *Korioth* (Fn. 13), S. 612; *Hettlage* VVDStRL 31 (1973), 85 (100); *Hohmann* DÖV 1991, 191 (196); *Kilian* JZ 1991, 425 (426); *Hidien* ZRP 1998, 274 (274 ff.); *Heun/Thiele,* in: Dreier III, Art. 107 Rn. 16, 38; aber zuvor *ders.* Staat 31 (1992), 205 (224): „im Ergebnis ... Entscheidung für eine weitgehende Nivellierung" durch das GG.

[144] Für die Schaffung „annähernd gleichwertige[r] Lebensverhältnisse" aber *Pieroth,* in: Jarass/Pieroth, Art. 107 Rn. 10; deutlich enger *Seiler,* in: Maunz/Dürig, Art. 107 (2018) Rn. 106, der aber ein „Mindestmaß solidarischer Umverteilung" verlangt.

[145] BVerfGE 101, 158 (222); zuvor BVerfGE 86, 148 (215): „Annäherung ihrer Finanzkraft".

[146] *Huber* MKS III, Art. 107 Rn. 146.

[147] BVerfGE 1, 117 (131); 72, 330 (398); 101, 158 (222); 116, 327 (380); *Huber* MKS III, Art. 107 Rn. 146.

[148] *Huber* MKS III, Art. 107 Rn. 146.

[149] BVerfGE 101, 158 (222); 116, 327 (380); *Hidien* (Fn. 116), S. 312 ff.; *Heun,* in: Dreier III, Art. 107 Rn. 11; *J.-P. Schneider* AK GG, Art. 107 (2001) Rn. 16, unter insoweit unzutreff. Berufung auf BVerfGE 1, 117 (131); *Huber* MKS III, Art. 107 Rn. 147.

[150] BVerfGE 1, 117 (131); 72, 330 (398); 101, 158 (222); 116, 327 (380); nicht eindeutig 86, 148 (214 f.); *Häde* (Fn. 13), S. 239; eingehend *Kroll* StuW 2000, 45 (57 ff.); *Hidien* DÖV 1998, 501 (502–505), mit dem Versuch qualitat. und quantit. Präzisierung; gegen ein „Abstandsgebot" *H.-P. Schneider/Berlit* NVwZ 2000, 841 (846).

[151] BVerfGE 72, 330 (396).

[152] Für verfassungswidrig erklärt durch BVerfGE 72, 330 (396).

[153] BVerfGE 72, 330 (396 f.).

[154] BVerfGE 72, 330 (419).

Technisch wird der Finanzausgleich auf Grund eines **Vergleichs** von Messzahlen durchgeführt: der  **82**
**Finanzkraftmesszahl** (§ 6 I FAG) und der **Ausgleichsmesszahl** (§ 6 II FAG). Die Ausgleichsmesszahl spiegelt den normierten Finanzbedarf eines Landes wider. Er ergibt sich aus der durch Bedarfs-
elemente modif. bundesdurchschnittl. Finanzkraft. Das mag als solches noch angehen, vor allem wenn
auf die Einwohnerzahlen abgestellt wird, auch wenn die Berücksichtigung von Bedarfsgesichtspunkten
grds. systemfremd ist (→ Rn. 53 ff.).[155]

Die zuvor (→ Rn. 80) entwickelten verfassungsrechtl. Grundsätze spiegeln sich in den Vorschriften  **83**
des MaßstG wider, die damit – genau genommen – überflüssig sind: Ein Land darf nach Durchführung
des Finanzausgleichs in Relation zu den anderen Ländern nicht schlechter stehen als vorher, und die
Finanzkraftunterschiede dürfen nicht aufgehoben werden, § 8 S. 4 MaßstG. Eine Nivellierung der
Finanzkraft ist ebenso unzulässig wie eine entscheidende Schwächung der Finanzkraft der ausgleichspflichtigen Länder, § 8 S. 3 MaßstG.

Das FAG aF beschränkte sich – verfassungsrechtlich richtig – darauf, die Finanzausstattung der  **84**
finanzschwachen Länder bis auf max. 95 % des Länderdurchschnitts anzuheben, § 10 I FAG aF.[156] Die
Reihenfolge der Länder, geordnet nach ihrer Finanzkraft, wurde tatsächlich auch durch diesen Finanzausgleich nicht wesentlich geändert. Allerdings trat ein erhebl. Angleichungseffekt (auf 95 %-Niveau)
ein. Wenn man die Finanzkraftmesszahlen der einz. Länder jedoch – entgegen der Systematik des FAG
– auf länderdurchschnittl. Finanzkraftmesszahlen bezieht, also die Wirkungen der „Einwohnerveredelung" herausrechnet, ergeben sich deutl. Verschiebungen in der Rangfolge der Länder vor und
nach Durchführung des Finanzausgleichs.[157] Das BVerfG hat die Regelung von § 10 III FAG aF im
Hinblick auf die inkonsistente Einbeziehung der komm. Finanzkraft für mit Art. 107 II 2 unvereinbar
erklärt.[158] Nach der Neuregelung vom 1.1.2005 wurde formelgesteuert auf ein 93,415 %-Niveau
angeglichen, § 10 I FAG.

In der **ab 1.1.2020** anzuwendenden Fassung von § 10 FAG betragen die Zu- und Abschläge von  **85**
den Umsatzsteueranteilen, die einem Land zu gewähren (§ 10 I FAG) oder die von einem Land zu
erheben sind (§ 10 II FAG), **63 Prozent der Differenz** zwischen Ausgleichsmesszahl und Finanzkraftmesszahl, also zwischen einem bereinigten Durchschnittsbedarf und seiner bereinigten Finanzkraft.

## E. Ergänzungszuweisungen des Bundes (Abs. 2 S. 5 und 6)

Die frühere Regelung von Zuweisungen des Bundes zur Deckung des allg. Finanzbedarfs finanz-  **86**
schwacher Länder in Art. 107 II 3 aF ist jetzt – inhaltlich unverändert – in Art. 107 II 5 zu finden.
Neu hinzugekommen sind Ergänzungszuweisungen des Bundes wegen kommunaler Steuerschwäche
und geringer Forschungsförderung, Art. 107 II 6.

## I. Einordnung

Wenn die eigene Finanzausstattung der Länder nach Durchführung des primären Finanzausgleichs  **87**
nach Art. 106 und 107 I feststeht und die Umverteilung zw. den Ländern nach Art. 107 II 1 und 2 als
sekundärer horizontaler Finanzausgleich durchgeführt worden ist, darf der Bund durch Gesetz **leis-**
**tungsschwachen** Ländern noch **Ergänzungszuweisungen** aus seinen Mitteln gewähren, Art. 107
II 3. Das BVerfG bezeichnet diese Ermächtigung als vierte Stufe des Finanzausgleichs.[159] Die Zahlungen erfolgen aus den „eigenen" Mitteln des Bundes. Sie haben umverteilenden Charakter und sind
deshalb Teil des **sekundären** Finanzausgleichs.[160] Obwohl diese Zahlungsströme auch eine Ausgleichswirkung zwischen den einz. Ländern haben, zählen sie doch zum **vertikalen** Finanzausgleich:
Der Bund ist Geber und (einzelne) Länder sind Nehmer. Es handelt sich damit um einen **sekundären**
**vertikalen Finanzausgleich**.[161] Eine Zweckbindung der Mittel ist damit nicht zu vereinbaren.[162] Sie
dienen zur Deckung des allg. Finanzbedarfs eines Landes.

---

[155] Sie wird deshalb auch als Finanzkraftmesszahl interpretiert, die „ein Land hätte, wenn seine Einnahmen und die
Einnahmen seiner Gemeinden pro Einwohner dem Durchschnitt der Ländergesamtheit entsprechen würden",
*Mehlhaf* DÖV 2018, 647 (648); s. auch *Korioth* (Fn. 13), S. 578.

[156] Das ist von BVerfGE 101, 158 (232) gebilligt worden.

[157] Vgl. die Aufstellung bei *Petersen/Anton/Bork,* Mischfinanzierungen im deutschen Länderfinanzausgleich …,
2001, S. 8.

[158] BVerfGE 101, 158 (232).

[159] BVerfGE 116, 327 (380).

[160] BVerfGE 86, 148 (260); dazu → vor Art. 104a Rn. 47, 57 f.

[161] Ohne Diskussion jetzt ebenso *Mehlhaf* DÖV 2018, 647. Anders BVerfGE 116, 327 (378): „… den horizontalen
Finanzausgleich zwischen den Ländern mit vertikalen Elementen abschließende Ermächtigung zur Gewährung von
Ergänzungszuweisungen des Bundes …"

[162] *Stern,* StaatsR II, S. 1162; *Korioth* (Fn. 13), S. 645; *J.-P. Schneider* AK GG, vor Art. 104a (2001) Rn. 5;
eingehend *Wernsmann* BK, Art. 107 (2019) Rn. 207; sinngemäß auch *Hidien,* Ergänzungszuweisungen des Bundes
gem. Art. 107 Abs. 2 Satz 3 des Grundgesetzes, 1997, S. 24, 30, der von einem besonderen vertikalen Verbund
spricht, der sich dem horizontalen Ausgleichsverbund nähere.

## II. Leistungsschwäche als Grundvoraussetzung

88 **Leistungsschwäche** bedeutet „die mangelnde Fähigkeit eines Landes, mit den nach dem horizontalen Finanzausgleich vorhandenen Mitteln die von der Verfassung zugewiesenen Aufgaben wahrzunehmen".[163] Sie kann sich aus einer **unterdurchschnittlichen Finanzausstattung** ergeben oder aber aus **Sonderlasten,** die das Land zu tragen hat.[164] Der Begriff der Leistungsschwäche ist – anders als der Begriff der Finanzkraft – nicht allein aufkommensorientiert zu bestimmen, sondern ergibt sich aus der Relation von zwei Größen: dem Finanzaufkommen und den Ausgabenlasten eines Landes. Deshalb dürfen auch Sonderlasten einz. Länder berücksichtigt werden. Leistungsschwäche kann auch bei einem Land bestehen, das nach den Ergebn. des horiz. Finanzausgleichs keine unterdurchschn. Finanzausstattung aufweist.[165] Voraussetzung ist allerdings, dass es wegen der im Regelfall nicht gegebenen Ausgabenlasten als leistungsschwach zu bewerten ist.[166] Dabei sind nur solche Sonderbedarfe (Sonderlasten) anzuerkennen, die nicht alle Ländern betreffen und nicht bereits auf den vorgelagerten Stufen des Finanzausgleichs berücksichtigt worden sind. Sie müssen zudem auf verfassungsrechtlich vorgegebenen Aufgaben beruhen, die „außerhalb des autonomen landespolitischen Gestaltungsraums" liegen.[167]

89 Der Begriff der Leistungsschwäche sollte nach Auffass. des BVerfG näher durch **Gesetz vorweg bestimmt** werden. Dabei sollte aber nicht nur an das Ergebnis des horizontalen Finanzausgleichs angeknüpft werden. Vielmehr sollte eine eigenst. Abgrenzung entwickelt werden.[168] Das hat der Gesetzgeber indes versäumt. Er paraphrasiert im MaßstG wieder nur die genannten, von der Rspr. aufgestellten Forderungen (→ Rn. 50–52) und knüpft doch an den Länderfinanzausgleich an, da er als leistungsschwach nur die Länder anerkennt, die ausgleichsberechtigt sind, wenn auch nur grds., § 9 I 3 MaßstG. IÜ wird die Formel wiederholt, dass „die Leistungsschwäche anhand des Verhältnisses von Finanzaufkommen und Ausgabenlasten zu bestimmen" sei, § 9 I 4 MaßstG. In seiner Entscheidung zur extremen Haushaltsnotlage des Landes Berlin hat das BVerfG das MaßstG dann auch nicht mehr erwähnt.[169] Nach 9 I 3 MaßstG sind als leistungsschwach grds. nur Länder anzusehen, denen im Finanzkraftausgleich nach Abs. 2 S. 1 Zuschläge gewährt werden. Das FAG ordnet ein Land als leistungsschwach ein, dessen Summe aus Finanzkraftmesszahl und Zuschlag zum Umsatzsteueranteil nach § 10 FAG Fehlbeträge an 99,75 Prozent der Ausgleichsmesszahl des Ausgleichsjahres aufweist, § 11 II 2 FAG.

## III. Subsidiarität

90 Die Ergänzungszuweisungen sind nur zum Auffüllen von Finanzlücken gedacht, die auch nach Durchführung des horiz. Finanzausgleichs noch verbleiben. Das ergibt sich eindeutig aus der systemat. Stellung der Vorschrift und ihrem Wortlaut. Sie dürfen nur **ergänzenden** Charakter haben und müssen **subsidiär** sein.[170] Sie dürfen nicht dazu dienen, den horizontalen Länderfinanzausgleich mit Bundesmitteln zu ersetzen oder fortzuführen. Sie sind kein Instrument zur Korrektur von Mängeln der vorangegangenen Stufen des Finanzausgleichs.[171] Sie dürfen grds. nicht dazu dienen, den Haushalt eines Landes durch den Bund anstelle des Landes, das dazu aus eigener Kraft nicht mehr fähig ist, zu sanieren.[172] Nur bei „extremer Haushaltsnotlage" eines Landes hat das BVerfG unter engen Voraussetzungen **vorübergehende Ausnahmen** zugelassen (→ Rn. 104–111).

91 Diese Anforderungen sind strikt zu beachten, da eine Gefahr besteht, dass die Zuweisungen sachwidrig als Druck- oder Tauschmittel im polit. Prozess eingesetzt werden. Der absolute und relative Umfang, den sie angenommen hatten,[173] war mit diesen Voraus. aber kaum noch zu

---

[163] BVerfGE 116, 327 (384).
[164] BVerfGE 101, 158 (224); ausführlich *Hidien* (Fn. 162), S. 43 ff.; *Huber* MKS III, Art. 107 Rn. 158; *Kroll* StuW 2000, 45 (61 ff.).
[165] Dies hatte das BVerfG urspr. nur für Sonderbedarfs-Ergänzungszuweisungen erlaubt, BVerfGE 101, 158 (234).
[166] BVerfGE 116, 327 (381).
[167] BVerfGE 116, 327 (384).
[168] BVerfGE 101, 158 (233).
[169] BVerfGE 116, 327 (327 ff.).
[170] *Seiler,* in: Maunz/Dürig, Art. 107 (2018) Rn. 123. Das ist später auch in § 10 III 1 MaßstG festgehalten worden; s. a. *Huber* Beilage zu NJW 2004, 23 (26): nur „ultima ratio".
[171] BVerfGE 72, 330 (403); 86, 148 (261); 101, 158 (224, 232); 116, 327 (381 f.); *Wernsmann* BK, Art. 107 (2019) Rn. 200; *Stern,* StaatsR II, S. 1162; *Häde* (Fn. 13), S. 241 f.; *Korioth* (Fn. 13), S. 419 ff., 645 f.; *J.-P. Schneider* AK GG, Art. 107 (2001) Rn. 24; *Birk/Wernsmann* DÖV 2004, 868 (870) mwN.
[172] BVerfGE 86, 148 (261).
[173] Laut Finanzbericht 2007, S. 83 belief sich das Gesamtvolumen der Bundesergänzungszuweisungen im Jahr 2005 auf rd. 14,6 Mrd. Euro; laut Finanzbericht 2008, S. 87 im Jahr 2006 auf rd. 14,7 Mrd. Euro; laut Finanzbericht 2009, S. 75 im Jahr 2007 auf rd. 14,8 Mrd. Euro; laut Finanzbericht 2014, S. 80 im Jahr 2012 auf rd. 11,4 Mrd. Euro; laut Finanzbericht 2015, S. 79 im Jahr 2013 auf rd. 11,0 Mrd. Euro. Laut Finanzbericht 2020, S. 152 belief sich im Jahre 2018 (vorläufig) das Volumen der allgemeinen Bundesergänzungszuweisungen auf rd. 4,6 Mrd. Euro und das Gesamtvolumen unter Einschluss der Sonderbedarfs-BEZ auf rd. 8,4 Mrd. Euro. Für 2019 wird es auf 7,7 Mrd. Euro geschätzt.

vereinbaren,[174] auch wenn das BVerfG sie bislang noch hingenommen hat.[175] Auf längere Sicht hält aber auch das BVerfG eine Korrektur für angezeigt, ebenfalls bzgl. der neuen Länder.[176] Im MaßstG findet sich aber nur die völlig unbestimmte Vorgabe, dass ihr Gesamtumfang im Verh. zum Gesamtvolumen des Finanzausgleichs „nicht beträchtlich" sein dürfe. Sie steht zudem noch unter dem nahezu unbegrenzten Vorbehalt, dass Abw. aus „besonderen Gründen" zulässig sein sollen, § 9 III 3 und 4 MaßstG.[177]

## IV. Die Entscheidung über ihre Gewährung

Bundesergänzungszuweisungen sind **fakultativ** und nicht in jedem Fall ein notwendiger Bestandteil der bundesstaatl. Steuerverteilung.[178] Die Entscheidung über ihre Gewährung steht im **Ermessen** des Bundes.[179] Er darf aber nicht willkürlich einz. Länder bevorzugen oder benachteiligen.[180] Das Ermessen des Bundes verengt sich immer mehr zu einer Pflicht, je weniger die leistungsschwachen Länder durch den horiz. und vert. Finanzausgleich sowie die zweckgebundenen Zuweisungen nach Art. 91a, b, c und e sowie die ebenfalls zweckgebundenen Finanzhilfen nach Art. 104b-d an den Durchschnitt der Länder herangeführt werden.[181] Wie er die Ergänzungszuweisungen **ausgestaltet,** steht ihm aber **weitgehend frei.** Er kann die Schwäche beseitigen durch allg. Anhebung der Finanzkraft oder durch Berücksichtigung der Sonderlasten oder durch Verbindung beider Maßnahmen.                                    92

## V. Die artspezifischen Voraussetzungen und Grenzen

Die verfassungsrechtl. Grenzen für die Ergänzungszuweisungen sind unterschiedlich, je nachdem, ob sie allg. zur Anhebung der Finanzkraft der leistungsschwachen Länder dienen (1.), der Mitfinanzierung von Sonderlasten einz. Länder (2.) oder dem Ausgleich komm. Steuerschwäche sowie geringer Forschungsförderung (3.). Dementspr. werden **drei Arten** von Bundesergänzungszuweisungen unterschieden:[182] die allg. Bundesergänzungszuweisungen, die Sonderbedarfs-Bundesergänzungszuweisungen und die Zuweisungen nach Art. 107 II 6.                                    93

### 1. Allgemeine Bundesergänzungszuweisungen (Abs. 6 S. 5). Wenn und soweit der Bund sich dafür entscheidet, die Finanzkraft eines Landes **allgemein** anzuheben, bleibt er an die Maßstäbe des horiz. Finanzausgleichs gebunden: Nur solche Länder kommen als Empfänger in Betracht, deren Finanzausstattung „in einem Maße unter dem Länderdurchschnitt geblieben ist, das unangemessen erscheint, aus den Mitteln der übrigen Länder jedoch nicht ausgeglichen werden konnte". Das Nivellierungsverbot ist dabei zu beachten, die Finanzkraftreihenfolge unter den Ländern darf nicht verändert werden und alle Länder müssen gleichbehandelt werden.[183]                                    94

Auch diese Anforderungen, die das BVerfG aufgestellt hat, sind nahezu wörtlich in § 10 I 1 MaßstG übernommen worden, wobei noch der **Versuch einer Eingrenzung** hinzugefügt ist: Unangemessen soll die Finanzkraft sein, wenn sie „erkennbar" unterhalb der länderdurchschnittl. Finanzkraft liegt, § 10 I 2 MaßstG. Mit Länderdurchschnitt ist wahrscheinlich das arithm. Mittel gemeint, obwohl auch der Median in Betracht kommt. In der Sache ist aber nicht haltbar, alle Länder, die unterhalb dieses Durchschnitts liegen, wenn auch nur gering, als leistungsschwach einzustufen.                                    95

Keinesfalls dürfen die Ergänzungszuweisungen dazu benutzt werden, leistungsschw. Ländern eine überdurchschnittl. Finanzkraft zu verleihen. Vielmehr bietet sich diese Art der Ergänzungszuweisungen vor allem für die Anhebung der immer noch schwächeren Finanzkraft der **neuen Länder** an.[184]                                    96

---

[174] Krit. *J.-P. Schneider* AK GG, Art. 107 (2001) Rn. 25 f.; *Korioth* (Fn. 13), S. 646 ff.; *Selmer* FS Friauf, 1996, S. 683 (702); für Reduktion nun auch *Kempny/Reimer,* 70. DJT 2014, Gutachten D, S. 109; aA *Schiedermair* (Fn. 117), S. 22 ff., 40; s. a. *Selmer* VVDStRL 52 (1993), 11 (53 f.).

[175] BVerfGE 72, 330 (419 f.); 86, 148 (148 ff.); 101, 158 (233): Zwar begrenzt ihr Zweck den Umfang im Verhältnis zum Volumen des horiz. Finanzausgleichs, doch können Sonderlasten Zahlungen erfordern, die im Verhältnis zum horiz. Finanzausgleich „nicht nur geringfügig" sind.

[176] BVerfGE 101, 158 (233).

[177] Krit. auch *Seiler,* in: Maunz/Dürig, Art. 107 (2018) Rn. 125.

[178] BVerfGE 72, 330 (387).

[179] *Stern,* StaatsR II, S. 1162; *Häde* (Fn. 13), S. 248; *Birk/Wernsmann* DÖV 2004, 868 (870); *Wernsmann* BK, Art. 107 (2019) Rn. 208, der eingehend auch die Grenzen des Ermessens erörtert (Rn. 209–212); *Huber,* 65. DJT 2004, Gutachten D, S. D 100; zT anders *ders.* Beilage zu NJW 2004, 23 (26): „bedeuten der Sache nach Garantenstellung des Bundes".

[180] BVerfGE 72, 330 (420); 86, 148 (261); *Birk/Wernsmann* DÖV 2004, 868 (871), die aber unzutreffend von „Einschätzungs- und Gestaltungsspielräumen" iRd Ermessensentscheidung sprechen; *Wernsmann* BK, Art. 107 (2019) Rn. 212, der auf das föd. Gleichbehandlungsgebot verweist, aber auch eine Ermessensreduzierung auf Null mit einer daraus folgenden Handlungspflicht anerkennt (Rn. 121).

[181] BVerfGE 72, 330 (403).

[182] *Birk/Wernsmann* DÖV 2004, 868 (871): zwei Arten nach bisherigem Recht.

[183] BVerfGE 116, 327 (381); ähnlich BVerfGE 101, 158 (224); noch nicht so deutlich ausgeformt in BVerfGE 72, 330 (398); *Birk/Wernsmann* DÖV 2004, 868 (871); zum Nivellierungsverbot → Rn. 32 und → vor Art. 104a Rn. 51.

[184] BVerfGE 72, 330 (404); 101, 158 (224, 234).

Folgerichtig enthält das FAG seit 2005 eine höhenmäßige Begrenzung für diese Zuweisungen. § 11 II FAG sieht vor, dass nur zu 80 % Fehlbeträge ausgeglichen werden, die zur Erreichung eines Niveaus von 99,5 % der Ausgleichsmesszahl fehlen.

**97**   **2. Sonderbedarfs-Bundesergänzungszuweisungen (Abs. 2 S. 5). a) Anforderungen für die Gewährung.** Wenn und soweit sich der Gesetzgeber entschließt, Sonderlasten einz. Länder mitzufinanzieren, finden solche Sonderbedarfszuweisungen[185] in diesen bes. Lasten ihre rechtfertigenden Gründe, zugleich aber auch ihre Grenzen. Zuletzt hat das BVerfG die Bindungen an die Maßstäbe des horiz. Finanzausgleichs als „deutlich gelockert" angesehen. Sie dürfen aber nicht dazu dienen, „augenblicksbedingte Notstände" zu beheben, „aktuelle Projekte" zu finanzieren oder „finanziellen Schwächen" abzuhelfen, die eine „unmittelbare und vorhersehbare Folge von politischen Entscheidungen" eines Landes sind. Grds. folge aus der „Eigenständigkeit und politischen Autonomie" der Länder, dass jedes Land für die **Folgen seiner autonomen Entscheidungen selbst einzustehen** habe.[186] Mit diesen mat. Kautelen versucht das BVerfG die adverse Anreizstruktur,[187] die mit der Gewährung derartiger Unterstützungszahlungen verbunden ist, abzumildern.

**98**   Wenn und solange die „außergewöhnlichen Gegebenheiten" vorliegen, dürfen sie – im Ausnahmefall – den leistungsschwachen Ländern auch eine **überdurchschnittliche Finanzkraft** verschaffen und zu Veränderungen in der **Finanzkraftreihenfolge** führen. Das Nivellierungsverbot soll nach Auffassung des BVerfG insoweit nicht gelten. Es bestehe aber eine besondere, den Ausnahmecharakter ausweisende **Begründungspflicht.**[188] Die Zuweisungen sind in angemessenen Abständen auf ihre Berechtigung zu überprüfen.[189] Diese Anforderungen hat das MaßstG im Wesentlichen wörtlich wiederholt (§ 12 I–III MaßstG) und mit dem Gebot der Befristung und degress. Ausgestaltung (im Regelfall) versehen (§ 12 III S. 1 und 2 MaßstG). Die (überflüssige) Paraphrasierung der Benennungs- und Begründungspflicht findet sich in § 12 I 1 MaßstG. In Grenzen haben die Regelungen eine eigenständige normative Bedeutung, wie die Beschränkung der Berücksichtigung von Sonderlasten, § 12 I 2 MaßstG, die Anordnung der Befristung für den Regelfall und die Vorgabe einer degressiven Ausgestaltung.

**99**   Die Zuweisungen müssen **allen Ländern** gewährt werden, die von den **Sonderlasten betroffen** sind. Das „föderative Gleichbehandlungsgebot" ist zu beachten. Ob sie dem Land Berlin für seine „gesamtstaatliche Repräsentation" – auch ohne extr. Haushaltsnot – hätte gewährt werden dürfen, ist eher zw.[190] Die Sonderregelungen zur Überwindung der deutschen Teilung und zur Unterstützung beim Aufbau der neuen Länder, vor allem § 5 V MaßstG, sind gestrichen worden und seit dem 1.1.2020 nicht mehr anwendbar.[191]

**100**   Die Regelungen über Sonderbedarfs-Ergänzungszuweisungen sind in dasselbe zustimmungsbedürftige Gesetz aufzunehmen, das den durch Art. 107 II 1 vorgeschriebenen Finanzkraftausgleich (→ Rn. 49) regelt.[192] Der Gesetzgeber soll sich auf diese Weise Klarheit über das Endergebnis verschaffen, auf das es letztlich ankommt: die finanzielle Ausstattung aller Länder **nach** Durchführung aller **Umverteilungs- und Ausgleichsprozesse,** auch wenn sie auf mehreren Einzelentscheidungen beruht.

**101**   **b) Sonderlasten durch strukturelle Arbeitslosigkeit und die Zusammenführung von Arbeitslosenhilfe und Sozialhilfe.** Der Bund gewährt aus seinen Mitteln zum Ausgleich von Sonderlasten durch die strukt. Arbeitslosigkeit und der daraus entstehenden überproport. Lasten bei der Zusammenführung von Arbeitslosen- und Sozialhilfe für Erwerbsfähige einz. Ländern betragsmäßig festgelegte Sonderbedarfs-Ergänzungszuweisungen (§ 11 3 FAG):

| | |
|---|---|
| Brandenburg | 50,920 Mio. Euro |
| Mecklenburg-Vorpommern | 34,304 Mio. Euro |
| Sachsen | 85,492 Mio. Euro |
| Sachsen-Anhalt | 50,116 Mio. Euro |
| Thüringen | 47,168 Mio. Euro |

---

[185] Vgl. iÜ zu dieser Gruppe der Ergänzungszuweisungen *Korioth* (Fn. 13), S. 648 ff.

[186] BVerfGE 72, 330 (405); 101, 158 (225); 116, 327 (381 f.).

[187] In der Sache wie hier *Kruis* DÖV 2003, 10 (13); *Huber* Beil. zu NJW Heft 27/2004, 23 (26). *Osterloh* vermag allerdings keine für den Finanzausgleich relevanten und belastbaren Beispiele für autonom bestimmte „überflüssige" Ausgaben speziell in den finanzschw. Ländern zu erkennen, EuGRZ 2002, 309 (313). Sie plädiert deshalb für Zurückhaltung bei der verfassungsgerichtl. Kontrolle, zum (angebl.) Fehlen eindeutiger empir. Erkenntnisse *Kempny/Reimer*, 70. DJT 2014, Gutachten D, S. 97.

[188] BVerfGE 72, 330 (405); 101, 158 (224 f., 234); 116, 327 (382). Der Verweis auf ein gesondertes Gesetz (MaßstG) in BVerfGE 101, 158 (225) ist in BVerfGE 116, 327 fallen gelassen worden.

[189] BVerfGE 72, 330 (404 f.); 101, 158 (225); 116, 327 (382).

[190] Dafür aber uU *Heintzen* FS Raue, 2006, S. 83 (94).

[191] G v. 14.8.2017 (BGBl I 3122).

[192] *Pieroth*, in: Jarass/Pieroth, Art. 107 Rn. 11; *Becker* NJW 2000, 3742 (3743), *Heun*, in: Dreier III, Art. 107 Rn. 33; aA *Kroll* StuW 2000, 45 (76).

Der Empfängerkreis ist fast völlig mit den neuen Ländern identisch. Es handelt sich iE immer noch **102** um teilungsbedingte Sonderlasten, die ausgeglichen werden, wenn auch unter anderer Bezeichnung.

**c) Hohe Kosten politischer Führung.** Der Bund gewährt aus seinen Mitteln wegen hoher Kosten **103** polit. Führung einzelnen Ländern betragsmäßig festgelegte Sonderbedarfs-Ergänzungszuweisungen (§ 11 4 FAG):

| | |
|---|---|
| Berlin | 43,460 Mio. Euro |
| Brandenburg | 66,220 Mio. Euro |
| Bremen | 60,332 Mio. Euro |
| Mecklenburg-Vorpommern | 61,355 Mio. Euro |
| Rheinland-Pfalz | 46,016 Mio. Euro |
| Saarland | 63,400 Mio. Euro |
| Sachsen | 25,565 Mio. Euro |
| Sachsen-Anhalt | 53,663 Mio. Euro |
| Schleswig-Holstein | 53,174 Mio. Euro |
| Thüringen | 47,168 Mio. Euro |

**d) Zuweisungen zur Haushaltssanierung.** Über einen längeren Zeitraum sind Sonderbedarfs- **104** Ergänzungszuweisungen des Bundes zur Bewältigung einer **extremen Haushaltsnotlage** gewährt worden, § 11 VI FAG 1993. Sie sind 2005 beendet worden.[193] Ihre Gewährung durch einfaches BundesG ist aber weiterhin möglich.[194]

Das BVerfG hatte ihre Gewährung für die Länder Brem und Saarl als zulässig angesehen. Zudem **105** sollte aus dem „bundesstaatlichen Prinzip" als solchem eine **Pflicht** der anderen Glieder der bundesstaatl. Gemeinschaft folgen, einem betroff. Land **beizustehen.**[195] Auf die Klage des Landes Berlin auf Unterstützung durch den Bund wegen seiner Haushaltsnöte[196] hat es diesen Anspruch zwar nicht wieder beseitigt, aber doch sehr deutlich eingeschränkt und iE einen Anspruch des Landes Berlin verneint.[197] Brem und Saarl verlangten aber trotz zehnjähriger – kaum Erfolge zeigender – Unterstützung durch den Bund erneut derartige Ergänzungszuweisungen.[198] Da sie ihnen nicht gewährt wurden, stellten sie Anträge beim BVerfG;[199] ungeachtet der Verschärfung der Maßstäbe in der (abl.) Entscheidung zu Berlin. Nach der Verfassungsreform 2009 mit der Gewährung von Konsolidierungshilfen nach Art. 143d nahmen sie ihre Anträge aber im April 2011 zurück.[200]

Das BVerfG hatte den Anspruch gegen den Bund auf Ergänzungszuweisungen eingeräumt, wenn **106** diese geeignet seien, iR eines Konsolidierungsprogramms zur Behebung der **extremen** Notlage beizutragen. Die Lasten einer solchen Hilfe seien aber sowohl vom Bund als auch von den Ländern zu tragen.[201] (1) Eine Notlage liege vor, wenn das Land – etwa wegen übergroßer Schulden – nicht mehr in der Lage sei, sich aus eigener Kraft den notw. finanz. Bewegungsraum zu verschaffen, um seine Aufgaben ordnungsgemäß zu erfüllen. Als **Indikatoren** für eine Haushaltsnotlage hat das Gericht die **Kreditfinanzierungsquote** (Verhältnis zwischen der Netto-Kreditaufnahme und den Einnahmen oder Ausgaben) und die **Zins-Steuer-Quote** (Verhältnis der Zinsausgaben zu den Steuereinnahmen

---

[193] BGBl I 3955, 3956.

[194] *Huber* MKS III, Art. 107 Rn. 176; *Henneke,* in: Hofman/Henneke, Art. 108 Rn. 30; *Seiler,* in: Maunz/Dürig, Art. 107 (2018) Rn. 131, der aber eine erneute Gewährung für unwahrscheinlich hält; zust. *Wernsmann* BK, Art. 107 (2019) Rn. 219.

[195] BVerfGE 86, 148 (258, 263). Die Verpflichtung zur Hilfe wird, obwohl nicht identisch, als Anspruch verstanden, vgl. *Musil/Kroymann* DVBl 2004, 1204 (1205); zum Anspruch auf bündische Hilfe bei einer Haushaltsnotlage *Häde* DÖV 1993, 461 (468); *ders.,* (Fn. 13), S. 256; *Stauch* FS Mahrenholz, 1994, S. 487 (495 f.); *ders.* NordÖR 2006, 133 (133 f.); *Korioth* (Fn. 13), S. 661 ff.; *Hidien* (Fn. 163), S. 142 ff.; *Kesper* (Fn. 9), S. 382 ff., 376 ff.; *Vogel/Waldhoff* BK, vor Art. 104a (1997) Rn. 65; *Waldhoff* NVwZ 2004, 1062 (1062, 1067); *Höfling* FS v. Arnim, 2004, S. 259 (262); *Birk/Wernsmann* DÖV 2004, 868 (868); *Heintzen* FS Raue, 2006, S. 83 (95 f.); *Wieland* FS Selmer, 2004, S. 973 (980 f.); *ders.,* in: Dannemann/Luft (Hrsg.), Die Zukunft der Stadtstaaten, 2006, S. 191 (191 ff.); *Wendt/Förster* Wirtschaftsdienst 2006, 299 (299 f.); krit. *Selmer* NordÖR 2006, 221 (225).

[196] Bejahung der Notlage durch *Wieland* FS Selmer, 2004, S. 973 (983); weiter zur Situation in Berlin: BerlVerfG NVwZ 2004, 210 (210 ff.); *Kloepfer/Rossi* VerwArch 94 (2003), 319 (323 ff.); *Waldhoff* NVwZ 2004, 1062 (1063); *Pestalozza* LKV 2004, 63 (63 ff.); *Heintzen* FS Raue, 2006, S. 83 (84 f.); aus finanzwiss. Sicht: *B. Huber/Runkel,* in: Konrad/Jochimsen (Hrsg.), Finanzkrise im Bundesstaat, 2006, S. 117 (117 ff.); *Seitz,* ebda, S. 133 (133 ff.).

[197] BVerfGE 116, 327 (382, 394). Das Gegenteil war von *Musil/Kroymann* DVBl 2004, 1204 (1210) prognostiziert worden. Die vollst. Aufgabe der bish. Rspr. war aber von ökon. Warte gefordert worden, vgl. *Peffekoven* Wirtschaftsdienst 2006, 555 (558): „kann nicht beibehalten werden".

[198] *Häde,* in: Konrad/Jochimsen (Hrsg.), Finanzkrise im Bundesstaat, 2006, S. 197 (198); *Ress/Bröhmer,* In welchem Umfang bestehen für die Freie Hansestadt Bremen grundgesetzliche Ansprüche gegen den Bund und/oder andere Bundesländer zur Überwindung der Haushaltsnotlage, Rechtswissenschaftliches Gutachten, 22.2.2006; *Stauch,* in: Die Zukunft der Stadtstaaten, 2006, S. 119 (119 ff.); *ders.* NordÖR 2006, 133 (133, 135 f.); detaill. Darstellung des Sanierungsmisserfolgs in Bremen bei *Höfling,* in: Jahrbuch der Juristischen Gesellschaft Bremen, 2006, S. 56 (56 ff.).

[199] Saarland: 2 BvF 3/05, 2 BvF 3/05; Bremen: 2 BvF 1/06; zit. nach *Koemm,* Eine Bremse für die Staatsverschuldung?, 2011, S. 369 Fn. 1343.

[200] *Koemm* (Fn. 200), S. 370, auf der Grundlage einer telefonischen Auskunft des BVerfG.

[201] BVerfGE 86, 148 (258, 263, 265).

und den Ausgaben) im jew. Haushalt herangezogen.[202] (2) Fraglich und umstr. ist, ob der Anspruch ausgeschlossen ist, wenn das Land die **Notlage zu vertreten** hat.[203] Überwiegend wird darauf abgestellt, dass es den Gebietskörperschaften nicht ermöglicht werden dürfe, die Folgen einer verfehlten Finanzpolitik auf die bündische Gemeinschaft abzuwälzen.[204]

**107**   Die **Auffassung des BVerfG** ist **unklar.** Ausgangspunkt ist die Feststellung, dass „Bundesergänzungszuweisungen" nicht dazu bestimmt seien, „finanziellen Schwächen abzuhelfen, die eine unmittelbare und voraussehbare Folge eigener politischer Entscheidungen des Landes bilden".[205] „Eigenständigkeit und politische Autonomie" brächten es mit sich, dass „die Länder für die haushaltspolitischen Folgen solcher Entscheidungen einzustehen" hätten.[206] Allerdings sollen von diesem Grundsatz Ausnahmen möglich sein, wenn „die Haushaltssituation eines Landes gerade eine Unterstützung im Wege der Ergänzungszuweisungen unabweislich fordert und Abhilfe auf andere Weise" nicht zu verwirklichen sei.[207] Später hat es dann ausdr. auf eine „Haushaltsnotsituation" abgestellt.[208] Genau genommen würde das aber bedeuten, dass der Anspruch bei „extremer Notlage" nicht durch ein Vertretenmüssen ausgeschlossen sein kann. Dieser „Notlagenvorbehalt" ist in der nächsten einschlägigen Entscheidung zunächst nicht aufrechterhalten worden.[209] In der jüngsten Entscheidung wird schließlich der Konflikt zwischen den „eigenständig und eigenverantwortlich" zu bewältigenden Folgen autonomer Landespolitik und den Bundesergänzungszuweisungen zum „Zweck der Sanierung eines Not leidenden Haushalts" thematisiert, ohne aber zu einer klaren Antwort zur Verschuldensfrage zu führen. UU soll es bei einer „extremen" Haushaltsnotlage im Gegensatz zu einer „einfachen" Notlage nicht auf das Vertretenmüssen ankommen.[210]

**108**   Die Gewährung von Sonderbedarfs-Ergänzungszuweisungen ist aber nur dann haltbar, wenn sie zeitlich und in ihrem Gesamtbetrag streng **begrenzt** ist und nur zur Senkung der Schuldenlast dient. Die Zuweisungen dürfen allenfalls „(vorübergehende) Hilfe zur Selbsthilfe" sein.[211] Die extreme Haushaltsnotlage muss bereits eingetreten sein. Andernfalls würde einem strateg. Verhalten des betroff. Landes Vorschub geleistet.[212] Die Gewährung der Mittel ist an ausreichende **Eigenanstrengungen** des betroff. Landes und die Aufstellung eines Sanierungsprogramms des Landes zu knüpfen.[213] Der Bund kann nicht verpflichtet sein, Hilfen zu leisten, die er nur unter Verstoß gegen Art. 109 II und 115 I erfüllen könnte.[214] Auch eine Notlage, die von einer anderen Regierung als der, die um „Sanierungs-Ergänzungszuweisungen" nachsucht, also insb. die Vorgängerregierung, „verschuldet" worden ist, darf nicht ausgeglichen werden.

**109**   In seiner Entscheidung zum Begehren des Landes Berlin auf Unterstützung durch den Bund hat das BVerfG seine **Anforderungen** noch einmal **verschärft:** Die Zuordnung einer Haushaltsnotlage zur Leistungsschwäche iSd Art. 107 II 3 stoße auf „grundlegende verfassungsrechtliche Bedenken". Zu Recht hat es Sanierungspflichten des Bundes (im Verbund mit den übr. Ländern) und korrespond. Ansprüche eines notleidenden Landes als **„Fremdkörper"** innerhalb des bundesstaatl. Finanzausgleichs bezeichnet. Es verlangt jetzt, dass „kumulativ" die Voraussetzungen einer „relativen", auf das Verhältnis zu den anderen Ländern bezogenen, und einer „absoluten", auf die Fähigkeit zur Erfüllung der verfassungsmäßig vorgegebenen Aufgaben bezogenen Haushaltsnotlage erfüllt sind. Zudem müsse ein strenges Ultima-Ratio-Prinzip gelten mit einer strikten Beschränkung von Sanierungspflichten-

---

[202] BVerfGE 86, 148 (258 f.); dazu näher *Birk/Wernsmann* DÖV 2004, 868 (872 f.); *Musil/Kroymann* DVBl 2004, 1204 (1205 f.), die zusätzlich noch eine „Tilgungs-Steuer-Quote" heranziehen wollen (S. 1208); *Kathstede* VR 2006, 50 (51); *Kitterer,* in: Konrad/Jochimsen (Hrsg.), Finanzkrise im Bundesstaat, 2006, S. 43 (43 ff.). ZT wird der Entscheidung das Erfordernis eines „Doppelschritts" entnommen: zunächst Feststellung einer „einfachen" und dann Feststellung einer „extremen" Haushaltsnotlage, *Höfling* (Fn. 199), S. 65.
[203] Für die Beachtlichkeit des Vertretenmüssens: BerlVerfG NVwZ 2004, 210 (210 ff.); *Selmer* VVDStRL 52 (1993), 10 (57); *ders.* NordÖR 2006, 221 (224); *Heun,* in: Dreier III, Art. 107 Rn. 35; *Höfling* FS v. Arnim, 2004, S. 205 (207); *Rossi* DVBl 2005, 269 (273); aA *Musil/Kroymann* DVBl 2004, 1204 (1209); *Stauch* NordÖR 2006, 133 (138); *Korioth* (Fn. 13), S. 667; Dokumentation Nr. 551 des *Wiss. Beirats beim BMWA* v. 8.7.2005, Text-Nr. 30. *Birk/Wernsmann* DÖV 2004, 868 (872 ff., 874), nennen als Voraussetzungen für den Anspruch: (1) extreme Haushaltsnotlage, (2) eigener ausreichender Sanierungsbeitrag, (3) kein Vertretenmüssen der Haushaltsschwierigkeiten auf Grund autonomer Entscheidungen.
[204] *Wiss. Beirats beim BMWA* (Fn. 203), Text-Nr. 29.
[205] BVerfGE 72, 330 (405); 86, 148 (260); ähnlich 101, 158 (225); 116, 327 (382, 384 f.).
[206] BVerfGE 72, 330 (405); 101, 148 (225); relativiert durch Einfügung eines „grundsätzlich" in BVerGE 116, 327 (382).
[207] BVerfGE 72, 330 (405).
[208] BVerfGE 86, 18 (260 f.).
[209] BVerfGE 101, 158 (225).
[210] BVerfGE 116, 327 (386).
[211] BVerfGE 72, 330 (405); 86, 148 (261). Den Ausnahmecharakter der Sanierungshilfen bei extremer Notlage betont *Selmer* NordÖR 2006, 221 (226).
[212] Im Erg. ebenso *Hidien* (Fn. 162), S. 142; anders BVerfGE 86, 148 (265), das Maßnahmen schon im Vorfeld für zulässig erachtet, um eine Notlage abzuwehren; zust. *Huber* MKS III, Art. 107 Rn. 182.
[213] BVerfGE 86, 148 (269), näher *Musil/Kroymann* DVBl 2004, 1204 (1208 f.).
[214] BVerfGE 86, 148 (150, 269).

und -ansprüchen auf den „bundesstaatlichen Notstand". Die eigenen Handlungsmöglichkeiten des Landes müssten erschöpft sein. Dafür trage das Land eine Darlegungs- und Begründungslast.[215]

Mit der Föderalismusreform 2009 ist versucht worden, (vorbeugend) die Entstehung von Haushalts-  **110** notlagen zu verhindern. Sie hat recht weitreichende Vorgaben für die Haushaltspolitik der Länder in das GG eingefügt: An erster Stelle ist das Gebot zu nennen, die Haushalte ohne Kreditaufnahme auszugleichen, Art. 109 III 1. Speziell zur Vermeidung von Haushaltsnotlagen ist der neue Art. 109a geschaffen worden (→ Art. 109a). Diese Maßnahmen können aber einen Eingriff in die **Staatlichkeit der Länder** bedeuten.[216] Auch die Regelung von **Konsolidierungshilfen** durch die Einfügung von Art. 143d I im Jahre 2009 zeigt, dass es im Grunde genommen diese Ergänzungszuweisungen des Bundes als Leistungen im Finanzausgleich nicht mehr geben darf, da andernfalls die Voraussetzungen dieser Vorschrift hätten leicht unterlaufen werden können.[217]

Das bedeutet aber nicht, dass ein Mitglied des Bundes in extremer Notlage tatsächlich allein gelassen  **111** wird. Eine Pflicht zur Unterstützung von Ländern in Not kann jetzt wohl **nur noch** aus den allg. **bundesstaatlichen Prinzipien** hergeleitet werden.[218] Es darf aber in keinem Fall im Voraus ein Anspruch auf diese Hilfe eingeräumt werden („no bail out").[219] UU folgt eine Leistungspflicht aus der **Garantenstellung** des **Bundes** gem. Art. 28 III[220] oder dem aus Art. 20 I folgenden Prinzip des bündischen Füreinander-Einstehens. Sie kann aber nur wenige, existenzielle Grundleistungen zum Gegenstand haben, die – situationsbedingt – uU in natura zu erbringen wären. Die Aufrechterhaltung der öff. Leistungen eines Landes im bisher gepflegten Umfang ist damit aber keinesfalls garantiert. Nimmt man die Staatlichkeit der Länder ernst, gehört auch das Einstehen für die Folgen (finanz-)polit. Fehlentscheidungen dazu. Es kann für die Zukunft nur heilsam sein, wenn es auch für die Wählerschaft fühlbar ist. Hilfen zur Bewältigung wirklich extremer Situationen ist aber kein reiner Altruismus. Die Verhinderung von chaotischen Zuständen liegt auch im Interesse der Helfenden, doch ist die Aktivierung eines – letztlich uferlosen – Solidaritätsprinzips in diesem Zusammenhang äußerst gefährlich, wie die Beispiele auf EU-Ebene deutlich zeigen.

**3. Bundesergänzungszuweisungen wegen kommunaler Steuerschwäche und unterdurch-  112 schnittlicher Forschungsförderung (Abs. 2 S. 6).** Zusätzlich zu den bish. Bundesergänzungszuweisungen ist eine **neue Kategorie** von **Leistungen** des Bundes durch Art. 107 II 6 geschaffen worden. Mit diesen Leistungen kann ein weiterer Ausgleich aus Mitteln des Bundes zugunsten von leistungsschwachen Ländern erfolgen, (a) deren Kommunen eine **besonders geringe Steuerkraft** aufweisen (Gemeindesteuerkraftzuweisungen) oder (b) deren Anteil an den Fördermitteln nach Art. 91b ihre Einwohneranteile unterschreiten. Die Voraussetzungen können auch kumulativ erfüllt sein. Der Begriff der Leistungsschwäche ist wie bei den übrigen Bundesergänzungszuweisungen zu ermitteln (→ Rn. 88 f.). Abw. von den Vorgaben für diese Zuweisungen dürfen sie unabhängig von den Maßstäben nach Art. 107 II 1 bis 3 gewährt werden.

**a) Gemeindesteuerkraftzuweisungen.** Es ist davon auszugehen, dass der Gesetzgeber den Begriff  **113 Steuerkraft** mit Bedacht gewählt hat, da er zuvor schon in Art. 107 I 4 aE enthalten gewesen war. Vor allem im komm. Bereich können Steuerkraft und Finanzkraft deutlich voneinander abweichen. Einnahmen aus komm. Wirtschaftstätigkeit und aus Zuweisungen können erheblich sein und gehören nicht zur Steuerkraft. Im Jahre 2018 hatten die Kommunen Gesamteinnahmen von 271,8 Mrd. Euro.[221] Davon machten Einnahmen aus Steuern nur 101,2 Mrd. Euro aus, also 37,23 %.[222]

§ 11 I MaßstG konkretisiert die Anforderung der bes. geringen Steuerkraft und schreibt vor, dass  **114** anhand des Länderdurchschnitts je Einwohner zu ermitteln sei, ob er „besonders ausgeprägt" ist". Die konkrete Ermittlung in § 11 V FAG knüpft an das Unterschreiten einer 80 % Grenze an und sieht einen etwa hälftigen Ausgleich (53,5 %) der bis zur 80 %-Grenze bestehenden Differenz vor. Eine

---

[215] BVerfGE 116, 327 (377, 382 f., 388, 390); den Begriff „bundesstaatlicher Notstand" belässt das BVerfG (bewusst?) im Unklaren; jedenfalls ist er nicht mehr nur auf den Haushalt beschränkt, vgl. *Rossi* JZ 2007, 394 (397).

[216] ZT werden solche dirigistischen Vorgaben mit dem obiter dictum des BVerfG gerechtfertigt, dass Bund und Länder zwar nach Art. 109 I in ihrer Haushaltswirtschaft, nicht aber in ihrer Finanzwirtschaft unabhängig voneinander seien, vgl. *Kathstede* VR 2006, 50 (55). Diese Floskel ist zwar griffig, aber bei näherer Betrachtung nicht unprobl. (→ Art. 109 Rn. 4).

[217] Ähnlich auch *Kempny/Reimer*, 70. DJT 2014, Gutachten D, S. 122, 125: „ultima ratio".

[218] *Selmer* VVDStRL 52 (1993), 11 (57 f.); *ders.* NordÖR 2006, 221 (223), plädiert für eine Regelung iRd Art. 109 ff.

[219] Vgl. *Häde* (Fn. 199), S. 200, der für eine europarechtskonf. (restrikt.) Auslegung von Anspruchsgrundlagen plädiert; *Peffekoven* Wirtschaftsdienst 2006, 555 (558): nur soweit ein vorher festzulegendes Kreditvolumen nicht überschritten wird; zu den Einflussfaktoren eines „bail-out" *Blankart/Fasten/Klaiber* Wirtschaftsdienst 2006, 567 (570), die allerdings die Insolvenzunfähigkeit nach § 12 I InsO fälschlich mit Sicherung der Zahlungsfähigkeit gleichsetzen; zur Bedeutung der Vorschrift näher *Isensee*, in: Heintzen/Kruschwitz, Unternehmen in der Krise, 2004, S. 227 (232 f.); zum „bail-out" für Berlin *Seitz* (Fn. 197). In bes. Fällen will *Huber* MKS III, Art. 107 Rn. 179, eine Ermessenschrumpfung auf Null nicht ausschließen.

[220] Dafür *Huber* MKS III, Art. 107 Rn. 179.

[221] Monatsbericht der Deutschen Bundesbank, Mai 2020, S. 59*; im Finanzbericht nicht mehr ausgewiesen.

[222] Finanzbericht 2020, Übersicht 9, S. 314.

Einwohnergewichtung findet nicht statt.[223] Ob mit der Orientierung an normierten Steuereinnahmen hinreichend dem vom GG vorgeschriebenen Merkmal Steuerkraft Rechnung getragen worden ist, ist nicht sicher. Die **wirkliche Steuerkraft** ergibt sich aus der vorhandenen Steuerbasis, die unabhängig von den jew. Steuertarifen und Steuerbefreiungen ist. Die Regelung bietet zudem einen Anreiz, Steuerquellen nicht auszuschöpfen, und damit die heimische Bevölkerung und Wirtschaft zu Lasten der Allgemeinheit zu schonen.

115 **b) Ergänzende Forschungsförderung.** Die Forschungsförderung ist nach Art. 91b eine Gemeinschaftsaufgabe von Bund und Ländern. Sie setzt aber eine Mitwirkung des betroff. Landes voraus (Art. 91b I: auf Grund von Vereinbarungen). Eine unterdurchschnittl. Erfüllung dieser Gemeinschaftsaufgabe beruht wohl auf den begrenzten Möglichkeiten finanzschw. Länder, diesen Anteil zu leisten. Die zweite Gruppe von neuen Zuweisungen soll deshalb vor allem den Ländern zu Gute kommen, die die notw. Eigenanteile bei Vorhaben und Einrichtungen, die nach Art. 91b vom Bunde mitfinanziert werden, nicht aufbringen können.[224] Da die Regelung aber zugleich von der Einhaltung der Maßstäbe nach Satz 1 bis 3 entbindet, ergeben sich iE neue Spielräume für eine polit. erwünschte selekt. Unterstützung einz. Länder oder Ländergruppen. Auch in diesem Kontext wird ein durchschnittsorientierter Forschungsförderungsausgleich durchgeführt. Es wird ein Forschungs-Nettozufluss pro Einwohner zugrunde gelegt. Maßgebend sollen die Zahlen aus dem Jahresbericht der gemeins. Wissenschaftskonferenz sein, § 11 VI FAG.

## F. Kritische Würdigung

116 Positiv zu werten ist das klare Festhalten an dem Grundprinzip des **Finanzkraftausgleichs** und das Bemühen, den Ausgleich von Finanzkraftunterschieden in einem **einheitlichen Verfahren** mit **einheitlicher Begrifflichkeit** durchzuführen. Dies geschieht allerdings zT auf Kosten der systematischen Folgerichtigkeit, weil nunmehr (primäre) Ertragsverteilung und (sekundäre) Umverteilung miteinander verquickt werden. Allerdings enthielt auch schon die alte Regelung des Vorweganteils an der **Umsatzsteuer** umverteilende Elemente, war also nicht „systemrein". Das geänderte Verfahren zusammen mit der Änderung der Begrifflichkeit hat tatsächlich die bündische Komponente etwas reduziert, aber nicht abgeschafft.[225] Das gilt vor allem auch bzgl. der einfachgesetzlichen Ausgestaltung im FAG. Das Ausgleichsniveau wird durch die neuen Möglichkeiten iRd Bundesergänzungszuweisungen und der Geldleistungen im Zusammenhang mit den neuen Investitionshilfen weitgehend wieder erreicht.[226] ZT wird positiv eine Reduzierung der Streitanfälligkeit diagnostiziert, weil die eher techn. Veränd. zusammen mit der geänd. Begrifflichkeit den „Endowment Effekt" reduziere. Finanzpsychologisch sei es sinnvoll, das Bild von den (wenigen) Gebern iRd alten Länderfinanzausgleichs, denen etwas weggenommen werde, das den weniger leistungsfähigen (oder leistungsunwilligen) Ländern zu Gute komme, zu übertünchen.[227] ZT wird diese (gewollte) Intransparenz aber auch kritisiert.[228]

117 Die Neufassung der Umsatzsteuerverteilung hat zugleich die Regelung in Art. 107 I 4 aE bzgl. der **Grunderwerbsteuer** beseitigt, die zu einem volkswirtschaftlich außerordentlich schädlich Erhöhungswettlauf geführt hat. Das den Ländern zuvor eingeräumte Recht, die Steuersätze für die Grunderwerbsteuer festzulegen, hat sich aber insg. als so nachteilig herausgestellt, dass eine Detailkorrektur nicht ausreicht. Die Kompetenz der Länder hätte insoweit wieder abgeschafft oder das Problem der explodierenden Transaktionskosten für den Erwerb von Wohnimmobilien im privaten Bereich grundlegend gelöst werden sollen. Die Sonderregelung bzgl. des Aufkommens aus der **bergrechtlichen Förderabgabe** widerspricht dem Regelungskonzept im Übrigen.[229] Entspr. dem Petitum des BVerfG[230] sollte nach allg. Maßstäben und nicht einzelfallbezogen verteilt werden (→ vor Art. 104a Rn. 61 ff.). Die einzelfallbezogene Regelung der Bundesergänzungszuweisungen ist insoweit auch nicht überzeugend.

118 Nicht hinreichend genutzt wurde die Chance, den Wildwuchs der **Sonderergänzungszuweisungen** verfassungsrechtlich zu strukturieren und vor allem auch in ihrem Umfang zu begrenzen. In einem rationalen System dürften sie nur subsidiär erfolgen (→ Rn. 90). Im Gegenteil ist mit den Gemeindesteuerkraftergänzungszuweisungen und den Zuweisungen wegen zu geringer Forschungsförderung nach Art. 107 II 6 ein neuer einzelfallbezogener Begünstigungstatbestand geschaffen worden. Die im Schrifttum empfohlene „große" Lösung für den sekundären horizontalen Finanzausgleich, Erzwingung

---

[223] BT-Dr 18/11135, S. 81.

[224] BT-Dr 18/11131, S. 18.

[225] *Lenk/Glinka* ZSE 2017, 417 (425 f.); *Huber* MKS III, Art. 107 Rn. 94; *ders.* NVwZ 2019, 665 (669, 671); *Heun/Thiele,* in: Dreier III, Art. 107 Rn. 6, 39.

[226] *Heun/Thiele,* in: Dreier III, Art. 107 Rn. 39.

[227] *Heun/Thiele,* in: Dreier III, Art. 107 Rn. 6; zuvor schon in dieselbe Richtung *Korioth,* ifo-Schnelldienst 24/2016, 5 (7): „(…) gibt es keine Geber und Nehmer mehr. (…) Alle Länder sind Nehmer von Steueranteilen.".

[228] *Seiler,* in: Maunz/Dürig, Art. 107 (2018) Rn. 82: „intransparente Buchungstechnik", Rn. 110, der nicht zuletzt auch die mangelnde „Bildung tragfähiger Maßstäbe" kritisiert.

[229] Krit. *Reimer,* Stellungnahme v. 20.3.2017, Anl. Haushaltsausschuss-Dr 18/4218, S. 3.

[230] BVerfGE 101, 158 (215, 238).

eines Staatsvertrags zwischen den Ländern,[231] ist nicht umgesetzt worden. Auch wurde weiteren Empfehlungen für diesen Problemkreis[232] weitgehend nicht gefolgt. Vor allem dürfte es tatsächlich keine besonders geringe Steuerkraft von Kommunen geben, wenn die Länder ihre verfassungsrechtl. Pflicht zur aufgabengerechten Finanzausstattung ihrer Kommunen erfüllten.[233]

Das Prinzip der föderalen Gleichbehandlung kann durch die neue Möglichkeit zur Leistung von **119** **Zuweisungen** nach Art. 107 II 6 (weiter) relativiert werden. Auch eröffnet sie Spielräume für eine implizite Berücksichtigung von Bedarfsgesichtspunkten, die systemwidrig wäre. Das Vorliegen der Voraussetzung für die Gewährung von Zuweisungen wegen der unzureichenden Inanspruchnahme von Fördermitteln, die auf der Grundlage von Art. 91b geleistet werden, kann schließlich eine Folge von polit. (Fehl-)Entscheidungen auf Landesebene sein und muss nicht auf fiskal. Strukturgegebenheiten beruhen. Sie kann dazu dienen, unerwünschten „Armutsspiralen" im föd. Kontext zu durchbrechen; sie kann aber auch (neuen) Ineffizienzen beim Einsatz öff. Mittel Vorschub leisten.

## Art. 108 [Finanzverwaltung und Finanzgerichtsbarkeit]

(1) **Zölle, Finanzmonopole, die bundesgesetzlich geregelten Verbrauchsteuern einschließlich der Einfuhrumsatzsteuer, die Kraftfahrzeugsteuer und sonstige auf motorisierte Verkehrsmittel bezogene Verkehrsteuern ab dem 1. Juli 2009 sowie die Abgaben im Rahmen der Europäischen Gemeinschaften werden durch Bundesfinanzbehörden verwaltet. Der Aufbau dieser Behörden wird durch Bundesgesetz geregelt. Soweit Mittelbehörden eingerichtet sind, werden deren Leiter im Benehmen mit den Landesregierungen bestellt.**

(2) **Die übrigen Steuern werden durch Landesfinanzbehörden verwaltet. Der Aufbau dieser Behörden und die einheitliche Ausbildung der Beamten können durch Bundesgesetz mit Zustimmung des Bundesrates geregelt werden. Soweit Mittelbehörden eingerichtet sind, werden deren Leiter im Einvernehmen mit der Bundesregierung bestellt.**

(3) **Verwalten die Landesfinanzbehörden Steuern, die ganz oder zum Teil dem Bund zufließen, so werden sie im Auftrage des Bundes tätig. Artikel 85 Abs. 3 und 4 gilt mit der Maßgabe, daß an die Stelle der Bundesregierung der Bundesminister der Finanzen tritt.**

(4) **Durch Bundesgesetz, das der Zustimmung des Bundesrates bedarf, kann bei der Verwaltung von Steuern ein Zusammenwirken von Bundes- und Landesfinanzbehörden sowie für Steuern, die unter Absatz 1 fallen, die Verwaltung durch Landesfinanzbehörden und für andere Steuern die Verwaltung durch Bundesfinanzbehörden vorgesehen werden, wenn und soweit dadurch der Vollzug der Steuergesetze erheblich verbessert oder erleichtert wird. Für die den Gemeinden (Gemeindeverbänden) allein zufließenden Steuern kann die den Landesfinanzbehörden zustehende Verwaltung durch die Länder ganz oder zum Teil den Gemeinden (Gemeindeverbänden) übertragen werden. Das Bundesgesetz nach Satz 1 kann für ein Zusammenwirken von Bund und Ländern bestimmen, dass bei Zustimmung einer im Gesetz genannten Mehrheit Regelungen für den Vollzug von Steuergesetzen für alle Länder verbindlich werden.**

(4a) **Durch Bundesgesetz, das der Zustimmung des Bundesrates bedarf, kann bei der Verwaltung von Steuern, die unter Absatz 2 fallen, ein Zusammenwirken von Landesfinanzbehörden und eine länderübergreifende Übertragung von Zuständigkeiten auf Landesfinanzbehörden eines oder mehrerer Länder im Einvernehmen mit den betroffenen Ländern vorgesehen werden, wenn und soweit dadurch der Vollzug der Steuergesetze erheblich verbessert oder erleichtert wird. Die Kostentragung kann durch Bundesgesetz geregelt werden.**

(5) **Das von den Bundesfinanzbehörden anzuwendende Verfahren wird durch Bundesgesetz geregelt. Das von den Landesfinanzbehörden und in den Fällen des Absatzes 4 Satz 2 von den Gemeinden (Gemeindeverbänden) anzuwendende Verfahren kann durch Bundesgesetz mit Zustimmung des Bundesrates geregelt werden.**

(6) **Die Finanzgerichtsbarkeit wird durch Bundesgesetz einheitlich geregelt.**

(7) **Die Bundesregierung kann allgemeine Verwaltungsvorschriften erlassen, und zwar mit Zustimmung des Bundesrates, soweit die Verwaltung den Landesfinanzbehörden oder Gemeinden (Gemeindeverbänden) obliegt.**

**Entstehungsgeschichte: Erstfassung:** JöR nF 1 (1951), 790. – **Änderungen:** 21. G zur Änd. des GG v. 12.5.1969 (BGBl I 359), Art. 1 Nr. 6; weitere Einzelheiten s. Entstehungsgeschichte vor Art. 104a und zu Art. 104a; G zur Änd. des GG v. 26.11.2001 (BGBl I 3219), Art. 1 (dazu BT-Dr 14/6144 [Entwurf]; 14/6470, 14/6698; BT-Prot 14/ 16947 D, 16949 A, 17739 D, 17743 B, 17788 C; BR-Dr 242/01, 486/01, 746/01; BR-Prot 01/232 C, 325 B,

---

[231] *Kempny/Reimer,* 70. DJT 2014, Gutachten D, S. 99 f., 102.
[232] *Kempny/Reimer,* 70. DJT 2014, Gutachten D, S. 101 f.
[233] Zutreff. *Henneke,* in: Hofman/Henneke, Art. 108 Rn. 100a: der Bund als Ausfallbürge gegenüber leistungsschwachen Ländern, die ihre Pflichten nicht erfüllen.

452 B, 453 A); G zur Änd. des GG (Art. 106, 106b, 107, 108) v. 19.3.2009 (BGBl I 606), Art. 1 (dazu: BT-Dr 16/11741 [Entw.]; BT-Dr 16/11900 [Beschlussempf. FinA.]; BT-Dr 16/11901 [Bericht HaushaltsA.]; 16/11931 [Bericht FinA.]; BT-Prot 16/203, 21959; 206, 22267; BR-Dr 118/09; BR-Dr 118/09, 118/1/09 [Empf. Ausschüsse]; BR-Prot 09/855, 41; 856, 61; weitere Einzelheiten s. Entstehungsgeschichte vor Art. 104a und bei Art. 104a; G zur Änd. des GG (Art. 90, 91c, 104b, 104c, 107, 108, 109a, 114, 125c, 143d, 143e, 143f, 143g) v. 13.7.2017 (BGBl I 2347), Art. 1 (dazu: BT-Dr 18/11131, 18/12588).

**Historische Verfassungstexte: RV 1849: § 35** (1) Die Erhebung und Verwaltung der Zölle, so wie der gemeinschaftlichen Produktions- und Verbrauchs-Steuern, geschieht nach Anordnung und unter Oberaufsicht der Reichsgewalt. (2) ... (3) Ein besonderes Reichsgesetz wird hierüber Näheres feststellen. – **RV 1871: Art. 36** (1) Die Erhebung und Verwaltung der Zölle und Verbrauchssteuern (Art. 35) bleibt jedem Bundesstaate, soweit derselbe sie bisher ausgeübt hat, innerhalb seines Gebietes überlassen. (2) Der Kaiser überwacht die Einhaltung des gesetzlichen Verfahrens durch Reichsbeamte, welche er den Zoll- oder Steuerämtern und den Direktivbehörden der einzelnen Staaten, nach Vernehmung des Ausschusses des Bundesrathes für Zoll- und Steuerwesen, beiordnet. (3) Die von diesen Beamten über Mängel bei der Ausführung der gemeinschaftlichen Gesetzgebung (Art. 35) gemachten Anzeigen werden dem Bundesrathe zur Beschlußnahme vorgelegt. – **WRV: Art. 83** (1) Die Zölle und Verbrauchssteuern werden durch Reichsbehörden verwaltet. (2) Bei der Verwaltung von Reichsabgaben durch Reichsbehörden sind Einrichtungen vorzusehen, die den Ländern die Wahrung besonderer Landesinteressen auf dem Gebiete der Landwirtschaft, des Handels, des Gewerbes und der Industrie ermöglichen. **Art. 84** Das Reich trifft durch Gesetz die Vorschriften über: 1. die Einrichtung der Abgabenverwaltung der Länder, soweit es die einheitliche und gleichmäßige Durchführung der Reichsabgabengesetze erfordert; 2. die Einrichtung und Befugnisse der mit der Beaufsichtigung der Ausführung der Reichsabgabengesetze betrauten Behörden; 3. die Abrechnung mit den Ländern; 4. die Vergütung der Verwaltungskosten bei Ausführung der Reichsabgabengesetze. – **GG 1949:** (1) Zölle, Finanzmonopole, die der konkurrierenden Gesetzgebung unterworfenen Verbrauchsteuern, die Beförderungssteuer, die Umsatzsteuer und die einmaligen Vermögensabgaben werden durch Bundesfinanzbehörden verwaltet. Der Aufbau dieser Behörden und das von ihnen anzuwendende Verfahren werden durch Bundesgesetz geregelt. Die Leiter der Mittelbehörden sind im Benehmen mit den Landesregierungen zu bestellen. Der Bund kann die Verwaltung der einmaligen Vermögensabgaben den Landesfinanzbehörden als Auftragsverwaltung übertragen. (2) Nimmt der Bund einen Teil der Einkommen- und Körperschaftsteuer für sich in Anspruch, so steht ihm insoweit die Verwaltung zu; er kann sie aber den Landesfinanzbehörden als Auftragsverwaltung übertragen. (3) Die übrigen Steuern werden durch Landesfinanzbehörden verwaltet. Der Bund kann durch Bundesgesetz, das der Zustimmung des Bundesrates bedarf, den Aufbau dieser Behörden und das von ihnen anzuwendende Verfahren und die einheitliche Ausbildung der Beamten regeln. Die Leiter der Mittelbehörden sind im Einvernehmen mit der Bundesregierung zu bestellen. Die Verwaltung der den Gemeinden (Gemeindeverbänden) zufließenden Steuern kann durch die Länder ganz oder zum Teil den Gemeinden (Gemeindeverbänden) übertragen werden. (4) Soweit die Steuern dem Bunde zufließen, werden die Landesfinanzbehörden im Auftrage des Bundes tätig. Die Länder haften mit ihren Einkünften für eine ordnungsmäßige Verwaltung dieser Steuern; der Bundesfinanzminister kann die ordnungsmäßige Verwaltung durch Bundesbevollmächtigte überwachen, welche gegenüber den Mittel- und Unterbehörden ein Weisungsrecht haben. (5) Die Finanzgerichtsbarkeit wird durch Bundesgesetz einheitlich geregelt. (6) Die allgemeinen Verwaltungsvorschriften werden durch die Bundesregierung erlassen, und zwar mit Zustimmung des Bundesrates, soweit die Verwaltung den Landesfinanzbehörden obliegt – **GG 2009:** (4) Durch Bundesgesetz, das der Zustimmung des Bundesrates bedarf, kann bei der Verwaltung von Steuern ein Zusammenwirken von Bundes- und Landesfinanzbehörden sowie für Steuern, die unter Absatz 1 fallen, die Verwaltung durch Landesfinanzbehörden und für andere Steuern die Verwaltung durch Bundesfinanzbehörden vorgesehen werden, wenn und soweit dadurch der Vollzug der Steuergesetze erheblich verbessert oder erleichtert wird. Für die den Gemeinden (Gemeindeverbänden) allein zufließenden Steuern kann die den Landesfinanzbehörden zustehende Verwaltung durch die Länder ganz oder zum Teil den Gemeinden (Gemeindeverbänden) übertragen werden.

**Gesetzgebung:** FVG; FGO; StBAG; KONSENS-G.

**Leitentscheidungen:** BVerfGE 32, 145 (Beförderungsteuer); BVerfGE 106, 1 (Aufgabenübertragung).

**Schrifttum:** *J. Bonsels,* Einwirkungs- und Mitwirkungsrechte des Bundes bei der Verwaltung der Steuern durch die Länder, 1995; *C. Brodersen,* Weisungen des Bundes in der Steuerauftragsverwaltung, FS Selmer, 2004, S. 601; *A. Dittmann,* Die Bundesverwaltung, 1983; *K.-D. Drüen,* Kommunale Informationsrechte im staatlichen Besteuerungsverfahren, DÖV 2012, 493; *R. Eckhoff,* Rechtsanwendungsgleichheit im Steuerrecht, 1999; *M. Heintzen,* Das gemeinsame Konzept von Bund und Ländern zur Modernisierung des Besteuerungsverfahrens, DÖV 2015, 780; *S. Oeter,* Die Finanzverwaltung im System des bundesstaatlichen Kompetenzteilung, ThürVBl 1997, 1, 28; *G. L. Orlopp,* Auftragsverwaltung im Steuerrecht, FS Franz Klein, 1994, S. 597; *T. Sauerland,* Weisungsrechte des Bundes beim Vollzug der Steuergesetze durch die Länder, DStZ 2007, 668; *R. Seer,* Verständigungen in Steuerverfahren, 1996; *H. Weyhausen,* Steuerverwaltung und bundesstaatliche Verfassungsordnung, 1982.

**Übersicht**

## A. Entstehung und Bedeutung

Die außerordentlich verwickelte Vorschrift ist im Gegensatz zu Art. 105 nicht verfassungsrechtl. **1** Grundlage für das materielle Steuerrecht, sondern hat im Wesentl. Organisations- und Verfahrensfragen zum Gegenstand. Ihr bestimmendes Thema ist die **Gewährleistung einer gleichmäßigen Besteuerung im Verwaltungsvollzug** unter gleichzeitiger Wahrung der Vorteile einer dezentralen Verwaltungsorganisation mit eigenständigen Befugnissen der Länder. Ihr heutiger Wortlaut geht im Wesentl. auf die Finanzreform 1969 zurück. Ihre endgültige Fassung fand sie jedoch erst 2001, als der zweistufige Aufbau der Bundes- und Landesfinanzbehörden ermöglicht wurde (→ Rn. 15, 20). Erneut angepasst wurde sie 2009, da nicht nur die Ertragskompetenz (→ Art. 106 Rn. 5), sondern auch die Verwaltungskompetenz für die Kfz-Steuer und sonstige auf motorisierte Verkehrsmittel bezogene Steuern auf den Bund übertragen wurden.

Für ihr Verständnis ist der entstehungsgeschichtliche Hintergrund[1] von maßgeb. Bedeutung. Sie ist **2** das Ergebnis eines mühsam ausgehandelten Kompromisses. Im ParlR waren die Gegensätze zwischen den unitar. und den föderalist. Bestrebungen an dieser Stelle voll zum Ausbruch gekommen.[2] Das ist auch nicht verwunderlich, da die Herrschaft über die Finanzverwaltung durchaus nicht nur eine Frage der Verwaltungseffizienz oder der Gleichmäßigkeit des Gesetzesvollzugs gewesen ist, sondern immer auch eine **Machtfrage.** Das gilt erst recht für die Finanzverf. des GG, die im Wesentl. dem Bund die Gesetzgebungskompetenzen zuweist.[3] Mit guten Gründen wandten sich die Alliierten gegen die von deutscher Seite vorgesehene Einheitsverwaltung des Bundes und beharrten auf einer klaren Trennung der Finanzverwaltungen des Bundes und der Länder.[4] An diesen Gegensätzen wäre fast das gesamte Verfassungswerk gescheitert, wenn die deutsche Seite nicht doch weitgehend eingelenkt hätte.[5] Die verlangte **Zweiteilung** der Kompetenzen wurde im GG verankert. Aber bereits das FVG v. 6.9.1950[6] führte auf verfassungsrechtlich bedenkl. Weise doch wieder **Elemente einer Mischverwaltung** ein.[7] Für sie wurde erst mit der Änd. der Vorschrift durch das FinanzreformG v. 12.5.1969[8] eine tragfähigere Grundlage geschaffen,[9] die durch die Änd. des GG 2017 noch erweitert wurde. Der neue S. 4 in Abs. 4 erlaubt (klarstellend), Regelungen für ein Zusammenwirken auch dann verbindlich anzuordnen, wenn nicht alle Länder zugestimmt haben (Aufgabe des Einstimmigkeitsprinzips bei kontraktuellen Maßnahmen) (→ Rn. 36). Mit dem zusätzl. Abs. 4a ist eine neue Basis für die Anordnung eines Zusammenwirkens von Länderfinanzbehörden und die Übertragung von Zuständigkeiten auf länderübergreifende Behörden geschaffen worden (→ Rn. 38). Insg. ist der Einfluss des Bundes auf die Steuerverwaltung vergrößert worden.[10]

Obwohl Art. 108 durchgängig von Bundes- und Landesfinanzbehörden spricht, ist sein **Regelungs- 3 gegenstand** – entspr. der Handhabung im ges. Abschn. X[11] – nur die Verwaltung der **Steuern, Zölle, Finanzmonopole** und der später hinzugetretenen **Abgaben** iRd **der Europäischen Gemeinschaften.**[12] Unabhängig davon, ob man einmalige Vermögensabgaben und Lastenausgleichsabgaben (Art. 106 I Nr. 5) als Steuern einstuft,[13] sind sie ebenfalls erfasst.[14] Das hat zwei Konsequen-

---

[1] Dazu *Stern,* StaatsR II, S. 1175–1177; nunmehr auch *Oeter* ThürVBl 1997, 1 (1 ff., 5); *Seer* BK, Art. 108 (2011) Rn. 17–29; *Kempny,* in: Friauf/Höfling, Art. 108 (2018) Rn. 6–19.
[2] BVerfGE 31, 145 (150); *Höpker-Aschoff* AöR 75 (1949), 328 (328).
[3] *Wendt* HStR IV¹. § 104 Rn. 96; → Art. 105 Rn. 6; zust. *Seer* BK, Art. 108 (2011) Rn. 2.
[4] Vgl. JöR nF 1 (1951), 797 (797); eingehend *Steinberger,* in: Stern (Hrsg.), 40 Jahre Grundgesetz, 1990, S. 49 f., 52 f., 54; *Kempny,* in: Friauf/Höfling, Art. 108 (2018) Rn. 12. Die Memoranden der Alliierten sind abgedr. bei *E. R. Huber,* Quellen zum Staatsrecht der Neuzeit II, 1951, S. 208 ff.
[5] Vgl. *Wacke,* Das Finanzwesen der Bundesrepublik Deutschland, 1950, S. 57 ff.; ebenso jetzt auch *Kempny,* in: Friauf/Höfling, Art. 108 (2018) Rn. 12.
[6] BGBl I 448.
[7] Für Verfassungswidrigkeit *Wacke* FinArch. Bd. 12 (1950/51), 713 (713 ff.).
[8] BGBl I 359.
[9] *Stern,* StaatsR II, S. 1177; weitere Einzelheiten bei *Seer* BK, Art. 108 (2001) Rn. 21–27.
[10] *Kempny,* in: Friauf/Höfling, Art. 108 (2018) Rn. 18.
[11] → vor Art. 104a Rn. 8.
[12] Zur Abgrenzung dieser Abgaben → vor Art. 104a Rn. 80, Art. 105 Rn. 12, 14, 16, Art. 106 Rn. 5.
[13] → Art. 106 Rn. 6 f.
[14] So auch *Schlette* MKS III, 6. Aufl. 2010, Art. 108 Rn. 8.

zen: (1) Die Verwaltung aller anderen Abgaben richtet sich nach den allg. Regeln.[15] Das bedeutet, dass die Körperschaft sie verwaltet, die zur Wahrnehmung der öff. Aufgabe berufen ist, für die sie erhoben wird.[16] (2) Wenn und soweit Finanzbehörden andere als die genannten Aufgaben wahrnehmen, gilt Art. 108 nicht.[17] **Missbräuchliche** Gestaltungen („Vermeidungsstrategien") müssen von Verfassungs wegen durch präzise tatbestandl. Abgrenzung nichtsteuerl. Abgaben und Begrenzung ihrer Zulässigkeit[18] verhindert werden. Sowohl die Gesetzgebungs- als auch die Ertragshoheit für Zölle ist auf die EU übergegangen.[19] Ihre Verwaltung ist jedoch bei den Mitgliedstaaten verblieben, da die Union bisher auf die Einrichtung einer eigenen Finanzverwaltung verzichtet hat.

4     Die Vorschrift regelt die **Verwaltung** der von ihr erfassten Abgaben. Verwaltung ist **nicht** nur **Gesetzesvollzug** („gesetzesakzessorische Verwaltung"). Sie kann grds. auch ohne gesetzl. Grundlage erfolgen („gesetzesfreie Verwaltung"). Dieses weite Verständnis von Verwaltung dürfte aber im hier maßgebl. Kontext kaum praktische Bedeutung haben, da die Erhebung von Abgaben Eingriffsverwaltung ist, die immer eine gesetzliche Ermächtigung benötigt.

5     Art. 108 regelt aber **nicht allein** die **traditionellen Themen** Zuständigkeit, Aufbau und Einrichtung von Behörden, sondern auch Weisungsbefugnisse der obersten Staatsorgane, das zu beachtende Verfahren sowie Gesetzgebungsermächtigungen für das Verwaltungsverfahren und die Finanzgerichtsbarkeit. Zur Aufgabenwahrnehmung gehören alle Maßnahmen mit unmittelbarer Außenwirkung, auch wenn es sich um überwiegend mechanische Hilfstätigkeiten handelt.[20] Nicht mehr erfasst ist jedoch die Ausstellung von **Bescheinigungen** auf nichtsteuerlichen Sachgebieten, auch wenn sie steuerliche Bedeutung haben.[21]

6     Die Bestimmung unterscheidet **drei Formen** der Verwaltung: die **Bundesverwaltung** (Abs. 1), die **Landeseigenverwaltung** (Abs. 2) und die **Landesauftragsverwaltung** (Abs. 3). Insoweit übernimmt sie die in Art. 83 ff. getroffene Regelung. Abweichend von Art. 84, 85 hat sie aber auch den **Vollzug von Landesgesetzen durch Landesbehörden** zum Thema. So werden dem Bund Möglichkeiten zur Einwirkung auf den Vollzug von Landesgesetzen durch Landesbehörden eingeräumt (→ Rn. 36). In begrenztem Umfang gestattet sie auch die Einführung von **Mischverwaltung** (→ Rn. 11, 17, 20, 29). Eine verfassungsrechtliche Verpflichtung, eine derartige Kooperation zu schaffen oder aufrechtzuerhalten, besteht aber nicht.[22]

7     Die Anordnungen sind **zwingend,** so dass außer in den ausdr. vorgesehenen Fällen kein Spielraum für gesetzl. oder vertragl. Sondergestaltungen besteht,[23] auch nicht privatrechtl. Art.[24] Jede Form der Privatisierung ist ausgeschlossen.[25] Der neue Abs. 4a öffnet nun allerdings weiter die Tür für konsentierte Abweichungen. Art. 108 I–V sind **leges speciales** zu Art. 83 ff.,[26] Abs. 6 ist lex specialis zu Art. 74 I Nr. 1 (Finanzgerichtsbarkeit). Art. 108 ist jedoch **nicht abschließend.** Auf die allg. Regeln darf ergänzend zurückgegriffen werden,[27] allerdings nur, wenn eindeutig nichts Abwei-

---

[15] BVerwG NVwZ-RR 1990, 44 (45); *Waldhoff* HStR V³, § 116 Rn. 70; *J.-P. Schneider* AK GG, Art. 108 (2001) Rn. 3; implizit auch: BVerfGE 110, 370 (387); 113, 128 (146); *Schwarz,* in: Maunz/Dürig, Art. 108 (2019) Rn. 10; vgl. auch *F. Kirchhof* MKS III, Art. 108 Rn. 15, der auch für eine Steuer mit dem Steuersatz „0" so vorgehen will, da das keine Steuer iSd Steuerdefinition sei, die sich an § 3 I zu orientieren habe (Rn. 18 iVm 15).

[16] Zust. *Kempny,* in: Friauf/Höfling, Art. 108 (2018) Rn. 2; *Wendt* HStR IV¹, § 104 Rn. 96; *Heun/Thiele,* in: Dreier III, Art. 108 Rn. 8; *F. Kirchhof* MKS III, Art. 108 Rn. 15; implizit auch BVerfGE 105, 185 (193), explizit nur für die Ertragskompetenz.

[17] *Stern,* StaatsR II, S. 1179; zust. *Heun/Thiele,* in: Dreier III, Art. 108 Rn. 8; *F. Kirchhof* MKS III, Art. 108 Rn. 16: Zahlungsverpflichtungen des Staates an den Bürger seien keine Steuern, auch nicht, wenn sie als negative Steuern bezeichnet werden; anders aber Steuersubventionen (Rn. 17); ähnlich *Schwarz,* in: Maunz/Dürig, Art. 108 (2019) Rn. 11.

[18] → vor Art. 104a Rn. 72 f., 93 ff., 139 ff.

[19] → Art. 105 Rn. 13, → Art. 106 Rn. 4.

[20] Vgl. *Brockmeyer,* in: Hofmann/Hopfauf, 12. Aufl. 2011, Art. 108 Rn. 13: Versand von Steuerbescheiden, Aufforderung zur Abgabe von Steuererklärungen, Kontenführung, Versand von Mahnungen, Entgegennahme elektronischer Steuererklärungen.

[21] BVerwGE 79, 171 (173).

[22] BVerfGE 106, 1 (21 f.).

[23] Ähnlich *Stern,* StaatsR II, S. 1179; weniger strikt *Vogel/Wachenhausen* BK, Art. 108 (1971) Rn. 16. *F. Kirchhof* MKS III, Art. 108 Rn. 24–27, unterscheidet sechs Formen der Steuerverwaltung: (1) bundeseigene Verwaltung (2) Bundesauftragsverwaltung der Länder (3) Landeseigenverwaltung (4) landeseigene Verwaltung für landesgesetzlich geregelte Steuern (5) Mischverwaltung von Bundes- und Landesbehörden (6) Zuständigkeitswahrnehmen nach Abs. 4a.

[24] BFHE 158, 120 (125).

[25] *Heun/Thiele,* in: Dreier III, Art. 108 Rn. 13; *Schwarz,* in: Maunz/Dürig, Art. 108 (2019) Rn. 13; *Kempny,* in: Friauf/Höfling, Art. 108 (2018) Rn. 43, 57, der aber zutreffend die davon zu unterscheidende Indienstnahme Privater für Zwecke der Besteuerung als vereinbar mit Art. 108 ansieht. Sie sei aber in ihrer jetzigen Ausgestaltung (teilweise) verfassungsrechtlich durchaus angreifbar, vor allem wenn sie als entschädigungslos zu erbringendes Sonderopfer durchgesetzt wird.

[26] BVerfGE 106, 1 (20).

[27] *Stern,* StaatsR II, S. 1179 mwN; *Pieroth,* in: Jarass/Pieroth, Art. 108 Rn. 1; *J.-P. Schneider* AK GG, Art. 108 (2001) Rn. 3; *Heun/Thiele,* in: Dreier III, Art. 108 Rn. 11; *Kempny,* in: Friauf/Höfling, Art. 108 (2018) Rn. 4.

chendes gelten soll.[28] Die Verwaltung der Kirchensteuern ist in Art. 140 iVm Art. 137 VI WRV nochmals spezieller geregelt[29] und geht Art. 108 vor.[30]

## B. Verteilung der Verwaltungskompetenzen

## I. Die Grundanordnung (Abs. 1–3)

**Bundesfinanzbehörden** haben nach Abs. 1 S. 1 die Zölle,[31] die Finanzmonopole[32] und die **8** bundesgesetzl. geregelten Verbrauchsteuern einschl. Einfuhrumsatzsteuern[33] sowie seit 2009 auch die Kfz-Steuer und sonstige auf motorisierte Verkehrsmittel bezogene Verkehrsteuern[34] zu verwalten, und zwar unabhängig davon, ob ihr Ertrag dem Bund oder den Ländern zufließt. Deshalb wird auch die Biersteuer erfasst, obwohl ihr Ertrag nach Art. 106 II Nr. 5 den Ländern zusteht. Nach der Abschaffung zahlreicher kleiner Verbrauchsteuern sind bundesgesetzl. geregelte Verbrauchsteuern, die vom Bund verwaltet werden, aber nicht ausdr. in der Bestimmung genannt sind, neben der Biersteuer die Kaffee-, Tabak-, Branntwein-, Schaumwein- und Mineralölsteuer.[35] Schließlich fallen noch die Abgaben iRd EG[36] in die Verwaltungskompetenz des Bundes. Hinzugekommen ist die im Zuge der „ökologischen Steuerreform" neu eingeführte Stromsteuer.[37] Sie wird überwiegend als bes. Verbrauchsteuer eingestuft, die von den Zollbehörden des Bundes zu verwalten sei, da sie auf Überwälzung auf den Endverbraucher angelegt sei.[38] **Nicht** erfasst ist dagegen die Umsatzsteuer, obwohl sie inzwischen nicht mehr als Verkehrsteuer, sondern fast einhellig als Verbrauchsteuer qualifiziert wird.[39] Sie sollte nach dem eindeutigen Willen des verfassungsänd. Gesetzgebers von den Ländern verwaltet werden.[40]

**Landesfinanzbehörden** verwalten alle übrigen Steuern, Abs. 2 S. 1. Damit ist eine Residualkom- **9** petenz der Länder für die Verwaltung der Steuern geschaffen worden,[41] die sonst nicht bestünde, da die Anwendung von Art. 30 und 83 durch die abschließenden Spezialregelungen des Abschnitt X ausgeschlossen ist.[42] Insoweit besteht ein deutl. Unterschied zur Gesetzgebungshoheit, wo sie besteht. Auch insoweit spielt die Ertragshoheit keine Rolle. Letztlich erstreckt sich die Verwaltungskompetenz der Länder auf die meisten und die ertragsstärksten Steuern.[43] Für die **Art der Verwaltung** durch die Länder, wenn eine Steuer in ihre Verwaltungskompetenz fällt, ist die Ertragskompetenz jedoch entscheidend: Grundregel ist, dass die Verwaltung als **eigene Angelegenheit** des Landes (Landeseigenverwaltung)[44] erfolgt. Nur die Steuern, deren Ertrag ganz oder zT dem Bund zufließen,[45] werden im **Auftrag des Bundes** (Auftragsverwaltung)[46] verwaltet, Abs. 3 S. 1. Dabei kommt es aber nicht darauf an, ob sie auf bundes- oder landesgesetzlicher Grundlage erhoben werden.

Diese Regelung hat zur Folge, dass die Landesfinanzbehörden vor allem die großen Gemeinschaft- **10** steuern nach Art. 106 III (Einkommen-, Körperschaft- und Umsatzsteuer) im Auftrag des Bundes verwalten.[47] Hinzu kommen noch die Versicherungsteuer (Art. 106 I Nr. 4) und der Solidaritäts-

---

[28] Zust. *Heun/Thiele,* in: Dreier III, Art. 108 Rn. 11; ähnlich *Seer* BK, Art. 108 (2011) Rn. 35; zurückhaltend BVerfGE 32, 145 (155): „nicht ohne weiteres".

[29] Näher zur Kirchensteuerverwaltung → Art. 140 (137) Rn. 24.

[30] *Pieroth,* in: Jarass/Pieroth, Art. 108 Rn. 1b; zust.: *J.-P. Schneider* AK GG, Art. 108 (2001) Rn. 3; *F. Kirchhof* MKS III, Art. 108 Rn. 30 f.

[31] → Art. 105 Rn. 15.

[32] → Art. 105 Rn. 16.

[33] Einfuhrumsatzsteuern sind als Umsatzsteuern Verbrauchsteuern → Art. 106 Rn. 5. Einfachgesetzlich ist diese verfassungsrechtliche Vorgabe in § 21 I UStG umgesetzt. Für sie gelten im Wesentlichen die Vorschriften für Zölle, namentlich auch der Zollkodex, entspr.; zum Zollkodex → Art. 105 Rn. 12 Fn. 43.

[34] → Art. 106 Rn. 1, 5, o. Rn. 1.

[35] *Seer* BK, Art. 108 (2011) Rn. 65.

[36] → vor Art. 104a Rn. 8, Art. 106 Rn. 4.

[37] → Art. 104a Rn. 13.

[38] *Jatzke* DStZ 1999, 520 (523); *Seer* BK, Art. 108 (2011) Rn. 68; eingehend *Jobs,* Steuern auf Energie als Element einer ökologischen Steuerreform, 1999, S. 147, 175 ff., 223; aA *List* DB 1999, 1623 (1625), es handele sich nicht um eine Steuer, da sie nicht einer steuererhebungsberechtigten Körperschaft zufließen soll; *Arndt,* Rechtsfragen einer deutschen CO$_2$-/Energiesteuer entwickelt am Beispiel des DIW Vorschlages, 1995, S. 35 ff., 43, 52 ff., 73; *Herdegen/Schön,* Ökologische Steuerreform, Verfassungsrecht und Verkehrsgewerbe, 2000, S. 28 ff., 34.

[39] → Art. 106 Rn. 5.

[40] BT-Dr V/2861, Nr. 159 f., 351 f.

[41] *Schmidt* StuW 2015, 171 (176); → Art. 105 Rn. 50b.

[42] BVerfGE 145, 171 Rn. 80, 87–89 (Kernbrennstoffsteuer); aA wenig konsistent *Schmidt* StuW 2016, 171 (177).

[43] *Heintzen,* in: v. Münch/Kunig II, Art. 108 Rn. 23; *Wendt* HStR IV$^1$, § 104 Rn. 100; *Bonsels,* Einwirkungs- und Mitwirkungsrechte des Bundes bei der Verwaltung der Steuern durch die Länder, 1995, S. 34; *Seer* BK, Art. 108 (2011) Rn. 84 ff.; *Heun/Thiele,* in: Dreier III, Art. 108 Rn. 16; *J.-P. Schneider* AK GG, Art. 108 (2001) Rn. 9.

[44] *Pieroth,* in: Jarass/Pieroth, Art. 108 Rn. 7; *Schwarz/Reimer* JuS 2007, 119 (121).

[45] → Art. 106 Rn. 4 ff., 12 ff.

[46] *Stern,* StaatsR II, S. 1185; *Bonsels* (Fn. 43), S. 36.

[47] Die Umsatzsteuer ist auch dann den „übrigen Steuern" zuzurechnen, wenn sie steuersystematisch als Verbrauchsteuer eingestuft wird, vgl. *J.-P. Schneider* AK GG, Art. 108 (2001) Rn. 6.

*Siekmann*

zuschlag (Art. 106 I Nr. 6). Durch die mit der Auftragsverwaltung verbundenen Einwirkungsrechte der Zentralebene sollen die finanzwirtschaftl. Interessen des Bundes und die Einheitlichkeit der Steuererhebung gesichert werden,[48] die durch das Auseinanderfallen von Ertrags- und Verwaltungskompetenz gefährdet sein können. Aber auch die Auftragsverwaltung bleibt Landesverwaltung, bei die die Länder Landesstaatsgewalt ausüben.[49] Die restl. Steuern werden von den Ländern in landeseigener Verwaltung verwaltet. Soweit sie auf bundesgesetzl. Grundlage erhoben werden,[50] stehen dem Bund die Aufsichtsrechte nach Art. 83, 84 zu.[51]

## II. Ermächtigung zu Modifikationen durch Bundesgesetz
### (Abs. 4 S. 1 und 3, Abs. 4a)

11     Diese klare Aufteilung ist jedoch nicht unumstößlich, sondern steht in erhebl. Umfang zur **Disposition** des Bundes. Er darf durch zustimmungsbedürftiges BundesG, nicht Verwaltungsvereinbarung, Veränderungen und Ergänzungen in dreifacher Hinsicht vornehmen: (1) Einführung einer **Mischverwaltung** durch „Zusammenwirken von Bundes- und Landesfinanzbehörden", (2) **Übertragung** von Verwaltungskompetenzen des **Bundes** auf die **Länder** und (3) von Verwaltungskompetenzen der **Länder** auf den **Bund**.[52] Die Ergänzung von Abs. 4 um einen neuen S. 3 durch die Verfassungsänderung von 2017 hat diese Möglichkeiten des Bundesgesetzgebers noch erweitert, auch wenn in der Begr. zum Gesetzentw. der BReg. mehrfach betont wird, dass es sich um Klarstellung handele. Die Begründung ist aber insoweit nicht konsistent (→ Rn. 34). Der neue Abs. 4a erlaubt Änd. der Zuständigkeitsverteilung zwischen den Ländern, also horiz. Modifikationen.

11a    Die danach erlaubten Modifikationen dürfen aber nicht die Grundstruktur der verfassungsrechtl. Zuständigkeitsverteilung umkehren. Es sind nur punkt. Durchbrechungen erlaubt.[53] iÜ ist der Gesetzgeber in der Wahl der Kooperationsformen frei.[54] Sie sind jedoch **nur zulässig,** „wenn und soweit dadurch der Vollzug der Steuergesetze erheblich verbessert oder vereinfacht wird" (Abs. 4 S. 1 und Abs. 4a). Die Einsparung von Kosten kann diese Voraussetzung erfüllen,[55] muss aber beträchtlich sein. Andernfalls würde die grds. Aufteilung nach Abs. 1–4 vollständig zur Disposition des (einfachen) Bundesgesetzgebers gestellt.[56] Die von der Regelung verwendeten unbestimmten Rechtsbegriffe enthalten **keinen Beurteilungsspielraum** und dürfen deshalb vom BVerfG in vollem Umfang überprüft werden.[57] Dennoch ist über die Jahre und stückweise im Verwaltungsvollzug und durch den einfachen Gesetzgeber die Entwicklung zu einer vom GG nicht gewollten **zentralen einheitlichen Steuerverwaltung** unter Leitung des Bundes immer weiter vorangetrieben worden.[58] Ermöglicht wurde diese Vorgehensweise durch eine Ausdehnung der verfassungsrechtl. Grundlagen, vornehmlich durch eine außerordentl. weite Auslegung bestehender Vorschriften, vor allem Abs. 4 S. 1, aber auch durch die Änderungen des GG.

---

[48] Vgl. *Heintzen*, in: v. Münch/Kunig II, Art. 108 Rn. 3; *J.-P. Schneider* AK GG, Art. 108 (2001) Rn. 5, 11; *Heun/Thiele*, in: Dreier III, Art. 108 Rn. 20.

[49] BVerfGE 104, 249 (264); *Seer/Drüen*, in: Kluth (Hrsg.), Föderalismusreformgesetz, 2007, Art. 108 Rn. 15.

[50] Das sind die Vermögensteuer (seit Beschl. des BVerfG v. 22.6.1995 [BVerfGE 93, 121 (121 ff.)] nicht mehr erhoben), die Erbschaft- und Schenkungsteuer, die Grunderwerb-, die Feuerschutz-, die Rennwett- und Lotteriesteuer, die Spielbankabgabe, die Grund- und die Gewerbesteuer.

[51] *Seer* BK, Art. 108 (2011) Rn. 85 ff.

[52] IdS jetzt auch BVerfGE 106, 1 (18, 20 f., 26); *Heun/Thiele*, in: Dreier III, Art. 108 Rn. 18, 23; *F. Kirchhof* MKS III, Art. 108 Rn. 63.

[53] BVerfGE 106, 1 (26); *Kemmler*, in: Hofman/Henneke, Art. 108 Rn. 22; *Heun/Thiele*, in: Dreier III, Art. 108 Rn. 24; *Seer* BK, Art. 108 (2011) Rn. 131, 131; *J.-P. Schneider* AK GG, Art. 108 (2001) Rn. 12; *Pieroth*, in: Jarass/Pieroth, Art. 108 Rn. 12; *F. Kirchhof* MKS III, Art. 108 Rn. 65; wohl auch *Schwarz*, in: Maunz/Dürig, Art. 108 (2019) Rn. 20: als Ausnahmevorschrift eher eng auszulegen, aber offen gelassen Rn. 45.

[54] *Schwarz*, in: Maunz/Dürig, Art. 108 (2019) Rn. 46 f.; *Birk* AK GG II, 2. Aufl. 1989, Art. 108 Rn. 13; *F. Kirchhof* MKS III, Art. 108 Rn. 63: „frei, über den Verwaltungstyp zu entscheiden"; für enge Auslegung *Kempny*, in: Friauf/Höfling, Art. 108 (2018) Rn. 76, aber mit Vorbehalten wegen des weiten Wortlauts von Abs. 4 und 4a.

[55] *Pieroth*, in: Jarass/Pieroth, Art. 108 Rn. 12; *J.-P. Schneider* AK GG, Art. 108 (2001) Rn. 12; *Kemmler*, in: Hofman/Henneke, Art. 108 Rn. 22; aA *Bonsels* (Fn. 43), S. 66; *Seer* BK, Art. 108 (2011) Rn. 132.

[56] *Kempny*, in: Friauf/Höfling, Art. 108 (2018) Rn. 90, 96.

[57] *Birk* AK GG II, 2. Aufl. 1989, Art. 108 Rn. 14; zust.: *Seer* BK, Art. 108 (2011) Rn. 132; *Heun*, in: Dreier III, 2. Aufl. 2008 Art. 108 Rn. 24; *Kemmler*, in: Hofman/Henneke, Art. 108 Rn. 22; *Schwarz*, in: Maunz/Dürig, Art. 108 (2019) Rn. 47; aA jetzt BVerfGE 106, 1 (16): „weiter Prognosespielraum" für den unbestimmten Rechtsbegriff „Verbesserung oder Erleichterung des Vollzugs der Aufgaben"; *J.-P. Schneider* AK GG, Art. 108 (2001) Rn. 12; *Pieroth*, in: Jarass/Pieroth, Art. 108 Rn. 12; *Heun/Thiele*, in: Dreier III, Art. 108 Rn. 24; *F. Kirchhof* MKS III, Art. 108 Rn. 64: „Einschätzungsprärogative".

[58] *Schmitt* DStJG 31 (2008); *F. Kirchhof* MKS III, Art. 108 Rn. 12: „Tendenz zur Bundessteuerverwaltung" und zum „zentralstaatlich verbindlich angeleiteten Steuervollzug": auch schon durch das Verhalten der Verwaltung in der Praxis (Rn. 34).

## III. Die kommunale Ebene (Abs. 4 S. 2)

Das GG billigt **Gemeinden** und **Gemeindeverbänden** keine eigene Verwaltungskompetenz iRd 12
Finanzverfassung zu. Sie bilden finanzverfassungsrechtlich keine selbständige Ebene, sondern sind auch
insoweit Teil der Länder.[59] Art. 108 II geht – wie die sonstigen Regeln des FinanzverfassungsR – der
Selbstverwaltungsgarantie vor. Deshalb dürfen die Kommunen die ihnen zustehenden Steuern zunächst
nicht selbst verwalten.

Allerdings sind die **Länder,** nicht der Bund,[60] befugt, die Verwaltungskompetenz für Steuern, die 13
allein den Kommunen zufließen, von den Landesfinanzbehörden, nicht Bundesbehörden, auf die
Kommunen zu **übertragen,** Art. 108 IV 2. Diese Ermächtigung, nicht Verpflichtung,[61] bezieht sich
aber nur auf Steuern, deren Ertrag **ausschließlich** („allein") der kommunalen Ebene zusteht.[62]
Art. 106 VI 1 weist die Aufkommen der Grund-, der Gewerbe- und der örtl. Verbrauch- und
Aufwandsteuern der komm. Ebene zu, so dass ihre Verwaltung für eine Übertragung in Betracht
kommt. Das gilt auch für die Gewerbesteuer,[63] obwohl Bund und Länder an ihrem Aufkommen durch
die Gewerbesteuerumlage nach § 6 GemeindefinanzreformG teilhaben. Es handelt sich dabei aber
nicht um eine eigene Ertragskompetenz von Bund und Ländern, sondern nur um einen Anspruch
gegen die Gemeinden iRd sekundären Finanzausgleichs.[64] Auf die Ertragskompetenz ist aber trotz des
nicht unzweifelhaften Wortlauts („zufließen") abzustellen.[65]

Die Übertragung kann ganz oder zT erfolgen. Erforderlich ist ein **förmliches nachkonstitionel-** 14
**les** LandesG. Gesetzl. Regelungen, die diesen Anforderungen genügen, fehlten in einzelnen Ländern
für Grund- und Gewerbesteuer.[66] Inzwischen ist – außer in den Stadtstaaten – die Übertragung
flächendeckend für die Festsetzung der Grund- und Gewerbesteuern (Anwendung der Steuerhebesätze
auf die Steuermessbescheide) sowie die örtl. Verbrauch- und Aufwandsteuern erfolgt. Für die örtl.
Verbrauch- und Aufwandsteuern ist sie idR in den KAG der Länder enthalten.[67] Für Grund- und
Gewerbesteuer, die auf bundesgesetzl Grundlage erhoben werden, mussten bes. ÜbertragungsG der
Länder erlassen werden.[68]

## C. Die Finanzverwaltung des Bundes

Für die Ausgestaltung der in Abs. 1 S. 1 vorausgesetzten Bundesfinanzverwaltung enthalten nicht 15
nur die S. 2 und 3 dieser Bestimmung nähere Vorgaben, sondern auch Art. 87 I 1. Dort ist festgelegt,
dass die Bundesfinanzverwaltung in „bundeseigener Verwaltung mit eigenem Verwaltungsunterbau"
geführt wird. Daraus ergeben sich zunächst drei Grundprinzipien für ihren Aufbau: (1) Es handelt sich
um einen Fall der **obligatorischen** Bundesverwaltung (→ Art. 87 Rn. 13 ff.). Der Bund ist verpflichtet, Bundesfinanzbehörden einzurichten.[69] (2) Diese Behörden müssen **mehrstufig** aufgebaut sein.
Ein dreistufiger Behördenaufbau ist jedoch nicht mehr[70] obligatorisch (→ Rn. 26).[71] (3) Die Finanzverwaltung darf nur in **unmittelbarer** Verwaltung des Bundes geführt werden.[72] Das ergibt sich aus
der Anordnung „bundeseigener" Verwaltung und der von Art. 87 III abweichenden Formulierung.

---

[59] Zust. *J.–P. Schneider* AK GG, Art. 108 (2001) Rn. 13; *Seer* BK, Art. 108 (2011) Rn. 144; s. a. *F. Kirchhof* MKS
III, Art. 108 Rn. 68; → vor Art. 104a Rn. 10 f.
[60] BVerwGE 66, 178 (181); 97, 357 (361); BVerwG DVBl 1983, 137 (137 ff.); VGH BW DÖV 1981, 636 f.; *Seer*
BK, Art. 108 (2011) Rn. 145; *Heun/Thiele,* in: Dreier III, Art. 108 Rn. 25; *F. Kirchhof* MKS III, Art. 108 Rn. 68;
*Kemmler,* in: Hofmann/Henneke, Art. 108 Rn. 27, die aber unzutr. von Delegation spricht; zust. *Kempny,* in: Friauf/
Höfling, Art. 108 (2018) Rn. 104.
[61] *Pieroth,* in: Jarass/Pieroth, Art. 108 Rn. 9; *Seer* BK, Art. 108 (2011) Rn. 146: kein Anspruch auf Übertragung.
[62] Zu den in diesem Zusammenhang gem. § 21 III FVG bestehenden Auskunfts- und Teilnahmerechte, vgl.
*Drüen,* DÖV 2012, 493.
[63] *J.–P. Schneider* AK GG, Art. 108 (2001) Rn. 13; iE ebenso *F. Kirchhof* MKS III, Art. 108 Rn. 68.
[64] → Art. 106 Rn. 34.
[65] VGH BW ESVGH, 35, 81 (81 ff.); *Kemmler,* in: Hofman/Henneke, Art. 108 Rn. 27; *Schwarz,* in: Maunz/
Dürig, Art. 108 (2019) Rn. 52; *Seer* BK, Art. 108 (2011) Rn. 144; *Kempny,* in: Friauf/Höfling, Art. 108 (2018)
Rn. 53; *F. Kirchhof* MKS III, Art. 108 Rn. 68, der zwingend wegen Artl 28 II 3 eine Vollzugskompetenz der
Gemeinden verlangt, speziell für die Gewerbesteuer (Rn. 71).
[66] BVerwGE 66, 178 (181) (Grundsteuer); BVerwG DVBl 1983, 137 (138) (Gewerbesteuer).
[67] Darstellung der einzelnen Vorschriften bei *Seer* BK, Art. 108 (2011) Rn. 145 Fn. 710.
[68] Zur Rückverlagerung *Reitz/Strothmann* KStZ 2000, 45 (45 ff.).
[69] *Seer* BK, Art. 108 (2011) Rn. 75; *Heun/Thiele,* in: Dreier III, Art. 108 Rn. 13; *F. Kirchhof* MKS III, Art. 108
Rn. 41; *Schwarz,* in: Maunz/Dürig, Art. 108 (2019) Rn. 13.
[70] Zur alten Rechtslage vgl. *Heintzen,* in: v. Münch/Kunig II, Art. 108 Rn. 7; *Vogel/Wachenhausen* BK, Art. 108
(1971) Rn. 49; *Seer* BK, Art. 108 (2011) Rn. 78; *Heun,* in: Dreier III, 2. Aufl. 2008, Art. 108 Rn. 11; *J.-P. Schneider*
AK GG, Art. 108 (2001) Rn. 7; *Schlette* MKS III, 6. Aufl. 2010, Art. 108 Rn. 40; *Stern,* StaatsR II, S. 1180.
[71] Zweistufiger Aufbau durch Änderung des FVG durch G v. 14.12.2001 (BGBl I 3714) nach Schaffung der
verfassungsrechtlichen Grundlage durch Änderung von Art. 108 I 3 G v. 26.11.2001.
[72] *Schwarz,* in: Maunz/Dürig, Art. 108 (2019) Rn. 13; *Seer* BK, Art. 108 (2011) Rn. 75; *Heun,* in: Dreier III,
Art. 108 Rn. 11.

**16**     An der **Spitze** der Bundesfinanzbehörden muss der Bundesminister der Finanzen stehen. Das ist als Folge von Abs. 3 S. 2[73] in § 1 I Nr. 1 FVG umgesetzt, wo allerdings abw. vom Wortlaut des GG vom Bundesminister*ium* der Finanzen gesprochen wird. Seine Weisungsbefugnisse sind aber durch Abs. 7 beschränkt. Allg. VV darf danach nur die BReg erlassen (→ Rn. 24, 52). Die Einrichtung von Bundes-**ober**behörden ist erlaubt.[74] Das ist vor allem mit dem **Bundeszentralamt für Steuern** geschehen, dem weitreichende Aufgaben zugewiesen sind, § 5 FVG.

**17**     Soweit **Mittelbehörden** eingerichtet sind, werden deren **Leiter** im **Benehmen** mit den LReg bestellt, Abs. 1 S. 3. Das ist weniger als das in Abs. 2 S. 3 verlangte Einvernehmen (→ Rn. 20). Benehmen bedeutet nur beratende Anhörung und Würdigung der Stellungnahme mit verbleiben-dem eigenem Entscheidungsspielraum.[75] Einvernehmen erfordert dagegen Zustimmung, ist also Mitentscheidung. Wegen der fehlenden Mitentscheidungsbefugnis der Länder bei der Ernennung der Leiter der **Bundes**mittelbehörden normiert diese Vorschrift noch **keine Mischverwaltung**.[76] Bzgl. von Personalentscheidungen iSd Abs. 1 S. 3 geht das BVerfG nunmehr aber von einem weiteren Begriff der Mischverwaltung aus, indem es auch die Bestellung von Leitern der Mittel-behörden des Bundes im Benehmen mit den LReg als Element einer bes. „Mischverwaltung" ansieht.[77]

**18**     Der **Aufbau** dieser Behörden ist nach Abs. 1 S. 2 durch **zustimmungsfreies** Bundesgesetz zu regeln.[78] Der Begriff „Aufbau" weicht von der Terminologie der allg. Vorschriften ab. Dort ist durchweg von „Einrichtung" die Rede (Art. 84 I, 85 I, 86 S. 2, 87 I 2), gelegentlich aber auch von „Errichtung" (Art. 87 III).[79] Er wird überwiegend mit **Einrichtung** gleichgesetzt,[80] der als weiterge-hender Begriff sowohl die **Errichtung** einer neuen Behörde als auch die nähere Ausgestaltung einer schon vorhandenen Behörde umfasst, einschl. ihrer organisatorisch-personellen Ausstattung und ihrer Kompetenzen.[81] Es ist indes zu bezweifeln, dass ein so verstandener Begriff des Aufbaus auch „bis ins einzelne gehende Organisationsregelung[en]" einschließlich der „internen Zuständigkeiten" umfasst.[82] Im Erg. trifft es jedoch zu, dass der Bundesgesetzgeber nicht alle Einzelheiten der internen Ver-waltungsorganisation zu regeln hat.[83]

**19**     Soweit nach den allg. Regeln noch eine (originäre) Organisationsgewalt der Exekutive[84] besteht,[85] ist sie durch die Anordnung in Abs. 1 S. 2 für die Finanzverwaltung erheblich eingeschränkt. Der Aufbau der Finanzbehörden **darf** durch einen Akt der Legislative festgelegt werden und **muss** es auch. Regelungen durch die Exekutive, also auch bloße VV, reichen insoweit nicht.[86] Damit normiert das GG ausdr. einen **organisatorischen** (institutionellen) **Gesetzesvorbehalt**, jedoch keinen Parlaments-vorbehalt iS eines generellen Delegationsverbots. Das heißt, dass die Ermächtigung zur Rechtsetzung

---

[73] *Schwarz,* in: Maunz/Dürig, Art. 108 (2019) Rn. 13; *Seer* BK, Art. 108 (2011) Rn. 77, und *Heun/Thiele,* in: Dreier III, Art. 108 Rn. 13; *Kempny,* in: Friauf/Höfling, Art. 108 (2018) Rn. 44.

[74] Zust. *Pieroth,* in: Jarass/Pieroth, Art. 108 Rn. 3; *Kemmler,* in: Hofman/Henneke, Art. 108 Rn. 7; *Seer* BK, Art. 108 (2011) Rn. 76; *J.-P. Schneider* AK GG, Art. 108 (2001) Rn. 7; *Kempny,* in: Friauf/Höfling, Art. 108 (2018) Rn. 45; implizit auch *F. Kirchhof* MKS III, Art. 108 Rn. 46.

[75] *Stern,* StaatsR II, S. 1182, in Anknüpfung an *Wolff/Bachof,* Verwaltungsrecht II, 4. Aufl. 1976, § 77 Vc 3 und e 2; zust. *Heun/Thiele,* in: Dreier III, Art. 108 Rn. 14; *F. Kirchhof* MKS III, Art. 108 Rn. 46; *Kempny,* in: Friauf/Höfling, Art. 108 (2018) Rn. 47; weiter *Seer* BK, Art. 108 (2011) Rn. 80.

[76] *Pieroth,* in: Jarass/Pieroth, Art. 108 Rn. 3; *Heun/Thiele,* in: Dreier III, Art. 108 Rn. 14; *J.-P. Schneider* AK GG, Art. 108 (2001) Rn. 8.

[77] BVerfGE 106, 1 (20). Bisher verstand das BVerfG unter Mischverwaltung im Wesentlichen wohl nur „Mit-planungs-, Mitverwaltungs- und Mitentscheidungsbefugnisse des Bundes gleich welcher Art im Bereich der Länder" (BVerfGE 39, 96 [120]).

[78] *Brockmeyer,* in: Hofmann/Hopfauf, 12. Aufl. 2011, Art. 108 Rn. 10, der zutreff. darauf hinweist, dass das geltende FVG der Zustimmung bedurfte, da es auch den Aufbau der Landesfinanzbehörden regelt.

[79] Dazu näher *Sachs,* Art. 87 Rn. 72; *Stern,* StaatsR II, S. 799.

[80] *Vogel/Wachenhausen* BK, Art. 108 (1971) Rn. 61; wohl auch *Schwarz,* in: Maunz/Dürig, Art. 108 (2019) Rn. 13.

[81] Ähnlich *Stern,* StaatsR II, S. 1180, aber ohne ausdr. Gleichsetzung der Begriffe; *Heun/Thiele,* in: Dreier III, Art. 108 Rn. 15; enger (nur Grundentscheidungen) *Schwarz,* in: Maunz/Dürig, Art. 108 (2019) Rn. 13; *Seer* BK, Art. 108 (2011) Rn. 76; anders *Birk* AK GG II, 2. Aufl. 1989, Art. 108 Rn. 5, der die Entscheidung über die Errichtung der Behörden ausnehmen will, da sie bereits im GG vorgeschrieben sei. Das trifft indes für die Bundes-oberbehörden nicht zu.

[82] So aber *Seer* BK, Art. 108 (2011) Rn. 76.

[83] *Müller-Zeitler* DStZ 1975, 467 (468); *Schwarz,* in: Maunz/Dürig, Art. 108 (2019) Rn. 13; *Bonsels* (Fn. 43), S. 57; *Heun/Thiele,* in: Dreier III, Art. 108 Rn. 15; *Seer* BK, Art. 108 (2011) Rn. 76; ähnlich wohl auch *F. Kirchhof* MKS III, Art. 108 Rn. 45.

[84] Zu diesem Begriff und seinen Implikationen vgl. *Richter,* Die Organisationsgewalt, 1926; *Köttgen* VVDStRL 16 (1958), 154–190; *Ermacora* ebda. S. 191–239; *Böckenförde,* Die Organisationsgewalt im Bereich der Regierung, 1964; *Ibler,* in: Maunz/Dürig, Art. 86 (2008) Rn. 75 ff.; *Blümel* HStR IV¹· § 101 Rn. 82 ff.; *Stern,* StaatsR II, S. 793 ff.; *Butzer* Verwaltung 27 (1994), 157 (157 ff.).

[85] Als Reaktion auf die Annahme eines allg. organisationsrechtlichen Gesetzesvorbehalts ist die Lehre vom Ver-waltungsvorbehalt zu nennen; dazu *Maurer* VVDStRL 43 (1985), 135 (135 ff.); *Schnapp* ebda., S. 172 ff.

[86] *Kemmler,* in: Hofman/Henneke, Art. 108 Rn. 6; ebenso jetzt auch *Kempny,* in: Friauf/Höfling, Art. 108 (2018) Rn. 42.

aufgrund von Art. 80 I zulässig ist.[87] Aus diesem Verständnis der Vorschrift folgt weiter, dass es sich um einen verpflichtenden **Gesetzgebungsauftrag** für den Bund handelt, den er mit Erlass des FVG erfüllt hat.[88]

## D. Die Finanzverwaltung der Länder

Die Länder sind nach Abs. 2 S. 1 **verpflichtet,** Landesfinanzbehörden zu errichten. Ob sie zwin-  **20** gend von der allg. inneren Verwaltung getrennt sein müssen, ist nicht sicher.[89] Urspr. mussten sie wie die Bundesfinanzverwaltung mindestens **dreistufig** aufgebaut sein.[90] Mit der Neufass. von Art. 108 II 3 wurden – entspr. der Regelung der Bundesfinanzbehörden in Abs. 1 S. 3 (→ Rn. 15) – die verfassungsrechtl. Voraussetzungen für einen zweistufigen Aufbau der Landesfinanzbehörden geschaffen. Diese Änderung des GG geht auf eine Bitte der Länder zurück, die sich von der Abschaffung der Mittelbehörden eine Steigerung der Effizienz der Finanzverwaltung versprachen.[91] Einfachgesetzlich ist angeordnet, dass der Verzicht auf Mittelbehörden durch RVO zu erfolgen hat, § 2a I (→ Rn. 26). Die Leiter der Mittelbehörden, soweit eingerichtet, dürfen nur im Einvernehmen (→ Rn. 17) mit der BReg bestellt werden. Es bedarf also einer ausdr. Zustimmung der BReg, die durch Kollegialentscheidung zu erfolgen hat.[92] Wegen der damit eingeräumten Mitentscheidungsbefugnis handelt es sich um einen verfassungsrechtlich angeordneten Fall von **Mischverwaltung.**[93]

Der weitere **Aufbau** dieser Behörden kann durch **zustimmungspflichtiges Bundesgesetz** ge-  **21** regelt werden, Abs. 2 S. 2. Die Organisationsgewalt der Länder ist damit, ähnlich wie in Art. 84 I, 85 I, zugunsten des Bundes eingeschränkt. Diese Befugnis erstreckt sich auch auf die einheitliche **Ausbildung der Beamten,** nicht aber der Angestellten.[94] Der Begriff „Aufbau“ ist wie in Abs. 1 (→ Rn. 18) zu verstehen.[95] Insgesamt handelt es sich um bloße Ermächtigungen und nicht um Gesetzgebungsaufträge wie in Abs. 1 S. 2. Sie sind durch das FVG und das Steuerbeamten-Ausbildungsgesetz (StBAG) ausgeübt worden.

Diese Regelungen gelten für die gesamte Landesfinanzverwaltung und nicht nur für die Auftrags-  **22** verwaltung. Sie gehen damit über die in Art. 84 I und 85 I und II eingeräumten Einwirkungsmöglichkeiten des Bundes hinaus, die ähnl. Befugnisse nur für die Auftragsverwaltung vorsehen. Sie sind zudem nicht auf die Ausführung von Gesetzen des **Bundes** beschränkt, sondern gelten auch für den Vollzug von **Landes**gesetzen (→ Rn. 6), auf den der Bund nach den allg. Regeln nicht einwirken darf. Sie sind aber insoweit enger, als sie sich nur auf die Beamten, nicht auf die Angestellten, beziehen und ein förml. BundesG als Grundlage verlangen.

Soweit die Länder jedoch bundesgesetzlich geregelte Steuern in Eigenverwaltung verwalten  **23** (→ Rn. 9), soll sich die Bundesaufsicht nach den Regeln in Art. 84 III–V richten.[96] Soweit Landesfinanzbehörden jedoch Steuern im Auftrag des Bundes verwalten (→ Rn. 9), ist ein Rückgriff auf die allg. Regelungen (Art. 85) nicht zulässig.[97] Nur Art. 85 III und IV sind kraft ausdr. Anordnung in Art. 108 III 2 mit der Maßgabe anwendbar, dass an die Stelle der BReg der BMF tritt. Er nimmt die dem Bund zustehenden Weisungs- und Aufsichtsbefugnisse wahr. Ihm stehen damit sämtliche Ingerenzrechte zu, die mit diesem Verwaltungstyp verbunden sind, namentlich auch Weisungsrechte, die sich auf die Zweckmäßigkeit des Verwaltungshandelns beziehen.[98] Sie umfassen die gesamte Vollzugstätigkeit des Landes und sind nicht an weitere Voraussetzungen gebunden.[99] Weisungen sind, außer bei Dringlichkeit, an die obersten Landesbehörden zu richten, Art. 108 III 2 iVm Art. 85 III 2.

---

[87] BVerfGE 106, 1 (22). Einen organisatorischen Gesetzesvorbehalt ohne generelle Delegationsverbote enthalten auch die Abs. 2 und 4. Vgl. zu den organisationsrechtlichen Gesetzesvorbehalten des Art. 108 auch *Bonsels* (Fn. 43), S. 57 f.; *J.-P. Schneider* AK GG, Art. 108 (2001) Rn. 7; *F. Kirchhof* MKS III, Art. 108 Rn. 44.

[88] Zust. *Heun/Thiele,* in: Dreier III, Art. 108 Rn. 15.

[89] Dafür *Kempny,* in: Friauf/Höfling, Art. 108 (2018) Rn. 56.

[90] *Schwarz,* in: Maunz/Dürig, Art. 108 (2019) Rn. 16; *Seer* BK, Art. 108 (2011) Rn. 78; *Heun/Thiele,* in: Dreier III, Art. 108 Rn. 17; *J.-P. Schneider* AK GG, Art. 108 (2001) Rn. 9; gegen eine Verpflichtung zur mindestens Zweistufigkeit *Kempny* in: Friauf/Höfling, Art. 108 (2018) Rn. 58.

[91] BT-Dr 14/6144, S. 6.

[92] *Seer* BK, Art. 108 (2011) Rn. 96.

[93] BVerfGE 106, 1 (20); *Pieroth,* in: Jarass/Pieroth, Art. 108 Rn. 5; *Heun/Thiele,* in: Dreier III, Art. 108 Rn. 17; *J.-P. Schneider* AK GG, Art. 108 (2001) Rn. 9; *Schwarz,* in: Maunz/Dürig, Art. 108 (2019) Rn. 16.

[94] Wegen der im Gegensatz zu Art. 85 II fehlenden ausdrücklichen Erwähnung der Angestellten, vgl. *Bonsels* (Fn. 43), S. 77; *Kemmler,* in: Hofman/Henneke, Art. 108 Rn. 13.

[95] *F. Kirchhof* MKS III, Art. 108 Rn. 49; s. a. die enge Abgrenzung dort wie hier bei *Müller-Zeitler* DStZ 1975, 467 (469); ferner *Seer* BK, Art. 108 (2011) Rn. 91, 76.

[96] *Seer* BK, Art. 108 (2011) Rn. 98 ff., der daher insoweit nur reine Rechtsaufsicht für zulässig hält.

[97] *Pieroth,* in: Jarass/Pieroth, Art. 108 Rn. 6, für eine modifizierte Geltung der Grundsätze des Art. 85; *Wendt* HStR IV¹, § 104 Rn. 101.

[98] *Stern,* StaatsR II, S. 1185; *Seer* BK, Art. 108 (2011) Rn. 107; *Heun/Thiele,* in: Dreier III, Art. 108 Rn. 19; *J.-P. Schneider* AK GG, Art. 108 (2001) Rn. 11; *F. Kirchhof* MKS III, Art. 108 Rn. 52: wohl auch die Fachaufsicht; *Müller-Zeitler* DStZ A 1975, 467 (467 ff.).

[99] BVerfGE 81, 310 (331 ff.); 84 (31); 102, 167 (172).

**24**    Fraglich ist, ob dieses Weisungsrecht nur Einzelanordnungen oder auch **allgemeine Weisungen** umfasst.[100] Der von Art. 84 V 1 abw. Wortlaut, wo ausdr. von „Einzelweisungen" die Rede ist, die Entstehungsgeschichte und die Möglichkeit, allg. Weisungen durch Einzelweisungen zu ersetzen, werden **dafür** angeführt.[101] Auch die einheitl. Anwendung der SteuerG und die Sicherung des Finanzbedarfs von Bund und Ländern sind Argumente für ein stärkeres Ingerenzrecht des Bundes.[102] Die (unmögliche) Abgrenzung gegenüber allg. VV, die in Art. 108 VII gesondert geregelt sind, spricht **dagegen**.[103] Allg. VVV darf der BMF nicht erlassen. Wegen Abs. 7 bleiben sie der BReg vorbehalten und bedürfen in bestimmten Fällen der Zustimmung des BR.[104] Gegen die zuerst genannte Deutung lässt sich einwenden, dass unter Weisungen iSv Art. 85 III 1 ebenfalls nur Einzelweisungen verstanden werden – trotz des Unterschieds zu Art. 84 V 1.[105] Wenn allg. Weisungen jedoch mit allg. VV gleichgesetzt werden,[106] kann wegen Abs. 7 ein Recht des BMF zur Erteilung solcher Weisungen nicht in Betracht kommen. Diese Gleichsetzung ist indes nicht zwingend. **Allgemeine Verwaltungsvorschriften** sind jedenfalls generell-abstrakte Regelungen im Staatsinnenbereich. Über den Einzelfall hinausgehende Weisungen können aber auch generell-konkrete oder individuell-abstrakte Regelungen sein. Sie sind zulässige Weisungen iSd Vorschrift, unabhängig davon, ob sie als „allgemein" bezeichnet werden oder nicht.[107] Weisungen, die generell-abstrakte Regelungen enthalten, sind aber in der Tat nicht von allg. VV zu unterscheiden und daher allein nach Abs. 7 zu beurteilen.

**25**    Für die Praxis hatten sich die obersten Finanzbehörden des Bundes und der Länder in einer Vereinbarung[108] darauf geeinigt, dass das BMF die als „Schreiben" bezeichneten allg. Weisungen nur herausgibt, wenn die Länder zuvor Gelegenheit zur Stellungnahme hatten und die Mehrzahl der Länder keine Einwendungen erhoben hat. Ob diese „pragmatische Lösung" den verfassungsrechtl. Streit beilegen konnte, ist zu Recht bezweifelt worden.[109] Die „Schreiben" wurden denn auch im neueren Schrifttum nicht als allg. VV eingestuft, sondern erst die daraufhin erlassenen Anordnungen der Länder.[110] Mit Wirkung vom 18.8.2017 sind die allg. Weisungsbefugnis des BMF und der Erlass allg. Verfahrensgrundsätze gesetzlich geregelt (§ 21a I FVG). Die (erforderl.) Zustimmung der obersten Finanzbehörden gilt als erteilt, wenn nicht mindestens elf Länder widersprechen, § 21a I 2 FVG. Die Ausübung dieser Befugnis ist aber nicht (mehr) an das Einvernehmen mit allen Ländern gebunden und daher verfassungsrechtlich bedenklich. Die verfassungsrechtl. Bedenken im Hinblick auf Abs. 7 (→ Rn. 38) können durch eine einfachgesetzl. Regelung nicht ausgeräumt werden.[111]

---

[100] Dazu *Weyhausen,* Steuerverwaltung und bundesstaatliche Finanzordnung, 1982, S. 126; *Orlopp,* FS Franz Klein, 1994, S. 597 (597); *Oeter* ThürVBl 1997, 1, 28 (29 f.); *Brodersen* FS Selmer, 2004, S. 601 (602).

[101] *Stern,* StaatsR II, S. 813; *Blümel* HStR IV¹, § 101 Rn. 60; *Orlopp,* FS Franz Klein, 1994, S. 597 (598); *Flockermann,* FS Meyding, 1994, S. 105 (108 f.); *Uelner* FS Friauf, 1996, S. 217 (224); *Brodersen,* FS Selmer, 2004, S. 601 (619); jew. mwN; in diesem Sinne auch die BRH, BR-Dr 601/90, Tz. 46.6.4; sowie *Winkler,* Art. 85 Rn. 20.

[102] *Brodersen* FS Selmer, 2004, 601 (619 f.); *Sauerland* DStZ 2007, 668 (672).

[103] *Lerche,* in: Maunz/Dürig, Art. 85 (1987) Rn. 50; *Tschentscher,* Inhalt und Schranken des Weisungsrechts des Bundes aus Art. 85 III, Diss. Bonn, 1988, S. 220 ff.; *Oeter* ThürVBl 1991, 1, 28 (30); *Bonsels* (Fn. 43), S. 108; jetzt pointiert in diesem Sinne auch *Seer* BK, Art. 108 (2011) Rn. 116; *Seer/Drüen* (Fn. 49), Rn. 19 f.; *Heintzen,* in: v. Münch/Kunig II, Art. 108 Rn. 34; *Kemmler,* in: Hofman/Henneke, Art. 108 Rn. 17.

[104] → Rn. 38.

[105] *Broß/Mayer,* in: v. Münch/Kunig II, Art. 85 Rn. 21; *Starck* FS Öhlinger, 2004, S. 254 (263).

[106] In diesem Sinne *Bonsels* (Fn. 43), S. 108 f.; *Seer* BK, Art. 108 (2011) Rn. 116; *Heintzen,* in: v. Münch/Kunig II, Art. 108 Rn. 34.

[107] Eingehende Diskussion bei *Kempny,* in: Friauf/Höfling, Art. 108 (2018) Rn. 68–72, der aber auch abstraktindividuelle Maßnahmen als VV ansieht (Rn. 72); dagegen *F. Kirchhof* MKS III, Art. 108 Rn. 71 Fn. 57; „zur Klärung verfassungsrechtlicher Befugnisfragen schwerlich geeignet".

[108] Vom 15.1.1970, abgedr. bei *Müller-Zeitler* DStZ 1975, 467 (474), und bei *Seer* BK, Art. 108 (2011) Rn. 117; weitere Einzelheiten zum Zustandekommen und zur Durchführung in der Praxis bei *Orlopp,* FS Franz Klein, 1994, S. 597 (601 ff.), der sie als Verwaltungsabkommen einstuft (S. 605); anders *Bonsels* (Fn. 43), S. 120 f.: „Absprache"; eingehend *Seer* BK, Art. 108 (2011) Rn. 118: „Verwaltungsabsprache" ohne rechtliche Wirkung.

[109] ISd hier vertretenen Auffassung: *Heun/Thiele,* in: Dreier III, Art. 108 Rn. 19; *Brodersen* FS Selmer, 2004, S. 601 (602) mit eingehender Darstellung der gegenwärtigen Praxis (S. 607 ff.); vgl. jetzt *F. Kirchhof* MKS III, Art. 108 Rn. 55, der die Verfassungsfrage als durch das Abkommen nicht gelöst bezeichnet; aA *Schwarz,* in: Maunz/Dürig, Art. 108 (2019) Rn. 18; *Birk* AK GG II, 2. Aufl. 1989, Art. 108 Rn. 10; *Orlopp,* FS Franz Klein, 1994, S. 597 (608), für den die Schreiben nur „faktische" Steuerungs- und Koordinierungsakte sind (S. 606); im Erg. wohl auch *Henneke,* in: Heuer, Kommentar zum Haushaltsrecht, Art. 108 (Juli 2010) Anm. 8; *Oeter* ThürVBl 1997, 1 (28, 31); *ders.,* Integration und Subsidiarität im deutschen Bundesstaatsrecht, 1998, S. 515.

[110] Einzelheiten bei *Seer* BK, Art. 108 (2011) Rn. 117 f.; ähnlich *F. Kirchhof* MKS III, Art. 108 Rn. 56, der § 21a FVG möglicherweise als durch den neuen Satz 3 in Art. 108 IV als gebilligt. Dann dürfte aber eine Zustimmung der Länder und nicht der obersten Finanzbehörden der Länder erforderlich sein (Rn. 57 letzter Absatz), die § 21a FVG nicht vorsieht.

[111] Für Verfassungswidrigkeit: *Seer* BK, Art. 108 (2011) Rn. 123 f.; *Seer/Drüen* (Fn. 49), Rn. 22 ff.; *Kemmler,* in: Hofman/Henneke, Art. 108 Rn. 19; *Kempny,* in: Friauf/Höfling, Art. 108 (2018) Rn. 73.

## E. Die einfachgesetzliche Organisation der Finanzbehörden

In Erfüllung der Gesetzgebungspflichten und in Ausübung der Regelungsbefugnisse aus Abs. 1 S. 2 **26** und Abs. 2 S. 2 hat das FVG den übl. **dreistufigen Behördenaufbau** eingeführt, jeweils getrennt für Bund (§ 1) und Länder (§ 2).[112] Nach § 2a I 1 FVG kann durch RVO aber auf Mittelbehörden verzichtet werden (→ Rn. 15, 20). Zuständig für den Erlass einer solchen RVO ist nach § 2a I 2 FVG für den Bereich der Landesverwaltung die LReg, die die Befugnis zum Erlass der RVO auf die für die Finanzverwaltung zuständige oberste Landesbehörde übertragen darf (§ 2a I 3 FVG). Die frühere Regelung für den Bereich der Bundesverwaltung ist aufgehoben worden. Nach Abschaffung der Mittelbehörden gehen – soweit durch RVO nichts anderes bestimmt ist (§ 2a II 2–4 FVG) – die bisher von ihnen wahrgenommenen Aufgaben auf die für die Finanzverwaltung zuständige oberste Landesbehörde (§§ 2 I Nr. 1, 2a II 1 FVG) über.

Verfassungsrechtlich zulässig (→ Rn. 16) sieht § 1 Nr. 2 FVG daneben verschiedene **Bundesober-** **27** **behörden** vor: das Bundeszentralamt für Steuern (§ 5 FVG) und die Generalzolldirektion (§ 5a FVG). Verfassungsrechtlich bedenklich ist indes die Inanspruchnahme der Behörden der Bundesagentur für Arbeit als Familienkasse und der Finanzämter als Verwaltungsunterbau des Bundeszentralamt für Steuern, das aufgrund der Ausgestaltung des Kindergeldes als Steuervergütung (§§ 31, 62–78 EStG) mit der Durchführung des Familienlastenausgleichs betraut ist und die Fachaufsicht über diese Einrichtungen ausübt, § 5 I Nr. 11 FVG.[113]

Die Aufgaben des früheren Bundesamtes für Finanzen – jetzt **Bundeszentralamt für Steuern** – **28** sind stetig ausgedehnt worden.[114] Die neue Regelung in Abs. 3–5 von § 19 FVG sieht vor, dass es zT die Funktion einer Bundesbetriebsprüfungseinrichtung erfüllt. Seine Kontrolltätigkeit richtet sich nicht so sehr gegen die einzelnen Steuerpflichtigen als vielmehr gegen die Finanzbehörden der Länder, auch wenn es verlangen kann, dass einzelne von ihm namhaft gemachte Betriebe geprüft werden, § 19 V 1 FVG.

Für die **mittlere Ebene** ordnete das FVG urspr. eine gemeins. Mittelinstanz für Bundes- und **29** Landesfinanzbehörden an.[115] Sie leiteten sowohl die Finanzverwaltung des Bundes als auch des Landes in ihrem Bezirk, § 8 I FVG aF. Diese Form der Mischverwaltung war kaum noch von der Ermächtigung zur Regelung des Behördenaufbaus gedeckt.[116] Mit Wirkung vom 1.1.2008 ist die Organisation der Mittelbehörden umgestaltet worden. Die **Oberfinanzdirektionen** sind jetzt keine „janusköpfigen" Bundes- und Landesfinanzbehörden mehr.[117] Sie leiten (nur noch) die Finanzverwaltung des jew. Landes in ihrem Bezirk, § 8a I 1 FVG. An ihrer Spitze steht eine Oberfinanzpräsidentin oder ein Oberfinanzpräsident, die auf Vorschlag der jeweils zuständigen obersten Landesbehörde im Einvernehmen mit der BReg ernannt und entlassen werden, § 9a I 3 FVG. Die Finanzverwaltung des Bundes bestand von 2008–2015 auf der mittleren Ebene aus den **Bundesfinanzdirektionen,** § 8 I 1 FVG aF.[118] Sie sind durch die Generalzolldirektion als Bundesoberbehörde ersetzt worden.[119]

## F. Einzelheiten des Zusammenwirkens (Abs. 4 S. 1 und 3, Abs. 4a)

### I. Hintergrund und Bedeutung

Die Einführung einer **einheitlichen Finanzverwaltung** (des Bundes) war schon ein Anliegen der **30** Mehrheit des ParlRat, wurde aber aus guten Gründen von den Aliierten verhindert (→ Rn. 2). Allerdings sind Schwächen und Defizite der gegenwärtigen Finanzverwaltung nicht zu leugnen. Sie beruhen zwar keineswegs nur auf der dezentralen Anwendung bundesweit geltender SteuerG durch die Landesfinanzbehörden iRv Art. 108, haben aber dort einen Schwerpunkt, der die Politik interessiert. Die **Einheitlichkeit des Gesetzesvollzugs** im SteuerR, aber auch die **tatsächliche Durchsetzung** der Steueransprüche sind verfassungsrechtlich geboten (→ Rn. 55 f.), aber gleichwohl in der Realität **defizitär.**[120]

---

[112] Die Grundentscheidungen folgen im Wesentlichen den Vorschlägen einer vom Finanzausschuss der Ministerpräsidentenkonferenz der westdeutschen Länder eingesetzten Sachverständigenkommission, Bericht v. 1.8.1949, abgedr. bei *Schmieszek,* in: Hübschmann/Hepp/Spitaler, Abgabenordnung, Finanzgerichtsordnung (Stand Mai 2011), Einf. FVG Rn. 34 (August 2010).

[113] So jetzt auch *Seer* BK, Art. 108 (2011) Rn. 143: „staatsorganisationsrechtlich [...] nicht haltbar"; keine Bedenken bei *Brockmeyer,* in: Hofmann/Hopfauf, 12. Aufl. 2011, Art. 108 Rn. 16, der Abs. 4 als hinreichende Ermächtigung ansieht.

[114] Näher *Schmieszek* (Fn. 112), FVG § 5 Rn. 1 ff. (September 2009).

[115] Positiv *Wendt* HStR IV¹, § 104 Rn. 101: spezifische Förderung der „Einheitlichkeit und Effizienz des Gesetzesvollzugs".

[116] Für Verfassungswidrigkeit auch *Kempny,* in: Friauf/Höfling, Art. 108 (2018) Rn. 86 m. zahlr. Nachw.

[117] *Seer,* in: Tipke/Lang, Steuerrecht, 21. Aufl. 2013, § 21 Rn. 33.

[118] Einrichtung durch G v. 13.12.2007 (BGBl I 2897).

[119] G v. 3.12.2015 (BGBl I 2178).

[120] Deutlich: Präsident des BRH als Bundesbeauftragter für Wirtschaftlichkeit in der Verwaltung in seinen Empfehlungen zur Verbesserung des Vollzugs der Steuergesetze in Deutschland, Probleme beim Vollzug der Steuergesetze, 2006, S. 13 f.

**31**     Das gesamte Finanzausgleichsystem, das iE zu einer sehr hohen Nivellierung führt, ist geradezu darauf angelegt, dass die (wenigen) Geberländer keinen Grund haben, die in ihrem Land ansässigen „Steuerbürger" mit einer bes. strikten Auslegung der Gesetze oder mit bes. intensiven Betriebsprüfungen zu belasten. Von dem Mehrertrag bleibt ihnen fast nichts übrig. Verstärkte Maßnahmen zur Durchsetzung steuerl. Pflichten sind dagegen personalintensiv und damit kostspielig, belasten also den Landeshaushalt, ohne dass ein entspr. Mehrertrag entsteht. Ein weiterer Grund für die Defizite im Vollzug von SteuerG liegt zudem in den durchaus fühlbaren Qualitätsunterschieden der jew. Landesverwaltungen.

**32**     Deshalb war es durchaus angezeigt, iRd **Föderalismusreformen** darüber nachzudenken, zumindest die Verwaltung der bundesgesetzlich geregelten Steuern auf den Bund zu übertragen.[121] Für einen derartigen **großen Reformschritt** fanden sich aber bis zuletzt nicht die notw. Mehrheiten.[122] Stattdessen wurden über die Jahre hinweg Details von Art. 108 modifiziert, die aber meist nur Stückwerk geblieben sind. Die **Grundgesetzänderung 2017** hat sich entspr. dieser Linie auf die (weitere) Modernisierung des Besteuerungsverfahrens konzentriert, namentlich bzgl. der stärkeren Nutzung der techn. Möglichkeiten der modernen Datenverarbeitung. Dazu war bereits von einer Bund-Länder-Arbeitsgruppe 2014 ein Konzeptpapier erstellt worden. Aber auch im BMF war ein Diskussionsentw. zur Modernisierung des Besteuerungsverfahrens ausgearbeitet worden. Dem Konzeptpapier hat die Finanzministerkonferenz 2015 zugestimmt.[123]

**33**     Schon der neue Art. 91e hat Bund und Ländern erlaubt, bei der Planung, der Errichtung und dem Betrieb informationstechn. Systeme zusammenzuarbeiten. Diese Regelung gilt nicht nur für die allg. Verwaltung, sondern auch für das Steuerverwaltungsverfahren.[124] Das Schwergewicht der Änd. von Art. 108 2017 liegt deshalb insoweit auf der Einführung des „Mehrheitsprinzips".

## II. Mehrheitsprinzip (Abs. 4 S. 3)

**34**     Mit der Einführung der **Modifikationsmöglichkeiten** nach S. 1 sollten urspr. bereits bestehende Übertragungsregelungen ebenso verfassungsrechtlich abgesichert werden wie eine künftige Zusammenarbeit bei Betriebsprüfungen (→ Rn. 28, 31, 55) und der Datenverarbeitung.[125] Die Vorschrift ist aber auch in nennenswertem Umfang eingesetzt worden, um Unzuträglichkeiten, die in der grds. Trennung von Bundes- und Landesfinanzbehörden gesehen werden, abzumildern. Die zunächst klare Trennung der Verwaltungszuständigkeiten von Bund und Ländern darf zugunsten von Kooperationen und Verflechtungen aufgegeben werden. Angesichts dieses weiten Anwendungsbereichs in der Praxis ist es nachvollziehbar, dass der verfassungsänd. Gesetzgeber die Einführung der Möglichkeit, (nur) mehrheitl. Zustimmungsentscheidungen zur Regelung des Zusammenwirkens in einem BundesG verbindlich anzuordnen, als (bloße) **Klarstellung** bezeichnet hat. In der Sache trifft das aber **nicht** zu, da im Entw. der BReg auch von „ermächtigt" und „werden durch Satz 3 (...) in weiterem Umfang möglich"[126] die Rede ist. Die Regelung ist jetzt jedenfalls geltendes Recht und kann auch als Zustimmung zu der sehr weiten Handhabung von S. 1 in der Praxis verstanden werden.

**35**     Sie ist – urspr. – mit Blick auf künftige Formen des **Zusammenwirkens** im Bereich der Informationstechnik in der Steuerverwaltung geschaffen worden. Im Entw. der BReg zur Verfassungsänd. von 2017 war noch eine Beschränkung „auf den Bereich der Informationstechnik" vorgesehen gewesen. Sie ist im Laufe des Gesetzgebungsverfahrens auf Betreiben des HaushaltsA entfallen,[127] so dass die neue

---

[121] Eckpunkte zur Modernisierung der Bund-Länder-Finanzbeziehungen, Kommission von Bundestag und Bundesrat zur Modernisierung der Bund-Länder-Finanzbeziehungen, Kommissionsdr 128 v. 23.6.2008, S. 7; für eine zentrale Bundessteuerverwaltung auch schon die Empfehlungen des Präsidenten des BRH (Fn. 120), S. 157; zu Vor- und Nachteilen einer zentralen Bundessteuerverwaltung *Hey* VVDStRL 66 (2007), 277 (314 f.); ferner auch *Kempny/Reimer,* 70. DJT 2014, Gutachten D, S. 66–69.

[122] *Heintzen* DÖV 2015, 780 (783).

[123] Vgl. *Heintzen* DÖV 2015, 780 mN.

[124] *Heintzen* DÖV 2015, 780 (783); der aber Skepsis im Hinblick auf den umfassenden Einsatz der Datentechnik äußert (S. 784).

[125] BT-Dr V/2861, Textnr. 173 f., 357.

[126] BT-Dr 18/11131, S. 2: In Artikel 108 GG wird der Bundesgesetzgeber ermächtigt [!], (...) im Rahmen des Zusammenwirkens von Bund und Ländern im Bereich der Informationstechnik zur Verbesserung oder Erleichterung des Vollzugs der Steuergesetze Mehrheitsentscheidungen weiterreichender als bisher zuzulassen"[!]; S. 13: „Durch Ergänzung des Artikels 108 Absatz 4 GG um Satz 3 wird klargestellt, dass die Gesetzgebungskompetenz des Bundes bzgl. des Zusammenwirkens von Bund und Ländern im Bereich der Informationstechnik in der Steuerverwaltung auch die Möglichkeit umfasst, Mehrheitsentscheidungen, die alle Länder binden, bundesgesetzlich vorzusehen. (...) Artikel 108 Absatz 4 GG räumt dem Bund zwar die Gesetzgebungsbefugnis für ein Zusammenwirken von Bund und Ländern bei der Verwaltung von Steuern ein. Auf seiner Grundlage sind Mehrheitsentscheidungen im Kreise von Bund und allen Ländern bereits möglich. Durch Satz 3 werden Mehrheitsentscheidungen in weiterem Umfang möglich, z.B. indem ein kleiner Kreis bestehend aus dem Bund und einer begrenzten Anzahl an Ländern, Mehrheitsentscheidungen trifft, die zugunsten und zulasten aller Länder Geltung entfalten."

[127] BT-Dr 18/12588, S. 8, 16.

Vorschrift **keine gegenständliche Beschränkung** (mehr) enthält und umfassend gilt. Ihr Zweck, die Ermöglichung einer weitergehenden „Flexibilisierung" des Zusammenwirkens von Bund und Ländern, gilt unabhängig davon.[128]

Die neue Vorschrift soll als **Ermächtigung** für den Bundesgesetzgeber dienen, mehrheitlich **36** getroffene Entscheidungen für alle Länder, auch die, die nicht zugestimmt haben, verbindlich anzuordnen. Damit können iE verbindlich **Mehrheitsentscheidungen** getroffen werden.[129] Allerdings müssen sie wegen der Anknüpfung an Abs. 4 S. 1 die dort genannten Voraussetzungen erfüllen. Die Regelung muss den **Vollzug** der SteuerG erheblich **verbessern** oder **erleichtern**. Sie gilt für den Vollzug von SteuerG schlechthin und ist **nicht** auf die Bund-Länder-Kooperation **beschränkt**. Die Art der erforderl. Mehrheit und die Wertung von Enthaltungen darf der Gesetzgeber bestimmen. Jedenfalls muss der Bund dazu gehören. Auch wenn nach der Gesetzesbegründung eine Minderheit von drei abstimmen. Mitgliedern ausreichend sein soll,[130] dürfte der Gesetz gewordene Wortlaut maßgebend sein. Mehrheit ist daher als „zahlenmäßiges Überwiegen" zu verstehen,[131] wobei Nichtteilnahme und Enthaltungen unberücksichtigt bleiben dürfen.

Bereits im Gesetzgebungsverfahren war aber auf das Spannungsverhältnis zwischen Art. 108 IV 3 **37** und VII hingewiesen worden, sofern als Handlungsform eine Verwaltungsvereinbarung gewählt wird.[132] Ferner droht ein Konflikt mit den Beschränkungen des WeisungsR nach Art. 108 II iVm Art. 85 III, IV, sofern sich die aufgrund von Art. 108 IV 3 nF mehrheitlich beschloss. Regelung auf Gegenstände der Auftragsverwaltung bezieht.[133]

## III. Zusammenwirken und Zuständigkeitsübertragung im Bereich der Landesbehörden (Abs. 4a)

Der neue Abs. 4a betrifft die Zusammenarbeit der **Länder untereinander**. Eine bes. Regelung war **38** erforderlich, weil Abs. 4 S. 1 lediglich die Zusammenarbeit von Bund und Ländern, nicht aber der Länder untereinander erfasst. Die Regelung erlaubt jetzt, dass durch **Bundesgesetz** die Zusammenarbeit von Finanzbehörden verschiedener Länder sowie darüber hinaus eine Übertragung von Zuständigkeiten von Landesfinanzbehörden auf die Behörden eines oder mehrerer anderer Länder angeordnet wird, Art. 108 IVa 1.

Für das Zustandekommen des Gesetzes ist allerdings abw. von Art. 78 **Einvernehmen** mit den **39** betroff. Ländern erforderlich. Dies ist als Zustimmungserfordernis zu verstehen (→ Rn. 20). Die Zustimmung von Behörden dürfte nicht ausreichen.[134] UU ist dadurch eine neue Art von Gesetzen geschaffen worden.[135] Betroffen ist ein Land, wenn die Rechtsstellung, die Pflichten und Befugnisse, vor allem die Zuständigkeiten, einer seiner Behörden verändert wird.[136] Form und Verfahren der Erteilung dieses Einvernehmens wird wohl auch der Bundesgesetzgeber regeln dürfen. Die Zustimmung des BRat ist nicht erforderlich, da sie nicht ausdr. angeordnet ist.

Die **Kostentragung** eines solchen Zusammenwirkens darf abw. von Art. 104a I durch ein, nicht **40** notwendig dasselbe Bundesgesetz geregelt werden, das ebenfalls nicht zustimmungspflichtig ist, Abs. 4a S. 2. Einvernehmen der betroff. Länder ist bei Erlass eines separaten Gesetzes – erstaunlicherweise – nicht erforderlich. Die Entstehungsgeschichte hilft insoweit nicht weiter.[137]

Erforderlich ist auch hier, dass der Vollzug der SteuerG **erheblich verbessert** oder **erleichtert 41** wird. Zur Auslegung dieser Voraussetzung kann deshalb auf die Überlegungen zum bisher schon geltenden Recht (→ Rn. 36) zurückgegriffen werden. Davon unberührt bleibt die Möglichkeit der Länder, ihre Kooperationen staatsvertraglich zu regeln.[138] Die dort getroff. Regelung bezieht sich auf alle „Regelungen für den Vollzug von Steuergesetzen" schlechthin. Ob damit eine neuartige **Verwaltungsform** geschaffen worden ist,[139] ist nicht sicher.

## IV. Ausführung

In das Gesetzgebungsverfahren zur GG-Reform 2017 wurde kurz vor dessen Abschluss auf Vor- **42** schlag des HaushaltsA das KONSENS-Gesetz in das Verfahren mit aufgenommen und neben anderen

---

[128] BT-Dr 18/11131, S. 13.

[129] BT-Dr 18/11131, S. 13.

[130] BT-Dr 18/11131, S. 13, 19; 18/12588, S. 16.

[131] *Pieroth*, in: Jarass/Pieroth, Art. 108 Rn. 10; anders wohl *Kempny*, in: Friauf/Höfling, Art. 108 (2018) Rn. 85; krit. zur Vorschrift als unvollständig *F. Kirchhof* MKS III, Art. 108 Rn. 10.

[132] *Reimer*, Stellungnahme v. 20.3.2017, Anl. Haushaltsausschuss-Dr 18/4218, S. 7.

[133] *Reimer* (Fn. 132), S. 7.

[134] *F. Kirchhof* MKS III, Art. 108 Rn. 57 Abs. 3, der „Zustimmungen der Landesregierungen, wenn nicht gar der Landesparlamente" für erforderlich hält.

[135] *Kempny*, in: Friauf/Höfling, Art. 108 (2018) Rn. 115.

[136] Ähnlich *Kempny*, in: Friauf/Höfling, Art. 108 (2018) Rn. 121.

[137] *Kempny*, in: Friauf/Höfling, Art. 108 (2018) Rn. 124.

[138] BT-Dr 18/11131, S. 13, 19.

[139] Dafür *F. Kirchhof* MKS III, Art. 108 Rn. 72.

BegleitG verabschiedet.[140] Es knüpft an § 20 II FVG sowie an das seit 1.1.2007 geltende Verwaltungs-abk. KONSENS (Koordinierte neue Software-Entwicklung der Steuerverwaltung)[141] zwischen Bund und Ländern an. Inhaltlich regelt es die Zusammenarbeit der Länder beim Vollzug der SteuerG (§ 1 KONSENS-G), insb. durch **koordinierte Software-Entwicklung.**[142] Trotz Neufass. sind wesentl. Grundregelungen des Verwaltungsabkommens übernommen worden, zB in Bezug auf die Zusammen-setzung der „Steuerungsgruppe", § 9 KONSENS-G. Dabei handelt es sich um ein Gremium, in dem neben dem Bund einige Länder vertreten sind.[143] Es darf für die arbeitsteilige Entwicklung und Pflege von Software bindende Entscheidungen treffen. Das Gesetz regelt ferner die Zusammensetzung der Gesamtleitung, § 13 I, II KONSENS-G.

43    Die in § 19 FVG vorgesehene Mitwirkung des Bundeszentralamtes für Steuern bei **Außenprüfungen** stellt ein solches Zusammenwirken von Bundes- und Landesfinanzbehörden dar, ebenfalls die Erteilung verbindl. Auskünfte durch das Zentralamt (§ 5 I Nr. 27 FVG) und die Unterstützung der Landesfinanzbehörden bei der Verhütung und Verfolgung von Straftaten (§ 5 I Nr. 28 FVG).[144] In der bishe. Ausformung lassen sich drei Gruppen des Zusammenwirkens unterscheiden: (1) gemeinsame Ermittlung von Besteuerungsgrundlagen durch Bundes- und Landesfinanzbehörden, §§ 19–21 FVG, (2) Steuerfestsetzung (und -erhebung) bei der Umsatzsteuer und (zeitweise) der Kfz-Steuer durch Bundesfinanzbehörden (Zollstellen), § 18 FVG, Sonderregelung zur Verwaltung der Kfz-Steuer durch Organleihe vom 1.7.2009 bis 30.6.2014, § 18a FVG, der inzwischen mit Wirkung vom 1.1.2016 aufgehoben ist, (3) Zustimmungsvorbehalte bei der Steuerfestsetzung durch Landesfinanzbehörden, §§ 34c V, 50 VII EStG.[145]

44    **Übertragungen** von Aufgaben der Bundesfinanzverwaltung auf die Landesfinanzbehörden sind bisher nicht ersichtlich, während in begrenztem Umfang Aufgaben der Landesfinanzbehörden auf eine Bundesbehörde, das Bundeszentralamt für Steuern, im Bereich folgender Steuern übertragen worden sind: (1) Kapitalertrag-, Aufsichtsrat-, Abzugsteuer nach § 50a IV EStG, (2) Umsatz-, Mineralöl-, Versicherung- und Branntweinsteuer, (3) Körperschaftsteuer, (4) Familienlastenaus-gleich.[146]

## G. Verwaltungsverfahren (Abs. 5)

45    Der Bund hat die **ausschließliche Kompetenz** zur Regelung des **Verwaltungsverfahrens,** das von den Bundesfinanzbehörden anzuwenden ist, Abs. 5 S. 1.[147] Unter Vorschriften des VwVf können die Bestimmungen verstanden werden, welche „die Tätigkeit der Verwaltungsbehörden im Blick auf Art und Weise der Ausführung des Gesetzes einschließlich ihrer Handlungsformen, die Form der behördlichen Willensbildung, die Art der Prüfung und Vorbereitung der Entscheidung, deren Zu-standekommen und Durchsetzung sowie verwaltungsinterne Mitwirkungs- und Kontrollvorgänge in ihrem Ablauf regeln".[148] Die Kompetenz nach Abs. 5 S. 1. wird durch zustimmungsfreies BundesG ausgeübt. Es handelt sich zugleich um einen **Gesetzgebungsauftrag.** Er ist mit Erlass der AO erfüllt worden.[149] Neuere Reformen haben die Digitalisierung und Automatisierung des Besteuerungsver-fahrens zum Gegenstand.[150]

46    Die **Abgabenordnung** enthält Regelungen über die Steuerermittlung, das Steuerschuldverhältnis, die Festsetzung und Beitreibung der geschuldeten Steuern, Verfahrensgrundsätze, Behördenzuständig-keit, Außenprüfung, Steuerfahndung, Steueraufsicht und außergerichtl. Rechtsbehelfe. Das sind aber nur zT Regelungen des VwVf. ZT sind sie zum allg. materiellen Steuerrecht zu rechnen.[151] Ent-sprechendes gilt für die Vorschriften über das Steuerstraf- und Bußgeldverfahren. Sie gehören nicht zum Verfahren iSv Art. 108 V. Die Gesetzgebungskompetenz dafür folgt aus Art. 105 II[152] oder Art. 74 Nr. 1. Nur der dritte bis sechste Teil der AO befasst sich mit dem eigentl. Steuerverfahren. Insoweit ist dann aber ein Rückgriff auf Art. 105 II verfehlt.[153] Neben der AO enthalten noch andere

---

[140] G v. 14.8.2017 (BGBl I 3122, 3129).

[141] Abk. zur Regelung der Zusammenarbeit im Vorhaben KONSENS v. 5.7.2006 (ABl. 2007 S. 2247).

[142] BT-Dr 18/12589, S. 146.

[143] § 9 I KONSENS-G: „je ein Vertreter des Bundes sowie der Länder Baden-Württemberg, Bayern, Hessen, Niedersachsen und Nordrhein-Westfalen".

[144] *Seer/Drüen* (Fn. 49), Rn. 7.

[145] Vgl. zum Ganzen mit weiteren Einzelheiten *Seer* BK, Art. 108 (2011) Rn. 133 ff.

[146] Nähere Einzelheiten bei *Seer* BK, Art. 108 (2011) Rn. 142 f.; *F. Kirchhof* MKS III, Art. 108 Rn. 66; zum Familienlastenausgleich → Rn. 27.

[147] Zum Streit um die Rechtsnatur der Regelung vgl. *Kempny,* in: Friauf/Höfling, Art. 108 (2018) Rn. 127 mwN.

[148] BVerfGE 75, 108 (152), iR von Art. 84 I; s. a. BVerfGE 37, 363 (390); 55, 275 (320 f.); *Winkler,* Art. 84 Rn. 9.

[149] Vgl. *Wendt* HStR IV[1,] § 104 Rn. 101; *J.-P. Schneider* AK GG, Art. 108 (2001) Rn. 16; Nachw. unter „Gesetz-gebung".

[150] G v 18.7.2016 (BGBl I 1679); zu dem vorangegangenen Diskussionsentwurf, vgl. *Heintzen* DÖV 2015, 780.

[151] Vgl. *Seer* BK, Art. 108 (2011) Rn. 155: enthält den „allgemeinen Teil des Steuerrechts".

[152] → Art. 105 Rn. 1.

[153] Dafür aber *Heun/Thiele,* in: Dreier III, Art. 105, 2. Aufl. 2008, Rn. 6 Fn. 34.

Gesetze Vorgaben für das VwVf.[154] Das ist nicht zu beanstanden, da Abs. 5 S. 1 im Gegensatz zu Abs. 6 keine „einheitliche" Regelung verlangt.[155] Soweit europarechtl. Vorschriften (Zollkodex) die AO überlagern und verdrängen, ist die zugrundeliegende Übertragung der Gesetzgebungskompetenzen aus Art. 108 V von Art. 23 I 2 gedeckt.[156]

Darüber hinaus ist der Bund ermächtigt, durch zustimmungsbedürftiges Gesetz auch das Verfahren **47** der **Landesfinanzbehörden** und der **kommunalen Behörden** zu regeln. Dafür muss ihnen die Verwaltung von Steuern nach Abs. 4 S. 2 übertragen worden sein. Diese Kompetenz besteht unabhängig davon, ob der Bund zur materiellen Regelung der entspr. Steuer befugt ist. Die Regelung braucht, anders als die FGO (→ Rn. 46), nicht einheitlich für Bund und Länder zu ergehen. In Ausübung dieser Ermächtigung ist die AO uneingeschränkt auf die Verwaltung durch die Landesfinanzbehörden für anwendbar erklärt worden (§ 1 I AO), auch für die Realsteuern, soweit sie von den Gemeinden verwaltet werden (§ 1 II AO). Für die Verwaltung der örtl. Verbrauch- und Aufwandsteuern ist sie jedoch nur anwendbar, wenn das entspr. LandesR dies ausdr. anordnet.[157] Die Länder bleiben iÜ (nur) subsidiär zuständig. Sie dürfen gesetzl. Regelungen erlassen, wenn und soweit der Bundesgesetzgeber seine Kompetenz nicht ausgeschöpft hat.[158]

Das Verfahren muss jedoch **europarechtskonform** ausgestaltet sein. Art. 45 AEUV verbietet es **48** der Verwaltung, spezielle Verfahren, wie den Lohnsteuer-Jahresausgleich und die Einkommensteuerveranlagung, auf Gebietsansässige zu beschränken. Angehörige eines Mitgliedstaates dürfen von solchen Verfahren nicht ausgeschlossen werden, auch wenn sie in Deutschland weder Wohnsitz noch ständigen Aufenthalt haben, hier aber Einkünfte aus nichtselbständiger Arbeit erzielen. Billigkeitsmaßnahmen der Steuerverwaltung nach § 163 AO reichen nicht aus.[159]

## H. Allgemeine Verwaltungsvorschriften (Abs. 7)

### I. Regelungsinhalt

Die BReg ist nach Abs. 7 **ermächtigt,** nicht verpflichtet,[160] allg. VV zu erlassen. Sie bedürfen **49** jedoch der Zustimmung des BR, soweit sie auch für die Verwaltung der Landesfinanzbehörden oder der Kommunen gelten. So sollen die finanz. Belange des Bundes und die Einheitlichkeit der Steuererhebung in allen Ländern gesichert werden.[161] VV sind generell-abstrakte Regelungen, die an Stellen innerhalb der Verwaltung gerichtet sind.[162] Die häufig anzutreff. „Schreiben" des BMF sollen zumindest auf der Bund-Länder-Ebene keine VV sein. Diese allg. Anordnungen sind nun einfachgesetzlich näher geregelt, § 21a FVG (→ Rn. 25).[163] Verbreitet werden in diesem Zusammenhang **drei Arten** von VV unterschieden: norminterpretierend, ermessenslenkend und typisierend. Als selbständiger Typ sind daneben uU noch die VV zur Sachverhaltsaufklärung oder -deutung zu nennen.[164]

Art. 108 VII wirkt in **zwei Richtungen:** (1) Er räumt abw. von Abs. 3 S. 2 der BReg und nicht **50** dem BMF als Leiter der Bundesfinanzverwaltung die Befugnis zum Erlass von allg. VV ein. (2) Die BReg darf allg. VV auch für die Finanzverwaltungen der Länder erlassen.[165] Der Regelungsgehalt der Norm wirkt damit sowohl in den föderalen als auch in den organschaftl. Bereich.

### II. Normative Bedeutung

Der normative **Gehalt** der Vorschrift wird nicht ohne weiteres deutlich. Auch ohne sie stünde der **51** **Bundesregierung** die Befugnis zum Erlass von allg. VV zu, sowohl für die Landesverwaltung (Art. 84 II – Eigenverwaltung, Art. 85 II – Auftragsverwaltung), als auch für die Bundesverwaltung (Art. 86

---

[154] ZB das ZollverwaltungsG v. 21.12.1992, BGBl I 2125, zul. geänd. durch Art. 210 Elfte ZuständigkeitsanpassungsVO v. 19.6.2020 (BGBl. I 1328).

[155] *Schlette* MKS III, Art. 108, 6. Aufl. 2010, Rn. 98.

[156] *Seer* BK, Art. 108 (2011) Rn. 149.

[157] Das ist i. d. R. in den KAG geschehen, vgl. die Nachw. bei *Seer* BK, Art. 108 (2011) Rn. 153 Fn. 734.

[158] *Schwarz*, in: Maunz/Dürig, Art. 108 (2019) Rn. 61; *Seer* BK, Art. 108 (2011) Rn. 151; F. *Kirchhof* MKS III, Art. 108 Rn. 77; *Kempny*, in: Friauf/Höfling, Art. 108 (2018) Rn. 133.

[159] EuGH EuGRZ 1995, 60 f.

[160] Zust. *Kempny*, in: Friauf/Höfling, Art. 108 (2018) Rn. 151.

[161] Ähnlich bereits *Stern*, StaatsR II, S. 1185; zust. *Heun/Thiele*, in: Dreier III, Art. 108 Rn. 31.

[162] *Schwarz*, in: Maunz/Dürig, Art. 108 (2019) Rn. 69; F. *Kirchhof* MKS III, Art. 108 Rn. 83, unter Berufung auf BFH v. 4.3.2010: „abstrakt-generelle Vorschriften zur Binnensteuerung von Behörden ohne Außenwirkung". Das BVerfG hatte bisher keinen Anlass, eine abschließende Definition der allg. VV (iSd Art. 85 II 1) vorzunehmen. Allerdings sollen iS dieser Norm nur solche Regelungen dazu gehören, „die für eine abstrakte Vielheit von Sachverhalten des Verwaltungsgeschehens verbindliche Aussagen treffen, ohne auf eine unmittelbare Rechtswirkung nach außen gerichtet zu sein" (BVerfGE 100, 249 [258]).

[163] *Seer* BK, Art. 108 (2011) Rn. 180: Diese bedürfen nach seiner Auffassung der Transformation durch die obersten Verwaltungsbehörden der Länder. Dann stellt sich aber die Frage der Verbandskompetenz der Länder (dazu u. Rn. 39). Allerdings hat das BVerfG „Leitlinien" nach § 7 IIa 1 Hs. 2 AtG als allg. VV eingestuft (BVerfGE 100, 249 [258]).

[164] *Seer* BK, Art. 108 (2011) Rn. 183, 185, 187.

[165] IdS jetzt auch *Seer* BK, Art. 108 (2011) Rn. 179, 181.

S. 1). Bzgl. der vorgeschriebenen Zustimmung des BR ergeben sich ebenfalls keine Abweichungen. Doch sind die Befugnisse nach Art. 84 II und 85 II auf den Vollzug von Bundesgesetzen beschränkt. Der Vollzug von **Landesgesetzen durch Landesbehörden** ist nicht Gegenstand der allg. Regelungen, wohl aber von Art. 108 (→ Rn. 6) und könnte daher den normativen Gehalt der Vorschrift ausmachen. Ob diese Deutung auch für Abs. 7 gilt, ist indes nicht sicher. Abgesehen von der ausdr. Erwähnung der Gemeinden (Gemeindeverbänden) hätte die Vorschrift danach im Wesentlichen nur klarstellende Bedeutung. Etwas anderes würde gelten, wenn Abs. 3 S. 3 dahingehend zu verstehen ist, dass die Vorschrift den BMF auch zum Erlass von allg. Weisungen oder VV ermächtigt (→ Rn. 24 f.). Eine derartige Ermächtigung könnte von der Sonderregelung des Abs. 7 verdrängt sein.

52    Wenn die BReg von der Ermächtigung Gebrauch macht, gehen jedenfalls die von ihr erlassenen allg. VV den entspr. Vorschriften der Länder vor.[166] Diese Vorrangstellung wird aber überwiegend auf die konkrete Reichweite der bundesrechtl. Regelung beschränkt. IÜ soll noch Raum für eigene Vorschriften der Länder bleiben. Es bleibe eine **subsidiäre** („konkurrierende") **Zuständigkeit** der Länder bestehen.[167] Weniger sicher ist die Wirkung der Vorschrift im organschaftl. Bereich (zu dieser Unterscheidung → Rn. 50). Nicht sicher ist, ob Abs. 7 dem BMF die Befugnis zum Erlass von allg. VV (vollständig) zugunsten der BReg entzieht.[168]

53    Der Wortlaut der Bestimmung spricht dafür, sie als reine Ermächtigungsnorm zu verstehen. Sie ist allerdings nur sinnvoll, wenn man sie als abschl. Zuweisung von Zuständigkeiten an die BReg und von Zustimmungsrechten an den BR versteht. Ihre normative Bedeutung liegt dann darin, den Rückgriff auf die allg. Regeln der Art. 84 II und Art. 85 II 1, die uU den Erlass derartiger Vorschriften durch einen Ressortminister gestatten,[169] auszuschließen. Die Ausschlusswirkung dürfte auch gegenüber der Befugnis des BMF nach Abs. 3 S. 2 bestehen, obwohl es letztlich nicht darauf ankommt, wenn diese Vorschrift zutreffend so gedeutet wird, dass sie nicht den Erlass allg. VV gestattet (→ Rn. 23). Soweit die allg. VV nicht nur an die Bundesverwaltung gerichtet sind, könnte sonst auch das Erfordernis einer Zustimmung durch den BR unterlaufen werden. Diese Deutung hat weiter zur Folge, dass der BMF auch nicht durch (einfaches) Gesetz zum Erlass allg. VV ermächtigt werden darf, selbst wenn der BR zustimmt. Diese Möglichkeit ist zwar zT für Art. 86 I 1[170] und Art. 84 II, 85 II 1[171] bejaht worden, doch würde so der BReg praktisch eine „Blankettermächtigung" erteilen. Die Länder könnten sich mit dem konkreten Inhalt der VV nicht mehr auseinandersetzen.[172]

54    Legt man diese Deutung zugrunde, lässt sich damit allerdings der Fortbestand einer Auffangkompetenz der Länder nur schwer vereinbaren. Im organschaftl. Bereich (Verhältnis BReg-BMF) käme Abs. 7 Sperrwirkung zu, nicht aber im föderativen Bereich (Verhältnis Bund-Länder).[173] Die für die subsidiäre Zuständigkeit der Länder gegebenen Begründungen[174] überzeugen jedoch nicht recht und könnten mit ähnl. Berechtigung auch für eine subsidiäre Kompetenz des BMF angeführt werden. Immerhin ist ausdrückl. Regelungsgegenstand eine Befugnis der BReg. Das erlaubt den Schluss auf einen Ausschluss anderer Organe des Bundes, während die Beziehung zu den Ländern nur mittelbar angesprochen ist und deshalb möglicherweise eine andere Deutung erlaubt. Damit ist jedoch noch nicht entschieden, ob Abs. 7 den Erlass von allg. VV auch insoweit regelt, als dem Land die Steuergesetzgebungskompetenz zusteht und das darauf gestützte LandesG von der Landesfinanzverwaltung vollzogen wird.[175] Die Funktion der Vorschrift spricht dafür, der klare Wortlaut, vor allem die

---

[166] *Seer* BK, Art. 108 (2011) Rn. 179, 194; aA *J.-P. Schneider* AK GG, Art. 108 (2001) Rn. 18.

[167] *Schwarz*, in: Maunz/Dürig, Art. 108 (2019) Rn. 74 f.; *Heintzen*, in: v. Münch/Kunig II, Art. 108 Rn. 49; *Stern*, StaatsR II, S. 1185; *Bonsels* (Fn. 43), S. 95; *Heun/Thiele*, in: Dreier III, Art. 108 Rn. 31; *Kemmler*, in: Hofman/Henneke, Art. 108 Rn. 33.

[168] Dafür: *Schwarz*, in: Maunz/Dürig, Art. 108 (2019) Rn. 68: klarer Wortlaut; *Heun/Thiele*, in: Dreier III, Art. 108 Rn. 31; *F. Kirchhof* MKS III, Art. 108 Rn. 84; diff. *Seer*: Residualkompetenz des BMF gegenüber der Steuerverwaltung des Bundes (BK, Art. 108 (2011) Rn. 178 (unter Berufung auf das Ressortprinzip), keine Kompetenz des BMF gegenüber der Steuerverwaltung der Länder (Rn. 180); s. a. *Brodersen*, FS Selmer, 2004, S. 601 (619), der in der Sache wohl auch diff. entscheidet.

[169] Str. näher dazu *Sachs*, Art. 86 Rn. 22; *Burgi* MKS III, Art. 86 Rn. 66.

[170] Vgl. *Sachs*, Art. 86 Rn. 27; dagegen *Seer* BK, Art. 108 (2011) Rn. 177 Fn. 815.

[171] Vgl. *Winkler*, Art. 84 Rn. 28, Art. 85 Rn. 12, mwN zum Streitstand. Das BVerfG hat sich unter Aufgabe seiner früheren Rspr. nunmehr gegen eine solche Möglichkeit iR von Art. 85 II ausgesprochen, BVerfGE 100, 249; zust. *Seer* BK, Art. 108 (2011) Rn. 180.

[172] *Seer* BK, Art. 108 (2011) Rn. 180, der deshalb die in § 152 V AO enthaltene Ermächtigung zugunsten des BMF für verfassungswidrig hält; in diesem Sinne auch BVerfGE 100, 249 (261) für Art. 85 II.

[173] Erst diese unterschiedl. Behandlung ermöglicht es, das „Schreiben" des BMF (→ Rn. 25) als Anregung an die Länder zu interpretieren, die selbst noch keine VV (des Bundes) sind und von ihnen in (allg.) VV (der Länder) umgesetzt werden.

[174] *Heun/Thiele*, in: Dreier III, Art. 108 Rn. 31; *Kemmler*, in: Hofman/Henneke, Art. 108 Rn. 33.

[175] Dafür *Kemmler*, in: Hofman/Henneke, Art. 108 Rn. 33; dagegen *Schwarz*, in: Maunz/Dürig, Art. 108 (2019) Rn. 74; *Stern*, StaatsR II, S. 1185; *Bonsels* (Fn. 43), S. 93; *Heun/Thiele*, in: Dreier III, Art. 108 Rn. 31; *J.-P. Schneider* AK GG, Art. 108 (2001) Rn. 18; mit Einschränkungen *Seer* BK, Art. 108 (2011) Rn. 181: Wenn dem Bund die Gesetzgebungskompetenz fehle, könne er nicht durch allg. VV bestimmen, wie das vom Landesgesetzgeber gesetzte Steuerrecht angewendet werde. Die Einflussnahme des Bundes müsse sich auf die „Interpretation allgemeiner Grundsätze des Bundesrechts" beschränken.

von Art. 84, 85 abw. Formulierung, dagegen. Die häufig angeführte Wendung, dass das Ingerenzrecht (Kompetenz zum Erlass von VV) nicht weiter gehen könne als die Gesetzgebungskompetenz, findet zwar eine Stütze in der Rspr. des BVerfG, doch sind die Entscheidungen zu Weisungen nach Art. 85 III ergangen.[176]

### III. Steuerrichtlinien und Gesetzesvollzug

Die Steuerbehörden sind verpflichtet, die Steuern nach Maßgabe der Gesetze festzusetzen und zu **55** erheben.[177] Ein **strukturelles Vollzugsdefizit**[178] darf es ebenso wenig geben wie ein fühlbares **Steuergefälle** als Folge **unterschiedlichen Gesetzesvollzugs**.[179] Das folgt aus der Rechtsnatur der Steuern als voraussetzungslos geschuldeter Geldleistung (→ vor Art. 104a Rn. 74 ff.) und den grundlegenden Geboten der Steuergerechtigkeit, der Gleichmäßigkeit der Besteuerung, der Wahrung der Einheitlichkeit der Lebensverhältnisse sowie der Wettbewerbsneutralität der Besteuerung der Unternehmen.[180] Nur so kann die „steuerliche Belastungsgleichheit" gesichert werden, der das BVerfG einen „sehr viel höheren Rang" zumisst als dem bloßen fiskalischen Interesse an der Sicherung des Steueraufkommens.[181] Gleichwohl versuchen immer wieder einzelne Länder durch unterschiedlichen Vollzug der Steuergesetze (Beispiel: Art und Häufigkeit von Außenprüfungen) Industrie- und Regionalpolitik zu betreiben.[182] Wenn das zu erkennen ist, besteht für den Bund die **verfassungsrechtliche Verpflichtung**, dagegen vorzugehen, auch durch den Erlass zweckentsprechender VV.[183] Ein erster Schritt in diese Richtung ist mit der Einführung der Bundesbetriebsprüfung in § 19 IV und V FVG gemacht worden (→ Rn. 28, 31).

Wenn es aber der Bund ist, der in seinen Richtlinien die gesetzlich angeordnete Steuerlast für **56** (einflussreiche) Einzelgruppen (z. B. Landwirtschaft, Arbeitnehmer, Journalisten) zu mildern versucht, sind dahingehende Vorschriften **verfassungswidrig und nichtig**. Das gilt ungeachtet ihres begünstigenden Charakters. Die staatliche Finanzwirtschaft ist eine Einheit, so dass die **Begünstigung** des einen unausweichlich eine Belastung aller anderen zur Folge hat. Die immer wieder angeführten Rechtfertigungsgründe – Pauschalierung und Typisierung zur Verwaltungsvereinfachung – sind sehr kritisch zu prüfen.[184] Notfalls müssen die gesetzlichen Regelungen verbessert, das bedeutet vor allem: drastisch vereinfacht werden. „Strukturelle Vollzugshindernisse" oder „-defizite" darf es nicht geben. Entscheidend sind nicht allein Regelungen des materiellen Abgabenrechts, sondern die „Gleichheit im Belastungserfolg".[185]

Auch die **Rechte der Legislative** sind betroffen, da Abs. 7 – anders als Art. 86 I 1 – die Befugnis **57** zum Erlass der allg. VV nicht nur vorbehaltlich anderweitiger gesetzlicher Regelung gewährt. Das kann aber allenfalls bedeuten, dass sich der Landesgesetzgeber an allg. VV des Bundes halten muss, wenn

---

[176] BVerfGE 12, 205 (229); 15, 1 (16); 78, 374 (386); 102, 167 (174).

[177] Eindeutig BVerfGE 84, 239 (269); *Hey*, in: Tipke/Lang, Steuerrecht, § 3 Rn. 238 mwN: „Für den Bereich der Besteuerung sind die Finanzbehörden [...] nicht nur berechtigt, sondern auch *verpflichtet,* die gesetzlich geschuldeten Steuern fest- und durchzusetzen"; frühzeitig bereits ebenso *Becker,* Reichsabgabenordnung, 7. Aufl. 1930, § 204 Anm. 2: „Wo ein Steueranspruch besteht, ist er durchzusetzen"; *Bühler,* Lehrbuch des Steuerrechts I, 1927, S. 70: „Die Steuerbehörden sind [...] verpflichtet" dem staatlichen Steueranspruch „nachzugehen und ihn mit den vorgesehenen Mitteln zu verwirklichen"; diff. *Seer,* Verständigungen in Steuerverfahren, 1996, S. 167 ff.; *ders.* BK, Art. 108 (2011) Rn. 48 („Ausrichtung ... an der praktischen Realisierbarkeit des Gesamtvollzugs"); ähnlich *Eckhoff,* Rechtsanwendungsgleichheit im Steuerrecht, 1999, S. 300 ff.

[178] BVerfGE 84, 239; 96, 1; 110, 94. Ein verfassungsrechtlich bedenkliches Vollzugshindernis soll aber erst dann bestehen, wenn sich ein Widerspruch zwischen der pflichtbegründenden Steuernorm und einer nicht auf Durchsetzung angelegten Erhebungsregel ergäbe. Die „empirische Ineffizienz von Rechtsnormen" führe nicht ohne weiteres zur Gleichheitswidrigkeit, sondern erst das „normative Defizit des widersprüchlich auf Ineffektivität angelegten Rechts", BVerfGE 110, 94 LS 2; verneint für das automatisierte Verfahren der Einkommensbesteuerung von *Heintzen* DÖV 2015, 780 (785).

[179] Große Defizite im Besteuerungsverfahren sieht aber der Präsident des BRH (Fn. 120), S. 13 f.

[180] *Wendt* HStR IV[1], § 104 Rn. 100; *Seer* (Fn. 177), S. 260 ff.; vertiefend zur Wettbewerbsneutralität: *Osterloh* FS Selmer, 2004, S. 875 (877 ff.).

[181] BVerfG 91, 186 (202). Damit verbietet sich die außerordentlich verbreitete Orientierung der Maßnahmen der Finanzverwaltungen am (erwarteten) Mehrertrag oder der Sanktionen (Strafen, Bußen, Zwangsmaßnahmen) an der absoluten Höhe der vermiedenen oder verkürzten Steuern; deutliche Kritik an einem „ökonomischen" Gesetzesvollzug auch bei *Seer* BK, Art. 108 (2011) Rn. 56.

[182] Zu Vollzugsunterschieden in der Steuerverwaltung *Hidien,* in: Bornfelder (Hrsg.), Steuergerechtigkeit und Steuervereinfachung, 1997, S. 79 (80 ff.); *Seer* BK, Art. 108 (2011) Rn. 52, der die „auseinanderklaffende Betriebsprüfungspraxis" zu Recht als „nicht mehr verfassungsgemäß" beurteilt; *Seer/Drüen* (Fn. 49), Rn. 4. Unterschiede bei der relativen Klagehäufigkeit, die als Indiz für Unterschiede im Vollzug genannt werden (*Vultejus* ZRP 2001, 162 [162 ff.]), konnten allerdings nicht nachgewiesen werden, *Kühn* ZRP 2002, 124 (124 ff.).

[183] So jetzt auch: *Eckhoff* (Fn. 177), S. 107 ff., 386–407; *Seer* BK, Art. 108 (2011) Rn. 177.

[184] BVerfGE 48, 227 (239); weniger einschränkend BVerfGE 78, 24 (226 f.); näher *Osterloh,* Gesetzesbindung und Typisierungsspielräume bei der Anwendung der Steuergesetze, 1992, vor allem S. 89 f., 451 ff., 455 f., 461; krit. auch *Hey* (Fn. 177), § 3 Rn. 147–149.

[185] BVerfGE 84, 239 (268 ff.); 110, 94 (112 ff.).

man sie überhaupt auf dem Gebiet der Landessteuergesetze für zulässig hält (→ Rn. 24). Der Bundesgesetzgeber darf auf keinen Fall daran gebunden sein.

58 Allg. VV iSv Art. 107 V werden in der Praxis durchgängig als „**Richtlinien**" bezeichnet.[186] Obschon diese Richtlinien, die zu den großen SteuerG erlassen worden sind, in der Praxis der Finanzverwaltung eine überragende Rolle spielen,[187] dürfen sie jedoch nur den Verwaltungsinnenbereich dirigieren. Eine unmittelbare Außenwirkung kommt ihnen nicht zu. Namentlich binden sie nicht die Gerichte,[188] auch wenn zT („typisierende") Vorschriften zur Sachverhaltsermittlung von dieser Regel ausgenommen werden.[189] Wegen ihrer mittelbaren Wirkungen (Selbstbindung der Verwaltung, Art. 3 I) sind sie aber zu **veröffentlichen.**[190]

## I. Finanzgerichtsbarkeit (Abs. 6)

59 Im Gegensatz zu Art. 74 I Nr. 1, der insoweit verdrängt wird, weist Abs. 6 dem Bund die **ausschließliche** Gesetzgebungskompetenz zur Regelung der **Finanzgerichtsbarkeit** zu.[191] Die Bestimmung enthält einen **Gesetzgebungsauftrag**[192] und nicht nur eine bloße Ermächtigung, die der Bund wahrnehmen kann, aber nicht muss. Eine Zustimmung des BR ist nicht erforderlich. Die Art. 92 ff. bleiben grundsätzlich anwendbar.[193] Aus der systematischen Stellung der Bestimmung ist zu entnehmen, dass es sich um eine Gerichtsbarkeit handeln muss, die sich in der Sache mit Steuerstreitigkeiten befasst.[194]

60 Aus dem Begriff **Finanzgerichtsbarkeit** kann ein Gebot der Mehrstufigkeit nicht hergeleitet werden, wohl aber aus Art. 95 I iVm Art. 92.[195] Unterhalb des BFH muss es Finanzgerichte der Länder geben. Von ihnen muss der Instanzenzug **durchgehend** bis zum BFH gehen,[196] der nach der Änderung von Art. 95 als oberstes Bundesgericht zwingend vorgeschrieben ist.[197] Für ein oberstes Landesfinanzgericht neben dem BFH ist danach kein Raum.[198]

61 Unterschiedl. **Landesprozessrecht** ist mit dem Gebot einer einheitl. Regelung **nicht zu vereinbaren.** Dem Bund ist es daher entgegen Art. 71 nicht gestattet, die Länder zur Gesetzgebung auf dem Gebiet der Finanzgerichtsbarkeit zu ermächtigen.[199] Das gilt jedenfalls für Streitigkeiten über bundesgesetzl. geregelte Steuern, soweit sie von Bundes- oder Landesbehörden verwaltet werden. Fraglich und umstr. ist, ob das auch für die von Kommunen verwalteten Steuern anzunehmen ist, unabhängig davon, ob sie durch Bundes- oder durch LandesG geregelt sind. Bejaht man das, wäre die Zuweisung von Streitigkeiten über diese Steuern an die Gerichte der (allg.) Verwaltungsgerichtsbarkeit durch „Ausführungsgesetze" der Länder zur FGO[200] verfassungswidrig. Diese Konsequenz wird freilich dadurch vermieden, dass der Begriff „Finanzgerichtsbarkeit" einschränkend ausgelegt wird. Entweder sollen die landesgesetzlich geregelten Steuern insg. aus Abs. 6 ausgeschieden werden,[201] oder Abs. 6 soll nur die Streitentscheidung über bundesgesetzlich geregelte Steuern umfassen, die von Bundes- oder Landesfinanzbehörden verwaltet werden.[202] Eine Stütze im Wortlaut finden diese Deutungen

---

[186] *Kempny*, in: Friauf/Höfling, Art. 108 (2018) Rn. 144 mit umfassend. Nachw.

[187] Näher dazu die Beiträge in *Tipke* (Hrsg.), Grenzen der Rechtsfortbildung durch Rechtsprechung und Verwaltungsvorschriften im Steuerrecht, 1982; s. a. *Seer* BK, Art. 108 (2011) Rn. 182.

[188] Für die Finanzgerichte *Jaehnike* StuW 1979, 293 (298 f.).

[189] ZB BFH BStBl II 1986, 200 (205); 1990, 777 (779); *J.-P. Schneider* AK GG, Art. 108 (2001) Rn. 19; wN bei *Osterloh* (Fn. 184), S. 456; dagegen ausdr. *Jaehnike* StuW 1979, 293 (298 f.); weitere Einzelheiten bei: *Vogel* StuW 1991, 254 (254 ff.); *Jachmann* StuW 1994, 347 (347 ff.); *Rogmann*, Die Bindungswirkung von Verwaltungsvorschriften, 1998, S. 212 ff.; *Eckhoff* (Fn. 177), S. 126 ff., 131; *Seer* BK, Art. 108 (2011) Rn. 183–191.

[190] *Heun/Thiele*, in: Dreier III, Art. 108 Rn. 32; aA *Schlette* MKS III, Art. 108, 6. Aufl. 2010, Rn. 114; *Kempny*, in: Friauf/Höfling, Art. 108 (2018) Rn. 152; *Schwarz*, in: Maunz/Dürig, Art. 108 (2019) Rn. 73.

[191] *Schwarz*, in: Maunz/Dürig, Art. 108 (2019) Rn. 62; *Heintzen*, in: v. Münch/Kunig II, Art. 108 Rn. 45; *J.-P. Schneider* AK GG, Art. 108 (2001) Rn. 3; *Seer* BK, Art. 108 (2011) Rn. 57, 160; *F. Kirchhof* MKS III, Art. 108 Rn. 78.

[192] Für Verpflichtung: *Birk* AK GG II, 2. Aufl. 1989, Art. 108 Rn. 19; *Heintzen*, in: v. Münch/Kunig II, Art. 108 Rn. 45; *Heun/Thiele*, in: Dreier III, Art. 108 Rn. 33; *Seer* BK, Art. 108 (2011) Rn. 57, 160; *Schwarz*, in: Maunz/Dürig, Art. 108 (2019) Rn. 62.

[193] *Pieroth*, in: Jarass/Pieroth, Art. 108 Rn. 14; zust. *Seer* BK, Art. 108 (2011) Rn. 58, 162; *Heun/Thiele*, in: Dreier III, Art. 108 Rn. 33.

[194] *Schwarz*, in: Maunz/Dürig, Art. 108 (2019) Rn. 64; *Lechelt* DStZ 1996, 611 (616 ff.); *Seer* BK, Art. 108 (2011) Rn. 163; *F. Kirchhof* MKS III, Art. 108 Rn. 79, der eine konstitutive Zuweisung von Kompetenzen durch Landesgesetz für zulässig hält.

[195] In diesem Sinne *Schlette* MKS III, 6. Aufl. 2010, Art. 108 Rn. 107.

[196] Wohl nur begrifflich abw. („einheitlicher Instanzenzug") *Schwarz*, in: Maunz/Dürig, Art. 108 (2019) Rn. 65; *J.-P. Schneider* AK GG, Art. 108 (2001) Rn. 20; *Heun/Thiele*, in: Dreier III, Art. 108 Rn. 34.

[197] *Detterbeck*, Art. 95 Rn. 3.

[198] *Seer* BK, Art. 108 (2011) Rn. 161.

[199] Vgl. *Schwarz*, in: Maunz/Dürig, Art. 108 (2019) Rn. 66; *Seer* BK, Art. 108 (2011) Rn. 161; *Pieroth*, in: Jarass/Pieroth, Art. 108 Rn. 14; zust. *Heun/Thiele*, in: Dreier III, Art. 108 Rn. 34; *F. Kirchhof* MKS III, Art. 108 Rn. 80.

[200] Gem. § 33 I Nr. 1, 4 FGO; Aufstellung bei *Seer* BK, Art. 108 (2011) Rn. 165 Fn. 767.

[201] Dafür BFH BStBl II 1990, 510 (511); *Lechelt* DStZ 1996, 611 (615 ff.).

[202] *Seer* BK, Art. 108 (2011) Rn. 164, unter Berufung auf den Willen des Gesetzgebers, der die Übertragung von steuerrechtlichen Streitigkeiten auf die (allg.) Verwaltungsgerichte nicht abschaffen wollte. Sie wäre indes auch ohne

indes nicht. Auch führen sie dazu, dass eine von den anderen Absätzen unterschiedl. Abgrenzung des Regelungsbereichs von Art. 108 geschaffen würde.

Parallel, aber nicht deckungsgleich verläuft der Streit, ob dem BFH wegen Art. 99, 2. Alt. nur durch **62** **Landesgesetz** die Entscheidung in Streitigkeiten über die Anwendung von Landessteuerrecht zugewiesen werden kann.[203] Da dem Bund die Möglichkeit zur Ermächtigung der Länder nach Art. 71 abgesprochen wird, wäre es nur folgerichtig, in Abs. 6 auch gegenüber Art. 99, 2. Alt. eine abschließende Sonderregelung zu sehen,[204] so dass auch insoweit eine ausschließliche Bundeskompetenz anzunehmen wäre.

Im **Ergebnis** wird trotz dieser gravierenden Bedenken letztlich nur eine **konkurrierende** Gesetz- **63** gebungskompetenz des Bundes für die landesgesetzlich geregelten Verbrauch- und Aufwandsteuern sowie die von den Kommunen verwalteten, bundesgesetzlich geregelten Realsteuern angenommen, so dass Raum für die Zuweisung an die Verwaltung durch Landesgesetz gegeben werden durfte (§ 33 I Nr. 1, 4 FGO). Als Verstoß gegen Art. 108 wird jedoch angesehen, wenn die Sozialgerichte über die Umsatzsteuerpflicht von Entschädigungen für sachverständige Zeugen entscheiden.[205]

Der Gesetzgebungsauftrag ist durch die **Finanzgerichtsordnung** erfüllt worden. Sie sieht lediglich **64** einen zweistufigen Gerichtsaufbau vor, so dass die FG als Gerichte erster Instanz zugleich obere Landesgerichte sind.[206] Die damit verbundenen Nachteile für den effektiven Rechtsschutz des Bürgers, namentlich die überlange Dauer der Verfahren und die zT durch die Zweistufigkeit bewirkte enge personelle Verquickung zwischen Finanzverwaltung und Finanzgerichtsbarkeit, sind verfassungsrechtlich nicht unbedenklich.[207] Das Abgehen von dem früheren verwaltungsaktsbezogenen System des Rechtsschutzes ist verfassungsrechtlich geboten, allerdings nicht wegen Abs. 6, sondern wegen Art. 19 IV oder dem Anspruch auf effektiven Rechtsschutz, der aus dem Rechtsstaatsprinzip abzuleiten ist.[208]

## Art. 109 [Haushaltswirtschaft in Bund und Ländern]

(1) **Bund und Länder sind in ihrer Haushaltswirtschaft selbständig und voneinander unabhängig.**

(2) **Bund und Länder erfüllen gemeinsam die Verpflichtungen der Bundesrepublik Deutschland aus Rechtsakten der Europäischen Gemeinschaft auf Grund des Artikels 104 des Vertrags zur Gründung der Europäischen Gemeinschaft zur Einhaltung der Haushaltsdisziplin und tragen in diesem Rahmen den Erfordernissen des gesamtwirtschaftlichen Gleichgewichts Rechnung.**

(3) **Die Haushalte von Bund und Ländern sind grundsätzlich ohne Einnahmen aus Krediten auszugleichen. Bund und Länder können Regelungen zur im Auf- und Abschwung symmetrischen Berücksichtigung der Auswirkungen einer von der Normallage abweichenden konjunkturellen Entwicklung sowie eine Ausnahmeregelung für Naturkatastrophen oder außergewöhnliche Notsituationen, die sich der Kontrolle des Staates entziehen und die staatliche Finanzlage erheblich beeinträchtigen, vorsehen. Für die Ausnahmeregelung ist eine entsprechende Tilgungsregelung vorzusehen. Die nähere Ausgestaltung regelt für den Haushalt des Bundes Artikel 115 mit der Maßgabe, dass Satz 1 entsprochen ist, wenn die Einnahmen aus Krediten 0,35 vom Hundert im Verhältnis zum nominalen Bruttoinlandsprodukt nicht überschreiten. Die nähere Ausgestaltung für die Haushalte der Länder regeln diese im Rahmen ihrer verfassungsrechtlichen Kompetenzen mit der Maßgabe, dass Satz 1 nur dann entsprochen ist, wenn keine Einnahmen aus Krediten zugelassen werden.**

(4) **Durch Bundesgesetz, das der Zustimmung des Bundesrates bedarf, können für Bund und Länder gemeinsam geltende Grundsätze für das Haushaltsrecht, für eine konjunkturgerechte Haushaltswirtschaft und für eine mehrjährige Finanzplanung aufgestellt werden.**

(5) **Sanktionsmaßnahmen der Europäischen Gemeinschaft im Zusammenhang mit den Bestimmungen in Artikel 104 des Vertrags zur Gründung der Europäischen Gemeinschaft**

---

die einschränkende Auslegung weiterhin möglich, nur nicht mehr durch Landesgesetze. Der Bundesgesetzgeber müsste sie iR seines Auftrags zur einheitlichen Gestaltung selbst vornehmen.

[203] Dafür *Schwarz,* in: Maunz/Dürig, Art. 108 (2019) Rn. 66; *Pieroth,* in: Jarass/Pieroth, Art. 108 Rn. 14; *Heintzen,* in: v. Münch/Kunig II, Art. 108 Rn. 47; *J.-P. Schneider* AK GG, Art. 108 (2001) Rn. 20; *Heun/Thiele,* in: Dreier III, Art. 108 Rn. 34; *F. Kirchhof* MKS III, Art. 108 Rn. 79; dagegen *Stern* BK, Art. 99 (1965) Rn. 5; *Sturm,* Art. 99 Rn. 7; *Seer* BK, Art. 108 (2011) Rn. 164.

[204] Anders *Seer* BK, Art. 108 (2011) Rn. 164.

[205] *Hummel* UR 2008, 569 (575) mN aus der sozialgerichtlichen Rspr.

[206] Gebilligt von BVerfGE 23, 321 (322 f.).

[207] Näher *Birk* AK GG II, 2. Aufl. 1989, Art. 108 Rn. 19 aE; krit. auch *Schlette* MKS III, 6. Aufl. 2010, Art. 108 Rn. 147; *Seer* BK, Art. 108 (2011) Rn. 57, sieht die Gefahren für den effektiven Rechtsschutz dagegen eher in der Suspendierung der Streitwertrevision, die de facto zur „Einstufigkeit" der Finanzgerichtsbarkeit geführt habe, wN zur Disk. dort in Fn. 308; *ders.* StuW 2001, 3 (3 ff.); ausführl. Nachw. *ders.* BK, Art. 108 (1999) Fn. 674; s. a. *Noch* StuW 1999, 335 (335 ff.).

[208] Vgl. *Seer* BK, Art. 108 (2011) Rn. 169.

**zur Einhaltung der Haushaltsdisziplin tragen Bund und Länder im Verhältnis 65 zu 35. Die Ländergesamtheit trägt solidarisch 35 vom Hundert der auf die Länder entfallenden Lasten entsprechend ihrer Einwohnerzahl; 65 vom Hundert der auf die Länder entfallenden Lasten tragen die Länder entsprechend ihrem Verursachungsbeitrag. Das Nähere regelt ein Bundesgesetz, das der Zustimmung des Bundesrates bedarf.**

**Entstehungsgeschichte: Erstfassung:** JöR nF 1 (1951), 806. – **Änderungen:** 15. G zur Änd. des GG v. 8.6.1967 (BGBl I 581), Art. 1 (dazu: Komm. für die Finanzreform, Gutachten über die Finanzreform in der Bundesrepublik Deutschland, 2. Aufl. 1966, Text-Nr. 477–524; BT-Dr V/890 [Entw.], V/1686; BT-Prot V/2655, 2727, 5098, 5105; BR-Dr 315/66, 238/67; BR-Prot 66/163, 67/93); 20. G zur Änd. des GG v. 12.5.1969 (BGBl I 357), Art. I Nr. 1 (dazu: Komm. für die Finanzreform, ebda., Text-Nr. 174–184; BT-Dr V/3040 [Entw.; speziell Rn. 63–79; 83–87; 102–114], V/3605, 3896; BT-Prot V/9996, 11 025, 12 056; BR-Dr 284/68, 14/69, 156/69; BR-Prot 68/ 155, 69/1, 78; G zur Änd. des GG v. 28.8.2006 (BGBl I 2034), Art. 1 Nr. 20 (dazu: BT-Dr 16/813 [Entw.], 16/ 2010 [Beschlussempfehlung RechtsA], 16/2069 [Bericht RechtsA]; BT-Prot 16/1749, 4233, 4295; BR-Dr 178/06, 180/06, 462/06; BR-Prot 06/39, 62, 203, 222), G zur Änd. des GG v. 29.7.2009 (BGBl I 2248), Art. 1 Nr. 4 (dazu: BT-Dr 16/12410 [Entw.], 16/13 221 [Beschlussempfehlung und Bericht RechtsA]; BT-Prot 16/215, 255; BR-Dr 262/09, 510/09; BR-Prot 859).
**Historische Verfassungstexte: GG 1949:** Bund und Länder sind in ihrer Haushaltswirtschaft selbständig und voneinander unabhängig.
**Geltende Landesverfassungen: Zu Abs. 2:** *Bbg*Verf. Art. 101 I; *Sächs*Verf Art. 94 II; **zu Abs. 3:** *BW*Verf Art. 84; *Bay*Verf Art. 82; *Bln*Verf Art. 87 II; *Bbg*Verf Art. 103; *Brem*Verf Art. 131a; *Hmb*Verf Art. 72; *Hess*Verf Art. 141, 161; *MV*Verf Art. 65; *Nds*Verf Art. 71; *NRW*Verf Art. 83; *RhPf*Verf Art. 117; *Saarl*Verf Art. 108; *Sachs*Verf Art. 95; *LSA*Verf Art. 99; *SchlH*Verf Art. 61 (neu); *Thür*Verf Art. 98 II.
**Supra- und internationale Texte: Vorschriften für die EU:** AEUV Art. 310 I, IV, 311, 352 iVm Ratsbeschluß v. 16.10.1978, ABl I 298/9. – **Vorschriften für die Kreditfinanzierung der Mitgliedstaaten:** AEUV Art. 126, 136 I, 140 I 3, 2. Spiegelstrich; *Prot. (Nr. 12)* über das Verfahren bei einem übermäßigen Defizit, ABlEU C 83 v. 30.3.2010, S. 279; *„Stabilitäts- und Wachstumspakt":* Entschließung des Europäischen Rates v. 17.6.1997 (ABlEG C 236 v. 2.8.1997, S. 1); VO (EG) Nr. 1466/97 v. 7.7.1997 (ABlEG L 209 v. 2.8.1997, S. 1), geänd. durch VO (EG) Nr. 1055/05 (ABlEG L 174 v. 7.7.2007, S. 1); VO (EG) Nr. 1467/97 v. 7.7.1997 (ABlEG L 209 v. 2.8.1997, S. 6), geänd. durch VO (EG) Nr. 1056/05 (ABlEU L 174 v. 7.7.2007, S. 5); *„six-pack":* VO (EU) Nr. 1173/2011 v. 16.11.2011 (ABlEU L 306 v. 23.11.2011, S. 1); VO (EU) Nr. 1174/2011 v. 16.11.2011 (ABlEU L 306 v. 23.11.2011, S. 8); VO (EU) Nr. 1175/2011 v. 16.11.2011 [Änderung VO (EG) Nr. 1466/97] (ABlEU L 306 v. 23.11.2011, S. 12); VO (EU) 1176/2011 v. 16.11.2011 (ABlEU L 306 v. 23.11.2011, S. 25); VO (EU) Nr. 1177/ 2011 v. 8.11.2011 [Änderung der VO (EG) Nr. 1467/97] (ABlEU L 306 v. 23.11.2011, S. 33); RL 2011/85/EU des Rates (ABlEU L 306 v. 23.11.2011, S. 41); *„SKS-Vertrag":* Vertrag v. 2.3.2012 über Stabilität, Koordinierung und Steuerung in der Wirtschafts- und Währungsunion v. 13.9.2012 (BGBl II S. 1006), Teil III „Fiskalpolitischer Pakt"; *„two-pack":* VO (EU) Nr. 472/20113 v. 21.5.2013 (ABlEU L 140 v. 27.5.2013, S. 1); VO (EU) Nr. 473/2013 v. 21.5.2013 (ABlEU L 140 v. 27.5.2013, S. 11).
**Gesetzgebung: Zu Abs. 2:** StWG – **Zu Abs. 4:** HGrG, StabiRatG – **Zu Abs. 5:** SZAG.
**Leitentscheidungen:** BVerfGE 79, 311 (Kreditobergrenze); BVerfGE 86, 148 (Finanzausgleich III); BVerfGE 127, 165 (Informationsbeschaffung).

**Schrifttum: Allgemein:** *F. Breuss* (ed.), The Stability and Growth Pact, 2007; *C. Gröpl,* Haushaltsrecht und Reform, 2001; *U. Häde,* Gesamtwirtschaftliches Gleichgewicht und europäische Haushaltsdisziplin, JZ 1997, 269; *H.-M. Hänisch,* Gesamtwirtschaftliche Stabilität als Verfassungsprinzip, 2002; *U. Hartmann,* Europäische Union und Budgetautonomie der deutschen Länder, 1994; *C. Koenig/J.-D. Braun,* Rückgriffsansprüche des Bundes bei einer Haftung für Verstöße der Bundesländer gegen Gemeinschaftsrecht, NJ 2004, 97; *C. Konow,* Der Stabilitäts- und Wachstumspakt, 2002; *S.-C. Lenski,* Die mittelfristige Finanzplanung des Bundes und der Länder, DVBl 2006, 544; *F. Littwin,* Umsetzung der Konvergenzkriterien nach Art. 104c I EGV im Bund-Länder-Verhältnis ..., ZRP 1997, 325; *A. Möller,* Kommentar zum Gesetz zur Förderung der Stabilität und des Wachstums der Wirtschaft, 2. Aufl. 1969; *G. Nicolaysen,* Rechtliche Bindung einer Stabilitätspolitik, FS Selmer, 2004, S. 833; *E. Stachels,* Das Stabilitätsgesetz im System des Regierungshandelns, 1970; *K. Stern,* Grundfragen der globalen Wirtschaftssteuerung, 1969; *K. Stern/P. Münch/K.-H. Hansmeyer,* Gesetz zur Förderung der Stabilität und des Wachstums der Wirtschaft, 2. Aufl. 1972 – **Zur Kreditfinanzierung der Haushalte (Abs. 3):** *J. Christ,* Neue Schuldenregel für den Gesamtstaat: ..., NVwZ 2009, 1333; *B. Fassbender,* Eigenstaatlichkeit und Haushaltsautonomie der Länder, NVwZ 2009, 737; *J. Hancke,* Defizitbegrenzung im Bundesstaat ..., DVBl 2009, 621; *H.-G. Henneke,* Umsetzung der Schuldenbremse des Art. 109 Abs. 3 S. 5 im Landes(verfassungs)recht, ZG 2014, 201 *C. Kastrop/G. Meister-Scheufelen/M. Sudhof* (Hrsg.), Die neuen Schuldenregeln im Grundgesetz, 2010; *I. Kemmler,* Schuldenbremse und Benchmarking im Bundesstaat, DÖV 2009, 549; *G. Kirchhof,* Deutschland-Bonds, ZG 2012, 313; *M. E. Klepzig,* Die „Schuldnerbremse" im Grundgesetz – Ein Erfolgsmodell?, 2015; *M. Koemm,* Eine Bremse für die Staatsverschuldung?, 2011; *S. Korioth,* Das neue Staatsschuldenrecht ..., JZ 2009, 729; *U. Kramer/T. Hinrichsen/T. Lauterbach,* Die Schuldenbremse des Grundgesetzes, JuS 2012, 896; *C. Lenz/E. Burghacher,* Die neue Schuldenbremse im Grundgesetz, NJW 2009, 2561; *H. Oetjens,* Die schwarze Null und der Schuldenberg, DÖV 2015, 947; *C. Ohler,* Maßstäbe der Staatsverschuldung nach der Föderalismusreform II, DVBl 2009, 1265; *C. Ryczewski,* Die Schuldenbremse im Grundgesetz, 2011; *I. Schmidt,* Bundesgesetzgebung ist kein Terrorakt, DÖV 2014, 916; *R. Schmidt,* Die neue Schuldenregel und die weiteren Finanzthemen der zweiten Föderalismusreform, DVBl 2009, 1274; *B. Scholl,* Die Neuregelung der Verschuldungsregeln von Bund und Ländern in den Art. 109 und 115 GG, DÖV 2010, 160; *C. Seiler,* Konsolidierung der Staatsfinanzen mithilfe der neuen Schuldenregel, JZ 2009, 721; *M. Thye,* Die neue „Schuldenbremse" im Grundgesetz: zur neuen Gestalt der Finanzverfassung nach der Föderalismusreform II, 2010; *C. Waldhoff/ P. Dieterich,* Die Föderalismusreform II ..., ZG 2009, 97.

## A. Grundlagen

Urspr. bestand die Vorschrift nur aus einem Absatz. Er sicherte die **Haushaltsautonomie** von Bund **1** und Ländern. Bei der Ausrichtung der staatl. Haushaltswirtschaft auf das gesamtwirtschaftl. Gleichgewicht sind 1967 Abs. 2 bis 4 hinzugekommen. Die Haushaltsreform von 1969 hat Abs. 3 (jetzt Abs. 4) neu gefasst und die Konkretisierung „für das Haushaltsrecht" vorgenommen. Durch die FödReform 2006 wurde Abs. 5 angefügt. Bei der FödReform 2009 wurden schließlich im neuen Abs. 3 die (nationalen) Grenzen für die Kreditfinanzierung des Bundes verschärft und Vorgaben für die Länder erstmals in das GG aufgenommen. Abs. 4 wurde aufgehoben und der urspr. Abs. 3 wurde Abs. 4. Dabei sind die einzelnen Regelungen von Art. 109 immer mehr unionsrechtl. überlagert und determiniert worden.[1]

Die GG-Änderung von 1967 diente vor allem dazu, die verfassungsrechtl. Grundlagen für das **2** Instrumentarium der **antizyklischen Konjunkturpolitik** des Bundes zu schaffen. Die eingefügten Absätze enthalten eine Einschränkung der grundleg. Autonomie des Abs. 1.[2] Dazu gehörte auch die Einräumung einer Kompetenz zur Grundsatzgesetzgebung für den Bund in Abs. 3 (jetzt Abs. 4), die aber gegenständl. eng begrenzt ist und nicht als Krücke zur Bewältigung ungelöster Strukturprobleme oder zur Umsetzung europarechtl. Vorgaben zur Wahrung von Haushaltsdisziplin missbraucht werden

---

[1] *Stern* FS Everling II, 1995, S. 1469 (1480); *Heun*, in: Dreier III, Art. 109 Rn. 7; *Mehde* DÖV 1997, 616 (618); eingehend *Rodi* BK, Art. 109 (2004) Rn. 527–612.

[2] *Heintzen* HStR V³, § 120 Rn. 21; ebenso *Häde*, Die innerstaatliche Verteilung gemeinschaftsrechtlicher Zahlungspflichten, 2006, S. 52; im Ansatz auch schon BVerfGE 79, 311 (331–333).

darf (→ Rn. 38, 47). Einen ersten Ansatz zur Lösung der europarechtl. Probleme bot der mit der FödReform 2006 neu eingefügte Abs. 5, der verbreitet, aber in der Sache fragwürdig, als „Nationaler Stabilitätspakt" bezeichnet wird (→ Rn. 34).

3    Durch die GG-Änderung von 2009 sind die **Vorgaben** der **EU** für die Haushaltsdisziplin, die bisher im Zusammenhang mit der Verteilung der Sanktionslasten in Abs. 5 nur mittelbar vom GG angesprochen waren, in das deutsche VerfassungsR inkorporiert und mit den Anforderungen des gesamtwirtschaftl. Gleichgewichts in einem Satz zusammengefasst worden (Abs. 2). Darüber hinausgehende **strukturelle Vorgaben** für die Haushalte des Bundes und der Länder sind in Abs. 3 neu eingeführt worden. Die Landeshaushalte dürfen ab 2020 grds. kein Defizit mehr aufweisen. Die Kreditaufnahme des Bundes in der „Normallage" darf ab 2016 nur noch 0,35 % betragen. Diese Einfügungen werden häufig als Einführung einer „Schuldenbremse" bezeichnet. Das ist zumindest irreführend (→ Rn. 50). Deutlich hervorgehoben worden ist jedoch im Gesetzgebungsverfahren die europarechtl. Motivation der Neuregelung.[3] Die dadurch bewirkte Einschränkung der Haushaltsautonomie der Länder geht weit über die bish. Anforderungen hinaus. Daher stellt sich die Frage nach einem Verstoß gegen Art. 79 III (u. Rn. 81). Die neuen Vorgaben für den Bund sind insoweit unprobl., aber systematisch deplatziert und redundant, da sie im neu gefassten Art. 115 II noch einmal enthalten sind.

## B. Trennung der Haushaltswirtschaft von Bund und Ländern (Abs. 1)

4    Die Trennung der Haushaltswirtschaft von Bund und Ländern ist eine Konkretisierung des föderalen Prinzips. Eine selbstständige und unabhängige Haushaltswirtschaft gehört zum Kernbereich der Staatlichkeit von Bund und Ländern.[4] Sie dient insbes. auch dazu, die „staatliche Selbstständigkeit" und die „politische Autonomie" von Bund und Ländern „real werden" zu lassen,[5] nicht aber ihrer angeblichen Souveränität.[6] Gemeint ist allerdings nur die rechtliche Unabhängigkeit, da ökonomische Interdependenzen nicht durch eine solche Rechtsvorschrift beseitigt werden können.[7] Dem hat sich das BVerfG in der Sache angeschlossen, wenn es nun Wert auf die Feststellung legt, dass Bund und Länder zwar in ihrer Haushaltswirtschaft selbstständig und unabhängig seien, nicht aber in ihrer Finanzwirtschaft. Deshalb müsse die Garantie der Haushaltsautonomie auch gegenüber den Vorgaben aus Art. 105 bis 107 zurücktreten. Bund und Länder müssten die dort ausgesprochenen Beschränkungen ihrer Finanzhoheit hinnehmen.[8]

## I. Begriff der Haushaltswirtschaft

5    Zur Haushaltswirtschaft sollen alle auf die staatlichen Einnahmen und Ausgaben bezogenen Vorgänge gehören.[9] Diese gängige Definition ist jedoch zu weit und bedarf der Verfeinerung in zweifacher Hinsicht: (1) Die **Sachentscheidungen,** die derartige Geldzahlungen bewirken, gehören **nicht** zur Haushaltswirtschaft, es sei denn, es handelt sich um eine reine Finanztransaktion. (2) Die Vorgänge müssen als **Wirtschaften** angesehen werden können. Das setzt ein Minimum an Entscheidungsspielraum voraus. Die bloße Weiterleitung von Geld für Dritte genügt nicht. Die Vorgänge müssen also einer eigenständigen haushaltspolitischen Entscheidung unterliegen, um zur Haushaltswirtschaft im Sinne der Bestimmung zu gehören.[10]

---

[3] BT-Dr 16/12410, S. 5 f.

[4] Vgl. *Kube,* in: Maunz/Dürig, Art. 109 (2011) Rn. 1; *Arndt* JuS 1990, 343 (343 ff.); *Heun,* in: Dreier III, Art. 109 Rn. 15; *Schwarz/Reimer* JuS 2007, 219 (221); wohl auch *Gröpl,* Haushaltsrecht und Reform, 2001, S. 31.

[5] BVerfGE 86, 148 (264).

[6] So aber *Häde* JA 1994, 80 (81).

[7] Grundsatzkritik durch den *Wiss. Beirat beim BMWA,* Dokumentation Nr. 551 v. 8.7.2005, Text-Nr. 24 ff., allerdings mit verwirrender Begrifflichkeit und unzutr. Verständnis der grundgesetzl. Kompetenzordnung; wie hier *G. Kirchhof* ZG 2012, 313 (319).

[8] BVerfGE 101, 158 (220); zuvor zu Teilaspekten schon BVerfGE 1, 117 (131); *Heintzen* HStR V, § 120 Rn. 2; *ders.,* in: v. Münch/Kunig II, Art. 109 Rn. 11; *Häde,* in: Konrad/Jochimsen (Hrsg.), Finanzkrise im Bundesstaat, 2006, S. 197 (198); s. a. *Gröpl* (Fn. 4), S. 32.

[9] *Nebel,* in: Piduch, Bundeshaushaltsrecht, 2. Aufl., Art. 109 (2011) Rn. 5: „Der Begriff ‚Haushaltswirtschaft' umfasst die Gesamtheit der auf die Ausgaben und Einnahmen eines Haushaltsträgers bezogenen Vorgänge, also den Inbegriff der Planung, Verwendung, Abrechnung und Kontrolle von Haushaltsausgaben und der zu ihrer Deckung verfügbaren Haushaltseinnahmen einschl. der Beschaffung von Einnahmen im Wege der Kreditaufnahme ..."; *Henneke,* in: Hofmann/Henneke, Art. 109 Rn. 41; *J.-P. Schneider* AK GG, Art. 109 (2001) Rn. 4; *Heintzen,* in: v. Münch/Kunig II, Art. 109 Rn. 11, der für erforderliche Einschränkungen der Autonomie eine „Schrankenlösung" im Gegensatz zu einer „Tatbestandslösung" befürwortet (Rn. 6); zT anders *Hauser,* in: Heuer, Kommentar zum Haushaltsrecht, Art. 109 (2010) Anm. 8: „Gesamtheit aller Vorgänge ..., die sich bei der Aufstellung, Durchführung und beim Abschluss des Haushaltsverfahrens ergeben einschließlich der Rechnungslegung und des Entlastungsverfahrens" (unter Berufung auf BVerfGE 39, 96 [127], wo das aber nicht steht); einschränkend *Kube,* in: Maunz/Dürig, Art. 109 (2011) Rn. 32: „soweit sie nach dem geltenden bundesstaatlichen Verfassungsrecht eigenständiger haushaltspolitischer Entscheidung unterliegen".

[10] Jetzt ebenso in Abweichung von der Vorkommentierung *Kube,* in: Maunz/Dürig, Art. 109 (2011) Rn. 32, 35; *Heun,* in: Dreier III, Art. 109 Rn. 16; *Jarass,* in: Jarass/Pieroth, Art. 109 Rn. 1; *Rodi* BK, Art. 109 (2004) Rn. 80; *G. Kirchhof* MKS III, Art. 109 Rn. 6.

Allerdings ist der Begriff der Haushaltswirtschaft **nicht** auf die staatl. **Ausgaben** zu beschränken und 6 umfasst vor allem auch die Kreditaufnahme.[11] Er dürfte jedoch enger als der Begriff der Finanzwirtschaft sein,[12] aber nur damit die Bestimmung nicht in Widerspruch zu dem zumindest temporär als erforderlich angesehenen Finanzausgleich gerät.[13] Deshalb umfasst der Begriff **nicht** die interföderalen Finanzbeziehungen, namentlich nicht den **Finanzausgleich,**[14] und das **Geld- und Währungswesen.**[15]

## II. Geltung für Bund und Länder

Der Bund und jedes Land werden von der Vorschrift erfasst. Die Gemeinden sind finanzverfassungs- 7 rechtlich Teil des Landes, in dem sie liegen (→ vor Art. 104a Rn. 10). Diese Zuordnung gilt auch für Art. 109 I.[16] Deshalb schützt die Bestimmung ebenfalls vor Übergriffen des Bundes auf die Haushalte der Gemeinden.[17] Seit der Föderalismusreform 2006 ist das ausdrückl. Verbot hinzugetreten, den Gemeinden und Gemeindeverbänden durch BundesG Aufgaben zu übertragen, Art. 84 I 7, 85 I 2. Damit ist der Schutz vor dem Zugriff des Bundes noch weiter verstärkt worden. Gegen Eingriffe des Landes in ihre haushaltsmäßige Selbstständigkeit können allerdings nur Art. 28 und die jew. Landesverfassung Schutz gewähren.

## III. Selbstständigkeit und Unabhängigkeit

Selbstständigkeit und Unabhängigkeit bedeuten nicht nur formal getrennte Haushalte, sondern 8 **eigene Entscheidungsspielräume.** Im Schrifttum wird zur Verdeutlichung dieser Aussage zwischen „formeller" und „materieller" Haushaltsautonomie unterschieden.[18]

Diese Freiheit kann jedoch nicht grenzenlos sein, da „das Finanzwesen im Bundesstaat ein Gesamt- 9 gefüge" darstellt.[19] Deshalb enthält das GG selbst Einschränkungen (Art. 104a, 105–108, 109 II und III, 120 I) oder erlaubt sie (Art. 91a, b, c, e, Art. 104b, c, d, 109 IV, V, 143d II).[20] Darüber hinausgehende **Durchbrechungen** sind jedoch **nicht** zulässig. Die gemeinsame Aufnahme von Krediten durch Bund und Länder („Deutschland-Bonds") verletzt diesen Trennungsgrundsatz, da bei ihnen der Bund nach außen auftritt und haftet und die Länder nur im Innenverhältnis einen Anteil tragen – anders als bei „Jumbo-Anleihen".[21] Bei Anleihen, die von mehreren Ländern gemeinschaftlich begeben werden, kommt es auf die konkrete Ausgestaltung an. Ökonomisch betrachtet ist es zwar richtig, dass die unabhängigen Haushaltswirtschaften Teil einer „einheitlichen Staatsfinanzwirtschaft"[22] sind („öffentlicher Sektor"), doch vermag dieser Aspekt allein noch keine weiteren Durchbrechungen zu rechtfertigen. Allenfalls der ungeschriebene Verfassungsgrundsatz der **Bundestreue** und der gegenseitigen Rücksichtnahme mag – als seltene Ausnahme – weitere wechselseitige Bindungen erzeugen.[23] Das Grundanliegen von Abs. 1 ist aber seinerseits bei der Auslegung der einschränkenden Vorschriften zu beachten.[24]

---

[11] *Nebel* (Fn. 9); *Heun,* in: Dreier III, Art. 109 Rn. 16 Fn. 58, der aber unzutr. *Möller,* Kommentar, Art. 109 Rn. 5, für eine derartige Auffassung anführt.

[12] BVerfGE 1, 117 (131); 101, 158 (220), wo namentlich darauf verwiesen wird, dass die Bestimmungen über Steuerverteilung und Finanzausgleich nach Art. 105–107 vorgehen müssen; *Möller,* Kommentar, Art. 109 Rn. 6; *Stern/Münch/Hansmeyer,* Gesetz, S. 101 mwN.

[13] Nach eing. str. Diskussion im HA des ParlRat in diesem Sinne entschieden, indem die urspr. „Finanzwirtschaft" durch „Haushaltswirtschaft" ersetzt und die Bestimmung (bewusst) an die Schnittstelle zwischen Finanz- und HaushaltsverfassungsR verschoben wurde (Verh. Parl.Rat HA, S. 166). Damit sollte auch die akzess. Stellung von Art. 109 zur bundesstaatl. Finanzverfassung deutlich gemacht werden.

[14] BVerfGE 1, 117 (131); *Rodi* BK, Art. 109 (2004) Rn. 68; *Möller,* Kommentar, Art. 109 Rn. 6; *Heun,* in: Dreier III, Art. 109 Rn. 17; *Heintzen,* in: v. Münch/Kunig II, Art. 109 Rn. 11; aA *J.-P. Schneider* AK GG, Art. 109 (2001) Rn. 4.

[15] *Heun,* in: Dreier III, Art. 109 Rn. 17; *J.-P. Schneider* AK GG, Art. 109 (2001) Rn. 4; zust. *Kube,* in: Maunz/Dürig, Art. 109 (2011) Rn. 36; iE auch *Heintzen,* in: v. Münch/Kunig II, Art. 109 Rn. 12, der aber dogm. zwischen einer „Tatbestandslösung" und einer „Schrankenlösung" unterscheidet.

[16] *Kube,* in: Maunz/Dürig, Art. 109 (2011) Rn. 31: vermittelt den Kommunen keine eigenständigen Rechte; *Heintzen,* in: v. Münch/Kunig II, Art. 109 Rn. 3; *Jarass,* in: Jarass/Pieroth, Art. 109 Rn. 2; *Heun,* in: Dreier Suppl. 2010, Art. 109 Rn. 18; *J.-P. Schneider* AK GG, Art. 109 (2001) Rn. 5; *G. Kirchhof* MKS III, Art. 109 Rn. 58 f.; *Henneke,* in: Hofmann/Henneke, Art. 109 Rn. 37; zwischen Ausgabe- und Einnahmesteuerung diff. *Tettinger,* Ingerenzprobleme staatlicher Konjunktursteuerung auf kommunaler Ebene, 1973, S. 186, 192, 205, 216 f., 227 f.

[17] *Rodi* BK, Art. 109 (2004) Rn. 129; *Kube,* in: Maunz/Dürig, Art. 109 (2011) Rn. 31 „nur als Teil der Länder".

[18] *Kube,* in: Maunz/Dürig, Art. 109 (2011) Rn. 39, 41.

[19] BVerfGE 4, 115 (140); 72, 330 (386 f.); 86, 148 (214); *Stern,* in: Stern/Münch/Hansmeyer, Gesetz zur Förderung der Stabilität und des Wachstums der Wirtschaft, 2. Aufl., 1972, S. 102.

[20] BVerfGE 1, 117 (131), für den Finanzausgleich; BVerfGE 20, 56 (94).

[21] *G. Kirchhof* ZG 2012, 313 (323), uU jedoch bei Umschichtung von Altschulden zulässig (S. 326); aA *Müller-Volbehr,* Fonds- und Investitionshilfekompetenz des Bundes, 1975, S. 85.

[22] *Kube,* in: Maunz/Dürig, Art. 109 (2011) Rn. 2.

[23] BVerfGE 4, 115 (140); 72, 330 (386), für Art. 107 II; *Bauer,* Die Bundestreue, 1992, S. 343 f., allerdings hauptsächlich für den Finanzausgleich.

[24] *Jarass,* in: Jarass/Pieroth, Art. 109 Rn. 3.

**10**  **Nicht** erlaubt ist die Finanzierung der Länder durch **Zuweisungen** des Bundes,[25] soweit sie nicht ausdrücklich vom GG zugelassen ist.[26] Ebenso bedenklich wäre eine Finanzierung des Bundes durch **Matrikularbeiträge** der Länder, wie sie im Deutschen Reich von 1870 noch die Regel waren. Auch die lange Zeit sehr verbreitete **Fondswirtschaft** ist danach grds. ebenso verboten,[27] wie eine wechselseitige Finanz- und Haushaltskontrolle.[28] Die verbandsmäßigen Grenzen der Prüfungsbefugnisse der Rechnungshöfe sind freilich differenziert zu sehen (→ Art. 114 Rn. 30). Die Informationsansprüche des Bundes und die Kontrollbefugnisse des BRH nach § 6a Zukunftsinvestitionsgesetz sind nur insoweit mit Art. 109 I vereinbar, als sie auf die Feststellung des Vorliegens der Voraussetzungen für einen Regressanspruch nach Abs. 5 S. 1, Hs 2 gerichtet sind, der aufgrund konkreter Tatsachen möglich erscheint.[29]

**11**  Die Einleitung von **Gerichtsverfahren** zur Überprüfung von Haushaltsgesetzen bleibt allerdings **unberührt:**[30] ebenso die **Auferlegung finanzieller Lasten** als (mittelbare) Folge bundesgesetzlicher Regelungen.[31] Die Einzelheiten, vor allem im Hinblick auf die Lasten der Sozialgesetzgebung gehören aber schwergewichtig zu den Lastenverteilungsregeln des Art. 104a und 120, 120a (→ Art. 104a Rn. 5). Die Problematik ist zum Teil durch die Einfügung von S. 7 in Art. 84 I und S. 2 in Art. 85 I entschärft (→ Rn. 7) worden.

## C. Erfüllung der unionsrechtlichen Haushaltsdisziplin und Beachtung des gesamtwirtschaftlichen Gleichgewichts (Abs. 2)

**12**  Die urspr. Fassung von Art. 109 II beruhte auf der GG-Änderung von 1967, die durch das StabilitätsG[32] begleitet und ausgefüllt worden ist. Sie markierte den Übergang von der rein bedarfsorientierten Wirtschafts- und Finanzpolitik zur **gesamtwirtschaftlichen Ausrichtung** der Staatswirtschaft.[33] Ihr lag die Vorstellung zugrunde, dass der Staat mit seinen fiskalpolit. Maßnahmen die Schwankungen im Auslastungsgrad des Produktionspotentials (Konjunkturzyklen) beeinflussen und damit auch glätten könne („fiscal policy"). Von Verfassungs wegen wurde dem Haushalt eine **wirtschaftspolitische Funktion** zugewiesen.[34] Deshalb war die Regelung primär als **Erlaubnis** zu verstehen, eine aktive antizyklische Politik zu betreiben. Sie muss aber konsistent sein und auch bremsen und kürzen, wenn es die konjunkt. Situation erfordert. Darüber hinaus enthielt sie die unmittelbar geltende **Verpflichtung,** die Bedarfsdeckungsfunktion des Haushalts mit seiner wirtschaftspolit. Funktion abzustimmen.[35]

**13**  Diese Ausrichtung ist durch die Neufassung von 2009 zum Teil relativiert worden. Die **Einhaltung der Haushaltsdisziplin,** wie sie sich aus Rechtsakten der EU ergibt, war zwar schon durch die Föderalismusreform 2006 als S. 1 des damals neuen Abs. 5 erfasst worden, doch ist sie nunmehr systematisch vorgezogen und auch übergeordnet worden. Nur in dem Rahmen, den die Rechtsakte der EU vorgeben, sind die Erfordernisse des gesamtwirtschaftlichen Gleichgewichts zu beachten. Da sich aber auch nach altem Recht aus den Erfordernissen des gesamtwirtschaftlichen Gleichgewichts – bei korrekter Auslegung – die Verpflichtung zur Rückführung der Nettokreditaufnahme auf Null oder sogar zur Nettotilgung ergeben konnte,[36] ist das Ausmaß der Änderung geringer, als es auf den ersten Blick erscheinen mag.

**14**  Dogmatisch ist Art. 109 II aF verbreitet als **Staatszielbestimmung** gedeutet worden,[37] allerdings ohne konkrete Regelungs- und Eingriffsbefugnisse.[38] Ein Gewinn an normativer Kraft ist damit nicht verbunden. Im Gegenteil verführt diese Klassifizierung dazu, das Gebot der soliden Haushaltsführung

---

[25] BVerfGE 39, 96 (108); *Heintzen,* in: v. Münch/Kunig II, Art. 109 Rn. 14; *G. Kirchhof* MKS III, Art. 109 Rn. 24; i. Erg. ähnlich *Kube,* in: Maunz/Dürig, Art. 109 (2011) Rn. 46, der aber mit guten Gründen das Schwergewicht dieses Verbots in Art. 104a I sieht.

[26] *Siekmann* DÖV 2002, 629 (631 f.) mwN; näher Art. 104a Rn. 12, 104b Rn. 5.

[27] *Müller-Volbehr* (Fn. 21), S. 8 ff., 43 ff.; *Siekmann* DÖV 2002, 629 (631); *Rodi* BK, Art. 109 (2004) Rn. 100, 118; *Waldhoff* HStR V³, § 116 Rn. 72; *Heun,* in: Dreier III, Art. 109 Rn. 19 Fn. 75; *G. Kirchhof* MKS III, Art. 109 Rn. 23; nur iE zust. *Kube,* in: Maunz/Dürig, Art. 109 (2011) Rn. 46.

[28] BVerfGE 127, 165 (166); ansatzweise bereits BVerfGE 1, 117 (133); umfassend *Stern* (Fn. 19), S. 101; zust. *Kube,* in: Maunz/Dürig, Art. 109 (2011) Rn. 44; *Meyer/Freese* NVwZ 2009, 609 (613).

[29] BVerfGE 127, 165 (166, 191).

[30] BVerfGE 20, 56 (94).

[31] BVerfGE 26, 338 (391).

[32] Vom 8.6.1967, BGBl I 582.

[33] *Stern* (Fn. 19), S. 99.

[34] BVerfGE 79, 311 (332); näher *Stern,* StaatsR II, S. 1077 f.; *Siekmann,* Art. 110 Rn. 8.

[35] BVerfGE 79, 311 (332); zuvor schon *Stern* (Fn. 19), S. 103; *G. Kirchhof* MKS III, Art. 109 Rn. 43; weitere Einzelheiten bei *Prokisch,* Die Justiziabilität der Finanzverfassung, 1993, S. 142 ff.

[36] Nachweise u. Fn. 219.

[37] *Hänisch,* Gesamtwirtschaftliche Stabilität als Verfassungsprinzip, 2002, S. 143 f. mwN; *Rodi* BK, Art. 109 (2004) Rn. 147; *Waldhoff* HStR V, § 116 Rn. 2; *Kube,* in: Maunz/Dürig, Art. 109 (2011) Rn. 86; auch die nF *Nebel* (Fn. 9), Rn. 1 (2017).

[38] *Hillgruber* MKS III, 5. Aufl. 2005, Art. 109 Rn. 99; *Rodi* BK, Art. 109 (2004) Rn. 148.

nur als unverbindliche Leitlinie zu betrachten.[39] Keinesfalls bietet die Vorschrift aber eine Basis, speziellere zwingende Regelungen des Finanzverfassungsrechts des Bundes oder der Länder aufzuweichen oder gar zu durchbrechen.[40] Weder kann sie zur Begründung von Ansprüchen auf Bundesergänzungszuweisungen nach Art. 107 II 3 (→ Art. 107 Rn. 92)[41] noch zur **Ausweitung von Kreditaufnahmespielräumen,** noch nicht einmal in „extremer Haushaltsnot" dienen (näher → Rn. 38, Rn. 76 f.).

Die Bestimmung enthält **keine Ermächtigung** zu **Eingriffen** des Bundes gegenüber den Ländern **15** und **keine Garantie der marktwirtschaftlichen Ordnung,**[42] auch wenn diese in § 1 StWG erwähnt ist, der zur Konkretisierung der Ursprungsfassung zeitgleich erlassen worden war. Sie gewinnt ihre **Hauptbedeutung** bei der Auslegung von unbestimmten Rechtsbegriffen und bei der Ausfüllung von Entscheidungsspielräumen.

## I. Unionsrechtlich vorgeschriebene Haushaltsdisziplin

Bund und Ländern haben gemeinsam die Verpflichtungen der BRD aus Rechtsakten der EU **16** aufgrund von Art. 104 EGV (jetzt Art. 126 AEUV) zur **Haushaltsdisziplin** zu erfüllen. Diese verfassungsrechtliche Pflicht ist durch die Neuregelung aus dem Kontext der Verteilung von Sanktionslasten in Abs. 5 aF gelöst und in den Mittelpunkt der Vorgaben für die Fiskalpolitik von Bund und Ländern gerückt worden. Systematisch steht sie vor den spezifischen Regeln über die Kreditfinanzierung, durch die sie konkretisiert wird. Die Erfordernisse des gesamtwirtschaftlichen Gleichgewichts werden zwar noch mit genannt, verlieren jedoch ihr Alleinstellungsmerkmal und damit einen guten Teil ihrer Bedeutung.

**1. Notwendigkeit der Regelung.** Die Umsetzung der Rechtsakte der EU zur Wahrung der Haus- **17** haltsdisziplin war in Deutschland auf Probleme gestoßen, weil diese Rechtsakte sich auf den gesamten öff. Sektor eines Mitgliedstaates beziehen unter Einschluss aller **regionalen** und **lokalen Gebietskörperschaften** und **Sozialversicherungsträger.** Die Regierungen der Mitgliedstaaten sind auch für deren Defizite verantwortlich und haben die Pflicht, zu „gewährleisten, dass die innerstaatlichen Verfahren im Haushaltsbereich sie in die Lage versetzen", diese Verantwortlichkeit zu erfüllen.[43]

Die Trennung und Selbstständigkeit der Haushaltswirtschaft (→ Rn. 4) stand einem uU notw. **18** **Durchgriff auf die Länder** und die ihnen zugeordneten Einrichtungen entgegen, vor allem weil Abs. 4 aF eine Begrenzung der Kreditaufnahme der Länder detailliert geregelt hatte.[44] Die Länder durften auch nicht über eine Änd. des HGrG in die Pflicht genommen werden, da Abs. 3 (jetzt Abs. 4) insoweit keine tragfähige Grundlage bot (→ Rn. 91).

Da die Länder ursprünglich nicht bereit waren, an einer Änderung von Art. 109 mitzuwirken,[45] **19** wurde nur in Art. 2 des ZustimmungsG zum Vertrag von „Maastricht" bestimmt, dass die „Verpflichtungen der Bundesrepublik Deutschland aus Rechtsakten nach Art. 104 EGV … unter Beachtung" von Art. 109 I und der Erfordernisse des gesamtwirtschaftlichen Gleichgewichts „auf der Grundlage einer Abstimmung zwischen Bund und Ländern zu erfüllen" seien.

Auch war zu bezweifeln, dass das Unionsrecht unmittelbar eine hinreichende Bindung der Länder **20** und Parafisci erzeugt hätte.[46] Nach der Rspr des EuGH sind zwar alle Träger öffentlicher Gewalt eines

---

[39] Dagegen ausdr. *Kube,* in: Maunz/Dürig, Art. 109 (2011) Rn. 86: nicht nur „Programmsatz", „rechtsverbindlich".

[40] *Kube,* in: Maunz/Dürig, Art. 109 (2011) Rn. 89, auch wenn er eine „Abwägung mit anderen Verfassungsprinzipien" vorsieht (Rn. 88).

[41] Wenn das BVerfG (missverständlich) von einer Kooperationspflicht aus Art. 109 II ableitet, diente das nur dazu, das Land zu eigenen Anstrengungen zu verpflichten, aber nicht einen Anspruch zu begründen (BVerfGE 86, 148 [269]).

[42] *Maunz,* in: Maunz/Dürig, Art. 109 (1979) Rn. 36, 42; *Kube,* in: Maunz/Dürig, Art. 109 (2011) Rn. 101 Fn. 1; *Heun,* in: Dreier III, Art. 109 Rn. 33; *J.-P. Schneider* AK GG, Art. 109 (2001) Rn. 8; aA *K. Vogel* HStR IV¹, § 87 Rn. 17; *Heintzen,* in: v. Münch/Kunig II, Art. 104a Rn. 17.

[43] Art. 3 S. 1 und 2 Protokoll (Nr. 12) über das Verfahren bei einem übermäßigen Defizit, abgedr. ABlEU v. 30.3.2010, C 83, S. 279. Das Prot. ist nach Art. 51 EUV Bestandteil der Verträge und damit Teil des Primärrechts der EU.

[44] *Stern* FS Everling II, 1995, S. 1469 (1485); *Höfling* StWiss 1995, 421 (439); *ders.* ZRP 1997, 231 (233 f.); *Vogel/Waldhoff* BK, vor Art. 104a (1998) Rn. 661: aber repress. Maßnahmen zulässig; *Littwin* ZRP 1997, 325 (327); *Mehde* DÖV 1997, 616 (620, 623); *Glauben* ZG 1997, 233 (237); *Rodi* BK, Art. 109 (2004) Rn. 373, 599; *Wieland,* FS Selmer, 2004, S. 973 (983): „erhebliche Zweifel"; *Kemmler* LKV 2006, 529 (530); *Neidhardt,* Staatsverschuldung und Verfassung 2010, S. 351; aA *Hartmann,* Europäische Union und Budgetautonomie der deutschen Länder, 1994, S. 147; *ders.* EuZW 1996, 133 (137), aber „sinnvoll"; *Henneke* ZG 1996, 299 (307); *Häde* JZ 1997, 269 (275 f.), aber nicht für Sanktionslasten; jetzt doch unmittelbar aus Art. 104a I, *ders.* (Fn. 2), S. 65; implizit wie hier auch BVerfGE 116, 327 (393); 119, 96 (141).

[45] *Häde* JZ 1997, 269 (271).

[46] Vgl. *Häde* JA 1994, 80 (83); *ders.* JZ 1997, 269 (271): Fehlen der „notwendigen Verbindlichkeit". Die Schranken aus Art. 23 I 1, 3 (föderative Grundsätze) dürften nicht überschritten sein, da der unabdingbare Kern der Länderaufgaben (dazu → Art. 23 Rn. 20, 22, 32, 84) noch nicht angetastet ist; zum Anwendungsvorrang BVerfGE 73, 339 (375); 75, 223 (244); 85, 191 (202, 204); 116, 271 (314); besonders gegenüber innerstaatl. Verfassungsrecht *Tomuschat* BK, Art. 24 (1981) Rn. 79, 81 aE; *H. P. Ipsen* HStR VII¹, § 181 Rn. 59; *Blanke,* Föderalismus und Integrationsgewalt, 1992, S. 290; *Jarass,* in: Jarass/Pieroth, Art. 23 Rn. 30 ff.; nur iE ähnlich wie hier *Gröpl* (Fn. 4), S. 455 f.

Mitgliedstaates verpflichtet, den **Vorrang des EU-Rechts** zum Tragen zu bringen, allerdings **nur im Rahmen ihrer Zuständigkeit.**[47] Deshalb sind die „Maastricht-Kriterien" auch **inhaltlich** auf gesamtstaatliche Größen ausgerichtet. Sie enthalten keine Vorgaben, die das einzelne Land umsetzen könnte. Eine Bindung erfolgte auch nicht über das ZustimmungsG. Ebenso wenig konnte ein Rückgriff auf den Grundsatz der Bundestreue weiterhelfen.[48]

21    Schließlich war unklar, wer im Verhältnis zwischen Bund und Ländern eine **Sanktionszahlung** wegen Überschreitung der Defizitkriterien zu tragen hatte, wenn nicht der Bund, sondern die Länder für die Überschreitung verantwortlich waren.[49] Ein Regressanspruch des Bundes gegen die verursachenden Länder unter unmittelbarer oder entsprechender Anwendung von Art 104a V 1, 2 war nicht möglich.[50] Der ebenfalls erwogene Rückgriff auf den Rechtsgedanken von Art. 104a I[51] ist vom BVerfG ausdrücklich zurückgewiesen worden, da die Vorschrift nur die „Primärzuordnung" von Ausgabenlasten regele.[52]

22    Daher wurde zu Recht überwiegend eine **Verfassungsänderung** für **erforderlich** gehalten.[53] Unabhängig davon war sie notwendig, weil strengere Vorgaben für die Kreditaufnahme eingeführt werden sollten, als das UnionsR vorschreibt.[54]

23    **2. Die maßgebenden Vorschriften des Unionsrechts. a) Primärrecht.** Nach Art. 104 I EGV (jetzt Art. 126 I AEUV), auf den sich Art. 109 II ausdrücklich bezieht, „vermeiden" die Mitgliedstaaten „übermäßige öffentliche Defizite". Trotz dieser indikativischen Formulierung handelt es sich um ein **bindendes rechtliches Gebot.**[55] **Defizit** ist das Finanzierungsdefizit im Sinne des ESVG.[56] **Öffentlich** sind die Defizite, die zum Staat, also Zentralstaat (Zentralregierung), zu regionalen oder lokalen Gebietskörperschaften oder Sozialversicherungseinrichtungen mit Ausnahme von kommerziellen Transaktionen i. S. d. ESVG gehören.[57] Wann ein Defizit als **übermäßig** anzusehen ist, hat das Primärrecht nicht ausdr. festgelegt. Allerdings soll die Überwachung der Haushaltsdisziplin nach Art. 126 II 2 AEUV „insbesondere" anhand von **zwei Kriterien** erfolgen: (a) Verhältnis des geplanten oder tatsächl. Defizits zum BIP und (b) Verhältnis des öff. Schuldenstands zum BIP. Dafür sind gem. Art. 126 II 3 AEUV numerische Grenzen, **„Referenzwerte",** festgelegt worden: **3 % jährliche Neuverschuldung** und ein **Gesamtschuldenstand von 60 %** jew. bezogen auf das BIP zu Marktpreisen.[58] Davon zu unterscheiden sind die „Konvergenzkriterien",[59] durch die gesichert werden soll, dass nur Staaten den Euro einführen dürfen, welche die notw. Homogenität und Stabilität der Eurozone nicht gefährden. Die bloße Überschreitung der Referenzwerte stellt aber noch nicht automatisch eine Verletzung der Haushaltsdisziplin dar. Weitere Faktoren, wie die konjunkt. Situation, können berücksichtigt werden.[60] Allerdings ist die Überschreitung der Referenzwerte ein wichtiger **Indikator für mangelnde Haushaltsdisziplin.**

---

[47] EuGH Rs. 14/83, Rn. 26; Rs. C-106/89, Rn. 8; Rs. C-262/97, Rn. 39.

[48] *Blanke* (Fn. 46), S. 338 ff. mwN; *Sannwald* ZRP 1993, 103 (109); *Häde* JA 1994, 80 (83); ferner *Bauer* (Fn. 23), S. 198 ff.; *Streinz* HStR VII¹, § 182 Rn. 6 ff. („Verzahnung"), 45 („Bundestreue").

[49] Vgl. *Henneke,* in: Hofmann/Henneke, Art. 104a Rn. 79. *Häde* (Fn. 2), S. 65 f., hält den Bund nicht für befugt, aufgrund von Art. 104a I durch gesetzl. Regelungen Sanktionslasten auf die Länder abzuwälzen. Allerdings seien sie – ohne gesetzl. Regelung – unmittelbar aus Unionsrecht verpflichtet, die Lasten von Sanktionen zu tragen, wenn sie bei ihrer Aufgabenwahrnehmung entstanden seien. Diese Verteilungsregelung sei auch nicht durch Art. 104a V 1 gesperrt (S. 69); *ders.* JZ 2006, 930 (937).

[50] *Heintzen,* in: v. Münch/Kunig II, Art. 104a Rn. 58 mwN; *Dederer* NVwZ 2001, 258 (260); *Häde* (Fn. 2), S. 69; zT abw. *Koenig/Braun* NJ 2004, 97 (101); *Hellermann* MKS III, Art. 104a Rn. 166; *Böhm* JZ 2000, 382 (386).

[51] *Häde* (Fn. 2), S. 40 ff.

[52] BVerfGE 116, 271 (310); dazu *Kotzur* JZ 2007, 253 (253 ff.).

[53] Vgl. *Stern* FS Everling II, 1995, S. 1469 (1485 ff.), nur durch GG-Änderung könnten verbindliche Durchgriffsbefugnisse gegen ein Land geschaffen werden; *Höfling* ZRP 1997, 231 (234); *Vogel/Waldhoff* BK, vor Art. 104a (1998) Rn. 661: „‚Lücke' ist durch eine **ausdrückliche Verfassungsergänzung** zu schließen"; *Hellermann* MKS III, Art. 104a Rn. 166 f.; wohl auch *Nebel* (Fn. 9), Art. 109 (2014) Rn. 10; *Kluth,* in: ders. (Hrsg.), Föderalismusreformgesetz, 2007, Art. 109 Rn. 2; aA *Bleckmann* DVBl 1992, 335 (340); *Häde* EuZW 1992, 171 (177); *ders.* (Fn. 2), S. 65; *Heun,* in: Dreier Suppl. 2010, Art. 109 Rn. 9; *Classen,* in: Starck (Hrsg.), Föderalismusreform, 2007, Rn. 257; *Glauben* ZG 1997, 233 (240): Staatsvertrag erforderlich.

[54] So aber *Heun,* in: Dreier III, Art. 109 Rn. 9; weitere Einzelheit s. 6. Aufl.

[55] *Kube,* in: Maunz/Dürig, Art. 109 (2011) Rn. 75; *Gaitanides* in: Siekmann (Hrsg.), Kommentar zur Europäischen Währungsunion, 2013, Art. 126 Rn. 1 mwN; *Herrmann,* in: Pechstein/Nowak/Häde (Hrsg.), Frankfurter Kommentar zu EUV, GRC und AEUV, 2017, Art. 126 Rn. 4, 20: Rechtspflicht.

[56] Art. 2 Spiegelstrich 2 Prot. (Nr. 12) (o. Fn. 43).

[57] Art. 2 Spiegelstrich 1 Prot. (Nr. 12) (o. Fn. 43).

[58] Art. 1 Prot. (Nr. 12) (o. Fn. 43).

[59] Nach dem Vertrag von Lissabon: Prot. (Nr. 13) über die Konvergenzkriterien, ABlEU C 83, v. 30.3.2010, S. 281. Das Prot. ist nach Art. 51 EUV ebenfalls Bestandteil des Vertrages. Das BVerfG betrachtet sie als bindende Entscheidungsgrundlage (BVerfGE 89, 155 [202 f.]); gegen die Festlegung in einem völkerrechtl. Vertrag *Häde* EuZW 1996, 138 (138); s. a. *Hartmann* EuZW 1996, 133 (135 f.).

[60] *Gaitanides* (Fn. 55), Rn. 84, die Kommission und Rat einen „erheblichen Beurteilungsspielraum" zubilligen will (Rn. 87).

Diese Vorgaben sind auch von den Mitgliedstaaten, die den Euro nicht eingeführt haben, zu 24
beachten; nur abgeschwächt vom Vereinigten Königreich, das allerdings seine Absicht, aus der EU
auszutreten, dem Europäischen Rat nach Art. 50 II 1 EUV mitgeteilt hat.[61] Nur die Abs. 9 und 11
über Zwangsmittel zum Abbau eines „übermäßigen Defizits" sind auf sie nicht anzuwenden, Art. 139
IIb AEUV. Die Überwachung und Durchsetzung der Haushaltsdisziplin ist Aufgabe von Kommission
und Rat in einem komplexen Wechselspiel, Art. 126 II–XIII AEUV. Dabei sind stufenweise verschärfte Mahnungen und Weisungen vorgesehen, Art. 126 VII–IX AEUV. Bei beharrlichen Verstößen
kann der Rat einschneidende Sanktionen, bis zu Geldbußen, verhängen. Die Sanktionen sind in
Art. 126 XI 1 AEUV enumeriert.[62] Der Austritt oder **Ausschluss** eines Mitgliedstaates ist dort aber
nicht vorgesehen und primärrechtlich **unzulässig**.[63]

**b) Sekundärrecht.** Schon bei der Schaffung der Wirtschafts- und Währungsunion waren Bedenken 25
dahingehend geäußert worden, dass die im Primärrecht vorgesehenen Prozeduren zu langwierig seien
und dass vor allem der politische Wille fehlen würde, sie auch anzuwenden.[64] Mit den Akten des
Sekundärrechts sollte gewährleistet werden, dass die Währungsunion auch **auf Dauer** eine **Stabilitätsgemeinschaft**[65] bleiben würde. Dazu dient vor allem das mehrfach bekräftigte Ziel eines mittelfristig
„nahezu ausgeglichenen oder einen Überschuss aufweisenden Haushalts".[66] Die sekundärrechtlichen
Definitionen und Konkretisierungen von Schuldenstand und Defizit sowie die einzuschlagenden Prozeduren[67] haben die Entscheidungsspielräume von Kommission und Rat nicht nennenswert eingeschränkt.

Zur Gewährleistung von Stabilität auf Dauer wurde der **Stabilitäts- und Wachstumspakt**[68] 26
geschaffen. Er ist kein Vertrag im allgemeinen Verständnis des Begriffs. Die Bezeichnung „Pakt"
wurde jedoch beibehalten,[69] um den zugrundeliegenden politischen Konsens zu betonen. Fälschlich
werden nicht selten auch die primärrechtlichen Anforderungen an die Haushaltsdisziplin (→ Rn. 23)
zum Stabilitäts- und Wachstumspakt gerechnet.

Obschon der „Pakt" wesentlich von Deutschland durchgesetzt worden war,[70] ist die ohnehin nicht 27
sehr starke Wirksamkeit der Sanktionsmechanismen auf Betreiben Deutschlands (und Frankreichs) als
Verletzer der geforderten Haushaltsdisziplin[71] weiter **aufgeweicht** worden,[72] auch wenn der Gesetz-

---

[61] Nr. 5 des Prot. (Nr. 15) über einige Bestimmungen betreffend das Vereinigte Königreich Großbritannien und
Nordirland (ABlEU v. 30.3.2010, C 83, S. 284: „Das Vereinigte Königreich bemüht sich, ein übermäßiges öffentliches Defizit zu vermeiden"); dazu näher *Herrmann*, in: Siekmann (Hrsg.), Kommentar zur Europäischen Währungsunion, 2013, S. 1554; *Gaitanides* (Fn. 55), Rn. 74.

[62] Näher *Wiss. Beirat beim BMF*, Gutachten zur Bedeutung der Maastricht-Kriterien für die Verschuldungsgrenzen
von Bund und Ländern, Schriftenreihe Heft 54, 1994; *Häde* EuZW 1992, 171 (177); *Bark,* Das gemeinschaftsrechtliche Defizitverfahren, 2004.

[63] *P. Kirchhof* FS Franz Klein, 1994, S. 61 (72); wohl auch *Herrmann* EuZW 2010, 413 (417).

[64] *Zeitler* WM 1995, 1609 (1611); *Herrmann* (Fn. 55), Rn. 5–9.

[65] BVerfGE 89, 155 (204): „Der Unions-Vertrag regelt die Währungsunion als eine auf Dauer der Stabilität
verpflichtete und insbesondere Geldwertstabilität gewährleistende Gemeinschaft." „Diese Konzeption der Währungsunion als Stabilitätsgemeinschaft ist Grundlage und Gegenstand des deutschen Zustimmungsgesetzes" (205).

[66] Entschließung, S. 1; VO Nr. 1466/97, Begründungserwägung (2); VO Nr. 1467/97, Begründungserwägung
(3).

[67] VO (EG) des Rates Nr. 3605/93 v. 22.11.1993 über die Anwendung des Prot. über das Verfahren bei einem
übermäßigen Defizit, ABlEG L 332, v. 31.12.1993, S. 7; mehrfach geändert, neu verkündet: VO (EG) des Rates
Nr. 479/93 v. 25.5.2009, über die Anwendung des Prot. über das Verfahren bei einem übermäßigen Defizit, ABlEG
L 145, v. 10.6.2009, S. 1; VO (EG) des Rates Nr. 3603/93 v. 13.12.1993, der die Definitionen für die Anwendung
der Verbote spezifiziert, auf die in Art. 104 und 104b (1) des Vertrages Bezug genommen wird, ABlEG L 332, v.
31.12.93, S. 1.

[68] Nachw. → supra- und internationale Texte; Einzelheiten bei: *Häde* EuZW 1996, 138 (138 ff.); *Hartmann* EuZW
1996, 133 (135–137); *Blumenwitz/Schöbener,* Stabilitätspakt für Europa: die Sicherstellung mitgliedstaatlicher Haus-
haltsdisziplin im Europa- und Völkerrecht, 1997; *Hahn* JZ 1997, 1133; *Martenczuk* EuR 1998, 151 (160); *Sutter,* Der
Stabilitäts- und Wachstumspakt in der Europäischen Währungsunion, 2000; *Palm,* Preisstabilität in der Europäischen
Wirtschafts- und Währungsunion, 2000, S. 142–177; *ders.* EuZW 2004, 71 (71 f.); *Peters,* Die Konkretisierung des
Art. 104 EG durch den Stabilitäts- und Wachstumspakt und dessen Vereinbarkeit mit dem EG-Vertrag, 2002; *Konow,*
Der Stabilitäts- und Wachstumspakt, 2002; *Amtenbrink/de Haan* CMLR 2003, 1075 (1075 ff.); *Hillgruber* JZ 2004, 166
(166 ff.); *Streinz/Ohler/Herrmann* NJW 2004, 1553 (1554); *Wieland,* FS Selmer, 2004, S. 973 (982); *Nicolaysen,* ebda.,
S. 833 (842–845); *Beutel,* Differenzierte Integration in der Europäischen Wirtschafts- und Währungsunion, 2006,
S. 250 ff., 261 ff.; *Hentschelmann,* Der Stabilitäts- und Wachstumspakt, 2009; sowie die Beiträge in: *Breuss* (ed.), The
Stability and Growth Pact, 2007; *Herrmann* (Fn. 55) Rn. 5–7.

[69] Ausdr. in der Begründungserwägung Nr. 2 beider VO.

[70] *Palm* (Fn. 68), S. 44 f., 143; *Häde* EuZW 1996, 138 (139); *Herrmann* (Fn. 55) Rn. 5.

[71] *Palm* EuZW 2004, 71 (71 ff.); *Hillgruber* JZ 2004, 166 (166 ff.); *Badura* FS Mußgnug, 2005, S. 149 (155);
*Nicolaysen* FS Selmer, 2004, S. 833 (845 f.).

[72] Einzelheiten bei *Gaitanides* (Fn. 55), Rn. 20–24 („erste Reform"); sehr krit.: *Deutsche Bundesbank,* Monatsberichte, April 2005, S. 15 (20); *Stark.* Orientierungen zur Wirtschaftspolitik 2005, 64; *Zeitler* FS Reiner Schmidt,
2006, S. 235; diff. Beurteilung bei: *Hatje* DÖV 2006, 597 (602 ff.); *Hentschelmann* (Fn. 68). S. 1725–1834; weit.
Nachw. 7. Aufl.

geber von einer deutlichen Stärkung spricht.[73] Dazu wurden die beiden Verordnungen, nicht aber das primäre Unionsrecht, geändert.[74] Ihm war ein Beschluss des Rates über das Ruhen der Defizitverfahren gegen Deutschland und Frankreich vorausgegangen,[75] der allerdings zu Recht vom EuGH in einer richtungweisenden Entscheidung beanstandet wurde.[76] Es entbehrt nicht einer „gewissen Pikanterie",[77] dass ein solches Verfahren ausgerechnet gegen Deutschland eingeleitet werden musste.

28 Um die Konsolidierungsbemühungen wieder zu verstärken, wurde schon 2009 eine VO über die Anwendung des Prot. über das Verfahren bei einem übermäßigen Defizit erlassen.[78] Grundl. Änderungen des Sekundärrechts sind dann in dem als **„six-pack"** bezeichneten Maßnahmenbündel enthalten,[79] das auch eine deutl. Verschärfung des Stabilitäts- und Wachstumspaktes umfasst.[80] Länderspezifisch und konjunkt. bereinigt werden die Mitgliedstaaten auf ein mittelfristiges Defizitziel von 1 % in Bezug zum BIP und einem ausgeglichenen Haushalt verpflichtet.

29 Kurze Zeit später verpflichtete sich der größte Teil der Mitgliedstaaten (alle 25 damaligen Mitglieder mit Ausnahme des Vereinigten Königreichs und der Tschechischen Republik) im **SKS-Vertrag**[81] auf noch striktere Vorgaben. Für die Haushaltsdisziplin der Vertragsstaaten ist vor allem sein Teil III „Fiskalpolitischer Pakt" entscheidend. Er verpflichtet ausdrücklich die beteiligten Mitgliedstaaten zu einem gesamtstaatlichen Haushalt, der entweder ausgeglichen ist oder einen Überschuss aufweist, Art. 3 I lit. a. Da es sich bei dem Vertrag nicht um einen Rechtsakt der Union handelt,[82] kann er formal nicht die Verordnungen des Stabilitäts- und Wachstumspaktes modifizieren, ist aber in der Sache durch Verweise weitgehend mit ihm verzahnt. Länderspezifisch und konjunkturbereinigt werden nunmehr nur noch jährliche **Abweichungen vom Defizitziel** bis zu **0,5 %-Punkten** hingenommen. Daneben verpflichten sich die Vertragsparteien, eine über dem 60 %-Referenzwert liegende **gesamtstaatliche Verschuldung** um durchschnittlich ein Zwanzigstel zu verringern, Art. 4 SKS-Vertrag. Eine **verfahrensmäßige Verschärfung** erfolgte durch die Einführung eines halbautomatischen Korrekturmechanismus: Erfordernis einer qualifizierten Mehrheit, um Maßnahmen der EU gegen einzelne Mitgliedstaaten anzuhalten, aber nicht um sie zu beschließen, Art. 7 S. 1 SKS-Vertrag.

30 Die als **„two-pack"** bezeichneten VOen[83] richten sich nur an die Mitgliedstaaten im Euro-Währungsgebiet. Dennoch wurden sie als Rechtsakte der EU erlassen. Sie verschärfen die Überwachung von Mitgliedstaaten mit gravierenden Schwierigkeiten, um sicherzustellen, dass die nationalen Haushaltspläne mit den wirtschaftspolitischen Leitlinien vereinbar sind, die im Rahmen des Stabilitäts- und Wachstumspakts und des Europäischen Semesters veröffentlicht wurden. Dazu sollen unabhängige Überwachungseinrichtungen in den Mitgliedstaaten geschaffen werden.[84]

31 **3. Die Verpflichtung aus Rechtsakten.** Weder die Schaffung von Abs. 5 im Jahre 2006 noch die Neufassung von Abs. 2 im Jahre 2009 haben eine verfassungsrechtliche Verpflichtung von Bund und Ländern zur Beachtung der primärrechtlichen Vorgaben der EU zur Haushaltsdisziplin entstehen

---

[73] BT-Dr 16/12410, S. 6.

[74] VO (EG) des Rates Nr. 1055/2005 v. 27.6.2005 zur Änderung der VO (EG) Nr. 1066/97, ABlEU L 174 v. 7.7.2007, S. 1; VO (EG) des Rates Nr. 1056/2005 v. 27.6.2005, ABlEU L 174 v. 7.7.2005, S. 5.

[75] V. 25.11.2003, dazu *Streinz/Ohler/Herrmann* NJW 2004, 1553 (1553 ff.); *Hillgruber* JZ 2004, 166; *Palm* EuZW 2004, 71. Das Verfahren war von der Komm. am 14.11.2002 mit der Veröffentl. des Berichts über ein übermäßiges Defizit in Deutschland eingeleitet worden. Am 21.1.2003 leitete sie den nach Art. 104 VI EGV an den Rat der EU weiter. Am 21.1.2003 stellte der ECOFIN-Rat das Vorhandensein eines „übermäßigen" Defizits in Deutschland fest und verabschiedete Empf. zum Abbau. Deutschland akzeptierte die Empf. und verpflichtete sich, wirksame Maßnahmen dazu bis zum 21.5.2003 zu ergreifen. Am 18.11.2003 richtete die Komm. erneut eine Empf. für eine auf Art. 104 VIII EGV gestützte Entscheidung an den Rat der EU, um Deutschland gem. Art. 104 IX in Verzug zu setzen.

[76] EuGH, EuZW 2004, 465 (465 ff.), JZ 2004, 1069 (1069 ff.) m. Anm. *Kotzur;* dazu: *Nicolaysen* DVBl 2004, 1321; *Dutzler/Hable* Integration – Vierteljahreszeitschrift des Instituts für Europäische Politik 27 (2004), 301 (301 ff.); *Badura* FS Mußgnug, 2005, S. 149 (155); näher *Engel,* Das Europäische Defizitverfahren und der Europäische Stabilitäts- und Wachstumspakt, 2007.

[77] *Wieland* FS Selmer, 2004, S. 973 (982).

[78] Nachweis Fn. 67.

[79] Fundstellen → supra- und internationale Texte; dazu *Antpöhler* ZaöRV 2012, 353–393; Darstellung des Regelungsgehaltes der fünf VO und einer RL bei *Gaitanides* (Fn. 55), Rn. 34–39; Darstellung der Entstehungsgeschichte bei *Herrmann,* in: Kadelbach (Hrsg.), Nach der Finanzkrise, 2012, S. 79 (93 ff.).

[80] Fundstellen → supra- und internationale Texte. Sowohl die präv. Komponente des Pakts, VO (EG) 1466/67, wurde durch VO (EU) 1175/2011 maßgebend geändert (ua „Europäisches Semester") als auch die korrektive Komponente, VO (EG) 1467/97, durch VO (EU) 1177/2011: ua Verschärfung der Sanktionen, Berücksichtigung des Bruttogesamtschuldenstand, numerische Richtwerte. Die vier weiteren Rechtsakte dienen der Bekämpfung makro-ökonomischer Ungleichgewichte (durch VO (EU) 1174/2011 und VO (EU) 1176/2011) sowie der haushaltspolit. Überwachung (durch VO (EU) 1173/2011 und 2011/85/EU).

[81] Fundstellen → supra- und internationale Texte. Mittlerweile hat die Tschechische Republik ihn auch unterzeichnet.

[82] Vgl. *Blanke,* in: Scherzberg (Hrsg.), Zehn Jahre Staatswissenschaften in Erfurt, 2012, S. 70 (95); *Schorkopf* ZSR 2012, 1 (2); *Gaitanides* (Fn. 55), Rn. 169.

[83] Fundstellen → supra- und internationale Texte.

[84] Art. 5 VO (EU) 473/2013; dazu *Callies* DÖV 2013, 785; *Herrmann* (Fn. 55), Rn. 9.

lassen; auch nicht beschränkt auf Art. 104 EGV (jetzt Art. 126 AEUV).[85] Der Tatbestand von Art. 109 II setzt eindeutig „Rechtsakte" voraus, die „auf Grund" einer Vorschrift des Primärrechts erlassen worden sind, **schließt** also eine **allgemeine verfassungsrechtliche Bindung an das Primärrecht aus.**[86] Dagegen sprechen auch die sachlichen Gründe, die einer Bindung vor der Reform entgegenstanden. Dies gilt vor allem auch für die Anforderungen an die Haushaltsdisziplin, die keine separat von der Ländergesamtheit oder einem einzelnen Land zu erfüllende Pflichten kennt (→ Rn. 20 f.). Der Bezugspunkt von Art. 109 II Hs. 1 enthält auch keine im Bund-Länder-Verhältnis vollzugsfähige Anordnung;[87] vor allem wenn die Referenzwerte zur Konkretisierung der beiden Defizitkriterien als solche ernst genommen werden und nicht als strikte Grenzwerte missverstanden werden (→ Rn. 23).

Ob das **Sekundärrecht** zur Wahrung der Haushaltsdisziplin ein zu erfüllender Rechtsakt im Sinne **32** von Art. 109 II sein kann, ist nicht sicher,[88] obwohl im Gesetzgebungsverfahren mehrfach auf den „europäischen Stabilitäts- und Wachstumspakt" (→ Rn. 26 f.) Bezug genommen worden ist.[89] Irritierend ist vor allem, dass die ausdrücklich genannte VO 1466/97 („präventiver Arm") nicht auf die Vorläuferbestimmung von Art. 104 EGV[90] (jetzt Art. 126 AEUV) gestützt ist, sondern auf die Vorläuferbestimmung von Art. 99 VI[91] (jetzt Art. 121 VI). Die VO 1467/97 („korrektiver Arm") verwendet dagegen die Vorläuferbestimmung von Art. 104 XIV EGV (jetzt Art. 126 XIV AEUV)[92] als Rechtsgrundlage.

Im Erg. dürfte eine **Auslegung** Sinn und Zweck von Art. 109 II erfüllen und noch mit dem **33** Wortlaut der Bestimmung zu vereinbaren sein, die SekundärR und darauf gestützte Einzelmaßnahmen dann als **Rechtsakt** iSd Bestimmung ansieht, wenn sie dazu dienen, „übermäßige öffentliche Defizite" zu vermeiden, und zahlenmäßig festgelegte Ziele oder vollzugsfähige Einzelanordnungen enthalten. Vor allem die Anordnungen des Fiskalpolitischen Paktes (→ Rn. 29) dürften diesen Anforderungen genügen. Inhaltlich dienen sie auch der Umsetzung von Art. 104 EGV (jetzt Art. 126 AEUV), doch handelt es sich nicht um Rechtsakte der EG, sondern des VölkervertragsR. Das BVerfG hat jedoch völkerrechtl. Verträge zu den „Angelegenheiten der Europäischen Union" gerechnet, „wenn sie in einem Ergänzungs- oder sonstigen besonderen Näheverhältnis zum Recht der Europäischen Union stehen".[93] Diese bes. Nähe lässt sich für den SKS-Vertrag wegen seiner Verknüpfung mit den Regeln von Art. 126 AEUV und des Stabilitäts- und Wachstumspakts bejahen, so dass eine entspr. Anwendung in Betracht kommt.

**4. Gemeinsame Erfüllung durch Bund und Länder.** Die Verpflichtung zur Einhaltung der **34** Haushaltsdisziplin nach Art. 104 EGV (jetzt Art. 126 AEUV) und dem darauf aufbauenden Sekundärrecht trifft Deutschland als Gesamtstaat.[94] Die daraus folgenden Verschuldungsregeln begründen für sich keinen Verstoß gegen das Demokratieprinzip und sind vom BVerfG nicht beanstandet worden.[95] Die Länder einschließl. der Gemeinden und der Sozialversicherungsträger sind ein wesentlicher Bestandteil des öff. Sektors und tragen substanziell zum gesamtstaatl. Defizit bei.[96] Art. 109 II ist letztlich als innerstaatl. **Inpflichtnahme der Länder** zu verstehen, dem Bund, der für den Gesamtstaat handelt, die Erfüllung seiner unionsrechtl. Pflichten zu ermöglichen, die den Gesamtstaat treffen.

---

[85] Anders aber wohl die wenig konsistente und oberflächliche Begr. des Entw. der Neuregelung, die einerseits von einer schon bestehenden Verpflichtung von Bund und Ländern zum Ausgleich ihrer Haushalte ohne Einnahmen aus Krediten ausgeht (BT-Dr 16/12410, S. 5), andererseits aber das Fehlen quantitativ eindeutiger Vorgaben für die Begrenzung der Nettokreditaufnahme rügt (BT-Dr 16/12410, S. 6), und ein grds. Verbot der Haushaltsfinanzierung durch Einnahmen aus Krediten in Abs. 3 für erforderlich hält (BT-Dr 16/12410, S. 10); ähnlich *Jarass,* in: Jarass/Pieroth, Art. 109 Rn. 8.

[86] Im Erg. ebenso G. *Kirchhof* MKS III, Art. 109 Rn. 32 ff., 57; *Kube/Reimer* NJW 2010, 1911 (1915), allerdings ohne Nachweise oder Begründung. *Korioth* JZ 2009, 729 (730) hält die Regelung für „unklar". Sie sei nur durch ein „redaktionelles Versehen" zu erklären; ähnlich *Kube,* in: Maunz/Dürig, Art. 109 (2011) Rn. 79, der aufgrund einer teleologischen Interpretation für eine Bindung an das Defizitprotokoll und Art. 126 AEUV selbst plädiert; ähnlich *Nebel* (Fn. 9), Fn. 10 (2014), der dem Postulat von Art. 126 AEUV pauschal „Verfassungsrang" zuspricht, den Wortlauf von Art. 109 II Hs 1 für „zu eng" erklärt. Durch die GG-Änderung von 2017, die ab 2020 zu beachten ist, ist eine Verstärkung eingetreten.

[87] Ebenso zT implizit *Classen* (Fn. 53), Rn. 246, 259 f. zu Art. 109 V 1, der Regelung auf Maßnahmen nach Art. 104 IX EGV beschränkt und zudem S. 1 nur die Bedeutung eines allg. Grundsatzes zumisst (Rn. 262).

[88] Bejaht von *Jarass,* in: Jarass/Pieroth, Art. 109 Rn. 6; *Kube,* in: Maunz/Dürig, Art. 109 (2011) Rn. 79; wohl auch *Nebel* (Fn. 9) Rn. 10 (2014).

[89] BT-Dr 16/12410, S. 6, 10: „bilden den Rahmen für die Haushaltswirtschaft von Bund und Ländern".

[90] Art. 104c EGV idF des Vertrags von Maastricht.

[91] Art. 103 Abs. 5 EGV idF des Vertrags von Maastricht.

[92] Art. 104c Abs. 14 idF des Vertrags von Maastricht.

[93] BVerfGE 131, 152 (199), im Hinblick auf die Unterrichtungspflicht nach Art. 23 II; zweifelnd bzgl. der verfassungsrechtl. Bindung des Fiskalpakts *Nebel* (Fn. 9), Rn. 10 (2014/2015).

[94] BT-Dr 16/12410: „gelten für den öffentlichen Gesamthaushalt".

[95] BVerfGE 123, 267 (361), wo eine unzulässige „Übertragung des Budgetrechts des Bundestages" (nur) dann anzunehmen sei, „wenn die Festlegung über Art und Höhe der den Bürger treffenden Abgaben in wesentlichem Umfang supranationalisiert würde". Das Maß der Verschuldung wird eher beiläufig erwähnt.

[96] BT-Dr 16/813, S. 20.

**35**    Der wesentliche Gehalt der Bestimmung dürfte kaum über eine **Auslegungsmaxime** hinausgehen. Allenfalls kommt eine verfassungsrechtliche Pflicht aller Beteiligten in Betracht, sich über den jeweiligen Beitrag zur Erfüllung von Vorgaben des Unionsrechts zu einigen. Klare Rechtspflichten ergeben sich erst aus Abs. 3 und 5. Ein Verstoß gegen Vorgaben des EU-Rechts kann sich kaum aus den abstrakten Verschuldungsgrenzen für den Gesamtstaat ergeben.[97]

## II. Erfordernisse des gesamtwirtschaftlichen Gleichgewichts

**36**    **1. Grundkonzept.** Die 1967 eingefügten Regelungen in Art. 109 II–IV waren eng verknüpft mit den Lehren von *J. M. Keynes*,[98] die er zwischen dem ersten und zweiten Weltkrieg entwickelt hatte.[99] Sie wurden bei der Entstehung der Vorschriften vor allem von dem damaligen WirtschaftsMin *K. Schiller* propagiert. Danach ist es „ökonomisch angezeigt und politisch geboten, die staatliche Haushalts- und Finanzpolitik auf eine antizyklische **Steuerung des Konjunkturverlaufs** auszurichten."[100] Dieser Forderung lag die Vorstellung zugrunde, dass eine „an der Nachfrage ansetzende Beeinflussung der... Konjunktur durch die staatliche Haushaltspolitik möglich und geboten" sei.[101] Die kreditfinanzierte Ausweitung der gesamtwirtschaftl. Nachfrage („deficit spending") durch den Staat in der Rezession ist aber ebenso zwingend mit der Rückführung der gesamtwirtschaftl. Nachfrage und Stilllegung der dadurch gewonnenen Ersparnisse („surplus saving") im Aufschwung verbunden. Deshalb waren die Kreditaufnahmeregeln nach Art. 115 aF untrennbar mit den Anforderungen von Art. 109 II aF zu verbinden. Von diesem Gesamtkonzept konnte trotz früh einsetzender Kritik[102] nur durch eine GG-Änderung abgewichen werden.[103]

**37**    Ziel der Regelungen war es, durch eine antizyk. Finanzpolitik („fiscal policy") **konjunkturelle** Schwankungen auszugleichen. Es war **nicht** ihre Aufgabe, **strukturelle Ungleichgewichte** zu beseitigen. Dazu sollten andere Instrumente dienen, wie Art. 104a IV aF. Das gilt nach wie vor.[104] Art. 109 II aF enthielt auch nicht das allg. Ziel, „gesunde Staatsfinanzen" zu gewährleisten, das durch die Neuregelung uU entfallen ist.[105] Zwar waren der Vorschrift Schranken für die **Kreditaufnahme** (des Bundes) zu entnehmen,[106] doch betrafen sie nur die (aktive) Konjunkturpolitik. Die Regelung dürfte auch bei der Entscheidung über die Kreditaufnahme zu beachten sein, wenn sie an den konjunkt. Erfordern. orientiert sein darf, wie für den Bund in Art. 115 II 3 vorgesehen (näher → Art. 115 Rn. 46). Es kann sich dabei aber allenfalls um eine Einengung ihrer Grenzen, nicht aber um eine Ausweitung handeln (→ Rn. 14).

**38**    Art. 109 II rechtfertigt auch nicht die Leistung von **über- oder außerplanmäßigen Ausgaben** zur Konjunkturbelebung, wenn die Voraussetzungen von Art. 112 nicht erfüllt sind (→ Art. 112 Rn. 31).[107] Die Missachtung der **Kreditaufnahmegrenzen** unter Berufung auf eine Haushaltsnotlage war ein klarer Verfassungsbruch, für den Art. 109 II nur als juristische Bemäntelung gedient hat.[108]

**39**    **2. Regelungsgegenstand und Adressaten.** Durch die Neufassung im Jahre 2009 ist die Beschränkung auf die **Haushaltswirtschaft** entfallen. Sie ergibt sich auch nicht aus den Anordnungen des

---

[97] So aber wohl *Jarass,* in: Jarass/Pieroth, Art. 109 Rn. 9, unter Berufung auf *Reimer,* in: Epping/Hillgruber, Art. 109 Rn. 30, wo das so nicht steht und stattdessen § 51a HGrG herangezogen wird (Rn. 28), der schon zum 1.1.2010 aufgehoben worden war, zudem keine strikten Rechtspflichten enthielt.

[98] Auch das BVerfG nennt ausdr. die ökonomischen Theorien von *Keynes* als Grundlage der Regelungen (BVerfGE 79, 311 [331]; 119, 96 [138]); Darstellung bei *Petit/John,* Stabilisierungspolitik, 1977, Kap. 1; vgl. auch *Schiller,* Preisstabilität durch globale Steuerung der Marktwirtschaft, 1966; ebenso *Wieland* FS Selmer, 2004, S. 973 (987); *Nicolaysen* FS Selmer, 2004, S. 833 (835).

[99] *Keynes,* The General Theory of Employment Interest and Money, 1936.

[100] BVerfGE 79, 311 (331).

[101] BVerfGE 79, 311 (335).

[102] Unmissverständlich BVerfGE 119, 96 (137, 139 f.).

[103] BVerfGE 119, 96 (141).

[104] Zutr. *Sachverständigenrat zur Begutachtung der gesamtwirtschaftlichen Entwicklung,* der konsistent zwischen konjunktureller und struktureller Arbeitslosigkeit unterscheidet, vor allem Jahresgutachten 2005/06, 2005, Textnr. 478, 482; skeptisch dazu BVerfGE 119, 96 (150), aber letztlich offen gelassen; aA *Heintzen,* in: v. Münch/Kunig II, Art. 109 Rn. 24. *Rodi* BK, Art. 109 (2004) Rn. 144, will zur Globalsteuerung der Wirtschaft mittlerweile auch die Strukturpolitik rechnen. Der Begriff der Globalsteuerung hat jedoch keinen Eingang in das Verfassungsrecht gefunden. Er ist für die Auslegung von Art. 109 II nicht maßgebend.

[105] So aber *Reimer,* in: Epping/Hillgruber, Art. 109 Rn. 45 f.; nicht dagegen BVerfGE 86, 148 (266); *Waldhoff* HStR V, § 116 Rn. 97; *Pünder* HStR V, § 123 Rn. 44, auf die sich *Reimer* beruft. Vor allem BVerfGE 86, 148 (266) stellt Art. 109 II eindeutig und zutreffend in den konjunkturpolitischen Zusammenhang.

[106] Näher → 5. Aufl. 2009, Art. 115 Rn. 50 f.

[107] So aber *Fischer-Menshausen,* in: v. Münch/Kunig III, 3. Aufl. 1996, Art. 112 Rn. 11; wie hier *Kube,* in: Maunz/Dürig, Art. 112 (2020) Rn. 11; *Jarass,* in: Jarass/Pieroth, Art. 112 Rn. 1.

[108] Im Erg. ebenso *Heun,* in: Dreier III, Art. 109 Rn. 48; Art. 115 Rn. 46; *Häde* (Fn. 2), S. 54–56; *Glaser* DÖV 2007, 98 (104); abwegig daher BerlVerfGH LKV 2004, 76 (79); nicht vergleichbar MVVerfG LKV 2006, 23 (24), wegen des anders lautenden Landesverfassungsrechts.

Unionsrechts. Geht man von einem weiten Verständnis des Begriffs in der alten Fassung aus, ergeben sich durch die Neufassung keine gravierenden Änderungen.[109]

Als Adressaten der Regelung werden Bund und Länder genannt. Da das FinanzverfassungsR grds. **40** nur zwei Ebenen unterscheidet (→ vor Art. 104a Rn. 9 f.), müssten eigentl. auch Kommunen, Sozialversicherungsträger und alle sonstigen Einrichtungen mittelbarer Verwaltung – unter Einschluss der privatrechtl. organisierten öff. Unternehmen – gemeint sein, zumal die Verschuldungsregeln der EU die gesamtstaatl. Verschuldung unter Einschluss dieser Einrichtungen umfassen (→ Rn. 17, 23, → Rn. 84). Unter Berufung auf die Gesetzesbegründung, die im Hinblick auf „unerfüllbare Informationsanforderungen" Defizite von **Gemeinden** und **Sozialversicherungen** ausdr. ausnimmt, wird jedoch eine **verfassungsunmittelbare Verpflichtung** dieser Einrichtungen **abgelehnt;**[110] zT aber durch „unionsrechtskonforme" Auslegung gleichwohl befürwortet.[111] Eine Inpflichtnahme durch einfaches Bundes- oder Landesgesetz soll aber zulässig sein, auch wenn keine bes. Ermächtigung vorhanden ist.[112] Zulässig ist danach insb. die Verpflichtung der Gemeinden auf die Ziele des § 1 StWG durch § 16 StWG.[113] **Privatrechtssubjekte** sollen jedoch völlig außerhalb des Regelungsbereichs stehen,[114] anderes mag aber für die **privatrechtlich** organisierten Unternehmen der öff. Hand gelten.[115]

**3. Das gesamtwirtschaftliche Gleichgewicht.** Der **Begriff des gesamtwirtschaftlichen** **41** **Gleichgewichts** ist der Makroökonomie entnommen und wie in Art. 104b I 1 zu konkretisieren. Entsprechend der Umschreibung in dem gleichzeitig geschaffenen § 1 S. 2 StWG wird darunter die Stabilität des Preisniveaus, ein hoher Beschäftigungsstand und außenwirtschaftliches Gleichgewicht bei stetigem und angemessenem Wirtschaftswachstum verstanden.[116] Diese Umschreibung ist durch die Einführung der Wirtschafts- und Währungsunion **nicht verändert** worden.[117] Ihre Erfordernisse sind zu den Erfordernissen des gesamtwirtschaftlichen Gleichgewichts hinzugetreten, verändern aber nicht den Begriff. Er ist nicht im Lichte von Art. 126 AEUV (neu) zu interpretieren,[118] sondern hat seine „konjunkturpolitische" Ausrichtung behalten.[119]

Das Konzept eines **regional begrenzten** gesamtwirtschaftlichen Gleichgewichts („Regionalisie- **42** rung") ist als in sich widersprüchlich abzulehnen (→ Art. 104b Rn. 21).[120]

**4. Die Verpflichtung.** Trotz der indikativischen Formulierung und der möglichen Deutung als **43** Staatszielbestimmung (→ Rn. 14) enthält die Bestimmung eine **Verpflichtung** von Bund und Ländern.[121] Allerdings ist diese Pflicht inhaltlich nur schwach ausgeprägt. „Rechnung tragen" bedeutet keine strikte Bindung. Die Vorschrift verlangt aber, dass **gesamtwirtschaftliche Gesichtspunkte** in den haushalts- und finanzpolitischen Entscheidungsprozess **einbezogen** werden. Sie dürfen bei der Entscheidungsfindung nicht schlicht übergangen werden, auch wenn aus ihnen nicht ein bestimmtes, feststehendes Ergebnis abzuleiten ist. Eine eindeutig prozyklische Politik, welche die Ungleichgewichte in jedem der Teilziele verstärken würde, wäre verfassungswidrig. Allerdings sind dabei die weiten Einschätzungsspielräume, die der Begriff enthält, zu beachten (→ Art. 104b Rn. 23). Die Bestimmung verpflichtet den Bund auch nicht, den Ländern Vorgaben für materielle Budgetentscheidungen zu machen, wie die Einhaltung bestimmter finanzwirtschaftlicher Kennziffern oder Vorgaben für die Kreditfinanzierung.[122] Diese Auslegung ist durch die Schaffung des neuen Abs. 3 bestätigt worden.

---

[109] *Heun,* in: Dreier III, Art. 109 Rn. 32, der aber die weite Auslegung der urspr. Formulierung für verfehlt hält.

[110] BT-Dr 16/12410, S. 10 f.; *Hauser* (Fn. 9), Anm. 6; *G. Kirchhof* MKS III, Art. 109 Rn. 58; *Seiler* JZ 2009, 721 (723); dezidiert aA *Stern* (Fn. 19), S. 299 f., 308 f.; *Heun,* in: Dreier III, Art. 109 Rn. 34.

[111] *Kempny/Reimer,* 70. DJT 2014, Gutachten D, S. 86, 89.

[112] *Möller,* Kommentar, Art. 109 Rn. 9; ebenso jetzt auch *Kempny/Reimer,* 70. DJT 2014, Gutachten D, S. 87.

[113] *Stern* (Fn. 19), S. 299 f.; aA *Böckenförde* DÖV 1969, 744 (744 f.).

[114] *Möller,* Kommentar, Art. 109 Rn. 9; *Heun,* in: Dreier III, Art. 109 Rn. 34; *Stern* (Fn. 19), S. 105, allerdings unter wenig folgerichtiger Berufung auf die Eigenschaft des StWG als Organgesetz.

[115] *Stern* (Fn. 19), S. 105, mwN.

[116] Sinngemäß BVerfGE 79, 311 (338 f.); Nds StGH NdsVBl 2012, 100 (102); *Rodi* BK, Art. 109 (2004) Rn. 217; *Jarass,* in: Jarass/Pieroth, Art. 109 Rn. 10; näher zum Begriff und seiner Ausfüllung *Hänisch* (Fn. 37), S. 149–168; → Art. 104b Rn. 17 ff.

[117] Wie hier *Stern* FS Everling II, 1995, S. 1469 (1471 f.) mwN; sinngem. ebenso BVerfGE 119, 96 (146); aA *Jarass,* in: Jarass/Pieroth, Art. 109 Rn. 10.

[118] Im Erg. ebenso *G. Kirchhof* MKS III, Art. 109 Rn. 42 ff., 52; anders ohne (hinreichende) Begr.: *Rodi* BK, Art. 109 (2004) Rn. 584; *Jarass,* in: Jarass/Pieroth, Art. 109 Rn. 10; s. a. *Reimer,* in: Epping/Hillgruber, Art. 109 Rn. 36.

[119] *Hänisch* (Fn. 37), S. 299. Sie ist auch weiterhin vom BVerfG anerkannt BVerfGE 119, 96 (138).

[120] *Kloepfer/Rossi* VerwArch 94 (2003), 319 (331); *Nebel* (Fn. 9), Art. 109 (2015) Rn. 14 mwN; *Kube,* in: Maunz/Dürig, Art. 109 (2011) Rn. 100: „**immer auf die Bundesrepublik Deutschland als ganze** zu beziehen"; aA NdsStGH NdsVBl 1997, 227 (229); BerlVerfGH DVBl 2004, 308 (313).

[121] Unklar *Reimer,* in: Epping/Hillgruber, Art. 109 Rn. 37: „echte Rechtspflicht", aber auch Rn. 32: „in Randbereichen Kompetenzausübungsschranken … im Übrigen aber nur noch symbolische Bedeutung".

[122] So aber *Häde* (Fn. 2), S. 55.

**44**    Bund und Länder sind nach dieser Vorschrift auch **nicht verpflichtet,** eine **aktive anti-zyklische Finanzpolitik** zu betreiben.[123] Eine solche Verpflichtung ist auch angesichts der zahlreichen Diagnose- und Prognoseprobleme sowie der vielfältigen Handlungs- und Wirkungsverzögerungen („time-lags") schwer zu verwirklichen. Auch die immer wieder angenommene Möglichkeit, Vollbeschäftigung durch fiskalpolit. Maßnahmen oder Geldpolitik „erkaufen" zu können, konnte nicht nachgewiesen werden. Ein mittelfristig stabiler „trade off" zwischen Inflation und Arbeitslosigkeit (modif. „Phillips-Kurve")[124] existiert nicht *(Phelps)*.[125]

**45**    Vor allem haben aber die Erfahrungen mit der **Globalsteuerung**[126] in den Jahren von 1967 bis 1977 gezeigt, dass nicht so sehr konzeptionelle Mängel wie der völlig asymmetrische Einsatz ihrer Instrumente einem anhaltenden Erfolg im Wege gestanden haben.[127] Ausgabenprogramme und andere die Nachfrage steigernde Maßnahmen im Abschwung waren verhältnismäßig leicht zu verwirklichen. Die zwingend als Gegenstück dazu gehörenden restriktiven Maßnahmen im Aufschwung (→ Rn. 36), wie Ausgabenkürzungen und Schuldentilgungen, waren praktisch nicht durchzusetzen. Eine derart rationale mittelfristig ausgerichtete Politik gerät allzu leicht in Konflikt mit der Kurzfristorientierung der Politik.[128] Globalsteuerung kann deshalb **kein striktes Verfassungsgebot** sein.[129]

**46**    Die Bekämpfung der Auswirkungen **singulärer Schocks,** wie der Finanzmarktkrise der Jahre 2007 –2013, durch fiskalpolitische Maßnahmen mag möglich und geboten sein, doch handelt es sich dabei nicht mehr um Konjunktursteuerung, sondern um die Bewältigung eines säkularen Ereignisses, dem ein vielfältiges Versagen von Wissenschaft, Politik und Märkten vorausgegangen war.[130]

**47**    **Strukturelle Ungleichgewichte** sind und waren keine Störung des gesamtwirtschaftlichen Gleichgewichts und werden von der Regelung nicht erfasst (→ Rn. 37).

## III. Verklammerung der Vorgaben

**48**    Die beiden in Art. 109 II enthaltenen Vorgaben, Einhaltung der Haushaltsdisziplin und Wahrung der Erfordernisse des gesamtwirtschaftlichen Gleichgewichts dürften in einem Über- und Unterordnungsverhältnis stehen. Die unionsrechtlichen Verpflichtungen zur Einhaltung der Haushaltsdisziplin haben **Vorrang.** Nur soweit sie Spielräume lassen, ist den Erfordernissen des gesamtwirtschaftlichen Gleichgewichts im Übrigen Rechnung zu tragen.[131]

## D. Vorgaben für den Haushaltsausgleich (Abs. 3)

### I. Allgemeines

**49**    Durch die FödReform 2009 ist eine gemeins. Regelung für den Ausgleich der Haushalte von Bund und Ländern durch die **Aufnahme von Krediten**[132] geschaffen worden. Der neue Art. 109 III 1 enthält eine **materielle Grenze** für die Kreditfinanzierung öff. Haushalte (→ Rn. 3). Für den Bund wird sie durch Art. 115 II ergänzt, der aber nur noch wenig eigenen Gehalt hat.[133] Wegen der

---

[123] *Jarass,* in: Jarass/Pieroth, Art. 109 Rn. 11; *G. Kirchhof* MKS III, Art. 109 Rn. 43; *Nicolaysen,* FS Selmer, 2004, S. 833 (837); anders wohl *Arndt* JuS 1990, 343 (346); *Lappin,* Kreditäre Finanzierung des Staates unter dem Grundgesetz, 1994, S. 76.

[124] Näher *Maneval,* Die Phillips-Kurve, 1973, S. 195; *Patzig,* Stagflation und Phillips-Kurve, 1989, S. 206 ff.; allg. *Zahn,* Die Phillips-Relation für Deutschland, 1973. Die Originalabhandlung von *A. W. Phillips* ist veröff. in: Economica, Vol. 25 (1958), 283 (283 ff.).

[125] *Martens-Jeebe,* Der inflatorische Prozeß in der Bundesrepublik Deutschland, 1981, S. 262; uU andere Ergebnisse bei *Maneval* (Fn. 124), der aber selbst davor warnt, seine numerischen Ergebnisse überzubewerten, S. 208, 210, 218.

[126] *Schlecht,* Erfahrungen und Lehren aus dem jüngsten Konjunkturzyklus, 1972; zu den politischen Problemen der Globalsteuerung *Schöninger,* Konjunkturstabilisierung als Koordinationsproblem zwischen den Trägern der Wirtschaftspolitik, 1972; in: Giersch (Hrsg.), Fiscal Policy and Demand Management, 1973, S. 195 (195 ff.); *Schmitz,* Die antizyklische Konjunkturpolitik – eine Illusion, 1976, S. 96 ff.; *Starbatty,* Erfolgskontrolle der Globalsteuerung, 1976, vor allem S. 65 ff.; *Schaal,* Konjunktur und Stabilität, 1977, S. 205; *Beyfuss,* 10 Jahre Stabilitätsgesetz, 1977, S. 10 ff.; *Welsch,* Globalsteuerung in der Bundesrepublik Deutschland, 1980, vor allem S. 168 ff.; zum Begriff *Stern,* Staatslexikon, 2. Erg.Bd., 6. Aufl. 1970, Sp. 179; *Schmahl,* Hamburger Jb. für Wirtschafts- und Gesellschaftspolitik, 1971, S. 271 ff.

[127] *Siekmann,* Institutionalisierte Einkommenspolitik, 1985, S. 287 ff., 324; etwas zu pauschal spricht *Waldhoff* Verwaltung 39 (2006), 155 (167), von dem „gescheiterten Konzept der Globalsteuerung"; ähnlich *Kube,* in: Maunz/ Dürig, Art. 109 Rn. 103; vgl. auch *Giersch,* Episoden und Lehren der Globalsteuerung, 1976; *Schlecht* FS Schiller, 1976, S. 297 (297 ff.).

[128] *Siekmann* (Fn. 127), S. 331 f.

[129] *Maunz,* in: Maunz/Dürig, Art. 109 (1979) Rn. 36, 42; *Jarass,* in: Jarass/Pieroth, Art. 109 Rn. 11; *Henneke,* in: Hofmann/Henneke, Art. 109 Rn. 56.

[130] Näher *Siekmann* Verwaltung, 43 (2010), 95 (99).

[131] Die Gesetzesbegr. lautet aber zT anders BT-Dr 16/12410, S. 24; sehr krit. *Korioth* JZ 2009, 729 (731), der die Bestimmung weitgehend leer laufen sieht; eher für Wechselbezüglichkeit *Nebel* (Fn. 9), Rn. 10 aE (2015).

[132] Zum Kreditbegriff → Rn. 65 f.

[133] *Selmer* NVwZ 2009, 1255 (1257); *Heun,* in: Dreier Suppl. 2010, Art. 109 Rn. 35.

Möglichkeit von Ausnahmen für Sondersituationen (Art. 109 III 2) handelt es sich in der Sache um das grds. **Verbot „struktureller" Haushaltsdefizite** (näher → Rn. 64).

Die Neuregelung wird als Einführung einer **„Schuldenbremse"** bezeichnet.[134] In der Schweiz **50** waren schon früher „Schuldenbremsen" in mehreren Stufen auf Kantons- und Bundesebene eingeführt worden.[135] Sie haben zT als Vorbild für die Vorschläge in Deutschland gedient.[136] Die Charakterisierung ist aber zumindest irreführend. Schon seit langem hatte es Regelungen im VerfassungsR des Bundes und der Länder gegeben, welche die Kreditfinanzierung der öff. Haushalte regelten und materiell auch begrenzten.[137] Nur wurden sie in erhebl. Umfang missachtet.[138] Es lag also weniger eine defizitäre Regelung der Kreditaufnahme als ein Rechtsbefolgungsproblem vor. Es **fehlte** der notwendige **Wille zur Rechtstreue.** Überwiegend wird jedoch von einem „Scheitern" der bish. **Regelung** gesprochen.[139] Auch das BVerfG konstatierte im Jahre 2007, dass sich das „Regelungskonzept" des Art. 115 I 1 als „nicht wirksam erwiesen" habe.[140] Die Neuregelung befasst sich allerdings nur mit der **Neuverschuldung.** Das drängende Kernproblem einer Reduzierung des angesammelten **Schuldenstandes,** wurde ebenso ausgeklammert[141] wie eine Begrenzung der Übernahmen von Bürgschaften und Garantien, mit denen die festgelegten Grenzen zumindest zT unterlaufen werden können.

Art. 109 III wird als **„Kernstück der Föderalismusreform"** gewertet.[142] Das ist aber nur dann **51** richtig, wenn Bezugsgröße das ist, was als Reform tatsächlich verwirklicht worden ist. Die mit der Reform ursprünglich angestrebte Beseitigung der zahlreichen Verflechtungen zwischen Bund und Ländern ist bereits bei ihrer Entstehung stark verwässert und durch die Schaffung zahlreicher neuer Mischverwaltungs- und Mischfinanzierungstatbestände zwischenzeitlich in ihr Gegenteil verkehrt worden (Art. 91c–e, Art. 104b I 2, 104c, 104d, 143d II). Für die Funktionsfähigkeit eines föderalen Systems ist es aber „essentiell", dass sich die Kreise der Entscheidungsträger, der Nutznießer und der Lastenträger (Steuerzahler) möglichst weitgehend decken („institutionelle Kongruenz"). Institutionelle Inkongruenzen führen regelmäßig zu Ineffizienzen und Verschwendung.[143] Von der angestrebten grundlegenden Reform der bundesstaatlichen Finanzbeziehungen ist im Wesentlichen nur die **Neuregelung** des **Staatsschuldenrechts übrig geblieben.**[144]

**Adressaten der Regelung** sind Bund und Länder. Die Haushalte anderer ör organisierter Einrich- **52** tungen mit eigener Rechtspersönlichkeit sind nicht erfasst, auch nicht soweit sie hoheitlich tätig

[134] *Lenz/Burgbacher* NJW 2009, 2561; *Christ* NVwZ 2009, 1333; *Heun,* in: Dreier III, Art. 109 Rn. 35; *Ohler,* in: Kahl (Hrsg.), Nachhaltige Finanzstrukturen im Bundesstaat, 2011, S. 208 (224); *Thye,* Die neue „Schuldenbremse" im Grundgesetz, 2010; *Ryczewski,* Die Schuldenbremse im Grundgesetz, 2011; grundlegend *Koemm,* Eine Bremse für die Staatsverschuldung?, 2011, S. 37, 48, 118, 131, mit umfassender und minutiöser Darstellung ihrer Entstehung einschließlich der Vorarbeiten in den Föderalismuskommissionen I und II (S. 37–130); *Kempny/Reimer,* 70. DJT 2014, Gutachten D, S. 86, 89; *Kramer/Hinrichsen/Lauterbach* JuS 2012, 89; zu Recht krit. zum Begriff „Schuldenbremse" *Mayer* AöR 136 (2011), 266 (269); *Klotz* DÖV 2012, 504 (505 Fn. 10); *Schmidt* DÖV 2014, 916; s. a. *Klepzig,* Die „Schuldenbremse" im Grundgesetz – Ein Erfolgsmodell?, 2015.

[135] Art. 126 Bundesverfassung durch Verfassungsänderung von 2001 nach Vorläufern in den Kantonen; dazu *Eidgenössische Finanzverwaltung* (EFV), Eine Neubewertung der Schuldenbremse, Working Paper No. 2 (2004); *Glaser,* Nachhaltige Entwicklung und Demokratie, 2006, S. 101 ff.; *ders.* DÖV 2007, 98 (100 ff.); *P. Kirchhof,* FS Mußgnug, 2005, S. 131 (144 f.); *Feld/Kirchgässner,* On the Effectiveness of Debt Brakes: The Swiss Experience, in: Neck/Sturm (eds.), Sustainabiltity of Public Debt, 2008, S. 223.

[136] *Sachverständigenrat zur Begutachtung der gesamtwirtschaftlichen Entwicklung,* Jahresgutachten 2006/2007, S. 299, 312; *ders.,* Staatsverschuldung wirksam begrenzen, Expertise im Auftrag des Bundesministers für Wirtschaft und Technologie 2007, S. 82 ff., 92.

[137] Vgl. die Darstellung im Sondervotum von *Di Fabio* und *Mellinghoff,* BVerfGE 119, 96 (158 f.).

[138] BerlVerfGH NVwZ-RR 1997, 506; NVwZ-RR 2003, 537; NVwZ 2004, 210; HessStGH NVwZ-RR 2006, 657; LVerfG MV DÖV 2005, 1042; NdsStGH NVwZ-RR 1997, 393; NVwZ 1998, 1288; NdsVBl 2012, 100; NRWVerfGH BeckRS 2011, 46006; NVwZ 2004, 217; NVwZ 1995, 162; NVwZ-RR 2013, 665; NVwZ 2011, 805 m. Anm. *Mayer* DVBl 2011, 620); NVwZ 2007, 1422; NWVBl. 1994, 265; NWVBl. 1996, 291; NWVBl 1992, 129; RhPfVerfGH BeckRS 2010, 55237; NVwZ-RR 1998, 14; SächsVerfGH DÖV 2009, 957; Sonderfall: StGH Bremen NdsVBl 2012, 112 LS 2 m. Anm. *Schwarz:* Überschreitung der Kreditobergrenze aufgrund einer „ungeschriebene[n] Ausnahmebefugnis" [!] zur „Bewältigung einer extremen Haushaltsnotlage" zulässig.

[139] *Heintzen,* in: v. Münch/Kunig III, 5. Aufl. 2003, Art. 115 Rn. 22; nunmehr wird abgeschwächt von „schlechten Erfahrungen" gesprochen (in: v. Münch/Kunig II, Art. 115 Rn. 28); *Bröcker,* Grenzen staatlicher Verschuldung im System des Verfassungsstaats, 1997, S. 179: „erfüllen" ihr „Regelungsziel" nicht, zu den Ursachen, S. 184 ff.; *Wendt* MKS III, 5. Aufl. 2005, Art. 115 Rn. 10; *Ohler* DVBl 2009, 1265 (1267 f.); *Sacksofsky,* in: Kastrop/Meister-Scheufelen/Sudhof (Hrsg.), Die neuen Schuldenregeln im Grundgesetz, 2010, S. 393 (399); *Gröpl* LKRZ 2010, 401 (402): „hemmungslos missbraucht"; ferner *Tappe* DÖV 2009, 881 (283); *Schmidt* DVBl 2009, 1274 (1275) spricht von „Fehlanreizen" der „bislang geltenden Fiskalregeln", ohne die zT offenen Rechtsbrüche auch nur zu erwähnen.

[140] BVerfGE 119, 96 (142).

[141] Ähnlich *Christ* NVwZ 2009, 1333.

[142] *Heun,* in: Dreier III, Art. 109 Rn. 35; ähnlich *Reimer,* in: Epping/Hillgruber, Art. 109 Rn. 54: „Herzstück".

[143] *Blankart,* Öffentliche Finanzen in der Demokratie, 9. Aufl. 2017, S. 431 f., 437, der die „institutionelle Kongruenz" von der „fiskalischen Äquivalenz" als deren Vorbedingung abgrenzen will (S. 434 m. Nachw.). Teilweise werden die Begriffe aber synonym verwendet.

[144] So auch die Wertung von *Ohler* DVBl 2009, 1265; *Selmer* NVwZ 2009, 1255 (1257).

werden. Das gilt vor allem für Gemeinden und Gemeindeverbände.[145] Davon zu unterscheiden ist die **gegenständliche Reichweite** der Regelung. Eine Finanzierung von Sondervermögen durch neue Kredite soll nicht mehr zulässig sein – ohne Abweichungsmöglichkeit wie nach altem Recht. Das ergibt sich eindeutig aus Art. 143d I 2 (näher → Art. 143d Rn. 6) und der Streichung der Ausnahme in Art. 115 I.[146]

53 Art. 109 III ist am 1.8.2009 in Kraft getreten.[147] Allerdings sind für das Erreichen des Ziels (nahezu) ausgeglichener Haushalte längere **Übergangsfristen** eingeräumt worden; für den Bund bis zum Haushaltsjahr 2016 und für die Länder bis 2020, Art. 143d I (näher → Art. 143d Rn. 4 ff.).

54 Die rechtstechn. Umsetzung der Reform ist auf allg. **Kritik** gestoßen. Vor allem werden zu Recht die Umständlichkeit der Formulierungen, die Befrachtung des GG mit Details, die nicht in eine rechtl. Grundordnung des Staates gehören, die Doppelung von Regelungen und das mangelnde Abstimmung mit Art. 109 V gerügt.[148] Wenn nur die Regeln für die Kreditaufnahme der Länder in Art. 109 und des Bundes in Art. 115 niedergelegt worden wären, hätte sich ein Teil dieser Ungereimtheiten vermeiden lassen.[149] Wenn aber unbedingt gemeins. Regeln für Bund und Länder geschaffen werden sollten, ist die Wiederholung für den Bund an anderer Stelle (Art. 115 II) überflüssig und verwirrend. Die Verfassung als ein AusführungsG ihrer selbst zu behandeln,[150] wie dies in Art. 109 III 2, 3 und 4 geschieht, dürfte einen Tiefpunkt der zunehmend erodierten Qualität verfassungsänd. Gesetze darstellen.[151]

55 Fraglich ist auch, ob die neuen Regeln in der Sache das „Anforderungsprofil an eine angemessene Schuldenregelung" erfüllen. Namentlich wird sie auch von Seiten der herrschenden neo-keynesianischen Lehre in der Makroökonomie kritisch gesehen.[152] Vor allem ist nicht gesichert, dass sie effektiver sind, wenn schon mit den abgelösten Vorschriften sehr weitherzig umgegangen wurde (→ Rn. 50, 63). Die Konzipierung von Regeln in der Theorie ist das eine, ihre Befolgung (in der Notsituation), wenn sie auch nachteilige Effekte haben, das andere.[153]

## II. Die Bedeutung von Regeln zur Kreditaufnahme

56 Die Kreditaufnahme des Staates ist vor allem deswegen von alters her in Verfassungsdokumenten geregelt worden, weil die **Belastung** der Untergebenen mit künft. **Schuldendienstzahlungen** in Grenzen gehalten und das ständische – später parl. – BudgetbewilligungsR geschützt werden sollte. Ein wesentl. Teil des (parl.) **Budgetrechts** war das Recht der Steuerbewilligung. Die Auferlegung von Steuern war bis in die Neuzeit als außerordentl. Einnahmequelle angesehen worden, die nur unter bestimmten Voraussetzungen und nur für genau definierte Zwecke eingesetzt werden durfte. Die Steuern sollten für diese Zwecke verwendet werden und nicht für Zins- und Tilgungszahlungen. Bisweilen wurde so verfahren, dass der Landesherr zwar Kredite aufnehmen durfte, sich aber verpflichtete, Steuereinnahmen nicht zur Tilgung und Verzinsung von Krediten zu verwenden, die er „ohne Einwilligung der Landstände aufgenommen hatte".[154] Insgesamt handelte es sich aber eher um Regeln zu **Form und Verfahren**.[155]

---

[145] BT-Dr 16/12410, S. 10 f.: „unerfüllbare Informationsanforderungen"; *Jarass*, in: Jarass/Pieroth, Art. 109 Rn. 12; *Heun*, in: Dreier III, Art. 109 Rn. 36, der darin eine „entscheidende Schwäche der Regelung" sieht; aA *Reimer*, in: Epping/Hillgruber, Art. 109 Rn. 52 f. für Gemeinden, Gemeindeverbände und Sozialversicherungsträger aufgrund einer „objektiv-historischen" Auslegung, der aber das entgegenstehende Schrifttum fast vollständig ignoriert; für die Einbeziehung von Kommunen auch *Korioth* JZ 2009, 729 (731); *ders.*, JböffFin 2009, 389 (396), aber ohne tragfähige jur. Begründung.

[146] *Heun*, in: Dreier III, Art. 109 Rn. 36.

[147] Art. 2 des G zur Änd. des GG, BGBl I 2248 v. 31.7.2009.

[148] *Sacksofsky* (Fn. 139), S. 400 f. *Ohler* DVBl 2009, 1265 (1273) weist völlig zu Recht darauf hin, dass die Verteilung der Sanktionslasten nicht mehr mit der Zulassung von „strukturellen" Haushaltsdefiziten nur für den Haushalt des Bundes übereinstimmt. S. a. *Koemm* (Fn. 134), S. 212.

[149] In diesem Sinne jetzt auch die Empfehlung von *Kempny/Reimer*, 70. DJT 2014, Gutachten D, S. 92, 138, allerdings ohne Auswertung des Schrifttums.

[150] Deutlich: BT-Dr 16/12410, S. 2: „Die Vorgaben des Artikels 109 werden für den Bund durch eine entsprechende Neufassung von Artikel 115 umgesetzt und konkretisiert."

[151] Vgl. *Selmer* NVwZ 2009, 1255 (1259 f.), der aber trotz des „in diesem Ausmaß neuen Fehlverständnisses von Verfassung und ihrer Funktion" (noch) keine Verfassungswidrigkeit annimmt; *Sacksofsky* (139), S. 401 rügt zu Recht, dass damit der Anschein eines Vorrangs des Art. 109 vor Art. 115 erweckt wird, der unzutr. ist. Wenn aber eine Bindung des Bundes (politisch) gewünscht gewesen sein sollte, ist allein der Abschluss eines Staatsvertrages das dafür passende Instrument. Die rechtlich verfehlten Versuche, ein „paktiertes" Verfassungsrecht zu schaffen, sind aber auch bei anderen Änderungen des GG zu erkennen und zeugen nur von einem bedenkl. Misstrauen der föderalen Partner zu einander. *Heun*, in: Dreier III, Art. 109 Rn. 35, bezeichnet die „unsinnigen Wiederholungen" als ein „Armutszeugnis".

[152] *Heun* ZSE 7 (2009), 552 (571).

[153] Deutlich angesprochen von *Di Fabio* und *Mellinghoff* im Sondervotum, BVerfGE 119, 96 (171); Nachweise für die zahlreichen Rechtsbrüche in Fn. 138.

[154] *Höfling*, Staatsschuldenrecht, 1993, S. 13.

[155] *Stern*, Staatsrecht II, S. 1271 f.

Die Kreditfinanzierung öffentlicher Haushalte war zunächst schon dadurch begrenzt, dass der 57 Landesherr häufig „keinen Kredit" hatte, er also **nicht kreditwürdig** war. Spätestens mit seinem Tod war die Rückzahlung der aufgenommenen Kredite zweifelhaft, da sein Erbe oder das Land, die Landschaft, nicht ohne weiteres für die Schulden des Herrschers hafteten. Auch aus diesem Grunde war eine formlose oder förmliche Zustimmung des Erben oder der Vertretungskörperschaft angezeigt, eventuell in Form eines Gesetzesbeschlusses oder einer Bewilligung durch die Stände. Verfassungs-vorschriften zur Regelung der Kreditaufnahme dienten also der Erfüllung beider Aufgaben, dem Schutz der Untergebenen und der Absicherung der des Budgetbewilligungsrechts. Während die Ver-fassunggebung zunächst dazu diente, eine Kreditaufnahme des Staates anstelle des Landesherrn erst zu ermöglichen, rückten in jüngerer Zeit die Herstellung von **Publizität** und die **materielle Begren-zung der Staatsverschuldung** zunehmend in den Vordergrund.[156]

Ob die Kreditaufnahme des Staates aber tatsächlich auch die befürchteten (intertemporalen oder 58 interpersonellen) Verteilungswirkungen hat, hängt von verschiedenen, zum Teil sehr restriktiven Annahmen ab. Keineswegs ist aber in der modernen Finanzwissenschaft unbestritten, dass von der Kreditaufnahme als solcher ohne weiteres eine **Lastenverschiebung** in die Zukunft ausgeht.[157] Zwei Umstände sind für das Ergebnis wesentlich: die **Verwendung** der durch die Kreditaufnahme gewon-nenen Finanzmittel und die Existenz **rationaler Erwartungen.** Empirische Studien zeigen kein einheitliches Bild[158] und stützen teilweise das *Ricardo-Barro-Äquivalenztheorem,*[159] das die Äquivalenz von Kredit- und Abgabenfinanzierung öffentlicher Aufgaben unter bestimmten, plausiblen Annahmen postuliert. Gesicherte, allgemein anerkannte ökonomische Kriterien für die maximal mögliche oder sinnvolle Verschuldung des Staates sind bislang ebenfalls kaum entwickelt worden.[160] In der Realität haben die „Maastricht-Kriterien" (→ Rn. 23) aber eine erhebliche Bedeutung erlangt.

Gefährlich werden kann die Kreditaufnahme als Finanzierungsinstrument allerdings dann, wenn die 59 Politiker eine **„Staatsschuldenillusion"** schaffen oder ausnutzen können. Das ist namentlich der Fall, wenn beim Wähler die Vorstellung erzeugt wird, künftige Generationen würden die Lasten der von ihm jetzt genossenen Wohltaten tragen.[161] Ähnliches ist allerdings auch bei der Steuerfinanzierung öffentlicher Leistungen eine gern geübte Vorgehensweise, indem die Vorstellung hervorgerufen wird, andere (zB „die Besserverdienenden") müssten die Lasten der empfangenen Leistungen tragen. Auch stellt die Kreditfinanzierung öffentlicher Haushalte unter bestimmten Umständen eine erhebliche Gefahr für die **Preisstabilität** dar. Neueste empirische Studien mit niedrig frequenten Daten zeigen zumindest für längere Zeiträume eine hohe Korrelation zwischen Kreditfinanzierung und Inflation.[162]

Zudem besteht die Gefahr, dass durch Kreditaufnahme des Staats produktivere Verwendungen des 60 Kapitals verdrängt werden. Dieser **„Wachstumsansatz"** der Lastenverteilungskontroverse erfreut sich auch einiger Beliebtheit in der Rechtswissenschaft.[163] Er ist allerdings von einigen restrikt. Annahmen abhängig, die nicht immer deutlich genug dargestellt werden, wie zB weitgehender Zinsunelastizität des Staates und unproduktiverer Verwendung der aufgenommenen Mittel durch den Staat als durch den Privatsektor. Jedenfalls ist aber die Kreditfinanzierung von Staatskonsum probl. und war auch von den bish. Regeln nicht gewollt.[164]

Das hat die Staatsleitung nicht davon abgehalten, in großem Umfang die **Lasten** der **deutschen** 61 **Einigung** durch die staatl. Sozialversicherungssysteme finanzieren zu lassen. Schon in der Normalsi-tuation stellt sich aber ein umlagefinanziertes **Rentenversicherungssystem** („Generationenvertrag")

---

[156] *Höfling* (Fn. 154), S. 16–19; ferner *Pünder* HStR V, § 123 Rn. 15; *P. Kirchhof* FS Mußgnug, 2005, S. 131 (136); s. a. BVerfGE 70, 324 (359); 79, 311 (344).

[157] Vgl. *Shoup,* The Economic Journal vol. LXXII (1962), 887 (898) m. umfass. N. zum damaligen Streitstand (Fn. 2 f.); vgl. auch *Klepzig* (Fn. 134) S. 53 und die vom Verf. selbst nur als „grobe" Skizze bezeichnete Darstellung bei *Höfling* (Fn. 154), S. 159–166; sehr probl. daher die Behauptung von *Puhl,* Budgetflucht und Haushaltsverfassung, 1996, S. 473 Fn. 2; zu kursor. auch *F. Kirchhof* FS K. Vogel 2000, S. 241 (241 f.); *P. Kirchhof* FS Mußgnug, 2005, S. 131 (135); ohne Begr. schlicht unterstellt von *Wolff* FS Selmer, 2004, S. 313 (316); *Isensee* FS Semler, 2004, S. 687 (695); ferner *Gröpl* Verwaltung 39 (2006), 215 (216 ff.); *Wendt/Elicker* DVBl 2001, 497 (498); allg. *Siekert* FS H. K. Schneider, 1980, S. 353 ff.

[158] Für seine Geltung *Plosser* Journal of Monetary Economics, 9 (1982), 325 (347); anders *Evans* Journal of Monetary Economics, 20 (1987), 281 (295 f.); *Neck,* in: Holzmann/Neck, Konjunktureffekte der österreichischen Budgetpolitik, 1993, S. 25 (25 ff.); ferner von jur. Seite *R. P. Schenke* NJW 2014, 2542 (2545), die immerhin auf die Verwendungsseite hinweisen.

[159] *Barro* Journal of Political Economy, 82 (1974), 1095 (1095 ff.); *Barro/Grilli,* Makroökonomie, 1996, S. 584, 586, 598 f.

[160] Die von *Rogoff/Reinhard* festgestellte Verschuldungsgrenze von etwa 90 % Schulden in Relation zum BIP beruht auf einer methodisch sehr fragwürdigen Vorgehensweise und ist heftig kritisiert worden; aus jur. Warte auch *Neck,* in: Genser (Hrsg.), Haushaltspolitik und öffentliche Verschuldung, 2005, S. 95 (101).

[161] Vgl. dazu schon *Stern* StJB 1982/83, 41 (45).

[162] Vgl. *Ceccetti/Kharrouibi,* Why does financial sector growth crowd out real economic growth, discussion paper, BIS 2014.

[163] Vgl. *Heun* Verwaltung 18 (1985), 1 (13); *Höfling* (Fn. 154), S. 169–171, der aber auch auf die Schwächen dieses Ansatzes hinweist.

[164] *Heintzen,* in: v. Münch/Kunig III, 5. Aufl. 2003, Art. 115 Rn. 13.

ökon. als Finanzierung von Gegenwartskonsum durch einen vom Staat aufgenommenen Zwangskredit dar.[165] Die Finanz. eines großen Teils der einigungsbedingten Lasten muss deshalb finanzverfassungsrechtl. als (mittelbar) kreditfinanziert angesehen werden, ohne dass die Bremsen des StaatsschuldenR gegriffen hätten. Die durch das Rentenversicherungssystem begründeten Anwartschaften bilden den größten Teil der nicht offen ausgewiesenen, „versteckten" Staatschuld. Die **„implizite Staatsschuld"**[166] stellt jedenfalls eine große Gefahr für die Nachhaltigkeit der öff. Finanzen dar.[167]

62　　Mangels gleichwertiger Gründe, die für eine Kreditfinanzierung von Staatsausgaben sprechen, sollte sie die Ausnahme sein und auf produktive Verwendungen, also Investitionen in einem eng verstandenen Sinne, beschränkt bleiben. Im Übrigen werden auch noch Konjunkturglättung und die Bewältigung außergewöhnlicher Situationen anzuerkennen sein.[168] Eine **differenzierte Sicht** unter Einbeziehung empirischer Erkenntnisse dürfte **angezeigt** sein. So hängt auch der nachteilige Einfluss der Kreditfinanzierung öffentlicher Haushalte auf die Preisstabilität (→ Rn. 59) von weiteren Faktoren ab, namentlich der Art der Geldpolitik. In jedem Fall sind verfassungsrechtliche Regelungen zur Begrenzung von Staatsdefiziten („Schuldenbremsen") wegen des **zeitinkonsistenten** Verhaltens der Entscheidungsträger erforderlich.[169]

63　　Auch das BVerfG wertet die langfristige Entwicklung des Schuldenstandes ohne weiteres als „besorgniserregend"[170] und geht von einer Hemmung des Wachstums durch die Staatsverschuldung, der Verengung der Handlungsspielräume des Staates und der Verlagerung der Finanzierungslasten in die Zukunft und auf künftige Generationen aus, ohne das zum Teil deutlich abweichende (englischsprachige) Fachschrifttum auch nur zu erwähnen.[171] Dabei vernachlässigt das Gericht, dass die von ihm gerügte Unwirksamkeit wohl nicht so sehr auf konzeptionellen Schwächen, als auf dem **mangelnden Rechtstreuebewusstsein** der Akteure (→ Rn. 50) und einem Versagen der verfassungsgerichtlichen Kontrolle beruhte.[172] Ausdrücklich **abgelehnt** hat das BVerfG die naheliegende Konsequenz, die **verfassungsgerichtliche Kontrolldichte** zu erhöhen.[173] An Stelle von verfassungspolitischen Ratschlägen hätte die schlichte Feststellung der Unvereinbarkeit des angegriffenen Haushaltsgesetzes 2004 mit dem geltenden Verfassungsrecht möglicherweise ebenso gut und methodisch sauberer das angestrebte Ziel erreicht.[174] Eine einfache Schätzung der Nachhaltigkeitslücken öffentlicher Finanzen zeigt allerdings in den meisten EU Mitgliedstaaten einen erheblichen Konsolidierungsbedarf bis 2030.[175]

---

[165] Vgl. *Blankart*, Öffentliche Finanzen in der Demokratie, 6. Aufl. 2006, S. 414 f.; später nur noch sinngemäß *Blankart* (Fn. 143), S. 266, 288 f., 294, der auch auf die Problematik des Begriffs „Generationenvertrag" eingeht (S. 288); *Fehr/Halder*, Haushaltspolitik und öffentliche Verschuldung, 2005, S. 11 ff.; zur jur. Erfassung *Siekmann*, Eine stabile Geld-, Währungs- und Finanzordnung, 2013, S. 357 ff.; *ders.*, European Public Law 13 (2007), 489 (494 ff.). Ob dadurch allerdings eine Lastenverschiebung von der jüngeren auf die ältere Generation erzwungen wird, ist nicht sicher. Nach *Barro/Grilli* (Fn. 159), S. 601, haben die Älteren die reale Möglichkeit, ihren Nachkommen endgültig – barwertig gerechnet – Mittel zu entziehen.

[166] *Blankart* (Fn. 165, 2006), S. 379; *ders.* (Fn. 143), S. 266, 288 f., 294; *Corsetti/Roubini* The American Economic Review, Vol. 86 (1996), 408 (410) verwenden die Bezeichnung „unfunded future liabilities"; s. a. *Barro/Grilli* (Fn. 159), S. 601; *Moog/Raffelhüschen/Reeker*, Ehrbare Staaten? Update 2015, Stiftung Marktwirtschaft, Argumente zu Marktwirtschaft und Politik Nr. 133 (August 2016), S. 5, 13, 20.

[167] Eingehende Auseinandersetzung mit der impliziten Staatsschuld und Analyse der „Nachhaltigkeitslücken", jeweils unter besonderer Berücksichtigung des Einflusses der demographischen Entwicklung auf die impliziten Schulden: *Sachverständigenrat zur Begutachtung der gesamtwirtschaftlichen Entwicklung*, Jahresgutachten 2003/04, 2003, Textnr. 440 f.; *Moog/Raffelhüschen/Reeker* (Fn. 166), S. 5, 13–15, mit Darstellung des Verhältnisses der expliziten zu den impliziten Staatsschulden im Vergleich der EU-Mitgliedstaaten; *Schnapp/Kostorz* ZAR 2002, 163 (167 f.).

[168] Vgl. *Scholl* DÖV 2010, 160 (162); Darstellung dieser „traditionellen, normativen Ansätze" bei *Feld*, in: Konrad/Jochimsen (Hrsg.), Föderalismuskommission II, 2008, S. 43 (44–49), der aber als kausale Erklärung der wachsenden Staatsverschuldung auf ein Zusammenspiel von verschiedenen ökonomischen Ereignissen und die „politische Fragmentierung" abstellt (S. 56). Auch der Budgetprozess und die Stellung des Finanzministers spielen eine Rolle, *Feld*, in: Baus/Eppler/Wintermann (Hrsg.), Zur Reform der föderalen Finanzverfassung in Deutschland, 2008, S. 98 (105 f.).

[169] Näher *Blankart* (Fn. 143), S. 269–271 gestützt auf Erkenntn. von *Kydland* und *Prescott* (1977).

[170] BVerfGE 119, 96 (147).

[171] BVerfGE 119, 96 (142).

[172] NdsStGH NVwZ 1998, 1288; BerlVerfGH NVwZ 2004, 210; *Höfling* DVBl 2006, 934 (935); krit. auch *Wieland* KritV 2008, 117 (126 f.); *Gröpl* LKRZ 2010, 401 (402): „Angesichts dieses jahrzehntelangen verfassungswidrigen Zustands ist es erstaunlich, wie indolent … sich das BVerfG … zeigte". Darauf weist auch zutr. das Sondervotum der Richter *Di Fabio* und *Mellinghoff* hin, BVerfGE 119, 96 (155 f., 163): Der „exorbitante Schuldensockel" ist „nur dadurch zustande gekommen, dass Art. 115 GG in seinem Sinn und Zweck über Jahrzehnte missachtet worden ist" (156). Diese Praxis war und ist … verfassungswidrig" (163); eine „Art wiederkehrender Dauerrechtsverletzung" (172); zust. *Oetjens* DÖV 2015, 947 (954 f.).

[173] BVerfGE 119, 96 (143).

[174] BVerfGE 119, 96 (147); den zutr. Weg zeigen klar die Sondervoten von *Di Fabio* und *Mellinghoff*, BVerfGE 119, 96 (160 f.) auf.

[175] *Moog/Raffelhüschen/Reeker* (Fn. 166), S. 5, 18.

### III. Das grundsätzliche Verbot der Kreditfinanzierung (S. 1)

Mit Art. 109 III 1 ist **erstmals** ein grds. **Kreditfinanzierungsverbot** in das GG aufgenommen **64** worden. Art. 110 I 2 war nahezu einhellig als bloß formales Ausgleichsgebot verstanden worden (→ Art. 110 Rn. 65). Es bedurfte daher einer ausdr. Regelung im GG, um den Ausgleich der Haushalte durch Einnahmen aus Krediten zu untersagen. Neu ist auch, dass der Bund **erstmals** den **Ländern** Vorschriften für die Finanzierung ihrer Haushalte in der Normalsituation machte.[176] In dieser Situation haben die Länder uneingeschränkt und der Bund mit der kleinen Ausnahme von 0,35 % des BIP[177] ihre Haushalte ohne Einnahmen aus Krediten auszugleichen. Das ist **nicht** gleichbedeutend mit der Vermeidung von **Primärsalden,** welche die Zinszahlungen und bes. Finanzierungsvorgänge, wie Entnahme aus Rücklagen oder Bundesbankgewinne, nicht erfassen.[178] Maßgebend ist der **Finanzierungssaldo** in haushaltsrechtl. Abgrenzung.[179] Davon zu unterscheiden ist der Finanzierungssaldo in der Abgrenzung des § 2 II SZAG (→ Rn. 117). Er zeigt an, wie hoch die **Nettoneuverschuldung** (→ Rn. 65) sein muss, um den Haushalt auszugleichen. Wegen der Erlaubnis von Durchbrechungen aus konjunkt. Gründen oder in Notsituationen handelt es sich allerdings nur um ein **Verbot** der „**strukturellen" Neuverschuldung,**[180] sofern die von Art. 109 III geforderten gesetzl. Voraussetzungen für die Aufnahme von Krediten in Ausnahmesituationen geschaffen werden. Geschieht dies nicht, handelt es sich für die Länder um ein **absolutes Verbot** (→ Rn. 79).

Da nur der Haushaltsausgleich durch „Einnahmen aus Krediten" untersagt ist, fällt die Kreditge- **65** währung nicht in den Regelungsbereich der Vorschrift.[181] Der **Begriff der Kredite** ist wie in Art. 115 I zu verstehen.[182] Einnahmen aus Krediten sind alle Zuflüsse von Geld, die zu vertraglich begründeten Rückzahlungsansprüchen führen,[183] allerdings nur unter Abzug der nach Tilgungsleistungen verbleibenden Nettoerlöse. Wie bisher ist also die **Nettoneuverschuldung** maßgebend.[184] Nur diese stehen zum Haushaltsausgleich zur Verfügung. Insoweit ist eine strenge Unterscheidung zum **Begriff Aufnahme von Krediten** in Art. 115 I angezeigt.[185] Ein Darlehensvertrag in technischem Sinne dürfte nicht erforderlich sein.[186] Auch wenn auf andere Weise privates Kapital zur Finanzierung öffentlicher Aufgaben nutzbar gemacht wird und eine Belastung künftiger Haushalte damit verbunden ist, liegen Einnahmen aus Krediten vor. Andernfalls könnte leicht und auf vielfache Art und Weise das vom Gesetzgeber gewollte Verbot umgangen werden.[187] Auf Art und Rechtsform kommt es nicht an.

---

[176] Zust. *G. Kirchhof,* Die Allgemeinheit des Gesetzes, 2009, S. 589; *ders.* ZG 2012, 313 (324).

[177] Für eine Abschaffung der Erlaubnis eines strukturellen Defizits des Bundes in Höhe von 0,35 % des BIP *Kempny/Reimer,* 70. DJT 2014, Gutachten D, S. 91 f. mit der fragwürdigen Begründung, dass die „strukturelle Symmetrie der Finanzkompetenzen im Bundesstaat" zu wahren sei. Außerdem könnten so Begehren der Länder auf Zuschüsse des Bundes zur Vermeidung von Defiziten besser abgewehrt werden.

[178] Im Jahre 2015 wies der tatsächliche Finanzierungssaldo des öffentlichen Gesamthaushalts für Deutschland einen Überschuss von 0,7 %, der Primärsaldo von 2,2 %, und der konjunkturbereinigte Finanzierungssaldo von 0,9 % aus. Die entsprechenden Werte für den Euro-Raum lauteten: − 2,1 %, 0,3 % und − 1,2 %; *Sachverständigenrat zur Begutachtung der gesamtwirtschaftlichen Entwicklung,* Jahresgutachten 2016/17, Tabelle 3 (S. 83), mit internationalen Vergleichszahlen; noch breiter angelegter internationaler Vergleich der Finanzierungssalden: Finanzbericht 2017, Übersicht 14 (S. 425–427).

[179] „Der von der Finanzstatistik verwendete Finanzierungssaldo wird berechnet, indem die öffentlichen Ausgaben von den Einnahmen abgezogen werden. Einnahmen und Ausgaben sind dabei die Mittel, die im Laufe einer Periode kassenwirksam erwirtschaftet und verausgabt wurden (jeweils ohne periodenübergreifende besondere Finanzierungsvorgänge und haushaltsinterne Verrechnungen). Übersteigen die Einnahmen die Ausgaben der öffentlichen Haushalte, liegt ein Finanzierungsüberschuss vor. Sind die Ausgaben höher als die Einnahmen, ergibt sich ein Finanzierungsdefizit" (https://www.destatis.de/DE/Publikationen/STATmagazin/FinanzenSteuern/2008_10/2008_10Finanzierungssaldo.html).

[180] *Seiler* JZ 2009, 721 (723). Trotz seines Verfassungsrangs rechtfertigt es aber nicht für sich alleine eine Einschränkung des Grundsatzes der „amtsangemessenen Alimentierung" der Beamten, BVerfGE 140, 240 (294 f. Rn. 109 f.).

[181] *Maunz,* in: Maunz/Dürig, Art. 115 (1981) Rn. 14 für Art. 115 aF; zurückhaltender *Lappin,* Kreditäre Finanzierung des Staates unter dem Grundgesetz, 1994, S. 136.

[182] *Reimer,* in: Epping/Hillgruber, Art. 109 Rn. 55; *Jarass,* in: Jarass/Pieroth, Art. 109 Rn. 13; aA *Heun,* in: Dreier III, Art. 109 Rn. 38; der auf den in Art. 115 Abs. 2 GG verwendeten Kreditbegriff abstellt, jedoch anerkennt, dass er auch schon der bisherigen Regelung des Art. 115 I 2 GG aF zugrunde lag.

[183] BerlVerfGH NVwZ-RR 1997, 506. mwN.

[184] BT-Dr 16/12 410, S. 10: „Nettokreditaufnahme".

[185] *Kube,* in: Maunz/Dürig, Art. 109 (2011) Rn. 129.

[186] So aber *Jarass,* in: Jarass/Pieroth, Art. 109 Rn. 13, Art. 115 Rn. 3; *Heun,* in: Dreier III, Art. 115, Rn. 14; nicht so eng *Kube,* in: Maunz/Dürig, Art. 109 (2011) Rn. 134.

[187] Vgl. → Art. 115 Rn. 20–22 mwN für die Zustimmung; ebenso BerlVerfGH NVwZ-RR 1997, 506; 2003, 537 (538); *Pünder* HStRV, § 123 Rn. 21.

**66**    **Kassenverstärkungskredite** können Kredite i. S. d. Vorschrift sein;[188] je nach Ausgestaltung auch die **Verwaltungsschulden.**[189] Nach § 1 des Gesetzes zur Ausführung von Art. 115 werden Kassenverstärkungskredite separat behandelt.[190] Wenn sie aber über mehr als eine Haushaltsperiode nicht auf Null zurückgeführt werden, dienen sie auf Dauer der Staatsfinanzierung, und es besteht die Gefahr, dass die Vorschriften über die Kreditfinanzierung unterlaufen werden.[191] Sie müssen dann wie Finanzkredite behandelt werden. Fraglich ist jedoch, ob auch **Zwangsanleihen** darunter fallen. Der Wortlaut der Vorschrift spricht dagegen, ihr Sinn und Zweck dafür.[192] Praktische Bedeutung hat die Frage indes nicht mehr, nachdem das BVerfG dem Bund die Kompetenz zur Auferlegung von Zwangsanleihen abgesprochen hat.[193] Die Anwartschaften aus nicht-kapitalgedeckten Altersversorgungssystemen **(implizite Staatsschuld)** sind keine Kredite i. S. d. Vorschrift;[194] ebenso wenig Verpflichtungsermächtigungen[195] und die Einnahmen aus der Veräußerung von Staatsvermögen.[196] Auch insoweit besteht eine Lücke in der Umsetzung des Regelungskonzepts. Die Übernahme von **Bürgschaften, Garantien und Gewährleistungen** führt ebenfalls nicht zu Einnahmen aus Krediten, die zur Haushaltsdeckung verwendet werden könnten. Einfachgesetzlich ordnen § 2 I 1, § 3 G 115 eine Bereinigung um „finanzielle Transaktionen" an.[197] Ohne hinreichende Begründung, aber im Ergebnis zutreffend wird deshalb eine Reform der Regelung von Eventualverbindlichkeiten (Bildung von Rückstellungen, Schuldenstandbegrenzungen) empfohlen.[198]

**67**    Bis zur Neuregelung war umstritten gewesen, ob die verfassungsrechtlichen Grenzen für die Kreditaufnahme auch im Haushaltsvollzug zu beachten waren.[199] Das BVerfG hatte sich nicht eindeutig festgelegt, aber Sympathien für die sehr kritische Haltung des BRH[200] im Hinblick auf die Praxis des Haushaltsvollzugs zu erkennen gegeben und ausdrücklich dem Gesetzgeber aufgegeben, sich bei einer Neuregelung der staatlichen Verschuldungspolitik damit zu befassen.[201] Die neue Regelung in Art. 109 III 1 gilt dementsprechend sowohl für die **Aufstellung** als auch für den **Vollzug** der **Haushalte** von Bund und Ländern, auch wenn das für die Länder nicht im Wortlaut zum Ausdruck gekommen ist.[202] Für den Bund gilt zudem Art. 115 II 4.

**68**    **Ausnahmen** von dem beschriebenen Verbot der Kreditfinanzierung lassen die Sätze 2 und 4 zu. Darüber hinausgehende Ausnahmen und Durchbrechungen sind nicht gestattet. Auch unter dem Gesichtspunkt der Einheit der Verfassung oder extremer Not sind sie nicht zugelassen.[203] Die Regelung ist **abschließend.**[204] Eine **gemeinsame Kreditaufnahme** von Bund und Ländern oder von mehreren Ländern ist im GG nicht geregelt. Sie kann deshalb nicht schon von vornherein als verfassungswidrig beurteilt werden.[205] Sie darf aber auf keinen Fall dazu dienen die Regeln von Art. 107

---

[188] Str., wie hier: *Heintzen*, in: v. Münch/Kunig II, Art. 115 Rn. 10; *Pünder* HStR V, § 123 Rn. 18, 23; *Höfling* (Fn. 154), S. 49; *Heuer*, in: Heuer, Kommentar zum Haushaltsrecht, Art. 115 (1996) Anm. 7; *Puhl* (Fn. 157), S. 485; wohl auch *Wendt* MKS III, Art. 115, Rn. 23; aA *Kube*, in: Maunz/Dürig, Art. 109 (2011) Rn. 136; *Stern*, StaatsR II, S. 1268; *Höfling/Rixen* BK, Art. 115 (2003) Rn. 145; *Heun*, in: Dreier Suppl. 2010, Art. 109 Rn. 38; *Henneke*, in: Hofmann/Henneke, Art. 115 Rn. 9. Nach § 1 des G zur Ausführung von Art. 115 werden sie separat behandelt.

[189] So zu Recht *Höfling* (Fn. 154), S. 42; *Wendt* MKS III, Art. 115, Rn. 22; *F. Kirchhof* DÖV 1999, 242 (246); anders die hM: *Heuer* (Fn. 188), Anm. 6; *Wiebel/Vogel* BK, Art. 115 (1978) Rn. 42; *Kube*, in: Maunz/Dürig, Art. 109 (2011) Rn. 135, allerdings mit Ausnahme neuartiger Finanzierungsinstrumente; *Stern*, Staatsrecht II, S. 1267; *Friauf* HStR IV¹, § 91 Rn. 26; *Heun*, in: Dreier III, Art. 115 Rn. 14; *Gröpl*, Haushaltsrecht, 2001, S. 446; unentschlossen *Puhl* (Fn. 157), S. 486.

[190] Gesetz zur Ausführung von Art. 115 (Art. 115-Gesetz – G 115), Art. 2 des Begleitgesetzes zur zweiten Föderalismusreform v. 20.8.2009, BGBl I, 2702, 2704.

[191] *Kempny/Reimer*, 70. DJT 2014, Gutachten D, S. 88.

[192] Vgl. BVerfGE 67, 256 (280 f.), aber iE offen gelassen; eindeutig dafür *Höfling* (Fn. 154), S. 57; *Reimer*, in: Epping/Hillgruber, Art. 109 Rn. 55 ohne Begr.; *Kube*, in: Maunz/Dürig, Art. 109 (2011) Rn. 134; dagegen *Heun*, in: Dreier III, Art. 115 Rn. 14.

[193] BVerfGE 67, 256 (274).

[194] *Siekmann*, European Public Law 13 (2007), 489 (494); krit. *Gröpl* Verwaltung 39 (2006), 215 (237 f.), der aber die Begriffe Rückstellungen und Rücklagen nicht richtig gegeneinander abgrenzt (S. 238).

[195] *Gröpl* Verwaltung 39 (2006), 215 (231).

[196] *Heun*, in: Dreier III, Art. 109 Rn. 38.

[197] Fundstelle: Fn. 190.

[198] *Kempny/Reimer*, 70. DJT 2014, Gutachten D, S. 117 f.

[199] Nachw. zum Streitstand in der 7. Aufl. Art. 109 Fn. 197.

[200] BT-Dr 12/8490, S. 22.

[201] BVerfGE 119, 96 (154).

[202] *Christ* NVwZ 2009, 1333 (1336 f.); *Klepzig* (Fn. 134), S. 120, jeweils unter Hinweis auf den Umstand, dass Art. 109 III 1 bewusst von „Haushalt" und nicht von „Haushaltsplan" spricht; ebenso *Koemm* (Fn. 134), S. 188 f. *Jarass*, in: Jarass/Pieroth, Art. 109 Rn. 12; *Kube*, in: Maunz/Dürig, Art. 109 (2011) Rn. 191, m. näherer Begründung; aA *Stüber* DÖV 2018, 654 (655, 659), der zutreffend darauf hinweist, dass „Haushalt" und „Haushaltsplan" weitgehend synonym verwendet werden und „Haushaltsvollzug" nicht legal definiert ist (S. 655 f.).

[203] *Lenz/Burgbacher* NJW 2009, 2562; *Kube*, in: Maunz/Dürig, Art. 109 (2011) Rn. 26; *Jarass*, in: Jarass/Pieroth, Art. 109 Rn. 13.

[204] BT-Dr 16/12410, S. 11.

[205] Ebenso *G. Kirchhof* ZG 2012, 313 (327).

III zu unterlaufen. Das gilt vor allem auch für die Tilgungspläne (→ Rn. 73). Je nach Ausgestaltung liegt auch ein Verstoß gegen Art. 109 I vor (→ Rn. 9).

Die nähere **Ausgestaltung** des Verbots ist für den Bundeshaushalt – methodisch überaus fragwürdig **69** (→ Rn. 54) – durch Satz 4 auf Art. 115 übertragen (näher → Rn. 70). Die Länder treffen nähere Regelungen gemäß Satz 5 im Rahmen ihres Verfassungsrechts (näher → Rn. 78 f.).

## IV. Die allgemeine Abweichungsmöglichkeit für den Bundeshaushalt (S. 4)

Art. 109 III 4 erlaubt dem Bund eine „nähere Ausgestaltung" für seinen Haushalt in Art. 115 „mit **70** der Maßgabe", dass dem Verbot von S. 1 noch entsprochen ist, wenn die Einnahmen aus Krediten nicht mehr als **0,35 % des nominalen Bruttosozialprodukts** ausmachen. Diese Regelung ist sprachlich, inhaltlich und methodisch misslungen, da der Bund keiner Ermächtigung bedarf, um eine Regelung für sein HaushaltsverfassungsR vornehmen zu dürfen. Das hat der verfassungsändernde Gesetzgeber grundlegend verkannt.[206] Inhaltlich handelt es sich auch nicht um eine Ausgestaltung des Verbots, sondern um die Vorgabe eines anderen Inhalts. Außerdem ist die allg. Erlaubnis zur Kreditfinanzierung in der genannten Höhe gleichzeitig in Art. 115 II 2 ausgesprochen worden. Es bedurfte daher nicht der Regelung in Art. 109 III.

I. Erg. darf der Bund jedenfalls seinen Haushalt ohne weiteres und auf Dauer mit Einnahmen aus **71** Krediten ausgleichen, soweit sie nicht 0,35 % des nominalen BIP überschreiten. Damit wird ein Mindestinvestitionsniveau unterstellt, das eine solche Lastenverschiebung in die Zukunft angeblich rechtfertigt.[207] Damit ist jedoch **keine Verpflichtung** verbunden, die Einnahmen aus Krediten, die in dieser Höhe aufgenommen werden, **für investive Zwecke zu verwenden**.[208] Nach § 4 G 115[209] ist das nominale Bruttoinlandsprodukt (BIP) des der Aufstellung des Haushalts vorangegangenen Jahres maßgebend. Auch diese Regelung wird als „konzeptionell verfehlt" angesehen.[210]

## V. Die Abweichungsmöglichkeiten aus besonderen Gründen (S. 2 und 3)

Art. 109 III 2 ist als **Ermächtigung** für Bund und Länder konzipiert, von der Grundregel des S. 1 **72** abzuweichen. Dies kann zum Ausgleich der Auswirkungen von Konjunkturschwankungen (1) oder zur Bewältigung von Naturkatastrophen und außergewöhnl. Notlagen (2) erfolgen. Abgesehen von den vielfältigen sprachl. Unzuträglichkeiten ist diese Regelung methodisch und systematisch ebenfalls verfehlt, soweit sie den Bund betrifft. Er bedarf keiner Ermächtigung, um sein HaushaltsverfassungsR so auszugestalten, wie es die Vorschrift erlaubt.[211] Es wird zudem der (falsche) Anschein einer wechselseitigen Bindung von Bund und Ländern erzeugt, die es in dieser Form nicht geben kann. Durch die (formal) parallele Behandlung von Bund und Ländern wird schließlich verschleiert, dass es einen erhebl. Unterschied macht, ob der Bund sich Regeln für seinen Haushalt auferlegt oder anderen Staaten: den Ländern.

Aus Satz 3 ist aber zu entnehmen, dass es sich bei der Inanspruchnahme dieser Kreditaufnahme- **73** möglichkeiten um **Ausnahmen** handeln muss.[212] Es ist vor allem auch eine „entsprechende" **Tilgungsregelung** vorzusehen, Art. 109 III 3. Solche Regelungen müssen hinreichend konkret sein und nach Sinn und Zweck der Vorschrift auch **tatsächlich** zur Tilgung führen.[213] Als Auftrag an den Bund ist auch diese Regelung verfehlt. In Art. 115 II 4 sind jedenfalls dahingehende Anordnungen enthalten. Ob sie den Vorgaben von Art. 109 III entsprechen, ist irrelevant, da sie in jedem Fall als lex specialis vorgehen. Tilgungsregelungen binden den späteren Haushaltsgesetzgeber aber nur dann, wenn sie Teil des Verfassungsrechts werden.[214] Die beiden Tatbestandsvarianten sind nebeneinander anwendbar.[215] Die Tilgungsregelung der Länder nach Satz 3 muss nicht – wie in Art. 115 II – in der jeweiligen Verfassung geregelt sein. Es ist aber ein rechtlich verbindlicher Plan zur vollständigen Tilgung der

---

[206] *Heun,* in: Dreier III, Art. 109 Rn. 49: „Gesetzestechnisch ist diese Form der Regelung einigermaßen absurd".

[207] Gesetzesbegründung, BR-Dr 262/09, S. 9; *Deubel* ZSE 2009, 231 (236): „pauschalierten Netto-Investitionskonzept"; *Seiler* JZ 2009, 721 (723).

[208] *Selmer* NVwZ 2009, 1255 (1260).

[209] Siehe Fn. 190.

[210] *Heun,* in: Dreier III, Art. 109 Rn. 35. *Seiler* JZ 2009, 721 (723), warnt vor mögl. Manipulationen des BStatG. Bisher sind solche Befürchtungen jedoch nicht begründet, BVerfGE 116, 327 (396).

[211] Vgl. auch *Heun,* in: Dreier III, Art. 109 Rn. 40: „seltsam", „prinzipiell verfehlt"; ähnlich *Kube,* in: Maunz/Dürig, Art. 115 (2009) Rn. 149, der zutreffend darauf hinweist, dass die Regelung in Art. 115 II 3 – anders als die Gesetzesbegründung meinte – kein Gebrauchmachen der Befugnis des Art. 109 III 2 sein könne, da beide Regelungen „auf derselben normenhierarchischen Ebene" stünden.

[212] Es besteht die Gefahr, dass Ausnahmeklauseln regelmäßig herangezogen werden, vgl. *Waldhoff/Dieterich* ZG 2009, 97 (113).

[213] Ähnlich *Reimer,* in: Epping/Hillgruber, Art. 109 Rn. 59, 75, der aber diff. Regelungen zulässt.

[214] Unzutreffend daher *Jarass,* in: Jarass/Pieroth, Art. 109 Rn. 21. *Heun,* in: Dreier III, Art. 109 Rn. 47 verlangt verbindliche Vorgaben, die auch durchgesetzt werden, vermutet aber erhebliche Schwierigkeiten; unklar *Kempny/Reimer,* 70. DJT 2014, Gutachten D, S. 87: „Selbstbindung".

[215] ZT wohl anders *Reimer,* in: Epping/Hillgruber, Art. 109 Rn. 68.

aufgenommenen Kredite aufzustellen. Letztlich darf keine zusätzliche Erhöhung des Schuldenstandes erfolgen. Die Tilgung ist auch in die mehrjährige Finanzplanung aufzunehmen. Bei gemeinsamen Bund-Länder-Anleihen („Jumbo-Bonds") ist es nicht möglich, diese Voraussetzungen zu erfüllen.[216]

**74** **1. Ausgleich von Konjunkturschwankungen.** Danach erlaubt die Vorschrift den Ländern zum **Ausgleich** von **Konjunkturschwankungen** von der Grundregel des Satz 1 **abzuweichen.** Für den Bund ergibt sich diese Möglichkeit aus Art. 115 II 3. Auf diese Weise wird eine aktive antizyklische Fiskalpolitik (→ Rn. 36 f., 44) ermöglicht.[217] Sie muss allerdings in Auf- und Abschwung **symmetrisch** erfolgen.[218] Dazu dient nicht zuletzt die Tilgungsregelung in Satz 3. Schon nach der bisherigen Regelung war nach zutreffender Auslegung die konjunkturell bedingte zusätzliche Kreditaufnahme („zur Abwehr einer Störung des gesamtwirtschaftlichen Gleichgewichts") nur insoweit zulässig, als die Netto-Neuverschuldung über einen gesamten Konjunkturzyklus gerechnet nicht zu einem Zuwachs der Gesamtverschuldung führen durfte. In Verbindung mit Art. 109 II aF war deshalb im Aufschwung notfalls auch eine **Nettotilgung verfassungsrechtlich geboten.**[219] Diese Vorgaben sind regelmäßig missachtet worden.[220] Das sollte durch die Neuregelung effektiv verhindert werden. Eine sachliche Änderung war **insoweit** nicht beabsichtigt. Es sollte nur das Fehlen einer ausdrücklichen Anordnung ausgemerzt werden.[221]

**75** Die Grundregel ist trotz erneuter sprachl. Unklarheiten in Art. 109 III 3 bestehen geblieben.[222] Der Begriff der **„Normallage",** von der konjunkturelle Entwicklungen abweichen, hat mit der Vorschrift erstmals Eingang in den Text des GG gefunden. Er war zwar auch schon bisher im Staatsschuldenrecht verbreitet,[223] doch weist er einige Ungenauigkeiten auf, die erfahrungsgemäß zu Umgehungen reizen.[224] Stellt man auf den Auslastungsgrad des gesamtwirtschaftl. Produktionspotentials ab,[225] sollten jüngere makroökon. Studien beachtet werden, die krit. Fragen zur „Outputlücke" aufwerfen.[226] Es müsste zB geklärt werden, welcher Wert für NAIRU[227] zugrunde zu legen ist. Insgesamt weist das Konzept der gesamtwirtschaftl. Produktionslücke („production gap") und die Bestimmung des gesamtwirtschaftl. Produktionspotentials, die für die Beurteilung maßgebend ist, einige nicht unerhebliche Schwächen auf.[228] Nach dem Wortlaut der Vorschrift ist eine Mindestgröße der Abweichung von Normallage nicht erforderlich. Angesichts der großen Schwierigkeiten, das Produktionspotential einigermaßen genau abzuschätzen, und im Hinblick auf den Normzweck ist eine **restriktive Interpretation** angezeigt.[229] Eine konjunkt. bedingte Ausnahme vom Verbot der Kreditfinanzierung ist aber nur zulässig, wenn eine Verpflichtung besteht, die (zusätzl.) Kreditaufnahme im Abschwung durch Überschüsse im Aufschwung **vollständig zu tilgen.** Es darf per saldo **keinen Zuwachs** des Schulden-

---

[216] *G. Kirchhof* ZG 2012, 313 (326).

[217] *Seiler* JZ 2009, 721 (723).

[218] Krit. *Heun,* in: Dreier III, Art. 109 Rn. 39: „ökonomisch fragwürdig".

[219] NWVerfGH NWVBl 2003, 419 (423); *Siekmann,* 5. Aufl. 2009, Art. 115 Rn. 51; in der Sache ebenso *Heun,* in: Dreier III, Art. 109 Rn. 41; iE auch *Waldhoff/Dieterich* ZG 2009, 97 (111), obwohl „keine ausdrückliche Verpflichtung"; anders *Christ* NVwZ 2009, 1333 (1334); unklar *Tappe* DÖV 2009, 881 (884 einerseits, 888 andererseits); unzutr. *Reimer,* in: Epping/Hillgruber, Art. 109 Rn. 60, der zT makroökonom. argumentiert (Rn. 61 f.), ohne die einschlägige ökonom. und jur. Lit. zu diskutieren.

[220] Vgl *G. Kirchhof* MKS III, Art. 109 Rn. 90 f.; *ders.* HStR V, § 123 Rn. 12. Die Entwicklung der Finanzierungssalden von Bund, Ländern sowie der Defizitquoten der staatlichen Ebenen und des Gesamtstaates im Zeitablauf sind dargestellt in *Sachverständigenrat zur Begutachtung der gesamtwirtschaftlichen Entwicklung,* Sondergutachten v. März 2007, Staatsverschuldung wirksam begrenzen, Tabellen 4 und 5 (S. 16 f.). Abgesehen vom Sonderfall Bremen und Saarland kamen Tilgung praktisch nicht vor trotz hoher konjunkturpolitischer Kreditaufnahme zuvor.

[221] BT-Dr 16/12 410, S. 5.

[222] *Lenz/Burgbacher* NJW 2009, 2561 (2563); aA *Heun,* in: Dreier III, Art. 109 Rn. 42; *Seiler* JZ 2009, 721 (723), der an Stelle offener volkswirtschaftl. Zielvorstellungen verbindl. Tatbestandsmerkmale getreten sieht, durch die eine Verlagerung von der „parlamentarischen Einschätzung" zu einer „wirksamen gerichtlichen Überprüfbarkeit" erfolgt sei, die den Verschuldungsrahmen einenge; *Korioth,* JZ 2009, 729 (732).

[223] BVerfGE 79, 311 (333 f.); 86, 148 (267); 119, 96 (138, 141, 147); NWVerfGH NWVBl 2003, 419 (423).

[224] *Korioth* JZ 2009, 729 (732); *Heun,* in: Dreier III, Art. 109 Rn. 42; *Seiler* JZ 2009, 721 (724), der zur Bestimmung der „Normallage" auch nur auf allgemeine Floskeln, wie „wirtschaftswissenschaftlich überaus voraussetzungsreiche Verweisbegriffe" zurückgreift.

[225] So das Ausführungsgesetz in § 5 II G 115; ihm folgend *Ohler* DVBl 2009, 1265 (1272); *Seiler* JZ 2009, 721 (724); *Heun,* in: Dreier III, Art. 109 Rn. 42; zuvor bereits eingehend *Sachverständigenrat zur Begutachtung der gesamtwirtschaftlichen Entwicklung,* JG 2005/06, S. 69–71, 81, 220 f.

[226] Grundlegend zunächst *Okun,* Potential GNP: Its Measurement and Significance, in: American Statistical Association (Hrsg.), Proceedings of the Business and Economic Statistics Section, 1962, S. 98–104; sowie *Congdon,* Two Concepts of the Output Gap, World Economics, Vol 9 (2008), S. 147–175; eingehend *Deutsche Bundesbank,* Monatsbericht, April 2014, S. 13–38.

[227] NAIRU: Non Accelerating Inflation Rate Unemployment. Einfacher wäre es, einen Korridor um einen langjährigen Durchschnittswert zugrunde zu legen, dafür *Lenz/Burgbacher* NJW 2009, 2561 (2563); *Jarass,* in: Jarass/Pieroth, Art. 115 Rn. 9. Doch wäre diese Alternative ökonomisch wenig aussagekräftig.

[228] *Deutsche Bundesbank,* Monatsbericht April 2014, zu den grds. Problemen des Konzepts der Produktionslücke (S. 14 ff.) und den Schwierigkeiten der Schätzung des Produktionspotentials (S. 26 ff.).

[229] *Kube,* in: Maunz/Dürig, Art. 115 (2009) Rn. 157.

standes geben (→ Rn. 73).[230] Das ergibt sich bereits aus der verfassungsrechtl. Regel selbst, die auch „**vollzugsfähig**" ist.[231] Sie bedarf nicht erst der Ausgestaltung durch einfaches Gesetz.[232] Eher theoretische Bedeutung hat die Frage, ob die Bindung an die Erfordernisse des gesamtwirtschaftl. Gleichgewichts nach Abs. 2 auch iRv Abs. 3 S. 3 zu berücksichtigen ist. Ihre Einbettung in die europarechtl. Anforderungen, die in jedem Fall zu beachten sind (→ Rn. 17–20, 23 ff.), spricht trotz der differenzierten Sonderregelung in Abs. 3 dafür.

**2. Bewältigung von Naturkatastrophen und außergewöhnlichen Notlagen.** In Anlehnung an   **76** die Formulierung in Art. 122 II AEUV erlaubt Art. 109 III 2 Var. 2 ein **Abweichen** von dem grds. Verbot der Kreditfinanzierung in eng begrenzten **Ausnahmesituationen:** Bei Naturkatastrophen und außergewöhnlichen Notsituationen, die sich der Kontrolle des Staates entziehen und die Finanzlage des Staates erheblich beeinträchtigen, soll aus Haushaltsausgleich durch Einnahmen aus Krediten auch künftig möglich sein.[233] Dadurch soll die „Handlungsfähigkeit des Staates zur Krisenbewältigung" gewahrt bleiben.[234] Aber auch insoweit ist erforderlich, dass eine gesetzliche Regelung zur Tilgung der zusätzlichen Kredite vorhanden ist (→ Rn. 73). Da die Bewältigung von Notsituationen nun ausdrücklich geregelt ist, kommt die (fragwürdige) Berufung auf **ungeschriebene Notbefugnisse,** wie im Falle einer „extremen Haushaltsnotlage",[235] erst recht nicht mehr in Betracht.[236]

Unter **Naturkatastrophen** sollen in „Orientierung" an der Amtshilfe (Art. 35 II 2, III) „unmittel-   **77** bar drohende Gefahrzustände oder Schädigungen von erheblichem Ausmaß" verstanden werden, die durch Naturereignisse ausgelöst werden, wie Erdbeben, Hochwasser, Unwetter, Dürre, Massenerkrankungen. **Notsituationen** rechtfertigen die Kreditaufnahme nur, wenn sie außergewöhnl. sind, sich der Kontrolle des Staates entziehen und die staatl. Finanzlage erhebl. beeinträchtigen. Letzteres soll nur gegeben sein, wenn der Finanzbedarf zur Bewältigung der Notsituation gemessen an der Finanzkraft der betroff. Gebietskörperschaft außerordentlich hoch ist.[237] Als Beispiele sind in der Gesetzesbegründung genannt: bes. schwere Unglücksfälle iSv Art. 35 II 4 und III, eine plötzl. Beeinträchtigung der Wirtschaftsabläufe in extremem Ausmaß aufgrund eines exogenen Schocks, wie die Finanzkrise von 2007,[238] oder ein Ereignis wie die deutsche Wiedervereinigung, das einen erhebl. Finanzbedarf auslöst. Zykl. Schwankungen im Konjunkturverlauf gehören nicht dazu.[239] Eine „extreme Haushaltsnotlage", wie sie für Bremen und das Saarland bejaht worden war (→ Art. 107 Rn. 104 f.), ist kein außergewöhnl. Ereignis; jedenfalls entzieht sie sich nicht der Kontrolle des Staates.[240] Bes. schwere Unglücksfälle sollen „Schadensereignisse von großem Ausmaß und von Bedeutung für die Öffentlichkeit sein, die durch Unfälle, technisches oder menschliches Versagen ausgelöst oder von Dritten absichtlich

---

[230] BT-Dr 16/12410, S. 11: „Defizite im Abschwung" müssen durch „Überschüsse im Aufschwung" „ausgeglichen" werden; i. Erg. ebenso *Kube,* in: Maunz/Dürig, Art. 109 (2011) Rn. 166, 169; Art. 115 (2009) Rn. 52; *Wendt,* MKS III, Art. 115 Rn. 40 f.; *Jarass,* in: Jarass/Pieroth, Art. 115 Rn. 9; *Seiler* JZ 2009, 721 (724): mittel- bis langfristiger Ausgleich; einschränkend mit hinreichende Begr. *Christ* NVwZ 2009, 1333 (1334).

[231] *Kube,* in: Maunz/Dürig, Art. 109 (2011) Rn. 180; aA *Seiler* JZ 2009, 721 (724) „nicht vollzugsfähig".

[232] Unzutr. daher *Seiler* JZ 2009, 721 (723), der „ausschlaggebende Bedeutung für die Wirksamkeit der gesamten Schuldenregel" annimmt. Wenn das zuträfe, hätte man sich die Neuregelung im GG sparen können. Allerdings gelangt *Seiler* zumindest für die Länder zu dem richtigen Ergebnis, dass ihnen angesichts der verfassungsrechtl. Vorgaben keine erhebl. „Gestaltungsspielräume" verbleiben (Fn. 28).

[233] Krit. zur Weite und Unbestimmtheit der Begriffe *Kube,* in: Maunz/Dürig, Art. 109 (2011) Rn. 213; *ders.,* in: Maunz/Dürig, Art. 115 (2009) Rn. 194; *Seiler* JZ 2009, 721 (726), der außer einer allg. Mahnung an die Staatspraxis keine jur. Konsequenzen zieht; aA *Heun,* in: Dreier Suppl. 2010, Art. 115 Rn. 38.

[234] BT-Dr 16/12410, S. 11; anders wohl trotz der ausdr. Nennung in den Gesetzesmat. *Heun,* in: Dreier III, Art. 109 Rn. 45, der zu Unrecht die gegenwärtige Krise als Abschwung iR eines Konjunkturzyklus ansieht. Auch bei ganz langfristiger Betrachtung, die aber nicht als Konjunktur angesehen wird, handelt es sich um strukt. Verwerfungen, die nicht zuletzt auch durch drastische Fehlentscheidungen staatl. Stellen ermöglicht, wenn nicht verursacht worden sind; vgl. *Siekmann,* in: Möllers/Zeitler (Hrsg.), Europa als Rechtsgemeinschaft – Währungsunion und Schuldenkrise, 2013, S. 97, 124.

[235] Erwogen vom BerlVerfGH NVwZ 2004, 210 (212); im konkreten Fall aber abgelehnt (213); zu Recht als unhaltbar eingestuft von: *Höfling* FS v. Arnim, 2004, S. 259 (268): „bedenkliche Auflösung und Destabilisierung des geschriebenen Finanzverfassungsrechts"; *ders.,* Jb. d. Jurist. Gesellschaft Bremen, 2006, S. 56 (66); *ders.* DVBl 2006, 934 (934, 938 f.); *Kerber* DÖV 2004, 691 (694 f.); *Rossi* DVBl 2004, 269 (273 f.); *Badura* FS Mußgnug, 2005, S. 149 (152); *Siekmann,* 5. Aufl. 2009, Art. 115 Rn. 29. Kritiklos nimmt *Waldhoff* hin, dass vom Gericht ein „weiterer – ungeschriebener – landesverfassungsrechtlicher Ausnahmetatbestand ... entwickelt wurde", ohne darauf hinzuweisen, dass sich das Gericht damit in die (verfassungsändernder) Gesetzgeber aufspielt (NVwZ 2004, 1062 [1063]). Er betont aber immerhin, dass diese Möglichkeit lediglich der Überbrückung des Zeitraums zwischen der „Erklärung" der extremen Haushaltsnotlage durch das Land und der Entscheidung des Bundesverfassungsgerichts über das Bestehen einer extremen Haushaltsnotlage diene (1064). BerlVerfGH DVBl 2004, 308 (311 f.).

[236] Zutreffend *Heun,* in: Dreier III, Art. 109 Rn. 46.

[237] *Christ* NVwZ 2009, 1333 (1336); *Jarass,* in: Jarass/Pieroth, Art. 109 Rn. 19.

[238] BT-Dr 16/12410, S. 11; dagegen krit. *Heun,* in: Dreier III, Art. 109 Rn. 45; *Kube,* in: Maunz/Dürig, Art. 109 (2011) Rn. 215; näher zur Problematik anhand von Art. 122 II AEUV *Siekmann* (Fn. 234), S. 110.

[239] BT-Dr 16/12410, S. 11.

[240] *Kube,* in: Maunz/Dürig, Art. 115 (2009) Rn. 196; *Siekmann* (Fn. 234), S. 113.

herbeigeführt werden."[241] Ob dem Gesetzgeber ein Einschätzungsspielraum angesichts von Abgrenzungsschwierigkeiten zusteht,[242] darf bezweifelt werden.

## VI. Die Ausgestaltung durch die Länder (S. 5)

78    Nähere Einzelheiten haben die Länder in Übereinstimmung mit ihrem VerfassungsR zu regeln, Art. 109 III 5. Diese Pflicht erstreckt sich allerdings nicht auf die Zulassung einer nicht-strukturellen Kreditfinanzierung iSv Art. 109 III 2: Die Länder „können" sie „vorsehen". In jedem Fall ist aber S. 1 zu beachten, mit der Folge, dass „strukturelle" Haushaltsdefizite nicht zugelassen werden dürfen.[243] Auch darf eine konjunkturell bedingte Erhöhung der Kreditaufnahme mittelfristig nicht zu einer Erhöhung des Schuldenstandes führen, wenn diese Möglichkeit in Anspruch genommen wird.[244] Regelmäßig dürfte zur Umsetzung nur Verfassungsrecht in Betracht kommen, auch wenn das GG insoweit keine ausdrückl. Anordnung enthält.[245] Ein „Maßstäbegesetz" des Bundes wäre in diesem Bereich jedoch überflüssig, da AusführungsG der Länder die **grundlegende Anordnung nicht in ihr Gegenteil verkehren** oder wesentlich verändern dürfen. Bis zum Erlass neuer landesrechtl. Regelungen gilt das bisherige Landesrecht weiter; längstens jedoch bis zum Ende des Haushaltsjahres 2019. Danach wird es wegen Verstoßes gegen Art. 109 III nichtig, soweit es mit seinen Vorgaben nicht mehr vereinbar ist. Die Empfänger von Konsolidierungshilfen haben aber die verschärften Anforderungen nach Art. 143d II zu beachten, wenn sie ihren Anspruch nicht gefährden wollen (→ Art. 143d Rn. 15 f.).

79    Wenn und solange ein Land bis zum Beginn des Haushaltsjahres 2020 keine Regelung im Sinne von **Art. 109 III 2** erlassen hat, gilt das **Verbot der Kreditaufnahme** aus Art. 109 III 1 **unmittelbar und unbedingt** – ohne Ausnahmemöglichkeiten.[246] Es handelt sich um eine „Durchgriffsnorm", wie aus dem Wortlaut der Vorschrift und aus Art. 109 III 5 unmissverständlich zu entnehmen ist. Die landesrechtliche Ausgestaltungsgesetzgebung ist nicht konstitutiv für die Untersagung „struktureller" Defizite. Auch bei Naturkatastrophen oder anderen Notfällen ist eine Kreditaufnahme nicht zulässig, wenn keine dahingehende Regelung mit der bundesverfassungsrechtlich vorgeschriebenen Tilgungsanordnung erlassen worden ist.

79a    Bis auf Berlin, Brandenburg, Niedersachsen, das Saarland, Sachsen-Anhalt und Thüringen haben mittlerweile alle Bundesländer gesetzliche Regelungen geschaffen, welche die **Möglichkeit** zur Ausweisung **nichtstruktureller Defizite** in den Landeshaushalten eröffnen. Rheinland-Pfalz erlaubt einen Haushaltsausgleich aus Krediten auch bei „dem Land nicht zurechenbaren Änderungen der Einnahmen- und Ausgabensituation", wenn auch nur auf vier Jahre befristet, Art. 117 I 1 Nr. 2b RhPfVerf. Schon der Wortlaut von Art. 109 III erlaubt eine solch allgemein gehaltene Durchbrechung des Kreditfinanzierungsverbots nicht; auch nicht zur Abwehr oder Beseitigung einer extremen Haushaltsnotlage.[247]

80    Darüber hinaus haben zahlreiche Länder **Neuverschuldungsverbote** geschaffen, die ab 2020 gelten. Sie sind in den **Verfassungen** folgender Bundesländer zu finden: Bayern Art. 82,[248] Hamburg Art. 72 I,[249] Hessen Art. 141 I,[250] Mecklenburg-Vorpommern Art. 65 II,[251] Rheinland-Pfalz Art. 117,[252] Schleswig-Holstein Art. 61 I, 67 I.[253] Landesverfassungsrechtliche Neuverschuldungsverbote, die bereits vor 2020 gelten haben Bremen in Art. 131a[254] und Sachsen in Art. 95 II 1 geschaffen. Eine (strikte) Verpflichtung zum **Defizitabbau** findet sich nur in der Verfassung von Schleswig-Holstein (Art. 67 I);[255] ohne vorgegebenen Abbaupfad in den Verfassungen von Hamburg (Art. 72a),[256] Hessen

---

[241] BT-Dr 16/12410, S. 11.

[242] Dafür *Heun,* in: Dreier III, Art. 109 Rn. 46.

[243] Allenfalls die Abgrenzung des Begriffs „Einnahmen aus Krediten" mag den Ländern noch einen kleinen Spielraum lassen, vgl. *Kube,* in: Maunz/Dürig, Art. 109 (2011) Rn. 163.

[244] *Seiler* JZ 2009, 721 (724 Fn. 28).

[245] Ebenso *Heun,* in: Dreier III, Art. 109 Rn. 51; *Tappe,* JböffFin 2009, 417 (432); *Kube,* in: Maunz/Dürig, Art. 109 (2011) Rn. 189: wegen des Parlamentsvorbehalts für Neuverschuldungsentscheidungen; aA *Kastrop/Meister-Scheufelen/Sudhof/Ebert,* APuZ 62 (2012), S. 16 (20); *Steinbach/Rönicke,* JböffFin 2013, 339 (342).

[246] *Christ* NVwZ 2009, 1333 f.; *Korioth* JZ 2009, 729 (731); *ders.,* JböffFin 2009, 389 (396); *Gröpl* LKRZ 2010, 401 (402, 404); iE ebenso *Berlit* SächsVBl 2010, 53 (57); *Kube,* in: Maunz/Dürig, Art. 109 (2011) Rn. 182; Art. 143d (2019) Rn. 16; *Steinbach/Rönicke,* JböffFin 2013, 339 (342); *Klepzig* (Fn. 134), S. 146; *Stüber* DÖV 2018, 654 (656 Fn. 13).

[247] Dezidiert und mit zutreffender Begründung *I. Schmidt* DÖV 204, 916 (922 f.); ebenso wohl auch: *Gröpl* LKRZ 2010, 401 (404); *Steinbach/Rönicke,* JböffFin 2013, S. 339 (342); *Klepzig* (Fn. 134), S. 154–157, 163; s. ferner *Henneke* ZG 2014, 201, zum Stand der Gesetzgebung in den Ländern im Jahre 2014.

[248] G v. 29.5.2013, GVBl 182. Vor 2020: Art. 18 I 1 BayHO, der allerdings keine Rechtspflicht vorsieht.

[249] G v. 19.6.2012, GVBl 253.

[250] G v. 29.4.2011, GVBl 182.

[251] G v. 22.4.2011, GVBl 172.

[252] G v. 23.12.2010, GVBl 547.

[253] G v. 22.7.2010, GVBl 550.

[254] Vgl. die Abweichungsmöglichkeit gem. Art. 131b BremVerf.

[255] Defizitabbau ab 2011; Obergrenze verringert sich jährlich um $^1/_{10}$ des Ausgangswertes von 2010.

[256] In den Jahren 2013 bis 2018 ist eine Verminderung der Nettokreditaufnahme anzustreben. Die bisherige Regelung in § 18 LHO wurde aufgehoben.

(Art. 161 S. 3, 4),[257] Mecklenburg-Vorpommern (Art. 79a).[258] Eine einfachgesetzliche Regelung besteht in Rheinland-Pfalz (Art. 2 des Gesetzes v. 23.12.2010),[259] Niedersachsen (§ 18a LHO), Sachsen-Anhalt (§ 18 IV LHO),[260] Bremen (§ 18a LHO – ab 2011), Baden-Württemberg (§ 18 II LHO iVm § 1 VO zu § 18 LHO – ab 2008) sowie Bayern (mittelbar über Art. 18 I 2 BayHO).[261] Teilweise haben die Länder zusätzlich **einfachgesetzliche Ausführungsgesetze**[262] erlassen.

Einige der Verfahren zur Änderung von Landesverfassungen sind wieder abgebrochen worden,[263] **80a** nicht selten weil in der Öffentlichkeit die Funktion dieser Regelungen verkannt wurde und der (falsche) Eindruck erweckt wurde, dass erst durch die Neuregelungen (konstitutiv) ein Verbot von strukturellen Defiziten auf Landesebene eingeführt werde.[264]

## VII. Vereinbarkeit mit Art. 79 III

Im Schrifttum sind Bedenken an der Vereinbarkeit der neuen Regelung zum Ausgleich der Landes- **81** haushalte mit Art. 79 III angemeldet worden.[265] Zur unantastbar geschützten Staatlichkeit der Länder gehöre auch die Befugnis, selbst zu entscheiden, ob und in welchem Ausmaß Kredite zur Haushalts- finanzierung aufgenommen werden dürfen.[266] Verfassungsrechtliche Bedenken sind auch in Landes- parlamenten zum Ausdruck gekommen.[267] Es ist jedoch zu bezweifeln, dass mit der Neuregelung tatsächlich **verfassungswidriges Verfassungsrecht** geschaffen worden ist. Das Budgetrecht des Bundestages ist höchstens mittelbar über das Demokratieprinzip von Art. 79 III erfasst, das erkennbar nicht verletzt ist.[268]

Zunächst verbietet die Regelung den Ländern nicht jede Kreditaufnahme. Sie überlässt ihnen die **82** Entscheidung, ob und in welchem Umfang eine Kreditaufnahme zur konjunkturellen Gegensteuerung oder zur Bewältigung von Naturkatastrophen und außergewöhnl. Notsituationen erfolgen darf. Zu den Wesensmerkmalen der Staatlichkeit der Länder gehört eine aufgabenadäquate Finanzausstattung,[269] nicht aber die Befugnis, in der wirtschaftl. Normallage Einnahmen aus Krediten zum Haushaltsaus- gleich verwenden zu dürfen. Es verbleibt ihnen ein hinreichendes Maß an Haushaltsautonomie, auch wenn man berücksichtigt, dass die Einnahmenseite ihrer Haushalte weitgehend bundesrechtlich fest- geschrieben ist.[270] Auch berührt die Ungleichbehandlung von Bund und Ländern nicht das Bundes- staatsprinzip. Sie ist vielfach im GG zu finden. Bei der gebotenen **restriktiven Auslegung**[271] dürfte die Neuregelung mit Art. 79 III zu vereinbaren sein.[272] Das BVerfG hat einen „Antrag des Landes

---

[257] Defizitabbau ab 2011, aber kein konkreter Abbaupfad vorgegeben.

[258] Defizitabbau ab 2012, aber kein konkreter Abbaupfad vorgegeben.

[259] O. Fn. 252; Defizitabbau ab 2011 mit „regelmäßig zu verringerndem strukturellen Defizit".

[260] Übergangsregelung in § 118 LHO (LSA).

[261] Mit dieser Vorschrift ist Bayern zugleich das einzige Land, das eine Abtragung des Schuldensockels vorsieht.

[262] BW: VO zu § 18 LHO v. 13.12.2016 (GBl 637); Hamb: SNHG v. 17.12.2013 (GVBl 503); Hess: Art. 141 G v. 26.6.2013 (GVBl 447); RhPf: o. Fn. 252.

[263] Brand LT-Dr 5/2045 v. 23.9.2010; Bremen LT-Dr 17/1331 v. 11.6.2010; abgel. 16.6.2010; Nieders LT-Dr 16/3748 v. 22.3.2011, abgel. 13.2.2012; NW LT-Dr 14/10358 v. 3.12.2009, abgel. 24.3.2010; Saarl LT-Dr 13/2461, abgel. 16.12.2010; zum Stand der Umsetzungsaktivitäten *Berlit,* JböffFin 2010, S. 311 (313 ff.); *Steinbach/Rönicke,* JböffFin 2013, S. 339 (344).

[264] Der in Hessen am 27.3.2011 durchgeführte Volksentscheid ging deshalb von falschen Voraussetzungen aus; anders nur wenn man die grundgesetzliche Regelung, soweit sie die Länder betrifft, für verfassungswidrig hält, wie wohl der LT von Rh-Pfalz, vgl. *Steinbach/Rönicke,* JböffFin 2013, S. 339 (347).

[265] Umfassende Untersuchung durch *Koemm* (Fn. 134), Kapitel 3.

[266] *Hancke* DVBl 2009, 621 (626); *Fassbender* NVwZ 2009, 737 (740); skeptisch auch *Selmer* NVwZ 2009, 1255 (1261).

[267] Beispielsweise in Rh-Pfalz (o. Fn. 254) und Schleswig-Holstein (→ Rn. 82).

[268] *Koemm* (Fn. 134), S. 153, 213.

[269] BVerfGE 72, 330 (388); 86, 148 (264); 101, 158 (219 ff.); 116, 327 (378 f.).

[270] Nicht einmal die Kreditbegrenzungsregeln der EU für die Mitgliedstaaten hat das BVerfG als unzulässige „Entstaatlichung" beanstandet, BVerfGE 89, 155 (204); 126, 267 (361); gegen „Entstaatlichung" bei der nunmehr erlaubten Auslieferung Deutscher vgl. BVerfGE 113, 273 (298).

[271] Vgl. dazu *Koemm* (Fn. 134), S. 135–138, die den nicht unproblematischen Begriff „Identitätsgarantie" bevor- zugt, der (neue) Spielräume für die Anwendung von Art. 79 III eröffnet.

[272] *Kemmler* DÖV 2009, 549 (554–556); *Wilczek* VBlBW 2009, 325 (326); *Seiler* JZ 2009, 721 (727 f.); *Korioth* JZ 2009, 729 (731 f.); *Waldhoff/Dieterich* ZG 2009, 97 (115 f.); *R. Schmidt* DVBl 2009, 1274 (1277); *Kramer/Hinrichsen/ Lauterbach* JuS 2012, 896 (900 f.); *Lenz/Burgbacher* NJW 2009, 2561 (2566), teilweise mit der unzutr. Begr., den Ländern sei schon durch ihr an Art. 115 aF angelehntes Haushaltsverfassungsrecht die Kreditaufnahme beschränkt worden; *Christ* NVwZ 2009, 1333 (1338); *Ohler* DVBl 2009, 1265 (1273); *G. Kirchhof* MKS III, Art. 109 Rn. 112; *Jarass,* in: Jarass/Pieroth, Art. 109 Rn. 15; *Reimer,* in: Epping/Hillgruber, Art. 109 Rn. 17; *Tappe* NVwZ 2009, 881 (888); *ders.* (Fn. 245), S. 429; *Thiele* NdsVBl 2010, 89; *Häde* AöR 135 (2010), 89 ff.; *Scholl* DÖV 2010, 160 (168 f.); *Heun,* in: Dreier III, Art. 109 Rn. 22; *Kube,* in: Maunz/Dürig, Art. 109 (2011) Rn. 118; mit Einschränkungen *Aydin* KritV 93 (2010), 29 (42 ff.), unter Berücksichtigung der verbleibenden Gestaltungsspielraums und Ergänzungszuweisungen; *Koemm* (Fn. 134), S. 266 mit eingehender Begründung; *Klepzig* (Fn. 134), S. 126–143; *Gröpl* LKRZ 2010, 401 (403) mit der angreifbaren Begr., dass die Kreditfinanzierung allgemein als rechtfertigungsbedürftige Ausnahme angesehen worden sei. Das trifft in dieser Allgemeinheit indes nicht zu, vgl. *Stern,* StaatsR II, S. 1265, 1271. Auch ist es alles andere als sicher, ob und in welchem Umfang eine Kreditaufnahme zu „deutlichen Wohlstandsverlusten" führt. Die Ver- wendung der Mittel dürfte, wie im alten Regelung vorausgesetzt, eine wichtige Rolle spielen.

Schleswig-Holstein, vertreten durch den Präsidenten des Landtages und durch den Landtag", im Bund-Länder-Streit nach Art. 93 I Nr. 3 auf Feststellung der Unvereinbarkeit von Art. 109 III 1 und 5 mit Art. 79 III zu Recht als **unzulässig** verworfen. Nach § 68 BVerfGG könne für ein Land nur die Reg Antragsteller sein. Diese Regelung sei auch verfassungsmäßig.[273] Die LandesParl könnten notfalls mit Hilfe der Organklage die Verpflichtung der LReg zur Antragstellung erstreiten.[274]

## VIII. Vereinbarkeit mit dem Recht der EU

83     Im Ansatz orientiert sich die Regelung an den **unionsrechtlichen Anforderungen** für stabile Haushalte (→ Rn. 23 ff.).[275] Teilweise wird vertreten, dass sie deutlich darüber hinausgehe und deshalb insoweit „verfehlt" sei.[276] Das mag für die Kurzfristbetrachtung zutreffen, nicht jedoch bezüglich der mittelfristigen Ziele des Stabilitäts- und Wachstumspaktes. Die Abweichungsmöglichkeiten sind mit den Vorgaben von Art. 126 AEUV, dem Stabilitäts- und Wachstumspakt und dem SKS-Vertrag zu vereinbaren.

84     Die **Defizitregeln** der EU gelten für den **Gesamtstaat** unter Einbeziehung der Sozialversicherungsträger und Kommunalkörperschaften. Aus ihnen können allerdings keine konkreten Rechtsfolgen für einen einzelnen Haushalt im gegliederten Staatswesen abgeleitet werden (→ Rn. 17 ff., 31–33). Das Europarecht ist für die staatsrechtliche Binnenstruktur „blind". Auch die Forderung nach einem mittelfristig „ausgeglichenen Haushalt" enthält keine Regel für jeden einzelnen Etat (→ Rn. 31). Allerdings wäre eine verfassungsrechtliche Regelung unionsrechtlich fragwürdig, die erkennbar diesen Anforderungen zuwiderlaufen würde. Mit dem grds. Verbot der Kreditfinanzierung und der Erlaubnis einer strukturellen Defizitquote von 0,35 % für den Bund ist das aber nicht der Fall. Möglicherweise kann tatsächlich eine anzuerkennende Investitionsquote damit abgedeckt werden,[277] auch wenn eine Zweckbindung fehlt.[278] Der öffentliche Gesamthaushalt ist damit mittelfristig immer noch nahezu ausgeglichen, wenn die Kredite aus den Sondersituationen mittelfristig auch getilgt werden.

85     Eine offene Flanke bilden aber die **Sozialversicherungsträger** und die **Kommunen,** die von Art. 109 III nicht erfasst sein sollen (→ Rn. 40). Bisher waren ihre Defizite bezogen auf den gesamten öff. Sektor quantitativ nicht bedeutsam. Nach den leidvollen Erfahrungen mit Defizitgrenzen in der Vergangenheit ist jedoch nicht auszuschließen, dass die Politik sie als Hintertür entdeckt, um die Grundregel von Art. 109 III 1 zu unterlaufen.[279] Der Gesetzgeber hat zwar seine Verantwortung in der Begründung zum ÄnderungsG anerkannt,[280] aber versäumt, daraus die notw. verfassungsrechtl. Konsequenzen zu ziehen. Bei Gestaltungen, die der Umgehung dienen, sollte – trotz aller dogm. Schwierigkeiten – eine Konsolidierung dieser Haushalte mit dem Haushalten der jew. Trägergemeinwesen in Betracht gezogen werden, wie sie auch bei Art. 115 I aF frühzeitig vorgeschlagen worden ist.[281] Ein Rückgriff auf Art. 109 II[282] ist dafür allerdings kaum möglich (→ Rn. 34).

## E. Ermächtigung zur Grundsatzgesetzgebung (Abs. 4)

### I. Funktionswandel der öffentlichen Haushalte

86     Der mit der Haushaltsreform 1967 angestrebte Übergang von der rein bedarfsorientierten zur gesamtwirtschaftlich ausgerichteten Finanzpolitik war nur möglich, wenn die bis dahin geltenden allgemeinen **haushaltsrechtlichen** Vorschriften den neuen Anforderungen angepasst wurden. Neu hinzutreten sollten Vorschriften für eine **konjunkturgerechte Haushaltswirtschaft**[283] und eine **mehrjährige Finanzplanung.**[284]

---

[273] BVerfGE 129, 108 (115 f.).

[274] BVerfGE 129, 108 (117).

[275] BT-Dr 16/12410, S. 5; *Scholl* DÖV 2010, 160 (165); zuvor gefordert von *Korioth,* in: Konrad/Jochimsen (Hrsg.), Föderalismuskommission II, 2008, S. 31 (40).

[276] *Heun,* in: Dreier III, Art. 109 Rn. 35.

[277] BT-Dr 16/12410, S. 11.

[278] Krit. *Heun,* in: Dreier III, Art. 109 Rn. 50.

[279] Ähnlich auch *Seiler* JZ 2009, 721 (723) Fn. 16.

[280] BT-Dr 16/12410, S. 11: „Die Verantwortung des Bundes für Defizite der Haushalte der Gemeinden und Gemeindeverbände mit Blick auf die gesamtstaatlichen Vorgaben des europäischen Stabilitäts- und Wachstumspaktes bleibt davon [dass Art. 109 III 1 sie nicht erfasst] unberührt."

[281] BerlVGH NVwZ-RR 2003, 537 (538); *Siekmann,* 5. Aufl. 2009, Art. 115 Rn. 58, 61, mit Nachw. für die Zustimmung.

[282] Dafür *Christ* NVWZ 2010, 1333 (1338).

[283] Eingehend *Fischer-Menshausen,* in: v. Münch/Kunig III, 3. Aufl. 1996, Art. 109 Rn. 11 ff.; ferner *Albers,* in: Haller (Hrsg.), Probleme der Haushalts- und Finanzplanung, 1969, S. 77 (77 ff.); *Gandenberger,* Zur Messung der konjunkturellen Wirkungen öffentlicher Haushalte, 1973, S. 13 ff. mwN; *Starbatty,* Stabilitätspolitik in der freiheitlich-sozialstaatlichen Demokratie, 1977, S. 75 ff.

[284] Dazu *Fischer-Menshausen,* in: Haller (Hrsg.), Probleme der Haushalts- und Finanzplanung, 1969, S. 56 (56 ff.); *Graf Vitzthum,* Parlament und Planung, 1978, S. 164 ff.; *Stern,* StaatsR II, S. 1080–1083; *Heintzen* HStR V, § 120 Rn. 77–83; *Heun,* Staatshaushalt und Staatsleitung, 1989, S. 232 ff.

## II. Gesetzgebung durch den Bund

Die Vorschrift bezieht sich nicht nur auf die gesamtwirtschaftliche Normallage, sondern kann auch **87** Krisensituationen betreffen.[285] Sie ist als **Ermächtigung** für den Bund ausgestaltet, die er wahrnehmen kann, aber nicht muss. Praktisch und entstehungsgeschichtlich verhielt es sich aber genau umgekehrt:

Die Neuausrichtung der staatlichen Haushaltswirtschaft versprach nur dann Erfolg, wenn ihr auf **88** **allen Ebenen** des Gesamtstaates gefolgt wurde. Schon um den Informationsgehalt der Haushaltszahlen vergleichbar zu machen, musste ihr eine einheitliche Systematik zugrunde liegen. Nur so konnte eines der Hauptziele der Reform, den **„ökonomischen** Gehalt der Haushalte und die Wirkungen der finanzpolitischen Entscheidungen auf die gesamtwirtschaftliche Entwicklung auszuweisen",[286] verwirklicht werden.

Deshalb war zunächst die grundlegend neue **Haushaltssystematik** erarbeitet worden, für die dann **89** eine verfassungsrechtliche Grundlage benötigt wurde, um auch die Länder an sie binden zu können. Diese Systematik stand an erster Stelle, auch wenn die Entwürfe für das 20. ÄndG des GG, das HGrG und die neue BHO zugleich im BT eingebracht wurden.[287]

Die auf Abs. 3 gestützten gesetzlichen Regelungen bedürfen der **Zustimmung** des BR. **90**

## III. Gegenstände der Gesetzgebung

Zum **Haushaltsrecht** gehören zunächst alle Rechtssätze, die die Haushaltswirtschaft (o. Rn. 5) **91** einer Wirtschaftseinheit des öff. Rechts regeln.[288] Sie beziehen sich nicht nur auf das einzuhaltende Verfahren,[289] auch wenn das ein wichtiger Regelungsbereich ist. Es gehören auch solche Vorschriften dazu, die die materielle Vergleichbarkeit der verschiedenen Rechenwerke ermöglichen sollen (→ Rn. 88). Sie bewegen sich aber auch dabei noch im Bereich der Formalia. Die **inhaltlichen Budgetentscheidungen** sind nach dem Zweck der Vorschrift aber **nicht** erfasst.[290] Sie gehören grds. zum Kernbereich der Staatlichkeit der Länder[291] und genießen den bes. Schutz von Art. 79 III.[292] Die Einführung verbindl. Verschuldungs- und Kreditaufnahmegrenzen für die Länder kann ebenso wenig auf Abs. 4 (zuvor Abs. 3) gestützt werden[293] wie die Verteilung von Kreditaufnahme- oder Verschuldungsquoten, die sich aus dem EU-Recht ergeben. Das ist keine Normierung von Grundsätzen für „das Haushaltsrecht", für „eine konjunkturgerechte Haushaltswirtschaft" oder für „eine mehrjährige Finanzplanung".[294] Die Kontroverse hat jedoch durch die neue Regelung in Abs. 3 ihre prakt. Bedeutung verloren.[295] Entsprechendes gilt für Regelungen zur Bekämpfung einer drohenden Haushaltsnotlage,[296] die jetzt ihre Grundlage in Art. 109a finden können (→ Art. 109a Rn. 1).

Die Vorschriften für eine **konjunkturgerechte Haushaltswirtschaft** (→ Rn. 5, 36 f.) betreffen **92** schwergewichtig den Haushaltsvollzug (näher *Siekmann*, Art. 110 Rn. 89 ff.). Sie können aber auch Anweisungen für die Budgetaufstellung enthalten, die zumindest nicht prozyklisch erfolgen darf (→ Rn. 43). Im HGrG erfüllt § 2 S. 3 diese Aufgabe.

Da ein Konjunkturzyklus häufig die Dauer einer Haushaltsperiode überschreitet, muss die angestrebte **93** antizyklische Finanzpolitik in eine periodenübergreifende mittelfristige Konjunkturpolitik eingebunden sein. Diese Einbindung erfolgt über die **mehrjährige Finanzplanung.** Sie ist Gegenstand der dritten Gesetzgebungsermächtigung und zeichnet sich entscheidend durch die Kombination analyti-

---

[285] *Kube,* in: Maunz/Dürig, Art. 109 (2011) Rn. 237; anders *Häde* (Fn. 2), S. 53.

[286] Regierungsbegr. BT-Dr V/3040, S. 36.

[287] BT-Dr V/3040 vom 21.6.1968.

[288] Ähnlich: *Nebel* (Fn. 9), Art. 109 (2018) Rn. 22; *Heun,* in: Dreier III, Art. 109 Rn. 58.

[289] So wohl auch *Heintzen,* in: v. Münch/Kunig II, Art. 109 Rn. 46; *Jarass,* in: Jarass/Pieroth, Art. 109 Rn. 22; *Rodi* BK, vor Art. 109 (2004) Rn. 365 ff.

[290] Zust. *Kube,* in: Maunz/Dürig, Art. 109 (2011) Rn. 254; iE ebenso *Hauser* (Fn. 9), Art. 109 (2005) Anm. 30; *G. Kirchhof* MKS III, Art. 109 Rn. 124; aA *Heintzen,* in: v. Münch/Kunig, Art. 109 Rn. 46; zum Zweck der Regelung BT-Dr V/3040, S. 44 Nr. 101.

[291] *P. M. Huber,* 65. DJT 2004, Gutachten D, S. D 72.

[292] S. aber → Rn. 81 ff. zur Verfassungsmäßigkeit der Regeln für die Kreditaufnahme der Länder.

[293] *G. Kirchhof* MKS III, Art. 109 Rn. 124 f.; *Huber,* 65. DJT 2004, Gutachten D, S. D 71 Fn. 317; *Häde* (Fn. 2), S. 55, der aber die Festlegung von „Obliegenheiten" sowohl zur Vermeidung und Bekämpfung von Haushaltsnotlagen als auch zur Durchsetzung unionsrecht. Anforderungen zulässt; zweifelnd auch *Kube,* in: Maunz/Dürig, Art. 115 (2009) Rn. 210; aA *Hartmann* (Fn. 44), S. 178; *Heun,* in: Dreier III, Art. 109 Rn. 22; *Heintzen,* in: v. Münch/Kunig II, Art. 109 Rn. 46; nicht eindeutig BVerfGE 86, 148 (266 f.).

[294] Wie hier *Höfling* ZRP 1997, 231 (233 f.); *Mehde* DÖV 1997, 616 (618 ff.); *Hellermann* EuR 35 (2000), 24 (32 ff.); *Vogel/Waldhoff* BK, vor Art. 104a (1998) Rn. 661; *Neidhardt* (Fn. 44), S. 351; *Kube,* in: Maunz/Dürig, Art. 109 (2011) Rn. 255; aA: *Heun,* in: Dreier III, Art. 109 Rn. 9; *J.-P. Schneider* AK GG, Art. 109 (2001) Rn. 22, die unter Berufung auf BVerfGE 86, 148 (266 ff.), die in Art. 109 III a F eine ausreichende Ermächtigungsgrundlage für bundesrechtliche, zwangsweise durchsetzbare Vorgaben sehen.

[295] *G. Kirchhof* MKS III, Art. 109 Rn. 124.

[296] Dazu BVerfGE 86, 148 (266 f.); 116, 327 (393); *Kube,* in: Maunz/Dürig, Art. 109 (2011) Rn. 255 mwN.

scher, gestalterischer und prognostischer Elemente aus.[297] Eine schlichte Extrapolation der gegenwärtigen Zahlen in die Zukunft reicht nicht.

94    Wesentl. ist ihre Beschränkung auf einen überschaubaren Zeitraum. Der Zeithorizont beträgt etwa fünf Jahre. Nach der derzeitigen einfachgesetzl. Regelung umfasst sie den geltenden Haushalt, den in der Planung befindl. Haushalt und die folgenden drei Jahre, § 9 StWG, § 50 HGrG. Die Inhalte sind situationsbezogen und individuell festzulegen. Das ist **.mehr** als eine bloß **„freiwillige Koordination"**,[298] auch wenn sie den Haushaltsgesetzgeber nicht bindet.[299]

95    Der eigentlich zur Koordination berufene **Finanzplanungsrat** ist im Rahmen der Föderalismusreform 2009 durch den auf der Grundlage von Art. 109a neu geschaffenen **Stabilitätsrat**[300] ersetzt worden,[301] der jetzt diese Aufgabe wahrnimmt, § 51 I HGrG (näher → Art. 109a Rn. 9). Der sachlich und verfassungsrechtlich fragwürdige § 51a HGrG aF[302] war von der Ermächtigung des Abs. 3 nicht gedeckt und ist mit Wirkung vom 1.1.2010 aufgehoben worden.[303] Ebenfalls waren die mittlerweile wieder aufgehobenen §§ 57a–57c HGrG zur Regelung des Vergaberechts nicht von der Ermächtigungsgrundlage gedeckt, aber auch aus anderen Gründen fragwürdig (→ Rn. 98).

## IV. Beschränkung auf Grundsätze

96    Die Ermächtigung ist für alle drei Gegenstände (Haushaltsrecht, konjunkturgerechte Haushaltswirtschaft, mittelfristige Finanzplanung) auf die Regelung von **Grundsätzen** beschränkt. Sie ist durch das HGrG und das StWG ausgeübt worden.

97    Das GG verwendet den Begriff der Grundsatzgesetzgebung auch in anderem Zusammenhang: Art. 106 IV 3, Art. 138 I 2 WRV iVm Art. 140 sowie früher in dem aufgehobenen Art. 75 I Nr. 1a als Sonderfall der Rahmengesetzgebung und in dem 2006 geänderten Art. 91a II 2. Diese breite Streuung und wechselhafte Geschichte spricht dagegen, von einem einheitlich zu deutenden **Rechtsinstitut** und einer übergreifenden Auslegung des Begriffs „Grundsätze" auszugehen.[304] Art. 109 IV ist eine eigenständige Gesetzgebungskompetenz, die aus sich heraus zu interpretieren ist.[305]

98    Da das GG einigermaßen konsequent die verschiedenen Gesetzgebungsarten der Art. 71 ff. unterscheidet, dürfen „Grundsätze" nicht wie „Rahmen" im Sinne des Art. 75 vor seiner Aufhebung verstanden werden.[306] Es geht auch nicht um die Aussparung von Detailregelungen.[307] Kennzeichnend ist vielmehr, dass Prinzipien oder **allgemein Leitlinien** für die Gesetzgebung der Länder vorgegeben werden dürfen.[308] Nicht zulässig sind Regelungen, die nur einzelne Länder betreffen. Vorschriften über die Versorgungsrücklagen zur Alterssicherung der Beamten (§ 14a BBesG) mögen zwar noch zur Finanzplanung gerechnet werden, doch handelt es sich um eine nicht mehr erlaubte Einzelfallregelung.[309]

## V. Bindungswirkung

99    Soweit angeordnet, gelten die auf die Ermächtigung gestützten Regelungen **unmittelbar** für den Bund und die Länder. Eine solche Anordnung enthält § 49 HGrG für alle Vorschriften von Teil II des Gesetzes (§§ 49–57). Das bedeutet zunächst einmal Bindung der jeweiligen Exekutive, aber auch der Landesgesetzgeber, da abweichendes Landesrecht jedenfalls nach Art. 31 nichtig wäre. Soweit die Vorgaben aber noch der Umsetzung durch den jeweiligen Gesetzgeber bedürfen, sind eindeutig nur die **Landesgesetzgeber** gebunden. Die genaue dogmatische Konstruktion ist aber nicht sicher und

---

[297] Zustimmend *Kube*, in: Maunz/Dürig, Art. 109 (2011) Rn. 265.

[298] Wie hier auch *Jarass*, in: Jarass/Pieroth, Art. 109 Rn. 22; wohl auch *Lenski* DVBl 2006, 544 (545), eingehend zum Rechtsschutz bei unzureichender Erfüllung der Vorlagepflicht (S. 546 ff.); *Kube*, in: Maunz/Dürig, Art. 109 (2011) Rn. 266; anders noch *Fischer-Menshausen*, in: v. Münch/Kunig III, 3. Aufl. 1996, Art. 109 Rn. 24; *Maunz*, in: Maunz/Dürig, Art. 109 (1979) Rn. 50.

[299] *Heintzen* HStR V, § 120 Rn. 81; *G. Kirchhof* MKS III, Art. 109 Rn. 130; zur Bindungskraft derartiger „Übergesetze", die vornehmlich an den Gesetzgeber adressiert sind, → vor Art. 104a Rn. 18.

[300] Errichtet durch Art. 1 des Begleitgesetzes zur zweiten Föderalismusreform v. 10.8.2009 (BGBl I 2702).

[301] Art. 1 Nr. 1 G v. 27.5.2010, BGBl I 671.

[302] G v. 27.12.2001, BGBl I 3955, 3961.

[303] Art. 1 Nr. 2 G v. 27.5.2010, BGBl I 671.

[304] *Heun*, in: Dreier III, Art. 109 Rn. 55; *Nebel* (Fn. 9), Art. 109 (2018) Rn. 22; *G. Kirchhof* MKS III, Art. 109 Rn. 118 f.; zurückhaltender *Stern* (Fn. 19), S. 105 f.

[305] *Rodi* BK, Art. 109 (2004) Rn. 438.

[306] *Rengeling* HStR IV¹, § 100 Rn. 285; *Heun*, in: Dreier III, Art. 109 Rn. 55; aA *Vogel/Wiebel* BK, Art. 109 (1971) Rn. 157.

[307] *Rodi* BK, Art. 109 (2004) Rn. 342.

[308] Zust. *Glauben* ZG 1997, 233 (236); aA *Heun*, in: Dreier III, Art. 109 Rn. 55, *Kube*, in: Maunz/Dürig, Art. 109 (2011) Rn. 245.

[309] So auch *Battis/Kersten* NVwZ 2000, 1337 (1342).

umstritten. Jedenfalls ist bei Abweichungen sorgfältig zu prüfen, ob überhaupt ein Widerspruch zu den Vorgaben des HGrG besteht.[310]

Fraglich ist jedoch, ob sich auch der **Bundesgesetzgeber** an die selbst aufgestellten Grundsätze **100** halten muss. Das betrifft sowohl die allg. Regelungen in der BHO als auch die einz. HaushaltsG, die ebenfalls förml. Gesetze gleicher Rangstufe wie das HGrG sind (→ Art. 110 Rn. 23–25).[311] Grds. können einfache Gesetze den Bundesgesetzgeber nicht binden (lex posterior derogat legi priori). HGrG, BHO und StabilitätsG sind jedoch einfache Gesetze.[312] Eine Selbstbindung des Gesetzgebers passt nicht in die Normenhierarchie des GG.[313]

Der Schaffung der Vorschriften lagen indes (informelle) vertragsähnl. Absprachen zwischen Bund **101** und Ländern zugrunde (→ Rn. 89). Es sollte **keine einseitige** Bindung erzeugt werden. Deshalb nimmt die hM an, dass der Bund von ihnen erst abweichen dürfe, nachdem er diese geändert habe.[314] Die lex-posterior-Regel gelte hier nicht.[315] Eine Vorschrift der BHO oder eines HaushaltsG, die dem HGrG widerspricht, soll deshalb verfassungswidrig und nichtig sein.[316] Dogmatisch sind diese Begründungsversuche fragwürdig. Auf keinen Fall reicht der Hinweis, dass Gesetze, wie das HGrG oder das MaßStG, ihren Zweck verfehlen würden, wenn man nicht einen „Geltungsvorrang" akzeptiert. Wenn der angestrebte Zweck dogm. sauber so nicht zu erreichen ist, wären stattdessen die passenden Instrumente einzusetzen oder eine (systemsprengende) Änderung des GG vorzunehmen. Diese wird jetzt auch eingedenk der Schwächen der hM, nicht zuletzt im Hinblick auf Art. 20 III, von Anhängern der Selbstbindungsthese empfohlen.[317]

Bei all ihren unaufgelösten inneren Widersprüchen und systematischen Brüchen hat diese Auffas- **102** sung jedoch einen praktisch relevanten und greifbaren Anknüpfungspunkt: das Zustimmungserfordernis. Die Änderung des HGrG bedarf der **Zustimmung** des **BR**, während BHO und HaushaltsG nur Einspruchsgesetze sind (→ Art. 110 Rn. 84).[318] Zustimmung des BRat bedeutet aber **nicht** Einverständnis der **Länder**. Durch das Zustimmungserfordernis wird also allenfalls der **BT** gebunden, nicht jedoch der **Bund.**

Denkbar ist, dass der BRat seine Zustimmung zu Änderungen erteilt, die **allein** dem Bund **103** Abweichungen erlauben. Ob eine solche Vorgehensweise mit der Formulierung „gemeinsam geltende Grundsätze" zu vereinbaren ist, dürfte zu bezweifeln sein.

Eine **wechselseitige** Bindung von **Bund** und **Ländern** ist aber jedenfalls ausgeschlossen, auch **104** wenn sie beabsichtigt gewesen sein sollte.[319] Eine solche Bindung durch Gesetz ist dem GG fremd. Um sie zu erzeugen, bedarf es vertraglicher Vereinbarungen. Selbst höherrangige Normen reichen nicht, da sie durch Bundesorgane geändert werden könnten. Vertragliche Vereinbarungen bedürfen dagegen der Zustimmung aller Vertragspartner. Der einzige tragfähige Ansatzpunkt im Wortlaut der Bestimmung könnte die Wendung „gemeinsam" sein,[320] auch wenn das nur schwer (noch) als Auslegung angesehen werden kann.

**Gemeinden** und andere Einrichtungen der **mittelbaren Verwaltung** mögen allerdings iSd finanz- **105** verfassungsrechtlichen Terminologie Bund und Ländern zugeordnet werden.[321] Abs. 4 kann insoweit anders ausgelegt werden als Abs. 1 und 2.[322]

---

[310] Vgl. *Nebel* (Fn. 9), Art. 109 (2011) Rn. 24, der eine kompetenzrechtliche Lösung ohne Anwendung von Art. 31 befürwortet; ähnlich *März* MKS III, Art. 31 Rn. 77; für eine grds. Anwendbarkeit von Art. 31 *Heintzen*, in: v. Münch/Kunig II, Art. 109 Rn. 44, allerdings mit einer Art. 31 „verdrängenden Sperrwirkung" bei den unmittelbar wirkenden Vorschriften; ohne Festlegung *Maunz,* in: Maunz/Dürig, Art. 109 (1979) Rn. 51.

[311] Vgl. zur str. Einstufung *Stern/Münch/Hansmeyer,* Gesetz, S. 107, 145; *ders.,* StaatsR II, S. 1238 Fn. 41; *Tiemann* DÖV 1974, 229 (234 f.); *Patzig,* Haushaltsrecht des Bundes und der Länder (Loseblatt, Stand: 1991), Art. 109 Rn. 27; *Heintzen,* in: v. Münch/Kunig II, Art. 109 Rn. 21.

[312] *Schwarz/Reimer* JuS 2007, 219 (221), sehen in dem HGrG eine Konkretisierung von Verfassungsrecht.

[313] AA *Heintzen* HStR V, § 120 Rn. 5; eingehend *Tappe,* Das Haushaltsgesetz als Zeitgesetz, 2008, S. 76 f. mwN, aber zweifelhafter Begründung; *Heun,* in: Dreier III, Art. 109 Rn. 57; *Kube,* in: Maunz/Dürig, Art. 109 (2011) Rn. 241; *v. Lewinski/Burbat,* Haushaltsgrundsätzegesetz, 2013, Einl. Rn. 3; *Kempny/Reimer,* 70. DJT 2014, Gutachten D, S. 114; wohl auch *Hauser* (Fn. 9), Art. 109 (2005) Anm. 31.

[314] *Nebel* (Fn. 9), Art. 109 (2011) Rn. 24; *Rodi* BK, Art. 109 (2004) Rn. 354; *Heintzen,* in: v. Münch/Kunig II, Art. 109 Rn. 44; *ders.* HStR V, § 120 Rn. 5; *Jarass,* in: Jarass/Pieroth, Art. 109 Rn. 22; *Heun,* in: Dreier III, Art. 109 Rn. 57; *G. Kirchhof* MKS III, Art. 109 Rn. 121; *Gröpl* (Fn. 4), S. 37; *Hauser* (Fn. 9), Art. 109 (2005) Anm. 31.

[315] *Heintzen* HStR V, § 120 Rn. 5.

[316] *Kisker* HStR IV[1], § 89 Rn. 11, der darin einen vom GG ausdrücklich vorgesehenen Fall der Selbstbindung des Bundesgesetzgebers sieht; ähnlich *Heintzen* HStR V, § 120 Rn. 5; *K. Vogel* HStR IV[1], § 87 Rn. 19, der – einmalig – ein Rangverhältnis zwischen den gleichen Gesetzgebers annimmt.

[317] *v. Lewinski/Burbat* (Fn. 313), Rn. 22 ff.; *Kempny/Reimer,* 70. DJT 2014, Gutachten D, S. 114.

[318] *Nebel* (Fn. 9), Art. 109 (2011) Rn. 24; gegen den Rekurs auf die Zustimmungsbedürftigkeit *Kube,* in: Maunz/Dürig, Art. 109 (2011) Rn. 242.

[319] AA *Stern,* StaatsR II, S. 1238 Fn. 41, der sie aus der Verfassungsorgantreuepflicht ableitet.

[320] Dafür *Kube,* in: Maunz/Dürig, Art. 109 (2011) Rn. 241: (Selbst-)Bindung unmittelbar aus dem Wortlaut von Art. 109 IV „gemeinsame".

[321] *Rodi* BK, Art. 109 (2004) Rn. 355 ff.; *G. Kirchhof* MKS III, Art. 109 Rn. 117.

[322] *Vogel/Wiebel* BK, Art. 109 (1971) Rn. 174; aA *Möller,* Kommentar, Art. 109 Rn. 12.

## VI. Außenwirkung

**106**     Art. 109 IV kann **nicht als Ermächtigungsgrundlage** für Vorschriften mit unmittelbarer Außenwirkung dienen. Solche Vorschriften[323] gehören sachlich ebenso wenig in das HGrG wie in die ausführenden Haushaltsordnungen des Bundes und der Länder. Adressaten der darin enthaltenen Vorschriften dürfen nur Staatsorgane sein und nicht die Bürger. Vorschriften, die nicht allein den Bund, die Länder oder die ihnen zuzurechnenden Einrichtungen berechtigen und verpflichten, können nicht auf Art. 109 IV gestützt werden. Sie sind, falls keine andere Grundlage vorhanden ist, schon mangels Gesetzgebungskompetenz verfassungswidrig und nichtig.

**107**     Gleichwohl wird bisweilen einz. Vorschriften des HGrG und der HaushaltsO Bindungswirkung für **außenstehende Dritte** zugebilligt, jedenfalls für die Regelung von **Zuwendungsbedingungen** bei der Vergabe von Subventionen.[324] Sie gehören jedoch sachlich nicht mehr zum HaushaltsR, sind damit nicht von der Ermächtigung des Abs. 4 gedeckt.

**108**     Deshalb waren auch die 1993 in das HGrG eingefügten Vorschriften über die **Vergabe öffentlicher Aufträge** (§§ 57a–c HGrG aF) („haushaltrechtliche Lösung") verfassungsrechtlich außerordentlich bedenklich.[325] Wegen der weiterbestehenden unionsrechtlichen Defizite[326] wurde ein besonderer Teil „Vergabe öffentlicher Aufträge" in das GWB eingefügt („wettbewerbsrechtliche Lösung") und die §§ 57a bis 57c HGrG aufgehoben.[327] § 30 HGrG ist aber unabhängig davon zu beachten. Er enthält eine allgemeine Vorgabe, die auch unterhalb der Schwellenwerte aus § 106 GWB zu beachten ist.

**109**     Das neue Gesetz stützt sich immer noch auf Art. 109 III aF, daneben aber auch auf Art. 74 Nr. 1, 11 und 16 aF.[328] Die Vielzahl der genannten Grundlagen ist ein deutl. Zeichen für die **Schwäche der Position des Bundes gegenüber den Ländern,** die ebenfalls (unionsrechtl.) gebunden werden müssen. WettbewerbsR ist auch nicht die richtige Grundlage zur Regelung der Vergabe von öff. Aufträgen. Art. 109 hätte geändert werden müssen.

## VII. Verhinderung und Abbau von Haushaltsnotlagen

**110**     1992 hatte das BVerfG zur Haushaltsnot des Saarl und des Landes Bremen festgestellt: Es sei „zuvörderst nötig und besonders dringlich", „Bund und Länder gemeinsam treffende Verpflichtungen und Verfahrensregelungen festzulegen, die der Entstehung einer Haushaltsnotlage entgegenwirken und zum Abbau einer eingetretenen Haushaltsnotlage beizutragen geeignet" seien. Dem Bundesgesetzgeber biete „hierzu Art. 109 Abs. 3 die Regelungskompetenz".[329] Diesen nicht näher begründeten Hinweis hat es in seiner Entscheidung von 2006 zwar wieder aufgegriffen, aber (resignativ) als „nicht Realität geworden" zurückgestellt.[330] Die **bessere Vergleichbarkeit** ist (auch) Thema von Abs. 4 (zuvor Abs. 3), nicht aber sind es die Entscheidungen über die mat. Haushaltswirtschaft und vor allem die Kreditaufnahme, die zu Haushaltsnotlagen führen können.[331] Die erforderl. Änderung des GG ist mittlerweile durch die Neufass. von Abs. 3 und die Schaffung von Art. 109a erfolgt.

---

[323] ZB § 44a BHO aF.

[324] Ohne verfassungsrechtl. Begr. *Maunz,* in: Maunz/Dürig, Art. 109 (1979) Rn. 51; *Kämmerer* HStR V, § 124 Rn. 34; wie hier: *Heun,* in: Dreier III, Art. 109 Rn. 56; *G. Kirchhof* MKS III, Art. 109 Rn. 117.

[325] Ebenso *Heun,* in: Dreier III, Art. 109 Rn. 56; auch *Rittner* schließt Art. 109 III als Kompetenzgrundlage für die Regelungen aus. Ohne weitere Erörterung der Problematik stützt er sie aber auf Art. 74 Nr. 11 (NVwZ 1995, 313 [315]).

[326] S. d. Nachw. in der Voraufl., Fn. 289.

[327] VergaberechtsänderungsG v. 26.8.1998, BGBl I 2512; dazu *Heiermann/Ax* BB 1998, 1541 (1541 ff.); *dies.* DB 1998, 505 (505 ff.); *Kratzenberg* BBauBl 1998, 10 (10 ff.); *Otting* JA 1998, 505 (510); *Noch* ZfBR 1997, 221 (221); *Dreher* EuZW 1998, 197 (200); *Gallwas* GewArch 2000, 401 (401 ff.); fragwürdig zum Verhältnis von VergabeR zum Wettbewerbs- und KartellR *Hopp* DB 2000, 29 (29 ff.). Zum 1.2.2001 ist auch eine neue VergabeVO in Kraft getreten (BGBl I 110); sehr krit. dazu: *Höfler/Bert* NJW 2000, 3310 (3310 ff.); *Höfler* NJW 2001, 950 (950); ferner *Ax* BauR 2000, 471 (471 ff.).

[328] BT-Dr 13/9340, S. 13.

[329] BVerfGE 86, 148 (266 f.); wiederholt, aber relativiert in BVerfGE 116, 327 (393).

[330] BVerfGE 116, 327 (393 f.).

[331] BVerfGE 86, 148 (266 f.), spricht nur von „Obliegenheiten". Die Verwendung dieses Begriffs kann so verstanden werden, dass das BVerfG den Bund für befugt hält, rechtlich verbindl. und durchsetzbare Grenzwerte festzulegen, *Häde* (Fn. 2), S. 55; gegen eine Regelung der Haushaltsnotlage aufgrund von Art. 109 *Höfling,* FS v. Arnim, 2004, S. 259 (269 f.); wohl auch *Isensee,* in: Heintzen/Kruschwitz (Hrsg.), Unternehmen in der Krise, 2004, S. 227 (247 f.); *ders.* FS Selmer, 2004, S. 687 (702); aA*Selmer* VVDStRL 52 (1993) S. 11 (57 f.); *ders.* NordÖR 2006, 221 (223, 226), der entgegen der hier vertretenen Auffassung Art. 109 III aF wohl als hinreichende Grundlage ansieht; dezidiert idS *Rossi/Schuppert* ZRP 2006, 8 (10); *Stauch* NordÖR 2006, 113 (134, 137). *Häde* (Fn. 8), S. 202, wollte allerdings aber schon durch eine unionsrechtskonforme Auslegung von Art. 107 II 3 zu einem Vorrang der unionsrechtl. Verschuldungsgrenzen de lege lata gelangen, die auch eine Verpflichtung für den Bund, präventiv tätig zu werden, zur Folge habe (S. 204).

## F. Die Verteilung der Lasten aus Sanktionen der EU (Abs. 5)

### I. Entstehung und Bedeutung

Die Vorschrift ist bei FödReform 2006 in Art. 109 eingefügt und durch Verschiebung von S. 1 in 111
Art. 109 II iRd FödReform 2009 maßgebend verändert worden. Sie dient der innerstaatl. Verteilung
von Lasten aus Sanktionsmaßnahmen der EU bei Verletzung der gesamtstaatl. Pflicht, übermäßige
Defizite zu vermeiden, Art. 104 EGV (jetzt Art. 126 AEUV). Die primäre verfassungsrechtl. Verpflichtung ist nunmehr in Abs. 2 enthalten. Es war jedoch verfehlt,[332] die neu geschaffene Verantwortung **aller Gebietskörperschaften** für die Erfüllung der Stabilitätsverpflichtungen als **„Nationalen Stabilitätspakt"** zu bezeichnen.[333]

### II. Vertikale Aufteilung der Sanktionslasten (S. 1)

Abs. 5 S. 2 regelt die vertikale Verteilung der Sanktionslasten auf Bund und Länder im Verhältnis 65   112
zu 35. Die Regelung ist in § 2 I 1 SZAG einfachgesetzlich konkretisiert. Sie ist starr und schließt eine
verursachungsgerechte Lastenverteilung aus. So trägt der Bund immer 65 % der Sanktionslasten –
unabhängig von seinem tatsächlichen Verursachungsbeitrag.[334] Um einen stärkeren Anreiz zur Vermeidung von übermäßigen Defiziten zu schaffen, wäre es angemessen gewesen, auch beim **Bund-
Länder-Verteilungsschlüssel** zu berücksichtigen, welche staatliche Ebene in welchem Ausmaß zum
Überschreiten der gesamtstaatlichen Verschuldensgrenze beigetragen hat.[335] Die Problematik dürfte
aber wegen der Neuregelung der Kreditaufnahme in Abs. 3 keine größere Bedeutung mehr haben.
Allerdings fehlt eine Abstimmung der beiden Regelungen. Wenn nur noch der Bund ein (geringes)
„strukturelles" Defizit haben darf (→ Rn. 70), ist die von den Ländern zu tragende Quote der
Sanktionslasten zu hoch. Damit erübrigt sich auch die ursprüngliche Kritik an der angeblich zu hohen
Quote des Bundes.[336] Richtig ist allerdings, dass die Werte ohne empirische Absicherung „gegriffen"
sind.

### III. Horizontale Aufteilung der Sanktionslasten (S. 2)

Auch die horizontale Aufteilung der Sanktionslasten ist schon im GG selbst detailliert geregelt. S. 2   113
sieht ein **zweistufiges** Verfahren vor. Zunächst ist vorgesehen, dass die Ländergesamtheit den Länderanteil von 35 % des Gesamtbetrages unabhängig von einem Verursachungsbeitrag „solidarisch" zu 35 %
(12,25 % des Gesamtbetrages) zu tragen hat. Er wird im Verhältnis der **Einwohnerzahlen** auf die
einzelnen Länder umgelegt (1. Halbsatz). Die restlichen 65 % des Länderanteils (22,75 % des Gesamtbetrages) werden dann in einem zweiten Schritt auf die einzelnen Länder entsprechend ihrem **Verursachungsbeitrag** (2. Halbsatz) aufgeteilt.

Durch die partielle Berücksichtigung des Verursachungsbeitrages i. H. v. 65 % (22,75 % des Gesamt-   114
betrags) schafft das Gesetz zumindest einen kleinen Anreiz für die Länder, Defizite zu vermeiden. Der
Gesetzgeber hat sich davon versprochen, dass „alle öffentlichen Haushalte im Interesse daran haben",
„Verstöße gegen den europäischen Stabilitäts- und Wachstumspakt zu vermeiden".[337] Insgesamt stellt
die Regelung aber aufgrund der solidarischen Lastentragungsregelung eine Benachteiligung **derjenigen** Länder dar, die mit nur geringer oder gar ohne Neuverschuldung auskommen.[338] Aber auch diese

---

[332] So jetzt auch *Gaitanides* NJW 2007, 3112 (3113, 3115); *Classen* (Fn. 53), Rn. 246: „falsch". *Waldhoff* spricht
von „Hochzonung des nationalen Stabilitätspakts auf die Ebene des Grundgesetzes" (Verwaltung 39 [2006], 155
[166]).

[333] Schon in der Gesetzesbegr. BT-Dr 16/813, S. 10; ebenso die BKanzlerin im Plenum BT-Prot 16, 4258 (A);
auch *Wieland* JZ 2006, 751 (754, Fn. 33); *Korioth* FS Scholz, 2007, S. 677 (686), immerhin in Anführungszeichen.
Der Finanzplanungsrat hatte am 21.3.2002, also lange vor der Einfügung von Abs. 5, einen „nationalen Stabilitätspakt" beschlossen, *Huber*, 65. DJT 2004, Gutachten D, S. D 72. IÜ bezog sich die Forderung nach einem „nationalen
Stabilitätspakt" meist auf die Verteilung der nach Art. 104 I EGV zuläss. Nettoneuverschuldung auf den Bund, die
einz. Länder und andere Hoheitsträger, vgl. *Peffekoven* Wirtschaftsdienst 2006, 555 (558); allg. Monatsberichte der
Deutschen Bundesbank, April 2005, S. 23 (32).

[334] Krit.: *Fuest,* Stellungnahme 8.5.2006, S. 2; *Kluth,* Stellungnahme 10.5.2006, S. 3; *Korioth,* Stellungnahme
22.5.2006, S. 7; auch *Häde* JZ 2006, 930 (937); *U. Stelkens*, Hdb Föderalismus II, § 42 Rn. 94. *Nierhaus/Rademacher*
LKV 2006, 385 (394) halten die Regelung trotz des in ihr angelegten „Streitpotentials" aus Solidaritätsgründen für
gerechtfertigt.

[335] So auch *Fuest,* Stellungnahme 8.5.2006, S. 2; *Kluth,* Stellungnahme 10.5.2006, S. 3; anders der Ansatz von
*Häde* (Fn. 2), der schon nach dem bisherigen Recht durch unionsrechtskonforme Auslegung von Art. 107 II 3 zu
anderen Anreizstrukturen gelangen will.

[336] *Häde* JZ 2006, 930 (937); *Engels,* Stellungnahme 8.5.2006, S. 9 f.; anders *Vesper,* Stellungnahme 8.5.2006, S. 4,
der die vertikale Aufteilung für angemessen hält.

[337] So die Bundeskanzlerin im Plenum BT-Prot 16, 4258 (A).

[338] So auch *Häde* JZ 2006, 930 (937); *Korioth* ZG 2007, 1 (8); weniger krit. *Kemmler* LKV 2006, 529 (532); nicht
eindeutig *Classen* (Fn. 53), Rn. 260 einerseits und Rn. 261 andererseits.

Problematik dürfte sich mit Wirksamwerden der Neuregelung zum Haushaltsjahr 2020 (Art. 143d) entschärfen.

## IV. Nähere Regelungen (S. 3)

**115** Art. 109 V enthält bereits recht detaillierte Vorgaben. Gleichwohl ist in S. 3 ein Auftrag zur gesetzlichen Regelung weiterer Einzelheiten enthalten. Aus der systemat. Stellung der Vorschrift und der Neuregelung in Abs. 3 ist zu entnehmen, dass die nähere Regelung des einfachen Gesetzes strikt auf die Verteilung der unionsrechtl. Sanktionslasten beschränkt bleiben muss. Sie bietet **keine** Basis, den Ländern **Kreditaufnahmegrenzen** vorzuschreiben.[339]

**116** Zugleich mit Schaffung der Vorschrift ist das **Sanktionszahlungs-Aufteilungsgesetz** (SZAG) erlassen worden.[340] Es enthält neben der vertikalen und horizontalen Aufteilung der Lasten die Bestimmung des Finanzierungssaldos, der Einwohnerzahlen, die Rückerstattung von Einlagen und deren Verzinsung sowie eine VO-Ermächtigung für den BMF.

**117** § 2 I 2 SZAG konkretisiert die horiz. Aufteilung in Abs. 5 dahin., dass als Verursachungsbeitrag der Anteil des Finanzierungsdefizits des jew. Landes an der Summe der Finanzierungsdefizite aller Länder definiert wird.[341] Ländern, die einen ausgeglichenen oder positiven Finanzierungssaldo aufweisen, werden dabei keine Sanktionslasten auferlegt. Der **Finanzierungssaldo** im Sinne dieser Regelung unterscheidet sich wegen der Einbeziehung der Zinszahlungen vom Primärsaldo (→ Rn. 64). Er setzt sich zusammen aus dem Finanzierungssaldo in haushaltsrechtl. Abgrenzung[342] abzüglich der Einnahmen aus der Veräußerung von Beteiligungen, aus der Kreditaufnahme beim öff. Bereich sowie aus Darlehensrückflüssen von Dritten, aber zuzüglich der Ausgaben für den Erwerb von Beteiligungen, der Tilgungsausgaben an den öff. Bereich sowie der Darlehensvergabe an Dritte, § 2 II SZAG. Dabei sind die ebenso zu ermittelnden Finanzsalden der Kommunen und Zweckverbände mit einzubeziehen.

**118** Art. 109 V statuiert eine solidarische **Mithaftung** auch der Länder, die sich in einer **extremen Haushaltsnotlage** befinden. Auf Wunsch des BR[343] sieht § 2 III SZAG vor, dass für die Dauer der vom BVerfG festgestellten extremen Haushaltsnotlage die Zahlungsverpflichtungen i.R. eines abgestimmten Sanierungskonzeptes gestundet werden. Die Sonderbehandlung dürfte (noch) von der Ermächtigung gedeckt sein. Fraglich ist aber, ob nur das BVerfG eine extreme Haushaltsnotlage feststellen darf und dies auch nur im Rahmen eines mit hohem Aufwand verbundenen verfassungsgerichtlichen Streits.[344] Nunmehr sind dem neuen Stabilitätsrat dahingehende Befugnisse eingeräumt worden (→ Art. 109a Rn. 14 ff.).

## Art. 109a [Vermeidung von Haushaltsnotlagen und Stabilitätsrat]

(1) **Zur Vermeidung von Haushaltsnotlagen regelt ein Bundesgesetz, das der Zustimmung des Bundesrates bedarf,**

1. **die fortlaufende Überwachung der Haushaltswirtschaft von Bund und Ländern durch ein gemeinsames Gremium (Stabilitätsrat),**
2. **die Voraussetzungen und das Verfahren zur Feststellung einer drohenden Haushaltsnotlage,**
3. **die Grundsätze zur Aufstellung und Durchführung von Sanierungsprogrammen zur Vermeidung von Haushaltsnotlagen.**

(2) **Dem Stabilitätsrat obliegt ab dem Jahr 2020 die Überwachung der Einhaltung der Vorgaben des Artikels 109 Absatz 3 durch Bund und Länder. Die Überwachung orientiert sich an den Vorgaben und Verfahren aus Rechtsakten auf Grund des Vertrages über die Arbeitsweise der Europäischen Union zur Einhaltung der Haushaltsdisziplin.**

(3) **Die Beschlüsse des Stabilitätsrats und die zugrunde liegenden Beratungsunterlagen sind zu veröffentlichen.**

---

[339] I. Erg. ebenso *Kluth* (Fn. 53), Rn. 3.

[340] Als Art. 14 des Föderalismusreform-BegleitG v. 5.9.2006, BGBl I 2098, 2104.

[341] Trotz Perspektivenwechsels noch zulässige Konkretisierung des „Verursachungsbeitrags" *Classen* (Fn. 53), Rn. 265 f.

[342] Der von der Finanzstatistik verwendete Finanzierungssaldo wird berechnet, indem die öffentlichen Ausgaben von den Einnahmen abgezogen werden. Einnahmen und Ausgaben sind dabei die Mittel, die im Laufe einer Periode kassenwirksam erwirtschaftet und verausgabet wurden (jeweils ohne periodenübergreifende besondere Finanzierungsvorgänge und haushaltsinterne Verrechnungen). Übersteigen die Einnahmen die Ausgaben, liegt ein Finanzierungsüberschuss vor. Sind die Ausgaben höher als die Einnahmen, ergibt sich ein Finanzierungsdefizit (https://www.destatis.de/DE/Publikationen/STATmagazin/FinanzenSteuern/2008_10/2008_10Finanzierungssaldo.html).

[343] Entschließungsantrag des BR v. 7.3.2006, BR-Dr 180/06, S. 11.

[344] So *Korioth*, Stellungnahme v. 22.5.2006, S. 8.

**Entstehungsgeschichte: Erstfassung** G zur Änd. des GG (Art. 91c, 91d, 104b, 109, 109a, 115, 143d) v. 29.7.2009 (BGBl I 2248) (dazu: BT-Dr 16/12410 [Entwurf]; 16/13 221 [Beschlussempfehlung und Bericht RechtsA]; BT-Prot 16/215, 255; BR-Dr 262/09, 510/09; BR-Prot 859).). **Änderung:** G zur Änd. des GG (Art. 90, 91c, 104b, 104c, 107, 108, 109a, 114, 125c, 143d, 143e, 143f, 143g) v. 13.7.2017 (BGBl I 2347), Art. 1 Nr. 7 (dazu: BR-Dr 769/16 [Entwurf]; BT-Dr 18/11131 [Entwurf]; BT-Dr 18/11186 [Gegenäußerung BReg]; BT-Dr 18/12588 [Beschluss-empfehlung und Bericht HaushaltsA]); BR-Prot 953, 6C ff.; BT-Prot 18/218, 21767 und 18/237, 23974A ff.; BR-Prot 958, 261D).

**Historische Verfassungstexte: GG 2016:** Zur Vermeidung von Haushaltsnotlagen regelt ein Bundesgesetz, das der Zustimmung des Bundesrates bedarf,

1. die fortlaufende Überwachung der Haushaltswirtschaft von Bund und Ländern durch ein gemeinsames Gremium (Stabilitätsrat),
2. die Voraussetzungen und das Verfahren zur Feststellung einer drohenden Haushaltsnotlage,
3. die Grundsätze zur Aufstellung und Durchführung von Sanierungsprogrammen zur Vermeidung von Haushalts-notlagen.

Die Beschlüsse des Stabilitätsrats und die zugrunde liegenden Beratungsunterlagen sind zu veröffentlichen.

**Gesetzgebung:** Art. 1 des Begleitgesetzes zur zweiten Föderalismusreform, v. 10.8.2010 (BGBl I 2702); § 51 HGrG; StabiRatG.

**Leitentscheidungen:** BVerfGE 86, 148 – Notlage Saarland und Bremen; BVerfGE 116, 327 – Notlage Berlin.

**Schrifttum:** *A. Hildebrandt,* Ein Jahr Stabilitätsrat – erste Ergebnisse und ihre Bewertung, JböffFin 2011, 369; *I. Kemmler,* Schuldenbremse und Benchmarking im Bundesstaat, DÖV 2009, 549; *M. Koemm,* Eine Bremse für die Staatsverschuldung?, 2011; *S. Korioth,* Die neuen Schuldenregeln für Bund und Länder und das Jahr 2020, JböffFin 2009, 389; *ders.,* Das neue Staatsschuldenrecht – zur zweiten Stufe der Föderalismusreform, JZ 2009, 729; *B. Mattil/ G. Meister-Scheufelen/M. Sudhof,* Die neuen Regeln und Institutionen, in: Kastrop/Meister-Scheufelen/Sudhof (Hrsg.), Die neuen Schuldenregeln im Grundgesetz, 2010, S. 165; *R. Schmidt,* Die neue Schuldenregel und die weiteren Finanzthemen der zweiten Föderalismusreform, DVBl 2009, 1274; *C. Seiler,* Konsolidierung der Staats-finanzen mithilfe der neuen Schuldenregel, JZ 2009, 721; *M. Thye,* Der Stabilitätsrat. Aufgaben, Organisation und Verfahren eines gemeinsamen finanzpolitischen Gremiums von Bund und Ländern, 2014.

# A. Allgemeines

## I. Entstehungsgeschichte

Die Vorschrift ist im Jahre 2009 durch die Föderalismusreform II neu in das Grundgesetz eingefügt **1** und im Jahre 2017 ergänzt worden.[1] Sie dient der **Vermeidung** von **Haushaltsnotlagen** und hat ihren Ursprung in der Aufforderung des BVerfG,[2] der Entwicklung kritischer Haushaltslagen der Länder vorzubeugen.[3] Hinzugekommen ist der (ausdrückliche) Auftrag, die verfassungsrechtlichen Defizitgrenzen und die Vorgaben der EU zur Wahrung von Haushaltsdisziplin ab 2020 zu über-wachen.

Die Grundgesetzänderung von 2017 hat die **Struktur** der Vorschrift grundlegend geändert. **Inhalt-** **1a** **lich** sollte aber lediglich den Überwachungsauftragsauftrag des acht Jahre zuvor geschaffenen Stabili-tätsrates (→ Rn. 4) auf die Einhaltung der in Art. 109 III geregelten Grenzen für die Kreditaufnahme von Bund und Ländern und die Vorgaben der EU erweitert werden (→ Rn. 11). Konstruktiv wurde dabei so vorgegangen, dass die gesamte bisherige Regelung unverändert in einen neuen Abs. 1 über-nommen worden ist und die (neue) Aufgabenzuweisung in einem neuen Abs. 2 geregelt worden ist. Der bisherige Satz 2 wurde zum neuen Abs. 3. **Materielle Neuerungen** sind also ausschließlich in Abs. 2 zu finden.

---

[1] G zur Änderung des Grundgesetzes v. 29.7.2009, BGBl I 2248.
[2] BVerfGE 116, 327 (393 f.).
[3] Die Gesetzesbegründung nimmt ausdrücklich auf die Entscheidung Bezug, BT-Dr 16/12410, S. 12.

## II. Bedeutung

**2**    Genau genommen, besteht die Regelung nur aus einem **Auftrag** an den **Bundesgesetzgeber,** tätig zu werden.[4] Darin liegt zugleich aber auch eine **Ermächtigung,**[5] wenn Art. 109 IV nicht als hinreichende Grundlage zur Erfüllung dieser Aufgaben angesehen wird (→ Art. 109 Rn. 91) und eine **Kompetenzübertragung**[6].

**2a**    Wesentlicher Gegenstand dieses Auftrags ist an erster Stelle die Errichtung eines **gemeinsamen Gremiums** von Bund und Ländern zur laufenden Überwachung ihrer Haushaltswirtschaft. Dieses Gremium ist vom GG als **Stabilitätsrat** legal definiert, Abs. 1 Satz 1 Nr. 1 (→ Rn. 4 ff.). Weiter sollen Voraussetzungen und Verfahren zur **Feststellung einer drohenden Haushaltsnotlage** geregelt werden, Nr. 2 (→ Rn. 14 ff.). Schließlich sind noch Grundsätze zur Aufstellung und Durchführung eines **Sanierungsprogramms** aufzustellen (Nr. 3) (→ Rn. 17#). Der explizite Überwachungsauftrag des neuen Abs. 2 setzt dagegen früher an. Mit ihm soll die Einhaltung der Kreditaufnahmeregeln des GG – orientiert an den Vorgaben des AEUV – überwacht werden. Damit soll bereits im Vorfeld einer Haushaltsnotlage eine der Hauptursachen für ihre Entstehung, die übermäßige Kreditaufnahme, bekämpft werden.[7]

**2b**    Neben ihrer institutionell-organisatorischen Bedeutung ist die Hauptfunktion der Vorschrift im **Bereich** von **Informationen** und ihres strategischen Einsatzes anzusiedeln. Informationen über die Haushaltslage aller Teile des föderal gegliederten Staatswesens sollen zeitnah **gesammelt** und ein **Frühwarnsystem** installiert werden, um frühzeitig gegensteuern zu können.[8] Zukunftsgerichtet sollen zur Bewältigung von bereits eingetretenen Haushaltsnotlagen Grundsätze für ein **Sanierungsprogramm** erarbeitet werden (→ Rn. 17). Aber auch das ist letztlich ein Einsatz von Informationen.

**2c**    Die **schuldenbegrenzende Kraft** des **Frühwarnsystems** wurde bereits im Gesetzgebungsverfahren angezweifelt.[9] Die Bedeutung der Vorschrift wird im Schrifttum aber auch deswegen in Frage gestellt, weil das angestrebte Frühwarnsystem an Gewicht verloren habe seit das BVerfG die grundsätzliche Eigenverantwortung der Länder betont habe.[10] Diese Argumentation berücksichtigt aber nicht hinreichend, dass ihr in jedem Fall eine eigenständige Bedeutung für den Bund zukommt, auch wenn Hauptbeweggrund für ihre Schaffung die krisenhafte Zuspitzung der Haushaltslage in einigen Ländern gewesen war. Wenn jedoch die neuen materiellen Schuldenregeln aus Art. 109 II und III greifen, dürfte es jedenfalls nicht mehr wegen übermäßiger Lasten aus der Kreditaufnahme zum Haushaltsnotstand kommen.[11] Das wird aber noch einige Zeit dauern, wie die Einfügung von Absatz 2 mit seiner Überwachungsfunktion gezeigt hat. Von daher ist es durchaus angebracht, von einem „Ergänzungsverhältnis" zu sprechen.[12] Das zeigt zudem auch der zusätzliche Überwachungsauftrag, der ihm durch Art. 143 II von Anfang an übertragen worden war.

**2d**    Die Auswirkungen außergewöhnlicher Notfälle und Naturkatastrophen (→ Art. 109 Rn. 76 f., Art. 115 Rn. 50 f.) auf die Haushaltswirtschaft von Bund und Ländern sind jedenfalls regelmäßig nicht voraussehbar. Daran kann auch ein Stabilitätsrat nichts ändern, wie die gegenwärtige Krise und die im Sommer 2020 für notwendig erachtete Verfassungsänderung (→ Art. 104a Rn. 1b und c, Rn. 35a-d, Art. 143h) eindrucksvoll bestätigen. Möglicherweise können sich aber im Rahmen eines Sanierungsprogramms auf Dauer Auswirkungen ergeben, beispielsweise bei der Gewährung von Ergänzungszuweisungen nach Art. 107 II 3 (→ Art. 107 Rn. 58–65).[13]

**3**    Obwohl die Vorschrift indikativisch formuliert ist, handelt es sich nicht um eine bloße Ermächtigung des Gesetzgebers,[14] sondern um einen Gesetzgebungsauftrag, aus dem sich auch die **Pflicht** zur Schaffung des **Stabilitätsrates** mit den im GG genannten Aufgaben ergibt.[15] Das Gesetz bedarf der Zustimmung des BRat. Das StabilitätsratsG ist gemeinsam mit der Schaffung der Vorschrift als Begleitgesetz erlassen worden.[16]

---

[4] *Selmer* NVwZ 2009, 1255 (1258).

[5] *Heun/Thiele,* in: Dreier III, Art. 109a Rn. 8; Kube, in: Maunz/Dürig, Art. 109a (2019) Rn. 4, 9.

[6] Besonders deutlich ausgesprochen in der Begründung zu Ergänzung der Vorschrift, BT-Dr 18/11131, S. 2, 12.

[7] *Nebel,* in: Piduch Bundeshaushaltsrecht, 2. Aufl., Art. 109a (2018) Rn. 1 (S. 1).

[8] Ähnlich G. *Kirchhof* MKS III, Art. 109a Rn. 2; *Koemm,* Staatsverschuldung, S. 330.

[9] Einzelheiten bei G. *Kirchhof* MKS III, Art. 109a Rn. 3.

[10] *Selmer* NVwZ 2009, 1255 (1261); dagegen: Kemmler DÖV 2009, 549 (552); Koemm, Staatsverschuldung, S. 345.

[11] Sinngemäß ebenso *Mattil/Meister-Scheufelen/Sudhof,* Regeln, S. 175.

[12] Kube, in: Maunz/Dürig, Art. 109a (2019) Rn. 8; ähnlich wohl auch *Heun/Thiele,* in: Dreier III, Art. 109a Rn. 36.

[13] R. Schmidt DVBl 2009, 1274 (1285); *Koemm,* Staatsverschuldung, S. 345.

[14] So aber *Heun/Thiele,* in: Dreier III, Art. 109a Rn. 8.

[15] *Wieland* KritV 2008, 117 (129); *Seiler* JZ 2009, 721 (726); wohl auch G. *Kirchhof,* in: v. Mangoldt/Klein/Starck III, Art. 109a Rn. 4 f.

[16] G zur Errichtung eines Stabilitätsrates und zur Vermeidung von Haushaltsnotlagen (Stabilitätsratsgesetz – StabiRatG), Art. 1 des Begleitgesetzes zur zweiten Föderalismusreform, v. 10.8.2009, BGBl I 2702.

# B. Der Stabilitätsrat

## I. Herkunft

Der Stabilitätsrat ist im Jahre 2010 eingerichtet worden. Er kann als **Weiterentwicklung des** 4
**Finanzplanungsrates** angesehen werden, der jedoch keine Grundlage im GG hatte. Der Finanzplanungsrat war schon mit den Reformen der Jahre 1967 und 1969 als ein Gremium geschaffen
worden, in dem Bund, Länder und Gemeinden vertreten waren. Er war ein reines Koordinierungsgremium ohne Weisungsbefugnisse, § 51 II HGrG aF (→ Art. 109 Rn. 95). Da sein Arbeitsspektrum
vor allem wegen der neuen europarechtlichen Vorgaben für unzureichend gehalten wurde,[17] entschloss
sich der Bundesgesetzgeber 2001, eine Bestimmung in das HGrG aufzunehmen, die seine Aufgaben
um die Einhaltung der Vorgaben für die Haushaltsdisziplin nach Art. 104 EGV (jetzt Art. 126 AEUV)
erweiterte, § 51a II HGrG. Er durfte aber weiterhin nur Empfehlungen aussprechen, da auch nach
mehrjährigen Diskussionen keine Einigung über ein verbindl. innerstaatl. Abstimmungsverfahren zur
Umsetzung der Anforderungen des EU-Rechts erzielt werden konnte (→ Art. 109 Rn. 19).[18] Im Zuge
der Föderalismusreform II ist § 51a HGrG ersatzlos aufgehoben und § 51 HGrG an die neue Verfassungsrechtslage angepasst worden.[19] Die lange Zeit kaum mögliche, innerstaatliche Durchsetzung
der Maßnahmen der EU zur Haushaltsdisziplin ist dem Stabilitätsrat nun ausdrücklich zur Aufgabe
gemacht worden, Art. 109a II; ebenso wie die Einhaltung der Kreditaufnahmevorschriften von
Art. 109 III (→ Rn. 11a).

## II. Stellung und Organisation

Der Stabilitätsrat ist **kein Bundesorgan,** sondern eine verfassungsrechtlich vorgeschriebene **Ein-** 5
**richtung** von Bund und Ländern, die einzigartig ist.[20] Da es sich um ein „gemeinsames" Gremium
handeln soll, muss er sich aus Vertretern des Bundes und der Länder zusammensetzen. Seine Mitglieder
genießen keine verfassungsrechtlich garantierte Unabhängigkeit.[21] Sie sind grundsätzlich insoweit
Weisungen unterworfen, wie das dem Verfassungsrecht ihres Herkunftslandes entspricht, auch wenn
das Gremium als Ganzes nicht in einen Befehlsstrang eingebunden ist. Die Herleitung von Weisungsfreiheit für die Institution aus seiner „Überwachungsfunktion" dürfte kaum den verfassungsrechtlichen
Anforderungen an die Rechtfertigung „ministerialfreier" Räume (dazu → Art. 88 Rn. 69) genügen.[22]

Das **Stabilitätsratsgesetz** hat ihn so konstituiert, dass er aus dem Bundesminister der Finanzen, den 6
für Finanzen zuständigen Ministern der Länder und der Bundesministerin oder dem Bundesminister
für Wirtschaft und Technologie besteht, § 1 I 2 StabiRatG. Damit ist der Gesetzgeber nicht dem
Vorschlag gefolgt, ein politikfernes Gremium von Sachverständigen zu errichten. Einem solchen
Gremium hätte auch mangels demokratischer Legitimation grundsätzlich keine Befugnis zu hoheitlichen Entscheidungen eingeräumt werden dürfen.[23] Organisatorisch ist der Rat „bei der Bundesregierung" angesiedelt.

Ferner ist vorgesehen, dass **Beschlüsse** des Rates der Zustimmung des Bundes und von zwei 7
Dritteln der Länder bedürfen, § 1 IV 1 StabiRatG. Es wird angesichts der Erfahrungen aus anderen
derartigen Gremien befürchtet, dass die gesamte Regelung leer laufen werde. Vorzugswürdig seien
automatische Sanktionen.[24]

Die einfachgesetzlichen Regelungen berühren die Organisationshoheit der Länder, doch verstoßen 8
sie nicht gegen Art. 20 I, 28 I,[25] da Art. 109a ausdrücklich ein gemeinsames Gremium vorsieht sowie
dem Bundesgesetzgeber den Regelungsauftrag erteilt und nicht etwa einem Staatsvertrag überlässt.
Fraglich ist jedoch, ob nicht ein ausschließlich mit Vertretern der Exekutive besetztes Gremium zu sehr
die **Rechte der Volksvertretungen** auf Bundes- und Landesebene beschneidet.[26] Soweit nur Informationen gesammelt und Warnungen ausgesprochen werden, dürfte aber keine relevante Beeinträchtigung des Demokratieprinzips oder des Budgetrechts des Parlaments vorliegen. Soweit dem Gremium

---

[17] *Mattil/Meister-Scheufelen/Sudhof,* Regeln, S. 162.

[18] *Bur,* in: Engels/Eibelshäuser, Kommentar zum Haushaltsrecht, § 51a HGrG (2004) Rn. 1; *Kube,* in: Maunz/
Dürig, Art. 109a (2019) Rn. 13 f..

[19] G v. 27.5.2010, BGBl I 671.

[20] *Kube,* in: Maunz/Dürig, Art. 109a (2019) Rn. 22 f.; ferner *Reimer,* in: Epping/Hillgruber, Art. 109a Rn. 8, 14,
der ihn plastisch als „angelegte institutionelle Verfestigung einer Gemeinschaftsaufgabe" beschreibt.

[21] *Jarass,* in: Jarass/Pieroth, Art. 109a Rn. 2; insoweit zust. Kube, in: Maunz/Dürig, Art. 109a (2019) Rn. 32.

[22] So aber (wenig konsistent) *Heintzen,* in: v. Münch/Kunig II, Art. 109 Rn. 5; *Reimer,* in: Epping/Hillgruber,
Art. 109a Rn. 21; *Heun/Thiele,* in: Dreier III, Art. 109a Rn. 12; Kube, in: Maunz/Dürig, Art. 109a (2019) Rn. 29.

[23] *Korioth* JböffFin 2009, 389 (404); *Koemm,* Staatsverschuldung, S. 337.

[24] *Korioth* JböffFin 2009, 389 (405); *ders.* JZ 2009, 729 (735); *Ragnitz,* Perspektiven der Wirtschaftspolitik, 2010,
S. 260 (268): „zahnloser Tiger".

[25] *Heun/Thiele,* in: Dreier III, Art. 109a Rn. 14.

[26] *Waldhoff/Dieterich* ZG 2009, 97 (119); weniger Bedenken bei Kube, in: Maunz/Dürig, Art. 109a (2012) Rn. 72,
wegen der fehlenden Verbindlichkeit.

aber Entscheidungsbefugnisse eingeräumt werden, wie nach § 5 StabiRatG im Sanierungsverfahren (→ Rn. 17), bestehen Bedenken, ob ein vollständiger Ausschluss der Volksvertretung noch von Art. 109a gedeckt ist.[27]

## III. Aufgaben

9    **1. Die ursprüngliche Umschreibung (Abs. 1 Nr. 1).** Der Stabilitätsrat hat die verfassungsrechtliche **Kompetenz** und **Aufgabe,** die Haushalte von **Bund und Ländern** einschließlich ihrer Sondervermögen[28] **zu überwachen,** damit die Entstehung von Haushaltsnotlagen frühzeitig erkannt und verhindert werden kann, Abs. 1 Nr. 1.[29] Ihm darf auch die (vorgeschriebene) Feststellung einer drohenden **Haushaltsnotlage** im Sinne von Abs. 1 Nr. 2 sowie die Aufstellung und Durchführung von **Sanierungsprogrammen** nach Abs. 1 Nr. 3 übertragen werden,[30] wie dies einfachgesetzlich im StabRatG geschehen ist. Verfassungsrechtlich geboten ist dieser Lösungsweg jedoch nicht. Der Gesetzgeber darf den in Nr. 2 und 3 enthaltenen Auftrag auch auf andere Weise erfüllen. In jedem Fall hat der Stabilitätsrat aber während der Übergangszeit den **Abbau** der **Haushaltsdefizite** der Länder, die Konsolidierungshilfen erhalten, zu kontrollieren, Art. 143d II 5. Die Überwachung muss insgesamt **fortlaufend und zeitnah** erfolgen, wenn sie ihren Zweck erfüllen soll.[31]

10    Die Überwachung **anderer juristischer Personen** gehört wegen des insoweit eindeutigen Wortlauts von Art. 109a nicht zu seinen verfassungsrechtlichen Aufgaben.[32] Soweit sich deren finanzielle Entwicklung aber auf den Haushalt eines Landes oder des Bundes unmittelbar auswirkt, muss er sie in seine Tätigkeit miteinbeziehen.[33] Das Gesetz spricht vage nur von „relevanten" Bereichen, § 4 III StabiRatG. Das dürfte für aggregierte Werte der Gemeinden und Gemeindeverbände eines Landes zutreffen, vor allem aber für die Einrichtungen, bei denen (noch) Anstaltslast oder Gewährträgerhaftung bestehen. Diese – meist nur schwach kontrollierten – Institute stellen teilweise die größten Gefahren für viele Landeshaushalte dar. Der Umfang der Kontrolle durch die Rechnungshöfe ist deshalb entsprechend weit zu verstehen (→ Art. 114 Rn. 30–32), doch kann diese Kontrolle nur begrenzt die Frühwarnfunktion erfüllen.

10a   Neben der Überwachung ist im Stabilitätsratsgesetz aber auch noch die Durchführung von **Sanierungsverfahren** als Aufgabe des Rates genannt, § 2. Sie dürfte noch von der verfassungsrechtlichen Ermächtigung in Art. 109a S. 1 Nr. 3 gedeckt sein. Darüber hinaus sind ihm allerdings weitere Aufgaben im Verfahren der **Finanzplanung** durch § 51 I HGrG zugewiesen worden. Er tritt damit, wenn auch in anderer Zusammensetzung, die Nachfolge des Finanzplanungsrates an (→ Rn. 4). Für diese Tätigkeit stellt Art. 109a keine hinreichende Grundlage dar, wohl aber Art. 109 IV, der ausdrücklich die Finanzplanung als zulässigen Gegenstand für das HGrG nennt. Die Formulierung ist sehr vorsichtig gewählt, möglicherweise im Hinblick auf die Gemeinden, die nun nicht mehr vertreten sind (→ Rn. 6): „Zur Koordinierung der Haushalts- und Finanzplanungen des Bundes, der Länder und der Gemeinden und Gemeindeverbände berät der Stabilisierungsrat über die zugrundeliegenden volks- und gesamtwirtschaftlichen Annahmen." Die gefassten Beschlüsse haben insoweit aber nur den Charakter von **Empfehlungen,** § 51 I 3 HGrG.

10b   Die Regelung in § 2 S. 2 StabiRatG, dass dem Rat weitere Aufgaben durch Gesetz übertragen werden können, ist überflüssig, da der einfache Gesetzgeber sich nicht selbst zu ermächtigen braucht. Er kann schlicht das Gesetz ändern.[34] Problematisch ist auch die in der Kommentarliteratur verbreitete Vorgehensweise, die **verfassungsrechtlichen** Aufgaben des Stabilitätsrates ohne weiteres anhand der **einfachgesetzlichen** Zuweisungen im StabRatG zu bestimmen.[35] Das gilt auch im Hinblick auf die fast zeitgleiche Verkündung des Gesetzes mit der Verfassungsänderung (→ Rn. 3, 9, 14, 18).

11    **2. Die Ergänzung von 2017 (Abs. 2).** Während bisher die Aufgaben des Stabilitätsrates mit „fortlaufender Überwachung der Haushaltswirtschaft von Bund und Ländern nur sehr vage umschrieben waren, ist die neue Aufgabenbeschreibung in Abs. 2 deutlich konkreter. Genannt wird ausdrücklich die Einhaltung der Vorgaben aus Art. 109 III durch Bund und Länder. Es handelt sich aber auch insoweit nur um eine bloße **Aufgabenzuweisung,** aber **nicht** um die Verleihung von **Eingriffs-**

---

[27] *Waldhoff/Dieterich* ZG 2009, 97 (120); s. auch schon *Korioth* ZG 2007, 1 (19).
[28] *Heun/Thiele,* in: Dreier III, Art. 109a Rn. 23.
[29] BT-Dr 16/12410, S. 12.
[30] BT-Dr 16/12410, S. 12.
[31] *Reimer,* in: Epping/Hillgruber, Art. 109a Rn. 35.
[32] Kube, in: Maunz/Dürig, Art. 109a (2019) Rn. 44. *Reimer,* in: Epping/Hillgruber, Art. 109a Rn. 32, will aber noch den „Inbegriff der Nebenhaushalte" und den „tatsächlichen Vollzug aller dieser Haushalte" der „Beobachtung" unterwerfen. Die genaue Abgrenzung wird aber nicht deutlich; *Heun/Thiele,* in: Dreier III, Art. 109a Rn. 23.
[33] Jetzt auch Kube, in: Maunz/Dürig, Art. 109a (2019) Rn. 47–49.
[34] *Korioth* JZ 2009, 729 (735 Fn. 40). Ein ähnliches Fehlverständnis findet sich auf verfassungsrechtlicher Ebene in Art. 109 III 4.
[35] Vgl. *Jarass,* in: Jarass/Pieroth, Art. 109a Rn. 4–8; zutreffend anders *Heun/Thiele,* in: Dreier III, Art. 109a Rn. 25, die daraus einen „weiten Gestaltungsspielraum" ableiten.

**befugnissen.** Ob es sich tatsächlich um eine konstitutive **Erweiterung**[36] der zu erfüllenden Aufgaben handelt, ist nicht sicher, obschon die Gesetzesbegründung davon ausgeht.[37] Zur Haushaltswirtschaft im Sinne von Abs. 1 Nr. 1 müssten auch die allgemeine Haushaltsdisziplin und die Kreditfinanzierung gehören. Allerdings muss aus der ausdrücklichen Angabe eines Geltungsbeginns im Verfassungstext davon ausgegangen werden, dass die Aufgabe davor nicht zu erfüllen ist.

Die Überwachung soll sich an „Vorgaben und Verfahren" aus **„Rechtsakten"** der EU zur Ein-   11a
haltung der Haushaltsdisziplin „orientieren", Art. 109 II 2. Der Begriff „Rechtsakte" ist wie in Art. 109 II auszulegen (dazu → Art. 109 Rn. 31–33). Die Einhaltung von Art. 109 III ist aber erst **ab 2020** zu überwachen (Art. 109 II 1), auch wenn eine dahingehende Klarstellung in §§ 2 S. 2, 5a StabiRatG fehlt. Der BRat hatte dieses Redaktionsversehen schon im Gesetzgebungsverfahren bean-standet.[38]

Der rechtliche Gehalt der in Art. 109a II 3 vorgeschriebenen **Orientierung** an den Rechtsakten   11b
der EU ist vage. Schon die materielle Bezugnahme auf diese Akte in Art. 109 II ist problematisch, da Vorgaben des Primär- und Sekundärrechts der EU für die Defizitfinanzierung öffentlicher Haushalte nach Inhalt, Ausrichtung und Wirkung wesentlich von den Vorgaben des deutschen Verfassungsrechts abweichen.[39] Art. 126 AEUV und die auf seiner Grundlage ergangenen Akte des Sekundärrechts[40] sind zwar innerstaatlich verbindlich, doch führt ihre Verletzung nicht zur Unwirksamkeit, sondern nur zur Einleitung eines Defizitverfahrens mit anders gearteten Sanktionen. Zudem ist ihr materieller Gehalt auf den Gesamtstaat ausgerichtet und damit „föderalismusblind". Auch bestehen erhebliche Unter-scheide bei der Auswahl und Berechnung der maßgebenden Kennzahlen (→ Art. 109 Rn. 23, 34).[41] Die Gesetzesbegründung geht jedenfalls von der „Orientierung" an dem Ziel eines „annähernd ausgeglichenen oder einen Überschuss aufweisender Haushalte aus".[42] Der Vertrag über die Stabilität, Koordinierung und Steuerung in der Wirtschafts- und Währungsunion („Fiskalpakt") ist jedoch ein separater völkerrechtlicher Vertrag und kein Rechtsakt, der auf den AEUV gestützt ist.[43]

Der fehlenden Harmonisierung der Vorgaben, soll mit der Verwendung des Begriffs „orientieren"   11c
bei der Überwachung ihrer Beachtung Rechnung getragen werden. Die Direktionskraft der Regelung bleibt aber unklar. Im Zweifel hat zwar sowohl das Primärrecht als auch das Sekundärrecht der Union bei Diskrepanzen Vorrang (→ Art. 109 Rn. 48.), doch kommt eine **unangepasste Übertragung** von Referenzwerten aus dem Unionsrecht auf deutsche Haushalte nicht in Betracht.[44] Allenfalls können krasse Abweichungen, die sich gesamtstaatlich negativ auswirken, beanstandet werden. Auch mögen die (bisherigen) Intentionen des EU-Rechts, Haushaltsdisziplin zu befördern, als generelle Richtschnur dienen.

Auf **einfachgesetzlicher Ebene** wurde die Änderung im StabiRatG durch die neu eingefügten § 2   11d
S. 2 sowie § 5a StabiRatG n. F. vollzogen.[45] Die Überprüfung der Einhaltung von Art. 109 III erfolgt jeweils im Herbst aufgrund einer Drei-Jahreszeitraum: vergangenes, aktuelles und folgendes Haus-haltsjahr. Kritisch ist anzumerken, dass § 2 S. 2 StabiRatG nF exakt dasselbe sagt wie schon Art. 109a II nF und daher redundant ist. Dasselbe Problem auf mehreren Gesetzesebenen ohne wechselseitige Bezugnahme zu regeln, kann zu unbeabsichtigten Diskrepanzen führen. Dies gilt vor allem, wenn eine „Orientierung" an den Vorgaben des EU-Rechts vorgeschrieben wird, obwohl sie nach Inhalt, Ausrichtung und Wirkung nicht mit den verfassungsrechtlichen Vorgaben übereinstimmen (→ Art. 109 Rn. 23, 34).

## IV. Rechte

Verfassungsrechtlich ist der Stabilitätsrat ist **nicht** zu **Eingriffen** ermächtigt worden. Aus der Über-   12
tragung von Aufgaben und Kompetenzen darf nicht ohne weiteres auf die Einräumung von **(Ein-griffs-)befugnissen** geschlossen werden. Die im deutschen öffentlichen Recht grundlegende Unter-

---

[36] So aber: *Heun/Thiele*, in: Dreier III, Art. 109a Rn. 36; *G. Kirchhof* MKS III, Art. 109a Rn. 3; *Jarass*, in: Jarass/Pieroth, Art. 109a Rn. 9 („zusätzlich").

[37] Regierungsentwurf, BT-Dr 18/11131, S. 12: In Artikel 109a GG wird die verfassungsrechtliche Voraussetzung dafür geschaffen, dass der Stabilitätsrat ab dem Jahr 2020 jährlich prüfen kann, ob die Vorgaben des Artikels 109 Absatz 3, der die Begrenzung der Kreditaufnahme von Bund und Ländern regelt, eingehalten werden. Die Aufgaben des Stabilitätsrates werden auch erweitert mit Blick auf die Verpflichtung Deutschlands, die Vorgaben des präventiven Arms des Europäischen Stabilitäts- und Wachstumspaktes sowie des Vertrages über Stabilität, Koordinierung und Steuerung in der Wirtschafts- und Währungsunion (Fiskalvertrag) einzuhalten." Zuvor wurde von

[38] Stellungnahme BRat, BT-Dr 18/11135, S. 132.

[39] Die Unterschiedlichkeit der Maßstäbe ist im Gesetzgebungsverfahren auch nicht bestritten worden, BT-Dr 18/11185, S. 3 f.

[40] *Heun/Thiele*, in: Dreier III, Art. 109a Rn. 24, 36; *Jarass*, in: Jarass/Pieroth, Art. 109a Rn. 9.

[41] Vgl. zu den Einzelheiten *Nebel* (Fn. 5), Art. 109 Rn. 10, Art. 109a Rn. 8.

[42] BT-Dr 18/11131, S. 19; dafür auch: *Jarass*, in: Jarass/Pieroth, Art. 109a Rn. 9.

[43] *Heun/Thiele*, in: Dreier III, Art. 109a Rn. 37; aA die Gesetzesbegründung BT-Dr 18/11135, s. 19; für analoge Anwendung *Jarass*, in: Jarass/Pieroth, Art. 109a Rn. 9.

[44] *Nebel* (Fn. 5), Art. 109a Rn. 8.

[45] Vgl. BT-Dr 18/11135, S. 20, 82.

scheidung zwischen den Aufgaben einer Einrichtung und ihren Befugnissen ist auch hier zu beachten. Aus der Zuweisung von Aufgaben darf nur bei Vorliegen besonderer Gründe, die hier nicht erkennbar sind, auf die Verleihung von Befugnissen geschlossen werden. Der Begriff „Überwachung" ist zudem so unbestimmt, dass nicht davon ausgegangen werden kann, dass er auch den Einsatz von belastenden Maßnahmen, vor allem von Grundrechtseingriffen, mitumfasst.

**12a**     Dementsprechend erstreckt sich die Tätigkeit des Stabilitätsrates im Wesentlichen nur auf das Sammeln, Aufbereiten und Instrumentalisieren von Informationen. Hinzu kommen das Aussprechen von Warnungen und Empfehlungen. Allenfalls kann der Regelung entnommen werden, dass Bund und Länder verpflichtet sein sollen, ihm die zur Erfüllung seiner Aufgaben notwendigen Informationen zur Verfügung zu stellen.[46] Auf welche finanzwirtschaftlichen **Kennzahlen** dabei abzustellen sein soll, darf er selbst bestimmen, soweit sie nicht gesetzlich vorgeschrieben sind (→ Rn. 15 f.).[47] Einfachgesetzlich ist ihm auch das Recht und die Aufgaben übertragen worden mit dem betreffenden Land oder dem Bund ein **Sanierungsprogramm** zu vereinbaren, allerdings ohne Sanktionsmöglichkeiten (→ Rn. 18). Entsprechendes gilt für die Aufgaben nach Abs. 2 (→ Rn. 11).

## V. Einbeziehung der Öffentlichkeit (Abs. 3) und gerichtliche Kontrolle

**13**     Minderheitsvoten und Beteiligung der Öffentlichkeit sind im GG nicht vorgesehen und liegen im Rahmen der allgemeinen Zulässigkeitsregeln in der Hand des Gremiums. Die **Beschlüsse** des Rates und die zugrundeliegenden **Beratungsunterlagen** sind jedoch zu **veröffentlichen,** Abs. 3. Durch den Druck der Öffentlichkeit soll ihre Wirksamkeit vergrößert werden.[48] Diese Transparenz kann von Bürgern, gestützt auf die Informationsfreiheit aus Art. 5 I 1, erzwungen werden.[49] Einfachgesetzlich ist aber angeordnet, dass die Sitzungen des Rates vertraulich und nicht öffentlich sind, § 1 III 2 StabiRatG.

**13a**    Grundsätzlich unterliegen auch die Maßnahmen des Stabilitätsrates **gerichtlicher Kontrolle.** Allerdings dürfte wegen ihres weitgehend sammelnden, informierenden und empfehlenden Charakters (→ Rn. 11) kaum die erforderliche Belastung vorliegen. Nicht auszuschließen mag ein Streit über die zu erteilenden Auskünfte sein. Jedenfalls ist zu bezweifeln, dass es sich um Streitigkeiten nichtverfassungsrechtlicher Art im Sinne von § 40i 1 Hs 1 VwGO handeln würde,[50] da sie sich zwischen Verfassungsorganen abspielen würden.

## C. Feststellung einer drohenden Haushaltsnotlage

**14**     Ein Bundesgesetz darf nach Art. 109a S. 1 Nr. 2 Voraussetzungen und Verfahren zur Feststellung einer **drohenden Haushaltsnotlage** regeln. Auch wenn das GG den Stabilitätsrat – anders als für die Überwachung – nicht für diese Aufgabe benennt, ist die Übertragung dieser Aufgabe auf den Stabilitätsrat durch § 4 I StabiRatG noch vom Entscheidungsspielraum des Gesetzgebers gedeckt. Das Gesetz ist, wie schon öfter praktiziert, zeitnah mit der verfassungsrechtl. Grundlage verabschiedet worden. Es kann daher davon ausgegangen werden, dass die einfachgesetzl. Ausgestaltung vom verfassungsändernden Gesetzgeber gebilligt war.[51]

**15**     Der Gegenstand der **Feststellung,** die Haushaltsnotlage, ist im GG nicht definiert. Er ist keinesfalls identisch mit dem Begriff der Notsituation oder der von der Normallage abweichenden konjunkturellen Entwicklung in Art. 109 III 2 (dazu → Art. 109 Rn. 75, 77).[52] Es liegt zwar nahe, an die Begrifflichkeit des BVerfG[53] anzuknüpfen und auf die Kreditfinanzierungsquote und die Zins-Steuer-Quote abzustellen (→ Art. 107 Rn. 59). Das Gericht hat aber selbst darauf hingewiesen, dass es keine „einfache quantitative Relation" für die Bestimmung der Schwelle eines möglicherweise Sanierungspflichten und -ansprüche auslösenden „bundesstaatlichen Notstands" gebe.[54] Im Ergebnis sind dem Stabilisierungsrat erhebliche Entscheidungsspielräume zugestanden worden, die dezionistisch ausgefüllt werden dürfen (→ Rn. 12). Ein Verstoß gegen das rechtsstaatliche Bestimmtheitsgebot liegt aber nicht vor.[55]

**16**     Der Gesetzgeber hat die **Voraussetzungen** für die Feststellung einer drohenden Haushaltsnotlage nur grob konkretisiert, im Übrigen aber den Stabilitätsrat nicht nur mit der Durchführung des Ver-

---

[46] *Schmidt* DVBl 2009, 1274 (1284); *Jarass,* in: Jarass/Pieroth, Art. 109a Rn. 5 f.

[47] *Heun/Thiele,* in: Dreier III, Art. 109a Rn. 26; *Jarass,* in: Jarass/Pieroth, Art. 109a Rn. 5.

[48] BT-Dr 16/12 410, S. 7.

[49] *Reimer,* in: Epping/Hillgruber, Art. 109a Rn. 67; *Jarass,* in: Jarass/Pieroth, Art. 109a Rn. 3; *Kube,* in: Maunz/Dürig, Art. 109a (2019) Rn. 43; *Heun/Thiele,* in: Dreier III, Art. 109a Rn. 44.

[50] So aber *Thye,* Stabilitätsrat, S. 61 ff.; *Heun/Thiele,* in: Dreier III, Art. 109a Rn. 47; *Jarass,* in: Jarass/Pieroth, Art. 109a Rn. 3.

[51] *Heun/Thiele,* in: Dreier III, Art. 109a Rn. 16; jetzt auch *Kube,* in: Maunz/Dürig, Art. 109a (2019) Rn. 5.

[52] *Kube,* in: Maunz/Dürig, Art. 109a (2019) Rn. 55.

[53] BVerfGE 86, 148 (258 f.).

[54] BVerfGE 116, 327 (389).

[55] *Heun/Thiele,* in: Dreier III, Art. 109a Rn. 30; a. A. *Reimer,* in: Epping/Hillgruber, Art. 109a Rn. 75; ebenso *Koemm,* Staatsverschuldung, S. 346; jeweils ohne hinreichende Begründung.

fahrens, sondern auch mit der Festlegung von Kennziffern und Schwellenwerten beauftragt, § 4 I und II StabiRatG. In seiner konstituierenden Sitzung im April 2010 hat der Rat vier zentrale „Kennziffern" (gemeint sind wohl Zahlen) vereinbart: struktureller Finanzierungssaldo, Kreditfinanzierungsquote, Schuldenstand, Zins-Steuer-Quote. Für jede dieser Größen wurden Schwellenwerte – unterschiedlich für Bund und Länder – festgelegt, bei deren Überschreitung die Gefahr eines drohenden Haushalts-notstandes besteht.[56]

## D. Sanierungsverfahren

Zum Sanierungsverfahren ordnet das GG nur an, dass durch ein Bundesgesetz **Grundsätze für** die   **17** Aufstellung von **Sanierungsprogrammen** und ihre Durchführung zu regeln sind, Art. 109a S. 1 Nr. 3. Überflüssigerweise ist noch einmal als Zweck die Vermeidung von Haushaltsnotlagen genannt. Der Begriff der Haushaltsnotlage ist ebenso wie im Feststellungsverfahren abzugrenzen. Pflichten für das betroffene Land oder den Bund sind in der Regelung nicht zum Ausdruck gebracht. Das Verfahren ist grundsätzlich auf fünf Jahre angelegt.[57]

In der einfachgesetzl. Umsetzung dieser wenig substantiellen verfassungsrechtl. Vorgaben ist dem   **18** Stabilitätsrat dann aber die Aufgabe zugewiesen, mit dem betreffenden Land oder dem Bund ein **Sanierungsprogramm** zu **vereinbaren**, § 5 I 1 StabiRatG, dessen Rechtsnatur unklar ist.[58] Die vereinbarten Maßnahmen müssen in der Kompetenz der betreffenden Körperschaft liegen.[59] Wenn „ungeeignete" oder „unzureichende" Vorschläge für Sanierungsmaßnahmen vorgelegt werden, be-schließt der Stabilitätsrat eine Aufforderung zur „verstärkten" Haushaltssanierung, § 5 III 1 StabiRatG. Im Zuge der Durchführung des vereinbarten Programms, die in eigener Verantwortung geschehen soll, ist halbjährlich dem Stabilitätsrat über die vereinbarten Schritte zum Abbau der jährl. Nettokredit-aufnahme zu berichten, § 5 II 1 StabiRatG. Falls Abweichungen von dem vereinbarten Pfad zum Defizitabbau eintreten, werden „weitere Maßnahmen" geprüft, § 5 II 2 StabiRatG. Sollte sich bei Abschluss des Sanierungsprogramms herausstellen, dass immer noch eine Haushaltsnotlage droht, wird von vorn begonnen. Echte Sanktionsmöglichkeiten sind dem Rat aber auch insoweit nicht eingeräumt worden.[60]

## E. Vereinbarkeit mit Art. 79 III und Würdigung

Die Regelung des Sanierungsverfahrens erinnert eher an ein Ritual, dessen realer Gewinn schwer zu   **19** erkennen ist. Es ist unklar, wie durch die Vereinbarung eines Programms eine real existierende Mangelsituation beseitigt werden kann. Sanktionen, etwa die Gewährung oder Verweigerung von Bundesergänzungszuweisungen oder automatische Steuererhöhungen sind nicht geregelt[61] und für den Bund, falls bei ihm eine Notlage droht, auch nicht möglich. Als juristisch handfestes Instrument bleibt möglicherweise nur die Rechtspflicht zur Zusammenarbeit mit dem Rat, vor allem die Pflicht, umfassende Informationen zur Verfügung zu stellen.[62] Auch wenn eine solche begründet sein sollte, dürfte **kein Verstoß** gegen **Art. 79 III** vorliegen, da das Parlament zustimmen muss, wenn beispiels-weise das Budgetrecht betroffen ist.[63]

Auch die Errichtung des Stabilitätsrates als gemeinsames Gremium von Bund und Ländern ist   **20** verfassungsrechtlich ebenso wenig zu beanstanden, wie die Veröffentlichungspflicht (→ Rn. 13), da sie ausdrücklich in der Vorschrift vorgesehen sind.[64] Der (einfache) Gesetzgeber hat auch seinen **grund-gesetzlichen Regelungsauftrag** (→ Rn. 3) erfüllt.[65]

Schon wegen seiner Zusammensetzung dürfte eher nicht damit zu rechnen sein, dass der Rat   **21** regelmäßig streng gegen „Sünder" vorgeht.[66] Immerhin ist jetzt **keine Einstimmigkeit** mehr er-

[56] *Mattil/Meister-Scheufelen/Sudhof,* Regeln, S. 173.

[57] *Schmidt* DVBl 2009, 1274 (1284).

[58] *Heintzen,* in: v. Münch/Kunig II, Art. 109a Rn. 15; Kube, in: Maunz/Dürig, Art. 109a (2019) Rn. 66.

[59] Kube, in: Maunz/Dürig, Art. 109a (2019) Rn. 62; *Jarass,* in: Jarass/Pieroth, Art. 109a Rn. 7.

[60] Nachw. in Fn. 65

[61] Kritische Würdigung, namentlich auch im Hinblick auf das Fehlen von verbindlichen Sanktionen: *Korioth* JZ 2009, 729 (735); *Schmidt* DVBl 2009, 1274 (1284); *Heintzen,* in: v. Münch/Kunig II, Art. 109a Rn. 1; *G. Kirchhof,* in: v. Mangoldt/Klein/Starck III, Art. 109a Rn. 13: „Sanktionen darf der Stabilitätsrat nicht verhängen"; *Kemmler* DÖV 2009, 549 (552); eingehend Kube, in: Maunz/Dürig, Art. 109a (2019) Rn. 77–79; *Jarass,* in: Jarass/Pieroth, Art. 109a Rn. 8; zur bisherigen Praxis *Hildebrandt* JbÖffFin 2011, 369 ff.; allg. krit. zu den „strukturellen Mängeln" der Durchsetzung der bestehenden Grenzen *Ohler* in: Kahl (Hrsg.), Nachhaltige Finanzstrukturen im Bundesstaat, 2011, S. 208 (225).

[62] Kube, in: Maunz/Dürig, Art. 109a (2019) Rn. 51, 58 mwN.

[63] *Waldhoff/Dieterich* ZG 2009, 97 (121); *Koemm,* Staatsverschuldung, S. 334.

[64] *Koemm,* Staatsverschuldung, S. 335.

[65] AA wegen angeblichen Verstoßes gegen das Bestimmtheitsgebot *Koemm,* Staatsverschuldung, S. 346. Der ist indes nicht gegeben (o. Rn. 15).

[66] S. auch *Ohler* (Fn 45), S. 225, der die „strukturellen Mängel" der europäischen und deutschen Regeln zur Kreditfinanzierung der Staaten in den „nur schwach ausgeprägten Verfahren zur wirksamen Durchsetzung der bestehenden Grenzen" sieht.

forderlich. Er kann jetzt seine Beschlüsse mit der Stimme des Bundes und einer Zwei-Drittel-Mehrheit der Länderstimmen entscheiden. Damit verringert sich das Blockadepotential einzelner Länder.[67]

## F. Exkurs: Ausschuss für Finanzstabilität

22     Vom Stabilitätsrat ist der im Jahre 2013 geschaffene Ausschuss für Finanzstabilität zu unterscheiden. Er ist beim BMF gebildet worden (§ 2 I FinStabG[68]) und ist daher **keine Bund-Länder-Einrichtung.** Er durfte deshalb durch einfaches Gesetz ohne besondere verfassungsrechtliche Ermächtigung errichtet werden. Er besteht nach § 2 III FinStabG aus drei Vertretern des Bundesministeriums der Finanzen, drei Vertretern der Deutschen Bundesbank und drei Vertretern der Bundesanstalt für Finanzdienstleistungsaufsicht. Vorsitzender und stellvertretender Vorsitzender müssen aus dem Kreis der Vertreter des BMF stammen. Auf der Grundlage von § 2 IV 4 hat sich der Ausschuss einvernehmlich eine Geschäftsordnung gegeben.[69]

23     **Aufgabe** des **Ausschusses** ist vor allem die Würdigung aller für die Finanzstabilität maßgeblichen Sachverhalte, die Stärkung der Zusammenarbeit der in ihm vertretenen Einrichtungen sowie die Beratung über den Umgang mit Warnungen und Empfehlungen des Europäischen Ausschusses für Systemrisiken (ESRB), § 2 II FinStabG. Das Schwergewicht seiner Arbeit liegt gegenständlich im Bereich der **Finanzmärkte** und der dort agierenden Einrichtungen und Unternehmen, während die Arbeit des Stabilitätsrats auf die Finanzen von Bund und Ländern und die Vermeidung von Haushaltsnotlagen ausgerichtet ist; also die Sicherung solider Staatsfinanzen in Deutschland. Der Ausschuss hat **keine hoheitlichen** Befugnisse, sondern hat Informationen zu sammeln, zu analysieren und weiterzuleiten sowie Maßnahmen von Einrichtungen des Bundes zu koordinieren.

24     Zu diesem Zweck hat der Ausschuss mindestens einmal im Jahr einen **Bericht** an den Deutschen Bundestag zu erstatten, § 2 IX FinStabG.[70] In der Praxis gibt er in diesem Bericht zunächst einen Überblick über die Risikolage im deutschen Finanzsystem.[71] Im zweiten und umfangreichsten Teil betrachtet er Teilaspekte der Risikolage[72] und im dritten Teil knapp die Zusammenarbeit mit dem ESRB.[73]

## Art. 110 [Der Bundeshaushalt]

(1) **Alle Einnahmen und Ausgaben des Bundes sind in den Haushaltsplan einzustellen; bei Bundesbetrieben und bei Sondervermögen brauchen nur die Zuführungen oder die Ablieferungen eingestellt zu werden. Der Haushaltsplan ist in Einnahme und Ausgabe auszugleichen.**

(2) **Der Haushaltsplan wird für ein oder mehrere Rechnungsjahre, nach Jahren getrennt, vor Beginn des ersten Rechnungsjahres durch das Haushaltsgesetz festgestellt. Für Teile des Haushaltsplanes kann vorgesehen werden, daß sie für unterschiedliche Zeiträume, nach Rechnungsjahren getrennt, gelten.**

(3) **Die Gesetzesvorlage nach Absatz 2 Satz 1 sowie Vorlagen zur Änderung des Haushaltsgesetzes und des Haushaltsplanes werden gleichzeitig mit der Zuleitung an den Bundesrat beim Bundestage eingebracht; der Bundesrat ist berechtigt, innerhalb von sechs Wochen, bei Änderungsvorlagen innerhalb von drei Wochen, zu den Vorlagen Stellung zu nehmen.**

(4) **In das Haushaltsgesetz dürfen nur Vorschriften aufgenommen werden, die sich auf die Einnahmen und die Ausgaben des Bundes und auf den Zeitraum beziehen, für den das Haushaltsgesetz beschlossen wird. Das Haushaltsgesetz kann vorschreiben, daß die Vorschriften erst mit der Verkündung des nächsten Haushaltsgesetzes oder bei Ermächtigung nach Artikel 115 zu einem späteren Zeitpunkt außer Kraft treten.**

**Entstehungsgeschichte: Erstfassung:** JöR nF 1 (1951), 809 – **Änderung:** 20. G zur Änd. des GG v. 12.5.1969 (BGBl I 357), Art. I Nr. 2 (dazu: Kommission für die Finanzreform, Gutachten über die Finanzreform in der

---

[67] Vgl. *Koemm,* Staatsverschuldung, S. 338.

[68] Gesetz zur Überwachung der Finanzstabilität (Finanzstabilitätsgesetz – FinStabG) erlassen als Art. 1 des Gesetzes zur Stärkung der deutschen Finanzaufsicht v. 28.11.2012, BGBl I 2369; zuletzt geänd. durch Art. 24 Abs. 35 des Zweiten Finanzmarktnovellierungsgesetz – 2. FiMaNoG v. 23.6.2017, BGBl I 1693.

[69] Geschäftsordnung des Ausschusses für Finanzstabilität v. 18.3.2013, zul. geänd. durch Beschluss v. 15.9.2015, abgedr. als Anhang A des Dritten Berichts des Ausschusses für Finanzstabilität zur Finanzstabilität in Deutschland an den Deutschen Bundestag, Juni 2016.

[70] *Ausschuss für Finanzstabilität,* Siebter Bericht an den Deutschen Bundestag zur Finanzstabilität, Juli 2020.

[71] Ebda. S. 1–13.

[72] (1) Das internationale makroökonomische und finanzielle Umfeld (2) Risiken im deutschen Bankensektor (3) Risiken bei deutschen Lebensversicherern (4) Vom Wohn- und Gewerbeimmobilienmarkt ausgehende Risiken (5) Cyberrisiken (6) Weitere Risiken, ebda. S. 14–45.

[73] Ebda. S. 46 f.

Bundesrepublik Deutschland, 2. Aufl. 1966, Text-Nr. 174–184; BT-Dr V/3040 [Entwurf; Begründung speziell in Rn. 63–79; 83–87; 102–114; 137–284 (HGrG); 285–463 (BHO)], V/3605, 3896; BT-Prot V/9996, 11025, 12 056; BR-Dr 284/68, 14/69, 156/69; BR-Prot 68/155, 69/1, 78).

**Historische Verfassungstexte: RV 1849: § 102** Ein Reichstagsbeschluß ist in folgenden Fällen erforderlich: … 2) Wenn der Reichshaushalt festgestellt wird, … **§ 103** Bei Feststellung des Reichshaushaltes treten folgende Bestimmungen ein: 1) Alle die Finanzen betreffenden Vorlagen der Reichsregierung gelangen zunächst an das Volkshaus. 2) Bewilligungen von Ausgaben dürfen nur auf Antrag der Reichsregierung und bis zum Belauf dieses Antrages erfolgen. Jede Bewilligung gilt nur für den besonderen Zweck, für welchen sie bestimmt worden. Die Verwendung darf nur innerhalb der Grenze der Bewilligung erfolgen. 3) Die Dauer der Finanzperiode und Budgetbewilligung ist ein Jahr. 4) Das Budget über die regelmäßigen Ausgaben des Reiches und über den Reservefond, so wie über die für beides erforderlichen Deckungsmittel, wird auf dem ersten Reichstage durch Reichstagsbeschlüsse festgestellt. Eine Erhöhung dieses Budgets auf späteren Reichstagen erfordert gleichfalls einen Reichstagsbeschluß. 5) Dieses ordentliche Budget wird auf jedem Reichstage zuerst dem Volkshause vorgelegt, vor diesem in seinen einzelnen Ansätzen nach den Erläuterungen und Belegen, welche die Reichsregierung vorzulegen hat, geprüft und ganz oder teilweise bewilligt oder verworfen. 6) Nach erfolgter Prüfung und Bewilligung durch das Volkshaus wird das Budget an das Staatenhaus abgegeben. Diesem steht, innerhalb des Gesamtbetrages des ordentlichen Budgets, so wie derselbe auf dem ersten Reichstage oder durch spätere Reichstagsbeschlüsse festgestellt ist, nur das Recht zu, Erinnerungen und Ausstellungen zu machen, über welche das Volkshaus endgültig beschließt. 7) Alle außerordentlichen Ausgaben und deren Deckungsmittel bedürfen, gleich dem ordentlichen Budgets, eines Reichstagsbeschlusses. 8) … – **RV 1871: Art. 69** Alle Einnahmen und Ausgaben des Reichs müssen für jedes Jahr veranschlagt und auf den Reichshaushalts-Etat gebracht werden. Letzterer wird vor Beginn des Etatjahres nach folgenden Grundsätzen durch Gesetz festgestellt. **Art. 71** (1) Die gemeinschaftlichen Ausgaben werden in der Regel für ein Jahr bewilligt, können jedoch in besonderen Fällen auch für eine längere Dauer bewilligt werden. (2) Während der im Artikel 60. normierten Übergangszeit ist der nach Titeln geordnete Etat über die Ausgaben für das Heer dem Bundesrathe und dem Reichstage nur zur Kenntnisnahme und zur Erinnerung vorzulegen. – **WRV: Art. 85** (1) Alle Einnahmen und Ausgaben des Reichs müssen für jedes Rechnungsjahr veranschlagt und in den Haushaltsplan eingestellt werden. (2) Der Haushaltsplan wird vor Beginn des Rechnungsjahrs durch ein Gesetz festgestellt. (3) Die Ausgaben werden in der Regel für ein Jahr bewilligt; sie können in besonderen Fällen auch für eine längere Dauer bewilligt werden. Im Übrigen sind Vorschriften im Reichshaushaltsgesetz unzulässig, die über das Rechnungsjahr hinausreichen oder sich nicht auf die Einnahmen und Ausgaben des Reichs oder ihre Verwaltung beziehen. (4) Der Reichstag kann im Entwurfe des Haushaltsplans ohne Zustimmung des Reichsrats Ausgaben nicht erhöhen oder neu einsetzen. (5) Die Zustimmung des Reichsrats kann gemäß den Vorschriften des Artikels 74 ersetzt werden. – **GG 1949:** (1) Alle Einnahmen und Ausgaben des Bundes müssen für jedes Rechnungsjahr veranschlagt und in den Haushaltsplan eingesetzt werden. (2) Der Haushaltsplan wird vor Beginn des Rechnungsjahres durch Gesetz festgestellt. Er ist in Einnahme und Ausgabe auszugleichen. Die Ausgaben werden in der Regel für ein Jahr bewilligt; sie können in besonderen Fällen auch für einen längeren Zeitraum bewilligt werden. Im Übrigen dürfen in das Bundeshaushaltsgesetz keine Vorschriften aufgenommen werden, die über das Rechnungsjahr hinausgehen oder sich nicht auf die Einnahmen und Ausgaben des Bundes oder seiner Verwaltung beziehen. (3) Das Vermögen und die Schulden sind in einer Anlage des Haushaltsplanes nachzuweisen. (4) Bei kaufmännisch eingerichteten Betrieben des Bundes brauchen nicht die einzelnen Einnahmen und Ausgaben, sondern nur das Endergebnis in den Haushaltsplan eingestellt zu werden.

**Geltende Landesverfassungen:** *BW*Verf Art. 79; *Bay*Verf Art. 78 I–III, VI, Art. 70 II; *Bln*Verf Art. 85; *Bbg*Verf Art. 101; *Brem*Verf Art. 131; *Hmb*Verf Art. 66; *Hess*Verf Art. 139; *MV*Verf Art. 61; *Nds*Verf Art. 65; *NRW*Verf Art. 81; *RhPf*Verf Art. 116 I–III; *Saar*Verf Art. 105 I, II; *Sachs*Verf Art. 93; *LSA*Verf Art. 93; *SchlH*Verf Art. 58; *Thür*Verf Art. 98 I, III 1, 99.

**Supra- und internationale Texte:** AEUV Art. 310–311, 313, 314, 316; UN-Charta Art. 17.

**Gesetzgebung:** HGrG §§ 2–12, 14–22, 24–28; BHO §§ 1–17, 19–36, 38, 40–47.

**Leitentscheidungen:** BVerfGE 20, 56 (Parteienfinanzierung I); BVerfGE 70, 324 (Haushaltspläne der Nachrichtendienste); BVerfGE 119, 96 (Nachtragshaushalt); BVerfGE 129, 124 (Griechenlandhilfe, EFSF); BVerfGE 130, 318 (Beteiligungsrechte des BT); BVerfGE 131, 152 (Unterrichtungspflicht der BReg); BVerfGE 132, 195 (ESM, einstweilige Anordnung); BVerfGE 135, 317 (ESM); BVerfGE 140, 1 (Fraktionsfinanzierung).

**Juristisches Schrifttum:** *D. Birk,* Steuerung der Verwaltung durch Haushaltsrecht und Haushaltskontrolle, DVBl 1983, 865; *H. Dreier,* Der Kampf um das Budgetrecht als Kampf um die staatliche Steuerungsherrschaft …, in: Hoffmann-Riem/Schmidt-Aßmann (Hrsg.), Effizienz als Herausforderung an das Verwaltungsrecht, 1998, S. 90; *K. H. Friauf,* Der Staatshaushaltsplan im Spannungsfeld zwischen Parlament und Regierung, 1968; *C. Gröpl,* Haushaltsrecht und Reform, 2001; *W. Heun,* Staatshaushalt und Staatsleitung, 1989; *M. Kilian,* Nebenhaushalte des Bundes, 1993; *H. Kube,* Neue Steuerung im Haushaltsrecht – Ein Kompetenzgefüge außer Balance?, DÖV 2000, 810; *K. v. Lewinski,* Staatshaushalt und finanzwirksames Gesetz, DÖV 2015, 406; *Udo Müller* (Hrsg.), Haushaltsreform und Finanzkontrolle, 1997; *R. Mußgnug,* Der Haushaltsplan als Gesetz, 1976; *H. Pünder,* Haushaltsrecht im Umbruch, 2003; *T. Puhl,* Budgetflucht und Haushaltsverfassung, 1996; *H. Rehm,* Analyse und Kritik der Bundeshaushaltsreform, 1975; *G. F. Schuppert,* Die Steuerung des Verwaltungshandelns durch Haushaltsrecht und Haushaltskontrolle, VVDStRL 42 (1984), 216; *S. Stüber/C. Keyhanian,* Haushaltsausgleich und Umsetzung der Schuldenbremse des Grundgesetzes in der staatlichen Doppik, DÖV 2013, 255; *J. Wolff,* Parlamentarisches Budgetrecht und Wirksamkeit zivilrechtlicher Verträge, NJW 2012, 812. – **Finanzwissenschaftliches Schrifttum:** *M. v. Heckel,* Das Budget, 1898; *K. Heinig,* Das Budget, Bd. 1, 1949, Bd. 2 und 3, 1951; *J. Hyckel,* Die Bedeutung der Haushaltskontrolle für die Budgethoheit des Parlaments – Teil 1, VR 2015, 289; *G. Jèze,* Allgemeine Theorie des Budgets (deutsche Ausgabe von *F. Neumark),* 1927; *W. Kitterer,* Das moderne Budget, 1976; *F. Neumark,* Der Reichshaushaltsplan, 1929; *B. Rürup,* Die Programmfunktion des Bundeshaushaltsplanes, 1971; s. auch die Literaturangaben vor Art. 104a.

**Übersicht**

## A. Grundlagen

**1**  Die Vorschrift befasst sich zunächst nur mit dem Haushalts**plan** (Abs. 1). Dann folgt die Verknüpfung mit dem Haushalts**gesetz:** Feststellung des Haushaltsplans durch Gesetz (Abs. 2). Schließlich werden besondere Anordnungen für das Gesetzgebungs**verfahren** (Abs. 3) und den zulässigen Gesetzes**inhalt** (Abs. 4) getroffen. Art. 110 ist die „Kernvorschrift" für das Haushaltsrecht des Bundes.[1]

### I. Bedeutung des Haushaltsplans

**2**  Politik und Haushalt stehen in einem sich gegenseitig bedingenden **Wechselverhältnis.** Umfang und Struktur des Haushaltsplans werden einerseits von der Gesamtpolitik bestimmt. Andererseits begrenzen die erzielbaren Einnahmen den polit. Handlungsspielraum. Schon wegen seines Umfangs ist der Staatshaushalt ein gewichtiger Faktor für das Wirtschaftsleben. Er kann darüber hinaus auch instrumental für außerfiskalische Zwecke eingesetzt werden, zumal zur Konjunktursteuerung. Nicht zuletzt wegen der zahlreichen sozialstaatl. Zahlungsverpflichtungen ist er zudem ein bedeutendes gesellschaftspolitisches Gestaltungsmittel geworden.[2] Deshalb wurde er auch als **„Schicksalsbuch der Nation"** bezeichnet.[3] Aus den Haushaltsansätzen lassen sich die polit. Prioritäten der Staatsleitung ablesen. Er offenbart ihre Präferenzordnung. Dadurch gewinnen eine Regierung und die sie tragende Parlamentsmehrheit ihr „wirtschafts- und sozialpolitisches Profil".[4]

**3**  Der Staat ist „Haushalter mit fremdem Geld".[5] Der Haushalt ermächtigt zur Verausgabung dieses Geldes, enthält aber zugleich detaillierte Vorgaben, wie es zu verwenden ist. Nur so kann Rechenschaft gefordert und abgelegt werden, ob die dem Staat überlassenen Mittel iSd Treugebers verwendet worden sind. Es handelt sich um ein **doppelt gestuftes Treuhandverhältnis:** Das Parlament verfügt

---

[1] *Kube,* in: Maunz/Dürig, Art. 110 (2013) Rn. 1. Art. 110 ist kein Verbotsgesetz im Sinne von § 134 BGB; so aber *Wolff* NJW 2012, 812 (816).

[2] Vgl. BVerfGE 79, 311 (329).

[3] *K. Heinig,* Haushalt-Fibel, 1953, S. 12: „… zu Zahlen geronnenes Schicksal der Nation"; *Stern,* Staatsrecht II, S. 1189; krit. *Heintzen,* in: v. Münch/Kunig II, Art. 110 Rn. 4 Fn. 17.

[4] BVerfGE 79, 311 (329); daran anschließend *Kube* AöR 137 (2012), 205 (206): „Regierungsprogramm in Zahlen".

[5] So bereits *K. S. Zachariä,* Vierzig Bücher vom Staate, Bd. 7, 2. Aufl. 1843, S. 123; in diesem Sinne ansatzweise auch BVerfGE 44, 125 (143).

über das ihm vom Volk anvertraute Geld, und die Exekutive gibt es, auf der Grundlage der Ermächtigungen durch das Parlament im HaushaltsG, aus.

## II. Der Haushaltskreislauf

Die staatliche Haushaltswirtschaft ist als periodisch ablaufender Prozess ausgestaltet. Dementsprechend durchläuft auch das Haushaltsverfahren bestimmte, immer wiederkehrende Entwicklungsstadien.[6] Dieser Prozess wird seit langem als **Budgetkreislauf** (Budgetzyklus) bezeichnet. Dabei lassen sich im Wesentlichen vier Stadien unterscheiden:[7]   **4**
– Aufstellung des Haushaltsplanentwurfs (→ Rn. 72 ff.),
– parl. Beratung und Feststellung (→ Rn. 78 ff.),
– Vollzug (→ Rn. 89 ff.),
– Abrechnung mit Rechnungsprüfung und Entlastung (Art. 114).

Jeder Haushalt muss diese Phasen durchlaufen und findet seinen endg. Abschluss erst mit der   **5** Entlastung nach Art. 114 I. Sie soll zwar möglichst früh erfolgen, doch ist sie anders als der Beginn des Kreislaufs (Art. 110 II 1: vor Beginn des Rechnungsjahres) nicht zeitlich fixiert. **Beteiligte Institutionen** sind die BReg, insb. der BMF, der BT, der BRat und der BRH.

## III. Die Haushaltsfunktionen

Üblicherweise werden – mit wechselnden Bezeichnungen – **vier Budgetfunktionen** unterschie-   **6** den:
– die finanzpolitische Funktion,
– die politische Funktion,
– die Kontrollfunktion,
– die wirtschaftspolitische Funktion.[8]

Ursprünglich dienten die Haushalte im Wesentlichen dazu, den Staatsbedarf zu decken. Das ist ihre   **7** **finanzwirtschaftliche** oder auch finanzpolit. Aufgabe.

Diese klassische „Bedarfsdeckungsfunktion"[9] war schon länger von der Finanzwiss. erweitert worden   **8** bis hin zur rein instrumentalen Sicht der „functional finance" von *A. P. Lerner*.[10] Spätestens seit der Einfügung von Art. 109 II in das GG haben die öff. Haushalte auch von Verfassung wegen nicht mehr nur eine reine Bedarfsdeckungsfunktion.[11] Die **wirtschaftspolitische** Funktion ist hinzugetreten.[12]

Budget und Budgetrecht erfüllen aber weiterhin maßgebend eine **Kontrollfunktion**. Sie   **9** ermöglichen Steuerung und Binnenkontrolle der Verwaltung durch die Regierung. Bedeutender ist in der Demokratie die externe Kontrolle der Exekutive durch das Parlament. Das BVerfG hat das Budgetrecht ausdr. als „eines der wesentlichen Instrumente der parlamentarischen Regierungskontrolle" bezeichnet.[13] Die Beachtung der Haushaltsgrundsätze der Vollständigkeit und Wahrheit (→ Rn. 48 ff., → Rn. 54 ff.) ist wesentlich für die Wirksamkeit dieser Kontrolle.[14]

Der Haushalt soll aber auch das Handlungsprogramm der Regierung zahlenmäßig zum Ausdruck   **10** bringen und finanziell absichern. Das ist seine **politische Programmfunktion**.[15] Im Schrifttum werden noch mehr Haushaltsfunktionen aufgeführt und zT die Abgrenzungen anders durchgeführt.[16] Ein nennenswerter Erkenntnisgewinn ist damit jedoch nicht verbunden.

---

[6] Vgl. *Vogt*, in: Franz Klein (Hrsg.), Öffentliches Finanzrecht, 2. Aufl. 1993, III Rn. 106.

[7] *Stern*, StaatsR II, S. 1210 mwN; ebenso *Heintzen* HStR V, § 120 Rn. 58; zT abw.: *Vogt* (Fn. 6); *Gröpl*, Haushaltsrecht und Reform, 2001, S. 102.

[8] Vgl. *F. Neumark*, Der Reichshaushaltsplan, 1929, S. 15 ff.: finanzpolit., polit. und jur. Funktion sowie die Kontrollfunktion; darüber hinaus wirtschaftspolit. Funktion möglich, aber nicht begriffsnotwendig (S. 22); *ders., HdbFW* I, 2. Aufl. 1952, S. 559; ihm folgend *Heintzen* HStR V, § 120 Rn. 15; vertiefend zu *Neumarks* Lehre bereits *Stern*, StaatsR II, S. 1195–1199; ferner *Gröpl* (Fn. 7), S. 83 ff.

[9] Das BVerfG spricht auch von einer „finanzwirtschaftlichen Funktion" (BVerfGE 55, 274 [303]); vgl. grundlegend zu dieser Funktion *Stern*, StaatsR II, S. 1197.

[10] The Economics of Control, 1944, chapter 24.

[11] So nun auch die Sicht des BVerfG (E 79, 311 [331]).

[12] BVerfGE 79, 311 (332).

[13] BVerfGE 45, 1 (32); 55, 274 (303); 70, 324 (356); Betonung der parl. Kontrolle über Regierung und Verwaltung auch bei NRWVerfGH NWVBl 2012, 107 (110).

[14] BVerfGE 119, 96 (119).

[15] Näher *Stern*, StaatsR II, S. 1198 mwN; krit. *Dreier*, in: Hoffmann-Riem/Schmidt-Aßmann (Hrsg.), Effizienz als Herausforderung an das Verwaltungsrecht, 1998, S. 59 (101).

[16] *Heun*, Staatshaushalt und Staatsleitung, 1989, S. 269–287; *Puhl*, Budgetflucht und Haushaltsverfassung, 1996, S. 3–16; zurückhaltend *Gröpl* (Fn. 7), S. 87; kursorisch *Bergmoser* DÖV 2012, 741/744.

## B. Feststellung des Haushaltsplans durch Gesetz (Abs. 1 und 2)

### I. Das parlamentarische Budgetrecht

11    **1. Entstehung.** Die Entscheidung über die Bewilligung der finanziellen Mittel, die einer Regierung zur Verfügung stehen sollen, hat von Anfang an zu den vornehmsten Rechten jeder parl. Vertretungskörperschaft gehört. In **Deutschland** ist es allerdings erst gegen Ende des **19. Jahrhunderts** nach langem Ringen zwischen Volksvertretungen und (monarchischer) Exekutive **fest etabliert** worden.[17] Möglicherweise war das Budgetbewilligungsrecht der Auslöser für die Entstehung des Parlamentarismus schlechthin,[18] jedenfalls im angelsächsischen Raum.[19] Es hat aber auch in Deutschland die „rechtsstaatliche Demokratie" entscheidend geprägt.[20]

12    **2. Inhalt und Bedeutung.** Nach Art. 110 I sind alle Einnahmen und Ausgaben in den Haushaltsplan einzustellen, der durch **Gesetz** festgestellt wird. Feststellung bedeutet **Bewilligung** der im Haushaltsplan veranschlagten Mittel. **Ausgaben** dürfen nur geleistet werden, wenn sie vom HaushaltsG festgestellt worden sind, Abs. 2 S. 1. Die Regierung wird ermächtigt, diese Mittel für die im Haushaltsplan festgelegten **Zwecke** auszugeben.[21] Durch das Erfordernis einer gesetzlichen Ermächtigung wird die notw. Verbindung zum Volk gewährleistet, das letztlich die für alle Ausgaben notw. finanziellen Ressourcen aufzubringen hat. Neben den Ausgaben sind auch die **Einnahmen** zu veranschlagen, um sicher zu stellen, dass der vorgeschriebene Haushaltsausgleich erreicht wird. Sie bedeuten aber keine Ermächtigung zur Entgegennahme von Zahlungen. Sie ist grds. nicht erforderlich (→ Rn. 24, 29). In anderen Systemen ist und war die Einnahmeveranschlagung mit der Ermächtigung zur Steuererhebung verknüpft, zT gebunden an spezif. Verwendungszwecke. Einnahmen und Ausgaben müssen in solchen Systemen auch nicht zwingend in einen einheitlichen Plan zusammengeführt werden. Für die möglicherweise verbleibende Finanzierungslücke, wird separat eine Kreditaufnahmeermächtigung erteilt. Sie kann den Charakter einer Obergrenze für die kumulierte Gesamtschuld – und nicht nur die jährliche Bruttokreditaufnahme, wie in Deutschland – haben. Das ist der Fall in den USA („ceiling"), wo aber auch ein einheitliches Budget durch Gesetz festgestellt wird.[22]

13    Die vorgeschriebene Feststellung des Haushaltsplans **durch Gesetz ist** eine spezif. Ausprägung des **parlamentarischen Budgetrechts,**[23] das eines der wichtigsten Rechte des Parlaments darstellt (→ Rn. 11).[24] Die „Entscheidung über Einnahmen und Ausgaben der öffentlichen Hand" ist „ein **zentrales Element** der **demokratischen Willensbildung".**[25] In Konkretisierung dieses Grundansatzes hat das BVerfG regelmäßig dem **Gesetzgeber** bei der Feststellung des Haushaltsplans im Verhältnis zu den anderen beteiligten Verfassungsorganen – abw. von der sonst geltenden Gewaltenbalance[26] – den **Vorrang** zugemessen.[27] Er habe „eine überragende verfassungsrechtliche Stellung".[28] Seine Entscheidung über den Haushaltsplan sei eine „wirtschaftliche Grundsatzentscheidung für zentrale Bereiche der Politik während des Planungszeitraums".[29] Seine Stellung werde nicht dadurch „gemindert,,, dass er für den Haushaltsausgleich zu sorgen habe und seine Gestaltungsfreiheit durch wirtschaftliche Gegebenheiten und „überkommene rechtliche Verpflichtungen" beschränkt sei. Seine

---

[17] Differenzierte Darstellung der Entwicklung bei *Friauf,* Der Staatshaushaltsplan im Spannungsfeld zwischen Regierung und Parlament, 1968, S. 37 ff.; *Mußgnug,* Der Haushaltsplan als Gesetz, 1976, S. 37 ff., 149 ff.; *Häuser* HdbFW I, 3. Aufl. 1977, S. 3 ff.; *Stern,* Staatsrecht II, S. 1064 ff., 1067, 1192; *Siekmann,* Die Staatsfinanzierung nach dem Grundgesetz, 1993 (2005), S. 9 ff., 29 ff.; *Heun* (Fn. 16), S. 31–84; *Dreier* (Fn. 15), S. 60–87.

[18] *Steinberger* bezeichnet „die Abgabenbewilligung ... neben Rat und Mitsprache am Hof nachgerade" als das „Erstgeburtsrecht des Parlaments" (in: K. Stern [Hrsg.], 40 Jahre Grundgesetz, 1990, S. 41 [43]); nähere Einzelheiten *Siekmann* (Fn. 17), S. 9–32.

[19] Vgl. *Heun* (Fn. 16), S. 51.

[20] BVerfGE 70, 324 (356); BremStGH NVwZ 1998, 388 (389); BayVerfGHE 53, 42 (65); krit zur gegenwärtige Handhabung *Bergmoser* DÖV 2012, 741 (744 f.).

[21] BVerfGE 20, 56 (90).

[22] Näher *Siekmann* FS Adams, 2013, S. 63 (68, 70, 73, 77 f.).

[23] *Heintzen,* in: v. Münch/Kunig II, Art. 110 Rn. 31, der unter der Überschrift „Haushaltsgesetz" die Budgethoheit des Parlaments behandelt; vgl. auch *dens.* HdbStR V, § 120 Rn. 1: „Budgethoheit des Parlaments", „also des Bundestages"; zu dieser problematischen Gleichsetzung → Rn. 13a; Problem ebenfalls nicht erkannt bei *Hyckel* VR 2015, 269 (294).

[24] BVerfGE 110, 199 (225).

[25] BVerfGE 70, 324 (355 f.); 79, 311 (329); 129, 124 (177); 130, 318 (343); 132, 195 (239 Rn. 106); 135, 317 (400 Rn. 161); 142, 123 (230 Rn. 211), (Hervorhebungen nicht im Original).

[26] BVerfGE 49, 89 (126).

[27] BVerfGE 45, 1 (32); 70, 324 (355); 129, 124 (177): „überragende verfassungsrechtliche Stellung"; BWStGH NVwZ 2012, 300 (305).

[28] BVerfGE 45, 1 (32).

[29] BVerfGE 45, 1 (32); 70, 324 (355, 361); 79, 311 (328 f.); zust. NWVerfGH NWVBl 1996, 291 (295); HessStGH NVwZ-RR 2006, 657 (663).

„rechtlich umfassende, alleinige Entscheidungs- und Feststellungskompetenz" bleibe unbeeinträchtigt.[30]

Die in diesen Aussagen zum Ausdruck kommende (implizite) **Gleichsetzung** von **Parlament** und **13a** **Gesetzgeber** wirft indes einige Fragen auf. In vielen Staaten mag sie durchaus angebracht sein,[31] jedenfalls wenn es sich um ParlamentsG handelt. Dies ist jedoch wegen der Beteiligung des BRat an der Feststellung des Haushaltsplans durch **förmliches Gesetz** kaum möglich (→ Rn. 13c). Der BRat ist auch bei der Verabschiedung des HaushaltsG als Gesetzgeber beteiligt, wenn auch idR nur dadurch, dass er nicht Einspruch einlegt oder den Antrag nach Art 77 II nicht stellt. Ihm ist aber die Haushaltsvorlage der BReg, wie jeder RegE, vorab zuzuleiten; nur mit der Besonderheit, dass die Zuleitung „gleichzeitig" an den BT erfolgt, Art. 110 III 1. Sein Recht, Änderungsvorlagen einzubringen, besteht auch bei der Haushaltsgesetzgebung, S. 2 (näher u. Rn. 75 ff.). Mit einer Mehrheit von $^2/_3$ der Abstimmenden könnte er die Verabschiedung des HaushaltsG substantiell erschweren oder sogar blockieren, Art. 77 IV 2 (→ Rn. 84). Dabei kommt es nicht darauf an, ob durch den Haushaltsplan des Bundes Länderangelegenheiten betroffen sind.[32] Diese Frage wäre aber auch angesichts der zahlreichen finanziellen Verflechtungen und Interdependenzen zwischen Bund und Ländern zu bejahen.

Das BVerfG hat lange Zeit recht freizügig die Begriffe „Gesetzgeber" und „Parlament" sowie **13b** gelegentlich „(Deutscher) Bundestag" gegeneinander ausgetauscht,[33] ohne die **Beteiligung des BRat** an der Haushaltsgesetzgebung überhaupt in Betracht zu ziehen. Das Gericht müsste aber (stillschweigend) den BRat zum „Gesetzgeber" gezählt haben, wenn es speziell auf Art. 110 II Bezug nimmt.[34] Angesichts der weit verbreiteten Rede vom Budgetrecht des Parlaments könnte die – in Deutschland fragwürdige – Gleichsetzung mit dem Gesetzgeber aber noch wegen der eingeführten Begrifflichkeit als anerkannte sprachl. Ungenauigkeit hinzunehmen sein, wenn sie nicht auf gravierende (1) terminol. und (2) inhaltl. Widersprüche stieße.

(1) Im Rahmen seiner Rspr. zu Einsätzen der Streitkräfte im Ausland hat das BVerfG die Bundes- **13c** wehr als „Parlamentsheer" klassifiziert und dabei **ausschließlich** den BT als Parlament verstanden.[35] Die Berücksichtigung des BRat hat es „nicht einmal als Möglichkeit" erwogen.[36] Durch die **Gleichsetzung** von **Parlament** und **Bundestag** in diesem Kontext[37] kann iRd parl. Budgetrechts kaum ein davon abw. Begriffsverständnis von Parlament zugrunde gelegt werden.[38]

(2) Der „bewusst oder unbewusst äußerst unscharf[e]" Gebrauch der Begriffe „Parlament", „Gesetz- **13d** geber" oder „Bundestag"[39] wird in der Sache zunehmend problematisch, je mehr auf die Ursprünge des parl. Budgetrechts als Instrument der **demokratischen Rückkoppelung** zentraler Bereiche des Staatshandelns rekurriert wird. Es ist sicher richtig, das Budgetrecht als „ein zentrales Element des demokratischen Willensbildung" zu verstehen (→ Rn. 13), doch lässt sich eine solche Aussage ohne innere Brüche kaum auf einen Gesetzgeber beziehen, der den BRat einschließt. Der BRat ist von seiner Zusammensetzung her ein Organ der **Exekutive,** auch wenn er funktional der Legislative zugerechnet werden mag. Jedenfalls kann er nicht als Element oder Garant **demokratischer** Willensbildung angesehen werden.

Diese Brüche lassen sich seit dem Zeitpunkt, zu dem das BVerfG seine Rspr. zur Bedeutung des **13e** parl. Budgetrechts zunehmend iRd Zulässigkeit von Verfassungsbeschwerden, gestützt auf eine Verletzung von Art. 38 I, entwickeln musste, nur noch schlecht kaschieren. Die Bedeutung des Budgetrechts für das Demokratieprinzip, die demokr. Kontrolle der Exekutive und das WahlR wurde in den Vordergrund gerückt und dabei die „überragende verfassungsrechtl. Stellung" des „gewählten Parlaments" (jetzt nicht mehr: Gesetzgebers) betont.[40] Nun spricht das BVerfG konkret vom **„Deutschen Bundestag",** dem bei der Feststellung des Haushaltsplans eine **„herausgehobene verfassungsrechtliche Stellung"** (nicht mehr: überragende Stellung) zukomme.[41] Diese Formulierung entspricht eher der Rechtslage, wenn sie rechtstatsächlich gemeint ist. Dass auch der BRat kraft seiner Gesetzgebungskompetenz (zT) Inhaber des Budgetrechts ist, wird weiter ausgeblendet, unabhängig davon, ob es

---

[30] BVerfGE 45, 1 (32).

[31] Senat und Repräsentantenhaus der USA sind auf Bundesebene Kammern (!) des Kongresses, der in seiner Gesamtheit Inhaber der gesetzgebenden Gewalt ist, Article I, Section 1 US.Const.

[32] Zutreffend *Sachs* FS Schenke, 2011, S. 287 (301).

[33] BVerfGE 45, 1 (32); 70, 324 (355, 361); 79, 311 (328 f.); 110, 199 (225); zur ähnlich weiterzigen Verwendung der Begriffe im Hinblick auf „Parlamentsvorbehalte" bei wesentlichen Entscheidungen oder Auslandseinsätzen der Bundeswehr *Sachs* FS Schenke, 2011, S. 287 (298–300).

[34] BVerfGE 130, 318 (343)

[35] BVerfGE 90, 286 (381 ff.).

[36] Eingehend *Sachs* FS Schenke, 2011, S. 287 (288 ff., 292).

[37] Kritische Auseinandersetzung und Verarbeitung der historischen Bezüge bei *Sachs* FS Schenke, 2011, S. 287 (291–298)

[38] Auch in der Endentscheidung zum OMT-Beschluss der EZB werden die Begriffe „Bundestag" und „Parlament" bei der Behandlung haushaltspolit. Fragen gleichgesetzt, BVerfGE 142, 123 (230 Rn. 212).

[39] *Sachs* FS Schenke, 2011, S. 287 (299).

[40] BVerfGE 129, 124 (177).

[41] BVerfGE 130, 318 (342), Hervorhebung nicht im Original.

sinnvoll ist, eine Vertretung der Landesexekutiven an einem Gesetz mitwirken zu lassen, das wesensmäßig seine Bedeutung primär im Innenbereich des Bundes entfaltet (→ Rn. 24, 37). Immerhin führt das Gericht BTag und BRat jetzt auch bzgl. der Kontrolle der BReg beim Haushaltsvollzug getrennt auf (→ Rn. 14). Der BRat passt trotz der Reformierungsversuche der letzten FödReformen weder in die (tradit.) Frontstellung zwischen (demokr. legit.) Parlament und (monarch.) Exekutive noch in die neue Frontstellung zwischen Parlamentsmehrheit, welche die Regierung trägt, und der Opposition. Dies gilt vor allem auch im FinanzverfassungsR. Der Begriff Parlament sollte auch dort auf den BT beschränkt werden, wie es bei der vom BVerfG neu geschaffenen „haushaltspolitischen Gesamtverantwortung" nunmehr geschieht, allerdings nicht konsistent (→ Rn. 13f). Dem **Gesetzgeber** kommt auf Bundesebene nur sehr **begrenzt** eine **hervorzuhebende Stellung** bei der Vermittlung **demokratischer Legitimation** und bei der **Effektuierung des Wahlrechts** zu.[42]

**13f**   Bereits in der Entscheidung zum Vertrag von Lissabon deutete sich aber der Perspektivenwechsel an. In ihr ist bereits die Rede von einer „Gesamtverantwortung" des BT.[43] In der Folgezeit ist das neue Rechtsinstitut zur **„haushaltspolitischen Gesamtverantwortung"** des BT ausgebaut worden, die er auch wahrnehmen müsse.[44] Eine Entäußerung oder Übertragung auf andere Stellen sind nur begrenzt zulässig (→ Rn. 14a). Grenzen und rechtliche Bedeutung dieser Neuschöpfung sind aber noch unscharf und mangels positivrechtlicher Ausgestaltung kaum verlässlich zu ermitteln. Art. 110 kann dazu wenig beitragen. Letztlich geht es um eine Konkretisierung des Demokratieprinzips in Haushaltsangelegenheiten (→ Rn. 14b).

**13g**   Die Ausführungen des BVerfG zur Bedeutung des parl. Budgetrechts sind im Kern – trotz ihrer apodiktischen Formulierung – auf den BT und seine verhältnismäßig schwache Position gegenüber der BReg gemünzt. Sie enthalten **kein allgemeingültiges Prinzip**[45] und sind nicht übertragbar auf Länder, wo eine **Volksgesetzgebung** verfassungsrechtlich vorgesehen ist, namentlich, wenn sie gleichrangig mit der Parlamentsgesetzgebung ist.[46] Sie darf dort nicht als „Störung des Budgetrechts des Parlaments" angesehen werden, selbst wenn finanzwirksame Gesetze vom Volke beschlossen werden, die der unbeeinträchtigten Durchsetzung des polit. Programms der Parlamentsmehrheit im Wege stehen.[47] Es ist keineswegs so, dass die von der Parlamentsmehrheit verfolgte Haushalts- und Fiskalpolitik per se von größerer Solidität geprägt ist. Dann hätte es nicht der Einführung einer „Schuldenbremse" in Art. 109 III und Art. 115b bedurft. Im Gegenteil bestehen Anhaltspunkte dafür, dass in „Staaten mit finanzbezogenen Volksentscheidungen die Haushaltsdisziplin höher und die Staatsverschuldung geringer ist".[48] Zudem ist das Budgetrecht gegen die Exekutive (→ Rn. 11) gerichtet und hat für die unterschiedlichen Quellen der Gesetzgebung keine maßgebende Aussagekraft.[49]

**13h**   Das Budgetrecht schließt weitreichende **Informationsansprüche** des Parlaments und der einzelnen Abg. ein (näher → Rn. 77).[50] Elementare Voraussetzung für ihre Erfüllung ist, dass die Angaben im Haushaltsentwurf (→ Rn. 54) der Wahrheit entsprechen. Die Einbindung der **Öffentlichkeit** ist darüber hinaus ein unverzichtbares Element des Haushaltsprozesses.[51] Aus dem allg. Öffentlichkeitsprinzip der Demokratie leitet das BVerfG einen **Grundsatz der Budgetöffentlichkeit** ab.[52]

---

[42] In seiner Endentscheidung zum OMT-Beschluss der EZB vermengt das BVerfG aber wieder die „demokratische Verankerung der Haushaltsautonomie" mit der Bedeutung der Freiräume des „Haushaltsgesetzgebers" für den „Identitätskern der Verfassung". Der BRat wird (wieder) nicht erwähnt, BVerfGE 142, 123 (231 Rn. 214).

[43] BVerfGE 123, 267 (362).

[44] BVerfGE 130, 318 (344, 347); 131, 152 (205); 142, 123 (185 Rn. 114, 214 Rn. 210, 230 Rn. 210, 212); Vorläufer, aber noch begrifflich deutlich abweichend, sind: BVerfGE 123, 267 (361–363); 129, 124 (178 f., 182), wo das Gericht die überlieferten Begriffe „Budgetrecht", „Budgetverantwortung" und „Haushaltsautonomie" verwendet; zT skeptisch *Ketterer* BayVBl 2012, 84 (86).

[45] *Klatt* Der Staat 50 (2011), 3 (42); nur zT anders *Isensee* FS Mußgnug, 2005, S. 101 (101).

[46] Es liegt kein Verstoß gegen Art. 109 II und auch keine Unvereinbarkeit mit der durch Art. 28 I für die Länder vorgeschriebenen Homogenitätsanforderung vor *Klatt* Der Staat 50 (2011), 3 (37, 42 f.).

[47] SächsVerfGH NVwZ 2003, 472 (473), mit eingehender Begr. (*Sachs* Jus 2003, 705); anders: BVerfGE 102, 176 (187), als LVerfG für Schleswig-Holstein; BbgVerfG LKV 2002, 77 (83); ThürVerfGH LKV 2002, 83; BremStGH NVwZ 1998, 388; wohl auch BayVerfGH BayVBl 1995, 205; NVwZ-RR 2000, 401 (403), der aber zuvor zutreffend den Haushaltsvorbehalt enger gefasst hatte, BayVerfGHE 29, 244 (266); eingehende Darstellung der (widersprüchlichen) Rspr. der Landesverfassungsgerichte, die aber auf landesrechtlichen Besonderheiten beruhen kann, bei *Klatt* Der Staat 50 (2011), 3 (6–10, 12), der auch die unterschiedlichen Reaktionen auf die Entscheidung des SächsVerfGH referiert (in Fn. 47).

[48] SächsVerfGH NVwZ 2003, 472 (475); zuvor: *Blankart* Staatswissenschaft und Staatspraxis 3 (1992), 509 (513, 520); *Siekmann,* in: Neumann/v. Raumer (Hrsg.), Die verfassungsrechtliche Ausgestaltung der Volksgesetzgebung, 1999, S. 181 (185); *Waldhoff,* in: Bertschi (Hrsg.), Demokratie und Freiheit, 1999, S. 181 (216 f.); *Klatt* Der Staat 50 (2011), 3 (21–24) mwN, auch für gegenteilige, empirisch nicht fundierte Behauptungen.

[49] *Dreier/Wittreck* Jb f. direkte Demokratie 2009, 11; *Klatt* Staat 50 (2011), 3 (25): „keinerlei Aussagekraft".

[50] BVerfGE 70, 324 (358); 110, 199 (225); 131, 152 (194): Unterrichtungspflicht gestützt auf Art. 33 II 2.

[51] BVerfGE 130, 318 (344); RhPfVerfGH NVwZ-RR 1998, 1 (2); BWStGH NVwZ 2012, 300 (301).

[52] BVerfGE 130, 318 (344); 131, 152 (205); ebenso NdsStGH NdsVBl 2012, 100 (108); BremStGM NordÖR 1998, 291 (295).

Der Gebrauch der „Haushaltskompetenzen" ermöglicht es dem BT, seine „Kontrollbefugnisse"  **14** gegenüber der BReg auch dort auszuüben, wo sie ohne gesetzliche Ermächtigung oder sonstige parl. Billigung tätig werden darf. Das Budgetrecht ist eines der wesentlichen Instrumente der **parlamentarischen Regierungskontrolle,** welche die „rechtsstaatliche Demokratie entscheidend prägt".[53] BT und BRat sollen nach Art. 114 berechtigt und verpflichtet sein, den Haushaltsvollzug der BReg zu kontrollieren.[54] Die Ausübung der „Haushaltskompetenzen" lässt es als verfassungsrechtlich tragbar erscheinen, dass „weitreichende politische Entscheidungen nicht durch das Parlament, sondern durch andere Staatsorgane getroffen werden".[55]

Der BT darf sich **nicht** ganz oder zT seines **Budgetrechts entäußern.**[56] Selbst durch Gesetz darf er  **14a** sich „keinen finanzwirksamen Mechanismen ausliefern (…), die zu nicht überschaubaren haushaltsbedeutsamen Belastungen ohne vorherige konstitutive Zustimmung führen können". Daher dürfen auch keine „dauerhaften völkervertragsrechtlichen Mechanismen begründet werden, die auf eine Haftungsübernahme für Willensentscheidungen anderer Staaten hinauslaufen". Das gilt gleichermaßen für Ausgaben und Einnahmeausfälle. Jede ausgabenwirksame Hilfsmaßnahme „größeren Umfangs" muss vom BTag „im Einzelnen" bewilligt werden. Dieses Verbot ist keine (unzulässige) Beschränkung der Haushaltskompetenz des Parlaments, sondern zielt auf seine „Bewahrung".[57] Bei der Ausübung seines „Budgetrechts" und der „Ausübung seiner haushaltspolitischen Gesamtverantwortung" muss der BTag die „wesentlichen Entscheidungen" **selbst** treffen[58] oder zumindest seine „konstitutive Zustimmung" erteilen.[59] Eine Übertragung der Beteiligungsrechte des BT auf einen **beschließenden Ausschuss** ist nur unter strengen Anforderungen zum Schutz anderer Rechtsgüter mit Verfassungsrang und unter Wahrung des Grundsatzes der Verhältnismäßigkeit zulässig.[60] Eine Beschränkung des Statusrechts der Abg. und die damit verbundene Ungleichbehandlung dürfen aber nur soweit reichen, wie dies „unbedingt erforderlich" ist. Zudem muss der Grundsatz der „Spiegelbildlichkeit" gewahrt werden.[61] Allerdings will sich das BVerfG bei der Überprüfung, ob eine „verbotene Entäußerung der Haushaltsautonomie im Hinblick auf den Umfang der Gewährleistungsübernahme" vorliegt, nur eine Evidenzkontrolle vornehmen. Dem **Gesetzgeber** sei namentlich mit Blick auf das Eintrittsrisiko ein **„Einschätzungsspielraum"** zuzubilligen.[62]

Das traditionelle **Budgetrecht des Parlaments** wird nicht von **Art. 79 III** erfasst und ist offen für  **14b** Modifikationen durch Verfassungsänderung. Allerdings hat das BVerfG seit seinem Lissabon-Urteil das „Budgetrecht des Bundestages" stärker in den Kontext des geschützten **Demokratieprinzips** gestellt, aber zugleich deutlich gemacht, dass nicht „jede haushaltswirksame europäische oder internationale Verpflichtung" seine demokratische Gestaltungsfähigkeit gefährde.[63] Allerdings wollte es wohl einen **Kernbereich des Budgetrechts** in den Anwendungsbereich von Art. 79 III einbeziehen,[64] wenn es sprachlich misslungen und inhaltlich wolkig ausführte, es sei „entscheidend", dass die „Gesamtverantwortung mit ausreichenden Freiräumen für Einnahmen und Ausgaben noch im Deutschen Bundestag getroffen werden" könne.[65] Ob und in welchem Umfang diese Neuschöpfung einen Bereich abgrenzt, der auch dem verfassungsändernden Gesetzgeber nicht zugänglich sein soll, ist jedoch nicht klar. Die Entscheidungen zum Entäußerungsverbot (→ Rn. 14a) gehen wohl in diese Richtung.[66] Möglicherweise rechnet des BVerfG aber auch die „haushaltspolitische Gesamtverantwortung des Bundestages" insgesamt zur **Verfassungsidentität des Grundgesetzes.**[67] Immerhin bezeichnet es die Entscheidungsspielräume des Haushaltsgesetzgebers als „notwendige Bedingung" zur Sicherung

---

[53] BVerfGE 70, 324 (356); 129, 124 (177), unter Berufung auf BVerfGE 49, 89 (125); 68, 1 (89), wo das so aber (noch) nicht so steht; NdsStGH NdsVBl 2012, 100 (108); NWVerfGH NWVBl 2012, 107 (110); RhPfVerfGH NVwZ-RR 1998, 1 (2); SächsVerfGH NVwZ-RR 2010, 1 (2).

[54] BVerfGE 130, 318 (343).

[55] BVerfGE 70, 324 (356); 129, 124 (177).

[56] BVerfGE 129, 124; NWVerfGH NWVBl 2012, 107 (110); *Morgenthaler* FS Isensee, 2007, S. 911 (926): Pflichten „gegen sich selbst".

[57] BVerfGE 129, 124 (179 f.); 130, 318 (344); 132, 195 (240 Rn. 108); 135, 317 (401 Rn. 163); 142, 123 (231 Rn. 213); NWVerfGH NWVBl 2012, 107 (110); näher *Kube* AöR 137 (2012), 205 (215–217).

[58] BVerfGE 130, 318 (344).

[59] BVerfGE 142, 123 (230 Rn. 212).

[60] BVerfGE 130, 318 (LS 1, 347, 353 f., 356 ff.); dazu *Sachs* JuS 2012, 955 (956 f.); zuvor bereits *Kube* AöR 137 (2012), 205 (214).

[61] BVerfGE 130, 318 (353), unter Berufung auf BVerfGE 94, 351 (369).

[62] BVerfGE 129, 124 (182): „auf evidente Verletzungen zu beschränken", sowohl im Hinblick auf die Höhe der Gewährleistungsübernahme wie die Eintrittsrisiken (Hervorhebung nicht im Original).

[63] BVerfGE 123, 267 (361 f.).

[64] *Möllers/Reinhardt* JZ 2012, 693 (698).

[65] BVerfGE 123, 267 (362).

[66] *Müller-Franken* JZ 2012, 219 (223): *Schorkopf* ZSE 2012, 1 (27); *Möllers/Reinhardt* JZ 2012, 693 (699); dezid. BayVerfGH BayVBl 2000, 397: geschützt durch die Ewigkeitsgarantie der BayVerf.

[67] Das ist nicht sicher zu erkennen, da sich die Anknüpfung mit „diese" (der Verfassungsidentität) sowohl auf die vorangehende Wendung von der „Integrationsverantwortung" als auch auf die „haushaltspolitische Gesamtverantwortung" beziehen kann.

der polit. Freiräume „im Sinne des Identitätskerns der Verfassung".[68] Das eröffnet aber immer noch einige Deutungsspielräume. Für das OMT-Programm der EZB sei aber jedenfalls noch nicht eine verfassungsrechtlich fragwürdige „Haftungsübernahme" zu erkennen, wenn der vom EuGH aufgezeigte Rahmen[69] eingehalten werde.[70]

14c    Diese Vorgaben erlangen vor allem im **europäischen Integrationsprozess** und bei der Krisenprävention und -bewältigung eine wachsende Bedeutung. In keinem Fall darf nach Auffassung des BVerfG der BT dabei in die „Rolle des bloßen Nachvollzugs" geraten.[71] Der SKS-Vertrag führt aber noch nicht dazu.[72] Bei Euro-Bonds hängt es von ihrer Ausgestaltung ab. Sie könnten so ausgestaltet werden, dass die Anforderungen des BVerfG, nicht zuletzt die Zustimmung des BT zur Haftungsübernahme in jedem Einzelfall, erfüllt würden.[73] Bei gesamtschuldnerischer Haftung käme es auf das maximale Haftungsrisiko an. Dessen ungeachtet, sind Euro-Bonds dieser Art nicht mit Art. 125 I 2 AEUV zu vereinbaren. Bei der Beteiligung an den **Griechenlandhilfen** und im Rahmen des **Euro-Stabilisierungsmechanismus-Gesetzes** hatte das BVerfG ein Risiko von rund 170 Mrd. Euro noch nicht als Verletzung der haushaltspolit. Gesamtverantwortung des BT angesehen.[74] In der Endentscheidung zum OMT-Beschluss der EZB hatte es jedoch Wert darauf gelegt, dass „konkrete Anleihekäufe" eine „einstimmige Entscheidung des ESM-Gouverneursrates" voraussetzen, also die Zustimmung des BMF erfordern. Er darf sie jedoch nur erteilen, wenn der BT „zuvor einen zustimmenden Beschluss gefasst hat".[75] Hier ist bereits klar das Schwergewicht der Argumentation zur Sicherung des Budgetrechts vom „Gesetzgeber" auf den „Bundestag" verlagert worden.

15    Mit dem Haushaltsrecht des Parlaments korrespondiert die Pflicht, sich selbst und der Öffentlichkeit in einer den tatsächl. Gegebenheiten entspr. Weise Rechenschaft über die Einnahmen und Ausgaben des Landes abzulegen (→ Rn. 13g). Dazu gehört die Feststellung eines aussage- und prüffähigen Haushalts. Er muss hinreichend spezialisiert sein.[76] **Budgetierung, Flexibilisierung** und die Einführung von **Globalhaushalten** sowie andere neue Steuerungsmodelle sind deshalb nicht unbegrenzt und voraussetzungslos mit dem nicht entäußerbaren Budgetrecht des Parlaments zu vereinbaren. Entscheidend ist, dass das Verwaltungshandeln weiterhin wirksam durch den Haushaltsplan gesteuert wird.[77] Auf der Ebene des einfachen HaushaltsR wird namentl. die Budgetierung dadurch ermöglicht, dass die Struktur der Haushaltstitel mehr oder weniger stark vergröbert wird, Haushaltsreste übertragen werden dürfen, nicht verausgabte Mittel ganz oder zT als Einnahmen zur Verfügung bleiben und weitergehende (zeitl.) Übertragungsmöglichkeiten und gegenseitige oder einseitige Deckungsfähigkeit von Titeln angeordnet wird.[78] In diese Richtung zielte vor allem auch die Änd. des HGrG durch das Haushaltsrechts-FortentwicklungsG und die entspr. Anpassungen von BHO und BRHG.[79]

16    **3. Durchbrechungen im GG.** Von dem so konkretisierten **Budgetrecht des Parlaments** enthält das GG nur zwei wesentliche **Ausnahmen:** Das „Nothaushaltsrecht" der Bundesregierung gemäß Art. 111 und das „Notbewilligungsrecht" des BMF gemäß Art. 112. Die Ermächtigungen nach Art. 111 und 112 **ersetzen** die Ermächtigung des HaushaltsG zur Ausgabe von Mitteln.[80]

---

[68] BVerfGE 142, 123 (231 Rn. 214).

[69] EuGH – Gauweiler – C-62/14, EU:C:2015:400 Rn. 62, 69 ff., 83, 102, 106 112.

[70] BVerfGE 142, 123 (181 Rn. 102, 214 Rn. 174).

[71] BVerfGE 142, 123 (230 Rn. 212)

[72] *Müller-Franken* JZ 2012, 219 (221).

[73] *Müller-Franken* JZ 2012, 219 (222).

[74] BVerfGE 129, 124 (184).

[75] BVerfGE 142, 123 (214 Rn. 174, 227 Rn 201).

[76] BVerfGE 70, 324 (354); BremStGH NVwZ-RR 1998, 212 (212); RhPfVerfGH AS 25, 387 (392); 26, 4 (9); *Hillgruber/Drüen* MKS III, Art. 110 Rn. 64a; *Kroll* DÖV 2004, 986 (994); *Bajohr* DÖV 2004, 949 (952); *Heintzen,* in: v. Münch/Kunig II, Art. 110 Rn. 36 (keine Anwendbarkeit von Art. 80 I). Steuersubventionen berühren aber nicht schon deswegen die Budgethoheit des Parlaments, weil über die Verwendung der Steuereinnahmen jährlich zu entscheiden ist, so aber *P. Kirchhof* FS Selmer, 2004, S. 745 (760). Änderungen dieser Form von Subventionen werden leichthin und häufig von demselben Gesetzgeber in den HaushaltsbegleitG vorgenommen (→ Rn. 19).

[77] RhPfVerfGH AS 26, 4 (10); *Siekmann,* in: Präsident des LT RhPf (Hrsg.), Symposium Budgetierung und Budgetrecht des Parlaments, 31.10.1996, S. 44 (50); *Kube* DÖV 2000, 810 (810 ff.); spez. zur Budgetierung *Linck* ZG 1997, 1 (4); ferner *J.-P. Schneider,* Beiheft 4 zu Verwaltung 2001, 177 (183 ff.); zur Rolle des FMin bei der output-orientierten Haushaltssteuerung *Seikel* DÖV 2000, 525 (525 ff.); → Rn. 63 f.; vgl. auch *v. Lewinski,* DÖV 2015, 406 (407, 417) zum Verlust der Steuerungswirkung des HaushaltsR.

[78] *Kube* DÖV 2000, 810 (811), der die Verschiebungen als nicht so weitreichend ansieht und deshalb noch keine Gefährdung der haushaltsrechtlichen Balance sieht (812, 815); zur Vorreiterrolle von Rh-Pfalz (Personalbudgetierung) *Keilmann* DÖV 2000, 8 (8 ff.).

[79] Vom 22.12.1997, BGBl I 3251; dazu *Lüder* DÖV 1998, 285 (285 ff.); *Böhm* NVwZ 1998, 934 (934 ff.); *Heller,* Haushaltsgrundsätze für Bund, Länder und Gemeinden, 1998, S. 95 ff.; vorsichtig positiv *Gröpl* NVwZ 1998, 1251 (1259); *ders.* BK, Art. 110 (2015) Rn. 244 ff. mit zahlreichen Details; *Kube* DÖV 2000, 810 (811 ff.); *Bajohr* DÖV 2004, 949 (953 f.), der wohl keine Unvereinbarkeit mit dem parl. Budgetrecht sieht; *Bergmoser,* in: Schauer/Thom/Hilgers (Hrsg.), Innovative Verwaltungen, 2011, S. 477 ff. mit einem Plädoyer für eine Vitalisierung des Budgetrechts; *ders.* DÖV 2012, 741 (745 ff.).

[80] BVerfGE 20, 56 (90); 45, 1 (53) (abwM *Niebler*); näher → Art. 111 Rn. 3, Art. 112 Rn. 1. Die Verabschiedung von TeilhaushaltsG ist vor diesen Vorgaben nur schwer zu rechtfertigen; abl. für Hessen *Totz* DÖV 1985, 706 (710–

**Inhaltlich** ist der Entscheidungsspielraum des Parlaments nicht unerheblich durch das Zustim- **17** mungserfordernis nach Art. 113 I **eingeschränkt.**[81]

**4. Außerbudgetäre Grenzen für den Haushaltsgesetzgeber.** Der **Gestaltungsspielraum** des **18** Haushaltsgesetzgebers und damit seine Profilierungsmöglichkeiten werden aber durch verschiedene Faktoren **eingeschränkt,** die sich nicht aus dem Haushaltsrecht ergeben:

– die Festschreibung eines großen Teils der Ausgaben durch Leistungsgesetze
– die Zins- und Tilgungslasten
– der prognostische und dadurch mit Unsicherheiten behaftete Charakter von Haushaltsansätzen
– die monetären Rahmenbedingungen, die durch die Geldpolitik des ESZB gesetzt werden, Art. 127 II AEUV.

Wegen dieser Grenzen bedarf das HaushaltsG der flankierenden Absicherung durch eine Gesetz- **19** gebung im außerorganschaftlichen Rechtskreis, welche die Ausgabenverpflichtungen des Staates seinem finanziellen Leistungsvermögen anpasst.[82] Dem ist häufig nur durch eine ad hoc-Gesetzgebung unter phantasievollen, häufig wechselnden Bezeichnungen Rechnung getragen worden, namentlich **nach** Wahlen. Die Praxis hat zu diesem Zweck einen **global ändernden Gesetzestyp** geschaffen, mit dem sehr einfach Ansprüche gestrichen oder Verbindlichkeiten gemindert werden.[83] Folgende Beispiele lassen sich nennen:

– Haushaltssicherungsgesetz[84]
– Finanzplanungsgesetz[85]
– Finanzänderungsgesetz 1967[86]
– Haushaltsstrukturgesetz[87]
– Subventionsabbaugesetz[88]
– 2. Haushaltsstrukturgesetz[89]
– Haushaltsbegleitgesetz 1983[90]
– Haushaltsbegleitgesetz 1984[91]
– Steueränderungsgesetz[92]
– Haushaltsbegleitgesetz 1991[93]
– Steueränderungsgesetz 1992[94]
– Missbrauchsbekämpfungs- und Steuerbereinigungsgesetz[95]
– Haushaltsbegleitgesetz 2004[96]
– Haushaltsbegleitgesetz 2005[97]
– Haushaltsbegleitgesetz 2006[98]
– G zur bestätigenden Regelung verschiedener steuerlicher und verkehrsrechtlicher Vorschriften des Haushaltsbegleitgesetzes 2004[99]
– Haushaltsbegleitgesetz 2011[100]
– Haushaltsbegleitgesetz 2013.[101]

---

712); dahingehend aber *Kroll* DÖV 2004, 986 (986 ff.); etwas anderes dürfte für NothaushaltsG gelten (→ Art. 111 Rn. 10); krit. dazu *Rossi* DÖV 2003, 313 (318 ff.), der nicht hinreichend zwischen VorschaltG, TeilhaushaltsG und NothaushaltsG differenziert. VorschaltG zu einem HaushaltsG (u. Rn. 19) sind idR keine (Teil-)HaushaltsG, da sie mat.-rechtl. Regelungen mit Außenwirkung enthalten, die nicht Gegenstand eines OrganG sein können (→ Rn. 24).
[81] Vgl. *Gröpl* BK, Art. 113 (2015) Rn. 21.
[82] BVerfGE 79, 311 (330).
[83] Zu ihnen *Moeser,* Die Beteiligung des Bundestages an der staatlichen Haushaltsgewalt, 1978, S. 95 ff.; *Heun* (Fn. 16), S. 212 ff.
[84] Vom 20.12.1965, BGBl I 2065.
[85] Vom 23.12.1966, BGBl I 697.
[86] Vom 21.12.1967, BGBl I 1259.
[87] Vom 18.12.1975, BGBl I 3091.
[88] Vom 26.6.1981, BGBl I 537.
[89] Vom 22.12.1981, BGBl I 523.
[90] Vom 20.12.1982, BGBl I 1857.
[91] Vom 22.12.1983, BGBl I 1532.
[92] Vom 24.6.1991, BGBl I 1322.
[93] Vom 24.6.1991, BGBl I 1314; dazu BVerfGE 86, 148 (148 ff.).
[94] Vom 25.2.1992, BGBl I 297.
[95] Vom 21.12.1993, BGBl I 2310; dazu *Franz/Jacobi* BB Beilage 1994, Nr. 3, 1 (1 ff.).
[96] Vom 29.12.2003, BGBl I 3076.
[97] Vom 22.12.2004, BGBl I 3702.
[98] Vom 29.6.2006, BGBl I 1402.
[99] Vom 5.4.2011, BGBl I 554.
[100] Vom 9.12.2011, BGBl I 1885.
[101] Vom 20.12.2013, BGBl I 2781.

Die **juristische Zwangsläufigkeit** von **Ausgabepositionen** ist damit iE seltener gegeben, als häufig behauptet wird. LeistungsG können geändert werden – und werden geändert. Vertragliche Bindungen sind eher rar und meist von kurzer Laufzeit.

20    Darüber hinaus muss der Haushaltsplan in die mittel- und längerfristige Politik eingebettet sein. Nur so lässt sich die Einsatzfähigkeit des haushaltspolit. Instrumentariums sichern. Dem ist mit der Einführung der **mittelfristigen Finanzplanung** im Jahre 1969 durch § 9 StabG und ihrer näheren Ausgestaltung in § 50 HGrG Rechnung getragen worden.[102]

21    Die Koordination der Haushaltsplanung mit der flankierenden Gesetzgebung und der längerfristigen Planung ist indes dadurch erschwert, dass der Haushaltsplan nur ein **kurzfristiges Ausgaben-** und **Finanzierungsprogramm** darstellt. Unerwartet auftauchendem Anpassungsbedarf kann nicht immer unverzüglich Rechnung getragen werden. Der einzelne Haushaltsplan kann so einen „fragmentarischen Charakter" haben, der erst im Zusammenhang mit den über die Haushaltsperiode hinausreichenden, in eigenen Gesetzen verwirklichten polit. Konzepten seinen „Sinn als staatsleitender Hoheitsakt" (→ Rn. 30) erlangt.[103]

## II. Haushaltsplan und Haushaltsgesetz

22    Mit seiner Feststellung gemäß Art. 110 II 1 Hs. 2 wird der Haushaltsplan in allen seinen Teilen integraler Bestandteil des HaushaltsG. **Haushaltsgesetz** und **Haushaltsplan** bilden eine **Einheit.**[104] Die in Abs. 3 gebrauchte Formulierung steht dieser Deutung nicht entgegen.[105] Namentlich sind auch alle **Einzelpläne** Teil des HaushaltsG.[106]

23    Bisweilen wird das HaushaltsG nur der Form nach als Gesetz, also als rein formelles Gesetz, bezeichnet.[107] Das ist eine Nachwirkung monarchist. Thesen, die im Wesentlichen von *P. Laband* aus Anlass des preuß. Budgetkonflikts (1862-66)[108] aufgestellt worden waren.[109] Der Streit um die Rechtsnatur des Haushaltsplans und seiner parl. Feststellung war im Wesentlichen die Austragung einer **Machtfrage** im dualistischen System des Konstitutionalismus mit seiner unentschiedenen Souveränitätsfrage.[110] Er ist nunmehr obsolet.[111] Das HaushaltsG ist Gesetz, wie jedes andere auch, nur mit bes. Inhalt und bes. Adressatenkreis.[112] Es ist ParlamentsG und damit nicht nur RVO oder schlichter Parlamentsbeschluss.[113]

24    **1. Rechtsgehalt des Haushaltsgesetzes.** Das HaushaltsG **ermächtigt** die Exekutive, die im Haushaltsplan vorgesehenen Ausgaben zu leisten.[114] Seine Rechtsfolgen treten im **organschaftlichen Rechtskreis** zwischen Parlament und Regierung ein.[115] Soweit es den Haushaltsplan feststellt, ist es

---

[102] Näher → Art. 109 Rn. 73, 86, 93–95.

[103] BVerfGE 79, 311 (330).

[104] BVerfGE 20, 56 (91); 38, 121 (125); *Kube,* in: Maunz/Dürig, Art. 110 (2013) Rn. 57; *Heun,* in: Dreier III, Art. 110 Rn. 8; *Heintzen,* in: v. Münch/Kunig II, Art. 110 Rn. 3, 30; *Häde* JA 1994, 80 (83); wohl auch *Stern,* StaatsR II, S. 1205; *Hyckel* VR 2015, 289 (290); aA *v. Mutius* VVDStRL 42 (1984), 147 (161 f.); wohl auch *Gröpl* (Fn. 7), S. 77 f.; dezidiert *ders.* BK, Art. 110 (2015) Rn. 240.

[105] *Jarass,* in: Jarass/Pieroth, Art. 110 Rn. 7.

[106] BVerfGE 20, 56 (93); *Jarass,* in: Jarass/Pieroth, Art. 110 Rn. 7, 13; *Heintzen,* in: v. Münch/Kunig II, Art. 110 Rn. 3.

[107] So *Maunz,* in: Maunz/Dürig, Art. 110 (1981) Rn. 10; in dieser Form nicht mehr bei *Kube,* in: Maunz/Düring (2013) Rn. 54; *Heintzen* HStRV, § 120 Rn. 53.

[108] Vgl. dazu *Bischofswerder,* Die Staatsverwaltung bei Nichtzustandekommen des Etatgesetzes nach preußisch-deutschem Staatsrecht, 1913; *Friauf* (Fn. 17), S. 230 ff., 235 ff.; *Mußgnug* (Fn. 17), S. 106, 160 ff.; *Stern,* Staatsrecht II, S. 1067 f. Fn. 108; *Wahl,* in: W. Böckenförde (Hrsg.), Moderne deutsche Verfassungsgeschichte (1815–1914), 2. Aufl. 1981, S. 208 ff.; *Dreier* (Fn. 15), S. 60–68.

[109] *Laband,* Das Budgetrecht nach den Bestimmungen der Preußischen Verfassungsurkunde …, 1871; *ders.,* Das Staatsrecht des Deutschen Reiches, Bd. 4, 5. Aufl. 1914, S. 577 ff., mit der überaus polemischen Kritik an *Haenel* (S. 591 ff.), der sich deutlich gegen den dualistischen Gesetzesbegriff ausgesprochen hatte (*Haenel,* Das Gesetz im formellen und im materiellen Sinne, 1888, S. 116 ff., 234, 250, 258); weitere Einzelheiten bei *Lange* Staat 11 (1972), 313 (314 f.).

[110] *Stern,* StaatsR II, S. 563.

[111] Im Erg. jetzt hM, vgl. frühzeitig *Friauf* VVDStRL 27 (1969), 1 (21): „Scheinproblem"; *Hettlage* FS W. Weber, 1974, S. 391 (404); deutlich *Mußgnug* (Fn. 17), S. 31, 355; *Heun,* in: Dreier III, Art. 110 Rn. 9; *ders.* (Fn. 16), S. 162 f.; *Hillgruber/Drüen* MKS III, Art. 110 Rn. 11; *Jarass,* in: Jarass/Pieroth, Art. 110 Rn. 14; *Gröpl* BK Art. 110 Rn. 237 (2015); mit Einschränkungen ähnlich *Stern,* StaatsR II, S. 1202–1209; wohl auch *Tappe,* Das Haushaltsgesetz als Zeitgesetz, 2008, S. 221–226.

[112] *Mußgnug* (Fn. 17), S. 355; *Gröpl* BK Art. 110 Rn. 237, 239 (2015); aA *Heintzen,* HdbStR V § 120 Rn. 51, der sich wieder den Positionen des Spätkonstitutionalismus in Deutschland annähert, die hinter der „Theorie" Labands stehen: Der Haushaltsplan sei mangels „abstrakt-generellen" Regelungen „Gesetz in bloß formellen Sinne". Der Plan ist als solcher in der Tat kein Gesetz, aber als integraler Bestandteil des Haushaltsgesetzes wird er das.

[113] *Stern,* Staatsrecht II, S. 1204; *Heintzen,* in: v. Münch/Kunig II, Art. 110 Rn. 32.

[114] Zu bezweifeln ist, dass damit (konstitutiv) eine Ermächtigung erteilt wird, Verpflichtungsgeschäfte abzuschließen; so aber BWStGH NVwZ 2012, 300 (303); zust. *Wolff* NJW 2012, 812 (813), die noch weitergehend mit fragwürdigen Parallelen zum Kommunalrecht darin die Begründung der zivilrechtlichen Vertretungsmacht sieht (S. 815).

[115] Deutlich NRWVerfGH NWVBl 2003, 419 (422).

reines **Organgesetz**[116] und entfaltet keine **Außenwirkung** (→ Rn. 37).[117] Auch das folgt aus der Eigenschaft des HaushaltsG als Organgesetz. Das Budgetrecht enthält auch keinen Vorbehalt des Gesetzes für die Veräußerung von Staatsvermögen. Deshalb ist eine solche Veräußerung auch nicht im HaushaltsG zu regeln, sondern nur die erwarteten Einnahmen.[118] Da es sich aber zT um sehr weitreichende Entscheidung handelt, die sich auch auf den künftigen finanz. Handlungsspielraum auswirken kann, kann aus anderen Gründen eine Beteiligung des Parlaments erforderlich sein. Über die Feststellung des Haushaltsplans hinausgehende Regelungen im HaushaltsG sind wegen der gegenständl. Beschränkungen aus Abs. 4 (Bepackungsverbot) nur sehr begrenzt zulässig. Aber auch wenn sie innerhalb der dadurch gezogenen Grenzen bleiben, müssen sie auf den **organschaftlichen Rechtskreis** beschränkt bleiben. Sie dürfen ebenfalls **keine Außenwirkung** entfalten.[119]

Das HaushaltsG ist **bindendes Recht**, aber gerichtet an die Exekutive. Sie darf die im Haushaltsplan **25** veranschlagten Ansätze grds. nicht überschreiten[120] und hat die dort niedergelegten Zweckbestimmungen und Vermerke zu beachten.[121] Haushaltsplan und HaushaltsG sind auch für die Gerichte verbindlich. Allerdings ist die Beschränkung auf den organschaftl. Rechtskreis zu beachten. Sie ist Teil des **Normausspruchs**[122] und kein normtheoretisches Konstrukt. Der Grundsatz „lex posterior derogat legi priori" soll für den durch das HaushaltsG festgestellten Haushaltsplan im Verhältnis zu anderen Gesetzen nicht gelten.[123] In dieser Allgemeinheit ist die Aussage jedoch fragwürdig. Schon die Unterscheidung zwischen Haushaltsplan und HaushaltsG ist inkonsistent, da Haushaltsplan und HaushaltsG eine Einheit bilden (→ Rn. 22).[124] Im Erg. richtig ist allerdings, dass die Ansätze im Haushaltsplan schon nach dem Normausspruch des HaushaltsG nicht dahin gehen können, materiell-rechtlich (frühere) Regelungen abzuändern. Ansprüche müssen erfüllt werden, auch wenn im Haushalt keine (hinreich.) Mittel dafür bereitgestellt worden sind (→ Rn. 38). Das HaushaltsG ist jedoch nicht an frühere Regelungen des einfachen Gesetzgebers gebunden, die **seinen Regelungsgehalt** betreffen. Über Vorgaben des einfachen Gesetzes für seine form. Ausgestaltung und das zu beacht. Verfahren ist er zB nicht gebunden. Das betrifft vor allem das HGrG, das StabG, das MaßstG. Insoweit **gilt** „lex posterior derogat legi priori" **uneingeschränkt.** Die Argumentationsfigur „Selbstbindung des Gesetzgebers" ist eine der anerkannten Ordnung der Rechtsquellen fremde Hilfskonstruktion, deren Voraussetzungen und Grenzen dem Belieben des Anwenders überlassen bleiben.

Die Regelungen des HaushaltsG beziehen sich zwar auf einen abgegrenzten Zeitraum, Art. 110 **26** IV 1. In diesem Sinne sind sie **Zeitgesetz,** doch treten sie mit dem Ablauf der Haushaltsperiode **nicht** in dem Sinne **außer Kraft,** dass sie rechtlich nicht mehr existieren.[125] Ihre Hauptfunktion (Ermächtigung zur Tätigung von Ausgaben) mag sich erledigt haben, doch haben sie zumindest insoweit eine Dauerwirkung, als sie im Verhältnis der Staatsorgane zueinander rechtfertigender Grund und Kontrollmaßstab für die geleisteten Zahlungen bleiben. Die Prüfung des Haushaltsvollzugs durch Gerichte und Rechnungshöfe müsste andernfalls juristisch nicht mehr vorhandene Normen als Maßstab verwenden.[126]

Das HaushaltsG stellt Recht im Sinne von Art. 93 I Nr. 2, § 76 BVerfGG dar und kann deshalb im **27** Verfahren der **abstrakten Normenkontrolle** vom BVerfG überprüft werden. Dies gilt auch nach Ablauf der Haushaltsperiode, da andernfalls eine dem Normenkontrollverfahren fremde Zeitgrenze für

---

[116] Zum Begriff *Stern,* in: Stern/Münch/Hansmeyer, Gesetz zur Förderung der Stabilität und des Wachstums der Wirtschaft, 2. Aufl. 1972, S. 68 f.

[117] BVerfGE 38, 121 (125): „Dieser [der Haushaltsplan] wirkt nur im Organbereich von Landtag und Landesregierung und nicht darüber hinaus"; ebenso BVerwGE 104, 220 (222): „keine Rechtswirkungen außerhalb des Organbereichs von Landtag und Landesregierung", „begründet keine Rechte des Klägers"; relativiert in BVerfGE 46, 268 (294); für die Aussage im Text: *Stern,* StaatsR II, S. 1208; ihm folgend *Heintzen* HStRV, § 120 Rn. 53; *ders.,* in: v. Münch/Kunig II, Art. 110 Rn. 32; *Jarass,* in: Jarass/Pieroth, Art. 110 Rn. 15 f.; aA *Nebel,* in: Piduch, Bundeshaushaltsrecht, 2. Aufl., Art. 110 (2004) Rn. 13, der verkennt, dass das BVerfG, das er für seine Auffassung gegen die hier vertretene Deutung anführt, konkret festgestellt hatte: „Sinn und Zweck des Haushaltsgesetzes ist es allein[!], den Staatshaushaltsplan festzustellen", BVerfGE 38, 121 (125); *Gröpl* BK Art. 110 Rn. 239 (2015).

[118] I. Erg. ebenso *Birk/Wernsmann* DVBl 2005, 1 (2).

[119] So wohl auch *Stern,* StaatsR II, S. 1205, 1253; wie hier BVerwG DVBl 1998, 142 (142 ff.): Keine Begründung eines Anspruchs auf Subventionen; aA BSGE 37, 144 (145 ff.); *Heintzen* HStRV, § 120 Rn. 57; *Heun* (Fn. 16), S. 268; *ders.,* in: Dreier III, Art. 110 Rn. 31; *Gröpl* (Fn. 7), S. 43, 80; ders. BK, Art. 110 Rn. 239 (2015).

[120] BVerfGE 45, 1 (34).

[121] Vgl. *Jarass,* in: Jarass/Pieroth, Art. 110 Rn. 15; *Heun,* in: Dreier III, Art. 110 Rn. 29.

[122] Nicht ganz deutlich *Stern,* StaatsR II, S. 1208.

[123] *Heintzen,* in: v. Münch/Kunig II, Art. 110 Rn. 30.

[124] Auch von *Heintzen,* ebda, anerkannt.

[125] *Kube,* in: Maunz/Dürig, Art. 110 (2013) Rn. 65: „Auch nach Ablauf der Haushaltsperiode legitimiert das Gesetz aber freilich die Verausgabungen, die vorgenommen worden sind"; *Stern,* StaatsR II, S. 1243 f.; aA *Tappe* (Fn. 111), S. 238, der sich im Wesentlichen auf Satz 2 von Art. 110 IV stützt, den Satz 1 hinreichend zu berücksichtigen; wohl auch: BVerfGE 20, 56 (94) (obiter dictum); *Gröpl* BK, Art. 110 (2015) Rn. 301, der eine „korrigierende" Auslegung des Wortlauts von Art. 110 IV 1 vornehmen muss, um zu diesem Ergebnis zu gelangen; undeutlich BVerfGE 79, 311 (327); unterschiedlich je nach Vorschrift NWVerfGH NWVBl 2003, 419 (422).

[126] IdR wird verkannt, dass es nur um Ermächtigungen im Staatsinnenbereich geht und nicht um (zivilrecht.) Erstattungsansprüche; vgl. nur *Tappe* NWVBl 2005, 209 (210); *ders.* (Fn. 111), S. 239, 241.

die Überprüfung eingeführt würde.[127] Eines Rückgriffs auf die – nur partiell wirkende – Regelung in § 18 III BHO bedarf es wegen der andauernden Wirkungen des HaushaltsG (→ Rn. 26) nicht.[128] Die Zulässigkeit der abstr. Normenkontrolle wird durch die Befugnis des BRH zur Rechnungsprüfung nicht berührt.[129]

28 Fraglich und immer noch umstritten ist jedoch, ob die Exekutive auch **verpflichtet** ist, die bewilligten Mittel zu **verausgaben**.[130] Die Frage ist iE zu verneinen.[131] Haushaltsplan und HaushaltsG sind nur eine den haushaltsbewirtschaftenden Stellen erteilte Ermächtigung. Ob sie ausgeübt werden muss, richtet sich nach den durch außenwirksame Gesetze oder Rechtsgeschäfte begründeten Verpflichtungen des Bundes. Im Übrigen hat die Exekutive einen eigenständigen polit. Gestaltungsspielraum.[132]

29 Noch schwieriger zu beantworten ist die Frage, ob durch das HaushaltsG auch eine **Verpflichtung** begründet wird, die veranschlagten **Einnahmen** zu realisieren. Auch dies wird man iE verneinen müssen.[133] Eine Verpflichtung, bestehende (abgaberechtl.) Ansprüche geltend zu machen und durchzusetzen, ergibt sich aus Gründen der Belastungsgleichheit (→ Art. 108 Rn. 40), nicht aus den Festsetzungen des Haushaltsplans. Dafür ist er auch nicht spezif. genug. Das hat Konsequenz für die Frage, ob und unter welchen Voraussetzungen **Verbindlichkeiten** des Bürgers gegenüber dem Staat **erlassen** werden dürfen. Eine solche Wohltat darf keinesfalls im Belieben der Verwaltung stehen. Auch dürfte eine gesetzl. Grundlage erforderlich sein. Haushaltsplan und HaushaltsG reichen dafür nicht aus. Aber auch der Gesetzgeber darf einen solchen Erlass nur in engen sachl. Grenzen erlauben, weil sonst die Gebote der Allgemeinheit und Gleichheit der Besteuerung leicht unterlaufen werden könnten.

30 **2. Der Haushaltsplan.** Der Haushaltsplan ist ein Wirtschaftsplan und zugleich ein staatsleitender Hoheitsakt in Gesetzesform.[134] Diese gern benutzte Wendung lehnt sich an eine Formulierung von J. Heckel an, mit der er aber – wesentlich genauer – die **„Bedeutung des Etatgesetzes"** umschrieben hatte: „Es ist ein im Wege der staatsgestaltenden Gesetzgebung erzeugter staatsleitender Gesamtakt der Regierung und des Parlaments; sein Gegenstand ist ein staatliches Gesamtprogramm für die staatliche Wirtschaftsführung und damit zugleich für die Politik des Landes während der Etatperiode."[135] Dem zweiten Teil der Aussage hat sich das BVerfG ausdr. angeschlossen: Der Haushaltsplan enthält „– zeitlich begrenzt und ausgabenbezogen – ein **Regierungsprogramm** in Gesetzesform" und spiegelt „die Regierungspolitik in Zahlen" wieder.[136]

31 Die herkömml. Trennung zwischen ordentl. und außerordentl. Etat ist mit der Haushaltsreform 1969 aufgegeben worden. Von Verfassungs wegen darf es jetzt nur noch einen **einheitlichen** Haushaltsplan geben. Allerdings ist er im Wesentlichen eine einfache Einnahmen-Ausgaben-Aufstellung. Er enthält **keine Vermögensrechnung.** Das mag praktikabel sein, ist aber ökon. unsinnig und einer der Gründe für unwirtschaftl. Verhalten der Verwaltung.

32 Der Haushaltsplan besteht aus **Einzelplänen** und dem **Gesamtplan** (§ 10 I HGrG, § 13 I BHO). Die Einzelpläne enthalten die Einnahmen, Ausgaben und Verpflichtungsermächtigungen für einen einzelnen Verwaltungszweig (Beispiel: BMF), eingeteilt in Kapitel und Titel. Daneben gibt es aber auch Einzelpläne für Querschnittsfunktionen (§ 10 II HGrG, § 13 II BHO).[137] Es handelt sich um ein wenig überzeugendes Ordnungsprinzip, das aber wohl vom verfassungsändernden Gesetzgeber akzeptiert worden ist.

33 Der durch die Haushaltsreform 1969 eingeführte Gesamtplan enthält die wichtigsten gesamtwirtschaftlich relevanten Daten über den Bundeshaushalt. Er umfasst eine Zusammenfassung der Einzelpläne **(Haushaltsübersicht),** die Berechnung des Finanzierungssaldos **(Finanzierungsübersicht)**

---

[127] BVerfGE 20, 56 (89); 79, 311 (326); 119, 96 (116 f.); NWVerfGH NWVBl 2003, 419 (422).

[128] AA *Tappe* NWVBl 2005, 209 (210).

[129] BVerfGE 20, 56 (95).

[130] Dafür *Schäfer* FS Schoettle, 1964, S. 251 (266); *Hoffmann,* Haushaltsvollzug und Parlament, 1972, S. 47 ff.; *Frömel* DVBl 1974, 65 (65 ff.); *Moeser* (Fn. 83), S. 120 ff.; *ders.* DVBl 1977, 481 (487); differenzierend *Heun,* in: Dreier III, Art. 110 Rn. 30; *Schuppert* VVDStRL 42 (1984), 216 (230 f.); offengelassen im Verfahren des einstweiligen Rechtsschutzes (BerlVerfGH NVwZ 1994, 263 [263 f.]; endgültige Entscheidung NJW 1995, 858 [860]); dazu *Pechstein* VerwArch 86 (1995), 359 (359 ff.); *Grupp* NVwZ 1994, 238 (238 f.).

[131] Ganz hM, *Rothenbücher* RVBl 1929, 4 (6); *Mußgnug* (Fn. 17), S. 29 ff., 315 ff. mwN; *Friauf* GS Fried. Klein, 1977, S. 162 (173); *Tomuschat* Staat 19 (1980), 1 (10 f.); *Stern,* StaatsR II, S. 1207 mwN, 1225; *Heintzen* HStR V, § 120 Rn. 56; *ders.,* in: v. Münch/Kunig II, Art. 110 Rn. 33; *Heun* (Fn. 16), S. 419; *Jarass,* in: Jarass/Pieroth, Art. 110 Rn. 15; *Pechstein* VerwArch 86 (1995), 359 (374); *Hillgruber/Drüen* MKS III, Art. 110 Rn. 69; *Kemmler,* in: Hofmann/Henneke, Art. 110 Rn. 38; *Gröpl* BK, Art. 110 (2015) Rn. 129.

[132] Im Erg. ebenso *Stern,* StaatsR II, S. 1207; *Heintzen,* in: v. Münch/Kunig II, Art. 110 Rn. 33 aE; *Gröpl* BK, Art. 110 (2015) Rn. 129.

[133] *Heintzen,* in: v. Münch/Kunig II, Art. 110 Rn. 33 mwN.

[134] BVerfGE 45, 1 (32); 70, 324 (355); 79, 311 (328); 129, 124 (178); zustimmend *Jarass,* in: Jarass/Pieroth, Art. 110 Rn. 2; *Arndt* JuS 1990, 343 (344).

[135] *Heckel* HdbDStR II, S. 392.

[136] BVerfGE 79, 311 (329, 340). Damit lehnt sich das Gericht an eine klass. Formulierung der Finanzwiss. an, ohne sie zu nennen. So hatte *F. Neumark* den Haushaltsplan als den „ziffermäßig exakten Ausdruck des politischen Handlungsprogramms der Regierung" charakterisiert (HdbFW I, 2. Aufl. 1952, S. 558).

[137] ZB Einzelplan 60: „Allgemeine Finanzverwaltung".

und die Aufschlüsselung der Kreditaufnahme **(Kreditfinanzierungsplan)**, § 10 IV HGrG, § 13 IV BHO.

Dem zunehmenden Wildwuchs der nichtsteuerlichen Abgaben hat das BVerfG versucht, durch 34 Erzeugung von Transparenz entgegen zu wirken.[138] So hat es dem Haushaltsgesetzgeber aufgegeben, auch außerhalb des Geltungsbereichs des Verfassungsgrundsatzes der Vollständigkeit des Haushaltsplans (→ Rn. 48), Parlament und Öffentlichkeit durch eine vollständige **Dokumentation** der **Sonderabgaben** zu informieren. Bestand und Entwicklung aller Sonderabgaben im Verantwortungsbereich des jeweiligen Gesetzgebers und ihr Verhältnis zu den Steuern sind in eine Anlage zum Haushaltsplan aufzunehmen. In diese Anlage sind alle nichtsteuerlichen Abgaben aufzunehmen, die weder Gebühr noch Beitrag sind und bei denen eine „Konkurrenz zur Steuer nicht von vornherein ausgeschlossen" ist.[139]

### III. Haushalt und die Rechtsposition Dritter

Nach § 3 II HGrG, § 3 II BHO werden Ansprüche oder Verbindlichkeiten gegenüber Dritten 35 durch den Haushalts**plan** weder begründet noch aufgehoben. Diese Vorschriften haben keine eigenständige Bedeutung,[140] sondern geben nur ein **verfassungsrechtlich** feststehendes Wesensmerkmal des Haushaltsplans wieder, das auch ohne diese einfachgesetzliche Normierung gelten würde.[141] Zudem ist ihre Formulierung zu eng. Das BVerfG hat deshalb zu Recht nicht nur auf Ansprüche, sondern auf Rechte jeder Art abgestellt.[142]

Als Organgesetz muss sich auch die Wirkung des Haushalts**gesetzes** auf den Staatsinnenbereich 36 beschränken (→ Rn. 24 f.).[143] Schon seinem Ausspruch nach kann es **nicht** in **Konkurrenz** mit außenwirksamen Normen treten. Deshalb gehen die Regelungen solcher Normen vor,[144] auch wenn sie zeitlich eher erlassen worden sind (→ Rn. 25).

Unbestr. folgt daraus, dass der einz. Bürger **Ansprüche** nicht unmittelbar aus dem Haushaltsplan 37 herleiten kann. Das HaushaltsG ist keine Anspruchsgrundlage, auch nicht für Subventionszahlungen.[145]

Wenn allerdings eine wirksame Verbindlichkeit besteht, muss der Bund sie erfüllen, unabhängig 38 davon, ob im Haushaltsplan (genügende) Mittel bereitgestellt sind oder nicht.[146] Ansprüche Dritter können nicht mit der Begründung abgewehrt werden, dass dafür kein Etat zur Verfügung stehe oder eine benötigte Planstelle nicht frei sei. Falls erforderlich, muss ein Nachtragshaushalt erlassen werden oder notfalls der Weg über Art. 112 eingeschlagen werden. Auch den Bund **befreit Geldmangel** – wie Privatpersonen – **nicht** von seinen Verbindlichkeiten.[147]

Allerdings kann er in den verfassungsrechtlich zulässigen Grenzen **durch außenwirksames Gesetz** 39 Rechtsansprüche Dritter begrenzen oder aufheben. Das darf allerdings nicht durch das HaushaltsG geschehen, sondern bedarf eines selbstständigen Gesetzes nach den allg. Regeln.[148] So verfährt auch häufig die Staatspraxis (→ Rn. 19).

Problematisch und bisher nicht genügend haushaltsverfassungsrechtlich überprüft ist die bloße 40 **Anknüpfung** an Positionen des Haushaltsplanes. **Entgegen der hM**[149] darf die Gewährung von Subventionen **ohne gesetzliche** Grundlage nicht von der Bereitstellung entspr. Mittel im Haushalt

---

[138] *Wahlhäuser* NVwZ 2005, 1389 (1390): Transparenz in die „Irrungen und Wirrungen" der Sonderabgabe; allg. zum Umbruch in der Dogmatik der Sonderabgabe *Thiemann* AöR 138 (2013), 60–107.

[139] BVerfGE 108, 186 (219) – Altenpflege.

[140] *Arndt* JuS 1990, 343 (344); iE jetzt ebenso *Heintzen*, in: v. Münch/Kunig II, Art. 110 Rn. 34.

[141] Ausdr. gegen die Begründung von Ansprüchen des Staates durch Haushaltsplan und HaushaltsG als „Gemeingut des deutschen Haushaltsrecht" *Gröpl* BK, Art. 110 (2015) Rn. 130.

[142] BVerfGE 79, 311 (327); ansatzweise bereits BVerfGE 38, 121 (126): „Keine Rechtswirkungen"; noch schwankend BVerfGE 20, 56 (92); s. a. BVerfGE 46, 268 (295).

[143] *Stern* leitet das Verbot „allgemeinverbindlicher Regelungen" unter Hinzuziehung des geschichtlichen Hintergrundes im Wesentlichen aus Art. 110 IV ab (Staatsrecht II, S. 1205); ebenso nunmehr auch *Jarass,* in: Jarass/Pieroth, Art. 110 Rn. 9, 16, jedenfalls soweit das HaushaltsG den Haushaltsplan feststellt.

[144] Im Erg. ebenso *Stern,* StaatsR II, S. 1209; *Heun* (Fn. 16), S. 165; aA *Gröpl* BK Art. 110 (2015) Rn. 239.

[145] BVerfGE 1, 299 (307); 38, 121 (126), allerdings unter Berücksichtigung der einfachgesetzlichen Vorschriften, die es als verfassungsmäßig ansah; BVerwGE 104, 220 (222); s. o. Rn. 24.

[146] Deutlich nunmehr auch BVerwG DÖV 2002, 299 (300); BAGE 46, 394 (400 f.); *Stern,* StaatsR II, S. 1209; *Heun,* in: Dreier III, Art. 110 Rn. 31; *Heintzen,* in: v. Münch/Kunig II, Art. 110 Rn. 34; *ders.,* HdbStR V § 120 Rn. 53; auch bei Auferlegung von Zahlungspflichten durch das BVerfG (Existenzminimum): *Drüen* FR 1999, 289 (290 f.); iE ebenso *Gröpl* BK, Art. 110 (2015) Rn. 241; zur andauernden Leistungsfähigkeit des Staates insgesamt *A. Leisner,* Die Leistungsfähigkeit des Staates, 1998.

[147] Eine Verpflichtung zur Bewilligung von Mitteln, die der Erfüllung rechtlicher Verpflichtungen des Staates dienen, wird mit kleinen Einschränkungen bejaht von *Lange* Staat 11 (1972), 311 (323), der aber – fragwürdig – in diesem Fall eine Berechtigung zur Leistung von Ausgaben ohne Feststellung im HaushaltsG für zulässig hält (S. 324) und deshalb Art. 111 lediglich deklaratorische Bedeutung zumisst (S. 326); iE wohl auch *Gröpl* BK, Art. 110 (2015) Rn. 241 aE.

[148] *Gröpl* BK, Art. 110 (2015) Rn. 130; anders wohl *Heintzen,* in: v. Münch/Kunig II, Art. 110 Rn. 34.

[149] BVerwGE 6, 282 (287); 58, 45 (48); OVG NRW DÖV 1981, 109 (109 ff.); *Jarass,* in: Jarass/Pieroth, Art. 110 Rn. 16; *Hillgruber/Drüen* MKS III, Art. 110 Rn. 68.

abhängig gemacht werden.[150] Das ist mit der Rechtsnatur des Haushaltsplans als Ermächtigung im Staatsinnenbereich nicht vereinbar. Die Frage des Vorbehalts des Gesetzes (→ Art. 20 Rn. 118 ff.) ist davon unabhängig zu lösen. Entweder verlangt man eine gesetzliche Regelung oder nicht. Auf die haushaltsmäßige Bereitstellung der Mittel darf es für die Rechtsbeziehung zu Dritten nicht ankommen.

41      Noch bedenklicher und vom Haushaltsverfassungsrecht bisher wenig beachtet ist die Einräumung von **Ansprüchen** Dritter gegen den Bund durch Gesetz oder Rechtsgeschäft nach **Maßgabe** zur Verfügung stehender **Haushaltsmittel** oder **Planstellen.** Nach der hier vertretenen Auffassung dürfen derartige Regelungen jedenfalls nicht in das HaushaltsG aufgenommen werden. Aber auch im Übrigen stoßen diese zunehmend von der Staatspraxis gewählten Konstruktionen auf erhebliche Bedenken.

42      Grds. steht es zwar auch dem Staat frei, seine Verbindlichkeiten schon bei ihrer Entstehung zu begrenzen oder von Bedingungen abhängig zu machen. Doch besteht die **Gefahr,** dass Transparenz und Folgerichtigkeit staatlichen Handelns ebenso wie die klare Zuordnung haushaltsrechtlicher Vorgaben missachtet werden: Es wird der Eindruck von bindenden Leistungsversprechen erzeugt, deren Erfüllung aber letztlich doch in das Belieben des Staates gestellt ist. Er muss seine Verbindlichkeiten, soweit es sich um echte Rechtsansprüche handelt, deshalb erfüllen, auch wenn er sie unter einen Haushaltsvorbehalt stellt.[151]

43      Die einzelnen Haushaltsansätze sind nur **Ermächtigungen** für die Exekutive, Ausgaben zu tätigen (→ Rn. 24, 28). Ihre Verquickung mit grds. verbindlichen Leistungsversprechen ist damit **nicht vereinbar.** Die schwer zu durchschauende Durchmischung von Innen- und Außenwirkungen von Haushaltsplan und HaushaltsG widerspricht ihrer Eigenschaft, **vorausschauender Leitungsakt** zu sein. Sie kann zudem (mittelbar) eine haushaltsverfassungsrechtlich unzulässige **Verpflichtung** der Exekutive zur Leistung von Ausgaben erzeugen. Auch der berechtigte Dritte kann seine Rechtsposition nicht mehr sicher beurteilen. Um feststellen zu können, ob noch Mittel vorhanden sind, also sein Anspruch besteht, müsste er Einblick in die maßgebenden Haushaltsüberwachungslisten (HÜL-A) und einzelne Buchungsvorgänge nehmen, die überwiegend nicht einmal Angehörigen der Exekutive bekannt sind. Entsprechendes gilt für Planstellen und Stellenbesetzungspläne.

44      Außenrechtsbeziehungen sollten von derartigen Details aus dem **Innenbereich** einer Korporation freigehalten werden. Das ist der Grund für die **Beschränkung** der erlaubten Haushaltswirkungen, an der **strikt** festzuhalten ist.

## C. Haushaltsgrundsätze

### I. Überblick

45      Im Schrifttum werden zahlreiche Haushaltsgrundsätze (Budgetprinzipien) genannt. Es bleibt allerdings häufig unklar, ob es sich um verbindliche Rechtsregeln oder nur um wissenschaftliche Erkenntnisse oder durch praktische Erfahrungen gewonnene Zweckmäßigkeitsvorstellungen handelt. Aber selbst wenn es sich um Rechtsregeln handelt, ist nicht sicher, ob ihnen auch **Verfassungsrang** zukommt. Die Vorschriften des Haushaltsgrundsätzegesetzes sind jedenfalls nur einfaches Bundesrecht und können den Haushaltsgesetzgeber auf Bundesebene prinzipiell nicht binden.[152] Wenn und soweit sie allerdings Grundsätze enthalten, die aus dem GG abzuleiten sind, gilt etwas anderes.

46      Verfassungsrang haben folgende **Haushaltsgrundsätze:**
– Vollständigkeit (→ Rn. 48)
– Einheit (→ Rn. 52)
– Wahrheit und Klarheit (→ Rn. 54)
– Vorherigkeit (→ Rn. 56).
– Periodizität (Jährlichkeit) (→ Rn. 60)
– Spezialität (→ Rn. 62)
– Haushaltsausgleich (→ Rn. 65)
– Wirtschaftlichkeit (→ Rn. 67).

47      Das **Bruttoprinzip,** dem Verfassungsrang zukommt, sollte als Teil des Vollständigkeitsprinzips behandelt werden (→ Rn. 49). Der Grundsatz der **Budgetöffentlichkeit** (→ Rn. 13h, → Rn. 82) gehört zu den allg. Prinzipien, die das gesamte Haushaltsverfassungsrecht durchdringen.[153] Der Grund-

---

[150] *Stern* JZ 1960, 518, (522).

[151] Anders wohl *Gröpl* (Fn. 7), S. 369; aber wohl doch in Ausnahmesituationen *ders.* BK, Art. 110 (2015) Rn. 241; s. aber BAGE 82, 101 (110); 92, 121 (123 f.); 99, 217 (220): Für die zulässige Befristung von Arbeitsverhältnissen auf Grund von Entscheidungen des Haushaltsgesetzgebers, aber unter grds. Anerkennung der Erfüllungspflicht von Verträgen trotz fehlender Haushaltsmittel. Die LAG hatten noch zutreffend, wie hier gefordert, entschieden.

[152] Str., → Art. 109 Rn. 99 ff.; aA *Stern*, StaatsR II, S. 1238 Fn. 41; *Heintzen* HStR V, § 120 Rn. 5 mwN zum Meinungsstand, Rn. 22 ff., 23 zu den Zweckmäßigkeitsvorstellungen; ferner *Heun* (Fn. 16), S. 166: „weil die Verfassung das ausdrücklich so will"; *Gröpl* (Fn. 7), S. 37, 91, ohne das Problem hinreichend zu erkennen; problematische Verquickung über den Begriff „Grundsatz" bei *Heintzen*, in: v. Münch/Kunig II, Art. 110 Rn. 6.

[153] BVerfGE 70, 324 (358).

satz der **Gesamtdeckung** (Non-Affektation) ist vielfach durchbrochen und hat **keinen Verfassungs-rang.**[154] Aber selbst wenn man ihn im Kern als „verfassungskräftig" ansieht, kann es sich nur um einen Grundsatz mit „eingeschränkter normativer Wirkkraft" handeln,[155] so dass der praktische Effekt gering wäre. Auch das BVerfG hatte eine – möglicherweise verfassungsrechtlich bedenkliche – Einengung der Dispositionsfreiheit des Haushaltsgesetzgebers in Betracht gezogen. Sie sei aber allenfalls dann anzunehmen, wenn „Zweckbindungen in unvertretbarem Ausmaß" stattfänden. Dafür sei aber (im Jahre 1995) „nichts ersichtlich".[156] Die Einstufung ist vor allem von Bedeutung bei der Beurteilung von (Verwendungs-)Zwecksteuern[157] und sonstigen Lenkungsabgaben. Auch wäre – je nach Ausgestaltung – eine Steuerfinanzierung der ör Rundfunkanstalten (dazu näher → v. Art. 104a Rn. 113, 115, 117d) berührt. Sie wäre aber auch mit einen so verstandenen Affektationsprinzip zu vereinbaren.[158] Verfassungsrechtlich geboten wäre aber die Zweckbindung einer Steuer zur Finanzierung der Rundfunkanstalten nicht. Sie darf aus allg. Haushaltsmitteln erfolgen.[159]

Ein **Verstoß** des HaushaltsG gegen verfassungsrechtlich fundierte Haushaltsgrundsätze führt grds. zur   **47a** **Verfassungswidrigkeit** und **Nichtigkeit,**[160] obwohl eine Rückabwicklung der darauf gestützten Akte meist nicht mehr möglich sein wird. Demgegenüber wird aber vertreten, dass eine Abweichung von den Grundsätzen nicht zwingend eine Verfassungsverletzung bedeuten soll. Dem kann nur insoweit zugestimmt werden, dass die Rechtfertigung eines Verstoßes durch **entgegenstehendes Verfassungsrecht** in Betracht kommt. Ließe man sonstige legitime Zwecke und Grundsätze des Haushaltsrechts ausreichen,[161] würde das praktisch auf die Abschaffung der Grundsätze hinauslaufen. Nichtigkeit bedeutet: keine Rechtswirkungen, von Anfang an (ex tunc) und von selbst (ipso jure, eo ipso). Die Nichtigkeitsfolge ist die dogmatische Konsequenz der vom Grundgesetz zugrunde gelegten Normenhierarchie[162] und zur Förderung des nur schwach ausgeprägten Willens der Finanzpolitik zur Einhaltung zwingender Vorgaben des Finanzverfassungsrechts[163] unerlässlich. Wenn Zahlungen auf einen nichtigen Haushaltsansatz gestützt werden, ist zumindest der objektive Tatbestand der (Haushalts-)Untreue erfüllt.

## II. Einzelne Grundsätze

**1. Vollständigkeit. Alle** (erwarteten) Einnahmen und (geplanten) Ausgaben sind nach Art. 110 I 1   **48** in den Haushaltsplan einzustellen. Er muss also die haushaltsmäßig zu Buche schlagenden Aktivitäten des Staates **vollständig** erfassen.[164] Namentlich das Steueraufkommen ist ausnahmslos anzusetzen.[165] Der so umschriebene **Vollständigkeitsgrundsatz** hat **Verfassungsrang**[166] und gehört zu den „wesentlichen Instrumenten der parlamentarischen Regierungskontrolle."[167] Jede Form von „schwarzen Kassen" ist danach verboten.[168] Der Grundsatz erstreckt sich auf alle „kassenwirksamen" Einnahmen und Ausgaben des Bundes. Es ist aber nicht sicher, dass er sich auch darauf beschränkt.[169] Wenn das der Fall wäre, würden wichtige finanzwirtschaftliche Vorgänge ausgeklammert. Haushaltsplan und HaushaltsG dienen sowohl der Haushaltsklarheit und -wahrheit[170] als auch der gleichmäßigen Verteilung der Lasten auf die Bürger.[171] Das „gesamte staatliche Finanzvolumen" soll der „Budgetplanung und

---

[154] *Stern,* StaatsR II, S. 1244; *Kisker* HStR IV¹, § 89 Rn. 77; *Vogel/Waldhoff* BK, vor Art. 104a (1997) Rn. 383; *Heun,* in: Dreier III; Art. 110 Rn. 17; *Heintzen,* in: v. Münch/Kunig II, Art. 110 Rn. 6; *v. Lewinski* DÖV 2015, 406 (414 f.); unter Einschränkungen ebenso: BVerfG 93, 319 (348); *Gröpl* (Fn. 7), S. 274; *ders.* BK, Art. 110 (2015) Rn. 220; aA *Heintzen* HStR V, § 120 Rn. 47; *Waldhoff* StuW 2002, 285 (298 ff.); AfP 2011, 1 (6).

[155] *Waldhoff* AFP 2011, 1 (6); ähnlich *Musil* DVBl 2007, 1526 (1531), der aber verlangt, dass die Abweichung durch ein Gesetz erfolgen müsse, das die Zweckbindung ausdrücklich benennt. Darüber hinaus soll es darauf ankommen, dass tatsächlich eine „echte rechtliche Zweckbindung" vorliege und nicht nur eine „politische".

[156] BVerfG 93, 319 (348). Die Verwendung des Plurals ist zu beachten.

[157] *Vogel/Waldhoff* BK, vor Art. 104a (1997) Rn. 383; *Musil* DVBl 2007, 1526 (1530 f.).

[158] *Waldhoff* ebda.

[159] → v. Art. 104a Rn. 113, 117d; *Perten,* Rundfunkfinanzierung in Europa, 2014, S. 206.

[160] Beispiele aus der neueren Rspr. NWVerfGH NWVBl 2004, 419 (422); MVVerfG LKV 2006, 26 (29); aA *Heintzen,* in: v. Münch/Kunig II, Art. 110 Rn. 46, ohne hinreichende dogmatische Begründung.

[161] So *Möstl* ZG 2005, 144 (145 f.).

[162] Eingehend *Stern,* StaatsR I, S. 80 f., 105; iE ähnlich MVVerfG LKV 2006, 26 (29).

[163] *Kitterer/Groneck,* Wirtschaftsdienst 2006, 559 (559): „Verfassungsverstöße gelten offensichtlich als Kavaliersdelikt und interessieren weder die Mehrheit der Parlamentarier noch die Öffentlichkeit"; bezogen auf die Verfassungsregeln zur Eingrenzung der Staatsverschuldung.

[164] BVerfGE 70, 324 (357); RhPfVerfGH AS 25, 387 (392); 24, 4 (9).

[165] BVerfGE 55, 274 (302).

[166] BVerfGE 108, 186 (216); 110, 370 (388); 113, 128 (147); 119, 96 (119); NWVerfGH NVwZ 1995, 159 (160); RhPfVerfGH AS 25, 387 (392); *Stern,* StaatsR II, S. 1239; *Heun,* in: Dreier III, Art. 110 Rn. 15; *Höfling* NWVBl 2001, 81 (81 ff.).

[167] BVerfGE 55, 274 (303); 82, 159 (179); 91, 186 (201); 119, 96 (119).

[168] *Stern,* StaatsR II, S. 1239; *M. Heintzen* HStR V, § 120 Rn. 26 ff.; *Heun,* in: Dreier III, Art. 110 Rn. 15; *Hillgruber/Drüen* MKS III, Art. 110 Rn. 41; *Reimer,* in: Epping/Hillgruber, Art. 110 Rn. 24.

[169] So aber *Höfling* NWVBl 2001, 81 (84), mit maßgebender – probl. – Berufung auf das einf. HaushaltsR.

[170] RhPfVerfGH AS 25, 387 (392).

[171] BVerfGE 82, 159 (178 f.); 91, 186 (202 f.).

-entscheidung von Parlament und Regierung" unterstellt werden.[172] Dadurch soll gewährleistet werden, dass „das Parlament in regelmäßigen Abständen den vollen Überblick über das dem Staat verfügbare Finanzvolumen und damit auch über die dem Bürger auferlegte Abgabenlast erhält". Es kann informierte Entscheidungen über konfligierende Ansprüche an den Staat adäquat nur bei einem Gesamtüberblick fällen.

49 Seine wichtigste Konsequenz ist die Geltung des **Bruttoprinzips**.[173] Es bedeutet, dass alle Einnahmen und Ausgaben in voller Höhe und getrennt voneinander in den Haushaltsplan einzustellen sind, § 12 I 1 HGrG und § 15 I 1 BHO. Weder dürfen Ausgaben vorweg abgezogen noch Einnahmen vorweg angerechnet werden. Saldierung und Nettoveranschlagung sind unzulässig.[174] Das so verstandene Prinzip hat teil am **Verfassungsrang** des Vollständigkeitsprinzips.[175] Zwar hat der Rechtsausschuss davon abgesehen, „das Bruttoprinzip ausdrücklich in der Verfassung zu nennen",[176] doch macht die abweichende Sonderregelung für Bundesbetriebe und Sondervermögen wenig Sinn (Abs. 1 S. 1 Hs. 2), wenn ohnehin netto veranschlagt werden dürfte. Ohne die **Konkretisierung** durch das Bruttoprinzip ist der **Vollständigkeitsgrundsatz** weitgehend wirkungslos.[177] Es handelt sich jedoch nur um ein Prinzip und ist damit für Ausnahmen offen. Sie bedürfen allerdings einer bes. sachlichen Rechtfertigung.[178]

50 Die in der Praxis angewandte **Nettoveranschlagung der Kreditaufnahme** (§ 15 I 2 BHO) konnte nicht damit gerechtfertigt werden, dass Art. 115 I 2 aF die Einnahmen aus Krediten den veranschlagten Ausgaben für Investitionen gegenüber stellte.[179] Die Vorschrift enthielt und enthält – auch in der Neufassung – eine materielle Grenze für die Höhe der Kreditaufnahme, besagt aber nichts zur Pflicht, die Kreditaufnahme brutto zu veranschlagen. Haushaltstechnisch ließen sich problemlos die Gesamtkreditaufnahme und die Kredittilgungen in der Haushaltssystematik unterbringen. Dies würde einige fragwürdige und riskante Umschuldungsmanöver zumindest transparenter machen.

51 Die Ermächtigung zum Eingehen von Verpflichtungen, die in künftigen Haushaltsperioden zu erfüllen sind, wäre nach dem Prinzip der kassenwirksamen Fälligkeit nicht in das HaushaltsG aufzunehmen. Derartige **Verpflichtungsermächtigungen** sind im GG nicht geregelt und bedeuten auch keine Kreditaufnahme, da sie dem Haushalt keine Geldmittel zuführen. Gleichwohl wird die Verpflichtung zu ihrer lückenlosen Erfassung im HaushaltsG aus dem Vollständigkeitsgrundsatz abgeleitet.[180] **Durchlaufende** Posten sind indes keine Einnahmen im Sinne des Haushaltsrechts.[181] Dazu werden auch die Ergänzungsanteile bei der Umsatzsteuer (→ Art. 107 Rn. 14) und der Umsatzsteueranteil der EU gerechnet.[182] Neu hinzugekommen sind die Beiträge des Bundes nach Art. 143h, welche die Länder lediglich weiterzuleiten haben. **Sonderabgaben** können aber, je nach ihrer Ausgestaltung, gegen den Grundsatz der Vollständigkeit verstoßen.[183] Das war auch einer der Haupteinwände gegen den „Kohlepfennig" (näher → vor Art. 104a Rn. 150 ff.).[184] Der Grundsatz der Vollständigkeit ist jedenfalls berührt, wenn der Gesetzgeber „Einnahme- und Ausgabekreisläufe außerhalb des Budgets organisiert".[185] Sie müssen immer eine rechtfertigungsbedürftige Ausnahme bleiben.[186] Die fehlende Erfassung von (steuerrechtlichen) **Verschonungssubventionen** in den Haushalten wird als Verstoß gegen den Grundsatz der Vollständigkeit angesehen.[187] Richtig ist, dass dadurch die tatsächliche Steuerlast und das tatsächliche Subventionsvolumen verschleiert werden.

---

[172] BVerfGE 108, 1 (16); 108, 186 (216); 110, 370 (388); 113, 128 (147); 119, 96 (119).

[173] Vgl. *F. Neumark,* HdbFW I, 2. Aufl. 1952, S. 575; *Stern,* StaatsR II, S. 1240.

[174] *Nebel,* (Fn. 117), Rn. 34; *Stern,* StaatsR II, S. 1240; *Heun,* in: Dreier III, Art. 110 Rn. 18.

[175] *Vogel* DÖV 1977, 837 (842); im Grundsatz ebenso *Mahrenholz* AK GG, Art. 110 (2002) Rn. 50; *Heintzen,* in: v. Münch/Kunig II, Art. 110 Rn. 17; *Arndt* JuS 1990, 343 (344); *Heintzen* HStR V, § 120 Rn. 31; *P. Kirchhof* HStR IV¹, § 88 Rn. 22, aber wohl nur bezogen auf die Kreditaufnahme; *Morgenthaler* FS Isensee, 2007, S. 911 (923); einschränkend *Heun,* in: Dreier III, Art. 110 Rn. 18; ebenso jetzt *Kube,* in: Maunz/Dürig, Art. 110 (2013) Rn. 96 f.; *Kemmler,* in: Hofmann/Henneke, Art. 110 Rn. 15; aA: *Maunz,* in: Maunz/Dürig, Art. 110 (1981) Rn. 33; *Hillgruber/Drüen* MKS III, Art. 110 Rn. 18; *Brockmeyer,* in: Hofmann/Henneke, 13. Aufl. 2014, Art. 110 Rn. 24; *Höfling* NWVBl 2001, 81 (83); unentschieden *Stern,* Staatsrecht II, S. 1240 f.; *Kisker* HStR IV¹, § 89 Rn. 64, zur Nettoveranschlagung der Bundesbankgewinne. *Puhl* (Fn. 16), S. 249 ordnet die Meinungen problematisch anders zu.

[176] Schriftlicher Bericht des Abg. *Arndt,* zu BT-Dr V/3605, S. 10.

[177] *Heun* (Fn. 16), S. 429.

[178] *Heun* (Fn. 16), S. 429; *Puhl* (Fn. 16), S. 255 ff.; offener *Jarass,* in: Jarass/Pieroth, Art. 110 Rn. 4.

[179] AA *Hillgruber/Drüen* MKS III, Art. 110 Rn. 51; *Heintzen,* in: v. Münch/Kunig II, Art. 110 Rn. 20; *ders.* HStR V, § 120 Rn. 31; *Jarass,* in: Jarass/Pieroth, Art. 110 Rn. 4; krit. wie hier jetzt auch *Detjens* DÖV 2015, 947 (954).

[180] *Gröpl* Verwaltung 39 (2006), 215 (232) mwN.

[181] BVerfGE 4, 7 (14, 26).

[182] Vgl. *Heintzen* HStR V, § 120 Rn. 31; *ders.,* in: v. Münch/Kunig II, Art. 110 Rn. 20, der aber in beiden Fällen nicht nur einen Verstoß gegen das Bruttoprinzip, sondern auch den Vollständigkeitsgrundsatz sieht.

[183] BVerfGE 101, 141 (146); 110, 370 (388).

[184] BVerfGE 91, 186 (200 ff.).

[185] BVerfGE 82, 159 (179); 91, 186 (202); 93, 319 (343); 108, 186 (216); 110, 370 (388); 113, 128 (147).

[186] Vgl. auch *Puhl* (Fn. 16), S. 263.

[187] *Morgenthaler* FS Isensee, 2007, S. 911 (925).

**2. Einheit.** Die vollständig erfassten Zahlungsströme sind auch in einen **einzigen** Plan einzustellen. **52** Damit sollte die Jahrhunderte währende Fondswirtschaft verboten werden, die das Finanzgebaren des Staates undurchsichtig machte, zu Reibungsverlusten führte und eine konsistente und rationale Finanzpolitik nahezu unmöglich machte. Der Grundsatz ist nicht identisch mit dem Vollständigkeitsgrundsatz. Auch mehrere Teilpläne können vollständig sein.[188]

Dieses mühsam errungene Prinzip, das **Verfassungsrang** hat,[189] ist stets gefährdet geblieben **53** („Mischfinanzierung") und wohl auch gegenwärtig der Haushaltsgrundsatz, der **am meisten missachtet** wird (Sonderabgaben, Verselbstständigung von Verwaltungseinheiten mit eigener Finanzwirtschaft; Flucht in privatrechtliche Organisationsformen; public-private-partnerships ua). Der Drang von Politik, Verwaltung und Partikularinteressen zur Errichtung von nur schwer steuer- und kontrollierbaren Sonderetats, aus denen man sich verhältnismäßig unauffällig bedienen kann, ist wohl zu stark.[190] Quantitative Grenzen für derartige Nebenhaushalte lassen sich nur schwer aus der Verfassung ableiten.[191] Immerhin kommt eine strikte Anwendung des organisationsrechtlichen Vorbehalts des Gesetzes und die Forderung nach hinreichenden sachlichen Gründen für die Ausgliederung sowie in Extremfällen eine Konsolidierung mit dem zentralen Etat in Betracht (→ Rn. 96).[192] Teilhaushaltspläne sind mit dem Einheitsprinzip grds. nicht zu vereinbaren. Ihre Erwähnung durch das BVerfG bezog sich nur auf ergänzende Nachtragshaushalte bei Dringlichkeit[193] und darf nicht verallgemeinert werden.[194]

**3. Wahrheit und Klarheit.** Dieser Grundsatz ist mehr als nur ein finanzwissenschaftliches Postu- **54** lat.[195] Er ist zwar nicht ausdr. normiert, aber ein zwingender **Verfassungsrechtssatz.**[196] Zum Teil wird er aus dem Grundsatz der Vollständigkeit abgeleitet,[197] zum Teil aber auch aus einer allg., im Rechtsstaatsprinzip wurzelnden Verpflichtung der Verfassungsorgane zur Wahrheit.[198] Bei genauerer Betrachtung ist er aber in der Gesamtheit des Haushaltsverfassungsrechts und den verfassungsrechtlich anerkannten Budgetfunktionen angelegt. Für die Budgetaufstellung folgt er auch aus dem Budgetrecht des Parlaments (→ Rn. 11).[199] Alle schuldhaft fehlerhaften Vorausschätzungen können eine Verletzung des Grundsatzes sein.[200] Jedenfalls folgt aus ihm eine Pflicht zur Schätzgenauigkeit.[201] Eine Verletzung liegt allerdings nicht schon dann vor, wenn sich ein Ansatz im Nachhinein als falsch erweist.[202] Ob eine Prognose vertretbar ist, muss „aufgrund einer Gesamtbewertung der konkreten Entscheidungssituation unter Berücksichtigung des betroffenen Sach- und Regelungsbereichs, der Bedeutung der zu treffenden Entscheidung und deren Folgen sowie der verfügbaren Tatsachengrundlage" bestimmt werden.[203]

Die nicht selten anzutreffende Praxis, den formalen Haushaltsausgleich dadurch sicherzustellen, dass **55** **globale Minderausgaben** für den Vollzug des Haushalts veranschlagt werden,[204] ist verfassungsrecht-

---

[188] *Stern,* StaatsR II, S. 1241; *Hillgruber/Drüen* MKS III, Art. 110 Rn. 35; i. Erg. jetzt ebenso, obwohl er beide Grundsätze zusammen behandelt, da sie demselben Zwecken dienten, *Heintzen,* in: v. Münch/Kunig II, Art. 110 Rn. 11.

[189] *Stern,* StaatsR II, S. 1241; zurückhaltender *Kilian,* Nebenhaushalte des Bundes, 1993, S. 113; *Puhl* (Fn. 16), S. 114.

[190] Näher *F. Kirchhof* VVDStRL 52 (1993), 71 (102 ff.); *Kilian* (Fn. 189), S. 59 ff.; *Puhl* (Fn. 16), S. 84 ff.; zust. jetzt auch *Heintzen,* in: v. Münch/Kunig II, Art. 110 Rn. 11. Speziell die Banken in staatlicher Trägerschaft, die immer auch einen öff. Auftrag zu erfüllen haben, sind bes. gefährdet und gefährdlich, wie die Krise 2007 gezeigt hat, speziell zu den Förderbanken NWVerfGH NWVBl 2012, 107; *Ueberschär,* Haushalte ohne Kontrolle, 2007.

[191] Sehr weitherzig *Hillgruber/Drüen* MKS III, Art. 110 Rn. 29 ff.

[192] *Heintzen,* in: v. Münch/Kunig II, Art. 110 Rn. 14 aE.

[193] BVerfGE 45, 1 (34).

[194] S. aber *Bormann* VR 1983, 370 (372), der für „vorläufige" Teilhaushalte genügen lässt, wenn die in ihm enthaltenen Ermächtigungen im späteren Gesamthaushalt aufgehen.

[195] Dafür aber *Schmölders,* Finanzpolitik, 3. Aufl. 1970, S. 76.

[196] *Stern,* StaatsR II, S. 1245; *Heun* (Fn. 16), S. 264; *ders.,* in: Dreier III, Art. 110 Rn. 21; ähnlich BremStGH NordÖR 1998, 291 (295); RhPfVerfGH AS 25, 387 (392); 26, 4 (10); jetzt auch *Gröpl* (Fn. 7), S. 93, der aber *Stern* zu Unrecht für die Gegenauffassung anführt; aA *Heintzen,* in: v. Münch/Kunig II, Art. 110 Rn. 23: rechtlich nicht erzwingbar.

[197] BVerfGE 119, 96 (118, 129); NWVerfGH NWVBl 2003, 419 (425); wohl auch NdsStGH NdsVBl 2012, 100 (108); *Maunz,* in: Maunz/Dürig, Art. 110 (1981); Rn. 37, aber wohl nicht mehr in der Neubearbeitung, Rn. 91 Fn. 2; *Hillgruber/Drüen* MKS III, Art. 110 Rn. 44. *Kisker* HStR IV¹, § 89 Rn. 71, leitet den Klarheitsgrundsatz aus dem Bestimmtheitsgrundsatz ab, während der Wahrheitsgrundsatz (partiell) aus dem Vollständigkeitsgrundsatz folgen soll (Rn. 72).

[198] *Gröpl* BK, Art. 110 (2015) Rn. 191.

[199] *Stern,* Staatsrecht II, S. 1245; *Heun* (Fn. 16), S. 264; *ders.,* in: Dreier III, Art. 110 Rn. 21; für alleinige Ableitung aus der Budgethoheit *Kreibohm* LKV 2006, 143 (144); wohl auch *Bajohr* DÖV 2004, 949 (952).

[200] NWVerfGH NWVBl 2004, 419 (425); zuvor NRWVerfGH NWVBl 1992, 129 (130); RhPfVerfGH NVwZ-RR 1998, 145 (146).

[201] BVerfGE 119, 96 (129).

[202] BVerfGE 119, 96 (130).

[203] BVerfGE 119, 96 (130).

[204] Vgl. dazu BWStGH DÖV 1997, 203 (203 ff.); Überblick über die Praxis für das Jahr 2004 bei *Bajohr* DÖV 2004, 949 (950); weiteres rechtstatsächliches Material bei *Dolde/Porsch* DÖV 2002, 232 (233 f.).

lich bedenklich.[205] Auch wenn es sich vordergründig um ein Problem der Wahrung des Ausgleichsgebots handelt,[206] geht es bei genauerer Betrachtung um den Grundsatz der Haushaltswahrheit und -klarheit: Die Exekutive wird nicht zu Ausgaben ermächtigt, sondern zur Nichtverausgabung von Mitteln verpflichtet.[207] Zudem stimmt die Gesamtsumme der Ausgabeermächtigungen nicht. Globale Minderausgaben, die lediglich den nach statistisch erhärteten Erfahrungswerten unvermeidlichen „Bodensatz" am Ende einer Haushaltsperiode abschöpfen, mögen mit Grundsatz der Haushaltswahrheit zu vereinbaren sein.[208] Die Bildung **verdeckter (stiller) Reserven**[209] verstößt gegen den Wahrheitsgrundsatz.[210] Das gilt auch für die vorsorgliche Berücksichtigung von Lohn- und Gehaltserhöhungen, selbst wenn es aus strategischen Gründen erforderlich sein sollte, dass sie bei Tarifverhandlungen der Gegenseite nicht bekannt sein dürfen.[211] Wenn das stimmt, ist die Verabschiedung eines Nachtragshaushaltes, der rechtzeitig vorbereitet werden kann, das geeignete Instrument. Vor allem werden damit die Belastungen der öff. Haushalte durch Tarifabschlüsse sofort transparent. Auch **globale Verstärkungstitel** können problematisch sein.[212] **Entnahmen** aus der **allgemeinen Rücklage** stellen allerding keinen Verstoß gegen den Grundsatz dar.[213]

**56**    **4. Vorherigkeit.** Der Haushalt muss **vor** Beginn der Haushaltsperiode festgestellt sein, Abs. 2 S. 1. Damit hat der Grundsatz der Vorherigkeit **Verfassungsrang.**[214] Er dient der „Sicherung der Budgethoheit des Parlaments in zeitlicher Hinsicht".[215] Die Kompetenz zur Feststellung des Haushaltsplans liegt zwar ausschließlich beim Gesetzgeber.[216] Alle beteiligten **Verfassungsorgane** sind aber verfassungsrechtlich **verpflichtet,** „daran mitzuwirken", dass der Haushaltsplan **rechtzeitig verabschiedet** wird.[217] Also hat auch die Regierung die Pflicht, rechtzeitig Einbringung einen Haushaltsentwurf einzubringen.[218] Das gilt in entspr. Anwendung **auch für Nachtragshaushalte,** selbst wenn das im Wortlaut der Bestimmung nicht unmittelbar zum Ausdruck kommt. In diesem Fall ist das Vorherigkeitsgebot als Pflicht zu „rechtzeitiger, nicht willkürlich verzögerter Korrektur oder Anpassung ursprünglich oder nachträglich realitätsfremder Haushaltsansätze" zu verstehen (zu den Folgen von Verstößen → Rn. 59).[219] Allenfalls bei Ereignissen, die die zeitgerechte Mitwirkung von Regierung und Parlament „objektiv unmöglich" machen, mag eine Ausnahme gelten (→ Rn. 84).[220]

[205] *Kube,* in: Maunz/Dürig, Art. 110 (2013) Rn. 116; *Rehm,* Analyse und Kritik der Bundeshaushaltsreform, 1975, S. 131; *Korff,* Haushaltspolitik, 1976, S. 104; *Karehnke* DVBl 1980, 542, (542 ff.); *Marcus* DÖV 2000, 675 (676); *Heintzen,* in: v. Münch/Kunig II, Art. 110 Rn. 25; *ders.* HStR V, § 120 Rn. 40; *Heuer,* in: Heuer, Kommentar zum Haushaltsrecht, Art. 110 (1990) Anm. 10; *Heun* (Fn. 16), S. 437; *Gröpl* Verwaltung 39 (2006), 215 (241, 243); *Möstl* ZG 2005, 144 (145), der aber unter bestimmten Voraussetzungen eine Rechtfertigung durch das Wirtschaftlichkeitsprinzip bejaht (S. 152 f.); keine Bedenken: *Stern,* StaatsR II, S. 1250; *Moeser* (Fn. 83), S. 122 f.; zust. Bspr. *Hettlage* DÖV 1980, 461 (461 f.); wohl auch *Dolde/Porsch* DÖV 2002, 232 (237 f.); *Bajohr* DÖV 2004, 949 (953 f., 956), da damit der Wirtschaftlichkeit gedient wird; keine Verletzung von Mitwirkungsrechten der Fraktionen BWStGH DÖV 1997, 203 (204).
[206] Dort wird es von *Stern,* StaatsR II, S. 1250, angesiedelt; ebenso *Bajohr* DÖV 2004, 949 (951), der aber zugleich die Grundsätze der Haushaltswahrheit und -klarheit als betroffen ansieht.
[207] *Borrmann* VR 1981, 307 (307 ff.); *Marcus* DÖV 2000, 675 (676); *Bajohr* DÖV 2004, 949 (951).
[208] *Siekmann,* Abhandlungen zum öffentlichen Finanzrecht I, 2005, S. 89; *Heun,* in: Dreier III, Art. 110 Rn. 21; *Marcus* DÖV 2000, 675 (680): 1 % bis 2 %; *Heintzen,* in: v. Münch/Kunig II, Art. 110 Rn. 25; *Möstl* ZG 2005, 144 (147); *Gröpl* Verwaltung 39 (2006), 215 (242) m. Nachw. aus der Rspr. der LandesverfG, in der 1,2 % bis 2,3 % nicht beanstandet wurden.
[209] Bei genauerer Analyse zeigen sie einen erstaunlichen Umfang *Kreibohm* LKV 2005, 143 (143 ff.).
[210] *Heintzen,* in: v. Münch/Kunig II, Art. 110 Rn. 24; *Kreibohm* LKV 2005, 143 (146), bezogen auf das Ergebnis und das Handeln der Exekutive, nicht aber (nicht ganz konsequent) des Parlaments.
[211] *Kreibohm* LKV 2006, 143 (145); *Kube,* in: Maunz/Dürig, Art. 110 (2013) Rn. 117; dagegen für Zulässigkeit des Versteckens aus diesem Grund: *Heintzen,* in: v. Münch/Kunig II, Art. 110 Rn. 24.
[212] NWVerfGH DÖV 1992, 576 (578).
[213] NdsStGH NdsVBl 2012, 100 (108).
[214] BVerfGE 119, 96 (120); NRWVerfGH Urt. v. 30.10.2012, NVwZ 2013, 503, (Textnr. 64); zuvor *Stern,* StaatsR II, S. 1242.
[215] BVerfGE 119, 96 (120); NRWVerfGH ebda.
[216] BVerfGE 45, 1 (32).
[217] Vgl. BVerfGE 45, 1 (33); 66, 26 (38); 119, 96 (120); NWVerfGH Urteil v. 30.10.2012, NVwZ 2013, 503, (Textnr. 64); *Fricke* DVBl 1975, 604 ff.: „Pflicht zur Haushaltsgesetzgebung", *Heun,* in: Dreier III, Art. 110 Rn. 29. Zur Pflichtverletzung als Voraussetzung des Verfassungsverstoßes *Sachs* FS Siekmann, 2019, S. 397 ff.
[218] BVerfGE 119, 96 (120 f.); ansatzweise bereits BVerfGE 45, 1 (29); NWVerfGH Urteil v. 30.10.2012, NVwZ 2013, 503, (Textnr. 65); deutlich zuvor schon: *Lange* Staat 11 (1972), 311 (328); *Fricke* DVBl 1975, 604 (605): Pflicht zur Budgetinitiative" – auch bei abgelehntem Entwurf, allerdings nur bis zum Ende der Haushaltsperiode; *Stern,* StaatsR II, S. 1212; ebenso: *Heintzen,* in: v. Münch/Kunig II, Art. 110 Rn. 38; *Heun,* in: Dreier III, Art. 110 Rn. 34; *Hyckel* VR 2015, 289 (291), mit dem kaum haltbaren Vorschlag bei Nichterfüllung dieser Pflicht, den Bundesrechnungshof mit der Erstellung eines Entwurfs zu beauftragen.
[219] BVerfGE 119, 96 (122).
[220] NWVerfGH Urteil v. 30.10.2012, NVwZ 2013, 503, (Textnr. 76 f.), der einen Haushaltskonflikt zum Beispiel in Erwägung zieht.

Die Erfüllung dieser verfassungsrechtlichen Pflicht ist bis 1980 kein einziges Mal gelungen.[221] **57** Diese **beharrlichen Verfassungsverstöße**[222] sind danach zunächst selten geworden. Bis auf die HaushaltsG 1981,[223] 1982,[224] 1991[225] und 1995[226] konnten alle HaushaltsG fristgerecht vor Beginn der Rechnungsperiode, für die sie gelten sollten, verabschiedet werden,[227] bis es mit den HaushaltsG 1999 und 2003 bis 2006 wieder zu erheblichen Rückschlägen kam.[228] Die HaushaltsG 2007,[229] 2008,[230] 2009,[231] 2011,[232] 2012[233] und 2013[234] wurden wieder fristgerecht verabschiedet. Stark verspätet waren aber das HaushaltsG 2010[235] und das HaushaltsG 2014.[236] Diese Verfassungsverstöße haben aber **keineswegs** zu einem **Verfassungswandel,** dessen Wirksamkeit ohnehin fragwürdig wäre, geführt.[237]

**Nachtragshaushalte** sind im Zeitraum von 1980 bis 2016 achtzehn Mal verabschiedet worden.[238] **58** Dabei spielten die Sonderanforderungen durch die deutsche Einheit allerdings eine maßgebende Rolle. **Zweite** NachtragshaushaltsG sind 1982,[239] 1990,[240] 2009[241] (im Rahmen der Bewältigung der Bankenkrise), 2012[242] und 2015[243] erlassen worden. Ein **drittes** NachtragshaushaltsG 1990 hatte im Wesentlichen die Feststellung der Änderung des HaushaltsG der DDR zum Gegenstand.[244] Das NachtragshaushaltsG 1997 wurde am selben Tag erlassen wie das HaushaltsG 1998 und diente vor allem dazu, die Kreditermächtigung drastisch (um fast 25 %) heraufzusetzen, und das wenige Tage vor Ablauf des Haushaltsjahres, für das die Ermächtigung ausgesprochen wurde. Ebenso wurde das NachtragshaushaltsG 2007 am selben Tag erlassen wie das HaushaltsG 2008: Steuermehreinnahmen ermöglichten es, die Kreditermächtigung um fast 5,2 Mrd. Euro auf 14,4 Mrd. Euro zurückzuführen und die haushaltsrechtlichen Voraussetzungen für die Einrichtung eines Sondervermögens „Kinderbetreuungsausbau" zu schaffen. Die späte Verabschiedung von Nachtragshaushalten, nicht selten erst gegen Jahresende, wurde vor dem Maßstabe „rechtzeitiger" Einbringung vom BVerfG nicht bean-

---

[221] *Fischer-Menshausen,* in: v. Münch, 2. Aufl. 1983, Art. 111 Rn. 1; nicht mehr in der 3. Aufl.; noch einmal zusammengestellt mit dem Ausmaß der Verspätung von *Tappe* (Fn. 111), S. 137.
[222] Es handelt sich keineswegs um eine bloße „Sollvorschrift" *Stern,* StaatsR II, S. 1242; so aber zu Unrecht: *Brockmeyer,* in: Hofmann/Henneke, 13. Aufl 2014, Art. 110 Rn. 31; *Karehnke* Der öffentliche Haushalt 1971, 199: wegen der Existenz von Art. 111; unklar *Heintzen,* in: v. Münch/Kunig II, Art. 110 Rn. 7: „Ordnungsgrundsatz". Für das parallele Problem auf Landesebene und die Einordnung des Art. 81 Abs. 3 S. 1 LV NRW als zwingende Verpflichtung NWVerfGH NWVBl 2013, 55 (57).
[223] Vom 13.7.1981, BGBl I 630.
[224] Vom 17.2.1982, BGBl I 161.
[225] Vom 27.6.1991, BGBl I 1354.
[226] Vom 22.6.1995, BGBl I 819.
[227] HaushaltsG 1980 v. 21.12.1979, BGBl I 2308; HaushaltsG 1983 v. 20.12.1982, BGBl I 1811; HaushaltsG 1984 v. 22.12.1983, BGBl I 1516; HaushaltsG 1985 v. 20.12.1984, BGBl I 1658; HaushaltsG 1986 v. 19.12.1985, BGBl I 2338; HaushaltsG 1987 v. 19.12.1987, BGBl I 2568; HaushaltsG 1988 v. 18.12.1987, BGBl I 2747; HaushaltsG 1989 v. 20.12.1988, BGBl I 2246; HaushaltsG 1990 v. 22.12.1989, BGBl I 2421; HaushaltsG 1992 v. 20.12.1991, BGBl I 2360; HaushaltsG 1993 v. 21.12.1992, BGBl I 2229; HaushaltsG 1994 v. 20.12.1993, BGBl I 2153; HaushaltsG 1996 v. 15.12.1995, BGBl I 1793; HaushaltsG 1997 v. 20.12.1996, BGBl I 2033; HaushaltsG 1998 v. 22.12.1997, BGBl I 3256; HaushaltsG 2000 v. 22.12.1999, BGBl I 2561; HaushaltsG 2001 v. 21.12.2000, BGBl I 1920; HaushaltsG 2002 v. 20.12.2001, BGBl I 3964.
[228] HaushaltsG 1999 v. 21.6.1999, BGBl I 1387; HaushaltsG 2003 v. 30.4.2003, BGBl I 574; HaushaltsG 2004 v. 18.2.2004, BGBl I 230; HaushaltsG 2005 v. 3.3.2005, BGBl I 467; HaushaltsG 2006 v. 18.7.2006, BGBl I 1634.
[229] HaushaltsG 2007 v. 21.12.2006, BGBl I 3346.
[230] HaushaltsG 2008 v. 22.12.2007, BGBl I 3227.
[231] HaushaltsG 2009 v. 21.12.2009, BGBl I 2899.
[232] HaushaltsG 2011 v. 22.12.2010, BGBl I 2228.
[233] HaushaltsG 2012 v. 22.12.2011, BGBl I 2938.
[234] HaushaltsG 2012 v. 20.12.2012, BGBl I 2757.
[235] HaushaltsG 2010 v. 6.4.2010, BGBl I 346.
[236] HaushaltsG 2014 v. 15.7.2014, BGBl I 914.
[237] BVerfGE 45, 1 (33); dezidiert NWVerfGH Urteil v. 30.10.2012, NVwZ 2013, 503, (Textnr. 74).
[238] NachtragshaushaltsG 1980 v. 8.7.1980, BGBl I 868; NachtragshaushaltsG 1982 v. 19.11.1982, BGBl I 1389; NachtragshaushaltsG 1988 v. 26.10.1988, BGBl I 2082; NachtragshaushaltsG 1989 v. 11.12.1989, BGBl I 1402; NachtragshaushaltsG 1990 v. 23.5.1990, BGBl I 944; NachtragshaushaltsG 1991 v. 20.12.1991, BGBl I 2350; NachtragshaushaltsG 1992 v. 15.7.1992, BGBl I 1290; NachtragshaushaltsG 1993 v. 18.6.1993, BGBl I 934; NachtragshaushaltsG 1997 v. 22.12.1997, BGBl I 3242; NachtragshaushaltsG 2002 v. 23.12.2002, BGBl I 4594; NachtragshaushaltsG 2003 v. 18.2.2004, BGBl I 222; NachtragshaushaltsG 2004 v. 21.12.2004, BGBl I 3662; NachtragshaushaltG 2007 v. 22.12.2007, BGBl I 3216; NachtragshaushaltG 2009 v. 27.2.2009, BGBl I 406; NachtragshaushaltsG 2012 v. 13.9.2012, BGBl I 1902; NachtragshaushaltsG 2013 v. 15.7.2013, BGBl I 2404; NachtragshaushaltsG 2015 v. 24.6.2015, BGBl I 980; Zweites NachtragshaushaltsG 2015 v. 20.11.2015, BGBl I 2056.
[239] Vom 22.12.1982, BGBl I 1802.
[240] Vom 26.6.1990, BGBl I 1146.
[241] Vom 29.7.2009, BGBl I 2290.
[242] Vom 14.12.2012, BGBl I 2580.
[243] Vom 20.11.2015, BGBl I 2056.
[244] Vom 2.11.1990, BGBl I 2402.

standet, vor allem auch nicht das NachtragshaushaltsG 2004, bei dem es um die Korrekturen des Bundesbankgewinns ging.[245]

59    Auch das **nicht rechtzeitig verabschiedete Haushaltsgesetz** ist jedoch **wirksam.** Der Verstoß gegen Art. 110 II führt nicht zur Nichtigkeit, sondern zum Nothaushaltsrecht des Art. 111.[246] Sobald das Gesetz in Kraft tritt, wirkt es auf den Beginn der Haushaltsperiode zurück[247] und absorbiert die Ermächtigungen nach dem Nothaushaltsrecht (→ Art. 111 Rn. 11).[248] Das ändert aber nichts an der fortbestehenden Pflicht aller Verfassungsorgane, das noch fehlende HaushaltsG „so zügig wie möglich" zu verabschieden.[249]

60    **5. Periodizität.** Die Durchsetzung des parl. Budgetrechts war mit der Forderung nach **Jährlichkeit** der Etatbewilligung verbunden, um so die Stellung des Parlaments gegenüber der Regierung zu stärken.[250] Auch später sind Haushaltspläne in Deutschland idR nur für **ein** Jahr bewilligt worden, auch wenn das weder in der WRV (Art. 85 III) noch im GG (Art. 110 I aF) zwingend vorgeschrieben war. Der Haushaltsplan darf für **mehrere** Haushaltsjahre aufgestellt werden, allerdings nach Jahren getrennt (Abs. 2 S. 1 Hs. 1). Darüber hinaus ist eine unterschiedl. Geltungsdauer von Teilen des Plans, etwa für langfristige Vorhaben, zulässig (Satz 2). Von diesen Möglichkeiten ist – im Gegensatz zur Praxis in den Ländern – noch nicht Gebrauch gemacht worden.

61    Auch wenn die Neufassung von Art. 110 II sehr flexible Gestaltungen ermöglicht, dürfen sie nicht dazu benutzt werden, die wesentliche Stellung des Parlaments im Haushaltsverfahren zu durchbrechen. Das wäre aber bei einer **sehr langen Haushaltsperiode** der Fall. Mit zunehmender Länge des Veranschlagungszeitraums wachsen die **Schwierigkeiten,** einigermaßen verlässliche Vorausschätzungen vorzunehmen, so dass auch der Grundsatz der Haushaltswahrheit (→ Rn. 54) berührt wäre. Keinesfalls darf aber die Dauer einer Wahlperiode überschritten werden, da damit das Budgetrecht des BTages weitgehend entwertet würde.

62    **6. Spezialität.** Das parl. Budgetrecht kann nur dann Wirksamkeit entfalten, wenn die Ansätze im Haushalt hinreichend **spezifiziert** sind. Der Haushaltsplan muss mit seinen Titelsummen und Zweckbestimmungen so genau sein, dass er die Exekutive sachlich und zeitlich binden kann.[251] Es wird deshalb auch zwischen einem Grundsatz der **zeitlichen** und der **sachlichen Spezialität** unterschieden. In beiden Ausprägungen hat er **Verfassungsrang.**[252]

63    **Globale Ansätze** räumen der Exekutive Gestaltungsspielräume ein, die sich der parl. Kontroll- und Gestaltungsbefugnis entziehen und deshalb mit dem Haushaltsrecht des Parlaments grds. nicht zu vereinbaren sind. Der Exekutive darf keine „unangemessene Verfügungsmacht" über die Titelsumme erwachsen.[253] Dem steht nicht entgegen, dass die Exekutive nicht zur Ausschöpfung von Haushaltstiteln verpflichtet ist (→ Rn. 28), da die Nichtausschöpfung bereits eingeplant ist, wenn auch unspezifiziert.[254] Die Veranschlagung von **globalen Minderausgaben** beeinträchtigt aber auch den Haushaltsgrundsatz der Wahrheit und Klarheit (→ Rn. 55). Fraglich ist, ob die Zulassung einer verstärkten Flexibilität durch die Änderung des HGrG zum 1.1.1998 (dazu → Rn. 15) diese Anforderungen noch erfüllt.[255] Eine weitere Flexibilisierung ist mit der Zulassung der doppelten Buchführung („staatliche Doppik", §§ 1a, 7a HGrG)[256] verbunden. Allerdings werden dadurch Ineffizienzen sichtbar gemacht. Zeitliche **Übertragbarkeit** und sachliche – einseitige oder gegenseitige – **Deckungsfähigkeit** müssen ebenso die Ausnahme bleiben wie die Bildung von **Ausgaberesten,** auch wenn sie sich als flexibles Instrument wirtschaftlicher Mittelverwendung immer mehr ausbreiten. Auch die Einführung von

---

[245] BVerfGE 119, 96 (118, 124 f.).

[246] BVerfGE 119, 96 (121); NWVerfGH Urteil v. 30.10.2012, NVwZ 2013, 503 (Textnr. 72); *Stern,* StaatsR II, S. 1242; *Tappe* (Fn. 111), S. 168, 171.

[247] *Kube,* in: Maunz/Dürig, Art. 110 (2013) Rn. 63; *Jarass,* in: Jarass/Pieroth, Art. 110 Rn. 12; *Hillgruber/Drüen* MKS III, Art. 110 Rn. 88.

[248] So jetzt auch ausdr. auch das BVerfG (E 119, 96 [121]), ebenso wie hier NWVerfGH Urteil v. 30.10.2012, NVwZ 2013, 503 (Textnr. 70).

[249] BVerfGE 119, 96 (121).

[250] Eingehend *Mußgnug* (Fn. 17), 1976, S. 94, 136, 180; *Stern,* StaatsR II, S. 1242 f.; *Heun,* in: Dreier III, Art. 110 Rn. 28.

[251] Vgl. *Nebel* (Fn. 117), Art. 110 Rn. 22: Grundsatz der „Einzelveranschlagung"; für eine begrenzte „Entspezialisierung", nicht aber „Globalisierung *Dreier* (Fn. 15), S. 102.

[252] Ausdr. NWVerfGH NVwZ 1992, 470 (470 ff.); NVwZ 1995, 159 (159 f.); NWVBl 1996, 291 (295); BremStGH NordÖR 1998, 291 (295); *Linck* ZG 1997, 1 (7); *Heun,* in: Dreier III, Art. 110 Rn. 23; *Gröpl* (Fn. 7), S. 93; *Heintzen,* in: v. Münch/Kunig II, Art. 110 Rn. 21.

[253] So auch BVerfGE 70, 324 (357); *Siekmann,* in: Präsident des Landtags Rheinland-Pfalz (Hrsg.), Symposium Budgetierung und Budgetrecht des Parlaments, 31.10.1996, S. 44 (49); für globale Minderausgaben: *Möstl* ZG 2005, 144 (145); *Gröpl* Verwaltung 39 (2006), 215 (241 f.).

[254] *Möstl* ZG 2005, 144 (145); aA wohl *Dolde/Porsch* DÖV 2002, 232 (236, 238).

[255] Vgl. dazu *Gröpl* NVwZ 1998, 1251 (1254); *Lüder* DÖV 1998, 285 (285 ff.); *Heintzen,* in: v. Münch/Kunig II, Art. 110 Rn. 22, der auch Leertitel für zulässig hält; zuvor schon *Puhl* (Fn. 16), S. 229 ff.; *Hillgruber* MKS III, 4. Aufl. 2001, Art. 110 Rn. 55–58.

[256] G v. 31.7.2009, BGBl I 2580; dazu *Lüder* DÖV 2009, 567; *Stüber/Keyhanian,* DÖV 2013, 255 (257).

**Globalhaushalten,**[257] etwa im Bereich der akademischen Selbstverwaltungskörperschaften,[258] kann ökonomisch Sinn machen, doch muss die Kontrollbefugnis der parl. Vertretung gesichert sein, welche die Mittel bewilligt.

Dem parl. Budgetrecht ist **nicht genügt,** wenn **lediglich globale Haushaltsansätze** ohne die **64** dazu gehörenden Wirtschaftspläne rechtzeitig beschlossen werden. Das gilt auch dann, wenn sie zunächst gesperrt sind und ihr Vollzug von einer Freigabe durch ein Gremium des BT abhängt, das aber erst nach Inkrafttreten des HaushaltsG zusammentritt und die Einzelheiten berät.[259]

**7. Haushaltsausgleich.** Der Haushalt muss in Einnahmen und Ausgaben ausgeglichen sein, Abs. 1 **65** S. 2. Das Gebot des **Haushaltsausgleichs** hat deshalb **Verfassungsrang.**[260] Ein **materiell** ausgeglichener Haushalt hat weder einen positiven noch einen negativen Finanzierungssaldo.[261] Bei einem mat. ausgeglichenen Haushalt darf keine Nettokreditaufnahme vorgesehen sein. Das Erfordernis eines materiell ausgeglichenen Haushalts kann aber Art. 110 I 2 **nicht** entnommen werden. Die grds. Zulassung der Kreditaufnahme durch Art. 115 I aF – auch in der gesamtwirtschaftlichen Normallage[262] und ihr grds. Verbot durch Art. 109 III nF, iVm Art. 115 II nF wären andernfalls nicht verständlich. Das Ausgleichsgebot von Art. 110 I 2 darf deshalb nur rein **formal** verstanden werden: Die Gesamtsumme der Ausgaben muss gleich der Gesamtsumme der Einnahmen, einschließlich der Einnahmen aus Krediten, sein.[263]

Nach diesem Verständnis hat Art. 110 I 2 aber **fast keinen normativen Gehalt.** Das formale **66** Ausgleichsgebot bringt lediglich eine Selbstverständlichkeit zum Ausdruck,[264] die jede Haushaltswirtschaft erfüllen muss, wenn sie auch nur ein Mindestmaß an Ordnung aufweisen soll. Es hat deshalb nicht an Versuchen gefehlt, das formal verstandene Ausgleichsgebot mat. anzureichern.[265] Diese Versuche sind indes mangels hinreichender normativer Grundlage zum Scheitern verurteilt gewesen. Namentlich kann der Vorschrift nicht entnommen werden, dass Einnahmen und Ausgaben „wertend einander gegenüberzustellen" sind und „reguläre Ausgaben mit regulären Einnahmen zu finanzieren" sind.[266] Das BVerfG hatte den dogmatisch richtigen Weg über eine zweckentspr. enge Auslegung der zentralen Tatbestandsmerkmale von Art. 115 I 2 aF verfehlt und statt dessen – methodisch problematisch – den Gesetzgeber zu einer Verfassungsänderung aufgefordert.[267] Dieser Aufforderung ist er mit der grundlegenden Umgestaltung von Art. 109 III und Art. 115 im Jahre 2009 nachgekommen.

**8. Wirtschaftlichkeit und Sparsamkeit.** Das Gebot der Wirtschaftlichkeit wird vom GG nur als **67** Prüfungsmaßstab für die Finanzkontrolle durch den BRH ausdrücklich angesprochen. Nach dem

---

[257] Vgl. *Gröpl* (Fn. 7), S. 213 ff., 220, der Globalhaushalte für unvereinbar mit der Steuerung des Haushalts durch das Parlament hält (S. 280), diese dann aber unvermittelt zum „Mythos" erklärt; weniger Bedenken bei *Kube* DÖV 2000, 810 (816 f.), unter Berufung auf den Grundsatz der „Wirtschaftlichkeit und Sparsamkeit", der ebenfalls Verfassungsrang habe; ähnlich *Bajohr* DÖV 2004, 949 (953 f.). *Linck* schlägt einen Ausgleich der widerstreitenden Verfassungsgebote durch den einfachen Gesetzgeber im Wege (abgestufter) Zustimmungsvorbehalte beim Vollzug vor, ZG 1997, 1 (9 ff.).

[258] Grundlage bereits bei *Behrens,* Globalisierung der Hochschulhaushalte, 1996.

[259] I. Erg. anders BVerfGE 70, 324 (LS 4, 358), wenn die ergänzende Beratung „ersichtlich als Ausnahme" gehandhabt wird und auf geheime Wirtschaftspläne zu vier Haushaltsansätzen beschränkt bleibt.

[260] BVerfGE 119, 96 (119); *Stern,* StaatsR II, S. 1248.

[261] Finanzierungssaldo ist allerdings nicht dasselbe wie Primärsaldo. Der Finanzierungssaldo gibt den Bedarf an (Netto-)Kreditfinanzierung an und kann sich auf Grund von Finanztransaktionen (Entnahmen und Zuführungen zu Rücklagen, Vermögenserwerb und -veräußerung) deutlich vom Primärsaldo unterscheiden, der volkswirtschaftlich eine bedeutende Rolle spielt.

[262] BVerfGE 119, 96 (119). Verfehlt ist es jedoch, sich zur Begründung eines formalen Verständnisses auf Art. 109 II zu stützen (so aber *Puhl* [Fn. 16], S. 495). Diese später eingefügte Regelung könnte auch als Ausnahme von einem grds. materiell ausgeglichenen Ausgleichsgebot verstanden werden.

[263] In diesem Sinne: *Wissenschaftlicher Beirat beim BMF,* Stellungnahme zur Haushaltsreform und Stellungnahme zu dem Entwurf eines Gesetzes über Steuererleichterungen bei Änderungen der Unternehmensform, abgedr. in: Stellungnahmen und Gutachten 1949–1973, 1974, S. 445 ff.; *Heintzen,* in: v. Münch/Kunig II, Art. 110 Rn. 28; *Mahrenholz* AK GG, Art. 110 (2002) Rn. 59; *Jarass,* in: Jarass/Pieroth, Art. 110 Rn. 5; *Puhl* (Fn. 16), S. 495 f., 497; *Heun,* in: Dreier III, Art. 110 Rn. 25; *Hillgruber/Drüen* MKS III, Art. 110 Rn. 61: „ausschließlich formale Bedeutung"; *Kemmler,* in: Hofmann/Henneke, Art. 110 Rn. 19; *F. Kirchhof* DVBl 2002, 1569 (1574); *Wendt/Elicker* VerwArch 2004, 471 (487); *Gumboldt* DÖV 2005, 499 (499 ff.); *Gröpl* BK, Art. 110 (2015) Rn. 198; *ders.* Verwaltung 39 (2006), 215 (219); ebenso, aber mit mehr oder weniger weit reichenden Vorbehalten: *Kube,* in: Maunz/Dürig, Art. 110 (2013) Rn. 139; *Heintzen* HStR V, § 120 Rn. 44; *Höfling,* Staatsschuldenrecht, 1993, S. 311; Versuch einer Anwendung auf kaum haltbare TeilhaushaltsG bei *Kroll* DÖV 2004, 986 (993 f.).

[264] Vgl. *Stern,* StaatsR II, S. 1249.

[265] *Maunz,* in: Maunz/Dürig, Art. 110 (1981) Rn. 49, der verlangt, dass „der Haushaltsausgleich nicht nur rechnerisch erfüllen dürfe"; *Stern,* StaatsR II, S. 1249 f.: „Missbrauchsschranke"; *Kisker* HStR IV¹, § 89 Rn. 76, der mehr als einen bloß formalen Ausgleich verlangt, z. B. keine Voraussehbarkeit eines Nachtragshaushalts; *Lappin,* Kreditäre Finanzierung des Staates unter dem Grundgesetz, 1994, S. 103; krit. dazu *F. Kirchhof* DVBl 2002, 1569 (1574); abl. *Kube,* in: Maunz/Dürig, Art. 110 (2013) Rn. 142.

[266] In diesem Sinne aber *Stern,* StaatsR II, S. 1249 f.

[267] BVerfGE 119, 96 (139, 141); zust. *Waldhoff* JZ 2008, 200 (202).

klaren Wortlaut von Art. 114 II 1 hat diese Kontrolle aber nur die Haushalts- und Wirtschaftsführung, also die Ausführung und **nicht die Aufstellung des Haushaltsplans** zum Gegenstand. Der Haushaltsplan ist nicht Gegenstand, sondern Maßstab der Prüfung (→ Art. 114 Rn. 4), so dass das Gebot schon tatbestandlich nicht den Gesetzgeber binden kann.[268] Allerdings spricht das einfache Haushaltsrecht die Verpflichtung aus, auch bei der Aufstellung des Haushaltsplans die Gebote der Wirtschaftlichkeit und Sparsamkeit zu beachten, § 6 I HGrG, § 7 I 1 BHO. Insoweit handelt es sich zwar um **Haushaltsgrundsätze**. Ob sie jedoch auch **Verfassungsrang** haben, also rechtlich für den Haushaltsgesetzgeber binden können, ist insoweit **zweifelhaft**.[269] Jedenfalls hat das Sparsamkeitsgebot neben dem Wirtschaftlichkeitsgebot keine eigenständige Bedeutung.[270] Das schlichte Nichtausgeben von Geld kann kein eigenständiges Ziel des Staatshandelns sein. Ob ein Zuwachs an Wirtschaftlichkeit durch Ausgliederung, Entstaatlichung oder (Form-)Privatisierung erzielt werden kann, lässt sich keinesfalls pauschal beantworten und bedarf einer sorgfältigen Prüfung im Einzelfall. Es gibt viele Beispiele einer deutlichen Verschlechterung der Dienste bei einer Gesamtbetrachtung (Beispiele: Bundesschuldenverwaltung, Bankdienste der Post) uä.

68      Weithin wird dem Wirtschaftlichkeitsgrundsatz dennoch Verfassungsrang zugemessen,[271] allerdings zunächst nur bzgl. seiner Verankerung als Prüfungsmaßstab in Art. 114 II 1 (näher → Art. 114 Rn. 12b).[272] Daneben soll er sich aber auch aus **allgemeinen Wertungen des GG**[273] ergeben und damit allg. Geltung haben. Sie sollen ihren Ausdruck in der Ausstrahlung der Eigentumsgarantie des Art. 14 auf die Ausgabenseite des Haushalts, in der aus Art. 1 und 20 folgenden Dienstfunktion des Staates sowie der damit zusammenhängenden Treuhänderstellung gefunden haben. Ferner sollen sie in der Bindung aller Staatsgewalt an Gemeinwohl[274] und Rationalität zu Tage treten.[275] Besonders dezidiert hat der VerfGH NRW die Bindung des Haushaltsgesetzgebers an das Wirtschaftlichkeitsgebot als Ausprägung des rechtsstaatl. **Verhältnismäßigkeitsprinzips** interpretiert.[276] Ihm sei jedenfalls das Erfordernis zu entnehmen, ein bestimmtes Ziel mit dem geringstmögl. Einsatz von Mitteln zu erreichen.[277] Die Bildung von Rücklagen in einem kreditfinanzierten Haushalt verstoße gegen das (allg.) Wirtschaftlichkeitsprinzip.[278] Auch der Verkauf der Landesimmobilien des Landes SchlH an die landeseigene Investitionsbank, um sie unmittelbar anschließend zurückzumieten („sale-and-lease-back"), wird als ein Verstoß gegen das Wirtschaftlichkeitsprinzip angesehen.[279]

69      Es bleibt jedoch zu fragen, ob ein solcher Grundsatz auch nach **außen** wirkt. Immerhin wird dem Grundsatz der Wirtschaftlichkeit (und der Sparsamkeit) vom BVerwG **ermessenslenkende Wirkung** zugesprochen. Er führe dazu, dass bei der Entscheidung über die Rückforderung von Subventionen, die ihren Zweck verfehlt haben, ermessensfehlerfrei nur der Widerruf der Subventionsbewilligung

---

[268] *Gumboldt* NVwZ 2005, 36 (41).

[269] Zweifel auch bei *Wendt/Elicker* VerwArch 2004, 471 (472 f.); *Gumboldt* NVwZ 2005, 36 (41 f.).

[270] Früh aus ökonomischer Warte *Loitlsberger*, Das Wirtschaftlichkeitsprinzip, 1955, S. 32 f.; *Fischer-Menshausen*, in: v. Münch/Kunig, 3. Aufl. 1996, Art. 114 Rn. 19; *Fischer* JZ 1982, 6 (11); *Grupp* JZ 1982, 231 (234); *ders.*, GS Heuer, 2000, S. 9 (14); *v. Arnim*, Wirtschaftlichkeit als Rechtsprinzip, 1989, S. 49 f.; *Heintzen* HStR V, § 120 Rn. 48; *F. Kirchhof* DÖV 1999, 242 (243); differenzierend *Stern*, StaatsR II, S. 438 f.; anders wohl *Rischer*, Finanzkontrolle staatlichen Handelns, 1995, S. 252 f.

[271] RhPfVerfGH AS 25, 387 (403); NWVerfGH NWVBl 2004, 419 (422); OVG RhPf NVwZ 2004, 363 (365); *Stern*, StaatsR II, S. 1251; *v. Arnim* (Fn. 270), S. 121; *Fischer-Menshausen*, in: v. Münch/Kunig, 3. Aufl. 1996, Art. 110 Rn. 7; ähnlich *Grupp* DVBl 1994, 140 (146); *Linck* ZG 1997, 1 (9); *Gröpl* (Fn. 7), S. 94, 349, ferner S. 289; *Möstl* ZG 2005, 144 (150).

[272] RhPfVerfGH AS 25, 387 (403) für die Art. 114 II entspr. Norm der LV; *v. Arnim* (Fn. 270), S. 121.

[273] So insb. *Fischer-Menshausen*, in: v. Münch/Kunig, 3. Aufl. 1996, Art. 110 Rn. 7; *Gröpl* BK, Art. 110 (2015) Rn. 207, nennt den Wirtschaftlichkeitsgrundsatz ein „verfassungsrechtlich radiziertes Rechtsprinzip"; ähnlich RhPfVerfGH AS 25, 387 (403) für die Art. 114 II entspr. Norm der LV (Art. 120 II RhPfVerfGH): Die Rechtsqualität des Wirtschaftlichkeitsprinzips als Prüfungsmaßstab wirkt auf den Prüfungsgegenstand zurück, verpflichtet somit alle Staatsorgane zu wirtschaftl. Verhalten; *Grupp* DVBl 1994, 140 (146).

[274] RhPfVerfGH AS 25, 387 (388, 403 f.).

[275] *v. Arnim*, Rechtsfragen der Privatisierung – Grenzen staatlicher Wirtschaftstätigkeit und Privatisierungsgebote, 1995, S. 98, 100; *ders.* (Fn. 270), S. 67–81 mwN; *Heller* (Fn. 79), S. 116 ff.; *Kube* DÖV 2000, 810 (816).

[276] NWVerfGH NWVBl 2003, 419 (422); zust. *Birk* FS Selmer, 2004, S. 589 (595), der aber zu Unrecht „Einigkeit" in diesem Punkt konstatiert; aus demselben Blickwinkel *Tappe* NWVBl 2005, 209 (211); ebenso ohne Zitat des Gerichts *Hüsken/Mann* DÖV 2005, 143 (Fn. 1); krit. zur Anwend. des Verhältnismäßigkeitsgebots zur Beurteilung von Entscheid. des Haushaltsgesetzgebers *Gumboldt* NVwZ 2005, 36 (41).

[277] NWVerfGH NWVBl 2003, 419 (422), unter Berufung auf RhPfVerfGH NVwZ-RR 1998, 145 (149); *Gröpl* BK, Art. 110 (2015) Rn. 209; krit. *Wendt/Elicker* VerwArch 2004, 471 (474 f.).

[278] NWVerfGH NWVBl 2003, 419 (423), der zentrale Teile der LandeshaushaltsG für 2001 und 2002 für verfassungswidrig und nichtig erklärte. Die detaillierten Ausführungen des Gerichts zu den verfassungsrechtlichen Vorgaben für die Kreditaufnahme (C I 2) waren dann aber überflüssig; krit. zu der Kombination von Kreditaufnahmeregelungen und Wirtschaftlichkeitsgebot *Wendt/Elicker* VerwArch 2004, 471 (480 f.); krit. zur Verkennung der Gestaltungsspielräume des Gesetzgebers *Gumboldt* NVwZ 2005, 36 (38 f.); Antikritik von *Tappe* NWVBl 2005, 209 (209 ff.).

[279] *F. Kirchhof* DÖV 1999, 242 (243).

ausgesprochen werden könne.[280] Darüber hinaus wird den Grundsätzen der Wirtschaftlichkeit und Sparsamkeit aber auch allg. eine unmittelbar **bürgerschützende Wirkung** zugesprochen.[281]

## D. Aufstellung und Verabschiedung des Haushalts (Abs. 3)

Für Haushaltsvorlagen ist ein besonders ausgestaltetes **Gesetzgebungsverfahren** in Abs. 3 vorgese- 70 hen. Die Vorschrift ist lex specialis gegenüber den allg. Regeln. Soweit aber keine bes. Anordnungen getroffen sind, darf auf Art. 77, 78 und 82 zurückgegriffen werden.[282]

Das Recht zur **Budgetinitiative** steht der BReg zu. Letztlich ist sie für die Aufstellung eines 71 Haushaltsplanentwurfs verantwortlich.[283] Das ist jedoch nicht nur ein Recht, sondern eine vom GG als selbstverständlich vorausgesetzte **Pflicht.** Daraus folgt auch, dass sie rechtzeitig eine verabschiedungs-fähige („etatreife") Vorlage einbringen muss (→ Rn. 56).

### I. Die Aufstellung

Die Aufstellung des Haushaltsplanentwurfs liegt vollständig in der Hand der Exekutive, da die 72 aufwendigen Vorbereitungsarbeiten zu den Entwürfen der Einzelpläne und des Gesamthaushaltsplans im „Funktionsbereich der Regierung" zu leisten sind.[284] Dazu fordert der Finanzminister **Vor-anschläge** von den einzelnen Beauftragten für den Haushalt an, § 9 II BHO.[285] Die Voranschläge sind dem BRH zu übersenden, der dazu Stellung nehmen kann, § 27 II BHO. Der Finanzminister stellt Voranschläge der obersten Behörden zusammen und versucht, einen Ausgleich zwischen den unter-schiedlichen Interessen zu finden.[286]

Nachdem der Entwurf im Finanzministerium fertig gestellt worden ist, muss er vom **Kabinett** 73 beschlossen werden. Anschließend erfolgt die Einbringung in das Parlament.[287]

Das ganze **Verfahren ist wenig rational,** da es im Wesentlichen nur den augenblicklichen Zustand 74 in die Zukunft fortschreibt („Überrollen"). Effizienz und Wirtschaftlichkeit werden nicht honoriert. Eine Anpassung an gewandelte Aufgaben ist nur schwer möglich.[288]

### II. Die Einbringung des Haushalts in das Parlament

Abweichend von Art. 76 I darf die Vorlage für das HaushaltsG nur von der BReg eingebracht 75 werden. Dieses **Vorrecht der Regierung** ergibt sich mittelbar aus Abs. 3 sowie aus Art. 113 I 1 und erstreckt sich auch auf Ergänzungsvorlagen zum bereits eingebrachten Entwurf und auf Nachtrags-vorlagen zum verabschiedeten Gesetz.[289] Das BVerfG entnimmt ein derartiges – auch Nachtrags-haushalte umfassendes – „Einbringungsmonopol" der BReg sogar unmittelbar aus Art. 110 III.[290] Das Recht des BT, Änderungen im Verlauf des Gesetzgebungsverfahrens vorzunehmen, wird davon allerdings nicht berührt. Es ist Teil seiner unentziehbaren Befugnis, eine Vorlage nicht nur zu beschließen, sondern auch zu beraten („verhandeln", Art. 42 I)[291] und als Ergebnis der Beratung nach seinen Vorstellungen umzuformen.

Die Vorlage ist abweichend von Art. 76 II **zugleich** dem BT und dem BRat zuzuleiten. Für 76 Vorlagen zur Änderung des HaushaltsG ist die Gegenäußerungsfrist des BRat auf drei Wochen ver-kürzt. Damit sollte die Behandlung von Nachtragshaushalten beschleunigt werden, um so die bis dahin geübte extensive Handhabung des Notbewilligungsrechts nach Art. 112 einzuschränken.[292] Die BReg hat den **Entwurf** so früh **einzubringen,** dass eine Verabschiedung des Haushalts **vor** Beginn der neuen Haushaltsperiode möglich ist.[293] Es muss genügend Zeit für eine angemessene parl. Beratung

---

[280] BVerwGE 105, 55 (58).

[281] *Peine* DÖV 1997, 353 (359), sogar als Maßstab für die Erhebung privatrechtlicher Entgelte durch Unternehmen der Daseinsvorsorge (360); widersprüchlich *Gröpl* (Fn. 7), S. 349: einerseits „Bindungsnorm", andererseits kein Prüfungsmaßstab für rechtsprechende Gewalt.

[282] *Nebel* (Fn. 117), Art. 110 Rn. 66; *Heun,* in: Dreier III, Art. 110 Rn. 32; *Hillgruber/Drüen* MKS III, Art. 110 Rn. 95; *Gröpl* BK, Art. 110 (2015) Rn. 273.

[283] *Stern,* StaatsR II, S. 1211.

[284] BVerfGE 119, 96 (120 f.).

[285] *Vogt* (Fn. 6), Rn. 112.

[286] *Heintzen* HStR V³, § 120 Rn. 58; *Heun* (Fn. 16), S. 294.

[287] Eingehend zum Ablauf des Haushaltsverfahrens *Heun* (Fn. 16), S. 291 ff.; *Westermeier* UBWV 2007, 344; *Hyckel* VR 2015, 289 (290 f.).

[288] Zu den Schwächen der Haushaltsaufstellung im Einzelnen *Gröpl* (Fn. 7), S. 158 ff.; allerdings ohne hinreichen-de Auswertung des ökonomischen Schrifttums.

[289] *Stern,* StaatsR II, S. 1212; zust. *Jarass,* in: Jarass/Pieroth, Art. 110 Rn. 11; *Hillgruber/Drüen* MKS III, Art. 110 Rn. 96 ff.; *Dreier* (Fn. 15), S. 91; aA hinsichtlich Nachtragsvorlagen *Heun,* in: Dreier III, Art. 110 Rn. 34.

[290] BVerfGE 70, 324 (357); 119, 96 (120): „ausschließliche haushaltsgesetzliche Initiativkompetenz"; zust. *Gröpl* BK, Art. 110 (2015) Rn. 277.

[291] BVerfGE 70, 324 (355).

[292] Bericht des Rechtsausschusses zu BT-Dr V/3605, S. 11.

[293] BVerfGE 45, 1 (32 f.); 66, 26 (38).

gegeben sein. Unter Umständen kann die BReg verpflichtet sein, eine **Ergänzungsvorlage** im laufenden Gesetzgebungsverfahren einzubringen.[294]

77 Haushaltsberatung und -verabschiedung müssen wegen der Sonderstellung des Haushalts in bes. Maße eine „Kontroll- und Legitimationsfunktion"[295] erfüllen. Dazu ist grds. auch eine **umfassende Information** der Abg. über den Beratungsgegenstand erforderlich. Schon der Haushaltsentwurf der BReg muss deshalb „hinreichend konkrete Angaben über Einnahmen und Ausgaben" enthalten.[296] Dazu gehört auch die neue, vom BVerfG kreierte Pflicht, in einer Anlage zum Haushaltsplan alle nichtsteuerlichen Abgaben aufzuführen (→ Rn. 34).

## III. Die parlamentarische Behandlung

78 Art. 110 gewährleistet, dass nicht nur das Parlament als Ganzes oder die **Fraktionen,** sondern auch die **einzelnen Abgeordneten** ihre **Vorstellungen** über die Verwendungsmöglichkeiten der Haushaltsmittel **darlegen** und dadurch die Entscheidung über den Haushaltsplan beeinflussen können.[297] Jeder einzelne Abg. hat nach Art. 38 I iVm Art. 77 I 1 und 110 II 1 ein **eigenes Recht** auf **Beurteilung** des Haushaltsentwurfs und der hierzu eingebrachten Änderungsanträge. Dieses Recht besteht unabhängig davon, dass sich tatsächlich die effektiven Einflussnahmemöglichkeiten auf die Mitglieder **des Haushaltsausschusses** verlagert haben.[298]

79 Das BudgetR des Parlaments schließt einen „**Anspruch** des Parlaments wie **der einzelnen Abgeordneten** darauf ein, dass ihnen die für eine sachverständige Beurteilung des Haushaltsplans erforderlichen **Informationen** nicht vorenthalten werden".[299] Dem parl. Informationsinteresse kommt bes. hohes Gewicht zu, soweit es um die Aufdeckung mögl. Rechtsverstöße oder vergleichbarer Missstände innerhalb der Regierung geht.[300] Unter Beachtung der vom BVerfG genannten Vorbehalte, Schutz der eigenverantwortl. Kompetenzausübung der Regierung und (prävent.) Schutz der Funktionsfähigkeit der Regierung,[301] muss die Regierung sich notfalls auch die notw. Informationen verschaffen.[302] Sie darf sich nicht pauschal auf Nichtwissen, Persönlichkeitsschutz oder Geschäftsgeheimnisse der von ihr beherrschten Unternehmen stützen.[303] Entsprechendes muss für Informationen aus Einrichtungen und Unternehmen gelten, die maßgebend aus öff. Mitteln finanziert werden, wenn das Parlament für die Entscheidung über die Bewilligung der betreff. Mittel die Umstände der Subventionsgewährung aufklären will.[304]

80 Die Rechte der einzelnen Abg. sollen allerdings nicht aus der Budgethoheit, die dem gesamten Parlament zusteht, folgen, sondern nur aus dem allg., wenn auch „haushaltsspezifisch geprägten", Mitwirkungsrecht. Dieses Mitwirkungsrecht erzeuge nur ein Rechtsverhältnis zwischen dem Abg. und dem Parlament, nicht aber zwischen dem Abg. und anderen Verfassungsorganen.[305] Gegen diese Deutung spricht, dass **ausschließlich** der einzelne Abg. unmittelbar demokratisch legitimiert ist; möglicherweise nur der direkt gewählte Abg., weil Vorwahlen („primaries"; „Mitgliederbefragungen") in Deutschland erst punktuell stattfinden.

---

[294] BVerfGE 119, 96 (136), erwogen, aber im konkreten Fall abgelehnt.

[295] BVerfGE 79, 311 (344).

[296] BVerfGE 70, 324 (355).

[297] BVerfGE 45, 1 (38); 70, 324 (356); 92, 130 (137).

[298] *Birk* JA 1983, 563 (565); *Hölscheid,* Der Haushaltsausschuss des Deutschen Bundestages, 1988. Zu bedenken ist die zusätzliche Beteiligung von Fachausschüssen, vgl. *Jarass* NVwZ 1984, 473 (479); eingehend zur Beratung im Haushaltsausschuss *Heun* (Fn. 16), S. 335–387.

[299] BVerfGE 110, 199 (225) [Hervorhebung hinzugefügt], unter Berufung auf BVerfGE 70, 324 (355), wo dieses Ergebnis ebenfalls schon festgestellt wird, allerdings – anders als in der jüngeren Entscheidung – noch auf die Statusgewährleistung nach Art. 38 I abgestellt wird; im Grundsatz ebenso: BVerfGE 130, 318 (342); 137, 185 (230 Rn. 129, 241 f. Rn. 151); ähnliche Ableitung von Ansprüchen der einzelnen Abg. auf Beantwortung ihrer Fragen durch die VerfG auf Landesebene NWVerfGH OVGE MüLü 43, 274 (277 f.); BayVerfGHE 54, 62 (73); NVwZ 2007, 204 (205); aA *Grupp,* FS Mußgnug, 2005, S. 163 (186), unter Berufung auf BVerfGE 70, 324 (355 ff.), wo das so nicht steht, auch nicht auf S. 353. *Grupp* bejaht allerdings Informationsansprüche von Parlamentsausschüssen (S. 188).

[300] BVerfGE 110, 199 (199 ff.); zust. *Kotzur* Jura 2007, 52 (57).

[301] BVerfGE 110, 199 (216).

[302] BayVerfGH NVwZ 2007, 204 (206): soweit ihr Verantwortungsbereich geht.

[303] Vgl. BVerfGE 98, 145 (161): Die Regierung ist auch „hinsichtlich der Betätigung in privatwirtschaftlichen Unternehmen zur Rechnungslegung verpflichtet und hat sich der Überprüfung der Haushalts- und Wirtschaftsführung zu unterziehen"; ebenso BayVerfGH NVwZ 2007, 204 (206), ausdr. auch für „gemischtwirtschaftliche" Unternehmen, wenn sie von der öff. Hand „beherrscht" werden; dabei haben bundesrechtliche Geheimhaltungspflichten auch im Verfassungsraum der Länder nicht „zwangsläufig" Vorrang (207); NRWVerfGH NVwZ-RR 2009, 41 für Auskünfte bzgl. privater Unternehmen, die von der öff. Hand fast vollständig unterhalten werden; vgl. auch *Poppenhäger* ThürVBl 2000, 152 (155).

[304] BayVerfGH NVwZ 2007, 204 (206); NRWVerfGH NVwZ-RR 2009, 41; *Masing,* Parlamentarische Untersuchungen privater Sachverhalte, 1998, S. 328 f., 335; zur Transparenz öff. Unternehmen *Rottmann* ZögU 29 (2006), 259 (259 ff.); ferner *Säcker,* FS Rebmann, 1989, S. 781 (781 ff.).

[305] In diesem Sinne BVerfGE 92, 130 (135); zust. *Heintzen,* in: v. Münch/Kunig II, Art. 110 Rn. 31; wohl auch NWVerfGH NVWZ-RR 2009, 41: fehlende Antragsbefugnis im Organstreit mit der LReg.

Die Informationsansprüche können im Wege des **Organstreitverfahrens** auch von Fraktionen und 81
qualif. Ausschussminderheiten als Teil der Budgethoheit des Parlaments (in Prozessstandschaft) für das
Parlament gerichtlich geltend gemacht werden.[306] Aus der Ableitung von Informationsansprüchen aus
dem Budgetrecht auch für die einzelnen Abg. (→ Rn. 77) muss konsequenterweise auch die Möglichkeit der einzelnen Abg. folgen, diese Ansprüche verfassungsprozessual geltend zu machen.

Es gilt der Grundsatz der **Budgetöffentlichkeit** mit Verfassungsrang, der aus dem allg. Öffentlich- 82
keitsprinzip der Demokratie folgt (→ Rn. 13f).[307] Trotz seines hohen Ranges sind aber Ausnahmen
zuzulassen: Die geheime Beratung von Wirtschaftsplänen bes. sicherheitsempfindlicher Stellen ist
jedenfalls dann erlaubt, wenn aus zwingenden Gründen des Staatswohls eine „Offenlegung von Detail-
angaben bestimmter geheimer Fonds" nicht erfolgen darf.[308] Dem Parlament bleibt es vorbehalten, sich
für einen Beratungsmodus zu entscheiden, der nach seiner Einschätzung den Geheimhaltungsinteressen
hinreichend dient. Wirtschaftspläne zu **geheimhaltungsbedürftigen** Haushaltstiteln dürfen danach
**ausnahmsweise** in einem **Unterausschuss** des Haushaltsausschusses vorgelegt und beraten werden,
der bes. Geheimschutzregeln unterliegt.[309] Ein solcher Ausschuss darf auch durch gesetzliche **Einzelfallregelung** in Anlehnung an die parl. Kontrollkommission[310] gebildet werden.[311] Darin muss nicht
einmal jede Fraktion vertreten sein, wenn zwingende Gründe des Geheimschutzes entgegenstehen.[312]
Seine Mitglieder dürfen durch Mehrheitsentscheidung des BT gewählt werden, wenn nur überhaupt
die Parlamentsminderheit in dem Unterausschuss vertreten ist.[313]

Die Beratung der – hinreichend spezifizierten – Haushaltsansätze muss aber in jedem Fall **vor** der 83
Verabschiedung des Haushalts abschließend durchgeführt werden. Eine nachträgliche Behandlung im
Rahmen eines Verfahrens zur Aufhebung von Sperrvermerken reicht nicht aus.[314] Um diesen Anforderungen nachzukommen, regelt der im Jahre 1985 neu in die BHO eingefügte § 10a **auf Dauer**
die Beratung derartiger Ansätze durch ein Gremium aus Mitgliedern des Haushaltsausschusses **vor**
Verabschiedung des Haushalts. Die Tätigkeit dieses „Vertrauensgremiums" ist zu Recht auf geheim-
schutzbedingte Ausnahmefälle beschränkt.

Das HaushaltsG bedarf **nicht** der **Zustimmung** durch den **BRat**. Es ist bloßes **Einspruchsgesetz**, 84
da das GG die Zustimmungsbedürftigkeit weder in den allg. Regeln noch in Art. 110 angeordnet
hat.[315] Soweit zusätzl. Regelungen im HaushaltsG als zulässig angesehen werden (→ Rn. 25,
→ Rn. 87 f.), können sie die Zustimmungsbedürftigkeit begründen.[316] Auch wenn die Rolle des BRat
als gering eingeschätzt wird,[317] kann er die Verabschiedung hinauszögern, nach den Voraussetzungen
von Art. 77 IV 2 sogar verhindern.[318] In einem solchen Konfliktfall verletzt er uU seine Mitwirkungspflicht (→ Rn. 56), doch führt eine solche Pflichtverletzung nicht zur (fiktiven) Annahme des HaushaltsG.[319] Für den Fall eines derartigen „Haushaltskonfliktes" ist das NothaushaltsR des Art. 111
geschaffen worden, das auch dann eingreift, wenn keine Aussicht auf eine Lösung besteht (→ Art. 111
Rn. 6).[320] Allerdings dürfte in dieser Situation die nicht rechtzeitige Verabschiedung des HaushaltsG
entschuldigt sein.[321]

---

[306] BVerfGE 106, 51 (57), wo dem einzelnen Abg. kein Recht auf Übermittlung von Rechnungshofberichten an
den LTag als Informationsquelle für die Haushaltsberatung zugebilligt wurde; *Heintzen,* in: v. Münch/Kunig II,
Art. 110 Rn. 31, für Fraktionen und die „Opposition".

[307] BVerfGE 70, 324 (358).

[308] BVerfGE 70, 324 (358 f.), unter Berufung auf *Stern,* StaatsR II, S. 1247, und die Praxis während der WRV,
dazu *F. Neumark* (Fn. 8), S. 375, und im Ausland, dazu *Heinig,* Budget, Bd. 1, 1949, S. 554 ff.; Bd. 2, 1951, S. 372 ff.

[309] BVerfGE 70, 324 (365 f.); 137, 185 (242 f. Rn. 152).

[310] § 4 G über die parlamentarische Kontrolle nachrichtendienstlicher Tätigkeit des Bundes v. 29.7.2009, BGBl I
2346.

[311] § 4 IX HaushaltsG 1984 v. 22.12.1983, BGBl I 1516, und § 4 IX HaushaltsG 1985 v. 20.12.1984, BGBl I
1658; gebilligt durch BVerfGE 70, 324 (356).

[312] BVerfGE 70, 324 (LS 9, 366); abwM *Böckenförde* (383 f.).

[313] BVerfGE 70, 324 (365); abwM *Mahrenholz* (367, 370 f.).

[314] Wie hier die abwM *Mahrenholz* (BVerfGE 70, 324, [367]); iE anders die Senatsmehrheit (358).

[315] BVerfGE 70, 324 (361); *Stern,* StaatsR II, S. 1204; *Heun* (Fn. 16), S. 404, der auf den geringen Einfluss des
BRates hinweist, der bisher nur einmal den Vermittlungsausschuss angerufen und noch nie Einspruch eingelegt hat;
*ders,* in: Dreier III, Art. 110 Rn. 38.

[316] *Kube,* in: Maunz/Dürig, Art. 110 (2013) Rn. 175; *Hillgruber/Düren* MKS III, Art. 110 Rn. 109.

[317] *Heintzen,* HdbStR § 120 Rn. 66.

[318] Vgl. *Sachs* JuS 2012, 955 (956) mwN.

[319] Nicht behandelt von Heintzen, HdbStR § 120 Rn. 66, der lediglich ein „Spannungsverhältnis" konstatiert.
Diese Feststellung führt aber juristisch nicht weiter.

[320] *Schwarz* MKS III, Art. 111 Rn. 16; erwogen von NRWVerfGH NVwZ 2013, 503 Rn. 77), aber offengelassen,
da regelmäßig mit Parlamentsauflösung und Neuwahlen, wie im konkreten Fall, gerechnet werden könne.

[321] NRWVerfGH NVwZ 2013, 503 Rn. 77).

## IV. Veröffentlichung

85    Nicht nur das HaushaltsG muss, wie jedes andere Gesetz, im BGBl **verkündet** werden (Art. 82 I 1), sondern auch der Haushaltsplan. Es genügt nicht, ihn als – gesondert anzufordernde – Beilage zum BGBl der Öffentlichkeit zugänglich zu machen. Das ist keine Verkündung **im BGBl**.[322]

86    Diese Anforderungen erfüllt die Staatspraxis nur zum kleineren Teil. Traditionell werden zwar die – durch die Haushaltsreform 1969 ausgeformten – Gesamtpläne (Haushalts-, Finanzierungsübersicht, Kreditfinanzierungsplan) (→ Rn. 33 f.) verkündet, nicht jedoch die Einzelpläne (§ 1 S. 2 BHO), die den eigentl. verfassungsrechtl. Gehalt des Etats ausmachen und als Teil des Haushaltsplans[323] integraler Bestandteil des HaushaltsG sind. Diese alte Praxis ist zwar vom BVerfG gebilligt worden,[324] aber vor dem Hintergrund der **besonderen Publizitätspflichten**[325] und im Hinblick auf den Rang der Transparenz staatl. Finanzgebarens außerordentlich bedenklich, zumal der vollständige Haushaltsplan gedruckt und veröff. wird, aber nur außerhalb des vom GG vorgeschriebenen und leicht zugänglichen zentralen Veröffentlichungsorgans „Bundesgesetzblatt". Die uU angestrebte Entlastung von nicht interessierten Beziehern des BGBl vermag einen derartigen Verstoß gegen ausdr. Anordnungen des GG nicht zu rechtfertigen.[326]

## E. Das Bepackungsverbot (Abs. 4)

87    Das HaushaltsG[327] darf neben dem Haushaltsplan nur Vorschriften enthalten, die **Einnahmen und Ausgaben** des Bundes betreffen (sachl. Bepackungsverbot), und sich nur auf den **Zeitraum** beziehen, für den der Haushalt beschlossen ist (zeitl. Bepackungsverbot).[328] Das Bepackungsverbot ist aus der bes. Machtkonstellation zur Zeit des Konstitutionalismus zu erklären, hat aber seinen Sinn in der parl. Demokratie des GG nicht verloren.[329] Die bewirkte Fokussierung und Transparenz dienen auch dem Schutz des Parlaments im Gesetzgebungsverfahren und der Öffentlichkeit. Ein Verstoß führt zur Nichtigkeit (→ Rn. 47a) der entspr. Regelung.[330]

88    Jedenfalls ist die Bildung von Rücklagen, die in späteren Haushaltsperioden aufgelöst werden sollen, nicht von Abs. 4 verboten; auch nicht, wenn es sich um kreditfinanzierte Haushalte handelt. Die Bildung von Rücklagen wirkt zwangsläufig über die Haushaltsperiode hinaus; iÜ sind nicht beliebige Regelungen erlaubt, wenn nur der genannte zeitl. und sachl. Zusammenhang gewahrt ist. Namentlich dürfen **keine materiell-rechtlichen** Vorschriften in das HaushaltsG aufgenommen werden,[331] auch

---

[322] Näher zur Notwendigkeit einer vollständigen Dokumentation und Publikation des Gesetzesinhalts im BGBl → Art. 82 Rn. 24.

[323] *Stern,* StaatsR II, S. 1206.

[324] BVerfGE 20, 56 (93); aber keine Erschwerung der Kenntnisnahme in „unzumutbarer Weise", BVerfGE 65, 283 (291); zum Ganzen *Wittling,* Die Publikation von Rechtsnormen einschließlich der Verwaltungsvorschriften, 1991, bes. S. 163 f.

[325] BVerfGE 70, 324 (359); 79, 311 (344).

[326] Vgl. *Lücke,* in: Sachs, 3. Aufl. 2003, Art. 82 Rn. 10; zT jetzt wie hier *Jarass,* in: Jarass/Pieroth, Art. 110 Rn. 13: Publizierung zumindest als Anlage zum BGBl; *Gröpl* BK, Art. 110 (2015) Rn. 288; aA *Heun,* in: Dreier III, Art. 110 Rn. 39; *Hillgruber/Düren* MKS III, Art. 110 Rn. 110; *Heintzen,* in: v. Münch/Kunig II, Art. 110 Rn. 43; → Art. 82 Rn. 22.

[327] Der VerfGH des Saarlandes will unter Berufung auf das „Bepackungsverbot" nicht nur das Haushaltsgesetz, sondern die Haushaltsgesetzgebung in einem weit verstandenen Sinne von allen Bestimmungen freihalten, die „nicht unmittelbar die Haushaltswirtschaft betreffen", AS RPf-S L 34, 23 (34). In der Sache spricht einiges dafür, doch ist nicht sicher, ob eine solche Auslegung noch mit dem Wortlaut von Art. 110 IV zu vereinbaren wäre.

[328] Ebenso MVVerfGH LKV 2006, 26 (28); NWVerfGH NVWBl 1996, 291 (294); ähnlich schon *Stern,* StaatsR II, S. 1252 f.; ausführlicher: *Heun,* (Fn. 16), S. 265 ff.; *Heintzen,* in: v. Münch/Kunig II, Art. 110 Rn. 44 f.: „länger geltende und rückwirkende Vorschriften sind unzulässig".

[329] *Stern* VVDStRL 25 (1967), 419 (419 f.); zust. MVVerfGH LKV 2006, 26 (29); anders *v. Portatius,* Das haushaltsrechtliche Bepackungsverbot, 1975, S. 54 f., 63; ohne klare eigene Stellungnahme *Heintzen,* in: v. Münch/Kunig II, Art. 110 Rn. 44: „wird … de facto obsolet gehalten"; zur Geltung als ungeschriebenes Verfassungsgebot (auf Landesebene) NWVerfGH NVWBl 1996, 291 (294), der eine „einheitliche Tradition" im Verfassungsrecht der Länder nicht zu sehen vermag, iE für NW offengelassen; Überblick über die Regelungen in den Bundesländern, namentlich Bayern bei *Frenzel* DÖV 2006, 158 (159 ff.).

[330] Eingehend MVVerfGH LKV 2006, 26 (29 f.); *Kube,* in: Maunz/Dürig, Art. 110 (2013) Rn. 183; *Heintzen,* in: v. Münch/Kunig II, Art. 110 Rn. 44; *Stern,* StaatsR II, S. 1253; *Jarass,* in: Jarass/Pieroth, Art. 110 Rn. 9; *Heun,* in: Dreier III, Art. 110 Rn. 41; *Hillgruber/Düren* MKS III, Art. 110 Rn. 115; aA NdsOVG NVwZ-RR 1989, 542 (542).

[331] BVerfGE 38, 121 (125): „Sinn und Inhalt des Haushaltsgesetzes ist es allein, den Haushaltsplan festzustellen"; *Stern,* StaatsR II, S. 1253; nunmehr auch *Jarass,* in: Jarass/Pieroth, Art. 110 Rn. 9 mwN; aA *Hillgruber/Düren* MKS III, Art. 110 Rn. 122; *Gröpl* (Fn. 7), S. 78, mit der abwegigen Begründung, dass die Ausführungen der BVerfG an der „Rechtswirklichkeit" vorbeigingen. Die Rspr. hat auf der Ebene des Landesverfassungsrechts die Aufnahme von Vorschriften zur (teilweisen) Beseitigung von Zuwendungsregelungen in das HaushaltsG gebilligt, NWVerfGH NVwZ 1997, 57 (57 f.); NdsVerfGH NVwZ-RR 1997, 201 (201 f.) = DVBl 1997, 119 (119 f.) mit abwM *Starck/Hedergot.*

wenn die Staatspraxis zunehmend so verfährt. Das folgt aber nicht so sehr aus dem Bepackungsverbot, als aus der Rechtsnatur des HaushaltsG als OrganG (→ Rn. 24).

## F. Vollzug des Haushalts

Beim Vollzug des Haushalts dürfen die darin enthaltenen Ansätze nicht überschritten werden **89** (→ Rn. 25). Andererseits ist die Exekutive nicht verpflichtet, die veranschlagten Mittel auszugeben (→ Rn. 28). Dennoch ist es dem Finanzminister **nicht erlaubt,** durch einen restriktiven Vollzug des Haushalts eine eigenständige „**Erübrigungspolitik**" zu betreiben, um sich auf diese Weise den notw. finanz. Spielraum für eine selbstständige Ausgabenpolitik zu verschaffen.[332]

Seit einiger Zeit werden die Ausgabebewilligungen im Haushaltsplan nicht immer mit sofortiger **90** Wirkung und nicht immer unbedingt erteilt. Dies geschieht durch Anbringung von **Vorbehalten** und **Sperrvermerken.** Die davon erfassten Mittel dürfen erst nach Genehmigung des BT oder des Haushaltsausschusses ausgegeben werden („qualifizierter Sperrvermerk", § 22 S. 3 BHO). Damit wird zwar die „Dominanz" der Exekutive beim Haushaltsvollzug durchbrochen,[333] doch bestehen keine durchgreifenden verfassungsrechtlichen Bedenken, soweit das **Plenum des Bundestags** zustimmen muss.[334] Allerdings ist strikt darauf zu achten, dass die Prinzipien der Vorherigkeit und Spezialität (→ Rn. 56, 62) nicht unterlaufen werden.

Aber auch wenn die Ausgabe der Mittel von der Zustimmung eines **Parlamentsausschusses 91** abhängig gemacht wird, ist das letztlich nicht zu beanstanden.[335] Voraussetzung ist jedoch, dass die Vorgaben von Haushaltsplan **und** HaushaltsG hinreichend genau sind. Entsprechendes gilt für das Erfordernis einer Zustimmung durch den **Finanzminister.**[336] Das Parlament, Fraktionen oder einzelne Abg. haben aber keinen Anspruch darauf, vor jeder Kreditaufnahme im Vollzug des Haushalts über die Verwendung der Mittel informiert zu werden.[337]

## G. Nebenhaushalte, Parafisci und Beteiligungsvermögen

Einnahme- und Ausgabekreisläufe außerhalb des Budgets verstoßen gegen das Vollständigkeits- **92** und Einheitsprinzip und sind grds. verboten.[338] Deshalb sind auch **Nebenhaushalte**[339] **nur als Ausnahme** zulässig und bedürfen einer bes. Rechtfertigung.[340] Wirtschaftspläne verselbständigter Einrichtungen der Bundesverwaltung werden jedoch dann nicht als (unzulässige) Nebenhaushalte angesehen, wenn sie durch die Zweckbestimmung der Titel, die auf den Wirtschaftsplan hinweisen, mit dem Haushaltsplan verbunden sind.[341] Grds. gehören derartige Wirtschaftspläne auch zum Budget.[342]

Für Bundesbetriebe und Sondervermögen lässt allerdings Abs. 1 S. 1 Hs. 2 ausdr. Abweichungen **93** zu. Für sie gilt nicht zwingend das Bruttoprinzip (→ Rn. 49). Gemeint sind damit aber nur rechtlich **unselbständige** (nicht rechtsfähige) Einrichtungen (→ Art. 115 Rn. 6). Die Schaffung **neuer** Sondervermögen, um so den haushaltsrechtl. Bindungen zu entgehen, ist nicht vom Verfassunggeber gebil-

---

[332] BVerfGE 45, 1 (38).

[333] *Stern,* StaatsR II, S. 1224; krit. auch *Mahrenholz* AK GG, Art. 110 (2002) Rn. 68a; *Kröger* DÖV 1973, 439 (440 f.).

[334] *Heintzen,* in: v. Münch/Kunig II, vor Art. 110–115 Rn. 6 ff.; *ders* HStR V, § 120 Rn. 75; *Jarass,* in: Jarass/Pieroth, Art. 110 Rn. 8; *Hillgruber/Düren* MKS III, Art. 110 Rn. 77 ff.; allg. für eine stärkere Beteiligung des Parlaments beim Haushaltsvollzug *Hoffmann* (Fn. 139), S. 11 f., 16, 50; allg. zu Sperren *Gröpl* (Fn. 7), S. 124 ff.

[335] *Jarass,* in: Jarass/Pieroth, Art. 110 Rn. 8; *M. Heintzen* HStR V, § 120 Rn. 75; iE ebenso *Heun* (Fn. 16), S. 349 ff., 362 f.; zurückhaltend *Kisker* HStR IV¹, § 89 Rn. 56: nur in bes. zu rechtfertigenden Ausnahmefällen; *Kemmler,* in: Hofmann/Henneke, Art. 110 Rn. 30: nur bei noch auszuräumenden Unklarheiten; krit. *Kröger* DÖV 1973, 439 (441 f.); gegen das „Mitregieren von Parlamentsausschüssen" *Stern,* StaatsR II, S. 1225, der aber Verfassungswidrigkeit nur bei erheblichem quant. Umfang annehmen will; für Verfassungswidrigkeit *Hillgruber/Düren* MKS III, Art. 110 Rn. 80.

[336] *Heintzen,* in: v. Münch/Kunig II, vor Art. 110–115 Rn. 9; *Fricke* DÖV 1980, 317 (322).

[337] NdsStGH NVWZ-RR 1997, 393. Eine nicht bestimmungsgemäße Verwendung von Mitteln, die den Fraktionen durch den Haushaltsgesetzgeber zugewiesen worden sind, kann das Gebot der Chancengleichheit der politischen Parteien aus Art. 21 I verletzen, führt aber nicht automatisch zur Verfassungswidrigkeit der Bewilligung, BVerfGE 140, 1 (24 f. Rn. 64–68).

[338] BVerfGE 82, 159 (179); 91, 186 (202); 93, 319 (343); 108, 186 (216); 110, 370 (388).

[339] Näher zu ihrer Abgrenzung und Einordnung *Kilian* (Fn. 189), Kap. 1–9, der zwischen Nebenhaushalten in form. und in mat. Sinne unterscheidet (S. 255, 274); dazu *Siekmann* NWVBl 1995, 114 (119); zT weiter die Umschreibung von *Puhl* (Fn. 16), S. 37: „Nebenhaushalte des Bundes … bestehen in jeglicher Bewirtschaftung von Geld, die der Finanzwirtschaft des Bundes zuzurechnen ist, ohne vollständig im Bundeshaushalt veranschlagt oder durch verfassungsunmittelbare Notkompetenz der Art. 111 und 112 gedeckt zu sein". Probleme dürfte das wertende Element der Zurechenbarkeit bereiten, das letztlich der Einzelfalldezision überlassen bleiben soll (S. 65).

[340] Vgl. *Kilian* (Fn. 189), S. 551, 556 ff.; ähnlich auch *Puhl* (Fn. 16), S. 158 f., 174; aA *Hillgruber/Drüen* MKS III, Art. 110 Rn. 29 ff.; vgl. auch *Dreier* (Fn. 15), S. 99: „nicht per se verfassungswidrig", aber massive Gefährdung der parl. Steuerungs- und Kontrollfunktion.

[341] BVerfGE 70, 324 (357 f.).

[342] Offengelassen in der abw M *Mahrenholz,* BVerfGE 70, 324, 366 (379).

ligt.[343] Allerdings ist die Zusammenführung der Bundeseisenbahnen im (neuen) Sondervermögen „Bundeseisenbahnvermögen" durch § 1 BEZNG nicht zu beanstanden. Auch die Bildung von Versorgungsrücklagen zur Alterssicherung der Beamten (§ 14a BBesG) ist eine zulässige Errichtung eines Sondervermögens.[344]

94     Diese Vorgaben gelten aber nur für den Haushalt des Bundes. Die Wirtschaft der **rechtlich selbstständigen** (rechtsfähigen) Rechtssubjekte des öff. oder privaten Rechts wird üblicherweise nicht dazu gezählt, da sie von vornherein außerhalb des Regelungsbereiches von Art. 110 liegen.[345] Das soll auch dann gelten, wenn sie ganz oder zT vom Bund als Träger oder Gesellschafter beherrscht werden.

95     Richtig ist, dass diese Einheiten einen eigenen Haushalt haben, der als solcher vollständig ist. Das gilt traditionell vor allem für die großen parafiskalischen Einrichtungen, wie die Träger der gesetzlichen Sozialversicherung.[346] Gleichwohl diese Betrachtungsweise zu sehr im Vordergründigen.[347] Sie berücksichtigt nicht genügend die **Risiken**, die damit für die Finanzwirtschaft des Bundes verbunden sind und denen auch durch Art. 110 vorgebeugt werden sollte. Es werden recht freizügig große Summen zwischen dem Bundeshaushalt und diesen Einrichtungen hin- und hergeschoben, je nach polit. Opportunität und Kassenlage. Deshalb muss insoweit der Vollständigkeitsgrundsatz ausgedehnt werden. Der Einheitsgrundsatz bietet wenig Handhabe.[348]

96     Das gilt erst recht, wenn bes. Rechtssubjekte gegründet werden, um die Beschränkungen des Haushaltsrechts und die Kontrolle durch die Vertretungskörperschaft zu **vermeiden** oder um reine Finanzierungsfunktionen zu erfüllen („Flucht aus dem Budget").[349] Wenn der Bund für ihre Verbindlichkeiten **haftet,** müssen sie mit seiner Haushaltswirtschaft **konsolidiert** werden. Vor allem sind hier bundesunmittelbare **Anstalten** des öff. Rechts (Fonds) und ihre Finanzierung durch **Sonderabgaben** oder ähnliche Mischformen zu nennen.[350] Diese Haftung läuft fast vollständig am Bundeshaushalt mit seinen Kontrollmechanismen vorbei. Als Vorstufe für eine Konsolidierung hat das BVerfG aber mittlerweile schon die Berichts- und Dokumentationspflichten für Sonderabgaben „im Verantwortungsbereich des jeweiligen Gesetzgebers" deutlich verschärft. Als angemessenen Ort für eine solche Dokumentation hat es – ungewöhnlich konkret – „eine dem Haushaltsplan beigefügte Anlage" benannt, in der auch das Verhältnis der entspr. Abgabe zur Steuer enthalten sein muss (→ Rn. 34).[351]

97     Um die Auswirkungen der „Flucht aus dem Budget" zu begrenzen, wird zunehmend eine umfass. **Kontrolle** selbstständiger Einheiten, unabhängig davon, wie sie organisiert sind, durch die **Rechnungshöfe** in Rspr. und Lit. akzeptiert, wenn sich ihre Tätigkeit (nennenswert) auf die Finanzen des Trägergemeinwesens auswirken kann (näher → Art. 114 Rn. 30 ff.).

## Art. 111 [Vorläufige Haushaltsführung des Bundes]

(1) **Ist bis zum Schluß eines Rechnungsjahres der Haushaltsplan für das folgende Jahr nicht durch Gesetz festgestellt, so ist bis zu seinem Inkrafttreten die Bundesregierung ermächtigt, alle Ausgaben zu leisten, die nötig sind,**

**a) um gesetzlich bestehende Einrichtungen zu erhalten und gesetzlich beschlossene Maßnahmen durchzuführen,**

**b) um die rechtlich begründeten Verpflichtungen des Bundes zu erfüllen,**

**c) um Bauten, Beschaffungen und sonstige Leistungen fortzusetzen oder Beihilfen für diese Zwecke weiter zu gewähren, sofern durch den Haushaltsplan eines Vorjahres bereits Beträge bewilligt worden sind.**

(2) **Soweit nicht auf besonderem Gesetze beruhende Einnahmen aus Steuern, Abgaben und sonstigen Quellen oder die Betriebsmittelrücklage die Ausgaben unter Absatz 1 decken, darf die Bundesregierung die zur Aufrechterhaltung der Wirtschaftsführung erforderlichen**

---

[343] *Heun* (Fn. 16) überlegt, bereits die traditionellen Sondervermögen stärker in das Haushaltswesen des Bundes einzubeziehen und die parl. Kontrolle zu verstärken (S. 384).

[344] *Battis/Kersten* NVwZ 2000, 1337 (1342).

[345] BerlVerfGH NVwZ-RR 2003, 537 (539); *Heun,* in: Dreier III, Art. 110 Rn. 19; *Hillgruber/Drüen* MKS III, Art. 110 Rn. 26, 28.

[346] *F. Kirchhof* VVDStRL 52 (1993), 71 (102); *Höfling* NWVBl 2001, 81 (84); ferner die Beiträge in: *Tiepelmann/van der Beek* (Hrsg.), Theorie der Parafiski, 1992.

[347] Ähnlich *Heintzen* HStR V, § 120 Rn. 28 f.; krit. bereits auch *P. Kirchhof* HStR IV¹, § 88 Rn. 25 („in besonderer Weise rechtfertigungsbedürftig").

[348] So auch das Fazit der umfangreichen Überlegungen von *Puhl* (Fn. 16), S. 114–210, speziell S. 210; für Geltung des Einheitlichkeitsgrundsatzes *F. Kirchhof* VVDStRL 52 (1993), 71 (104), der eine bes. „Legitimation" für Sonderhaushalte verlangt.

[349] *Heinig* (Fn. 308), S. 447 ff., Bd. 2, 1951, S. 338 ff.; *Smekal,* Flucht aus dem Budget, 1977 (für Österreich); *Kisker* HStR IV¹, § 89 Rn. 65; *Kilian* (Fn. 189), S. 59, 65, 85; *Puhl* (Fn. 16), der seine Arbeit insgesamt unter das schon seit langem bekannte Schlagwort der „Budgetflucht" gestellt hat.

[350] Jetzt prinzipiell zust. BerlVerfGH NVwZ-RR 2003, 537 (540), der aber eine weitere Ausdehnung ablehnt; ansatzweise auch *Heun* (Fn. 16), S. 385.

[351] BVerfGE 108, 186 (219) – Altenpflegeumlage.

**Mittel bis zur Höhe eines Viertels der Endsumme des abgelaufenen Haushaltsplanes im Wege des Kredits flüssig machen.**

**Entstehungsgeschichte: Erstfassung:** JöR 1 nF (1991), 809.
**Geltende Landesverfassungen:** *BW*Verf Art. 80; *Bay*Verf Art. 78 IV; *Bln*Verf Art. 89; *Bbg*Verf Art. 102; *Brem*Verf Art. 132a; *Hmb*Verf Art. 67; *Hess*Verf Art. 140; *MV*Verf Art. 62; *Nds*Verf Art. 66; *NRW*Verf Art. 82; *RhPf*Verf Art. 116 IV, V; *Saarl*Verf Art. 105 III, IV; *Sachs*Verf Art. 98; *LSA*Verf Art. 94; *SchlH*Verf Art. 59; *Thür*Verf Art. 100.
**Supra- und internationale Texte:** AEUV Art. 315.
**Gesetzgebung:** BHO §§ 5, 18 III.

**Schrifttum:** *P. Feuchte,* Der Nothaushalt – ein Instrument der Politik?, AöR 97 (1972), 538; *R. Fischer,* Handeln in fremdem Interesse – Zur Auslegung der Art. 111 und 112 des Grundgesetzes, VerwArch 2007, 543; *H. Karehnke,* Parlamentarisches Budgetrecht, vorläufige Haushaltsführung durch die Bundesregierung und Notbewilligungsrecht des Bundesministers der Finanzen für Haushaltsüberschreitungen. ..., DÖV 1976, 361; *T. Kroll,* Das Teilhaushaltsgesetz: Ein verfassungskonformes Instrument im Zusammenspiel zwischen exekutivischem Gestaltungsdrang und parlamentarischem Budgetrecht, DÖV 2004, 986; *M. Rossi,* Unzulässigkeit von Haushaltsvorschaltgesetzen, DÖV 2003, 313; *H. Theiß,* Das Nothaushaltsrecht des Bundes, 1975.

**Übersicht**

## A. Rechtscharakter und Bedeutung

Im 19. Jahrhundert hat es verschiedene Budgetkonflikte zwischen Parlament und Regierung gege- **1** ben, die zur Folge hatten, dass bisweilen jahrelang ohne wirksames Budget regiert wurde.[1] Zur Vermeidung der damit verbundenen tiefgreifenden Staats- und Verfassungskrisen hat das GG für den Fall Vorsorge getroffen, dass der Haushalt nicht rechtzeitig verabschiedet wird.[2] Art. 111 **ermächtigt** die **Bundesregierung,** nicht aber die Exekutive insgesamt,[3] die **notwendigen Ausgaben** unter Einhaltung eines bestimmten Verfahrens zu **leisten,** auch wenn kein rechtswirksamer Haushaltsplan vorliegt.[4] Da die Haushaltsgesetze häufig nicht rechtzeitig verabschiedet worden sind (Zusammenstellung → Art. 110 Rn. 57), kommt der Vorschrift erhebliche praktische Bedeutung zu.[5]

Schon der Tatbestand der Vorschrift zieht der „vorläufigen Haushaltsführung" der BReg im **2** „etatlosen" Zustand enge Grenzen.[6] Darüber hinaus muss die Vorschrift im Gesamtgefüge der finanz- und haushaltsrechtl. Bestimmungen des GG gesehen werden. Sie bildet gegenüber der Regel des Art. 110 eine **Ausnahme.**[7] Für alle am Haushaltsverfahren beteiligten Organe besteht die Pflicht, stets rechtzeitig den Haushaltsplan zu verabschieden (→ Art. 110 Rn. 56). Im EG-Recht sowie in diversen ausländ. Rechtsordnungen finden sich vergleichbare Regelungen, die zu Ausgaben im etatlosen Zustand ermächtigen.[8] Dagegen ist dem HaushaltsR der US ein Nothaushaltsrecht fremd.[9]

Das BVerfG hat betont, dass die Regelung **nicht** dazu dient, das **Haushaltsbewilligungsrecht** des **3** Gesetzgebers zu **ersetzen,** auch nicht vorübergehend. Vielmehr soll in einem etatlosen Zustand eine

---

[1] Näher: *Theiß,* Nothaushaltsrecht, S. 19 ff.; *Friauf,* Der Staatshaushaltsplan im Spannungsfeld zwischen Parlament und Regierung, 1978, S. 229 ff.; *Dreier,* in: Hoffmann-Riem/Schmidt-Aßmann (Hrsg.),, Effizienz als Herausforderung an das Verwaltungsrecht, 1998, S. 59 (74 ff.); *Heun,* in: Dreier III, Art. 111 Rn. 1; *Schwarz* MKS III, Art. 111 Rn. 5 f.; *Gröpl* BK Art. 111 (2015) Rn. 28, 38; *Kube,* in: Maunz/Dürig, Art. 111 (2020) Rn. 21 ff.; *Schmehl,* in: Friauf/Höfling, Art. 111 (2009) Rn. 11.

[2] Vorbild war Art. 64 pr. Verf. von 1920 (GS 1920, 543). Mit dieser Vorschrift war erstmals versucht worden, wenigstens die Folgen derartiger Krisen normativ zu bewältigen. Die vorgeschlagene Aufnahme einer entsprechenden Bestimmung in die WRV war ausdr. von der Nationalversammlung abgelehnt worden; vgl. *Mußgnug,* Der Haushaltsplan als Gesetz, 1976, S. 208 f., allgemein 206 f., 121 ff., 160 f.; *Stern,* StaatsR II, S. 1200.

[3] So aber *Vogt,* in: Franz Klein, Öffentliches Finanzrecht, 2. Aufl. 1993, III Rn. 161; *Kube,* in: Maunz/Dürig, Art. 111 (2020) Rn. 35.

[4] *Heun,* in: Dreier III, Art. 111 Rn. 11; Anwendbarkeit auf eine nur geschäftsführende Regierung bejaht für Hessen von *Totz* DÖV 1985, 706 (707).

[5] *Fischer* VerwArch 2007, 543 (544): „Standardrepertoire der Haushaltsführung".

[6] BVerfGE 45, 1 (32).

[7] BVerfGE 45, 1 (31); *Stern,* StaatsR II, S. 1218; *Heun,* in: Dreier III, Art. 111 Rn. 5, 13; *Schwarz* MKS III, Art. 111 Rn. 1; *Fischer* VerwArch 2007, 543 (545); *Kube,* in: Maunz/Dürig, Art. 111 (2020) Rn. 5.

[8] Für die Staaten Europas *Schwarz* MKS III, Art. 111 Rn. 4, 7 ff.

[9] Article I section 9 clause 7 Constitution of the United States; näher *Heun,* Das Budgetrecht im Regierungssystem der USA, 1989, S. 47 f.; *ders.,* in: Dreier III, Art. 111 Rn. 3; zu den aktuellen Problemen *Siekmann* FS Adams, 2013, S. 63 (65 ff.).

vorläufige Haushaltsführung ermöglicht werden.[10] Im Erg. kommt der Vorschrift aber dieselbe Funktion zu wie der parl. Bewilligung: Die Exekutive darf Ausgaben leisten. Daher ist es vertretbar, von „ersetzen" zu sprechen[11] und die Vorschrift als **eigenständige Ermächtigungsgrundlage** zu betrachten.[12] Genau genommen handelt es sich nicht um ein Nothaushaltsrecht, sondern um ein „exekutives Notausgaberecht".[13]

4     Die Vorschrift ist aber in Bezug auf den Ausgabenumfang **nicht abschließend.**[14] Auch während der „provisorischen" Haushaltsführung nach Art. 111 dürfen Ausgaben entspr. den Grundsätzen des Art. 112 geleistet werden (näher → Art. 112 Rn. 12, → Art. 112 Rn. 4). Die Staatspraxis hat darüber hinaus weitere Instrumente zur Bewältigung der etatlosen Zeit geschaffen: „NothaushaltsG", „HaushaltsvorschaltG", „TeilhaushaltsG".[15] Sie sind nicht schon wegen Art. 111 unzulässig.[16] Auch insoweit dürfte es sich nicht um eine abschließ. Regelung handeln. Sie können aber gegen andere Regeln des HaushaltsverfassungsR verstoßen (→ Rn. 10).[17] In jedem Fall sind die Erfordernisse von Art. 109 II zu wahren.[18]

## B. Voraussetzungen

5     Es kommt nicht darauf an, aus welchen **Gründen** der Haushaltsplan nicht rechtzeitig festgestellt worden ist.[19] Selbst von der BReg. verschuldete Verzögerungen schaden nicht, da die Vorschrift den Fortbestand der elementaren Verwaltungsfunktionen sichern will. Auch im Verhältnis zum Bürger muss der Staat immer genügend Mittel zur Erfüllung seiner Verbindlichkeiten haben (→ Art. 110 Rn. 38).

6     Die Vorschrift ist auch anzuwenden, wenn, wie im Jahre 1972, ein echter **Haushaltskonflikt** zwischen Parlament und Regierung vorliegt.[20] Vornehmlich für diesen Fall ist sie geschaffen worden. Ein solcher Konflikt ist aber nicht Bedingung für ihre Anwendung.

7     Einzige materielle Voraussetzung ist danach das **Fehlen eines Haushaltsgesetzes.** Auch ein verfassungswidriges und damit nichtiges Haushaltsgesetz erfüllt den Tatbestand der Vorschrift. Selbst ein längerer etatloser Zustand erlaubt eine Nothaushaltsführung, auch wenn die Vorschrift ursprünglich nicht dafür gedacht war.[21]

8     Die Vorschrift kann auch durch **Verweisung** zur Anwendung gelangen. Wenn zB globale Haushaltsansätze bis zur Freigabe durch ein bes. Gremium gesperrt sind (→ Art. 110 Rn. 90 f.), darf ihre Bewirtschaftung den Grundsätzen des Art. 111 unterstellt werden.[22]

## C. Geltung

9     Die Ermächtigung ist **zeitlich begrenzt**[23]. Sie endet mit der Verabschiedung des neuen HaushaltsG.[24] Damit hat es das Parlament in der Hand, der vorläufigen Haushaltsführung ein Ende zu setzen. Seine Budgethoheit bleibt unangetastet.[25]

---

[10] BVerfGE 45, 1 (33); weiter noch BVerfGE 20, 56 (90).

[11] So BVerfGE 20, 56 (90); abw. *Niebler* (BVerfGE 45, 1 [53]); *Jarass,* in: Jarass/Pieroth, Art. 111 Rn. 1.

[12] *Kube,* in: Maunz/Dürig, Art. 111 (2020) Rn. 1; aA *Lange* Staat 11 (1972), 311 (326): lediglich „deklaratorischer Charakter".

[13] *Röper* ZParl 2001, 758.

[14] *Nebel,* in: Piduch, Bundeshaushaltsrecht, Art. 111 (2008, 2018) Rn. 2, 5, 8.

[15] Hinzukommen als Regelungen auf Dauer mehrperiodige Verpflichtungsermächtigungen, § 16 S. 2 BHO, Fortgeltung von Kreditermächtigungen, § 18 III BHO, übertragene Ausgabenreste, § 45 II 1 BHO und Ausgaben für Bauten, § 45 II 2 BHO.

[16] *Karehnke,* Der öffentliche Haushalt 1971, 199 (200); *Bormann* VR 1983, 370; *Gröpl* BK, Art. 111 (2015) Rn. 87; *Kube,* in: Maunz/Dürig, Art. 111 (2020) Rn. 12; aA *Rossi* DÖV 2003, 313 (321); noch weiter BremStGH NordÖR 1998, 291, der sogar eine Pflicht zum Erlass von Not- oder Überganshaushaltsgesetzen annimmt; dazu *Röper* ZParl 2001, 758 (762 f.).

[17] Vgl. im Einzelnen *Kroll* DÖV 2004, 986 (988, 996); zweifelnd *Rossi* DÖV 2003, 312 (318).

[18] *Kube,* in: Maunz/Dürig, Art. 111 (2020) Rn. 7 f.

[19] *Heintzen* HStR V, § 120 Rn. 68; *Kube,* in: Maunz/Dürig, Art. 111 (2020) Rn. 30.

[20] *Sasse* JZ 1973, 189 (189, 191); *Fricke* DVBl 1975, 604 (605 f.), jeweils m. w. Einzelheiten z. Konflikt; *Totz* DÖV 1985, 706 (707 f.), für Hessen; *Nebel,* in: Piduch, Bundeshaushaltsrecht, Art. 111 (2008) Rn. 1; so jetzt auch *Kube,* in: Maunz/Dürig, Art. 111 (2020) Rn. 29, 84; *Heintzen* HStR V, § 120 Rn. 68; *Schwarz* MKS III, Art. 111 Rn. 16; erwogen vom NWVerfGH NVwZ 2013, 503 (Textnr. 77), aber offengelassen, da regelmäßig mit Parlamentsauflösung und Neuwahlen, wie im konkreten Fall, gerechnet werden könne; aA wohl *Brockmeyer,* in: Hofmann/Henneke, Art. 111 (2014) Rn. 5.

[21] *Lange* Staat 11 (1972), 311 (326); *Fricke* DVBl 1975, 604 ff.; *Stern,* StaatsR II, S. 1218; *Heun,* in: Dreier III, Art. 111 Rn. 6; *Schwarz* MKS III, Art. 111 Rn. 12; *Kube,* in: Maunz/Dürig, Art. 111 (2020) Rn. 28, 31.

[22] BVerfGE 70, 324 (360).

[23] *Nebel,* in: Piduch, BundeshaushaltsRecht, Art. 111 Rn. 8, subsumiert die zeitlichen und sachlichen Grenzen der Ermächtigung unter das Tatbestandsmerkmal „nötig".

[24] *Stern,* StaatsR II, S. 1218; *Heun,* in: Dreier III, Art. 111 Rn. 7; *Schwarz* MKS III, Art. 111 Rn. 14; *Schmehl,* in: Friauf/Höfling, Art. 111 (2009) Rn. 22.

[25] BVerfGE 45, 1 (32 f.); 66, 26 (38). Es besteht deshalb kein „Reparlamentarisierungsbedürfnis" für Nothaushaltsgesetze, vgl. *Rossi* DÖV 2003, 313 (318).

Die Vorschrift greift deshalb auch nur **hilfsweise** ein. Sobald eine gesetzl. Grundlage für die Haus- 10
haltswirtschaft vorhanden ist, geht sie vor, selbst wenn es sich nur um eine **Notmaßnahme** des
Parlaments handelt. Das gilt auch dann, wenn sie die Ausgabenermächtigungen enger begrenzt als
Art. 111.[26] Gesetzlich vorgeschriebene oder sonst rechtsverbindlich geschuldete Ausgaben können aber
auch durch ein solches NothaushaltsG nicht verhindert werden. Es hat als OrganG keine Außenwirkung (→ Art. 110 Rn. 24).

Soweit die geleisteten Ausgaben vom **nachfolgenden Haushaltsplan** gedeckt sind, absorbiert er 11
die Ermächtigung nach Art. 111. Im Übrigen – bei fehlender Übereinstimmung – ist die Nothaushaltsführung endgültig und der Haushaltsplan gilt insoweit nur für die Zukunft.[27]

## D. Die erlaubten Ausgaben

Der Spielraum der BReg ist aber auch **sachlich** eng begrenzt. Sie darf nur die Ausgaben leisten, die 12
**nötig** sind, um
– gesetzlich bestehende **Einrichtungen** zu erhalten,
– gesetzlich beschlossene **Maßnahmen** durchzuführen,
– rechtlich begründete **Verpflichtungen** des Bundes zu erfüllen,
– Bauten, Beschaffungen oder sonstige **Leistungen** fortzusetzen oder **Beihilfen** für diese Zwecke
  weiter zu gewähren, sofern im Haushaltsplan eines Vorjahres bereits derartige Beträge bewilligt
  worden waren.

Die Zahlungen müssen zudem **unaufschiebbar** sein.[28]

Diese Voraussetzungen sind **eng** zu verstehen.[29] Deshalb darf der Begriff der „sonstigen Leistungen" 13
nicht als „Generalklausel" verstanden werden.[30] Auch erfüllen die Erfordernisse von Art. 109 II nicht
den Tatbestand von Art. 111 I lit b.[31] Ausgaben für die Öffentlichkeitsarbeit der BReg gehören
ebenfalls nicht dazu.[32] Die Ansätze des Vorjahres dürfen aber überschritten werden, wenn das zur
Erhaltung des gegenwärtigen Zustandes erforderlich ist.[33] **Neue** finanzaufwändige Projekte sollen
allerdings nicht in Angriff genommen werden.[34] Wegen des klaren Wortlauts („Ausgaben") sind (neue)
Verpflichtungsermächtigungen[35] oder Gewährleistungen[36] aufgrund von Art. 111 nicht zulässig.

Ausgaben dürfen **nicht** geleistet werden, wenn und soweit sie dem tatsächlichen oder mutmaßlichen 14
Willen des Parlaments zuwiderlaufen. Das ist namentlich dann der Fall, wenn die Verabschiedung des
Etats an der Bewilligung dieser Ausgaben gescheitert ist.[37]

## E. Einnahmewirtschaft (Abs. 2)

Die Einnahmen des Bundes beruhen zum allergrößten Teil auf gesetzlichen oder rechtsgeschäftli- 15
chen Verpflichtungen. Sie sind – anders als in früheren Zeiten oder in ausländischen Rechtsordnungen
– in ihrem rechtlichen Bestand **unabhängig von der Existenz eines Haushaltsgesetzes.** Dementsprechend fließen die Zahlungen auch im etatlosen Zustand.[38] Im organschaftlichen Rechtskreis
sind lediglich die Kreditaufnahme des Bundes und die Übernahme von Bürgschaften, Garantien und

[26] *Jarass,* in: Jarass/Pieroth, Art. 111 Rn. 1; *Heun,* in: Dreier III, Art. 111 Rn. 8; *Kube,* in: Maunz/Dürig, Art. 111
(2007) Rn. 16; unter Einschränkungen auch *Fischer* VerwArch 2007, 543 (554); aA *Heintzen,* in: v. Münch/Kunig II,
Art. 111 Rn. 5.
[27] Ausdr. in diesem Sinne jetzt auch NRWVerfGH NVwZ 2013, 503 (Textnr. 67); zuvor *Karehnke* DÖV 1976,
361 (365); *Stern,* StaatsR II, S. 1218.
[28] *Kube,* in: Maunz/Dürig, Art. 111 (2020) Rn. 57; *Heun,* in: Dreier III, Art. 111 Rn. 9; *Schwarz* MKS III,
Art. 111 Rn. 19.
[29] *Fricke* VR 1981, 256 (258), speziell auch zu Bauvorhaben; *Heintzen* HStR V, § 120 Rn. 67; *Schwarz* MKS III,
Art. 111 Rn. 21; *Fischer* VerwArch 2007, 543 (549 f.), der die „Begrenzungsfunktion" der Vorschrift betont; *Kube,*
in: Maunz/Dürig, Art. 111 (2020) Rn. 59.
[30] So aber wohl *Nebel,* in: Piduch, Bundeshaushaltsrecht, Art. 111 (2018) Rn. 14.
[31] *Kube,* in: Maunz/Dürig, Art. 111 (2020) Rn. 8, 49; aA mit Einschränkungen *Fricke* VR 1981, 256 (259 f.).
[32] Vgl. *Patzig,* Haushaltsrecht des Bundes und der Länder, Bd. 2, A/111/8 (1982) Rn. 20.
[33] *Kube,* in: Maunz/Dürig, Art. 111 (2020) Rn. 66; *Nebel,* in: Piduch, Bundeshaushaltsrecht, Art. 111 (2018)
Rn. 2; grds. aA *Gröpl* BK, Art. 111 (2002) Rn. 36, ausnahmsweise aber doch anwendbar, wenn Leben und
Gesundheit von Menschen oder der Bestand des Bundes oder eines Landes auf dem Spiel steht; in der Neubearbeitung (2015) jetzt aber sehr weitgehend: „nicht an die Höhe der Vorjahresansätze gebunden" (Rn. 57, sowie 56
aE).
[34] *Fricke* DVBl 1975, 604 (604); *Nebel,* in: Piduch, Bundeshaushaltsrecht, Art. 111 (2018) Rn. 8 ff.; *Stern,*
StaatsR II, S. 1219.
[35] *Gröpl* BK, Art. 111 (2015) Rn. 61; aA *Kube,* in: Maunz/Dürig, Art. 111 (2020) Rn. 63; *Fischer* VerwArch
2007, 543 (557).
[36] *Karehnke,* Der öffentliche Haushalt 1971, 199 (201); *Kube,* in: Maunz/Dürig, Art. 111 (2020) Rn. 65.
[37] *Schuppert,* in: Umbach/Clemens II, Art. 111 Rn. 14; *Kroll* DÖV 2004, 986 (995), speziell für „Teilhaushaltsgesetze"; eingehend zum (mutmaßlichen) Willen des Gesetzgebers *Fischer* VerwArch 2007, 543 (552–556); differenzierend *Nebel,* in: Piduch, Bundeshaushaltsrecht, Art. 111 (2018) Rn. 10.
[38] *Heun,* in: Dreier III, Art. 111 Rn. 12; *Schwarz* MKS III, Art. 111 Rn. 36.

sonstigen Gewährleistungen (Art. 115 I) von einer gesetzlichen Ermächtigung abhängig (→ Art. 110 Rn. 24). Sie wird auch regelmäßig in den Haushaltsgesetzen erteilt.

16 Für die Kreditaufnahme enthält Art. 111 II ebenfalls eine **Ermächtigung.** Voraussetzung ist lediglich, dass die weiter fließenden Einnahmen die nach Abs. 1 erlaubten Ausgaben nicht decken. Bis zu einem Viertel der Endsumme des abgelaufenen Haushaltsplans darf als **Kredit aufgenommen** werden, wenn das zur Aufrechterhaltung der Wirtschaftsführung erforderlich ist. Dieser Betrag ist sehr reichlich bemessen,[39] darf aber nicht die materiellen Grenzen für die Kreditaufnahme nach Art. 115 II 1–4 überschreiten,[40] die als speziellere und neuere Vorschriften vorgehen.

## Art. 112 [Über- und außerplanmäßige Ausgaben des Bundes]

**Überplanmäßige und außerplanmäßige Ausgaben bedürfen der Zustimmung des Bundesministers der Finanzen. Sie darf nur im Falle eines unvorhergesehenen und unabweisbaren Bedürfnisses erteilt werden. Näheres kann durch Bundesgesetz bestimmt werden.**

**Entstehungsgeschichte: Erstfassung:** JöR nF 1 (1951), 814 – **Änderung:** 20. G zur Änd. des GG v. 12.5.1969 (BGBl I 357), Art. I Nr. 3 (dazu: wie Art. 110).
**Historische Verfassungstexte: RV 1849: § 102:** Ein Reichstagsbeschluß ist in folgenden Fällen erforderlich: … 2) … wenn das Reich eine im Budget nicht vorgesehene Ausgabe übernimmt (…). – **GG 1949:** Haushaltsüberschreitungen und außerplanmäßige Ausgaben bedürfen der Zustimmung des Bundesministers der Finanzen. Sie darf nur im Falle eines unvorhergesehenen und unabweisbaren Bedürfnisses erteilt werden.
**Geltende Landesverfassungen:** *BW*Verf Art. 81; *Bln*Verf Art. 88; *Bbg*Verf. Art. 105; *Brem*Verf. Art. 101 I Nr. 5; *Hmb*Verf Art. 68 II; *Hess*Verf Art. 143; *MV*Verf Art. 63; *Nds*Verf Art. 67; *NRW*Verf Art. 85; *RhPf*Verf Art. 119; *Saar*Verf Art. 107 I; *Sachs*Verf Art. 96; *LSA*Verf Art. 95; *SchlH*Verf Art. 52; *Thür*Verf Art. 101.
**Gesetzgebung:** BHO §§ 37, 38 I 2, 116.
**Leitentscheidung:** BVerfGE 45, 1 (Wirtschaftspläne der Geheimdienste).

**Schrifttum:** *M. Därr,* Das Notbewilligungsrecht des Bundesministers der Finanzen nach Art. 112 …, 1973; *M. Dorn,* Das Notbewilligungsrecht der Finanzminister des Bundes und der Länder – Geltung und Grenzen, DÖV 1989, 707; *T. Eichenauer,* Das Notbewilligungsrecht des Bundesministers der Finanzen, 1983; *R. Fischer,* Handeln in fremdem Interesse – Zur Auslegung der Art. 111 und 112 des Grundgesetzes –, VerwArch 2007, 543; *K. H. Friauf,* Funktion, Inhalt und Grenzen des sog. Notbewilligungsrechts des Bundesministers der Finanzen nach Art. 112, GS Fried. Klein, 1977, 162; *C. Jahndorf,* Das Notbewilligungsrecht des Bundesministers der Finanzen nach Art. 112, DVBl 1998, 75; *M. Kalb/S. Roßner,* Das Notbewilligungsrecht des Finanzministers als Mittel der Gouvernementalisierung von Budgetentscheidungen, NVwZ 2012, 1071; *H.-B. Leibinger/B. Jordan,* Das Notbewilligungsrecht des Bundesministers der Finanzen nach Art. 112, DÖV 1989, 16; *G. Püttner/B. Janson,* Notbewilligungsrecht des Finanzministers und Etathoheit des Parlaments, NJW 1978, 2016; *K. Stern,* Das Urteil des Zweiten Senats des Bundesverfassungsgerichts vom 25. Mai 1977 – 2 BvE 1/74 –, FinArch 37 (1979), 94; *H. Theiß,* Das Nothaushaltsrecht des Bundes, 1975; *J. Wolff,* Parlamentarisches Budgetrecht und Wirksamkeit zivilrechtlicher Verträge, NJW 2012, 812.

## A. Allgemeines

### I. Grundsatz

1 Alle Ausgaben des Staates bedürfen einer Ermächtigung durch Haushaltsplan und Haushaltsgesetz. Das ist Folge der Budgethoheit des Parlaments (→ Art. 110 Rn. 12). Beim **Vollzug** des Haushalts kann aber so überraschend ein zusätzlicher Finanzbedarf entstehen, dass eine parlamentarische Bewil-

---

[39] *Jarass,* in: Jarass/Pieroth, Art. 111 Rn. 5; einschränkend *Karehnke,* Der öffentliche Haushalt 1971, 199 (203): Verpflichtung zur vorrangigen Ausschöpfung anderer Einnahmequellen; ebenso *Kube,* in: Maunz/Dürig, Art. 111 (2007) Rn. 68 f.; krit. *Sasse* JZ 1973, 189 (190).
[40] Für das Recht vor der Neufassung von Art. 115 im Jahre 2009: *Kube,* in: Maunz/Dürig, Art. 111 (2007) Rn. 75: entsprechende Anwendung; *Heun,* in: Dreier III, Art. 111 Rn. 12; *Schwarz* MKS III, Art. 111 Rn. 39 ff.

ligung zu spät käme.[1] Für derartige **Ausnahmesituationen** erlaubt Art. 112 eine Durchbrechung des parlamentarischen Ausgabenbewilligungsrechts. An die Stelle der Ermächtigung durch Haushaltsplan und Haushaltsgesetz tritt die Zustimmung des BMF („Notbewilligungsrecht").[2] Ob die Vorschrift zugleich die Stellung des Finanzministers beim Haushaltsvollzug gegenüber den Ausgabewünschen der Einzelressorts stärken soll, ist zu bezweifeln.[3] Sie erstreckt sich nicht auf die Einnahmeseite des Haushalts. Eine überplanmäßige Kreditaufnahme ist nicht gedeckt.[4]

## II. Ausnahmecharakter

Art. 112 ist im Verhältnis zu Art. 110 eine **Ausnahmeregelung.** Die Bestimmung verleiht der   2
Exekutive lediglich eine „subsidiäre Notkompetenz", die **nicht gleichartig oder gleichrangig** neben die Haushaltskompetenz des Gesetzgebers tritt.[5] Wegen der Gefahr einer Aushöhlung des parlamentarischen Budgetrechts darf dieses **Notbewilligungsrecht** nur mit größter Zurückhaltung unter strikter Beachtung der tatbestandlich genau umrissenen Voraussetzungen wahrgenommen werden, die eng auszulegen sind.[6]

Die Vorschrift verleiht dem BMF weder einen eigenen finanzpolitischen Spielraum für die Aus-   3
gabengestaltung noch eine allgemeine „Plankorrekturkompetenz". Sie enthält **keine** Ermächtigung für den BMF, an BReg und Gesetzgeber vorbei eine **eigenständige Haushaltspolitik** zu betreiben.[7] Die Budgethoheit des Parlaments verbietet ihre Inanspruchnahme auch dann, wenn auf diese Weise – ausnahmsweise ohne vorherige Einzelberatung erlaubte[8] – globale Ansätze überschritten werden sollen.[9]

## III. Keine Kompetenzverschiebung zu Lasten des Haushaltsgesetzgebers

In der **Staatspraxis** ist es häufig nicht gelungen, rechtzeitig die HaushaltsG zu verabschieden   4
(→ Art. 110 Rn. 57). Das hat dazu geführt, dass sich am Ende des Haushaltsjahres nicht unerhebliche Überschüsse angesammelt haben, die dann nach Art. 112 verausgabt wurden. Ungeachtet ihrer verfassungsrechtl. Problematik hatte diese Praxis jedoch **keinen „Verfassungswandel"** dahingehend bewirkt, dass sich die Haushaltskompetenzen in ihrem Schwergewicht verfassungskräftig vom Gesetzgeber zum BMF verschoben haben.[10]

Von der Einhaltung der Voraussetzungen für die Ausübung des Notbewilligungsrechts darf auch das   5
Parlament **keine Befreiung** erteilen, auch nicht durch Ausführungsgesetz nach Satz 3. Abweichungen dürfen – in engen Grenzen – nur für „Bagatellbeträge" gestattet werden (→ Rn. 32). Die Entscheidung, einen (vorhergesehenen) Finanzbedarf nicht zu erfüllen, darf – außer in Notfällen – nicht zur Disposition der Exekutive gestellt werden.

Ein (partieller) **Verzicht** des Parlaments auf sein Budgetrecht ist **nicht zulässig** (→ Art. 110   6
Rn. 15).[11] Es ist ein wesentliches Instrument der Regierungskontrolle im fein austarierten System der Gewaltenteilung und -verschränkung zwischen Exekutive und Legislative und im Kern durch Art. 79 III geschützt.

---

[1] Vgl. *Heintzen* HStR V, § 120 Rn. 69.

[2] BVerfGE 45, 1 (36); deutlicher herausgestellt in der abwM *Niebler* (BVerfGE 45, 1 [53]); *Friauf* GS Fried. Klein, 1977, S. 162 (179); *Jarass,* in: Jarass/Pieroth, Art. 112 Rn. 4; *Mahrenholz* AK GG, Art. 112 (2002) Rn. 3; *Jahndorf* DVBl 1998, 75 (75).

[3] AA *Stern,* StaatsR II, S. 1226 mwN.

[4] *Heuer,* in: Heuer, Kommentar zum Haushaltsrecht, Art. 112 (1983) Anm. 2; *Gröpl* BK, Art. 112 (2016) Rn. 19.

[5] BVerfGE 45, 1 (31, 37 f.); zust. NRWVerfGH DÖV 1992, 576 (579 f.); DVBl 1994, 862 (863); RhPfVerfGH AS 24, 4 (10): „subsidiäres" Recht; BWStGH NVwZ 2012, 300 (303, 305); zuvor eingehend *Friauf* GS Fried. Klein, 1977, 162 (178 f.); *Püttner/Janson* NJW 1978, 2016 (2017); ebenso: *Heintzen* HStR V, § 120 Rn. 69; *Jarass,* in: Jarass/Pieroth, Art. 112 Rn. 1, 2; *Heun,* in: Dreier III, Art. 112 Rn. 4; *Gröpl* BK, Art. 112 (2016) Rn. 16, 66; *Schwarz* MKS III, Art. 112 Rn. 11; *Fischer* VerwArch 2007, 543 (545); ferner *Kalb/Roßner* NVwZ 2012, 1071 (1072); *Wolff* NJW 2012, 812 (813); aA urspr. NWVerfGH OVGE 24, 296; *Dörr,* Das Notbewilligungsrecht des Bundesministers der Finanzen nach Art. 112 im Schnittpunkt zwischen Demokratie und Effektivität, 1973, S. 51; *Arndt* DVBl 1975, 601 (601); *Jahndorf,* Grundlagen der Staatsfinanzierung durch Kredite und alternative Finanzierungsformen im Finanzverfassungs- und Europarecht, 2003, S. 51.

[6] *Stern,* StaatsR II, S. 1227 mwN; für eine restriktive Anwendung auch *Mahrenholz* AK GG, Art. 112 (2002) Rn. 2a; *Heun,* in: Dreier III, Art. 112 Rn. 4; *Schwarz* MKS III, Art. 112 Rn. 13; *Gröpl* BK, Art. 112 (2016) Rn. 35. Die Praxis sieht mit fast 200 Bewilligungen jährlich anders aus. Das Volumen dieser Ausgaben ist aber meist gering gewesen, *Leibinger/Jordan* DÖV 1989, 16 (18 f.).

[7] BVerfGE 45, 1 (34, 38, 49); RhPfVerfGH AS 26, 4 (10); *Kube,* in: Maunz/Dürig, Art. 112 (2020) Rn. 4, 38; *Kemmler,* in: Hofmann/Henneke, Art. 112 Rn. 2.

[8] Vgl. BVerfGE 70, 324 (357, 360). Nach dem hier eingenommenen Standpunkt (→ Art. 110 Rn. 83) kann das Problem allerdings nicht in dieser Form auftreten.

[9] Noch strenger § 37 V BHO.

[10] BVerfGE 45, 1 (33); dezidiert NWVerfGH NVwZ 2013, 503, (Textnr. 74).

[11] Ausdr. im Kontext der Bestimmung zust. *Fischer* VerwArch 2007, 543 (547).

## B. Über- und außerplanmäßige Ausgaben

**7**　**Überplanmäßig** sind Ausgaben, die zwar im Haushalt vorgesehen sind, aber über den Haushaltsansatz hinausgehen, während **außerplanmäßige** Ausgaben völlig ohne Ansatz im Haushaltsplan geleistet werden.[12]

**8**　Einfachgesetzlich ist angeordnet, dass über- und außerplanmäßige Ausgaben durch **Einsparungen** bei anderen Ausgaben in **demselben Einzelplan ausgeglichen** werden sollen, § 37 III BHO. Sie sind zudem BT und BR vierteljährlich und in Fällen von „grundsätzlicher oder erheblicher finanzieller Bedeutung" unverzüglich mitzuteilen, § 37 IV BHO. Globale Ausgabenermächtigungen („ohne nähere Angabe des Verwendungszwecks") dürfen auf keinen Fall überschritten werden, § 37 V BHO.[13] Damit soll vor allem verhindert werden, dass die Mittel für die geheimen Dienste ohne parlamentarische Billigung erhöht werden (dazu näher → Art. 110 Rn. 80 ff.).

**9**　Art. 112 gilt auch für über- und außerplanmäßige **Verpflichtungsermächtigungen.**[14]

## C. Das unvorhergesehene und unabweisbare Bedürfnis

**10**　Die Vorschrift verwendet eine Terminologie, die in diesem Zusammenhang fehl am Platze ist. Das haben eingehende wirtschaftswissenschaftliche Untersuchungen mittlerweile geklärt.[15] Bedürfnisse kann nur eine natürliche Person haben, nicht jedoch ein Kollektiv, wie der Staat oder die Gesellschaft. Gemeint ist aber wohl ein **zusätzlicher Finanzbedarf** des Bundes.

**11**　Ob ein solcher vorliegt, soll im Wesentlichen nach **„politischen Wertungen"** zu entscheiden sein. Diese Entscheidung will das BVerfG nur daraufhin überprüfen, ob die Grenze „offensichtlicher Unvertretbarkeit" überschritten worden ist.[16]

**12**　Dagegen ist es eine **voll überprüfbare** „Rechtsfrage", ob dieser zusätzliche Finanzbedarf auch **unvorhergesehen** und **unabweisbar** ist,[17] denn damit wird die Kompetenzgrenze zwischen dem Budgetrecht des Parlaments und den finanziellen Befugnissen der Exekutive gezogen. Es handelt sich um „unbestimmte Verfassungsrechtsbegriffe". Der Bedarf muss **sowohl** unvorhergesehen **als auch** unabweisbar sein.[18]

**13**　**Unvorhergesehen** ist der Finanzbedarf nicht nur dann, wenn er **objektiv nicht vorhersehbar** war, sondern auch, wenn ihn die am Zustandekommen des Budgets beteiligten Organe **tatsächlich nicht vorausgesehen** haben. Auf die Gründe, die dazu geführt haben, kommt es nicht an. Entsprechendes gilt für eine **nach** Feststellung des Haushalts eingetretene Steigerung der Dringlichkeit, die sich aus einer Änderung der Umstände ergibt.[19] Sind finanzielle Anforderungen im Verlauf der Budgetaufstellung und -bewilligung gestrichen worden, können sie keine unvorhergesehenen Bedürfnisse im Sinne der Vorschrift sein.[20] Bei Teilhaushaltsplänen, wenn man sie zulässt, dürfte die Bewilligung nach Art. 112 nicht so unbedingt ausgeschlossen sein,[21] da der Haushaltsgesetzgeber bewusst Spielräume gelassen hat.

**14**　**Unabweisbar** ist eine Mehrausgabe dann, wenn sie „so eilbedürftig" ist, dass die Verabschiedung eines Nachtrags- und Ergänzungshaushalts oder gar ihre Verschiebung bis zum nächsten turnusmäßigen Haushalt „bei vernünftiger Beurteilung der jeweiligen Lage als nicht mehr vertretbar anerkannt werden kann".[22] Auch wenn das BVerfG im Ansatz zunächst darauf abstellt, dass die vorgesehene Ausgabe sowohl „sachlich unbedingt notwendig" als auch „zeitlich unaufschiebbar" sein müsse, stellt

---

[12] *Kube*, in: Maunz/Dürig, Art. 112 (2020) Rn. 24, 30.

[13] *Gröpl* BK, Art. 112 (2016) Rn. 33.

[14] *Kube*, in: Maunz/Dürig, Art. 112 (2020) Rn. 32; *Mahrenholz* AK GG, Art. 112 (2002) Rn. 15; aA *Nebel*, in: Piduch, Bundeshaushaltsrecht, 2. Aufl., Art. 112 (2011) Rn. 19; *Heuer*, in: Heuer, Kommentar zum Haushaltsrecht, Art. 112 (1983), Anm. 2; *Schwarz* MKS III, Art. 112 Rn. 16; i. Erg. wie hier *Gröpl* BK, Art. 112 (2016) Rn. 83 f.: „analoge Anwendung".

[15] *Kaizl*, Finanzwissenschaft, Erster Theil, 1900, S. 7; *Ritschl*, Theorie der Staatswirtschaft und Besteuerung, 1925, S. 46 f.; *Jecht*, Wesen und Form der Finanzwirtschaft, 1928, S. 62; ähnlich auch *De Viti/De Marco*, Grundlehren der Finanzwissenschaft, 1932, S. 5; zust. *Schmölders*, Finanzpolitik, 3. Aufl. 1970, S. 199; *Hedtkamp*, Lehrbuch der Finanzwissenschaft, 2. Aufl. 1977, S. 11; anders aber wohl noch: *v. Gottl-Ottlilienfeld*, Bedarf und Deckung, 1928, S. 9, 20; *Lotz*, Finanzwissenschaft, 2. Aufl. 1931, S. 193; jetzt wie hier *Gröpl* BK, Art. 112 (2015) Rn. 35.

[16] BVerfGE 45, 1 (1, 39); ihm folgend NWVerfGH DÖV 1992, 576 (579); 1995, 162 (163); BWStGH NVwZ 2012, 300 (302); ebenso schon *Mußgnug*, Der Haushaltsplan als Gesetz, 1976, S. 223 f.; für eine umfassende Kontrollbefugnis *Gröpl* BK, Art. 112 (2016) Rn. 36 f.

[17] BVerfGE 45, 1 (1, 39); NRWVerfGH DÖV 1992, 576 (579); NVwZ 1995, 162 (163).

[18] BVerfGE 45, 1 (29); RhPfVerfGH AS 26, 4 (17).

[19] BVerfGE 45, 1 (2, 35); RhPfVerfGH AS 26, 4 (11); BWStGH NVwZ 2012, 300 (302); *Lange*, Der Staat, 11 (1972), 311 (327); *Eichenauer*, Notbewilligungsrecht, S. 140 ff.; dezidiert gegen „unvorhersehbar" *Dorn* DÖV 1989, 707 (710); i. Erg. ebenso *Jarass*, in: Jarass/Pieroth, Art. 112 Rn. 7; s. a. *Fischer* VerwArch 2007, 543 (546 f.).

[20] BVerfGE 45, 1 (36); RhPfVerfGH AS 26, 4 (11); einschränkend *Heun*, in: Dreier III, Art. 112 Rn. 7: „im Zweifel".

[21] *Bormann* VR 1983, 370 (373).

[22] BVerfGE 45, 1 (2, 37); *Friauf* GS Fried. Klein, 1977, S. 162 (186); *Gröpl* BK, Art. 112 (2016) Rn. 40 f.; *Kemmler*, in: Hofmann/Henneke, Art. 112 Rn. 14.

es schließlich entscheidend auf die zeitliche Komponente ab: Wenn das kennzeichnende „Moment des Zeitdrucks" fehle, bleibe allein der Gesetzgeber für die Bewilligung der Mittel zuständig.[23] Allerdings hat das BVerfG für „Bagatellfälle" Abweichungen zugelassen (näher → Rn. 32). Zum Teil wird in diesem Zusammenhang unterschieden zwischen „sachlich unbedingte[r] Notwendigkeit" und „zeitliche[r] Dringlichkeit".[24]

Die so verstandenen „Bedürfnisse" können auch **vor Verabschiedung des Haushalts** auftreten. 15 Nach den Grundsätzen des Art. 112 darf deshalb auch im etatlosen Zustand verfahren werden,[25] auch wenn damit der „heilsame Zwang"[26] zur Verabschiedung des Etats verringert werden sollte. Ohne Haushalt kann es jedoch streng genommen keine außer- oder überplanmäßigen Ausgaben geben,[27] so dass nur eine sinngemäße Anwendung in Betracht kommt. Außerplanmäßig sind dann solche Ausgaben, die nicht nach Art. 111 geleistet werden dürften.[28]

## D. Die Ausübung der Notkompetenz

### I. Verfahrenspflichten

Die Vorschrift räumt dem BMF nur eine „subsidiäre Kompetenz für dringende Notfälle"[29] ein 16 (→ Rn. 2). Bevor sie in Anspruch genommen werden darf, muss er „besondere Kommunikations- und Konsultationspflichten" gegenüber dem Gesetzgeber erfüllen. Dadurch soll das **Parlament** in die Lage versetzt werden, zu **prüfen,** ob auch unter Berücksichtigung der Dringlichkeit des „Bedürfnisses" eine rechtzeitige Bewilligung der verlangten Ausgaben durch einen Nachtragshaushalt möglich ist.[30]

Wie Beispiele der Vergangenheit gelehrt haben, kann notfalls ein **Gesetz binnen weniger Tage** 17 verabschiedet werden. Die Fristen im Gesetzgebungsverfahren für Nachtragshaushalte sind zudem gezielt deswegen abgekürzt worden, um die Notwendigkeit einer Inanspruchnahme des Art. 112 weitgehend einzuschränken (→ Art. 110 Rn. 76). Dem parl. Verfahren darf nicht für bestimmte Sachverhalte die Eignung abgesprochen werden, zu sachgerechten Entscheidungen zu kommen, wie beim Erwerb von Anteilen an einem Energieversorgungsunternehmen.[31] Ein Verstoß gegen die verfassungsrechtl. Anforderungen führt allerdings wegen der fehlenden Außenwirkung von Haushaltsplan und Haushaltsgesetz (→ Art. 110 Rn. 24) nicht zur zivilrechtl. Unwirksamkeit der geschlossenen Verträge.[32]

Es bleibt allerdings dem Gesetzgeber vorbehalten, die Exekutive von den Konsultationspflichten in 18 **Bagatellfällen** (→ Rn. 32) freizustellen.[33]

### II. Kompetenzverteilung innerhalb der Regierung

Verantwortliches Organ gegenüber dem Parlament bleibt aber auch in diesem Bereich die **Bundes-** 19 **regierung.** Deshalb muss der BMF das Kabinett unterrichten und insbesondere darauf hinweisen, dass nicht benötigte Mittel vorhanden sind, wenn die Beträge ihrer Größe nach von „politischem Gewicht" sind.[34] Das ist jedenfalls bei Haushaltsresten in Höhe von „einigen Milliarden DM" der Fall.[35]

---

[23] BVerfGE 45, 1 (36); ebenso BWStGH NVwZ 2012, 300 (302); s. a. *Fischer* VerwArch 2007, 543 (547): nicht erfüllt, wenn entweder nicht so eilbedürftig oder wenn Parlament noch rechtzeitig bewilligen kann.
[24] *Kalb/Roßner* NVwZ 2012, 1071 (1072).
[25] BVerfGE 45, 1 (37); *Karehnke* Der öffentliche Haushalt 1971, 199 (201); *Lange* Der Staat, 11 (1972), 311 (328); *Fricke* DVBl 1975, 604 (606); *ders.* VR 1981, 256 (258); *Totz* DÖV 1985, 706 (709), für Hessen; *Fischer* VerwArch 2007, 543 (558 f.); *Heun,* in: Dreier III, Art. 111 Rn. 13; Art. 112 Rn. 10, 17; *Heintzen,* in: v. Münch/Kunig II, Art. 111 Rn. 8, Art. 112 Rn. 4; *ders.* HStR V, § 120 Rn. 67; *Jarass,* in: Jarass/Pieroth Art. 112 Rn. 2; *Kube,* in: Maunz/Dürig, Art. 111 (2020) Rn. 6; Art. 112 (2020) Rn. 8 f.; *Stern,* StaatsR II, S. 1219 mwN; *Vogt,* in: Franz Klein (Hrsg.), Öffentliches Finanzrecht, 2. Aufl. 1993, III Rn. 163; aA *Sasse* JZ 1973, 189 (192); *Schwarz* MKS III, Art. 112 Rn. 24; *Gröpl* BK, Art. 111 (2015) Rn. 33; *ders.* BK, Art. 112 (2016) Rn. 115; *Kroll* DÖV 2004, 986 (995) allerdings nur für „Teilhaushaltsgesetze".
[26] *Sasse* JZ 1973, 189 (191)
[27] *Kisker* HStR IV², § 89 Rn. 47.
[28] *Jarass,* in: Jarass/Pieroth, Art. 112 Rn. 2; *Fischer* VerwArch 2007, 543 (558); *Heun,* in: Dreier III, Art. 112 Rn. 10; *Kube,* in: Maunz/Dürig, Art. 112 (2020) Rn. 8; *Heintzen,* in: v. Münch/Kunig II, Art 112 Rn. 4; aA *Dörr* (Fn. 5), S. 36, der den letzten festgestellten Haushaltsplan als Maßstab verwendet.
[29] BVerfGE 45, 1 (37).
[30] BVerfGE 45, 1 (1, 39).
[31] BWStGH NVwZ 2012, 300 (302); *Kalb/Roßner* NVwZ 2012, 1071 (1072 f.).
[32] *Kalb/Roßner* NVwZ 2012, 1071 (1073) m. überzeugender Begr.; aA *Wolff* NJW 2012, 812 (813–815), mit fragwürdige Deutung von BVerfGE 79, 311 (327) und unter fast vollständiger Missachtung des finanzverfassungsrechtlichen Schrifttums zur Beschränkung auf den organschaftlichen Rechtskreis. Auch die Ableitung der Nichtigkeitsfolge aus § 134 BGB führt zumindest zu großen praktischen Problemen, wenn an die zahlreichen, wegen Verstoßes gegen das Staatsschuldenrecht für nichtig erklärten Haushaltsgesetze auf Landesebene gedacht wird. *Heintzen* HStR V, § 120 Rn. 53–56, der herangezogen wird (S. 814), stützt die Auffassung ebenfalls nicht.
[33] BVerfGE 45, 1 (39); zust. RhPfVerfGH AS 26, 4 (20).
[34] BVerfGE 45, 1 (2); NWVerfGH DÖV 1992, 576 (580): „von erheblichem Gewicht"; *Stern,* Staatsrecht II, S. 1228; *Heintzen,* in: v. Münch/Kunig II, Art. 112 Rn. 10.
[35] BVerfGE 45, 1 (51); verneint für 10 Mio. DM im Jahre 1990, vgl. NWVerfGH DÖV 1992, 576 (580).

**20**     Die **BReg** verletzt die Rechte des BT, wenn sie dem BMF den Weg über Art. 112 **freigibt,** obwohl durch einen Nachtrags- oder Ergänzungshaushalt oder nach Art. 111 rechtzeitig die Rechtsgrundlage für die Ausgabe hätte geschaffen werden können.[36]

**21**     Trotz seiner herausgehobenen Stellung soll der BMF nach Auffassung des BVerfG in die Regierungsverantwortung eingebunden sein. Er dürfe mit seinen Entscheidungen nicht die **Richtlinienkompetenz** des BKanzlers beeinträchtigen. Art. 112 dispensiert nicht von den Bindungen des Art. 65.[37]

**22**     Daraus hat das BVerfG weitreichende Folgerungen im Hinblick auf die **Verantwortlichkeit** der BReg für das **Verhalten des BMF** gezogen. Sie habe dafür einzustehen, dass er nicht gegen die Kompetenzen des Haushaltsgesetzgebers verstoße. Auch völlige Unkenntnis von seinen Amtshandlungen befreie sie nicht, wenn sie nur von seinem Verhalten hätte Kenntnis erlangen müssen.[38] Etwas anderes soll nur gelten, wenn er sich über einen ausdr. Kabinettsbeschluss hinwegsetzt.[39]

**23**     Deshalb bedürfe die „Zustimmung" des BMF eines vorherigen **Beschlusses der BReg.** Nur so sei die BReg in der Lage, ihre verfassungsrechtl. Verantwortung gegenüber dem BT zu erfüllen.[40]

**24**     Diese Konsequenzen gehen jedoch **zu weit.** Sie würde die eigentliche Sachentscheidungsbefugnis vom BMF auf die BReg verlagern. Der klare Wortlaut der Vorschrift geht von einer eigenständigen Entscheidungsbefugnis des Ministers aus. Richtig gelesen besagt sie, dass die Mittel bewirtschaftenden Stellen in Notsituationen nicht alleine – ohne parlamentarische Ermächtigung – Ausgaben leisten dürfen. Sie müssen vorher noch den Finanzminister fragen, nicht aber die BReg oder die Bundeskanzlerin.[41] Wenn das der Wille des Verfassunggebers gewesen wäre, hätte er angesichts der (abweichenden) langjährigen Staatspraxis eine dahingehende ausdrückliche Anordnung treffen müssen.

**25**     Der BMF ist bei der **Ausübung** seines verfassungsmäßigen **Rechts** aus Art. 112 zunächst nicht durch die Kompetenzen der BReg als Kollegium und des BKanzlers beschränkt.[42] Jedenfalls muss er nicht erst einen Kabinettsbeschluss herbeiführen, um seine Zustimmung erteilen zu dürfen. Ergeht jedoch eine ausdr. Weisung des Bundeskanzlers iR seiner Richtlinienkompetenz oder ein Kabinettsbeschluss unter Beachtung der bes. Anforderungen von § 26 GO BReg, ist er daran gebunden und muss notfalls zurücktreten.[43] Weisung oder Beschluss vermögen aber die Zustimmung des BMF nicht zu ersetzen.[44]

### III. Die Zustimmung und ihre Folgen

**26**     Wird das Notbewilligungsrecht zu Recht in Anspruch genommen, hat es **dieselben Rechtsfolgen** wie die Feststellungen des Haushaltsgesetzes. Wegen dieser konstitutiven Wirkung hat das Zustimmungserfordernis nur Sinn, wenn das Einverständnis eingeholt werden muss, bevor die Ausgaben geleistet werden. So außergewöhnliche Notlagen, dass sich auch eine nachträgliche „Heilung" dieses Mangels rechtfertigen lässt, sind nur schwer denkbar.[45] Technisch wandelt § 116 II BHO den Einwilligungsvorbehalt in einen Genehmigungsvorbehalt um.

**27**     Einer **nachträglichen Genehmigung** durch den **BT bedarf es nicht.** Von der Aufnahme einer dahingehenden Anordnung ist bewusst Abstand genommen worden, obwohl sie preußisch-deutscher Tradition entsprochen hätte. Die getätigten Ausgaben können später nicht mehr rückgängig gemacht werden und die parl. Kontrolle des BMF ist durch die Pflicht zur Rechnungslegung (Art. 114 I) hinreichend sichergestellt.[46]

---

[36] BVerfGE 45, 1 (2, 48 f.); RhPfVerfGH AS 26, 4 (19).

[37] BVerfGE 45, 1 (47); *Kube,* in: Maunz/Dürig, Art. 112 (2020) Rn. 71; *Heintzen,* in: v. Münch/Kunig II, Art. 112 Rn. 10; so jetzt auch *Jarass,* in: Jarass/Pieroth, Art. 112 Rn. 5 für den Fall, dass er die Zustimmung erteilen will, nicht aber wenn er sie verweigert; im Ergebnis anders abwM *Niebler* (BVerfGE 45, 1 [57]); *Stern* FinArch 37 (1979), 105 (105 f.); *ders.* StaatsR II, S. 1228: „lex specialis zu Art. 65"; *Mahrenholz* AK GG, Art. 112 (2002) Rn. 3 ff.: „keine Regelung des Binnenverhältnisses innerhalb des Kabinetts"; *Heun,* in: Dreier III, Art. 112 Rn. 8; *Schwarz* MKS III, Art. 112 Rn. 29, 33 f.

[38] BVerfGE 45, 1 (48 f., 51); aA abwM *Niebler* (BVerfGE 45, 1 [60]).

[39] BVerfGE 45, 1 (49).

[40] BVerfGE 45, 1 (48, 50 f.); zust. *Jarass,* in: Jarass/Pieroth, Art. 112 Rn. 5; wohl auch *Heintzen,* in: v. Münch/Kunig II, Art. 112 Rn. 10; insgesamt krit. *Franke* ZParl 1978, 43 (48).

[41] So jetzt auch *Gröpl* BK, Art. 112 (2015) Rn. 53; ebenfalls *Kube,* in: Maunz/Dürig, Art. 112 (2020) Rn. 68.

[42] Vgl. die abwM *Niebler* (BVerfGE 45, 1 [55 f., 59 f.]); ebenso *Leibinger/Jordan* DÖV 1989, 16 (18); aA *Jarass,* in: Jarass/Pieroth, Art. 112 Rn. 5.

[43] BVerfGE 45, 1 (47); *Kube,* in: Maunz/Dürig, Art. 112 (2020) Rn. 71; im Erg. auch *Kemmler,* in: Hofmann/Henneke, Art. 112 Rn. 17; aA abwM *Niebler* (BVerfGE 45, 1, [57, 60]); *Fischer* VerwArch 2007, 543 (548): darf die BReg das BMF „nicht zu über- oder außerplanmäßigen Ausgaben zwingen"; wohl auch *Stern,* StaatsR II, S. 1228, der Art. 112 als lex specialis zu Art. 65 ansieht; krit. ebenfalls *Heintzen* HStR V, § 120 Rn. 69.

[44] *Heintzen,* in: v. Münch/Kunig, Art. 112 Rn. 10; *Fischer* VerwArch 2007, 543 (548); aA *Heun,* in: Dreier III, Art. 112 Rn. 8.

[45] *Fischer* VerwArch 2007, 543 (548); ähnlich *Heun,* in: Dreier III, Art. 112 Rn. 14: „allenfalls in Extremfällen"; *Schwarz* MKS III, Art. 112 Rn. 37; weitergehend *Heintzen,* in: v. Münch/Kunig II, Art. 112 Rn. 8; enger, unter den Voraussetzungen von § 116 II BHO: *Kube,* in: Maunz/Dürig, Art. 112 (2020) Rn. 60 f.; *Mahrenholz* AK GG, Art. 112 (2002) Rn. 11.

[46] In diesem Sinne *Höpker-Aschoff* bei der ersten Lesung im HA, 15. Sitzung, 2.12.1948, Prot. S. 181 f.

Durch die Zustimmung wird die Verantwortlichkeit der einzelnen BMin für die daraufhin geleis- 28
teten Ausgaben nicht aufgehoben. Art. 112 begründet **keine eigene Ausgabenkompetenz** des
BMF.[47] Er ist nicht verpflichtet, seine Zustimmung zu erteilen, auch wenn die Voraussetzungen für die
Inanspruchnahme des Notbewilligungsrechts vorliegen.[48]

## IV. Einzelfälle

**Unvorhergesehen** ist der Finanzbedarf **nicht**: für die **Eigenkapitalerhöhung** einer Aktiengesell- 29
schaft des Bundes, wenn dahingehende Vorschläge bislang in den Haushaltsberatungen abgelehnt
worden waren,[49] für die Ausgaben für das **Projektmanagement** der „Neuen Mitte Oberhausen",[50]
für **Anwaltskosten**, die schon bei der Haushaltsaufstellung bekannt waren;[51] für den (Rück-)Erwerb
von Anteilen an einem Energieversorgungsunternehmen (EnBW).[52] Nicht unvorhergesehen ist auch
ein Bedarf, der dem Finanzminister bekannt gemacht, von ihm aber abgelehnt worden ist.[53]

**Unabweisbarer** Finanzbedarf ist **nicht**: die **Liquiditätshilfe** zugunsten eines Bundesunterneh- 30
mens, wenn noch hinreichende, nicht ausgeschöpfte Kreditlinien zur Verfügung stehen, die **Kreditge-**
**währung** an eine Bundesanstalt, wenn die Kreditsumme fast ein halbes Jahr als Termingeld angelegt
wird,[54] die wirtschaftlich wünschenswerte **Eigenkapitalaufstockung** einer Aktiengesellschaft des
Bundes, wenn keine Zahlungsunfähigkeit droht,[55] eine Werbeaktion mit Müllspartipps.[56]

**Kapitalerhöhungen** bei bundeseigenen Unternehmen über Art. 112 sind regelmäßig **verfas-** 31
**sungswidrig**.[57] Ausgaben zur Abwehr einer Störung des gesamtwirtschaftlichen Gleichgewichts
erfüllen nicht ohne weiteres die Voraussetzungen von Art. 112 (Einzelheiten → Art. 109 Rn. 36 ff.).[58]

## E. Regelungsvorbehalt (Satz 3)

**Durch Gesetz** dürfen **nähere Einzelheiten** bestimmt werden (Satz 3). Es besteht aber keine 32
Pflicht, ein derartiges Gesetz zu erlassen.[59] Vorschriften der BHO, namentlich § 37, können den
Vorbehalt ausfüllen.[60] Der einfache Gesetzgeber darf allerdings nicht die verfassungsrechtlichen Grund-
anforderungen nach S. 2 lockern.[61] Abweichungen für Beträge, die unterhalb von **„Bagatellgren-**
**zen"** liegen, dürfen jedoch erlaubt werden.[62] Seit seiner Neufassung 1995 sieht § 37 I 4 Hs. 1 BHO
ausdr. die Festlegung solcher Grenzen durch das jew. HaushaltsG vor. Mit der Einführung von
Erleichterungen für „Bagatellbeträge" ist aber **nicht** zugleich ein **Verzicht** auf die übrigen materiellen
Anforderungen des Notbewilligungsrechts verbunden.[63]

## Art. 113 [Finanzwirksame Bundesgesetze]

(1) **Gesetze, welche die von der Bundesregierung vorgeschlagenen Ausgaben des Haus-**
**haltsplanes erhöhen oder neue Ausgaben in sich schließen oder für die Zukunft mit sich**
**bringen, bedürfen der Zustimmung der Bundesregierung. Das gleiche gilt für Gesetze, die**
**Einnahmeminderungen in sich schließen oder für die Zukunft mit sich bringen. Die Bun-**
**desregierung kann verlangen, daß der Bundestag die Beschlußfassung über solche Gesetze**

---

[47] Deutlich: abwM *Niebler* (BVerfGE 45, 1 [55]); *Schwarz* MKS III, Art. 112 Rn. 35; zu weit *Leibinger/Jordan*
DÖV 1989, 16 (17).
[48] *Kube*, in: Maunz/Dürig, Art. 112 (2020) Rn. 56; *Schwarz* MKS III, Art. 112 Rn. 35; *Heintzen*, in: v. Münch/
Kunig II, Art. 112 Rn. 9: „keine gebundene Entscheidung"; *Gröpl* BK, Art. 112 (2016) Rn. 59; aA *Fischer-Mens-*
*hausen*, in: v. Münch/Kunig III, 3. Aufl. 1996, Art. 112 Rn. 9; wohl auch *Fischer* VerwArch 2007, 543 (548, 553),
der eine „fachpolitische" Bewertung durch den BMF verneint.
[49] BVerfGE 45, 1 (43).
[50] NWVerfGH NVwZ 1995, 162 (163).
[51] RhPfVerfGH 26, 4 (12).
[52] BWStGH NVwZ 2012, 300. Es ging um einen Gesamtbetrag von 5,9 Mrd. Euro, LT-Prot. 14/106, S. 7533.
[53] Besprechung von SachsAnhVerfGH 1/06 bei *Gumboldt* LKV 2007, 356 (357).
[54] BVerfGE 45, 1 (41 f.).
[55] BVerfGE 45, 1 (43).
[56] NWVerfGH NVwBl 1992, 129 (131).
[57] BVerfGE 45, 1 (45).
[58] *Kube*, in: Maunz/Dürig, Art. 112 (2020) Rn. 11; insoweit ebenso *Fischer-Menshausen*, in: v. Münch/Kunig III,
3. Aufl. 1996, Art. 112 Rn. 11, der aber Art. 109 II als Grundlage heranzieht; *Schwarz* MKS III, Art. 112 Rn. 17 ff.
[59] BVerfGE 79, 311 (352).
[60] *Stern*, StaatsR II, S. 1228; aA *Arndt*, der deshalb § 37 I 4 BHO für verfassungswidrig hielt (DVBl 1975, 601
[603 f.]); § 37 I BHO ist nach der Entscheidung des BVerfG (BVerfGE 45, 1 [1 ff.]) durch G v. 22.9.1994 (BGBl. I
2605) enger gefasst worden.
[61] *Kube*, in: Maunz/Dürig, Art. 112 (2020) Rn. 77, 87; *v. Zezschwitz* weist auf die Gefahr der „parlamentarischen
Selbstaufgabe" hin (DÖV 1979, 489 [489 ff.]); *Jarass*, in: Jarass/Pieroth, Art. 112 Rn. 3; dagegen *Patzig* DÖV 1979,
896 (896 ff.); Schlusswort *v. Zezschwitz* DÖV 1979, 899 (899 f.); *Schwarz* MKS III, Art. 112 Rn. 45.
[62] BVerfGE 45, 1 (39).
[63] Im Hinblick auf die sachliche Unabweisbarkeit *Jahndorf* DVBl 1998, 75 (79).

aussetzt. In diesem Fall hat die Bundesregierung innerhalb von sechs Wochen dem Bundestage eine Stellungnahme zuzuleiten.

(2) Die Bundesregierung kann innerhalb von vier Wochen, nachdem der Bundestag das Gesetz beschlossen hat, verlangen, daß der Bundestag erneut Beschluß faßt.

(3) Ist das Gesetz nach Artikel 78 zustande gekommen, kann die Bundesregierung ihre Zustimmung nur innerhalb von sechs Wochen und nur dann versagen, wenn sie vorher das Verfahren nach Absatz 1 Satz 3 und 4 oder nach Absatz 2 eingeleitet hat. Nach Ablauf dieser Frist gilt die Zustimmung als erteilt.

**Entstehungsgeschichte: Erstfassung:** JöR nF 1 (1951), 815 – **Änderung:** 20. G zur Änd. des GG v. 12.5.1969 (BGBl I 357), Art. I Nr. 4 (dazu: Kommission für die Finanzreform, Gutachten über die Finanzreform in der Bundesrepublik Deutschland, 2. Aufl. 1966, Tz. 185–197; BT-Dr V/3040 [Entwurf], Begründung speziell Rn. 88–93, 115–123; BT-Dr V/3605, S. 11 f.; iÜ wie Art. 110).
**Historische Verfassungstexte: RV 1849: § 103** Bei Feststellung des Reichshaushaltes treten folgende Bestimmungen ein: ... 2) Bewilligungen von Ausgaben dürfen nur auf Antrag der Reichsregierung und bis zum Belauf dieses Antrags erfolgen ... – **WRV: Art. 85 (4)** Der Reichstag kann im Entwurfe des Haushaltsplans ohne Zustimmung des Reichsrats Ausgaben nicht erhöhen oder neu einsetzen. – **GG 1949:** Beschlüsse des Bundestages und des Bundesrates, welche die von der Bundesregierung vorgeschlagenen Ausgaben des Haushaltsplanes erhöhen oder neue Ausgaben in sich schließen oder für die Zukunft mit sich bringen, bedürfen der Zustimmung der Bundesregierung.
**Geltende Landesverfassungen:** *BW*Verf Art. 82; *Bay*Verf Art. 78 V, 79; *Bln*Verf Art. 90; *Bbg*Verf Art. 104; *Brem*Verf Art. 102; *Hmb*Verf Art. 69; *Hess*Verf Art. 142; *MV*Verf Art. 64; *Nds*Verf Art. 68; *NRW*Verf Art. 84; *RhPf*Verf Art. 118; *Saar*Verf Art. 107 II; *Sachs*Verf Art. 97; *LSA*Verf Art. 96; *SchlH*Verf Art. 62; *Thür*Verf Art. 99 III 2.
**Gesetzgebung:** GOBT § 87.

**Schrifttum:** *H. Karehnke,* Die Einschränkung des parlamentarischen Budgetrechts bei finanzwirksamen Gesetzen durch Art. 113 des Grundgesetzes, DVBl 1972, 811.

## Übersicht

## A. Bedeutung

1    Die Vorschrift knüpft die **Wirksamkeit** Ausgaben erhöhender und Einnahmen vermindernder Gesetze an die **Zustimmung der BReg.** Ein solches **Vetorecht** der Exekutive gegenüber gesetzgeb Maßnahmen der Legislative ist in der Gewaltenordnung des GG eine Besonderheit.

2    Die in Art. 113 getroffene Regelung sollte „nach Geist und Wortlaut" von fundamentaler Bedeutung für das Kräftespiel zwischen Parlament und Regierung in der staatlichen Finanzwirtschaft und darüber hinaus für die gesamte wirtschaftliche Entwicklung sein.[1] Sie gibt der BReg die Möglichkeit, neuen Ausgabewünschen und Einnahmeverringerungen von Seiten des Parlaments einen Riegel vorzuschieben.[2] **Theoretisch** ist das eine nennenswerte **Einschränkung der parlamentarischen Budgethoheit** (→ Art. 110 Rn. 12). Ihre praktische Bedeutung ist dagegen minimal[3] und wird es wohl auch bleiben.[4]

3    Mit ihr ist der Versuch unternommen worden, ein zentrales Problem der staatl. Finanzwirtschaft zu bewältigen: das ungezügelte Wachstum der staatl. Ausgaben. Doch obwohl die – bis dahin wirkungslose[5] – Vorschrift iRd Haushaltsreform 1969 grundlegend überarbeitet worden ist, konnte sie ihren **Zweck nicht erfüllen.** Sie vernachlässigt grundlegende Mechanismen des Budgetprozesses im demokr. Staat. Die entspr. Erkenntnisse der älteren Finanzwissenschaft *(Wagner, Schumpeter, de Viti de Marco)* und der neueren angelsächs. Forschung *(Downs, Wildavsky, Buchanan)* wurden nicht genügend beachtet.[6]

4    **Ursprünglich** war die **Frontstellung** klar: Als zu Beginn der Neuzeit die „eigenen" Einkünfte des Landesherrn nicht mehr ausreichten, um die staatl. Aufgaben zu finanzieren, musste er auf die finanz. Mittel seiner Untertanen zurückgreifen. Die ständischen oder (früh-)parlament. Vertretungskörper-

---

[1] *Stern,* StaatsR II, S. 1222 mwN.
[2] *Mahrenholz* AK GG, Art. 112 (2002) Rn. 1; *Gröpl* BK, Art. 113 (2015) Rn. 20; *Kube,* in: Maunz/Dürig, Art. 113 (2008) Rn. 1.
[3] Verweigerung der Zustimmung zum zweiten Gesetz zur Änderung und Ergänzung des Gesetzes über die Viehzählungen, BT-Dr I/3971, 4175 und BT-Dr II/857.
[4] *Friauf* VVDStRL 27 (1969), 1 (26): „stumpfes Schwert"; *Kube,* in: Maunz/Dürig, Art. 113 (2008) Rn. 4; *Mahrenholz* bezeichnet die Beschäftigung mit Art. 113 als „praktische Übungen am Phantom" (AK GG, Art. 113 [2002] Rn. 2a).
[5] Kommission für die Finanzreform (Troeger-Kommission), Gutachten über die Finanzreform in der Bundesrepublik Deutschland, 2. Aufl. 1966, Tz. 188 ff.; *Stern,* StaatsR II, S. 1220.
[6] Nachw. bei *Stern,* StaatsR II, S. 1222 Fn. 144.

schaften waren zT nur dazu geschaffen worden, die gewünschten Mittel zu bewilligen. Sie hatten aber ein vitales Interesse daran, die Begehrlichkeit des Landesherrn auf das als notwendig angesehene Maß und die als wichtig angesehenen Zwecke zu begrenzen sowie die zweckentspr. Verwendung der bewilligten Mittel zu kontrollieren.[7]

Sobald die in diesen Gremien auftretenden Personen aber nicht mehr **persönlich** die zu veraus- 5 gabenden Mittel aufzubringen hatten oder für ihre Eintreibung bei ihren **eigenen** Untertanen zu sorgen hatten, schwand ihr Interesse, die Ausgaben in Grenzen zu halten.

Ein um seine Wiederwahl besorgter Politiker **muss** versuchen, möglichst viele der (unbegrenzten) 6 **Wünsche** seiner Wähler **zu erfüllen,** zumal er sie nicht zu bezahlen braucht. Da sich der moderne Staat aber im Wesentlichen aus Zwangsabgaben seiner Bürger finanziert, gibt es nur eine natürliche Barriere für die unbegrenzten Bedürfnisse: Die Erfüllung eines finanzwirksamen Wunsches muss an seine finanzielle Deckung geknüpft werden (Prinzip der fiskalischen Äquivalenz).

Deshalb ist der Ausgangspunkt der Vorschrift richtig: Sie versucht, einen Zusammenhang zwischen 7 finanzwirksamen Wünschen der Volksvertreter und den finanziellen Deckungsmöglichkeiten herbeizuführen. Dabei geht sie von einem **Rollentausch** zwischen Parlament und Regierung aus. Das Parlament wird als ausgabefreudig angesehen und die Regierung als zum Bremsen geneigt.[8]

Damit „überanstrengt" die Regelung aber „die verfassungsrechtliche Position der BReg im Par- 8 teienstaat des Grundgesetzes".[9] Ihre **Fehlkonstruktion** besteht vor allem darin, dass sie die BReg mit der Bremsfunktion betraut, obwohl auch sie sich um ihre Wiederwahl sorgen muss, wenn auch nicht so unmittelbar, wie ein Mitglied des BT. Hinzu kommt, dass im parl. Regierungssystem der BRD die Regierung keine eigene, unmittelbar vom Volk abgeleitete demokr. Legitimation besitzt. Sie ist in ihrem Bestand vom Vertrauen des Parlaments oder genauer der Parlamentsmehrheit abhängig. Unter diesen Umständen ist es nahezu **ausgeschlossen,** dass sie einem finanzwirksamen Wunsch der sie tragenden Bundestagsfraktionen **ernsthaften** Widerstand entgegensetzt.[10]

## B. Das Zustimmungserfordernis

Voraussetzung für das Vetorecht der BReg ist, dass es sich um ein „finanzwirksames" Gesetz 9 handelt. Art. 113 I 1 und 2 nennt **fünf** verschiedene Gruppen: Gesetze, welche

– die von der BReg vorgeschlagenen Ausgaben des Haushaltsplanes erhöhen oder
– neue Ausgaben in sich schließen oder
– neue Ausgaben für die Zukunft mit sich bringen oder
– Einnahmeminderungen in sich schließen oder
– Einnahmeminderungen für die Zukunft mit sich bringen.

**Vergleichsmaßstab** für **Mehrausgaben** ist der Ansatz im Haushaltsplan, wie er durch das Haus- 10 haltsG festgestellt oder von der BReg vorgeschlagen ist.[11] **Einnahmeminderungen** sind anhand der bisher geltenden Einnahmen begründenden Regelungen, namentlich der SteuerG, festzustellen.[12] Gesetze iSv Art. 113 sind nur formelle Gesetze des Bundes[13] unter Einschluss des HaushaltsG.[14]

Die Vorschrift erfasst nicht nur solche finanzwirksamen Gesetze, die den Haushaltsausgleich „ernst- 11 haft und nachhaltig stören können" oder die von „grundsätzlicher finanzpolitischer Bedeutung" sind.[15] § 96 I GOBT darf nicht als Auslegungsrichtlinie für die Verfassung benutzt werden.[16] Echte **Bagatell-beträge** können aber vernachlässigt werden.[17]

---

[7] Einzelheiten bei *Siekmann,* Die Staatsfinanzierung nach dem Grundgesetz, 1992 (2005), S. 9 ff.

[8] So *Stern,* StaatsR II, S. 2119; ähnl. *Gröpl* BK, Art. 113 (2015) Rn. 30 mwN.

[9] *Mahrenholz* AK GG, Art. 113 (2002) Rn. 2a.

[10] So iE auch *Mahrenholz* AK GG, Art. 113 (2002) Rn. 2a; *Malorny,* Exekutive Vetorechte im deutschen Verfassungssystem, 2011, S. 233; *Gröpl* BK, Art. 113 (2015) Rn. 34; *Kube,* in: Maunz/Dürig, Art. 113 (2008) Rn. 4; *Schwarz* MKS III, Art. 113 Rn. 3; *Heun,* in: Dreier III, Art. 113 Rn. 4; *Heintzen,* in: v. Münch/Kunig II, Art. 113 Rn. 1, 13; *Kloepfer,* Finanzverfassungsrecht mit Haushaltsverfassungsrecht, 2014, § 11 Rn. 7; *Wernsmann,* NVwZ 2019, 1401 (1404).

[11] *Stern,* StaatsR II, S. 1221; *Kube,* in: Maunz/Dürig, Art. 113 (2008) Rn. 20, der fünf Fälle unterscheidet; aA wohl *Heun,* in: Dreier III, Art. 113 Rn. 6.

[12] *Mahrenholz* AK GG, Art. 113 (2002) Rn. 9.

[13] *Stern,* StaatsR II, S. 1221 f.; *Mahrenholz* AK GG, Art. 113 (2002) Rn. 3; *Heun,* in: Dreier III, Art. 113 Rn. 5; sinngemäß auch *Jarass,* in: Jarass/Pieroth, Art. 113 Rn. 2; *Gröpl* BK, Art. 113 (2015) Rn. 46 f.

[14] *Moeser,* Die Beteiligung des Bundestages an der staatlichen Haushaltsgewalt, 1978, S. 118 ff.; *Stern,* StaatsR II, S. 1221; *Kube,* in: Maunz/Dürig, Art. 113 (2008) Rn. 21; *Gröpl* BK, Art. 113 (2015) Rn. 60, der aber – fragwürdig – auf den Haushaltsplan abstellt; aA *Mußgnug,* Der Haushaltsplan als Gesetz, 1976, S. 206 ff.; *Heun,* in: Dreier III, Art. 113 Rn. 7 mit beachtenswerten Gründen.

[15] *Brockmeyer,* in: Hofmann/Henneke, Art. 113 (2016) Rn. 5; *Kemmler,* in: Hofmann/Henneke, Art. 113 Rn. 10; *Schwarz* MKS III, Art. 113 Rn. 18; *Heintzen,* in: v. Münch/Kunig II, Art. 113 Rn. 7.

[16] So aber *Fischer-Menshausen,* in: v. Münch/Kunig III, 3. Aufl. 1996, Art. 113 Rn. 4; *Heun,* in: Dreier III, Art. 113 Rn. 5; wohl auch *Kloepfer* (Fn. 10) Rn. 13.

[17] *Stern,* StaatsR II, S. 1222, unter fragwürdigem Hinweis auf § 96 GOBT; *Schwarz* MKS III, Art. 113 Rn. 18; *Heun,* in: Dreier III, Art. 113 Rn. 5; *Gröpl* BK, Art. 113 (2015) Rn. 72, aber nur wenn bei „realistischer Betrachtung" eine Deckung ohne Umschichtungen oder Art. 112 gegeben ist; *Kemmler,* in: Hofmann/Henneke, Art. 113 Rn. 10.

**12**     Das **gesamte Gesetz** ist an das Zustimmungserfordernis gebunden, auch wenn nur eine einzelne Bestimmung „finanzwirksam" ist.[18] Insoweit handelt es sich um eine außerordentliche, verfassungsrechtlich vorgeschriebene „Gültigkeitsvoraussetzung",[19] die selbstständig auch im Bereich von Art. 111 und 112 anzuwenden ist.[20]

## C. Die Entscheidung der Bundesregierung

**13**     Die BReg darf die Zustimmung nach ihrer „politischen Einschätzung" erteilen oder verweigern.[21] Dieser **Entscheidungsspielraum** ist jedoch auf Gründe der Haushaltswirtschaft oder des gesamtwirtschaftlichen Gleichgewichts beschränkt.[22] Die Einhaltung dieser Grenzen ist verfassungsgerichtlich überprüfbar.[23] Eine einklagbare **Verpflichtung** der BReg zur Ausübung des Vetorechts besteht indes nicht.[24]

**14**     Die Verweigerung der Zustimmung ist **nur beachtlich,** wenn sie innerhalb von sechs Wochen erfolgt ist und das Vorverfahren (→ Rn. 16) durchgeführt worden ist (Abs. 3).[25]

**15**     Erforderlich ist die Zustimmung der **BReg.** Die Zustimmung des BMF reicht nicht aus.[26] Die Vorschrift erfordert nach ihrer Neufassung aber nicht mehr ein aktives Handeln der BReg.[27] Die Zustimmung muss daher **nicht ausdrücklich** erklärt werden und braucht auch nicht in die Verkündungsformel aufgenommen zu werden;[28] anders jedoch bei der Versagung, die ausdr. mitzuteilen ist.[29]

## D. Das erneute Überdenken durch den Bundestag

**16**     Durch die Neufassung der Vorschrift im Jahre 1969 sollte „der Schwerpunkt der Intervention" der BReg in das noch schwebende Gesetzgebungsverfahren vorverlagert werden, da die Zustimmungsverweigerung nach Verabschiedung des Gesetzes regelmäßig zu spät komme.[30] Es wurde ein **„Vorverfahren"**[31] eingeführt, dessen Absolvierung bindende Voraussetzung für die Ausübung des Zustimmungsvorbehalts durch die BReg ist.

**17**     Es soll den BTag dazu zwingen, seine Entscheidung unter Berücksichtigung des Standpunkts der BReg noch einmal zu **überdenken.** Dafür sieht die Verfassung zwei Varianten vor:

**18**     (1) Wenn der BTag noch **keinen** Beschluss gefasst hat, kann die BReg nach Abs. 1 S. 3 und 4 verlangen, dass der BTag die Beschlussfassung aussetzt und eine Stellungnahme der BReg bis zu sechs Wochen abwartet.

**19**     (2) Zusätzlich oder stattdessen kann sie binnen vier Wochen, **nachdem** der BTag einen Beschluss gefasst hat, verlangen, dass er erneut über das betroffene Gesetz entscheidet, Abs. 2. Das Verlangen kann begründet werden. Es führt zur Unwirksamkeit des ersten Beschlusses, damit der BTag in eine **erneute Beratung** eintreten kann.[32]

---

[18] *Karehnke* DVBl 1972, 811 (816); zust. *Kloepfer* (Fn. 10) Rn. 18.

[19] *Karehnke* DVBl 1972, 811 (815 f.); *Stern,* StaatsR II, S. 1221; zust. *Kube,* in: Maunz/Dürig, Art. 113 (2008), Rn. 3.

[20] *Kube,* in: Maunz/Dürig, Art. 113 (2008), Rn. 8 f.; *Kloepfer* (Fn. 10) Rn. 17.

[21] *Stern,* StaatsR II, S. 1221; aA *Kube,* in: Maunz/Dürig, Art. 113 (2008), Rn. 44: Ermessen nur bei Gefährdung des Haushaltsausgleichs.

[22] *Moeser* (Fn. 14), S. 73.

[23] *Kube,* in: Maunz/Dürig, Art. 113 (2008) Rn. 58: kein Beurteilungsspielraum in Bezug auf die Tatbestandsvoraussetzungen; *Gröpl* BK, Art. 113 (2015) Rn. 114; zurückhaltender *Fischer-Menshausen,* in: v. Münch/Kunig III, 3. Aufl. 1996, Art. 113 Rn. 7; aA *Heun,* in: Dreier III, Art. 113 Rn. 8; *Schwarz* MKS III, Art. 113 Rn. 19: nur eingeschränkt überprüfbarer Beurteilungsspielraum, „Prognoseentscheidung", 23; *Kloepfer* (Fn. 10) Rn. 19: weiter Beurteilungsspielraum.

[24] *Stern,* StaatsR II, S. 1223; aA *Moeser* (Fn. 14), S. 120; *ders.* DVBl 1977, 479 (483).

[25] *Karehnke* DVBl 1972, 811 (815).

[26] *Karehnke* DVBl 1972, 811 (812 Fn. 3); zust. *Gröpl* BK, Art. 113 (2015) Rn. 85; *Kube,* in: Maunz/Dürig, Art. 113 (2008) Rn. 29.

[27] *Stern,* StaatsR II, S. 1221; *Mahrenholz* AK GG, Art. 113 (2002) Rn. 3; *Gröpl* BK, Art. 113 (2015) Rn. 90, aber nur für die Zustimmung, anders bei der Verweigerung (Rn. 94); *Kube,* in: Maunz/Dürig, Art. 113 (2008) Rn. 3, 54.

[28] *Karehnke* DVBl 1972, 811 (811 f.); *Kloepfer* (Fn. 10) Rn. 21; aA *Belau,* Zur Auslegung und Anwendung des Art. 113 des Grundgesetzes, DVBl. 1951, 429 (434); *Fischer-Menshausen,* in: v. Münch/Kunig III, 3. Aufl. 1996, Art. 113 Rn. 8, der aber das Gesetz gleichwohl für gültig hält.

[29] *Kube,* in: Maunz/Dürig, Art. 113 (2008) Rn. 53.

[30] *Stern,* StaatsR II, S. 1220 f.; ebenso *Kube,* in: Maunz/Dürig, Art. 113 (2008) Rn. 16; *Heintzen,* in: v. Münch/Kunig II, Art. 113 Rn. 2.

[31] Begriff bei *Piduch* Bundeshaushaltsrecht, Art. 113 (1977) Rn. 16; weiter verwendet von *Nebel,* in: Piduch, Bundeshaushaltsrecht, Art. 113 (2015) Rn. 16; zur näheren Ausgestaltung dieses Verfahrens vgl. *Karehnke* DVBl 1972, 811 (814 f.).

[32] Bericht des Rechtsausschusses, BT-Dr V/3605.

## E. Das Wirksamwerden der betroffenen Gesetze

Ein finanzwirksames Gesetz kann danach auf **drei Wegen** wirksam werden:[33]     **20**

(1) Die BReg hat weder die Aussetzung der Beschlussfassung verlangt noch die erneute Beratung.

(2) Die BReg hat ausdrücklich ihre Zustimmung erteilt.

(3) Die BReg trifft keine Entscheidung innerhalb von sechs Wochen nach Zustandekommen des Gesetzes.

Auch wenn die BReg ihre Zustimmung erteilt hat, bleibt es dem **Bundesminister der Finanzen**  **21** zunächst unbenommen, **seine Zustimmung** iRd Art. 112 zu verweigern, soweit über- oder außerplanmäßige Ausgaben wegen des Gesetzes geleistet werden müssen.[34] Insoweit ist es richtig, wenn üblicherweise angenommen wird, dass Art. 113 und Art. 112 „selbstständig nebeneinander stehen".[35] Der praktische Gehalt dieser Aussage ist jedoch gering, da sich der BKanzler oder das Kabinett letztlich gegen den Finanzminister wegen seiner Einbindung in die Regierungsverantwortung durchsetzen können, wenn man der Auslegung des BVerfG folgt (→ Art. 112 Rn. 21, 25).

## Art. 114 [Finanzkontrolle des Bundes]

**(1) Der Bundesminister der Finanzen hat dem Bundestage und dem Bundesrate über alle Einnahmen und Ausgaben sowie über das Vermögen und die Schulden im Laufe des nächsten Rechnungsjahres zur Entlastung der Bundesregierung Rechnung zu legen.**

**(2) Der Bundesrechnungshof, dessen Mitglieder richterliche Unabhängigkeit besitzen, prüft die Rechnung sowie die Wirtschaftlichkeit und Ordnungsmäßigkeit der Haushalts- und Wirtschaftsführung des Bundes. Zum Zweck der Prüfung nach Satz 1 kann der Bundesrechnungshof auch bei Stellen außerhalb der Bundesverwaltung Erhebungen vornehmen; dies gilt auch in den Fällen, in denen der Bund den Ländern zweckgebundene Finanzierungsmittel zur Erfüllung von Länderaufgaben zuweist. Er hat außer der Bundesregierung unmittelbar dem Bundestage und dem Bundesrate jährlich zu berichten. Im übrigen werden die Befugnisse des Bundesrechnungshofes durch Bundesgesetz geregelt.**

**Entstehungsgeschichte: Erstfassung:** JöR nF 1 (1951), 820. – **Änderung:** 20. G zur Änd. des GG v. 12.5.1969 (BGBl I 357), Art. I Nr. 5; iÜ wie Art. 110; G zur Änd. des GG (Art. 90, 91c, 104b, 104c, 107, 108, 109a, 114, 125c, 143d, 143e, 143f, 143g) v. 13.7.2017 (BGBl I 2347), Art. 1 Nr. 8 (dazu: BT Dr 18/11131 [Entw.]; BT-Dr 18/12588 [Beschlussempf. und Bericht HaushaltsA]; BT-Prot 18/218, 21767C; 18/237, 23974A, 24024B; BR-Prot 17/953, 6C; 17/958, 261D).
**Historische Verfassungstexte: RV 1849:** § 103 ... 8) Die Nachweisung über die Verwendung der Reichsgelder wird dem Reichstage, und zwar zuerst dem Volkshause, zur Prüfung und zum Abschluß vorgelegt. – **RV 1871: Art. 72** Ueber die Verwendung aller Einnahmen des Reichs ist durch den Reichskanzler dem Bundesrathe und dem Reichstage zur Entlastung jährlich Rechnung zu legen. – **WRV: Art. 86** Über die Verwendung aller Reichseinnahmen legt der Reichsfinanzminister in dem folgenden Rechnungsjahre zur Entlastung der Reichsregierung dem Reichsrat und dem Reichstag Rechnung. Die Rechnungsprüfung wird durch Reichsgesetz geregelt. – **GG 1949:** (1) Der Bundesminister der Finanzen hat dem Bundestage und dem Bundesrate über alle Einnahmen und Ausgaben sowie über das Vermögen und die Schulden jährlich Rechnung zu legen. (2) Die Rechnung wird durch einen Rechnungshof, dessen Mitglieder richterliche Unabhängigkeit besitzen, geprüft. Die allgemeine Rechnung und eine Übersicht über das Vermögen und die Schulden sind dem Bundestage und dem Bundesrate im Laufe des nächsten Rechnungsjahres mit den Bemerkungen des Rechnungshofes zur Entlastung der Bundesregierung vorzulegen. Die Rechnungsprüfung wird durch Bundesgesetz geregelt – **GG 1969:** (2) Der Bundesrechnungshof, dessen Mitglieder richterliche Unabhängigkeit besitzen, prüft die Rechnung sowie die Wirtschaftlichkeit und Ordnungsmäßigkeit der Haushalts- und Wirtschaftsführung. Er hat außer der Bundesregierung unmittelbar dem Bundestage und dem Bundesrate jährlich zu berichten. Im übrigen werden die Befugnisse des Bundesrechnungshofes durch Bundesgesetz geregelt.
**Geltende Landesverfassungen:** *BW*Verf Art. 83; *Bay*Verf Art. 80; *Bln*Verf Art. 94, 95; *Bbg*Verf Art. 106, 107; *Brem*Verf Art. 133, 133a; *Hmb*Verf Art. 70, 71; *Hess*Verf Art. 144; *MV*Verf Art. 67, 68; *Nds*Verf Art. 69, 70; *NRW*Verf Art. 86, 87; *RhPf*Verf Art. 120; *Saar*Verf Art. 106; *Sachs*Verf Art. 99, 100; *LSA*Verf Art. 97, 98; *SchlH*Verf Art. 63–65; *Thür*Verf Art. 102, 103.
**Supra- und internationale Texte:** AEUV Art. 285–287, 318, 319; EAGV Art. 179a, 180b; EGKS Art. 78d, 78g; FusionsV Art. 20 (Gesamthaushalt der Europäischen Gemeinschaften).
**Gesetzgebung:** HGrG §§ 32–47, 53–56; BHO §§ 66–104; BRHG; GO-BRH.
**Leitentscheidungen:** BVerfGE 127 (165) (Informationsbeschaffung bei Finanzhilfen); BVerfGE 137, 108 (Kontrolle von Optionskommunen); BVerwGE 139, 87 (Umfang des Prüfungsrechts); BVerwG NVwZ 2013, 431

---

[33] Vgl. *Jarass*, in: Jarass/Pieroth, Art. 113 Rn. 6; zustimmend *Kloepfer* (Fn. 10) Rn. 26.

[34] *Stern*, StaatsR II, S. 1221: „Zustimmung nach Art. 112 ist nicht in der Zustimmung nach Art. 113 enthalten"; *Gröpl* BK, Art. 113 (2015) Rn. 124.

[35] *Kube*, in: Maunz/Dürig, Art. 113 (2008) Rn. 9; *Jarass*, in: Jarass/Pieroth, Art. 113 Rn. 1; *Heun*, in: Dreier III, Art. 113 Rn. 9; *Schwarz* MKS III, Art. 113 Rn. 24; *Kloepfer* (Fn. 10) Rn. 16; aA *Heintzen*, in: v. Münch/Kunig II, Art. 113 Rn. 5.

(Auskunftspflicht des BRH nach IFG); BGHZ 113, 36 (Dienstzeit); NWVerfGH, NWVBl 2012, 107 (NRW.BANK).

**Schrifttum:** *G. D. Belemann,* Rechtsschutzprobleme im Bereich der Finanzkontrolle, DÖV 1990, 58; *H. Blasius,* Der Rechnungshof als körperschaftlich-kollegial verfaßte unabhängige Einrichtung, JZ 1990, 954; *H. Blasius/ B. Stadtmann,* Justiz und Finanzkontrolle, DÖV 2002, 12; *W. v. Böning/A. v. Mutius* (Hrsg.), Finanzkontrolle im repräsentativ-demokratischen System, 1990; *D. Budäus/D. Hilger* (Hrsg.) Reform des öffentlichen Haushalts- und Rechnungswesens ..., 2010; *C. Degenhart,* Kontrolle der Verwaltung durch Rechnungshöfe, VVDStRL 55 (1996), 190; *M. Eibelshäuser* (Hrsg.), Finanzpolitik und Finanzkontrolle – Partner für Veränderungen, 2002; *G. Engelhardt/ H. Schulze/W. Thieme* (Hrsg.), Stellung und Funktion der Rechnungshöfe im Wandel?, 1993; *T. Groß,* Exekutive Befugnisse der Rechnungshöfe, VerwArch 2004, 194; *K. Grupp,* Die Stellung der Rechnungshöfe in der Bundes-republik Deutschland, 1972; *ders.,* Parlamentarische Informationsverlangen über Prüfungen der Rechnungshöfe, FS Mußgnug, 2005, S. 163; *N. Hauser,* Stellung des Bundesrechnungshofs im System der Gewaltenteilung und in der öffentlichen Verwaltung ..., DVBl 2006, 539; *Heuer/Engels/Eibelshäuser* (Hrsg.), Kommentar zum Bundes-haushaltsrecht (Loseblatt); *W. Höfling,* Die Betätigungsprüfung der Rechnungshöfe nach §§ 44 Abs. 1, 53, 54 Abs. 1 HGrG, FS Selmer, 2004, S. 673; *R.-D. Kammer,* Finanzkontrolle und Finanzierungskompetenz des Bundes, DVBl 1990, 555; *W. Löwer,* Regierungsarkana und Kontrolle der Rechnungshöfe, NWVBl 2009, 125; *H. Lopacki,* Das Recht der Rechnungshöfe auf Personalaktenvorlage, DöD 2009, 269; *M. Mähring,* Externe Finanzkontrolle im europäischen Mehrebenensystem, DÖV 2006, 195; *U. Müller* (Hrsg.), Haushaltsreform und Finanzkontrolle, 1997; *H. Rischer,* Finanzkontrolle staatlichen Handelns, 1995; *H. Schulze-Fielitz,* Kontrolle der Verwaltung durch Rechnungshöfe, VVDStRL 55 (1996), 231; *ders.* (Hrsg.), Fortschritte der Finanzkontrolle in Theorie und Praxis, Verwaltung Beih. 3, 2000; *G. F. Schuppert,* Die Steuerung des Verwaltungshandelns durch Haushaltsrecht und Haushaltskontrolle, VVDStRL 42 (1984), 216; *K. A. Schwarz,* Finanzkontrolle im föderalen Mehrebenensystem, DVBl 2011, 135; *H. Siekmann,* Die Prüfung der NRW.BANK durch den Landesrechnungshof, in: T. Baums (Hrsg.), Eine stabile Geld-, Währungs- und Finanzordnung, 2013, S. 756; *K. Stern,* Bundesrechnungshof und Finanzkontrolle aus verfassungsrechtlicher Sicht, DÖV 1990, 261; *J. M. Störring,* Die Beratungsfunktion des Bundesrechnungshofes und seiner Präsidenten, 2013; *P. Tuschl,* Das Urteil des Verfassungsgerichtshofs zur Rech-nungshofkontrolle der NRW.BANK, NWVBl 2012, 165; *H. H. v. Arnim,* Wirtschaftlichkeit als Rechtsprinzip, 1988; *ders.* (Hrsg.), Finanzkontrolle im Wandel, 1989; *H. H. v. Arnim/K. Lüder* (Hrsg.), Wirtschaftlichkeit in Staat und Verwaltung, 1993; *A. v. Mutius,* Die Steuerung des Verwaltungshandelns durch Haushaltsrecht und Haushalts-kontrolle, VVDStRL 42 (1984), 147; *J. Wieland,* Rechnungshofkontrolle im demokratischen Rechtsstaat, DVBl 1995, 894; *H. G. Zavelberg* (Hrsg.), Die Kontrolle der Staatsfinanzen, FS 275 Jahre General-Rechen-Kammer, 1989.

## Übersicht

## A. Allgemeines und Bedeutung

1   Die Vorschrift statuiert in Abs. 1 eine spezielle Verantwortung der BReg gegenüber dem Parlament. BTag und BRat sind berechtigt, aber auch verpflichtet, den **Haushaltsvollzug** der BReg zu **kon-**

**trollieren.**[1] Dazu hat der BMF **Rechnung zu legen:** (1) über alle Einnahmen und Ausgaben, (2) über das Vermögen und die Schulden.

Die darüber hinaus in Abs. 2 vorgesehene Kontrolle durch den **BRH** dient im Wesentlichen zwei  **2** Zwecken: Zum einen soll sie das **Parlament** bei der Erfüllung seiner Kontrollaufgabe **unterstützen.** Zum anderen ist sie ein Instrument der **internen Kontrolle** der **Verwaltung.** Sie ist weder eindeutig dem Parlament zuzuordnen, noch ist sie eine Einrichtung der bloßen Selbstkontrolle der Exekutive. Sie steht vielmehr zwischen den Gewalten und der BRH ist kein bloßes „Hilfsorgan" einer dieser Gewalten (→ Rn. 24).

Rechnungslegung, Prüfung und Entlastung stellen die vierte und damit **letzte** Station im **Haus-**  **3** **haltskreislauf** dar (→ Art. 110 Rn. 4). Art. 114 enthält Bestandteile institutioneller und funktioneller Art. Er garantiert eine öffentlich-rechtliche **Einrichtung** und bestimmt **Tätigkeitsbereiche** im „Sinne typischer und historisch vorgeprägter Zusammenhänge". Er sichert so das **Rechtsinstitut Finanzkontrolle.**[2]

Finanzkontrolle ist mehr und anderes als bloße Rechnungsprüfung.[3] Kennzeichnend ist allerdings  **4** die gegenständliche Ausrichtung auf **finanzwirtschaftliche Vorgänge** und die räumlich-institutio-nelle Distanz zwischen Prüfer und Geprüftem. Kontrolle kann nur wirken, wenn Kontrolleur und Kontrollierte nicht identisch sind.[4] Sie bezweckt aber nicht die **Kontrolle** des Haushaltsgesetzgebers, sondern der **Exekutive.**[5] Haushaltsgesetz und Haushaltsplan sind grundsätzlich „nicht Gegenstand, sondern Maßstab der Rechnungsprüfung".[6] Die „politische Kontrolle" ist nicht Teil der Finanzkon-trolle (→ Rn. 29). Finanzkontrolle ist wichtig,[7] doch steht ihre ausufernde Behandlung im juristi-schen,[8] aber auch im sonstigen Schrifttum[9] außer Verhältnis zu ihrer Bedeutung im Vergleich zu anderen Teilen der Finanzverfassung (zur Abgrenzung → vor Art. 104a Rn. 6 f.). Die darüber hinaus erwogene Ausweitung des Kontrollaspekts auf ein **allgemeines Verfassungsprinzip** des modernen Staates schlechthin hat allerdings die Finanzkontrolle eher stiefmütterlich behandelt.[10]

## B. Rechnungslegung durch den Bundesminister der Finanzen (Abs. 1)

Durch die Rechnungslegung soll der **Vollzug** des Haushalts dargestellt werden.[11] Einnahmen und  **5** Ausgaben des Bundes sind anhand geordneter schriftl. Aufzeichnungen zu dokumentieren. Diese Aufzeichnungen müssen auch nachweisen, inwieweit die Haushaltsansätze ausgeschöpft worden sind und wie sich Vermögen und Schulden des Bundes entwickelt haben.[12]

---

[1] BVerfGE 45, 1 (1, 50).

[2] *Stern* DÖV 1990, 261 (262); zum Begriff der Finanzkontrolle s. auch BVerfGE 137, 108 (151 Rn. 99 f.).

[3] *Stern* ebda; *v. Mutius/Nawrath,* in: Heuer/Engels/Eibelshäuser, Art. 114 (1999) Anm. 8 mwN; zu neuen Instru-menten der Finanzkontrolle *Korthals* DÖV 2002, 600 (605 ff.).

[4] *Stern* DÖV 1990, 261 (261).

[5] BVerfGE 79, 311 (328) (obiter dictum); weiter: *Degenhart* VVDStRL 55 (1996), 190 (205 f.); *Heun,* in: Dreier III, Art. 114 Rn. 10; *Antweiler* NVwZ 2005, 168 (170).

[6] BVerfGE 20, 56 (96); *Gumboldt* NVwZ 2005, 36 (41).

[7] Empirische Untersuchungen haben gezeigt, dass starke unabhängige Finanzprüfungsinstitutionen signifikant dazu beitragen, dass die politischen Entscheidungen die finanzpolitischen Präferenzen der Bürger besser widerspiegeln und insbesondere dazu führen, dass Steuern und Staatsausgaben niedriger sind, vgl. *Eichenberger/Schelker* FS v. Arnim, 2004, S. 237 (246, 249).

[8] Umfassende Nachw. bis 1979 bei *Stern,* Staatsrecht II, S. 407 ff.; für 1980 bis 1989: *ders.,* FS General-Rechen-Kammer, 1989, S. 12 Fn. 5; danach beispielhaft: *Rischer,* Finanzkontrolle staatlichen Handelns, 1995, mit eingehender Darstellung der historischen Entwicklung (S. 12–98); zu Querschnittsprüfungen durch den BRH *Mennicken/Zavelberg* DÖV 1999, 986 (986 ff.); zur staatlichen Finanzkontrolle im Bereich der kommunalen Selbstverwaltung *Wieland* DVBl 1999, 1470 (1470 ff.); zu den Konsequenzen der Reform des Haushalts- und Rechnungswesens für die Finanz-kontrolle *Lüder* DÖV 2000, 837 (837 ff.); *Bajohr* VerwArch 91 (2000), 507 (507 ff.); zu Organisationsprüfungen durch den BRH *v. Gall/Wulle* DÖV 2000, 845 (845 ff.); zu Beiträgen der Rechnungshöfe im Rahmen der Verwaltungs-reform *Korthals* DÖV 2000, 855 (855 ff.); zur internationalen Zusammenarbeit der Rechnungshöfe *Nawrath* DÖV 2000, 861 (861 ff.); zu den organisatorischen Entwicklungslinien im preußisch-deutschen Rechnungskontrollwesen *Wagner* AöR 126 (2001), 93–133; *Eibelshäuser* (Hrsg.), Finanzpolitik und Finanzkontrolle – Partner für Veränderung, 2002; zu den exekutiven Befugnissen der Rechnungshöfe *Groß* VerwArch 95 (2004), 194; zur Subventionskontrolle *Antweiler* NVwZ 2005, 168; zur Vorlage von Personalakten *Lopacki* DöD 2009, 269; zur Kontrolle des Innenbereichs der Regierung *Löwer* NWVBl. 2009, 125; zur Finanzkontrolle im föderalen Kontext *Schwarz* DVBl 2011, 135; zur Beteiligtenfähigkeit der Rechnungshöfe im Organstreitverfahren und zur Prüfung selbständiger öffentlicher Unter-nehmen *Tuschl* NWVBl 2012, 165; zu den Grundlagen und zur Praxis der Beratung *Störring,* Beratungsfunktion, 2013 zur Prüfung bei öfftl. Unternehmen *Burgi* DÖV 2020, 121.

[9] Vgl. die Nachw. für hist., sozialwiss. sowie wirtschafts- und verwaltungswiss. Veröffentlichungen bei *Stern,* FS General-Rechen-Kammer, 1989, S. 12 Fn. 6, 7, 8.

[10] *Meyn,* Kontrolle als Verfassungsprinzip, 1982, S. 362; *Krebs,* Kontrolle in staatlichen Entscheidungsprozessen, 1984, speziell S. 170 ff.; s. a. *Degenhart* VVDStRL 55 (1996), 190 (197 f.).

[11] BVerfGE 79, 311 (327 f.).

[12] *Kube,* in: Maunz/Dürig, Art. 114 (2019) Rn. 19; eine umfassende Vermögensrechnung wird bisher nicht erstellt und soll auch nach der Vorschrift nicht ausnahmslos geboten sein, *Gröpl,* Haushaltsrecht und Reform, 2001, S. 434.

6    Deshalb wird der Haushaltsvollzug durch eine **Buchführung** belegt (§§ 71–75 BHO). Diese Buchführung erfolgt in der Form des **kameralistischen Rechnungswesens**, das sich in wichtigen Punkten vom betriebl. Rechnungswesen unterscheidet (näher → Art. 104a Rn. 8). Die Einführung der doppelten Buchführung, nunmehr allg. erlaubt nach §§ 1a, 7a HGrG, führt auch zu geänderten Anforderungen an die Kontrolle durch die Rechnungshöfe.[13]

7    Am Ende des Rechnungsjahres sind die Bücher zu schließen (§ 76 BHO). Durch die geschlossenen Bücher wird Rechnung gelegt (§ 80 I BHO). Auf ihrer Grundlage werden die von Art. 114 I geforderten Rechenwerke erstellt: die **Haushaltsrechnung** und die **Vermögensrechnung** (§ 80 III BHO). Beide sind nicht systematisch und vollständig miteinander verbunden, auch wenn sie in der Praxis die übergreifende Bezeichnung **Jahresrechnung**[14] tragen. Das macht einen der größten Mängel des kameralistischen Rechnungswesens aus, den die neue Verwaltungsdoppik vermeidet.

8    Auch bei mehrjährigen Haushalten ist jährlich Rechnung zu legen.[15] Spätester **Zeitpunkt** für die Rechnungslegung ist der Ablauf des auf die Rechnungsperiode folgenden Rechnungsjahres, Art. 114 I aE.

9    Der eindeutige Wortlaut von Abs. 1 S. 1 weist **allein** dem BMF die Pflicht zur Rechnungslegung zu. Ihre Erfüllung unterliegt weder der Richtlinienkompetenz des BKanzlers, noch darf sie – anders als beim Notbewilligungsrecht (→ Art. 112 Rn. 21, 23, 25) – durch Kabinettsbeschluss beeinflusst werden.[16]

## C. Finanzkontrolle durch den Bundesrechnungshof (Abs. 2)

10    Wenn der BMF auf diese Weise Rechnung gelegt hat, wird die Rechnung zunächst vom BRH nachgeprüft. Dafür hatte sich die Bezeichnung „administrative Rechnungsprüfung" eingebürgert. Spätestens seit der BRH durch die Neufassung von Art. 114 **„näher an das Parlament"** herangerückt worden ist (→ Rn. 16), trifft sie indes nicht mehr zu. Die Prüfung unterliegt keinen von außen vorgegebenen Grenzen, solange sie sich auf das Finanzgebaren **des Bundes** bezieht. Das ist durch die Ergänzung iRd Änderung des GG von 2017[17] noch einmal klargestellt worden. In diesen Grenzen gilt der Grundsatz der „Lückenlosigkeit" der Finanzkontrolle. Die überkommene und weit verbreitete Unterteilung in Rechnungs-, Verwaltungs- und Verfassungskontrolle ist irreführend[18] und sollte vermieden werden. Sie entspricht auch nicht Wortlaut und Systematik der Bestimmung.

### I. Rechnungsprüfung

11    Die Rechnungsprüfung hat die Rechnungslegung des BMF einschließl. seiner Buchführung zum Gegenstand. Sie kontrolliert die äußere, **buchhalterische Korrektheit** der Rechnungsführung. Dazu gehört auch die Prüfung, ob alle Buchungen ordnungsgemäß belegt sind.[19]

### II. Kontrolle der Haushalts- und Wirtschaftsführung

12    Darüber hinaus hat der BRH auch die gesamte **Haushalts-** und **Wirtschaftsführung** zu prüfen (rechnungsunabhängige Finanzkontrolle). **Kontrollmaßstab** ist die Wirtschaftlichkeit und Ordnungsmäßigkeit des Verwaltungshandelns. Während die Rechnungsprüfung die korrekte **Verbuchung** und **Erfassung** aller finanziellen Vorgänge zum Gegenstand hat, bezieht sich diese Kontrolle auf die davor liegenden Entscheidungen der Verwaltung.

12a    Im Rahmen der **Ordnungsmäßigkeitsprüfung** ist zu untersuchen, ob die Ausgabe- und Vergabeentscheidungen, aber auch Entscheidungen über die Vereinnahmung der Mittel, den Vorschriften des Haushaltsrechts entsprechen. Sie müssen zudem im Einklang mit der gesamten Rechtsordnung stehen.[20] Daraus folgt allerdings keine Befugnis zu einer allg. Rechtmäßigkeitskontrolle (→ Rn. 29). Die Ordnungsmäßigkeitsprüfung hat gegenüber der Wirtschaftlichkeitsprüfung stark an Bedeutung verloren.[21]

---

[13] Einzelheiten bei *Harms,* in: Hill (Hrsg.), Bestandsaufnahme und Perspektiven des Haushalts- und Finanzmanagements, 2005, 159 ff., 164.

[14] Sie ist nicht in den Parlamentsdrucksachen enthalten, sondern wird – wie der Bundeshaushalt – gesondert veröffentlicht, vgl. *Stern,* StaatsR II, S. 455 Fn. 254.

[15] *v. Mutius/Nawrath,* in: Heuer/Engels/Eibelshäuser, Art. 114 (1999) Anm. 2; *Jarass,* in: Jarass/Pieroth, Art. 114 Rn. 1; *Heun/Thiele,* in: Dreier III, Art. 114 Rn. 16; *Schwarz* MKS III, Art. 114 Rn. 35; *v. Lewinski,* in: Friauf/Höfling, Art. 114 (2016) Rn. 40.

[16] Vgl. *Stern,* StaatsR II, S. 456; *Kemmler,* in: Hofmann/Henneke, Art. 114 Rn. 7.

[17] G v. 13.7.2017, BGBl I 2347.

[18] S. a. *Kube,* in: Maunz/Dürig, Art. 114 (2019) vor Rn. 104: „terminologisch etwas unglücklich", der sie als Unterfälle der Prüfung auf Ordnungsmäßigkeit behandelt.

[19] *v. Mutius/Nawrath,* in: Heuer/Engels/Eibelshäuser, Art. 114 (1999) Anm. 23.

[20] *Stern,* StaatsR II, S. 433 f.; *Heintzen* HStRV, § 120 Rn. 90; *ders.,* in: v. Münch/Kunig II, Art. 114 Rn. 25; *Heun/Thiele,* in: Dreier III, Art. 114 Rn. 32; *Engels* BK, Art. 114 (2010) Rn. 108, teilweise unter Berufung auf BVerfGE 20, 56 (96), wo das so deutlich aber nicht steht; genauer *Kube,* in: Maunz/Dürig, Art. 114 (2019) Rn. 104–106.

[21] *Harms* (Fn. 13), S. 157 (164).

**Wirtschaftlichkeitsprüfung** bedeutet eine Überprüfung der Entscheidungen am Maßstab des 12b „ökonomischen Prinzips". Dieses Prinzip kann auf zweifache Weise formuliert werden: entweder ein **Ziel** mit gegebenen **Mitteln** bestmöglich zu verwirklichen (Maximalprinzip) oder aber ein vorgegebenes Ziel mit dem geringsten Aufwand an Mitteln zu erreichen (Minimalprinzip).[22] Beide Ausprägungen sind gleichwertig und geben eine bestimmte Zweck-Mittel-Relation vor. **Angemessenheits-** oder **Brauchbarkeitsvorbehalte** sind mit ihnen **nicht** zu vereinbaren.[23] Die Einbeziehung von **Nutzenaspekten** bei der **Inhaltsbestimmung** des Wirtschaftlichkeitsprinzips[24] ist deplatziert, da das Wirtschaftlichkeitsprinzip nicht nur für nutzenmaximierende (natürliche) Personen gilt. Davon abgesehen soll der Vorschrift auch zu entnehmen sein, dass sie nicht nur Kontrollauftrag und Maßstab für die Rechnungshöfe enthalte, sondern eine **umfassende Handlungsanweisung** für die Exekutive.[25] Diese Annahme ist ebenfalls kaum haltbar, da das Wirtschaftlichkeitsprinzip rein formal wirkt und kein Selbstzweck ist.[26] An erster Stelle sollen Sachziele verwirklicht werden, wobei – nur als Randbedingung – der Mitteleinsatz wirtschaftlich zu erfolgen hat. Deswegen musste der VerfGH NRW auch auf das rechtsstaatl. Verhältnismäßigkeitsprinzip zurückgreifen, um die von ihm erstrebte Wirtschaftlichkeitskontrolle des Gesetzgebers, also desjenigen, der die Ziele vorgibt, durchführen zu können (→ Art. 110 Rn. 68).[27] In älteren Vorschriften zur Finanzkontrolle, aber auch in einfachgesetzl. Normen, werden häufig als weitere Kontrollmaßstäbe noch die **Rechtmäßigkeit** und die **Sparsamkeit** genannt. Sie haben indes in diesem Kontext keine **eigenständige** Bedeutung (zu ihnen → Art. 110 Rn. 67). Wirtschaftlichkeit iSd GG darf schließlich auch nicht mit dem Streben nach Rentabilität verwechselt werden.[28]

### III. Prüfungstätigkeiten außerhalb der Bundesverwaltung

Durch die Grundgesetzänderung von 2017 (→ Rn. 10) ist ein neuer Satz 2 in Abs. 2 eingefügt 13 worden. Er regelt, ob und in welchem Umfang der BRH seine Prüfungstätigkeit **außerhalb** der (unmittelbaren) Bundesverwaltung ausüben darf. Hs. 1 erlaubt zunächst ganz allgemein eine Prüfung außerhalb der Bundesverwaltung (1.). In Hs. 2 ist speziell die Kontrolle der zweckentsprechenden Verwendung von Mitteln geregelt, die der Bund den Ländern zur Erfüllung ihrer Aufgaben zur Verfügung stellt, mit deren Verausgabung aber spezielle Zwecke erfüllt werden sollen (2.).

**1. Rechnungshofkontrolle außerhalb der Bundesverwaltung (Hs. 1).** Die Vorschrift ist ge- 14 genüber dem Entwurf (BT-Dr 18/11131) deutlich weiter gefasst und öffnet grds. den Kreis aller Personen und Einrichtungen für die Tätigkeit des BRH, also auch den Bereich der Privatpersonen. Ob sie **konstitutive** Bedeutung hat, hängt maßgebend davon ab, in welchem Umfang man eine solche Tätigkeit schon bisher für zulässig angesehen hat. Dabei fanden sich zahlreiche Differenzierungen nach Art und Umfang dieser Tätigkeit und danach, wer von ihr betroffen ist. Im Einzelnen war vieles umstritten und Gegenstand kontroverser Entscheidungen des BVerfG (Einzelheiten → Rn. 30–33d). Der BRH durfte in jedem Fall bei (zulässiger) **Mischverwaltung,** wo zumindest auch Bundesaufgaben erfüllt werden, prüfen (→ Rn. 33a). In diesem Fall handelt es sich aber noch um eine Prüfung der Verwaltung des Bundes und nicht der Länder.

Die Neuregelung erlaubt nun aber **nicht** allgemein **jede Prüfungstätigkeit** außerhalb der Bundes- 14a verwaltung. Die Erweiterung ist vielmehr auf „**Erhebungen"** beschränkt.[29] Diese sind zwar Teil der Prüfungstätigkeit der Rechnungshöfe, haben aber eine eigenständige Bedeutung. Sie sind begrifflich enger gefasst und haben im Wesentlichen die Informationsbeschaffung vor Ort zum Gegenstand (→ Rn. 27).

---

[22] *Heintzen* HStR V, § 120 Rn. 48; s. a. *Schulze-Fielitz* VVDStRL 55 (1996), 231 (256 f.); in der Sache ebenso *Eichhorn* FS v. Arnim, 2004, S. 253 (254); wohl auch *Hüsken/Mann* DÖV 2005, 143 (144 f.), aber mit unklarer Begrifflichkeit oder der angreifbaren Behauptung, dass das Maximalprinzip in der Verwaltungspraxis zu vernachlässigen sein dürfte.

[23] Ebenso *Stern*, StaatsR II, S. 436; *Degenhart* VVDStRL 55 (1996), 190 (209) mwN; *Eichhorn*, Das Prinzip Wirtschaftlichkeit, 2. Aufl. 2000; *ders.* FS v. Arnim, 2004, S. 253 (254); aA *Burgi* DÖV 2020, 121 (123), mit einseitigen und selektiven Nachw.

[24] In diesem Sinne *v. Arnim*, Wirtschaftlichkeit als Rechtsprinzip, 1988, S. 21 ff. Unzutreffend ist daher auch die Bezeichnung „Nutzenprinzip" für das Maximalprinzip.

[25] Vgl. RhPfVerf AS 25, 387 (388, 403 f.); *v. Arnim*, Wirtschaftlichkeit als Rechtsprinzip, 1988, S. 67–81 mwN; *v. Arnim/Lüder* (Hrsg.), Wirtschaftlichkeit in Staat und Verwaltung, 1993; *Gröpl* (Fn. 12), S. 289; der aber zugleich die „Inhaltsleere" dieses Prinzips bemerkt und ihm im Ergebnis die Kraft zur Steuerung der Verwaltung abspricht; ähnlich *Burgi* DÖV 2020, 121 (123), ohne hinreichende Vertiefung: Es handele sich um einen „sehr wertungsoffenen Grundsatz".

[26] *Schliesky* DVBl 2007, 1453 (1456).

[27] NWVerfGH NWVBl 2003, 419 (422); zur Berechtigung von Wirtschaftlichkeitsüberlegungen auf der Ebene der Gesetzgebung *Eichhorn* FS v. Arnim, 2004, S. 253 (255); aber nicht Ausfluss des Art. 114 II *Gumboldt* NVwZ 2005, 36 (41).

[28] *Eichhorn* FS v. Arnim, 2004, S. 253.

[29] *Kube*, in: Maunz/Düring, Art. 114 (2019) Rn. 89.

**14b** Angesichts der eingeführten Begrifflichkeit und der ausdrücklichen Bezugnahme auf die Rechtsprechung des BVerfG muss davon ausgegangen werden, dass bei der **Abgrenzung** des **Begriffs** das Begriffsverständnis des Gerichts zugrunde zu legen ist. Danach handelt es sich bei „Erhebungen" vor allem um das Ermitteln „einzelner Tatsachen" durch die Anforderung von Berichten, die Beiziehung von Akten und das Einsehen von Unterlagen.[30] Die Zulassung von „Erhebungen" verändert nach diesem Verständnis aber **nicht** den **Kreis der Prüfungsadressaten.** Das lässt sich auch aus der Wendung „zur Erfüllung von Länderaufgaben" in Hs. 2 ableiten.

**15** **2. Kontrolle der Verwendung von Bundesmitteln durch die Länder (Hs. 2).** Die Regelung hat die Kontrolle von **Finanzierungsmitteln** zum Gegenstand, die der Bund den Ländern zur Erfüllung **spezieller Zwecke** gewährt. Der BRH wird ermächtigt, die Verwendung von Bundesmitteln im Bereich der Länder und ihrer nachgeordneten Einrichtungen, vor allem, aber nicht nur bei „Mischfinanzierungstatbeständen" (Art. 91a, 91b, 104b, 104c, 125c GG),[31] auch dann zu prüfen, wenn nicht zumindest auch Bundesaufgaben erfüllt werden.[32] Dass dieser Bereich gemeint ist, kommt deutlich in der Benutzung der Wendung „zur Erfüllung von Länderaufgaben" zum Ausdruck. Die Ergänzung des GG war aber (nur) mit Blick auf diese Finanzierungsformen zwingend erforderlich, da iÜ eine Prüfungskompetenz meist auch schon früher hätte bejaht werden können.

**15a** Auch wenn bei der Verausgabung „fremder" Mittel die Gefahr besteht, dass nicht immer den Regeln entsprechend verfahren wird, führt diese Konstellation nicht automatisch zu einer Prüfungskompetenz der BRH. Das BVerfG hat das anerkennenswerte Interesse des Bundes an einem zweckentsprechenden, sparsamen und wirtschaftlichen Einsatz dieser Mittel nicht als hinreichende verfassungsrechtliche Rechtfertigung für „Erhebungen" des BRH bei nachgeordneten Landesbehörden oder Gemeinden ausreichen lassen.[33] Auf diesen Fall ist die Regelung zugeschnitten und hat insoweit **konstitutive** Bedeutung. Sie ergänzt die Neufassung von Art. 104b II, die der BReg Kontrollbefugnisse im Bereich dieser Finanzhilfen (konstitutiv) einräumt. Sie ist aber wohl redundant, da dieser Fall auch von Hs. 1 erfasst wird. Eine Bekräftigung erschien aber im Hinblick auf die klaren Worte des BVerfG (→ Rn. 15b f.) angezeigt.

**15b** Grds. können nur Stellen des Bundes Adressat der Finanzkontrolle durch den BRH sein (→ Rn. 30, 33). Die Länder, einschl. ihrer Kommunalkörperschaften sind nicht Prüfungsadressaten der Kontrolle durch den BRH. Gemeinsame Prüfungen des BRH zusammen mit LRH sind aber zulässig, soweit auch Bundeskompetenzen betroffen sind. Das BVerfG hat die Finanzkontrolle im Verflechtungsbereich zwischen Bund- und Länderfinanzen bei der Verwaltung von Finanzhilfen, die der Bund den Ländern gewährt, an die **Verwaltungskompetenz** des Bundes geknüpft (→ Rn. 33b).[34] Die „Verwaltungsakzessorietät" als Kriterium für die Abgrenzung der Kontrollbefugnisse des BRH bringe das Interesse des Bundes an einer zweckentspr. und wirtschaftl. Verwendung von Bundesmitteln durch die Länder mit ihrer verfassungsrechtl. garantierten Haushaltsautonomie „zum Ausgleich".[35] Bei der Kontrolle der Verwendung von **Finanzhilfen,** die der Bund den Ländern nach Art. 104b gewährt, war jedoch eine Informationsbeschaffung durch „Erhebungen" unmittelbar bei nachgeordneten Behörden und Kommunen „vor Ort" nur in eng begrenzten Ausnahmefällen vom BVerfG zugelassen worden (→ Rn. 33b).

**15c** Die bloße Gewährung von Finanzierungsmitteln durch den Bund für die Erfüllung von Länderaufgaben stellt nach der Rspr. des BVerfG keine (originäre) Wahrnehmung von Bundesaufgaben dar und konnte auch nach Einschätzung des Gesetzgebers keine Grundlage für eine umfass. Finanzkontrolle durch den BRH bilden.[36] Vor allem angesichts der Rspr. des BVerfG wurde die **Grundgesetzänderung** für erforderlich gehalten.[37]

**15d** Die Regelung war urspr. auf Mischfinanzierungen ausgerichtet.[38] Sie wurde aber zugunsten der **weiten Formulierung** aufgegeben, die schließlich Gesetz geworden ist. Damit sind auch Finanzhilfen erfasst, die keine Beteiligung der Länder vorsehen. Vor allem sollte aber auch eine Kontrolle der Zahlungen des Bundes zur Kostenerstattung nach Art. 104a III[39] und zur Finanzierung des Schienenpersonennahverkehrs (SPNV) nach Art. 106a, 143c, der seit der Bahnreform in die Kompetenz der Länder fällt, durch den BRH möglich sein.[40] Namentlich bei der Verwendung der Regionalisierungs-

---

[30] BVerfGE 127, 165 (209, 222), unter Bezugnahme auf BVerwGE 116, 92 (65); zust. *Kube,* Stellungnahme zur Erweiterung der Erhebungsrechte des Bundesrechnungshofs, Anhörung des Haushaltsausschusses am 20.3.2017, S. 6.
[31] Die Bezugnahme auf Mischfinanzierungstatbestände war noch im RegE enthalten gewesen, BT-Dr 18/11131, S. 9; *Kemmler,* in: Friauf/Höfling, Art. 114 Rn. 38.
[32] *Heun/Thiele,* in: Dreier, III, Art. 114 Rn. 27; *Schwarz* MKS III, Art. 114 Rn. 105.
[33] BVerfGE 127, 165 (218); zust. *Kube* (Fn. 170), S. 9.
[34] BVerfGE 127, 165 (211 ff., 220).
[35] BVerfGE 127, 165 (211, 220 f.).
[36] BT-Dr 18/11131, S. 19; zust. *Kube* (Fn. 170), S. 12 ff.
[37] BT-Dr 18/11131, S. 19 verweist auf BVerfGE 137, 108 (150 ff.).
[38] BT-Dr 18/11131, S. 9; für eine Streichung bereits *Kube* (Fn. 170), S. 2, 23 f.
[39] Umsetzung durch § 91 I 1 Nr. 5 BHO nF.
[40] Die Begr. des HA (BT-Dr 18/12588, S. 34) verweist ausdr. auf die Kostenerstattung nach Art. 104a III GG, die Regionalisierungsmittel (Art. 106a GG) und die Entflechtungsmittel (Art. 143c GG).

mittel besteht der Verdacht, dass sie von einz. Ländern nicht für die Zwecke eingesetzt werden, für die sie gewährt werden.

Urspr. war auch vorgesehen, dass die „Erhebungen" nur **„im Benehmen"** mit den zuständigen 15e LRH sollte erfolgen können.[41] Kurz vor Abschluss des überstürzten Gesetzgebungsverfahrens wurde dieses Erfordernis, ebenfalls auf Vorschlag des HaushaltsA,[42] aus Art. 114 gestrichen. Auf einfachgesetzl. Ebene ist es aber gleichwohl beibehalten worden, §§ 91 I 1 Nr. 5, 93 Ia BHO nF.[43] Es ist zu bezweifeln, dass durch einfaches Gesetz das durch die Neuregelung erweiterte Erhebungsrecht des BRH wieder eingeschränkt werden kann. Der Normkonflikt wird auch nicht durch die Ermächtigung in Art. 114 II 4 GG aufgelöst, weil diese eine konkret. Regelunge dem Bundesgesetz nur überlässt, soweit Art. 114 GG keine eigene Regelung vorsieht („Im übrigen").

## IV. Der Bericht (Satz 2)

Über das Ergebnis von Rechnungprüfung und rechnungsunabhängiger Finanzkontrolle hat der 16 BRH Bericht zu erstatten. Nach der Neufassung der Vorschrift ist der Bericht nicht mehr nur der BReg, sondern auch unmittelbar, gleichzeitig und gleichrangig[44] BTag und BRat zuzuleiten. Damit sollte der BRH **näher an das Parlament herangerückt** werden. Zwingende rechtliche Konsequenzen für die beanstandeten Verwaltungsmaßnahmen und ihre Urheber sind damit aber nicht verbunden.

Der Bericht wird traditionell, aber unzutreffend, als „Bemerkungen" bezeichnet (§ 97 BHO; auch 16a Art. 114 II 2 aF).[45] Der BRH selbst bezeichnet sie inzwischen als **Bemerkungen (Jahresbericht).** Die Berichtspflicht ist umfassend. Ihr Umfang steht nicht im Ermessen des Rechnungshofs. Alle Feststellungen sind aufzunehmen, die für die künftige Veranschlagung, Bewilligung und Bewirtschaftung der Mittel „relevant sein können".[46] Eingeschlossen sind vor allem auch Prüfberichte über die zunehmend in rechtlich verselbständigte Einheiten ausgelagerten Staatsfunktionen unter Einschluss von juristischen Personen des Privatrechts. Eine Berichterstattung an die Öffentlichkeit oder das Volk ist verfassungsrechtlich nicht vorgeschrieben, aber auch nicht verboten (→ Rn. 50 f.). Sie wird durch die Veröffentlichung als Bundestagsdrucksache erreicht.[47] Es darf jederzeit Parlament und Regierung berichtet werden, auch wenn sich die Prüfung auf ein Privatrechtssubjekt bezogen hat.[48] Im Übrigen **kann** der BRH jederzeit BTag, BRat und BReg zu „Angelegenheiten von besonderer Bedeutung" unterrichten, § 99 S. 1 BHO.

Die „Bemerkungen" werden mittlerweile auch regelmäßig auf einer Pressekonferenz der Öffent- 17 lichkeit vorgestellt.[49] Einen Anspruch des einzelnen Abgeordneten auf Einsichtnahme hat das BVerfG verneint,[50] das VerfGBrand aber bejaht.[51] Auch dem einzelnen Abgeordneten stehen haushaltsrechtliche Informationsansprüche zu (näher → Art. 110 Rn. 79 ff.). Sie müssen ihre Fortsetzung in der Beurteilung des Haushaltsvollzugs finden, wenn eine verantwortliche Kontrollentscheidung (Entlastung) getroffen werden soll. Die Bemerkungen sind ihm deshalb in vollem Umfang zugänglich zu machen.[52] Ausnahmen mögen gemacht werden, soweit sich die Berichte auf Ansätze beziehen, die auch bei den Haushaltsberatungen geheim gehalten werden dürfen (→ Art. 110 Rn. 82 f.).

## D. Entlastung der Bundesregierung durch Bundestag und Bundesrat (Abs. 1)

### I. Bedeutung

Nach Rechnungslegung durch den BMF und Finanzkontrolle durch den BRH haben BTag und 18 BRat über die Entlastung der BReg zu entscheiden. Mit der Entlastung wird der äußere „Schlussstrich

---

[41] BT-Dr 18/11131, S. 9.

[42] Vgl. BT-Dr 18/12588, S. 34.

[43] Vgl. BT-Dr 18/11135, S. 30, 95.

[44] *Engels* BK, Art. 114 (2010) Rn. 32; *Mutius/Nawrath,* in: Heuer/Engels/Eibelshäuser, Art. 114 (1999) Anm. 37; *Jarass,* in: Jarass/Pieroth, Art. 114 Rn. 8; *Heintzen* HStR V, § 120 Rn. 93.

[45] *Kisker* schlägt vor: „Finanzkontrollbericht" (HStR IV², § 89 Rn. 115).

[46] *v. Mutius/Nawrath,* in: Heuer/Engels/Eibelshäuser, Art. 114 (1999), Art. 114 Anm. 40; *Grupp* FS Mußgnug, 2005, S. 163 (195).

[47] *v. Mutius/Nawrath,* in: Heuer/Engels/Eibelshäuser, Art. 114 (1999), Art. 114 Anm. 37.

[48] BVerwGE 104, 20 (24): Unterlassungsbegehren der geprüften Stiftung nicht mit HGrG zu vereinbaren; *Kisker* NJW 1983, 2169 f.; *v. Arnim* DVBl 1983, 673 f. vorsichtig für eine allg. Offenlegungspflicht auch für Akten der Rechnungshöfe *Blasius* DÖV 2002, 415 (421 f.); ferner *Korthals* DÖV 2002, 600 (603).

[49] Vgl. *Gröpl* HStR V, § 121 Rn. 45; zu weit *Arndt* JuS 1990, 343 (345): „eigentliche Bedeutung".

[50] BVerfGE 92, 130 (131, 134).

[51] BbgVerfG DÖV 1998, 200 (200 ff.); allerdings im Hinblick auf die Sonderregelung in Art. 56 III 2, 3; dazu näher *Grupp* FS Mußgnug, 2005, S. 163 (189), der über weitere Auseinandersetzungen auf Landesebene berichtet (S. 167).

[52] In diesem Sinne BbgVerfG DÖV 1998, 200 (201).

unter den Haushaltskreislauf gezogen".[53] Sie sichert den Anteil des Parlaments an der Finanzkontrolle. Das alte parlamentarische Recht der **Entlastung** fristet mittlerweile nur noch ein Schattendasein.[54] Sie wird meist von der Parlamentsmehrheit routinemäßig der von ihr getragenen BReg erteilt.

19    Für das **Haushaltsjahr 1973** ist sie allerdings wegen umfangreicher über- und außerplanmäßiger Ausgaben der Regierung am Ende des Haushaltsjahres zunächst **verweigert** worden. Schon der BRH hatte diese Ausgaben in seinen Bemerkungen zu den Bundeshaushaltsrechnungen für die Haushaltsjahre 1972 und 1973 beanstandet.[55] Das BVerfG stellte dann im anschließenden Organstreit die Verfassungswidrigkeit dieser Ausgaben fest.[56]

## II. Beschlussfassung

20    BTag und BRat entscheiden jew. selbstständig,[57] ob sie die BReg entlasten wollen. Die Entlastung ist **insgesamt** zu erteilen oder zu verweigern. Sie darf nicht eingeschränkt werden. Sie erstreckt sich auf **alle** Einnahmen und Ausgaben; auch auf die nach Art. 112 mit Zustimmung des BFM geleisteten außer- oder überplanmäßigen Ausgaben.[58] Ob dann noch eine Missbilligung in einz. Punkten zulässig sein kann, ist zu bezweifeln.[59] Die Entscheidung über die Entlastung muss nach denselben Maßstäben erfolgen wie die Finanzkontrolle durch den BRH.[60]

## III. Rechtsnatur und Rechtsfolgen der Entscheidung

21    Der Beschluss über die Entlastung ist eine **„politische"** Entscheidung des Parlaments über das Finanz- und Haushaltsgebaren der BReg.[61] Trotz aller Bemühungen, Entlastung und parl. Finanzkontrolle wirksamer zu gestalten, ist er ein „schlichter Parlamentsbeschluss" geblieben, dem keine unmittelbaren rechtl. Wirkungen zukommen.[62]

22    Dementsprechend hat die Erteilung oder Verweigerung der Entlastung auch keinen Einfluss auf die Befugnis des Parlaments oder einer seiner Fraktionen, das **Haushaltsgebaren** der BReg vor dem BVerfG im Wege des Organstreits nachträglich auf seine Verfassungsmäßigkeit überprüfen zu lassen.[63] Art. 93 I Nr. 1 und Art. 114 stehen unabhängig nebeneinander.[64]

23    Die **Entlastung** zeichnet die beteiligten Amtswalter nicht von ihrer zivil-, straf- oder öff.-rechtlichen Verantwortlichkeit frei.[65] Schadensersatzansprüche bleiben unberührt.[66] Wenn ordnungsgemäß gewirtschaftet worden ist, besteht eine Rechtspflicht zur Entlastung.[67] Die **Verweigerung** der Entlastung ist eine Misstrauenskundgabe, aber nicht automatisch ein Misstrauensvotum iSv Art. 67.[68] Sie kann aber im Organstreit vor dem BVerfG nach Art. 93 I Nr. 1 überprüft werden.[69] Auch wenn die Entlastungsentscheidung nach den Maßstäben der Finanzkontrolle zu erfolgen hat (→ Rn. 12–12b, → Rn. 20), bedeutet das nicht, dass sie der vollen gerichtl. Nachprüfung unterliegt.[70]

---

[53] *Vogel/Kirchhof* BK, Art. 114 (1973) Rn. 149; weniger deutlich *Engels* BK, Art. 114 (2010) Rn. 124 f.; s. a. *Bajohr* VerwArch 91 (2000), 507 (507 ff.).

[54] Vgl. *Tettinger* StuW 1978, 58.

[55] BT-Dr VII/2709, S. 16a ff.

[56] BVerfGE 45, 1 (3).

[57] *Kube*, in: Maunz/Dürig, Art. 114 (2019) Rn. 37; *Heun/Thiele*, in: Dreier III, Art. 114 Rn. 37; *Schwarz* MKS III, Art. 114 Rn. 34, 38.

[58] BVerfGE 45, 1 (46); nunmehr auch *Schwarz* MKS III, Art. 114 Rn. 37.

[59] So aber unter Berufung auf § 114 V BHO *Heintzen*, in: v. Münch/Kunig II, Art. 114 Rn. 37; *Jarass*, in: Jarass/Pieroth, Art. 114 Rn. 2; wohl auch *Stern*, StaatsR II, S. 460.

[60] *Engels* BK, Art. 114 (2010) Rn. 131; aA *Stern*, StaatsR II, S. 462; *Krebs* (Fn. 10), S. 170.

[61] BVerfGE 45, 1 (50).

[62] *Stern*, StaatsR II, S. 459 f. mwN in Fn. 258; aA *Bouwmann*, Die Bedeutung der staatsrechtlichen Entlastung unter besonderer Berücksichtigung des Artikels 114 II des Grundgesetzes, Diss. Hamburg 1969, S. 132 ff.

[63] BVerfGE 45, 1 (30).

[64] BVerfGE 45, 1 (50).

[65] *Stern*, StaatsR II, S. 458; *Tettinger* StuW 1978, 58 (61 f.); *Heun/Thiele*, in: Dreier III, Art. 114 Rn. 38; *Schwarz* MKS III, Art. 114 Rn. 42; aA *Bank* DÖH 8 (1966/67), 27 (30 f., 36).

[66] *Jarass*, in: Jarass/Pieroth, Art. 114 Rn. 2; *Heun/Thiele*, in: Dreier III, Art. 114 Rn. 38.

[67] Das war bereits im konstitutionellen Staatsrecht anerkannt, *Laband*, Das Staatsrecht des Deutschen Reiches, 4. Bd., 5. Aufl. 1914, S. 576; *Heintzen*, in: v. Münch/Kunig II, Art. 114 Rn. 38; *Arndt* JuS 1990, 343 (346); *Schwarz* MKS III, Art. 114 Rn. 45; *Engels* BK, Art. 114 (2010) Rn. 129; *Kloepfer*, Finanzverfassungsrecht mit Haushaltsverfassungsrecht, 2014, § 15 Rn. 64; aA *Heun/Thiele*, in: Dreier III, Art. 114 Rn. 38, die darauf abstellen, dass es nur auf die Entlastungsentscheidung als solche einen Anpruch geben kann, nicht jedoch auf positive Feststellung.

[68] *Kube*, in: Maunz/Dürig, Art. 114 (2019) Rn. 45 f.; *Engels* BK, Art. 114 (2010) Rn. 128.

[69] *Kube*, in: Maunz/Dürig, Art. 114 (2019) Rn. 45 f.; *Engels* BK, Art. 114 (2010) Rn. 131; *Heintzen*, in: v. Münch/Kunig II, Art. 114 Rn. 38; *Schwarz* MKS III, Art. 114 Rn. 46; insoweit ebenso *Tettinger* StuW 1978, 58 (65); *Röper* DVBl 1980, 525 (527); *Arndt* JuS 1990, 343 (346); *v. Lewinski*, in: Friauf/Höfling, Art. 114 (2016) Rn. 66; aA *Heun/Thiele*, in: Dreier III, Art. 114 Rn. 38.

[70] *Stern*, StaatsR II, S. 462; *Tettinger* StuW 1978, 58 (64 ff.); aA *Röper* DVBl 1980, 525 (527); gegen jede Justiziabilität *Bouwmann* (Fn. 46).

## E. Verfassungsgarantie des Bundesrechnungshofes und seiner Funktionen

## I. Rechtsstellung

Der BRH wird sowohl für Zwecke der BReg (verwaltungsinterne Kontrolle) als auch des Par- **24** laments (parl. Kontrolle) tätig. Deshalb hat er seinen Bericht unmittelbar und gleichzeitig beiden Gewalten zu erstatten. Er ist aber **nicht** bloßes „Hilfsorgan" des Parlaments oder der BReg.[71] Im **Gewaltenteilungsschema** wird er teils der Exekutive, teils der Legislative, vereinzelt auch noch der Judikative zugerechnet.[72] Richtig dürfte sein, ihn **keiner einzelnen Gewalt zuzuordnen,** sondern als Einrichtung im Dienst der ordnungsmäßigen Ausübung aller Staatsgewalt anzusehen.[73] Er dient letztlich auch der Verwirklichung des Demokratieprinzips.[74]

Er ist kein Verfassungsorgan,[75] aber auch keine schlichte Bundesbehörde. Daran ist trotz der miss- **25** verständlichen Formulierung in § 1 S. 1 des neugefassten BRHG festzuhalten. Er ist **oberstes Bundesorgan,**[76] aber auch Verwaltungsbehörde,[77] und hat sich eine Geschäftsordnung gegeben. Im Organstreitverfahren vor dem BVerfG ist der BRH zumindest als „anderer Beteiligter" iSv Art. 93 I Nr. 1 beteiligtenfähig.[78] Dies ist für Landesrechnungshöfe bereits ausdr. verfassungsgerichtlich bejaht worden.[79]

## II. Bestand

Nachdem schon früher vereinzelt vertreten worden war, dass der ursprünglich in Frankfurt am Main **26** errichtete BRH, der jetzt seinen Sitz in Bonn hat,[80] verfassungsrechtlich gewährleistet sei, besteht seit

---

[71] *Stern* DÖV 1990, 261 (264); *Sierig,* Die Grenzen der staatlichen Finanzkontrolle, 1998, S. 42; *Kube,* in: Maunz/Dürig, Art. 114 (2008) Rn. 60; *Siekmann,* Prüfung, S. 803; anders *Fröhler/Kormann* GewArch 1984, S. 1 (3); wohl auch *Korioth,* JböffFin 2011, 409 (415); aA *v. Lewinski,* in: Friauf/Höfling, Art. 114 (2016) Rn. 43.

[72] Umfassende Nachw. bei *Stern,* StaatsR II, S. 444 f.; *Degenhart* VVDStRL 55 (1990), 190 (192–194); *Rischer* Finanzkontrolle, S. 122 ff.; *Grupp,* FS Mußgnug, 2005, S. 163 (179–182); ausdrücklich gegen Zuweisung zur Rechtsprechung oder zur Gesetzgebung BVerwG NVwZ 2013, 431 Rn. 31, auch nicht im Bereich seiner Prüfungs- und Beratungsaufgaben.

[73] *Stern,* StaatsR II, S. 450 f.; zustimmend: *Arndt* JuS 1990, 343 (346); *Korthals* DÖV 2002, 600 (600 ff.); *Schwarz* MKS III, Art. 114 Rn. 47, 76; *Grupp* FS Mußgnug, 2005, S. 163 (182); *Hauser* DVBl 2006, 539 (542); *Mähring* DÖV 2006, 195 (198); *Rossi,* Möglichkeiten und Grenzen des Informationshandelns des Bundesrechnungshofs, 2012, S. 34 ff.; krit. *Rischer,* Finanzkontrolle, S. 123 Fn. 721; aA *Groß* VerwArch 2004, 194 (202): Zuordnung zur Exekutive; ebenso *Grupp* Stellung der Rechnungshöfe. S. 159 ff.; sowie *Kube,* in: Maunz/Dürig, Art. 114 (2019) Rn. 62.

[74] BVerfGE 137, 108 (100).

[75] *Stern,* in: Böning/v. Mutius, (Hrsg.), Finanzkontrolle S. 36; u. Einschr. („wohl"). ausdr. zust. *Jarass,* in: Jarass/Pieroth, Art. 114 Rn. 4; *Heun/Thiele,* in: Dreier III, Art. 114 Rn. 20; *Kemmler,* in: Hofmann/Hennecke, Art. 114 Rn. 18; *Bertrams* NWVBl. 1999, 1 (2); *Schwarz* MKS III, Art. 114 Rn. 77; *Grupp* FS Mußgnug, 2005, S. 163 (178); *Kube,* in: Maunz/Dürig, Art. 114 (2008) Rn. 63; *Engels* BK, Art. 114 (2010) Rn. 309, 314; *Sodan,* in: Sodan/Ziekow, VwGO, 4. Aufl. 2014, § 40 Rn. 262; *Heintzen,* in: v. Münch/Kunig, II Art. 114 Rn. 17; *Wieland* DVBl. 1995, 894: „Diskussion über die Verfassungsorganqualität des Bundesrechnungshofs dürfte dagegen abgeschlossen sein"; *Sierig* (Fn. 55), S. 42; *Reimer,* in: Posser/Wolff (Hrsg.), Verwaltungsgerichtsordnung, 2008, § 40 Rn. 127; *Dästner,* Die Verfassung des Landes Nordrhein-Westfalen, 2. Aufl. 2002, Art. 87 Rn. 2 für Nordrhein-Westfalen.

[76] *Stern* DÖV 1990, 261 (264); *Jarass,* in: Jarass/Pieroth, Art. 114 Rn. 4; *Grupp* FS Mußgnug, 2005, S. 163 (182); *Sodan* (Fn. 75), § 40 Rn. 262; *Kube,* in: Maunz/Dürig, Art. 114 (2019) Rn. 63; *Engels* BK, Art. 114 (2010) Rn. 314; aA für den Landesrechnungshof: OVG Münster NJW 1980, 137; zust. VGH Kassel NVwZ-RR 1994, 515 (512); NVwZ-RR 1994, 515 (516).

[77] HessStGH ESVGH 43, 252; *Stern,* StaatsR II, S. 449; *Kube,* in: Maunz/Dürig, Art. 114 (2019) Rn. 64.

[78] Str. dafür: *Stern,* StaatsR II, S. 449 f.; *ders.,* in: Böning/v. Mutius (Fn. 75), S. 36; *Fittschen* VerwArch 83 (1992), 165 (190); *Häußer* DÖV 1998, 544 (544 ff.); *Engels* BK, Art. 114 (2010) Rn. 314: „anderer Beteiligter"; *v. Mutius/Nawrath* (Fn. 3), Anm. 13; *Rischer,* Finanzkontrolle, S. 137; *Schwarz* MKS III, Art. 114 Rn. 77, 119; *Kube,* in: Maunz/Dürig, Art. 114 (2019) Rn. 63; *Pieroth,* in: Jarass/Pieroth, Art. 93 Rn. 11; *Jarass,* ebda, Art. 114 Rn. 4; wohl auch *Groß* VerwArch, Bd. 95 (2004), S. 194 (207); *Heun/Thiele,* in: Dreier III, Art. 114 Rn. 20; *Löwer,* HdStR III, § 70 Rn. 18 m. umfass. N.; *Heintzen,* in: v. Münch/Kunig II, Art. 114 Rn. 17; *Lopacki* DöD 2009, 269 (272); *Kemmler,* in: Hofmann/Hennecke, Art. 114 Rn 18; aA *Grupp,* Stellung der Rechnungshöfe, S. 95; *ders.,* FS Mußgnug, 2005, S. 163 (178); *Schlaich/Korioth* S. 56 (Rn. 87); *Pietzcker* FS 50 Jahre BVerfG I, 2001, S. 593; *Maunz,* in: Maunz/Dürig, Art. 114 (1984) Rn. 12, aufgegeben durch *Kube;* inkonsistent *Brockmeyer,* in: Hofmann/Hennecke, Art. 114 (2014) Rn. 9: grundsätzlich. nicht parteifähig, anders aber wenn „verklagt"; offen BVerfGE 92, 130 (133); HessStGH v. 13.1.1999 – Az. P. St. 1315, Umdr., S. 9; speziell dazu BVerfGE 2, 143 (166 f.); 133, 273 (276): Passivlegitimation (einer Fraktion) nur, wenn sie selbst in ihrer Eigenschaft als Fraktion die verfassungsrechtlichen Rechte und Pflichten eines Staatsorgans verletzt oder gefährdet hätte".

[79] NRWVerfGH NWVBl 2012, 107 (NRW); zuvor bereits: teilweise BbgVerfG DÖV 1998, 200, wenn als Antragsgegner im Organstreit in Anspruch genommen; *Belemann* DÖV 1990, 58 (63); *Tettinger,* in: Löwer/Tettinger, Kommentar zur Verfassung des Landes Nordrhein-Westfalen, 2002, Art. 87 Rn. 9; eingehend *Siekmann,* Prüfung, S. 803 f.

[80] Zunächst durch Erlass v. 26.8.1999 (BGBl I 1915): Bonn (ab 1.7.2000); nunmehr § 2 I 1 BRHG: „Der Bundesrechnungshof hat seinen Sitz in Bonn."

der Reform der Haushaltsverfassung von 1969 Einigkeit, dass der neugefasste Art. 114 II eine Bestandsgarantie für den BRH enthält.[81] Das bedeutet indes nicht, dass der status quo der organisationsrechtlichen Details von Verfassung wegen festgeschrieben ist, sondern nur der seiner **typbestimmenden**
Merkmale.[82]

### III. Aufgabenerfüllung

27    Die in Abs. 2 enthaltene Garantie der Finanzkontrolle (→ Rn. 3) sichert aber nicht nur den Bestand
des BRH, sondern darüber hinaus auch die Erfüllung seiner Aufgaben. Das ist neben der **Rechnungsprüfung** und der **Prüfung** der Wirtschaftlichkeit und Ordnungsmäßigkeit der Haushalts- und Wirtschaftsführung, die ausdrücklich im GG genannt sind, auch der gesamte komplexe Tatbestand der
**Finanzkontrolle,** auch wenn der Begriff „Finanzkontrolle" im Wortlaut der Vorschrift nicht auftaucht.[83] **Prüfen** bedeutet dabei, dass ein „konkreter Sachverhalt festgestellt und in seinen finanzwirksamen Auswirkungen bewertet wird".[84] Davon zu unterscheiden ist das **Erheben,** das zwar als Teil der
Prüfungstätigkeit angesehen wird, dem aber gegenüber der Prüfung eine selbständige Bedeutung
zukommt.[85] Dabei geht es vor allem um das Ermitteln „einzelner Tatsachen" durch die Anforderung
von Berichten, die Beiziehung von Akten und das Einsehen von Unterlagen.[86] Auch eine solche
Ermittlungstätigkeit **vor Ort** und die Gewinnung von neuen Informationen gehören zu den geschützten Aufgaben des BRH (→ Rn. 42).

28    **1. Prüfung als nachträgliche Kontrolle finanzwirtschaftlicher Vorgänge.** Wichtig ist jedoch,
dass es sich um Kontrolle und **nicht** um **Mitentscheidung** handelt.[87] Sie hat „zeitnah" zu erfolgen.
Fraglich ist jedoch, ob auch noch nicht abgeschlossene Vorgänge von der zuständigen Stelle heraus-
verlangt und geprüft werden dürfen.[88] Die Grenze zur Mitentscheidung ist bei einer vorangehenden
Beteiligung an Entscheidungen schnell überschritten. Jedenfalls darf die Prüfung aber schon vor der
Rechnungslegung ansetzen (§ 42 HGrG),[89] auch wenn sie sich grundsätzlich nur auf **abgeschlossene
Vorgänge** beziehen soll.[90] Die Prüfung schon im Vorfeld ermöglicht es, auf Schwächen hinzuweisen,
bevor ein Schaden eingetreten ist.[91] Abgeschlossene **Teilentscheidungen** dürfen zum Gegenstand der
Kontrolle gemacht werden, wenn sie finanzwirksame Folgen auslösen.[92] Darüber hinaus wird es sogar
als ausreichend angesehen, wenn zumindest ein abgrenzbarer „Tatsachenkern" vorliegt, der „Teil eines
potenziell finanzwirksamen, noch nicht abgeschlossenen größeren Ganzen ist". IdS kann auch die
„begleitende Prüfung" als eine nachherige Prüfung betrachtet werden.[93]

29    Die Tätigkeit des BRH ist auf finanzwirtschaftl. Vorgänge beschränkt. Eine **allgemeine Rechtmäßigkeitskontrolle** des Verwaltungshandelns ist nicht Bestandteil der in Abs. 2 geregelten Finanzkontrolle. Namentlich hat er das HaushaltsG nicht auf seine Verfassungsmäßigkeit zu prüfen.[94] Das ist
Sache der Gerichte und Aufsichtsbehörden, auch im Verhältnis des Parlaments zur Regierung. Die sog.
**politische Kontrolle** gehört grds. nicht zu den Aufgaben des BRH.[95] Die vom Gesetzgeber vorgegebenen **Ziele** hat er zu respektieren, auch wenn immer wieder – meist von Repräsentanten der

---

[81] *Friedr. Klein,* Die institutionelle Garantie der Rechnungsprüfung, in: Bundesrechnungshof (Hrsg.), 250 Jahre
Rechnungsprüfung, 1964, S. 133 (135); *Stern,* StaatsR II, S. 418 f.; *ders.* DÖV 1990, 261 (263); *Kube,* in: Maunz/
Dürig, Art. 114 (2019) Rn. 47 f.
[82] Ebenso *Stern* DÖV 1990, 261 (263); zust. *Kube,* in: Maunz/Dürig, Art. 114 (2019) Rn. 48.
[83] Ebenso *Stern* DÖV 1990, 261 (263).
[84] BVerfGE 127, 165 (209).
[85] Einfachgesetzlich verwendet z.B. in § 6a S. 4 ZuInvG, der teilweise für verfassungswidrig erklärt wurde,
BVerfGE 127, 165 (208).
[86] BVerfGE 127, 165 (209, 222); BVerwGE 116, 92 (65).
[87] So jetzt auch BVerfGE 137, 108 (151 Rn. 100).
[88] Die Frage wurde bisher überwiegend verneint, vgl. stellv. *Mutius/Nawrath,* in: Heuer/Engels/Eibelshäuser
(Fn. 3), Art. 114 (1999) 24; dagegen mit eingehender Begründung *Degenhart* Verwaltung 2000, Beih. 3 (GS Heuer),
S. 55 (58 f.).
[89] NWVerfGH NWVBl 2012, 107 (110), der sogar eine begleitende Kontrolle verlangt; *Siekmann,* Prüfung,
S. 798; *Engels* BK, Art. 114 (2010) Rn. 227.
[90] VG Düsseldorf NJW 1981, 1396 (1397); *Vogel* DVBl. 1970, 193 (198); *Reger* VerwArch 66 (1975), 195 (248,
250); *Stern* StaatsR II, S. 431; *Degenhart* VVDStRL 55 (1996), 190; *ders.* Verwaltung 2000, Beih. 3 (GS Heuer),
S. 55; *Engels* BK, Art. 114 (2010) Rn. 226; s. a. BVerfGE 110, 199 (215) mwN.
[91] *Bertrams* NWVBl 1999, 1 (5), der die Gefahr der Verantwortungsverlagerung für nicht so groß hält.
[92] *Löwer* NWVBl 2009, 125 (131); *Engels* BK, Art. 114 (2010) Rn. 228 f.; für die parlamentarische Kontrolle:
BayVGH NVwZ 1996, S. 822.
[93] Vgl. *Mähring,* in: Heuer/Engels/Eibelshäuser, § 88 BHO (2007) Anm. 9; nicht eindeutig *Vogel* DVBl. 1970,
193 (196 f.).
[94] Dezidiert BVerfGE 20, 56 (95 f.); 137, 108 (150 Rn. 99, 151 Rn. 100); wie hier *Stern* DÖV 1990, 261 (263);
*Antweiler* NVwZ 2005, 168 (171); *Kube,* in: Maunz/Dürig, Art. 114 (2019) Rn. 106; unzutr. *Jarass,* in: Jarass/Pieroth,
Art. 114 Rn. 7.
[95] Für eine Vertretbarkeitskontrolle *v. Arnim* (Fn. 24), S. 104 f.; *Gröpl* HStR V, § 121 Rn. 47; wohl auch *Degenhart*
VVDStRL 55 (1996), 190 (207); *Heun/Thiele,* in: Dreier III, Art. 114 Rn. 11; dazu näher *Sierig* (Fn. 71), S. 102 ff.;
m. Bspr. *Klappstein* DÖV 2000, 215 (215 ff.).

Rechnungshöfe – eine solche Zielkontrolle reklamiert wird.[96] Allerdings stößt eine saubere Trennung von Recht und Politik im Grenzfall auf erhebl. Schwierigkeiten. Probleme bereitet auch eine allg. **Erfolgskontrolle,** die Elemente aus beiden Bereichen enthält.

**2. Kontrollumfang.** Die Kontrolle durch den BRH **umfasst** zunächst die gesamte **unmittelbare** **30** **Bundesverwaltung** unter Einschluss der Finanzverwaltung, wo erhebl. Kontrollbedarf angesichts der Massenhaftigkeit von Fehlern besteht, sowie der Bundesbetriebe und Sondervermögen.[97] Sie erstreckt sich auch auf die Gerichte des Bundes[98] und grds. auch auf die Legislative, namentlich die Fraktionszuschüsse.[99] Insb. darf der BRH die „Einhaltung des Verbots einer Verwendung der Fraktionsmittel für Parteiaufgaben" uneingeschränkt überprüfen.[100] Die verfassungsunmittelbare Prüfungsbefugnis umfasst auch solche **Stellen außerhalb der unmittelbaren Bundesverwaltung,** die Finanzverantwortung für den Bund wahrnehmen.[101] Nach der Rspr. des BVerfG muss es sich aber um die Erfüllung von Aufgaben des Bundes handeln (näher → Rn. 33a). Das gilt insb. für alle bundesunmittelbaren **juristischen Personen** des öff. **Rechts;**[102] zumindest dann, wenn eine Einstandspflicht des Bundes besteht. Dabei ist es unerheblich, ob (auch) eine Kontrolle durch Wirtschaftsprüfer oder Aufsichtsbehörden stattfindet. Sie mag nützlich und notwendig sein, erfüllt aber nicht die verfassungsrechtl. Anforderungen.[103] §§ 53–55 HGrG und § 111 BHO entsprechen bei richtiger Interpretation diesen Anforderungen. Teils wird aber einschränkend vertreten, dass die „Dritten" außerhalb der unmittelbaren Bundesverwaltung dadurch nicht zu „Prüfungsadressaten" würden. Sie müssten Erhebungshandlungen des BRH dulden und seien (nur) Erhebungsbetroffene.[104] Dafür wird auch der Begriff „Betätigungsprüfung"[105] verwendet. Durch AusführungsG nach Abs. 2 S. 3 dürften aber weitere Einrichtungen zu Prüfungsadressaten gemacht werden. Dabei sind jedoch **Grenzen** aus der **föderalen** **Ordnung** (→ Rn. 33 ff.) zu beachten.[106]

Probl. und umstr. sind die Prüfung öff. **Unternehmen** und ihr Umfang. Sie sollte in jedem Fall **31** weitergehen als die meist schon durchgeführte Prüfung durch Wirtschaftsprüfer.[107] Prüfungsadressaten

[96] *Zavelberg,* in: Eichhorn/v. Kortzfleisch (Hrsg.), Erfolgskontrolle bei der Verausgabung öffentlicher Mittel, 1986, S. 103 ff.; *Böning,* in: Böning/v. Mutius (Hrsg.), Finanzkontrolle, S. 39 ff.; *Korthals,* in: v. Arnim/Lüder (Hrsg.), Wirtschaftlichkeit in Staat und Verwaltung, 1993, S. 87 ff.; s. a. *Kisker,* in: v. Arnim (Hrsg.), Finanzkontrolle im Wandel, 1989, S. 195 ff.; *Jakobs-Wöltering* NVwZ 1995, 561 (561 ff.); *Aprill* DÖV (2008), 184 (188): BRH als konstruktiver Kritiker und Antreiber der Reform; vermittelnd *v. Mutius/Nawrath* (Fn. 3), Anm. 33: möglicherweise ergeben sich andere Perspektiven, wenn die Verwaltung zu neuen Steuerungssystemen übergeht, vgl. *Harms,* Verwaltung und Management, 1999, 21 ff.

[97] *Puhl,* Budgetflucht und Haushaltsverfassung, 1996, S. 331 ff.; *Kube,* in: Maunz/Dürig, Art. 114 (2019) Rn. 72 f.; zust. *Engels* BK, Art. 114 (2010) Rn. 190, unter zutreffendem Hinweis, dass deren Tätigkeit immer für den Bundeshaushalt relevant ist.

[98] Dafür m. Differenzierungen *Franz* Verwaltung 2000, Beih. 3 (GS Heuer), S. 75 ff.; *Bajohr* VR 2000, 406 (406), der sich im Übrigen mit der Prüfung der Rechnungshöfe durch das Parlament beschäftigt; *Groß* VerwArch 2004, 194 (204); zust. *Kube,* in: Maunz/Dürig, Art. 114 (2019) Rn. 76; allgemein zur Finanzkontrolle der Justiz: *Blasius/ Stadtmann* DÖV 2002, 12 (12 ff.).

[99] BVerfGE 80, 188 (214); 140, 1 (31 Rn. 86); *Heuer,* in: Böning/v. Mutius (Hrsg.) (Fn. 59), S. 107; *U. Müller* NJW 1990, 2046 (2046 ff.); *Kube,* in: Maunz/Dürig, Art. 114 (2019) Rn. 75; zur Einschränkung der Prüfungsbefugnis des BRH durch Fraktionsgesetze: *Becker* ZG 1996, 261 (261 ff.); *Pieroth/Neukamm,* Fraktionsfinanzierung und Rechungshofkontrolle, 2005.

[100] BVerfGE 140, 1 (31 Rn. 86).

[101] Ausdrücklich vom BVerwG anerkannt, BVerwGE 139, 87 (102 f.); ebenso NWVerfGH NWVBl 2012, 107 (109), Verpflichtung, „bei landesunmittelbaren juristischen Personen des öffentlichen Rechts oder öffentlichen Unternehmen die Auswirkungen auf den Staatshaushalt zu prüfen" (S. 110); *Heun/Thiele,* in: Dreier III, Art. 114 Rn. 26; *Tuschl* NWVBl 2012, 165 (168); ähnlich *Kube,* in: Maunz/Dürig, Art. 114 (2008) Rn. 76, für die mittelbare Bundesverwaltung, die unmittelbar Einfluss auf die Haushalts- und Wirtschaftsführung des Bundes haben kann; *Engels* BK, Art. 114 (2010) Rn. 192; *Gröpl* HStR V, § 121 Rn. 42; anders wohl *Heintzen,* in: v. Mangoldt/Kunig II, Art. 114 Rn. 32; vgl. zum Ganzen *Brüning* (Hrsg.), Prüfungskompetenzen der Rechnungshöfe bei ausgegliederter Aufgabenwahrnehmung, 2011, mit Beiträgen von *Altmann, Eibelshäuser, Freese* und *Brüning;* dazu *Schöwe/Jöns* DÖV 2012, 113.

[102] *Kube,* in: Maunz/Dürig, Art. 114 (2019) Rn. 78; *Engels* BK, Art. 114 (2010) Rn. 192.

[103] *Siekmann,* Prüfung, S. 769.

[104] *Gröpl* HStRV, § 121 Rn. 42.

[105] *Höfling* FS Selmer, 2004, S. 673: Die Betätigungsprüfung der Rechnungshöfe nach §§ 44 Abs. 1, 53, 54 Abs. 1 HGrG; *Eibelshäuser* (Fn. 101), S. 27; *Freese* (Fn. 101), S. 51; *Burgi* DÖV 2020, 121 (123 f.), der aber „Überwachungsmaßnahmen betreffend unternehmerische Entscheidungen des Vorstands" der Bahn AG aus aktienrechtlichen Erwägungen ausnehmen will. Das sei zudem keine Betätigungsprüfung mehr (S. 129). Wenn das bei einem Unternehmen, das zu 100% dem Bund gehört und letztlich in erheblichem Umfang von öfftl. Mitteln lebt, zutrifft, stellt sich sogleich die Frage, ob eine derartige Organisation zulässig sein kann.

[106] BVerfGE 127, 165 (208 ff.).

[107] Allg. *Knöpfle,* in: v. Arnim (Hrsg.), Finanzkontrolle im Wandel, 1989, S. 259 ff.; *Harms* ZögU 1998, 87 (89 ff.); im Hinblick auf die (kommunale) Selbstverwaltung *Klappstein,* in: Böning/v. Mutius (Hrsg.), Finanzkontrolle, S. 125 ff.; *Degenhart* VVDStRL 55 (1996), 190 (215 f.); zur Verbindung mit der privaten Wirtschaftsprüfung *Forster* FS General-Rechen-Kammer, 1989, S. 115; *Ernst/Heitel* Verwaltung 2000, Beih. 3 (GS Heuer), S. 101 (102 ff.); *Eibelshäuser* (Fn. 8), S. 34 ff.; für erweiterte Abschlussprüfung; im internationalen Bereich *Wenz,* ebda, S. 124.

sind dabei auch die Vertreter des Staates in Organen von Beteiligungsunternehmen.[108] Die Kontrolle **privater** Zuwendungsempfänger ist ebenfalls zulässig.[109] Die Kontrolle gilt vor allem dann und besonders intensiv, wenn Empfänger, wie die ehemalige Ruhrkohle AG, zur Erfüllung eines angenommenen öff. Auftrags (allein) durch Steuermittel am Leben gehalten werden.[110] Auch das Verhalten der Bewilligungsbehörden (mangelnde Überprüfung der Verwendung von Subventionen) ist Gegenstand der Kontrolle.[111]

32    **Kontrollfreie Räume** darf es prinzipiell **nicht geben,**[112] auch nicht außerhalb der engeren Bundesverwaltung. Das ergibt sich nicht nur auf der Grundlage und in den Grenzen des einfachen Rechts (§§ 53, 55 HGrG, §§ 111–112 BHO), sondern ist verfassungsrechtlich geboten.[113] Die „verfassungsunmittelbare Prüfungsbefugnis" „erstreckt sich auf das **gesamte staatliche Finanzvolumen** und steht **nicht zur Disposition des einfachen Gesetzgebers".**[114] „Finanzverantwortung ohne begleitende Finanzkontrolle" darf nicht zugelassen werden.[115] Danach unterliegen auch der durch § 1 FMStFG errichtete, nicht rechtsfähige **Finanzmarktstabilisierungsfonds** (FMS)[116] als Sondervermögen (§ 2 II FMStFG), für dessen Verbindlichkeiten der Bund haftet (§ 5 FMStFG), und die nunmehr[117] rechtsfähige **Finanzmarktstabilisierungsanstalt** (FMSA), die ihre Aufgaben im Namen des Fonds wahrnimmt (§ 3a I 1, II 1 FMStFG), der vollst. Kontrolle durch den BRH. Sondervorschriften über öff. Unternehmen im einfachen Recht dürfen nicht als Einschränkung des verfassungsrechtl. Kontrollauftrags ausgelegt werden. Der Verweis in § 55 II auf § 53 HGrG darf deshalb iE nur zu einer Erweiterung des Kontrollumfangs (Ordnungsmäßigkeit der Geschäftsführung), nicht aber zu einem Ausschluss der Rechnungshofkontrolle führen.[118] Die Länder dürfen Unternehmen des öR nicht prüfungsfrei stellen (z. B.: Landesbanken, NRW.BANK), unabhängig davon, ob Anstaltslast und Gewährträgerhaftung bestehen.[119] Selbst wenn entgegen der hier vertretenen Auslegung von § 55 II HGrG eine Freistellung von der Rechnungshofkontrolle auf der Grundlage von § 48 II 2 HGrG erfolgt sein sollte, bleibt der jew. Rechnungshof aus verfassungsrechtl. Gründen zur Prüfung der finanz. Belange des Landes auch bei dem öff. Unternehmen berufen.[120]

33    **3. Grenzen der Kontrolle.** Eine „politische" Kontrolle soll nicht stattfinden (→ Rn. 29). Deshalb ist der **Gesetzgeber** in Bezug auf den Inhalt der von ihm geschaffenen Gesetze **nicht Kontrolladressat.**[121] Ihre **Grenze** findet die Kontrolltätigkeit des BRH aber vor allem im **Rechtskreis der Länder** und ihrer Gemeinden. „Nur Stellen des Bundes können Adressat der Prüfung durch den Bundesrechnungshof sein".[122] Die Haushalts- und Wirtschaftsführung der Länder ist kein Prüfungsgegenstand für den BRH. Auch dürfen grundsätzlich keine „Erhebungen" (→ Rn. 27) durch den BRH im Bereich der Länder stattfinden. Sie bedürfen einer Ermächtigung im GG.[123] Diese Grenze

---

[108] NWVerfGH NWVBl 2012, 107 (111); *Eibelshäuser* (Fn. 101), S. 35.

[109] BVerwGE 74, 58 (58 ff.); 104, 20 (20 ff.); 139, 87, für den privatrechtlich organisierten Spitzenverband der gewerblichen Berufsgenossenschaften und Unfallversicherungsträger; *Stackmann* DVBl 1994, 383 (383 ff.), für private Wohlfahrtsverbände; allgemein *Degenhart* VVDStRL 55 (1996), 190 (220 f.); ähnlich *Schulze-Fielitz* VVDStRL 55 (1996), 231 (251 ff.) mwN; *Groß* VerwArch 2004, 194 (205) m.w. Einzelheiten zur Durchsetzung von Prüfungsrechten; *Antweiler* NVwZ 2005, 168 (171 f.); aA *Oppermann,* Zur Finanzkontrolle der Stiftung Volkswagenwerk, 1972, S. 107; *Leisner,* Staatliche Rechnungsprüfung Privater, 1990, S. 105, 116.

[110] NWVerfGH NVwZ-RR 2009, 41, für die parlamentarische Kontrolle.

[111] *Antweiler* NVwZ 2005, 168 (171 f.).

[112] Näher *Blasius/Stadtmann* DÖV 2002, 12 (12 ff.) mwN; *Isensee* österr. ZÖR 63 (2008), 29 (32); *Schwarz* DVBl 2011, 135 (136).

[113] BVerwGE 139, 87 (103 f.), unter ausdrücklicher Bezugnahme auf diese Kommentierung; NWVerfGH NWVBl 2012, 107 (110) mwN: „zu einer lückenlosen rechnungsunabhängigen Prüfung ermächtigt"; *Heun/Thiele,* in: Dreier III, Art. 114 Rn. 25; iE ebenso *Puhl* (Fn. 97), S. 345: verfassungsrechtliche Pflicht zur Prüfung von „Nebenhaushalten".

[114] NWVerfGH NWVBl 2012, 107 (109 f.): „Generalauftrag" für eine „effektive Finanzkontrolle" der „gesamte[n] Haushalts- und Wirtschaftsführung".

[115] NWVerfGH NWVBl 2012, 107 (110 f.).

[116] Umgangssprachlich, auch in amtlichen Dokumenten, häufig als SoFFin bezeichnet.

[117] Ursprünglich als „rechtlich unselbständige Anstalt bei (!) der Deutschen Bundesbank errichtet, § 3a I 1 FMStFG, erlassen als Art. 1 des Gesetzes zur Umsetzung eines Maßnahmepakets zur Stabilisierung des Finanzmarktes (Finanzmarktstabilisierungsgesetzes – FMStG) v. 17.11.2008, BGBl I 1982; mit Wirkung v. 23.7.2009 rechtsfähig, § 3a I 1 FMStFG. Die Änderung erfolgte durch Art. 1 G v. 17.7.2009, BGBl I 1980. (Überschrift neu gef. mWv 6.11.2015 durch G v. 2.11.2015, BGBl I 1864).

[118] NWVerfGH NWVBl 2012, 107 (111); *Eibelshäuser/Wallis,* in: Heuer/Engels/Eibelshäuser, § 55 HGrG Anm. 8; *Siekmann,* Prüfung, S. 777.

[119] NWVerfGH NWVBl 2012, 107 (111); *Blasius* NWVBl 2000, 413 (414); *Siekmann,* Prüfung, S. 782, 785, 787.

[120] NWVerfGH NWVBl 2012, 107 (111).

[121] BVerfGE 127, 165 (213).

[122] BVerfGE 127, 165 (209).

[123] BVerfGE 127, 165 (209).

darf auch der Bundesgesetzgeber nicht überschreiten.[124] Soweit aber sowohl der BRH als auch ein Landesrechnungshof für die Prüfung zuständig sind, darf **gemeinsam** geprüft werden. Mit einer solchen gemeinsamen Prüfung sind keine Zuständigkeitsverlagerungen verbunden.[125]

Bei aller Unsicherheit iE darf der BRH aber jedenfalls kontrollieren, soweit die **Aufgabenver-** **33a** **antwortung** des **Bundes** reicht, also auch, wo das GG Gemeinschaftsaufgaben und Verwaltungs-zusammenarbeit von Bund und Ländern vorsieht, vor allem nach Art. 91a–e. Aus der Begr. zum RegE von Art. 91e[126] hat das BVerfG entnommen, dass Zweck der neuen Regelung auch die **Ermögli-chung der Finanzkontrolle** durch den Bund war, obwohl dies nicht im Wortlaut der Bestimmung zum Ausdruck kommt. Hier ist also auch eine Prüfung durch den BRH im GG anerkannt worden.[127] Fraglich ist jedoch, ob und in welchem Umfang er „Erhebungen" bei Ländern und Gemeinden bei der Prüfung von Zuwendungen, die nach Art. 104b gewährt worden sind, vornehmen darf.[128] Namentlich ist die Zulässigkeit der Kontrolle im Bereich von untergeordneten Landesbehörden bestr.[129]

Nach Ansicht des BVerfG können „Erhebungen" des BRH (→ Rn. 27) bei Ländern und Komm. **33b** jedenfalls nicht auf Art. 104b II 2 Hs. 2 oder III gestützt werden. Die Vorschrift lasse nicht erkennen, dass eine „Informationsbeschaffungsbefugnis" des Bundes bei „nachgeordneten Landesstellen" zugelas-sen werden sollte.[130] Art. 114 II 1 rechtfertige sie aber in dem Umfang, wie dem Bund **Verwaltungs-kompetenzen** zukommen.[131] Der BRH bedürfe zwar eines Instrumentariums zur Informations-beschaffung im Verflechtungsbereich von Bundes- und Landesfinanzen, namentlich bei den Gemein-schaftsaufgaben und den Finanzhilfen, doch müsse dieses Interesse des Bundes mit der Haushaltsautonomie der Länder in Ausgleich gebracht werden.[132] Die Finanzkontrolle bzgl. der Gewährung von Finanzhilfen sei jedenfalls „akzessorisch zur Kompetenz der Bundesverwaltung" zu bestimmen.[133] Ein davon losgelöster **„Generalauftrag"** für eine effektive Finanzkontrolle werde dem **nicht** gerecht.[134] Die Verwaltungsakzessorietät sei aber ein „abstraktes Kriterium", das unabhängig von den „konkreten Befugnissen" zu bestimmen sei, die das Gesetz einräume.[135] Dabei ist jedoch zu beachten, dass das BVerfG eine Verwaltungskompetenz aus dem **Haftungsanspruch** nach **Art. 104a V 1 Hs. 2** ableitet. Danach darf sich der BRH unmittelbar an nachgeordnete Behörden der Länder und Kommunalverwaltungen wenden, wenn „aufgrund von Tatsachen ein solcher Anspruch möglich erscheint.

§ 6a Satz 4 ZuInvG ist deshalb im Wesentlichen für verfassungswidrig erklärt worden.[136] Die dem **33c** BRH nach § 6a Satz 3 ZuInvG eingeräumte Befugnis zur Kontrolle zweckentspr. Verwendung der Finanzhilfen – gemeinsam mit den jew. LRH – wurde dagegen als verfassungskonform angesehen.[137] Zuvor hatten die Präsidentinnen und Präsidenten der Rechnungshöfe des Bundes und der Länder eine weitgehende Kontrolle der Verwendung von Mitteln aus den Konjunkturpakten vor Ort vereinbart, aber fast einhellig § 6a Satz 1, 3 und 4 ZuInvG als verfassungswidrig beurteilt.[138] Der BRH wollte jedoch insb. das Vorliegen von Rückforderungsgründen bei den Kommunen prüfen.[139] Teils bewegte sich das Vorgehen des BRH aber auf unsicherem verfassungsrechtlichen Boden. Deshalb ist in der Vereinbarung zur Neuordnung der Finanzbeziehungen zwischen Bund und Ländern vom Dezember 2016 abgesprochen worden, durch Änderung des GG die Grenzen für die Tätigkeit des BRH, namentlich im Hinblick auf die Erhebungen vor Ort, weiter zu ziehen.[140]

Grenzen der Kontrolle können sich auch aus **Verfassungsgarantien** für selbstständige Einrichtun- **33d** gen ergeben.[141] Wegen der umfassenden Garantie ihrer Unabhängigkeit (→ Art. 88 Rn. 50 ff.) darf die

---

[124] *Blasius* DÖV 1992, 18 (24); *Schwarz* MKS III, Art. 114 Rn. 53; *Kemmler*, in: Hofmann/Hopfauf, Art. 114 Rn. 38 ff.; *Mähring* DÖV 2006, 195 (198); aA *Kammer* DVBl 1990, 555 (559). Es gibt allerdings Berührungspunkte und Überschneidungsbereiche, dazu v. *Mutius/Nawrath* (Fn. 3), Anm. 31.

[125] BVerfGE 127, 165 (210).

[126] BT-Dr 17/1554, S. 5.

[127] BVerfGE 137, 108 (150 Rn. 97).

[128] BVerfGE 127, 165 (210); krit. *Korioth* JböffFin 2010, S. 283 (299 ff.); *ders.* JböffFin 2011, S. 409 (413 f.).

[129] *R. F. Heller,* Haushaltsgrundsätze für Bund, Länder und Gemeinden, 1998, S. 280; *Nebel,* in: Piduch, 2. Aufl., Art. 114 (2018) Rn. 23.

[130] BVerfGE 127, 165 (199, 210); zust. *Henneke* DÖV 2011, 417 (418, 420); *Schwarz* DÖV 2011, 135 (138).

[131] BVerfGE 127, 165 (211 ff., 220).

[132] BVerfGE 127, 165 (211).

[133] BVerfGE 127, 165 (212, 216).

[134] BVerfGE 127, 165 (219); zust. *Henneke* DÖV 2011, 417 (421); dafür aber BVerwGE 116, 92 (98); für weite Grenzziehung auch: *Kammer* DVBl 1990, 555 (558 f.); *Mähring* DÖV 2006, 195 (198); *Isensee* österr. ZÖR 63 (2008), 29 (32), der aber für eine Kooperation der Rechnungshöfe plädiert (S. 39); *Heintzen*, in: v. Münch/Kunig, Art. 114 Rn. 9: „Großzügigkeit".

[135] BVerfGE 127, 165 (220 f.).

[136] BVerfGE 127, 165 (211 f.).

[137] BVerfGE 127, 165 (210).

[138] BVerfGE 127, 165 (188).

[139] Wiedergegeben in der Sachverhaltsdarstellung von BVerfGE 127, 165 (171).

[140] Nicht veröffentlicht; umgesetzt in BT-Dr 18/11131, Art. 1 Nr. 8.

[141] *Knöpfle* (Fn. 107), S. 268 ff.; *Eibelshäuser/Wallis,* in: Heuer/Engels/Eibelshäuser, § 111 Anm. 3; zur Prüfung von Rundfunkanstalten: *Ossenbühl,* Rundfunkfreiheit und Rechnungsprüfung, 1984; *Lehment,* Rundfunkfreiheit und

Deutsche Bundesbank deshalb nur eingeschränkt geprüft werden. Dem entspricht § 26 III 2 und 3 BBankG. Die Einräumung des Rechts der **Selbstverwaltung** reicht nicht aus, den Kontrollauftrag der Rechnungshöfe einzuschränken.[142] Das gilt in jedem Fall, wenn sie nur einfachgesetzlich erfolgt ist; bei verfassungsrechtlicher Grundlage dann, wenn sie unter Gesetzesvorbehalt steht.

## IV. Verfassungsrechtliche Hilfsgarantien

34    Neben Bestand und Aufgaben des BRH enthält Art. 114 II noch weitere Garantien. Sie sollen als **Hilfsgarantien** bezeichnet werden,[143] da sie nicht um ihrer selbst willen gewährt sind, sondern um die Erfüllung der Hauptaufgabe des BRH, der Finanzkontrolle, zu sichern.

35    **1. Die Unabhängigkeit der Rechnungshofmitglieder.** Kontrolle kann nur wirksam sein, wenn die Kontrollinstanz unabhängig von den Kontrollierten ist. Unabhängigkeit kann institutioneller oder personeller Natur sein.[144] Das GG hat sich – anders als einige LVerf[145] – für die innerhalb der in den Rechnungshöfen tätigen Personen entschieden. Es gewährleistet die **richterliche Unabhängigkeit**[146] der **Mitglieder** des BRH. Mittelbar ergibt sich daraus aber auch die Unabhängigkeit der Institution, für die sie tätig werden, auch wenn sie nicht als solche garantiert ist.[147] Für die Frage, welche Person **Träger** der Garantie ist, kommt es nicht auf die (einfachgesetzl.) Bezeichnung als „Mitglied" an (§ 3 I BRHG), auch wenn eine Übereinstimmung zweckmäßig ist. Im Ergebnis muss sichergestellt sein, dass die verfassungsrechtlich geschützte Tätigkeit „Finanzkontrolle" durch unabhängige Amtswalter ausgeführt wird.[148]

36    Auch wenn in verschiedenen Staaten die Rechnungshöfe als Gerichte organisiert sind und die rspr. Tätigkeit Vorbild für die Rechtsstellung der Rechnungshofmitglieder gewesen sein mag, sind sie **keine Richter**.[149] Der Begriff der richterl. Unabhängigkeit ist nur **entsprechend** auszudeuten. Dabei sind die Unterschiede in Organisation und Aufgabenerfüllung hinreichend zu beachten. Jedenfalls ist wie bei den Richtern zwischen persönl. und sachl. Unabhängigkeit zu unterscheiden.[150] **Sachliche** Unabhängigkeit bedeutet **Weisungsfreiheit** und ausschließl. Unterwerfung unter das Gesetz. **Persönliche** Unabhängigkeit meint das Verbot jeglicher Ingerenzen auf den Status des Mitglieds, namentlich Unabsetzbarkeit und Unversetzbarkeit.[151]

37    Zur persönl. Unabhängigkeit gehört auch die nähere Ausgestaltung der Diensterfüllung. Feste **Dienstzeiten** sind mit ihr nicht vereinbar. Auch die Anordnung von **Gleitzeitarbeit** ist unzulässig.[152] Geringe Besoldungsabsenkungen stellen keine Beeinträchtigung der Unabhängigkeit dar.[153] Sachl. Unabhängigkeit bedeutet nicht zuletzt die Freiheit, sich den **Prüfungsgegenstand** aussuchen zu dürfen. Da niemals alles untersucht werden kann, müssen die Mitglieder des BRH unbeeinflusst eine Auswahl treffen und Schwerpunkte setzen können.[154]

---

Finanzkontrolle, 1996; *Selmer* Verwaltung 1990, 1 (1 ff.); zur Kontrolle auch ihrer Beteiligungsunternehmen: *R. Hahn* ZUM 2001, 775 (775 ff.); *Porzucek,* Die Finanzkontrolle der öffentlich-rechtlichen Rundfunkanstalten und ihrer Beteiligungsunternehmen, 2007; s. ferner BVerfGE 74, 69 (75 f.); zur Prüfung im Bereich der Wissenschaften *Brüning* (Hrsg.), Hochschulfinanzierung und Finanzkontrolle, 2013, mit Beiträgen von *Karpen* zum Spannungsverhältnis zwischen Rechnungsprüfung und Wissenschaftsfreiheit (S. 5–20) und *Altmann* zu den Möglichkeiten und Grenzen der Hochschulfinanzierung aus der Sicht der Finanzkontrolle (S. 21–30).

[142] *Eibelshäuser/Wallis,* in: Heuer/Engels/Eibelshäuser, § 111 BHO Anm. 3–5; aA *Stober/Kluth,* Zur Rechnungsprüfung von Kammern, 1989, S. 42 ff., 68 f.

[143] Ebenso *Stern* DÖV 1990, 261 (263); nunmehr auch *Schwarz* MKS III, Art. 114 Rn. 71, 108. Diese Funktion wird grundlegend verkannt von *Burgi* DÖV 2020, 121 (122).

[144] Ebenso *Stern* DÖV 1990, 261 (263); eingehend zu den Ausprägungen von Unabhängigkeitsgarantien *Siekmann,* in: Siekmann (Hrsg.), EWU, 2013, Art. 130 Rn. 41 ff.; s. a. *v. Lewinski* DÖV 2015, 406 (412).

[145] Art. 80 S. 2 BayVerf; Art. 83 I 1 BlnVerf aF; jetzt Unabhängigkeit der Mitglieder, Art. 95 I 2 BlnVerf; Art. 71 I 1 HmbVerf; zu weiteren Einzelheiten in den alten Bundesländern *Stern* (Fn. 59), S. 30. Die neuen Länder haben sich ausnahmslos für die Unabhängigkeit (auch) der Mitglieder ihrer Rechnungshöfe entschieden.

[146] Dazu → Art. 97 Rn. 11 ff.

[147] Eingehend *Stern* (Fn. 75), S. 31, unter Berücksichtigung der verschiedenen Formulierungen in den Landesverfassungen; s. a. *Wittrock* DVBl 1984, 823 (823 ff.); *Müller* DVBl 1994, 1276 (1276 ff.); *Schulze-Fielitz* VVDStRL 55 (1996), 231 (237 f.); *Klappstein* Verwaltung 2000, Beih. 3 (GS Heuer), S. 25 (35); *Engels* BK, Art. 114 (2010) Rn. 156.

[148] *Stern* FS General-Rechenkammer, 1989, S. 37; *ders.* (Fn. 75), S. 32; ähnlich: *Wieland* DVBl 1995, 894 (899); *Engels* BK, Art. 114 (2010) Rn. 153–155, 176; weiter *v. Mutius/Nawrath* (Fn. 3), Anm. 15 f.

[149] *Stern* DÖV 1990, 261 (264); *Heun/Thiele,* in: Dreier III, Art. 114 Rn. 23; *Schwarz* MKS III, Art. 114 Rn. 110; *v. Lewinski,* Friauf/Höfling, Art. 114 Rn. 91.

[150] *Folz/Herrman* JZ 1973, 769 (769 ff.).

[151] Ähnlich für die Mitglieder der Entscheidungsorgane der EZB *Siekmann* (Fn. 144), Rn. 64, 118 ff.

[152] BGHZ 113, 36 (39 f.); *Heun/Thiele,* in: Dreier III, Art. 114 Rn. 23; aA *Blasius* VR 1990, 124 (128 f.): keine Freistellung von festen Dienstzeiten ohne gesetzliche Regelung.

[153] HessStGH, Beschl. v. 13.1.1999 – P. St. 1315, Abdruck, S. 9.

[154] *Stern* DÖV 1990, 261 (264); *Heun/Thiele,* in: Dreier III, Art. 114 Rn. 23; *Schwarz* MKS III, Art. 114 Rn. 112; detaillierte (vergleichende) Darstellung des Status der Rechnungshofmitglieder auf Bundesebene und in den einzelnen Bundesländern, *Klappstein,* Verwaltung 2000, Beih. 3 (GS Heuer), S. 25 (36–44).

**2. Kollegialverfassung.** Wenn nur die Unabhängigkeit der Institution gewährleistet ist, darf die 38
**innere Struktur** des BRH weitgehend frei gestaltet werden. Wenn jedoch – wie in Art. 114 II – den
einzelnen Rechnungshofmitgliedern richterl. Unabhängigkeit gewährt ist, unterliegen die organisatorischen Gestaltungsmöglichkeiten beträchtl. **Einschränkungen.**[155]

Danach darf der BRH **nicht als hierarchisch strukturierte Behörde** aufgebaut sein. Seine 39
Organisationsstruktur muss vielmehr den Grundsätzen der Gleichberechtigung und Kollegialität seiner
Mitglieder entsprechen. Daraus folgt indes noch nicht automatisch die verbindliche Vorgabe einer
**Kollegialverfassung.** Sie ist von Art. 114 nicht zwingend vorgeschrieben.[156] Auch in monokratisch
organisierten Einrichtungen kann es Weisungsfreiheit geben, und darauf kommt es an.[157] Das immer
noch bestehende Übergewicht des Präsidenten des BRH ist bedenklich. Hier ist vor allem sein Recht
zu nennen, sich in die Zweierkollegien einzuschalten und damit eine streitige Frage in seinem Sinne zu
beeinflussen (§ 9 I 2 BRHG) oder mit seiner Stimme bei Stimmengleichheit den Ausschlag zu geben
(§ 15 II BRHG).[158]

**3. Ausstattung.** Eine unabhängige Kontrolle setzt eine Mindestausstattung mit **Personal- und** 40
**Sachmitteln** voraus. Das Personal dient der Unterstützung der Tätigkeit der Mitglieder. Es steht nicht
im Belieben von Parlament und Exekutive, dem BRH die entspr. Mittel zuzuweisen. Daraus folgt auch
der Anspruch des BRH auf einen eigenen Einzelplan (→ Art. 110 Rn. 22) im Bundeshaushalt.[159]

Die Unabhängigkeit der Mitglieder des BRH schließt nicht aus, dass auch weisungsunterworfene 41
Amtswalter Kontrollen durchführen. Sie müssen jedoch auf Hilfstätigkeiten beschränkt bleiben. **Abschließende Entscheidungen** dürfen nur die unabhängigen Mitglieder des BRH treffen, ungeachtet
ihrer Bezeichnung.[160] Keinesfalls darf es zwei Klassen von Prüfern geben, solche mit und solche ohne
richterl. Unabhängigkeit.

**4. Informations- und Zutrittsrechte.** Eine weitere **wichtige Hilfsgarantie** ist die Gewährung 42
von Informations- und Zutrittsrechten. Sie spielt eine wichtige Rolle iRd „Erhebungen" (→ Rn. 27).
Damit er seine Aufgaben erfüllen kann, bedarf der BRH eines „Instrumentariums der Informationsbeschaffung."[161] Den Prüfern sind Auskünfte zu erteilen sowie Akten und Dokumente vorzulegen.[162]
Sie haben das Recht, auch unangemeldet – zu angemessener Zeit – prüfungsunterworfene Behörden zu
betreten und Prüfungshandlungen vorzunehmen. Die pauschale Berufung auf entgegenstehende Persönlichkeitsrechte oder Betriebsgeheimnisse (von öff. Unternehmen) rechtfertigen keine Weigerung.[163]

## V. Nähere Regelung der Befugnisse (Abs. 2 S. 3)

Die Tätigkeit des BRH ist durch das GG nicht auf die Finanzkontrolle beschränkt. Abs. 2 enthält 43
**keine abschließende Festlegung** seines Tätigkeitsbereichs.[164] Er darf durch BundesG erweitert
werden (Satz 3). Unter Regelung der „Befugnisse" ist trotz des engen Wortlauts nicht nur die
Einräumung von **Handlungsermächtigungen** zu verstehen, sondern auch die Zuweisung von weiteren **Aufgaben** und Berechtigungen.[165] Dazu gehören vor allem **Beratung** und die Erstellung von
**Gutachten.** IRd Beratungsaufgaben nimmt der Präsident des BRH eine Sonderstellung ein, da er
traditionell durch Kabinettsbeschluss zum **Bundesbeauftragten für die Wirtschaftlichkeit der**
**Verwaltung** bestellt wird.[166]

[155] Ebenso *Stern* DÖV 1990, 261 (264).

[156] *Fuchs,* Wesen und Wirken der Kontrolle, 1966, S. 87 ff.; *Reger* VerwArch 66 (1975), 195 (229); *Grupp,* Stellung,
S. 104 f.; *Heun/Thiele,* in: Dreier, III, Art. 114 Rn. 23; *Schwarz* MKS III, Art. 114 Rn. 115; aA *Piduch,* Bundeshaushaltsrecht, 2. Aufl., Art. 114 (1986) Rn. 30; *Klappstein,* Verwaltung 2000, Beih. 3 (GS Heuer), S. 25 (30), mit
eingehender Darstellung der Entwicklung (26–29); *Engels* BK, Art. 114 (2010) Rn. 160.

[157] *Stern* FS General-Rechenkammer, 1989, S. 39.

[158] Krit. auch: *Fuhrmann* FS General-Rechen-Kammer, 1989, S. 331; *Blasius* VR 1990, 124 (128); *Wieland* DVBl
1995, 894 (900).

[159] *Stern* DÖV 1990, 261 (264); aA *Heun/Thiele,* in: Dreier III, Art. 114 Rn. 23; grundlegend verkannt von *Burgi*
DÖV 2020, 121 (122 f.), der die (zu) geringe Ausstattung des BRM als Grenze für ihre Aufgaben heranzieht.

[160] *Stern* ebda.

[161] BVerfGE 127, 165 (211).

[162] *Stern* DÖV 1990, 261 (264); so jetzt auch BVerfGE 127, 165 (222): „Berichte anfordern, Akten beiziehen und
Unterlagen einsehen"; auch für die „Betätigungsprüfung" bei öffentlichen Unternehmen *Eibelshäuser* (Fn. 101),
S. 37 f.

[163] BVerwGE 82, 56 (60) für Patientenakten einer Psychiatrie; *Lopacki* DöD 2009, 269 (270); *Siekmann,* Prüfung,
S. 776, 791; krit. *Heintzen/Lilie* NJW 1997, 1601 (1603 f.).

[164] *Stern* DÖV 1990, 261 (262).

[165] H. M., vgl. *Stern* DÖV 1990, 261 (263); Der Begriff „Befugnisse" war weder in der Ursprungsfassung noch im
Regierungsentwurf der Haushaltsreform enthalten (BT-Dr V/3040, S. 2, 46), sondern wurde erst vom Rechtsausschuss eingefügt. Er wollte es in die Hand des Bundestages legen, ob und in welchem Umfang er „Zuständigkeiten
und Aufgaben" ausüben sollte, die „er entweder bisher bereits aus Tradition, kraft Übertragung durch einfache
Gesetze oder auf Grund von Vereinbarungen" ausgeübt hat (*zu* BT-Dr V/3605, S. 13).

[166] *Stern* DÖV 1990, 261 (262); *Klappstein* Verwaltung 2000, Beih. 3 (GS Heuer), S. 25 (46); näher *Franz* DÖV
2008, 1042.

**44**   Die Erfüllung der im GG selbst genannten Aufgaben darf jedoch nicht beeinträchtigt werden. Andere Befugnisse sollten daher auf wichtige Angelegenheiten beschränkt bleiben. Jedenfalls muss es dem BRH **freistehen,** derartige Aufträge der Exekutive im **Einzelfall** abzulehnen. Andernfalls könnte seine Tätigkeit in eine den Kontrollunterworfenen genehme Richtung gelenkt werden.[167] Der BRH muss Herr über Umfang, Initiative und Reihenfolge seiner Kontrolltätigkeit bleiben.

**45**   Eine **Einschränkung** der Tätigkeit des BRH durch AusführungsG darf nicht zum Entzug der verfassungsmäßig vorgeschriebenen Aufgaben führen.[168] Es kommt allenfalls eine nähere Ausgestaltung der Wirkungsmodalitäten in Betracht.

## VI. Externe Kontrollbefugnisse im Rahmen der EU und anderer supranationaler Einrichtungen

**46**   Die Einnahmen und Ausgaben der Union werden ausnahmslos und die von ihr geschaffenen Einrichtungen grds. vom EuRH geprüft, Art. 287 I AEUV. Er führt seine Prüfung aber auch bei den Empfängern von Mitteln der EU durch, Art. 287 III UAbs. 1 S. 1 AEUV. Da aber häufig die Mitgliedstaaten Empfänger sind, ist bemerkenswert, dass das Primärrecht die Formulierung „Prüfung in den Mitgliedstaaten" und nicht „bei" den Mitgliedstaaten verwendet. Diese Prüfung soll jedoch iVm den „einzelstaatlichen Prüfungsorganen" erfolgen, Art. 278 III UAbs. 1 S. 2 AEUV. Im Grundsatz ist klar, dass die Prüfungseinrichtungen der Mitgliedstaaten auch zur **Prüfung der Verwendung von EU-Mitteln** durch Bundes- und Landesbehörden jeweils berufen sind.[169] Das Primärrecht versucht, die Probleme, die sich durch Doppelzuständigkeiten ergeben, dadurch zu lösen, dass es eine vertrauensvolle Zusammenarbeit verlangt, Art. 278 III UA 1 S. 3 AEUV.[170]

**47**   Soweit EU-Mittel unmittelbar durch Stellen des Bundes verwaltet und verausgabt werden, kann der BRH dies aufgrund des Art. 114 II 1 in Verbindung mit § 88 BHO prüfen.[171] Soweit jedoch **die Länder EU-Mittel verwalten,** stellt sich die Frage, ob dem BRH auch insoweit Prüfungs- und Erhebungsrechte zustehen, die ggf. neben die Prüfungsrechte der LRH treten. Insoweit wird wegen der Aufbringungslast und der finanz. Einstandspflicht des Bundes eine durch den BRH zu prüfende Haushalts- und Wirtschaftsführung des Bundes auch angenommen, wenn Landesstellen die EU-Mittel verwalten.[172] Ein Erhebungsrecht des BRH wird dabei analog § 91 I BHO angenommen.[173]

**48**   Wachsende Bedeutung erlangen auch die finanziellen Risiken für den Bundeshaushalt, die sich aus der Gewährung von Mitteln für die **Rettung von (ausländischen) Banken und Mitgliedstaaten der EU** durch bilaterale oder supranationale Einrichtungen, European Financial Stability Facility – EFSF und European Financial Stability Mechanism – ESM, oder die Übernahme von Bürgschaften und Garantien ergeben.[174] Auch insoweit ist eine lückenlose Finanzkontrolle zu gewährleisten. Dafür kommt primär der EuRH in Betracht, auch wenn es sich nicht um Einrichtungen der EU handelt. Art. 287 I 2 AEUV dürfte eine hinreichende Grundlage bieten, zumindest, wenn eine vertragl. Übertragung von Prüfungsaufgaben erfolgt.[175] Aber auch die nationalen Rechnungsprüfungseinrichtungen bleiben wegen der völkervertragsrechtl. Grundlage der Einrichtungen zur Kontrolle berufen. Entspr. sieht Art. 30 III ESMV[176] – zusätzl. zur Prüfung durch Wirtschaftsprüfer (Art. 29 ESMV) – eine umfass. Finanzkontrolle durch einen Prüfungsausschuss vor. Seine fünf Mitglieder werden vom Gouverneursrat des ESM ernannt. Darunter müssen mindestens zwei Mitglieder der obersten Rechnungskontrollbehörden der ESM-Mitglieder und ein Mitglied des EuRHsein, Art. 30 I ESMV. Die Finanzkontrolleinrichtungen haben also die Mehrheit. Das dürfte für die verfassungsrechtl. Anforderungen genügen.

## VII. Entgegenstehende Rechte Dritter

**49**   Ebenfalls noch nicht abschließend geklärt sind die Grenzen, die der Tätigkeit des BRH durch Rechte Dritter gesetzt sind. Auch subj.-öff. Rechte können von der Rechnungsprüfung betroffen sein, namentlich bei der Öffentlichkeitsarbeit,[177] nicht aber bei der Erfüllung seiner Kernaufgabe, der

---

[167] Ebenso *Stern* (Fn. 8), S. 28 f.; anders wohl *Grupp* FS Mußgnug, 2005, S. 163 (184).

[168] *Stern* DÖV 1990, 261 (263); *Schwarz* MKS III, Art. 114 Rn. 128.

[169] *Engels* BK, Art. 114 (2010) Rn. 353.

[170] Darstellung der Formen der Zusammenarbeit bei *Engels* BK, Art. 114 (2010) Rn. 356–358.

[171] So auch *Mähring* DÖV 2006, 195 (195).

[172] *Mähring* DÖV 2006, 195 (197 ff.).

[173] *Mähring* DÖV 2006, 195 (201), der insoweit ein umfassendes Prüfungsrecht und Erhebungsrecht des BRH befürwortet.

[174] Gebilligt vom BVerfG, Urt. v. 18.3.2014.

[175] *Waldhoff,* in: Calliess/Ruffert, EUV/AEUV, Art. 287 Rn. 2.

[176] Veröffentlicht als Anlage zum G v. 13.9.2012, BGBl II, 981 (983).

[177] OVG NRW NJW 1980, 137 (137 f.); OVG Nds NJW 1984, 2652 (2652 ff.); HessVGH NVwZ-RR 1994, 511 (514): Pflicht, rechtliches Gehör zu gewähren; VG Düsseldorf NJW 1981, 1396 (1396 ff.); dazu *F. O. Kopp* JuS 1981, 419 (419 ff.); *Haverkate* AöR 107 (1982), 539 (539 ff.); *Wieland* DVBl 1995, 894 (902); für die Zulässigkeit der

Informierung von BReg und Parlament. Es besteht jedenfalls kein Anspruch eines Privatrechtssubjekts, das zulässigerweise geprüft worden ist, dass die gewonnenen Erkenntnisse nicht an die berechtigten Verfassungsorgane berichtet werden.[178] **Rechtsschutz** ist vor den Verwaltungsgerichten zu suchen.[179]

## F. Akteneinsicht und Zugang zu den Prüfungsergebnissen

Im November 2012 hat das BVerwG entschieden, dass die gesamte Tätigkeit des BRH dem **IFG** 50 des Bundes unterliege. Im Gegensatz zur Prüfung der Deutschen Bundesbank komme es nicht darauf an, ob es sich um die zentralen Verwaltungsaufgaben für den gesamten Geschäftsbetrieb des BRH, insbesondere die Organisation, die Haushaltsführung, die Personalverwaltung und Öffentlichkeitsarbeit („Präsidialbereich" – § 2 II 3 BRHG"), oder die eigentliche Prüfungstätigkeit („Hofbereich – § 2 II 1 und 2 BRHG), für die die Unabhängigkeitsgarantie gewährt worden ist, handele.[180] Diese Entscheidung hatte zur Folge, dass sämtl. beim BRH vorhandenen Informationen seiner gesamten Prüfungs- und Beratungstätigkeit grds. für jedermann zugänglich wurden.[181] Der BRH sah sich dadurch in seiner vom GG vorgegebenen Aufgabenwahrnehmung beeinträchtigt und befürchtete negative Auswirkungen auch auf die parl. Budgetkontrolle.[182] Daraufhin wurde die BHO dahingehend geändert, dass der Zugang zu den Prüfungsergebnissen, Berichten und Bemerkungen weitgehend in das Ermessen des BRH gestellt wurde.[183]

Der neue Abs. 5 von § 96 BHO sieht nunmehr vor, dass der BRH Dritten durch Auskunft, 51 Akteneinsicht oder in sonstiger Weise **Zugang** zu dem **Prüfungsergebnis gewähren kann,** wenn dieses abschließend festgestellt wurde. Entsprechendes soll für Berichte gelten, wenn sie abschließend vom Parlament beraten wurden. Kategorisch wird ein **Zugang zu den Akten** sowohl beim BRH als auch bei den geprüften Stellen, soweit sie die Prüfungs- und Beratungstätigkeit zum Gegenstand haben, **ausgeschlossen,** § 96 IV 3 und 4 BHO. Im Übrigen wird der BRH verpflichtet, seine Bemerkungen unverzüglich im Internet zu veröffentlichen, § 97 V BHO. Zu „Angelegenheiten von besonderer Bedeutung" kann der BRH jederzeit BTag, BRat und BReg unterrichten, § 99 S. 1 BHO. Diese Unterrichtungen sind unverzüglich nach Zuleitung im Internet zu veröffentlichen, § 99 S. 3 BHO. Eine neue Grundlage für Eingriffe in Rechte Dritter (→ Rn. 49) dürfte damit aber nicht geschaffen worden sein. Die Prüfungsordnung des BRH ist entsprechend angepasst worden.

## Art. 115 [Kreditaufnahme und Gewährleistungen des Bundes]

(1) **Die Aufnahme von Krediten sowie die Übernahme von Bürgschaften, Garantien oder sonstigen Gewährleistungen, die zu Ausgaben in künftigen Rechnungsjahren führen können, bedürfen einer der Höhe nach bestimmten oder bestimmbaren Ermächtigung durch Bundesgesetz.**

(2) **Einnahmen und Ausgaben sind grundsätzlich ohne Einnahmen aus Krediten auszugleichen. Diesem Grundsatz ist entsprochen, wenn die Einnahmen aus Krediten 0,35 vom Hundert im Verhältnis zum nominalen Bruttoinlandsprodukt nicht überschreiten. Zusätzlich sind bei einer von der Normallage abweichenden konjunkturellen Entwicklung die Auswirkungen auf den Haushalt im Auf- und Abschwung symmetrisch zu berücksichtigen. Abweichungen der tatsächlichen Kreditaufnahme von der nach den Sätzen 1 bis 3 zulässigen Kreditobergrenze werden auf einem Kontrollkonto erfasst; Belastungen, die den Schwellenwert von 1,5 vom Hundert im Verhältnis zum nominalen Bruttoinlandsprodukt überschreiten, sind konjunkturgerecht zurückzuführen. Näheres, insbesondere die Bereinigung der Einnahmen und Ausgaben um finanzielle Transaktionen und das Verfahren zur Berechnung der Obergrenze der jährlichen Nettokreditaufnahme unter Berücksichtigung der konjunkturellen Entwicklung auf der Grundlage eines Konjunkturbereinigungsverfahrens sowie die Kontrolle und den Ausgleich von Abweichungen der tatsächlichen Kreditaufnahme von der Regelgrenze, regelt ein Bundesgesetz. Im Falle von Naturkatastrophen oder außergewöhnlichen Notsituationen, die sich der Kontrolle des Staates entziehen und die staatliche Finanzlage erheblich beeinträchtigen, können diese Kreditobergrenzen auf Grund eines Beschlus-**

---

Prüfung von Patientenakten: BVerfG NJW 1997, 1633 (1633 f.); ebenso schon BVerwGE 82, 56 (56 ff.); zurückhaltender *Heintzen/Lilie* NJW 1997, 1601 (1601 ff.).

[178] BVerwGE 104, 20 (20 ff.); deutlich enger *Grupp* FS Mußgnug, 2005, S. 163 (196): Behandlung lediglich in einer nicht-öffentlichen Ausschusssitzung; „Informationsverlangen einzelner Abgeordneter besonders sorgfältig zu prüfen", obwohl es sich doch um Amtsträger handelt.

[179] BVerfGE 74, 69 (75 f.); zust. HessVGH NVwZ-RR 1994, 511 (512 f.); *Schwarz* MKS III, Art. 114 Rn. 119 f.

[180] BVerwG NVwZ 2013, 431 (Rn. 30, 33), m. zust. Anm. *Schoch*, S. 434 (436).

[181] *Schoch* NVwZ 2013, 434 (436 f.), der bereits zutreffend voraussagte, dass der Gesetzgeber tätig werden würde um eine Bereichsausnahme zu schaffen.

[182] BRH, Bericht an den Rechnungsprüfungsausschuss des Haushaltsausschusses des Deutschen Bundestages nach § 88 II BHO v. 12.3.2014 – Gz.: I 1 – 20 60 12, S. 3.

[183] G v. 15.7.2013, BGBl I 2395.

ses der Mehrheit der Mitglieder des Bundestages überschritten werden. Der Beschluss ist mit einem Tilgungsplan zu verbinden. Die Rückführung der nach Satz 6 aufgenommenen Kredite hat binnen eines angemessenen Zeitraumes zu erfolgen.

**Entstehungsgeschichte: Erstfassung:** JöR nF 1 (1951), 820. – **Änderung:** 20. G zur Änd. des GG v. 12.5.1969 (BGBl I 357), (dazu: Kommission für die Finanzreform, Gutachten über die Finanzreform in der Bundesrepublik Deutschland, 2. Aufl. 1966, S. 138–145; BT-Dr V/3040 [Entwurf; Begründung speziell in Rn. 58–66; 124–136]; im Übrigen wie Entstehungsgeschichte Art. 110); G zur Änd. des GG (Art. 91c, 91d, 104b, 109, 109a, 115, 143d) v. 29.7.2009 (BGBl I 2248), (dazu: BT-Dr 16/12410 [Entwurf]; 16/13221 [Beschlussempf. und Bericht RechtsA]; BT-Prot 16/215, 255; BR-Dr 262/09, 510/09; BR-Prot 859).

**Historische Verfassungstexte: RV 1849: § 51** Die Reichsgewalt ist befugt, in außerordentlichen Fällen ... Anleihen zu machen oder sonstige Schulden zu contrahiren. **§ 102** Ein Reichstagsbeschluß ist in folgenden Fällen erforderlich: ... 2) ... wenn Anleihen contrahirt werden ... – **RV 1871: Art. 73** In Fällen eines außerordentlichen Bedürfnisses kann im Wege der Reichsgesetzgebung die Aufnahme einer Anleihe, sowie die Uebernahme einer Garantie zu Lasten des Reichs erfolgen. – **WRV: Art. 87** Im Wege des Kredits dürfen Geldmittel nur bei außerordentlichem Bedarf und in der Regel nur für Ausgaben zu werbenden Zwecken beschafft werden. Eine solche Beschaffung sowie die Übernahme einer Sicherheitsleistung zu Lasten des Reichs dürfen nur auf Grund eines Reichsgesetzes erfolgen. – **GG 1949:** Im Wege des Kredites dürfen Geldmittel nur bei außerordentlichem Bedarf und in der Regel nur für Ausgaben zu werbenden Zwecken und nur auf Grund eines Bundesgesetzes beschafft werden. Kreditgewährungen und Sicherheitsleistungen zu Lasten des Bundes, deren Wirkung über ein Rechnungsjahr hinausgeht, dürfen nur auf Grund eines Bundesgesetzes erfolgen. In dem Gesetze muß die Höhe des Kredites oder der Umfang der Verpflichtung, für die der Bund die Haftung übernimmt, bestimmt sein. – **GG 1969:** (1) Die Aufnahme von Krediten sowie die Übernahme von Bürgschaften, Garantien oder sonstigen Gewährleistungen, die zu Ausgaben in künftigen Rechnungsjahren führen können, bedürfen einer der Höhe nach bestimmten oder bestimmbaren Ermächtigung durch Bundesgesetz. Die Einnahmen aus Krediten dürfen die Summe der im Haushaltsplan veranschlagten Ausgaben für Investitionen nicht überschreiten; Ausnahmen sind nur zulässig zur Abwehr einer Störung des gesamtwirtschaftlichen Gleichgewichts. Das Nähere wird durch Bundesgesetz geregelt. (2) Für Sondervermögen des Bundes können durch Bundesgesetz Ausnahmen von Absatz 1 zugelassen werden.

**Geltende Landesverfassungen:** *BW*Verf Art. 84; *Bay*Verf Art. 82; *Bln*Verf Art. 87 II; *Bbg*Verf Art. 103; *Brem*Verf Art. 131a, *Hmb*Verf Art. 72, 72a; *Hess*Verf Art. 141, 161; *MV*Verf Art. 65, 79a; *Nds*Verf Art. 71; *NW*Verf Art. 83; *RhPf*Verf Art. 2, 117; *Saar*lVerf Art. 108; *Sachs*Verf Art. 95; *LSA*Verf. Art. 99; *SchlH*Verf Art. 61; *Thür*Verf Art. 98 II.

**Supra- und internationale Texte:** wie bei Art. 109.

**Gesetzgebung:** G 115; Artikel 115-Verordnung – Art. 115 V; HGrG §§ 13, 22, 23; BHO §§ 16, 18, 38, 39; ENeuOG.

**Leitentscheidungen:** BVerfGE 67, 256 (Investitionshilfeabgabe, Zwangsanleihe); 79, 311 (Kreditaufnahme I); 119, 96 (Kreditaufnahme II); 129, 124 (Griechenlandhilfe, EFSF); 135, 317 (ESM).

**Schrifttum:** *K. T. Bröcker*, Grenzen staatlicher Verschuldung im System des Verfassungsstaats, 1997; *J. Christ*, NVwZ 2009, 1333; *B. Fassbender*, Eigenstaatlichkeit und Haushaltsautonomie der Länder, NVwZ 2009, 737; *W. Höfling*, Staatsschuldenrecht, 1993; *C. Kastrop/G. Meister-Scheufelen/M. Sudhof* (Hrsg.), Die neuen Schuldenregeln im Grundgesetz, 2010; *I. Kemmler*, Schuldenbremse und Benchmarking im Bundesstaat, DÖV 2009, 549; *S. Korioth*, Das neue Staatsschuldenrecht – zur zweiten Stufe der Föderalismusreform, JZ 2009, 729; *C. Jahndorf*, Grundlagen der Staatsfinanzierung durch Kredite und alternative Finanzierungsformen im Finanzverfassungs- und Europarecht, 2003; *M. E. Klepzig*, Die „Schuldenbremse" im Grundgesetz – Ein Erfolgsmodell?, 2015; *C. Klotz*, Steuerentlastung als Verfassungsbruch?, DÖV 2012, 504; *M. Koemm*, Eine Bremse für die Staatsverschuldung?, 2011; *R. Lappin*, Kreditäre Finanzierung des Staates unter dem Grundgesetz, 1994; *C. Lenz/E. Burgbacher*, Die neue Schuldenbremse im Grundgesetz, NJW 2009, 2561; *H. Neidhardt*, Staatsverschuldung und Verfassung, 2010; *C. Ohler*, Maßstäbe der Staatsverschuldung nach der Föderalismusreform II, DVBl 2009, 1265; *R. Schmidt*, Die Schuldenregel und die weiteren Finanzthemen der zweiten Föderalismusreform, DVBl 2009, 1274; *B. Scholl*, Die Neuregelung der Verschuldungsregeln von Bund und Ländern in den Art. 109 und 115 GG, DÖV 2010, 160; *C. Seiler*, Konsolidierung der Staatsfinanzen mithilfe der neuen Schuldenregel, JZ 2009, 721; *K. Stern*, Verfassungsrechtliche Aspekte der Staatsverschuldung unter Berücksichtigung von Art. 115, StJb 1982/83, 41; *S. Stüber*, Die Schuldenbremse im Haushaltsvollzug, DÖV 2018, 654; *H. Tappe*, Das Haushaltsgesetz als Zeitgesetz, 2008; *C. Waldhoff/P. Dieter*, Die Föderalismusreform II ..., ZG 2009, 97; *R. Wendt/M. Elicker*, Staatskredit und Rücklagen, VerwArch 2004, 471.

## Übersicht

## A. Allgemeines

## I. Entstehung und Bedeutung

Die Vorschrift ist iRd Föderalismusreform 2009 in wesentl. Teilen neu gefasst worden. Wesentl. **1** Inhalt der Reform war eine völlige Neuregelung der materiellen Grenzen der staatl. Kreditaufnahme. Sie führte zum ausdr. Gebot, die Haushalte von Bund und Ländern grds. ohne Einnahmen aus Krediten auszugleichen, meist irreführend als Einführung einer „Schuldenbremse" bezeichnet (→ Art. 109 Rn. 50).[1] Dieses Gebot des **materiellen Haushaltsausgleichs** ist in Art. 109 III umfass. geregelt, so dass sich das Gewicht von Art. 115 für das Staatsschuldenrecht substantiell verringert hat. Das Gebot des **formellen Haushaltsausgleichs** ergibt sich nach wie vor aus Art. 110 I 2, der unverändert geblieben ist. Auch das Erfordernis einer gesetzl. Ermächtigung für die Kreditaufnahme ist weiterhin in Art. 115 enthalten, jetzt aber als Abs. 1.

Art. 115 erfasst nur die Kreditaufnahme, enthält aber **kein** Gebot zum **Abbau** der bestehen- **2** den **Schulden** (→ Rn. 33). Er verpflichtet auch nicht zur Rückführung der **relativen** Verschuldung, zB des Schuldenstandes in Relation zum Sozialprodukt (EU-Defizitkriterium[2]). Wenn die Wachstumsrate des nominalen Bruttoinlandsprodukts allerdings größer als 0,35 % ist und die Inanspruchnahme der Ausnahmeklauseln nicht zu einem Anwachsen des Schuldenstandes führt, wird die relative Höhe der Schuld zwangsläufig abnehmen. Auch die mittlerweile schon seit mehreren Jahren verfolgte Politik der **„finanziellen Repression"** durch einen negativen Realzins auf mittlere Sicht, führt tendenziell zu einem Rückgang der staatl. Kreditaufnahme und der (realen) Staatsschulden; allerdings mit gefährlichen Nebenwirkungen und Spätfolgen in anderen Gebieten.

Gebote, den Haushalt ohne Einnahmen aus Krediten auszugleichen, sind im Ausland schon sehr viel **3** früher diskutiert und eingeführt worden. „Balanced budget clauses" gibt es in den meisten „states" der USA, während eine entsprechende Initiative auf Bundesebene im Sande verlaufen ist.[3] In der Schweiz sind „Schuldenbremsen" in mehreren Stufen auf Kantons- und Bundesebene eingeführt worden und haben teilweise als Vorbild für die Vorschläge in Deutschland gedient (→ Art. 109 Rn. 50).

## II. Geltungsbereich

Art. 115 begründet **keine Kompetenzen** des Bundes im Verhältnis zu den Ländern oder bes. **4** **Befugnisse** gegenüber den Bürgern. Nach wie vor sichert die Vorschrift nur das HaushaltsR und insb.

---

[1] Eingehende Darstellung der Entstehungsgeschichte im Kontext der Föderalismusreform II bei *Klepzig*, Die „Schuldenbremse" im Grundgesetz – Ein Erfolgsmodell?, 2015, S. 70–124. Im Übrigen befasst sich die Arbeit mit der Vereinbarkeit der neuen Regelungen mit Art. 79 III (S. 125–163) und dem Europarecht (S. 164–190) sowie auf einer eher politologisch orientierte Bewertung der getroffenen Regelungen (S. 198–337).

[2] Näher → Art. 109 Rn. 23.

[3] Zum materiell ausgeglichenen Bundeshaushalt in den USA: vgl. die Berichte des „House Democratic Leader" Congressman *Gebhard*, des Chairman of the Budget Committee of the United States Senate, Senator *Domenici* und des früheren Mitarbeiters des Haushaltsausschusses des Senats, *Tobin*, Saint Louis University Public Law Review 26 (1996), 5 ff., 17 ff. und 115 ff.; vgl. auch *Heun*, in: Dreier III, Art. 115 Rn. 7, der aber attestiert, dass sich trotz des Verbots der Staatsverschuldung, aufgrund der Umgehungsmöglichkeiten. die tatsächliche Verschuldung in den Einzelstatten kaum nennenswert eingeschränkt hat.

das AusgabenbewilligungsR des BTages. Sie gilt „gerade und nur im Inter-Organ-Verhältnis zwischen Parlament und Regierung".[4] Keinesfalls begründet Art. 115 eine Kompetenz des Bundes zur Auferlegung von **Zwangsanleihen.**[5]

5    Im Gegensatz zu Art. 109 II und III gilt Art. 115 nur für den **Bund,** allerdings unter Einschluss seiner Sondervermögen.[6]

6    Eine **Kreditaufnahme** über **Sondervermögen,** die nach Art. 115 II aF von den formellen und materiellen Grenzen des Art. 115 I aF freigestellt werden konnte,[7] ist nun nur noch zulässig, soweit es die allgemeinen Regeln erlauben. Das ergibt sich eindeutig aus der Streichung von Art. 115 II aF und wird durch Art. 143d I 4 bestätigt.[8] Die Neuregelung hat zwar eine besonders gefährliche Lücke des bisherigen Staatsschuldenrechts dadurch geschlossen, dass seit dem 1.1.2011 keine neuen Sondervermögen mit Ausnahmeregelungen mehr geschaffen werden dürfen. Bestehende Kreditermächtigungen dürfen aber weiterhin ausgenutzt werden (→ Art. 143d Rn. 5 f.). Die dafür gegebene Begründung ist sachlich nicht nachvollziehbar,[9] rechtfertigt aber keine abweichende Entscheidung der Anwender.[10] Das wäre Gesetzesbruch und keine Auslegung. Die bestehenden Regelungen zur Kreditaufnahme über Sondervermögen können zu einem Anwachsen des Schuldenstandes beitragen, je nachdem, wie sie im Einzelnen ausgestaltet sind.

7    Die Kreditaufnahme von **selbstständigen juristischen Personen des öffentlichen oder privaten Rechts** wird dagegen grundsätzlich nicht von Art. 115 erfasst. Das gilt selbst dann, wenn der Bund für deren Verbindlichkeiten haftet, gleich auf welcher rechtlichen Grundlage (dazu näher → Rn. 71 ff.).

## III. Lücken

8    **1. Implizite Staatsschulden.** Die Problematik der **impliziten Staatsverschuldung** (→ Art. 109 Rn. 61) ist weiterhin ausgeblendet (→ Rn. 15), obwohl sie ein Mehrfaches der offen ausgewiesenen Staatsschuld (explizite Staatsschuld) ausmacht.[11]

9    **2. Haftung für Dritte.** Nicht erst in der seit 2007 andauernden Bankenkrise und der anschließ. europ. Staatsschuldenkrise, die in ihren Auswirkungen immer noch nicht vollständig überwunden sind, hat sich gezeigt, dass die **Haftung** des Bundes **für Verbindlichkeiten Dritter** eine erhebliche Gefahr für künftige Haushalte und die Stabilität der staatl. Finanzwirtschaft insges. darstellt. Diese Haftung betraf zunächst vor allem Banken, später auch Staaten und kann auf vertragl. oder gesetzl. Grundlage beruhen. Die Inanspruchnahme von Anstaltslast und Gewährträgerhaftung, aber auch anderer, ähnl. Garantien[12] kann den Haushalt auf lange Zeit ruinieren. Dieses Risiko ist aber bis auf das auch schon bisher bestehende (formelle) Erfordernis einer gesetzl. Ermächtigung für die Übernahme von Bürgschaften, Garantien oder sonstigen Gewährleistungen, die zu Ausgaben in künftigen Rechnungsjahren führen können, immer noch nicht erfasst oder gar eingeschränkt worden, nicht einmal ansatzweise.

10    Bei einer Reihe dieser Institute bestehen (immer noch) Anstaltslast und Gewährträgerhaftung. Auch die KfW, die offiziell als KfW-Bankengruppe auftreten darf, ist im Kern eine Anstalt des öR[13] mit unbegrenzter Haftung des Bundes.[14] Dafür gibt es gute Gründe, doch bedarf es dann einer besonders straffen **Aufsicht und Kontrolle** und **sehr enger gesetzlicher Vorgaben** für die erlaubten Tätigkeiten und die Risiken, die eingegangen werden dürfen. Beides ist in der Praxis **hoch defizitär,** zumal es die Leitungen dieser Einrichtungen idR geschafft haben, die Kontrolle durch Rechnungshöfe oder durch die Leitung der Trägergemeinwesen weitgehend auszuschalten,[15] oder dies zumindest vehement versucht haben. Ähnliches gilt für Institute auf Landesebene, wie zB die NRW.BANK.

---

[4] BVerfGE 67, 256 (281) für die alte Fassung.

[5] BVerfGE 67, 256 (281) für die alte Fassung; *Hauser,* in: Heuer/Engels/Eibelshäuser, Kommentar zum Haushaltsrecht, Art. 115 (2011) Anm. 6 für die neue Fassung.

[6] Näher zur Geltung von Art. 109 II für die Kreditaufnahme des Bundes → Art. 109 Rn. 40.

[7] Der Versuch, wenigstens die gröbsten Auswüchse durch eine Auslegung nach der ratio legis zu unterbinden, ist im Ergebnis trotz der dogmatischen Schwierigkeiten weitgehend akzeptiert worden, *Siekmann,* 5. Aufl. 2009, Art. 115 Rn. 57–59.

[8] Das war auch Wille des Gesetzgebers, BT-Dr 16/12410, S. 13.

[9] BT-Dr 16/12410, S. 13: „Bereits eingerichtete Sondervermögen werden hiervon [dem Verbot neuer Sondervermögen mit Kreditermächtigung] nicht tangiert, da solche Sondervermögen dem System der neuen Schuldenregel fremd sind und sich nicht zur Integration in das neue Regime eignen." Es bleibt unerfindlich, wie das bei neuen Sondervermögen aber möglich sein soll.

[10] In diesem Sinne aber *Reimer,* in: Epping/Hillgruber, Art. 109 Rn. 49b, 51, Art. 110 Rn. 52 f.; Art. 143d Rn. 7; zutreffend dagegen *Wendt* MKS III, Art. 115, Rn. 64 Fn. 7.

[11] *Sachverständigenrat zur Begutachtung der gesamtwirtschaftlichen Entwicklung,* Jahresgutachten 2003/04, 2003, S. 276.

[12] ZB § 1a G über die KfW vom 5.11.1948 (WiGBl. S. 123) in der Fassung vom 23.6.1969 (BGBl I S. 573), zuletzt geändert durch die Neunte ZuständigkeitsanpassungsVO v. 31.10.2006 (BGBl I 2427).

[13] § 1 I G über die KfW.

[14] § 1a G über die KfW.

[15] *Sächsischer Rechnungshof,* Sonderbericht nach § 99 SäHO, Landesbank Girozentrale, März 2009, Az.: 120308/64, S. 63 f.; *Siekmann,* Jb. für Neue Politische Ökonomie 15 (1996), 282 (299 f.).

Hinzugetreten ist die **faktische Einstandspflicht** für angeblich oder tatsächlich „systemrelevante" **11** Institute. Kontrolldefizite zeigen sich besonders deutlich, wenn der Bund sich gezwungen sieht, auch ohne rechtl. Verpflichtung, ör Institute ohne Anstaltslast und Gewährträgerhaftung, formell private öff. **Banken** oder materiell private sowie gemischtwirtschaftl. Institute (HRE, IKB) zu retten. Wenn diese Institute zu groß, zu vernetzt oder zu viele sind, um Insolvenz anmelden zu können, sind ihre **Risikoaktiva Eventualverbindlichkeiten des Bundes.** Diese müssten transparent gemacht und begrenzt werden. Dafür ist das StaatsschuldenR zurzeit aber in keiner Weise ausgelegt.

Das an sich auch gebotene polizeirechtl. Einschreiten gegen die von dort drohenden Gefahren für **12** die **öffentliche Sicherheit**[16] ist aber trotz der Vielzahl von Reformbemühungen in Deutschland kaum zu erkennen. Derartige Rettungsmaßnahmen unter Inanspruchnahme von öff. Mitteln, die einen substant. Teil des Gesamthaushalts ausmachen, sind nur zu rechtfertigen, wenn dem Management (gesetzlich) genau vorgeschrieben wird, welche Arten von Geschäften es tätigen darf und welche Risiken in welchem Umfang eingegangen werden dürfen. Ob die Rechtsakte auf nationaler und supranationaler Ebene[17] dazu führen werden, dass Banken künftig ohne Steuermittel restrukturiert oder bei drohender Zahlungsunfähigkeit abgewickelt werden, bleibt abzuwarten.

Erhebl. zusätzl. Risiken aus der Übernahme von **Garantien** sind iRd **Finanzmarkt- und Staats- 13 schuldenkrise** entstanden. Hier sind vor allem die Griechenlandhilfen, die Schaffung eines allg., aber zeitlich begrenzten Hilfsmechanismus (EFSF) und die permanente Unterstützungseinrichtung (ESM) zu nennen. Immerhin wird die zuletzt genannte Einrichtung (zT) durch Kapitaleinlagen finanziert und nicht nur durch die Übernahme von Garantien, die von der Politik als (vermeintlich) kostenlos vorgezogen wird (näher → Rn. 19).

## B. Das formelle Erfordernis einer gesetzlichen Ermächtigung (Abs. 1)

### I. Die Aufnahme von Krediten

Die Aufnahme von Krediten bedarf einer der Höhe nach bestimmten oder bestimmbaren Ermäch- **14** tigung durch BundeG. Die Gewährung von Krediten fällt nicht darunter.[18] Der Begriff „Kredite" ist wie in Art. 109 III (→ Art. 109 Rn. 65) zu verstehen. **Aufnahme eines Kredits** ist jede rechtsgeschäftl. Beschaffung von finanz. Mitteln, die zurückgezahlt werden müssen.[19] Durch den Rückzahlungsanspruch entsteht die Belastung künftiger Haushalte mit Zahlungspflichten, welche die Vorschrift erfassen will. Ein Darlehensvertrag in techn. Sinne dürfte nicht erforderlich sein.[20] Auch die Abgeltung von Ansprüchen durch die Hingabe von Schuldtiteln ist als Aufnahme von Krediten zu beurteilen.[21] Die unmittelbare Ersparung von Haushaltsausgaben soll ebenfalls genügen.[22]

**Kassenverstärkungskredite** können Kredite im Sinne der Vorschrift sein;[23] je nach Ausgestaltung **15** auch die **Verwaltungsschulden.**[24] Im Ausführungsgesetz zu Art. 115 sind Kassenverstärkungskredite

---

[16] *Siekmann* Verwaltung 43 (2010), 96 (109).

[17] Kernbestandteile der europ. Bankenunion sind: VO (EU) Nr. 806/2014 v. 15.7.2014 (ABl L 225/1) („SRM–VO"), welche zugleich die Grundlage für die Errichtung des einheitlichen Abwicklungsfonds (SRF) enthält (Art. 67 ff. SRM-VO); VO (EU) Nr. 1024/2013 v. 15.10.2013 (ABl L 287/63) („SSM–VO") sowie die RL 2014/59/EU („BRRD") v. 15.5.2014 (ABl L173/190), umgesetzt durch das Sanierungs- und Abwicklungsgesetz (SAG) v. 10.12.2014 (BGBl I 3171) und das Gesetz zur Reorganisation von Kreditinstituten (KredReorgG) v. 9.12.2010 (BGBl I 1900); sehr krit. zur „Rettung" von Finanzinstituten *P. Kirchhof,* Hdb. Föderalismus II, § 38 Rn. 20–24.

[18] *Heun,* in: Dreier III, Art. 115 Rn. 14; zurückhaltender *Lappin,* Kreditäre Finanzierung des Staates unter dem Grundgesetz, S. 136.

[19] Sinngemäß ebenso BerlVerfGH NVwZ-RR 1997, 506 mwN; BerlVerfGH NVwZ-RR 2003, 537 (538); RhPfVerfGH DÖV 1997, 246 (247); *Kube,* in: Maunz/Dürig, Art. 115 (2009) Rn. 68; *Pünder* HStR V, § 123 Rn. 20; *Jarass,* in: Jarass/Pieroth, Art. 115 Rn. 3; *Höfling* Staatsschuldenrecht, S. 42; *Höfling/Rixen* BK, Art. 115 (2003) Rn. 124; *Heun,* in: Dreier III, Art. 115 Rn. 14; enger *Maunz* (Fn. 5), Art. 115 (2011) Anm. 8, der auch noch die Verpflichtung zur Zinszahlung als Abgrenzungsmerkmal anführt; aA *Heintzen,* in: v. Münch/Kunig II, Art. 115 Rn. 10, der den Geldkredit nur als Regelfall ansieht.

[20] Wohl auch *Jarass,* in: Jarass/Pieroth, Art. 109 Rn. 12, Art. 115 Rn. 3 f.; *Heun,* in: Dreier Suppl. 2010, Art. 115 Rn. 11.

[21] *Kube,* in: Maunz/Dürig, Art. 115 (2009) Rn. 69.

[22] RhPfVerfGH DÖV 1997, 246 (246 ff.); *Höfling/Rixen* BK, Art. 115 (2003) Rn. 127, aber mit Kritik an der „Kreditaufnahme ohne Krediteinnahmen"; *Heun,* in: Dreier III, Art. 115 Rn. 14.

[23] Str., wie hier: *Wendt* MKS III, Art. 115, Rn. 23; *Heintzen,* in: v. Münch/Kunig II, Art. 115 Rn. 10; *Höfling,* Staatsschuldenrecht, S. 49; *Heun,* in: Dreier III, Art. 109 Rn. 14; *Puhl,* Budgetflucht und Haushaltsverfassung, 1996, S. 485; *Kube,* in: Maunz/Dürig, Art. 115 (2009) Rn. 72; aA *Maunz,* in: Maunz/Dürig, Art. 115 (1981) Rn. 11; *Stern,* StaatsR II, S. 1268; *Höfling/Rixen* BK, Art. 115 (2003) Rn. 145; *Hauser* (Fn. 5), Art. 115 (2011) Anm. 13, der aber gleichwohl wegen § 13 I Nr. 2 HGrG eine gesetzliche Ermächtigung für erforderlich hält; ebenso *Pünder* HStR V, § 123 Rn. 18, 23; *ders.,* in: Friauf/Höfling, Art. 115 (2010) Rn. 52.

[24] BVerfGE 99, 57 (58) bei „sale und lease back"; *Höfling* (Fn. 19), S. 42; *Wendt* MKS III, Art. 115 Rn. 22; *F. Kirchhof* DÖV 1999, 242 (246); *Kube,* in: Maunz/Dürig, Art. 115 (2009) Rn. 70 f.; i. Erg. auch *Hauser* (Fn. 5), Art. 115 (2011) Anm. 11; aA: *Wiebel/Vogel* BK, Art. 115 (1978) Rn. 42; *Maunz,* in: Maunz/Dürig, Art. 115 (1981) Rn. 13; *Stern,* StaatsR II, S. 1267; *Friauf* HStR IV¹, § 91 Rn. 26; *Heun,* in: Dreier III, Art. 109 Rn. 14; *Gröpl,*

gesondert geregelt, § 1 G 115.[25] Fraglich ist, ob auch **Zwangsanleihen** darunter fallen. Der Wortlaut der Vorschrift spricht dagegen, ihr Sinn und Zweck dafür.[26] Praktische Bedeutung hat die Frage indes nicht mehr, nachdem das BVerfG dem Bund die Kompetenz zur Auferlegung von Zwangsanleihen abgesprochen hat.[27] Die Anwartschaften aus nicht-kapitalgedeckten Altersversorgungssystemen **(implizite Staatsschuld)** sind keine Kredite im Sinne der Vorschrift;[28] ebenso wenig Verpflichtungsermächtigungen[29] und die Einnahmen aus der Veräußerung von Staatsvermögen.[30] Auf der Grundlage von Art. 115 II 5 ordnen aber § 2 I 1, § 3 G 115[31] einfachgesetzlich eine Bereinigung um derartige „finanzielle Transaktionen" an.

16      Nach § 27 Nr. 2 BBankG ist der nicht den Rücklagen zuzuführende **Gewinn der Deutschen Bundesbank** an den Bund abzuführen. Die Verwendung dieser Zahlungen zur Ausgabenfinanzierung ist kein finanzwirtschaftl. Problem und wird deshalb nicht von Art. 115 erfasst.[32] Sie kommt aber in ihrer stabilitätspolit. Wirkung einer Kreditaufnahme bei der Notenbank ohne Zins- und Tilgungsverpflichtung gleich,[33] da Zahlungen der Bundesbank an den Bund eine Ausweitung der Geldmenge bedeuten. Die EZB muss erforderlichenfalls mit geldpolitischen Maßnahmen gegensteuern.[34] Notenbankgewinne können ein gesamtwirtschaftlich durchaus beachtenswertes Gewicht erlangen.[35]

## II. Die Übernahme von Gewährleistungen

17      Die Übernahme von **Bürgschaften, Garantien und sonstigen Gewährleistungen** ist ebenfalls an eine gesetzliche Ermächtigung gebunden, wird aber **nicht** von den **materiellen Grenzen** des Abs. 2 erfasst, da sie dort nicht mit aufgeführt sind.[36] Die Ermächtigung ist im Voraus zu erteilen.[37] Ihr Fehlen führt aber nicht zur Unwirksamkeit der abgeschlossenen zivilrechtlichen Geschäfte,[38] da sie Wirksamkeit nur im organschaftlichen Rechtskreis entfaltet (→ Rn. 24) und kein Verbotsgesetz verletzt. Die Übernahme dieser Sicherungsmittel begründet keine aktuellen, wohl aber potentielle Schulden (Eventualverbindlichkeiten).[39] **Bürgschaft** ist zivilrechtlich zu verstehen. Sie ist ein Vertrag, durch den sich der Bürge gegenüber dem Gläubiger eines Dritten verpflichtet, für die Erfüllung der Verbindlichkeit des Dritten einzustehen, § 765 BGB. Die Haftung ist vom Bestand und Umfang der Hauptforderung abhängig. Durch eine **Garantie** wird nicht die Haftung für eine fremde Schuld begründet. Sie bedeutet vielmehr das Einstehen für den Eintritt eines bestimmten Erfolges als eigene Verpflichtung. Bei den sonstigen **Gewährleistungen** handelt es sich um einen Auffangtatbestand, der die von den beiden anderen Instituten nicht erfasste Haftung für ungewisse künftige Verpflichtungen Dritter abdeckt.[40] Die Gewährleistung muss Hauptzweck des Vertrages sein und darf sich nicht nur als Nebenpflicht aus einem anderen Geschäft darstellen.[41]

18      Implizite Staatsschulden (→ Rn. 15) sind auch von dieser Tatbestandsvariante nicht erfasst.[42] Rechtsgeschäftliche Schuldübernahmen und Schuldbeitritte sollen ebenfalls nicht unter den Vorbehalt des

---

[25] Haushaltsrecht und Reform, 2001, S. 446; *Heintzen,* in: v. Münch/Kunig II, Art. 115 Rn. 10; *Pünder,* in: Friauf/Höfling, Art. 115 (2010) Rn. 47; unentschlossen *Puhl* (Fn. 23), S. 486.

[25] G zur Ausführung von Artikel 115 des Grundgesetzes (Artikel 115-Gesetz – G 115) v. 10.8.2009, BGBl I 2702; zul. geänd. d. Art. 245 VO v. 31.8.2015, BGBl I 1474; Art. 2 BegleitG zur zweiten Föderalismusreform v. 10.8.2009 (BGBl I 2702).

[26] Vgl. BVerfGE 67, 256 (280 f.), aber iE offen gelassen; eindeutig dafür *Höfling* (Fn. 19), S. 57; *Reimer,* in: Epping/Hillgruber, Art. 109 Rn. 15 ohne Begründung; dagegen *Heun,* in: Dreier III, Art. 115 Rn. 14.

[27] BVerfGE 67, 256 (274).

[28] *Siekmann* European Public Law 13 (2007), 489 (494); krit. *Gröpl* Verwaltung 39 (2006), 215 (237 f.), der aber die Begriffe Rückstellungen und Rücklagen unrichtig gegeneinander abgrenzt (S. 238).

[29] *Gröpl* Verwaltung 39 (2006), 215 (231).

[30] *Heun,* in: Dreier III, Art. 109 Rn. 38.

[31] Fundstelle Fn. 25.

[32] Die BReg hatte in ihrer Begründung zur Änderung von § 15 I 3 BHO dazu bereits zutreffend festgestellt, dass die „Ausschüttung des Bundesbankgewinns … keine Kreditgewährung an den Bund" darstelle (BT-Dr 11/6939, S. 8); zust. *Höfling* (Fn. 19), S. 185; *Siekmann,* Eine stabile Geld-, Währungs- und Finanzordnung, 2013 S. 84.

[33] BVerfGE 79, 311 (356): die Verwendung des „sog. Bundesbankgewinns zur Ausgabenfinanzierung" ist als „in der Wirkung einer Kreditaufnahme bei der Notenbank ohne Zins- und Tilgungsverpflichtung gleichkommend" einzustufen.

[34] *Höfling* (Fn. 19), S. 270 f., 466 f., hinsichtlich der vor der Einführung des Euro für geldpolitische Maßnahmen zuständigen Bundesbank; näher *Siekmann* (Fn. 32), S. 87 ff.

[35] Vgl. Deutsche Bundesbank, Monatsbericht Juli 2017, S. 61, 63.

[36] *Hauser* (Fn. 5), Art. 115 (2011) Anm. 14.

[37] BWStGH NVwZ 2012, 300.

[38] *Kalb/Roßner* NVwZ 2012, 1071 (1073) m. überzeugender Begr.; aA *Wolff* NJW 2012, 812 (813, 817).

[39] *Hauser* (Fn. 5), Art. 115 (2011) Anm. 14.

[40] *Nebel,* in: Piduch, Bundeshaushaltsrecht, 2. Aufl. Art. 115 (2012) Rn. 12, 14; ähnlich *Hauser* (Fn. 5), Art. 115 (2011) Anm. 14.

[41] *Hauser* (Fn. 5), Art. 115 (2011) Anm. 14; *Nebel* (Fn. 40), Rn. 14 aE.

[42] *Siekmann* (Fn. 32), S. 362.

Gesetzes nach Art. 115 I fallen.[43] Das ergibt sich allerdings nicht aus § 23 II 3 HGrG, § 39 II 3 BHO, auf die zur Begründung abgestellt wird. Unabhängig davon können sie nicht die verfassungsrechtlichen Anforderungen konkretisieren. Die Rspr. hat den **Geltungsbereich** der Vorschrift weiter dadurch eingeschränkt, dass sie nur bei der Übernahme **neuer** Risiken anzuwenden sei, nicht aber wenn das Risiko bereits anderweitig erfasst worden sei.[44]

Gewährleistungen hatten als Instrument der Wirtschaftspolitik auch schon vor der Finanzmarkt- und **19** Staatsschuldenkrise von 2007 und 2010/2011 große Bedeutung gewonnen. Für die „Rettungsprogramme" der EFSF sind Garantien in Höhe von 100,1 Mrd. €[45] und für den ESM 168,3 Mrd. € zum einzubezahlenden Kapital von 21,7 Mrd. €, überwiesen worden. Bilateral sind zum ersten Hilfsprogramm für Griechenland 22,4 Mrd. € zusätzlich garantiert worden. Hinzu kommen Garantien für Verbindlichkeiten der Finanzmarktstabilisierungsanstalt (FMSA) und dem Bankenrestrukturierungsfonds im dreistelligen Milliarden-€-Bereich. Eine bestimmte Höhe, bis zu der eine Gewährleistungsübernahme noch verantwortbar ist, nennt das BVerfG aber nicht und will sich auf eine Evidenzkontrolle beschränken.[46] Die darin liegenden Risiken werden von der Öffentlichkeit meist nicht einmal annähernd richtig eingeschätzt. Folgerichtig müssten sie **zumindest** in Höhe der **erfahrungsgemäß** realisierten Zahlungspflichten (finanzmathematischer Erwartungswert) der Kreditaufnahme ohne Einschränkungen hinzugerechnet werden. Wegen des insoweit hoch defizitären Staatsschuldenrechts musste das BVerfG auf die **Gefährdung** des **parlamentarischen Budgetrechts** zurückgreifen, um dieses Schlupfloch etwas zu verkleinern. Das Budgetrecht diente zugleich prozessual der Begründung einer Beschwerdebefugnis für auf Art. 38 I 1 gestützte Verfassungsbeschwerden.[47]

### III. Ähnliche Finanzierungsformen

Auch wenn auf andere Weise privates Kapital zur Finanzierung öff. Aufgaben nutzbar gemacht wird **20** und eine Belastung künftiger Haushalte damit verbunden ist, bestehen dieselben Gefahren wie bei der Aufnahme von Krediten. Sie müssen deshalb gleich behandelt werden. Andernfalls könnten leicht und auf vielfache Art und Weise die gesetzlichen Regeln umgangen werden.[48]

Zu nennen sind vor allem die verschiedenen **Leasing- und Mietkaufverfahren** sowie die Betrei- **21** bermodelle mit und ohne Gebührenfactoring.[49] Wirtschaftlich kommen diese Konstruktionen mit ihrer langfristigen Bindung und den damit verbundenen laufenden Zahlungsverpflichtungen einer Kreditaufnahme **gleich** und sind deshalb verfassungsrechtlich wie eine Kreditaufnahme zu behandeln, wenn der Finanzierungsaspekt im Vordergrund steht.[50] Das ist jedenfalls bei Betreibermodellen mit Gebührenfactoring unter Regressverzicht und bei „sale and lease back" Gestaltungen regelmäßig gegeben.[51]

Auch wenn **selbstständige juristische Personen** grds. nicht von Art. 115 erfasst werden **22** (→ Rn. 7), sind sie staatsschuldenrechtlich nicht belanglos. Deshalb müsste jede jur. Person des öR, die keine eigenen Sachaufgaben zu erfüllen hat, sondern überwiegend oder ausschließlich finanzwirtschaftl. Transaktionen durchführen soll, für die letztlich der Bund haftet, mit dem Etat des Trägergemeinwesen konsolidiert werden, also wie ein integraler Bestandteil des Bundeshaushalts behandelt werden.[52] Die Kreditaufnahme einer solchen Einrichtung müsste auch den Anforderungen von Art. 115 I genügen.

---

[43] *Hauser* (Fn. 5), Art. 115 (2011) Anm. 14.

[44] NWVerfGH NWVBl 1994, 292 (295).

[45] Das mittlerweile beendete EFSF-Programm wird derzeit schrittweise abgewickelt; der Garantiebetrag im Juni 2018 belief sich auf 92,2 Mrd. Euro, BMF, Finanzbericht 2019, S. 42.

[46] BVerfGE 129, 124 (182).

[47] BVerfGE 129, 124 (171 f., 180–182): vor allem wenn der Eintritt des Gewährleistungsfalls allein vom Verhalten anderer Staaten abhängig wäre; fortgeführt in BVerfGE 135, 317 (Rn. 164 f.) (ESM).

[48] Vgl. *Siekmann*, 5. Aufl. 2009, Art. 115 Rn. 22 mwN für die Zustimmung; ebenso BerlVerfGH NVwZ-RR 1997, 506; 2003, 537 (538); *Pünder* HStRV, § 123 Rn. 21; *ders.*, in: Friauf/Höfling, Art. 115 (2010) Rn. 50.

[49] Darstellung bei *Rehm*, in: J. Ipsen (Hrsg.), Privatisierung öffentlicher Aufgaben, 1994, S. 99 (99 ff.); *Fromme* ebda., S. 127 (128 ff.); *Höfling* DÖV 1995, 141 (143 f.); *Jahndorf*, Grundlagen der Staatsfinanzierung durch Kredite und alternative Finanzierungsformen im Finanzverfassungs- und Europarecht, 2003.

[50] Wie hier jetzt auch: *Jarass*, in: Jarass/Pieroth, Art. 115 Rn. 3; *Wendt* MKS III, Art. 115 Rn. 25; *F. Kirchhof* DÖV 1999, 242 (248); *Jahndorf* NVwZ 2001, 620 (624); aA *Heun*, in: Dreier III, Art. 115 Rn. 16; weitgehend auch *Höfling* DÖV 1995, 143 (145 f.).

[51] Vgl. BVerfGE 99, 57 (58); dazu *F. Kirchhof* DÖV 1999, 242 (242 ff.); *Jahndorf* NVwZ 2001, 620 (621); *Kube*, in: Maunz/Dürig, Art. 115 (2009) Rn. 71, ferner *Hauser* (Fn. 5), Art. 115 (2011) Anm. 9.

[52] Str., *Kilian*, Die Nebenhaushalte des Bundes, 1993, S. 722 f.; wie hier: *Hauser* (Fn. 5), Art. 115 (2011) Anm. 8; *Lappin* (Fn. 18), S. 194; iE ebenso *Jarass*, in: Jarass/Pieroth, Art. 115 Rn. 2; wohl auch *F. Kirchhof* VVDStRL 52 (1993), 71 (105), der insgesamt eine Rückkehr zu einem Gesamthaushaltsplan und einer Gesamthaushaltsrechnung fordert; *Puhl* (Fn. 23) S. 533 f.; *Hering*, Die Kreditfinanzierung des Bundes über Nebenhaushalte, 1997, S. 305 f.; *Pünder*, in: Friauf/Höfling, Art. 115 (2010) Rn. 50; wohl auch BerlVerfGH NVwZ-RR 2003, 537 (540), der die hier entwickelten Voraussetzungen im Fall der Kreditaufnahme durch die BSR aber nicht als erfüllt ansah.

## IV. Die Ermächtigung

23    Art. 115 I 1 dient nicht zuletzt der Sicherung des parl. Budgetrechts einschließlich seines Publizitätsgehaltes. Deshalb ist ein Gesetz erforderlich, das der BTag beschließt (**„Parlamentsgesetz"**), damit die BReg zu Lasten des Bundes Kredite aufnehmen und Gewährleistungen übernehmen darf.[53] Eine RVO reicht ebenso wenig aus wie die bloße Einstellung in den Haushaltsplan.[54] Die Ermächtigung muss den Gesamtbetrag der von den Kreditgebern überlassenen Geldbeträge, also den **Bruttobetrag** der aufgenommenen Kredite, abdecken.[55] Die dafür meist gegebene Begründung, die Gesamtbelastung (Vorbelastung) künftiger Haushaltsperioden sei nur so zu erfassen, beruht jedoch auf einem Denkfehler. Die Vorbelastung ergibt sich aus dem Schuldenstand zu Beginn einer Haushaltsperiode und dem Saldo aus neuen Krediten und der Tilgung alter Kredite, also der Nettoneuverschuldung.

24    Das die Kreditaufnahme bewilligende Gesetz ist eine „Ermächtigungsvorschrift im organschaftlichen Rechtskreis"[56] und damit Recht im Sinne von Art. 93 II 1 Nr. 2.[57] Entsprechendes gilt für die Gewährleistungsermächtigungen. Die Ermächtigung muss **ausdrücklich** erfolgen.[58] Sie kann befristet oder unbefristet sein. Sie muss im Regelfall der Höhe nach **bestimmt** sein und darf nur ausnahmsweise bloß **bestimmbar** sein.[59] Nicht erforderlich ist jedoch, dass sie im Haushaltsgesetz ausgesprochen ist. Sie darf auch in jedem anderen Bundesgesetz erteilt werden.[60] Unbefristete, spezialgesetzliche Kreditermächtigungen sind z. B. in § 6 III StWG[61] und in § 17 ENeuOG zu finden.

25    Art. 115 I enthält keine ausdrücklichen Aussagen zu der Frage, ob die Ermächtigung befristet erteilt werden muss. **Zeitliche Grenzen** ergeben sich allenfalls aus dem Zweck der Vorschrift und dem Charakter von Haushaltsgesetz und Haushaltsplan als zeitlich befristeter Regelung (→ Art. 110 Rn. 26).[62] Das zeitliche „Bepackungsverbot" hat damit nichts zu tun.[63] Eine **Schattenkreditwirtschaft** der Exekutive ist mit der Vorschrift nicht zu vereinbaren. Die verbreitet anzutreffende Ansammlung von „Kreditpolstern" ist nur ausnahmsweise gestattet.[64] § 13 II 1 HGrG/§ 18 III 1 BHO sehen aber generell eine Fortgeltung der Kreditermächtigung bis zum Ende des folgenden Haushaltsjahres vor. Das ist nicht unproblematisch.[65] **Vorratskredite** und Vorgriffskredite sind ebenfalls problematisch, können aber aus sachlichen Gründen zu rechtfertigen sein.[66]

26    Entsprechendes gilt für die **Revolvierbarkeit** von Kreditermächtigungen[67] und Gewährleistungsermächtigungen.[68] Die Exekutive muss allerdings § 18 I BHO beachten, der eine Zweckbestimmung

---

[53] *Stern* StJb 1982/83, 41 (51); *Kube,* in: Maunz/Dürig, Art. 115 (2009) Rn. 94; *Pünder* HStR V, § 123 Rn. 15; *ders.,* in: Friauf/Höfling, Art. 115 (2010) Rn. 42; *Höfling* (Fn. 19), S. 19; *Jarass,* in: Jarass/Pieroth, Art. 115 Rn. 5; *Puhl* (Fn. 23), S. 484; *Wendt* MKS III, Art. 115 Rn. 17; *Heun,* in: Dreier III, Art. 115 Rn. 15; *Henneke,* in: Hofmann/Henneke, Art. 115 Rn. 7; *Nebel* (Fn. 40), Art. 115 (2011/2012) Rn. 5, 12; *Gröpl* Verwaltung 39 (2006), 215 (220).

[54] *Höfling/Rixen* BK, Art. 115 (2003) Rn. 167 ff., 184; *Stern,* StaatsR II, S. 1276; *Kube,* in: Maunz/Dürig, Art. 115 (2009) Rn. 92; *Pünder* HStR V, § 123 Rn. 15 f.; *ders.,* in: Friauf/Höfling, Art. 115 (2010) Rn. 43; *Heun,* in: Dreier III, Art. 115 Rn. 18; ebenso für das Landesrecht BerlVerfGH NVwZ-RR 2003, 537 (538).

[55] *Heintzen,* in: v. Münch/Kunig II, Art. 115 Rn. 13; *Höfling/Rixen* BK Art. 115 (2003) Rn. 210; *Stern* StJb 1982/83, 41 (52); *Wendt* MKS III, Art. 115 Rn. 20; *Nebel* (Fn. 40), Art. 115 (2011/2012) Rn. 7; *Kube,* in: Maunz/Dürig, Art. 115 (2009) Rn. 92, 111, der die gegenwärtige Praxis wegen ihrer zu geringen Transparenz zu Recht rügt; *Pünder,* in: Friauf/Höfling, Art. 115 (2010) Rn. 46.

[56] BVerfGE 79, 311 (326).

[57] BVerfGE 20, 56 (89); 79, 311 (326).

[58] *Kube,* in: Maunz/Dürig, Art. 115 (2009) Rn. 89; *Höfling/Rixen* BK, Art. 115 (2003) Rn. 170; *Jarass,* in: Jarass/Pieroth, Art. 115 Rn. 5; *Wendt* MKS III, Art. 115 Rn. 17; *Heun,* in: Dreier III, Art. 115 Rn. 19.

[59] *Kube,* in: Maunz/Dürig, Art. 115 (2009) Rn. 91; eingehende Darstellung *Höfling/Rixen* BK, Art. 115 (2003) Rn. 201 ff.; *Wendt* MKS III, Art. 115 Rn. 19.

[60] *Kube,* in: Maunz/Dürig, Art. 115 (2009) Rn. 94; *Höfling/Rixen* BK, Art. 115 (2003) Rn. 168; *Pünder* HStR V[3], § 123 Rn. 16; *Jarass,* in: Jarass/Pieroth, Art. 115 Rn. 5; *Henneke,* in: Hofmann/Henneke, Art. 115 Rn. 7; ebenso für das Landesrecht BerlVerfGH NVwZ-RR 2003, 537 (538).

[61] Für Vereinbarkeit mit Art. 115 *Stern,* in: Stern/Münch/Hansmeyer, Gesetz zur Förderung der Stabilität und des Wachstums der Wirtschaft, 2. Aufl. 1972, § 6 Anm. VIII 2.

[62] Für Offenheit *Höfling/Rixen* BK, Art. 115 (2003) Rn. 215.

[63] Ansatzweise erkannt von *Tappe,* Das Haushaltsgesetz als Zeitgesetz, 2008, S. 125.

[64] *Höfling* (Fn. 19), S. 81; eingehend *Höfling/Rixen* BK, Art. 115 (2003) Rn. 220–233.

[65] *Gröpl* Verwaltung 39 (2006), 215 (224 f.), sieht darin eine Verletzung von Art. 115 I 2 Hs. 1 aF und des Jährlichkeitsprinzips; ebenfalls krit. *Bajohr* DÖV 1999, 397 (401 f.); *Wolffgang* DVBl 1984, 1049 (1049 ff.); *Tappe* NWVBl 2005, 209 (210); *ders.* (Fn. 63), S. 319–343; für Zulässigkeit *Isensee* FS Friauf, 1996, S. 703 (711); auch *Kube,* in: Maunz/Dürig, Art. 115 (2009) Rn. 97: problematisch, aber hinzunehmen.

[66] Eingehend *Höfling/Rixen* BK, Art. 115 (2003) Rn. 234–237; dazu auch *Birk* FS Selmer, 2004, S. 589 (589 f.).

[67] Krit. *Birk,* FS Selmer, 2004, S. 589 (592 ff., 596 f.); *ders.* DÖV 1995, 141 (143 f.), der sie aber im Wesentlichen nicht in die Regelung einbeziehen will (145 f.); für Vereinbarkeit mit Art. 115 I: *Höfling/Rixen* BK, Art. 115 (2003) Rn. 217; *Hauser* (Fn. 5), Art. 115 (2011) Anm. 15; *Heun,* in: Dreier Suppl. 2010, Art. 115 Rn. 19; *Kube,* in: Maunz/Dürig, Art. 115 (2009) Rn. 113 mwN.

[68] Krit. *Hauser* (Fn. 5), Art. 115 (2011) Anm. 17; für Vereinbarkeit mit Art. 115 I: *Höfling/Rixen* BK, Art. 115 (2003) Rn. 217; *Hauser* (Fn. 5), Art. 115 (2011) Anm. 17; *Kube,* in: Maunz/Dürig, Art. 115 (2009) Rn. 113 mwN.

der Kreditermächtigung – entgegen den Intentionen der Neufassung von Art. 115 I – für bestimmte Ausgaben vorsieht. Der zur Kreditaufnahme ermächtigende Gesetzgeber könnte allerdings etwas anderes vorsehen und auch eine mehrfache Ausnutzung (einfachgesetzlich) untersagen, § 13 I Nr. 2 HGrG/§ 18 II Nr. 2 BHO sowie § 1 S. 2 G 115.

**Nicht ganz unbedenklich** ist auch die **Staatspraxis**, bei der Erteilung der Kreditermächtigung, 27 eine betragsmäßig feststehende Ermächtigung nur in Höhe der Nettokreditaufnahme auszusprechen. Anschließend wird dieser „Kreditrahmen" um die zur Tilgung fällig werdenden Beträge erweitert.[69] Darin liegt zwar die „bestimmbare" umfassende Ermächtigung, doch fragt sich, ob sie auch hinreichend deutlich ist und nicht die Belastung aus den Altschulden zu sehr verschleiert.[70]

## C. Die materiellen Grenzen der Kreditaufnahme (Abs. 2)

### I. Allgemeines

Durch die Föderalismusreform II ist 2009 Art. 115 II völlig neu gestaltet worden. Die Vorschrift 28 wiederholt in wesentl. Teilen nur die in Art. 109 III für Bund und Länder getroffene Regelung. Soweit Art. 115 II jedoch Konkretisierungen der dort getroffenen Anordnungen enthält, stellt er sich wie eine – methodisch verfehlte – Ausführungsgesetzgebung in demselben Gesetz dar, das vordergründig dafür eine Ermächtigung erteilt. Dadurch wird der Anschein eines konstruktiv unhaltbaren Vorrangs von Art. 109 vor Art. 115 erweckt.[71]

Das ändert aber nichts daran, dass **Art. 109 III** die **maßgebenden materiellen Regelungen** nicht nur für die Kreditaufnahme der Länder, sondern auch **für den Bund** enthält. In Art. 115 sind neben dem formellen Gebot der gesetzlichen Ermächtigung in Art. 115 I nur noch technische Einzelfragen der Umsetzung der Grundsatzentscheidung und die Ausnutzung der in Art. 109 III 4 vorgesehenen Möglichkeit, den Haushalt des Bundes im Umfang von bis zu 0,35 % des nominalen Bruttosozialprodukts mit Einnahmen aus Krediten auszugleichen, zu finden.

Die in Art. 109 III 1 getroffene Regelung bedeutet eine eindeutige **Entscheidung gegen** die 29 Finanzierung der Ausgaben von Bund und Ländern durch **Kredite**.[72] Ein derartiges Verbot konnte bisher jedenfalls nicht aus Art. 110 I 2 abgeleitet werden (→ Art. 109 Rn. 64, → Art. 110 Rn. 65), auch wenn die Verfassungsgerichte des Bundes und der Länder immer wieder versucht hatten, den bisher geltenden Vorschriften Regeln gegen das Schuldenwachstum („Schuldensockel") zu entnehmen.[73] Wortlaut und Entstehungsgeschichte hatten das aber nicht hergegeben. Es handelt sich also zumindest partiell um eine grundlegende Neuausrichtung.[74]

Die Neuregelung gilt für den Bund wegen der Übergangsregelung in Art. 143d I ab dem **Haus-** 30 **haltsjahr 2016**. Bis dahin waren die materiellen Grenzen der Kreditaufnahme aus Art. 115 I 2 aF zu beachten.[75]

### II. Das grundsätzliche Verbot der Kreditfinanzierung (S. 1)

Der Bund hat seinen Haushalt grds. ohne Einnahmen aus Krediten auszugleichen. Diese Anordnung 31 ist in Art. 115 I 1 zwar sprachlich anders und auch schlechter als in Art. 109 III 1 formuliert. Daraus folgt aber keine sachliche Änderung. Es handelt sich um ein **zwingendes Gebot**, das der **Bund** beachten muss und nicht um eine mehr oder weniger unverbindliche Richtschnur.[76] Aus der Streichung von Art. 115 II und aus Art. 143d I 2 ist zu entnehmen, dass grds. auch **Sondervermögen** des Bundes von dem Verbot der Kreditfinanzierung erfasst werden. Da aber Kreditermächtigungen für bestehende Sondervermögen unberührt bleiben, ist eine wichtige Hintertür für das Schuldenwachstum nur zT verschlossen worden.

Wegen der in Art. 109 III und Art. 115 II erlaubten Abweichungen von dem grds. Verbot handelt 32 es sich nicht um ein Totalverbot der Kreditaufnahme des Bundes, nicht einmal um ein Totalverbot der Nettoneuverschuldung. Es kommt aber einem **Verbot „struktureller" Haushaltsdefizite** und damit dem Verbot der Kreditfinanzierung öff. Aufgaben nahe.[77] Der Spielraum für den Haushaltsgesetzgeber

---

[69] St. Praxis, zB § 2 I, II HaushaltsG 2017, BGBl I 3016.

[70] Bedenken auch schon bei *Stern* StJb 1982/83, 41 (53); *Friauf* HStR IV¹, § 91 Rn. 42; für eine vollständige Erfassung auch der Kredite, die revolviert werden *Oetjens* DÖV 2015, 947 (9550-956).

[71] Vgl. *Sacksofsky*, in: Kastrop/Meister-Scheufelen/Sudhof (Hrsg.), Die neuen Schuldenregeln im Grundgesetz, 2010, S. 393 (401).

[72] *Neidhardt*, Staatsverschuldung und Verfassung, 2010, S. 385, stuft die Regelung als „grundlegende Neuorientierung staatlicher Kreditpolitik in Deutschland" ein.

[73] Beispielsweise BVerfGE 79, 311 (355); 119, 96 (138); NRWVerfGH NWVBl 2003, 419.

[74] Zutreffend *Heun*, in: Dreier III, Art. 115 Rn. 12; anders wohl *Ohler* DVBl 2009, 1265.

[75] Einzelheiten bei *Siekmann*, 5. Aufl. 2009, Art. 115 Rn. 26 ff.; *Funke*, Die Verschuldungsordnung, 1995, S. 282–315, der zutreffend darauf hinweist, dass bei der korrekten Auslegung des Zusammenspiels von Art. 109 II und 115 I und ihrer strikten Anwendung das stetige Anwachsen des Schuldensockels auch nach der alten Regelung hätte verhindert werden können.

[76] *Kube*, in: Maunz/Dürig, Art. 115 (2009) Rn. 120; *Heun*, in: Dreier III, Art. 115 Rn. 23.

[77] *Heun*, in: Dreier III, Art. 115 Rn. 22; *Jarass*, in: Jarass/Pieroth, Art. 115 Rn. 6.

und für die Exekutive beim Vollzug des Haushalts wurde entspr. der Intention des Gesetzgebers[78] spürbar eingeschränkt. Die verwickelten Details sind aber anfällig für Umgehungen des angestrebten Ziels.

33    Eine **Pflicht zur Tilgung der bestehenden Schulden** des Bundes in Höhe von gegenwärtig 1,3 Billionen Euro[79] ist nicht statuiert worden.[80] Allerdings hat die Politik des Eurosystems die auf Staatsschulden zu bezahlenden **Zinsen** für **neue Kredite,** also die Bruttokreditaufnahme, auf unter 1 % gedrückt, für den Bund 2016 sogar insges., also unabhängig von der Laufzeit, in den negativen Bereich.[81] Die Durchschnittsverzinsung der Bundesschulden betrug 2016 nur noch knapp 2 %. Die **Zinsausgaben** des Bundes einschl. seiner Extrahaushalte beliefen sich nur noch auf 26,5 Mrd. Euro. Legt man die frühere Durchschnittsverzinsung zugrunde, wären diese Ausgaben um 30 % höher ausgefallen. Die **kumulierte Ersparnis** seit 2008 beträgt 155 Mrd. Euro.[82] Die sich daraus ergebenden finanzpolit. Spielräume sind indes nicht zu einer Rückführung der Verschuldung des Bundes genutzt worden, sondern im Wesentlichen in den Sozialkonsum geflossen. Ob diese Haushaltspolitik bei der gegenwärtigen konjunkt. Lage noch den Anforderungen von Art. 109 II genügt, ist fraglich (→ Art. 109 Rn. 37, hier → Rn. 40). Aus dieser Situation könnte sich durchaus eine Pflicht zur **Nettotilgung** von Bundesschulden ergeben.[83]

## III. Die begrenzte allgemeine Erlaubnis zur Kreditfinanzierung (S. 2)

34    **1. Inhalt der Erlaubnis.** In Ausübung der „Ermächtigung" in Art. 109 III 4 fingiert Art. 115 II 2, dass dem Grundsatz des materiell, also ohne Einnahmen aus Krediten ausgeglichenen Haushalts noch entsprochen ist, wenn „die Einnahmen aus Krediten 0,35 vom Hundert des nominalen Bruttoinlandsprodukts nicht überschreiten". Damit ist anders als in Abs. 1 (→ Rn. 23) nicht die Bruttokreditaufnahme gemeint, sondern die **Einnahmen aus Krediten,** die zum **Haushaltsausgleich** zur Verfügung stehen, also nicht diejenigen, die zur Tilgung von fälligen Schulden verwendet werden.

35    Es handelt sich im Prinzip um die **Nettoneuverschuldung,** allerdings nicht in der Abgrenzung der Maastricht Kriterien (→ Art. 109 Rn. 23 f.), welche Größen zugrunde legt, die für die langfristig stabile Haushaltswirtschaft aussagekräftig sind: Nettoneuverschuldung um Einmalvorgänge und Vermögenstransaktionen (Auflösung und Dotierung von Rücklagen uä) bereinigt.[84]

36    Unter nominalem **Bruttoinlandsprodukt** ist die Gesamtheit der Güter und Dienstleistungen, bewertet zu Marktpreisen, gemeint, die in Deutschland innerhalb eines Jahres hergestellt oder erbracht werden und die keine Vorleistungen sind.[85] Da dieser Wert nicht einmal für das Jahr bekannt ist, das dem Haushaltsjahr, für das die Kreditaufnahme geplant ist, vorangeht, muss der Wert desjenigen Jahres zugrunde gelegt werden, für das das statistische Bundesamt Zahlen zur Verfügung stellen kann, zumindest vorläufige.[86] Das ist regelmäßig das Jahr, das der Aufstellung des Haushalts vorangeht.[87]

37    Die Regelung in Art. 115 II 2 enthält eine **Ermächtigung,** aber keine Verpflichtung.[88] Weder aus der Gesetzesbegründung noch aus dem Wortlaut der Bestimmung lässt sich ableiten, dass dieser „Verschuldungsspielraum" nur zur Finanzierung von zukunftsbegünstigenden Maßnahmen ausgenutzt werden darf. Es wird lediglich darauf abgestellt, dass sie dem Haushaltsgesetzgeber „mehr Flexibilität bei der Gestaltung einer nachhaltigen wachstumsfördernden Finanzpolitik" ermöglicht.[89] Diese schwammige Formulierung deckt **jede sinnvolle Ausgabe,** auch wenn sie als **Staatskonsum** zu werten ist.[90] Andernfalls würde die Diskussion um den Begriff der öffentlichen Investitionen wieder neu aufgerollt werden müssen.[91] Die Ausgaben müssen auch nicht zukünftigen Generationen zugutekommen. Es gibt für eine derartige Einschränkung keine Anhaltspunkte im Wortlaut der Bestimmung, auch wenn sie in der Gesetzesbegründung zu finden sind. Dort wurde darauf abgestellt, dass kon-

---

[78] BT-Dr 16/12410, S. 6 f.

[79] 1299,9 Mrd. Euro im vierten Vierteljahr 2019, Deutsche Bundesbank, Monatsbericht Mai 2020, S. 58*.

[80] Teilweise aber für Tilgungspflichten *Koemm,* Eine Bremse für die Staatsverschuldung? 2011, S. 321; zum Problem *Klotz* DÖV 2012, 504 (505, 508).

[81] Deutsche Bundesbank, Monatsbericht Juli 2017, S. 42.

[82] Ebda, S. 43.

[83] Zur Lösung des Staatsschuldenproblems durch eine Vermögensabgabe vgl. *Werner,* Vermögensabgabe – Eine empirische Untersuchung zur Überwindung des deutschen Staatsschuldenproblems, 2012.

[84] Es handelt sich im Kern um den Finanzierungssaldo in der Abgrenzung der Volkswirtschaftlichen Gesamtrechnung.

[85] *Jarass,* in: Jarass/Pieroth, Art. 115 Rn. 8.

[86] Leichte Zweifel an der Verlässlichkeit der Zahlen bei *Sacksofsky* (Fn. 71), S. 403.

[87] So auch die Regelung in § 4 S. 2 G 115.

[88] *Jarass,* in: Jarass/Pieroth, Art. 115 Rn. 8 aE.

[89] BT-Dr 16/12410, S. 12.

[90] *Sacksofsky* (Fn. 71), S. 403; aA *Pünder,* in: Friauf/Höfling, Art. 115 (2010) Rn. 92: nicht rein konsumtive Ausgaben.

[91] Dass auf die Unterscheidung zwischen staatl. Konsum und staatl. Investitionen nunmehr verzichtet worden ist, stellt einen großen Fortschritt dar, da die Abgrenzung immer ein Element der Willkür hatte und dem ausländ. Haushaltswesen, wie in den USA, fremd ist. Die dortige volkswirtschaftl. Gesamtrechnung behandelt aus guten Gründen alle Staatsausgaben als Konsum.

junkturunabhängig qualitativ hochwertige Maßnahmen einer nachhaltigen Entwicklung zugunsten künftiger Generationen ermöglicht werden sollten.[92]

Für das Jahr 2020 beträgt dieser Spielraum 12,02 Mrd. Euro.[93] **38**

**2. Grenzen der Erlaubnis.** Die in Art. 115 II 2 getroffene Regelung **erlaubt voraussetzungslos 39** die Kreditaufnahme[94] und sieht auch **keine zukunftsbegünstigende Verwendung** der zusätzlichen Finanzmittel vor (→ Rn. 37). Allerdings ist zu erwägen – wie nach der bisherigen Regelung – die Vorgaben von Art. 109 II als Grenze für die „strukturelle" Kreditaufnahme nach Art. 115 II 2 heranzuziehen. Dagegen spricht aber die Ausformung von Art. 115 II als recht genau ausgestaltete Sonderregelung. Die Detailliertheit der Vorgaben deutet auf eine abschließende Regelung hin.[95] Andererseits könnte Art. 109 II aber auch als Generalregel verstanden werden, die bei allen finanzpolitischen Entscheidungen, bei Aufstellung des Haushalts wie bei seinem Vollzug zu beachten wäre. Trotz ihrer Allgemeinheit könnten die Erfordernisse des gesamtwirtschaftlichen Gleichgewichts zu beachten sein. Allerdings wäre die Bedeutung von Art. 109 II deutlich reduziert.[96]

Nach der bish. Regelung konnten die **Erfordernisse des gesamtwirtschaftlichen Gleiche- 40 wichts** eine Unterschreitung der damaligen „Regelgrenze"[97] oder sogar eine Nettotilgung verlangen.[98] Eine maßgebende Änd. ist insoweit durch die Neufass. nicht eingetreten, zumal die Überschreitung der „Regelgrenze" nach altem Recht nicht durch Art. 109 II erlaubt war, sondern durch die Sonderklausel in Art. 115 I 2 aF. Art. 109 II entfaltet sowohl nach altem als auch nach neuem Recht eine das Defizit **begrenzende Wirkung**,[99] jedoch nur soweit Art. 115 II keine neue abschließende Sonderregelung enthält. Dies trifft auf die Verpflichtung zur symmetr. Berücksichtigung konjunkt. Wirkungen nach S. 3 zu. Für eine derartige Deutung spricht, dass die eigentl. Schwäche der bish. Regelung ihre **asymmetrische Anwendung** war (→ Art. 109 Rn. 45). Fraglich ist jedoch, ob dies auch für eine Kreditfinanzierung nach Art. 115 II 2 zutrifft. Diese Vorschrift ordnet an, dass der Haushalt auch bei einer Defizitquote von bis zu 0,35 % des BIP als ausgeglichen anzusehen ist. Aber auch ein neutraler Haushalt entspricht nicht zwangsläufig den Erfordernissen des gesamtwirtschaftl. Gleichgewichts. Es könnte ein bremsender oder stimulierender Haushalt geboten sein. Die Regelung spricht aber eher dafür, dass der Verfassunggeber in Kenntnis der probl. Asymmetrie, die er aufgegriffen hat, eine derartige Kreditfinanzierung abschließend als unprobl. angesehen hat; mit der Folge, dass sie auch nicht konjunkturrelevant sein soll. Das betrifft aber nur die Nettoneuverschulden; es ist keine Aussage bzgl. einer Nettotilgung von Altschulden getroffen, die im GG nicht ausdr. geregelt ist. Die mangelnde Tilgung der Bundesschuld ist der gegenwärtigen günstigen wirtschaftl. Lage mag durchaus Zweifel bzgl. der Beachtung der Erfordernisse des gesamtwirtschaftl. Gleichgewichts hervorrufen (→ Rn. 33). Mittelfristig ist diese Fiskalpolitik jedenfalls kaum tragfähig.[100]

**3. Kritik.** Die Regelung ist dahingehend kritisiert worden, dass sie eine strukturelle Verschuldung **41** ermögliche, die aber in jedem Fall, ungeachtet ihrer Höhe, abzulehnen sei, zumal eine Tilgungsregelung nicht vorgeschrieben sei.[101] Sie erzeuge zudem den **Anreiz**, diesen **Spielraum** auch in jedem Fall **auszuschöpfen**,[102] zumal sie in Art. 115 II 6 als Regelgrenze apostrophiert wird. Diese Besorgnis ist nicht unberechtigt, vor allem nach den Erfahrungen mit der alten Schuldenregel, die bei richtiger Auslegung so schlecht nicht war und auch theoretisch gut begründet werden konnte (*Siekmann*, 5. Aufl. 2009, Art. 115 Rn. 8, 11), nur nicht ernst genommen worden ist.

---

[92] BT-Dr 16/12410, S. 5 f.; in diesem Sinne auch *Jarass*, in: Jarass/Pieroth, Art. 115 Rn. 8.

[93] Errechnet aus dem nominalen Bruttoinlandsprodukt des Vorjahres: 3435,8 Mrd. Euro, Deutsche Bundesbank, Monatsbericht Mai 2020, S. 66★.

[94] *Kube*, in: Maunz/Dürig, Art. 115 (2009) Rn. 137; einschränkend *Koemm* (Fn. 80), S. 206 f.: „Ausnahmetatbestand".

[95] Dafür *Kube*, in: Maunz/Dürig, Art. 115 (2009) Rn. 7; *Heun*, in: Dreier III, Art. 115 Rn. 50.

[96] *Wendt* MKS III, Art. 115 Rn. 32, der einen weitgehenden Gleichlauf annimmt.

[97] BVerfGE 79, 311 (334); *Arndt* JuS 1990, 346; *Siekmann*, 5. Aufl. 2009, Art. 115 Rn. 61; *Kube*, in: Maunz/Dürig, Art. 115 (2009) Rn. 6.

[98] *Siekmann*, 5. Aufl. 2009, Art. 115 Rn. 61; zust. *Jarass*, in: Jarass/Pieroth, Art. 115 Rn. 7; *Wendt* MKS III, Art. 115 Rn. 31; *Wendt/Elicker* DVBl 2001, 497 (500); *Bröcker*, Grenzen staatlicher Verschuldung im System des Verfassungsstaats, 1997, S. 23, 27.

[99] *Funke* (Fn. 75). S. 310, 314; *Wendt* MKS III, Art. 115 Rn. 32, bejaht weiterhin eine Grenze dahingehend, dass eine Kreditaufnahme nicht zur Unbeweglichkeit der Haushaltspolitik führen dürfe. Angesichts der rein konjunkturpolitischen Ausrichtung der Vorschrift war eine solche Deutung zweifelhaft und würde nach neuem Recht bei den geringen Beträgen, die jetzt noch erlaubt sind, schwerlich relevant werden.

[100] Schon jetzt diagnostiziert der Sachverständigenrat zur Begutachtung der gesamtwirtschaftlichen Entwicklung ein „Wachstum über Potenzial", Jahresgutachten 2016/17, 2016, S. 89. Er plädiert nachdrücklich für eine Reduktion der Staatsschulden (S. 220 Rn. 447).

[101] *Kube*, in: Maunz/Dürig, Art. 115 (2009) Rn. 138, 145.

[102] *Kube*, in: Maunz/Dürig, Art. 115 (2009) Rn. 144; ähnlich auch *Waldhoff/Dieterich* ZG 24 (2009), 97 (113); G. *Kirchhof*, Die Allgemeinheit des Gesetzes, 2009, S. 590; *Tappe* JböffFin 2009, 417 (427); *Klotz* DÖV 2012, 505 (505), der ein Verbot von Steuersenkungen bei kreditfinanzierten Haushalten erwägt (S. 508 f.), allerdings die Möglichkeit von Ausgabenkürzungen nicht erörtert.

**42**     Andererseits wird diese Grenze auch als **zu rigide** eingestuft. Sie werde voraussichtlich zu einer prozyklischen Budgetpolitik führen.[103] Dem steht jedoch das Gebot in Satz 3 entgegen, das ein prozyklisches Verhalten verhindern soll (→ Rn. 43). Hinzu kommt, dass Art. 109 II zu beachten ist. Schließlich zeigt die Erfahrung, dass sowohl die Geldpolitik als auch die Fiskalpolitik regelmäßig eher zu früh und zu lange einen Abschwung angenommen haben, der mit expansiven Mitteln zu bekämpfen sei, als einen Aufschwung. Eine expansive Fiskalpolitik hat auch sehr viel populärere Einzelmaßnahmen zum Inhalt als die Reduktion (kreditfinanzierter) staatlicher Ausgaben und konjunkturbedingte Steuersatzerhöhungen. Tatsächlich zu beobachtende prozyklische Effekte beruhten regelmäßig auf der systemimmanenten Unfähigkeit, „time-lags" auszuschalten.

## IV. Die Berücksichtigung konjunktureller Schwankungen (S. 3)

**43**     Die Regelung enthält die „konjunkturelle Komponente"[104] des Staatsschuldenrechts für den Bund. Mit ihr soll ein „prozyklisches Verhalten" verhindert werden und „den Erfordernissen des gesamtwirtschaftlichen Gleichgewichts Rechnung getragen werden".[105] Sie kann zu einer engeren Grenze für die Kreditaufnahme als nach S. 2, aber auch zu ihrer Ausweitung führen.

**44**     **1. Verpflichtung zur Berücksichtigung konjunktureller Schwankungen.** Art. 109 III 2 Var. 1 ist als Ermächtigung formuliert. Eine derartige Erlaubnis ist regelmäßig an den (einfachen) Gesetzgeber adressiert, der zeitlich später von ihr Gebrauch macht. Schon in der Haushaltsreform von 1969 hatte sich jedoch eingebürgert, das (einfache) AusführungsG zusammen mit der dafür geschaffenen verfassungsrechtl. Grundlage zu erlassen.[106] Diese Vorgehensweise war – trotz einiger Bedenken – methodisch noch nachvollziehbar.

**45**     Der verfassungsändernde Gesetzgeber des Jahres 2009 ist aber nicht so vorgegangen, sondern hat selbst ein **Ausführungsgesetz**[107] erlassen – **auf verfassungsrechtlicher Ebene.** Das ist methodisch unsinnig, da der Verfassunggeber unmittelbar für den Bund eine derartige Anordnung hätte treffen können, dafür keine Ermächtigung brauchte (→ Art. 109 Rn. 72). Die Regelung ist auch sprachlich misslungen, da nicht klar zum Ausdruck kommt, dass eine Abweichung von der Grundregel, so wie sie in S. 1 und 2 ausgeformt ist, gemeint ist. Das ergibt sich (nur) im Rückschluss aus S. 4. Eine andere Auslegung hätte zudem keinen Sinn, da sich eine so verstandene Anordnung schon aus Art. 109 II ergäbe.

**46**     Im Ergebnis ist jedenfalls in Art. 115 II 3 Var. 1 eine **Verpflichtung des Bundes** statuiert, die **Auswirkungen der konjunkturellen Schwankungen** zu berücksichtigen.[108] Diese Verpflichtung gilt sowohl für den Haushaltsgesetzgeber als auch für den Haushaltsvollzug (→ Rn. 56).[109] Nähere Einzelheiten sind nach Maßgabe von Art. 115 II 4 und 5 in einem AusführungsG des Bundes zu regeln (dazu → Rn. 60, → Rn. 67).

**47**     **2. Voraussetzung und Umfang der zulässigen Kreditaufnahme.** Voraussetzung ist eine **Abweichung** der konjunkturellen Entwicklung **von der „Normallage".** Der Begriff ist wie in Art. 109 III 2 auszulegen (Einzelheiten → Art. 109 Rn. 75). Die Kreditaufnahme unter Ausnutzung des aus konjunkturellen Gründen erweiterten Verschuldungsspielraums darf aber nur „symmetrisch" erfolgen. Das ist so zu verstehen, dass auf die **zusätzliche Kreditaufnahme** im Abschwung eine **gleich hohe Rückführung** der Kredite im Aufschwung folgt. Das kann eine Nettotilgung von Schulden bedeuten.[110] Die konjunkturbedingte Kreditaufnahme und die nachfolgende Tilgung zur Dämpfung des „Booms" müssen sich also so ergänzen, dass sie sich – über den gesamten Konjunkturzyklus gerechnet – **zu Null saldieren.** Der Schuldenstand darf sich am Ende des Zyklus nicht verändert haben (→ Art. 109 Rn. 75).

**48**     Gemeint ist die **absolute Größe** und nicht die Höhe des Schuldenstands in Relation zum BIP. Das ergibt sich nicht zuletzt aus der Ausgestaltung der Rückführungspflicht in Art. 109 III 3 und 115 II 4. Ein Wachstum des absoluten oder relativen Schuldenstands auf Bundesebene ist nur in den Grenzen von Art. 109 III 4 und 115 II 2 zulässig. Das stetige Wachstum eines Schuldensockels unabhängig von der konjunkturellen Situation, den das BVerfG so deutlich kritisiert hatte,[111] sollte wirksam unterbunden werden. Die konjunkturell bedingte Kreditaufnahme soll die Auswirkungen von Schwankungen[112]

---

[103] *Heun,* in: Dreier III, Art. 115 Rn. 27.

[104] *Ohler* DVBl 2009, 160 (165); *Wendt* MKS III, Art. 115 Rn. 39.

[105] BT-Dr 16/12410, S. 12.

[106] *Siekmann,* 5. Aufl. 2009, Art. 115 Rn. 36.

[107] BT-Dr 16/12410, S. 12: „Satz 3 macht von der Befugnis des Artikels 109 Absatz 3 Gebrauch"; ebenso *Jarass,* in: Jarass/Pieroth, Art. 115 Rn. 9.

[108] Ähnlich *Jarass,* in: Jarass/Pieroth, Art. 115 Rn. 9.

[109] *Lenz/Burgbacher* NJW 2009, 2561 (2564); *Koemm* (Fn. 80), S. 188.

[110] *Kube,* in: Maunz/Dürig, Art. 115 (2009) Rn. 152.

[111] BVerfGE 79, 311 (355).

[112] Damit dürften Schwankungen im Auslastungsgrad des Produktionspotentials – production gap – gemeint sein; dazu → Art. 109 Rn. 75.

glätten und vor allem auch das Wirken automatischer Stabilisatoren ermöglichen,[113] aber **nicht** ein **höheres strukturelles Defizit,** als es sich nach der Grundregel des Art. 115 II 1, 2 ergeben würde, ermöglichen.

**3. Rückführungspflicht.** Die **Rückführungspflicht** kann eine Pflicht zur Erwirtschaftung von  49 Überschüssen bedeuten, wenn sie betragsmäßig größer ist als die erlaubte strukturelle Verschuldung nach Art. 109 III 4/115 II 2.[114]

## V. Naturkatastrophen und außergewöhnliche Notsituationen (S. 6–8)

Art. 109 III 2 Var. 2 erlaubt ein **Abweichen** von den grds. Verbot der Kreditfinanzierung in eng  50 umschriebenen **Ausnahmesituationen:** bei Naturkatastrophen und außergewöhnl. Notsituationen, die sich der Kontrolle des Staates entziehen und die Finanzlage des Staates erheblich beeinträchtigen (näher → Art. 109 Rn. 76 f.).

Diese Regelung ist in Art. 115 II 6 wortgleich wiederholt. Es handelt sich dabei aber nicht um das  51 Gebrauchen einer Option durch den Bund,[115] da beide Regelungen von demselben Gesetzgeber auf derselben Rangstufe erlassen worden sind. Der Bund bedarf auch keiner Ermächtigung, um in seiner Verfassung sein Staatsschuldenrecht zu regeln (→ Rn. 45). Die mat. Voraussetzungen für die Inanspruchnahme der Erlaubnis sind wie in Art. 109 III 2 auszulegen (näher → Art. 109 Rn. 76 f.). Für die Überschreitung der allg. Kreditobergrenzen (Art. 115 II 1, 2) auf dieser Grundlage ist ein **Beschluss der Mehrheit der Mitglieder des Bundestages** erforderlich. Es handelt sich um eine qualif. Mehrheit iSv Art. 121.

Theoretisch mag es möglich sein, dass dieser Beschluss als **schlichter Parlamentsbeschluss** gefasst  52 wird.[116] Dogmatisch schwer zu begründen ist aber wieder die dahinter stehende Vorstellung, dass sich das Parlament ermächtigt, eine gesetzliche Ermächtigung zur Kreditaufnahme zu beschließen.[117] Diese Ermächtigung ist aber in jedem Fall wegen Art. 115 I erforderlich.[118] Die Mehrheit des Art. 121 ist zudem auch zur Verabschiedung des Haushaltsgesetzes erforderlich, wenn der BRat Einspruch mit der Mehrheit seiner Mitglieder eingelegt hat, Art. 77 IV 1.

Die Erlaubnis ist der Höhe nach nicht begrenzt.[119] Sie muss allerdings die europarechtlichen Vor-  53 gaben und die Erfordernisse des gesamtwirtschaftlichen Gleichgewichts beachten, Art. 109 II. Innerhalb dieses Rahmens dürfte ein **Einschätzungsspielraum des Gesetzgebers** bestehen.[120]

Der Beschluss muss mit einem **Tilgungsplan** verbunden sein, Art. 115 II 7. Dieselbe Anordnung  54 findet sich auch schon in Art. 109 III 3; allerdings ohne Vorgabe eines Zeitrahmens. Diese Pflicht ist so zu verstehen, dass Inhalt dieses Plans die Rückführung der auf der Grundlage von Art. 115 II 6 aufgenommen Kredite,[121] also eine **vollständige Tilgung,** sein muss. Der Zeitraum dafür ist allerdings verfassungsrechtlich nicht genau fixiert, muss aber „angemessen" sein. Er ist unter Berücksichtigung der Größenordnung der erhöhten Kreditaufnahme sowie der konkreten konjunkturellen Situation vom Parlament festgelegt worden.[122] Auch insoweit dürfte ein (begrenzter) Einschätzungsspielraum bestehen.[123]

Die Art. 115 II 7, 8 enthalten **abschließend** die Vorgaben für die Kreditaufnahme auf der Grund-  55 lage von Art. 115 II 6. Die Regelung über das Kontrollkonto nach Art. 115 II 4 gilt insoweit nicht.[124]

---

[113] BT-Dr 16/12410, S. 12; *Wendt* MKS III, Art. 115 Rn. 40.

[114] BT-Dr 16/12410, S. 11: „… so dass mittel- bis langfristig gewährleistet sein sollte, dass Kreditaufnahmen im Abschwung durch Überschüsse im Aufschwung ausgeglichen werden"; i. Erg. ebenso *Kube,* in: Maunz/Dürig, Art. 115 (2009) Rn. 52; *Wendt* MKS III, Art. 115 Rn. 40 f.; *Jarass,* in: Jarass/Pieroth, Art. 115 Rn. 11; einschränkend ohne hinreichende Begründung *Christ* NVwZ 2009, 1333 (1334).

[115] So aber *Seiler* JZ 2009, 721 (726) der unzutreffend Art. 115 als „Bundesregelung" in einen Gegensatz zu Art. 109 stellt.

[116] *Jarass,* in: Jarass/Pieroth, Art. 115 Rn. 13; *Wendt* MKS III, Art. 115 Rn. 54; *Heun,* in: Dreier III, Art. 115 Rn. 42.

[117] Inkonsistent BT-Dr 16/12410, S. 13: „Der notwendige Beschluss kann ein Gesetzesbeschluss sein. Denkbar ist aber auch ein Parlamentsbeschluss, der in der Regel im Zusammenhang mit der Beschlussfassung über das Haushaltsgesetz erfolgt, mit dem Kreditaufnahmen über die Regelgrenzen hinaus ermöglicht werden."

[118] *Reimer,* in: Epping/Hillgruber, Art. 115 Rn. 57; *Wendt* MKS III, Art. 115 Rn. 54; *Kube,* in: Maunz/Dürig, Art. 115 (2009) Rn. 189; *Heun,* in: Dreier III, Art. 115 Rn. 42; der aber wegen des Tilgungsplans regelmäßig ein Gesetz verlangt (Rn. 44).

[119] *Korioth* JZ 2009, 729 (733).

[120] Dafür auch *Wendt* MKS III, Art. 115 Rn. 56, allerdings ohne die Einschränkung.

[121] BT-Dr 16/12410, S. 13.

[122] BT-Dr 16/12410, S. 13; *Wendt* MKS III, Art. 115 Rn. 56; *Jarass,* in: Jarass/Pieroth, Art. 115 Rn. 13.

[123] BT-Dr 16/12410, S. 13; *Wendt* MKS III, Art. 115 Rn. 56.

[124] *Heinrich* UBWV 2009, 287 (293); *Wendt* MKS III, Art. 115 Rn. 57; *Heun,* in: Dreier III, Art. 115 Rn. 45.

# D. Haushaltsvollzug und gesetzliche Ausformung der Grenzen

## I. Haushaltsvollzug

**56**  Die in Art. 115 II getroffenen Regelungen gelten nicht nur für die Aufstellung der Haushaltspläne, sondern – anders als die alte Fassung[125] – auch für den **Haushaltsvollzug.**[126] Mit ihr sollte die zuvor fehlende Verknüpfung zwischen Haushaltsaufstellung und Haushaltsvollzug beseitigt werden.[127]

**57**  Abweichungen der tatsächlichen Nettokreditaufnahme von den Planwerten im Haushaltsvollzug sind nicht immer sofort feststellbar und manchmal in der Praxis auch nicht zu vermeiden.[128] Deshalb sieht Art. 115 II 4 vor, dass Abweichungen im Haushaltsvollzug von der nach S. 1–3 zulässigen Kreditaufnahme auf einem **Kontrollkonto** verbucht werden. Verbreitet wird davon ausgegangen, dass sich die Abweichungen auch daraus ergeben können, dass sich die „tatsächlichen Auswirkungen der konjunkturellen Entwicklung" anders darstellen, als bei der Aufstellung des Haushalts angenommen worden war.[129]

**57a**  Die Regelung dient primär dazu, die **Einhaltung** der verfassungsrechtl. **Vorgaben** zu **sichern** und ihre Umgehung zu verhindern.[130] Die Zulassung von Abweichungen von der Grundregel (S. 1 und 2) aus konjunkt. Gründen in S. 3 betrifft aber die Haushaltsaufstellung und nicht den Haushaltsvollzug. Sie erlaubt nicht Überschreitungen der gesetzl. Kreditermächtigung aus konjunkt. Gründen im Haushaltsvollzug. Deshalb ist schwer vorstellbar, wie das Konto nennenswerte Salden in beide Richtungen aufweisen kann.[131] Mit der neuen Regelung sollte aber nicht nur eine nicht (mehr) konjunkturgerechte Ausnutzung der Kreditermächtigungen beim Haushaltsvollzug verhindert werden, sondern auch die **asymmetrische Überschreitung** der verfassungsrechtl. Kreditaufnahmegrenzen der S. 1–3 unter Berufung auf konjunkt. Erfordernisse bei der Planaufstellung erschwert werden. Die nach Art. 109 II gebotene Rückführung dieser zusätzl. Kreditaufnahme unterblieb in der Vergangenheit regelmäßig (→ Rn. 40, Art. 109 Rn. 45), was der eigentliche Grund für den stetig wachsenden „Schuldensockel" war.

**57b**  Deshalb muss die Regelung über das Kontrollkonto trotz des insoweit unklaren Wortlauts so verstanden werden, dass sie (1) auch dazu dient, die Überschreitung der Regelgrenze bei der **Haushaltsaufstellung** einzuschränken und (2) insoweit die Abweichungen aus **konjunkturellen Gründen** erfasst. Nur für diese ist die symmetrische Berücksichtigung im Konjunkturverlauf ausdrücklich vorgeschrieben. Eine Pflicht zur Rückführung der Kreditfinanzierung kann aus S. 3 entnommen werden.[132] Eine Rückführungspflicht für eine Kreditfinanzierung nach S. 2 könnte sich theoretisch aus Art. 109 II ergeben, ist aber insoweit durch Art. 115 II verdrängt (→ Rn. 40). Die sprachlich unglückliche Bezugnahme auf die Sätze 1–3 dient lediglich dazu, klarzustellen, dass die Regelung auf eine verfassungsgemäße Kreditaufnahme zugeschnitten ist. Eine Kreditfinanzierung unterhalb der Grenze aus S. 2 ist nicht in das Kontrollkonto einzustellen, darf also nicht zur Saldierung mit konjunkturbedingten Überschreitungen nach S. 3 dienen.[133]

**57c**  Wenn „symmetrisch" zur Überschreitung der Regelgrenze in der Rezession eine Tilgung der zusätzl. Kredite in der Hochkonjunktur erzwungen werden soll, wie es der Logik von S. 3 ent-

---

[125] Str., gegen eine Berücksichtigung im Haushaltsvollzug: *Kube*, in: Maunz/Dürig, Art. 115 (2009) Rn. 42–44; *Kriszeleit/Meuthen* DÖV 1995, 461 (465); *Brockmeyer*, in: Hofmann/Hopfauf, 11. Aufl. 2008, Art. 115 Rn. 7a mwN; *Jahndorf* (Fn. 49), S. 187 ff.; *Heun*, in: Dreier III, Art. 115 (2008) Rn. 23; *Heintzen*, in: v. Münch/Kunig III, 5. Aufl. 2003, Art. 115 Rn. 13: es kommen nicht auf die tatsächlichen, sondern den veranschlagten Kreditaufnahme an; aA *Wolffgang* DVBl 1984, 1049 (1054); *Pünder* HStR V³, § 123 Rn. 42; *Isensee* DVBl 1996, 173; *ders.* FS Friauf, 1996, S. 705 (723 ff.); *Müller* DÖV 1996, 490; *Bajohr* DÖV 1999, 397 (399); *Höfling* (Fn. 19), S. 340, 343, der insoweit „erhebliche Meinungsverschiedenheiten" konstatiert; *Birk*, FS Selmer, 2004, S. 389 (596); *Gröpl* Verwaltung 39 (2006), 215 (223, 244), der aber nicht hinreichend zwischen bilanziellen Erwägungen (Vermögenszuwachs) und Vorschriften im Rahmen einer Flussrechnung unterscheidet; *Seiler* JZ 2009, 721 (725) Fn. 34; *Koemm* (Fn. 80), S. 187: i. Erg. wohl auch *Wendt* MKS III, Art. 115 Rn. 48, obwohl er zunächst zutreffend den Wortlaut der Vorschrift als „kaum überwindbares Argument" anerkannt hatte; näher *Siekmann*, 5. Aufl. 2009, Art. 115 Rn. 52 f.

[126] *Schmidt* DVBl 2009, 1274 (1280); *Lenz/Burgbacher* NJW 2009, 2561 (2564); *Seiler* JZ 2009, 721 (725); *Koemm* (Fn. 80), S. 188; aber für Art. 109 III 1 abgelehnt von *Stüber* DÖV 2018, 654.

[127] BT-Dr 16/12410, S. 5; BT-Dr 16/12400, S. 1.

[128] BT-Dr 16/12410, S. 12.

[129] *Wendt* MKS III, Art. 115 Rn. 45; *Jarass*, in: Jarass/Pieroth, Art. 115 Rn. 12; *Henneke*, in: Hofmann/Henneke, Art. 115 Rn. 33.

[130] *Koemm* (Fn. 80), S. 322 f.

[131] Konsequent ist daher die Feststellung, dass es nie einen Wert kleiner Null aufweisen könne *Koemm* (Fn. 80), S. 322, welche die Regelung sowohl auf die rechtswidrige Überschreitung der gesetzlichen Kreditermächtigung als auch die verfassungswidrig zu hohe Kreditermächtigung anwenden will (S. 322 f., 327 f.). *Heintzen* versteht S. 4 als „spezielle Fehlerfolgenregelung" für (verfassungswidrige) Überschreitungen in der konjunkturellen Normallage (in: v. Münch/Kunig II, Art. 115 Rn. 22; vgl. auch *Kube*, in: Maunz/Dürig, Art. 115 (2009) Rn. 170, 232.

[132] Im Erg. ebenso *Koemm* (Fn. 80), S. 323. Für die Notfallausnahme nach S. 6 enthält S. 7 eine eigenständige Rückführungsregelung in S. 7.

[133] Unzutreffend *Tappe* JböffFin 2009, 417 (427).

spricht,[134] ist eine Vorbedingung, diese zusätzl. Kreditfinanzierung und ihre Rückführung über die einzelnen Haushaltperioden hinaus zu dokumentieren. Das geschieht mit dem Kontrollkonto, das deswegen auch gleichrangig zum HaushaltsG, also als BundesG zu führen ist.[135] Wegen der Unsicherheit von Konjunkturprognosen ist es darüber hinaus angezeigt, bei der Feststellung, ob und in welchem Umfang ein strukturelles oder ein konjunkturbedingtes **Finanzierungsdefizit,** das später im Konjunkturverlauf auszugleichen wäre, besteht, auf eine ex-post Betrachtung abzustellen. Nur so können die tatsächl., möglicherweise schädl., volkswirtschaftl. Effekte, die zu kompensieren wären, korrekt erfasst werden. Die Formulierung „Abweichungen der tatsächlichen Kreditaufnahme" ist also so zu verstehen, dass auch eine nach S. 2 verfassungsgemäße Kreditaufnahme, welche die Regelgrenze überschreitet, in das Kontrollkonto einzustellen ist. Für Ermittlung des **einzustellenden Betrags** ist aber die konjunkt. Situation zum **Zeitpunkt** des Haushaltsvollzugs und nicht der Haushaltsaufstellung maßgebend. Sie ist nicht mehr zu prognostizieren, sondern zu diagnostizieren. Das ist gemeint.

Da das **Konto** ein Instrument ist, die Asymmetrien bei der Berücksichtigung konjktureller **57d** Erfordernisse zu beseitigen, muss es **auf Dauer Bestand** haben und darf nicht der Periodizität des Haushaltsplans unterliegen. Andernfalls wäre die erforderliche Saldierung der der gesamten konjunkturbedingten Kreditaufnahme über einen ganzen Konjunkturzyklus hinweg nicht möglich. Aber erst wenn negative Abweichungen, also eine Kreditaufnahme, nicht der Überschuss, insgesamt 1,5 % des nominalen Bruttoinlandsprodukts übersteigen, müssen sie „konjunkturgerecht" zurückgeführt werden.

Auf diese Weise hat die Regelung einen temporären **zusätzlichen Verschuldungsspielraum** **58** geschaffen.[136] Das mag sachgerecht sein, eröffnet aber wieder Umgehungsmöglichkeiten. Darüber hinaus ist schwer vorstellbar, wie eine Rückführung „konjunkturgerecht" erfolgen kann, wenn die zusätzliche Kreditaufnahme konjunkturbedingt erfolgt. Nur bei Überschreitungen der Grenzen aus S. 2 ist das erkennbar. Fraglich ist, ob § 7 III G 115[137] noch von der Vorschrift gedeckt ist, da dort eine Anpassung des Bezugspunkts, des nominellen Bruttoinlandsprodukts, vorgesehen ist.

Die Regelung über das Kontrollkonto gilt nur für die als **„Regelgrenze"** bezeichneten Vorgaben **59** aus S. 1 bis 3, nicht aber für die Kreditaufnahme nach S. 6. Für sie besteht eine eigene, „weichere" Tilgungsregelung.

## II. Ausgestaltung der Grenzen durch einfaches Gesetz

Das Bundesgesetz, das nach Art. 115 II 5 nähere Einzelheiten regeln soll (→ Rn. 58), bedarf nicht **60** der Zustimmung des BRat. Die **Sinnhaftigkeit eines (einfachen) Ausführungsgesetzes,** das Vorgaben für den (einfachen) Haushaltsgesetzgeber, jeweils des Bundes, enthalten soll, erschließt sich nach herkömmlicher Dogmatik nicht. Es bedarf schon komplizierter Gedankengebäude, um eine Bindung des einfachen Gesetzgebers an seine eigenen Vorschriften, die er leicht ändern könnte, als möglich erscheinen zu lassen.

Derartige Vorgaben sind wohl Folge der in der Praxis sehr weit verbreiteten Fehlvorstellungen über **61** die Rangordnung von Rechtsnormen im HaushaltsR. Es wurde und wird zB eine **Bindung des Haushaltsgesetzgebers** an die Vorgaben der BHO (stillschweigend) unterstellt, obwohl sie, bei Licht besehen, konstruktiv kaum zu begründen ist. Sie ist aber auch Folge der dogmatisch fragwürdigen[138] Rspr. des BVerfG, die mehrfach den Erlass (einfachgesetzlicher) Vorschriften gefordert hat, die für den einfachen Gesetzgeber verbindlich sein sollten, Beispiele: AusführungsG nach Art. 115 I 3 aF zur Abgrenzung des Begriffs der öff. Investitionen,[139] MaßstäbeG mit Vorgaben für das FinanzausgleichsG.[140]

## III. Inhaltliche Vorgaben für das Ausführungsgesetz (S. 3 und 4)

Das AusführungsG darf die in Art. 115 II 1–3 getroffene Regelung nur konkretisieren, aber nicht **62** einschränken.[141] Es ist aber fraglich, ob dem konkretisierenden Gesetzgeber uneingeschränkt ein **„Beurteilungsspielraum"** zuzubilligen ist.[142]

---

[134] Im Einzelnen zu Tilgungspflichten *Koemm* (Fn. 80), S. 316–322.

[135] *Kube,* in: Maunz/Dürig, Art. 115 (2009) Rn. 169 Fn. 3; *Heintzen,* in: v. Münch/Kunig II, Art. 115 Rn. 22 aE.

[136] Ähnlich *Lenz/Burgbacher* NJW 2009, 2561 (2564); *Heun,* in: Dreier III, Art. 115 Rn. 35; aA *Koemm* (Fn. 80), S. 322.

[137] Fundstelle in Fn. 25; zu den Fragen des Geltungsbereichs *Heun,* in: Dreier III, Art. 115 Rn. 36 f.

[138] Dagegen *Kube,* in: Maunz/Dürig, Art. 115 (2009) Rn. 208 Fn. 1. Im Gegensatz zu sonstigen gesetzlichen Ausgestaltungsaufträgen geht es hier aber um die Festlegung des normativen Gehalts von Vorschriften durch den einfachen Gesetzgeber, die sich ausschließlich an ihn richten.

[139] BVerGE 79, 311 (355); näher dazu *Siekmann,* 5. Aufl. 2009, Art. 115 Rn. 37; *Bröcker* (Fn. 98), S. 62–78, der zutreffend die Existenz eines „legislativen Beurteilungsspielraums" ablehnt (S. 69).

[140] BVerfGE 101, 158 (215 ff.); näher dazu → vor Art. 104a Rn. 62–67.

[141] *Jarass,* in: Jarass/Pieroth, Art. 115 Rn. 9.

[142] So aber *Jarass,* in: Jarass/Pieroth, Art. 115 Rn. 11 aE.

63 **1. Bereinigung um „finanzielle Transaktionen".** Das Gesetz muss vor allem die **Ausklamme-rung „finanzieller Transaktionen"** für die Berechnung der tatsächlichen, also nicht der im Haushalt geplanten Kreditaufnahme näher ausgestalten, Art. 115 II 5. Mit „finanziellen Transaktionen" sind die Vorgänge gemeint, welche die Vermögenssphäre betreffen, wie beispielsweise Privatisierungserlöse. Sie ermöglichen den materiellen Ausgleich des Haushalts, sind aber nicht nachhaltig. Darauf kommt es aber an, wenn ein Gleichlauf mit den europarechtlichen Vorgaben erreicht werden soll. Sie ergeben sich vor allem aus Art. 126 AEUV, dem Protokoll (Nr. 12) zum Verfahren bei einem übermäßigen Defizit sowie dem dazu ergangenen Sekundärrecht. Die Bereinigung um „finanzielle Transaktionen" ist in § 3 G 115 erfolgt.

64 **2. Festlegung eines „Konjunkturbereinigungsverfahrens".** Vor allem muss das Gesetz aber **Einzelheiten** der erforderlichen „Konjunkturbereinigung" enthalten. Erst auf der Grundlage eines festzulegenden Konjunkturbereinigungsverfahrens können die konjunkturbedingten Auswirkungen auf den Haushalt ermittelt werden.[143]

65 Die **Ermittlung der Höhe** der Konjunkturkomponente ist in §§ 2 II, 5 G 115 geregelt. Zur Bestimmung der konjunkturellen Lage wird auf die Abweichung der erwarteten wirtschaftl. Entwicklung von der konjunkt. Normallage abgestellt (näher → Art. 109 Rn. 75). Die Normallage wird anhand der „Normalauslastung" des gesamtwirtschaftl. Produktionspotentials bestimmt. Die Festlegung näherer Einzelheiten wurde einer Rechtsverordnung übertragen, § 5 IV 1 G 115. Sie ist am 9.6.2010 erlassen worden.[144]

66 **3. Durchsetzung im Haushaltsvollzug.** Für die Durchsetzung von Art. 115 II 1–3 im Haushalts-vollzug (→ Rn. 56 f.) ordnet § 7 G 115 an, dass auf die tatsächliche Entwicklung des BIP abzustellen ist und nicht auf die Prognose bei Aufstellung des Haushaltsplans. Der Verschuldungsspielraum ist also neu zu berechnen.[145] Der zusätzliche Verschuldungsspielraum (→ Rn. 58) wird einfachgesetzlich durch § 7 II G 115 wieder reduziert, da bereits ab einem Wert von 1 % eine Rückführung zu beginnen hat. Die in § 8 G 115 erlaubte strukturelle Verschuldung in **Nachtragshaushalten** ist verfassungs-konform restriktiv auszulegen.[146]

## IV. Die Verfassungsmäßigkeit des Gesetzes zur Ausführung von Artikel 115

67 Es wird weithin angenommen, dass die inhaltlichen Regelungen des Ausführungsgesetzes zu Art. 115, die als Teil des Begleitgesetzes zur zweiten Föderalismusreform erlassen worden sind,[147] den verfassungsrechtlichen Anforderungen genügen.[148] Bezweifelt wird jedoch, dass die Ermächtigung in § 5 IV 1 G 115 zur Regelung weiterer Einzelheiten verfassungsrechtlich tragfähig sei. Weder erfülle die Regelung das Anliegen des Föderalismusreform, mittel- bis langfristig **Verschuldungsneutralität** zu gewährleisten, noch genüge sie den Anforderungen an die **Bestimmtheit** einer solchen Ermächti-gung nach Art. 80 I 2.[149] Allenfalls sei eine Ausfüllung im Wege der statischen Verweisung auf den europäischen Stabilitäts- und Wachstumspakt möglich, der aber die verbleibenden Rechtsunsicherhei-ten nicht zu beseitigen vermöge.[150]

## E. Die Kreditaufnahme von rechtlich selbstständigen Einrichtungen

## I. Bedeutung

68 Die Kreditaufnahme des Bundes über Nebenhaushalte hat zeitweise ein Mehrfaches der direkten Kreditaufnahme des Bundes betragen.[151] Ihre Bedeutung wird immer noch viel zu wenig erkannt.[152] Die Schulden von einigen dieser Haushalte (Bundeseisenbahnvermögen, Fonds „Deutsche Einheit", ERP-Sondervermögen, Erblastentilgungsfonds) betrugen zusammen genommen **mehr als die Hälfte** der gesamten offen ausgewiesenen **Bundesschuld** (513,7 Mrd. DM gegenüber 902,3 Mrd. DM).[153]

---

[143] BT-Dr 16/12410, S. 13.

[144] BGBl I 790.

[145] *Seiler* JZ 2009, 721 (725), der darin eine einfachgesetzlich zulässige Verwirklichung von Sinn und Zweck der Regelung sieht, auch wenn sie so nicht in der Verfassung angeordnet ist.

[146] *Seiler* JZ 2009, 721 (725); krit. *Kube*, in: Maunz/Dürig, Art. 115 (2009) Rn. 205 f., aber „noch verfassungs-gemäß".

[147] Fundstelle oben Fn. 25.

[148] *Kube*, in: Maunz/Dürig, Art. 115 (2009) Rn. 212; *Wendt* MKS III, Art. 115 Rn. 59.

[149] *Kube*, in: Maunz/Dürig, Art. 115 (2009) Rn. 164; *Seiler* JZ 2009, 721 (725); *Pünder*, in: Friauf/Höfling, Art. 115 (2010) Rn. 106; aA *Sacksofsky* (Fn. 71), S. 407.

[150] *Seiler* JZ 2009, 721 (725).

[151] *Selmer* NVwZ 2007, 872 (879) fordert eine Rückführung der Sondervermögen in den Staatshaushalt; *Weinzen* DÖV 2007, 509 (513), fordert sogar die ersatzlose Streichung von Art. 115 II.

[152] Vgl. aber *Kilian* (Fn. 52), S. 719 ff.; *Puhl* (Fn. 23), S. 479, 481; *Hering* (Fn. 52), S. 229 ff.; *Wieland* JZ 2006, 751 (755).

[153] Stand Sept. 1997, Quelle: Deutsche Bundesbank, Monatsbericht März 1998, S. 56★.

Zum 1.1.1999 hat der Bund durch das SchuldeneingliederungsG schließlich den Schuldendienst des **69** „Erblastentilgungsfonds", des „Bundeseisenbahnvermögens" und des Ausgleichsfonds „Steinkohleneinsatz" in seine Rechnung übernommen.[154] Dies geschah wohl nicht, um mehr Transparenz zu erzeugen, sondern war im Hinblick auf die Kreditaufnahmegrenzen von Art. 115 I 2 fiskalpolitisch günstig. Die Fonds nahmen zum damaligen Zeitpunkt Nettotilgungen vor. Eine Rückkehr zur alten Praxis ist damit aber ausgeschlossen, da ein Verschieben dieser Schuldenmassen, die zu einer Erweiterung der Kreditaufnahmegrenzen führt, ausgeschlossen werden muss. Zum 1.1.2005 erfolgte dann noch eine Mitübernahme der Schulden des Fonds „Deutsche Einheit",[155] für die Entsprechendes gilt. Zum Ende des Jahres 2006 wies der Bund eine Schuld von 939,25 Mrd. Euro aus und für seine Sondervermögen noch insgesamt 48,06 Mrd. Euro.[156]

Im Ergebnis kann es **nicht richtig** sein, wenn der Bund nur eine jur. Person zu gründen braucht, **70** die er zur Kreditaufnahme ermächtigt, um **frei von den Bindungen** des Art. 115 II die Erfüllung seiner Aufgaben mit Krediten finanzieren zu können. Die genaue jur. Begründung für diese Erkenntnis ist jedoch nicht einfach.[157]

## II. Die Erfassung rechtlich selbstständiger Einheiten

Ihrem Wortlaut nach erfassen weder Art. 115 I noch Art. 115 II rechtlich selbstständige juristische **71** Personen, auch wenn sie vom Bund finanziert werden oder der Bund letztlich für ihre Verbindlichkeiten haftet. Sie haben einen eigenen Haushalt und werden haushaltsrechtlich nicht dem Bund zugerechnet, selbst wenn sie zur mittelbaren Bundesverwaltung gehören.[158] Die Aufnahme von Krediten durch eine juristische Person des öffentlichen Rechts sei auch dann nicht von der verfassungsrechtlichen Kreditaufnahmeregelung erfasst, wenn die juristische Person durch das Land finanziert werde oder das Land kraft ausdrücklicher Garantie oder kraft seiner Anstaltslast für ihre Verbindlichkeiten hafte.[159] Damit sind aber zahlreiche **fragwürdige** Gestaltungsmöglichkeiten eröffnet.

Primär sind die Prinzipien der Haushaltsklarheit und -wahrheit, aber auch der Vollständigkeit des **72** Budgets betroffen (→ Art. 110 Rn. 48, → Art. 110 Rn. 54). Es kann aber auch eine **missbräuchliche** Umgehung der Vorgaben von Art. 115 vorliegen. Das ist dann anzunehmen, wenn jur. Personen des öR gegründet werden, die kein eigenes Vermögen haben, aber Kredite aufnehmen dürfen, für die der Bund entweder **ausdrücklich** die Garantie übernimmt (§ 5 III ENeuOG) oder kraft seiner **Anstaltslast**[160] haftet.

Jede jur. Person des öR, die keine eigenen Sachaufgaben zu erfüllen hat, sondern überwiegend **73** oder ausschließlich finanzwirtschaftl. Transaktionen durchführen soll, für die letztlich der Bund haftet oder für die er den Schuldendienst übernimmt, ist für die Zwecke des Art. 115 mit dem zentralen Etat zu konsolidieren, also wie ein integraler Bestandteil des Bundeshaushalts zu behandeln.[161] Entsprechendes gilt für reine **Finanzierungsgesellschaften** des privaten Rechts.[162] Im Ergebnis ist auch ihre Kreditfinanzierung als „Aufnahme von Krediten" iSv Abs. 1 S. 1 und als „Einnahmen aus Krediten" iSv Abs. 2 S. 1 zu beurteilen.[163] Auch bei einer echten „Kreditaufnahme

---

[154] G v. 23.6.1999, BGBl I 1999, 1384; BMF, Finanzbericht 2002, S. 52. Dort werden nunmehr auch die Schulden entsprechend der hier vertretenen Forderung einschließlich der Sondervermögen ausgewiesen (S. 12).

[155] Einfügung eines neuen § 6a in das DEFG durch Art. 8 Nr. 2 SFG.

[156] ERP-Sondervermögen, Bundeseisenbahnvermögen, Erblastentilgungsfonds, BMF, Finanzbericht 2008, Übersicht 1 (S. 349) und Übersicht 2 (S. 350 f.). Der Verstromungsfonds ist Ende 2000 aufgelöst worden (ebda., S. 49).

[157] Zust. *Wendt* MKS III, Art. 115 Rn. 65.

[158] Vgl. *Wiebel/Vogel* BK, Art. 115 (1978) Rn. 44; zust. BerlVerfGH NVwZ-RR 2003, 537 (538). Das war auch noch der Ansatzpunkt des BVerfG in seinem obiter dictum zur Investitionshilfeabgabe 1952, BVerfGE 4, 7 (15): „Art. 115 … bezieht sich überhaupt nur auf Anleihen, die … eine Verschuldung des Bundes zur Folge haben.".

[159] BerlVerfGH NVwZ-RR 2003, 537 (538).

[160] Grundsätzliche Haftung aus Anstaltslast möglich, vgl. *Stern/Burmeister,* Die kommunalen Sparkassen, 1972, S. 27; *Wolff/Bachof/Stober,* Verwaltungsrecht III, 5. Aufl. 2004, § 88 Rn. 14; *Nierhaus* DÖV 1984, 663 (669 f.); möglicherweise kann diese Haftung durch Gesetz ausgeschlossen werden, vgl. BVerfGE 89, 132 (143); insgesamt einschränkend: *Oebbecke* DVBl 1981, 960 (965); *Koenig* WM 1995, 821 (828): nur bei gesetzlicher Anordnung; näher *Siekmann* FS Baums, S. 1155–1166.

[161] Str., *Kilian* (Fn. 52), S. 722 f.; wie hier *Lappin* (Fn. 18), S. 194; im Ergebnis ebenso *Jarass,* in: Jarass/Pieroth, 10. Aufl. 2009, Art. 115 Rn. 3; wohl auch *F. Kirchhof* VVDStRL 52 (1993), 71 (105), der insgesamt eine Rückkehr zu einem Gesamthaushaltsplan und einer Gesamthaushaltsrechnung fordert; *Puhl* (Fn. 23) S. 533 f.; *Kube,* in: Maunz/Dürig, Art. 115 (2009) Rn. 61, der zusätzlich eine wesentliche Beteiligung des Bundes an dem Dritten verlangt; wohl auch BerlVerfGH NVwZ-RR 2003, 537 (540), der die hier entwickelten Voraussetzungen im Fall der Kreditaufnahme durch die BSR aber nicht als erfüllt ansah.

[162] Krit. BRH, BT-Dr V/4066, S. 31 ff.; *Höfling* DÖV 1995, 141 (142).

[163] Ebenso wohl auch *Wendt,* in: J. Ipsen (Hrsg.), Privatisierung öffentlicher Aufgaben, 1994, S. 46, 48 f.; *ders.* MKS III, Art. 115 Rn. 69; *Puhl* (Fn. 23) S. 532 f.; aA *Wiebel/Vogel* BK, Art. 115 (1978) Rn. 45, die lediglich eine ausdrückliche gesetzl. Ermächtigung für „wünschenswert" halten; *Höfling* DÖV 1995, 141 (146); zumindest soll aber bei einer privaten Vorfinanzierung öffentlicher Investitionen eine „parlamentarische Ermächtigung" erforderlich sein, RhPfVerfGH DÖV 1997, 246 (246 ff.); s. a. *Püttner* FS Friauf, 1996, S. 729 (737 ff.); zurückhaltend auch BerlVerfGH NVwZ-RR 2003, 537 (540), unter grundsätzlicher Anerkennung der Problematik und ihrer Lösungsbedürftigkeit.

durch Dritte",[164] die in verschiedenen Varianten vorkommen kann, ist eine Konsolidierung mit dem Etat des Trägergemeinwesens vorzunehmen. Dies gilt zumindest dann, wenn ein Dritter in eigenem Namen und für eigene Rechnung Kredite zur Finanzierung von Bundes- (oder Landesaufgaben) aufnimmt, der Schuldendienst aber vom Bund (oder einem Land) übernommen wird.[165]

74    Dieser Auffassung folgt im Erg. auch das BVerfG und geht möglicherweise noch darüber hinaus, wenn es anordnet, dass die Einnahmen aus dem **„Liegenschaftsmodell"** in SchlH so zu behandeln seien, „als seien sie Einnahmen aus Kredit".[166] Im Rahmen dieses Modells hatte das Land seine Liegenschaften zum Verkehrswert auf die Landesinvestitionsbank veräußert und (mittelbar) von dieser gemietet, da sie weiterhin zur Erfüllung öff. Aufgaben benötigt wurden. Die Bank hatte zur Finanzierung des Geschäfts einen Kredit aufgenommen. Wirtschaftlich handelte es sich durchaus um eine Kreditaufnahme des Landes, zumal das Land im Wege der Gewährträgerhaftung für die Rückzahlung einzustehen hatte.

75    Andere Teile der Rspr. sehen aber wegen des **eindeutigen Wortlauts** der entspr. Vorschriften in den Verfassungen von Bund und Ländern keine Möglichkeit einzuschreiten. Danach hätte es tatsächlich der Bund (oder ein Land) „haushaltsverfassungsrechtlich in der Hand, durch Ausgliederung staatlicher Aufgaben aus der unmittelbaren Staatsorganisation und der Verlagerung auf von ihm gesteuerte, selbstständige juristische Personen des öffentlichen oder privaten Rechts Teile seiner Verwaltung und deren Finanzwirtschaft dem parlamentarischen Budgetbewilligungsrecht zu entziehen".[167]

# F. Justiziabilität und gerichtliche Kontrolle

76    Die Regelgrenzen für die Kreditaufnahme des Bundes sind in vollem Umfang **justiziabel**.[168] Das BVerfG hatte allerdings dem Haushaltsgesetzgeber in zweifacher Hinsicht einen **Einschätzungs- und Beurteilungsspielraum** zugebilligt: Bei der Beurteilung erstens, ob eine Störung des Gleichgewichts **vorliegt** oder unmittelbar droht, und zweitens, ob eine erhöhte Kreditaufnahme zu ihrer Abwehr **geeignet** ist.[169] Diese Spielräume sind nun kaum noch relevant,[170] da die Neuregelung ein anderes Regelungskonzept verfolgt. Dieses Konzept ist wesentlich strikter durchnormiert.[171] Es war der Wille des verfassungsändernden Gesetzgebers, die Spielräume des Haushaltsgesetzgebers materiell-rechtlich deutlich einzugrenzen. Damit sind nur begrenzt gerichtlich überprüfbare Beurteilungsspielräume kaum zu vereinbaren. Allerdings sind Lücken verblieben.[172] Die Feststellung einer Abweichung von der „Normallage" weist Spielräume auf,[173] die möglicherweise nicht in vollem Umfang gerichtlich nachgeprüft werden können.[174] Gleichwohl kann das BVerfG Feststellungen darüber treffen, dass eine Kreditaufnahme oder Gewährleistungsübernahme verfassungswidrig ist, wenn sie durch die Exekutive ohne gesetzliche Ermächtigung oder über die Ermächtigung hinaus getätigt wurden.

---

[164] BerlVerfGH NVwZ-RR 2003, 537 (540); vgl. auch *Kube,* in: Maunz/Dürig, Art. 115 (2009) Rn. 61; *Höfling* (Fn. 19), S. 49–53; *ders.* DÖV 1995, 141 (141 ff.); *Jahndorf* NVwZ 2001, 620 (621 f.).

[165] BerlVerfGH NVwZ-RR 2003, 537 (540), aber unter Beschränkung auf eine „interne" Übernahme. Entscheidend ist aber, dass der Bund (oder das Land) im wirtschaftlichen Ergebnis letztlich für die Bedienung des Kredites haftet, künftige Haushaltsgesetzgeber insoweit ihre Autonomie verlieren; sinngemäß wie hier *Hüsken/Mann* DÖV 2005, 143 (149); *Jahndorf* NVwZ 2001, 620 (622); *Kube,* in: Maunz/Dürig, Art. 115 (2009) Rn. 61.

[166] BVerfGE 99, 57 (58); dazu *F. Kirchhof* DÖV 1999, 242 (242 ff.); *Jahndorf* NVwZ 2001, 620 (621).

[167] BerlVerfGH NVwZ-RR 2003, 537 (540), unter Berufung auf: *Piduch,* Bundeshaushaltsrecht, Art. 110 (1995) Rn. 37; *Gröpl* BK, Art. 110 Rn. 170; *Hillgruber* MKS III, Art. 110 Rn. 38.

[168] *Kube,* in: Maunz/Dürig, Art. 115 (2009) Rn. 234; *Heun,* in: Dreier III, Art. 115 Rn. 48.

[169] BVerfGE 79, 311 (344); 119, 96 (140 f.); Anm. *Waldhoff* JZ 2008, 200 (200 ff.); NdsVerfGH NVwZ 1998, 1298 (1290 f.), der darüber hinaus eine fiktive Prognose der negativen Folgen von alternativen Einsparungen verlangt; MVVerfGH LKV 2006, 23 (24); *Maunz,* in: Maunz/Dürig, Art. 115 (1981) Rn. 50; *Höfling/Rixen* BK, Art. 115 (2003) Rn. 341 f.; *Jarass,* in: Jarass/Pieroth, 10. Aufl. 2009 Art. 115 Rn. 7; *Schwarz* DÖV 1998, 721 (724); *Schwarz/Reimer* JuS 2007, 219 (223); *Höfling* fordert die Festlegung von „handhabbaren Orientierungen" durch den Gesetzgeber, ZRP 1997, 231 (234).

[170] AA *Pünder,* in: Friauf/Höfling, Art. 115 (2010), Rn. 96, für die nunmehr sogar weiter sind.

[171] *Seiler* JZ 2009, 721 (723); skeptisch *G. Kirchhof* (Fn. 102), S. 592.

[172] Insgesamt zur Justiziabilität der neuen Schuldenregel *Sacksofsky* (Fn. 71).

[173] *Kube,* in: Maunz/Dürig, Art. 115 (2009) Rn. 157.

[174] *Heun,* in: Dreier III, Art. 115 Rn. 48; für Vertretbarkeitskontrolle *Kube,* in: Maunz/Dürig, Art. 115 (2009) Rn. 234.

# Xa. Verteidigungsfall

## Vorbemerkungen zu Abschnitt Xa

**Entstehungsgeschichte: Erstfassung:** 17. G zur Erg. des GG v. 24.6.1968 (BGBl I 709), § 1 Nr. 16 (dazu: BT-Dr III/1800, IV/891 [Entwürfe], IV/3494, V/1879, V/2130 [Entwürfe], V/2873; V/2917; BT-Prot III/7174, IV/2477, 9525, 9687, V/5856, 9313, 9413, 9606; BR-Dr 25/60, 345/62; 162/67, 303/68; BR-Prot 60/302, 62/217, 67/51, 68/138).

**Historische Verfassungstexte: RV 1849:** § 76 Der Kaiser erklärt Krieg und schließt Frieden. **§ 197** (1) Im Falle des Kriegs oder Aufruhrs können die Bestimmungen der Grundrechte über Verhaftung, Haussuchung und Versammlungsrecht von der Reichsregierung oder der Regierung eines Einzelstaates für einzelne Bezirke zeitweise außer Kraft gesetzt werden; jedoch nur unter folgenden Bedingungen: 1) die Verfügung muß in jedem einzelnen Falle von dem Gesammtministerium des Reiches oder Einzelstaates ausgehen; 2) das Ministerium des Reiches hat die Zustimmung des Reichstages, das Ministerium des Einzelstaates die des Landtages, wenn dieselben zur Zeit versammelt sind, sofort einzuholen. Wenn dieselben nicht versammelt sind, so darf die Verfügung nicht länger als 14 Tage dauern, ohne daß dieselben zusammenberufen und die getroffenen Maßregeln zu ihrer Genehmigung vorgelegt werden. (2) Weitere Bestimmungen bleiben einem Reichsgesetz vorbehalten. (3) Für die Verkündigung des Belagerungszustandes in Festungen bleiben die bestehenden gesetzlichen Vorschriften in Kraft. – **RV 1871: Art. 11** (1) Das Präsidium des Bundes steht dem Könige von Preußen zu, welcher den Namen Deutscher Kaiser führt. Der Kaiser hat das Reich völkerrechtlich zu vertreten, im Namen des Reichs Krieg zu erklären und Frieden zu schließen, Bündnisse und andere Verträge mit fremden Staaten einzugehen, Gesandte zu beglaubigen und zu empfangen. (2) Zur Erklärung des Krieges im Namen des Reichs ist die Zustimmung des Bundesrathes erforderlich, es sei denn, daß ein Angriff auf das Bundesgebiet oder dessen Küsten erfolgt. (3) Insoweit die Verträge mit fremden Staaten sich auf solche Gegenstände beziehen, welche nach Artikel 4 in den Bereich der Reichsgesetzgebung gehören, ist zu ihrem Abschluß die Zustimmung des Bundesrathes und zu ihrer Gültigkeit die Genehmigung des Reichstages erforderlich.[1] **Art. 63** Die gesammte Landmacht des Reichs wird ein einheitliches Heer bilden, welches in Krieg und Frieden unter dem Befehle des Kaisers steht. **Art. 68** Der Kaiser kann, wenn die öffentliche Sicherheit in dem Bundesgebiete bedroht ist, einen jeden Theil desselben in Kriegszustand erklären. Bis zum Erlaß eines die Voraussetzungen, die Form der Verkündigung und die Wirkungen einer solchen Erklärung regelnden Reichsgesetzes gelten dafür die Vorschriften des Preußischen Gesetzes vom 4. Juni 1851 (Gesetz-Samml. für 1851, S. 451 ff.). – **WRV: Art. 45** (2) Kriegserklärung und Friedensschluß erfolgen durch Reichsgesetz. **Art. 47** Der Reichspräsident hat den Oberbefehl über die gesamte Wehrmacht des Reichs. **Art. 48** (2) Der Reichspräsident kann, wenn im Deutschen Reiche die öffentliche Sicherheit und Ordnung erheblich gestört oder gefährdet wird, die zur Wiederherstellung der öffentlichen Sicherheit und Ordnung nötigen Maßnahmen treffen, erforderlichenfalls mit Hilfe der bewaffneten Macht einschreiten. Zu diesem Zwecke darf er vorübergehend die in den Art. 114, 115, 117, 118, 123, 124 und 153 festgesetzten Grundrechte ganz oder zum Teil außer Kraft setzen. (3) Von allen gemäß Abs. 1 oder Abs. 2 dieses Artikels getroffenen Maßnahmen hat der Reichspräsident unverzüglich dem Reichstag Kenntnis zu geben. Die Maßnahmen sind auf Verlangen des Reichstags außer Kraft zu setzen. (4) Bei Gefahr im Verzuge kann die Reichsregierung für ihr Gebiet einstweilige Maßnahmen der in Abs. 2 bezeichneten Art treffen. Die Maßnahmen sind auf Verlangen des Reichspräsidenten oder des Reichstags außer Kraft zu setzen. (5) Das Nähere bestimmt ein Reichsgesetz. **Art. 79** Die Verteidigung des Reichs ist Reichssache. Die Wehrverfassung des deutschen Volkes wird unter Berücksichtigung der besonderen landsmannschaftlichen Eigenarten durch ein Reichsgesetz einheitlich geregelt. **Art. 106** Die Militärgerichtsbarkeit ist aufzuheben, außer für Kriegszeiten und an Bord der Kriegsschiffe. Das Nähere regelt ein Reichsgesetz.

**Geltende Landesverfassungen:** *BWVerf* Art. 62, 63 III; *BremVerf* Art. 101 II; *HmbVerf* Art. 31 II Nr. 3; *HessVerf* Art. 110, 125; *NdsVerf* Art. 44; *NRWVerf* Art. 60; *RhPfVerf* Art. 111, 112, 7 III; *SachsVerf* Art. 113.

**Gesetzgebung:** Vgl. R. *Töpfer/F. Lind* (Hrsg.), Notstandsrecht in der Bundesrepublik Deutschland, 1968.

**Schrifttum:** *E. Benda,* Die Notstandsverfassung, 10. Aufl. 1968; *E.-W. Böckenförde,* Der verdrängte Ausnahmezustand, NJW 1978, 1881; *ders.,* Rechtsstaat und Ausnahmerecht, ZParl 11 (1980), 591; *E. Fraenkel* (Hrsg.), Der Staatsnotstand, 1965; *G. Fritz,* Handlungsbereich und Tätigkeitsdauer des Gemeinsamen Ausschusses im Verteidigungsfall, BayVBl 1983, 72; *K. Hesse,* Das neue Notstandsrecht der Bundesrepublik Deutschland, 1968; *C. O. Lenz,* Notstandsverfassung des Grundgesetzes, Kommentar, 1971; *Lohse,* Notstandsrecht, 1981; *W. März,* Äußerer Staatsnotstand HStR XII, § 281; *S. Schiedermair,* Piratenjagd im Golf von Aden, AöR 135 (2010), 212; *M. Schröder,* Staatsrecht an den Grenzen des Rechtsstaats, AöR 103 (1978), 121; *W. Graf Vitzthum,* Der Spannungs- und der Verteidigungsfall HStR VII, § 170.

## A. Entstehungsgeschichte

Während der Entwurf des Konvents von Herrenchiemsee noch eine Notstandsklausel vorgesehen 1 hatte, die dem Vorbild des Art. 48 WRV entsprach, verzichtete der Parlamentarische Rat weitgehend auf entsprechende verfassungsrechtliche Vorsorge für den Ausnahmezustand. Für den Kriegsfall fehlte es bereits mangels eigener deutscher Streitkräfte hierzu an wesentlichen Voraussetzungen, für einen

---

[1] Durch G v. 28.10.1918 (RGBl 1274), Nr. 1, lauten die Abs. 2 und 3: **(2)** Zur Erklärung des Krieges im Namen des Reichs ist die Zustimmung des Bundesrats und des Reichstags erforderlich. **(3)** Friedensverträge sowie diejenigen Verträge mit fremden Staaten, welche sich auf Gegenstände der Reichsgesetzgebung beziehen, bedürfen der Zustimmung des Bundesrats und des Reichstags.

inneren Notstand schreckte die Überzeugung, dass die Weimarer Notstandsregelungen zur Machtergreifung der Nationalsozialisten beigetragen hatten.

2    Der **Streit um die Regelung** des Notstandes im GG hing eng mit den Fragen der Wiederbewaffnung der Bundesrepublik Deutschland, ihrer Integration in das westliche Bündnis und der Erlangung ihrer Souveränität zusammen; er zählt zu den intensivsten politischen Auseinandersetzungen der Bundesrepublik Deutschland. Mit der Einfügung der Art. 115a bis 115l und einer Reihe weiterer Bestimmungen zum Notstand durch G v. 24.6.1968[2] ist in diesen Fragen eine weitgehende Befriedung eingetreten.

## B. Notstandsregelungen des Grundgesetzes

3    Der Abschnitt Xa des GG mit den Art. 115a bis 115l trifft Bestimmungen für den **Verteidigungsfall;** er regelt damit den äußeren Notstand im Sinne kriegerischer Auseinandersetzungen mit ausländischen Mächten. Davon zu unterscheiden ist der **innere Notstand,** für dessen sehr unterschiedliche Fallgestaltungen schwerer Unglücksfälle, Naturkatastrophen, innerer Unruhen, Bürgerkriegssituationen, Verfassungskrisen oder des Verfassungsumsturzes in den Art. 9 III 3, 11 II, 13, 20 IV, 35 II, III, 37, 81, 87a IV, 91 Regelungen getroffen sind.

4    Die verfassungsrechtliche Vorsorge für den **Verteidigungsfall** als der Abwehr eines bewaffneten Angriffes von außen findet in den Art. 115a bis 115l ihren Kern, muss aber mit weiteren Bestimmungen des GG zusammen gelesen werden. Art. 53a konstituiert den GemAussch, der als Notparlament eintritt, falls der BTag im Verteidigungsfall seine Funktionen nicht wahrnehmen kann. Art. 80a normiert den Spannungsfall als eine Zeit internationaler Spannung, die zum Verteidigungsfall führen kann. Art. 12a III bis VI enthält Bestimmungen über Wehr- und Arbeitsdienst im Verteidigungs- und Spannungsfall, Art. 17a sieht Grundrechtsschranken auch für den Verteidigungsfall vor, Art. 87 III begründet einzelne zivile Befugnisse der Bundeswehr im Verteidigungsfall und im Spannungsfall. Hinzu kommen die allgemeinen Bestimmungen über Streitkräfte und Wehrdienst, die Integration der Bundesrepublik Deutschland in Systeme gegenseitiger kollektiver Sicherheit, das Friedensgebot, den Schutz des Bestandes der Bundesrepublik Deutschland und der freiheitlichen demokratischen Grundordnung (vgl. insbesondere Präambel, Art. 87a, 4 III, 12a, 17a, 24, 26, 73, 74, 45a, 45b, 65a, 10 II, 19 IV 3, 11 II). Schon dieser Befund legt die auch in der Sache zutreffende Feststellung nahe, dass für einzelne Bestimmungen und Sachverhalte fließende Übergänge und Überlappungen bestehen.

## C. Grundzüge der Regelung des Verteidigungsfalles

5    Die Regelungen des Verteidigungsfalles zielen vor allem auf die – heute so nicht mehr gegebene – verteidigungspolitische Situation bei Bestehen zweier sich feindlich gegenüberstehender, großer weltpolitischer Blocksysteme. Sie betreffen in erster Linie das **Verhältnis der Verfassungsorgane** zueinander und ihre Befugnisse sowie die Zuordnung von Bund und Ländern. Sicherlich bewusst ist dabei nicht allen denkbaren, möglichst zu vermeidenden extremen Lagen Rechnung getragen.

6    Kennzeichnend für die getroffenen Regelungen ist die grundsätzliche **Konzentration exekutiver Kompetenzen** in der BReg, letztlich in der Person des BKanzlers bei Wahrung parlamentarischer Verantwortung und Kontrolle, besonders durch die Einrichtung eines Notparlaments, des Gemeinsamen Ausschusses. Die Länder erhalten Notkompetenzen für den Fall, dass die Konzentration der Handlungsfähigkeit beim Bund sich nicht aufrechterhalten lässt.

7    Die **Feststellung des Verteidigungsfalles** selbst ist an relativ strikte **Formvorschriften** gebunden, um eine schleichende Aushöhlung der Verfassung möglichst zu vermeiden. Bereits vor dem Verteidigungsfall können Gesetze zu seiner Bewältigung erlassen und in Kraft gesetzt werden, die jedoch erst bei seinem Eintritt Anwendung finden.

8    Von besonderer Tragweite ist, dass die **Grundrechte** auch im Verteidigungsfalle nicht außer Kraft oder außer Anwendung gesetzt werden können. Lediglich für Art. 14, 104 und 12a gelten insoweit hinnehmbare Einschränkungen im Schutzbereich. Dem Ziel, die Verfassungssicherungen möglichst unverkürzt zu erhalten, soll zudem dienen, dass die Streitkräfte auch im Verteidigungsfall den zivilen Behörden nicht vorgeordnet werden und nur einzelne verteidigungsbedingte zusätzliche Aufgaben übernehmen; ein Standrecht gibt es nicht.

9    Eine Reihe von Bestimmungen zum Verteidigungsfall enthalten besonders ausformulierte Normierungen des **Verhältnismäßigkeitsgrundsatzes.** Dies bedeutet nicht, dass in den sonstigen Regelungen der Grundsatz keine Bedeutung besäße. Vielmehr durchzieht, wie das GG insgesamt, der Grundsatz der Verhältnismäßigkeit besonders auch die Art. 115a bis 115l.

---

[2] BGBl I 709.

## Art. 115a [Feststellung des Verteidigungsfalles]

(1) Die Feststellung, daß das Bundesgebiet mit Waffengewalt angegriffen wird oder ein solcher Angriff unmittelbar droht (Verteidigungsfall), trifft der Bundestag mit Zustimmung des Bundesrates. Die Feststellung erfolgt auf Antrag der Bundesregierung und bedarf einer Mehrheit von zwei Dritteln der abgegebenen Stimmen, mindestens der Mehrheit der Mitglieder des Bundestages.

(2) Erfordert die Lage unabweisbar ein sofortiges Handeln und stehen einem rechtzeitigen Zusammentritt des Bundestages unüberwindliche Hindernisse entgegen oder ist er nicht beschlußfähig, so trifft der Gemeinsame Ausschuß diese Feststellung mit einer Mehrheit von zwei Dritteln der abgegebenen Stimmen, mindestens der Mehrheit seiner Mitglieder.

(3) Die Feststellung wird vom Bundespräsidenten gemäß Artikel 82 im Bundesgesetzblatte verkündet. Ist dies nicht rechtzeitig möglich, so erfolgt die Verkündung in anderer Weise; sie ist im Bundesgesetzblatte nachzuholen, sobald die Umstände es zulassen.

(4) Wird das Bundesgebiet mit Waffengewalt angegriffen und sind die zuständigen Bundesorgane außerstande, sofort die Feststellung nach Absatz 1 Satz 1 zu treffen, so gilt diese Feststellung als getroffen und als zu dem Zeitpunkt verkündet, in dem der Angriff begonnen hat. Der Bundespräsident gibt diesen Zeitpunkt bekannt, sobald die Umstände es zulassen.

(5) Ist die Feststellung des Verteidigungsfalles verkündet und wird das Bundesgebiet mit Waffengewalt angegriffen, so kann der Bundespräsident völkerrechtliche Erklärungen über das Bestehen des Verteidigungsfalles mit Zustimmung des Bundestages abgeben. Unter den Voraussetzungen des Absatzes 2 tritt an die Stelle des Bundestages der Gemeinsame Ausschuß.

**Entstehungsgeschichte:** Vgl. vor Art. 115a.
**Historische Verfassungstexte:** Vgl. vor Art. 115a.
**Geltende Landesverfassungen:** Vgl. vor Art. 115a.
**Gesetzgebung:** Vgl. vor Art. 115a.

**Schrifttum:** Vgl. vor Art. 115a.

### Übersicht

## A. Voraussetzungen des Verteidigungsfalles (Abs. 1)

### I. Begriff des Verteidigungsfalles

Art. 115a I 1 enthält eine **Legaldefinition des Verteidigungsfalles.** Der Verteidigungsfall ist **1** gegeben, wenn das Bundesgebiet mit Waffengewalt angegriffen wird, aber auch dann, wenn ein solcher Angriff erst unmittelbar droht. Andere Ereignisse begründen den Verteidigungsfall nicht und lösen daher auch nicht die mit ihm einhergehenden verfassungsrechtlichen Konsequenzen nicht aus.

Der **Angriff** muss gegen das Bundesgebiet gerichtet sein. Dies umfasst das Territorium der Bundes- **2** republik Deutschland in seinen völkerrechtlich festgelegten Grenzen. Ein Angriff auf sonstige deutscher Hoheitsgewalt unterliegende Orte reicht nicht aus. Zum Bundesgebiet im Sinne des Art. 115a I 1 zählen auch Kondominien und deutsche Exklaven.

Ein Angriff auf einen **Verbündeten** löst den Verteidigungsfall nicht aus. Das gilt auch dann, wenn **3** aufgrund völkerrechtlicher Vereinbarung ein Angriff auf den Vertragspartner als Angriff auf die Bundesrepublik Deutschland selbst angesehen wird und zur Unterstützung des Verbündeten gemäß Art. 5 Nordatlantik-Vertrag Streitkräfte der Bundesrepublik Deutschland eingesetzt werden.[1] Dasselbe ist der Fall, wenn deutsche Streitkräfte zu Einsätzen der UNO Verwendung finden.

Der Angriff muss, weil gerade das Bundesgebiet angegriffen sein muss, **von außen** erfolgen. Das **4** Eindringenlassen von Infiltrationskräften, die im Sinne eines Guerillakrieges innerhalb des Bundesgebietes operieren sollen, reicht hierzu aber aus. Dagegen erfasst Art. 115a I 1 nicht das Einschleusen einzelner Agenten oder Sabotagetrupps[2] und auch nicht innere Auseinandersetzungen wie den Bürger-

---

[1] *Jarass,* in: Jarass/Pieroth, Art. 115a Rn. 3; *Epping,* in: Maunz/Dürig, Art. 115a (2012) Rn. 38.
[2] *Epping,* in: Maunz/Dürig, Art. 115a (2012) Rn. 47.

krieg, selbst wenn eine Partei durch auswärtige Mächte unterstützt wird. Für solche Fälle gelten vielmehr Art. 87a IV und Art. 91.

5 Der Angriff muss mit **Waffengewalt** erfolgen oder drohen. Andere Mittel der unfriedlichen Auseinandersetzung wie eine Wirtschaftsblockade, sonstige wirtschaftliche oder politische Sanktionen oder gar lediglich propagandistische Beeinträchtigungen erfüllen diese Voraussetzungen nicht.[3] Waffen sind dabei alle konventionellen, aber auch nuklearen, chemischen, biologischen und physikalischen Kampfmittel. Formen der Kriegsführung, die sich aus dem technischen Fortschritt ergeben, wie etwa ein Cyberwar, können unter den Begriff der Waffengewalt gefasst werden, wenn sie die zivile Ordnung so stark beeinträchtigen, dass dies dem bisherigen Verständnis eines Angriffs mit Waffengewalt entspricht.[4]

6 Der Fall, dass das Bundesgebiet mit Waffengewalt **angegriffen wird,** betrifft den bereits in Gang befindlichen Angriff. Dabei müssen Waffen wie Raketen oder Flugzeuge das Bundesgebiet noch nicht erreicht haben, müssen aber vom Angreifer auf den Weg gebracht sein.

7 Es genügt jedoch auch, dass **der Angriff unmittelbar droht.** Dies bedeutet, dass die konkrete Gefahr des zeitlich unmittelbar bevorstehenden Angriffes besteht. Der erste Schuss muss nicht abgewartet werden. Die mit der dadurch erforderlichen Prognose einhergehenden Gefährdungen des Verfassungslebens werden dadurch entschärft, dass die Fiktion der Feststellung des Verteidigungsfalles nach IV nur bei tatsächlich erfolgtem Angriff möglich ist.

8 Wegen des das GG insgesamt durchziehenden Verhältnismäßigkeitsgrundsatzes muss angesichts der weitreichenden verfassungsstrukturellen Folgen des Verteidigungsfalles der Angriff von einiger **Erheblichkeit** sein. Bloß punktuelle Beeinträchtigungen, etwa das Schießen mit einzelnen Raketen ohne große Zerstörungskraft, erfüllen die Voraussetzungen eines Angriffes i. S. des Art. 115a I 1 deshalb nicht. Selbstverständlich kann auch ein fingierter Angriff ebenso wenig wie ein gem. Art. 26 verbotener provozierter Angriff den Verteidigungsfall auslösen.[5]

## II. Feststellung des Verteidigungsfalles

9 Der Verteidigungsfall bedarf der **Feststellung,** die unter den Voraussetzungen des Art. 115a IV fingiert werden kann. Es ist Ausdruck der Volkssouveränität, dass diese Feststellung in der Kompetenz des Parlaments liegt, nicht in der der Exekutive. Die Feststellung trifft der BTag mit Zustimmung des BRat[6] durch Beschluss, der für die daran geknüpften rechtlichen Folgen konstitutive, nicht lediglich deklaratorische Bedeutung besitzt. Im BTag ist hierfür eine Mehrheit von zwei Dritteln der abgegebenen Stimmen erforderlich, die mindestens die Mehrheit der Mitglieder des BTag umfassen muss. Für die Zustimmung des Bundesrates genügt dagegen die Mehrheit der Stimmen des BRat. Mit dieser Regelung ist Sorge dafür getragen, dass die Feststellung des Verteidigungsfalles von einem breiten Konsens getragen ist, wenn dies die faktischen Umstände zulassen.

10 Eine Verpflichtung, bei Vorliegen der Voraussetzungen des Art. 115a I den Verteidigungsfall festzustellen, trifft den BTag nicht, vielmehr vermag er nach politischer **Opportunität** zu entscheiden.[7] Er bleibt insoweit aber an das Untermaßverbot[8] gebunden.

11 Den **Antrag** auf Feststellung des Verteidigungsfalles kann nur die BReg einbringen; anders als bei Gesetzesbeschlüssen versagt ein solches Initiativrecht dem BRat; auch aus der Mitte des BTag kann der Antrag nicht eingebracht werden. Für den Fall, dass die BReg zur Antragstellung aus tatsächlichen Gründen außerstande ist, etwa weil alle Mitglieder bei einem Angriff umgekommen sind, wird zu Recht ausnahmsweise im Interesse schneller Reaktion eine Beschlussfassung ohne Antrag für möglich gehalten,[9] weil dies verfassungsnäher ist als die Fiktion des Verteidigungsfalles gemäß Abs. 4.

## B. Feststellung durch den Gemeinsamen Ausschuss (Abs. 2)

12 Die Feststellung des Verteidigungsfalles bei einem erfolgten oder drohenden Angriff ist Sache des **Gemeinsamen Ausschusses** (→ *Robbers* zu Art. 53a), wenn die Lage unabweisbar ein sofortiges Handeln erfordert und der BTag seinerseits an der Feststellung gehindert ist, weil seinem rechtzeitigen Zusammentreten unüberwindliche Hindernisse entgegenstehen oder er nicht beschlussfähig ist (zum Verhältnis beider Alternativen zueinander vgl. → Art. 115e Rn. 3). Der GemAussch ist als Notparlament so konstruiert, dass mit seinem Zusammentreten und seiner Beschlussfähigkeit gerade auch in Notzeiten eher gerechnet werden kann.

---

[3] *Spranger* BK, Art. 115a (2010) Rn. 23.

[4] Vgl. *Radefeldt*, in: Epping/Hillgruber, Art. 115a Rn. 4.

[5] A. A. *Herzog*, in: Maunz/Dürig, Art. 115a (Erstbearbeitung) Rn. 35.

[6] Angesichts des klaren Wortlautes zu Unrecht einschränkend: *Menzel* BK, Art. 115a (1968) Rn. 50; nunmehr aA *Spranger* BK, Art. 115a (2010) Rn. 69.

[7] *Herzog*, in: Maunz/Dürig, Art. 115a (Erstbearbeitung) Rn. 55.

[8] BVerfGE 88, 203 (254).

[9] *Herzog*, in: Maunz/Dürig, Art. 115a (Erstbearbeitung) Rn. 41; *Menzel* BK, Art. 115a (1968) Rn. 54; aA nunmehr *Epping*, in: Maunz/Dürig, Art. 115a (2012) Rn. 66.

Ob der **Bundesrat** beschlussfähig ist oder zusammentreten kann, ist im Fall der Beschlussunfähigkeit 13 des BTag unerheblich. Der GemAussch besitzt die Kompetenz zur Feststellung bereits dann allein, wenn nur der BTag zur Feststellung nicht in der Lage ist. Er verdrängt in diesem Fall den BRat. Weil der GemAussch zu zwei Dritteln aus Abgeordneten des BTag besteht, bleibt so das Gewicht der durch unmittelbare Wahl bestellten Volksvertreter gewahrt.

Für den Fall, dass zwar der BTag beschlussfähig ist, aber der **Bundesrat** nicht, trifft Art. 115a II 14 keine Regelung. Die Zustimmung des BRat ist aber zur Feststellung des Verteidigungsfalles durch den BTag erforderlich. Andererseits kann der GemAussch unter diesen Umständen nicht tätig werden. Es kann auch nicht auf Art. 115a IV abgestellt und die Feststellung des Verteidigungsfalles fingiert werden, wenn das Bundesgebiet mit Waffengewalt angegriffen wird; diese wenig glückliche Lösung würde die parlamentarische Kontrolle gänzlich ausschalten. Verfassungsnäher wäre es, auf die erforderliche Zustimmung des BRat in diesem Fall zu verzichten und den Beschluss des BTag genügen zu lassen.[10]

Im GemAussch ist für die Feststellung des Verteidigungsfalles eine **Mehrheit von zwei Dritteln** 15 der abgegebenen Stimmen erforderlich, die mindestens die Mehrheit seiner Mitglieder, also mindestens 25 Stimmen, umfassen muss. Auch in diesem Fall ist ein Antrag der BReg Voraussetzung des Beschlusses, von der nur nach Maßgabe der in → Rn. 11 genannten Erwägungen abgesehen werden kann.

Der BTag ist nicht **beschlussfähig,** wenn nicht mindestens die Mehrheit seiner Mitglieder ver- 16 sammelt ist. Da der Feststellungsbeschluss im BTag nur zustande kommt, wenn die absolute Mehrheit von der erforderlichen Zweidrittelmehrheit umfasst ist, kommt es auch nicht darauf an, ob ein Antrag auf Feststellung der Beschlussunfähigkeit gestellt ist.

## C. Verkündung der Feststellung (Abs. 3)

Die Feststellung des Verteidigungsfalles wird vom **Bundespräsidenten** verkündet. Dies geschieht 17 in der auch für sonstige Fälle vorgesehenen Form des Art. 82. Sie erfolgt im Bundesgesetzblatt. Der Beschluss wird vom BPräs ausgefertigt. Der BPräs kann den Beschluss erst ausfertigen und verkünden, wenn der BKanzler oder der ihn vertretende BMin den Beschluss gegengezeichnet hat (Art. 58). Art. 82 II mit der dort festgesetzten Karenzzeit für das Inkrafttreten gilt hier nicht, weil es sich bei der Feststellung des Verteidigungsfalles weder um ein Gesetz noch um eine Rechtsverordnung handelt.

Der BPräs besitzt auch in diesem Fall eine formelle wie materielle **Prüfungskompetenz** hinsicht- 18 lich der Verfassungsmäßigkeit der Feststellung. Ist er der Auffassung, dass der Feststellungsbeschluss verfassungswidrig ist, darf er ihn nicht ausfertigen und verkünden.[11] Im Übrigen besteht die entsprechende Prüfungskompetenz im Rahmen der Gegenzeichnung für den BKanzler und den ihn vertretenden BMinister.

Wenn die **Verkündung** im Bundesgesetzblatt **nicht möglich** ist, was besonders bei Zerstörung der 19 Druckereianlagen oder der Verkehrs- und Kommunikationswege gegeben sein kann, darf jede andere Art der Verkündung gewählt werden, sofern sie angemessen ist. Dies kann in anderen Druckerzeugnissen, im Radio oder Fernsehen geschehen. Irgendeine Art der Verkündung, also der Möglichkeit der Kenntnisnahme durch die Öffentlichkeit, ist Wirksamkeitsvoraussetzung des Feststellungsbeschlusses.

Die **Ersatzverkündung** erfolgt durch den BPräs. Ist er verhindert, verkündet der Präsident des 20 BRat als sein Vertreter, ist auch dieser verhindert, dessen Vertreter.

Die ordnungsgemäße Verkündung im Bundesgesetzblatt ist **nachzuholen,** sobald die Umstände es 21 zulassen. Verzögerungen hierbei berühren die Wirksamkeit der Feststellung nicht, weil es sich um eine bloße Ordnungsvorschrift handelt.

## D. Fiktion der Feststellung (Abs. 4)

Art. 115a IV trifft Vorsorge für den Fall, dass die zuständigen Bundesorgane außerstande sind, die 22 Feststellung des Verteidigungsfalles nach Art. 115a I 1 sofort zu treffen. Die Feststellung wird dann fingiert, allerdings nur, wenn das Bundesgebiet mit Waffengewalt angegriffen wird. Das bloße unmittelbare Drohen des Angriffes genügt in diesem Fall nicht. Die **Fiktion** tritt auch ein, wenn eine Verzögerung der grundsätzlich möglichen Feststellung gegeben ist. Die Fiktion wirkt ex tunc bezogen auf den Zeitpunkt, an dem der Angriff begonnen hat.

**Außerstande,** die Feststellung zu treffen, sind die zuständigen Organe – nur – unter den Voraus- 23 setzungen des Art. 115a II, also dann, wenn die Lage unabweisbar ein sofortiges Handeln erfordert und

---

[10] AA *Jarass,* in: Jarass/Pieroth, Art. 115a Rn. 4; *Spranger,* BK, Art. 115a Rn. 92; *Schmidt-Radefeld,* in: Epping/ Hillgruber, Art. 115a Rn. 18; *Herzog,* in: Maunz/Dürig, Art. 115a (Erstbearbeitung) Rn. 64: Kompetenzübertragung auf den GemAussch.

[11] Vgl. *Stern,* StaatsR II, S. 1405 ff.; *Herzog,* in: Maunz/Dürig, Art. 115a (Erstbearbeitung) Rn. 53; *Rieder,* Die Entscheidung über Krieg und Frieden nach deutschem Verfassungsrecht, 1984, S. 307; *Sterzel,* AK III, Abschn. Xa Rn. 41.

dem rechtzeitigen Zusammentritt oder der Beschlussfähigkeit der zuständigen Organe unüberwindliche Hindernisse entgegenstehen. Bloße Entschlusslosigkeit genügt in keinem Fall.[12]

24     Um die **Öffentlichkeit** zu wahren, gibt der BPräs den Zeitpunkt des Angriffsbeginns mit der Wirkung der Feststellungsfiktion bekannt, sobald dies möglich ist. Diese Bekanntgabe hat lediglich deklaratorische Wirkung. Unterbleibt sie, tritt die Fiktion dennoch ein mit allen Rechtsfolgen, die der Verteidigungsfall mit sich bringt. Dies überbürdet in nicht unproblematischer Weise die Last der Feststellung, ob die zuständigen Organe tatsächlich außerstande sind, die erforderlichen Maßnahmen zu treffen, auf jeden konkret Verantwortlichen bis hin zum einzelnen Behördenchef und Truppenkommandeur.[13]

25     Erlangen die zuständigen Bundesorgane die Fähigkeit zur Feststellung in einem **späteren Zeitpunkt** wieder, nachdem der Angriff begonnen hat, ist eine Feststellung des Verteidigungsfalles nicht mehr erforderlich,[14] aber immerhin zulässig und tunlich.

## E. Völkerrechtliche Erklärungen (Abs. 5)

26     Nach Feststellung des Verteidigungsfalles kann der BPräs **völkerrechtliche Erklärungen** über das Bestehen des Verteidigungsfalles und seiner Verkündung abgeben. Er bedarf hierzu der vorherigen Zustimmung des BTag zu jeder einzelnen Erklärung. Dies ist allerdings erst nach erfolgtem Angriff mit Waffengewalt zulässig, nicht bereits bei bloßem Drohen des Angriffs. Die Erklärungen bedürfen gemäß Art. 58 der Gegenzeichnung durch den BKanzler oder dessen Vertreter.[15]

27     Völkerrechtliche Erklärung dieser Art ist besonders die Erklärung, dass sich die Bundesrepublik Deutschland mit dem Angreifer im **Kriegszustand** befindet. Die Befugnis des BPräs besteht auch, wenn die **Feststellungsfiktion** gemäß Art. 115a IV eingetreten ist.[16] Erfordert die Lage unabweisbar ein sofortiges Handeln und stehen dem rechtzeitigen Zusammentritt des BTag unüberwindliche Hindernisse entgegen, liegt die Kompetenz zur Zustimmung zu völkerrechtlichen Erklärungen des BPräs über das Bestehen des Verteidigungsfalles beim GemAussch.

28     Für den Fall, dass weder der BTag noch der GemAussch beschlussfähig ist, trifft Abs. 5, anders als Abs. 4, keine Regelung. Es genügt dann die Erklärungsbereitschaft des **Bundespräsidenten** mit Gegenzeichnung gemäß Art. 58. Sind BPräs und alle Vertreter ausgefallen, kann keine Erklärung abgegeben werden, bis ein Vertreter durch den BRat oder den GemAussch gewählt ist.[17]

## Art. 115b [Übergang der Befehls- und Kommandogewalt]

**Mit der Verkündung des Verteidigungsfalles geht die Befehls- und Kommandogewalt über die Streitkräfte auf den Bundeskanzler über.**

**Entstehungsgeschichte:** Vgl. vor Art. 115a.
**Historische Verfassungstexte:** Vgl. vor Art. 115a.
**Geltende Landesverfassungen:** Vgl. vor Art. 115a.
**Gesetzgebung:** Vgl. vor Art. 115a.

**Schrifttum:** Vgl. vor Art. 115a.

## A. Voraussetzungen des Übergangs

1     Im Verteidigungsfall liegt im Interesse effektiver Bewältigung der Notsituation die oberste Leitung auch über den militärischen Bereich beim **Bundeskanzler.** Anders als in früheren Verfassungen ist damit eine weitere wesentliche Kompetenz dem Staatsoberhaupt vorenthalten. Art 115b entspricht nahezu wortgleich dem früheren Art. 65a II.

2     Die **Befehls- und Kommandogewalt** über die Streitkräfte außerhalb des Verteidigungsfalles obliegt dem BMinister für Verteidigung gemäß Art. 65a I. Der Übergang bedeutet keine Durchbrechung des Ressortprinzips, sondern bewirkt lediglich einen Wechsel des Ressortleiters.

3     Mit der Verkündung des Verteidigungsfalles geht die Befehls- und Kommandogewalt **ohne weiteres und sofort auf den Bundeskanzler** über. Das gilt auch dann, wenn der Angriff mit Waffengewalt erst unmittelbar droht, also für diese letzte Phase der Verteidigungsvorbereitungen. Einen früheren Zeitpunkt zu bestimmen ist wegen Art. 65a I ohne Verfassungsänderung nicht möglich.

---

[12] *Epping,* in: Maunz/Dürig, Art. 115a (2012) Rn. 91.
[13] *Epping,* in: Maunz/Dürig, Art. 115a (2012) Rn. 93.
[14] *Epping,* in: Maunz/Dürig, Art. 115a (2012) Rn. 93.
[15] *Epping,* in: Maunz/Dürig, Art. 115a (2012) Rn. 123.
[16] AA *Epping,* in: Maunz/Dürig, Art. 115a (2012) Rn. 112.
[17] Vgl. *Epping,* in: Maunz/Dürig, Art. 115a (2012) Rn. 116.

Der Übergang findet **auch** statt, wenn die Voraussetzungen des Art. 115a IV 1 vorliegen, das **4** Bundesgebiet also mit Waffengewalt angegriffen wird und die zuständigen Bundesorgane außerstande sind, sofort die Feststellung des Verteidigungsfalles zu treffen.

Dasselbe gilt im Falle des Art. 115a III 2, wenn die Verkündung der Feststellung des Verteidigungs- **5** falles im BGBl gem. Art. 82 nicht rechtzeitig möglich ist. Es genügt dann die **Verkündung in anderer Weise** für den Übergang der Befehls- und Kommandogewalt auf den BKanzler; auf das Nachholen der Verkündung im BGBl kommt es nicht an.

Mit der **Beendigung des Verteidigungsfalles** geht die Befehls- und Kommandogewalt ohne **6** weiteres wieder auf den **Bundesminister für Verteidigung** über. Eine Frist über das Ende des Verteidigungsfalles hinaus, wie sie für das Außerkrafttreten von Gesetzen des GemAussch und auf dieser Grundlage erlassenen Rechtsverordnungen gilt (Art. 115k II und III), besteht insoweit nicht.

## B. Inhalt der Gewalt

Nur die Befehls- und Kommandogewalt über die **Streitkräfte** ist erfasst. Die Leitung der Bundes- **7** wehrverwaltung, die gemäß Art. 87b von den Streitkräften unterschieden ist, wird dagegen von der Verkündung des Verteidigungsfalles als solchem nicht berührt, eine praktisch wenig glückliche Lösung. Grundsätzliche Kritik hieran ist allerdings kaum angebracht, weil mangels verfassungsrechtlich verbindlicher Ressortzuweisung der Bundeswehrverwaltung an den BMinister für Verteidigung der BKanzler durch einfachen Organisationsakt innerhalb der Bundesregierung die Ressortzuständigkeit an sich ziehen kann.

Die Befehls- und Kommandogewalt über die Streitkräfte ist **umfassend** (zum Inhalt vgl. Art. 65a). **8** Sie stellt den Inhaber jedoch nicht von sonst bestehenden Ressort- und Kollegialprinzipien frei;[1] die Bestimmung sichert aber die Zuordnung dieser Kompetenzen an den BKanzler, im Frieden an den BMinister für Verteidigung. Sie ergreift alle Teilstreitkräfte und konzentriert die militärische Leitung in einer Person. Ein ihr entzogener Bereich militärischer Leitung besteht nach dem GG nicht. Zulässig ist allerdings die Beschränkung dieser Gewalt durch Übertragung von Befehlsbefugnissen im Rahmen von Bündnisverträgen, besonders des Nordatlantikvertrages, die ihre Grundlage in Art. 24 I und II findet.

Der BKanzler kann sich zur **Ausübung** der Befehls- und Kommandogewalt Hilfskräften bedienen, **9** also die nähere Handhabung besonders dem BMinister für Verteidigung anvertrauen, was naheliegt. Auf sie verzichten kann er nicht. Der Beschluss über die Feststellung des Verteidigungsfalles kann auch keine andere Regelung vornehmen.

## Art. 115c [Erweiterung der Gesetzgebungskompetenz des Bundes]

(1) **Der Bund hat für den Verteidigungsfall das Recht der konkurrierenden Gesetzgebung auch auf den Sachgebieten, die zur Gesetzgebungszuständigkeit der Länder gehören. Diese Gesetze bedürfen der Zustimmung des Bundesrates.**

(2) **Soweit es die Verhältnisse während des Verteidigungsfalles erfordern, kann durch Bundesgesetz für den Verteidigungsfall**

1. **bei Enteignungen abweichend von Artikel 14 Abs. 3 Satz 2 die Entschädigung vorläufig geregelt werden,**
2. **für Freiheitsentziehungen eine von Artikel 104 Abs. 2 Satz 3 und Abs. 3 Satz 1 abweichende Frist, höchstens jedoch eine solche von vier Tagen, für den Fall festgesetzt werden, daß ein Richter nicht innerhalb der für Normalzeiten geltenden Frist tätig werden konnte.**

(3) **Soweit es zur Abwehr eines gegenwärtigen oder unmittelbar drohenden Angriffs erforderlich ist, kann für den Verteidigungsfall durch Bundesgesetz mit Zustimmung des Bundesrates die Verwaltung und das Finanzwesen des Bundes und der Länder abweichend von den Abschnitten VIII, VIIIa und X geregelt werden, wobei die Lebensfähigkeit der Länder, Gemeinden und Gemeindeverbände, insbesondere auch in finanzieller Hinsicht, zu wahren ist.**

(4) **Bundesgesetze nach den Absätzen 1 und 2 Nr. 1 dürfen zur Vorbereitung ihres Vollzuges schon vor Eintritt des Verteidigungsfalles angewandt werden.**

**Entstehungsgeschichte: Erstfassung:** Vgl. vor Art. 115a. – **Änderung:** 21. G zur Änd. des GG v. 12.5.1969 (BGBl I 359), Art. I Nr. 7 (dazu: BT-Dr V/2861 [Entwurf], V/3605, V/4105; BT-Prot V/9145, 11 025, 12 538; BR-Dr 138/68, 14/69, 217/69; BR-Prot 68/45, 69/1, 69/108).
**Historische Verfassungstexte:** Vgl. vor Art. 115a.
**Geltende Landesverfassungen:** Vgl. vor Art. 115a.
**Gesetzgebung:** Vgl. vor Art. 115a.

**Schrifttum:** Vgl. vor Art. 115a.

---

[1] *K. Ipsen* BK, Art. 115b (1969) Rn. 49.

**Übersicht**

## A. Gesetzgebungskompetenzen (Abs. 1)

**1**    Um im Verteidigungsfall den möglichst konzentrierten und effektiven Einsatz aller Kräfte zu gewährleisten, besitzt der Bund für den Verteidigungsfall auch für die Sachgebiete die konkurrierende **Gesetzgebungskompetenz,** die sonst zur Gesetzgebungszuständigkeit der Länder gehören. Damit geht die konkurrierende Gesetzgebungskompetenz des Bundes (Art. 72) für den Verteidigungsfall über die regelmäßigen Gesetzgebungskompetenzzuweisungen, insbes. der Art. 74, 98 III 1, 105 II, 105 IIa, 109 III, 140 GG iVm Art. 138 WRV, hinaus.

**2**    Die konkurr. Gesetzgebungszuständigkeit des Bundes anstelle von Landesgesetzgebungskompetenzen besteht **für** den Verteidigungsfall. Damit kann der Bund von seiner Befugnis bereits außerhalb des Verteidigungsfalles Gebrauch machen und entspr. Gesetze in Kraft setzen. Sie gelten jedoch nur für den Verteidigungsfall. Diese Gesetze enthalten deshalb ein zusätzliches Tatbestandsmerkmal, wonach die in ihnen vorgesehenen Rechtsfolgen erst bei Vorliegen des Verteidigungsfalles eintreten. Endet der Verteidigungsfall, liegt damit auch dieses Tatbestandsmerkmal nicht mehr vor, und die Rechtsfolgen des Gesetzes können nicht mehr eintreten. Eine gewisse Vorwirkung entfalten diese Gesetze gem. Art. 115c IV schon vor dem Verteidigungsfall.

**3**    Gesetze, die der Bund auf Grund seiner in Art. 115c I 1 begründeten konkurrierenden Gesetzgebungszuständigkeit erlässt, bedürfen in jedem Fall der **Zustimmung des Bundesrates.** Im Verteidigungsfall tritt unter den Voraussetzungen des Art. 115e I an die Stelle von BRat und BTag der Gemeinsame Ausschuss (Art. 53a). In jedem Fall müssen die besonderen Voraussetzungen des Art. 72 II vorliegen, weil es sich um eine normale Zuständigkeit der konkurrierenden Gesetzgebung handelt. Art. 115c I enthält eine Ermächtigung an den Bund. In der Wahrnehmung dieser Kompetenz ist er aber nicht vollständig frei; im Rahmen des Untermaßverbotes[1] muss er angemessene Vorsorge auch für den Verteidigungsfall treffen.[2]

**4**    Der Begriff „für den Verteidigungsfall" besitzt über die zeitliche Bedeutung hinaus auch eine **qualitative** Dimension insofern, als der Bund im Rahmen dieser Ausnahmekompetenz nur solche Gesetze erlassen darf, die in sachlichem Zusammenhang gerade mit der Bewältigung des Verteidigungsfalles stehen.[3]

## B. Grundrechte im Verteidigungsfall (Abs. 2)

### I. Allgemein

**5**    An etwas versteckter Stelle des GG normiert Art. 115c II **Modifikationen des Grundrechtsschutzes** im Verteidigungsfall. Es ist bemerkenswert, dass die hier vorgesehenen Ausnahmen zu Art. 14 und Art. 104 neben Art. 12a III–VI die Einzigen sind, die für den Verteidigungsfall eintreten. Ein Außerkraftsetzen oder Außeranwendunglassen von Grundrechten im Verteidigungsfall findet nicht statt, ein Standrecht ist unzulässig. Auch im Ausnahmezustand behalten die Grundrechte ihre konstituierende und tragende Bedeutung für die Verfassungsstaatlichkeit. Eine gewisse, aber nicht ausschließliche Nähe zum Verteidigungsfall besitzen über die genannten Ausnahmebestimmungen hinaus noch die Artikel 11 II, 13, 17a II.[4]

**6**    Die zulässigen Einschränkungsmöglichkeiten gegenüber den in Art. 14 und Art. 104 gewährleisteten Grundrechten haben zur gemeinsamen Voraussetzung, dass die Verhältnisse während des Verteidigungsfalles sie **erfordern.** Die Beschränkung darf nicht über das erforderliche Maß hinausgehen. Sie gelten nur im Verteidigungsfall selbst, können aber bereits für den, also vor dem Verteidigungsfall in Kraft gesetzt werden. Eine Zustimmung des BRat ist nicht in jedem Fall erforderlich, sondern nur dann, wenn dies in anderen Vorschriften des GG vorgesehen ist.

---

[1] BVerfGE 88, 203 (254).
[2] AA *Herzog,* in: Maunz/Dürig, Art. 115c (Erstbearbeitung) Rn. 22.
[3] Vgl. *Herzog,* in: Maunz/Dürig, Art. 115c (Erstbearbeitung) Rn. 17.
[4] *Stern,* StaatsR II, S. 1347 ff.

## II. Enteignungsregelung

Möglich ist gemäß Art. 115c II Nr. 1 eine bloß vorläufige Entschädigungsregelung bei **Enteig-** 7
**nungen.** Demgegenüber enthält Art. 14 III 2 für den Normalfall eine Junktimklausel, nach der eine
Enteignung nur erfolgen darf, wenn zugleich in dem die Enteignung tragenden Gesetz Art und
Ausmaß der Entschädigung geregelt sind. Auch in Fällen der Enteignung nach Art. 115c II Nr. 1
bleibt es aber bei dem Erfordernis gerechter Entschädigung. Die endgültige Festsetzung der Entschädigung muss sobald wie möglich nachgeholt werden.[5]

## III. Habeas Corpus

Art. 115c II Nr. 2 gibt dem Gesetzgeber die Möglichkeit, eine verlängerte Frist vorzusehen, inner- 8
halb derer bei **Freiheitsentziehungen** eine richterliche Entscheidung einzuholen ist. Sie beträgt
höchstens vier Tage nach Ablauf des Tages, an dem die Festnahme erfolgt ist, insgesamt also höchstens
120 Stunden. Gemäß Art. 104 II 3 und III 1 beträgt diese Frist höchstens 48 Stunden; sie läuft
spätestens mit Ende des auf die Festnahme folgenden Tages ab. Auf die richterliche Entscheidung kann
keinesfalls verzichtet werden; ist die Frist von vier Tagen überschritten, ohne dass ein Richter die
Festnahme bestätigt, muss der Festgehaltene auf freien Fuß gesetzt werden.

Die Fristverlängerung tritt nicht pauschal für alle Festnahmen ein, sondern wird nur wirksam, wenn 9
innerhalb der normalerweise geltenden Frist von höchstens 48 Stunden kein Richter entscheiden kann.
Dies ist für jeden **Einzelfall** festzustellen. Es bleibt unverkürzt bei der Verpflichtung durch Art. 104
II 2, bei jeder nicht auf richterlicher Anordnung beruhenden Freiheitsentziehung eine richterliche
Entscheidung unverzüglich herbeizuführen, also ohne schuldhaftes Zögern.

## C. Strukturveränderungen bei Verwaltung und Finanzen (Abs. 3)

Die Straffung und Konzentrierung der **Verwaltung** und des **Finanzwesens** für den Verteidigungs- 10
fall ermöglicht Art. 115c III, der durch das 21. ÄndG (Finanzreformgesetz) vom 12.5.1969 (BGBl I
359) redaktionell angepasst worden ist. Insbesondere können eine einheitliche Verwaltungsstruktur
und ein zentralisiertes Finanzwesen geschaffen werden. Die Norm eröffnet die Möglichkeit, Bundes-
und Länderverwaltungen in einen Weisungsstrang einzubinden, der letztlich über die Richtlinienkompetenz im BKanzler seine Spitze finden wird. Zusammen mit der Befehls- und Kommandogewalt des
BKanzlers über die Streitkräfte im Verteidigungsfall vereinigen sich damit fast alle wesentlichen
exekutiven Funktionen in einer Person.

Erfasst auch die Regelung der **Bundesverwaltung** selbst. So kann etwa die Trennung von 11
Bundeswehrverwaltung und Streitkräften gemäß Art. 87b für den Verteidigungsfall durchbrochen oder
ganz aufgehoben werden. Nicht dagegen können Art. 87a und Art. 91 auf diesem Wege durch
einfaches Gesetz erfasst werden; sie haben, wie sich besonders aus Art. 87a II auf Grund der Entstehungsgeschichte der Normen ergibt, eindeutig abschließenden Charakter.[6]

Für die **Landesverwaltungen** muss nicht an den grundgesetzlichen Kategorien der Verwaltungs- 12
zuständigkeit im Bund-Länder-Verhältnis festgehalten werden. Denkbar ist auch die Überführung von
Landesverwaltungen in bundeseigene Verwaltung. Die Selbstverwaltungsgarantie der Gemeinden und
Gemeindeverbände gemäß Art. 28 II ist von der Kompetenz nicht erfasst.

Zur Wahrung des Föderalismusgebotes in Art. 79 III darf die **Lebensfähigkeit der Länder** nicht 13
angetastet werden, besonders auch in finanzieller Hinsicht nicht. Entsprechendes gilt im Blick auf die
kommunale Selbstverwaltungsgarantie für Gemeinden und Gemeindeverbände. Ein Restbestand politischen Eigenlebens[7] muss Ländern, Kommunen und Kommunalverbänden erhalten bleiben.

Alle Regelungen im Rahmen des Art. 115c III bedürfen der **Zustimmung des Bundesrates,** 14
unter den Voraussetzungen des Art. 115e tritt an die Stelle von BTag und BRat der GemAussch.
Solche Regelungen dürfen ebenfalls nur nach Maßgabe des Verhältnismäßigkeitsgrundsatzes erfolgen.

## D. Anwendung vor Eintritt des Verteidigungsfalles (Abs. 4)

Art. 115c IV enthält eine **Erweiterung der Anwendbarkeit** von Gesetzen, die gemäß Art. 115c I 15
und II zustande gekommen sind, mit Ausnahme der Bestimmungen über die Verlängerung der Freiheitsentziehung ohne richterliche Entscheidung (Art. 115c II Nr. 2). Sie dürfen zur Vorbereitung ihres
Vollzuges schon vor Eintritt des Verteidigungsfalles angewandt werden. Dies betrifft schon der Entstehungsgeschichte[8] nach ausschließlich die verwaltungsinterne Vorbereitung; Verpflichtungen des
Bürgers dürfen nicht bestehen.

---

[5] Vgl. *Herzog,* in: Maunz/Dürig, Art. 115c (Erstbearbeitung) Rn. 36.
[6] Vgl. *Herzog,* in: Maunz/Dürig, Art. 115c (Erstbearbeitung) Rn. 55.
[7] *Rauschning* BK, Art. 115c (1968) Rn. 32; *Hopfauf,* in: Hofmann/Hopfauf, Art. 115c Rn. 3.
[8] Etwa BT-Dr V/1879, S. 26.

16    **Beispiele** sind vor allem die Entwicklung und Vorhaltung von Formularen, Lehrgänge für Verwaltungspersonal zur Vorbereitung des Gesetzesvollzugs, Entwicklung und Erlass von Verwaltungsvorschriften oder Ausarbeitung von Zuständigkeitsverordnungen.[9]

## Art. 115d [Gesetzgebungsverfahren]

(1) **Für die Gesetzgebung des Bundes gilt im Verteidigungsfalle abweichend von Artikel 76 Abs. 2, Artikel 77 Abs. 1 Satz 2 und Abs. 2 bis 4, Artikel 78 und Artikel 82 Abs. 1 die Regelung der Absätze 2 und 3.**

(2) **Gesetzesvorlagen der Bundesregierung, die sie als dringlich bezeichnet, sind gleichzeitig mit der Einbringung beim Bundestage dem Bundesrate zuzuleiten. Bundestag und Bundesrat beraten diese Vorlagen unverzüglich gemeinsam. Soweit zu einem Gesetze die Zustimmung des Bundesrates erforderlich ist, bedarf es zum Zustandekommen des Gesetzes der Zustimmung der Mehrheit seiner Stimmen. Das Nähere regelt eine Geschäftsordnung, die vom Bundestage beschlossen wird und der Zustimmung des Bundesrates bedarf.**

(3) **Für die Verkündung der Gesetze gilt Artikel 115a Abs. 3 Satz 2 entsprechend.**

**Entstehungsgeschichte:** Vgl. vor Art. 115a.
**Historische Verfassungstexte:** Vgl. vor Art. 115a.
**Geltende Landesverfassungen:** Vgl. vor Art. 115a.
**Gesetzgebung:** Vgl. vor Art. 115a.

**Schrifttum:** Vgl. vor Art. 115a.

## A. Allgemeines

1    Um das **Gesetzgebungsverfahren** im Verteidigungsfall zu beschleunigen, ermöglicht Art. 115d in dringlichen Fällen ein verkürztes Verfahren. Auf diese Weise sollen BTag und BRat möglichst lange in Funktion gehalten werden, bevor ein Tätigwerden des GemAussch erforderlich wird. Insbesondere entfällt das Verfahren vor dem VermA sowie die verfassungsrechtlich gesicherte Einspruchskompetenz des BRat gegenüber Gesetzen, die nicht seiner Zustimmung unterliegen, und der Beratungsweg ist konzentriert. Im Einzelnen gilt:

## B. Gesetzgebungsverfahren (Abs. 2)

2    Gemäß Art. 76 II sind Gesetzesvorlagen der BReg im **Normalfall** zunächst dem BRat zuzuleiten, der innerhalb bestimmter Fristen zu ihnen Stellung nehmen kann, bevor sie dem BTag zugeleitet werden. Stattdessen werden solche Vorlagen, die die BReg als dringlich bezeichnet, gem. Art. 115d II 1 im Verteidigungsfall gleichzeitig BTag und BRat zugeleitet. Eine gesonderte Stellungnahme des BRat entfällt. BTag und BRat beraten die Vorlage vielmehr in gemeinsamer Sitzung und unverzüglich, also ohne schuldhaftes Zögern. Die gemeinsame Beratung erfolgt in völliger Gleichberechtigung der Abgeordneten des BTag und der Mitglieder des BRat, durchaus in gemischter Reihenfolge; das jederzeitige Rederecht der Mitglieder des BRat im BTag gem. Art. 43 II 2 entfällt,[1] weil dem Zweck gemeinsamer Beratung fremd.

3    Im **Normalfall** sind gemäß Art. 77 I 2 und II–IV vom BTag beschlossene Gesetze unverzüglich dem BRat zuzuleiten, der BRat kann den VermittlA anrufen und bei Einspruchsgesetzen Einspruch einlegen, dessen Zurückweisung durch den BTag qualifizierter Mehrheiten bedarf.

4    Unter den Voraussetzungen des Art. 115d II wird das Verfahren vor dem VermA durch die **gemeinsame Beratung** von BTag und BRat ersetzt. Das Einspruchsverfahren ist verfassungsrechtlich zwar nicht mehr vorgeschrieben,[2] bleibt aber nach der Geschäftsordnung rudimentär erhalten. Das Institut der Zustimmungsgesetze bleibt bestehen. Wie im Normalfall bedarf es bei Zustimmungsgesetzen eines Beschlusses des BRat, der die Mehrheit seiner gesetzlichen Stimmenzahl, also mindestens 35 Stimmen, erfordert. Hieraus folgt, dass die Abstimmung in gemeinsamer Sitzung jedenfalls in getrennten Abstimmungsgängen erfolgen muss.[3]

5    Art. 115d II erfasst **nicht Änderungen des Grundgesetzes**,[4] es würde keinen Sinn machen, das Mehrheitserfordernis von zwei Dritteln für den BRat zu verringern, nicht aber für den BTag; die Norm zielt von vornherein nur auf einfache Gesetze.

---

[9] Vgl. *Herzog,* in: Maunz/Dürig, Art. 115c (Erstbearbeitung) Rn. 26.
[1] In diese Richtung auch: *Herzog,* in: Maunz/Dürig, Art. 115d (Erstbearbeitung) Rn. 15.
[2] *Benda,* Die Notstandsverfassung, 10. Aufl. 1968, S. 108 f.; aA *Herzog,* in: Maunz/Dürig, Art. 115d Rn. 28 ff.; *Rauschning,* BK, Art. 115d (1968) Rn. 5.
[3] *Herzog,* in: Maunz/Dürig, Art. 115d (Erstbearbeitung) Rn. 23.
[4] *Herzog,* in: Maunz/Dürig, Art. 115d (Erstbearbeitung) Rn. 34.

Die **Geschäftsordnung** für das Verfahren gemäß Art. 115d wird vom BTag mit Zustimmung des **6** BRat beschlossen. Zurzeit besteht die GeschO vom 23.7.1969 (BGBl I 1100).

Das vereinfachte Gesetzgebungsverfahren gilt nur für Vorlagen, welche die BReg als **dringlich** **7** bezeichnet. Die Entscheidung über die Dringlichkeit liegt im pflichtgemäßen politischen Ermessen der BReg. Der vom Kabinett zu treffende Beschluss ist für BTag und BRat bindend. Für nicht als dringlich bezeichnete Vorlagen verbleibt es bei dem normalen Gesetzgebungsverfahren. Das vereinfachte Verfahren greift auch nur für Gesetzesinitiativen der BReg Platz, nicht für Gesetzesvorlagen des BRat oder aus der Mitte des BTag.

## C. Notverkündung (Abs. 3)

Art. 115d III sieht abweichend vom normalen Verkündungsverfahren im Bundesgesetzblatt eine **8** **Notverkündung** vor. Sie ist an die Voraussetzungen geknüpft, die für die Notverkündung des Verteidigungsfalles gemäß Art. 115a III 2 gelten und erfolgt in der dort bestimmten Weise (vgl. *Robbers* zu Art. 115a). Die ordnungsgemäße Verkündung gemäß Art. 82 I 1 ist unverzüglich nachzuholen, wenn die Umstände es wieder zulassen.

Art. 115d III erfasst **alle Gesetze** nicht nur im formellen, sondern auch im materiellen Sinne. **9** Deshalb gilt das erleichterte Verkündungsverfahren insb. auch für Rechtsverordnungen.[5]

Die Sonderregelung bezieht sich nur auf die **Verkündung**. Für Gegenzeichnung und Ausfertigung **10** von Gesetzen verbleibt es bei der Regelung des Art. 82 I.

## Art. 115e [Wahrnehmung der Rechte von Bundestag und Bundesrat]

(1) **Stellt der Gemeinsame Ausschuß im Verteidigungsfalle mit einer Mehrheit von zwei Dritteln der abgegebenen Stimmen, mindestens mit der Mehrheit seiner Mitglieder fest, daß dem rechtzeitigen Zusammentritt des Bundestages unüberwindliche Hindernisse entgegenstehen oder daß dieser nicht beschlußfähig ist, so hat der Gemeinsame Ausschuß die Stellung von Bundestag und Bundesrat und nimmt deren Rechte einheitlich wahr.**

(2) **Durch ein Gesetz des Gemeinsamen Ausschusses darf das Grundgesetz weder geändert noch ganz oder teilweise außer Kraft oder außer Anwendung gesetzt werden. Zum Erlaß von Gesetzen nach Artikel 23 Abs. 1 Satz 2, Artikel 24 Abs. 1 oder Artikel 29 ist der Gemeinsame Ausschuß nicht befugt.**

**Entstehungsgeschichte: Erstfassung:** Vgl. vor Art. 115a. – **Änderung:** 38. G zur Änd des GG v. 21.12.1992 (BGBl I 2086), Art. 1 Nr. 8 (dazu: BT-Dr 12/3338 [Entwurf]; BT-Prot 12/9315, 10809; BR-Dr 501/92, 809/92; BR-Prot 92/419, 638).
**Historische Verfassungstexte:** Vgl. vor Art. 115a.
**Geltende Landesverfassungen:** Vgl. vor Art. 115a.
**Gesetzgebung:** Vgl. vor Art. 115a.

**Schrifttum:** Vgl. vor Art. 115a.

### Übersicht

## A. Der Gemeinsame Ausschuss als Notparlament

Der GemAussch nimmt im Falle der Verhinderung des BTag im Verteidigungsfall als **Notpar-** **1** **lament** die Funktionen von BTag und BRat wahr. Gemäß Art. 53a besteht er zu zwei Dritteln aus Abgeordneten des BTag und zu einem Drittel aus Mitgliedern des BRat, wobei jedes Land ein Bundesratsmitglied bestellt, sodass sich eine Gesamtstärke des GemAussch von 48 Mitgliedern ergibt.

## B. Voraussetzungen der Notkompetenz

Erste Voraussetzung des Kompetenzüberganges auf den GemAussch ist das Bestehen des **Ver-** **2** **teidigungsfalles;** außerhalb des Verteidigungsfalles ist der Übergang schlechthin ausgeschlossen.

---

[5] *Hopfauf,* in: Hofmann/Hopfauf, Art. 115d Rn. 10.

3     Der GemAussch tritt nur dann **an die Stelle von Bundestag und Bundesrat,** wenn dem recht-zeitigen Zusammentritt des BTag unüberwindliche Hindernisse entgegenstehen oder er beschluss-unfähig ist. Unüberwindliche Hindernisse bestehen dann, wenn etwa durch Zerstörung der Verkehrs-wege die Abgeordneten sich nicht versammeln können. Politische Entschlusslosigkeit erfüllt diese Voraussetzungen keinesfalls.[1] Auch wenn mangels einer ausreichenden Zahl von Abgeordneten keine Beschlussfähigkeit hergestellt werden kann, wird der GemAussch gemäß Art. 115e tätig. Die Gründe für die Beschlussunfähigkeit des BTag müssen auf derselben Ebene liegen wie die Unmöglichkeit des Zusammentritts, weil es inkonsequent wäre, BTag und BRat eher außer Funktion treten zu lassen, wenn wenigstens einige Abgeordnete, als wenn gar keine versammelt sind.

4     Die **Beschlussunfähigkeit** besteht gemäß § 45 I GOBTag, wenn nicht mehr als die Hälfte seiner Mitglieder im Sitzungssaal anwesend ist. Auf einen besonderen Antrag zur Feststellung der Beschluss-unfähigkeit gemäß § 45 II GOBTag kann es in diesem Zusammenhang allerdings nicht ankommen, weil sonst selbst kleinste Gruppen im BTag bei an sich gegebener Beschlussunfähigkeit den GemAussch ausschalten könnten.

5     Die **Unmöglichkeit des Zusammentritts** bezieht sich auf die Konstituierung des neugewählten BTag gem. Art. 39 I 2 und II. Nur dessen erstmaliges Zusammenkommen ist Zusammentritt des BTag.[2] Jedes neue Zusammenkommen des BTag im Verlauf der Legislaturperiode ist nur ein Wie-derbeginn seiner Sitzungen gem. Art. 39 III 1.[3] Insoweit bezieht sich Art. 115e auf Art. 39 aF, nach dem der in Art. 45 aF vorgesehene Ständige Ausschuss neben den Ausschüssen für Auswärtiges und für Verteidigung sowie dem Fortbestehen einzelner Rechte gemäß Art. 49 aF die Funktionen des BTag zwischen Ende der alten Legislaturperiode und Beginn der neuen wahrnahm. Dies sollte verhindern, dass der Ständige Ausschuss permanent in Funktion bleiben würde. Mit der Neufass. des Art. 39 durch G vom 23.8.1976[4] dauert die Legislaturperiode des BTag bis zu dem Zeitpunkt an, in dem der neugewählte BTag zusammentritt. Dies ist gem. Art. 39 II spätestens am dreißigsten Tage nach der Wahl der Fall.

6     Bei **wörtlicher Anwendung** des Art. 115e I iVm Art. 39 II könnte angenommen werden, dass nach Ablauf der Frist von 30 Tagen und zwischenzeitlichem Eintritt des Verteidigungsfalles der GemAussch auch dann die Funktionen von BTag und BRat wahrzunehmen hätte, wenn zwar der neue BTag nicht zusammentreten könnte, der alte aber durchaus noch funktions- und beschlussfähig wäre. Das aber wäre unvereinbar mit dem Grundsatz, dass der BTag solange wie irgend möglich seine Funktionen gegenüber dem Eintreten des Notparlaments soll wahrnehmen können, wie dies bereits durch Art. 115d II zum Ausdruck gebracht wird. Entsprechend verlängert Art. 115h I die Wahlperiode des BTag bis sechs Monate nach Beendigung des Verteidigungsfalles, wenn die Wahlperiode während des Verteidigungsfalles abläuft. Ist der neue BTag bereits gewählt, stehen seinem Zusammentritt aber unüberwindbare Hindernisse entgegen, kann nichts anderes gelten. Art. 115h I geht insofern Art. 39 II, 115e I vor.

7     Die Kompetenz des GemAussch **endet** ohne weiteres mit Zusammentreten und Beschlussfähigkeit des BTag; eines besonderen Beschlusses im BTag bedarf es nicht.[5]

## C. Sonderfälle

8     Ist zwar der BTag gemäß Art. 115e I nicht funktionsfähig, wohl aber der **Bundesrat,** tritt mit der entsprechenden Feststellung durch den GemAussch gleichwohl die Rechtsfolge des Art. 115e I ein. Die durch den BRat wirkende Exekutivgewalt soll nicht einseitig tätig werden können, vielmehr die durch die Besetzung des GemAussch zum Ausdruck gebrachte Gewichtung zwischen Volks- und Regierungsvertretern gewahrt bleiben.

9     Ist der **Bundestag** weiterhin funktionsfähig, nicht aber der BRat, kommt Art. 115e I nicht zum Zuge. Die Mitwirkungsrechte des BRat ruhen dann; das entsprechende Problem, das der verfassungs-ändernde Gesetzgeber anscheinend übersehen hat, ergibt sich bereits bei Art. 115a.

10    Für den Fall, dass der **Gemeinsame Ausschuss** nicht zusammentreten kann oder beschlussunfähig ist, trifft das GG keine ausdrückliche Regelung. Ist von den drei Organen BTag, BRat und GemAussch allein der BRat funktionsfähig, tritt er nach dem Grundsatz der größtmöglichen Verfassungsnähe an die Stelle der anderen beiden Verfassungsorgane. Ist auch dies nicht möglich, können Gesetze nicht erlassen und die übrigen Funktionen der Vertretungsorgane nicht wahrgenommen werden. In diesem Ausnahmezustand hat die BReg soweit möglich zusammen mit dem BPräs verfassungssichernd tätig zu werden.

---

[1] *Delbrück* BK, Art. 115e (1969) Rn. 10.
[2] *Sterzel,* AK III, Abschn. Xa Rn. 42.
[3] *Maunz/Dürig,* in: Maunz/Dürig, Art. 39 Rn. 3.
[4] BGBl I 2381.
[5] *Delbrück* BK, Art. 115e (1969) Rn. 27 f.

## D. Verfahren

Der Gemeinsame Ausschuss trifft die **Feststellung** der Funktionsunfähigkeit des BTag im Ver-  **11** teidigungsfall gemäß Art. 115e I selbst. Er begründet damit aus eigener Kompetenz seine Notzuständigkeit. Die Feststellung muss zu Beginn jeder Sitzung, schon aus Praktikabilitätsgründen aber nicht vor jedem Tagesordnungspunkt erfolgen.[6]

Zu dem Beschluss bedarf es einer **Mehrheit von zwei Dritteln** der abgegebenen Stimmen,  **12** mindestens aber der Stimmen der Mehrheit seiner Mitglieder, also mindestens 25 Stimmen, die mindestens eine Zweidrittelmehrheit ausmachen müssen.

Zweifelhaft ist, ob der Beschluss entsprechend der Bedeutung der Sache der **Verkündung** im BGBl  **13** durch den BPräs bedarf.[7] Man wird dies aber angesichts des Wortlauts der Norm verneinen müssen, es sollte auch keine Verzögerung der parlamentarischen Kontroll- und Lenkungskompetenz stattfinden, im Übrigen würde die Verkündung ein Gegenzeichnungsrecht des BKanzlers involvieren, sodass dieser den Funktionsübergang verhindern oder wenigstens verzögern könnte.

## E. Kompetenzen des Gemeinsamen Ausschusses

Unter den Voraussetzungen des Art. 115e I besitzt der GemAussch die **Stellung** von BTag und  **14** BRat und nimmt deren Rechte einheitlich wahr.[8]

Der GemAussch ist damit zunächst **Gesetzgebungsorgan.** Die Differenzierung von Einspruchs-  **15** gesetzen und Zustimmungsgesetzen entfällt. Der GemAussch kann den BKanzler wählen und hat das Recht des Misstrauensvotums (Art. 115h II). Er hat das Recht, Untersuchungsausschüsse und Ständige Ausschüsse wie der BTag einzusetzen. Die Hilfsorgane des BTag (und des BRat) wie etwa der Wehrbeauftragte sind nunmehr ihm zugeordnet. Der GemAussch nimmt auch die besonderen Rechte des BRat auf dem Gebiet der Verwaltung wahr, insbesondere die Zustimmungsbefugnis zu Rechtsverordnungen und Verwaltungsvorschriften, zu Bundeszwang und hinsichtlich des inneren Notstandes, ebenso die bestehenden Kontroll-, Interventions- und Wahlrechte (s. *Robbers* zu Art. 50 ff.).

Die Befugnisse **anderer Verfassungsorgane,** wie etwa der BVers, sind seiner Kompetenz dagegen  **16** entzogen. Man wird auch nicht annehmen können, dass dem GemAussch nicht angehörende Dritte, etwa sonstige Mitglieder des BTag oder des BRat, in ihm Organrechte wie Redebefugnisse oder Gesetzesinitiativen wahrnehmen könnten,[9] weil es so zu einer Vermischung der Organzuständigkeiten und zu Verschiebungen zum Beispiel der Fraktionsgewichtungen kommen könnte. Andererseits müssen Minderheitsrechte innerhalb des BTag, wie etwa das Antragsrecht im Verfahren gemäß Art. 93 I Nr. 2, den entsprechenden Minderheiten innerhalb des GemAussch zukommen.[10]

Die **Auflösung** des GemAussch durch den BPräs ist in keinem Fall möglich; ihm gegenüber kann  **17** auch nicht der Fall des Gesetzgebungsnotstandes gemäß Art. 81 eintreten.

## F. Kompetenzbeschränkungen (Abs. 2)

Art. 115e II enthält Ausnahmen von der Befugniskongruenz zwischen GemAussch einerseits und  **18** BTag und BRat andererseits. **Verfassungsänderungen,** das Außerkraft- oder Außeranwendungsetzen des GG sind dem GemAussch vorenthalten. Allerdings geht Art. 115c III vor, sodass auch der GemAussch in dem dort festgelegten Rahmen zur Abwehr eines gegenwärtigen Angriffs die Verwaltung und das Finanzwesen des Bundes und der Länder abweichend von den Abschnitten VIII, VIIIa und X regeln kann.

Die **Übertragung von Hoheitsrechten** zur Entwicklung der Europäischen Union (Art. 23 I 2)  **19** und auf sonstige zwischenstaatliche Einrichtungen (Art. 24 I) sowie eine Neugliederung des Bundesgebietes (Art. 29) sind dem GemAussch in keinem Fall möglich. Die Bestimmung ist im Zuge der Einführung von Art. 23 (neu) geändert worden,[11] um hinsichtlich der Nichtübertragbarkeit von Hoheitsrechten durch den GemAussch Konsequenz zu wahren.

Eine weitere Kompetenzgrenze enthält Art. 115g S. 2 im Blick auf das **Bundesverfassungs-**  **20** **gericht.** Das Gesetz über das BVerfG darf durch ein Gesetz des GemAussch nur insoweit geändert werden, als dies auch nach Auffassung des BVerfG zur Aufrechterhaltung der Funktionsfähigkeit des Gerichtes erforderlich ist.

Für die Art und Dauer der **Geltung von Gesetzen** des GemAusschs und daraus abgeleitetem Recht  **21** gilt Art. 115k (→ Art. 115k).

---

[6] *Delbrück* BK, Art. 115e (1969) Rn. 29 ff.; aA *Emmelius,* Der Gemeinsame Ausschuss, in: Sterzel (Hrsg.), Kritik der Notstandsgesetze, 1969, S. 153 f.

[7] So *Maunz/Herzog/Scholz,* in: Maunz/Dürig, Art. 115e (1969) Rn. 19.

[8] Einschränkend *Delbrück,* BK, Art. 115e (1969) Rn. 37.

[9] So aber *Maunz/Herzog/Scholz,* in: Maunz/Dürig, Art. 115e (1969) Rn. 43, 37.

[10] A. A. zT *Delbrück* BK, Art. 115e (1969) Rn. 53 f.

[11] 38. G zur Erg. des GG v. 21.12.1992 (BGBl I 2086).

22     Gemäß Art. 115l kann der BTag mit Zustimmung des BRat jederzeit Gesetze des GemAussch **aufheben.** Sonstige zur Abwehr der Gefahr getroffene Maßnahmen des Gemeinsamen Ausschusses sind auf Beschluss von BTag und BRat unverzüglich aufzuheben (s. *Robbers* zu Art. 115l). Ist allein der BTag, nicht jedoch der BRat beschlussfähig, genügt nach dem o. Rn. 6 Ausgeführten der Beschluss des BTag.

## Art. 115f [Weisungen an Landesregierungen und Landesbehörden]

(1) **Die Bundesregierung kann im Verteidigungsfalle, soweit es die Verhältnisse erfordern,**

**1. den Bundesgrenzschutz im gesamten Bundesgebiete einsetzen;**

**2. außer der Bundesverwaltung auch den Landesregierungen und, wenn sie es für dringlich erachtet, den Landesbehörden Weisungen erteilen und diese Befugnis auf von ihr zu bestimmende Mitglieder der Landesregierungen übertragen.**

(2) **Bundestag, Bundesrat und der Gemeinsame Ausschuß sind unverzüglich von den nach Absatz 1 getroffenen Maßnahmen zu unterrichten.**

**Entstehungsgeschichte:** Vgl. vor Art. 115a.
**Historische Verfassungstexte:** Vgl. vor Art. 115a.
**Geltende Landesverfassungen:** Vgl. vor Art. 115a.
**Gesetzgebung:** Vgl. vor Art. 115a.

**Schrifttum:** Vgl. vor Art. 115a.

### Übersicht

## A. Allgemeines

1     Art. 115f enthält im Wesentlichen zwei Maßgaben zur Effektivitätssicherung und Effektivitätssteigerung der Staatsorganisation durch **Zentralisierung** im Verteidigungsfall.

2     Alle Befugnisse nach Art. 115f I stehen unter dem besonderen Vorbehalt der **Erforderlichkeit** nach Maßgabe der konkret gegebenen Verhältnisse. Eine automatische Begründung der genannten Befugnisse mit Eintritt des Verteidigungsfalles findet nicht statt.

## B. Einsatz der Bundespolizei (Abs. 1 Nr. 1)

3     Im Verteidigungsfall, nicht vorher, kann die BReg die **Bundespolizei,** wie der Bundesgrenzschutz seit der Änderung des Bundesgrenzschutzgesetzes vom 21.6.2005[1] heißt, im gesamten Bundesgebiet einsetzen. Außerhalb des in Art. 115a IV bezeichneten Sonderfalles muss die Feststellung des Verteidigungsfalles schon wegen der Prüfungsbefugnis der beteiligten Organe auch gemäß Art. 115a III verkündet sein.[2] Außerhalb des Verteidigungsfalles ist der Einsatz der Bundespolizei vor allem auf Zwecke der Grenzsicherung gemäß Art. 87 I 2 beschränkt, Erweiterungen sind an besondere Voraussetzungen vor allem der Art. 35 II und III, 91 gebunden. Diese Grenzen, damit auch die insoweit bestehenden Einspruchsrechte des BRat, fallen weg, wenn die BReg von ihrer Befugnis aus Art. 115f I Nr. 1 Gebrauch macht.

4     Die Bundespolizei wird dadurch zu einer **allgemein einsetzbaren Polizeitruppe.** Einsatz der Bundespolizei bedeutet auch die Verwendung mit Waffeneinsatz und Kombattantenstatus.[3] Die Verwendung ausschließlich zu Zwecken ohne Waffengebrauch wie etwa die Erntehilfe, die Versorgung der Bevölkerung mit Decken, Zelten, Lebensmitteln, die Instandsetzung nichtmilitärischer Anlagen wird von Art. 115f I 1 nicht erfasst und ist ohne weiteres zulässig.

5     Der besondere Einsatz ist **im gesamten Bundesgebiet** zulässig. Wegen dieser in erster Linie territorialen Komponente der Bestimmung bleiben die in Art. 9 III 3 genannten Sicherungen vor einem Einsatz gegen arbeitsrechtliche Arbeitskämpfe auch gegenüber Art. 115f I Nr. 1 bestehen. Die allgemeinen Schranken gegenüber dem Einsatz der Bundespolizei bestehen in erster Linie zur Wahrung der Länderkompetenzen. Würde im Verteidigungsfall im Zuge der militärischen Entwicklung deutsche

---

[1] BGBl I 1818.
[2] AA *Ipsen* BK, Art. 115f (1970) Rn. 34 ff.
[3] Vgl. *Keidel,* Polizei und Polizeigewalt im Notstandsfall, Diss. München 1971, S. 39 f.; aA *Herzog,* in: Maunz/ Dürig, Art. 115f (Erstbearbeitung) Rn. 15.

Hoheitsgewalt auf außerdeutsches Gebiet getragen, gelten für den Einsatz der Bundespolizei völkerrechtliche Grundsätze.

Der Einsatz bedarf eines **Beschlusses** der BReg als Kollegium, wobei der Grundsatzbeschluss 6 genügt und die Kompetenz zu Einzelbefehlen auf einzelne übertragen werden kann.[4] Auch eine Konzentration der Befehlsgewalt über Landespolizeien (Art. 115c III, 115f I Nr. 2), Bundespolizei und Bundeswehr ist möglich.[5]

## C. Weisungsbefugnisse der Bundesregierung (Abs. 1 Nr. 2)

Die zweite wesentliche Kompetenzerweiterung der BReg durch Art. 115f betrifft die Straffung der 7 erforderlichen Maßnahmen im Sinne einer Zentralisierung auch der **Länderbefugnisse** in den Händen der BReg und damit letztlich in der Person des BKanzlers.

Die **Weisungsbefugnis** der BReg gegenüber der Bundesverwaltung durchbricht das Ressortprinzip 8 des Art. 65 S. 2. Sie erfasst im Rahmen des Verhältnismäßigkeitsgrundsatzes auch sonst regierungsfreie Bereiche, wie etwa die Bundesbank.

Die BReg kann im Verteidigungsfall auch den **Landesregierungen Weisungen** erteilen. Hält sie 9 es für dringlich, kann sie Weisungen unter Umgehung der Landesregierung unmittelbar allen Landesbehörden erteilen. Landesbehörden sind hierbei auch kommunale Behörden und sonstige Selbstverwaltungskörperschaften, wie Universitäten und öffentlich-rechtliche Rundfunkanstalten, wobei aber deren allgemeine verfassungsrechtliche Sicherungen, wie insbesondere ihre Grundrechte und Selbstverwaltungsgarantien, bestehen bleiben.[6]

Die BReg kann die Weisungsbefugnis auf **Mitglieder der Landesregierungen** übertragen, die von 10 der BReg bestimmt werden. Ihre Zuständigkeit kann über das Gebiet ihres Landes nicht hinausgreifen. Werden sie nach Landesrecht aus dem Regierungsamt entlassen, verlieren sie diese Befugnisse ohne weiteres, die BReg kann aber ein anderes Mitglied der Landesregierung beauftragen oder gegebenenfalls die Weisung erteilen, dass die betroffene Person Mitglied der Landesregierung bleibt.

Es muss sich um ein Mitglied der Landesregierung desjenigen Landes handeln, dessen Behörden 11 Weisung erteilt werden soll. Eine Überschreitung der bestehenden **Ländergrenzen** findet insoweit nicht statt.

Eine besondere **Konsultation** der betroffenen Landesregierung oder des jeweiligen Ministerprä- 12 sidenten ist nicht erforderlich. Über die Dringlichkeit entscheidet die BReg im Rahmen ihres pflichtgemäßen politischen Ermessens.

Möglich ist die Erteilung **aller Art von Weisungen** im Bereich der Exekutive und im Rahmen der 13 Befugnisse der angewiesenen Stellen. Die Maßnahme kann deshalb neben Verwaltungsangelegenheiten auch Fragen politischen Verhaltens, der Zusammensetzung der LReg[7] und außerhalb des Streites um das Weisungsrecht selbst auch Verfahren vor dem BVerfG betreffen.

## D. Unterrichtungspflicht (Abs. 2)

Art. 115f II enthält eine über die im Übrigen bestehenden Informationsrechte von BTag, BRat und 14 GemAussch (etwa Art. 23, 43, 53, 53a) hinausgehende Verpflichtung der BReg, diese Organe über alle gem. Art. 115f I getroffenen Maßnahmen zu **unterrichten.** Diese Verpflichtung besteht im Fall des Einsatzes der Bundespolizei hinsichtlich der Tatsache des Grundeinsatzbeschlusses und den damit verbundenen Aufgaben und Ereignissen, damit die parlamentarischen Organe ihren Kontrollpflichten nachkommen können. Entsprechendes gilt für Weisungen an Landesregierungen und Bundesbehörden und für die Übertragung der Weisungsbefugnis an Mitglieder der Landesregierungen.[8]

## Art. 115g [Bundesverfassungsgericht nach Eintritt des Verteidigungsfalles]

**Die verfassungsmäßige Stellung und die Erfüllung der verfassungsmäßigen Aufgaben des Bundesverfassungsgerichtes und seiner Richter dürfen nicht beeinträchtigt werden. Das Gesetz über das Bundesverfassungsgericht darf durch ein Gesetz des Gemeinsamen Ausschusses nur insoweit geändert werden, als dies auch nach Auffassung des Bundesverfassungsgerichtes zur Aufrechterhaltung der Funktionsfähigkeit des Gerichtes erforderlich ist. Bis zum Erlaß eines solchen Gesetzes kann das Bundesverfassungsgericht die zur Erhaltung der Arbeitsfähigkeit des Gerichtes erforderlichen Maßnahmen treffen. Beschlüsse nach Satz 2 und Satz 3 faßt das Bundesverfassungsgericht mit der Mehrheit der anwesenden Richter.**

---

[4] *Herzog,* in: Maunz/Dürig, Art. 115f (Erstbearbeitung) Rn. 13 f.
[5] *Herzog,* in: Maunz/Dürig, Art. 115f (Erstbearbeitung) Rn. 21 f.
[6] AA *Schmidt-Radefeldt,* in: Epping/Hillgruber, Art. 115f Rn. 7.
[7] AA *Herzog,* in: Maunz/Dürig, Art. 115f (Erstbearbeitung) Rn. 58 f.
[8] *Herzog,* in: Maunz/Dürig, Art. 115f (Erstbearbeitung) Rn. 25 f., 60.

**Entstehungsgeschichte:** Vgl. vor Art. 115a.
**Historische Verfassungstexte:** Vgl. vor Art. 115a.
**Geltende Landesverfassungen:** Vgl. vor Art. 115a.
**Gesetzgebung:** Vgl. vor Art. 115a.

**Schrifttum:** Vgl. vor Art. 115a.

## A. Allgemeines

1     Zur Wahrung der Rechtsstaatlichkeit auch im Verteidigungsfall muss die **Funktion des Bundesverfassungsgerichts** gesichert bleiben. Dieses Gericht besitzt im Ausnahmezustand besonderes Gewicht. Es muss der Erfüllung seiner Aufgaben der rechtsstaatlichen Bewältigung der Gefahr gerecht werden und dabei den Erfordernissen der Lage entsprechend tätig sein. Gerade im Verteidigungsfall kommt den politisch verantwortlichen Instanzen im Interesse der Effektivität der Maßnahmen ein erheblicher Ermessensspielraum zu, den das BVerfG zu wahren hat.[1] Die Strukturierung der Entscheidungsinstitutionen im Verteidigungsfall zeigt insgesamt eine starke Konzentrierung und Straffung der Verantwortlichkeit und damit eine Intensivierung auch der Entscheidungskompetenz. Dass Art. 115g ausschließlich den Verteidigungsfall betrifft, ergibt sich aus der systematischen Stellung der Norm.

## B. Reichweite

2     Art. 115g sichert das BVerfG auch hinsichtlich seiner **einfachgesetzlichen** Strukturierung. Die verfassungsmäßige Stellung des Gerichtes betrifft den institutionellen Aufbau; er ergibt sich vor allem aus Art. 92, 94, 99. Die verfassungsmäßigen Aufgaben werden durch die Verfahrensarten bestimmt, wie sie in Art. 93 aufgezählt oder in Bezug genommen sind.

3     Art. 115g verbietet **jede Beeinträchtigung** von Stellung und Aufgaben. Systemimmanente Modifikationen sind zulässig, auch eine Erweiterung der Aufgaben und eine verstärkte Sicherung des Gerichtes sind möglich; die Übertragung zusätzlicher Aufgaben darf aber die Arbeitsfähigkeit des Gerichtes und die im GG verankerte Gewaltenteilung nicht beeinträchtigen. Der Charakter als Gericht gehört zum Kernbereich seiner verfassungsmäßigen Stellung.

4     **Verfassungsänderungen** sind daher nach Maßgabe der allgemeinen Bestimmungen hierüber möglich, allerdings wegen Art. 115e II nicht durch den GemAussch.

5     Auch das **Bundesverfassungsgericht selbst** darf seine Stellung und Aufgabenerfüllung nach Art. 115g S. 1 nicht beeinträchtigen, auch nicht im Rahmen seiner Not- und Mitwirkungskompetenz nach Art. 115g S. 2 und 3.

6     **Beeinträchtigende Maßnahmen** können auf allen Rechtsebenen erfolgen und unterliegen in jeder Form dem Verbot. Während des Verteidigungsfalles kann das BVerfG auch durch Verfassungsänderung nicht etwa abgeschafft oder mit anderen Gerichten zusammengelegt werden.

7     Auch Maßnahmen der **Behörden** unterliegen der Sperre. So dürfen Richter des BVerfG nicht durch Einberufung ihren Aufgaben entzogen werden. Die für die Funktionsfähigkeit erforderlichen Mittel müssen bereitgestellt werden, militärische Sicherung und Verteidigung des BVerfG besitzen hohe Priorität.

8     Art. 115g S. 2 enthält eine **Kompetenzgrenze** für den GemAussch (vgl. auch Art. 115e II). Änderungen des BVerfGG darf der GemAussch nur mit Zustimmung des BVerfG vornehmen. Das gilt auch für materielle Änderungen in anderen Gesetzen als dem BVerfGG. Die Zustimmung des BVerfG muss vor Inkrafttreten des Änderungsgesetzes vorliegen. Sie bedarf eines förmlichen Beschlusses des Gerichtes (Art. 115g S. 4).

9     Der Begriff der Änderung des Gesetzes über das BVerfG in Art. 115g S. 2 ist insofern redaktionell **ungenau**, als es sich gemäß Art. 115k I lediglich um ein Außeranwendungsetzen entgegenstehenden Rechts handeln kann.

10     Der GemAussch kann Änderungen des BVerfGG nur vornehmen, wenn und soweit dies zur Aufrechterhaltung der **Funktionsfähigkeit** des Gerichtes erforderlich ist. Maßnahmen zur Verbesserung der Funktionsfähigkeit sind dadurch nicht ausgeschlossen. An diese materiellrechtliche Voraussetzung ist auch die Zustimmung des BVerfG gebunden. Zur Aufrechterhaltung der Funktionsfähigkeit des Gerichts erforderlich sind auch solche Maßnahmen, die für die Wiederholung der möglicherweise unterbrochenen Funktion des BVerfG notwendig sind.

---

[1] *Graf Vitzthum* HStR VII, § 170 Rn. 54.

Änderungen des BVerfGG durch den **normalen Gesetzgeber** unterliegen auch im Verteidigungs- 11 fall den besonderen Voraussetzungen von Art. 115g S. 2 nicht, insoweit ist auch die besondere Zustimmung des BVerfG nicht erforderlich. Auch hier gilt aber der allgemeine Grundsatz der Organtreue, nach dem auf die Erfordernisse des BVerfG bei Gesetzesänderungen angemessen Rücksicht zu nehmen ist.

Das BVerfG wird nach Maßgabe des Art. 115g S. 3 für den Fall **selbst** tätig, dass ein für die 12 Erhaltung seiner Arbeitsfähigkeit erforderliches Gesetz des GemAussch nicht rechtzeitig ergehen kann. Es kann dann alle erforderlichen Maßnahmen treffen. Sie gelten nur bis zum Erlass des Gesetzes.

Für den denkbaren Fall, dass im Verteidigungsfall rasches Handeln zur Erhaltung der Arbeitsfähigkeit 13 des Gerichtes erforderlich ist, ohne dass der GemAussch die Funktion von BTag und BRat übernommen hat, weil etwa der **Bundestag noch funktionsfähig** ist, sieht der Wortlaut des Art. 115g keine Eilkompetenz des BVerfG vor.

Naheliegende **Maßnahmen** des BVerfG oder eines Gesetzes des GemAussch wären etwa die 14 Änderung der Bestimmung über die Beschlussfähigkeit des Gerichtes. Eine Erweiterung der Verfahrensarten durch das BVerfG selbst ist jedoch unzulässig.[2]

Erforderliche **Neuwahlen von Richtern** des BVerfG, etwa wegen des Ablebens eines Richters, 15 nimmt der GemAussch in Wahrnehmung seiner Kompetenzen aus Art. 115e I vor. Die im Verteidigungsfall ablaufende Amtszeit eines Mitgliedes des BVerfG endet gemäß Art. 115h I S. 3 erst sechs Monate nach Beendigung des Verteidigungsfalles.

Beschlüsse zur Zustimmung zu einer Änderung des BVerfGG durch den GemAussch sowie solche 16 zur vorläufigen Aufrechterhaltung der Arbeitsfähigkeit des Gerichts fasst das BVerfG mit der **Mehrheit** der anwesenden Richter. Ein Quorum für die Beschlussfähigkeit besteht nicht, um ein Tätigwerden des Gerichtes nicht zu blockieren. Das Gericht entscheidet dabei im Plenum.

## Art. 115h [Legislaturperioden und Amtsdauer während des Verteidigungsfalles]

(1) **Während des Verteidigungsfalles ablaufende Wahlperioden des Bundestages oder der Volksvertretungen der Länder enden sechs Monate nach Beendigung des Verteidigungsfalles. Die im Verteidigungsfalle ablaufende Amtszeit des Bundespräsidenten sowie bei vorzeitiger Erledigung seines Amtes die Wahrnehmung seiner Befugnisse durch den Präsidenten des Bundesrates enden neun Monate nach Beendigung des Verteidigungsfalles. Die im Verteidigungsfalle ablaufende Amtszeit eines Mitgliedes des Bundesverfassungsgerichtes endet sechs Monate nach Beendigung des Verteidigungsfalles.**

(2) **Wird eine Neuwahl des Bundeskanzlers durch den Gemeinsamen Ausschuß erforderlich, so wählt dieser einen neuen Bundeskanzler mit der Mehrheit seiner Mitglieder; der Bundespräsident macht dem Gemeinsamen Ausschuß einen Vorschlag. Der Gemeinsame Ausschuß kann dem Bundeskanzler das Mißtrauen nur dadurch aussprechen, daß er mit der Mehrheit von zwei Dritteln seiner Mitglieder einen Nachfolger wählt.**

(3) **Für die Dauer des Verteidigungsfalles ist die Auflösung des Bundestages ausgeschlossen.**

**Entstehungsgeschichte:** Vgl. vor Art. 115a.
**Historische Verfassungstexte:** Vgl. vor Art. 115a.
**Geltende Landesverfassungen:** Vgl. vor Art. 115a.
**Gesetzgebung:** Vgl. vor Art. 115a.

**Schrifttum:** Vgl. vor Art. 115a.

### Übersicht

## A. Allgemeines

Die Notstandsregelung soll die **Funktionsfähigkeit** und **Kontinuität** der leitenden Staatsämter 1 während des Verteidigungsfalles gewährleisten. Sie geht davon aus, dass im Verteidigungsfall die ordnungsgemäße Durchführung von Wahlen nicht möglich ist.

---

[2] *Benda* FS von der Heydte II, 1977, S. 793 (801).

## B. Legislaturperioden (Abs. 1 S. 1)

2    Die Legislaturperioden sowohl des BTag als auch der Volksvertretungen der Länder **dauern** während des Verteidigungsfalles **an.** Laufen sie während des Verteidigungsfalles nach regelmäßiger Bestimmung ab, enden sie sechs Monate nach seiner Beendigung.

3    Die Auffassung, die Verlängerung gelte auch für den Fall, dass die normale Legislaturperiode innerhalb der **Sechsmonatsfrist nach Beendigung** des Verteidigungsfalles ablaufen würde,[1] lässt sich mit dem klaren Wortlaut der Norm nicht vereinbaren; die ersten Normalisierungsmaßnahmen können durchaus in einem solchen Fall auch durch den neu gewählten BTag geschaffen werden. Dasselbe gilt für die übrigen durch Art. 115 I erfassten Amtszeiten und Legislaturperioden. Sind die Staatsorgane vor Eintritt des Verteidigungsfalles gewählt, aber noch nicht zusammengetreten oder ernannt, greift die Bestimmung ihrer ratio nach ebenfalls nicht;[2] sie kommen nach den allgemeinen Bestimmungen ins Amt.

4    Ist dagegen der BTag oder die Volksvertretung eines Landes **aufgelöst** worden, ohne dass vor Eintritt des Verteidigungsfalles Neuwahlen stattgefunden haben, dauert die Legislaturperiode fort; hinsichtlich des BTag hat nach der ratio des Art. 115h I die Regelung des Art. 39 I 2 Vorrang vor Art. 39 I 4, II.[3]

5    Die **Neuwahl** des BTag hat so zeitgerecht zu erfolgen, dass der neue BTag sechs Monate nach Beendigung des Verteidigungsfalles zusammentreten kann. Einen parlamentslosen Zustand darf es nicht geben. Die Regelung ist auf die Neufassung des Art. 39 I und II vom 23.8.1976[4] nicht hinreichend abgestimmt.

## C. Bundespräsident und Vertreter (Abs. 1 S. 2)

6    Die während des Verteidigungsfalles ablaufende Amtszeit des **Bundespräsidenten** endet erst neun Monate nach Beendigung des Verteidigungsfalles. Dasselbe gilt für die Wahrnehmung der Befugnisse des BPräs durch dessen **Vertreter,** den Präs. des BRat, falls sich das Amt des BPräs während des Verteidigungsfalles erledigt. Das kann etwa durch den Tod, den Rücktritt, den Verlust des Amtes gemäß Art. 61 II oder durch Dienstunfähigkeit geschehen. Die Neuwahl des BPräs, sofern die Umstände sie zulassen, wird dadurch nicht ausgeschlossen.[5]

7    Die **Amtsdauer** von BPräs und dessen Vertreter ist gegenüber der Legislaturperiode des BTag um drei Monate zusätzlich verlängert, damit die Differenz in der Amtsdauer auch im Verteidigungsfall gewahrt bleibt, wie sie dem Grunde nach im Normalfall besteht. Die Amtszeit des BPräs soll möglichst nicht deckungsgleich mit der Legislaturperiode sein.

## D. Richter des Bundesverfassungsgerichts (Abs. 1 S. 3)

8    Zur Wahrung seiner Funktionsfähigkeit bleiben die **Richter des Bundesverfassungsgerichts** während des Verteidigungsfalles möglichst im Amt. Ablaufende Amtszeiten enden ebenfalls erst sechs Monate nach Beendigung des Verteidigungsfalles. Gleichwohl etwa durch Tod eines Richters erforderliche Neuwahlen erfolgen im normalen Verfahren durch BTag oder BRat, ggf. durch den GemAussch (Art. 115e I). Art. 115h I 3 ergänzt die Sicherung des BVerfG gemäß Art. 115g.

## E. Bundeskanzler (Abs. 2)

9    Der GemAussch besitzt unter den Voraussetzungen des Art. 115e I das Recht zur **Wahl des Bundeskanzlers.** Die Notwendigkeit hierzu besteht insbesondere bei Tod oder Rücktritt des Amtsinhabers. Da die Amtszeit des BKanzlers an die Dauer der Legislaturperiode gebunden ist (Art. 69 II), bleibt der BKanzler im Verteidigungsfall im Übrigen regelmäßig bis sechs Monate nach dessen Beendigung im Amt.

10    Zur Wahl des BKanzlers durch den GemAussch ist die absolute **Mehrheit** in diesem Organ erforderlich, also mindestens 25 Stimmen; einen Minderheitskanzler kann der GemAussch nicht wählen. Der BPräs schlägt dem GemAussch einen Kandidaten vor. Der GemAussch ist an den Vorschlag nicht gebunden. Er kann auch eine Person zum BKanzler wählen, die vom BPräs nicht vorgeschlagen ist. Der BPräs ernennt den Gewählten nach Maßgabe des Art. 63 II 2. Der BKanzler darf dem GemAussch nicht angehören (Art. 53a I 2).

11    Der GemAussch besitzt auch das Recht des **konstruktiven Misstrauensvotums.** Es ist hierzu aber in Abweichung von dem Grundsatz des Art. 67 I 1 eine Mehrheit von zwei Dritteln der Mitglieder

---

[1] So *Jarass,* in: Jarass/Pieroth, Art. 115h Rn. 1; *Versteyl,* in: v. Münch III, Art. 115h Rn. 2; *Herzog,* in: Maunz/Dürig, Art. 115h (Erstbearbeitung) Rn. 10; *Rauschning,* BK, Art. 115h (1974) Rn. 3.

[2] *Rauschning* BK, Art. 115h (1974) Rn. 4 ff.

[3] A. A. *Rauschning* BK, Art. 115h (1974) Rn. 9, zur Rechtslage nach Art. 39, 45a, 49 aF.

[4] BGBl I 2381.

[5] *Herzog,* in: Maunz/Dürig, Art. 115h (Erstbearbeitung) Rn. 17.

des GemAussch erforderlich, also 32 Stimmen. Für die Entlassung des vorherigen BKanzlers und die Ernennung des Gewählten gilt Art. 67 I 2, angesichts der Spezialität von Art. 115h II 2 und der Erfordernisse im Notfall jedoch nicht die Frist des Art. 67 II.[6]

Der **Antrag** zum konstruktiven Misstrauensvotum muss gemäß § 16 GOGA von mindestens neun   12 Mitgliedern des GemAussch gestellt werden, im Übrigen gilt gemäß § 18 GOGA das Verfahren nach § 97 GOBTag, von dem im Rahmen des verfassungsrechtlich Zulässigen im Wege des § 19 GOGA abgewichen werden kann.

## F. Auflösung des Bundestages (Abs. 3)

Zur weiteren Sicherung des BTag und Wahrung der demokratischen Legitimation und Kontrolle   13 der Exekutive ist die **Auflösung des Bundestages** für die Dauer des Verteidigungsfalles ausgeschlossen. Deshalb ist die Auflösung des BTag weder nach einer gescheiterten Vertrauensfrage des BKanzlers gemäß Art. 68 I noch bei der Wahl eines BKanzlers mit einfacher Mehrheit gemäß Art. 63 IV 3 möglich.

## Art. 115i [Befugnisse der Landesregierungen und Landesbehörden]

(1) **Sind die zuständigen Bundesorgane außerstande, die notwendigen Maßnahmen zur Abwehr der Gefahr zu treffen, und erfordert die Lage unabweisbar ein sofortiges selbständiges Handeln in einzelnen Teilen des Bundesgebietes, so sind die Landesregierungen oder die von ihnen bestimmten Behörden oder Beauftragten befugt, für ihren Zuständigkeitsbereich Maßnahmen im Sinne des Artikels 115f Abs. 1 zu treffen.**

(2) **Maßnahmen nach Absatz 1 können durch die Bundesregierung, im Verhältnis zu Landesbehörden und nachgeordneten Bundesbehörden auch durch die Ministerpräsidenten der Länder, jederzeit aufgehoben werden.**

Entstehungsgeschichte: Vgl. vor Art. 115a.
Historische Verfassungstexte: Vgl. vor Art. 115a.
Geltende Landesverfassungen: Vgl. vor Art. 115a.
Gesetzgebung: Vgl. vor Art. 115a.

Schrifttum: Vgl. vor Art. 115a.

## A. Allgemeines

Die Regelung des Art. 115i trifft Vorsorge für den Fall, dass eine **zentrale Lenkung** der Aktionen   1 durch die BReg **nicht möglich** ist. Eine solche Lage kann etwa durch Unterbrechung der Kommunikationswege, durch Vernichtung der Regierung oder auch dadurch eintreten, dass einzelne Teile des Bundesgebietes durch Feindeinwirkung von anderen isoliert werden; es kann dann eine Insellage solcher Teile, der sogenannte Kataraktfall, bestehen.

## B. Kompetenzübergang (Abs. 1)

Die besonderen Befugnisse von Landesregierungen und Landesbehörden haben zur Voraussetzung,   2 dass der **Verteidigungsfall** besteht, was aus der systematischen Stellung der Norm folgt, und dass die Lage unabweisbar ein sofortiges selbstständiges Handeln auf dem Territorium ihrer Zuständigkeit erfordert und die sonst zuständigen Bundesbehörden außerstande sind, die notwendigen Maßnahmen zu treffen. Bloße Entschlusslosigkeit reicht hierzu nicht aus, ebensowenig wie der mögliche Fall, dass die Landesregierung die Gefolgschaft verweigert.[1] Eine Verschiebung der Maßnahmen darf nicht möglich sein.

Die Zuständigkeit geht dann auf die **Landesregierungen** oder die von ihnen bestimmten Behörden   3 oder Beauftragten über. Die Landesstellen sind in diesem Fall ermächtigt, die Maßnahmen nach Art. 115f I zu treffen. Dies bedeutet praktisch vor allem, dass sie die Bundespolizei einsetzen und den Bundesbehörden Weisungen erteilen können. Die Weisungsbefugnis gegenüber den Landesbehörden ergibt sich bereits aus ihrer normalen Zuständigkeit, die besondere Bestimmung von Mitgliedern der Landesregierung für die Weisungsbefugnis aus der Organisationskompetenz der Landesregierung. Insofern wird aber Art. 49 BayVerf wie jede andere entsprechende Norm einer Landesverfassung verdrängt, die eine Zuständigkeitsverteilung von Landesverfassungs wegen vorsieht und gegebenenfalls einen Landtagsbeschluss zur Begründung von Zuständigkeiten erfordert.

---

[6] Ähnlich *Herzog*, in: Maunz/Dürig, Art. 115h (Erstbearbeitung) Rn. 37.
[1] *Herzog*, in: Maunz/Dürig, Art. 115i (Erstbearbeitung) Rn. 14 f.; *Rauschning* BK, Art. 115i; (1972) Rn. 9; aA *Lenz*, Notstandsverfassung des Grundgesetzes, 1971, Art. 115i Rn. 5.

**4**     Die Notzuständigkeit der Landesregierungen erstreckt sich auf ihr jeweiliges **Zuständigkeitsgebiet,** eine darüber hinaus reichende Kompetenz ist grundsätzlich nicht begründet; eine Ausnahme besteht nach der ratio der Bestimmung, wenn einzelne Landesteile eines Bundeslandes von ihrer Landesregierung und Bundesregierung abgeschnitten sind, von einer diesem Teil benachbarten Landesregierung aber entsprechende Maßnahmen ergriffen werden können. Mit dieser Territorialisierung der Leitung wird, sofern die Lage dies erfordert, von dem Grundsatz der Zentralisierung der Staatsleitung abgewichen, der die Regelungen des Verteidigungsfalles sonst prägt.

**5**     Gegenstand der besonderen **Weisungsgewalt** der Landesregierungen ist gemäß Art. 115i I iVm Art. 115f I Nr. 2 die Bundesverwaltung. Bundesverwaltung im Sinne dieser Norm sind, wie sich aus der Entstehungsgeschichte ergibt, nicht die Streitkräfte.[2]

**6**     Die Landesregierungen können die Weisungsgewalt weiter **übertragen.** Dabei bieten sich jeweils vor Ort befindliche Behörden an. Die Leitung kann aber auch auf Beauftragte übertragen werden, die nicht in einem herkömmlichen Amtsverhältnis stehen müssen, es wird dann außerhalb der üblichen Hierarchien ein Amtsverhältnis sui generis geschaffen.

**7**     Befugnisse, die über die in Art. 115f I genannten Maßnahmen **hinausgehen,** können durch Art. 115i I nicht begründet werden.

## C. Aufhebung der Maßnahmen (Abs. 2)

**8**     Die nach Art. 115i I getroffenen Maßnahmen können jederzeit durch die primär zuständigen Stellen **rückgängig** gemacht werden. Dies ist vor allem die BReg. Im Übrigen erhalten die Ministerpräsidenten der Länder eine besondere Stellung im Verteidigungsfall gegenüber ihren Landesregierungen, indem sie gegenüber den Landesbehörden und nachgeordneten Bundesbehörden zur Aufhebung der Maßnahmen befugt sind, deren Begründung grundsätzlich eines Beschlusses der Landesregierung als solcher bedarf.

**9**     Die Aufhebung kann **jederzeit** erfolgen. Die vorrangig zuständige Stelle kann die Maßnahmen auch bestehen lassen, tritt dann aber in die Verantwortung für sie ein.

## Art. 115k [Geltung von Gesetzen und Rechtsverordnungen]

(1) **Für die Dauer ihrer Anwendbarkeit setzen Gesetze nach den Artikeln 115c, 115e und 115g und Rechtsverordnungen, die auf Grund solcher Gesetze ergehen, entgegenstehendes Recht außer Anwendung. Dies gilt nicht gegenüber früherem Recht, das auf Grund der Artikel 115c, 115e und 115g erlassen worden ist.**

(2) **Gesetze, die der Gemeinsame Ausschuß beschlossen hat, und Rechtsverordnungen, die auf Grund solcher Gesetze ergangen sind, treten spätestens sechs Monate nach Beendigung des Verteidigungsfalles außer Kraft.**

(3) **Gesetze, die von den Artikeln 91a, 91b, 104a, 106 und 107 abweichende Regelungen enthalten, gelten längstens bis zum Ende des zweiten Rechnungsjahres, das auf die Beendigung des Verteidigungsfalles folgt. Sie können nach Beendigung des Verteidigungsfalles durch Bundesgesetz mit Zustimmung des Bundesrates geändert werden, um zu der Regelung gemäß den Abschnitten VIIIa und X überzuleiten.**

**Entstehungsgeschichte: Erstfassung:** Vgl. vor Art. 115a. – **Änderung:** 21. G zur Änd. des GG v. 12.5.1969 (BGBl I 359), Art. I Nr. 8 (dazu: BT-Dr V/2861 [Entwurf], V/3605, V/4105; BT-Prot V/9145, 11025, 12538; BR-Dr 138/68, 14/69, 217/69; BR-Prot 68/45, 69/1, 69/108).
**Historische Verfassungstexte:** Vgl. vor Art. 115a.
**Geltende Landesverfassungen:** Vgl. vor Art. 115a.
**Gesetzgebung:** Vgl. vor Art. 115a.

**Schrifttum:** Vgl. vor Art. 115a.

### Übersicht

---

[2] *Herzog,* in: Maunz/Dürig, Art. 115i (Erstbearbeitung) Rn. 29, 35; *Rauschning* BK, Art. 115i (1972) Rn. 25.

## A. Allgemeines

Art. 115k beschränkt die **Geltungsart** und die **Geltungsdauer** von Normen, die den Verteidi-  **1**
gungsfall regeln. Damit sollen die Befugnisse der vom GG für den Normalfall vorgesehenen Gesetzgebungsorgane gewahrt, Missbrauch verhindert und die zeitliche Begrenzung des Ausnahmerechtes
sichergestellt werden. Insoweit tritt Art. 115k neben die Begrenzung der Zuständigkeiten des GemAussch gemäß Art. 115e II und Art. 115g.

Die Restriktionen des Art. 115k erfassen weite **Bereiche** des einfachen Notstandsrechts: Art. 115c  **2**
begründet eine konkurrierende Gesetzgebungszuständigkeit des Bundes für den Verteidigungsfall,
ermöglicht Enteignungen abweichend von Art. 14 III 2 sowie eine Verlängerung der Freiheitsentziehung ohne richterliche Entscheidung und besondere Regelungen für Verwaltung und Finanzwesen
des Bundes. Art. 115e begründet die Rechtsetzungskompetenz des GemAussch. Art. 115g betrifft
Änderungen der Rechtsstellung des BVerfG.

## B. Geltungsart (Abs. 1)

Gesetze, die nach Maßgabe dieser Bestimmungen erlassen werden, und Rechtsverordnungen, die  **3**
auf Grund solcher Gesetze ergehen, können ihnen entgegenstehendes Recht nur **außer Anwendung
setzen.** Sie ändern solches Recht nicht. Das heißt, das entgegenstehende Recht bleibt in Kraft und
wird lediglich suspendiert; es erlangt wieder volle Geltung, sobald die bezeichneten Gesetze und
Rechtsverordnungen außer Kraft treten. Der Begriff des entgegenstehenden Rechts umfasst nur solche
Normen, die von Gesetzen und Rechtsverordnungen gemäß Art. 115c, 115e und 115g zulässigerweise
suspendiert werden. Eine Änderung der Verfassung findet nicht statt; weder kann ein Gesetz des
GemAusschs gem. Art. 115e Verfassungsrecht über das in Art. 115c II und III bestimmte Maß hinaus
außer Anwendung setzen, noch darf der GemAussch wegen Art. 115e II 2 etwa eine Neugliederung
des Bundesgebietes vornehmen, die die bestehende Gliederung bloß außer Anwendung setzt.

Gegenüber Recht, das seinerseits auf Grund der Ausnahmevorschriften des Art. 115c, 115e und  **4**
Art. 115g erlassen worden ist, greift gemäß Art. 115k I 2 die **Geltungsbeschränkung nicht** ein. Hier
ist die besondere Sicherung nicht erforderlich.

## C. Geltungsdauer (Abs. 2 und 3 S. 1)

Eine **zeitliche** Beschränkung von Notstandsgesetzen enthält Art. 115k II. Gesetze des GemAussch  **5**
und aufgrund solcher Gesetze erlassene Rechtsverordnungen gelten nicht länger als bis zum Ablauf von
sechs Monaten nach Beendigung des Verteidigungsfalles. Sie können von den gesetzgebenden Körperschaften auch früher außer Kraft gesetzt werden. Da das frühere entgegenstehende Recht lediglich
außer Anwendung gesetzt worden ist, erlangt dieses Recht ohne weiteres wieder Geltung, wenn die
gesetzgebenden Körperschaften nichts anderes beschließen.

Eine gegenüber dieser Sechsmonatsfrist **verlängerte Geltungsdauer** von Notstandsgesetzen sieht  **6**
Art. 115k III für haushaltsrelevante Gesetze vor. Dies betrifft ausschließlich Gesetze mit Regelungen
zu den Gemeinschaftsaufgaben gemäß Art. 91a und 91b, zu Aufgabenverteilung und Finanzausgleich
gemäß Art. 104a, zur Verteilung des Steueraufkommens und des Ertrages der Finanzmonopole gemäß
Art. 106 und zu Finanzausgleich und Ergänzungszuweisungen gemäß Art. 107. In diesem Bereich
bedarf es eines längeren Übergangszeitraumes, weil anzunehmen ist, dass durch die Haushaltsbelastung
eines Verteidigungsfalles hier besondere Maßnahmen in größerem Zeitrahmen erforderlich sind. Die
Föderalismusreform 2006[1] hat darauf verzichtet, den neu eingefügten Art. 104b, der nunmehr die
zuvor in Art. 104a IV enthaltenen Finanzhilfen regelt, in Art. 115k III aufzunehmen.

Es handelt sich jeweils um Gesetze gemäß Art. 115c III. Sind sie vom **Gemeinsamen Ausschuss**  **7**
aufgrund von Art. 115e I erlassen worden, geht Art. 115k III dem Art. 115k II vor mit der Folge, dass
auch diese Gesetze an der längeren Geltungsdauer teilhaben.

Gesetze nach Art. 115k III 1 gelten bis spätestens zum Ende des **zweiten Rechnungsjahres,** das  **8**
auf die Beendigung des Verteidigungsfalles folgt. Die Dauer des Rechnungsjahres ergibt sich aus
Art. 110; sie beträgt zwölf Monate, deren Beginn durch das Haushaltsgesetz bestimmt wird. Die
Geltungsdauer von Gesetzen nach Art. 115k III 1 beträgt danach höchstens drei Kalenderjahre nach
Beendigung des Verteidigungsfalles.

**Nach Ablauf** dieser Frist treten diese Gesetze außer Kraft, weil sie eben nicht mehr gelten, wie  **9**
bereits der Wortlaut der Bestimmung deutlich ergibt; für ein bloßes Außeranwendungtreten gibt es
keinen Raum.[2] Sind sie allerdings vor dem Verteidigungsfall für diesen erlassen, treten sie in ihre
frühere Geltungsart zurück.

---

[1] 52. ÄndG v. 28.8.2006, BGBl I 2034.
[2] AA *Herzog,* in: Maunz/Dürig, Art. 115k Rn. 46 Anm. 2.

## D. Änderungsmöglichkeiten (Abs. 3 S. 2)

10     Änderungen der in Art. 115k III 1 bezeichneten Gesetze sind auch nach **Beendigung** des Verteidigungsfalles möglich, ohne einen vollständig verfassungsgemäßen Zustand herzustellen. Das GG nimmt hier das Rechtsinstitut des verfassungsnäheren Zustandes auf.[3] Änderungsgesetze im Sinne des Art. 115k III 2 müssen zum Zweck haben, zu einem Zustand überzuleiten, der dem verfassungsgemäßen Zustand nach den Abschnitten VIIIa und X entspricht, diesen also nicht notwendig unmittelbar erreichen. Sie müssen auch faktisch verfassungsnäher sein als die vorhergehende Regelung.

11     Solche Änderungsgesetze bedürfen der **Zustimmung des Bundesrates.** Sie gelten ihrerseits längstens bis zum Ende des zweiten Rechnungsjahres, das auf die Beendigung des Verteidigungsfalles folgt. Andernfalls könnte ein verfassungswidriger Zustand auf Dauer perpetuiert werden.

## Art. 115l [Aufhebung von Notstandsmaßnahmen; Friedensschluß]

(1) **Der Bundestag kann jederzeit mit Zustimmung des Bundesrates Gesetze des Gemeinsamen Ausschusses aufheben. Der Bundesrat kann verlangen, daß der Bundestag hierüber beschließt. Sonstige zur Abwehr der Gefahr getroffene Maßnahmen des Gemeinsamen Ausschusses oder der Bundesregierung sind aufzuheben, wenn der Bundestag und der Bundesrat es beschließen.**

(2) **Der Bundestag kann mit Zustimmung des Bundesrates jederzeit durch einen vom Bundespräsidenten zu verkündenden Beschluß den Verteidigungsfall für beendet erklären. Der Bundesrat kann verlangen, daß der Bundestag hierüber beschließt. Der Verteidigungsfall ist unverzüglich für beendet zu erklären, wenn die Voraussetzungen für seine Feststellung nicht mehr gegeben sind.**

(3) **Über den Friedensschluß wird durch Bundesgesetz entschieden.**

**Entstehungsgeschichte:** Vgl. vor Art. 115a.
**Historische Verfassungstexte:** Vgl. vor Art. 115a.
**Geltende Landesverfassungen:** Vgl. vor Art. 115a.
**Gesetzgebung:** Vgl. vor Art. 115a.

**Schrifttum:** Vgl. vor Art. 115a.

### Übersicht

## A. Aufhebung von Gesetzen des Gemeinsamen Ausschusses (Abs. 1 S. 1)

1     Art. 115l bestimmt den unbedingten **Vorrang der normalen Gesetzgebungsorgane** vor dem GemAussch. Gesetze des GemAussch kann der BTag jederzeit aufheben, und zwar auch im Verteidigungsfall. Es bedarf lediglich der Beschlussfähigkeit des BTag, damit er wieder tätig werden kann. Beschlüsse des BTag, die Gesetze des GemAussch aufheben, bedürfen der Zustimmung des BRat, sonst kommen sie nicht zustande. Dies liegt darin begründet, dass das Bundesratselement im GemAussch die betroffenen Gesetze mitbeschlossen hat. Der VermA kann nicht angerufen werden, weil es sich nicht um ein Gesetzgebungsverfahren handelt.

2     Wird ein Gesetz des **Gemeinsamen Ausschusses** nicht aufgehoben, tritt es grundsätzlich mit Ablauf von sechs Monaten nach Beendigung des Verteidigungsfalles ohne weiteres außer Kraft (Art. 115k II), bei Gesetzen nach Art. 115k III mit Ablauf des zweiten Rechnungsjahres nach Beendigung des Verteidigungsfalles.

3     Gem. Art. 115l I 2 besitzt der BRat für den Aufhebungsbeschluss ein **Initiativrecht.** Daneben kann der Antrag aus der Mitte des BTag gestellt werden. Die BReg besitzt ein entspr. Initiativrecht nicht, weil es sich nicht um ein Gesetzgebungsverfahren handelt, ansonsten bedürfte es im Übrigen nicht der ausdrücklichen Zuweisung des Initiativrechts an den BRat.

4     Der Beschluss wird vom **Bundespräsidenten** im Wege des Art. 82, gegebenenfalls und ausnahmsweise entsprechend Art. 115a III 2, ausgefertigt und verkündet. Deshalb ist auch die Gegenzeichnung erforderlich. BPräs und der gegenzeichnende BKanzler oder BMinister besitzen ein formelles und materielles Prüfungsrecht im üblichen Umfang.

---

[3] Vgl. dazu BVerfGE 83, 130 (154).

## B. Aufhebung sonstiger Maßnahmen (Abs. 1 S. 3)

Auf Verlangen von BTag und BRat sind auch alle sonstigen Maßnahmen des GemAussch und der **5** BReg **aufzuheben.** Betroffen sind zur Abwehr der Gefahr getroffene Maßnahmen, also solche, die in der Bewältigung des Verteidigungsfalles ihren Grund haben. Anders als bei Gesetzen bedarf es in diesem Fall eines besonderen Tätigwerdens der für die Aufhebung zuständigen Organe. Der GemAussch selbst kann nicht mehr tätig werden, weil er nur so lange Rechte von BTag und BRat wahrnehmen kann, als der BTag nicht beschlussfähig ist oder nicht zusammentreten kann. Sollte der BTag nach dem Aufhebungsbeschluss wieder funktionsunfähig werden, erlangt der GemAussch wiederum die Stellung nach Art. 115e und ist deshalb nicht mehr an den Aufhebungsbeschluss gebunden.

**Maßnahmen,** deren Aufhebung nach Art. 115l I 3 beschlossen werden können, sind vor allem **6** Rechtsverordnungen und Verwaltungsvorschriften sowie Maßnahmen nach Art. 115f I, also der Einsatz der Bundespolizei und Weisungen oder Beauftragungen.

Die **Aufhebung** von Maßnahmen der BReg, die zu ihrer normalen Kompetenz außerhalb des **7** Verteidigungsfalles gehören, kann nur im Rahmen der allgemeinen Kompetenzordnung verlangt werden, weil Art. 115l lediglich der Wiederherstellung des normalen Falles dient.

Auch hier bedarf es **übereinstimmender Beschlüsse** von BTag und BRat. Anders als bei Gesetzen **8** besitzt der BRat hierbei kein Initiativrecht gegenüber dem BTag, eine wenig konsequente Lösung. Einer Verkündung des Beschlusses durch den BPräs bedarf es nicht.

## C. Beendigung des Verteidigungsfalles (Abs. 2)

Die **Aufhebung** des Verteidigungsfalles erfolgt durch den BTag, der Beschluss bedarf der Zustim- **9** mung des BRat. Dies entspricht dem grundsätzlichen Verfahren der Feststellung des Verteidigungsfalles. Während dieser aber eine Mehrheit von zwei Dritteln der Stimmen des BTag, mindestens der Hälfte seiner Mitglieder erfordert, kann die Beendigung des Verteidigungsfalles mit einfacher Mehrheit im BTag erfolgen, im BRat ist die Mehrheit seiner Mitglieder erforderlich, weil er nur in diesem Fall beschlussfähig ist. Unter den Voraussetzungen des Art. 115e I beschließt der GemAussch.

Ein **Initiativrecht** besitzt der BRat (Art. 115l II 2), nicht jedoch die BReg, die für die Feststellung **10** des Verteidigungsfalles demgegenüber allein antragsbefugt ist. Der Aufhebungsantrag kann auch aus der Mitte des BTag gestellt werden.

Der Beschluss, der den Verteidigungsfall für beendet erklärt, wird vom **Bundespräsidenten** gemäß **11** Art. 82, in kaum praktischen Fällen entsprechend Art. 115a III 2, nach Gegenzeichnung ausgefertigt und verkündet. Auch hierbei besteht das allgemeine Prüfungsrecht des BPräs und des gegenzeichnenden BKanzlers oder BMinisters.

Die Beendigung des Verteidigungsfalles **muss** von BTag und BRat beschlossen werden, sobald die **12** Voraussetzungen für seine Feststellung nicht mehr gegeben sind. Diese Voraussetzungen nennt Art. 115a I. Die Norm will eine Perpetuierung des Verteidigungsfalles verhindern.

## D. Friedensschluss (Abs. 3)

Über den **Friedensschluss** kann gemäß Art. 115l III, der mit dem früheren Art. 59a IV bereits **13** dem Wortlaut nach identisch ist, nur durch ein Bundesgesetz im formellen Sinne entschieden werden. Es ist ein Einzelfallgesetz, die Frage der Zustimmungsbedürftigkeit durch den BRat bestimmt sich nach den allgemeinen Regeln. Es findet das normale Gesetzgebungsverfahren Anwendung. Der Friedensschluss setzt die Beendigung des Verteidigungsfalles voraus. Der Friedensschluss selbst erfolgt im Wege völkerrechtlichen Vertrages, wird also durch den BPräs gem. Art. 59 vorgenommen. Dieser ist an die Entscheidung des BTag nach Maßgabe der allgemeinen Bestimmungen gebunden.

# XI. Übergangs- und Schlußbestimmungen

## Art. 116 [Deutsche Staatsangehörigkeit]

(1) Deutscher im Sinne dieses Grundgesetzes ist vorbehaltlich anderweitiger gesetzlicher Regelung, wer die deutsche Staatsangehörigkeit besitzt oder als Flüchtling oder Vertriebener deutscher Volkszugehörigkeit oder als dessen Ehegatte oder Abkömmling in dem Gebiete des Deutschen Reiches nach dem Stande vom 31. Dezember 1937 Aufnahme gefunden hat.

(2) Frühere deutsche Staatsangehörige, denen zwischen dem 30. Januar 1933 und dem 8. Mai 1945 die Staatsangehörigkeit aus politischen, rassischen oder religiösen Gründen entzogen worden ist, und ihre Abkömmlinge sind auf Antrag wieder einzubürgern. Sie gelten als nicht ausgebürgert, sofern sie nach dem 8. Mai 1945 ihren Wohnsitz in Deutschland genommen haben und nicht einen entgegengesetzten Willen zum Ausdruck gebracht haben.

**Entstehungsgeschichte: Erstfassung:** JöR nF 1 (1951), 823.
**Historische Verfassungstexte: RV 1849:** § 131 Das deutsche Volk besteht aus den Angehörigen der Staaten, welche das deutsche Reich bilden. § 132 Jeder Deutsche hat das deutsche Reichsbürgerrecht. Die ihm kraft dessen zustehenden Rechte kann er in jedem deutschen Lande ausüben. Ueber das Recht, zur deutschen Reichsversammlung zu wählen, verfügt das Reichswahlgesetz. – **RV 1871: Art. 3** (1) Für ganz Deutschland besteht ein gemeinsames Indigenat mit der Wirkung, daß der Angehörige (Unterthan, Staatsbürger) eines jeden Bundesstaates in jedem anderen Bundesstaate als Inländer zu behandeln und demgemäß zum festen Wohnsitz, zum Gewerbebetriebe, zu öffentlichen Aemtern, zur Erwerbung von Grundstücken, zur Erlangung des Staatsbürgerrechtes und zum Genusse aller sonstigen bürgerlichen Rechte unter denselben Voraussetzungen wie der Einheimische zuzulassen, auch in Betreff der Rechtsverfolgung und des Rechtsschutzes demselben gleich zu behandeln ist. – **WRV: Art. 110** (1) Die Staatsangehörigkeit im Reiche und in den Ländern wird nach den Bestimmungen eines Reichsgesetzes erworben und verloren. Jeder Angehörige eines Landes ist zugleich Reichsangehöriger. (2) Jeder Deutsche hat in jedem Lande des Reichs die gleichen Rechte und Pflichten wie die Angehörigen des Landes selbst.
**Geltende Landesverfassungen:** *Bay*Verf Art. 6 I u. III, 7 I; *Bln*Verf Art. 2 I; *Bbg*Verf Art. 3 I; *RhPf*Verf Art. 75 II; *Sachs*Verf Art. 5; *Thür*Verf Art. 104.
**Gesetzgebung:** BVFG; StAG.
**Leitentscheidungen:** BVerfGE 8, 81 (Aufklärungspflicht in Auslieferungsfällen); BVerfGE 23, 98 (Ausbürgerung von Juden); BVerfGE 54, 53 (Wiedereinbürgerung von Juden); BVerfGE 58, 128 (Bekenntnis zu deutschem Volkstum); BVerfGE 77, 137 (Teso); BVerfGE 132, 39 (Wahlrecht im Ausland lebender Deutscher); BVerwGE 85, 108 (Kinder ausgebürgerter Frauen); BVerwGE 95, 36 (Abkömmlinge Ausgebürgerter); BVerwGE 119, 172 („Aufnahme"); BVerwGE 127, 177 (Erwachsenenadoption).

**Schrifttum:** *H. Dreier,* Grundgesetz-Kommentar, Band 3, 2018; *D. Eichmann/S. Siehr,* Das Recht auf die deutsche Staatsangehörigkeit für ausgebürgerte deutsche Juden und ihre Nachkommen, ZAR 2002, 89; *R. Grawert,* Staatsvolk und Staatsangehörigkeit HStR II, 2004, § 16; *K. Hailbronner/H.-G. Maaßen/J. Hecker/M. Kau,* Staatsangehörigkeitsrecht, 2017; *S. Haack.,* Staatsangehörigkeit, Unionsrechtsbürgerschaft, Völkerrechtssubjektivität HStR X, 2012, § 205; *A. N. Makarov/H. v. Mangoldt,* Deutsches Staatsangehörigkeitsrecht, 1997; *F. A. Mann,* Ausbürgerung und Wiedereinbürgerung nach Art. 116 Abs. 2 GG in der Rechtsprechung des Bundesverfassungsgerichts und des Auslands FS Coing, Bd. II, 1982, S. 323; *I. v. Münch,* Die deutsche Staatsangehörigkeit, 2007; *L. Renck,* Staatsangehörigkeit und Art. 116 II GG, JZ 1979, 52; *G. Roellecke/H. Genzel/H. Westerath/A. N. Makarov,* Die Staatsangehörigkeit ausgebürgerter Juden, JZ 1969, 97; *M. Sachs,* Kein Erwerb der Eigenschaft eines Abkömmlings i. S. des Art. 116 I GG bei Erwachsenenadoption; *M. Silagi,* Zum Abkömmlingsbegriff in Art. 116 Abs. 2 GG und zum Einbürgerungsanspruch ehelicher Kinder von Ausgebürgerten, StAZ 1987, 144; *ders.,* Von der heutigen Bedeutung des Art 116 GG, ROW 1986, 160; *B. Ziemske,* Die deutsche Staatsangehörigkeit nach dem Grundgesetz, 1995; *A. Zimmermann, ders./J. Bäumler,* Art. 116 Abs. 2 – Ein verfassungsrechtliches Auslaufmodell? DÖV 2016, 97.

## Übersicht

## A. Der Begriff des „Deutschen" im Sinne des Grundgesetzes (Abs. 1)[1]

### I. Allgemeine Bedeutung des Abs. 1

Art. 116 I wurde als Übergangsbestimmung in das GG eingefügt, um insb. den Rechtsstatus der **1** Vertriebenen und der durch rechtlich zweifelhafte Ausbürgerungen und Sammeleinbürgerungen im Zusammenhang mit dem Zweiten Weltkrieg betroffenen Personengruppen zu klären.[2] Nach dem Sinn und Zweck des Art. 116 II zählen zu dem durch diese Verfassungsbestimmung berechtigten Personenkreis nur solche Ausgebürgerten, die ihre deutsche Staatsangehörigkeit ohne die nationalsozialistische Unrechtsmaßnahme der Ausbürgerung behalten hätten. Von herausragender Bedeutung ist die Einbeziehung der Statusdeutschen in das Staatsvolk im Sinne der Präambel sowie der Art. 20 II 2, 38, 54 I 2, 56, 64 II und 146 und die damit verbundene Beteiligung an der politischen Willensbildung.[3] Die Bestimmung hat die Existenz **verschiedener Kategorien von Deutschen** zur Folge: Deutsche mit deutscher Staatsangehörigkeit und sog. Statusdeutsche ohne deutsche Staatsangehörigkeit, nämlich Flüchtlinge oder Vertriebene deutscher Volkszugehörigkeit, die in Deutschland[4] Aufnahme gefunden haben.

Zu Zeiten des Ost-West-Konfliktes erlaubte Art. 116 I es der Bundesrepublik, sich für deutsche **2** Minderheiten im Ostblock einzusetzen und vielen Deutschstämmigen ein Entkommen aus totalitären Rechtsordnungen zu ermöglichen. Trotz ihres zunehmend historischen Zwecks ist die Norm auch noch heute von praktischer Bedeutung, denn noch immer ersuchen Volksdeutsche oder deren Angehörige um Aufnahme und noch immer haben nicht alle Ausgebürgerten, die Abs. 2 anspricht, die deutsche Staatsangehörigkeit wiedererlangt.[5]

### II. Deutsche ohne deutsche Staatsangehörigkeit (Statusdeutsche)

**1. Flüchtlinge oder Vertriebene deutscher Volkszugehörigkeit.** Damit eine Person ohne **3** deutsche Staatsangehörigkeit aus eigenem Recht[6] als Deutsche eingestuft wird, muss sie Flüchtling oder Vertriebene deutscher Volkszugehörigkeit sein. Nicht ganz geklärt ist, ob hierfür die **Legaldefinition** in § 1 BVFG verbindlich ist.[7] Dagegen könnte sprechen, dass das BVFG unmittelbar keine anderweitige gesetzliche Regelung (Art. 116 I) der Statusdeutschen enthält. Praxis und hL halten bei der Auslegung des Art. 116 die Vorschriften des BVFG für maßgeblich.[8] Aufgrund des Gesetzesvorbehalts ist eine gesetzliche Interpretation der Verfassung insbesondere durch den Vertriebenenbegriff des BVFG unbedenklich.[9]

Nach der Legaldefinition ist **Vertriebener,** wer „seinen Wohnsitz in den ehemals unter fremder **4** Verwaltung stehenden deutschen Ostgebieten oder in den Gebieten außerhalb der Grenzen des Deutschen Reiches nach dem Gebietsstande vom 31. Dezember 1937",[10] dh außerhalb des Gebiets der heutigen Bundesrepublik[11] hatte, und ihn im Zusammenhang mit dem Zweiten Weltkrieg infolge Flucht oder Vertreibung verloren hat. Der Flucht gleichzustellen ist die mit Rücksicht auf allgemein stattfindende Vertreibungsmaßnahmen erfolgende Nichtrückkehr an einen beibehaltenen Wohnsitz, die eine Aufgabe desselben darstellt.[12]

Voraussetzung ist ein Kausalzusammenhang zwischen Vertreibungsmaßnahmen und Flucht. Bei **5** **Aussiedlern** aus (ehemals) kommunistischen Staaten verfährt die Rechtsprechung auf der Grundlage des BVFG[13] allerdings großzügig. Die Betreffenden müssen keine Vertreibungsmaßnahmen nachweisen. Es bestehe eine Vermutung für ein Verlassen des Vertreibungsgebiets auf Grund nicht zumut-

---

[1] Herrn Noah Zimmermann danke ich für die Unterstützung bei der Aktualisierung.
[2] Vgl. *H. Alexy* NJW 1989, 2850; *Hailbronner* HMHK, Art. 116 Rn. 1; *Wittreck,* in: Dreier III, Art. 116 Rn. 6; s. a. BVerwGE 119, 172 (179); 120, 292 (296 f.).
[3] BVerfGE 83, 37 (51 ff.); 37, 217 (239, 253); *Masing/Kau* MKS III, Art. 116 Rn. 14 mwN.
[4] *v. Mangoldt* HStR V, § 119 Rn. 68.
[5] *Hillgruber* BeckOK GG, Art. 116 Vor Rn. 1; vgl. *v. Münch,* Die deutsche Staatsangehörigkeit, 2007, S. 121; vgl. auch *Zimmermann/Bäumler* DÖV 2016, 97 (104) unter besonderer Berücksichtigung eines Spannungsverhältnisses zwischen Art. 116 II GG und § 4 IV StAG; aA *Vedder/Lorenzmeier,* in: v. Münch/Kunig II, Art. 116 Rn. 91 ff., 96, denen zufolge Art. 116 seinen Zweck erfüllt habe und Abs. 1 aufgehoben werden sollte.
[6] Zu Ehegatten und Abkömmlingen, → Rn. 7 ff.
[7] So *Hailbronner* HMHK, Art. 116 Rn. 23; *Giegerich,* in: Maunz/Dürig (2011), Art. 116 Rn. 68; *Zuleeg,* AK GG, Art 116 (2001) Rn. 12; auch die Rspr. legt die Legaldefinition zugrunde, vgl. BVerfGE 17, 224 (227); BVerwGE 38, 224 (226); differenzierend *Wittreck,* in: Dreier III, Art. 116 Rn. 60 f.; aA *Sachs,* in: Stern, StaatsR III/1, S. 599; von einem eigenen verfassungsrechtlichen Vertriebenenbegriff gehen aus *Vedder/Lorenzmeier,* in: v. Münch/Kunig II, Art. 116 Rn. 38 f.
[8] Vgl. z. B. BVerfGE 59, 128; w. Nachw. in Fn. 7.
[9] Ausführlich hierzu *v. Mangoldt* HStR V, § 119 Rn. 52 f.
[10] § 1 I 1 BVFG.
[11] Vgl. *Jarass,* in: Jarass/Pieroth, Art. 116 Rn. 4.
[12] BVerfGE 17, 224 (231); *Hailbronner* HMHK, Art. 116 Rn. 34 mwN.
[13] Vgl. § 1 II Nr. 3 BVFG.

barer Spätfolgen von Vertreibungsmaßnahmen im Zusammenhang mit dem Zweiten Weltkrieg.[14] Der Gesetzesvorbehalt in Art. 116 I ermöglicht, gebietet jedoch nicht[15], eine solche weitgehende Gleichstellung von Aussiedlern und Vertriebenen.

6 **Deutscher Volkszugehöriger** ist, „wer sich in seiner Heimat zum deutschen Volkstum bekannt hat, sofern dieses Bekenntnis durch bestimmte Merkmale wie Abstammung, Sprache, Erziehung, Kultur bestätigt wird"[16]. Hierbei ist auf die Zeit vor Beginn der allgemeinen Vertreibungsmaßnahmen abzustellen, weil ein Bekennen zum deutschen Volkstum danach nicht mehr zumutbar ist.[17] Bei Kindern kann angenommen werden, dass sie in den Bekenntniszusammenhang ihrer Eltern hineinwachsen. Ein Bekenntnis zum deutschen Volkstum wird trotz z.B. fehlender oder mangelhafter Beherrschung der deutschen Sprache einfachgesetzlich fingiert, wenn es unterblieben ist, weil es mit Gefahr für Leib und Leben oder schwerwiegenden beruflichen oder wirtschaftlichen Nachteilen verbunden war, jedoch auf Grund der Gesamtumstände der Wille unzweifelhaft ist, der deutschen Volksgruppe und keiner anderen anzugehören.[18] Ansonsten besteht bei mangelnden Sprachkenntnissen regelmäßig kein Bekenntnis zum deutschen Volkstum.[19]

7 **2. Ehegatten oder Abkömmlinge.** Im Interesse der Familieneinheit können auch **Ehegatten** und **Abkömmlinge** von Vertriebenen deutscher Volkszugehörigkeit Statusdeutsche werden. In Fortbildung des Art. 116 I im Rahmen des Gesetzesvorbehalts ist diese Möglichkeit des Staatsangehörigkeitserwerbs auch auf Ehegatten oder Abkömmlinge deutscher Staatsangehöriger zu erstrecken.[20]

8 Voraussetzung für die Deutscheneigenschaft von Ehegatten oder Abkömmlingen ist aber stets, dass sie **Aufnahme wegen ihrer familiären Bindungen** gefunden haben.[21] Das heißt, dass sowohl der volksdeutsche Ehepartner oder Vorfahr als auch der nicht volksdeutsche Ehepartner oder Abkömmling Aufnahme in Deutschland gefunden haben müssen.[22] Der Erwerb einer solchen, hinsichtlich des deutschen Volkstums derivativen, Statusdeutscheneigenschaft ist ausgeschlossen, nachdem der vertriebene volksdeutsche Ehegatte oder Vorfahr bereits verstorben ist oder die Ehe geschieden wurde.[23]

9 Bei **Abkömmlingen** wird der Erwerb der Statusdeutscheneigenschaft analog den Vorschriften über den (derivativen) Erwerb der Staatsangehörigkeit angenommen. Daraus ist jedoch nicht etwa zu folgern, dass bis zur Durchsetzung der Gleichberechtigung der Geschlechter im Staatsangehörigkeitsrecht eheliche Kinder die Eigenschaft als Statusdeutsche nur durch ihren Vater erlangen konnten.[24] Abkömmlinge im Sinne des Art. 116 sind deshalb eheliche und nichteheliche Kinder sowie Adoptivkinder deutscher Mütter und Väter (Art. 3 III, 6 V).[25] Abkömmlinge i.S.d. Art. 116 sind auch die Enkel und weitere Nachkommen.[26]

9a Nach dem BVerwG führt die **Adoption** einer Volljährigen vor dem Verlassen des Aussiedlungsgebietes nicht die Stellung eines „Abkömmlings" i.S. von Art. 116 I herbei.[27] Ob dies generell für Adoptionen vor der Einreise und unabhängig von der Voll- oder Minderjährigkeit der Adoptierten gilt, hat das BVerwG bewusst offen gelassen.[28] Ferner äußert sich das BVerwG nicht ausdrücklich zu der zu bejahenden Frage, ob überhaupt durch Adoption die Abkömmlingseigenschaft begründet werden kann oder ob dieser eine biologische Komponente innewohnt. Im konkreten Fall hatte jedenfalls die vor Einreise und erst lange Zeit nach Erreichung des Volljährigkeitsalters erfolgte Adoption keine statusrechtlichen Folgen.

10 **3. Aufnahme in dem Gebiete des Deutschen Reiches.** Die **Aufnahme** in dem Gebiete des Deutschen Reiches kann, anders als vom Gesetzeswortlaut durch Verwendung des Perfekts impliziert,

---

[14] Vgl. BVerwGE 78, 147; 91, 140. S. auch *Gottlieb* NVwZ 1989, 30; *Hailbronner* HMHK, Art. 116 Rn. 40 ff. mwN.

[15] Vgl. *H. Alexy*, NJW 1989, 2850 (2850 f.).

[16] § 6 I BVFG. S. auch *Grawert* HStR II, § 16 Rn. 39; im Einzelnen *v. Mangoldt* (Fn. 3), Art. 116 Rn. 24 ff.; *Haack* HStR X, § 205 Rn. 17: Deutsches Volk als kulturelle Realität.

[17] BVerfGE 59, 128 (150 f.); *Hailbronner* HMHK, Art. 116 Rn. 50.

[18] § 6 II 4 BVFG.

[19] Durch G v. 6.9.2013 (BGBl. I 3554) wurde der großzügigere Ausnahmetatbestand des § 6 IV 3 Var. 1 BVFG aF gestrichen.

[20] *v. Mangoldt* HStR V, § 119 Rn. 67; *Vedder/Lorenzmeier,* in: v. Münch/Kunig II, Art. 116 Rn. 45; *v. Mangoldt* HStR V, Art. 116 Rn. 39.

[21] Vgl. BVerwGE 90, 173; 90, 181; *Zimmermann/Bäumler,* in: Friauf/Höfling (2015), Art. 116 Rn. 57.

[22] Vgl. VGH BW DÖV 1990, 793; *v. Mangoldt* HStR V, Art. 116 Rn. 39 f.

[23] Vgl. *Hailbronner* HMHK, Art. 116 Rn. 54; *Zimmermann/Bäumler,* in: Friauf/Höfling (2015), Art. 116 Rn. 57 ff.

[24] Vgl. *v. Mangoldt* HStR V, Art. 116 Rn. 42; *Hailbronner* HMHK, Art. 116 Rn. 53; s. aber BVerwGE 71, 301 (305).

[25] Vgl. *v. Mangoldt* HStR V, Art. 116 Rn. 43 f.; *Masing* MKS III, Art. 116 Rn. 114; *Wallrabenstein,* Der Staat 38 (1999), 261 (271); *Silagi,* ROW 1986, 160 (163); nach teils vertretener Auffassung nehmen nichteheliche Kinder nur an der Rechtsstellung nach ihrer Mutter teil, vgl. *Hailbronner* HMHK, Art. 116 Rn. 53 mwN.

[26] Vgl. BVerwGE 95, 36 – zu Art. 116 II.

[27] BVerwGE 127, 177; dazu *Sachs* JuS 2007, 863.

[28] BVerwGE 127, 177 (180 f.).

jederzeit, insbesondere auch nach dem Inkrafttreten des GG erfolgt sein bzw. erfolgen.[29] Sie erfordert aber eine Dauerhaftigkeit, ein ständiges Aufhalten.[30] Für die Aufnahme eines Volkszugehörigen ist es erforderlich, dass der Volkszugehörige, wenn er vor Inkrafttreten des GG in das Gebiet des Deutschen Reiches nach dem Stand vom 31.12.1937 geflohen ist, sich dort auch noch nach dem 24.5.1949 aufgehalten hat.[31] Ein vorübergehender Aufenthalt vor Inkrafttreten des GG ist nicht statusbegründend.[32] Darüber hinaus genügt es nicht, dass der Betreffende lediglich seinen Aufenthalt in Deutschland nimmt, sondern er muss dort einen ständigen Aufenthalt erstreben. Zudem ist ein Verhalten der Behörden erforderlich, aus dem geschlossen werden kann, dass ihm der ständige Aufenthalt nicht verweigert wird.[33] Voraussetzung ist eine Aufnahme als Vertriebener. Das heißt, der Betreffende darf sich noch nicht anderswo integriert haben.[34] Hier kann es im Einzelfall zu Abgrenzungsproblemen kommen.

Strittig ist, ob ein **Anspruch auf Aufnahme** besteht oder ob der deutsche Staat durch Ver-  **11** weigerung der Aufnahme das Entstehen der Deutscheneigenschaft verhindern kann.[35] An sich steht ein Anspruch auf Einreise nach Art. 11 nur Deutschen zu, und Deutsche sind vertriebene deutsche Volkszugehörige eben erst nach einer Aufnahme.[36] Der Intention des Art. 116 I entspricht es jedoch, zunächst einen Aufnahmeanspruch zugunsten der Flüchtlinge oder Vertriebenen deutscher Volkszugehörigkeit gem. Art. 116 I anzunehmen.[37] Dieser unterliegt jedoch der Gestaltungsbefugnis des Gesetzgebers, der ihn angesichts des Auslaufens der Übergangszeit zukünftig auch abschaffen kann.[38]

Art. 116 I verlangt eine Aufnahme in dem **Gebiete des Deutschen Reiches** nach dem Stand vom  **12** 31. Dezember 1937, also nicht etwa in der Bundesrepublik. Allerdings fehlt es bei einer Aufnahme in dem Gebiet des heutigen Russlands oder Polens regelmäßig an der Voraussetzung einer Aufnahme als Vertriebener. Zudem wurde kraft des Gesetzesvorbehalts mit Wirkung zum 1.7.1990 ein Aufnahmeverfahren vorgeschrieben.[39]

Wer die Voraussetzungen des Art. 116 I erfüllt, ist Deutscher, ohne dass er hierzu gesondert  **13** zustimmen müsste. Gleichwohl handelt es sich nicht um die Lage einer unter dem Gesichtspunkt der Grund- und Menschenrechte bedenklichen „oktroyierten" Staatsangehörigkeit. Den **subjektiven Elementen** der „Staatsangehörigkeit"[40] ist durch die Erfordernisse des Bekennens zum Deutschtum und des Aufenthalts in Deutschland hinreichend Rechnung getragen.[41]

**4. Rechtsstellung der Statusdeutschen.** Fraglich ist, ob Statusdeutsche **völkerrechtlich** den  **14** gleichen Status haben wie Deutsche mit deutscher Staatsangehörigkeit. Dafür ließe sich anführen, dass jeder Staat den Kreis seiner Staatsangehörigen, sofern eine hinreichende Anknüpfung vorhanden ist, grundsätzlich selbst bestimmen kann.[42] Jedoch hat die Bundesrepublik den Statusdeutschen gerade nicht die Staatsangehörigkeit verliehen.

In zahlreichen **internationalen Verträgen** erachtete die Bundesrepublik die ausdrückliche Ein-  **15** beziehung der Statusdeutschen für geboten.[43] Zweifelhaft ist, ob diese Klauseln deklaratorisch oder konstitutiv sind.[44] Überwiegend wird vertreten, dass alle Verträge, die ihre Geltung für Statusdeutsche nicht ausdrücklich ausschließen, auch für diese gelten. Dem Schutzzweck des Art. 116 entspricht es,

---

[29] BVerfGE 17, 224 (231); v. Mangoldt HStR V, Art. 116 Rn. 45 mwN; Masing/Kau MKS III, Art. 116 Rn. 114; Hailbronner HMHK, Art. 116 Rn. 57; Zimmermann ZRP 1991, 85 (86).

[30] Vgl. BVerwGE 90, 173 (175); 119, 172 (177).

[31] BVerwGE 119, 172, Ls.

[32] BVerwGE 119, 172 (177).

[33] Vgl. BVerwGE 119, 172 (175); VG Stuttgart, Urt. v. 23.7.2008 – 11 K 4247/07, Rn. 47; v. Mangoldt (Fn. 4), Art. 116 Rn. 46; Vedder/Lorenzmeier, in: v. Münch/Kunig II, Art. 116 Rn. 48 Masing/Kau MKS III, Art. 116 Rn. 115.

[34] BVerwGE 9, 231 (232 f.); Jarass, in: Jarass/Pieroth, Art. 116 Rn. 6; v. Mangoldt HStR V, Art. 116 Rn. 47 f. mwN.

[35] Für einen Anspruch Vedder/Lorenzmeier, in: v. Münch/Kunig II, Art. 116 Rn. 48; Wittreck, in: Dreier III, Art. 116 Rn. 58 mwN; dagegen: BVerwGE 122, 313 (315 f.); Hillgruber BeckOK GG, Art. 116 Rn. 17; Jarass, in: Jarass/Pieroth, Art. 116 Rn. 8; Zimmermann ZRP 1991, 85 (86 f.); diff. v. Mangoldt HStR V, § 119 Rn. 73.

[36] BVerwGE 122, 313 (315 f.).

[37] Vgl. Silagi, ZAR 2001, 104 (110); Vedder/Lorenzmeier, in: v. Münch/Kunig II, Art. 116 Rn. 48.

[38] Masing/Kau MKS III, Art. 116 Rn. 119.

[39] Vgl. Hailbronner HMHK, Art. 116 Rn. 58 ff.; v. Mangoldt HStR V, Art. 116 Rn. 52; ders. HStR V, § 119 Rn. 68 ff.; zur Aufnahme in dem Gebiete des Deutschen Reichs s. Masing/Kau MKS III, Art. 116 Rn. 120 f.; ferner BVerwGE 38, 224.

[40] Dazu IAGMR EuGRZ 1985, 502 (505 ff.).

[41] Vgl. auch Hailbronner HMHK, Art. 116 Rn. 57.

[42] Art. 116 konstituiere das Staatsvolk Vedder/Lorenzmeier, in v. Münch/Kunig II, Art. 116 Rn. 7; Wittreck, in Dreier III, Rn. 1; Masing/Kau MKS III, Art. 116 Rn. 14.

[43] Vgl. Vedder/Lorenzmeier, in: v. Münch/Kunig II, Art. 116 Rn. 65 f. mwN; v. Mangoldt HStR V, Art. 116 Rn. 11 mwN.

[44] Deklaratorisch Vedder/Lorenzmeier, in: v. Münch/Kunig II, Art. 116 Rn. 65; wohl auch Wittreck, in: Dreier III, Art. 116 Rn. 57; differenzierend Rennert, in: Umbach/Clemens II (2002), Art. 116 Rn. 29.

Statusdeutsche im Rahmen des diplomatischen Schutzes wie Staatsangehörige zu behandeln, sofern dies auf keine begründeten Einwände anderer Staaten stößt.[45] In der Praxis wird die Statusdeutscheneigenschaft öfter als die deutsche Staatsangehörigkeit durch eine fremde Staatsangehörigkeit überlagert. Hier gilt wie sonst bei Mehrstaatlern das Prinzip der effektiveren Staatsangehörigkeit.[46]

16    **Staatsrechtlich** ist die Rechtsstellung der Statusdeutschen insofern schwächer als diejenige von Deutschen mit deutscher Staatsangehörigkeit, als erstere, anders als die deutschen Staatsangehörigen, nach hM nicht durch Art. 16 I gegen den Entzug oder Verlust ihres Status geschützt werden.[47] Die Deutschengrundrechte, einschließlich des Zugangs zu öffentlichen Ämtern (Art. 33 II) und des passiven Wahlrechts zum Amt des Bundespräsidenten, sowie das aktive Wahlrecht zum Deutschen BTage stehen ihnen hingegen zu.[48]

17    Nach §§ 7, 40a StAG erwarben Personen, die am 1. August 1999 Deutsche im Sinne des Art. 116 I waren, ohne deutsche Staatsangehörige zu sein, an diesem Tage die **deutsche Staatsangehörigkeit**. Im Übrigen erhält dieser Personenkreis mit der Ausstellung der Bescheinigung gem. § 15 I oder II BVFG die deutsche Staatsangehörigkeit.[49]

18    Die Frage nach einem **Anspruch** der Statusdeutschen **auf Verleihung der Staatsangehörigkeit** hat aufgrund dieses gesetzlichen Erwerbs der Staatsangehörigkeit nach § 7 StAG für Spätaussiedler keine Bedeutung mehr. Ein Verzicht auf den Erwerb ist nicht mehr möglich, seit die zum Erwerb der Staatsangehörigkeit führende Bescheinigung nach § 15 BVFG von Amts wegen ausgestellt wird. Die Statusdeutschen sind ohnehin – in Übereinstimmung mit dem Völkerrecht[50] – weitgehend den deutschen Staatsangehörigen gleichgestellt, und es handelt sich um eine aus der Not geborene staatsrechtliche Übergangserscheinung. Zum Teil wird Art. 116 das Prinzip entnommen, dass deutsche Volkszugehörige, die in Deutschland wohnen, grds. die deutsche Staatsangehörigkeit besitzen müssen.[51]

19    **5. Erwerb und Verlust der Statusdeutscheneigenschaft.** Der originäre Erwerb der Statusdeutscheneigenschaft tritt mit Erfüllung der Voraussetzungen des **Art. 116 I** ein. Der derivative Erwerb und der Verlust der Statusdeutscheneigenschaft erfolgen unter entsprechender Anwendung des **StAG**,[52] da die Statusdeutschen den deutschen Staatsangehörigen in den Grenzen des Völkerrechts weitgehend gleichzustellen sind. Der Verlust tritt ein, wenn der Deutsche das Gebiet des Deutschen Reiches i. S. d. Art 116 I freiwillig wieder verlassen und seinen dauernden Aufenthalt in einem anderen Staate genommen hat. Zeiten der Ambivalenz sind unschädlich. Die materielle Beweislast für das Vorliegen der Voraussetzungen des Verlusts trägt die Behörde.[53]

# B. Nationalsozialistische Ausbürgerungen (Abs. 2)

## I. Wiedergutmachungsfunktion des Abs. 2

20    Art. 116 II soll die Folgen der unter nationalsozialistischer Herrschaft erfolgten Ausbürgerungen aus politischen, rassischen und religiösen Gründen **wiedergutmachen**.[54] Der Wiedergutmachungscharakter der Bestimmung verbietet eine einengende Auslegung.[55] Art. 116 II unterscheidet zwischen Personen, die als nicht ausgebürgert gelten (Satz 2) und Personen mit Einbürgerungsanspruch (Satz 1).

21    Nur um den Betroffenen die deutsche **Staatsangehörigkeit nicht aufzudrängen** und um ihnen potentielle Nachteile, wie Verlust einer fremden Staatsangehörigkeit oder Behandlung ihres Vermögens nach der Feindstaatenklausel[56], zu ersparen, sieht Art. 116 II 1 die Einbürgerung (nur) auf Antrag vor. Satz 2 vermutet widerleglich einen auf Erwerb der Staatsangehörigkeit gerichteten Willen bei Wohnsitznahme in der Bundesrepublik. Durch Abstellen auf den (mutmaßlichen) Willen der Betroffenen entspricht Art. 116 II modernen Tendenzen des Völkerrechts, wonach auch im Staats-

---

[45] Vgl. *v. Mangoldt* HStR V, Art. 116 Rn. 10.

[46] Vgl. *v. Mangoldt* HStV R, Art. 116 Rn. 7 f.; *Lübbe-Wolff*, in: H. Dreier III Art. 116 Rn. 9.

[47] Vgl. → Art. 16 Rn. 30.

[48] Vgl. § 12 BWG; *Grawert* HStR II, § 16 Rn. 40 f.; *Vedder/Lorenzmeier*, in: v. Münch/Kunig II, Art 116 Rn. 6; *Wittreck*, in: Dreier III, Art. 116 Rn. 57; *Masing/Kau* MKS III, Art. 116 Rn. 13 f.

[49] § 7 StAG; dazu *Masing/Kau* MKS III, Art. 116 Rn. 21; *Hailbronner* HMHK, StAG § 7 Rn. 5, § 40a StAG Rn. 2.

[50] Zu den sich aus dem Völkerrecht u. U. ergebenden Grenzen *Bernhardt,* in: Kokot/Skubiszewski (Hrsg.), Staatsangehörigkeit, Soziale Grundrechte, Wirtschaftliche Zusammenarbeit, 1976, S. 29.

[51] Vgl. *Bleckmann*, Völker- und verfassungsrechtliche Probleme des Erwerbs und des Verlusts der deutschen Staatsangehörigkeit, 1992, S. I/54 ff.: Art. 116 als Konkretisierung des in der Präambel des GG festgelegten Nationalstaatsprinzips.

[52] Vgl. §§ 24, 25 StAG.

[53] VG Stuttgart, Urt. v. 23.7.2008 – 11 K 4247/07, juris, Rn. 49 ff.

[54] *Zimmermann/Bäumler*, DÖV 2016, 97 (98); zur Anwendbarkeit des Art. 116 II auf ausgebürgerte deutsche Juden und ihre Nachkommen s. *Eichmann/Siehr* ZAR 2002, 89.

[55] BVerfGE 8, 81 (86).

[56] Vgl. Art. 53 Charta der VN.

angehörigkeitsrecht die Bedeutung des Einzelnen wächst.[57] Friktionen zwischen Art. 116 II und § 4 IV StAG, der eine Beschränkung der Weitergabe der deutschen Staatsangehörigkeit für im Ausland geborene Kinder deutscher Staatsangehöriger enthält, sind nicht ausgeschlossen.[58]

Der **Begriff der Entziehung** entspricht dem des Art. 16 I 1. Er erfasst die in Verfolgungsabsicht **22** durchgeführte Aberkennung der deutschen Staatsbürgerschaft aus den in Art. 116 II genannten Motiven.[59] Nicht hierunter fallen mithin solche Fälle, in denen der Verlust der Staatsbürgerschaft eingetreten ist, weil die betroffene Person bereits vor ihrer Ausbürgerung eine ausländische Staatsbürgerschaft angenommen hat. In diesen Fällt bleibt jedoch eine Ermessenseinbürgerung nach § 14 StAG möglich.[60]

Die von der Verfassung geforderte **Motivation** der Ausbürgerung ergibt sich oft schon aus dem **23** Inhalt der einschlägigen nationalsozialistischen Gesetze bzw. Verordnungen oder aus der Zugehörigkeit des Betreffenden zu der kollektiv ausgebürgerten Gruppe. U. U. muss sie im Einzelfall nachgewiesen werden.[61]

## II. Die Berechtigten

Im Gegensatz zu Abs. 1 begünstigt Abs. 2 – neben dem Ausgebürgerten selbst – nach seinem klaren **24** Wortlaut nur **Abkömmlinge, nicht** aber **Ehegatten.** Die Regelung ist insofern einleuchtend, als auch Ehegatten (nichtausgebürgerter) deutscher Staatsangehöriger nicht unmittelbar die Staatsangehörigkeit ihres Ehepartners erhalten. Sie können lediglich unter erleichterten Voraussetzungen eingebürgert werden.[62] Abkömmlinge sind schon nach dem üblichen Wortverständnis Kinder und Kindeskinder. Überdies würde eine teleologische Reduktion des Terminus nur auf die erste Generation dem Wiedergutmachungszweck widersprechen.[63]

**Kinder und Kindeskinder** können also Träger des Anspruchs auf Wiedereinbürgerung sein. **25** Davon zu trennen ist die Frage, ob eine Wiedereinbürgerung nach Art. 116 II sich nur auf den jeweiligen Anspruchsträger und Antragsteller oder auch auf seine Kinder und Kindeskinder erstreckt. In Betracht kommt eine Anwendung des § 13 StAG. Die Wiedereinbürgerung erstreckt sich jedenfalls auf diejenigen Kinder, deren gesetzliche Vertretung dem Eingebürgerten kraft elterlicher Sorge zusteht. Dem Wiedergutmachungszweck entspricht darüber hinaus eine Erstreckung der Einbürgerung auf diejenigen Abkömmlinge, die von der Ausbürgerung erfasst wurden oder worden wären.[64] Werden dennoch eigene Anträge dieser Personen verlangt,[65] so entspricht dies der wachsenden Rolle des Willens des Einzelnen im Staatsangehörigkeitsrecht.

Aus Sinn und Zweck des Art. 116 II folgt, dass nur diejenigen Abkömmlinge begünstigt werden **26** sollen, die ohne die wiedergutzumachende Ausbürgerung deutsche Staatsangehörige geworden und geblieben wären **(Kausalität der Ausbürgerung).**[66] Abkömmlinge im Sinne des Art. 116 II sind demnach die ehelichen und legitimierten Kinder und Kindeskinder ausgebürgerter Männer sowie die nichtehelichen und die nach Durchsetzung der Gleichberechtigung geborenen ehelichen Kinder und Kindeskinder ausgebürgerter Frauen. Ausgeschlossen sind die vor dem 1.4.1953 geborenen ehelichen Kinder und Kindeskinder ausgebürgerter Frauen sowie die vor dem 1.7.1993 geborenen nichtehelichen Abkömmlinge von Männern, weil sie nach dem damaligen Staatsangehörigkeitsrecht die deutsche Staatsangehörigkeit ohnehin nicht erworben hätten.[67] Ersteres erweckt jedoch wegen Art. 3 II, III Bedenken. Sog. Anschlussdeutsche, welche die Republik Österreich mit ihrer Wiederherstellung zum 27.5.1945 wieder für sich in Anspruch nahm, werden nicht erfasst. Das trifft etwa auf Nachfahren jüdischer Eltern zu, die die deutsche Reichsangehörigkeit als vormals österreichische Bürger durch den „Anschluss" Österreichs an das Deutsche Reich am 13.3.1938 zwangsweise unter (vorübergehendem) Verlust ihrer österreichischen Staatsbürgerschaft erworben hatten.[68]

Entscheidend ist, dass der Ausgebürgerte den **Wiedereinbürgerungsanspruch** noch **nicht** selbst **27** **verloren** bzw. einen gegen die deutsche Staatsangehörigkeit gerichteten Willen zum Ausdruck ge-

---

[57] Vgl. IAGMR EuGRZ 1985, 502 (505 ff.).

[58] Hierzu ausführlich *Zimmermann/Bäumler* DÖV 2016, 97.

[59] Vgl. *Giegerich*, in: Maunz/Dürig (2011), Art. 116 Rn. 103.

[60] Auf Grundlage der Erlasse des BMI vom 30.8.2019 zur Wiedergutmachungseinbürgerung wird diese regelmäßig gewährt werden, s. https://www.bmi.bund.de/SharedDocs/pressemitteilungen/DE/2019/08/wiedergutmachung-ns-verbrechen.html (zul. abg. 10.9.20).

[61] Vgl. *Hailbronner* HMHK, Art. 116 Rn. 91.

[62] Vgl. § 9 StAG.

[63] BVerwGE 95, 36 (38 f.); *Hailbronner* HMHK, Art. 116 Rn. 92; aA *Renck* JZ 1979, 754.

[64] Vgl. *Zimmermann/Bäumler* DÖV 2016, 97 (99).

[65] So z. B. *Wengler* IPrax 1985, 79 (81).

[66] BVerwGE 68, 220 (232 ff.); 85, 108 (112 ff.); *Hailbronner* HMHK, Art. 116 Rn. 93; *v. Mangoldt* HStR V, Art. 116 Rn. 90; *W. Meyer* NVwZ 1987, 15 (18); aA VG Berlin StAZ 1987, 142; *Vedder/Lorenzmeier*, in: v. Münch/Kunig II, Art. 116 Rn. 76; *Renck* JZ 1979, 752 (754); *Silagi* StAZ 1984, 165 f.

[67] Vgl. BVerwGE 85, 108 (110 ff.); beide Gruppen sind jedoch ebenfalls von der großzügigen Anwendung der Ermessenseinbürgerung nach § 14 StAG im Zuge des Erlasses des BMI vom 30.8.2019 umfasst, s. Fn. 60.

[68] OVG NRW, Beschl. v. 2.1.2020 – 19 A 1153/18, BeckRS 2020, 119.

bracht hat. Denn dann beruht die mangelnde deutsche Staatsangehörigkeit der Abkömmlinge nicht mehr auf der (wiedergutzumachenden) NS-Ausbürgerung, sondern auf dem Willen der Betroffenen selbst. Bei Kindeskindern kommt es darauf an, dass in keiner Generation das Wiedererwerbsrecht verlorengegangen ist.[69]

28      Berechtigt sind trotz der Regelung der §§ 17, 25 StAG auch Personen, die nach der Ausbürgerung auf Antrag eine **andere Staatsangehörigkeit** erworben haben.[70] Dies hindert nicht die Kausalität der wiedergutmachenden Ausbürgerung für den Verlust der deutschen Staatsangehörigkeit.[71] Allenfalls könnte im nachträglichen freiwilligen Erwerb einer fremden Staatsangehörigkeit eine endgültige Abwendung von Deutschland und damit ein dem Einbürgerungsanspruch nach Satz 1 entgegenstehender Wille liegen. Voraussetzung ist, dass die Abwendung von Deutschland eindeutig und definitiv ist und dass der Antragsteller in Kenntnis seines Einbürgerungsanspruches bzw. der Nichtigkeit seiner Ausbürgerung handelt.[72] Ausgeschlossen sind Personen, deren Ausbürgerung nach Satz 2 als nichtig galt, wodurch dem Wiedergutmachungszweck genügt war, und die nach diesem rückwirkenden Erwerb einen normalen Verlusttatbestand im Sinne der §§ 17, 25 StAG erfüllt haben.[73]

## III. Nichtigkeit der Ausbürgerung; Wiedereinbürgerungsanspruch

29      Art. 116 II unterscheidet zwischen der **fiktiven Nichtigkeit** der Ausbürgerung, wenn auf Grund von Wohnsitznahme in der Bundesrepublik und mangels Äußerung eines entgegengesetzten Willens auf einen entsprechenden Willen der Betroffenen geschlossen werden kann (Satz 2), und einem Wiedereinbürgerungsanspruch (Satz 1). Auf einen Willen, die deutsche Staatsangehörigkeit zu behalten, kann erst recht bei solchen Personen geschlossen werden, die bis nach dem 8.5.1945 (im Untergrund) in Deutschland durchgehalten haben. Auch sie gelten deshalb als nicht ausgebürgert.[74]

30      Mit der Wohnsitznahme in Deutschland erhalten Zurückkehrende die deutsche Staatsangehörigkeit **ex tunc.** Diese Rückwirkung führt jedoch nicht zu einer rückwirkenden völligen Gleichstellung mit deutschen Staatsangehörigen, welche die Staatsangehörigkeit nie verloren haben. So ist bis zur Wohnsitznahme in Deutschland kein derivativer Staatsangehörigkeitserwerb durch Abkömmlinge der nach dem Wortlaut des Art. 116 II 2 lediglich fiktiv nicht Ausgebürgerten möglich. Auch im Strafrecht werden die Betreffenden nicht rückwirkend wie deutsche Staatsangehörige behandelt.[75]

31      Obwohl die konsequente Nichtigerklärung nationalsozialistischer Ausbürgerungen die rechtlich überzeugende Lösung gewesen wäre, könnte die Kompromisslösung des Art. 116 II doch unter bestimmten Umständen den **Interessen der Betroffenen** besser entsprechen. So konnte zB vermieden werden, dass ihr ausländisches Vermögen den gegen Deutschland gerichteten Feindstaatenklauseln unterfiel. Als weiterer uU mit der deutschen Staatsangehörigkeit verbundener Nachteil kommt der erschwerte Erwerb oder der Verlust einer fremden Staatsangehörigkeit in Betracht.

32      Zweifelhaft ist die **Rechtslage hinsichtlich vor dem 8.5.1945 Verstorbener.** Diese hatten nicht die Möglichkeit, wieder Wohnsitz in Deutschland zu nehmen oder einen Einbürgerungsantrag zu stellen. Nach dem BVerfG gilt für sie Art. 116 II nicht; das Gericht hat stattdessen die zugrundeliegende nationalsozialistische Ausbürgerungsverordnung für nichtig erklärt und den Betreffenden als deutschen Staatsangehörigen behandelt.[76] Sinnvoll erscheint ein Abstellen auf den hypothetischen Willen des Verstorbenen.[77]

33      Haben die Betroffenen nicht nach dem 8.5.1945 ihren Wohnsitz in Deutschland genommen oder einen gegen die deutsche Staatsangehörigkeit gerichteten Willen geäußert, so folgt aus Art. 116 II 1 ein **Anspruch auf Einbürgerung ex nunc.**[78] Eine globale Nichtigerklärung aller aus politischen, rassischen und religiösen Gründen Ausgebürgerten kann gewisse Nachteile für die Betroffenen mit sich bringen[79] und hätte uU deren Willen widersprochen.[80] Nur so lässt sich erklären, dass Art. 116 II 1 die Wiedereinbürgerung „früherer" deutscher Staatsangehöriger zum Gegenstand hat, obwohl die unter

---

[69] v. Mangoldt HStR V, Art. 116 Rn. 91.

[70] Vgl. BVerfGE 23, 98 (108); Wittreck, in: Dreier III, Art. 116 Rn. 96; Masing/Kau MKS III, Art. 116 Rn. 168.

[71] BVerwGE 68, 220 Rn. 30; vgl. v. Mangoldt HStR V, Art. 116 Rn. 20; Rundschr. des BMI v. 22.8.1952, StAZ 1952, 277.

[72] Vgl. Hailbronner HMHK, Art. 116 Rn. 98; v. Mangoldt (Fn. 4), Art. 116 Rn. 113 f.; Masing/Kau MKS III, Art. 116 Rn. 169 f.

[73] v. Mangoldt HStR V, Art. 116 Rn. 82.

[74] v. Mangoldt HStR V, Art. 116 Rn. 118 f.; Masing/Kau MKS III, Art. 116 Rn. 176.

[75] Hailbronner HMHK, Art. 116 Rn. 97 mwN.

[76] BVerfGE 23, 98 (111); vgl. dazu die Anm. von Roellecke/Genzel/Westerath/Makarov JZ 1969, 97 ff.; kritisch und für analoge Anwendung des Art. 116 II Masing/Kau MKS III, Art. 116 Rn. 180; Vedder/Lorenzmeier, in: v. Münch/Kunig II, Art. 116 Rn. 86; v. Mangoldt HStR V, Art. 116 Rn. 132 ff.

[77] Vgl. Genzel JZ 1969, 98 (99).

[78] Hailbronner HMHK, Art. 116 Rn. 97; Rennert, in: Umbach/Clemens II (2002), Art. 116 Rn. 37.

[79] → Rn. 31.

[80] Vgl. BVerfGE 54, 53 (69).

nationalsozialistischer Herrschaft erfolgten Ausbürgerungen vor der Rechtsordnung des GG keinen Bestand haben können und von daher an sich generell für nichtig zu erachten sind.[81]

Wegen der kollidierenden Gesichtspunkte Nichtigkeit nationalsozialistischer Ausbürgerungen und **34** Entscheidungsfreiheit der Betroffenen führt Art. 116 II 1 zu **dogmatischen Unstimmigkeiten**.[82] Dass die Vorschrift dem Wortlaut nach die Wirksamkeit rassistischer und grob menschenrechtswidriger Ausbürgerungen bestätigt, bleibt unbefriedigend. Dennoch vermochte sich der Gedanke nicht durchzusetzen, Art. 116 II 1 statt im Sinne eines Anspruchs auf konstitutive Wiederverleihung der Staatsangehörigkeit als Anspruch auf Feststellung des Fortbestehens derselben auszulegen.[83]

### IV. Wohnsitznahme; kein entgegengesetzter Wille

Entscheidend für die Annahme eines **Wohnsitzes** ist, ob eine Niederlassung vorliegt, welche auch **35** durch das Beziehen eines Hotelzimmers begründet werden kann.[84] Der zur Begründung eines Wohnsitzes erforderliche Wille braucht sich nicht auf den Rechtserfolg der Wohnsitznahme, sondern nur auf die Niederlassung zu erstrecken. Also kommt es nicht darauf an, ob der oder die Betreffende sich bewusst gewesen ist, mit der Niederlassung im rechtlichen Sinne einen Wohnsitz genommen zu haben.[85] Der Gebrauch des Perfekts in Art. 116 II („genommen haben") bedeutet nicht etwa, dass die Betreffenden ihren Wohnsitz schon vor Inkrafttreten des GG in Deutschland genommen haben müssten.[86]

An die Wohnsitznahme knüpft Art. 116 II die Vermutung, dass die Betreffenden auch den Willen **36** haben, deutsche Staatsangehörige zu sein.[87] Diese Vermutung ist nur widerlegt, wenn festgestellt werden kann, dass ein solcher Wille nicht besteht. Fraglich ist, ob ein **entgegenstehender Wille** ausdrücklich bekundet werden muss. Jedenfalls müsste sich ein durch schlüssiges Verhalten manifestierender Wille völlig zweifelsfrei kundtun.[88]

## Art. 117 [Übergangsregelungen zu Art. 3 II und Art. 11]

(1) **Das dem Artikel 3 Absatz 2 entgegenstehende Recht bleibt bis zu seiner Anpassung an diese Bestimmung des Grundgesetzes in Kraft, jedoch nicht länger als bis zum 31. März 1953.**

(2) **Gesetze, die das Recht der Freizügigkeit mit Rücksicht auf die gegenwärtige Raumnot einschränken, bleiben bis zu ihrer Aufhebung durch Bundesgesetz in Kraft.**

**Entstehungsgeschichte: Erstfassung:** JöR nF 1 (1951), 827.
**Geltende Landesverfassungen:** *BremVerf* Art. 153; *HessVerf* Art. 157.
**Leitentscheidung:** BVerfGE 3, 225 (Ehe und Gleichberechtigung).

**Schrifttum:** *Hild. Krüger,* Die verfassungsrechtliche Bedeutung des Art. 117 GG, NJW 1953, 964; *H. Schneider,* Verfassungsrechtliche Vorfragen zur Gleichberechtigung von Mann und Frau, NJW 1953, 889; *ders.,* Zwischenbilanz im Gleichberechtigungsstreit, JZ 1953, 590; s. ferner das Schrifttum zu Art. 3 II und III und zu Art. 11.

**Übersicht**

---

[81] Vgl. *Renck* JZ 1979, 752; *Zimmermann/Bäumler,* in: Friauf/Höfling (2015), Art. 116 Rn. 73.

[82] Vgl. *Mann,* FS Coing II, 1982, S. 323.

[83] Vgl. ebda.; so aber abwM *Hirsch* BVerfGE 54, 53 (75).

[84] BVerfGE 8, 81 (85).

[85] BVerfGE 8, 81 (86); *Zimmermann/Bäumler,* in: Friauf/Höfling (2015), Art. 116 Rn. 97.

[86] BVerfGE 8, 81 (86); *Masing/Kau* MKS III, Art. 116 Rn. 176.

[87] Zur entsprechenden Auslegung des Begriffs „Deutschland" in Art. 116 II *Masing/Kau* MKS III, Art. 116 Rn. 177.

[88] BVerfGE 8, 81 (87); zur Frage auch: *Wittreck,* in: Dreier III, Art. 116 Rn. 104.

## A. Allgemeines

**1**     Art. 117 enthält zwei **Übergangsbestimmungen** aus verschiedenen grundrechtsbezogenen Zusammenhängen, die aus unterschiedlichen Gründen die **vorübergehende Fortgeltung von Rechtsvorschriften** regeln, die wegen Widerspruchs zu Art. 3 II bzw. 11 nach Art. 123 I nicht fortgegolten hätten.[1] Der Artikel ist damit Vorbild für die Regelung des späteren Art. 143 I (dazu → Art. 143 Rn. 8 ff.).

## B. Die Fortgeltungsanordnung des Abs. 1

### I. Entstehung und grundsätzliche Bedeutung

**2**     **1. Entstehung. a) Vorgeschichte.** Das (erst) 1919 im deutschen Verfassungsrecht aufgegriffene Anliegen der Gleichberechtigung der Geschlechter hatte bis 1949 nicht zu einem Umbau der weithin patriarchalischen Rechtsordnung geführt. Abgesehen vom Wahlrecht waren die einschlägigen Garantien (Art. 109 II, 119 I 2, 128 II WRV) aufgrund unterschiedlicher Abschwächungen ohne Durchschlagskraft geblieben.[2] Auch die (nur) zT weitergehenden Bestimmungen der Landesverfassungen seit 1946[3] bewirkten noch keinen Umschwung.

**3**     **b) Verabschiedung der Bestimmung.** Nachdem der ARA im Anschluss an einen im GSA gemachten Vorschlag das Geschlecht als verpöntes Merkmal in das Unterscheidungsverbot des späteren Art. 3 III aufgenommen hatte,[4] stellte sich das Problem, dass bei einer solchen umfassenden, strikten Regelung **weite Teile der Rechtsordnung** wegen **Widerspruchs zum GG** nicht nach Art. 123 I fortgegolten hätten. Dem sollte zunächst eine Teillösung des ARA Rechnung tragen, nach der die dem Unterscheidungsverbot nach dem Geschlecht widersprechenden Vorschriften des bürgerlichen Rechts bis zu ihrer Anpassung, höchstens aber bis zum 31.3.1953, in Kraft bleiben sollten.

**4**     Die Begrenzung auf das bürgerliche Recht wurde wiederum auf Vorschlag des ARA in der 3. Lesung des HA gestrichen. Die sowohl als zu lang wie auch als zu kurz kritisierte Frist blieb dabei unverändert. Erfolglos blieben auch **Bedenken,** die die Vorschrift durch einen **bloßen Gesetzgebungsauftrag** ersetzen wollten. Ein solcher wurde zunächst mit dem in 2. Lesung des HA neu aufgenommenen Gleichberechtigungsgebot verbunden („Die Gesetzgebung hat dies auf allen Rechtsgebieten zu verwirklichen"), auf Vorschlag des ARA[5] aber in 3. Lesung wieder weggelassen; zugleich wurde die (erweiterte) Fortgeltungsanordnung ohne weitere Erwägungen auf (den späteren) Art. 3 II bezogen.

**5**     **2. Grundsätzliche Bedeutung.** Art. 117 I versucht als eng begrenzte Sonderform eines Gesetzesvorbehalts[6] einen geordneten Rechtsübergang durch **Anpassungsgesetzgebung zu ermöglichen,** ohne die strikte Verbindlichkeit des Gleichberechtigungsgebots dauerhaft zu schwächen. So schiebt er

---

[1] Strukturell (entfernt) vergleichbare Bestimmungen (zu Staatsleistungen an die Kirchen, Schulformen) enthielten Art. 173 f. WRV. Zu Landesverfassungen vor dem GG → Rn. 2, → Rn. 16. Zur Gestaltung des Rechtsübergangs durch Art. 117 *H. Hofmann* HStR I, § 9 Rn. 5; auch *Battis* HStR VII[1], § 165 Rn. 13.
[2] Vgl. zur Entwicklung *Sachs* Staat 23 (1984), 549 (570 ff.) mwN.
[3] Vgl. dazu *Sachs,* Grenzen des Diskriminierungsverbots, 1987, S. 313 ff.
[4] S. JöR nF 1 (1951), 67 f.
[5] *Holtkotten* BK, Art. 117 (Erstbearb.) Anm. I A, S. 5.
[6] Näher *Sachs,* in: Stern, StaatsR IV/2, S. 1665 ff.

die Derogationswirkung des Art. 3 II um knapp vier Jahre hinaus,[7] wandelt *diesen* insoweit in einen Verfassungsauftrag um;[8] zugleich wird das **Außerkrafttreten** vorkonstitutionellen, gegen Art. 3 II verstoßenden Rechts im Falle fruchtlosen Fristablaufs **bekräftigt**.[9] Dass der Gesetzgeber nicht einmal in den Kerngebieten des bürgerlichen (Familien-)Rechts die Anpassung fristgerecht[10] vorgenommen hat, zeigt ebenso wie die späteren Versuche, den Konsequenzen auszuweichen, wie wichtig es war (und allgemein ist), dass Bestimmungen der Verfassung unmittelbar durchgreifende Sanktionen auslösen.

Eine Richtervorlage des Art. 117 I gab dem BVerfG Gelegenheit, die Möglichkeit **verfassungs-** **6** **widrigen** originären **Verfassungsrechts** zu untersuchen, die es grundsätzlich bejahte, aber für Art. 117 I weder im Verhältnis zur Rechtssicherheit noch zur Gewaltenteilung gegeben sah.[11] Angesichts des Versagens des Gesetzgebers fiel den Gerichten die Aufgabe zu, auf den Trümmern der gleichberechtigungswidrigen Rechtsordnung mit den Mitteln der Rechtsfortbildung Gleichberechtigung herzustellen.[12]

## II. Einzelheiten

**1. Voraussetzungen. a) Recht.** Abs. 1 betrifft alle vom Geltungsanspruch des GG erfassten **7** **Rechtsnormen,** neben formellen Gesetzen namentlich Rechtsverordnungen und Satzungen (vgl. entsprechend zu Art. 123 I → Art. 123 Rn. 5 ff.), auf Landesebene auch das Verfassungsrecht.[13] Zur Beschränkung auf vorkonstitutionelles Recht u. Rn. 11.

**Nicht** erfasst ist das dem GG nicht unterworfene **Besatzungsrecht** (dazu → Art. 144 Rn. 9 ff.; **8** → Art. 123 Rn. 7); eine aus der Verfassungsbindung folgende Pflicht der deutschen Verfassungsorgane zur Beseitigung verfassungswidrigen Besatzungsrechts[14] hätte allerdings vor Ablauf der Frist des Art. 117 I nicht verletzt werden können.

**b) Widerspruch zu Art. 3 II.** Dem Art. 3 II entgegenstehendes Recht sind die Rechtsvorschriften, **9** die den Anforderungen dieser Verfassungsbestimmung in ihrer ursprünglichen Fassung nicht genügen. Zur Bedeutung für Art. 3 III → Rn. 12.

**2. Rechtsfolgen. a) Fortgeltung.** Die Anordnung der **Rechtsfolgenanordnung** des Art. 117 I, **10** dass das dem Art. 3 II entgegenstehende Recht in Kraft bleibt, schließt die Derogationswirkung des Verfassungsrechts[15] aus; damit wird trotzdem verfassungswidriges Recht[16] zeitweilig als Bestandteil der neuen Rechts- und Verfassungsordnung aufrechterhalten, der für die Dauer seiner Fortgeltung nach Art. 20 III Hs. 2 für die vollziehende Gewalt und die Rechtsprechung maßgeblich ist.

---

[7] Für „Suspensionswirkung" treffend BSG BeckRS 1997, 30003025; auch *Masing/Baer/Markard* MKS III, Art. 117 Rn. 1.

[8] Von einem „besonderen Verfassungsauftrag[…]" spricht allerdings für Art. 117 I etwa BVerfGE 10, 129 (133), ohne aber die weitergehende (→ Rn. 4) Derogationswirkung in Zweifel zu ziehen; ferner etwa *Badura* HStR VII[1], § 159 Rn. 9, abw. aber Rn. 18; *Langenfeld,* in: Maunz/Dürig, Art. 117 (2016) Rn. 7; *Wollenschläger,* in: Dreier III, Art. 117 Rn. 7.

[9] So gegenüber der Annahme bloßer Unvereinbarkeit des HausarbeitstagsG NRW in BVerfGE 52, 369 (370, 379), *Sachs* FamRZ 1982, 981 (985); ablehnend demgegenüber noch *Gubelt,* in: v. Münch/Kunig III, 5. Aufl. 2003, Art. 117 Rn. 2; wie hier jetzt *Boysen,* in: v. Münch/Kunig II, Art. 117 Rn. 4; nicht überzeugend schließt BVerfGE 15, 337 (350), aus dem Aufschub der Wirkungen des Art. 3 II auf den Willen zur *beschleunigten* Realisierung desselben.

[10] Zwei interfraktionelle Entwürfe mit dem Ziel der (rückwirkenden) Fristverlängerung, BT-Dr I/4200 und II/83, blieben erfolglos, s. *Schaub,* Der verfassungsändernde Gesetzgeber 1949–1980, 1984, S. 290.

[11] BVerfGE 3, 225 (230 ff.); zum damaligen Streit um Gültigkeit und Konsequenzen des Art. 117 I einerseits *Hild./Krüger* NJW 1953, 964 ff.; andererseits *H. Schneider* NJW 1953, 889 ff.; *ders.* JZ 1953, 590 ff.; zum Meinungsstand *Arnold,* Angewandte Gleichberechtigung im Familienrecht, 1954, S. 2 ff.; auch *Masing/Baer/Markard* MKS III, Art. 117 Rn. 8 ff.

[12] Dazu *Kropholler,* Gleichberechtigung durch Richterrecht, 1975; *Schmitt-Carré,* Freiheit und Individualität richterlicher Entscheidungsfindung, Diss. Münster 1977; aus den Anfängen etwa *Habscheid/Meyer,* Neues Familienrecht, Bd. I, Loseblatt 1957 ff. BVerfGE 25, 167 (175), nimmt Bezug auf „die günstigen Erfahrungen mit der Verwirklichung der Gleichberechtigung durch die Gerichte".

[13] Wie etwa Art. 131 IV BayVerf aF, der bis zur Änderung v. 20.2.1998 (BayGVBl 38) nur für Mädchen besondere Unterweisung in Säuglingspflege, Kindererziehung und Hauswirtschaft vorschrieb; billigend BayVerfGH NJW 1987, 1543 f.; krit. *Sachs* JuS 1988, 645 f.; bedenklich einseitig auch Art. 22 II BremVerf aF bis zur Verfassungsänderung vom 9.10.1997 (GBl 353) und bis heute Art. 30 II HessVerf.

[14] Für eine solche Pflicht des Gesetzgebers seit 5.5.1955 auf der Grundlage des Überleitungsvertrags BVerfGE 15, 337 (346 ff.); entsprechend zum Kontrollratsrecht BVerfGE 36, 146 (171 f.).

[15] Ob sich dies aus dem Vorrang der Verfassung, Art. 20 III, oder aus der nur bei Verfassungsmäßigkeit eintretenden Fortgeltung, Art. 123 I ergibt, ist insoweit ohne Bedeutung.

[16] Ausdrücklich BVerwGE 127, 196 (201); für Ungültigkeit einer verfassungswidrigen Regelung seit dem 1.4.1953 BVerfGE 37, 217 (262); daran anknüpfend allerdings für Verfassungswidrigkeit seit dem Stichtag BVerfGE 48, 327 (341); missverständlich BVerfGE 3, 225 (229), für eine begrenzte Ausnahme von Art. 1 III; ähnlich BVerfGE 25, 167 (178); 26, 44 (63); unglücklich formuliert BVerwGE 71, 301 (308) (trotz Unvereinbarkeit mit Art. 3 II verfassungsmäßig).

**11**     Aus dieser Wirkungsrichtung des Art. 117 I folgt, dass die Bestimmung **nur für vorkonstitionelles Recht** (näher → Art. 123 Rn. 6) gilt; sie ermächtigt nicht auch dazu, im Zeitraum bis zum Fristende neue Rechtsnormen zu erlassen, die in Widerspruch zu Art. 3 II stehen.[17] Solche wären ggf. nicht erst bei Fristablauf (→ Rn. 14), sondern von vornherein verfassungswidrig und deshalb (zumindest grds.) nichtig gewesen.[18]

**12**     Gegen Art. 3 II verstoßendes Recht wird nur aufrechterhalten, wenn es **im Übrigen verfassungsrechtlich einwandfrei** ist.[19] Auszunehmen sind nur Verstöße gegen das Unterscheidungsverbot wegen des Geschlechts nach Art. 3 III 1,[20] weil dieses mit Art. 3 II 1 inhaltsgleich ist oder doch von ihm umfasst wird[21] und es nach der Entstehungsgeschichte (→ Rn. 4) der eigentliche Bezugspunkt des Art. 117 I ist. Dagegen besteht kein Anlass, den Art. 117 I auch auf Landesrecht anzuwenden, das gegen sofort wirksame landesverfassungsrechtliche Gleichberechtigungsbestimmungen verstieß;[22] jede Fortgeltung alten Rechts setzt voraus, dass dieses zum maßgeblichen Zeitpunkt noch bestanden hat (→ Art. 123 Rn. 9).

**13**     **b) Ende der Fortgeltung.** Ist einerseits bei **Anpassung** des betroffenen Rechts an Art. 3 II 1 vorgesehen. Der zuständige Normsetzer konnte auch vor dem 31.3.1953 das fortgeltende Recht aufheben, wenn er damit den Verfassungsverstoß beseitigte.[23]

**14**     Andererseits endet die Fortgeltung gleichberechtigungswidrigen Alt-Rechts unabhängig von einer eventuell erst viel späteren förmlichen Aufhebung[24] mit Ablauf des 31.3.1953 als dem Ende der vorgesehenen **Höchstfrist.** Zu den Konsequenzen → Rn. 6.

**15**     **c) Weitere Konsequenzen.** Solche ergeben sich unmittelbar aus Art. 117 I nicht. Die zeitlichen Grenzen des Geltungsanspruchs des Grundgesetzes und seiner Grundrechte (→ Einf. Rn. 29; → vor Art. 1 Rn. 23) führen aber im Rahmen der Bestimmung dazu, dass Vorgänge mit statusbegründender Wirkung und behördliche Einzelakte, die aufgrund nach Art. 117 I in Kraft bleibender Normen vor dem 31.3.1953 erfolgt bzw. endgültig wirksam geworden sind, trotz des sachlichen Widerspruchs zu Art. 3 II bestehen bleiben.[25]

## C. Die Fortgeltungsanordnung des Abs. 2

### I. Entstehung und grundsätzliche Bedeutung

**16**     **1. Entstehung. a) Vorgeschichte.** Kriegsbedingte Zerstörung und Zuwanderung von Vertriebenen führten nach Kriegsende zu erheblicher Raumnot. Einige frühe Landesverfassungen hatten dem mit Übergangsbestimmungen Rechnung getragen, die neben anderen Grundrechten die Freizügigkeit verlängerungsfähig befristet einem Gesetzesvorbehalt zur Bewältigung der Notlage unterwarfen (vgl. Art. 157 HessVerf, Art. 25 SachsVerf 1947, Art. 153 BremVerf).

**17**     **b) Verabschiedung der Bestimmung.** Der HChE, der dieses Modell etwa für das Wohnungsgrundrecht in Art. 145 fortführte, verzichtete ganz darauf, die Freizügigkeit zum Grundrecht zu

---

[17] So aber offenbar *Battis* HStR VII[1,] § 165 Rn. 13; missverständlich auch die Hinweise auf das Verwerfungsmonopol des BVerfG für nachkonstitutionelles Recht in diesem Kontext bei *Gubelt,* in: v. Münch/Kunig III, 5. Aufl. 2003, Art. 117 Rn. 12; ausdrücklich wie hier etwa *Boysen,* in: v. Münch/Kunig II, Art. 117 Rn. 4; *Holtkotten* BK, Art. 117 (Erstbearb.) Anm. II A 2a; *Masing/Baer/Markard* MKS III, Art. 117 Rn. 1, 2; *Wollenschläger,* in: Dreier III, Art. 117 Rn. 9; *Sacksofsky,* in: Umbach/Clemens II, Art. 117 I Rn. 2; *Wolff,* in: Hömig/Wolff, Art. 117 Rn. 1.

[18] Zu den Folgen normativer Verstöße gegen Gleichheitssätze → Art. 3 Rn. 130 ff.

[19] S. etwa VG Osnabrück NVwZ-RR 1996, 298.

[20] Ausdrücklich etwa BVerfGE 6, 389 (421).

[21] Zum Verhältnis von Art. 3 II und III → Art. 3 Rn. 258 ff.; gerade Art. 117 I zeigt, dass der Verfassunggeber Art. 3 II inhaltlich mit Art. 3 III, soweit er das Geschlecht betrifft, gleichsetzte; offenbar unzutreffend hiergegen *Eckertz-Höfer* AK GG, Art. 117 (2001) Rn. 9 mit Fn. 18, die die Aussage des Textes auf die heutige Bedeutung des Art. 3 II bezieht, den es so 1949 doch noch gar nicht gab.

[22] Vgl. *Beitzke,* in: Die Grundrechte II, S. 199 (203 f.), der Probleme für das Zivilrecht dadurch vermeidet, dass er entsprechende Bestimmungen der Landesverfassungen als bloße Programmsätze auffasst.

[23] Eine zeitweilige Ausräumung des Verfassungsverstoßes würde für ein zeitweiliges Außerkrafttreten genügen; anders noch *Gubelt,* in: v. Münch/Kunig III, 5. Aufl. 2003, Art. 117 Rn. 9.

[24] Ausdrücklich BVerwGE 127, 196 ff.

[25] BVerfGE 4, 110 (114) für strafgerichtliche Verurteilungen; BVerfGE 48, 327 (340 f.) für den Ehenamen; BVerfGE 37, 217 (262 f.) für den Erwerb der Staatsangehörigkeit gem. § 4 I RuStAG aF; dazu auch BVerwGE 71, 301 (307 f.); 75, 86 (91 f.) mit Anm. *Sachs* JuS 1988, 480 f.; VG Stuttgart NVwZ-Beilage I 2001, 126 (127); vgl. zu § 17 Nr. 5 RuStAG aF entsprechend BVerwG BeckRS 2007, 20716, gegen eine Erstreckung auf Vorgänge nach dem Stichtag; dafür noch BGH NJW 1984, 562 (564); OVG Hamburg FamRZ 1998, 289 LS; zu § 17 Nr. 6 RuStAG aF OVG NRW NWVBl 2003, 438; für den Einbürgerungsanspruch nach Art. 116 II entsprechend BVerwGE 85, 108 (111, 114); OVG NRW BeckRS 2013, 49392. BVerfGE 43, 213 (228), hält Lohndiskriminierung der Frau im Arbeitsleben für „jedenfalls nach dem 31. März 1953 (Art. 117 Abs. 1 GG) verfassungsrechtlich unzulässig […]", weist damit für die Zeit davor über den Bestandsschutz für Normen hinaus. Gegen Vertrauensschutz bezüglich der Fortgeltung gleichberechtigungswidrigen Ehegüterrechts BVerfG (K) NJW 2003, 1656 (1657).

erheben, „weil die gegenwärtigen Zustände der Durchführung unüberwindbare Hindernisse bereiten".[26]

Dagegen wollte man im **ParlRat** von Anfang an Freizügigkeit garantieren und dem Problem durch   **18** einen **Gesetzesvorbehalt** Rechnung tragen. Der GSA schlug einen bis zum 31.12.1951 befristeten schlichten Gesetzesvorbehalt vor; demgegenüber empfahl der OrgA einen bis auf weiteres gültigen schlichten Gesetzesvorbehalt mit der Möglichkeit, durch Bundesgesetz die volle Freizügigkeit wiederherzustellen.

Dieser vom HA zunächst gebilligten Fassung trat der ARA entgegen, weil ein (qualifizierter) Dauer-   **19** Gesetzesvorbehalt zu Art. 11 selbst erforderlich sei; **nur hinsichtlich der aktuellen Raumnot** seien die nötigen Einschränkungen zeitlich bedingt. Die der verabschiedeten Fassung weitestgehend entsprechende Formulierung nahm der HA in 3. Lesung an. Später erfolgte die Zusammenfassung mit Abs. 1 in einem Artikel.

**2. Grundsätzliche Bedeutung.** Art. 117 II ist (nur) eine Übergangsbestimmung, die mit Rück-   **20** sicht auf eine **aktuelle Notsituation** geschaffen wurde und in ihrer Wirkungsmöglichkeit auf diese begrenzt bleiben sollte.[27] Sie begründete in diesem Rahmen die Möglichkeit des Fortbestandes von Regelungen, die die Freizügigkeit jenseits des qualifizierten (Dauer-)Gesetzesvorbehalts des Art. 11 II einschränkten; praktisch war sie wenig bedeutsam, da die wichtigsten einschlägigen Regelungen als Besatzungsrecht[28] ohnehin nicht am Grundgesetz zu messen waren (→ Rn. 8). Nach dem Wegfall der einschlägigen Regelungen ist Art. 117 II **heute obsolet.**

## II. Einzelheiten

**1. Voraussetzungen. a) Materielle Gesetze.** Gesetze im Sinne des Art. 117 II sind alle sonst   **21** verfassungsgemäßen (→ Rn. 12), dem Grundgesetz unterliegenden Rechtsnormen, nicht nur Gesetze im formellen Sinne.[29] Dem Formulierungsunterschied zu Abs. 1 kann nach der Entstehungsgeschichte (→ Rn. 19) nicht die Bedeutung einer gezielten Differenzierung beigemessen werden. Zur Nichtgeltung für nachkonstitutionelles Recht → Rn. 24; zur Geltung für Landesrecht → Rn. 26.

**b) Einschränkungen.** Das Recht der **Freizügigkeit** wird durch alle Gesetze **eingeschränkt,** die   **22** den Schutzgegenstand des Art. 11 I in relevanter Weise beeinträchtigen (→ Rn. 26). Ob ein für jedermann geltendes Erfordernis einer Genehmigung für die Nutzung von Wohnraum eine solche Einschränkung darstellt, hat das BVerfG offengelassen.[30]

**c) Mangel an Wohnraum.** Mit **Rücksicht auf die gegenwärtige Raumnot** erlassen sind   **23** Gesetze, die die durch Kriegszerstörung und Vertreibung entstandenen und bis zum Erlass des Grundgesetzes andauernden Probleme des Mangels namentlich an Wohnraum zu bewältigen suchen.[31]

**2. Rechtsfolgen. a) Fortgeltung.** Wie Abs. 1 durchbricht auch Abs. 2 die Beschränkung der   **24** Fortgeltung alten Rechts nach Art. 123 I auf inhaltlich dem GG entsprechende Rechtsnormen;[32] einschlägige Neuregelungen, die nach den ersten Vorschlägen im ParlRat (→ Rn. 18) wohl zulässig geblieben wären,[33] werden auch hier nicht ermöglicht. Allerdings wurde die inhaltsgleiche Fortschreibung vorkonstitutioneller Einschränkungsregelungen durch neue Gesetze gegenüber Art. 11 mit Art. 117 II gerechtfertigt.[34]

---

[26] HCh-Bericht, S. 22; auch → Art. 11 Rn. 3.

[27] Zu den Konsequenzen bei der Auslegung der Dauerbegrenzungen des Art. 11 II vgl. BVerwGE 5, 31 (36); *Hailbronner* HStR VII, § 152 Rn. 94 mwN.

[28] Namentlich das (KR-)Gesetz Nr. 18, WohnungsG, v. 8.3.1946, ABl des KR in Deutschland, Nr. 5 vom 31.3.1946, 117, dessen insoweit vor allem maßgeblicher Art. XI bereits durch Art. 1 des Gesetzes Nr. A – 9 der AHK v. 15.6.1950, ABl der AHK für Deutschland, Nr. 24 v. 24.6.1950, 414, ebenso aufgehoben wurde wie in Abs. 2 alle sonstigen durch die Militärregierungen auferlegten Beschränkungen der Freizügigkeit im Bundesgebiet; zur Überprüfbarkeit sog. verdeckten Besatzungsrechts in diesem Zusammenhang *Holtkotten* BK, Art. 117 (Erstbearb.) Anm. II B 1; allgemein → Art. 144 Rn. 9 ff.

[29] So unter Erweiterung auf gesetzesvertretende Verordnungen aber *Holtkotten* BK, Art. 117 (Erstbearb.) Anm. II B 2; dem folgend *Masing/Gusy* MKS III, Art. 117 Rn. 13.

[30] BVerfGE 8, 95 (97 f.).

[31] Missverständlich *Herzog* HStR III[1], § 58 Rn. 72, der ua in Art. 117 I (gemeint offenbar Abs. 2) „für den äußersten Notfall immer noch eine staatliche Wohnraumbewirtschaftung" vorgesehen sah.

[32] BVerfGE 3, 225 (229), spricht auch hier von einer begrenzten Ausnahme gegenüber Art. 1 III; gegen die Aufrechterhaltung nicht einschränkenden, sondern nur begrifflich umschreibenden Alt-Rechts BVerwGE 3, 308 (314), für das Gesetz über die Freizügigkeit v. 1.11.1867, B-GBl 55.

[33] Vgl. *v. Brentano*, in: Parlamentarischer Rat 1948/49, Schriftlicher Bericht zum Entwurf des Grundgesetzes für die Bundesrepublik Deutschland (Drs. Nr. 850, 854), S. 61 (72).

[34] BVerfGE 8, 95 (98); zur Begrenzung auf vorkonstitutionelles Recht allg. etwa *Dürig*, in: Maunz/Dürig (1973), Art. 117 Rn. 7; *Sachs*, in: Stern, StaatsR III/1, S. 425.

25 **b) Aufhebung durch Bundesgesetz.** Alleiniger vom Grundgesetz vorgesehener Grund für ein Außerkrafttreten der einschlägigen Regelungen ist die Aufhebung durch Bundesgesetz; eine **Höchstfrist** für die Fortgeltung ist im Gegensatz zu Abs. 1 **nicht vorgesehen.**[35]

26 Die Beschränkung der Aufhebung auf ein **Bundesgesetz** ist aus der im ParlRat vorherrschenden Auffassung zu erklären, dass einschlägige Gesetzgebung aufgrund der ausschließlichen Kompetenz nach Art. 73 Nr. 3 nur dem Bund zustehen könne.[36] Dabei ist verkannt, dass sich Einschränkungen der Freizügigkeit auch aus Gesetzen ergeben können, die nicht unter diesen Kompetenztitel fallen[37] und deshalb nicht nach Art. 124 als Bundesrecht, sondern **als Landesrecht fortgelten.** In solchen Fällen muss dem Wortlaut zuwider auch eine Aufhebung durch Landesgesetz möglich sein;[38] denn Art. 117 II verfolgt ersichtlich weder den Zweck, dem Bundesgesetzgeber eine ausschließliche Kompetenz zur **Aufhebung des Landesrechts** in derartigen Fällen zu verleihen, noch den, solche grundrechtsbeschränkenden Landesrechtsnormen gegen jede Aufhebung abzusichern.

### Art. 118 [Neugliederung im Südwesten]

**Die Neugliederung in dem die Länder Baden, Württemberg-Baden und Württemberg-Hohenzollern umfassenden Gebiete kann abweichend von den Vorschriften des Artikels 29 durch Vereinbarung der beteiligten Länder erfolgen. Kommt eine Vereinbarung nicht zustande, so wird die Neugliederung durch Bundesgesetz geregelt, das eine Volksbefragung vorsehen muß.**

**Entstehungsgeschichte:** JöR nF 1 (1951), 831.
   **Historische Verfassungstexte: GG 1949:** Wie geltende Fassung.
   Mit der Bildung des Landes Baden-Württemberg 1957 hat Art. 118 seine Bedeutung verloren. Insbes. steht er einer Neugliederung des von ihm erfassten Gebietes gem. Art. 29 nicht entgegen.[1] Siehe iÜ → Art. 118a Rn. 1.

### Art. 118a [Neugliederung in Berlin/Brandenburg]

**Die Neugliederung in dem die Länder Berlin und Brandenburg umfassenden Gebiet kann abweichend von den Vorschriften des Artikels 29 unter Beteiligung ihrer Wahlberechtigten durch Vereinbarung beider Länder erfolgen.**

**Entstehungsgeschichte:** 42. G zur Änd. des GG v. 27.10.1994 (BGBl I 3146), Art. I Nr. 13 (dazu: BT-Dr 12/6633 [Entwurf], 12/8423; BT-Prot 12/18087, 12/20947; BR-Dr 742/94, 834/94; BR-Prot 94/462, 94/505).
**Geltende Landesverfassungen:** *Bbg*Verf Art. 116; *Bln*Verf Art. 97.
**Leitentscheidungen:** BVerfG (K), LKV 1996, 333; BbgVerfG, LKV 1996, 203 (Fusion Berlin-Brandenburg).

**Schrifttum:** *Beirat für Raumordnung*, Empfehlung zur Entwicklung des Raumes Berlin/Brandenburg, in: Materialien zur Fortentwicklung des Föderalismus in Deutschland, 1993; *J. Dietlein*, Länderfusion und verfassungsgebende Gewalt „in statu nascendi". Ein Beitrag zur Auslegung der Art. 29 Abs. 8 und Art. 118a GG, Der Staat 38 (1999), 547; *W. Gärtner*, Die Bildung des Bundeslandes Berlin-Brandenburg, NJW 1996, 88; *Kennecke*, Die gescheiterte Neugliederung Berlin-Brandenburg, 2001; *K. G. Meyer-Teschendorf*, Territoriale Neugliederung nicht nur durch Bundesgesetz, sondern durch Staatsvertrag, DÖV 1993, 889; *G. Rüß*, Die Neugliederung der Region Berlin-Brandenburg, LKV 1995, 337; *D. Tripke*, Sind die Länder Berlin und Brandenburg neugliederungsreif nach Art. 118a GG?, 2009.

## A. Entstehung

1 Art. 118a stellt die **verfassungsrechtliche Umsetzung des Art. 5 EV** dar.[1] Die Länder Berl und Bbg hatten den mit Art. 118a wortgleichen Vorschlag der Verfassungskomm. des BR anstelle des gegenstandslos gewordenen Art. 118[2] in die Arbeit der GemVerfKom. eingebracht.[3] Unter dem 1.7.1993 wurde der Antrag dort einstimmig als Empfehlung beschlossen, allerdings als Art. 118a, weil Art. 118 aus verfassungshistorischen Gründen beibehalten werden sollte.[4]

---

[35] Den Unterschied hebt BVerfGE 3, 225 (238), im Hinblick auf die größere Rechtssicherheit bei Abs. 2 hervor, dem es offenbar keine überwiegenden Anliegen materialer Gerechtigkeit entgegenstehen sieht.

[36] Vgl. *v. Brentano* (Fn. 32), S. 61 (72), allerdings auch mit dem Hinweis des Abgeordneten *Katz* auf mögliche Landesgesetze; *Holtkotten* BK, Art. 117 (Erstbearb.) Anm. II B 3c (S. 21).

[37] Vgl. *Randelzhofer* BK, Art. 11 (1981) Rn. 142; auch *Pagenkopf*, Art. 11 Rn. 23.

[38] Wie hier auch *Wollenschläger*, in: Dreier III, Art. 117 Rn. 10; *Hoffmann*, in: Umbach/Clemens II, Art. 117 II Rn. 8. Anders wohl *Rengeling* HStR VI, § 135 Rn. 149, für ausschließliche Bundeskompetenz.

[1] Vgl. BVerfGE 5, 34 (45); der Volksentscheid im ehemaligen Baden 1970 war gültig, BVerfGE 37, 8.

[1] *Meyer-Teschendorf* DÖV 1993, 889 (891); *Hellermann*, in: Epping/Hillgruber, Art. 118a Rn. 1.

[2] → Art. 29 Rn. 3.

[3] Kommissions-Dr Nr. 2.

[4] Begr. BReg, BT-Dr 12/7109, S. 12; *Kunig*, in: v. Münch/Kunig II, Art. 118a Rn. 2; zur neueren Neugliederungsdiskussion *Kennecke*, Die gescheiterte Neugliederung Berlin-Brandenburg, 2001; *Jung* ZParl 1997, 13; *Klatt* ZBR 1997, 137.

## B. Grundsätzliche Bedeutung

Art. 118a steht neben Art. 29[5] und ermöglicht es den Ländern Berl und Bbg, auch nachdem eine **2** Fusion auf Grund des bbg Plebiszits 1996 nicht zustande gekommen ist,[6] eine gegenüber Art. 29 VIII insbes. **deutlich vereinfachte Neugliederung** iS eines Zusammenschlusses.[7] Entbehrlich sind insoweit Mitwirkungshandlungen des Bundes und formalisierte Formen unmittelbarer Demokratie, wie sie Art. 29 prägen.[8] Jene Vereinfachungen erklären sich zum einen aus der Wertung des EV in Art. 5,[9] zum anderen aus der historischen Verbundenheit von Berl und Bbg, „die auch durch eine jahrzehntelange politische Trennung nicht zerstört worden ist".[10] Im Näheren ist allerdings die urspr. bezweckte Vereinfachung durch die in den LVerf vorgesehenen Volksabstimmungen wieder aufgehoben worden (→ Rn. 5). Dass die Zustimmung des Bundes entbehrlich ist, bedeutet bei Licht besehen keine wirkliche Vereinfachung gegenüber Art. 29 VIII, weil die Zustimmung durch die Schaffung des Art. 118a quasi antizipiert wurde.[11] Da Art. 118a die Neugliederungsinitiative den beteiligten Ländern beilegt, ermächtigt er sie, in sachlicher, angemessener Form für dieses Anliegen auch zu werben.[12]

## C. Näherer Regelungsgehalt

Art. 118a räumt als **„Kann"-Bestimmung** den Ländern Berl und Bbg lediglich eine Option für **3** einen vereinfachten Zusammenschluss ein. Eine Neugliederung in den Verfahren(salternativen) des Art. 29 ist daher ebenfalls möglich; ausschlaggebend für eine Entscheidung zwischen Art. 118a und Art. 29 sind Gründe politischer Zweckmäßigkeit. Art. 118a verdrängt angesichts dessen Art. 29 nicht als Spezialvorschrift.[13]

Unter **„Vereinbarung"** beider Länder iSd Art. 118a ist ein Staatsvertrag zwischen Berl und Bbg zu **4** verstehen.[14] Über die Erleichterungen des Art. 29 VIII hinaus bedarf dieser weder der Zustimmung des BT bzw. eines Bundesgesetzes[15] noch der formalisierten Mitwirkung der betroffenen Bürger im Wege des Volksentscheids.[16] Ersteres, dh die (Mit-)Entscheidung des Gesamtstaates, ist in Anbetracht der antizipierten Zustimmung des Bundes durch den Prüfauftrag in Art. 5 EV entbehrlich.[17]

Diskussionsbedürftiger war und ist, ob die in Art. 118a lediglich vorgesehene **„Beteiligung"** der **5** Wahlberechtigten Berlins und Brandenburgs das plebiszitäre Element der Neugliederung zu sehr schwächt, es also eines Rückverweises auf Art. 29 II einerseits (Bestätigung durch Volksentscheid)[18] und auf Art. 29 VI 1 andererseits (Quorum)[19] bedurft hätte. Die Wertung des Art. 5 EV[20] und die hiermit verbundenen (historischen) Besonderheiten des Verhältnisses zwischen Berl. und Bbg[21] lassen es indes verfassungsrechtlich unbedenklich erscheinen, dass Art. 118a die Ausformung der „Beteiligung" des jeweils wahlberechtigten Bevölkerungskreises dem Staatsvertrag bzw. den Verfassungen Berl und Bbg überlässt.[22] Da es überdies um den Zusammenschluss der beiden Länder in toto geht, scheiden plebiszitäre Bedenken mit Blick auf den Schutz einer „Umgliederungsmasse" hier aus.[23] Jene Fragen dürften schließlich rein akademisch angesichts dessen geraten, dass Art. 116 I 2 BbgVerf und Art. 97 II BerlVerf die Bürgerbeteiligung des Art. 118a zu einer Bestätigung durch Volksentscheid resp. -abstimmung konkretisiert haben.[24] Nachdem allerdings die Länderfusion im

---

[5] *Wolff,* in: Hömig/Wolff, zu Art. 118a; *Leisner,* in: Sodan, zu Art 118a; dort, aaO, auch gegen die diesbezüglich missverständliche Wortwahl bei BrandVerfG LKV 1996, 203 (204).

[6] Vgl. hierzu *Dietlein* BK, Art. 118a (2007) Rn. 33; *Würtenberger* HStR VI, § 132 Rn. 44 ff.

[7] *Wollenschläger,* in: Dreier III, Art. 118a Rn. 7 f..

[8] → Art. 29 Rn. 9 f., 33 ff.; zur Historie *Meyer-Teschendorf* MKS III, Art. 118a Rn. 1 f.

[9] *Meyer-Teschendorf* DÖV 1993, 889 (892); → Rn. 1.

[10] Begr. BReg, BR-Dr 12/7109, S. 12.

[11] *Scholz,* in: Maunz/Dürig, Art. 118a Rn. 9 m. Nachw.

[12] BVerfG (K) LKV 1996, 333 f.

[13] Auch *Scholz,* in: Maunz/Dürig, Art. 118a Rn. 5; missverständlich BbgVerfG LKV 1996, 203 (204): Art. 118a „spezielle Norm", der Art. 29 „vorgeht"; näher zu der Entscheidung *Dietlein* BK, Art. 118a (2007) Rn. 31 f.; ferner BerlVerfGH LKV 1996, 133.

[14] Begr. BReg, BT-Dr 12/7109, S. 12; *Wolff,* in: Hömig/Wolff, zu Art. 118a.

[15] Vgl. insoweit zu Art. 29 VIII → Art. 29 Rn. 68.

[16] *Meyer-Teschendorf,* MKS III, Art. 118a Rn. 5; *Wollenschläger,* in: Dreier III, Art. 118a Rn. 11, 13; *Sannwald,* in: Hofmann/Henneke, Art. 118a Rn. 3.

[17] *Meyer-Teschendorf* DÖV 1993, 889 (892); → Rn. 1 f.

[18] Dazu → Art. 29 Rn. 40 ff.

[19] Vgl. → Art. 29 Rn. 60.

[20] → Rn. 1.

[21] → Rn. 2.

[22] So auch *Meyer-Teschendorf* DÖV 1993, 889 (892); Bericht der *GemVerfKom* (Fn. 3), S. 46; auch *Hellermann,* in: Epping/Hillgruber, Art. 118a Rn. 3.

[23] → Art. 29 Rn. 44, 71.

[24] *Leisner,* in: Sodan, Art. 118a Rn. 1 ff.

Jahr 1996 an dieser Form der Bürgerbeteiligung (in Bbg) gescheitert ist,[25] stellt sich die Frage nach ihrem Ausmaß neu.[26]

## Art. 119 [Flüchtlinge und Vertriebene]

**In Angelegenheiten der Flüchtlinge und Vertriebenen, insbesondere zu ihrer Verteilung auf die Länder, kann bis zu einer bundesgesetzlichen Regelung die Bundesregierung mit Zustimmung des Bundesrates Verordnungen mit Gesetzeskraft erlassen. Für besondere Fälle kann dabei die Bundesregierung ermächtigt werden, Einzelweisungen zu erteilen. Die Weisungen sind außer bei Gefahr im Verzuge an die obersten Landesbehörden zu richten.**

**Entstehungsgeschichte:** JöR nF 1 (1951), 832.

**Schrifttum:** *Th. Herzog/D. Westphal,* Bundesvertriebenengesetz, 2. Aufl. 2014; *S. v. Perbrandt,* Die Heimatvertriebenen im Grundgesetz, DÖV 1949, 285.

## A. Anwendungsbereich

1    Art. 119 enthält eine **Übergangsregelung,** die durch die bes. Schwierigkeiten im Zusammenhang mit der Verteilung u. Unterbringung v. Flüchtlingen u. Vertriebenen nach Kriegsende bedingt war. Neben der Zuweisung der Gesetzgebungskompetenz an den Bund gem. Art. 74 I Nr. 6 sollte ein Instrument geschaffen werden, das bis zum Erlass eines entspr. Gesetzes eine Reaktion auf die dringenden aktuellen Probleme ermöglichte.[1] **Satz 1** ermächtigt daher die BReg in Flüchtlings- u. Vertriebenenangelegenheiten[2] mit Zustimmung des BRates **Verordnungen mit Gesetzeskraft** (sog. „gesetzesvertretende Verordnungen", die den förmlichen Vorrang des Gesetzes besitzen, also allen früher erlassenen Gesetzen vorgehen)[3] zu erlassen. V. dieser Möglichkeit hat die BReg auch in sechs Fällen Gebrauch gemacht.[4] **Sätze 2 und 3** gestatten es, die BReg in der Verordnung „für besondere Fälle" zu ermächtigen, Einzelweisungen zu erteilen, die – außer bei „Gefahr im Verzuge"[5] – an die obersten Landesbehörden zu richten sind. Mit Erlass des Bundesvertriebenengesetzes (BVFG) v. 19.5.1953 (BGBl I 201), das 2013 grundlegende Änderungen im R. der Aufnahme v. Spätaussiedlern u. der Einbeziehung ihrer Angehörigen gefunden hat,[6] ist die Ermächtigung des Art. 119 gegenstandslos geworden.[7]

## B. Heutige Bedeutung der Vorschrift

2    Aus Art. 119 ergibt sich, dass das GG **Verordnungen mit Gesetzeskraft** im Allg. nicht zulässt (→ Art. 80 Rn. 10; → Art. 129 Rn. 12), da die Vorschrift sonst überflüssig wäre. Umgekehrt folgt aus Art. 119, dass Art. 79 III iVm Art. 20 der Einführung weiterer Verordnungen mit Gesetzeskraft **durch** den **Verfassungsgesetzgeber** nicht prinzipiell entgegensteht.[8]

---

[25] Dazu näher *Dietlein* BK, Art. 118a (2007) Rn. 33, dort auch, aaO, Rn. 34, zur Fortführung der Fusionsbemühungen und zum Ausbau der Kooperation.

[26] Hierzu *Hellermann,* in: Epping/Hillgruber, Art 118a Rn. 4; *Akademie für Raumforschung und Landesplanung,* Die gescheiterte Fusion Berlin-Brandenburg, 1997; zustande gekommen sind lediglich Formen der Zusammenarbeit, insbes iRd gemeinsamen Landesplanung, vgl. Vertrag über die Aufgaben und Trägerschaft sowie Grundlagen und Verfahren der gemeinsamen Landesplanung zwischen den Ländern Berlin und Brandenburg (Landesplanungsvertrag) idF v. 1.11.2011, BerlGVBl 2012 S. 2, BrandGVBl 2012 Nr. 14.

[1] Zur Entstehungsgeschichte vgl. *Holtkotten* BK, Art. 119 (Erstbearb.) Anm. I u. *Wittreck,* in: Dreier III, Art. 119 Rn. 1 f.

[2] Darunter fällt der gesamte v. der Bundeskompetenz nach Art. 74 I Nr. 6 erfasste Bereich; and. als bei Art. 116 kommt es auf die deutsche Staatsangehörigkeit o. Volkszugehörigkeit nicht an; dazu *Wittreck,* in: Dreier III, Art. 119 Rn. 9; *Muckel* MKS III, Art. 119 Rn. 19 ff.; *Schaefer,* in: v. Münch/Kunig II, Art. 119 Rn. 6 ff.

[3] BVerfGE 2, 307 (330); 22, 1 (12); 52, 1 (16 f.).

[4] Vgl. die Zusammenstellung bei *Schaefer,* in: v. Münch/Kunig II, Art. 119 Rn. 14.

[5] Dieser Passus wird allg. im Sinne der „Dringlichkeit" gem. Art. 84 V 2 verstanden; vgl. *Holtkotten* BK, Art. 119 (Erstbearb.) Anm. II 4 h.

[6] Zehntes Gesetz zur Änderung des BundesvertriebenenG v. 6.9.2013 (BGBl. I S. 3554); dazu im Überblick *Herzog/Westphal,* BVFG, Einl. Rn. 14.

[7] *Schaefer,* in: v. Münch/Kunig II, Art. 119 Rn. 5; *Wittreck,* in: Dreier, GG, Art. 119 Rn. 8; *Pieroth,* in: Jarass/Pieroth, Art. 119 Rn. 1; einschränkend *Muckel* MKS III, Art. 119 Rn. 39 ff. zur „weitgehenden" bzw. „weitestgehenden" Gegenstandslosigkeit; im Sinne eines rechtsförmlichen Erlöschens *Holtkotten* BK, Art. 119 (Erstbearb.) Anm. II 3b; *Butzer,* in: Maunz/Dürig, Art. 119 Rn. 2, 36 ff.

[8] *Butzer,* in: Maunz/Dürig, Art. 119 Rn. 66; *Schaefer,* in: v. Münch/Kunig II, Art. 119 Rn. 19.

## Art. 120 [Kriegsfolgelasten und Lasten der Sozialversicherung]

(1) **Der Bund trägt die Aufwendungen für Besatzungskosten und die sonstigen inneren und äußeren Kriegsfolgelasten nach näherer Bestimmung von Bundesgesetzen. Soweit diese Kriegsfolgelasten bis zum 1. Oktober 1969 durch Bundesgesetze geregelt worden sind, tragen Bund und Länder im Verhältnis zueinander die Aufwendungen nach Maßgabe dieser Bundesgesetze. Soweit Aufwendungen für Kriegsfolgelasten, die in Bundesgesetzen weder geregelt worden sind noch geregelt werden, bis zum 1. Oktober 1965 von den Ländern, Gemeinden (Gemeindeverbänden) oder sonstigen Aufgabenträgern, die Aufgaben von Ländern oder Gemeinden erfüllen, erbracht worden sind, ist der Bund zur Übernahme von Aufwendungen dieser Art auch nach diesem Zeitpunkt nicht verpflichtet. Der Bund trägt die Zuschüsse zu den Lasten der Sozialversicherung mit Einschluß der Arbeitslosenversicherung und der Arbeitslosenhilfe. Die durch diesen Absatz geregelte Verteilung der Kriegsfolgelasten auf Bund und Länder läßt die gesetzliche Regelung von Entschädigungsansprüchen für Kriegsfolgen unberührt.**

(2) **Die Einnahmen gehen auf den Bund zu demselben Zeitpunkte über, an dem der Bund die Ausgaben übernimmt.**

**Entstehungsgeschichte: Erstfassung:** JöR nF (1951), 834. – **Änderungen:** 14. G zur Änd. des GG v. 30.7.1965 (BGBl I 649), Art. I (dazu: BT-Dr IV/2524 [Entw.]; BT-Prot IV/7122, 9465; BR-Dr 267/64a, 302/65; BR-Prot 64/113; 65/154); 24. G zur Änd. des GG v. 28.7.1969 (BGBl I 985), Art. I (dazu: BT-Dr V/4104 [Entw.]; BT-Prot V/12581, 12986; BR–Dr 27/69, 273/69; BR–Prot 69/65, 154, 159).
**Historische Verfassungstexte: GG 1949:** (1) Der Bund trägt die Aufwendungen für Besatzungskosten und die sonstigen inneren und äußeren Kriegsfolgelasten nach näherer Bestimmung eines Bundesgesetzes und die Zuschüsse zu den Lasten der Sozialversicherung mit Einschluß der Arbeitslosenfürsorge. (2) Die Einnahmen gehen auf den Bund zu demselben Zeitpunkte über, an dem der Bund die Ausgaben übernimmt.
**Gesetzgebung:** Erstes G zur Überleitung von Lasten und Deckungsmitteln auf den Bund (Erstes ÜberleitungsG) v. 28.11.1950 (BGBl I 773) i. d. F. der Bek. vom 21.8.1951 (BGBl I 779, zul. geänd. durch G v. 20.12.1991 (BGBl I 2317); Zweites G zur Überleitung von Lasten und Deckungsmitteln auf den Bund (Zweites ÜberleitungsG) v. 21.8.1951 (BGBl I 774); G über die Stellung des Landes Berlin im Finanzsystem des Bundes (Drittes ÜberleitungsG) v. 4.1.1952 (BGBl I 1), zul. geänd. durch G v. 20.12.1991 (BGBl I 2317); G zur Regelung der finanziellen Beziehungen zwischen dem Bund und den Ländern (Viertes ÜberleitungsG) v. 27.4.1955 (BGBl I 189), G zur Überleitung von Lasten- und Deckungsmitteln vom Saarland auf den Bund (Fünftes ÜberleitungsG) v. 30.6.1959 (BGBl I 335).
**Leitentscheidungen:** BVerfGE 9, 305 (Kriegsfolgelasten); BVerfGE 14, 221 (Fremdrenten); BVerfGE 113, 167 (Risikostrukturausgleich); BVerwG DÖV 2000, 733 (aufgefischte Munition); 2007, 164; NVwZ-RR 2012, 787 (Aufwendungen für Kampfmittelräumung), BeckRS 2012, 59693 (Zurückweisung Anhörungsrüge); BSGE 34, 177 (Haftung für Krankenkassendefizite I); BSGE 47, 148 (Haftung für Krankenkassendefizite II).

**Schrifttum:** *P. Axer,* in: Jabornegg/Resch/Seewald (Hrsg.), Finanzausgleich in der Gesetzlichen Krankenversicherung, 2002, S. 15 ff.; *J. Becker,* Transfergerechtigkeit und Verfassung, 2001; *H. Butzer,* Fremdlasten in der Sozialversicherung, 2001; *K.-J. Bieback,* Die Garantiehaftung des Bundes für die Sozialversicherung, VSSR 1 (1993), 1; *M. Glombik,* Das Grundgesetz und die Finanzverantwortung für die Rentenversicherung, RiA 1993, 280; *T. M. J. Gössl,* Die Finanzverfassung der Sozialversicherung, 1992; *U. Häde,* Finanzausgleich, 1996; *W. Heckt,* Die Neufassung von Artikel 120, DÖV 1966, 10; *W. Heun,* Die Sozialversicherung und das System der Finanzverfassung, Festschrift Selmer, 2004, S. 657; *I. Kemmler,* Die Anstaltslast, 2001; *N. Kranz,* Die Bundeszuschüsse zur Sozialversicherung, 1998; *J. Lütjohann,* Die Lasten der gesetzlichen Rentenversicherung nach Art. 120 Abs. 1 Satz 4 GG, 1994;.*F Sturm,* Die abschließende Regelung der Kriegsfolgelasten, DVBl 1965, 719; *L. Thilo,* Können die Kosten von Munitionsräumungsmaßnahmen den Grundstückseigentümern auferlegt werden?, DÖV 1997, 725; *P. Weber,* Gemeinden und Landkreise als Garantieträger gesetzlicher Kassen (Artikel 120, § 389 RVO), 197.

## Übersicht

## A. Allgemeines

1 Die Vorschrift gehört zur **Finanzverfassung** des GG,[1] obwohl ihre systemat. Stellung das nicht erwarten lässt. Abs. 1 regelt abweichend vom allg. Konnexitätsprinzip des Art. 104a I (→ Art. 104a Rn. 2) die bundesstaatl. Lastenverteilung bzgl. der Aufwendungen für Kriegsfolgelasten und für bestimmte Soziallasten. Bes. Bedeutung hat S. 4, da er die einzige Vorschrift im GG ist, die materiellrechtl. Vorgaben für das finanziell überaus bedeutsame Gebiet der gesetzl. Sozialversicherungen enthält.[2] Die in Abs. 2 getroffene Regelung ist entstehungsgeschichtlich bedingt und nur für die Übergangszeit von Interesse. Insgesamt ist Art. 120 als ergänz. Spezialregelung zu den Vorschriften des X. Abschnitts des GG zu verstehen. Sie trifft nur Anordnungen im Verhältnis zwischen Bund und Ländern (→ Rn. 8). Gegenüber Art. 131 tritt die Vorschrift zurück.[3] Für den Lastenausgleich enthält Art. 120a vorrangige Sonderregelungen.

## B. Lastenverteilung (Abs. 1)

### I. Grundlagen

2 **1. Geregelte Materien.** Die Vorschrift regelt **zwei verschiedene Materien:** die Verteilung der **Kriegsfolgelasten** (S. 1–3 und S. 5) und die Zuschüsse zu den **Lasten der Sozialversicherung** (S. 4). Beide Regelungskomplexe sind strikt zu trennen, obwohl das wegen der gesetzestechnisch wenig gelungenen Verschachtelung nicht sofort zu erkennen ist. Bei genauerem Hinsehen ist diese Aufteilung jedoch eindeutig. Zudem besteht auch kein zwingender innerer Zusammenhang zwischen beiden Materien: Der zweite Regelungskomplex (S. 4) erfasst nicht nur die kriegsbedingten Lasten der Sozialversicherung, sondern alle Arten von Zuschüssen (→ Rn. 24).

3 **2. Lastentragung durch den Bund.** Art. 120 I ist vor allem im Zusammenhang mit Art. 104a I zu sehen. Danach folgt die Ausgaben- der Aufgabenverantwortung (→ Art. 104a Rn. 2). Art. 120 I **durchbricht** dieses **allgemeine Lastenverteilungsprinzip** und ordnet an, dass der Bund auf dem Gebiet der Kriegsfolgelasten und im Bereich der Soziallasten bestimmte Ausgaben auch dann zu tragen hat, wenn die Erfüllung der zugehörigen Aufgaben den Ländern übertragen ist. Da die Länder in den genannten Bereichen in erheblichem Umfang die Aufgabenverantwortung tragen (zB Aufgaben nach dem BVG als eigene Angelegenheit), hätten sie die damit verbundenen Ausgaben ohne die hier getroffene Sonderregelung selbst tragen müssen.[4]

4 Der Vorschrift liegt der Gedanke zugrunde, dass die Finanzierung der Kriegsfolgelasten und der Zuschüsse zu den Lasten der Sozialversicherung eine **Aufgabe des Gesamtstaates** ist. Durch die Überwälzung der Kosten auf den Bund soll eine gleichmäßige Belastung der gesamten Bevölkerung des Bundesgebietes erreicht werden.[5] Insb. wollte man vermeiden, dass bestimmte, überdurchschnittl. von Kriegsfolgen betroffene Länder die dadurch verursachten Kosten allein tragen mussten.[6] Ob aber die Regelung der Verwaltungsausgaben sowie der Haftung in Art. 104a V, VI auch im Bereich von Art. 120 I, namentlich auch von Satz 4, gelten, ist zweifelhaft (→ Rn. 32).[7] Insgesamt dient die Regelung der gerechten bundesstaatl. Lastenverteilung.

5 Art. 120 I regelt **nur** die **Finanzierungsverantwortung** im föderalen Kontext, also die finanzwirtschaftlichen Beziehungen zwischen Bund und Ländern.[8] Deshalb bleibt es für die **Verwaltungszuständigkeit** bei dem allgemeinen Grundsatz der Art. 30, 83 ff.: Zuständigkeit der Länder[9] und die Sonderregelung für den Lastenausgleich in Art. 120a (→ Art. 120a Rn. 1). Es entsteht auch keine Bundesauftragsverwaltung,[10] da Art. 104a III 2 verdrängt wird (→ Rn. 32).

---

[1] BVerwG DÖV 2007, 164 (165); *Weber,* Gemeinden und Landkreise, S. 53; *Schaefer,* in: v. Münch/Kunig II, Art. 120 Rn. 1; *Axer,* in: Friauf/Höfling, Art. 120 (2003) Rn. 1; *Hebeler* BK Art. 120 (2015) Rn. 3, 5.

[2] Die beiden anderen Vorschriften – Art. 74 I Nr. 12 und Art. 87 II – sind kompetenz- und organisationsrechtl. Regelungen.

[3] BVerfGE 7, 305 (LS, 313 f.); *Hermes,* in: Dreier III, Art. 120 Rn. 18.

[4] BVerfGE 14, 221 (234); *F. Klein,* Öffentliches Finanzrecht, 2. Aufl. 1993, I Rn. 24; *Hömig,* in: Hömig, Art. 120 Rn. 1; *Muckel* MKS III, Art. 120 Rn. 2; jetzt auch *Butzer,* in: Maunz/Dürig, Art. 120 (2017) Rn. 9, 56.

[5] Parl. Rat II, S. 116, 272; BVerfGE 113, 167 (214).

[6] Parl. Rat II, S. 116, 272; vgl. *Heckt* DÖV 1966, 10 (10); zust. *Muckel* MKS III, Art. 120 Rn. 7; *Butzer,* in: Maunz/Dürig, Art. 120 (2017) Rn. 3.

[7] Für einen vollst. Ausschluss von Art. 104a *Heun* FS Selmer, 2004, S. 657 (669 f.); dagegen *Hermes,* in: Dreier III, Art. 120 Rn. 5; *Butzer,* in: Maunz/Dürig, Art. 120 (2017) Rn. 12 f., der sich aber zutreffend gegen eine Anwendbarkeit von Art. 104a III 2 ausspricht.

[8] *Hermes,* in: Dreier III, Art. 120 Rn. 5.

[9] BSGE 47, 148 (155); *Schaefer,* in: v. Münch/Kunig II, Art. 120 Rn. 7, 26; *Jarass,* in: Jarass/Pieroth, Art. 120 Rn. 2.

[10] BT-Dr V/2861, Tz. 289; *Schaefer,* in: v. Münch/Kunig II, Art. 120 Rn. 7, 26; *Henneke,* in: Schmidt-Bleibtreu/Hofmann/Henneke, Art. 104a Rn. 35; *Butzer,* in: Maunz/Dürig, Art. 120 (2017) Rn. 13.

Die Verwendung des weit gefassten Begriffs „trägt" bringt zum Ausdruck, dass die Aufwendungen **6** **letztlich dem Bund zur Last** fallen müssen. Weitergehende Rechte und Pflichten werden durch die Vorschrift grundsätzlich nicht begründet. Sie stellt insbesondere keine Anspruchsnorm dar[11] – jedenfalls im Regelfall – und gewährt weder den Gemeinden und Gemeindeverbänden[12] noch **Dritten,** also ausländischen Staaten, sonstigen juristischen Personen des öffentlichen Rechts oder einzelnen Staatsbürgern,[13] einen Anspruch auf Leistungen gegen den Bund. Es handelt sich jedoch nur um eine Grundregel, von der in besonderen Einzelfällen Ausnahmen zu machen sind (→ Rn. 17 f., → Rn. 29 ff.).

**3. Dauerrecht.** Art. 120 I ist **keine bloße Übergangsvorschrift,** obwohl sie im XI. Abschnitt des **7** GG steht.[14] Das kommt vor allem in Art. 120 I 4 zum Ausdruck, der mit Art. 74 I Nr. 12 und Art. 87 II „ein in sich geschlossenes Regelungssystem für die Sozialversicherung und deren Finanzierung"[15] bildet (→ Rn. 24). Aber auch von der Sache her kann weder die Bewältigung der Kriegsfolgen noch die finanz. Unterstützung der Sozialversicherungsträger als eine bloß vorübergehende Aufgabe bezeichnet werden.[16] So musste sich noch der EVertr mit dem Kriegsfolgenrecht befassen.[17] Gleichwohl ist nicht zu verkennen, dass die Verteilung der Kriegsfolgelasten mit dem zeitl. Abstand zum Zweiten Weltkrieg immer mehr an Bedeutung verliert.

**4. Beschränkung auf das Bund-Länder-Verhältnis.** Die Regelung beschränkt sich auf das Verhältnis von Bund und Ländern.[18] Dafür liefert bereits der Wortlaut von Art. 120 I 2 einen eindeutigen **8** Beleg. Die Einschränkung folgt aber auch aus Art. 120 I 5, II. Die Rechtsposition der **Gemeinden und Gemeindeverbände** wird von der Regelung nicht erfasst.[19] Die komm. Gebietskörperschaften sind finanzverfassungsrechtlich Teile des Landes, dem sie angehören (→ vor Art. 104a Rn. 1, → vor Art. 104 Rn. 9 f.). Soweit Kriegsfolgelasten bei ihnen anfallen, sind sie den Ländern zuzurechnen.[20] Die Überwälzung solcher Lasten durch die Länder auf die Gemeinden und Gemeindeverbände wird nicht erst durch die Vorschrift gestattet.[21] Die Verteilung von Ausgleichsleistungen auf die einzelnen Kommunalkörperschaften ist Sache der Landesgesetzgebung.[22] Ebenso wenig sind **Dritte,** also ausländ. Staaten, sonstige jur. Personen des öff. Rechts oder einzelne Staatsbürger, von Art. 120 I berührt.

Andererseits steht Art. 120 I der **Belastung anderer Rechtsträger** als der Länder aber auch nicht **9** entgegen. Das BVerfG hat weder in der Überwälzung von Kriegsfolgelasten auf andere Körperschaften, Anstalten und Stiftungen des öff. Rechts[23] noch in der Zuweisung der Lasten der Sozialversicherung an deren Träger einen Verstoß gegen Art. 120 gesehen.[24] Allerdings kann die finanzverfassungsrechtliche Position der Länder (mittelbar) betroffen sein, wenn Körperschaften, für deren Zahlungsfähigkeit sie einzustehen haben, durch die Auferlegung derartiger Lasten unterstützungsbedürftig werden.[25]

**5. Berücksichtigung im Finanzausgleich.** Aus der Entlastung der Länder durch die Zuweisung **10** der Finanzierungsverantwortung an den Bund soll ihnen andererseits aber auch **kein finanzieller Vorteil** entstehen.[26] Die Lastentragung des Bundes ist im Rahmen des Finanzausgleichs zu beachten.

---

[11] BVerfGE 14, 221 (233); 113, 167 (211); *Jarass,* in: Jarass/Pieroth, Art. 120 Rn. 6; *Hermes,* in: Dreier III, Art. 120 Rn. 8; *Muckel* MKS III, Art. 120 Rn. 4, 37; *Axer,* in: Friauf/Höfling, Art. 120 (2003) Rn. 19; *Kemmler,* Anstaltslast, S. 167; *Hebeler* BK Art. 120 (2015) Rn. 4, 21 63; *Butzer,* in: Maunz/Dürig, Art. 120 (2017) Rn. 5, 147.

[12] *Schaefer,* in: v. Münch/Kunig II, Art. 120 Rn. 1, 22; aA BVerfGE 1, 167 (183); offengelassen von BVerfGE 14, 221 (236).

[13] *Axer,* in: Friauf/Höfling, Art. 120 (2003) Rn. 3; zust. *Butzer,* in: Maunz/Dürig, Art. 120 (2017) Rn. 147.

[14] So jetzt auch *Hermes,* in: Dreier III, Art. 120 Rn. 4; *Muckel* MKS III, Art. 120 Rn. 7; *Axer,* in: Friauf/Höfling, Art. 120 (2003) Rn. 2; *Butzer,* in: Maunz/Dürig, Art. 120 (2017) Rn. 7–9.

[15] BVerfGE 113, 167 (200).

[16] BVerfGE 9, 305 (317); *Heckt* DÖV 1966, 10 (15); *Butzer,* in: Maunz/Dürig, Art. 120 (2017) Rn. 7.

[17] EV Anl. I B Kap. II Sachgeb. D Abschn I–III; Kap. IV Sachgeb. A Abschn I. u. II.

[18] BVerfGE 14, 221 (234, 237); 113, 167 (207 ff.); BVerwG KStZ 1959, 207 (209); BVerwGE 22, 314 (317); BVerwG DÖV 2007, 164 (165); BSGE 34, 177 (179); 47, 148 (154); *Schaefer,* in: v. Münch/Kunig II, Art. 120 Rn. 1, 19; idS auch *Hermes,* in: Dreier III, Art. 120 Rn. 5, 10; *Muckel* MKS III, Art. 120 Rn. 6; *Hebeler* BK Art. 120 (2015) Rn. 1; *Butzer,* in: Maunz/Dürig, Art. 120 (1970) Rn. 5. Doch soll die Beschränkung nicht bedeuten, dass eine Pflichtigkeit des Bundes gegenüber den Sozialversicherungsträgern ausgeschlossen ist, *Kemmler,* Anstaltslast, S. 159.

[19] *Heckt* DÖV 1966, 10 (15); aA *P. Weber,* Gemeinden und Landkreise, S. 110 f., 114.

[20] BSGE 34, 177 (180); *Schaefer,* in: v. Münch/Kunig II, Art. 120 Rn. 22; *Jarass,* in: Jarass/Pieroth, Art. 120 Rn. 1; zust. *Hermes,* in: Dreier III, Art. 120 Rn. 5; offen gelassen BVerfGE 14, 221 (236).

[21] Davon geht BVerfGE 1, 167 (183) aus; offen gelassen BVerfGE 14, 221 (236).

[22] *Schaefer,* in: v. Münch/Kunig II, Art. 120 Rn. 22; *Hermes,* in: Dreier III, Art. 120 Rn. 5 Fn. 16.

[23] BVerfGE 14, 221 (237): Es gebe weder einen ausdr. noch einen ungeschriebenen Verfassungsrechtssatz, „der es dem Bund verböte, den öffentlich-rechtlichen Körperschaften Kriegsfolgelasten aufzuerlegen"; ebenso BVerwGE 22, 314 (317); BSGE 25, 243 (247); *Zimmer* NJW 1963, 189 (189); *Schaefer,* in: v. Münch/Kunig II, Art. 120 Rn. 18; insoweit auch *Muckel* MKS III, Art. 120 Rn. 20; aA *Höcker* BB 1959, 1076 (1076 ff.); *Rösener* NJW 1962, 1995 (1997 f.); *Diemer* VSSR 1982, 31 (38 ff.).

[24] BVerfGE 113, 167 (208 ff., 211 f.).

[25] Vgl. *Muckel* MKS III, Art. 120 Rn. 20; *Butzer,* in: Maunz/Dürig, Art. 120 (2017) Rn. 98.

[26] *Schaefer,* in: v. Münch/Kunig II, Art. 120 Rn. 2.

Auch hier wird der Grundgedanke deutlich, dass die Kriegsfolgelasten und die Lasten der Sozialversicherung von der Gesamtbevölkerung getragen werden sollen.[27]

## II. Kriegsfolgelasten

11  **1. Begriff und Bedeutung der Kriegsfolgelasten.** Kriegsfolgelasten sind nach der **Definition des BVerfG** Lasten, „deren entscheidende – und in diesem Sinne alleinige – Ursache der Zweite Weltkrieg ist".[28] Das Gericht stellt also entscheidend auf die Kausalität zwischen dem Zweiten Weltkrieg und seinen Folgewirkungen ab. Wenn die Kausalkette jedoch allzu lang ist, verneint die Rspr. eine Kriegsfolgelast.[29] Wegen der sprachlich misslungenen Gestaltung der Vorschrift dürfte ein derartiges Korrektiv erforderlich sein, um die prinzipiell unbegrenzte Ursächlichkeit des Zweiten Weltkrieges für zeitlich und sachlich weit entfernt liegende Ereignisse sachgerecht zu begrenzen. Mit zunehmendem zeitlichem Abstand wird jedenfalls immer **unwahrscheinlicher,** dass der Zweite Weltkrieg die alleinige oder maßgebende Ursache für einen Schaden und daraus folgende Lasten ist. Kriegsfolgen iSd Bestimmung liegen daher immer seltener vor.[30] Sie wurden vom BVerwG verneint für Aufwendungen im Zusammenhang mit nach dem Zweiten Weltkrieg im Küstenbereich versenkter deutscher und britischer Munition. Nicht der Zweite Weltkrieg, sondern die meeresbodennahe Verwendung von Schleppnetzen durch die Fischerei und die „dadurch bedingte Zutageförderung von Kampfmitteln" sei die maßgebliche Ursache für die Ausgaben des Landes gewesen.[31] In späteren Entscheidungen hat das BVerwG aber das Aufspüren und die Beseitigung von **Kampfmitteln,** die aus dem Zweiten Weltkrieg stammen, einschließlich aller Vor- und Nebenarbeiten, zu den Kriegsfolgelasten gerechnet und daraus Ansprüche abgeleitet (→ Rn. 17a).[32]

12  Die Unterscheidung zwischen **inneren** und **äußeren Kriegsfolgelasten** ist weniger bedeutsam. Unter inneren Kriegsfolgelasten sind z. B. die Kosten für den Aufbau zerstörter Gebäude zu verstehen sowie die Versorgungsleistungen an Angehörige der Wehrmacht und deren Familien.[33] Äußere Kriegsfolgelasten sind insbesondere Wiedergutmachungsleistungen. Dazu gehören Fremdrenten und Aufwendungen zur Erfüllung von Finanzverträgen mit fremden Staaten zur Beseitigung von Kriegsfolgen.[34] Entschädigungszahlungen für erlittene Kriegsgefangenschaft sind jedenfalls alleinige Folge des Zweiten Weltkrieges und daher Kriegsfolgelasten.[35]

13  Wieder zunehmende Bedeutung hatten die Kriegsfolgelasten durch den **Zustrom von Aussiedlern** erhalten, denen Leistungen gewährt wurden: ab 1976 Finanzierung von Einrichtungsdarlehen für Spätaussiedler oder Eingliederungshilfen für bis zum 1.1.1993 geborene Personen mit deutscher Abstammung (→ Art. 120a Rn. 7).[36] Auch für die Gruppe der **Spätaussiedler** wird zT noch der Zweite Weltkrieg mit seinen unmittelbaren Folgen als entscheidende Ursache angesehen.[37] Die für die **Zwangsarbeiterentschädigung**[38] letztlich gefundene Fondslösung ist nicht zuletzt wegen ihrer eigenartigen Mischfinanzierung nicht unproblematisch. Sie ist aber vom BVerfG gebilligt worden, auch soweit sie Ansprüche entzieht oder umformt.[39] Nach § 3 IV des G zur Errichtung einer Stiftung „Erinnerung, Verantwortung und Zukunft"[40] ist die Stiftung berechtigt, Zuwendungen Dritter, also

---

[27] *Heckt* DÖV 1966, 10 (10); zust. BSGE 47, 148 (154); *Schaefer,* in: v. Münch/Kunig II, Art. 120 Rn. 2; ebenso jetzt auch *Hermes,* in: Dreier III, Art. 120 Rn. 8; *Muckel* MKS III, Art. 120 Rn. 7, unter Berufung auf BVerfGE 1, 117 (139 f.); *Butzer,* in: Maunz/Dürig, Art. 120 Rn. 9.

[28] BVerfGE 9, 305 (323 f.); zT etwas anders BVerwG DÖV 2000, 733 (733): „... wichtigste und maßgebende Ursache ...".

[29] BVerfGE 9, 305 (326).

[30] Darauf hat das BVerfG schon früh hingewiesen: BVerfGE 9, 305 (324); zust. *Hermes,* in: Dreier III, Art. 120 Rn. 6; ähnl. jetzt auch *Axer,* in: Friauf/Höfling, Art. 120 (2003) Rn. 11; *Hebeler* BK Art. 120 (2015) Rn. 10.

[31] BVerwG DÖV 2000, 733 (733), das zudem eine „sachenrechtl. Haftung" (ohne Klarstellung der geprüften Anspruchsgrundlage) des Bundes auch für „Reichsmunition" ausschließt, da von einem Eigentumsverlust kraft Dereliktion auszugehen sei. Die Entscheidung ließ auch eine Auseinandersetzung mit der oberverwaltungsrechtl. Rechtsprechung vermissen, wonach Dereliktion die Störerverantwortlichkeit in bestimmten Fällen wegen Sittenwidrigkeit (§ 138 I BGB) nicht beseitigt, vgl. OVGBrem NVwZ-RR 1989, 16 – eine Praxis, die vom BVerfG (NVwZ 2001, 65 [66]) gebilligt wurde.

[32] BVerwG DÖV 2007, 164; NVwZ-RR 2012, 787 (Rn. 22, 24).

[33] Ausführliche Darstellung der (gesetzlichen) Praxis bei *Butzer,* in: Maunz/Dürig, Art. 120 (2017) Rn. 108 (innere Kriegsfolgelasten) einschließlich der Lasten der Kriegsfinanzierung (Rn. 109).

[34] Vgl. die Übersicht bei *Schaefer,* in: v. Münch/Kunig II, Art. 120 Rn. 10; *Butzer,* in: Maunz/Dürig, Art. 120 (2017) Rn. 110, der aber Fremdrenten zu den inneren Kriegsfolgelasten rechnet (Rn. 108).

[35] *Schaefer,* in: v. Münch/Kunig II, Art. 120 Rn. 10; ebenso jetzt *Hermes,* in: Dreier III, Art. 120 Rn. 7.

[36] Aufwendungen für Aussiedler sollen Kriegsfolgelasten sein, vgl. *Schaefer,* in: v. Münch/Kunig II, Art. 120 Rn. 9.

[37] *F. Klein* (Fn. 4), I Rn. 27; vgl. ferner BVerwG DÖV 1993, 305 (307); BVerwG NVwZ 1993, 457 (457); diff. *Schaefer,* in: v. Münch/Kunig II, Art. 120 Rn. 9 einerseits, Rn. 9a andererseits; abl. *Hermes,* in: Dreier III, Art. 120 Rn. 7 Fn. 256.

[38] Zu Entschädigungsansprüchen *Heß/Frauendorf/Saathoff/Kranz,* in: Barwig/Saathoff/Weyde (Hrsg.), Entschädigung für NS-Zwangsarbeit, 1998, S. 65, 93, 107, 111, 135.

[39] BVerfGE 112, 93 (106, 114). Finanzverfassungsrechtl. Fragen werden allerdings nicht angesprochen.

[40] V. 2.8.2000 (BGBl I 1263), zul. geänd. durch Art. 1 G v. 1.9.2008 (BGBl I 1797).

auch von Gebietskörperschaften, ungeachtet der Regeln der Finanzverfassung anzunehmen. Falls es sich um Kriegsfolgelasten handelt bietet Art. 120 I 1 eine hinreichende Rechtsgrundlage. Soweit Kriegsgefangene entschädigt werden, die zur Zwangsarbeit eingesetzt wurden,[41] kann das Vorliegen einer Kriegsfolgelast bejaht werden. Kriegsgefangenschaft als solche begründet keine Leistungsberechtigung, § 11 III. Die weiteren Anspruchsvoraussetzungen (§ 11 I) dürften bei bloßen Kriegsgefangenen nur ganz ausnahmsweise erfüllt sein.[42]

**Keine Kriegsfolgelasten** sind die Folgekosten der **NS-Gewaltherrschaft** als solcher, da sie 14 unabhängig von den Kriegsereignissen entstanden sind.[43] Das schließt nicht aus, dass im Einzelfall eine Verbindung bestehen kann.[44] Dementspr. sind Entschädigungsleistungen für Personen, die zur Zwangsarbeit verpflichtet wurden, im Allgemeinen keine Kriegsfolgelasten, selbst wenn sie in der Rüstungsindustrie eingesetzt waren.[45] Ebenso müssen Leistungen an die **Flüchtlinge aus der DDR** oder die Aufwendungen für die ehem. **Zonenrandgebiete** ausscheiden. Für sie war entscheidende Ursache nicht der Zweite Weltkrieg, sondern die polit. Nachkriegsentwicklung.[46] Gleiches muss auch für Zahlungen zum Ausgleich von Enteignungen im Gebiet der DDR gelten sowie für die Lasten der deutschen Einigung.[47] Leistungen zur Wiedergutmachung[48] **kommunistischer Gewalt- und Unrechtsmaßnahmen** sind grds. keine Kriegsfolgelasten.[49] Damit sind Leistungen nach dem EALG[50] idR nicht von Art. 120 I erfasst.[51] Ein Ausgleich kann hier nur über den allg. Finanzausgleich erfolgen.

Die **Besatzungskosten** als exempl. Unterfall der Kriegsfolgelasten umfassen auch die im Zusam- 15 menhang mit der Besetzung entstandenen **Schäden** (Besatzungsschäden).[52] Sie haben wegen der Beendigung des Besatzungsregimes am 5.5.1955 für die Finanzverantwortung des Bundes jetzt keine Bedeutung mehr.[53] Seit dem Ende der alliierten Besatzung werden Aufwendungen für die Stationierung ausländ. Truppen jedenfalls nicht mehr von Art. 120 I erfasst.[54] Es handelt sich nunmehr um Verteidigungslasten, die der Bund nach Art. 87a iVm Art. 104a zu tragen hat. Dies gilt auch für Wohnungsbauvorhaben ausländ. Streitkräfte.[55] Die Kosten der Beseitigung von **Rüstungsaltlasten,** auch auf dem

---

[41] Das BVerfG nennt vier Gruppen von Menschen, die prototypisch als „Zwangsarbeiter" bezeichnet werden: ausländische Zivilarbeiter, die während des Krieges nach Deutschland gebracht wurden, ausländische Kriegsgefangene, die Häftlinge in Konzentrationslagern und Juden aus den besetzten Teilen Europas, die in Ghettos und Zwangsarbeitslagern zur Zwangsarbeit gezwungen wurden (BVerfGE 112, 93 [94]).

[42] Zust. *Butzer,* in: Maunz/Dürig, Art. 120 (2017) Rn. 124. Der Abschlussbericht zum Auszahlungsprogramm der Stiftung „Erinnerung, Verantwortung und Zukunft" enthält konkrete Zahlen, vgl. *Niethammer,* in: Jansen/Saathoff (Hrsg.), „Gemeinsame Verantwortung und moralische Pflicht", 2007, S. 23; näher zu den sehr unterschiedlichen Einsatzformen *Herbert* (Hrsg.), Europa und der „Reichseinsatz", 1991; Darstellung des Ausländereinsatzes zwischen „Integration und Terror" bei *Herbert,* Politik und Praxis des „Ausländer-Einsatzes" in der Kriegswirtschaft des Dritten Reiches, 1999, S. 314 ff.

[43] *Schaefer,* in: v. Münch/Kunig II, Art. 120 Rn. 9 f.; ebenso *Häde,* Finanzausgleich, S. 98; ebenso jetzt auch *Butzer,* in: Maunz/Dürig, Art. 120 (2017) Rn. 123.

[44] Zustimmend *Hermes,* in: Dreier III, Art. 120 Rn. 7 Fn. 346.

[45] Insoweit ebenso *Muckel* MKS III, Art. 120 Rn. 11; so jetzt wohl auch *Axer,* in: Friauf/Höfling, Art. 120 (2003) Rn. 13 aE; deutl. weiter *Hermes,* in: Dreier III, Art. 120 Rn. 7 Fn. 35, der in der Zwangsarbeiterentschädigung wegen des „engen Zusammenhangs mit dem Kriegsgeschehen" eine Kriegsfolgelast sieht. Die Entscheidung für den breit angelegten Einsatz der Zwangsarbeiter sei erst nach Kriegsbeginn gefallen und sei ein „wesentliches und konstitutives Element der Rüstungs- und Kriegswirtschaft" gewesen.

[46] *F. Klein* (Fn. 4), I Rn. 27; *Muckel* MKS III, Art. 120 Rn. 12; zust. *Hebeler* BK Art. 120 (2015) Rn. 14; zT diff. *Schaefer,* in: v. Münch/Kunig II, Art. 120 Rn. 9, der aber zutr. darauf verweist, dass der Bund weiterhin Leistungen erbracht hat, für die nur schwer eine Grundlage zu finden ist. Weder die Heranziehung einer „ungeschriebene[n] Bundeskompetenz" noch von Art. 87 II oder Art. 104b (Art. 104a IV aF) vermögen zu überzeugen; ähnl. *Holch* DÖV 1970, 841 (844); zurückhaltend auch *Butzer,* in: Maunz/Dürig, Art. 120 (2017) Rn. 136.

[47] Dazu BVerfGE 84, 90 (126 f.); Anm. *Leisner* NJW 1991, 1569 ff.; *Kilian* JZ 1991, 425 (431); i. Erg. ebenso jetzt auch *Butzer,* in: Maunz/Dürig, Art. 120 (2017) Rn. 127.

[48] Materiell-rechtlich wurzeln Wiedergutmachungsansprüche nach Auffassung des BVerfG im Rechts- und Sozialstaatsprinzip (BVerfGE 13, 28 [31]; 13, 36 [42] – Wiedergutmachung nationalsozialistischen Unrechts; BVerfGE 27, 253 [283] – Besatzungsschäden; 27, 326 [340] – Besatzungsschäden; BVerfGE 41, 126 [150 ff.] – Reparationsschäden; BVerfGE 84, 90 [125 f.] – alliierte Enteignungen; 102, 254 [298] – allg. für Schäden durch ausl. oder frühere deutsche Staatsgewalten).

[49] Ebenso jetzt auch *Schaefer,* in: v. Münch/Kunig II, Art. 120 Rn. 9a; *Jarass,* in: Jarass/Pieroth, Art. 120 Rn. 3; *Hermes,* in: Dreier III, Art. 120 Rn. 7; *Muckel* MKS III, Art. 120 Rn. 13; *Axer,* in: Friauf/Höfling, Art. 120 (2003) Rn. 15; *Butzer,* in: Maunz/Dürig, Art. 120 (2017) Rn. 130.

[50] Vb dagegen hatten keinen Erfolg, BVerfGE 102, 254 (255, 295, 297).

[51] Vgl. *Schaefer,* in: v. Münch/Kunig II, Art. 120 Rn. 9, wohl auch für die Vertriebenenzuwendungen und die Frühschäden bis 1949; zust. *Hermes,* in: Dreier III, Art. 120 Rn. 7.

[52] BVerfGE 27, 253 (284).

[53] *Butzer,* in: Maunz/Dürig, Art. 120 (2017) Rn. 101; *Hebeler* BK Art. 120 (2015) Rn. 8. Von 1950 bis zum 5.5.1955 sind 808 Millionen DM vom Bund zur Verfügung gestellt worden. Insges. wird ein Betrag von 1,125 Milliarden DM zur Abgeltung von Besatzungsschäden in der Zeit von 1950 bis 1960 genannt, BVerfGE 27, 253 (288).

[54] *Schaefer,* in: v. Münch/Kunig II, Art. 120 Rn. 11; *Jarass,* in: Jarass/Pieroth, Art. 120 Rn. 3; *Hermes,* in: Dreier III, Art. 120 Rn. 7; *Axer,* in: Friauf/Höfling, Art. 120 (2003) Rn. 14; ebenso jetzt *Butzer,* in: Maunz/Dürig, Art. 120 (2017) Rn. 132.

[55] BVerwG DÖV 1993, 528 (528).

Gebiet der DDR, können nur erfasst sein, soweit sie zur Zeit des Besatzungsregimes entstanden sind.[56] Zahlreiche Vorstöße zur Auferlegung aller Kosten aus der Beseitigung von Rüstungsaltlasten auf den Bund sind gescheitert.[57] Eine andere, nicht in Art. 120 geregelte Frage ist, ob der Bund iRd ihm nach Art. 87a auferlegten Verteidigungslasten für die Beseitigung der Rüstungsaltlasten verwaltungsmäßig verantwortlich ist oder ob sie nach Umwelt- und Naturschutz- oder Ordnungsrecht zu behandeln ist[58] und danach zu den Aufgaben der Länder (einschl. ihrer Kommunalkörperschaften) gehört.

**16**    **2. Grundregel der Verteilung (Satz 1).** Nach Art. 120 I 1 **trägt der Bund** die **Aufwendungen** für – innere und äußere – Kriegsfolgelasten, einschließlich der Besatzungskosten, so wie sie oben (→ Rn. 11 ff.) abgegrenzt worden sind. Die Lasten, die der Bund zu tragen hat, beschränken sich allerdings auf die **Zweckausgaben** (Definition → Art. 104a Rn. 9 f.). Die **Verwaltungskosten** hat die Einheit zu tragen, bei der die Aufgabenverantwortung liegt.[59] Die Vorschrift setzt voraus, dass der Bund Regelungen über die Entschädigung von Kriegsfolgelasten im Verhältnis zum Bürger trifft. Diese gehören aber nicht zum Regelungsgegenstand von Art. 120 I, sondern finden ihre Grundlage in Art. 73 I Nr. 13[60] und Art. 74 I Nr. 6, 9 und 10. Veränderungen des Umfangs dieser Leistungen sind daher nicht an Art. 120 I zu messen. Das stellt Art. 120 I 5 ausdrücklich klar.[61] Soweit aber danach Leistungen zu erbringen sind, muss der Bund die Aufwendungen tragen. Das gilt auch, wenn die Länder die Regelungen ausführen. Erfasst sind nur die **notwendigen Ausgaben.**[62] Bei der Beseitigung von **Kampfmitteln** aus dem Zweiten Weltkrieg (→ Rn. 11, → Rn. 17a) sind das aber auch die Aufwendungen für die Beprobung zur Erlangung einer repräsentativen Gefährdungsabschätzung im Vorfeld der Räumung,[63] für die Beseitigung von Bewuchs und Totholz sowie für das Wiederherstellen des Geländes.[64] Aufwendungen zu Gefahrerforschung sollen wohl nicht dazu gehören.[65]

**17**    Art. 120 I verlangt nicht, dass die Aufwendungen unmittelbar beim Bund entstanden sind. Es bleibt ihm unbenommen, zunächst die Länder zu verpflichten, die Leistungen zu erbringen, wenn ihm die dadurch anfallenden Aufwendungen nur „letztlich" zur Last fallen und von ihm bezahlt werden.[66] Erforderlich ist aber eine dahingehende gesetzl. Regelung, wenn auch nicht notwendig in demselben Gesetz.[67] Es ist allerdings zu fragen, ob es sich insoweit nur um eine (objektiv-rechtl.) Pflicht zur Gesetzgebung (Erstattungsregelung) handelt.[68] Zwar hat das BVerfG betont, dass aus Art. 120 I Hand wegen Kriegsfolgeschäden nicht hergeleitet werden können. Die Vorschrift sei keine „Anspruchsnorm".[69] Diese Formulierung diente aber primär dazu, Ansprüche Dritter abzuwehren.[70] Damit ist nicht sicher, dass auch **Ansprüche** im Bund-Länder-Verhältnis verneint werden sollten.[71] Fest steht allerdings, dass Art. 120 I verbietet, „Bundesgesetze zu erlassen, nach

[56] BVerwG NVwZ 2011, 307; zT abw. jetzt *Muckel* MKS III, Art. 120 Rn. 15; eher verneinend *Butzer,* in: Maunz/Dürig, Art. 120 (2017) Rn. 133.

[57] Sämtl. Gesetzesinitiativen sind bisher entweder vom BTag abgelehnt worden oder haben sich aufgrund der Diskontinuität erledigt: Entw. BR-Dr 188/92 abgelehnt vom BTag am 2.7.1993, BT-Prot 12/169, S. 14568 (B); erneuter Vorstoß zweier Länder (Nds, Sachsen), Entw. v. 30.4.1997, BR-Dr 322/97, abgel. BT-Prot 13/216, S. 19715 (B); BRatsinitiative (Bbg), Entw. v. 28.8.2001, BR-Dr 668/01; BR-Prot 767, S. 461 D, 501 B, 505 C, BT-Dr 14/7464; Überweisung an Haushaltsausschuss BT-Prot 14/230, 22904 C, D; BRatsinitiative (Bbg, Nds) v. 6.9.2011 BR-Dr 533/11, BR-Prot 888, S. 484(A); Entw. des BRats (Bbg Nds) v. 1.7.2014, BR-Dr 282/14 (keine Beratung durch BTag dokumentiert); Gesetzesinitiative der BTags-Fraktion DIE LINKE v. 6.5.2015, BT-Dr 18/4841.

[58] Dafür *Häde,* Häde, S. 98.

[59] *Schaefer,* in: v. Münch/Kunig II, Art. 120 Rn. 23; im Erg. ebenso jetzt *Butzer,* in: Maunz/Dürig, Art. 120 (2017) Rn. 13.

[60] Im Zuge der FödReform 2006 wurde die Versorgung der Kriegsbeschädigten und Kriegshinterbliebenen in die ausschließl. Zuständigkeit des Bundes verlagert, *Degenhart,* Art. 73 Rn. 56.

[61] *Hermes,* in: Dreier III, Art. 120 Rn. 15; ebenso schon zur Ursprungsfassung der Vorschrift, also ohne Abs. 1 S. 5, BVerfGE 14, 221 (233).

[62] BVerwG NVwZ-RR 2007, 75 (Rn. 16); 2012, 787 (Rn. 29, 44).

[63] BVerwG NVwZ-RR 2012, 787 (Rn. 30 ff.).

[64] BVerwG DÖV 2007, 164 (165).

[65] BVerwG NVwZ-RR 2012, 787 (Rn. 34).

[66] BVerwG NVwZ-RR 2012, 787 (Rn. 42).

[67] BVerfGE 9, 305 (317 f.); *P. Weber,* Gemeinden und Landkreise, S. 72–74; *Hermes,* in: Dreier III, Art. 120 Rn. 8; *Muckel* MKS III, Art. 120 Rn. 3, 5; *Hebeler* BK Art. 120 (2015) Rn. 20; *Butzer,* in: Maunz/Dürig, Art. 120 (2017) Rn. 91, aber „zeitgleich".

[68] Ablehnung jeglicher Zahlungs- und Leistungsansprüche: BSGE 34, 177 (178) ausschließl. Lastenverteilungsregel; *Butzer,* in: Maunz/Dürig, Art. 120 (2017) Rn. 89; dezidiert: *Hermes,* in: Dreier III, Art. 120 Rn. 8; *Muckel* MKS III, Art. 120 Rn. 4, 17, 22; wohl auch *Schaefer,* in: v. Münch/Kunig II, Art. 120 Rn. 3, 18.

[69] Nachw. o. Fn. 11.

[70] BVerfGE 14, 221 (234): „Der Sinn der Vorschrift erschöpft sich darin, eine bundesstaatliche Regelung über die finanziellen Verhältnisse von Bund und Ländern zu treffen ...". Fraglich ist aber, ob damit auch Ansprüche von Gemeinden und Gemeindeverbänden ausgeschlossen werden sollen, Nachw. → Fn. 11.

[71] Angesprochen, aber iE ausdr. offen gelassen in drei Entscheidungen des BVerwG zu Aufwendungen, die nicht gesetzl. geregelt sind und nicht von S. 3 erfasst werden: BVerwG, Buchholz 316 § 59 VwVfG Nr. 12, S. 12; BVerwG, Buchholz 11 Art. 120 Nr. 5; DÖV 2000, 733 (733). In der Entscheidung vom 12.6.1959 wird zwar auf die Erforderlichkeit eines Bundesgesetzes abgestellt, aber nur, weil bereits klargestellt worden war, dass Art. 120 nicht im Verhältnis zwischen Ländern und Gemeinden gilt (KStZ 1959, 207 [209]).

denen die Länder Kriegsfolgelasten tragen". In diesem Kontext verlangt das BVerfG, dass „zugleich" bestimmt sein muss, „dass und in welcher Weise diese Aufwendungen vom Bund getragen werden".[72] Andererseits spricht das Gericht davon, dass der Bund „den Ländern ihre Aufwendungen erstattet" und dass die „Aufwendungen für Kriegsfolgelasten letztlich dem Bund zur Last fallen und von ihm bezahlt werden".[73] Wenn der Bund verpflichtet ist, eine gesetzl. Erstattungsregelung für betragsmäßig feststehende Aufwendungen zu erlassen, wäre es ein unnötiger Umweg, den Ländern unmittelbare Zahlungsansprüche abzusprechen, wenn der Bund mit dem Erlass einer derartigen Regelung säumig ist.[74] Entsprechendes muss auch für solche Aufwendungen gelten, die für Maßnahmen nach den allg. Vorschriften entstehen.

Das BVerwG hat unmittelbar aus Art. 120 I einen **verwaltungsrechtlichen Erstattungsanspruch**   **17a** für Länder hergeleitet, denen **Aufwendungen** im Bereich der **Kampfmittelräumung** entstanden sind, obwohl es an einer einfachgesetzl. Grundlage fehlte. Dieser Anspruch sei im Wege eines nichtverfassungsrechtl. Bund-Länder-Streits nach § 50 I 1 VwGO geltend zu machen.[75] Für diese Lösung spricht, dass auch bei den Ansprüchen nach Art. 104a V auf ähnl. Weise verfahren wird und es nicht dem Zweck von Art. 120 I 1, 3 entspräche, einen Rechtsanspruch der Länder auf Erlass einer einfachgesetzl. Grundlage anzuerkennen, Erstattungsansprüche aber vom Erlass eines solchen Gesetzes abhängig zu machen. Nach der vom BVerwG anerkannten Staatspraxis[76] trägt der Bund die Aufwendungen auf seinen eigenen Liegenschaften, unabhängig davon, ob es sich ehemals reichseigene oder ausländ. Kampfmittel handelt. Für die Beseitigung von Kampfmitteln auf nicht bundeseigenen Liegenschaften trägt der Bund die Beseitigungskosten nur für die ehem. reichseigenen Kampfmittel.[77] Als weitere Voraussetzung verlangt die Rspr., dass die Räumung „zur Abwendung einer unmittelbaren Gefahr für Leben oder Gesundheit erforderlich", dem „Bund (noch) zurechenbar und ihre Beseitigung dringlich ist".[78]

Die **nähere Bestimmung** der Verteilung ist dem **Bundesgesetzgeber** überlassen. Das bedeutet   **18** aber nicht, dass er den Begriff „Kriegsfolgelasten" nach seinen Vorstellungen abgrenzen darf. Auch darf er nicht die in der Vorschrift enthaltene Grundregel der Lastenverteilung antasten und den Ländern ganz oder zT Kriegsfolgelasten aufbürden.[79] Deshalb war es auch nicht möglich, die Länder zur Mitfinanzierung des Fonds für die Zwangsarbeiterentschädigung heranzuziehen, soweit die Zahlungen ehem. Kriegsgefangenen zugutekommen sollten (→ Rn. 13). Der Bundesgesetzgeber darf nur die einzelnen Auswirkungen der Lastenverteilung regeln, namentlich das „Wie" ihrer Erfüllung.[80] Das ist auch in mehreren Einzelgesetzen geschehen.[81] Verfassungsrechtl. ist nicht zu beanstanden, wenn der Bund Aufwendungen der Länder für langlebige Wirtschaftsgüter, vor allem für Gebäude, die der Behandlung Versorgungsberechtigter dienen, anteilig für die Dauer ihrer Nutzung erstattet. Zw. ist aber, ob es genügt, wenn nur der vom Land urspr. aufgewendete Betrag durch seine voraussichtl. Nutzungsdauer dividiert und der errechnete Teilbetrag jährlich erstattet wird.[82] Es bleiben dann die (kalkulatorischen) Kapitalkosten unberücksichtigt. Sie sind aber ebenfalls erstattungsfähige (Kriegsfolge-)Lasten.

**3. Ausnahmen (Satz 2 und 3).** Zwei Ausnahmen von der Lastentragungspflicht des Bundes nach   **19** Abs. 1 S. 1 sind in den später eingefügten[83] S. 2 und 3 vorgesehen. Die Einfügung war eine Folge des Beschl. des BVerfG vom 16.6.1959.[84] Bis dahin hatte der Bund in erhebl. Umfang den **Ländern Lasten aufgebürdet,** die (uU) als Kriegsfolgelasten einzustufen waren. Nachdem das BVerfG dem (einfachen) Bundesgesetzgeber aber die Definitionsmacht über den Begriff der Kriegsfolgelasten abgesprochen hatte und entspr. dem Wortlaut der Bestimmung daran festhielt, dass der Bund solche Lasten allein zu tragen habe, war die bis dahin vorgenommene Lastenverteilung **nicht mehr haltbar.**[85]

---

[72] BVerfGE 9, 305 (318).

[73] BVerfGE 9, 305 (318); ähnlich später das BVerwG NVwZ-RR 2012, 787 (Rn. 42): „... enthält Art. 120 I nicht nur eine Regel über die Verteilung zwischen Bund und Ländern, sondern auch Grundentscheidungen zur Frage, wem die Kosten endgültig anzulasten sind".

[74] So jetzt auch unter Berufung auf diese Kommentierung BVerwG DÖV 2007, 164 (164), für „zwingende und betragsmäßig feststehende Aufwendungen". Das Gericht sieht auch in der Existenz der später eingefügten S. 2 und 3 des Abs. 1 (u. Rn. 22) eine Bestätigung dieser Sicht; dazu eingehend jetzt *Butzer,* in: Maunz/Dürig, Art. 120 (2017) Rn. 91–93.

[75] St. Rspr. BVerwG NVwZ 2004, 1125 (1125) mwN; DÖV 2007, 164 (165); NVwZ 2011, 307 (Rn. 16); NVwZ-RR 2012, 787 (Rn. 22, 24).

[76] Mangels einfachgesetzlicher Regelung kommt es nach Art. 120 I 3 auf die bis zum 1.10.1965 geübte Staatspraxis an.

[77] BVerwG NVwZ-RR 2012, 787 (Rn. 26).

[78] Ebd. Rn. 29, 35.

[79] BVerfGE 9, 305 (318, 325); BVerwG DÖV 2007, 164 (164).

[80] BVerfGE 9, 305 (319, 325).

[81] Auflistung bei *Schaefer,* in: v. Münch/Kunig II, Art. 120 Rn. 12.

[82] So z. B. nach § 4 I ErstattungsV (KOV) v. 31.7.1967 (BGBl I 860).

[83] Im Jahr 1965 eingefügt durch d. 14. G zur Änd. d. GG v. 30.7.1965 (BGBl I 649); 1969 geänd. durch d. 24. G zur Änd. des GG v. 28.7.1969 (BGBl I 985); seitdem unverändert.

[84] BVerfGE 9, 305 (305).

[85] *Schaefer,* in: v. Münch/Kunig II, Art. 120 Rn. 5; zurückhaltend *Hermes,* in: Dreier III, Art. 120 Rn. 13 f.

20      Da aber die bisherige Lastenverteilung an die Aufteilung des Steueraufkommens gekoppelt war, hätte durch die Veränderung der Lastenverteilung auch dessen Verteilung neu geordnet werden müssen.[86] Deshalb einigten sich Bund und Länder im „Dürkheimer Abkommen" vom 13./14.10.1960 auf eine **verfassungsrechtliche Absicherung der bisherigen Praxis**.[87] Äußerlich trug die Neufassung dem Beschluss des BVerfG Rechnung, höhlte aber seinen materiellen Gehalt aus: Die alte, für verfassungswidrig erklärte Praxis konnte im Wesentlichen trotz der Entscheidung bestehen bleiben.[88]

21      Absatz 1 Satz 2 sieht eine **Festschreibung** der **alten (einfach-)gesetzlichen Verteilungsregeln** vor. Danach muss der Bund die Kosten dann nicht tragen, wenn sie durch Bundesgesetze, die bis zum 1.10.1969[89] erlassen worden sind, den Ländern aufgebürdet worden waren. Auf diese Weise wurden die gemischte Finanzierung des Lastenausgleichs in § 6 LAG sowie die Pauschalierung von Leistungen der Kriegsfolgenhilfe in § 21a des 1. ÜberleitungsG[90] verfassungsrechtlich abgesichert.[91] Obwohl es sich bei diesen Gesetzen nur um einfache Gesetze handelt, ist durch die verfassungsrechtliche Verankerung der in ihnen vorgenommenen Lastenverteilung eine Änderung nur noch über eine Verfassungsänderung möglich.[92] Nachträgliche Leistungsverbesserungen, welche die Lastenverteilung zwischen Bund und Ländern als solche unberührt lassen, dürfen aber durch einfaches Gesetz vorgenommen werden, auch wenn sie zu größeren Lasten der Länder führen.[93]

22      Mit den **nicht in Bundesgesetzen geregelten Aufwendungen** für Kriegsfolgelasten befasst sich S. 3. Er enthält eine **Schutzklausel**[94] zugunsten des Bundes. Sie verfolgt, wie schon S. 2, das Ziel, das bish. Finanzierungsgefüge aufrechtzuerhalten: Auch auf vom Bund gesetzlich nicht geregelten Gebieten soll sich an der bis zum 1.10.1965 tatsächl. bestehenden Lastenverteilung nichts ändern.[95] Sofern Länder, Gemeinden (Gemeindeverbände) oder sonstige Aufgabenträger, die Aufgaben der Länder oder Gemeinden erfüllen, bis zu diesem Stichtag Lasten ohne gesetzl. Regelung getragen haben, sollen sie dazu auch in Zukunft verpflichtet sein. Eine Kostenerstattung durch den Bund für die bisher getragenen Aufwendungen findet ebenfalls nicht statt.[96] Allerdings bezieht sich die Befreiungswirkung nur auf die vom Bund bisher **nicht** getragenen Aufwendungen. Soweit er sie quotenmäßig schon mitgetragen hatte, bleibt er auch weiterhin dazu verpflichtet. Ob die Klausel konstitutive Wirkung hat, hängt davon ab, ob Ansprüche unmittelbar aus Art. 120 I 1 abgeleitet werden können. Andernfalls bestünde nicht die Gefahr, dass – bei dem vorausgesetzten Fehlen einer gesetzl. Regelung – der Bund gegen Erstattungsansprüche geschützt werden müsste.[97] Nach der hier vertretenen Auffassung sind aber Erstattungsansprüche aus Art. 120 I nicht ausgeschlossen (→ Rn. 17). Unabhängig davon könnte der Bund aber ohne die „Schutzklausel" (obj.-rechtl.) verpflichtet gewesen sein, eine Regelung zu erlassen, die iE zu einer Übernahme von Lasten geführt hätte.[98]

23      Die Klausel ist erkennbar eine **Ausnahme** von der Grundregel in Art. 120 I 1. Sie hindert den Bund aber nicht, auf den bisher nicht geregelten Gebieten Regelungen zu erlassen. Mit dem Inkrafttreten derartiger gesetzlicher Regelungen entfällt jedoch die Befreiungswirkung von Satz 3 und es gilt die allgemeine Lastenverteilungsregel von Satz 1.[99]

### III. Lasten der Sozialversicherung (Satz 4)

24      **1. Abgrenzung.** Die Vorschrift hat **nicht nur** Zuschüsse zu solchen Soziallasten zum Gegenstand, die Folge des Krieges sind.[100] Für sie hätte es keiner besonderen Regelung bedurft, da sie als Kriegs-

---

[86] Amtl. Begr. z. 14. G z. Änd. des GG, BT-Dr IV/2524 Abschn. A Nr. 4; *Heckt* DÖV 1966, 10 (10); *Sturm* DVBl 1965, 714 (721).

[87] *Schaefer*, in: v. Münch/Kunig II, Art. 120 Rn. 5.

[88] Vgl. jetzt auch BVerwG DÖV 2007, 164 (265): „status quo" sollte aufrecht erhalten bleiben. Ein Verstoß gegen höherrangiges Recht soll darin nicht zu sehen sein, vgl. BVerwGE 24, 272 (275); *Schaefer*, in: v. Münch/Kunig II, Art. 120 Rn. 14.

[89] Der 1.10.1965 war bis zur zweiten Änderung der Vorschrift im Jahr 1969 (o. Fn. 83) Stichtag.

[90] G. v. 28.4.1955 (BGBl I 193); geänd. durch Art. V G. v. 21.2.1964 (BGBl I 85).

[91] *Rodenbach*, in: Schmidt-Bleibtreu/Hofmann/Henneke, Art. 120 Rn. 15; *Hömig*, in: Hömig, Art. 120 Rn. 5.

[92] *Schaefer*, in: v. Münch/Kunig II, Art. 120 Rn. 5, mit einer Aufstellung der Gesetze unter Rn. 12; *Butzer*, in: Maunz/Dürig, Art. 120 (2017) Rn. 142.

[93] *Schaefer*, in: v. Münch/Kunig II, Art. 120 Rn. 13; *Rodenbach*, in: Schmidt-Bleibtreu/Hofmann/Henneke, Art. 120 Rn. 15.

[94] So schon die amtl. Begr. z. 14. G zur Änd. des GG, BT-Dr IV/2524 (Anl. 3).

[95] Landesgesetzliche Regelungen hindern nicht den Eintritt der Rechtswirkungen, vgl. *Hermes*, in: Dreier III, Art. 120 Rn. 13.

[96] *Heckt* DÖV 1966, 10 (16); aA *Schaefer*, in: v. Münch/Kunig II, Art. 120 Rn. 16, namentl. im Hinblick auf die Förderung des Wohnungsbaus für Aussiedler und Zuwanderer.

[97] Darauf weist *Hermes,* in: Dreier III, Art. 120 Rn. 13 Fn. 702 hin.

[98] BVerfGE 9, 305 (317).

[99] *Schaefer*, in: v. Münch/Kunig II, Art. 120 Rn. 15; *Jarass*, in: Jarass/Pieroth, Art. 120 Rn. 5.

[100] BVerfGE 14, 221 (235); BSGE 34, 177 (179); *P. Weber*, Gemeinden und Landkreise, S. 46; *Schaefer*, in: v. Münch/Kunig II, Art. 120 Rn. 17: „steht die Dauerregelung in S. 4 selbständig und außerhalb derjenigen für die Kriegsfolgelasten"; *Bieback* VSSR 1993, 1 (15 f.); *Jarass,* in: Jarass/Pieroth, Art. 120 Rn. 7; *Gössl,* Finanzverfassung,

folgelasten schon von S. 1 erfasst worden wären. Der enge räumliche Zusammenhang mit der Regelung der Kriegsfolgelasten bedeutet keine inhaltliche Begrenzung.[101] Der **Geltungsbereich** der Norm ist vielmehr **umfassend** und **auf Dauer** angelegt.[102] Für das BVerfG bildet Art. 120 I 4 zusammen mit Art. 74 I Nr. 12 und Art. 87 II „ein in sich geschlossenes Regelungssystem für die Sozialversicherung und deren Finanzierung".[103]

Dieser weite Ansatz wird teils völlig übersehen[104] oder mit der nicht überzeugenden Begründung **25** abgelehnt, dass die in diesem Satz enthaltene Ausgabenregelung nach der Neufass. nur in einem der fünf Sätze des Abs. 1 angesprochen ist, neben Regelungen zu den Kriegsfolgelasten.[105] Eine sachl. Herabstufung oder inhaltl. Begrenzung war damit jedoch nicht bezweckt gewesen.[106] Auch geht der Hinweis auf die Entstehungsgeschichte fehl.[107] Schon im HChE,[108] aber vor allem auch im ParlRat sind die Zuschüsse zu den Lasten der Sozialversicherung als eigenständ. Ausgabenblock behandelt worden, der von den anderen in Art. 120 I geregelten Ausgaben strikt unterschieden wurde.[109] Das Fehlverständnis ist umso misslicher, als Art. 120 I 4 die einzige inhaltl. Regelung der gesetzl. Sozialversicherung im GG ist.

**Regelungsgegenstand** von Art. 120 I 4 sind nur Lasten der Sozialversicherungträger. Der **Begriff** **26** **der Sozialversicherung** ist abzugrenzen wie in Art. 74 I Nr. 12.[110] Zur Sozialversicherung gehören danach zunächst die gesetzl. Kranken-, Unfall-, Invaliditäts- und Altersversicherung[111] sowie – kraft ausdrückl. Anordnung – Arbeitslosenversicherung und Arbeitslosenhilfe, nicht aber das Arbeitslosengeld II. Es beruht auf einem Systemwechsel zu einer neuen Sozialleistung und ist keine bloße Umbenennung überkommener Leistungen.[112] Da der Begriff Sozialversicherung dynamisch zu verstehen ist, erfasst er auch die zum 1.1.1995 eingerichtete Pflegeversicherung.[113] Maßgebendist, dass es sich um eine **Versicherung** handelt, die wenigstens grds. durch **Beiträge** finanziert wird.[114] Das Versicherungsprinzip wird allerdings durch das Prinzip des sozialen Ausgleichs (Solidarprinzip) ergänzt und modifiziert.[115] Allg. **Seuchenbekämpfung** und Vorsorgemaßnahmen unabhängig von einer tatsächl. oder vermuteten Erkrankung, wie Massentests bei einer Epidemie oder Pandemie (zB SARS-CoV-2), gehören nicht zur Sozialversicherung. Art. 74 I Nr. 19 zeigt, dass es um ein davon zu unterscheidendes Sachgebiet geht. Entsprechendes gilt für die Versorgung von legalen und illegalen Einwanderern, die ebenfalls eine gesamtgesellschaftl. Aufgabe und damit „versicherungsfremd" ist (→ Rn. 29).

---

S. 126 f.; *Hermes*, in: Dreier III, Art. 120 Rn. 16; *Muckel* MKS III, Art. 120 Rn. 27; *Heun*, FS Selmer, 2004, S. 657 (662); i. Erg. ebenso *Butzer*, in: Maunz/Dürig, Art. 120 (2017) Rn. 177 m. eingehender Begr. (Rn. 167–177), aber zurückhaltend in Bezug auf die Ursprungsfassung (Rn. 61); **abl.** *Diemer* VSSR 1982, 31 (38 f., 40, 43, 62, 65); *Kranz,* Bundeszuschüsse, S. 132 (Beschränkung auf Kriegsfolgelasten).

[101] Eingehend *P. Weber*, Gemeinden und Landkreise, S. 46–50; *Bieback* VSSR 1993, 1 (16).

[102] BSGE 47, 148 (157); *Schaefer*, in: v. Münch/Kunig II, Art. 120 Rn. 17; *Lütjohann*, Lasten, S. 1994; S. 7 ff.; *F Kirchhof* HStR V³, § 125 Rn. 48; *Gitter/Nunius*, in: Schulin, Handbuch des Sozialversicherungsrechts, Bd. 2, 1996, § 4 Rn. 9; zust. *Häde*, Finanzausgleich, S. 99; *Heun* FS Selmer, 2004, S. 657 (662 f.); *Kemmler*, Anstaltslast, S. 159; *Butzer*, in: Maunz/Dürig, Art. 120 (2017) Rn. 177; *Hebeler* BK Art. 120 (2015) Rn. 48.

[103] BVerfGE 113, 167 (200).

[104] Sehr probl. daher *Trapp*, Das Veranlassungsprinzip in der Finanzverfassung der Bundesrepublik Deutschland, 1997, S. 47 („Sonderregelung ausschließlich für die Kriegsfolgelasten") unter Berufung auf *Maunz*, in: Maunz/Dürig, Art. 120 (1970) Rn. 1, und *Schaefer*, in: v. Münch/Kunig III, Rn. 27, wo das aber nicht steht (auch nicht in der Neuauflage).

[105] *Kranz*, Bundeszuschüsse, S. 94 f.

[106] *P. Weber*, Gemeinden und Landkreise, S. 49 f.; aA *Kranz*, Bundeszuschüsse, S. 132.

[107] Ausf. BVerfGE 113, 167 (208 ff.); vgl. auch *Holtkotten* BK, Art. 120 (Erstbearb.) Anm. I, II 1a; *Gössl* (Fn. 100), S. 126; unzutr. *Diemer* VSSR 1982, 31 (56 f., 60 f.).

[108] „Artikel 121 (1) Der Bund trägt insbesondere ...
1. die Kosten der Bundesverwaltung ...
2. die Kosten der Besatzung und die sonstigen äußeren und inneren Kriegsfolgelasten ...
3. die Lasten der Sozialversicherung ...".

[109] Art. 122 des GG-Entw. in der Formulierung der FachA; schriftl. Bericht des Abg. *Höpker-Aschoff*, S. 53; Abg. *Schenck* für die LandesReg von Schleswig-Holstein, ParlRat-HA Prot S. 158; zurückhaltend *Butzer*, in: Maunz/Dürig, Art. 120 (2017) Rn. 61, aber insoweit ausdr. zust. (Rn. 173).

[110] Er wird weitgehend auch mit dem Begriff „soziale Versicherungträger" in Art. 87 II gleichgesetzt, vgl. *Axer* FS Krause, 2006, S. 79 (81) mwN; *Hebeler* BK Art. 120 (2015) Rn. 29.

[111] *Butzer*, in: Maunz/Dürig, Art. 120 (2017) Rn. 195: „Typusbegriff"; *Hebeler* BK Art. 120 (2015) Rn. 30: „historischer Gattungsbegriff".

[112] *Hebeler* BK Art. 120 (2015) Rn. 42; *Butzer*, in: Maunz/Dürig, Art. 120 (2017) Rn. 199.

[113] BVerfGE 88, 203 (313); 109, 96 (109); *Muckel* MKS III, Art. 120 Rn. 23.

[114] *Butzer*, in: Maunz/Dürig, Art. 120 (2017) Rn. 193; im Grundsatz ähnlich *Hebeler* BK Art. 120 (2015) Rn. 31–33, der aber die Bedeutung des Begriffs „versicherungsfremde Leistungen" für den Regelungsgehalt von Art. 120 I 4 für unmaßgeblich hält. Zuschüsse nach dieser Vorschrift dürften letztlich auch für „versicherungsfremde" Leistungen verwendet werden. Wenn der Gesetzgeber zu Leistungen der Sozialversicherung mache, würden sie „versicherungsimmanent" (Rn. 54).

[115] Vgl. *Muckel* MKS III, Art. 120 Rn. 24 mwN und Abgrenzungen; *Hebeler* BK Art. 120 (2015) Rn. 27, der zutr. auf die „Unmaßgeblichkeit der einfachgesetzlichen Kodifikationssystematik" hinweist (Rn. 36); näher → Rn. 29a.

**27**    **2. Zuschüsse des Bundes.** Art. 120 I 4 ordnet an, dass der Bund die Zuschüsse zu den Lasten der Sozialversicherung trägt. Zuschüsse sind **staatlicher Finanzmittel Zuweisungen,** welche die Sozialversicherungsträger erhalten, damit sie ihre Leistungspflichten erfüllen können, auch wenn sie primär über Beiträge zu finanzieren sind.[116] Darüber hinaus wird vertreten, dass der in der Vorschrift verwendete Zuschussbegriff über den im SozialversicherungsR verwendeten Begriff (Leistung allg. oder zweckgebund. Deckungsmittel als Teilfinanzierung) hinausgehe und auch Erstattungen (einzelfallbezogene Zahlungen, die erbracht werden, nachdem eine Ausgabe getätigt worden ist) sowie Beiträge, wenn damit die Versicherteneigenschaft einer begünstigten Person begründet werden soll, umfasse.[117] Im Ergebnis werden **drei Arten von Zuschüssen** unterschieden: (1) Zuschüsse, um Leistungen abzudecken, die der Bund den Sozialversicherungsträgern zur Erfüllung gesamtgesellschaftl. Aufgaben auferlegt; (2) (laufende) Zuschüsse, die dazu dienen, allg. Defizite der Sozialversicherung auszugleichen; (3) (subsidiäre) „Eventualzuschüsse" zur Behebung vorübergehender Liquiditätsprobleme.[118]

**28**    Die Vorschrift enthält eine **Ermächtigung** für den Bund, zugleich aber auch das an die Länder gerichtete **Verbot,** Zuschüsse zu leisten.[119] Sie betrifft vor allem die Zuschüsse, die an die zum Aufgabenbereich der Länder gehörenden Sozialversicherungsträger geleistet werden. Soweit es um Zuschüsse zu den Sozialversicherungsträgern geht, die zum Verwaltungsbereich des Bundes gehören, ergäbe sich die Finanzierungszuständigkeit des Bundes schon aus Art. 104a I.[120] Insoweit hätte es einer besonderen Regelung nicht bedurft. Im Wesentlichen leistet der Bund zurzeit Zuschüsse an die Rentenversicherung und den Gesundheitsfonds der Gesetzlichen Krankenversicherung (→ Rn. 27).

**29**    **3. Verpflichtung des Bundes zur Leistung.** Die Vorschrift ist eine „Lastenverteilungsregelung". Sie legitimiert finanz. Leistungen, gewährt aber **keine Ansprüche;** weder für die einz. Versicherten (→ Rn. 6) noch für die Sozialversicherungsträger.[121] Ob die Regelung eine (bloß obj.-rechtl.) **Verpflichtung** des Bundes zur Leistung von einmaligen oder laufenden Zuschüssen begründet, ist nicht sicher.[122] Große Schwierigkeiten bereiten in diesem Kontext die finanz. Lasten aus Leistungen, die der Gesetzgeber den Sozialversicherungsträgern aus **gesamtgesellschaftlichen Gründen** auferlegt, die aber keine Versicherungsleistungen sind, auch nicht bei einem sehr gedehnten Verständnis des Begriffs. Wegen der bloßen Verteilungsfunktion von Art. 120 I wird man Ansprüche der Versicherungsträger und damit der Versichertengemeinschaft auf Erstattung dieser **„versicherungsfremden Leistungen"** oder „Fremdlasten" der Sozialversicherungen[123] durch den Bund nicht aus Art. 120 I **entnehmen können,** zumindest nicht alleine. Eine solche Deutung liefe auf eine weitgehende Realisierung des „Verursacherprinzips" hinaus, das dem FinanzverfassungsR bisher fremd ist. Sie widerspricht zudem dem einheitl. Verständnis von Art. 120 I als Regelung zur Verteilung anderweitig begründeter Lasten und findet keine Stütze im Wortlaut der Vorschrift.[124]

**29a**    Im Erg. besteht aber weitgehend Einigkeit, dass diese Lasten letztlich **nicht der Versichertengemeinschaft** aufgebürdet werden dürfen, auch wenn das für die Politik ein gern gewählter Ausweg ist. Die genaue jur. Begründung ist aber noch nicht gesichert. Teils wird ein Verstoß gegen Art. 3 I angenommen.[125] Eher wäre daran zu denken, dass die Behandlung einer Abgabe nicht von ihrer Bezeichnung durch den Gesetzgeber, sondern ihrem Gehalt abhängt (→ vor Art. 104a Rn. 67). Die finanzverfassungsrechtl. Sonderbehandlung, die Sozialversicherungsbeiträge genießen (→ vor Art. 104a

---

[116] *Butzer,* in: Maunz/Dürig, Art. 120 (2017) Rn. 157; *Kilian,* in: Sozialfinanzverfassung, 5. Sozialrechtslehrertagung 6. bis 8. März 1991, 1992, S. 87 ff. (122 ff.); *Hermes,* in: Dreier III, Art. 120 Rn. 16.

[117] *Gössl* (Fn. 100), S. 112 f.; *Muckel* MKS III, Art. 120 Rn. 30; *Butzer,* in: Maunz/Dürig, Art. 120 (2017) Rn. 128: „zweckgebundene Erstattungen aus Steuermitteln (…) vor allem an die Rentenversicherung (…) §§ 213 III SGB VI, 287d, 291a, 219bSGB VI (…) und in den Gesundheitsfonds der Gesetzlichen Krankenversicherung (§ 221 I SGB V)".

[118] *Jarass,* in: Jarass/Pieroth, Art. 120 Rn. 8; *Butzer,* in: Maunz/Dürig, Art. 120 (2017) Rn. 157–159; eingehende Darstellung der Erstattungen und Zuschüsse des Bundes, namentl. auch der „Fremdlastenproblematik", bei *Gössl* (Fn. 100), S. 77 ff., 85 ff.; *Schulin,* in: ders., Handbuch des Sozialversicherungsrechts, Bd. 1, 1994, § 6 Rn. 209 ff.; *Rische,* in: Ruland, Handbuch der gesetzlichen Rentenversicherung, 1990, S. 982 ff.

[119] Str., wie hier *F. Kirchhof* HStR V, § 125 Rn. 37; *ders.* NZS 1999, 161 (162); *Kranz,* Bundeszuschüsse, S. 93; *Muckel* MKS III, Art. 120 Rn. 34; *Heun,* FS Selmer, 2004, S. 657 (663); *Butzer,* in: Maunz/Dürig, Art. 120 (2017) Rn. 153; *Hebeler* BK Art. 120 (2015) Rn. 57; **gegen ein Verbot:** *Diemer* VSSR 1982, 31 (38).

[120] So auch *Häde,* Finanzausgleich, S. 99; *Heun* FS Selmer, 2004, S. 657 (663).

[121] BVerfGE 14, 221 (235); 113, 167 (207, 211); BVerwGE 22, 314 (314); BSGE 34, 177 (178 f.); 47, 148 (154, 157); *Schaefer,* in: v. Münch/Kunig II, Art. 120 Rn. 3, 17; *Jarass,* in: Jarass/Pieroth, Art. 120 Rn. 9; *Glombik* RiA 1993, 280 (280); *Thilo* DÖV 1997, 107 (107); *Kemmler,* Anstaltslast, S. 167; *Hermes,* in: Dreier III, Art. 120 Rn. 16; *Butzer,* in: Maunz/Dürig, Art. 120 (2017) Rn. 154; *Hebeler* BK Art. 120 (2015) Rn. 21, 63, aber einschränkend; ferner *Häde,* Finanzausgleich, S. 99; *Gitter/Nunius* (Fn. 102), § 4 Rn. 10.

[122] Sehr zurückhaltend *Butzer,* in: Maunz/Dürig, Art. 120 (2017) Rn. 154; abl. *Diemer* VSSR 1982, 31 (56 ff., 62); *Hermes,* in: Dreier III, Art. 120 Rn. 16; *Hebeler* BK Art. 120 (2015) Rn. 17.

[123] Bedeutung und Abgrenzung der Begriffe sind weiterhin nicht eindeutig geklärt, vgl. *Muckel* MKS III, Art. 120 Rn. 32; *Becker,* Transfergerechtigkeit, S. 18 ff.; *Butzer,* Fremdlasten, S. 37 ff., 61 ff.; *ders.,* in: Maunz/Dürig, Art. 120 (2017) Rn. 155, 158.

[124] So auch BSGE 47, 148 (156); s. a. *Gössl,* Finanzverfassung, S. 89: kein Anspruch auf Ersatz von „Fremdlasten", vielmehr Zweifel an der Gesetzgebungs- und Verwaltungskompetenz des Bundes.

[125] *Butzer,* in: Maunz/Dürig, Art. 120 (2017) Rn. 155 Fn. 1.

Rn. 124–132), muss insoweit entfallen, wie ihr Aufkommen für Leistungen verwendet wird, die nicht zur Sozialversicherung gehören. Die bloße Deklarierung als Sozialversicherungsbeiträge ist irrelevant, wenn und soweit ihr Aufkommen letztlich zur Finanzierung „versicherungsfremder" Leistungen dient. Wenn das der Fall ist, müssen sie – je nach tatsächl. Ausgestaltung – die formellen und materiellen Anforderungen an Steuern, Vorzugslasten oder Sonderabgaben erfüllen. Der Gesetzgeber darf sich auch **nicht „beliebige Konfigurationen"** fallweise zusammensuchen. Sie müssen sich vielmehr regelmäßig aus der „spezifischen Solidaritäts- oder Verantwortlichkeitsbeziehung zwischen Zahlungsverpflichteten und Versicherten,... die in den Lebensverhältnissen, wie sie sich geschichtlich entwickelt haben und weiter entwickeln,,, ergeben (→ vor Art. 104a Rn. 130)

Daher darf die Liquiditätsreserve des Gesundheitsfonds nicht zur Finanzierung der „Mehrbelastung **29b** der GKV aufgrund der gesundheitlichen Versorgung von Asylberechtigten nach Erhalt eines Aufenthaltstitels und bei Versicherungspflicht in der GKV" verwendet werden. Diese Wohltat, die der Bund einer bes. Klientel zu Lasten der gesetzlich Versicherten zukommen lassen will,[126] ist eine zweckwidrige Verwendung von Sozialversicherungsbeiträgen und widerspricht nicht nur dem rechtsstaatl. Transparenzgebot, sondern ist materiell keine Sozialversicherungsleistung. Sie muss zumindest den Versicherungen erstattet werden. Entsprechendes gilt für Massentests zur Bekämpfung einer Epidemie oder Pandemie. Sie dienen der Seuchenbekämpfung und sind **keine Versicherungsleistungen,** die einer versicherten Person gewährt werden. Das hat zur Folge, dass Art. 120 I 4 nicht einschlägig ist (→ Rn. 26) und die Kosten nach der allg. Regelung in Art. 104a I zu verteilen sind. Wenn sie (zunächst) den Sozialversicherungsträgern auferlegt werden, sind sie diesen zu erstatten.

Zum Teil wird eine **allgemeine Defizithaftung** in Form einer (subsidiären) Bundesgarantie bejaht **30** **(„Garantiehaftung").**[127] Sie wäre vergleichbar mit der Anstaltslast und Gewährträgerhaftung des Verwaltungsorganisationsrechts.[128] Das BSG hat zunächst grds. die Einstandspflicht des Bundes aus Art. 120 I 4 für Defizite der Krankenversicherung an Stelle der Kommunalkörperschaften als Träger der AOK bejaht, allerdings nur, soweit die Haftung dem Grunde nach schon aus anderen Vorschriften folge.[129] Im daran anschl. Prozess derselben Krankenkasse gegen den Bund hat es dann eine **„Garantiehaftung" des Bundes** ohne gesetzl. Regelung unmittelbar aus Art. 120 I 4 iVm. Art. 20 I bejaht, allerdings nur für den Fall, dass sich die Kasse „trotz zumutbarer Anspannung ihrer eigenen Finanzierungsmöglichkeiten" in einer „ihre Existenz bedrohenden Notlage befindet".[130]

Gegen eine solche Defizithaftung des Bundes spricht aber, dass sie eine **Verpflichtung ohne** **31** **Berechtigte** darstellen würde, wenn man mit der Prämisse ernst macht, dass die Vorschrift keine Ansprüche begründet. Eine Verpflichtung mag aus and. Regelungen des GG folgen (Eigentumsgarantie, Sozialstaatsprinzip),[131] aus Art. 120 I 4 indes nicht.[132] Im Beschl. zum Risikostrukturausgleich in der GKV hat das BVerfG dementspr. festgestellt, dass sich aus der Vorschrift keine „gleichheitsrechtliche Verpflichtung des Bundes" herleiten lasse, bei finanziellen Schwierigkeiten in der Sozialversicherung steuerfinanzierte Zuschüsse an die einzelnen Träger zu leisten.[133] Dabei wird die Zulässigkeit der

---

[126] Änderung von § 271 II 4 SGB V. Die Regelung ist versteckt im Entwurf eines Gesetzes zu Weiterentwicklung der Versorgung und der Vergütung für psychiatrische und psychosomatische Leistungen (PsychVVG) v. 3.8.2016, (https://www.bundesgesundheitsministerium.de/fileadmin/Dateien/3_Downloads/Gesetze_und_Verordnungen/GuV/P/160803_PsychVVG_Kabinett.pdf; zul. abgerufen am 16.8.2017), S. 17.

[127] *Lütjohann*, Lasten, S. 73 ff.; *F. Kirchhof* HStR V, § 125 Rn. 51 ff.; *ders.* DRV 1993, 437 (439 f.); *Glombik* RiA 1993, 280 (280 f.): „Pflicht zur Aufrechterhaltung der Funktionsfähigkeit der Einrichtung"; *Bieback* VSSR 1993, 1 (18 f.); *Kemmler*, Anstaltslast, S. 160; krit. *Diemer* VSSR 1982, 31 (60).

[128] Vgl. *Bieback* VSSR 1993, 1 (23) mwN aus der Rspr., der aber selbst eher einer „Durchgriffshaftung" wegen der „faktischen Ingerenz" des Staates über die Sozialversicherungsträger zuneigt (S. 25); zu den Unterschieden *Kemmler*, Anstaltslast, S. 166.

[129] BSGE 34, 177 (179); bestätigt mit ausf. Begr. durch BSGE 47, 148 (156).

[130] BSGE 47, 148 (LS, 158); *Bieback* VSSR 1993, 1 (19); *F. Kirchhof* DRV 1993, 437 (439 f.). Nach *Muckel* ist bei genauer Analyse der Entscheidung davon auszugehen, dass auch das BSG die Herleitung eines Anspruchs aus Art. 120 I 4 ablehnt und ihn vielmehr dem Sozialstaatsprinzip entnimmt *Muckel* MKS III, Art. 120 Rn. 40); krit. auch *F. Kirchhof* HStR V, § 125 Rn. 53.

[131] *Muckel* MKS III, Art. 120 Rn. 40. Das BSG leitete im Rahmen seiner Rspr. zum Konkursausfallgeld eine Pflicht zur Sicherung der finanz. Leistungsfähigkeit **aller** jur. Personen des öR aus allg., nicht verfassungsrechtlichen Prinzipien ab: Beschl. v. 17.9.1981, USK 41/1981 Nr. 81280 S. 1217 (1223); USK 42/1981 Nr. 81287 S. 1251 (1257 f.); jetzt aufgegeben für gesetzl. Krankenkassen, ohne Berücksichtigung seiner früheren Argumente BSGE 90, 231 (262 f.).

[132] BVerfGE 113, 167 (213 f.): Art. 120 I 4 „will allein erreichen, dass, ohne eine Rechtspflicht des Bundes zur Zuschussleistung zu begründen, eventuelle Zuschüsse aus öffentlichen Haushalten zu den Lasten der Sozialversicherung nicht von den Steuerzahlern eines einzelnen Landes oder einzelner Länder allein getragen werden, sondern gleichmäßig von allen Steuerzahlern im Bundesgebiet." Zumindest iE ebenso *Kranz*, Bundeszuschüsse, S. 145, 216; *Muckel* MKS III, Art. 120 Rn. 40, Art. 120 Rn. 40; wohl auch *Schaefer*, in: Münch/Kunig II, Art. 120 Rn. 17, 20, *Gössl*, Finanzverfassung, S. 127 f.; gegen eine Herleitung „(allein)" aus Art. 120 I 4 *Butzer*, in: Maunz/Dürig, Art. 120 (2017) Rn. 204; *Hebeler* BK Art. 120 (2015) Rn. 62.

[133] BVerfGE 113, 167 (213 f.): Ein stattdessen eingerichtetes Finanzausgleichsverfahren zwischen den Krankenkassen scheitere nicht an Art. 120 I 4, da die Vorschrift eine Ungleichbehandlung zwischen beitragspflichtigen Mitgliedern der Sozialversicherungsträger und den Steuerzahlern nicht verbiete.

Umverteilung von Lasten auf andere Sozialversicherungsträger und deren Mitglieder auch damit gerechtfertigt, dass es verfassungsrechtl. unbedenklich wäre, wenn der Bundesgesetzgeber sämtl. Träger der GKV nach Art. 87 II als bundesunmittelbare Körperschaft des öff. Rechts organisierte, in der sich ein vollständiger Lastenausgleich von selbst vollzöge.[134] Eine Defizithaftung für jur. Personen des öff. Rechts dürfte verfassungsrechtl. nur in Ausnahmefällen geboten sein.[135]

31a     Eine Existenzgarantie der bestehenden Sozialversicherung lässt sich ebenfalls nicht aus Art. 120 I 4 herleiten.[136] Auch wenn aus dem Sozialstaatsprinzip iVm Art. 1 und Art. 2 II 1 eine Mindestgarantie sozialstaatlicher Leistungen abgeleitet werden, ist damit noch nicht ein „bestimmtes System der Leistungserbringung" garantiert. Vor allem folgt daraus nicht eine institutionelle Garantie der bestehenden Einrichtungen.[137]

## IV. Verhältnis zu Art. 104a

32      Art. 120 I ist sowohl gegenüber Art. 104a I als auch gegenüber Art. 104a III lex specialis.[138] Beide Vorschriften finden im Regelungsbereich von Art. 120 I keine Anwendung.[139] Art. 104a III 2 soll an der Aufteilung der Verantwortlichkeiten hinsichtlich der Kriegsfolgelasten nichts ändern. Nur für das FlüHG, das sachlich dem Lastenausgleich zuzuordnen ist, mag etwas anderes gelten.[140] Da **Art. 120 I nur die Finanzierungsverantwortung,** nicht aber die Verwaltungszuständigkeiten regelt (→ Rn. 5), werden Art. 104a V und VI nicht berührt.[141] Die Länder tragen im Bereich der Kriegsfolgelastenverwaltung und der Sozialversicherung die ihnen entstehenden Verwaltungskosten und haften für eine ordnungsmäßige Verwaltung.[142]

## C. Einnahmeverteilung (Absatz 2)

33      Art. 120 II ist im Gegensatz zu Abs. 1 eine **reine Übergangsvorschrift.** Sie muss vor dem Hintergrund der Verhältnisse des Jahres 1949 interpretiert werden. Dem Bund sollte mit der Regelung die Möglichkeit eingeräumt werden, die Kriegsfolgelasten schrittweise zu übernehmen. Erst wenn das geschehen war, sollten bestimmte, in Art. 106 aF zunächst den Ländern zugewiesene (Steuer-)Einnahmen dem Bund zufließen.[143] Mit dem 1. ÜberleitungsG v. 28.11.1950[144] ist der größte Teil der Lasten zum 1.4.1950 auf den Bund übertragen worden, sodass die Regelung heute **keine praktische Bedeutung mehr** hat.[145]

## Art. 120a [Lastenausgleich]

(1) **Die Gesetze, die der Durchführung des Lastenausgleichs dienen, können mit Zustimmung des Bundesrates bestimmen, daß sie auf dem Gebiete der Ausgleichsleistungen teils durch den Bund, teils im Auftrage des Bundes durch die Länder ausgeführt werden und daß die der Bundesregierung und den zuständigen obersten Bundesbehörden auf Grund des Artikels 85 insoweit zustehenden Befugnisse ganz oder teilweise dem Bundesausgleichsamt**

---

[134] BVerfGE 113, 167 (201 f.).

[135] Das BVerfG hält den Konkurs einer jur. Person d. öffentl. Rechts nicht für ausgeschlossen, BVerfGE 89, 132 (143), allerdings ohne Begründung; anders jedoch bei Rundfunkanstalten – gestützt auf Art. 5 I 2, BVerfGE 89, 144 (153). Nach überw. Meinung bestehen Gewährträgerhaftung und Anstaltslast ohne gesetzliche Anordnung nicht, *Oebbecke* DVBl 1981, 960 (965); *Koenig* WM 1995, 821 (828); vgl. auch *Siekmann* Jb NPÖ 15 (1996), 282 (309). Damit kann es auch jur. Personen des öR geben, für die es keine Einstandspflicht gibt. Andernfalls wäre der Fortbestand der weiter als Anstalten des öR organisierten Finanzinstitute (Landesbanken, Sparkassen) ohne Anstaltslast und Gewährträgerhaftung nicht zulässig, näher *Siekmann,* Eine stabile Geld-, Währungs- und Finanzordnung, 2013, S. 848 mwN.

[136] *Butzer,* in: Maunz/Dürig, Art. 120 (2017) Rn. 207 mwN.

[137] *Muckel* MKS III, Art. 120 Rn. 41; *Butzer,* Fremdlasten, S. 115 f.; *ders.,* in: Maunz/Dürig, Art. 120 (2017) Rn. 207.

[138] BVerfGE 113, 167 (200).

[139] *Jarass,* in: Jarass/Pieroth, Art. 120 Rn. 1 f.; *Hömig,* in: Hömig/Wolff, Art. 120 Rn. 2; *Hebeler* BK Art. 120 (2015) Rn. 5.

[140] *Schaefer,* in: v. Münch/Kunig II, Art. 120 Rn. 26.

[141] *Hermes,* in: Dreier III, Art. 120 Rn. 5; *Butzer,* in: Maunz/Dürig, Art. 120 (2017) Rn. 12 f., der sich zutreffend gegen eine Anwendbarkeit von Art. 104a III 2 ausspricht. für einen vollst. Ausschluss von Art. 104a aber: *Heun* FS Selmer, 2004, S. 657 (669 f.);

[142] *Rodenbach,* in: Schmidt-Bleibtreu/Hofmann/Henneke, Art. 120 Rn. 8–10; *Jarass,* in: Jarass/Pieroth, Art. 120 Rn. 2; *Schaefer,* in: v. Münch/Kunig II, Art. 120 Rn. 23 für die Kriegsfolgelasten; *Hermes,* in: Dreier III, Art. 120 Rn. 5; aA *Heun* FS Selmer, 2004, S. 657 (669), der jegliche Anwendung der Art. 104a ff. auf die Sozialversicherung ausschließt.

[143] *Schaefer,* in: v. Münch/Kunig II, Art. 120 Rn. 6, 24; *Hermes,* in: Dreier III, Art. 120 Rn. 17; *Axer,* in: Friauf/Höfling, Art. 120 (2003) Rn. 31.

[144] BGBl I 773.

[145] Insges. so jetzt auch *Muckel* MKS III, Art. 120 Rn. 44; *Butzer,* in: Maunz/Dürig, Art. 120 (2017) Rn. 33.

**übertragen werden. Das Bundesausgleichsamt bedarf bei Ausübung dieser Befugnisse nicht der Zustimmung des Bundesrates; seine Weisungen sind, abgesehen von den Fällen der Dringlichkeit, an die obersten Landesbehörden (Landesausgleichsämter) zu richten.**

**(2) Artikel 87 Abs. 3 Satz 2 bleibt unberührt.**

**Entstehungsgeschichte:** Erstfassung: 2. G zur Änd. des GG v. 14.8.1952 (BGBl I 445), Art. 1 (dazu: BT-Dr I/3334 [Entwurf], I/3550; BT-Prot I/8967, 9315, 9924; BR-Dr 213/52; BR-Prot 52/255, 311).
**Gesetzgebung:** LAG; BVFG.
**Leitentscheidung:** BVerfGE 8, 155 (§ 346 LAG).

**Schrifttum:** *G. Gallenkamp,* Der Lastenausgleich, NJW 1999, 2486; *K. H. Schaefer,* Funktion und besondere Struktur der Lastenausgleichsverwaltung, Verwaltung 3 (1970), 43; *ders.,* Lastenausgleich, eine Bewährungsprobe des sozialen Rechtsstaates, FG BVerwG, 1978, S. 551; *W. Schulze,* Grundfragen des Lastenausgleichsrechts, DÖV 1957, 385; *G. Weisser,* Der Lastenausgleich, Zeitschrift für den Lastenausgleich 1970, 1.

### Übersicht

## A. Durchführung des Lastenausgleichs (Abs. 1)

### I. Regelungsgehalt

Art. 120a I enthält eine Sonderregelung (→ Art. 86 Rn. 6), die thematisch dem VIII. Abschnitt des **1** GG zuzuordnen ist. Sie erlaubt in Abweichung von Art. 83 ff., dass Gesetze, die der Durchführung des Lastenausgleichs dienen, teils in bundeseigener Verwaltung (Art. 86), teils in Bundesauftragsverwaltung (Art. 85) ausgeführt werden. Die Vorschrift **ermächtigt** also zur **Einführung** einer **Mischverwaltung,**[1] die nach den Grundregeln der Art. 83 ff. grds. unzulässig ist (→ Art. 83 Rn. 4; → Art. 91a Rn. 1, Art. 91b Rn. 3, Art. 91c Rn. 4, Art. 108 Rn. 2), und erweitert so den iÜ abschließ. Katalog der dem Bund zur Verfügung stehenden Verwaltungstypen: bundeseigene Verwaltung und Bundesauftragsverwaltung durch die Länder (näher → Art. 85 Rn. 3 mit Fn. 5 und 6). Damit wird aber keine Pflicht zur Einrichtung dieser Mischverwaltung begründet.[2] Die Vorschrift erlaubt für sich auch nicht die Einführung einer reinen Auftragsverwaltung der Länder oder einer reinen Bundeseigenverwaltung.[3] Darüber hinaus sieht die Vorschrift noch die Übertragung von Befugnissen, die nach Art. 85 der BReg und obersten Bundesbehörden zustehen, auf ein **Bundesausgleichsamt** vor.[4] Der Zustimmung des BRat bedarf nur das Gesetz, das von diesen Ermächtigungen Gebrauch macht (S. 1), nicht aber das Bundesausgleichsamt bei der Ausübung seiner Befugnisse (S. 2) (→ Rn. 8). Vor allem das LAG schöpft die in Art. 120a enthaltenen Ermächtigungen voll aus.[5] Beide Befugnisse sind aber beschränkt auf das „Gebiet der Ausgleichsleistungen". Deshalb gehört die Erhebung von **Lastenausgleichsabgaben nicht** dazu.[6] Diese gehören zum Finanzwesen und fallen als im LAG geregelte Steuern unter Art. 105 und 106, namentlich Art. 106 I Nr. 5 (näher → Art. 106 Rn. 6).[7]

---

[1] *Schaefer,* in: v. Münch/Kunig II, Art. 120a Rn. 2; *Jarass,* in: Jarass/Pieroth, Art. 120a Rn. 2; *Hermes,* in: Dreier III, Art. 120a Rn. 9; *Muckel* MKS III, Art. 120a Rn. 4, 14; *Hebeler* BK Art. 120a (2015) Rn. 8; *Butzer,* in: Maunz/Dürig, Art. 120 (2017) Rn. 2 f., 6. Die Bezeichnung als „Verbundverwaltung" wird von *Ladeur* AK GG, Art. 120a (2002) Rn. 1 verwendet, der sie zugleich als systemwidrig kritisiert.

[2] Anders *Schaefer,* in: v. Münch/Kunig II, Art. 120a Rn. 14, obwohl er zuvor Art. 120a als „Ermächtigungsvorschrift" bezeichnet hat, die die Abweichungen von den Grundmodellen der Ausführung von BundesG „erlaubt" (Rn. 2); wie hier jetzt: *Hermes,* in: Dreier III, Art. 120a Rn. 9; *Muckel* MKS III, Art. 120a Rn. 9; *Hebeler* BK Art. 120a (2015) Rn. 14; implizit *Butzer,* in: Maunz/Dürig, Art. 120a (2016) Rn. 86 f.

[3] *Schaefer,* in: v. Münch/Kunig II, Art. 120a Rn. 14; *Hermes,* in: Dreier III, Art. 120 Rn. 9; gegen die Möglichkeit einer reinen bundeseigenen Verwaltung ausdrücklich auch *Butzer,* in: Maunz/Dürig, Art. 120a (2016) Rn. 89. Allerdings hält Abs. 2 den Weg zu Art. 87 III 2 offen, sodass auf diesem Wege die reine Bundeseigenverwaltung errichtet werden kann, → Rn. 12.

[4] *Schaefer,* in: v. Münch/Kunig II, Art. 120a Rn. 3, der darin zugleich ein notwendiges Element der von ihm als zwingend angesehenen Mischverwaltung sieht (Rn. 14); *Butzer,* in: Maunz/Dürig, Art. 120a (2016) Rn. 97; insoweit aA früher: *Maunz,* in: Maunz/Dürig, Art. 120a (1966) Rn. 17 f.; *Hermes,* in: Dreier III, Art. 120a Rn. 9.

[5] Zust. *Muckel* MKS III, Art. 120a Rn. 8.

[6] Das LAG regelt auf der Einnahmenseite die Vermögensabgabe (§§ 16–90 LAG), die Hypothekengewinnabgabe (§§ 91–160 LAG) und die Kreditgewinnabgabe (§§ 161–197 LAG).

[7] *Hermes,* in: Dreier III, Art. 120a Rn. 12; *Muckel* MKS III, Art. 120a Rn. 24; *Ladeur* AK GG, Art. 120a (2002) Rn. 2; *Jarass,* in: Jarass/Pieroth, Art. 120a Rn. 2; eingeh. zur Finanzierung des Lastenausgleichs *Butzer,* in: Maunz/Dürig, Art. 120a (2016) Rn. 49 f.

## II. Regelungsziel

2     Die Vorschrift war nötig, um die mit dem SoforthilfeG 1949 begonnenen Ausgleichsmaßnahmen auf eine **solide verfassungsrechtliche Grundlage** zu stellen, die dem Querschnittscharakter der zu bewältigenden Aufgabe gerecht werden konnte. Die Durchführung des Lastenausgleichs diente ursprünglich dazu, die mat. Not nach Kriegsende abzumildern. Insb. sollte eine schnelle Eingliederung der Menschen ermöglicht werden, die fast alles verloren hatten (zB durch Vertreibung oder Bombenschäden).[8] Der Lastenausgleich ist aber nicht nur sozialpolit. motiviert.[9] Mit ihm sollte auch ein (begrenzter) Ausgleich für erlittene Vermögensverluste erfolgen.[10] Der Lastenausgleich wurde als eine der wichtigsten innenpolit. Aufgaben der Nachkriegszeit angesehen. Dabei ging man davon aus, dass sich seine Durchführung über Jahrzehnte erstrecken würde.[11] Die Einfügung von Art. 120a ermöglichte die angestrebte flexible Gestaltung des Lastenausgleichsvollzugs, verbunden mit einer straffen, zentralen Steuerung zur Sicherung einer einheitl., zeitnahen und gleichmäßigen Leistungsgewährung.[12]

3     Die Ausgleichsverwaltung ist tatsächlich über 75 Jahre nach Kriegsende noch immer mit der Bewältigung der **Spätfolgen des Krieges** befasst. Dabei steht heute die Aufnahme deutschstämmiger Personen, die als Vertriebene anerkannt werden wollen, im Vordergrund. Bis vor kurzem war der Lastenausgleich auch eine wichtige Stütze für Zuwanderer aus der DDR. Er ist es noch immer für Spätaussiedler. Mit Einführung des 1.1.1993 als Stichtag in § 230 II 1 LAG und des 31.12.1995 als Endstichtag für sämtl. Anträge auf Ausgleichsleistungen in § 234 IV LAG ist aber das Ende der Zahlungen abzusehen.[13]

4     Neben der Erledigung der klass. Aufgaben des Lastenausgleichs ist nunmehr ein bes. Schwerpunkt des Lastenausgleichs die **Rückforderung von Leistungen** iSv § 349 LAG. Insb. ist die Hauptentschädigung zurückzufordern, wenn Vermögenswerte zurückgegeben werden, für die eine Entschädigung gezahlt worden ist. Das kann aufgrund des VermG, aber auch des EALG[14] der Fall sein. Gegenüber der Kritik an der Entwicklung der Lastenausgleichsverwaltung von einer Leistungsverwaltung zu einer Art Eingriffsverwaltung ist zu beachten, dass bei der Gewährung von Leistungen nach dem EntschädigungsG und dem AusgleichsleistungsG eine Hauptentschädigung und Zinszuschläge, die ein Berechtigter nach dem LAG erhalten hat, grds. nicht zurückzuzahlen, sondern von der Bemessungsgrundlage abzuziehen sind, § 8 I 1 EntschG, § 2 I 2 AusglLeistG iVm § 8 I 1 EntschG. Deshalb sah das BVerfG auch keinen Entzug bereits erworbener Rechtspositionen und wies zugleich auf den allg. Vorbehalt hin, unter dem die Hauptentschädigung nach dem LAG gewährt worden war.[15]

## III. Begriff des Lastenausgleichs

5     Das GG enthält keine Definition des **Begriffs** „Lastenausgleich". In Anlehnung an die Abgrenzung in § 1 LAG wird darunter die Leistungsgewährung wegen materieller Kriegs-, Kriegsfolge- und Nachkriegsschäden verstanden.[16] Ein enger, zeitlich unmittelbarer Zusammenhang des auszugleichenden Schadens mit dem Krieg wird – anders als bei den Kriegsfolgelasten in Art. 120 I (→ Art. 120 Rn. 11) – nicht verlangt.[17] Die Übernahme einer verfassungsrechtlichen Definition aus einem einfachen Gesetz

---

[8] Vgl. auch BVerfGE 17, 67 (80): „Linderung sozialer Schäden" und „soziale Wiedereingliederung"; *Muckel* MKS III, Art. 120a Rn. 9;.

[9] Vgl. BVerfGE 27, 253 (286): nur „Vorrang" sozialer Erwägungen.

[10] In diesem Sinne ansatzweise bereits BVerfGE 17, 67 (81); BVerfGE 27, 253 (285 f.); ausdr. für die Hauptentschädigung BVerfGE 102, 254 (329): „war... allein dazu bestimmt, die... genannten Vermögensschäden abzugelten"; für den Zinszuschlag BVerfGE 102, 254 (330); BVerwGE 105, 110 (113): „Ausgleich für Wartezeit"; *Butzer,* in: Maunz/Dürig, Art. 120a (2016) eingehend zum Hintergrund der Lastenausgleichsgesetzgebung und der Idee eines „großen Eingliederungs- und Entschädigungsprogramms (Rn. 6–12), zu Sinn und Zweck des Verfassungsergänzungsvorschlag und seiner mühsamen Entstehung (Rn. 26–41); anders aber wohl *Muckel* MKS III, Art. 120a Rn. 9: kein Ausgleich von „enteignungs- oder enteignungsgleichen Schadensersatzansprüchen", sondern „ausschließlich politisch motiviert".

[11] *Schaefer* FG BVerwG, 1978, S. 551 (552); *ders.,* in: v. Münch/Kunig II, Art. 120a Rn. 4; *Butzer,* in: Maunz/Dürig, Art. 120a (2016) Rn. 42 mwN.

[12] *Muckel* MKS III, Art. 120a Rn. 5.

[13] *Hermes,* in: Dreier III, Art. 120a Rn. 7; *Butzer,* in: Maunz/Dürig, Art. 120a (2016) Rn. 58; s.a. *Gallenkamp* NJW 1999, 2486 (2487).

[14] In dem Gesetz sind mehrere Gesetze zusammengefasst, darunter als Art. 1 das EntschG, als Art. 2 das AusglLeistG und als Art. 3 das NS-VEntschG. Dagegen gerichtete Vb sind zurückgewiesen worden, BVerfGE 102, 254 (255, 295, 297); zuvor für Verfassungsmäßigkeit *Schmidt-Preuß* NJW 1994, 3249 (3256); *Motsch* NJW 1995, 2249 (2249 ff.); für Verfassungswidrigkeit *Leisner* NJW 1995, 1513 (1518).

[15] BVerfGE 102, 254 (322, 328); gegen die Kritik von z.B. *Muckel* MKS III, Art. 120a Rn. 30 ff.; allg. zur Entwicklung *Strobel* BB 1994, 2083 (2086); *Schmidt-Preuß* NJW 1994, 3249 (3251 f.); *Butzer,* in: Maunz/Dürig, Art. 120a (2016) Rn. 57.

[16] *Hömig,* in: Hömig/Wolff, Art. 120a Rn. 1.

[17] *Schaefer,* in: v. Münch/Kunig II, Art. 120a Rn. 10; *Gallenkamp* NJW 1999, 2486 (2486 f.); *Muckel* MKS III, Art. 120a Rn. 9; *Ladeur* AK GG, Art. 120a (2002) Rn. 2; enger aber *Jarass,* in: Jarass/Pieroth, Art. 120a Rn. 1: „unmittelbare Nachkriegsschäden".

ist ausnahmsweise nicht zu beanstanden, da Art. 120a und das LAG speziell aufeinander abgestimmt sind.[18] Diese Verknüpfung spiegelt sich nicht zuletzt darin wieder, dass das LAG am selben Tag wie Art. 120a erlassen worden ist.[19]

Art. 120a erfasst nicht nur das LAG, sondern alle mit dem Lastenausgleich befassten Gesetze. Das **6** folgt aus der in Art. 120a I 1 verwendeten Formulierung „auf dem Gebiete der Ausgleichsleistungen".[20] Das Schrifttum unterscheidet dabei zwischen dem Lastenausgleich im „engeren" und im „weiteren" Sinne. Zum **engeren** Lastenausgleich wurden drei weitere „Kerngesetze" gezählt, die zusammen mit dem LAG geschaffen worden sind:[21] das Gesetz über die Feststellung von Vertreibungsschäden und Kriegssachschäden (FeststellungsG),[22] das Gesetz über einen Währungsausgleich für Sparguthaben Vertriebener (WährungsausgleichsG)[23] und das Gesetz zur Milderung von Härten der Währungsreform (AltsparerG).[24] Von den **weiteren** Gesetzen zum Lastenausgleich[25] ist insb. das BundesvertriebenenG[26] zu erwähnen.[27] Es ist durch das am 1.1.1993 in Kraft getretene KfbG[28] zwar nicht ersetzt, aber doch in wesentl. Punkten ergänzt worden.[29] So verwendet § 4 BVFG idF von 1993 zum ersten Mal den Begriff des **Spätaussiedlers.** Diese Erweiterung hilft vor allem deren zweiter Generation. Ihre Einbeziehung in die gesetzl. Regelung war nicht selten mit der Begründung abgelehnt worden, dass das Gesetz den Begriff des Spätaussiedlers nicht kenne.[30]

Mit diesen Neuregelungen aufgrund des KfbG findet der **Lastenausgleich** seine Abrundung, auch **7** wenn er damit **nicht beendet** ist.[31] Nach § 4 I Nr. 3 BVFG nF können nämlich immer noch deutschstämmige Personen als Spätaussiedler anerkannt werden, wenn sie vor dem 1.1.1993 geboren worden sind. Als anerkannte Spätaussiedler sind sie dann berechtigt, Leistungen zur Eingliederung in Anspruch zu nehmen. Diese Eingliederungshilfen sind soziale Ausgleichsleistungen, die der urspr. Zielsetzung des Lastenausgleichs entsprechen. Kein Bestandteil des Lastenausgleichs sind die Begleit- und FolgeG zum EV. Das gilt vor allem für das VermG und das EALG (→ Rn. 4) einschl. des darin verankerten VertriebenenzuwendungsG.[32]

## IV. Organisation der Lastenausgleichsverwaltung

Eine weitere Besonderheit gegenüber den Regelungen der Art. 83 ff. besteht darin, dass nach **8** Art. 120a I Befugnisse, die sonst nur von der BReg oder den obersten Bundesbehörden ausgeübt werden dürfen, auf das **Bundesausgleichsamt** als die für die Bundesaufsicht zuständige Bundesoberbehörde übertragen werden dürfen und auch übertragen worden sind.[33] Dazu gehört auch der Erlass von Verwaltungsvorschriften. In ihnen dürfen sogar Zuständigkeiten geregelt werden.[34] RVO darf das Amt allerdings nicht erlassen.[35] Das Bundesausgleichsamt übt diese Befugnisse ohne Zustimmung des BRat aus.[36] Das Amt ist entspr. der verfassungsrechtlichen Vorgabe als **selbstständige, mit besonderen Befugnissen** ausgestattete **Bundesoberbehörde** errichtet worden (§§ 307, 312 LAG). Soweit und solange ihm Kompetenzen aus Art. 85 übertragen worden sind, soll für ein Tätigwerden

---

[18] *Butzer,* in: Maunz/Dürig, Art. 120a (2016) Rn. 65, 96 geht – noch weiter – davon aus, dass § 1 LAG eine „Legaldefinition" des verfassungsrechtlichen Lastenausgleichsbegriffs enthalte. Der „Anwendungsbereich" von Art. 120a „bleibe jedoch insofern hinter der Legaldefinition des § 1 LAG zurück", als die einfachgesetzliche Begriff auch „die Aufbringung der dazu erforderlichen Mittel" umfasse (§ 1 H. 2 LAG) (Rn. 84).

[19] 14.8.1952, BGBl I 446.

[20] Vgl. *Butzer,* in: Maunz/Dürig, Art. 120a (2016) Rn. 63.

[21] *Schaefer,* in: v. Münch/Kunig II, Art. 120a Rn. 9; ebenso jetzt *Butzer,* in: Maunz/Dürig, Art. 120a (2016) Rn. 68, 70–72.

[22] V. 21.4.1952 (BGBl I 237), aufgeh. durch Art. 4 Nr. 1 G v. 21.6.2006 (BGBl I 1323, 1325).

[23] V. 27.3.1952 (BGBl I 213), aufgeh. durch Art. 10 Nr. 2 G v. 9.9.2001 (BGBl I 2306, 2318).

[24] V. 14.7.1953 (BGBl I 495), aufgeh. durch Art. 3 Nr. 1 G v. 21.6.2006 (BGBl I 1323, 1324).

[25] Zu den Gesetzen des „weiteren" Lastenausgleichs s. die Übersicht bei *Schaefer,* in: v. Münch/Kunig II, Art. 120a Rn. 9; jetzt *Butzer,* in: Maunz/Dürig, Art. 120a (2016) Rn. 73–79; zu den Änd. bzw. Beschränkungen aufgrund der Wiedervereinigung s. Anl. I B Kap. II Sachgeb. D Abschn. I–III und Kap. IV Sachgeb. A Abschn I, II zum EV.

[26] Neufassung durch das BVFG v. 10.8.2007 (BGBl I 1902).

[27] Nicht in der Aufstellung bei *Schaefer* enthalten (in: v. Münch/Kunig II, Art. 120a Rn. 9); *Hermes,* in: Dreier III, Art. 120a Rn. 6 Fn. 354.

[28] V. 21.12.1992 (BGBl I 2094).

[29] Neuf. des BVFG, BGBl I 1993, 829; vgl. dazu *Gaa-Unterpaul* NJW 1993, 2080 (2080).

[30] BVerwGE 51, 298 (309); BayVGH BayVBl 1992, 406 (406).

[31] Vgl. *Schaefer,* in: v. Münch/Kunig II, Art. 120a Rn. 6; so aber *Gaa-Unterpaul* NJW 1993, 2080 (2080).

[32] *Schaefer,* in: v. Münch/Kunig II, Art. 120a Rn. 6; zust. *Hermes,* in: Dreier III, Art. 120a Rn. 7; differenz. Kritik bei *Butzer,* in: Maunz/Dürig, Art. 120a (2016) Rn. 81–83.

[33] *Schaefer,* in: v. Münch/Kunig II, Art. 120a Rn. 15; sieht als Grundlage für die Errichtung des Bundesausgleichsamtes zusätzlich Art. 87 III 1 an. Zu den Einzelheiten der Aufgabenwahrnehmung s. *Butzer,* in: Maunz/Dürig, Art. 120a (2016) Rn. 52.

[34] BVerfGE 8, 155 (167 ff.).

[35] Deshalb enthält § 346 LAG auch tatsächlich nur eine Ermächtigung zum Erlass von Verfahrensvorschriften, vgl. BVerfGE 8, 155 (163); krit. *Butzer,* in: Maunz/Dürig, Art. 120a (2016) Rn. 100: „zu pauschal".

[36] BSGE 39, 260 (264).

der BReg oder oberster Bundesbehörden kein Raum sein. Der Bestand der am 1.9.1952 errichteten Behörde ist allerdings verfassungsrechtlich nicht garantiert.[37]

9      Die **Sonderstellung des Bundesausgleichsamts** wurde noch dadurch verstärkt, dass dem Präsidenten die Verwaltung des „Ausgleichsfonds" als Sondervermögen des Bundes übertragen worden war. Der Fonds ist allerdings zum 1.1.2006 aufgelöst worden und die Rechte und Pflichten des bisherigen Sondervermögens sind auf den Bund übergegangen, § 5 LAG. In diesem Kontext sind auch die Vertreter der Interessen des Ausgleichsfonds abgeschafft worden.[38]

10     Art. 120a setzt neben dem Bundesausgleichsamt noch Landesausgleichsämter voraus, die dem Bundesausgleichsamt unterstehen. Weisungen sind unmittelbar an die Landesausgleichsämter zu richten, die vom GG ausdr. mit obersten Landesbehörden gleichgesetzt werden. Praktisch handelt es sich um Dienststellen innerhalb von Landesministerien.[39] Den Landesausgleichsämtern sind schließlich die (örtl.) Ausgleichsämter (§ 308 LAG) untergeordnet. Die nachgeordneten Behörden sind jeweils unmittelbar weisungsunterworfen.[40] Insb. findet Art. 85 Anwendung.

## V. Verhältnis zu den anderen Regelungen des GG

11     Der Begriff des Lastenausgleichs ist erst mit Art. 120a in das GG eingeführt worden. Eine bes. Zuständigkeitsregelung war für diesen Bereich urspr. nicht vorgesehen. Die Gesetzgebungskompetenz des Bundes für materielle Regelungen im Bereich von Art. 120a ergibt sich jedoch aus Art. 74 I Nr. 6 und 9. Inhaltlich ist Art. 120a eine **Ergänzung zu Art. 83 ff.** Anders als Art. 85 enthält die Vorschrift noch nicht die Ermächtigung zum Erlass von Verwaltungsvorschriften. Sie muss vielmehr durch BundesG ausgesprochen werden. Liegt sie vor, bedarf ihr Erlass – ebenfalls anders als in Art. 85 II 1 – nicht der Zustimmung des BRat. Vor allem sind aber Art. 120 und Art. 120a miteinander verknüpft. Zum Teil überschneiden sich die Regelungen. Die finanz. Beziehungen zwischen Bund und Ländern im Bereich der Kriegsfolgen schließen die Aufwendungen für den Lastenausgleich in den Kernzonen mit ein,[41] auch wenn es Kriegsfolgelasten gibt, die nicht Bestandteil des Lastenausgleichs sind. Umgekehrt gibt es aber auch vom Lastenausgleich umfasste Gebiete, die nicht als Kriegsfolgelast angesehen werden, wie die späteren Nachkriegsschäden in der DDR (→ Art. 120 Rn. 13 f.).[42] Art. 120 I 2 bestätigt vor allem auch die in § 6 LAG geregelte Verteilung der Zuschüsse zum Lastenausgleichsfonds auf Bund und Länder. Die Lastenverteilung ist durch die Auflösung des Fonds (→ Rn. 9) nicht geändert worden, sodass auch keine Änderung v. Art. 120 I 2 erforderlich war.[43]

## B. Vorrang von Art. 87 III 2 (Abs. 2)

12     Art. 120a II stellt klar, dass der Bund bei Vorliegen eines dringenden Bedarfs auch auf dem Gebiet der Lastenausgleichsverwaltung nach Art. 87 III 2 einen Unterbau durch Schaffung von **bundeseigenen Mittel- und Unterbehörden** errichten darf. Allerdings ist auch insoweit die Begrenzung der Aufgaben auf die „Durchführung des Lastenausgleichs" zu beachten. Die Möglichkeiten, die Art. 120a I einräumt, schließen also nicht den Rückgriff auf die allg. Regelungen aus. Das heißt aber nicht, dass die Vorschrift für sich schon die Errichtung bundeseigener Verwaltung erlaubt.[44] Sie öffnet nur den Weg zur allg. Regelung, deren Voraussetzungen erfüllt sein müssen.[45] Dieser Vorbehalt hat jedoch **keine Bedeutung erlangt**. Bundeseigene Mittel- und Unterbehörden sind nicht geschaffen worden.[46]

## Art. 121 [Begriff der Mehrheit]

**Mehrheit der Mitglieder des Bundestages und der Bundesversammlung im Sinne dieses Grundgesetzes ist die Mehrheit ihrer gesetzlichen Mitgliederzahl.**

**Entstehungsgeschichte:** Erstfassung: JöR nF 1 (1951), 837.
**Historische Verfassungstexte:** GG 1949: Wie geltende Fassung.
**Geltende Landesverfassungen:** *BW*Verf Art. 92; *MV*Verf Art. 32 II; *Nds*Verf Art. 74; *SchlH*Verf Art. 22 IV.

---

[37] *Hermes,* in: Dreier III, Art. 120a Rn. 10; *Butzer,* in: Maunz/Dürig, Art. 120a (2016) Rn. 97, 99.
[38] 34. ÄndGLAG v. 21.7.2004 (BGBl I 1742).
[39] *Schaefer,* in: v. Münch/Kunig II, Art. 120a Rn. 24; *ders.* Die Verwaltung 3 (1970), 43 (54 f.); *Hermes,* in: Dreier III, Art. 120a Rn. 11; *Muckel* MKS III, Art. 120 Rn. 16 unter Verweis auf § 311 I 2 LAG.
[40] *Schaefer,* in: v. Münch/Kunig II, Art. 120a Rn. 25; *Jarass,* in: Jarass/Pieroth, Art. 120a Rn. 2.
[41] *Schaefer,* in: v. Münch/Kunig II, Art. 120a Rn. 28.
[42] *Schaefer,* in: v. Münch/Kunig II, Art. 120a Rn. 28.
[43] So ausdr. auch die Begr. des Gesetzentw., BT-Dr 15/1854, S. 9.
[44] Vgl. *Jarass,* in: Jarass/Pieroth, Art. 120a Rn. 2.
[45] *Butzer,* in: Maunz/Dürig, Art. 120a (2016) Rn. 115.
[46] *Schaefer,* in: v. Münch/Kunig II, Art. 120a Rn. 27; ebenso jetzt *Butzer,* in: Maunz/Dürig, Art. 120a (2016) Rn. 117.

**Schrifttum:** Vgl. das Schrifttum zu Art. 38, 42 und 54; ferner *E. Flaig,* Die Mehrheitsentscheidung, 2013; *W. Jellinek,* Die gesetzliche Mitgliederzahl, FS Kraus, 1954, S. 88; *C. Pestalozza,* Die „gesetzliche Mitgliederzahl", Art. 121 GG, LKV 2008, 49.

## A. Bedeutung und Anwendungsbereich

Art. 121 definiert die Mehrheit der Mitglieder des BTag (Art. 38 ff.) und der BVers (Art. 54) iS des **1** GG als die Mehrheit der gesetzlichen Mitgliederzahl. **Mehrheit** bedeutet mehr als die Hälfte (Art. 63 III),[1] kann sich jedoch auf unterschiedliche Berechnungsgrundlagen beziehen, so dass verschiedene Mehrheitsbegriffe möglich sind und im GG auch vorausgesetzt werden.[2] Art. 121 kommt deshalb Klarstellungsfunktion für den Begriff der Mitgliedermehrheit zu. Ein Verstoß gegen Art. 121 macht die getroffene Abstimmung unwirksam, wenn er für das Ergebnis entscheidend war.[3]

Ausdrücklich bezieht sich Art. 121 auf diejenigen Bestimmungen des GG, die von einer **„Mehrheit 2 der Mitglieder"** des BTag (Art. 29 VII 2, 63 II 1, III, IV 2 und 3, 67 I 1, 68 I, 77 IV, 80a III 2, 87 III 2, 115a I 2) oder der BVers (Art. 54 VI) sprechen. In einem weiteren Sinn erfasst er auch diejenigen Bestimmungen, die einen – im Vergleich zur einfachen Mehrheit – höheren oder niedrigeren Anteil „der Mitglieder des Bundestages" voraussetzen, nämlich die Gesamtheit (Art. 54 III), zwei Drittel (Art. 61 I 3, 79 II), ein Drittel (Art. 39 III 3), ein Viertel (Art. 44 I 1, 61 I 2, 93 I Nr. 2) oder ein Zehntel (Art. 42 I 2).[4] Darüber hinaus kommt seine Anwendung – nur – in Betracht, wenn Verfassungs-, Gesetzes- oder Geschäftsordnungsbestimmungen ausdrücklich oder stillschweigend auf seine Regelung verweisen.[5]

## B. Gesetzliche Mitgliederzahl

Unter **gesetzlicher Mitgliederzahl** ist die gesetzlich bestimmte Zahl der Mitglieder zu verstehen. **3** Die Bestimmung ist für den BTag aufgrund von Art. 38 III im BWahlG[6] erfolgt. Für die BVers ergibt sie sich daraus, dass zu der so bestimmten Zahl der Bundestagsmitglieder eine gleiche Anzahl von Mitgliedern hinzukommt, die von den LTagen gewählt werden (Art. 54 III).[7]

Abzustellen ist nicht auf die vorhandenen Sitze, sondern auf den jeweiligen **„Sollbestand"** an **4** Mitgliedern, dh auf die Zahl von Abg., die im konkreten Zeitpunkt sitz- und stimmberechtigt wären.[8] Auszugehen ist von der allg. Sollzahl von 598 Abg., die jedoch nur vorbehaltlich der sich aus dem BWahlG ergebenden Abweichungen maßgeblich ist (§ 1 I 1 BWahlG). Abweichungen können auf Grund des Wahlergebnisses oder späterer Ereignisse zu einer höheren oder niedrigeren konkreten Sollzahl führen, die als gesetzliche Mitgliederzahl gilt.

Eine **Erhöhung** ist nur durch Überhang- und Ausgleichsmandate auf Grund des Wahlergebnisses **5** möglich (§ 6 IV bis VII BWahlG). Eine **dauernde Verringerung** kommt in Betracht bei Erschöpfung einer Parteiliste (§§ 6 VI 6, 48 I 4 BWahlG), bei Erledigung eines Wahlkreismandats, wenn eine Wiederholungs- oder Ersatzwahl ausscheidet, weil innerhalb von sechs Monaten ein neuer BTag gewählt wird (§§ 44 III 2, 46 IV 2, 48 II 3 BWahlG), oder bei einem Parteiverbot (§ 46 IV BWahlG). Eine **vorübergehende Verringerung,** die ebenfalls zu berücksichtigen ist,[9] kann bei einem Mandatsverlust eines Abg. eintreten, solange der Sitz nicht wiederbesetzt ist (§§ 46 ff. BWahlG). Unberührt bleibt die gesetzliche Mitgliederzahl jedoch, wenn ein Abg. lediglich vorübergehend an der Wahr-

---

[1] *Versteyl,* in: v. Münch/Kunig III, Art. 121 Rn. 4; *Schneider* AK GG, 2. Aufl., Art. 121 Rn. 2; *Pieroth,* in: Jarass/Pieroth, Art. 121 Rn. 1.

[2] Vgl. dazu *Magiera,* Art. 42 Rn. 10, 13 f., insbes. auch zur sog. relativen Mehrheit; *Höfling/Burkiczak,* in: Friauf/Höfling, Art. 121 Rn. 2; *Höfling/Burkiczak* Jura 2007, 561 ff.; allg. zum Mehrheitsprinzip *Flaig,* Die Mehrheitsentscheidung, 2013; *Mußgnug,* Das Mehrheitsprinzip, FS E. Klein, 2013, S. 249; *Hillgruber,* Mehrheitsprinzip, in: FS Kirchhof I, 2013, S. 659; *Magsaam,* Mehrheit entscheidet, 2014.

[3] *Klein,* in: Maunz/Dürig, Art. 121 (2017) Rn. 23; *Müller-Tirpitz* BK, Art. 121 (2018) Rn. 42; *Wolff,* in: Hömig/Wolff, Art. 121 Rn. 4; diff. *Morlok,* in: Dreier III, Art. 121 Rn. 15.

[4] *Klein,* in: Maunz/Dürig, Art. 121 (2017) Rn. 12; *Schneider* AK GG, 2. Aufl., Art. 121 Rn. 5; *Müller-Tirpitz* BK, Art. 121 (2018) Rn. 31 ff.

[5] Ebenso iE *Klein,* in: Maunz/Dürig, Art. 121 (2017) Rn. 13 f.; *Muckel* MKS III, Art. 121 Rn. 6 f.; *Morlok,* in: Dreier III, Art. 121 Rn. 5, 7; *Höfling/Burkiczak,* in: Friauf/Höfling, Art. 121 Rn. 23; *Müller-Tirpitz* BK, Art. 121 (2018) Rn. 36 f.; weitergehend (auch für den BRat) *Versteyl,* in: v. Münch/Kunig III, Art. 121 Rn. 5; *Umbach,* in: Umbach/Clemens, Art. 121 Rn. 14.

[6] *Magiera,* Art. 38 Rn. 115.

[7] Ausf. *Höfling/Burkiczak,* in: Friauf/Höfling, Art. 121 Rn. 37 ff.; *Klein,* in: Maunz/Dürig, Art. 121 (2017) Rn. 22.

[8] *Klein,* in: Maunz/Dürig, Art. 121 (2017) Rn. 17 ff.; *Müller-Tirpitz* BK, Art. 121 (2018) Rn. 25; *Schneider,* AK GG II, Art. 121 Rn. 2; *Morlok,* in: Dreier III, Art. 121 Rn. 12; aA *Pestalozza* LKV 2008, 49 (50 f.).

[9] Ebenso *Klein,* in: Maunz/Dürig, Art. 121 (2017) Rn. 19; *Versteyl,* in: v. Münch/Kunig III, Art. 121 Rn. 9; *Pieroth,* in: Jarass/Pieroth, Art. 121 Rn. 2; *Morlok,* in: Dreier III, Art. 121 Rn. 13; wohl auch *Muckel* MKS III, Art. 121 Rn. 14; aA *Schneider,* AK GG II, Art. 121 Rn. 3; *Höfling/Burkiczak,* in: Friauf/Höfling, Art. 121 Rn. 34; *Brocker,* in: Epping/Hillgruber, Art. 121 Rn. 11.

nehmung seines Mandats (zB durch Krankheit, Urlaub, Sitzungsausschluss, sog. **Pairing**) gehindert ist.[10]

## Art. 122 [Bisherige Gesetzgebungskompetenzen]

(1) **Vom Zusammentritt des Bundestages an werden die Gesetze ausschließlich von den in diesem Grundgesetze anerkannten gesetzgebenden Gewalten beschlossen.**

(2) **Gesetzgebende und bei der Gesetzgebung beratend mitwirkende Körperschaften, deren Zuständigkeit nach Absatz 1 endet, sind mit diesem Zeitpunkt aufgelöst.**

**Entstehungsgeschichte:** Erstfassung: JöR nF 1 (1951), 838.
**Historische Verfassungstexte:** WRV: Art. 180 S. 1 Bis zum Zusammentritt des ersten Reichstags gilt die Nationalversammlung als Reichstag.
**Geltende Landesverfassungen:** *BW*Verf Art. 94 III 2; *NRW*Verf Art. 91 II; *RP*Verf. Art. 138, 144 IV; *LSA*Verf Art. 101 III.
**Leitentscheidungen:** BVerfGE 2, 237 (HypothekensicherungsG); BVerfGE 4, 331 (SoforthilfeG); BVerfGE 16, 6 (Verkündungszeitpunkt).
**Supra- und internationale Texte:** Genehmigungsschreiben der Militärgouverneure zum GG v. 12.5.1949, VOBl BritZ, 416.
**Gesetzgebung:** EV Art. 3, 9 III; Art. 3 der Vereinbarung v. 18.9.1990, BGBl II 1239.

**Schrifttum:** *W. Drexelius*, Übergangsbestimmungen im Bonner Grundgesetz, MDR 1949, 455; *Hartmann*, Zur Gesetzgebungskompetenz der Länder in der Zeit zwischen dem Inkrafttreten des Grundgesetzes und dem Zusammentritt des ersten Bundestags, DVBl 1955, 143; *H. Schäfer*, Die Gesetzgebungskompetenzen der Länder in der Übergangszeit, SJZ 1949, 801; *F. Wessel*, Die Gesetzgebungsbefugnis der Länder bis zum ersten Zusammentritt des Bundestages, DV 1949, 393.

## A. Allgemeines

1    Art. 122 regelt den **Übergang** von den vorkonstitutionellen gesetzgebenden Gewalten **auf die vom GG anerkannten gesetzgebenden Gewalten.** Nach Kriegsende hatten die Siegermächte die Gesetzgebung zT selbst übernommen und sie zT auf neu geschaffene oder wiederbelebte Einrichtungen übertragen.[1] Ab dem Inkrafttreten des GG am 24.5.1949 (abw. → Art. 145 Rn. 5) wäre diese Praxis verfassungswidrig gewesen, während der noch zu wählende BTag das Gesetzgebungsvakuum zunächst nicht hätte füllen können. Um das zu vermeiden, trifft Art. 122 zwei Entscheidungen: Er ordnet erstens deklaratorisch das Ende der Gesetzgebungsbefugnisse von Einrichtungen der Besatzungsmächte an, um Beschränkungen des Selbstbestimmungsrechts des dt. Volkes so weit wie möglich abzubauen, und verschiebt zweitens konstitutiv den Zeitpunkt der Derogation auf den Tag des Zusammentritts des ersten BTag. Erst ab diesem Zeitpunkt darf die Rechtsetzung in der BRD auf Bundes- oder Landesebene ausschließlich durch Organe vorgenommen werden, die dem GG entsprechend demokratisch legitimiert sind. Heute gehört Art. 122 zu den weitgehend obsolet gewordenen GG-Bestimmungen, „deren Beibehaltung allein der Erinnerung an die schwierige Anfangszeit der [BRD] geschuldet ist"[2].

## B. Der Übergang der gesetzgebenden Gewalt auf der Grundlage des GG (Abs. 1)

2    Art. 122 I erfasst jede Rechtsetzung, also die gesamte **Gesetzgebung im materiellen Sinne,**[3] einschl. Verordnungsgebung und Satzungserlass. Der Begriff der „Gesetze" meint allerdings nach dem Kontext („werden... beschlossen") nur gesetztes, nicht aber GewohnheitsR (s. anders zu Art. 123 I → Art. 123 Rn. 5).

3    Der **Zusammentritt des ersten BTag** am 7.9.1949 ist **Stichtag für die Ausübung der Gesetzgebungskompetenzen nach dem GG.** Dabei wird auf die Funktionsfähigkeit des BTag abgestellt, um ein gesetzgeberisches Vakuum zu vermeiden. Am Ende des ersten Sitzungstages[4] des BTag sind die vom GG nicht anerkannten Gesetzgebungskompetenzen ipso iure erloschen und ausschließlich auf die im ursprüngl. GG anerkannten gesetzgebenden Gewalten übergegangen. Nur **vollständig abgeschlossene Rechtsetzungsakte** der vorher kompetenten Organe bleiben nach Maßgabe des Art. 123 I gültig.[5] Seit dem 7.9.1949 ruht das Gesetzgebungsrecht für den Bund im Rahmen seiner grund-

---

[10] *Klein*, in: Maunz/Dürig, Art. 121 (2017) Rn. 21; *Müller-Tirpitz* BK, Art. 121 (2018) Rn. 26; *Schneider*, AK GG II, Art. 121 Rn. 3; *Morlok*, in: Dreier III, Art. 121 Rn. 14; *Muckel* MKS III, Art. 121 Rn. 15.
[1] Vgl. *Stolleis* HStR I, § 7 Rn. 45 ff.; *Kirn* v. Münch/Kunig II, Art. 122 Rn. 1.
[2] *Giegerich*, in: Maunz/Dürig, Art. 122 (2012) Rn. 32. S. ebenso Art. 117, 118, 119, 127, 132, 136, 157.
[3] *Giegerich*, in: Maunz/Dürig, Art. 122 (2012) Rn. 12.
[4] Vgl. zur Fristberechnung BVerfGE 16, 6 (16).
[5] BVerfGE 7, 330 (337).

gesetzl. Gesetzgebungskompetenzen ausschl. bei den dafür zuständigen Bundesorganen; entspr. gilt für die Länder. Nach dem Zusammentritt des BTag kann es außer der vom GG anerkannten keine gesetzgebende Gewalt geben; die Kompetenzordnung des GG ist damit uneingeschränkt in Kraft getreten.[6]

Art. 122 I geht abweichend von den im GG sonst vorgesehenen Zuständigkeiten von der **Fort-** **4** **geltung der Gesetzgebungsbefugnisse der bisherigen Kompetenzinhaber** bis zum Zusammentritt des ersten BTag aus.[7] Betroffen war die Übergangszeit vom 24.5.1949 (Inkrafttreten des GG) bis zum 7.9.1949 (Konstituierung des ersten BTag). Die Fortgeltung erstreckte sich sowohl auf die gesetzgebenden und bei der Gesetzgebung beratend mitwirkenden **Körperschaften besatzungsrechtlichen Ursprungs** als auch auf die **Länder.** Die Länder dürften damit übergangsweise auch die Gesetzgebungskompetenz für diejenigen Materien besessen haben, die fortan ausschl. dem Bund nach Art. 71 zugewiesen waren,[8] jedenfalls aber für den Bereich konkurr. Bundesgesetzgebungskompetenzen nach Art. 72 GG.[9] Ein anderes Verständnis würde dem Normzweck, ein gesetzgeberisches Vakuum auf Bundesebene zu vermeiden, nicht gerecht.

Allerdings galt schon im **Übergangszeitraum** zwischen dem Inkrafttreten des GG und dem **5** Zusammentritt des BTag eine **strikte Grundrechtsbindung** jeder Gesetzgebungstätigkeit gem. Art. 145 II, 1 III.[10] Dem entspricht die Möglichkeit, schon Gesetze aus dieser Zeit dem BVerfG nach Art. 100 I zur Prüfung vorzulegen.[11]

## C. Die Auflösung früherer Gesetzgebungsorgane (Abs. 2)

Abs. 2 ergänzt Abs. 1, indem er die **Auflösung** der gesetzgebenden oder bei der Gesetzgebung **6** beratend mitwirkenden **Körperschaften aus der Übergangszeit** nach Kriegsende anordnet, die jetzt funktionslos geworden waren. Erfasst sind parlament. oder parlamentsähnl. Gremien, die bis zum Zusammentritt der Gesetzgebungsorgane des Bundes mit Gesetzgebungsfunktionen bzw. mit gesetzesvertretenden Verordnungsbefugnissen ausgestattet waren. Zum Kreis dieser aufgelösten Körperschaften gehörten die **Organe besatzungsrechtlichen Ursprungs.**[12] Dazu zählten körperschaftl. strukturierte Organe wie der Länderrat der US-Zone samt Stuttgarter Parlamentarischer Rat und der Wirtschaftsrat nebst beratendem Frankfurter Länderrat der Bizone.[13] Die Wirkung des Abs. 2 blieb so im Wesentlichen auf die Gesetzgebungsorgane der Zonen und Zonenzusammenschlüsse begrenzt.[14]

Sofern die Zuständigkeit der betroffenen Organe zwar eingeschränkt wird, aber nicht nach Abs. 1 **7** endet, werden die Organe nicht aufgelöst. Das betrifft die **Gesetzgebungsorgane der Länder,** deren gesetzgebende Gewalt als Bestandteil des Bundesstaates in die grundgesetzl. Ordnung übernommen wurde (vgl. Art. 70), aber auch Stellen, die neben Legislativfunktionen auch fortbestehende Exekutivfunktionen besaßen.[15] Für Verwaltungs- und Rechtsprechungsorgane enthält Art. 130 eine entspr. Regelung, wonach diese im Interesse einer handlungsfähigen Verwaltung zunächst erhalten und der BReg unterstellt werden, die mit Zustimmung des BRat über deren Fortführung oder Abwicklung entscheiden könnte.

## D. Der Übergang der gesetzgebenden Gewalt bei der deutschen Wiedervereinigung

Bei der Wiedervereinigung stellten sich entspr. Probleme: Mit der Erstreckung des Geltungsbereichs **8** des GG auf das Beitrittsgebiet durch Art. 3 EV zum 3.10.1990 sind die **Gesetzgebungsbefugnisse der Volkskammer erloschen.** Zwischen dem Beitritt und der Konstituierung der neuen Landtage bestand bzgl. der Landesgesetzgebung für einige Wochen ein Gesetzgebungsvakuum, das von den neu gebildeten Landesparlamenten geschlossen wurde, als diese die den Ländern nach dem GG zustehenden Gesetzgebungsaufgaben übernahmen.[16] Um Gesetzgebungslücken zu vermeiden, gilt gesondert vereinbartes DDR-Recht gem. Art. 9 EV fort, bis es von den fortan zuständigen Organe aufgehoben oder geändert wird. Die von der Volkskammer nach Unterzeichnung des EV am 31.8.1990 beschlos-

---

[6] Vgl. *Wolff* MKS III, Art. 122 Rn. 14.

[7] Vgl. BVerfGE 7, 330 (337); Bay. VerfGH JZ 1951, 147 (148); *Giegerich,* in: Maunz/Dürig, Art. 122 (2012) Rn. 19; *Schäfer* SJZ 1949, 801 (803 f.); *Bachof* SJZ 1950, 161 (162).

[8] Vgl. offen gelassen von BVerfGE 7, 330 (339); dafür: *Jarass,* in: Jarass/Pieroth, Art. 122 Rn. 1; *Wolff* MKS III, Art. 122 Rn. 17; dagegen: *Kirn,* in: v. Münch/Kunig II, Art. 122 Rn. 4; weitergehend krit. auch zum Bereich konkurrierender Bundeskompetenzen: *Friesenhahn* NJW 1949, 701; *Wacke* JZ 1951, 149; *Wessel* DV 1949, 393 (394).

[9] Vgl. BVerfGE 7, 330 (336); *Drexelius* MDR 1949, 455 (457); *Hartmann* DVBl 1955, 143.

[10] BVerfGE 2, 237 (257 f.); 4, 331 (339, 341); *Hofmann* HStR I, § 9 Rn. 4.

[11] Vgl. *Kirn,* in: v. Münch/Kunig II, Art. 122 Rn. 4; *Sachs,* VerfProzR, Rn. 217; → Art. 100 Rn. 9.

[12] Vgl. *Maunz,* in: Maunz/Dürig Art. 122 (Erstbearb.) Rn. 9.

[13] Vgl. *Stettner,* in: Dreier III, Art. 122 Rn. 12; zum Begriff Bizone → Art. 127 Rn. 1.

[14] Vgl. *Maunz,* in: Maunz/Dürig (Erstbearb.), Art. 122 Rn. 9.

[15] Vgl. zum Zentraljustizamt für die Britische Zone *Kirn* v. Münch/Kunig II, Art. 122 Rn. 1.

[16] Vgl. *Kirn,* in: v. Münch/Kunig II, Art. 122 Rn. 6; Art. 143 Rn. 15; auch *Giegerich,* in: Maunz/Dürig, Art. 122 (2012) Rn. 3.

senen, aber noch nicht ausgefertigten Gesetze (so das InVorG und das VermG[17]) sind gem. Art. 9 III EV und Art. 3 der Vereinbarung vom 18.9.1990[18] durch den Bundesgesetzgeber zusammen mit dem EV erneut beschlossen worden und dadurch in Kraft getreten.

## Art. 123 [Fortgeltung alten Rechts]

(1) **Recht aus der Zeit vor dem Zusammentritt des Bundestages gilt fort, soweit es dem Grundgesetze nicht widerspricht.**

(2) **Die vom Deutschen Reich abgeschlossenen Staatsverträge, die sich auf Gegenstände beziehen, für die nach diesem Grundgesetze die Landesgesetzgebung zuständig ist, bleiben, wenn sie nach allgemeinen Rechtsgrundsätzen gültig sind und fortgelten, unter Vorbehalt aller Rechte und Einwendungen der Beteiligten in Kraft, bis neue Staatsverträge durch die nach diesem Grundgesetze zuständigen Stellen abgeschlossen werden oder ihre Beendigung auf Grund der in ihnen enthaltenen Bestimmungen anderweitig erfolgt.**

**Entstehungsgeschichte:** Erstfassung: JöR nF 1 (1951), 810.
**Historische Verfassungstexte: HChE: Art. 139** (1) Gesetze und Verordnungen aus der Zeit vor dem Inkrafttreten des GG gelten fort, soweit sie dem GG nicht widersprechen.
**WRV: Art. 178** (1) Die Verfassung des Deutschen Reichs vom 16. April 1871 und das Gesetz über die vorläufige Reichsgewalt vom 10. Februar 1919 sind aufgehoben. (2) Die übrigen Gesetze und Verordnungen des Reichs bleiben in Kraft, soweit ihnen diese Verfassung nicht entgegensteht [...].
**Geltende Landesverfassungen:** *BW*Verf Art. 94 III 1; *Bay*Verf Art. 182, 186 II; *Brem*Verf Art. 155 II; *Hess*Verf Art. 159; *RhPf*Verf Art. 137; *Saar*Verf Art. 132; *Sachs*Verf Art. 120; *LSA*Verf Art. 101 IV; *Thür*Verf Art. 105 S. 2.
**Gesetzgebung:** G. über die Sammlung des Bundesrechts v. 10.7.1958 (BGBl I 437); auf dieser Grundlage: BGBl III; Sammlung abgeschlossen durch G v. 28.12.1968, BGBl I 1451; EV Art. 9, 11, 12.
**Leitentscheidungen:** BVerfGE 3, 58 (Willkürverbot und NS-Zeit); BVerfGE 3, 368 (Besatzungsrecht); BVerfGE 6, 309 (Konkordat); BVerfGE 23, 98 (Ausbürgerung von Juden); BVerfGE 34, 293 (Ensslin-Kassiber); BVerfGE 78, 179 (Heilpraktiker); BVerfGE 97, 117 (Fortgeltung von DDR-Strafbestimmungen); BVerwGE 127, 196 (Geltung des § 17 Nr. 5 RuStAG).

**Schrifttum:** *G. Brunner*, Fortgeltung des Rechts der bisherigen DDR HStR IX[1], § 210; *A. Hamers*, Die Rezeption des Reichskonkordats in der Bundesrepublik Deutschland, 2010; *M. Herdegen*, Völkerrechtliche Verträge der DDR HStR IX[1], § 214; *K. Stern/B. Schmidt-Bleibtreu* (Hrsg.), Einigungsvertrag und Wahlvertrag, 1990; *R. Wittkowski*, Die Staatensukzession in völkerrechtlichen Verträgen unter besonderer Berücksichtigung der Herstellung der staatlichen Einheit Deutschlands, 1992; ferner 7. Aufl. mwN.

### Übersicht

## A. Allgemeines

1   Es besteht eine **Kontinuität** zwischen dem Deutschen Reich und der BRD, die durch die Kapitulation von 1945 und die innerdeutsche Teilung nicht aufgehoben wurde.[1] Der ARA des ParlRat hielt deshalb eine ausdr. Aussage über die **Fortgeltung von Altrecht** für zweckmäßig. Sie fand ihren Niederschlag in Abs. 1. Abs. 2 betrifft mit der **Fortgeltung der Staatsverträge** einen Spezialfall und war v. a. hinsichtlich des RK stark umstritten; er ist das Kompromissergebnis langwieriger Verhandlungen im Fünferausschuss.[2] Im Zusammenhang mit dem Beitritt der DDR zur BRD stellten sich ähnl. Probleme hinsichtlich der **Fortgeltung alten DDR-Rechts** und völkerrechtl. Verträge der ehem. DDR, die Art. 9 EV vergleichbar gelöst hat.

---

[17] BGBl II 1157, 1159.
[18] BGBl II 1239.
[1] Vgl. *Stolleis* HStR I, § 7 Rn. 38 ff.; *Strasser-Gackenheimer,* Die staatsrechtliche Kontinuität des Deutschen Reichs von der ‚Machtergreifung' bis zum Tod Hitlers, 2013, S. 248 ff.; allg. → Präambel Rn. 28 f.
[2] Vgl. ausf. *Hense* BK, Art. 123 (2015) Rn. 1 ff.

# B. Fortgeltung alten Rechts (Abs. 1)

## I. Grundsätzliche Bedeutung

Art. 123 regelt zusammen mit Art. 124 f. die **Fortgeltung alten Rechts und überkommener** 2 **Verträge.** Art. 123 betrifft die Weitergeltung als solche, während Art. 124 f. regeln, ob die Rechtsvorschriften als Bundes- oder Landesrecht fortgelten. Somit ist Art. 123 von zentraler Bedeutung für den Übergang zur neu konstituierten staatl. Ordnung unter **Wahrung der Kontinuität der Rechtsordnung.**[3] Er entscheidet hinsichtl. des vorkonstitutionellen Rechts konstitutiv über dessen Fortgeltung[4] und schafft dafür eine neue Geltungsgrundlage, soweit es dem GG nicht widerspricht.

Das GG stellt bei der Fortgeltung formal auf die **Positivität des alten Rechts** ab und entzieht 3 Diskussionen um die Legitimität des Rechts aus der NS-Zeit und seines fortdauernden Geltungsanspruchs weithin den Boden. Damit verfolgt Abs. 1 mehrere Regelungsziele: Rechtskontinuität, Rechtssicherheit, Absicherung des Vorrangs des GG.

Klarheit über das fortgeltende Recht hat der Bundesgesetzgeber durch die **bereinigte Sammlung** 4 **des Bundesrechts („BGBl III")** geschaffen. Spätestens mit dem 31.12.1968 trat gem. § 3 I Bereinigungsgesetz das nicht in die Sammlung aufgenommene BundesR außer Kraft.[5] Auch die meisten Länder haben eine Bereinigung ihres Landesrechts in systematisch geordneten Sammlungen vorgenommen, die im Wesentlichen abgeschlossen ist.[6]

## II. Anwendungsbereich

„Recht" iSv Abs. 1 meint **Rechtsnormen jeden Ranges,** also nicht nur formelles Gesetzesrecht, 5 sondern auch Rechtsverordnungen,[7] Satzungen[8] und Gewohnheitsrecht,[9] Bundes- und Landesrecht, nicht aber VV sowie Einzelakte.[10] **Ausgeschlossen** hat das BVerfG prinzipiell – abgesehen von den durch Art. 140 inkorporierten Artikeln – die Fortgeltung der **WRV,** weil die Weimarer Verf. vollständig durch das GG ersetzt worden sei.[11] Gleichwohl immerhin als einfaches Bundesrecht fortgelten soll indes Art. 109 III 2 WRV, wonach Adelsbezeichnungen nur als Teil des Namens gelten und nicht mehr verliehen werden dürfen.[12]

Abs. 1 erfasst Recht aller historischen Epochen **aus der Zeit vor dem Zusammentritt des** 6 **BTag,** also auch aus der NS-Zeit sowie aus der Zeit nach dem Krieg.[13] Voraussetzung für die Fortgeltung einer Norm ist, dass sie am **Stichtag,** dem Zeitpunkt des Zusammentritts des ersten BTag am 7.9.1949, **geltendes Recht** war. Art. 123 I schließt also – anders als vorkonstitutionelles Recht iSv Art. 100 I[14] – auch Recht aus der Zeit zwischen Inkrafttreten des GG und Zusammentritt des ersten BTag ein (→ Art. 122 Rn. 4 f.), weshalb die Rede von vorkonstitutionellem Recht hier problematisch ist.[15] In jedem Fall musste der Erlass betroffener Rechtsvorschriften bereits vorher abgeschlossen gewesen sein. Die Normen mussten gültig, also in einem formell ordnungsgemäßen Gesetzgebungsverfahren und im Einklang mit der damals geltenden Kompetenzordnung zustande gekommen, nicht aber bereits in Kraft getreten sein.[16] Beurteilungsgrundlage dafür ist die zum Erlasszeitpunkt gültige Staatspraxis.

---

[3] Vgl. *Stettner* Dreier III, Art. 123 Rn. 10: „kritische[…] Kontinuität"; *Hofmann* HStR I, § 9 Rn. 2, 8.

[4] Vgl. wie hier *Giegerich,* in: Maunz/Dürig, Art. 123 (2012) Rn. 18; für bloß deklaratorische Wirkung *v. Mangoldt,* Das Bonner GG, Art. 123 Rn. 3. Für Recht aus der Zeit zwischen Inkrafttreten des GG und Zusammentritt des BTag war neben Art. 122 I keine gesonderte Fortgeltungsanordnung erforderlich.

[5] § 3 I G über die Sammlung des Bundesrechts v. 10.7.1958 (BGBl I 437) iVm § 3 G über den Abschluss der Sammlung des Bundesrechts v. 28.12.1968, BGBl I 1451.

[6] Vgl. die Zusammenstellung bei *Bothe* AK GG, Art. 123 (2002) Rn. 4.

[7] BVerfGE 28, 119 (132 ff.); BVerwG DVBl 1989, 672, zur VO über die Aufsuchung und Gewinnung mineralischer Bodenschätze vom 31.12.1942 (insoweit nicht abgedr.).

[8] BVerfGE 44, 216 (226).

[9] BVerfGE 34, 293 (303); 41, 251 (263), wo aber kein entspr. Gewohnheitsrecht festgestellt wird.

[10] Vgl. dazu im Kontext des EV *Sachs* SBK VwVfG, § 43 Rn. 250; anders zu VV *Wetterkamp,* S. 52.

[11] Vgl. zu Art. 129 I 3 WRV BVerfGE 15, 167 (194 f.): „jede Geltung verloren"; ebenso *Giegerich* Maunz/Dürig, Art. 123 (2012) Rn. 53; *Hense* BK, Art. 123 (2015) Rn. 41; *Kirn* v. Münch/Kunig II, Art. 123 Rn. 1; *Wolff* MKS III, Art. 123 Rn. 15.

[12] Die Vorschrift wurde aufgenommen in BGBl III, Nr. 401-2. Vgl. ohne weitere Begr. zur Fortgeltung BVerwGE 23, 344 (345), unter irreführendem Verweis auf BVerwGE 9, 323, wo aber die WRV nur zur Ablehnung eines ordre public-Verstoßes herangezogen wird; zuletzt BVerwG NJW 1997, 1594 (1954); BGH MMR 2016, 616 Rn. 17; NJW-RR 2019, 321 Rn. 22; MDR 2019, 351 Rn. 7; *Wolff* MKS III, Art. 123 Rn. 15.

[13] BVerfGE 6, 389 (418 f.); 28, 119 (139). Vgl. zum Versailler Vertrag BVerwG NJW 1995, 3401.

[14] Vgl. zu Unterschieden BVerfGE 4, 331 (340 f.).

[15] Vgl. missverständl. BVerfGE 97, 117 (124), gegen den Charakter von DDR-Recht als vorkonstitutionelles Recht iSv Art. 123 I ggü. BVerfG (K) DtZ 1994, 148 (148) zu Art. 100 I; diff. *Giegerich,* in: Maunz/Dürig, Art. 123 (2012) Rn. 34.

[16] BVerfGE 8, 71 (75 ff.).

**7** Es kann sich um **deutsches Recht** jeder Ebene, also um früheres Reichs- und LandesR, neues LandesR aus der Zeit seit dem 8.5.1945, zonales Recht und Recht der Zonenzusammenschlüsse handeln.[17] **Nicht** erfasst ist Recht des Kontrollrates und sonstiges unmittelbares **Besatzungsrecht**.[18] Weil Besatzungsrecht kein dt. Recht ist, war es grds. der Disposition dt. Stellen entzogen und galt fort, bis es von den Besatzungsbehörden oder mit deren Einwilligung aufgehoben wurde.[19] Erst 2007 erging ein BereinigungsG,[20] dessen § 1 alle noch geltenden besatzungsrechtl. Regelungen aufgehoben hat, soweit sie nicht in Bundes- oder LandesR überführt worden waren. Von Abs. 1 erfasst ist indes sog. mittelbares BesatzungsR, das dt. Staatsorgane aufgrund von Empfehlungen oder Ermächtigungen der Besatzungsbehörden erlassen haben.[21]

**8** **Regierungsgesetze** aufgrund des ErmächtigungsG vom 24.3.1933[22] gelten fort, obwohl das ErmächtigungsG gegen die WRV verstieß.[23] Überhaupt ist **Recht aus der NS-Zeit** nicht ohne Weiteres rechtsunwirksam.[24] Von Anfang an nichtig ist es allerdings, wenn es fundamentalen Prinzipien der Gerechtigkeit so evident widerspricht, dass der Richter, der es anwenden wollte, Unrecht spräche.[25] Kein Recht iSd Abs. 1 ist fortgeltendes **DDR-Recht** (zur mittelbaren Bedeutung des Art. 123 → Rn. 18).[26] Hinsichtlich Art. 100 I ist es allerdings gleichwohl wie vorkonstitutionelles Recht zu behandeln, weil es nicht unter Herrschaft des GG entstanden ist.[27]

**9** Ausgeschlossen ist die Fortgeltung, wenn Recht schon **vor dem Stichtag wegen Widerspruchs zum GG** ungültig geworden war. Für vorkonstitutionelles Recht ist dies ggf. bei Inkrafttreten des GG am 24.5.1949, 0 Uhr (abw. → Art. 145 Rn. 5), geschehen;[28] nach diesem Zeitpunkt erlassene Rechtsvorschriften konnten bei Widerspruch zum GG nicht wirksam werden (→ Art. 122 Rn. 4 f.).

### III. Schranken für die Fortgeltung

**10** Art. 123 I lässt Altrecht nur fortgelten, soweit es dem GG einschließlich ungeschriebener Normen des Verfassungsrechts[29] nicht widerspricht. Um den Geltungsanspruch der Verfassung zu wahren, kann **kein Widerspruch zum GG** hingenommen werden; vorkonstitutionelles Recht wäre zudem bei Verstoß gegen das GG als späterer lex posterior ipso iure nichtig.[30] Ausgeschlossen ist daher grds. die Fortgeltung von Recht, das **inhaltlich** mit dem GG, v. a. seinen Grundrechten, unvereinbar ist **(Vorbehalt der Verfassungsmäßigkeit)**.[31] Auch fortgeltende WRV-Normen können die Verfassungswidrigkeit fortgeltenden Rechts ausschließen.[32] Ausreichend für die Fortgeltung ist es, wenn vorkonstitutionelles Recht bei verfassungskonformer Auslegung mit dem GG vereinbar ist.[33] Ist Altrecht inhaltlich nur zT mit dem GG vereinbar, gilt nur der verfassungsgemäße Teil fort, wenn dieser für sich genommen noch eine sinnvolle Regelung darstellt.[34]

**11** Zugleich kann nicht jede Abweichung vom GG zum Ausschluss der Fortgeltung führen. Daher ist der Vorbehalt auf die materiellen Anforderungen des GG beschränkt. **Formelle Mängel** bleiben hier außer Betracht, sodass Verstöße gegen Normerzeugungsregeln wie die Kompetenzvorschriften der

---

[17] BVerfGE 28, 119 (133).

[18] Vgl. BVerfGE 3, 368 (374 ff.); § 1 1. G. zur Aufhebung von BesatzungsR v. 30.5.1956, BGBl. I 1956.

[19] Vgl. BVerfGE 3, 368 (375); 15, 337 (347); *Giegerich,* in: Maunz/Dürig, Art. 123 (2012) Rn. 32; *Schröder,* Das geltende Besatzungsrecht, 1990, S. 12.

[20] Art. 4 des 2. G. über die Bereinigung von BesatzungsR im Zuständigkeitsbereich des BMJ v. 23.11.2007, BGBl. I 2614; vgl. zur Aufhebungskompetenz *Hofmann/Laubner* JöR nF 55 (2007), 123 (139 ff.); zuvor zu Restbeständen *Rensmann,* Besatzungsrecht im wiedervereinten Deutschland. Abbauprobleme und Restbestände, 2002; *Schröder* (Fn. 19).

[21] BVerfGE 2, 181 (189); *Hense* BK, Art. 123 (2015) Rn. 47, zu Einschränkungen aber ebda Rn. 50.

[22] RGBl I 141.

[23] BVerfGE 6, 309 (331).

[24] So galt das G über die Führung akademischer Grade v. 7.6.1939 als LandesR fort; vgl. BVerfGE 6, 132 (198 f.); BVerwGE 147, 292 Rn. 15; 159, 148 Rn. 38; *Hense* BK, Art. 123 (2015) Rn. 40.

[25] BVerfGE 3, 58 (119); 6, 132 (198 f.); 23, 98 (106).

[26] Vgl. BVerfGE 97, 117 (124); *Wolff* MKS III, Art. 123 Rn. 11.

[27] BVerfGE 97, 117 (123 f.).

[28] Vgl. BVerwGE 2, 114 (117); *Holtkotten* BK, Art. 123 (Erstbearb.) Anm. II 6; *Langrock* Umbach/Clemens II, Art. 123 Rn. 5; für den 7.9.1949: *Hofmann* HStR I, § 9 Rn. 4; *Kirn* v. Münch/Kunig II, Art. 123 Rn. 6 mwN; *Wolff* MKS III, Art. 123 Rn. 39; unentschieden *Hense* BK, Art. 123 (2015) Rn. 63.

[29] Vgl. etwa *Wolff,* Ungeschriebenes Verfassungsrecht unter dem Grundgesetz, 2000, S. 2 ff.

[30] Vgl. allg. *Sachs,* VerfProzR, Rn. 219. Der Vorrang der Verfassung ist dagegen nur für Recht ab dem Inkrafttreten des GG in spezifischer Weise betroffen.

[31] Vgl. etwa BVerwGE 67, 173 (175); ferner – auch zu Art. 117 I – BVerwGE 127, 196 Rn. 15, wonach § 17 Nr. 5 RuStAG 1913 dem Art. 3 II widersprach und nach dem 31.3.1953 nicht mehr fortgalt, obwohl er erst 1975 aufgehoben wurde.

[32] Dies verkennt *Kessen,* Die Sicherung der Widmung öffentlicher Sachen, 2016, S. 199 f., im Hinblick auf Art. 137 V, 138 II WRV zur sachenrechtl. Widmungsbefugnis ör Religionsgesellschaften; → Art. 140 GG/Art. 137 WRV Rn. 25.

[33] Vgl. BVerfGE 78, 179 (194); *Stettner* Dreier III, Art. 123 Rn. 21; *Wolff* MKS III, Art. 123 Rn. 30.

[34] BVerfGE 7, 29 (37).

Art. 70 ff.[35] oder Formvorschriften wie das Zitiergebot des Art. 19 I 2[36] die Fortgeltung nicht ausschließen.[37] Solche Normen kommen als Gesetze iSd grundrechtl. Gesetzesvorbehalte in Betracht (→ vor Art. 1 Rn. 113).

**Vorkonstitutionelle Ermächtigungsnormen,** die zum Erlass von **Rechtsverordnungen** er-　**11a** mächtigen, sind nicht an den spezif. auf Ermächtigungsvorschriften bezogenen Anforderungen, insbes. Art. 80 I 1, 2, zu messen.[38] **Art. 129 III** setzt die Fortgeltung insofern voraus, unabhängig davon, ob man das Erfordernis einer hinreichend bestimmten gesetzl. Ermächtigung als formelle oder materielle[39] Anforderung ansieht. Fällt eine alte Ermächtigung nachträglich weg, so ist dies für zuvor ordnungsgemäß erlassene RVO ohne Einfluss.[40] Sie gelten fort, soweit sie iÜ (materiell) verfassungsgemäß sind. Offen gelassen hat das BVerfG allerdings, ob nachträglich nach Art. 129 III weggefallene Ermächtigungen weiterhin als Legitimation für weitreichende Grundrechtseingriffe durch RVO ausreichen, wenn der Gesetzgeber rechtsstaatlichen Erfordernissen nicht nachgekommen ist (aber → Rn. 12a).[41]

## IV. Rechtsfolgen der Fortgeltung

Art. 123 I enthält keine näheren Aussagen über die Rechtsfolgen der Fortgeltung von Altrecht. Dies　**12** gilt insbes. für den **Rang fortgeltender Rechtsvorschriften,** der sich nach den staatsrechtlichen Verhältnissen zum Zeitpunkt ihres Erlasses bestimmt. Daher haben RegierungsG, die auf der Grundlage des ErmächtigungsG ergangen sind, ebenso wie gesetzesvertretende VO den Rang förml. Gesetze.[42] Jedenfalls ist der Rang im konkreten Einzelfall individuell zu ermitteln. Dabei ist Art. 129 zu beachten.[43] Die Einstufung in die **bundesstaatliche Normenhierarchie** ergibt sich aus Art. 124 f.

Die **Dauer der Fortgeltung** ist in Art. 123 I nicht befristet. Für eine nur zeitlich begrenzte oder　**12a** auf weniger weitgehende Grundrechtseingriffe beschränkte Fortgeltung (→ Rn. 11a) enthält Art. 123 I keinen Anhaltspunkt. Der von der Rspr. erwogene Geltungsverlust unzulänglich ermächtigter Alt-Rechtsverordnungen (→ Rn. 11a) ist daher – auch aus Gründen der Rechtsklarheit – abzulehnen.[44] Allerdings endet die Fortgeltung, wenn der Gesetzgeber vorkonstitutionelle Normen in seinen Willen aufnimmt und diese dadurch zu nachkonstitutionellem Recht werden (→ Art. 100 Rn. 9). Wird Altrecht nur zT durch nachkonstitutionelle Regelungen abgelöst, kann es im Übrigen fortgelten.[45]

## C. Fortgeltung überkommener Verträge (Abs. 2)

**Wirksame Staatsverträge,** die **vom Deutschen Reich** geschlossen wurden, binden die BRD　**13** völkerrechtlich, mögen sich auch innerstaatlich die Kompetenzen verschoben haben **(Grundsatz der Kontinuität).**[46] Ebenso gelten die zu deren Umsetzung erlassenen TransformationsG grds. – auch nach dem Ende des NS-Regimes – fort. **Abs. 2** regelt nur die Fortgeltung solcher Staatsverträge des Reiches, die sich auf **Gegenstände der Landesgesetzgebung** beziehen, weil sich dort das zusätzliche Problem der nach dem GG fehlenden Gesetzgebungskompetenz des Bundes stellt. Die Fortgeltung völkerrechtlicher Verträge über Gegenstände der (ausschließlichen oder konkurrierenden) Bundesgesetzgebung ist damit nicht ausgeschlossen; sie richtet sich nach Völkerrecht bzw. hinsichtl. der TransformationsG nach Abs. 1.[47]

Abs. 2 regelt trotz seines missverständlichen Wortlauts nicht die Fortgeltung der Verträge selbst,　**14** sondern die **Fortgeltung des in innerstaatliches Recht transformierten Vertragsinhalts.**[48] Das folgt aus seiner systematischen Stellung als Spezialregelung zu Abs. 1 sowie der Tatsache, dass sich die

---

[35] Vgl. BVerwGE 10, 82 (85 f.).

[36] → Art. 19 Rn. 8, → Art. 19 Rn. 15. Auch das (inhaltl.) Verbot des EinzelfallG (Art. 19 I 1) dürfte anwendbar, wenngleich nicht sonderlich relevant sein (→ Art. 19 Rn. 15).

[37] Verstöße gegen Art. 84 GG hält *Drexelius* MDR 1949, 455 (457), dagegen für beachtlich; zu fortbestehenden Weisungsrechten → Art. 128 Rn. 2.

[38] Vgl. so immerhin zu Art. 80 I 2 GG *Giegerich,* in: Maunz/Dürig (2012), Art. 123 Rn. 40.

[39] Vgl. dafür → Art. 129 Rn. 7. Dafür spricht auch der enge Zusammenhang zum allg. rechtsstaatl. Bestimmtheitsgebot, das ebenfalls mat.-rechtl. Natur wäre.

[40] BVerfGE 78, 179 (198); auch → Art. 80 Rn. 7; → Art. 129 Rn. 13.

[41] BVerfGE 78, 179 (198 f.); ausdr. so BVerwGE 118, 319 (323 f.); s. dagegen nur *Sachs,* in: Stern, StaatsR III/2, S. 438 f. mwN; → Art. 129 Rn. 13.

[42] Vgl. BVerfGE 10, 354 (360 f.); 28, 119 (139 f.); daher offen zur Frage, ob fortgeltende grundrechtsbeschränkende RVO dauerhaft dem grundrechtl. Vorbehalt des Gesetzes genügen, BVerfGE 14, 174 (184 f.); 22, 1 (13).

[43] Vgl. BayVGH NJW 2005, 3737 (3738), wonach die Ermächtigung des „Reichsministers der Justiz" zur Auflösung einer Zweigstelle eines AG nach Art. II § 3 der VO zur einheitl. Regelung der Gerichtsverf. v. 20.3.1935, RGBl I 403, fortgilt, aber gem. Art. 129 I auf den zust. LMinister übergegangen ist.

[44] S. krit. auch → Art. 129 Rn. 13.

[45] Vgl. BVerfGE 14, 174 (184); zur KonzessionsabgabenO BFHE 236, 368 Rn. 14.

[46] Vgl. BVerfGE 3, 288 (319 f.); 6, 309 (338); *Becker* DVBl 1955, 105 (106); allg. *Rauschning,* Das Schicksal völkerrechtl. Verträge bei der Änderung des Status ihrer Partner, 1963.

[47] Vgl. BVerfGE 6, 309 (345); *Hense* BK, Art. 123 (2015) Rn. 78.

[48] Vgl. *Giegerich,* in: Maunz/Dürig, Art. 123 (2012) Rn. 70; *Hense* BK, Art. 123 (2015) Rn. 80.

BRD nicht einseitig allein nach nationalem Recht von solchen Verträgen lösen kann. Die Fortgeltung der Verträge richtet sich allein nach Völkerrecht.

15 Die Fortgeltung der TransformationsG steht unter der Voraussetzung, dass die **Verträge** nach allg. Rechtsgrundsätzen **gültig geschlossen** wurden und zu dem in Abs. 1 genannten Zeitpunkt (→ Rn. 6) noch **fortgelten**. Aufgrund des ergänzenden Spezialitätsverhältnisses von Abs. 2 zu Abs. 1 gilt zudem auch für TransformationsG der **Vorbehalt der** (materiellen) **Verfassungsmäßigkeit;** sie gelten nur fort, sofern die inhaltl. Anforderungen des GG, insbes. die Grundrechte, gewahrt werden.[49] Der weitere **Vorbehalt aller Rechte und Einwendungen** meint etwa völkerrechtliche Kündigungs- oder Vertragsanpassungsrechte, die mit der Fortgeltungsanordnung nicht aufgegeben wurden.

16 Das nach Abs. 2 rezipierte Recht gilt, **bis neue Verträge** durch die nach dem GG zuständigen Stellen abgeschlossen werden oder ihre **Beendigung** anderweitig erfolgt. Aus der angeordneten Fortgeltung folgt jedoch nach der restriktiven Interpretation des Abs. 2 durch das BVerfG keine verfassungsrechtliche Bindung der nunmehr zuständigen Landesgesetzgeber ggü. dem Bund; das GG hindert die Länder – unbeschadet etwaiger völkerrechtl. Verpflichtungen – nicht an einer Änderung des nach Abs. 2 rezipierten Rechts.[50]

16a Namentlich gilt dies für das **Reichskonkordat vom 20.7.1933**[51], auf das sich Abs. 2 entstehungs-geschichtlich vorrangig bezieht. Dieser Vertrag zwischen dem Dt. Reich und dem Hl. Stuhl ist ein Staatsvertrag i. S. d. Abs. 2, dessen Fortgeltung das BVerfG ausdrücklich bejaht hat, obwohl seine Transformation unter dem NS-ErmächtigungsG ohne parlamentarische Beteiligung erfolgte.[52] Diese Rechtslage besteht auch in den neuen Bundesländern, da die DDR das RK nie gekündigt hat.[53]

17 Ungeregelt lässt Abs. 2 die innerstaatliche **Zuordnung transformierten Rechts zur Bundes- oder Landesebene.**[54] Nach allgemeinen Regeln (s. Art. 124 f.) hat das BVerfG die schulrechtl. Bestimmungen des RK als LandesR qualifiziert, das nur die Landesgesetzgeber ändern können.[55] Eine verfassungsrechtl. Verpflichtung der Länder ggü. dem Bund, die Schulbestimmungen des RK zu beachten, hat das BVerfG abgelehnt (→ Rn. 16).[56] Nicht durch das RK geschützt sein soll ferner das in einer kirchl. Grundordnung niedergelegte Arbeitsrecht innerhalb der kath. Dienstgemeinschaft.[57] Innerstaatlich würde im Konfliktfall der Anwendungsvorrang des EU-Rechts entgegenstehende Trans-formationsG durchbrechen. Allerdings erkennt auch das UnionsR die Autonomie der Religions-gemeinschaften an, sodass erhöhte Loyalitätsanforderungen jedenfalls bei verkündigungsnahen Tätig-keiten und effektive gerichtl. Kontrolle zulässig sind.

17a Völkerrechtliche **Verträge der Gliedstaaten** des Dt. Reiches sind von Abs. 2 nicht erfasst; darauf bezogene TransformationsG können innerstaatlich nach Abs. 1 fortgelten. So gilt das PrKonk mit dem Hl. Stuhl in den Nachfolgestaaten des Freistaates Preußen fort.[58]

## D. Fortgeltung von Recht der früheren DDR

### I. Art. 9 EV als Grundlage für das Fortgelten von DDR-Recht

18 Mit dem Beitritt zur BRD zum 3.10.1990 ging die DDR unter. Zeitgleich trat im ehemaligen DDR-Gebiet nicht nur das GG in Kraft (Art. 3 EV), sondern vorbehaltlich näher bestimmter Abwei-chungen das gesamte BundesR (Art. 8 EV) sowie das EG-Recht (Art. 10 EV). Außerdem wurden nach Art. 9 EV Teile des **DDR-Rechts** in die **gesamtdeutsche Rechtsordnung übernommen.**[59] Dabei stellten sich für das fortgeltende DDR-Recht ähnliche Probleme wie für das Fortgelten des vor dem 7.9.1949 erlassenen Rechts. Während nach Art. 123 I Altrecht grds. fortgilt, lässt Art. 9 EV nur

---

[49] Vgl. *Giegerich,* in: Maunz/Dürig, Art. 123 (2012) Rn. 16, 40 ff.; *Hense* BK, Art. 123 (2015) Rn. 81; *Wolff* MKS III, Art. 123 Rn. 53; für „Zulässigkeit im Grundsatz" *Huber* AfkKR 177 (2008), 411 (415). Deswegen kann das RK nicht o. W. Grundrechtseingriffe rechtfertigen, vgl. → Art. 140 Rn. 8; *Jasper,* Religiös und politisch gebundene öffentliche Ämter, 2015, S. 113 ff.

[50] Vgl. BVerfGE 6, 309 (350 ff.); krit. *Becker* NJW 1957, 694 (695); diff. *Hamers,* Die Rezeption des Reichs-konkordats …, S. 18 ff.; *Wengler* NJW 1957, 1417 ff.; → Art. 25 Rn. 11 ff.; zuletzt gegen Verfassungswidrigkeit völkerrechtswidriger Gesetze BVerfG 141, 1 Rn. 33 ff.

[51] RGBl II 679.

[52] Vgl. BVerfGE 6, 309 (338 ff.); *Hense* JöR nF 65 (2017), 357 (366); *Kirn* v. Münch/Kunig II, Art. 123 Rn. 15; anders *Czermak* Staat 39 (2000), 69 (74): „innerstaatliche Verträge" ohne Transformationsbedarf; zu neueren religionsrechtl. Verträgen *Lutz-Bachmann,* Mater rixarum?, 2015, S. 130 ff.

[53] Vgl. *Hamers* (Fn. 50), S. 39 ff.; *Hense* JöR nF 65 (2017), 357 (389 f.); *Wittkowski,* Die Staatensukzession in völkerrechtlichen Verträgen…, 1992, S. 282.

[54] BVerfGE 6, 309 (342 f.).

[55] Vgl. BVerfGE 6, 309 (340); *Hense* BK, Art. 123 (2015) Rn. 79: kompetenziell „gemischter Vertrag".

[56] Vgl. *Hense* JöR nF 65 (2017), 357 (374): „höchst restriktiv"; gleichwohl für Garantie kath.-theol. Fakultäten durch Art. 19 S. 1 RK *Christoph,* Kirchen- und staatskirchenrechtliche Probleme der Evangelisch-theologischen Fakultäten, 2009, S. 28; ergänzende Bestandsgarantien erhalten zT Länderkonkordate, s. etwa Art. 12 I 1 PrKonk; dazu *Mussinghoff,* Theologische Fakultäten im Spannungsfeld von Staat und Kirche, 1979, S. 404 f., 389 ff.

[57] BAG NZA 2019, 901 Rn. 65; → Art. 140 Rn. 14.

[58] Vgl. Art. 182 BayVerf; zu Hess, Nds, NRW, RhPf *Mussinghoff* (Fn. 56), S. 389 ff.

[59] Vgl. *Isensee* HStR IX¹, § 202 Rn. 111 ff.; *Blumenwitz* HStR IX¹, § 211 Rn. 84 ff.; *Nissel* DtZ 1990, 330.

wenige Vorschriften des DDR-Rechts in Kraft, während es im Übrigen durch BRD-Recht ersetzt wurde. Diese differenzierte Regelung integrierte Teile des DDR-Rechts in die Kompetenzordnung des GG und legitimierte ihre Fortgeltung mit Modifikationen.[60] Art. 123 I ist auf diese Normen nicht anwendbar, weil fortgeltendes DDR-Recht kein Recht aus der Zeit vor dem Zusammentritt des BTag ist.[61] Gleichwohl können die Kriterien des Art. 123 I ggf. ergänzend zur Auslegung des EV heran-gezogen werden,[62] zumal Art. 9 EV an die Art. 123 ff. über die Fortgeltung alten Rechts und seine Einordnung in die bundesstaatliche Normenhierarchie angelehnt ist. Ursprünglich fortgeltendes Recht ist inzwischen überwiegend außer Kraft getreten.[63]

**1. Fortgeltung nach Art. 9 I EV.** Art. 9 I EV enthält **generalklauselartige Regelungen** der **19** **Fortgeltung** von DDR-Recht **als Landesrecht.** Erfasst wird das im Zeitpunkt der Unterzeichnung des EV am 31.8.1990 geltende DDR-Recht. Es muss seinerzeit bereits abschließend gem. DDR-Verf. erlassen gewesen sein. Voraussetzung der Fortgeltung ist, dass betroffenes Recht nach der Kompetenz-ordnung des GG LandesR ist (Satz 1) oder BundesR, das keine bundeseinheitlich geregelten Gegen-stände betrifft (Satz 2).

Die Fortgeltung nach Art. 9 I EV setzt die **Vereinbarkeit mit der Rechtsordnung der BRD** **20** voraus; Verstöße schließen die Fortgeltung aus. Namentlich muss fortgeltendes Recht jedenfalls bei verfassungskonformer Auslegung[64] mit dem **GG** vereinbar sein; Abweichungen ließ Art. 143 nur für einen zwischenzeitlich abgelaufenen Übergangszeitraum zu. Weiterhin muss fortgeltendes Recht wg. des Vorrangs des BundesR (Art. 31) mit sonstigem **Bundesrecht** vereinbar sein sowie mit dem unmittelbar geltenden **EU-Recht,** was dessen Anwendungsvorrang vor innerstaatlichem Recht unter-streicht. Ergänzende Anforderungen enthalten vorrangige Spezialregelungen des EV selbst.

Problematisch ist wegen des grundgesetzlichen Vorbehalts des Gesetzes die Fortgeltung von **DDR-** **21** **Normen,** die **ohne formell-gesetzliche Ermächtigung** ergangen sind, wie namentlich unmittelbar auf die DDR-Verfassung gestützte Verordnungen des Ministerrates. Für sie soll – ähnlich wie im Rahmen des Art. 123 I (→ Rn. 6) – lediglich darauf abzustellen sein, ob sie den Anforderungen der Verfassungsordnung entsprechen, unter der sie erlassen wurden. Damit wären diese Verordnungen von den Erfordernissen des Vorbehalts des Gesetzes freigestellt. Das soll damit gerechtfertigt werden, dass in der Übergangsphase ein nicht in allen Belangen verfassungsgemäßer Zustand hingenommen werden muss, um rechtsfreie Räume zu vermeiden.[65] Jedenfalls dürfte eine solche Fortgeltung rechtsstaatlich unzureichender Eingriffsermächtigungen jedoch mangels ausdr. verfassungsrechtl. Freistellung auf eine Übergangsphase zu begrenzen sein, die sich nach Eigenart der geregelten Sachmaterie und Grad der inhaltlichen Kongruenz der Rechtsverordnung mit anderen Parlamentsgesetzen richten könnte.[66] Auf Dauer obliegt es indes dem Gesetzgeber, dem Vorbehalt des Gesetzes vollumfänglich Rechnung zu tragen.[67]

**2. Fortgeltung nach Abs. 9 II bis V EV.** Neben der pauschalen Fortgeltungsanordnung des **22** Abs. 1 regeln die Abs. 2, 3 und 5 die **Weitergeltung** weiterer Bestimmungen des DDR-Rechts und ordnen es iVm Abs. 4 in das **bundesstaatliche Normensystem** ein.

Art. 9 II EV betrifft das in **Anlage II** zum EV einzeln **aufgeführte Recht der DDR,** das ggf. mit **23** den dort genannten Maßgaben weitergilt. Als Recht der DDR sind danach alle staatl. Regelungen zu betrachten, die im GBl-DDR veröffentlicht worden sind.[68] Der Begriff „Recht" soll nach der Denk-schrift der Bundesregierung hier auch Regelungen einschließen, die keine Rechtsqualität besitzen, aber mit ihrer bisherigen Rechtsnatur aufrechterhalten bleiben sollen.[69]

**Voraussetzung der Fortgeltung** ist neben der Vereinbarkeit mit EU-Recht die Vereinbarkeit mit **24** dem GG unter Berücksichtigung seiner beitrittsbedingten Änderungen, die in Art. 4 EV enthalten sind.[70] Insbesondere sah Art. 143 I, II die Möglichkeit vor, befristet von Anforderungen des GG abzuweichen (→ Art. 143 Rn. 16 f.). Die Vereinbarkeit mit BundesR unterhalb des GG verlangt Abs. 2 – anders als Abs. 1 – nicht ausdrücklich; sie ist aber gleichwohl jedenfalls in Fällen der Weitergeltung als LandesR zu fordern.[71]

---

[60] Vgl. *Lerche* FS Helmrich, 1994, S. 52 (58); *Kloepfer/Kröger* DVBl 1991, 1031 (1035 ff.).
[61] Vgl. BVerfGE 97, 117 (124). Irrelevant ist hier, ob DDR-Recht vorkonstitutionell iSv Art. 100 I ist.
[62] Vgl. *Wasmuth* NJ 2018, 353 (355); restr. *Giegerich,* in: Maunz/Dürig, Art. 123 (2012) Rn. 60; für Analogie *Schulze* in der 7. Aufl.
[63] Vgl. *Wasmuth* NJ 2018, 353.
[64] Vgl. *Wasmuth* NJ 2018, 353 (355).
[65] Vgl. *Lerche* DÖV 1971, 721.
[66] Vgl. *Mann* DÖV 1999, 228 (233 f.).
[67] Vgl. *Lerche* FS Helmrich, 1994, S. 52 (59, 71); *Sachs,* in: Stern, StaatsR III/2, S. 430 (437 f.); anders: *Isensee* HStR IX[1,] § 202 Rn. 117; *Pieroth* VVDStRL 51 (1992), 111 f.; weniger restr. noch *Schulze* 7. Aufl.
[68] Vgl. *Brunner* HStR IX[1,] § 210 Rn. 6.
[69] Vgl. zu Art. 9 II EV Denkschrift, BT-Dr 11/7760, S. 361; *Schnappauf* DVBl 1990, 1249 (1254).
[70] Vgl. zur Verfassungsmäßigkeit des fortgeltenden DDR-StrahlenschutzR BVerfG (K) NVwZ 2000, 309; *Kremser* NVwZ 2000, 525.
[71] Vgl. *Kirn* v. Münch/Kunig II, Art. 123 Rn. 13; anders wohl *Brunner* HStR IX[1,] § 210 Rn. 8.

25 **Art. 9 III EV** schafft die Möglichkeit, dass auch **nach Unterzeichnung des EV erlassenes DDR-Recht** in Kraft bleiben kann. Das setzt eine Fortgeltungsvereinbarung der Vertragsparteien voraus, die ein ZustimmungsG nach Art. 59 II erforderlich macht.[72] Außerdem gelten nach Satz 2 die Anforderungen des Abs. 2 (→ Rn. 24).

26 **Art. 9 IV EV** ordnet die nach Abs. 2, 3 fortgeltenden Normen dem **Bundesrecht** zu, soweit sie Gegenstände der ausschl. Bundesgesetzgebung betreffen, Normen zu Gegenständen der konkurrierenden oder Rahmengesetzgebung allerdings nur bei Bezug auf Sachgebiete, die auch sonst bundesrechtlich geregelt sind. Insoweit entstand partielles, auf das Beitrittsgebiet beschränktes BundesR.[73] I. Ü. gilt fortgeltendes DDR-Recht als **Landesrecht.**[74] Hier wird man die im Rahmen von Abs. 2 zu stellenden Vereinbarkeitserfordernisse (→ Rn. 24) zu ergänzen haben.

## II. Völkerrechtliche Verträge der DDR

27 Völkerrechtliche Verträge der DDR gelten nach den völkerrechtlichen Grundsätzen für **Untergang und Sukzession von Staaten** nur in Ausnahmefällen fort **(Grundsatz der Diskontinuität).**[75] Insbes. sind Verträge über politische Beziehungen erloschen. Dagegen bleiben Verträge mit lokalen Bezügen wie Vereinbarungen über Grenzverläufe (radizierte Verträge) in Kraft.[76] So sollte berechtigten Vertrauensschutz- und Kontinuitätsinteressen der Vertragspartner Rechnung getragen werden.

28 Mangels ausdr. Regelung dürfte für die Fortgeltung von DDR-**Transformationsgesetzen** zu solchen Verträgen Art. 123 II analog heranzuziehen sein.

## Art. 124 [Fortgeltung als Bundesrecht im Bereich der ausschließlichen Gesetzgebung]

**Recht, das Gegenstände der ausschließlichen Gesetzgebung des Bundes betrifft, wird innerhalb seines Geltungsbereiches Bundesrecht.**

**Entstehungsgeschichte:** Erstfassung: JöR nF 1 (1951), 842.
**Historische Verfassungstexte: HChE: Art. 139 (2)** Recht im Bereich der Zuständigkeit des Bundes zur Gesetzgebung, das beim Inkrafttreten des Grundgesetzes im ganzen Bundesgebiet oder in mehreren Ländern in Kraft ist, gilt als Bundesrecht.
**Leitentscheidungen:** BVerfGE 3, 368 (Besatzungsrecht); BVerfGE 4, 115 (BesoldungsG); BVerfGE 33, 206 (WaffenG).
**Gesetzgebung:** EV Art. 9.

**Schrifttum:** Bundesrecht und Bundesgesetzgebung, Bericht über die Weinheimer Tagung des Instituts zur Förderung öffentlicher Angelegenheiten, Bd. 1, 1950; *H. Grziwotz*, Partielles Bundesrecht und die Verteilung der Gesetzgebungsbefugnisse im Bundesstaat, AöR 116 (1991), 588; *H.-G. Wetterkamp*, Die Einstufung der Rechtsnormen in die bundesstaatliche Rangordnung nach den Art. 123–125 des Grundgesetzes für die Bundesrepublik Deutschland, Diss. Erlangen 1958; s. ferner 7. Aufl. mwN.

## A. Allgemeines

1 Art. 124 regelt zusammen mit Art. 125, ob gem. Art. 123 **fortgeltendes Recht** Bundes- oder LandesR wird; dieses wird entspr. seinem Regelungsgegenstand **in die Kompetenzordnung des GG eingefügt.** Grds. wird fortgeltendes Recht LandesR, soweit es auch mit der jew. LVerf. kompatibel ist (→ Art. 126 Rn. 4); nur soweit Art. 124 f. einschlägig sind, wird es BundesR.[1] Im Streitfall entscheidet das BVerfG gem. Art. 126 über die Normenqualifikation.

## B. Anwendungsbereich und Rechtsfolge

2 Anwendungsbereich des Art. 124 ist das von Art. 123 I erfasste dt. Recht (→ Art. 123 Rn. 5 ff.), vorkonstitutionelles Recht ebenso wie Recht aus der Zeit bis zum Zusammentritt des BTag am 7.9.1949.[2] Soweit dieses Gegenstände betrifft, die zur **ausschließlichen Gesetzgebung** des Bundes

---

[72] Vgl. zu Art. 9 III EV Denkschrift, BT-Dr 11/7760, S. 361; Vereinbarung zur Durchführung und Auslegung des EV v. 18.9.1990, BGBl II 1239, Art. 3, und das dort aufgeführte Recht.
[73] Vgl. *Grziwotz* FS Helmrich, 1994, S. 588 (593); *Kloepfer/Kröger* DVBl 1991, 1031 (1038 f.).
[74] Dies betraf nach Art. 9 V EV etwa das mit dem EV in Kraft getretene G zur Regelung des Kirchensteuerwesens, das aber zwischenzeitlich in eigenen Gesetzen der Länder aufgegangen ist; vgl. *Lörler* NVwZ 1991, 133.
[75] S. Art. 12 EV, der – anders als Art. 123 II – eindeutig die Verträge als solche betrifft und individ. Absprachen vorsieht. Vgl. *Dornbusch*, Das Schicksal der Staatsverträge der DDR nach dem Einigungsvertrag, 1997, S. 180 ff.; *Herdegen* HStR IX[1], § 214 Rn. 3.
[76] Vgl. *Drobnig* DtZ 1991, 76 (78 f.); *Herdegen* HStR IX[1], § 214 Rn. 13 f.
[1] Vgl. *Funke* BK, Art. 124 (2015) Rn. 5; auch *Preisner* BDS, § 86 Rn. 9.
[2] Vgl. *Funke* BK, Art. 124 (2015) Rn. 7; *Giegerich*, in: Maunz/Dürig, Art. 124 (2012) Rn. 1 f.

i. S. v. Art. 71 gehören, wird es **Bundesrecht.** Auf seinen bisherigen Geltungsbereich, die Rechtsquellen und seine Erscheinungsform kommt es dafür nicht an. Maßgeblich für die Zuordnung zur ausschl. Gesetzgebungskompetenz des Bundes ist das GG in seiner Fassung v. 23.5.1949; danach durfte das Altrecht nur als BundesR zu erlassen sein.[3]

Art. 124 knüpft an die allgem. **Zuständigkeitsregeln** an. Besondere Bedeutung hat der Katalog des **3** **Art. 73 aF;** ferner Art. 105 I und sonstige GG-Bestimmungen, die Regelungen durch Bundesgesetz vorsehen (v. a. Art. 4 III 2, 21 III, 26 II 2, 38 III, 41 III, 48 III 3, 54 VII, 87 I 2, 94 II); ausreichend ist auch eine ungeschriebene ausschl. **Bundeskompetenz kraft Sachzusammenhangs oder kraft Natur der Sache** (→ Art. 30 Rn. 39; → Art. 70 Rn. 29 ff.). Ob der Erlass entspr. Gesetze die **Zustimmung des BRat** voraussetzt, ist für Art. 124 **unerheblich.**[4]

Ob Recht der ausschl. Gesetzgebungskompetenz des Bundes unterliegt und damit dem BundesR **4** zugeordnet wird, muss **für jede Bestimmung einzeln** entschieden werden. Regelt ein fortgeltendes Gesetz verschiedene Materien, die zT in die Zuständigkeit des Bundes und zT in die der Länder fallen, gilt das Gesetz teils als Bundes- und teils als LandesR fort.[5] Das ReichsbesoldungsR sollte **zugleich Bundes- und Landesrecht** sein, da es Bundes- und Landesbeamte betraf.[6]

Liegen die Voraussetzungen des Art. 124 vor, gilt die Rechtsnorm seit Ablauf des **7.9.1949** als **5** **Bundesrecht.**[7] So rezipiertes BundesR hat dieselbe Wirkung wie ein an diesem Tage erlassenes BundesG. Die Länder sind seit diesem Zeitpunkt grds. nach Art. 71 von der Gesetzgebung ausgeschlossen. Dennoch erlassenes LandesR wäre mangels Gesetzgebungskompetenz verfw.; auf die Derogation nach Art. 31 kommt es nur ausnahmsweise an (str.).[8]

Von Art. 124 erfasstes Recht wird nur **innerhalb seines räuml. Geltungsbereichs** BundesR.[9] **6** Maßgeblich ist der bisherige, am 7.9.1949 bestehende Geltungsbereich, sodass zumal aus bisherigem LandesR, zonalem und bizonalem Recht **partielles Bundesrecht** mit territorial beschränktem Geltungsbereich werden kann.[10] Zum **DDR-Recht** → Art. 123 Rn. 26.

## Art. 125 [Fortgeltung als Bundesrecht im Bereich der konkurrierenden Gesetzgebung]

**Recht, das Gegenstände der konkurrierenden Gesetzgebung des Bundes betrifft, wird innerhalb seines Geltungsbereiches Bundesrecht,**
**1. soweit es innerhalb einer oder mehrerer Besatzungszonen einheitlich gilt,**
**2. soweit es sich um Recht handelt, durch das nach dem 8. Mai 1945 früheres Reichsrecht abgeändert worden ist.**

**Entstehungsgeschichte: Erstfassung:** JöR nF 1 (1951), 842.
**Gesetzgebung:** EV Art. 9.
**Leitentscheidungen:** BVerfGE 1, 292 (LadenschlussG Baden/Bremen); BVerfGE 4, 74 (Ärztliches Berufungsgericht); BVerfGE 4, 115 (BesoldungsG); BVerfGE 59, 190 (Verfahrensbestimmungen im vorkonst. Recht); BVerwGE 89, 69 (Kriterien der Fortgeltung alten Rechts als partielles BundesR).

**Schrifttum:** *F. Otten,* Wird vorkonstitutionelles Recht, das Gegenstände der Rahmengesetzgebung des Bundes betrifft, Bundes- oder Landesrecht?, Diss. München 1965; *H. Schäfer,* Die Problematik des Art. 125 GG, DRZ 1950, 26; s. ferner zu Art. 124 und 7. Aufl. mwN.

## A. Allgemeines

Art. 125 regelt eine weitere Möglichkeit, wann fortgeltendes Recht Bundesrecht wird. Die Fort- **1** geltung nach Art. 125 ist auf den bisherigen Geltungsbereich der fortgeltenden Norm beschränkt. Deshalb kann auch hier **partielles Bundesrecht** entstehen (→ Art. 124 Rn. 6).

Sinn und Zweck der Regelung bestehen darin, im Interesse der Rechtssicherheit die Rechtszer- **2** splitterung einzudämmen und die **Rechtsvereinheitlichung** zu fördern.[1] Das alte Recht entfaltet

---

[3] Vgl. BVerfGE 33, 206 (216); *Funke* BK, Art. 124 (2015) Rn. 8.
[4] Vgl. zu Art. 125 BVerfGE 9, 185 (190).
[5] BVerfGE 33, 206 (216 f.); *Funke* BK, Art. 124 (2015) Rn. 12.
[6] BVerfGE 4, 115 (131 f.); *Funke* BK, Art. 124 (2015) Rn. 14; s. zur Fortgeltung des KriegskontrollG „als Bundes- und Landesrecht" BVerwGE 135, 100 Rn. 21.
[7] Vgl. BVerfGE 11, 23 (28); 33, 206 (216); *Giegerich* Maunz/Dürig, Art. 124 (2012) Rn. 15; für Revisibilität iSv § 137 I Nr. 1 VwGO *Bertrams* DÖV 1992, 97 (98).
[8] Vgl. *Funke* BK, Art. 124 (2015) Rn. 7, 11 mwN; *Kirn* v. Münch/Kunig II, Art. 124 Rn. 3; allg. → Art. 31 Rn. 29; aA wohl BVerfGE 8, 229 (235); 9, 153 (157); *Schulze* 7. Aufl.; unklar *Giegerich* Maunz/Dürig, Art. 124 (2012) Rn. 15.
[9] Vgl. *Funke* BK, Art. 124 (2015) Rn. 14; *Giegerich* Maunz/Dürig, Art. 124 (2012) Rn. 16.
[10] Vgl. *Grziwotz* AöR 116 (1991), 588 (591 f.); krit. zur Terminologie *Funke* BK, Art. 124 (2015) Rn. 14.
[1] Vgl. BVerfGE 4, 178 (183); 28, 119 (144); BVerwGE 89, 69 (72 f.); *Kirn* v. Münch/Kunig II, Art. 125 Rn. 1; krit. *Grziwotz* AöR 116 (1991), 588 (592).

gem. Art. 72 I **Sperrwirkung für die Landesgesetzgebung,** hindert sie daran, im betroffenen Regelungsbereich eigene Gesetze zu erlassen.

## B. Anwendungsbereich und Rechtsfolge

3    Unter **Recht** iSv Art. 125 ist dasselbe zu verstehen wie in Art. 123 f. (→ Art. 123 Rn. 5 ff.). Fortgeltendes Altrecht wird gem. Art. 125 BundesR, wenn es **Gegenstände der konkurrierenden Gesetzgebung** gem. Art. 74[2] oder Art. 105 II[3] betrifft; ausnahmsweise reicht eine ungeschriebene konkurrierende Bundeskompetenz.[4] Maßgebend für die Zuordnung ist das ursprüngl. GG; spätere Kompetenzverschiebungen bleiben außer Betracht. Art. 125 setzt aus Gründen der Rechtsklarheit **kein Bedürfnis nach bundesgesetzl. Regelung gem. Art. 72 II aF** voraus.[5]

4    Ob die **Rahmengesetzgebung nach Art. 75 aF** einen Unterfall der konkurrierenden Gesetzgebung darstellt, sodass entspr. Altrecht nach Art. 125 fortgelten würde, ist str.[6] Dafür ließ sich die Bezugnahme des Art. 75 aF auf Art. 72 II anführen.[7] Jedenfalls konnte betroffenes Altrecht nur als BundesrahmenG fortgelten, soweit es sich auf die Regelung von „Rahmenvorschriften" beschränkte;[8] andernfalls galt es als LandesR. Die **Aufhebung** der Rahmengesetzgebungskompetenz durch die Föderalismusreform I hat die Fortgeltung alten Rahmenrechts nicht beendet, da für Art. 125 die Kompetenzzuweisung durch die Erstfassung des GG maßgeblich ist (aber → Rn. 10). Ebensowenig ist mit der Überführung früherer Rahmengesetzgebungsbefugnisse in die Kataloge der Art. 73, 74 eine Ausweitung der fortgeltungsfähigen Bereiche iSv Art. 125 verbunden (→ Rn. 3).

5    **Bundesrecht** iSd Art. 125 **entsteht** dem Sinnzusammenhang mit Art. 123 entspr. erst **am 7.9.1949.**[9] Im Unterschied zu Art. 124 wird nach Art. 125 nicht eine einzelne Norm BundesR, sondern nur eine selbstständige, in sich abgeschl. Rechtsmaterie, dh die gesamte Regelung eines Sachgebietes.[10] Nur diese einengende Auslegung wird dem Normzweck gerecht, Rechtszersplitterung zu verhindern (→ Rn. 2).

6    Bundesrechtsqualität nach **Nr. 1** setzt voraus, dass Altrecht zumindest in einer früheren Besatzungszone bis zum Stichtag **einheitlich gegolten** hat.[11] Dabei kann es sich um (allg. oder partielles) **Reichsrecht** sowie um bizonales und zonales Recht handeln.[12]

7    Bei nach 1945 erlassenen Vorschriften soll es für die Fortgeltung als BundesR nicht auf die Identität der Rechtsquelle ankommen; vielmehr soll inhaltl. Übereinstimmung genügen.[13] Daher können auch inhaltlich im Wesentlichen **übereinstimmende Landesgesetze,** die innerhalb mind. einer Besatzungszone einheitlich galten, BundesR werden. Durch die Behördenorganisation hervorgerufene bloße Textabweichungen bleiben jedoch außer Betracht. Auch sachlich oder räumlich unbedeutende Abweichungen stehen einer Qualifikation als BundesR nicht entgegen.

8    Alternativ genügt für die Fortgeltung als BundesR nach **Nr. 2,** dass eine Norm nach dem 8.5.1945 **früheres Reichsrecht geändert** hat. Art. 125 Nr. 2 setzt also wirksame Änderungen früheren Reichsrechts durch dt. Landesgesetzgeber voraus. Solche Landesgesetze sollen zur Vermeidung von Rechtszersplitterung zukünftig verhindert werden. **Reichsrecht** ist jede Rechtsvorschrift, die von einem Organ des Dt. Reiches erlassen wurde[14] sowie Reichsgewohnheitsrecht. **Abänderung** ist jede auch nur formelle Verfügung der Landesgesetzgeber über früheres ReichsR (etwa neue Gesamtregelung, mehrfache Änderung, vollständige Aufhebung, bloße Erweiterung von Ausnahmen).[15] Die Änderung muss **vor dem 7.9.1949** wirksam gewesen sein.[16]

---

[2] S. dazu bspw. BVerfGE 21, 292 (296); 23, 113 (122); 33, 206 (217).

[3] S. dazu bspw. BVerwGE 10, 82 (85 f.); 15, 149 (152).

[4] Vgl. BVerfGE 4, 74 (84); *Funke* BK, Art. 125 (2015) Rn. 4.

[5] Vgl. BVerfGE 7, 330 (337), auch zu Art. 105 II; *Funke* BK, Art. 125 (2015) Rn. 5; *Fröhler* DVBl 1950, 490 ff.

[6] Vgl. offen gelassen von BVerfGE 4, 219 (238 f.); BVerwGE 159, 337 Rn. 33; zum Streitstand *Funke* BK, Art. 125 (2015) Rn. 6.

[7] BVerwGE 3, 335 (339); BayVerfGH BayVGHE nF 2 (1949) II, 143 (160); 4 (1951) II 78 (85 f.); 10 (1957) II 72 (75 f.).

[8] Deswegen zählt gewohnheitsrechtl. Gemeingebrauch am Meeresstrand zum LandesR, vgl. BVerwGE 159, 337 Rn. 33; allgem. *Giegerich,* in: Maunz/Dürig, Art. 125 (2012) Rn. 9; *Funke* BK, Art. 125 (2015) Rn. 6; diff. *Otten,* Vorkonstitutionelles Recht…, S. 88 ff.

[9] Vgl. BVerfGE 7, 330 (336 f.); → Art. 123 Rn. 7.

[10] Vgl. BVerfGE 4, 178 (183 f.); 28, 119 (144 f.); *Giegerich,* in: Maunz/Dürig, Art. 125 (2012) Rn. 14.

[11] Vgl. BVerfGE 4, 178 (184); *Funke* BK, Art. 125 (2015) Rn. 10. Nach BVerwGE 89, 69 (71), gilt die Baupolizei-VO HH v. 8.7.1938 nicht als partielles BundesR fort, weil sich ihre Geltung auf HH und damit auf einen Teil einer Besatzungszone beschränkte.

[12] Str. für die BodenreformG; vgl. BVerfGE 46, 268 (292), mit Hinw. auf BVerwGE 1, 140; 2, 224.

[13] Vgl. BVerfGE 4, 178 (184); *Funke* BK, Art. 125 (2015) Rn. 11.

[14] Vgl. *Funke* BK, Art. 125 (2015) Rn. 15.

[15] Vgl. BVerfGE 7, 18 (25 f.).

[16] Vgl. BVerfGE 7, 330 (337 f.); für Überprüfung am Maßstab der LVerf BVerfGE 11, 89 (93 ff.).

Liegen die Voraussetzungen der Art. 124, 125 nicht vor, gilt das Recht grds. als LandesR fort **9** (→ Art. 124 Rn. 1; → Art. 126 Rn. 4). Daher kann unverändertes Reichsrecht, das nur in einem Teil einer Besatzungszone galt, **Landesrecht** geworden sein.[17]

Auf Altrecht, das nach Art. 125 als BundesR fortgilt, sind ggf. **Art. 125a II, 125b I** analog **10** anzuwenden. Die **Abweichungskompetenz der Länder** gem. den Kriterien der Art. 72 II, III passt erst recht in den Fällen des Art. 125.[18] **Änderungen des als Bundesrecht fortgeltenden Rechts** durch den Bundesgesetzgeber unterliegen den jeweiligen verfassungsrechtl. Bindungen.[19]

## Art. 125a [Fortgeltung von Bundesrecht; Ersetzung durch Landesrecht]

(1) **Recht, das als Bundesrecht erlassen worden ist, aber wegen Änderung des Artikels 74 Abs. 1, der Einfügung des Artikels 84 Abs. 1 Satz 7, des Artikels 85 Abs. 1 Satz 2 oder des Artikels 105 Abs. 2a Satz 2 oder wegen der Aufhebung der Artikel 74a, 75 oder 98 Abs. 3 Satz 2 nicht mehr als Bundesrecht erlassen werden könnte, gilt als Bundesrecht fort. Es kann durch Landesrecht ersetzt werden.**

(2) **Recht, das auf Grund des Artikels 72 Abs. 2 in der bis zum 15. November 1994 geltenden Fassung erlassen worden ist, aber wegen Änderung des Artikels 72 Abs. 2 nicht mehr als Bundesrecht erlassen werden könnte, gilt als Bundesrecht fort. Durch Bundesgesetz kann bestimmt werden, daß es durch Landesrecht ersetzt werden kann.**

(3) **Recht, das als Landesrecht erlassen worden ist, aber wegen Änderung des Artikels 73 nicht mehr als Landesrecht erlassen werden könnte, gilt als Landesrecht fort. Es kann durch Bundesrecht ersetzt werden.**

**Entstehungsgeschichte: Erstfassung:** 42. G zur Änd. des GG v. 27.10.1994 (BGBl I 3146), Art. 1 Nr. 14 (dazu: BT-Dr 12/6000 [Ber. GemVerfKom.], 12/6633 [Entwurf], 12/8423; BT-Prot 12/18086, 20 947; BR-Dr 360/92 [Ber. KomVerfReformBRat], 886/93 [Entwurf], 742/94, 834/94; BR-Prot 93/623, 94/462, 505); 52. G. zur Änd des GG v. 28.8.2006 (BGBl I 2034), Art. 1 Nr. 21 (dazu Bericht der Komm. von BTag und BRat zur Modernisierung der bundesstaatlichen Ordnung, Dok. in: Zur Sache 1/2005; BT-Dr 16/813; 16/1020; BR-Dr 178/06; 180/06; BT-Prot 16/44).

**Schrifttum:** *C. Degenhart,* Anmerkungen zum Urteil des Bundesverfassungsgerichts über die „Juniorprofessur", RdJB 2005, 117; *M. Kallerhoff,* Art. 125a I 1 GG im Zusammenspiel mit dem Kommunalen Durchgriffsverbot des Art. 84 I 7, Art, 85 I 2 GG, DVBl 2011, 6; *J. F. Lindner,* Zur Änderungs- und Freigabekompetenz des Bundesgesetzgebers nach Art. 125a Abs. 2 GG, NJW 2005, 399; *ders.,* Abschaffung des Widerspruchsverfahrens durch die Länder?, BayVBl 2005, 65; *D. Müller,* Auswirkungen der Grundgesetzrevision von 1994 auf die Verteilung der Gesetzgebungskompetenzen zwischen Bund und Ländern, 1996; *J. Rozek,* Ladenschluss in der Verfassung, AuR 2005, 169; *H. Rybak/H. Hofmann,* Verteilung der Gesetzgebungsrechte zwischen Bund und Ländern nach der Reform des Grundgesetzes, NVwZ 1995, 230; *M. Sachs/C. Jasper,* Versteinerungsgefahr gebannt- keine Modifikationskompetenz bei fortgeltendem, NVwZ 2015, 465; *R. Sannwald,* Die Reform der Gesetzgebungskompetenz nach den Beschlüssen der Gemeinsamen Verfassungskommission von Bundestag und Bundesrat, DÖV 1994, 629; *A. Uhle,* Verfassungsnorm im Aufwind: Art. 125a GG, DÖV 2006, 370.
**Leitentscheidungen:** BVerfGE 111, 10 (Ladenschluss); BerlVerfGH NVwZ-RR 2014, 577 (Versammlungsrecht)

### Übersicht

## A. Allgemeines: Art. 125a als Übergangsvorschrift

Art. 125a – eingefügt durch das 42. ÄndG v. 27.10.1994[1] und geänd. durch das 52. ÄndG vom **1** 28.8.2006 – regelt in Abs. 1 und 2 als **Übergangsnorm** die Fortgeltung von Bundesrecht, das kompetenzgerecht erlassen worden ist, aber wegen der Änd. des GG 1994 und 2006 nicht mehr als

---

[17] Str., wie hier *Funke* BK, Art. 125 (2015) Rn. 15 f.; dagegen: BVerwGE 89, 69 (72 f.); *Bettermann* DRZ 1950, 529 ff.; *Maunz* Maunz/Dürig, Art. 125 (1964) Rn. 9.
[18] Vgl. zu Art. 125a II *Funke* BK, Art. 125 (2015) Rn. 26; *Kirn* v. Münch/Kunig II, Art. 125 Rn. 8.
[19] Vgl. zu Art. 72 II *Funke* BK, Art. 125 (2015) Rn. 5; allg. gegen Modifikationskompetenz des Bundes *Sachs/Jasper* NVwZ 2015, 465.
[1] Zur Entstehungsgeschichte *Uhle,* in: Maunz/Dürig, Art. 125a (2006), Rn. 4 ff.; *Wolff,* MKS III, Art. 125a Rn. 1 ff.

Bundesrecht erlassen werden könnte; Abs. 3, eingefügt 2006, enthält eine entspr. Regelung für Landesrecht. **Abs.** 1 bezieht sich auf Änderungen in einzelnen Kompetenztiteln des Art. 74 bzw. die Streichungen des Art. 74a und 75 sowie an anderer Stelle des GG,[2] **Abs. 2** auf die Änderung des Art. 72 II im Zuge der Verfassungsrevision 1994[3] und **Abs. 3** auf die Änderung des Art. 73 durch die Föderalismusreform 2006.

## B. Wegfall der Bundeskompetenz (Abs. 1)

### I. Anwendungsbereich

2     **Abs.** 1 gilt für den Fall, dass für ein BundesG[4] nachträgl. die Kompetenz durch **Wegfall** des zugrunde liegenden **Kompetenztitels**[5] entfällt. Dies betrifft die Bezugnahme auf Art. 74 I, Art. 74a, Art. 75, Art. 98 III 2, da die Bestimmung ausschl. einzelne Kompetenztitel enthält. Art. 125a I gilt derzeit also für diese Materien:

- Nach der bis 1994 geltenden Fassung des Art. 74 I: Staatsangehörigkeit in den Ländern (Nr. 8); Erschließungsbeitragsrecht (Nr. 18);
- nach der bis 2006 geltenden Fassung des Art. 74 I: Strafvollzug, Vollzug der Untersuchungshaft (aus Nr. 1); Versammlungsrecht (aus Nr. 3); das Heimrecht (aus Nr. 7); Ladenschluss, Gaststättenrecht, aus der GewO: Spielhallen, Schaustellung, Messen, Ausstellungen und Märkte (aus Nr. 11); Flurbereinigung (aus Nr. 17); landwirtschaftl. Grundstücksverkehr und Pachtwesen, Siedlungs- und Heimstättenwesen (aus Nr. 18); Wohnungswesen (soweit nicht in Nr. 18 verblieben); verhaltensbezogener Lärm (aus Nr. 24); Besoldung, Versorgung und Laufbahnrecht der Landesbeamten (Art. 74a);[6]
- nach Art. 75 I in der bis 1994 geltenden Fassung: Film (aus Nr. 2 – praktisch irrelevant);
- nach Art. 75 I in der bis 2006 geltenden Fassung: Recht der Landesbeamten mit Ausnahme der Statusrechte gem. Art. 74 I Nr. 27 (aus Nr. 1); Hochschulrecht mit Ausnahme von Zulassung und Abschlüssen (Nr. 1a); Presserecht (Nr. 2);
- nach Art. 98 III 2 in der bis 2006 geltenden Fassung: Recht der Landesrichter, Besoldung und Versorgung, mit Ausnahme der Statusrechte gem. Art. 74 I Nr. 27.

    Nach dem 2006 in Art. 105 IIa eingefügten S. 2 ist die Zuständigkeit des Bundes für den Steuersatz bei der GrunderwerbSt weggefallen; auch insoweit gilt die Übergangsvorschrift, ebenso für bundesgesetzl. Regelungen, die entgegen dem 2006 in Art. 84 I eingefügten S. 7 und in Art. 85 I eingefügten S. 2 in der Aufgabenbestimmung einen Durchgriff auf Gemeinden vornehmen.[7]

3     Abs. 1 ist, soweit Änd. in Art. 74 I vorgenommen, nicht auf die zum 15.11.1994 bzw. zum 1.9.2006 in Kraft getretenen Änd. des GG beschränkt,[8] sondern auch bei **künftigen Änderungen der Kompetenzen** nach Art. 74 I anwendbar[9] (während sich für zurückliegende Änderungen, die dem Wortlaut von Abs. 1 nach ebenfalls nicht ausgeschlossen sind, jedenfalls keine Anwendungsfälle ergeben dürften). Um als BundesR fortzugelten, müssen die Rechtsvorschriften nach Art. 125a I ihrerseits verfassungsgemäß zustande gekommen sein;[10] wurde schon bei ihrem Erlass die Kompetenzgrundlage überschritten, wird dieser Mangel nicht geheilt.

### II. Rechtsfolgen – Ersetzung und Änderung

4     **Rechtsfolge** ist bei Abs. 1 zunächst **Fortgeltung** der bundesrechtl. Vorschriften – Gesetzesrecht, aber auch RVO des Bundes, für deren Ermächtigung die Kompetenz weggefallen ist[11] – **als Bundesrecht,**[12] jedoch verbunden mit einer **Ersetzungsbefugnis** des Landesgesetzgebers.

---

   [2] Vgl. *Uhle* DÖV 2006, 370 ff.; für Art. 84 I 7 und Art. 85 I 2 66 s. *Kallerhoff* DBVl 2011, 6 ff.

   [3] Vgl. *Wolff* MKS III, Art. 125a Rn. 1; *Schwarz,* in: Starck (Hrsg.), Föderalismusreform, 2007, Rn. 117.

   [4] Vgl. *Wolff* MKS III, Art. 125a Rn. 4: Recht, das als BundesR erlassen wurde, also kein vorkonstitutionelles Recht; dort Rn. 3 zur Einbeziehung auch von RVO, die auf der Grundlage eines unter Art. 125a fallenden G. erlassen wurden; dazu jetzt OVG Bln-Bbg NVwZ-RR 2015, 901 Rn. 14.

   [5] Bloße Kompetenzverschiebungen fallen also nicht unter Abs. 1, vgl. *Uhle,* in: Maunz/Dürig, Art. 125a (2006), Rn. 23; *Uhle* DÖV 2006, 370 (371); dies gilt jedenfalls für Verschiebungen zwischen Art. 73 I und Art. 74 I.

   [6] Vgl. *Lindner* DÖV 2015, 1025 zu Bindungen des Landesgesetzgebers.

   [7] Dazu *Kallerhoff* DVBl 2011, 6 ff.

   [8] So auch *Wolff,* in: vMKS III, Art. 125a *Rn.* 8.

   [9] *Wolff,* in: MKS III, Art. 125a Rn. 1; *Wittreck,* in: Dreier III, Art. 125a Rn. 10.

   [10] BVerfGE 110, 370 (386).

   [11] Vgl. *Uhle,* in: Maunz/Dürig, Art. 125a (2006), Rn. 20; OVG Bln-Bbg NVwZ-RR 2015, 901 Rn. 14.

   [12] Ebenso *Wittreck,* in: Dreier III, Art. 125a Rn. 15; *Sannwald* NJW 1994, 3313 (3319); *Jarass,* in: Jarass/Pieroth, Art. 125a Rn. 1; *Schwarz,* in: Starck (Hrsg.), Föderalismusreform, 2007, Rn. 119; aM *Kim,* in: v. Münch/Kunig III, Art. 125a Rn. 2 – ohne überzeugende Begründung für dieses im klaren Widerspruch zum Wortlaut der Verfassungsnorm stehende Ergebnis; zur Fortgeltung als Bundesrecht auch OVG NRW NWVBl. 2014, 259 Rn. 110 ff.

Die Ausübung der Ersetzungsbefugnis ist an keine weiteren Voraussetzungen, insbes. keine bundes- **5** gesetzl. Ermächtigung gebunden.[13] Der Landesgesetzgeber ist seinerseits frei darin, **ob** er von der Ersetzungsbefugnis Gebrauch machen will.[14] Wie bei Art. 72 IV, muss auch bei Art. 125a I die Ersetzung durch formelles Gesetz erfolgen (Art. 72 Rn. 52).[15] Für die früheren Rahmenkompetenzen, kann das Land unmittelbar geltende Vorschriften durch eigene Regelungen ersetzen. Rahmenvorschriften brauchen, soweit sie keine unmittelbare Geltung entfalten, an sich nicht „ersetzt" zu werden; jedenfalls kann der Landesgesetzgeber den bundesgesetzl. Rahmen nunmehr wieder verlassen. In diesem Sinn „ersetzt" werden kann sowohl RahmenR, das bereits durch Landesrecht ausgefüllt worden ist, als auch Rahmenrecht, bei dem es hieran fehlt. Machen nur einzelne Länder von Abs. 1 S. 2 Gebrauch, gilt iÜ das Bundesrecht als partikulares Bundesrecht fort.[16]

Art. 125a I 2 spricht von **Ersetzung, nicht Änderung.** Die Formulierung wurde wie auch in **6** Abs. 2 bewusst gewählt. Der urspr. Vorschlag der GemVerfKom hatte vorgesehen, dass das als Bundesrecht fortgeltende BundesG durch Landesrecht *„aufgehoben und ergänzt"* werden könne.[17] Der RechtsA des BT schlug dagegen *„ersetzt"* vor.[18] Damit sollte die Befugnis der Länder, bei Fortbestand der bundesrechtl. Regelung einz. Vorschriften zu ändern, ausgeschlossen werden.[19] Die Aussage des BVerfG im Ladenschluss-Urteil zu Art. 125a II, dass die

> *„andernfalls entstehende Mischlage aus Bundes- und Landesrecht für ein und denselben Regelungsgegenstand im selben Anwendungsbereich … im bestehenden System der Gesetzgebung ein Fremdkörper (wäre)",*

kann im Grundsatz auf Abs. 1 übertragen werden.[20] Auch erfordert dann die Ersetzung des BundesR, *„dass der Landesgesetzgeber die Materie, gegebenenfalls auch einen abgrenzbaren Teilbereich, in eigener Verantwortung regelt."*[21] **Teilweise Ersetzung** ist also grds. möglich (Art. 72 Rn. 47, 53),[22] doch ist hierbei jedenfalls eine unübersichtliche Gemengelage von Bundes- und Landesrecht zu vermeiden.[23] Dass in Art. 72 III GG derartige Mischlagen in begrenztem Maße hingenommen werden,[24] besagt nichts über deren Unbedenklichkeit bei Art. 125a oder Art. 72 IV. Da iFd Abs. 1 die sachl. Zuständigkeit umfassend bei den Ländern liegt, dürfte hier auch eine **Negativgesetzgebung,** also Aufhebung der sachl. Regelung des Bundes, ohne diese durch eine eigene Sachregelung des Landes zu ersetzen, möglich sein, sofern nicht mat. Gesetzgebungspflichten entgegenstehen.[25] Wenn also zB das Recht des Ladenschlusses in die ausschl. Landeskompetenz übergegangen ist, kann ein Land – vorbehaltl. mat. VerfassungsR – auch anordnen, dass es in seinem Bereich keinen gesetzl. geregelten Ladenschluss geben soll.[26] Maßgebl. Kriterium für die Ersetzung ist der erkennbare Wille, eine Materie in eigener Verantwortung zu regeln.[27] Der Gesetzgeber ist nicht gehindert, weitgehend mit dem bisherigen Bundesrecht gleich lautendes Landesrecht zu erlassen.[28] Er kann insbes. anordnen, dass eine bundesrechtl. Norm als Landesrecht fortgelten soll.[29]

---

[13] *Wittreck,* in: Dreier III, Art. 125a Rn. 16.

[14] *Wittreck,* in: Dreier III, Art. 125a Rn. 13; BVerwGE 145, 238 Rn. 23; VGH Kassel ZfWG 2019, 56 Rn. 14.

[15] A. M. *Uhle* DÖV 2006, 370 (373); Wolff, MKS III, Art. 125a Rn. 26; *Wittreck,* in: Dreier III, Art. 125a Rn. 16.

[16] OLG Celle StgV 2010, 194; *Seiler,* in: Epping/Hillgruber, Art. 125a Rn. 5; *Wolff* MKS III, Art. 125a Rn. 24.

[17] Bericht der GemVerfkom, BT-Dr 12/6000, S. 18 sowie Begründung S. 36; so auch der maßgebende Gesetzentw, siehe BT-Dr 12/6633, S. 4.; dort noch für eine Fassung, die für den Bereich der konkurr. Gesetzgebung vor einer Landesregelung eine Freigabe durch den Bund nicht erfordert hätte (vgl. BT-Dr 12/8165, S. 12). Auf Grund der Beschlussempfehlung des VermA (BT-Dr 12/8423, S. 6) wurde der Begriff der Ersetzung gewählt.

[18] 134. Sitzung am 15.6.1994, Prot.-Nr. 134, S. 144.

[19] Vgl. näher *Uhle,* in: Maunz/Dürig, Art. 125a (2006), Rn. 7 f.; *Seiler,* in: Epping/Hillgruber, Art. 125a Rn. 4.

[20] Offengelassen bei BerlVerfGH NVwZ-RR 2014, 577 Rn. 40; dort auch Rn. 41 f. zum Vorliegen eines „abgrenzbaren Teilbereichs"; s. auch BVerfG (K) SächsVBl. 2016, 55 Rn. 12.

[21] BVerfG 111, 10 (30); s. hierzu etwa LG Stendal, B. v. 4.4.2014 – 503 Qs 1/14 – Rn. 10.

[22] Ebenso *Wolff,* MKS III, Art. 125a Rn. 27; *Uhle,* in: Maunz/Dürig, Art. 125a (2006),Rn. 30; VGH Kassel ZfWG 2019, 56 Rn. 14; BVerwG NZA-RR 2010, 554 Abs. 38; BerlVerfGH NVwZ-RR 2014, 577 Rn. 39; VG Düsseldorf, U. v. 8.2.2010 – 23 K 3553/08 – Abs. 48; zur Feststellung vollständiger Ersetzung LG Stendal, B. v. 4.4.2014 – 503 Qs 1/14 – Rn. 10; zum Besoldungsrecht BayVerfGH NVwZ 2009, 46 zur Anhebung der Werte in den W-Besoldungstabelle.

[23] S. OVG NRW ZBR 2012, 390; LG Stendal, B. v. 4.4.2014 – 503 Qs 1/14 – Rn. 10; vgl. auch *Kirn,* in: v. Münch/Kunig III, Art. 125a Rn. 3: keine Ersetzung einzelner Vorschriften; offengelassen bei OVG Bln-Bbg NVwZ-RR 2015, 901 Rn. 40 f.

[24] BerlVerfGH NVwZ-RR 2014, 577 Rn. 41.

[25] So wohl auch *Wittreck,* in: Dreier III, Art. 125a Rn. 17; aM *Rengeling* HStR VI³, § 135 Rn. 352.

[26] So für den Fall einer intendierten Deregulierung auch *Uhle,* in: Maunz/Dürig, Art. 125a 2.(2006), Rn. 30.

[27] Vgl. BVerfGE 111, 10 (30); VG Weimar, U. v. 13.7.2010 – 4 K 603/09 We – Abs. 24; zu Kriterien für eine vollständige Ersetzung s. LG Stendal, B. v. 4.4.2014 – 503 Qs 1/14 – Rn. 10 f.; *Wittreck,* in: Dreier III, Art. 125a Rn. 17.

[28] BVerfGE 111, 10 (30); *Wittreck,* in: Dreier III, Art. 125a Rn. 17.

[29] Vgl. auch OVG Bln-Bbg NVwZ-RR 2015, 901 Rn. 14; zu den Anforderungen an das Gesetzgebungsverfahren – kein bloßer Verweis in der Vorlage – SächsVerfGH SächsVBl 2011, 183; a. M. *Wolff* MKS III, Art. 125a Rn. 26: „irrig" – ohne Begründung.

7     Auch für nach Art. 125a I fortgeltendes BundesR hat der Bund eine Anpassungs- und **Änderungs-kompetenz.**[29a] Gegen eine Änderungskomp. bei Art. 125a I spricht,[30] dass insoweit keine sachl. Zuständigkeit besteht. Die Besorgnis einer Versteinerung der Rechtslage erscheint insofern nicht begründet, als die Länder ohne weiteres zur Ersetzung befugt sind. Andererseits sind die Länder zur Ersetzung, aber nicht zur bloßen Änd. des Bundesrecht befugt.[31] Gleichwohl sind sie nach Art. 125a II allein für die künftige Gesetzgebung zuständig. Will man mit der überwieg. Auffassung eine Anpassungskompetenz des Bundes bejahen[32] so ist diese jedenfalls auf schlichte Einzelanpassungen an veränderte Verhältnisse, eine Fortschreibung des geltenden Rechts beschränkt.[33] Eine Kompetenz des Bundes zur Aufhebung ist nach dem actus-contrarius-Prinzip zu bejahen.[34] Als Ausnahmevorschrift ist Art. 125a I 1 jedenfalls eng anzulegen.[34a]

## C. Verschärfung der Voraussetzungen für Bundesrecht (Abs. 2)

8     Nachdem die Voraussetzungen des Art. 72 II 1994 verschärft worden waren, bestanden zahlreiche BundesG, die, nach der bis 1994 geltenden Bedürfnisklausel verfassungskonform erlassen, nun nicht mehr erlassen werden konnten, weil jetzt die Erforderlichkeit nach Art. 72 II nF fehlte. Durch eine Übergangsvorschrift war zu regeln, wie mit diesen Gesetzen zu verfahren war. Das Problem stellt sich jetzt nur noch für die Gebiete, auf denen nach Art. 72 II idF von 2006 weiterhin Erforderlichkeit festgestellt werden muss. Ist diese nicht mehr gegeben, gilt nach Art. 125b II das Gesetz als BundesG fort. Dass es nur um Bundesrecht geht, das wegen **fehlender Erforderlichkeit** nicht mehr erlassen werden kann, wurde durch die Neufassung 2006 klargestellt.[35] Abs. 2 gilt tatbestandlich für **Bundesrecht,** das **vor** dem Inkrafttreten der Verfassungsrevision **1994** erlassen worden war, für das aber schon bei Inkrafttreten des neugef. Art. 72 II (1994) die Erforderlichkeit nicht mehr gegeben war;[36] soweit dieses Bundesrecht allerdings das rettende Ufer des Art. 72 II idF der Föderalismusreform **2006** erreicht hat, also Bundesrecht auf den Gebieten der Vorranggesetzgebung nach Art. 72 II nF, gilt Art. 125a II nicht mehr.

9     Auch die Kompetenzsperre des Art. 72 I bleibt wirksam – die Länder können also nicht selbst tätig werden.[37] Dies hätte zur Folge, dass notw. Anpassungen bestehenden Bundesrecht an geänd. Verhältnisse unterbleiben müssten; im Anwendungsbereich des Art. 125a II ist daher die Anpassungs- und **Änderungskompetenz** beim Bund. Sie ist jedoch eng auszulegen und an die Beibehaltung der wesentl. Elemente der in dem fortgeltenden BundesG enthalt. Regelung geknüpft.[38] Diese darf vom Bundesgesetzgeber modifiziert werden, der insoweit nicht an die Erforderlichkeitsklausel des Art. 72 II (1994) gebunden ist.[39] Zu einer grundlegenden Neukonzeption sind dagegen nur die Länder befugt, allerdings erst nach einer Freigabe durch BundesG.[40] Der Bund konnte deshalb trotz fehlender Voraussetzungen des Art. 72 II die Ladenschlusszeiten im prinzip. beibehaltenen LadenschlussG ändern,[41] nicht aber grundleg. neue Personalstrukturen in den Hochschulen einführen[42] oder über Studiengebühren prinzip. entscheiden.[43]

10    Der Bund „kann" die Länder jedoch nach Abs. 2 S. 2 durch BundesG ermächtigen, das BundesG durch LandesG zu **ersetzen.** Die Ersetzungsbefugnis des Landesgesetzgebers ist jedoch von **ausdrückl.** bundesgesetzl. Ermächtigung abhängig. Erforderlich ist also ein **Freigabegesetz des Bundes.** Dieses liegt im **Ermessen** des Bundesgesetzgebers; er ist zur Freigabe grds. nicht verpflichtet.[44] Er kann hierzu bei dringendem Änderungsbedarf, wenn aufgrund sachl. Änd. bloße Modifikationen nicht mehr ausreichen, durch den Grundsatz der Bundestreue verpflichtet sein.[45]

---

[29a] BVerfG NVwZ 2020 Rn. 80 ff.

[30] So auch OVG NRW, U. v. 12.2.2013 – 3 A 2192/10 – Rn. 62.

[31] Darauf abstellend *Seiler,* in: Epping/Hillgruber, Art. 125a Rn. 4M so auch VG Sigmaringen, ZfWG 2020, 64 Rn. 11 zum Gaststättenrecht.

[32] Änderungsbefugnis bej. BVerfG NVwZ 2020, 1342 Rn. 80 ff. BGHZ 214, 360 Rn. 32; VG Sigmaringen ZfWG 2020, 64 Rn. 11; *Seiler,* in: Epping/Hillgruber, Art. 125a Rn. 4; *Uhle,* in: Maunz/Dürig, Art. 125a (2006), Rn. 27 f.; *Rengeling* HStR VI³, § 135 Rn. 350; *Huber/Wollenschläger* NVwZ 2009, 1513 (15 189); VG Berlin, U. v. 20.8.2009 – 28 A 210/07 – Abs. 20; *Kallerhoff* DVBl 2011, 6 ff.; *Wolff,* MKS III, Art. 125a Rn. 23; wie hier *Kim,* in: v. Münch/Kunig II, Art. 125a Rn. 3 u. 3a; OVG Münster, U. v. 12.2.2013 – 3 A 2192/10 – Rn. 62; offenlassend BVerfG (K) SächsVBl. 2016, 55 Rn. 12.

[33] BGH aaO.

[34] BVerfG NVwZ 2020, 1342 Rn. 82, *Lindner* NVwZ 2007, 180 (182); *Wolff,* MKS III, Art. 125a Rn. 23.

[34a] BVerfG NVwZ 2020, 1342 Rn. 80.

[35] Vgl. zur ursprüngl. Fassung *Uhle,* in: Maunz/Dürig, Art. 125a (2006), Rn. 33.

[36] *Uhle,* in: Maunz/Dürig, Art. 125a (2006), Rn. 36.

[37] Problematisch *Lindner* BayVBl 2005, 65 (68): Änderungsbefugnis der Länder nach Art. 72 I.

[38] Vgl. BVerfGE 111, 10 (28 ff.): BVerfGE 110, 141.

[39] *Wolff* MKS III, Art. 125a Rn. 35.

[40] *Uhle,* in: Maunz/Dürig, Art. 125a (2006), Rn. 13; *Rengeling* HStR VI³, § 135 Rn. 357 f.

[41] BVerfGE 111, 10 (28 ff.).

[42] BVerfGE 111, 226 (268 f.).

[43] BVerfGE 112, 226 (250).

[44] *Wittreck,* in: Dreier III, Art. 125a Rn. 23.

[45] BVerfGE 111, 10 (28 ff.); *Wittreck,* in: Dreier III, Art. 125a Rn. 23.

Das mit der Föderalismusreform 2006 durch Art. 93 II GG nF neu in das GG einführte Verfahren **11** der **Feststellung der Erforderlichkeit** gem. Art. 72 IV und Art. 125a II 2 durch das **BVerfG** auf Antrag des BRat, einer LReg oder eines Landesparlaments gibt den Ländern ein Instrument an die Hand, die Freigabe einer bundesgesetzl. besetzten Materie zu erreichen. Die entspr. Feststellung des BVerfG ersetzt das FreigabeG. Art. 93 II 3 nF konkretisiert das Rechtsschutzbedürfnis: Der Feststellungsantrag setzt voraus, dass eine Gesetzesvorlage nach Art. 125a II 2 gescheitert ist. Angesichts der posit. Regelung erübrigt sich ein Rückgriff auf die Bundestreue.

Für die Begründung eines Rückholrechts durch BundesG und für dessen **Ausübung** durch LandesG **12** gelten die gleichen Aspekte wie für Art. 72 IV (Art. 72 Rn. 51 ff.); dies betrifft auch die Frage einer „Negativgesetzgebung", also einer bloßen Aufhebung des BundesG durch das Land.[46] Bis zum Gebrauchmachen von der Freigabe durch das Land gilt das BundesR als solches fort; machen nur einzelne Länder Gebrauch von ihrer Ersetzungsbefugnis, kommt es wiederum zu partiellem Bundesrecht. Es besteht **keine Ersetzungspflicht** für das Land, sofern nicht landesverfassungsrechtl. Bindungen bestehen (Art. 72 Rn. 51): Verpflichtung zur **Sachregelung, Kontinuitätsbindung** (Art. 72 Rn. 52).

**Verfassungspolitisch** sind die Rückholklauseln nach Art. 72 IV wie nach Art. 125a II **verfehlt; 13** sie begründen mit der Möglichkeit partikularen Bundesrecht die Gefahr der Rechtszersplitterung und eines probl. Nebeneinanders von Landes- und Bundesrecht.[47] Von ihnen wurde noch nicht Gebrauch gemacht.

## D. Wegfall der Landeskompetenz (Abs. 3)

Für mit der Föderalismusreform 2006 in ausschließl. Bundeszuständigkeit überführte Gebiete (Mel- **14** de- und Ausweiswesen, Schutz deutschen Kulturgutes, das Waffenrecht, Sprengstoffrecht, Kriegsopfer und Atomrecht) ordnet Abs. 3 Fortgeltung als LandesR an. Die ausschließl. Bundeskompetenz dürfte eine Änderungs- oder Ergänzungskompetenz der Länder ausschließen.[48]

## Art. 125b [Fortgeltung von Bundesrecht im Bereich der Abweichungsgesetzgebung]

(1) **Recht, das auf Grund des Artikels 75 in der bis zum 1. September 2006 geltenden Fassung erlassen worden ist und das auch nach diesem Zeitpunkt als Bundesrecht erlassen werden könnte, gilt als Bundesrecht fort. Befugnisse und Verpflichtungen der Länder zur Gesetzgebung bleiben insoweit bestehen. Auf den in Artikel 72 Abs. 3 Satz 1 genannten Gebieten können die Länder von diesem Recht abweichende Regelungen treffen, auf den Gebieten des Artikels 72 Abs. 3 Satz 1 Nr. 2, 5 und 6 jedoch erst, wenn und soweit der Bund ab dem 1. September 2006 von seiner Gesetzgebungszuständigkeit Gebrauch gemacht hat, in den Fällen der Nummern 2 und 5 spätestens ab dem 1. Januar 2010, im Falle der Nummer 6 spätestens ab dem 1. August 2008.**

(2) **Von bundesgesetzlichen Regelungen, die auf Grund des Artikels 84 Abs. 1 in der vor dem 1. September 2006 geltenden Fassung erlassen worden sind, können die Länder abweichende Regelungen treffen, von Regelungen des Verwaltungsverfahrens bis zum 31. Dezember 2008 aber nur dann, wenn ab dem 1. September 2006 in dem jeweiligen Bundesgesetz Regelungen des Verwaltungsverfahrens geändert worden sind.**

(3) **Auf dem Gebiet des Artikels 72 Absatz 3 Satz 1 Nummer 7 darf abweichendes Landesrecht der Erhebung der Grundsteuer frühestens für Zeiträume ab dem 1. Januar 2025 zugrunde gelegt werden.**

**Entstehungsgeschichte: Erstfassung:** 52. G. zur Änd des GG v. 28.8.2006 (BGBl I 2034), Art. 1 Nr. 22 (dazu: Bericht der Komm. von BT und BRat zur Modernisierung der bundesstaatlichen Ordnung, Dokumentation in: Zur Sache 1/2005; BT-Dr 16/813 [Entwurf]; 16/2010 [Beschlussempf. RechtsA]; BT-Prot 16/44; BR-Dr 178/06, 180/06). **Änderung:** 64. G. zur Änd des GG v. 15.11.2019 (BGBl I 1546). Art. 1 Nr. 1 (dazu BT-Dr 19/11084; BT-Prot. 19/107, 19/14136, 19/14157, 19/119).
**Leitentscheidungen:** VerfGH NRW OVGE 53, 240; BVerfGE 147, 253 (NC Humanmedizin).

**Schrifttum:** *F.J. Lindner,* Darf der Bund das Hochschulrahmengesetz aufheben? NVwZ 2007, 180.

### Übersicht

---

[46] Vgl. *Uhle,* in: Maunz/Dürig, Art. 125a (2006), Rn. 47.
[47] *Degenhart* ZfA 24 (1993), 409 (418 ff.); *Schwarz,* in: Starck (Hrsg.), Föderalismusreform, 2007, Rn. 127.
[48] *Wittreck,* in: Dreier III, Art. 125a Rn. 27.

## A. Allgemeines: Art. 125b als Übergangsvorschrift

1 Art. 125b regelt in Abs. 1 jene Fragen des ÜbergangsR, die sich aus dem Wegfall der Rahmenge-setzgebung als Kompetenztypus ergeben,[1] in Abs. 2 das ÜbergangsR für die Änd. der Zuständigkeiten für das VwVf und die Behördenorganisation. Während jedoch Art. 125a I Bereiche betrifft, für die der Bund auch sachlich nicht mehr zuständig ist, betrifft Art. 125b Bereiche, in denen eine solche Zuständigkeit des Bundes verblieben ist. Abs. 3 wurde mit dem 64. ÄndG zur Grundsteuerreform eingefügt

## B. Wegfall der Rahmengesetzgebung (Abs. 1)

2 Abs. 1 gilt für die Bereiche der bish. Rahmengesetzgebung des Bundes, für die mit der Föderalis-musreform 2006 und dem Wegfall des Kompetenztypus der Rahmengesetzgebung eine konkurr. Zuständigkeit oder eine ausschl. Bundeszuständigkeit geschaffen wurde. Art. 125b I gilt damit für diese Materien: Statusrechte der Landesbeamten, Art. 75 I 1 Nr. 1 – Art. 74 I Nr. 27; Hochschulzulassung und -abschlüsse, Art. 75 I 1 Nr. 1a – Art. 74 I Nr. 33 sowie die Materien in Art. 74 I Nr. 28–32 und Art. 73 I Nr. 5a.

3 Nach S. 1 gelten die auf diesen Gebieten nach Art. 75 erlassenen BundesG als BundesR fort. Dies hat für BRRG und HRG zur Folge, dass diese Gesetze zT nach Art. 125a I, zT nach Art. 125b I weitergelten.[2] Soweit sich die Fortgeltung aus Art. 125b I ergibt, bleiben Rechte und Pflichten der Länder bestehen – sie sind also weiterhin an den bundesgesetzl. Rahmen gebunden.[3] Damit gelten die BundesG materiell mit der Wirkung von RahmenG fort. Der Bund dürfte zur Aufhebung befugt sein.[4] Die Länder können abw. Regelungen treffen; die Übergangsvorschrift des Art. 125b I bezieht sich auf den bei Inkrafttreten der Föderalismusreform vorh. Normenbestand. Sie ist gegenständl. und zeitl. gestaffelt.[5] So durften für die Gebiete nach Art. 72 III 1 Nr. 2, 5 und 6 die Länder nur Abweichungs-gesetze erlassen, wenn und soweit der Bund seinerseits von seiner (nunmehr konkurr.) Zuständigkeit Gebrauch gemacht hatte, spätestens ab 2010 bzw. 2008. Vorzeitig erlassenes abw. LandesR wäre mangels Gesetzgebungskompetenz nichtig und würde auch mit Geltung der Abweichungsbefugnis nicht wieder aufleben.[6] Ein „Gebrauchmachen" von der Abweichungsbefugnis setzt inhaltl. Änderun-gen voraus; redakt. Anpassungen genügen nicht. Weitergehende Anforderungen, insbes. einer aus-drückl. Deklarierung, gelten jedenfalls für Art. 125 I 3 nicht.[7] Abweichungsfeste Kerne sind in jedem Fall zu beachten.[8] Zum Begriff der **Abweichung** s. zu Art. 72 Rn. 43a.

4 Um als Bundesrecht fortzugelten, muss das aufgrund des Art. 75 erlassene Recht zunächst in Geltung getreten, also seinerseits verfassungskonform zustande gekommen sein. Dies setzt Einschlägig-keit eines der Kompetenztitel des Art. 75 I 1, nunmehr des Art. 73 I Nr. 5a bzw. des Art. 74 I Nr. 27–

---

[1] Art. 75 GG lautete:
„(1) Der Bund hat das Recht, unter den Voraussetzungen des Artikels 72 Rahmenvorschriften für die Gesetzgebung der Länder zu erlassen über:
1. die Rechtsverhältnisse der im öffentlichen Dienste der Länder, Gemeinden und anderen Körperschaften des öffentlichen Rechtes stehenden Personen, soweit Artikel 74a nichts anderes bestimmt;
1a. die allgemeinen Grundsätze des Hochschulwesens;
2. die allgemeinen Rechtsverhältnisse der Presse;
3. das Jagdwesen, den Naturschutz und die Landschaftspflege;
4. die Bodenverteilung, die Raumordnung und den Wasserhaushalt;
5. das Melde- und Ausweiswesen;
6. den Schutz deutschen Kulturgutes gegen Abwanderung ins Ausland.
Artikel 72 Abs. 3 gilt entsprechend.
(2) Rahmenvorschriften dürfen nur in Ausnahmefällen in Einzelheiten gehende oder unmittelbar geltende Regelun-gen enthalten.
(3) Erläßt der Bund Rahmenvorschriften, sind die Länder verpflichtet, innerhalb einer durch das Gesetz bestimmten angemess. Frist die erforderl. LandesG zu erlassen."
[2] Vgl. *Wolff* MKS III, Art. 125a Rn. 14.
[3] S. hierzu VerfGH NRW, OVGE 53, 240 (250 ff.) Rn. 65 ff.
[4] Vgl. *Linder* NVwZ 2007, 180 ff. sowie *Degenhart* Art. 125a Rn. 7.
[5] Vgl. *Schwarz*, in: Starck (Hrsg.), Föderalismusreform, 2007, Rn. 131.
[6] BVerfGE 147, 253 Rn. 234.
[7] BVerfGE 147, 253 Rn. 235 f.
[8] OVG RhPf, Urt. v. 15.2.2017 – 8 A 10578/16 – Rn. 50.

33 voraus. Es mussten ferner die allg. Voraussetzungen für ein Gebrauchmachen des Bundes von einer Rahmenkompetenz gegeben sein:

Für den Erlass eines RahmenG über eine der Materien des Art. 75 I 1 mussten diese Voraussetzungen erfüllt sein:  **5**

(1) Der Bund konnte nur *Rahmenvorschriften* erlassen. Dem Landesgesetzgeber musste Spielraum für substanzielle eigene Regelungen verbleiben.

(2) Das BundesG durfte nur *„in Ausnahmefällen in Einzelheiten gehende oder unmittelbar geltende Regelungen enthalten"*, Art. 75 II.

(3) Der Bund konnte nur *„unter den Voraussetzungen des Art. 72"* tätig werden, dh eine bundesgesetzl. Regelung musste erforderlich sein.

Zu (1) und (2): Rahmenvorschriften mussten der Ausfüllung durch den Landesgesetzgeber zugänglich sein, ihm substanzielle Spielräume belassen. Er durfte *„nicht darauf beschränkt werden, nur zwischen engen vorgegebenen rechtlichen Möglichkeiten zu wählen oder gar wie eine nachgeordnete Instanz lediglich eine Bundesregelung zu exekutieren".*[9] Es genügte nicht, dass der Bund zwar Regelungslücken offen ließ, diese nur in bestimmter Weise geschlossen werden konnten.[10] Ob ein Ausnahmefall iSv Abs. 2 vorlag, bestimmte sich sowohl nach quantitativen als auch nach qualitativen Kriterien;[11] für die Rechtslage bis 1994 wurde ein besonders starkes und legitimes Interesse gefordert,[12] nach der Neuregelung eine qualifizierte.[13] Nach der Verlagerung der Rahmenzuständigkeiten in die ausschließl. bzw. konkurr. Zuständigkeit des Bundes ist dieser zum Erlass von Vollregelungen befugt. Der Zielsetzung der Verfassungsänderung, bestehendes BundesR in Geltung zu belassen und den Bund von den Beschränkungen der Rahmengesetzgebung freizustellen, würde es entsprechen, einen Verstoß hiergegen bei Erlass der RahmenG nunmehr als geheilt anzusehen.[14]

Dies gilt erst recht für (3): mit Inkrafttreten der Föderalismusreform braucht auf den Gebieten des früheren Art. 75 – die durchweg in die Vorranggesetzgebung fallen – Erforderlichkeit nicht mehr festgestellt zu werden. Dies betrifft BundesrahmenG, die nach dem 15.11.1994, also bereits nach Art. 75 nF erlassen wurden, diese mussten anfangs erforderlich iSv Art. 72 II nF sein, müssen dies jetzt aber nicht mehr.

Für früher erlassene BundesrahmenG galt erst die Übergangsvorschrift des Art. 125a II 3 idF d. 42. ÄndG vom 27.10.1994; dieses **Altrecht** galt entspr. Art. 72 III in der vom 15.11.1994 bis zum 1.9.2006 geltenden Fass. als Bundesrecht fort, auch wenn es wegen der Erforderlichkeitsklausel des Art. 72 II nF nicht mehr hätte erlassen werden können. Soweit es jetzt weiterhin als BundesR erlassen werden könnte, gilt Abs. 1, sonst Art. 125a I.

## C. Änderung des Art. 84 I (Abs. 2)

Die gleiche Systematik liegt Abs. 2 als Übergangsvorschrift zu Art. 84 I zugrunde. Abs. 2 gilt für  **6** Regelungen, die auf Grund des Art. 84 I in der bis zum Inkrafttreten der Föderalismusreform geltenden Fassung erlassen wurden. Hiernach konnte der Bund Regelungen über die Einrichtung der Behörden und das VwVf erlassen; ob die dahingehenden Kompetenzen als Annex zu den jeweiligen Sachkompetenzen aufzufassen waren, oder aber Art. 84 I aF unmittelbar als Kompetenzgrundlage heranzuziehen war,[15] ist für Art. 125b II nicht entscheidend, denn es sind jedenfalls Regelungen der Behördeneinrichtung und des VwVf gemeint, die nach Art. 84 I aF – mit Zustimmung des BRat – erlassen worden waren. Wie die Übergangsvorschrift in Abs. 1, erfasst auch Abs. 2 den bei Inkrafttreten der Änd. des GG vorhandenen Normenbestand und statuiert eine **gegenständlich und zeitlich differenzierte Abweichungsbefugnis der Länder:** für die Behördeneinrichtung[16] galt sie sofort und unbeschränkt,[17] für das VwVf[18] zunächst nur bzgl. neu erlassener bundesgesetzl. Regelungen, ab 1.1.2009 dann aber unbeschränkt.

## D. Grundsteuer (Abs. 3)

Mit dem AbweichungsR der Länder für die GrundSt sollte die Steuerautonomie der Länder gestärkt  **6a** werden.[19] Im Unterschied zur zeitlich gestaffelten Regelung des Abs. 1 S. 3 wird in Abs. 3 nicht die Befugnis zum Erlass eines AbweichungsG hinausgeschoben, sondern dessen Anwendbarkeit. Dadurch soll gewährleistet werden, dass das neue Bundes- und ggf. LandesR gleichzeitig in Kraft tritt.[20]

---

[9] BVerfGE 111, 226 (249).
[10] BVerfG 111, 226 (249).
[11] BVerfGE 111, 226 (251 ff.); vgl. *Lindner* JuS 2005, 577 (579).
[12] BVerfGE 43, 291 (343); 67, 382 (387).
[13] BVerfGE 111, 226 (252).
[14] Dafür auch *Oeter,* in: Starck (Hrsg.), Föderalismusreform, 2007, Rn. 42 für das BJagdG.
[15] Für Art. 84 I *Lerche,* in: Maunz/Dürig, Art. 83 (1983) Rn. 37; für Sachkompetenzen der Art. 70–75 GG *Hermes,* in: Dreier III, Art. 84 Rn. 21; wohl auch *Jarass* NVwZ 2000, 1089 (1091 f.).
[16] Zum Begriff der Behördeneinrichtung → Art. 84 Rn. 7 f.; *Schwarz,* in: Starck (Hrsg.), Föderalismusreform, 2007, Rn. 133.
[17] Vgl BAG U. v. 23.3.2011 – 10 AZR 374/09 Rn. 42.
[18] Zum Begriff des VwVf in diesem Kontext → Art. 84 Rn. 9 ff.; *Schwarz,* in: Starck (Hrsg.), Föderalismusreform, 2007, Rn. 133.
[19] BT-Dr 19/11084 S. 1.
[20] BT-Dr 19/11084 S. 6.

## E. Anhang zu Art. 125a und Art. 125b: Übergangsrecht 1994/2006 – zusammenfassender Überblick

7    Die mehrfachen Änderungen der Art. 72, 74 und 75 im Zuge der Verfassungsrevision 1994 und der Föderalismusreform 2006 haben zusammen mit den Übergangsvorschriften des Art. 125a in verschiedenen Fassungen und des Art. 125b I zu einer Vielzahl mögl. Konstellationen geführt, die übersichtlichkeitshalber im Zusammenhang wiedergegeben werden. Dabei ist grds. zu **unterscheiden** zwischen BundesR, das aufgrund einer konkurr. Kompetenz, und BundesR, das aufgrund einer Rahmenkompetenz des Bundes erlassen wurde. Innerhalb dieser Bereiche wiederum gestaltet sich die Rechtslage unterschiedlich nach dem Zeitpunkt des Normerlasses und hierbei wiederum unterschiedlich für die unterschiedl. Änderungen des GG.

## I. Bundesrecht auf Gebieten konkurrierender Gesetzgebung

8    **1. Bundesrecht, das vor dem 15.11.1994 erlassen wurde:**
1.1 Wegfall des Kompetenztitels durch ÄndG 1994/2006 (s. Art. 125a Rn. 2),
zB Recht der Erschließungsbeiträge, Heimrecht, Teilbereiche des Wirtschaftsrechts: Art. 125a I, Fortgeltung als BundesR, Ersetzungsbefugnis des Landes ohne Notwendigkeit einer Ermächtigung; str.: Änderungsbefugnis des Bundes; BVerfG bej.
1.2. Fehlende Erforderlichkeit bei Inkrafttreten des Art. 72 nF am 15.11.1994:
ab 15.11.1994 bis 31.8.2006: Fortgeltung nach Art. 125a II aF, dh Ersetzungsbefugnis der Länder bei Ermächtigung durch den Bund;[21] begrenzte Änderungsbefugnis des Bundes für fortgeltendes Recht;
ab 1.9.2006 ist dann zu unterscheiden:
– im Bereich der Vorranggesetzgebung uneingeschränkte Fortgeltung als BundesR;
– im Bereich echter konkurr. Gesetzgebung Fortgeltung nach Art. 125a II nF; Ersetzungsbefugnis des Landes bei Ermächtigung durch Bund *oder* Feststellung des BVerfG nach Art. 93 II nF.
1.3 Erforderlichkeit bei Inkrafttreten des Art. 72 nF am 15.11.1994 gegeben, aber später weggefallen:
bis 31.8.2006 Fortgeltung nach Art. 72 Abs. 3 in der 1994–2006 geltenden Fassung, also Ersetzungsbefugnis des Landes bei bundesgesetzl. Ermächtigung, Änderungsbefugnis des Bundes;
mit Inkrafttreten der Föderalismusreform, also ab 1.9.2006 ist dann wiederum zu unterscheiden:
– bei Vorranggesetzgebung uneingeschr. Fortgeltung als Bundesrecht;
– im Bereich der Erforderlichkeitsgesetzgebung Fortgeltung nach Art. 72 IV nF, Ersetzungsbefugnis des Landes bei Ermächtigung durch Bund *oder* Feststellung des BVerfG nach Art. 93 II nF.

9    **2. Bundesrecht, das ab dem 15.11.1994, aber vor dem 1.9.2006 erlassen wurde:**
2.1 Wegfall des Kompetenztitels durch ÄndG 2006: Art. 125a I wie 1.1.
2.2 Wegfall der Erforderlichkeit nach Inkrafttreten des Gesetzes:
bis 31.8.2006 Fortgeltung nach Art. 72 Abs. 3 in der 1994–2006 geltenden Fassung, also Ersetzungsbefugnis des Landes bei bundesgesetzl. Ermächtigung, begrenzte Änderungsbefugnis des Bundes für das fortgeltende Recht.
mit Inkrafttreten der Föderalismusreform also ab 1.9.2006 ist dann wiederum zu unterscheiden:
– bei Vorranggesetzgebung uneingeschränkte Fortgeltung als Bundesrecht;
– bei Erforderlichkeitsgesetzgebung Fortgeltung nach Art. 72 IV nF, Ersetzungsbefugnis des Landes bei Ermächtigung durch Bund *oder* Feststellung des BVerfG nach Art. 93 II nF.

10   **3. Bundesrecht, das ab dem 1.9.2006 erlassen wird:**
3.1 Wegfall des Kompetenztitels durch künftiges ÄndG zum GG: Art. 125a I wie 1.1.
3.2 Wegfall der Erforderlichkeit nach Inkrafttreten des Gesetzes bei Erforderlichkeitsgesetzgebunge: Art. 72 IV, also Ersetzungsbefugnis des Landes bei Ermächtigung durch Bund *oder* Feststellung des BVerfG nach Art. 93 II nF.

11   **4. Bundesrecht, das ab dem 15.11.1994, aber vor dem 1.9.2006** erlassen wurde, bei fehlender Erforderlichkeit nach Art. 72 II in der während dieses Zeitraums geltenden Fassung: in Bereichen der Vorranggesetzgebung Heilung durch Art. 72 II nF?

## II. Rahmengesetze des Bundes

12   **1. Bundesrecht, das vor dem 15.11.1994 erlassen wurde:**
1.1 Wegfall des Kompetenztitels durch ÄndG 2006
zB allg. Grundsätze des Hochschulwesens ohne Zulassung/Abschlüsse: Art. 125a I, Fortgeltung als Bundesrecht, Ersetzungsbefugnis des Landes ohne Ermächtigung durch Bund.

---

[21] Ermächtigungen wurden nicht erteilt.

1.2 Fehlende Erforderlichkeit nach Art. 75 I 1 iVm Art. 72 II idF ab 15.11.1994: bis 31.8.2006 Fortgeltung nach Art. 125a II 3. aF, Ersetzungsbefugnis des Landes bei bundesgesetzl. Ermächtigung (praktisch nicht relevant);[22]
ab 1.9.2006 Geltung des Art. 125b I s. 1.3;
1.3 Streichung der Rahmengesetzgebung unter Beibehaltung des Kompetenztitels ab 1.9.2006:
1.3.1 Überführung in ausschließl. Bundeszuständigkeit: uneingeschränkte Fortgeltung, Art. 125b I 1.
1.3.2 Überführung in konkurr. Zuständigkeit: Fortgeltung als BundesR, Art. 125b I 1, Abweichungsbefugnis der Länder, Art. 125b I 3, hierbei zu unterscheiden:
bei Art. 72 III 1 Nr. 1, 3, 4 sofortige Abweichungsbefugnis;
bei Art. 72 III 1 Nr. 2 5, 6: nach BundesG, spätestens ab 1.1.2010/ 1.8.2008;
bei Art. 72 III 1 Nr. 6: nach bundesgesetzl. Regelung, spätestens ab 1.8.2008.
2. Bundesrecht, das ab dem 15.11.1994, aber vor dem 1.9.2006 erlassen wurde:      13
2.1 Wegfall des Kompetenztitels durch ÄndG 2006: wie 1.1;
2.2 Wegfall der Erforderlichkeit nach Inkrafttreten des Gesetzes:
bis 31.8.2006 Fortgeltung nach Art. 75 I 2 iVm. Art. 72 III aF wie 1.2;
2.3 Streichung der Rahmengesetzgebung unter Beibehaltung des Kompetenztitels mit 1.9.2006:
2.3.1 Überführung in ausschließl. Bundeszuständigkeit: uneingeschränkte Fortgeltung nach Art. 125b I 1;
2.3.2 Überführung in konkurr. Zuständigkeit: Fortgeltung nach Art. 125b I 1 mit gestaff. Abweichungsbefugnis der Länder nach Art. 125b I 3 wie 1.3.2.

## Art. 125c [Fortgeltung von Recht zu entfallenen Gemeinschaftsaufgaben und Finanzhilfen]

(1) **Recht, das auf Grund des Artikels 91a Abs. 2 in Verbindung mit Abs. 1 Nr. 1 in der bis zum 1. September 2006 geltenden Fassung erlassen worden ist, gilt bis zum 31. Dezember 2006 fort.**

(2) **Die nach Artikel 104a Abs. 4 in der bis zum 1. September 2006 geltenden Fassung in den Bereichen der Gemeindeverkehrsfinanzierung und der sozialen Wohnraumförderung geschaffenen Regelungen gelten bis zum 31. Dezember 2006 fort. Die im Bereich der Gemeindeverkehrsfinanzierung für die besonderen Programme nach § 6 Absatz 1 des Gemeindeverkehrsfinanzierungsgesetzes sowie die mit dem Gesetz über Finanzhilfen des Bundes nach Artikel 104a Abs. 4 des Grundgesetzes an die Länder Bremen, Hamburg, Mecklenburg-Vorpommern, Niedersachsen sowie Schleswig-Holstein für Seehäfen vom 20. Dezember 2001 nach Artikel 104a Absatz 4 in der bis zum 1. September 2006 geltenden Fassung geschaffenen Regelungen gelten bis zu ihrer Aufhebung fort. Eine Änderung des Gemeindeverkehrsfinanzierungsgesetzes durch Bundesgesetz ist zulässig. Die sonstigen nach Artikel 104a Abs. 4 in der bis zum 1. September 2006 geltenden Fassung geschaffenen Regelungen gelten bis zum 31. Dezember 2019 fort, soweit nicht ein früherer Zeitpunkt für das Außerkrafttreten bestimmt ist oder wird. Artikel 104b Absatz 2 Satz 44 gilt entsprechend.**

(3) **Artikel 104b Absatz 2 Satz 5 ist erstmals auf nach dem 31. Dezember 2019 in Kraft getretene Regelungen anzuwenden.**

**Entstehungsgeschichte: Erstfassung:** 52. G zur Änd. des GG v. 28.8.2006 (BGBl I 2034), Art. 1 Nr. 22 (dazu: BT-Dr 16/813 [Entw.]; 16/2010 [Beschlussempf. RA]; 16/2069 [Ber. RA]; BT-Prot 16/1749, 4233, 4295; BR-Dr 178/06, 180/06, 462/06; BR-Prot 06/39, 62, 203, 222); **Änderung 2017** G zur Änd. des GG (Artikel 90, 91c, 104b, 104c, 107, 108, 109a, 114, 125c, 143d, 143e, 143f, 143g) v. 13.7.2017 (BGBl I 2347), Art. 1 Nr. 11 (dazu: BT Dr 18/11131 [Entw.]; BT-Dr 18/12588 [Beschlussempf. und Bericht HaushaltsA]; BT-Prot 18/218, 21767C; 18/237, 23974A, 24024B; BR-Prot 17/953, 6C; 17/958, 261D) **Änderung März 2019:** G zur Änd. des GG (Art. 104b, 104c, 104d, 125c, 143e) v. 28.3.2019 (BGBl I 404) (dazu: BT-Dr 19/3440 [Entwurf]; 19/6144 [Beschlussempfehlung und Bericht HaushaltsA]; 19/7940 [Beschlussempfehlung VermittlungsA]; BT-Prot 19/53, 5689 B; 19/68, 7694 D, 7715C; 19/83, 9692B, 9872C; BR-Prot 969, 194A; 973, 461; 975, 63.
**Historische Verfassungstexte: GG 2006:** (2) Die nach Artikel 104a Abs. 4 in der bis zum 1. September geltenden Fassung in den Bereichen der Gemeindeverkehrsfinanzierung und der sozialen Wohnraumförderung geschaffenen Regelungen gelten bis zum 31. Dezember 2006 fort. Die im Bereich der Gemeindeverkehrsfinanzierung für die besonderen Programme nach § 6 Abs. 1 des Gemeindeverkehrsfinanzierungsgesetzes sowie die sonstigen nach Artikel 104a Abs. 4 in der bis zum 1. September 2006 geltenden Fassung geschaffenen Regelungen gelten bis zum 31. Dezember 2019 fort, soweit nicht ein früherer Zeitpunkt für das Außerkrafttreten bestimmt ist oder wird. **GG 2017:** (2) Die nach Artikel 104a Abs. 4 in der bis zum 1. September 2006 geltenden Fassung in den Bereichen der Gemeindeverkehrsfinanzierung und der sozialen Wohnraumförderung geschaffenen Regelungen gelten bis zum 31. Dezember 2006 fort. Die im Bereich der Gemeindeverkehrsfinanzierung für die besonderen Programme nach § 6 Absatz 1 des Gemeindeverkehrsfinanzierungsgesetzes sowie die mit dem Gesetz über Finanzhilfen des Bundes

---

[22] Ermächtigungen wurden nicht erteilt.

nach Artikel 104a Abs. 4 des Grundgesetzes an die Länder Bremen, Hamburg, Mecklenburg-Vorpommern, Niedersachsen sowie Schleswig-Holstein für Seehäfen vom 20. Dezember 2001 nach Artikel 104a Absatz 4 in der bis zum 1. September 2006 geltenden Fassung geschaffenen Regelungen gelten bis zu ihrer Aufhebung fort. Eine Änderung des Gemeindeverkehrsfinanzierungsgesetzes durch Bundesgesetz ist ab dem 1. Januar 2025 zulässig. Die sonstigen nach Artikel 104a Abs. 4 in der bis zum 1. September 2006 geltenden Fassung geschaffenen Regelungen gelten bis zum 31. Dezember 2019 fort, soweit nicht ein früherer Zeitpunkt für das Außerkrafttreten bestimmt ist oder wird.

**Gesetzgebung:** EntflechtG; Art. 13 FödReform-BegleitG v. 5.9.2006 (BGBl I 2098, 2102); GVFG; G über Finanzhilfen des Bundes nach Artikel 104a Abs. 4 des Grundgesetzes an die Länder Bremen, Hamburg, Mecklenburg-Vorpommern, Niedersachsen sowie Schleswig-Holstein für Seehäfen v. 20.12.2001 (BGBl I 3955 [3962]).

**Schrifttum:** *U. Häde,* Zur Föderalismusreform in Deutschland, JZ 2006, 930; *H.-G. Henneke,* »Die wilden 13« ..., DVBl. 2017, 214; *M. Kallerhoff,* Die übergangsrechtliche Fortgeltung von Bundesrecht nach dem Grundgesetz, 2010;.*C. Hillgruber,* Klarere Verantwortungsteilung von Bund, Ländern und Gemeinden?, JZ 2004, 837; *F. Kirchhof,* Klarere Verantwortungsteilung von Bund, Ländern und Kommunen?, DVBl 2004, 977; *U. Kirste,* Finanzhilfen des Bundes an die neuen Länder nach Art. 104a IV, 1995; *K. Kruis,* Finanzautonomie und Demokratie im Bundesstaat, DÖV 2003, 10; *H. Siekmann,* Finanzzuweisungen des Bundes an die Länder auf unklarer Kompetenzgrundlage, DÖV 2002, 629; *C. Waldhoff,* Reformperspektiven im Finanzrecht – Ein Überblick, Verwaltung 39 (2006), 155; *C. Winterhoff,* Finanzielle Förderung von Ganztagsschulen und Juniorprofessuren durch den Bund?, JZ 2005, 59.

## Übersicht

# A. Entstehung und Entwicklung

## I. Grundlagen

1    Mit der Föderalismusreform I von 2006[1] wollte der Gesetzgeber Mischverwaltungs- und Mischfinanzierungstatbestände iRd Gemeinschaftsaufgaben (Abschn. VIIIa) sowie die Finanzhilfen des Bundes für die Länder auf ihre eigentl. Zweckbestimmung – den gezielten und flexiblen Einsatz von Bundesmitteln zur Beseitigung konkreter Problemlagen – zurückführen. Die Gemeinschaftsaufgaben sind entgegen dem urspr. Reformziel sukzessive immer weiter ausgedehnt worden (Art. 91b nF; Art. 91c, e), und ein Ende ist nicht in Sicht.

2    Die Finanzhilfen wurden aus Art. 104a herausgelöst und in einem neuen Art. 104b geregelt. Die neue Vorschrift sieht wie Art. 104a IV aF weiterhin die Möglichkeit von Finanzhilfen vor, versuchte aber, sie schärfer zu konturieren und ihren Anwendungsbereich deutlich einzuschränken. Das sollte vor allem dadurch geschehen, dass Finanzhilfen nur noch in Bereichen zulässig sein sollten, in denen der **Bund** die **Gesetzgebungskompetenz** hat. Darüber hinaus sollten Finanzhilfen nur noch **befristet** gewährt werden dürfen und müssen eine **degressive** Ausgestaltung der Jahresbeträge vorsehen. Durch diese neuen Vorgaben sollte eine schematische Verfestigung der jew. Förderung vermieden werden.[2]

3    Aber auch diese (gut gemeinten) Einschränkungen der ausufernden Mischfinanzierung sind zT schon kurze Zeit später (Föderalismusreform II von 2009) wieder durchlöchert worden (→ Art. 104b Rn. 3 f.). In **Notsituationen** darf der Bund Hilfen nun auch dann gewähren, wenn er keine Gesetzgebungskompetenz besitzt (→ Art. 104b Rn. 35). Durch die Föderalismusreform III von 2017 wurde der bundesstaatliche Finanzausgleich neu gestaltet, aber zugleich die Übergangsregelung in Art. 125c wesentlich ausgeweitet. Sie mutierte zunehmend zu einer Dauerregelung,[3] noch verstärkt durch die Föderalismusreform IV im Jahre 2019. Angesichts dieser Umstände wirkt Art. 125c wie ein Relikt aus einer vergangenen Zeit, als noch versucht wurde, ein Minimum an Systemtreue und Konsistenz zu wahren, das nun aber mühsam – ad hoc und stückweise – dem neuen Zeitgeist angepasst wird.

---

[1] G zur Änd. des GG v. 28.8.2006 (BGBl I 2034).

[2] BT-Dr 16/813, S. 19.

[3] *Heun/Thiele,* in: Dreier III, Art. 125c Rn. 2; anders noch *Klein,* in: Maunz/Dürig, Art. 125c (2017) Rn. 5: „weil sie (...) **nicht zum dauernden Bestand des Verfassungsrechts** gehören".

## II. Die Ursprungsregelung von 2006

Die 2006 neu in das GG eingefügte Vorschrift enthält **Übergangs- und Folgeregelungen** für das 4 **Recht,** das aufgrund des gestrichenen Art. 91a I Nr. 1 (Gemeinschaftsaufgabe „Hochschulbau") und des bish. Art. 104a IV (Finanzhilfen des Bundes) erlassen worden war und nun wegfallen sollte. Im Grundsatz ordnet Art. 125c I an, dass dieses Recht bis zum 31.12.2006 fortgilt. In Abs. 2 waren differenzierte Regelungen für die Fortgeltung getroffen, je nachdem ob es sich um Regelungen zur Gemeindeverkehrsfinanzierung, zur sozialen Wohnraumförderung oder sonstige nach Art. 104a IV aF erlassene Regelungen handelt. Für besondere Programme nach § 6 I GVFG und die sonstigen nach Art. 104a IV aF geschaffenen Regelungen war eine Fortgeltung bis längstens 31.12.2019 vorgesehen.

Formal betrifft Art. 125c nur die – zunächst befristete – **Fortgeltung** von **einfachgesetzlichen** 5 Ausführungsvorschriften. In der Sache ist aber auch das föd. Finanzgefüge betroffen, da diese Vorschriften inhaltl. ganz wesentl. **Geldleistungen** betreffen. Die Vorschrift muss deshalb im Zusammenhang mit dem ebenfalls neu geschaff. Art. 143c gesehen werden, der im Schwerpunkt finanzwirtschaftl. Übergangs- und Folgeregelungen trifft. Durch Art. 143c wurden im Wesentl. Ansprüche der Länder gegen den Bund auf Kompensationsleistungen für die entfallenden Zuwendungen iRd Gemeinschaftsaufgaben begründet (→ Art. 143c Rn. 2, 5). Art. 125c II aF weist insoweit eine Besonderheit auf, als er verfassungsrechtlich anordnet, dass Maßnahmen aufgrund einer benannten einfachgesetzl. Vorschrift (§ 6 I GVFG), aber auch auf einer aufgehobenen Vorschrift (Art. 104a IV) beruhende Regelungen (befristet) fortgelten sollten, allerdings unter dem Vorbehalt, dass es keine abw. Regelung gibt; eine bemerkenswerte Gesetzgebungstechnik.

## III. Die Grundgesetzänderung von 2017

Art. 125c I und II 1 blieben in der Änderung des GG von 2017[4] unverändert. Art. 125c II 2 aF 6 enthielt eine **Befristung** bis zum 31.12.2019 für die bes. Programme, die auf § 6 I GVFG gestützt waren, sowie für sonstige auf Art. 104a IV gestützte Regelungen. Durch die Neufass. von Art. 125c II 2 wurde die Befristung für die **Gemeindeverkehrsfinanzierung,** also § 6 I GVFG, **aufgehoben, nicht** aber für die **sonstigen Finanzhilfen** nach Art. 104a IV aF und Art. 104b I. Mit ihr hat darüber hinaus die finanz. Unterstützung der Küstenländer für ihre **Seehäfen** (näher zu ihnen → Rn. 24 ff.) Eingang in den Text des GG gefunden. Sie war zwar zuvor schon im FAG enthalten gewesen und wurde später – wegen verfassungsrechtl. Bedenken[5] – in einem Sondergesetz geregelt,[6] eine ausdr. Fundierung im GG hatte sie aber bisher nicht gegeben.

Die Fortgeltung der Programme im Bereich der **Gemeindeverkehrsfinanzierung** wurde durch 7 den damals neuen Satz 2 in Abs. 2 von Art. 125c bis zum **1.1.2025** verfassungsrechtlich **abgesichert.** Bis zu diesem Zeitpunkt war das GVFG dem Zugriff des einfachen Gesetzgebers entzogen.[7]

Die Befristungen waren eingeführt worden, um eines der wichtigsten Reformziele der Föderalis- 8 musreform 2006 zu verwirklichen. Zur Vermeidung von „schematisch verfestigten Förderungen" war angeordnet worden, diese zu **befristen** und **degressiv** auszugestalten.[8] Dieses sinnvolle **Reformziel** des Jahres 2006 (→ Art. 104b Rn. 41) wird durch die Neuregelung **konterkariert.** Die Entfristung der genannten Finanzhilfen verfestigt die Gewöhnung an außerordentliche Unterstützungszahlungen, die durch das Gebot der befristeten und degressiven Finanzhilfengewährung vermieden werden sollte. Eine überzeugende Begründung für diese unsystematischen Durchbrechungen im Einzelfall ist nicht ersichtlich.[9]

## IV. Die Grundgesetzänderung von 2019

Die **Befristung** der verfassungsrechtl. Absicherung im Bereich der **Gemeindeverkehrsfinanzie-** 9 **rung** wurde gestrichen, so dass nur noch die an sich selbstverständl. Anordnung geblieben ist, dass eine Änd. des GVFG durch BundesG zulässig ist. Unmittelbarer Anlass war der Wunsch, die Mittel nach dem GVFG sofort, also vor dem 1.1.2025, erhöhen und dynamisieren zu können.[10] Darüber hinaus wurde eine entspr. Geltung von Art. 104b II 4 vorgeschrieben. Damit soll klargestellt werden, dass die

---

[4] Art. 1 Nr. 11 G zur Änd. des GG (Artikel 90, 91c, 104b, 104c, 107, 108, 109a, 114, 125c, 143d, 143e, 143f, 143g) v. 13.7.2017 (BGBl I 2347).

[5] Näher → Art. 107 Rn. 34 f., 37; → Art. 143c Rn. 24. Auch das BVerfG hat seine ursprünglich wenig kritische Einstellung deutlich geändert, BVerfGE 101, 158 (231).

[6] G über Finanzhilfen des Bundes nach Artikel 104a Absatz 4 des Grundgesetzes an die Länder Bremen, Hamburg, Mecklenburg-Vorpommern, Niedersachsen sowie Schleswig-Holstein für Seehäfen vom 20.12.2001 (BGBl I 3955), Art. 9 G zur Fortführung des Solidarpaktes, zur Neuordnung des bundesstaatlichen Finanzausgleichs und zur Abwicklung des Fonds „Deutsche Einheit" (Solidarpaktfortführungsgesetz – SFG), BGBl I 3955 (3962).

[7] Krit. *Henneke* DVBl 2017, 214 (218).

[8] Dazu näher → Art. 104b Rn. 41, 43.

[9] BT-Dr 18/11131, S. 19 f. (nur deskriptive Darstellung im Entw.); krit. dazu auch *Reimer,* Stellungnahme v. 20.3.2017, Anl. Haushaltsausschuss-Dr 18/4218, S. 3 („ohne Not").

[10] BT-Dr 19/3440, S. 3, 8.

bes. Kontrollrechte des Bundes auch für die GVFG-Finanzhilfen gelten, obwohl sie nicht auf Art. 104b I, sondern Art. 104a IV aF gestützt sind. Mit dem neuen Abs. 3 wird die Effektuierungsklausel des Art. 104b II 5 auf Regelungen erstreckt, die nach dem 31.12.2019 in Kraft treten, soweit sie die nach Abs. 2 S 2, 3 gewährten Hilfen betreffen (Gemeindeverkehrsfinanzierung, Wohnungsbau, Seehäfen). Ohne diese Anordnung wäre die Geltung der Klausel fraglich gewesen, da diese Hilfen nicht notwendig auf Art. 104b I gestützt sind.

## B. Recht der Gemeinschaftsaufgabe „Hochschulbau" (Abs. 1)

10      Die bisherige Gemeinschaftsaufgabe „Ausbau und Neubau von Hochschulen einschließlich Hochschulkliniken" ist im Hinblick auf die nach neuem Recht ganz überwiegende Länderzuständigkeit für das Hochschulwesen und die als notwendig angesehene Entflechtung von Zuständigkeiten entfallen.[11] Recht, das aufgrund des bisherigen Art. 91a II iVm I Nr. 1 erlassen worden ist, galt nur noch bis zum 31.12.2006 fort, Art. 125c I. Der Zeitraum, um sich auf die neue Rechtslage einzustellen, war damit sehr knapp bemessen. Die Anpassungsschwierigkeiten wurden aber durch die Anordnung weitgehender Weiterzahlung der Bundesmittel jedoch wesentlich gemildert (→ Art. 143c Rn. 2).

11      Erfasst sind folgende Regelungen: das Gesetz über die Gemeinschaftsaufgabe „Ausbau und Neubau von Hochschulen" **(HochschulbauförderungsG),**[12] der von Bund und Ländern aufgrund des HochschulbauförderungsG erlassene **Rahmenplan für den Hochschulbau**[13] und die **Vereinbarungen,** die zwischen Bund und Ländern zur Durchführung des HochschulbauförderungsG und der Rahmenplanung geschlossen worden sind.[14] Das auslaufende Recht behält aber einen Teil seiner Bedeutung, da die Regelung der finanz. Folgen in Art. 143c zT daran anknüpft (→ Art. 143c Rn. 10, 19–21).[15] Regelungen iRd ebenfalls entfallenen Gemeinschaftsaufgabe „Bildungsplanung" sind nicht erfasst.[16]

## C. Recht der Finanzhilfen (Abs. 2)

### I. Fortgeltung bis zum 31. Dezember 2006 (Satz 1)

12      Die nach Art. 104a IV aF geschaffenen Regelungen zur **Gemeindeverkehrsfinanzierung**[17] und zur **sozialen Wohnraumförderung**[18] galten ebenfalls (nur) bis zum 31.12.2006 fort, Art. 125c II 1.[19] Eine Fortführung der Förderung aufgrund von Art. 104b I 1 war kaum noch zulässig, da dem Bund hier in wesentl. Teilen die Gesetzgebungskompetenz fehlte.[20] Mit der Neufassung des Art. 74 I Nr. 18 iRd Föderalismusreform I wurde die bish. konkurr. Gesetzgebungskompetenz des Bundes für das Wohnungswesen erheblich eingeschränkt. Das Recht der sozialen Wohnraumförderung fiel damit in die ausschließliche Gesetzgebungskompetenz der Länder.[21] Auch der komm. Personennahverkehr gehörte nicht zur Kompetenz des Bundes.[22] Außerdem wurde eine degressive oder befristete Gewährung der Hilfen immer weniger gewünscht, vor allem nicht bei den Hilfen für die Seehäfen.

13      Der sehr knapp bemessene Zeitraum, um sich auf die neue Rechtslage einzustellen, wird aber auch hier durch die weitgehende Weiterzahlung der Bundesmittel nach Art. 143c I gemildert (→ Art. 143c Rn. 2), deren Höhe § 3 EntflechtG genau festlegt (→ Art. 143c Rn. 14).[23]

14      Auch diese Reform ist durch die Einfügung eines völlig neuen Finanzhilfetatbestandes für den Bereich des sozialen Wohnungsbaus (Art. 104d)[24] durch die Verfassungsänderung vom März 2019

---

[11] BT-Dr 16/813, S. 21; zur entfallenen Gemeinschaftsaufgabe „Hochschulbau" näher → Art. 91a Rn. 8 f., → Art. 143c Rn. 9.

[12] G v. 1.9.1969 (BGBl I 1556), zul. geänd. durch Art. 15 Bundesrecht-BereinigungsG v. 8.12.2010 (BGBl. I 1864); aufgeh. mWv 15.12.2010 durch G v. 8.12.2010 (BGBl. I S. 1865).

[13] 35. Rahmenplan für den Hochschulbau 2006–2009, beschl. vom PlanungsA m. W. v. 7.4.2006; die Vorbereitungen zum 36. Rahmenplan wurden mit Beschl. des PlanungsA v. 28.11.2005 ausgesetzt.

[14] BT-Dr 16/813, S. 21.

[15] Deshalb ist zu bezweifeln, dass es erloschen ist; dafür aber *Jarass,* in: Jarass/Pieroth, 13. Aufl. 2014, → Art. 125c Rn. 1; jetzt wie hier in der 14. Aufl.

[16] Zustimmend *Heun/Thiele,* in: Dreier III, Art. 125c Rn. 4.

[17] Nach dem GVFG erhalten die Länder Finanzhilfen für Investitionen zur Verbesserung der Verkehrsverhältnisse in den Gemeinden durch Vorhaben des komm. Straßenbaus und des ÖPNV.

[18] Einzelheiten bei *Klein,* in: Maunz/Dürig, Art. 125c (2017) Rn. 14.

[19] Fraglich ist jedoch, ob sie mit Fristablauf ihre Gültigkeit verloren haben, dafür aber: *Klein,* in: Maunz/Dürig, Art. 125c (2017) Rn. 6, 14; *Jarass,* in: Jarass/Pieroth, Art. 125c Rn. 1.

[20] *Butzer,* in: Kluth (Hrsg.), Föderalismusreformgesetz, 2007, Art. 104b Rn. 30; *Heun/Thiele,* in: Dreier III, Art. 125c Rn. 9.

[21] Vgl. BT-Dr 19/3440, S. 2; *Heun/Thiele,* in: Dreier III, Art. 125c Rn. 9.

[22] *Heun/Thiele,* in: Dreier III, Art. 125c Rn. 9.

[23] Zu Art und Höhe der Kompensationsleistungen → Art. 143c Rn. 7, 13 f.

[24] In der Gesetzgebungsbegründung ist als Regelungsziel ausdr. genannt, dass „die Länder künftig wieder durch zweckgebundene Finanzhilfen in die Lage" versetzt werden sollen, „dem Mangel an bezahlbarem Wohnraum spürbar entgegenwirken zu können" (BT-Dr 19/3440, S. 2, 8). Es wird aber auch erkennbar, dass es im Grunde nicht darum geht, die finanz. Lage der Länder zu verbessern, sondern sicherzustellen, dass die Länder die Mittel auch wirklich iSd Bundes verwenden.

(→ Rn. 9) wieder rückgängig gemacht worden. Konträr zu den ursprünglichen Reformzielen können die Hilfen jetzt wieder unbefristet gewährt werden und müssen nicht degressiv ausgestaltet sein.[25]

## II. Fortgeltung bis zum 31. Dezember 2019 (Satz 4)

Die **sonstigen** nach Art. 104a IV aF geschaffenen Regelungen sollten bis zum 31.12.2019 weiter **15** gelten, soweit nicht ein früherer Zeitpunkt für ihr Außerkrafttreten bestimmt ist oder wird. Von Sonderfällen abgesehen (→ Rn. 19, 23, 26) enthält die Vorschrift eine Auffangregelung. Der genaue Regelungsgehalt ist allerdings nicht eindeutig. Die Formulierung lässt offen, ob es genügt, wenn diese Regelungen von ihren Urhebern auf Art. 104a IV aF gestützt worden sind, oder ob sie tatsächlich auch die Voraussetzungen der Norm erfüllt haben müssen. Das ist vor allem wichtig im Hinblick auf die Investitionsprogramme im Bereich der **Bildung.** Allerdings spricht die bloße Existenz der Klausel, die in Kenntnis des Streites um die Materie geschaffen worden ist, dafür, dass auch solche bis dahin rechtlich zweifelhaften Programme weiter gelten und nur (neue) Maßnahmen dieser Art unterbunden werden sollten.[26]

Zu nennen sind hier vor allem das IFGOst[27] und die Finanzhilfen für Stadtsanierung und -entwick- **16** lung. Seit 2002 werden die Finanzhilfen nach dem IFGOst den neuen Ländern als Sonderbedarfs-Ergänzungszuweisungen (dazu → Art. 107 Rn. 1, → Art. 107 Rn. 54) zur Verfügung gestellt.[28] Der Bund beteiligte sich zudem in hohem Maße mit Finanzhilfen für **Stadtsanierung und -entwicklung** an der Förderung der Erneuerung von Städten und Gemeinden.[29] Mit Finanzhilfen beteiligt sich der Bund weiterhin maßgeblich an der Förderung der Erneuerung, der Erhaltung und Stabilisierung von Städten und Gemeinden. Im Rahmen der Städtebauförderung werden die Finanzhilfen auch zur Beseitigung städtebaulicher, funktionaler und sozialer Missstände eingesetzt. Sie werden jetzt allerdings auf Art. 104b gestützt.[30]

Auch die Bund-Länder-Vereinbarung zum **Ganztagsschul-Investitionsprogramm**[31] galt als **17** „sonstige Regelung" weiter. Der Bund hatte allerdings schon nach der bish. Rechtslage die Grenze zuläss. Förderung mit der Gewährung von Finanzhilfen für den Aufbau oder Ausbau von **Ganztagsschulen** überschritten.[32] Die finanz. Förderung von Ganztagsschulen ließ sich auf keines der drei in Art. 104a IV aF genannten Förderungsziele stützen. Im Grunde ging es bei diesen Programmen auch nicht um die Erreichung der Ziele des Art. 104a IV aF, sondern um eine – verfassungswidrige – inhaltl. Einflussnahme des Bundes auf den Bildungsbereich.[33] § 125c II 4 (Art. 125c II 2 aF) kann als (nachträgl.) Billigung durch den verfassungsänd. Gesetzgeber angesehen werden. Jedenfalls bringt die Gesetzesbegründung deutlich zum Ausdruck, dass das Programm fortgeführt werden soll.[34]

Diese Überlegungen haben seit den letzten Änderungen des GG auch insoweit erheblich an **18** Bedeutung verloren. Durch die Einfügung von Art. 104c in das GG 2017 (→ Rn. 6) ist eine weitreich. **Investitionshilfekompetenz** im Bereich der **kommunalen Bildungseinrichtungen** neu geschaffen und durch die Verfassungsänderung vom März 2019 (→ Rn. 9) weiter ausgebaut worden. In der Begründung zur zweiten Änd. ist der „notwendige Ausbau der Ganztagsschul- und Betreuungsangebote" ausdr. als Regelungsziel genannt worden.[35]

---

[25] Vgl. BT-Dr 19/3440, S. 3, 11, ohne hinreichende Begründung: BMF, Finanzbericht 2020, S. 247.

[26] Dagegen *Heun/Thiele,* in: Dreier III, Art. 125c Rn. 11, die eine Fortgeltensanordnung für nichtiges Recht für ausgeschlossen halten; ebenso *Klein,* in: Maunz/Dürig, Art. 125c (2017) Rn. 13; *Jarass,* in: Jarass/Pieroth, Art. 125c Rn. 7.

[27] G zum Ausgleich unterschiedl. Wirtschaftskraft und zur Förderung des wirtschaftl. Wachstums in den neuen Ländern (InvestitionsförderungsG Aufbau Ost) v. 23.6.1993 (BGBl I 982), verkündet als Art. 35 des G zur Umsetzung des Föderalen Konsolidierungsprogramms v. 23.6.1993 (BGBl I 944), geänd. durch SolidarpaktfortführungsG v. 20.12.2001 (BGBl I 3955).

[28] Diese Zuweisungen schließen das Krankenhausinvestitionsprogramm ein, § 2 II IFGOst.

[29] Von 1990 bis 2018 sind den Ländern Programmmittel in Höhe von insgesamt rd. 14,25 Mrd. € bereitgestellt worden; rund 59 % davon entfielen auf Grund der entsprechenden Nachholbedarfe auf die neuen Länder, BMF, Finanzbericht 2020, S. 247.

[30] BMF, Finanzbericht 2020, S. 147.

[31] Bund-Länder-Verwaltungsvereinbarung v. 29.4.2003: Verwaltungsvereinbarung Investitionsprogramm „Zukunft Bildung und Betreuung". Das Volumen dieser Finanzhilfen beträgt bis zum Jahr 2009 4 Mrd. Euro.

[32] Ebenso *Henneke,* in: Hofmann/Henneke, Art. 104b Rn. 2, 16, 40; *Häde* JZ 2006, 930 (936); *Siekmann* DÖV 2002, 629 (632 ff.); *Stettner* ZG 2003, 315 (315 ff.); *Winterhoff* JZ 2005, 59 (64); *Hufen* RdJB 2005, 323 (330): zulässig ist allenfalls die Förderung gesamtwirtschaftlich bedeutsamer Sachinvestitionen; *Brockmeyer,* in: Schmidt-Bleibtreu/Klein, 10. Auflage 2004, Art. 104a Rn. 22a: „Höhepunkt einer bedenklichen Ausweitung der Finanzhilfekompetenz in den Bildungsbereich." Im Schrifttum wurden meist die 2. und 3. Alt. des Art. 104a IV 1 aF im Kultur- und Bildungsbereich ohnehin nicht für anwendbar gehalten, vgl. *Maunz,* in: Maunz/Dürig, Art. 104a (1977) Rn. 51; *Stern,* StaatsR II, S. 1144; *Heintzen,* in: v. Münch/Kunig III, 5. Aufl. 2003, Art. 104a Rn. 57; *Siekmann* DÖV 2002, 629 (638); *Kienemund,* in: Hömig, Art. 104b Rn. 8; weiter dagegen *Vogel/Kirchhof* BK, Art. 104a (1971) Rn. 136; *Starck* JZ 1975, 363 (364); *Maier* DÖV 2003, 796 (800).

[33] Vgl. auch *Hillgruber* JZ 2004, 837 (844); *Stettner* ZG 2003, 315 (315 ff.), der von einem „kollusiven Zusammenwirken von Bund und Ländern im Ganztagsschulprogramm" spricht.

[34] BT-Dr 16/813, S. 19.

[35] BT-Dr 19/3440, S. 1 f., 8.

### III. Zeitlich unbegrenzte Fortgeltung

**19**　**1. Verkehr in den Gemeinden (Sätze 2 und 3).** Bestimmungen des GVFG, die nicht auf Art. 104a IV aF beruhen, fallen schon nicht unter den Tatbestand des Art. 125c und gelten weiter. Ihre Grundlage ist auch nicht durch die Verfassungsänderung 2006 im Rahmen der Föderalismusreform I entfallen. Das betrifft z. B. § 10 II 1, 3 und § 11 GVFG.[36] Darüber hinaus gibt es aber auch Regelungen, für welche die Vorschrift seit ihrer Einfügung in das GG (→ Rn. 4) eine Fortgeltung bis zum 31.12.2019 (konstitutiv) angeordnet hatte, Art. 125 II 2 aF. Das sind die Vorschriften des GVFG, welche die besonderen Programme nach **§ 6 I GVFG („Bundesprogramme")** regeln, die auf Art. 104a IV aF gestützt waren.[37]

**20**　Die **zeitliche Begrenzung** für die Fortgeltung dieser Regelungen, die durch die GG Änderung von 2017 (Föderalismusreform III) eingeführt worden war (→ Rn. 6 f.), wurde durch die Änderung des GG von 2019 (Föderalismusreform IV) wieder **beseitigt** (→ Rn. 9). Die Feststellung in der Neufass. von S. 2: „gelten bis zu ihrer Aufhebung fort" ist im Grunde nur ein Truismus und allein aus der wechselvollen Entstehungsgeschichte zu erklären. Eine Aufhebung der Regelungen ist aus jur. Sicht jederzeit zulässig.[38]

**21**　Die emsigen Bemühungen der Kommunalkörperschaften, noch möglichst viele (kostenträchtige) Verkehrsprojekte bis zu diesem Datum förderfähig in Gang zu setzen, erwiesen sich im Nachhinein als überflüssig.

**22**　Durch die Änderung des GG von 2017 (→ Rn. 6) war eine **Absicherung** der **einfachgesetzlichen Rechtslage** bis zum 31.12.2024 („Versteinerung") eingeführt worden. Erst ab dem 1.1.2025 sollten Änderungen des GVFG zulässig sein, Art. 125c II 3 aF. Diese bemerkenswerte Regelungstechnik ist nur aus dem basarhaften Aushandeln von ganzen Regelungskomplexen des FinanzverfassungsR zwischen Bund und Ländern erklärbar und wurde auch bald als lästig empfunden. Sie wurde denn auch keine zwei Jahre später durch die Änderung des GG vom März 2019 (Föderalismusreform IV) wieder beseitigt. Damit hat auch **Satz 3** seine Bedeutung verloren. Die Möglichkeit, das GVFG zu ändern, ist selbstverständlich und nur aus der zuvor verfassungsrechtl. angeordneten Änderungssperre zu erklären. ÄnderungsG bedürfen nicht der Zustimmung des BRates (→ Rn. 33).[39]

**23**　Seit der Änd. des GG im März 2019 (→ Rn. 9) gelten für die „Bundesprogramme" zur Finanzierung der komm. Verkehrsinfrastruktur (→ Rn. 19 f.) keine Beschränkungen mehr. Im Ergebnis ist die (zeitlich) befristete Übergangsregelung in **Dauerrecht** verwandelt worden und verleiht dem Bund das Recht zur Finanzierung abw. von Art. 104b, also auch ohne Gesetzgebungskompetenz.[40] Sowohl die „Bestimmungen zur Höhe der Finanzhilfen als auch zur Art der zu fördernden Investitionen im Bereich der von den Bundesprogrammen erfassten Verkehrswege" können nunmehr ohne weiteres geändert werden.[41]

**24**　**2. Seehäfen (Satz 2).** Die erst 2017 in das GG eingefügte Fortgeltung der Förderung der **Seehäfen** (→ Rn. 6) nimmt an der zeitl. Ausdehnung der Geltungsdauer bis zum 31.12.2024 teil, nicht aber an der zugleich eingeführten – inzwischen schon wieder beseitigten (→ Rn. 9, 22) – Absicherung („Versteinerung") der einfachgesetzl. Rechtslage bis zu diesem Zeitpunkt. Sie galt eindeutig nur für die Finanzierung von komm. Verkehrsprojekten.

**25**　Die Subventionierung der Seehäfen in den norddeutschen Küstenländern, die eine lange Tradition hat, ist seit der Verfassungsänderung von 2017 (→ Rn. 6) erstmals im GG angesprochen. Sie ist auf Art. 104a IV aF gestützt, kann aber nicht auf Art. 104b I umgestellt werden, da sich die Politik nicht dessen Voraussetzungen unterwerfen wollte und auch die erforderliche Gesetzgebungskompetenz des Bundes zweifelhaft ist.[42] Deshalb musste die Regelung trotz ihres Dauercharakters in eine Übergangsvorschrift aufgenommen werden. Ihre (mögliche) verfassungsrechtliche Grundlage war schon lange außer Kraft getreten. Mittlerweile sind aber neue Finanzhilfetatbestände geschaffen worden, die auf die einengenden Vorgaben der Finanzreform I verzichten (Art. 104c und d).

**26**　Die Fortgeltung der Regelung bis zum 31.12.2019 ergab sich bereits aus Art. 125c II 4 aF. Erst durch die Änderung des GG von 2017 ist diese Frist gestrichen worden.[43] Nunmehr ist verfassungsrechtlich angeordnet, dass die Regelungen des Gesetzes über Finanzhilfen für Seehäfen[44] **unbefristet** gelten („bis zu ihrer Aufhebung"). Die einfachgesetzliche Regelung ist entsprechend angepasst wor-

---

[36] BT-Dr 16/813, S. 21.
[37] Das Volumen der „Bundesprogramme" ist um 332,567 Euro auf 667, 135 Euro für 2020 erhöht worden, BMF, Finanzbericht 2020, S. 148.
[38] *Heun/Thiele,* in: Dreier III, Art. 125c Rn. 9; *Jarass,* in: Jarass/Pieroth, Art. 125c Rn. 4.
[39] Vgl. BT-Dr 193440, S. 17, 20.
[40] *Jarass,* in: Jarass/Pieroth, Art. 125c Rn. 4; anders noch *Klein,* in: Maunz/Dürig, Art. 125c (2017) Rn. 5.
[41] BT-Dr 19/3440, S. 11.
[42] *Henneke,* in: Hofmann/Henneke, Art. 104b Rn. 40.
[43] Vgl. BT-Dr 18/11131, S. 9; *Jarass,* in: Jarass/Pieroth, Art. 125c Rn. 5.
[44] Nachweis → Fn. 6.

den.[45] Eine Aufhebung ist jederzeit zulässig[46] und bedarf nicht der Zustimmung des BRates (→ Rn. 33).[47]

Die Beseitigung der Befristung musste auch für die bisher nur einfachgesetzliche Anordnung (bei **27** den Hilfen für die Seehäfen) auf **verfassungsrechtlicher Ebene** erfolgen, da die grundsätzliche Anordnung einer Befristung durch Art. 104b II 5 nF wohl nicht für die in Art. 125c II geregelten Fälle gilt. Das zeigt auch die Einfügung von Abs. 3 durch die Verfassungsänderung vom März 2019.

## D. Effektuierungsklausel

Durch die Einfügung des neuen Abs. 3 im Zuge der Verfassungsänderung vom März 2019 soll **28** sichergestellt werden, dass die Mittel des Bundes **zusätzlich** zu den eigenen Mitteln der Länder für die verfolgten Zwecke verwendet werden. Der **Nettofördereffekt** soll nicht (mehr) durch Einsparungen an anderer Stelle verwässert werden. Damit sich die Länder hinreichend auf diese neue Rechtslage einstellen können, soll die neue Vorgabe erstmals auf die nach dem 31.12.2019 in Kraft tretenden Regelungen anzuwenden sein. Die neue Vorschrift dürfte nicht nur klarstellende Funktion haben,[48] da sich der aufgehobene Art. 104a IV in Verbindung mit den darauf beruhenden einfachgesetzlichen Regelungen zu einem selbständigen Dauerrecht entwickelt hat.

## E. Kritische Würdigung

Die Vorschrift ist als „eklatantes Beispiel **verfehlter verfassungsrechtlicher Normierung** tages- **29** politischer Verhandlungskompromisse und schlechter Normierungstechnik" gerügt worden. Es sei beinahe „absurd", dass das GG mit Fortgeltensanordnungen für wenige Monate belastet worden sei, anstatt das Inkrafttreten der Verfassungsreform hinauszuschieben. Auch sei der Verweis auf ein einfaches FinanzierungsG im Text des GG ein „Armutszeugnis für den verfassungsändernden Gesetzgeber".[49] Den Hauptanliegen dieser Kritik kann nur zugestimmt werden: Tagespolitische Kompromisse in Detailfragen des einfachen Rechts gehören nicht in die Verfassung und die sprachliche und systematische Qualität der Verfassungsänderungsgesetzgebung verfällt zusehends, wie auch Art. 91c, d, e, 109 III, 115 II eindrucksvoll beweisen.[50] Die im Dezember 2016 vereinbarte und im März 2017 verabschiedete Neuordnung der Finanzbeziehungen zwischen Bund und Ländern hat diesen Eindruck eher noch verstärkt.[51] Das gilt nicht zuletzt für die Streichung der „Versteinerungsklausel" nach nicht einmal 2 Jahre durch die Änderung des GG vom März 2019 (Rn. 9, 22).

Die Grundgesetzänderung 2017 weitet zudem die kritikwürdige Regelungstechnik von Art. 125c **30** aF (→ Rn. 6, → Rn. 19, → Rn. 22) aus. Die Verfassung wird mit neuen Detailregelungen zu einfachgesetzlichen Vorschriften belastet, die nicht verfassungswürdig sind. Außerdem wird das Verfassungsrecht auch durch diese Neuregelung zur Beurkundung von zuvor ausgehandelten, außerordentlich detailverliebten politischen Kompromissen instrumentalisiert.

Das Jahr 2019 hat weitere Änderungen und Ergänzungen von Vorschriften in diesem Bereich **31** gebracht. In Zeiten großer Koalitionen gab es keine Halten mehr. Irgendein übergreifendes Regelungskonzept ist nicht (mehr) zu erkennen. Die Geschwindigkeit, mit der Änderungen schon wieder geändert werden müssen, ist ein Anzeichen für den mangelnden Weitblick und die fragwürdige Qualität der Arbeit. Übergreifend ist der erkennbar fehlende Respekt für die „rechtliche Grundordnung des Staates" *(Kägi)*.

Der Bundesbeauftragte für die Wirtschaftlichkeit in der Verwaltung hat in seiner Stellungnahme **32** zum Entwurf der GG-Änderung vom März 2019 zu Recht die Schaffung neuer **Dauerfinanzierungstatbestände** – wegen der fehlenden Anwendbarkeit von Art. 104b I 5 und 6 im „originären Kernbereich der Länderverantwortung" – deutlich gerügt.[52]

Die vom BRat gewünschte Anordnung der **Zustimmungsbedürftigkeit** für ÄnderungsG ist ausdr. **33** mit der Begründung abgelehnt worden, sie widerspreche der Vereinbarung vom 8.12.2016 zur Neuordnung der Bund-Länder-Finanzbeziehungen für die geltende Fassung von Art. 125c. Die Bestim-

---

[45] Art. 3 G zur Neuregelung des bundesstaatlichen Finanzausgleichssystems ab dem Jahr 2010 und zur Änderung haushaltsrechtlicher Vorschriften v. 14.8.2017, BGBl I 3122 (3126): „werden die Wörter ‚bis zum Jahr 2019' gestrichen"; s. a. BT-Dr 18/11135, S. 19.

[46] *Jarass*, in: Jarass/Pieroth, Art. 125c Rn. 5.

[47] Vgl. BT-Dr 193440, S. 17, 20.

[48] So aber die BReg in ihrer Gegenäußerung zur Stellungnahme des BRat, BT-Dr 19/3440, S. 20.

[49] *Heun/Thiele*, in: Dreier III, Art. 125c Rn. 9; krit. auch: *Schwarz*, in: Starck (Hrsg.), Föderalismusreform, 2007, Rn. 146; *Klein*, in: Maunz/Dürig, Art. 125c (2017) Rn. 8; *Dreier* ZSE 2008, 399 (404): eine „verfassungsrechtlich absolut periphere Norm wie § 6 des Gemeindeverkehrsfinanzierungsgesetzes hat im Textkorpus des Grundgesetzes schlicht nichts zu suchen".

[50] Vgl. *Glaser* BK, Art. 125c (2016) Rn. 6, der aber das Kernproblem in der „Existenz der Gemeinschaftsaufgaben" und in ihrer „kritikwürdigen Inkonsistenz" sieht. Mangelnde sprachliche und systematische Qualität von Art. 125c seien nur „ein (folgerichtiges) **Symptom der Gemeinschaftsaufgaben**".

[51] *Heun/Thiele*, in: Dreier III, Art. 125c Rn. 4.

[52] BT-Dr 19/3440, S. 9.

mung und ihre Behandlung zeigen wie sehr mittlerweile das finanzverfassungsrechtl. Bund-Länder-Verhältnis als **paktiertes Recht** verstanden wird.

## Art. 126 [Streit über das Fortgelten des alten Rechts]

**Meinungsverschiedenheiten über das Fortgelten von Recht als Bundesrecht entscheidet das Bundesverfassungsgericht.**

**Entstehungsgeschichte: Erstfassung:** JöR nF 1 (1951), 846.
**Gesetzgebung:** BVerfGG §§ 13 Nr. 14, 86 bis 89.
**Leitentscheidungen:** BVerfGE 4, 358 (Finanzausgleich); BVerfGE 28, 119 (Spielbank); BVerfGE 33, 206 (WaffenG).

**Schrifttum:** *J. Rühmann*, Verfassungsgerichtliche Normenqualifikation, 1982; ferner 7. Aufl. mwN

## A. Entstehung und allgemeine Bedeutung

**1**     Das Verfahren vor dem BVerfG dient der verbindlichen Entscheidung, ob Recht als Bundesrecht fortgilt.[1] Nach **Art. 140 HChE** sollten im Streitfalle die zuständigen Minister über die Fortgeltung als Bundes- oder Landesrecht entscheiden. Dagegen schlug der ARA die Entscheidung durch das BVerfG vor. Seine endgültige Fassung erhielt Art. 126 in der 4. Lesung des HA auf Grund eines neuen Vorschlags des ARA.

**2**     Zur verfahrensrechtlichen Ausführung sind die § 13 Nr. 14 und §§ 86–89 BVerfGG ergangen. Das dort geregelte Verfahren ist trotz seiner Nähe zu den Normenkontrollverfahren nach Art. 93 I Nr. 2 und Art. 100 I **als Normenqualifikationsverfahren ein Verfahren sui generis.** Insgesamt hat das BVerfG 19 Entscheidungen nach Art. 126 getroffen, davon keine in den vergangenen zehn Jahren.[2]

**2a**    Ursprünglich war Art. 126 primär eine **verfahrensrechtliche Ergänzung der materiell-rechtlichen Überleitungsnormen** in Art. 124 f.[3] Im Streitfall sollte das BVerfG entscheiden, ob gem. Art. 123 I fortgeltendes Altrecht BundesR geworden ist. Von Bedeutung ist das v. a. für die Kompetenz zur Änderung solcher Normen. Wegen der fortgeschrittenen Rechtsbereinigung hat das Verfahren in dieser klassischen Ausprägung keine große Relevanz mehr.[4] **Neue Anwendungsfälle** können sich mit Blick auf die Fortgeltung von **DDR-Recht** ergeben (→ Rn. 5).

## B. Verfahrensgegenstand

**3**     **Antragsteller** im Verfahren nach Art. 126 sind entweder gem. **§ 86 I BVerfGG** die dort genannten Verfassungsorgane BTag, BRat, BReg oder LReg unter den Zulässigkeitsvoraussetzungen des § 87 I oder nach **§ 86 II** Gerichte. § 86 BVerfGG kombiniert also ein abstraktes Antrags- und ein konkretes Vorlageverfahren;[5] in der Praxis dominieren Gerichtsvorlagen.[6] Der **gegenständliche Anwendungsbereich** ist in Art. 126 mit dem Begriff **„Recht"** beschrieben. Dass § 86 II BVerfGG von „Gesetz" spricht, führt zu keiner Reduzierung tauglicher Vorlagegegenstände.[7] Prüfungsgegenstand können materielle Gesetze[8] aller Art sein, auch RVO und Gewohnheitsrecht.[9] Es muss sich jedenfalls um **Altrecht** handeln, das nicht von dem nach dem GG zuständigen Organen erlassen worden ist. Zur umstrittenen Beschränkung auf nachkonstitutionelles Recht → Rn. 5. **Meinungsverschiedenheiten** iSv Art. 126 liegen vor, wenn die Bundesrechtsqualität zwischen zuständigen Organen oder in Rspr. oder Lit. umstritten ist.[10] Im klassischen Anwendungsbereich des Art. 126 prüft das BVerfG, ob die Voraussetzungen der Art. 124 oder 125 für das Fortgelten *als Bundesrecht* gegeben sind. Ob eine Norm nach **Art. 123 I** überhaupt fortgilt, ist lediglich **als Vorfrage** zu prüfen.[11] Die Qualifikation einer

---

[1] Vgl. *Antoni* Hömig/Wolff, Art. 126 Rn. 1: „Letztentscheidungskompetenz des BVerfG".
[2] Vgl. www.bundesverfassungsgericht.de/DE/Verfahren/Jahresstatistiken/2018/gb2018/A-I-5.pdf (5.12.2019).
[3] Vgl. etwa BVerfGE 1, 162 (164 f.); 3, 368 (373); 8, 186 (191).
[4] Vgl. *Detterbeck*, Streitgegenstand, S. 472; *Hillgruber*, in: Maunz/Dürig, Art. 126 (2013) Rn. 21; zu verbliebenen Anwendungsfällen *v. Coelln* MSKB, § 86 (2010) Rn. 14 ff.
[5] Vgl. *Wieland*, in: Dreier III, Art. 126 Rn. 7.
[6] Es ist wohl erst ein Antrag nach § 86 I BVerfGG gestellt worden (BVerfGE 8, 143); vgl. *Hopfauf* Hofmann/Henneke, Art. 126 Rn. 18; *E. Klein*, in: Benda/Klein/Klein, Rn. 904.
[7] Vgl. BVerfGE 28, 119 (134); *v. Coelln* MSKB, § 86 (2010) Rn. 45.
[8] Vgl. BVerfGE 8, 186 (190 f.); 33, 206 (213); *Preisner* BDS, § 86 Rn. 43, wonach bei Erheblichkeit auch Recht vorgelegt werden kann, das nach der Transformation außer Kraft getreten ist.
[9] Vgl. BVerfGE 28, 119 (132 ff.); *Hillgruber*, in: Maunz/Dürig, Art. 126 (2013) Rn. 11; *Vöneky* BK Art. 126 (2018) Rn. 34 f.
[10] BVerfGE 4, 358 (368 f.); *Vöneky* BK Art. 126 (2018) Rn. 38.
[11] Vgl. BVerfGE 1, 162 (166); 2, 341 (346); 3, 354 (356); 3, 357 (358 f.); 4, 358 (368); 7, 265 (266); *v. Coelln* MSKB, § 86 (2010) Rn. 5; *Detterbeck*, Streitgegenstand, S. 474; *Hillgruber*, in: Maunz/Dürig, Art. 126 (2013) Rn. 25; krit.: *Rühmann*, S. 48 ff.; *Sachs*, Die Bindung des Bundesverfassungsgerichts an seine Entscheidungen, 1977, S. 359 ff.; *ders.*, VerfProzR, Rn. 288.

Norm als BundesR setzt aber voraus, dass diese fortgilt.[12] Welchen Rang eine Norm innerhalb des BundesR hat, ist nicht Prüfungsgegenstand.[13]

Der Entscheidung des BVerfG im Verfahren gem. Art. 126 kommen **Bindungswirkung und** 4 **Gesetzeskraft** zu (§ 31 I, II 1 BVerfGG). Das BVerfG stellt fest, dass eine Norm als BundesR fortgilt (§ 89 BVerfGG) bzw. nicht als BundesR fortgilt. Soweit das BVerfG als Vorfrage entscheidet, ob eine Norm überhaupt fortgilt (→ Rn. 3), wird dies nicht in den Tenor aufgenommen.[14] Dementsprechend wird weder die Nichtigkeit der Norm gesetzeskräftig festgestellt noch im anderen Fall ihre Gültigkeit.[15] Eine inzident vorausgesetzte Gültigkeit schließt nicht aus, dass die Norm später für nichtig erklärt wird. Wurde die Fortgeltung als Bundesrecht wegen inzident angenommener Ungültigkeit verneint, so kann gleichwohl geltendes Landesrecht angenommen werden. Ob eine Norm tatsächlich als Landesrecht fortgilt, hängt (auch) vom jew. Landesverfassungsrecht ab und kann ggf. nur vom zuständigen LVerfG verbindlich entschieden werden.[16]

## C. Neue Anwendungsmöglichkeiten des Art. 126

Umstritten ist, ob Art. 126 nach der Wiedervereinigung auch für die Fragen der **Zuordnung** 5 **fortgeltenden DDR-Rechts zum Bundes- oder Landesrecht** nach Art. 9 IV EV nutzbar zu machen ist.[17] Seinem Wortlaut nach enthält Art. 126 keine Beschränkung auf Recht aus der Zeit vor dem Zusammentritt des ersten BTag. Die ursprüngliche systematische Stellung des Art. 126 als Annex zu Art. 124 f. spricht zwar für eine Beschränkung auf die Übergangsproblematik des Jahres 1949. Sinn und Zweck der Bestimmung sind aber nicht darauf beschränkt, sondern betreffen ebenso die parallelen Fragen des Jahres 1990. Auch beim DDR-Recht handelt es sich um Recht, das vor Inkrafttreten des GG im Beitrittsgebiet gegolten hat und über dessen Fortgelten *als* (regionales) *BundesR* unabhängig von der Fortgeltung überhaupt Meinungsverschiedenheiten bestehen können.[18] Entscheidungen hierzu hat das BVerfG bislang, soweit ersichtlich, nicht getroffen.[19]

Umstritten ist ferner, ob das Verfahren nach Art. 126 auch auf Meinungsverschiedenheiten über die 6 neuen **Fortgeltungsregeln der Art. 125a I, II, Art. 125b I** anwendbar ist.[20] Danach gilt BundesR fort, obwohl sich die Gesetzgebungskompetenzen durch die Reformen der grundgesetzl. Kompetenzordnung von 1994 und 2006 verändert haben. Gegen das Qualifikationsverfahren spricht in diesen Fällen, dass dort nicht str. ist, ob eine Norm gerade *als Bundesrecht* fortgilt. Denn es besteht – anders als bei Art. 123 iVm Art. 124 f. – keine Möglichkeit, dass bisheriges Bundes- zu LandesR wird oder umgekehrt. Daher ist Art. 126 hier ebensowenig einschlägig wie für Streitigkeiten über Art. 125c.[21] Stattdessen kommen Normenkontrollen nach Art. 93 I Nr. 2, 2a, II, 100 I in Betracht.

## Art. 127 [Recht des Vereinigten Wirtschaftsgebietes]

**Die Bundesregierung kann mit Zustimmung der Regierungen der beteiligten Länder Recht der Verwaltung des Vereinigten Wirtschaftsgebietes, soweit es nach Artikel 124 oder 125 als Bundesrecht fortgilt, innerhalb eines Jahres nach Verkündung dieses Grundgesetzes in den Ländern Baden, Groß-Berlin, Rheinland-Pfalz und Württemberg-Hohenzollern in Kraft setzen.**

**Entstehungsgeschichte: Erstfassung:** JöR nF 1 (1951), 848.
**Gesetzgebung:** Vgl. die u. Fn. 8 zitierte Übersicht.

**Schrifttum:** *D. Jesch,* Zulässigkeit gesetzesvertretender Verwaltungsverordnungen?, AöR 84 (1959), 74; *M. Stolleis,* Besatzungsherrschaft und Wiederaufbau deutscher Staatlichkeit 1945–1949 HStR I, § 7; ferner 7. Aufl. mwN.

[12] Vgl. *v. Coelln* MSKB, § 86 (2010) Rn. 5; *Hillgruber,* in: Maunz/Dürig, Art. 126 (2013) Rn. 25.
[13] Vgl. *Preisner* BDS, § 86 Rn. 26; *Rühmann,* S. 47.
[14] Vgl. *Detterbeck,* Streitgegenstand, S. 474 f.; *Hillgruber,* in: Maunz/Dürig, Art. 126 (2013) Rn. 25 mwN; *Lenz/Hansel,* § 89 Rn. 4; dagegen *Holtkotten* BK, Art. 126 (Erstbearb.) Anm. II. 3 d.
[15] Vgl. gleichwohl zur prakt. Bindungswirkung *Sachs* (Fn. 11), S. 361 mwN; *ders.,* VerfProzR, Rn. 289.
[16] Vgl. *Hillgruber,* in: Maunz/Dürig, Art. 126 (2013) Rn. 53; *Holtkotten* BK, Art. 126 (Erstbearb.) Anm. II. 2; anders für ursprüngliches LandesR *Preisner* BDS, § 86 Rn. 24; → Art. 125 Rn. 8 f.
[17] Vgl. dafür: *v. Coelln* MSKB, § 86 (2010) Rn. 20 ff.; *Hillgruber,* in: Maunz/Dürig, Art. 126 (2013) Rn. 21; *Preisner* BDS, § 86 Rn. 29 f.; *Sachs,* VerfProzR, Rn. 275; *Vöneky* BK, Art. 126 (2018) Rn. 55; wohl auch *Kirn* v. Münch/Kunig II, Art. 126 Rn. 1a; dagegen: *Antoni* Hömig/Wolff, Art. 126 Rn. 1; *Hopfauf,* in: Hofmann/Henneke, Art. 126 Rn. 6, 8; *Seiler* BeckOK GG, Art. 126 Rn. 2.1; *Wieland* Dreier III, Art. 126 Rn. 4; unklar *Wolff* MKS III, Art. 126 Rn. 12.
[18] Vgl. *E. Klein,* in: Benda/Klein/Klein, Rn. 900.
[19] Vgl. *Sachs,* VerfProzR, Rn. 275; *Wieland,* in: Dreier III, Art. 126 Rn. 4.
[20] Vgl. dafür: *Antoni,* in: Hömig/Wolff, Art. 126 Rn. 1; *Schulze* in der 7. Aufl., Rn. 5; aA → Fn. 22.
[21] Vgl. *v. Coelln* MSKB, § 86 (2010) Rn. 27; *Hillgruber,* in: Maunz/Dürig, Art. 126 (2013) Rn. 15 ff.; *Hopfauf,* in: Hofmann/Henneke, Art. 126 Rn. 7; *Preisner,* in: BDS, § 86 Rn. 31; *Seiler* BeckOK GG, Art. 126 Rn. 2; *Vöneky* BK Art. 126 (2018) Rn. 52 ff.; jetzt auch *Sachs,* VerfProzR, Rn. 275.

**1**    Art. 127 dient der Vereinfachung der Rechtsvereinheitlichung und der Entlastung des ersten BTag. Dazu ermächtigte er die BReg, **Recht des Vereinigten Wirtschaftsgebietes,** das aus der amerikanischen und britischen Besatzungszone bestand (Bizone),[1] auf das Gebiet der französischen Zone zu erstrecken. Das setzte voraus, dass betroffenes Recht nach Art. 124 oder 125 als BundesR fortgalt und dass die Regierungen der beteiligten Länder zustimmten. Die Rechtsgeltung erstreckte sich dann auch auf den bayerischen Kreis Lindau, der lediglich versehentlich nicht mitaufgeführt wurde.[2] Wegen der Vorbehalte der Alliierten war Art. 127 entgegen seinem Wortlaut auf Groß-Berlin nicht anwendbar.[3]

**2**    Die in Art. 127 geregelte Erstreckung von Recht stellt eine **spezifische Form der Rechtsetzung** dar, die nicht dem Art. 80 unterliegt.[4] Gegenstand der Ermächtigung war **Recht der Verwaltung der Vereinigten Wirtschaftsgebietes,** soweit es nach Art. 124 f. als BundesR fortgilt. Der Rechtsbegriff des Art. 127 stimmt grds. mit dem der Art. 123 ff. überein; er umfasst somit alle materiellen Rechtsätze, die von einem Organ des Vereinigten Wirtschaftsgebietes erlassen worden sind.[5] Der einseitig hoheitliche Charakter der Erstreckung wird durch die Notwendigkeit der Zustimmung der Regierungen der betroffenen Länder gemildert und an den bundesdeutschen Föderalismus angepasst.[6]

**3**    Von Art. 127 hat die BReg in einer Reihe von **Rechtsverordnungen** Gebrauch gemacht, **die Gesetzesrang besaßen,** soweit es sich um die Erstreckung von GesetzesR handelt.[7] Eine abschließende Gesamtübersicht findet sich im BGBl.[8] Die Ermächtigung des Art. 127 ist nach Ablauf der einjährigen Frist am 23.5.1950 erloschen.[9] Obwohl dem Art. 127 daher keine Bedeutung mehr zukommt, wurde eine Streichung aus verfassungshistorischen Erwägungen abgelehnt.[10]

## Art. 128 [Fortbestehen von Weisungsrechten]

**Soweit fortgeltendes Recht Weisungsrechte im Sinne des Artikels 84 Absatz 5 vorsieht, bleiben sie bis zu einer anderweitigen gesetzlichen Regelung bestehen.**

**Entstehungsgeschichte: Erstfassung:** JöR nF 1 (1951), 849.
**Geltende Landesverfassung:** *RhPf*Verf Art. 138.
**Leitentscheidung:** BVerwGE 67, 173 (Einbürgerungszustimmung).

**Schrifttum:** *H. Schäfer,* Bundesaufsicht und Bundeszwang, AöR 78 (1953), 1.

**1**    Art. 128 wurde als **spezielle Übergangsvorschrift zu Art. 84 V** konzipiert und ist vom ParlRat in direkter Verbindung dazu formuliert worden.[1*] Er bestätigt die Aufrechterhaltung von Weisungsbefugnissen des vorkonstitutionellen Rechts. Art. 128 ermöglichte es den Bundesorganen der vollziehenden Gewalt, ihre Funktion in einer Zeit aufzunehmen, zu der ein geschlossenes System von Bundesgesetzen und Weisungsrechten nicht existierte. Man kann deshalb von Art. 128 als funktionssichernder Norm sprechen.[2*]

**2**    Art. 128 betrifft **Weisungsrechte** i. S. d. Art. 84 V (→ Art. 84 Rn. 42 ff.) aus dem **Altrecht,** das gem. Art. 123–125 als BundesR[3*] fortgilt. Solche Weisungsrechte gelten als inhaltl. vereinbar mit dem GG. Sie **bestehen fort** bis zu einer anderweitigen Regelung. Voraussetzung der Fortgeltung ist, dass das Altrecht bis zum Stichtag des Art. 123 I, dem 7.9.1949, galt und nicht zuvor aufgehoben worden war.[4*]

**3**    **Weisungsrechte i. S. d. Art. 128** sind solche Befugnisse des Altrechts, die in ihrer Ausgestaltung denen des Art. 84 V entsprechen. Die Übergangsvorschrift des Art. 128 wollte keine weitergehenden Befugnisse einräumen, als sie nach der endgültigen Regelung geschaffen werden können.[5*] Daher

---

[1] Vgl. *Stolleis* HStR I, § 7 Rn. 107 ff.
[2] BVerfGE 1, 117 (142); vgl. *Holtkotten* BK, Art. 127 (Erstbearb.) Anm. II 3b.
[3] Vgl. Ziff. 4 des Genehmigungsschreibens der Militärgouverneure v. 12.5.1949, VOBl BritZ 416 f.; *Maunz/Klein,* in: Maunz/Dürig, Art. 127 (2017) Rn. 17; Holtkotten, BK, Art. 127 (Erstbearb) Anm. II. 2b; allg. *Scholz* HStR I[1], § 9 Rn. 27, 36 ff.; *Stolleis* HStR I, § 7 Rn. 32 f.
[4] Vgl. *Maunz/Klein,* in: Maunz/Dürig, Art. 127 (2017) Rn. 4: „lex specialis".
[5] Vgl. *Maunz/Klein,* in: Maunz/Dürig, Art. 127 (2017) Rn. 5 f.
[6] Vgl. *Stettner,* in: Dreier III, Art. 127 Rn. 6; anders *Kirn,* in: v. Münch/Kunig II, Art. 127 Rn. 2: „Funktionenmischung von Bundes- und Landesorganen".
[7] Vgl. *Maunz/Klein,* in: Maunz/Dürig, Art. 127 (2017) Rn. 3; *Sachs,* in: Stern, StaatsR III/2, S. 449 mN.
[8] Abschließende Gesamtübersicht über die Erstreckung von Recht der Verwaltung des Vereinigten Wirtschaftsgebietes auf das Bundesgebiet gem. Art. 127 des GG, BGBl I 1950, 332 f.
[9] Vgl. *Maunz/Klein,* in: Maunz/Dürig, Art. 127 (2017) Rn. 20.
[10] Vgl. *Gnatzy,* in: Hofmann/Henneke, Art. 127 Rn. 1; für Streichung *Austermann* DÖV 2012, 227 (230).
[1*] Vgl. *Maunz/Klein,* in: Maunz/Dürig, Art. 128 (2017) Rn. 1; *Wolff* MKS III, Art. 128 Rn. 1.
[2*] Vgl. *Maunz/Klein,* in: Maunz/Dürig, Art. 128 (2017) Rn. 1.
[3*] Vgl. *Gnatzy,* in: Hofmann/Henneke, Art. 128 Rn. 1; bspw. zu bergrechtl. Weisungsbefugnissen *Brune* DVBl 1951, 752 (753 f.).
[4*] Vgl. *Maunz/Klein,* in: Maunz/Dürig, Art. 128 (2017) Rn. 11; dagegen für Wiederaufleben von Ermächtigungen, die in der NS-Zeit aufgeh. worden waren *Kim,* in: v. Münch/Kunig II, Art. 128 Rn. 1.
[5*] Vgl. *Maunz/Klein,* in: Maunz/Dürig, Art. 128 (2017) Rn. 7.

gelten die in Art. 84 V vorgesehenen Begrenzungen des Umfangs von Weisungsrechten auch im Rahmen des Art. 128.[6] Namentlich gehören dazu der Bezug auf die Ausführung von Gesetzen, die Berechtigung von Organen der übergeordneten Zentralebene und die Beschränkung auf **Einzelweisungen für besondere Fälle.** Eine spezifisch bundesstaatliche Natur des Weisungsrechts wird nicht verlangt,[7] weil der Normzweck bei entspr. Anpassung an den grundgesetzl. Rahmen auch den Fortbestand von Aufsichtsrechten erfasst, die nach 1933 im Einheitsstaat begründet wurden.[8] Weisungsrechte aus der NS-Zeit gelten daher fort, sofern sie sich auf die Ermächtigung zu *Einzel*weisungen beschränken.[9]

Als Weisungsrechte i. S. d. Art. 128 werden auch **Zustimmungsvorbehalte**[10] einschl. Einvernehmens- und Anhörungserfordernissen[11] angesehen. Sie sind mildere Formen gesamtstaatlicher Einflussnahme für besondere Fälle.[12] **4**

Die fraglichen Befugnisse werden nunmehr von der **BReg** wahrgenommen. Als BReg soll – abw. **5** vom Wortlaut des Art. 84 V – neben dem Kollegialorgan auch der einzelne Bundesminister in Betracht kommen, die entspr. der Ausgestaltung im fortgeltenden Recht zuständig werden.[13] Weisungen sind entsprechend Art. 84 V 2 grds. an die obersten Landesbehörden zu richten, nur ausnahmsweise bei Dringlichkeit direkt an nachgeordnete Landesbehörden.[14] Für eine Beschränkung auf Weisungen im Rahmen der Rechtsaufsicht[15] könnte Art. 84 III 1 GG sprechen.

Die gem. Art. 128 fortbestehenden Weisungsrechte bleiben bis zum **Erlass einer anderweitigen** **6** **gesetzlichen Regelung bestehen.** Sie erlöschen aber ohne ausdrückliche Außerkraftsetzung bei einer Neuregelung der das Weisungsrecht begründenden Rechtsvorschrift.[16]

## Art. 129 [Fortgeltung und Übergang von Ermächtigungen; Verweisungen]

(1) **Soweit in Rechtsvorschriften, die als Bundesrecht fortgelten, eine Ermächtigung zum Erlasse von Rechtsverordnungen oder allgemeinen Verwaltungsvorschriften sowie zur Vornahme von Verwaltungsakten enthalten ist, geht sie auf die nunmehr sachlich zuständigen Stellen über. In Zweifelsfällen entscheidet die Bundesregierung im Einvernehmen mit dem Bundesrate; die Entscheidung ist zu veröffentlichen.**

(2) **Soweit in Rechtsvorschriften, die als Landesrecht fortgelten, eine solche Ermächtigung enthalten ist, wird sie von den nach Landesrecht zuständigen Stellen ausgeübt.**

(3) **Soweit Rechtsvorschriften im Sinne der Absätze 1 und 2 zu ihrer Änderung oder Ergänzung oder zum Erlaß von Rechtsvorschriften anstelle von Gesetzen ermächtigen, sind diese Ermächtigungen erloschen.**

(4) **Die Vorschriften der Absätze 1 und 2 gelten entsprechend, soweit in Rechtsvorschriften auf nicht mehr geltende Vorschriften oder nicht mehr bestehende Einrichtungen verwiesen ist.**

**Entstehungsgeschichte: Erstfassung:** JöR nF 1 (1951), 851.
**Historische Verfassungstexte: WRV: Art. 179** (1) Soweit in Gesetzen oder Verordnungen auf Vorschriften und Einrichtungen verwiesen ist, die durch diese Verfassung aufgehoben sind, treten an ihre Stelle die entsprechenden Vorschriften und Einrichtungen dieser Verfassung. Insbesondere treten an die Stelle der Nationalversammlung der Reichstag, an die Stelle des Staatenausschusses der Reichsrat, an die Stelle des auf Grund des Gesetzes über die vorläufige Reichsgewalt gewählten Reichspräsidenten der auf Grund dieser Verfassung gewählte Reichspräsident. (2) Die nach den bisherigen Vorschriften dem Staatenausschuß zustehende Befugnis zum Erlaß von Verordnungen geht auf die Reichsregierung über; sie bedarf zum Erlaß der Verordnungen der Zustimmung des Reichsrats nach Maßgabe dieser Verfassung.
**Geltende Landesverfassungen:** *BW*Verf Art. 94 III 2; *Bln*Verf Art. 65 II; *RhPf*Verf Art. 138.
**Leitentscheidungen:** BVerfGE 2, 307 (Altermächtigung); BVerfGE 78, 179 (Heilpraktiker).

---

[6] Vgl. BVerwGE 67, 173 (176).
[7] Vgl. jetzt *Maunz/Klein,* in: Maunz/Dürig, Art. 128 (2017) Rn. 11; immerhin für „bundesstaatsähnlich[es]" Verständnis *Kirn,* in: v. Münch/Kunig II, Art. 128 Rn. 2.
[8] In diesem Sinne wohl BVerwGE 67, 173 (176).
[9] BVerwGE 67, 173 (176). Nicht erfasst wird das 1934 eingeführte allg. Aufsichts- und WeisungsR der RReg, so *Stettner,* in: Dreier III, Art. 128 Rn. 7; *Jarass,* in: Jarass/Pieroth, Art. 128 Rn. 1.
[10] So der Zustimmungsvorbehalt nach § 35 II BörsenG (außer Kraft seit 1.7.2002); § 3 VO über die dt. Staatsangehörigkeit v. 5.2.1934 (aufgeh.); vgl. *Antoni,* in: Hömig/Wolff, Art. 128 Rn. 1.
[11] BVerwGE 42, 279 (284); 67, 173 (175 f.).
[12] BVerwGE 67, 173 (175 f.).
[13] Vgl. BVerwGE 67, 173 (176 f.); *Kirn,* in: v. Münch/Kunig II, Art. 128 Rn. 3; anders: → Art. 84 Rn. 42; *Maunz/Klein,* in: Maunz/Dürig Art. 128 (2017) Rn. 12.
[14] Vgl. *Maunz/Klein,* in: Maunz/Dürig, Art. 128 (2017) Rn. 14; *Suerbaum,* BeckOK GG, Art. 128 Rn. 1.
[15] Vgl. dafür *Schulze* in der 7. Aufl.; dagegen: *Kirn,* in: v. Münch/Kunig II, Art. 128 Rn. 2; *Stettner,* in: Dreier III, Art. 128 Rn. 9.
[16] Vgl. *Maunz/Klein,* in: Maunz/Dürig, Art. 128 (2017) Rn. 18.

**Schrifttum:** *G. Benkendorff,* Fortgeltung der gesetzlichen Ermächtigungen i. S. des Art. 129 Abs. 3 GG nach dem Zusammenbruch bis zum Inkrafttreten des GG, DÖV 1952, 451; *H.-J. Friehe,* Wem stehen die Kompetenzen des alten Bundesrates zu, ausführende Bestimmungen zu gesetzlichen Vorschriften zu erlassen?, AöR 109 (1984), 76; *G. J. Jansen,* Die nunmehr sachlich zuständige Stelle im Sinne des Artikel 129 Grundgesetz, JR 1954, 406; *W. Kienzle,* Zur Frage des Übergangs vorkonstitutioneller Ermächtigungen nach Art. 129 Abs. 1 GG, NJW 1961, 298; *K. Kleinrahm,* Der Kompetenzübergang nach Artikel 129 Abs. 1 des Grundgesetzes, DÖV 1952, 104; *T. Koch,* Berufsausübungsregelung durch Verwaltungsvorschrift, NdsVBl 1996, 82; *P. Lerche,* Fortgeltung von DDR-Recht und Gesetzesvorbehalt, FS Helmrich, 1994, S. 57; *T. Mann,* Fortgeltende Rechtsverordnungen der DDR und der Gesetzesvorbehalt, DÖV 1999, 228 ff.; *K. Schmidt,* Zur Frage der Weitergeltung „vorkonstitutioneller" Ermächtigungen, NJW 1952, 1239; *ders.,* Die Weitergeltung vorkonstitutioneller Rechtsetzungsermächtigungen, NJW 1954, 249; *B. Wolff,* Die Ermächtigung zum Erlaß von Rechtsverordnungen nach dem Grundgesetz, AöR 78 (1953), 194.

Übersicht

## A. Allgemeines

### I. Entstehung

**1**  Art. 129 geht auf das schon in Art. 141, 142 HChE aufgegriffene **Vorbild des Art. 179 WRV** zurück. Auf dieser Grundlage wurde im ParlRat unter maßgeblichem Einfluss des ARA die endgültige Fassung beschlossen. Als wesentliche Neuerungen wurden eingefügt Abs. 1 S. 2, bei dem die Beteiligung des BRat umkämpft war, sowie – erst vor der 3. Lesung des HA – der nicht weiter begründete, für das Gesamtverständnis besonders problematische Abs. 3.[1]

### II. Grundsätzliche Bedeutung

**2**  Art. 129 regelt **Konsequenzen der Fortgeltung von Rechtsvorschriften** im Rahmen der neu verfassten Strukturen. Die eher rechtstechnischen Bemühungen um praktikable Kompatibilität des Altrechts berühren freilich zugleich in Einzelpunkten die bundesstaatliche Kompetenzverteilung (→ Rn. 14 ff.). Durch den EV hat die Bestimmung nochmals Aktualität erlangt (→ Rn. 21). Die **Fortgeltung** der einschlägigen vorkonstitutionellen Rechtsvorschriften wird in Art. 129 insgesamt **nicht geregelt, sondern vorausgesetzt** (näher → Rn. 3 ff.).

## B. Die fortgeltenden Rechtsvorschriften

**3**  Gemeinsames Tatbestandsmerkmal[2] aller Absätze sind fortgeltende Rechtsvorschriften, also einzelne Normen des Rechts iSd Art. 123 I[3] (→ Art. 123 Rn. 5 ff.), ggf. auch Gewohnheitsrecht[4] entsprechenden Inhalts. **Grundlage** der Fortgeltung der Rechtsvorschriften **ist allein Art. 123 I;**[5] dessen Bedeutung für ermächtigende Rechtsvorschriften (Abs. 1–3) wird allerdings durch Art. 129 maßgeblich mitgeprägt. Unmittelbar geregelt ist insoweit in Abs. 3 jedoch nichts; das als Rechtsfolge angesprochene Erloschensein betrifft nämlich nur „Ermächtigungen", also Befugnisse (vgl. Art. 178 II WRV; auch Art. 55 III 1 VorlNdsVerf 1951), Kompetenzen oder Berechtigungen[6] der ermächtigten Stellen als unmittelbare Rechtsfolgen ermächtigender Rechtsvorschriften.

**4**  Doch sind **Ermächtigungen und Ermächtigungsvorschriften,** die auch in Art. 80 I 1, 2 und 4 deutlich unterschieden werden, **miteinander existentiell verbunden:** Eine Ermächtigung setzt eine (noch) wirksame Ermächtigungsvorschrift voraus, erlischt ggf. mit dieser; umgekehrt wird eine an sich wirksame Ermächtigungsvorschrift gegenstandslos, wenn eine andere Bestimmung die begründete Ermächtigung erlöschen lässt. Diese Verbindung erlaubt es, trotz des unterschiedlichen Regelungs-

---

[1] JöR nF 1 (1951), 851 ff.; im Überblick auch *v. Brentano,* in: ParlRat, Schriftlicher Bericht zum Entwurf des Grundgesetzes für die Bundesrepublik Deutschland, Bonn 1948/49, S. 69 ff.

[2] Dem folgend *Wolff* MKS III, Art. 129 Rn. 5.

[3] Ebenso *Bauer,* in: Dreier III, Art. 129 Rn. 6.

[4] → Art. 123 Rn. 5; wie hier auch *Wolff* MKS III, Art. 129 Rn. 5; aA *Kirn,* in: v. Münch/Kunig II, Art. 129 Rn. 1.

[5] Ebenso *Bauer,* in: Dreier III, Art. 129 Rn. 7; *Hebeler,* in: Friauf/Höfling, Art. 129 (2016) Rn. 11.

[6] S. *Holtkotten* BK, Art. 129 (Erstbearb.) Anm. II A 1.

gegenstandes aus **Art. 129 III mittelbar auch Folgerungen für die Fortgeltung von Ermächtigungsvorschriften** nach Art. 123 I zu ziehen.[7]

Im **Ergebnis** besteht weitgehend Einigkeit darüber, dass Ermächtigungsvorschriften **in den Fällen 5 des Art. 129 III** (→ Rn. 10 ff.) – wie die Ermächtigungen selbst – ihre **Wirkung verlieren,** während sie **im Übrigen** unabhängig von weitergehenden Anforderungen des Grundgesetzes an (neue) **Ermächtigungsvorschriften** Bestand haben. Zur Begründung werden teilweise entgegengesetzte Modelle verwendet, die sich im Kern dadurch unterscheiden, welche Bedeutung sie spezifisch auf Ermächtigungsvorschriften bezogenen Anforderungen des Grundgesetzes im Rahmen des Art. 123 I zumessen.

Sieht man hierin **Anforderungen formeller Natur,**[8] die für Art. 123 I außer Betracht bleiben **6** (→ Art. 123 Rn. 11), gelten grundsätzlich alle nicht anderweitig verfassungswidrigen Ermächtigungsvorschriften nach Art. 123 I fort; **Art. 129 III** begründet demgegenüber eine **echte Ausnahme** für die dort genannten Fälle. Bewertet man die **Anforderungen** des Grundgesetzes an Ermächtigungsnormen als **materiell** und damit für Art. 123 I beachtlich,[9] ist Art. 129 III in seinem unmittelbaren Anwendungsbereich **bestenfalls deklaratorisch;** seine eigentliche Bedeutung gewinnt er durch den **Umkehrschluss,** der Ermächtigungsvorschriften trotz sonstiger Widersprüche zum Grundgesetz aufrechterhält.

Die Abgrenzung fortgeltungsrelevanter Widersprüche zum Grundgesetz mit Rücksicht auf Abs. 3 **7** ist teilweise **von der Unterscheidung materieller und formeller Mängel zu lösen.**[10] Formelle Mängel betreffen das Zustandekommen von Rechtsvorschriften, sind Verstöße gegen Normerzeugungsregeln.[11] Anforderungen an Ermächtigungsvorschriften zielen demgegenüber auf deren inhaltliche Ausgestaltung, sind insoweit materieller Natur.

**Für Art. 123 I** unmittelbar **unbeachtlich** sind (formelle) Verstöße gegen Normerzeugungsregeln, **8** außerdem wegen Art. 129 III (trotz ihrer materieller Natur) auch **Abweichungen** von den **speziellen inhaltlichen Anforderungen des Grundgesetzes an Ermächtigungsvorschriften.** Art. 123 I schließt im Falle sonstiger inhaltlicher Verfassungsverstöße hingegen selbstverständlich auch für Ermächtigungsbestimmungen die Fortgeltung aus.[12]

Nicht mehr von den Übergangsvorschriften der Art. 123 I, 129 III erfasst ist das weitere Schicksal **9** der in die neue Verfassungsordnung übernommenen Rechtsvorschriften; werden sie aufgrund neuer Rechtsetzung zu **nachkonstitutionellem Recht** (dazu → Art. 100 Rn. 9), **endet ihre Fortgeltung,** wenn sie nicht den diesbezüglichen allgemeinen Anforderungen genügen.[13]

## C. Erloschene Ermächtigungen (Abs. 3)

Abs. 3 betrifft zum einen Ermächtigungen zur **Änderung oder Ergänzung der ermächtigenden 10 Rechtsvorschriften,** gleich welcher Stufe der Normenhierarchie,[14] die die Möglichkeit zur Erweiterung eigener Rechtsetzungsbefugnisse begründen,[15] zum anderen Ermächtigungen zum **Erlass gesetzesvertretender Rechtsvorschriften,** zumal Rechtsverordnungen; solche Rechtsverordnungen stehen im Rang formellen Gesetzen gleich, können diese aufheben oder ändern.[16] Angesichts des bezweckten **Schutzes der Gewaltenteilung** scheidet eine Einengung auf die nach 1933 üblichen „Global-Ermächtigungen" aus.[17]

Abs. 3 bezieht sich demnach nur auf Ermächtigungen zur Rechtsetzung. Eine Gleichsetzung der **11** dort genannten „Rechtsvorschriften" mit den aufgrund der Ermächtigung möglichen Rechtsverordnungen[18] ist hierin nicht zu erkennen. „Rechtsvorschriften im Sinne der Absätze 1 und 2" sind alle Rechtsvorschriften, die als Bundesrecht (Abs. 1) oder Landesrecht (Abs. 2) fortgelten; die nähere Eingrenzung ergibt sich allein aus dem Inhalt der in diesen Rechtsvorschriften enthaltenen Ermächtigungen, für den Verwaltungsvorschriften ebenso wenig tauglich sind wie Verwaltungsakte.[19] Abs. 3 ist

---

[7] Dem folgend *Bauer,* in: Dreier III, Art. 129 Rn. 7.

[8] *Jarass,* in: Jarass/Pieroth, Art. 129 Rn. 1; *Wehowsky,* in: Umbach/Clemens II, Art. 129 Rn. 1 Fn. 1.

[9] So offenbar *Kirn,* in: v. Münch/Kunig II, Art. 129 Rn. 3, Art. 123 Rn. 3, 4.

[10] Ähnlich für „Unzulänglichkeit der Unterscheidung von inhaltlichem und formellem Recht" *Lerche* FS Helmrich, 1994, S. 57 (62 ff.), zur Fortgeltungsfrage bei grundrechtsbeschränkendem Recht überhaupt.

[11] Vgl. BVerfGE 10, 354 (360 f.) mwN; *Sachs,* in: Stern, StaatsR III/2, S. 437 f. mwN.

[12] Im Ergebnis ebenso *H. H. Klein,* in: Maunz/Dürig, Art. 129 (2007) Rn. 8 f.

[13] S. namentlich für Art. 80 I 2 BVerfGE 22, 180 (214 f.); 78, 179 (197 f.); s. auch *H. H. Klein,* in: Maunz/Dürig, Art. 129 (2007) Rn. 10; *Uhle,* in: Epping/Hillgruber, Art. 129 Rn. 3.

[14] Vgl. für eine Ermächtigung in einer Rechtsverordnung BVerfGE 28, 119 (143); *Kirn,* in: v. Münch/Kunig II, Art. 129 Rn. 5.

[15] Näher *Holtkotten* BK, Art. 129 (Erstbearb.) Anm. II D 2a–c. Wie hier *Bauer,* in: Dreier III, Art. 129 Rn. 15.

[16] BVerfGE 2, 307 (329 ff.), im Anschluss an Diskussionen der Weimarer Zeit, insbesondere *Jacobi* HdbDStR II, S. 236 (248 f.). Keinen Unterschied der Fälle sieht *Wehowsky,* in: Umbach/Clemens II, Art. 129 Rn. 6.

[17] BVerfGE 2, 307 (333).

[18] Insoweit die Kritik von *T. Koch* NdsVBl 1996, 82 (84), fehl.

[19] Wie hier *Wolff* MKS II, Art. 129 Rn. 25; für die Möglichkeit „einer gesetzesvertretenden Verwaltungsvorschrift" (zu § 17 RHebG) *T. Koch* NdsVBl 1996, 82 (85).

auch **nicht analog** für Ermächtigungen zum **Erlass von Verwaltungsakten oder -vorschriften** heranzuziehen, weil sie keinen vergleichbaren Inhalt haben können. Für die Fortgeltung diesbezüglicher Ermächtigungsvorschriften ist allein Art. 123 I maßgeblich;[20] Art. 129 III trägt insoweit auch mittelbar nichts bei.

12 **Als Rechtsfolge** des Abs. 3 sind nach BVerfGE 2, 307 (326) die einschlägigen **Ermächtigungen** am Tage des Zusammentritts des BTag (7.9.1949), dem auch für Art. 122, 123 maßgeblichen **Stichtag** (→ Art. 122 Rn. 3; → Art. 123 Rn. 6), **erloschen.**[21] Die damit vorübergehend eröffnete Möglichkeit, noch nach Inkrafttreten des Grundgesetzes gesetzesvertretende Rechtsvorschriften zu erlassen, scheint freilich bedenklich. Nach dem Wortlaut („sind... erloschen") liegt in den Fällen des Abs. 3 ein Erlöschen schon **mit Inkrafttreten des Grundgesetzes** näher. Daraus folgt nicht, dass danach, aber vor dem 7.9.1949 erlassene Ermächtigungsvorschriften an Art. 80 I 2 zu messen wären.[22]

13 Das Erlöschen betrifft unmittelbar die **Ermächtigung** als solche; erfüllt sie nur partiell die Kriterien des Abs. 3, erlischt die Ermächtigung auch nur **teilweise.**[23] Entsprechende Konsequenzen ergeben sich für die gegenstandslos werdenden Ermächtigungsvorschriften (→ Rn. 4). Dagegen wird die **Gültigkeit** der vorkonstitutionell erlassenen **ermächtigten Staatsakte** nicht berührt. Deren Fortgeltung richtet sich nach den allgemeinen Regeln, für ermächtigte Rechtsvorschriften (zu deren eigenständiger Geltung allgemein → Art. 20 Rn. 85) also nach Art. 123 I.[24] Demgegenüber hat BVerfGE 78, 179 (199), angedeutet, dass auf nach Abs. 3 erloschene Ermächtigungen gestützte vorkonstitutionelle Rechtssätze zumindest als **Legitimation für weitreichende Grundrechtseingriffe zukünftig nicht mehr** ausreichen könnten.[25] Dies ist aus Gründen der Rechtsklarheit problematisch;[26] die zuständigen Gesetzgebungsorgane sollten dem Problem abhelfen.

# D. Übergang von Ermächtigungen (Abs. 1 und 2)

14 Die **Rechtswirkung** der Abs. 1, 2 besteht trotz unterschiedlicher Formulierung einheitlich darin, dass eine Stelle des grundgesetzlich neuorganisierten Staatsgefüges anstelle des bisherigen Trägers zum **neuen Inhaber der fortbestehenden Ermächtigung** wird. Betroffen sind Ermächtigungen zum Erlass von Rechtsverordnungen oder allgemeiner Verwaltungsvorschriften sowie solche zur Vornahme von Verwaltungsakten. Diese Regelung schließt auch nach früherem Recht vorgesehene Zustimmungen bei Erlass von Rechtsverordnungen und Verwaltungsvorschriften[27] sowie zur Vornahme von Verwaltungsakten anderer Stellen ein.[28] Auch eine Verweisung auf aufgrund einer Ermächtigung erlassene Verwaltungsvorschriften kann genügen.[29]

15 Die **nunmehr sachlich zuständigen Stellen** gem. Abs. 1 bei Ermächtigungen aufgrund als Bundesrecht (Art. 124, 125) fortgeltender Rechtsvorschriften sind nicht (notwendig) die Rechtsnachfolger der bisherigen Inhaber, sondern die Stellen, denen bei Erlass einer neuen Ermächtigungsnorm gleichen Inhalts nach dem Grundgesetz[30] und nach den am Stichtag für die Fortgeltung (7.9.1949) bestehenden gesetzlichen Regelungen[31] die fragliche Ermächtigung (oder Mitwirkungsbefugnis) zu-

---

[20] *Kirn,* in: v. Münch/Kunig II, Art. 129 Rn. 3; *H. H. Klein,* in: Maunz/Dürig, Art. 129 (2007) Rn. 21; auch *Jarass,* in: Jarass/Pieroth, Art. 129 Rn. 2.

[21] So auch *Jarass,* in: Jarass/Pieroth, Art. 129 Rn. 2; *Bauer,* in: Dreier III, Art. 129 Rn. 16; *Wolff* MKS III, Art. 129 Rn. 31; *Störmer* NWVBl 1999, 114 (117); wohl auch *Rütz* Jura 2005, 821 (823 Fn. 34); wohl abw. NdsOVG OVGE 11, 443 (445).

[22] Nur hiergegen mit Recht BVerfGE 15, 268 (272).

[23] Vgl. (ohne Differenzierung zwischen Ermächtigung und zugrundeliegender Ermächtigungsnorm) BVerwGE 38, 322 (323) unter Berufung auf BVerfGE 25, 216 (225, 226).

[24] Vgl. BVerfGE 9, 3 (12); 22, 1 (12); 31, 357 (362 f.); 52, 1 (17); grds. auch noch BVerfGE 78, 179 (198 f.); für Satzungen BVerfGE 44, 216 (226); wie hier auch *Bauer,* in: Dreier III, Art. 129 Rn. 17 mit Fn. 50; zur fehlenden Aussagekraft des Art. 129 für die Ranghöhe fortgeltender ermächtigter Normen BVerwGE 75, 292 (301). Die Fortgeltung von Verwaltungsvorschriften und Verwaltungsakten regelt das GG nicht; s. insbes. zu letzterem Art. 178 III WRV, Art. 186 III BayVerf, sowie *Maunz,* in: Maunz/Dürig, Art. 129 (1976) Rn. 4; *Hamann jr.,* in: Hamann/Lenz, Art. 129 Anm. B 12.

[25] So ausdrücklich BVerwGE 118, 319 (323 f.) gegen BVerfG (K) BeckRS 1994, 12853; zustimmend *Hamacher* AnwBl 2003, 589; kritisch *Hirtz* EWiR 2004, 131 f; vgl. auch *Störmer* NWVBl 1999, 114 (117 ff.).

[26] Näher *Sachs,* in: Stern, StaatsR III/2, S. 438 f. mwN; insoweit zustimmend *H. H. Klein,* in: Maunz/Dürig, Art. 129 (2007) Rn. 15; auch *Uhle,* in: Epping/Hillgruber, Art. 129 Rn. 12; wie das BVerfG dezidiert *Lerche* FS Helmrich, 1994, S. 53 ff.

[27] Vgl. für den BRat *Reuter,* Praxishandbuch Bundesrat, 2. Aufl. 2007, Art. 50 GG Rn. 233, 234; allgemein auch *Schöbener* BK, Art. 50 (2010) Rn. 13.

[28] BVerwGE 67, 173 (177; im Anschluss an HambOVG DÖV 1961, 111 (113).

[29] BVerwG NJW 2007, 1478 Rn. 37, zu § 2 I BeurkVereinfV (Richtlinie des Reichsjustizministers).

[30] BVerfGE 4, 193 (203); 11, 6 (15 ff.); BVerwGE 15, 240 (247) mwN; *Friehe* AöR 109 (1984), 76 (83) mwN; zur in concreto verneinten Möglichkeit eines Übergangs auf Landesstellen BAGE 18, 336 (342), wegen Art. 80 II, 83 ff.; für den BRat vgl. *Schöbener* BK, Art. 50 (2010) Rn. 13 mwN.

[31] *Jarass,* in: Jarass/Pieroth, Art. 129 Rn. 4; offenbar (auch) für später erlassene Regelungen *Antoni,* in: Hömig/Wolff, Art. 129 Rn. 3.

stehen würde. Die Zuordnung der Ermächtigung in der Folgezeit ist nicht mehr Gegenstand der Übergangsregelung des Art. 129; insbesondere ist sie gesetzlicher Neubestimmung zugänglich.[32]

Bei (gesetzlichen) **Verordnungsermächtigungen** kommen als neue Inhaber **nicht nur die Erst-** **16** **delegatare** des Art. 80 I 1, sondern auch andere Stellen in Frage; die Anforderungen des Art. 80 I 1 können weder mit (vernichtender) Wirkung für den Fortbestand einer solchen Ermächtigung[33] in die Zeit vor dem Grundgesetz zurückprojiziert werden, noch wäre es sachgerecht, den Kreis der nunmehr zuständigen Stellen entsprechend einzuengen.[34] Kommen nebeneinander mehrere Inhaber der Ermächtigung in Betracht, richtet sich **auch die örtliche Zuständigkeit** nach den rechtlichen Gegebenheiten am Stichtag.

Die **in Zweifelsfällen** vorgesehene **Entscheidung der Bundesregierung** ist mangels praktischer **17** Streitfälle in ihrer Bedeutung kaum geklärt. Angesichts des ex constitutione vorgesehenen Ermächtigungsübergangs dürfte grds. eine rechtsgebundene Feststellung anzunehmen sein;[35] (nur) soweit Rechtsmaßstäbe fehlen, ist eine konstitutive Zuweisung nach pflichtgemäßem Ermessen möglich.[36] In jedem Falle ist die Entscheidung an das **Einvernehmen mit dem Bundesrat** gebunden, der ebenso wie die BReg Rechtsbindungen unterliegt. Die nach Hs. 2 zu veröffentlichende Entscheidung beansprucht nach ihrem Zweck **allseitige Verbindlichkeit.**[37]

Diesem Zweck widerspricht nicht die Möglichkeit gerichtlicher, insbesondere **verfassungsgericht-** **18** **licher Überprüfung** der Entscheidung.[38] Letzteres ist zumal im Bund-Länder-Streit denkbar, den das BVerfG (auch) ohne vorhergehende Entscheidung der BReg zulässt.[39] Auch könnte sich der BRat gegen eine ohne sein Einvernehmen getroffene Entscheidung der BReg, diese sich gegen eine ungerechtfertigte Verweigerung des Einvernehmens des BRat im Organstreitverfahren wehren.[40]

Bei **Ermächtigungen aufgrund fortgeltenden Landesrechts** (Abs. 2) bestimmt sich der neue **19** Inhaber nach dem jeweiligen Landesrecht am Stichtag.[41] Diese Regelung hindert die landesgesetzliche Änderung der für die Zuständigkeit maßgeblichen Landesrechtsnormen nicht.[42]

## E. Umstellung von Verweisungsbestimmungen (Abs. 4)

Abs. 4 regelt die Behandlung **echter Verweisungen** in Rechtsvorschriften auf nicht mehr geltende **20** Vorschriften oder nicht mehr bestehende Einrichtungen. Die entsprechende Geltung der Abs. 1 und 2 bedeutet, dass bei Ersetzung des Verweisungsobjekts einer Rechtsvorschrift davon auszugehen ist, dass die an die Stelle der früheren Vorschrift oder Einrichtung getretene neue Vorschrift oder Einrichtung gemeint ist.[43] Im Einzelnen ist vieles unklar,[44] so auch, ob und gegebenenfalls inwieweit die Entscheidungsbefugnis der BReg entsprechend gelten soll.[45]

---

[32] *Kirn,* in: v. Münch/Kunig II, Art. 129 Rn. 8 am Ende; BayVerfGHE 38, 82 (86), lässt auch zu, dass kompetenzgemäß erlassenes Landesrecht Zuständigkeiten abweichend von denen nach fortgeltendem Reichsrecht neu regelt.

[33] Ausdr. BVerfGE 15, 268 (272 f.); *Wolff* MKS III, Art. 129 Rn. 24; für Erlöschen der Ermächtigung *Kirn,* in: v. Münch/Kunig II, Art. 129 Rn. 8.

[34] Offen BVerfGE 15, 268 (273); wie hier *H. H. Klein,* in: Maunz/Dürig, Art. 129 (2007) Rn. 13; *Bauer,* in: Dreier III, Art. 129 Rn. 10; *Uhle,* in: Epping/Hillgruber, Art. 129 Rn. 6; *Schäfer,* Der Bundesrat, 1995, S. 125; anders NdsOVG OVGE 16, 402 (405 f.); *Kirn,* in: v. Münch/Kunig II, Art. 129 Rn. 8.

[35] Dafür *Wolff* MKS III, Art. 129 Rn. 16; im Ergebnis wohl uneingeschränkt *Maunz,* in: Maunz/Dürig, Art. 129 (1976) Rn. 10; *Jarass,* in: Jarass/Pieroth, Art. 129 Rn. 4; *Schäfer* (Fn. 34), S. 125; auch *Kirn,* in: v. Münch/Kunig II, Art. 129 Rn. 9; für ausschließliche Gerichtszuständigkeit, soweit es um Rechtsfragen geht, *Holtkotten* BK, Art. 129 (Erstbearb.) Anm. II B 1a, b; *Hamann jr.,* in: Hamann/Lenz, Art. 129 Anm. B 7.

[36] Dafür im Wesentlichen *Kleinrahm* DÖV 1952, 104 (105 f.); nur hierfür *Holtkotten* BK, Art. 129 (Erstbearb.) Anm. II B 1a, b; *Hamann jr.,* in: Hamann/Lenz, Art. 129 Anm. B 7.

[37] Dafür *Holtkotten* BK, Art. 129 (Erstbearb.) Anm. II B 1d; *Friehe* AöR 109 (1984), 76 (86 f.) („zumindest vorläufig"); s. ferner *Hamann jr.,* in: Hamann/Lenz, Art. 129 Anm. B 8 („Akt der Legislative"); wie hier *Wolff* MKS III, Art. 129 Rn. 16.

[38] Ablehnend noch *v. Mangoldt,* Art. 129 Anm. 3a am Ende.; *Holtkotten* BK, Art. 129 (Erstbearb.) Anm. II B 1d; ebenso wieder *Wolff* MKS III, Art. 129 Rn. 16; zweifelnd *Hamann jr.,* in: Hamann/Lenz, Art. 129 Anm. B 8; dafür *Bothe* AK GG, Art. 129 (2002) Rn. 7; auch für Inzidentkontrolle aller Gerichte BAGE 18, 336 (343); *Kirn,* in: v. Münch/Kunig II, Art. 129 Rn. 9; *Jarass,* in: Jarass/Pieroth, Art. 129 Rn. 4; nicht abschließend insoweit BVerfGE 11, 6 (13).

[39] BVerfGE 11, 6 (13).

[40] Auch *Bauer,* in: Dreier III, Art. 129 Rn. 12; *H. H. Klein,* in: Maunz/Dürig, Art. 129 (2007) Rn. 17.

[41] Auch *Bauer,* in: Dreier III, Art. 129 Rn. 13; *H. H. Klein,* in: Maunz/Dürig, Art. 129 (2007) Rn. 18.

[42] BayVerfGHE 38, 82 (86); *Jarass,* in: Jarass/Pieroth, Art. 129 Rn. 5.

[43] So auch *Hebeler,* in: Friauf/Höfling, Art. 129 (2016) Rn. 27.

[44] S. etwa *Hebeler,* in: Friauf/Höfling, Art. 129 (2016) Rn. 28 mwN.

[45] Ganz ablehnend *Holtkotten* BK, Art. 129 (Erstbearb.) am Ende; nur für Verweisungen auf Ersatz-Vorschriften *v. Brentano* (Fn. 1), S. 70.

## F. Fortgeltende DDR-Vorschriften

21    Die Vorbem. zu Anl. II zum Einigungsvertrag ordnet in Abs. 5 die **entsprechende Anwendung des Art. 129 GG** an, soweit als Bundesrecht fortgeltende Rechtsvorschriften der DDR eine Ermächtigung zum Erlass von Rechtsverordnungen, Anordnungen oder allgemeinen Verwaltungsvorschriften enthalten. Dies betrifft namentlich den Übergang dieser Ermächtigung analog Art. 129 I einschließlich der Entscheidungskompetenz der BReg in Zweifelsfällen sowie das Erlöschen der Ermächtigung analog Art. 129 III. Der Fortbestand so ermächtigter DDR-Staatsakte bleibt auch hier (→ Rn. 13) grundsätzlich unberührt.[46]

## Art. 130 [Übergang von Einrichtungen auf den Bund]

(1) **Verwaltungsorgane und sonstige der öffentlichen Verwaltung oder Rechtspflege dienende Einrichtungen, die nicht auf Landesrecht oder Staatsverträgen zwischen Ländern beruhen, sowie die Betriebsvereinigung der südwestdeutschen Eisenbahnen und der Verwaltungsrat für das Post- und Fernmeldewesen für das französische Besatzungsgebiet unterstehen der Bundesregierung. Diese regelt mit Zustimmung des Bundesrates die Überführung, Auflösung oder Abwicklung.**

(2) **Oberster Disziplinarvorgesetzter der Angehörigen dieser Verwaltungen und Einrichtungen ist der zuständige Bundesminister.**

(3) **Nicht landesunmittelbare und nicht auf Staatsverträgen zwischen den Ländern beruhende Körperschaften und Anstalten des öffentlichen Rechtes unterstehen der Aufsicht der zuständigen obersten Bundesbehörde.**

**Entstehungsgeschichte: Erstfassung:** JöR nF 1 (1951), 854.

**Schrifttum:** *A. Köttgen,* Der Einfluß des Bundes auf die deutsche Verwaltung und die Organisation der bundeseigenen Verwaltung, JöR nF 3 (1954), 67 (117–119).

### Übersicht

## A. Allgemeines

1    Vom **Herrenchiemseer Konvent** wurde „die Überleitung der bizonalen und trizonalen Einrichtungen, der gemeinsamen Ländereinrichtungen in der amerikanischen und französischen Zone und der Reichsnachfolgeverwaltungen in der britischen Zone" ausdrücklich offen gelassen.[1] Die zunächst auf die „bizonalen und zonalen Behörden" zielenden Vorschläge im **ParlRat** wurden als „juristisch ungenau" durch die geltende negative Abgrenzung ersetzt,[2] die freilich selbst als wenig gelungen eingeschätzt wird.[3]

---

[46] Skeptisch für grundrechtsbeschränkende DDR-Rechtsnormen überhaupt *Lerche,* FS Helmrich, 1994, S. 57 (S. 59 und ff.); zu fortgeltenden Rechtsverordnungen der DDR s. *Mann* DÖV 1999, 228 ff.; für Verwaltungsakte s. Art. 19 EV und dazu ausführlich *Sachs* SBS, VwVfG, § 43 Rn. 227 ff.; zu einer fortgeltenden Satzungsermächtigung s. BGH DtZ 1995, 51 ff.

[1] HCh-Bericht S. 59, abgedruckt in: ParlRat 1948–1949, Bd. 2, 1981, S. 504 (577).

[2] JöR nF 1 (1951), 855, 856 f.

[3] *Mager,* in: v. Münch/Kunig II, Art. 130 Rn. 11.

Art. 130 steht für die Bereiche der Verwaltung und der Rechtsprechung in Parallele zu Art. 122 **2** II, ohne einen vergleichbar klaren Einschnitt vornehmen zu können. Anstelle verfassungsunmittelbarer Auflösung durch das Grundgesetz überholter Organe enthält die Vorschrift **Kompetenzbestimmungen,** die es gegebenenfalls erst ermöglichen, solche Konsequenzen anzuordnen[4] (→ Rn. 5 ff.); die Reichweite der eröffneten Befugnisse kann dabei nur mit Rücksicht auf die allgemeinen Vorgaben des Grundgesetzes bestimmt werden (→ Rn. 7 ff.). Von den geschaffenen Regelungsmöglichkeiten ist in breitem Umfang Gebrauch gemacht worden,[5] heute ist die praktische Bedeutung[6] der Bestimmung gering (→ Rn. 12), hat mittelbar durch Art. 13, 14 EV noch einmal Aktualität erlangt (→ Rn. 14 ff.).

## B. Die Regelungskompetenz nach Abs. 1

### I. Die erfassten Einrichtungen (Satz 1)

Abs. 1 S. 1 betrifft – neben den benannten Fällen und vorbehaltlich der Sonderregelung des Abs. 3 **3** – allgemein **Einrichtungen,** insbes. Organe, die der öffentlichen Verwaltung und Rechtspflege dienen, in **umfassendem Sinn,**[7] soweit sie nicht auf – nach Art. 124, 125 als solchem fortgeltendem[8] – Landesrecht oder Staatsverträgen zwischen Ländern beruhen; die Ausnahme gilt auch bei anderen Formen der Begründung durch Länder,[9] da ersichtlich alle **Landeseinrichtungen unberührt** bleiben sollen. Nicht von Art. 130 erfasst war auch eine von Reich und Ländern gemeinsam getragene, auf preußischem Landesrecht beruhende Anstalt.[10]

Erfasst sind demgegenüber alle sonstigen Einrichtungen, also solche aufgrund von **Besatzungs- 4 recht,**[11] von nach Art. 124, 125 **als Bundesrecht fortgeltenden** Rechtsvorschriften[12] und von sonstigen Begründungsakten der Besatzungsmächte, der (Mehr-)Zonenverwaltungen und des Reichs.[13] Weitergehende Anforderungen an Rechtsgrundlagen oder Einrichtungen sind nach Art. 130 I 2 zu berücksichtigen (→ Rn. 5 ff.).

### II. Die Regelungsbefugnis als Rechtsfolge (Satz 2)

**1. Grundlage und Inhalt der Regelungsbefugnis. a)** Mit den Worten „unterstehen der Bundes- **5** regierung" normiert **Satz 1 keine eigenständige Rechtsfolge.** Die bei *Maunz* angenommene Bedeutung „als ganz allgemeine Unterordnung" bleibt – zumal als nur vorläufige Rechtswirkung[14] – dunkel, zumal die „bestenfalls" damit verknüpfte Dienstaufsicht[15] in Abs. 2 ausdrücklich besonders geregelt ist. Vielmehr ist S. 1 für sich genommen eine „lex incompleta",[16] die nur vorgreifend die in **Satz 2 als Rechtsfolge** vorgesehene Regelungskompetenz der BReg ankündigt, die Befugnis und Pflicht zur Regelung umfasst.[17] Sowohl der Ausschluss von Regelungen der Länder[18] als auch die Organkompetenz der BReg als Kollegium[19] ergeben sich allein aus Satz 2. Weitergehende Konsequen-

---

[4] Zustimmend *Hermes,* in: Dreier III, Art. 130 Rn. 5.

[5] Liste von RVO gem. Art. 130 I 2 bei *Holtkotten* BK, Art. 130 (Erstbearb.) Anm. II 2i.

[6] Dies gilt unabhängig davon, ob „noch heute ein beträchtlicher Teil des gesamten Verwaltungsapparates des Bundes *unmittelbar* auf Art. 130" beruht, so *Maunz,* in: Maunz/Dürig, Art. 130 (1962) Rn. 2; zurückhaltender *Mager,* in: v. Münch/Kunig II, Art. 130 Rn. 1.

[7] *Maunz,* in: Maunz/Dürig, Art. 130 (Erstbearb.) Rn. 6; auch *H. H. Klein,* in: Maunz/Dürig, Art. 130 (2007) Rn. 7; für eine Zusammenstellung im Einzelnen s. *Köttgen* JöR nF 3 (1954), 67 (118 f.); s. auch zu Art. 13 EV BVerfGE 84, 133 (151).

[8] Vgl. *Holtkotten* BK, Art. 130 (Erstbearb.) Anm. II (1) a; *H. H. Klein,* in: Maunz/Dürig, Art. 130 (2007) Rn. 11.

[9] Wohl allgM, vgl. etwa (auch für Verwaltungsvorschriften) *H. H. Klein,* in: Maunz/Dürig, Art. 130 (2007) Rn. 11; *Dietlein* MKS III, Art. 130 Rn. 3.

[10] BGH NVwZ-RR 2011, 797 Rn. 43, für die Zusatzversorgungsanstalt des Reichs und der Länder.

[11] Die insoweit nötige Zustimmung der Alliierten war nicht schon mit der Genehmigung des GG allg. vorauszusetzen, dagegen etwa *Maunz,* in: Maunz/Dürig, Art. 130 (1962) Rn. 15 Fn. 1, wurde jedenfalls in den einzelnen Anwendungsfällen jeweils konkret erteilt, *Holtkotten* BK, Art. 130 (Erstbearb.) Anm. II 2h.

[12] Auch wenn sie zunächst als Landesrecht erlassen waren, vgl. zu dieser Möglichkeit → Art. 124 Rn. 2, 6; → Art. 125 Rn. 1; *Dietlein* MKS III, Art. 130 Rn. 3.

[13] Vgl. *H. H. Klein,* in: Maunz/Dürig, Art. 130 (2007) Rn. 16.

[14] *H. H. Klein,* in: Maunz/Dürig, Art. 130 (2007) Rn. 18; ähnlich *Mager,* in: v. Münch/Kunig II, Art. 130 Rn. 5; für unmittelbaren Übergang auch *Gnatzy,* in: Hofmann/Henneke, Art. 130 Rn. 3.

[15] Selbst zweifelnd *Maunz,* in: Maunz/Dürig, Art. 130 (1962) Rn. 17, 20; abl. *Zieger,* in: v. Münch III, 2. Aufl. 1983, Art. 130 Rn. 11; auch *H. H. Klein,* in: Maunz/Dürig, Art. 130 (2007) Rn. 17.

[16] *Holtkotten* BK, Art. 130 (Erstbearb.) Anm. II 2e; abw. *Dietlein* MKS III, Art. 130 Rn. 7; auch *H. H. Klein,* in: Maunz/Dürig, Art. 130 (2007) Rn. 17.

[17] *H. H. Klein,* in: Maunz/Dürig, Art. 130 (2007) Rn. 18; *Hebeler,* in: Friauf/Höfling, Art. 130 (2016) Rn. 16.

[18] Für eine automatische Rechtsfolge des S. 1 *Holtkotten* BK, Art. 130 (Erstbearb.) Anm. II 2e.

[19] Nach S. 1 *Zieger,* in: v. Münch III, 2. Aufl. 1983, Art. 130 Rn. 11; zutreffend für S. 2 insoweit *Hermes,* in: Dreier III, Art. 130 Rn. 12; *H. H. Klein,* in: Maunz/Dürig, Art. 130 (2007) Rn. 19; zur Regierung als Kollegialorgan im Rahmen der Bundesverwaltung allgemein → Art. 86 Rn. 21 f., 36.

zen bei Stellen der Verwaltung des Vereinigten Wirtschaftsgebietes[20] schon vor einer Regelung der BReg nach Art. 130 I 2 sind gegebenenfalls nach Art. 133 zu rechtfertigen.

**6** **b)** Die Regelungsbefugnis der BReg umfasst scheinbar drei, tatsächlich aber **nur zwei Möglichkeiten,** nämlich die „Alternative zwischen einer Überführung und einer Abwicklung nach vorheriger Auflösung".[21] Eine **Auflösung** führt jedenfalls dazu, dass eine Einrichtung als organisatorische Einheit nicht mehr fortbesteht; die Überleitung einer tatsächlich fortbestehenden Einrichtung auf einen anderen Hoheitsträger fällt nicht hierunter.[22] Eine **Überführung** meint Regelungen mit dem Ziel, eine Einrichtung im Rahmen des grundgesetzlichen Behördenaufbaus fortzuführen.[23] Eine Überführung in die Landesorganisation im Einverständnis des betroffenen Landes ist nicht ausgeschlossen.[24]

**7** **2. Voraussetzungen der Regelungen. a) Grundlage in Satz 2.** Die als Kollegialorgan zuständige BReg (→ Rn. 5) darf bei ihrer Entscheidung nicht gegen Rechtsvorschriften, insbes. Bestimmungen des Grundgesetzes, verstoßen. In **formeller Hinsicht** bestehen keine allgemein gültigen Vorgaben. Daher genügen Organisationsakte ohne die Form eines Rechtssatzes, sofern die fragliche Einrichtung nicht auf einem solchen beruht; dann ist eine Rechtsverordnung erforderlich, aufgrund der erkennbaren Intention der Ermächtigung wohl selbst bei Begründung im formellen Gesetz aber auch hinreichend.[25] In jedem Fall ist die Zustimmung des BRat erforderlich.

**8** **b) Auflösung oder Überführung.** In **materieller Hinsicht** nennt Art. 130 I 2 keine Kriterien für die Wahl zwischen den Entscheidungsmöglichkeiten. Diese steht dennoch nicht im freien Belieben der BReg,[26] sondern in ihrem pflichtgemäßen **Ermessen,**[27] dem aber im Hinblick auf die verfolgten Ziele eines effektiven Verwaltungsneuaufbaus weiteste Spielräume offenstehen[28] (zu Art. 13 EV insoweit → Rn. 18).

**9** Die dem Ermessen überhaupt **eröffneten Möglichkeiten** sind allerdings durch das System der Kompetenzverteilung im Grundgesetz insgesamt **eingeschränkt.** Namentlich kommt eine Weiterführung im Bereich des Bundes nur in Betracht, wenn die jeweilige Einrichtung sachlich nach den allgemeinen Kompetenzbestimmungen des GG zulässig wäre. Art. 130 I hat ersichtlich nicht das Ziel, für die Fortführung von Alt-Einrichtungen weitergehende Bundeskompetenzen zu schaffen.[29] Die Überführung zu Verwaltungseinrichtungen des Bundes ist daher nur innerhalb der Bundeskompetenzen der Art. 87 ff. zulässig;[30] entsprechend können auch Rechtspflegeeinrichtungen nicht über die im Grundgesetz genannten Bundesgerichte hinaus als solche überführt werden.[31] Bei Verfassungswidrigkeit der zugrundeliegenden Regelungen ist die BReg zur Auflösung verpflichtet.[32] Andererseits wäre eine Auflösung des Deutschen Obergerichts für das Vereinigte Wirtschaftsgebiet, die mit Verordnung v. 27.12.1951 (BGBl I 1009) erfolgt ist, wegen der Sonderregelung des Art. 137 III vor Errichtung des BVerfG wohl unzulässig gewesen.

---

[20] Vgl. VG Frankfurt NJW 1953, 678 (680), für ipsa constitutione eintretenden Zuordnungswechsel einer Außenhandelsstelle mit Inkrafttreten des Grundgesetzes; zustimmend *Zieger,* in: v. Münch III, 2. Aufl. 1983, Art. 130 Rn. 11; aA *Hamann jr.,* in: Hamann/Lenz, Art. 130 Anm. B 1, unter Berufung auf BGHZ 12, 89 (90), wo für die Postverwaltung auf die diesbezügliche Überführungsverordnung abgestellt wird.

[21] BVerfGE 84, 133 (150), im Anschluss an *Maunz,* in: Maunz/Dürig, Art. 130 (1962) Rn. 25; zuvor so *Holtkotten* BK, Art. 130 (Erstbearb.) Anm. II 2a; jetzt *H. H. Klein,* in: Maunz/Dürig, Art. 130 (2007) Rn. 22.

[22] BVerfGE 84, 133 (150 f.); zustimmend *Papier* HStR IX[1,] § 213 Rn. 55; *H. H. Klein,* in: Maunz/Dürig, Art. 130 (2007) Rn. 22; anders noch *Maunz,* ebda, Art. 130 (1962) Rn. 26.

[23] Für Anforderungen konkreter Einbettung, die in der Praxis nicht stets beachtet wurden, *Holtkotten* BK, Art. 130 (Erstbearb.) II 2b a; g; wie hier *Dietlein* MKS III, Art. 130 Rn. 9.

[24] Vgl. *Holtkotten* BK, Art. 130 (Erstbearb.) Anm. II 2b a; in der Sache auch *Maunz,* in: Maunz/Dürig, Art. 130 (1962) Rn. 27 am Ende (als Form der Auflösung). Zurückhaltend *Dietlein* MKS III, Art. 130 Rn. 9.

[25] So *H. H. Klein,* in: Maunz/Dürig, Art. 130 (2007) Rn. 21; *Zieger,* in: v. Münch III, 2. Aufl. 1983, Art. 130 Rn. 13; *Mager,* in: v. Münch/Kunig II, Art. 130 Rn. 7; *Jarass,* in: Jarass/Pieroth, Art. 130 Rn. 2; *Hermes,* in: Dreier III, Art. 130 Rn. 15; strenger *Holtkotten* BK, Art. 130 (Erstbearb.) Anm. II 2 f. (immer RVO); auch *Dietlein* MKS III, Art. 130 Rn. 11; zum Verhältnis zu den Erfordernissen der Art. 87 ff. s. u. Fn. 29.

[26] Dagegen für Art. 13 EV BVerfGE 84, 133 (149 f.), mangels Bestimmtheit; dazu noch u. Rn. 18.

[27] *H. H. Klein,* in: Maunz/Dürig, Art. 130 (2007) Rn. 20; *Dietlein* MKS III, Art. 130 Rn. 12; *Zieger,* in: v. Münch III, 2. Aufl. 1983, Art. 130 Rn. 13.

[28] S. allgemein zu normativem Ermessen *Ossenbühl,* FS H. Huber, 1981, S. 283 ff.; *Badura,* GS Martens, 1987, S. 25 ff.; *Sachs* SBS, § 40 Rn. 48 f. mwN.

[29] Zustimmend *Hebeler,* in: Friauf/Höfling, Art. 129 (2016) Rn. 20.

[30] *Holtkotten* BK, Art. 130 (Erstbearb.) Anm. II 2b; *H. H. Klein,* in: Maunz/Dürig, Art. 130 (2007) Rn. 15; *Hermes,* in: Dreier III, Art. 130 Rn. 16; *Dietlein* MKS III, Art. 130 Rn. 12.

[31] Vgl. BVerwGE 32, 21 (23), für das Bundesoberseeamt; wie hier auch *Hermes,* in: Dreier III, Art. 130 Rn. 16; *Dietlein* MKS III, Art. 130 Rn. 12.

[32] Anders *Maunz,* in: Maunz/Dürig, Art. 130 (1962) Rn. 14, der annimmt, die Einrichtungen seien (bei Unanwendbarkeit des Art. 130 I 2) „ohne weiteres aufzulösen"; die Kompetenz hierfür bleibt offen.

## C. Disziplinarvorgesetzter (Abs. 2)

Abs. 2 bezieht sich auf den Zeitraum zwischen Inkrafttreten des Grundgesetzes und der Regelung 10 durch die BReg nach Abs. 1 S. 2,[33] ist mithin seit langem

## D. Bundesaufsicht über fortbestehende Körperschaften und Anstalten (Abs. 3)

Während die Regelungskompetenz des Abs. 1 für den Bereich der rechtlich nicht verselbstständigten 11 Einheiten der unmittelbaren Staatsverwaltung gilt, betrifft Abs. 3 die genannten Formen **mittelbarer Staatsverwaltung,** in analoger Anwendung (→ Art. 86 Rn. 44, → Art. 87 Rn. 67) auch Stiftungen des öffentlichen Rechts.[34]

Die Reichweite der Regelung ist durch eine negative Abgrenzung zum Bereich der Länder ähnlich 12 wie in Abs. 1 bestimmt (→ Rn. 3, 4). Das Ausschlusskriterium der **Landesunmittelbarkeit** weicht allerdings von Abs. 1 ab, soweit es nicht auf die landesrechtliche Rechtsgrundlage ankommt, sondern darauf, ob die fragliche Körperschaft oder Anstalt bei Inkrafttreten des GG unter der Aufsicht einer Landesbehörde stand, und zwar auch im Falle als Bundesrecht fortgeltender Rechtsgrundlagen.[35] Maßgeblich ist die primäre Zuordnung der Aufsichtsbefugnis; wurde die Aufsicht von obersten Landesbehörden im Auftrag von Reichsbehörden geführt, begründet dies keine Landesunmittelbarkeit der beaufsichtigten juristischen Person.[36]

Die nicht ausgegrenzten Rechtsträger unterstellt Abs. 3 **verfassungsunmittelbar der Aufsicht** der 13 zuständigen obersten Bundesbehörde. Davon abweichende satzungsrechtliche Regelungen sind verfassungswidrig, auf diesen beruhende Aufsichtsakte – z. B. Genehmigungen von Satzungsänderungen – rechtswidrig.[37]

## E. Übergang von Einrichtungen im Beitrittsgebiet (Art. 13, 14 EV)

### I. Endgültiger Übergang (Art. 13 EV)

Beim Beitritt der DDR gem. Art. 23 aF gab es im Beitrittsgebiet neben den neu geschaffenen 14 Kommunen[38] ungeachtet des noch am 22.7.1990 verabschiedeten Ländereinführungsgesetzes[39] Einrichtungen der öffentlichen Verwaltung und der Rechtspflege nur als solche des Zentralstaats. Art. 13 EV trifft die erforderlichen Regelungen, um diese Einrichtungen der **Kompetenzordnung des GG anzupassen.**[40]

**1. Die erfassten Einrichtungen.** Die Regelung lehnt sich bei aller Unterschiedlichkeit im Detail 15 im Grundsatz an das **Vorbild des Art. 130 I** an. Namentlich gilt dies für die von der Regelung **betroffenen Einrichtungen.**[41] Im Hinblick auf die unterschiedliche Abgrenzung des „öffentlichen" Sektors in der DDR wurde in dem bei Unterzeichnung des Vertrages erstellten Protokoll[42] unter I

---

[33] Vgl. *Holtkotten,* BK, Art. 130 (Erstbearb.) Anm. II 3; *H. H. Klein,* in: Maunz/Dürig, Art. 130 (2007) Rn. 23; auch *Mager,* in: v. Münch/Kunig II, Art. 130 Rn. 8.

[34] Im Ergebnis auch OVG NRW, U. v. 4.6.2008, 1 A 4629/06, juris, Rn. 66 ff.; *H. H. Klein,* in: Maunz/Dürig, Art. 130 (2007) Rn. 24; *Dietlein* MKS III, Art. 130 Rn. 15. Für Begrenzung auf Selbstverwaltungskörperschaften *Holtkotten* BK, Art. 130 (Erstbearb.) Anm. II 4; der zuerst vorgeschlagene Begriff „Selbstverwaltungen" ist jedoch bewusst ausgetauscht worden, vgl. JöR nF 1 (1951), 856 f.

[35] *H. H. Klein,* in: Maunz/Dürig, Art. 130 (2007) Rn. 24; *Mager,* in: v. Münch/Kunig II, Art. 130 Rn. 9; *Hermes,* in: Dreier III, Art. 130 Rn. 18; s. auch *Blümel* HStR IV, § 101 Rn. 111, der Art. 130 III entnimmt, dass die Bundesunmittelbarkeit einer juristischen Person Bundesaufsicht erfordert mache.

[36] So BVerwG NJW 1988, 354 (355).

[37] In BVerwG NJW 1988, 354 (355), blieb dies allerdings wegen fehlender Evidenz des Verfahrensfehlers ohne Auswirkung auf den Bestand der Satzungsbestimmungen, vgl. auch BVerfGE 34, 9 (25 f.); 91, 148 (175); allgemein näher → Art. 20 Rn. 95.

[38] Gesetz über die Selbstverwaltung der Gemeinden und Landkreise in der Deutschen Demokratischen Republik vom 17.5.1990, GBl DDR I 255.

[39] GBl DDR I 955 idF der Anl. II Kap. II Sachgeb. A Abschn. II zum EV; § 22 des Gesetzes sah eine (nicht mehr realisierte) Verteilung der Verwaltungsorgane und der der öffentlichen Verwaltung oder Rechtspflege dienenden Einrichtungen der Republik auf Republik und Länder vor.

[40] Vgl. die Begründung der Denkschrift zum Einigungsvertrag, BT-Dr 11/7760, zu Art. 13 EV; zu Art. 13, 14 EV im Überblick *Trute* HStR IX[1], § 215 Rn. 24 ff.; *H. H. Klein,* in: Maunz/Dürig, Art. 130 (2007) Rn. 29 f.

[41] Vgl. BVerfGE 84, 133 (151): Einrichtungen sind auch Untereinheiten von Behörden, „sofern sie organisatorisch abgrenzbare Funktionseinheiten darstellen", s. auch BAG NZA 1993, 120 (121); *Wehowsky,* in: Umbach/Clemens II, Art. 130 Rn. 4.

[42] BGBl II 1990, 905.

Nr. 6 klargestellt, wie Einrichtungen abzuwickeln sind, die künftig nicht mehr von der öff. Verwaltung wahrzunehmende Aufgaben erfüllt hatten.[43]

**16**  **2. Landeskompetenzen (Abs. 1).** Im Unterschied zu Art. 130 I GG schließt Art. 13 EV den Bereich der neu geschaffenen Länder ein und unterstellt grundsätzlich alle Einrichtungen den nach dem Belegenheitsprinzip bestimmten **Landesregierungen, Abs. 1 S. 1.** Im Zusammenhang mit der Regelung der Sätze 2, 3 für Einrichtungen mit länderübergreifendem Wirkungskreis und ihre Teileinrichtungen dürfte dies dahin zu verstehen sein, dass die den Landesregierungen unterstehenden Einrichtungen in die Trägerschaft des jeweiligen Landes übergehen.

**17**  Als maßgebliche Rechtsfolge überträgt Satz 4 der Landesregierung die Kompetenz, die **Überführung oder Abwicklung** der ihr unterstehenden Einrichtungen zu **regeln.**[44] Dies entspricht wiederum dem Vorbild des Art. 130 I 2 GG, zumal die Nichterwähnung der „Auflösung als notwendiger Vorstufe der Abwicklung"[45] nur klarstellt, dass lediglich zwei Regelungsmöglichkeiten eröffnet sind (→ Rn. 6).

**18**  Art. 13 EV nennt ebenso wenig wie Art. 130 I 2 GG die **Voraussetzungen,** unter denen eine Einrichtung **abgewickelt** werden kann. Bezogen auf die berührten Grundrechtspositionen der in einer solchen Einrichtung tätigen Personen hat das BVerfG betont, dass die Entscheidung nicht im freien Belieben der neuen Träger stehe.[46] Die Kompetenz ist vielmehr aufgabenorientiert mit Rücksicht auf den Bedarf für den Fortbestand der Einrichtung und die Fortführung ihrer Tätigkeit auszuüben;[47] soweit eine Fortführung nicht wegen Widerspruchs zur grundgesetzlichen Rechtsordnung ausscheidet, ist damit – wie bei Art. 130 I 2 GG (→ Rn. 8) – ein weites, auf eine zweckmäßige Entwicklung der neuen Verwaltungsstrukturen bezogenes Ermessen eröffnet.[48]

**19**  Aufgrund des Normzusammenhangs mit Art. 20 EV und den dienstrechtlichen Bestimmungen in Anl. I Kap. XIX Sachgeb. A Abschn. III Nr. 1 II und III war allerdings keine positive Abwicklungsentscheidung erforderlich; vielmehr ist diese **Wirkung ex lege** eingetreten, wenn nicht bis zum maßgeblichen Stichtag (3.10.1990, spätestens drei Monate später) die Überführung geregelt worden war.[49]

**20**  Der nach **Art. 13 I 4 EV** unberührt bleibende § 22 Ländereinführungsgesetz (→ Rn. 14) hatte insbesondere zur Folge, dass die **Bezirksverwaltungsbehörden** kraft Gesetzes auf die Länder übergegangen sind. Nach Art. 15 I 1 EV hatten sie vom Wirksamwerden des Beitritts bis zur Wahl der Ministerpräsidenten ihre Aufgaben in der Verantwortung der BReg wahrzunehmen und unterstanden deren Weisungen. Eine spätere Auflösung in den Ländern beruhte unmittelbar auf dem jeweiligen Landesrecht.[50]

**21**  **3. Bundeskompetenzen (Abs. 2).** Abs. 2 weist den zuständigen obersten **Bundesbehörden die Kompetenz** für die Regelung der Überführung oder Abwicklung der Einrichtungen zu, die bis zum Wirksamwerden des Beitritts Aufgaben erfüllt haben, die nach der Kompetenzordnung des GG vom Bund wahrzunehmen sind.[51] Zuständig sind damit die Bundesminister, zu deren Ressort die fraglichen Einrichtungen gehören; anders als in Art. 130 I (→ Rn. 7) ist weder eine Entscheidung der BReg als Kollegium noch die Zustimmung des BRat vorgesehen.

**22**  **4. Sonderfälle (Abs. 3).** Abs. 3 versteht sich als **Klarstellung,** dass Abs. 1 und 2 auch für die dort genannten Einrichtungen der Kultur, der Bildung und Wissenschaft sowie des Sports (Nr. 1) sowie solche des Hörfunks und des Fernsehens (Nr. 2) gelten.[52] Ergänzend sind die Spezialregelungen der Art. 35 ff. EV zu beachten.[53]

---

[43] Zur Behandlung von Einrichtungen, die schon nach DDR-Recht nicht zur öffentlichen Verwaltung gehörten, *Papier* DtZ 1993, 290 (293 f.) (für die Staatlichen Forstbetriebe der DDR).

[44] Zum Zusammenspiel von Unterstellung und Rechtsfolge der Regelungskompetenz BVerfGE 90, 220 (221); zu Art. 130 o. Rn. 5; für eine in jedem Fall geltende Regelungspflicht BAG NZA 1993, 120 (122); für konkurrierende Auflösungsbefugnis des Landesgesetzgebers BezG Dresden LKV 1993, 276 f.

[45] BVerfGE 84, 133 (150).

[46] BVerfGE 84, 133 (149).

[47] BVerwGE 90, 220 (222), im Anschluss an BVerfGE 84, 133 (150 ff.).

[48] Nicht eindeutig BVerwGE 90, 220 (222); auch BVerwG LKV 1995, 222 (223), wo von Voraussetzungen für die Abschaffung einer Einrichtung die Rede ist; doch ist die dort genannte Ausrichtung am Behördenbedarf kaum als gerichtlich voll überprüfbare Rechtsbindung vorstellbar.

[49] Vgl. BVerwGE 90, 220 (224 f.); BAGE 71, 147 (153); OVG Berl LKV 1991, 269.

[50] Vgl. z. B. § 21 BrandLOG und die darauf gestützte Rechtsverordnung über die Auflösung der Bezirksverwaltungsbehörden Cottbus, Frankfurt/Oder und Potsdam vom 18.7.1991, GVBl 267.

[51] Exemplarisch zur Auflösung der Einrichtungen im Bereich der Justiz (Ministerium der Justiz der DDR, Oberstes Gericht der DDR, Generalstaatsanwalt der DDR, Patentamt der DDR) *Welp* DtZ 1991, 16 f.

[52] Denkschrift zum EV, BT-Dr 11/7760, zu Art. 13 I EV; gegen eine Anwendung auf Hochschulen etwa KreisG Dresden LKV 1991, 381 ff.; dafür KreisG Leipzig-Stadt LKV 1993, 101 (104); BezG Erfurt LKV 1993, 274 (275); BezG Dresden LKV 1993, 276 f.

[53] Vgl. etwa zur in Art. 38 II EV für die Akademie der Wissenschaften der DDR getroffenen Regelung BVerfGE 85, 360 (372 ff.); zum Schicksal einzelner Institute BVerwGE 89, 286 (287 ff.); OVG Berl LKV 1992, 300 (301); zu dem der „Gelehrtensozietät" vgl. *Pieroth/Schlink* WissR 25 (1992), 105 ff.

## II. Vorläufige Weiterführung (Art. 14 EV)

Art. 14 EV sieht (als Übergangsregelung zweiter Stufe) vor, dass Einrichtungen mit Aufgaben aus **23** dem Kompetenzbereich der Länder bis zu einer endgültigen Regelung über die Abwicklung oder Überführung durch die einzelnen Landesregierungen vorübergehend als **gemeinsame Einrichtungen der Länder** weiterzuführen sind, wenn dies für die Erfüllung der Aufgaben der Länder unerlässlich ist.

## Art. 131 [Ehemalige Angehörige des öffentlichen Dienstes]

**Die Rechtsverhältnisse von Personen einschließlich der Flüchtlinge und Vertriebenen, die am 8. Mai 1945 im öffentlichen Dienste standen, aus anderen als beamten- oder tarifrechtlichen Gründen ausgeschieden sind und bisher nicht oder nicht ihrer früheren Stellung entsprechend verwendet werden, sind durch Bundesgesetz zu regeln. Entsprechendes gilt für Personen einschließlich der Flüchtlinge und Vertriebenen, die am 8. Mai 1945 versorgungsberechtigt waren und aus anderen als beamten- oder tarif-rechtlichen Gründen keine oder keine entsprechende Versorgung mehr erhalten. Bis zum Inkrafttreten des Bundesgesetzes können vorbehaltlich anderweitiger landesrechtlicher Regelung Rechtsansprüche nicht geltend gemacht werden.**

**Entstehungsgeschichte: Erstfassung:** JöR nF 1 (1951), 858.
**Historische Verfassungstexte: GG 1949:** Wie geltende Fassung.
**Gesetzgebung:** G 131.

**Schrifttum:** *O. Bachof,* Das Bundesverfassungsgericht und die Beamtenverhältnisse, DÖV 1954, 33; *S. Begalke/C. Fröhlich/St. Glienke* (Hg.), Der halbierte Rechtsstaat, 2015; *N. Frei,* Vergangenheitspolitik, 2. Aufl. 1997; *K. J. Grigoleit,* Das Bundesverfassungsgericht und die deutsche Frage, 2004; *J. Isensee,* Stunde 0?, in: M. Becker/C.H. Studt (Hrsg.), Die Ämter und ihre Vergangenheit im „Dritten Reich", 2013, S. 15; *M. Kirn,* Verfassungsumsturz oder Rechtskontinuität?, 1972; *W. Langhorst,* Beamtentum und Artikel 131 des Grundgesetzes, 1994; *R. Naumann/H. Spanner,* Die Berufsbeamten und die Staatskrisen, VVDStRL 13 (1955), 119.

## A. Allgemeines

### I. Entstehung

Das Problem der Angehörigen und Versorgungsberechtigten des öffentlichen Dienstes, die durch **1** den **Zusammenbruch der NS-Diktatur** und seine Folgen Beschäftigung oder Versorgungsbezüge verloren hatten, wurde erstmals im ParlRat durch einen Antrag der DP-Fraktion auf Einfügung eines Art. 143b in den Entwurf behandelt.[1] Der Beamtenschutzbund schlug daran anknüpfend die Gleichbehandlung der vor dem 8.5.1945 im Dienst befindlichen und der danach berufenen Personen vor.[2]

Nach einem Vorschlag der ARA sollten nur **vermögensrechtliche Ansprüche** Betroffener durch **2** Bundesgesetz geregelt werden, **Ansprüche auf Wiedereinstellung** jedoch verfassungsrechtlich ausgeschlossen werden.[3] Die Gewerkschaft Deutscher Beamtenbund sah in letzterem einen Verstoß gegen die rechtsstaatlichen Prinzipien des GG,[4] weitere Abgeordnete einen unzulässigen Eingriff in die Beamtenrechte der Länder.[5]

Als **Kompromiss** wurde anstelle der Regelung der Wiedereinstellungsproblematik eine Rahmen- **3** vorschrift aufgenommen, die die Regelung der Rechtsverhältnisse der Personen, die sich am 8.5.1945 im öffentlichen Dienst befunden und ihre Tätigkeit verloren hatten, durch ein Bundesgesetz vorsah. Der Organisationsausschuss nahm eine weitgehend dem Wortlaut der Sätze 1 und 2 des Art. 131 entsprechende Fassung der Rahmenvorschrift als Art. 138c−1 in den Entwurf auf. Berechtigte sollten danach sein: Beamte und Angestellte, die infolge Untergangs ihrer Dienststelle im früheren Reichsgebiet ihren Diensther verloren hatten, ferner heimatvertriebene Beamte und solche, die durch Maßnahmen der Besatzungsmacht ihr Amt verloren hatten, insbes. soweit sie inzwischen entnazifiziert waren und nicht zur Gruppe der Belasteten oder Hauptschuldigen gehörten.[6] Satz 1 erfasste auch die Rechte der Hinterbliebenen von nach dem 8.5.1945 aus dem Dienst ausgeschiedenen Versorgungsempfängern, Satz 2 die Hinterbliebenen der bereits vor dem 8.5.1945 versorgungsberechtigt gewesenen Personen.[7]

---

[1] Antrag Nr. 48, ParlRat-Dr 442.
[2] JöR nF 1 (1951), 858; vgl. Organisationsausschuss, 30. Sitzung v. 13.1.1949, Sten. Prot. S. 38.
[3] JöR nF 1 (1951), 858 f.; ParlRat-Dr 374 v. 16.12.1948, Art. 43c−1; so auch *Katz* (SPD), Sten. Prot. S. 40 u. 41.
[4] Sten. Prot. S. 39 f.
[5] Sten. Prot. S. 40 f. *Mücke* (SPD) wandte sich gegen die rechtliche Gleichsetzung politisch unbelasteter Flüchtlingsbeamter mit belasteten Einheimischen; Sten. Prot. S. 53, *Süsterhenn* (CDU).
[6] JöR nF 1 (1951), 860; HA-Prot., S. 493.
[7] JöR nF 1 (1951), 860; Organisationsausschuss, 31. Sitzung v. 14.1.1949, Sten. Prot. S. 1–4.

4    Um die zwischenzeitliche Anerkennung von Ansprüchen durch die Rechtsprechung zu verhindern,[8] schlug Abg. *Höpker-Aschoff* (FDP) die Aufnahme eines dritten Satzes als **Interimslösung** vor, der die Geltendmachung von Rechtsansprüchen bis zum Erlass der bundesgesetzlichen Regelung ausschloss.[9] Der Gegenantrag auf Aufnahme einer Ausnahmeregelung in den Art. 143c–1 zugunsten der politisch unbelasteten verdrängten Beamten[10] wurde wie die Anträge auf Streichung der Sperrklausel wegen nachteiliger Folgen für Flüchtlinge und Heimkehrer mit knapper Mehrheit abgelehnt.[11]

## II. Normzweck

5    Art. 131 erteilt dem Bundesgesetzgeber eine umfassende **Sonderkompetenz,** die von den allgemeinen Kompetenzregelungen **für den öffentlichen Dienst**[12] und dem Regelungsauftrag des Art. 33 V[13] abweicht. Abgesehen von vorläufigen Regelungen nach S. 3 und ausdrücklichen Ermächtigungen durch Bundesgesetz ist ein Tätigwerden der Landesgesetzgeber ausgeschlossen.[14] Dem **Verfassungsauftrag** mit sozialstaatlicher Zielsetzung,[15] der einen weiten, durch den Gleichheitssatz,[16] nicht aber durch Art. 14[17] gebundenen Gestaltungsspielraum einräumt, ist der Gesetzgeber mit dem Gesetz zur Regelung der Rechtsverhältnisse der unter Art. 131 fallenden Personen v. 11.5.1951[18] nachgekommen. Nach mehreren Änderungsgesetzen zur Beseitigung von Härtefällen, zul. G v. 23.5.1975,[19] sind die Gesetze und Verordnungen zu Art. 131 durch das **dienstrechtliche Kriegsfolgen–Abschlussgesetz** v. 20.9.1994[20] **aufgehoben** worden. Art. 131 und die dazu ergangenen Gesetze und Verordnungen sind gem. **Art. 6 EV** schon nicht mehr auf das Beitrittsgebiet übergeleitet worden.[21] Art. 143 II erfordert keine abweichende verfassungskonforme Auslegung.[22]

6    Die vorbildlose, schon während der Entstehung und gesteigert während der Umsetzung[23] höchst kontroverse Vorschrift hat zur Vergangenheitsbewältigung durch Recht nach einem Staatszusammenbruch exemplarisch beigetragen. Der als „sensationell"[24] empfundenen Rechtsprechung des BVerfG,[25] derzufolge trotz der aufrechterhaltenen Rechtsnachfolge der Bundesrepublik Deutschland für das Deutsche Reich „alle Beamtenverhältnisse … am 8. Mai 1945 erloschen" sind, war Art. 131 Anlass zu einem radikalen **Bruch mit dem nationalsozialistischen Staat und seinem Personal.**[26] Die „soziale Tat"[27] der 131er Gesetzgebung war zugleich ein Beitrag zur **Integration statt Ausgrenzung** eben dieses Personals in die entstehende Bonner Bundesrepublik, sofern die Betroffenen ihr Amt nicht durch Verletzung der Grundsätze der Menschlichkeit oder der Rechtsstaatlichkeit missbraucht hatten.[28] Die Umsetzung der Norm sicherte das umstrittene Berufsbeamtentum und stabilisierte den Aufbau des jungen Staates, um den Preis der nachhaltigen Beeinträchtigung der moralischen Glaubwürdigkeit.[29] Die Eigenart von Art. 131 und seiner Umsetzung verdeutlicht der Vergleich mit dem Zusammenbruch

---

[8] JöR nF 1 (1951), 861; HA-Prot., S. 494, Abg. *Zinn* (SPD).

[9] JöR nF 1 (1951), 861; HA-Prot., S. 500 unter Hinw. auf entsprechende Klauseln im KRG Nr. 34 u. KRDir. Nr. 24.

[10] JöR nF 1 (1951), 862 f.; HA-Prot., S. 499 f., Abg. *Mücke* (SPD), *Seebohm* (DP); ParlRat-Dr 675 v. 28.2.1949, Deutscher Beamtenbund.

[11] JöR nF 1 (1951), 864; ParlRat-Ber., S. 190 ParlRat-Dr 787 v. 2.5.1949, Antrag der DP-Fraktion u. des Abg. *Lehr* (CDU) mit 11 zu 10 Stimmen in 4. Lesung des HA abgelehnt; ebenso Antr. von *Seebohm* (DP) im Plenum am 6.5.1949.

[12] BVerfGE 7, 305 (313); 15, 167 (184).

[13] BVerfGE 15, 80 (102); 15, 167 (195); *Stern,* StaatsR I, S. 362.

[14] BVerfGE 15, 167 (185); 16, 254.

[15] So *Kunig,* in: v. Münch/Kunig, Art. 131 Rn. 3; *Badura,* in: Maunz/Dürig, Art. 131 Rn. 5.

[16] BVerfGE 3, 288 (323); *Stern,* StaatsR I, S. 362.

[17] *Jarass,* in: Jarass/Pieroth, Art. 131 Rn. 2.

[18] BGBl I 302; dazu *Anders,* Gesetz zur Regelung der Rechtsverhältnisse der unter Art. 131 des Grundgesetzes fallenden Personen, 1966.

[19] BGBl I 1173.

[20] BGBl I 2442.

[21] *Badura,* in: Maunz/Dürig, Art. 131 Rn. 21; *Antoni,* in: Hömig, Art. 131 Rn. 2; *Kaltenborn,* in: Epping/Hillgruber, Art. 131 Rn. 8; krit. *Merten,* Grundfragen des Einigungsvertrages unter Berücksichtigung beamtenrechtlicher Probleme, 1991.

[22] AA *Schwarz* MKS III, Art. 143 Rn. 22; *Scholz,* in: Maunz/Dürig, Art. 143 Rn. 14.

[23] Dazu z. B. *Dennewitz/Jess* BK, Art. 131 (Erstbearb.) Vorb. 1–3b einerseits und *Holtkotten* BK, Art. 131 (Erstbearb.) Anm. II A–C andererseits.

[24] *Forsthoff* DVBl 1954, 69.

[25] BVerfGE 3, 58, sowie Fn. 12, 13, 14.

[26] Dazu *Kirn,* Verfassungsumsturz oder Rechtskontinuität?, 1972; *Grigoleit,* Das Bundesverfassungsgericht und die deutsche Frage, 2004, S. 187; *Günther* Staat 2009, 411 (418, 429); *Isensee,* in Becker/Studt (Hrsg.), Die Ämter und ihre Vergangenheit im „Dritten Reich", 2013, S. 37.

[27] BVerfGE 3, 58 (134); *Stern,* Staatsrecht I, S. 362; zur Personalpolitik *Langhorst,* Beamtentum und Artikel 131 des Grundgesetzes, 1994, S. 183; *Wengst,* Staatsaufbau und Regierungspraxis 1948–1953, 1984; *Perels* KJ 2004, 186.

[28] BVerfGE 22, 387 (408).

[29] Dazu *Frei,* Vergangenheitspolitik, 1997; *Grawert,* in: Schwegmann (Hrsg.), Die Wiederherstellung des Berufsbeamtentums nach 1945, 1986, S 25; *Rigoll,* Staatsschutz in Westdeutschland, 2013.

der DDR.[30] Trotz des im Unterschied zu 1945 radikalen Wechsels des als Gegenentwurf konzipierten Staats-, Gesellschafts- und Wirtschaftssystems hat das BVerfG[31] die Bundesrepublik Deutschland zum Rechtsnachfolger der DDR hinsichtlich der Dienstverhältnisse ihrer Beschäftigten erklärt, obwohl diese gerade nicht in einem öffentlich-rechtlichen auf Lebenszeit angelegten Dienst- und Treueverhältnis standen. Gemäß der Kontinuitätsentscheidung des Art. 20 EV ist die Rechtsprechung des BVerfG zur verfassungskonformen Intensität des hinnehmbaren Opportunismus eher großzügig und strikt einzelfallbezogen.[32]

## B. Umsetzung des Gesetzgebungsauftrags

Schon 1976 stellte *Maunz*[33] fest: „Die in diesem Artikel geregelten Tatbestände und Rechtsverhält- 7 nisse sind abgeschlossen." Zweck der 131er Gesetze war es, die danach Berechtigten im öffentlichen Dienst entsprechend ihrer früheren Rechtsstellung **wiederzuverwenden**. Soweit dies erfolgte, hat sich der Regelungszweck erfüllt. Sofern eine Wiederverwendung nicht möglich war, haben die Berechtigten **beamtenrechtliche Versorgungsansprüche** erhalten, die bis in die Gegenwart fortdauern können.[34] Sofern keine Versorgungsansprüche bestanden, sind die versicherungsfreien Dienstzeiten im öffentlichen Dienst durch **Nachversicherung** bei der gesetzlichen Rentenversicherung abschließend geregelt worden.[35] Die Regelungen des G 131 über die rentenrechtliche Nachversicherung sind durch die am 1.1.1992 in Kraft getretene Neuregelung der Altersversicherungssysteme durch G. v. 28.12.1989[36] und für das Beitrittsgebiet durch das RentÜblG[37] in das SGB VI übernommen worden.

## Art. 132 [Pensionierung von Beamten]

(1) **Beamte und Richter, die im Zeitpunkte des Inkrafttretens dieses Grundgesetzes auf Lebenszeit angestellt sind, können binnen sechs Monaten nach dem ersten Zusammentritt des Bundestages in den Ruhestand oder Wartestand oder in ein Amt mit niedrigerem Diensteinkommen versetzt werden, wenn ihnen die persönliche oder fachliche Eignung für ihr Amt fehlt. Auf Angestellte, die in einem unkündbaren Dienstverhältnis stehen, findet diese Vorschrift entsprechende Anwendung. Bei Angestellten, deren Dienstverhältnis kündbar ist, können über die tarifmäßige Regelung hinausgehende Kündigungsfristen innerhalb der gleichen Frist aufgehoben werden.**

(2) **Diese Bestimmung findet keine Anwendung auf Angehörige des öffentlichen Dienstes, die von den Vorschriften über die „Befreiung von Nationalsozialismus und Militarismus" nicht betroffen oder die anerkannte Verfolgte des Nationalsozialismus sind, sofern nicht ein wichtiger Grund in ihrer Person vorliegt.**

(3) **Den Betroffenen steht der Rechtsweg gemäß Artikel 19 Absatz 4 offen.**

(4) **Das Nähere bestimmt eine Verordnung der Bundesregierung, die der Zustimmung des Bundesrates bedarf.**

**Entstehungsgeschichte: Erstfassung:** JöR nF 1 (1951), 864.
**Historische Verfassungstexte: GG 1949:** Wie geltende Fassung.

**Schrifttum:** *M. Wenzel*, Die gegenwärtige Rechtslage der entfernten und heimatvertriebenen Beamten, 1950; *Hi. Krüger*, Maßnahmen gegen Beamte mit Minderleistungen, DÖV 1951, 485.

## A. Entstehungsgeschichte

Der Artikel sollte ursprünglich die Grundlage für die **Abwicklung der zonalen und bizonalen** 1 **Behörden** bilden. Abg. *Katz* (SPD) schlug einen Art. 143c vor, der den Bund ermächtigen sollte, von den Bestimmungen des Beamtenrechts abzuweichen, um sich von der Versorgungspflicht für nicht übernommene Beamte zu entbinden.[1]

---

[30] Dazu *Quaritsch* Der Staat 31 (1992), 519; *Starck/Berg/Pieroth* VVDStRL 51 (1992), 9; *Isensee* (Hrsg.), Vergangenheitsbewältigung durch Recht, 1992; *Grotkopp*, Beamtentum und Staatsformwechsel, 1992; *Kirn* und *Walther*, in: Schröder (Hrsg.), 8. Mai 1945 – Befreiung oder Kapitulation?, 1997, S. 149 u. 173; *Dreier*, FS 50 Jahre BVerfG I, 2001, S. 159 (165); *Bull* DÖV 2009, 780 (791).
[31] NJW 1984, 133.
[32] *Battis*, Art. 33 Rn. 36.
[33] *Maunz*, in: Maunz/Dürig, Art. 131 (1976) Rn. 1.
[34] S. *Dietlein* MKS III, Art. 131 Rn. 4.
[35] BT-Dr 12/5919, S. 22.
[36] BGBl I 2261.
[37] Mit ÄndG v. 24.6.1993, BGBl I 1038.
[1] JöR nF 1 (1951), 864; Sten. Prot., S. 8, 23, 24.

2     Eine Neufassung des ARA v. 6.12.1948 erklärte sämtliche Beamten der vom Bund zu übernehmenden Einrichtungen zu Bediensteten auf Widerruf,[2] um die **Abbaumaßnahmen** durchführen zu können.[3] CDU und FDP bewerteten die Aufhebbarkeit wohlerworbener Beamtenrechte als Rechtsbruch und setzten im HA die Ablehnung der Neufassung durch.[4]

3     Die Sonderregelung für die zonalen und bizonalen Verwaltungen wurde durch eine **allgemeine Bereinigungsvorschrift für den öffentlichen Dienst** im Art. 143c–2 ergänzt.[5] Die Möglichkeit der Versetzung in den vorzeitigen Ruhestand, Wartestand oder in ein Amt mit geringerem Rang sollte gem. Abs. 1 auf Beamte beschränkt bleiben, die die persönlichen und fachlichen Voraussetzungen für ihr Amt nicht erfüllten, wozu auch die „politische Tragbarkeit" gehörte.[6] Auf Vorschlag des Abg. *Renner* (KPD) wurde die Anwendung dieser Bestimmung auf anerkannte Opfer des Faschismus gem. Art. 132 II ausgeschlossen.[7]

4     Die Rechtsverhältnisse der Angehörigen der Verwaltung des Vereinigten Wirtschaftsgebietes wurden in den folgenden Entwürfen noch in gesonderten Absätzen des Art. 143c–2 behandelt.[8] Entgegen dem Vorschlag, die nach dem 1.9.1948 (in der Endfassung: 30.9.1948) ausgesprochenen Beförderungen und vermögensrechtlichen Zusicherungen für diese Personen im GG generell für unwirksam zu erklären,[9] wurde nur ein Widerrufsrecht geregelt.[10] Die **Sonderbestimmungen für die Verwaltung des Vereinigten Wirtschaftsgebietes** wurden auf Vorschlag der Abg. *Lehr* (CDU) und *Heuß* (FDP) erst in der dritten Lesung des Plenums am 8.5.1949 mit den allgemeinen Bereinigungsvorschriften für den öffentlichen Dienst zusammengefasst.[11]

## B. Wirkungsgeschichte

5     Die zulässige Ausnahmevorschrift zu Art. 33 V[12] ist mit Ablauf der 6-Monate-Frist des Abs. 1 S. 1 am 7.3.1950 obsolet geworden. Da die Verordnung gem. Abs. 4 am 17.2.1950[13] erging, konnte sie **nur 16 Tage angewandt** werden. Es wurden 1271 Personen entlassen.[14]

6     Die Debatte um belastete Richter in den 60er Jahren[15] führte zu keiner Änderung der Vorschrift, sondern zur befristeten Möglichkeit der Versetzung auf Antrag gem. § 116 DRiG v. 8.9.1961.[16] Bei der Erarbeitung der **EinigungsV** diente Art. 132 als Vorbild für den Sonderkündigungsgrund nach Anl. I Kap. XIX Sachgeb. A Abschn III Nr. 1 Abs. 4 S. 1 Nr. 1 EV – Kündigung wegen mangelnder fachlicher Qualifikation oder persönlicher Eignung.[17]

## Art. 133 [Nachfolge des Vereinigten Wirtschaftsgebietes]

    **Der Bund tritt in die Rechte und Pflichten der Verwaltung des Vereinigten Wirtschaftsgebietes ein.**

**Entstehungsgeschichte: Erstfassung:** JöR nF 1 (1951), 875.

1     Art. 133 ist aus einer erst im **ParlRat** ergriffenen Initiative hervorgegangen, die ursprünglich die genau entgegengesetzte Zielrichtung verfolgte, jede Rechtsnachfolge des Bundes für zonale und bizonale Verwaltung auszuschließen. Die geltende Fassung war zunächst mit einem Vorbehalt gesetzli-

---

[2] Sten. Prot. S. 50; ARA, ParlRat-Dr 291 v. 18.11.1948.

[3] JöR nF 1 (1951), 867 f., HA-Steno, S. 230–233.

[4] JöR nF 1 (1951), 865 ff.; Sten. Prot., S. 15–19 (*Strauß*/CDU), 24 (*Dehler*/FDP), 25, 51–53 (*Lehr*/CDU, *Dehler*/FDP), HA-Prot., S. 234, Dr 340 v. 10.12.1948.

[5] JöR nF 1 (1951), 868 f.; ParlRat-Dr 374 v. 16.12.1948 Art. 143c–2, berichtigt durch ParlRat-Dr 394 v. 18.12.1948; ParlRat-Dr 501 v. 14.1.1949.

[6] JöR nF 1 (1951), 869, 870, 871, 872; HA-Prot., S. 501, Sten. Prot., S. 59.

[7] JöR nF 1 (1951), 871.

[8] JöR nF 1 (1951), 868, 869, 871, 873, 874, vgl. Entwürfe zu Art. 143c–2, ParlRat-Dr 501, ParlRat-Dr 504, HA-Prot., S. 680 u. Art. 133 ParlRat-Dr 850.

[9] JöR nF 1 (1951), 870; Sten. Prot., S. 11, 15, 18 (*Heiland*/SPD).

[10] JöR nF 1 (1951), 870, 871, 873, 874; Sten. Prot., S. 12, 16, 19 (*Katz*/SPD), 20–22; ParlRat-Dr 504 Anl.; HA-Prot., S. 764 u. Dr 850 v. 5.5.1949.

[11] JöR nF 1 (1951), 875, Dr 893; ParlRat-Ber., S. 229.

[12] BVerfGE 3, 58 (59); 4, 294 (296); *Dietlein* MKS III, Art. 132 Rn. 1; krit. *Maunz*, Maunz/Dürig, Art. 132 Rn. 3.

[13] BGBl I 34.

[14] *Dietlein* MKS III, Art. 132 Rn. 4; s. a. *Grotkopp*, Beamtentum und Staatsformwechsel, 1992, S. 254; *Langhorst*, Beamtentum und Artikel 131 des Grundgesetzes, 1994, S. 163; *Isensee*, in Becker/Studt (Hrsg.), Die Ämter und ihre Vergangenheit im „Dritten Reich", 2013, S. 37.

[15] *Kern* DRiZ 1963, 246.

[16] BGBl I 1665.

[17] *Weiß* PersV 1991, 97 (117).

cher Maßgabe hinsichtlich der Pflichtennachfolge vorgeschlagen worden, der erst zum Ende der Beratungen entfiel.

Das **Vereinigte Wirtschaftsgebiet** ging der Bundesrepublik als letzte Stufe der auf diese Staats- 2
gründung abzielenden Besatzungsherrschaft unmittelbar voraus;[1] das Schicksal seiner Organisationseinheiten ist in Art. 122 II, 130 geregelt.

Art. 133 sieht den Eintritt des Bundes **in die Rechte und Pflichten** der Verwaltung des Ver- 3
einigten Wirtschaftsgebietes vor, der angesichts der Übernahme der wesentlichen Funktionen naheliegend war.[2] Die umfassend angesprochenen Rechte und Pflichten betrafen insbesondere vermögensrechtliche Positionen[3] sowie die bestehenden Arbeitsverhältnisse.[4]

Nach Wegfall des Maßgabevorbehalts ist der Eintritt des Bundes **unmittelbar ex constitutione** 4
erfolgt. Ob der im ParlRat hierfür gebrauchte Begriff der Rechtsnachfolge den Vorgang rechtstechnisch korrekt erfasst, ist fraglich,[5] aber praktisch nicht bedeutsam geworden.

## Art. 134 [Zuordnung des Reichsvermögens]

(1) **Das Vermögen des Reiches wird grundsätzlich Bundesvermögen.**

(2) **Soweit es nach seiner ursprünglichen Zweckbestimmung überwiegend für Verwaltungsaufgaben bestimmt war, die nach diesem Grundgesetze nicht Verwaltungsträger und, soweit es nach seiner gegenwärtigen, nicht nur vorübergehenden Benutzung Verwaltungsaufgaben dient, die nach diesem Grundgesetze nunmehr von den Ländern zu erfüllen sind, auf die Länder zu übertragen. Der Bund kann auch sonstiges Vermögen den Ländern übertragen.**

(3) **Vermögen, das dem Reich von den Ländern und Gemeinden (Gemeindeverbänden) unentgeltlich zur Verfügung gestellt wurde, wird wiederum Vermögen der Länder und Gemeinden (Gemeindeverbände), soweit es nicht der Bund für eigene Verwaltungsaufgaben benötigt.**

(4) **Das Nähere regelt ein Bundesgesetz, das der Zustimmung des Bundesrates bedarf.**

**Entstehungsgeschichte: Erstfassung:** JöR nF 1 (1951), 877.
**Gesetzgebung:** VorschaltG; DVO zu § 6 VorschaltG; RVermG; AKG.
**Leitentscheidungen:** BVerfGE 15, 126 (AKG); BVerfGE 19, 150 (AKG – Kommunalklausel); BVerwGE 111, 188 (Rückübertragungsansprüche).

**Schrifttum:** *R. Bartlsperger,* Der Rückfall stationierungsrechtlich genutzten früheren Reichsvermögens, 1994; *U. Berlit,* Ländervermögen im Bundesstaat, 1994; *ders.,* Die Zuordnung verreichlichten Landesvermögens, LKV 1996, 125; *H. Bunese,* Das Reichsvermögen-Gesetz, DVBl 1961, 398; *K.-P. Dolde,* Rückübertragung frei gewordener Kasernengrundstücke, NVwZ 1993, 525; *W. Drexelius,* Übergangsbestimmungen im Bonner Grundgesetz, MDR 1949, 455; *L. Eckert,* Öffentliches Vermögen nach dem ehemaligen DDR und Einigungsvertrag, 1994; *E. Féaux de la Croix,* Das Eigentum am Reichsvermögen, NJW 1951, 542; *ders.,* Die rechtliche Neuordnung des Reichsvermögens, AöR 77 (1951), 35; *ders.,* Vorschaltgesetz über Reichs- und Preußenvermögen, BB 1951, 539; *F. Freudling,* Rechtsfragen zu Art. 134 Abs. 2 und 3 GG (Reichsvermögen), NJW 1954, 1795; *Th. Früh,* Was wird aus dem ehemaligen Reichsvermögen?, NJ 1993, 302; *Gutzschebauch,* Das Schicksal der ehemaligen Reichsliegenschaften in der Auseinandersetzung zwischen Bund und Ländern, NJW 1958, 321; *H. J. Hahn,* Voraussetzungen und Umfang des Rechtserwerbs nach Art. 21 III Einigungsvertrag und dessen Verhältnis zu den Art. 134 und 135 GG, 1993; *ders.,* Art 21 Einigungsvertrag im Lichte der Art. 134, 135 Grundgesetz, FS Bernhardt, 1995, 1021; *W. Höfling,* Kommunale Ansprüche auf Rückübertragung ehemaligen Reichsvermögens, DVBl 1997, 1301; *J. Ipsen/Th. Koch,* Zuordnung volkseigenen Vermögens und Restitution früheren Eigentums der öffentlichen Hand, DVBl 1993, 1; *G. Mangels,* Das Vermögen und die Schulden des Deutschen Reichs und seiner Länder nach der Kapitulation der Deutschen Wehrmacht unter besonderer Berücksichtigung der alliierten Gesetzgebung und des Bonner Grundgesetzes, Diss. München 1951; *D. Richter,* Die Ansprüche der neuen Bundesländer auf aufgabengerechte Vermögensausstattung und Vermögensrestitution, 1998; *H.-G. Schultze-Schlutius,* Das Vermögen des ehemaligen Deutschen Reiches und des ehemaligen Preußischen Staates, DÖV 1950, 198.

---

[1] Zur Entwicklung *Stolleis* HStR I, § 7 Rn. 107 ff.

[2] Vgl. *H. Hofmann* HStR I, § 9 Rn. 11; für eine von Verfassungs wegen eingetretene Selbstverständlichkeit *Mager,* in: v. Münch/Kunig II, Art. 133 Rn. 1, 3 f.

[3] Auch solche des öffentlichen Rechts, vgl. *Hamann jr.,* in: Hamann/Lenz, Art. 130.

[4] *Schwarz,* in: Maunz/Dürig, Art. 133 (2013) Rn. 10.

[5] Dagegen namentlich *Zieger,* in: v. Münch III, 2. Aufl. 1983, Art. 133 Rn. 10, der mangels Personenverschiedenheit von „Funktionsfortführung" sprechen möchte; *Mager,* in: v. Münch/Kunig II, Art. 133 Rn. 1, 4, sieht infolge von Identität zwischen dem Vereinigten Wirtschaftsgebiet und dem Bund nur etwas Selbstverständliches deklaratorisch festgestellt; ähnlich *Wittreck,* in: Dreier III, Art. 133 Rn. 10; offen *H. Hofmann* HStR I, § 9 Rn. 11. Ausführlich zu Sukzession und Identität bei der Neuordnung von Staaten *Dietlein,* Nachfolge im Öffentlichen Recht, 1999, S. 431 ff.

**Übersicht**

## A. Allgemeine Bedeutung

**1**     Art. 134 regelt die Verteilung des ehemaligen **Reichsvermögens** auf Bund, Länder und andere Verwaltungsträger. Die Vorschrift wird ergänzt durch Bestimmungen über die Zuordnung des **Ländervermögens** in Art. 135 sowie die nachträglich eingefügte Ermächtigung zum Erlass gesetzlicher Vorschriften über die teilweise oder vollständige Nichterfüllung der **Verbindlichkeiten** des Deutschen Reichs und des ehemaligen Landes Preußen (Art. 135a I) bzw. der DDR (Art. 135a II).

**2**     Die Aufgabe, das ehemalige Reichsvermögen auf die verschiedenen Ebenen des föderal gegliederten Gemeinwesens zu verteilen, löst Art. 134 durch die Normierung von drei verschiedenen, sich ergänzenden **Verteilungsprinzipien** (Abs. 1 bis 3), deren Durchführung im Einzelnen dem Gesetzgeber überlassen bleibt (Abs. 4). Soweit das rechtliche Schicksal des (ehemaligen) Reichsvermögens im Jahre 1949 in Rede steht, hat die Vorschrift mit dem Erlass und Vollzug von Ausführungsbestimmungen – insbesondere des RVermG – ihre Bedeutung weitgehend eingebüßt.[1] Allerdings ist in der Folgezeit diskutiert worden, ob Art. 134 oder den Vorschriften des RVermG etwas für den Fall entnommen werden kann, dass bei bislang vom Bund oder Stationierungsstreitkräften der NATO genutzten Liegenschaften der bisherige Nutzungszweck wegfällt (→ Rn. 14 ff.). Zudem stellte sich im Zusammenhang mit der Erweiterung des Bundesgebietes um das Beitrittsgebiet iSv Art. 3 EinigungsV die Frage, ob Art. 134 rechtliche Vorgaben für das Schicksal des dort belegenen früheren Reichsvermögens enthielt (→ Rn. 18 ff.).

## B. Der Regelungsmechanismus des Abs. 1

**3**     Aus Art. 134 I folgt eine grundsätzliche Zuordnung des früheren Reichsvermögens zum Bund, die nach Maßgabe der Regelungen in den nachfolgenden Absätzen vorläufig bleiben kann. Nach seinem Wortlaut („wird grundsätzlich …") stellt Abs. 1 eine Rechtsinhaberschaft des Bundes nicht nur deklaratorisch fest, wie dies auf Basis der These von der (Teil-)Identität von Bundesrepublik und Deutschem Reich[2] nahegelegen hätte. In der ersten Zeit nach Inkrafttreten des GG ist deshalb diskutiert worden, ob Art. 134 I lediglich eine Richtschnur für die gem. Abs. 4 zu erlassende Ausführungsgesetzgebung bildet oder das Reichsvermögen dem Bund *ipso iure* zuordnet. Die Kontroverse wurde unter erkennbarer Anknüpfung an grundrechtstheoretische Fragestellungen aus der Zeit vor Inkrafttreten des GG in einer begrifflichen Gegenüberstellung von „Programmsatzcharakter" oder „unmittelbarer Geltung" der Vorschrift eingefangen.[3] Indes steht die „unmittelbare Geltung" und Verbindlichkeit (Art. 20 I) des in Art. 134 I normierten Grundsatzes einer Zuordnung des Reichsvermögens zum Bund **(Bundesprinzip)** außer Frage; dieser Grundsatz ist aber von einer „unmittelbaren" Rechtsübertragung zu unterscheiden.

**4**     In der Sache hat sich in Rechtsprechung[4] und Literatur[5] in Übereinstimmung mit der Staatspraxis[6] zu Recht die Auffassung durchgesetzt, dass Art. 134 I eine gesetzliche Vermögens*zuordnung* bewirkt. Ihr (nicht lediglich deklaratorischer) Wortlaut[7] erklärt sich aus dem Umstand, dass die US-Militärregierung mit ihrem Gesetz Nr. 19 vom 20.4.1949 Reichsvermögen vorbehaltlich einer anderweitigen

---

[1] In Berlin ist das RVermG gemäß § 1 des Sechsten ÜberleitungsG vom 25.9.1990 (BGBl I S. 2106) zum 3.10.1990 in Kraft getreten. Dies gilt auch für die Regelung über das Rückfallvermögen in § 5 RVermG, da nach Auffassung des BVerfG die Sondervorschrift in § 19 I 2 RVermG bezüglich der Geltung von § 5 RVermG in Berlin keine Anforderungen an eine künftige Regelung normiere, denen das Sechste ÜberleitungsG nicht genügte, vgl. BVerfGE 119, 394 (412); für den Lauf von Fristen sei daher ebenfalls an den 3.10.1990 anzuknüpfen (BVerfGE aaO, S. 417 f.), so dass Rückfallansprüche des Landes Berlin grundsätzlich nur ab diesem Tag bis zum 2.10.1991 geltend gemacht werden konnten, vgl. BVerwGE 147, 348 (354 ff. in Rn. 30 ff.).

[2] BVerfGE 36, 1 (16); s. ferner BVerfGE 77, 137 (150).

[3] Diese Begrifflichkeit findet sich z. B. bei *Féaux de la Croix* AöR 77 (1951), 35 (37); vgl. auch *Zuleeg* AK GG, Art. 134 Rn. 2; *Mager*, in: v. Münch/Kunig III, Art. 134 Rn. 2.

[4] BGHZ 3, 308 (310 ff.); 8, 197 (200); BGH NJW 1958, 380 (381); BVerwGE 25, 299 (301).

[5] *Schultze-Schlutius* DÖV 1950, 198 (200); *Féaux de la Croix* AöR 77 (1951), 35 (37 ff.); *Dietlein*, in: v. Mangoldt/Klein/Starck III, Art. 134 Rn. 2; *Heun*, in: Dreier III, Art. 134 Rn. 7; *Jarass*, in: Jarass/Pieroth, Art. 134 Rn. 3; *Mager*, in: v. Münch/Kunig III, Art. 134 Rn. 2; *Schwarz*, in: Maunz/Dürig, Art. 134 Rn. 10; *Zuleeg* AK GG, Art. 134 Rn. 2; anders *Knöringer* BB 1951, 459 („Schulbeispiel für einen Programmsatz").

[6] Vgl. § 1 RVermG und dazu BT-Dr III/2357, S. 10.

[7] Ausf. zur Entstehungsgeschichte *Féaux de la Croix* AöR 77 (1951), 35 (39 ff.).

Regelung durch den Bund auf die Länder übertragen hatte,[8] so dass es der Normierung eines **konstitutiven Rechtsübergangs** auf den Bund bedurfte,[9] um das der Vorschrift gesetzte Ziel zu erreichen. Da zudem nicht zweifelsfrei feststand, dass die Bundesrepublik ein solches „Rückholrecht" schon mit Inkrafttreten des GG ausüben konnte,[10] wurde endgültige Klarheit erst durch die Aufhebung (ua) des Gesetzes Nr. 19 der amerikanischen MilReg. durch das Gesetz A-16 der Alliierten Hohen Kommission[11] und den Erlass des Vorschaltgesetzes vom 21.7.1951[12] geschaffen.

Art. 134 wird verdrängt durch die **Spezialregelungen** in Art. 89 I und 90 I, denen zufolge der  **5** Bund Eigentümer der früheren Reichswasserstraßen, Reichsautobahnen und Reichsstraßen ist. Das Gesetz über die vermögensrechtlichen Verhältnisse der Bundesautobahnen und sonstigen Bundesstraßen des Fernverkehrs vom 2.3.1951[13] sowie das Gesetz über die vermögensrechtlichen Verhältnisse der Bundeswasserstraßen vom 21.5.1951[14] können daher nicht auf Art. 134 IV gestützt werden.[15] Der Vermögensübergang auf den Bund im Hinblick auf Reichspost und Reichsbahn lässt sich hingegen aus Art. 134 GG folgern[16]

Nach allg. Meinung erfasst Art. 134 nicht nur das **Verwaltungsvermögen,** sondern auch das  **6** **Finanzvermögen** des Reichs.[17] Durch die Vorschrift werden nicht nur die **Aktiva,** sondern auch die **Passiva** des Reichs auf den Bund übergeleitet,[18] wie insbesondere Art. 135a I Nr. 2 deutlich macht.[19] Eine andere Frage ist die nach der Befugnis des Bundes zur Regelung von Umfang und Grenzen einer Haftung für **Reichsverbindlichkeiten.** Hier stellt Art. 135a klar, dass die Zuständigkeit des Bundes für den Erlass von Ausführungsbestimmungen gem. Art. 134 IV auch eine Regelung der Reichsverbindlichkeiten zulässt; das BVerfG hat eine solche Befugnis zudem unmittelbar aus Art. 134 IV hergeleitet[20] (→ Art. 135a Rn. 1 ff.).

## C. Der Regelungsmechanismus der Abs. 2 und 3

Anknüpfend an den in Art. 134 I durch das Wort „grundsätzlich" markierten Vorbehalt normieren  **7** Art. 134 II und III **Rechtsansprüche** anderer Verwaltungsträger auf Übertragung der in diesen Vorschriften bezeichneten Vermögenswerte. Art. 134 II bringt den Gedanken zum Ausdruck, dass Verwaltungsvermögen grundsätzlich dem Verwaltungsträger zufallen soll, der nach Maßgabe der grundgesetzlichen Aufgabenverteilung für die Verwaltungsaufgabe zuständig ist, deren Erfüllung ein Vermögenswert dient **(Funktionsprinzip).**

## I. Art. 134 II

Art. 134 II 1 Var. 1 realisiert das **Funktionsprinzip** zunächst unter Anknüpfung an die „ursprüng-  **8** liche Zweckbestimmung" eines Vermögenswertes. Nach § 2 RVermG kommt es insoweit auf die Zweckbestimmung am 8.5.1945 an. Diente ein zum Reichsvermögen zählender Vermögenswert zu diesem Termin nicht einer Verwaltungsaufgabe des Bundes, war der Vermögenswert auf den nach dem GG zuständigen **Aufgabenträger** zu übertragen. Zwischenzeitlich erfolgte Änderungen des Nutzungszwecks oder auch Entwidmungen sind nach dem klaren Wortlaut der Norm unbeachtlich. Folgerichtig kommt es nicht darauf an, ob ein vom Anwendungsbereich der Norm erfasster Vermögenswert zum Zeitpunkt des Inkrafttretens des GG für die Erfüllung einer Verwaltungsaufgabe genutzt wurde, die dem Bund oblag.[21] Der Verteilung des **Verwaltungsvermögens** (zu diesem

---

[8] ABl 1949, Ausgabe N, S. 9.

[9] Vgl. *Féaux de la Croix* AöR 77 (1951), 35 (42 f.); ferner *Mager,* in: v. Münch/Kunig III, Art. 134 Rn. 2; *Schwarz,* in: Maunz/Dürig, Art. 134 Rn. 1.

[10] Zu Recht bejahend AG Königstein NJW 1951, 406 m. zust. Anm. *Féaux de la Croix;* vgl. auch *ders.* NJW 1951, 542 (543 f.) sowie BT-Dr I/1853, S. 5; anders wohl *Mußgnug/Hufeld* BK, Art. 134 (1999) Rn. 54; *Mager,* in: v. Münch/Kunig III, Art. 134 Rn. 2.

[11] ABl AHK v. 9.5.1951, S. 881.

[12] BGBl 467.

[13] BGBl 157.

[14] BGBl 352.

[15] *Mußgnug/Hufeld* BK, Art. 134 (1999) Rn. 84; *Schwarz,* in: Maunz/Dürig, Art. 134 Rn. 5; abweichend *Mager,* in: v. Münch/Kunig III, Art. 134 Rn. 14.

[16] So *Mußgnug/Hufeld* BK, Art. 134 (1999) Rn. 82; *Mager,* in: v. Münch/Kunig III, Art. 134 Rn. 17; *Jarass,* in: Jarass/Pieroth, Art. 134 Rn. 1.

[17] *Schultze-Schlutius* DÖV 1950, 198 (200 f.); *Dietlein* MKS III, Art. 134 Rn. 2; *Heun,* in: Dreier III, Art. 134 Rn. 8; *Mager,* in: v. Münch/Kunig III, Art. 134 Rn. 3; *Schwarz,* in: Maunz/Dürig, Art. 134 Rn. 11; *Zuleeg* AK GG, Art. 134 Rn. 3; *Jarass,* in: Jarass/Pieroth, Art. 134 Rn. 3; *Höfling* DVBl 1997, 1301 (1302).

[18] VG Meiningen, Urt. v. 30.11.2017, 1 K 630/14 Me, Rn. 68 (juris); *Heun,* in: Dreier III, Art. 134 Rn. 8; *Höfling* DVBl. 1997, 1301 (1302); *Bernsdorff* NJW 1997, 2712 (2713); *Jarass,* in: Jarass/Pieroth, Art. 134 Rn. 3; *Zuleeg* AK GG, Art. 134 Rn. 5; aA BGHZ 4, 266 (276); anders aber BGHZ 128, 393 (399); offen lassend *Schwarz,* in: Maunz/Dürig, Art. 134 Rn. 12.

[19] Vgl. BVerwGE 96, 231 (234); aA *Dietlein* MKS III, Art. 135a Rn. 4.

[20] BVerfGE 15, 126 (133 ff.).

[21] Ebenso *Heun,* in: Dreier III, Art. 134 Rn. 10; s. ferner *Schwarz,* in: Maunz/Dürig, Art. 134 Rn. 15.

Begriff → Art. 135 Rn. 4 f.) sollten erkennbar die ursprünglichen Verhältnisse, nicht aber die irregulären Gegebenheiten in den ersten Nachkriegsjahren zugrunde gelegt werden.[22]

9     Art. 134 II 1 Var. 2 sieht einen Anspruch der Länder auf Übertragung von Teilen des Reichsvermögens vor, die nach ihrer „gegenwärtigen" Benutzung **Verwaltungsaufgaben** dienten, die in die Zuständigkeit der Länder fallen. Obwohl der Wortlaut der Vorschrift eine Anknüpfung an den Zeitpunkt des Inkrafttretens des Grundgesetzes nahe legt,[23] soll nach § 3 iVm § 22 I RVermG auf die Gegebenheiten am 1.8.1961 abzustellen sein. Begünstigt durch die Vorschrift werden allein die Länder. Dem Gedanken einer funktionsakzessorischen Vermögenszuordnung entspricht es aber, als unerheblich anzusehen, ob nach Maßgabe der landesinternen Aufgabenverteilung eine Verwaltungsaufgabe selbst oder durch eine andere juristische Person (insbesondere die kommunalen Gebietskörperschaften)[24] erfüllt wird.[25]

10     Sofern die Tatbestandsvoraussetzungen beider Halbsätze des Art. 134 II 1 erfüllt sind und ein Gegenstand danach unterschiedlichen Körperschaften zuzuordnen wäre, soll gem. § 3 RVermG der in § 2 RVermG in Bezug genommene erste Halbsatz des Art. 134 II Vorrang vor dem zweiten Halbsatz haben. Diese einfach-gesetzliche Entscheidung des **Rangverhältnisses** zwischen den beiden Halbsätzen des Art. 134 II wird man in Ermangelung einer eindeutigen grundgesetzlichen Regelung als von Art. 134 IV gedeckt anzusehen haben,[26] wenngleich dem **Funktionsprinzip** eine vorrangige Anknüpfung an die „gegenwärtige" Benutzung eines Vermögenswertes eher entsprochen hätte.

11     Art. 134 II 2 eröffnet die Möglichkeit, Vermögenswerte auf die Länder zu übertragen, von Art. 134 II 1 nicht erfasst werden. Die Vorschrift betrifft primär das **Finanzvermögen,**[27] da die Übertragung eines für Verwaltungsaufgaben des Bundes genutzten (und nicht gem. Art. 134 II 1 Var. 1 zurückzugebenden) Vermögensgegenstandes auf die Länder regelmäßig ausscheiden wird.

## II. Art. 134 III

12     Art. 134 III befasst sich mit dem sog. **„Rückfallvermögen".** Aus der Vorschrift resultiert allein ein **Übertragungsanspruch,**[28] wenngleich die Parallelität des Wortlauts von Art. 134 I („… wird grundsätzlich …") und Art. 134 III („… wird wiederum …") zunächst in eine andere Richtung zu deuten scheint. Gegen die Annahme eines Rechtsübergangs *ipso iure* spricht entscheidend, dass es für die Rückübertragung auf Länder oder kommunale Gebietskörperschaften darauf ankommt, ob der Bund den Vermögensgegenstand für eigene Verwaltungsaufgaben benötigt. Hiermit erscheint die Annahme einer unmittelbar durch Gesetz bewirkten Rechtsänderung als unvereinbar.[29]

13     Für den in Art. 134 III normierten **Restitutionsgrundsatz** ist wesentliche Voraussetzung, dass ein Vermögenswert dem Reich „unentgeltlich" zur Verfügung gestellt wurde. Der Begriff der **„Unentgeltlichkeit"** erfasst auch Fälle deutlicher Disparität von Leistung und Gegenleistung,[30] wie sich aus der Entstehungsgeschichte der Vorschrift ergibt.[31] Die Vorschrift soll eine Rückgabe solcher Vermögenswerte bewirken, die den ursprünglichen Rechtsinhabern ohne adäquate Gegenleistung entzogen worden sind.

14     Mit Blick auf einen **Rückgewähranspruch** aus Art. 134 III im Falle der Aufgabe von Liegenschaften durch Stationierungsstreitkräfte hat das BVerwG entschieden, dass es für einen den Restitutionsanspruch der ursprünglich Berechtigten ausschließenden **Bundesbedarf** allein auf die Gegebenheiten im Zeitpunkt seiner Geltendmachung gem. § 5 II 1 RVermG ankomme; spätere Änderungen der Sachlage seien unbeachtlich.[32] Nach einer Gegenauffassung begründete hingegen die Nutzung einer Liegenschaft durch Stationierungsstreitkräfte schon keinen Bundesbedarf iSd Art. 134 III.[33] Zumindest

---

[22] Vgl. *Ipsen/Koch* DVBl 1993, 1 (3); aA *Gutzschebauch* NJW 1958, 321 (323 f.).

[23] So auch *Mager,* in: v. Münch/Kunig III, Art. 134 Rn. 11; tendenziell anders *Mußgnug/Hufeld* BK, Art. 134 (1999) Rn. 61.

[24] So auch BT-Dr III/2357, S. 12.

[25] Ebenso *Heun,* in: Dreier III, Art. 134 Rn. 11; vgl. ferner *Mager,* in: v. Münch/Kunig III, Art 134 Rn. 11; *Schwarz,* in: Maunz/Dürig, Art. 134 Rn. 18; aA *Dietlein* MKS III, Art. 134 Rn. 7.

[26] So auch *Dietlein* MKS III, Art. 134 Rn. 7; *Schwarz,* in: Maunz/Dürig, Art. 134 Rn. 19; *Mußgnug/Hufeld* BK, Art. 134 (1999) Rn. 60; aA *Freudling* NJW 1954, 1785 (1786).

[27] *Mager,* in: v. Münch/Kunig III, Art. 134 Rn. 12 mwN.

[28] BVerwGE 25, 299 (301); *Dietlein* MKS III, Art. 134 Rn. 9; *Heun,* in: Dreier III, Art. 134 Rn. 13; *Mager,* in: v. Münch/Kunig III, Art. 134 Rn. 13; *Schwarz,* in: Maunz/Dürig, Art. 134 Rn. 23; anders *Drexelius* MDR 1949, 455 (456).

[29] Vgl. *Schwarz,* in: Maunz/Dürig, Art. 134 Rn. 23; *Mager,* in: v. Münch/Kunig III, Art. 134 Rn. 13; *Dolde* NVwZ 1993, 525 (528).

[30] *Dietlein* MKS III, Art. 134 Rn. 9; *Dolde* NVwZ 1993, 525 (526); *Heun,* in: Dreier III, Art. 134 Rn. 14; *Höfling* DVBl 1997, 1301 (1304); *Mager,* in: v. Münch/Kunig III, Art. 134 Rn. 13; *Schwarz,* in: Maunz/Dürig, Art. 134 Rn. 22; *Mußgnug/Hufeld* BK, Art. 134 (1999) Rn. 66.

[31] Vgl. JöR nF 1 (1951), 879; s. ferner *Mußgnug/Hufeld* BK, Art. 134 (1999) Rn. 42.

[32] BVerwGE 111, 188 (190); vgl. auch HessVGH DVBl 2000, 357 (358); *Mußgnug/Hufeld* BK, Art. 134 (1999) Rn. 92.

[33] VG Gießen DÖV 1998, 979 ff.; *Mußgnug/Hufeld* BK, Art. 134 (1999) Rn. 93; *Hufeld* DVBl 2000, 361 (362); *Bartlsperger,* Der Rückfall stationierungsrechtlich genutzten früheren Reichsvermögens, 1994, 107 ff. vgl. auch HessVGH DVBl 2000, 357 (360).

die Überlassung von Liegenschaften an Streitkräfte anderer (NATO-)Staaten ist aber den **Verwaltungsaufgaben des Bundes** zuzuordnen.[34]

Der Zeitpunkt, zu dem der Bund einem Rückforderungsverlangen einen eigenen Bedarf gemäß § 5 **15** II 1 RVermG entgegenhalten kann, hängt allerdings davon ab, wann der ursprünglich Berechtigte seinen Rückforderungsanspruch geltend gemacht hat. Dies nötigt zu einer Auslegung, die angesichts der Bezogenheit der gesetzlichen Regelung „auf eine aktuelle Entscheidungssituation im Rückfallverfahren"[35] den Lauf der Frist für die Geltendmachung eines Rückgabeanspruchs während des Zeitraums eines realisierten Bundesbedarfs als gehemmt ansieht,[36] denn es wäre sinnwidrig, einen Anspruchsteller wegen Versäumung der in § 5 I 2 RVermG genannten Frist als präkludiert ansehen zu wollen, weil er etwa wegen des Bestehens einer anspruchshindernden Liegenschaftsnutzung seinerzeit von der Geltendmachung eines Rückgabeanspruchs abgesehen hat. Der Fortfall einer Nutzung durch den Bund und damit auch des entsprechenden Bedarfs bewirkt eine Zäsur, so dass sich die Frage nach dem Bestehen eines Rückgewähranspruchs erneut stellt.[37]

Diese Auslegung des RVermG ist entgegen der Ansicht des BVerwG[38] verfassungsrechtlich geboten: **16** Zwar ist die Fristenregelung in § 5 I 2, 3 RVermG nach Auffassung des BVerfG verhältnismäßig und zumutbar, weil sie sicherstellt, dass Rechtsverhältnisse nicht lange Zeit in der Schwebe bleiben.[39] Diese Zumutbarkeit resultiert aber nicht zuletzt daraus, dass die grundsätzlich geltende Jahresfrist erst mit Erlangung der Kenntnis von einem Rückfallrecht läuft.[40] Der Vorbehalt in Bezug auf Vermögenswerte, die der Bund zur Erfüllung eigener Verwaltungsaufgaben benötigt, gibt zudem zu erkennen, dass Art. 134 III nicht dem Zweck dient, dem Bund neues Finanzvermögen zu verschaffen. Auch ist die Möglichkeit, dass ein zunächst bestehender Bundesbedarf später fortfallen könnte, bei Schaffung der Vorschrift erkennbar nicht in Betracht gezogen worden. In Übereinstimmung mit dem Gedanken der funktionsadäquaten Vermögenszuordnung setzt ein Behalterecht des Bundes hinsichtlich eines Vermögenswertes daher die fortdauernde Verwendung für eine Verwaltungsaufgabe des Bundes voraus. Wurde ein Anspruch auf Übertragung von „Rückfallvermögen" nach Inkrafttreten des RVermG wegen eines Bundesbedarfs verneint oder nicht innerhalb der Jahresfrist (§ 5 I 2 RVermG) geltend gemacht, so steht dies bei verfassungskonformer Interpretation des RVermG der Geltendmachung eines Rückübertragungsanspruchs folgerichtig nicht entgegen, wenn der Vermögensgegenstand nicht länger für Bundeszwecke benötigt wird.[41]

Ansprüche aus Art. 134 II 1 gehen Ansprüchen aus Art. 134 III vor;[42] diese Anschauung liegt auch **17** § 5 RVermG zugrunde. Für sie spricht, dass der Bund einem Anspruch aus Art. 134 III einen **Bundesbedarf** für die Erfüllung von Verwaltungsaufgaben entgegenhalten kann und es an einem sachlichen Grund fehlt, anderen Verwaltungsträgern eine entsprechende Befugnis zur Geltendmachung ihres **Verwaltungsbedarfs** vorzuenthalten.[43]

## D. Geltung im Beitrittsgebiet

Der räumliche Anwendungsbereich des Art. 134 GG erstreckt sich auch auf das im Jahre 1990 der **18** Bundesrepublik beigetretene Gebiet („Beitrittsgebiet").[44] Nach Auffassung des Bundesverwaltungsgerichts soll die Vorschrift gleichwohl aufgrund der Umwandlung des (früheren) Reichsvermögens in „volkseigenes Vermögen" iSv Art. 21, 22 EinigungsV im Beitrittsgebiet unanwendbar sein.[45] Dem

---

[34] Insoweit zutreffend BVerwGE 111, 188 (194 f.); vgl. auch VG Freiburg KStZ 1989, 199.

[35] *Höfling* DVBl 1997, 1301 (1305).

[36] So *Höfling* DVBl 1997, 1301 (1308); s. ferner *Mußgnug/Hufeld* BK, Art. 134 (1999) Rn. 93; *Hufeld* DVBl 2000, 361 (362); *Bartlsperger*, Der Rückfall stationierungsrechtlich genutzten früheren Reichsvermögens, 1994, S. 118 ff. (123 ff.); *Schwarz*, in: Maunz/Dürig, Art. 134 Rn. 26.

[37] Vgl. *Dietlein*, in: v. Mangoldt/Klein/Starck III, Art. 134 Rn. 12; *Dolde* NVwZ 1993, 525 (526 f.); *Heun*, in: Dreier III, Art. 134 Rn. 15; aA VG Freiburg KStZ 1989, 199; *Sennekamp* KStZ 1991, 21 (23).

[38] BVerwGE 111, 188 (193 f.).

[39] BVerfGE 119, 394 (417).

[40] BVerfGE 119, 394 (417).

[41] Vgl. *Dietlein* MKS III, Art. 134 Rn. 12; *Dolde* NVwZ 1993, 525 f.; *Heun*, in: Dreier III, Art. 134 Rn. 15; *Mager*, in: v. Münch/Kunig III, Art. 134 Rn. 13; *Schwarz*, in: Maunz/Dürig, Art. 134 Rn. 26; *Zuleeg* AK GG, Art. 134 Rn. 2.

[42] *Dietlein* MKS III, Art. 134 Rn. 13; *Heun*, in: Dreier III, Art. 134 Rn. 16; *Höfling* DVBl 1997, 1301 (1303); *Mager*, in: v. Münch/Kunig III, Art. 134 Rn. 13; *Schwarz*, in: Maunz/Dürig, Art. 134 Rn. 27.

[43] So auch die Begründung zu § 5 RVermG, BT-Dr III/2357, S. 13.

[44] Vgl. VG Leipzig SächsVBl 1994, 115 (116); *Bartlsperger*, Der Rückfall stationierungsrechtlich genutzten früheren Reichsvermögens, 1994, S. 185; *Hahn*, Voraussetzungen und Umfang des Rechtserwerbs nach Art. 21 III Einigungsvertrag und dessen Verhältnis zu den Art. 134 und 135 GG, 1993, S. 13 ff.; *ders.* FS Bernhardt, 1995, S. 1021 (1026 ff.); *Heun*, in: Dreier III, Art. 134 Rn. 21; *Mager*, in: v. Münch/Kunig III, Art. 134 Rn. 5; *Mußgnug/Hufeld* BK, Art. 134 (1999) Rn. 101; s. ferner BT-Dr 12/5553, S. 208.

[45] BVerwGE 99, 283 (289 f.); vgl. auch BVerfGE 95, 250 (264); ebenso *Jarass*, in: Jarass/Pieroth, Art. 134 Rn. 2; *Mager*, in: v. Münch/Kunig III, Art. 134 Rn. 5 ff.; *Schwarz*, in: Maunz/Dürig, Art. 134 Rn. 2; *Hahn*, Voraussetzungen und Umfang des Rechtserwerbs nach Art. 21 III Einigungsvertrag und dessen Verhältnis zu den Art. 134 und 135 GG, 1993, S. 27 ff. (29 f.); *ders.* FS Bernhardt, 1995, S. 1023 (1034 ff.); *Eckert*, Öffentliches Vermögen der

kann nicht zugestimmt werden, denn schon die Genese des Art. 134 I (o. Rn. 4), zeigt, dass die Vorschrift auch Vermögenswerte erfassen will, die nicht (mehr) Teil eines „unverteilten" Reichsvermögens sind.[46] Entgegen der Auffassung des BVerwG[47] lässt sich für dessen Auslegung des Art. 134 auch nichts aus § 1 1 VorschaltG herleiten: Soweit aus einer Norm des einfachen Rechts und Gründen für ihren Erlass überhaupt etwas für die Auslegung der Verfassung zu gewinnen ist, bestätigt diese Vorschrift nur, dass die durch Art. 134 GG angestrebte Vermögenszuordnung durch „Zwischenverfügungen" nicht vereitelt werden sollte (→ Rn. 4). Für die Anwendbarkeit von Art. 134 I kommt es daher nicht darauf an, ob früheres Reichsvermögen zwischenzeitlich einem anderen Rechtssubjekt zugeordnet gewesen ist. Durch den Fortfall der DDR ist vielmehr eine Situation entstanden, die dem Vorhandensein unverteilten Reichsvermögens entspricht.

19 Aus Art. 135a II lässt sich angesichts seines auf Verbindlichkeiten beschränkten Regelungsgehalts ebenfalls kein genereller Vorrang der in Art. 21, 22 EinigungsV getroffenen Regelung gegenüber Art. 134 herleiten.[48] Vielmehr ist es widersinnig, öffentlich-rechtlichen Körperschaften im Beitrittsgebiet einen Anspruch auf Wiedererlangung von Vermögenswerten einzuräumen, die ihnen nach Gründung der DDR vom Zentralstaat entzogen worden sind (Art. 21 III Hs. 1, 22 VII 1 EinigungsV),[49] während abweichend von Art. 134 III ein Rückgabeanspruch in Bezug auf Vermögenswerte, die dem Reich unentgeltlich übertragen worden sind, selbst dann zu verneinen sein soll, wenn der Bund sie nicht für die Erfüllung eigener Verwaltungsaufgaben benötigt.

20 Das Zusammenspiel der Regelungsmechanismen des Art. 134 mit Art. 21, 22 EinigungsV wird auf dieser Grundlage durch Art. 21 III Hs. 2 EinigungsV geregelt. Diese Vorschrift ist nach Sinn und Zweck sowie systematischer Stellung eine besondere Restitutionsregelung zugunsten des Bundes, die einen Rechtsübergang auf den Bund *ipso iure* anstelle des Übergangs auf die nach Art. 21 I und II oder 22 EinigungsV zuständigen Rechtsträger bewirkt.[50] Der Gesetzgeber hat das durch Art. 21, 22 EinigungsV geschaffene System der Vermögenszuteilung allerdings durchbrochen, indem § 16 VZOG durch Art. 16 RegVBG vom 20.12.1993[51] dahingehend geändert wurde, dass ein Eigentumserwerb nach Art. 21 III Hs. 2 (ggf. iVm Art. 22 I 7) EinigungsV als nicht erfolgt gilt, wenn die Voraussetzungen von § 11 VZOG vorliegen, insbesondere Vermögensgegenstände für eine öffentliche Aufgabe genutzt werden. Mit Blick auf den Vorrang des „Funktionsprinzips" aus Art. 134 II (o. Rn. 7) führt diese Regelung aber nicht zwangsläufig zu einer Kollision mit der Vermögensverteilung nach Maßgabe von Art. 134.[52] Im Übrigen vermag eine solche Regelung nichts daran zu ändern, dass das frühere Reichsvermögen im Beitrittsgebiet zugleich Reichsvermögen im Sinne von Art. 134 ist.

## Art. 135 [Vermögen bei Änderung des Gebietsstandes]

(1) **Hat sich nach dem 8. Mai 1945 bis zum Inkrafttreten dieses Grundgesetzes die Landeszugehörigkeit eines Gebietes geändert, so steht in diesem Gebiete das Vermögen des Landes, dem das Gebiet angehört hat, dem Lande zu, dem es jetzt angehört.**

(2) **Das Vermögen nicht mehr bestehender Länder und nicht mehr bestehender anderer Körperschaften und Anstalten des öffentlichen Rechtes geht, soweit es nach seiner ursprünglichen Zweckbestimmung überwiegend für Verwaltungsaufgaben bestimmt war oder nach seiner gegenwärtigen, nicht nur vorübergehenden Benutzung überwiegend Verwaltungsaufgaben dient, auf das Land oder die Körperschaft oder Anstalt des öffentlichen Rechtes über, die nunmehr diese Aufgaben erfüllen.**

(3) **Grundvermögen nicht mehr bestehender Länder geht einschließlich des Zubehörs, soweit es nicht bereits zum Vermögen im Sinne des Absatzes 1 gehört, auf das Land über, in dessen Gebiet es belegen ist.**

---

ehemaligen DDR und Einigungsvertrag, 1994, S. 226 ff. (238 f.); i. Erg. auch *Dietlein* MKS III, Art. 134 Rn. 15 f.; *Zuleeg* AK GG, Art. 134 Rn. 5; aA *Berlit*, Ländervermögen im Bundesstaat, 1994, S. 271 ff.; *ders.* LKV 1996, 125 (126); *Mußgnug/Hufeld* BK, Art. 134 (1999) Rn. 101, 116 ff.; *Richter*, Die Ansprüche der neuen Bundesländer auf aufgabengerechte Vermögensausstattung und Vermögensrestitution, 1998, S. 271 f.

[46] Ebenso *Berlit*, Ländervermögen im Bundesstaat, 1994, S. 272; *ders.* LKV 1996, 125 (126); insoweit krit. auch *Dietlein* MKS III, Art. 134 Rn. 16; *ders.*, Nachfolge im Öffentlichen Recht, 1999, S. 558 ff.

[47] BVerwGE 99, 283 (289).

[48] So aber *Dietlein* MKS III, Art. 134 Rn. 15; *ders.*, Nachfolge im Öffentlichen Recht, 1999, S. 554 ff.

[49] Hierzu näher *Ipsen/Koch* DVBl 1993, 1 (4 f.).

[50] Vgl. BVerwGE 99, 283 (285 f.); *Mußgnug/Hufeld* BK, Art. 134 (1999) Rn. 109; *Schmidt/Leitschuh*, in: Clemm/Etzbach ua (Hrsg.), Rechtshandbuch Vermögen und Investitionen in der ehemaligen DDR, Art. 21 EinigungsV Rn. 40; *Bartlsperger*, Der Rückfall stationierungsrechtlich genutzten früheren Reichsvermögens, 1994, S. 208; *Berlit*, Ländervermögen im Bundesstaat, 1994, S. 240 ff.; *Eckert*, Öffentliches Vermögen der ehemaligen DDR und Einigungsvertrag, 1994, S. 170 ff. (179 f.); *Richter*, Die Ansprüche der neuen Bundesländer auf aufgabengerechte Vermögensausstattung und Vermögensrestitution, 1998, S. 170 f.; s. ferner *Ipsen/Koch* DVBl 1993, 1 (5 f.).

[51] BGBl I 2182.

[52] Vgl. auch *Heun*, in: Dreier III, Art. 134 Rn. 21 aE.

(4) **Sofern ein überwiegendes Interesse des Bundes oder das besondere Interesse eines Gebietes es erfordert, kann durch Bundesgesetz eine von den Absätzen 1 bis 3 abweichende Regelung getroffen werden.**

(5) **Im übrigen wird die Rechtsnachfolge und die Auseinandersetzung, soweit sie nicht bis zum 1. Januar 1952 durch Vereinbarung zwischen den beteiligten Ländern oder Körperschaften oder Anstalten des öffentlichen Rechtes erfolgt, durch Bundesgesetz geregelt, das der Zustimmung des Bundesrates bedarf.**

(6) **Beteiligungen des ehemaligen Landes Preußen an Unternehmen des privaten Rechtes gehen auf den Bund über. Das Nähere regelt ein Bundesgesetz, das auch Abweichendes bestimmen kann.**

(7) **Soweit über Vermögen, das einem Lande oder einer Körperschaft oder Anstalt des öffentlichen Rechtes nach den Absätzen 1 bis 3 zufallen würde, von dem danach Berechtigten durch ein Landesgesetz, auf Grund eines Landesgesetzes oder in anderer Weise bei Inkrafttreten des Grundgesetzes verfügt worden war, gilt der Vermögensübergang als vor der Verfügung erfolgt.**

**Entstehungsgeschichte: Erstfassung:** JöR nF 1 (1951), 883.
**Gesetzgebung:** VorschaltG; DVO zu § 6 VorschaltG; RVermG; StiftungsG „Preußischer Kulturbesitz"; RechtsträgerabwicklungsG.
**Leitentscheidungen:** BVerfGE 10, 20 (Stiftung „Preußischer Kulturbesitz"); BVerfGE 29, 413 (Reichsnährstands-Abwicklungsgesetz).
**Schrifttum:** Vgl. die Hinw. bei Art. 134; ferner *F. Freudling,* Rechtsfragen zu Art. 135 GG, NJW 1956, 1577.

## A. Allgemeine Bedeutung

Art. 135 ergänzt und vervollständigt die Regelungen über die Zuordnung des öffentlichen Vermögens in Art. 134. Während Art. 134 das frühere Reichsvermögen entsprechend der föderativen Struktur der Bundesrepublik aufteilt, hat Art. 135 die Überleitung früheren **Landesvermögens** und des Vermögens sonstiger Körperschaften und Anstalten des öffentlichen Rechts auf neue Verwaltungsträger zum Gegenstand.[1] Die Vorschrift ist deshalb mittlerweile ohne praktische Bedeutung. Dies gilt auch insoweit, als Vermögenswerte der ehemaligen DDR zugleich Vermögenswerte des vormaligen preußischen Staates oder anderer nicht mehr bestehender Länder waren. Zwar mag sich die Erstreckung der Geltung des GG auch auf das Beitrittsgebiet ebenfalls als „Inkrafttreten des Grundgesetzes" i. S. d. Art. 135 I begreifen lassen.[2] Die Zuordnung und Verteilung des von Art. 135 erfassten Vermögens durch Art. 21, 22 EinigungsV bewegt sich aber im Rahmen der gesetzgeberischen Befugnis zur Normierung einer von den Regelungsmechanismen des Art. 135 **abweichenden Regelung** (Art. 135 IV und VI 2).[3] Insbesondere besitzt der Gesetzgeber nach der Rechtsprechung des BVerfG bei der Entscheidung, ob i. S. d. Art. 134 IV eine von Art. 135 I–III abweichende Regelung erforderlich ist, einen erheblichen Spielraum (→ Rn. 7).    1

## B. Die Regelungen des Art. 135 im Einzelnen

Aufgrund der **Auflösung** des preußischen Staates durch das Kontrollratsgesetz Nr. 46 vom 25.2.1947[4] haben sich erhebliche Veränderungen im Gebietsbestand der Länder in der Westzone ergeben, soweit nicht ohnehin Neugründungen erfolgt sind. Art. 135 I trägt dem Rechnung, indem für den Fall des **Wechsels** der Landeszugehörigkeit eines Gebietes zwischen der Kapitulation und dem Inkrafttreten des GG das Landesvermögen nach Maßgabe seiner **Belegenheit** den bei Inkrafttreten des GG existierenden Ländern *ipso iure* zugeordnet wird.[5] Die Vorschrift gilt sowohl für das Finanz- als auch – vorbehaltlich der Regelungen in Abs. 2 – für das Verwaltungsvermögen,[6] sofern der frühere Rechtsinhaber ein Land gewesen ist.    2

Art. 135 II trifft eine **Sonderregelung** für das **Verwaltungsvermögen** nicht mehr existierender juristischer Personen des öffentlichen Rechts. In Anlehnung an Art. 134 II werden dem jetzt für die    3

---

[1] Vgl. BVerfGE 10, 20 (42 f.).
[2] So insbes. *Berlit,* Ländervermögen im Bundesstaat, 1994, S. 274 f.; aA *Jarass,* in: Jarass/Pieroth, Art. 135 Rn. 1; *Pernice,* in: Dreier III, Art. 135 Rn. 6; vgl. auch BVerfGE 95, 250 (263 f.).
[3] Ebenso *Dietlein* MKS III, Art. 135 Rn. 1; *Mager,* in: v. Münch/Kunig III, Art. 135 Rn. 2; *Schwarz,* in: Maunz/Dürig, Art. 135 Rn. 5; *Hahn,* Voraussetzungen und Umfang des Rechtserwerbs nach Art. 21 III EinigungsV und dessen Verhältnis zu den Art. 134 und 135 GG, 1993, S. 52 ff.; *Eckert,* Öffentliches Vermögen der ehemaligen DDR und Einigungsvertrag, 1994, S. 264 ff.; aA *Berlit,* Ländervermögen im Bundesstaat, 1994, S. 286 ff.; zweifelnd auch *Pernice,* in: Dreier III, Art. 135 Rn. 13.
[4] Abl des KR Nr. 14, S. 262.
[5] *Pernice,* in: Dreier III, Art. 135 Rn. 5; *Eckert,* Öffentliches Vermögen der ehemaligen DDR und Einigungsvertrag, 1994, S. 263.
[6] *Dietlein* MKS III, Art. 135 Rn. 2; *Holtkotten* BK, Art. 135 (Erstbearb.) Anm. II 1 C; *Pernice,* in: Dreier III, Art. 135 Rn. 8; *Schwarz,* in: Maunz/Dürig, Art. 135 Rn. 15; *Mager,* in: v. Münch/Kunig III, Art. 135 Rn. 3.

Erfüllung einer Verwaltungsaufgabe zuständigen Verwaltungsträger die Vermögenswerte zugeordnet, die entweder nach ihrer „ursprünglichen Zweckbestimmung" (dh am 8.5.1945) oder nach ihrer gegenwärtigen (nicht nur vorübergehenden) Benutzung der betreffenden Verwaltungsaufgabe dienen.

4      Art. 135 II nimmt damit die auch schon in Art. 134 II angeklungene Unterscheidung zwischen Verwaltungs- und Finanzvermögen wieder auf. Unter **Finanzvermögen** versteht das BVerfG „jenes Vermögen, das der öffentlichen Verwaltung lediglich mittelbar durch seinen Kapitalwert dient und dessen Erträgnisse zur Finanzierung des Verwaltungsaufwandes nutzbar gemacht werden".[7] Zum **Verwaltungsvermögen** werden demgegenüber Vermögenswerte gezählt, die durch ihren Gebrauch oder ihre Zweckbestimmung „unmittelbar" der Erfüllung von **Verwaltungsaufgaben** dienen.[8] Als Verwaltungsvermögen iSv Art. 135 II gelten auch **Kulturgüter.**[9]

5      Zum Verwaltungsvermögen sind auch **Kapitalbeteiligungen** an Gesellschaften des privaten Rechts zu zählen, sofern durch das betreffende Privatrechtssubjekt öffentliche Aufgaben erfüllt werden, so dass die Beteiligungen bei funktionaler Betrachtung als Mittel zur Erfüllung einer **Verwaltungsaufgabe** qualifiziert werden können.[10] Für Beteiligungen des preußischen Staates an Gesellschaften des privaten Rechts enthält Art. 135 VI eine **Sonderregelung,** der zufolge diese Vermögenswerte grundsätzlich auf den Bund übergehen.

6      Schwierigkeiten bereitet die Frage nach dem Anwendungsbereich des Art. 135 III, weil Art. 135 II das gesamte Verwaltungsvermögen nicht mehr bestehender juristischer Personen des öffentlichen Rechts unter Einschluss des Immobiliarvermögens erfasst[11] und im Übrigen auch Immobilien durch die nach dem ausdrücklichen Wortlaut des Art. 135 III **vorrangige** Grundregelung in Art. 135 I verteilt werden. Art. 135 III lässt sich daher nur auf **Finanzvermögen** anwenden, das außerhalb des Gebietes eines untergegangenen Landes belegen ist.[12]

7      Art. 135 IV ermächtigt den Bund unter den dort genannten Voraussetzungen zu einer von Abs. 1 bis 3 abweichenden Regelung. Dabei genießt der Gesetzgeber im Hinblick auf das Tatbestandsmerkmal des überwiegenden Interesses des Bundes nach Ansicht des BVerfG einen weiten **Spielraum.** Die Frage nach der **Erforderlichkeit** einer abweichenden Regelung sei grundsätzlich vom Bundesgesetzgeber im Rahmen der ihm zustehenden **gesetzgeberischen Freiheit** zu entscheiden und könne nur auf einen Missbrauch dieser Entscheidungsfreiheit überprüft werden.[13] Entsprechendes wird für die **Tatbestandsalternative** des besonderen Interesses eines **Gebietes** an einer abweichenden Regelung zu gelten haben. Der Bund hat von der in Art. 135 IV normierten Regelungsbefugnis insbesondere durch den Erlass des Gesetzes zur Errichtung der Stiftung „Preußischer Kulturbesitz"[14] Gebrauch gemacht.

8      In Anlehnung an die Judikatur zu Art. 134 IV ist das BVerfG auch im Hinblick auf Art. 135 V der Auffassung, dass die dort normierte Befugnis des Bundes zur (ergänzenden) Gesetzgebung unabhängig von Art. 135a dazu ermächtige, Regelungen für **Verbindlichkeiten** solcher nicht mehr bestehender Körperschaften zu schaffen, die in die nationalsozialistische Herrschaftsordnung integriert waren. Auch in diesem Falle dürfe die Erfüllung der Verbindlichkeiten dieser Körperschaft nach Maßgabe der zu Art. 134 IV entwickelten Grundsätze **beschränkt** oder auch ganz **versagt** werden[15] (vgl. hierzu *Koch,* Art. 135a Rn. 1 ff.).

## Art. 135a [Verbindlichkeiten des Reiches und anderer Körperschaften]

(1) Durch die in Artikel 134 Abs. 4 und Artikel 135 Abs. 5 vorbehaltene Gesetzgebung des Bundes kann auch bestimmt werden, daß nicht oder nicht in voller Höhe zu erfüllen sind

1. Verbindlichkeiten des Reiches sowie Verbindlichkeiten des ehemaligen Landes Preußen und sonstiger nicht mehr bestehender Körperschaften und Anstalten des öffentlichen Rechts,

2. Verbindlichkeiten des Bundes oder anderer Körperschaften und Anstalten des öffentlichen Rechts, welche dem Übergang von Vermögenswerten nach Artikel 89, 90, 134 und 135 im Zusammenhang stehen, und Verbindlichkeiten dieser Rechtsträger, die auf Maßnahmen der in Nummer 1 bezeichneten Rechtsträger beruhen,

---

[7] BVerfGE 10, 20 (37).

[8] BVerfGE 10, 20 (37); vgl. zu dieser Unterscheidung auch *Isensee* HStR V[3], § 122 Rn. 20 ff.

[9] BVerfGE 10, 20 (36 f.); *Schwarz,* in: Maunz/Dürig, Art. 134 Rn. 11, 18; *Mager,* in: v. Münch/Kunig III, Art. 135 Rn. 5; aA *Holtkotten* BK, Art. 135 (Erstbearb.) Anm. II 2 d.

[10] Näher *Ipsen/Koch* LKV 1994, 73 (76 f.); zust. *Dietlein* MKS III, Art. 135 Rn. 4; wie hier auch *Schwarz,* in: Maunz/Dürig, Art. 134 Rn. 19; *Mager,* in: v. Münch/Kunig III, Art. 135 Rn. 5; aA *Isensee* HStR V[3], § 122 Rn. 36; *Jarass,* in: Jarass/Pieroth, Art. 134 Rn. 3.

[11] BVerfGE 10, 20 (39 f.).

[12] Ebenso *Jarass,* in: Jarass/Pieroth, Art. 135 Rn. 2; *Schwarz,* in: Maunz/Dürig, Art. 134 Rn. 21; *Mager,* in: v. Münch/Kunig III, Art. 135 Rn. 6; *Freudling* NJW 1956, 1577; *Dietlein* MKS III, Art. 135 Rn. 6.

[13] BVerfGE 10, 20 (40).

[14] BGBl I 1957, 841.

[15] BVerfGE 29, 413 (425 ff.).

3. **Verbindlichkeiten der Länder und Gemeinden (Gemeindeverbände), die aus Maßnahmen entstanden sind, welche diese Rechtsträger vor dem 1.** August 1945 **zur Durchführung von Anordnungen der Besatzungsmächte oder zur Beseitigung eines kriegsbedingten Notstandes im Rahmen dem Reich obliegender oder vom Reich übertragener Verwaltungsaufgaben getroffen haben.**

(2) **Absatz 1 findet entsprechende Anwendung auf Verbindlichkeiten der Deutschen Demokratischen Republik oder ihrer Rechtsträger sowie auf Verbindlichkeiten des Bundes oder anderer Körperschaften und Anstalten des öffentlichen Rechts, die mit dem Übergang von Vermögenswerten der Deutschen Demokratischen Republik auf Bund, Länder und Gemeinden in Zusammenhang stehen, und auf Verbindlichkeiten, die auf Maßnahmen der Deutschen Demokratischen Republik oder ihrer Rechtsträger beruhen.**

**Entstehungsgeschichte: Erstfassung:** 9. G zur Änd. des GG v. 22.10.1957 (BGBl I 1745), § 1 (dazu: BT-Dr II/3727 [Entwurf]; BT-Prot II/13 313, 13 334, 13 350, 13 526; BR-Dr 376/57; BR-Prot 57/788) – **Änderung:** 36. G zur Änd. des GG v. 23.9.1990 (EV) (BGBl II 885), Art. 4 Nr. 4 (dazu: BT-Dr 11/7760 [Entwurf; Denkschrift zum EV]; BT-Prot 11/17483, 17801; BR-Dr 600/90, 635/90; BR-Prot 90/438, 491).
**Gesetzgebung: Zu Abs. 1:** AKG. – **Zu Abs. 2:** EALG.
**Leitentscheidungen: Zu Abs. 1:** Vgl. die Angaben bei Art. 134 und 135. – **Zu Abs. 2:** BVerfGE 84, 90 (SBZ-Enteignungen); BVerfGE 100, 1 (Rentenüberleitung Ost-West); BVerfGE 102, 254 (EALG).

**Schrifttum: Zu Abs. 1:** Vgl. Schrifttum zu Art. 134 und 135. – **Zu Abs. 2:** *N. Bernsdorff,* Aufhebung oder Kürzung von Verbindlichkeiten der DDR – Art. 135a in altem und neuem Zusammenhang, NJW 1997, 2712; *A. Haratsch,* Die Befreiung von Verbindlichkeiten nach Art. 135a Abs. 2 GG, 1998.

## A. Die Regelung des Abs. 1

Art. 135a I ist 1957 als einziger Absatz des Art. 135a (aF) in das GG eingefügt worden, um **1** **Zweifelsfragen** im Hinblick auf die Zulässigkeit einer bundesgesetzlichen Regelung der **Reichsverbindlichkeiten** zu beheben. Das BVerfG hat die Gesetzgebungskompetenz des Bundes zur Regelung der Reichsverbindlichkeiten demgegenüber unmittelbar aus Art. 134 IV[1] und die entsprechende Kompetenz im Hinblick auf die Verbindlichkeiten nicht mehr bestehender Körperschaften oder Anstalten des öffentlichen Rechts unmittelbar aus Art. 135 V hergeleitet;[2] Art. 135a GG wurde lediglich als **„Legalinterpretation"**[3] gewertet. Immerhin gibt die Vorschrift in Abs. 1 Nr. 2 zu erkennen, dass in den dort genannten Fällen ua nach Art. 134 I auch die Passiva auf den Bund übergegangen sind.[4]

Der **Bundesgesetzgeber** wird durch Art. 135a I ermächtigt, die dort genannten Verbindlichkeiten **2** nicht oder nur teilweise zu erfüllen; **Auslandsverbindlichkeiten** des Reiches werden von der Vorschrift nicht erfasst.[5] Nach Ansicht des BVerfG handelt es sich bei der Ermächtigung des Art. 135a auch in der Sache lediglich um eine „Legalinterpretation",[6] weil eine auf Art. 134 IV gestützte Regelung nach der „Natur des zu regelnden Gegenstandes" von vornherein alles enthalten dürfe, was zur Bereinigung des **Staatsbankrotts** des Reiches gehöre.[7]

Der Gesetzgeber besitzt danach bei der Regulierung der von der Vorschrift erfassten Verbindlich- **3** keiten einen erheblichen **Gestaltungsspielraum.** Er muss allerdings beachten, dass ihm die Forderungen gegen das Reich als dem Grunde nach existent zur Berücksichtigung nach Maßgabe des Möglichen überwiesen sind; nur unter Beachtung dieses Grundsatzes darf er Forderungen kürzen oder die Erfüllung ganz verweigern.[8] Auch setzt der allgemeine **Gleichheitssatz** einer Regelung äußerste Grenzen.[9] Andererseits ist die Zulässigkeit von Regelungen zur Bereinigung des Staatsbankrotts nach der Rechtsprechung des BVerfG im Interesse der „Schaffung einer Grundlage für die Zukunft"[10] von vornherein im GG angelegt.[11] Art. 14 steht dem nicht entgegen: Soweit sich bei Verbindlichkeiten des Reichs überhaupt eine vom **Grundrechtsschutz des Eigentums** erfasste Rechtsposition des Anspruchsinhabers annehmen lässt,[12] wird eine nur teilweise Erfüllung von Forderungen durch die (gleichrangige) Sonderregelung in Art. 135a und dessen spezifische Zielset-

---

[1] BVerfGE 15, 126 (134 ff.); 19, 150 (159 ff.).
[2] BVerfGE 29, 413 (425 f.).
[3] BVerfGE 15, 126 (140); 19, 150 (165); 41, 126 (152).
[4] Vgl. BVerwGE 96, 231 (234); aA *Dietlein* MKS III, Art. 135a Rn. 4.
[5] Vgl. *Bernsdorff* NJW 1997, 2712 (2713); *Dietlein* MKS III, Art. 135a Rn. 1; *Heun,* in: Dreier III, Art. 135a Rn. 3; *Mager,* in: v. Münch/Kunig III, Art. 135a Rn. 1.
[6] BVerfGE 15, 126 (144); 29, 413 (427).
[7] BVerfGE 15, 126 (140).
[8] BVerfGE 15, 126 (143 f.); 19, 150 (163); 23, 153 (166); 24, 203 (214); 41, 126 (152).
[9] Vgl. BVerfGE 15, 126 (145); 23, 153 (166); 24, 203 (215); 29, 413 (429).
[10] BVerfGE 15, 126 (141).
[11] Vgl. BVerfGE 15, 126 (140 ff.); 19, 150 (159, 163).
[12] Abl. BVerfGE 15, 126 (143); *Dietlein* MKS III, Art. 135a Rn. 2; krit. *Maunz,* in: Maunz/Dürig, Art. 135a Anm. II 3.

zung gerechtfertigt;[13] auch der „Wertgedanke"[14] des Eigentums oder die Annahme einer grundrechtlichen Schutzpflicht begründen daher keine weitergehenden Ansprüche.[15] Bedenken aus Art. 79 III gegen dieses Ergebnis bestehen nicht.[16]

4     Unmittelbar aus Art. 135 V resultiert nach Ansicht des BVerfG ferner eine Befugnis des Bundes zum Erlass von Bestimmungen über die Erfüllung von **Verbindlichkeiten** solcher nicht mehr bestehender Körperschaften, die in die **nationalsozialistische Herrschaftsordnung** integriert gewesen sind.[17] Für den Inhalt der danach zulässigen Regelungen gelten die vom BVerfG mit Blick auf Art. 134 IV entwickelten Grundsätze entsprechend.[18]

4a    Der Bund hat von den ihm danach zustehenden Regelungsbefugnissen insbesondere durch den Erlass des AKG vom 5.11.1957[19] Gebrauch gemacht. § 1 I Nr. 1 AKG erklärt alle Ansprüche gegen das Deutsche Reich einschließlich der Sondervermögen Deutsche Reichsbahn und Deutsche Reichspost für grundsätzlich erloschen. Diese Erlöschensregel erfasst nach Auffassung des BVerwG auch Forderungen gegen das Deutsche Reich, die auf eine „materielle Polizeipflicht" gründen;[20] dies betrifft insbesondere **Rüstungsaltlasten.** Zwar konzediert das BVerwG ausdrücklich, dass die Bundesrepublik Deutschland als mit dem Deutschen Reich (teil-)identisches Rechtssubjekt auch nach Maßgabe des Landesrechts und gegenüber dem Land zur Störungsbeseitigung verpflichtet sein kann.[21] Eine **ordnungsrechtliche Inanspruchnahme** aufgrund einer vom Deutschen Reich verursachten Grundwassergefährdung soll jedoch gem. § 1 I AKG ausgeschlossen sein, weil eine im öffentlichen Recht wurzelnde Pflicht zur Beseitigung einer Störung in Rede stehe, die ausschließlich an das Verhalten des Reiches anknüpfe.[22] Damit wird der Anwendungsbereich von § 1 I AKG überdehnt. Zwar kann die Befugnis eines Verwaltungsträgers, von einer polizeipflichtigen Stelle die Beseitigung einer Störung zu verlangen, als „Anspruch" iSv § 194 I BGB angesehen werden. Der Pflicht zur Beseitigung einer Gefahr für die öffentliche Sicherheit fehlt aber ein hinreichender Bezug zur finanziellen Situation des Deutschen Reiches, dessen es schon aus kompetenzrechtlichen Gründen bedarf, um ihn § 1 I AKG zuzuordnen: Die Pflicht, eine Gefahr für die öffentliche Sicherheit nicht zu verursachen oder zu beseitigen, ist primär eine Verhaltenspflicht; erst im Falle der Nichterfüllung schlägt sie – etwa nach erfolgter Ersatzvornahme – in eine Zahlungspflicht um. Den verfassungsrechtlichen Ermächtigungen zur Regelung des Kriegsfolgenrechts in Art. 134 IV und 135a I GG lässt sich nicht entnehmen, dass sie derartige Pflichten erfassen und damit zugleich die **Gesetzgebungskompetenz der Länder** im Bereich des Gefahrenabwehrrechts beschränken wollen. Es ist auch nicht angängig, die materielle Polizeipflicht dem in Art. 135a I verwendeten Begriff der „Verbindlichkeit" zuzuordnen, da dieser auf primär finanzbezogene Leistungspflichten im Rahmen zweiseitiger Schuldverhältnisse zielt.[23] An diesem Befund ändert sich auch dadurch nichts, dass die primäre Pflicht zur Beseitigung einer Gefahr oder Störung im Einzelfall in eine Zahlungspflicht münden kann und damit „einer finanziellen Bewertung zugänglich" wird.[24] Der **gefahrenabwehrrechtlichen Verantwortlichkeit** fehlt es vielmehr an einer hinreichenden Vermögensbezogenheit, um die Ermächtigung zur Regelung der Kriegsfolgen auf derartige Verhaltenspflichten zu erstrecken.

## B. Die Regelung des Abs. 2

5     Art. 135a II ist durch Art. 4 Nr. 4 des EinigungsV vom 31.8.1990[25] in das GG eingefügt worden. Die Vorschrift dient erkennbar dem Zweck, in Anlehnung an Abs. 1 dem Gesetzgeber unter Beseitigung möglicherweise bestehender Hindernisse aus Art. 14 zusätzliche Gestaltungsspielräume bei der Erfüllung von **Verbindlichkeiten** zu schaffen, die im Zusammenhang mit der Herstellung der Deutschen Einheit übernommen wurden.[26]

6     Art. 135a II erfasst zunächst Verbindlichkeiten der ehemaligen DDR und ihrer „Rechtsträger" (Var. 1). Wie die Verwendung dieses Begriffs auch in Abs. 1 deutlich macht, sind damit nicht „Rechtsträger" im Sprachgebrauch der DDR gemeint, sondern juristische Personen des öffentlichen

[13] Vgl. BVerfGE 15, 126 (143); *Maunz*, in: Maunz/Dürig, Art. 135a Anm. II. 3; *Bernsdorff* NJW 1997, 2712 (2715).

[14] Vgl. hierzu BVerfGE 23, 153 (166); 29, 413 (429).

[15] Ebenso *Heun*, in: Dreier III, Art. 135a Rn. 9; *Mager*, in: v. Münch/Kunig III, Art. 135a Rn. 4.

[16] BVerfGE 15, 126 (144 f.); *Dietlein* MKS III, Art. 135a Rn. 6; *Heun*, in: Dreier III, Art. 135a Rn. 9; *Mager*, in: v. Münch/Kunig III, Art. 135a Rn. 4; *Maunz*, in: Maunz/Dürig, Art. 135a Anm. II. 4.

[17] BVerfGE 29, 413 (425 f.).

[18] BVerfGE 29, 413 (426 f.).

[19] Zul. geänd. durch Art. 2 Abs. 16 G z. Novelle d. Verwaltungszustellungsrechts v. 12.8.2005 (BGBl I, 2354).

[20] BVerwG NVwZ 2006, 354 (355).

[21] Vgl. BVerwG NVwZ 2006, 354 f.

[22] BVerwG NVwZ 2006, 354 (355).

[23] Ähnlich NdsOVG NdsVBl 2004, 301 (304); s. ferner *Peine* DVBl 1990, 733 (738); *ders.* NuR 2005, 151 (156).

[24] So aber BVerwG NVwZ 2006, 354 (355).

[25] BGBl II 889.

[26] Vgl. die Denkschrift zum EinigungsV, BT-Dr 11/7760, S. 355 (359).

Rechts.[27] Von der Regelung erfasst werden insbesondere die in Art. 23 und 25 EinigungsV genannten Verbindlichkeiten,[28] nicht aber die **Auslandsschulden.**[29] Verbindlichkeiten des Bundes oder anderer Körperschaften und Anstalten des öffentlichen Rechts, die mit dem Übergang von Vermögenswerten der DDR auf Bund, Länder und Gemeinden in Zusammenhang stehen (Var. 2), sind insbesondere solche, die gem. Art. 21 und 22 EinigungsV übergeleiteten Vermögensgegenständen anhaften.[30]

Mit den Verbindlichkeiten, die auf Maßnahmen der DDR oder ihrer Rechtsträger beruhen (Var.  **7** 3), wird insbesondere auf **Entschädigungs- und Ausgleichsansprüche** gezielt, die Gegenstand der gemeinsamen Erklärung der Regierungen der Bundesrepublik Deutschland und der Deutschen Demokratischen Republik zur Regelung offener Vermögensfragen vom 15.6.1990 (Anlage 3 zum EinigungsV) sind.[31] Sachlich thematisch ebenfalls einschlägig ist danach auch die Vereinbarung in Nr. 1 dieser gem. Art. 41 I EinigungsV Bestandteil des Einigungsvertrages gewordenen Erklärung, der zufolge im Beitrittsgebiet zwischen 1945 und 1949 erfolgte **Enteignungen** bzw. „Konfiskationen" auf besatzungsrechtlicher bzw. besatzungshoheitlicher Grundlage nicht mehr rückgängig zu machen sind.[32] Diese Regelung wird verfassungsrechtlich durch Art. 143 III besonders abgesichert; das BVerfG hat diese Vorschrift als mit Art. 79 III vereinbar angesehen.[33] Auch gegen Art. 135a ist im Hinblick auf Art. 79 III GG nichts zu erinnern; durch eine teilweise Nichterfüllung von Forderungen oder die Nichtgewähr eines (vollständigen) Ausgleichs für schädigende Handlungen einer anderen Staatsgewalt[34] werden einer Veränderung entzogene Verfassungsprinzipien nicht verletzt.[35]

Allerdings gestattet Art. 135a II GG die (teilweise) Nichterfüllung von Forderungen nach Ansicht  **8** des BVerfG nur dann, „wenn dies erforderlich ist, um eine Gefährdung der staatlichen Aufgabenerfüllung infolge übermäßiger Verschuldung zu begegnen".[36] Bestehende **Forderungen** seien daher nach Maßgabe des Möglichen zu berücksichtigen.[37] Soweit hingegen **Wiedergutmachungsleistungen** in Rede stehen, darf der Gesetzgeber im Rahmen des ihm ohnehin zustehenden **Gestaltungsspielraums** auch darauf Rücksicht nehmen, welche finanziellen Möglichkeiten unter Berücksichtigung der sonstigen Staatsaufgaben bestehen.[38] Insoweit gelten die in der Rechtsprechung zum Kriegsfolgenrecht entwickelten Grundsätze entsprechend.[39] Für **Kriegsfolgeschäden** müsse die Bundesrepublik aber nicht in gleicher Weise einstehen, „wie wenn diese von den Staatsorganen der Bundesrepublik verursacht worden wären".[40] Ein Gebot voller Entschädigung für Enteignungen auf besatzungsrechtlicher oder besatzungshoheitlicher Grundlage lasse sich dem GG daher nicht entnehmen.[41] Vielmehr sei dem Gesetzgeber unbenommen, auf das Gesamtvolumen wiedergutmachender Schäden sowie besondere Belastungen Bedacht zu nehmen, „die sich aus dem Wiederaufbau in den neuen Bundesländern ergeben".[42] Dabei komme dem Gesetzgeber bei der Einschätzung der wirtschaftlichen und finanziellen Lage des Staates und der Gewichtung der einzelnen Staatsaufgaben ein besonders weiter **Beurteilungsspielraum** zu;[43]

Auch bei der Schaffung einer **Ausgleichsregelung** sind indes fundamentale Elemente des Rechts-  **9** staats und der Rechtsstaatlichkeit im Ganzen zu wahren.[44] Des Weiteren befreit Art. 135a bei der Wiedergutmachung des von einer anderen Staatsgewalt zu verantwortenden Unrechts nicht von der

---

[27] *Haratsch,* Die Befreiung von Verbindlichkeiten nach Art. 135a Abs. 2 GG, 1998, S. 186 ff.; *Dietlein* MKS III, Art. 135a Rn. 12 (in Anm. 12).

[28] *Bernsdorff* NJW 1997, 2712 (2714); *Dietlein* MKS III, Art. 135a Rn. 12; *Heun,* in: Dreier III, Art. 135a Rn. 11; *Mager,* in: v. Münch/Kunig III, Art. 135a Rn. 6; vgl. auch *Haratsch,* Die Befreiung von Verbindlichkeiten nach Art. 135a Abs. 2 GG, 1998, S. 180 f.

[29] *Dietlein* MKS III, Art. 135a Rn. 12; *Heun,* in: Dreier III, Art. 135a Rn. 11; *Mager,* in: v. Münch/Kunig III, Art. 135a Rn. 6; ausf. *Haratsch,* Die Befreiung von Verbindlichkeiten nach Art. 135a Abs. 2 GG, 1998, S. 134 ff.

[30] *Bernsdorff* NJW 1997, 2712 (2714); *Mager,* in: v. Münch/Kunig III, Art. 135a Rn. 7; *Heun,* in: Dreier III, Art. 135a Rn. 11; aA *Haratsch,* Die Befreiung von Verbindlichkeiten nach Art. 135a Abs. 2 GG, 1998, S. 190 f.

[31] *Bernsdorff* NJW 1997, 2712 (2714); *Heun,* in: Dreier III, Art. 135a Rn. 12; *Mager,* in: v. Münch/Kunig III, Art. 135a Rn. 8.

[32] Vgl. BVerfGE 84, 90 (128 f.); *Heun,* in: Dreier III, Art. 135a Rn. 12; *Mager,* in: v. Münch/Kunig III, Art. 135a Rn. 8; tendenziell anders *Dietlein* MKS III, Art. 135a Rn. 15.

[33] BVerfGE 84, 90 (120 ff.).

[34] Vgl. dazu BVerfGE 84, 90 (122 f.).

[35] *Dietlein* MKS III, Art. 135a Rn. 19; ausf. *Haratsch,* Die Befreiung von Verbindlichkeiten nach Art. 135a Abs. 2 GG, 1998, S. 217 ff.; vgl. ferner *Badura* DVBl 1990, 1256 (1262 f.); *Papier* NJW 1991, 193 (195 f.); *Mager,* in: v. Münch/Kunig III, Art. 135a Rn. 8; krit. aber *Stern,* in: Schmidt-Bleibtreu/Stern, Verträge und Rechtsakte zur Deutschen Einheit, Band 2, 1990, S. 44 f.

[36] BVerfGE 100, 1 (48 f.); im Anschluss an *Haratsch,* Die Befreiung von Verbindlichkeiten nach Art. 135a Abs. 2 GG, 1998, S. 175; zust. *Dietlein* MKS III, Art. 135a Rn. 18.

[37] BVerfGE 100, 1 (49).

[38] BVerfGE 84, 90 (130); vgl. auch BVerfGE 102, 254 (298).

[39] BVerfGE 84, 90 (130).

[40] BVerfGE 84, 90 (125).

[41] BVerfGE 84, 90 (130).

[42] BVerfGE 84, 90 (130 f.).

[43] BVerfGE 84, 90 (131); 94, 315 (326).

[44] BVerfGE 102, 265 (298 f.).

Bindung an den allgemeinen **Gleichheitssatz.**[45] Angesichts des weiten Gestaltungs- und Beurteilungsspielraums des Gesetzgebers bei der Regelung von Wiedergutmachungsleistungen[46] muss Art. 3 I aber „nur in seiner Bedeutung als Willkürverbot" Beachtung finden.[47] Die namentlich im EALG getroffenen **Entschädigungsregelungen** sind auf dieser Grundlage trotz der erheblichen Differenz zwischen einerseits dem Verkehrswert eines zu restituierenden Vermögenswertes und andererseits der Höhe eines Entschädigungsanspruchs („Wertschere" → Art. 143 Rn. 40 ff.) verfassungsmäßig;[48] der EGMR hat dies als mit der EMRK vereinbar angesehen.[49]

## Art. 136 [Erster Zusammentritt des Bundesrates]

(1) **Der Bundesrat tritt erstmalig am Tage des ersten Zusammentrittes des Bundestages zusammen.**

(2) **Bis zur Wahl des ersten Bundespräsidenten werden dessen Befugnisse von dem Präsidenten des Bundesrates ausgeübt. Das Recht der Auflösung des Bundestages steht ihm nicht zu.**

**Entstehungsgeschichte:** JöR nF 1 (1951), 888.
**Historische Verfassungstexte: WRV: Art. 180:** Bis zum Zusammentritt des ersten Reichstags gilt die Nationalversammlung als Reichstag. Bis zum Amtsantritt des ersten Reichspräsidenten wird sein Amt von dem auf Grund des Gesetzes über die vorläufige Reichsgewalt gewählten Reichspräsidenten geführt. [S. 2 i. d. F. v. 27.10.1922 (RGBl 801): „Der von der Nationalversammlung gewählte Reichspräsident führt sein Amt bis zum 30. Juni 1925."]
**Gesetzgebung:** WahlG 1949 §§ 24, 25.

**Schrifttum:** *R. Pitschas,* Die Vertretung des Bundespräsidenten durch den Präsidenten des Bundesrates, Staat 12 (1973), 183 (191).

## A. Die Regelung des Abs. 1

1    Art. 136 ist **obsolet** geworden, weil er Bestimmungen für die Zeit zwischen dem Inkrafttreten des GG und der Konstituierung von BTag und BRat bzw. der Wahl des ersten BPräs enthält. Art. 136 I sollte verhindern, dass der BRat vor dem BTag zusammentrat. Beide traten erstmals am 7.9.1949 zusammen.

## B. Die Regelung des Abs. 2

### I. Satz 1

2    Der erste BPräs *(Th. Heuss)* wurde am 12.9.1949 gewählt und sogleich vereidigt. Für die durch Art. 54 IV 2 iVm § 25 WahlG 1949 entstehende (kurze) Zwischenzeit bestimmt Abs. 2 S. 1, dass die Geschäfte des noch zu wählenden Staatsoberhauptes vom BRatPräs wahrgenommen werden. Da bei einem noch nicht amtierenden BPräs kein Stellvertretungsfall vorliegt, hat Art. 136 II 1 mit Blick auf Art. 57 nicht nur die Funktion einer ausdrücklichen Klarstellung.[1]

### II. Satz 2

3    Diese Vorschrift über den Ausschluss der Befugnis des BRatPräs, den BTag (nach Art. 63 IV 3 oder Art. 68 I 1) aufzulösen, hat keine praktische Bedeutung erlangt. Gleichwohl enthält Art. 136 II 2 den positivrechtlichen Beleg dafür, dass dem Vertreter des BPräs nach Art. 57 grundsätzlich alle staatsrechtlichen Befugnisse des (verhinderten) BPräs zustehen (→ Art. 57 Rn. 11). Im Umkehrschluss ist zu folgern, dass der BRatPräs als Vertreter des BPräs das **Recht zur Bundestagsauflösung** besitzt, weil es andernfalls nicht erforderlich gewesen wäre, diese Kompetenz für den Sonderfall des Art. 136 ausdrücklich auszuschließen.[2]

---

[45] BVerfGE 84, 90 (128 f., 131); 102, 254 (299).
[46] Vgl. BVerfGE 84, 90 (125, 130 f.); 102, 254 (299).
[47] BVerfGE 102, 254 (299).
[48] BVerfGE 102, 254 (300 ff.); für Verfassungsmäßigkeit auch *Ipsen/Koch* (2. Aufl.), Rn. 8; *Heun,* in: Dreier III, Art. 135a Rn. 14; *Schmidt-Preuß* NJW 1994, 3249 (3255 f.); *Uechtritz* DVBl 1995, 1158 (1162 ff.); aA *Leisner* NJW 1995, 1513 (1517 f.).
[49] EGMR NJW 2005, S. 2530.
[1] Ebenso jetzt *Klein,* in: Maunz/Dürig, Art. 136 (2017) Rn. 6; anders noch *Maunz,* in: Maunz/Dürig, Art. 136 (1961) Rn. 2.
[2] *Klein,* in: Maunz/Dürig, Art. 136 (2017) Rn. 7; *Maunz,* in: Maunz/Dürig, Art. 136 (1961) Rn. 3; *Hernekamp,* in: v. Münch/Kunig II, Art. 136 Rn. 2; *Höfling/Burkiczak,* in: Friauf/Höfling, Art. 136 (2006) Rn. 8 mwN.

## Art. 137 [Wählbarkeit von Angehörigen des öffentlichen Dienstes]

(1) **Die Wählbarkeit von Beamten, Angestellten des öffentlichen Dienstes, Berufssoldaten, freiwilligen Soldaten auf Zeit und Richtern im Bund, in den Ländern und den Gemeinden kann gesetzlich beschränkt werden.**

(2) **Für die Wahl des ersten Bundestages, der ersten Bundesversammlung und des ersten Bundespräsidenten der Bundesrepublik gilt das vom Parlamentarischen Rat zu beschließende Wahlgesetz.**

(3) **Die dem Bundesverfassungsgerichte gemäß Artikel 41 Absatz 2 zustehende Befugnis wird bis zu seiner Errichtung von dem Deutschen Obergericht für das Vereinigte Wirtschaftsgebiet wahrgenommen, das nach Maßgabe seiner Verfahrensordnung entscheidet.**

**Entstehungsgeschichte: Erstfassung:** JöR nF 1 (1951), 892. – **Änd.:** 7. G zur Erg. des GG v. 19.3.1956 (BGBl I 111), Art. I Nr. 13 (dazu: BT-Dr I/124 f. [Entw.], 2150; BT-Prot II/243, 552, 6819, 6845; BR-Dr 89/56; BR-Prot 56/78).
**Historische Verfassungstexte: RV 1849: § 124** Wenn ein Mitglied des Volkshauses im Reichsdienst ein Amt oder eine Beförderung annimmt, so muss es sich einer neuen Wahl unterwerfen; es behält seinen Sitz im Hause, bis die neue Wahl stattgefunden hat. – **RV 1871: Art. 21** (1) Beamte bedürfen keines Urlaubs zum Eintritt in den Reichstag. (2) Wenn ein Mitglied des Reichstages ein besoldetes Reichsamt oder in einem Bundesstaat ein besoldetes Staatsamt annimmt oder im Reichs- oder Staatsdienste in ein Amt eintritt, mit welchem ein höherer Rang oder ein höheres Gehalt verbunden ist, so verliert es Sitz und Stimme in dem Reichstag und kann seine Stelle in demselben nur durch neue Wahl wieder erlangen. – **WRV: Art. 39** (1) Beamte und Angehörige der Wehrmacht bedürfen zur Ausübung ihres Amtes als Mitglieder des Reichstags oder eines Landtags keines Urlaubs. – **GG 1949:** (1) Die Wählbarkeit von Beamten, Angestellten des öffentlichen Dienstes und Richtern im Bunde, in den Ländern und den Gemeinden kann gesetzlich beschränkt werden. (2) und (3) *wie geltende Fassung.*
**Geltende Landesverfassungen:** *Bbg*Verf Art. 22 V 3; *Hmb*Verf Art. 13 II 2; *MV*Verf Art. 71 III; *Nds*Verf Art. 61; *NRW*Verf Art. 46 III; *LSA*Verf Art. 91 II.
**Supra- und internationale Texte:** Akt zur Einführung allgemeiner unmittelbarer Wahlen der Mitglieder des Europäischen Parlaments Art. 7.
**Gesetzgebung:** AbgG; BeamtStG; BBG; DRiG; SoldG.
**Leitentscheidungen:** BVerfGE 12, 73 (Kommunalbeamte); BVerfGE 18, 172 (Wählbarkeitsbeschränkung); BVerfGE 38, 326 (Passives Wahlrecht); BVerfGE 42, 312 (Kirchenbeamte); BVerfGE 48, 64 (Angestellte kommunaler Unternehmen); BVerfGE 57, 43 (Kommunalrechtliche Unvereinbarkeitsbestimmungen – Ineligibilität); BVerfGE 58, 177 (Angestellte kommunaler Gebietskörperschaften); BVerfGE 98, 145 (Passives Wahlrecht – Leitende Angestelltentätigkeit).

**Schrifttum:** Vgl. das Schrifttum zu Art. 38; ferner *R. Bernhard,* Richteramt und Kommunalmandat, 1983; *K. Bettermann,* Richteramt und Kommunalmandat, FS Ule, 1977, S. 265; *D. Blum,* Das passive Wahlrecht der Angehörigen des öffentlichen Dienstes in Deutschland nach 1945 im Widerstreit britisch-amerikanischer und deutscher Vorstellungen und Interessen, 1972; *W. Hausmann,* Die Inkompatibilität im Gemeindeverfassungsrecht der Bundesrepublik Deutschland, 1976; *J. Henkel,* Amt und Mandat, 1977; *G. Sturm,* Die Inkompatibilität, 1967; *D. Tsatsos,* Unvereinbarkeit zwischen Bundestagsmandat und anderen Funktionen, in: Schneider/Zeh, § 23.

### Übersicht

## A. Bedeutung

Art. 137 gehört zu den „Übergangs- und Schlussbestimmungen" im XI. Abschnitt des GG. **Über-** **1** **gangsregelungen,** die inzwischen durch Zeitablauf gegenstandslos geworden sind, finden sich in **Abs. 2** (für die Wahl des ersten BTag, der ersten BVers und des ersten BPräs) sowie in **Abs. 3** (für die Zeit bis zur Errichtung des BVerfG).[1]

Die Bestimmung in **Abs. 1,** die eine gesetzliche Beschränkung der Wählbarkeit von Angehörigen **2** des öff. Dienstes in Bund, Ländern und Gemeinden zulässt, ist ursprünglich vom ParlRat gegenüber weitergehenden Forderungen der alliierten Militärgouverneure als **Kompromiss** eingefügt worden.[2] Ihre **Ergänzung** durch das ÄndG vom 19.3.1956[3] um die Worte „Berufssoldaten, freiwilligen Soldaten auf Zeit" und ihre seitherige Beibehaltung haben jedoch eine dauerhafte **Verfestigung** in der Verfassungsordnung bewirkt.[4]

---

[1] *Klein,* in: Maunz/Dürig, Art. 137 (2017) Rn. 89 ff.; *Stober/Lackner* BK, Art. 137 Abs. 2 und 3 (2004) Rn. 1 ff.
[2] JöR nF 1 (1951), 895 f. mit Fn. 43; *Tsatsos,* in: Schneider/Zeh, § 23 Rn. 13; *P. Unruh* MKS III, Art. 137 Rn. 4.
[3] BGBl I 111.
[4] *Stober/Lackner* BK, Art. 137 Abs. 1 (2004) Rn. 102 f.

**3**     Nach dem verfassungssystematischen Zusammenhang ist Art. 137 I, indem er Wählbarkeitsbeschränkungen zu Lasten von Angehörigen des öff. Dienstes zulässt, eine **Sonderbestimmung,** die zu Abweichungen von den Grundsätzen der Allgemeinheit und Gleichheit der (passiven) Wahl (Art. 38 I 1, 28 I 2) und von dem Hinderungsverbot bei der Übernahme und Ausübung eines Abgeordnetenamtes (Art. 48 II) ermächtigt und Ausnahmecharakter besitzt.[5]

**4**     Er dient der Sicherung der organisatorischen **Gewaltenteilung** (Art. 20 II 2) gegen Gefahren, die durch Personalunion eines Exekutiv- oder Richteramtes und eines Abgeordnetenmandats entstehen können.[6] Insbes. soll er verhindern, dass Interessenkonflikte zu Verfilzungen führen und Abg., die zugleich der Exekutive angehören, gleichsam sich selbst kontrollieren.[7] In der **Praxis** konnte eine Überrepräsentation des öff. Dienstes („Verbeamtung der Parlamente") trotz mahnender Worte des BVerfG in seinem Diätenurteil von 1975[8] nicht verhindert werden.[9]

**5**     Art. 137 I stellt eine **abschließende Regelung** für einfachgesetzliche Wählbarkeitsbeschränkungen in Anknüpfung an ein Dienstverhältnis dar.[10] Verfassungsrechtliche Sonderbestimmungen gelten für den BPräs (Art. 55 I) und die Mitglieder des BVerfG (Art. 94 I 3).[11]

## B. Beschränkung der Wählbarkeit

**6**     Art. 137 I ermächtigt nur zur Beschränkung der Wählbarkeit, dh des passiven Wahlrechts, nicht auch des aktiven Wahlrechts oder sonstiger politischer Rechte.[12] Die **Wählbarkeit** umfasst ieS die Möglichkeit, als Bewerber um ein Mandat aufgestellt und gewählt zu werden sowie die Wahl anzunehmen, und darüber hinaus iwS insbes. die Möglichkeit, das Mandat während der Wahlperiode innezuhaben und auszuüben.[13]

**7**     Die Wählbarkeit von Angehörigen des öff. Dienstes darf nur **beschränkt,** nicht jedoch ausgeschlossen werden.[14] Eine Beschränkung der Wählbarkeit ist bei einer bloßen Unvereinbarkeit von Amt und Mandat (sog. **Inkompatibilität**) gegeben, die dem Amtsinhaber eine Bewerbung um das Mandat nicht verwehrt und lediglich dessen Annahme und Ausübung von der vorherigen Aufgabe des Amtes abhängig macht.[15]

**8**     Demgegenüber liegt ein Ausschluss von der Wählbarkeit (sog. **Ineligibilität**) vor, wenn der Amtsinhaber sein passives Wahlrecht schlechthin nicht ausüben kann, weil er an der Bewerbung um das Mandat wie an dessen Annahme oder Ausübung rechtlich[16] gehindert ist.[17] Ausschluss und Beschränkung der Wählbarkeit unterscheiden sich somit nach dem Zeitpunkt des erforderlichen Amtsverzichts des Mandatsbewerbers.[18]

**9**     Kern einer zulässigen Beschränkung ist die **Entscheidungsmöglichkeit** des Amtsinhabers zwischen Amt und Mandat.[19] An einer echten Entscheidungsmöglichkeit kann es auch dann fehlen, wenn der Amtsinhaber nicht rechtlich, sondern nur tatsächlich von der Wählbarkeit ausgeschlossen ist, weil er sich wegen der – zumeist wirtschaftlich nachteiligen – Folgen der Unvereinbarkeitsregelung generell[20] außerstande sieht, sich für das Mandat zu entscheiden.[21]

---

[5] BVerfGE 38, 326 (336); 42, 312 (326, 339 f.); 48, 64 (82, 89); *Klein,* in: Maunz/Dürig, Art. 137 (2017) Rn. 36 ff. – Zur allg. und gleichen Wahl → Art. 38 Rn. 79 ff., 90 ff.; zum Hinderungsverbot → Art. 48 Rn. 6 ff.; zum Verhältnis zu Art. 33 V *Stober/Lackner* BK, Art. 137 Abs. 1 (2004) Rn. 154 ff.; *Tsatsos,* in: Schneider/Zeh, § 23 Rn. 31.

[6] BVerfGE 12, 73 (77); 57, 43 (62); st. Rspr. (betr. Exekutivamt und Abgeordnetenmandat); *Brosius-Gersdorf,* in: Dreier III, Art. 137 Rn. 13.

[7] BVerfGE 42, 312 (339); 12, 73 (77); 38, 326 (339); 57, 43 (62); 98, 145 (160).

[8] BVerfGE 40, 296 (321).

[9] *Stober/Lackner* BK, Art. 137 Abs. 1 (2004) Rn. 72 ff.; *Hess,* in: Schneider/Zeh, § 24 Rn. 10 ff. mit Tabelle 1; *Schindler,* Datenhandbuch, Bd. I, 1999, S. 678 ff. – Art. 137 ermächtigt jedoch nicht zu einer „Entbeamtung" der Parlamente; so zutreffend *Klein,* in: Maunz/Dürig, Art. 137 (2017) Rn. 19 ff. (28); *P. Unruh* MKS III, Art. 137 Rn. 8 f.

[10] BVerfGE 38, 326 (336); 58, 177 (191); *P. Unruh* MKS III, Art. 137 Rn. 14; aA *Brosius-Gersdorf,* in: Dreier III, Art. 137 Rn. 11.

[11] *Magiera,* Art. 38 Rn. 56 f.

[12] *Klein,* in: Maunz/Dürig, Art. 137 (2017) Rn. 46, 59 ff.; zum aktiven und passiven Wahlrecht → Art. 38 Rn. 101.

[13] BVerfGE 38, 326 (337).

[14] BVerfGE 12, 73 (77); 58, 177 (192); ebenso *Versteyl,* in: v. Münch/Kunig III, Art. 137 Rn. 43; *Schneider* AK II, Art. 137 Rn. 3; *Pieroth,* in: Jarass/Pieroth, Art. 137 Rn. 4; *Klein,* in: Maunz/Dürig, Art. 137 (2017) Rn. 67 ff.

[15] BVerfGE 12, 73 (77 f.); 58, 177 (192).

[16] Zur faktischen Ineligibilität → Rn. 9 f.

[17] BVerfGE 48, 64 (88); 57, 43 (67). – Damit ist auch eine (örtlich, personell, zeitlich oder anderweit) „beschränkte Ineligibilität" ausgeschlossen; ebenso *Klein,* in: Maunz/Dürig, Art. 137 (2017) Rn. 65, 67 ff.; aA *P. Unruh* MKS III, Art. 137 Rn. 33 ff.

[18] *Stober/Lackner* BK, Art. 137 Abs. 1 (2004) Rn. 248; *Versteyl,* in: v. Münch/Kunig III, Art. 137 Rn. 43.

[19] BVerfGE 57, 43 (67); 38, 326 (338); 98, 145 (156).

[20] BVerfGE 38, 326 (338).

[21] BVerfGE 48, 64 (88); BVerfG (K) NJW 1996, 2497 ff. (2499) mit Anm. *Sachs* JuS 1997, 265 f.; 98, 145 (156); *Brosius-Gersdorf,* in: Dreier III, Art. 137 Rn. 32.

Eine solche **faktische Ineligibilität,** bei der es sich rechtlich jedoch lediglich um eine Wählbar- 10
keitsbeschränkung handelt,[22] ist nur dann gerechtfertigt, wenn – wie traditionell im kommunalen
Bereich – der Gefahr von Interessenkonflikten ansonsten nicht wirksam zu begegnen ist.[23] IÜ muss der
Gesetzgeber Folgeregelungen zu ihrer Vermeidung treffen, darunter die Anordnung, dass der Gewählte
bei Annahme des Mandats nicht endgültig aus seinem Beschäftigungsverhältnis ausscheidet, sondern
einen Anspruch auf Wiederverwendung erhält.[24] Anders als für die Einführung einer Unvereinbarkeitsregelung, die trotz Abweichens von der Wahlrechtsgleichheit allein mit der Ermächtigung des Art. 137
I begründet werden kann,[25] bedarf es für Differenzierungen innerhalb gesetzlicher Folgeregelungen
jeweils eines besonderen sachlichen Grundes, der dem Sinn der verfassungsrechtlichen Ermächtigung
gerecht wird.[26]

## C. Personenkreis

Beschränkt werden kann die Wählbarkeit – nur[27] – von Beamten, Angestellten des **öff. Dienstes,** 11
Berufssoldaten, Soldaten auf Zeit und Richtern.

Der Kreis der **Beamten** bestimmt sich grds. nach dem allg. Beamtenrecht[28] (Art. 33 IV, V iVm 12
§§ 1 ff. BBG, §§ 4 ff. BeamtStG und den Landesbeamtengesetzen). Erfasst von der Ermächtigungsnorm
des Art. 137 I werden neben den Beamten auf Lebenszeit die Beamten auf Widerruf, auf Probe, auf
Zeit, einschließlich von Wahlbeamten auf Zeit,[29] nicht jedoch Ehrenbeamte[30] oder Beamte im Ruhestand[31] sowie – in bestimmtem Umfang mangels Interessenkollision zwischen Amt und Mandat –
Hochschullehrer und Lehrer.[32]

**Angestellte des öff. Dienstes** sind nach der Ratio des Art. 137 I – Sicherung der organisatorisch- 13
personellen Gewaltenteilung[33] – zunächst die in einem Dienstverhältnis zu einem öff.-rechtlichen
Dienstherrn stehenden Personen,[34] die weder Beamte[35] noch **Arbeiter**[36] sind. Ferner gehören dazu die
leitenden Angestellten privatrechtlich organisierter Unternehmen, die von der öff. Hand beherrscht
werden.[37]

Unter **Berufssoldaten** und **freiwilligen Soldaten auf Zeit** sind die aufgrund freiwilliger Ver- 14
pflichtung, auf Lebenszeit bzw. für begrenzte Zeit Wehrdienst zu leisten, in das entsprechende Dienstverhältnis berufenen Personen zu verstehen (§ 1 II SoldG), nach Wortlaut und Entstehungsgeschichte
des Art. 137 I jedoch **nicht Wehrpflichtige.**[38]

Zu den **Richtern** gehören neben den Berufsrichtern (§§ 1, 2 DRiG)[39] nach Herkommen und 15
angesichts der Funktionsgleichheit auch die ehrenamtlichen Richter (§§ 44 bis 45a DRiG).[40]

Nicht erfasst werden **kirchliche Bedienstete;** deren Wählbarkeit kann jedoch im Rahmen des 16
kirchlichen Selbstbestimmungsrechts (Art. 140 GG iVm Art. 137 III WRV) mit Rücksicht auf die
Integrität des kirchlichen Amtes durch kirchliche Regelungen beschränkt werden.[41]

---

[22] BVerfGE 57, 43 (67).

[23] BVerfGE 48, 64 (89 f.); 57, 43 (67); 58, 177 (193).

[24] BVerfGE 98, 145 (156).

[25] BVerfGE 38, 326 (340).

[26] BVerfGE 48, 64 (89 f.); 58, 177 (193).

[27] Zur abschließenden Regelung des Art. 137 I → Rn. 5.

[28] BVerfGE 57, 43 (59); 18, 172 (180); 48, 64 (83).

[29] BVerfGE 18, 172 (180 f.).

[30] BVerfGE 18, 172 (184); *Pieroth,* in: Jarass/Pieroth, Art. 137 Rn. 8; *Brosius-Gersdorf,* in: Dreier III, Art. 137
Rn. 22; aA *Tsatsos,* in: Schneider/Zeh, § 23 Rn. 61; *Klein,* in: Maunz/Dürig, Art. 137 (2017) Rn. 51; *P. Unruh*
MKS III, Art. 137 Rn. 17.

[31] BVerfGE 57, 43 (59).

[32] BVerfGE 18, 172 (185); *Pieroth,* in: Jarass/Pieroth, Art. 137 Rn. aA *P. Unruh* MKS III, Art. 137 Rn. 17.

[33] Vgl. → Rn. 4.

[34] BVerfGE 38, 326 (338 f.); 48, 64 (84); 58, 177 (192).

[35] Vgl. → Rn. 12.

[36] BVerfGE 48, 64 (85); *P. Unruh* MKS III, Art. 137 Rn. 20 f.; aA – „über die praktische Konkordanz" – *Frey* VR
2006, 365 ff. (373).

[37] BVerfGE 38, 326 (339) mit abwM (341 ff.); 48, 64 (85) mit abwM (94 ff.); 98, 145 (160 ff.); *Pieper,* in:
Hofmann/Henneke, Art. 137 Rn. 13; krit. zu dieser Einschränkung *Brosius-Gersdorf,* in: Dreier III, Art. 137 Rn. 23;
*P. Unruh* MKS III, Art. 137 Rn. 22.

[38] *Versteyl,* in: v. Münch/Kunig III, Art. 137 Rn. 16; *Stober/Lackner* BK, Art. 137 Abs. 1 (2004) Rn. 333 ff.; *P.
Unruh* MKS III, Art. 137 Rn. 24 f.

[39] Für die Mitglieder des BVerfG vgl. die Sonderbestimmung des Art. 94 I 3.

[40] Ebenso *Stober/Lackner* BK, Art. 137 Abs. 1 (2004) Rn. 338; *Tsatsos,* in: Schneider/Zeh, § 23 Rn. 59; *Pieroth,*
in: Jarass/Pieroth, Art. 137 Rn. 5; *Brosius-Gersdorf,* in: Dreier III, Art. 137 Rn. 55; *P. Unruh* MKS III, Art. 137
Rn. 26; *Klein,* in: Maunz/Dürig, Art. 137 (2017) Rn. 57 f.; aA *Versteyl,* in: v. Münch/Kunig III, Art. 137 Rn. 17;
*Schneider,* AK II, Art. 137 Rn. 6.

[41] BVerfGE 42, 312 (338 ff.); ausf. *Stober/Lackner* BK, Art. 137 Abs. 1 (2004) Rn. 86 ff.

# D. Vertretungskörperschaften

**17**    Art. 137 I bestimmt nicht ausdrücklich, für welche Mandate bzw. Gremien die Wählbarkeit beschränkt werden kann. Aus der Entstehungsgeschichte und der Ratio der Bestimmung – Sicherung der organisatorisch-personellen Gewaltenteilung – sowie ihrem Adressatenkreis – Angehörige der Exekutive und Judikative – lässt sich schließen, dass es sich um die Mandate zu den **Volksvertretungen in Bund, Ländern und Gemeinden** handelt.[42] Erfasst werden somit der BTag (Art. 38 I), die Landesparlamente[43] und die kommunalen Vertretungskörperschaften, einschließlich der Kreistage (Art. 28 I 2).[44]

**18**    Die Wählbarkeit der Angehörigen des öff. Dienstes kann nicht nur für Vertretungskörperschaften auf derselben Ebene, dh von Bundesbediensteten für den BTag, von Landesbediensteten für den Landtag und von Kommunalbediensteten für die Kommunalvertretungen, beschränkt werden, sondern bei Gefahr einer Interessenkollision auch dann, wenn Amt und Mandat auf **verschiedenen Ebenen** liegen.[45]

# E. Gesetzliche Regelung

**19**    Die Wählbarkeit kann nach Art. 137 I gesetzlich beschränkt werden. Die Verfassungsnorm enthält somit eine **Ermächtigung,** nicht jedoch eine Pflicht zur Beschränkung der Wählbarkeit und muss deshalb nicht ausgeschöpft werden.[46] Sie setzt ein **förmliches Gesetz** voraus.[47]

**20**    Art. 137 I bestimmt nicht den **zuständigen Gesetzgeber;** die erforderliche Abgrenzung zwischen Bundes- und Landesgesetzgebung muss deshalb nach den allg. Vorschriften der Art. 70 ff. erfolgen.[48] Wählbarkeitsbeschränkungen fallen zum einen in den Bereich des Wahl- und Parlamentsrechts und zum anderen in den Bereich des Dienstrechts.[49]

**21**    Für das **Wahl- und Parlamentsrecht** sind – jeweils für ihren Bereich – der Bund (Art. 38 III, 41 III, 48 III 3 ua) bzw. die Länder (Art. 70) ausschließlich zuständig. Für das **Dienstrecht** besitzt der Bund für seinen Bereich ebenfalls die ausschließl. Zuständigkeit (Art. 73 I Nr. 8, 98 I), während die Länder für ihren Bereich zwar grds. zuständig sind (Art. 70, 98 III), dem Bund jedoch insoweit und teilweise nur eine konkurrierende. Kompetenz (Art. 74 I Nr. 27) zukommt.

**22**    **Im Einzelnen** folgt daraus eine ausschließliche Zuständigkeit des Bundes für Wählbarkeitsbeschränkungen von Bundesbediensteten für den BTag und der Länder für Wählbarkeitsbeschränkungen von Landes- und Kommunalbediensteten für die Landesparlamente und kommunalen Vertretungskörperschaften.[50] Bei Wählbarkeitsbeschränkungen von Landes- und Kommunalbediensteten für den BTag oder von Bundesbediensteten für die Landesparlamente und kommunalen Vertretungskörperschaften ist demgegenüber entsprechend dem – wahl-, parlaments- oder dienstrechtlichen – Regelungsgegenstand der jeweilige Bundes- bzw. Landesgesetzgeber zuständig.[51]

**23**    Der **Bundesgesetzgeber** hat von der Ermächtigung des Art. 137 I Gebrauch gemacht ua durch Regelungen in §§ 5 ff. AbgG; §§ 23, 32 I Nr. 3, 40, 90 III, IV BBG; §§ 4 I, 17a, 21 II Nr. 2, 36 II, 121 DRiG; §§ 4 IV, 25, 28 VI, 46 II Nr. 5, 55 I S. 1 SoldG.[52]

---

[42] *Stober/Lackner* BK, Art. 137 Abs. 1 (2004) Rn. 352 ff.; *Klein,* in: Maunz/Dürig, Art. 137 (2017) Rn. 46; *Pieroth,* in: Jarass/Pieroth, Art. 137 Rn. 6; *Kohl,* in: Umbach/Clemens II, Art. 137 Rn. 21.

[43] Str. war die Einordnung des früheren bay Senats; (verneinend) *Stober/Lackner* BK, Art. 137 Abs. 1 (2004) Rn. 240 mwN (auch zur Gegenmeinung).

[44] BVerfGE 12, 73 (77); 48, 64 (82 f.); 58, 177 (191).

[45] BVerfGE 18, 172 (183 f.); 58, 177 (193 ff., 197 f.). – Zur Unvereinbarkeit von Richteramt und kommunalpolitischem Mandat vgl. BVerwG LKV 2000, 403 f.

[46] BVerfGE 12, 73 (77); 38, 326 (340); 48, 64 (85); 57, 43 (57); 98, 145 (160); 118, 277 (323); *Brosius-Gersdorf,* in: Dreier III, Art. 137 Rn. 26; *Klein,* in: Maunz/Dürig, Art. 137 (2017) Rn. 38 f.; aA *Engelken* DÖV 1996, 853 ff. (861 f.), der die Funktion des Art. 137 I als Sonderbestimmung (o. Rn. 3) erkennt, als Ermächtigung gleichwohl verneint.

[47] *Klein,* in: Maunz/Dürig, Art. 137 (2017) Rn. 37; *Pieroth,* in: Jarass/Pieroth, Art. 137 Rn. 7.

[48] BVerfGE 57, 43 (57); *Stober/Lackner* BK, Art. 137 Abs. 1 (2004) Rn. 181. – Auf Landesebene gilt die Ermächtigung auch zugunsten des einfachen Gesetzgebers, soweit die Landesverfassung nicht ausdrücklich entgegensteht; ebenso *P. Unruh* MKS III, Art. 137 Rn. 39; aA – unter Verkennung des Zwecks des Art. 137 I (o. Rn. 3) – BrandVerfG NVwZ 1996, 590 (mit abw. Meinung, ebda); krit. zu dieser Entscheidung *Menzel* DÖV 1996, 1037 ff.; *Sendler* NJ 1996, 225 ff.; *Sendler* NJW 1997, 918 ff.; *Klein,* in: Maunz/Dürig, Art. 137 (2017) Rn. 79 ff.

[49] BVerfGE 38, 326 (337); BVerfG (K) NJW 1996, 2497 ff. (2497 f.).

[50] *Klein,* in: Maunz/Dürig, Art. 137 (2017) Rn. 83; *Stober/Lackner* BK, Art. 137 Abs. 1 (2004) Rn. 183 ff. (jedoch für stets ausschließliche Länderzuständigkeit); ebenso *Tsatsos,* in: Schneider/Zeh, § 23 Rn. 25; insoweit offengelassen von BVerfGE 38, 326 (337); vgl. auch – für den Einschluss unselbständiger Folgeregelungen – BVerfGE 98, 145 (158 f.).

[51] *Stober/Lackner* BK, Art. 137 Abs. 1 (2004) Rn. 189 f.; *Tsatsos,* in: Schneider/Zeh, § 23 Rn. 26; *Pieroth,* in: Jarass/Pieroth, Art. 137 Rn. 7; *Klein,* in: Maunz/Dürig, (2017) Art. 137 Rn. 84 ff.

[52] Vgl. dazu und zum Landesrecht auch die Zusammenstellung bei *Stober/Lackner* BK, Art. 137 Abs. 1 (2004) nach Rn. 361 (= S. 225 ff.); *P. Unruh* MKS III, Art. 137 Rn. 42 ff.

## Art. 138 [Notariat]

**Änderungen der Einrichtungen des jetzt bestehenden Notariats in den Ländern Baden, Bayern, Württemberg-Baden und Württemberg-Hohenzollern bedürfen der Zustimmung der Regierungen dieser Länder.**

**Entstehungsgeschichte: Erstfassung:** JöR nF 1 (1951), 896.
**Leitentscheidungen:** BVerfGE 17, 381 (BNotO); BVerfGE 111, 191 (Notarkassen); EuGH NJW 2011, 2941 (Niederlassungsfreiheit); BVerfG (K) NVwZ 2017, 871 (Notariat Baden-Württemberg).

**Schrifttum:** *C. Degenhart,* Notargebühren und „Aufschwung Ost": Ist § 144a KostO verfassungsgemäß?, MDR 1994, 649–652; *H. Eylmann,* Bewegung im Berufsrecht der Notare, NJW 1989, 2929; *M. C. Fuchs,* Das deutsche Notariat auf dem europarechtlichen Prüfstand – Das Vertragsverletzungsverfahren gegen Deutschland wegen des Zugangs zum Notarberuf, ZEuS 2008, 153; *S. Schill,* Staatsangehörigkeitsvorbehalt für Notare und europäische Niederlassungsfreiheit – Der Anfang vom Ende eines Privilegs?, NJW 2007, 2014; *H. Schippel,* Das deutsche Notariat als Gegenstand europäischer Rechtsetzung, in: Festschrift Lerche, 1993, S. 499; *ders.,* Der Wiederaufbau des Notariats in Bayern, in: Festschrift 125 Jahre Bayerisches Notariat, 1987, S. 75; *C. Waldhoff,* Die Staatlichkeit der deutschen Notariatsordnung als Grundlage des Systems vorsorgender Zivilrechtspflege, ZZP 127 (2014), 3

Bei Art. 138 handelt es sich um den nach dem GG einzigen Fall sog. **Reservatrechte,** also von **1** Hoheitsrechten, die nach der allgemeinen Kompetenzordnung – Art. 74 I Nr. 1 – an sich dem Bund zustehen, für die aber **Vorbehalte** zugunsten einzelner Länder bestehen.[1] Der Bundesgesetzgeber bleibt zuständig nach Art. 74 I Nr. 1, Änderungen des bestehenden Notariatssystems in den berechtigten Ländern kommen nur mit Zustimmung ihrer Regierung[2] wirksam zustande.[3] Berechtigte Länder nach Art. 138 sind **Bayern** und **Baden-Württemberg** als Nachfolgestaat der in der Vorschrift genannten Länder Baden, Württemberg-Baden und Württemberg-Hohenzollern.[4] Ob gegenüber einer **unionsrechtlich** geforderten Angleichung der Notariatsverfassung (s. Rn. 6) die Reservatsrechte des Art. 138 GG zum Tragen kommen, ist fraglich.

Der Zustimmungsvorbehalt betrifft alle Änderungen der Einrichtungen[5] des **süddeutschen Nota- 2 riats** in der vom Grundgesetzgeber vorgefundenen Form,[6] also alle Fragen der **Notariatsverfassung,** insbesondere die unterschiedlichen **Notariatsformen,**[7] wie Nur-Notariat, Anwaltsnotariat, Beamtennotariat und Notaranwälte; damit im Zusammenhang die maßgeblichen Zulassungsvoraussetzungen,[8] sowie weitere für das jeweilige System prägende Einrichtungen, wie z. B. die der (bay.) Notarkasse,[9] deren Existenz als Anstalt des öff. Rechts mit den damit verbundenen hoheitlichen Rechten der bay. Landesgesetzgeber mit der Bekanntmachung in der Bayerischen Rechtssammlung (BRS) in seinen Willen aufgenommen hat.[10] Maßgeblich ist der Zeitpunkt des Inkrafttretens des GG; später mit Zustimmung der Länder erfolgte Änderungen der Notariatsverfassung sind ihrerseits nicht mehr nach Maßgabe des Art. 138 in ihren Bestand geschützt.[11] Mit der Änderung der Notariatsverfassung für BW zum 1.1.2018 mit Zustimmung der LReg hat sich die Wirkung des Art. 138 für BW erschöpft.[12] Art. 138 gilt nicht für andere Länder, die, wie die neuen Länder,[13] das bay. Nur-Notariat übernommen haben.[14]

---

[1] BVerfG (K) NVwZ 2017, 871 Rn. 58; vgl. *Böttcher,* BK, Art. 38 (2014) Rn. 14; *Brosius-Gersdorf,* in: Dreier III, Art. 138 Rn. 1; *Klein,* in: Maunz/Dürig, Art. 138 (2007) Rn. 3 ff., zum Begriff der Reservatrechte und zu ihrer Bedeutung nach der RV 1871; durch Art. 178 WRV waren frühere Reservatrechte ausnahmslos aufgehoben worden, vgl. *Unruh* MKS III, Art. 138 Rn. 1.
[2] Zur Zuständigkeit der Landesregierungen s. *Böttcher* BK, Art. 138 (2014) Rn. 35.
[3] *Unruh,* in: MKS III, Art. 138 Rn. 4; *Klein,* in: Maunz/Dürig, Art. 138 (2007) Rn. 7.
[4] Unstr., vgl. *Böttcher,* BK, Art. 38 (2014) Rn. 34, *Unruh,* MKS III, Art. 138 Rn. 5; vgl. zum Amtsnotariat in BW BVerfG (K), WM 2009, 1008 Rn. 10, 16 sowie NVwZ 2017, 871 Rn. 3.
[5] Zum Begriff s. *Böttcher,* BK, Art. 38 (2014) Rn. 30 f.
[6] Dessen bewährte Einrichtungen sollten erhalten bleiben, vgl. JöR nF 1 (1951), 897; *Böttcher* BK, Art. 138 (2014) Rn. 33.
[7] Dazu und zu ihrer Verbreitung s. *Unruh* MKS III, Art. 138 Rn. 7 ff.; d von den in Art. 138 genannten Ländern hat Bayern das Nur-Notariat, während in BW alle Formen bisher regional unterschiedlich bestanden, das Beamtennotariat nur dort; zum 1.1.2018 aber wurden die Notare im Landesdienst zu hauptamtlichen Notaren bestellt und schieden aus dem Beamtenverhältnis aus, s. dazu Unruh MKS III, Art. 138 Rn. 8; zur Änderung der §§ 114–116 BNotO BVerfG (K) NVwZ 2017, 871; zu den einzelnen Erscheinungsformen des Notariats s. BVerfGE 98, 49 (68 f.), zum Berufsrecht der Notare s. *Eylmann* NJW 1998, 2929 sowie *Böttcher* BK, Art. 38 (2014) Rn. 37 ff.
[8] Vgl. *Unruh* MKS III, Art. 138 Rn. 9.
[9] *Böttcher* BK, Art. 38 (2014) Rn. 31; *Unruh* MKS III, Art. 138 Rn. 8; s. aber zur Satzungsbefugnis der Notarkasse BVerfGE 111, 191 (220 ff.).
[10] Vgl. BayVerfGH BayVBl 2006, 43 (45); 2009, 749 (750).
[11] *Böttcher* BK, Art. 38 (2014) Rn. 33; *Unruh* MKS III, Art. 138 Rn. 4.
[12] *Unruh* MKS III, Art. 138 Rn. 11.
[13] *Jarass,* in: Jarass/Pieroth, GG, Art. 138 Rn. 1; zur Regelung im EV *Unruh,* MKS III, Art. 138 Rn. 3.
[14] *Böttcher* BK, Art. 38 (2014) Rn. 21, 34; s. zur Bedeutung des Art. 138 insbesondere für das bayerische Notariat *Schippel* FS 125 Jahre Bayerisches Notariat, 1987, S. 75 (87); *Unruh* MKS III, Art. 138 Rn. 3.

**3**     Art. 138 hat **materielle Aussagekraft** (nur) insoweit, als die unterschiedlichen Systeme damit jedenfalls für den Geltungsbereich der Norm verfassungsrechtlich anerkannt werden,[15] gegen die unterschiedliche Ausgestaltung der Notariatsverfassung können daher **keine** Bedenken aus dem Gleichheitssatz des Art. 3 I hergeleitet werden;[16] dies gilt generell für das Bestehen unterschiedlicher Notariatsverfassungen auch außerhalb des Geltungsbereichs der Reservatsrechte des Art. 138; historisch bedingte Verschiedenheiten hat der Grundgesetzgeber insoweit als tolerierbar gewertet.[17] Nicht aber hat er den Landesgesetzgeber von der Bindung an materielles Verfassungsrecht, insbesondere Art. 12 GG befreit.[18] Dies betrifft auch die Satzungshoheit der Notarkasse: Die Anforderungen des Parlamentsvorbehalts werden nicht durch Art. 138 GG aufgehoben oder abgeschwächt. Deshalb wurde § 113 BNotO für verfassungswidrig (aber übergangsweise anwendbar) erklärt: der Gesetzgeber war nicht von seiner aus dem GG folgenden Verpflichtung entbunden, den Fortbestand der überkommenen Regelung für die Bayerische Notariatskasse gem RNotO § 84 Nr 3 durch Normen zu sichern, die dem Demokratiegebot und dem Parlamentsvorbehalt genügen.[19] Die Ertragshoheit des Landeshaushalts für die Gebühren im (bisherigen) Amtsnotariat Baden-Württemberg wird durch Art. 138 auch finanzverfassungsrechtlich abgesichert.[20]

**4**     Die insbes. mit dem Nur-Notariat verbundenen Zugangsbeschränkungen sind – ebenso wie Reglementierungen der Berufsausübung – an Art. 12 I zu messen[21] und hiernach grds. zulässig;[22] der Beruf des Notars ist grundrechtlich geschützt, jedoch **staatlich gebundener Beruf,** dessen „Nähe zum öffentlichen Dienst" Sonderregelungen in Anlehnung an Art. 33 legitimieren kann;[23] hierin kann der verfassungsrechtliche Standort dieses „sehr eigen geprägten Berufs"[24] als gesichert gelten.[25] Der EuGH sieht in der Tätigkeit des Notars keine Ausübung öffentlicher Gewalt iSd Art. 51 AEUV (ex-Art. 45 I EG), hierbei vor allem abstellend auf die Maßgeblichkeit des Willens der Parteien in der Beurkundungstätigkeit, die Ausübung des Berufs unter Wettbewerbsbedingungen und auch die Eigenhaftung für ihre Tätigkeit,[26] sie fällt demgemäß unter die Niederlassungsfreiheit des Art. 49 AEUV (ex-Art. 43 EG).[27] Daher war das Erfordernis der deutschen Staatsangehörigkeit unionsrechtswidrig. Die weiteren Zugangsvoraussetzungen zum Beruf des Notars sind hiervon unberührt.[28]

**5**     Durch **Verfassungsänderung** wäre eine Aufhebung der Reservatrechte des Art. 138 möglich; die Zustimmung der berechtigten Länder wird hierfür nicht als erforderlich erachtet, da keine zusätzliche vertragliche Absicherung erfolgt ist.[29] Dagegen mag zwar sprechen, dass die Abänderbarkeit von Reservatrechten gegen den Willen der hieraus berechtigten Länder deren begrifflicher Zwecksetzung zuwiderlaufen würde.[30] Andererseits ist die Unabänderbarkeit gegen den Willen der berechtigten Länder dem Begriff der Reservatrechte in ihrer historischen Ausprägung nicht immanent.[31] Diese aber muss für die Verfassungsauslegung hier maßgeblich sein, der Begriff der Reservatrechte ist nur historisch zu verstehen. Auch ist iFd Art. 138 weder die Staatlichkeit der Länder noch unter irgendeinem denkbaren Aspekt die Unverbrüchlichkeitsklausel des Art. 79 III GG betroffen.[32]

**6**     In der Frage der **Europarechtskonformität** der deutschen Notariatsverfassung[33] hat die E. des EuGH vom 24.5.2011 in einem Vertragsverletzungsverfahren[34] erste Klarheit gebracht. Die Tätigkeit der Notare fällt hiernach nicht unter die Bereichsausnahme des Art. 51 AEUV (Ausübung öff. Gewalt),

---

[15] BVerfG (K), B. v. 24.2.2017 2 BvR 2524/16 Rn. 58; ebenso BGHZ 38, 228 (232); *Unruh* MKS III, Art. 138 Rn. 11; *Brosius-Gersdorf,* in: Dreier III, Art. 138 Rn. 15.

[16] BGHZ 38, 228 (232), unter Hinweis auf die Regelung des Art. 138; iE ebenso BVerfGE 17, 381 (388), wo auch die historische Entwicklung als Rechtfertigung für die bestehenden Ungleichheiten herangezogen wird; *Böttcher,* BK, Art. 38 (2014) Rn. 16; *Wenckstern,* in: Umbach/Clemens II, Art. 138 Rn. 33 ff..

[17] So auch BVerfGE 17, 381 (388); aA *Versteyl,* in: v. Münch/Kunig II, Art. 138 Rn. 13 f.

[18] BVerfGE 111, 191 (223); 131, 130 (139); *Jarass,* in: Jarass/Pieroth, Art. 138 Rn. 1; *Böttcher* BK Art. 138 (2014) Rn. 18; *Brosius-Gersdorf,* in: Dreier III, Art. 138 Rn. 22.

[19] BVerfGE 111, 191 (223).

[20] BVerfG (K), B. v. 9.12.2008 – 2 BvR 443/04 – Rn. 16.

[21] Grundsätzlich hierzu BVerfGE 16, 6 (21 f.); 17, 371 (376); 47, 285 (318 ff.); *Degenhart* MDR 1994, 649; – für Anwaltsnotare s. BVerfGE 98, 49 (59 ff.) zu Sozietätsverboten.

[22] BVerfGE 17, 371 (374 f.); 110, 304 (321).

[23] BVerfGE 17, 371 (377); 47, 285 (319); 54, 237 (246); 69, 373 (378); 73, 280 (292); 110, 304 (321); 131, 130 (141), vgl. auch *Degenhart* MDR 1994, 649 ff.

[24] So *Schippel* FS Lerche, 1993, S. 499 (499 Fn. 3).

[25] Ausführlich zur Verfassungsmäßigkeit des Berufsrechts der Notare *Wenckstern,* in: Umbach/Clemens II, Art. 138 Rn. 27 ff.; *Böttcher* BK, Art. 38 (2014) Rn. 37 ff.

[26] EuGH NJW 2011, 2941 Rn. 83–111, 116; dazu *Böttcher,* BK, Art. 38 (2014) Rn. 55 ff.

[27] Die Entscheidung des EuGH betrifft nicht den Amtsnotar BW, EuGH NJW 2011, 2941 Rn. 77.

[28] EuGH NJW 2011, 2941 Rn. 75; s. BVerfGE 131, 130 (140).

[29] *Klein,* in: Maunz/Dürig, Art. 138 (2007) Rn. 19, unter Hinw. auf fehlende vertragl. Absicherung wie nach RV 1871; *Unruh* MKS III, Art. 138 Rn. 13; *Brosius-Gersdorf,* in: Dreier III, Art. 138 Rn. 18.

[30] So *Versteyl,* in: v. Münch/Kunig III, Art. 138 Rn. 18; *Sannwald,* in: Hoffmann/Henneke, Art. 138 Rdn. 7.

[31] Vgl. *Böttcher* BK, Art. 138 (2014) Rn. 20.

[32] Vgl. *Böttcher* BK, Art. 138 (2014) Rn. 20.

[33] Dazu eingehend *Böttcher* BK, Art. 38 (2014) Rn. 54 ff.

[34] NJW 2011, 2941.

da die Parteien in Privatautonomie über den Inhalt der zu beurkundenden Erklärungen entscheiden und diese nicht ohne ihre Zustimmung geändert werden können.[35] Das Staatsangehörigkeitserfordernis nach § 5 BNotO aF war daher unionsrechtswidrig. Demgegenüber bestand keine Verpflichtung, die Richtlinie 2005/36/EG – Berufsqualifikations– und Anwendungsrichtlinie – umzusetzen; der Unionsgesetzgeber hat hierzu, so der EuGH, nicht Stellung genommen.[36] Die Europarechtskonformität der deutschen Notariatsverfassung im Übrigen war nicht Gegenstand des Vertragsverletzungsverfahrens. Rechtmäßigkeit und die Rechtssicherheit von Akten zwischen Privatpersonen zu gewährleisten als Zielsetzung notarieller Tätigkeit bezeichnet jedoch zwingende Gründe des Allgemeinwohls iSv Art. 49 AEUV.[37] Der EuGH nennt Beschränkungen wie Vorgaben für die Bestellung von Notaren, Beschränkungen ihrer Zahl und ihrer örtl. Zuständigkeit von Ämtern und ihrer Unabsetzbarkeit.[38] Damit dürfte nach Aufhebung des Staatsangehörigkeitsvorbehalts kein unmittelbarer Änderungsbedarf für die Notariatsverfassung bestehen,[39] wenngleich im Schrifttum die Europarechtskonformität einzelner einschränkender Bestimmungen der BNotO erörtert wird.[40]

## Art. 139 [Entnazifizierungsvorschriften]

**Die zur „Befreiung des deutschen Volkes vom Nationalsozialismus und Militarismus" erlassenen Rechtsvorschriften werden von den Bestimmungen dieses Grundgesetzes nicht berührt.**

**Entstehungsgeschichte: Erstfassung:** JöR nF 1 (1951), 897.
**Geltende Landesverfassungen:** *Bay*Verf Art. 184; *Bln*Verf Art. 98; *Brem*Verf Art. 154; *Hess*Verf Art. 158; *RhPf*Verf Art. 140.
**Leitentscheidungen:** BVerfGE 1, 5 (Grundrechtsbindung); BGHSt 5, 323 (RhPf Unrechtsbeseitigungsgesetz).

**Schrifttum:** *C. Pawlita / F. Steinmeier,* Bemerkungen zu Art. 139 GG – Eine antifaschistische Grundsatznorm?, DuR 1980, 393; *G. Lübbe-Wolff,* Zur Bedeutung des Art. 139 GG für die Auseinandersetzung mit neonazistischen Gruppen, NJW 1988, 1289.

### Übersicht

## A. Allgemeines

### I. Entstehung

**1. Vorgeschichte.** Die seit Kriegsende von den **Besatzungsmächten** betriebene Entnazifizierung[1] **1** war in der Wahl ihrer Mittel gemessen an „normalen" verfassungsrechtlichen Maßstäben in mancher Hinsicht (→ Rn. 13) nicht unbedenklich. Daher wurden in die **Landesverfassungen vor dem Grundgesetz** Bestimmungen aufgenommen, die die einschlägigen Regelungen von der Bindung an die neuen Verfassungen insgesamt[2] oder an ihre Grundrechtsbestimmungen[3] freistellten.[4]

---

[35] EuGH NJW 2011, 2941 Rn. 88 ff.
[36] EuGH NJW 2011, 2941 Rn. 140; *Schmidt / Pinkel* NJW 2011, 2928 (2929).
[37] BVerfGE 131, 130 (140); *Brosius-Gersdorf,* in: Dreier III, Art. 138 Rn. 23 mit Fn. 94.
[38] EuGH NJW 2011, 2941 Rn. 98.
[39] So wohl auch BVerfGE 131, 130 (141); näher *Böttcher* BK, Art. 138 (2014) Rn. 62 ff.
[40] *Brosius-Gersdorf,* in: Dreier III, Art. 138 Rn. 23; *Gärditz* EWS 2012, 209; *Waldhoff* ZZP 127 (2014), 3; *Schmidt / Pinkel* NJW 2011, 2928.
[1] Vgl. die Hinweise zur historischen Bewertung bei *H. Hofmann* HStR I, § 9 Rn. 7 Fn. 31.
[2] So Art. 104 WürttBadVerf; Art. 184 BayVerf; Art. 128 BadVerf; Art. 124 WürttHohVerf; Art. 154 BremVerf; später auch Art. 86 bzw. jetzt Art. 98 BlnVerf.
[3] So Art. 158 HessVerf; Art. 140 RhPfVerf; Art. 130 SaarlVerf (1958 aufgehoben).
[4] Näher *Sachs,* in: Stern, StaatsR III/2, S. 266 f. mwN auch zu ähnlich motivierten Bestimmungen der Landesverfassungen in der SBZ.

2  **2. Verabschiedung der Bestimmung.** Diesem Vorbild folgend sah auch **Art. 146 HChE** vor, dass „die zur Befreiung des deutschen Volkes von Nationalsozialismus und Militarismus erlassenen und noch ergehenden Rechtsvorschriften … von den Bestimmungen dieses Grundgesetzes nicht berührt werden" sollten (Abs. 1). Der Artikel und die durch ihn für zulässig erklärten Rechtsvorschriften sollten zu einem offengelassenen Zeitpunkt außer Kraft treten (Abs. 2).

3  Im **ParlRat** wurde diese Vorschrift aufgegriffen. Schon in der ersten Befassung des OrgA wurden die „noch ergehenden" Rechtsvorschriften aus der Formulierung des Abs. 1 gestrichen, weil man keine Blankovollmacht zur verfassungsfrei gestellten Rechtsetzung erteilen wollte; außerdem wurde Abs. 2 gestrichen. In den weiteren Diskussionen wurde wiederholt die Streichung der ganzen Bestimmung gefordert; sie wurde jedoch beibehalten, um die sonst angenommenen Grundrechtsverletzungen und die daraus folgende Nichtigkeit der Entnazifizierungsregelungen auszuschließen. In der 4. Lesung des HA wurden schließlich auf Antrag des Abgeordneten *Heuß* die Anführungszeichen eingefügt; damit sollte der Bezug auf die mit den einschlägigen Kontrollratsbestimmungen (→ Rn. 7) zusammenhängenden Vorschriften festgestellt werden.

## II. Grundsätzliche Bedeutung

4  Die in der Praxis restriktiv gehandhabte Bestimmung[5] hat mit dem Auslaufen der Entnazifizierung trotz gelegentlich festzustellender Reaktivierungsversuche (→ Rn. 7) **keinen unmittelbaren Anwendungsbereich** (→ Rn. 6 ff.) mehr.[6]

5  Unabhängig davon bleibt sie für die **systematische Auslegung des Grundgesetzes** im Übrigen bedeutsam. Insoweit lässt sie sich durchaus in den Kreis der Bestimmungen einreihen, die das Grundgesetz als abwehrbereite Verfassung kennzeichnen.[7] Art. 139 erlaubt es allerdings nicht, den im Grundgesetz angelegten Verfassungsschutz als *ausschließlich* gegen NS-Bestrebungen gerichtet zu verstehen;[8] er setzt aber doch klare Akzente dahin, dass sich die Verfassung jedenfalls der Gefahren gerade aus dieser Richtung erwehren will.[9] Normative Wirkungen zumal als Grundrechtsbegrenzung[10] kommen indes nicht in Betracht.[11] Wie das Grundgesetz auch sonst zum Schutz der freiheitlichen demokratischen Grundordnung nur sorgsam begrenzte Eingriffsbefugnisse kennt (→ vor Art. 1 Rn. 130), ist auch Art. 139 in seiner Reichweite bewusst genau präzisiert worden (→ Rn. 3). Weit eher eignet er sich deshalb als **Bekräftigung** der freilich ohnehin bestehenden grundsätzlichen **Geltungskraft der Grundrechte** selbst zugunsten sog. Verfassungsfeinde.[12] Der Rückgriff auf unmittelbar der Entstehungssituation des GG entnomme immanente Grundrechtsbegrenzungen zur Begründung einer Ausnahme vom Sonderrechtsverbot in Art. 5 I, II[13] überzeugt daher nicht.

---

[5] Zur dogmatischen Würdigung als „erste(m) Beispielsfall verfassungskonformer Auslegung" *Herzog,* in: Maunz/ Dürig, Art. 139 (1981) Rn. 3 (ohne Hervorhebung des Originals); dem folgend *H. Hofmann* HStR I, § 9 Rn. 7; auch → Rn. 11 f.

[6] S. auch *Herdegen,* in: Maunz/Dürig, Art. 139 (2018) Rn. 11 mwN.

[7] Insoweit zutreffend *Hamann jr.,* in: Hamann/Lenz, Art. 139 Anm. A; dafür wohl auch *H. Hofmann* HStR I, § 9 Rn. 7; *Herdegen,* in: Maunz/Dürig, Art. 139 (2018) Rn. 12 ff.; für ein fortdauerndes Bekenntnis gegen den Nationalsozialismus auch *Hecker,* in: v. Münch III, 2. Aufl. 1983, Art. 139 Rn. 12; nur gegen eine analoge Anwendung auf andere extreme politische Strömungen *Vedder/Lorenzmeier,* in: v. Münch/Kunig II, Art. 139 Rn. 14.

[8] Sehr engagiert *Herzog,* in: Maunz/Dürig, Art. 139 (1981) Rn. 4.

[9] Von einer „Absage an den Nationalsozialismus" spricht auch BVerfG (K) NJW 2001, 2076 (2077).

[10] Dahin zielt wohl die Charakterisierung als „antifaschistische Grundsatznorm", sinngemäß etwa bei *Hamann jr.,* in: Hamann/Lenz, Art. 139 Anm. A; ausdrücklich für Eignung zur Begrenzung der Freiheit der Meinungsäußerung (aber wohl im Rahmen des Art. 5 II) *Battis/Grigoleit* NVwZ 2001, 121 (124 f.); daran anschließend OVG NRW NJW 2001, 2114, gegen BVerfG (K) NJW 2001, 2069; auch *Bertrams* FS Arndt, 2002, S. 19 (31 f.).

[11] Ausdrücklich abl. BVerfGE 124, 300 (330); insoweit zustimmend *Schaefer* DÖV 2010, 379 (386); im Ergebnis auch *Lübbe-Wolff* NJW 1988, 1289 (1290, 1294); *Brüning* Staat 41 (2002), 213 (235); *Gusy* JZ 2002, 105 (110); *Wiefelspütz* KritV 2002, 19 (37); *Rühl* NVwZ 2003, 531 (533 f.); *Sachs* GS Burmeister, 2005, S. 339 (348 f.); *Enders/ Lange* JZ 2006, 105 (111); *Baudewin,* Der Schutz der öffentlichen Ordnung im Versammlungsrecht, 2007, S. 196 ff.; *Schaefer,* Grundlegung einer ordoliberalen Verfassungstheorie, 2007, S. 217 ff.; gegen aktuelle Rechtsfolgen auch HessVGH NJW 1986, 2660 (2661); *Vedder/Lorenzmeier,* in: v. Münch/Kunig II, Art. 139 Rn. 5; *Unruh* MKS III, Art. 139 Rn. 4; für Streichung *Austermann* DÖV 2012, 227 (231); nur für „Erinnerungsfunktion" *Höfling/Augsberg* JZ 2010, 1088 (1093); s. auch *Höfling/Burkiczak,* in: Friauf/Höfling, Art. 139 Rn. 13 ff.

[12] So mit Recht für Art. 3 III die abwM *Simon,* BVerfGE 63, 266, 298 (304 f.); daran anschließend *Deiseroth,* in: Umbach/Clemens II, Art. 139 Rn. 27; auch *Lübbe-Wolff* NJW 1988, 1289 (1291); *Wittreck,* in: Dreier III, Art. 139 Rn. 10; abweichend *Herdegen* in: Maunz/Dürig, Art. 139 (2018) Rn. 11.

[13] So aber bei expliziter Ablehnung des Rückgriffs auf Art. 139 GG BVerfGE 124, 300 (327 ff.); dazu → vor Art. 1 Rn. 118; der Rechtsprechung im Kern zustimmend *Herdegen,* in: Maunz/Dürig, Art. 139 (2018) Rn. 17.

# B. Die betroffenen Rechtsvorschriften

## I. Bereits erlassene Vorschriften

Von Art. 139 betroffen sind nur **bei Inkrafttreten des Grundgesetzes bereits erlassene** und noch 6
bestehende[14] Rechtsnormen. Diese schon im Normtext enthaltene Beschränkung wird entstehungsgeschichtlich durch die bewusste partielle Abweichung von Art. 146 HChE bekräftigt.[15] Eine Erweiterung ist allenfalls für neue Rechtsvorschriften denkbar, die bereits bestehende Bestimmungen ohne
sachliche Erweiterung fortschreiben.[16] Anders als bei Art. 117 (→ Art. 117 Rn. 8, 20 f.) kommt im
Hinblick auf die andersartige Rechtsfolge des Art. 139 (→ Rn. 10 ff.) hier **auch Besatzungsrecht** in
Betracht,[17] das allerdings ohnehin keinem Vorrang des deutschen Verfassungsrechts unterlag (→ Rn. 11).

## II. „Befreiungs"-Vorschriften

Inhaltlich sind nur die Vorschriften erfasst, die zur „Befreiung des deutschen Volkes vom National- 7
sozialismus und Militarismus" erlassen worden sind. Die im Lauf der Verfassunggebung (→ Rn. 3)
bewusst, wenn auch mit recht unklaren Vorstellungen von der Rechtslage[18] herbeigeführte Verengung
zielt – wie nach dem dortigen Zusammenhang deutlicher erkennbar in Art. 132 II[19] – nur auf die mit
diesem Begriff geradezu rechtstechnisch bezeichnete Materie der **Entnazifizierung ieS;** deren Ziel
bestimmte die Kontrollratsdirektive Nr. 24[20] als die Entfernung aller NS-belasteten Personen aus
öffentlichen und halböffentlichen Ämtern und aus verantwortlichen Stellungen in bedeutenden privaten Unternehmen. Regelungen, die sonst versuchten, den Nationalsozialismus endgültig auszulöschen, sind mithin nicht erfasst.[21]

Zu den Befreiungsvorschriften iSd Art. 139 gehören jedenfalls die in der amerikanischen Zone als 8
(deutsches) Zonenrecht und dann in den vier Ländern Bayern, Bremen, Hessen und Württemberg-
Baden erlassenen **Gesetze mit genau dieser Überschrift;** gleich zu behandeln sind die anders
benannten Gesetze **gleicher Zielrichtung** in den übrigen Ländern.[22] Mit umfasst sein dürften in diesen
Gesetzen ordnungsgemäß ermächtigte und zu ihrer Ausführung bestimmte Rechtsverordnungen.

Auch das **zugrundeliegende Besatzungsrecht** – namentlich die Kontrollratsdirektiven Nr. 24 9
und Nr. 38[23] und die anschließenden Vorschriften der Militärregierungen und der Alliierten Kom-
mandantur in Berlin[24] – einzubeziehen, ist im Hinblick auf die vorgesehene Rechtsfolge (zur Relevanz
→ Rn. 11) aufgrund des engen Zusammenhangs und der einheitlichen Zielsetzung nahe liegend
(schon → Rn. 6).

# C. Die Rechtsfolge

## I. Nicht berührt werden

Die Rechtsfolge, dass die betroffenen Rechtsvorschriften „nicht berührt" werden sollen, findet sich 10
– für die Bestimmungen des Versailler Vertrages – schon in Art. 178 II 2 WRV.[25] Wie dort bedeutet

---

[14] Ein Widerspruch zu älteren Landesverfassungen hätte wegen der dort vorgesehenen Parallelbestimmungen zu
Art. 139, → Rn. 1, nicht notwendig zur Ungültigkeit geführt.

[15] → Rn. 2; *Unruh* MKS III, Art. 139 Rn. 9; *Höfling/Burkiczak,* in: Friauf/Höfling, Art. 139 Rn. 7.

[16] *Jess,* BK, Art. 139 (Erstbearb.) Anm. II 3b; wohl auch LVG RhPf DÖV 1952, 471 (472), das gleichwohl (auch?)
auf den Inhalt des § 7 G 131 abstellt; generell für die sog. Abschlussgesetze DStrH Hamburg DVBl 1953, 284 (285);
*Herzog,* in: Maunz/Dürig Art. 139 (1981) Rn. 3; ebenso *Vedder/Lorenzmeier,* in: v. Münch/Kunig II, Art. 139 Rn. 5;
eine inhaltliche Begründung für die Nichtgeltung des Art. 139 für das G 131 bringt auch BVerfGE 3, 58 (151).

[17] So im Ergebnis ausdrücklich *Hecker,* in: v. Münch III, 2. Aufl. 1983, Art. 139 Rn. 2; Zusammenstellung der
einschlägigen Bestimmungen ebda, 1. Aufl. 1978, Statistische Angaben zu II nach Art. 139; BVerwG NJW 1990,
134 (135 f.), stellt die Geltung des Art. 139 für Besatzungsrecht nicht grundsätzlich in Frage; ebenso HessVGH NJW
1986, 2660 und 2662; auch OVG NRW NVwZ-RR 1991, 508 f., verneint nur Bestandsschutz; gegen die Geltung
für Besatzungsrecht *Vedder/Lorenzmeier,* in: v. Münch/Kunig II, Art. 139 Rn. 4; *Lübbe-Wolff* NJW 1988, 1289 (1293);
*Wittreck,* in: Dreier III, Art. 139 Rn. 11; *Herdegen,* in: Maunz/Dürig, Art. 139 (2018) Rn. 12 mwN.

[18] Dazu *Lübbe-Wolff* NJW 1988, 1289 (1292 f.) mwN.

[19] Hier sprach der ParlRat erst „von den Säuberungsgesetzen", vgl. JöR nF 1 (1951), 873.

[20] ABl des KR in Deutschland, Nr. 5 v. 31.3.1946, S. 98.

[21] Vgl. BVerfGE 1, 418 (424); 3, 58 (151); BGHSt 5, 323 (326 f.); LVG RhPf DÖV 1952, 471 (472); ausf. *Lübbe-
Wolff* NJW 1988, 1289 (1292 f.), gegen VG Frankfurt NJW 1986, 2661 (2662); nicht eindeutig insoweit BVerwG
NJW 1990, 134 (135); HessVGH NJW 1986, 2660 (2661) und 2662, jeweils zu Gesetz Nr. 5 der MilReg. Deutsch-
lands; wie hier auch *Unruh* MKS III, Art. 139 Rn. 9.

[22] *Lübbe-Wolff* NJW 1988, 1289 (1292); zu den Gesetzen im Einzelnen *Hecker,* in: v. Münch III, 1. Aufl. 1978,
nach Art. 139; *Deiseroth,* in: Umbach/Clemens II, Art. 139 Rn. 4 ff.

[23] → Rn. 7 bzw. ABl des KR in Deutschland, Nr. 11 v. 31.10.1946, 184.

[24] Zusammenstellung bei *Hecker,* in: v. Münch III, 1. Aufl. 1978, nach Art. 139; zur Behandlung des MRG Nr. 5
in der späteren Judikatur *Vedder/Lorenzmeier,* in: v. Münch/Kunig II, Art. 139 Rn. 12 f.

[25] Vgl. zur damaligen Diskussion nur *Anschütz,* WRV, Art. 178 Anm. 3 mwN.

sie auch in Art. 139, dass die betroffenen Vorschriften durch die Bestimmungen des Grundgesetzes nicht aufgehoben, sondern ungeachtet ihres Widerspruchs zur Verfassung **in ihrer Geltung nicht beeinträchtigt** wurden.[26] Dies schließt namentlich eine Überprüfung durch das BVerfG aus.[27]

**11** Für das **Besatzungsrecht** (→ Rn. 6, → Rn. 9), gegenüber dem das Grundgesetz jedenfalls keinen originären Vorrang besaß, ist diese Rechtsfolge so zwar ohne Auswirkungen; doch wurde die allgemeine Pflicht der deutschen Staatsgewalt, für eine Ablösung verfassungswidrigen Besatzungsrechts zu sorgen (→ Art. 117 Rn. 8), durch Art. 139 ausgeschlossen. Praktische Bedeutung hat diese Möglichkeit hier wohl nicht erlangt.

**12** Art. 139 betrifft als schon durch seine Stellung im GG so ausgewiesene **Übergangsvorschrift** nur den Zeitpunkt des Inkrafttretens des GG; spätere **Änderungen des Grundgesetzes** mit gegenteiligem Resultat blieben nach Maßgabe des Art. 79 **zulässig.** Art. 139 steht darüber hinaus nicht einer Aufhebung der Entnazifizierungsvorschriften durch den zuständigen Gesetzgeber entgegen; ein **dauernder Bestandsschutz** über das Wirksamwerden des Grundgesetzes hinaus findet im Wortlaut **keinen Anhaltspunkt** und war auch nicht bezweckt.[28]

## II. Von den Bestimmungen des GG

**13** Die Freistellung von den Anforderungen des Grundgesetzes in Art. 139 ist anders als etwa in Art. 117 I oder II nicht auf einzelne Bestimmungen beschränkt, sondern **umfassend** angelegt.[29] Praktisch spielte Art. 139 zumal gegenüber den Grundrechten der von der Entnazifizierung Betroffenen eine Rolle.[30] Die früheren Diskussionen um die Frage, ob Art. 139 wegen der Intensität der ermöglichten Durchbrechungen des Grundgesetzes verfassungswidriges Verfassungsrecht darstellt,[31] erscheinen angesichts der Begrenzung auf den feststehenden Kreis der Entnazifizierungsvorschriften für die historische Sondersituation der überwundenen NS-Barbarei überzogen.[32] Verstöße gegen sonstiges höherrangiges Recht bleiben unabhängig von Art. 139 beachtlich.

## Art. 140 [Geltung von Artikeln der Weimarer Verfassung]

**Die Bestimmungen der Artikel 136, 137, 138, 139 und 141 der deutschen Verfassung vom 11. August 1919 sind Bestandteil dieses Grundgesetzes.**

**Entstehungsgeschichte: Erstfassung** JöR nF 1 (1951), 73 ff., 899.
**Historische Verfassungstexte: RV 1849** §§ 144, 148; **PreußVerf. 1850** Art. 12 ff.; **WRV** Art. 135, 140, 149, 173, 177.
**Weitere Grundgesetzartikel:** Art. 4 I, II sowie die Präambel (Verantwortung vor Gott), Art. 3 III, 7 II, III, V, 33 III, 56, 123 II und 141 GG.
**Geltende Landesverfassungen:** *BW*Verf Art. 3 I, 4–10; *Bay*Verf Art. 142–150; *Bln*Verf Art. 29; *Bbg*Verf Art. 36–38; *Brem*Verf Art. 32, 33, 59–63; *Hess*Verf Art. 48–54; *MV*Verf Art. 9; *Nds*Verf Art. 3 III; *NW*Verf Art. 19–23; *RhPf*Verf Art. 41–48; *Saar*lVerf Art. 35–42; *Sachs*Verf Art. 109, 110; *Sachs-Anh*Ver. Art. 32; *Thür*Verf Art. 39–41.
**Supra- und internationale Texte:** IPBürgR Art. 18; EMRK Art. 9, 14; EUGRCh Art. 10 I, 21, 22; AEUV Art. 17, 19.
**Gesetzgebung:** zB VwVfG § 2 I; BMG § 42; BauGB § 1 VI Nr. 6; SGB XII § 5; ArbZG §§ 9 ff.; Kirchenaustritts-, Kirchensteuer-, Vermögensverwaltungs-, Schul-, Hochschul-, Sammlungs-, Stiftungs-, Denkmalschutz-, Sonn- und FeiertagsG der Länder. Vgl. ferner Materialien zu Art. 4.

---

[26] Ausdrückl. BVerwG NJW 1990, 134 (135) mwN; *Unruh* MKS III, Art. 139 Rn. 10; *Wittreck,* in: Dreier III, Art. 139 Rn. 12; *Herdegen,* in: Maunz/Dürig, Art. 139 (8 Rn. 13.

[27] BVerfGE 1, 5 (7) (für Verfassungsbeschwerden); entsprechend (zu Art. 184 BayVerf) schon BayVerfGH BayVGHE 2 II 15 (31) und 50 (58).

[28] Im Ergebnis ebenso BVerwG NJW 1990, 134 (135 f.) mwN; HessVGH NJW 1986, 2660 (2661) und 2662; OVG NRW NVwZ-RR 1991, 508 f.; *Lübbe-Wolff* NJW 1988, 1289 (1291 f.); *Vedder/Lorenzmeier,* in: v. Münch/Kunig II, Art. 139 Rn. 8; *Deiseroth,* in: Umbach/Clemens II, Art. 139 Rn. 17; *Herdegen,* in: Maunz/Dürig, Art. 139 (2018) Rn. 12 f.

[29] *Sachs,* in: Stern, StaatsR III/1, S. 374, und III/2, S. 492 mwN; *Deiseroth,* in: Umbach/Clemens II, Art. 139 Rn. 18; für alle Grundrechte *Vedder/Lorenzmeier,* in: v. Münch/Kunig II, Art. 139 Rn. 6.

[30] Im Einzelnen ging es etwa um Art. 3, vgl. BVerfGE 1, 5 ff.; Art. 19 IV, HansOLG Hamburg DVBl 1952, 696; Art. 103 I, BVerfGE 1, 418 (424); Art. 103 III, BGHSt 5, 323 ff.; zum Wahlrecht im Rahmen des Art. 184 BayVerf BayVerfGH BayVGHE 2 II 15 (27 ff.) und 50 (57 ff.); zur Bedeutung für das Eigentum *H. P. Ipsen* VVDStRL 10 (1952), 74 (80 ff.); zu Beamtenrechten etwa *Heyland* DÖV 1950, 323 (330 f.).

[31] Der BayVerfGH DÖV 1950, 470 (475), und BayVGHE 4 II 51 (58 f.), hat allerdings bei entsprechender Prüfung des Art. 184 BayVerf keinen Verstoß gegen die höherrangigen elementaren Grundrechte festgestellt; vorsichtige Bedenken gegen Art. 18 und Art. 139 bei *Scheuner* VVDStRL 10 (1952), 153 (155). Wie hier auch *Unruh* MKS III, Art. 139 Rn. 6; *Herdegen,* in: Maunz/Dürig, Art. 139 (2018) Rn. 2. Allgemein → Art. 79 Rn. 28.

[32] Vgl. die Rechtfertigung von § 7 G 131 gegenüber Art. 3 III, die BVerfGE 3, 58 (147), ohne eine Vorschrift wie Art. 139 vornimmt; dazu skeptisch *Sachs,* Grenzen des Diskriminierungsverbots, 1987, S. 295 f. mwN. Ferner zu Art. 5 II BVerfGE 124, 300 ff., und dazu o. Rn. 5.

**Leitentscheidungen:** BVerfGE 19, 129 (Umsatzsteuer); BVerfGE 19, 206 (Kirchenbausteuer); BVerfGE 24, 236 (Aktion Rumpelkammer); BVerfGE 33, 23 (Eideszwang); BVerfGE 35, 366 (Kreuz im Gerichtssaal); BVerfGE 83, 341 (Bahá'í); BVerfGE 93, 1 (Kreuz im Klassenzimmer); BVerfGE 102, 370 (Zeugen Jehovas); BVerfGE 104, 337 (Schächten); BVerfGE 122, 89 (Theologische Fakultäten); BVerfGE 123, 148 (Gewährung staatlicher Mittel); BVerfGE 125, 39 (Adventssonntage); BVerfGE 137, 273 (Arbeitsrechtliche Loyalitätspflichten); BVerfGE 138, 296 (Kopftuch der Lehrerin II); BVerfGE 139, 321 (Zweitverleihung Körperschaftsrechte); BVerfG (K) NJW 2009, 1195 (Rechtsschutz). BVerwGE 68, 62 (Liturgische Glockengeläute); BVerwGE 90, 112 (Begriff der Religionsgemeinschaft); BVerwGE 123, 49 (Islamischer Religionsunterricht); BVerwGE 132, 358 (Kirchenbaulast); BVerwGE 149, 139 (Rechtsschutz); BVerwG NVwZ 2019, 236 (Dachverbände); BGH NJW 2000, 1555 (Rechtsschutz).; EGMR NVwZ 2009, 509 (Zeugen Jehovas); EGMR NVwZ 2010, 177 (Warnung vor Sekten); EGMR EuGRZ 2010, 560 (Entlassung eines Kirchenmusikers); EGMR NVwZ 2011, 737 (Kreuz im Klassenzimmer); EuGH NJW 2018, 1869 (Egenberger); EuGH NJW 2018, 3086 (IR).

**Schrifttum:** *M. Borowski,* Die Glaubens- und Gewissensfreiheit des Grundgesetzes, 2006; *A. Frhr. v. Campenhausen,* Offene Fragen im Verhältnis von Staat und Kirche am Ende des 20. Jahrhunderts, EssGspr, 2000, S. 105; *A. Frhr. v. Campenhausen/H. de Wall,* Staatskirchenrecht, 4. Aufl. 2006; *C. D. Classen,* Religionsrecht, 2. Aufl. 2015; *G. Czermak/E. Hilgendorf,* Religions- und Weltanschauungsrecht, 2. Aufl. 2018; *D. Ehlers,* Der Bedeutungswandel im Staatskirchenrecht, in: Pieroth (Hrsg.), Verfassungsrecht und soziale Wirklichkeit in Wechselwirkung, 2000, S. 85; *ders.,* Die Bindungswirkungen von Staatskirchenverträgen, in: FS Maurer, 2001, S. 333; *ders.,* § 130: Staatskirchenrecht, in: FS P. Kirchhof, 2013; *E. Fischer,* Volkskirche Ade!, Trennung von Staat und Kirche, 4. Aufl. 1993; *Heckel,* Religionsfreiheit und Staatskirchenrecht in der Rspr. des BVerfG, in: FS 50 Jahre BVerfG, 2001, Bd. II, S. 379; *ders.,* Zur Zukunftsfähigkeit des „Staatskirchenrechts" oder „Religionsverfassungsrechts"?, AöR 134 (2009), 309; *H. M. Heinig,* Öffentlich-rechtliche Religionsgesellschaften, 2003; *ders.,* Die Verfassung der Religion, 2014; *ders./Walter,* Religionsverfassungsrechtliche Spannungsfelder, 2015; *Holzner/Ludyga* (Hrsg.), Entwicklungstendenzen des Staatskirchen- und Religionsverfassungsrechts, 2013; *B. Jeand'Heur/S. Korioth,* Grundzüge des Staatskirchenrechts, 2000; *K.-H. Kästner,* Staatliche Justizhoheit und religiöse Freiheit, 1991; *ders.,* Aspekte religiöser und weltanschaulicher Freiheit in der Rspr. des BVerwG, in: FS 50 Jahre BVerwG, 2003, S. 347; *B. Kämper/A. Schilberg,* Staat und Religion in Nordrhein-Westfalen, 2019; *J. Listl/D. Pirson* (Hrsg.), HStKR Bd. I, 2. Aufl. 1994, HStKR Bd. II, 2. Aufl. 1995; *C. Möllers,* Religiöse Freiheit als Gefahr?, VVDStRL 68 (2009), 47; *S. Muckel,* Religiöse Freiheit und staatliche Letztentscheidung, 1997; *ders.* (Hrsg.), Der Islam im öffentlichen Recht des säkularen Verfassungsstaates, 2008; *S. Mückl,* Europäisierung des Staatskirchenrechts, 2005; *ders.,* Grundlagen des Staatskirchenrechts HStR Bd. VII, § 159, 3. Aufl. 2010; *J. Oebbecke* (Hrsg.), Muslimische Gesellschaften im deutschen Recht, 2003; *T. Nagel,* Das Islamische Recht, 2001; *B. Petzhold,* Die „Auffassung" des UN-Menschenrechtsausschusses zum Schutz der Religionsfreiheit, 2015; *D. Pirson,* Die zeitlose Qualität der Weimarer Kirchenartikel, in: FS Maurer, 2001, S. 409; *Rees/Roca/Schanda* (Hrsg.), Neuere Entwicklung im Religionsrecht europäischer Staaten, 2013; *G. Robbers* (Hrsg.), State and Church in the European Union, 3. Aufl. 2019; *U. Sacksofsky,* Religiöse Freiheit als Gefahr?, VVDStRL 68 (2009), 7; *Steinhilber,* Theologie an staatlichen Universitäten – Relikt oder Modell?, 2018; *Ungern-Sternberg,* Religionsfreiheit in Europa, 2008; *P. Unruh,* Religionsverfassungsrecht, 4. Aufl. 2018; *C. Waldhoff,* Neue Religionskonflikte und staatliche Neutralität, Erfordern weltanschauliche und religiöse Entwicklungen Antworten des Staates?, Gutachten D zum 68. DJT, 2010; *C. Walter,* Religionsverfassungsrecht: In vergleichender und internationaler Perspektive, 2006; *H. Weber,* Gelöste und ungelöste Probleme des Staatskirchenrechts, NJW 1983, 2541; *ders.,* Änderungsbedarf im deutschen Religionsrecht?, NJW 2010, 2475; *J. Winter,* Staatskirchenrecht der Bundesrepublik Deutschland, 2. Aufl. 2008. Vgl. ferner das Schrifttum zu Art. 4.

## Übersicht

## A. Entstehung

Art. 140 stellt das Ergebnis eines doppelten **Verfassungskompromiss**es dar.[1] Zum einen konnte **1** im Parlamentarischen Rat keine Einigkeit über eine Neuregelung des Verhältnisses von Staat und Kirche erzielt werden, so dass die wesentlichen Kirchenartikel der WRV übernommen wurden.[2] Zum anderen gingen bereits bei der Beratung der WRV die Vorstellungen weit auseinander, sodass man sich erst nach Auseinandersetzungen im Wege gegenseitigen Nachgebens bei der Beschlussfassung über die Kirchenartikel und der bürgerlich-konservativen Parteien bei der Beschlussfassung über die Schulartikel auf die Verfassungsbestimmungen verständigen konnte.[3]

---

[1] *Hollerbach* VVDStRL 26 (1968), 57 (59).
[2] JöR nF 1 (1951), 899 ff. Näher dazu *Kästner* BK, Art. 140 (2010) Rn. 1 ff.
[3] *Ebers,* Staat und Kirche im neuen Deutschland, 1930, S. 108 ff.; *Huber/Huber,* Staat und Kirche im 19. und 20. Jahrhundert, Bd. IV, 1988, S. 107 ff. Vgl. auch *Israel,* Geschichte des Reichskirchenrechts, 1922.

## B. Stellung im GG

2    Art. 140 gehört zusammen mit Art. 4 I, II zu den wichtigsten Normen des Staatskirchenrechts (Religionsrechts). Die im Wege einer statischen Verweisung in das GG inkorporierten Artikel der WRV stellen **„vollgültiges Verfassungsrecht"** dar, das gegenüber den anderen Bestimmungen des GG nicht auf einer Stufe minderen Ranges steht.[4] Wegen des anderen Kontextes, besonders des engen Zusammenhangs mit Art. 4 I, II, ist der Sinngehalt heute teilw. ein anderer als in der Weimarer Zeit.[5] Die Gewährleistungen des Art. 140 einerseits und des Art. 4 I, II andererseits bilden ein organisches Ganzes und müssen daher aufeinander abgestimmt interpretiert werden.[6] Sie sind nicht identisch,[7] überschneiden sich aber zu einem erheblichen Teil, da Art. 4 I, II sowohl die individuelle als auch die kollektive Religionsfreiheit erfasst (und damit ungeachtet des Art. 19 III auch ausländischen Religionsgemeinschaften zugutekommt). Die Religionsfreiheit bildet das Fundament des Religionsrechts,[8] das durch die Religionsgleichheit (insbes. Art. 3 I, III) ergänzt wird. Soweit eine Überschneidung vorliegt, ist Art. 140 als – im Einklang mit der Religionsfreiheit und Religionsgleichheit zu interpretierende – lex specialis anzusehen.[9]

3    Nach Ansicht des BVerfG[10] und der hL[11] gewährt Art. 140 **keine Grundrechte** oder grundrechtsgleichen Rechte. Behauptete Verletzungen des Art. 140 sollen gleichwohl zum Gegenstand einer Verfassungsbeschwerde gemacht werden dürfen, da jedenfalls regelmäßig der Schutzbereich des Art. 4 I, II, ggf. auch derjenige spezieller Religionsgarantien wie zB des Art. 3 III oder derjenige des Art. 2 I, berührt ist. Die Weimarer Kirchenartikel seien funktional auf die Inanspruchnahme und Verwirklichung des Grundrechts der Religionsfreiheit iSe Konkretisierung und Stärkung angelegt.[12] Die Berufung auf Art. 4 I, II wird selbst dann zugelassen, wenn Art. 140 über diese Vorschrift hinausgeht. ZB lasse sich nicht ausschließen, dass die Ablehnung eines Antrags auf Verleihung der Korporationsrechte iSd Art. 137 V WRV zugleich das Grundrecht der Religionsfreiheit verletzt.[13] Ist eine Verfassungsbeschwerde zulässig, kann das BVerfG nach seiner Rspr. jeden Verfassungsverstoß (also auch solche gegen die Weimarer Kirchenartikel) überprüfen.[14] Diese Vorgehensweise überzeugt nicht. Die meisten Bestimmungen der Weimarer Kirchenartikel haben einen subjektiv-rechtlichen und damit grundrechtsähnlichen Charakter.[15] Es spricht nichts dagegen, eine Verfassungsbeschwerde unmittelbar auf solche Bestimmungen zu stützen, da sich Art. 93 I Nr. 4a in diesem Sinne weit auslegen lässt.[16] Sieht man demgegenüber die subjektiv-rechtlichen Gewährleistungen der in Art. 140 genannten Vorschriften nur als sonstige verfassungsmäßige Rechte an, können sie unmittelbar nur vor den Fachgerichten geltend gemacht werden.[17]

---

[4] BVerfGE 19, 206 (219); 137, 273 Rn. 83; 139, 321 Rn. 89.

[5] Grundl. *Smend* ZevKR 1 (1951), 4 ff. (wenn zwei Grundgesetze dasselbe sagen, so ist es nicht dasselbe). Vgl. ferner etwa *Heckel* ZevKR 44 (1999), 340 (348 ff.); *Ehlers,* in: Pieroth (Hrsg.), Verfassungsrecht und soziale Wirklichkeit in Wechselwirkung, 2000, S. 85 ff.

[6] BVerfGE 53, 366 (400); 70, 138 (167); 102, 392 ff.; 139, 321 Rn. 90; *Korioth* FS Badura, 2004, S. 727 (738 ff.). Vgl. demgegenüber aber auch *Walter,* Religionsverfassungsrecht, 2006, S. 3 (Ablösung des institutionell geprägten Staatskirchenrechts durch ein grundrechtsorientiertes Religionsverfassungsrecht).

[7] ZB stellt Art. 4 II GG den Religionsgemeinschaften nicht den Körperschaftsstatus (Art. 137 V WRV) zur Verfügung.

[8] Vgl. auch EuGH NVwZ 2012, 16121 Rn. 57 – Religion als Verfolgungsgrund (Religionsfreiheit ist eines der Fundamente einer demokratischen Gesellschaft und stellt ein grundlegendes Menschenrecht dar); *Heckel* AöR 124 (2009), 309 (329 ff.).

[9] Das Selbstbestimmungsrecht (Art. 137 III WRV) sieht das BVerfG als eine „notwendige", rechtlich selbstständige Gewährleistung an, die der Freiheit des religiösen Lebens und Wirkens der Religionsgemeinschaften (Art. 4 II GG) hinzugefügt sei, vgl. BVerfGE 53, 366 (401); 72, 278 (289); 137, 273 Rn. 90.

[10] BVerfGE 19, 129 (135).

[11] Vgl. *Korioth,* in: Maunz/Dürig, Art. 137 WRV (2019) Rn. 22; *Muckel,* in: Friauf/Höfling, Art. 140 (2011) Rn. 23 ff.

[12] BVerfGE 102, 370 (387); 125, 39 (73 f.). Zur Problematik eines undifferenzierten „Überwirkens" objektiv-rechtlicher Schutzgarantien auf subjektiv-rechtliche Schutzpflichten vgl. → Art. 139 WRV Rn. 1.

[13] BVerfGE 102, 370 (383, 387); 139, 321 Rn. 83. Krit. *Muckel* JURA 2001, 456 (461 ff.); *Hillgruber* NVwZ 2001, 1347 ff.

[14] BVerfGE 70, 138 (162); 99, 100 (119); 102, 370 (384).

[15] So zuerst *Hollerbach,* in: HStR VI, 1. Aufl. 1989, § 138 Rn. 145; ferner: *Ehlers,* FS Hollerbach, 2001, S. 811 (829); *Janssen,* FS Hollerbach, 2001, S. 707 (710); *Classen,* Religionsfreiheit und Staatskirchenrecht in der Grundrechtsordnung, 2003, S. 3 ff.; *Magen,* in: Umbach/Clemens II, Art. 140 Rn. 22; *Mager,* in: v. Münch/Kunig II, Art. 140 Rn. 5; *Germann,* in: Epping/Hillgruber, Art. 140 Rn. 22.

[16] *Ehlers* (Fn. 5), S. 108. Dies gilt umso mehr, als dass das Verfahrensrecht dem materiellen Recht zu folgen hat. Vgl. auch *Maurer,* FS Starck, 2007, S. 335 (349 ff. – ggf. analoge Anwendung des Art. 140 GG oder Heranziehung des Art. 2 I GG als prozessuale Einstiegsnorm); *Neureither* NVwZ 2011, 1492 ff. AA zB *Borowski,* Die Glaubens- und Gewissensfreiheit des Grundgesetzes, 2006, S. 322 ff. mwN. Vgl. auch BVerfG (K) NVwZ 2002, 1366 (zu Art. 134 III GG).

[17] *Jarass,* in: Jarass/Pieroth, Art. 140 Rn. 2.

Die Zuordnung von Art. 140 und Art. 4 I, II ist auch für die **Einschränkbarkeit** der Gewähr- **4** leistungen von großer Bedeutung. Während die Weimarer Kirchenartikel einfachgesetzliche Beschränkungsmöglichkeiten vorsehen, darf Art. 4 I, II als vorbehaltlos gewährleistetes Grundrecht nur durch kollidierendes Verfassungsrecht, dh Grundrechte Dritter sowie Gemeinschaftswerte von Verfassungsrang[18], begrenzt werden (→ Art. 4 Rn. 132 ff., 139 ff.). Gesetzliche Regelungen iSd Art. 136 I WRV (staatsbürgerliche Pflichten) rechnen das BVerfG und die hL nicht hierzu, da Art. 136 I WRV durch Art. 4 überlagert werde.[19] Hierbei beruft man sich vor allem darauf, dass Art. 135 WRV[20] und der in dieser Vorschrift enthaltene Gesetzesvorbehalt nicht in das GG übernommen und dadurch die Tragweite und Wirkkraft des Grundrechts aus Art. 4 gestärkt worden ist.[21] Dagegen wird anerkannt, dass das Selbstbestimmungsrecht der Religionsgemeinschaften, soweit sich der Schutzbereich mit der kooperativen Religionsfreiheit überschneidet, unter dem Vorbehalt des für alle geltenden Gesetzes (Art. 137 III WRV) steht.[22] Der herrschenden, auf eine partielle Außerkraftsetzung der Weimarer Gesetzesvorbehalte hinauslaufenden Sichtweise ist nicht zu folgen. Zum (kollidierenden) Verfassungsrecht, durch das die Garantien des Art. 4 I, II begrenzt werden, gehören neben dem Schrankenvorbehalt des Art. 137 III WRV sowie den Befugnissen zur Ausgestaltung der Kirchenartikel etwa iSd Art. 139 WRV auch die in Art. 136 I (staatsbürgerliche Pflichten) und III 2 WRV (gesetzlich angeordnet) enthaltenen Gesetzesvorbehalte (→ Art. 136 WRV Rn. 4, 7). Somit darf auch die durch Art. 4 I, II geschützte Religionsfreiheit in dem erwähnten Umfang bei Wahrung der Verhältnismäßigkeit durch oder aufgrund Gesetzes beschränkt werden (selbst dann, wenn dieses nicht kollidierendes Verfassungsrecht konkretisiert).[23] Die Gesetze müssen jedoch immer im Lichte des Art. 4 I, II ausgelegt werden (vgl. → Rn. 2; Art. 136 WRV Rn. 4).[24] Vergleichend ist darauf hinzuweisen, dass auch die Einschränkung der Religionsfreiheit gem. Art. 9 II EMRK[25] und Art. 10 EUGRCh (iVm Art. 52 I) nach Maßgabe des dem Verhältnismäßigkeitsgrundsatz genügenden Gesetzes zulässig ist.

## C. Begriff des Staatskirchenrechts und Religionsrechts

Begrifflich ist unter **Staatskirchenrecht**[26] die Gesamtheit der Rechtssätze zu verstehen, welche **5** gerade die Beziehungen zwischen dem Staat und den Religionsgemeinschaften oder ihren Mitgliedern regeln. Statt von Staatskirchenrecht wird auch von Religionsverfassungsrecht oder von **Religionsrecht** gesprochen, weil zum Ausdruck gebracht werden soll, dass es keine Staatskirche gibt, der Staat nicht der Verfassung vorausliegt, es nicht nur um die institutionelle Ordnung, sondern auch und gerade um die Grundrechte geht, neben die traditionellen christlichen Kirchen andere Religionsgemeinschaften getreten sind und sowohl das (nicht zum Verfassungsrecht zählende) internationale Recht als auch das EU-Recht sowie das nationale Verwaltungsrecht Regelungen mit religiösem Bezug enthalten.[27] Dies spricht dafür, den Begriff des Religionsrechts zu verwenden. Im Folgenden werden beide Begriffe synonym verwendet. Verfassungsrechtlich macht es wegen der Gleichheit aller Religionsgemeinschaften und Weltanschauungsgemeinschaften keinen Unterschied, ob von Kirchen (Art. 137 I WRV),[28]

[18] BVerfGE 28, 243 (260 ff.); zu Art. 4 I: BVerfGE 32, 98 (107 ff.); 108, 282 (297 mwN). Zur Frage, ob sich aus dem Landesverfassungsrecht Begrenzungen ergeben können, vgl. *Hammer* EssGspr 2007, 154 (156).

[19] BVerfGE 33, 23 (30 ff.). Vgl. auch BVerfGE 52, 233 (246); 93, 1 (31); 108, 282 (297); *Brenner* VVDStRL 59 (2000), 264 (290 ff.); *Heinig,* Öffentlich-rechtliche Religionsgesellschaften, 2003, S. 132 ff.; *Korioth,* in: Maunz/Dürig, Art. 136 WRV (2019) Rn. 52 ff.; *Maurer* ZevKR 2004, 311 ff.; *Sacksofsky* VVDStRL 68 (2009), 7 (18 f.); *v. Ungern-Sternberg,* Religionsfreiheit in Europa, 2008, S. 242; *Walter,* Religionsverfassungsrecht in vergleichender und internationaler Perspektive, 2009, S. 515.

[20] Art. 135 WRV: „Alle Bewohner des Reichs genießen volle Glaubens- und Gewissensfreiheit. Die ungestörte Religionsausübung wird durch die Verfassung gewährleistet und steht unter staatlichem Schutz. Die allgemeinen Staatsgesetze bleiben hiervon unberührt."

[21] *Waldhoff,* in: Depenheuer (Hrsg.), Zwischen Säkularität und Laizismus, 2005, S. 90 ff. mwN.

[22] BVerfGE 137, 273 Rn. 106.

[23] Vgl. auch BVerwGE 112, 227 (232); and. zB BVerwGE 116, 358 (360); *Muckel,* Religiöse Freiheit und staatliche Letztentscheidung, 1997, S. 224 ff.; *Starck* MKS I, Art. 4 Rn. 84 ff., 93; *Ehlers* (Fn. 5), S. 110 ff.; *Schoch* FS Hollerbach, 2001, S. 149 (163 f.); *Kästner* JZ 2002, 491 (493); *ders.* BK, Art. 140 (2010) Rn. 218 ff.; *Heckel* AöR 134 (2009), 309 (377 f.); *Oqorek* KuR 2017, 117 ff.; diff. (zwischen kollektiver und individueller Religionsfreiheit) *Morlok,* in: Dreier I, Art. 4 Rn. 111 ff.

[24] Vgl. statt vieler BVerfGE 70, 138 (167).

[25] Vgl. zB EGMR NVwZ-RR 2018, 505 Rn. 50 f.

[26] Zur Geschichte des Begriffs vgl. *Hollerbach,* FS Schmitz, 1994, S. 869 (870 ff.); *v. Campenhausen/de Wall,* Staatskirchenrecht, 4. Aufl. 2006, S. 39 ff.

[27] Vgl. dazu *Häberle* DÖV 1976, 73 ff.; *Hense,* in: Haratsch ua (Hrsg.), Religion und Weltanschauung im säkularen Staat, 2001, S. 9 ff.; *Walter,* in: Grote/Marauhn (Hrsg.), Religionsfreiheit zwischen individueller Selbstbestimmung, Minderheitenschutz und Staatskirchenrecht, 2001, S. 215 ff.; *v. Campenhausen/de Wall* (Fn. 26), S. 39 f.; *Heinig/Walter* (Hrsg.), Staatskirchenrecht oder Religionsverfassungsrecht?, 2007; *Augsberg,* in: Holzner/Ludyga (Hrsg.), Entwicklungstendenzen des Staatskirchen- und Religionsverfassungsrechts, 2013, S. 73 ff.

[28] Der Begriff genießt keinen bes. rechtlichen Schutz, vgl. *Winter* ZevKR 42, 372 (376). Zum Namensrecht einer bestimmten Kirche vgl. BVerfG (K) NJW 1994, 2346 ff.; BGHZ 124, 173 ff.; OLG Hamb NJW 1992, 2035; OLG Düss NJW-RR 1993, 185 (186 ff.).

Religionsgesellschaften (zB Art. 137 III WRV) oder Religionsgemeinschaften (Art. 7 III 2) gesprochen wird. In Anknüpfung an die jüngste Verfassungsbestimmung des Art. 7 III 2 empfiehlt es sich, idR die zuletzt genannte Bezeichnung zugrunde zu legen. Vom Religionsrecht zu unterscheiden ist das **Kirchenrecht** (respektive Recht der Religionsgemeinschaften), das aus dem von den Religionsgemeinschaften selbst gesetzten Recht besteht.[29]

6 Der verfassungsrechtliche Begriff der **Religion** ist als offener (ausfüllungsbedürftiger) Rahmenbegriff des staatl. Rechts[30] von den staatl. Organen zu definieren, wobei das Selbstverständnis des Rechtsträgers mitberücksichtigt werden muss, aber nicht allein entscheidend ist (vgl. dazu *Kokott*, Art. 4 Rn. 19 ff.).[31] Eine religiöse Zielsetzung muss plausibel dargelegt werden können.[32] Die Rspr. versteht unter Religion eine mit der Person des Menschen verbundene Gewissheit über bestimmte Aussagen zum Weltganzen sowie zur Herkunft und zum Ziel des menschlichen Lebens, der – im Gegensatz zur ausschließlich auf innerweltliche Bezüge beschränkten Weltanschauung – eine den Menschen überschreitende und umgreifende (transzendente) Wirklichkeit zugrunde liegt.[33] Bei einer **Religionsgemeinschaft** muss es sich um einen Zusammenschluss von mindestens zwei natürlichen Personen handeln, der von einem religiösen Konsens seiner Mitglieder getragen wird und der auf eine umfassende (allseitige) Bezeugung dieses Konsenses abzielt.[34] Um iSd staatlichen Rechts als solche anerkannt zu werden, bedürfen Religionsgemeinschaften somit einer auf dem freien Willen beruhenden mitgliedschaftlichen Struktur in Gestalt eines personellen Substrats natürlicher Personen.[35] Anders als die Religionsgemeinschaften verfolgen religiöse Vereine demgegenüber lediglich partielle religiöse Zwecke (→ Art. 137 WRV Rn. 3).[36] Ein Konsens kann auch unterschiedliche Glaubensrichtungen umfassen.[37] Allein die Behauptung, eine Gemeinschaft sei eine Religionsgemeinschaft,[38] reicht ebenso wenig aus wie die Vermittlung und Ausübung einer geistigen Technik ohne hinreichend bestimmte gedankliche Inhalte oder die Gewährung bloßer Lebenshilfe.[39] Dienen religiöse oder weltanschauliche Lehren nur als Vorwand für die Verfolgung wirtschaftlicher Ziele (iSe Ertragsstrebens), kann nicht mehr von einer Religions- oder Weltanschauungsgemeinschaft gesprochen werden.[40] Je nach Kontext wird der Begriff der Religionsgemeinschaft in den Vorschriften des einfachen Rechts unterschiedlich verwendet.[41] Das staatliche Recht muss den glaubensbedingten Anforderungen an die innere Organisation Rechnung tragen (→ Art. 137 WRV Rn. 19). Auch ein aus mehreren Religionsgemeinschaften bestehender **Dachverband** kann selbst eine Religionsgemeinschaft sein (wie auch die Art. 137 II 2, 137 V 3 WRV zeigen). Die Rspr. verlangt ein organisatorisches Band bis zu den Gläubigen in den Gemeinden, einen prägenden Einfluss der Gemeinden und eine (nicht zwingend verbindliche) Wahrnehmung identitätsstiftender Aufgaben.[42] Die Anforderungen dürfen nicht überspannt werden. Insbes. ist keine hierarchische Autorität erforderlich. Auf die Größe und das Alter der Gemeinschaften kommt es nicht an. Unerheblich ist ferner die Organisationsform (ör oder pr). Näher zu den Organisationsformen → Art. 137 WRV Rn. 19, zur Unabhängigkeit vom Staat → Art. 137 WRV Rn. 2. Bei einigen sog. neuen Gemeinschaften wie zB der Scientology-Kirche,[43] der Transzendentalen Meditation[44] oder der Osho-Bewegung[45] und ihren Untergliederungen ist oder war streitig, ob es sich um Religions-

---

[29] Näher zum evang. und kath. Kirchenrecht *de Wall/Muckel*, Kirchenrecht, 5. Aufl. 2017; zum katholischen Kirchenrecht *Haering/Rees/Schmitz*, Handbuch des katholischen Kirchenrechts, 3. Aufl. 2015.

[30] *Heckel* AöR 134 (2009), 309 (369).

[31] Str. Ausf. zur Problematik BVerfGE 24, 236 (247 ff.); 83, 341 (353); *Isensee*, Wer definiert die Freiheitsrechte?, 1980, S. 60 ff.; *Morlok*, Selbstverständnis als Rechtskriterium, 1993, S. 431 ff.; *Muckel* (Fn. 23), S. 90 ff.; *Ehlers* ZevKR 1999, 533 (534 ff.); *Mückl* BK, Art. 4 (2008) Rn. 84 ff. Zur Bestimmung der eigenen Angelegenheiten iSv Art. 137 III WRV vgl. → Art. 137 WRV Rn. 6 ff.

[32] BVerfGE 137, 273 Rn. 117.

[33] BVerwGE 90, 112 (115). Umfassend zum Rechtsbegriff der Religion *Classen*, Religionsrecht, 2. Aufl. 2015, Rn. 78 ff.

[34] Vgl. BVerwGE 61, 152 (154); 123, 49 (54); BVerwG NVwZ 1996, 61 ff.; *Anschütz* WRV, Art. 137 Anm. 2; *Poscher* Der Staat 39 (2000), 49 ff.; *de Wall*, in: Rees/Roca/Schanda (Hrsg.), Neuere Entwicklungen im Religionsrecht Europäischer Staaten, 2013, S. 789 ff.

[35] Vgl. auch *Heinig* ZevKR 2019, 1 (12 f.).

[36] BVerfGE 24, 236 (246 f.); 46, 73 (86).

[37] BVerwGE 123, 49 (64 f.). Vgl. aber auch BVerfGE 30, 415 (425).

[38] Vgl. BVerfGE 83, 341 (353).

[39] BVerwGE 82, 76 (78).

[40] BVerwGE 90, 112 (118); BVerwG NJW 1997, 406 (407).

[41] *Muckel*, FS Listl, 2004, S. 715 (723 ff.). Zum Berliner Landesrecht vgl. BVerwGE 110, 326.

[42] BVerwGE 123, 49 (57 ff.); BVerwG NVwZ 2019, 236 Rn. 16. Krit. zum Erfordernis identitätsstiftender Aufgaben *Heinig* ZevKR 2019, 1 (20 f.).

[43] Keine Religionsgemeinschaft: BAGE 79, 319 ff.; Religionsgemeinschaft: BGHZ 78, 274 (278); BVerwG DVBl 2006, 387 (388); EGMR NJW 2008, 495 ff. Weltanschauungsgemeinschaft: OVG Hamb NVwZ 1995, 498 (500). Offen gelassen BVerfG (K) NVwZ 1993, 357 (358); BVerwGE 61, 152 (162 ff.); 105, 313 (318 ff.); OVG Bremen NVwZ-RR 1997, 408 ff. (mwH).

[44] Zweifelnd BVerwGE 82, 76 (78 ff.).

[45] BVerwGE 90, 112 ff.; BVerfGE 105, 279 (292 f.).

gemeinschaften handelt.[46] IdR wird zu Recht eine Religionsgemeinschaft bejaht. Der Islam als solcher ist – ebenso wie das Christentum – eine „Religion ohne Kirche",[47] in Deutschland aber mehr und mehr dabei, sich in Gestalt von (auch bekenntnismäßig verschiedenen) Religionsgemeinschaften zu organisieren. Zur **Institution Kirche** (bzw. Religionsgemeinschaft) rechnet das BVerfG alle der verfassten Kirche in bestimmter Weise zugeordneten Einrichtungen ohne Rücksicht auf ihre Rechtsform, wenn sie nach kirchl. Selbstverständnis ihrem Zweck oder ihrer Aufgabe entspr. berufen sind, ein Stück des Auftrags der Kirche wahrzunehmen und zu erfüllen.[48] Damit werden auch die in Privatrechtsform geführten karitativen und diakonischen Einrichtungen der Religionsgemeinschaften (wie zB die Krankenhäuser und Kindergärten)[49] erfasst.[50] Neben der religiösen Zielsetzung muss auch die institutionelle Verbindung zur Kirche (Religionsgemeinschaft) objektiv erkennbar sein bzw. plausibel dargelegt werden können.

Da **Weltanschauungsgemeinschaften** den Religionsgemeinschaften gleichgestellt sind (Art. 137 **7** VII WRV), gehört auch das Verhältnis von Staat und Weltanschauungsgemeinschaften bzw. ihren Mitgliedern noch zum Religionsrecht (im weiteren Sinne). Zum Begriff der Weltanschauungsgemeinschaft vgl. → Art. 137 WRV Rn. 38.

## D. Rechtsquellen des Religionsrechts

Das Religionsrecht besteht im Wesentlichen aus **Normen des staatl. Rechts** (dem Verfassungs- **8** recht, Parlamentsrecht und untergesetzlichem Recht von Bund und Ländern). Daneben können auch das **Völkerrecht** und das **EU-Recht** religionsrechtlichen Gehalt haben (→ Rn. 11). Das Recht kann auf einseitiger Setzung, vertraglicher Vereinbarung oder Gewohnheits- respektive Richterrecht beruhen.[51] Von **Staatskirchenverträgen (Religionsverträgen)** wird gesprochen, wenn der Vertragsabschluss auf staatl. Seite der Mitwirkung des Gesetzgebers bzw. des Parlaments bedarf. Die Zulässigkeit des Abschlusses von Staatskirchenverträgen ergibt sich vielfach bereits aus den Landesverfassungen.[52] Auch im Übrigen steht es dem Gesetzgeber frei, an Vertragsabschlüssen mitzuwirken.[53] Ein Anspruch auf Vertragsabschluss kann sich im Wege der Selbstbindung aus Art. 3 I, III oder Art. 14 iVm **9** EMRK[54] ergeben.[55] Doch verbieten diese Vorschriften dem Staat nicht jegliche Differenzierung (zB nach Maßgabe der Regelungsbedürftigkeit oder des Vorhandenseins der Korporationsqualität).[56] Die **Konkordate** mit dem Heiligen Stuhl werden nach hM in Form völkerrechtlicher Verträge abgeschlossen, obwohl sie nicht typisch völkerrechtliche, sondern religionsrechtliche Fragestellungen regeln.[57] Die sonstigen Staatskirchenverträge haben den Rang **staatsrechtlicher Verträge** (wenn und soweit der Gesetzgeber mitwirkt).[58] Die Verträge entfalten in den Grenzen der clausula rebus sic stantibus Bindungswirkungen. Während die vertragliche Bindungswirkung nur inter partes bzw. zugunsten der vertraglich Begünstigten (etwa der Kirchengemeinden) wirkt, können die gesetzlichen Regelungen uU auch Allgemeinverbindlichkeit beanspruchen.[59] Widersprechen die staatskirchen-

---

[46] Näher zum Ganzen *Müller-Volbehr* DÖV 1995, 301 (302 ff.); *Muckel* (Fn. 23), S. 1 ff.; *Planker* DÖV 1997, 101 (106 ff.); *Winter* ZevKR 1997, 372 ff.

[47] *Steinbach,* Der Islam – Religion ohne Kirche, in: Abromeit/Wewer (Hrsg.), Die Kirchen und die Politik, 1989, S. 109 ff.; *Muckel* JZ 2001, 58 (60 ff.). Zu den Organisationen in Deutschland – zB DITIB (→ Art. 137 WRV Rn. 2), Islamrat, Zentralrat der Muslime, VIKZ – vgl. *Oebbecke* (Hrsg.), Muslimische Gemeinschaften im deutschen Recht, 2003. Ferner *ders.* KuR 2009, 34 ff.

[48] BVerfGE 46, 73 (85 ff.); 70, 138 (162); 137, 273 Rn. 91; BAGE 58, 92 (100 ff.); krit. *Wieland* Der Staat 25 (1986), 321 (343); *ders.,* Freundesgabe Schlink, 2014, S. 277 ff. Vgl. auch *Glawatz* ZevKR 2006, 352 ff.; *Winter* ZevKR 2014, 405 ff.

[49] Näher dazu *Wolff,* in: Beuthien/Gummert (Hrsg.), Münchener Handbuch des Gesellschaftsrechts, Bd. 5, 4. Aufl. 2016, § 51.

[50] Vgl. zu den Krankenhäusern BVerfGE 46, 73 (85 ff.); 53, 366 (391 ff.), zu Jugendvereinen und Erziehungseinrichtungen BVerfGE 24, 236 (247); 70, 138 (160 ff.), zu den Stiftungen VGH BW ESVGH 60, 64 ff. Allg. zur verfassungsrechtlichen Zuordnung der Diakonie zur Kirche *Bälz* KuR 2008, 35 ff. Zum Kirchenrecht vgl. zB die RL des Rates der EKD über die Zuordnung diakonischer Einrichtungen zur Kirche, Abl. 2007, S. 405; *Munsonius,* Die juristische Person des evangelischen Kirchenrechts, 2009.

[51] Zum Gewohnheitsrecht vgl. VerfGH NRW NVwZ 1982, 431 ff.; *Landau,* HStKR I, S. 333 ff.

[52] Vgl. *Ehlers* ZevKR 2001, 286 (289 ff.). Vgl. ferner Art. 138 WRV sowie Art. 123 II GG.

[53] Krit. *Renck* DÖV 1997, 929; *ders.* ZRP 2006, 87; *Czermak* Der Staat 39 (2000), 69 ff.

[54] Vgl. EGMR, Urteil v. 9.12.2010, Nr. 7798/08 – Riječ Života.

[55] Anders BVerfGE 119, 1 (12 – „völlig im Belieben des Staates"); VG Berlin KirchE 48, 243 ff.; wie hier *Schrooten,* Gleichheitssatz und Religionsgemeinschaften, 2015, S. 247 ff.

[56] Näher dazu *Ehlers,* in: Will (Hrsg.), Die Privilegien der Kirchen und das Grundgesetz, 2011, S. 75 (85 ff.); ferner *Mückl* HStR VII, § 159, Rn. 43; *Hense,* in: Mückl (Hrsg.), Das Recht der Staatskirchenverträge, 2007, S. 115 ff. (162 ff.).

[57] Zur völkerrechtlichen Qualität des Reichskonkordats vgl. BVerfGE 6, 309 (320 ff.). Krit. *Renck* DÖV 1997, 929 (931); *Czermak* Der Staat 39 (2000), 69 (74). Zur neueren Entwicklung des Konkordatsrechts *Hollerbach,* FS Häberle, 2004, S. 821 ff.

[58] Str., näher zum Ganzen aus neuerer Zeit *Anke,* Die Neubestimmung des Staat-Kirche-Verhältnisses in den neuen Ländern durch Staatskirchenverträge, 2000, S. 109 ff.; *Ehlers* FS Maurer, 2001, 333 ff.; *ders.* (Fn. 52), S. 75 (81 f.); *v. Campenhausen/de Wall* (Fn. 26), S. 45 ff., 141 ff.; *Mückl* (Hrsg.), Das Recht der Staatskirchenverträge, 2007.

rechtlichen Vertragsbestimmungen der Verfassung, dürfen sie nicht angewendet werden.[60] Vertragswidrige spätere Gesetze sind gültig, wenn die im Einzelfall verfolgten Gemeinwohlbelange den Vertrauensschutz der Religionsgemeinschaften überwiegen.[61] Die wohl hM unterscheidet demgegenüber zwischen rechtlichem Dürfen und Können des Gesetzgebers. Der Gesetzgeber dürfe gegen den Vertrag verstoßende Gesetze prinzipiell nicht erlassen, behalte aber die Fähigkeit dazu.[62] Die Verbandszuständigkeit für den Abschluss von Staatskirchenverträgen bestimmt sich nach Art. 30, 70 ff., die Organzuständigkeit liegt bei dem Ministerpräsidenten bzw. der BReg. IdR sind die Länder zuständig (→ Rn. 10). Für den Abschluss von Konkordaten sollen die Art. 32 III, 59 I nicht gelten, da es nicht um die Gestaltung der Beziehungen mit ausländischen Staaten geht.[63] Dies hat ua zur Konsequenz, dass die Länder Konkordate abschließen können, ohne gem. Art. 32 III auf die Zustimmung der BReg angewiesen zu sein. Umfassende Staatskirchenverträge sind insbes. in der Weimarer Zeit (1. Generation),[64] in den fünfziger und sechziger Jahren des letzten Jahrhunderts (2. Generation), nach der Wiedervereinigung Deutschlands (3. Generation) und nach der Jahrtausendwende (4. Generation) abgeschlossen worden. Mittlerweile gibt es in allen Bundesländern Staatskirchenverträge (insbes. mit der Kath. Kirche, den evang. Landeskirchen und jüdischen Gemeinschaften).[65] Hamburg und Bremen haben auch mit pr organisierten islamischen Gemeinschaften Verträge abgeschlossen.[66] In Nds, RhPf und SchlH ist ein Vertragsabschluss (jedenfalls zunächst) zurückgestellt worden.

## E. Prinzipien des Religionsrechts

9     Eine formelhafte Umschreibung des durch das GG vorgezeichneten religionsrechtlichen Systems stößt auf Schwierigkeiten, weil es auf verschiedenartigen Prinzipien beruht. IE besteht es aus folgenden grundlegenden Elementen:[67] Vorrang des staatl. Rechts,[68] institutionelle Trennung von Staat und Kirche (Art. 137 I WRV), **Bekenntnisneutralität**[69] (dh Säkularität des Staates, Nichtidentifikation mit religiösen oder atheistischen Auffassungen sowie Bewertungsverbot[70]), Religionsfreiheit, Gleichstellung aller Religionen und Weltanschauungen, Angebot der Erlangung eines ör Korporationsstatus sowie Kulturverantwortung des Staates[71] (dh Verantwortung des Staates dafür, dass die Sinnfragen gestellt werden können und die Religionsfreiheit reale Kraft entfalten kann[72]). Somit bekennt sich das GG weder zu einem Staatskirchentum noch zu einem Laizismus (französischer Spielart), sondern zu einer Ordnung, die eine **Kooperation** mit den Religionsgemeinschaften ermöglicht[73] und auch eine staatl. Förderung der Religionsgemeinschaften[74] nicht ausschließt (solange der Neutralitäts- und der

---

[59] Vgl. zum Fall des Sonntagsschutzes OVG MV NVwZ 2000, 948 ff.

[60] Grundl. BVerfGE 6, 306 (365). Zu einem Beispielsfall → Art. 141 WRV Rn. 7.

[61] Str., wie hier *Ehlers* ZevKR 2001, 286 (302 ff.); zust. *Unruh,* Religionsverfassungsrecht, 4. Aufl. 2018, Rn. 367. Vgl. auch *Wengenroth,* Die Rechtsnatur der Staatskirchenverträge und ihr Rang im staatlichen Recht, 2001, 243 ff., 254 ff.; *Anke* (Fn. 58), S. 161 ff. (191 ff., 205 ff.); Teilw. aA *Schier,* Die Bestandskraft staatskirchenrechtlicher Verträge, 2009; *Becker,* Kooperative und konsensuale Strukturen in der Normsetzung, 2005, S. 226 ff.

[62] Vgl. statt vieler *Kästner* BK, Art. 140 (2010) Rn. 94 mwN. Zur grds. Zulässigkeit des Erlasses völkerrechtswidriger Gesetze vgl. BVerfG NJW 2016, 1295, 1298 ff.

[63] Vgl. BVerfGE 6, 309 (362); *Hollerbach,* HStKR I, S. 253 (279).

[64] Zur Weitergeltung vgl. zB Art. 23 NRWVerf., zur Weitergeltung des Reichskonkordats gem. Art. 123 II: BVerfGE 6, 309 (340 ff.).

[65] Vgl. aus neuerer Zeit zB Vertrag des Landes BW mit der Evang. Kirche in Baden und mit der Evang. Kirche in Württemberg vom 17.10.2007 (GBl 2008, S. 144) und das Konkordat zwischen dem Land SchlH und dem Heiligen Stuhl vom 12.1.2009 (GVBl SchlH, S. 1264). Zu dem Vertrag zwischen der Bundesrepublik Deutschland und dem Zentralrat der Juden (27.1.2003, BGBl I, S. 1597 f.) vgl. → Rn. 10. Ausf. zu den Verträgen mit jüdischen Gemeinschaften *Lutz-Bachmann,* Mater rixarum?, 2015.

[66] Vgl. Hamb-Dr 20/5830; Brem-Dr 18/727. Näher dazu *Lutz-Bachmann* (Fn. 65), S. 445 ff. (krit. zu DITIB als Vertragspartner).

[67] Näher dazu *Ehlers* ZevKR 2000, 201 (203 ff.).

[68] And. die sog. Koordinationslehre, die dem Staat die Befugnis absprach, die Stellung der Religionsgemeinschaften in der weltlichen Rechtsordnung einseitig festzulegen (vgl. Fn. 86).

[69] Vgl. BVerfGE 12, 1 (4); 19, 206 (216); 24, 236 (246); 33, 23 (28); 93, 1 (17); 102, 370 (383, 386, 394); 108, 282 ff.; 139, 321 Rn. 83; EGMR NVwZ 2015, 277 (279); BVerwGE 90, 320 (328).

[70] Allg. *Krüger,* Allgemeine Staatslehre, 2. Aufl. 1966, S. 181. Näher dazu BVerfGE 30, 415 (422); 93, 1 (17); 108, 262 (300); *Schlaich,* Neutralität als verfassungsrechtliches Prinzip, 1972, S. 236 ff.; *Huster,* Die ethische Neutralität des Staates, 2002, S. 202; *ders.,* in: Heinig/Walter (Hrsg.), Staatskirchenrecht oder Religionsverfassungsrecht?, 2007, S. 107 ff.; *Kästner* BK, Art. 140 (2010) Rn. 121 ff.

[71] Vgl. *Obermayer,* Staat und Religion, 1977, S. 9 ff., der von Sinnverantwortung spricht. Der Rechtsnatur nach handelt es sich bei der Sinnverantwortung um eine verfassungsrechtliche Schutzpflicht objektiver Art zugunsten von Religion und Weltanschauung.

[72] Dies kann auch in staatl. Einrichtungen geschehen, zB durch Erteilung von Religionsunterricht (Art. 7 III GG) oder durch Zulassung einer Anstaltsseelsorge (Art. 141 WRV).

[73] BVerfGE 42, 312 (330); 137, 273 Rn. 93; 139, 321 Rn. 93. Teilweise kooperieren mehrere Religionsgemeinschaften gleichzeitig mit dem Staat. So wird in Hamburg ein Religionsunterricht (nicht nur eine Religionskunde) „für alle" erteilt.

Gleichheitsgrundsatz beachtet werden). Daher lässt sich von einer **wohlwollenden**[75] oder freundlichen[76] **Trennung sprechen.** [77] Neben der Wahrung der Religionsfreiheit tritt diejenige des **Gleichheitsatz**es mehr und mehr in den Vordergrund. Es besteht nach Art. 3 I ein System gestufter Gleichheit. Während im Hinblick auf den religiösen Kernstatus jede Differenzierung verboten ist,[78] darf in anderen Fällen zwischen ör und pr Religionsgemeinschaften sowie nach der Größe (zB Vertretung in den Rundfunkräten[79]) unterschieden werden.[80] Nicht zulässig sind ekklesiologische Wertungen des Staates.[81] Kaum entfaltet ist im Religionsrecht bisher der spezielle Gleichheitsatz des Art. 3 III 1.[82] Aus Art. 4 I, II lässt sich keine generelle Verpflichtung des Staates zu finanzieller Förderung ableiten.[83] Stellt der Staat finanzielle Mittel zur Verfügung, darf er mit der Verteilung nicht eine Religionsgemeinschaft betrauen, die selbst anspruchsberechtigt ist.[84] Anderes soll gelten, wenn die Entscheidung einem Dritten als neutrale Instanz übertragen worden ist.[85] Da das Religionsrecht im Kern staatl. Recht (vor allem Verfassungsrecht, im Übrigen Völker- oder EU-Recht) ist, gelten für die Auslegung und Anwendung dieselben Maßstäbe wie ansonsten auch.[86] Im Grundsatz hat sich das System des deutschen Staatskirchen- und Religionsrechts bewährt und bedarf daher auch de constitutione ferenda keiner völligen Neuordnung.[87]

## F. Gesetzgebungs- und Verwaltungskompetenzen

Die Gesetzgebungs- und Verwaltungskompetenzen liegen nach den Art. 30, 70 ff., 83 ff., 140 iVm   10
137 VIII WRV prinzipiell bei den **Ländern.**[88] Im Gegensatz zu Art. 10 Nr. 1 WRV kennt das GG keine Grundsatzgesetzgebungskompetenz des Bundes für die Rechte und Pflichten der Religionsgemeinschaften.[89] Von Ausnahmen wie der Militärseelsorge abgesehen (→ Art. 141 WRV Rn. 6), sind die Länder insbes. auch für den Abschluss von Staatskirchenverträgen zuständig. Die Begründung einer Bundeskompetenz für den Vertrag mit dem Zentralrat der Juden[90] aus der Natur der Sache – oder Art. 74 I Nr. 9 (Wiedergutmachung) – überzeugt nicht.[91] Ferner können die Länder im Rahmen der staatl. Kompetenzen Bestimmungen über die Theologischen Fakultäten treffen. Art. 140 entfaltet keine Sperrwirkungen, da Art. 149 III WRV nur mit Rücksicht auf die Zuständigkeit der Länder nicht in das GG übernommen wurde.[92] Vielfach enthalten bereits die Landesverfassungen weitere Regelungen des Religionsrechts.

---

[74] Vgl. statt vieler *Pulte/Hense* (Hrsg.), Grund und Grenzen staatlicher Religionsförderung, 2014; ferner BVerfGE 108, 282 (300): „Art. 4 I und II gebietet auch im positivem Sinn, den Raum für die aktive Betätigung der Glaubensüberzeugung und die Verwirklichung der autonomen Persönlichkeit auf weltanschaulich-religiösem Gebiet zu sichern." BVerwGE 152, 255 ff. Vgl. auch: → Art. 137 WRV Rn. 2.

[75] Vgl. *di Fabio*, Gewissen, Glaube, Religion: Wandelt sich die Religionsfreiheit?, 2. Aufl. 2009, S. 28.

[76] *Unruh* (Fn. 61), Rn. 144.

[77] Vgl. auch *Stutz*, Die päpstliche Diplomatie unter Leo XIII. nach den Denkwürdigkeiten des Kardinals Domenico Ferrata, Abh. Preuß. Akademie der Wissenschaften, Jg. 25 phil.-hist. Kl., Einzelausgabe 1926, S. 54 Anm. 2, der von einer hinkenden Trennung spricht. Ebenso BVerfGE 42, 312 (331); krit. *de Wall* ZevKR 2001, 356 (358); *Pirson*, FS Maurer, 2001, S. 414 ff. Für eine striktere Trennung *Fischer*, Volkskirche ade!, S. 13 ff. Krit. auch *Haupt*, in: Will (Hrsg), Die Privilegien der Kirchen und das Grundgesetz, 2011, S. 103 ff.

[78] Zum Verbot der Privilegierung bestimmter Bekenntnisse sowie zur Ausgrenzung Andersgläubiger, vgl. BVerfGE 108, 282 (299).

[79] Vgl. *Cornils* ZevKR 2009, 417 (432).

[80] Näher dazu *Weber* NJW 1983, 2541 (2543 ff.); *Heckel*, HStKR I, S. 589 ff., 623 ff.; *Jeand'Heur/Korioth*, Grundzüge des Staatskirchenrechts, 2000, Rn. 168 ff.

[81] Vgl. demgegenüber aber *Kirchhof* EssGspr 2005, 105 (116), wonach der Staat bei der Förderung nach der Gemeinschaftserheblichkeit kirchl. Tätigkeiten unterscheiden darf.

[82] Vgl. dazu *Ehlers* ZevKR 2009, 253, 259 ff. Näher zum Ganzen *Schrooten* (Fn. 55).

[83] Vgl. BVerfGE 123, 148 (178).

[84] Vgl. BVerfGE 123, 148 (180, 181 f.).

[85] BVerwGE 148, 271 ff. Näher zu den Drittbegünstigungsklauseln *Lutz-Bachmann* (Fn. 65), S. 215 ff.

[86] Dies wurde von der heute aufgegebenen Koordinationslehre bestritten (wonach sich Staat und Kirche einigen müssen). Vgl. *Ehlers* (Fn. 5), S. 85 ff. (auch zu den verschiedenen Strömungen im Staatskirchenrecht trotz gleichbleibenden Verfassungstextes).

[87] Näher zum Ganzen *Waldhoff*, Gutachten D für den 68. DJT, 2010, sowie die Diskussion des 68. DJT. Vgl. auch *Ehlers* FS P. Kirchhof, 2013, § 130.

[88] Näher zum Gesetzesrecht *Ehlers*, HStKR, 3. Aufl., § 9 Rn. 20 (in Vorbereitung).

[89] Anders Art. 138 I 2 WRV.

[90] Fn. 65.

[91] Vgl. demgegenüber BT-Dr 15/879, S. 13; *Lutz-Bachmann* (Fn. 65), S. 356 ff.; für ein konzertiertes Vorgehen der Länder *Weber*, FS Selmer, 2014, S. 259 (279 ff.).

[92] Vgl. BVerfGE 122, 89 (108 ff.). Näher dazu *Heckel*, Die Theologischen Fakultäten im weltlichen Verfassungsstaat, 1986, S. 19 ff.; ferner BVerwGE 124, 310 ff. AA *Wasmuth*, FS Brohm, 2002, S. 607 (624).

## G. Einwirkungen des internationalen und europäischen Rechts

**11**    Auch die religionsrechtlichen Normen des GG und des einfachen Rechts müssen **völkerrechts-freundlich** ausgelegt werden.[93] Als Maßstabsnormen dienen neben den Art. 18, 26 IPBürgR[94] vor allem die Art. 9 und 14 EMRK sowie Art. 2 S. 2 Zusatzprotokoll zur EMRK (religiöses Erziehungs-recht). Die konventionsfreundliche Auslegung endet, wenn sie nach den Methoden der Gesetzesaus-legung und Verfassungsinterpretation nicht mehr vertretbar ist.[95] Die Einhaltung der Vorschriften wird durch eigene Rechtsschutzinstanzen überwacht. Mittlerweile wird der EGMR fast regelmäßig nach Erschöpfung des nationalen Rechtswegs zwecks Klärung allg. bedeutsamer religionsrechtlicher Streit-fragen angerufen.[96] Doch überlässt der Gerichtshof den Konventionsstaaten in Religionsstreitigkeiten einen erheblichen Beurteilungsspielraum, vor allem wenn gemeineuropäische Wertvorstellungen feh-len.[97]

**12**    Soweit Kompetenzen auf die EU übertragen worden sind, geht das **EU-Recht** in den Grenzen des Art. 23 I 3, 79 III dem nationalen Recht einschl. des Verfassungsrechts und damit auch dem Religi-onsrecht vor.[98] Der EU sind zwar keine spezifischen religionsrechtlichen Kompetenzen übertragen worden,[99] so dass die (nähere) Ausgestaltung des Religionsrechts den Mitgliedstaaten obliegt. Tatsäch-lich gelten in den Mitgliedstaaten unterschiedliche Systeme der Zuordnung von Staat und Kirchen (Religionsgemeinschaften).[100] Einige Staaten kennen eine Staatskirche (zB Großbritannien, Dänemark, Finnland und Griechenland). Andere folgen dem Modell einer strikten Trennung von Staat und Kirche (insbes. Frankreich, ferner Irland und die Niederlande). Zumeist ist eine mittlere Linie gewählt worden (zB in Deutschland, Österreich und Spanien). Unbeschadet dem mitgliedstaatl. Kompetenzen wirkt die EU aber bei der Wahrnehmung ihrer begrenzten Einzelkompetenzen (Art. 5 I EUV)[101] in nicht unerheblichem Ausmaße auch auf das Beziehungsgefüge zwischen den Staaten und Religionsgemein-schaften ein (etwa im Zuge der Gestaltung des Arbeits-, Steuer- oder Datenschutzrechts sowie der Beihilfenkontrolle im Bereich der freien Wohlfahrtspflege). Hierbei müssen die Unionsgrundrechte (bes. die Religionsfreiheit des Art. 10 EUGRCh) beachtet werden. Große Bedeutung kommt dem grundrechtlichen **Verbot einer Diskriminierung** wegen der Religion oder Weltanschauung zu (Art. 21 I EUGRCh), das (anders als im deutschen Recht) unmittelbar zwischen Privaten (damit zugleich zwischen den Religionsgemeinschaften und Einzelnen) gelten soll.[102] Antidiskriminierungs-maßnahmen der EU auch zur Verhinderung von Diskriminierungen aus Gründen der Religion und Weltanschauung können auf der Grundlage des Art. 19 AEUV erlassen werden. Zusätzlich verpflichtet das Unionsrecht die EU (und ihre Mitgliedstaaten) dazu, den **Status** von Religions- und Weltanschau-ungsgemeinschaften (Art. 17 I, II AEUV) sowie die Vielfalt der Religionen (Art. 22 EUGRCh) zu **achten.** Art. 17 I, II AEUV stellt ein Berücksichtigungsgebot, nicht eine strikte negative Kompetenz-norm dar.[103] Beeinträchtigungen bedürfen einer Begründung (Art. 296 II AEUV). Ferner pflegt die Union mit den Kirchen und Gemeinschaften einen regelmäßigen **Dialog** (Art. 17 III AEUV). Ins-gesamt lässt sich feststellen, dass das europäische Recht zunehmend das nationale (Verfassungs-) Recht überlagert.

---

[93] Allg. dazu BVerfGE 111, 307 (317 ff.).

[94] Zu den Berichten des Menschenrechtsausschusses vgl. *Petzold,* Die „Auffassungen" des UN-Menschenrechts-ausschusses zum Schutze der Religionsfreiheit, 2015.

[95] BVerfGE 137, 273 Rn. 129.

[96] Vgl. etwa EGMR ÖJZ 2001, 774 ff. – Schächten; NJW 2001, 2871 ff.; DVBl 2006, 167 ff. (religiös motiviertes Tragen von Kopftüchern); EuGRZ 2010, 285 ff. (Verbot des Kalifat-Staates); NVwZ 2010, 177 ff. (Warnung vor Jugendsekten); NVwZ 2011, 103 ff. (staatliche Verwaltung der Kirchensteuern).

[97] Vgl. zB EGMR EuGRZ 2011, 677 ff. – Lautsi (Kruzifixe in öffentlichen Schulen); anders in Bezug auf das Arbeitsrecht aber EGMR EuGRZ 2010, 560 ff. – Schüth. Näher dazu *Walter,* in: Heinig/Walter (Hrsg.), Religions-verfassungsrechtliche Spannungsfelder, 2015, S. 189 ff.; *Walter/Vordermayer* JöR N. F. 63 (2015), 129 (158 f.).

[98] Vgl. allg. dazu BVerfGE 123, 267 ff.; 126, 286 ff. Nach der Costa/ENEL Rspr. des EuGH gilt der Vorrang uneingeschränkt, NJW 1964, 2371. Näher zum Ganzen *Mückl,* Europäisierung, S. 409 ff.; *Muckel* DÖV 2005, 191 ff.; *v. Campenhausen/de Wall* (Fn. 26), S. 357 ff.; *Walter* (Fn. 6), S. 332 ff.; *Müller-Franken,* in: Pulte/Hense (Fn. 74), S. 185 ff.; *Classen* ZevKR 2015, 115 ff.

[99] Zu generell BVerwG NVwZ 2017, 65 Rn. 27.

[100] Vgl. *Mückl,* Europäisierung, S. 59 ff.; *Unruh* (Fn. 61), Rn. 575 ff.; *Ungern-Sternberg,* Religionsfreiheit in Europa, 2008; *Waldhoff,* in: Calliess/Ruffert (Hrsg.), EUV/AEUV, 5. Aufl. 2016, Art. 17 AEUV Rn. 3; *Robbers* (Hrsg.) State and Church in the European Union, 3. Aufl. 2019.

[101] Zum Flüchtlingsrecht aus Gründen religiöser Verfolgung vgl. EuGH ZAR 2012, 433; BVerwGE 146, 67 ff.; BVerfG (K) NVwZ 2020, 950.

[102] Vgl. EuGH NJW 2018, 1869 Rn. 76 ff. (Egenberger); NJW 2018, 3086 Rn. 69 (IR). Näher dazu → Art. 137 WRV Rn. 14.

[103] AA zT *Classen,* in: Grabitz/Hilf/Nettesheim, Das Recht der Europäischen Union, Art. 17 AEUV (2019) Rn. 3, 33.

## Art. 136 WRV [Religionsunabhängigkeit von Rechten und Pflichten]

(1) Die bürgerlichen und staatsbürgerlichen Rechte und Pflichten werden durch die Ausübung der Religionsfreiheit weder bedingt noch beschränkt.

(2) Der Genuß bürgerlicher und staatsbürgerlicher Rechte sowie die Zulassung zu öffentlichen Ämtern sind unabhängig von dem religiösen Bekenntnis.

(3) Niemand ist verpflichtet, seine religiöse Überzeugung zu offenbaren. Die Behörden haben nur soweit das Recht, nach der Zugehörigkeit zu einer Religionsgesellschaft zu fragen, als davon Rechte und Pflichten abhängen oder eine gesetzlich angeordnete statistische Erhebung dies erfordert.

(4) Niemand darf zu einer kirchlichen Handlung oder Feierlichkeit oder zur Teilnahme an religiösen Übungen oder zur Benutzung einer religiösen Eidesform gezwungen werden.

**Leitentscheidungen:** BVerfGE 32, 98 (Gesundbeter); BVerfGE 33, 23 (Eideszwang); BVerfGE 35, 366 (Kreuz im Gerichtssaal); BVerfGE 46, 266 (Aufnahme in ein Krankenhaus); BVerfGE 52, 223 (Schulgebet); BVerfGE 93, 1 (Kreuz im Klassenzimmer); BVerfGE 108, 282 (Kopftuch I); BVerfGE 122, 89 (Theologische Fakultäten); BVerfGE 138, 296 (Kopftuch II); EGMR NVwZ 2011, 737 (Kreuz im Klassenzimmer).

**Schrifttum:** *A. Frhr. v. Campenhausen,* Zur Kruzifix-Entscheidung des Bundesverfassungsgerichts, AöR 121 (1996), 448; *J. E. Christoph,* Kirchen- und staatskirchenrechtliche Probleme der Evangelisch-Theologischen Fakultäten, 2009; *M. Heckel,* Die theologischen Fakultäten im weltlichen Verfassungsstaat, 1986; *ders.,* Gleichheit oder Privilegien?, 1993, S. 73 ff.; *E.-L. Solte,* Kirche, Staat und evangelische Theologie, in: FS Hollerbach, 2001, S. 791; *M. Stolleis,* Eideszwang und Glaubensfreiheit – BVerfGE 33, 23 – JuS 1974, 770.

## A. Allgemeines

Art. 136 WRV enthält religionsbezogene Differenzierungsverbote im Hinblick auf die bürgerlichen **1** und staatsbürgerlichen Rechte und Pflichten und schützt zugleich in verschiedener Hinsicht die negative Religionsfreiheit. Im Schrifttum wird der Vorschrift, abgesehen von ihrem Konkretisierungsgehalt, keine große Bedeutung beigemessen, weil sie nur garantiere, was sich ohnehin aus den Art. 3 III, 4 I, II sowie 33 III ergebe.[1] Auch hat die Vorschrift wegen der europarechtlichen (vor allem unionsrechtlichen) Diskriminierungsverbote (→ Art. 140 Rn. 11 f.) an Relevanz verloren. Mit der Anordnung der Gleichheit von Pflichten wird nach der hier vertretenen, von der hM abw. Auffassung die individuelle Religionsfreiheit aber zugleich einem (partiellen) **Gesetzesvorbehalt** unterstellt (→ Rn. 4, → Art. 140 Rn. 4). Ferner ist Art. 136 WRV entgegen der hM als Grundrecht oder grundrechtsähnliches Recht anzusehen, das unmittelbar (und nicht nur iVm Art. 3 III, 4 I, II oder 33 III) die Erhebung einer Verfassungsbeschwerde nach Art. 93 I Nr. 4a gestattet (vgl. → Art. 140 Rn. 3). Berechtigt werden durch die Vorschrift alle natürlichen Personen, verpflichtet **nur** alle **Träger** von **Staatsgewalt.**[2] Keine Verpflichtungsadressaten der Vorschrift sind damit auch die Religionsgemeinschaften selbst (sofern sie nicht ausnahmsweise als Träger von Staatsgewalt tätig werden). Dementspr. greift Art. 136 I, II WRV schon tatbestandlich nicht (unmittelbar) ein, wenn die Vergabe kirchl. Kindergartenplätze oder die Anstellung von Ärzten in einem kirchl. Krankenhaus von der Religion abhängig gemacht wird.

## B. Geltung der bürgerlichen und staatsbürgerlichen Rechte und Pflichten (Abs. 1, 2)

Die an frühere Verfassungsbestimmungen angelehnten, sprachlich wenig gelungenen Normierungen **2** der Abs. 1 und 2 schließen es aus, bürgerliche und staatsbürgerliche Rechte und Pflichten von der Religion abhängig zu machen. Sie enthalten somit ein **spezielles** – und nicht nur allgemeines[3] – **Differenzierungsverbot** (*Kokott,* Art. 4 Rn. 196). Die Vorschriften stehen in einem engen Zusammenhang zu den Gewährleistungen der Art. 3 III 1, 33 III 1. Wie diese[4] erfassen sie auch nicht nur

---

[1] *Unruh* MKS III, Art. 136 WRV Rn. 4 (praktisch bedeutungslos).
[2] Vgl. auch *Morlok,* in: Dreier III, Art. 136 WRV Rn. 14; *Kästner* BK, Art. 140 Rn. 211.
[3] Vgl. demgegenüber aber *Heckel,* Gleichheit oder Privilegien?, S. 73 ff.; *ders.,* HStKR I, S. 623 (638 ff.).
[4] Vgl. BVerfGE 97, 35 (43 f.); 104, 373 (393); BVerfG (K) NJW 2009, 661 f.

unmittelbare, sondern auch mittelbare Diskriminierungen. Ob eine Benachteiligung oder Bevorzugung vorliegt, hängt im Falle gesetzlicher Regelungen von deren Tatbestand, nicht von der Regelungsintention des Gesetzgebers ab.[5] Ungleichbehandlungen können zulässig sein, wenn sie nicht an das Kriterium der Religion anknüpfen oder sich durch kollidierendes Verfassungsrecht[6] rechtfertigen lassen.[7] Auch könnte eine Rechtfertigung in seltenen Fällen aus objektiven, zwingend erforderlichen Faktoren in Betracht kommen.[8] Unter staatsbürgerlichen Rechten und Pflichten sind mit der Staatsangehörigkeit verknüpfte Rechtspositionen, unter bürgerlichen Rechten und Pflichten Jedermannsrechte oder -pflichten des staatlich gesetzten Rechts zu verstehen.[9] Hinsichtlich der Gewährung von Rechten ist der Regelungsgehalt der Abs. 1 und 2 identisch. Abs. 2 enthält nur einen klarstellenden Zusatz bezüglich der Zulassung zu öffentlichen Ämtern. Insoweit greift bereits der (weitergehende) Schutz des Art. 33 III 1 ein (*Battis*, Art. 33 Rn. 42 ff.). Bei den bürgerlichen Rechten und Pflichten kann es sich um solche des öffentlichen oder des privaten Rechts handeln. Da Art. 136 WRV staatsgerichtet ist (→ Rn. 1) und die Vorschrift keine unmittelbare Drittwirkung im Privatrechtsverkehr entfaltet, werden privatautonome Rechte und Pflichten nicht erfasst. Doch kann sich auch insoweit (namentlich im Arbeitsleben) aufgrund der Ausstrahlungs- und Schutzwirkungen der Vorschrift eine mittelbare Bindung aus deren Wertgehalt ergeben.

## I. Gleichheit der Rechte

3    Da die bürgerlichen und staatsbürgerlichen Rechte nicht durch die Ausübung der Religionsfreiheit bedingt werden dürfen, ist es dem Staat (grds.) untersagt, sie von der Innehabung oder dem Fehlen eines religiösen Bekenntnisses oder der Zugehörigkeit zu einer Religionsgemeinschaft abhängig zu machen. ZB darf einem Elternteil das Recht (und die Pflicht) auf Ausübung der elterlichen Sorge (§ 1626 BGB) nicht allein wegen einer Glaubensüberzeugung abgesprochen werden. Die Vergabe von Ämtern darf der Staat nur ausnahmsweise an das Bekenntnis knüpfen, wenn sich dies aus dem kollidierenden Verfassungsrecht entnehmen lässt oder eine nach Art. 4 I, II zulässige Religionsförderung im staatl. Bereich dies erfordert. So ist die Religionszugehörigkeit von Religionslehrern an staatl. oder öffentl. Schulen oder von Lehrern an staatl. Bekenntnisschulen gem. Art. 7 III und V ein Eignungskriterium. Auch wenn das GG die **Theologischen Fakultäten** an staatl. Universitäten anders als die WRV (Art. 149 III) und die Staatskirchenverträge (zB Art. 14 I RK) nicht ausdrücklich erwähnt, ist es dem Staat nicht untersagt, solche Fakultäten zum Zwecke von Religionsförderung einzurichten (→ Art. 140 Rn. 10).[10] Die Fakultäten sind sowohl staatl. als auch den Religionsgemeinschaften zuzuordnende glaubensgebundene Einrichtungen. Daher steht den Religionsgemeinschaften das Recht zu, von den Theologen ein Bekenntnis zu verlangen und ihre Maßstäbe bei der inhaltlichen Festlegung der Lehre, bei der Auswahl des Lehrpersonals und bei Ausgestaltung und Abnahme der von ihr anerkannten Prüfungen durchzusetzen.[11] Bei einem späteren Austritt aus der Religionsgemeinschaft oder einem Abweichen von der amtl. Lehre kann das Ausscheiden aus dem Amt im konkret-funktionalen Sinne erzwungen werden, während der personale Status (zB Beamtenstatus) und der Anspruch auf Beschäftigung – in einem religionsneutralen Bereich – erhalten bleiben.[12] Sog. **Konkordatsprofessuren,** dh Professuren kath. Ausrichtung für nichttheologische Fächer außerhalb einer theologischen Fakultät an staatl. Universitäten, sind nur in sehr engen Grenzen zulässig (soweit sie für die Ausbildung von Theologen, Religionslehrern oder Lehrern an staatl. Bekenntnisschulen unerlässlich sind).[13] Zu den Anstaltsgeistlichen vgl. → Art. 137 WRV Rn. 9, 141 WRV Rn. 7.

## II. Gleichheit der Pflichten

4    Nach Abs. 1 werden durch die Ausübung der Religionsfreiheit die bürgerlichen und staatsbürgerlichen Pflichten nicht beschränkt, bleiben also bestehen. Die Aussage entspricht weitestgehend dem nicht in das GG übernommenen Art. 135 S. 3 WRV, wonach die allg. Staatsgesetze von der Religionsfreiheit

---

[5] Zu Art. 3 III 1 GG vgl. BVerfGE 85, 191 (206); 97, 35 (43); 114, 357 (364).

[6] So zB Art. 137 VI WRV.

[7] *Morlok,* in: Dreier III, Art. 136 WRV Rn. 11.

[8] So soll nach Ansicht des BVerfG (E 114, 357, 364 ff.), auch nicht jede Ungleichbehandlung, die an das Geschlecht anknüpft, gegen Art. 3 III 1 verstoßen. Diff. Regelungen könnten zulässig sein, wenn sie, „zwingend erforderlich" sind. Näher dazu *Ehlers* ZevKR 2009, 253 (268 f.).

[9] Vgl. auch *Korioth,* in: Maunz/Dürig, Art. 136 WRV (2019) Rn. 39 ff. Nach aA (vgl. *Unruh* MKS III, Art. 136 WRV Rn. 3) ist die Unterscheidung zwischen bürgerlichen und staatsbürgerlichen Rechten ohne Bedeutung.

[10] Vgl. auch *Steinhilber,* Theologie an staatlichen Universitäten – Relikt oder Modell?, 2018.

[11] Vgl. BVerfGE 122, 89 (111 ff.); BVerwGE 17, 267 (270); 19, 252 (260); 124, 310 ff.; *Heckel,* Theologischen Fakultäten, S. 67 ff. Krit. *Preuß,* AK GG, Art. 140 (2001) Rn. 37, 71 (im Hinblick auf die Theologieprofessoren und Anstaltsgeistlichen).

[12] Näher dazu BVerfGE 122, 89 (111 ff.); BVerwGE 124, 310 ff.; *Mainusch* DÖV 1999, 677 ff.

[13] Str. vgl. BayVerfGH BayVBl 1980, 462 ff. Krit. zB *Fischer,* Volkskirche ade!, Trennung von Staat und Kirche, 4. Aufl. 1993, S. 137 ff.; *Morlok,* in: Dreier III, Art. 136 WRV Rn. 17; *Kästner* BK, Art. 140 (2010) Rn. 245; *Heinig* (Fn. 15), S. 485.

unberührt bleiben.[14] Art. 4 I, II hat hieran entgegen der Ansicht des BVerfG (→ Art. 140 Rn. 4) nichts geändert. Damit wird die Ausübung der Religionsfreiheit einem **Gesetzesvorbehalt** unterworfen. ZB ist ein Gläubiger, der sein Haus zu einer Kapelle ausbaut, an das Baurecht gebunden (obwohl dieses nicht kollidierendes Verfassungsrecht darstellt). Zu den unberührt bleibenden allg. Gesetzen sind alle formell- oder materiell-rechtlichen Bestimmungen zu zählen, die sich nicht gegen die Ausübung der Religionsfreiheit als solche wenden.[15] Daneben sind die gesetzlichen Vorschriften zu beachten, die kollidierendes Verfassungsrecht konkretisieren. Allerdings sind die gesetzlichen Bindungen nur dann beachtlich, wenn sie einer Abwägung mit Art. 4 I, II sowie den sonstigen religiösen Freiheitsrechten standhalten. So müssen die allg. Gesetze uU dann zurücktreten, wenn der konkrete Konflikt zwischen einer nach allg. Anschauungen bestehenden Rechtspflicht und einem Glaubensgebot den Betroffenen in eine unverhältnismäßige seelische Bedrängnis bringt.[16] Auch kann es aus religiösen Gründen geboten sein, sich über das gesetzlich geschützte öffentliche Interesse an einer Namenskontinuität hinwegzusetzen.[17] Soweit möglich bedarf es einer verfassungskonformen Auslegung.[18]

Beachtet werden müssen insbes. die **Strafgesetze.** Jedenfalls bei Begehungstatbeständen (zB dem **5** tätlichen Angriff auf das Personal von Abtreibungskliniken, der Beschädigung von Bundeswehrgeräten, Blockaden oder Besetzungen) lässt sich aus Art. 4 I, II idR weder ein Entschuldigungsgrund noch ein Rechtfertigungsgrund ableiten. Bei Unterlassungsdelikten können die religiösen Motive über die Unzumutbarkeit des Handelns zur Straflosigkeit führen. Die religiös motivierte Ablehnung notwendiger medizinischer Maßnahmen ist nur strafbar, wenn Kinder oder Betreute betroffen sind.[19] Zur Beschneidung vgl. § 1631d BGB.[20] Die Strafbarkeit einer Blasphemie bestimmt sich nach den §§ 166, 185 StGB (iVm Art. 4 I, II).[21] Grds. zulässig ist ein Friedhofszwang[22] sowie die Verpflichtung zum Besuch nicht bekenntnismäßig ausgerichteter öffentlicher Schulen.[23] Ein Stromzahlungsboykott,[24] eine Abgabenverweigerung aus religiösen Gründen[25] oder die Weigerung von Postbeamten, Postsendungen von Religions- oder Weltanschauungsgemeinschaften zuzustellen,[26] sind nach Abs. 1 nicht gerechtfertigt. Soweit die Schulpflicht reicht, ist eine Befreiung von der Teilnahme gestützt auf die Religion nur ausnahmsweise zulässig.[27] Lehrern an allgemeinbildenden öffentlichen Schulen kann und muss ggf. in Konkretisierung der allg. Dienstpflichten das Tragen von **missionarisch wirkenden Kleidungsstücken** in Schule und Unterricht untersagt werden (zumal dann, wenn andersdenkende Schüler oder Erziehungsberechtigte daran Anstoß nehmen).[28] Das Verbot eines Tragens von **Kopftüchern** bedarf nach Auffassung des BVerfG einer eindeutigen gesetzlichen Grundlage.[29] Ein landesweites gesetzliches Verbot wegen der abstrakten Gefährdung für den Schulfrieden oder die staatliche Neutralität soll unverhältnismäßig sein, wenn das Tragen des Kopftuchs nachvollziehbar auf ein als verpflichtend verstandenes religiöses Gebot zurückzuführen ist. Im Falle konkreter Gefährdungslagen für Schulen oder Schulbezirke sowie in Einzelfällen wird ein Verbot als zulässig angesehen.[30] Dieser Maßstab soll auch für ein Verbot des Kopftuchtragens in Kindertagesstätten gelten.[31] Für den Justizbereich dürfe das Tragen religiös oder weltanschaulich geprägter Symbole noch stärker untersagt

---

[14] So schon *Anschütz* WRV, Art. 136 Anm. 1.

[15] Ähnl. *Muckel,* Religiöse Freiheit und staatliche Letztentscheidung, 1997, S. 231 ff. Weitergehend zur Motorradhelmpflicht für Turbanträger vgl. BVerwG NJW 2019, 3466.

[16] OVG NW NWVBl 2003, 102 (104 – Freistellung von der Tätigkeit als Wahlhelfer aus Glaubensgründen).

[17] BVerwG ZevKR 2005, 125 ff.

[18] So etwa im Falle des § 159 SGB III (weshalb die Verweigerung von Arbeitslosengeld bei Nichtannahme einer Stelle aus religiösen Gründen unzulässig sein kann). Vgl. BSGE 51, 70 ff.

[19] Grundl. zur Problematik BVerfGE 32, 98 ff.(Gesundbeter). Vgl. auch §§ 1901 II 2, 1901a, 1904 BGB.

[20] Dazu einerseits (vor Änderung des BGB) LG Köln NJW 2012, 2128 f., andererseits *Muckel* JA 2012, 636 ff.; *Rox* JZ 2012, 806 ff.; *Wittreck,* in: Rees/Roca/Schanda (Hrsg.), Neuere Entwicklungen im Religionsrecht Europäischer Staaten, 2013, S. 825 (827 ff.).

[21] Näher dazu statt vieler *Rox,* Schutz religiöser Gefühle im freiheitlichen Verfassungsstaat?, 2012.

[22] BVerfGE 50, 256 (262). Zu Ausnahmen vgl. BVerwGE 45, 224 (233 ff.). Vgl. auch *Renck* NWVBl 2006, 170 ff.

[23] BVerfG (K) NJW 2009, 3151 (3152).

[24] Vgl. BVerfG (VPr) NJW 1983, 32 ff.

[25] BVerfGE 67, 26 (37); 78, 320 ff.; BFH BStBl II 1992, 203 ff.

[26] BVerwGE 113, 361 ff.

[27] Vgl. BVerwG NJW 2014, 804 ff. (Vorführung eines Spielfilms); BVerwGE 147, 362 ff.; BVerfG (K), NVwZ 2017, 227 (Koedukativer Schwimmunterricht); OVG Bremen KirchE 62, 361 (Schulfahrt).

[28] Vgl. zum Tragen bhagwan-typischer Kleidung: BVerwG NVwZ 1988, 937 f.; zu einem gesichtsverhüllenden Schleier BayVGH NVwZ 2014, 1109 f.; für missionarische christliche Kleidungsstücke kann nichts anderes gelten, so auch *Brenner* VVDStRL 59 (2000), 264 (283 ff.). Zum Verbot der Vollverschleierung von Schülerinnen vgl. § 58 II 2 NSchG iVm. den erläuternden Hinw., SVBl 10/2017, 552.

[29] BVerfGE 108, 282 ff. (mit abw. Meinung von drei Richtern, S. 314 ff.). Zur Unzulässigkeit der Kündigung einer Verkäuferin mit Kopftuch BVerfG (K) NJW 2003, 2815 f., zur Zulässigkeit des Tragens von Kopftüchern durch Schöffinnen einerseits LG Dortmund, andererseits LG Bielefeld NJW 2007, 3013 f. Näher zum Ganzen *Kokott,* Art. 4 Rn. 65 ff.

[30] BVerfGE 138, 296 ff. (mit beachtlicher abw. Auffassung der Richter *Schluckebier* und *Hermanns*). Vgl. auch *Walter/v. Ungern-Sternberg* DÖV 2008, 488 ff.

[31] BVerfG (K) NVwZ 2017, 549.

werden.[32] Unzulässig ist eine Privilegierung „christlicher" Kleidungsstücke. Der EGMR hat das Verbot einer Vollverschleierung in der Öffentlichkeit für rechtmäßig erachtet und in einer Regelung, die Lehrern an staatl. Schulen das Tragen eines Kopftuches aus religiösen Gründen untersagt, keine Verletzung des Art. 9 I EMRK gesehen.[33] Entsprechendes wurde sogar für das Tragen von Kopftüchern durch Studentinnen angenommen.[34] Letzteres widerspricht Art. 4 I, II. Die Zulässigkeit des Verbots einer religiösen Kleidung am Arbeitsplatz macht der EGMR von der konkreten Beeinträchtigung unternehmerischer Ziele oder der Gefährdung Dritter abhängig[35], während der EuGH[36] stärker auf die Kohärenz der Unternehmenspolitik abgestellt hat.

6 Dagegen ergibt sich aus der Abwägung mit Art. 4 I und II respektive Art. 137 III WRV, dass das Gebot der Pflichtengleichheit nicht verletzt ist, wenn Angehörigen von Religionsgemeinschaften unter bestimmten Voraussetzungen das **Schächten** (betäubungslose Schlachten) von Tieren erlaubt wird (§ 4a II Nr. 2 TierSchG)[37], Beamte Sonderurlaub zur Teilnahme an einer religiösen Feierlichkeit erhalten[38] und Schüler an bestimmten Tagen aus religiösen Gründen vom Schulbesuch befreit werden.[39] Ebenso bestehen keine Bedenken dagegen, Geistliche vom **Wehrdienst** (§ 11 I Nr. 1–3 WPflG) und **Zivildienst** (§ 10 I Nr. 1–3 ZDG) zu befreien,[40] ihnen ein **Zeugnisverweigerungsrecht** iSd § 53 I Nr. 1 StPO und § 383 I Nr. 4 ZPO (→ Art. 141 WRV Rn. 11) sowie das Recht zuzugestehen, die Berufung zum Amt des ehrenamtl. Richters abzulehnen[41] und die Nichtanzeige seelsorgerisch anvertrauter geplanter Straftaten straffrei zu lassen (§ 139 II StGB). Schließlich darf der Staat (wie in einer Reihe von Ländern geschehen) das schulische **Unterrichtsfach Ethik** an öffentlichen Schulen auch ausschließlich für die nicht am Religionsunterricht teilnehmenden Schüler verpflichtend einrichten.[42] Es geht hierbei nicht um die Herstellung der Pflichtengleichheit von Schülern, sondern darum, ihnen eine Befassung mit ethischen und religiösen Fragestellungen abzuverlangen, es den Eltern oder religionsmündigen Schülern aber zu überlassen, in welcher Weise dies geschehen soll. Das BVerfG hat eine Pflicht zur Teilnahme am Ethikunterricht ohne Abmeldemöglichkeit auch dann für zulässig erachtet, wenn die Schüler ebenfalls den Religionsunterricht besuchen möchten.[43] Wird eine öffentliche Bekenntnisschule gewählt, kann die Teilnahme am Religionsunterricht vorgeschrieben werden.[44] Ein Anspruch muslimischer Schülerinnen auf Befreiung vom koedukativen Schwimmunterricht hat die Rspr. mit Hinweis auf das Tragen sog. Burkinis verneint,[45] eine Befreiung von sonstigen Unterrichtsveranstaltungen nur in Ausnahmefällen.[46]

---

[32] BayVerfGH NVwZ 2019, 721. Zum Kopftuchverbot für Gerichtsreferendare vgl. BVerfG (K) NVwZ 2020, 461; zur Weigerung eines Zeugen, die Kopftuchbedeckung abzunehmen EGMR NVwZ 2018, 965; Kopftuch einer Zuhörerin BVerfG (K) NJW 2007, 56 f.

[33] EGMR, Urt. v. 11.7.2017, Nr. 4619/12 – Dakir; NJW 2001, 2871 ff. Zum Verbot eines Niqab an öffentlichen Schulen im Falle des Fehlens einer gesetzlichen Regelung vgl. OVG Hamb NVwZ 2020, 489. Zum Entschädigungsanspruch im Falle eines Verbots BAG 8 AZR 62/19. Zum Ganzen auch: *Schulten,* Religiöse Kleidung und Symbolik als Rechtsproblem, 2018.

[34] Vgl. EGMR DVBl 2006, 167 ff. Zur Rspr. des Menschenrechtsausschusses (heute Menschenrechtsrats) der VN vgl. *Zacharias* KuR 2006, 189 ff.

[35] Vgl. die Nachw. bei *Heinig* ZevKR 2019, 298 (308 f.).?

[36] Vgl. EuGH EuZW 2017, 480; NJW 2017, 1087. Näher dazu *Germann* EuR 2018, 235 ff.

[37] Vgl. BVerfGE 103, 337 (353 ff.); BVerwGE 112, 227 (234 ff.); vgl. dazu auch *Wittreck* Der Staat 42 (2003), 519 ff. Zum Verbot des Verzehrs nicht geschächteter Tiere vgl. aber auch *Kästner* BK, Art. 140 (2010) Rn. 226. Ferner BVerfG (K) GewArch 2009, 487 (muslimischer Metzger). Ferner auch EuGH BeckRS 2020, 35714 (Zulässigkeit eines Verbots der Tötung von Tieren ohne Betäubung).

[38] Vgl. BVerwG NVwZ 1987, 699 (nicht gerechtfertigte Begrenzung auf Angehörige korporierter Religionsgemeinschaften); BVerwG DÖV 2011, 367 (kein Sonderurlaub für einen Kongress der Zeugen Jehovas; Vereinbarkeit mit RL 78/2000/EG). Vgl. auch → Art. 137 WRV Rn. 22.

[39] BVerwGE 42, 128 (130).

[40] Str., vgl. BVerwGE 61, 152 ff. Es ist ein sachliches Motiv, auch im Verteidigungsfall den Pfarrer einer Gemeinde zu belassen und damit Art. 137 III WRV Rechnung zu tragen. Verfassungsrechtliche Bedenken äußern *Heckel,* HStKR I, 1. Aufl. 1974, S. 533 ff.; *Korioth,* in: Maunz/Dürig, Art. 136 (2019) WRV Rn. 45; *Kästner* BK, Art. 140 GG (2010) Rn. 216; *Morlok,* in: Dreier III, Art. 136 WRV Rn. 17. Zur Frage, wer hauptamtl. tätiger Geistlicher ist, vgl. BVerfG (K) NVwZ 1987, 676; NVwZ 1990, 1064. Mit der Aussetzung des Wehr- und Zivildienstes hat sich die Rechtsfrage bis auf Weiteres erledigt. Die Nichtbefreiung von Predigern der Zeugen Jehovas von der Wehrpflicht in Österreich stellt eine Diskriminierung iSv Art. 14 iVm Art. 9 EMRK dar (EGMR NVwZ 2010, 823 f.).

[41] Anzuerkennen ist nur eine Ablehnung aus religiösen Motiven. Verfassungskonform auszulegen ist § 34 I Nr. 6 GVG. Zu Ausnahmen von der Pflicht zur Übernahme von Ehrenämtern vgl. *Korioth,* in: Maunz/Dürig, Art. 136 WRV (2019) Rn. 44.

[42] Vgl. BVerwGE 107, 75 ff. AA *Czermak* DÖV 1999, 725 ff.; *Korioth,* in: Maunz/Dürig, Art. 136 WRV (2019) Rn. 50; *ders.* EssGspr 2016, 7 (20 ff.); vgl. auch BVerwG NVwZ 2014, 1163 (kein Anspruch auf Einrichtung des Faches Ethik in den Grundschulklassen).

[43] BVerfG (K) NVwZ 2008, 72 ff. AA *Unruh* DÖV 2007, 625.

[44] BVerwG NVwZ 2017, 1141; vgl. auch BVerfG (K) NVwZ 2018, 156. Krit. *Wißmann* ZevKR 2018, 209.

[45] BVerwGE 147, 362 ff.; im Ergebnis ebenso EGMR EuGRZ 2017, 249 (250, 255 ff.). Vgl. aber auch BVerwGE 94, 82 (83 ff.). Zum umgekehrten Fall (Burkiniverbot, wenn gleichzeitig das Tragen von Neoprenanzügen erlaubt ist) vgl. OVG RP NVwZ 2020, 170.

[46] BVerwG NJW 2014, 804.

## C. Schweigerecht (Abs. 3)

Das Schweigerecht des Abs. 3 ist eine Ausprägung der **negativen Religionsfreiheit** und zugleich   **7**
des sich aus Art. 2 I iVm Art. 1 I ergebenden Rechts auf informationelle Selbstbestimmung. Im
Hinblick auf die religiösen Überzeugungen gilt es vorbehaltlos, was eine Begrenzung durch (kaum
praktisch werdendes) kollidierendes Verfassungsrecht nicht ausschließt.[47] Wird eine Religionsförderung
beansprucht oder eine Freistellung von bürgerlichen oder staatsbürgerlichen Pflichten aus religiösen
Gründen verlangt, obliegt die Darlegungslast und damit die Offenbarung der religiösen Überzeugung
den Betroffenen.[48] Ansonsten – zB wenn jemand nicht am Religionsunterricht oder einem Schulgebet
an einer öffentlichen Schule teilnehmen möchte – besteht keine Pflicht zur Offenlegung der religiösen
oder weltanschaulichen Überzeugung. Im Arbeitsrecht ist der Wertgehalt der Vorschrift zu beachten.
Gem. Satz 2 der Vorschrift darf nach der Bekenntniszugehörigkeit gefragt werden, wenn Rechte und
Pflichten davon abhängen oder eine gesetzlich angeordnete statistische Erhebung dies erfordert. Zu den
von Art. 136 III 2 WRV erfassten Behörden sind alle staatl. Stellen zu rechnen.[49] Die angesprochenen
Rechte und Pflichten müssen unter Beachtung der verfassungsrechtlichen Vorgaben gesetzlich fest-
gelegt sein.[50] Zur statistischen Erhebung gehört der gesamte Vorgang, an dessen Ende eine oder
mehrere Zahlen oder Angaben einer Größenordnung stehen, die Quantitäten einer oder mehrerer
Massenerscheinungen bezeichnen.[51] Die Daten dürfen nur in anonymisierter Weise Verwendung
finden. Als rechtlich zulässig angesehen worden ist zB die Frage nach der Religionszugehörigkeit im
Zusammenhang mit Volksbefragungen,[52] der Ausfüllung von Lohnsteuerkarten (zwecks Erhebung von
Kirchensteuern)[53] und der Überprüfung von Gewissensgründen von Kriegsdienstverweigerern.[54] Erlaubt ist ferner die Befragung, wenn der Staat in zulässiger Weise Religionsförderung betreibt, zB wenn
die Beantwortung der Frage freigestellt ist und unter zumutbaren Voraussetzungen abgelehnt werden
kann.[55] Freiwilligkeit setzt Einsichtsfähigkeit sowie Religionsmündigkeit voraus. Hinsichtlich der nach
Art. 136 III 2 WRV erlangten Kenntnisse ist der Staat zur Vertraulichkeit verpflichtet.[56] Verstößt die
Befragung gegen Art. 136 III WRV, hat der Betroffene ein Recht auf Lüge.[57]

## D. Unzulässigkeit eines Religionszwangs (Abs. 4)

Abs. 4 verbietet zunächst staatl. Zwang zu religiösen Handlungen oder Feierlichkeiten oder   **8**
zur Teilnahme an religiösen Übungen unabhängig davon, ob die religiöse Veranstaltung von einer
Religionsgemeinschaft organisiert wird oder nicht. Die Vorschrift präzisiert nur, was sich ohnehin
aus der von Art. 4 I, II geschützten negativen Religionsfreiheit ergibt. In den Grenzen des kollidierenden (allerdings kaum praktisch werdenden) Verfassungsrechts gilt die Vorschrift uneingeschränkt.[58]
Erfasst werden neben unmittelbaren nicht freiwilligen rechtlichen oder tatsächlichen Inpflichtnahmen
auch solche mittelbarer Art (durch Gewährung von staatl. Vorteilen oder Nachteilen).[59] Nach
Art. 136 IV WRV braucht zB niemand, der religionsmündig ist (→ Art. 4 Rn. 8) oder dessen
Erziehungsberechtigte dies nicht wollen (Art. 7 II), an einem konfessionell gebundenen **Religions-
unterricht**,[60] an einem **Schulgebet**[61] oder an einem Tischgebet im Kindergarten[62] teilzunehmen.
Der Befehl „Helm ab zum Gebet" im Rahmen des militärischen Zeremoniells des großen **Zapfen-
streiches** soll nach wohl hM keinen Zwang zum Beten auslösen, sondern nur die Achtung vor der
Religionsausübung der Betenden sicherstellen.[63] Doch ändert dies nichts an dem religiösen Cha-

---

[47] Eine Speicherung der Angaben zur Religionszugehörigkeit zwecks Aufklärung oder Bekämpfung des internationalen Terrorismus ist nur zulässig, wenn und soweit durch Gesetz konkretisiertes kollidierendes Verfassungsrecht
dies erfordert (vgl. § 3 I Nr. 1b) hh) des Gemeinsame-Dateien-Gesetzes v. 22.12.2006, BGBl I, S. 3409).

[48] Vgl. auch *Magen*, in: Umbach/Clemens II, Art. 140 Rn. 48; zur Verweigerung des Kriegsdienstes aus religiösen
Gründen *Kokott*, Art. 4 Rn. 113 ff.

[49] *Korioth*, in: Maunz/Dürig, Art. 136 WRV (2019) Rn. 90.

[50] *Korioth*, in: Maunz/Dürig, Art. 136 WRV (2019) Rn. 91.

[51] BVerfGE 8, 104 (111).

[52] BVerfGE 65, 1 (38 ff.); *v. Campenhausen* ZevKR 1996, 129 (131).

[53] Vgl. → Art. 137 WRV Rn. 36.

[54] BVerwGE 9, 97 ff. Zu weiteren Beispielsfällen sowie zur Bedeutung des Art. 136 III WRV für die Datenverarbeitung vgl. *Korioth*, in: Maunz/Dürig, Art. 136 WRV (2019) Rn. 92 ff., 104 ff.

[55] Vgl. BVerfGE 46, 266 ff. (Angabe der Konfessionszugehörigkeit bei der Aufnahme in ein staatl. Krankenhaus);
BVerwG NJW 1976, 383 f.

[56] BVerwGE 109, 40 (50); *Magen*, in: Umbach/Clemens II, Art. 140 Rn. 48.

[57] *Korioth*, in: Maunz/Dürig, Art. 136 WRV (2019) Rn. 75.

[58] Weitergehend *Korioth*, in: Maunz/Dürig, Art. 136 WRV (2019) Rn. 128 (keinerlei Einschränkungen).

[59] Vgl. auch *Magen*, in: Umbach/Clemens II, Art. 140 Rn. 49.

[60] Zur Zulässigkeit der Einführung eines Unterrichtsfachs Ethik mit Teilnahmezwang vgl. Rn. 6.

[61] Vgl. hierzu BVerfGE 52, 223 (239). Abzulehnen HessStGH NJW 1966, 31 ff.

[62] Vgl. BVerfG (K) NJW 2003, 3468 ff.

[63] *Unruh* MKS III, Art. 136 WRV Rn. 43; *Kästner* BK, Art. 140 (2010) Rn. 259. AA *Jarass*, in: Jarass/Pieroth,
Art. 136 WRV Rn. 7.

rakter.[64] Erst recht ist es dem bekenntnisneutralen Staat verwehrt, das Beten während militärischer Zeremonien oder im allgemeinen Schulunterricht öffentlicher Gemeinschaftsschulen anzuordnen.[65] Unzulässig ist auch die Verpflichtung zum Besuch von Bekenntnisschulen[66] oder der auf Lehrer ausgeübte Zwang, Schüler zum Gottesdienst zu begleiten.[67] Die staatlich angeordnete Anbringung eines **Kruzifixes** bzw. eines **Kreuzes** in einem Gerichtssaal[68] oder in Unterrichtsräumen einer staatl. Pflichtschule (die keine Bekenntnisschule ist) verletzt nach Ansicht des BVerfG[69] die negative Religionsfreiheit der Schüler oder Erziehungsberechtigten, weil der Einzelne nicht in eine vom Staat geschaffene Lage gebracht werden darf, in welcher er ohne Ausweichmöglichkeit dem Einfluss eines bestimmten Glaubens, den Handlungen, in denen dieser sich manifestiert, und den Symbolen, in denen er sich darstellt, ausgesetzt ist.[70] Gleiches ist trotz erheblicher Einschränkungen durch die hergebrachten Grundsätze des Berufsbeamtentums (Art. 33 V) für Lehrer anzunehmen, wenn sie geltend machen können, existenziell durch die Anbringung eines Kreuzes oder Kruzifixes in der Schule betroffen zu sein.[71] Doch entfalten unauffällige Kreuze uU noch keine die grundrechtliche Eingriffsschwelle überschreitende Zwangswirkungen.[72] Sieht man ein Kruzifix oder Kreuz nicht nur als Ausdruck einer vom Christentum mitgeprägten abendländischen Kultur, sondern jedenfalls auch und in erster Linie als Symbol einer bestimmten religiösen Überzeugung an (was auf Kruzifixe eindeutig zutrifft),[73] ist es dem Staat wegen seiner Verpflichtung zur Bekenntnisneutralität und wegen der grds. Trennung von Staat und Kirche nicht gestattet, Gerichtssäle und Unterrichtsräume von sich aus mit solchen Symbolen auszustatten. Geht die Initiative von Schülern oder Erziehungsberechtigten aus,[74] ist zwischen den Grundrechtspositionen abzuwägen. Hierbei geltende Widerspruchsregelungen hat das BVerwG dahin ausgelegt, dass sich die Widersprechenden, wenn sie sich auf ernsthafte und einsehbare Gründe stützen, eine Einigung nicht zustande kommt und andere zumutbare, nicht diskriminierende Ausweichmöglichkeiten nicht bestehen, letztlich durchsetzen müssen.[75] Der EGMR hat die Anbringung von Kruzifixen in öffentlichen Schulen (in Italien) als vereinbar mit Art. 2 EMRK-ZP iVm Art. 9 I EMRK angesehen.[76] In Bayern ist im Eingangsbereich eines Dienstgebäudes als Ausdruck der geschichtlichen und kulturellen Prägung ein Kreuz anzubringen.[77] Anders als ein christliches Kreuz stellt das **Kopftuch** nach Ansicht des BVerfG aus sich heraus kein religiöses Symbol dar. Erst im Zusammenhang mit der Person, die es trage (insbs. Lehrerinnen staatl. Schulen) und mit deren sonstigem Verhalten könne es eine vergleichbare Wirkung entfalten (→ Rn. 5).[78] Verfassungsrechtlich zulässig ist die Pflicht des Arbeitgebers zur Mitwirkung bei der Erhebung der Kirchensteuer, da der Arbeitgeber eine staatsbürgerliche Pflicht gegenüber dem Staat erbringt und nicht religionsfördernd tätig werden muss (→ Art. 137 WRV Rn. 36).

9   Nach Abs. 4 darf ferner niemand zur Benutzung einer **religiösen Eidesform** gezwungen werden. Das BVerfG geht zu Recht davon aus, dass der ohne Anrufung Gottes geleistete Eid keinen religiösen

---

[64] Vgl. aber auch OVG NRW NJW 2006, 1228, wonach die Verwendung christlich-religiöser Symbole beim Großen Zapfenstreich der Bundeswehr nicht das Grundrecht anderer auf freie und ungestörte Religionsausübung verletzt.

[65] Vgl. demgegenüber BVerfGE 52, 223 (239 ff.), wonach ein Schulgebet an öffentlichen Schulen als eine dem Staat zuzurechnende schulische Veranstaltung „auf Anregung des Lehrers" innerhalb der Unterrichtszeit zulässig ist. Dazu die Kontroverse zwischen *Böckenförde* und *Scheuner* DÖV 1980, 323 ff., 513 ff. Zum umgekehrten Fall (kein Anspruch auf Verrichtung eines Gebets in der Schule außerhalb des Unterrichts) nicht überzeugend BVerwGE 141, 223 ff.

[66] Vgl. BVerfGE 41, 29 (48).

[67] Vgl. *Korioth*, in: Maunz/Dürig, Art. 136 WRV (2019) Rn. 118.

[68] BVerfGE 35, 366 (375 ff.).

[69] BVerfGE 93, 1 (15 ff. – mit abw. Voten dreier Richter, 25 ff.). Zust. mit Nachw. zum Streitstand *Jeand'Heur/Korioth*, Grundzüge des Staatskirchenrechts, Rn. 104 ff. Zur Aufnahme des Urteils in der Öffentlichkeit vgl. *Kästner* ZevKR 1996, 241 ff.; *Mishra*, Zulässigkeit und Grenzen der Urteilsschelte, 1997, S. 82 ff. Rechtsvergleichend Schweizerisches Bundesgericht EuGRZ 1991, 89 (Unvereinbarkeit des Anbringens eines Kruzifixes in der Primarschule mit der konfessionellen Neutralität).

[70] Vgl. auch BVerfGE 108, 282 (302).

[71] BayVGH BayVBl 2002, 400 ff.

[72] Vgl. dazu etwa *Isensee* ZRP 1996, 10 (13 ff.); *Kästner* AöR 123 (1998), 408 (423 ff.); *Brenner* VVDStRL 59 (2000), 264 (294 ff.).

[73] Zur Frage, wer über die Bedeutung und das richtige Verständnis des Kreuzes entscheidet, vgl. statt vieler BayVerfGH NJW 1997, 3157 (3158); *v. Campenhausen* AöR 121 (1996), 448 (460 ff.); *Heckel* DVBl 1996, 453 (465 ff.).

[74] Zur Zulässigkeit, der aktiven Betätigung der Glaubensüberzeugung in der Schule auch außerhalb des Religionsunterrichts Raum zu lassen, vgl. BVerfGE 41, 29 (49); 52, 223 (240 ff.); 93, 1 (22). Vgl. demgegenüber aber auch BVerwGE 141, 223 ff.

[75] BVerwGE 109, 40 ff. Näher zum Streitstand *Kokott*, Art. 4 Rn. 51 ff.

[76] EGMR NVwZ 2011, 737 ff. (Große Kammer), anders noch EGMR DÖV 2010, 144. Näher dazu *de Wall* JURA 2012, 960 ff.

[77] § 28 BayAGO. Vgl. dazu *Friedrich* NVwZ 2018, 1007; *Herbolsheimer/Kukuczka* ZevKR 2018, 367.

[78] BVerfGE 108, 282 (304). Ausführlich zur Rspr., auch des EGMR, des EuGH und des United Nations Human Rights Committee's (CCPR), *Jestaedt*, EssGspr 55 (2020), 76 (81 ff.).

oder in anderer Weise transzendenten Bezug hat.[79] Gleichwohl soll auch die Verweigerung eines solchen Eides auf Glaubens- und Gewissensgründe gestützt werden dürfen.[80] Dem ist nicht zu folgen.[81] Nach § 65 StPO und § 484 ZPO kann oder muss statt des Eides eine eidesgleiche Bekräftigung abgegeben werden.

## Art. 137 WRV [Religionsgesellschaften]

(1) **Es besteht keine Staatskirche.**

(2) **Die Freiheit der Vereinigung zu Religionsgesellschaften wird gewährleistet. Der Zusammenschluß von Religionsgesellschaften innerhalb des Reichsgebiets unterliegt keinen Beschränkungen.**

(3) **Jede Religionsgesellschaft ordnet und verwaltet ihre Angelegenheiten selbständig innerhalb der Schranken des für alle geltenden Gesetzes. Sie verleiht ihre Ämter ohne Mitwirkung des Staates oder der bürgerlichen Gemeinde.**

(4) **Religionsgesellschaften erwerben die Rechtsfähigkeit nach den allgemeinen Vorschriften des bürgerlichen Rechts.**

(5) **Die Religionsgesellschaften bleiben Körperschaften des öffentlichen Rechts, soweit sie solche bisher waren. Anderen Religionsgesellschaften sind auf ihren Antrag gleiche Rechte zu gewähren, wenn sie durch ihre Verfassung und die Zahl ihrer Mitglieder die Gewähr der Dauer bieten. Schließen sich mehrere derartige öffentlich-rechtliche Religionsgesellschaften zu einem Verbande zusammen, so ist auch dieser Verband eine öffentlich-rechtliche Körperschaft.**

(6) **Die Religionsgesellschaften, welche Körperschaften des öffentlichen Rechts sind, sind berechtigt, aufgrund der bürgerlichen Steuerlisten nach Maßgabe der landesrechtlichen Bestimmungen Steuern zu erheben.**

(7) **Den Religionsgesellschaften werden die Vereinigungen gleichgestellt, die sich die gemeinschaftliche Pflege einer Weltanschauung zur Aufgabe machen.**

(8) **Soweit die Durchführung dieser Bestimmungen eine weitere Regelung erfordert, liegt diese der Landesgesetzgebung ob.**

**Leitentscheidungen:** BVerfGE 19, 206 (Kirchenbausteuer); BVerfGE 30, 415 (Mitgliedschaftsrecht); BVerfGE 42, 312 (Abgeordnetenmandat für Kirchenbeamte); BVerfGE 46, 73 (Konfessionelle Krankenhäuser I); BVerfGE 53, 366 (Konfessionelle Krankenhäuser II); BVerfGE 70, 138 (Arbeitsrecht); BVerfGE 83, 341 (Bahá'í); BVerfGE 102, 370 (Zeugen Jehovas); BVerfGE 105, 279 (Osho); BVerfGE 137, 273 (Arbeitsrechtliche Loyalitätspflichten); BVerfGE 139, 321 (Zweitverleihung Körperschaftsrechte); BVerwGE 68, 62 (Liturgisches Glockengeläute); BVerwGE 90, 112 (Begriff der Religionsgemeinschaft); BVerwG NVwZ 1995, 473 (Scientology); BVerwGE 101, 309 (Studiengang Theologie); BVerwGE 123, 49 (Islamischer Religionsunterricht); BVerwGE 149, 139 (Rechtsschutz).

**Schrifttum:** *D. Birk/D. Ehlers* (Hrsg.), Aktuelle Rechtsfragen der Kirchensteuer, 2011; *W. Bock,* Das für alle geltende Gesetz und die kirchliche Selbstbestimmung, 1996; *A. Frhr. v. Campenhausen,* Gesammelte Schriften, 1995; *D. Ehlers,* Der staatliche Gerichtsschutz in kirchlichen Angelegenheiten – BVerwG NJW 1983, 2580 und BVerwG NJW 1983, 2582 –, JuS 1989, 364; *B. Grzeszick,* Staatlicher Rechtsschutz und kirchliches Selbstbestimmungsrecht, AöR 129 (2004), 168; *F. Hammer,* Rechtsfragen der Kirchensteuer, 2002; *H.M. Heinig,* Öffentlich-rechtliche Religionsgesellschaften, 2003; *Hesse,* Das Selbstbestimmungsrecht der Kirchen und Religionsgemeinschaften, HStKR I, S. 521; *A. Janssen,* Aspekte des Status von Religionsgemeinschaften als Körperschaften des öffentlichen Rechts, 2. Aufl. 2017; *P. Kirchhof,* Die Kirchen und Religionsgemeinschaften als Körperschaften des öffentlichen Rechts, HStKR I, S. 651; *S. Magen,* Körperschaftsstatus und Religionsfreiheit, 2004; *U. Mager,* Rechtliche Voraussetzungen der Anerkennung religiöser Gemeinschaften als Körperschaften des öffentlichen Rechts, EssGspr 53 (noch nicht veröffentlicht); *R. Mainusch,* Die öffentlichen Sachen der Religions- und Weltanschauungsgemeinschaften, 1995; *St. Muckel,* Religiöse Freiheiten und staatliche Letztentscheidung, 1997; *ders.,* Religionsgemeinschaften als Körperschaften des öffentlichen Rechts, Der Staat 38 (1999), S. 569; *St. Mückl* HStR VII, § 159 Rn. 80 ff.; *G. Robbers,* Sinn und Zweck des Körperschaftsstatus im Staatskirchenrecht, in: FS Heckel, 1999, S. 411; *J-B Schrooten,* Gleichheitssatz und Religionsgemeinschaften, 2015; *T. Stuhlfauth,* Verfassungsrechtliche Fragen des Verbots von Religionsgemeinschaften, DVBl 2009, 416; *U. Suhrbier-Hahn,* Das Kirchensteuerrecht. Eine systematische Darstellung, 1999; *C. Waldhoff,* Neue Religionskonflikte und staatliche Neutralität, Erfordern weltanschauliche und religiöse Entwicklungen Antworten des Staates?, Verhandlungen des 68. DJT, Gutachten D, 2010; *C. Walter,* Religionsverfassungsrecht, 2006; *H. Weber,* Staatliche und kirchliche Gerichtsbarkeit, NJW 1989, 2217; *ders.,* Kirchenfinanzierung im religionsneutralen Staat, NVwZ 2002, 1443; *ders.,* Die Rechtsprechung des EGMR zur religiösen Vereinigungsfreiheit und der Körperschaftsstatus der Religionsgemeinschaften in Deutschland, NVwZ 2009, 503; *ders.,* Körperschaftsstatus für Religionsgemeinschaften, ZevKR 2012, 347.

---

[79] Zweifelnd BVerfGE 79, 69 (76).
[80] BVerfGE 33, 23 (29 ff.); 47, 144 (145); 79, 69 (75 ff.). Krit. *Starck* JZ 2000, 1 (8). Zust. *Morlok,* in: Dreier I, Art. 4 Rn. 85, 135.
[81] Vgl. auch Art. 56 S. 4 GG (der von einem „Eid" ohne religiöse Beteuerung spricht).

**Übersicht**

## A. Allgemeines

1    Art. 137 WRV stellt die **wichtigste Vorschrift** der rezipierten Weimarer Kirchenartikel dar. Besondere Bedeutung kommt den Absätzen 1 und 3 zu. Erhebliche Relevanz hat ferner die Korporationsqualität (Abs. 5), an welche die für das Wirken der Religionsgemeinschaften wichtige Kirchensteuergarantie des Abs. 6 anknüpft.

## B. Verbot einer Staatskirche (Abs. 1)

2    Mit dem sich in erster Linie gegen das Landeskirchentum richtenden, heute sich auch bereits aus Art. 4 I, II ergebenden „Paukenschlag" des Art. 137 I WRV ist das konstantinische Zeitalter einer Einheit von Staat und Kirche endgültig zu Ende gegangen. Die Bestimmung, dass keine Staatskirche besteht, gebietet eine prinzipielle **Trennung** von Staat und Kirche **in organisatorischer und inhaltlicher Hinsicht** für alle Träger von Staatsgewalt.[1] Verboten sind damit sowohl jura circa sacra (gesonderte Kirchenaufsichtsrechte des Staates), also auch erst recht jura in sacra (kirchl. Leitungsbefugnisse des Staates).[2] Ferner leisten sich Staat und Religionsgemeinschaften grds. keine Rechts- und Amtshilfe iSv Art. 35 (sofern Religionsgemeinschaften nicht mit der Ausübung staatl. Gewalt beliehen worden sind).[3] Der Staat ist zur Bekenntnisneutralität verpflichtet (→ Art. 140 Rn. 9). Er darf sich nicht mit bestimmten religiösen oder areligiösen Auffassungen bzw. Institutionen identifizieren oder diese bewerten.[4] Umgekehrt genießen der Einzelne und Personenvereinigungen religiöse und weltanschauliche Freiheit. Die Wahrung des Neutralitätsgebots kann sowohl im Allgemeinen als auch im Falle innerreligionsgemeinschaftlicher Streitigkeiten, die von den staatl. Gerichten zu entscheiden sind, erhebliche Probleme bereiten.[5] Das GG kennt allerdings keine strikte Trennung von Staat und Religionsgemeinschaften (→ Art. 140 Rn. 9). Es lässt beispielsweise einen konfessionell gebundenen Religionsunterricht an öffentlichen Schulen zu (Art. 7 III), garantiert (vom Staat getragene oder mitfinanzierte) Bekenntnis- und Weltanschauungsschulen (Art. 7 V), gestattet eine Seelsorge an staatl. Anstalten (Art. 141 WRV), erlaubt die Einrichtung und Unterhaltung Theologischer Fakultäten (→ Art. 140 Rn. 10) und unterbreitet den Religionsgemeinschaften das Angebot, sich als Körperschaften des öffentlichen Rechts zu organisieren (Abs. 5) sowie Kirchensteuern zu erheben (Abs. 6).[6] Zudem schließt das GG weder eine Zusammenarbeit von Staat und Religionsgemeinschaften noch eine „religionsneutrale", den Gleichheitssätzen Rechnung tragende **Förderung** der Religionsgemeinschaften aus (→ Art. 140 Rn. 9). Zum einen hat der Staat einen Kulturauftrag, zum anderen reicht es nicht aus, die religiösen Freiheiten nur zu respektieren. Vielmehr muss der Staat ggf. auch zweckfrei die Verwirklichung durch Schaffung der notwendigen Ausgangsbedingungen ermöglichen. Daher darf (und sollte) der Staat auch die Einführung eines islamischen Religionsunterrichts an öffentlichen Schulen[7] und einer islamischen Theologie an staatl. Universitäten[8] fördern. Doch ist es dem Staat nicht

---

[1] Unhaltbar daher die sog. Korrelatentheorie (vgl. → Rn. 26 mit Fn. 202).
[2] Zur Rechtsgeschichte vgl. *Link,* Kirchliche Rechtsgeschichte, 3. Aufl. 2017, § 16 Rn. 8.
[3] Vgl. *Ehlers,* HStKR II, S. 1120 ff.
[4] Vgl. BVerfGE 12, 1 (4); 33, 23 (27 ff.).
[5] Vgl. aus neuerer Zeit BVerfGE 123, 148 ff. – verfassungsrechtliche Anforderungen für die Gewährung staatl. Mittel an Religionsgemeinschaften; BVerwG NVwZ 2009, 390 f. (Aberkennung des Körperschaftsstatus); BVerwGE 148, 271 ff.; *Sydow* JZ 2009, 1141 ff.
[6] Zu Unrecht nimmt *Fischer,* Volkskirche ade!, Trennung von Staat und Kirche, 4. Aufl. 1993, S. 92, 117 ff., 137 ff., 141 ff., 151 ff. verfassungswidriges Verfassungsrecht an.
[7] Zu den praktizierten Formen islamischen Religionsunterrichts in den Ländern vgl. *Waldhoff,* Verhandlungen des 68. DJT, Gutachten D, 2010, D 94 ff.; *Oebbecke* EssGspr 2016, 153 ff.
[8] Vgl. Wissenschaftsrat, Empfehlungen zur Weiterentwicklung von Theologien und religionsbezogenen Wissenschaften an deutschen Hochschulen, 2010.

erlaubt, wegen einer nicht als ausreichend angesehenen Verfasstheit des Islams die Religion stellvertretend für die Muslime gegen deren Willen zu organisieren oder gar die Inhalte selbst zu bestimmen. Andererseits darf die Bestellung des Lehrpersonals auch nicht ausländischen Staaten (etwa der türkischen Religionsbehörde) überlassen werden.[9] Die vom Wissenschaftsrat vorgeschlagene Errichtung von Hochschulbeiräten zur Einführung einer islamischen Theologie (nicht Religionswissenschaft) an staatl. Universitäten ist im Grds. ein zulässiger und geeigneter Weg der Religionsförderung mittels Zurverfügungstellung eines institutionellen Rahmens, genügt aber dann nicht den verfassungsrechtlichen Anforderungen, wenn der Beirat die Religionsgemeinschaften substituieren soll und sich (teilw.) aus vom Staat mitbestimmten Personen zusammensetzt (selbst wenn die Religionsgemeinschaften einverstanden sind).[10] Für die vielfach praktizierten Beiratslösungen in Bezug auf den Religionsunterricht gilt Entspr. Beiräte mit erheblicher staatlicher Mitwirkung sind nur übergangsweise zulässig, wenn der Beirat nicht als Religionsgemeinschaft, sondern als eine Art Vorform handeln soll.[11] Aus der Notwendigkeit, sowohl den allg. Gleichheitssatz als auch die besonderen Gleichheitssätze zu beachten, können sich nicht unerhebliche Restriktionen für die Religionsförderung ergeben. Die grundrechtlichen Schutzpflichten können eine staatl. Abwehr rechtswidriger Eingriffe in die Religionsfreiheit gebieten. Soweit die Religionsfreiheit dafür in Anspruch genommen wird, die Rechtsordnung zu verletzen, ist dem durch Anwendung des für alle geltenden Gesetzes (Art. 137 III WRV) und in Extremfällen durch Verbot (→ Rn. 21) zu begegnen.[12] **Gemeinsame Angelegenheiten** von Staat und Religionsgemeinschaften idS, dass staatl. und religionsgemeinschaftliche Aufgabenwahrnehmungen untrennbar miteinander vermischt werden (res mixtae), darf es nicht geben.[13] Vielmehr ist auch bei gemeinsamen Angelegenheiten zu unterscheiden, was Sache des Staates und was Sache der Religionsgemeinschaften ist.[14] Zu den konfessionsgebundenen Staatsämtern vgl. → Art. 136 WRV Rn. 3, → Art. 137 WRV Rn. 9, → Art. 141 WRV Rn. 7. Da Art. 137 I WRV das Verhältnis des deutschen Staates zu den Religionsgemeinschaften betrifft, schließt die Vorschrift eine Betätigung **ausländischer „Staatskirchen"** in Deutschland nicht aus. Um als Religionsgemeinschaften in Deutschland anerkannt zu werden, muss zwischen den Begriffsmerkmalen einer Religionsgemeinschaft (→ Art. 140 Rn. 6) und der nur staatlichen Sphäre differenziert werden. Die Abgrenzung hängt von dem Maß der staatlichen Einflussnahme (Fremdbestimmung) und der religionsgemeinschaftlichen Eigenständigkeit ab. Obrigkeitliche Anordnungen oder Indienstnahmen durch ausländische Staaten (zB zu einem Ausspionieren von Gegnern einer Regierung) werden durch die Religionsfreiheit oder Art. 137 III WRV in Deutschland nicht geschützt.[15]

## C. Religiöse Vereinigungsfreiheit (Abs. 2)

Abs. 2 gewährleistet die Freiheit, sich zu Religionsgemeinschaften zusammenzuschließen und zu    **3** organisieren. Diese Freiheit wird bereits in Art. 4 I, II sowie Art. 9 I garantiert. Nach der hier vertretenen Auffassung ist Art. 137 II WRV aber **lex specialis** nicht nur zu Art. 9 I,[16] sondern auch zu Art. 4 I, II.[17] Dabei ist der Wertgehalt der genannten Normen zu beachten. Für diese Auffassung spricht auch, dass von einer Aufnahme der religiösen Vereinigungsfreiheit in Art. 4 I, II deshalb

---

[9] Vgl. *Waldhoff* (Fn. 7), D 107 (allenfalls für eine kurz bemessene Übergangszeit); *Oebbecke* EssGspr 2016, 153 (168). Vgl. auch → Fn. 15.

[10] Problematisch daher der Vorschlag des Wissenschaftsrates (Fn. 8), S. 82 f., Vertreter der „Mehrheit nicht organisierter Muslime" mit in den Beirat aufzunehmen und außerdem den theologischen Sachverstand muslimischer Religionsgelehrter zu berücksichtigen. Es stellt sich die Frage, wer die Auswahl zu treffen hat. Näher zum Ganzen *Walter,* Verfassungsrechtliche Rahmenbedingungen für die Einrichtung theologischer Fakultäten, 2009; Walter/Oebbecke/Ungern-Sternberg/Indenhuck (Hrsg.), Die Einrichtung von Beiräten für Islamische Studien, 2011; *Heckel* ZevKR 2010, 117 (insbes. 224 f.); *Heinig* ZevKR 2011, 238 ff.; *v. Ungern-Sternberg* RdJB 2016, 30 (39 ff.).

[11] Vgl. auch *Grzeszick* ZevKR 2017, 362 (377, 383).

[12] Vgl. demgegenüber aber auch die Themenstellung der Staatsrechtslehrertagung 2008 mit Referaten von *Sacksofsky* und *Möllers* zum Thema „Religiöse Freiheit als Gefahr?", VVDStRL 68 (2009), 7 ff.; 47 ff.

[13] Vgl. *Ehlers* ZevKR 1987, 158 (180). Zu den verfassungsrechtlichen Grenzen der institutionellen Kooperation von Staat und Religionsgesellschaften *Wasmuth* FS Brohm, 2002, S. 607 ff.

[14] AA wohl *Muckel* DVBl 1997, 873 (876). Im Hinblick auf Zuordnungsprobleme vgl. BVerwGE 101, 309 (313 – Studiengang Kath. Theologie); zur Theologie an staatl. Universitäten als gemeinsame Aufgabe vgl. *Hufen,* FS Schiedermair, 2001, S. 623 (627 ff.).

[15] Näher dazu (vor allem im Hinblick auf DITIB und auf Besonderheiten für den Religionsunterricht) *Hennig,* Muslimische Gemeinschaften im Religionsverfassungsrecht, 2010, S. 92; *de Wall,* Rechtsgutachten, 2011, S. 40 f.; *Isensee* HStR IX¹· § 199 Rn. 81; *Muckel,* Rechtsgutachten, 2015, S. 41 ff.; *Robbers,* FS Hufen, 2015, S. 393 ff.; *Lutz-Bachmann,* Mater rixarum?, 2015, S. 452 f. Zur Frage, ob DITIB über das notwendige Minimum an Unabhängigkeit gegenüber dem Staat verfügt, vgl. (ablehnend) *Isensee,* Rechtsgutachten zum bekenntnisgebundenen islamischen Religionsunterricht, der an hessischen Schulen in Kooperation mit dem DITIB-Landesverband Hessen erteilt wird, 2020. Hessen hat die Kooperation inzwischen beendet.

[16] Zum einen können auch Ausländer in den Genuss der religiösen Vereinigungsfreiheit kommen, zum anderen kann die Freiheit nicht nach Art. 18 GG verwirkt werden.

[17] Ebenso *Preuß* AK GG, Art. 140 (2001) Rn. 44.

abgesehen wurde, weil Art. 137 II WRV Bestandteil des GG geworden ist.[18] Das BVerfG[19] und die hL[20] sehen dagegen Art. 137 II WRV als Teil des Grundrechts der Religionsfreiheit ohne eigenständigen Regelungsgehalt an. Nimmt man mit der hM – entgegen der hier zugrunde gelegten Ansicht – an, dass die Weimarer Kirchenartikel nicht verfassungsbeschwerdefähig sind,[21] ist die Verfassungsbeschwerde auf Art. 4 I, II (ggf. iVm Art. 9 I) zu stützen. Abs. 2 garantiert keine bestimmte Rechtsform,[22] sondern nur die Möglichkeit einer irgendwie gearteten rechtlichen Existenz einschl. der Teilnahme am allg. Rechtsverkehr.[23] Der Erwerb der Rechtsfähigkeit richtet sich nach Abs. 4 und Abs. 5. Nicht erfasst wird die Betätigungsfreiheit. Sie wird durch Abs. 3 geschützt (die auch interne Organisationsfreiheit gewährleistet, → Rn. 8). Zum Begriff der Religionsgesellschaften(-gemeinschaften) vgl. → Art. 140 Rn. 6. Vereinigungen, welche für die Pflege des religiösen Lebens der Mitglieder nur eine partielle Zielsetzung verfolgen (wie zB religiöse Vereine[24] oder Orden), können sich nur auf Art. 4 I, II (ggf. iVm Art. 9 I u. 19 III), nicht aber Art. 137 II WRV berufen.[25] Über Abs. 2 S. 2 hinausgehend darf der Zusammenschluss von Religionsgemeinschaften nach Art. 4 I, II bzw. Art. 9 auch dann nicht beschränkt werden, wenn die Grenzen des Bundesgebietes überschritten werden. Zum Verbot von Religionsgemeinschaften vgl. → Rn. 21. Weltanschauungsgemeinschaften sind gem. Art. 137 VII WRV den Religionsgesellschaften gleichgestellt (→ Rn. 8).

## D. Selbstbestimmungsrecht der Religionsgemeinschaften (Abs. 3)

4    Abs. 3 gewährt den Religionsgemeinschaften ein Selbstbestimmungsrecht und ist wegen seiner großen Bedeutung nicht zu Unrecht als „**lex regia**" des korporativen Religionsrechts bezeichnet worden.[26] Die nach der hier vertretenen Auffassung als grundrechtliche Bestimmung (→ Art. 140 Rn. 3) einzustufende Vorschrift regelt abschließend[27] die Freiheit zur Ordnung und Verwaltung der religionsgesellschaftlichen Angelegenheiten. Diese muss allerdings im Lichte des Art. 4 I, II ausgelegt werden.[28]

5    Geschützt werden durch Abs. 3 die **Religionsgesellschaften(-gemeinschaften)**. Wegen der Einwirkung des Art. 4 I sind hierunter nicht nur die verfassten Kirchen respektive Religionsgemeinschaften, sondern alle den Religionsgemeinschaften zugeordneten Einrichtungen ohne Rücksicht auf ihre Rechtsform anzusehen (einschl. der Anstalten, Stiftungen und Vereine), wenn sie Aufgaben mit religiöser Zielsetzung wahrzunehmen haben (→ Art. 140 Rn. 6). Deshalb kommt auch den rechtlich verselbstständigten Teilen der Schutz des religiösen Grundverbandes (Religionsgesellschaft) zugute.[29]

6    Mit der Gewährleistung der selbstständigen **Ordnung** sind die Rechtsetzungstätigkeiten der Religionsgemeinschaften, mit der **Verwaltung** die Vollzugsmaßnahmen sowie die Rechtsprechungstätigkeiten[30] der Religionsgemeinschaften gemeint. Entgegen anders lautender Stimmen[31] steht den Religionsgemeinschaften nicht das Recht zu, im Wege der Selbstdefinition mit weltlich verbindlicher Wirkung darüber zu befinden, was religionsgemeinschaftliche Angelegenheiten iSd Art. 137 III WRV sind. Der Schutzbereich bzw. Tatbestand verfassungsrechtlicher Normen ergibt sich aus der Verfassung selbst und ist daher durch Auslegung zu ermitteln, wobei allerdings das **Selbstverständnis** der Religionsgemeinschaften maßgeblich mit zu berücksichtigen ist (→ vgl. Art. 140 Rn. 6). Im Zweifelsfall obliegt es den Religionsgemeinschaften, plausibel zu machen, dass es ihnen um die Wahrnehmung eigener Angelegenheiten geht.[32] Im Streitfall entscheiden die staatl. Gerichte.[33] Die Verfassung gibt nur einen sehr weit gesteckten Rahmen vor, welcher der Ausfüllung durch die Religionsgemeinschaf-

---

[18] Vgl. BVerfGE 83, 341 (354 ff.). Teilweise sind gesonderte Rechtsträger gegründet worden, so zB in BW die Stiftung Sunnitischer Schulrat, eine Stiftung öffentlichen Rechts zwecks Organisation des islamischen Religionsunterrichts sunnitischer Prägung.

[19] BVerfGE 83, 341 (354 ff., 363).

[20] Vgl. *Kästner* BK, Art. 140 GG (2010) Rn. 284; *Unruh,* Religionsverfassungsrecht, 4. Aufl. 2018, Rn. 248 f.

[21] → Art. 140 Rn. 3.

[22] Zu den in Betracht kommenden Rechtsformen vgl. → Rn. 19.

[23] BVerfGE 83, 341 (355).

[24] Näher dazu *Scheidt,* Der kirchliche Verein im kanonischem und weltlichem Recht (noch nicht veröffentlicht).

[25] Diff. *Starck* MKS I, Art. 4 GG Rn. 49; *Muckel,* HStKR I, S. 827 (828), wonach die Bildung und der Bestand durch Art. 9 I, II gewährleistet wird, die Tätigkeit durch das sachlich einschlägige Grundrecht, vor allem Art. 4 I, II. Ähnlich *Unruh* (Fn. 20), Rn. 254.

[26] *Heckel* ZevKR 1966/67, 34 ff.

[27] *Hesse,* HStKR I, S. 521 (526).

[28] Vgl. auch BVerfGE 19, 129 (132); *Hesse,* HStKR I, S. 521 ff.

[29] Zur Frage, wie zu entscheiden ist, wenn es zu Spannungen zwischen dem Selbstbestimmungsrecht der Amtskirche und dem Selbstbestimmungsrecht der rechtlich verselbstständigten kirchl. Einrichtungen kommt, vgl. *Ehlers,* in: Pieroth (Hrsg.), Verfassungsrecht und soziale Wirklichkeit in Wechselwirkung, 2000, S. 85 (109).

[30] Vgl. auch *Hesse,* HStKR I, S. 521 (537).

[31] Vgl. zB *Mückl* HStR VII, § 159 Rn. 82; *Hesse,* HStKR I, S. 521 (544). Im Hinblick auf Art. 4 zutreffend BVerfGE 83, 341 (353). Nach BVerfGE 70, 138 (165), garantiert Art. 137 III 1 WRV das Recht der Kirchen, alle eigenen Angelegenheiten gem. den spezifischen kirchl. Ordnungsgesichtspunkten, dh auf der Grundlage des kirchl. Selbstverständnisses, rechtlich gestalten zu können.

[32] BVerfGE 137, 273 Rn. 81, 117.

[33] BVerfGE 83, 341 (353). Bestätigt durch BVerfG (K) NVwZ 1993, 357 (358).

ten zugänglich und bedürftig ist. Die Religionsgemeinschaften haben die Freiheit zu entscheiden, ob und in welcher Weise sie von der Gewährleistung des Art. 137 III WRV Gebrauch machen wollen. Dies richtet sich „nach den von der verfassten Kirche anerkannten Maßstäben",[34] dh nach dem Selbstverständnis der Leitungsorgane.

Der Begriff der **eigenen Angelegenheiten** umfasst alle Maßnahmen, die der Sicherstellung der   **7** religiösen Dimension des Wirkens iSd Selbstverständnisses der Religionsgemeinschaften und der Wahrung der unmittelbaren Beziehung der Tätigkeit zum religiösen Grundauftrag dienen.[35] Geschützt wird das Wirken[36] auch, wenn das Handeln, wie etwa bei der Gestaltung des Mitgliedschaftsrechts (→ Rn. 34),[37] der Normierung des Kostenrechts für die Verfahren der Kirchengerichte[38] oder dem liturgischen Glockenläuten[39] in den weltlichen Bereich hinein ausstrahlt (zu den gemeinsamen Angelegenheiten → vgl. Rn. 2).[40] Unbenommen bleibt es den Religionsgemeinschaften ferner, sich zu den Angelegenheiten des weltlichen Lebens zu äußern oder Empfehlungen abzugeben.[41] Nicht zu den eigenen Angelegenheiten gehört es, den allg. weltlichen Rechtsstatus der Mitglieder verbindlich zu regeln oder zu tangieren respektive die Rechtssphäre Außenstehender (die sich nicht – wie bei der Nutzung kirchl. Einrichtungen – in den Bereich der Religionsgemeinschaften begeben haben) durch Kirchenrecht zu gestalten.[42] Asylbewerbern kann deshalb nicht einseitig ein weltlich verbindliches **Kirchenasyl** eingeräumt werden.[43] Weder aus Art. 137 III WRV noch aus Art. 137 V WRV ergibt sich ein Recht der Religionsgemeinschaften, amtliche Beglaubigungen für den allgemeinen (nicht nur internen) Rechtsverkehr mit Wirkung für die staatliche Rechtsordnung vorzunehmen.[44] Sollen Rechtsbeziehungen zu Außenstehenden hergestellt werden, müssen sich die Religionsgemeinschaften mittels Teilnahme am allg. Rechtsverkehr der von der staatl. Rechtsordnung zur Verfügung gestellten Instrumentarien bedienen, können hierbei aber (zB im Rahmen der privatautonomen Gestaltungsfreiheit) ihre Vorstellungen einbringen. Außerdem können Grundrechte und sonstiges kollidierendes Verfassungsrecht uU geeignet sein, bereits den Schutzbereich des Abs. 3 zu begrenzen. Besonderheiten gelten für den „Kirchendienst" (→ Rn. 10).

IE unterfallen dem Selbstbestimmungsrecht zB die Bestimmung von Lehre und Kultus, die Organi-   **8** sation der Religionsgemeinschaft auch im Hinblick auf ihre Unterverbände,[45] die Gestaltung des Mitgliedschaftsrechts (→ Rn. 34), die Rechtsetzung einschließlich des Erlasses kirchl. Inkompatibilitätsvorschriften,[46] die Verwaltung (zB der kirchl. Friedhöfe[47]), die Erhebung von Beiträgen oder Gebühren (nicht die Ausgestaltung gerade als Steuer),[48] die karitative und diakonische Betätigung,[49] die Institutionalisierung einer eigenen Gerichtsbarkeit,[50] der Erlass von Hausrechtsmaßnahmen,[51] die Bedarfsdeckungs-[52] und Vermögensverwaltungsgeschäfte[53] sowie die wirtschaftlicher Betätigung (selbst

---

[34] BVerfGE 70, 138 (166); 153, 282 Rn. 26.

[35] BVerfGE 137, 273 Rn. 95.

[36] Nicht weiter hilft die Beschwörung der „Natur der Sache oder Zweckbeziehung" (BVerfGE 18, 385, 387). Gegen ein von ihm sog. „usurpatorisches" Verständnis *Schlink* JZ 2013, 209 (217); *Wieland,* Freundesgabe Schlink, 2014, 277 ff.

[37] Vgl. BVerfGE 30, 415 (422); BVerfG (K) NVwZ 2015, 517 ff., BVerfG (K) NVwZ 2020, 950 (951).

[38] Vgl. OVG NW DVBl 2002, 1056. Näher dazu *Ehlers* ZevKR 2004, 496 ff.

[39] Vgl. BVerwGE 68, 62 ff.

[40] Zur „bürgerlichen Wirksamkeit" vgl. *Germann,* in: Epping/Hillgruber, Art. 140 Rn. 38.

[41] Zur Werbung durch Kanzelabkündigungen vgl. BVerfGE 24, 236 (244 ff., 250 f.), zur Wahlwerbung BVerfGE 103, 111 (127 f.); *Wittreck* FG Hahn, 2007, S. 179 (199); zur Reichweite der religiösen Äußerungsfreiheit bei Predigten vgl. BVerwG NVwZ 2011, 1278 ff.

[42] *Rüfner,* HStKR II, S. 877 (880).

[43] Vgl. BayObLG NJW 1997, 1713 (1714); OVG NRW BeckRS 2019, 19377; OLG München NJW 2018, 3041; HessVGH DÖV 2019, 1019; Näher zum Ganzen *Görisch,* Kirchenasyl und staatliches Recht, 2000, S. 267 ff.; *Grefen,* Kirchenasyl im Rechtsstaat: Christliche Beistandspflicht und staatliche Flüchtlingspolitik, 2001, S. 203 ff.; *Neundorf* ZAR 2011, 259, 389; *Larsen* ZAR 2017, 121 → Art. 16a Rn. 1e. Zur Vereinbarung zwischen dem BAMF und Vertretern der ev. und kath. Kirchen vom 24.2.2015 sowie zum derzeitigen Meinungsstand vgl. BT WD 3–3000-284/18; zur kath. Kirche Handreichung zu aktuellen Fragen des Kirchenasyls, 2. Auflage 2019.

[44] *Munsonius* ZevKR 2014, 381 (384 ff.); aA *v. Campenhausen/Christoph* DVBl 1987, 984 (986 ff.).

[45] BVerfGE 18, 385 (388 – Teilung einer Kirchengemeinde); BGHZ 124, 173 ff. (Geschützt ist auch die Bildung „hierarchischer oder autoritärer Ordnungsstrukturen"); BVerwGE 105, 117 (124), mit Bezugnahme auf BVerfGE 83, 341 (357).

[46] BVerfGE 42, 312 (340 ff.).

[47] AA die wohl hM, die zumindest teilw. von einer staatl. Aufgabe ausgeht. Vgl. BVerwGE 25, 364 (366); 105, 117 (122); *Maurer,* 1985, S. 285 (288); *Schmidt-Aßmann,* in: Maunz/Dürig, Art. 19 IV (2019) Rn. 114; *Lorenz* JuS 1995, 492 (495). Wie hier *Ehlers* HStKR II, S. 1117 (1124); *Kümmerling,* Rechtsprobleme kirchlicher Friedhöfe, 1997, S. 17 ff.; *Unruh* (Fn. 20), Rn. 166. Vgl. aber auch → Rn. 13.

[48] BVerfGE 19, 206 (217 ff.).

[49] Vgl. BVerfGE 46, 73 (85 ff.); 53, 366 (393 ff.); 66, 1 (19 ff.); 70, 138 (163 ff.); 72, 278 (289 ff.); *Isensee,* HStKR II, S. 665 (725). Zum gem. Rechtsrahmen von Kirche und Diakonie *Christoph* ZevKR 2004, 465 ff.

[50] BVerwGE 149, 139 Rn. 27; 153, 282 Rn. 16.

[51] BVerwG NJW 1981, 1972 ff.

[52] AA BVerfG (K) NJW 1995, 1606 (1607 – für karitative Einrichtungen).

[53] Vgl. auch *Isak,* Das Selbstverständnis der Kirchen und Religionsgemeinschaften und seine Bedeutung für die Auslegung des staatlichen Rechts, 1994, S. 322.

wenn nicht unmittelbar ein religiöser Auftrag wahrgenommen wird).[54] Nach Ansicht des BVerwG soll selbst die Einrichtung eines Studiengangs Kath. Theologie an einer staatl. Universität das Selbstbestimmungsrecht betreffen, weil der staatl. Errichtungsakt Vorwirkungen für die Kirche entfalte.[55]

9 Als Unterfall des Selbstbestimmungsrechts und des Gebots der organisatorischen Trennung von Staat und Kirche (→ Rn. 2) gewährleistet Art. 137 III 2 WRV den Religionsgemeinschaften das Recht, ihre **Ämter** ohne Mitwirkung des Staates oder der bürgerlichen Gemeinde zu verleihen. Unter Ämtern sind alle Personalstellen zu verstehen, die der Wahrnehmung des Selbstbestimmungsrechts dienen. Dazu gehören auch die konfessionsgebundenen Staatsämter (→ Art. 136 WRV Rn. 3), weil die religionsgemeinschaftliche Mitwirkung bei der Besetzung dieser Stellen von Art. 137 III 2 WRV geschützt wird. Insoweit müssen Staat und Religionsgemeinschaften aber kooperieren. Nicht verfassungsgemäß sind die in verschiedenen früheren (weitergeltenden) Staatskirchenverträgen[56] vorgesehenen staatl. Beteiligungen bei der Besetzung von Bischofsstühlen (Regelungen über die Einbeziehung der Domkapitel, die politischen Klauselbestimmungen, die Gebote der Ablegung von Treueiden gegenüber dem Staat).[57] Auch der Rechtsgrundsatz „volenti non fit iniuria" erlaubt dem Staat keine Übergriffe in den religionsgemeinschaftlichen Bereich.[58] Der Staat darf daher von den ihm – seinerzeit gegen den Willen der Kirche – zugestandenen Rechten keinen Gebrauch machen, selbst wenn die Kirche heute keine Einwände (mehr) erhebt. Geht man davon aus, dass **Militärgeistliche** keine Beamten sein dürfen (→ Art. 141 WRV Rn. 7), ist auch das staatl. Vetorecht gegenüber der kirchl. Ernennung von Militärbischöfen nicht mit Art. 137 III 2 WRV vereinbar.

10 Art. 137 III 1 und 2 WRV garantiert den Religionsgemeinschaften auch das Recht, darüber zu befinden, welche **Dienste** es in ihren Einrichtungen geben soll und in welchen Rechtsformen sie wahrzunehmen sind.[59] In Betracht kommen mitgliedschaftliche Dienst- und Treueverhältnisse (Ordensangehörige),[60] ör Dienst- und Treueverhältnisse korporierter Religionsgemeinschaften (zB kirchl. Beamtenverhältnisse),[61] Arbeits- und Dienstverhältnisse nach staatl. Recht sowie uU auch religionsgemeinschaftliche Dienstverhältnisse eigener Art.[62] Stets unterfällt die Ausgestaltung der Dienstverhältnisse dem Selbstbestimmungsrecht. Dies ermöglicht es den Religionsgemeinschaften, den „kirchlichen Dienst" in den Schranken des für alle geltenden Gesetzes nach ihrem Selbstverständnis zu regeln und spezifische Loyalitätsobliegenheiten vorzusehen (→ Rn. 14).[63] Die **kollektiven Beschäftigungsbedingungen** können entweder einseitig durch „Kirchengesetz" (erster Weg), durch Tarifvertrag (zweiter Weg) oder durch arbeitsrechtliche Kommissionen, die in der Praxis aus Vertretern der „kirchlichen" Dienstgeber und Mitarbeiter nach dem Prinzip einer Dienstgemeinschaft und nicht eines Interessengegensatzes paritätisch zusammengesetzt sind **(dritter Weg)**, festgelegt werden.[64] Die großen Religionsgemeinschaften haben für die pr Arbeits- und Dienstverhältnisse idR den zuletzt genannten Weg beschritten, teilw. aber auch „kirchengemäße" Tarifvertragsbeziehungen zugelassen.[65] Im Streitfall wird beim dritten Weg durch einen paritätisch zusammengesetzten Schlichtungsausschuss entschieden.[66]

---

[54] Vgl. BVerwGE 90, 112 (116 ff.); BVerwG NVwZ 1995, 473 (475 – Scientology-Kirche); NJW 1997, 406 (407). Krit. *Unruh* MKS III, Art. 137 WRV Rn. 112. Zu den „Ökonomisierungsgrenzen des religionsgemeinschaftlichen Selbstbestimmungsrechts" *Brauser-Jung,* Religionsgewerbe und Religionsunternehmerfreiheit, 2002, S. 155 ff., ferner → Art. 140 Rn. 6.

[55] BVerwGE 101, 309 ff. Abl. *Lecheler* NJW 1997, 439 ff.; zust. *Muckel* DVBl 1997, 873.

[56] Vgl. die Nachw. bei *Solte,* HStKR I, S. 561 (567 ff.), insbes. Art. 6, 7 des Vertrages des Freistaates Preußen mit dem Heiligen Stuhl v. 14.6.1929 (GS S. 152); Art. 14 II Nr. 2, 16 des Konkordats zwischen dem Heiligen Stuhl und dem Deutschen Reich v. 20.7.1933 (RGBl II S. 679).

[57] *Ehlers* in: Will (Hrsg.), Die Privilegien der Kirchen und das Grundgesetz, 2011, S. 75 (84 f.). AA *Dahl-Keller,* Der Treueid der Bischöfe gegenüber dem Staat, 1994, S. 172, 200 (obwohl es sich bei dem weltweit singulären Treueid um ein überholtes und anachronistisches Rechtsinstitut handle); *Pirson* BayVBl 1996, 641 ff. Vgl. auch *Mückl* HStR VII, § 160 Rn. 19; *Franzke* NWVBl 2002, 459 ff.

[58] Str.: Näher dazu *Ehlers,* FS Hollerbach, 2001, S. 811 (825 ff.); vgl. auch → Rn. 27.

[59] BVerfGE 70, 138 (164). AA zB *Preuß* AK GG, Art. 140 (2001) Rn. 48, der nur das Amtsrecht, nicht das Arbeitsrecht als eigene Angelegenheit ansieht.

[60] Vgl. dazu BVerwG NJW 1987, 207 f.

[61] Entgegen *Laubinger,* FS Stern, 2012, S. 445, 477 f., handelt es sich bei der Nutzung der Dienstherrnbefugnisse nicht um die Ausübung vom Staat verliehener öffentlicher Gewalt.

[62] Str.: Nach hM müssen sich die Religionsgemeinschaften für die Ordnung der Arbeits- und Dienstverhältnisse des staatl. Arbeitsrechts bedienen. Vgl. *Rüfner,* HStKR II, S. 877 (880); *Dütz,* FS Listl, 1999, S. 573 (585). Näher zum Arbeitsrecht *Richardi,* Arbeitsrecht in der Kirche, 7. Aufl. 2015, S. 17 ff.; *Herbolsheimer,* Arbeitsrecht in kirchlicher Selbstbestimmung, 2019; *Weller,* Kirchliches Arbeitsrecht, 2021.

[63] BVerfGE 70, 138 (165 – für kirchliche Arbeitnehmer); 137, 273 Rn. 4 ff., 81 ff. Vgl. auch BVerfGE 46, 73 (94 ff. – Mitbestimmung und Personalvertretung); 72, 278 (290 – Berufsbildung); allg. zu den Loyalitätspflichten *Thüsing* EssGspr 2012, 129 ff.

[64] Näher zum Ganzen *Richardi* (Fn. 62), S. 211 ff.; *Joussen* EssGspr 2012, 53 ff.; *Unruh* (Fn. 20), Rn. 201 ff.

[65] Vgl. zB §§ 6 ff.; 13 f. ARGG-EKD; keine Tarifbest. kennt die Rahmen-Koda-Ordnung der (katholischen) Diözesen Deutschlands.

[66] So § 11 II 4 ARRG-EKD.

Ein Streikrecht ist stets ausgeschlossen. Das BAG hat dies gebilligt, wenn die Gewerkschaften organisatorisch eingebunden sind.[67]

## I. Schranken des für alle geltenden Gesetzes

Religionsgemeinschaften dürfen ihre Angelegenheiten (auch im Hinblick auf die Verleihung von **11** Ämtern) nur innerhalb der Schranken des für alle geltenden Gesetzes ordnen und verwalten. Die Schranke gilt auch für Absatz 2. Die Bestimmung dieser Schranke bereitet erhebliche Schwierigkeiten. Nicht mehr vertreten wird heute die sog. **Heckelsche Formel,** nach der unter dem für alle geltenden Gesetz nur das für die Gesamtnation unentbehrliche Gesetz zu verstehen sein sollte.[68] Das Erfordernis der Unentbehrlichkeit für die Gesamtnation ist nicht normativ vorgegeben und abgesehen von der Unbestimmtheit auch deshalb nicht überzeugend, weil es einerseits Gesetze geben kann, die für die Gesamtnation, nicht aber die Religionsgemeinschaften annehmbar sind, andererseits auch eine Bindung an Gesetze geboten ist,[69] welche die Gesamtnation nicht unentbehrlich betreffen. Aufgegeben worden ist auch der Ansatz, verbindlich auf das **Selbstverständnis** der Religionsgemeinschaft abzustellen.[70] Das Selbstverständnis ist nur maßgeblich mit zu berücksichtigen (→ Art. 140 Rn. 6 sowie → Art. 137 WRV Rn. 6). Nach einer anderen Ansicht soll das für alle geltende Gesetz nur der **Konkretisierung kollidierenden Verfassungsrechts** dienen.[71] Dieser Auffassung ist wegen der weitgehenden Überschneidung der Gewährleistungen der Art. 4 I, II und des Art. 137 III WRV dann eine gewisse Konsequenz nicht abzusprechen, wenn man die Art. 4 I und II als vorbehaltlos gewährleistete Grundrechte ansieht. Abgesehen davon, dass diese Prämisse hier nicht geteilt wird (→ Art. 140 Rn. 4), gerade keine völlige Deckungsgleichheit der genannten Garantien besteht und sich Probleme der Bestimmtheit stellen könnten, ist die Gleichsetzung mit dem kollidierenden Verfassungsrecht aber mit dem eindeutigen Wortlaut der Bestimmung und der Entstehungsgeschichte des Art. 137 III WRV nicht vereinbar. Praktisch hätte eine so weitgehende Zurückdrängung des für alle geltenden Gesetzes zur Folge, dass Religionsgemeinschaften zB nicht an die Vorschriften des Bau-, Straßen- und Gewerberechts gebunden wären (weil diese Normen nicht als kollidierendes Verfassungsrecht angesehen werden können). Des Weiteren wird versucht, den Anwendungsbereich des für alle geltenden Gesetzes durch eine verräumlichende Betrachtungsweise einzuengen, die man als **Bereichslehre** bezeichnen kann. Demgegenüber stellt die **Abwägungslehre** auf eine Zuordnung des Selbstbestimmungsrechts und des für alle geltenden Gesetzes im Einzelfall ab.

Die **Bereichslehre,** die insbes. in der Rspr. vorherrscht,[72] unterscheidet zwischen einem religions- **12** gemeinschaftlichen **Innen- und Außenbereich.** Der Innenbereich soll dem staatl. Gesetz schlechthin unzugänglich sein, die Gestaltung des Außenbereichs dagegen den Schranken des Gesetzes unterliegen (wobei der „Wechselwirkung von Kirchenfreiheit und Schrankenzweck" Rechnung getragen werden müsse[73]). Zum Innenbereich haben die Gerichte zB die Teilung einer Kirchengemeinde[74] sowie das Amtsrecht und das mit ihm untrennbar verbundene Dienst- und Versorgungsrecht gezählt.[75] Die vorzuziehende **Abwägungslehre** beruft sich darauf, dass Abs. 3 nicht zwischen inneren und äußeren Angelegenheiten unterscheidet. Die Bindung an das für alle geltende Gesetz beziehe sich daher auf alle religionsgemeinschaftlichen Angelegenheiten und nicht nur auf Teile von ihnen, zumal sich innere und äußere Angelegenheiten ohnehin nicht schematisch voneinander unterscheiden ließen. So gehören zwar gottesdienstliche Handlungen zu den innerkirchl. Angelegenheiten. Gleichwohl genießen die Religionsgemeinschaften keine vollkommene Freiheit. Beispielsweise sind personelle Verunglimpfungen von der Kanzel herab unzulässig.[76] Unterläuft einem kirchl. Amtsträger in Ausübung der Taufe eine Körperverletzung, muss er die strafrechtlichen Konsequenzen tragen. Dieses zeigt, dass auch die durch die Freiheitsgewährleistung und den Schrankenvorbehalt geschützten Rechtsgüter einander im Wege der Abwägung zugeordnet werden müssen (unter Berücksichtigung der zwischen Freiheits- und

---

[67] BAG NZA 2013, 448 ff.; vgl. auch NZA 2013, 437 ff.; BVerfGE 140, 42; ferner *Hilge,* Streikrecht in katholischen Einrichtungen, 2015; *Arleth,* Das Recht kirchlicher Arbeitnehmer auf Streik, 2016; *Weller,* Kirchen und Streikrecht, 2019.

[68] *J. Heckel* VerwArch 37 (1932), 280 (284). Krit. dazu etwa *Hesse,* HStKR I, S. 521 (549 ff.); *Unruh* (Fn. 20), Rn. 171.

[69] ZB an die Wirtschaftsgesetze bei Teilnahme am allg. Wirtschaftsleben.

[70] So noch BVerfGE 42, 312 (334); krit. *Mückl* HStR VII, § 159 Rn. 84, vgl. nunmehr BVerfGE 53, 366 (400 ff.); 70, 138 (167); 137, 273 Rn. 81 ff.

[71] Vgl. *Grzeszick* AöR 129 (2004), 168 (210 ff.); *Belling* AfkKR 2004, 497 (512 ff.).

[72] Vgl. zB BVerfGE 18, 385 (388); 42, 312 (334, 338); 46, 73 (95); 66, 1 (20); 72, 178 (189); BVerfG (K) NJW 2009, 1195 ff.; BGHZ 22, 383 (390); BVerwG NJW 1983, 2580 ff.; NVwZ 1993, 672; BAGE 51, 238 ff.; 64, 131 ff.; *Hillgruber* FS Rüfner, 2003, S. 297 (306 ff.).

[73] BVerfGE 70, 138 (167).

[74] BVerfGE 18, 385 (388).

[75] Vgl. BVerfG NJW 1980, 1041; (VPr) NJW 1983, 2569; BVerwGE 25, 226 (228 ff.); 28, 345 (349); BVerwG NJW 1983, 2580 (2582); BVerwGE 95, 379 ff. Für eine Trennung von Amts- und Dienstverhältnissen *Weber* (→ Rn. 16 m. Fn. 119).

[76] Vgl. auch BVerwG NVwZ 2011, 1278 ff.

Bindungsnormen bestehenden **Wechselwirkung** und des **Übermaßverbot**es).[77] Die Befürchtung, dass die Anwendung des Abwägungsprinzips zu einer unzulässigen Relativierung des Selbstbestimmungsrechts führen könne,[78] greift ebenso wenig wie im sonstigen Verfassungsrecht durch. Es gibt keine feste Formel, welche die Lösung aller auftretenden Zweifelsfragen vorwegnimmt und des immer neu ansetzenden Abwägungsbemühens enthebt.[79] Hat eine religionsgemeinschaftliche Maßnahme im Einzelfall keine weltlichen Wirkungen, kann auch eine Beschränkung von vornherein nicht verfassungsgemäß sein.

13 Unabhängig von dem Meinungsstreit ist weiter zu beachten, dass nur den „für alle" geltenden Gesetzen schrankenbildende Wirkung zukommen kann. Ausgeschlossen sind somit Gesetze, die sich gegen das Schutzgut des Abs. 3 als solches richten.[80] Dies ist der Fall, wenn die Gesetze nicht religionsneutral sind, zB einzelne oder alle Religionsgemeinschaften benachteiligen sollen (wie Säkularisierungsgesetze oder Gesetze, die eine Staatsaufsicht über Religionsgemeinschaften begründen). Nicht gegen das Schutzgut des Abs. 3 richten sich dagegen Gesetze, die zwar nur an die Religionsgemeinschaften adressiert sind oder diese anders und härter als jedermann treffen,[81] aber dem Schutz allg. zu respektierender Rechtsgüter wie zB der weltlichen Ehe[82] oder der Sicherstellung einer längerfristigen Totenwürde und dem Gesundheitsschutz auf kirchl. Friedhöfen dienen. Daher ist es zulässig, die Errichtung und den Betrieb von Friedhöfen grds. nur den korporierten Religionsgemeinschaften zuzugestehen[83] und die pr Religionsgemeinschaften auf die Möglichkeit einer Beleihung zu verweisen.[84] Letztere werden dann in Wahrnehmung einer staatlichen Angelegenheit tätig. Neben der Schranke der für „alle geltenden" Gesetze kann und muss das Selbstbestimmungsrecht ggf. durch Gesetze begrenzt werden, die kollidierendes Verfassungsrecht präzisieren (wie zB die Kirchenaustrittsgesetze, welche der Sicherung der negativen Religionsfreiheit dienen).

## II. Einzelfälle

14 Große Bedeutung kommt den für alle geltenden Gesetzen im **Arbeits- und Dienstrecht** zu. Verstöße gegen die **Loyalitätsobliegenheiten** der Dienstnehmer (→ Rn. 10) dürfen nach der Rspr. des BVerfG mit der Entlassung oder Kündigung geahndet werden (§ 1 KSchG, § 626 BGB).[85] Doch muss im Streitfall zunächst plausibel dargelegt werden können, dass die Loyalitätsobliegenheiten Ausdruck eines religionsgemeinschaftlichen Glaubenssatzes sind und welches Gewicht ihnen zukommt. Sodann bedarf es gem. des Grds. der praktischen Konkordanz unter dem Gesichtspunkt der Schranke des für alle geltenden Gesetzes einer Gesamtabwägung des Selbstbestimmungsrechts der Religionsgemeinschaften mit den rechtlich geschützten Interessen der Dienstnehmer (und deren Partner bzw. Angehörigen).[86] Hierbei sind neben dem einfachen Recht der Art. 8, 9 EMRK, Art. 17 AEUV, Art. 20, 21 EUGRCh sowie die RL 2000/78/EG zu berücksichtigen. Der **EGMR** hat die Kündigung eines langjährigen Chorleiters einer Kirchengemeinde, der sich von seiner Frau getrennt hat und mit einer anderen Frau zusammenlebt, als nicht vereinbar mit Art. 8 EMRK angesehen.[87] Der **EuGH** hat die Bestimmung des Art. 4 II RL 2000/78/EG – wonach eine Ungleichbehandlung wegen der Religion oder Weltanschauung einer Person nicht als Diskriminierung anzusehen ist, wenn die Religion oder die Weltanschauung der Person nach der Art dieser Tätigkeit oder den Umständen ihrer Ausübung eine wesentliche, rechtmäßige und gerechtfertigte berufliche Anforderung angesichts des Ethos der Organisation darstellt – eng ausgelegt und eine vollständige gerichtliche Überprüfbarkeit (und nicht nur eine Plausibilitätskontrolle auf der ersten Stufe) verlangt.[88] Zusätzlich müssten die Anforderungen der Religionsgemeinschaft mit dem Grundsatz der Verhältnismäßigkeit in Einklang stehen. Daran anknüpfend hat der EuGH den Hinweis gegeben, dass die Kündigung eines katholischen

---

[77] Vgl. *Ehlers* ZevKR 1982, 269 (284 ff.); *v. Campenhausen* AöR 112 (1987), 634 ff.; *Kästner*, Staatliche Justizhoheit und religiöse Freiheit, 1991, S. 252 ff.; *ders.* BK, Art. 140 (2010) Rn. 344; *Hesse*, HStKR I, S. 521 (549 ff.); *Bock*, Gesetz und Selbstbestimmung, S. 188 (277 ff.); *Unruh* (Fn. 20), Rn. 173.

[78] So wohl auch die Autoren, welche Art. 137 III und V WRV als Kollisionsnorm interpretieren. Vgl. *Janssen*, FS Hollerbach, 2001, S. 707 (713 ff.); *Hillgruber*, FS Rüfner, 2003, S. 297 (311 ff.).

[79] *W. Weber*, Staat und Kirche in der Gegenwart, 1978, S. 359.

[80] Insoweit tauchen dieselben Probleme auf wie bei der Bestimmung der allg. Gesetze iSd Art. 5 II GG. Vgl. dazu *Bethge*, Art. 5 Rn. 136 ff.

[81] AA BVerfGE 42, 312 (334). Vgl. auch *Janssen* (Fn. 78), S. 707 (718).

[82] IdR liegt in solchen Fällen kollidierendes Verfassungsrecht vor.

[83] Vgl. auch Rn. 8. Zu den gebotenen Freistellungen vom Sargzwang vgl. *Stellhorn* DVBl 2015, 1360 ff.

[84] Vgl. zB § 1 II, IV 2 BestG NW.

[85] BVerfGE 70, 138 (166); 137, 273 Rn. 108.

[86] BVerfGE 137, 273 Rn. 112 ff. Zum kath. Kirchenrecht vgl. Art. 4 der Grundordnung des kirchlichen Dienstes im Rahmen kirchlicher Arbeitsverhältnisse, 2015.

[87] EGMR EuGRZ 2010, 560 – Schüth (vgl. dazu auch BAG NZA 2016, 299); anders dagegen zB EGMR EuGRZ 2010, 571 – Obst; ArbRB 2011, 66 (Siebenhaar). Vgl. zum Ganzen auch *Herbolsheimer*, Arbeitsrecht in kirchlicher Selbstbestimmung, 2019.

[88] EuGH NJW 2018, 1869 (Egenberger); NJW 2018, 3086 (IR); dazu statt vieler *Greiner* NZA 2018, 1289 ff.; *Payandeh* JuS 2018, 593 ff.; *Unruh* ZevKR 2019, 188.

Chefarztes wegen Wiederverheiratung nicht notwendig erscheint.[89] Das BAG hat demgemäß die Kündigung für unzulässig erklärt.[90] Soweit die Religionsgemeinschaften die **kollektiven Beschäfti-gungsbedingungen** nach Maßgabe des dritten Weges geregelt haben (→ Rn. 10), ist zu berücksichtigen, dass der EGMR für den öffentlichen Dienst ein generelles Streikverbot für nicht vereinbar mit Art. 11 I EMRK angesehen hat.[91] Vieles spricht dafür, entsprechendes für den kirchlichen Dienst anzunehmen, so dass der dritte Weg nicht uneingeschränkt aufrechterhalten werden kann, sondern funktionsspezifische Abstufungen vorzunehmen sind.[92] Doch hat das BVerfG ein generelles Streikverbot staatlicher Beamten für verfassungsgemäß gehalten.[93] Folgt man dem, dürfte für die ör Bediensteten der Religionsgemeinschaften nichts anderes gelten. Entgegen der Ansicht des BVerfG[94] ist ein Zutrittsverbot (auch betriebsfremder) Gewerkschaftsmitglieder mit Art. 9 III GG iVm Art. 11 EMRK nicht vereinbar. Die Religionsgemeinschaften haben das Recht, eigene Mitarbeitervertretungen vorzusehen. Die gesetzlichen Mitbestimmungsregelungen enthalten vielfach ausdrückliche Freistellungen zugunsten der Religionsgemeinschaften.[95] Diese sind im Wesentlichen verfassungsrechtlich geboten.

Zu den für alle geltenden Gesetzen zählen nach der Rspr. ferner zB Bestimmungen über die **15** Begrenzung des **Glockenläutens** zum Zwecke des Gesundheitsschutzes,[96] die Pflicht zur Buchführung in kirchl. Krankenhäusern,[97] die **Öffentlichkeitsarbeit** der BReg,[98] die Durchführung des Katastrophenschutzes,[99] das **Denkmalschutz**gesetz[100] sowie die Vorschriften des **Gewerberechts,**[101] des Kreditwesengesetzes (etwa für das **Islamic Banking**[102]) und des Straßenrechts.[103] Auch bei den staatl. Rechnungsprüfungsvorschriften, die den Rechnungshöfen eine Finanzkontrolle bei den Empfängern staatl. Zuwendungen erlauben, handelt es sich um für alle geltende Gesetze, die aber nicht in jedem Falle das religionsgemeinschaftliche Selbstbestimmungsrecht einzuschränken vermögen.[104] Anders eingestuft wurde die staatliche Beschränkung kirchl. Inkompatibilitätsregelungen[105]. Eine Freistellungsregelung zugunsten der Religionsgemeinschaften enthält auch § 5 V Nr. 1 RBStVT. Hinsichtlich des **Datenschutz**es sehen Art. 9 II d, 91 DSGVO[106] eine „bedingte Exemtion" der Religionsgemeinschaften vor (sofern diese umfassende Datenschutzregelungen zum Schutz natürlicher Personen bei der Verarbeitung anwenden und der Aufsicht durch eine unabhängige – trotz Art. 4 Nr. 21 iVm Art. 51 DSGVO nicht notwendiger Weise staatlichen – Aufsichtsbehörde[107] unterliegen).[108] Zu Andersgläubigenzuschlägen bei Nutzung kirchl. Friedhöfe vgl. → Rn. 27, zu § 4a II Nr. 2

---

[89] EuGH NJW 2018, 3086 Rn. 58 (IR).

[90] BAG NZA 2019, 901.

[91] EGMR NZA 2010, 1423 (1424 f.).

[92] AA zB *Robbers,* Streikrecht in der Kirche, 2010. Für ein Abwägungsmodell *Waldhoff,* GS Heinze, 2005, S. 995 (1001 ff.). Vgl. auch *Joussen* EssGspr 2012, 53 ff.; *Walter* ZevKR 2012, 233 (248 ff.); *Heinig* ZevKR 2013, 177 ff.

[93] BVerfGE 148, 296.

[94] BVerfGE 57, 220; aA *Classen,* Religionsrecht, 2. Aufl. 2015, Rn. 454; *Unruh* (Fn. 20), Rn. 207; *Walter* ZevKR 2012, 233 (256 f.).

[95] Vgl. die §§ 118 II BetrVG, 81 II BetrVG 1952, 112 BPersVG, 1 IV 2 MitbestG. Zu den Beteiligungsrechten von Arbeitnehmern in Krankenhäusern vgl. BVerfGE 53, 366 (405); zur Besetzung von Berufsbildungsausschüssen BVerfGE 72, 278 (292 ff.), zum Unterhalt von Ordensmitgliedern BVerwG NJW 1987, 206 (207).

[96] BVerwGE 68, 62 (69); BayVGH NVwZ-RR 2005, 315 ff. Näher dazu *Lorenz* JuS 1995, 492 ff.; zum Ruf des Muezzins *Muckel* NWVBl 1998, 1 ff.; zur Eröffnung des Verwaltungsrechtsweges für eine Klage gegen Lärm vom kirchl. Spielplatz s. BayVGH DVBl 2004, 893.

[97] BVerfG (VPr) NJW 1984, 970.

[98] Vgl. BVerfGE 105, 279 (292 ff.), wonach Art. 4 I und II keinen Schutz dagegen bieten, dass sich der Staat mit religiös-weltanschaulicher Neutralität zurückhaltend mit den Zielen und Aktivitäten von Religionsgemeinschaften auseinandersetzt (ohne Bezugnahme auf Art. 137 III WRV). Für das Informationshandeln der BReg im Rahmen der Staatsleitung soll es keiner bes. gesetzlichen Ermächtigung bedürfen. Krit. zu Recht *Murswiek* NVwZ 2003, 1 ff. Zur Vereinbarkeit der Rspr. mit der EMRK vgl. EGMR NVwZ 2010, 177 (179 ff.). Zu den Grenzen staatl. Informationshandels vgl. auch BVerwG DVBl 2006, 387.

[99] *Robbers* ZevKR 1993, 177 ff.

[100] VGH BW NVwZ 2003, 1530 ff.

[101] BVerwG NVwZ 1995, 473 ff.; BVerwGE 105, 313 ff.; OVG Bremen GewArch 1997, 290 ff. Vgl. auch BVerfG (K) NJW 1995, 1606 f.; BAGE 79, 319 ff.

[102] Vgl. *Gassner/Wackerbeck,* Islamic finance, 2. Aufl. 2010; *Casper* ZBB 2010, 345 ff.; *ders.,* FS Hopp, 2010, S. 245 ff.; *ders.* RW 2011, 251 ff.; *ders.,* in: Jansen/Oestmann (Hrsg.), Gewohnheit. Gebot. Gesetz, 2011, S. 301 ff.

[103] Vgl. VGH BW NVwZ 1998, 91 f.; BayObLG NVwZ 1998, 104 f. Bei der Entscheidung über die Genehmigung von Sondernutzungen sind die Ausstrahlungswirkungen der Art. 4 I und II zu berücksichtigen.

[104] Für Unzulässigkeit einer staatl. Rechnungsprüfung bei den Religionsgemeinschaften *Leisner,* Staatliche Rechnungsprüfung und kirchliche Einrichtungen, 1991, S. 65 ff. Näher zum Diskussionsstand *Mainusch* NVwZ 1994, 736 ff.; *v. Campenhausen/de Wall,* Staatskirchenrecht, 4. Aufl. 2006, S. 306 ff.; *Janz,* in: Pulte/Hense, (Hrsg.), Grund und Grenzen staatlicher Religionsförderung, 2014, S. 92 (104 ff.). Zum staatlichen Strafanspruch und kirchlicher Selbstbestimmung vgl. *Waldhoff* KuR 2014, 171 (181 ff.).

[105] BVerfGE 42, 312 ff.

[106] VO (EU) 2016/679.

[107] Vgl. dazu EuGH NJW 2010, 1265 Rn. 34 f. (Kommission/BRD).

[108] Näher zum Ganzen *Ziekow* ZevKR 2018, 390 ff. Zum kirchlichen Recht vgl. *Sydow* (Hrsg.), Kirchliches Datenschutzrecht, 2020; zur kirchlichen Gerichtsbarkeit *ders.* KuR 2019, 1 ff.

TierSchG → Art. 136 WRV Rn. 6 (grds. Verbot des Schächtens[109]) sowie *Kokott,* Art. 4 Rn. 78. Die Rechtmäßigkeit coronabedingter Verbote religiöser Zusammenkünfte hängt von einer Verhältnismäßigkeitsprüfung im Einzelfall ab.[110] Die Grundrechtsbestimmungen stellen schon deshalb kein für alle geltendes Gesetz dar, weil sie Religionsgemeinschaften grds. nicht binden (→ Rn. 26).

## III. Folgerungen für den Rechtsschutz

16    Der Rechtsweg zu den staatl. Gerichten steht in religionsgemeinschaftlichen Angelegenheiten offen, wenn für die Beurteilung Streitmaßstäbe des staatl. Rechts einschlägig sind oder sein können. Richtet sich der staatl. Rechtsschutz gegen eine Religionsgemeinschaft, bestimmt sich dieser nach der Reichweite des für alle geltenden Gesetzes: also nach dem materiellen Recht, dessen Durchsetzung der Gerichtsschutz dient. Folgt man der **Bereichslehre** (→ Rn. 12), sind Klagen, die den innerreligionsgemeinschaftlichen Bereich betreffen, unzulässig. Dies hat das BVerfG wiederholt bestätigt.[111] Zu dem innerreligionsgemeinschaftlichen Bereich hat die Rspr. neben innerkirchl. Organisationsfragen, die den bürgerlichen Rechtskreis nicht berühren,[112] insbes. auch alle Statusklagen von Geistlichen und Kirchenbeamten gerechnet (etwa Klagen gegen eine Versetzung, eine Zwangsbeurlaubung sowie eine Entfernung bzw. Entlassung aus dem Dienst).[113] Anderes soll gelten, wenn die Religionsgemeinschaften von dem Angebot der § 146 S. 2 BBG, § 63 III 2 BeamtStG iVm § 135 S. 2 BRRG Gebrauch gemacht haben.[114] Dies vermag schon deshalb nicht zu überzeugen, weil die Vorschrift nur das Wie (Zuständigkeit der ordentlichen Gerichtsbarkeit oder Verwaltungsgerichtsbarkeit), nicht aber das Ob des Rechtsschutzes betrifft.[115] Zudem darf sich der Staat wegen der Trennung von Staat und Religionsgemeinschaften auch nicht mit Einverständnis der Religionsgemeinschaften in deren interne Angelegenheiten einmischen.[116] Offengelassen wurde zum Teil, ob auch die vermögensrechtlichen Klagen von Geistlichen und Kirchenbeamten (zB auf Schadensersatz oder Zahlung des Gehalts) dem internen Bereich unterfallen.[117] Das BVerfG hat dies bejaht, wenn es nur um die vermögensrechtlichen Folgen von Statusentscheidungen geht.[118] Nach einer im Schrifttum vertretenen anderen Spielart der Bereichslehre gehört nur die Ausgestaltung des geistlichen Amtsrechts, nicht dagegen die der Dienstverhältnisse zu den internen Angelegenheiten der Religionsgemeinschaften.[119] Der EGMR hat die „gefestigte innerstaatliche Rspr." für vereinbar mit Art. 6 I 1 EMRK gehalten.[120] Stehen die Bediensteten in einem pr Arbeitsverhältnis, wird ihnen abweichend von den ör Bediensteten stets Zugang zur staatlichen Gerichtsbarkeit gewährt.

17    Folgt man mit der hL der vorzuziehenden **Abwägungslehre,** ist der Rechtsweg zu den staatl. Gerichten gegeben, wenn sich der Kläger im Einzelfall auf eine Verletzung staatlich geschützter Rechtspositionen beruft.[121] Ob die Rechtspositionen wirklich bestehen oder verletzt worden sind, ist schwerpunktmäßig im Rahmen der weiteren Klagevoraussetzungen – etwa der Klagebefugnis und vor allem Begründetheit der Klage –, nicht der Eröffnung des staatl. Rechtswegs zu prüfen. Aus der dem Staat obliegenden **Justizgewährungspflicht** (Art. 2 I, 20 II, 92) folgt, dass die staatl. Gerichte prinzipiell zur Entscheidung aller Rechtsfragen berufen sind, deren Beurteilung sich nach staatl. Recht richtet. Dieser Ansicht hat sich die neuere Rspr. der Fachgerichte,[122] nicht aber das BVerfG,[123] überwiegend angeschlossen. Das Selbstbestimmungsrecht schränkt nicht die Justizgewährungspflicht

---

[109] Problematisch BVerwGE 99, 1; 112, 227 (233 ff.), weil der individuellen Glaubensfreiheit zu wenig Raum gelassen wird. Großzügiger (aber ebenfalls auf gem. Überzeugungen abstellend) BVerfGE 104, 337 ff. Zu Art. 4 IV VO (EG) Nr. 1099/2009: vgl. EuGH NVwZ 2018, 1283 (Liga van Moskeeën); *Vordermayer-Riemer* DÖV 2019, 693.

[110] Vgl. BVerfG (K) NJW 2020, 1427; BeckRS 2020, 5584.

[111] BVerfG (K) NJW 2009, 1195 (m. umf. Nachw.). Krit. *Weber* NJW 2009, 1179 ff.; *Germann* ZevKR 2009, 214 ff.

[112] BVerfG (K) NJW 1999, 350 ff.

[113] Vgl. BVerwGE 66, 241 (244); 95, 379 (381 ff.); BVerwG NJW 1983, 2582 f.; NJW 2003, 2112 f.; BAGE 64, 131 (136 – Ordenspriester); zur Auflistung der Rspr. vgl. *Ehlers/Schneider,* in: Schoch/Schneider/Bier (Hrsg.), VwGO, § 40 (2015) Rn. 108; *Germann* ZevKR 2006, 589 ff.; *Weber* NJW 2009, 1179 ff.; *Laubinger* FS Schenke 2011, 975 ff.

[114] BGHZ 34, 372 (374); BVerwGE 25, 226 (231 ff.); 30, 326 (327 ff.); 149, 139 Rn. 14; 153, 282 Rn. 20, 26.

[115] *Ehlers* ZevKR 2016, 313 (318); *Weber* NJW 1989, 2217 (2225); *Kästner* (Fn. 77), S. 155; *Heckel,* FS Lerche, 1993, S. 213 (219 ff.); *v. Campenhausen* EssGspr 2000, 105 (135).

[116] Vgl. auch BGHZ 154, 306 (309).

[117] BVerfG (VPr) NJW 1983, 2569 (2570); (VPr) NVwZ 1985, 105; BVerwGE 28, 345 (348); 66, 241 (249).

[118] BVerfG (K) NJW 2009, 1195 ff.

[119] *Weber* NJW 1989, 2217 (2219 ff., 2224 ff.); vgl. auch *Schenke* BK, Art. 140 Abs. 4 (2009) Rn. 271 ff.; *Schmidt-Aßmann,* in: Maunz/Dürig, Art. 19 Abs. 4 (2019) Rn. 115. Ausdr. abl. BGHZ 154, 306 (310). Für eine strikte Trennung von Kirchenrecht und staatlichem Recht *Laubinger,* FS Schenke, 2011, 975 ff.

[120] EGMR, Urteil v. 6.12.2011, Nr. 12986/04 – Müller; 6.12.2011, Nr. 3775/04 – Reuter, 6.12.2011, Nr. 38254/04 – Baudler.

[121] Aus der Lit. vgl. *Ehlers* JuS 1989, 364 (367); *Kästner* (Fn. 77), S. 198 f.; *Magen* NVwZ 2002, 897 ff.; *Goos* ZBR 52 (2004), 159 ff.; *Germann,* in: Epping/Hillgruber, Art. 140 Rn. 55 ff.

[122] Vgl. BGH NJW 2000, 1555 (1556); BGHZ 154, 306 (307); BVerwGE 116, 86 (88); 149, 139 Rn. 12, 14; 153, 282 Rn. 11 ff. And. BVerwGE 117, 145 (149).

[123] BVerfG (K) NJW 2009, 1195 ff.

des Staates, sondern nur das Maß der Justiziabilität der angegriffenen Entscheidung ein.[124] Im Falle autonom gesetzten Rechts ist der Geltungsanspruch der staatlichen Rechtsordnung wegen des Selbstbestimmungsrechts der Religionsgemeinschaften auf die Beachtung der für alle geltenden Gesetze einschließlich der wesentlichen Verfassungsgrundsätze (die sich aus der Ausstrahlungswirkung des Art. 79 III, dem Willkürverbot und den elementaren rechtsstaatlichen Garantien ergeben) beschränkt.[125] Auf ein staatl. oder religionsgemeinschaftliches Einverständnis zur Inanspruchnahme der staatl. Gerichte kommt es nicht an. Die Pflicht des Staates zur Justizgewährung gilt sowohl zugunsten als auch zulasten der Religionsgemeinschaften,[126] unabhängig davon, ob bei der Anwendung staatl. Rechtssätze religionsgemeinschaftliche Vorfragen zu klären sind.[127]

Nach der Rspr.[128] und hL[129] soll der staatliche Rechtsschutz wegen der verfassungsrechtlich geschuldeten Rücksichtnahme auf das Selbstverständnis der Religionsgemeinschaften **subsidiär**, also erst mit Ausschöpfung eines von der Religionsgemeinschaft eröffneten internen Rechtswegs zulässig sein. Andernfalls fehle das Rechtsschutzbedürfnis. Doch muss die Verweisung auf den religionsgemeinschaftlichen Rechtsschutz zumindest zumutbar sein.[130] Unter anderem kommt es auf die Qualität (insbesondere die Weisungsfreiheit der Richter), Effektivität und Zeitdauer an.[131] Welcher **Rechtsweg zu den staatl. Gerichten** gegeben ist, bestimmt sich nach dem einfachen (Prozess-)Recht, nicht nach Verfassungsrecht. Zum ör oder pr Charakter von Streitigkeiten vgl. auch → Rn. 24. Kirchengerichtliche Entscheidungen sind nicht wie staatl. Gerichtsentscheidungen vollstreckbar. Vielmehr müssen sich die Religionsgemeinschaften zuvor einen Vollstreckungstitel bei den staatl. Gerichten besorgen.[132] Ein staatl. Recht auf anwaltlichen Beistand vor Kircheninstanzen besteht nicht.[133]    **18**

## E. Erwerb der Rechtsfähigkeit (Abs. 4)

Abs. 4 richtet sich dagegen, den Erwerb der Rechtsfähigkeit religiöser Gemeinschaften von dem   **19** Erl. von Sondervorschriften bzw. von religiösen Einspruchsrechten der Verwaltung abhängig zu machen (vgl. auch Art. 124 I 3, II 2 WRV). Abs. 4 will den Gemeinschaften aber kein besonderes Privileg zukommen lassen. Die Vorschrift gewährt den Religionsgemeinschaften ein verfassungsmäßig verbürgtes Recht auf Inanspruchnahme der **Organisationsformen des Privatrechts** gem. den allg. Bestimmungen, nicht aber einen Anspruch auf eine bestimmte Rechtsform. Gewährleistet wird nur die Möglichkeit einer irgendwie gearteten rechtlichen Existenz einschl. der Teilnahme am allg. Rechtsverkehr.[134] Dies schließt die zur Verfügungstellung einer eigenen Organisationsform für Religionsgemeinschaften als Angebot nicht aus. Der in der Literatur[135] in Anlehnung an die österreichische Rechtslage[136] unterbreitete Vorschlag der Einführung einer neuen pr Organisationsform für Religionsgemeinschaften, die unter dem Status einer Körperschaft des öffentlichen Rechts angesiedelt ist, hat indessen zu Recht wenig Gefolgschaft gefunden[137] und ist vom Gesetzgeber bisher nicht aufgegriffen worden. Gleichheitsprobleme könnten sich ergeben, wenn eine gesonderte Rechtsform unterhalb der Ebene der Körperschaft des öffentlichen Rechts mit Vergünstigungen verbunden wäre.[138] IdR haben sich die nicht korporierten Religionsgemeinschaften in der Form eines **Idealvereins** organisiert (§ 21 BGB). Diese Rechtsform steht nach hM aber nicht zur Verfügung, wenn Vereinigungen jenseits des sog. Nebenzweckprivilegs planmäßige, auf Dauer angelegte und nach außen gerichtete, dh über den vereinsinternen Bereich hinausgehende, eigenunternehmerische Tätigkeiten entfalten, die auf die Verschaffung vermögenswerter Vorteile zugunsten des Vereins oder seiner

---

[124] BGHZ 154, 306 (311 ff.); BVerwGE 149, 139 Rn. 14.

[125] Vgl. BVerwGE 149, 139 Rn. 19 ff.; 153, 282 Rn. 25; BVerwG NVwZ-RR 2017, 399 (400 f.).

[126] Wird jeglicher staatl. Rechtsschutz gegenüber den Religionsgemeinschaften verweigert, müsste spiegelbildlich auch eine Unzuständigkeit der staatl. Gerichte für Ansprüche der Religionsgemeinschaften angenommen werden. Das eine wie das andere ist nicht angängig. Vgl. *Weber* NJW 1989, 2217 (2218).

[127] BGH NJW 2000, 1555 (1556); BGHZ 154, 306 (310); BVerwGE 116, 86 ff. Grds. zust. *v. Campenhausen* ZevKR 2000, 622 ff.; *Kästner* NVwZ 2000, 889 ff.

[128] BVerfG (K) NJW 1999, 349 (350); BGHZ 154, 306 (312); BVerwGE 149, 139 Rn. 20; 153, 282 Rn. 20; BVerwG NVwZ-RR 2017, 399.

[129] *Magen* NVwZ 2002, 897 (903); *Weber* ZevKR 2004, 385 (401); *v. Campenhausen/de Wall* (Fn. 104), S. 312; *Morlok*, in: Dreier III, Art. 137 WRV Rn. 75; *Kästner* (Fn. 77), S. 160 ff.; *Classen* (Fn. 84), Rn. 581.

[130] Vgl. auch BVerfG (K) NVwZ-RR 2019, 577. Anders als die evangelischen Kirchen kennt die kath. Kirche bisher keine eigene Verwaltungsgerichtsbarkeit.

[131] Näher dazu *Ehlers* ZevKR 2016, 313 (317 mwN).

[132] OVG NW DVBl 2002, 1056 f.; näher dazu *Ehlers* ZevKR 2004, 496 ff.; vgl. auch BVerwG NVwZ 2008, 1357 ff.

[133] Teilw. aA *Weber* AnwBl 1994, 345 (350 ff.).

[134] BVerfGE 83, 341 (355). Zu den Rechtsproblemen einer kirchl. GmbH vgl. *Krämer* ZevKR 1996, 66 ff.

[135] *Waldhoff* (Fn. 7), D 87 ff.; *Möllers*, Verhandlungen des 68. DJT 2010, 2011, O 39 (48 f.).

[136] Vgl. dazu EGMR NVwZ 2009, 509 ff.

[137] Auf dem 68. DJT (2010) wurde die Empfehlung, eine religionsspezifische Form der Rechtspersönlichkeit einzuführen, mit großer Mehrheit abgelehnt.

[138] Vgl. dazu (bezogen auf Österreich) EGMR NVwZ 2009, 509 (511 ff.); näher zur Rechtslage in Österreich *Schwendenwein*, FS Listl, 1999, S. 309 ff. Allg. *Walter* DVBl 2010, 993 (996).

Mitglieder abzielen.[139] Dasselbe gilt für Vereinigungen, die gegenüber ihren Mitgliedern entgeltlich Leistungen zur Verwirklichung eines nichtwirtschaftlichen Zwecks erbringen, wenn diese Leistungen unabhängig von mitgliedschaftlichen Beziehungen üblicherweise auch von anderen angeboten werden.[140] Insoweit müssen sich die Gemeinschaften (insbes. zum Schutze der Gläubiger im wirtschaftlichen Verkehr)[141] anderweitig organisieren, zB als (gemeinnützige) GmbH, pr Stiftung, Gesellschaft bürgerlichen Rechts (§§ 705 ff. BGB) oder als wirtschaftlicher Verein (§ 22 BGB).[142] Aufgrund der Religionsfreiheit und ihres Selbstbestimmungsrechts genießen (auch) die in Privatrechtsform organisierten Religionsgemeinschaften für die innere Organisation (nicht das Außenverhältnis) eine Sonderstellung, weil ihr Selbstverständnis bei der Auslegung und Handhabung des einschlägigen Rechts zu berücksichtigen ist.[143] ZB dürfen sich die als Vereine organisierten Religionsgemeinschaften in Abweichung von dem Grundsatz der Vereinsautonomie in erheblichem Ausmaße fremd bestimmen lassen (etwa durch außen stehende kirchl. Instanzen).[144] Deshalb darf die Eintragung als Verein nicht allein deshalb versagt werden, weil sich der Verein in religiöser Hinsicht als Teil einer hierarchisch gegliederten Religionsgemeinschaft organisieren und der übergeordneten Gemeinschaft bestimmte Einwirkungsbefugnisse einräumen will (wie dies zB auf die Katholische Kirche zutrifft).[145]

20    Abs. 4 spricht nicht explizit den **Verlust der Rechtsfähigkeit** an. Doch richtet sich dieser als actus contrarius nach denselben Vorschriften, die für den Erwerb der Rechtsfähigkeit maßgebend sind. So kann ein Verein gem. § 43 BGB die Rechtsfähigkeit entzogen werden.[146] Der Entzug der Rechtsfähigkeit führt nicht dazu, dass die Religionsgemeinschaft verboten ist. Sie kann beispielsweise als nicht-rechtsfähiger Verein weiter existieren.

21    Die Abs. 2 und 4 des Art. 137 WRV stehen ebenso wie Art. 4 I, II und Art. 9 I EMRK[147] einem **Verbot von Religionsgemeinschaften** nicht entgegen.[148] Teilw. wird Art. 9 II für unmittelbar anwendbar gehalten,[149] teilw. die Norm zu den für alle geltenden Gesetzen iSd Art. 137 III WRV gezählt.[150] Nach anderer Auffassung greift der Gesetzesvorbehalt des Art. 136 I WRV (bürgerliche Pflichten) ein.[151] Vor allem aber wird auf die Begrenzung grundgesetzlicher Gewährleistungen durch das kollidierende Verfassungsrecht hingewiesen.[152] Das BVerwG[153] hat mit Billigung des BVerfG[154] angenommen, das Verbot müsse nach Abwägung mit dem verfassungsrechtlichen Schutz der Vereinigung zur Wahrung der kollidierenden Verfassungsgüter „unerlässlich" sein. Dies werde idR der Fall sein, wenn sich die Vereinigung gegen die in Art. 79 III genannten Verfassungsgrundsätze richte. Nach der hier vertretenen Auffassung zählt zu dem kollidierenden Verfassungsrecht auch Art. 9 II, weil die Norm nicht nur als eine (nicht auf andere Verfassungsbestimmungen übertragbare) Grundrechtsbegrenzungsnorm, sondern als generelle Verbotsnorm gefasst ist.[155] Die Vorschrift ist wegen der Ausstrahlungswirkung des Art. 4 I, II iVm Art. 137 III, IV WRV eng in Anlehnung an Art. 79 III auszulegen. Da der Vorbehalt des Gesetzes gilt,[156] muss ein Verbot auf eine **gesetzliche Ermächti-**

---

[139] Nach dem Nebenzweckprivileg wird ein Idealverein dann nicht zum wirtschaftlichen Verein, wenn er zwar zur Erreichung seiner idealen Ziele unternehmerische Tätigkeiten entfaltet, diese aber den nichtwirtschaftlichen Hauptzweck des Vereins zu- und untergeordnet und Hilfsmittel zu dessen Erreichung sind. Vgl. BGHZ 85, 84 (92 ff.); BVerwGE 105, 313 (316).

[140] Vgl. BVerwGE 105, 313 (316 ff. – Scientology); zust. *Schmidt* NJW 1998, 1124 ff.; *Ellenberger,* in: Palandt, BGB, 78. Aufl. 2019, § 21 Rn. 2 ff.

[141] BVerwGE 105, 313 (316).

[142] Näher dazu *Towfigh,* Die rechtliche Verfassung von Religionsgemeinschaften, 2006, S. 145 ff.

[143] Vgl. BVerfGE 83, 341 (356 ff.); *Unruh* (Fn. 20), Rn. 259.

[144] BVerfGE 83, 341 (358 ff.); *Künzel,* Die kirchliche Vereinsaufsicht, 1999, S. 126 ff., 151 ff.; *Muckel,* HStKR I, S. 827 (835 ff.).

[145] BVerwGE 83, 341 (356).

[146] Zust. *Morlok,* in: Dreier III, Art. 137 WRV Rn. 37.

[147] Vgl. EGMR EuGRZ 2010, 285.

[148] AA *Veelken,* Das Verbot von Weltanschauungs- und Religionsgemeinschaften, 1999, S. 208. Zum Meinungsstand vgl. auch *Planker,* Das Vereinsverbot von Art. 9 II GG/§§ 3 ff. VereinsG, 1996, S. 30 ff.; *ders.,* DÖV 1997, 101 ff.; *Stein,* Die Beendigung des ör Körperschaftsstatus bei Religionsgemeinschaften, 2006, S. 170 ff.; *Michael* JZ 2007, 146 ff.; *Stuhlfauth* DVBl 2009, 416 ff.

[149] Vgl. BVerwGE 37, 344 (363 ff.); 105, 117 (121); BVerwG JZ 2007, 144 (145). Wohl auch BVerfGE 102, 370 (389, 391 – ausdr. nur für Körperschaften); ferner *Stuhlfauth* DVBl 2009, 416 (421); *Kästner* BK, Art. 140 GG (2010) Rn. 286 f.

[150] So wohl BVerwGE 37, 344 (364); ferner *Kokott,* Art. 4 Rn. 150; vgl. auch *Magen,* in: Umbach/Clemens II, Art. 140 Rn. 90.

[151] Vgl. *Sachs* JuS 2004, 12 (16); krit. *Schmidt,* Das Verbot von Religions- und Weltanschauungsgemeinschaften nach Grundgesetz und Vereinsgesetz nach Fall des Religionsprivilegs, 2012, S. 199 ff.

[152] Vgl. statt vieler *Pieroth/Kingreen* NVwZ 2001, 841 (845); *Korioth,* in: Maunz/Dürig, Art. 137 WRV (2019) Rn. 15; *Michael* JZ 2002, 482 (485 ff.), der eine Gefährdung der freiheitlich-demokratischen Grundordnung für notwendig hält; *Schmidt* (Fn. 151), S. 223 ff. Krit. *Poscher* KritV 85 (2002), 298 (303 ff.).

[153] BVerwG DVBl 2003, 873 (874 – Verbot des Kalifatsstaates); JZ 2007, 144 (145); NVwZ 2014, 1573 (1576).

[154] BVerfG (K) NJW 2004, 47 (48).

[155] Abl. etwa *Groh* KritV 85 (2002), 39 (50); *Unruh* (Fn. 20), Rn. 262 ff.

[156] Im Falle des Art. 9 II str., vgl. *Höfling,* Art. 9 Rn. 40 ff.

**gungsgrundlage** gestützt werden können. Als Verbotsnormen kommen nunmehr die §§ 3 I 1, 14 I 1 und 15 I 1 VereinsG in Betracht. Einer analogen Anwendung[157] bedarf es nicht.[158] Bei landesübergreifender Organisation und Tätigkeit ist der Bundesminister des Inneren Verbotsbehörde (§ 3 II Nr. 2 VereinsG). Die gerichtlichen Zuständigkeiten bestimmen sich nach den §§ 48 II, 50 I Nr. 2 VwGO.

## F. Religionsgemeinschaften als Körperschaften des öffentlichen Rechts (Abs. 5)

### I. Allgemeines

Unter Körperschaften des öffentlichen Rechts werden gemeinhin mitgliedschaftlich verfasste Hoheits-    **22** träger staatl. Provenienz verstanden.[159] Bei den korporierten Religionsgemeinschaften handelt es sich indessen um Körperschaften besonderer Art, die weder dem Staat zuzurechnen sind noch in derselben Weise wie staatl. Rechtsträger mitgliedschaftlich strukturiert sein (allerdings stets Mitglieder haben müssen). Der von den Religionsgemeinschaften nach Maßgabe des Abs. 5 zu erlangende Status einer Körperschaft des öffentlichen Rechts[160] hat einen **sechsfachen Sinngehalt:**[161] Zunächst regelt er die Rechtsfähigkeit der Religionsgemeinschaften unabhängig vom bürgerlichen Recht (**1.**). Im Korporationsstatus ist aber zugleich die **pr Rechtsfähigkeit** mit enthalten.[162] Sodann hebt der Körperschaftsstatus die Bedeutung der Religionsgemeinschaften „als geistig-soziale Faktoren des öffentlichen Lebens"[163] hervor und macht dadurch deutlich, dass es **nicht** angängig ist, sie in den **rein privaten Bereich** zu verweisen (**2.**). Ferner wirkt Abs. 5 einer radikalen **Trennung** von Staat und Religionsgemeinschaft **entgegen** (**3.**). Da die Erlangung des Status einer Körperschaft des öffentlichen Rechts an inhaltliche Anforderungen geknüpft ist (zB Gewähr der Dauer, → Rn. 28, und Rechtstreue, → Rn. 29), ist mit der Verwendung der Rechtsform ein zusätzlicher Gewinn an **Ansehen** und **Schutz** verbunden (**4.**).[164] Ebenso eröffnet der Korporationsstatus dem Staat die Möglichkeit zu differenzieren und den ör organisierten Religionsgemeinschaften bestimmte **Vorrechte** (**5.**) zuzugestehen (zB Art. 137 VI WRV, §§ 31, 54 I AO, 10 I Nr. 4, 10b I EStG, 13 I Nr. 16a ErbStG, 3 Nr. 6 GewStG, 3 I Nr. 4–6 GrStG,[165] 4 Nr. 2 GrdsVG, 5 I Nr. 9 KStG, 4a, 12 II Nr. 8a UStG, 12 II, 14 I Nr. 4a EGGVG, 21 I Nr. 4, 27 III Nr. 5, 65 II PStG,[166] 132a III, 133 II StGB, 126 I Nr. 2 OWiG, 1 VI Nr. 6, 26 Nr. 2b, 90 II Nr. 2 BauGB, 7 SchBerG, 4 Nr. 2 GrdstVG, 882a III ZPO, 17 VwVG, 4 II Nr. 4 BLG, 55 I HGrG, 6 I Nr. 4, 132a I 1 HS 2 SGB V, 5 I Nr. 2, 3 SGB VI, 2 I Nr. 10b SGB VII, 75 III SGB VIII, 73 II Nr. 2 SGB IX,[167] 5 I SGB XII, 9 II Nr. 8 GjS, 42 BMG, 7 IV ArbZG, 21a III JArbSchG, 13 II 2 WPfG, 8 KDVG, 19 KultSchG, 19 II Nr. 8 JuSchG, 42 I Rundfunkstaatsvertrag,[168] 15 II NDR-StV, 144 I Nr. 3 KostO, Nr. 7, 16 Nr. 2 SUrlVO des Bundes, 122 I Nr. 1 JustG NW, 10 III LGebG BW, 1 II BestG NW, 38 LFoG NW, 13 II StiftG NW).[169] Die Begünstigungen knüpfen teils allein am Körperschaftsstatus an,[170] teils enthalten sie Begünstigungen unter weiteren Voraussetzungen bzw. mit Gleichstellungsmöglichkeiten, teils ergänzen sie nur ör Rechtspositionen der Religionsgemeinschaften.[171] Sofern die Vorrechte nicht unmittelbar mit der Organisationsform verbunden (dieser also inhärent) sind, müssen sie sich sachlich rechtfertigen lassen und mit den **Gleichheitssätzen** sowohl des GG als auch des Art. 14 EMRK iVm Art. 9[172] sowie ggf. – bei Anwendbarkeit des Unionsrechts – der Art. 20 und 21 EUGRCh und des sonstigen Antidiskriminierungsrechts der EU vereinbar sein.[173] Wird der religiöse Kernstatus berührt (→ Art. 140 Rn. 9), ist eine

---

[157] Vgl. BVerwG DVBl 2003, 873 (875).

[158] *Korioth,* in: Maunz/Dürig, Art. 137 WRV (2019) Rn. 15; *Sachs* JuS 2004, 12 (16).

[159] Vgl. zB *Burgi,* in: Ehlers/Pünder (Hrsg.), Allgemeines Verwaltungsrecht, 15. Aufl. 2016, § 8 Rn. 12.

[160] Abzulehnen *Schmidt-Eichstaedt,* Kirchen als Körperschaften des öffentlichen Rechts?, 1975, S. 107 ff., der in Abs. 5 eine verfassungswidrige Verfassungsnorm sieht. Vgl. auch *Renck* BayVBl. 2000, 744 (746 – prinzipienwidriges Verfassungsrecht). Näher zum Körperschaftsstatus *Heinig,* Öffentlich-rechtliche Religionsgesellschaften, 2003; *Magen,* Körperschaftsstatus und Religionsfreiheit, 2004; *Janssen,* Status als Körperschaften des öR, 2017.

[161] Von einem „etwas zweifelhafte(n) Ehrentitel" spricht *Smend* ZevKR 1951, 4 (9).

[162] *Janssen* (Fn. 160), S. 109.

[163] *Scheuner* ZRP 1969, 195.

[164] Vgl. BVerfGE 102, 370 (388 – besonderes Ansehen in der Gesellschaft).

[165] Krit. *Schrooten,* Gleichheitssatz und Religionsgemeinschaften, 2015, S. 259 ff.

[166] BVerfG (K) NVwZ 2016, 135.

[167] Zu den sozialrechtlichen Ausnahmeregelungen vgl. *Axer,* FS Listl, 1999, S. 587 ff.

[168] Zur Vertretung der Kirchen in den Organen der ör Rundfunkanstalten *Link,* HStKR II, S. 251 (273). Vgl. auch BVerwG NVwZ 1986, 379 ff. (kein Teilhabeanspruch). Zum Recht auf religiöse Drittsendungen im Rundfunk *Stock* ZevKR 45 (2000), 380 (384 ff.); abl. *Renck* NVwZ 2000, 868 ff. Vgl. auch *Cornils* ZevKR 2009, 417 (432 f.).

[169] Krit. *Brenner* VVDStRL 59 (2000), 264 (284 ff.); *Weiß* KritV 83 (2002), 104 (127 ff.). Zu Recht weist *Hillgruber* NVwZ 2001, 1347 (1354), darauf hin, dass mit dem Körperschaftsstatus auch bes. Pflichten verbunden sind (vgl. → Rn. 27). Für Abschaffung des Korporationsstatus de lege constitutione *Sacksofsky* VVDStRL 68 (2009), 7 (28, 44).

[170] So soll nach BVerfGE 66, 1 (17 ff.) die Konkursunfähigkeit (Insolvenzunfähigkeit) ör Religionsgemeinschaften unmittelbar aus dem GG folgen. Dieser Ansicht ist nicht zuzustimmen. Vgl. auch *Muckel* ZevKR 2018, 30 (54).

[171] Vgl. *Schrooten* (Fn. 165), zugleich mit gleichheitsrechtlicher Bewertung.

[172] Vgl. EGMR NVwZ 2009, 509 (511 f.); vgl. ferner → Art. 136 WRV Rn. 5 m. Fn. 36.

[173] Ausf. zum Ganzen *Schrooten* (Fn. 165). Krit. *Janssen* (Fn. 160), S. 269 ff.

Ungleichbehandlung von ör und pr Religionsgemeinschaften unzulässig. Auch bei Abgabenbefreiungen[174] und der Vergabe von Subventionen kann es uU auf den Körperschaftsstatus ankommen.[175] Umgekehrt lassen sich Benachteiligungen korporierter Religionsgemeinschaften gegenüber anderen Trägern der freien Wohlfahrtspflege bei der Gewährung staatl. Zuschüsse (mit der Begründung, die Religionsgemeinschaften könnten Kirchensteuern erheben) nicht rechtfertigen. Daher ist § 20 I KiBiz NW[176] als verfassungswidrig anzusehen.[177] Unerheblich ist der Körperschaftsstatus zB für die Befreiung von der Schulpflicht,[178] die Erteilung von Religionsunterricht in öffentlichen Schulen,[179] die Anstaltsseelsorge[180] oder die Gewährung beamtenrechtlichen Sonderurlaubs.[181] Schließlich erlaubt Abs. 5 den korporierten Religionsgemeinschaften sich in bestimmtem Umfang der **Handlungsformen des öffentlichen Rechts** zu bedienen **(6.)**. Zwar sind die Religionsgemeinschaften zur Ausübung ihrer Religionsfreiheit nicht notwendig auf den Korporationsstatus angewiesen. Soweit jedoch von dem Angebot des Art. 137 V WRV Gebrauch gemacht wird, stellt der Körperschaftsstatus ein **Mittel zur Entfaltung der Religionsfreiheit** dar.[182]

23 Ein **ör Gesamtstatus** dergestalt, dass die korporierten Religionsgemeinschaften ihr gesamtes Wirken dem öffentlichen Recht unterstellen können oder gar müssen,[183] lässt sich aus der Vorschrift nicht herleiten.[184] Art. 137 V WRV gibt den korporierten Religionsgemeinschaften nur die Möglichkeit, sich in begrenztem Umfang auch der Handlungsformen des öffentlichen Rechts zu bedienen. Weder wird den korporierten Religionsgemeinschaften durch Art. 137 V WRV die Rechtsmacht eingeräumt, im weltlichen Rechtskreis nur ör in Erscheinung zu treten, noch werden sie gezwungen, ihr Handeln überhaupt dem öffentlichen Recht zu unterstellen. Vergleichend kann darauf hingewiesen werden, dass selbst der ebenfalls körperschaftlich strukturierte Staat bei Zugrundelegung des geltenden Gesetzesrechts vielfach nicht ör tätig werden darf, sondern auf das Privatrecht angewiesen ist.[185]

24 Erhebliche Probleme bereitet die Abgrenzung des ör und pr Handelns der korporierten Religionsgemeinschaften. Das BVerwG hat die **typischen Lebensäußerung**en der korporierten Religionsgemeinschaften als ör angesehen.[186] Der BGH folgt dieser Linie, weil die hervorgehobene Rechtsstellung korporierter Religionsgemeinschaften und die verfassungsrechtliche Rechtsformgarantie ihrer Bedeutung beraubt würden, wenn nicht den **Kernbestand** kirchl. Wirkens zuzurechnende Verhaltensweisen anerkannt und grds. als ör gewertet würden.[187] Die zugrunde gelegten Kriterien sind sehr unbestimmt. Berücksichtigt man, dass mit dem Körperschaftsstatus der Religionsgemeinschaften **historisch** oder gewohnheitsrechtlich das Recht verbunden war, nicht nur das Organisationsrecht, sondern auch die Rechtsetzung sowie das Parochial-,[188] Dienst-, Disziplinar-, Vereidigungs- und sakrale Sachenrecht[189] ör zu gestalten,[190] wird man jedenfalls davon ausgehen müssen, dass die WRV und damit das GG diese Handlungsbefugnisse anerkannt haben. Doch zwingt Art. 137 V WRV nicht dazu, die Körper-

---

[174] Grundl. BVerfGE 19, 1 (10 ff.). Ausf. *Hammer* HStKR I, S. 1065 (1066 ff.). Zur Vereinbarkeit mit Art. 107 I AEUV wirtschaftlicher Tätigkeit vgl. EuGH BeckRS 2017, 114378 (Congregación de Escuelas Pías).

[175] Zu weitgehend BVerwGE 87, 115 (127 ff.). Zum umgekehrten Fall (Ausschluss von Subventionen) vgl. BVerwG NVwZ 1987, 678 f., zur Kürzung von Subventionen VGH BW NVwZ 2001, 1428 ff., zur Genehmigungspflicht für Spendensammlungen BGH NJW 1980, 462, zur Unzulässigkeit die Subventionsvergabe einer korporierten Religionsgemeinschaft zu überlassen BVerfGE 123, 148 (177 ff.).

[176] Kinderbildungsgesetz vom 30.10.2007, GVBl NRW 2007, 462.

[177] *Ehlers* ZevKR 2009, 253 ff. Zur Unzulässigkeit einer (nicht gesetzlich geregelten) Schlechterstellung korporierter Religionsgemeinschaften vgl. auch bereits *Link* ZevKR 1984, 291 ff.; *Papier* Die Verwaltung 18 (1985), 29 ff.

[178] BVerwGE 42, 128 (131).

[179] BVerfGE 102, 370 (396); BVerwGE 123, 49 (54 ff.); aA *Korioth* NVwZ 1997, 1041 (1046 ff.).

[180] BVerfGE 102, 370 (396).

[181] *Renck* NVwZ 1987, 669 ff.; aA vgl. → Art. 136 Rn. 6 m. Fn. 38.

[182] Vgl. auch BVerfGE 102, 370 (387 f.); 139, 321 Rn. 91. Krit. zur grundrechtlichen Deutung des Körperschaftsstatus *Hillgruber* NVwZ 2001, 1347 ff.; *Muckel* JURA 2001, 456 (461 ff.); *Korioth,* FS Badura, 2004, S. 727 ff.

[183] Vgl. aber *Renck* BayVBl 1984, 708 ff. AA *Janssen* (Fn. 160), S. 392 (widerlegbare Vermutung für die privatrechtliche Natur des Handelns).

[184] *Kästner* BK, Art. 140 GG (2010) Rn. 369. Zum pr Charakter eines Hausverbots in kirchl. Kindergärten BVerwG NVwZ 1987, 677.

[185] Vgl. *Ehlers,* in: Ehlers/Pünder (Fn. 159), § 3 Rn. 10 ff., 33 ff.

[186] BVerwGE 68, 62 (64 ff. – sakrales Glockenläuten); BayVGH NVwZ-RR 2005, 315 f.; *Isensee,* GS Constantinesco, 1983, S. 301 (317); krit. *Weber* ZevKR 2012, 347 (363 f.). Zum pr Charakter des Zeitschlagens von Kirchenglocken vgl. BVerwG NJW 1994, 956. Problematisch BGHZ 124, 173 ff., wonach ein Streit der kath. Kirche mit privaten Verbänden über das Namensrecht der kath. Kirche eine bürgerlich-rechtliche Streitigkeit sein soll.

[187] BGHZ 148, 307 (312).

[188] Bestimmung der Zugehörigkeit zur Kirchengemeinde durch Wohnsitznahme (vgl. BVerfGE 102, 370, 371) – vorausgesetzt, die negative Religionsfreiheit wird gewahrt (*Magen,* Fn. 160, S. 91 f.).

[189] Unter res sacrae sind die der Religionsausübung gewidmeten Gegenstände zu verstehen. Näher dazu *Schlink* NVwZ 1987, 633 ff.; *Ehlers* NWVBl 1993, 327 (328 ff.); *Axer,* FS Listl, 2004, S. 553 ff.; *Mainusch,* Die öffentlichen Sachen der Religions- und Weltanschauungsgemeinschaften, 1995, S. 59 ff. (mit Hinw. darauf, dass der durch Art. 137 V WRV ermöglichte Schutz zu einer aktiv gestalterischen Sicherung gegenüber jedermann führt, während Art. 4 und Art. 137 III WRV nur eine passiv abwehrende Sicherung gegenüber dem Staat gewähren); *Goerlich/Schmidt* ZevKR 2010, 46 (58 ff.). Krit. *Kromer,* Sachenrecht des öffentlichen Rechts, 1985, S. 73 ff.

[190] Vgl. *v. Campenhausen/de Wall* (Fn. 104), S. 251 ff.

schaftsgarantie nur auf den Rechtszustand des Jahres 1919 zu beziehen.[191] Vielmehr ist die verfassungsrechtliche Garantie in einem gewissen Ausmaß **entwicklungsoffen**. Das gilt insbes. dann, wenn man mit dem BVerfG den Status einer Körperschaft des öffentlichen Rechts als ein Mittel zur Entfaltung der Religionsfreiheit ansieht. Zu dem Bereich, der einem ör Agieren zugänglich ist, wird man daher heute zB die Ausgestaltung der einer unmittelbaren religiösen Zielsetzung dienenden Einrichtungen der korporierten Religionsgemeinschaften – wie der Friedhöfe,[192] Kindergärten und Schulen – zu rechnen haben. Daher muss es den korporierten Religionsgemeinschaften ebenso wie dem Staat bei der Regelung der Nutzungsverhältnisse seiner öffentlichen Einrichtungen gestattet sein, sich des öffentlichen Rechts zu bedienen. Auch zu Außenstehenden können ör Rechtsbeziehungen hergestellt werden, wenn spezifische religionsgemeinschaftliche Leistungen in Anspruch genommen werden. Handeln die Religionsgemeinschaften auf einem der genannten Gebiete, spricht die Vermutung für die Anwendung öffentlichen Rechts.[193] Nicht dem öffentlichen Recht unterfallen dagegen zB Grundstücksveräußerungsgeschäfte. Dementspr. darf eine Kirche zB nicht unter Berufung auf ihren Status als Körperschaft des öffentlichen Rechts Vorschriften erlassen, die dem Erwerber eines Grundstücks eine Verwaltungsgebühr auferlegen, die für die kirchenaufsichtliche Genehmigung der Veräußerung durch die Kirchengemeinde angefallen ist.[194] Nicht als ör einzustufen sind auch Äußerungen kirchl. Sektenbeauftragter, weil die Religionsgemeinschaften insoweit nur wie Jedermann von ihrer Meinungsfreiheit Gebrauch machen, mag diese auch zugleich von Art. 4 I, II unterfangen sein.[195] Pr zu beurteilen ist ferner die Ausübung eines virtuellen Hausrechts auf kirchlich verantworteten Facebook-Seiten.[196]

Nehmen die korporierten Religionsgemeinschaften das öffentliche Recht in Anspruch, folgt daraus **25 kein Typenzwang** in dem Sinne, dass die Religionsgemeinschaften sich an das staatl. Vorbild anlehnen müssen. ZB bleibt es den Religionsgemeinschaften unbenommen, die Versorgung ihrer Kirchenbeamten anders als das staatl. Beamtenrecht über die Rentenversicherung zu garantieren.[197] Doch müssen die für alle geltenden sowie uU weitere rechtliche Bindungen einseitig verbindlicher Gestaltung beachtet werden (→ Rn. 27).

Nach hM hat der Korporationsstatus gem. dem in Art. 137 V WRV verwendeten „Mantelbegriff"[198] **26** nicht nur formale, sondern auch **materielle Bedeutung**, weil den Religionsgemeinschaften des öffentlichen Rechts neben dem Recht zur Inanspruchnahme der Formen des öffentlichen Rechts Gestaltungsbefugnisse eingeräumt werden, die den sonstigen Religionsgemeinschaften nicht zukommen.[199] So geht das BVerfG davon aus, dass den Religionsgemeinschaften mit dem Körperschaftsstatus (unmittelbar und nicht erst durch gesetzliche Verleihung) bestimmte hoheitliche Befugnisse übertragen worden sind: sowohl gegenüber ihren Mitgliedern und Bediensteten (etwa Dienstherrenfähigkeit) als auch gegenüber anderen (zB durch die Gewährung sachenrechtlicher Widmungsbefugnisse).[200] Insbes. dürfen sie sich der einseitig verbindlichen Handlungsformen des öffentlichen Rechts bedienen (zB Gebührenbescheide erlassen). Da die korporierten Religionsgemeinschaften in keiner Weise in den Staat integriert sind,[201] sondern gesellschaftliche Einrichtungen bleiben, nehmen sie aber grds. weder staatl. Aufgaben noch staatl. Befugnisse wahr.[202] Demgemäß unterliegen sie auch **keiner Staatsaufsicht**.[203] Bei der Wahrnehmung eigener (nicht staatlich übertragener) Aufgaben richtet sich dementspr.

---

[191] Vgl. auch *Mainusch* ZevKR 1998, 297 (307).

[192] Vgl. *Zacharias* DÖV 2012, 48 (51 f.). Der in Hamb mit muslimischen Gesellschaften abgeschlossene Vertrag (→ Art. 140 Rn. 8) erkennt grunds. das Recht einer islamischen Friedhofsträgerschaft an (Art. 10 III).

[193] *Ehlers* ZevKR 1987, 158 (168); zust. *Kästner* BK, Art. 140 GG Rn. 430. AA *Weber* NJW 1989, 2217 (2223).

[194] BVerwG ZevKR 2008, 352 ff.; *Ehlers* ZevKR 2009, 186 ff.

[195] AA BGHZ 148, 307 (313). Wie hier *Weber*, FS Link, 2003, S. 510 (517 ff.); *Wißmann* VerwArch 96 (2005), 369 (374 ff.). Vgl. auch *Muckl* JZ 2002, 192 ff.

[196] BVerwG DÖV 2019, 672.

[197] Str.: wie hier *Link* FS Obermayer, 1986, S. 227 (230 ff.) mwN. Für einen grds. Typenzwang *v. Campenhausen/de Wall* (Fn. 104), S. 255 ff.; *de Wall* ZevKR 2004, 369 ff.; *Unruh* (Fn. 20), Rn. 299. Zur Nichtanwendbarkeit der staatl. Beamtengesetze vgl. BVerfGE 55, 207 (230 ff.), zur Nichtanwendbarkeit des Art. 33 V BVerfG (K) NJW 2009, 1195 Rn. 11.

[198] BVerfGE 83, 341 (357).

[199] Vgl. BVerfGE 139, 321 Rn. 2; *v. Campenhausen/de Wall* (Fn. 104), S. 251 ff. Zu den Rechtsfolgen des Körperschaftsstatus umfassend *Heinig* (Fn. 160), S. 281 ff. Für ein formelles Körperschaftsverständnis *Janssen* (Fn. 160), S. 618 ff., 649.

[200] BVerfGE 102, 370 (388); *de Wall* ZevKR 1998, 441 (452). AA zB *Renck* DÖV 1999, 458 ff.; *Janssen* (Fn. 160), S. 639 (von Religionsgemeinschaften gesetztes Recht besitzt säkulare Außenwirkungen und ist öffentliches Recht nur dann, wenn sich dies aus einem bes. staatl. Rechtssatz ergibt).

[201] BVerfGE 18, 385 (386); 42, 312 (321 ff.); 55, 207 (230); 66, 1 (19 ff.); 102, 370 (388); BVerwGE 149, 139 Rn. 11.

[202] Der Sache nach handelt es sich nicht um echte Hoheits- sondern ör Handlungsbefugnisse. Vgl. *Magen* (Fn. 160), S. 96 ff., 197 f.; *Mager*, Rechtliche Voraussetzungen der Anerkennung religiöser Gemeinschaften als Körperschaften öffentlichen Rechts, EssGspr 53, (noch nicht veröffentlicht) II.1. Vgl. aber auch OVG NW NWVBl. 2013, 68 Rn. 54 (vom Staat verliehene öffentliche Gewalt).

[203] BVerfGE 18, 385 (386); 139, 321 Rn. 91. And. die sog. Korrelatentheorie, wonach die staatl. Kirchenhoheit ein notwendiges Korrelat zur ör Stellung der Kirchen ist. Vgl. *Schoen* VerwArch 29 (1922), 1 (20 ff.); *Anschütz* WRV, Art. 137 Anm. 5.

die Haftung der Religionsgemeinschaften nicht nach Amtshaftungsrecht, sondern nach den allg. pr Regelungen des Deliktsrechts.[204] Ferner wird ihr Wirken durch die Grundrechte geschützt.[205] Eine unmittelbare **Grundrechtsbindung** besteht nur ausnahmsweise, wenn die Grundrechte eine solche entfalten (wie im Falle des Art. 9 III) oder wenn den Religionsgemeinschaften Staatsgewalt übertragen worden ist.[206] Dies trifft etwa auf die Verleihung des kirchl. Steuerrechts (→ Rn. 32) oder die Befugnis der kirchl. Ersatzschulen zu, Abschlusszeugnisse mit Wirkung für das staatl. Berechtigungswesen zu erteilen.[207] Da die zwangsweise Durchsetzung von Rechtspositionen den Trägern von Staatsgewalt vorbehalten ist,[208] dürfen auch Gebührenforderungen der korporierten Religionsgemeinschaften im Wege des Verwaltungszwangs nur vollstreckt werden, wenn der Staat auf gesetzlicher Grundlage entweder Staatsgewalt auf die korporierten Religionsgemeinschaften übertragen hat oder auf gesetzlicher Grundlage staatl. Vollstreckungshilfe gewährt.[209] Dagegen ist die Verwaltung von Friedhöfen korporierter Religionsgemeinschaften keine staatl. Angelegenheit (→ Rn. 8).

27  Auch wenn die korporierten Religionsgemeinschaften sich des öffentlichen Rechts bedienen, bleiben sie **rechtlich gebunden.** Da – abgesehen von den allg. zu berücksichtigenden Verfassungsgrundsätzen (→ Rn. 29) – weder die dem Staat gesetzten Grenzen noch die Regelungen des Privatrechts wegen des ör Agierens unmittelbar zur Anwendung kommen, müssen die Bindungen der korporierten Religionsgemeinschaften in solchen Fällen eigenständig bestimmt werden. Zumeist orientiert man sich aber doch mehr oder weniger am allg. öffentlichen Recht des Staates. Nach der hier vertretenen Auffassung ist zweistufig zu verfahren **(Zweistufenlehre).**[210] Zunächst sind alle Religionsgemeinschaften bei der Ordnung und Verwaltung ihrer Angelegenheiten gem. Art. 137 III WRV grds. an das für alle geltende Gesetz und damit an die für alle geltenden pr Vorschriften gebunden.[211] Hieraus ergeben sich Mindeststandards, die auch dann beachtet werden müssen, wenn sich die Religionsgemeinschaften des ör Regimes bedienen. Bei der Erhebung von Abgaben lassen sich diese Schranken etwa den §§ 315, 242 BGB entnehmen. Darüber hinaus ergeben sich Bindungen aus denjenigen ör Vorschriften, die nicht allein auf die Disziplinierung der Staatsgewalt zugeschnitten sind, sondern als **ordre public** (allg. Rechtsgedanken) für den Falle einseitig verbindlicher Anordnungsbefugnisse (etwa im Beamten- oder Abgabenrecht) anzusehen sind.[212] Insbes. können sich aus den Grundrechten anderer mittelbar zu beachtende Schutzbindungen ergeben. Dies kann dazu führen, dass die korporierten Religionsgemeinschaften – als Kehrseite der mit dem Korporationsstatus verbundenen, sie begünstigenden Machtmittel – uU einer (etwas) weitergehenden Bindung als die sonstigen Religionsgemeinschaften unterliegen. Keineswegs ist dies aber durchgehend der Fall. Der Korporationsstatus soll die Wirkungsmöglichkeiten der Religionsgemeinschaften fördern (→ Rn. 22). Dies darf nicht ins Gegenteil verkehrt werden, indem die korporierten Religionsgemeinschaften über das für alle geltende Gesetz (Art. 137 III WRV) hinaus wegen der Inanspruchnahme der Körperschaftsrechte in mehr oder weniger staatsangleichender Weise diszipliniert werden. Daher ist es auch verfehlt, aus dem Umstand, dass die korporierten Religionsgemeinschaften über einen erhöhten Einfluss in Staat und Gesellschaft verfügen, verfassungsunmittelbar auf eine Pflichtenerhöhung und eine – irgendwo zwischen dem gesellschaftlichen und staatl. Bereich vagabundierende – zusätzliche **Gemeinwohlbindung** zu schließen.[213] Setzen sich die korporierten Religionsgemeinschaften krit. mit anderen Religionsgemeinschaften auseinander, unterliegen sie genau denselben Grenzen wie die nichtkorporierten Religionsgemeinschaften (→ Rn. 24).[214] Verwalten sie kirchl. Friedhöfe, sind sie nur an die in den §§ 315, 242 BGB und im staatl. Abgabenrecht (als notwendige Schranke einseitiger Gestaltung) zum Ausdruck kommenden verallgemeinerungsfähigen Rechtsgedanken[215] gebunden. Werden diese beachtet, sind zulasten Andersgläubiger Zuschläge erlaubt (selbst wenn sie Monopolfriedhöfe betreffen).[216]

---

[204] Vgl. OLG Düss NVwZ 2001, 1449 ff.; *Ehlers* ZevKR 1999, 4 (12 ff.); *ders.* JZ 2004, 196 ff.; *Janssen* (Fn. 160), S. 482. AA die hM, vgl. BGHZ 22, 383 (387 ff.); BGH VersR 1961, 437; NJW-RR 1989, 921; BGHZ 154, 54 ff.; *Wißmann* VerwArch 96 (2005), 369 (379 ff.).

[205] BVerfGE 102, 370 (387); *Kirchhof*, HStKR I, S. 676. AA (mit Differenzierungen) zB *Preuß* AK GG, Art. 140 (2001) Rn. 58; *Weber*, HStKR I, S. 584 ff.

[206] Zur fehlenden Grundrechtsbindung vgl. auch BVerfGE 102, 370 (392); *Höfling*, Art. 1 Rn. 114 ff. AA zT *Weber* ZevKR 1997, 282 (292), m. Ausf. auch zur Geltung innerkirchl. Grundrechte (294 ff.); *Laubinger*, FS Stern, 2012, S. 445 ff. (Geltung gegenüber den Pfarrern); *Arning*, Grundrechtsbindung der kirchlichen Gerichtsbarkeit, 2017.

[207] BVerfGE 27, 195 (203 ff.).

[208] BVerwGE 153, 282 Rn. 14.

[209] Vgl. BVerwG ZevKR 2008, 352 f.

[210] Vgl. auch *Ehlers* ZevKR 2009, 186 (199 f.).

[211] OVG NW DVBl. 2012, 1585.

[212] Für eine unmittelbare Anwendung einzelner Elemente des Rechtsstaatsprinzips auf die korporierten Religionsgemeinschaften *de Wall* ZevKR 1998, 441 (457). Zum ordre public vgl. auch Art. 6 EGBGB.

[213] Vgl. *Ehlers* JZ 2004, 196 (198 f.); *Weber* ZevKR 2012, 346 (354).

[214] AA BGHZ 154, 54 (63).

[215] Nämlich dem Äquivalenzprinzip.

[216] Str., wie hier *Ehlers* ZevKR 2009, 186 (202 ff.). AA (für Monopolfriedhöfe) OVG Nds DVBl 1993, 266 (267); DÖV 1995, 518; OVG Bremen NVwZ 1995, 804 (805); wohl auch *Mainusch* ZevKR 1998, 297 (322 f.). Vgl. auch

Landesrechtliche Best. über die kirchl. Vermögensverwaltung[217] sind jedenfalls dann als verfassungsrechtlich unzulässige Einmischung des Staates in religionsgemeinschaftliche Angelegenheiten anzusehen, wenn sie sich nicht darauf beschränken, die Handlungsfähigkeit der Kirchen zu regeln.[218] Über die allg. geltenden Regelungen des Finanzgebarens hinaus schulden die korporierten Religionsgemeinschaften dem Staat nichts.[219] Der Umstand, dass die Kirchen mit der Anwendung der genannten (auf Verträge zurückgehenden) Best. einverstanden sind, ändert daran nichts. Auch die Konstruktion eines **kirchl. Gewohnheitsrechts**[220] hilft nicht weiter, da ein solches keine taugliche Rechtsgrundlage für staatl. Tätigwerden darstellt.

## II. Verleihung der Körperschaftsrechte

Soweit Religionsgemeinschaften bei Inkrafttreten der WRV bereits Körperschaften des öffentlichen   **28** Rechts waren (zB Landeskirchen, Diözesen, Kirchengemeinden, Synagogengemeinden, zT auch Ordensgemeinschaften), behalten sie diesen Status (Art. 137 V 1 WRV), es sei denn, dass sie darauf verzichtet haben. Anderen Religionsgemeinschaften sind nach Abs. 5 S. 2 auf Antrag (von den Vertretungsberechtigten) gleiche Rechte zu gewähren, wenn sie die **Gewähr der Dauer** bieten. Die Differenzierung zwischen „geborenen"[221] und „anerkannten/gekorenen" Religionsgemeinschaften ist durch die historische Entwicklung (Körperschaftsstatus insbes. der großen Kirchen und jüdischen Gemeinden seit langer Zeit) und sachliche Unterschiede (neue Religionsgemeinschaften müssen sich erst entwickeln und die Voraussetzungen für den Erwerb des Körperschaftsstatus erfüllen) gerechtfertigt.[222] Für die Verleihung kommt es nicht nur auf die Einzelmerkmale, sondern die Gesamtbetrachtung an.[223] Maßgebend für die Gewähr der Dauer sind die Verfassung und die Zahl der Mitglieder. Die Verwaltungspraxis orientiert(e) sich weithin an dem von den zuständigen Referentinnen und Referenten der Länder verabschiedeten **Leitfaden** für die Verleihung der Körperschaftsrechte an Religions- und Weltanschauungsgemeinschaften, und somit an internen Richtlinien statt an gesetzlichen Bestimmungen (→ Rn. 30).[224] Doch knüpft der Leitfaden eng an die höchstrichterliche Rspr. an. Unter **„Verfassung"** ist nicht nur die Satzung, sondern die tatsächliche Verfasstheit der Gemeinschaft, dh der „Gesamtzustand der Gemeinschaft", zu verstehen.[225] Dieser hängt ua von einer hinreichenden Organisation, einer ausreichenden Finanzausstattung,[226] einem gewissen Zeitraum des Bestehens und der Intensität des religiösen Lebens ab.[227] Hinsichtlich der **Mitglieder**zahl ging die Verwaltungspraxis früher von einer Untergrenze von einem Tausendstel der Einwohner des betr. Landes aus.[228] Doch kommt es nicht primär auf diese freihändig bestimmte (zu hohe) Zahl, sondern andere Faktoren an (zB Altersstruktur der Mitglieder, Bestandsdauer der Religionsgemeinschaft, Vertretung in anderen Ländern und/oder im Ausland). So hat das BVerwG einer Klage der Bahá'í-Gemeinde in Hessen stattgegeben, obwohl die Grenze von einem Tausendstel der Bevölkerung bei Weitem nicht erreicht wurde (und auch die Gesamtmitgliederzahl in Deutschland dahinter zurück bleibt).[229] Nicht vorausgesetzt wird, dass sich die den Status einer Körperschaft des öffentlichen Rechts anstrebende Religionsgemeinschaft zunächst als eingetragener Verein bewährt hat.[230] Als **Zeitspanne** wird in der Praxis idR mindestens ein Bestand über einen Generationenwechsel hinaus verlangt (rund 30 Jahre).[231] Dies ist nicht mit den Vorgaben der EMRK vereinbar. Der EGMR hat Wartezeiten nur unter außergewöhnlichen Umständen als notwendig iSd Art. 9 II EMRK erachtet und eine Frist von 10 Jahren für die gesetzliche Anerkennung der Zeugen Jehovas in Österreich als konventionswidrig

---

de Wall NVwZ 1995, 769 ff.; *Barthel,* in: Gaedke (Hrsg.), Handbuch des Friedhofs- und Bestattungsrechts, 11. Aufl. 2016, Kap. 3 Rn. 136; *Spranger,* Bestattungsgesetz NRW, 3. Aufl. 2015, § 4 Rn. 102.

[217] Vgl. für NW das Gesetz über die Verwaltung des kath. Kirchenvermögens vom 24.7.1924 und das Staatsgesetz, betreffend die Kirchenverfassungen der evang. Landeskirchen, vom 8.4.1924.

[218] Vgl. *Ehlers* (Fn. 29), S. 85 (92). Krit. auch *Jurina,* FS Hollerbach, 2001, S. 835 (837 ff.).

[219] Vgl. auch *Germann* EssGspr 2013, 57 (61).

[220] So *v. Loewenich,* Das Kirchenvermögensverwaltungsrecht der katholischen Kirche in den Kirchengemeinden Nordrhein-Westfalens – vom Kulturkampfgesetz zur kirchlich übernommenen Norm, 1993, S. 232 ff.; *Zilles/Kämper* NVwZ 1994, 109 (110).

[221] Vgl. bereits § 17 Teil II Titel 11 des ALR.

[222] Vgl. BayVerfGH NVwZ 1999, 759 f.

[223] BVerfGE 102, 370 (385).

[224] Abgedr. in KuR 2017, 58 ff.

[225] BVerfGE 102, 370 (385).

[226] Vgl. BVerfGE 66, 1 (24); Leitfaden für die Verleihung der Körperschaftsrechte an Religions- und Weltanschauungsgemeinschaften, B 2c) (1). Vgl. auch Art. 1 II 2 BayKirchStG, wonach die Gewähr der Dauer voraussetzt, dass die Gemeinschaft in der Lage ist, ihren finanziellen Verpflichtungen auf Dauer nachzukommen.

[227] BVerfGE 102, 370 (385); *Muckel* DÖV 1995, 311 (315).

[228] *Weber* ZevKR 1989, 337 (354).

[229] BVerwG NVwZ 2013, 943 ff.

[230] BVerfGE 102, 370 (385).

[231] Vgl. Leitfaden (Fn. 227), B 2c) (1).

eingestuft.[232] In Bayern wird nur eine Bestandszeit von 5 Jahren verlangt.[233] Auch ein eschatologischer Glaube steht einer positiven Einschätzung der Gewähr der Dauer nicht entgegen.[234]

29 Über die in Art. 137 V 2 WRV genannten Merkmale hinaus setzt die Verleihung der Körperschafts-rechte als stillschweigend mitgeschriebene, sich aus der Verfassungsordnung insgesamt ergebende Schranke der **Rechtstreue** der Gemeinschaft voraus.[235] Dies richtet sich nicht nach dem Glauben, sondern ihrem Verhalten.[236] Nicht jeder einzelne Verstoß gegen Recht und Gesetz stellt die Gewähr rechtstreuen Verhaltens in Frage.[237] Das BVerfG ist der Ansicht, dass eine Religionsgemeinschaft, die den Status einer Körperschaft des öffentlichen Rechts erwerben will, insbes. die Gewähr dafür bieten muss, dass ihr künftiges Verhalten die in Art. 79 III umschriebenen fundamentalen Verfassungsprinzi-pien, die dem staatl. Schutz anvertrauten Grundrechte Dritter[238] sowie die Grundprinzipien des freiheitlichen Religionsrechts des GG nicht gefährdet.[239] Eine darüber hinausgehende **Staatsloyalität** kann nicht verlangt werden.[240] Das GG macht den korporierten Religionsgemeinschaften auch nicht die Zusammenarbeit mit dem Staat zur Pflicht.[241] Allein das religiöse Verbot der Teilnahme an staatl. Wahlen rechtfertigt die Versagung des Körperschaftsstatus nicht. Keine Rechtstreue ist dagegen gegeben, wenn die empfohlenen Erziehungspraktiken das Wohl der Kinder beeinträchtigen oder austrittswillige Mitglieder zwangsweise in der Gemeinschaft festgehalten werden.[242] Den Zeugen Jehovas wurden auf der Grundlage dieser Rspr. die Rechte einer Körperschaft des öffentlichen Rechts (zunächst) in Berlin (inzwischen aber auch in weiteren Bundesländern) verliehen. Gegenwärtig umstr. ist vor allem, ob die muslimischen Gemeinschaften (→ Art. 140 Rn. 6) als Körperschaften des öffent-lichen Rechts anerkannt werden können.[243] Dies hängt im Falle gegebener Rechtstreue vor allen Dingen von dem Organisationsgrad ab. In Hessen ist erstmalig die muslimische Vereinigung „Ahma-diyya Muslim Jamaat" als Körperschaft des öffentlichen Rechts anerkannt worden.

30 Bei Vorliegen der Voraussetzungen besteht ein gerichtlich durchsetzbarer **Anspruch auf Ver-leihung** der Körperschaftsrechte. Ein Entscheidungs- oder Wertungsspielraum kommt dem Staat nicht zu.[244] Nach Ansicht des BVerfG kann auch eine auf Art. 4 I, II gestützte Verfassungsbeschwerde erhoben werden.[245] Bei Zugrundelegung der hier vertretenen Ansicht ergibt sich bereits aus Art. 137 V 2 WRV ein grundrechtsgleiches Recht (→ Art. 140 Rn. 3). Die materielle Beweislast für das Vorliegen der Anspruchsvoraussetzungen tragen die Religionsgemeinschaften, für das Fehlen der Rechtstreue die Länder.[246] Eine Verleihung durch **Parlamentsgesetz** (wie früher in Bremen und NW) hat das BVerfG für einen Verstoß gegen den Grundsatz der Gewaltenteilung (Art. 20 II 2) und das grundrechtlich geschützte Recht auf wirkungsvollen Rechtsschutz im Einzelfall gehalten.[247] Folgt man dieser Ansicht, lässt sich auch nicht rechtfertigen, die Verleihung von einer Zustimmung des Landesparlaments abhängig zu machen.[248] Die erstmalige Verleihung des Körperschaftsstatus in dem Bundesland, in dem die Religionsgemeinschaft ihren Sitz hat, ist jedenfalls insofern ein „überregionaler Akt", als sie die Rechtsfähigkeit mit bundesweiter Verbindlichkeit begründet.[249] Sofern einfache Bundesgesetze am Körperschaftsstatus anknüpfen, gilt die Statusverleihung im gesamten Bundesgebiet.[250] Im Übrigen soll

---

[232] EGMR NVwZ 2009, 509 ff. Zu den Konsequenzen für das deutsche Recht vgl. *Weber* NVwZ 2009, 503 (505 f.); zur Notwendigkeit einer Einzelfallbetrachtung *Mager* (Fn. 202), II 2b) aa).

[233] Art. 143 II BayVerf.

[234] BVerfGE 102, 370 (386).

[235] Grundl. BVerfGE 102, 370 (389 ff.); ferner BVerfGE 139, 321 Rn. 94 f.; zust. *v. Campenhausen* ZevKR 2001, 165 ff. Vgl. auch EGMR EuGRZ 2007, 543 (545 – wonach niemandem gestattet werden kann, sich auf Konventions-bestimmungen zu berufen, um die Ideale und Werte einer demokratischen Gesellschaft zu schwächen oder zu zerstören).

[236] BVerfGE 102, 370 (394); 139, 321 Rn. 95.

[237] BVerfGE 102, 370 (391).

[238] Für eine gesetzliche Präzisierung *Hillgruber* NVwZ 2001, 1352; *Weber* ZevKR 2012, 347 (371).

[239] BVerfGE 102, 370 (392 ff.); 139, 321 Rn. 94. Näher dazu *Mager* (Fn. 202), II.1 (Drittwirkung der Grundrechte in Abwägung mit Religionsfreiheit).

[240] And. noch BVerwGE 105, 117 (126). Krit. *Korioth,* GS Jeand'Heur, 1999, S. 221 ff.; *Robbers,* FS Heckel, 1999, S. 411 ff.

[241] BVerfGE 102, 370 (396).

[242] BVerfGE 102, 370 (399 ff.).

[243] Vgl. statt vieler *Muckel* DÖV 1995, 311 ff.; *Weber,* in: Oebbecke (Hrsg.), Muslimische Gemeinschaften im deutschen Recht, 2003, S. 85 (97 ff.); *Lindner,* Entstehung und Untergang von Körperschaften des öffentlichen Rechts, 2002, S. 57; *Kazele* VerwArch 69 (2005), 267 (278); *Kloepfer* DÖV 2006, 45 ff.

[244] BVerfGE 139, 321 Rn. 140.

[245] BVerfGE 102, 370 (383).

[246] *Weber* ZevKR 2012, 347 (373 ff.); *ders.* KuR 2018, 250 (263). Vgl. auch BVerfGE 139, 321 Rn. 71, 77.

[247] BVerfGE 139, 321 ff. Krit *Sachs/Jasper* NWVBl 2016, 1 (8); *Möllers* JZ 2015, 1103 ff.; *Mager* (Fn. 202), IV.

[248] So aber § 2 I 2 KStatG NW. Krit. *Sachs/Jasper* NWVBl 2016, 1 (10); unklar *Beckermann* DÖV 2016, 112 (118 f.).

[249] BVerfGE 139, 321 Rn. 112; BVerwG NVwZ 2013, 943 (944).

[250] BVerfGE 139, 321 Rn. 112; *Bohl,* Der öffentlich-rechtliche Körperschaftsstatus der Religionsgemeinschaften, 2001, S. 96. Für eine Beschränkung auf das verleihende Bundesland dagegen *Muckel* NVwZ 2015, 1426; *Korioth,* in: Maunz/Dürig, Art. 137 WRV (2019) Rn. 72.

es nach einer 5:3 Entscheidung des BVerfG einer **konstitutiven Zweitverleihung** in den anderen Bundesländern bedürfen, wobei sämtliche Länder gem. der Pflicht zum bundesfreundlichen Verhalten zu beteiligen und die gewonnenen Erkenntnisse angemessen zu berücksichtigen sind.[251] Nach der vorzuziehenden Ansicht der abweichenden 3 Richter sind alle qua Bundesrecht an den Körperschaftsstatus geknüpften Befugnisse und damit neben dem einfachen Bundesrecht auch der verfassungsrechtliche Kernbestand ör Befugnisse korporierter Religionsgemeinschaften (wie zB das Steuererhebungsrecht, die Dienstherrenfähigkeit und Widmungsbefugnis) an den allein nach Bundesverfassungsrecht zu erwerbenden Status einer Körperschaft des öffentlichen Rechts geknüpft,[252] so dass es insoweit keiner konstitutiven Zweitanerkennung bedarf. Eine solche ist nur bei Regelungen oder Ausgestaltungen erforderlich, die allein in der Kompetenz der Länder liegen (zB Bestimmungen über die Höhe der Kirchensteuer – → Rn. 36 – oder über landesrechtliche Vergünstigungen).[253] Die Verleihung des Körperschaftsstatus durch die Regierung oder Verwaltung bedarf der Regelung in einem **parlamentarischen Rahmengesetz**. Leitlinien (→ Rn. 28) reichen nicht aus.[254] Dies ergibt sich aus Art. 137 VIII WRV, dem Umstand, dass juristische Personen (des öffentlichen oder privaten Rechts) nach allg. Grundsätzen nur (durch oder) aufgrund Gesetzes errichtet werden können,[255] sowie dem Erfordernis, dass die verfassungsrechtlichen Maßstäbe (zB die Anforderungen an die Gewähr der Dauer, die Zuständigkeit und das einzuhaltende Verfahren) der Konkretisierung in einem formellen Gesetz bedürfen. Die Staatspraxis wird dem vielfach nicht gerecht. Teilw. erfolgt die Verleihung in Form einer Rechtsverordnung,[256] zumeist durch Beschluss der Landesregierung oder des zuständigen Ministers – jeweils ohne gesetzliche Vorprogrammierung. Besteht eine gesetzliche Grundlage, ist auch die Verleihung durch Rechtsverordnung (statt durch Verwaltungsakt) zulässig. Gesetzliche Körperschaftsstatusregelungen haben die Länder Bayern, Bremen, Hamburg und Nordrhein-Westfalen erlassen.[257] Um eine Abstimmung der Länder zu erreichen, ist der Abschluss eines Staatsvertrages zweckmäßig.[258] Bei den „geborenen" Religionsgemeinschaften haben regelmäßig nicht nur diese, sondern auch bestimmte Untergliederungen (zB Kirchengemeinden und Kirchenkreise) Korporationsqualität erhalten. Auch die anderen korporierten Religionsgemeinschaften sind befugt, ör Untergliederungen oder sonstige Personen des öffentlichen Rechts zu bilden.[259] Sollen die Untergliederungen im weltlichen Recht wirksam handeln, ist ebenfalls eine staatliche Mitwirkung erforderlich.[260] Nach Abs. 5 S. 3 können sich mehrere ör Korporationen zu einem ör Verband zusammenschließen,[261] unabhängig davon, ob es sich bei dem **Dachverband** um eine Religionsgemeinschaft handelt oder nicht (→ Art. 140 Rn. 6).[262] Auch dann bedarf es einer staatl. Mitwirkung in Form einer (gesetzlich vorbestimmten) **Anerkennung.** Das Nähere – zB die Frage, wann der Gesamtverband (zB Diözesen, Landeskirchen), wann die Untergliederungen (zB Gemeinden) den Körperschaftsstatus erwerben können und ob Anstalten oder Stiftungen des öffentlichen Rechts gegründet werden dürfen – bestimmt sich nach dem Landesrecht (Art. 137 VIII WRV). ZT sind die Errichtung oder Veränderung von Untergliederungen bestehender ör Körperschaften in den Staatskirchenverträgen geregelt.[263]

### III. Verlust der Körperschaftsrechte

Der Körperschaftsstatus bleibt bestehen, bis er entzogen wird. Als actus contrarius muss die Entziehung in derselben Rechtsform erfolgen wie die Verleihung (also durch Verordnung oder Verwaltungsakt). Erforderlich ist ebenfalls (und erst recht) eine **gesetzliche Grundlage.**[264] Eines Entzugs bedarf es insbesondere, wenn die Religionsgemeinschaft auf ihren Antrag hin aufzulösen ist, die Verleihung der    31

---

[251] BVerfGE 139, 321 Rn. 120.
[252] BVerfGE 139, 321, Sondervotum Rn. 2 ff.
[253] Str., für die Entbehrlichkeit einer Zweitverleihung (oder allenfalls einer deklaratorischen Anerkennung) *Walter/ v. Ungern-Sternberg/Lorentz,* Die „Zweitverleihung" des Körperschaftsstatus an Religionsgemeinschaften, 2012; für ein (nahezu) umfassendes konstitutives Zweitverleihungsrecht *Muckel* NVwZ 2015, 1426 ff.; *Korioth,* in: Maunz/Dürig, Art. 137 WRV (2019) Rn. 72; wie hier *Mager* (Fn. 202), III. Vgl. zum Ganzen auch *Weber* ZevKR 2012, 347 (381 ff.); *Huxdorff,* Rechtsfragen der Erst- und Zweitverleihung des öffentlich-rechtlichen Körperschaftsstatus an Religionsgemeinschaften, 2013.
[254] Vgl. *Obermayer* ZevKR 1982, 253 (265).
[255] *Ehlers* (Fn. 159), § 2 Rn. 48.
[256] So in BW aufgrund der VO des württ. Kultusministeriums über die neueren Religionsgemeinschaften des öffentlichen Rechts vom 14.7.1928 (abgedr. bei *Weber* ZevKR 1989, 337, 379 ff.).
[257] Art. 1, 26a Bay KirchStG; §§ 2a Brem KiStG; 1 I Hamb RelöKVG; 1 ff. KStatG NW. Zum KStatG NW vgl. *Hartung* ZevKR 2015, 165 ff.
[258] *Mager* (Fn. 202), III.
[259] BVerfGE 102, 370 (371); BVerwG NVwZ 2009, 390 (391).
[260] Vgl. auch BVerwG NVwZ 2009, 390 Rn. 11.
[261] IE ist vieles ungeklärt (zB welches Landesrecht maßgebend ist).
[262] Vgl. BVerwGE 123, 49 (59).
[263] Vgl. zB Art. 3 S. 2 Preußenkonkordat iVm der Vereinbarung über die staatl. Mitwirkung bei der Bildung und Veränderung kath. Kirchengemeinden; Art. 8 Evang. Kirchenvertrag SachsAnh.
[264] Ebenso *Korioth,* in: Maunz/Dürig, Art. 137 WRV (2019) Rn. 82; *Kästner* BK, Art. 140 GG (2010) Rn. 494.

Körperschaftsrechte rechtswidrig war, die Voraussetzungen des Art. 137 V 2 WRV respektive die gebotene Rechtstreue weggefallen sind (ist) oder die Religionsgemeinschaft verboten werden muss (→ Rn. 21).[265] Hierbei muss das Selbstbestimmungsrecht (Art. 137 III WRV) der Religionsgemeinschaften berücksichtigt werden. Insbes. kommt es darauf an, wenn nach dem Willen der Religionsgemeinschaft Untergliederungen die Korporationsfähigkeit verlieren sollen.[266] Gesetzliche Regelungen der Entziehung gibt es – soweit ersichtlich – nur in Bayern, Bremen, NW und RP.[267] Der Entzug der Körperschaftsrechte führt nicht automatisch zur Umwandlung in eine juristische Person des Privatrechts.[268] Unbenommen bleibt es dem Verfassunggeber, die Körperschaftsstellung der Religionsgemeinschaften (mit Übergangsfristen) insgesamt zu beseitigen.[269] Dies empfiehlt sich indessen nicht.[270]

## G. Kirchensteuer (Abs. 6)

32 Die Finanzierung der Religionsgemeinschaften ist in Europa sehr unterschiedlich geregelt. ZB kann sie auf Vermögenserträgnissen der Religionsgemeinschaften, staatl. Zuweisungen, einer Kirchensteuer, einer (in der Praxis sehr geringen) Kultursteuer, die entweder einer Religionsgemeinschaft oder anderen Stellen zugewiesen ist, Beiträgen, Spenden oder Kollekten beruhen.[271] In Deutschland sind nach Abs. 6 die korporierten Religionsgemeinschaften berechtigt, Steuern zu erheben, dh ör Geldleistungen ohne Gegenleistungscharakter zur Erzielung von Einnahmen.[272] Die Kirchensteuergarantie dient der Entfaltung der Religionsfreiheit und stellt daher eine (von Art. 4 I, II nicht geforderte) Form grundrechtlicher Religionsförderung dar.[273] Die Kirchensteuer ist die Haupteinnahmequelle der korporierten Religionsgemeinschaften.[274] Die kleinen korporierten Religionsgemeinschaften erheben oftmals keine Steuern.[275] Von dem – sich aus Art. 137 III WRV ergebenden und durch Abs. 6 nicht tangierten – Beitragsrecht der Religionsgemeinschaft unterscheidet sich das Besteuerungsrecht nur dadurch, dass der Staat den Religionsgemeinschaften das Recht zur **hoheitlichen Beitreibung** des Entgelts im Wege des **Verwaltungszwangs** übertragen hat.[276] Die „Kirchensteuer" gehört zu den gemeinsamen Angelegenheiten von Staat und Religionsgemeinschaften.[277] Die Steuer soll aufgrund **„bürgerlicher Steuerlisten"** (amtl. Zusammenstellungen) erhoben werden. Da solche Listen seit langem nicht mehr geführt werden, muss der Staat den Religionsgemeinschaften andere zur Realisierung des Besteuerungsrechts geeignete Informationsgrundlagen zur Verfügung stellen, wie er überhaupt die Möglichkeit geordneter Verwaltung der „Kirchensteuer" sicherzustellen hat.[278] Die Besteuerungsgrundlagen sind durch Landesgesetz zu regeln.[279] Eine Gesetzgebungskompetenz des Bundes nach Art. 105 II besteht nicht.[280] Der Landesgesetzgeber kann die Steuer näher gesetzlich vorformen oder sich auf die allg. Ermächtigung zur Erhebung von Steuern – mit bestimmten Genehmigungsvorbehalten – beschränken und die Einzelregelungen des formellen und materiellen Steuerrechts den steuerberechtigten Religionsgemeinschaften innerhalb der Schranke des für alle geltenden Gesetzes überlassen.[281] Die Festsetzung der Steuer – auf der Grundlage von Kirchensteuer-

---

[265] Vgl. *Heinig* (Fn. 160), S. 354 ff.; *Lindner* (Fn. 243), S. 95 ff.; *Stein* (Fn. 148), S. 77 ff.; *Kästner* BK, Art. 140 GG (2010) Rn. 94 ff.; Zum Fortbestehen der Synagogengemeinde Adass Jisroël vgl. BVerwGE 105, 255 ff.

[266] Vgl. dazu BVerwG ZevKR 2009, 376 ff.; *Engelbrecht* ZevKR 2010, 227 ff.

[267] Art. 1 III, 26a II BayKirchStG; § 2a II, III KiStG Brem; §§ 3, 4 KStatG NW; § 3 KStatG RP.

[268] Vgl. *Kästner* BK, Art. 140 GG (2010) Rn. 498.

[269] *Sailer* ZRP 1999, 455 (458), fordert (zu Unrecht) eine Abschaffung, weil die Kirchen keine Volkskirchen mehr seien.

[270] Anders *Sacksofsky* VVDStRL 68 (2009).

[271] Vgl. den Überblick von *Böttcher* ZevKR 2007, 400 ff.; ferner *Hammer* Kirchensteuer, S. 90 ff.; *ders.*, in: Birk/Ehlers (Hrsg.), Aktuelle Rechtsfragen der Kirchensteuer, 2011, S. 65 ff.; *Marré*, Die Kirchenfinanzierung in Kirche und Staat der Gegenwart, 4. Aufl. 2006, S. 23 ff.; *Kühne*, FS Rüping, 2008, S. 173 ff.; *Uhle*, in: Rees/Roca/Schanda (Hrsg.), Neuere Entwicklungen im Religionsrecht europäischer Staaten, S. 743 ff.; *ders.* (Hrsg.), Kirchenfinanzen in der Diskussion, 2015.

[272] Zur rechtsgeschichtlichen Entwicklung der Kirchensteuererhebung in Deutschland vgl. *Marré* ZRG kan. 116 (1999), 448 ff. Zu Unrecht nimmt *Kleine*, Institutionalisierte Verfassungswidrigkeiten im Verhältnis von Staat und Kirche unter dem GG, 1993, S. 214 ff. verfassungswidriges Verfassungsrecht an. Zu den Einzelheiten *Petersen*, Kirchensteuer kompakt, 3. Aufl. 2017.

[273] Vgl. *Weber* NVwZ 2002, 1443 (1447). Krit. *Tillmanns*, FS Rüfner, 2003, S. 919 ff.

[274] Das Kirchensteueraufkommen der kath. Diözesen Deutschlands soll sich im Jahre 2018 auf 6,643 Mrd. , dasjenige der evang. Kirchen auf 5,790 Mrd. belaufen haben. Vgl. auch *Uhle* (Hrsg.), Kirchenfinanzen in der Diskussion, 2015; *Petersen*, (Fn. 272), S. 311 ff.

[275] Vgl. *Suhrbier-Hahn*, Das Kirchensteuerrecht, 1999, S. 51.

[276] BVerfGE 19, 206 (217); *v. Campenhausen/de Wall* (Fn. 104), S. 229; *Magen* (Fn. 160), S. 91. Eine Verbandslast statt Steuer nimmt F. *Kirchhof* EssGspr 2013, 7 (24), an.

[277] BVerfGE 19, 206 (217); *Kirchhof*, FS Heckel, 1999, S. 373.

[278] BVerfGE 44, 37 (57).

[279] Bei Inkrafttreten der WRV vorhandene, allgemeinstaatl. Anerkennungen reichen aus. Vgl. BVerfGE 19, 253 (257 ff.).

[280] Vgl. *Unruh* MKS III, Art. 137 WRV Rn. 250. Zu § 51a, VI EStG krit. *Weber*, in: Birk/Ehlers (Fn. 271), S. 149 (163).

[281] BVerfGE 73, 388 (399).

ordnungen und Hebesätzen – obliegt den Religionsgemeinschaften im Rahmen der gesetzlichen Vorgaben. Von den Kirchen erlassene Steuergesetze fallen als nicht staatl. Recht nicht in den Anwendungsbereich des Art. 100 I.[282] Die Religionsgemeinschaften werden bei der Erhebung der Steuer ungeachtet des Umstandes, dass sie in weitem Umfang die Verwaltung auf den Staat übertragen haben (→ Rn. 36), als Träger von Staatsgewalt tätig[283] und sind deshalb im Verhältnis zu den Steuerpflichtigen an die verfassungsmäßige Ordnung, insbes. die Grundrechte, gebunden.[284] Im Verhältnis zum Staat können sich die Religionsgemeinschaften aber weiter auf die Grundrechte berufen (insbes. wenn der Staat die Steuererhebung beschränkt).[285] Da Art. 3 einen Träger von Staatsgewalt nur im eigenen Zuständigkeitsbereich bindet und das Besteuerungsrecht der Religionsgemeinschaften zwar in Art. 137 VI WRV garantiert wird, des Näheren aber auf landesgesetzlicher Verleihung beruht, gebietet die Vorschrift nicht einen gleichen Hebesatz für alle Steuergläubiger vorzusehen, wenn sich das Gebiet der steuerberechtigten Religionsgemeinschaft auf mehrere Bundesländer erstreckt.[286]

**Steuergläubiger** sind entweder die Religionsgemeinschaften (etwa Diözesen, Landeskirchen) oder **33** deren Untergliederungen (etwa Kirchengemeinden, Kirchenkreise). Die Kirchensteuer kann somit zB als Diözesenkirchen- bzw. Landeskirchensteuer und/oder als Ortskirchensteuer erhoben werden.[287] Die Best. des Kirchensteuergläubigers obliegt den korporierten Religionsgemeinschaften.[288] Als **Steuerschuldner** kommen nur die **Mitglieder,** nicht zB juristische Personen in Betracht.[289] Wer Mitglied ist, bestimmen die Religionsgemeinschaften – anders als den Austritt (→ Rn. 34) – innerhalb der Schranken des für alle geltenden Gesetzes auch mit weltlicher Wirkung selbst (→ Rn. 8).[290] Anders als für die pr organisierten Religionsgemeinschaften (die etwa bei Vereinen einen Vereinsbeitritt voraussetzen), kennt das staatliche Recht für korporierte Religionsgemeinschaften keine ausdrücklichen Regelungen. Die christlichen Kirchen knüpfen an die Taufe und das Bekenntnis an. Für die Anerkennung im staatl. Bereich ist entscheidend, dass die Mitgliedschaft auf einer nach außen erkennbaren und (zB durch Eintragung in das Taufbuch) dokumentierten freien positiven Willensentschließung des Mitglieds bzw. des Erziehungsberechtigten (zB bei der Kindertaufe) beruht,[291] der rechtlich verfassten Religionsgemeinschaft (und nicht nur einem Bekenntnis) angehören zu wollen.[292] Eine förmliche Erklärung wird für entbehrlich gehalten.[293] Doch reichen unklare Bekundungen wie zB bloße Gottesdienstbesuche oder die alleinige Anknüpfung an Wohnsitz und Abstammung (wie bei den jüdischen Gemeinden vielfach vorgesehen) auch im Falle der Möglichkeit, Widerspruch einzulegen, nicht aus.[294] Nach hM soll die Begründung eines Mitgliedschaftsverhältnisses nicht nur gegenüber den Religionsgemeinschaften (sondern insbes. auch gegenüber den staatlichen Meldebehörden[295]) zum Ausdruck gebracht werden dürfen.[296] Dem ist nur zu folgen, wenn die Religionsgemeinschaften solche Erklärungen auch für sich als verbindlich ansehen. Es ist mit dem Gleichheitssatz vereinbar, die Religionszugehörigkeit nur dann in das Geburtenregister aufzunehmen, wenn es sich um eine Körperschaft des öffentlichen Rechts handelt (§§ 21 I Nr. 4, 27 III Nr. 5 PStG).[297] Das BVerfG hat die Angabe „mosaisch" im staatlichen Meldeformular als ausreichend für die Begründung der Mitgliedschaft in der örtlichen jüdischen Gemeinde angesehen,[298] das BVerwG aber berechtigte Zweifel geäußert, ob dies mit Art. 9 EMRK

---

[282] BVerfG (K) NVwZ 2002, 1496 (1497 – autonomes Satzungsrecht einer Körperschaft des öffentlichen Rechts).

[283] BVerfGE 19, 206 (218); 19, 288 ff.; BVerwGE 7, 189 ff.; aA *Lorenz* ZevKR 2000, 356 (369 ff.).

[284] BVerfGE 30, 415 (422); BVerfG (K) NVwZ 2002, 1496 (1497). AA *F. Kirchhof* EssGspr 2013, 7 (29).

[285] *Ehlers* ZevKR 2003, 492 (500 ff.); aA *Gehm* NVwZ 2002, 1475 ff.

[286] AA BVerfG (K) NVwZ 2002, 1496; *Axer*, FS Rüfner, 2003, S. 13 (24 ff.). Wie hier *Ehlers* ZevKR 2003, 492 ff.; *de Wall* EssGspr 2003, 123 (134 ff.); *ders.*, FS Rüfner, 2003, S. 945 ff.; *Waldhoff* StuW 2005, 37 ff.

[287] Vgl. zB § 2 I KiStG NW.

[288] In der röm.-kath. Kirche wurde bis 1950 die Kirchensteuer von der einzelnen Kirchengemeinde erhoben. Seitdem hat die Diözesankirchensteuer die Ortskirchensteuer abgelöst. In den evang. Landeskirchen wird die Kirchensteuer ganz überwiegend als Landeskirchensteuer erhoben. Näher dazu *Suhrbier-Hahn* (Fn. 275), S. 93 ff. mwN.

[289] BVerfGE 19, 206 (217 ff.); 44, 37 (49 ff.).

[290] BVerfG (K) NVwZ 2015, 517 (518).

[291] BVerfGE 19, 206 (217); 30, 415 (423 ff.); abzulehnen BVerwGE 21, 330 (wonach Abstammung und Wohnsitz uU ausreichen sollen). Zur Zulässigkeit der Kindertaufe vgl. BayVerfGH NVwZ 2001, 916. Die durch Zustimmungserklärung der Eltern zur Taufe im Kindesalter begründete Mitgliedschaft setzt sich fort, solange das Kind nach Eintritt in die Religionsmündigkeit keine gegenteilige Erklärung abgibt (*Kästner* BK, Art. 140 GG [2010] Rn. 330).

[292] BVerfG (K) NVwZ 2015, 517 (519 ff.). Die Wirksamkeit einer nach kirchenrechtlichen Vorschriften vollzogenen Taufe darf von den staatlichen Gerichten nicht in Frage gestellt werden, BVerfG (K) BeckRS 2020, 9319 (Rn. 29).

[293] BVerfGE 30, 415 (424); BVerfG (K) NVwZ 2015, 517 (519, 521).

[294] Str. Vgl. BVerfG (K) NVwZ 2015, 517 (521).

[295] Krit. *Obermayer* NVwZ 1985, 77 ff.; *Engelhardt* ZevKR 1996, 142 (156 ff.); *Haß,* Der Erwerb der Kirchenmitgliedschaft nach evangelischem und katholischem Kirchenrecht, 1997, S. 181 ff.; *Kästner* BK, Art. 140 GG (2010) Rn. 335.

[296] BVerfGE 30, 415 (424 f.); BVerfG (K) NVwZ 2015, 517 (519, 521).

[297] BVerfG (K) NVwZ 2016, 135 ff.

[298] BVerfG (K) NVwZ 2015, 517 ff.

vereinbar ist.[299] Die Wohnsitznahme reicht für die Begründung einer Mitgliedschaft aus, wenn eine Kirchengemeinschaft besteht und nach dem übereinstimmenden Recht der Gemeinschaften der Wohnsitz entscheidend sein soll. So setzt sich nach § 8 S. 1 EKD-MitgliedG[300] bei einem Wohnungswechsel eines Mitglieds einer evang. Landeskirche in den Bereich einer anderen Gliedkirche die Kirchenmitgliedschaft in der Gliedkirche des neuen Wohnsitzes fort **(Möbelwagenkonversion)**, wenn sich das Mitglied nicht einer anderen Kirche anschließt. Dies ist mit der negativen Bekenntnisfreiheit vereinbar, weil sich das Mitglied mit dem erstmaligen Beitritt dem von allen Gliedkirchen ratifizierten EKD-Recht unterworfen hat und jederzeit austreten oder sich einer anderen evangelischen Kirche anschließen kann.[301] Auch hinsichtlich Hinzuziehender aus dem Ausland soll an Taufe, Bekenntnis und Wohnsitz (statt an einen Beitritt) angeknüpft werden dürfen.[302] Doch bedarf es einer (eindeutigen) rechtsrelevanten Erklärung, es sei denn, der Hinzuziehende ist Mitglied einer ausländischen Religionsgemeinschaft, mit welcher die inländische Religionsgemeinschaft eine Vereinbarung über die Mitgliedschaft abgeschlossen hat.[303] Für die röm.-kath. Kirche bereitet die mitgliedschaftliche Erfassung des Zuzugs aus anderen kath. Diözesen oder dem Ausland von vornherein keine Probleme, da es sich um eine parochial gegliederte weltumspannende Kirche mit einheitlichem Mitgliedschaftsrecht handelt. Für den Wiedereintritt in die Religionsgemeinschaft reicht entgegen der wohl hM[304] schlüssiges Verhalten nicht aus.[305] Bei sog. **glaubensverschiedenen Ehen** oder Lebenspartnerschaften (in denen nur ein Teil einer steuerberechtigten Religionsgemeinschaft angehört) darf die Steuer nur von dem Mitglied (nach dessen Einkommen)[306] erhoben werden.[307] Dagegen wird für die sog. **konfessionsverschiedenen Ehen** oder Lebenspartnerschaften (in denen beide Teile verschiedenen steuerberechtigten Religionsgemeinschaften angehören) nach hM der Halbteilungsgrundsatz für zulässig gehalten.[308] Entspr. gilt auch für den in den Kirchensteuergesetzen vorgesehenen[309] Haftungsgrundsatz (wonach jeder Ehegatte außer für seine eigene Steuerschuld auch für die des konfessionsfremden Ehegatten als Gesamtschuldner einsteht).[310] Für Lebenspartnerschaften gelten entsprechende Grundsätze.[311] Der Kirchensteuerbescheid darf nicht an den konfessionsfremden Ehegatten gerichtet werden.[312]

34 Der **Verlust** der **Mitgliedschaft** richtet sich nach staatl. Recht (Kirchensteuer- oder Kirchenaustrittsgesetze der Länder). Jedermann hat die Möglichkeit, mit verbindlicher Wirkung für das staatl. Recht aus einer Religionsgemeinschaft auszutreten.[313] Der Staat braucht Austrittserklärungen mit Vorbehalten, Bedingungen und Zusätzen nicht anzuerkennen,[314] weil mit hinreichender Sicherheit festgestellt werden können muss, dass sich der Erklärende bedingungslos, vollständig und ernsthaft von seiner Religionsgemeinschaft trennen will.[315] Das BVerwG hat eine Austrittserklärung aus der Körperschaft unter Verbleib in der Glaubensgemeinschaft aufgrund staatlicher Vorschriften zwar für unzulässig, einen Austritt aus der röm.-kath. Kirche mit dem Zusatz „Körperschaft des öffentlichen Rechts" aber als rechtmäßig angesehen.[316] Die Erhebung einer Gebühr für das staatl. Austrittsverfahren ist mit der Verfassung vereinbar.[317] Die nicht die staatl. Rechtsordnung betreffenden Folgen eines wirksamen Austritts für die Religionsgemeinschaften bestimmen sich nach deren Recht. Im kath. Kirchenrecht gilt der Grundsatz „semel catholicus-semper catholicus", doch kann der Austritt mit kirchl. Nachteilen

---

[299] BVerwG NVwZ 2017, 65 Rn. 17 ff. Näher dazu *Ehlers* JZ 2017, 198 f. (auch zum Rechtsschutz).

[300] ABl EKD 30 (1976), S. 389.

[301] Zum Letzteren vgl. §§ 8 S. 2, 9 IV EKD-MitgliedG.

[302] Vgl. BVerwG NVwZ 1992, 66 f.; BFHE 177, 194; *Rausch* ZevKR 1991, 337 (352); *C. Meyer* ZevKR 1995, 357 f.; *Suhrbier-Hahn* (Fn. 275), S. 61 ff.

[303] Vgl. § 9 II EKD-MitgliedG; s. a. FG München NVwZ 1998, 106 ff.

[304] Vgl. OVG Lüneburg ZevKR 1986, 232 (233 ff.); *Suhrbier-Hahn* (Fn. 275), S. 66 ff.; *Hammer* (Fn. 271), S. 283 f. Dies soll selbst dann gelten, wenn Kirchenrechtsvorschriften einen Wiederaufnahmebeschluss des Gemeindekirchenrats verlangen. Krit. FG BW KirchE 31, 386; *Haß* (Fn. 295), S. 220 ff. Nicht eindeutig *Kästner* BK, Art. 140 GG (2010) Rn. 331 einerseits, Rn. 533 andererseits.

[305] Näher dazu *Haß* (Fn. 295), S. 220 ff.

[306] BFHE 183, 107 ff.; BFH/NV 1998, 1262; *Suhrbier-Hahn* (Fn. 275), S. 108 ff.

[307] BVerfGE 19, 268 (273); 20, 40. Krit. *Kirchhof* EssGspr 1986, 117 (143). Zulässig ist es, den Teil der Einkommenssteuer zugrunde zu legen, der auf den für die Kirche angehörenden Ehegatten entfällt (BFHE 183, 107 ff.).

[308] BVerfGE 20, 40 (42 ff.); BFH NJW 1995, 2807 f. Krit. *Wassermeyer*, FS F. Klein, 1994, S. 495 (504).

[309] Vgl. BFH NVwZ 1992, 303 ff.

[310] Näher zum Ganzen *Marré*, HStKR I, S. 1101 (1127 ff.); *Suhrbier-Hahn* (Fn. 275), S. 105 ff.

[311] Allg. dazu BVerfGE 133, 377 ff.

[312] BFHE 175, 189 ff.

[313] Vgl. zum Ganzen *Bier* (Hrsg.), Der Kirchenaustritt, 2013.

[314] ZB § 3 IV KiAustrG NW.

[315] Vgl. BVerfGE 30, 415 (426); BVerfG (K) NJW 2008, 2978 ff.; VGH BW ZevKR 2010, 425 ff. (m. umf. Nachw.); *Kästner* BK, Art. 140 GG (2010) Rn. 338. Krit. *Renck* DÖV 1995, 373 ff.; zum Zeitpunkt des Wirksamwerdens der Erklärung vgl. VGH BW NVwZ 1998, 96.

[316] BVerwGE 144, 171 ff.; OVG RP KuR 2016, 140 f.; krit. *Löhnig/Preisner* NVwZ 2013, 39, grds. zust. *Muckel* NVwZ 2013, 260.

[317] BVerfG (K) NJW 2008, 2978 ff.

verbunden sein.[318] Es ist unzulässig, den Austritt von einer Überlegungsfrist abhängig zu machen und den Religionsgemeinschaften das Recht der Nachbesteuerung bis zum Ende des laufenden Steuerjahres einzuräumen.[319] Ein nach staatl. Recht wirksamer **Übertritt** von einer Religionsgemeinschaft zu einer anderen (Konversion) setzt grds. einen vorherigen formgültigen Austritt aus der bisherigen Religionsgemeinschaft voraus.[320] Anderes gilt, wenn die Kirchenaustrittsgesetze Übertritte auf der Grundlage von Vereinbarungen zwischen den beteiligten Körperschaften zugelassen haben.[321]

Nach den Landeskirchensteuergesetzen kommen verschiedene Maßstäbe für die Erhebung der **35** Kirchensteuer in Betracht. Regelmäßig wird die Kirchensteuer (vor allem aus Gründen der Praktikabilität) als **Zuschlag zur Einkommensteuer** (Annexsteuer) in all ihren Veranlagungsformen, insbes. auch in der Form der Lohnsteuer, nach kircheneigenen Steuertarifen erhoben;[322] für Kapitaleinkünfte als Zuschlag zur Kapitalertragsteuer (Abgeltungssteuer, → Rn. 37). Zugelassen ist zumeist ferner ein Zuschlag zur Vermögenssteuer[323] und zu den Grundsteuermessbeträgen.[324] Die Kirchensteuergesetze ermöglichen auch die Erhebung eines allgemeinen Kirchgeldes[325] in festen oder gestaffelten Beträgen oder eines **besonderen Kirchgeldes** in glaubensverschiedenen Ehen. Ersteres stellt eine ergänzende Ortskirchensteuer dar, letzteres bezieht sich bei Zusammenveranlagung der Ehegatten (wenn nur der nicht kirchensteuerpflichtige Ehegatte eigene Einkünfte hat) auf den zivilrechtlichen Unterhaltsanspruch des der Kirche angehörenden Ehegatten gegen den nicht kirchensteuerpflichtigen Ehegatten nach Maßgabe des Lebensführungsaufwands.[326] Die Steuerordnungen und Hebesatzbeschlüsse der Religionsgemeinschaften bedürfen der staatl. Anerkennung bzw. **Genehmigung.** Die Höhe der Steuern hat sich an der wirtschaftlichen Leistungsfähigkeit auszurichten.[327] Der Steuersatz beläuft sich heute idR auf 9% (teilw. 8%) der geschuldeten Einkommens- bzw. Lohnsteuer.[328] Die Verklammerung der Kirchen mit der Einkommensteuer entspricht dem Leistungsfähigkeitsgrundsatz.[329] Da die Kirchensteuer aber grds.[330] nicht an die Bemessungsgrundlage, sondern an die Steuerschuld anknüpft, werden alle gesellschaftspolitischen Zwecksetzungen der staatl. Einkommensteuer nach Art eines **„Huckepacksystems"**[331] übernommen. Hinzu kommt, dass zahlreiche Mitglieder der Religionsgemeinschaften (teilweise bis zu 60%)[332] keine Steuern bezahlen (zB Schüler, Studierende, Lehrlinge, Empfänger staatl. Sozialleistungen, ggf. Rentner usw.). Dies kann sich für die Religionsgemeinschaften als problematisch erweisen. In Berlin, im Saarland und in Schleswig-Holstein kann eine Mindeststeuer erhoben werden.[333] Ferner bleibt es den Religionsgemeinschaften unbenommen, die Kirchensteuer ab einer bestimmten Höhe zu **kappen,** insbes. um die Steuerprogression und die damit verbundene Umverteilung nicht zu übernehmen. Doch verlangt der Grundsatz der Gesetz- und Tatbestandsmäßigkeit des Steuerrechts eine ausreichende normative Grundlage auf kirchenrechtlicher Ebene.[334] Für mit Art. 3 I und III sowie Art. 4 I vereinbar hält es

---

[318] Vgl. Allgemeines Dekret der Deutschen Bischofskonferenz zum Kirchenaustritt v. 20.4.2012. Zum Meinungsstreit *Muckel/Zapp,* in: Birk/Ehlers (Fn. 271), S. 229 ff. Nach evang. Recht endet die Kirchenmitgliedschaft mit dem Wirksamwerden der nach staatl. Recht zulässigen Austrittserklärung (§ 10 Nr. 3 EKD-MitgliedG). Zu den Möglichkeiten einer evang. Kirchenzugehörigkeit ohne Kirchenmitgliedschaft vgl. *Ennuschat* ZevKR 2010, 275 ff.; zur Zulässigkeit einer Bekanntgabe des Kirchenaustritts *Germann* ZevKR 2003, 446 (483 ff.).

[319] BVerfGE 44, 37 (49 ff.). Vgl. aber auch BVerfGE 44, 59 (66 ff. – Zulässigkeit bei der Heranziehung bis zum Ablauf des auf die Austrittserklärung folgenden Kalendermonats). Eine gleichmäßige Aufteilung des Jahreseinkommens (Zwölftelungsmethode) gilt nicht als ggf. unzulässige Nachbesteuerung, sondern als verfassungskonform, weil die Einkommensteuer vom Gesetzgeber als Jahressteuer ausgestaltet ist, BVerwGE 79, 62 (64); *Hammer* (Fn. 271), S. 371 ff.

[320] OVG NRW NVwZ-RR 1999, 503 ff.

[321] So § 5 I 1 KiAustrG Nds.

[322] Zur Zulässigkeit BVerfGE 20, 40 (43); BFHE 176, 382 ff.

[323] ZB § 4 I Nr. 2 KiStG NW. Mit der Abschaffung der Vermögenssteuer durch das JahressteuerG 1997 ist diese Variante de facto weggefallen.

[324] ZB § 4 I Nr. 3 KiStG NRW; vgl. ferner *Suhrbier-Hahn* (Fn. 275), S. 176 ff.

[325] ZB § 4 I Nr. 4 KiStG NRW; zur Verfassungsmäßigkeit vgl. BayVerfGH KircheE 10, 171.

[326] ZB § 4 I Nr. 5 KiStG NRW. Zur Zulässigkeit vgl. BVerfGE 19, 268 (282); BVerfG (K). DÖV 2011, 117; EGMR NJW 2018, 3295; BVerwGE 52, 104 ff. Zur Rechtslage im Falle der Abschaffung des Ehegattensplittings vgl. *Lang,* in: Birk/Ehlers (Fn. 271), S. 169 (171 ff.).

[327] BVerwG NJW 1989, 1747 (1748).

[328] Vgl. die Tabelle der Kirchensteuersätze in den Ländern bei *Petersen* (Fn. 272), S. 299 ff.

[329] Vgl. *Tipke/Lang* Steuerrecht, 23. Aufl. 2018, § 8 Rn. 962.

[330] Zu Korrektiven bei der Familienbesteuerung nach dem Muster des § 51a EStG vgl. *Marré,* HStKR I, S. 1101 (1128 ff.); ferner *Kirchhof,* FS Heckel, 1999, S. 376 ff.

[331] *v. Campenhausen/de Wall* (Fn. 104), S. 233. Krit. zur „Annexsteuerfalle" (Anbindung an die staatl. Steuer) *Weber* NVwZ 2002, 1443 (1454 ff.). Vgl. auch *Petersen* (Fn. 272), S. 19 ff. Zur Beschränkung des Abzugs von Zuwendungen an Religionsgemeinschaften auf gezahlte Kirchensteuer im Rahmen der Einkommensteuer s. *Wernsmann,* Verhaltenslenkung in einem rationalen Steuersystem, 2005, S. 135 m. Fn. 642.

[332] Vgl. *Suhrbier/Hahn* (Fn. 275), S. 164, 176; *Weber* NVwZ 2002, 1443 (1450).

[333] Derzeit wird diese Steuer nicht erhoben; vgl. *Rausch,* in: Birk/Ehlers (Fn. 271), S. 179 (189).

[334] BVerwGE 118, 201 ff. Näher zu den Kappungsvorschriften *Rausch,* in: Birk/Ehlers (Fn. 271), S. 179 (183 ff.).

das BVerwG, wenn eine Religionsgemeinschaft die Kappung einer hohen Kirchensteuer auf die in der Religionsgemeinschaft verbliebenen Mitglieder beschränkt.[335] Aus Billigkeitsgründen kann die Steuer (teilw.) gestundet oder erlassen werden.

**36**    Die **Verwaltung** der Steuer obliegt an sich den Religionsgemeinschaften. Der Staat hat ihnen aber – ohne hierzu aus Abs. 6 angehalten zu sein[336] – in den Kirchensteuergesetzen und vielfach auch den Staatskirchenverträgen[337] die Möglichkeit eingeräumt, ab einer gewissen Größenordnung des Aufkommens[338] die Verwaltung gegen Zahlung eines angemessenen Entgelts[339] auf die **Finanzämter** zu übertragen.[340] Davon haben die Religionsgemeinschaften fast durchweg Gebrauch gemacht, weil eine Eigenverwaltung teurer käme.[341] Die Arbeitgeber sind verpflichtet, die Kirchensteuer ohne Vergütung mit der Lohnsteuer einzubehalten und an das Finanzamt abzuführen.[342] Das BVerfG hat dies für vereinbar mit dem GG gehalten, da die Arbeitgeber nicht für die Religionsgemeinschaften, sondern für den Staat tätig werden (→ Art. 136 WRV Rn. 8).[343] Die ganz hM stimmt dem zu.[344] Nach einer gegenteiligen Auffassung soll der hoheitliche Zwang sowohl in die negative Religionsausübungsfreiheit des Arbeitgebers eingreifen (insbes. wenn er konfessionslos ist oder einer anderen Konfession angehört), als auch die negative Religionsfreiheit der Arbeitnehmer verletzen, weil sich Art. 136 III 2 WRV nur auf Fragen von Behörden (nicht von Arbeitgebern) beziehe, nicht die Weitergabe von Daten an Dritte umfasst und die Religionsgemeinschaften kein Recht hätten, die Kirchsteuererhebung durch staatl. Behörden zu verlangen. Des Weiteren verstoße die Wahrnehmung von Angelegenheiten der Religionsgemeinschaften durch den Staat gegen Art. 137 I WRV sowie die staatl. Neutralitätspflicht.[345] Der EGMR hat die in Deutschland gängige Praxis gebilligt.[346] Wird die **Lohnsteuer** nach den §§ 40 ff. EStG **pauschaliert,** ist auch die Kirchensteuer nach einem Pauschsteuersatz zu erheben. Dem Arbeitgeber muss dann nach Ansicht des BFH aber die Möglichkeit des Nachweises eingeräumt werden, dass bestimmte Arbeitnehmer nicht Mitglieder der Kirche sind.[347] Die Finanzverwaltung lässt dem Arbeitgeber die Wahl zwischen einem typisierten Verfahren mit einer prozentualen länderspezifischen Aufteilung der pauschalierten Lohnsteuer auf die Kirchen und einem Nachweisverfahren.[348]

**37**    „Kirchensteuerbescheide" können je nach Landesrecht vor den Verwaltungs- oder Finanzgerichten angegriffen werden.[349] Die gezahlte **Kirchensteuer** ist nach geltendem Recht (§ 10 I Nr. 4 EStG) von der Bemessungsgrundlage der Einkommensteuer **abziehbar** mit der Folge, dass der Staat dem Kirchensteuerzahler einen prozentualen Anteil an der von ihm gezahlten Kirchensteuer in Höhe seines persönlichen Grenzsteuersatzes „erstattet".[350] Verfassungsrechtlich ist die Abziehbarkeit nicht geboten.[351] Wird eine **Abgeltungssteuer** auf Kapitaleinkünfte erhoben (§§ 32d I 1, 51a IIb–e, IV EStG) ermäßigt sich diese um die anrechenbaren ausländischen Steuern vermindert im Umfang von 25 % der auf die Kapitalerträge entfallenen Kirchensteuer (§ 32d I 3 EStG).[352] Auch in diesen Fällen wird die Anonymität (gegenüber den Kreditinstituten) nicht gewahrt. Die **Legitimität** der Kirchensteuer ist

---

[335] BVerwGE 118, 201 ff. (keine Kappung der noch zu zahlenden Kirchensteuer nach Austritt).

[336] *Wasmuth/Schiller* NVwZ 2001, 852 (854).

[337] Vgl. *Hammer* (Fn. 271), S. 127 ff.

[338] Vgl. zB § 15 II 1 Nr. 1 KiStG NW (40.000 Angehörige). Zur Verfassungsmäßigkeit der Ausklammerung kleinerer Religionsgemeinschaften vgl. *v. Campenhausen/de Wall* (Fn. 104), S. 235.

[339] In der Praxis 2,5 bis 4% des Aufkommens. Vgl. *Suhrbier-Hahn* (Fn. 275), S. 96. Das Entgelt übersteigt die Kosten der staatl. Finanzverwaltung.

[340] Vgl. zB §§ 9, 15 KirchStG NW.

[341] So die röm.-kath. Diözesen und die evang. Landeskirchen mit gewissen Ausnahmen in Bayern (Art. 17 BayKirchStG).

[342] Vgl. zB § 10 KirchStG NW; BayVerfGH NVwZ 2011, 40 ff.

[343] BVerfGE 19, 226 (240); 44, 103 (104); BVerfG (K) NVwZ 2001, 909 f. Krit. *Drüen,* Die Indienstnahme Privater für den Vollzug von Steuergesetzen, 2012, S. 294 ff. Da die Arbeitnehmer nicht ör gegenüber den Steuerzahlern tätig werden, handelt es sich nicht um Beleihung, sondern private Indienstnahme. Zur Verfassungsmäßigkeit im Hinblick auf die Rechte der Arbeitnehmer (Eintragung in die Lohnsteuerkarte) vgl. BVerfGE 49, 375 (376); BayVerfGH NVwZ 2011, 40; → Art. 136 WRV Rn. 7.

[344] Vgl. *Anke/Zacharias* DÖV 2003, 140 (145 ff.); *v. Campenhausen/de Wall* (Fn. 104), S. 236 f.; *Korioth,* in: Maunz/Dürig, Art. 137 WRV (2019) Rn. 101; *Heinig* in: Birk/Ehlers (Fn. 271), S. 91 ff.

[345] Vgl. *Wasmuth/Schiller* NVwZ 2001, 852 ff.; *Wasmuth,* FS Brohm, 2002, 607 (612); *ders.,* in: Will (Hrsg.), Die Privilegien der Kirchen und das Grundgesetz, 2011, S. 33 ff.; *ders.,* in: Birk/Ehlers (Fn. 271), S. 105 ff. Zur Eintragung der Religion auf der Lohnsteuerkarte vgl. auch → Art. 136 WRV Rn. 7.

[346] EGMR NVwZ 2011, 1503.

[347] BFHE 159, 82 (84 ff.); 176, 382 ff. m Anm *Hammer* JZ 1996, 572 ff.; vgl. aber auch *Marré,* HStKR I, S. 1101 (1142 ff.).

[348] Vgl. *Tipke/Lang* (Fn. 329), § 8 Rn. 972.

[349] *Unruh* MKS III, Art. 137 WRV Rn. 270; *Reim,* in: Birk/Ehlers (Fn. 271), S. 137 ff.

[350] Zur Abzugsfähigkeit von Spenden an eine in der EU gelegene Kirche vgl. BFH BeckRS 2018, 13852.

[351] And. wohl die hM. Wie hier *Wernsmann* (Fn. 331), S. 369 ff. Zur Abzugsfähigkeit von Kirchenbeiträgen (nicht Kirchensteuern) vgl. BFH NJW 2003, 694.

[352] Vgl. *Tipke/Lang* (Fn. 329), § 8 Rn. 973, 965; näher dazu – und auch zum kirchensteuerrechtlich relevanten Teileinkünfteverfahren für die Besteuerung von Anteilen im Betriebsvermögen – *Weber,* in: Birk/Ehlers (Fn. 271), S. 149 ff.

seit längerem Gegenstand rechtspolitischer Auseinandersetzungen.[353] Mit einer Änderung der Verfassungsrechtslage ist aber nicht zu rechnen. Die korporierten Religionsgemeinschaften genießen dieselben steuerlichen Vergünstigungen der juristischen Personen des öffentlichen Rechts wie die staatl. Gebietskörperschaften. Eine Steuerpflicht fällt nur im Rahmen ihrer Betriebe gewerblicher Art an (§ 4 KStG).[354] Dagegen bestimmt sich die Umsatzbesteuerung für privatrechtliche Tätigkeiten nach § 2 UStG, für öffentlich-rechtliches Handeln nach § 2b iVm § 27 XXIIa UStG. **Umsatzsteuerliche Konsequenzen** kann zB die Auslagerung religionsgemeinschaftlicher Aufgaben auf eine von der Religionsgemeinschaft finanzierte Vereinigung sowie für die Durchführung von Pfarrerfesten haben.[355]

## H. Weltanschauungsgemeinschaften (Abs. 7)

Nach Abs. 7 werden die Weltanschauungsgemeinschaften[356] den Religionsgemeinschaften **gleich-  38 gestellt.** Dies findet seine Entsprechung in Art. 4 I (Freiheit des religiösen und weltanschaulichen Bekenntnisses). Die Gleichstellung bezieht sich auch auf die Erlangung der Körperschaftsrechte. Nach Ansicht des BVerwG kommt das sog. Geistlichenprivileg des § 11 I Nr. 1–3 WPflG nur den Religionsgemeinschaften, nicht den Weltanschauungsgemeinschaften zugute.[357] Die Unterscheidung von Religions- und Weltanschauungsgemeinschaften ist schwer zu treffen,[358] kann wegen der Gleichstellung aber idR auf sich beruhen.

## I. Gesetzgebungszuständigkeiten (Abs. 8)

Soweit die Durchführung der Bestimmung des Art. 137 WRV eine weitere Regelung erfordert,  39 obliegt diese nach Abs. 8 der **Landesgesetzgebung.** Im Übrigen richtet sich die Gesetzgebungskompetenz nach den allg. Regeln (insbes. Abschnitt VII des GG). Danach sind grds. die Länder zuständig.[359] Der Bund ist aber zB zur Gesetzgebung befugt, wenn es um die Aufstellung von Grundsätzen für die Ablösung der Staatsleistungen (Art. 138 I S. 2 WRV), die Regelung der Militärseelsorge[360] oder den strafrechtlichen Schutz der Religionsgemeinschaften (Art. 74 I Nr. 1) geht.

## Art. 138 WRV [Staatsleistungen; Kirchengut]

(1) **Die auf Gesetz, Vertrag oder besonderen Rechtstiteln beruhenden Staatsleistungen an die Religionsgesellschaften werden durch die Landesgesetzgebung abgelöst. Die Grundsätze hierfür stellt das Reich auf.**

(2) **Das Eigentum und andere Rechte der Religionsgesellschaften und religiösen Vereine an ihren für Kultus-, Unterrichts- und Wohltätigkeitszwecke bestimmten Anstalten, Stiftungen und sonstigen Vermögen werden gewährleistet.**

**Leitentscheidungen:** BVerfGE 99, 100 (Entwidmung der St. Salvator Kirche); BVerfG (K) NVwZ 2001, 318 (Gerichtsgebührenbefreiung); BVerfGE 123, 148 (Gewährung staatlicher Mittel); BVerwG NVwZ 1996, 786 u. 787 (jeweils Befreiung von Gerichtsgebühren); BVerwGE 132, 358 (Kirchenbaulast westliche Länder); BVerwG NVwZ-RR 2009, 590 (Kirchenbaulast neue Bundesländer).

**Schrifttum:** *P. Axer,* Der verfassungsrechtliche Schutz der res sacrae durch die Kirchengutsgarantie, in: FS Listl, 1999, S. 553; *H. Böttcher,* Baulast an Kirchengebäuden, HStKR II, S. 19; *G. Czermak,* Die Ablösung der historischen Staatsleistungen an die Kirchen, DÖV 2004, 110; *M. Droege,* Staatsleistungen an Religionsgemeinschaften im säkularen Kultur- und Sozialstaat, 2004; *ders.,* Verlust der Rechtseinheit durch Wiedervereinigung, ZevKR 2009,

[353] Vgl. einerseits *v. Campenhausen/de Wall* (Fn. 104), S. 238 ff.; *Müller-Franken* BayVBl 2007, 33 ff.; *Hammer* DÖV 2008, 975 ff., andererseits *Ockenfels/Kettern,* Streitfall Kirchensteuer, 1993; *Martin* (Hrsg.), Abschied von der Kirchensteuer, 2002; *Kleine,* Institutionalisierte Verfassungswidrigkeiten im Verhältnis von Staat und Kirchen unter dem GG, 1993, S. 214 ff.

[354] Näher dazu *Beermann,* Hoheitsbetriebe von Kirchen und Religionsgesellschaften. Eine körperschaftsteuerliche Untersuchung, 2006; *Kube,* in: Pulte/Hense (Fn. 104), S. 143 (145 ff.) Teilw. krit. dazu *Antoine* ZevKR 2009, 241 ff. Eine Steuerbefreiung für wirtschaftliche Tätigkeiten als unerlaubte Beihilfe iSd Art. 107 I AEUV darstellen (EuGH BeckRS 2017, 114378 – Congregación de Escuelas Pías).

[355] Vgl. dazu BFH DStR 2009, 476; *Lippross* DStR 2009, 781; *Kube* ZevKR 2011, 27; *Englisch,* in: Birk/Ehlers (Fn. 271), S. 193; *Droege* ZevKR 2018, 57. Zur Neuregelung der Umsatzbesteuerung vgl. die Arbeitshilfe der EKD zur Neuregelung der Umsatzbesteuerung von kirchlichen Körperschaften des öffentlichen Rechts, 2018.

[356] Näher dazu *Mertesdorf,* Weltanschauungsgemeinschaften, 2008; *Hoffmann,* Die Weltanschauungsfreiheit, 2012; *Goltz,* Weltanschauungsgemeinschaften, 2015.

[357] BVerwGE 61, 152 ff.

[358] Vgl. *Muckel,* Religiöse Freiheit und staatliche Letztentscheidung, 1997, S. 135 ff. Für eine Unterscheidung nach Maßgabe der Merkmale Transzendenz und Immanenz BVerwGE 61, 152 (156 – Befreiung Geistlicher vom Wehrdienst); 90, 112 (115); *Winter* ZevKR 1997, 372 (376).

[359] Teilw. abw. *Morlok,* in: Dreier III, Art. 137 WRV Rn. 129 ff.

[360] → Art. 141 WRV Rn. 6.

488; Die Gewährleistung des Kirchenguts, ZevKR 55 (2010), 339; *D. zu Hohenlohe,* Ablösung der Staatsleistungen an die Kirchen: Der unerfüllte Verfassungsauftrag des Art. 138 Abs. 1 WRV iVm Art. 140 GG, ZevKR 2017, 178; *J. Isensee,* Staatsleistungen an die Kirchen und Religionsgemeinschaften, HStKR I, 2. Aufl. 1994, S. 1009; *K.-H. Kästner,* Die Verfassungsgarantie des kirchlichen Vermögens, HStKR I, 2. Aufl. 1994, S. 891; *ders.,* Die zweite Eigentumsgarantie im Grundgesetz, JuS 1995, 784; *Knöppel,* Aktuelle Überlegungen zum Ablösungsgebot der Staatsleistungen nach Art. 140 GG iVm Art. 138 Abs. 1 WRV, ZevKR 2013, 188; *E. V. Kremer,* Enteignung von Kirchengebäuden, 2010; *T. Lindner,* Baulasten an kirchlichen Gebäuden, 1995; *D. Pirson,* Kirchengut – Religionsfreiheit – Selbstbestimmung, in: FS Listl, 1999, S. 611; *L. Renck,* Res sacrae und Gewohnheitsrecht, JZ 2001, 375; *ders.,* Subventionierende gemeindliche Kirchenbaulasten, NVwZ 2007, 1383; *Rozek,* Der unerfüllte Verfassungsauftrag – die Ablösung der Staatsleistung an die Kirchen, in: Holzner/Ludyga (Hrsg.), Entwicklungstendenzen des Staatskirchen- und Religionsverfassungsrechts, 2013, S. 421; *C. Traulsen,* Neueste Rechtsprechung des BVerwG zu kommunalen Kirchenbaulastverträgen, NVwZ 2009, 1019; *de Wall,* Staatsleistungen – Ewige Rente?, in: Will (Hrsg.) Die Privilegien der Kirchen und das Grundgesetz, 2011, S. 49; *H. A. Wolff,* Ablösung der Staatsleistungen an die Kirche, ZRP 2003, 12; *ders.,* Die Struktur des Grundsätzegesetzes zur Ablösung der Staatsleistungen an die Religionsgesellschaften (Art. 138 Abs. 1 S. 2 WRV/Art. 140 GG), in: FS Badura, 2004, S. 839 ff.

## Übersicht

## A. Allgemeines

1    Art. 138 WRV regelt punktuell die vermögensrechtliche Stellung der Religionsgemeinschaften. Obwohl beide Absätze unterschiedliche Regelungsgegenstände zum Inhalt haben, stehen sie in einem **Sinnzusammenhang.** Abs. 1 zielt auf eine Ablösung alter Staatsleistungen ab und strebt damit eine Trennung von Staat und Religionsgemeinschaften in diesem Bereich an. Abs. 2 stellt im Gegenzug das „Kirchengut" unter einen besonderen Schutz.

## B. Ablösung der Staatsleistungen (Abs. 1)

2    Nach Abs. 1 werden die auf besonderen Rechtstiteln beruhenden Staatsleistungen an die Religionsgemeinschaften, sofern sie bei Inkrafttreten der WRV wirksam gewesen sind, abgelöst. Die Staatsleistungen wurden als **Ausgleich für die Säkularisierung** des „Kirchenguts"[1] vor allem in der Reformationszeit sowie durch den Reichsdeputationshauptschluss von 1803[2] und ähnlicher Regelungen (wie zB des Westfälischen Friedens oder des pr „Edikt[s] über die Einziehung sämtlicher geistlicher Güter in der Monarchie" von 1810) auf der Grundlage spezieller Rechtstitel gewährt. Sie sollen somit vorangegangenes Tun ausgleichen und kommen in der Hauptsache der Kath. und den Evang. Kirchen zugute. Von den Staatsleistungen zu unterscheiden sind die (nicht historisch bedingten) staatlichen Kostenerstattungen zwecks Wahrnehmung öffentlicher Aufgaben (zB für konfessionelle Kindergärten oder Krankenhäuser). Die Legitimität der Anerkennung historischer Verbindlichkeiten als alter Zeit wird in der Literatur zT bezweifelt.[3] Dies ändert nichts daran, dass es sich bei Art. 138 WRV um sowohl gültiges als auch weiter geltendes Verfassungsrecht handelt. Auch schließt der Wegfall der staatl. cura religionis in Folge des Wegfalls einer Staatskirche (Art. 137 I WRV) eine Förderung der Religionsgemeinschaften nicht aus (→ Art. 140 Rn. 9).[4] Nicht gefolgt werden kann der Ansicht, dass die Staatsleistungen sämtlich oder doch weitestgehend durch Zeitablauf seit 1919 abgegolten worden sind.[5]

3    Unter Staatsleistungen sind nicht nur die vermögenswerten, auf Dauer angelegten, historisch begründeten **positiven Geld- und Naturalleistungen** (zB Dotationen nach Art von Pfarrerbesoldungszuschlägen, Sachleistungen, Dienstleistungen, Bereitstellung von Räumen, Patronate[6]), sondern auch

---

[1] Vgl. BVerwG NVwZ 1996, 786 f.

[2] Der Reichsdeputationshauptschluss ist nicht selbst bes. Rechtstitel iSd Art. 138 I 1 WRV, hat aber die altrechtlichen Verbindlichkeiten auf die erwerbenden Staaten übergeleitet (§§ 35, 38) und Anlass zur Schaffung neuer Leistungspflichten gegeben. Vgl. *Mückl* VBlBW 2003, 144 (152 ff.).

[3] Vgl. *Preuß* AK GG, Art. 140 (2001) Rn. 60 ff.; *Sailer* ZRP 2001, 80 ff.; *Czermak* DÖV 2004, 110 (115: Wer vor 190 Jahren von Napoleon enteignet wurde, ist also weit besser dran als derjenige, dem dies vor 40 Jahren durch die Sowjets geschah); *Frerk,* in: Will (Hrsg.), Die Privilegien der Kirchen und das Grundgesetz, 2011, S. 61 ff.; demgegenüber *v. Campenhausen/de Wall,* Staatskirchenrecht, 4. Aufl. 2006, S. 288 f.; *de Wall,* in: Will, ebd., S. 49 ff.; *Unruh,* Religionsverfassungsrecht, 4. Aufl. 2018, Rn. 535.

[4] Vgl. auch BVerwG NVwZ-RR 2009, 590 f.; and. *Renck* DÖV 2001, 103. Vgl. auch *dens.* NVwZ 2007, 1383 ff.

[5] So aber *Czermak* DÖV 2004, 110 (115); zurückhaltender *Czermak/Hilgendorf,* Religions- und Weltanschauungsrecht, 2. Aufl. 2018, Rn. 401 ff.; *Humanistische Union,* Entwurf eines Gesetzes über die Grundsätze zur Ablösung der Staatsleistung an die Kirchen, 2011.

[6] Krit. dazu *Renck* DÖV 2003, 526 ff. Ausf. zu den Patronaten *Lindner,* Baulasten an kirchlichen Gebäuden, 1995, S. 47 ff.

die sog. **negativen Leistungen**[7] (Befreiungen von Steuern und sonstigen Abgaben) zu verstehen, sofern es sich um fortlaufende, regelmäßig wiederkehrende Leistungen handelt.[8] Steuerliche Spendenvergünstigungen gehören nicht hierzu, weil es sich nicht um unmittelbare Leistungen an die Religionsgemeinschaften, sondern um eine gezielte Begünstigung der Spender handelt.[9] Die Staatsleistungen müssen auf (materiellem) **Gesetz, Vertrag** oder besonderen **Rechtstiteln** (zB Gewohnheitsrecht[10] oder Zusagen etwa in Gestalt von landesrechtlichen Erlassen) beruhen. Erfasst werden nur vermögenswerte wiederkehrende Leistungen, auf die vor 1919 ein Anspruch bestand,[11] nicht zB (spätere oder künftige) Subventionen oder die in den neuen Ländern durch Staatskirchenvertrag begründeten Leistungsverpflichtungen, es sei denn, dass diese nur fortbestehende Verpflichtungen (sei es auch pauschaliert) übernommen haben. Träger der Staatsleistungen sind nur die **Länder.**[12] Bei einem Zuständigkeitswechsel kann uU auch der Bund als Leistungsträger in Betracht kommen.[13] Ansonsten werden Staatsleistungen des Deutschen Reichs oder des Bundes nicht erfasst.[14] Auch erstreckt sich der Schutz des Abs. 1 nicht auf kommunale Leistungen, da in der Weimarer Zeit zwischen Staat und Kommunen unterschieden wurde.[15] Der Umstand, dass die Kommunen heute als Träger mittelbarer Staatsverwaltung anzusehen sind, vermag einen Verfassungswandel und eine nachträgliche Einbeziehung der kommunalen Leistungen nicht zu begründen.[16] In Betracht kommen kann aber eine entsprechende Heranziehung des in dieser Vorschrift enthaltenen Grundgedankens (Ablösung historisch begründeter staatlicher Rechtstitel).[17]

Art. 138 I WRV verbietet nur eine einseitige Aufhebung ohne Ablösung, nicht dagegen vertragliche **4** Beendigungen der Leistungstitel.[18] Entsprechende vertragliche Abmachungen sind in Hessen und teilw. auch in NRW in Bezug auf die Baulasten getroffen worden.[19] Unter Ablösung ist die **einseitige Aufhebung** der Staatsleistungen gegen Entschädigung zu verstehen.[20] Nach hM ist im Falle der Ablösung voller Wertersatz[21] zu leisten, nach der vorzuziehenden gegenteiligen Ansicht[22] reicht – auch unter Heranziehung der Art. 14 III, 15 – eine angemessene Entschädigung aus. Die Modalität einer Ablösung (einmalige Leistung oder ratenweise Tilgung)[23] schreibt Abs. 1 nicht vor. Als Maßstab kommt ein Vielfaches des Jahresbetrages der Leistungen in Betracht.[24] Die Ablösung obliegt den Landesgesetzgebern. Jedoch muss der **Bund** zuvor die **Grundsätze** gesetzlich regeln (Abs. 1 S. 2). Kennzeichnend für die Grundsatzgesetzgebung ist die Normierung von Leitlinien (die den Ländern einen Spielraum belassen).[25] Soweit es um die Ablösung im Verhältnis zur Kath. Kirche geht, muss

---

[7] Vgl. dazu BVerfGE 19, 1 (13 ff.); BVerfG (K) NVwZ 2001, 318.

[8] Vgl. BVerwG NVwZ 1996, 786 f.; *Isensee,* HStKR I, S. 1009 (1024 ff.). Dies trifft auf die Befreiung von Gerichtsgebühren nicht zu. Vgl. BVerfGE 19, 1 (13 ff.); BVerfG (K) DVBl 2001, 273; BVerwG NVwZ 1996, 786; OVG LSA NVwZ-RR 2015, 640; *Weber* JuS 1997, 113 (116). Zu den einfachgesetzlichen Gerichts- und Verwaltungskostenbefreiungen *Hammer,* HStKR I, S. 1065 (1086 ff.). Zum Unionsrecht vgl. EuGH BeckRS 2017, 114378 (Congregación de Escuelas Pías).

[9] Ebenso *Morlok,* in: Dreier III, Art. 138 WRV Rn. 17; *Unruh* MKS III, Art. 138 WRV Rn. 6.

[10] Näher dazu *Lindner* (Fn. 6), S. 119 ff.

[11] Vgl. BbgVerfG NVwZ-RR 2012, 577 (579). AA *zu Hohenlohe* ZevKR 2017, 178 (182).

[12] BVerfG (K) NVwZ 2001, 318; BVerwG NVwZ 1996, 787.

[13] Vgl. *Isensee,* HStKR I, S. 1009 (1030); *Kästner* BK, Art. 140 (2010) Rn. 592.

[14] Vgl. BVerfG (K) NVwZ 2001, 318; *Wolff,* FS Badura, 2004, S. 839 (847).

[15] Vgl. RGZ 113, 349 (397); 125, 186 (189); *Anschütz* WRV, Art. 138 Anm. 4; *Droege,* Staatsleistungen an Religionsgemeinschaften im säkularen Kultur- und Sozialstaat, 2004, S. 185 ff.; *Lindner* (Fn. 6), S. 199. Zu den Kirchenbaulasten vgl. auch VerfGH NW NVwZ 1982, 431 ff.; *Knöppel/Köster* ThürVBl 2000, 8 ff.; *Schulten,* Kommunale Kirchenbaulasten, 2014, S. 34 ff.

[16] AA zB *Unruh* (Fn. 3), Rn. 525; *Isensee,* HStKR I, S. 1009 (1031 ff.); *Morlok,* in: Dreier III, Art. 138 WRV Rn. 18; *Korioth,* in: Maunz/Dürig, Art. 138 WRV (2019) Rn. 7; *Kästner* BK, Art. 140 (2010) Rn. 593. Offen gelassen BVerfG (K) NVwZ 2001, 318; BVerwG NVwZ 1996, 787.

[17] AA *Renck* DÖV 2001, 203 ff.

[18] *Zu Hohenlohe* ZevKR 2017, 178 (193 ff.). AA *Unruh* (Fn. 3), Rn. 533.

[19] Vgl. für Hessen die Rahmenvereinbarungen zur Ablösung der Kirchenbaulasten vom 17.12.2003; ferner *Knöppel* ZevKR 2013, 188 (195 f.).

[20] *Anschütz* WRV, Art. 138 Anm. 3.

[21] *Isensee,* HStKR I, S. 1009 (1035); *v. Campenhausen/de Wall* (Fn. 3), S. 286 f.; *Germann,* in: Epping/Hillgruber, Art. 140 Rn. 124; *Knöppel* ZevKR 2013, 188 (197).

[22] *Droege* (Fn. 15), S. 210 ff.; *Rozek,* in: Holzner/Ludyga (Hrsg.), Entwicklungstendenzen des Staatskirchen- und Religionsverfassungsrecht, 2013, S. 421 (425); *Unruh* (Fn. 3), Rn. 527; *zu Hohenlohe* ZevKR 2017, 178 (188 f.).

[23] Eine „ewige Rente" würde nicht dem auf Entflechtung von Staat und Religionsgemeinschaften zielenden Auftrag des Abs. 1 gerecht werden; ebenso *zu Hohenlohe* ZevKR 2017, 178 (189). AA *Isensee,* HStKR I, S. 1009 (1036 ff.).

[24] Art. 1 des Entwurfs eines Grundsätzegesetzes zur Ablösung der Staatsleistungen der Bundestagsfraktionen FDP, Die Linke und Bündnis 90/Die Grünen (BT-Dr 19/19273, S. 3) legt bei der Berechnung des Wertes das 18,6-fache der jährlich zu leistenden Zahlungen zugrunde; ebenso *de Wall,* in: Will (Hrsg.), Die Privilegien der Kirchen und das Grundgesetz, 2011, S. 54; weitergehend *Unruh,* in: Heinig/Munsonius (Hrsg.), 100 Begriffe aus dem Staatskirchenrecht, 2. Auflage 2015, S. 258, der von einem Berechnungsfaktor 35 ausgeht.

[25] Vgl. zur Grundsatzgesetzgebungskompetenz auch Art. 109 III. Zu den möglichen Regelungsgegenständen eines Gesetzes des Bundes nach Art. 138 I 2 WRV vgl. *Wolff,* FS Badura, 2004, S. 839 (851 ff.).

gem. Art. 18 RK zudem ein freundschaftliches Einvernehmen mit dem Heiligen Stuhl herbeigeführt werden. Ohne vorheriges Tätigwerden des Bundes sind die Länder (ungeachtet der Nichtübernahme des Art. 173 WRV) an einer Ablösung (nicht aber einvernehmlichen Beseitigung durch Vertrag) gehindert.[26]

5 Entgegen der eindeutigen Verfassungsdirektive des Abs. 1 haben weder das Deutsche Reich noch der Bund ein Grundsatzgesetz erlassen. Sie haben sich damit **nicht verfassungskonform** verhalten. Ein von den Bundestagsfraktionen FDP, Die Linke und Bündnis 90/Die Grünen in der 19. Wahlperiode des Bundestages vorgelegter Gesetzentwurf[27] zur Ablösung der Staatsleistungen ist bisher nicht angenommen worden. Wenn es den Ländern nicht gelingt, einverständlich die Staatsleistungen aufzuheben, haben sie einen Anspruch gegen den Bund auf Erl. eines Grundsatzgesetzes, weil ein solches Gesetz auch und gerade ihren Zwecken (Erfüllung einer Verfassungspflicht) zu dienen bestimmt ist. In Betracht kommt ein **Bund-Länder-Streit** (Art. 93 I Nr. 3).[28] Dagegen dürfte sich ein **subjektives Recht** der Religionsgemeinschaften auf Gesetzgebung nicht begründen lassen.[29] Tatsächlich ziehen die Religionsgemeinschaften bisher eine den status quo absichernde, den Wert durch Gleitklauseln garantierende Dauerrente der einmaligen Ablösung vor, ohne grds. gegen eine Abgeltung zu sein.[30] Der Gesamtbetrag der Staatsleistungen bleibt erheblich hinter denjenigen des Kirchensteueraufkommens zurück.[31] Er macht daher nur wenige Prozent der kirchl. Haushalte aus,[32] wobei es ein starkes Süd-Nord-Gefälle gibt (erheblich höhere Staatsleistungen in den südlichen Ländern).[33] Keine Staatsleistungen gibt es in Bremen und Hamburg. In einigen Ländern werden aus Gleichbehandlungsgründen Religionsgemeinschaften Zuschüsse gewährt. Nähere Regelungen über die Staatsleistungen finden sich in einigen Landesverfassungen[34] sowie in den Staatskirchenverträgen[35] (auch der neuen Länder). Soweit die landesrechtlichen Regelungen Art. 138 I WRV widersprechen, sind sie als ungültig anzusehen.[36] In den neueren Staatskirchenverträgen (auch der neuen Bundesländer) sind die Staatsleistungen regelmäßig pauschaliert zusammengefasst (nicht neu begründet worden).[37] Der Begründung neuer (anderweitiger, nicht retrospektiver) Leistungspflichten (Subventionen) – auch dauerhafter Art[38] – steht Abs. 1 nicht entgegen, da der Staat zur Religionsförderung berechtigt ist (→ Art. 140 Rn. 9).[39] Doch müssen hierbei der allg. Gleichheitssatz (Art. 3 I), die speziellen Gleichheitssätze (insbes. Art. 3 III) sowie ggf. das Europäische Beihilferecht[40] beachtet werden. Der Bestandsschutz des Art. 138 I WRV erstreckt sich nicht auf derartige Leistungen. Mit Art. 4 I, II nicht vereinbar ist es, eine anspruchsberechtigte Religionsgemeinschaft mit der Weiterleitung an andere anspruchsberechtigte Religionsgemeinschaften zu beauftragen.[41]

## C. Schutz der vermögenswerten Rechte (Abs. 2)

6 Abs. 2 schützt – anknüpfend an Vorläuferregelungen[42] – die vermögenswerten Rechte der Religionsgemeinschaften, soweit sie religiösen Zwecken dienen.[43] Die Vorschrift hat die Aufgabe, den durch Art. 4 I, II und Art. 137 WRV zugesagten Schutz der Stellung und der Freiheit der Religionsgemein-

---

[26] AA *Preuß* AK GG, Art. 140 (2001) Rn. 65; *Wolff,* FS Badura, 2004, S. 839 (847 ff.). Wie hier zB *Isensee,* HStKR I, S. 1009 (1039 ff.).

[27] Fn. 24. Vgl. *v. Nieuwland* DVBl 2015, 1099 (1105); aA Beschl. des 68. DJT 2010, S. 13, Beschl. Nr. 17.

[28] Vgl. *Rozek* (Fn. 22), S. 430.

[29] Vgl. auch *Wolff,* FS Badura, 2004, S. 839 (851).

[30] Vgl. zur Haltung der Kirchen die Dokumentation von *Haupt,* Ablösung der Staatsleistung, 2012.

[31] Die Berechnung der Staatsleistungen ist umstritten. Nach Angaben des Statistischen Bundesamtes sollen die Staatsleistungen für die Katholische und Evangelische Kirche im Jahre 2016 510 Mio. und im Jahre 2019 549 Mio. betragen haben (bei ca. 12,4 Mrd. Kirchensteueraufkommen).

[32] Für die Evangelische Kirche wird auf der Basis einer Erhebung 2005 eine Zahl von 2,3% (gegenüber 40,1% Kirchensteuern) angegeben.

[33] Vgl. *Knöppel* ZevKR 2013, 188 (193).

[34] Vgl. die Zusammenstellung bei *Droege* (Fn. 15), S. 546 ff.

[35] Vgl. hierzu *Weber,* FS Heckel, 1999, S. 463 (477 ff.). Aus neuerer Zeit vgl. zB Art. 25 EvKiV BW (GBl 2008 S. 2); Art. 19 des Vertrages zwischen dem Heiligen Stuhl und dem Land SH (GVOBl 2009, 264).

[36] So garantieren Art. 145 BayVerf und Art. 112 SächsVerf die Staatsleistungen auf Dauer, nach Art. 21 NWVerf „können" die Staatsleistungen „nur" durch Vereinbarung abgelöst werden. Diese Best. entsprechen nicht Art. 138 I WRV.

[37] Vgl. auch *Unruh* (Fn. 3), Rn. 523.

[38] Insoweit aA *Weber* ZevKR 1991, 253 (263); *Morlok,* in: Dreier III, Art. 138 WRV Rn. 22. Wie hier *Wolff* ZRP 2003, 12 (13); *Korioth,* in: Maunz/Dürig, Art. 138 WRV (2019) Rn. 6.

[39] Zur Erbringung von Dotationen an jüdische Gemeinden vgl. *Isensee,* HStKR I, S. 1009 (1058), zu den Leistungen an alle Religions- und Weltanschauungsgemeinschaften in Bayern *de Wall* (Fn. 3), S. 57.

[40] Vgl. *Stürz,* Die staatliche Förderung der christlichen karitativen Kirchentätigkeit im Spiegel des Europäischen Beihilferechts, 2008.

[41] BVerfGE 123, 148 (177 ff.).

[42] Vgl. bereits § 63 Reichsdeputationshauptschluss.

[43] In verschiedenen Landesverfassungen finden sich entspr. Regelungen.

schaften in ihren sächlichen Grundlagen zu gewährleisten.[44] Die Normierung ergänzt einerseits das Selbstbestimmungsrecht der Religionsgemeinschaften (Art. 137 III WRV),[45] andererseits die Eigentumsgewährleistung des Art. 14,[46] indem sie das materielle Substrat der religiösen Entfaltung vor staatl. Beschränkung oder staatl. Entzug schützt.[47] Primär geht es dem Verfassunggeber darum, **Säkularisationen** oder säkularisationsähnliche Akte **abzuwehren** (→ Rn. 10).

# I. Schutzbereich

Abs. 2 schützt alle (und nicht nur die ör organisierten) Religionsgemeinschaften, selbst die ausländischen.[48] Schutzobjekte sind das vorhandene **Eigentum** und andere Rechte, nicht das Vermögen als solches.[49] Zum Eigentum gehören alle vermögenswerten Rechte iSd Art. 14 I,[50] zu den **anderen Rechten** alle sonstigen vermögenswerten Rechte (insbes. auch solche, die nur auf staatl. Gewährung beruhen).[51] Nicht entscheidend ist, ob das Recht im privaten oder öffentlichen Recht wurzelt.[52] Ohne Bedeutung ist auch die Art des Nutzungsrechts. Erfasst wird selbst die rechtens eingeräumte Möglichkeit der Nutzung fremden Eigentums.[53] Unter den Schutz des Abs. 2 fallen ferner Besitz- und Nutzungsrechte an Immobilien,[54] Patronatspflichten,[55] **kommunale Baulasten**[56] und Staatsleistungen iSd Abs. 1 (sofern sie nicht abgelöst worden sind). Das BVerwG[57] hat angenommen, dass die vor Gründung der **DDR** in Ostdeutschland vertraglich vereinbarten gemeindlichen Kirchenbaulasten erloschen sind. Mit Auflösung der Kommunen durch Gesetz vom 18.1.1957[58] sei die Kirchenbaulast zwar auf den Gesamtstaat DDR übergegangen, aber weder durch das Gesetz vom 6.7.1990[59] noch durch Art. 21 und 22 des Einigungsvertrages und das hierauf bezogene Vermögenszuordnungsgesetz[60] auf die im Mai 1990 neu gegründeten Gemeinden[61] oder einen anderen Rechtsträger übergeleitet worden. Auch verfassungsrechtlich sei der Bundesgesetzgeber nicht gehindert gewesen, mit dem Zustimmungsgesetz zum Einigungsvertrag das Erlöschen vertraglich vereinbarter Kirchenbauleistungen zu bewirken. In der Literatur sind berechtigte Zweifel an der Rechtmäßigkeit der „de facto größte(n), obendrein entschädigungslose(n) Enteignung kirchlichen Vermögens seit dem Reichsdeputationshauptschluss 1803" geäußert worden, weil dem Einigungsvertrag kaum Aussagen zum Kirchengut zu entnehmen seien und die Ablehnung einer Rechtsfolge zugunsten ör Schuldner einer gesonderten gesetzlichen Regelung bedurft hätte.[62]

Die vermögenswerten Rechte müssen sich auf die für Kultus-, Unterrichts- und Wohltätigkeitszwecke bestimmten Anstalten, Stiftungen und sonstigen Vermögen beziehen. Der Aufzählung kommt nur beispielhafte Bedeutung zu (zumal die einzelnen Beispiele sinnwidrig mit einem „und" statt einem „oder" verbunden sind). Entscheidend ist, dass die vermögenswerten Rechte im Dienste einer **religiösen Zwecksetzung** stehen.[63] Das trifft insbes. auf Sachen zu, die unmittelbar religiösen Zwecken dienen (wie die res sacrae[64] der korporierten Kirchen, zB Kirchengebäude und Friedhofsgrund-

---

[44] BVerfGE 99, 100; *Pirson*, FS Listl, 1999, S. 611 (616 ff.); vgl. auch BW StGH NVwZ 2015, 896 (897).

[45] BVerwGE 87, 115 (121).

[46] Wie sich aus dem Folgenden ergibt, unterscheiden sich die Art. 138 II WRV und Art. 14 in mehrfacher Hinsicht. Überholt ist die in der Weimarer Zeit vertretene Ansicht, Art. 138 II WRV schütze die Religionsgesellschaften und Vereine (lediglich) vor entschädigungsloser Wegnahme ihres Gutes. Ein solcher Schutz wäre heute funktionslos, da er bereits durch Art. 14 III gewährleistet wird.

[47] Eine Verpflichtung des Staates zum Einschreiten gegenüber rechtswidrigen Eingriffen Privater besteht nur, wenn die Voraussetzungen einer grundrechtlichen Schutzpflicht vorliegen. Weitergehend *Kästner*, HStKR I, S. 891 (895).

[48] *Muckel*, in: Friauf/Höfling (Hrsg.), Art. 140/Art. 138 WRV (2011) Rn. 36; aA *Unruh* (Fn. 3), Rn. 495. Zum Verhältnis von Art. 4 I, II zu Art. 19 III vgl. Art. 140 Rn. 2.

[49] AA offenbar *Kästner*, HStKR I, S. 891 (898).

[50] Dass beim Inkrafttreten der WRV ein engerer Eigentumsbegriff gegolten hat, ist unerheblich. Vgl. aber BVerfGE 18, 392 (398).

[51] Vgl. auch BVerwGE 87, 115 (122); VerfGH NRW NVwZ 1982, 431 (432). AA hinsichtlich der ör Ansprüche *Korioth*, in: Maunz/Dürig, Art. 138 WRV (2019) Rn. 6.

[52] BVerfGE 99, 100 (120).

[53] BVerwGE 87, 115 (122).

[54] BVerfGE 99, 100 (120).

[55] Vgl. *Lindner* (Fn. 6), S. 95 f.; zu Patronaten der öffentlichen Hand *Renck* DÖV 2003, 526 ff.

[56] BVerwG BeckRS 2014, 54562 Rn. 27; VerfGH NW NVwZ 1982, 431 (432). Zur Herleitung und Geltung vgl. auch BayVGH BayVBl 1996, 564 ff., zur Vereinbarkeit mit dem Gleichheitssatz BVerwG NVwZ-RR 2009, 590 (591).

[57] BVerwGE 132, 358.

[58] GBl I S. 65.

[59] GBl I S. 660.

[60] Gesetz vom 3.8.1992 (BGBl I, S. 1464) idF der Bekanntmachung vom 29.3.1994 (BGBl I, S. 709).

[61] Vgl. G über die Selbstverwaltung der Gemeinden und Landkreise in der DDR v. 17.5.1990 (GBl I S. 255).

[62] Vgl. *Traulsen* NVwZ 2009, 1019 ff.; *Droege* ZevKR 2009 488 ff.; *ders.* ZevKR 2010, 339 ff.; *Germann*, in: Epping/Hillgruber, Art. 140 Rn. 126.3; *Muckel*, in: Friauf/Höfling, Art. 140/Art. 138 WRV (2011) Rn. 28; *Schulten* (Fn. 15), S. 330, 344 f. Vgl. auch *Lindner* (Fn. 6), S. 274 ff.

[63] BVerfGE 99, 100 (120); *Pirson* FS Listl, 1999, S. 611 (615 ff.).

[64] Vgl. → Art. 137 WRV Rn. 24. S. ferner *Axer*, FS Listl, 2004, S. 553 ff.

stücke[65] und Kultgegenstände wie zB Kelch, Altar und Kirchenglocken, oder die kirchl. Krankenhäuser und kirchl. Schulen[66]) – unabhängig davon, ob sie einem ör oder pr Nutzungsregime unterstellt worden sind (→ Art. 137 WRV Rn. 24). Entspr. gilt für Rechtspositionen im Hinblick auf Geld und Naturalleistungen, sofern die Leistungen unmittelbar der Erfüllung des religiösen Auftrags zugutekommen sollen.[67] Der Schutz ist umso stärker, je größer der Religionsbezug ist. Nicht ausreichend ist eine bloß mittelbare Förderung religiöser Zielsetzungen, weil zum einen solche vermögenswerten Rechte nicht für Kultus- oder ähnliche Zwecke „bestimmt" sind, zum anderen ansonsten alle vermögenswerten Rechte der Religionsgemeinschaft erfasst würden und die tatbestandlichen Einschränkungen keinen Sinn mehr ergäben. Nach der hier vertretenen Auffassung richtet sich deshalb der Schutz der religionsgemeinschaftlichen Sachen im Verwaltungsvermögen (zB Verwaltungsgebäude und Fahrzeuge) und erst recht der Sachen im Finanzvermögen (zB Klosterbrauereien, Ackerland, usw.) nur nach Art. 14.[68] Die gegenteilige Auffassung bejaht einen, wenn auch abgeschwächten Schutz.[69] **Schutzsubjekte** des Abs. 2 sind unabhängig von der Organisationsform[70] alle Religionsgemeinschaften und religiösen Vereine, dh sämtliche Untergliederungen der Religionsgemeinschaften[71] und alle Vereine, die auch nur einzelne bekenntnisbedingte Ziele verfolgen (selbst wenn die Mitglieder nicht demselben Glaubensbekenntnis anhängen).[72] Für die Weltanschauungsgemeinschaften gilt Entspr. (Art. 137 VII WRV).

## II. Schranken

9    Der Umstand, dass ein Gegenstand gem. Art. 138 II WRV einem besonderen Schutz unterliegt, bedeutet nicht, dass er jeglichem staatl. Zugriff entzogen ist.[73] Da Abs. 2 keine vermögenswerten Rechte begründet, sondern voraussetzt (→ Rn. 7), bewahrt die Vorschrift die Religionsgemeinschaften nicht davor, dass sich die vermögenswerten Rechte aus Gründen, die ihnen von Anfang an innewohnen, **inhaltlich verändern** oder dass sie (etwa durch Eintritt einer auflösenden Bedingung) wegfallen. Dementspr. hat der staatl. Vermieter einer zur res sacra gewidmeten öffentlichen Sache nach Ablauf der Mietzeit einen Anspruch auf Entwidmung und Herausgabe der Sache, ohne dass sich die Religionsgemeinschaften gegenüber diesem Verlangen auf Abs. 2 berufen können. Auch ist es denkbar, dass Baulasten der Kommunen wegen **„Wegfalls der Geschäftsgrundlage"** (wesentliche Änderungen der Verhältnisse) erlöschen[74] oder wegen wesentlicher Änderungen der Verhältnisse angepasst werden müssen.[75] Dies richtet sich bei verwaltungsvertraglich begründeten oder konkretisierten Lasten ör Art nach § 60 I VwVfG, der auch auf Verträge anwendbar ist, die vor Inkrafttreten des VwVfG abgeschlossen wurden.[76] Im Falle einer Änderung der Verhältnisse kommt es darauf an, ob ein Festhalten an dem Vertrag zumutbar ist. War die konfessionelle Zusammensetzung der Einwohnerschaft für den Vertragsinhalt maßgeblich und hat sich diese geändert, kommt es auf die Umstände des Einzelfalls an. Als unwesentlich hat es das BVerwG angesehen, wenn sich der Anteil der Einwohner, die einer anderen Konfession angehören, an der Gesamteinwohnerschaft von früher 10% auf 25% gesteigert hat.[77] Wird ein Kirchturm von der Gemeinde nicht mehr benötigt, prägt er aber das Ortsbild und wird mit ihm geworben, ist eine Herabsetzung der gemeindlichen Instandhaltungskosten für rechtmäßig erachtet worden.[78] Primäre Rechtsfolge des § 60 I VwVfG ist die Anpassung des Vertragsinhalts. Eine Kündigung kommt nur in Betracht, wenn eine Anpassung unmöglich oder unzumutbar ist. Weigert sich eine Religionsgemeinschaft trotz Änderung der Verhältnisse, einer Anpassung zuzustimmen, kann der Anspruch auf Anpassung auch als rechtsvernichtende Einrede einer Leistungsklage entgegengesetzt werden.[79] Unterliegt das Recht einer ursprünglichen Beschränkung, weil es an

---

[65] OVG Saarl NVwZ 2003, 1004 (1008).

[66] *Korioth,* in: Maunz/Dürig, Art. 138 WRV (2019) Rn. 20.

[67] Das BVerwG spricht von den für Kultuszwecke bestimmten „Vermögen" (in Abgrenzung zu Kultusgegenständen selbst) – NVwZ-RR 2009, 590 (591).

[68] Vgl. auch BVerfGE 18, 392 (398); *Magen,* in: Umbach/Clemens II, Art. 140 Rn. 132; *Korioth,* in: Maunz/Dürig, Art. 138 WRV (2019) Rn. 20.

[69] Vgl. aA *Mainusch,* Die öffentlichen Sachen der Religions- und Weltanschauungsgemeinschaften, 1995, S. 182; *Unruh* MKS III, Art. 138 WRV Rn. 26 ff.; *Morlok,* in: Dreier III, Art. 138 WRV Rn. 31 ff.

[70] BVerfGE 99, 100 (120).

[71] BVerfGE 46, 73 (85 ff.); BVerwGE 87, 115 (122 ff.).

[72] *Wehdeking,* Die Kirchengutsgarantie und die Bestimmungen über Leistungen der öffentlichen Hand an die Religionsgesellschaften im Verfassungsrecht des Bundes und der Länder, 1971, S. 21.

[73] OVG Saarl. NVwZ 2003, 1004 (1008).

[74] Vgl. BVerwGE 28, 179 (182); 38, 76 (81 ff.); *Renck* BayVBl 1996, 554 ff. Allg. zum derogierenden Gewohnheitsrecht und zum Außerkrafttreten von Rechtsnormen wegen Funktionslosigkeit BVerwGE 26, 282 (284 ff.); 54, 5 (7 ff.). Krit. zum Geltungsverlust von Rechtsnormen, die Anspruchsgrundlage für kommunale Kirchenbaulasten sind, *Frisch* ZevKR 1999, 244 ff.

[75] *Böttcher,* HStKR II, S. 19 (40 ff.); *Lindner* (Fn. 6), S. 229 ff.

[76] BVerwG NVwZ-RR 2009, 590 (591 f.); BeckRS 2014, 54562 Rn. 17 ff.

[77] BVerwG Buchholz 11 Art. 140 GG Nr. 18.

[78] BVerwG BeckRS 2014, 54562 Rn. 27; VGH BW KommJur 2014, 99.

[79] BVerwG NVwZ 2002, 486.

bestimmte Voraussetzungen gebunden ist, und bedarf die mit Wegfall der Voraussetzungen akut gewordene Beschränkung einer formalen Umsetzung durch einen Willensakt, soll auch ein Widerruf nicht in den Schutzbereich des Abs. 2 eingreifen.[80] Dieser Auffassung ist nicht zu folgen. Fällt eine Position nicht automatisch weg, sondern bedarf es eines Widerrufs, führt erst dieser rechtsgestaltend die Rechtsvernichtung herbei.[81] Die Rechtmäßigkeit bedarf der Prüfung am Maßstab des Art. 138 II WRV. Keineswegs darf bei alten Rechten unterstellt werden, dass sie nur auf Zeit gewährt werden sollen. Grds. dürfen daher auch solche Rechte nur durch die einverständliche Aufhebung oder Ablösung gegen angemessene Entschädigung beseitigt werden.[82]

Im Übrigen sind die Religionsgemeinschaften an das für alle geltende Gesetz gebunden, da Abs. 2 **10** den Schutz des Selbstbestimmungsrechts ergänzen will und deshalb die **Schranken des Art. 137 III WRV** auch für diese Vorschrift gelten.[83] Somit müssen die Normen etwa des Polizei-, Ordnungs-, Denkmalschutz-, Immissionsschutz-, Planungs-, Enteignungs- und Verwaltungsverfahrensrechts (hinsichtlich des Widerrufs von Subventionen) unter Berücksichtigung der Wechselwirkung von Religionsschutz und Schrankenzweck beachtet werden (Beispiele: Schließung einer Kirche wegen Einsturzgefahr; Verbot der Benutzung eines Friedhofs aus seuchenpolizeilichen Gründen; Enteignung oder Entwidmung einer Kirche wegen Anlage einer Talsperre[84]). Grds. verboten ist ein gegen Religionsgemeinschaften gerichtetes Sonderrecht, also Eingriffe, die gerade das „Kirchengut" als solches treffen sollen. Insofern steht Abs. 2 Säkularisierungen oder säkularisationsähnlichen Akten entgegen.[85] Problematisch ist der Entzug von Rechtspositionen mit dem Ziel der Vergabe an andere Religionsgemeinschaften. Ist ein von Art. 138 II WRV geschütztes Recht auf eine bestimmte verfasste Kirche bezogen, so richtet sich die Zugehörigkeit einzelner Gemeinden zu dieser Kirche zunächst nach dem Selbstverständnis der Kirche.[86]

## Art. 139 WRV [Sonn- und Feiertagsruhe]

**Der Sonntag und die staatlich anerkannten Feiertage bleiben als Tage der Arbeitsruhe und der seelischen Erhebung gesetzlich geschützt.**

**Leitentscheidungen:** BVerfGE 87, 363 (Sonntagsbackverbot); BVerfGE 111, 10 (Ladenschluss); BVerfGE 125, 39 (Adventssonntage); BVerfGE 143, 161 (Karfreitag); BVerfG (K) NJW 1995, 3378 (Buß- und Bettag); BVerwGE 79, 118 (Gebrauchtwagenmärkte); BVerwGE 90, 337 (Bräunungsstudio); BVerwGE 153, 183 (Normenkontrolle von Gewerkschaften); BayVerfGH NVwZ-RR 2012, 537 (Autowaschanlagen).

**Schrifttum:** *Couzinet/Weiss,* Das Verhältnis von Art. 4 GG zu Art. 140 GG iVm Art. 139 WRV, ZevKR 54 (2009), 23; *J. Dietlein,* Das Feiertagsrecht in Zeiten des religiösen Wandels, in: FS Rüfner, 2003, S. 131; *ders.,* Ein „Grundrecht auf Sonntagsruhe"?, in: FS Morlok, 2019, S. 125; *P. Häberle,* Der Sonntag als Verfassungsprinzip, 2. Aufl. 2006; *J. Heinemann,* Grundgesetzliche Vorgaben bei der staatlichen Anerkennung von Feiertagen, 2004; *K.-H. Kästner,* Der Sonntag und die kirchlichen Feiertage, HStKR II, 2. Aufl. 1995, S. 337; *M. Morlok/H. M. Heinig,* Sonn- und Feiertagsschutz als subjektives Recht, NVwZ 2001, 846; *W. Mosbacher,* Sonntagsschutz und Ladenschluss, 2007; *ders.,* Das neue Sonntagsgrundrecht – am Beispiel des Ladenschlusses, NVwZ 2010, 537; *W. Rüfner,* Die institutionelle Garantie der Sonn- und Feiertage, in: FS Heckel, 1999, S. 447; *F. Stollmann,* Der Sonn- und Feiertagsschutz nach dem Grundgesetz, 2004; *ders.* VerwArch 96 (2005), 348; *P. Unruh,* Die Kirchen und der Sonntagsschutz, ZevKR 2007, 1; *H. de Wall,* Zum subjektiven Recht der Kirchen auf den Sonntagsschutz, NVwZ 2000, 857; *K. Westphal,* Die Garantie der Sonn- und Feiertage als Grundlage subjektiver Rechte?, 2003; *H. Wißmann/D. Heuer,* „Hirten der Verfassung"? – Das BVerfG, die Kirchen und der Sonntagsschutz, JURA 2011, 214.

### Übersicht

## A. Allgemeines

Der durch Art. 139 WRV garantierte und durch gesetzliche Bestimmungen ausgeformte Sonn- **1** und Feiertagsschutz dient sozialen und religiösen Gründen. Er stellt einerseits eine Konkretisierung

---

[80] BVerfGE 99, 100 (124).

[81] IE ebenso BVerwGE 87, 115 (124).

[82] Vgl. auch VGH BW NVwZ 1996, 1230 ff.

[83] BVerwGE 87, 115 (125); *Magen,* in: Umbach/Clemens II, Art. 140 Rn. 135; *Korioth,* in: Maunz/Dürig, Art. 138 WRV (2019) Rn. 22.

[84] Näher dazu *Kremer,* Enteignung von Kirchengebäuden, 2010.

[85] Vgl. BVerwGE 87, 115 (121); *Huber,* Die Garantie der kirchlichen Vermögensrechte in der Weimarer Verfassung, 1927, S. 22 ff.; *Heckel,* FS Smend, 1952, S. 129 ff.

[86] BVerfGE 99, 100 (125). Dazu *Niebler,* FS Listl, 1999, S. 665 (671 ff.); *Filmer/Görisch* ZevKR 2000, 453 ff.

des **Sozialstaatsprinzips,** andererseits eine Ausprägung des grundrechtlich gewährten **Religionsschutz**es sowie weiterer Grundrechte mit Bezug zur Menschenwürde dar, weil er sowohl der Arbeitsruhe als auch der seelischen Erhebung dienen soll.[1] Gefördert werden soll sowohl die Verfolgung profaner Ziele, wie die der persönlichen Ruhe, Besinnung, Erholung und Zerstreuung[2] oder des Familien- und Vereinslebens,[3] als auch die Möglichkeit der Religionsausübung. Die Bürger sollen sich an Sonn- und Feiertagen von der beruflichen Tätigkeit erholen und das tun können, was sie individuell für die Verwirklichung ihrer persönlichen Ziele und als Ausgleich für den Alltag als wichtig ansehen.[4] Da gleichzeitig die Möglichkeit der beruflichen und anderweitig grundrechtlich geschützten Entfaltung eingeschränkt wird (→ Rn. 3), hat Art. 139 WRV sowohl grundrechtsfördernde als auch -beschränkende Wirkungen.[5] Ergänzt wird Art. 139 WRV insbes. durch die sich aus Art. 2 II 1, 4 I, II, 6 I ergebenden grundrechtlichen Schutzpflichten. Diese schützen personale Teilaspekte, Art. 139 WRV schützt kalendarisch.[6] Art. 139 WRV hat keinen subjektiv-rechtlichen Charakter, sondern enthält eine bloß **objektiv-rechtliche institutionelle Garantie.**[7] Insbes. das Nebeneinander von sozialpolitischen und religiösen Motiven lässt eine Zuordnung zu individuellen Trägern, welche die Einhaltung des Schutzes beantragen könnten, nicht zu. Auch das BVerfG[8] geht von einer bloß objektiv-rechtlichen Gewährleistung (im Gegensatz zu einem Grundrecht oder grundrechtsgleichen Recht) aus.[9] Doch soll diese iSe Konkretisierung und Stärkung auf Art. 4 I, II „überwirken", weil die Garantien der Weimarer Kirchenartikel auf die Inanspruchnahme, Verwirklichung und Entfaltung des Grundrechts der Religionsfreiheit ausgelegt seien.[10] Demgemäß ist eine auf Verkennung des Art. 139 WRV iVm Art. 4 I, II und Art. 140 gestützte **Verfassungsbeschwerde** von (korporierten) Religionsgemeinschaften als zulässig (und im konkreten Fall auch als teilw. begründet) angesehen worden.[11] Regelungen, die den Sonn- und Feiertagsschutz missachten, sollen zwar keine gezielten Grundrechtseingriffe oder funktionale Äquivalente eines Eingriffs darstellen, aber die grundrechtliche Schutzpflicht verletzen. Diese Auffassung stößt auf Bedenken. Vieles spricht dafür, dass mit subjektiven Rechten korrespondierende Schutzpflichten, die sich nicht bereits aus den Grundrechten ergeben, nur dann aus den Weimarer Kirchenartikeln (iVm den Grundrechten) hergeleitet werden können, wenn die Weimarer Bestimmungen selbst Berechtigungen enthalten.[12] Das trifft zwar zB auf Art. 137 II, III, IV und V WRV, nicht aber auf Art. 139 WRV zu. Allerdings wäre dann die Durchsetzung des Sonn- und Feiertagsschutzes nicht subjektiv-rechtlich gewährleistet, sondern der gesetzgeberischen Ausgestaltung überantwortet.[13] Bejaht man einen subjektiv-rechtlichen Schutz der Religionsgemeinschaften, kann ein solcher denjenigen, die sich auf die individuelle Religionsfreiheit oder den Schutz anderer (das soziale Leben absichernder) Grundrechte berufen, nicht verweigert werden. Dementsprechend ist die Antragsbefugnis von Gewerkschaften gegen Verordnungen zu Ladenöffnungen an Sonn- und Feiertagen bejaht worden.[14] Dies kommt der Zulassung einer Verbands- bzw. Popularklage oder -beschwerde nahe.[15] Doch soll nach Ansicht des BVerwG der Schutzauftrag des Art. 139 WRV auf die Stärkung derjenigen Grundrechte angelegt sein, die „in besonderem Maße" auf Tage der Arbeitsruhe und seelischen Erhebung angewiesen

---

[1] BVerfGE 125, 39 (82); BVerfGE 143, 161 Rn. 60; vgl. auch *Häberle,* Der Sonntag als Verfassungsprinzip, 2. Aufl. 2006, S. 65 ff., der die Gewährleistung in Zusammenhang mit der Garantie der Menschenwürde bringt.

[2] BVerfGE 125, 39 (85).

[3] Vgl. BVerfGE 125, 39 (83, 86).

[4] BVerfGE 111, 10 (51).

[5] *Korioth,* in: Maunz/Dürig, Art. 139 WRV (2019) Rn. 4.

[6] Vgl. auch (zT) *Kingreen/Pieroth* NVwZ 2006, 1221 ff.

[7] Str., vgl. BVerfGE 111, 10 (50); BVerfGE 143, 161 Rn. 60; *Häberle* (Fn. 1), S. 49; *Dietlein,* FS Rüfner, S. 131 (136, 144 ff.); *ders.,* FS Morlok, 2019, S. 125 (134 ff.); *de Wall* NVwZ 2000, 857 (859 ff.); *Westphal,* Die Garantie der Sonn- und Feiertage als Grundlage subjektiver Rechte?, 2003, S. 153; *Stollmann* VerwArch 96 (2005), 348 (368); *v. Campenhausen/de Wall,* Staatskirchenrecht, 4. Aufl. 2006, S. 328 f. Vgl. auch *Korioth,* in: Maunz/Dürig, Art. 139 WRV (2019) Rn. 20.

[8] Zust. *Egidy* VR 2010, 140 f.; *Mosbacher* NVwZ 2010, 537 ff., *Rozek* ArbuR 2010, 148 ff. Krit. *Classen* JZ 2010, 144 ff.; *Wißmann/Heuer* JURA 2011, 214 (219 ff.); *v. Lucius* KritV 2010, 190 (206 ff.); *Mager,* in: v. Münch/Kunig II, Art. 140 Rn. 88; *Germann,* in: Epping/Hillgruber, Art. 140 Rn. 146.

[9] BVerfGE 125, 39 (73 f., 84).

[10] BVerfGE 125, 39 (73 f., 80 f.). Die Entscheidung ist insoweit mit 5:3 Stimmen ergangen.

[11] Für ein verfassungsmäßiges subjektives Recht auf Sonntagsschutz ferner *Morlok/Heinig,* NVwZ 2001, 846 ff.; *Morlok,* in: Dreier III, Art. 139 Rn. 18 f.; *Heinig,* Öffentlich-rechtliche Religionsgesellschaften, 2003, S. 221; *Heinemann,* Grundgesetzliche Vorgaben der staatlichen Anerkennung von Feiertagen, 2004, S. 191; *Muckel,* in: Friauf/Höfling, Art. 140/Art. 139 WRV (2011) Rn. 4; *Mosbacher,* Sonntagsschutz und Ladenschluss, 2007, S. 322 f.; *Unruh,* Religionsverfassungsrecht, 4. Aufl. 2018, Rn. 552; *Couzinet/Weiss* ZevKR 2009, 34 ff.

[12] Zum grundrechtsähnl. Charakter dieser Berechtigungen nach der hier vertretenen Auffassung vgl. Art. 140 GG Rn. 3.

[13] So auch *Dietlein* (Fn. 7), S. 125 ff.

[14] BVerwGE 150, 327 ff.; 153, 183 Rn. 16 f.; 159, 27 Rn. 10 ff.

[15] Insoweit konsequent hat das BVerfG (E 125, 39 [84]) darauf hingewiesen, dass sich auch andere Grundrechtsträger im Rahmen ihrer Grundrechtsverbürgungen auf den Sonntagsschutz und den Schutz der staatlich anerkannten Feiertage berufen können.

sind.[16] Soweit landesverfassungsrechtliche Bestimmungen auf Art. 139 WRV verweisen (→ Rn. 4), bestimmt sich der lediglich objektiv- oder auch subjektiv-rechtliche Charakter nach dem GG.[17] Ob staatskirchenvertragliche Garantien des Sonn- und Feiertagsschutzes als solche drittschützenden Charakter haben,[18] ist deshalb zweifelhaft, weil Verträge zulasten Dritter (zB der Inhaber von Verkaufsstellen) grds. nicht zulässig sind. Doch kann das Zustimmungsgesetz zum Staatskirchenvertrag drittschützend zu interpretieren sein.[19] Der Gesetzgeber hat zu regeln, welche Feiertage es geben soll. Ferner muss er den Sonn- und Feiertagsschutz gesetzlich ausgestalten (zB durch die Statuierung von Arbeitsverboten). Hierbei ist sowohl das **Untermaßverbot**[20] als auch das **Übermaßverbot** zu beachten.[21]

Einerseits darf von der Institution nicht nur der Name übrig bleiben. Vielmehr muss es eine **2** angemessene Anzahl von Feiertagen und einen angemessenen Schutz der Sonn- und Feiertage geben.[22] Letzteres bedeutet, dass das öffentliche Leben an diesen Tagen soweit wie möglich seiner werktäglichen Elemente entkleidet werden soll.[23] Das BVerfG spricht von einem **Regel-Ausnahme-Verhältnis**.[24] Grds. hat die typische „werktägliche Geschäftätigkeit" an Sonn- und Feiertagen zu ruhen. In jedem Falle muss ein hinreichendes Niveau des Sonn- und Feiertagsschutzes gewahrt werden.[25] Allerdings wird nur der **Kern** sonn- und feiertäglicher Besonderheiten verfassungsrechtlich garantiert. Ein Schutz nach Maßgabe des „englischen Sonntags" (klassischer Prägung) oder des jüdischen Sabbats wird nicht angestrebt.[26] Zudem bleibt der häusliche Bereich (der in den Zeiten einer Digitalisierung immer häufiger zur werktäglichen Geschäftätigkeit genutzt wird) ausgeklammert.

Andererseits greift der Sonn- und Feiertagsschutz in die grundrechtlichen Betätigungsfreiheiten **3** (insbes. die Freiheit der Berufsausübung und die allgemeine Handlungsfreiheit, uU auch die Weltanschauungs-,[27] Kunst-, Versammlungs- oder weitere Freiheiten) ein (→ Rn. 1). Zwar vermag Art. 139 WRV nach Maßgabe des Gesetzes[28] **Grundrechtsbeschränkungen** zu rechtfertigen. Die Beschränkungen müssen aber gemessen an ihren Zielsetzungen geeignet, erforderlich und verhältnismäßig sein.[29] Dem Gesetzgeber ist bei der Beschränkung der grundrechtlichen Freiheiten somit ein Ausgleich zwischen Art. 139 WRV und den grundrechtlichen Betätigungsfreiheiten aufgegeben.[30] Ein grds. Verbot der Ladenöffnung an Sonn- und Feiertagen (§ 3 I 1 Nr. 1 LadSchlG) ist mit dem GG vereinbar. Das BVerfG nimmt sogar an, dass es „nicht rechtfertigungsbedürftig" ist.[31] Dem Gesetzgeber kommt ein Gestaltungsspielraum zu. Eine generelle Freigabe von acht Ladenöffnungen im Jahr hat die Rspr. unter best. Umständen aber für zulässig gehalten.[32] Bloß kommerzielle Interessen reichen für ein (weitergehende) Zurückstellung des Sonn- und Feiertagsschutzes grds. nicht aus (→ Rn. 9).[33] Der Schutz von Sonn- und Feiertagen kann auch Vorrang gegenüber der Versammlungsfreiheit haben. So sind öffentliche Versammlungen unter freiem Himmel an Sonn- und Feiertagen während der Hauptzeit des Gottesdienstes idR verboten.[34] Dagegen sind Versammlungen am Ostersonntag auch dann zulässig, wenn sie nicht in der Tradition der Ostermarschbewegung stehen.[35]

Die **EU** hat nicht die Kompetenz, allg. Regelungen über den Sonntagsschutz zu erlassen.[36] Das **4** schließt partielle Gewährleistungen (zB zum Zwecke des Jugendarbeitsschutzes oder bestimmter

---

[16] BVerwGE 153, 183 Rn. 16. Unklar bleibt, welche Anforderungen an das besondere Maß gestellt werden sollen.

[17] Für lediglich objektives Recht *de Wall* ZevKR 2000, 626 (630).

[18] So wohl OVG MV GewArch 2000, 109 (110 ff.); *de Wall* NVwZ 2000, 857 (860 ff.); *Heinig/Morlok* KuR 2001, 25 ff.

[19] Vgl. *Ehlers* ZevKR 2001, 286 (301 ff.).

[20] Zu dieser Rechtsfigur BVerfGE 88, 203 (254).

[21] Der Sache nach ebenso BVerfGE 111, 10 (50 ff.).

[22] BVerfG (K) NJW 1995, 3378 (3379); E 125, 39 (85). Nach OVG Bln-Bbg hat der Gesetzgeber einen weiten Einschätzungs-, Wertungs- und Gestaltungsspielraum (NVwZ 2018, 756).

[23] BVerwGE 90, 337 ff.

[24] BVerfGE 87, 363 (393); 111, 10 (53); 125, 39 (85); BVerwGE 159, 27 Rn. 16. Krit. *Dietlein* (Fn. 7), S. 125 (129) mit dem Hinweis, dass das BVerfG damit von einem Untermaßverbot zum Optimierungsgebot wechselt.

[25] BVerfGE 111, 10 (50); 125, 39 (85).

[26] *Rüfner*, FS Heckel, 1999, S. 447 (454).

[27] BVerfGE 143, 161 Rn. 56.

[28] Für eine verfassungsunmittelbare Begrenzung der einschlägigen Grundrechte die wohl hM, vgl. aber auch BVerfGE 143, 161 Rn. 58; BVerwGE 79, 236 (243); *Rüfner*, FS Heckel, 1999, S. 447 (454) mwN.

[29] BVerfGE 143, 161 Rn. 81; BVerwGE 79, 118 (123); 90, 337 (341 ff.).

[30] BVerfGE 111, 10 (50); 125, 39 (85).

[31] BVerfGE 111, 10 (52).

[32] BVerfGE 125 39 (103); OVG Bln-Bbg NVwZ 2018, 756 f. Vgl. auch § 6 LÖG NW.

[33] BVerfGE 125, 39 (87 f., 90 f.); BVerwGE 153, 183 Rn. 22; NVwZ 2019, 964 Rn. 19. Zum Argument der Wettbewerbsfähigkeit gegenüber dem Online-Handel *Kühn* KuR 2019, 1 (48 f.).

[34] Näher dazu *Beltle*, Die Vereinbarkeit feiertagsrechtlicher Versammlungsverbote mit dem Grundgesetz, 2009.

[35] BVerfG (K) NJW 2001, 2075 f. Zur Zulässigkeit einer Versammlung am Karsamstag vgl. BVerfG (K) BeckRS 2001, 30174818; zur Zulässigkeit am Heiligabend BVerfG (K) NVwZ 2007, 574. Näher zum Ganzen (auch mit auf Art. 74 I Nr. 3 GG aF gestützten kompetenzrechtlichen Bedenken) *Arndt/Droege* NVwZ 2003, 906 ff.

[36] Vgl. NZA 1997, 23 Rn. 37.

Aspekte der Arbeitszeitgestaltung) nicht aus.[37] Der EuGH hat die mit dem Sonn- und Feiertagsrecht der Mitgliedstaaten verbundenen Verkaufsbeschränkungen als unionsrechtskonform angesehen.[38] Ein staatlich veranlasstes Karfreitagsentgelt nur für best. Religionsgemeinschaften verstößt gegen das unionsrechtliche Diskriminierungsverbot.[39] Das **Völkerrecht** verpflichtet nur dazu, bezahlte öffentliche Feiertage vorzusehen.[40] Die **Landesverfassungen** enthalten vielfach Bestimmungen, die auf Art. 139 WRV verweisen oder darüber hinaus gehen.[41] Soweit die Vorschriften hinter Art. 139 WRV zurückbleiben, wie in Berlin (Art. 35), Brandenburg (Art. 14) und Bremen (Art. 55 I, III), sind sie entweder verfassungskonform zu interpretieren oder (näherliegend) als teilnichtig anzusehen bzw. durch Art. 139 WRV zu ergänzen.

## B. Sonntage und staatlich anerkannte Feiertage

5   Gesetzlich geschützt bleiben der Sonntag und die staatlich anerkannten Feiertage. Unter **Sonntagen** sind die durch den Gregorianischen Kalender[42] vorgegebenen Tage zu verstehen. Dadurch wird ein 7-Tage-Rhythmus festgeschrieben.[43] Die staatlich anerkannten weltlichen oder religiösen **Feiertage,** die auf einen Sonntag oder Werktag fallen können, sind gesetzlich festgelegt. Sie sind von den (zusätzlich) stillen Tagen, den geschützten Tagen und den nur religiösen Tagen zu unterscheiden. An **stillen Feiertagen** (wie dem Volkstrauertag, Totensonntag und Karfreitag),[44] gelten im Vergleich zu den sonstigen Feiertagen zusätzliche Verbote zum Zwecke eines besonders strengen Ruhe- und Stilleschutzes. So sind öffentliche Unterhaltungsveranstaltungen nur erlaubt, wenn der ernste Charakter des Tages gewahrt wird. In Ausnahmefällen kann anderes geboten sein. So hat das BVerfG es für zulässig angesehen, wenn eine Weltanschauungsgemeinschaft an einem Karfreitag in einem geschlossenen Raum mit einer überschaubaren Teilnehmerzahl eine „Heidenspaß-Party" veranstaltet.[45] An **geschützten Tagen** (wie dem 24.12. oder dem Gründonnerstag) dürfen ebenfalls bestimmte Aktivitäten (zB Tanz, unterhaltende Darbietungen oder öffentliche Versammlungen – zumeist ab einer gewissen Uhrzeit) nicht durchgeführt werden.[46] Die **nur religiösen Feiertage**[47] stehen insofern unter staatlichem Schutz, als den Arbeitnehmern und ggf. auch den Schülern der betreffenden Konfession das Recht zum Besuch des Gottesdienstes eingeräumt wird, sofern nicht unaufschiebbare oder im Allgemeininteresse vordringliche Aufgaben zu erledigen sind.[48] Außerdem sind bestimmte Veranstaltungen während der Zeit des Gottesdienstes verboten.[49]

6   Die Anerkennung der Feiertage obliegt grds. den **Ländern** und ist in unterschiedlicher Weise in deren Feiertagsgesetzen geregelt worden.[50] ZB wurde in Berlin der (Internationale) Frauentag und in Thüringen der Weltkindertag als allgemeiner Feiertag eingerichtet.[51] Hinsichtlich der Anerkennung weltlicher Feiertage kann sich eine Zuständigkeit des **Bundes** insbes. aus Art. 74 Nr. 12 (1. Mai als Tag der Arbeit)[52] und aus der Natur der Sache (3. Oktober als Tag der Deutschen Einheit)[53] ergeben.[54] Die Gesetzgeber sind nicht verpflichtet, es bei den bisherigen Feiertagen zu belassen. Sie können

---

[37] RL 94/33/EG; 2003/88/EG (ohne ausdrückliche Bezugnahme auf den Sonn- und Feiertagsschutz).

[38] EuGH NJW 1991, 626 – Verkaufsverbot an Sonntagen (Torfaen Borough Council). Seit der „Keck-Rspr." betrachtet der EuGH die Festlegung von Ladenschlusszeiten nicht mehr als Maßnahme gleicher Wirkung iSv Art. 30 EWGV, heute Art. 34 AEUV (EuGH NJW 1994, 2141 – Preturua circondriale Rom).

[39] EuGH NJW 2019, 1060 – Cresco Investigation.

[40] Art. 2 Nr. 2 Europäische Sozialcharta; vgl. auch Art. 7 lit. d IPWirtR.

[41] Vgl. die Übersicht bei *Korioth*, in: Maunz/Dürig, Art. 139 WRV (2019) Rn. 16.

[42] Rechtsgrundlage bilden die „Inter gravissimam" vom 24.2.1582 sowie die Beschlüsse verschiedener protestantischer Ständeversammlungen und Reichstage. Endgültig eingeführt wurde der Kalender am 23.9.1699. Zur biblischen Grundlegung vgl. *Mayer-Blanck*, EvStL, Sp. 2170 ff.

[43] *Morlok*, in: Dreier III, Art. 139 Rn. 12; aA *Korioth*, in: Maunz/Dürig, Art. 139 WRV (2019) Rn. 39.

[44] Vgl. zB § 6 FeiertG NRW.

[45] BVerfGE 143, 161 Rn. 96 ff.

[46] Vgl. zB § 7 FeiertG NRW. Zum Schutz stiller Tage vgl. BVerwG NJW 1994, 1975 f.; BayVerfGH GewArch 2007, 250; OVG RhPf NVwZ-RR 2013, 641 ff.

[47] Vgl. zB § 8 III FeiertG NRW, wonach kirchliche Feiertage in Gemeinden geschützt werden, in denen mind. zwei Fünftel der Bevölkerung den Feiertag begehen oder in denen die allgemeine Achtung des Feiertages einer langjährigen Gewohnheit entspricht.

[48] Vgl. zB § 8 II FeiertG NRW.

[49] Vgl. zB § 5 FeiertG NRW.

[50] Vgl. die Nachw. bei *Kästner*, HStKR II, S. 337 (359).

[51] Vgl. §§ 1 Nr. 2 FeiertG Berl; 2 I ThürFGtG.

[52] Solange der Bund von einer Kompetenz keinen Gebrauch gemacht hat, sind die Länder zuständig. Vgl. zum Ganzen auch *Korioth*, in: Maunz/Dürig, Art. 139 WRV (2019) Rn. 49.

[53] Art. 2 II EV.

[54] Soweit die Feiertagsgesetze der Länder den 3. Oktober als Feiertag vorsehen (vgl. zB § 2 I Nr. 8 FeiertG NRW), hat dies deklaratorische Wirkung. Anderes gilt, wenn der Feiertag zusätzlichen Zwecken gewidmet und eine solche Zwecksetzung mit der Bundesregelung vereinbar ist. Zur Frage der Gesetzgebungskompetenz des Bundes für § 58 II SGB XI vgl. *Kästner* ZevKR 1996, 272 ff.

Feiertage abschaffen (wie dies im Zusammenhang mit der Finanzierung der Pflegeversicherung geschehen ist)[55] und neue einführen (so den Reformationstag in neuen Ländern).

Der bestehende Sonn- und Feiertagsschutz knüpft – von den weltlichen Feiertagen abgesehen – an   **7**
die **christlich-abendländisch** geprägte **Kulturtradition** an. Dies ergibt sich hinsichtlich der Sonn-
tage unmittelbar aus der Verfassung selbst. Bei der Bestimmung der Feiertage darf sich der Gesetzgeber
an der Konfessionszugehörigkeit der Mehrheit der Bevölkerung orientieren.[56] Ändern sich die Verhältnisse, ist der Gesetzgeber nach Art. 3 I iVm 4 I, II gehalten, dies zu berücksichtigen und ggf. auch
Feiertage anderer Religionen anzuerkennen. Hat er auch Feiertage kleinerer Religionen unter Schutz
gestellt,[57] können andere Religionsgemeinschaften nach den genannten Normen uU eine Gleichstellung beanspruchen. Auch ohne gesetzliche Anerkennung haben Angehörige **religiöser Minderheiten** einen Anspruch auf Rücksichtnahme respektive uU auf Freistellung.[58] Dies beurteilt sich nicht
nach dem Sonn- und Feiertagsrecht, sondern nach der Reichweite der (mittelbar auch im Privatrechtsverkehr zu beachtenden und Schutzwirkungen entfaltenden) Religionsfreiheit.[59] Ein außervertragli-
cher Anspruch auf gänzliche Arbeitsbefreiung lässt sich unter Berufung auf Art. 4 I, II aber nicht
begründen.[60] Schließlich kann es geboten sein, Personen an Sonn- und Feiertagen eine Ausnahmegenehmigung zur Durchführung religiös motivierter Arbeiten zu erteilen.[61]

## C. Arbeitsruhe

Die Sonn- und Feiertage sind zum einen als Tage der Arbeitsruhe geschützt. Dies erfordert, dass   **8**
an diesen Tagen grds. die werktägliche Geschäftigkeit ruht,[62] dh die **werktäglichen Bindungen
und Zwänge entfallen** (→ Rn. 2). Das betrifft auch Regelungen, wonach Arbeitnehmer im Anschluss an eine werktägliche Ladenöffnung an darauffolgenden Sonn- und Feiertagen beschäftigt
werden, um bei Ladenschluss noch anwesende Kunden bedienen oder Aufräum- und Abschluss-
arbeiten vorzunehmen.[63] Ebenso entfällt der Schutz nicht, wenn ein streikbedingter Arbeitsrückgang
abgearbeitet werden soll.[64] Mit der Zweckbestimmung der Sonn- und Feiertage stehen solche
Veranstaltungen nicht im Einklang, die sich nach ihrem Zweck, ihrer Ausgestaltung und ihrem
Erscheinungsbild im öffentlichen Leben als typisch werktägliche Lebensvorgänge darstellen.[65] Dies
geht über den Arbeitnehmerschutz und die Abwehr von Störungen der Religionsausübung hinaus.
Typischerweise den Werktagen zuzuordnen sind auch der Besuch von Kunden oder der verdichtete
Straßenverkehr und öffentliche Personennahverkehr.[66] So verliert eine Einrichtung, die weitgehend
ohne Personaleinsatz mit Automaten oder allein durch den Inhaber betrieben werden kann, dadurch
noch nicht ihren werktäglichen Charakter.[67] Es muss auch nicht die Ausübung eines Gewerbes
vorliegen. Vielmehr sind grds. alle Tätigkeiten werktäglichen Charakters mit Art. 139 WRV unvereinbar. Nicht entscheidend ist, ob die Arbeit für die Öffentlichkeit erkennbar erbracht wurde.[68]
Dagegen sind Arbeiten an Sonn- und Feiertagen zum Schutze von Grundrechten und sonst
gewichtigen Rechtsgütern der Bürger oder der Gemeinschaft zulässig. Das BVerfG rechnet hierzu
etwa die Rettungsdienste bei Feuerwehr und Polizei, die gesamte medizinische Versorgung, die
Aufrechterhaltung der Infrastruktur – neben der Energieversorgung auch die Sicherung der Mobilität
(Autostraßen, Bahn, Busse, Luftverkehr) –, die vielfältigen Notdienste der unterschiedlichen Branchen und die Ausnahmen im industriellen Bereich aus produktionstechnischen Gründen, der
Erhaltung der Wettbewerbsfähigkeit im internationalen Vergleich und damit auch der Beschäfti-
gungspolitik.[69]

Die Ausgestaltung des Arbeitsschutzes obliegt teils dem **Bund** (zB Art. 74 Nr. 12 – Arbeitsschutz,   **9**
Nr. 24 – Lärmbekämpfung), im Übrigen den Ländern. Die wichtigsten bundesgesetzlichen Regelun-

---

[55] BVerfG (K) NJW 1995, 3378 (3379); BerlVerfGH NJW 1995, 3379 f. – jeweils zur Streichung des Buß- und
Bettages; *Kästner* ZevKR 1996, 272 (302 ff.). Gerade die „zweiten Feiertage" stehen zur Disposition.
[56] BVerfGE 143, 161 Rn. 66. Nach *Waldhoff*, 68. DJT, Gutachten D, 2010, D 175 (These 23) ist es von
Verfassungs wegen nicht erforderlich, nichtchristliche Feiertage einzuführen.
[57] So die jüdischen Feiertage in Art. 6 Bay FeiertG; § 9 FeiertG NW. Die mit islamischen Gemeinschaften in
Bremen (Art. 10) und Hamburg (Art. 3) geschlossenen Verträge (→ Art. 140 Rn. 8 m. Fn. 66) benennen islamische
Feiertage als kirchliche Feiertage.
[58] Vgl. BVerfGE 143, 161 Rn. 66; BVerwGE 42, 128 ff.; BSGE 51, 70 ff.
[59] Vgl. dazu *Starck* MKS I, Art. 4 Rn. 124.
[60] *v. Campenhausen* MKS III, Art. 140 GG/Art. 139 WRV, 5. Aufl. 2005, Rn. 21.
[61] Vgl. HessVGH NVwZ 2004, 890 ff. (Schächten zum muslimischen Opferfest am Sonntag).
[62] BVerfGE 111, 10 (51); BVerwGE 79, 118 (126); 236 (241); BVerwGE 90, 337 ff. Gegen ein umfassendes
Handlungsverbot *Korioth*, in: Maunz/Dürig, Art. 139 WRV (2019) Rn. 55.
[63] BVerwG NVwZ-RR 2015, 256 ff.
[64] OVG NW DVBl 2015, 1266 f.
[65] BVerwGE 79, 118 (127); 90, 337 (343).
[66] BVerfGE 125, 39 (91).
[67] BVerwGE 90, 337 (344).
[68] BVerwG NVwZ-RR 2015, 256 (258).
[69] BVerfGE 125, 35 (86 f.).

gen finden sich im **LadSchlG,**[70] im **Arbeitszeitgesetz**[71] und in § 55e GewO,[72] die wichtigsten landesrechtlichen Regelungen in den **Sonn- und Feiertagsgesetzen** sowie Ladenöffnungsgesetzen der Länder. Aus einem Gegenschluss zu Art. 74 I Nr. 11 (ohne das Recht des Ladenschlusses) folgt, dass das Ladenschlussrecht nach der Föderalismusreform grds. zur Gesetzgebungskompetenz der Länder gehört. Doch gilt das **LadSchlG** des Bundes gem. Art. 125a I fort, bis es durch Landesrecht ersetzt wird. Letzteres ist bis auf eine Ausnahme (→ Rn. 11) der Fall. Eine Neukonzeption ist dem Bund verwehrt.[73] Nach § 3 I 1 Nr. 1 LadSchlG müssen Verkaufsstellen für den geschäftlichen Verkehr mit Kunden an Sonn- und Feiertagen grds. geschlossen sein. Ähnliche Regelungen enthalten die Sonn- und Feiertagsgesetze sowie Ladenöffnungsgesetze der Länder.[74] Doch kennt das Ladenöffnungsverbot an Sonn- und Feiertagen zahlreiche Ausnahmen. Die Ladeninhaber, die nicht in den Genuss der Ausnahmeregelungen kommen, haben grds. keinen grundrechtlichen Anspruch auf deren Ausweitung auf sie.[75] An die Rechtfertigung von Ausnahmen vom Verbot der Sonn- und Feiertagsarbeit sind wesentlich höhere Anforderungen als an Ausnahmen von abendlichen Ladenschlusszeiten an Werktagen zu stellen[76] (falls Ladenschlusszeiten an Werktagen einschließlich Samstagen überhaupt noch bestehen).[77] Ausnahmen bedürfen eines Sachgrundes. Das Umsatzinteresse der Verkaufsstelleninhaber und das alltägliche Erwerbsinteresse potenzieller Kunden reichen nicht aus.[78] Pauschale Ausnahmebewilligungen auf der Grundlage des § 23 I 1 LadSchlG (etwa zur Förderung des Fremdenverkehrs oder zur Arbeitsplatzbeschaffung), wie sie in der Vergangenheit des Öfteren gewährt wurden, sind unzulässig.[79] Sonntagsöffnungen von Verkaufsstellen mit uneingeschränktem Warenangebot aus **besonderem Anlass** (insbes. eines Markts) setzen eine prägende Wirkung dieses Anlasses voraus, so dass die Ladenöffnungen nur als besondere Veranstaltung erscheinen.[80] Es muss prognostiziert werden können, dass der Markt einen Besucherstrom anzieht, der die bei einer alleinigen Öffnung der Verkaufsstellen zu erwartende Zahl der Ladenbesucher übersteigt.[81] Eine grobe Abschätzung der zu erwartenden Besucherzahlen reicht aus.[82] IdR ist die Ladenöffnung auf das Umfeld des Marktes zu begrenzen.[83] Das **Arbeitszeitgesetz** sieht ein grds. Beschäftigungsverbot für Arbeitnehmer an Sonn- und Feiertagen vor (§ 9), es sei denn, dass die Arbeiten nicht an Werktagen vorgenommen werden können (§ 10).[84] Darüber hinaus kann die BReg durch Rechtsverordnungen mit Zustimmung des BR zur Vermeidung erheblicher Schäden unter Berücksichtigung des Schutzes der Arbeitnehmer und der Sonn- und Feiertagsruhe weitere Ausnahmen zulassen (§ 13 I).[85] Bei Untätigkeit der BReg dürften in einem bestimmten Umfange die Länder Verordnungen erlassen (§ 13 II). Ob alle Regelungen der landesrechtlichen Bedarfs- oder Bedürfnisgewerbeverordnungen mit Art. 139 WRV vereinbar sind, ist zweifelhaft.[86] Umgekehrt dürfen Feiertage, die auf einen Werktag fallen, bei der durchschnittlichen Höchstzeit nach dem Arbeitszeitgesetz nicht als Ausgleichstage berechnet werden.[87] Verfassungsrechtliche Fragen wirft auch die weitgehende Steuerfreiheit von Religionszuschlägen für Sonn- und Feiertagsarbeit nach § 3b I EStG auf, weil sie entgegen dem Schutzauftrag des Art. 139 WRV Anreize für

---

[70] Vgl. hierzu *Rozek* NJW 1999, 2921 ff.

[71] Zu den Voraussetzungen einer Ausnahmegenehmigung vom Sonntagsbeschäftigungsverbot vgl. BVerwGE 90, 238 (239 ff.); BAGE 73, 118 (134).

[72] Vgl. auch die §§ 30 III StVO, 222 II ZPO, 43 II StPO.

[73] BVerfGE 111, 10 (29 ff.).

[74] Vgl. zB §§ 3 FeiertG NW, 4 I LÖG NRW.

[75] Vgl. BVerfGE 111, 10 (53); 125, 39 (94).

[76] BVerfGE 111, 10 (53).

[77] Dies ist nur noch in 6 Ländern der Fall.

[78] BVerfGE 125, 39 (87 f., 90 f.); BVerwGE 153, 183 Rn. 22; 159, 27 Rn. 16; NVwZ 2019, 964 Rn. 19.

[79] Vgl. OVG SachsAnh DVBl 1999, 1447; OVG MV NVwZ 2000, 945 (947); *Rozek* NJW 1999, 2921 ff. mwH.

[80] BVerfGE 125, 39 (99 f.); BVerwGE 153, 183 Rn. 23 f.

[81] BVerwGE 153, 183 Rn. 22 f.; NVwZ 2019, 964 Rn. 21; BeckRS 2020, 20759 Rn. 15 ff.; VGH BW BeckRS 2017, 133743 Rn. 9. Vgl. auch OVG NW NVwZ-RR 2017, 868; 2018, 262 Rn. 18 (Besucherrelation nicht stets ausschlaggebend). Nach § 6 I 2 Nr. 1 LÖG NRW greift bei Vorliegen eines Zusammenhangs mit örtlichen Festen, Märkten, Messen und ähnlichen Veranstaltungen eine Vermutung für das Vorliegen eines öffentlichen Interesses an der Sonntagsöffnung ein. In atypischen Konstellationen darf die Vermutungsregelung aber nicht zugrunde gelegt werden (vgl. BVerwG BeckRS 2020, 20762 Rn. 27 ff.). Zur Unzulässigkeit coronabedingter Sonntagsladenöffnungen vgl. OVG NRW BeckRS 2020, 21444 und BeckRS 2020, 21443.

[82] BVerwG NVwZ 2019, 964 Rn. 22; OVG NW NVwZ-RR 2018, 262 Rn. 12.

[83] OVG NW NVwZ-RR 2016, 868 f.

[84] Die gesetzlichen Ausnahmetatbestände des § 10 ArbZG sind teilw. zu weit geraten und müssen ggf. verfassungskonform interpretiert werden. Vgl. BVerwGE 112, 51 ff., mit krit. Anm. von *Schoch* JZ 2001, 406 ff.; zu § 10 IV ArbZG *Richardi/Annuß* NZA 1999, 953 (955). Zur Verwaltungsverfahren über die Bewilligung von Sonntagsarbeit sind die Kirchen hinzuziehen, BVerwG NVwZ 2020, 1366.

[85] Zur verfassungsrechtlichen Problematik des § 13 I Nr. 2 lit. c ArbZG vgl. *Richardi/Annuß* NZA 1999, 953 (955). Zum drittschützenden Charakter der §§ 9, 13 III Nr. 2b ArbZG vgl. OVG NRW BeckRS 2019, 34572 Rn. 9 ff.

[86] Vgl. zu einigen Problemstellungen *Rüfner,* FS Heckel, 1999, S. 447 (459 ff.).

[87] BVerwGE 162, 83.

die Sonn- und Feiertagsarbeit setzen könnte.[88] Jedenfalls darf das Steuerrecht eine unzulässige Sonntagsarbeit nicht durch Steuerbefreiung oder Steuerermäßigung fördern.[89] **§ 55e GewO** soll sicherstellen, dass die Sonn- und Feiertagsruhe grds. auch im Reisegewerbe beachtet wird.[90]

Im Übrigen ist der Sonn- und Feiertagsschutz in den Sonn- und Feiertagsgesetzen sowie den Laden- **10** öffnungsgesetzen (→ Rn. 11) der **Länder** geregelt worden. Den Ländern steht ein (weiter) Gestaltungsspielraum zu.[91] Die **Sonn- und Feiertagsgesetze** verbieten alle öffentlich bemerkbaren Arbeiten, die geeignet sind, die äußere Ruhe des Tages zu stören, soweit sie nicht besonders erlaubt sind. Handelt es sich um erlaubte Arbeiten, sind unnötige Störungen und Geräusche zu vermeiden.[92] Bei der Auslegung und Anwendung der Vorschriften sind die Ausstrahlungswirkung des Art. 139 WRV einerseits und der Grundrechte andererseits zu beachten. Nicht erforderlich ist eine generelle oder konkrete Gefahr für die Sonntagsruhe im polizeirechtlichen Sinne.[93] Bei Mischbetrieben (zB einer Videothek innerhalb einer Tankstelle) repräsentieren die Kunden des zulässigen Betriebsteils die Öffentlichkeit, so dass auch der unzulässige Teil aus diesem Grunde öffentlich bemerkbar ist.[94] Die äußere Ruhe stören auch Arbeiten werktäglichen Charakters, die keinen Lärm verursachen. Die Gerichte haben etwa den Betrieb von Gebrauchtwagenmärkten,[95] die regelmäßige Veranstaltung gewerblich betriebener Flohmärkte,[96] die Vermietung von Videokassetten,[97] den Betrieb von Videotheken[98] und vollautomatischer Waschsalons,[99] den nicht hinreichend limitierten Betrieb von Autowaschanlagen,[100] den Betrieb öffentlicher Bibliotheken sowie von Lotto- und Totogeschäften[101] für unzulässig gehalten. Für verfassungsmäßig erachtet worden ist auch das (mittlerweile aufgehobene) Sonntagsbackverbot.[102] Dagegen sind zB Arbeiten gestattet worden, die zum Zwecke bestimmter Grundrechtsausübungen (wie die Tätigkeit eines Pfarrers oder eines Journalisten)[103] oder aus gesellschaftlichen oder technischen Gründen erforderlich sind (wie etwa die Arbeiten in der Landwirtschaft oder im Bewachungsgewerbe)[104]. Ferner werden neben diesen Tätigkeiten der „Arbeit trotz des Sonntags" Arbeiten „für den Sonntag" erlaubt, die etwa in der Hotel- und Gastronomiebranche und im Bereich der Sicherstellung der Mobilität des Einzelnen dazu dienen, dem Bürger eine individuelle Gestaltung ihres Tages der Arbeitsruhe und der seelischen Erhebung zu ermöglichen. Auch dann muss aber ein hinreichendes Niveau des Sonn- und Feiertagsschutzes gewahrt bleiben.[105]

Mit Ausnahme von Bayern haben alle Länder mittlerweile **Ladenöffnungsgesetze** erlassen.[106] **11** Diese lassen neben allg. gehaltenen Ausnahmeregelungen für den Verkauf an Sonn- und Feiertagen (zB für den zeitlich limitierten Verkauf von Backwaren und landwirtschaftlichen Produkten sowie den Verkauf im Gebäude einer Kultur- oder Sportveranstaltung oder die Abgabe von Arzneimitteln[107]) im unterschiedlichen Ausmaße Verkaufssonntage und -feiertage zu (teilw. auch an den bes. kirchl. Feiertagen[108]). Bei Verstößen gegen die Ladenöffnungszeiten haben die Wettbewerber einen Unterlassungsanspruch gem. § 8 I 1 UWG iVm §§ 3, 4 Nr. 11 UWG.[109] Insbesondere die Warenhauskonzerne berufen sich auf eine ungerechtfertigte Benachteiligung gegenüber dem (nicht oder kaum beschränkten) Online-Handel und dem Ladenverkauf in Bahnhöfen und Flughäfen. Zu Recht hat das BVerfG

---

[88] Krit. *Wernsmann,* Verhaltenslenkung in einem rationalen Steuersystem, 2005, S. 132 ff.; *ders.* ZRP 2010, 124 ff. Derzeit führt die Steuerfreistellung der Zuschläge für Sonntags-, Feiertags- und Nachtarbeit zu Steuermindereinnahmen in Höhe von ca. 2 Mrd. Euro.

[89] Vgl. auch *Rüfner,* FS Heckel, 1999, S. 447 (461).

[90] Sowohl § 55e als auch § 69a I Nr. 3 GewO werden durch die Landesgesetze konkretisiert. Teilw. gilt die Festsetzung von gewerblichen Marktveranstaltungen als Erlaubnis der Sonn- und Feiertagsarbeit (HessVGH GewArch 1998, 242 ff.), teils sind gewerbliche Märkte an Sonn- und Feiertagen grds. verboten und nur ausnahmsweise – bei Vorliegen einer feiertagsrechtlichen Bewilligung – erlaubt (VGH BW GewArch 1996, 479; OVG ThürOVG DÖV 1996, 965).

[91] BayVerfGH NVwZ-RR 2012, 537 (539); SächsVerfGH NVwZ-RR 2012, 873 (876).

[92] Vgl. zB § 3 S. 1 u. 2 FeiertG NW.

[93] BVerwGE 79, 118 (124); 236 (239).

[94] Zur Auslegung des § 6 II LadSchlG vgl. BVerwGE 94, 244 ff. (sehr angreifbar).

[95] BVerwGE 79, 118 ff.

[96] BayVGH NVwZ-RR 1993, 74 f.; zur grds. Unzulässigkeit OVG RhPf KommJur 2012, 110 ff.

[97] BVerfG GewArch 1988, 188; BVerwG NVwZ-RR 1995, 516 (519); HessVGH NVwZ 2014, 380 (384).

[98] VGH BW GewArch 2008, 253; OLG Düsseldorf GewArch 2008, 255; aA SächsVerfGH NVwZ-RR 2012, 873 (879 im Falle von Beschränkungen).

[99] OVG NRW NVwZ-RR 1994, 439 ff.; Sächs OVG BeckRS 2002, 11896.

[100] Vgl. HessStGH NVwZ 2000, 430 (432); BayVerfGH NVwZ-RR 2012, 537 ff.; SächsVerfGH NVwZ-RR 2012, 873 (880).

[101] HessVGH NVwZ 2014, 380 (384 f.).

[102] BVerfGE 87, 363 (393).

[103] Zur Verteilung kostenloser Anzeigenblätter vgl. HessVGH NVwZ-RR 1994, 155 f.

[104] Vgl. näher dazu die Auflistung in § 10 I ArbZG. Ferner → Rn. 8.

[105] BVerfGE 125, 39 (87). Vgl. auch BVerfGE 111, 10 (51 ff.). Zum gewerblichen Betrieb eines Bräunungsstudios: BVerwGE 90, 337.

[106] Vgl. die Nachw. bei *Schmitz* NVwZ 2008, 18 mit Fn. 5.

[107] Vgl. zB §§ 5 I, 7 LÖG NRW.

[108] Krit. zu dieser Tendenz *Unruh* ZevKR 2007, 1 ff.

[109] Vgl. OLG Düsseldorf NJOZ 2013, 357.

eine voraussetzungslose siebenstündige Öffnung an allen vier Adventssonntagen als Verletzung des Sonn- und Feiertagsschutzes angesehen, dagegen die Öffnung von Verkaufsstellen an höchstens vier (weiteren) Sonn- oder Feiertagen (bei verfassungskonformer Auslegung) sowie die Öffnung von Verkaufsstellen aus Anlass besonderer Ereignisse an jährlich höchstens zwei weiteren Sonn- oder Feiertagen für vereinbar mit Art. 139 WRV gehalten.[110] Die Zulassung fast ganzjähriger Ladenöffnungszeiten an Sonntagen von 11.30 Uhr bis 18.30 Uhr für 145 Kur-, Erholungs- oder Ausflugsorte verstieß eindeutig gegen den verfassungsrechtlich gebotenen Sonntagsschutz.[111] Ist das Feilhalten eines Warenangebots für Touristen gestattet, darf ein weitergehendes Warenangebot der Verkaufsstelle nicht ihr Gepräge verleihen.[112] Zuwiderhandlungen gegen die Sonn- und Feiertagsgesetze sowie die Ladenöffnungsgesetze der Länder stellen eine Ordnungswidrigkeit dar.[113]

## D. Seelische Erhebung

12 Zum anderen sollen die Sonn- und Feiertage eine seelische Erhebung ermöglichen. Dazu gehört eine Atmosphäre der äußeren und inneren Ruhe und Freiheit von Geschäftstätigkeit. Damit wird nicht nur die **Religionsausübung** gefördert, sondern der Staat zugleich verpflichtet, die Religionsausübung vor unzumutbaren **Störungen** zu **schützen**. Somit ist zB das gesetzliche Verbot der Durchführung von Tanzveranstaltungen während der Hauptzeit des Gottesdienstes eine zulässige Ausgestaltung des Art. 139 WRV.[114] Der Schutz der seelischen Erhebung soll dem Menschen unbeschadet einer religiösen Bindung zuteil werden.[115] Ob die Menschen sich seelisch erheben wollen, entscheiden sie selbst.

## Art. 141 WRV [Religiöse Handlungen in öffentlichen Anstalten]

**Soweit das Bedürfnis nach Gottesdienst und Seelsorge im Heer, in Krankenhäusern, Strafanstalten oder sonstigen öffentlichen Anstalten besteht, sind die Religionsgesellschaften zur Vornahme religiöser Handlungen zuzulassen, wobei jeder Zwang fernzuhalten ist.**

**Leitentscheidungen:** BVerfGE 46, 266 (Aufnahme in ein Krankenhaus); BVerfG (K) NJW 2007, 1865 (Zeugnisverweigerungsrecht eines Seelsorgers); BVerwGE 73, 247 (Teilnahme an der Militärseelsorge); BGH NStZ 2010, 646 (Zeugnisverweigerungsrecht yezidischer Geistlicher).

**Schrifttum:** *S. Eick-Wildgans,* Anstaltsseelsorge, Möglichkeiten und Grenzen des Zusammenwirkens von Staat und Kirche im Strafvollzug, 1993; *dies.,* Anstaltsseelsorge, HStKR II, 2. Aufl. 1995, S. 995; *J. Ennuschat,* Militärseelsorge, 1996; *ders.,* Sollen Militärgeistliche Staats- oder Kirchenbeamte sein? Verfassungs-, völker- und beamtenrechtliche Aspekte, ZevKR 1996, 419; *ders.,* Militärseelsorge in Deutschland, ZevKR 2019, 107; *M. Heintzen,* Polizeiseelsorge, HStKR II, 2. Aufl. 1995, S. 985; *Kath. Militärbischofsamt* (Hrsg.), Kirche unter Soldaten, 2006; *V. Kruk,* Die rechtlichen Probleme der Militärseelsorge, NZWehr 1997, 1; *D. Pirson,* Die Seelsorge in staatlichen Einrichtungen als Gegenstand des Staatskirchenrechts, EssGspr 1989, 4; *H. Radtke,* Der Schutz des Beicht- und Seelsorgegeheimnisses, ZevKR 2007, 617; *R. Seiler,* Seelsorge in Bundeswehr und Bundesgrenzschutz, HStKR II, 2. Aufl. 1995, S. 961; *de Wall,* Der Schutz des Seelsorgegeheimnisses (nicht nur) im Strafverfahren, NJW 2007, 1856.

### Übersicht

## A. Allgemeines

1 Die sog. Anstaltsseelsorge dient der **Grundrechtsermöglichung** unter den besonderen anstaltlichen Bedingungen. Nach Art. 4 I, II wird den Anstaltsnutzern (Anstaltsangehörigen bzw. -insassen) die Religionsfreiheit als Abwehrrecht gegen den Staat garantiert. Daraus ergibt sich auch, dass den Nutzern ggf. die nötige freie Zeit „zur Erfüllung ihrer religiösen Pflichten" zu gewähren ist, wie dies (der nicht übernommene) Art. 140 WRV ausdrücklich für die Angehörigen der Wehrmacht vorgeschrieben hat. Da die Lebensumstände in den hier angesprochenen Sonderstatusverhältnissen die Ausübung der Freiheit nur in eingeschränkter Weise zulassen,[1] ist der Staat schon nach dem sich aus Art. 4 I, II ergebenden Schutzpflichten verpflichtet, reale Freiheit zu ermöglichen. Freiheit bedeutet nicht allein

---

[110] BVerfGE 125, 39 (95, 97, 100, 103).
[111] OVG MV NordÖR 2010, 321.
[112] OVG Bln-Bbg NVwZ-RR 2012, 550.
[113] Vgl. etwa §§ 11 FeiertG NW, 12 LÖG NRW.
[114] BVerwG NJW 1982, 899 ff.
[115] BVerfGE 111, 10 (51); BVerfGE 143, 161 Rn. 60, 71.
[1] Vgl. *Isensee* EssGspr 1989, 36 ff.

Freiheit vom Staat, sondern auch Freiheit im Staat und durch den Staat.[2] Art. 141 WRV löst dieses Versprechen ein, indem er bestimmt, dass die Religionsgemeinschaften zur Vornahme religiöser Handlungen zuzulassen sind. Die Vorschrift begründet ein **subjektives Recht der Religionsgemeinschaften**, das – entweder über Art. 4 I, II oder unmittelbar (→ Art. 140 Rn. 3) – auch mit der Verfassungsbeschwerde geltend gemacht werden kann. Ob auch den an Gottesdienst und Seelsorge interessierten Anstaltsnutzern durch Art. 141 WRV unmittelbar ein Recht auf institutionalisierte Betreuung gewährt wird,[3] kann dahinstehen, da dies die Mitwirkung einer Religionsgemeinschaft voraussetzen würde und die unzulässige Behinderung einer betreuungswilligen Religionsgemeinschaft jedenfalls ihre durch Art. 4 I, II geschützte Religionsfreiheit verletzt.[4] Die Anstaltsseelsorge gehört zu den **gemeinsamen Angelegenheiten** von Staat und Religionsgemeinschaften (→ Art. 137 WRV Rn. 2) und verpflichtet beide Teile zur Rücksichtnahme auf die verfassungsrechtlich geschützten Belange des anderen (vgl. auch → Rn. 8).[5] Die Weltanschauungsgemeinschaften haben nach Art. 3 I, III, 4 I, II, Art. 137 VII WRV einen Gleichstellungsanspruch.[6] Auch das Landesverfassungsrecht und die Staatskirchenverträge (zB Art. 27 RK) garantieren zT die Anstaltsseelsorge (→ Rn. 120). Ferner schützt das humanitäre Völkerrecht die Militärseelsorge in Kriegszeiten besonders.[7] Schließlich hat der Staat nach Art. 9 I EMRK (und Art. 10 EUGRCh) eine Anstaltsseelsorge (beispielsweise der Gefangenen) zu ermöglichen.[8]

## B. Tatbestandsvoraussetzungen

Art. 141 WRV setzt ein **Bedürfnis** nach Gottesdienst und Seelsorge voraus. Abzustellen ist auf die **2** Anstaltsnutzer. Vom Vorliegen eines Bedürfnisses ist iSe widerleglichen Vermutung[9] auszugehen, solange sich Angehörige einer Religionsgemeinschaft in der Anstalt befinden und eine religiöse Betreuung nicht abgelehnt haben.[10] Das Bedürfnis ist durch die Anstaltsträger festzustellen,[11] wobei sich diese jeder inhaltlichen Bewertung zu enthalten haben. Außerdem haben sie das Ergebnis ihrer Recherchen an die Religionsgemeinschaften weiterzuleiten, weil nur dann eine Seelsorge möglich ist. Nach einer über den hier vertretenen Standpunkt hinausgehenden Ansicht soll es auch auf das Bedürfnis der Religionsgemeinschaften ankommen, da deren Interesse an einer geistlichen Betreuung ihrer Angehörigen grundrechtlich geschützt sei.[12] Auch ein Desinteresse der Anstaltsnutzer schließe daher ein Bedürfnis nicht aus.

Das Bedürfnis muss sich auf die Abhaltung eines **Gottesdienstes** und (richtigerweise: „oder") auf **3** die (sonstige) **Seelsorge** beziehen. Der Begriff der Seelsorge ist weit zu verstehen. Hierunter fällt alles, was der Realisierung der Glaubens- und Bekenntnisfreiheit dient (wie sich auch aus der Rechtsfolge „Zulassung zur Vornahme religiöser Handlungen" ergibt).[13] Dazu zählen auch religiös motivierte Gespräche jeglicher Art.

Art. 141 WRV betrifft die Anstaltsseelsorge im Heer,[14] in Krankenhäusern, Strafanstalten oder **4** sonstigen öffentlichen Anstalten. Unter dem **Heer** ist heute die Bundeswehr (einschl. der Luftwaffe und Marine) zu verstehen. Ebenso wie bei den **Strafanstalten**[15] muss es sich auch bei den **Krankenhäusern** und sonstigen Anstalten um solche **öffentlicher Art** handeln. Dies trifft immer dann zu, wenn die Organisation von einem Subjekt der Staatsgewalt getragen oder jedenfalls beherrscht wird[16] (zB einem Land oder einer Kommune). Auf die Organisationsform kommt es nicht an.[17] Wenn

---

[2] *Heckel* AöR 137 (2009), 309 (360); *Ehlers*, FS P. Kirchhof, 2013, § 130 Rn. 6.

[3] IE dürfte dies abzulehnen sein. Vgl. auch *Kästner* BK, Art. 140 GG (2010) Rn. 688; einfachgesetzlich vgl. dagegen zB § 36 SoldG, § 53 StVollzG.

[4] IE ebenso *v. Campenhausen/de Wall*, Staatskirchenrecht, 4. Aufl. 2006, S. 202; *Jeand'Heur/Korioth*, Grundzüge des Staatskirchenrechts, 2000, Rn. 292.

[5] ZB darf der Staat die Anstaltsseelsorge nicht nur auf die Nachtzeiten verweisen, während es den Religionsgemeinschaften nicht erlaubt ist, die Existenzberechtigung der staatl. Anstalten (zB der Bundeswehr) in Frage zu stellen.

[6] Ebenso *Eick-Wildgans*, HStKR II, S. 995 (1001); *Goltz* Weltanschauungsgemeinschaften, 2015, S. 187 ff.

[7] Vgl. Art. 36, 37 des Genfer Abkommens über die Behandlung von Kriegsgefangenen (BGBl 1954 II, S. 838), Art. 24 I des Genfer Abkommens zum Schutz von Zivilpersonen in Kriegszeiten (BGBl 1954 II, S. 917), Art. 15 V des Zusatzprotokolls zu den Genfer Abkommen über den Schutz der Opfer internationaler bewaffneter Konflikte (BGBl 1990 II, S. 1551) und Art. 9 I des Zusatzprotokolls über den Schutz der Opfer nicht internationaler bewaffneter Konflikte (BGBl 1990 II, S. 1637).

[8] EGMR, Urt. v. 29.4.2003, Nr. 38812/97, Rn. 166 f.

[9] Vgl. *Korioth*, in: Maunz/Dürig, Art. 141 WRV (2019) Rn. 7.

[10] *Unruh* MKS III, Art. 141 WRV Rn. 11.

[11] Zum Fragerecht vgl. → Rn. 9.

[12] *Pirson* EssGspr 1989, 4 (12). Vgl. auch *Ennuschat* Militärseelsorge, 1996, S. 116.

[13] Enger *Eick-Wildgans* (Fn. 6), S. 1002 ff.

[14] Zu den rechtlichen Problemen der Militärseelsorge *Kruk* NZWehr 1997, 1 ff.

[15] §§ 53 f. StVollzG. Näher dazu *Eick-Wildgans*, Anstaltsseelsorge – Möglichkeiten und Grenzen des Zusammenwirkens von Staat und Kirche im Strafvollzug, 1993, S. 91 ff.

[16] In Anlehnung an BVerfGE 128, 226 ff.

[17] BVerfGE 102, 370 (396); *Unruh* MKS III, Art. 141 WRV Rn. 7.

Art. 141 WRV von **Anstalten** spricht, wird der Begriff nicht im technischen Sinne[18] zur Abgrenzung von anderen Verwaltungsrechtsträgern verwendet. Unter Anstalt sind vielmehr alle benutzbaren öffentlichen Einrichtungen zu verstehen.[19] Neben Anstalten des öffentlichen Rechts kann es sich somit auch um Körperschaften oder Stiftungen des öffentlichen Rechts oder um Organisationen in der Form des Privatrechts (nicht aber um private Einrichtungen) handeln. Kooperiert der Staat mit Privaten – zB in Form einer gemischt zusammengesetzten Gesellschaft –, muss er im Rahmen seiner Einflussmöglichkeiten (also auch bei einer nicht beherrschenden Stellung) im Falle einer Eingliederung der Betroffenen auf eine Beachtung des Art. 141 WRV hinwirken. In Staatskirchenverträgen haben die Länder zT zugesagt, auch in privaten Anstalten für religiösen Beistand zu sorgen.[20] Eine **sonstige Anstalt** liegt nur vor, wenn die Nutzer in ähnlicher Weise wie in den aufgeführten Beispielen auf eine Religionsausübung im staatl. Bereich angewiesen sind. Dies ist etwa in staatl. Altenheimen und Wohnheimen für Menschen mit Behinderung, bei der Polizei[21] sowie bei der Nutzung kommunaler Friedhöfe[22] der Fall. Nicht zu den sonstigen Anstalten gehören die Rundfunkanstalten.[23] Da eine staatl. Religionsförderung zulässig ist (→ Art. 140 Rn. 9), darf der Staat auch in Anstalten wie den Kindergärten, Schulen und Universitäten nicht nur im Rahmen konfessionell gebundener Veranstaltungen (etwa des Religionsunterrichts oder der Theologischen Fakultäten) eine Seelsorge (vor Beginn, nach Beendigung oder außerhalb des „offiziellen Teils") zulassen, obwohl die Konfessionsangehörigen ohne weiteres die Möglichkeit haben, die Seelsorge der Ortsgemeinden in Anspruch zu nehmen.

## C. Rechtsfolgen

5 Liegen die genannten Voraussetzungen vor, sind die **Religionsgemeinschaften** (dh **alle** und nicht nur die korporierten[24]) zur **Vornahme** religiöser Handlungen zuzulassen. Besonderer organisatorischer Vorkehrungen auf Seiten der Religionsgemeinschaften bedarf es nicht, so dass auch muslimische (Religions-)Gemeinschaften Zulassung beanspruchen können.[25] Für die Auslegung des Begriffes „**religiöse Handlungen**" liefert Art. 4 I, II die Richtschnur. Erfasst werden alle Handlungen, die als kooperative Grundrechtsausübung in Betracht kommen.[26] Für die Weltanschauungsgemeinschaften gilt entsprechendes (→ Rn. 1).[27]

6 **Zulassung** bedeutet Freigabe zum Zwecke der Vornahme religiöser (bzw. weltanschaulicher) Handlungen auch und gerade in den staatl. Einrichtungen. Darin enthalten ist sowohl das Recht auf Zutritt als auch auf Betätigung, wenn die Religionsgemeinschaften von dem Angebot des Art. 141 WRV Gebrauch machen wollen.[28] Die Organisation der Anstaltsseelsorge ist Sache der Religionsgemeinschaften, nicht des Staates. Eine Finanzverantwortung des Staates ergibt sich aus Art. 141 WRV nicht. Doch ist eine Übernahme der Kosten durch den Staat zulässig und auch rechtspolitisch angemessen, da vor allem der Staat Verursacher der Anstaltsseelsorge ist.[29] Nach hM ist der **Staat** über Art. 141 WRV hinausgehend berechtigt, die Anstaltsseelsorge „**selbst in die Hand zu nehmen**".[30] Dementspr. sorgt der Staat nach Art. 2 II des „Vertrages der Bundesrepublik zur Regelung der evang. **Militärseelsorge**" vom 22.2.1957[31] für den organisatorischen Aufbau der Militärseelsorge und trägt die Kosten, während die Seelsorge selbst nach Abs. 1 als Teil der kirchl. Arbeit im Auftrag und unter der Aufsicht der Kirche ausgeübt wird.[32] Das Evangelische Kirchenamt für die Bundeswehr ist (ebenso

---

[18] Vgl. *Burgi*, in: Ehlers/Pünder (Hrsg.), Allgemeines Verwaltungsrecht, 15. Aufl. 2015, § 8 Rn. 13.

[19] Ähnl. *Korioth*, in: Maunz/Dürig, Art. 141 WRV (2019) Rn. 5.

[20] Für Zulässigkeit: *Eick-Wildgans* (Fn. 6), S. 1001. Dagegen: *Fischer*, Trennung von Staat und Kirche, 3. Aufl. 1984, S. 251 f.

[21] Näher dazu *Schwark*, Geschichte und Rechtsgrundlagen der Polizeiseelsorge in den Ländern der Bundesrepublik Deutschland und Berlin (West), 1986; *Heintzen*, HStKR II, S. 985 (987 ff.); Grützner/Gröger/Kiehn/Schiewek (Hrsg.), Handbuch Polizeiseelsorge, 2. Aufl. 2012. Vgl. auch die ausdr. Erwähnung der Polizei in Art. 38 S. 1 BbgVerf.

[22] Vgl. *Kästner* BK, Art. 140 GG (2010) Rn. 694.

[23] Vgl. BVerwG NVwZ 1986, 379 ff.

[24] Vgl. BVerfGE 102, 370 (396).

[25] AA *Unruh* Religionsverfassungsrecht, 4. Aufl. 2018, Rn. 389. Zu den Rechtsfragen einer muslimischen Anstaltsseelsorge vgl. *Tabbara* ZAR 2009, 254 ff.; *Schulten* KuR 2014, 50 ff.

[26] Enger OVG RP ZevKR 1988, 464 ff.; *Anschütz* WRV, Art. 141 Anm. 1. Stärker auf die Anstaltsangehörigen abstellend *Unruh* MKS III, Art. 141 WRV Rn. 17.

[27] AA *Korioth*, in: Maunz/Dürig, Art. 141 WRV (2019) Rn. 6 (wonach schwer vorstellbar ist, dass die Weltanschauungsgemeinschaften Seelsorge ausüben oder religiöse Handlungen vornehmen können).

[28] Vgl. dazu *Classen* Religionsrecht, 2. Aufl. 2015, Rn. 561 mwN.

[29] Zust. *Jeand'Heur/Korioth* (Fn. 4), Rn. 293 m. Fn. 9.

[30] *Anschütz* WRV, Art. 141 Anm. 2. Vgl. ferner *Seiler*, HStKR II, S. 961 (968 ff.); *Mückel* HStR VII, § 161 Rn. 55 ff.; *Pirson* EssGspr 1989, 21 ff., 26 ff., 45 ff., 48 ff.; *v. Campenhausen/de Wall* (Fn. 4), S. 198; *Ennuschat* (Fn. 12), S. 121, 159; *ders.* ZevKR 1996, 419 ff.; 2019, 107 (109 ff.).

[31] BGBl 1957 II, S. 702.

[32] Der Militärseelsorgevertrag bezieht sich auf das ganze Bundesgebiet. Ihm fehlt aber die innerkirchl. Wirksamkeit in den evang. Landeskirchen der neuen Länder und in Berlin, weil es insoweit an der landeskirchl. Zustimmung fehlt. Am 8.3.1996 ist eine bis Ende 2003 befristete Rahmenvereinbarung über die Militärseelsorge in den neuen Ländern

wie das Katholische Militärbischofsamt) dem Bundesminister für Verteidigung nachgeordnet (Art. 14 des Vertrages). Der evangelische Militärgeneraldekan und die Militärgeistlichen werden in ein Beamtenverhältnis berufen (Art. 19 ff. des Vertrages). Auf die kath. Militärgeistlichen sind die beamtenrechtlichen Bestimmungen gem. Art. 27 IV 2 RK iVm Art. 2 des Gesetzes über die Militärseelsorge v. 26.7.1957[33] sinngemäß anzuwenden. Die Militärbischöfe üben zwar kein staatl. Amt aus. Die Ernennung kath. Militärbischöfe bedarf aber des Einvernehmens mit dem Staat,[34] die Ernennung evang. Militärbischöfe einer staatl. Mitwirkung (Art. 11 I des Vertrages), die allerdings nicht im Sinne eines Vetorechts zu verstehen sein soll.[35] Auch die sonstigen Anstaltsseelsorger – insbes. in den JVAen – haben in einigen Ländern Beamtenstatus.[36] Die Bundesregierung beabsichtigt einen Vertrag über die Militärseelsorge mit dem Zentralrat der Juden in Deutschland zu schließen. Ob eine islamische Soldatenseelsorge errichtet wird, ist derzeit noch offen.[37] Doch hat die Bundeswehr für Innere Führung eine Zentrale Ansprechstelle für Soldaten (innen) anderer Glaubensrichtungen eingerichtet.[38]

Die über Art. 141 WRV hinausgehenden **Regelungen** sind **teilw. nicht mit** dem **GG vereinbar.** **7** Dies gilt insbes. für die Begründung von staatl. Beamtenverhältnissen.[39] Die Trennung von Staat und Kirche (Art. 137 I WRV), das staatl. Neutralitätsgebot (→ Art. 140 Rn. 9, Art. 33 III) sowie Art. 137 III 2 WRV schließen zwar konfessionsgebundene staatl. Ämter nicht aus, doch muss es sich hierbei um Ausnahmen handeln. Soweit der Verfassung selbst keine entspr. Anhaltspunkte zu entnehmen sind, ist der Nachweis zu führen, dass eine rechtlich zulässige Religionsförderung im staatl. Bereich die Vergabe konfessionsgebundener Ämter erfordert (→ Art. 136 WRV Rn. 3). Die Erforderlichkeit lässt sich hier nicht begründen, weil der Beamtenstatus keine Funktionsbedingung für die Wahrnehmung des Amtes ist, die Anstaltsseelsorge vielmehr auch von „Kirchenbediensteten" wahrgenommen werden kann. Beamtenverhältnisse beschwören (auch wegen der grds. Weisungsbindung von Beamten) die Gefahr einer Vermischung staatl. und religionsgemeinschaftlicher Angelegenheiten sowie einer Instrumentalisierung der Seelsorge für staatl. Zwecke herauf.[40] Ein Verzicht der Religionsgemeinschaften vermag die gebotene prinzipielle Trennung von Staat und Kirche in organisatorischer und inhaltlicher Hinsicht nicht zu überspielen (→ Art. 137 WRV Rn. 9).

Da Staat und Religionsgemeinschaften im Rahmen der Anstaltsseelsorge aufeinander Rücksicht **8** nehmen müssen (→ Rn. 1), darf die Zulassung der Religionsgemeinschaften an **Beschränkungen** geknüpft werden, soweit Sinn und Zweck der Anstaltsverhältnisse dies erfordern. Leitend ist der Gedanke der (auch durch kollidierendes Verfassungsrecht geschützten) Funktionsfähigkeit staatl. Einrichtungen.[41] Die Beschränkungen können örtlicher oder zeitlicher Art sein und insbes. die Sicherheitsbedürfnisse (etwa in JVAen) betreffen (zB zur Kontaktsperre[42]). Sie müssen den Verhältnismäßigkeitsanforderungen genügen. Dementsprechend bestimmt § 54 III StVollzG, dass der Gefangene von der Teilnahme an Gottesdienst oder anderen religiösen Veranstaltungen ausgeschlossen werden kann, wenn dies aus überwiegenden Gründen der Sicherheit oder Ordnung geboten ist. Ferner haben die Anstaltsseelsorger Gesetz, Recht und Verfassung zu respektieren. Dies schließt zwar Kritik an gesetzlichen Regelungen nicht aus. Doch dürfen insbes. die in Art. 79 III beschriebenen fundamentalen Verfassungsprinzipien nicht in Frage gestellt werden. Insofern besteht eine Parallele zum Erwerb der

---

zwischen der EKD und der Bundesrepublik Deutschland geschlossen worden (abgedr. in LKV 1996, 196 ff.). Danach standen insbes. die hauptamtl. evang. Militärgeistlichen in den neuen Ländern nicht in einem staatl. Beamtenverhältnis. Die im Jahre 2002 zwischen BReg und EKD ausgehandelte Lösung sieht vor, dass der Militärseelsorgevertrag zwar in ganz Deutschland einheitlich angewendet wird. Durch eine Protokollnotiz zur Auslegung des Vertrages wird aber eine flexible Handhabung zugelassen, die es möglich macht, den vor allem in den evang. Landeskirchen in den neuen Ländern nach wie vor bestehenden Bedenken gegenüber einer uneingeschränkten Übertragung der bisherigen Strukturen der Militärseelsorge der alten Bundesrepublik auf die neuen Länder Rechnung zu tragen (vgl. LKV 2004, 22 ff.). Näher zum Ganzen *Unruh* (Fn. 25), Rn. 397.

[33] BGBl 1957 II, S. 701.

[34] Art. 27 II Reichskonkordat. Vgl. auch → Art. 137 WRV Rn. 9.

[35] Vgl. *Pirson* EssGspr 1989, 4 (21). Nach der Regierungsbegründung des Militärseelsorgevertrages ist dem Staat durch Art. 11 I dagegen ein auf schwerwiegende Einwendungen beschränktes Vetorecht bei der Ernennung des Militärbischofs eingeräumt worden (BT-Dr 2/3500, S. 2).

[36] Nach Art. 157 I StVollzG werden die Seelsorger im Einvernehmen mit der jeweiligen Religionsgemeinschaft im Hauptamt bestellt oder vertraglich verpflichtet.

[37] Zur Anstaltsseelsorge zB in Justizvollzugsanstalten oder Krankenhäusern vgl. zB Art. 17 des Hamburger Staatskirchenvertrages (→ Art. 140 Rn. 8 m. Fn. 66).

[38] Vgl. *Ennuschat* ZevKR 2019, 107 (123).

[39] Vgl. auch *Jeand'Heur/Korioth* (Fn. 4), Rn. 301; *Eick-Wildgans* (Fn. 15), S. 183 ff.; *Magen,* in: Umbach/Clemens II, Art. 140 Rn. 147; *Mager,* in: v. Münch/Kunig II, Art. 140 Rn. 96; *Korioth,* in: Maunz/Dürig, Art. 141 WRV (2019) Rn. 14; *Unruh* (Fn. 25), Rn. 401 ff. AA zB *Ennuschat* (Fn. 12), S. 121 ff.; *v. Campenhausen/de Wall* (Fn. 4), S. 205; *Mückl* HStR VII, § 161 Rn. 63; *Muckel,* in: Friauf/Höfling, Art. 140/Art. 141 WRV (2011) Rn. 23.

[40] Zu den staatl. Erwartungen an die Militärseelsorge vgl. *Pirson* EssGspr 1989, 4 (14 ff.). Hinsichtlich des Strafvollzugs bestimmt § 145 StVollzG, dass alle im Vollzug Tätigen (einschl. der Anstaltsseelsorge) zusammenarbeiten, und daran mitwirken, die Aufgaben des Vollzugs zu erfüllen.

[41] Vgl. auch *Unruh* (Fn. 25), Rn. 394.

[42] Vgl. zB zur Kontaktsperre §§ 31 ff. EGGVG.

Rechte einer Körperschaft des öffentlichen Rechts (→ Art. 137 WRV Rn. 29). Einem im gelockerten Vollzug befindlichen Strafgefangenen darf der Besuch einer im geschlossenen Vollzug angebotenen Veranstaltung eines Gefängnisseelsorgers verwehrt werden.[43] In keinem Fall ist der Staat befugt, auf den Inhalt der Seelsorge einzuwirken.

9    Dass weder auf den Einzelnen noch auf die Religionsgemeinschaften **Zwang** ausgeübt werden darf, ergibt sich bereits aus Art. 4 I, II sowie aus Art. 136 IV WRV.[44] Die Befragung der Anstaltsnutzer nach der Religionszugehörigkeit bei der Aufnahme in die Anstalt soll die seelsorgerische Betreuung ermöglichen und ist zulässig, wenn die Beantwortung freigestellt wird und unter zumutbaren Voraussetzungen abgelehnt werden kann (→ Art. 136 WRV Rn. 7).

# D. Ausgestaltungsregelungen

10    Die Anstaltsseelsorge ist in einigen Landesverfassungen sowie in Staatskirchenverträgen, zahlreichen Staatsgesetzen und Verwaltungsvorschriften näher geregelt worden.[45] Der für die Soldaten (verpflichtend) vorgesehene **Lebenskundliche Unterricht** ist anders als früher nicht mehr als Religionsausübung konzipiert worden, aber „idR von Militärseelsorgerinnen und Militärseelsorgern" zu erteilen.[46] Noch stärkere verfassungsrechtliche Bedenken bestehen gegen den „berufsethischen Unterricht", der Bestandteil der Laufbahnausbildung bei der Bundespolizei ist, weil er auf den Grundsätzen christlicher Lebensführung beruht.[47]

11    Für den Bereich des **Strafvollzug**s ist namentlich auf die §§ 53–55 StPO, § 157 StVollzG hinzuweisen.[48] Gem. § 53 I Nr. 1 StPO sind Geistliche über das, was ihnen in ihrer Eigenschaft als Seelsorger anvertraut worden oder bekanntgeworden ist, zur Verweigerung des Zeugnisses im Strafverfahren berechtigt.[49] § 160a I 1 StPO ordnet ein darauf bezogenes absolutes Beweiserhebungs- und -verwertungsverbot an.[50] Der Begriff des Geistlichen muss in einem säkularen Sinne[51] verstanden werden, wobei dem Kirchenrecht (Religionsrecht) eine Leitbildfunktion zukommt.[52] Der beauftragten Person muss ein Amt zur seelsorgerischen Betreuung verbunden mit einer herausgehobenen Stellung innerhalb der Religionsgemeinschaften übertragen worden sein.[53] Es muss sich nicht um Angehörige ör verfasster Religionsgemeinschaften handeln.[54] Auch ein Seelsorger, der keine Priesterweihe erhalten hat, ist jedenfalls dann als Geistlicher iSd Gesetzes anzusehen, wenn er nach den Voraussetzungen des kirchl. Dienstrechts hauptamtl. mit der Seelsorge beauftragt worden ist.[55] Eine hauptamtliche Beauftragung ist aber nicht zwingend erforderlich.[56] Das Zeugnisverweigerungsrecht bezieht sich nur auf die seelsorgerischen Teile eines Gesprächs (im Gegensatz zu den nicht-seelsorgerischen).[57] Die Frage, ob einem Geistlichen Tatsachen in seiner Eigenschaft als Seelsorger anvertraut oder bekanntgeworden sind, ist nach dem von der Rspr. aufgestellten, nicht unumstr. Maßstäben objektiv und in Zweifelsfällen unter Berücksichtigung der Gewissensentscheidung des Geistlichen zu beurteilen.[58] Dies kann erhebliche Abgrenzungsprobleme mit sich bringen. Der BGH hat Versöhnungsgespräche nicht als seelsorgerische Tätigkeit eingestuft.[59] Auch aus Art. 9 I EMRK ergibt sich das Recht der Gefangenen auf religiöse Bräuche (wie Speisevorschriften und Kleiderregeln) Rücksicht zu nehmen, sofern dadurch nicht die Sicherheit und Ordnung gefährdet wird.[60]

---

[43] BVerfG ZevKR 1988, 469.

[44] Vgl. BVerwGE 73, 247 ff. (Rechtswidrigkeit des Befehls an ein Mitglied des Militärmusikdienstes zur Teilnahme an einer Veranstaltung der Militärseelsorge).

[45] Vgl. dazu *Eick-Wildgans*, (Fn. 6), S. 997 ff., sowie die Zusammenstellung einiger bes. wichtiger Dokumente in den EssGspr 1989, 169 ff. Vgl. zB §§ 36 SG, 38 ZDG.

[46] Nr. 104 der Zentralen Dienstvorschriften des Bundesministers der Verteidigung v. 27.6.2011. Keine Bedenken gegen die Regelung hat *Muckel*, in: Friauf/Höfling, Art. 140/Art. 141 WRV (2011) Rn. 25.

[47] Vgl. auch *Unruh* (Fn. 25), Rn. 408.

[48] Ausführlich dazu *Eick-Wildgans* (Fn. 15), S. 223 ff.; zum Polizeirecht vgl. § 22 III BPolG (zum unterschiedlichen Landespolizeirecht *de Wall* ZevKR 2011, 4 [6]).

[49] Die Vorschrift dürfte im Kern verfassungsrechtlich geboten sein. Vgl. auch BVerfGE 109, 279 (322). Näher zum Schutz des Seelsorgergeheimnisses (auch zu dem entspr. Gesetz der EKD) *de Wall* ZevKR 2011, 4 ff. Vgl. ferner die parallele Vorschrift des § 383 II Nr. 4 ZPO. Zum Schutz des Beichtgeheimnisses vor Lauschangriffen vgl. BVerfGE 109, 279 (313 f., 322).

[50] Zur Verfassungsmäßigkeit vgl. BVerfGE 129, 208 ff.

[51] *de Wall* NJW 2007, 1856 (1857).

[52] *Radtke* ZevKR 2007, 617 (632).

[53] Vgl. BGH NStZ 2010, 646 Rn. 19.

[54] BGH NStZ 2010, 646 Rn. 8 ff.

[55] BVerfG (K) NJW 2007, 1865 (1866); vgl. auch bereits BGH NJW 2007, 307 ff.

[56] Zweifelnd auch BGH NStZ 2010, 646 Rn. 22.

[57] BVerfG (K) NJW 2007, 1865 (1866).

[58] BVerfG (K) NJW 2007, 1865 (1866 f.); BGHSt 37, 138 (140). Vgl. auch *de Wall* NJW 2007, 1856 ff.; *Radtke* ZevKR 2007, 617 ff.; *Ling* KuR 2008, 70 ff.

[59] BGH NStZ 2010, 646 Rn. 24.

[60] Vgl. *Grabenwarter/Pabel*, Europäische Menschenrechtskonvention, 6. Aufl. 2016, § 22 Rn. 134.

## Art. 141 [„Bremer Klausel"]

Artikel 7 Absatz 3 Satz 1 findet keine Anwendung in einem Lande, in dem am 1. Januar 1949 eine andere landesrechtliche Regelung bestand.

**Entstehungsgeschichte:** JöR nF (1951), 107 f., 907 ff.

**Schrifttum:** S. auch Lit. zu Art. 7 II, III. *H. Barion,* Bekenntnismäßig nicht gebundener Unterricht in Biblischer Geschichte auf allgemein christlicher Grundlage, FS Mensching, 1967, 227; *G. Bergemann,* Staat und Kirche in Bremen, ZevKR 9 (1962/63), 228; *A. v. Campenhausen,* Offene Fragen im Verhältnis von Staat und Kirche, EssGspr 34 (2000) 105; *K. Engelbrecht,* Verfassungsrechtliche Fragen der Einführung von Ethikunterricht in den öffentlichen Schulen des Landes Berlin, RdJB 2006, 362; *M. Frisch,* Die Bremer Klausel und die neuen Bundesländer, DtZ 1992, 144; *G. Fritz,* Berliner Sonderweg nicht gerechtfertigt, BayVBl. 2002, 135; *C. Fuchs,* Das Staatskirchenrecht der neuen Bundesländer, 1999; *M. Germann,* Beweist die Entstehungsgeschichte der Bremer Klausel die Exemtion des Landes Brandenburg von der Garantie des Religionsunterrichts?, ZevKR 45 (2000), 631; *H. Goerlich,* Art. 141 GG und staatliche Neutralität in „neuem Licht"?, NVwZ 2000, 898; *ders.,* Art. 141 GG als zukunftsgerichtete Garantie der neuen Länder und die weltanschauliche Neutralität des Bundes, NVwZ 1998, 819; *K. Hanßen,* Unterrichtsfach LER und Religionsunterricht im Land Brandenburg, LKV 2003, 153; *M. Heckel,* Religionsunterricht in Brandenburg, 1998; *ders.,* Religionskunde im Lichte der Religionsfreiheit, ZevKR 44 (1999), 147; *W. Hecker,* Der Streit über das Kopftuchtragen nach dem Berliner Neutralitätsgesetz, NVwZ 2019, 1476; *F.-R. Jach,* Die Entstehung des Bildungsverfassungsrechts in den neuen Bundesländern, RdJB 1992, 268; *N. Janz,* LER in Brandenburg – der Vorhang zu und alle Fragen offen, LKV 2003, 172; *ders.,* Humanistische Lebenskunde: ein neues Unterrichtsfach für Brandenburg?, LKV 2004, 356; *ders.,* Neuere Entwicklungen der schulischen Wertevermittlung in Brandenburg, ZevKR 53 (2008), 41; *ders.,* Wertevermittlung in Brandenburg – Humanistische Lebenskunde ad portas, LKV 2006, 208; *S. Korioth/I. Augsberg,* Ethik oder Religionsunterricht? Eine Bestandsaufnahme aus verfassungsrechtlicher Sicht, ZG 2009, 222; *H. Kremser,* Das Verhältnis von Art. 7 III 1 GG und Art. 141 GG im Gebiet der neuen Bundesländer, JZ 1995, 928; *ders.,* Das verfassungsrechtliche Verhältnis von Religions- und Ethikunterricht dargestellt am Beispiel Berlins, DVBl 2008, 607; *S. Leistikow/H.-J. Krzyweck,* Der Religionsunterricht in den neuen Bundesländern, RdJB 1991, 308; *Chr. Link,* Die Rechtsnatur des bremischen „Unterrichts in biblischer Geschichte auf allgemein christlicher Grundlage" (Art. 32 Brem. Verf) und die sich daraus für die religionspädagogische Ausbildung ergebenden Konsequenzen, ZevKR 24 (1979), 54; *ders.,* „LER", Religionsunterricht und das deutsche Staatskirchenrecht, FS Hollerbach, 2001, S. 747; *ders.,* Konfessioneller Religionsunterricht in einer gewandelten sozialen Wirklichkeit? ZevKR 46 (2001), 257; *S. Lörler,* Verfassungsrechtliche Maßgaben für den Religionsunterricht in Brandenburg, ZRP 1996, 121; *G. Mehrle,* Art. 141 GG in „neuem Licht"?, NVwZ 1999, 740; *S. Muckel/R. Tillmanns,* „Lebensgestaltung-Ethik-Religionskunde" statt Religionsunterricht?, RdJB 1996, 360; *M. Ogorek,* Geltung und Fortbestand der Verfassungsgarantie staatlichen Religionsunterrichts in den neuen Bundesländern, 2004; *B. Pieroth/Th. Kingreen,* Die Einschlägigkeit des Art. 141 für das Land Brandenburg, GS Jeand'Heur, 1999, S. 265; *K. Landes,* Ein neuer Kulturkampf? Eine verfassungsrechtliche Untersuchung zum schulrechtlichen Sonderweg Brandenburgs mit Schwerpunkt auf der Auslegung des Art. 141 GG, 2006; *R. Poscher,* Begriff der Religionsgemeinschaft – „Bremer Klausel", NJ 2000, 439; *ders.,* Entscheidungs-, aber nicht ergebnislos: Das verfassungsgerichtliche Verfahren um das Lehrfach LER, RdJB 2002, 380; *ders.,* Religions- oder Religionskundeunterricht? Eine Fallstudie zu einer verfassungsrechtlichen Dichotomie am Beispiel des Bremer Unterrichts in Biblischer Geschichte, RdJB 2006, 460; *G. Püttner/D. Kretschmer,* Ethik-Unterricht – aber wie?, FS Heckel, 1999, S. 901; *R. Puza,* Rechtsfragen um Religionsunterricht und das brandenburgische Unterrichtsfach LER, FS Listl, 1999, S. 407; *B. Reimer,* Die Begründung der „Bremer Klausel" (Art. 141 GG), 1958; *L. Renck,* Art. 141 GG und die neuen Bundesländer, ThürVBl 1999, 149; *ders.,* LER-Verfahren gegen das Brandenburgische Schulgesetz beendet, LKV 2003, 173; *ders.,* Ethik- und staatlicher Bekenntnisunterricht in Berlin, LKV 2006, 210; *G. Robbers,* Bemerkungen zum Religionsunterricht in Berlin, FS Krause, 2006, S. 411; *B. Schlink,* Religionsunterricht in den neuen Ländern, NJW 1992, 1008; *ders./R. Poscher,* Der Verfassungskompromiß zum Religionsunterricht, 2000; *Chr. Starck,* Religionsunterricht in Brandenburg, FS Listl, 1999, S. 391; *Chr. Tangermann,* Die Bremer Klausel (Art. 141 GG) angesichts neuer Fragestellungen, ZevKR 50 (2005), 184; *M. Thormann,* Kreuz, Kopftuch und Bekenntnisschule. Zum Verhältnis von Staat und Religion im deutschen Schulwesen, DÖV 2011, 945; *R. Tillmanns,* Islamischer Religionsunterricht in Berlin, RdJB 1999, 471; *A. Uhle,* Die Verfassungsgarantie des Religionsunterrichts und ihre territoriale Reichweite, DÖV 1997, 409; *ders.,* Das brandenburgische Lehrfach „Lebensgestaltung-Ethik-Religionskunde", KuR 1996, 15; *H. de Wall,* Zum Verfassungsstreit um den Religionsunterricht in Brandenburg, ZevKR 42 (1997), 353; *J. Winter,* Zur Anwendung des Art. 7 III GG in den neuen Ländern der Bundesrepublik Deutschland, NVwZ 1991, 753; *H. Wißmann,* Art. 141 GG als „Brandenburgische Klausel", RdJB 1996, 368; *H. A. Wolf,* Der Vergleichsvorschlag des Bundesverfassungsgerichts in dem Verfahren um das Brandenburgische Schulgesetz (LER), EuGRZ 2003, 463; *W. R. Wrege,* Zum Religionsunterricht in den neuen Ländern, LKV 1996, 191.

### Übersicht

## A. Entstehung der Vorschrift

**1**    Art. 7 III 1 erklärt bekenntnisgebundenen Religionsunterricht an (nicht bekenntnisfreien) öffentlichen Schulen zum ordentlichen Lehrfach.[1] Art. 141 enthält eine Ausnahmeregelung[2] zu dieser
Anordnung, die einer erbittert geführten Auseinandersetzung im ParlR geschuldet ist und systematisch
sinnvoller in Art. 7 hätte verortet werden sollen.[3] Praktische Bedeutung hat die wegen der Vorreiterrolle Bremens im Verlauf der Kontroverse als **„Bremer Klausel"** bezeichnete Vorschrift erst nach der
Wiedervereinigung erlangt (s. Rn. 9 ff.).

## B. Regelungsgehalt

**2**    Art. 141 **schränkt** den örtlichen Geltungsbereich des **Art. 7 III 1 ein:**[4] Religionsunterricht ist
damit nicht kraft verfassungsrechtlicher Anordnung ordentliches Lehrfach in denjenigen Ländern (und
Landesteilen, s. Rn. 5, 13), in denen am Stichtag (1.1.1949) eine „andere landesrechtliche Regelung"
bestanden hat.

**3**    Galt am 1.1.1949 eine solche Regelung, liegt es im Ermessen des Landes, an diesem Rechtszustand
festzuhalten, zu ihm zurückzukehren (auch bei zwischenzeitlicher Einführung von Religionsunterricht; Art. 141 lässt Rechtsentwicklungen nach dem 1.1.1949 unbeachtet[5]) oder Religionsunterricht
iSd Art. 7 III 1 einzuführen,[6] für den dann Art. 7 III 2 gilt.[7] Art. 141 suspendiert Länder mit
„anderen" Regelungen am Stichtag damit dauerhaft von der Bindung an Art. 7 III 1. War Religionsunterricht dagegen in einem Land am 1.1.1949 ordentliches Lehrfach, greift Art. 141 nicht; das Land
darf von dieser Regelung nicht (mehr) abweichen. Art. 7 III 1 ist mithin zwingendes Recht, es hätte
sonst der Ausnahmevorschrift des Art. 141 nicht bedurft.[8]

**4**    Art. 141 verlangt eine **„landesrechtliche Regelung"** in Gestalt eines formellen (Verfassungs-)
Gesetzes oder zB auch einer Rechtsverordnung, nicht aber in Form bloßer Verwaltungsvorschriften
oder ministerieller Runderlasse.[9]

**5**    Die betreffende Regelung muss nicht im gesamten Landesgebiet gegolten haben. Art. 141 kann
(lokalen Traditionen folgend) auch gebietsbezogen einschlägig sein, während in den **verbleibenden
Landesteilen** Art. 7 III 1 anwendbar ist.[10] Änderungen der Landesgrenzen sind daher für den
Geltungsbereich des Art. 141 ohne Bedeutung.

**6**    Die Vorschrift greift auch dann, wenn nur für **bestimmte Schultypen** (zB Berufsschulen) eine
abweichende Rechtslage bestanden hat.[11] Bei der Einführung neuer Schulformen ist maßgeblich, ob
Art. 141 zuvor für die Schulform gegolten hat, die nunmehr ersetzt wird.[12]

## C. Die hinsichtlich der Regelschule betroffenen Länder

**7**    **1. Bremen.** Nach Art. 32 I der *BremVerf* v. 21.10.1947 wird in allgemeinbildenden öff. Schulen
bekenntnismäßig nicht gebundener Unterricht in Biblischer Geschichte auf allg. christl. Grundlage
erteilt (konfess. Religionsunterricht nur außerhalb der Schulzeiten).[13] Dies ist kein allgemeinevange-
lischer Unterricht iSv Art. 7 III 1 (so dass Art. 141 möglicherweise entbehrlich gewesen wäre);[14] es ist
hier – ungeachtet des Ursprungszweckes des Unterrichts, im 19. Jh. Reformierte und Lutheraner
zusammenzuführen[15] – vielmehr der Auslegung des *BremStGH* zu folgen, wonach die BremVerf
v. 1947 nicht an spezif. protestantische Traditionen anknüpft, sondern umfass. Bekenntnisneutralität

---

[1] Die Komm. beruht auf der Vorkommentierung von A. Schmitt-Kammler, die aktualisiert und fortgeschrieben
wird. – Näher dazu → Art. 7 Rn. 39 ff.

[2] JöR nF 1 (1951) 907 ff.; *v. Campenhausen,* in: v. Mangoldt/Klein/Starck III, Art. 141 Rn. 1.

[3] *v. Campenhausen* (Fn. 2) Rn. 5; vgl. *Stern,* StaatsR IV/2, S. 513 f.

[4] H. M.: *Frisch* DtZ 1992, 144 (145); *Uhle* DÖV 1997, 409 (414); aA *Renck* ThürVBl 1993, 102 (103).

[5] *Westhoff* AfkKR 126 (1953/54), 113 (115); *Holtkotten* BK (Erstbearb.), Art. 141 Anm. I; *v. Campenhausen* (Fn. 2),
Rn. 2.

[6] *Heintzen* HStR IX, § 218 Rn. 32; *Badura,* in: Maunz/Dürig, Art. 141 Rn. 2, 3; aA *Renck* DÖV 1994, 27 (32).

[7] *Sachs,* VerfR II, Kap. 19 Rn. 18.

[8] *Holtkotten* BK, Art. 141 (Erstbearb.) Anm. II 1b; *Schlink* NJW 1992, 1008 (1009 f.); s. auch *Link* HdbStKR II,
1. Aufl. 1975, S. 503, 518.

[9] *v. Campenhausen* (Fn. 2) Rn. 2; *Boysen,* in: v. Münch/Kunig II, Art. 141 Rn. 6.

[10] *Holtkotten* BK, Art. 141 (Erstbearb.) Anm. II 2c; *v. Campenhausen* (Fn. 2) Rn. 2.

[11] *Holtkotten* BK, Art. 141 (Erstbearb.) Anm. II 2a; *Boysen,* in: v. Münch/Kunig II, Art. 141 Rn. 4; *v. Campen-
hausen* (Fn. 2) Rn. 2; *Germann,* in: Epping/Hillgruber, Art. 141 Rn. 4; *Pieroth,* in: Jarass/Pieroth, Art. 141 Rn. 1;
*Erwin,* Verfassungsrechtliche Anforderungen an das Schulfach Ethik/Philosophie, 2001, S. 198; aA *Richter,* AK GG,
Art. 141 Rn. 4.

[12] *Maunz,* in: Maunz/Dürig, Art. 141 (Erstbearb.) Rn. 5.

[13] ISv „Unterrichtszeiten", nicht von Schulpflichtzeiten, *v. Campenhausen* (Fn. 2), Rn. 3 Fn. 1; zum Unterricht in
Biblischer Geschichte *Poscher* RdJB 2006, 460.

[14] *Schmoeckel,* Der Religionsunterricht, 1964, S. 301 ff.

[15] *v. Campenhausen* (Fn. 2) Rn. 4 Fn. 1.

im Unterricht verlangt.[16] Diesem Unterricht mangelt der „bekenntnis-christliche" Charakter, da er nicht auf Glaubensverkündung, sondern auf Kenntnisvermittlung in „biblischer Geschichte" gerichtet ist, wobei die „allgemein christliche Grundlage" nur die Perspektive für die historische Befassung mit der Materie „Bibel" liefert.[17]

**2. Berlin.** In (ganz)[18] Berlin ist der Religionsunterricht nach § 13 des SchulG v. 26.1.2004 Sache  **8** der Religions- und Weltanschauungsgemeinschaften. Über die Teilnahme entscheiden die Erziehungs- berechtigten durch schriftliche Erklärung gegenüber der Schulleitung; nach Vollendung des 14. Le- bensjahres steht das Recht zur Entscheidung den Schülerinnen und Schülern zu.[19, 20, 21] Der Religions- unterricht ist damit kein „ordentliches Lehrfach"; zum in Berlin eingerichteten, durch das BVerfG gebilligten[22] Pflichtfach „Ethik" s. o. Art. 7 Rn. 54. Es handelt sich ausdrücklich *nicht* um eine Wahl- pflichtfachregelung (Religionsunterricht *oder* Ethik), denn Religionsunterricht wird weiterhin auf freiwilliger Basis angeboten.

**3. Beitrittsgebiet.** Umstr. ist die Rechtslage im **Beitrittsgebiet,** für das der EinigungsV insoweit  **9** keine Sonderregelungen enthält[23] und in dem die jeweiligen Landesverfassungen aus der Zeit vor 1949[24] Religionsunterricht zwar zuließen,[25] aber nicht als ordentliches Lehrfach vorsahen. Erst nach dem 3.10.1990 ist er in den meisten „neuen" Ländern ordentliches Lehrfach geworden.[26] Auch für diese Länder bleibt die Frage nach der Anwendbarkeit des Art. 141 bereits wegen der rechtlichen Möglichkeit aktuell, von einer nach 1949 getroffenen Entscheidung zugunsten der Einführung des Religionsunterrichts als ordentliches Lehrfach wieder abzuweichen (o. Rn. 3).[27]

In **Brandenburg** ist gemäß §§ 9, 11 des *Brand*SchulG das Fach „Lebensgestaltung-Ethik-Religions-  **10** kunde" **(LER)** seit 1996 als ordentliches Lehrfach eingeführt (s. Art. 7 Rn. 54; die Ausführungen zum „Ethikunterricht" gelten entsprechend). Ob der Landesgesetzgeber bei der Einführung den durch Art. 7 III 1 belassenen Gestaltungsspielraum[28] überschritten hat, hängt demnach von der Geltung des Art. 141 für dieses Land (und für die übrigen neuen Länder) ab. Über diese Frage hatte das BVerfG im Rahmen mehrerer gegen das *Brand*SchulG gerichteter Verfahren[29] zu entscheiden; es hat ohne Ent- scheidung in der Sache einen „Vorschlag für eine einvernehmliche Verständigung" unterbreitet (BVerfGE 104, 305). Das *Brand*SchulG ist im Anschluss daran unter Beibehaltung eines „aufgewerte- ten" nichtstaatlichen Religionsunterrichts geändert worden.[30]

---

[16] *Brem*StGH NJW 1966, 36. Zum erfolglos (BVerfGE 30, 112) angegriffenen Urteil etwa *v. Campenhausen* (Fn. 2) Rn. 4; *Richter* AK GG, Art. 141 Rn. 5. Zur Geschichte des Art. 32 *Spitta,* Komm. zur BremVerf v. 1947, 1960, Art. 32, S. 81 ff.

[17] Vgl. *Boysen,* in: v. Münch/Kunig II, Art. 141 Rn. 4; wieder in Frage gestellt bei *Tangermann* ZevKR 50 (2005), 184.

[18] Anders *Kremser* JZ 1995, 928 ff.; *ders.* DVBl 2008, 607; *P. Unruh* DÖV 2007, 625; dagg. *Tillmanns* RdJB 1999, 471 (475); *Badura,* in: Maunz/Dürig, Art. 141 Rn. 4, 7. Ausf. BVerwGE 110, 326 (334 ff.) unter mühsamer Vermeidung einer Festlegung hinsichtlich der Geltung des Art. 141 für die übrigen neuen Länder.

[19] Dazu BVerwGE 110, 326 (333 aE); *v. Campenhausen* ZevKR 25 (1980), 135 (149); *Westhoff* AfkKR 126 (1953/ 54), 113 (121); *Badura,* in: Maunz/Dürig, Art. 7 Rn. 65 m. Fn. 4. Für die Geltung des Art. 7 III 1 in (ganz) Berlin *Fritz* BayVBl 2002, 135. – Die religiöse Unterweisung in Berlin erfolgt auf der Grundlage von Vereinbarungen des Senats mit den Vertretern der Religionsgemeinschaften, *Tillmanns* RdJB 1999, 471 (475 Fn. 17); *v. Campenhausen* (Fn. 2) Rn. 3 Fn. 2. Durch Kirchenvertrag v. 20.2.2006 wird nunmehr regulärer ev. Religionsunterricht in Berlin gewährleistet, s. *Robbers* FS P. Krause, 2006, S. 411. – In **Hamburg** ist am 1.1.1949 Religionsunterricht ordentliches Lehrfach gewesen, *Westhoff* AfkKR 126 (1953/54), 113 (115, 119 f.); die Intervention im ParlR (s. JöR nF 1 [1951] 908 sowie Prot. d. 10. Sitzung d. Bürgerschaft v. 18.5.1949, S. 312 f.) beruht auf Missverständnissen; dazu *Link* ZevKR 46 (2001), 257 (262); *Badura,* aaO.

[20] (*nicht belegt*).

[21] (*nicht belegt*).

[22] BVerfG (K) NVwZ 2008, 72; dort wird zur Geltung des Art. 7 III 1 GG für Berlin nicht Stellung genommen. Abwahlmöglichkeit zugunsten des Religionsunterrichts fordernd *Kremser* DVBl 2008, 607; *P. Unruh* DÖV 2007, 625; ebenfalls billigend EGMR NVwZ 2010, 1353.

[23] *v. Campenhausen* (Fn. 2) Rn. 8; ferner *Pieroth/Kingreen* GS Jeand'Heur, 1999, S. 265 (276) einerseits und *Link,* FS Hollerbach, 2001, S. 747 (756); *Uhle* DÖV 1997, 409 (415) andererseits.

[24] Texte bei *Burhenne* (Hrsg.), Die Verfassungen und LT-GeschO der DDR-Länder bis 1952, 1990; w. N. bei *v. Campenhausen* (Fn. 2) Rn. 3, 7.

[25] Ausnahme: ThürVerf v. 20.12.1946, die hierzu schweigt.

[26] Art. 105 I SachsVerf; Art. 27 III 1 LSAVerf; Art. 25 I ThürVerf; § 7 MVSchulG. Vgl. *Schwerin* RdJB 1992, 313 f.; o. Art. 7 Rn. 45. – Nicht immer allerdings liegt diese Entwicklung ohne weiteres im Interesse der „Begüns- tigten", *H. Weber* ZevKR 1991, 253 (269).

[27] *Erwin* (Fn. 11), S. 201; unzutr. daher *Jach* RdJB 1992, 268 (274).

[28] Zu diesem Spielraum *v. Campenhausen* (Fn. 2) Rn. 9.

[29] S. RdJB 1996, 294.

[30] Maßgeblich durch G v. 10.7.2002 (GVBl. I 55); die gegen die Neufassung erhobene Verfassungsbeschwerde wurde nicht zur Entscheidung angenommen, BVerfG (K) LKV 2004, 227. Die Verfahren gegen die Einführung von „LER" wurden eingestellt, BVerfGE 106, 210. S. ferner BVerfGE 105, 235 (Ablehnung eines Eilantrags). Krit. zur „Flucht" des BVerfG in den „Vergleich" *Janz* LKV 2003, 172; *Renck* LKV 2003, 173 f.; s. auch *Poscher* RdJB 2002, 380 (387); *Wolf* EuGRZ 2003, 463; *Stern,* StaatsR IV/2, S. 515. – Zur Frage, ob „LER" neutral genug gestaltet werde,

**11**     Die Frage nach der Anwendbarkeit des Art. 141 ist nicht etwa deshalb entbehrlich, weil die neuen Länder über „bekenntnisfreie" **Regelschulen** iSd Art. 7 III 1 verfügten. Selbst öffentliche Regelschulen ohne christlichen Charakter könnten **nicht** als **bekenntnisfrei** in diesem Sinne angesehen werden. Andernfalls würde Art. 7 III 1 ins Leere gehen; der besonderen Regelung in Art. 141 hätte es dann nicht bedurft.[31]

**12**     Keineswegs hindert die Tatsache einer zunehmenden **Erosion christlicher Überzeugungen im Beitrittsgebiet** die Anwendung des Art. 7 III 1.[32] Diese Entwicklung entzieht der Vorschrift nicht ihre Rechtfertigung als Ausnahme vom Prinzip der Trennung von Staat und Kirche – zum einen bedarf sie als Verfassungsnorm einer solchen Rechtfertigung nicht,[33] zum anderen ist sie ihrerseits als „Grundsatznorm" zu verstehen, Art. 141 als Sonderregelung.

**13**     Die Entstehungsgeschichte des Art. 141 zeigt ferner, dass er nicht (iS einer **„Gründungsländerthese"**) auf die 1949 dem GG beigetretenen Länder beschränkt sein sollte.[34] Art. 141 enthält ferner nicht (auch nicht „stillschweigend") das Erfordernis ununterbrochenen Bestehens der Länder i. S. **staatsrechtlicher Identität.**[35] Es kommt deshalb nicht darauf an, dass die Länder der SBZ/DDR durch das Gesetz v. 23.7.1952[36] oder durch Erlass der Verfassung v. 6.4.1968[37] möglicherweise erloschen sind[38] und es sich 1990 um eine echte Neugründung gehandelt hätte.[39] Art. 141 erstreckt sich auf alle 1949 konstituierten Länder, unabhängig von der späteren Entwicklung ihrer Identität,[40] weil er nicht bei historischen Ländergrenzen und staatlicher Identität ansetzt, sondern die Rechtslage in einzelnen **Gebieten** berücksichtigt.[41] Diese Gebietsbezogenheit zeigt sich schon daran, dass Art. 141 nur für *Teile* eines Landes gelten kann (s. o. Rn. 5). Außerdem wäre (trotz dann ebenfalls fraglicher Identität) im Falle einer Neuordnung des Bundesgebietes von der Geltung des Art. 141 auszugehen. Wenngleich das GG selbst in Art. 29, 135 die Begriffe „Gebiet" und „Land" verwendet, wohnt diesen keine kategoriale Unterscheidung inne: In Art. 29 dient die Formulierung „Gebiet eines Landes" nur der Abgrenzung zu „Gebiets*teilen*" eines Landes. – In dem gesamten Gebiet, das die fünf Länder vor 1949 eingenommen haben und das heute wieder (ungeachtet interner Grenzverschiebungen) von ihnen eingenommen wird, haben am 1.1.1949 von Art. 7 III 1 abweichende landesrechtliche Regelungen gegolten.[42] Da allein der **Stichtag 1.1.1949** maßgeblich ist, die *spätere* „feindselige" Religionspolitik der DDR also außer Betracht bleibt, wäre es auch nicht angängig, diese Regelungen pauschal als „undemokratisch" und damit als unbeachtlich zu qualifizieren.[43]

---

zw. *Jeand'Heur/Korioth,* StKirchR, 2000, Rn. 323. – Str. ist, ob neben den Religionsgemeinschaften dem „Humanistischen Verband" als Weltanschauungsgemeinschaft die Abhaltung dieser Art von „Religionsunterricht" zu gestatten sei. Dazu (bejahend) BrandVerfG NVwZ 2006, 1052, unter Berufung auf die staatliche Neutralität. Dabei wird die Frage der Geltung des Art. 141 für Brandenburg offengelassen, was der Nachvollziehbarkeit der in Bezug auf Art. 7 III teilweise „hilfsgutachtlich" verlaufenden Argumentation nicht bekommt, s. die Krit. bei *Janz* LKV 2006, 208.

[31] S. dazu → Art. 7 Rn. 49. Für eine enge Auslegung von „bekenntnisfrei" auch BVerwGE 110, 326 (331 mwN); ferner *Schlink* NJW 1992, 1008 (1009 f.); *M. Heckel* ZevKR 1999, 147 (217); *Maurer,* FS Zacher, 1998, S. 577 (587); *Isensee,* in: G. Bitter (Hrsg.), Religionsunterricht hat Zukunft, 2000, S. 19 (38); anders *Sachs,* VerfR II, Kap. 19 Rn. 19. – Für die Weimarer Zeit *Anschütz,* WRV, Art. 149 Anm. 1 (S. 689).

[32] So aber *Renck* ThürVBl 1994, 182 (183); wie hier *Oebbecke* DVBl 1996, 336 Fn. 3; *Erwin* (Fn. 11), S. 200, 203; *M. Heckel* JZ 2000, 563 (564 sub X); *Stern,* StaatsR IV/2, S. 516, der aber eine Nichtanwendbarkeit des Art. 141 mangels Tradition annimmt; ausf. *Ogorek,* S. 188 ff.

[33] *Muckel/Tillmanns* RdJB 1996, 360 (364).

[34] Eingehend *Schlink/Poscher,* S. 13, 88 f. Anders zB *Germann* ZevKR 2000, 631; *Jeand'Heur/Korioth* (Fn. 28) Rn. 322; *M. Heckel* ZevKR 44 (1999), 147 (207 ff.); *Badura,* in: Maunz/Dürig, Art. 141 Rn. 5.

[35] So aber *Kästner* EssGspr 32 (1998) 61 (87 f.); *Mückl* AöR 1997), 513 (542); *Uhle* DÖV 1997, 409 (410 f.); *Muckel/Tillmanns* RdJB 1996, 360 (362); *Link* HdbStKR II, S. 443; *v. Campenhausen* (Fn. 2) Rn. 7; *Badura,* in: Maunz/Dürig, Art. 7 (2015) Rn. 82; *Geis,* in: Friauf/Höfling, Art. 7 Rn. 58; *Ogorek,* S. 18 ff.; *M. Heckel,* Religionsunterricht in Brandenburg, 1998, S. 98; *Scholz* EssGspr 26 (1991), 7, 15 f.; mehr i. S. eines schulrechtl. Kontinuitätserfordernisses *Mehrle* NVwZ 1999, 740 (742 f.); ähnl. *Germann,* in: Epping/Hillgruber, Art. 141, Rn. 2: „Rechtskontinuität". – Dagg. *Wähler* EssGspr 32 (1998), 118; *Schlink/Poscher,* S. 90; *Pieroth/Kingreen,* GS Jeand'Heur, 1999, S. 265; *Pieroth,* in: Jarass/Pieroth, Art. 141 Rn. 1; *Franke,* in: Simon/Franke/Sachs (Hrsg.), Hdb. d. Verf. d. Landes Bbg, 1994, S. 125 (128); *H. Weber* ZevKR 36 (1991), 253 (268); i. Erg. auch *Jeand'Heur/Korioth* (Fn. 28) Rn. 317 ff.

[36] Dazu *Frisch* DtZ 1992, 114 (145).

[37] Dazu *Muckel/Tillmanns* RdJB 1996, 360 (363).

[38] Für eine bloße Überlagerung der Länder durch die Bezirkseinteilung *Wißmann* RdJB 1996, 368 (371); zw. auch *Leistikow/Krzyweck* RdJB 1991, 308 (309).

[39] So *Kremser* JZ 1995, 928 (929); *Uhle* DÖV 1997, 409 (410); *Gröschner,* in: Dreier III, Art. 141 Rn. 16.

[40] *Wißmann* RdJB 1996, 368 (372); *Erwin* (Fn. 11), S. 196. – Zu besonderen Problemen mit der „Identität" des Landes Berlin s. *H. Weber* EssGspr 32 (1998) 116; BVerwGE 110, 326.

[41] So z. B. auch *Lörler* ZRP 1996, 121 (123); *Wißmann* RdJB 1996, 368 (371 f.); *Stern,* StaatsR IV/2, S. 513; anders *M. Heckel* (Fn. 33) S. 103.

[42] In Brandenburg maßgebend waren am 1.1.1949 Art. 58 II, 66 der Verf. der Provinz Mark Brandenburg v. 6.2.1947: Religionsunterricht als *kirchliche* Veranstaltung in den Räumen der Schule.

[43] Vgl. dazu BVerwGE 110, 326 (337); *Rüfner* EssGspr 26 (1991), 60 (68 f.); ferner *Kremser* JZ 1995, 928 (930); *Muckel/Tillmanns* RdJB 1996, 360 (361); *Erwin* (Fn. 11) S. 200. – Die Beseitigung des Religionsunterrichts als ordentl. Lehrfach erfolgte durch den Befehl Nr. 40 des Chefs der SMA in Deutschland v. 25.8.1945, an den sich 1946

Auch eine ungeschriebene Voraussetzung einer längeren religionsunterrichtsfreien **Tradition** (vor **14** 1949) lässt sich Art. 141 nicht entnehmen.[44] Entsprechende Überlegungen im ParlR[45] und eine de facto etwa in Bremen bestehende Tradition[46] können ein solches Erfordernis allein nicht begründen. Es zu fordern, beschränkte den Anwendungsbereich der Norm sozusagen vom Ergebnis her auf Bremen und Berlin, zumal offen bleibt, für welchen Zeitraum eine solche Tradition hätte bestehen müssen. Art. 141 enthält die Formulierung „am 1. Januar 1949", nicht etwa „vor dem 1. Januar 1949". Zudem erscheinen Traditionskriterien angesichts einer von Besatzungsmächten vielfach ganz neu gestalteten „Länderlandschaft" ohnehin fragwürdig.

Dass schließlich eine Anwendung des Art. 141 auf die neuen Länder dessen (mit dem Traditions- **15** argument eng verknüpften) ursprünglich intendierten **Ausnahmecharakter** faktisch in gewissem Umfang nivelliert,[47] ist Folge der Wiedervereinigung, die auch in manch anderer Hinsicht (notwendigerweise) die gesamtstaatliche Situation verändert hat.[48] Angesichts der Art. 7 III entsprechenden Rechtslage in den meisten neuen Ländern droht auch nach wie vor keine „Spaltung" des Staatskirchenrechts in Ost und West.[49]

## Art. 142 [Grundrechte in Landesverfassungen]

**Ungeachtet der Vorschrift des Artikels 31 bleiben Bestimmungen der Landesverfassungen auch insoweit in Kraft, als sie in Übereinstimmung mit den Artikeln 1 bis 18 dieses Grundgesetzes Grundrechte gewährleisten.**

**Entstehungsgeschichte:** Erstfassung: JöR nF 1 (1951), 910.
**Leitentscheidungen:** BVerfGE 1, 264 (Bezirksschornsteinfegermeister); BVerfGE 22, 267 (Grundrechtsgleiche Rechte in einer Landesverfassung); BVerfGE 36, 342 (Inhaltsgleiches Landesverfassungsrecht); BVerfGE 96, 345 (Landesverfassungsgerichte).

**Schrifttum:** *H. U. Gallwas,* Konkurrenz von Bundes- und Landesgrundrechten, JA 1981, 536; *P. M. Huber,* Die Landesverfassungsgerichte zwischen Anspruch und Wirklichkeit, ThürVBl. 2003, 73; *ders.,* Bundesverfassungsrecht und Landesverfassungsrecht, NdsVBl. 2011, 233; *S. Jutzi,* Grundrechte der Landesverfassungen und Ausführung von Bundesrecht, DÖV 1983, 836; *K. Lange,* Kontrolle bundesrechtlich geregelter Verfahren durch Landesverfassungsgerichte?, NJW 1998, 1278; *J. F. Lindner,* Die Grundrechte der Bayerischen Verfassung – eine dogmatische Bestandsaufnahme, BayVBl. 2004, 641; *ders.,* Grundrechtsschutz im europäischen Mehrebenensystem – eine systematische Einführung, Jura 2008, 401; *K. W. Lotz,* Verfassungsbeschwerde und Bundesrechtsordnung, FS 50 Jahre BayVerfGH, 1997, S. 115; *T. Maunz,* Landesverfassungen und Grundgesetz, in: H. Merten/R. Morsey (Hrsg.), 30 Jahre Grundgesetz, 1979, S. 87; *M. Möstl,* Landesverfassungsrecht – zum Schattendasein verurteilt? AöR 130 (2005), 350; *M. Sachs,* Die Grundrechte im Grundgesetz und in den Landesverfassungen, DÖV 1985, 469; *O. Schlichter,* Die Zuständigkeit der Landesverfassungsgerichte bei gleichzeitiger Verletzung von sog. inhaltsgleichen Bundesgrundrechten und Landesgrundrechten, Diss. Münster 1957; *H. P. Schneider,* Verfassungsgerichte der Länder – „Filter" für Karlsruhe?, NJW 1996, 1517; *K. Sobota,* Kompetenzen der Landesverfassungsgerichte im Bundesstaat: Zersplittert die Rechtseinheit?, DVBl. 1994, 793; *R. Uerpmann,* Landesrechtlicher Grundrechtsschutz und Kompetenzordnung, Der Staat 35 (1996), 426; *B. Wermeckes,* Der erweiterte Grundrechtsschutz in den Landesverfassungen, 2000; *ders.,* Landesgrundrechte – Bestandssicherung durch Kollisionsvermeidung, DÖV 2002, 110.

### Übersicht

AusführungsVO und 1946/47 die Länderverfassungen anschlossen; s. *Link,* FS Hollerbach, 2001, S. 751 Fn. 21. – Zur West-Berliner Regelung s. *Wähler* EssGspr 32 (1998), 118.

[44] S. aber *Robbers,* in: v. Mangoldt/Klein/Starck I, Art. 7 III Rn. 122; ähnl. *Stern,* StaatsR IV/2, S. 516. *Germann,* in: Epping/Hillgruber, Art. 141 Rn. 6.5, sieht den Zweck des Art. 141 GG in einem „Vorbehalt zugunsten grundsätzlich bekannter (…) von der Regel des Art 7 Abs 3 GG abweichender landesrechtlicher Traditionen".

[45] Dazu *Uhle* DÖV 1997, 409 (414).

[46] *Schmoeckel* (Fn. 14) S. 301: Biblischer Geschichtsunterricht ohne Bekenntnisbindung seit 1799, eine dem Art. 32 BremVerf entsprechende Ausgestaltung des Religionsunterrichts seit 1922; *Link* HdbStKR II, S. 443 f.; *Kremser* JZ 1995, 928 (931); krit. *Schlink* NJW 1992, 1008 (1012).

[47] *Muckel/Tillmanns* RdJB 1996, 360 (361); *Uhle* KuR 1996, 15 (22); *Ogorek,* S. 41; *Kästner* EssGspr 32 (1998), 61 (64, 86 Fn. 92); *Link* FS Hollerbach, 2001, S. 755.

[48] I. Erg. wie hier die in Fn. 38 f. Genannten; ferner *Renck* LKV 1997, 81; *Schlink* NJW 1992, 1008 (1011); *H. Weber* ZevKR 1991, 253 (268 f.); *Leistikow/Krzyweck* RdJB 1991, 308 (309); *Goerlich* NVwZ 1998, 819. – Für die Gegenposition s. Fn. 33, 37; ferner *Stern,* StaatsR V, S. 2083; IV/2, S. 516; *C. Fuchs,* S. 221 ff.; *Robbers* (wie Fn. 42). W. Nachw. bei *Link* FS Hollerbach, 2001, S. 757 Fn. 48.

[49] So etwa die Befürchtung bei *M. Heckel* JZ 2000, 563 (564).

## A. Allgemeines

1    Art. 142 knüpft an den **Tatbestand von Art. 31** an[1] und hängt mit dessen Regelungsgehalt daher untrennbar zusammen.

### I. Entstehungsgeschichte

2    Nachdem der Hauptausschuss des ParlRates auf Vorschlag des Abg. *Kaufmann* den Vorrang des Bundesrechts zunächst nur für entgegenstehendes Landesrecht anordnen wollte, brachte die 3. Lesung am 9.2.1949 die Rückkehr zu dem unitarisch geprägten Verständnis, wie es sich seit der Reichsgründung im Jahre 1871 durchgesetzt hatte (*Hoch* und *Dehler* gegen *Laforet*). In diesem Sinne berichtete *v. Brentano* nach nochmaliger Befassung des Fünferausschusses, dass mit Art. 31 der von Art. 13 WRV überkommene „fest umrissene Inhalt" übernommen werden solle. Gleichzeitig wurde – gleichsam **kompensatorisch** – vorgeschlagen, einen Art. 148a in das GG aufzunehmen, nach dem die Grundrechtsartikel des GG Bestimmungen gleichen Inhalts in den Länderverfassungen nicht entgegenstünden. Dieser Vorschlag hat in Art. 142 seine endgültige Fassung gefunden.

### II. Art. 142 als lex specialis zu Art. 31

3    Aus Art. 28 I iVm Art. 70 ergibt sich die grundsätzliche Befugnis der Länder, in ihren Verfassungen eigene Grundrechte zu statuieren (→ Art. 21 Rn. 17). Diese Verfassungsgesetzgebung ist Teil der **Gesetzgebung** und unterliegt den allgemeinen bundesstaatlichen Kollisionsregeln, soweit das GG nichts anderes bestimmt oder zulässt. Art. 142 modifiziert diese Regeln insoweit, als sich Landesgrundrechte nur im Falle eines Widerspruchs am Vorrang des Bundesrechts messen lassen müssen.[2]

4    Ausweislich seines Wortlauts – „[u]ngeachtet der Vorschrift des Art. 31 […]" – weichen die Rechtsfolgen von Art. 142 von jenen des Art. 31 ab. Mit der Verwendung des Adverbs „auch" stellt er klar, dass die Rechtsfolge des „Inkraftbleibens" über die Fälle mangelnder Gegenstandsgleichheit und fehlender Kollision hinaus (→ Art. 31 Rn. 18) auch bei einer Übereinstimmung von Landesgrundrechten mit den Art. 1 bis 18 Platz greift.[3] Richtig verstanden handelt es sich bei Art. 142 deshalb um eine **auf inhaltsgleiche Landesgrundrechte beschränkte konstitutive Spezialregelung zu Art. 31.**

5    Die **hM,** die Art. 31 generell nur auf entgegenstehendes Landesverfassungsrecht anwenden will (→ Art. 31 Rn. 22),[4] erkennt in Art. 142 konsequenterweise lediglich eine auf den Bereich der Grundrechte beschränkte Wiedergabe der allgemeinen Rechtslage. Die Vorschrift wäre insoweit rein deklaratorischer Natur[5] und hätte keinen eigenständigen Regelungsgehalt. Dies widerspricht freilich nicht nur der Entstehungsgeschichte (vgl. Rn. 2), sondern auch Wortlaut, Systematik und Telos von Art. 142[6] und missachtet darüber hinaus das methodische Gebot, Verfassungsbestimmungen im Sinne ihrer größtmöglichen Wirkkraft zu interpretieren.[7]

### III. Bedeutung

6    Trotz ihrer Fortgeltung haben die Landesgrundrechte **keine nennenswerte Bedeutung** erlangt.[8] Daran hat auch der Umstand nichts geändert, dass im Zuge der Föderalismusreform I 2006 eine Reihe von Gesetzgebungsmaterien – vom Strafvollzug über das Versammlungs-, Gaststätten-, Ladenschluss-, Markt- und Hochschulrecht bis zum Besoldungs- und Versorgungsrecht – der Gesetzgebungskompetenz der Länder zugewiesen und die Länder bei den Gegenständen des Art. 72 III ermächtigt worden sind, vom Bundesrecht abweichende Regelungen zu erlassen. Zwar ist mit der Erweiterung der Gesetzgebungskompetenzen der Länder auch der potentielle Anwendungsbereich der Landes-

---

[1] BVerfGE 35, 342 (363); *Sachs* DÖV 1985, 469 (470); *Schlichter,* Die Zuständigkeit der Landesverfassungsgerichte, 1957, S. 15.
[2] BVerfGE 96, 345 (368 f.); *Poscher* NJ 1996, 351 (356); *Uerpmann* Staat 35 (1996), 428 (434 ff.).
[3] *Enders* JuS 2001, 462 (465); aA *Gallwas* JA 1981, 535 (538 f.); *Unruh* MKS III, Art. 142 Rn. 6.
[4] BVerfGE 36, 342 (363, 367); 40, 296 (327); 96, 345 (364).
[5] BVerfGE 96, 345 (364).
[6] *Korioth,* in: Maunz/Dürig, Art. 142 (2008) Rn. 3.
[7] Krit. zu diesem Gebot *Unruh* MKS III, Art. 142 Rn. 6; *Sacksofsky* BK Art. 142 (2004) Rn. 6.
[8] *Pietzcker* HStR VI, § 134 Rn. 66; ähnlich *Hesse,* Grundzüge, Rn. 89; optimistischer *Möstl* AöR 130 (2005), 350 (390).

grundrechte größer geworden, und in der Tat finden sich in den Entscheidungen des BayVerfGH zum BayHG[9] oder des HessStGH zur Zulässigkeit von Studienbeiträgen[10] auch umfangreichere Ausführungen zu spezifisch landesverfassungsrechtlichen Grundrechtsgarantien. Eine Trendwende war damit jedoch nicht verbunden. Grund dafür dürfte sein, dass sich das Übergewicht des Bundes in der Gesetzgebung nicht wirklich vermindert hat und die flächendeckende Entfaltung etwa der Art. 4, 5, 8 und 10 GG durch das BVerfG wenig Raum für regionale Diversität lässt;[11] daran dürfte sich angesichts des im Grundrechtsbereich zunehmend aktivistisch agierenden EuGH[12] auch in Zukunft nichts ändern. Im Gegenteil, der Raum für den landesverfassungsrechtlichen Grundrechtsschutz wird kontinuierlich enger.

Auch die vom BerlVerfGH[13] und vom SächsVerfGH[14] etablierte, vom BVerfG in engen Grenzen **7** gebilligte[15] **Überprüfung des Vollzugs von Bundesrecht am Maßstab der Landesgrundrechte** hat letzteren nicht zu einem nennenswerten Bedeutungsgewinn verholfen. Zwar folgen mittlerweile alle Landesverfassungsgerichte dieser Linie;[16] da es insoweit jedoch allein um mit dem GG *inhaltsgleiche* Landesgrundrechte geht, erschöpft sich der Effekt dieses Ansatzes im Wesentlichen darin, die verfassungsgerichtlichen Rechtsschutzmöglichkeiten der Betroffenen zu erweitern. Das ist insbesondere dann von praktischer Bedeutung, „wenn die jeweilige Verfahrensordnung für das Landesverfassungsgericht ein Annahmeverfahren nicht vorsieht oder wenn die Annahmevoraussetzungen weniger restriktiv sind als die des Bundesverfassungsgerichts".[17]

# B. Tatbestand

## I. Grundrechte

Nach Art. 142 bleiben Bestimmungen der Landesverfassungen in Kraft, soweit sie in Übereinstim- **8** mung mit den Art. 1 bis 18[18] Grundrechte gewährleisten. Mit Blick auf seine Zielsetzung, die Verfassungsautonomie der Länder zu respektieren und den landesverfassungsrechtlichen Grundrechtsstandard als Maßstab für die (Verfassungs-)Gerichte der Länder zu erhalten, bedarf es einer **weiten Interpretation** der Vorschrift. Über den Wortlaut hinaus werden daher auch solche Landesgrundrechte von Art. 142 erfasst, die mit **Art. 19 IV**, den **Justizgrundrechten** (Art. 101, 103 f.)[19] oder **grundrechtsgleichen Rechten**[20] inhaltsgleich sind.

Soweit Art. 142 davon spricht, dass Bestimmungen des Landesverfassungsrechts **„in Kraft blei- 9 ben"**, ist dies nicht im Sinne eines bloßen Bestandsschutzes zugunsten älterer Landesgrundrechte zu verstehen. Da die Mehrzahl der Landesverfassungen aus der Zeit nach 1949 datiert – Baden-Württemberg, Berlin, Hamburg, Mecklenburg-Vorpommern, Niedersachsen, Nordrhein-Westfalen, Saarland,[21] Sachsen, Sachsen-Anhalt, Thüringen – kann Art. 142 seinen Zweck nur erfüllen, wenn er auch auf Landesgrundrechte Anwendung findet, die erst nach dem 23.5.1949 verankert worden sind.[22]

Die Fortgeltung der Landesgrundrechte betrifft unter **individualrechtlichem Blickwinkel** Ab- **10** wehrrechte ebenso wie Teilhabe- und Mitwirkungsrechte[23] und die aus ihnen folgenden Unterlassungs-, Beseitigungs- und Kompensationsansprüche. Sie gilt auch für die **objektiv-rechtliche Dimension,** dh soweit die Grundrechte Wertentscheidungen enthalten, Grundsatznormen darstellen oder Institutsgarantien verbürgen.[24] Dies folgt aus dem Wortlaut, der von Grundrechten, nicht von Individualrechten, Ansprüchen o. ä. spricht, ebenso wie aus dem Zweck der Vorschrift (vgl. Rn. 8). Dass die individualschützende Funktion der Grundrechte entstehungsgeschichtlich im Mittelpunkt der

---

[9] BayVerfGH NVwZ 2009, 177 zu Art. 138 II BayVerf (akademische Selbstverwaltung).

[10] HessStGH NVwZ 2008, 883 ff. – zu Art. 59 I HessVerf.

[11] Zur Unitarisierung durch richterliche Grundrechtsentfaltung *Huber* EuR 43 (2008), 189 ff.

[12] EuGH C-617/10, Rn. 19 ff. – „Åkerberg Fransson"; krit. dazu BVerfGE 133, 277 Rn. 90 f. – Antiterrordatei; C-390/12, Rn. 30 ff. – „Pfleger"; C-203/15 (verbunden mit C-698/15); *Huber,* in: Streinz, EUV/AEUV, 3. Aufl. 2018, iE, Art. 19 Rn. 35.

[13] BerlVerfGH LVerfGE 1, 44 (52); 1, 56 (62 f.); 3, 38 (40); DVBl 1994, 1189; NJW 1995, 1344.

[14] SächsVerfGH NJW 1996, 1736.

[15] BVerfGE 96, 345 (371 ff.); vgl. → Art. 31 Rn. 8a.

[16] HessStGH NJW 1999, 49; VerfGH RhPf DÖV 2001, 209 f.; ThürVerfGH DÖV 2001, 335.

[17] BVerfGE 96, 345 (374).

[18] Bei Art. 17a und 18 handelt es sich freilich nicht um Grundrechte, sondern um ihre Beschränkung bzw. Verwirkung, *Unruh* MKS III, Art. 142 Rn. 8.

[19] BVerfGE 22, 267 (271) – zu Art. 91 I BayVerf/Art. 103 I GG; BayVerfGH, VerfGHE 50, 60 (62); BayVBl. 2013, 688 (689); ThürVerfGH, ThürVBl. 2012, 31; *Schwan* ThürVBl. 2012, 121 (124).

[20] BVerfGE 96, 345 (364).

[21] Zwar stammt die Verfassung aus dem Jahr 1947; als Landesverfassung gilt sie jedoch erst seit dem Beitritt am 1.1.1957.

[22] BVerfGE 96, 345 (364); StGH BW VBlBW 1956, 153; *Unruh* MKS III, Art. 142 Rn. 7; *Korioth,* in: Maunz/Dürig, Art. 142 (2008) Rn. 9; *Gallwas* JA 1981, 536 (539); *Pieroth,* in: Jarass/Pieroth, Art. 142 Rn. 2.

[23] *Pietzcker* HStR VI, § 134 Rn. 67; *Pieroth,* in: Jarass/Pieroth, Art. 142 Rn. 2.

[24] *Unruh,* in: MKS III, Art. 142 Rn. 8; aA *Dietlein* Jura 1994, 57 (58).

Überlegungen gestanden hat, ist dabei nicht entscheidend. Art. 142 erfasst deshalb auch (landes-) grundrechtliche Optimierungsgebote.[25]

## II. Übereinstimmung

11      Ob Bundes- und Landesgrundrechte übereinstimmen, bemisst sich nicht in erster Linie nach ihrem Wortlaut, sondern nach ihrem sachlichen und persönlichen **Schutzbereich** sowie den **Beschränkungsmöglichkeiten.** Soweit sich diese decken, soweit sie also ein bestimmtes Interesse in gleichem Sinne und mit gleichem Inhalt schützen, sind sie inhaltsgleich.[26]

12      Eine „Übereinstimmung" im Sinne der Verfassungsnorm liegt grundsätzlich auch dann vor, wenn Landesgrundrechte einen **weitergehenden Schutz** verbürgen als das GG.[27] Angesichts des umfassenden negatorischen Schutzes durch die Art. 1 ff., namentlich durch Art. 2 I, wird ein überschießender landesverfassungsrechtlicher Grundrechtsschutz in den zweidimensionalen Rechtsverhältnissen zwischen Bürgern und Staat vorrangig im Bereich der Teilhabe- und Mitwirkungsrechte zu finden sein (z. B. das Mitbestimmungsrecht nach Art. 37 III ThürVerf).[28] Hinzu kommen institutionelle Garantien, wie sie insbesondere die älteren Landesverfassungen kennen. So reichen etwa die Garantien der Hochschulselbstverwaltung in den Landesverfassungen (Art. 138 II BayVerf.) über die organisatorischen Gehalte des Art. 5 III GG hinaus und begrenzen den Spielraum des Landesgesetzgebers bei Organisationsreformen im Hochschulbereich stärker als das GG.[29]

13      Der Zweck von Art. 142 rechtfertigt die Aufrechterhaltung eines Landesgrundrechts auch dann, wenn – verglichen mit dem GG – weniger Interessen von seinem Schutzbereich umfasst oder weitergehende Einschränkungen zugelassen werden. Ein geringerer landesrechtlicher Grundrechtsstandard ist insoweit besser als keiner (Art. 142 als **„Mindestgarantie").**[30]

13a      Soweit Landesverfassungen dagegen in **drei- oder mehrpoligen Rechtsverhältnissen,** z. B. im Zivil- oder Arbeitsrecht, einen über das grundgesetzliche Niveau hinausgehenden Schutz einräumen, läuft dies notgedrungen auf eine Beschränkung der (Bundes-)Grundrechte der anderen Beteiligten hinaus. In diesem Fall liegt eine Kollision zwischen Bundes- und Landesgrundrecht vor, auf die Art. 31 (oder eine speziellere Kollisionsnorm) Anwendung findet. Konsequenterweise verstößt Art. 29 IV HessVerf gegen Art. 142 iVm Art. 31;[31] Vergleichbares dürfte für das in Art. 29 V HessVerf niedergelegte Aussperrungsverbot gelten.

## C. Rechtsfolgen
## I. Inkraftbleiben

14      Mit den Bundesgrundrechten übereinstimmende Landesgrundrechte bleiben **in Kraft.** Sie werden somit – abweichend von den allgemeinen Regelungen – nur bei einer Kollision mit Grundrechten des GG derogiert, nicht jedoch schon bei einer Kollisionsgefahr.[32]

15      Soweit sie in Kraft bleiben, behalten die Landesgrundrechte ihre **Direktionskraft** sowohl für den Landesgesetzgeber als auch für Exekutive und Judikative in den Ländern.[33] Den Landesverfassungsgerichten erlaubt dies, Akte der Landesstaatsgewalt im Rahmen der beschriebenen Grenzen am Maßstab des Landesverfassungsrechts zu messen, was im Ergebnis auf eine Verdoppelung der verfassungsgerichtlichen Rechtsbehelfe hinausläuft (§ 90 III BVerfGG).[34]

---

[25] Z. B. Art. 2 II 2, IV ThürVerf – zum Gleichheitssatz; Art. 36 ThürVerf iVm Art. 35 ThürVerf; aA *Böckenförde/Grawert* DÖV 1971, 119 (121).

[26] BVerfGE 96, 345 (365). Obwohl es um den Schutz derselben Interessen, desselben Schutzgutes, geht, handelt es sich – wie schon der Wortlaut von Art. 142 nahelegt – nicht um dasselbe Grundrecht; zutr. *Unruh,* in: MKS III, Art. 142 Rn. 11; *Dreier,* in: Dreier, GG III, Art. 142 Rn. 43; *Korioth,* in: Maunz/Dürig, Art. 142 (2008) Rn. 14; *Schlichter* (Fn. 1), S. 18; offen BVerfGE 96, 345 (368); aA BVerfGE 22, 267 (271); *Birkenmaier,* SHH Art. 142 Rn. 4. Auch wenn die Frage meist ohne praktische Relevanz ist, *Clemens,* in: Umbach/Clemens II, Art. 142 Rn. 19, ist sie für das Verständnis der Norm doch von Bedeutung, denn sie ermöglicht es, das jeweilige Rechtsverhältnis in den Blick zu nehmen. Ob „Inhaltsgleichheit" besteht, ist natürlich eine Frage der Interpretation, in deren Rahmen für eine „Trias der Kollisionsvermeidung", *Wermeckes* DÖV 2002, 110 (111), Raum sein kann.

[27] BVerfGE 96, 345 (365); *Maunz,* in: Merten/Morsey (Hrsg.), 30 Jahre Grundgesetz, 1979, S. 87 (99); *Wermeckes,* Der erweiterte Grundrechtsschutz in den Landesverfassungen, 2000, S. 121 ff. mit zahlr. Beispielen.

[28] ThürVerfGH LKV 2004, 461 (462).

[29] BayVerfGH NVwZ 2009, 177 zu Art. 138 II BayVerf.

[30] BVerfGE 96, 345 (365); SächsVerfGH NVwZ 2005, 1310 (1313); *Unruh,* in: MKS III, Art. 142 Rn. 12; *Kunig,* in: v. Münch/Kunig II, Art. 142 Rn. 9; *Lindner* BayVBl 2004, 641 (645); *Lotz* FS 50 Jahre BayVerfGH, 1997, S. 115 (123); *Pieroth,* in: Jarass/Pieroth, Art. 142 Rn. 3; *Pietzcker* HStR VI, § 134 Rn. 70 ff.; *Sachs* DÖV 1985, 469 (477 f.); aA *Denninger* AK III, Art. 142 Rn. 7; *Dietlein* Jura 1994, 57 (60); *v. Münch,* in: v. Münch/Kunig III, 3. Aufl. 1995, Art. 142 Rn. 9; *Schlichter* (Fn. 1), S. 12. Brandenburg: Art. 17 II BbgVerf/Art. 11 II GG; Sachsen: Art. 30 I SachsVerf/Art. 13 GG.

[31] HessStGH, Urt. v. 10.5.2017 – P. St. 2545 – NZA 2017, 727 ff.; aA *Kaiser/Lindner* DVBl 2017, 1329 (1336).

[32] *Sachs* DÖV 1985, 469 (477); *Wiederin,* Bundesrecht und Landesrecht, 1995, S. 388.

[33] BVerfGE 36, 342 (368); *Poscher* NJ 1996, 351 (356).

[34] BVerfGE 36, 342 (368); *Poscher* NJ 1996, 351 (356).

Bei **Kollisionen mit (einfachem) Bundesrecht** ist der Regelungsgehalt von Art. 31 ebenfalls zu  **15a**
modifizieren.[35] Seine reguläre Rechtsfolge – die Nichtigkeit des Landesrechts – wird durch die
insoweit speziellere Norm des Art. 142 ausgeschlossen, weil es widersprüchlich wäre, inhaltsgleiche
Landesgrundrechte einerseits generell aufrecht zu erhalten, sie andererseits jedoch durch jede bundesrechtliche Regelung zu derogieren. Der einfache Bundesgesetzgeber hätte es sonst in der Hand,
die Wertung des Art. 142 zu konterkarieren. Bei einer Kollision mit einfachem Bundesrecht werden
die mit den Art. 1 bis 18 und 101 bis 104 übereinstimmenden Landesgrundrechte daher nicht gebrochen;[36] das Bundesrecht verdrängt sie jedoch im konkreten Fall aufgrund seiner Höherrangigkeit
(Art. 31) aus ihrer Maßstabsfunktion für die Landesorgane.[37]

**Behörden und Gerichte des Bundes** sind bei der Wahrnehmung ihrer Amtsaufgaben dagegen nie  **16**
an Landesgrundrechte gebunden.[38] Eine Berufung auf Landesgrundrechte scheitert deshalb, wenn ein
Bundesgericht den prozeduralen oder materiellen Bundesrechts durch Behörden oder
Gerichte der Länder gebilligt hat[39] oder wenn das Gericht eines Landes die Anwendung von Bundesrecht durch eine Bundesbehörde kontrolliert.[40]

## II. Begrenzte Bindungswirkung beim Vollzug von Bundesrecht

Die Aufrechterhaltung inhaltsgleicher Landesgrundrechte verändert allerdings weder den Regelungs-  **17**
gehalt des Bundesrechts in einem Land noch die Anforderungen an seinen Vollzug. Für ihre Anwendung
auf im Vollzug von Bundesrecht ergangene Entscheidungen von Behörden und Gerichten der Länder ist
daher nur insoweit Raum, als das Bundesrecht keine abschließenden Regelungen getroffen hat (vgl.
*Huber,* Art. 31 Rn. 8 f.).[41] Eröffnet das Bundesrecht keine Entscheidungsspielräume, kommt eine
Berücksichtigung der nach Art. 142 fortgeltenden Landesgrundrechte nicht in Betracht.[42] Mit diesem
Befund ist es nicht vereinbar, wenn die „gelockerte" Bundesrechtsklausel des **§ 44 II 2 VerfGHG RhPf**
eine Berufung auf die Grundrechte der Verf. RhPf zulässt – soweit das gerichtliche Verfahren betroffen
ist oder soweit diese weiterreichen als das GG. Die Vorschrift ist deshalb verfassungskonform auf die Fälle
zu reduzieren, in denen das Bundesrecht entsprechende Lücken für die Einwirkung der weiterreichenden Landesgrundrechte lässt.[43] Weniger problematisch erscheint dagegen die st. Rspr. des BayVerfGH,
nach der eine Berufung auf das Willkürverbot des Art. 118 I BayVerf. auch dann möglich ist, wenn das
in Rede stehende Handeln bayerischer Behörden und Gerichte abschließend durch Bundesrecht
determiniert ist.[44] Zwar kann die Abgrenzung zwischen einer fehlerhaften und einer willkürlichen
Rechtsanwendung im konkreten Fall durchaus zweifelhaft sein; eine willkürliche Auslegung und
Anwendung des Bundesrechts kann jedoch nie auf diesem beruhen, so dass ein Konflikt zwischen
Bundes- und Landesrecht in solchen Fällen jedenfalls theoretisch ausgeschlossen ist.

Wollen die Landesverfassungsgerichte Rechtsakte der Landesstaatsgewalt kontrollieren, die in An-  **18**
wendung des Bundesrechts ergangen sind, haben sie im Rahmen einer **mehrstufigen Prüfung**
zunächst festzustellen, ob die fehlerhafte Rechtsanwendung einen Anwendungsfall für ein Landesgrundrecht begründen könnte (1.). Bejahendenfalls ist in einem zweiten Schritt zu prüfen, zu welchem
Ergebnis die Anwendung des Grundgesetzes führen würde (2.). Schließlich ist zu entscheiden, ob die
Anwendung der Landesverfassung im konkreten Fall zu demselben Ergebnis führt wie das GG (3.). Bei
all dem sind die Landesverfassungsgerichte nach § 31 BVerfGG an die Rechtsprechung des BVerfG
gebunden. Wollen sie von dieser abweichen, haben sie die Sache nach Art. 100 III vorzulegen.[45]

---

[35] BVerfGE 96, 345 (365 f.); *Huber,* in: ders. (Hrsg.), ThürStVerwR, 1. Teil, 2000, Rn. 240; weitergehend *Möstl* AöR 130 (2005), 350 (374).

[36] *Lotz* FS 50 Jahre BayVerfGH, 1997, S. 115 (125 f.); *Pietzcker* HStR VI, § 134 Rn. 79.

[37] BVerfGE 1, 264 (281); 96, 345 (366); HessStGH, Urt. v. 10.5.2017 – P. St. 2545 – NZA 2017, 727 ff. – Art. 9 III, 12 I, 14 1 GG/Art. 29 IV HessVerf; *Berkemann* NVwZ 1993, 409 (414 f.); *Dietlein* Jura 1994, 57 (61); *Gallwas* JA 1981, 536 (540); *Huber* LKV 1994, 121 (124 f.) – § 13 FreihEntzG (§ 428 FamFG)/Art. 4 III 2 ThürVerf; G-10/ Art. 7 II ThürVerf; *Wermeckes* DÖV 2002, 110 (111); *ders.* (Fn. 27), S. 131, allerdings mit anderem Verständnis von § 13 FreihEntzG (seit 1.9.2009 § 428 FamFG); *Jutzi* DÖV 1983, 836 (839); *Lindner* BayVBl 2004, 641 (646); *Sobota* DVBl 1994, 793 (797 f.).

[38] *Huber,* in: ders. (Hrsg.) ThürStVerwR, 1. Teil, 2000, Rn. 241; *Lindner* BayVBl 2004, 641 (647); aA *Jutzi,* in: Linck/Jutzi/Hopfe, Die Verfassung des Freistaats Thüringen, 1994, Vorb. Rn. 6; Art. 42 Rn. 8.

[39] BVerfGE 96, 345 (371).

[40] SächsVerfGH NJW 1999, 51 – inhaltliche Bestätigung einer in Anwendung materiellen Bundesrechts ergange- nen Maßnahme.

[41] HessStGH, Urt. v. 10.5.2017 – P. St. 2545 – NZA 2017, 727 ff.; anders bei Zwischenschaltung von landes- rechtlichen Rechtsverordnung, BVerfGE 18, 407 (418); *Fröhlich* BayVBl. 2013, 1 (4, 7); *Lindner* BayVBl. 2004, 641 (648 ff.) spricht von einer „Spielraumtheorie"; *Möstl* AöR 130 (2005), 350 (382 f.); *A. Schmitt,* Der bundesrechtliche Rahmen für die Landesverfassungen, 2009, S. 282 ff.

[42] BayVerfGH BayVBl. 2013, 688 (690).

[43] Ohne Problemerörterung VerfGH RhPf DÖV 2001, 205.

[44] Zuletzt BayVerfGH, Entsch. v. 20.6.2008 – Vf. 14-VII/00 –, NJW-RR 2008, 1403 (1405); BayVerfGH, Entsch. v. 23. Oktober 2008 – Vf. 10-VII-07 –, NVwZ 2009, S. 716 (716); BayVerfGH, Entsch. v. 24.5.2012 – Vf. 1-VII-10 –, NVwZ-RR 2012, 665 (667); BayVerfGH, BayVBl 2013, 688 – Verbraucherinsolvenz – st. Rspr.

[45] BVerfGE 96, 345 (371 ff.); *Schwan* ThürVBl. 2012, 121 (125).

**19**    Der mit Art. 142 eröffnete Ausgriff der Landesgrundrechte vor allem in das bundesrechtlich geregelte Prozessrecht[46] ermöglicht einerseits einen begrenzten Rückzug des BVerfG auf eine „Gewährleistungsverantwortung"[47] für den einschlägigen Grundrechtschutz. Durch die Einbeziehung der Landesverfassungsgerichte wird dadurch im Ansatz zugleich ein dezentraler Grundrechtsschutz möglich, auch wenn für die materielle Eigenständigkeit des Landesverfassungsrechts praktisch kein Raum bleibt.[48] Obwohl die Landesverfassungsgerichte durchwegs nur über ehren- bzw. nebenamtlich tätige Richter verfügen, haben sie sich der ihnen in diesem Verbund zugedachten Rolle ohne weiteres gerüstet gezeigt.[49]

## Art. 143 [Abweichungen von Bestimmungen des Grundgesetzes im Beitrittsgebiet]

(1) **Recht in dem in Artikel 3 des Einigungsvertrags genannten Gebiet kann längstens bis zum 31. Dezember 1992 von Bestimmungen dieses Grundgesetzes abweichen, soweit und solange infolge der unterschiedlichen Verhältnisse die völlige Anpassung an die grundgesetzliche Ordnung noch nicht erreicht werden kann. Abweichungen dürfen nicht gegen Artikel 19 Abs. 2 verstoßen und müssen mit den in Artikel 79 Abs. 3 genannten Grundsätzen vereinbar sein.**

(2) **Abweichungen von den Abschnitten II, VIII, VIIIa, IX, X und XI sind längstens bis zum 31. Dezember 1995 zulässig.**

(3) **Unabhängig von Absatz 1 und 2 haben Artikel 41 des Einigungsvertrags und Regelungen zu seiner Durchführung auch insoweit Bestand, als sie vorsehen, daß Eingriffe in das Eigentum auf dem in Artikel 3 dieses Vertrags genannten Gebiet nicht mehr rückgängig gemacht werden.**

**Entstehungsgeschichte: Geltende Fassung:** 36. G zur Änd. des GG v. 23.9.1990 (EV) (BGBl II 885), Art. 4 Nr. 5 (dazu: BT-Dr 11/7760 [Entw.; Denkschrift zum EinigungsV]; BT-Prot 11/17483, 17801; BR-Dr 600/90; 635/90; BR-Prot 90/438, 491). – **Frühere Fassungen:** Erstfassung (betr. Hochverrat): JöR nF 1 (1951), 912 (BGBl I 739) – außer Kraft getreten aufgrund des StrafrechtsänderungsG v. 30.8.1951; Zweitfassung (betr. Einsatz von Streitkräften bei innerem Notstand): eingefügt durch Art. 1 Nr. 14 des 7. G zur Erg. des GG v. 19.3.1956 (BGBl I 111) – aufgehoben durch § 1 Nr. 10 des 17. G zur Erg. des GG v. 24.6.1968 (BGBl I 709).

**Historische Verfassungstexte: GG 1949:** (1) Wer mit Gewalt oder durch Drohung mit Gewalt die verfassungsmäßige Ordnung des Bundes oder eines Landes ändert, den Bundespräsidenten der ihm nach diesem Grundgesetze zustehenden Befugnisse beraubt oder mit Gewalt oder durch gefährliche Drohung nötigt oder hindert, sie überhaupt oder in einem bestimmten Sinne auszuüben, oder ein zum Bunde oder einem Lande gehöriges Gebiet losreißt, wird mit lebenslangem Zuchthaus oder Zuchthaus nicht unter zehn Jahren bestraft. (2) Wer zu einer Handlung im Sinne des Absatzes 1 öffentlich auffordert oder sie mit einem anderen verabredet oder in anderer Weise vorbereitet, wird mit Zuchthaus bis zu zehn Jahren bestraft. (3) In minder schweren Fällen kann in den Fällen des Absatzes 1 auf Zuchthaus nicht unter zwei Jahren, in den Fällen des Absatzes 2 auf Gefängnis nicht unter einem Jahr erkannt werden. (4) Wer aus freien Stücken seine Tätigkeit aufgibt oder bei Beteiligung mehrerer die verabredete Handlung verhindert, kann nicht nach den Vorschriften der Absätze 1 bis 3 bestraft werden. (5) Für die Aburteilung ist, sofern die Handlung sich ausschließlich gegen die verfassungsmäßige Ordnung eines Landes richtet, mangels anderweitiger landesrechtlicher Regelung das für Strafsachen zuständige oberste Gericht des Landes zuständig. Im übrigen ist das Oberlandesgericht zuständig, in dessen Bezirk die erste Bundesregierung ihren Sitz hat. (6) Die vorstehenden Vorschriften gelten bis zu einer anderweitigen Regelung durch Bundesgesetz.

**Gesetzgebung:** VermG; InVG; InVorG; EALG.

**Leitentscheidungen:** BVerfGE 84, 90 (SBZ-Enteignungen I); BVerfGE 84, 133 (Warteschleife I); BVerfGE 85, 360 (Warteschleife II); BVerfGE 88, 203 (Schwangerschaftsabbruch II); BVerfGE 94, 12 (SBZ-Enteignungen II); BVerfGE 95, 48 (Vermögensgesetz); BVerfGE 102, 254 (Landesorganstreit Rheinland-Pfalz); BVerfGE 107, 218 (§ 73 Bundesbesoldungsgesetz); BVerfGE 112, 1 (SBZ-Enteignungen III); BVerfGE 119, 394 (Reichsvermögen-Gesetz); BVerwGE 96, 8 (Berliner Liste I); BVerwGE 98, 1 (Berliner Liste II); BVerwG NJW 1995, 1306 (Berliner Liste III); BVerwGE 107, 205 (Ersatzgrundstücksregelung I); BVerwGE 114, 291 (Ersatzgrundstücksregelung II).

**Schrifttum:** *P. Badura,* Der Verfassungsauftrag der Eigentumsgarantie im wiedervereinigten Deutschland, DVBl 1990, 1256; *S. von der Beck,* Die Konfiskationen in der Sowjetischen Besatzungszone von 1945 bis 1949, 1996; *D. Blumenwitz,* Zu den völkerrechtlichen Schranken einer Restitutions- oder Ausgleichsregelung in der Bundesrepublik Deutschland, DtZ 1993, 258; *O. Depenheuer/B. Grzeszick,* Eigentum und Rechtsstaat, NJW 2000, 385; *J. Dietlein,* Die Eigentumsfreiheit und das Erbrecht, in: Stern, Staatsrecht IV/1, § 113; *Ch. Feddersen,* Rechtseinheit durch Rechtszweiheit, DVBl 1995, 502; *S. Glantz,* Zur Verfassungsmäßigkeit des Entwurfs eines Entschädigungs- und Ausgleichsleistungsgesetzes, MDR 1994, 421; *J. Gruber,* Anmerkung zum Beschluß des BVerfG vom 26. Oktober 2004, NJ 2005, 137; *W. Kluth,*

---

[46] Vgl. BayVerfGH BayVBl 2013, 688 – Verbraucherinsolvenz.
[47] Dazu *Huber,* in: ders. (Hrsg.), ThürStVerwR 1. Teil, 2000, Rn. 208.
[48] BVerfGE 96, 345 (371 f.); *Möstl* AöR 130 (2005), 350 (379) spricht von einer „Kooperationsverpflichtung" der Landesverfassungsgerichte; krit. *Lange* NJW 1998, 1278 (1280); de lege ferenda *Danter* DÖV 1998, 239 (242); *Schneider* NJW 1996, 1517; eine Kooperationspflicht jenseits der Willkürkontrolle verneinend BayVerfGH BayVBl 2013, 688 (689).
[49] Zunächst krit. *Huber* ThürVBl 2003, 73 (78); *Lange* NJW 1998, 1278 (1281).

Die deutsche Wiedervereinigung und ihre Folgen in der Rechtsprechung des Bundesverwaltungsgerichts: Der berufliche Bereich, FG 50 Jahre BVerwG, 2003, S. 391 *W. Leisner,* Verfassungswidriges Verfassungsrecht – Nach dem „Bodenreform-Urteil" des BVerfG –, DÖV 1992, 432; *ders.,* Degressive Ersatzleistungen?, NJW 1993, 353; *ders.,* Das Entschädigungs- und Ausgleichsleistungsgesetz, NJW 1995, 1513; *H. Maurer,* Die Eigentumsregelung im Einigungsvertrag, JZ 1992, 183; *R. Meixner,* Roma locuta, causa finita: Der „Bodenreform"-II-Beschluß, DÖV 1997, 184; *D. Merten,* Grundfragen des Einigungsvertrages unter Berücksichtigung beamtenrechtlicher Probleme – zur Verfassungsmäßigkeit des Art. 6 EinigungsV, 1991; *R. Motsch,* Sachgründe für den Restitutionsausschluß bei besatzungsrechtlichen Enteignungen (1945–1949), DtZ 1994, 19; *F. Ossenbühl,* Eigentumsfragen HStR IX, § 212; *H.-J. Papier,* Verfassungsrechtliche Probleme der Eigentumsregelung im Einigungsvertrag, NJW 1991, 193; *ders.,* Die Entwicklung des Verfassungsrechts seit der Einigung und seit Maastricht, NJW 1997, 2841; *C. Paffrath,* Macht und Eigentum – Die Enteignungen 1945–1949 im Prozess der deutschen Wiedervereinigung, Diss. Köln 2004; *Th. Purps,* Die Wiedervereinigung als Anlass zur Einschränkung von Grundrechtsstandards?, NJ 2009, 233; *H.-J. Rodenbach,* 20 Jahre Wiedergutmachung von Vermögensunrecht, DRiZ 2010, 322; *E. Röper,* Die Bodenreformen in allen vier Besatzungszonen, NJ 2005, 296; *M. Sachs,* Vom Grundgesetz abweichendes Recht nach der Wiedervereinigung Deutschlands – Art. 143 Abs. 1 und 2 GG, FS Heymanns Verlag, 1995, S. 193; *H. Sendler,* Restitutionsausschluß verfassungswidrig?, DÖV 1994, 401; *M. Uechtritz,* Verfassungsrechtliche Zweifelsfragen beim Entschädigungs- und Ausgleichsleistungsgesetz (EALG), DVBl 1995, 1158; *ders.,* Bodenreform II – Ende der Diskussion?, DVBl 1996, 1218; *W. Graf Vitzthum,* Das Bodenreform-Urteil des BVerfG: Analyse und Kritik, in: K. Stern (Hrsg.), Deutsche Wiedervereinigung, Bd. II: Zur Wiederherstellung der inneren Einheit, Teil 1, 1992, S. 3; *W. Graf Vitzthum/W. März,* Restitutionsausschluß, 1995; *J. Wasmuth,* Zur Verfassungswidrigkeit des Restitutionsausschlusses für Enteignungen auf besatzungsrechtlicher oder besatzungshoheitlicher Grundlage, NJW 1993, 2476; *ders.,* Nochmals: Restitutionsausschluß und Willkürverbot, DtZ 1994, 142; *R. Wendt,* Finanzverfassung und Art. 7 Einigungsvertrag, in: K. Stern (Hrsg.), Deutsche Wiedervereinigung, Bd. I: Eigentum – Neue Verfassung – Finanzverfassung, 1991, S. 213; *B. Zimmermann,* Wiedergutmachung zwischen materieller Gerechtigkeit und politischem Kompromiß, DtZ 1994, 359.

### Übersicht

## A. Allgemeines

### I. Entstehung

Die heutige Regelung des Art. 143 ist im Zuge der **Wiedervereinigung** mit Wirkung vom **1** 3.10.1990 gemäß Art. 4 Nr. 5 EinigungsV in das GG eingefügt worden. Die Bundesrepublik Deutschland hat dem Einigungsvertrag in Art. 1 des – unter Einhaltung von Art. 79 II beschlossenen – EinigungsvertragsG v. 23.9.1990 (BGBl. II 885) zugestimmt.

### II. Allgemeiner Regelungsgehalt

Die Abs. 1 und 2 erlaubten, dass Recht in dem sich aus Art. 3 EinigungsV ergebenden Beitritts- **2** gebiet für eine Übergangszeit von Verfassungsnormen des GG abwich, allerdings „in den verfassungsrechtlichen Grenzen der unverzichtbaren Grundprinzipien des GG" (Art. 19 II, 79 III). Der gesamtdeutsche Gesetzgeber erhielt demzufolge die Möglichkeit zu einer **schrittweisen Überleitung** des Rechts im beigetretenen Teil Deutschlands in die vom GG geforderte Rechtsordnung.[1] Die Vorschrift

---

[1] *Kluth* FG 50 Jahre BVerwG, 2003, S. 391 (394), bezeichnet Art. 143 als Ausdruck einer „dynamisierten Verfassungsbindung" des Transformationsprozesses, die durch Zunahme der verfassungsrechtlichen Bindungen und Reduktion der Gestaltungsspielräume gekennzeichnet sei.

sollte nach einer Formulierung des BVerfG „den Spielraum des Gesetzgebers für die nur schrittweise durchführbare Angleichung der im Beitrittsgebiet geltenden Vorschriften an das Grundgesetz erweitern".[2] Dadurch sollte den Anpassungsproblemen Rechnung getragen werden, die aus der unterschiedlichen Nachkriegsentwicklung der beiden früheren Teile Deutschlands resultierten.[3] Einen solchen schrittweisen Rechtsangleichungsprozess gab es in der Geschichte schon einmal im Zusammenhang mit der Rückgliederung des Saarlandes. Damals hat das BVerfG im Urteil zum Saarstatut erklärt, dass **Einschränkungen von Verfassungsnormen** „für eine **Übergangszeit** hingenommen werden können, wenn sie in einem unmittelbaren Zusammenhang mit der Regelung stehen, die in ihrer gesamten Tendenz darauf gerichtet ist, dem der Verfassung voll entsprechenden Zustand näherzukommen".[4]

3 Die Abs. 1 und 2 sahen **verschiedene Anpassungsfristen** vor. Nach Abs. 1 durfte „Recht" in den neuen Bundesländern und in Ostberlin bis zum **31.12.1992** von Bestimmungen des GG abweichen. Unter „Recht" im Sinne dieser Vorschrift waren Rechtsnormen jeder Art zu verstehen, deren Geltung sich auf den beigetretenen Teil Deutschlands beschränkte. Unerheblich war insofern, ob es sich um fortgeltendes Recht der ehemaligen DDR[5] oder übergeleitetes Bundesrecht[6] handelte.[7] In Abs. 2, der die Regelung des Abs. 1 modifiziert,[8] wurde dem Gesetzgeber in sachlich begrenzten Bereichen eine längere Übergangszeit gewährt, und zwar bis zum **31.12.1995.** Die ersten beiden Absätze hatten nur zeitlich begrenzte Bedeutung und enthielten „keine Vorgabe für die künftige Gesetzgebung".[9]

4 Abs. 3 soll dagegen den verfassungsmäßigen Bestand der in und aufgrund von Art. 41 EinigungsV getroffenen Sonderregelungen zur **Nichtrückgängigmachung von Eigentumseingriffen** im Beitrittsgebiet für die Zukunft dauerhaft sichern.[10]

Das BVerfG hat festgestellt, dass Art 143 Abs. 1 und Abs. 2 nicht als spezieller Gleichheitssatz zu verstehen ist, der die Zulässigkeit einer auf den besonderen Verhältnissen im Beitrittsgebiet beruhenden Diff. abschließend regelte.[11] Art. 143 ermöglichte nach ihm allein für eine zeitlich befristete Übergangsphase die Geltung von Recht im Beitrittsgebiet ohne Rücksicht auf seine Vereinbarkeit mit dem Grundgesetz. Die Regelung greift danach nicht schon ein, wenn vergleichbare Sachverhalte im Beitrittsgebiet und im übrigen Bundesgebiet unterschiedlich geregelt werden, sondern sie erlangte erst dann Bedeutung, wenn das im Beitrittsgebiet geltende Recht gegen die Verfassung verstieß.[12] Die in Art. 143 Abs. 1 und Abs. 2 genannten Endtermine sind daher nicht in der Weise zu verstehen, dass ab den betreffenden Zeitpunkten keinerlei Diff. zwischen alten und neuen Ländern mehr zulässig wäre.[13]

### III. Verfassungsmäßigkeit in formeller Hinsicht

5 **1. Beschneidung parlamentarischer Mitwirkungsrechte.** Die verfassungsrechtliche Zulässigkeit des von der BReg gewählten Verfahrens, beitrittsbedingte Änderungen des GG im EinigungsV zu vereinbaren (vgl. Art. 4 Nr. 1 bis 6 EinigungsV), wurde in Zweifel gezogen. Bedenken ergaben sich aus der Einschränkung der parlamentarischen Entscheidungsfreiheit, die daraus resultierte, dass der BT über die **Verfassungsänderungen** nur **im Rahmen einer bloßen Zustimmung zu** einem **Staatsvertrag** nach Art. 59 II befinden konnte. Dem BT wurde dadurch ua die Möglichkeit genommen, Änderungsanträge zu stellen (§ 82 II GeschOBT).[14]

6 Das BVerfG ist diesen Bedenken entgegengetreten und hat die Vorgehensweise der BReg gebilligt. Es sieht die Rechtsgrundlage für das eingeschlagene Verfahren im ehemaligen **Art. 23 S. 2** iVm dem **Wiedervereinigungsgebot** des GG und führt dazu aus, dass das „Zustandekommen des Einigungsvertrages… unter den gegebenen Umständen die Voraussetzung dafür (bildete), dass die Chance der Herstellung der staatlichen Einheit Deutschlands genutzt werden konnte. Die Kompetenz der Bundesregierung, einen solchen Vertrag auszuhandeln und darin auch beitrittsbezogene Änderungen des Grundgesetzes aufzunehmen, die sich nach ihrer pflichtgemäßen Einschätzung aufgrund des Verlaufs der Verhandlungen mit der Deutschen Demokratischen Republik und der Sowjetunion als hierzu

---

[2] BVerfGE 107, 218 Rn. 62, unter Hinw. auf die Denkschrift zum EinigungsV, BT-Dr 11/7760, S. 355 (359); *Wieland,* in: Dreier III, Art. 143 Rn. 15.

[3] Denkschrift zum EinigungsV, BT-Dr 11/7760, S. 359; BVerfGE 100, 1 (53). (359); *Wieland,* in: Dreier III, Art. 143 Rn. 15.

[4] BVerfGE 4, 157 (170).

[5] Zur Weitergeltung von Recht der DDR vgl. Art. 9 EinigungsV; ThürOVG, DVBl 2007, 1884.

[6] Zur grds. Einführung von Bundesrecht im Beitrittsgebiet vgl. Art. 8 EinigungsV.

[7] Denkschrift zum EinigungsV, BT-Dr 11/7760, S. 359; *Sachs* FS Heymanns Verlag, 1995, S. 199 ff.

[8] *Jarass,* in: Jarass/Pieroth, Art. 143 Rn. 4.

[9] Protokoll zum EinigungsV, I Nr. 4 (BGBl 1990 II 905).

[10] Denkschrift zum EinigungsV, BT-Dr 11/7760, S. 359.

[11] BVerfGE 107, 218 (218, 235).

[12] BVerfGE 107, 218 (236).

[13] Vgl. auch BVerwGE 101 (116): „Die Besoldungsabsenkung für Beamte in den neuen Bundesländern gemäß § 2 Abs. 1, 2 BesÜV hält sich derzeit noch im Rahmen der dem Gesetzgeber insoweit zukommenden Gestaltungsfreiheit." Das BVerwG kommt zu diesem Ergebnis unter Heranziehung von Art. 33 V und Art. 3 I GG als Prüfungsmaßstab (S. 121 f.); vgl. hierzu auch *Kluth* FG 50 Jahre BVerwG, 2003, S. 391 (408).

[14] In diesem Sinne die Antragsteller in BVerfGE 82, 316 (318).

notwendig erwiesen, folgt aus ihrer verfassungsrechtlichen Verpflichtung, auf die Wiederherstellung der Einheit Deutschlands hinzuwirken."[15]

**2. Verhältnis zu Art. 79 I.** Ein Verstoß gegen das aus Art. 79 I 1 folgende Gebot, Verfassungs- **7** änderungen nur durch ausdr. Änderung des **Wortlauts des GG** vorzunehmen, lag nicht vor. Art. 143 I und II gestatteten zwar Abweichungen vom GG auch ohne textmäßige Änderung des GG im Einzelfall. Darin lagen im Hinblick auf Art. 79 I 1 grds. unzulässige Verfassungsdurchbrechungen. **Art. 143 I und II** schränkten jedoch die Grundsatznorm des Art. 79 I 1 ein, um der gegebenen besonderen Situation Rechnung zu tragen. Sie verschafften den zugelassenen **zeitlich begrenzten Verfassungsdurchbrechungen** für eine Übergangszeit eine ausreichende Legitimation.[16]

# B. Statthafte Abweichungen von Bestimmungen des GG nach Abs. 1

## I. Regelungsinhalt

Art. 143 I gestattete – innerhalb der mittlerweile verstrichenen Anpassungsfrist – Abweichungen von **8** Bestimmungen des GG in den durch **Art. 19 II** und **Art. 79 III** gezogenen Grenzen. Abweichungen durften daher weder dem Wesensgehalt der Grundrechte noch den durch Art. 79 III gewährleisteten Grundsätzen widersprechen. Sie mussten darüber hinaus durch die **unterschiedlichen Verhältnisse** in beiden Teilen Deutschlands gerechtfertigt sein und waren nach Umfang und Geltungsdauer auf das unvermeidbare Minimum zu reduzieren.[17] Weil mit Art. 143 I – wie auch II – eine schrittweise Überleitung des Rechts im beigetretenen Teil Deutschlands in die vom GG geforderte Rechtsordnung ermöglicht werden sollte, mussten die Abweichungen in dem Sinne **beitrittsbedingt** sein, dass sie sich zwangsläufig und unmittelbar aus der **temporär unüberwindlichen Unterschiedlichkeit** der Verhältnisse ableiten ließen.[18] Zudem war eine **verfassungskonforme Interpretation** des DDR-Rechts geboten. Daher war ein vollständiger Ausschluss des Rechtswegs nicht möglich.[19]

Art. 143 I umfasste von seinem **Anwendungsbereich** her alle Grundgesetzabschnitte, die nicht in **9** Art. 143 II näher aufgeführt sind. Abweichungen waren demzufolge von den Abschnitten I (Grundrechte), III (BT), IV (BRat), IVa (GemAussch), V (BPräs), VI (BReg), VII (Bundesgesetzgebung), Xa (Verteidigungsfall) zulässig.

## II. Abtreibungsproblematik

In der Lit. sind verfassungsrechtliche Bedenken gegen Art. 143 I geäußert worden. Sie betrafen **10** namentlich die Frage, ob das mit der Vorschrift nicht zuletzt verfolgte Ziel, die in der DDR für **Schwangerschaftsabbrüche** geltende **Fristenregelung** vorerst fortgelten zu lassen, angesichts von Art. 1 I und III i. V. mit Art. 79 III überhaupt erreichbar war.[20]

Der EinigungsV stellte insoweit selbst eine Verbindung her, als nach ihm die Unterschiedlichkeit der **11** Regelung des Schwangerschaftsabbruchs – Fristenlösung in den neuen und Indikationslösung in den alten Bundesländern – so lange gelten sollte,[21] bis der gesamtdeutsche **Gesetzgeber** eine **bundeseinheitliche** verfassungskonforme **Neuregelung** zum Schutze des vorgeburtlichen Lebens geschaffen hatte. Art. 31 IV 1 EinigungsV räumte dem Gesetzgeber – entsprechend Art. 143 I – eine **Frist** bis zum 31.12.1992 ein, um den diesbezüglichen **Gesetzgebungsauftrag** zu erfüllen. Für den Fall, dass eine Regelung in der genannten Frist nicht zustande kommen sollte, sah Art. 31 IV 4 EinigungsV allerdings eine Weitergeltung der Fristenlösung im Beitrittsgebiet vor. Dass die Vereinbarkeit dieser Weitergeltungsanordnung mit Art. 143 und 79 I angezweifelt wurde,[22] konnte nicht erstaunen.

Zu betonen ist, dass die verfassungsrechtlichen Einwände gegen Art. 143 I, die auf die durch diese **12** Vorschrift ermöglichte befristete Fortgeltung des weniger restriktiven Abtreibungsrechts der DDR gestützt wurden, angesichts des weiterreichenden Regelungsgehalts der Vorschrift nur begrenzten Argumentationswert haben konnten. Was speziell die Abtreibungsproblematik anging, so schuf der Gesetzgeber mit dem **Schwangeren- und Familienhilfegesetz** (SchwFamG) vom 27.7.1992[23] eine

---

[15] BVerfGE 84, 90 (118); auch bereits BVerfGE 82, 316 (320 f.).

[16] Vgl. *Scholz,* in: Maunz/Dürig, Art. 143 Rn. 6 f.; *Feddersen* DVBl 1995, 502 (509 f.); ausf. *U. Hufeld,* Die Verfassungsdurchbrechung, 1997, S. 162 ff., 169 f. Hinsichtlich des Verhältnisses von Art. 143 III zu Art. 79 I 1 vgl. BVerfGE 84, 90 (119).

[17] Vgl. BVerfGE 84, 133 (145); 85, 360 (371); *Wendt,* in: K. Stern (Hrsg.), Deutsche Wiedervereinigung, Bd. I, 1991, S. 219 f.; *Sachs* FS Heymanns Verlag, 1995, S. 205.

[18] BVerfGE 100, 1 (53).

[19] BVerfGE 87, 68 (80) – Rechtsweg gegen Entscheidungen der Richterwahlausschüsse; *Jarass,* in: Jarass/Pieroth, Art. 143 Rn. 3; *Kirn,* in: von Münch/Kunig II, Art. 143 Rn. 5 ff.; zu weiteren Gerichtsentscheidungen, die sich auf Art. 143 I oder II beziehen, vgl. *Sachs* FS Heymanns Verlag, 1995, S. 195 f.

[20] Die Frage lässt offen *Schwarz* MKS III, Art. 143 Rn. 15 f.; das BVerfG hat die Frage der Vereinbarkeit von Art. 143 I mit Art. 79 III wiederholt offen gelassen, vgl. BVerfGE 84, 133 (145); 85, 360 (371).

[21] Gemäß Art. 9 II EinigungsV iVm Anl. II Kap. III Sachgeb. C Abschn. I Nr. 4, 5, blieb das G der DDR über die Unterbrechung der Schwangerschaft vom 9.3.1972 vorerst in Kraft.

[22] Verneinend *Scholz,* in: Maunz/Dürig, Art. 143 Rn. 12.

[23] BGBl. I 1398.

bundeseinheitliche Regelung zum Schutz des vorgeburtlichen Lebens. Dessen Art. 16 bestimmte demzufolge, dass die in den neuen Bundesländern bisher fortgeltenden Normen zum befristeten Schwangerschaftsabbruch nunmehr aufgehoben wurden. Trotz Einhaltung der durch Art. 31 IV EinigungsV gesetzten Frist war damit aber **keine verfassungskonforme Neuregelung des Schwangerschaftsabbruchs** für Gesamtdeutschland erreicht.

13     Das BVerfG bestimmte durch **einstweilige Anordnung** vom 4.8.1992,[24] dass Art. 13 Nr. 1 und Art. 16 des SchwFamG einstweilen nicht in Kraft traten. Die Fristenregelung sollte im Beitrittsgebiet „vorübergehend anwendbar" bleiben und übergangsweise, jedenfalls bis zum 31.12.1992, weitergelten.[25] Am 25.1.1993[26] wiederholte das Gericht seine einstw. Anordnung und verlängerte so die Geltung der Fristenregelung im Beitrittsgebiet über den 31.12.1992 hinaus.

14     Schließlich erklärte das BVerfG durch Urteil vom 28.5.1993[27] die in Art. 13 des SchwFamG getroffenen Neuregelungen des § 218a I StGB und § 219 StGB für mit Art. 1 I i. V. mit Art. 2 II 1 unvereinbar und **nichtig**. Um die gespaltene Rechtslage in Deutschland aber nicht bis zu einer gesetzlichen Neuregelung aufrechterhalten zu müssen, ordnete das BVerfG gemäß § 35 BVerfGG an, dass zunächst das bislang nach Maßgabe des Urteils vom 4.8.1992 geltende Recht bis zum 15.6.1993 anwendbar bleiben solle. Für die Zeit danach **bis zum Inkrafttreten einer gesetzlichen Neuregelung** wurde bestimmt, dass „in **Ergänzung zu den Vorschriften des Schwangeren- und Familienhilfegesetzes,** soweit diese nicht durch Nr. I der Urteilsformel für nichtig erklärt worden sind, die Nummern 2 bis 9 dieser Anordnung" galten.[28]

15     Somit fanden ab dem 16.6.1993 in den alten und neuen Bundesländern zunächst **einheitlich** die **Bestimmungen des SchwFamG** – soweit nicht für nichtig erklärt – sowie **ergänzend die seitens des BVerfG** in der Formel des Urteils vom 28.5.1993 unter II **getroffenen Anordnungen** Anwendung. Eine Neuregelung der Materie erfolgte schließlich durch das Schwangeren- und Familienhilfeänderungsgesetz (SFHÄndG) vom 21.8.1995.[29]

## C. Statthafte Abweichungen von Bestimmungen des GG nach Abs. 2

16     Art. 143 II **erweiterte** die – inzwischen ebenfalls abgelaufene – zeitliche Frist, innerhalb derer Abweichungen vom GG zulässig waren, bis zum 31.12.1995. Sachlich fand jedoch eine Beschränkung auf die ausdr. genannten GG-Abschnitte statt betreffend das Bund-Länder-Verhältnis, die Ausführung der Bundesgesetze und die Bundesverwaltung, die Gemeinschaftsaufgaben, die Rechtsprechung, das Finanzwesen sowie die Übergangs- und Schlussbestimmungen. Es handelte sich also um Bereiche der staatlichen Organisation, in denen die **prekäre Lage der Aufbauphase der Landesverwaltung und -gerichtsbarkeit** in den neuen Ländern berücksichtigt werden sollte.[30] Die in Abs. 1 genannten **Grenzen (Art. 19 II, 79 III,** Rechtfertigung der Abweichung durch die **unterschiedlichen Verhältnisse)** galten auch hier, da Abs. 2 nur eine Modifizierung des Abs. 1 darstellt.[31]

17     Beispiele für abweichende Regelungen enthält der EinigungsV selbst, z. B. in Art. 6, nach dem **Art. 131** im Beitrittsgebiet „vorerst nicht in Kraft gesetzt" wurde,[32] oder in Art. 7, der die **Finanzverfassung** der Bundesrepublik auf das Gebiet der ehemaligen DDR nur insoweit erstreckte, als der EinigungsV nichts anderes bestimmte.[33] Schon vor Ablauf der Frist einigten sich Bund und Länder auf der Grundlage des geltenden Verfassungsrechts auf eine Neuregelung der bundesstaatlichen Finanzverteilung und des Finanzausgleichs zum 1.1.1995, in die die neuen Länder uneingeschränkt einbezogen wurden.[34]

## D. Abs. 3

## I. Regelungsinhalt

18     Art. 143 III soll sicherstellen, dass **Art. 41 EinigungsV** und Regelungen zu seiner Durchführung auch **insoweit Bestand** haben, **als** damit **Eingriffe in das Eigentum** verbunden sind. Während Enteignungen, die nach 1949 im Beitrittsgebiet stattgefunden haben, grds. rückgängig gemacht werden

---

[24] BVerfGE 86, 390 (393).

[25] BVerfGE 86, 390 (389).

[26] BVerfGE 88, 83 (86).

[27] BVerfGE 88, 203 (208).

[28] BVerfGE 88, 203 (209); vgl. BGBl. I 1993, 820.

[29] BGBl. I 1050.

[30] *Schwarz* MKS III, Art. 143 Rn. 21; *Kirn,* in: von Münch/Kunig II, Art. 143 Rn. 12.

[31] *Jarass,* in: Jarass/Pieroth, Art. 143 Rn. 4.

[32] Vgl. dazu *Merten,* Grundfragen des Einigungsvertrages unter Berücksichtigung beamtenrechtlicher Probleme – zur Verfassungsmäßigkeit des Art. 6 EinigungsV, 1991.

[33] Hierzu *Wendt* (Fn. 17), S. 213.

[34] Vgl. Art. 33 FKPG; hierzu *Eckertz* ZRP 1993, 297; *Häde* JZ 1994, 76; *Selmer* FinArch 51 (1994), 331; vgl. zum Ganzen *U. Häde,* Finanzausgleich, 1996; *S. Korioth,* Der Finanzausgleich zwischen Bund und Ländern, 1997.

sollen, regelt Abs. 3, dass die Nichtrückgängigmachung entsprechender Maßnahmen aus den Jahren 1945 bis 1949[35] vor der Verfassung Bestand haben soll.[36]

Die Formulierung „unabhängig von Absatz 1 und 2" verdeutlicht die **Dauerhaftigkeit** der Rege-  19
lung in Abs. 3 im Gegensatz zur zeitlichen Befristung in den ersten beiden Absätzen. Sie kann nicht so ausgelegt werden, dass die in Abs. 1 genannten verfassungsrechtlichen Grenzen der Art. 19 II, 79 III nicht eingreifen sollen.[37]

## II. Die Regelungen des Art. 41 EinigungsV

**1. Art. 41 I und III EinigungsV und die „Gemeinsame Erklärung".** Die Regelung der  20
Eigentumsverhältnisse und der Entschädigungen für Eigentumsentzug in der früheren sowjetischen Besatzungszone (1945–1949) bzw. der ehemaligen DDR (ab 7.10.1949) war während der gesamten Verhandlungen zur Wiedervereinigung ein brisantes Thema. Die Regierung de Maizière beharrte nachdrücklich auf der Festschreibung der in den ersten Nachkriegsjahren erfolgten Enteignungen, da dies für den inneren Frieden im vereinten Deutschland von zentraler Bedeutung sei. Im Zuge der Beitrittsverhandlungen, die die Bundesrepublik gefährdet sah, gaben die Regierungen beider deutscher Staaten am 15.6.1990 eine **„Gemeinsame Erklärung"**[38] **zur Regelung offener Vermögensfragen** ab, die einen „sozial verträglichen Ausgleich unterschiedlicher Interessen" schaffen und den „Rechtsfrieden in einem künftigen Deutschland" durch „Rechtssicherheit und Rechtseindeutigkeit" und Anerkennung des „Rechts auf Eigentum" sichern sollte.

Darin heißt es unter **Nr. 1,** dass „die **Enteignungen auf besatzungsrechtlicher bzw. besat-**  21
**zungshoheitlicher Grundlage** (1945 bis 1949) … **nicht mehr rückgängig** zu machen" seien.[39] Als Begründung wird darauf hingewiesen, dass die „Regierungen der Sowjetunion und der Deutschen Demokratischen Republik … keine Möglichkeit sehen), die damals getroffenen Maßnahmen zu revidieren". Die BReg hat dies „im Hinblick auf die historische Entwicklung zur Kenntnis" genommen und die „Auffassung" geäußert, „dass einem künftigen gesamtdeutschen Parlament eine abschließende Entscheidung über etwaige staatliche Ausgleichsleistungen vorbehalten bleiben muss".

Die unter Nr. 1 getroffene Regelung bedeutet eine Abweichung von dem **im Übrigen** festgelegten  22
**Grundsatz der Rückübertragung** von Eigentumsrechten.[40] Gemäß **Nr. 3** der Gemeinsamen Erklärung einigte man sich nämlich darauf, dass „enteignetes Grundvermögen … grundsätzlich … den ehemaligen Eigentümern oder ihren Erben zurückgegeben" wird, es sei denn, dass wegen Veränderung der Nutzungsart oder Zweckbestimmung eine Rückübertragung „von der Natur der Sache her nicht möglich" ist (lit. a) oder inzwischen Dritte an den zurückzugebenden Immobilien „**Eigentum** oder dingliche Nutzungsrechte **in redlicher Weise** erworben haben" (lit. b). Für diese Fälle sieht die Gemeinsame Erklärung eine **Entschädigung** vor.[41] Weitere Einzelheiten sind in dem in Anl. II des EinigungsV[42] enthaltenen Gesetz zur Regelung offener Vermögensfragen (VermG)[43] sowie in dem Gesetz über die Entschädigung nach dem Gesetz zur Regelung offener Vermögensfragen (Entschädigungsgesetz-EntschG)[44] geregelt. Die hierdurch entstandene Lage ist auch heute noch rechtlich und politisch umstritten.[45]

Die **Gemeinsame Erklärung,** zunächst nur Bekundung einer politischen Verständigung und  23
politischer Absichten, ist **gemäß Art. 41 I EinigungsV** als Anl. III **Bestandteil des EinigungsV** geworden und hat damit rechtliche Verbindlichkeit erlangt.[46] Zusätzlich hat die Bundesrepublik Deutschland sich in **Art. 41 III EinigungsV** verpflichtet –, abgesehen von Maßnahmen nach Art. 41 II EinigungsV – keine Rechtsvorschriften zu erlassen, die der Gemeinsamen Erklärung widersprechen.[47]

[35] Vgl. zu Bodenreformen auf besatzungshoheitlicher Grundlage auch in den westlichen Besatzungszonen *Röper* NJ 2005, 296.

[36] S. auch *Dietlein,* in: Stern, StaatsR IV/1, S. 2296.

[37] BVerfGE 84, 90 (120); *Schwarz,* in: v. Mangoldt/Klein III, Art. 143 Rn. 24.

[38] BGBl. II 1990, 1237 f. (Anl. III zum EinigungsV).

[39] Zur Frage, inwieweit auch nach Gründung der DDR vorgenommene Enteignungen auf besatzungshoheitlicher Grundlage erfolgten, vgl. BVerwGE 98, 1; BVerwG NJW 1995, 1306 sowie BVerfG-K NJW 1997, 449; NJW 1997, 450.

[40] Vgl. BVerfGE 119, 394.

[41] Auch Unternehmen und Beteiligungen, die zwischen 1949 und 1972 durch Beschlagnahme in Volkseigentum überführt worden sind, sind nach Nr. 7 der Gemeinsamen Erklärung zurückzuübertragen.

[42] Kap. III Sachgeb. B Abschn. I Nr. 5 (BGBl. II 1990, 1159).

[43] Vgl. jetzt die Bek. des VermG v. 9.2.2005 (BGBl I 205), zul. geänd. durch G v. 21.11.2016 (BGBl. I 2591); vgl. *H.-D. Kittke* LKV 2010, 464 ff.

[44] Vom 27.9.1994 (BGBl. I 2624) = Art. 1 Entschädigungs- und AusgleichsleistungsG – EALG, heute i. d. F. d. Bek. v. 13.7.2004 (BGBl. I 1658), zul. geänd. durch G v. 23.5.2011 (BGBl. I 920).

[45] Vgl. hierzu ua *C. Paffrath,* Macht und Eigentum – Die Enteignungen 1945–1949 im Prozess der deutschen Wiedervereinigung, Diss. 2004.

[46] *Badura* HdbVerfR, § 10 Rn. 48.

[47] Darüber hinaus haben im Zusammenhang mit der Unterzeichnung des Vertrages vom 12.9.1990 über die abschließende Regelung in Bezug auf Deutschland (Zwei-plus-Vier-Vertrag) – BGBl. II 318 – die Außenminister der Bundesrepublik Deutschland und der DDR in einem Gemeinsamen Brief an die Außenminister der vier

**24**     2. **Art. 41 II EinigungsV.** Nach **Art. 41 II EinigungsV** soll eine „Rückübertragung von Eigentumsrechten an Grundstücken oder Gebäuden" nach Maßgabe besonderer gesetzl. Regelungen ausnahmsweise „nicht statt(finden), wenn das betroffene **Grundstück oder Gebäude für dringende,** näher festzulegende **Investitionszwecke benötigt** wird, insbes. der Errichtung einer gewerblichen Betriebsstätte dient und die Verwirklichung dieser Investitionsentscheidung volkswirtschaftlich förderungswürdig ist, vor allem Arbeitsplätze schafft oder sichert". In solchen Fällen soll an die Stelle der prinzipiell vorgesehenen Rückgabe die **Entschädigung** des früheren Eigentümers treten.

**25**     Der Umsetzung der besonderen Ermächtigung des Art. 41 II EinigungsV dienten die Regelungen des **Gesetzes über besondere Investitionen** in der Deutschen Demokratischen Republik.[48] Im Rahmen der Novellierung durch das Gesetz zur Beseitigung von Hemmnissen bei der Privatisierung von Unternehmen und zur Förderung von Investitionen vom 22.3.1991[49] wurde die **Restitution zur Erleichterung von Investitionen weiter eingeschränkt,** aber im Grundsatz beibehalten. Schließlich wurde der Komplex des Investitionsrechts durch das **Gesetz über den Vorrang für Investitionen** bei Rückübertragungsansprüchen nach dem Vermögensgesetz (Investitionsvorranggesetz – InVorG) vom 14.7.1992[50] neu geordnet.

### III. Verfassungsmäßigkeit des Art. 143 III

**26**     **Art. 143 III** verleiht den Regelungen des **Art. 41 EinigungsV** keinen Verfassungsrang, sondern will lediglich ihre **Verfassungsmäßigkeit sichern,** soweit es um Eigentumseingriffe geht.[51] Es kann aber nicht verwundern, dass die Verfassungsmäßigkeit der Vorschrift von Anfang an bezweifelt worden ist. Die verfassungsrechtliche Auseinandersetzung ist auch nach dem Urteil des Ersten Senats des BVerfG vom 23.4.1991 fortgesetzt worden.[52] In diesem Urteil[53] hat das **BVerfG** entschieden, dass Art. 143 III bzw. die durch ihn anerkannte **Nichtrückgängigmachung der** in der sowjetischen Besatzungszone **zwischen 1945 und 1949 durchgeführten Enteignungen nicht verfassungswidrig** sei. Nach Auffassung des BVerfG ist die Norm weder in **formeller** (vgl. bereits o. Rn. 5 ff.) noch – gemessen am Maßstab des **Art. 79 III** – in **materieller** Hinsicht zu beanstanden.[54]

**27**     1. **Menschenwürdegehalt (Kernbereich) des Art. 14.** Nach Ansicht des BVerfG bestand zum Zeitpunkt der Einfügung des Art. 143 III in das GG – abgesehen von denkbaren, aber jedenfalls nicht durchsetzbaren und damit praktisch wertlosen völkerrechtlichen Ansprüchen gegen die Besatzungsmacht Sowjetunion[55] – **keine Rechtsposition mehr,** in die der Gesetzgeber mit der Anerkennung der Enteignungen hätte eingreifen können.[56] Weder nach der Rechtslage im Gebiet der früheren sowjetisch besetzten Zone und späteren DDR (a) noch nach (bundes-)deutschem internationalen Enteignungsrecht (b) habe von einer fortbestehenden Eigentumsposition ausgegangen werden können. Auch könnten die Enteignungen nicht dem Verantwortungsbereich der dem GG verpflichteten Staatsgewalt der Bundesrepublik Deutschland zugerechnet werden (c). Das BVerfG führt dazu iE aus:

**28**     **a)** Die Enteignungsakte seien darauf gerichtet gewesen, den Eigentümern ihre Rechtsposition vollständig und endgültig zu entziehen. Die normativen Grundlagen der **Enteignungen** seien **sowohl**

---

Siegermächte des Zweiten Weltkriegs (vgl. Bull. BReg vom 14.9.1990, S. 1156) bestätigt, die Regierungen der beiden deutschen Staaten hätten in den Verhandlungen über diesen Vertrag dargelegt, dass sie in die Nr. 1 der Gemeinsamen Erklärung vom 15.6.1990 und in Art. 41 I und III EinigungsV enthaltene Regelung getroffen haben. Die völkerrechtliche Qualität dieser Kenntnisgabe ist iE jedoch offen (*Scholz,* in: Maunz/Dürig, Art. 143 Rn. 21; s. a. *Blumenwitz* DtZ 1993, 258).

    [48] Anl. II Kap. III Sachgeb. B Abschn. 1 Nr. 4 des EinigungsV (BGBl. II 1990, 1157).

    [49] BGBl. I 766.

    [50] BGBl. I 1257; Neuf. durch Bek. vom 4.8.1997, BGBl I 1996, zul. geänd. durch V v. 31.8.2015 (BGBl. I 1474).

    [51] *Ossenbühl* HStR IX, § 212 Rn. 54; offen *Jarass,* in: Jarass/Pieroth, Art. 143 Rn. 5; aA *Kirn,* in: von Münch/Kunig II, Art. 143 Rn. 18; *Uechtnitz* DVBl 1995, 1158 (1166).

    [52] Vgl. etwa *Badura* DVBl 1990, 1256; *Papier* NJW 1991, 193; *Graf Vitzthum,* in: Stern (Hrsg.), Deutsche Wiedervereinigung, Bd. II, Teil 1, 1992, S. 3; *Leisner* DÖV 1992, 432; *Maurer* JZ 1992, 183; *Blumenwitz* DtZ 1993, 258; *Sendler* DÖV 1994, 401; ausf. *von der Beck,* Die Konfiskationen in der sowjetischen Besatzungszone von 1945 bis 1949, 1996, S. 256 ff.

    [53] BVerfGE 84, 90; bestätigt von BVerfGE 94, 12, dazu *Uechtritz* DVBl 1996, 1218; erneut bestätigt durch BVerfG-K, Nichtannahmebeschluss v. 16.2.2016 – 1 BvR 1256/12 –, juris; bereits BVerfG NJW 2009, 1805, nahm Verfassungsbeschwerden nicht zur Entscheidung an, mit denen gerügt worden war, dass der Gesetzgeber es unterlassen habe, die Frage einer Restitution und Rehabilitation von Betroffenen der Boden- und Industriereform in der sowjetischen Besatzungszone zwischen 1945 und 1949 zu regeln; dazu *Wasmuth* ZOV 2009, 115.

    [54] Zust. *Ossenbühl* HStR IX, § 212 Rn. 54 ff.

    [55] BVerfGE 84, 90 (124 f.); zur Kritik vgl. *Wendt,* in: Stern (Hrsg.), Deutsche Wiedervereinigung, Bd. II Teil 1, 1992, S. 32 f.: Wenn die sowjetische Besatzungsmacht nach Völkerrecht (zB Art. 46 Haager LandkriegsO) zu derart tiefgreifenden Eingriffen in die innere Ordnung des besetzten Landes wie den bis 1949 erfolgten Konfiskationen und Enteignungen nicht berechtigt war, sind Restitutions- oder Entschädigungsansprüche jedenfalls entstanden; deren Eigentumsqualität kann schwerlich in Abrede gestellt werden.

    [56] BVerfGE 84, 90 (122 ff.).

von der **Besatzungsmacht als auch** von der **deutschen Staatsgewalt** in der SBZ und in der späteren DDR in vollem Umfang als **rechtmäßig** angesehen worden.[57]

**b)** Nach **deutschem internationalem Enteignungsrecht** würden die Enteignungen eines frem- 29 den Staates einschließlich der entschädigungslosen „Konfiskationen" grds. als wirksam angesehen, soweit dieser Staat innerhalb der Grenzen seiner Macht geblieben sei. Eine **Enteignung** entfalte danach Wirkung **innerhalb des Hoheitsgebiets des fremden Staates** und erfasse das Vermögen, das zum Zeitpunkt der Enteignung der Gebietshoheit des enteignenden Staates unterlegen habe. Als Grenze erkennt das BVerfG nur den **ordre public** an, der jedoch nicht verletzt sei.[58]

**c)** Die **Bundesrepublik Deutschland** könne nicht für die Enteignungen verantwortlich gemacht 30 werden, da sich ihre **Staatsgewalt** nicht nur tatsächlich, sondern auch staatsrechtlich auf das damalige **Gebiet der Bundesrepublik** beschränkt habe. Dies folge aus Art. 23 S. 1 aF Eine Verantwortlichkeit der Bundesrepublik Deutschland im Sinne eines Einstehenmüssens für etwaige aus ihrer Sicht rechts- oder verfassungswidrige Maßnahmen der deutschen Staatsgewalt in der sowjetisch besetzten Zone habe danach ebenso wenig bestanden wie etwa gegenüber Maßnahmen ausländischer Staatsgewalten. Im Übrigen verweist das BVerfG darauf, dass das **Grundgesetz** zum Zeitpunkt des ganz überwiegenden Teils der Enteignungsmaßnahmen **noch gar nicht in Kraft** gewesen sei und schon deshalb als Prüfungsmaßstab ausscheide.[59]

**2. Grundelemente des Rechtsstaats- und des Sozialstaatsprinzips.** Das BVerfG (zunächst der 31 Erste Senat in seinen Entscheidungen 84, 90 und 94, 12) sieht in dem verfassungsrechtlich abgesicherten Ausschluss der Naturalrestitution „auch unter dem **Gesichtspunkt des nachträglichen Ausgleichs früheren Unrechts**" keinen Verstoß gegen Art. 79 III. Der dem GG verpflichtete Gesetzgeber könne sich zwar – wie im Falle der (entschädigungslosen) Enteignungen, die nicht unter Nr. 1 der Gemeinsamen Erklärung fielen – veranlasst sehen, nach der Übernahme der Staatsgewalt von einem auf andere Ordnungsvorstellungen gegründeten politischen System dessen frühere Maßnahme, die sich nach rechtsstaatlichen Maßnahmen als nicht hinnehmbar erwiesen, durch eine über den allg. Lastenausgleich hinausgehende **Wiedergutmachung** auszugleichen. Die durch Art. 79 III garantierten **Grundelemente des Rechtsstaats- und des Sozialstaatsprinzips** geböten in einem solchen Falle aber **nicht** zwingend die **Rückgabe** der enteigneten Objekte in Natur.[60]

**3. Grundelemente des Gleichheitssatzes.** Verfassungsrechtliche Bedenken gegen den Ausschluss 32 der Restitution bzgl. der zwischen 1945 und 1949 erfolgten Enteignungen ergeben sich nach Auffassung des BVerfG schließlich auch nicht daraus, dass sich der Gesetzgeber bei den entschädigungslosen Enteignungen nach 1949 grds. für die Rückgabe der enteigneten Objekte entschieden hat. Die **Differenzierung** ist auch im Hinblick auf die Anforderungen der **Grundelemente des Gleichheitssatzes** nach Ansicht des BVerfG „hinreichend dadurch gerechtfertigt, dass die **Deutsche Demokratische Republik und die Sowjetunion auf der Einführung dieser Regelung bestanden** hatten und die Bundesregierung nach ihrer pflichtgemäßen Einschätzung auf diese Bedingung eingehen musste, um die Einheit Deutschlands zu erreichen".[61]

Die Einschätzung dessen, was nach der Verhandlungslage erreichbar gewesen sei, habe der eigenver- 33 antwortlichen, **pflichtgemäßen Beurteilung der Bundesregierung** unterlegen und entziehe sich der verfassungsgerichtlichen Nachprüfung.[62] Das BVerfG legt damit seiner Entscheidung den Vortrag der BReg zugrunde, dass bei den Verhandlungen über den EinigungsV und bei den Zwei-plus-Vier-Verhandlungen der Ausschluss der Restitution sowohl von der DDR als auch von der Sowjetunion zur Vorbedingung der Verwirklichung der Einheit Deutschlands gemacht worden sei.

Wegen dieser Feststellungen ist das BVerfG vielfach kritisiert worden,[63] vor allem, als in späteren 34 **Presseberichten** geltend gemacht wurde, die **Sowjetunion** habe in Wirklichkeit **nicht auf der Endgültigkeit der Enteignungen bestanden** und davon auch ihre Zustimmung zur Wiedervereinigung nicht abhängig gemacht.[64] Das BVerfG wies diese Behauptungen in einem am 15.4.1993 ergangenen Beschluss[65] zurück. Auch das BVerwG vermochte anlässlich einer Entscheidung vom

---

[57] BVerfGE 84, 90 (122).

[58] BVerfGE 84, 90 (123 f.); wie das BVerfG die für die Anwendung dieses Vorbehalts zu fordernde Inlandsbeziehung vermissen kann, ist angesichts des nicht zuletzt in der Präambel des GG und der Rechtsüberzeugung vom Fortbestand des deutschen Staates zum Ausdruck kommenden Anspruchs, den die Bundesrepublik Deutschland von Anfang an hinsichtlich ihrer Verantwortung für Deutschland und die Deutschen erhoben hat, allerdings unklar.

[59] BVerfGE 84, 90 (122 f.); *Papier* NJW 1997, 2841 (2845).

[60] BVerfGE 84, 90 (125 ff.); immerhin erhält die Bundesrepublik insoweit Unrechtsmaßnahmen aufrecht, und zwar in Bezug auf Eigentum, das sich im einem erheblichen Teil in staatlicher Hand befindet, vgl. *Stern,* in: ders./ Schmidt-Bleibtreu (Hrsg.), Einigungsvertrag und Wahlvertrag, 1990, S. 44.

[61] BVerfGE 84, 90 (127).

[62] BVerfGE 84, 90 (128).

[63] Vgl. etwa *Wasmuth* NJW 1993, 2476; *ders.* DtZ 1994, 142; aus primär politischer Perspektive *Wassermann* NJW 1997, 438 f.

[64] Auch die Darstellungen der damals auf sowjetischer Seite Beteiligten sind nicht frei von Widersprüchen, vgl. FAZ Nr. 52 v. 3.3.1998, S. 10.

[65] BVerfG DtZ 1993, 275.

29.4.1994[66] keine neuen Tatsachen zu erkennen, die dazu berechtigt hätten, gemäß Art. 100 I eine erneute Entscheidung des BVerfG über die Verfassungsmäßigkeit des Restitutionsausschlusses für Enteignungen auf besatzungsrechtlicher oder besatzungshoheitlicher Grundlage herbeizuführen.[67] In seinem Beschluss vom 18.4.1996 gelangt das BVerfG nach ausf. Auseinandersetzung mit den Verhandlungspositionen von DDR und Sowjetunion bei den Zwei-plus-Vier-Verhandlungen zu dem Ergebnis, die diesbezüglichen Einschätzungen der BReg könnten nicht als pflichtwidrig eingeschätzt werden.[68]

35 **4. Ausgleichsleistungen.** Das BVerfG verneint zwar eine Verletzung der Grundelemente des Gleichheitssatzes durch die unterschiedliche Behandlung der Enteignungen zwischen 1945 und 1949 und derjenigen nach 1949. Bezüglich der Frage der **Notwendigkeit von Ausgleichsleistungen** sieht es den Gesetzgeber aber durch das Gleichbehandlungsgebot des **Art. 3 I** gebunden. Von dieser Bindung an den allg. Gleichheitssatz könne auch der durch den EinigungsV neu in das GG eingefügte **Art. 135a II nicht befreien:**[69] Der Gesetzgeber habe für die späteren Enteignungen eine Wiedergutmachungsregelung getroffen, die vom Grundsatz der Rückgabe der enteigneten Objekte ausgehe, was auch für die Höhe der anstelle der Restitution zu gewährenden Entschädigung von Bedeutung sein könne. Wähle er eine solche Lösung, dürfe er für die entschädigungslosen **Enteignungen auf besatzungsrechtlicher oder besatzungshoheitlicher Grundlage nicht jegliche Wiedergutmachung ausschließen.**[70]

36 Bezüglich des **Umfanges dieser Ausgleichsleistungen** stellt das BVerfG fest, dass sich dem GG ein **Gebot voller Entschädigung** für die in Frage stehenden Enteignungen **nicht** entnehmen lasse. Bei der Bemessung von Wiedergutmachungsleistungen dürfe der Gesetzgeber darauf Rücksicht nehmen, welche finanziellen Möglichkeiten er unter Berücksichtigung der sonstigen Staatsaufgaben habe. Die für den Ausgleich von Kriegsfolgeschäden entwickelten Grundsätze gälten insoweit entsprechend.[71] Der Gesetzgeber darf nach Auffassung des BVerfG auch auf die Erfüllung der neuen Aufgaben Bedacht nehmen, die sich aus dem Wiederaufbau in den neuen Bundesländern ergeben. Bei der Einschätzung der wirtschaftlichen und finanziellen Lage des Staates und der Gewichtung der Staatsaufgaben komme ihm ein besonders weiter **Beurteilungsspielraum** zu. Angesichts der „desolaten wirtschaftlichen Lage", wie sie das BVerfG im Jahre 1991 für die neuen Bundesländern konstatiert, verneint das Gericht deshalb eine (originäre) verfassungsrechtliche Verpflichtung zu einer Wiedergutmachung, die wertmäßig einer Restitution gleichkomme.[72]

37 Gegen diese Maßstäbe wurden verfassungsrechtliche **Bedenken** angemeldet. Es wurde geltend gemacht, **Ausgleichsleistungen** müssten prinzipiell den **Wert substantieller Entschädigungsleistungen** im Sinne von Art. 14 III erreichen. Andernfalls bürde man den Opfern der Enteignungsmaßnahmen aus der Zeit vor 1949 ein Sonderopfer auf, das vor der Verfassung keinen Bestand haben könne.[73] Gegenüber dieser Kritik ließ sich einwenden, dass das **BVerfG** den Gestaltungsspielraum des Gesetzgebers dadurch einschränkte, dass es betonte, dass der Gesetzgeber bei der gesamten **Wiedergutmachungsregelung Art. 3 I beachten** müsse.[74] Diese Forderung nach einer **ausgewogenen Wiedergutmachungsregelung im Ganzen** schien seine Aussagen zum Beurteilungsspielraum des Gesetzgebers zu relativieren. Der Befürchtung, dass das BVerfG auch ein erhebliches Gefälle zwischen der Höhe einer Ausgleichsleistung und dem Wert einer Naturalrestitution ohne weiteres als verfassungsgemäß einstufen werde, schien der Boden entzogen.[75]

37a **5. Bestätigung durch den 2. Senat des BVerfG (BVerfGE 112, 1).** In seinem Beschl. vom 26.10.2004[76] hat sich der Zweite Senat des BVerfG der dargestellten Rspr. des Ersten Senats zum Restitutionsausschluss angeschlossen, wenn auch unter eigener Akzentsetzung. Die Anrufung des Plenums des BVerfG gemäß § 16 Abs. 1 BVerfGG wurde mit der Begründung abgelehnt, dass der Zweite Senat hinsichtlich der tragenden Gründe für die Entscheidung, dass der Ausschluss der Restitution gemäß Art. 143 Abs. 3 mit Art. 79 Abs. 3 vereinbar sei, nicht von der Rechtsauffassung des Ersten Senats[77] abzuweichen beabsichtige.[78] Der Zweite Senat legt besonderes Gewicht auf die

---

[66] BVerwGE 96, 8.
[67] Vgl. auch noch *Motsch* DtZ 1994, 19.
[68] BVerfGE 94, 12 (35 ff.); vgl. auch BVerfG NJW 2009, 1805 (1806).
[69] BVerfGE 84, 90 (128 f.).
[70] BVerfGE 84, 90 (129).
[71] BVerfGE 84, 90 (130).
[72] BVerfGE 84, 90 (131).
[73] *Scholz*, in: Maunz/Dürig, Art. 143 Rn. 26, 29.
[74] BVerfGE 84, 90 (131).
[75] Vgl. *Zimmermann* DtZ 1994, 360.
[76] BVerfGE 112, 1; bestätigt durch Beschl. v. 14.12.2008 – 2 BvR 2338/07 ua–, NJW 2009, 1805, und v. 15.12.2008 – 2 BvR 2462/07 –. Der höchstrichterlichen Rspr. haben sich der SächsVerfGH des Freistaates Sachsen (Beschl. v. 26.3.2009 – Vf. 14-IV-09 – und v. 27.8.2009 – Vf. 39-IV-09 –) sowie der BGH mit Beschl. v. 28.11.2008 – LwZR 12/07 –, NJ 2009, 307, und das LG Dresden mit Beschl. v. 24.8.2009 – BSRH 0022/06, BSRH 22/06 –, NJ 2010, 219, angeschlossen.
[77] BVerfGE 84, 90; BVerfGE 94, 12.
[78] BVerfGE 112, 1 (23).

Prüfung der verfassungsrechtlichen Pflichten der Bundesrepublik Deutschland mit Blick auf das **Völkerrecht**[79] und sieht diese als erfüllt an, so dass auch unter diesem Aspekt der Restitutionsausschluss gemäß Art. 143 Abs. 3 nicht gegen Art. 79 Abs. 3 verstoßen könne.[80]

## IV. Entschädigung und Ausgleichsleistungen nach dem EALG

Das Gesetz zur Regelung offener Vermögensfragen enthielt keine konkreten Regelungen über Art **38** und Ausmaß der Entschädigungs- und Ausgleichsleistungen. In § 9 VermG fanden sich lediglich einige allgemeine Vorschriften über die **Grundsätze der Entschädigung** sowie eine Regelung über die Bereitstellung von Ersatzgrundstücken bei Ausschluss der Restitution aufgrund redlichen Erwerbs. Die Normierung des Gesetzes zur Regelung offener Vermögensfragen blieb insoweit lange Zeit unvollständig. Eine konkretisierende Regelung bezüglich Entschädigung und Ausgleichsleistungen[81] konnte erst nach einem langwierigen Gesetzgebungsverfahren erreicht werden.[82]

Am 10.5.1993 legte die BReg einen **Gesetzentwurf**[83] vor, der die nach dem Gesetz zur Regelung **39** offener Vermögensfragen zu gewährende Entschädigung näher regelte und Bestimmungen zur Ausgleichsleistung im Falle einer nicht mehr rückgängig zu machenden Enteignung auf besatzungsrechtlicher oder besatzungshoheitlicher Grundlage enthielt. Um eine Ausgewogenheit der Maßnahmen zu gewährleisten, sollten **Entschädigungs- und Ausgleichsleistungen** grds. nach den **gleichen Maßstäben** bemessen werden.[84] Der ursprüngliche Entw. stieß bei der parlamentarischen Beratung in vielen Punkten auf Ablehnung.[85] Im Ringen um eine konsensfähige Lösung wurde der Gesetzentw. daraufhin **erheblich geändert.**

So wurde anstatt der ursprünglich vorgesehenen direkten und unmittelbaren Entschädigung in Geld **40** die Ausgabe von **Schuldverschreibungen,** die ab 2004 mit 6 % zu verzinsen sind, in den Gesetzentw. eingebracht.[86] Auch wurde **auf die Vermögensabgabe**[87] auf restituierte Grundstücke **verzichtet.**[88] Nach dem Entw. der BReg sollte die Vermögensabgabe als Solidarbeitrag der Empfänger von Sachwerten zugunsten der Entschädigungs- und Ausgleichsberechtigten das gravierende Ungleichgewicht zwischen Entschädigung und Rückgabe mildern.[89] Als Konsequenz des Wegfalls der Vermögensabgabe wurde die **Bemessungsgrundlage für die Entschädigung heraufgesetzt,** um die „Wertscherenproblematik" zwischen Restitution und Entschädigung zu entschärfen. Die ursprüngliche Bemessungs-

---

[79] Zu möglichen brisanten Schlussfolgerungen aus der völkerrechtlichen Argumentation des Gerichts hinsichtlich der Enteignungen Deutscher in Polen und Tschechien s. *Gruber* NJ 2005, 137 f.

[80] BVerfGE 112, 1 (24 ff.). Dieser Teil der Entscheidungsbegründung (zu dieser völkerrechtlichen Sicht auch BVerfG, Beschl. v. 15.12.2008 – 2 BvR 2462/07 –, juris; vgl. hierzu weiter BVerfG-K NJW 2009, 1805 [1806] sowie die Nachw. in Fn. 76) wird in einem Sondervotum der Richterin *Lübbe-Wolf* ungewöhnlich scharf kritisiert: „Der Senat antwortet auf Fragen, die der Fall nicht aufwirft, mit Verfassungsgrundsätzen, die das Grundgesetz nicht enthält" (S. 44). „Das Bundesverfassungsgericht kann … nur noch prüfen, ob die Anforderungen gewahrt sind, die Art. 79 Abs. 3 GG an Verfassungsänderungen stellt … Der Senat wählt daher den falschen Ansatz, wenn er prüft, ob die Beschwerdeführer wegen möglichen Verstoßes gegen allgemeine Grundsätze des Völkerrechts (Art. 25 GG) in ihrem Grundrecht verletzt sind … Zu prüfen war, ob durch den in Art. 143 Abs. 3 GG festgeschriebenen Restitutionsausschluss und die damit verbundene Hinnahme der erfolgten Eigentumsänderungen der gemäß Art. 79 Abs. 3 GG auch durch verfassungsänderndes Gesetz nicht antastbare Menschenwürdekern von Grundrechten der Beschwerdeführer verletzt ist" (S. 45 f.).
Weiter wird ausgeführt: „Diese Frage ist durch Entscheidungen des Ersten Senats bereits negativ beantwortet. Der Erste Senat hat – unter Berücksichtigung aller Grundrechte, deren Verletzung auch die Beschwerdeführer geltend machen, und unter Berücksichtigung völkerrechtlicher Gesichtspunkte – festgestellt, dass Art. 143 Abs. 3 GG mit Art. 79 Abs. 3 GG vereinbar ist … Das hindert den Zweiten Senat nicht, zu prüfen, ob diese Antwort richtig war, und gemäß § 16 Abs. 1 BVerfGG das Plenum des Bundesverfassungsgerichts anzurufen, falls er sie für falsch hält. Er muss dabei aber von der richtigen Frage ausgehen – der Frage einer möglichen Verletzung des Menschenwürdekerns von Grundrechten der Beschwerdeführer. Hätte der Senat die Ausgangsfrage so gestellt, wäre unmittelbar offensichtlich geworden, dass völkerrechtliche Gesichtspunkte, wie die Beschwerdeführer sie anführen und der Senat sie ausführlich erörtert, nicht geeignet sind, die Richtigkeit der Entscheidungen des Ersten Senats zu erschüttern" (S. 46).

[81] Zur terminologischen Diff. vgl. *Ossenbühl* HStR IX, § 212 Rn. 105.

[82] EALG v. 27.9.1994 (BGBl. I 2624), geänd. durch G. v. 22.9.2005 (BGBl. I 2809), vgl. schon o. Fn. 44. In dem G sind als Art. 1 das EntschädigungsG – EntschG – und als Art. 2 das AusgleichsleistungsG – AusglLeistG i. d. F. der Bek. v. 13.7.2004, BGBl. I 1665, zul. geänd. durch G v. 21.3.2011 (BGBl. I 450) enthalten; einen Überblick über die einzelnen Regelungen gibt der Beitrag von *Strobel* BB 1994, 2083; zur Entstehungsgeschichte vgl. *Graf Vitzthum/März,* Restitutionsausschluss, 1995, S. 193 ff.

[83] Entw. eines G über die Entschädigung nach dem G zur Regelung offener Vermögensfragen und über staatliche Ausgleichsleistungen für Enteignungen auf besatzungsrechtlicher oder besatzungshoheitlicher Grundlage, BT-Dr 12/4887.

[84] BT-Dr 12/4887, S. 30.

[85] Vgl. etwa *Glantz* MDR 1994, 421.

[86] Vgl. etwa *Zimmermann* DtZ 1994, 359 sowie *Körfgen* DtZ 1995, 319.

[87] Vgl. dazu *Stern/Aussem* Die Verwaltung 27 (1994), 1.

[88] Vgl. *Zimmermann* DtZ 1994, 360.

[89] BT-Dr 12/4887, S. 31.

grundlage des 1,3fachen Einheitswerts von 1935 wurde je nach Grundstücksart auf das Drei- bis Zwanzigfache angehoben.[90]

41   Im Gegenzug wurde allerdings die gestufte **Kürzung der Entschädigungen** drastisch **verschärft.** Höhere Entschädigungsbeträge werden um bis zu 95 % gekürzt. Die Einführung einer gestaffelten, weil gemäßigteren Degression für höhere Entschädigungsbeträge durch den urspr. Entw. beruhte auf der Überlegung, dass vermögende Personen einen relativ höheren Solidarbeitrag, der auch in der Kürzung ihres Entschädigungsanspruchs bestehen könne, leisten könnten.[91] Im Zuge der Änderungen wurde auch erstmals die **Möglichkeit des Rückerwerbs von Land** im Bereich der Land- und Forstwirtschaft für die nach dem Ausgleichsleistungsgesetz Berechtigten vorgesehen. Dadurch sollte eine Brücke zwischen Rückübertragung von Sacheigentum und Geldentschädigung geschlagen werden.[92]

42   Eine **Kompromisslösung,** die auf die mehrheitliche Zustimmung aller am Gesetzgebungsverfahren Beteiligten stieß, konnte jedoch erst nach mehrfacher Anrufung des Vermittlungsausschusses gefunden werden.[93]

43   Der Gesetzgeber hat sich offenbar bemüht, eine Lösung zu finden, die sowohl dem Prinzip der **materiellen Gerechtigkeit** als auch dem Prinzip der **Rechtssicherheit** Rechnung trägt. Ob er dieses Ziel mit den in Kraft getretenen Regelungen erreicht hat, wurde von Anfang an bezweifelt.[94] So wurden zT weitergehende Diff. zwischen den einzelnen Sachverhalten, insbes. im Hinblick auf die Stellung von Erben von Enteignungsopfern, vorgeschlagen.[95] Eingewandt wurde aber vor allem, dass eine annähernde wertmäßige **Gleichbehandlung von Restitutionsfällen und Entschädigungs- bzw. Ausgleichsleistungsfällen** durch das EALG nicht gewährleistet sei. Das BVerfG hat demgegenüber die Verfassungsmäßigkeit der Regelungen des EALG – nicht zuletzt des § 3 AusglLeistG[96] – bejaht.[97] Das BVerfG führt aus, Maßstab der verfassungsrechtlichen Prüfung der Regelungen des EALG sei vor allem der **allgemeine Gleichheitssatz** des Art. 3 I, der allerdings nur in seiner Bedeutung als Willkürverbot Geltung beanspruchen könne. Einzelne Vorschriften des EALG seien, so das Gericht weiter, darüber hinaus auch am **Sozial-** und am **Rechtsstaatsprinzip** (Art. 20 I und III) zu messen. Nach diesen Maßstäben seien die Regelungen des EALG verfassungsrechtlich nicht zu beanstanden, insbes. liegen nach Auffassung des Gerichts **sachlich einleuchtende Gründe** vor, die eine **wertmäßige Ungleichbehandlung** der Restitutionsberechtigten im Vergleich mit denjenigen, die ihr Eigentum endgültig verloren haben, rechtfertigen.[98] Im Unterschied hierzu betont das Sondervotum der Richter *Papier, Haas, Hömig* und *Steiner:*[99] „Zwar kann … nichts dagegen eingewandt werden, dass sich Restitution und Entschädigung nach dem Entschädigungsgesetz nicht voll entsprechen… Verfassungsrechtlich unabdingbar ist jedoch, dass die **Entschädigung** im praktisch wichtigsten Bereich der Wiedergutmachung noch einen **realen Bezug zum tatsächlichen Wert** des entzogenen und nicht mehr rückgebbaren **Vermögensgegenstandes** hat … Das setzt nicht nur voraus, dass die Entschädigung am Verkehrswert der nicht mehr restituierbaren Vermögensobjekte ausgerichtet wird … Erforderlich ist vielmehr, dass zwischen Entschädigung und diesem Verkehrswert in der Masse der typischen Wiedergutmachungsfälle tatsächlich noch ein erkennbarer wertmäßiger Zusammenhang besteht." Diesen Anforderungen hält nach zutr. Auffassung der Richter die **progressive Staffelung der Kürzungsbeträge** nach § 7 I EntschG nur zT stand. Eine Anwendung der Eigentumsgarantie des Art. 14 GG als Prüfungsmaßstab lehnt das BVerfG in seiner Entscheidung im Übrigen weitgehend ab.

44   Aufgrund der **Entscheidung der EU-Komm. vom 20.1.1999**[100] wurde das AusglLeistG durch das **Vermögensrechtsergänzungsgesetz – VermRErgG –**[101] geändert. Die EU-Komm. hatte die

---

[90] Vgl. *Zimmermann* DtZ 1994, 360; für eine Vermögensabgabe aus Gründen der Gleichbehandlung von Restitutions- und Entschädigungs- bzw. Ausgleichsleistungsberechtigten *Papier* NJW 1997, 2841 (2846); vgl. auch *Ossenbühl* HStR IX, § 212 Rn. 117, sowie *dens.,* FS Heymanns Verlag, 1995, S. 129 (142 f.).

[91] BT-Dr 12/4887, S. 36; zur Kritik vgl. *Leisner* NJW 1993, 353; dagegen *Uechtritz* DVBl. 1995, 1158 (1161 f.).

[92] Vgl. *Zimmermann* DtZ 1994, 361; dazu, dass Rückerwerbsrechte weder mit dem verfassungsrechtlichen Restitutionsverbot noch mit der Anerkennung des Ausschlusses von Restitutionsansprüchen der Alteigentümer durch BVerfGE 84, 90 kollidieren, vgl. *Leisner* DVBl 1992, 131; s. auch *v. Schließen* NJW 1998, 1688.

[93] Vgl. BT-Drsen 12/7588; 12/7832; 12/8413.

[94] Vgl. etwa *Neubauer* Die Zeit Nr. 26 v. 24.6.1994, S. 17; *Glantz* MDR 1994, 421; *Graf Vitzthum/März* (Fn. 82), S. 191 ff.; *Papier* NJW 1997, 2841 (2846); für die Verfassungsmäßigkeit der Entschädigungs- und Ausgleichsleistungsregelungen *Schmidt-Preuß* NJW 1994, 3249 (3255 f.), dagegen *Kirn,* in: v. Münch/Kunig II, Art. 143 Rn. 23; *v. Schließen* NJW 1998, 1688.

[95] *Ossenbühl* HStR IX, § 212 Rn. 110.

[96] § 3 AusglLeistG (vgl. schon o. Fn. 82) regelt den Erwerb von land- und forstwirtschaftlichen Flächen, die von der Bundesanstalt für vereinigungsbedingte Sonderaufgaben (früher Treuhandanstalt) bzw. der für diese tätig werdenden Bodenverwertungs- und -verwaltungsgesellschaft zu privatisieren sind.

[97] BVerfGE 102, 254 (297 ff.); die hiergegen gerichteten Beschwerden hat die Große Kammer des Europ. Gerichtshofs für Menschenrechte am 2.3.2005 zurückgewiesen (NJW 2005, 2530).

[98] BVerfGE 102, 254 (302 ff., 322 ff.).

[99] BVerfGE 102, 254 (315 ff.).

[100] ABlEG L 107/21 v. 24.4.1999; vgl. auch bereits die Entscheidung der EU-Komm. v. 22.12.1998, KOM Dok. K (1999) 42 endg. v. 20.1.1999.

[101] BGBl. I 2000, 1382.

**Privatisierung** ehemals volkseigener **land- und forstwirtschaftlicher Flächen** auf der Grundlage des AusglLeistG insoweit beanstandet, als die Berechtigung zur Teilnahme am Flächenerwerb von der Ortsansässigkeit am 3.10.1990 abhängig gemacht worden war. Die EU-Komm. vertrat die Auffassung, die Stichtagsregelung des § 3 II 1 AusglLeistG knüpfe mittelbar an die Staatsangehörigkeit an und verstoße daher gegen das **Diskriminierungsverbot des Art. 6 EGV** (jetzt Art. 18 AEUV). Ferner hatte die EU-Komm. gerügt, dass die mit der Privatisierung ehemals volkseigener land- und forstwirtschaftlicher Flächen durch Verkauf zum dreifachen Einheitswert verbundene **Beihilfeintensität** durchschnittlich ca. 50 % betrage und damit die für landwirtschaftliche Flächen in benachteiligten Gebieten zulässige Beihilfeintensität von 35 % übersteige. Die Privatisierung ehemals volkseigener land- und forstwirtschaftlicher Flächen auf der Grundlage des AusglLeistG sei deshalb mit dem **Gemeinsamen Markt unvereinbar.** Die EU-Komm. verpflichtete daher die Bundesrepublik Deutschland, unzulässig gewährte Beihilfen zurückzufordern.[102] Durch das VermRErgG wurde mit Blick auf die Entscheidung der EU-Komm. zum einen die **Erwerbsvoraussetzung der Ortsansässigkeit zum Stichtag 3.10.1990 gestrichen.** Zum anderen wurde durch das VermRErgG in § 3 Abs. 7 Satz 1 AusglLeistG eine **neue Kaufpreisregelung** (Verkehrswert abzüglich 35 %) getroffen. Die Rückforderung unzulässig gewährter Beihilfen wurde in § 3a Abs. 2 und 3 AusglLeistG näher geregelt.

Durch das VermRErgG wurde ferner **§ 9 VermG aufgehoben.** Diese Vorschrift enthielt Rege-   **45** lungen über die Grundsätze der Entschädigung. § 9 Abs. 2 Satz 3 verwies für den Fall, dass ein Berechtigter wegen redlichen Erwerbs des Verfügungsberechtigten von der Restitution ausgeschlossen war, auf die in § 21 III 1 und IV enthaltenen Regelungen über die **Bereitstellung von Ersatzgrundstücken.** Bezugnehmend auf diese Regelungen hatte das BVerwG am 17.9.1998 entschieden, dass die Gemeinden die Bereitstellung von Ersatzgrundstücken **nicht aus Haushaltsgründen generell verweigern** dürften, da sie vom Bund den vollen Ersatz ihrer Aufwendungen, also den **Verkehrswert des Ersatzgrundstücks,** verlangen könnten.[103] Mit Blick auf diese vom BVerwG vertretene Auffassung befürchtete man eine zusätzliche Belastung des Bundes mit **Haushaltsrisiken in einer Größenordnung von wenigstens 3,75 Mrd. DM.**[104] Mit Wirkung vom 22.9.2000 wurde daher § 9 VermG ersatzlos gestrichen. Die Aufhebung des § 9 VermG ist in der Literatur auf Kritik gestoßen. Es wird insbes. geltend gemacht, die Aufhebung einfachgesetzlicher Ausgleichsansprüche verstoße gegen die Eigentumsgarantie des Art. 14 GG.[105] Das BVerwG hat am 30.5.2001 entschieden, dass die Aufhebung des § 9 VermG durch das VermRErgG mit dem Grundgesetz vereinbar sei.[106] Das BVerwG lässt in seiner Entscheidung ausdr. offen, ob Rückübertragungsansprüche nach dem VermG dem Schutzbereich des Art. 14 Abs. 1 GG unterfallen. Jedenfalls sei, so erklärt das BVerwG, der Anspruch auf Übereignung eines Ersatzgrundstücks nach dem aufgehobenen § 9 VermG nicht durch das Eigentumsrecht geschützt gewesen. Das BVerwG begründet seine Auffassung damit, dass der Ausschluss der Rückübertragung des Eigentums wegen redlichen Erwerbs, trotz der Ausgestaltung des § 9 VermG als subjektives Recht des Berechtigten, nicht „quasi automatisch" zur Übereignung eines Ersatzgrundstücks habe führen müssen. Vielmehr habe eine Reihe weiterer, vom Berechtigten nicht zu beeinflussender Voraussetzungen hinzukommen müssen, so dass **bei realistischer Betrachtungsweise lediglich von einer** – eigentumsgrundrechtlich nicht geschützten – (Erwerbs-)**Chance des Berechtigten** habe ausgegangen werden können. Die gegen diese Entscheidung des BVerwG erhobene Verfassungsbeschwerde wurde vom BVerfG nicht zur Entscheidung angenommen.[107]

## Art. 143a [Ausschließliche Gesetzgebung bei Bundeseisenbahnen]

(1) Der Bund hat die ausschließliche Gesetzgebung über alle Angelegenheiten, die sich aus der Umwandlung der in bundeseigener Verwaltung geführten Bundeseisenbahnen in Wirtschaftsunternehmen ergeben. Artikel 87e Abs. 5 findet entsprechende Anwendung. Beamte der Bundeseisenbahnen können durch Gesetz unter Wahrung ihrer Rechtsstellung und der Verantwortung des Dienstherrn einer privatrechtlich organisierten Eisenbahn des Bundes zur Dienstleistung zugewiesen werden.

(2) Gesetze nach Absatz 1 führt der Bund aus.

(3) Die Erfüllung der Aufgaben im Bereich des Schienenpersonennahverkehrs der bisherigen Bundeseisenbahnen ist bis zum 31. Dezember 1995 Sache des Bundes. Dies gilt auch für die entsprechenden Aufgaben der Eisenbahnverkehrsverwaltung. Das Nähere wird durch Bundesgesetz geregelt, das der Zustimmung des Bundesrates bedarf.

---

[102] Vgl. hierzu *Pechstein* NJW 1999, 1429.
[103] BVerwGE 107, 205 (213).
[104] BT-Drr. 14/1932, S. 9.
[105] *Depenheuer/Grzeszick* NJW 2000, 385; iE ebenso *Brenner* FS Schiedermair, 2001, S. 505 (510).
[106] BVerwGE 114, 291.
[107] BVerfG Beschl. v. 16.8.2001 – 1 BvR 1270/01 – nicht veröffentlicht.

**Entstehungsgeschichte: Erstfassung:** 40. G zur Änd. des GG v. 20.12.1993 (BGBl I 2089), Art. I Nr. 7 (dazu: BT-Dr 12/4610, 12/5015 [Entwürfe], 12/6280, 12/6311; BT-Prot 12/12881, 12922, 13081, 16958; BR-Dr 130/ 93, 872/93; BR-Prot 93/149, 185, 615, 637).

**Schrifttum:** *T. Blanke/S. Fedder,* (Hrsg.), Privatisierung, 2. Aufl. 2010; *M. Böhm/H. P. Schneider,* Beamtenprivatisierung bei der DB AG, 2002; *C. A. Panke,* Privatisierungsmanagement im Personalbereich am Beispiel der DB AG, 2005; *H. A. Wolff,* Die Wahrung der Rechtsstellung von Beamten, die bei den privatisierten Unternehmen Bahn und Post beschäftigt sind, AöR 127 (2002), 72; *S. Zobel,* Beamtenrechtliche Folgeprobleme einer Privatisierung von Staatsunternehmen, 2007.

## A. Allgemeines

### I. Entstehung

1     Zu den gleichlautenden **Entwürfen** von CDU/CSU- und FDP-Fraktion und weiteren Abgeordneten[1] und der BReg[2] vom März 1993 schlug der BRat vor, die Zustimmungsbedürftigkeit der Bundesgesetze, die das Übergangsrecht zur Umwandlung der Bundeseisenbahnen in Wirtschaftsunternehmen regeln, wegen der Bedeutung des Personennahverkehrs für die Länder als S. 2 in den Abs. 1 einzufügen.[3] Der Rechtsausschuss empfahl die entsprechende Anwendung des Art. 87e.[4]

2, 3     Die vom **Bund** wahrzunehmende **Aufgaben- und Finanzverantwortung**[5] ist nach Kritik des BRates[6] durch einen Änderungsantrag der Fraktionen von CDU/CSU und FDP vom 1.12.1993 um ein Jahr verlängert worden. Zugleich ist im neu eingefügten Art. 106a ein Betrag aus dem Steueraufkommen des Bundes den Ländern ab 1.1.1996 zugesichert worden.[7] Nach Zustimmung des BRats trat das Änderungsgesetz am 21.12.1993 in Kraft.

### II. Bahnstrukturreform

4     Die Vorschrift **ergänzt übergangsweise die Bahnstrukturreform,** deren verfassungsrechtliche Grundlagen zusammen mit den durch Gesetz zur Änderung des Grundgesetzes vom 20.12.1993[8] eingefügten bzw. geänderten Art. 73 Nr. 6 und 6a, 74 Nr. 23, 80 II, 87 I 1, 87e und 106a geschaffen worden sind. Herzstück der auch gemeinschaftsrechtlich beeinflussten[9] Reform ist **Art. 87e,** der die **Privatisierung** und **Regionalisierung** der Bundeseisenbahnen und die Verwaltungszuständigkeit des Bundes für den Eisenbahnverkehr vorschreibt.

5     **Art. 143a** regelt die ausschließliche Kompetenz des Bundes zum Erlass (Abs. 1 S. 1) und zur Ausführung (Abs. 2) der erforderlichen Reformgesetze, die Zustimmung des BRates beim Gesetzeserlass (Abs. 1 S. 2), die Zuweisung von Beamten der Bundesbahn an die privatrechtlich organisierte Bahn (Abs. 1 S. 3) und die vorläufige Sicherung des Schienenpersonennahverkehrs (Abs. 3).[10] Die materielle Privatisierung der Deutschen Bahn AG durch Börsengang wird nicht mehr betrieben. Das Marktgeschehen steuert die durch § 54 I EnWG 2005[11] eingeführte Bundesnetzagentur für Elektrizität, Gas, Telekommunikation, Post und Eisenbahnen.

## B. Regelungsgegenstände

### I. Erlass und Ausführung von Umwandlungsgesetzen

6     Zwar hat der **Bund** gem. Art. 143a I 1 die **ausschließliche Gesetzgebungskompetenz** (Art. 71) für alle Angelegenheiten, die sich aus der Umwandlung der zuvor in bundeseigener Verwaltung geführten Bundeseisenbahnen in Wirtschaftsunternehmen (Art. 87e) ergeben, aber gem. Abs. 1 S. 2 bedürfen diese Gesetze der **Zustimmung des BRates** (Art. 78). Abs. 1 S. 2 gehört zu den Ergänzungen, die wie § 87e V, 106a, 143b III während des Gesetzgebungsverfahrens zur Wahrung der Interessen der Länder eingefügt worden sind. Die implizite Verweisung auch auf Art. 87e V 2 ist überflüssig.[12] Die Umwandlung ist durch das G über die Gründung einer Deutschen Bahn AG = Art. 2 ENeuOG erfolgt. Zur Ausführung von BundesG in eigener Verwaltung iSv Abs. 2 s. Art. 86.

---

[1] BT-Dr 12/4610.
[2] BT-Dr 12/5015.
[3] Ebda, Anl. 2, S. 12 f., Anl. 3, S. 17 f. Gegenäußerung der BReg.
[4] BT-Dr 12/6280, S. 6, 9.
[5] BT-Dr 12/4610, S. 3; BT-Dr 12/5015, S. 4; BT-Dr 12/6280, S. 6.
[6] BT-Dr 12/5015, Anl. 2, S. 13.
[7] BT-Dr 12/6311.
[8] BGBl I 2089.
[9] S. *Windthorst,* Art. 87e Rn. 2a–c.
[10] Krit. zur „Aufblähung" des GG *Pestalozza* Jura 1994, 561 (572).
[11] Vom 7.7.2005, BGBl I 1970.
[12] *Uerpmann-Wittzack,* in: v. Münch/Kunig II, Art. 143a Rn. 3.

## II. Zuweisung von Beamten

Abs. 1 S. 3 schafft die verfassungsrechtlichen Grundlagen für die **gesetzliche Zuweisung** von 7
Beamten der bisherigen Bundesbahn zur Dienstleistung bei der privatrechtlich organisierten Bahn.
Dadurch sollen verfassungsrechtliche Bedenken gegen diese besondere Form der **übergangsweisen
Beschäftigung** von Beamten bei privaten Unternehmen ausgeschlossen werden. Nach § 123a
**BRRG aF war** eine Zuweisung von Beamten auch an inländische privatrechtliche Einrichtungen
möglich, aber nur mit Zustimmung des Beamten. Gemäß § 20 BeamtStG und § 29 BBG nF ist die
zustimmungsfreie Zuweisung auf andere Privatisierungsvorhaben von Bund, Ländern und Gemeinden
ebenso wie schon nach dem bisherigen § 123a II BRRG möglich, ohne dass es dazu eines besonderen
Gesetzes bedarf, sofern die privatrechtlich organisierte Einrichtung, zB Stadtwerke GmbH, eine solche
der öffentlichen Hand, also in Mehrheitsbeteiligung eines Trägers öffentlicher Verwaltung bleibt. Die
Beamten sind nicht Arbeitnehmer der DB AG.[13]

Das eigentliche einfachrechtliche Vorbild der Zuweisung nach Abs. 1 S. 3 war die Dienstleistungs- 8
überlassung aufgrund eines diesbezüglichen Vertrages, wie er in Ausführung des Generalvertrages über
die probeweise Zusammenführung des Bahnbusverkehrs und des Postreisedienstes in einer GmbH
abgeschlossen worden ist. Dieses Modell ist zwar von BVerwGE 69, 303 gebilligt worden,[14] aber die
Zweifel an der Zulässigkeit der **vertraglichen Dienstleistungsüberlassung** blieben bestehen.[15]

Wegen der verfassungsrechtlichen Grundlegung und der einfachgesetzlichen Sonderregelungen[16] 9
sind die gegen die vertragliche Dienstleistungsüberlassung erhobenen Bedenken nicht auf die gesetzli-
che Zuweisung zur Dienstleistung übertragbar. Diese für **eine lange Übergangszeit geltenden
Ausnahmeregelungen** zu Art. 33 V sind materiell gerechtfertigt als notwendige dienstrechtliche
Folgeregelungen der organisationsrechtlichen Verfassungsänderung durch G v. 20.12.1993 (o. Rn. 4).
Abs. I S. 3 gilt nur für die Zuweisung zu privatisierten Eisenbahnen des Bundes, allerdings auch für
den Fall, dass diese nicht mehr im Mehrheitseigentum des Bundes sind.[17] Eine analoge Anwendung auf
Privatbahnen, die nicht im Eigentum des Bundes stehen oder standen, scheidet aus, was auch die
entsprechende Begrenzung in § 21 BeamtStG, § 29 BBG nF zeigt, die trotz mehrfacher Erweiterung
der Vorgängervorschriften nicht aufgegeben worden ist. Die Rechtsstellung eines zugewiesenen
Beamten unterscheidet sich deutlich von der eines Beamten, der innerhalb der öffentlichen Verwaltung
ein Amt wahrnimmt. Zwar bleibt der beamtenrechtliche Grundstatus unverändert. Dienstherr der
Bundesbeamten bleibt der Bund, es findet kein Dienstherrenwechsel statt.[18] Aber das funktionale Amt
ist weggefallen. Von dem zugewiesenen Beamten kann keine uneingeschränkte Amtsführung iSv § 61
I 1 BBG mehr verlangt werden. Als beurlaubter Beamter unterliegt er nicht dem Streikverbot.[19] Auch
wenn die Ausübung der Dienstherrenbefugnisse in Art. 143a I 3 nicht so klar wie die beim Beleihungsmodell nach Art. 143b III geregelt ist, unterliegt der Beamte bei seiner Tätigkeit in den
Unternehmen deren Weisungen.[20] Nach der neueren Rechtsprechung gilt das Recht auf die amtsangemessene Beschäftigung nicht nur für das statusrechtliche Amt, sondern auch für das Funktionsamt.[21]
Die lückenhaften dienstrechtlichen Folgeregelungen werfen wie bei den Postunternehmen zahlreiche
Probleme auf.[22]

## III. Schienenpersonennahverkehr

Die **Kostentragung** für den Schienenpersonennahverkehr (SPNV) war lange **umstritten**.[23] Der in 10
Abs. 3 geschaffene Kompromiss (o. Rn. 2) hat eine inzwischen durch Art. 106a, § 30 AEG erledigte
Übergangsregelung geschaffen.

---

[13] BVerwG NVwZ 2003, 1400.

[14] Dazu *Uerpmann* Jura 1996, 79; s. auch BAGE 31, 218.

[15] OVG NW DB 1980, 200 m. Anm. v. *Pitschas* JA 1981, 129; *Lecheler* NVwZ 1989, 834 (837); *Blanke/Sterzel*
AuR 1993, 265 (272); *Loschelder*, Strukturreform der Bundeseisenbahn durch Privatisierung?, 1993 S. 39; w. N. bei
*Sellmann* ZBR 1994, 71.

[16] Dazu *Lorenzen* PersV 1994, 145; *Engels/Müller/Mauß* DB 1994, 473; krit. *Blanke/Sterzel* AuR 1993, 265;
*Trümmer* PersR 1993, 473; *Wolff* AöR 127 (2002), 73; *Janssen* ZBR 2003, 113 (125).

[17] Zutreffend *Gersdorf* MKS Art. 143a Rn. 5; aA *Uerpmann-Wittzack*, in: v. Münch/Kunig II, Art. 143a Rn. 5;
*Hermes*, in: Dreier III, Art. 143a Rn. 8.

[18] BVerwGE 108, 274; BVerwG NVwZ 2003, 1400.

[19] BVerwGE 111, 231; dazu BVerfG ZBR 2002, 353; *Panke,* Privatisierungsmanagement im Personalbereich der
DB AG, 2005, S. 162; weitergehend *Sterzel,* in: Blanke/Fedder, Privatisierung S. 621; aA *v. Arnauld* DÖV 1998, 437
(447); *Möstl*, in: *Maunz/Dürig* Art. 143a Rn. 29.

[20] enger *Uerpmann-Wittzack,* in: v. Münch/Kunig II, Art. 143b Rn. 5; *Weiß* ZBR 1996, 225.

[21] BVerwGE 123, 107 – Lokführer; dazu *Sterzel*, aaO S. 602; *Stehr* VR 2005, 417; s. a. BVerwGE 126, 182 –
Telekom; OVG NRW NVwZ 2007, 110; großzügiger OVG RhPf DÖD 1997, 162; VG Frankfurt/Main ZTR
2003, 50; ebenso *Panke* Privatisierungsmanagment, S. 173; streng BVerwGE 133, 297 – § 44 III BBG; *Sterzel* in
Blanke/Fedder, Privatisierung, S. 594–630; sa *Möstl* aao Rn. 22, 28.

[22] Dazu *Zobel,* Beamtenrechtliche Folgeprobleme einer Privatisierung von Staatsunternehmen, 2007.

[23] *Fromm* DVBl 1994, 187 (193).

## Art. 143b [Umwandlung der Deutschen Bundespost]

(1) **Das Sondervermögen Deutsche Bundespost wird nach Maßgabe eines Bundesgesetzes in Unternehmen privater Rechtsform umgewandelt. Der Bund hat die ausschließliche Gesetzgebung über alle sich hieraus ergebenden Angelegenheiten.**

(2) **Die vor der Umwandlung bestehenden ausschließlichen Rechte des Bundes können durch Bundesgesetz für eine Übergangszeit den aus der Deutschen Bundespost POST-DIENST und der Deutschen Bundespost TELEKOM hervorgegangenen Unternehmen verliehen werden. Die Kapitalmehrheit am Nachfolgeunternehmen der Deutschen Bundespost POSTDIENST darf der Bund frühestens fünf Jahre nach Inkrafttreten des Gesetzes aufgeben. Dazu bedarf es eines Bundesgesetzes mit Zustimmung des Bundesrates.**

(3) **Die bei der Deutschen Bundespost tätigen Bundesbeamten werden unter Wahrung ihrer Rechtsstellung und der Verantwortung des Dienstherrn bei den privaten Unternehmen beschäftigt. Die Unternehmen üben Dienstherrenbefugnisse aus. Das Nähere bestimmt ein Bundesgesetz.**

**Entstehungsgeschichte: Erstfassung:** 41. G zur Änd. des GG v. 30.8.1994 (BGBl I 2245), Art. 1 Nr. 5 (dazu: BT-Dr 12/7269 [Entwurf], 12/8108; BT-Prot 12/19415, 20804; BR-Dr 114/94, 676/94; BR-Prot 94/71, 377). **Leitentscheidungen:** EuGH NJW 2008, 633 (Liberalisierung der Postdienste); BVerfGE 108, 370 (Briefmonopol); BVerwGE 132, 299 (Rechtsstellung ehemaliger Beamter der Bundespost).

**Schrifttum:** *U. Battis,* Beleihung anläßlich der Privatisierung der Postunternehmen, FS Raisch, 1995, S. 355; *F. Ossenbühl/K. Ritgen,* Beamte im privaten Unternehmen, 1999; *M. Pechstein,* Öffnungsklauseln im Beamtenrecht, 1999; *D. Sterzel,* Der Schutz der Privatisierungsbeamten gem. Art. 143b Abs. 3 GG, 2003; *S. Zobel,* Beamtenrechtliche Folgeprobleme einer Privatisierung von Staatsunternehmen 2007.

## A. Entstehung

1/2    Die Vorschrift hat zusammen mit den durch Gesetz zur Änderung des Grundgesetzes v. 30.8.1994[1] eingefügten bzw. geänderten Art. 73 Nr. 7, 80 II, 87 I 1 und 87f die verfassungsrechtlichen Grundlagen für die Postreform II geschaffen.[2] Herzstück der unionsrechtlich intendierten[3] Reform sind Art. 87f und 143b I. Art. 87f teilt die verbleibenden hoheitlichen Aufgaben und die privatwirtschaftlichen Tätigkeiten auf und regelt die Rechtsbeziehungen zwischen beiden. Art. 143b I regelt die **Umwandlung** des Sondervermögens Deutsche Bundespost in **Unternehmen privater Rechtsform.** Art. 143b II, III enthält die die Privatisierung ergänzenden **Übergangsregelungen.**[4]

## B. Regelungsgegenstände

### I. Umwandlung

3    Abs. 1 S. 1 trifft die Entscheidung über das „Ob" der Umwandlung des Sondervermögens Deutsche Bundespost in Unternehmen privater Rechtsform.[5] Der formale **Errichtungsakt** ist durch das „Gesetz zur Umwandlung der Unternehmen der Deutschen Bundespost in die Rechtsform der Aktiengesellschaft" = **Art. 3 des PTNeuOG** erfolgt.

### II. Materielle Privatisierung

4    Durch die Umwandlung ist der Bund Eigentümer zunächst der privaten Postunternehmen geblieben – **formelle Privatisierung** (Organisationsprivatisierung). Die **materielle Privatisierung** regelt Art. 143b II 2 und 3. Die Kapitalmehrheit an der **Deutschen Post AG,** dem Nachfolgeunternehmen der Deutschen Bundespost Postdienst, durfte der Bund erst nach dem 1.1.2000 aufgeben (Art. 15 PTNeuOG in Verbindung mit Art. 143b II 2) und nur auf Grund eines Zustimmungsgesetzes (Art. 78) zur Änderung des Postumwandlungsgesetzes. Nach dem Börsengang (2000) hat der Bund sukzessive seine Kapitalbeteiligung über die Kreditanstalt für Wiederaufbau am Unternehmen Deutsche Post AG auf 20,5 % zurückgeführt.

5    Für die **Deutsche Telekom AG** bestimmt § 3 I Nr. 2 des G über die Errichtung einer Bundesanstalt für Post- und Telekommunikation Deutsche Bundespost (Bundesanstalt Post-Gesetz – BA PostG) = Art. 1 PTNeuOG, dass die Einführung in den Kapitalmarkt bis zum 31.12.1999 ausschließlich durch Kapitalerhöhung gegen Einlage zu erfolgen hat. Dies ist erstmals 1997 geschehen. Der Bund ist zusammen mit der KfW noch mit 31,9 % an der Deutschen Telekom AG beteiligt. Die Postbank ist 2020 mit der Deutschen Bank AG verschmolzen worden.

---

[1] BGBl I 2245.
[2] Zu Vorarbeiten *Scholz/Aulehner* ArchPT 1993, 221.
[3] Dazu *Eifert* in E/F/P I § 24 Rn. 4–11; *Gramlich* ebd. § 25 Rn. 12–22.
[4] Krit. zur „Aufblähung" des GG *Pestalozza* Jura 1994, 561 (572).
[5] BT-Dr 12/6717, S. 4; *Gramlich* NJW 1994, 2785 (2788).

## III. Befristete Monopolrechte

Die bis zum 31.12.1997 befristete **Verleihung** der vor der Umwandlung bestehenden **ausschließ-** **6** **lichen Rechte** des Bundes auf die Postunternehmen (Art. 143b II 1) sind im Zuge der **Postreform III** hinsichtlich des Netz- und Funkanlagenmonopols gem. § 100 I 3 TKG 1996 zum 1.8.1996, hinsichtlich des Telefonmonopols gem. § 100 I 4 TKG 1996 zum 1.8.1998 entfallen. Die Einräumung des Briefmonopols war verfassungsgemäß.[6] Das Marktgeschehen im Postbereich und im Telekommunikationsbereich steuert die Bundesnetzagentur – Bundesagentur für Elektrizität, Gas, Telekommunikation, Post und Eisenbahnen[7].

## IV. Personalüberleitung

Aufgrund der Postreform II werden Bundesbeamte, die zuvor bei der Deutschen Bundespost tätig **7** waren, unter Wahrung ihrer Rechtsstellung als unmittelbare Bundesbeamte bei den privaten Post- und Telekommunikationsunternehmen beschäftigt, sofern sie nicht freiwillig in ein Angestelltenverhältnis gewechselt sind.[8] Aus Gründen der Praktikabilität üben die Unternehmen gem. der **Beleihungs-** **regelung** des Art. 143b II 2 die Dienstherrenbefugnisse aus, ohne aber selbst Dienstherr zu werden.[9] Die Einzelheiten regelt das mehrfach novellierte[10] G zum Personalrecht der Beschäftigten der früheren Deutschen Bundespost **(Post-PersonalrechtsG)** = Art. 4 PTNeuOG, das den Personaleinsatz zulässigerweise flexibilisiert.[11]

Diese für **eine lange Übergangszeit geltenden Ausnahmeregelungen** zu Art. 33 V sind materiell **8** gerechtfertigt[12] als notwendige dienstrechtliche Folgeregelungen der organisationsrechtlichen Verfassungsänderung durch das G v. 30.8.1994. Von der Ausübung der Dienstherrenrechte nach Art. 143b III gem. dem Beleihungsmodell ist zu unterscheiden die Verleihung der Dienstherrenrechte i. S. d. § 2 Nr. 2 BeamtStG (zuvor § 121 Nr. 2 BRRG) in § 23 I BA PostG an die Bundesanstalt für Post und Telekommunikation Deutsche Bundespost.[13] Dienstherr der bei den privatisierten Unternehmen, einschließlich ihrer Tochter- und Enkelunternehmen, tätigen Beamten ist der Bund.[14] Ihre Rechtsstellung ist jedoch nicht erst seit der materiellen Privatisierung prekär, auch wenn das BVerfG[15] und das BVerwG[16] ihren Status als unverändert bezeichnet haben[17]. Letzteres hat festgestellt, dass dem Bund als Dienstherr in tatsächlicher und rechtlicher Hinsicht effektive Steuerungs- und Kontrollmöglichkeiten eingeräumt bleiben müssen.[18] Die Strukturprinzipien des Beamtenrechts wurden für grundsätzlich anwendbar erklärt.[19] Das funktionale Amt ist innerhalb der zur Gemeinwohlverwirklichung verpflichteten gesetzesgebundenen öffentlichen Verwaltung entfällt in einem auf Gewinnerzielung ausgerichteten, im Wettbewerb agierenden Unternehmen. Von einem Beamten, der bei einem privatisierten Post-Nachfolgeunternehmen im Wege der Beurlaubung tätig ist, kann keine uneingeschränkte Amtsführung iSv § 52 S. 2 BBG verlangt werden. Er unterliegt auch nicht dem Streikverbot.[20] Im Arbeitsverhältnis begangene Pflichtverletzungen können aber ein außerdienstliches Dienstvergehen begründen.[21] Die Folgeregelungen werfen wie bei den Bahnunternehmen zahlreiche Probleme auf,[22] insbesondere hinsichtlich der amtsangemessenen Beschäftigung.[23] Zur Stärkung der Wettbewerbsfähigkeit durfte § 10 I PostPerRG die nicht durch Art. 33 V GG geschützten Rechte der Beamten beseitigen.[24] Den Streit um

---

[6] BVerfGE 108, 370; krit. *Gersdorf* DÖV 2001, 661; *Kämmerer* DVBl 2001, 1705.

[7] Dazu *Eifert* in E/F/P I § 24 Rn. 144.

[8] Dazu *Stolz,* Der beurlaubte Beamte im Angestelltenverhältnis, 2010.

[9] *Battis* FS Raisch, 1995, S. 355; krit. *Blanke/Sterzel* KJ 1993, 278 (295, 299).

[10] *Nokiel,* DÖD 2015, 59 *Wieland,* DOV 2017, 332.

[11] Grundsätzlich BVerfG, ZBR 2016, 306 dazu *Kämper,* S. 311; L. *Klein* ZBR 2017, 73; zur zulässigen staatlichen Kofinanzierung der Beamtenversorgung EuGH, T-143/12.

[12] BVerfG ZBR 2016, 306.

[13] Dazu *Möstl,* in: Maunz/Dürig, Art. 143b Rn. 25.

[14] BVerwGE 108, 272.

[15] E 130, 52.

[16] ZBR 1997, 50; s. a. *Weiß* ZBR 1996, 222; *Wendt/Elicker* ZBR 2002, 73; aA *Spoo* PersR 1997, 399; *Schulz* ZTR 1995, 438; enger *Uerpmann-Wittzack,* in: v. Münch/Kunig II, Art. 143b Rn. 10.

[17] Krit. *Lecheler,* in: FS 50 Jahre BVerfG, 2001, II, S. 359 (373); *Janssen* ZBR 2003, 113 (125).

[18] BVerwGE 133, 247 Rn. 37.

[19] BVerwGE 126, 182; dazu *Sterzel* in Blanke/Fedder, Privatisierung, S. 607 f.

[20] BVerwGE 111, 231; dazu BVerfG (K) ZBR 2002, 353; s. a. BAG PersR 1998, 206 (210); *Blanke/Sterzel,* Privatisierungsrecht für Beamte, 1999, S. 121; aA *Schönrock* ZBR 2002, 312; sa Möstl in *Maunz/Dürig* Art. 143b Rn. 31.

[21] BVerwG NVwZ 2002, 1519 u. 2004, 867.

[22] Dazu *Sterzel,* in: Blanke/Fedder, S. 621 m. w. N; aA; *Ossenbühl/Ritgen,* Beamte in privaten Unternehmen, 1999;.

[23] BVerwG, B. v. 19.5.2016 – 2 C 14/15; OVG RhPf NVwZ 2007, 110; *Lechtermann* DVBl 2004, 1334; *Baden* PersR 2004, 215; großzügiger zum flexiblen Personaleinsatz *Klinkhammer* ZTR 2003, 113; *Böhm/Schneider* ZBR 2004, 73; *Pfohl,* ZBR 2006, 300; *Ronellenfitsch,* VerwArch 2006, 520; enger *Sterzel,* Der Schutz der Privatisierungsbeamten gem. Art. 143b Abs. 3 GG, 2003; *Pechstein* ZBR 2004, 1; *Badura* DÖV 2006, 753.

[24] BVerfGE 130, 52 (74) – keine unzulässige unfreiwillige Teilzeitbeschäftigung.

die betriebliche Interessenvertretung der Privatbeamten hat Art. 9 der Gesetzes zur Errichtung eines Bundesaufsichtsamtes für Flugsicherung, BGBl. I 2009, 2224, in § 5 I BetrVG entschieden.[25]

## Art. 143c [Bundesmittel für entfallene Gemeinschaftsaufgaben und Finanzhilfen]

(1) **Den Ländern stehen ab dem 1. Januar 2007 bis zum 31. Dezember 2019 für den durch die Abschaffung der Gemeinschaftsaufgaben Ausbau und Neubau von Hochschulen einschließlich Hochschulkliniken und Bildungsplanung sowie für den durch die Abschaffung der Finanzhilfen zur Verbesserung der Verkehrsverhältnisse der Gemeinden und zur sozialen Wohnraumförderung bedingten Wegfall der Finanzierungsanteile des Bundes jährlich Beträge aus dem Haushalt des Bundes zu. Bis zum 31. Dezember 2013 werden diese Beträge aus dem Durchschnitt der Finanzierungsanteile des Bundes im Referenzzeitraum 2000 bis 2008 ermittelt.**

(2) **Die Beträge nach Absatz 1 werden auf die Länder bis zum 31. Dezember 2013 wie folgt verteilt:**

**1. als jährliche Festbeträge, deren Höhe sich nach dem Durchschnittsanteil eines jeden Landes im Zeitraum 2000 bis 2003 errechnet;**

**2. jeweils zweckgebunden an den Aufgabenbereich der bisherigen Mischfinanzierungen.**

(3) **Bund und Länder überprüfen bis Ende 2013, in welcher Höhe die den Ländern nach Absatz 1 zugewiesenen Finanzierungsmittel zur Aufgabenerfüllung der Länder noch angemessen und erforderlich sind. Ab dem 1. Januar 2014 entfällt die nach Absatz 2 Nr. 2 vorgesehene Zweckbindung der nach Absatz 1 zugewiesenen Finanzierungsmittel; die investive Zweckbindung des Mittelvolumens bleibt bestehen. Die Vereinbarungen aus dem Solidarpakt II bleiben unberührt.**

(4) **Das Nähere regelt ein Bundesgesetz, das der Zustimmung des Bundesrates bedarf.**

**Entstehungsgeschichte: Erstfassung:** 52. G zur Änd. des GG v. 28.8.2006 (BGBl I 2034), Art. 1 Nr. 23 (dazu: BT-Dr 16/813 [Ent.], 16/2010 [Beschlussempf. RechtsA], 16/2069 [Ber. RechtsA]; BT-Prot 16/1749, 4233, 4295; BR-Dr 178/06, 180/06, 462/06; BR-Prot 06/39, 62, 303, 222).
**Supra- und internationale Texte:** AEUV Art. 165.
**Gesetzgebung:** EntflechtG; GVFG.

**Schrifttum:** *U. Häde,* Zur Föderalismusreform in Deutschland, JZ 2006, 930; *W. Kluth* (Hrsg.), Föderalismusreformgesetz, 2007; *C. Starck* (Hrsg.), Föderalismusreform, 2007.

### Übersicht

## A. Allgemeines

### I. Entstehung

**1**    Die Föderalismusreform I von 2006[1] hat das Recht der Gemeinschaftsaufgaben und der Finanzhilfen erheblich modifiziert (näher → Art. 91a Rn. 8 f., → Art. 104b Rn. 1). Die Gemeinschaftsaufgaben

---

[25] Dazu *Sterzel,* in: Blanke/Fedder, Privatisierung, S. 631; s. a. BVerwGE 127, 142.
[1] G z. Änd. des GG v. 28.8.2006 (BGBl I 2034).

„Ausbau und Neubau von Hochschulen einschließlich Hochschulkliniken" (bisher Art. 91a I Nr. 1) und „Bildungsplanung" (bisher Art. 91b S. 1) sind abgeschafft worden. Die Neufassung von Art. 104a IV führt zum Auslaufen der „Finanzhilfen zur Verbesserung der Verkehrsverhältnisse der Gemeinden und zur sozialen Wohnraumförderung".[2] Um den Übergang zum neuen Recht zu erleichtern, sollten im Grundsatz die Bundesmittel, die bisher für diese Mischfinanzierungen bereitgestellt worden waren, für eine reichlich bemessene Übergangszeit weiter zur Verfügung stehen.[3] Die notwendige verfassungsrechtliche Regelung ist mit Art. 143c, einer weiteren Durchbrechung des Konnexitätsprinzips nach Art. 104a I (→ Art. 104a Rn. 2), geschaffen worden, da die ursprünglich geplante Veränderung der Umsatzsteuerverteilung zu Kompensationszwecken nicht gelang.[4]

## II. Grundsätzliche Bedeutung

Die Vorschrift ordnet den finanz. Ausgleich für die entfallenen Finanzierungsanteile des Bundes bei 2 den Gemeinschaftsaufgaben und Finanzhilfen an. Diese **Kompensation war** aus dem Haushalt des Bundes bis Ende 2019 zu leisten (Abs. 1). Allerdings war ihre Höhe bis Ende 2013 auf Angemessenheit und Erforderlichkeit zu überprüfen (Abs. 3). Die **Verteilung** auf die Länder erfolgte grds. nach den bisherigen Durchschnittsanteilen (Abs. 2). Die zugewiesenen Mittel waren urspr. streng zweckgebunden. Ab 2014 erfolgte eine stufenweise **Lockerung** der **Zweckbindung**, so dass die Regelung in Abs. 2 von da an einen guten Teil ihrer Bedeutung verloren hat. Insg. ist die Regelung bis zum Ende des Jahres 2019 befristet, da bis dann eine Neuordnung des bundesstaatl. Finanzausgleichs erfolgen sollte.[5] Dies ist zwar durch die Änd. des GG vom Juli 2017 (Föderalismusreform III) geschehen. Art. 143c blieb aber unberührt und der **Endtermin** ist geblieben.

Einen erheblichen Teil ihrer materiellen **Bedeutung** für das föderale Finanzsystem hat die Vor- 2a schrift zudem dadurch eingebüßt, dass die auf Art. 104a IV aF gestützte Förderung des Verkehrswesens in den Gemeinden – entgegen den ursprünglichen Absichten – mittlerweile Dauerrecht geworden ist (→ Art. 125c Rn. 21, 23, 32). Das gilt auch für die Förderung der Seehäfen (→ Art. 125c Rn. 6, 9, 12, 24 ff.) und die neu geschaffenen oder (wieder) erweiterten Gemeinschaftsaufgaben (Art. 91b, c, e) sowie die neuen Finanzhilfetatbestände (Art. 10c, d). Nähere Einzelheiten waren der Regelung durch **zustimmungspflichtiges Bundesgesetz** vorbehalten (Abs. 4). Sie finden sich im Gesetz zur Entflechtung von Gemeinschaftsaufgaben und Finanzhilfen **(EntflechtG),** das als Art. 13 des Föderalismusreform-Begleitgesetzes parallel zur Änderung des GG erlassen worden ist.[6]

Die den Ländern aufgrund dieser Regelung insgesamt zufließenden Mittel waren im Gesetzgebungs- 3 verfahren mit 2,6 Mrd. Euro jährlich für die Jahre 2007 bis 2013 angegeben worden. Teil der **quasivertraglichen Abmachung,** die Grundlage für die Verfassungsänderung war, waren weitere Leistungen des Bundes für bestimmte Sachaufgaben, die in den Gesetzgebungsmaterialien – auf den ersten Blick schwer nachvollziehbar – ebenfalls zum „Kompensationsvolumen" gerechnet werden.[7] Die Beträge sind später mehrfach geändert worden (→ Rn. 23 f.).

## B. Der Kompensationsanspruch der Länder (Abs. 1)

## I. Grundlagen

Die Vorschrift schreibt die **Gewährung von Finanzzuweisungen** aus dem Haushalt des Bundes 4 an die Länder vor. Sie dienten als Kompensation für die Finanzierungsanteile, die der Bund bisher im Rahmen derjenigen Gemeinschaftsaufgaben geleistet hat, die durch die Föderalismusreform I von 2006 gestrichen worden waren (→ Rn. 1). Es handelt sich nicht nur um eine Rechtsgrundlage oder Ermächtigung für Zahlungen des Bundes in fremden Aufgabenbereichen, die ohne diese Regelung

---

[2] Die Finanzhilfen des Bundes sind in Art. 104b geregelt, der wie Art. 104a IV aF die Möglichkeit von Finanzhilfen des Bundes für die Länder vorsieht, allerdings mit der Einschränkung, dass Finanzhilfen nur zulässig sind, sofern es sich um eine Materie der Gesetzgebungskompetenz des Bundes handelt. Sie müssen zudem (grundsätzlich) befristet sein und dürfen nur in degressiven Jahresbeträgen gewährt werden. Ausnahmen vom Gebot der Befristung und Degressivität weiten sich rapide aus und wurden mit Art. 125c II nF (→ Art. 125c Rn. 19 ff., → Rn. 31) und den neuen Finanzhilfetatbeständen in Art. 104c und 104d statuiert.

[3] BT-Dr 16/813, S. 22. *P. M. Huber* hatte auch schon für allerdings auf fünf Jahre begrenzte Übergangsregelungen plädiert. Lediglich die leistungsschwachen Länder sollten bis zum Ende des Solidarpakts II im Jahre 2019 weitere Ausgleichszahlungen erhalten (Gutachten 65. DJT, 2004, S. D 88).

[4] *Butzer,* in: Kluth, Föderalismusreformgesetz, 2007, Art. 104b Rn. 31; *Speiser,* Der deutsche Wissenschaftsföderalismus auf dem Prüfstand – der neue Art. 91b GG, Diss. Speyer, 2016, S. 100;; *Hellermann* MKS III, Art. 143c Rn. 4; krit. *Schwarz,* in: Starck (Hrsg.), Föderalismusreform, 2007, Rn. 416; *ders.,* in: Maunz/Dürig, Art. 143c (2014) Rn. 4, 7; s. a. *Kesper* NdsVBl 2006, 145 (145 ff.).

[5] BT-Dr 16/813, S. 22; *Heun,* in: Dreier III, Art. 143c Rn. 3.

[6] G v. 5.9.2006 (BGBl I 2098, 2102); zul. geänd. durch Art. 3 G v. 1.12.2016 (BGBl I 2755). Es tritt gem. Art. 22 S. 3 am 31.12.2019 außer Kraft.

[7] BT-Dr 16/813, S. 23. Dort wird auch ganz unverblümt davon gesprochen, dass diese weiteren Leistungen „vereinbart" worden seien. Ein bemerkenswerter Umgang mit dem verfassungsrechtlich festgelegten Verfassungsänderungsverfahren für den Bund.

gegen Art. 104a I verstoßen hätten, sondern um eine **Rechtspflicht des Bundes** zur Zahlung. Sie folgt unmittelbar aus der Verfassung, auch wenn im Gesetzgebungsverfahren andere Vorstellungen geherrscht haben sollten.[8] Die unmissverständliche Formulierung in Satz 1 lässt eine andere Deutung nicht zu.

5    Aus dieser Pflicht des Bundes dürfte auch ein korrespondierender **Anspruch** der Länder folgen, dessen Höhe für das einzelne Land nach Abs. 2 zu bestimmen ist. Art. 143c enthält aber **keine Verpflichtung zur Kofinanzierung** durch die Länder, wie sie bei den Gemeinschaftsaufgaben bisher bestand.[9] Auch nach Art. 91b III ist nun eine Aufteilung der Kosten nicht mehr zwingend (→ Art. 91b Rn. 30).

6    Die **Höhe** der insg. vom Bund zu leistenden **Zahlungen** regelt S. 1 für die Zeit bis Ende 2013. Sie waren aus dem Durchschnitt der Finanzierungsanteile des Bundes in den Jahren 2000 bis 2008 zu ermitteln. Dafür maßgebend sollen nach dem Willen des verfassungsänd. Gesetzgebers für 2000 bis 2003 die **Ist-Ergebnisse** – kassenmäßiger Abfluss beim Bundeshaushalt einschließlich Aufteilung auf die Länder – und für 2004 bis 2008 die **Ansätze im Finanzplan** des Bundes (Finanzierungsanteile des Bundes) sein.[10] Für die Folgezeit stand die Höhe der Zahlungen unter dem Vorbehalt der Revision nach Art. 143c III (→ Rn. 19 f.).

## II. Die Zuweisungen für die einzelnen Bereiche

7    Die Begründung zum Entwurf von Art. 143c enthält eine **betragsmäßige Festlegung** der Zahlungen, die jährlich zu leisten sind; aufgeschlüsselt nach den einzelnen Bereichen:

– Gemeinschaftsaufgabe Ausbau und Neubau von Hochschulen einschließlich Hochschulkliniken
– Gemeinschaftsaufgabe Bildungsplanung
– Finanzhilfe zur Verbesserung der Verkehrsverhältnisse der Gemeinden
– Finanzhilfe zur Förderung des Wohnungsbaus.[11]

Hinzu kommen weitere Leistungen des Bundes, die ebenfalls zum „Kompensationsvolumen" (→ Rn. 3) gerechnet werden, aber nicht auf Art. 143c I beruhen: für überregionale Fördermaßnahmen im Hochschulbereich nach Art. 91b I und für das künftige Zusammenwirken bei der Bildungsevaluation und der Bildungsberichterstattung.

8    Diese Festlegungen sind in §§ 2, 3 EntflechtG unverändert aufgegriffen worden. Ihre dogmatische Einordnung ist fraglich. Die gewählte Kombination von AusführungsG und Festschreibung in den Materialien einer Verfassungsänderung ist aber auch schon früher praktiziert worden, zB zur Abgrenzung des Begriffs „gesamtwirtschaftliches Gleichgewicht" in Art. 109 II (→ Art. 109 Rn. 16 ff.). Trotz ihrer Fragwürdigkeit wird man die so getroffenen Festlegungen als vom verfassungsänd. Gesetzgeber gewollte Konkretisierung des Verfassungstextes ansehen müssen. Durch die Festschreibung wird das Budgetrecht des BT angetastet, dies bedeutet aber noch keinen Verstoß gegen Art. 79 III.[12]

9    **1. Hochschulbau.** Wegen des Wegfalls der Gemeinschaftsaufgabe „Ausbau und Neubau von Hochschulen einschließlich Hochschulkliniken" (Hochschulbau) galt das **HochschulbauförderungsG** gemäß Art. 125c nur noch bis zum 31.12.2006. Dasselbe ist für den letzten aufgrund des HochschulbauförderungsG von Bund und Ländern geschaffenen Rahmenplan anzunehmen (→ Art. 125c Rn. 11).[13] Nach dem Willen des verfassungsändernden Gesetzgebers sollte der Bund einen Anteil von 30 % des Kompensationsbetrages (→ Rn. 3, → Rn. 7) für künftige überregionale Fördermaßnahmen nach Art. 91b I einsetzen. Einen Anteil von 70 % erhielten die Länder aus dem Haushalt des Bundes als Festbetrag iSv Art. 143c I.[14]

10    Die in § 2 I EntflechtG aF getroffene Regelung war möglicherweise nicht mit den verfassungsrechtlichen Vorgaben zu vereinbaren.[15] In der zuletzt geltenden Fassung[16] sah § 2 I EntflechtG vor, dass den

---

[8] So wohl die Begr. des Entw., BT-Dr 16/813, S. 22: „Art. 143c I enthält die Rechtsgrundlage für die Finanzzuweisungen des Bundes ..."; unkrit. ebenso *Kube,* in: Epping/Hillgruber, Art. 143c vor Rn. 1 und Rn. 2.

[9] *Jarass,* in: Jarass/Pieroth, Art. 143c Rn. 1; *Hellermann,* MKS III Art. 143c Rn. 8; *Schwarz,* in: Maunz/Dürig, Art. 143c (2014) Rn. 5; krit. *H. Meyer,* Gemeinsame öffentliche Anhörung des Rechtsausschusses des Deutschen Bundestages und des Ausschusses für Innere Angelegenheiten des Bundesrates zur Föderalismusreform, 31.5.2006, Rechtsausschussprotokoll 18, S. 152; *Häde* JZ 2006, 930 (935).

[10] BT-Dr 16/813, S. 22.

[11] BT-Dr 16/813, S. 23.

[12] *Butzer* (Fn. 4), Art. 104b Rn. 33; zust. *Hellermann* MKS III Art. 143c Rn. 5.

[13] 35. Rahmenplan für den Hochschulbau 2006–2009, beschl. v. Planungsausschuss m. W. v. 7.4.2006; die Vorbereitungen zum 36. Rahmenplan wurden mit Beschl. des Planungsausschusses v. 28.11.2005 ausgesetzt.

[14] BT-Dr 16/813, S. 22. Mit diesem Betrag sind gem. § 2 I 2 EntflechtG aF auch die Mittel zur Ausfinanzierung der vom Bund bis 2006 eingegangenen Verpflichtungen abgegolten.

[15] So *H. Meyer* (Fn. 9), S. 153; dagegen: *Heun,* in: Dreier III, Art. 143c Rn. 5 aE, die annehmen, dass dieses Ergebnis dem eindeutigen Willen des verfassungsändernden Gesetzgebers entspreche, er nur nicht „in der Lage" gewesen sei, „seinen Willen exakt verfassungsrechtlich umzusetzen".

[16] Art. 4 G v. 15.7.2013 (BGBl I 2401 f.).

Ländern „nach Art. 143c Abs. 1 Satz 1" im Hinblick auf die Beendigung der Gemeinschaftsaufgabe Hochschulbau 695,3 Mio. Euro jährlich vom 1.1.2014 bis zum 31.12.2019 „zustehen".

**2. Bildungsplanung.** Die an die Stelle der gestrichenen Gemeinschaftsaufgabe Bildungsplanung **11** (Art. 91b S. 1 aF) getretenen Kompensationszahlungen des Bundes sollten nach dem Willen des verfassungsändernden Gesetzgebers alle Leistungen des Bundes für Versuchs- und Modelleinrichtungen im Bildungswesen und im beruflichen Bereich, Innovationen im Bildungswesen, Fernstudium im Medienverbund sowie computer- und netzgestütztes Lernen erfassen.[17] Einen Anteil von 50 % der für diesen Bereich festgesetzten Leistungen (→ Rn. 3, → Rn. 7) sollte der Bund künftig für die neue Gemeinschaftsaufgabe nach Art. 91b II – das Zusammenwirken von Bund und Ländern zur Feststellung der Leistungsfähigkeit im internationalen Vergleich – einsetzen.[18] Dies ist insoweit folgerichtig, als die Bildungsevaluation vor der Abschaffung der Gemeinschaftsaufgabe „Bildungsplanung" von dieser erfasst war und nun als ein Teilbereich dieser Aufgabe in Art. 91b II fortgilt. Die verbleibenden 50 % erhielten die Länder aus dem Haushalt des Bundes als Festbetrag gemäß Art. 143c I.

Nach § 2 II EntflechtG in seiner seit Juli 2013 geltenden Fassung[19] stand den Ländern im Hinblick **12** auf die Beendigung der Gemeinschaftsaufgabe Bildungsplanung vom 1.1.2014 bis zum 31.12.2019 jährlich ein Betrag von 19,9 Mio. Euro zu, die aus dem Haushalt des Bundes zu leisten waren.

**3. Gemeindeverkehrsfinanzierung.** Auf Grund des **GVFG** erhielten die Länder Finanzhilfen für **13** Investitionen zur Verbess. der Verkehrsverhältn. in den Gemeinden durch Vorhaben des komm. Straßenbaus und des öff. Personennahverkehrs (ÖPNV). Die auf Art. 104a IV aF gestützten Regelungen der Gemeindeverkehrsfinanzierung galten gem. Art. 125c II 1. bis zum 31.12.2006 fort. Art. 143c enthält eine Ausgleichsregelung auch für diese im Zuge der Föderalismusreform abgeschafften Finanzhilfen. Den Ländern stand nach Art. 143c I, konkretisiert durch § 3 I EntflechtG, als Kompensation für den Zeitraum vom 1.1.2014 bis zum 31.12.2019 ein jährl. Betrag von 1335,5 Mio. Euro aus dem Haushalt des Bundes zu. Darüber hinaus sollten die „Bundesprogramme" gem. § 6 I GVFG nach der urspr. Übergangsregelung des § 125c II 2 bis spätestens Ende 2019 fortgeführt werden, § 3 I 2 EntflechtG. Diese Befristung ist nach der Verfassungsänd. von 2017 entfallen. Seit der Änderung vom März 2019 kann die Förderung iRd „Bundesprogramme" uneingeschränkt und unbefristet weitergeführt werden (→ Art. 125c Rn. 21, → Art. 125c Rn. 23, → Art. 125c Rn. 32).

**4. Soziale Wohnraumförderung.** Mit der Neufassung von Art. 74 I Nr. 18 iRd Föderalismusre- **14** form 2006 wurde die bish. konkurr. Gesetzgebungszuständigkeit für das Wohnungswesen erheblich eingeschränkt. Das **Recht der sozialen Wohnraumförderung** fiel in die ausschließl. Kompetenz der Länder (→ Art. 125c Rn. 12 f.).[20] Damit waren Finanzhilfen des Bundes iRd neugefassten Art. 104b I nicht mehr möglich, da sie nur gewährt werden dürfen, soweit der Bund die Gesetzgebungszuständigkeit hat. Als Kompensation stand den Ländern für die Zeit vom 1.1.2014 bis zum 31.12.2015 eine jährl. Zahlung in Höhe von 518,2 Mio. Euro und ab dem 1.1.2016 bis zum 31.12.2016 ein Betrag von 1018,2 Mio. Euro aus dem Haushalt des Bundes zu. Ab dem 1.1.2017 bis zum 31.12.2018 stehen den Ländern jährl. ein Betrag von 1518,2 Mio. Euro und ab dem 1.1.2019 bis zum 31.12.2019 ein Betrag von 1018,2 Mio. Euro aus dem Haushalt des Bundes zu, § 3 II EntflechtG nF.[21]

Auch diese Reform ist durch die Einfügung eines völlig neuen Finanzhilfetatbestandes für den **14a** Bereich des sozialen Wohnungsbaus (Art. 104d)[22] durch die **Verfassungsänderung vom März 2019** (→ Art. 125c Rn. 9) wieder rückgängig gemacht worden.

## C. Verteilung und Zweckbindung der Mittel bis Ende 2013 (Abs. 2)

### I. Verteilung der Mittel auf die einzelnen Länder

Die Zahlungen, zu denen der Bund nach Absatz 1 verpflichtet war, wurden als jährliche Festbeträge **15** auf die einzelnen Länder verteilt. Ihre Höhe war nach dem Durchschnittsanteil, den jedes Land im Zeitraum von 2000 bis 2003 an den Leistungen des Bundes für die entfallenen Gemeinschaftsaufgaben und Finanzhilfen erhalten hat, zu berechnen, Art. 143c II Nr. 1.[23]

---

[17] BT-Dr 16/813, S. 22.
[18] BT-Dr 16/813, S. 22.
[19] Vgl. → Fn. 16.
[20] BT-Dr 16/813, S. 13.
[21] Art. 3 G v. 1.12.2016 (BGBl I 2755, 2757).
[22] In der Gesetzgebungsbegründung ist als Regelungsziel ausdrücklich genannt, dass „die Länder künftig wieder durch zweckgebundene Finanzhilfen in die Lage" versetzt werden sollen, „dem Mangel an bezahlbarem Wohnraum spürbar entgegenwirken zu können" (BT-Dr 19/3440, S. 2, 8). Es wird aber auch erkennbar, dass es im Grunde nicht darum geht, die finanzielle Lage der Länder zu verbessern, sondern sicherzustellen, dass die Länder die Mittel tatsächlich auch im Sinne des Bundes verwenden.
[23] Krit. *Korioth,* der eine Perpetuierung situationsbezogener Verteilungsrelationen zwischen den Ländern bis 2013 befürchtet (Anhörung [Fn. 9], S. 147).

**16** Diese Beträge wurden anhand von Prozentzahlen ermittelt, die in § 4 EntflechtG jeweils für die entfallene Gemeinschaftsaufgabe und Finanzhilfe getrennt festgelegt waren. Dabei traten erhebliche Unterschiede bei den einzelnen Anteilen für dasselbe Land zutage. Für BW lagen sie z. B. zwischen 8,07 % bei der Kompensation für die Bildungsplanung und 14,68 % für den entfallenen Hochschulbau.

## II. Zweckgebundene Verwendung der Mittel

**17** Bis zum 31.12.2013 mussten die zugewiesenen Mittel für den jew. Aufgabenbereich verwendet werden, dessen Entfernung aus der Bund-Länder-Mischfinanzierung zu der Kompensationszahlung geführt hatte (→ Rn. 1). Es handelte sich um eine **gruppenspezifische Zweckbindung, § 5 I–IV** EntflechtG aF. Deshalb war bis Ende 2013 eine genaue Bestimmung der Zugehörigkeit der beabsichtigten Mittelverwendung zu einem der abgeschafften Mischfinanzierungstatbestände erforderlich. Mit dem 1.1.2014 ist die nach Abs. 2 Nr. 2 verfassungsrechtl. Anordnung der Zweckbindung (Art. 143c III 2) und ihre Umsetzung in § 5 EntflechtG aF entfallen.

**18** Die Aufgabenbereiche, für welche die Kompensationszahlungen jeweils zu verwenden waren (→ Rn. 1, → Rn. 17), konnten nur anhand der Kriterien abgegrenzt werden, die für die bisherige Fassung der Vorschriften entwickelt worden waren, welche Mischfinanzierungen für den Hochschulbau, die Bildungsplanung, den Gemeindeverkehr und den sozialen Wohnungsbau erlaubt hatten.[24]

## D. Neubemessung und Lockerung der Zweckbindung nach 2013 (Abs. 3)

### I. Revisionsklausel

**19** Nach Art. 143c III 1 hatten Bund und Länder gemeinsam bis Ende 2013 zu überprüfen, in welcher Höhe die Kompensationsmittel zur Aufgabenerfüllung der Länder im Zeitraum von 2014 bis 2019 noch angemessen und erforderlich waren. Darin mag man einen ersten wichtigen Schritt sehen, um langfristig zu einer jew. vollständig eigenfinanz. Aufgabenwahrnehmung in Bund und Ländern zu gelangen.[25] Der Wortlaut der Klausel ließ aber eine nach Ländern diff. Rückführung nicht zu. Es konnte immer nur der **Gesamtbetrag**, den der Bund zur Verfügung stellte, verändert werden. Dies durfte allerdings nach Sachbereichen getrennt geschehen. Die Formulierung „noch" und der Grundsatz des Art. 104a I sollen dafür sprechen, dass eine Erhöhung der Bundesmittel nicht zulässig war.[26] Die Erhöhung der zuzuweisenden Beträge durch Art. 4 des AufbauhilfeG v. 15.7.2013[27] wurde als Erfüllung des Überprüfungsauftrags angesehen. Die einfachgesetzl. Revisionsklausel in § 6 EntflechtG wurde deshalb gestrichen.

**20** Die Begriffe „angemessen" und „erforderlich" sind im Gesetzgebungsverfahren nicht konkretisiert worden. Der Begriff „angemessen" ist auch in Art. 107 II zu finden, doch sind Parallelen nur sehr begrenzt möglich. Immerhin wird man ihm entnehmen können, dass die Angemessenheit nicht erst dann entfällt, wenn eine Nivellierung eingetreten ist. Letztlich durften die Kompensationszahlungen nur dazu dienen, den Übergang abzufedern und die notwendigen **Anpassungsprozesse** in den einzelnen Ländern zu ermöglichen. Tatsächlich hatte die Überprüfung zum Ergebnis, dass alles beim Alten blieb, also die Festbeträge unverändert weiter gewährt wurden.[28]

### II. Lockerung der Zweckbindung

**21** Ab 2014 war die verfassungsrechtl. Anordnung der Zweckbindung der Kompensationsmittel entfallen (→ Rn. 17). Sie mussten allerdings weiterhin für **investive Zwecke** verwendet werden, Abs. 3 S. 2 Hs. 2.[29] Der einfache Gesetzgeber hat diese Möglichkeit auch umgehend genutzt und die sachbereichsbezogenen Zweckbindungen gestrichen.[30] Die Befürchtung, dass die Länder die Kompensationsleistungen letztlich nicht zur Finanzierung der weggefallenen Gemeinschaftsaufgaben, sondern für vermeintlich vordringlichere Ausgaben verwenden,[31] hatte sich dadurch verstärkt. Ob sie allerdings die lautstark für den Bereich der Wissenschaftsförderung geforderte Beseitigung des „Kooperationsverbots" (näher → Art. 91b Rn. 4 f.)[32] gerechtfertigt hat, dürfte zu bezweifeln sein (→ Rn. 28).

---

[24] Zust. *Hellermann* MKS III, Art. 143c Rn. 12; s. a. *Schwarz*, in: Maunz/Dürig, Art. 143c (2014) Rn. 14; Einzelheiten in der 6. Aufl. Rn. 19–24.

[25] So der BRH (Anhörung [Fn. 9], S. 118); für Aufhebung der Finanzhilfen und einer befristete Mittelzuweisung entspr. der bish. Finanzierungsverteilung bereits *F. Kirchhof* DVBl 2004, 977 (983); skeptisch *Heun*, in: Dreier III, Art. 143c Rn. 8.

[26] *Butzer* (Fn. 4), Art. 104b Rn. 34.

[27] BGBl I 2401.

[28] §§ 2, 3 EntflechtG.

[29] *Korioth* bewertet die lediglich investive Zweckbindung der Mittel positiv, da sie den Ländern mehr Gestaltungsfreiheit bei der Mittelverwendung ermögliche ([o. Fn. 9], S. 147).

[30] § 5 EntflechtG nF.

[31] Krit. *H. Meyer* (Fn. 9), S. 17; *Häde* JZ 2006, 930 (935).

[32] Alternativen zur Aufweichung des Kooperationsverbots diskutiert *Speiser* DÖV 2014, 555 (561–563).

## E. Salvatorische Klausel (Abs. 3 Satz 3)

Die Vereinbarungen aus dem **Solidarpakt II** sollten durch Art. 143c nicht berührt werden (Abs. 3 **22** Satz 3). Damit wurden die Regelungen des Solidarpakts II[33] zwar (erstmals) auf die Ebene des Verfassungsrechts gehoben, doch bedeutete das nicht eine verfassungsrechtl. Festschreibung der dort festgelegten Beträge.[34]

Die Vereinbarungen des Solidarpaktes umfassen ua die **überproportionalen Leistungen** des **23** Bundes von **„Korb II"** für die Länder Berlin, Brandenburg, Mecklenburg-Vorpommern, Sachsen, Sachsen-Anhalt und Thüringen. Der Bund wollte sie auch nach der Föderalismusreform in einer Zielgröße von insgesamt 51 Mrd. Euro – ua über die Gemeinschaftsaufgaben und Finanzhilfen, Mittel aus dem EU-Strukturfonds, Investitionszulagen sowie die Kompensationsleistungen nach dieser Vorschrift – für die gesamte Laufzeit des Solidarpakts II erbringen. Dabei sollten Eigeninvestitionen des Bundes nicht einbezogen werden.[35]

Die Begr. zur Verfassungsänd. ging davon aus, dass auch die Vereinbarungen zum Finanzausgleich **24** für die **Finanzhilfen für Seehäfen** von der Klausel erfasst sein sollen.[36] Sie sind aus dem Finanzausgleich herausgelöst worden und wurden ab 2005 als Finanzhilfe des Bundes nach Art. 104a IV aF gezahlt. Ihre Regelung in Art. 9 SFG[37] spricht auch dafür, sie unter die Klausel zu fassen. Mit ihrer Entfernung aus dem horizont. Finanzausgleich hatte der Gesetzgeber auf die Kritik reagiert, die den Ansatz für Hafenlasten als eine durch nichts zu rechtfertigende Sonderbehandlung im Finanzausgleich angesehen hatte (→ Art. 107 Rn. 34). Auch das BVerfG hat seine urspr. wohlwollende Haltung gegenüber den „Hafenlasten" deutlich modifiziert und verlangt nunmehr auch insoweit eine Prüfung anhand von „objektivierbaren" und „ökonomisch rationalen Indikatoren".[38] Wie stark die Partikularinteressen sind, die eine Sonderbehandlung zur Abdeckung von „Hafenlasten" durchsetzen, kann daran ermessen werden, dass in der Begr. zu Art. 143c und der zugrundeliegenden Koalitionsvereinbarung dieses Problem ausdr. behandelt worden ist, obschon es doch mit dem Kern der Regelung sehr wenig zu tun hat."[39] Mittlerweile findet sich eine Dauerregelung in Art. 125c (→ Rn. 6 → Rn. 24–26).

## F. Regelungsvorbehalt (Abs. 4)

Die nähere Regelung durch zustimmungspflichtiges BundesG durfte nur die in der Vorschrift **25** enthaltenen Grundentscheidungen konkretisieren und umsetzen. Es war nicht erforderlich, dass sie in einem einheitlichen Gesetz erfolgte. Das Gesetz durfte auch Regelungen enthalten, die keine nähere Regelung zu Art. 143c darstellen. Das **EntflechtG**[40] erfüllte diese Voraussetzungen.

## G. Kritische Würdigung

Der Rückzug des Bundes aus der Aufgabenwahrnehmung mit – zumindest befristet – fortbestehen- **26** der Finanzierungspflicht entspricht weitgehend einer langjährigen Forderung nach einer Stärkung der Autonomie der Länder bei der Erfüllung der Aufgaben im Bereich der Gemeinschaftsaufgaben.[41] Die Revisionsklausel (→ Rn. 19) mag man als einen ersten wichtigen Schritt zu einer jeweils vollständig eigenfinanzierten Aufgabenwahrnehmung in Bund und Ländern sehen.[42] Zunächst ist aber **entgegen den eigentlichen Reformintentionen** der finanzielle status quo auf viele Jahre festgeschrieben worden[43] und tatsächlich auch nicht für die Zeit ab 2014 revidiert worden (→ Rn. 20). Im Zusammenspiel mit Art. 125c ist die „eigentliche Wirksamkeit" der Reform auf die Zeit ab 2020 verschoben worden;[44] ganz zu schweigen von der nachfolgenden Entwicklung, die mit der Neufassung von Art. 91b und der Einfügung von Art. 91c, d und e sowie Art. 104c und d die ursprünglich verfolgten Ziele der Reform immer weiter konterkariert hat.

---

[33] BR-Dr 485/01, Beschl. v. 13.7.2001 Nr. 1; G zur Fortführung des Solidarpaktes, zur Neuordnung des bundesstaatlichen Finanzausgleichs und zur Abwicklung des Fonds „Deutsche Einheit" (Solidarpaktfortführungsgesetz – SFG) v. 20.12.2001 (BGBl I 3955).

[34] *Butzer* (Fn. 4) Art. 104b Rn. 36; s. a. *Jarass*, in: Jarass/Pieroth, Art. 143c Rn. 5; *Hellermann* MKS III Art. 143c Rn. 15.

[35] BT-Dr 16/813, S. 22, unter Zitat der Ergebnisse der Koalitionsarbeitsgruppe zur Föderalismusreform (Gemeinsam für Deutschland – mit Mut und Menschlichkeit, Koalitionsvertrag zwischen CDU, CSU und SPD, 11.11.2005) Anl. 2, S. 213.

[36] BT-Dr 16/813, S. 23.

[37] Vgl. → Fn. 32.

[38] BVerfGE 101, 158 (229 f.).

[39] BT-Dr 16/813, S. 23.

[40] Nachweis o. Fn. 6.

[41] So zusammenf. *Häde* JZ 2006, 930 (935).

[42] *Butzer* (Fn. 4), Rn. 34.

[43] So zutreffend *Heun*, in: Dreier III, Art. 143c Rn. 3.

[44] *Heun*, in: Dreier III, Art. 143c Rn. 3, 13.

27    Der mit Art. 143c unternommene Versuch, den finanziellen Besitzstand der Länder verfassungsrechtl. abzusichern, war insgesamt verfehlt. **Systemwidrig** werden Finanzzuweisungen, die im allg.
Finanzausgleich zu regeln wären, aus dem Zusammenhang gerissen und auf die Ebene des VerfassungsR gezogen.[45] Besonders probl. ist die Einbeziehung der überaus fragwürdigen Finanzhilfen für
Hafenlasten in den Kontext des Solidarpaktes II (→ Rn. 24) und schließlich in den Text des GG durch
die Verfassungsänd. von 2017 (→ Art. 125c Rn. 6).

28    Der befürchteten „weiteren Deprivilegierung" des Hochschulbaus[46] ist entgegenzuhalten, dass die
Überführung des Hochschulbaus in die **reine Länderzuständigkeit** zwingend auch deren **Finanzierungsverantwortung** nach sich gezogen hat, Art. 104a I. Eine verantwortungsbewusste Aufgabenwahrnehmung durch die Länder – im Rahmen ihrer finanziellen Möglichkeiten – kann nicht verfassungsrechtlich verordnet werden; das würde dem Wesen des Föderalismus widersprechen
(→ Art. 91a Rn. 5, → Art. 91a Rn. 39). Gleichwohl ist der intransparente Mischverwaltungs- und
Mischfinanzierungstatbestand des Art. 91b aufgrund unablässigen Wirkens einflussreicher Lobbygrup-
pen nahezu konturlos ausgeweitet worden.

29    Die Änderung des GG im Jahr 2017 hat zwar den Wortlaut von Art. 143c nicht angetastet, verändert
jedoch teilweise die **Grundannahmen,** von denen die Vorschrift ausgeht. Als Überleitungsvorschrift
sollte sie den schrittweisen Übergang zum Auslaufen bestimmter Finanzhilfen (→ Rn. 1) erleichtern.
Durch die Entfristung der Hilfen gem. § 6 I GVFG[47] und der Hilfen für die Seehäfen der norddeutschen Küstenländer[48] im Zuge der Modifizierung von Art. 125c II 2 entfällt insoweit der eigentliche Regelungszweck von Art. 143c. Die übrigen nach Art. 143c bis zum 31.12.2019 zu gewährenden
Finanzhilfen, also für die soziale Wohnraumfürsorge, bleiben zwar erhalten, durften aber früher
beendet werden, Art. 125c II 4. Das ist indes bisher nicht geschehen. Seit der Verfassungsänderung
vom März 2019 können sie nahtlos weitergeführt und ausgedehnt werden.

## Art. 143d [Anwendung der Kreditaufnahmeregelungen, Konsolidierungshilfen und Sanierungshilfen]

(1) **Artikel 109 und 115 in der bis zum 31. Juli 2009 geltenden Fassung sind letztmals auf
das Haushaltsjahr 2010 anzuwenden. Artikel 109 und 115 in der ab dem 1. August 2009
geltenden Fassung sind erstmals für das Haushaltsjahr 2011 anzuwenden; am 31. Dezember
2010 bestehende Kreditermächtigungen für bereits eingerichtete Sondervermögen bleiben
unberührt. Die Länder dürfen im Zeitraum vom 1. Januar 2011 bis zum 31. Dezember 2019
nach Maßgabe der geltenden landesrechtlichen Regelungen von den Vorgaben des Artikels 109 Absatz 3 abweichen. Die Haushalte der Länder sind so aufzustellen, dass im Haushaltsjahr 2020 die Vorgabe aus Artikel 109 Absatz 3 Satz 5 erfüllt wird. Der Bund kann im
Zeitraum vom 1. Januar 2011 bis zum 31. Dezember 2015 von der Vorgabe des Artikels 115
Absatz 2 Satz 2 abweichen. Mit dem Abbau des bestehenden Defizits soll im Haushaltsjahr
2011 begonnen werden. Die jährlichen Haushalte sind so aufzustellen, dass im Haushaltsjahr
2016 die Vorgabe aus Artikel 115 Absatz 2 Satz 2 erfüllt wird; das Nähere regelt ein Bundesgesetz.**

(2) **Als Hilfe zur Einhaltung der Vorgaben des Artikels 109 Absatz 3 ab dem 1. Januar
2020 können den Ländern Berlin, Bremen, Saarland, Sachsen, Sachsen-Anhalt und Schleswig-Holstein für den Zeitraum 2011 bis 2019 Konsolidierungshilfen aus dem Haushalt des
Bundes in Höhe von insgesamt 800 Millionen Euro jährlich gewährt werden. Davon entfallen auf Bremen 300 Millionen Euro, auf das Saarland 260 Millionen Euro und auf Berlin,
Sachsen-Anhalt und Schleswig-Holstein jeweils 80 Millionen Euro. Die Hilfen werden auf
der Grundlage einer Verwaltungsvereinbarung nach Maßgabe eines Bundesgesetzes mit
Zustimmung des Bundesrates geleistet. Die Gewährung der Hilfen setzt einen vollständigen
Abbau der Finanzierungsdefizite bis zum Jahresende 2020 voraus. Das Nähere, insbesondere
die jährlichen Abbauschritte der Finanzierungsdefizite, die Überwachung des Abbaus der
Finanzierungsdefizite durch den Stabilitätsrat sowie die Konsequenzen im Falle der Nichteinhaltung der Abbauschritte wird durch Bundesgesetz mit Zustimmung des Bundesrates
und durch Verwaltungsvereinbarung geregelt. Die gleichzeitige Gewährung der Konsolidierungshilfen und Sanierungshilfen auf Grund einer extremen Haushaltsnotlage ist ausgeschlossen.**

(3) **Die sich aus der Gewährung der Konsolidierungshilfen ergebende Finanzierungslast
wird hälftig von Bund und Ländern, von letzteren aus ihrem Umsatzsteueranteil, getragen.
Das Nähere wird durch Bundesgesetz mit Zustimmung des Bundesrates geregelt.**

---

[45] *Heun,* in: Dreier III, Art. 143c Rn. 3.
[46] *H. Meyer* (Fn. 9), S. 152.
[47] Zur früheren Rechtslage → Rn. 13.
[48] Sie waren bisher verfassungsrechtlich nicht verankert, näher → Art. 125c Rn. 11 f. und → Rn. 24.

(4) **Als Hilfe zur künftig eigenständigen Einhaltung der Vorgaben des Artikels 109 Absatz 3 können den Ländern Bremen und Saarland ab dem 1. Januar 2020 Sanierungshilfen in Höhe von jährlich insgesamt 800 Millionen Euro aus dem Haushalt des Bundes gewährt werden. Die Länder ergreifen hierzu Maßnahmen zum Abbau der übermäßigen Verschuldung sowie zur Stärkung der Wirtschafts- und Finanzkraft. Das Nähere regelt ein Bundesgesetz, das der Zustimmung des Bundesrates bedarf. Die gleichzeitige Gewährung der Sanierungshilfen und Sanierungshilfen auf Grund einer extremen Haushaltsnotlage ist ausgeschlossen.**

**Entstehungsgeschichte: Erstfassung:** G zur Änd. des GG v. 29.7.2009 (BGBl I 2248) (dazu: BT-Dr 16/12410 [Entw.]; 16/13221 [Beschlussempf. und Bericht RechtsA]; BT-Prot 16/215, 255; BR–Dr 262/09, 510/09; BR-Prot 859); **Änderung:** G zur Änd. des GG (Artikel 90, 91c, 104b, 104c, 107, 108, 109a, 114, 125c, 143d, 143e, 143f, 143g) v. 13.7.2017 (BGBl I 2347), Art. 1 Nr. 10 (dazu: BT Dr 18/11131 [Entw.]; BT-Dr 18/12588 [Beschlussempf. und Bericht HaushaltsA]; BT-Prot 18/218, 21767C; 18/237, 23974A, 24024B; BR-Prot 17/953, 6C; 17/958, 261D).
**Historische Verfassungstexte: GG 2016:** wie GG 2017 (1) … (3) ohne (4).
**Gesetzgebung:** KonsHilfG; SanG.

**Schrifttum:** *J. Ragnitz,* Föderalismusreform II: Zur Frage des Controlling der Konsolidierungshilfen, Perspektiven der Wirtschaftspolitik, 2010, 260; *T. Schmidt,* Bundesgesetzgebung ist kein Terrorakt – Zur Grundgesetzwidrigkeit der Strukturanpassungskredite nach der rheinland-pfälzischen Schuldenbremse –, DÖV 2014, 916; *P. Selmer,* Die Föderalismusreform II – Ein verfassungsrechtliches monstrum simile, NVwZ 2009, 1255.

## Übersicht

# A. Allgemeines

## I. Entstehung

Art. 143d wurde im Zuge der Föderalismusreform II mit G v. 29.7.2009 neu in das GG eingefügt **1** und ist am 1.8.2009 in Kraft getreten.[1] Er wurde durch die Verfassungsänderung von 2017 (Föderalismusreform III) um einen neuen Abs. 4 ergänzt.[2]

## II. Grundsätzliche Bedeutung

Die Vorschrift regelt drei wesentl. Gegenstände: die **schrittweise Anwendung** der neuen Vor- **2** schriften über die Kreditfinanzierung der Haushalte von Bund und Ländern, die Gewährung von betragsmäßig genau bezeichneten Unterstützungszahlungen an iE bezeichnete finanzschwache Länder (**„Konsolidierungshilfen"**) für einen Übergangszeitraum und die unbefristete Ermächtigung zur Gewährung von genau bezeichneten finanz. Hilfen an Bremen und das Saarland (**„Sanierungshilfen"**).

Der allmähliche Übergang zu den neuen Regeln sollte so erfolgen, dass die alten Fassungen von **2a** Art. 109 und 115 nur noch bis einschließlich des Haushaltsjahres 2010 uneingeschränkt galten. Danach trat das für Bund und Länder differenziert ausgestaltete **Übergangsregime** des Art. 143d in Kraft.

---

[1] Art. 2 des G zur Änd. des GG v. 31.7.2009 (BGBl I 2248).
[2] Art. 1 Nr. 10 G zur Änd. des GG (Artikel 90, 91c, 104b, 104c, 107, 108, 109a, 114, 125c, 143d, 143e, 143f, 143g) v. 13.7.2017 (BGBl I 2347).

Soweit es keine abweichenden Vorgaben enthält, waren die neuen Vorschriften mit ihrem Inkrafttreten anzuwenden. Das gilt vor allem auch für die neuen Regeln zur Vermeidung von Haushaltsnotlagen (Art. 109a).

**2b**      Nur durch die Gewährung der Konsolidierungshilfen sollen die finanzschwachen Länder überhaupt erst die Lage versetzt worden sein, sich einem Verschuldungsverbot zu unterwerfen.[3] Ob das stimmt, bedürfte einer neutralen empirischen Untersuchung, da es auch gegenteilige Beispiele für die Sanierung von Haushalten gibt. Die für Bund und Länder jeweils deutlich **unterschiedliche Ausgestaltung** stand – unter anderem – einer Kreditaufnahme in gemeinsamen Bund-Länder-Anleihen („Jumbo-Bonds") (zu ihnen → Art. 109 Rn. 9, → Art. 109 Rn. 73) entgegen.[4]

**2c**      Wegen der eindeutigen Fristsetzungen sowohl in Abs. 1 als auch in Abs. 2 wird die Vorschrift in ihrer urspr. Fass. mit Beginn des Jahres 2020 **obsolet.** Ihr Regelungsgehalt ist zu diesem Zeitpunkt erschöpft. Ein förml. **Außerkrafttreten** ist nicht angeordnet und wird man auch **nicht** annehmen können, da die Vorschrift weiterhin als Rechtsgrundlage für die geleisteten Zahlungen dient, möglicherweise iVm den einfachgesetzl. Ausführungsregeln. Bei (gerichtl.) Streitigkeiten über die Durchführung und die Verteilung der gewährten Hilfen behalten die Regelungen einen Teil ihrer Bedeutung. Zu bezweifeln ist aber, dass die Regelungen über die Konsolidierungshilfen deswegen keine bloßen **Übergangsvorschriften** sind, weil sie eine Konsequenz der Rspr. des BVerfG zu den Haushaltsnotlagen seien und weil sie der Preis für die Zustimmung der finanzschwachen Länder zu den Verfassungsänderungen gewesen seien.[5] Das mag rechtstatsächlich so gewesen sein, ändert aber nichts an der klaren zeitl. Begrenzung der getroffenen Regelungen.

**2d**      Der durch die Änd. des GG 2017 in Art. 143d eingefügte Abs. 4 (→ Rn. 1) beruht auf der Einigung, welche die Regierungsspitzen von Bund und Länder am 8.12.2016 erzielt haben. Darin war bereits der Wortlaut der Änderungen des GG weitgehend abgestimmt.[6] Die neue Regelung erlaubt die Gewährung von finanz. Hilfen für das Saarland und Bremen aus dem Bundeshaushalt ab dem 1.1.2020, also nahtlos mit dem Auslaufen der bish. Hilfen nach Abs. 2. Damit dürfen Hilfen auch über das Ende des Jahres 2019 hinaus den beiden Ländern gewährt werden.[7] Diese Hilfen heißen jetzt **„Sanierungshilfen"** und nicht mehr „Konsolidierungshilfen", wie die in Abs. 2 geregelten Hilfen. Damit besteht die Gefahr einer Verwechslung mit den „Sanierungshilfen auf Grund einer extremen Haushaltsnotlage", die schon in Abs. 2 Satz 6 angesprochen sind. Diese Regelung gilt unbefristet, kann aber auf Grund des neuen Art. f außer Kraft treten.

### III. Verhältnis zu anderen Verfassungsbestimmungen

**3**      Art. 143d I ist eine abw. und erg. Sondervorschrift zur Art. 109 und 115, die selbst keine Anordnungen zum Beginn ihrer Anwendbarkeit enthalten. Art. 143d II ist lex specialis zu Art. 104a I und Art. 107 I 4, soweit er Leistungen der Ländergesamtheit aus dem Umsatzsteueranteil der Länder für einzelne Länder vorsieht. Er führt konstitutiv eine sonst nicht erlaubte Handlungsform ein: **gemeinsame Leistungen** des Bundes und der Ländergesamtheit an einzelne Länder. Auch eine Aufspaltung in vertikale und horizontale Komponenten hätte sie mit dem geltenden Recht nicht in Einklang bringen können. Art. 107 I hätte eine Abweichung von der einwohnerbezogenen Aufteilung der USt für selektive Leistungen an einz. Länder nur unter den Voraussetzungen von Art. 107 I 4 erlaubt.[8] Art. 143d und Art. 109a stehen nebeneinander, allerdings nimmt Art. 143d II 5 zur Überwachung des Konsolidierungspfades Bezug auf den in Art. 109a geregelten Stabilitätsrat. Art. 143d IV tritt neben Art. 107 II.

### B. Anwendung der neuen Regeln über die Kreditaufnahme von Bund und Ländern (Abs. 1)

**4**      Die neuen Regeln über die Kreditaufnahme in Art. 109 und 115 waren nach Art. 143d I 2 erstmals für das Haushaltsjahr 2011 anzuwenden. Allerdings waren für die Haushalte von Bund und Ländern unterschiedliche **Übergangszeiten** vorgesehen worden. Der Bund musste ab dem Haushaltsjahr 2016 die neuen Schuldenregelungen uneingeschränkt einhalten, die Länder ab dem Haushaltsjahr 2020.

**5**      Auch für (unselbstständige) **Sondervermögen** des Bundes und der Länder waren die neuen Regeln grds. ab dem Haushaltsjahr 2011 anzuwenden, sodass die Ausnahmeregelung in Art. 115 II aF für den

---

[3] Behauptet von *Heintzen,* in: v. Münch/Kunig, Art. 143d Rn. 1; zust. *Heun/Thiele,* in: Dreier III, Art. 143d Rn. 5.

[4] *G. Kirchhof* ZG 2012, 313 (326).

[5] So aber *Heun/Thiele,* in: Dreier III, Art. 143d Rn. 1, dagegen jedoch anders in Rn. 29; s. a. *G. Kirchhof* MKS III Art. 143d Rn. 1.

[6] Monatsbericht des BMF August 2017, S. 8.

[7] *Heun/Thiele,* in: Dreier III, Art. 143d Rn. 2, 27, sehen aber eine zeitliche Begrenzung aus dem Erfordernis des Sanierungsbedarfs auf Seiten der betroffenen Länder.

[8] *Reimer,* in: Epping/Hillgruber, Art. 143d Rn. 18.1.

Bund von diesem Zeitpunkt an nicht mehr greifen konnte.[9] Allerdings enthält Art. 143d I 2 Hs. 2 eine Durchbrechung dieser Grundsätze. Soweit am 31.12.2010 Kreditermächtigungen für „bereits einge-richtete" Sondervermögen bestanden haben,[10] sollen sie „unberührt" bleiben. Fraglich ist jedoch, ob nur Sondervermögen erfasst werden, die bereits bei Inkrafttreten der Vorschrift bestanden haben, oder ob auch Kreditaufnahmeermächtigungen für solche Sondervermögen fortgelten sollen, die nach dem Inkrafttreten der Verfassungsänderung, aber vor dem Stichtag gegründet worden sind. Der Wortlaut ist nicht ganz eindeutig. Die Entstehungsgeschichte[11] und systemat. Überlegungen sprechen aber für die zweite Auslegungsmöglichkeit,[12] sodass die Neuregelung ihre einschränkende Wirkung erst ab dem Haushaltsjahr 2011 entfalten konnte. Damit war eine Hintertür zur Umgehung der Kreditaufnahme-grenzen – ohne zeitl. Begrenzung – offen geblieben.[13]

Die neuen Regeln gelten also nur für Sondervermögen und Kreditermächtigungen, die erst nach **6** dem 31.12.2010 geschaffen worden sind, dann allerdings ausnahmslos. **Ausnahmen** von den Kredit-aufnahmegrenzen, wie sie bisher für **Sondervermögen** zugelassen waren, sind **nicht** mehr **erlaubt.** Das bedeutet aber kein totales Verbot der Kreditaufnahme von Sondervermögen,[14] sondern nur, dass die Kreditaufnahme in den Grenzen der Art. 109 und 115 zu erfolgen hat. Sie ist nun immer dem jeweiligen Trägergemeinwesen wie eine eigene Kreditaufnahme zuzurechnen. Das war aber auch schon nach geltendem Recht so, wenn (materielle) Kreditaufnahmegrenzen mit Hilfe von Sonder-vermögen unterlaufen wurden (→ Art. 115 Rn. 58). Nicht geregelt worden ist die Behandlung sons-tiger, **rechtlich selbstständiger** Unternehmen und Nebenhaushalte des Bundes und der Länder, vor allem von Einrichtungen mit Anstaltslast und Gewährträgerhaftung, die nur unzureichend kontrolliert werden und letztlich sehr viel gefährlicher für die Solidität der Finanzen von Bund und Ländern sein können als unselbstständige Sondervermögen.[15]

## I. Bund

Spätestens für das Haushaltsjahr 2016 musste der **Bund** die neuen Vorgaben uneingeschränkt **7** einhalten.[16] Bis Ende 2015 durfte er noch von den Anforderungen des Art. 115 II 2 abweichen, Art. 143d I 5. Dabei sollte er seine jährlichen Haushalte jedoch so aufstellen, „dass im Haushaltsjahr 2016 die Vorgabe aus Art. 115 II 2 erfüllt wird", Art. 143d I 7. Mit dieser sprachlich misslungenen Formulierung dürfte gemeint sein, dass der Bund in jedem Fall seine Haushalte – bis 2016 – so aufzustellen hatte, dass die neuen Vorgaben tatsächlich beachtet werden konnten.

Deshalb hatte der Bund schon ab dem Haushaltsjahr 2011 mit dem Abbau des „bestehenden **8** Defizits" zu beginnen, Art. 143d I 6.[17] Mit dieser flexiblen Lösung sollte den bei Abschluss des Gesetzgebungsverfahrens bestehenden Unsicherheiten Rechnung getragen werden, ob im Jahre 2011 „Maßnahmen zur Bekämpfung der Finanzmarktkrise oder zur Überwindung ihrer negativen Aus-wirkungen erforderlich" sein würden.[18] Unter Defizit ist hier ein negativer „Finanzierungssaldo"[19] und nicht etwa die Schuld des Bundes zu verstehen. Wegen der Ausnahmevorschrift für die Sonder-vermögen (→ Rn. 5 f.) ist die Rückführung der Neuverschuldung **im Bundeshaushalt** gemeint, die nach den bisherigen Regeln noch zulässig gewesen wäre. Zur näheren Konkretisierung der Ver-pflichtungen wurde dem Bund ein **Regelungsauftrag** erteilt, Art. 143d I 7 Hs. 2, der durch § 9 II G 115 erfüllt worden ist. Die Vorschrift ordnet ferner an, dass das strukturelle Defizit in gleichmäßigen Schritten zurückgeführt würde.[20]

---

[9] *Kube,* in: Maunz/Dürig, Art. 143d (2019) Rn. 10 f.
[10] Überblick bei *Bröcker,* Grenzen staatlicher Verschuldung im System des Verfassungsstaats, 1997, S. 92 f., 169–174.
[11] Begr. des RegE, BT-Dr 16/12 410, S. 13: „Die bisherige Möglichkeit, Sondervermögen mit eigener Kredit-ermächtigung außerhalb des Bundeshaushalts einzurichten, entfällt ab dem 1.1.2011".
[12] In diesem Sinne *Jarass,* in: Jarass/Pieroth, Art. 143d Rn. 1; *Seiler* JZ 2009, 721 (727); *Kube,* in: Maunz/Dürig, Art. 143d (2019) Rn. 11.
[13] Deutliche Kritik auch bei *Korioth* JZ 2009, 729 (733); *Tappe* DÖV 2009, 881 (888 f.); *Kube,* in: Maunz/Dürig, Art. 143d (2019) Rn. 14; *Heun/Thiele,* in: Dreier III, Art. 143d Rn. 8, 17.
[14] Unzutreffend daher *Reimer,* in: Epping/Hillgruber, Art. 143d Rn. 7.
[15] Deutlich VerfGH NRW NWVBl 2012, 107; dazu *Tuschl* NWVBl 2012, 165; zuvor *Siekmann,* Prüfung der NRW.BANK durch den Landesrechnungshof, 2010, abgedr. in: Baums (Hrsg.), Eine stabile Geld-, Währungs- und Finanzordnung, 2013, S. 757 (773 f., 784 f.).
[16] Ebenso *G. Kirchhof* MKS III, Art. 143d Rn. 6.
[17] Krit. zu der langen Übergangszeit ohne eine verbindliche Vorgabe für den Defizitabbau *Seiler* JZ 2009, 721 (727).
[18] BT-Dr 16/12 410, S. 13.
[19] Die Abgrenzung wird von Eurostat vorgegeben und wirft zahlreiche Abgrenzungsfragen auf, namentlich mit den exorbitanten Zahlungen und Garantieübernahmen für versagende Banken, vgl. *Sachverständigenrat zur Begut-achtung der gesamtwirtschaftlichen Entwicklung,* Chancen für einen stabilen Aufschwung, Jahresgutachten 2010/11, 2010, S. 191 f. und Tabelle 24.
[20] *Kube,* in: Maunz/Dürig, Art. 143d (2019) Rn. 23, der zutreffend darauf hinweist, dass erst die einfachgesetzliche Konkretisierung ein zwingendes Gebot aufstellt; i. Erg. zust. *Heun/Thiele,* in: Dreier III, Art. 143d Rn. 15, die aber

## II. Länder

9 Die Länder müssen spätestens für das Haushaltsjahr 2020 die mat. Vorgaben von Art. 109 III 1 erfüllen.[21] Abweichungen sind auch nicht durch die Staatsqualität der Länder oder deren Budgetrecht zu rechtfertigen (näher zu landesrechtl. Verstößen → Art. 109 Rn. 79).[22] Aus der Bezugnahme von Art. 143d I 4 auf Art. 109 III 5 folgt, dass der Vorschrift nur dann entsprochen ist, wenn das Landesrecht **„keine Einnahmen aus Krediten"** zulässt. Aus dem Gesamtzusammenhang der (misslungenen) Vorschriften ergibt sich aber, dass damit nicht jede Kreditaufnahme durch die Länder gemeint ist, sondern nur eine Aufnahme von Krediten zur Abdeckung eines „strukturellen" Defizits. Andernfalls würden die S. 2 und 3 keinen Sinn ergeben. In der Übergangsphase von 2011 bis Ende 2019 durften sie nach Maßgabe der jew. landesrechtl. Regelungen davon jedoch abweichen, Art. 143d I 3. Eine **Lockerung** der landesrechtl. Grenzen für die Kreditaufnahme während der Übergangszeit wird allerdings als unvereinbar mit der Vorschrift angesehen.[23] Die Länder mussten auch schon in der Übergangszeit – ähnlich wie der Bund – ihre Haushalte so aufstellen, dass sie das neue Recht im **Haushaltsjahr 2020** erfüllen können.[24] Ein ausdr. Gebot, mit dem Abbau der Neuverschuldung zu beginnen, ist jedoch – anders als für den Bund (→ Rn. 8) – nicht ausgesprochen.

10 Den Ländern war verfassungsrechtl. kein „konkreter Pfad" zum Abbau der vorhandenen Finanzierungsdefizite vorgegeben.[25] Nur den Empfängern von Konsolidierungshilfen waren **jährliche Abbauschritte** im AusführungsG nach Art. 143d I 5 vorzuschreiben (→ Rn. 23 f.). Da ein erhebl. Teil der Ausgaben der Länder mittelfristig festliegt und die Länder nur einen sehr begrenzten Spielraum für die Gestaltung ihrer (Steuer-)Einnahmen haben (→ Art. 105 Rn. 5, → Art. 105 Rn. 50), sollte aber auch auf Landesebene eine rechtzeitige Rückführung der Nettoneuverschuldung unabdingbar sein. Keinesfalls durfte damit erst kurz vor Ende der Übergangsphase begonnen werden, da eine Rückführung der Kreditaufnahme bei der dann herrsch. Konjunkturlage sehr probl. hätte sein können. Eine **lineare Interpolation** ist danach **nicht zulässig**. Der „Vorwirkung des Verbots der strukturellen Nettokreditaufnahme" hatte der Haushaltsgesetzgeber auch bei der Anpassung der Bezüge der Beamten „Rechnung zu tragen".[26] Allerdings sind keine Sanktionen für den Fall vorgesehen, dass ein Land dieser Verpflichtung nicht nachkommt.[27] Keinesfalls ist Art. 109 III 5 aber so zu verstehen, dass die Ausgestaltungsregelungen der Länder konstitutiv sein durften oder dürfen. Vielmehr ergibt sich aus seinem letzten Hs. iVm Art. 109 III 1, dass das grds. Verbot „struktureller" Defizite auch bei defizitärer landesrechtl. Regelung wirkt. Eine solche „Durchgriffsnorm" des Bundes ist angesichts der regelmäßigen Verstöße gegen die bish. zwingenden rechtl. Vorgaben für die Kreditaufnahme (näher → Art. 109 Rn. 50, 79) unabdingbar.

## C. Konsolidierungshilfen (Abs. 2 und 3)

11 In Abweichung von den allg. Vorschriften über den Finanzausgleich und unter Durchbrechung des **Grundsatzes** der **föderalen Gleichbehandlung** (dazu → Art. 104b Rn. 42–44) erlaubt Art. 143d II für einen begrenzten Zeitraum (2011–2019) die Gewährung finanz. Hilfen an die Länder Berlin, Bremen, Saarland, Sachsen-Anhalt und Schleswig-Holstein. Darüber hinaus ist – ebenfalls abw. von den allg. Vorschriften – ihre Finanzierung und die Verteilung der mit ihnen verbundenen finanz. Lasten in Abs. 3 geregelt. Das Gebot der föderalen Gleichbehandlung ist als Grundsatz zu verstehen, von dem aus sachl. Gründen abgewichen werden darf.[28] Letztlich ist es als Willkürverbot zu verstehen.[29] In dieser Auslegung ist eine Unterstützung von einzelnen Gliedern eines Bundes in fiskal. Not gerechtfertigt. In jedem Fall ist eine Modifikation des Grundsatzes durch den verfassungsänd.

---

zu Recht den Sinn dieses Auftrags in Zweifel ziehen, da – wie in vielen anderen ähnlichen Fällen – außerordentlich zweifelhaft ist, wie der einfache Gesetzgeber, den einfachen Haushaltsgesetzgeber.

[21] Ebenso *G. Kirchhof* MKS III, Art. 143d Rn. 9.
[22] Zust. *Schmidt* DÖV 2014, 916 (922).
[23] *Kube*, in: Maunz/Dürig, Art. 143d (2019) Rn. 17: „qualifiziertes Lockerungsverbot".
[24] BVerfGE 140, 240 (294 Rn. 109); NdsStGH NdsVBl 2012, 100 (103), als obiter dictum; iE auch *Heun/Thiele*, in: Dreier III, Art. 143d Rn. 12.
[25] BT-Dr 16/12410, S. 13.
[26] BVerfGE 139, 64 (125 f. Rn. 127); 140, 240 (294 Rn. 110), allerdings mit dem Hinweis, dass „ungeachtet der Verschärfung der Regeln über die Kreditaufnahme" „allein die Finanzlage der öffentlichen Haushalte oder das Ziel der Haushaltskonsolidierung" nicht den „Grundsatz der amtsangemessenen Alimentierung" einschränken kann.
[27] *Heintzen*, in: v. Münch/Kunig, Art. 143d Rn. 9; *Heun/Thiele*, in: Dreier III, Art. 143d Rn. 11: „abstrakte Verpflichtung" mit nur „mahnendem Charakter"; *Reimer*, in: Epping/Hillgruber, Art. 143d Rn. 11, spricht von dem Fehlen „jeder materiellen Anreicherung" in Art. 143d I 3 und sieht nur ein „Verschlechterungsverbot"; anders aber *G. Kirchhof* MKS III, Art. 143d Rn. 10, der eine justitiable Rechtspflicht sieht.
[28] BVerfGE 150, 1, LS 5, Rn. 212, unter Berufung auf BVerfGE 39, 96 (119 f., 124); 86, 148 (236 f., 275).
[29] *Grzeszick*, in: Maunz/Dürig, Art. 20 Teil IV (2006) Rn. 117; *Isensee*, in: Isensee/Kirchhof HStR VI, § 126 Rn. 140; ebenfalls für die Zulässigkeit von Abweichungen *Becker* NJW 2000, 3742 (3745); in diesem Sinne auch schon *Leibholz*, Die Gleichheit vor dem Gesetz, 1959, S. 243–245. Im Schrifttum zum strengen oder formalen Gleichheitssatz wird das föderative Gleichbehandlungsgebot dementspr. auch nicht einbezogen, vgl. z. B. *v. Arnim* DÖV 1984, 85.

Gesetzgeber zulässig. Ein Verstoß gegen Art. 79 III ist nicht in Sicht, zumal die wechselseitige Unterstützung zu den wesentl. Bestandteilen eines bündischen Systems gehört.

Mit der Gewährung von **Konsolidierungshilfen** sollte den genannten Ländern ermöglicht werden, **12** zum 1.1.2020 einen strukturell ausgeglichenen Haushalt vorzulegen, wozu sie nach Art. 109 III verpflichtet sind. Ihre Haushaltslage wurde im Vergleich zu den übrigen Ländern als schwierig eingeschätzt. Dabei wurden „insbesondere die Zinslasten, Schuldenstände und Haushaltsstrukturen berücksichtigt".[30] Mitte Oktober 2016 haben sich die „Regierungschefs" von Bund und Ländern auf eine grds. Neuordnung der Bund-Länder-Finanzbeziehungen geeinigt. Einzelheiten wurden am 8.12.2016 vereinbart.[31] Daraus hat sich die Erg. von Art. 143d um den neuen Abs. 4 im Jahre 2017 ergeben, auf dessen Grundlage den Ländern Bremen und Saarland auch nach dem 1.1.2020 Hilfen zugewendet werden können. Sie heißen jetzt aber **Sanierungshilfen** und werden auf einer neuen Grundlage gewährt (näher → Rn. 26 ff.).

## I. Gesetz und Vereinbarung als Grundlage

Art. 143d II sieht vor, dass die Hilfen aufgrund einer eigenartigen **Mischung von gesetzlicher** **13** **Regelung und vertraglicher Vereinbarung** zu leisten waren. Die wesentl. Inhalte der Vereinbarung sollten nach dem Willen des verfassungsänd. Gesetzgebers in einem zustimmungspflichtigen BundesG vorgegeben werden.[32] Die Bestimmung lässt aber offen, was im Gesetz und was in der Vereinbarung zu regeln war: „Das Nähere … wird durch Bundesgesetz und [!] durch Verwaltungsvereinbarung geregelt", Art. 143d II 5.

Ebenso wenig wurde verfassungsrechtl. festgelegt, wer die vertragsschließ. Parteien sein sollten. Es **14** kam nur zum Ausdruck, dass die Hilfen aufgrund „einer" Verwaltungsvereinbarung geleistet werden. In Betracht kommt daher ein Vertragsschluss des Bundes mit jedem einz. Empfängerland,[33] ein Vertragsschluss von Bund und Geberländern mit den Empfängerländern[34] oder des Bundes und der Ländergesamtheit auf der einen Seite mit allen Empfängerländern zusammen oder je einzeln. § 4 KonsHilfG ging aber wohl von einem Vertragsschluss jedes einzelnen Landes mit dem Bund aus, da dort von dem „jeweiligen" Land bzgl. der Vereinbarung die Rede ist. Eindeutig ist die Vorschrift aber nicht, da der Begriff „einer" als Zahlwort oder als unbestimmter Artikel verwendet sein kann. Eine Auslegung des Verfassungstextes mit Hilfe eines AusführungsG ist auch bei engem zeitl. Zusammenhang problematisch; ebenso die Charakterisierung der Verwaltungsvereinbarung als „bilateraler Staatsvertrag".[35] Jedenfalls bestand aber für **keine Seite ein Kontrahierungszwang.**[36] Kraft verfassungsrechtl. Qualifikation sollte es sich um einen Verwaltungsvertrag („Verwaltungsvereinbarung") und nicht um einen Staatsvertrag handeln. Eine Beteiligung der betroff. Parlamente war also nicht erforderlich.[37]

## II. Voraussetzungen für die Gewährung

Die Gewährung von Konsolidierungshilfen setzte den „vollständigen Abbau der Finanzierungs- **15** defizite" bis zum Jahresende 2020 voraus, Art. 143d II 4. Anders als in Art. 143d I 3 ist das mat. Krit. genannt und es wird nicht nur auf Art. 109 III 5 verwiesen. Diese Abweichung in der (misslungenen) Formulierung macht eine **einengende Auslegung** des Begriffs „Finanzierungsdefizit" wie dort (→ Rn. 9) schwer. Die Begründung zum RegE stellt aber unmissverständlich auf den Abbau des „strukturellen Finanzierungsdefizits" ab. Trotz der fehlenden Verankerung im Wortlaut der Vorschriften mag insoweit noch im Wege der Auslegung geholfen werden.[38]

Eine auf diese Weise nicht mehr behebbare Diskrepanz besteht jedoch, soweit die Gewährung von **16** Hilfen davon abhängig sein sollte, dass sich die Länder zu einem vollst. Abbau ihrer Defizite in einer Verwaltungsvereinbarung „verpflichten".[39] Auf die Verwaltungsvereinbarung kann es aber nicht ankommen, da die Pflicht zum Abbau im GG steht. Die konkreten Abbauschritte (→ Rn. 23) können auch nicht gemeint sein, denn sie sind im folgenden S. 5 geregelt. Dort ist auch die Vereinbarung angesprochen, nicht aber im Zusammenhang mit S. 4. Insoweit ist der Wortlaut eindeutig: Im Vollzug

---

[30] BT-Dr 16/12410, S. 14.

[31] Monatsbericht des BMF August 2017, S. 8.

[32] G zur Gewährung von Konsolidierungshilfen (Konsolidierungshilfengesetz – KonsHilfG) v. 10.8.2009 (BGBl I S. 2702, 2705).

[33] Dafür *Reimer*, in: Epping/Hillgruber, Art. 143d Rn. 21, aber ohne Begründung.

[34] Jetzt völlig offen *Jarass*, in: Jarass/Pieroth, Art. 143d Rn. 5: „… Verwaltungsvereinbarung zwischen Bund, Geber- und Nehmerländern …".

[35] So aber *Reimer*, in: Epping/Hillgruber, Art. 143d Rn. 22; *Kube*, in: Maunz/Dürig, Art. 143d (2019) Rn. 33.

[36] *Reimer*, in: Epping/Hillgruber, Art. 143d Rn. 21.

[37] *Jarass*, in: Jarass/Pieroth, Art. 143d Rn. 5; *Heun/Thiele*, in: Dreier III, Art. 143d Rn. 19.

[38] IE wohl ebenso *Reimer*, in: Epping/Hillgruber, Art. 143d Rn. 24; *Kube*, in: Maunz/Dürig, Art. 143d (2019) Rn. 37.

[39] BT-Dr 16/12410, S. 14.

des Haushalts für das Jahr 2020 darf es kein Finanzierungsdefizit mehr geben („vollständig"). Entgegen der Intention der Begründung darf es also insoweit **auf die Vereinbarung hier nicht ankommen.**

17    **Untersagt** ist die **gleichzeitige Gewährung** von Konsolidierungshilfen und Sanierungshilfen auf Grund einer extremen Haushaltsnotlage (→ Art. 107 Rn. 47, 57–60), Art. 143d II 6. Um Konsolidierungshilfen erlangen zu können, sollten betroffene Länder sogar verpflichtet sein, Anträge auf verfassungsgerichtliche Feststellung der Verfassungswidrigkeit von nicht gewährten Sonderbundesergänzungszuweisungen zurücknehmen.[40]

### III. Art und Umfang der Hilfen

18    Trotz der indikativischen Formulierung wird durch Art. 143d II **kein Rechtsanspruch** der fünf Länder begründet. Er enthält auch keine Pflicht des Bundes, für die Hilfen zu sorgen,[41] obwohl in der Gesetzesbegründung von „sollen" gesprochen wird. Der Wortlaut der Vorschrift bietet dafür keinen Anhaltspunkt. Im Gegenteil ist dort unmissverständlich zum Ausdruck gebracht, dass Hilfen gewährt werden „können", Art. 143d II 1.

19    Die Vorschrift hat die Konsolidierungshilfen auf einen **Höchstbetrag** von insgesamt 800 Mio. Euro jährlich begrenzt. Davon durften auf Bremen 300 Mio. Euro, auf das Saarland 260 Mio. Euro und auf Berlin, Sachsen-Anhalt und Schleswig-Holstein je 80 Mio. Euro maximal entfallen. Nicht ausgeschöpfte Anteile eines Landes durften nicht für andere Länder verwendet werden. Ebenso ist eine zeitliche Übertragbarkeit unzulässig.[42] Ein Inflationsausgleich sollte nicht stattfinden.[43]

### IV. Auszahlung und Lastentragung

20    Die Lasten, die sich aus der Gewährung von Konsolidierungshilfen ergeben, verteilt die Vorschrift unter Abweichung von Art. 104a I je zur **Hälfte** auf den **Bund** und die **Länder.** Bund und Ländergesamtheit sollten also je 400 Mio. Euro jährlich tragen. Kürzungen (→ Rn. 19, 25) waren ebenfalls hälftig von diesen Beträgen abzusetzen, § 3 ´Satz 3 KonshilfG. Der Anteil der Länder war aus ihrem Anteil an der USt zu entnehmen, Art. 143d III 1. Wirtschaftlich haben daher auch die begünstigten Länder einen Teil der Lasten mitgetragen. Nähere Einzelheiten sollten auch insoweit in einem (zustimmungspflichtigen) BundesG geregelt werden, Art. 143 III 2.

21    Die Hilfen waren aus dem **Bundeshaushalt** zu leisten, Art. 143d II 1, auch der Anteil, der nach Art. 143 III von den Ländern zu tragen ist. Die Leistungen korrigierten die Ergebnisse aus der Verteilung der Einnahmequellen und müssten damit zum sekundären Finanzausgleich (→ vor Art. 104a Rn. 47) gerechnet werden. Die Anordnung, dass der Anteil der Länder aus ihrem Umsatzsteueranteil zu tragen war, modifiziert jedoch die primäre Verteilung, da diese Anteile zur originären Finanzausstattung der Länder gehören. Systematisch gehört die Anordnung **insoweit** zu Art. 107 I 4, der horizontal umverteilende Elemente enthält (→ Art. 107 Rn. 14 f.). Eindeutig zum vertikalen Finanzausgleich gehört der Anteil, der vom Bund zu tragen war. Die Feststellung, dass es sich um einen Mischtatbestand handelt,[44] ist trivial.

22    Die **Verteilung** der Finanzierungslasten **auf die einzelnen Länder** folgte den allg. Regeln über den bundesstaatl. Finanzausgleich. Die Länder hatten einen Verlust von rund 0,21 % ihrer jährl. Steuereinnahmen zu tragen; der Bund 0,16 %.[45] Schwer zu rechtfertigen ist, dass Länder, deren Steuerkraft hinter denen der Empfängerländer zurückbleibt, einen Beitrag (in dieser Höhe) leisten mussten, also auch die fünf potentiellen Empfängerländer.[46]

### V. Abbau der Defizite und Kontrolle des Abbaupfades

23    Das GG enthält keine konkreten Vorgaben, wie das Ziel des vollständigen Abbaus der Finanzierungsdefizite bis zum Jahresende 2020 zu erreichen ist. Allerdings sollten die jährlichen Abbauschritte sowie die Überwachung des Abbaus durch den Stabilitätsrat (Art. 109a) im Ausführungsgesetz und in der Verwaltungsvereinbarung geregelt werden, Art. 143d II 5. Die Vorschrift ordnet aber mittelbar Sanktionen an, da in den Ausführungsregelungen „Konsequenzen" für den Fall der Nichteinhaltung der Abbauschritte vorzusehen waren. Insgesamt ist dadurch die **Festlegung eines Konsolidierungs-**

---

[40] In der RegBegr. wird das sachlich falsch so ausgedrückt: „… dass insbesondere die Länder Bremen und Saarland im Falle der Inanspruchnahme der Hilfen ihre auf Zahlung von Sanierungshilfen gerichteten Verfahren vor dem Bundesverfassungsgericht für erledigt erklären" müssten (BT-Dr 16/12 410, S. 14); s. jetzt *Jarass,* in: Jarass/Pieroth, Art. 143d Rn. 7; gegen eine Verpflichtung G. *Kirchhof* MKS III, Art. 143d Rn. 18.

[41] *Kube,* in: Maunz/Dürig, Art. 143d (2010) Rn. 28; *Reimer,* in: Epping/Hillgruber, Art. 143d Rn. 17, 21: kein Kontrahierungszwang.

[42] *Reimer,* in: Epping/Hillgruber, Art. 143d (2010) Rn. 20 spricht ungenau von „intertemporaler Verschiebung"; ebenso *Kube,* in: Maunz/Dürig, Art. 143d Rn. 29.

[43] *Kube,* in: Maunz/Dürig, Art. 143d (2010) Rn. 24.

[44] *Kempny/Reimer,* 70. DJT 2014, Gutachten D S. D104.

[45] *Ragnitz,* Perspektiven der Wirtschaftspolitik, 2010, 260 (262).

[46] *Waldhoff/Dieterich* ZG 2009, 97 (105, Fn. 39); s. a. *Kube,* in: Maunz/Dürig, Art. 143d (2019) Rn. 47.

**pfades** für die Empfänger von Konsolidierungshilfen verfassungsrechtl. bindend vorgeschrieben gewesen.

Diesen Verpflichtungen ist der Gesetzgeber im Wesentlichen im **Konsolidierungshilfengesetz**[47]  24 nachgekommen. Es sieht konkrete Obergrenzen für das jährliche Defizit vor, § 2 I 3 (für 2011) und § 2 I 4 KonsHilfG (für die Folgejahre). Im Ergebnis durften danach Konsolidierungshilfen nur gewährt werden, wenn – ausgehend vom Finanzierungsdefizit des Jahres 2010 – ein jährlicher Abbau der Nettokreditaufnahme um 10 % verbindlich vorgeschrieben war. Bereits gewährte Konsolidierungshilfen blieben bei der Berechnung des Finanzierungssaldos außer Ansatz, § 2 I 6 KonsHilfG. Allerdings war eine Bereinigung um „unmittelbar konjunkturell bedingte" Einflussfaktoren erlaubt.[48]

Der Stabilitätsrat hatte für jedes einzelne Land festzustellen, ob es die Obergrenze eingehalten hat,  25 § 2 II KonsHilfG. Wenn die Einhaltung der Grenze nicht festzustellen war, sollte das betroffene Land verwarnt werden. Der Anspruch dieses Landes auf Hilfen entfiel für das betroffene Jahr, § 2 III KonsHilfG. Bereits erhaltene Leistungen waren zurückzuzahlen, § 1 III 3 KonsHilfG.[49] Damit waren die **Kontroll- und Sanktionsmöglichkeiten** der Mittelgeber im Vergleich zu den Sonderbedarfs-bundesergänzungszuweisungen deutlich erhöht worden.[50]

## D. Sanierungshilfen für die Länder Bremen und Saarland (Abs. 4)

Trotz der erhebl. finanziellen Hilfen, welche das Saarland und Bremen auf der Basis von Abs. 1 aus  26 Bundesmitteln erhalten haben, konnten diese Länder ihre Haushalte nicht bis zum Ende des Haushaltsjahrs 2020 ohne Nettoneuverschuldung ausgleichen. Die Gewährung der Konsolidierungshilfen setzte aber einen vollst. Abbau der Finanzierungsdefizite bis zum Jahresende 2020 voraus, Art. 143d II 4. Diese Voraussetzung ist unmissverständlich. Der **drohende Verfassungsverstoß** wurde – exklusiv für die beiden Länder – durch die neue Spezialregelung abgewendet.[51]

## I. Grundsätzliche Bedeutung

Den Ländern Bremen und Saarland können ab dem 1.1.2020, also nahtlos anschl. an die bish.  27 Regelung, Hilfen von insg. 800 Mio. Euro jährlich gewährt werden, Art.°143d IV. Vorgaben für die Aufteilung dieses Betrages enthält die Vorschrift nicht. Auch eine **Befristung** ist verfassungsrechtl. nicht (mehr) vorgeschrieben, obwohl in der Gesetzesbegründung festgestellt wurden war, dass die Gewährung an das „Fortbestehen der [...] besonders schwierigen Haushaltslage geknüpft sei."[52] Immerhin enthält Art. 143f S. 1 eine **Verfallsregelung** für den gesamten Art. 143d S. 1 Sie kann unter bestimmten Voraussetzungen dazu führen, dass diese Vorschrift – frühestens 2036 – außer Kraft tritt (→ Art. 143f Rn. 1).

Entgegen der systematischen Verortung im XI. Abschnitt handelt es sich bei Art. 143d IV GG nicht  28 um eine Übergangsbestimmung, sondern um einen **parallelen,** langfristigen, wenig konturierten und fast voraussetzungslosen **Sonderfinanzausgleich** für zwei Länder, welche die Fristsetzung von Abs. 1, die Voraussetzung von Konsolidierungshilfen nach Abs. 2 S. 4 und die Degressionsgebote (Art. 104b II 5, 6 und 143d II 4) ohne weitere Finanzhilfen wahrscheinlich im Jahr 2020 verletzt hätten.

Im Ergebnis handelt es sich um eine neue **Dauerregelung,**[53] die unsystematisch einzelne Teile des  29 föderalen Verbundes zu Lasten des Bundes begünstigt, aber mit dem Grundsatz der **föderalen Gleichbehandlung** als Willkürverbot (→ Rn. 11) (noch) zu vereinbaren ist. Es kann wohl noch sachlich gerechtfertigt werden, diese beiden kleinen und finanzschwachen Länder zu begünstigen.[54] In jedem Fall liegt **kein Verstoß** gegen **Art. 79 III** vor, da jeder Bundesstaat anders konstruiert ist und das deutsche föderale Finanzsystem sich immer weniger durch systematische Konsistenz auszeichnet. Die damit verbundene „Basarwirtschaft" ist finanzwissenschaftlich außerordentlich misslich und letztlich auch ineffizient, aber nicht verfassungswidriges Verfassungsrecht.[55]

---

[47] Nachw. Fn. 32.

[48] *Ragnitz* Perspektiven der Wirtschaftspolitik, 2010, 260 (261).

[49] Es soll aber kaum zu einer umfangreichen Rückzahlungsverpflichtung am Ende der Übergangsperiode kommen, vgl. *Kube,* in: Maunz/Dürig, Art. 143d (2019) Rn. 50; aA *Kemmler* DÖV 2009, 549 (557).

[50] Vgl. zu den Einzelheiten *Kube,* in: Maunz/Dürig, Art. 143d (2019) Rn. 51°f.

[51] Vgl. *G. Kirchhof* MKS III, Art. 143d Rn. 2, der die Einführung der Sanierungshilfen als Ausdruck des Scheiterns ansieht.

[52] BT-Dr 18/11131, S. 20.

[53] *G. Kirchhof* MKS III, Art. 143d Rn. 2, 19 f., 23, will aber aus der Einordnung als Übergangsrecht ableiten, dass ein „längerfristiges Sonderregime" nicht erlaubt sein soll. Wenn das tatsächlich Regelungsgehalt hätte sein sollen, hätte es nahe gelegen, eine dahingehende Formulierung in den Gesetzestext aufzunehmen.

[54] *Heun/Thiele,* in: Dreier III, Art. 143d Rn. 24, halten wohl eine verfassungsrechtliche Fundierung im Hinblick auf den Gleichheitssatz für erforderlich; ähnlich *Jarass,* in: Jarass/Pieroth, Art. 143d Rn. 9.

[55] I. Erg. ebenso Korioth JZ 2009, 729 (734); für eine allg., abstrakt auf alle Länder anwendbare Vorschrift, aber wohl kein Verfassungsverstoß: *G. Kirchhof* MKS III, Art. 143d Rn. 22; *Kube,* in: Maunz/Dürig, Art. 143d (2019) Rn. 62; → Art. 79 Rn. 62.

## II. Die Gewährung der Sanierungshilfen

30    Wie bei den Konsolidierungshilfen nach Abs. 2 wird trotz der indikativischen Formulierung durch Art. 143d II **kein Rechtsanspruch** der beiden Länder begründet. Sie begründet auch keine Pflicht des Bundes, für die Hilfen zu sorgen. Die Gewährung der Hilfen steht – abgesehen von allgemeinen bündischen Einstandspflichten – in seinem Ermessen, auch wenn die Regelung rechtstatsächlich auf einer Vereinbarung der Regierungsspitzen von Bund und Ländern beruht (→ Rn. 2b).[56] Eine Überschreitung des im Verfassungstext genannten Betrages von insgesamt 800 Millionen Euro ist nicht zulässig, wohl aber ein geringerer Gesamtbetrag.[57] In Bezug auf die Mittelverwendung werden die Empfängerländer zum Abbau ihrer Schulden sowie Maßnahmen zur Stärkung ihrer Finanzkraft angehalten. Ein konkreter Abbaupfad mit einer harten Frist ist indes, anders als bei den Konsolidierungshilfen (→ Rn. 23), nicht vorgesehen. Es handelt sich nicht um einen neuen Mischfinanzierungstatbestand, da allein der Bund die Mittel aufzubringen hat. Eine **Beteiligung der Länder** ist **nicht** zulässig.[58]

31    Fraglich ist, ob die – bisher im GG nicht vorkommende – Formulierung „Die Länder ergreifen … Maßnahmen" (Art. 143d IV 2) tatsächlich eine **verfassungsrechtliche Pflicht zur Tilgung** bestehender Staatsschulden begründet. Dies würde strengere Anforderungen statuieren als in den meisten anderen staatsschuldenrechtl. Regelungen (→ Art. 109 Rn. 13, → Art. 115 Rn. 33, → Art. 115 Rn. 40). Tilgungsregelungen sind ausdr. nur in Art. 109 III 3 (→ Art. 109 Rn. 73) und Art. 115 II 7 (→ Art. 115 Rn. 54) vorgesehen. Sowohl die Entstehungsgeschichte der Regelung[59] als auch die klar formulierten Tilgungsverpflichtungen im ausführenden BundesG (§ 2 II SanG) legen ein solches Verständnis indessen nahe.[60] Ähnliche Wendung an anderer Stelle im GG (Art. 85 III 3: „ist … sicherzustellen") wurden als Rechtspflichten angesehen.[61] Überzeugender erscheint es daher, im Ergebnis von einer verfassungsrechtl. Pflicht zum Schuldenabbau auszugehen.

32    Entspr. der Regelung für die Konsolidierungshilfen in Abs. 2 S. 6 verbietet Abs. 4 S. 4 die gleichzeitige Gewährung der **neuen Sanierungshilfen** und die Gewährung von **Sanierungshilfen** auf Grund einer **extremen Haushaltsnotlage**. Teils wird aus der Zweckbestimmung „zur künftig eigenständigen Einhaltung der Vorgaben des Artikels 109 Absatz 3" abgeleitet, dass mat. Voraussetzung für die Gewährung von Sanierungshilfen ein entspr. Sanierungsbedarf auf Seiten des betreffenden Landes sei.[62]

## III. Die Ausführungsregelungen

33    Die **nähere Ausgestaltung** ist einem zustimmungspflichtigen Bundesgesetz übertragen, Abs. 4 Satz 3. Sie findet sich im neu geschaffenen **Sanierungshilfengesetz**.[63] Die Ausgestaltung des neuen Sonderfinanzausgleichs in einem separaten Gesetz anstatt im FAG wurde bereits im Gesetzgebungsverfahren kritisiert.[64]

34    Durch § 1 I SanG werden den Ländern Bremen und Saarland insgesamt die vom GG erlaubt Höchstbetrag von 800 Mio Euro jährlich zugewendet. Er wird jedem Land jeweils zur Hälfte, also 400 Mio Euro, zugeteilt, § 1 II SanG.

35    § 1 IV SanG setzt das Verbot der gleichzeitigen Inanspruchnahme von Sanierungshilfen auf Grund extremer Haushaltsnotlagen aus Art. 143d IV 4 nF um. Neben Auszahlungsmodalitäten (§ 1 III SanG) und deklaratorischen Bekenntnissen an die Anforderungen von Art. 109 III in § 2 I SanG enthält § 2 II SanG Regelungen zur Mindesttilgung, welche sich auf die jeweiligen Staatsschulden der Empfängerländer beziehen.

36    Die **Tilgungspflicht** beginnt mit Gewährung der Sanierungshilfen ab 2020 und wird erstmals 2022 vom BMF überprüft, das ein zeitweises Unterschreiten der Tilgungsverpflichtung für unbeachtlich erklären kann (§ 2 III 3, 4 SanG). Grundsätzlich ist nach § 2 II 2 SanG jährlich 1/8 der Mittel (50 Mio. Euro) hierfür zu verwenden, jedoch ist der Mindestbetrag im Fünfjahreszeitraum wegen § 2 II 3 SanG im Ergebnis höher.[65] Sanktionen bei Verstößen gegen die Tilgungsverpflichtungen (jährlich/fünfjährig) sind verschieden ausgestaltet.[66] Das BMF prüft gem. § 2 III, IV SanG lediglich die

---

[56] *Kube*, in: Maunz/Dürig, Art. 143d (2019) Rn. 64; *Heun/Thiele*, in: Dreier III, Art. 143d Rn. 24, sehen aber trotz fehlender Rechtspflicht eine „politische Verpflichtung". Was das für eine Kategorie im Rahmen des VerfassungsR sein soll, bleibt unklar.

[57] *Heun/Thiele*, in: Dreier III, Art. 143d Rn. 25.

[58] *Heun/Thiele*, in: Dreier III, Art. 143d Rn. 24; *Jarass*, in: Jarass/Pieroth, Art. 143d Rn. 9.

[59] BT-Dr 18/11135, S. 61: „Abbau der übermäßigen Verschuldung … erforderlich".

[60] I. Erg. zust. jetzt *Heun/Thiele*, in: Dreier III, Art. 143d Rn. 28, *Jarass*, in: Jarass/Pieroth, Art. 143d Rn. 9; *Kube*, in: Maunz/Dürig, Art. 143d (2019) Rn. 70; unklar *G. Kirchhof* MKS III, Art. 143d Rn. 19.

[61] *F. Kirchhof*, in: Maunz/Dürig, Art. 85 (2016) Rn. 74.

[62] *Heun/Thiele*, in: Dreier III, Art. 143d Rn. 28.

[63] Sanierungshilfengesetz (SanG) v. 14.8.2017 (BGBl I 3122, 3126).

[64] *Korioth*, Stellungnahme v. 14.3.2017, Anl. HaushaltsA–Dr 18/4218, S. 5.

[65] Bei gleichmäßiger Tilgung entspräche das Tilgungsminimum danach 80 Mio. Euro.

[66] Vgl. § 2 III 4, IV 4 SanG.

Mindesttilgungen gem. § 2 II 2, 3 SanG. Daher können die Hilfen weitgehend unabhängig von der konkreten Haushaltslage gewährt werden. Ein Auslaufen des SanG ist auf einfachgesetzlicher Ebene ebenfalls nicht angeordnet worden.

## E. Kritische Würdigung

Die Vorschrift ist ein weiteres Beispiel für eine Gesetzgebung, die nur **unbeholfen und missver- 37 ständlich umsetzt,** was (wohl) gewollt ist. Sie enthält sowohl Redundanzen als auch Lücken. Inhaltlich fehlt ihren Anordnungen in weiten Teilen Verfassungsdignität. Ohne Not weicht sie zudem von bewährten Prinzipien des Finanzverfassungsrechts ab. Nicht zuletzt sind die (weitere) Verkomplizierung des Verfassungsrechts,[67] die großzügigen Übergangszeiträume[68] und die fehlende zeitliche Grenze für bestehende Kreditermächtigungen bei Sondervermögen (→ Rn. 5) zu Recht beanstandet worden.

Art. 143d I 4 und 7 sind **weitgehend redundant.** Ihr sachlicher Kern besteht in der Mahnung, sich 38 an das geltende Recht zu halten, sobald es anwendbar ist. Art. 143d I 4 ist auch nicht mittelbar konstitutiv. Die Pflicht der Länder, materielle und verfahrensrechtliche Regelungen aufzustellen, damit das Kreditaufnahmeverbot eingehalten wird, ergibt sich bereits unmittelbar aus Art. 109 III 5. Des Verweises in Art. 143d I 4 hätte es dazu nicht bedurft.

Die Ausgestaltung der Ermächtigung zur Gewährung von **Konsolidierungshilfen** enthält in mehr- 39 facher Hinsicht **Systembrüche:** (1) gemeinsame Leistungen des Bundes und der Ländergesamtheit, (2) selektive Gewährung von Leistungen an einzelne Länder, die namentlich genannt sind, (3) punktuelle Durchbrechung der einwohnerabhängigen Aufteilung des Aufkommens aus der Umsatzsteuer, (4) betragsmäßige Fixierung von Ausgleichsleistungen in der Verfassung. Mit den Vereinbarungen über die Konsolidierungshilfen und die Kontrolle ihrer Einhaltung durch den Stabilitätsrat darf erstmals die Exekutive des Bundes, aber auch die Ländergesamtheit, unmittelbar auf die Haushaltspolitik eines einzelnen Landes Einfluss nehmen. Das mag in der Sache sinnvoll sein, stellt aber ebenfalls einen **fundamentalen Bruch** der bisherigen föderativen Ordnung des GG dar. Die Ermächtigung zur Gewährung von **Sanierungshilfen** und das dazu ergangene (separate) Ausführungsgesetz schaffen auf Dauer einen Sonderfinanzausgleich für zwei der sechzehn Bundesländer.[69]

Wenn die Hilfen in vollem Umfang ausgezahlt werden, können sie zu einer fühlbaren **Verringe- 40 rung des Schuldenstandes** der Empfängerländer führen. Die zweckentspr. Verwendung der Mittel wird wohl durch den vorgegebenen Konsolidierungspfad erzwungen werden, da die Mittel nicht ohne Verstoß gegen die vereinbarten Defizitabbaupläne Ausgaben erhöhend eingesetzt werden konnten.[70] Entsprechendes ergibt sich aus den einfachgesetzl. Regelungen für die Sanierungshilfen im SanG.[71]

## Art. 143e [Bundesautobahnen und sonstige Bundesstraßen des Fernverkehrs]

(1) **Die Bundesautobahnen werden abweichend von Artikel 90 Absatz 2 längstens bis zum 31. Dezember 2020 in Auftragsverwaltung durch die Länder oder die nach Landesrecht zuständigen Selbstverwaltungskörperschaften geführt. Der Bund regelt die Umwandlung der Auftragsverwaltung in Bundesverwaltung nach Artikel 90 Absatz 2 und 4 durch Bundesgesetz mit Zustimmung des Bundesrates.**

(2) **Auf Antrag eines Landes, der bis zum 31. Dezember 2018 zu stellen ist, übernimmt der Bund abweichend von Artikel 90 Absatz 4 die sonstigen Bundesstraßen des Fernverkehrs, soweit sie im Gebiet dieses Landes liegen, mit Wirkung zum 1. Januar 2021 in Bundesverwaltung.**

(3) **Durch Bundesgesetz mit Zustimmung des Bundesrates kann geregelt werden, dass ein Land auf Antrag die Aufgabe der Planfeststellung und Plangenehmigung für den Bau und für die Änderung von Bundesautobahnen und von sonstigen Bundesstraßen des Fernverkehrs, die der Bund nach Artikel 90 Absatz 4 oder Artikel 143e Absatz 2 in Bundesverwaltung übernommen hat, im Auftrage des Bundes übernimmt und unter welchen Voraussetzungen eine Rückübertragung erfolgen kann.**

**Entstehungsgeschichte: Erstfassung:** G. z. Änd. des GG (Artikel 90, 91c, 104b, 104c, 107, 108, 109a, 114, 125c, 143d, 143e, 143f, 143g) v. 13.7.2017, BGBl. I 2347, Art. 1 Nr. 11 (dazu BR-Dr 769/16 [Entwurf]; BT-Dr 18/11131 [Entwurf]; BT-Dr 18/11186 [Gegenäußerung BReg]; BT-Dr. 18/12588 [Bericht und BeschlEmpf HaushaltsA];); BR-Prot 953, 6 C ff.; BT-Prot 18/218, 21767C ff.; BT-Prot 18/237, 23974A ff.; BR-Dr 430/17; BR-Prot 958, 261D ff.). **Änderung:** G. z. Änd. des GG (Artikel 104b, 104c, 104d, 125c, 143e) v. 28.3.2019, BGBl. I 404,

---

[67] *Selmer* NVwZ 2009, 1255 (1259); *Kube,* in: Maunz/Dürig, Art. 143d (2010) Rn. 13, 17; krit. auch *G. Kirchhof* MKS III, Art. 143d Rn. 1 aE; 23.

[68] *Seiler* JZ 2009, 721 (727); *Tappe* DÖV 2009, 881 (890); *Lenz/Burgbacher* NJW 2009, 2561 (2565).

[69] Krit. auch *Kube,* in: Maunz/Dürig, Art. 143d (2019) Rn. 62.

[70] *Ragnitz,* Perspektiven der Wirtschaftspolitik, 2010, 260 (264 f.).

[71] Vgl. *G. Kirchhof* MKS III, Art. 143d Rn. 23, der aber aus seiner krit. Grundhaltung heraus versucht, für die Sanierungshilfen eine Befristung dadurch zu konstruieren, dass er sie als Übergangsrecht einstuft.

Art. 1 Nr. 5 (dazu BR-Dr 165/18 [Entwurf], BT-Dr 19/3440 [Entwurf]; BT-Dr 19/6144 [BeschlEmpf und Bericht HaushaltsA]; BT-Dr 19/7940 [BeschlEmpf VermA]; BR-Prot 969, S. 194A ff.; BT-Prot 19/53, S. 5689B ff.; BT-Prot 19/68, S. 7694D ff.; BR-Prot 973, S. 461 ff.; BT-Prot19/83, S. 9692B ff., S. 9872 C f.; BR-Prot 975, S. 63 ff.

**Schrifttum:** S. Lit. zu Art. 90.

## Übersicht

# A. Allgemeines

## I. Entstehung

**1**     Art. 143e geht mit Art. 90 (→ Art. 90 Rn. 5) auf den **Beschluss der Regierungschefinnen und -chefs** von Bund und Ländern vom 14.10.2016[1] zurück. Der Gesetzentwurf der Bundesregierung[2] sah den 31.12.2020 als definitiven Endtermin für die Auftragsverwaltung vor; das „längstens" wurde auf Vorschlag des HaushaltsA eingeführt,[3] so dass eine frühere Beendigung gesetzlich geregelt werden kann. Nicht berücksichtigt wurde der Vorschlag des BR, durch einen Abs. 2a einen verfassungsgesetzlichen Eigentumsübergang nach Art. 90 I zu verhindern und bestehende Ausnahmen vom Bundeseigentum zu erhalten;[4] doch soll die umgestellte Formulierung in Art. 90 I („bleibt") diesen Bedenken Rechnung tragen (→ Art. 90 Rn. 13).

**1a**     In dem Gesetz zur Änderung des Grundgesetzes verbunden mit Erweiterungen der Finanzhilfekompetenzen des Bundes (Art. 104c, 104d, 125c) wurde Art. 143e ein Abs. 3 angefügt, der im Gesetzgebungsverfahren unverändert geblieben ist. Damit sollte die schon bestehende Regelung des **FStrBAG verfassungsrechtlich abgesichert** werden.[5]

## II. Grundsätzliche Bedeutung

**2**     Art. 143e wurde als **Übergangsvorschrift** zur Neuregelung der Bundesfernstraßenverwaltung in Art. 90 erlassen. Während iRd Art. 90 II eine einmalige Umstellung betroffen ist, bleibt die Vorschrift mit Blick auf Art. 90 IV bedeutsam, solange es sonstige Bundesfernstraßen in Auftragsverwaltung noch gibt. Der neue **Abs. 3** begründet demgegenüber eine **auf Dauer** angelegte Möglichkeit, die Bundeskompetenz nach Art. 90 II GG durchbrechende Landeskompetenzen zu begründen.[6]

# B. Regelungsinhalte

## I. Fortgeltung der Auftragsverwaltung für die Bundesautobahnen, Abs. 1 Satz 1

**3**     Abs. 1 Satz 1 lässt die in Art. 90 II vorgesehene Bundesverwaltung der Bundesautobahnen zugunsten der **vorübergehenden Weitergeltung des bisherigen Rechtszustandes** (nach Art. 90 II aF) grundsätzlich erst nach dem 31.12.2020 eintreten, ermöglicht aber (durch das im parlamentarischen Verfahren eingefügte „längstens") auch eine frühere Beendigung durch die Umwandlungsgesetzgebung.[7]

---

[1] https://www.bundesregierung.de/breg-de/aktuelles/konferenz-der-regierungschefinnen-und-regierungschefs-von-bund-und-laendern-am-14-oktober-2016-in-berlin-beschluss-430850 (zuletzt abgerufen 17.3.2020, 16:13 Uhr).

[2] BR-Dr 769/16.

[3] BT-Dr 18/12588, S. 17.

[4] BT-Dr 18/11131, S. 26 f.; zurückhaltend die Gegenäußerung der BReg, BT-Dr 18/11186, S. 3.

[5] S. die Begründung des Gesetzentwurfs der BReg, BT-Dr 19/3440, S. 2; zu den Zweifeln *M. Meier* DÖV 2018, 268 ff.

[6] Kritisch dazu *Seiler* ZG 2018, 329 (333).

[7] S. auch *Gröpl,* in: Maunz/Dürig, Art. 143e (2018) Rn. 2.

## II. Zwingende Übernahme der sonstigen Bundesfernstraßen in Bundesverwaltung, Abs. 2

Abs. 2 sieht abweichend von Art. 90 IV, der die Übernahme der freien Entscheidung des Bundes **4** überlässt (→ Art. 90 Rn. 26), vor, dass der Bund die sonstigen Bundesstraßen des Fernverkehrs im Gebiet eines Landes mit Wirkung vom 1.1.2021 in Bundesverwaltung übernimmt. Er ist damit **zur Übernahme verpflichtet**,[8] wenn ein Land einen entsprechenden Antrag bis zum 31.12.2018 stellt; der Bund hat den in der Frist (nur) von den drei Stadtstaaten gestellten Anträgen entsprochen.[9] Deutlicher als die Neufassung des Art. 90 IV, dem der RegE eine dahingehende „Klarstellung" entnehmen will (dazu → Art. 90 Rn. 26), zielt die Bestimmung allein auf die Übernahme *sämtlicher im Landesgebiet liegenden sonstigen Bundesfernstraßen*.[10]

## III. Bundesgesetzgebung für die Umwandlung der Auftrags- in Bundesverwaltung, Abs. 1 Satz 2

Abs. 1 Satz 2 räumt dem **Bund** die **ausschließliche Gesetzgebungskompetenz** ein, die Um- **5** wandlung der Auftragsverwaltung in Bundesverwaltung in den Fällen des Art. 90 II, IV zu regeln,[11] und begründet einen dahingehenden **Gesetzgebungsauftrag**. Den Gegenstand der „Umwandlung" beschreibt die Begründung des RegE dahin, „die Entflechtung der Verwaltungsaufgaben und den Übergang der Personal- und Sachmittel durch Übergangsvorschriften zu ordnen."[12] Der intensiven Berührung der Länderinteressen entspricht, dass das Gesetz der **Zustimmung des BRat** bedarf.

Soweit es um die Bundesautobahnen nach Art. 90 II geht, ist die Bestimmung eine echte Über- **6** gangsregelung, die sich bei ordnungsgemäßer Abwicklung mit Ablauf des 31.12.2020 erledigt. Dagegen betrifft die Umwandlung nach **Art. 90 IV GG** Übernahmefälle, die **ohne zeitliche Beschränkung** zukünftig eintreten können, ist also insoweit eine Dauerregelung. Eingeschlossen sein sollen trotz der Formulierung „abweichend von Art. 90 Absatz 4" ersichtlich auch die Fälle der Umwandlung nach Art. 143e II.

## IV. Aufgabenübernahme durch ein Land

Der bei Einfügung von Abs. 3 bereits bestehende § 3 III FStrBAG dürfte mit der Regelung von bei **7** entsprechendem Antrag des Landes bestehenden Landeskompetenzen **über den Rahmen einer Regelung des Näheren,** wie sie Art. 90 II 6 GG vorsieht, jedenfalls hinsichtlich der Verwaltung der Bundesautobahnen **hinausgegangen** sein, die nach Art. 90 II 1 in Bundesverwaltung geführt wird.

Erforderlich ist eine Regelung durch zustimmungspflichtiges Bundesgesetz. Als **Aufgabe** ist die **8** Planfeststellung und Plangenehmigung für den Bau und für die Änderung von Bundesfernstraßen genannt. Deren Übernahme setzt einen **Antrag des Landes** voraus, das dann **im Auftrage des Bundes** tätig wird.

Diese Möglichkeit besteht nur, soweit die betroffenen Bundesfernstraßen **im Gebiet des antrag- 9 stellenden Landes** liegen. Dies entspricht für die sonstigen Bundesfernstraßen der entsprechenden Beschränkung der Übernahme in Bundesverwaltung nach Art. 90 IV, 143e II. Obwohl eine dahingehende Einengung in Art. 143e III fehlt, entspricht dies der grds. Beschränkung der Landeshoheit auf das je eigene Staatsgebiet, und hat daher auch für Bundesautobahnen im Lande zu gelten. § 3 III 4 FStrBAG sieht dies auch ausdrücklich, und zwar für *alle* Autobahnen im jew. Land, vor (→ Rn. 4, → Art. 90 Rn. 26). Bei sonstigen Bundesfernstraßen kommt eine Übernahme durch das Land nur in Betracht, wenn zuvor die Übernahme durch den Bund nach Art. 90 II, 143e II erfolgt ist.[13]

Inhalt des Gesetzes ist ferner die Regelung der „Voraussetzungen einer **Rückübertragung**" der **10** vom Land übernommenen Aufgaben auf den Bund. Die Begründung des Gesetzentwurfs sieht dadurch nicht nur die „Rückgabe der Verwaltungsaufgaben durch das Land an den Bund", sondern auch eine „Rücknahme der Verwaltungsaufgaben durch den Bund" gedeckt.[14] Vorgaben für materielle oder formelle Voraussetzungen macht das GG nicht.

---

[8] Ebenso *Gröpl*, in: Maunz/Dürig, Art. 143e Rn. 7; *Ibler* MKS III, Art. 143e Rn. 7.

[9] Nach Auskunft des BMVI mit E-Mail vom 11.3.2020, Az.: L 24 – AS Art. 143e GG.

[10] Zustimmend *Gröpl*, in: Maunz/Dürig, Art. 143e (2018) Rn. 8 Fn. 2; wie hier auch *Ibler* MKS III, Art. 143e Rn. 8.

[11] Nur hierzu die Begründung des RegE, BR-Dr 769/16, zu B Art. 1 Nr. 11 Abs. 1. Wie hier auch *Gröpl*, in: Maunz/Dürig, Art. 143e (2018) Rn. 6 mwN; zweifelnd *Hermes*, in: Dreier III, Art. 143e Rn. 10.

[12] BR-Dr 769/16, zu B Art. 1 Nr. 11 Abs. 1.

[13] So ausdrücklich die Begründung des RegEntw, BT-Dr 19/3440, S. 11 zu Nr. 4.

[14] BT-Dr 19/3440, S. 11 zu Nr. 4. § 3 III 7 FStrBAG sieht eine einseitige Rücknahme durch den Bund bei Anhaltspunkten für nicht ordnungsgemäße Wahrnehmung der Aufgaben durch das Land vor.

## Art. 143f [Außerkrafttreten von Finanzausgleichsvorschriften]

Artikel 143d, das Gesetz über den Finanzausgleich zwischen Bund und Ländern sowie sonstige auf der Grundlage von Artikel 107 Absatz 2 in seiner ab dem 1. Januar 2020 geltenden Fassung erlassene Gesetze treten außer Kraft, wenn nach dem 31. Dezember 2030 die Bundesregierung, der Bundestag oder gemeinsam mindestens drei Länder Verhandlungen über eine Neuordnung der bundesstaatlichen Finanzbeziehungen verlangt haben und mit Ablauf von fünf Jahren nach Notifikation des Verhandlungsverlangens der Bundesregierung, des Bundestages oder der Länder beim Bundespräsidenten keine gesetzliche Neuordnung der bundesstaatlichen Finanzbeziehungen in Kraft getreten ist. Der Tag des Außerkrafttretens ist im Bundesgesetzblatt bekannt zu geben.

**Entstehungsgeschichte: Erstfassung:** G zur Änd. des GG (Artikel 90, 91c, 104b, 104c, 107, 108, 109a, 114, 125c, 143d, 143e, 143f, 143g) v. 13.7.2017 (BGBl I 2347), Art. 1 Nr. 11 (dazu: BT Dr 18/11131 [Entw.]; BT-Dr 18/12588 [Beschlussempf. und Bericht HaushaltsA]; BT-Prot 18/218, 21767C; 18/237, 23974A, 24024B; BR-Prot 17/953, 6C; 17/958, 261D).
**Gesetzgebung:** FAG; SanG.

### Übersicht

## A. Allgemeines

1    Die Vorschrift wurde mit der Reform des GG 2017 neu eingefügt.[1] Sie ordnet das **Außerkrafttreten** von **Art. 143d** unter näher bezeichneten Voraussetzungen (dazu → Rn. 4) zu einem nicht eindeutig festgelegten Zeitpunkt an, frühesten jedoch zum Beginn des Jahres 2036. Die Vorschrift kann sich also nur auf die neue Fassung von Art. 143d beziehen. Ab dem 1.1.2020 hat aber nur noch dessen Abs. 4 Bedeutung. Die Regelungen der Abs. 1 bis 3 werden mit Ablauf des 31.12.2019 gegenstandslos, auch wenn sie nicht förmlich außer Kraft treten (→ Art. 143d Rn. 2c). Unter denselben Voraussetzungen und zum selben Zeitpunkt sollen auch das FAG sowie sonstige, auf der Grundlage von Art. 107 II in der ab 2020 geltenden Fassung erlassene Gesetze außer Kraft treten. Das SanG, durch das der Bund dem Saarland und Bremen zusätzliche finanz. Mittel zur Sanierung ihrer Haushalte zur Verfügung stellt (näher → Art. 143d Rn. 34 f.), ist nicht ausdrücklich genannt, würde aber bei einem Außerkrafttreten die erforderl. verfassungsrechtl. Fundierung verlieren.[2] Die weitere Gewährung von Sanierungshilfen würde dann gegen Art. 104a I verstoßen. Das hätte zur Folge, dass die einfachgesetzl. Regelung verfassungswidrig und nichtig würde. Der Eintritt des Außerkrafttretens erfolgt automatisch bei Vorliegen der Voraussetzungen. Sein **Zeitpunkt** wäre ungewiss, da die Verwirklichung der Eintrittsvoraussetzungen ihrerseits ein **ungewisses künftiges** Ereignis ist.[3] Der gültige Wortlaut des GG wäre nicht ohne nähere Informationen über die Verwirklichung dieser Bedingung erkennbar. Deshalb war es erforderlich, die Bekanntgabe des Tags des Außerkrafttretens im BGBl anzuordnen, Art. 143f S. 2.

2    Die Vorschrift enthält **keine Sperre** für den **Gesetzgeber.** Die betroffenen Vorschriften dürfen weiterhin im regulären Verfahren geändert werden.[4] Unabhängig von einem eventuellen Außerkrafttreten von Art. 143d nach Art. 143f S. 1 darf das SanG weiterhin durch einfaches Bundesgesetz verändert, aufgehoben oder kürzer befristet werden.[5]

## B. Voraussetzungen

3    Der Eintritt der Rechtsfolge „Außerkrafttreten" (→ Rn. 1) ist an folgende Voraussetzungen geknüpft:

– Erreichen des **Anfangstermins:** Ablauf des 31.12.2030

---

[1] G v. 13.7.2017 (BGBl I 2347), Art. 1 Nr. 11.
[2] Zust. *Jarass,* in: Jarass/Pieroth, Art. 143f Rn. 2.
[3] *Huber* MKS III, Art. 143f Rn. 3, klassifiziert die Regelung als zeitlich befristete auflösende Bedingung; *Thiele,* in: Dreier III, Art. 143f Rn. 3, betont die vertragsähnlichen Elemente der Reform der Finanzbeziehung und sieht die Vorschrift eher als Kündigungsrecht an.
[4] Zust. *Thiele,* in: Dreier III, Art. 143f Rn. 24; *Jarass,* in: Jarass/Pieroth, Art. 143f Rn. 2.
[5] *Reimer,* Stellungnahme v. 20.3.2017, Anl. Haushaltsausschuss-Dr 18/4218, S. 4 f. (Rn. 20).

– Wunsch, Verhandlungen über eine **Neuordnung der bundesstaatlichen Finanzbeziehungen** aufzunehmen

– **Verlangen** von BReg, BT oder gemeinsam mindestens dreier Länder

– **Notifikation** des Verhandlungsverlangens beim BPräs

– **Ablauf** von fünf Jahren nach der Notifikation ohne gesetzliche Neuordnung,

– **Bekanntmachung** des Zeitpunkts des Außerkrafttretens **im Bundesgesetzblatt**.

Der 31.12.2030 wird mit dem Datumswechsel zum 1.1.2031, also um 0:00 Uhr, ablaufen. Von **4** diesem **Zeitpunkt** an kann ein Verlangen, Verhandlungen aufzunehmen, zu den Rechtsfolgen von Art. 143f S. 1 führen.

BR, BT oder gemeinsam mindestens drei Ländern müssen Verhandlungen über eine Neuordnung **5** der bundesstaatlichen Finanzbeziehungen verlangt haben. In welcher **Form** das Verlangen zu äußern ist, legt die Vorschrift nicht fest. Deshalb muss davon ausgegangen werden, dass es auch mündlich erfolgen kann.[6] Es muss nur unbedingt und inhaltlich unmissverständlich zum Ausdruck gekommen sein.

Die Aufnahme des BT in die Vorschrift erfolgte im Gesetzgebungsverfahren erst „in letzter Minute" **6** auf Vorschlag des HaushaltsA.[7] Die Wendung **„gemeinsam"** bedeutet, dass übereinstimmende Willenserklärungen abzugeben sind. Nach ihrem Wortsinn ist nicht sicher, ob die Willenserklärungen unter gleichzeitiger Anwesenheit von Vertretern der beteiligten Länder erfolgen müssen, wenn sie mündlich abgegeben werden, oder ob sie in einer Urkunde enthalten sein müssen, wenn Schriftform verwendet wird. Mit „gemeinsam" kann auch gemeint sein, dass von mindestens drei Ländern inhaltlich identische Willenserklärungen abgegeben werden. Praktikabilitätsgesichtspunkte sprechen für diese Deutung.

**Adressaten** nennt die Vorschrift nicht. Im Zweifel ist das Verlangen nach einer Neuordnung nicht **7** nur an den BPräs, sondern auch an alle (potentiellen) Beteiligten einer Neuordnung zu richten.

Das Verlangen braucht keine konkreten Neuordnungsziele zu benennen.[8] Es darf auch offenbleiben, **8** wie die Neuordnung erfolgen soll. Es genügt das bloße, unbedingte Verlangen, die Finanzbeziehungen **anders** zu **regeln**, als sie zu dem betreffenden Punkt geltendes Recht ist.

Falls eine gesetzl. Neuordnung der bundesstaatl. Finanzbeziehungen innerhalb von fünf Jahren nach **9** der Notifikation des Verlangens beim BPräs **in Kraft** tritt, **endet** das Verfahren zum Außerkrafttreten nach Art. 143f. Die bloße Bestätigung der bish. Regelung als Ergebnis der Verhandlungen reicht nicht aus,[9] um den Lauf der Frist zu beenden; auch dann nicht, wenn sie in Gesetzesform erfolgt. Die **Fünfjahresfrist beginnt** mit Notifikation des Verlangens einer Neuordnung beim BPräs, die aber frühestens mit Beginn des 1.1.2031 erfolgen kann. Ein Außerkrafttreten nach der neuen Regelung ist deshalb **frühestens** zum Beginn des Jahres **2036** möglich. Die Notifikation kann in derselben Form erfolgen, wie das Verlangen selbst.

Der Tag des Außerkrafttretens ist im BGBl bekannt zu machen (Art. 143f S. 2 nF). Da die **10** **Bekanntmachung** in der Sache eine Änderung des geltenden Rechts verkündet, erfüllt sie dieselbe Funktion wie die Verkündigung von Gesetzen, die im sonst übl. Gesetzgebungsverfahren erlassen werden. Vor der Bekanntmachung kann die Änderung noch keine rechtl. Wirkungen erzeugen. In diesem Sinne ist sie **konstitutiv**.[10]

## C. Bedeutung

Die Bestimmung stellt in zweifacher Hinsicht eine **Neuerung**[11] im deutschen VerfassungsR dar: **11** (1) Im Erg. bedeutet sie eine Gesetzgebung außerhalb des regulären Verfahrens, wenn auch nur in negativer Hinsicht. Das neue Sonderverfahren[12] ist nämlich gegenständlich beschränkt auf das Außerkraftsetzen geltenden Rechts und erlaubt nicht die Schaffung neuer Regelungen. Ein bes. Gesetzgebungsverfahren sah bisher nur das NotstandsR im Verteidigungsfall vor, Art. 115d. Es ist auch nicht zu vergleichen mit Befristungen gesetzl. Regelungen, da diese im regulären Verfahren vom Gesetzgeber selbst erlassen werden. (2) Neu ist auch, dass ein **mittelbarer Zwang** zur Gesetzgebung etabliert wird. Dies ist Folge einer sich zunehmend ausbreitenden **paktierten Verfassunggebung** auf Bundesebene,[13] die zudem kaum verfassungswürdige Details verfassungsfest festschreibt. Sie umfasst auch zahlreiche Einzelregelungen in den Ausführungs- und BegleitG, die zugleich abgesprochen und

---

[6] Für Schriftform: *Thiele,* in: Dreier III, Art. 143f Rn. 15, mit weitere Vorgaben für die einzuhaltenden Formalia, ohne dass es dafür irgendeinen Anhalt im Text des GG gibt; *Jarass,* in: Jarass/Pieroth, Art. 143f Rn. 1; aus Gründen der Rechtssicherheit.

[7] BT-Dr 18/12588, S. 11.

[8] Zust. *Jarass,* in: Jarass/Pieroth, Art. 143f Rn. 1.

[9] AA *Thiele,* in: Dreier III, Art. 143f Rn. 17.

[10] Für deklaratorische Wirkung *Jarass,* in: Jarass/Pieroth, Art. 143f Rn. 2.

[11] Allg. ebenso *Henneke* DVBl 2017, 219; *Jarass,* in: Jarass/Pieroth, Art. 143f Rn. 1; *Thiele,* in: Dreier III, Art. 143f Rn. 9.

[12] Ähnlich *Thiele,* in: Dreier III, Art. 143f Rn. 9: vor allem Etablierung eines besonderen Verfahrens.

[13] Vgl. *Reimer,* VVDStRL 73 (2014), 153 (169 f., 177 f.); *Thiele,* in: Dreier III, Art. 143f Rn. 3, 7).

erlassen werden und nicht selten den sachl. Kern der Einigung enthalten.[14] Bei realist. Betrachtung sind diese einfachgesetzl. Regelungen (faktisch) fast genauso gegen Änderungen abgesichert, wie förml. Verfassungsrecht. Änderungen eines der zahlreichen Details sind deshalb später nur schwer möglich und setzen im Grunde Einstimmigkeit der beteiligten Gruppen voraus. Diese Restriktionen werden durch die Vorschrift dadurch aufgeweicht, dass (frühestens) ab 31.12.2030 eine verhältnismäßig kleine Gruppe von Beteiligten einen Änderungsprozess in Gang setzen kann, der die anderen Beteiligten an den Verhandlungstisch zwingt und im spieltheoretischen Sinn Druck aufbaut, zu einer neuen Verteilung zu gelangen.

12　　Die Regelung ist zugeschnitten auf ein stabiles Nash-Gleichgewicht in einem kooperativen Spiel, bei dem auch nicht pareto-optimale Veränderungen ermöglicht werden sollen. Die „hold-out Position" der Nichtkooperationswilligen wird dadurch unattraktiv gemacht, dass als **Drohpunkt** ein Rückfall auf die Grundregel des Art. 104a I vorgesehen ist. Das würde aber für die Beteiligten, die am gegenwärtigen Zustand festhalten möchten, regelmäßig eine deutliche Verschlechterung bedeuten. Zu diesem Zwecke lässt die Vorschrift aber nicht genügen, dass überhaupt verhandelt wird, sondern verlangt, dass auch eine (neue) Lösung gefunden wird (→ Rn. 9).

13　　Wegen des statuierten **Anfangstermins** können alle Beteiligten weitgehend sicher sein, dass Änderungen des im Dezember 2016 ausgehandelten Ergebnisses bis zum 31.12.2030 nicht gegen ihren Willen erfolgen werden.

## D. Vereinbarkeit mit Art. 79 III

14　　Die neue Vorschrift dürfte nicht gegen **Art. 79 III** verstoßen. Teils wird in Art. 143f eine zulässige Abweichung vom Textänderungsgebot (Art. 79 I 1) gesehen.[15] **Art. 79 I 1** will implizite Verfassungsänderungen oder solche in Anhängen oder sonst außerhalb des GG ausschließen (dazu → Art. 79 Rn. 13 f.). Das Verfahren, das zum Außerkrafttreten führt, ist jedoch ausdr. in Art. 143f geregelt. Sein **Ergebnis** ist auch im BGBl zu verkünden, Art. 143f S. 2. Allerdings ist nicht vorgeschrieben, dass bei Eintritt der Bedingungen für das Außerkrafttreten von Art. 143d auch der Text des GG geändert wird. Unabhängig von der Frage, ob Art. 79 I auch von Art. 79 III erfasst wird, könnte das noch hinnehmbar sein, da der positive Wortlaut des GG durch einen Blick in das BGBl, wie er auch nach sonstigen Verfassungsänderungen erforderlich ist, eindeutig festgestellt werden kann. Sinn und Zweck von Art. 79 III ist wohl noch entsprochen, da nur die **substanzielle Ordnung** bewahrt werden soll und die Abs. 2 und 3 von Art. 79 insgesamt der Änderung entzogen sind (→ Art. 79 Rn. 39, 81).[16]

15　　Es kommt aber auch ein Verstoß gegen das **Demokratieprinzip** in Betracht, da der Gesetzgeber sich nicht seiner Rechte entäußern darf, sondern verpflichtet ist, sie wahrzunehmen. Es handelt sich nicht um eine vom Gesetzgeber angeordnete Befristung für die Geltung einer Vorschrift, sondern um eine **auflösende Bedingung.** Ihr Eintritt liegt außerhalb der Macht des Gesetzgebers. Er hat eine Änderung des geltenden (Verfassungs-)Rechts zur Folge. Allerdings ist der Weg zu dieser negativen Gesetzgebung (Außerkrafttreten) recht genau vorgezeichnet, und es wird letztlich nur ein früherer, einmal vom Gesetzgeber beschlossener Zustand wieder hergestellt. Auch ist das Wirksamwerden von Völkervertragsrecht, dem der Gesetzgeber zugestimmt hat, ebenfalls von Bedingungen abhängig. In diesen Fällen dürfte die Beeinträchtigung noch nicht so weit gehen, dass das Demokratieprinzip in der für Art. 79 III relevanten Weise berührt wäre.

## E. Kritische Würdigung

16　　Eine Befristung der Bundeshilfen, wie sie in Art. 143d aF vorgesehen war, ist grds. begrüßenswert,[17] auch wenn sie nur mittelbar durch Art. 143f erzwungen werden kann. Die großzügig bemessene Frist von fünf Jahren zur Erzielung eines Ergebnisses, dürfte wohl ausreichen, um auch Neuordnungen zu ermöglichen, welche die beteiligten Länder schlechter stellen. Das Setzen eines „Drohpunktes" dürfte eine Wirkung zeigen. Systematisch hätte die neue Vorschrift aber eher als Abs. 5 zu Art. 143d gehört. Die Vorschrift wird zudem zu Recht als Ausdruck der „Tendenz, die Verfassung für die Fixierung politischer Momentaufnahmen zu instrumentalisieren und sie zum ‚Tagesbefehl' zu degradieren" gewertet. Zudem sei sie ein „Misstrauensvotum gegen eine als unberechenbar empfundene (Verfassungs-)Rechtsprechung". Das möge zu beklagen sein, verfassungsrechtlich zu beanstanden sei das aber nicht.[18]

---

[14] Vgl. BVerfGE101, 158 Rn. 272 ff.

[15] *Reimer* (Fn. 1), S. 5 (Rn. 24).

[16] Siehe aber *Thiele,* in: Dreier III, Art. 143f Rn. 11: „gewisse Bedenken", aber letztlich kein Verstoß gegen Art. 79 I 1, ohne zu erörtern, dass es sich um eine verfassungsrechtliche Regelung handelt und Art. 79 III einschlägig sein könnte.

[17] Krit. hingegen *Korioth*, Stellungnahme v. 16.3.2017 (Fn. 1), S. 7.

[18] *Huber* MKS III Art. 143f Rn. 7.

## Art. 143g [Weitergeltung des Art. 107 aF]

**Für die Regelung der Steuerertragsverteilung, des Länderfinanzausgleichs und der Bundesergänzungszuweisungen bis zum 31. Dezember 2019 ist Artikel 107 in seiner bis zum Inkrafttreten des Gesetzes zur Änderung des Grundgesetzes vom 13. Juli 2017 geltenden Fassung weiter anzuwenden.**

**Entstehungsgeschichte: Erstfassung:** G zur Änd. des GG (Artikel 90, 91c, 104b, 104c, 107, 108, 109a, 114, 125c, 143d, 143e, 143f, 143g) v. 13.7.2017 (BGBl I 2347), Art. 1 Nr. 11 (dazu: BT Dr 18/11131 [Entw.]; BT-Dr 18/ 12588 [Beschlussempf. und Bericht HaushaltsA]; BT-Prot 18/218, 21767C; 18/237, 23974A, 24024B; BR-Prot 17/ 953, 6C; 17/958, 261D).

### Übersicht

## A. Allgemeines

Die Vorschrift wurde durch die Grundgesetzänderung 2017[1] neu geschaffen. Sie ordnet an, dass – **1** abweichend von der allgemeinen Regelung über das Inkrafttreten der Grundgesetzänderung – **Art. 107 aF** bis zum **31.12.2019** weiter anzuwenden ist. Mit Beginn des 1.°1. 2020 ist die Regelung gegenstandslos geworden.

Die befristete Fortgeltung von Art. 107 aF ist aber nicht umfassend, sondern **nur für** die Regelung **1a** der **Steuerertragsverteilung**, des **Länderfinanzausgleichs** und der **Bundesergänzungszuweisungen** statuiert. Fraglich ist, ob hierdurch tatsächlich eine Verengung ihres Anwendungsbereichs bewirkt wird. Der Regelungsgehalt von Art. 107 aF hat jedenfalls auf den ersten Blick nur die genannten Bereiche: Abs. 1 (Steuerertragsverteilung zwischen den Ländern), Abs. 2 S. 1 und 2 (Länderfinanzausgleich) sowie Abs. 2 S. 3 (Bundesergänzungszuweisungen) zum Gegenstand.

Der Sinn der getroffenen differenzierenden Regelung erschließt sich auch bei genauerem Hinsehen **2** nur schwer.[2] Mit Sicherheit lässt sich Wortlaut und Entstehungsgeschichte nur entnehmen, dass es sich um eine zeitlich begrenzte **Übergangsregelung** handelt.[3] IU **schweigen** die **Gesetzesmaterialien** zu den Motiven des Gesetzgebers.[4] Vor allem enthalten sie keine Antwort auf die Frage, warum die Diff. nach Gegenständen vorgenommen worden ist und nicht einfach eine (abw.) **Regelung** für das Inkrafttreten oder die Anwendbarkeit des **gesamten Art. 107**.[5] Auch die Neufassung von **Art. 125c II** enthält (geänderte) Übergangsregelungen und Vorschriften zur Geltungsdauer. Ein Konflikt ist aber ausgeschlossen, da sich beide Vorschriften auf unterschiedl. Gegenstände beziehen: Art. 125c auf Art. 104b und Art. 143g auf Art. 107. Die Unterstützung für die erstmals im GG erwähnten Seehäfen ist schon seit 2001 nicht mehr im FAG, sondern in einem gesonderten AusführungsG zu Art. 104b geregelt (→ Art. 125c Rn. 11).

Trotz aller handwerklichen Schwächen der neueren Gesetzgebung ist aber bei der Auslegung **3** zunächst davon auszugehen, dass die vorgenommene Diff. einen Sinn haben sollte, auch wenn er nicht

---

[1] G v. 13.7.2017 (BGBl I 2347), Art. 1 Nr. 11.

[2] Vgl. jetzt auch *Thiele*, in: Dreier III, Art. 14gf Rn. 8 „weniger überzeugend"; wirft „komplexe verfassungsdogmatische und rechtstheoretische Fragen hinsichtlich der Geltung von Rechtsnormen auf".

[3] *Huber* MKS III Art. 143g Rn. 1.

[4] BT-Dr 18/11131, S. 21 [RegE]; 18/12588, S. 12 [Ber. und Beschl. HaushaltsA]; BT-Prot 18/218, S. 21767C-21785B; 18/237, S. 23974A-24035B, S. 24024B-24028C; BR-Dr 769/16, S. 17; BR-Prot 953/17, S. 6C-13B; 958/17, S. 261D-280C; vgl. auch *Thiele*, in: Dreier III, Art. 14gf Rn. 3: „nicht näher thematisiert".

[5] BR-Dr 769/16, S. 17: „Die Vorschrift enthält eine Übergangsregelung, mit der die Anwendbarkeit von Artikel 107 GG in der bisher geltenden Fassung für die Steuerertragsverteilung, den Länderfinanzausgleich und die Bundesergänzungszuweisungen bis zum 31. Dezember 2019 sichergestellt wird." BT-Dr 18/11131, S. 21: (exakt wie BR-Dr 769/16, S. 17), auch in der Stellungnahme des BRats (S. 22 ff.) nicht aufgegriffen worden; BT-Dr 18/12588, S. 12 („unverändert"), 32 (Zustimmung zu Art. 143g im HaushaltsA); BR-Prot 953/17, S. 6C-13B: keine Erwähnung von Art. 143g bzw. einem etwaigen Nebeneinander von aF und nF; BT-Prot 18/218, S. 21767C-21785B: (1. Beratung) keine Erwähnung; BT-Prot 18/237, S. 23974A-24035B (2. Beratung): „Ich komme zum neuen Artikel 143g des Grundgesetzes. Der neue Artikel 143g enthält eine Übergangsregelung zu Artikel 107 Grundgesetz für die Steuerertragsverteilung, den Länderfinanzausgleich und die Bundesergänzungszuweisungen bis zum 31. Dezember 2019. Wer stimmt für diese Ergänzung? – Wer stimmt dagegen? – Wer enthält sich? – Bei Enthaltung der Fraktion Die Linke so angenommen"; 24024B-24028C (3. Beratung): keine Erwähnung; BR-Prot 958/17, S. 261D-280C: keine Erwähnung.

ohne weiteres erkennbar ist. Möglicherweise lassen sich Gründe außerhalb von Wortlaut und Gesetzes-materialien finden, die den Sinn der getroffenen Regelung offenbaren.

## B. Umfang der Fortgeltung

4　Steuerertragsverteilung, Länderfinanzausgleich und Bundesergänzungszuweisungen gehören zum Finanzausgleich, wie er bisher verstanden worden ist, decken ihn aber nicht vollständig ab. Zumindest Art. 106 gehört nach bisherigem Verständnis auch dazu; wohl auch Art. 105 (vor Art. 104a Rn. 46–49). Diese Diskrepanz hat aber keine weitere Bedeutung, da die Klassifizierung nur der systematischen Zuordnung dient. Die Vorschrift knüpft daran keine Rechtsfolgen. Auch wirkt sich nicht aus, dass der Begriff Steuerertragsverteilung nicht näher definiert worden ist. Nach bisherigem Verständnis würde dies auch Art. 106 umfassen. Durch die Bezugnahme auf Art. 107 aF ergibt sich aber zwingend, dass (nur) die Verteilung der Steuererträge zwischen den Ländern gemeint ist. Den Gesetzesmaterialien ist **nicht** zu entnehmen, dass eine **modifizierte Rechtsfolge** angeordnet werden sollte.[6]

## C. Die erfassten Regelungen

5　Näher zu untersuchen ist, ob es Teile der Neuregelung des Art. 107 gibt, die als Folge der Übergangsregelung in Art. 143g nicht erst am 1.1.2020 in Kraft treten. Das können aber nur solche Regelungen sein, die weder zur Steuerertragsverteilung, noch zum Länderfinanzausgleich noch zu den Bundesergänzungszuweisungen zu rechnen sind. Die Gesetzesmaterialien geben keine Hinweise, wie die Bereiche abzugrenzen sind, für welche die Neuregelung bis zum 31.12.2019 noch nicht anzuwenden sein soll.[7] Vor allem für den Begriff „Länderfinanzausgleich" gibt es keine allg. akzept. Definition. Der Sprachgebrauch ist nicht einheitlich. Teils wird er nicht auf die (horizontale) Umverteilung nach Art. 107 II 1 aF beschränkt, sondern erfasst auch die vertikale Umverteilung durch die Bundesergän-zungszuweisungen oder die Einnahmeverteilung zwischen Bund und Ländern. Teils wird der Begriff aber auch nur zur Abgrenzung vom Finanzausgleich innerhalb der Länder verwendet, also den komm. Finanzausgleich.[8] Wesentlich ist hier aber, ob Art. 107 nF noch außerhalb der Bereiche, für welche Art. 107 aF noch fortgelten soll, Regelungen enthält, die unter Anwendung von Art. 143g schon vor dem 1.1.2020 wirksam werden sollen. Sie sind aber auch bei genauer Prüfung nicht ersichtlich. **Alle** in Art. 107 nF getroffenen **Regelungen** betreffen entweder die **Steuerertragsverteilung,** den **Länderfinanzausgleich** oder die **Bundesergänzungszuweisungen,** auch wenn der Begriff „Län-derfinanzausgleich" sehr eng iSv sekundärem (umverteilenden) horizontalem Finanzausgleich[9] ver-standen wird:

6　– **Art. 107 I nF** regelt ausschließlich die Verteilung der Steuererträge zwischen den Ländern. Die Regelung gehört also zur (horizontalen) **Steuerertragsverteilung** (→ Art. 107 Rn. 15).

7　– **Art. 107 II 1 nF** stellt eine allg. Regel auf, die für Ausgestaltung durch einfaches Gesetz zu beachten ist. Die alte Regelung bezog sich eindeutig auf den umverteilenden (sekundären) horizontalen Finanzausgleich nach Art. 107 II 1 aF, für den verbreitet der Begriff „Länderfinanzausgleich" ver-wendet wurde.[10] Die **Umverteilung** von allg. Haushaltsmitteln zwischen den Ländern ist nach Inkrafttreten der Neuregelung zumindest einfachgesetzlich nicht mehr vorgesehen. Ob sie auch verfassungsrechtl. nicht mehr möglich sein soll, ist nicht sicher. Die Anknüpfung des neuen Systems der Verteilung des Länderanteils der Umsatzsteuer nach Art. 107 II 2–3 nF („zu diesem Zweck") spricht dafür, ist aber nicht zwingend. Es kann sich dabei um **ein** Instrument neben anderen zum neuen Finanzkraftausgleich handeln. Letztlich spielt es aber keine Rolle, ob eine derartige Umvertei-lung noch zulässig wäre, da sie in jedem Fall zum Länderfinanzausgleich gehören würde, also auch von Art. 143g erfasst wäre.

8　– **Art. 107 II 2 und 3 nF** haben die Verteilung des Umsatzsteueranteils der Länder zwischen den einzelnen Ländern zum Gegenstand. Insoweit würde die Regelung vom Begriff „Steuerertragsvertei-lung" erfasst. Allerdings sind in der Regelung auch umverteilende Elemente enthalten, die bei sehr enger Auslegung nicht mehr zur Steuerertragsverteilung zu rechnen sein könnten. Geht man von dieser (engen) Auslegung aus, würde die Regelung unter den umverteilenden (horizontalen) Finanz-

---

[6] BT-Dr 18/11131, S. 21.

[7] Nachw. o. Fn. 3.

[8] *Häde,* Finanzausgleich, 1996, S. 6; *Korioth,* Der Finanzausgleich zwischen Bund und Ländern, 1997, S. 20; vgl. ferner: *P. Kirchhof,* Der Verfassungsauftrag zum Länderfinanzausgleich als Ergänzung fehlender und Garant vorhande-ner Finanzautonomie, 1982; *Ossenbühl,* Verfassungsrechtliche Grundfragen des Länderfinanzausgleichs gem. Art. 107 II, 1984; *Hidien,* Handbuch Länderfinanzausgleich, 1999; *Lenk,* Aspekte des Länderfinanzausgleichs, 2001; *Petersen/Anton/Bork,* Mischfinanzierungen im deutschen Länderfinanzausgleich: zur Problematik von Gemeinschaftsaufgaben, Finanzhilfen und Geldleistungsgesetzen, 2001.

[9] So *Kempny/Reimer,* 70. DJT 2014, Gutachten D, S. 93.

[10] So zB *Rehhahn* Wirtschaftsdienst 1988, 269; *Carl,* Bund-Länder-Finanzausgleich, 1995, S. 135; *Kesper,* Bundes-staatliche Finanzordnung, 1998, S. 111; explizit *Kube,* Der bundesstaatliche Finanzausgleich, 2011, S. 14; wohl auch: *Häde* (Fn. 8), S. 7; *ders.* LKV 2011, 1 (2 f.); *Korioth* (Fn. 8), S. 23, 539, 543, 545; nicht eindeutig *Jung,* Maßstä-begerechtigkeit im Länderfinanzausgleich, 2008.

ausgleich fallen.[11] Sie wäre dann zwar keine Regelung der Steuerertragsverteilung, wohl aber des „Länderfinanzausgleichs" iSv Art. 143g und damit in jedem Fall von der Vorschrift erfasst. Auch die Staatspraxis bezeichnet die Neuregelung der Umsatzsteuerverteilung als „Länderfinanzausgleich".[12]

– Die Sonderregelung der **bergrechtlichen Förderabgabe** in **Art. 107 II 4 nF** hat keine eigen- **9** ständige Bedeutung. Sie enthält nur eine Vorgabe für die nähere Bestimmung der Finanzkraft eines Landes im AusführungsG nach S. 1 und ist damit an die rechtliche Zuordnung von S. 1 und 2 geknüpft, die sich auf die Finanzkraft eines Landes beziehen.

– **Art. 107 II 5 nF** betrifft Zahlungen des Bundes an einzelne Länder oder Gruppen von Ländern zur **10** ergänzenden Deckung ihres allg. Finanzbedarfs. Unabhängig von ihrer systemat. Zuordnung werden sie aber von Art. 143g erfasst, da sie im Verfassungstext als **Ergänzungszuweisungen** gesetzlich definiert sind. Diese sind in Art. 143g ausdr. genannt.

– Als von Art. 143g nicht erfasste Sonderregelungen kommen aber die Ermächtigungen von **Art. 107** **11** **II 6 nF** in Betracht. Die Vorschrift erlaubt die Gewährung von **Zuweisungen** durch den Bund an bestimmte **leistungsschwache Länder.** (1) Es sind zum einen Länder, deren Gemeinden (Gemein- deverbände) eine besonders geringe Steuerkraft aufweisen **(HS 1).** Die Vorschrift definiert diese Zuweisungen als „Gemeindesteuerkraftzuweisungen" Es dürfte sich aber um eine Variante der Bundesergänzungszuweisungen nach S. 4 handeln. In den Ausführungsgesetzen, die zugleich mit der Verfassungsänderung beraten und verabschiedet worden sind, werden sie denn auch als „Bundes- ergänzungszuweisungen" bezeichnet, § 11 I MaßStG nF, § 11 V FAG nF Auch die Staatspraxis spricht in Kenntnis der Klammerdefinition von Art. 107 II 6, HS 1, die sie selbst formuliert hat, von „sogenannten Gemeindesteuerkraft-Bundesergänzungszuweisungen".[13] (2) Die zweite Variante von Art. 107 II 6 erfasst Länder, deren Anteile an den Fördermitteln nach Art. 91b ihre Einwohner- anteile unterschreiten **(HS 2).** Für diesen Typ von Zuweisungen findet sich aber im Gegensatz zu den Gemeindesteuerkraftzuweisungen in HS 1 keine Begriffsbestimmung im GG. In den Ausfüh- rungsgesetzen wird aber wieder von „Bundesergänzungszuweisungen" gesprochen, § 11 II MaßStG nF In § 11 VI FAG nF ist inhaltsgleich von „Ergänzungszuweisungen des Bundes" die Rede. Die Staatspraxis verwendet die Bezeichnung „sogenannte Bundesergänzungszuweisungen" zum durch- schnittsorientierten Forschungsförderungsausgleich".[14] Diese Begrifflichkeit und die funktionale Stellung dieser Zuweisungen spricht dafür, sie als Bestandteil des umverteilenden (vertikalen) Finanz- ausgleichs und damit als **Ergänzungsabgaben** anzusehen. Das hat zur Folge, dass auch ihr Inkraft- treten vor dem 1.1.2020 nach Art. 143g ausgeschlossen ist.

## D. Die einfachgesetzlichen Ausführungsregelungen

Entspr. diesem Ergebnis (→ Rn. 5) ist, soweit ersichtlich, ein **früheres Inkrafttreten** einfachgesetzl. **12** Ausführungsregelungen, welche die mat. Substanz von Art. 107 enthalten, **nicht** vorgesehen. Sie sind parallel zur Verfassungsänderung in einem einheitl. Gesetzgebungspaket auf Grund einer Übereinkunft von Bund und Ländern (→ vor Art. 104a Rn. 192) geschaffen worden. Es kann daher davon aus- gegangen werden, dass auch der Inhalt der Regelung von Art. 143g (in diesem Fall) übereinstimmend mit den BegleitG verstanden werden muss, ohne dass es sich um VerfassungsR nach Maßgabe des einfachen Gesetzes handelt. Für die im Kontext von Art. 107 relevanten Änderungen des einfachen Rechts ist **einheitlich** ein Inkrafttreten zum 1.1.2020 angeordnet.[15] Auch aus diesem Grunde ist kaum nachvollziehbar, warum das Inkrafttreten der Neuregelungen von Art. 107 ebenfalls nicht unter- schiedslos auf den 1.1.2020 angeordnet worden ist, sondern stattdessen ein (befristeter) Anwendungs- vorrang von genau bezeichneten Teilen der alten Fassung normiert wurde.

Ausgeschlossen dürfte auch das Motiv sein, die Regelung auf Verfassungsebene zu heben, um eine **13** nachträgliche Änderung durch den einfachen Gesetzgeber zu verhindern, denn eine vereinfachte Änderung von noch nicht in Kraft getretenen verfassungsändernden Gesetzen ist dem GG unbekannt. Vielmehr ist nach den entsprechenden Gesetzgebungsbeschlüssen das Gesetz unwiderruflich auf den Weg gebracht (Art. 78 Var. 1), die Ausfertigung und Verkündung grundsätzlich[16] nur noch Formsache. Jede nachträgliche Änderung ist eine erneute Verfassungsänderung und unterfällt damit automatisch dem Erfordernis einer Zwei-Drittel-Mehrheit.

Daher gilt die **alte Rechtslage** umfassend sowohl auf Verfassungsebene wie auch auf einfachgesetz- **14** licher Ebene bis zum **31.12.2019** fort. Die „schlichte Verschiebung des Inkrafttretens bis zum 1.1.2020" wäre „in jedem Fall vorzugswürdig gewesen".[17]

---

[11] Zur Begrifflichkeit → vor Art. 104a Rn. 48, 57, → Art. 107 Rn. 20 f.
[12] Ausdr. Monatsbericht BMF August 2017, 8 (10); im Erg. für Zuordnung zum sekundären Finanzausgleich → Art. 107 Rn. 41.
[13] Monatsbericht BMF August 2017, 8 (10).
[14] Monatsbericht BMF August 2017, 8 (10 f.).
[15] Art. 25 III Nr. 1 des G v. 14.8.2017 (BGBl I 3122 [3154]).
[16] Zum Thema Prüfungsrecht und Prüfungspflicht des Bundespräsidenten statt aller *Butzer*, in: Maunz/Dürig, Art. 82 (2016) Rn. 115 ff.
[17] *Thiele*, in: Dreier III, Art. 143f Rn. 8 aE.

## E. Textintegrität der Verfassung

**15**     Das **Textänderungsgebot des Art. 79 I 1** verlangt keine ausdrückliche Normierung des Inkrafttretens im Verfassungstext selbst. Die – zeitlich hinausgeschobene – Änderung eines bestimmten Artikels wird im Zeitpunkt des Inkrafttretens durch (deklaratorische) Aktualisierung in einem konsolidierten Text vorgenommen, ohne dass zu irgendeinem Zeitpunkt unklar wäre, ob die alte oder bereits die neue Fassung gilt. Allerdings spart die gewählte Gesetzestechnik diesen Schritt aus, da Art. 107 nF bereits zum geltenden Text des GG gehört, auch wenn Art. 143g eine befristete Weitergeltung von Art. 107 aF anordnet. Die einzige Unklarheit besteht darin, dass sich die alte Fassung nicht (mehr) aus konsolidierten Texten ergibt, obwohl sie noch gilt. Dies verbietet Art. 79 I 1 jedoch nicht. Die jeweils maßgebenden Fassungen lassen sich ohne weiteres aus dem Gesetzblatt entnehmen. Unterschiedliche **Regelungen** über das Inkrafttreten einzelner Vorschriften bei Änderung des GG hat es schließlich auch schon bei verfassungsändernden Gesetzen in der Vergangenheit gegeben, ohne dass derartige besondere Regelungen in den Text des GG aufgenommen worden sind.[18]

**16**     Im Ergebnis hat der Gesetzgeber damit eine Textänderung ab Geltung des neuen Art. 107 entbehrlich gemacht, dafür aber eine, nicht unbedingt gebotene zusätzliche Übergangsvorschrift geschaffen. Die Differenzierung für das Inkrafttreten wird dadurch aber nicht erklärt. In jedem Fall hätte auf darauf „verzichtet werden sollen", den „Inhalt des Art. 107 in Art. 143g GG einzeln aufzulisten".[19]

## Art. 143h [Zuwendung zum Ausgleich von Gewerbesteuermindereinnahmen der Gemeinden im Jahre 2020]

[1] **Als Folgewirkung der COVID-19-Pandemie im Jahr 2020 gewährt der Bund im Jahr 2020 einmalig einen pauschalen Ausgleich für Mindereinnahmen aus der Gewerbesteuer zugunsten der Gemeinden und zu gleichen Teilen mit dem jeweiligen Land.** [2] **Der Ausgleich wird von den Ländern an die Gemeinden auf Grundlage der erwarteten Mindereinnahmen weitergeleitet.** [3] **Bestehen in einem Land keine Gemeinden, so steht der Ausgleich durch den Bund dem Land zu.** [4] **Der den Ländern vom Bund zum Ausgleich geleistete Betrag berücksichtigt zusätzlich Auswirkungen der Mindereinnahmen gemäß Satz 1 auf Zu- und Abschläge sowie auf Zuweisungen gemäß Artikel 107 Absatz 2.** [5] **Das Nähere regelt ein Bundesgesetz, das der Zustimmung des Bundesrates bedarf.** [6] **Der Ausgleich bleibt bei der Bemessung der Finanzkraft nach Artikel 107 Absatz 2 unberücksichtigt.** [7] **Artikel 106 Absatz 6 Satz 2 gilt entsprechend.**

**Außer Kraft getreten am 31.12.2020 nach Art. 2 Satz 2 der G. zur Änd. des GG (Artikel 104a und 143h), BGBl. I 2048.**

**Entstehungsgeschichte: Erstfassung:**. G zur Änd. des GG v. 28.8.2006 (BGBl I 2034), Art. 1 Nr. 16 (dazu: BT-Dr 16/813 [Entw.], 16/2010 [Beschlußempfehlung RechtsA], 16/2069 [Bericht RechtsA]; BT-Prot 16/1749, 4233, 4295; BR-Dr 178/06, 180/06, 462/06; BR-Prot 06/39, 62, 203, 222); G zur Änd. des GG v. 29.9.2020 (BGBl I 2048), Art. 1 Nr. 2 (dazu: BT-Dr 19/20595 [Entw. Fraktionen CDU/CSU und SPD], BT-Dr 19/221752 [Entw. BReg], 19/22586 [Beschlußempfehlung und Bericht HaushaltsA]; BT-Prot 19/21136C, 22195D, 22196A; BR-Dr 540/20, 540/20 [Beschluss]; BR-Prot 993/290).

**Schrifttum:** *H.-G. Henneke,* Die Enkel der »Wilden 13« – oder: The same procedure as every year, DVBl 2020, 1168.

### Übersicht

---

[18] Jeweils Art. 2: ÄndG v. 19.3.2009 (BGBl I 606); ÄndG v. 8.10.2008 (BGBl I 1926); ÄndG v. 16.7.1998 (BGBl I 1822).

[19] *Thiele,* in: Dreier III, Art. 14gf Rn. 9.

# A. Allgemeines

## I. Entstehung

Im Sommer 2020 hatte sich in der Politik weitgehend die Überzeugung durchgesetzt, dass „die **1** Folgen der COVID-19-Pandemie … kurzfristig und unmittelbar die Haushalte aller Gemeinden und Gemeindeverbände in Deutschland" beträfen. Vor allem seien „erhebliche Mindereinnahmen bei der Gewerbesteuer zu erwarten". Zudem seien sie „mit hohen Sozialausgaben belastet". Beides habe zur Folge, dass sie ihre Aufgaben nicht mehr „umfänglich" erfüllen könnten. Eine finanzielle Unterstützung der kommunalen Ebene wurde als unabdingbar angesehen.[1]

Die gewünschte Entlastung sollte an erster Stelle durch eine höhere Beteiligung des Bundes an den **2** Sozialausgaben der Gemeinden und an zweiter Stelle durch eine einmalige, pauschale Zuwendung in Höhe von 12,268 Mrd. Euro an die Gemeinden erfolgen. Dafür hielt man eine Änderung des GG für erforderlich.[2]

Art. 143h wurde daraufhin durch die Grundgesetzänderung vom 29.9.2020 zusammen mit der **3** Ergänzung von Art. 104a III in das GG eingefügt[3] und trat am 8.10.2020 in Kraft.[4] In demselben Gesetz wurde auch schon sein Außerkrafttreten zum Ende desselben Jahres angeordnet.[5]

Mit dieser Verfassungsänderung wurde nicht nur eine (systemimmanente) Modifikation von **4** Art. 104a III vorgenommen, die auf Dauer eine Ausnahme von der dort in Satz 2 angeordneten Auftragsverwaltung für einige – eng begrenzte – Sachgebiete statuiert (→ Art. 104a Rn. 35a), sondern mit dem neuen Art. 143h auch die grundlegende Systematik der Finanzverfassung des GG (vorübergehend) durchbrochen.

## II. Ziel und wesentlicher Gehalt

Die Gesetzesbegründung geht davon aus, dass „in der besonderen Problemlage in Folge der **5** COVID-19-Pandemie eine unmittelbare Beteiligung des Bundes an entsprechenden Hilfsmaßnahmen der Länder für ihre Kommunen erforderlich" sei. Der „massive Einbruch "der Steuereinnahmen der Gemeinden" führe „bundesweit zu einer erheblichen Beeinträchtigung der Finanzausstattung der Gemeinden, die ihre Fähigkeit zur Erfüllung der öffentlichen Aufgaben akut" gefährde. Die notwendige Abhilfe könne „nicht allein von den Ländern … bewältigt werden.[6] Durch die Grundgesetzänderung werde dem Bund „ein pauschaler Ausgleich der Gewerbesteuermindereinnahmen der Gemeinden ermöglicht".[7] Zutreffend geht die Begründung davon aus, dass der Bund bisher „keine verfassungsrechtliche Kompetenz" für einen derartigen, „gezielten" Ausgleich habe, da die Gemeinden „grundsätzlich Teil der Länder" seien.[8]

Der neue Art. 143h sieht eine **einmalige** Zuwendung des Bundes an die Länder zum Ausgleich **6** von Gewerbesteuermindereinnahmen der Gemeinden im Jahr 2020 vor (→ Rn. 15). Ihre Weiterleitung an die Gemeinden ist ebenso zwingend vorgeschrieben (→ Rn. 26 f.) wie eine eigene Leistung des jeweiligen Landes (→ Rn. 16–20). Die grundsätzliche Verantwortung der Länder für die Gewährleistung einer angemessenen Finanzausstattung ihrer Kommunen sollte im Übrigen „unberührt" bleiben.[9] In dem zeitgleich erlassenen Ausführungsgesetz[10] sind die sowohl die Höhe der Zuwendung

---

[1] Entwurf eines Gesetzes zur Änderung des Grundgesetzes (Artikel 104a und 143h) der Fraktionen der CDU/CSU und SPD, BT-Dr 19/20595 v. 30.6.2020.

[2] BT-Dr 19/20595 [Fraktionsentwurf], S. 1: „Der Bund hat bisher keine verfassungsrechtliche Kompetenz für die Gewährung eines einmaligen, gezielten Ausgleichs von Mindereinnahmen der Gemeinden bei der Gewerbesteuer"; Abg. *Rohde* (SPD), BT-Prot, 19/22181: „In der Anhörung, die wir als Ausschuss abgehalten haben, hat eine breite Mehrheit die Meinung vertreten, dass der Weg, den wir gewählt haben, nämlich einmalig wegen der Gewerbesteuerausfälle die Verfassung zu ändern, derjenige ist, der am zielgerichtesten [!] ist und auch sicherstellt, dass sich am Ende des Tages die Länder an dieser Aufgabe beteiligen. Daher ist die Änderung der Verfassung notwendig und richtig."

[3] Art. 1 Gesetz zur Änderung des Grundgesetzes (Artikel 104a und 143h), BGBl I 2048.

[4] Art. 2 Satz 1 Änderungsgesetz.

[5] Art. 2 Satz 2 Änderungsgesetz.

[6] BT-Dr 19/20595 [Fraktionsentwurf], S. 6.

[7] Ebd., S. 7.

[8] BT-Dr 19/20595 [Fraktionsentwurf], S. 1.

[9] BT-Dr 19/20595 [Fraktionsentwurf], S. 2.

[10] Gesetz zur finanziellen Entlastung der Kommunen und neuen Länder v. 6.10.2020, BGBl I 2072; im Folgenden als **EntlastungsG** bezeichnet.

des Bundes und ihre Verteilung auf die einzelnen Länder (→ Rn. 28 f.) als auch die von jedem Land letztlich seinen Gemeinden zu gewährenden Leistungen (→ Rn. 30). Ursprünglich war auch eine Festlegung der Finanzierung aus dem Umsatzsteueraufkommen erwogen worden. Eine derartige Festlegung ist aber nicht erfolgt. Die Leistungen sollen im Rahmen des Finanzkraftausgleichs der krisenbedingte Finanzbedarf der Gemeinden im Rahmen des Finanzausgleichs nach Art. 107 II abgegolten sein (→ Rn. 34).

### III. Finanzverfassungsrechtliche Bedeutung

7    Die Vorschrift ist in verschiedener Hinsicht ein Unikat. Schon ihre extrem kurze Gültigkeitsdauer von noch nicht einmal drei Monaten ist – selbst im Kontext der schon in den letzten beiden Dekaden zu beobachtenden Beschleunigung der Produktion von neuem Finanzverfassungsrecht – ungewöhnlich. Bemerkenswert ist auch, dass mit ihr neues Verfassungsrecht geschaffen worden ist, das nur eine einzige Leistung zum Gegenstand hat. Dazu passt die aparte Gesetzgebungstechnik, dass in demselben Gesetz das Inkrafttreten und das Außerkrafttreten einer Regelung angeordnet wird (→ Rn. 1).

8    Als weitere, wichtige Durchbrechungen und Besonderheiten im Vergleich zu den allgemeinen Regeln und Prinzipien des Finanzverfassungsrechts sind zu nennen:
– eine einzelne finanzielle Transaktion als Regelungsgegenstand
– eine Mischfinanzierung außerhalb von Abschnitt VIIIa
– Regelung eines umverteilenden Finanzausgleichs außerhalb von Art. 107 II
– unsystematische Erfassung eines kommunalen Finanzbedarfs abweichend von der differenzierten Gesamtregelung in Art. 107 II 1–3, 6
– ad hoc Kompensation tatsächlicher oder erwarteter Einnahmeausfälle durch unmittelbare Zahlung des Bundes mit zwingender Verwendungsauflage (Weiterleitung durch Länder)
– erneute Durchbrechung des Prinzips der Zweistufigkeit der deutschen Finanzverfassung (→ Rn. 27, 36) durch unmittelbare Finanzbeziehungen zwischen Bund und kommunaler Ebene
– inhaltliche Vorgaben des Bund im Bereich von Länderkompetenzen → Rn. 35b)

9    Schon zuvor hatten verschiedene neue Vorschriften, Art. 91e, 104c und d, die von Art. 104a verbotenen unmittelbaren Finanzbeziehungen zwischen Bund und Kommunalkörperschaften, die finanzverfassungsrechtlich Teil der Länder sind (→ vor Art. 104a Rn. 10),[11] ermöglicht, auch wenn formal die Zahlungen über die Länder erfolgen. Dies geschah zum Teil erst, nachdem der Versuch, sich einfachgesetzlich über das Prinzip der Zweistufigkeit der Finanzverfassung und das (grundsätzliche) Verbot der Mischfinanzierung vom BVerfG als verfassungswidrig gebrandmarkt worden war (→ 91e Rn. 1, 3 ff). Diese Entwicklung erreichte im Herbst 2020 mit dem neuen Art. 143h einen (vorläufigen) Höhepunkt, um damit eine Zahlung des Bundes an die Länder zur Weiterleitung an die Gemeinden leisten zu dürfen. Zumindest verbal erkennt der verfassungsändernde Gesetzgeber aber das Prinzip der Zweistufigkeit ausdrücklich an.[12]

### IV. Fiskalische Relevanz

10    Das Gesamtvolumen der auszugleichenden Einnahmeausfälle der Gemeinden wurde im Gesetzgebungsverfahren durch einen Vergleich der regionalisierten Steuerschätzungen vom 11.10.2019 mit den Ergebnissen der Steuerschätzung vom 14.5.2020 ermittelt. In dem auf 11,817 Mrd. Euro geschätzten Gesamtbetrag ist die von den Gemeinden abzuführende Gewerbesteuerumlage bereits berücksichtigt.[13] Nach Durchführung der komplexen Anpassungen, die in Art. 143h Satz 4 vorgeschrieben sind, ergibt sich der im Verfahren mehrfach genannte Beitrag des Bundes in Höhe von 6,134 Mrd. Euro, eine Mehrbelastung der Länderhaushalte von 4,834 Mrd. Euro (→ Rn. 20) und Mehreinnahmen der Gemeinden von 10,968 Mrd. Euro.[14] Setzt man den zuletzt genannten Betrag in Relation zu den Gesamtsteuereinnahmen der Gemeinden von 114,9 Mrd. Euro im Jahre 2019,[15] zeigt sich eine durchaus erhebliche fiskalische Relevanz der Zahlungen.

11    Da die Leistungen zum Ausgleich von krisenbedingten geringeren Einnahmen der Gemeinden aus der Gewerbesteuer gedacht sind (→ Rn. 5, 17), auch wenn eine entsprechende Bedingung nicht die Verfassung aufgenommen worden ist, sind sie in Beziehung zu den (erwarteten) Einnahmen aus dieser Steuer zu setzten. Die gesamten Einnahmen aus der Gewerbesteuer betrugen im letzten Haushaltsjahr (2019) 55,5 Mrd. Euro.[16] Damit kann – nach Abzug der Gewerbesteuerumlage – ein Ausfall von mehr als 20 % bei den Gemeinden ausgeglichen werden.

---

[11] Als Grundsatz vom Gesetzentwurf ausdrücklich anerkannt, BT-Dr 19/20595 [Fraktionsentwurf], S. 1.
[12] BT-Dr 19/20595 [Fraktionsentwurf], S. 1 unten.
[13] Entwurf eines Gesetzes zur finanziellen Entlastung der Kommunen und der neuen Länder, BT-Dr 19/20598, S. 13.
[14] Ebd., S. 11.
[15] Deutsche Bundesbank, Monatsbericht September 2020, S. 60* (Tabelle X 5). Die kommunalen Einnahmen der Stadtstaaten sind dabei einbezogen.
[16] Ebd. S. 61* (Tabelle X 7).

## V. Wirksamkeit

Ein Verstoß gegen Art. 79 III dürfte (noch) nicht vorliegen. Die für ein Berühren der Grundsätze **12** von Art. 20 erforderliche Beseitigung der geltenden Verfassungsordnung „in ihrer Substanz" und „in ihren Grundlagen"[17] kann trotz aller Fragwürdigkeit dieser und vieler anderer Änderungen des Finanzverfassungsrechts noch nicht angenommen werden. Ihre Massierung[18] wird aber möglicherweise bald eine Neubewertung erfordern.

Art. 79 III ist eine im Grundsatz eng auszulegende Ausnahmevorschrift,[19] die Änderungen von **13** Einzelausprägungen der geschützten Grundsätze nicht verbietet.[20] Aber auch bei einer weiteren Auslegung[21] wurden Modifikationen der dort verankerten Grundsätze „in begrenzten Ausnahmefällen" „aus sachgerechten Gründen" für zulässig erklärt.[22] Wegen der Kürze seiner Geltungsdauer sowie der Begrenztheit und Situationsgebundenheit seines Regelungsgegenstandes dürfte das bei Art. 143h der Fall sein.

## B. Systematische Stellung und Anwendung

Die Vorschrift ist trotz ihrer systematischen Einordnung in Abschnitt XI. (Übergangs- und Schluss- **14** bestimmungen) Teil der Finanzverfassung des GG. Materiell-rechtlich weicht sie von verschiedenen Prinzipien und Regelungen des Finanzverfassungsrechts ab (→ Rn. 7 f.). Sie ist ausdrücklich als einmalige, situationsbedingte Durchbrechung konzipiert und geht deshalb im Zweifel den übrigen Anordnungen des Finanzverfassungsrechts als lex specialis vor. Als eng begrenzte Sonderregelung ist sie abschließend und nach dem klaren Willen des Gesetzgebers nicht analogiefähig.[23] Vor bleibt die grundgesetzliche Kompetenzverteilung im Übrigen, nicht zuletzt das Konnexitätsprinzip, unangetastet.[24] Ebenso ist im Hinblick auf den Ausnahmecharakter der Regelung und die drohende Aushöhlung der Staatlichkeit der Länder (→ Rn. 6 f.) eine restriktive Auslegung geboten. Zuwendungen, wie sie die Vorschrift vorsieht, dürfen weiterhin nur eine unterstützende Leistung für klar abgegrenzte Sachbereiche sein.

## C. Einzelheiten der Regelung

### I. Die Leistungen des Bundes

Art. 143h Satz 1 ordnet an, dass sich der Bund (einmalig) an Leistungen der Länder zum Ausgleich **15** von Gewerbesteuermindereinnahmen ihrer Gemeinden beteiligt. Die Vorschrift begründet trotz ihrer indikativischen Formulierung eine Verpflichtung des Bundes. Sie begründet aber weder einen Anspruch auf eine „vollständige Kompensation noch auf eine nachträgliche Anpassung".[25]

**1. Hälftige Beteiligung (Satz 1).** Die Verpflichtung des Bundes hängt allerdings davon ab, dass **16** das jeweilige Land seine Obliegenheit zur Erbringung eines **im Grundsatz gleich hohen Betrages** erfüllt.[26] Die Formulierung in Satz 1 („gewährt … einen pauschalen Ausgleich … und zu gleichen Teilen mit dem jeweiligen Land") ist allerdings sprachlich misslungen und inhaltlich nicht eindeutig. Die Wendung „zu gleichen Teilen" kann so verstanden werden, dass genau 50 % der den Gemeinden gewährte Unterstützung vom Bund zu tragen wäre. Konkrete Beträge waren zwar schon vereinbart, sind aber nicht in der grundgesetzlichen Regelung eingegangen, sondern finden sich erst im Ausführungsgesetz nach Satz 5 (→ Rn. 29 ff.). Die dort nach Ländern aufgeschlüsselten Beiträge des Bundes und die von den Ländern an ihre Gemeinden zu erbringenden Leistungen (→ Rn. 29 f.) würden eine derartig strikt verstandene Anforderung aber nicht erfüllen. Obwohl auch § 1 I 1 EntlastungsG gebührt, dass der Bund zu „gleichen Teilen" mit dem „jeweiligen Land" einen pauschalen Ausgleich gewährt,[27] weichen die tatsächlich länderweise genannten Beträge erheblich voneinander ab. Sie sind weder deckungsgleich noch eine Verdoppelung der Beiträge des Bund nach § 1 II EntlastungsG. Die in § 2 I EntlastungsG genannten Beträge sind immer höher als die Beiträge des Bundes nach § 1 II EntlastungsG, teilweise mehr als doppelt so hoch, teilweise aber auch weniger als eine Verdoppelung.

---

[17] BVerfGE 30, 1 (24); 94, 49 (102 f.); 109, 279 (310).
[18] → Art. 91b Rn. 41, Art. 91c Rn. 16a, Art. 91e Rn. 11, 16a, Art. 104b Rn. 29, 52, Art. 109 Rn. 3, 81, Art. 115 Rn. 13, Art. 143c Rn. 8, 143d Rn. 29, Art. 143g Rn. 14 f.
[19] Differenzierend: → Art. 79 III Rn. 32–37, 39, Art. 93 Rn. 25; s. aber → Art. 92 Rn. 19.
[20] BVerfGE 75, 108 (146 f.); 87, 1 (34); 88, 203 (313); ebenso → Art. 79 Rn. 36.
[21] Für ein weites Verständnis des Merkmals berühren s. → Art. 92 Rn. 19.
[22] BVerfGE 137, 108 Rn. 84, zu Art. 91e; ebenso → Art. 79 Rn. 36.
[23] BT-Dr 19/20595 [Fraktionsentwurf], S. 6: „einmalige Ausnahme".
[24] BT-Dr 19/20595 [Fraktionsentwurf], S. 7.
[25] BT-Dr 19/20595 [Fraktionsentwurf], S 1.
[26] BT-Dr 19/20595 [Fraktionsentwurf], S. 7: „Die Hilfe des Bundes setzt dabei eine finanzielle Beteiligung des jeweiligen Landes in selber Höhe voraus."
[27] Ebenso die Gesetzesbegründung, Entwurf eines Gesetzes zur finanziellen Entlastung der Kommunen und der neuen Länder, BT-Dr 19/20598, S. 1.

**17**     Auch betont die Begründung zur Grundgesetzänderung mehrfach, dass die Gewerbesteuermindereinnahmen der Gemeinden durch eine „gemeinsam finanzierte Ausgleichsleistung" von Bund und Ländern abgefedert werden sollen. Der Ausgleich soll „gemeinsam und paritätisch" mit dem jeweiligen Land erfolgen.[28] Die Hilfe des Bundes setze eine finanzielle Beteiligung des jeweiligen Landes „in selber Höhe" voraus.[29] Die Zuweisungen sollen „50 % der Mindereinnahmen der Gemeinden" ausgleichen und sich „aus den hälftigen Ausgleichszahlungen" für die Gewerbesteuermindereinnahmen ergeben.[30] Als Ausgangspunkt kann festgehalten werden, dass die Leistungen jeweils zur Hälfte vom Bund und dem einzelnen Land getragen werden sollen.

**18**     Die konkreten Zahlen im Ausführungsgesetz sind aber integraler Bestandteil des Gesetzgebungsverfahrens gewesen. Sie waren Teil einer übergreifenden Absprache von Bund und Ländern und wurden gemeinsam mit der Grundgesetzänderung in das Gesetzgebungsverfahren eingebracht und gemeinsam in BT und BR behandelt. Es handelte sich – wieder einmal – um „paktierte Verfassunggebung". Sie müssen daher als im Einklang mit der verfassungsrechtlichen Regelung angesehen werden. Nimmt man noch die speziellen Erwägungen zur Höhe des Bundesbeitrags in der Gesetzesbegründung hinzu, muss Art. 143h Satz 1 letztlich so verstanden werden, dass der Bund (nur) im Grundsatz einen „hälftigen" Beitrag zu dem pauschalen Ausgleich zu leisten hat, der den Gemeinden für die Gewerbesteuermindereinnahmen gewährt wird.

**19**     Die Unterstützung, die das jeweilige Land seinen Gemeinden gewährt, braucht betragsmäßig nicht dem Beitrag des Bundes entsprechen, damit die Zahlungspflicht des Bundes entsteht. Der Betrag, den der Bund leistet, kann „höher oder niedriger ausfallen als der hälftige Betrag des pauschalen Ausgleichs der Gewerbesteuermindereinnahmen".[31]

**20**     Dementsprechend sind in § 1 II EntlastungsG die nach Ländern aufgeschlüsselten Beiträge des Bundes und in § 2 I EntlastungsG die von den Ländern an ihre Gemeinden – sofern vorhanden – insgesamt zu zahlenden Ausgleichsleistungen verbindlich festgesetzt. Die Summe der Einzelbeträge in § 2 I EntlastungsG ergibt auch genau die vielfach genannten Mehreinnahmen der Gemeinden von 10,968 Mrd. Euro (→ Rn. 10). Die von den Ländern nach § 2 I EntlastungsG an ihre Gemeinden zu zahlenden Beträge enthalten die jeweils vom Bund nach § 1 II EntlastungsG gewährten Beiträge.

**21**     **2. Bemessung der einzelnen Leistungen (Satz 4).** Aus der Gesetzesbegründung ist zu entnehmen, dass die Einnahmeausfälle der Gemeinden auf 11,817 Mrd. Euro geschätzt worden sind. Dabei ist die von den Gemeinden abzuführende Gewerbesteuerumlage bereits berücksichtigt.[32] Dieser Betrag ist der Ausgangspunkt, den der Gesetzgeber für die konkrete Bemessung der einzelnen Sätze gewählt hat. Anpassungen, die letztlich zu den konkreten Zahlen in § 1 II und § 2 I EntlastungsG geführt haben (→ Rn. 10, 29 f.), sind Folge der Anordnung von Art. 143h Satz 4 (→ Rn. 22 f.).

**22**     Art. 143h Satz 4 betrifft die Abstimmung der Ausgleichsleistungen mit dem Länderfinanzausgleich nach Art. 107 II. Die Bestimmung steht unter dem Vorbehalt näherer Ausgestaltung durch den Gesetzgeber, Art. 143h Satz 5 (→ Rn. 29 f.), und bezieht sich auf den Finanzkraftausgleich nach Art. 107 II 1. Bei der Bemessung der Beiträge des Bundes werden ihre Effekte auf die in Art. 107 II 2 und 3 vorgeschriebenen Zu- und Abschläge zur Hälfte angerechnet. Das ergibt sich aus der Begründung zur Verfassungsänderung[33] und zum EntlastungsG,[34] auch wenn es nicht eindeutig im Wortlaut der Bestimmung angelegt ist.

**23**     Darüber hinaus verlangt die Bestimmung eine Berücksichtigung von Auswirkungen auf die ebenfalls in Art. 107 II vorgesehenen Zuweisungen des Bundes. Sie unterscheidet dabei aber nicht zwischen den (allgemeinen) Ergänzungszuweisungen des Bundes nach Art. 107 II 5 und den Gemeindesteuerkraftzuweisungen nach Art. 107 II 6. Die Begründung zum EntlastungsG ist insoweit wenig konsistent und benennt einmal nur die Auswirkungen auf die Bundesergänzungszuweisungen als zu berücksichtigenden Faktor. An anderer Stelle werden aber als bestimmende Faktoren für die konkreten Beiträge des Bundes „fiktive Folgewirkungen der berücksichtigten Gewerbesteuermindereinnahmen im bundesstaatlichen Finanzausgleich" sowohl auf den „Finanzkraftausgleich" als auch auf die „allgemeinen Bundesergänzungszuweisungen" und die „Gemeindesteuerkraftzuweisungen" genannt.[35] Die zuletzt genannte Variante dürfte der verfassungsrechtlichen Vorgabe entsprechen. Praktisch spielt die Frage aber keine maßgebende Rolle, da die konkreten Zahlen als vom verfassungsändernden Gesetzgeber gebilligte Deutung angesehen werden können (→ Rn. 18).

---

[28] BT-Dr 19/20595 [Fraktionsentwurf], S. 10

[29] BT-Dr 19/20595 [Fraktionsentwurf], S. 7.

[30] Ebd.

[31] BT-Dr 19/20595 [Fraktionsentwurf], S 9.

[32] Entwurf eines Gesetzes zur finanziellen Entlastung der Kommunen und der neuen Länder, BT-Dr 19/20598, S. 13.

[33] BT-Dr 19/20595 [Fraktionsentwurf], S. 9.

[34] Entwurf eines G zur finanziellen Entlastung der Kommunen und der neuen Länder, BT-Dr 19/20598, S. 13.

[35] Ebd.

Bei der Verteilung der Mittel auf die einzelnen Länder könnte der Grundsatz der föderalen 24 Gleichbehandlung zu beachten sein. Sicher ist das indes nicht. Die Festlegung der konkreten Beträge in § 1 II EntlastungsG, die jedes Land erhalten soll (→ Rn. 10, 20, 29), könnte, gestützt auf Art. 143h Satz 5, als verfassungsrechtlich vorbehaltene Konkretisierung von Art. 143h Vorrang haben. Zudem sind die konkreten Beträge gemeinsam mit der verfassungsrechtlichen Grundlage in demselben Gesetzgebungsverfahren geschaffen worden.

Zudem ist das Prinzip der föderalen Gleichbehandlung nur ein Grundsatz und schreibt nicht eine 25 strikte Verteilungsregel vor. Sachliche Gründe erlauben Differenzierungen, so dass es sich im Kern auf ein Verbot von Willkür oder des Einsatzes zu sachfremden Zwecken reduziert (→ Art. 104b Rn. 47, → Art. 104c Rn. 6, → Art. 104c Rn. 14a, → Art. 143d Rn. 11). Diesen Anforderung genügt die Bemessung der konkreten Beträge in § 1 II EntlastungsG. Ihr Ausgangspunkt sind die geschätzten Mindereinnahmen aus der der Gewerbesteuer bezogen auf das jeweilige Land durch einen Vergleich der Ergebnisse der Steuerschätzungen vom Oktober 2019 und vom Mai 2020 (→ Rn. 10). Durch die Regionalisierung wird eine sachgerechte Abgrenzung und Verteilung sichergestellt. Die weiteren Modifikationen sind durch Art. 143h Satz 4 vorgegeben und genießen als *leges speciales* Vorrang.

## II. Verteilung auf die Gemeinden und ihre Kontrolle (Sätze 2 und 3)

Nach Art. 143h Satz 2 haben die Länder die Leistungen des Bundes an ihre Gemeinden weiter- 26 zuleiten. Die Verteilung auf die einzelnen Kommunalkörperschaften soll auf Grundlage der erwarteten Mindereinnahmen erfolgen. Die weitere Ausgestaltung ist dem AusführungsG nach Satz 5 überlassen worden. Diese verfassungsrechtliche Vorgabe ist in § 2 II 1 EntlastungsG dahingehend paraphrasiert worden, dass sich die Verteilung an den zu erwartenden Mindereinnahmen aus der Gewerbesteuer zu orientieren habe.

Formal hält Art. 143h daran fest, dass die Länder föderale Partner des Bundes sind, und schreibt vor, 27 dass die Leistungen des Bundes an die Länder erfolgen. Die Erwägungen bei der Entstehung der Vorschrift und die Formulierungen auf einfachgesetzlicher Ebene zeigen aber eindeutig, dass der insoweit nicht eindeutige Wortlaut von Art. 143h so zu verstehen ist, dass der Bund unter Durchbrechung von Art. 104a I – in Zusammenwirken mit dem betroffenen Land – unmittelbar die kommunale Ebene des Landes finanzieren wollte. Dem entspricht auch die Regelung des technischen Ablaufs im EntlastungsG: Der Bund tritt mit seinen Beiträgen in Vorlage und zahlt den festgelegten Beitrag „unverzüglich" an das jeweilige Land nach Inkrafttreten des Gesetzes, § 1 III EntlastungsG. Nach Zahlungseingang stellt das Land „unverzüglich" den gesamten Entlastungsbetrag seinen Gemeinden zur Verfügung, § 2 1 EntlastungsG. Die Beiträge sind lediglich durchlaufende Posten auf Landesebene. Art. 143h Satz 2 spricht ausdrücklich von weiterleiten.

Wenn in einem Land keine Gemeinden bestehen, soll die Ausgleichsleistung des Bundes dem 28 jeweiligen Land zustehen, Art. 143h Satz 3. Das betrifft lediglich Berlin und Hamburg, aber nicht Bremen, wegen Bremerhaven. In § 3 EntlastungsG wird diese Vorgabe hinreichend berücksichtigt.

## III. Ausführungsgesetz (Satz 5)

**1. Festlegung der Leistungen im Einzelnen.** Die in Art. 143h Satz 5 vorgesehene, nähere Re- 29 gelung ist im EntlastungsG getroffen worden (→ Rn. 6). Sein materieller Gehalt besteht im Wesentlichen aus der betragsmäßigen Festlegung sowohl der Höhe des Beitrags des Bundes (→ Rn. 10–20) als auch der betragsmäßige Zuteilung auf die einzelnen Länder. Diese ist in § 1 II EntlastungsG erfolgt:

Der Betrag nach Abs. 1 Satz 2 wird wie folgt auf die Länder verteilt:

| | |
|---|---|
| Baden-Württemberg | 841 Millionen Euro |
| Bayern | 1052 Millionen Euro |
| Berlin | 282 Millionen Euro |
| Brandenburg | 127 Millionen Euro |
| Bremen | 71 Millionen Euro |
| Hamburg | 210 Millionen Euro |
| Hessen | 552 Millionen Euro |
| Mecklenburg-Vorpommern | 108 Millionen Euro |
| Niedersachsen | 476 Millionen Euro |
| Nordrhein-Westfalen | 1 381 Millionen Euro |
| Rheinland-Pfalz | 209 Millionen Euro |
| Saarland | 84 Millionen Euro |
| Sachsen | 275 Millionen Euro |
| Sachsen-Anhalt | 137 Millionen Euro |
| Schleswig-Holstein | 183 Millionen Euro |
| Thüringen | 146 Millionen Euro |

30    Darüber hinaus ist in § 2 I EntlastungsG zahlenmäßig festgelegt, welche Leistungen die Länder im Ergebnis ihren Gemeinden unter Einschluss der Beiträge des Bundes zu gewähren haben:
Die Länder stellen ihren Gemeinden unverzüglich bis spätestens zum 31. Dezember 2020 nach Zahlungseingang der Beträge nach § 1 Absatz 3 zum pauschalen Ausgleich der Gewerbesteuermindereinnahmen 2020 die folgenden Beträge zur Verfügung:

| | |
|---|---|
| Baden-Württemberg | 1881 Millionen Euro |
| Bayern | 2398 Millionen Euro |
| BrandenburgBrandenburg | 186 Millionen Euro |
| Bremen | 126 Millionen Euro |
| Hessen | 1213 Millionen Euro |
| Mecklenburg-Vorpommern | 120 Millionen Euro |
| Niedersachsen | 814 Millionen Euro |
| Nordrhein-Westfalen | 2720 Millionen Euro |
| Rheinland-Pfalz | 412 Millionen Euro |
| Saarland | 129 Millionen Euro |
| Sachsen | 312 Millionen Euro |
| Sachsen-Anhalt | 162 Millionen Euro |
| Schleswig-Holstein | 330 Millionen Euro |
| Thüringen | 165 Millionen Euro |

31    Im Ergebnis ist Art. 143h Satz 1 auf Grund der Festlegungen auf der Ebene des Ausführungsgesetzes so auszulegen, dass im Grundsatz eine hälftige Beteiligung des jeweiligen Landes erforderlich ist, um die Verpflichtung des Bundes zur Leistung zu begründen. Die davon abweichende, betragsmäßig Festlegung der Einzelzahlungen entspricht aber der Verfassung, da diese im Gesetzgebungsverfahren vereinbart worden waren und den geschätzten Effekten der Anwendung von Art. 143h Satz 4 entsprechen. Darüber hinaus legt das EntlastungsG die Beträge fest, die letztlich jedes Land seinen Gemeinden zuwenden soll. Sie beruhen auf Schätzungen der regionalisierten Mindereinnahmen der Gemeinden und der Bereinigung nach Art. 143h Satz 4 (→ Rn. 22 f.).

32    **2. Mittelverteilung und Berichtspflichten.** § 2 II 1 EntlastungsG enthält keine eigenständigen Vorgaben für die Verteilung der in § 2 I EntlastungsG genannten Mittel auf die einzelnen Kommunalkörperschaften, sondern überlässt die Regelung der **Einzelheiten** dem Landesrecht. Aspekte der Kontrolle der Mittelverwendung sind allerdings in § II 2 EntlastungsG geregelt, zu denen Art. 143h schweigt.

33    Im Entwurf der Vorschrift war lediglich vorgesehen, dass die Länder dem BMF über ihr Vorgehen bei der Aufteilung der Mittel zu berichten haben, Entwurf § 2 II 2 EntlastungsG. Das Ausmaß der möglichen Einwirkung des Bundes war im weiteren Verlauf des Gesetzgebungsverfahrens aber umstritten. Im Ergebnis blieb Satz 1 unverändert. Satz 2 wurde wie folgt konkretisiert und verschärft: „Die Länder berichten dem Bundesministerium der Finanzen bis spätestens Ende März 2021 gemeindescharf über die erfolgte Weitergabe der Bundes- und Landesmittel an die Gemeinden, ihr Vorgehen bei der Verteilung der Mittel und insbesondere über die jeweilige Höhe der ihnen bekannten Gewerbesteuereinnahmen und die jeweilige Höhe der ihnen bekannten Gewerbesteuerstundungen gemeindescharf für 2020." Es war befürchtet worden, dass die Mittel nicht hinreichend schnell und zweckentsprechend verwendet werden würden. Dieser Gefahr sollte auch durch die Neuformulierung der Berichtspflichten vorgebeugt werden.[36]

### IV. Keine Erhöhung der Finanzkraft (Satz 6)

34    Art. 143h Satz 6 ordnet an, dass der pauschale Ausgleich für die Gewerbesteuermindereinnahmen der Gemeinden im Rahmen der Gewährung von Gemeindesteuerkraftzuweisungen nach Art. 107 II 6 nicht finanzkrafterhöhend wirkt. Die daraus fließenden Einnahmen dürfen insoweit nicht berücksichtigt werden.[37] Wegen seiner systematischen Stellung steht die Regelung nicht unter dem Ausgestaltungsvorbehalt von Art. 143 Satz 5.

### V. Berücksichtigung im kommunalen Finanzrecht (Satz 7)

35    Die Vorschrift sieht vor, dass Art. 106 VI 6 entsprechend anzuwenden ist. Damit wird eine zweifelsfreie Berücksichtigung der Leistungen nach Art. 143h Satz 1 bei der Bemessung der Kreisumlage nach Maßgabe des Landesrechts ermöglicht. Ohne diese Vorschrift könnten die in Art. 106 VI 6 genannten Bezugsgrößen als ausschließend entgegenstehen.

---

[36] Bericht des HaushaltsA, BT-Dr 19/22586, S. 11 f.
[37] BT-Dr 19/20595 [Fraktionsentwurf], S. 9.

## D. Kritische Würdigung

Bei der Schaffung der Vorschrift war den Beteiligten klar, dass die Vorschrift in mehrfacher Hinsicht **36** Grundprinzipien des deutschen Föderalismus und der Finanzverfassung des GG durchbricht. Es wurde aber immer wieder betont, dass es sich um eine zeitlich und sachlich begrenzte Ausnahmevorschrift in einer Sondersituation handele.[38] Dass diese Prinzipien im Entstehungsprozess zumindest verbal vielfach ausdrücklich anerkannt wurden, ist positiv zu sehen. Dies gilt vor allem auch für die Anerkennung des Prinzips, dass es die Länder sind, die für eine adäquate Finanzausstattung ihrer Gemeinden verantwortlich sind und nicht der Bund. Auch wurde anerkannt, dass unmittelbare Finanzbeziehungen des Bundes zu den Gemeinden nach Art. 104a I 1 grundsätzlich unzulässig sind.[39] Diese Prinzipien sind durch die meisten der vorangegangenen Verfassungsänderungen schon erheblich durchlöchert worden.[40] Die gerne geäußerte Berufung auf die „gesamtstaatliche Verantwortung" des Bundes[41] ist allzu dürftig.

Ob die Verfassungsänderung wirklich erforderlich war, mag zu bezweifeln sein. Die angestrebte, **37** rasche Abmilderung der finanziellen Krisenfolgen für die Gemeinden hätte wohl auch auf andere Weise erreicht werden können. Die Befrachtung des GG mit schlecht formulierten Details eines politischen Kompromisses beschädigt nicht nur dessen Würde und Ansehen,[42] sondern macht einen derartigen Umgang mit der Verfassung zunehmend zur Gewohnheit, wie gegenwärtig schon wieder zu beobachten ist, während Art. 143h noch kaum in Kraft gesetzt worden war. Das gilt vor allem auch im Hinblick auf die extrem kurze Geltungsdauer und der Bezug auf einen einzigen Vorgang (→ Rn. 1, 7). Auch wenn sie verfassungspolitisch verfehlt sein mag, verfassungswidrig ist die neue Vorschrift deswegen noch nicht. Allerdings kann die Massierung der Eingriffe in die föderale Ordnung bald zu einem Umschlagen diese Bewertung führen (→ Rn. 12 f.).

## Art. 144 [Annahme des Grundgesetzes; Vorbehalte der Alliierten]

(1) **Dieses Grundgesetz bedarf der Annahme durch die Volksvertretungen in zwei Dritteln der deutschen Länder, in denen es zunächst gelten soll.**

(2) **Soweit die Anwendung dieses Grundgesetzes in einem der in Artikel 23 aufgeführten Länder oder in einem Teile eines dieser Länder Beschränkungen unterliegt, hat das Land oder der Teil des Landes das Recht, gemäß Artikel 38 Vertreter in den Bundestag und gemäß Artikel 50 Vertreter in den Bundesrat zu entsenden.**

**Entstehungsgeschichte: Erstfassung:** JöR nF 1 (1951), 217, 916.
**Leitentscheidungen:** BVerfGE 7, 1 (Berliner Sachen und BVerfG); BayVerfGH BayVBl 1991, 561 (GG-Anerkennung in Bayern).

**Schrifttum:** Isensee/Kirchhof (Hrsg.), Grundlagen von Staat und Verfassung HStR I, 3. Aufl. 2003; *M. Kloepfer,* Zur historischen Legitimation des Grundgesetzes, ZRP 1983, 57; *H. v. Wedel,* Das Verfahren der demokratischen Verfassungsgebung, 1976.

### Übersicht

---

[38] BT-Dr 19/20595 [Fraktionsentwurf], S. 6: „einmalige Ausnahme".
[39] BT-Dr 19/20595 [Fraktionsentwurf], S. 1 f.
[40] Lange Zeit im Wesentlichen nur Art. 104b (Art. 104a IV aF), dann in rascher Abfolge Art. 91a, Art. 104c und Art. 104d; vgl. die Bestandsaufnahme bei *Huber* NVwZ 1919, 665 (667 f.), der darüber hinaus ein Recht auf die „zahlreichen Spielarten einer parakonstitutionellen informellen Mischfinanzierung" verweist, die viel zu wenig Beachtung finden.
[41] Bericht des HaushaltsA, BT-Dr 19/22586, S. 11; Abg. *Rohde* (SPD), BT-Prot 19/22181A.
[42] *Hermes,* in: Dreier III, Art. 91e Rn. 21, der die Änderung zu den „Pragmatismen" rechnet, die zur fortlaufenden Verschlechterung des GG führen.

## A. Die Annahme des GG

### I. Das Verfahren

**1**  Der ParlRat hat das GG am 8.5.1949 in dritter Lesung beraten und mit 53 : 12 Stimmen angenommen. Mit Schreiben vom 12.5.1949 haben die Militärgouverneure dem GG im Wesentlichen ihre Genehmigung erteilt (vgl. aber u. Rn. 9 ff.) und so den Weg zu seiner Annahme in dem von Abs. 1 vorgesehenen Verfahren freigemacht.

**2**  Die Annahme des GG erforderte die Billigung durch die Volksvertretungen in zwei Dritteln der deutschen Länder, in denen es zunächst gelten sollte. Bei der Berechnung dieser Zwei-Drittel-Mehrheit musste Berlin unberücksichtigt bleiben, so dass insoweit nur auf elf Länder abzustellen war (vgl. Art. 23 aF).[1] In der Woche vom 16. bis 22.5.1949 (vgl. Eingangsformel) wurde das GG von **zehn Landtagen** mit klarer Mehrheit **angenommen.** Allein der **Bayerische Landtag** lehnte es mit 101 : 63 Stimmen ab, stellte in einem parallel dazu gefassten Beschluss jedoch – deklaratorisch[2] – klar, dass er das GG im Falle seiner Annahme auch für Bayern als rechtsverbindlich anerkenne. Die Stadtverordnetenversammlung von Groß-Berlin fasste am 19.5.1949 einen Beschluss, in dem sie sich zu Prinzipien und Zielen des GG bekannte.

### II. Abs. 1 als Grundlage demokratischer Verfassungsgebung

**3**  Mit den Regelungen über die Annahme des GG bestimmte Abs. 1 – begrenzt auf das Gebiet der elf Länder der damaligen Westzonen und Berlins (West) – das Verfahren zur **Ausübung der verfassungsgebenden Gewalt** und konkretisiert insoweit die in der Präambel enthaltene Bezugnahme auf die verfassungsgebende Gewalt des Deutschen Volkes. Das so statuierte Verfahren weicht zwar von den „typischen" Formen demokratischer Verfassungsgebung ab;[3] das ist rechtlich jedoch ohne Belang, weil völkerrechtlich bindende Vorgaben für deren Ausübung nicht existieren (vgl. → Präambel, Rn. 18).

**4**  Dass mit der Annahme des GG 1949 nur ein erster, wenn auch entscheidender Teilakt der Verfassungsgebung gesetzt werden sollte, erschließt sich aus einer Zusammenschau von Art. 144 f., der Präambel aF und Art. 23 aF und wird durch den Wortlaut von Abs. 1 – „[…] in denen es zunächst gelten soll" – bekräftigt. Ungeachtet der Absicht der Verfassungsmütter und -väter, auch für jene Deutschen zu handeln, denen 1948/49 mitzuwirken versagt geblieben war, konnte die Annahme des GG durch die zehn west- und süddeutschen Länder keine rechtliche Bindung anderer Teile Deutschlands zur Folge haben. Vielmehr bedurfte es insoweit einer eigenständigen Betätigung des jeweiligen (Teil-)Verfassungsgebers, um das GG auch in den später beigetretenen Gebieten Deutschlands zu legitimieren. In seiner Gesamtheit stellt sich das Verfahren, in dem das GG nach und nach zur Verfassung ganz Deutschlands geworden ist – die Verfassungsgebung 1948/49, die Volksabstimmung im Saarland 1955, die Wahl der Volkskammer der DDR am 18.3.1990 und deren Beitrittsbeschluss[4] – als **„gestuftes Verfahren der Verfassungsgebung"**[5] dar.

**5**  Von einem **Legitimationsdefizit des GG** kann vor diesem Hintergrund keine Rede sein. Das liegt für die beigetretenen Teile (Saarland, ostdeutsche Länder) auf der Hand, weil ihrem Beitritt eine klare politische Entscheidung der Abstimmenden bzw. Wähler vorausging. Es gilt jedoch auch für die an der Verfassungsgebung 1948/49 beteiligten Deutschen im Westen, wo die ab 1946 erlassenen Landesverfassungen explizite Aufträge zur Mitwirkung an der Reorganisation des Bundesstaates enthielten.[6] Insofern haben auch die Bürger der an der Entstehung des Grundgesetzes beteiligten Länder mit ihrer Zustimmung zu den Landesverfassungen wie auch mit den ersten Landtagswahlen nach 1945 auch die Ermächtigung erteilt, den 1945 handlungsunfähig gewordenen, aber fortbestehenden deutschen Nationalstaat wieder handlungsfähig zu machen.

**6**  Das GG entstammt somit einem **politischen Gestaltungsakt der deutschen Nation** und keinem (freiwilligen) Zusammenschluss der beteiligten Länder.[7] Obwohl sich das Verfahren der Verfassungsgebung 1948/49 sowohl bei der Einsetzung des ParlRates als auch bei der Annahme des GG auf die Landtage stützte, rechtfertigt dies keine völker- oder staatsvertraglichen Assoziationen (→ Präambel

---

[1] BVerfGE 7, 1 (12).
[2] BVerfG, BeckRS 2016, 110070; BayVerfGH BayVBl 1991, 561 (562).
[3] Gewisse Parallelen in Art. VII US-Verf. 1787.
[4] BGBl I 1990, 2057 f.; BGBl II 1956, 1587; vgl. *Huber,* Präambel Rn. 18 ff.
[5] Angedeutet bei *Kim,* in: v. Münch/Kunig II, Art. 146 Rn. 3 ff., der mit Blick auf Art. 23 aF und Art. 146 von einem „mehrschichtigen Selbstfindungsprogramm" spricht.
[6] Vgl. *Niederwalder,* Aide-Mémoire vom 22.7.1948, abgedruckt in: Der Parlamentarische Rat 1948–1949, Akten und Protokolle, Bd. 1, Vorgeschichte (bearbeitet von *Wagner*), 1975, S. 214 ff.; *Huber,* Präambel Rn. 19 – vgl. Art. 8, 178 BayVerf; Art. 64 BremVerf; Art. 64 HessVerf; Art. 74 I RhPfVerf; Art. 1 SchlHVerf; Art. 23 BWVerf; krit. *Krauss* DÖV 1954, 579 (581); *Mußgnug* HStR I, § 8 Rn. 99: „wenig überzeugender Notbehelf".
[7] *Unruh* MKS III, Art. 144 Rn. 18.

Rn. 22 ff.).[8] Indem Abs. 1 die Annahme des GG lediglich an die Zustimmung von zwei Dritteln der beteiligten Landtage gebunden hat, hat er zugleich deutlich gemacht, dass es auf die Zustimmung eines einzelnen Landes nicht ankam, und dass jedes Land auch gegen seinen Willen an das GG gebunden werden konnte.[9] Es ist deshalb zumindest missverständlich, wenn im Zusammenhang mit Art. 144 I von der „Ratifizierung" des GG gesprochen wird;[10] um die Ratifizierung eines völkerrechtlichen Vertrages ging es gerade nicht.

Diese Wertung wird durch die **Einflussnahme der alliierten Militärgouverneure** nicht in Frage 7 gestellt.[11] Es war nicht nur der ParlRat, der das Verfahren der Art. 144 I, 145 gegen die im Frankfurter Dokument I enthaltene Vorgabe durchgesetzt hatte, in jedem beteiligten Land eine Volksabstimmung über das GG abzuhalten;[12] es waren auch deutsche Stellen, in deren Händen dieses für die Verfassungsneuschöpfung entscheidende Verfahren lag. Ihre Handlungsspielräume wurden allerdings durch das Besatzungsrecht begrenzt (vgl. → Rn. 9).

Das atypische, gestufte Verfahren der Verfassungsgebung war den **historischen und politischen** 8 **Rahmenbedingungen** der Zeit nach dem II. Weltkrieg geschuldet. So war es zunächst das Interesse des ParlRates, der prekären staatsrechtlichen Lage Deutschlands Ausdruck zu verleihen und deshalb auch den provisorischen Charakter des GG zu betonen.[13] Andrerseits bestand der Wunsch nach einer Beschleunigung der staatsrechtlichen Konsolidierung (Abg. *Löwenthal*) sowie das Bestreben, den Gegnern des GG keine Plattform zur Agitation gegen die neue Verfassung zu liefern, wie man sie von einer Volksabstimmung befürchtete (Abg. *Katz*). Aus der Retrospektive mag man bezweifeln, ob die Wahl des in Art. 144 I niedergelegten Verfahrens unter politisch-psychologischen Aspekten klug war. Selbst 50 Jahre nach der Annahme des GG gab es noch immer Stimmen, die trotz des in der deutschen Verfassungsgeschichte beispiellosen Erfolges des GG und trotz seiner breiten und nachhaltigen Akzeptanz („tägliches Plebiszit")[14] von einem „Geburtsfehler" oder einem „Legitimationsdefizit" sprachen.[15] Der Verzicht auf eine Volksabstimmung über das GG erwies sich letztlich über lange Zeit doch als jene Hypothek, die die Abg. *Becker* und *v. Brentano* ihm gerade ersparen wollten.[16] Seit der Jahrtausendwende scheint diese Diskussion jedoch zum Erliegen gekommen zu sein und eine Sakralisierung des GG begonnen zu haben.

## B. Alliierte Vorbehalte (Abs. 2)

### I. Allgemeines

Die Anwendung des GG unterlag aufgrund des alliierten Genehmigungsschreibens und des gleich- 9 zeitig erlassenen Besatzungsstatuts zunächst einer Reihe von **Einschränkungen**, die erst im Laufe der folgenden Jahrzehnte abgebaut wurden.[17] Entscheidende Etappen auf diesem Weg waren der **Deutschlandvertrag**, der 1955 das Besatzungsstatut aufhob,[18] und die Verabschiedung der **Notstandsverfassung**, die 1968 zu einer weitgehenden Beseitigung der alliierten Vorbehaltsrechte führte.[19] Danach blieben solche Vorbehaltsrechte nur noch für Berlin und Deutschland als Ganzes bestehen (Art. 2 DeutschlV).[20]

Mit dem Vertrag über die abschließende Regelung in Bezug auf Deutschland („**Zwei-plus-Vier-** 10 **Vertrag**")[21] und der Aussetzung der Vier-Mächte-Rechte und -Verantwortlichkeiten mit Wirkung vom **3. Oktober 1990**[22] sind schließlich auch diese Vorbehalte **aufgehoben** worden.[23]

### II. Der Status von Berlin

Das GG hat seine zeitweise **Überlagerung** durch das Besatzungsrecht nur am Rande zur Kennt- 11 nis genommen. Eine Ausnahme bildet insoweit Abs. 2, dessen einziger Anwendungsfall Berlin

---

[8] BayVerfGH BayVBl 1991, 561 (562).
[9] BayVerfGH BayVBl 1991, 561. Zur Geltung des GG in Berlin BVerfGE 7, 1 (7 ff.); vgl. auch *v. Wedel,* Das Verfahren der demokratischen Verfassungsgebung, 1976, S. 148 f.; *Unruh* MKS III, Art. 144 Rn. 18.
[10] Vgl. das Schreiben der Militärgouverneure vom 12.5.1949; Kritik bei *Klein,* in: Maunz/Dürig, Art. 144 (2017) Rn. 20.
[11] *Kunig,* in: v. Münch/Kunig II, Art. 144 Rn. 8; *Kloepfer* ZRP 1983, 57 (59); vorsichtig schon *Ipsen,* Über das Grundgesetz, 1988, S. 19 ff.; aA *v. Wedel* (Fn. 9), S. 148 f.
[12] JöR nF 1 (1951), 1 ff.
[13] Vgl. Koblenzer Beschlüsse; Text: *E. R. Huber,* Quellen zum Staatsrecht der Neuzeit, Bd. 2, 1951, S. 201.
[14] *Mußgnug* HStR I, § 8 Rn. 103; *Kloepfer* ZRP 1983, 57 (59); *Ipsen* (Fn. 11), S. 19 ff.; *Huber,* Präambel Rn. 19.
[15] Vgl. nur Bericht GemVerfKom BT-Dr 12/6000, S. 22; *H. P. Schneider* HStR VII, 1992, § 158 Rn. 37.
[16] JöR nF 1 (1951), 921.
[17] *Hofmann* HStR I, § 9 Rn. 37 ff. mwN.
[18] BGBl II 1955, 305.
[19] BGBl I 1968, 714.
[20] *Hofmann* HStR I, § 9 Rn. 37; *Mußgnug* HStR I, § 8 Rn. 85.
[21] BGBl II 1990, 1318.
[22] BGBl II 1990, 1331.
[23] *Schweitzer* HStR X, § 224 Rn. 56 ff.

war.[24] Zwar war Berlin (West) schon seit 1949 ein Land der Bundesrepublik Deutschland (Art. 23 aF). Seit diesem Zeitpunkt gilt dort das GG.[25] Aufgrund von Ziff. 4 des alliierten Genehmigungsschreibens war dessen Anwendbarkeit jedoch Beschränkungen unterworfen: So durfte Berlin keine Stimmberechtigung in BTag und BRat eingeräumt werden; den gem. Abs. 2 entsandten Vertretern des Landes war lediglich eine beratende Mitwirkung gestattet. Auch die Beteiligung der Berliner an den Bundestagswahlen hatten die Alliierten mehrfach untersagt,[26] so dass die Berliner Bundestagsabgeordneten durch das Abgeordnetenhaus gewählt werden mussten.[27] Das Verbot, Berlin durch den Bund zu „regieren", verhinderte schließlich politisch bedeutsame Einwirkungen auf die Berliner Landesgewalt.[28]

## III. Redundanz von Abs. 2

**12**     Abs. 2 ist seit der Wiedervereinigung **gegenstandslos** und sollte gestrichen werden. Dass dies weder im Zuge des EinigungsV noch im Gefolge späterer Verfassungsreformen geschehen ist, dürfte, wie der obsolete Hinweis auf den 1990 gestrichenen Art. 23 aF deutlich macht, zunächst auf einem Redaktionsversehen beruht haben, später auf Desinteresse. Ungeachtet seines weiten Wortlautes war Abs. 2 auch nicht auf die neuen Länder und Ost-Berlin anwendbar, soweit dort bis 1992/1995 befristete Abweichungen vom GG zugelassen waren. Diese wurden durch Art. 143 speziell geregelt.[29]

## Art. 145 [Inkrafttreten des Grundgesetzes]

(1) **Der Parlamentarische Rat stellt in öffentlicher Sitzung unter Mitwirkung der Abgeordneten Groß-Berlins die Annahme dieses Grundgesetzes fest, fertigt es aus und verkündet es.**

(2) **Dieses Grundgesetz tritt mit Ablauf des Tages der Verkündung in Kraft.**

(3) **Es ist im Bundesgesetzblatte zu veröffentlichen.**

**Entstehungsgeschichte: Erstfassung:** JöR nF 1 (1951), 916.
**Historische Verfassungstexte: WRV: Art. 181** Das Deutsche Volk hat durch seine Nationalversammlung diese Verfassung beschlossen und verabschiedet. Sie tritt mit dem Tage ihrer Verkündung in Kraft.
**Leitentscheidungen:** BVerfGE 2, 124 (Nachkonstitutionelle Gesetze); BVerfGE 2, 237 (Grundgesetzbindung des Gesetzgebers des Vereinigten Wirtschaftsgebiets).

**Schrifttum:** *O. Jauernig,* Wann ist das Grundgesetz in Kraft getreten?, JZ 1989, 615.

## A. Allgemeines

**1**     Mit den Bestimmungen zu Ausfertigung, Verkündung, Inkrafttreten und Veröffentlichung des GG trifft Art. 145 die abschließenden Regelungen zum Verfahren der Verfassungsgebung. Wie Art. 144 **konkretisiert** er insofern die Bestimmungen der **Präambel.** Indem der ParlRat die Ausfertigung und Verkündung des GG sich selbst vorbehielt, dem seinerzeit einzigen handlungsfähigen Organ des Zentralstaates, unterstrich er die dienende Funktion der Landtage im Verfahren der Verfassungsgebung und betonte zugleich seine Rolle als „verfassungsgebende Versammlung". Auch daran wird deutlich, dass das GG nach dem Willen seiner Schöpfer dem Deutschen Volk zugerechnet werden sollte, nicht den Ländern.

**2**     Am 23.5.1949 kam der ParlRat in Bonn zu seiner Schlusssitzung zusammen, um das GG in Kraft zu setzen. Die dort durch seinen Präsidenten getroffene **Feststellung,** dass das GG in der Woche vom 16. bis 22.5.1949 durch die Volksvertretungen von mehr als zwei Dritteln der beteiligten deutschen Länder angenommen worden sei (Art. 144 I, Eingangsformel), besitzt lediglich deklaratorischen Charakter.[1]

**3**     An diese Feststellung schloss sich die **Ausfertigung** an. Diese erfolgte in derselben Sitzung mit der Unterzeichnung der Originalurkunde des GG durch die Mitglieder des ParlRates,[2] sämtliche Ministerpräsidenten der beteiligten Länder sowie die Präsidenten aller Volksvertretungen der Länder. Die Vertreter Berlins wirkten – wie es auch im Wortlaut von Abs. 1 zum Ausdruck kommt – an der Ausfertigung des GG gleichberechtigt mit.

---

[24] BVerfGE 4, 157 (175 f.); *Kunig,* in: v. Münch/Kunig III, Art. 144 Rn. 13.
[25] BVerfGE 1, 70 (73); 7, 1 (7 ff.); 7, 190 (192); 10, 229 (231); 19, 377 (384 ff.); 37, 57 **(62)** – differenziert; *Unruh* MKS III, Art. 144 Rn. 21.
[26] *v. Münch* in: v. Münch/Kunig, III, 2. Aufl. 1983, Art. 144 Rn. 7.
[27] § 53 BWG aF; *Linck* DÖV 1970, 125 f.
[28] BVerfGE 10, 229 (232); 19, 377 (385); 20, 257 (266).
[29] *Jarass,* in: Jarass/Pieroth, Art. 144 Rn. 3; *Kunig,* in: v. Münch/Kunig II, Art. 144 Rn. 13.
[1] *Unruh* MKS III, Art. 145 Rn. 5.
[2] Mit Ausnahme der beiden Abg. *Renner* und *Reimann* (KPD).

Anschließend erfolgte die **Verkündung** des GG durch *Konrad Adenauer* mit den Worten: „Gemäß  4
Art. 145 verkünde ich … das Grundgesetz". Die **Veröffentlichung in BGBl 1949, 1** erfolgte am
selben Tag (Abs. 3). Da das GG ausweislich des Abs. 2 mit dem Ablauf des Tages seiner Verkündung
in Kraft getreten ist, hatte seine Veröffentlichung – anders als die Veröffentlichung von Gesetzen nach
Art. 82 – lediglich deklaratorische Bedeutung.[3]

## B. Inkrafttreten des GG

### I. Grundsatz

Das GG ist mit Ablauf des Tages seiner Verkündung in Kraft getreten (Abs. 2), also am **23. Mai**  5
**1949, 24:00 Uhr.**[4] Dieser Zeitpunkt markiert nicht nur die Geburtsstunde der Bundesrepublik
Deutschland, sondern bestimmt auch den Zeitpunkt, von dem ab das GG die deutsche Staatsgewalt
gebunden hat. Dies betraf die Staatsgewalt in den Ländern ebenso wie fortbestehende Einrichtungen
der Übergangszeit.[5] Auf die erst im Herbst 1949 bzw. 1951 erfolgte Konstituierung der Verfassungsorgane des Bundes kam es insoweit nicht an.

### II. Geltungserstreckung durch Beitritt

Das Inkrafttreten des GG am 23.5.1949 erstreckte sich zunächst auf das Gebiet der an der Ver-  6
fassungsgebung **beteiligten Länder,** einschließlich **Berlins (West).** In den übrigen Ländern ist es mit
dem Wirksamwerden ihres Beitritts in Kraft getreten. Im **Saarland** gilt es seit dem 1.1.1957,[6] in den
Ländern **Brandenburg, Mecklenburg-Vorpommern, Sachsen, Sachsen-Anhalt, Thüringen**
sowie im **Ostteil Berlins** seit dem 3.10.1990 (Art. 3 EinigungsV).[7] Für letztere galten zunächst eine
Reihe von Übergangsregelungen, die Ausnahmen von unterschiedlichen Bestimmungen des GG vorsahen bzw. zuließen (→ Art. 143 Rn. 1).

## Art. 146 [Geltungsdauer des Grundgesetzes]

**Dieses Grundgesetz, das nach Vollendung der Einheit und Freiheit Deutschlands für das
gesamte deutsche Volk gilt, verliert seine Gültigkeit an dem Tage, an dem eine Verfassung
in Kraft tritt, die von dem deutschen Volke in freier Entscheidung beschlossen worden ist.**

**Entstehungsgeschichte: Erstfassung:** JöR nF 1 (1951), 924. – **Änderung:** Art. 4 Nr. 6 EinigungsV (BGBl II
1990, 889).
**Historische Verfassungstexte: GG 1949:** Dieses Grundgesetz verliert seine Gültigkeit an dem Tage, an dem eine
Verfassung in Kraft tritt, die von dem deutschen Volke in freier Entscheidung beschlossen worden ist.
**Leitentscheidungen:** BVerfGE 89, 155 (Maastricht); 123, 267 (Lissabon).

**Schrifttum:** *P. Badura,* Thesen zur Verfassungsreform in Deutschland, FS Redeker, 1993, S. 111; *M. Baldus,* Eine
vom deutschen Volk in freier Entscheidung beschlossene Verfassung – Zum Schicksal des Art. 146 GG nach Vorlage
des Abschlussberichts der Gemeinsamen Verfassungskommission, KritV 1 (1993), 429; *H. Dreier,* Gilt das Grundgesetz ewig?, C. F. v. Siemens-Stiftung, 2008; *H. U. Erichsen,* Die Verfassungsänderung nach Art. 79 GG und der
Verfassungsbeschluss nach Art. 146 GG, Jura 1992, 52; *H. Grefrath,* Exposé eines Verfassungsrechts von den Letzt-
fragen?, AöR 135 (2010), 221; *T. Herbst,* Legitimation durch Verfassunggebung, 2003; *M. Herdegen,* Die Verfassungsänderungen im Einigungsvertrag, 1991; *ders.,* Grenzen der Verfassungsgebung, in: Depenheuer/Grabenwar-
ter (Hrsg.), Verfassungstheorie, 2010, § 9; *P. M. Huber,* Bundesverfassungsgericht und Europäischer Gerichtshof als
Hüter der gemeinschaftsrechtlichen Kompetenzordnung, AöR 116 (1991), 210; *ders.,* Die Anforderungen der
Europäischen Union an die Reform des Grundgesetzes, ThürVBl 1994, 1; *J. Isensee,* Deutschlands aktuelle Ver-
fassungslage, VVDStRL 49 (1990), 39; *ders.,* Normativität und Schutz der Verfassung – Internationale Beziehungen
HStR VII, 1992, § 166; *B. Kempen,* Grundgesetz oder neue deutsche Verfassung?, NJW 1991, 964; *P. Lerche,*
Europäische Staatlichkeit und die Identität des Grundgesetzes, FS Redeker, 1993, S. 131; *D. Murswiek,* Das Staatsziel
der Einheit Deutschlands nach 40 Jahren Grundgesetz, 1989; *M. Nettesheim,* Wo „endet" das Grundgesetz? –
Verfassungsgebung als grenzüberschreitender Prozess, Der Staat 51 (2012), 313; *A. Randelzhofer,* Das Grundgesetz
unter Vorbehalt? Zum neuen Art. 146 GG, in: K. Stern (Hrsg.), Deutsche Wiedervereinigung I, 1991, S. 141;
*M. Sachs,* Das Grundgesetz im vereinten Deutschland, JuS 1991, 985; *B. Stückrath,* Art. 146 GG: Verfassungsablö-

---

[3] Abg. *Zinn* JöR nF 1 (1951), 919; *Unruh,* in: MKS III, Art. 145 Rn. 11; *Jarass,* in: Jarass/Pieroth, Art. 145 Rn. 2;
*Kunig,* in: v. Münch/Kunig II, Art. 145 Rn. 6.
[4] BVerfGE 2, 237 (258); 4, 331 (339 f.); *Jauernig* JZ 1989, 615 ff. mit überzeugenden Argumenten aus der
Entstehungsgeschichte und einer einleuchtenden Parallele zu den für die gesamte Rechtsordnung prägenden Grundsätzen der Fristberechnung in §§ 187, 188 BGB. Teilweise wird auch der 24. Mai 1949, 0:00 als Zeitpunkt des
Inkrafttretens genannt, BVerfGE 2, 124 (135); 11, 127 (129); aus dem Schrifttum *Badura* Staatsrecht, A 23; *Unruh*
MKS III, Art. 145 Rn. 8; *Jarass,* in: Jarass/Pieroth, Art. 145 Rn. 2; *Kunig,* in: v. Münch/Kunig II, Art. 145 Rn. 5.
Praktische Unterschiede ergeben sich daraus nicht (mehr).
[5] BVerfGE 2, 237 (258) – G des Wirtschaftsrats v. 10.8.1949.
[6] BGBl I 1956, 1011.
[7] BGBl II 1990, 889 ff.

sung zwischen Legalität und Legitimität, 1997; *C. Tomuschat,* Das Endziel der europäischen Integration. Maastricht ad infinitum?, DVBl. 1996, 1073; *U. Volkmann,* Grundzüge einer Verfassungslehre der Bundesrepublik Deutschland, 2013; *E. Wiederin,* Die Verfassungsgebung im wiedervereinigten Deutschland, AöR 117 (1992), 410; *T. Würtenberger,* Art. 146 nF; Kontinuität oder Diskontinuität im Verfassungsrecht?, in: K. Stern (Hrsg.), Deutsche Wiedervereinigung I, 1991, S. 95.

## Übersicht

# A. Art. 146 aF als Weg zur Wiedervereinigung

## I. Allgemeines

**1**     Art. 146 aF lautete: „Dieses Grundgesetz verliert seine Gültigkeit an dem Tage, an dem eine Verfassung in Kraft tritt, die von dem deutschen Volke in freier Entscheidung beschlossen worden ist". Er dokumentierte damit neben der Präambel aF die Annahme des ParlRates, mit dem GG lediglich eine **Übergangsverfassung** geschaffen zu haben. Diese sollte nach Überwindung der deutschen Teilung durch den Erlass einer neuen gesamtdeutschen Verfassung abgelöst werden können.

## II. Der Regelungsgehalt von Art. 146 aF

**2**     **1. Ermächtigung zur Ablösung des GG.** Die Ablösung der grundgesetzlichen Ordnung gemäß Art. 146 aF, sei es durch die Wahl einer Nationalversammlung, sei es durch Volksentscheid über eine neue Verfassung, wäre somit nicht an die Anforderungen des Art. 79 III gebunden gewesen. Die mit Art. 146 aF verbundene **Ermächtigung zur Verfassungsablösung**[1] richtete sich an die Verfassungsorgane: Eigentlich uneingeschränkt an das Grundgesetz und seine Identität gebunden (Art. 1 III, 20 III, 79 III), waren sie befugt, im Anwendungsbereich von Art. 146 aF an sich verfassungswidrige Ziele zu verfolgen.

**3**     **2. Die Wiedervereinigung als Tatbestandsvoraussetzung?** Art. 146 aF stellte damit klar, dass das GG seinen Geltungsanspruch dem Staatsziel der Wiedervereinigung → Präambel Rn. 5 grundsätzlich unterordnete. Am GG sollte sie nicht scheitern.[2] Ob es sich allerdings *nur* für diesen Fall zur Disposition gestellt hat, sodass den deutschen Verfassungsorganen auch nur erlaubt war, im Zusammenhang mit der Wiedervereinigung an der Schaffung einer neuen Verfassung mitzuwirken bzw. auf eine Ablösung des Grundgesetzes hinzuarbeiten, war umstritten.[3] Während eine systematische, teleologische und historische Auslegung von Art. 146 aF darauf hindeutete, dass die Ermöglichung, Herstellung oder Sicherung der Wiedervereinigung eine Tatbestandsvoraussetzung für die Anwendung von Art. 146 aF war,[4] war schon der alte Wortlaut weiter gefasst und weder auf den Kontext der Wiedervereinigung noch auf die Beseitigung eines (vermeintlichen) **Geburtsmakels**[5] des GG begrenzt.

## B. Die Bedeutung von Art. 146

## I. Vorgeschichte

**4**     Bis zum Inkrafttreten des EinigungsV am 3.10.1990 sah das GG zwei Wege zur Wiedervereinigung vor: den **Beitritt zur Bundesrepublik Deutschland** (Art. 23 S. 2 aF) oder die Schaffung einer neuen Verfassung gem. Art. 146 aF Im Vorfeld der Wiedervereinigung wurde deshalb darum gerun-

---

[1] Dieser Vorgang wäre keine „Revolution" gewesen, da legal – *Isensee* HStR VII, § 166 Rn. 15.
[2] *Murswiek,* Das Staatsziel der Einheit Deutschlands nach 40 Jahren Grundgesetz, 1989, S. 18 f.
[3] *Unruh* MKS III, Art. 146 Rn. 7 ff. mwN.
[4] *Isensee* HStR VII, § 166 Rn. 8; *Unruh* MKS III, Art. 146 Rn. 10 ff.
[5] *Dreier,* in: Dreier III, Art. 146 Rn. 25 ff.; *Meyer* VVDStRL 49 (1990) 163 f.; *Schneider* HStR VII, § 158 Rn. 37; *Wahl* StWiss. (1990), 468 (476).

gen, ob die DDR dem GG beitreten oder die Teilung durch die Ausarbeitung einer neuen gesamtdeutschen Verfassung überwunden werden sollte.

Damit war auch die Frage nach dem Verhältnis von Art. 146 aF und Art. 23 aF aufgeworfen. Die **5** überwiegende Auffassung ging davon aus, dass sich **Beitrittslösung und Verfassungsneuschöpfung** gegenseitig ausschlossen.[6] Mit einem bedingungslosen „Beitritt" nach Art. 23 S. 2 aF war die Erstreckung des GG auf das beitretende Gebiet und die Verwirklichung der Wiedervereinigung verbunden. Die Auffassung, die die Kombination – erst Beitritt, dann Verfassungsneuschöpfung – als „Königsweg" pries (sog. **Draufsatteltheorie**),[7] konnte sich nicht durchsetzen. Nach einer dritten Auffassung sollte diese Möglichkeit nur zeitlich befristet bestehen.[8]

Nach der 1990 hM war Art. 146 aF mit der Wiedervereinigung funktionslos geworden[9] und hätte **6** gestrichen werden können. Dass dies nicht geschehen ist, die Vorschrift vielmehr beibehalten und (geringfügig) modifiziert wurde, ist darauf zurückzuführen, dass die Option offen gehalten werden sollte, aus Anlass der Wiedervereinigung eine breit angelegte Verfassungsdebatte zu führen, die – je nach Standpunkt – in einer neuen Verfassung hätte münden können oder sollen.[10] **Art. 5 4. Spiegelstrich EinigungsV** bestimmte denn auch, dass sich die gesetzgebenden Körperschaften bei den Überlegungen zur Änderung und Ergänzung des GG insbesondere auch „mit der Frage der Anwendung des Art. 146 des Grundgesetzes und in deren Rahmen einer Volksabstimmung" zu befassen hatten.[11] Diesem Auftrag hat sich die Gemeinsame Verfassungskommission von Bundestag und Bundesrat – eher lustlos – gestellt.[12]

## II. Art. 146 als Anerkennung der verfassungsgebenden Gewalt

Da der verfassungsändernde Gesetzgeber Art. 146 in Kenntnis der Tatsache, dass das vordringliche **7** Anliegen des Art. 146 aF obsolet geworden war, beibehalten hat, und Verfassungsbestimmungen so zu interpretieren sind, dass sie ihre Wirkkraft möglichst weit entfalten, muss Art. 146, wenn nicht einen neuen,[13] so doch einen über die Wiedervereinigung hinausgehenden **Regelungsgehalt** besessen bzw. erhalten haben.[14]

Dieser kann heute jedenfalls nicht (mehr) darin bestehen, die Ablösung des GG unter Umgehung **8** der allgemeinen Vorschriften über die Verfassungsänderung zu ermöglichen. Jede Modifikation der geltenden Verfassungsordnung ist **uneingeschränkt an die Anforderungen des Art. 79** gebunden und setzt zunächst ein durch die gesetzgebenden Körperschaften mit $^2/_3$-Mehrheit verabschiedetes Gesetz voraus.[15] Zu Recht ist die BReg in ihrer Denkschrift zum EinigungsV[16] deshalb davon ausgegangen, dass auch die Arbeiten der GemVerfKom zu den in Art. 5 EinigungsV genannten Gegenständen „in dem im Grundgesetz verankerten Verfahren erfolgen und den Anforderungen des Art. 79 des Grundgesetzes uneingeschränkt unterliegen, mit der Folge, daß Verfassungsänderungen einer $^2/_3$-Mehrheit in den gesetzgebenden Körperschaften bedürfen". Offen bleibt insoweit allerdings, ob es sich bei Art. 146 um eine Verfahrensalternative zu Art. 79 I und II handelt oder um die Ermächtigung zu einer inhaltlich unbegrenzten Revision, die sich auch über die in Art. 79 III geschützte Verfassungsidentität hinweg setzen kann.

Art. 146 wäre eine überflüssige Vorschrift,[17] wenn man seiner Anwendung nicht nur das in Art. 79 **9** I und II niedergelegte Verfahren vorschalten, sondern ihn auch den materiell-rechtlichen Bindungen des Art. 79 III unterwerfen würde.[18] In diesem Fall gäbe es keinen legalen Weg, die in der sog.

---

[6] *Isensee* VVDStRL 49 (1990), 39 (53 f.); *ders.* HStR VII, § 166 Rn. 10; *Kirn*, in: v. Münch/Kunig II, Art. 146 Rn. 3 f.; *Scholz*, in: Maunz/Dürig, Art. 146 (1991) Rn. 4.
[7] *Frowein* VVDStRL 49 (1990), 7 (15 f.); *Häberle* JZ 1990, 358 (359 f.).
[8] *Herdegen*, Die Verfassungsänderungen im Einigungsvertrag, 1991, S. 31; *ders.*, in: Maunz/Dürig, Art. 146 (2012) Rn. 31 ff.; *Herbst* ZRP 2012, 33 (35); *Sachs* JuS 1991, 958 (988 ff.).
[9] BT-Dr 11/7760, S. 355 (358); *Unruh* MKS III, Art. 146 Rn. 10 ff.; *Isensee* VVDStRL 49 (1990), 39 (53 f.); *ders.* HStR VII, § 166 Rn. 47; *Kirn*, in: v. Münch/Kunig II, Art. 146 Rn. 5; *Scholz*, in: Maunz/Dürig, Art. 146 (1991) Rn. 1; *Tomuschat* VVDStRL 49 (1990), 70 (87).
[10] *Isensee* HStR VII, § 166 Rn. 49 f.
[11] Krit. dazu *Badura* FS Redecker, 1993, S. 111 (114).
[12] Bericht GemVerfKom, in: Zur Sache 5/93, 1993, S. 221 ff.
[13] *Badura* FS Redeker, 1993, S. 111 (115).
[14] *Kirn*, in: v. Münch/Kunig, II, Art. 146 Rn. 5; *Herdegen* (Fn. 8), S. 24 ff.; *Wiederin* AöR 117 (1992), 410 (436 f.); aA *Herbst*, Legitimation durch Verfassunggebung, 2003, S. 274.
[15] *Herdegen*, in: Maunz/Dürig, Art. 146 (2012) Rn. 42; *Jarass*, in: Jarass/Pieroth, Art. 146 Rn. 2.
[16] BT-Dr. 11/7760, 355 [359].
[17] Vgl. die Deutungsversuche bei *Herbst* (Fn. 14), S. 270 ff. (allenfalls deklaratorische Bedeutung); *Isensee* HStR VII, § 166 Rn. 65; *Randelzhofer*, in: Stern (Hrsg.), Deutsche Wiedervereinigung I, 1991, S. 141 (155 f.); *Scholz*, in: Maunz/Dürig, Art. 146 (1991) Rn. 9.
[18] *Huber* AöR 116 (1991), 210 (250); ThürVBl. 1994, 1 (7 f.); *Jarass*, in: Jarass/Pieroth, Art. 146 Rn. 5; *Stückrath*, Art. 146: Verfassungsablösung zwischen Legalität und Legitimität, S. 240 ff.; aA *Hobe/Boehl*, in: Friauf/Höfling, Art. 146 (2016) Rn. 60; *Herdegen*, in: Maunz/Dürig, Art. 146 (2012) Rn. 51; *Isensee* HStR VII, § 166 Rn. 61 mwN; *P. Kirchhof* HStR VII, 1992, § 183 Rn. 21; *Stern*, in: ders./Schmidt-Bleibtreu, Einigungsvertrag und Wahlvertrag, 1990, S. 49 f.

Ewigkeitsgarantie niedergelegte Identität des GG[19] zu modifizieren und sie veränderten Rahmenbedingungen anzupassen. Eine Anrufung des Verfassungsgebers (pouvoir constituant) über Art. 146 zu diesem Zweck wäre danach illegal, darauf gerichtete Bestrebungen könnten sich mit den Instrumentarien der wehrhaften Demokratie (Art. 9 II, 18, 20 IV, 21 II,[20] 28 III, 61) konfrontiert sehen. Art. 146 nF wäre – wenn nicht verfassungswidrige Verfassungsnorm[21] – so doch zumindest ein **funktionsloser lakonischer Hinweis** darauf, dass das Recht der Macht letztlich immer zu weichen hat. Das dürfte zunächst auch der Auffassung des BVerfG entsprochen haben, das im Maastricht-Urteil von 1993 davon gesprochen hat, dass es Art. 79 III ausschließe, „ein verfassungsänderndes Gesetz, das den veränderungsfesten Kern des Grundgesetzes antastet, im Wege des Volksentscheides zu legitimieren".[22] Dies kann jedoch nicht das Ergebnis einer methodengerechten Verfassungsauslegung sein,[23] weil eine solche Auslegung die Normativität der Verfassung und ihren umfassenden Geltungsanspruch für *alle* ihre Bestimmungen verkennt, auch für jene, die ihre Änderung und Ablösung betreffen.[24]

10      Erkennt man, dass eine Totalrevision des GG, die an die in Art. 79 III für unverbrüchlich erklärten Grundsätze gebunden wäre, ihren Namen kaum verdiente, dass es dafür auch das Verfahren der regulären Verfassungsänderung nach Art. 79 I und II gibt,[25] und dass es das Anliegen des GG ist, der Bundesrepublik Deutschland auch in Zeiten politischen Umbruchs ein Höchstmaß an Stabilität zu sichern,[26] so sprechen die besseren Gründe dafür, im Verfahren nach Art. 146 keine Bindung an die in Art. 79 III geschützte Verfassungsidentität des Grundgesetzes anzunehmen.[27] Setzt man Art. 79 III und Art. 146 zueinander in Beziehung, wird deutlich, dass sich das GG die Unterscheidung zwischen „pouvoirs constitués" und „pouvoir constituant" durchaus zu eigen gemacht hat[28] und dass die Trennlinie zwischen beiden „Gewalten" genau hier verläuft. So verstanden zieht der materiell-rechtliche Gehalt von Art. 79 III (lediglich) den Gestaltungsmöglichkeiten der verfassten Staatsgewalt eine definitive Grenze.[29] Er trifft damit zugleich eine negative Kompetenzentscheidung, indem er für Berührungen der Schutzgüter von Art. 79 III, zu denen im Einzelnen auch das Recht des Einzelnen auf Demokratie,[30] die haushaltspolitische Gesamtverantwortung des Bundestages[31] oder unterschiedliche Aspekte der Bundesstaatlichkeit zählen, auf die Zuständigkeit der verfassungsgebenden Gewalt verweist.[32] Vor diesem Hintergrund bekommt Art. 146 Sinn, als **zu Art. 79 III komplementäre Anerkennung der verfassungsgebenden Gewalt,** die durch das GG mit einer spezifischen Funktion ausgestattet und der allein es vorbehalten ist, die Gewährleistungen der sog. Ewigkeitsgarantie zu berühren.[33]

11      Art. 146 enthält somit die Ermächtigung zu einer **Totalrevision des Grundgesetzes,** freilich ohne dafür nähere verfahrensrechtliche Vorgaben zu machen.[34] Die damit verbundene Freistellung von der Ewigkeitsgarantie enthält Art. 146 von Anfang an, weil die materiell-rechtlichen Garantien des Art. 79

---

[19] Zur Gleichsetzung von Verfassungsidentität und Ewigkeitsgarantie BVerfGE 140, 317 (336 Rn. 48 f.) – Identitätskontrolle I; BVerfGE 142, 123 (187 f. Rn. 120) – OMT; BVerfGE 144, 1 (4 f. Rn. 7 f.; 16 f, Rn. 30) – CETA II; VG Frankfurt, Beschl. v. 8.11.2016 – 5 L 4318/16 (V) (juris); vgl. ferner *Dederer* JZ 2014, 313 ff.; *Dietz* AöR 142 (2017), 78 ff.; *Huber,* Die EU als Herausforderung für das Bundesverfassungsgericht, in: Pernice/Schwarz (Hrsg.), Europa in der Welt – Von der Finanzkrise zur Reform der Union, 2013, S. 329 (349); *ders.* FS Jarass, 2015, S. 205 (206 f.); *Wischmeyer* AöR 140 (2015), 415 ff.; krit. *Ingold* AöR 140 (2015), 1 ff.

[20] Dazu, dass die freiheitliche demokratische Grundordnung iSv Art. 21 II enger ist als die Verfassungsidentität BVerfGE 144, 20 (205 ff. Rn. 535 ff.) – NPD-Verbot II.

[21] *Bartlsperger* DVBl 1990, 1285 (1300 f.); *Kempen* NJW 1991, 964 (966 f.).

[22] BVerfGE 89, 155 (180) – Maastricht; anders BVerfGE 123, 267 (350, 364) – Lissabon.

[23] Zu dem methodischen Gebot BVerfGE 8, 210 (221).

[24] Dies ist nicht „überraschend", wie *Hobe/Boehl,* in: Friauf/Höfling, Art. 146 (2016) Rn. 60, meinen, sondern nimmt die Verfassung ernst.

[25] So auch *Volkmann,* Grundzüge einer Verfassungslehre der Bundesrepublik Deutschland, 2013, S. 339 f.

[26] *Huber* ThürVBl 1994, 1 (8).

[27] So auch *Stern,* in: ders./Schmidt-Bleibtreu, Einigungsvertrag und Wahlvertrag, S. 49; *Würtenberger,* in: Stern (Hrsg.), Deutsche Wiedervereinigung I, 1991, S. 95 (100 f.).

[28] *Isensee* HStR VII, § 166 Rn. 14.

[29] *Erichsen* Jura 1992, 52 (53).

[30] BVerfG 142, 123 (209 Rn. 166) – OMT.

[31] BVerfGE 123, 267 (359) – Lissabon; 129, 124 (177) – EFSF; 132, 195 Rn. 106 – e. A. – ESM; 135, 317 Rn. 161 – ESM; BVerfGE 142, 123 (195 Rn. 138) – OMT.

[32] *Huber* ThürVBl 1994, 1 (7).

[33] Ähnl. *Schneider* HStR VII, § 158 Rn. 39; *Würtenberger,* in: Stern (Hrsg.), Deutsche Wiedervereinigung I, S. 95 (100 ff.). Dass der „pouvoir constituant" einer umfassenden positivrechtlichen Regelung nicht zugänglich ist, ist ein Dogma der Allgemeinen Staatslehre, das partiellen Domestizierungsversuchen des Verfassungsrechts nicht prinzipiell entgegensteht. Als „Grenzbegriff des Verfassungsrechts" *(Böckenförde)* wird man zumindest seine Aktivierung dem Recht nicht vollständig entziehen können, wie der Blick auf die österreichische, die spanische oder die schweizer Verfassungsordnung zeigt. AA etwa *Herbst* ZRP 2012, 33 (35); *Herdegen,* in: Maunz/Dürig, Art. 146 (2012) Rn. 47 ff. Differenzierend *Kirn,* in: v. Münch/Kunig II, Art. 146 Rn. 19.

[34] Vgl. insoweit *Jarass,* in: Jarass/Pieroth, Art. 146 Rn. 3 f.; ferner *Herdegen,* in: Maunz/Dürig, Art. 146 (2013), Rn. 41 ff.; *Michael* BK, Art. 146 (2013) Rn. 588; *Speckmeier,* in: Umbach/Clemens II, Art. 146 Rn. 22 ff.

III zwar die „pouvoirs constitués" binden sollten, Art. 146 jedoch gerade deren (partielle) Überwindung ermöglichen sollte. Damit erledigt sich auch das im Schrifttum diskutierte Problem, dass der verfassungsändernde Gesetzgeber des Jahres 1990 das Verfahren nach Art. 146 nicht von den Anforderungen des Art. 79 III freistellen konnte.[35]

Für die hier vorgenommene Deutung spricht auch eine demokratiespezifische Überlegung (Art. 20 **12** I und II). Entscheidungen, die eine Berührung des durch Art. 79 III geschützten Bereichs beinhalten, mag man zwar auch durch einen allmählichen interpretatorischen Wandel legitimieren können;[36] in der Sache läuft dies jedoch darauf hinaus, die Veränderung der Verfassungsidentität in die Hände des BVerfG zu legen. Das erscheint unter funktionell-rechtlichen Aspekten freilich wenig angemessen: Für Staat und Gesellschaft so existenzielle Schritte wie die Neubestimmung der grundgesetzlichen Identität bzw. den Übergang in eine andere Republik, und nichts anderes wäre eine Abänderung von Art. 79 III, erfordern eine im öffentlichen Diskurs gereifte **bewusste politische Entscheidung auf breitester demokratischer Grundlage**.[37] Diese kann letztlich nur durch das Volk selbst getroffen werden.

Dafür spricht nicht zuletzt ein Blick auf den europäischen Rechtsraum, wo sich ähnliche Modelle **13** insbesondere in Österreich (Art. 44 III ÖstB-VG), der Schweiz (Art. 193 SchweizBVerf. 2000) oder Spanien (Art. 168 CE),[38] aber nicht nur dort nachweisen lassen.[39]

Art. 146 lässt in Verbindung mit Art. 79 III den Rückgriff auf die verfassungsgebende Gewalt **14** allerdings lediglich zu. Er **gebietet ihn nicht.**[40] Inwieweit er iVm Art. 38 **Individualrechte** zu begründen vermag, ist offen.[41]

## C. Das Verfahren der Verfassungsablösung

### I. Zur Aktivierung der verfassungsgebenden bzw. -ablösenden Gewalt

Problematisch bleibt freilich, wie aus der Ordnung des GG heraus der Weg für eine Betätigung der **15** verfassungsgebenden bzw. -ablösenden Gewalt bereitet werden kann.[42] Denn zum einen hindert das GG die Staatsorgane daran, sich selbst zur verfassungsgebenden Gewalt aufzuschwingen, indem sie die verfahrensrechtlichen Anforderungen an den Akt des „pouvoir constituant" festlegen und seinen Inhalt dadurch tendenziell vorausbestimmen.[43] Zum anderen muss die Aktivierung der verfassungsgebenden Gewalt wegen der damit verbundenen Überwindung von Art. 79 III höheren verfahrensrechtlichen Anforderungen unterliegen als die Durchführung eines – nach einer Verfassungsänderung möglichen – gegebenenfalls auch verfassungsändernden Volksentscheids.

Angesichts der Tatsache, dass Art. 146 eine teilweise oder vollständige Verfassungsablösung aus der **16** Ordnung des GG heraus regelt, setzt er **auf der ersten Stufe** zunächst eine **Verfassungsänderung** gemäß Art. 79 I und II voraus, in der das Verfahren zur Ablösung des Grundgesetzes festgelegt werden muss (Art. 20 II 2, 79 III, 146).[44]

Sodann verlangt Art. 146 eine freie Entscheidung des Volkes über die – punktuelle, teilweise oder **16a** vollständige – Ablösung des Grundgesetzes. Das setzt, auf einer **zweiten Stufe**, einen **Volksentscheid** voraus, in dem das Volk darüber entscheiden kann, „ob" es überhaupt in seiner Eigenschaft als Träger der verfassungsgebenden bzw. -ablösenden Gewalt tätig werden will und ob das Grundgesetz durch eine andere Verfassungsordnung abgelöst werden soll. Nur so wird dem Volk und nicht den Initianten des Verfahrens die Entscheidung darüber vorbehalten, in welcher Weise es sein Selbstbestimmungsrecht ausüben und ob es den durch das GG verfassten Staat beibehalten, qualitativ verändern oder

---

[35] Zu dieser „Novationsthese" etwa *Herdegen,* in: Maunz/Dürig, Art. 146 (2012) Rn. 48, 50. Zu Recht ablehnend *Hesse,* Grundzüge, Rn. 707; *Randelzhofer,* in: Stern (Hrsg.), Deutsche Wiedervereinigung, S. 141 (155); *Zippelius* NJW 1991, 23.

[36] *Lerche* FS Redeker, S. 131 (141).

[37] *Huber,* Recht der Europäischen Integration, 2. Aufl. 2002, § 4 Rn. 65 f.; *Tomuschat* DVBl 1996, 1073 (1078 f.).

[38] Siehe aus *Dreier,* in: Dreier III, Art. 146 Rn. 17 m. weit. Beispielen.

[39] Frankreich: Conseil Constitutionnel, Entscheidung Nr. 92–312 DC v. 2.9.1992, EuGRZ 1993, 193, 194 – Maastricht II.

[40] *Badura* FS Redeker, S. 114; *Kempen* NJW 1991, 964 (966); zur hinreichenden Legitimation des GG als Verfassung auf Dauer vgl. *Huber,* Präambel Rn. 21; Art. 144 Rn. 4.

[41] Verneinend BVerfGE 89, 155 (180); offener BVerfGE 123, 267 (332); unklar *Herdegen,* in: Maunz/Dürig, Art. 146 (2013) Rn. 60; verneinend *Grefrath* AöR 135 (2010), 221 (234 f.).

[42] Zu den konkurrierenden Vorstellungen für eine Aktivierung des Art. 146 GG, vgl. *Herdegen,* in: Maunz/Dürig, Art. 146 (2012) Rn. 44 ff.; *Michael* BK, Art. 146 (2013) Rn. 671 ff.

[43] Zu diesem Zusammenhang vgl. BVerfGE 35, 79 (121); aA *Herdegen,* in: Maunz/Dürig, Art. 146 (2012) Rn. 46, der eine verantwortete Entscheidung des verfassungsändernden Gesetzgebers für ausreichend hält; *Michael* BK, Art. 146 (2013) Rn. 679 will sogar eine einfachgesetzliche Regelung ausreichen lassen. Das wird den Art. 20 I, II, 79 III zugrunde liegenden Wertentscheidungen freilich kaum gerecht und überzeugt weder unter systematischen noch teleologischen Gesichtspunkten.

[44] *Speckmaier,* in: Umbach/Clemens II, Art. 146 Rn. 22 f.

aufgeben will.[45] Da die Aktivierung der verfassungsgebenden bzw. -ablösenden Gewalt – anders als 1848/49, 1918/19 oder 1948/49 nicht nach einer Revolution erfolgt und zur Neuordnung des Staatswesens installiert werden soll, sondern um in einem rechtlich geordneten Prozess die den Verfassungsorganen verwehrte Modifizierung oder Ablösung des Grundgesetzes einzuleiten, kann die von Art. 146 geforderte freie Entscheidung des deutschen Volkes auch nicht dadurch ersetzt werden, dass ein künftiger Bundestag – den ostdeutschen Landtagen 1990 vergleichbar – zugleich als verfassungsgebende Versammlung gewählt wird, die an die Ewigkeitsgarantie des Art. 79 III nicht gebunden wäre. Mit legalistischen Tricks dieser Art würde sich der (einfache Abstimmungs- oder Wahl-) Gesetzgeber[46] selbst zum Verfassungsgeber aufschwingen und das Volk präjudizieren. Eine freie – und ergebnisoffene – Entscheidung des Volkes über das Für und Wider einer grundlegenden Verfassungsmodifikation oder -ablösung bzw. einer Berührung der Verfassungsidentität – das eigentliche Anliegen des Art. 146 – würde auf diese Weise unterlaufen.

17    Ist die grundlegende Entscheidung über das „Ob" einer – auch nur punktuellen – Verfassungsablösung getroffen, so ist der Weg für die eigentliche – konstitutive – Betätigung der verfassungsgebenden Gewalt frei. Auf einer **dritten Stufe** ist es dann möglich, in die eigentliche Sachentscheidung über die Abänderung oder Aufhebung von Art. 79 III einzutreten und sie inhaltlich wie organisatorisch vorzubereiten. Dies kann in diesem Stadium dann entweder durch die Wahl einer verfassungsgebenden Versammlung, einen weiteren Volksentscheid oder auf andere Weise geschehen.[47]

## II. Anwendungsfälle

18    Ein wichtiges Anwendungsfeld könnte Art. 146 im Zusammenhang mit der **europäischen Integration** erhalten.[48] Denn in deren Zusammenhang erscheinen grundlegende Modifikationen der grundgesetzlichen Verfassungsordnung nicht zwingend, aber auch nicht ausgeschlossen. Nicht nur der Beitritt der Bundesrepublik Deutschland zu einem europäischen Bundesstaat,[49] auch die Etablierung eines parlamentarischen Regierungssystems mit „positiver demokratischer Kompetenz" für das Europäische Parlament, die Einräumung von Verfassungsautonomie[50] und Kompetenz–Kompetenz[51] zugunsten der EU und ihrer Organe, eine Ausweitung der Wahlrechte der Unionsbürger auf Bundestags- und Landtagswahlen,[52] der Verzicht auf eine Kündigungsmöglichkeit der Verträge,[53] die umfassende Übertragung von Hoheitsrechten,[54] des Budgetrechts oder der haushaltspolitischen Gesamtverantwortung des Bundestages[55] sind integrationsfest ausgestaltet (Art. 23 I 3 iVm Art. 79 III)[56] und bedürften daher einer Legitimation durch das Volk.

19    Der **Vertrag von Lissabon**[57] hat diese Grenze noch gewahrt.[58] Er hält, wie das BVerfG herausgearbeitet hat, am Prinzip der begrenzten Einzelermächtigung fest (Art. 5 I EUV), stärkt das Subsidiaritätsprinzip (Art. 5 III, Prot. Nr. 2 über die Anwendung der Grundsätze der Subsidiarität) und kodifiziert das Recht zum einseitigen Austritt (Art. 50 EUV). Anders als noch der Entwurf zum Verfassungsvertrag (Art. I-6 EVV) hat er zudem darauf verzichtet, einen uneingeschränkten Vorrang des

---

[45] A. A. *Michael* BK, Art. 146 (2013) Rn. 704 ff., mit dem nicht ganz ideologiefreien Argument, dass die Forderung nach einem Eröffnungsplebiszit an Ausnahmevorstellungen *Carl Schmitts* erinnere, die Verfassungsablösung jedoch ein regulärer, ja geradezu alltäglicher Fall sei. Das ist sie jedoch gerade nicht; *Zuleeg* AK III, Art. 146 Rn. 7.

[46] Zu dessen Rolle als Hilfsorgan *Michael* BK, Art. 146 (2013) Rn. 695 ff.

[47] *Huber* ThürVBl 1994, 1 (8).

[48] BVerfGE 123, 267 (350, 364); *Bethge,* in: HStR VIII, 1992, § 199 Rn. 26; *Dreier,* Gilt das Grundgesetz ewig?, 2008, S. 95 f.; *Huber* AöR 116 (1991), 210 (250); *ders.* ThürVBl 1994, 1 (7 f.); *Jarass,* in: Jarass/Pieroth, Art. 146 Rn. 5; *Kirn,* in: v. Münch/Kunig II, Art. 146 Rn. 9 ff.; *Schäuble,* Das Grundgesetz zwischen Bestand und Veränderung, in: Huber (Hrsg.), Das Grundgesetz zwischen Stabilität und Veränderung, 2007, S. 65 (71 f.); *Stückrath* (Fn. 18), S. 251 f.; *Wiederin* AöR 117 (1992), 410 (447); *Baldus* KritV 1 (1993), 429 (438 f.); *Hobe/Boehl,* in: Friauf/Höfling, Art. 146 (2016) Rn. 75 ff., die allerdings zu Recht die Möglichkeiten einer Vertiefung der Integration auf der Basis von Art. 23 I betonen; aA *Herbst* (Fn. 14), S. 274; *Isensee* HStR VII, § 166 Rn. 68, der das Problem freilich erkennt.

[49] BVerfGE 123, 267 (347 f.); *Dreier* (Fn. 59), S. 95 f.; *Huber,* Maastricht – ein Staatsstreich?, 1993, S. 22.

[50] BVerfGE 123, 267 (350).

[51] BVerfGE 89, 155 (187 f., 192, 199); 123, 267 (349).

[52] BVerfGE 83, 37 (59); *Huber* (Fn. 48), § 4 Rn. 50; *Schwarz* AöR 138 (2013), 411 (427).

[53] BVerfGE 123, 267 (350).

[54] BVerfGE 89, 155 (186); 123, 267 (347 ff.).

[55] BVerfGE 129, 124 (177 ff.) – EFSF; 132, 195 (239 ff.), Rn. 106 ff. – e. A. – ESM.

[56] Siehe im Einzelnen BVerfGE 123, 267 (349 ff.); aus der Literatur *Huber* (Fn. 60), S. 27 ff.; *ders.,* Offene Staatlichkeit – Synthese, in: v. Bogdandy/Cruz Villalón/Huber, IPE II, 2008, § 26 Rn. 83; *Isensee* HStR VII, § 166 Rn. 68; *P. Kirchhof* HStR VII, 1992, § 183 Rn. 59 f.; *Wiederin* AöR 117 (1992), 410 (445).

[57] Vertrag von Lissabon vom 13.12.2007, ABl. EU Nr. C 306/1 v. 17.12.2007.

[58] Für den zuvor erarbeiteten EVV *Hofmann,* in: Schmidt-Bleibtreu/ders./Henneke, Art. 146 Rn. 13.

Unionsrechts (auch) vor dem nationalen Verfassungsrecht anzuordnen.[59] Soweit es die Regelungen über das vereinfachte Änderungsverfahren und die sog. Brückenklausel nach **Art. 48 VI, VII 2. UAbs. EUV** ermöglichen, in Bereichen, in denen die nationalen Parlamente einen Rechtsakt ratifizieren müssen, durch Beschluss des Europäischen Rates in das ordentliche Gesetzgebungsverfahren überzugehen und die nationalen Parlamente auf ein binnen sechs Monaten auszuübendes Widerspruchsrecht zu verweisen (Art. 48 VII UAbs. 3 EUV), berührt dies die durch Art. 79 III iVm Art. 20 I und II gezogenen Schranken. Ihre Überschreitung hat das BVerfG allerdings durch die Konkretisierung der Integrationsverantwortung des deutschen Gesetzgebers verhindert und ihn in der Sache verpflichtet, der unionalen Vertragsänderung ein nationales Gesetzgebungsverfahren vorzuschalten.[60] Das ist mit dem IntVG[61] geschehen, mit dem Bundestag und Bundesrat sicherstellen, dass sie der Verfahrensherrschaft über die Fortschreibung des Primärrechts nicht verlieren. Vergleichbares gilt für die Sicherstellung der parlamentarischen Kontrolle des **ESM** und der mit ihm verbundenen Risiken für den Bundeshaushalt.[62]

In der europaverfassungsrechtlichen **Praxis** des BVerfG hat Art. 79 III mittlerweile allerdings eine **19a** überragende Bedeutung erlangt. Dieser bildet nicht nur den zentralen Maßstab für die Kontrolle weiterer Integrationsschritte[63] sowie die Identitäts-[64] und Ultra-vires-Kontrolle.[65] Sowohl bei der Gründung des ESM als auch bei der Billigung von OMT und CETA hat das Gericht Modifikationen verlangt, ohne die die entsprechenden Maßnahmen auf der Basis des GG nicht möglich gewesen wären. Hätte die Politik trotzdem daran festgehalten, hätte sich die Frage nach der Anwendung von Art. 146 unausweichlich gestellt.

Jenseits der europäischen Entwicklung mag die völlige **Abschaffung eines Grundrechts**[66] oder **20** eine grundlegende Änderung des Staatsaufbaues, etwa die **Abstufung der Länder zu höchstpotenzierten Selbstverwaltungskörperschaften** ohne eigene Staatsqualität[67] oder die Umwandlung des **Bundesrates** in einen Senat, Anlass sein, das Verfahren nach Art. 146 zu beschreiten.[68]

### III. Anforderungen an die Durchführung

Art. 146 verlangt eine **freie Entscheidung** des Volkes. Für die „zweite Stufe" (vgl. Rn. 16a) stellt **21** dies eine verfassungsrechtlich bindende Festlegung dar. Akklamationen plebiszitärer Art genügen insoweit nicht. Deshalb erscheint zweifelhaft, ob ein Volksentscheid zusammen mit einer Bundestagswahl oder einer anderen nationalen Abstimmung dem Zweck des Art. 146 genügen kann. Erfahrungen mit Verfassungsänderungen in Bayern, die ein Referendum erfordern (Art. 75 II 2 BV), zeigen, dass eine im öffentlichen Diskurs gereifte bewusste politische Entscheidung auf breitester demokratischer Grundlage damit nicht sichergestellt werden kann. Die dortige Staatspraxis, zusammen mit den Landtagswahlen auch mehrere Verfassungsänderungen zur Abstimmung zu stellen, führt dazu, dass diese Abstimmungen im Schatten des Wahlkampfes kaum zur Kenntnis genommen werden und eine spezifische öffentliche Debatte über das Für und Wider der einzelnen Verfassungsänderung nicht stattfindet. Es spricht deshalb viel dafür, dass eine (teilweise) Ablösung des Grundgesetzes bzw. eine Berührung seiner Identität eines eigenständigen Verfahrens bedarf, das Bedeutung und Dignität dieser Entscheidung auch zu gewährleisten vermag.

Die „freie Entscheidung" muss durch das **Deutsche Volk** getroffen werden. In dem Verfahren nach **22** Art. 20 II 2, 79 III, 146, also bei der Entscheidung über das „Ob" einer (partiellen) Ablösung des GG auf der „zweiten Stufe", sind daher nur Deutsche iSv Art. 116 stimmberechtigt. Ein Ausländerstimmrecht ist nicht zulässig.[69]

Da ein positiver Volksentscheid über die (partielle) Ablösung des Grundgesetzes den Weg für eine **23** **(partielle) Verfassungsneuschöpfung**[70] freimacht, kann das Grundgesetz den neuen Verfassungsgeber allerdings nicht mehr binden. Ist der „pouvoir constituant" aktiviert worden, könnte etwa die

---

[59] Schon die Regierungskonferenz zum EVV hatte eine Erklärung zu Art. I-6 EVV verabschiedet, in der die Festschreibung des Status quo betont wurde (ABl. EU Nr. C 310/420 v. 16.12.2004). Das haben sich die Verfassungsgerichte einzelner Mitgliedstaaten zu eigen gemacht, teilweise auch unter Hinweis auf das Gebot, die nationale Identität der Mitgliedstaaten zu schützen, BVerfGE 123, 267 (396 f.); Conseil Constitutionnel, Entscheidung Nr. 2004-505 DC v. 19.11.2004, EuGRZ 2005, 45 (VVE).

[60] BVerfGE 123, 267 (434 ff.).

[61] Gesetz über die Wahrnehmung der Integrationsverantwortung des Bundestages und des Bundesrates in Angelegenheiten der Europäischen Union, BGBl. I 2009, 3022, geändert durch Art. 1 des G. v. 1.12.2009 (BGBl. I 3822), insbesondere §§ 2–10.

[62] BVerfGE 132, 195 (251 ff. Rn. 137 ff.) – e. A. – ESM.

[63] BVerfGE 132, 195 ff. – e. A. – ESM; 135, 317 ff. – ESM.

[64] BVerfGE 140, 317 ff. – Identitätskontrolle I.

[65] BVerfGE 134, 366 ff. – Vorlage OMT; BVerfG BVerfGE 142, 123 ff. – OMT; BVerfGE 143, 65 – CETA I; BVerfGE 144, 1 ff. – CETA II.

[66] Erwogen für das Asylrecht in Art. 16a GG, BVerfGE 94, 49 (103 f.).

[67] Siehe insoweit 65. DJT, Beschlussvorschlag Ziffer I. 1, 1. Alternative, P 301.

[68] Weitere Beispiele bei *Zuleeg* AK III, Art. 146 Rn. 5.

[69] Allgemein BVerfGE 83, 37 (59); anders *Nettesheim* Staat 51 (2012), 313 (350).

[70] *Michael* BK, Art. 146 (2013) Rn. 651; unklar BVerfGE 5, 85 (129 ff.) zu Art. 146 aF.

Wahl einer europäischen Konstituante erfolgen oder über eine europäische Verfassung bzw. einen entsprechenden Vertrag in einem europaweiten Referendum abgestimmt werden. Einer mehrheitlichen Zustimmung der Abstimmenden in Deutschland bedürfte es dazu nur, wenn die neuen Regeln dies vorsähen. Auch die Abstimmungsberechtigung würde sich dann nicht mehr nach nationalen Regeln richten.

# Sachverzeichnis

Die fett gedruckten Zahlen bezeichnen die Artikel, die mageren Zahlen die Randnummern

# Sachverzeichnis

# Sachverzeichnis

**Sachverzeichnis**

# Sachverzeichnis

# Sachverzeichnis

# Sachverzeichnis

# Sachverzeichnis

# Sachverzeichnis

# Sachverzeichnis

# Sachverzeichnis

# Sachverzeichnis

# Sachverzeichnis

# Sachverzeichnis

Die fett gedruckten Zahlen bezeichnen die Artikel

# Sachverzeichnis

# Sachverzeichnis

# Sachverzeichnis

# Sachverzeichnis

# Sachverzeichnis

**Sachverzeichnis**

# Sachverzeichnis

# Sachverzeichnis

# Sachverzeichnis

# Sachverzeichnis

# Sachverzeichnis

# Sachverzeichnis

# Sachverzeichnis

# Sachverzeichnis

# Sachverzeichnis

# Sachverzeichnis

# Sachverzeichnis

# Sachverzeichnis

# Sachverzeichnis

# Sachverzeichnis

# Sachverzeichnis

# Sachverzeichnis

# Sachverzeichnis

# Sachverzeichnis

# Sachverzeichnis

# Sachverzeichnis

Die fett gedruckten Zahlen bezeichnen die Artikel

# Sachverzeichnis